Zusätzliche digitale Inhalte für Sie!

Zu diesem Buch stehen Ihnen kostenlos folgende digitale Inhalte zur Verfügung:

Schalten Sie sich das Buch inklusive Mehrwert direkt frei.

Scannen Sie den QR-Code **oder** rufen Sie die Seite **www.nwb.de** auf. Geben Sie den Freischaltcode ein und folgen Sie dem Anmeldedialog. Fertig!

Ihr Freischaltcode

BAMY-GZUB-JXLK-SISC-FCMJ-YH

Mössner/Seeger/Oellerich

Körperschaftsteuergesetz
Kommentar

Körperschaftsteuergesetz

Kommentar

Herausgegeben von
Prof. Dr. Jörg Manfred Mössner, Professor em. Universitäten Osnabrück/Paris-Sorbonne
Dr. Ingo Oellerich, Richter am FG Münster
mitbegründet von
Prof. Dr. Siegbert Seeger, Rechtsanwalt Steuerberater

Unter Mitarbeit von
Prof. Dr. Klaus von Brocke, Rechtsanwalt
Dr. Franziska Dietrich
Christoph Döpper, Rechtsanwalt Steuerberater
Martin Geißer, Rechtsanwalt Steuerberater Fachanwalt für Steuerrecht
Tim Hackemann, Rechtsanwalt Steuerberater
Dr. Hartmut Klein, Rechtsanwalt Steuerberater
Dr. Stephanie Krebbers-van Heek, Dipl.-Finanzwirtin (FH), Richterin
Dr. Ruben Martini, RiLG
Thomas Müller, Rechtsanwalt Vors. Richter am FG Köln a. D.
Prof. Dr. Andreas Musil
Dr. Florian Schnabel, Rechtsanwalt Steuerberater
Prof. Dr. Siegbert Seeger, Rechtsanwalt Steuerberater
Prof. Dr. Mathias Valta, Universität Düsseldorf
Dr. Barbara Zuber, Wirtschaftsprüferin Steuerberaterin

4. Auflage

▶ nwb KOMMENTAR

Es haben bearbeitet:
Von Brocke: Einführung; § 7 KStG
Dietrich/Schnabel: § 21 KStG
Döpper/Klein/Müller: § 8 KStG
Geißer: § 8b KStG
Hackemann: § 8c, 8d KStG
Klein: § 22, Vor §§ 36 – 40, 36, 37, 38, 39, 40 KStG
Koenig/Oellerich: § 5 KStG
Krebbers-van Heek/Mössner: § 9 KStG
Martini: §§ 13, 30, 34, 35 KStG
Mössner: §§ 12, 21b, 26, 27, 28, 29 KStG
Müller: Vor §§ 14 – 19, §§ 14, 15, 16, 17, 18, 19 KStG
Musil: § 4 KStG
Oellerich: §§ 1, 2, 3, 8a, 32a
Schnabel: §§ 6, 6a, 20, 21a KStG
Seeger: §§ 23, 24, 25 KStG
Valta: §§ 10, 31, 32, 33 KStG
Zuber: § 11 KStG

Zitiervorschlag
Bearbeiter in Mössner/Seeger/Oellerich, KStG, § … Rz. …

ISBN 978-3-482-64314-9

4. Auflage 2019

© NWB Verlag GmbH & Co. KG, Herne, 2013
www.nwb.de

Alle Rechte vorbehalten.

Dieses Buch und alle in ihm enthaltenen Beiträge und Abbildungen sind urheberrechtlich geschützt. Mit Ausnahme der gesetzlich zugelassenen Fälle ist eine Verwertung ohne Einwilligung des Verlages unzulässig.

Satz: Griebsch & Rochol Druck GmbH, Hamm
Druck: L.E.G.O., Italien

VORWORT

Knapp drei Jahre nach der dritten erscheint nun die vierte Auflage dieses Kommentars zum Körperschaftsteuergesetz. Sie ist auf dem Stand von Mitte mit kleineren Aktualisierungen bis Ende März 2019. Spätere Ergänzungen und Änderungen finden sich in der laufend aktualisierten Online-Fassung, die Ihnen neben dieser gedruckten Auflage zur Verfügung steht.

Die Rechtsentwicklung ist nicht seit der Vorauflage stehengeblieben. Zwar war der Gesetzgeber durch die Wahlen und die schwierige Regierungsbildung bedingt nicht in großem Umfange tätig, die übrigen Gestalter wie Rechtsprechung und Verwaltung hingegen haben ihr übliches Erneuerungstempo beibehalten. Vor allem der Europäische Gerichtshof hat einige erhebliche Änderungen notwendig gemacht. Das Schrifttum hat dies intensiv kommentiert. Dies alles ist im Kommentar sorgfältig aufgenommen und berücksichtigt worden. Hierfür danken die Herausgeber nachdrücklich den Autoren!

In ganz besonderem Maße gilt dieser Dank an die Autoren für die Qualität der Kommentierungen. Einerseits basieren die Kommentierungen auf einer hervorragenden wissenschaftlichen Grundlage, andererseits sind sie in besonderem Maße auf die praktische Anwendung des Gesetzes ausgerichtet. Es überrascht auch die Herausgeber immer wieder, mit wie vielen Beispielen aus der Praxis die Autoren das Gesetz in der praktischen Anwendung verdeutlichen.

Wie bereits bei den früheren Auflagen ist dem Verlag zu danken für die Gestaltungsfreiheit, die er Autoren und Herausgebern einräumt. Unser besonderer Dank gebührt Frau Beate Paul, der für unseren Kommentar zuständigen Lektorin, die Autoren und Herausgeber mit nie endender Geduld und Nachsicht, aber auch mit nie erlahmender Ausdauer begleitet, ermutigt und manchmal auch angespornt hat.

Zugleich leitet die 4. Auflage den Generationenwechsel bei den Herausgebern ein. Der langjährige Herausgeber Herr Prof. Dr. Siegbert Seeger hat altersbedingt die Herausgabe an Herrn Dr. Ingo Oellerich übertragen. Herr Prof. Dr. Seeger hat mit der Übernahme der Mitherausgeberschaft vor vielen Jahren die Entwicklung des Kommentars geprägt. Zunächst war es die Gewinnung neuer Autoren und sodann die Umstellung vom Loseblattwerk auf die gebundene Fassung mit Online-Kommentar. Dies alles war mit erheblichem Einsatz und vielen Besprechungen verbunden. Für die langjährige, vertrauensvolle Zusammenarbeit danke ich ihm zugleich im Namen des Verlages von Herzen. Mit diesem Dank verbindet sich ein herzliches Willkommen an den neuen Mitherausgeber, Dr. Ingo Oellerich.

Wir hoffen, dass der neue Band seinen Lesern für ihre tägliche Arbeit ein nützliches Werkzeug und Hilfsmittel ist. Über Kritik an Form und Inhalt des Dargebotenen werden wir uns freuen und darin einen Ansporn sehen, es künftig noch besser zu machen. Auch bei Anwendung der größten Sorgfalt in der Endredaktion lassen sich Fehler nicht vermeiden. Für entsprechende Hinweise der Leser oder auch Anregungen sind wir jederzeit dankbar.

Osnabrück/Köln, im Juli 2019

Prof. Dr. J. M. Mössner
Dr. Ingo Oellerich

INHALTSÜBERSICHT

	Seite
Vorwort	V
Literaturverzeichnis	XI
Abkürzungsverzeichnis	XV
EU-steuerpolitischer Hintergrund für das Körperschaftsteuergesetz	1

Erster Teil: Steuerpflicht — 110

§ 1	Unbeschränkte Steuerpflicht	110
§ 2	Beschränkte Steuerpflicht	138
§ 3	Abgrenzung der Steuerpflicht bei nichtrechtsfähigen Personenvereinigungen und Vermögensmassen sowie bei Realgemeinden	145
§ 4	Betriebe gewerblicher Art von juristischen Personen des öffentlichen Rechts	150
§ 5	Befreiungen	207
§ 6	Einschränkung der Befreiung von Pensions-, Sterbe-, Kranken- und Unterstützungskassen	315
§ 6a	Einkommensermittlung bei voll steuerpflichtigen Unterstützungskassen	323

Zweiter Teil: Einkommen — 323

Erstes Kapitel: Allgemeine Vorschriften — 323

§ 7	Grundlagen der Besteuerung	323
§ 8	Ermittlung des Einkommens	333
§ 8a	Betriebsausgabenabzug für Zinsaufwendungen bei Körperschaften (Zinsschranke)	904
§ 8b	Beteiligung an anderen Körperschaften und Personenvereinigungen	988
§ 8c	Verlustabzug bei Körperschaften	1142
§ 8d	Fortführungsgebundener Verlustvortrag	1297
§ 9	Abziehbare Aufwendungen	1329
§ 10	Nichtabziehbare Aufwendungen	1397
§ 11	Auflösung und Abwicklung (Liquidation)	1417
§ 12	Verlust oder Beschränkung des Besteuerungsrechts der Bundesrepublik Deutschland	1435
§ 13	Beginn und Erlöschen einer Steuerbefreiung	1514

ÜBERSICHT Inhalt

Seite

Zweites Kapitel: Sondervorschriften für die Organschaft — 1532

Vorbemerkungen zu §§ 14 – 19 KStG — 1532

§ 14	Aktiengesellschaft oder Kommanditgesellschaft auf Aktien als Organgesellschaft	1537
§ 15	Ermittlung des Einkommens bei Organschaft	1636
§ 16	Ausgleichszahlungen	1657
§ 17	Andere Kapitalgesellschaften als Organgesellschaft	1664
§ 18	(weggefallen)	1673
§ 19	Steuerabzug bei dem Organträger	1674

Drittes Kapitel: Sondervorschriften für Versicherungsunternehmen, Pensionsfonds und Bausparkassen — 1679

§ 20	Schwankungsrückstellungen, Schadenrückstellungen	1679
§ 21	Beitragsrückerstattungen	1712
§ 21a	Deckungsrückstellungen	1741
§ 21b	(weggefallen)	1745

Viertes Kapitel: Sondervorschriften für Genossenschaften — 1746

§ 22	Genossenschaftliche Rückvergütung	1746

Dritter Teil: Tarif; Besteuerung bei ausländischen Einkunftsteilen — 1772

§ 23	Steuersatz	1772
§ 24	Freibetrag für bestimmte Körperschaften	1778
§ 25	Freibetrag für Erwerbs- und Wirtschaftsgenossenschaften sowie Vereine, die Land- und Forstwirtschaft betreiben	1782
§ 26	Steuerermäßigung bei ausländischen Einkünften	1786

Vierter Teil: Nicht in das Nennkapital geleistete Einlagen und Entstehung und Veranlagung — 1846

§ 27	Nicht in das Nennkapital geleistete Einlagen	1846
§ 28	Umwandlung von Rücklagen in Nennkapital und Herabsetzung des Nennkapitals	1902
§ 29	Kapitalveränderungen bei Umwandlungen	1923
§ 30	Entstehung der Körperschaftsteuer	1949
§ 31	Steuererklärungspflicht, Veranlagung und Erhebung der Körperschaftsteuer	1961

		Seite
§ 32	Sondervorschriften für den Steuerabzug	1985
§ 32a	Erlass, Aufhebung oder Änderung von Steuerbescheiden bei verdeckter Gewinnausschüttung oder verdeckter Einlage	2014

Fünfter Teil: Ermächtigungs- und Schlussvorschriften — 2044

§ 33	Ermächtigungen	2044
§ 34	Schlussvorschriften	2051
§ 35	Sondervorschriften für Körperschaften, Personenvereinigungen oder Vermögensmassen in dem in Artikel 3 des Einigungsvertrages genannten Gebiet	2073

Vorbemerkungen zu §§ 36 – 40 KStG — 2075

Sechster Teil: Sondervorschriften für den Übergang vom Anrechnungsverfahren zum Halbeinkünfteverfahren — 2077

§ 36	Endbestände	2077
§ 37	Körperschaftsteuerguthaben und Körperschaftsteuerminderung	2105
§ 38	Körperschaftsteuererhöhung	2133
§ 39	Einlagen der Anteilseigner und Sonderausweis	2151
§ 40	(weggefallen)	2153

Stichwortverzeichnis — 2155

LITERATURVERZEICHNIS

In diesem Literaturverzeichnis sind Kommentare, Lehrbücher und Monografien, die im Kommentar mehrfach zitiert werden, aufgeführt. Spezialliteratur ist vor den einzelnen Kommentierungen angegeben.

A

Adler/Düring/Schmaltz, Rechnungslegung und Prüfung der Unternehmen, Kommentar zum HGB, AktG, GmbHG, PublG, 6. Aufl., Stuttgart 2016

B

Baumbach/Hueck, Kommentar zum GmbH-Gesetz, 22. Aufl., München 2019
Klein/Müller, Praxishandbuch der GmbH, 4. Aufl., Herne 2017
Blaurock, Handbuch der Stillen Gesellschaft, 8. Aufl., Köln 2016
Blümich, EStG-KStG-GewStG und Nebengesetze; Loseblatt-Kommentar, München
Bott/Walter (Hrsg.), Körperschaftsteuergesetz, Kommentar, Loseblatt, Bonn
Brandmüller, Betriebsaufspaltung, Die aktuelle Rechtsform, Loseblatt, Freiburg i. Br.
Brandmüller/Küffner, Bonner Handbuch GmbH, Loseblatt, Bonn

D

Dötsch/Pung/Möhlenbrock, Die Körperschaftsteuer, Kommentar, Loseblatt, Stuttgart

E

Endriss, Bilanzbuchhalter-Handbuch, 11. Aufl., Herne 2017
Erle/Sauter (Hrsg.), Körperschaftsteuergesetz, Kommentar, 3. Aufl., Heidelberg 2010

F

Flick/Wassermeyer/Baumhoff/Schönfeld, Kommentar zum Außensteuerrecht, Loseblatt, Köln
Frotscher/Drüen, Kommentar zum Körperschafts- und Umwandlungssteuergesetz, Loseblatt, Freiburg i. Br.

G

Gosch, Körperschaftsteuergesetz, Kommentar, 3. Aufl., München 2015
Gosch/Kroppen/Grotherr, DBA-Kommentar, Loseblatt, Herne

H

Heinhold/Hüsing/Kühnel/Streif/Weißflog, Lehrbuch Besteuerung der Gesellschaften, 3. Aufl. Herne 2015
Herrmann/Heuer/Raupach, Einkommensteuer- und Körperschaftsteuergesetz, Kommentar, Loseblatt, Köln

J

Jacobs, Internationale Unternehmensbesteuerung, 8. Aufl., München 2016
Jacobs/Scheffler, Steueroptimale Rechtsform, 2. Aufl., München 1996
Janssen, Verdeckte Gewinnausschüttungen, 12. Aufl., Herne 2017

K

Kanzler/Kraft/Bäuml, Einkommensteuergesetz Kommentar, 4. Aufl., Herne 2019
Kirchhof, EStG Kommentar, 18. Aufl., Köln 2019
Klein/Müller/Lieber, Änderung der Unternehmensform, 11. Aufl., Herne 2017
Knobbe-Keuk, Bilanz- und Unternehmenssteuerrecht, 9. Aufl., Köln 1993
Köllen/Reichert/Vogl/Wagner, Lehrbuch Körperschaftsteuer und Gewerbesteuer, 5. Aufl., Herne 2016
Kütting/Weber, Handbuch der Rechnungslegung, Kommentar, Loseblatt, Stuttgart

L

Lademann, Kommentar zum Körperschaftsteuergesetz, Loseblatt, Stuttgart
Lange, (Begr.), Personengesellschaften im Steuerrecht, 10. Aufl., Herne 2018
Littmann/Bitz/Hellwig, Das Einkommensteuerrecht, Loseblatt, Stuttgart

M

Maier/Gunsenheimer/Schneider/Kremer, Lehrbuch Einkommensteuer, 25. Aufl., Herne 2019
Mössner u. a., Steuerrecht international tätiger Unternehmen, 5. Aufl., Köln 2018
Müller/Stöcker/Lieber, Die Organschaft, 10. Aufl., Herne 2017; 11. Aufl., Herne 2019

P

Palandt, Bürgerliches Gesetzbuch, Kommentar, 78. Auflage, München 2019
Pradl, Pensionszusagen an GmbH-Geschäftsführer, 4. Aufl., Herne 2019

R

Rupp/Felder/Geiger/Lang, Verdeckte Gewinnausschüttung, Verdeckte Einlage, Loseblatt, Stuttgart

S

Schmidt, Einkommensteuergesetz, Kommentar, 38. Aufl., München 2019
Schleder, Steuerrecht der Vereine, 12. Aufl., Herne 2018
Scholz, Kommentar zum GmbH-Gesetz, 12. Aufl., Köln 2018
Söffing/Micker, Die Betriebsaufspaltung, 7. Aufl., Herne 2018
Streck, Körperschaftsteuergesetz – Kommentar, 9. Aufl., München 2018

T

Tipke/Lang, Steuerrecht, 23. Aufl., Köln 2018

W

Weber-Grellet, Bilanzsteuerrecht, 17. Aufl., Münster 2019
Wöhe/Mock, Die Handels- und Steuerbilanz, 6. Aufl., München 2010

Z

Zöllner/Noack, Kölner Kommentar zum Aktiengesetz, Loseblatt, Köln

ABKÜRZUNGSVERZEICHNIS

A

a. A.	andere(r) Ansicht
a. a. O.	am angegebenen Ort
ABl. EG	Amtsblatt der Europäischen Gemeinschaft
Abs.	Absatz
Abschn.	Abschnitt
AE	Anteilseigner
AEAO	Anwendungserlass zur Abgabenordnung
ÄndG	Änderungsgesetz
ÄndVO	Änderungsverordnung
AEUV	Vertrag über die Arbeitsweise der Europäischen Union
AIFM-StAnpG	Gesetz zur Anpassung des Investmentsteuergesetzes und anderer Gesetze
AIG	Auslandsinvestitionsgesetz
a. F.	alte(r) Fassung
AfA	Absetzung für Abnutzung
AfaA	Absetzung für außergewöhnliche technische und wirtschaftliche Abnutzung
AG	Aktiengesellschaft; auch Die Aktiengesellschaft (Zs.)
AGB	Allgemeine Geschäftsbedingungen
AK	Anschaffungskosten
AktG	Aktiengesetz
Alt.	Alternative
AltEinkG	Alterseinkünftegesetz
AltPflG	Altenpflegegesetz
AltZertG	Gesetz über die Zertifizierung von Altersvorsorgeverträgen (Altersvorsorgeverträge-Zertifizierungsgesetz)
AmtshilfeRLUmsG	Gesetz zur Umsetzung der Amtshilferichtlinie sowie zur Änderung steuerlicher Vorschriften
Anm.	Anmerkung
AO	Abgabenordnung
AR	Aufsichtsrat
Art.	Artikel
AStG	Außensteuergesetz
Aufl.	Auflage
AuslInvestmG	Auslandsinvestmentgesetz
AVmG	Altersvermögensgesetz
AWD	Außenwirtschaftsdienst des Betriebs-Beraters
Az.	Aktenzeichen

B

BA	Betriebsausgaben
BAnz.	Bundesanzeiger

VERZEICHNIS Abkürzungen

BAV	Bundesaufsichtsamt für das Versicherungs- und Bausparwesen
BAV-AO	Anordnung des Bundesaufsichtsamts für das versicherungs- und Bausparwesen
BayLfSt	Bayerisches Landesamt für Steuern
BB	Betriebsberater (Zs.)
BBB	BeraterBrief Betriebswirtschaft (Zs.)
BBK	Buchführung, Bilanz, Kostenrechnung (Zs.)
BBV	BeraterBrief Vermögen (Zs.)
Bd.	Band
BdF	Bundesminister(ium) der Finanzen
Beil.	Beilage
BeitrRLUmsG	Beitreibungsrichtlinie-Umsetzungsgesetz
BEPS	Base Erosion and Profit Shifting
BerlinFG	Berlinförderungsgesetz
Beschl.	Beschluss
BetrAVG	Gesetz zur Verbesserung der betrieblichen Altersversorgung
BetrVG	Betriebsverfassungsgesetz
BewG	Bewertungsgesetz
BfF	Bundesamt für Finanzen
BFH	Bundesfinanzhof
BFHE	Sammlung der Entscheidungen des Bundesfinanzhofs
BFH/NV	Nicht veröffentlichte Entscheidungen des BFH (Zs.)
BFuP	Betriebswirtschaftliche Forschung und Praxis (Zs.)
BgA	Betrieb(e) gewerblicher Art
BGB	Bürgerliches Gesetzbuch
BGBl	Bundesgesetzblatt (I, II, III)
BGH	Bundesgerichtshof
BGHZ	Entscheidungen des Bundesgerichtshofs in Zivilsachen
BiRiLiG	Bilanzrichtliniengesetz
BMF	Bundesminister(ium) der Finanzen
BP-Kartei	Betriebsprüfungskartei der Oberfinanzdirektion Düsseldorf, Köln und Münster
BRAGO	Bundesrechtsanwaltsgebührenordnung
BRAO	Bundesrechtsanwaltsordnung
BR-Drucks./Drs.	Bundesrats-Drucksache
BStBl	Bundessteuerblatt
bspw.	beispielsweise
BT-Drucks./Drs.	Bundestags-Drucksache
Buchst.	Buchstabe
BuW	Betrieb und Wirtschaft (Zs.)
BV	Betriebsvermögen
BVerfG	Bundesverfassungsgericht
BVerfGE	Entscheidungen des Bundesverfassungsgerichts
BVerwG	Bundesverwaltungsgericht
BVG	Betriebsverfassungsgesetz
BVZ	Baumschulvergleichszahlen
bzgl.	bezüglich

BZSt	Bundeszentralamt für Steuern
bzw.	beziehungsweise

D

DB	Der Betrieb (Zs.)
DBA	Doppelbesteuerungsabkommen
DDR-IG	DDR-Investitionsgesetz
ders.	derselbe
dies.	dieselbe
Diss.	Dissertation
dgl.	dergleichen
d. h.	das heißt
DNotZ	Deutsche Notar-Zeitung (Zs.)
DÖV	Die öffentliche Verwaltung (Zs.)
DStR	Deutsches Steuerrecht (Zs.)
DStZ	Deutsche Steuerzeitung (Zs.)
DVBl	Deutsches Verwaltungsblatt (Zs.)
DVO	Durchführungsverordnung

E

EAV	Ergebnisabführungsvertrag
EFG	Entscheidungen der Finanzgerichte (Zs.)
eG	eingetragene Genossenschaft
EG	Europäische Gemeinschaft
EGAO	Einführungsgesetz zur Abgabenordnung
EGBGB	Einführungsgesetz zum Bürgerlichen Gesetzbuch
EGStGB	Einführungsgesetz zum Strafgesetzbuch
EGV	EG-Vertrag
EigZulG	Eigenheimzulagengesetz
einschl.	einschließlich
EK	Eigenkapital
ErbSt	Erbschaftsteuer
ErbStG	Erbschaftsteuergesetz
Erg.Lfg.	Ergänzungslieferung
Erl.	Erlass
ESt	Einkommensteuer
EStB	Der Ertrag-Steuer-Berater (Zs.)
EStDV	Einkommensteuer-Durchführungsverordnung
EStG	Einkommensteuergesetz
EStH	Amtliches Einkommensteuer-Handbuch
ESt-Kartei NW	Einkommensteuer-Kartei Nordrhein-Westfalen
estpfl.	einkommensteuerpflichtig
EStR	Einkommensteuer-Richtlinien
etc.	et cetera

VERZEICHNIS Abkürzungen

EU	Europäische Union
EuGH	Europäischer Gerichtshof
EuGHE	Entscheidungen des Europäischen Gerichtshofs
EURLUmsG	EU-Richtlinien-Umsetzungsgesetz
EuZW	Europäische Zeitschrift für Wirtschaftsrecht
e.V.	eingetragener Verein
evtl.	eventuell
EWiR	Entscheidungen zum Wirtschaftsrecht (Zs.)
EWIV	Europäische wirtschaftliche Interessenvereinigung
EWR	Europäischer Wirtschaftsraum
EWS	Europäisches Wirtschafts- und Steuerrecht (Zs.)
EZ	Erhebungszeitraum

F

F.	Fach
FA	Finanzamt
f., ff.	folgend(e)
FG	Finanzgericht
FGO	Finanzgerichtsordnung
Fifo	First in – first out
FinBeh	Finanzbehörde
FinMin	Finanzministerium
FinVerw	Finanzverwaltung
FördG (auch FörderGG)	Fördergebietsgesetz
FMStG	Finanzmarktstabilisierungsgesetz
Fn.	Fußnote
FR	Finanzrundschau (Zs.)
FS	Festschrift

G

GAufzV	Gewinnabgrenzungsaufzeichnungsverordnung v. 13.11.2003
GAV	Gewinnabführungsvertrag
GbR	Gesellschaft bürgerlichen Rechts
gem.	gemäß
GenG	Genossenschaftsgesetz
GesGf	Gesellschafter-Geschäftsführer
GewSt	Gewerbesteuer
GewStDV	Gewerbesteuer-Durchführungsverordnung
GewStG	Gewerbesteuergesetz
GewStR	Gewerbesteuer-Richtlinien
GG	Grundgesetz
ggf.	gegebenenfalls
GKKB	Gemeinsame Konsolidierte Körperschaftsteuer-Bemessungsgrundlage
gl. A.	gleicher Ansicht

GLEIS	Global Legal Identifies Stiftung
GmbH	Gesellschaft mit beschränkter Haftung
GmbHG	GmbH-Gesetz
GmbHR	GmbH-Rundschau (Zs.)
gwstl.	gewerbesteuerlich
GmbH-StB	Der GmbH-Steuer-Berater (Zs.)
GmbH-Stpr.	GmbH-Steuerpraxis (Zs.)
GoB	Grundsätze ordnungsmäßiger Buchführung
grds.	grundsätzlich
GrESt	Grunderwerbsteuer
GrEStG	Grunderwerbsteuergesetz
GrS	Großer Senat
GStB	Gestaltende Steuerberatung (Zs.)
GuV	Gewinn- und Verlustrechnung
GVBl.	Gesetz- und Verordnungsblatt
GwG	Geringwertiges Wirtschaftsgut

H

H	Hinweis zu den EStR
h. A.	herrschende Ansicht
HB	Handelsbilanz
HBeglG	Haushaltsbegleitgesetz
HFR	Höchstrichterliche Finanzrechtsprechung (Zs.)
HGB	Handelsgesetzbuch
h. M.	herrschende Meinung
HR	Handelsregister
Hrsg.; hrsg.	Herausgeber; herausgegeben
HStruktG	Haushaltsstrukturgesetz

I

i. A.	Im Allgemeinen
i. d. F.	in der Fassung
i. d. R.	in der Regel
IDW	Institut der Wirtschaftsprüfer Deutschlands e.V.
i. E.	im Einzelnen
i. H. v.	in Höhe von
INF	Die Information (Zs.)
InsO	Insolvenzordnung
InvStG	Investmentsteuergesetz
InvZulG	Investitionszulagengesetz
IPRax	Praxis des internationalen Privat- und Verfahrensrechts (Zs.)
i. S. d.	im Sinne des/der
IStR	Internationales Steuerrecht (Zs.)
i. S. v.	im Sinne von

VERZEICHNIS Abkürzungen

i.V.m.	in Verbindung mit
IWB	Internationale Wirtschafts-Briefe (Zs.)

J

JbFfSt	Jahrbuch der Fachanwälte für Steuerrecht
JR	Juristische Rundschau (Zs.)
JStG	Jahressteuergesetz
JZ	Juristenzeitung (Zs.)

K

KAE	Konzessionsabgabenordnung
KAGG	Gesetz über Kapitalanlagegesellschaften
KapCoRiLiG	Kapitalgesellschaften- und Co-Richtlinien-Gesetz
KapErhG	Kapitalerhöhungsgesetz
KapErtrSt (auch KapESt)	Kapitalertragsteuer
KapGes	Kapitalgesellschaft
KG	Kommanditgesellschaft
KGaA	Kommanditgesellschaft auf Aktien
KiSt	Kirchensteuer
Kj.	Kalenderjahr
KO	Konkursordnung
KÖSDI	Kölner Steuerdialog (Zs.)
KontraG	Gesetz zur Kontrolle und Transparenz im Unternehmensbereich
krit.	kritisch
KSR direkt	Kommentiertes Steuerrecht direkt (Zs.)
KSt	Körperschaftsteuer
KStÄR	Körperschaftsteuer-Änderungsrichtlinien
KStDV	Körperschaftsteuer-Durchführungsverordnung
KStG	Körperschaftsteuergesetz
kstlich	körperschaftsteuerlich
KStR	Körperschaftsteuer-Richtlinien
KStZ	Kommunale Steuerzeitschrift
KWG	Kreditwesengesetz

L

LAG	Lastenausgleichsgesetz
lfd.	laufend
Lfg.	Lieferung
LG	Landgericht
lt.	Laut
LSt	Lohnsteuer
LStDV	Lohnsteuer-Durchführungsverordnung
LStR	Lohnsteuer-Richtlinien

M

max.	maximal
MDBA	Musterabkommen zu den DBA
m. E.	meines Erachtens
MinBlFin	Ministerialblatt des Bundesministers der Finanzen
Mio.	Millionen
m. w. N.	mit weiteren Nachweisen
MwSt	Mehrwertsteuer

N

nabz.	nichtabzugsfähig
NATO	North Atlantic Treaty Organization
n. F.	neue Fassung
NJW	Neue Juristische Wochenschrift (Zs.)
Nr.	Nummer
nrkr.	nicht rechtskräftig
NRW	Nordrhein-Westfalen
NSt	Neues Steuerrecht von A-Z (Zs.)
n. v.	nicht veröffentlicht
NWB	Neue Wirtschafts-Briefe (Zs.)
NWB DokID	NWB Dokumenten-Identifikationsnummer
NZB	Nichtzulassungsbeschwerde

O

o. a.	oben angeführt
ÖStZ	Österreichische Steuerzeitung
OECD	Organization for Economic Cooperation and Development
OECD-MA	OECD-Musterabkommen
OFD	Oberfinanzdirektion
OFH	Oberster Finanzgerichtshof
OG	Organgesellschaft
oGA	offene Gewinnausschüttung
oHG	offene Handelsgesellschaft
OLG	Oberlandesgericht
OrgT	Organträger
OVG	Oberverwaltungsgericht

P

PartGG	Partnerschaftsgesellschaftsgesetz
PersGes	Pesonengesellschaft
PIR	Praxis der internationalen Rechnungslegung (Zs.)
PIStB	Praxis Internationale Steuerberatung (Zs.)
PublG	Gesetz über die Rechnungslegung von bestimmten Unternehmen und Konzernen - Publizitätsgesetz

R

R	Richtlinie
RAO	Reichsabgabenordnung
RAP	Rechnungsabgrenzungsposten
RBerG	Rechtsberatungsgesetz
Rdf	Reichsminister der Finanzen
RefE	Referentenentwurf
REITG	Gesetz über deutsche Immobilien-Aktiengesellschaften mit börsennotierten Anteilen
Rev.	Revision
RFH	Reichsfinanzhof
RGBl	Reichsgesetzblatt
RIW/AWD	Recht der internationalen Wirtschaft (Zs.)
rkr.	rechtskräftig
RRVO	Richtlinien zu der Rechtsverordnung über die Rechnungslegung gegenüber dem Bundesamt für Versicherungswesen
Rs.	Rechtssache
Rspr.	Rechtsprechung
RStBl	Reichssteuerblatt
RumpfWj	Rumpfwirtschaftsjahr
RVO	Reichsversicherungsordnung
RWP	Rechts- und Wirtschafts-Praxis (Zs.)
Rz.	Randziffer

S

S.	Seite
s.	siehe
s. a.	siehe auch
SBV	Sonderbetriebsvermögen
SGB	Sozialgesetzbuch
SEStEG	Gesetz über steuerliche Begleitmaßnahmen zur Einführung der Europäischen Gesellschaft und zur Änderung weiterer steuerrechtlicher Vorschriften
Slg.	Sammlung der Entscheidungen des EuGH
s. o.	siehe oben
sog.	so genannte(r)
SolZ	Solidaritätszuschlag
SolZG	Solidaritätszuschlaggesetz
StÄndG	Steueränderungsgesetz
StandOG	Standortsicherungsgesetz
StAnpG	Steueranpassungsgesetz
StBÄndG	Gesetz zur Änderung von Vorschriften über die Tätigkeit der Steuerberater
StBAG	Steuerbeamtenausbildungsgesetz
StBerG	Steuerbereinigungsgesetz
StB	Steuerbilanz/Der Steuerberater (Zs.)
Stbg	Die Steuerberatung (Zs.)

StbJb		Steuerberater-Jahrbuch
StBKongress-Rep		Steuerberater-Kongress-Report
StBp		Steuerliche Betriebsprüfung (Zs.)
StEd		Steuer-Eildienst (Zs.)
StEK		Steuer-Erlasse in Karteiform (Zs.)
StEntlG		Steuerentlastungsgesetz
StEuglG		Steuer-Euroglättungsgesetz
StiK		Steuerrecht in Kurzform
StLex		Steuer-Lexikon
StMBG		Gesetz zur Bekämpfung d. Missbrauchs u. zur Bereinigung d. Steuerrechts
str.		streitig
StRefG		Steuerreformgesetz
StRK		Steuerrecht in Karteiform
st. Rspr.		Ständige Rechtsprechung
StSenkG		Steuersenkungsgesetz
StStud		Steuer und Studium (Zs.)
StuB		Steuern und Bilanzen (Zs.)
StuW		Steuer und Wirtschaft (Zs.)
StVBG		Steuerverkürzungsbekämpfungsgesetz
StVergAbG		Steuervergünstigungsabbaugesetz
StWA (StW)		Steuerwarte (Zs.)
SubvAbG		Subventionsabbaugesetz

T

TabStG		Tabaksteuergesetz
Tz.		Textziffer

U

u.		und
u. a.		unter anderem
u. E.		unseres Erachtens
UKa		Unterstützungskasse(n)
UM		Unternehmensbewertung & Management (Zs.)
UmwG		Umwandlungsgesetz
UmwStG		Umwandlungssteuergesetz
UN-MA		UN-Musterabkommen
UntStFG		Unternehmenssteuerfortentwicklungsgesetz
UntStRefG		Unternehmensteuerreformgesetz
Urt.		Urteil
USt		Umsatzsteuer
UStAVermG		Gesetz zur Vermeidung von Umsatzsteuerausfällen beim Handel mit Waren im Internet und zur Änderung weiterer steuerlicher Vorschriften
UStDV		Umsatzsteuer-Durchführungsverordnung
UStG		Umsatzsteuergesetz

VERZEICHNIS Abkürzungen

USt-IdNr.	Umsatzsteuer-Identifikationsnummer
ustlich	umsatzsteuerlich
UStR	Umsatzsteuerrichtlinien
usw.	und so weiter
u.U.	unter Umständen

V

v.	vom
VAG	Versicherungsaufsichtsgesetz
Val.	Valuta
vE	verdeckte Einlage
vEK	verwendbares Eigenkapital
VerBAV	Veröffentlichungen des BAV
VerschG	Verschollenheitsgesetz
Vfg.	Verfügung
VermBG	Vermögensbildungsgesetz
VersBiRiLiG	Versicherungsbilanzrichtliniengesetz
VersWi	Versicherungswirtschaft
vGA	verdeckte Gewinnausschüttung
VGH	Verwaltungsgerichtshof
vgl.	vergleiche
v. H.	vom Hundert
VO	Verordnung
Vorbem.	Vorbemerkung
VSt(G)	Vermögensteuer(gesetz)
VuV	Vermietung und Verpachtung
VVaG	Versicherungsverein auf Gegenseitigkeit
VZ	Veranlagungszeitraum

W

WG	Wirtschaftsgut
WGG	Wohnungsgemeinnützigkeitsgesetz
WGGDV	Verordnung zur Durchführung des Wohnungsgemeinnützigkeitsgesetzes
Wj.	Wirtschaftsjahr
WK	Werbungskosten
WM	Wertpapier-Mitteilungen (Zs.)
WP	Wirtschaftsprüfer
WPg	Die Wirtschaftsprüfung (Zs.)
WPO	Wirtschaftsprüferordnung

Z

z. B.	zum Beispiel
ZEV	Zeitschrift für Erbrecht und Vermögensnachfolge (Zs.)
ZfbF	Zeitschrift für betriebswirtschaftliche Forschung

ZGR	Zeitschrift für Unternehmens- und Gesellschaftsrecht
Ziff.	Ziffer
ZIP	Zeitschrift für Wirtschaftsrecht
zvE	zu versteuerndes Einkommen
ZPO	Zivilprozessordnung
Zs.	Zeitschrift
z. T.	zum Teil
zz.	zurzeit
zzgl.	zuzüglich

EU-steuerpolitischer Hintergrund für das Körperschaftsteuergesetz

Inhaltsübersicht	Rz.
A. Einleitung	1 - 3
B. Europarechtliche Grundlagen	4 - 130
I. Die Vorgaben des Unionsrechts	4 - 35
II. Die verfahrensrechtliche Durchsetzung des Unionsrechts	36 - 130
1. Veranlagung	37 - 45
2. Einspruch	46 - 55
3. Vorbehalt der Nachprüfung	56 - 60
4. Vorläufige Steuerfestsetzung	61 - 65
5. Anwendung der Korrekturtatbestände der AO	66 - 75
6. Europäisches Verfahrensrecht	76 - 130
C. Entwicklung der Harmonisierungsmaßnahmen auf dem Gebiet des Körperschaftsteuerrechts	131 - 167
I. Das Erfordernis der Einstimmigkeit	131 - 135
II. Das EU-Gesetzgebungsverfahren	136 - 140
1. Rechtsakte	136
2. Gesetzgebungsverfahren	137 - 140
III. Steuerliche Maßnahmen des sekundären Unionsrechts: Steuerrichtlinien	141 - 150
IV. Harmonisierung der steuerlichen Bemessungsgrundlage – die GKKB	151 - 167
D. Maßnahmen zur Bekämpfung steuerlichen Missbrauchs	168 - 250
I. Einfluss der BEPS Maßnahmen der OECD	168 - 171
II. Antwort der EU zu BEPS	172 - 250
1. Die Anti-Steuervermeidungs-Richtlinie (ATAD I und II)	172 - 185
a) Hybride Gestaltungen	176 - 183
b) Umsetzungsfristen und nationalstaatliche Umsetzung	184 - 185
2. Richtlinienvorschlag bezüglich der Offenlegung steuerlich relevanter Informationen (public CBCR)	186
3. Richtlinie über meldepflichtige grenzüberschreitende Gestaltungen	187 - 215
a) Begriff der Gestaltung	190
b) Grenzüberschreitende Gestaltung	191 - 192
c) Meldepflichtige grenzüberschreitende Gestaltung	193
d) Intermediär	194
e) Relevanter Steuerpflichtiger	195
f) Verbundene Unternehmen	196 - 197
g) „Marktfähige" und „maßgeschneiderte" Gestaltung	198
h) Anzeigepflichten	199
i) Meldefrist	200
j) Marktfähige Gestaltungen	201
k) Zu übermittelnde Informationen	202
l) Rückgriff auf den Steuerpflichtigen bei Befreiung und Inhouse-Gestaltungen	203
m) Ausnahmeregelung im Fall von Verschwiegenheitspflichten	204 - 205
n) Meldepflicht gegenüber mehr als einem Mitgliedstaat	206
o) Beteiligung mehrerer Personen	207
p) Zusätzliche Meldepflicht bei mehrjähriger Nutzung	208
q) Keine Rückmeldung der Finanzverwaltung notwendig	209
r) Automatischer Informationsaustausch	210
s) Hallmarks/Kennzeichen	211
t) Main Benefit Test	212
u) Inkrafttreten der EU-Richtlinie	213

	v) Nationale Umsetzung	214
	w) Anwendung	215
4.	„Black List": Nicht-kooperative Steuergebiete	216
5.	Richtlinie über Verfahren zur Beilegung von Besteuerungsstreitigkeiten	217
6.	Faire Besteuerung der digitalen Wirtschaft – OECD und EU	218 - 250
	a) Vorschlag der signifikanten digitalen Präsenz	224 - 225
	b) Vorschlag der Digitalsteuer	226 - 250

E. Die EU-rechtlichen Vorgaben im Einzelnen — 251 - 315

- I. Die Mutter-/Tochter-Richtlinie — 251 - 275
  1. Wesentlicher Inhalt der Richtlinie — 251 - 254
  2. Zur Umsetzung der Richtlinie — 255 - 275
- II. Die Zins-/Lizenzgebührenrichtlinie — 276 - 300
  1. Wesentlicher Inhalt der Richtlinie — 278 - 290
  2. Zur Umsetzung der Richtlinie — 291 - 293
  3. Vereinbarkeit der Hinzurechnung von Dauerschuldzinsen nach § 8 Nr. 1 GewStG mit der Zins-/Lizenzgebührenrichtlinie — 294 - 300
- III. Steuerliche Fusionsrichtlinie — 301 - 315
  1. Allgemeines und wesentlicher Inhalt — 301
  2. Impulse durch Gesellschaftsrecht und EuGH-Rechtsprechung — 302 - 303
  3. Umsetzung der Richtlinie — 304 - 315

F. Problemfelder zwischen dem KStG und dem Unionsrecht — 316 - 483

- I. Körperschaftsteuerbefreiung einer gemeinnützigen beschränkt steuerpflichtigen Stiftung — 316 - 330
- II. Berücksichtigung ausländischer Verluste — 331 - 400
  1. Rechtsprechung des EuGH (Marks & Spencer etc.) — 331 - 345
     a) Die Entscheidung in der Rs. Marks & Spencer — 331 - 333
     b) Berücksichtigung laufender Verluste (Rs. X-Holding) — 334 - 345
  2. Organschaft — 346 - 370
     a) Grenzüberschreitende Organschaft – §§ 14 ff. KStG — 346
     b) Folgerungen für das deutsche Recht der Organschaft — 347 - 350
     c) Zwei deutsche Marks & Spencer-Verfahren — 351 - 359
     d) Vermeidung einer doppelten Verlustberücksichtigung, § 14 Abs. 1 Satz 1 Nr. 5 KStG — 360 - 361
     e) Horizontale Organschaft? Das Urteil in den verbundenen Verfahren C-39/13, C-40/13 und C-41/13 (SCA Group Holding u. a.) — 362 - 370
  3. § 2a EStG — 371 - 400
- III. Quellenbesteuerung von Portfolio-Dividenden, § 32 KStG — 401 - 435
  1. Einführung — 401
  2. Grundlegende Rechtsprechung des EuGH zur Quellenbesteuerung — 402 - 406
  3. Das Urteil Europäische Kommission gegen Deutschland — 407
  4. Das EuGH-Urteil in der Rs. Santander — 408
  5. Das Urteil des EuGH vom 8. 11. 2012 - Rs. C-342/10, Europäische Kommission gegen Finnland — 409 - 410
  6. Gesetz zur Umsetzung des EuGH-Urteils vom 20. 10. 2011 in der Rechtssache C-284/09 — 411 - 415
  7. Dividendenausschüttungen an Gesellschaften in Drittstaaten — 416 - 435
- IV. Wegzugsbesteuerung — 436 - 460
  1. Wegzug natürlicher Personen — 436 - 442
  2. Wegzug von Körperschaften — 443 - 460
- V. Beihilfe Allgemein und die Problematiken im Fall des Verlustabzugs bei Körperschaften, § 8c Abs. 1a KStG — 461 - 483
  1. Beihilfe Allgemein — 461 - 476
  2. Das Vorgehen gegen die „ruling"-Praxis einiger Mitgliedstaaten unter Beihilferecht — 477 - 482
  3. Sanierungsklausel des § 8c Abs. 1a KStG — 483

A. Einleitung

Europa steht vor gewaltigen Herausforderungen. Die Euro-Krise hat die Strukturdefizite einer Bildung einer Währungsunion ohne fundamentale Harmonisierung oder zumindest institutionell gefestigter Koordinierung der Wirtschafts- und Haushaltspolitik offen gelegt. Nichts desto Trotz hat diese Krise ein engeres Zusammengehen und -halten der Euro-Länder und am Rand auch aller EU-Mitgliedstaaten deutlich gemacht. Das nun am 29. März 2017 vom Vereinigten Königreich an alle EU Mitgliedstaaten eingereichte Austrittsgesuch („Brexit") wird außerordentliche Spuren in dem EU-Recht und auch im EU-Steuerrecht hinterlassen, führte aber gleichzeitig zumindest für den Augenblick zu einer festeren Einheit der übrigen 27 EU-Mitgliedstaaten. Für das Jahr 2019 stehen zudem direkte Wahlen zu dem Europäischen Parlament und die damit einhergehende vollständige Umbesetzung der Europäischen Kommission an.

Und die mittlerweile globale Bekämpfung der Aushöhlung der Bemessungsgrundlagen und Gewinnverschiebung („BEPS") in dem gerade die EU als Vorreiter agiert, zeitigte auch eine Fülle von einheitlichen Richtlinienverabschiedungen auf dem Gebiet des direkten Steuerrechts, für das die EU nachgerade keine Zuständigkeit aufweist. Neben den „Mega-Projekten" einer Gemeinsamen Konsolidierten Körperschaftsteuerbemessungsgrundlage (GKKB) mit unmittelbarsten Einfluss auf das nationale Körperschaftsteuerrecht, dem Aktionsplan gegen aggressive Steuerplanung sowie einer Finanztransaktionssteuer sind es gerade die stillen Initiativen der Kommission zusammen mit den Mitgliedstaaten, die die eigentliche Angleichung der Körperschaftsteuersysteme bewerkstelligen. Zu nennen sind das Projekt des „Europäischen Semesters", die Erweiterungen der Kooperationsrichtlinie (früher Amtshilferichtlinie), die Wiederauflage der Code of Conduct Gruppe, der „Euro + 10 Pakt" mit weitreichender steuerlicher Koordinierung der Politiken sowie Initiativen zur Vermeidung der Doppelbesteuerung und der Bekämpfung des Steuerbetrugs und der Steuerhinterziehung.

Staatliche Haushaltsprobleme und in der Öffentlichkeit verstärkt wahrnehmbares Handeln der Behörden in Fällen des Verdachts auf Steuerhinterziehung haben insbesondere in einigen industrialisierten Staaten dazu geführt, dass die Politik zusehends eine Tendenz entwickelt, steuermindernde Gestaltungen zu erschweren. Dies betrifft neben natürlichen Personen, insbesondere auch die Unternehmensbesteuerung. Hierbei sind sowohl Initiativen auf Gemeinschaftsebene als auch weltweit eingeleitet worden. Im erstgenannten Fall hat die Kommission einen Aktionsplan zur Bekämpfung von Steuerbetrug und Steuerhinterziehung veröffentlicht sowie Empfehlungen ausgearbeitet, die gegen aggressive Steuerplanung und auf eine Förderung verantwortungsvollen Handelns im Steuerbereich gerichtet sind.[1] Zeitgleich hat die Generaldirektion Wettbewerb umfangreiche Prüfverfahren unter Beihilfegesichtspunkten gegen europäische Mitgliedstaaten eingeleitet und mehrere Verfahren, u. a. gegen Luxemburg, die Niederlande, Irland und Belgien, bereits zum Abschluss gebracht.

Schließlich erschüttert das Brexit-Votum des Vereinigten Königreichs die Grundfeste der Europäischen Union mit noch nicht genau absehbaren Folgen für den bereits teilweise harmonisierten Bereich der direkten Steuern mittels der Richtlinien und der Rechtsprechung des Gerichtshofs der Europäischen Union.

---

[1] Mitteilung der Kommission an das Europäische Parlament und den Rat v. 6.12.2012, COM(2012) 722 final; Empfehlung der Kommission v. 6.12.2012 betreffend aggressive Steuerplanung, COM(2012) 8806 final; Empfehlung der Kommission v. 6.12.2012 für Maßnahmen, durch die Drittländer zur Anwendung von Mindeststandards für verantwortungsvolles Handeln im Steuerbereich veranlasst werden sollen, COM(2012) 8805 final.

2 *(Einstweilen frei)*

3 Das Europäische Parlament hat im Februar 2015 infolge der Luxemburg-Leaks-Enthüllungen die Schaffung eines Sonderausschusses beschlossen. Dieser soll „die von den Mitgliedstaaten gehandhabte Praxis bei der Anwendung der Vorschriften des Beihilfe- und Steuerrechts der EU in Bezug auf Steuervorbescheide und andere Maßnahmen ähnlicher Art oder Wirkung… prüfen, sofern eine solche Vorgehensweise in die Verantwortung eines Mitgliedstaates oder der Kommission fällt." Ziel ist unter anderem die Analyse und Prüfung der Anwendung der wesentlichen einschlägigen Rechtsgrundlagen in der Praxis. Am 16.12.2015 veröffentlichte die ECON (Ausschuss für Wirtschaft und Währung des Europäischen Parlaments) einen Bericht mit Vorschlägen, die sich mit den Aspekten des Berichts von TAXE (Sonderausschuss zu Steuervorbescheiden und andere Maßnahmen ähnlicher Art und Wirkung, Teil des Europäischen Parlaments) vom 1.12.2015 decken. Die Arbeit von TAXE und ECON spiegelt die Dynamik der EU im Bereich des Steuerrechts wieder und bekräftigt den Ernst der EU und der Mitgliedstaaten, das Steuerrecht an die wirtschaftlichen und technischen Entwicklungen anzupassen. Der ECON-Bericht beauftragt die Europäische Kommission, legislative und nicht-legislative Maßnahmen zu entwickeln. Diese sollen country-by-country Reporting, eine freiwillige „Fair Taxpayer" Zertifizierung für Unternehmen, Mechanismen zum Austausch von Informationen zwischen Mitgliedstaaten bezüglich Änderungen im Steuerrecht, den automatischen Austausch von Informationen zu Steuervorbescheiden, die GKKB und weitere Maßnahmen umfassen. Der TAXE Report wurde durch den TAXE 1-Sonderausschuss erarbeitet, der um sechs Monate verlängert wurde (TAXE 2). Der Ausschuss ruft die Kommission dazu auf, legislative und nicht-legislative Vorschläge zu liefern. Aus körperschaftsteuerlicher Sicht sind folgende Elemente des Berichts von besonderer Bedeutung. Der Bericht diskutiert die Kooperation und Koordination von Steuervorbescheiden, die GKKB, den Verhaltenskodex für die Unternehmensbesteuerung, das Beihilferecht, das Aktionärsrecht, Country-by-Country reporting, corporate social responsibility, die Umsetzung der BEPS (Base Erosion Profit Shifting) Initiative der OECD und den Umgang mit Niedrigsteuerländern.

Die weitere Aufdeckung dubioser Geschäftsgebaren durch die Panama-Papers-Skandale führte im Juni 2016 dazu, dass ein weiterer Untersuchungsausschuss, diesmal mit umfangreichen parlamentarischen Ermittlungsbefugnissen ausgestattet, eingerichtet wurde. Der „TAXE 2"-Ausschuss ist in diesem neuen Panama-Ausschuss (Pana) aufgegangen und hat Ende 2017 seinen Abschlussbericht vorgelegt. Noch in die finale Abstimmungsphase dieses Abschlussberichtes fiel die Aufdeckung eines neuen Skandals: die Paradise Papers im November 2017. Dies führte zu der Fortsetzung und Erneuerung des Mandats für den Untersuchungsausschuss TAXE III, der diese Hintergründe aufarbeiten wird und zudem kontrollieren soll, ob die Ergebnisse und Empfehlungen der bisherigen Steuerausschüsse befolgt werden.

B. Europarechtliche Grundlagen

I. Die Vorgaben des Unionsrechts

4 Das **primäre Unionsrecht** setzt sich zusammen aus den gesamten im AEU-Vertrag niedergelegten Rechtsnormen und den vom EuGH im Wege der Rechtsvergleichung gewonnenen allgemeinen Rechtsgrundsätzen. Bedeutung für die Unionsbürger entfalten im Bereich des Steuerrechts, als den einzelnen Mitgliedstaaten gegenüber direkt wirkenden Abwehrrechten, insbesondere die vier Grundfreiheiten in der Ausprägung der Rechtsprechung durch den EuGH. Berührungspunkte mit Konfliktpotenzial zwischen primärem Gemeinschaftsrecht und Körperschaftsteuerrecht ergeben sich in erster Linie aus der Niederlassungsfreiheit (Art. 49 ff. AEU) und der Kapitalverkehrsfreiheit (Art. 63 ff. AEU).

Die **Niederlassungsfreiheit** gewährleistet die freie Gründung von Agenturen, Zweigniederlassungen und Tochtergesellschaften (Art. 49 Abs. 1 Satz 2 AEU). Dieses Recht steht nicht nur natürlichen Personen, sondern auch Gesellschaften der anderen Mitgliedstaaten zu (Art. 54 Abs. 1 AEU). Benachteiligen Mitgliedstaaten Unternehmen, die im Gebiet der EU ansässig sind, bei der Ausübung der Geschäftstätigkeit (Art. 49 Abs. 2 AEU) im eigenen Hoheitsgebiet etwa durch steuerliche Maßnahmen, so wird dadurch die Niederlassungsfreiheit tangiert. Dies kann sich sowohl hinsichtlich der Körperschaftsteuer durch Besteuerung der von einem ausländischen Gesellschafter beherrschten Niederlassung selbst ergeben (wenn diese selbst Körperschaftsteuersubjekt i. S. d. § 1 Abs. 1 KStG ist, also eine Tochterkapitalgesellschaft), als auch durch Besteuerung des nichtansässigen Unternehmens, wenn und soweit durch diese Tätigkeit eine Betriebsstätte begründet wird (vgl. Art. 7 Abs. 1 OECD-MA), die nicht Körperschaftsteuersubjekt ist (beschränkte Körperschaftsteuerpflicht).

Primäres Unionsrecht kann bei der Besteuerung ausländischer Unternehmen im Inland und darüber hinaus unter dem Gesichtspunkt eines Verstoßes gegen die **Kapitalverkehrsfreiheit** (Art. 63 ff. AEU) relevant werden. Danach sind Beschränkungen des Kapitalverkehrs zwischen den Mitgliedstaaten verboten, es sei denn, ein Ausnahmetatbestand der Art. 59 – 64 und 75 AEU greift ein. Da nach Art. 63 Abs. 1 AEUV alle Beschränkungen des Kapitalverkehrs sowohl zwischen den Mitgliedstaaten als auch zwischen den Mitgliedstaaten und Drittstaaten zu unterlassen sind, stellt eine an einen unterschiedlichen Sitz der Dividendengläubiger anknüpfende unterschiedliche Besteuerung regelmäßig eine Beschränkung der Kapitalverkehrsfreiheit dar.[1] Als Kapitalverkehr werden einseitige Werteübertragungen in Form von Sach- oder Geldkapital verstanden, also Transaktionen, die zu Geldforderungen und -verpflichtungen führen. Tätigt eine nichtansässige natürliche oder juristische Person eine Direktinvestition im Inland, die körperschaftsteuerlich relevant wird (Gründung einer Tochtergesellschaft, Begründung einer Betriebsstätte), ist daher **auch** die Kapitalverkehrsfreiheit einschlägig. Geht es z. B. um das Halten einer Beteiligung an einer Gesellschaft, wurde dies durch den EuGH unter die Niederlassungsfreiheit gefasst, wenn der Anteilseigner einen **beherrschenden Einfluss** auf die Gesellschaft ausüben konnte.[2] Ging es konkret um eine Vergünstigung im Rahmen einer Portfolioinvestition, so fällt die Vereinnahmung nach Ansicht des Gerichtshofs in der Rechtssache Verkooijen unter die Kapitalverkehrsfreiheit, soweit die zugrunde liegende Investition sich darunter subsumieren lässt. Die Rechtsprechung zum Verständnis der Kapitalverkehrsfreiheit betrifft insbesondere Streubesitzbeteiligungen von Pensionsfonds sowie kollektive Investmentvehikel.[3]

Die Tatsache, dass die Kapitalverkehrsfreiheit im Gegensatz zur Niederlassungsfreiheit auch Drittstaatensachverhalte mit umfasst, macht sie als Grundfreiheiten bei Direktinvestitionen besonders attraktiv. Zudem dürfte die Bedeutung dieser Freiheit mit dem vollzogenen Austritt des Vereinigten Königreichs noch zunehmen. Ist die Kapitalverkehrsfreiheit anwendbar, gilt

---

1 EuGH, Urteil v. 10. 5. 2012 - Rs. C-338/11 bis 347/11, FIM Santander, Rz. 17, NWB WAAAE-10415.
2 Vgl. EuGH, Urteil v. 13. 4. 2000 - Rs. C-251/98, Baars.
3 Vgl. insbesondere EuGH, Urteil v. 8. 11. 2007 - Rs. C-379/05, Amurta, NWB JAAAC-78161; v. 20. 10. 2011 - Rs. C-284/09, Kommission/Deutschland, BFH/NV 2011, 2219 = NWB TAAAD-95597; v. 10. 5. 2012 - Rs. C-338/11 bis 347/11, FIM Santander, NWB WAAAE-10415; v. 25. 10. 2012 - Rs. C-387/11, Kommission/Belgien, NWB QAAAE-20714.

diese grundsätzlich auch gegenüber Drittstaaten.[1] Da sich die Niederlassungsfreiheit auf das Unionsgebiet beschränkt, ist nach Auffassung des EuGH zu verhindern, dass im Wege der Usurpierung der Kapitalverkehrsfreiheit die Niederlassungsfreiheit umgangen wird.[2] Jedoch hat der EuGH in der Rechtssache Denkavit[3] wiederholt, dass nicht jeder Verstoß gegen die Niederlassungsfreiheit automatisch einen Verstoß gegen die Kapitalverkehrsfreiheit beinhalte. Die Niederlassungsfreiheit sei nicht nur eine Konkretisierung der Kapitalverkehrsfreiheit, sondern besitze durch ihren speziellen Zuschnitt auf die grenzüberschreitende Erwerbstätigkeit einen eigenen Stellenwert. In einigen Fällen verdrängt die Niederlassungsfreiheit die Kapitalverkehrsfreiheit vielmehr. Bei rein innergemeinschaftlichen Sachverhalten hat der EuGH bereits vorrangig die Niederlassungsfreiheit geprüft und ein Exklusivitätsverhältnis zugunsten der Niederlassungsfreiheit festgestellt.[4] In der Rechtssache Test Claimants in the Thin Cap Group Litigation[5] kam der EuGH zu dem Ergebnis, dass eine Beschränkung der Kapitalverkehrsfreiheit lediglich eine zwangsläufige Konsequenz aus der Verletzung der Niederlassungsfreiheit sei, wenn die Anteilseigner einer Gesellschaft sicheren Einfluss auf deren Entscheidung haben (zuletzt Rs. Aberdeen Property Fininvest Alpha Oy).[6]

Dies hatte für Drittstaatensachverhalte die Konsequenz, dass bei Einschlägigkeit der Niederlassungsfreiheit eine Berufung des Drittstaaten-Unternehmens auf Art. 63 AEU und somit auf den AEU-Vertrag ausschied. In der Entscheidung Lasertec[7] machte der EuGH die Vorrangigkeit der Niederlassungsfreiheit bei Drittstaatensachverhalten daran fest, ob sich die entscheidungserhebliche nationale Regelung auf Kontrollbeteiligungen bezieht. Denn die Niederlassungsfreiheit ist bei allen nationalen Regelungen einschlägig, die es ermöglichen einen sicheren Einfluss auszuüben. Abweichend hiervon stellte der EuGH in der Rs. Burda[8] auf die tatsächlichen beherrschenden Beteiligungsverhältnisse ab und erklärte die Niederlassungsfreiheit als vorrangig anwendbar.

8 Die Frage der Abgrenzung zwischen der Niederlassungsfreiheit und der Kapitalverkehrsfreiheit nach den Kriterien der regelungsbezogenen oder sachverhaltsbezogenen Betrachtungsweise durch den EuGH-Beschluss v. 4. 6. 2009 in der Rs. KBC-Bank[9] sowie dem Urteil vom 13. 11. 2012 – Rs. C-35/11, Test Claimants in the FII GLO ist dahin gehend entschieden, dass die Kriterien kumulativ angewendet werden und zwischen Marktzugangs- und Marktausgangssituationen zu unterscheiden ist. Danach ist für die Beantwortung der Frage, ob eine nationale Regelung unter die eine oder unter die andere Verkehrsfreiheit fällt, auf den Gegenstand der betreffenden nationalen Regelung abzustellen. Infolgedessen können nach der Rechtsprechung des Gerichtshofs nationale Rechtsvorschriften, deren Anwendung nicht vom Umfang der Beteiligung der die Dividenden beziehenden Gesellschaft an der ausschüttenden Gesellschaft abhängt, sowohl unter Art. 49 AEU betreffend die Niederlassungsfreiheit als auch unter Art. 63 AEU betreffend den freien Kapitalverkehr fallen. Dies gilt insbesondere für Marktausgangssituationen. Hierbei kann sich ein EU-Unternehmen auch bei Drittstaatensachverhalten auf die Kapitalver-

---

1 EuGH, Urteil v. 10. 6. 2012 - Rs. C-338/11 – 347/11, FIM Santander, Rz. 16, 54, NWB WAAAE-10415.
2 EuGH, Urteil v. 13. 11. 2012 - Rs. C-35/11, Test Claimants in the FII Group Litigation II, Rz. 100, NWB RAAAE-23430.
3 EuGH, Urteil v. 14. 12. 2006 - Rs. C-170/05, Denkavit, NWB KAAAC-53722.
4 EuGH, Urteil v. 12. 9. 2006 - Rs. C-196/04, Cadbury Schweppes, NWB NAAAC-09456.
5 EuGH, Urteil v. 13. 3. 2007 - Rs. C-524/04, Test Claimants in the Thin Cap Group Litigation, NWB VAAAC-53753.
6 EuGH, Urteil v. 18. 6. 2009 - Rs. C-303/07, Aberdeen Property Fininvest Alpha Oy, NWB ZAAAD-27295.
7 EuGH, Urteil v. 10. 5. 2007 - Rs. C-492/04, Lasertec, NWB RAAAC-53750.
8 EuGH, Urteil v. 26. 6. 2008 - Rs. C-284/06, Burda, NWB SAAAC-84411.
9 EuGH, Urteil v. 4. 6. 2009 - Rs. C-439/07, KBC-Bank, NWB SAAAC-84411.

kehrsfreiheit berufen, selbst wenn es tatsächlich eine Kontrollbeteiligung hält. Sofern es sich jedoch um Marktzugangssituationen handelt, bei denen sich Drittstaaten-Unternehmen über eine Kontrollbeteiligung auf die Kapitalverkehrsfreiheit berufen wollen, finden die Bestimmungen des Vertrags über die Niederlassungsfreiheit Anwendung. Folglich ist es Sache des vorlegenden Gerichts, im Hinblick auf den Gegenstand der nationalen Regelung sowie den Sachverhalt der ihm vorliegenden Rechtssache zu bestimmen, ob Art. 63 AEU geltend gemacht werden kann. Danach wäre bei Marktzugangssituationen eine 100-%-Beteiligung trotz neutralem Regelungsgegenstand nur von der Niederlassungsfreiheit umfasst.

Insoweit hat der BFH, der mit seinem Urteil v. 26. 11. 2008,[1] zu § 8b Abs. 5 KStG 2002 trotz Beherrschungsverhältnis allein auf den Regelungsgegenstand der Norm abstellte und die Kapitalverkehrsfreiheit auch gegenüber einer US-amerikanischen Beteiligung gelten ließ, jedenfalls für Marktausgangssituationen die nun wohl feststehende Rechtsprechung des EuGH bereits vorbereitet. Die Finanzverwaltung hatte hingegen erfolglos Verfassungsbeschwerde[2] erhoben. Bei Sachverhalten, die Portfolio-Gesellschaftsbeteiligungen betreffen, ist aber auch in Bezug zu Drittstaaten die Kapitalverkehrsfreiheit anwendbar.[3]

Die neuere Rechtsprechung zeigt, dass die Kapitalverkehrsfreiheit im Kontext von Drittstaaten zumindest insoweit auch in Inbound-Situationen anwendbar ist, als Portfoliodividenden an in Drittstaaten ansässige Gläubiger gezahlt werden.[4] Letzteres bestätigt die Emerging Markts Entscheidung.[5] Bedauerlicherweise wird weder in dem vorliegenden Urteil noch in den Schlussanträgen die dem Sachverhalt der Rs. Emerging Markets zugrunde liegende Beteiligungshöhe genannt. Gleichwohl liegt den Schlussanträgen und dem Urteil augenscheinlich das Verständnis zugrunde, dass Beteiligungen von unterhalb 10 % am Kapital der ausschüttenden Gesellschaft als Portfolioinvestitionen werten.

Die Abgrenzung der Grundfreiheiten waren ebenfalls Gegenstand der Rs. Itelcar[6] in einem Streitfall wegen der teilweisen Nichtabziehbarkeit von Zinsen aufgrund von nationalen Gesellschafterfremdfinanzierungsregelungen. Der EuGH bejahte die Frage, „ob Art. 56 EG [Art. 63 AEUV] dahin auszulegen ist, dass er der Regelung eines Mitgliedstaats entgegensteht, die es nicht ermöglicht, bei der Ermittlung des steuerpflichtigen Gewinns als Kosten die auf den als übermäßig eingestuften Teil einer Verschuldung entfallenden Zinsen abzuziehen, die eine gebietsansässige Gesellschaft einer in einem Drittstaat ansässigen Darlehen gebenden Gesellschaft zahlt, zu der sie besondere Beziehungen unterhält, aber den Abzug solcher Zinsen zulässt, die an eine gebietsansässige Darlehen gebende Gesellschaft, zu der die Darlehen nehmende Gesellschaft Beziehungen dieser Art unterhält, gezahlt worden sind" (→ Rz. 13). Bezüglich der einschlägigen Freiheit entschied der EuGH, dass die Kapitalverkehrsfreiheit einschlägig sei, da zum einen die Niederlassungsfreiheit nach Art. 43 EG nicht für Drittstaatensachverhalte Anwendung findet und zum anderen stets die Kapitalverkehrsfreiheit anzuwenden ist, wenn die nationale Norm sowohl Kontroll- und Portfoliobeteiligungen erfasst. Die Unvereinbarkeit der Regelung zur Nichtabzugsfähigkeit der Zinsen ergibt sich, wenn eine gebietsansässige Ge-

---

[1] BFH, Urteil v. 26. 11. 2008 - I R 7/08, DStR 2009, 632 ff. = NWB CAAAD-16015, vgl. auch BFH, Urteil v. 29. 8. 2012 - I R 7/12, BStBl 2013 II 89.
[2] Verfassungsbeschwerde der Finanzverwaltung - Az.: 2 BvR 862/09, Beschluss v. 11. 4. 2012, IStR 2012, 464, m. Anm. Heinsen/Nagler.
[3] Vgl. insoweit Schlussanträge des GA Yves Bot v. 11. 9. 2007 - Rs. C-101/05, Skatteverket gegen A, NWB AAAAC-69724.
[4] EuGH, Urteil v. 10. 5. 2012 - Rs. C-338/11 bis 347/11, FIM Santander, Rz. 27, 39, 41, NWB WAAAE-10415.
[5] EuGH, Urteil v. 10. 4. 2014 - Rs. C-190/12, Emerging Markets, Rz. 32 ff., NWB EAAAE-61789.
[6] EuGH, v. 3. 10. 2012 - Rs. C-282/12, NWB EAAAE-46535.

sellschaft, die eine ein bestimmtes Niveau übersteigende Verschuldung gegenüber einer in einem Drittstaat ansässigen Gesellschaft eingeht, steuerlich weniger günstig behandelt wird als eine gebietsansässige Gesellschaft, die eine solche Verschuldung gegenüber einer im nationalen Hoheitsgebiet bzw. einem Mitgliedstaat ansässigen Gesellschaft eingeht (→ Rz. 30). Der Rechtfertigungsgrund der Bekämpfung von Steuerhinterziehung ist nur standhaft, wenn die nationale Maßnahme sich speziell auf rein künstliche, jeder wirtschaftlichen Realität bare Gestaltungen bezieht, deren Zweck einzig Steuerumgehung ist (→ Rz. 34). Im vorliegenden Fall entschied der EuGH, dass ohne die Voraussetzung einer Beteiligung der Darlehen gebenden Gesellschaft eines Drittstaats am Kapital der Darlehen nehmenden Gesellschaft, jede zwischen den Gesellschaften bestehende Verschuldung als übermäßig anzusehen wäre (→ Rz. 42). Demnach ist die Regel inhaltlich unbestimmt und das Ziel der Missbrauchsabwehr kann den tatbestandlich zu weit gefassten Normentatbestand nicht rechtfertigen.

9   Speziell für den Bereich des Steuerrechts sieht der AEU-Vertrag vor, dass die Kapitalverkehrsfreiheit Normen nicht entgegensteht, die Steuerpflichtige mit unterschiedlichem Wohnort oder Kapitalanlageort unterschiedlich behandeln (Art. 65 Abs. 1 Buchst. a AEU), sofern darin keine willkürliche Diskriminierung oder eine verschleierte Beschränkung des Kapitalverkehrs zu sehen ist (Abs. 3). Über den Wortlaut des Abs. 3 hinaus muss die Beschränkung einen sachlichen Grund gebieten, daneben ist auf eine solche Maßnahme der Verhältnismäßigkeitsgrundsatz anzuwenden, so dass die Beschränkung hinsichtlich der Zielerreichung geeignet, erforderlich und angemessen sein muss.[1]

10   Die Grundfreiheiten als Ausprägung des allgemeinen Diskriminierungsverbots schützen zunächst vor Benachteiligungen, die sich allein aus der Zugehörigkeit zu einem anderen Mitgliedstaat ergeben. Maßstab ist dabei zunächst die Behandlung der eigenen Staatsbürger durch die Mitgliedstaaten, d. h. es muss zu einer Inländergleichbehandlung kommen. Der AEU-Vertrag schützt Inländer aber nicht vor einer Inländerdiskriminierung (etwa um ausländische Investoren anzulocken).[2]

11   Die Frage, ob darüber hinaus aus den Diskriminierungsverboten auch ein **Gebot der Ausländergleichbehandlung** entnommen werden kann, ist vom EuGH zwischenzeitlich entschieden worden. Im Bereich des Steuerrechts würde eine Ausländergleichbehandlung bedeuten, dass ein Mitgliedstaat die Konzessionen, die er den Angehörigen eines anderen Mitgliedstaats im Rahmen eines Doppelbesteuerungsabkommens macht, auf Angehörige der übrigen Mitgliedstaaten zu erstrecken hat. Im Ergebnis liefe das dann auf eine Meistbegünstigung im Bereich der Grundfreiheiten hinaus.[3] In den Rs. D.[4] befand der EuGH am 5. 7. 2005, dass die Einwohner des Vertragsstaates grundsätzlich nicht mit den Einwohnern der übrigen Mitgliedstaaten vergleichbar sind. Bilaterale Abkommen gelten nur für die Personen, die in einem der beiden vertragsschließenden Mitgliedstaaten wohnen. Das Abkommen macht den Unterschied in der Situation der Vertragsparteien im Gegensatz zu der mit Dritten. Da die Mitgliedstaaten kein multilaterales Übereinkommen nach Art. 293 EG mit dem Ziel der Beseitigung der Doppelbesteuerung geschlossen hatten (zumal der AEU-Vertrag mittlerweile keine Entsprechung dieses Artikels mehr enthält) und Vereinheitlichungs- und Harmonisierungsmaßnahmen nur im Falle

---

1 Vgl. dazu auch Rs. Verkooijen, NWB BAAAA-96801, Rz. 30.
2 Vgl. EuGH, Urteil v. 26. 1. 1993 - Rs. C-112/91, *Werner*, Rz. 17, NWB NAAAA-96888.
3 Vgl. anlässlich des Verfahrens Rs. C-397 u. 401/98, Hoechst/Metallgesellschaft, *Stangl*, SWI 2000, 559, 560, daneben *Stockmann*, IStR 1999, 129, 136; *Rädler*, FS Debatin, S. 335; *Schuch* in Gassner/Lang/Lechner, S. 99.
4 EuGH, Urteil v. 5. 7. 2005 - Rs. C-376/03, D., NWB TAAAB-72767.

von Gewinnberichtigungen zwischen verbundenen Unternehmen bestehen, steht es den Mitgliedstaaten frei, die Aufteilung der Steuerhoheit durch bilaterale Doppelbesteuerungsabkommen festzulegen. Ein **Meistbegünstigungsprinzip** würde zu Rechtsunsicherheit bei der Anwendung von Doppelbesteuerungsabkommen führen und das Gleichgewicht der bilateralen Abkommen stören.

Die Diskriminierungsverbote schützen nicht nur vor Schlechterstellungen, die unmittelbar auf der Staatsangehörigkeit beruhen. Nach ständiger Rechtsprechung des EuGH werden auch sog. **verdeckte Diskriminierungen** erfasst, also Ungleichbehandlungen, die nicht direkt an der Staatsangehörigkeit anknüpfen, sondern an Merkmalen, die überwiegend von anderen Staatsangehörigen erfüllt werden. Im steuerlichen Bereich wird es so möglich, Differenzierungen zwischen beschränkt und unbeschränkt Steuerpflichtigen zu überprüfen, denn Differenzierungskriterium ist hier nicht die Staatsangehörigkeit, sondern die Ansässigkeit.[1] Für die Niederlassungsfreiheit der Gesellschaften ergibt sich dies unmittelbar aus Art. 54 AEU.[2]

12

Über das bloße Verbot der Schlechterstellung hinaus hat der EuGH den Grundfreiheiten ein **Behinderungsverbot** entnommen. Diese eigentlich über den Wortlaut der Grundfreiheiten hinausgehende Rechtsprechung nahm ihren Ausgangspunkt im Bereich der Warenverkehrsfreiheit mit den Urteilen Dassonville[3] und Cassis de Dijon[4] und wurde mittlerweile auch auf die anderen Grundfreiheiten übertragen (für den Bereich der Niederlassungsfreiheit[5] und für den Bereich der Kapitalverkehrsfreiheit).[6] Faktisch bedeutet dies, dass die Grundfreiheiten nicht nur relativ wirken, sondern dass ihnen ein absoluter Gehalt an Freiheitsrechten zukommt. Verpflichtet ist folglich auch der Wegzugsstaat der Gesellschaften, der bei einer Niederlassung in einem anderen EU-Mitgliedstaat an diesen Vorgang keine schlechteren Besteuerungsfolgen knüpfen darf, als bei einem vergleichbaren rein inländischen Vorgang.[7]

13

Korrespondierend zu dieser Ausweitung des Schutzbereichs der Grundfreiheiten hat der Gerichtshof die Möglichkeit der Beschränkung dieser Rechte über die im Vertrag genannten Einschränkungen hinaus anerkannt (**Rechtfertigungsgründe**). Eine Beschränkung kann nur unter substantiierter Darlegung der Rechtfertigungsgründe erfolgen. Demzufolge sind Eingriffe gerechtfertigt, wenn mit ihnen zwingende Gründe des Allgemeininteresses verfolgt werden und diese darüber hinaus mit dem Verhältnismäßigkeitsgrundsatz vereinbar sind, d. h. geeignet, erforderlich und angemessen sind. Bislang hat der EuGH im Bereich des Steuerrechts zunächst den Rechtfertigungsgrund „Kohärenz des Steuersystems"[8] anerkannt sowie in der Rs. Marks & Spencer[9] eine Rechtfertigungstrias aus Gefahr der Steuerflucht, doppelter Verlustnutzung und der Ausgewogenheit der Besteuerungsrechte entwickelt.

14

---

1 EuGH, Urteil v. 8. 5. 1990 - Rs. C-175/88, Biehl, NWB YAAAD-94392, Rz. 13.
2 Vgl. EuGH, Urteil v. 28. 1. 1986 - Rs. C-270/83, Avoir fiscal, NWB CAAAC-97246.
3 EuGH, Urteil v. 11. 7. 1974 - Rs. C-8/74, Dassonville; EuGH, Urteil v. 24. 11. 1993 - Rs. C-267 u. 268/91, Keck.
4 EuGH, Urteil v. 20. 2. 1979 - Rs. C-120/78, Cassis de Dijon.
5 EuGH, Urteil v. 15. 5. 1997 - Rs. C-250/95, Futura Participations, NWB BAAAD-22783, Rz. 26 ff.; EuGH, Urteil v. 30. 11. 1995 - Rs. C-55/94, Gebhard, NWB CAAAD-38537, Rz. 37 ff.
6 Vgl. EuGH, Urteil v. 6. 6. 2000 - Rs. C-35/98, Verkooijen, NWB CAAAD-38537, Rz. 18; zum Ganzen *Classen*, EWS 1995, 97; *Eberhartinger*, EWS 1997, 43.
7 Vgl. dazu EuGH, Urteil v. 11. 3. 2004 - Rs. C-9/02, de Lasteyrie du Saillant, NWB KAAAB-72877.
8 EuGH, Urteil v. 28. 1. 1992 - Rs. C-204/90, Bachmann, Rz. 21 ff.; vgl. *Hahn*, IStR 2000, 436; *Stangl*, SWI 2000, 559.
9 EuGH, a. a. O., Rs. Marks & Spencer.

EU-steuerpolitischer Hintergrund

An den unmittelbar wirkenden Unionsgrundrechten kann die gesamte Rechtsordnung der Mitgliedstaaten gemessen werden. Einer Beschränkung auf Bereiche, in denen Harmonisierungskompetenzen bestehen,[1] ist der EuGH verschiedentlich entgegengetreten.[2]

Des Weiteren hat der EuGH auch die Notwendigkeit der Gewährleistung steuerlicher Kontrollen in Erwägung gezogen. Dabei stellt der EuGH allerdings klar, dass ein solcher Rechtfertigungsgrund nicht verfängt, wenn vertragliche Verpflichtungen zwischen den betroffenen Staaten bestehen, um einen hinreichenden Informationsaustausch zu gewährleisten.

15 In der Rs. Emerging Markets entschied der EuGH,[3] dass eine Dividende, die von einer in einem Mitgliedstaat ansässigen Gesellschaft an einen Investmentfonds bezahlt wird, der in einem Drittstaat ansässig ist, nicht von einer Steuerbefreiung ausgenommen werden darf, falls zwischen beiden Staaten eine Verpflichtung zur gegenseitigen Amtshilfe besteht. Eine Beschränkung kann nur gerechtfertigt sein, wenn nach der Regelung eines Mitgliedstaats die Gewährung eines Steuervorteils von der Erfüllung von Bedingungen abhängt, deren Einhaltung nur durch Einholung von Auskünften bei den zuständigen Behörden eines Drittstaats nachgeprüft werden kann, und es sich wegen des Fehlens einer vertraglichen Verpflichtung des Drittstaats zur Auskunftserteilung als unmöglich erweist, die betreffenden Auskünfte von diesem Staat zu erhalten.

Gleichwohl ist es Sache des vorlegenden Gerichts, zu prüfen, ob es die vertraglichen Verpflichtungen der Vertragsstaaten den inländischen Steuerbehörden tatsächlich ermöglichen können, die von den in einem Drittstaat ansässigen Investmentfonds vorgelegten Informationen über ihre Gründung und Tätigkeit, gegebenenfalls zu prüfen, ob sie innerhalb eines Regelungsrahmens tätig sind, der dem der Union gleichwertig ist.

Der Umstand, dass gebietsfremde Investmentfonds nicht unter den einheitlichen Regelungsrahmen der Union fallen, der durch die in nationales Recht umzusetzende OGAW-Richtlinie zur Regelung der Modalitäten für die Gründung und die Tätigkeit von Investmentfonds innerhalb der Union geschaffen wurde, genügt als solcher nicht, um die Unterschiedlichkeit der Situationen der betreffenden Fonds zu begründen. In Anbetracht dessen, dass die OGAW-Richtlinie nicht für in Drittstaaten ansässige Investmentfonds gilt, weil sie sich außerhalb des Geltungsbereichs des Unionsrechts befinden, würde nämlich eine Anforderung, dass diese Fonds einer identischen Regelung unterliegen wie gebietsansässige Investmentfonds, der Kapitalverkehrsfreiheit jede praktische Wirksamkeit nehmen.

Die Emerging Markets Entscheidung des EuGH ist ein klares Bekenntnis zu Kapitalverkehrsfreiheit. Bisherige Positionen des EuGH zugunsten der Steuerpflichtigen werden bestätigt; nun vorliegende Feststellungen des EuGH dienen der Attraktivität des Kapitalmarkts der Union im Verhältnis zu Drittstaaten. Das Urteil macht zudem einmal mehr deutlich, dass fiskalpolitische Erwägungen zur Beschränkung der Rechtskraft von Urteilen des EuGH einer äußerst hohen Rechtfertigungsschwelle unterliegen. Darüber hinaus erscheint es umso fraglicher, ob § 32 Abs. 5 KStG unionsrechtlichen Anforderungen genügen kann.[4] Derzeit anhängige Verfahren

---

1 BFH, Urteil v. 20.10.1976 - I R 224/74, BStBl 1977 II 175.
2 EuGH, Urteil v. 28.1.1986 - Rs. C-270/83, Avoir fiscal, NWB CAAAC-97246, Rz. 24; EuGH, Urteil v. 28.1.1992 - Rs. C-204/90, Bachmann, Rz. 11.
3 EuGH, Urteil v. 10.4.2014 - Rs. C-190/12, Emerging Markets, NWB EAAAE-61789.
4 Vgl. hierzu zuletzt von Brocke/Aicher, IWB 2013, 711; von Brocke/Auer, Steueranwaltsmagazin 2012, 50, 51 ff. insbesondere zur Problematik der Zuständigkeit von BZSt und/oder lokalen Finanzämtern; Frotscher/Maas § 32 Rz. 36, 53.

zeigen jedenfalls, dass das Verständnis der Kapitalverkehrsfreiheit zu Drittstaaten durch den EuGH weiter geprägt werden wird.[1]

Bezüglich der Kategorie der Rechtsträger im Hinblick für die Beurteilung der Vergleichbarkeit der Rechtsform der Dividendengläubiger in einer Inlands- mit einer Drittstaatensituation stellt der EuGH speziell für die Situation kollektiver Investmentvehikel auf die Ebene desselbigen ab, nicht auf deren dahinter stehende Investoren, d. h. Fondsbeteiligte.[2]

Die Urteilsgründe in der Rs. Emerging Markets zeigen, dass es insoweit auf eine hinreichende Vergleichbarkeit mit in im Unionsgebiet anerkannten Rechtsformen ankommt. Durch das Emerging Markets Urteil kann nun als gesichert gelten, dass Investmentfonds in der Rechtsform des RIC (Regulated Investment Trust) hinreichend vergleichbar sein können. Ein solcher Rechtstypenvergleich muss durch die Rechtsordnung der Mitgliedstaaten anerkannt und zulässig sein. Darüber hinaus liegt der Verdienst der vorliegenden Entscheidung insbesondere darin, dass die Regelungsrahmen, in denen jeweils RIC und OGAW an ihrem jeweiligen Sitz operieren, hinreichend vergleichbar sind. Informationsmöglichkeiten, die zwischen den Mitgliedstaaten aufgrund Unionsrecht bestehen aber nicht das Steuerrecht betreffen, z. B. die OGAW-Richtlinie, dürfen insoweit nicht in eine Vergleichbarkeitsanalyse einbezogen werden.[3] Steuerpflichtigen dürfen Nachweisanforderungen nicht im Übermaß auferlegt werden. Soweit zwischen dem betreffenden Mitgliedstaat und dem Drittstaat ein Amtshilfeabkommen besteht, das der Finanzverwaltung die Einholung von als notwendig angesehenen Informationen erlaubt, sollte damit die Finanzverwaltung gehalten sein, solche Auskunftsmöglichkeiten anzuerkennen.

Die Notwendigkeit der Wahrung der Kohärenz des Steuersystems kann sich nur dann als Rechtfertigungsgrund durchsetzen, wenn ein unmittelbarer Zusammenhang zwischen dem betreffenden steuerlichen Vorteil und dessen Ausgleich durch eine bestimmte steuerliche Belastung besteht.[4] Dieser Grund greift nicht durch, wenn die Quellenbesteuerung der Dividenden nicht an die Bedingung geknüpft ist, „dass der betreffende Investmentfond die Dividenden, die er erhalten hat, weiterleitet und die Besteuerung der Dividenden bei den Anteilseignern der Fonds ermöglicht, die Befreiung von der Quellenbesteuerung auszugleichen".[5]

Im Übrigen verneint der EuGH im Einklang mit bisheriger Rechtsprechung den Rechtfertigungsgrund der Aufteilung der Besteuerungsbefugnis und der Sicherung des Steueraufkommens. Zum einen kann dieser Rechtfertigungsgrund im Verhältnis zu Drittstaaten nicht durchgreifen, wenn sich der betreffende Mitgliedstaat entschieden hat, gebietsansässige Investmentfonds keiner Quellensteuer auf Dividenden zu unterwerfen.[6] Zum anderen stellt der EuGH klar, dass Steuermindereinnahmen auch dann nicht als zwingender Grund des Allgemeininteresses anzusehen sind, wenn der Mitgliedstaat zugunsten eines Drittstaats auf Steueraufkommen verzichtet.[7]

(Einstweilen frei) 17–35

---

[1] EuGH, C-10/14, J.B.G.T. Miljoen; C-14/14, X; C-17/14, Société Général.
[2] EuGH, Urteil v. 10. 5. 2012 - Rs. C-338/11 bis 347/11, FIM Santander, Rz. 39, 41, NWB WAAAE-10415.
[3] So bereits *von Brocke*, IWB 2014, 146, 148.
[4] EuGH, Urteil v. 10. 5. 2012 - Rs. C-338/11 bis 347/11, FIM Santander, Rz. 51, NWB WAAAE-10415.
[5] EuGH, Urteil v. 10. 4. 2014 - Rs. C-190/12, Emerging Markets, Rz. 93, NWB EAAAE-61789.
[6] EuGH, Urteil v. 10. 4. 2014 - Rs. C-190/12, Emerging Markets, Rz. 99, NWB EAAAE-61789.
[7] EuGH, Urteil v. 10. 4. 2014 - Rs. C-190/12, Emerging Markets, Rz. 102 f., NWB EAAAE-61789.

II. Die verfahrensrechtliche Durchsetzung des Unionsrechts

36 Rechtsschutz aufgrund der Europarechtswidrigkeit einer nationalen Norm ist zum einen vor den nationalen Gerichten zu erlangen, denn europäisches Recht ist als Teil der nationalen Rechtsordnungen und nicht als fremdes Recht anzusehen (vgl. Art. 23 Abs. 1 i.V. m. Art. 25 Abs. 1 GG). Zum anderen sind bereits die nationalen Verwaltungen gem. Art. 4 Abs. 3 EU-Vertrag und Art. 20 Abs. 3 GG verpflichtet, EU-rechtswidrige nationale Bestimmungen unangewendet zu lassen. Im Regelfall geschieht das im Bereich des Steuerrechts aber erst durch Erlass eines dementsprechenden BMF-Schreibens. Auf Ebene des EuGH sind das Vertragsverletzungsverfahren und das Vorabentscheidungsverfahren zu unterscheiden, die dazu geeignet sind eine Unionsverletzung geltend zu machen. Beide Verfahren können aber nicht direkt durch den Steuerpflichtigen initiiert werden (s. → Rz. 79 ff.). Im Wesentlichen ist je nach Verfahrensstadium die EU-Rechtswidrigkeit wie folgt geltend zu machen:

1. Veranlagung

37 Bei EU-rechtlichen Einwendungen, die bereits bei Abgabe der Steuererklärung bekannt sind, sollte bereits im Rahmen der Veranlagung auf dieses Problem hingewiesen werden. Die Finanzbehörde bekommt damit die Gelegenheit sich frühzeitig mit der EU-Rechtswidrigkeit zu befassen.

38 Inwieweit den Steuerpflichtigen diesbezüglich eine Beibringungslast für die relevanten Beweismittel trifft bzw. die Finanzbehörde den Sachverhalt von sich aus nach den Grundsätzen der Amtsermittlung gem. §§ 85, 88 AO zu erforschen hat, war Gegenstand einer Vorschlags der Europäischen Kommission im Februar 2009.[1] Die deutsche Regelungen des § 90 Abs. 2 und 3 AO sehen erhöhte Mitwirkungspflichten des Steuerpflichtigen bei grenzüberschreitenden Sachverhalten vor. Die Frage, ob derartige nationale Regeln eine mit dem Unionsrecht unvereinbare Beschränkung darstellen, hat der EuGH in der Vergangenheit zwar mit ja beantwortet,[2] gleichzeitig jedoch die mögliche Rechtfertigung aus Gründen der Wahrung der Wirksamkeit der Steuerkontrolle betont.[3]

39 Lediglich eine unverhältnismäßige weil gänzliche Abwälzung der Amtsermittlungspflicht auf den Steuerpflichtigen darf durch eine solche Regelung nicht bezweckt werden.[4] Greift letztendlich die Amtsermittlungspflicht der Finanzbehörden ein, weil der Steuerpflichtige die ihm zur Verfügung stehenden Möglichkeiten zur Beweisbeschaffung ausgereizt hat,[5] so muss sich die Behörde die Informationen notfalls mit Hilfe der neuen EU-Amtshilferichtlinie v. 15. 2. 2011[6] im EU-Ausland beschaffen. Den Einwand der steuerlichen Kontrolle als legitimer Zweck im Rahmen der Verhältnismäßigkeit erkennt der EuGH in diesem Fall mit Verweis auf die Richtlinie nicht mehr an.[7]

40–45 *(Einstweilen frei)*

---

[1] Vgl. Pressemitteilung der Europäischen Kommission v. 2. 2. 2009, IP/09/201.
[2] Vgl. *Korts/Korts*, IStR 2006, 869, 872.
[3] Vgl. EuGH, Urteil v. 11. 10. 2007 - Rs. C-451/05, Elisa, NWB DAAAC-83175, Rz. 95; EuGH, Urteil v. 27. 1. 2009 - Rs. C-318/07, Persche, NWB RAAAD-05490, Rz. 54.
[4] Vgl. dazu auch *Gläder*, IStR 2014, S. 99 ff.
[5] Vgl. *Englisch*, IStR 2009, 37, 38.
[6] EU-Amtshilferichtlinie (Richtlinie 2011/16/EU) v. 15. 2. 2011), ABl. L 64, S. 1.
[7] Vgl. EuGH, Urteil v. 26. 6. 2003 - Rs. C-422/01, Ramstedt, Rz. 42, NWB LAAAB-79452.

2. Einspruch

Sofern EU-rechtliche Einwendungen gegen den Steuerbescheid bestehen, kann dies im Einspruchsverfahren nach §§ 347 ff. AO geltend gemacht werden. Das deutsche Steuerrecht sieht keine besonderen Rechtsfolgen, Verfahren oder Fristen für die Geltendmachung von Verstößen gegen das Unionsrecht vor. Die somit anwendbaren allgemeinen Vorschriften der AO stehen aber ihrerseits unter dem Vorbehalt der unionsrechtlichen Verfahrensgrundsätze, insbesondere dem Effektivitätsgrundsatz und dem Äquivalenzgrundsatz, womit die Geltendmachung und Ausübung der durch die Gemeinschaft verliehenen Rechte nicht schlechter gestellt sein darf als nach nationalem Recht. Die Finanzämter, die als Teil der nationalen Verwaltung mit der Durchführung des Unionsrechts betraut sind, sind gem. Art. 4 Abs. 3 EU-Vertrag verpflichtet, das Gemeinschaftsrecht anzuwenden. Die Finanzverwaltung muss damit unmittelbar geltendem Gemeinschaftsrecht Vorrang gegenüber entgegenstehendem nationalem Recht gewähren.

Legt der Steuerpflichtige Einspruch gem. §§ 347 ff. AO ein, wird unter der Voraussetzung, dass die Finanzverwaltung das Eingreifen des EU-Rechts für wahrscheinlich und übertragbar hält, das Ruhen des Verfahrens gem. § 363 Abs. 2 Satz 2 AO (Zwangsruhe) angeordnet. Das Ruhen des Verfahrens kann im Zuge des Einspruchs auch auf Antrag des Steuerpflichtigen erfolgen, wenn wegen einer vorgreiflichen Rechtsfrage ein Verfahren bei dem EuGH oder ein anderes Klageverfahren vor den Finanzgerichten oder dem BFH mit einer identischen Rechtsfrage anhängig ist und der Einspruch hierauf gestützt wird.

Ein Ruhen des Verfahrens ist auch möglich, wenn die Voraussetzungen des § 363 Abs. 2 Satz 1 AO (Zustimmungsruhe) vorliegen, d. h., wenn es aus wichtigem Grund zweckmäßig erscheint, das Verfahren ruhen zu lassen.

Auch was das Verfahren zur Gewährung des einstweiligen Rechtsschutzes anbelangt, entspricht das EU-Recht der allgemeinen Auffassung, dass sich das Verfahren nach den nationalen Rechtsvorschriften der Mitgliedstaaten richtet. Aufgrund der durchschnittlichen Verfahrensdauer von 26 Monaten ist der Steuerpflichtige auch auf den vorläufigen Rechtsschutz angewiesen.

Gleichzeitig kann gem. § 361 Abs. 2 AO die Aussetzung der Vollziehung wegen ernstlicher Zweifel an der Rechtmäßigkeit des angefochtenen Steuerbescheids beantragt werden. EU-rechtliche Bedenken sind dabei grundsätzlich als „ernstliche Zweifel"[1] anzusehen. Ernstlichkeit der Zweifel liegen bereits vor, wenn gewichtige Gründe gegen die Rechtmäßigkeit des angefochtenen Verwaltungsakts erkennbar werden, die Unentschiedenheit oder jedenfalls Unsicherheit in der Beurteilung der Rechtsfragen bewirken. Ein Antrag auf Aussetzung der Vollziehung kann stets gestellt werden, wenn die Gesetzeslage unklar ist, die streitige Rechtsfrage höchstrichterlich nicht geklärt ist und im Schrifttum Bedenken gegen die Rechtsauffassung des Finanzamtes oder des Finanzgerichtes erhoben werden.

(Einstweilen frei)

3. Vorbehalt der Nachprüfung

Ist der Bescheid nicht bereits unter dem Vorbehalt der Nachprüfung gem. § 164 AO ergangen, kann hilfsweise mit dem Einspruch eine Steuerfestsetzung unter Vorbehalt der Nachprüfung

---

1 § 361 Abs. 2 AO.

gem. § 164 AO beantragt werden. Der gesamte Steuerfall bleibt damit offen, wodurch sowohl Änderungen zum Vorteil des Steuerpflichtigen, wie auch zu dessen Nachteil möglich sind, bis der Steuerfall abschließend geprüft ist. Soweit ein Bescheid unter Vorbehalt der Nachprüfung nach § 164 AO ergangen ist, ist eine Änderung entsprechend dem EU-Recht jederzeit in vollem Umfang möglich, solange der Steuerbescheid nicht festsetzungsverjährt ist.

57–60   (Einstweilen frei)

4. Vorläufige Steuerfestsetzung

61 Ist bereits ein Musterverfahren vor dem BFH, dem BVerfG oder dem EuGH zu der fraglichen Norm anhängig, kann im Einspruchsverfahren eine vorläufige Steuerfestsetzung gem. § 165 Abs. 1 Satz 2 Nr. 3 AO beantragt werden. Voraussetzung für die Vorläufigkeit der Festsetzung ist:

▶ die Gleichartigkeit des Falles vor dem EuGH hinsichtlich des zu entscheidenden Sachverhaltes,

▶ das dem EuGH vorliegende Verfahren darf nicht zusätzliche, möglicherweise sogar vorrangige Streitfragen aufwerfen,

▶ dieselbe Vorschrift ist betroffen mit der zutreffenden Fassung des Gesetzes.

Das Streitjahr ist irrelevant.

62 Die Vorläufigkeit bezieht sich im Gegensatz zum Vorbehalt der Nachprüfung ausschließlich auf den Teil, der für vorläufig erklärt wurde. Nur dieser Teil kann von der Finanzbehörde geändert oder aufgehoben werden.

63–65   (Einstweilen frei)

5. Anwendung der Korrekturtatbestände der AO

66 Ohne Einspruchserhebung wird der Bescheid bestandskräftig und kann nur noch unter den engen Voraussetzungen der Korrekturvorschriften geändert werden.

67 Ein Antrag auf Änderung ist möglich, wenn die §§ 172 ff. AO erfüllt und die Festsetzungsfrist nach § 169 Abs. 1 Satz 1 AO für den Veranlagungszeitraum noch nicht abgelaufen ist. Ein Antrag auf Änderung muss inhaltlich soweit konkretisiert sein, dass zu erkennen ist, inwieweit der Steuerpflichtige den Steuerbescheid für fehlerhaft hält. Ein Antrag auf Änderung zugunsten des Steuerpflichtigen nach Ablauf der Einspruchsfrist ist nicht möglich. Die Wiedereinsetzung in den vorigen Stand gem. § 110 AO ist weiterhin anwendbar.

68 Grundsätzlich ist eine Änderung von Steuerbescheiden wegen neuer Tatsachen oder Beweismittel möglich, soweit die neuen Tatsachen nachträglich bekannt werden. Die geänderte Rechtsprechung des EuGH stellte bisher jedoch keine neue Tatsache i. S. d. § 173 AO dar.

69 Insbesondere der Tatbestand des rückwirkenden Ereignisses gem. § 175 Abs. 1 Satz 1 Nr. 2 AO ist zu beachten. Die rückwirkende Änderung steuerrechtlicher Normen stellt kein rückwirkendes Ereignis i. S. d. § 175 Abs. 1 Satz 1 Nr. 2 AO dar. Durch das Urteil in der Rs. Kempter[1] stellte der EuGH fest, dass bestandskräftige behördliche oder gerichtliche Entscheidungen und somit auch Verwaltungsakte/Steuerbescheide, unter bestimmten Voraussetzungen auch dann aufzuheben und zu ändern sind, wenn nationale Rechtsbehelfsfristen abgelaufen sind und da-

---

[1] EuGH, Urteil v. 12. 2. 2008 - Rs. C-2/06, Kempter, NWB EAAAC-73300.

durch nach nationalem Recht Bestandskraft entfalten. Denn nach den Ausführungen des Generalanwaltes, denen sich der EuGH im Wesentlichen anschloss, sei eine Beibehaltung eines Verwaltungsaktes insofern „schlechthin unerträglich", wenn er einen offensichtlichen Verstoß gegen das Unionsrecht darstelle. Dies sei insbesondere dann gegeben, wenn die behördliche oder auch gerichtliche Entscheidung ganz offensichtlich einen Verstoß gegen die öffentliche Ordnung, Treu und Glauben, die Billigkeit, Gleichbehandlung oder geltendes Unionsrecht darstelle. Ein solcher Verwaltungsakt berechtige deshalb schon zu keinem Anspruch auf Bestand und zwinge daher zur Aufhebung ungeachtet von der Einhaltung von nationalen Einschränkungen, wie bspw. Fristen, oder dem Vorhandensein einer diesbezüglichen Änderungsvorschrift im nationalen Recht. Daher komme es bei einem solch offensichtlichen Verstoß auch nicht auf die Tatsache an, ob zuvor national alle Rechtsbehelfsmöglichkeiten ausgeschöpft worden sind (dies war zumindest auch noch nach der Entscheidung in der Rs. Kühne und Heitz[1] strittig).

(Einstweilen frei) 70–75

6. Europäisches Verfahrensrecht

Weder das deutsche Steuerrecht noch das Europarecht sieht besondere verfahrensrechtliche Vorschriften, Verfahren oder Fristen für die Geltendmachung von Verstößen gegen das Unionsrecht vor. Die somit anwendbaren allgemeinen Vorschriften der AO stehen aber ihrerseits unter dem Vorbehalt der unionsrechtlichen Verfahrensgrundsätze, insbesondere dem Effektivitätsgrundsatz und dem Äquivalenzgrundsatz, womit die Geltendmachung und Ausübung der durch die Gemeinschaft verliehenen Rechte nicht schlechter gestellt sein darf als nach nationalem Recht. Der EuGH hat in zwei Aufsehen erregenden Urteilen die Verpflichtungen der Finanzverwaltung gem. Art. 4 Abs. 3 EU-Vertrag das Unionsrecht anzuwenden, wie folgt konkretisiert.

Den nationalen Behörden ist es z. B. untersagt, sich auf nationale Vorschriften über Fristen zu berufen, wenn der Steuerpflichtige mittels eines Einspruchs oder Klage Rechte geltend macht, die ihm unmittelbar aus einer EU-Richtlinie zustehen, die der Mitgliedstaat nicht ordnungsgemäß in innerstaatliches Recht umgesetzt hat (sog. **Emmott'sche Fristenhemmung**). Dies gilt nur für unmittelbar wirkende Richtlinienbestimmungen, und ist nicht übertragbar auf die Grundfreiheiten. Weiterhin unterscheidet der EuGH zwischen der Nichtumsetzung einer Richtlinie und einer richtlinienwidrigen Auslegung und Anwendung umgesetzter Richtlinien durch Behörden und Gerichte. Nur im ersten Fall kann eine Fristenhemmung auf der Grundlage der Rs. Emmott in Betracht kommen.

Gemäß dem Urteil **Kühne & Heitz**[2] sind nationale Behörden verpflichtet, bestandskräftige Bescheide nach späterer Rechtsprechung des EuGH unter folgenden Voraussetzungen zu ändern:
- die Behörde ist nach nationalem Recht befugt, diese Entscheidung zurückzunehmen,
- die Entscheidung ist infolge eines Urteils eines in letzter Instanz entscheidenden nationalen Gerichts bestandskräftig geworden,
- das Urteil beruht, wie eine nach seinem Erlass ergangene Entscheidung des Gerichtshofes zeigt, auf einer unrichtigen Auslegung des Gemeinschaftsrechts, die erfolgt ist,

---
1 EuGH, Urteil v. 13. 1. 2004 - Rs. C-453/00, Rz. 24, Kühne und Heitz, NWB QAAAC-43261.
2 EuGH, a. a. O., Rs. Kühne & Heitz.

ohne dass der Gerichtshof um Vorabentscheidung ersucht wurde, obwohl der Tatbestand des heute Art. 267 Abs. 3 AEU erfüllt war, und

▶ der Betroffene sich, unmittelbar nachdem er Kenntnis von der besagten Entscheidung des Gerichtshofes erlangt hat, an die Verwaltungsbehörde gewandt hat.

Dies sind Voraussetzungen, bei deren Erfüllung die Behörde von Amts wegen verpflichtet ist, einen bereits bestandskräftigen und festsetzungsverjährten Steuerbescheid zurückzunehmen.

Klageverfahren

79 Wenn die Einspruchsbehörde einen Verstoß gegen das Unionsrecht nicht erkennt und dem Einspruch nicht abhilft, kann der Einspruchsführer **Klage** gem. § 40 FGO gegen den Steuerbescheid und die Einspruchsentscheidung erheben und die Aussetzung der Vollziehung gem. § 69 FGO beantragen. Das FG ist ebenfalls gem. Art. 4 Abs. 3 EU-Vertrag zur Anwendung des Gemeinschaftsrechts verpflichtet. Trotzdem ist eine ausdrückliche Rüge des konkreten Gemeinschaftsrechtsverstoßes dringend zu empfehlen.

Das Vorabentscheidungsverfahren nach Art. 267 AEU

80 Im Vorabentscheidungsverfahren nach Art. 267 AEU entscheidet der EuGH über die Auslegung von Gemeinschaftsrecht. Es dient insbesondere der einheitlichen Auslegung des Unionsrechts und dem Individualrechtsschutz. Dagegen hat der Gerichtshof nicht die Kompetenz, Unionsrecht direkt anzuwenden oder Maßnahmen oder Rechtsnormen von Mitgliedstaaten auf ihre Rechtmäßigkeit hin zu überprüfen. Dies ist allein Sache der vorlegenden nationalen Gerichte. Zur Auslegung von Unionsrecht ist allerdings in letzter Instanz allein der EuGH berechtigt. Zur Durchsetzung dieser Letztauslegungskompetenz sind die Gerichte letzter Instanz zur Vorlage der Rechtsfrage an den EuGH verpflichtet, wenn Normen entscheidungserheblich werden, deren Vereinbarkeit mit Unionsrecht zweifelhaft ist (Art. 267 Abs. 3 AEU). Ausnahmen von dieser Vorlageverpflichtung bestehen nur, wenn bereits eine gesicherte Rechtsprechung des EuGH zu dieser Frage besteht oder aber wenn die Anwendung des Unionsrechts derart offenkundig ist, dass für einen vernünftigen Zweifel kein Raum bleibt.[1] Gerichte der Vorinstanzen sind berechtigt, eine solche Vorlage durchzuführen. Leitet ein Gericht, obschon zur Vorlage nach den oben genannten Kriterien verpflichtet, ein Vorabentscheidungsverfahren nicht ein, liegt darin eine Verletzung des Grundrechts aus Art. 101 Abs. 1 GG, denn der EuGH ist gesetzlicher Richter i. S. d. Vorschrift.[2] Eine solche Verletzung liegt aber nach der ständigen Rechtsprechung des BVerfG nur dann vor, wenn ein Gericht seine Vorlagepflicht grundsätzlich verkennt, wenn es bewusst von der Rechtsprechung des EuGH ohne Vorlagebereitschaft abweicht oder wenn es eine entscheidungserhebliche europarechtliche Frage in einer bestimmten Richtung beantwortet, ohne dass diese bereits in der Rechtsprechung des EuGH vorgegeben wäre.[3]

Dass ein solcher acte clair jedoch nicht vorschnell angenommen werden darf, hat sich kürzlich wieder in der Entscheidung des BFH gezeigt.[4] Vielmehr muss das letztinstanzliche Gericht überzeugt sein, dass auch für die Gerichte der übrigen Mitgliedstaaten und den Gerichtshof die gleiche Gewissheit bestünde.[5] Dies war vorliegend umso fraglicher, als drei andere mit-

---

1 Siehe „acte-clair-Doktrin", vgl. EuGH, Urteil v. 6.10.1982 - Rs. C-283/81, C.I.L.F.I.T.
2 BVerfG, Urteil v. 22.10.1986, Solange II, E 73, S. 339, 366 ff.
3 BVerfG, Urteil v. 8. 2. 2000 - 1 BvR 2351/95, NWB YAAAB-85825.
4 BFH, Urteil v. 22. 4. 2009 - I R 53/07, Rz. 79/1, BB 2009, 2353 = NWB EAAAD-24833.
5 EuGH, a. a. O., Rs. C.I.L.F.I.T.

gliedstaatliche Finanzverwaltungen (Frankreich, Niederlande und Österreich) eine abweichende Ansicht vertraten.

Inwieweit eine derartige Verletzung der Vorlagepflicht juristische Konsequenzen hat, richtet sich neben der Möglichkeit eines gemeinschaftlichen Vertragsverletzungsverfahrens (s. → Rz. 85) nach dem nationalen Recht der Mitgliedstaaten. In Deutschland stellt die Nichtvorlage eine Entziehung des gesetzlichen Richters dar, die mit einer Verfassungsbeschwerde nach Art. 101 Abs. 1 Satz 2 GG angegriffen werden kann. Ob diese auch Erfolg hat, macht das BVerfG jedoch von der Willkürlichkeit der Nichtvorlage abhängig. Diesen unbestimmten Rechtsbegriff hat es dahin gehend konkretisiert, dass eine Nichtvorlage immer dann willkürlich ist, wenn

▶ die Vorlage trotz Entscheidungserheblichkeit der gemeinschaftsrechtlichen Frage überhaupt nicht in Erwägung gezogen wird, obwohl das Gericht selbst Zweifel an der richtigen Beantwortung der Frage hat (grundsätzliche Verkennung der Vorlagepflicht);[1]

▶ das Gericht bewusst von einer bereits zur entscheidungserheblichen Frage bestehenden Rechtsprechung des EuGH abweicht (bewusstes Abweichen von der Vorlagepflicht);[2]

▶ zu einer entscheidungserheblichen Frage des Gemeinschaftsrechts einschlägige Rechtsprechung des Europäischen Gerichtshofs noch nicht vorliegt oder eine vorliegende Rechtsprechung die entscheidungserhebliche Frage möglicherweise noch nicht erschöpfend beantwortet hat oder eine Fortentwicklung der Rechtsprechung des Europäischen Gerichtshofs nicht nur als entfernte Möglichkeit erscheint; dann wird Art. 101 Abs. 1 Satz 2 GG nur dann verletzt, wenn das letztinstanzliche Hauptsachegericht den ihm in solchen Fällen notwendig zukommenden Beurteilungsrahmen in unvertretbarer Weise überschritten hat, z. B. wenn mögliche Gegenauffassungen zu der entscheidungserheblichen Frage des Gemeinschaftsrechts gegenüber der vom Gericht vertretenen Meinung eindeutig vorzuziehen sind (Unvollständigkeit der Rechtsprechung);[3]

▶ das Gericht es unterlässt, sich hinsichtlich des europäischen Rechts ausreichend kundig zu machen, obwohl dafür offensichtlich Anlass bestand.[4]

Im Einzelfall wird es schwer sein, eine derartige Willkür des BFH nachzuweisen. Dies gilt umso mehr, als der BFH wie in der Entscheidung v. 22. 4. 2009 dazu tendiert, sich mit einer pauschalen Begründung der Vorlagepflicht zu entziehen. Denn entsprechend der Kammerpraxis des BVerfG genügt es, wenn ein letztinstanzliches Gericht bei nicht fernliegender Einholung einer Vorabentscheidung des EuGH erkennen lässt, dass eine Vorlagepflicht geprüft wurde und warum eine Vorlage unterblieb.[5]

Das Finanzgericht kann im Vorabentscheidungsverfahren gem. Art. 267 Abs. 2 AEU dem EuGH eine Frage zur Auslegung der EU-Verträge und über die Gültigkeit und Auslegung des Sekundärrechts vorlegen, wenn es dies für die Entscheidung für erforderlich hält. Der EuGH entscheidet dabei nicht den nationalen Streit, sondern klärt nur die für den konkreten Fall entscheidungserhebliche europarechtliche Frage. Gemäß Art. 19 EU-Vertrag sichert der Gerichtshof die Wahrung des Unionsrechts bei Auslegung und Anwendung des Vertrages. Bis zum Erlass der

---

[1] BVerfGE 82, 159, 195 f.
[2] BVerfGE 82, 159, 195 f.
[3] BVerfGE 82, 159, 195 f.
[4] BVerfG-Beschluss v. 9. 1. 2001 - 1 BvR 1036/99, NWB IAAAB-85181.
[5] NJW 1988, 1456, 1459; NJW 1994, 2014, 2018; NJW 2001, 1267, 1268. Auch in diesem Fall wurde weder diese noch eine Verfassungsbeschwerde der Finanzverwaltung zu § 8b KStG angenommen, Az.: 2 BvR 862/09, Beschluss v. 11. 4. 2012, IStR 2012, 464, m. Anm. *Heinsen/Nagler*.

Entscheidung des EuGH setzt das FG das gerichtliche Verfahren aus und legt die Entscheidung des EuGH später seiner eigenen Entscheidung in der Sache zugrunde. Auf ein Vorabentscheidungsverfahren sollte der Kläger durch einen Hinweis oder „Antrag" hinwirken, obwohl dies keine Voraussetzung für die im Ermessen des Finanzgerichts stehende Einleitung des Vorabentscheidungsverfahrens ist.

Wenn das FG die Revision nicht zugelassen hat, ist im Nichtzulassungsbeschwerdeverfahren die Nichtvorlage an den EuGH durch das FG als Verfahrensmangel gem. § 115 Abs. 2 Nr. 3 FGO zu rügen, weil ein Ermessensfehler vorliegen kann.

84 In entscheidungserheblichen Fragen der Vereinbarkeit von nationalen Rechtsvorschriften mit dem EU-Recht, über die bislang weder von einem nationalen Gericht noch von dem EuGH entschieden worden ist, ist i. d. R. von der grundsätzlichen Bedeutung der Rechtssache gem. § 115 Abs. 2 Nr. 1 FGO auszugehen. Wird der Beschwerde gegen die Nichtzulassung der Revision stattgegeben gem. § 116 Abs. 6 Satz 1 FGO, so ist der BFH gem. Art. 267 Abs. 3 AEU verpflichtet, ein Vorabentscheidungsverfahren einzuleiten.

Das Vertragsverletzungsverfahren nach Art. 258, 259 AEU

85 Ein weiterer mittelbarer Weg, um den EuGH einzuschalten, ist die Beschwerde bei der Kommission über das EU-rechtswidrige Verhalten des Mitgliedstaates. Die Beschwerde bei der Kommission ist formfrei. Es empfiehlt sich, schriftlich den Sachverhalt des Verstoßes gegen AEU darzulegen und die Kommission aufzufordern, gegen den Mitgliedstaat tätig zu werden. Auf ein Verschulden des Mitgliedstaates kommt es nicht an.

Im Verfahren nach Art. 258, 259 prüft der EuGH auf Antrag der Kommission, ob Rechtsnormen oder Verwaltungspraxis eines Mitgliedstaates mit bindenden Normen des Unionsrechts in Einklang stehen. Über den Wortlaut des Art. 258 AEU hinaus können sich solche sowohl aus dem Vertrag selbst als auch aus sekundärem Unionsrecht ergeben.

Die Kommission kann gem. Art. 258 AEU dem Mitgliedstaat nach einer Anhörung eine Frist zur Beseitigung des Unionsrechtsverstoßes setzen und bei Nichtbefolgung ihrer Stellungnahme den EuGH anrufen. Dieser stellt dann die EU-Rechtswidrigkeit der nationalen Norm oder eine sonstige Vertragsverletzung fest. Gem. Art. 260 Abs. 2 AEU kann der EuGH den Mitgliedstaat durch die Verhängung eines Zwangsgeldes zur Umsetzung des Richterspruchs anhalten. Für den der Beschwerde zugrunde liegenden Einzelfall entfaltet die Entscheidung des EuGH grundsätzlich keine Wirkung, insbesondere nicht für in der Vergangenheit liegende Fälle, daher sind die nationalen Verwaltungsakte im nationalen Rechtsschutzverfahren (s. o.) offen zu halten.

86 Kommt der Gerichtshof zum Ergebnis, der Mitgliedstaat habe tatsächlich gegen Gemeinschaftsrecht verstoßen, kann er allerdings nur ein Feststellungsurteil erlassen. Das Urteil ist deshalb nicht vollstreckbar, der Mitgliedstaat selbst ist verpflichtet, den rechtswidrigen Zustand zu beseitigen. Zieht er die entsprechenden Konsequenzen nicht, kann in einem erneuten Vertragsverletzungsverfahren ein Zwangsgeld nach Art. 260 Abs. 2 AEU verhängt werden.[1]

Die sachliche Wirkung von Auslegungsurteilen des EuGH

87 Das Urteil des EuGH hat zwar lediglich in dem konkreten Streitfall für die Beteiligten bindende Wirkung (Wirkung „inter partes"). Jedoch können sich auch andere Steuerpflichtige auf das Urteil berufen, sofern sie die Unvereinbarkeit einer vergleichbaren Regelung mit EU-Recht gel-

---

[1] Vgl. dazu EuGH, Urteil v. 26. 10. 1995 - Rs. C-151/94, Kommission/Luxemburg – Biehl II, NWB UAAAD-91505.

tend machen (faktische Bindungswirkung, „erga omnes"). Dies ist darauf zurückzuführen, dass nationale Gerichte an die Auslegung des EuGH gebunden sind (vgl. Art. 20 Abs. 3 GG). Ist z. B. ein deutsches Finanzgericht oder der BFH mit der ähnlichen Frage befasst, so ist es verpflichtet, der Urteilsbegründung bei vergleichbarem Sachverhalt zu folgen oder bei entsprechenden Zweifeln erneut die Rechtsfrage dem EuGH vorzulegen. Im letzteren Fall ist aber davon auszugehen, dass der EuGH seine Rechtsprechung bestätigen wird. Somit wirkt das Urteil praktisch auch hinsichtlich vergleichbarer Regelungen anderer EU-Mitgliedstaaten, sofern diese mit denen dem Urteil zugrunde liegenden Regelungen vergleichbar sind. Ein Steuerpflichtiger, der die Vereinbarkeit der deutschen Besteuerung mit EU-Recht bezweifelt, kann sich folglich unmittelbar auf die dargestellte Entscheidung des EuGH berufen.

Die zeitliche Wirkung von Auslegungsurteilen des EuGH

Grundsatz der Rückwirkung der Rechtsprechung des EuGH

Im Rahmen der Vorabentscheidungsverfahren gem. Art. 267 AEU legt der EuGH das Unionsrecht, insbesondere die Grundfreiheiten des AEU-Vertrags aus. Durch Urteil stellt der Gerichtshof damit den Rechtszustand fest, der vom Beginn der unmittelbaren Wirksamkeit an der fraglichen gemeinschaftsrechtlichen Norm beizumessen war. Infolgedessen kommt es zu einer – undogmatisch gesprochen – rückwirkenden Anwendung der ausgelegten Norm auf den betroffenen Sachverhalt.

Eine Beschränkung der Rechtskraft pro futuro ist nur möglich, wenn der Mitgliedstaat in gutem Glauben bezüglich der Vereinbarkeit seiner Norm mit Unionsrecht war und kumulativ andernfalls schwerwiegende – finanzielle – Störungen drohen. Für einen Antrag auf zeitliche Begrenzung des Urteils und eine Prüfung des guten Glaubens müssen dem Gericht ausreichend Daten vorgelegt wurden, um feststellen zu können, ob die Gefahr schwerwiegender wirtschaftlicher Störungen aus dem Urteil folgen kann.

Da das EU-Recht keine eigenständigen verfahrensrechtlichen Vorschriften zur Anwendung des Unionsrechts vorsieht, kann ein von einem Auslegungsurteil betroffener Steuerpflichtiger das Unionsrecht nur im Rahmen der nationalen Verfahrensvorschriften geltend machen. Nach bisherigem Verständnis sind somit in Deutschland die allgemeinen Vorschriften der AO insbesondere die §§ 129 ff., § 164, § 165 sowie §§ 172 ff. AO für die Geltendmachung der Auslegung des Unionsrechts durch den EuGH durch den Steuerpflichtigen nach Durchführung einer Veranlagung einschlägig.

Begrenzung der Wirkung auf die Zukunft

Aufgrund der potenziellen Folgen einer derartigen Rückwirkung eines Auslegungsurteils des EuGH im Bereich des Abgabenrechts (Haushaltsfolgen, Massenverfahren) haben die EU-Mitgliedstaaten stets versucht, den EuGH zu überzeugen, seine Urteile lediglich mit einer Wirkung für die Zukunft auszusprechen.

Der EuGH hat die Möglichkeit der zeitlichen Beschränkung zwar in Ausnahmefällen für sich in Anspruch genommen. Er ist in ständiger Rechtsprechung diesen Anträgen jedoch nur bei außergewöhnlichen Umständen zur Wahrung der Rechtssicherheit gefolgt.

EU-steuerpolitischer Hintergrund 91–104

Die seit dem grundlegenden Urteil Defrenne[1] vom 8.4.1976 gleich gebliebenen Voraussetzungen für eine Urteilswirkung nur für die Zukunft sind:[2]

- Der EuGH muss die zeitliche Wirkung im Urteil ausdrücklich selbst aussprechen.
- Zwingende Gründe der Rechtssicherheit erfordern die zeitliche Begrenzung: Die Erstattung der unionswidrig erhobenen Abgabe führt zu schwerwiegenden finanziellen Auswirkungen auf die staatlichen Haushalte. Die Rückabwicklung der einzelnen Sachverhalte wäre aufgrund der hohen Zahl praktisch nahezu unmöglich.
- Gutgläubigkeit des Mitgliedstaats in Bezug auf die vermeintlich EU-rechtmäßige nationale Norm (Vertrauensschutz).
- Das Rechtsverhältnis hat seine Wirkung in der Vergangenheit erschöpft.

91 Selbst wenn der Gerichtshof jedoch eine Anwendungssperre für die Vergangenheit ausgesprochen hatte, so galt diese nicht für die Steuerpflichtigen, die bereits vor Erlass des EuGH-Urteils **Klage erhoben oder einen entsprechenden Rechtsbehelf eingelegt** hatten (Gegenausnahme aus Gründen des Vertrauensschutzes).

92–100 *(Einstweilen frei)*

Wahrung der Rechtsposition des betroffenen Steuerpflichtigen

101 Aus einer Zusammenschau der bisherigen Urteile des EuGH zu dieser Thematik lässt sich entnehmen, dass zur Wahrung der Rechtsposition zumindest die Einlegung eines administrativen Rechtsbehelfs bzw. zumindest ein aktives Handeln des Steuerpflichtigen mit Verweis auf die potenziell unionswidrige nationale Norm gegeben sein muss.

102 M.E. würde im Vorfeld eines Einspruchsverfahrens der Steuerpflichtige diesen Anforderungen gerecht, wenn er z.B. einen Antrag auf Nichtanwendung der gemeinschaftswidrigen nationalen Norm stellt und sodann die Steuerfestsetzung vorläufig mit Verweis auf § 165 Satz 2 Nr. 3 AO ergeht. Zumindest sollte der Steuerpflichtige aber per Antrag sein unionsrechtliches Begehr vor Erlass eines zu erwartenden, ihn betreffenden EuGH-Urteils konkret geltend machen.

Tendenz der Rückwirkungsproblematik

103 Zweifelsohne wird der politische Druck der Mitgliedstaaten auf den EuGH infolge der dramatisch zunehmenden Zahl der Vorlageverfahren auf dem Gebiet der direkten Steuern noch weiter zunehmen. Es scheint, als hätten die Mitgliedstaaten nun über den Antrag auf Urteilswirkung für die Zukunft gerechtfertigt durch den andernfalls drohenden Haushaltskollaps einen Hebel gefunden, ihre finanziellen Interessen zu wahren. Bislang hatte der EuGH das Risiko der Steuermindereinnahmen nicht als Rechtfertigungsgrund einer Ungleichbehandlung inländischer und grenzüberschreitender steuerlicher Sachverhalte anerkannt. Von dieser Linie ist der EuGH auch in der entschiedenen Rs. Meilicke[3] nicht abgewichen.

104 In der vorgelagerten Stellungnahme[4] weist Generalanwalt Tizzano darauf hin, dass der EuGH grundsätzlich erläutert, wie die Vorschriften des Unionsrechts seit ihrem Inkrafttreten, also unbeschränkt, auszulegen sind und stellte dann unter Bezugnahme auf das Urteil Bidar[5] die

---

1 EuGH, Urteil v. 8.4.1976 - Rs. C-43/75, Defrenne, Rz. 71 ff.
2 Vgl. EuGH, Urteil v. 9.3.2000 - Rs. C-437/97, EKW, Rz. 55 ff., NWB IAAAB-72817.
3 EuGH, Urteil v. 6.3.2007 - Rs. C-292/04, Meilicke, NWB FAAAC-39375.
4 EuGH, a.a.O., Rs. Meilicke.
5 EuGH, Urteil v. 15.3.2005 - Rs. C-209/03, Bidar.

Voraussetzungen für die ausnahmsweise aus Gründen der Rechtssicherheit gebotene Begrenzung der Rückwirkung dar:

▶ Es besteht eine Gefahr schwerwiegender wirtschaftlicher Auswirkungen, die insbesondere mit der großen Zahl von Rechtsverhältnissen zusammenhängt, die gutgläubig auf der Grundlage der als gültig betrachteten Regelung eingegangen worden sind. Dies gilt auch dann, wenn Abgaben zurückgefordert werden, die von den zuständigen nationalen Behörden vereinnahmt worden sind.

▶ Die Einzelnen und die nationalen Behörden sind zu einem mit der Gemeinschaftsregelung unvereinbaren Verhalten veranlasst worden, weil eine objektive und bedeutende Unsicherheit hinsichtlich der Tragweite der Gemeinschaftsbestimmungen bestand, zu der ggf. auch das Verhalten anderer Mitgliedstaaten oder der Kommission beigetragen hat.

(Einstweilen frei) 105–130

C. Entwicklung der Harmonisierungsmaßnahmen auf dem Gebiet des Körperschaftsteuerrechts

I. Das Erfordernis der Einstimmigkeit

Bei den bislang für das KStG relevanten verabschiedeten Steuerrichtlinien der steuerlichen Fusionsrichtlinie, der Mutter-/Tochter-Richtlinie und der Zins-/Lizenz-Richtlinie (s. → Rz. 176 ff.) und der Anti-Steuervermeidungs-Richtlinie von Steuerharmonisierung zu sprechen, wäre zu hoch gegriffen. Alle drei Maßnahmen lassen die erheblichen Unterschiede zwischen den Steuergesetzen der 28 Mitgliedstaaten zum größten Teil unberührt und bewirken lediglich punktuell einen Abbau steuerlicher Hindernisse der grenzüberschreitenden Unternehmenstätigkeit in der Gemeinschaft. 131

Ob und wann es tatsächlich zu einer weitergehenden echten Harmonisierung der einzelstaatlichen Körperschaftsteuerrechte kommen wird, ist derzeit nicht absehbar. Die einzige rechtliche Grundlage für Harmonisierungsmaßnahmen auf dem Gebiet der direkten Steuern, **Art. 115 AEUV** ist auf Maßnahmen beschränkt, die unmittelbar für die Schaffung des Binnenmarktes erforderlich sind.[1] 132

Es ist deshalb höchst umstritten, ob diese Vorschrift für weitergehende umfassende Harmonisierungsvorhaben überhaupt ausreicht. Nachdem die Europäische Kommission bereits im Jahre 1975 einen Richtlinienvorschlag zur **Harmonisierung der Körperschaftsteuersysteme** sowie der Körperschaftsteuersätze und der Quellensteuern auf Dividenden vorgelegt hatte,[2] wurde dieser Vorschlag am 18.4.1990 von der Kommission zurückgezogen. Schon im Jahre **1990** gab die Kommission in einer Mitteilung an das Europäische Parlament und den Rat über Leitlinien zur Unternehmensbesteuerung (SEK (90) 601 endg.) die verfolgten Ziele eines harmonisierten Körperschaftsteuerrechts in Europa zugunsten einer schrittweisen Abschaffung der wichtigsten Behinderungen auf dem Gebiet der direkten Steuern hinsichtlich der Schaffung des Binnenmarktes auf. 133

---

1 Vgl. *Thömmes*, IWB F. 2, 449.
2 Vgl. Vorschlag einer Richtlinie zur Harmonisierung der Körperschaftsteuersysteme und der Regelungen der Quellensteuer auf Dividenden, ABl. EG Nr. C 253 v. 5.11.1975, S. 2.

EU-steuerpolitischer Hintergrund

134 Da auch der AEU-Vertrag auf dem Gebiet der direkten Steuern die Gesetzgebungskompetenz bei den einzelnen EU-Mitgliedstaaten belässt, war eine Vereinheitlichung der nationalen Steuersysteme lange Zeit lediglich nur punktuell durch die Rechtsprechung des EuGH möglich.[1] Um jedoch die Unsicherheiten bei der Anwendung dieser Einzelfallentscheidungen zu klären und um die Harmonisierung im Bereich der direkten Steuern voranzutreiben, wurde mit Beschluss v. 11.9.2004[2] durch den ECOFIN-Rat die Arbeitsgruppe „Gemeinsame konsolidierte Körperschaftsteuer-Bemessungsgrundlage" (GKKB) eingerichtet, die sich regelmäßig zu Beratungen getroffen hat. Ziel war es, ein Grundkonzept für eine gemeinsame konsolidierte Steuerbemessungsgrundlage für in der EU tätige Unternehmen unter technischen Gesichtspunkten zu erarbeiten und die GKKB als Richtlinienvorschlag nach Art. 115 AEU einzuführen (näheres vgl. → Rz. 151).

135 In den derzeitigen turbulenten Zeiten für die Europäische Union schlägt die EU-Kommission allerdings nun vor, die europäische Handlungsfähigkeit in Steuerfragen erheblich zu steigern. Rechtsakte sollen nach Vorstellungen der Kommission zukünftig mit qualifizierter Mehrheit erlassen werden können. Das Einstimmigkeitserfordernis und die Passivität des Europäischen Parlaments in steuerlichen Fragen würden damit der Vergangenheit angehören

Durch eine am 15.1.2019 veröffentlichte Mitteilung setzt die Kommission die Kritik ihres Präsidenten Jean-Claude Juncker am Gesetzgebungsverfahren in Steuerangelegenheiten in konkrete Vorschläge um. Sie schlägt die stufenweise Einführung der Beschlussfassung mit qualifizierter Mehrheit im Rahmen des ordentlichen Gesetzgebungsverfahrens vor. Das bisher Anwendung findende besondere Gesetzgebungsverfahren sei nach Kommissar Pierre Moscovici „politisch anachronistisch, rechtlich problematisch und wirtschaftlich kontraproduktiv". Es sieht vor, dass nach einem Vorschlag der Kommission für eine Rechtsvorschrift das Europäische Parlament zwar angehört werden muss, jedoch keine Gesetzgebungskompetenz in steuerlichen Fragen hat. Allein der Rat der Europäischen Union verabschiedet dann Rechtsakte – jedoch nur mit vorhandener Einstimmigkeit.

Dieses Verfahren ist nach Ansicht der Kommission tradiert und lähmt die EU dabei realistische Lösungen für die steuerpolitischen Herausforderungen des 21. Jahrhunderts zu finden. Damit reagiert sie auch auf die zunehmende Kritik diverser Mitgliedstaaten zur fehlenden Kompetenz der EU auf dem Gebiet der direkten Steuern. Richtlinien für direkte Steuern können nur auf Grundlage des Subsidiaritätsprinzips und nur zur Stärkung des Binnenmarktes erlassen werden. Jedoch betont die Kommission in der Mitteilung, dass ihre Vorschläge den Mitgliedstaaten keine Steuerhoheit abringt; sie würden ihre bereits gebündelte Steuerhoheit auf effizientere Weise ausüben können. Nach den Vorstellungen der Kommission soll die bereits in 80 % der europäischen Gesetzgebungsverfahren angewendete qualifizierte Mehrheit zustande kommen, wenn 55 % der Mitgliedstaaten für einen Vorschlag stimmen und diese Mitgliedstaaten mindestens 65 % der Bevölkerung der EU ausmachen. Änderungen der EU-Verträge sind aufgrund der sog. Passerelle-Vorschrift nicht nötig.

Das politisch heikle Thema soll stufenweise implementiert werden. In den ersten beiden Schritten sollen die Bekämpfung von Steuerbetrug und Steuerhinterziehung (Schritt 1) sowie steuerpolitische Maßnahmen, die anderen politischen Zielen zugutekommen (Schritt 2) „rasch" umgesetzt werden. Im Bereich des Mehrwertsteuer- und Verbrauchsteuerrechts

---

[1] Vgl. *Drühen/Kahler*, StuW 2005, 171.
[2] ECOFIN v. 11.9.2004.

(Schritt 3) sowie bei großen Steuerprojekten (Schritt 4) im Format der aktuell debattierten Digitalsteuer soll die qualifizierte Mehrheit „gegebenenfalls bis Ende 2025" Einzug finden.

Die Kommission fordert nun die Mitgliedstaaten, das Europäische Parlament und alle Interessenträger zum konstruktiven Dialog auf und hält insbesondere Staats- und Regierungschefs an, den vorgelegten Fahrplan zu billigen und zeitnah Beschlüsse über die Anwendung zu treffen. Die politische Großwetterlage zu den Vorschlägen dürfte jedoch eher getrübt sein, so dass eine Umsetzung alles andere als sicher ist. Dies ist auch der scheidenden Kommission bewusst. Sicher ist jedoch, dass der Übergang zur qualifizierten Mehrheit in Steuerangelegenheiten vom Rat – nach Zustimmung des Europäischen Parlaments und ohne Einwände nationaler Parlamente – einstimmig gefasst werden müsste.

II. Das EU-Gesetzgebungsverfahren

1. Rechtsakte

Auf Ebene der EU werden regelmäßig steuerrelevante Rechtsakte erlassen. Dies sind in den meisten Fällen Verordnungen und Richtlinien, können aber auch Beschlüsse, Empfehlungen und Stellungnahmen sein.[1]

► Richtlinien sind von den adressierten Mitgliedstaaten in nationales Recht umzusetzen,

► Verordnungen bedürfen keiner nationalen Umsetzung und entfalten unmittelbare Wirksamkeit.

► Beschlüsse sind für den Adressaten in allen ihren Teilen verbindlich,

► Beschlüsse sind für den Adressaten in allen ihren Teilen verbindlich,

Im steuerlichen Bereich weisen die EU-Verträge der EU nur bei den indirekten Steuern Gesetzgebungskompetenz zu.[2] Dies betrifft vor allem die sog. Mehrwertsteuersystemrichtlinie und weitere Verbrauchsteuern.[3] Daneben existieren zahlreiche weitere Rechtsakte, als erwähnenswert sticht noch die sog. Durchführungsverordnung heraus.[4]

Im Bereich der direkten Steuern hat die EU keine direkte Gesetzgebungskompetenz. Dennoch ist die EU in diesem Feld teilweise handlungsfähig, da sie vertraglich den Auftrag zur Angleichung von Vorschriften hat, die sich unmittelbar auf den Binnenmarkt auswirken.[5] Diese Rechtsgrundlage wird regelmäßig für Richtlinien zu direkten Steuern genutzt und verlangt Einstimmigkeit aller EU-Mitgliedstaaten.[6] Die EU kann jedoch im Bereich der direkten Steuern nur Richtlinien erlassen, die von den adressierten Mitgliedstaaten umgesetzt werden müssen, keine allgemeingültigen Verordnungen.

---

1 Art. 288 AEUV.
2 Art. 113 AEUV.
3 Richtlinie 2006/112/EG des Rates vom 28.11.2006 über das gemeinsame Mehrwertsteuersystem, ABl. EU L 347/1.
4 Verordnung (EG) Nr. 1777/2005 des Rates vom 17.10.2005 zur Festlegung von Durchführungsvorschriften zur Richtlinie 77/388/EWG über das gemeinsame Mehrwertsteuersystem, ABl. EU L 288/1.
5 Art. 115 AEUV.
6 Durch eine Mitteilung vom 15.1.2019 schlägt die Europäische Kommission vor, das Einstimmigkeitserfordernis durch eine Beschlussfassung durch qualifizierten Mehrheitsentscheid zu ersetzen: „Auf dem Weg zu einer effizienteren und demokratischeren Beschlussfassung in der EU- Steuerpolitik", COM(2019) 8 final.

2. Gesetzgebungsverfahren

137 Das Gesetzgebungsverfahren der EU ist im Vertrag über die Arbeitsweise der Europäischen Union (AEUV) festgeschrieben. Sowohl die Rechtsgrundlage für Rechtsakte im Bereich der direkten Steuern als auch die Rechtsgrundlage im Bereich der indirekten Steuern sieht ein vom ordentlichen Gesetzgebungsverfahren abweichendes besonderes Gesetzgebungsverfahren vor.[1] Dieses sog. Konsultationsverfahren zeichnet sich dadurch aus, dass nach einem Vorschlag der Europäischen Kommission (KOM) die beiden anderen Hauptrechtsetzungsorgane – der Rat der Europäischen Union (Rat) und das Europäische Parlament (EP) – nicht in gleichem Maße beteiligt sind. Das Verfahren beginnt immer mit einem Kommissionsvorschlag, jedoch können andere Institutionen die KOM dazu anhalten, einen Vorschlag vorzulegen.

Konkret sehen die Rechtsgrundlagen vor, dass der Rat nach Anhörung des EP und des Europäischen Wirtschafts- und Sozialausschusses (EWSA)[2] Rechtsvorschriften/Richtlinien erlassen kann. Fakultativ kann auch der Ausschuss der Regionen (AdR) angehört werden. Dem EP muss lediglich die Möglichkeit zu einer Stellungnahme gegeben werden. Letztendlich bleibt die finale Gesetzgebungskompetenz damit alleinig beim Rat. Jedoch kann die KOM ihren Vorschlag vor Zustimmung des Rats zurückziehen, so dass ihr de facto ein Vetorecht gegeben ist.

In dem für steuerliche Rechtsakte zutreffenden besonderen Verfahren können Rechtsvorschriften vom Rat nur einstimmig erlassen werden. In Steuersachen obliegt die verbindliche Entscheidung in aller Regel dem Rat Wirtschaft und Finanzen (ECOFIN)[3]. Dieser Rat tagt monatlich und setzt sich aus den Wirtschafts- bzw. Finanzministern der Mitgliedstaaten zusammen.

Der entscheidende Schritt im Verfahren ist die sog. politische Einigung auf einen finalen Richtlinientext im Rat. Diese politische Einigung wird unter der Mitwirkung der KOM und dem Vorsitz der jeweiligen Ratspräsidentschaft in einem meist zwei stufigen Verfahren vorbereitet:

1. 1. In einem ersten technischen Verfahren gelangt der Kommissionsvorschlag in die Hochrangige Gruppe „Steuerfragen" (HLWP)[4] für direkte Steuern. Auf dieser Ebene sind zumeist ranghohe Finanzbeamte aller Mitgliedstaaten vertreten. Hier wird jede einzelne Vorschrift des vorgeschlagenen Rechtsakts technisch diskutiert und ggfs. angenommen, geändert oder verworfen.

2. 2. Bei technischer Einigung gelangt der Vorschlag in den Ausschuss der Ständigen Vertreter der Mitgliedstaaten,[5] dem sog. Coreper. In diesem Gremium wird die politische Gesamtlage erörtert und sondiert, ob der Vorschlag Aussicht auf die Erlangung der Einstimmigkeit hat. Gibt es noch politische Differenzen, so versucht stets der Mitgliedstaat, der die jeweilige Ratspräsidentschaft innehat, entweder bereits im Vorfeld oder sogar während einer ECOFIN-Sitzung mit einem austarierten Kompromissvorschlag zu einer einstimmigen Lösung auf politischer Ebene zu kommen. Dieser Vorbereitungsakt wird in der jeweiligen Agenda einer ECOFIN-Sitzung mit „politischer Annahme" umschrieben.

Die Benennung eines Punktes in der Agenda mit „politischer Annahme" bedeutet aber noch nicht, dass damit die politische Einigung gesetzt ist. Andererseits kann es auch passieren, dass

---

1 Art. 289 Abs. 2 AEUV i.V. m. Art. 113 und Art. 115 AEUV.
2 Art. 300 Abs. 1 AEUV.
3 https://www.consilium.europa.eu/de/council-eu/configurations/ecofin/.
4 https://www.consilium.europa.eu/de/council-eu/preparatory-bodies/high-level-working-party-tax-questions/.
5 Art. 240 AEUV.

eine lediglich mit „politischer Aussprache oder Ausrichtung" benannte Agenda bereits zu einer politisch verbindlichen Marschrichtung (Fahrplan) oder Einigung führte.

Die politische Einigung erfolgt auf der Grundlage der englischen Sprachfassung. Diese ist sodann von dem Übersetzungsdienst der Kommission in die jeweiligen Sprachfassungen zu übersetzen. Wenn alle Sprachfassungen der jeweiligen Richtlinie erstellt sind, folgt auf einer späteren Sitzung des Rats die formelle Annahme der Richtlinie. Dies kann auch durch eine andere Formation des Rats erfolgen.

Schlussendlich muss der Rechtsakt im Amtsblatt der Europäischen Union veröffentlicht und erlangt somit Rechtskraft.

(Einstweilen frei) 138–140

III. Steuerliche Maßnahmen des sekundären Unionsrechts: Steuerrichtlinien

In zwei für das deutsche Körperschaftsteuerrecht bedeutsamen Fällen hat der Rat der Europäischen Gemeinschaften am 23.7.1990 **Richtlinien** erlassen (Richtlinie des Rates über das gemeinsame Steuersystem für Fusionen, Spaltungen, die Einbringung von Unternehmensteilen und den Austausch von Anteilen, die Gesellschaften verschiedener Mitgliedstaaten betreffen – sog. Fusionsrichtlinie v. 20.8.1990;[1] Richtlinie des Rates über das gemeinsame Steuersystem der Mutter- und Tochtergesellschaften verschiedener Mitgliedstaaten – sog. Mutter-/Tochter-Richtlinie,[2] die bis zum 31.12.1991 in allen Mitgliedstaaten in nationales Recht umzusetzen waren. Die Umsetzung dieser beiden Richtlinien führte in der Bundesrepublik zu vielfältigen Änderungen des UmwStG und hatte Auswirkungen auf das EStG und KStG. Hierdurch wurden die steuerlichen Rahmenbedingungen für Investitionen durch Gesellschaften aus anderen EU-Mitgliedstaaten in der Bundesrepublik ebenso – aufgrund korrespondierender Gesetzesänderungen in den anderen EU-Mitgliedstaaten – wie für Investitionen deutscher Unternehmen im europäischen Ausland merklich verbessert. 141

Durch die Verabschiedung der sog. **Zins-/Lizenzgebühren-Richtlinie**[3] (Richtlinie des Rates über eine gemeinsame Steuerregelung für Zahlungen von Zinsen und Lizenzgebühren zwischen verbundenen Unternehmen verschiedener Mitgliedstaaten) wird die Quellensteuerbelastung auf Zinszahlungen und Lizenzgebühren zwischen verbundenen Unternehmen abgeschafft. Trotz der Tatsache, dass mit der Quellenbesteuerung i.d.R. aufgrund der Anrechenbarkeit der Quellensteuern im Gläubigerstaat keine Steuermehrbelastung verbunden war, wird durch die Verabschiedung der Richtlinie ein weiterer Schritt unternommen, den Zahlungsverkehr zwischen verbundenen Unternehmen zu erleichtern. 142

Am 21.6.2016 konnte der EU-Rat für Wirtschaft und Finanzen (ECOFIN) Einigung über die sog. **Anti-Steuervermeidungs-Richtlinie (kurz „ATAD")** erzielen. Die Richtlinie soll eine einheitliche Umsetzung von Empfehlungen des BEPS-Projekts der OECD im Gemeinschaftsgebiet gewährleisten und legt dazu Minimalregelungen in fünf Bereichen fest, eine Zinsschrankenregelung,[4] eine Wegzugsbesteuerung, eine generelle Missbrauchsvermeidungsnorm, eine Hinzurechnungsbesteuerung sowie im Bereich der hybriden Gestaltungen Regelungen zur Vermeidung eines doppelten Betriebsausgabenabzugs oder eines Betriebsausgabenabzugs ohne korrespon- 143

---

1 Fusionsrichtlinie v. 23.7.1990, Richtlinie 90/434/EWG des Rates v. 23.7.1990, ABl. EG Nr. L 225 v. 20.8.1990, S. 1.
2 Mutter-/Tochter-Richtlinie v. 20.8.1990, Richtlinie 90/435/EWG des Rates v. 20.8.1990, ABl. EG Nr. L 225, S. 6.
3 Zins-/Lizenzgebührenrichtlinie v. 3.6.2003, Richtlinie 2003/49/EG des Rates v. 3.6.2003, ABl. EG Nr. L 157/49.
4 Zur deutschen Zinsschrankenregelung im EU-Kontext s. *Oellerich* in Mössner/Seeger/Oellerich, KStG, § 8a Rz. 46.

dierende Besteuerung. Am 21.2.2017 entschied ECOFIN, die ursprüngliche ATAD um Regelungen in Bezug auf hybride Gestaltungen unter Einbezug von Drittländern (Nicht-EU-Mitgliedstaaten) zu ergänzen. Entsprechend sollen hybride Gestaltungen resultierend aus länderspezifischen Qualifikationsunterschieden auch dann nicht zur Steuervermeidung führen können, wenn Drittländer an einer Struktur beteiligt sind.

144 Nachdem erst im Juni 2016 über die Richtlinie zur Bekämpfung von Steuervermeidungspraktiken (ATAD I, Richtlinie (EU) 2016/1164) entschieden wurde, folgte bereits im Mai 2017 die formelle Verabschiedung einer Änderungsrichtlinie, der ATAD II. Die ATAD I legt Mindeststandards in fünf Bereichen fest: eine Zinsschrankenregelung, eine Vorschrift zur Wegzugsbesteuerung, eine generelle Missbrauchsvermeidungsnorm, eine Vorschrift zur Hinzurechnungsbesteuerung sowie Regelungen im Bereich hybrider Gestaltungen zur Vermeidung eines doppelten Betriebsausgabenabzugs oder eines Betriebsausgabenabzugs ohne korrespondierende Besteuerung. Während die Vorschriften der ATAD I ausschließlich hybride Strukturen, die innerhalb der EU bestehen, betreffen, erweitert die ATAD II die Richtlinie um Vorschriften für hybride Gestaltungen unter der Beteiligung von Drittstaaten.[1] Mit der ATAD I und II kommt die EU den Empfehlungen der OECD nach, indem sie Vorschriften beinhalten, welche zum Ziel haben, dass eine Zahlung nur einmal abzugsfähig und gleichzeitig eine einmalige Besteuerung sichergestellt ist.[2] Zwar handelt es sich hierbei schon um bereits verabschiedete Richtlinienmaßnahmen, doch gilt es bei der weitgehenden Bedeutung der einzelnen Richtlinienvorschriften bereits jetzt die einzelnen Umsetzungsmaßnahmen in den EU-Mitgliedstaaten im Auge zu behalten.

145 Mit jeder Annahme einer EG-Richtlinie i.S.d. Art. 288 Abs. 3 AEU durch den Ministerrat geht die mitgliedstaatliche Verpflichtung einher, die Richtlinie hinsichtlich des zu erreichenden Ziels innerhalb einer bestimmten Frist in nationales Recht umzusetzen.

Dabei ist zu unterscheiden, inwiefern die auf Ebene der EU erlassene Richtlinie einerseits Mindeststandards vorgibt, welche zwingend durch die Mitgliedstaaten umzusetzen sind und andererseits den Mitgliedstaaten Ermessensspielräume hinsichtlich der konkreten Ausgestaltung gewährt. Die Ziele einer Richtlinie sind daher zwangsläufig durch die zwingend umzusetzenden Mindeststandards formuliert. Daher ist bei der Umsetzung der Richtlinie durch die Bundesrepublik darauf abzustellen, inwieweit die obligatorischen Vorgaben, also die Ziele der Richtlinie, sachgerecht umgesetzt worden sind.

146–150 *(Einstweilen frei)*

IV. Harmonisierung der steuerlichen Bemessungsgrundlage – die GKKB

151 So sehr eine Harmonisierung der steuerlichen Bemessungsgrundlage auch im Rahmen einer Gesamtharmonisierung der Unternehmensbelastung sinnvoll erscheint, so groß sind doch gerade hier die Schwierigkeiten, die ein solches Vorhaben auf Gemeinschaftsebene aufwirft. Dies liegt zunächst daran, dass viele Mitgliedstaaten gerade über die steuerlichen Vorschriften zur Ermittlung des steuerpflichtigen Gewinns vielfältige, auch nicht-steuerliche, Zwecke verfolgen, die sich ihrerseits entweder einer Harmonisierung von vornherein entziehen, etwa weil sie auf

---

1 Richtlinie (EU) 2016/1164 des Rates vom 12. Juli 7. 2016 mit Vorschriften zur Bekämpfung von Steuervermeidungspraktiken mit unmittelbaren Auswirkungen auf das Funktionieren des Binnenmarkts.
2 Richtlinie 2016/1164 vom 12. Juli 2016, Präambel (2-3), (13); OECD/G20 Projekt Gewinnverkürzung und Gewinnverlagerung, Aktionspunkt 2 - Abschlussbericht 2015 zur Neutralisierung der Effekte hybrider Gestaltungen, 11.

Besonderheiten des jeweiligen Staates zugeschnitten sind (z. B. Förderung der Erdölförderung oder des Olivenanbaus) oder aber Materien betreffen, für die bislang noch keine gemeinsamen Regeln auf Gemeinschaftsebene erzielt werden konnten (z. B. Sozialwesen).

Eine weitere Schwierigkeit rührt daher, dass in vielen Mitgliedstaaten die Regeln über die steuerliche Gewinnermittlung für jeweils alle Unternehmensformen gleich sind (so wird z. B. in der Bundesrepublik in § 8 KStG auf die einkommensteuerlichen Gewinnermittlungsvorschriften verwiesen) und nur hinsichtlich der Steuersätze zwischen ESt und KSt differenziert wird. Eine Harmonisierung der steuerlichen Gewinnermittlungsvorschriften würde daher tief in steuerliche Bereiche hineinwirken, die im Hinblick auf den Binnenmarkt keiner so weitreichenden Harmonisierung bedürfen (z. B. die ESt als solche). 152

Schließlich weisen die steuerlichen Gewinnermittlungsregeln in den einzelnen Mitgliedstaaten erhebliche Unterschiede auf. Dabei ist grundsätzlich zu unterscheiden zwischen Staaten, die – wie die Bundesrepublik, aber auch Frankreich, Italien und Portugal – die steuerliche Gewinnermittlung auf der handelsrechtlichen Rechnungslegung aufbauen (sog. Maßgeblichkeitsgrundsatz) und solchen, die eine von der Handelsbilanz völlig unabhängige, selbständige steuerliche Gewinnermittlung vorsehen (z. B. Niederlande, Vereinigtes Königreich). 153

Die 4. und 7. Richtlinie auf dem Gebiet der Rechnungslegung haben sich weder für noch gegen die eine oder andere der beiden Methoden der steuerlichen Gewinnermittlung ausgesprochen. Sie verpflichten die ihr unterliegenden Unternehmen lediglich zu Angaben über bestimmte aus steuerlichen Gründen vorgenommene Abweichungen (vgl. Art. 35, 39 und 43 der 4. Richtlinie, Art. 34 der 7. Richtlinie). Eine Ausdehnung der 4. und 7. Richtlinie auf steuerliches Gebiet wäre jedenfalls als Harmonisierungsmaßnahme in der EU ungeeignet. Sie würde keine Lösung für die Staaten bringen, deren steuerliche Gewinnermittlung von vornherein von der Handelsbilanz losgelöst erfolgt. 154

Gemeinsame konsolidierte Körperschaftsteuer-Bemessungsgrundlage (GKKB)

(Einstweilen frei) 155

Grundkonzept der GKKB

Am 16. 3. 2011 veröffentlichte die Kommission einen ersten Richtlinienvorschlag, welcher das Fundament eines einheitlichen europäischen Steuerbilanzrechts bilden sollte. Fünf Jahre später, am 25. 10. 2016 folgte ein neuer Richtlinienvorschlag, welcher zwar grundsätzlich mit dem ersten Vorschlag übereinstimmende Ziele verfolgt und entsprechend auf diesem aufbaut, dennoch aber auch signifikante Änderungen enthält. Im Vordergrund des neuen Richtlinienentwurfs steht die bereits erwähnte, schrittweise Umsetzung des GKKB Projekts: Zunächst soll laut Vorschlag der Kommission eine gemeinsame Körperschaftsteuer-Bemessungsgrundlage (GKB) geschaffen werden, erst danach folgen in einem zweiten Schritt weitere Diskussionen zum GKKB-Projekt. 156

Einbezogene Unternehmen

Die Anwendung der GKKB als einheitliche körperschaftsteuerliche Bemessungsgrundlage ist auf Körperschaften innerhalb der EU beschränkt, welche einer der im Anhang der Richtlinie aufgeführten Körperschaftsteuer unterliegen. Während nach dem ursprünglichen Richtlinienentwurf von 2011 die GKKB in Form eines Optionsmodells ausgestaltet werden sollte, so dass Unternehmen die Anwendung der GKKB optional wählen können, sieht der neue Entwurf die gemeinsame Körperschaftsteuer-Bemessungsgrundlage nun als obligatorisch für Unter- 156a nehmen ab einer bestimmten Größe (Gesamtumsatz von mehr als 750 Mio. Euro) vor. Außerdem muss ein Unternehmen, das von der GKB Gebrauch macht, Mutter- oder qualifizierte Tochtergesellschaft sein und/oder mindestens eine Betriebstätte in anderen europäischen Mitgliedstaaten haben.

Kleinere Unternehmen, die nicht den oben genannten Schwellenwert des Gesamtumsatzes überschreiten, haben die Möglichkeit, optional von den Vorschriften der Richtlinie Gebrauch zu machen. Steuerpflichtige, die weder einen Gesamtumsatz von mehr als 750 Mio. Euro aufweisen noch eine Mutter- oder qualifizierte Tochtergesellschaft sind und/oder keine Betriebstätte in anderen europäischen Mitgliedstaaten haben, können laut des neuen Richtlinienentwurfs das System für die Dauer von fünf Steuerjahren anwenden.

156b Ermittlung der Bemessungsgrundlage und Aufteilung auf die einzelnen Mitgliedstaaten

Die Ermittlung des Einkommens und dessen anschließende Aufteilung auf die einzelnen Mitgliedstaaten erfolgt in drei Stufen:

1. Zuerst wird das Einkommen der einzelnen Unternehmensteile nach einheitlichen Regeln ermittelt. Die Einkommensermittlung basiert dabei auf einer rein steuerlichen Gewinn- und Verlustrechnung (keine Maßgeblichkeit).
2. In einem zweiten Schritt wird das Einkommen der einzelnen Gesellschaften und/oder Betriebsstätten konsolidiert.
3. Zuletzt wird das konsolidierte Einkommen mit Hilfe einer Formelzerlegung auf die einzelnen Mitgliedstaaten aufgeteilt, die den auf sie entfallenden Anteil nach ihren Regeln besteuern.

Auf die so auf die einzelnen EU-Mitgliedstaaten verteilte steuerliche Bemessungsgrundlage soll weiterhin jeder Mitgliedstaat den von ihm individuell festgelegten Körperschaftsteuersatz anwenden.

157 Wie bereits erwähnt soll es erst im Anschluss an die einheitliche Ermittlung des Einkommens in einem zweiten Schritt zur Konsolidierung (GKKB) und Verteilung des Gesamtaufkommens kommen. auf die EU-Mitgliedstaaten, in denen die einzelnen Unternehmen bzw. Betriebsstätten unternehmerisch tätig waren, In der Tat veröffentlichte die Kommission im Oktober 2016 zwei Richtlinienvorschläge (jeweils einen Vorschlag zur GKB und zur GKKB). Erst nach der Einigung zum GKB-Projekts sollen weitere Diskussionen zum GKKB Projekt folgen.

Eine Einigung hinsichtlich der Verteilung des durch die Unternehmensgruppe erzielten Steueraufkommens auf die beteiligten EU-Mitgliedstaaten zu erzielen, war stets ein kontrovers diskutiertes Thema. Der neue GKKB Richtlinienentwurf schlägt vor, die Aufteilung solle mittels einer Formelzerlegung und drei gleich gewichteten Faktoren erfolgen:

$$\text{z.v.E. Unternehmen A} = \left\{ \frac{\text{Arbeit A}}{\text{Arbeit Gruppe}} + \frac{\text{Vermögenswerte A}}{\text{Vermögenswerte Gruppe}} + \frac{\text{Umsatz A}}{\text{Umsatz Gruppe}} \right\} \times \text{GKKB}$$

Der Faktor Arbeit

157a Der Umfang des Faktors Arbeit soll aus zwei gleich gewichteten Elementen bestehen: Der Lohnsumme und der Beschäftigtenzahl. Die Beschäftigtenanzahl wird am Ende des Steuerjahres festgestellt. Was unter einem Beschäftigten zu verstehen ist, regelt sich nach den Rechtsvorschriften des Mitgliedstaates, in dem der Beschäftige tätig ist.

Der Faktor Vermögenswerte

Der Faktor Vermögenswerte ergibt sich aus dem durchschnittlichen Wert aller Sachanlagen, wobei auf das wirtschaftliche Eigentum abzustellen ist. Weiterhin kommt es auf die tatsächliche Nutzung an. Nach fünfjähriger Gruppenzugehörigkeit wird zudem der Gesamtbetrag der Aufwendungen für Forschung, Entwicklung, Vermarktung und Werbung in den sechs Jahren vor dem Eintritt in die Gruppe dem Faktor Vermögenswerte hinzuaddiert. 157b

Immaterielle Vermögenswerte und Finanzanlagevermögen werden grundsätzlich nicht in die Formel miteinbezogen.

Die Vermögensgegenstände sind grundsätzlich mit ihrem durchschnittlichen steuerlichen Wert am Anfang und Ende eines Steuerjahres zu bewerten. In Fällen, in denen der Leasingeber bzw. Vermieter nicht wirtschaftlicher Eigentümer ist, sind diese Wirtschaftsgüter zum Achtfachen der jährlich geschuldeten Nettomiete bzw. Nettoleasingzahlung abzüglich von Erträgen aus der Untervermietung bzw. Sub-Leasing zu bewerten.

Der Faktor Umsatz

Um eine adäquate Berücksichtigung der Beteiligung des Bestimmungsmitgliedstaates zu gewährleisten, fließt letztendlich der Umsatz in die Allokationsformel ein. Als Umsatz gilt der Erlös aus allen Verkäufen von Gegenständen oder Dienstleistungen ohne Mehrwertsteuer oder sonstigen Steuern und Abgaben. Zur Berechnung der Umsätze ist grundsätzlich die monetäre Gegenleistung oder der Marktpreis maßgeblich. 157c

Behandlung ausgewählter Themenbereiche

Verluste

Der neue GKB Richtlinienvorschlag sieht wie auch der alte Vorschlag grundsätzlich keine Mindestbeteuerung vor und Verluste können unbeschränkt vorgetragen werden. Aufgrund uneinheitlicher Behandlung in der EU wurde die Möglichkeit eines Verlustrücktrags nicht vorgesehen. Tritt ein Unternehmen der Gruppe bei, so sind die vor der Konsolidierung entstandenen Betriebsverluste vorzutragen und mit dem zugewiesenen Anteil des Steuerpflichtigen zu verrechnen. Verlässt ein Unternehmen die Gruppe, werden diesem keine im Konsolidierungszeitraum entstandenen Verluste zugewiesen. 158

Umstrukturierungen von Unternehmen

Die Umstrukturierung innerhalb einer Gruppe generiert keine Gewinne und Verluste. Werden jedoch im Rahmen einer Umstrukturierung bzw. im Rahmen einer Reihe von Transaktionen innerhalb eines zweijährigen Zeitraums im Wesentlichen alle Wirtschaftsgüter eines Steuerpflichtigen in einen anderen Mitgliedstaat verlagert, dann sieht der neue GKKB-Richtlinienvorschlag vor, dass die Wirtschaftsgüter für Zwecke der Aufteilung der Bemessungsgrundlage dem verlagernden Steuerpflichtigen in den fünf Jahren nach der Verlagerung zugewiesen werden, sofern ein Mitglied der Gruppe wirtschaftlicher Eigentümer bleibt. 158a

Vorschriften zur Missbrauchsverhinderung

Unverändert zum Richtlinienvorschlag von 2011 versagt der neue GKKB- Richtlinienvorschlag mit allgemeinen und besonderen Vorschriften zur Verhinderung von Missbrauch. Der neue Richtlinienvorschlag beinhaltet zum einen eine allgemeine Vorschrift zur Verhinderung von 158b

EU-steuerpolitischer Hintergrund 159–162

Missbrauch und des Weiteren besondere Vorschriften in Bezug auf beherrschte ausländische Unternehmen sowie auf hybride Gestaltungen.

Aktueller Stand

159 Der ursprüngliche Entwurf der GKKB-Richtlinie aus dem Jahr 2011 ist vollständig technisch diskutiert worden. Darüber hinaus fand eine politische Diskussion dahin gehend statt, welches Schicksal die Richtlinie im weiteren legislativen Prozedere zuteil werden sollte.

160 Dennoch konnte hinsichtlich der GK(K)B bisher keine Einigung erzielt werden. Immerhin wird die GK(K)B mittlerweile aufgrund der BEPS-Diskussion (Base erosion and profit shifting) nicht mehr als utopisches Hirngespinst einiger Akademiker und der Kommission angesehen wird, sondern durchaus als Teil einer langfristigen Strategie betrachtet wird, die europäische Krise in den Bereichen Euro-, Finanz- und Haushaltswesen zu bekämpfen und langfristig ein wettbewerbsfähiges Steuersystem zu schaffen, welches keine Anreize mehr für Steuerarbitrage- und Steuervermeidungsmodelle bietet. Neuen Schub hat die Diskussion um die Sinnhaftigkeit und Realisierbarkeit der GKKB-Richtlinie zweifelsohne durch die Aufdeckung der sog. Ruling-Praxis in Luxemburg durch ein Konsortium investigativer Journalisten Ende des Jahres 2014 erhalten. Die teilweise systematische wenn auch legale Ausnutzung der Unterschiede der 28 europäischen Körperschaftsysteme durch die Big4-Gesellschaften sowie Rechtsanwaltsgesellschaften führte einmal mehr deutlich vor Augen, wie notwendig eine Angleichung der Ermittlung der steuerlichen Bemessungsgrundlage wäre. Ob jedoch die derzeitig viel diskutierte Richtlinie den richtigen Weg dazu darstellt, bleibt auch nach LuxLeaks sehr umstritten.

Zuletzt wurde die Entwicklung der GK(K)B durch die Einführung eines modifizierten GKKB-Vorschlags, auf Basis des früheren Entwurfs, vorangetrieben.

161 Aufgrund der Komplexität soll nun in einem ersten Schritt soll eine gemeinsame Körperschaftsteuerbemessungsgrundlage (GKB) umgesetzt werden (engl. CCTB – Common Corporate Tax Base). In einem zweiten Schritt soll dann die Konsolidierung eingeführt werden, um die Gemeinsame Konsolidierte Körperschaftsteuerbemessungsgrundlage (GKKB) zu erreichen (engl. CCCTB – Common Consolidated Corporate Tax Base). Der neue GKB- Richtlinienentwurf sieht vor, dass die Mitgliedstaaten die für die Umsetzung der Richtlinie erforderlichen Recht- und Verwaltungsvorschriften ab dem 1.1.2019 umsetzen. Die Vorschriften zur GKKB sollen ab dem 1.1.2021 angewendet werden.

162 Am 23.5.2017 fand im Europäischen Rat eine Standortbestimmung statt, um Mitgliedstaaten zu einer Stellungnahme hinsichtlich des Richtlinienvorschlags zur GKB vom 25.10.2016[1] zu zwingen. Im Vordergrund des neuen Richtlinienentwurfs, welcher zwar grundsätzlich mit dem ersten Vorschlag übereinstimmende Ziele verfolgt und entsprechend auf diesem aufbaut, dennoch aber auch signifikante Änderungen enthält, steht die bereits erwähnte, schrittweise Umsetzung des GKKB-Projekts: Zunächst soll laut Vorschlag der Kommission eine gemeinsame Körperschaftsteuer-Bemessungsgrundlage (GKB) geschaffen werden, erst danach folgen in einem zweiten Schritt weitere Diskussionen zum GKKB-Projekt.[2] Aufgrund der doch sehr positiven und konstruktiven Einstellung fast aller Mitgliedstaaten im Rahmen der Standortbestimmung ist in den kommenden Monaten unter der Ratspräsidentschaft Bulgariens und Öster-

---

[1] Europäische Kommission: Vorschlag für eine Richtlinie des Rates über eine Gemeinsame Körperschaftsteuer-Bemessungsgrundlage, 25.10.2016.

[2] Europäische Kommission: Vorschlag für eine Richtlinie des Rates über eine Gemeinsame konsolidierte Körperschaftsteuer-Bemessungsgrundlage (GKKB), 25.10.2016.

reichs eine erhöhte Aktivität zu erwarten. Somit erlebt das Projekt GK(K)B möglicherweise doch in diesem erneuten Versuch den langerwarteten Erfolg.

Mit einem gemeinsamen Positionspapier, der sog. Meseberger Erklärung vom 19.6.2018 haben die Finanzminister Olaf Scholz und sein französischer Amtskollege, Bruno Le Maire, auf dem deutsch-französischen Ministerrat neuen Schwung in die Debatte über eine Gemeinsame Körperschaftsteuer-Bemessungsgrundlage (GKB) in der EU gebracht. In dem gemeinsamen Positionspapier bekennen sich Deutschland und Frankreich ausdrücklich sowohl zur GKB als auch zu einer späteren Konsolidierung der Körperschaftsteuer in der EU (GKKB).

Das unerwartet detaillierte Papier schlägt darüber hinaus eine Fülle von Änderungen an dem von der EU-Kommission am 25.10.2016 vorgelegten GKB-Entwurf vor. Einige aus Sicht der Wirtschaft wünschenswerte Aspekte der GKB stehen demnach auf der Streichliste. So sprechen sich Deutschland und Frankreich dagegen aus, steuerliche Anreize für Forschung und Entwicklung oder die Eigenkapitalfinanzierung in die GKB aufzunehmen. Auch der von der Kommission bereits für die GKB vorgesehene grenzüberschreitenden Verlustausgleich soll nach dem Wunsch der beiden Partner gestrichen bzw. erst im Rahmen einer späteren GKKB erörtert werden.

Ergänzen wollen sie dagegen eine Vorschrift, die offenbar Grundsätze der Rechnungslegung für die Ermittlung der steuerlichen Bemessungsgrundlage sowie die Anwendung eines Betriebsvermögensvergleichs festschreibt. Die GKB soll zudem unabhängig von der Unternehmensgröße verpflichtend anzuwenden sein, wobei eine angemessene Übergangszeit von vier Jahren vorgeschlagen wird.

Mit dem Papier wird offenbar der Auftrag aus dem Koalitionsvertrag zu einer deutsch-französischen Initiative zur Angleichung der Körperschaftsteuer umgesetzt. Beide Staaten sind laut dem Papier fest entschlossen, die GKB-Richtlinie rasch zu verabschieden. Ob auf EU-Ebene noch vor den EU-Wahlen am 26.5.2019 eine Einigung in den zuletzt festgefahrenen Verhandlungen über eine GKB erfolgen kann, scheint jedoch fraglich. Die österreichische Ratspräsidentschaft hat dazu bisher keine Schritte angekündigt.

Die zunehmende Diskussion um eine angemessene Besteuerung der Gewinne/Umsätze der digitalisierten Wirtschaft nahm das Europäische Parlament zum Anlass, die GKKB um eine digitale Komponente zu erweitern. So soll in einem noch zu verabschiedenden Ergänzungsvorschlag „dGKKB" im März 2018 die Definition einer virtuellen Betriebsstätte eingefügt werden und die Aufteilungsformel (siehe → Rz. 157) um den Faktor „digital verwertete Daten" verbreitert werden. Auch die Europäische Kommission arbeitet hierbei an einem langfristigen Konzept um die Frage der Einbeziehung digital verwertbarer Daten im Rahmen der richtigen Zuordnung von Gewinnen an digitale Betriebsstätten.

(Einstweilen frei)

D. Maßnahmen zur Bekämpfung steuerlichen Missbrauchs

I. Einfluss der BEPS Maßnahmen der OECD

Im globalen Kontext zeichnet sich insbesondere die OECD für entsprechende Initiativen verantwortlich. Neben dem im Rahmen eines G-20-Treffens vorgestellten Berichts zur Schmälerung der Bemessungsgrundlage und Gewinnverschiebung[1] hat die OECD in näherer Vergangenheit bereits weitere Initiativen zur Verringerung steuermindernder Gestaltungen gestartet.[2]

Die G-20 ist eine informelle Gruppe, die sich aus 19 Staaten und der Europäischen Union zusammensetzt. Die Finanzminister und Zentralbank-Präsidenten dieser Gruppe haben ihre Treffen vor fünf Jahren auf Anraten der G-7 und als Reaktion auf die weltweite Finanzkrise begonnen. Seitdem treffen sich die Finanzminister üblicherweise zweimal pro Jahr.

Die Aktivitäten der G-20 dienten zunächst nur der wirtschaftspolitischen Abstimmung der beteiligten Staaten. Im Jahr 2012 setzte die Gruppe allerdings einen steuerpolitischen Akzent. Auf ihrem Gipfeltreffen im Juni 2012 im mexikanischen Los Cabos beauftragte sie die OECD mit der Erstellung von Lösungsvorschlägen zur Bekämpfung von durch aggressive Steuergestaltungen hervorgerufene Verluste von Steuersubstrat. Unter dem Kürzel „BEPS" (Base Erosion and Profit Shifting) hat das von der OECD seither verfolgte Projekt Furore gemacht. Die OECD legte der G-20 im Juli einen Aktionsplan vor, der weitreichende Vorschläge zur Ergänzung und Neugestaltung von Teilen des hergebrachten internationalen Steuerrechts enthielt. Gegenstand der weiteren Betrachtung sollten insbesondere sein:

1. Herausforderungen für die Besteuerung der digitalen Wirtschaft;
2. Neutralisierung der Effekte hybrider Gestaltungen
3. Stärkung der Vorschriften zur Hinzurechnungsbesteuerung (sog. CFC-Regeln)
4. Begrenzung der Gewinnverkürzung durch Abzug von Zins- oder sonstigen finanziellen Aufwendungen
5. Wirksamere Bekämpfung schädlicher Steuerpraktiken unter Berücksichtigung von Transparenz und Substanz
6. Verhinderung von Abkommensmissbrauch
7. Verhinderung der künstlichen Umgehung des Status als Betriebsstätte
8. Gewährleistung der Übereinstimmung zwischen Verrechnungspreisergebnissen und Wertschöpfung
9. Messung und Monitoring von Gewinnverkürzung und Gewinnverlagerung
10. Verpflichtung der Steuerpflichtigen zur Offenlegung ihrer aggressiven Steuerplanungsmodelle
11. Überarbeitung der Verrechnungspreisdokumentation
12. Verbesserung der Wirksamkeit von Streitbeilegungsmechanismen
13. Entwicklung eines multilateralen Instruments

169 Seit dem 5.10.2015 liegen mittlerweile zu allen Aktionspunkten abschließende Papiere vor, welche von den G 20-Staaten am 6.12.2015 angenommen wurden. Insbesondere der Bericht zu dem Maßnahmenartikel 5 „harmful tax practices" gewinnt aufgrund der verstärkten Forderung nach Transparenz an Bedeutung. Der Bericht definiert einen Rahmen für einen verpflichtenden spontanen Informationsaustausch in Bezug auf Rulings (verbindliche Auskünfte von Steuerbehörden an die Steuerpflichtigen). Dem Bericht zufolge sollte dieser Rahmen auf Ru-

---

[1] OECD Report on Base Erosion and Profit Shifting, 12.2.2013.
[2] OECD Report on Aggressive Tax Planning based on After-Tax Hedging, 13.3.2013; vgl. im Übrigen *Ehlermann/Nakhai*, ISR 2012, 29, 35, mit Hinweis auf den OECD Bericht zu „Hybrid Mismatch Arrangements."

lings angewendet werden, die sich speziell an einen einzelnen Steuerpflichtigen wenden, der von einem Steuervorteil profitiert und sich nicht auf allgemeine Rulings beziehen. Der Bericht befasst sich mit Fragen in Bezug darauf, wann der Austausch solcher Informationen erfolgen soll, mit wem und welche Informationen berücksichtigt werden sollen und auf welcher gesetzlichen Grundlage dies erfolgt. Der Bericht schlägt einen Ablaufplan vor, in dem verschiedene Schritte und Untersuchungen dargestellt werden, die durchlaufen werden sollen, um zu entscheiden, ob ein Land spontan Informationen in Bezug auf Rulings austauschen sollte. Der Ansatz zielt jedoch nur auf solche Rulings i.V.m. Präferenzregelungen ab, die in den Anwendungsbereich des OECD „Forum on Harmful Tax Practices" (FHTP) fallen und die keine oder eine zu niedrige effektive Steuerbelastung als Folge haben. Das FHTP setzt seine Arbeit zudem fort zu definieren, was eine Präferenzregelung begründet.

Der Bericht unterstreicht zudem die Notwendigkeit eines schnellen Austauschs von Informationen. Der Austausch von Informationen sollte nicht später als drei Monate erfolgen, nachdem die relevanten Informationen an die zuständige Behörde des Landes, das das Ruling gewährt hat, weitergegeben wurden. Die Informationen in Bezug auf das Ruling werden nur zwischen den Steuerbehörden ausgetauscht und nicht veröffentlicht. Indem sich ein solcher Austausch auf individualisierte Rulings, die einzelnen Steuerpflichtigen gewährt werden, beschränken soll (und nicht auf alle Rulings, einschließlich Verrechnungspreiszusagen), signalisieren die G-20, dass sie den Umfang der Informationen, die in Zukunft ausgetauscht werden müssen, beschränken wollen. Für die sog. EU-„Rulings"-Richtlinie vom 6.10.2015 des Transparenzpakets der Kommission vom 18.3.2015 stand der vorgenannte Bericht offenbar Pate.

Des Weiteren hat auch die lang andauernde Kontroverse über den schädlichen Steuerwettbewerb in Form der sog. Patentboxen einen neuen Regelungsrahmen erhalten.

Am 11.11.2014 haben die britische und deutsche Regierung einen gemeinsamen Vorschlag veröffentlicht, wonach die Verhandlungen für neue Regeln in Bezug auf die IP-Präferenzregelung im Rahmen des BEPS-Projektes vorangetrieben werden sollen. Als Lösung wird das sog. „modifizierte Nexus"-Konzept, das im OECD-Zwischenbericht bezogen auf den BEPS-Artikel 5 kurz dargestellt wurde, vorgeschlagen:

Danach soll sichergestellt sein, dass ein Staat sein IP-Präferenzregime nur dann anwendet, wenn in diesem Staat eine substanzielle Aktivität ausgeführt wird, es soll jedoch auch die wirtschaftliche Realität von Forschungs- und Entwicklungsinvestitionen durch die Wirtschaft widerspiegeln. Es ist davon auszugehen, dass die überarbeiteten Regelungen die steuerlichen Vorteile in Relation auf ausgeübte Forschungs- und Entwicklungsarbeit eines Unternehmens beschränken.

Nach dem Nexus-Konzept qualifizieren Aufwendungen für nahe stehende Personen, an die entsprechende Tätigkeiten ausgelagert wurden, oder Akquisitionskosten nicht hinreichend. Um dieser Tatsache Rechnung zu tragen, soll ein Unternehmen in die Lage versetzt werden, qualifizierende Aufwendungen um einen festen Betrag zu erhöhen.

Der Vorschlag sieht vor, dass dies der niedrigere von zwei Beträgen ist. Hierzu sind einerseits 30% der qualifizierenden Aufwendungen und andererseits 30% der tatsächlichen Ausgaben für Auslagerungs- und Akquisitionskosten zu betrachten. Unter den vorgeschlagenen Übergangsregeln würden bestehende Regelungen für IP, auf die ein Präferenzregime Anwendung findet, bis Juni 2016 fortgelten, und für IP, auf die ein Präferenzregime zu diesem Datum Anwendung findet, bis Juni 2021. Es wird erwartet, dass Länder, darunter Großbritannien, versuchen werden, überarbeitete OECD-konforme Regelungen im Juni 2016 einzuführen, um IP abzudecken, die keinem Bestandsschutz unterliegen. Übergangsbestimmungen sind als ein wesentlicher Bereich in der gemeinsamen Bekanntmachung identifiziert worden, die einer weiteren Bearbeitung bedürfen. Der Vorschlag stellt auch fest, dass die OECD-FHTP daran arbeiten sollten, bis Juni 2015 zu einer Einigung zu kommen. Diese sollte sich auf einen zweckmäßigen und ausgewogenen Tracking-and-Tracing-Ansatz beziehen, der von Unternehmen und Steuerbehörden umgesetzt werden kann. Dies umfasst Übergangsregeln für den Übergang von IP aus bestehenden in neue Regime und Sonderregelungen für bereits getätigte Aufwendungen.

II. Antwort der EU zu BEPS

1. Die Anti-Steuervermeidungs-Richtlinie (ATAD I und II)

172 Der Rat der Europäischen Union beauftragte die Kommission am 8.12.2015, Vorschläge zu Maßnahmen gegen BEPS-Aktivitäten zu entwickeln. Laut Pierre Gramegna, dem Finanzminister Luxemburgs, und dem Steuerkommissar Pierre Moscovici soll die EU Vorreiter bei der Umsetzung der OECD-BEPS-Richtlinien sein. Das Anliegen wurde auch von der nachfolgenden niederländischen Ratspräsidentschaft übernommen. Das am 28.1.2016 von der Kommission verabschiedete Maßnahmenpaket zur Bekämpfung von Steuervermeidung beinhaltet die Richtlinie zur Bekämpfung von Steuervermeidungspraktiken,[1] Empfehlungen zu Steuerabkommen, Änderungen der Richtlinie zur Zusammenarbeit der Verwaltungsbehörden und eine Mitteilung über eine externe Strategie.[2] Die Vorschläge drücken das koordinierte Vorgehen gegen Steuervermeidung auf Ebene der Unternehmen aus und basieren auf den Vorschlägen der OECD zu BEPS.

173 Die Richtlinie zur Bekämpfung von Steuervermeidungspraktiken greift folgende Aktionspunkte aus dem BEPS-Vorschlägen der OECD auf:

Artikel 4 - Begrenzung der Abzugsfähigkeit von Zinszahlungen

Artikel 5 - Wegzugsbesteuerung

Artikel 6 - Wechsel von der Freistellungs- zur Anrechnungsmethode (Switch-over-Klausel)

Artikel 7 - Allgemeine Vorschrift zur Verhinderung von Missbrauch

Artikel 8 - Vorschriften für beherrschte ausländische Unternehmen

Artikel 9 - Berechnung der Einkünfte eines beherrschten ausländischen Unternehmens

Artikel 10 - Hybride Gestaltungen

Ziel der Maßnahmen ist es, aggressive Steuerplanung einzuschränken, Transparenz zwischen den Mitgliedstaaten zu fördern und fairen Wettbewerb sicherzustellen.

174 Am 21.6.2016 konnte der EU-Rat für Wirtschaft und Finanzen (ECOFIN) politische Einigung über die sog. Anti-Steuervermeidungs-Richtlinie (kurz ATAD) erzielen. Die Richtlinie soll eine einheitliche Umsetzung von Empfehlungen des BEPS-Projekts der OECD im Gemeinschaftsgebiet gewährleisten und legt dazu Minimalregelungen in fünf verschiedenen Bereichen fest.

---

1 Vorschlag für eine Richtlinie des Rates mit Vorschriften zur Bekämpfung von Steuervermeidungspraktiken mit unmittelbaren Auswirkungen auf das Funktionieren des Binnenmarkts v. 28.1.2016, COM(2016) 26.
2 Europäische Kommission, Factsheet: Maßnahmenpaket zur Bekämpfung der Steuervermeidung – Fragen und Antworten, Brüssel, 28.1.2016.

- Die Regelung zur Beschränkung von Zinsabzügen ähnelt der korrespondierenden deutschen „Zinsschranke".[1] Zusätzlich wird eine Besitzstandsklausel eingeführt, die überschreitende Zinszahlungen, die aus Schuldverhältnissen stammen, die vor dem 17.6.2016 eingegangen wurden, von der Regelung ausnimmt.
- Eine Wegzugsbesteuerung soll nach den vorgeschlagenen Regelungen ausgelöst werden, wenn Wirtschaftsgüter ins Ausland verlagert werden und der Mitgliedstaat das Besteuerungsrecht auf stille Reserven verliert oder der Sitz mit gleicher Folge verlagert wird.
- Die generelle Missbrauchsvermeidungsnorm zielt auf Gestaltungen ab, deren Hauptgrund in der Erzielung von Steuervorteilen liegt. Diese Regelung bezieht sich auf die Bemessung der Körperschaftsteuern und findet für Quellensteuern keine Anwendung.
- Eine Hinzurechnungsbesteuerung wird nach der Richtlinie ausgelöst, wenn inländischen Steuerpflichtigen direkt oder indirekt mehr als 50% der Stimmrechte, des Kapitals oder der Gewinnbezüge einer ausländischen Einheit zugerechnet werden und diese Einheit weniger als die Hälfte der Steuern zahlt, die im Inland fällig wären.

Im Bereich der hybriden Gestaltungen werden Regelungen zur Vermeidung eines doppelten Betriebsausgabenabzugs oder eines Betriebsausgabenabzugs ohne korrespondierende Besteuerung eingeführt. Diese Regelungen gelten im Rahmen der ursprünglichen Anti-Steuervermeidungs-Richtlinie vorerst nur für EU-Mitgliedstaaten. Am 21.2.2017 entschied der EU-Rat für Wirtschaft und Finanzen, die ursprüngliche ATAD um Regelungen in Bezug auf hybride Gestaltungen unter Einbezug von Drittländern (nicht-EU Mitgliedstaaten) zu ergänzen (ATAD II).

ATAD II erweitert den Anwendungsbereich hinsichtlich unerwünschter hybrider Gestaltungen nun auch auf Drittstaaten, da Inkongruenzen in der rechtlichen Einordnung nicht nur unionsintern, sondern auch in Strukturen mit Drittstaaten existieren können. Demnach kann nur eine Richtlinie, die ein Territorium über die Grenzen der EU hinaus umfasst, Schutz vor den Nebenwirkungen hybrider Gestaltungen bieten.

a) Hybride Gestaltungen

Die in ATAD II enthaltenen Regelungen zu hybriden Gestaltungen finden Anwendung auf verbundene Unternehmen[2] oder im Fall einer strukturierten Vereinbarung zwischen zwei beteiligten Parteien, sofern eine solche Gestaltung zu einer Inkongruenz führt, aus welcher ein doppelter Abzug resultiert (Art. 2 (9) (g) Richtlinienentwurf), oder wenn

- eine Zahlung an ein hybrides Unternehmen aufgrund unterschiedlicher Zuordnungen von Zahlungen in dem Steuergebiet, in dem das Unternehmen ansässig oder registriert ist und in dem eine beteiligte Person ansässig ist oder
- eine Zahlung an ein Unternehmen mit einer oder mehreren Betriebstätten aufgrund der unterschiedlichen Zuordnung von Zahlungen zwischen dem Hauptsitz und einer Betriebstätte (oder zwischen mehreren Betriebstätten) oder
- eine Zahlung als Ergebnis einer Zahlung an eine unberücksichtigte Betriebstätte; oder
- eine Zahlung eines hybriden Unternehmens aufgrund der Nichtberücksichtigung im Steuergebiet des Zahlungsempfängers

---

[1] Zur deutschen Zinsschrankenregelung im EU-Kontext s. *Oellerich* in Mössner/Seeger/Oellerich, KStG, § 8a Rz. 46.
[2] Definition in Artikel 2 (4) des Richtlinienentwurfs vom 17.2.2017; bezieht sich auch auf Kapital- und Personengesellschaften, da weder die Richtlinie 2016/1164 noch der Richtlinienentwurf vom 17.2.2017 eine Definition des Begriffs „Unternehmen" beinhaltet.

zu einem Abzug bei gleichzeitiger steuerlicher Nichtberücksichtigung führt.

Im Folgenden werden die im Richtlinienvorschlag inbegriffenen Strukturen beispielhaft aufgeführt.

Hybride Gestaltungen bei Unternehmen

177 Ist die Zahlung eines Unternehmens nicht nur in dem Steuergebiet, in dem das Unternehmen gegründet wurde und in dem das Unternehmen als nicht-transparent behandelt wird, abzugsfähig, sondern auch im Steuergebiet des Investors dieses Unternehmens, in dem dieses als transparent behandelt wird (doppelter Abzug gem. Art. 2 (9) (g) Richtlinienentwurf), ist der Abzug im Mitgliedstaat des Investors zu verweigern (Art. 9 (1) (a) Richtlinienentwurf). Verweigert das Steuergebiet des Investors (EU-Mitglied- oder Drittstaat) den Abzug nicht, dann hat der Mitgliedstaat des Zahlenden den Abzug zu verweigern, so dass es nur einmal zum Abzug kommt.

Gemäß Art. 9 (1) des Richtlinienentwurfs ist ein doppelter Abzug jedoch möglich, wenn die Abzüge mit Einkünften, die steuerlich doppelt berücksichtigt werden, verrechnet werden. Auch im Fall hybrider Gestaltungen bei Unternehmen, die zu einem Abzug bei gleichzeitiger steuerlicher Nichtberücksichtigung führen (gem. Art. 2 (9) (b), (c), (d), (e) Richtlinienentwurf), hat der Mitgliedstaat, in dem der Zahlende steuerlich ansässig ist, den Abzug zu verweigern. Nur wenn der Abzug im Steuergebiet des Zahlenden (EU-Mitglied- oder Drittstaat) nicht verweigert wird, hat der Mitgliedstaat, in dem der Zahlungsempfänger steuerlich ansässig ist, den Zahlungsbetrag bei dessen Einkünften zu berücksichtigen (Art. 9 (2) (b) Richtlinienentwurf).

Hybride Gestaltung bei Finanzinstrumenten

178 Wie bei Unternehmen kann es auch zu einer inkongruenten Behandlung von Finanzinstrumenten, u. a. aufgrund einer unterschiedlichen Einordnung des Instruments in den jeweiligen Steuergebieten, kommen. Eine Zahlung aus einem Finanzinstrument kann z. B. im Steuergebiet des Zahlenden abzugsfähig sein und im Steuergebiet des Empfängers zeitgleich steuerlich unberücksichtigt bleiben. Hier gelten dieselben Regeln wie oben, d. h. der Abzug ist im Steuergebiet des Zahlenden zu verweigern (Art 9 (2) (a) Richtlinienentwurf. Verweigert dieser Staat (EU-Mitgliedstaat oder Drittstaat) nicht den Abzug, hat der Mitgliedstaat, der das Steuergebiet des Zahlungsempfängers ist, diesen Betrag bei den Einkünften bzw. in dessen Bemessungsgrundlage zu berücksichtigen (Art. 9 (2) (b) Richtlinienentwurf).

Hybride Übertragungen

179 Hybride Übertragungen können zu einem Abzug bei gleichzeitiger steuerlicher Nichtberücksichtigung führen, z. B. wenn die einem Finanzinstrument zugrunde liegende Zahlung aus einem Finanzinstrument aufgrund Inkongruenzen in der Definition von Eigentum mehreren Personen in unterschiedlichen Steuergebieten zugerechnet wird. Auch hier hat gem. Art. 9 (2) (a) Richtlinienentwurf der Mitgliedstaat, der das Steuergebiet des Zahlenden ist, den Abzug zu verweigern. Verweigert dieser Staat den Abzug nicht, hat der Mitgliedstaat, der das Steuergebiet des Zahlungsempfängers ist, diesen Betrag bei den Einkünften bzw. in dessen Bemessungsgrundlage zu berücksichtigen (Art. 9 (2) (b) Richtlinienentwurf). Art. 9 (6) Richtlinienentwurf sieht des Weiteren vor, dass eine hybride Übertragung, die eine Ermäßigung der Quellensteuer bei mehreren beteiligten Parteien zur Folge hat, neutralisiert werden soll, indem der Mitgliedstaat des Steuerpflichtigen den sich aus der Ermäßigung ergebenden Vorteil im Verhältnis zu den steuerpflichtigen Nettoeinkünften im Zusammenhang mit der Zahlung zu begrenzen hat.

Hybride Gestaltungen bei Betriebsstätten

Hybride Gestaltungen bei Betriebsstätten werden im Richtlinienentwurf in zweierlei Hinsicht berücksichtigt. Zum einen beinhaltet der Richtlinienentwurf in Art. 9 (5) eine Vorschrift zur Behandlung einer Gestaltung, die dazu führt, dass Einkünfte einer unberücksichtigten Betriebstätte in dem Mitgliedstaat, in dem der Steuerpflichtige ansässig ist, nicht der Steuer unterliegen (Art. 9 (5) Richtlinienentwurf). In diesem Fall hat der Steuerpflichtige die Einkünfte, die andernfalls der unberücksichtigten Betriebstätte zugeordnet würden, zu berücksichtigen. Findet ein Doppelbesteuerungsabkommen zwischen dem Mitgliedstaat und einem Drittland Anwendung, dann hat der Mitgliedstaat die Einkünfte entsprechend zu befreien.

Außerdem beinhaltet die Richtlinie eine Vorschrift, die greift, wenn Inkongruenzen wie zum Beispiel Unterschiede in der Zuordnung von Zahlungen an eine hybride Betriebstätte zu einem doppelten Abzug führen. In diesem Fall gilt wie oben, dass der Mitgliedstaat des Investors den Abzug zu verweigern hat (Art. 9 (1) (a) Richtlinienentwurf). Wenn dieser den Abzug nicht verweigert, ist der Abzug im Steuergebiet (Mitgliedstaat) des Zahlenden (in der Regel ist das Steuergebiet des Zahlenden das Steuergebiet, in dem sich die Betriebstätte befindet) zu verweigern (Art. 9 (1) (b) Richtlinienentwurf). Auch hier gilt die Ausnahme in Bezug auf doppelt berücksichtigte Einkünfte (s. hybride Gestaltungen bei Unternehmen).

Resultiert eine hybride Gestaltung in Bezug auf Zahlungen an eine hybride Betriebstätte nicht in einem doppelten Abzug, sondern in einem Abzug bei gleichzeitiger steuerlicher Nichtberücksichtigung, hat der Mitgliedstaat, der das Steuergebiet des Zahlenden ist, den Abzug zu verweigern (Art. 9 (2) (a) Richtlinienentwurf). Wenn dieser Mitgliedstaat den Abzug nicht verweigert, ist der Betrag der Zahlung, der andernfalls zu einer Inkongruenz führen würde, von dem Zahlungsempfänger in dessen Einkünften zu berücksichtigen (Art. 9 (2) (b) Richtlinienentwurf).

Eingeführte Inkongruenzen

Eingeführte Inkongruenzen werden in das Steuergebiet eines Mitgliedstaats ‚eingeführt', indem z. B. im Rahmen verbundener Unternehmen Zahlungen aus hybriden Instrumenten, die entweder doppelt abzugsfähig sind oder für die ein Abzug bei gleichzeitiger steuerlicher Nichtberücksichtigung anfällt, aus dem EU-Ausland mittels eines nicht-hybriden Instruments in die EU ‚importiert' werden. Eine in einem Mitgliedstaat abzugsfähige Zahlung kann auf diesem Weg dazu genutzt werden, hybride Gestaltungen zu finanzieren.

Für diesen Fall sieht die Richtlinie vor, dass der Mitgliedstaat den Abzug zu verweigern hat, insoweit die involvierten Drittstaaten keine Maßnahmen umsetzen, um einen doppelten Abzug oder einen Abzug bei gleichzeitiger Nicht-Besteuerung zu vermeiden (Art. 9 (3) Richtlinienentwurf).

Umgekehrt hybride Gestaltungen

Umgekehrt hybride Gestaltungen zeichnen sich dadurch aus, dass ein nichtansässiges Unternehmen (Drittland) direkt oder indirekt eine Beteiligung an einem in einem Mitgliedstaat ansässigen hybriden Unternehmen hält (d. h. mind. 50 % der Stimmrechte, des Kapitals oder der Rechte an Gewinnbeteiligungen) und dieses hybride Unternehmen zwar in dem Steuergebiet des Mitgliedstaats als transparent betrachtet wird, in dem Steuergebiet der nichtansässigen Mutter jedoch als nicht-transparent und somit als steuerpflichtig gilt (z. B. in den USA mittels check-the-box). Das hybride Unternehmen soll dann insoweit in dem Mitgliedstaat, in dem es ansässig ist, besteuert werden, wie das Einkommen nicht anderweitig in dem Mitglied- oder dem Drittland besteuert wird (Art. 9a (1) Richtlinienentwurf). Die Vorschrift findet keine Anwendung bei Anlagefonds oder -instrumenten in Streubesitz.

Laut des neuen Art. 1 (2) des Richtlinienentwurfs ist Art. 9a in Bezug auf umgekehrt hybride Gestaltungen auch auf als transparent behandelte Unternehmen anzuwenden.

Inkongruenz bei doppelter Ansässigkeit

183 Die doppelte Ansässigkeit eines Steuerpflichtigen für Steuerzwecke wirkt sich möglicherweise aufgrund von Inkongruenzen zwischen einem Mitgliedstaat und einem Drittland so aus, dass eine Zahlung in beiden Steuergebieten, in denen der Steuerpflichtige ansässig ist, abzugsfähig ist (doppelter Abzug lt. Art. 2 (9) (g) Richtlinienentwurf). Art. 9b des Richtlinienvorschlags liefert für diesen Fall folgende Lösung: Ist ein Steuerpflichtiger sowohl in einem Mitgliedstaat als auch in einem Drittstaat ansässig, sieht die Richtlinie vor, dass der Mitgliedstaat den Abzug zu verweigern hat. Der Mitgliedstaat hat den Abzug aber nur so weit zu verweigern, wie in dem anderen Staat (kann Mitgliedstaat oder Drittland sein) die doppelte Verrechnung des Abzugs mit Einkünften, die steuerlich nicht doppelt berücksichtigt werden, erlaubt ist (Art. 9b Richtlinienentwurf).

Ist ein Steuerpflichtiger in zwei Mitgliedstaaten ansässig, wird das entsprechende Doppelbesteuerungsabkommen zu Rate gezogen, um darauf abzustellen, in welchem Mitgliedstaat der Steuerpflichtige als nicht ansässig betrachtet wird. Der Mitgliedstaat, in dem der Steuerpflichtige als nicht ansässig betrachtet wird, hat dem Richtlinienvorschlag zufolge den Abzug zu verweigern.

b) Umsetzungsfristen und nationalstaatliche Umsetzung

184 Die Vorschriften der ATAD I sind von den Mitgliedstaaten bis zum 31.12.2019 umzusetzen. Der Kompromissvorschlag der ATAD II sieht eine Umsetzung der Vorschriften bis zum 31.12.2020 vor. Für beide Richtlinien gelten jedoch Ausnahmen (s. Abbildung 1). Von der Umsetzungsfrist der ATAD II ausgenommen ist beispielsweise Art. 9a des neuen Richtlinienentwurfs in Bezug auf umgekehrt hybride Gestaltungen. Art. 9a muss erst bis zum 31.12.2021 in nationalstaatliche Gesetze übernommen worden sein und ab dem 1.1.2022 angewendet werden.

185 Die sog. „switch-over" Klausel wurde fallen gelassen. Entsprechend der ursprünglichen Version der Richtlinie sollten die Regelungen so in die nationalen Gesetzgebungen umgesetzt werden, dass sie zum 1.1.2019 Anwendung finden. Eine Ausnahme galt für Staaten mit Zinsabzugsbeschränkungen, die ähnlich effektiv sind, wie die vorgeschlagene Regelung. Diese Staaten durften ihre Regelung noch maximal bis um 1.1.2024 beibehalten. Die Regelungen zur Wegzugsbesteuerung sollten ab dem 1.1.2020 anwendbar sein. Laut des am 17.2.2017 beschlossenen Kompromissvorschlags für eine Richtlinie des Rates zur Änderung der Anti-Steuervermeidungs-Richtlinie sollen Mitgliedstaaten bis zum 31.12.2019 alle erforderlichen Rechts- und Verwaltungsvorschriften, um der Richtlinie nachzukommen, erlassen und diese Vorschriften ab dem 1.1.2020 anwenden. Letzteres gilt auch für die Umsetzung und Anwendung für den abgeänderten Art. 9 zu hybriden Gestaltungen. Der neue Art. 9a der Richtlinie in Bezug auf umgekehrte hybride Gestaltungen soll von Mitliedstaaten ab dem 1.1.2022 angewandt werden.

2. Richtlinienvorschlag bezüglich der Offenlegung steuerlich relevanter Informationen (public CBCR)

Im April 2016 veröffentlichte die EU einen Richtlinienvorschlag, der im Fall einer erfolgreichen Umsetzung die Richtlinie 2013/34/EU („Bilanzrichtlinie") im Hinblick auf die Offenlegung von Ertragssteuerinformationen ändern würde. Gemäß dem Richtlinienvorschlag würden in der EU tätige, große multinationale Unternehmen verpflichtet werden, Berichte über steuerlich relevante Informationen aufzustellen und diese offenzulegen. Diese Initiative der Kommission ist unabhängig von den Vorschlägen der OECD zum CbC Reporting, die im Rahmen des BEPS Projekts intensiv diskutiert werden, und geht – nicht allein wegen des Erfordernisses der öffentlichen Offenlegung – über die Vorschläge der OECD hinaus.[1]

Da es sich bei der Richtlinie nicht um eine rein steuerrechtliche Richtlinie auf Grundlage des Art. 115 TFEU, sondern um eine Rechnungslegungsrichtlinie zur Niederlassungsfreiheit der Unternehmen basierend auf Art. 50 (1) TFEU handelt, hat der Rat nur mit einer qualifizierten Mehrheit über die Richtlinie zu entscheiden. Die Einstimmigkeit, welche für steuerrechtliche Richtlinien erforderlich ist, ist demnach für eine Verabschiedung nicht notwendig. Am 4.7.2017 hat das Europäische Parlament nach einer ersten Lesung des Berichts über den Vorschlag für eine Richtlinie des Europäischen Parlaments und des Rates zur Änderung der Richtlinie im Hinblick auf die Offenlegung von Ertragssteuerinformationen durch bestimmte Unternehmen und Zweigniederlassungen verabschiedet. Es schlägt dem Rat diverse Änderungen an dem Richtlinienentwurf vor.

Da einige Mitgliedstaaten sich bereits kritisch gegenüber der Offenlegungspflicht geäußert haben, ist fraglich, ob es hier einen politischen Kompromiss geben wird. Entsprechend ist bisher nicht absehbar, wann mit einem formellen Beschluss der Richtlinie gerechnet werden kann.

3. Richtlinie über meldepflichtige grenzüberschreitende Gestaltungen

Unter dem Eindruck der anhaltenden Diskussion um internationale Gewinnverlagerung und aggressive Steuergestaltungen hat die EU eine Richtlinie zur Einführung einer Anzeigepflicht für grenzüberschreitende Steuergestaltungen beschlossen. Die Richtlinie EU 2018/822 vom 25.5.2018 nimmt Berater wie Stpfl. gleichermaßen in die Pflicht, bestimmte Gestaltungen an die Finanzbehörden zu melden.

Das Konzept steht grundsätzlich im Einklang mit den unter Aktionspunkt 12 des OECD-BEPS-Projektes entwickelten Vorschlägen, auch wenn Aktionspunkt 12 kein sogenannter Minimum-Standard ist und daher nicht verpflichtend umzusetzen war.

Im Vorschlag der Richtlinie sind eine Reihe von Kennzeichen, sog. hallmarks, aufgeführt (u. a. das grenzüberschreitende Nutzen von Verlusten zur Senkung der Steuerlast oder das Ausnutzen günstiger Steuersonderregelungen und Vereinbarungen unter Beteiligung von Ländern, die die internationalen Standards für verantwortungsvolles Handeln nicht einhalten). Sobald eines der Merkmale bei bestimmten Kategorien von Merkmalen auf ein Modell zutrifft, muss dieses gemeldet und überprüft werden.

---

[1] Europäische Kommission – Pressemitteilung Europäische Kommission will Steuerzahlungen von multinationalen Unternehmen transparenter machen, 12.4.2016.

EU-steuerpolitischer Hintergrund 188–191

Das erklärte Ziel der EU ist, die Steuerbehörden frühzeitig mit Informationen über Gestaltungen zu versorgen sowie effektivere Hindernisse für Intermediäre zu errichten, die bei Steuerhinterziehung oder Umgehung Unterstützung leisten.[1] Daneben verspricht sich die EU eine abschreckende Wirkung.

Nach intensiven Verhandlungen über den am 21.6.2017 von der EU-Kommission vorgelegten Entwurf konnte am 13.3.2018 die politische Einigung, der entscheidende Schritt im EU-Gesetzgebungsverfahren für Steuerrichtlinien, im Rat der EU erzielt werden. Am 25.5.2018 folgte die formelle Annahme im Rat und bereits am 5.6.2018 wurde die Richtlinie im EU-Amtsblatt veröffentlicht.

188 Die EU-Anzeigepflicht für grenzüberschreitende Steuergestaltungen wird im Rahmen einer Anpassung der Amtshilfe-Richtlinie (2011/16/EU) umgesetzt. Die Amtshilfe-Richtlinie (AHiRL), in die zuvor bereits u. a. das BEPS Country-by-Country Reporting sowie der OECD Common Reporting Standard (Finanzkonten-Informationsaustausch) aufgenommen wurde, sieht einen automatischen Austausch der gewonnenen Informationen zwischen den EU-Mitgliedstaaten vor.

Neben der nunmehr verpflichtend umzusetzenden EU-Richtlinie für grenzüberschreitende Gestaltungen, treibt die Finanzministerkonferenz der Länder in Deutschland eine ergänzende Meldepflicht voran, die auch rein nationale Gestaltungen erfasst.

189 Der inhaltliche Kern der Anzeigepflicht wird in einem neuen Art. 8ab, einem Anhang IV (Hallmarks) sowie einige neue Definitionen in Art. 3 der EU-Amtshilferichtlinie geregelt. Als betroffene Personen stellt die Richtlinie auf Intermediäre und alternativ auch auf relevante Stpfl. ab. Eine Missachtung der Anzeigepflicht soll wirksame, verhältnismäßige, aber auch abschreckende Sanktionen nach sich ziehen, welche jedoch noch nicht näher bestimmt sind (Art. 25a. AHiRL).

a) Begriff der Gestaltung

190 Der Begriff der Gestaltung wird in der Richtlinie nicht direkt definiert. Die Richtlinie spricht in den Erwägungsgründen zwar mehrfach von „potenziell aggressiven Steuergestaltungen"/„potentially aggressive tax planning arrangements" oder „potenziell aggressiven grenzüberschreitende Steuerplanungsgestaltungen"/„potentially aggressive cross-border tax planning arrangements", jedoch wird in der Folge kein klares Kriterium eingeführt, nach dem nur „aggressive" Gestaltungen zu erfassen wären.

b) Grenzüberschreitende Gestaltung

191 Die Anzeigepflicht ist auf grenzüberschreitende Sachverhalte beschränkt, d. h. es sind EU-interne Gestaltungen mit mehr als einem beteiligten Mitgliedstaat oder Gestaltungen mit einem Mitgliedstaat und einem Drittstaat erfasst. Konkret stellt die Richtlinie beim Begriff „grenzüberschreitende Gestaltung" auf die folgenden Bedingungen ab, wobei die Erfüllung einer Bedingung ausreichend ist (Art. 3 Nr. 18 AHiRL):

- ▶ Nicht alle an der Gestaltung Beteiligten sind im selben Hoheitsgebiet steuerlich ansässig.
- ▶ Einer oder mehrere der an der Gestaltung Beteiligten ist/sind gleichzeitig in mehreren Hoheitsgebieten steuerlich ansässig.

---

[1] Dok. 6804/48 FISC 103 ECOFIN 206, Nr. 2; Dok. 9452/16 FISC 85 ECOFIN 502, Nr. 12.

- Einer oder mehrere der an der Gestaltung Beteiligten übt/übten in einem anderen Hoheitsgebiet über eine dort ansässige Betriebsstätte Geschäftstätigkeiten aus, und die Gestaltung stellt teilweise oder ganz die durch die Betriebsstätte ausgeübte Geschäftstätigkeiten dar.
- Einer oder mehrere der an der Gestaltung Beteiligten übt/übten in einem anderen Hoheitsgebiet eine Tätigkeit aus, ohne dort steuerlich ansässig zu sein oder eine Betriebsstätte zu begründen.
- Eine solche Gestaltung hat möglicherweise Auswirkungen auf den automatischen Informationsaustausch oder die Identifizierung der wirtschaftlichen Eigentümer.

Bei einer Gestaltung kann es sich auch um eine Reihe von Gestaltungen handeln; eine Gestaltung kann also mehr als einen Schritt oder Teil umfassen (Art. 3 Nr. 18 AHiRL).

Gegenüber früheren Fassungen wurde im finalen deutschen Text der Richtlinie der Begriff „grenzüberschreitendes Modell" durchgehend durch „grenzüberschreitende Gestaltung ersetzt". Die neue Begrifflichkeit entspricht besser dem englischen „cross-border arrangement" und weist darüber hinaus darauf hin, dass es für die Meldepflicht keine übergreifende Voraussetzung einer „Modellhaftigkeit" gibt, wie es z B. aus dem deutschen § 15b EStG bekannt ist.[1] In der EU-Richtlinie löst zwar der einzelne Hallmark A.3. (vgl. Abschn. 4 und 7), der gemeinsam mit dem Main Benefit Test (vgl. Abschn. 4.) anzuwenden ist, die Meldepflicht im Falle einer Gestaltung aus, die standardisiert ist und nicht wesentlich individuell angepasst werden muss (vgl. Anhang), womit modellhafte Gestaltungen grundsätzlich von der EU-Richtlinie erfasst sind. Alle anderen Hallmarks kommen jedoch zur Anwendung, ohne dass die jeweils anzeigepflichtige Gestaltung einen Modellcharakter aufweisen muss.

c) Meldepflichtige grenzüberschreitende Gestaltung

Eine grenzüberschreitende Gestaltung, die mindestens einen Hallmark (Kennzeichen nach Anhang der Richtlinie, die auf ein potenzielles Risiko der Steuervermeidung hindeuten) erfüllt, überschreitet die Schwelle zur Meldepflicht (Art. 3 Nr. 19 AHiRL).

d) Intermediär

Intermediär ist jede (natürliche oder juristische) Person, die eine meldepflichtige grenzüberschreitende Gestaltung konzipiert, vermarktet, organisiert oder zur Nutzung bereitstellt, oder die die Umsetzung einer solchen Gestaltung verwaltet. Als zusätzliche Bedingungen an die Person nennt Art. 3 Nr. 21 AHiRL insbesondere:

- steuerliche Ansässigkeit in einem Mitgliedstaat,
- Betriebsstätte in einem Mitgliedstaat, durch die die Dienstleistungen im Zusammenhang mit der Gestaltung erbracht werden,
- Unterliegen bzw. Eintragung nach dem Recht eines Mitgliedstaats,
- Mitgliedschaft in einer Organisation für juristische, steuerliche oder beratende Dienstleistungen in einem Mitgliedstaat.

---

[1] Auch das Max-Planck-Institut für Steuerrecht und Öffentliche Finanzen hatte 2016 in seinem vielbeachteten Gutachten „Anzeigepflicht für Steuergestaltungsmodelle in Deutschland – Hinweise für eine zulässige und zugleich effiziente gesetzliche Regelung" für das BMF vom 15.7.2016 modellhafte Steuergestaltungen als „Kernbereich der Anzeigepflicht" bezeichnet.

Explizit umfasst sollen auch solche Personen sein, die nach vernünftigem Ermessen wissen müssten, dass sie mittelbare Hilfe, Unterstützung oder Beratung in Verbindung mit der Gestaltung geleistet haben (Art. 3 Nr. 21 Unterabs. 2 AHiRL). Die Beweispflicht, dass die Person unter Berücksichtigung ihres Fachwissens und ihrer Sachkenntnisse nicht von einer Beteiligung an einer Gestaltung wissen konnte, obliegt dem potenziellen Intermediär.

e) Relevanter Steuerpflichtiger

195 Relevanter Stpfl. ist jede Person, der eine meldepflichtige grenzüberschreitende Gestaltung zur Nutzung bereitgestellt wird oder die bereit ist, eine meldepflichtige grenzüberschreitende Gestaltung umzusetzen, oder die den ersten Schritt einer solchen Gestaltung umgesetzt hat (Art. 3 Nr. 22 AHiRL).

f) Verbundene Unternehmen

196 Für die Meldung, die auch Angaben zu verbundenen Unternehmen des Stpfl. beinhalten muss (vgl. Abschn. 3.3 sowie Art. 8ab Abs. 6 Buchst. a AHiRL), sowie für die Hallmarks unter Annex C.1 (grenzüberschreitende Zahlungen zwischen verbundenen Unternehmen) und E.2 (Verrechnungspreisgestaltungen im Zusammenhang mit schwer zu bewertenden immateriellen Werten zwischen verbundenen Unternehmen) ist die Definition für verbundene Unternehmen relevant.

Die Definition des verbundenen Unternehmens wird in Art. 3 Nr. 23 neu in die Amtshilferichtlinie aufgenommen und wird definiert als eine Person, die mit einer anderen Person auf mindestens eine der folgenden Arten verbunden ist:

a) Sie ist an der Geschäftsleitung beteiligt und kann erheblichen Einfluss ausüben,

b) sie verfügt über mehr als 25 % der Stimmrechte,

c) sie ist unmittelbar oder mittelbar an mehr als 25 % des Kapitals beteiligt,

d) sie hat Anspruch auf mindestens 25 % der Gewinne.

Die deutsche Sprachfassung der Richtlinie schränkt die Definition von Art. 3 Nr. 23 Buchst. b AHiRL ein und spricht davon, dass eine Person „über eine Holdinggesellschaft, die über mehr als 25 % der Stimmrechte verfügt", an der Kontrolle einer anderen Person beteiligt sein muss. Vermutlich handelt es sich um einen Übersetzungsfehler. In der englischen Fassung ist von einer „holding that exceeds 25 % of the voting rights" die Rede, womit offenbar rein auf die Beteiligungshöhe und nicht auf eine spezielle Struktur der Beteiligung abgestellt wird.

197 Falls mehr als eine Person gem. den Buchst. a bis d an der Geschäftsleitung, der Kontrolle, dem Kapital oder den Gewinnen derselben Person beteiligt ist, gelten alle betroffenen Personen als verbundene Unternehmen. Sind dieselben Personen an mehr als einer Person beteiligt, gelten alle betroffenen Personen als verbundene Unternehmen.

Für die Zwecke dieser Nummer wird eine Person, die in Bezug auf die Stimmrechte oder die Kapitalbeteiligung an einem Unternehmen gemeinsam mit einer anderen Person handelt, so behandelt, als würde sie eine Beteiligung an allen Stimmrechten oder dem gesamten Kapital dieses Unternehmens halten, die bzw. das von der anderen Person gehalten werden/wird. Bei mittelbaren Beteiligungen wird eine mittelbare Beteiligung am Kapital (Buchst. c) durch Multiplikation der Beteiligungsquoten ermittelt. Eine Person mit einer Stimmrechtsbeteiligung von mehr als 50 % gilt als Halter von 100 % der Stimmrechte.

g) „Marktfähige" und „maßgeschneiderte" Gestaltung

In Art. 3 Nr. 25 und 26 unterscheidet die Richtlinie zwischen „marktfähigen" und „maßgeschneiderten" grenzüberschreitenden Gestaltungen. Eine marktfähige Gestaltung ist demnach eine „grenzüberschreitende Gestaltung, die konzipiert wird, vermarktet wird, umsetzungsbereit ist oder zur Umsetzung bereitgestellt wird, ohne dass sie individuell angepasst werden muss". Eine maßgeschneiderte Gestaltung liegt vor, wenn die Gestaltung nicht marktfähig ist. Anders als in früheren Entwurfsfassungen ist diese Unterscheidung nur noch für eine zusätzliche, regelmäßige Berichtspflicht für „marktfähige" Gestaltungen relevant (vgl. → Rz. 174q). 198

h) Anzeigepflichten

Art. 8ab AHiRL dient als zentrale Ausgangsnorm für die Meldepflicht und definiert dabei die unionsrechtlichen Vorgaben für den Anzeige-Prozess: Sie klärt unter anderem die Voraussetzungen der Anzeigepflicht, die Meldefrist, den Inhalt der Meldung sowie den anschließenden automatischen Informationsaustausch. Ein Hauptaugenmerk liegt auch auf der Behandlung von Fällen mit redundanter Mehrfachanzeige sowie einem drohenden Ausbleiben der Anzeige. 199

i) Meldefrist

Intermediäre haben Informationen über die Gestaltungen innerhalb von 30 Tagen anzuzeigen (Art. 8ab Abs. 1 AHiRL). Die Frist beginnt, 200

▶ an dem Tag, nach dem die meldepflichtige grenzüberschreitende Gestaltung zur Nutzung bereitgestellt wird, oder

▶ an dem Tag, nach dem die meldepflichtige grenzüberschreitende Gestaltung nutzungsbereit ist, oder

▶ wenn der erste Schritt der Nutzung der meldepflichtigen grenzüberschreitenden Gestaltung gemacht wurde, je nachdem, was früher eintritt.

Die Intermediäre müssen die ihnen bekannten, in ihrem Besitz oder ihrer Kontrolle befindlichen Informationen vorlegen (zum Umfang vgl. Abschn. 3.3). Auch für (un-)mittelbar Unterstützende Intermediäre nach Art. 3 Nr. 21 Unterabs. 2 AHiRL (vgl. Abschn. 2.3) beginnt die 30-Tages-Frist an dem Tag, nachdem sie Unterstützung oder Beratung geleistet haben (Art. 8ab Abs. 1 Satz 2 AHiRL).

Sofern ein Rückgriff (vgl. Abschn. 3.4) auf den relevanten Stpfl. erfolgt, beginnt die 30-Tages-Frist für die Meldung ebenfalls nach den genannten Zeitpunkten, jedoch jeweils aus Sicht des Stpfl. (Art. 8ab Nr. 7 AHiRL).

j) Marktfähige Gestaltungen

Die Richtlinie unterscheidet in maßgeschneiderte und marktfähige Gestaltungen (vgl. Abschn. 2.5). Letztere erfordern keine individuelle Anpassung um vermarktet oder zur Nutzung bereitgestellt zu werden. Die Anzeigepflicht besteht hier zusätzlich in einem alle drei Monate fälligen Bericht (Art. 8ab Abs. 2 AHiRL), der die erstmalige Meldung aktualisiert und einen geringeren Informationsumfang hat. 201

k) Zu übermittelnde Informationen

202 Gemäß Art. 8ab Abs. 14 AHiRL sind folgende Informationen zu übermitteln:

1. Angaben zu Intermediären und relevanten Stpfl. einschl. Name, Geburtsdatum/-ort (bei natürlichen Personen), Steueransässigkeit, TIN, verbundene Unternehmen.
2. Einzelheiten zu den auslösenden Kennzeichen/Hallmarks.
3. Zusammenfassung der Gestaltung (inkl. Bezeichnung und Beschreibung der relevanten Geschäftstätigkeiten, wobei kein Handels-/Gewerbe-/Berufsgeheimnis oder Geschäftsverfahren oder die öffentliche Ordnung verletzende Informationen preisgegeben werden müssen).
4. Datum des (geplanten) ersten Schritts der Umsetzung.
5. Zugrundeliegende nationale Vorschriften.
6. Wert der Gestaltung.
7. Wahrscheinlich betroffene Mitgliedstaaten.
8. Wahrscheinlich betroffene Personen inkl. zugehörigem Mitgliedstaat.

l) Rückgriff auf den Steuerpflichtigen bei Befreiung und Inhouse-Gestaltungen

203 Die Richtlinie sieht im Falle einer Befreiung von der Meldepflicht aufgrund berufsrechtlicher Pflichten sowie in Fällen, in denen kein Intermediär existiert, einen Rückgriff auf andere Intermediäre bzw. den relevanten Stpfl. vor (Art. 8ab Abs. 6 AHiRL). Fälle, in denen kein Intermediär existiert, können neben reinen Inhouse-Gestaltungen auch solche sein, bei denen zwar tatsächlich ein Intermediär agiert, dieser jedoch bspw. aufgrund seines Sitzes außerhalb der EU nicht die Definition erfüllt (Art. 3 Nr. 21 AHiRL). Die konkrete Ausgestaltung dieses Rückgriffs (z. B. Inhalt und Form einer Unterrichtung) obliegt den Mitgliedstaaten, die erforderliche Maßnahmen ergreifen, „um sicherzustellen, dass die Pflicht zur Vorlage von Informationen… dem anderen unterrichteten Intermediär oder… dem relevanten Stpfl. obliegt".

m) Ausnahmeregelung im Fall von Verschwiegenheitspflichten

204 Gemäß Art. 8ab Abs. 5 AHiRL können entsprechende nationale Regelungen eingeführt werden, die die Intermediäre von der Meldepflicht befreien, wenn die Offenlegung gegen eine gesetzliche Verschwiegenheitspflicht verstoßen würde. Intermediäre können die in Unterabs. 1 genannte Befreiung nur insoweit in Anspruch nehmen, als sie ihre Tätigkeit im Rahmen der für ihren Beruf relevanten nationalen Rechtsvorschriften ausüben. Eine darüber hinausgehende Beratung ist demnach nicht von der Befreiung erfasst.

Nach Art. 8ab Abs. 6 AHiRL geht die Meldepflicht auf den relevanten Stpfl. über, wenn die Sonderregelung des Art 8ab Abs. 5 AHiRL angewendet wird. In diesem Fall besteht nach Abs. 5 Satz 2 die Pflicht des primären Intermediärs, andere Intermediäre oder, falls es keine gibt, den relevanten Steuerpflichten über ihre Meldepflicht zu informieren. Die Unterrichtung muss „unverzüglich" erfolgen.

205 Die Bundesregierung hat laut einer am 4.5.2018 veröffentlichten EU-Drucksache[1] offiziell folgende Erklärung abgegeben und damit die Anwendung der Ausnahmeregelung des Art. 8ab Abs. 5 auf Steuerberater in Deutschland bestätigt:

---

[1] Rat der EU Drs.-Nr. 8346/18 v. 4.5.2018

"Nach dem Verständnis der Bundesrepublik Deutschland gelten die Privilegien der Angehörigen von Rechtsberufen in Deutschland auch für Abschlussprüfer, Steuerberater und Wirtschaftsprüfer in gleicher Weise wie für Rechtsanwälte."

n) Meldepflicht gegenüber mehr als einem Mitgliedstaat

Die Richtlinie schreibt eine Rangfolge für die Meldepflicht vor, die Mehrfachmeldungen von mehreren Personen oder gegenüber mehreren Mitgliedstaaten vermeiden sollen.

Bei einer Anzeigepflicht des Intermediärs gegenüber mehreren Mitgliedstaaten ist die Gestaltung nur dem Mitgliedstaat offenzulegen, der in der nachfolgenden Kriterien-Rangfolge an vorrangiger Stelle erscheint (Art. 8ab Abs. 3 AHiRL):

1. Mitgliedstaat, in dem der Intermediär steuerlich ansässig ist.
2. Mitgliedstaat, in dem der Intermediär eine Betriebsstätte hat, durch die die Dienstleistungen im Zusammenhang mit der Gestaltung erbracht werden.
3. Mitgliedstaat, nach dessen Recht der Intermediär eingetragen ist oder dessen Recht er unterliegt.
4. Mitgliedstaat, in dem der Intermediär Mitglied in einer Organisation für juristische, steuerliche oder beratende Dienstleistungen ist.

Bei einer Anzeigepflicht des Stpfl. gegenüber mehreren Mitgliedstaaten ist die Gestaltung nur dem Mitgliedstaat offenzulegen, der in der Kriterien-Rangfolge an vorrangiger Stelle erscheint (Art. 8ab Abs. 7 AHiRL):

1. Mitgliedstaat, in dem der relevante Stpfl. steuerliche ansässig ist.
2. Mitgliedstaat, in dem der relevante Stpfl. eine Betriebsstätte hat, der durch die Gestaltung ein Vorteil entsteht.
3. Mitgliedstaat, in dem der relevante Stpfl. Einkünfte oder Gewinne erzielt, obwohl er in keinem Mitgliedstaat steuerlich ansässig ist oder eine Betriebsstätte hat.
4. Mitgliedstaat, in dem der relevante Stpfl. eine Tätigkeit ausübt, obwohl er in keinem Mitgliedstaat steuerlich ansässig ist oder eine Betriebsstätte hat.

Sofern eine Pflicht zur Mehrfachmeldung besteht, ist der Intermediär oder der Stpfl. bei Nachweis der Offenlegung in einem anderen Mitgliedstaat bzw. von einem anderen Intermediär oder Stpfl. von der Vorlage befreit (Art. 8ab Abs. 4 bzw. 8 AHiRL).

o) Beteiligung mehrerer Personen

Sofern mehrere Intermediäre an einer meldepflichtigen grenzüberschreitenden Gestaltung beteiligt sind, obliegt die Meldepflicht grundsätzlich allen Intermediären (Art. 8ab Abs. 9). Ein Intermediär ist in diesem Fall nach Art. 8ab Abs. 9 Satz 2 AHiRL von der Meldepflicht befreit, soweit er nachweisen kann, dass die Informationen bereits durch einen anderen Intermediär gemeldet wurden.

Erfolgt ein Rückgriff auf den relevanten Stpfl. (vgl. Abschnitt 3.4) und gibt es mehrere Stpfl., besteht keine generelle Meldepflicht aller, sondern es hat:

- primär der relevante Stpfl. zu berichten, der die meldepflichtige grenzüberschreitende Gestaltung mit dem Intermediär vereinbart hat (Art. 8ab Abs. 10 Buchst. a AHiRL).
- alternativ der relevante Stpfl., der die Umsetzung der Gestaltung verwaltet, zu berichten (Art. 8ab Abs. 10 Buchst. b AHiRL).

p) Zusätzliche Meldepflicht bei mehrjähriger Nutzung

208 Als Mitgliedstaatenwahlrecht ist der Art. 8ab Abs. 11 AHiRL ausgestaltet. Danach können EU-Staaten relevante Stpfl. dazu verpflichten, „die Informationen über ihre Nutzung der Gestaltung" für jedes Jahr vorzulegen, in dem sie diese nutzen. Hierbei wird nicht ausdrücklich auf die zu übermittelnden Informationen nach Art. 8ab Abs. 14 AHiRL verwiesen, was die Frage aufwirft, ob diese zusätzliche Meldepflicht den vollständigen Meldeumfang der erstmaligen Meldung enthalten soll.

q) Keine Rückmeldung der Finanzverwaltung notwendig

209 Art. 8ab Abs. 15 AHiRL legt fest, dass eine ausbleibende Reaktion der Steuerverwaltung auf eine Meldung in keiner Weise die Anerkennung der Gültigkeit oder der steuerlichen Behandlung der Gestaltung impliziert. Der aus Wissenschaft und Wirtschaft häufig vorgetragenen Forderung, im Gegenzug für die Meldung in unkritischen Fällen mehr Rechtssicherheit zu gewähren, wird damit eine Absage erteilt.

r) Automatischer Informationsaustausch

210 Die gemeldeten Informationen werden von den EU-Mitgliedstaaten per automatischem Informationsaustausch allen anderen EU-Mitgliedstaaten zur Verfügung gestellt (Art. 8ab Abs. 13 AHiRL). Damit erhalten auch EU-Mitgliedstaaten die Informationen, die von einer Gestaltung nicht direkt betroffen sind. Der erste automatische Informationsaustausch zwischen den Staaten soll zum 31.10.2020 stattfinden und anschließend regelmäßig mit Ablauf eines Monats nach Ablauf des Quartals, d.h. zum 31.1., 30.4., 31.7. und 31.10. eines jeden Jahres (Art. 8ab Abs. 18 AHiRL).

s) Hallmarks/Kennzeichen

211 Während die grundlegenden Definitionen und Begriffe (vgl. Abschn. 2) eher weit gefasst sind und daher in der Regel wohl nicht den Schwerpunkt einer Prüfung bilden werden, dürften die Hallmarks den Hauptbereich der Prüfung der materiellen Voraussetzungen für eine Anzeigepflicht darstellen.

t) Main Benefit Test

212 Ein Teil der Hallmarks (Kategorie C Abs. 1 Buchst. a, Buchst b Ziffer iii, Kategorien D und E aus Anhang IV der AHiRL) löst eigenständig eine Berichtspflicht aus, andere Hallmarks benötigen als zusätzliches Kriterium den sogenannten Main Benefit Test (Kategorie A, B, C Abs. 1 Buchst. b Ziffer i, Buchstabe c und Buchstabe d, Anhang IV AHiRL). Der Main Benefit Test gilt als erfüllt, wenn nachgewiesen werden kann, dass der Hauptvorteil oder einer der Hauptvorteile, den eine Person unter Berücksichtigung aller relevanten Fakten und Umstände vernünftigerweise von einer Gestaltung erwarten kann, die Erlangung eines Steuervorteils ist (Anhang IV). In Anhang IV werden in den Kategorien A. bis E. eine Vielzahl von Hallmarks angeführt, die diverse Gestaltungen und Transaktionen erfassen:

A. Allgemeine Kennzeichen (zusätzlich Main Benefit Test erforderlich)

Diese Hallmarks stellen auf die Ausgestaltung der Mandatsbeziehung sowie den Modellcharakter einer Gestaltung ab.

B. Spezifische Kennzeichen (zusätzlich Main Benefit Test erforderlich)

Kategorie B. umfasst Gestaltungen mit Verlustgesellschaften und der Umwandlung von Einkünften sowie zirkuläre Transaktionen.

C. Spezifische Kennzeichen im Zusammenhang mit grenzüberschreitenden Transaktionen (teilweise zusätzlich Main Benefit Test erforderlich)

Die Hallmarks dieser Kategorie zielen insbesondere auf Gestaltungen ab, die zu sehr gering oder gar nicht versteuerten Einkünften oder einem doppelten Betriebsausgabenabzug führen. Daneben werden u. a. die Nutzung von Steuervergünstigungen sowie Gestaltungen, bei denen Vermögenswerte übertragen werden, erfasst. Für einzelne Hallmarks der Kategorie muss zusätzlich der Main Benefit Test erfüllt sein.

D. Spezifische Kennzeichen hinsichtlich des automatischen Informationsaustauschs[1] und der wirtschaftlichen Eigentümer (Beneficial Ownership)

Kategorie D. zielt auf Gestaltungen, die Meldepflichten zum Finanzkonteninformationsaustausch (OECD Common Reporting Standard, FATCA) umgehen oder den wirtschaftlichen Eigentümer („Beneficial Owner") verschleiern.

1. die unilaterale Safe-Harbor-Regelungen nutzen,
2. mit Übertragung von schwer zu bewertenden immateriellen Wirtschaftsgütern oder
3. bei denen eine gruppeninterne grenzüberschreitende Übertragung von Funktionen und/oder Risiken und/oder Vermögenswerten stattfindet und sich bestimmte Änderungen der Gewinnerwartungen ergeben.

u) Inkrafttreten der EU-Richtlinie

Die Richtlinie (EU) 2018/822 des Rates vom 25.5.2018 zur Änderung der Richtlinie 2011/16/EU bezüglich des verpflichtenden automatischen Informationsaustauschs im Bereich der Besteuerung über meldepflichtige grenzüberschreitende Gestaltungen wurde am 5.6.2018 im Amtsblatt der EU veröffentlicht. Sie tritt damit zum 25.6.2018, dem zwanzigsten Tage nach ihrer Veröffentlichung, in Kraft (Artikel 2).

v) Nationale Umsetzung

Die EU-Mitgliedstaaten müssen die EU-Richtlinie bis zum 31.12.2019 in nationales Recht implementieren. Das BMF hat im Herbst 2018 einen ersten Diskussionsentwurf vorgelegt, welcher sich fast wortwörtlich an den Richtlinientext anlehnt.

w) Anwendung

Die Richtlinie ist ab dem 1.7.2020 anzuwenden.

---

1 Gemeint ist der automatische Informationsaustausch über Finanzkontodaten nach dem OECD Common Reporting Standard, der innerhalb der EU ebenfalls in der EU-Amtshilferichtlinie geregelt ist. Da auch gleichwertige Abkommen mit Drittländern erfasst sind, sollte auch die Umgehung einer Meldepflicht nach dem US-amerikanischen FATCA in diese Kategorie fallen.

Allerdings sollen auch unter die Hallmarks fallende, grenzüberschreitende Gestaltungen rückwirkend nachgemeldet werden, deren erster Umsetzungsschritt zwischen dem Datum des Inkrafttretens (25.6.2018) der EU-Richtlinie und dem Beginn der Anwendung (1.7.2020 unternommen wird (Art. 8ab Abs. 12 AHiRL).

Damit müssen ab dem 26.6.2018 meldepflichtige Gestaltungen ab dem 1.7.2020 und bis zum 31.8.2020 nachgemeldet werden.

4. „Black List": Nicht-kooperative Steuergebiete

Eher als politische Maßnahme konzipiert, aber in ihrer möglichen Auswirkung nicht minder wichtig ist das im Rahmen des am 28.1.2016 veröffentlichten Maßnahmenpakets zur Bekämpfung von Steuervermeidung verabschiedete Vorhaben, eine Liste nicht-kooperativer Steuergebiete zu entwerfen. Die sogenannte „Black List" soll bereits Ende 2017 vorliegen. Es sollen die Länder aufgeführt werden, die den Mindestanforderungen für verantwortungsvolles staatliches Handeln im Steuerwesen nicht nachkommen. Die Kommission hat in der externen Strategie vom Januar 2016 vorgeschlagen, für jedes Land die vier Kriterien „Transparenz" (insbesondere im Hinblick auf die internationalen Standards für den automatischen Informationsaustausch), „Fairere Steuerwettbewerb", „Umsetzung der Maßnahmen zur Bekämpfung der Gewinnverkürzung und Gewinnverlagerung (BEPS)" sowie „Niveau der Besteuerung" zu überprüfen.[1] Die wichtigste Aufgabe der Gruppe „Verhaltenskodex" ist das Fertigstellen der „Black List". Im Februar 2017 versendete die Gruppe bereits Schreiben an 92 Länder, welche gemäß den o. g. Kriterien genauer überprüft werden sollen.[2]

Schließlich veröffentlichte die Gruppe im Dezember 2017 erstmalig eine Liste mit 17 nicht-kooperativen Steuergebieten, welche die o. g. Kriterien, insbesondere die Kriterien Transparenz, fairer Steuerwettbewerb und die Umsetzung der BEPS-Maßnahmen, nicht erfüllen. Bereits im Ende 2018 wurde dann eine neue, verkürzte Liste von nur noch fünf Ländern veröffentlicht (American Samoa, Guam, Trinidad und Tobago, US Virgin Islands und Samoa). Die übrigen Länder bilden nun eine eigene Kategorie von Ländern und Gebieten, die eng überwacht werden, jedoch aufgrund von neuen Verpflichtungen auf hoher politischer Ebene, nicht mehr als nicht-kooperative Steuergebiete gelten.

5. Richtlinie über Verfahren zur Beilegung von Besteuerungsstreitigkeiten

Im Oktober 2017 legte der Rat für Wirtschaft und Finanzen in Form einer neuen Richtlinie den Grundstein für neue Regeln zur Beilegung von Steuerstreitigkeiten, mit der Absicht, ein effizienteres Verfahren der Streitbeilegung zu schaffen, d. h. nicht nur eine wirksamere sondern auch eine schnellere Beilegung von Streitigkeiten im Zusammenhang mit der Auslegung von Steuerabkommen zu ermöglichen. Grundsätzlich zielt die neue Richtlinie (RL (EU) 2017/1852) darauf ab, dass die zuständigen Behörden im Rahmen von Verständigungsverfahren Streitfragen innerhalb von zwei Jahren ab der letzten Zulassungsmitteilung lösen.

Die neue Richtlinie ist seit November 2017 in Kraft und anzuwenden auf Beschwerden, die ab dem 1.7.2019 eingereicht werden und im Zusammenhang mit Vermögen oder Einkommen

---

[1] Europäische Kommission: Fragen und Antworten zur EU-Liste der Steuergebiete in Drittländern, 15.9.2016
[2] Europäischer Rat: Verhaltenskodex für die Unternehmensbesteuerung: neuer Vorsitz der Arbeitsgruppe des Rates, 20.2.2017.

stehen, das in einem Steuerjahr, welches am oder nach dem 1.1.2018 beginnt, erwirtschaftet wird.

6. Faire Besteuerung der digitalen Wirtschaft – OECD und EU

Am 16.3.2018 veröffentlichte die Organisation für wirtschaftliche Zusammenarbeit und Entwicklung (OECD) einen Zwischenbericht zu den steuerlichen Herausforderungen im Rahmen der Digitalisierung. Dieser steht in Verbindung zu den im Rahmen des „Base Erosion and Profit Shifting" (BEPS) erarbeiteten Ergebnissen des Aktionspunktes 1 (Besteuerung der digitalen Wirtschaft). Das Projekt wurde in enger Kooperation mit der G20 durchgeführt. Damit ist es der OECD gelungen, auf höchster politischer Ebene Zustimmung zu gewinnen und einen Konsens in einem Rahmen herzustellen, der größer ist, als ihre Mitgliedstaaten. Die United Nations (UN) konnten in internationalen Steuerdebatten keine vergleichbaren Akzente setzen. Trotz des Erfolgs der OECD ist vorab zu erwähnen, dass sie lediglich soft law setzen kann, da ihr keine direkte Gesetzgebungskompetenz zusteht.

Der ursprüngliche Bericht zu Aktionspunkt 1 aus dem Jahre 2015 erkennt an, dass die Digitalisierung und damit zusammenhängende Geschäftsmodelle Herausforderungen für die internationale Besteuerung darstellen. Weiter erkennt der Bericht an, dass es schwierig sei, die digitale Wirtschaft von dem Rest der Wirtschaft für steuerliche Zwecke abzugrenzen, da sich die Digitalisierung durch alle Wirtschaftszweige durchzieht und sich durch einen stetigen Transformationsprozess auszeichnet.[1]

Der Zwischenbericht legt die abgestimmte Sichtweise des Inclusive Frameworks auf die steuerlichen Rahmenbedingungen der Digitalisierung bis zu einem endgültigen Bericht im Jahre 2020 dar. Im Zwischenbericht wird eine sorgfältige Analyse der in hoch digitalisierten Geschäftsmodellen am häufigsten auftretenden Merkmale vorgenommen sowie die Wertschöpfung im digitalen Zeitalter analysiert. Dabei werden drei gemeinsame Charakteristika identifiziert, die in hoch digitalisierten Unternehmen häufig beobachtet werden können und von denen erwartet wird, dass sie für eine größere Zahl von Unternehmen mit dem Fortschreiten der Digitalisierung relevant werden:[2]

- grenzüberschreitende Tätigkeit hohen Ausmaßes ohne physische Präsenz. Die Digitalisierung ermöglicht es Unternehmen verschiedene Stufen ihrer Produktion über den Globus zu verteilen und gleichzeitig eine größere Anzahl an Kunden weltweit zu erreichen. Einige hoch digitalisierte Unternehmen entfalten damit ein hohes Ausmaß an wirtschaftlicher Tätigkeit, ohne jegliche physische Präsenz in der entsprechenden Jurisdiktion zu unterhalten;
- Beruhen auf immateriellen Vermögenswerten, inklusive IP. Die Analyse hat auch gezeigt, dass digitalisierte Unternehmen sich durch vermehrte Investments in immaterielle Vermögenswerte auszeichnen, insbesondere in eigenes geistiges Eigentum, oder in geistiges Eigentum, das von Dritten gehalten wird. Viele digitalisierte Unternehmen zeichnen sich dadurch aus, dass die intensive Nutzung geistigen Eigentums als Kerntätigkeit angesehen werden kann; beispielsweise durch Software und Algorithmen, die Plattformen, Webseiten und andere essentielle Geschäftsfunktionen unterstützen;

---

[1] OECD (2018), „Tax Challenges Arising from Digitalisation –Interim Report", Rz. 26, Rz. 14 f.
[2] EY (2018), „The OECD's interim report on tax challenges arising from digitalisation: An overview"; OECD (2018), „Tax Challenges Arising from Digitalisation –Interim Report", Rz. 30 ff.

▶ Daten, Mitwirkung von Nutzern und Synergien mit IP. In den Geschäftsmodellen von hoch digitalisierten Unternehmen kommen häufig Daten, der Mitwirkung von Nutzern und Netzwerkeffekten eine gesteigerte Bedeutung zu. Der Mehrwert aus der Analyse von Daten steigt typischerweise mit der Menge an gesammelten Informationen zu einem bestimmen Nutzer oder Kunden.

221 Bereits im BEPS-Bericht 2015 wurden drei optionale Wege herausgearbeitet, welche die durch die Digitalisierung hervorgerufenen direkten Besteuerungsprobleme angehen könnten:[1]

▶ ein Konzept basierend auf bekannten Anknüpfungsregeln an einem Ort, namentlich das Konzept einer signifikanten wirtschaftlichen Präsenz in Verbindung mit einer Gewinnzurechnung zu dieser Präsenz,

▶ eine Quellensteuer auf digitale Transaktionen,

▶ eine „Ausgleichsabgabe" um eine Gleichbehandlung von ausländischen und heimischen Lieferanten herzustellen, anwendbar in Fällen, in denen eine nicht ansässige Gesellschaft eine signifikante wirtschaftliche Präsenz hat.

222 Der Zwischenbericht konkludiert jedoch, dass es keinen Konsens über die Vorzüge oder die Notwendigkeit von Zwischenmaßnahmen gibt. Angemerkt wird, dass eine Vielzahl von Staaten gegen solche Maßnahmen ist, da diese Risiken und negative Konsequenzen nach sich ziehen können.[2] Keine dieser genannten Maßnahmen wird im BEPS-Bericht 2015 empfohlen. Sollten sich Staaten dennoch dazu entschließen, solche Maßnahmen als zusätzliche Mechanismen gegen Gewinnverschiebung und Gewinnverkürzung einzusetzen, wird darauf hingewiesen, dass internationale Verpflichtungen einzuhalten sind.[3]

Weiter beinhaltet der Zwischenbericht Ausführungen über die Umsetzung der BEPS-Aktionspunkte, die für die Digitalisierung von besonderer Bedeutung sind, sowie eine Übersicht über unilaterale Maßnahmen, die Staaten in diesem Kontext eingeführt haben.[4]

223 Am 21.3.2018 legte die Europäische Kommission zwei Vorschläge für Richtlinien zu Besteuerung von digitalisierter Geschäftstätigkeiten vor. Die Kommissionsvorschläge sehen einen zweistufigen Ansatz vor:

▶ eine Zwischenlösung, bezeichnet als Digitalsteuer (im Englischen: „digital services tax", kurz DST) und

▶ eine langfristige Lösung in Form einer signifikanten digitalen Präsenz.

Beide Lösungen würden durch neue Richtlinien in nationales Recht verpflichtend umzusetzen sein. Die Vorschläge werden dem Rat und dem Europäischen Parlament zur Beratung zugeführt. Ziel ist eine Annahme bis zum 31.12.2019, mit einer Umsetzung in Anwendung der nationalen Regelungen ab dem 1.1.2020.[5]

Die Vorschläge resultieren aus Schlussfolgerungen des Europäischen Rats, in denen die Notwendigkeit eines wirksamen und fairen Steuersystems, das an das digitale Zeitalter angepasst ist, hervorgehoben wurde. Grund ist die mangelnde Eignung der geltenden Körperschaftsteu-

---

[1] OECD (2015), „Addressing the Tax Challenges of the Digital – Action 1: 2015 Final Report", Rz. 273 ff.
[2] EY (2018), „The OECD's interim report on tax challenges arising from digitalisation: An overview".
[3] OECD (2018), „Tax Challenges Arising from Digitalisation –Interim Report", Rz. 21.
[4] OECD (2018), „Tax Challenges Arising from Digitalisation –Interim Report", Rz. 26; EY (2018), „The OECD's interim report on tax challenges arising from digitalisation: An overview".
[5] EY (2018) „European Commission issues proposals for taxation of digitalized activity".

ervorschriften für die digitale Wirtschaft, deren Anwendung zu einer fehlenden Übereinstimmung zwischen dem Ort der Besteuerung der Gewinne und dem Ort der Wertschöpfung führe.

Laut Richtlinienvorschlägen der Kommission sieht der Ansatz einer signifikanten digitalen Präsenz vor, eine umfassende Lösung für die mit der digitalen Wirtschaft zusammenhängenden Fragen innerhalb der vorhandenen Körperschaftsteuersysteme der Mitgliedstaaten zu finden. Es soll ein gemeinsames System für die Besteuerung digitaler Geschäftstätigkeiten in der EU erarbeitet werden, das die Merkmale der digitalen Wirtschaft angemessen berücksichtigt. Da eine bevorzugte globale Lösung – unter Zusammenarbeit mit der OECD – in der Annahme und Umsetzung einige Zeit in Anspruch nehmen kann, sieht sich die Kommission unter Zugzwang.

Sie befürchtet eine Aushöhlung ihrer Körperschaftsteuer-Bemessungsgrundlage sowie einen sich verstärkenden Trend zu unilateralen Maßnahmen, welche sich im Geltungsbereich und in der Begründung erheblich unterscheiden. Es sei daher eine harmonisierte und leicht umsetzbare Zwischenlösung notwendig, die insbesondere Folgendes bezweckt:

► Schutz der Integrität des Binnenmarkts und Gewährleistung seines reibungslosen Funktionierens;

► Gewährleistung der Nachhaltigkeit der öffentlichen Haushalte in der Union und Schutz der nationalen Steuerbemessungsgrundlagen vor einer Aushöhlung;

► Wahrung der sozialen Gerechtigkeit und gleicher Wettbewerbsbedingungen für alle in der Union tätigen Unternehmen sowie

► Bekämpfung der aggressiven Steuerplanung und Schließung der zurzeit in den internationalen Vorschriften bestehenden Lücken, die es einigen digitalen Unternehmen ermöglichen, sich der Besteuerung in den Ländern zu entziehen, in denen sie tätig sind und ihre Wertschöpfung erzielen.

a) Vorschlag der signifikanten digitalen Präsenz

Die Details der im Rahmen des Richtlinienvorschlags vorgelegten Lösung, die auf einer signifikanten digitalen Präsenz (SDP) beruht, entsprechen den Verlautbarungen der Kommission aus dem letzten Quartal 2017. Der SDP-Vorschlag fokussiert sich auf eine neue Definition einer digitalen Präsenz, gepaart mit überarbeiteten Gewinnallokationsregelungen. Die Kommission stellt fest, dass die Maßnahmen des Richtlinienvorschlags schlussendlich in das Konzept der gemeinsamen konsolidierten Körperschaftsteuerbemessungsgrundlage (GKKB) integriert werden sollen. Jedoch werden keine spezifischen Abhängigkeiten zwischen diesen beiden Aktivitäten hergestellt.[1]

Gemäß dem SDP-Vorschlag sind „digitale Dienstleistungen" definiert als Dienstleistungen, die über das Internet oder ein elektronisches Netzwerk erbracht werden, deren Erbringung aufgrund ihrer Art im Wesentlichen automatisiert sind und nur mit minimaler menschlicher Beteiligung erfolgen, und die ohne Informationstechnologie nicht erbracht werden könnten. Das Konzept der digitalen Präsenz soll einen steuerlichen Anknüpfungspunkt in einem Steuergebiet schaffen, abhängig von gewissen Kriterien. Der „Authorized OECD Approach" (kurz: AOA) bleibt die Grundlage für die Gewinnallokation einer signifikanten digitalen Präsenz.

---

1 EY (2018), „European Commission issues proposals for taxation of digitalized activity".

b) Vorschlag der Digitalsteuer

226 Die vorliegende Auswirkungsstudie fokussiert auf den Richtlinienvorschlag zu einer Digitalsteuer auf Erträge aus der Erbringung bestimmter digitaler Dienstleistungen.[1]

Die Digitalsteuer besteuert Bruttoerträge (Umsätze abzüglich Mehrwertsteuer und sonstiger Erträge) aus der Erbringung bestimmter digitaler Dienstleistungen. Der Steuersatz soll in allen Mitgliedstaaten der EU gleich sein und auf 3 % fixiert werden (Art. 3 Abs. 2). Digitale Erträge eines Unternehmens innerhalb einer zu Rechnungslegungszwecken konsolidierten Gruppe gelten nicht als steuerbare Erträge im Sinne der Digitalsteuer (Art. 3 Abs. 7).

Gemäß Pressemitteilung soll die Digitalsteuer nur so lange Anwendung finden, bis die SDP eingeführt wurde. Wie im Richtlinienvorschlag ausgeführt, stellt die Grundlage solch einer Steuer Art. 113 AEUV dar, der Harmonisierung der indirekten Steuern regelt.

227 Die Steuer findet auf Umsätze aus Aktivitäten Anwendung, in denen Nutzer eine wesentliche Rolle in der Wertschöpfung darstellen und welche laut Kommission besonders schwer von den bestehenden Steuerregelungen erfasst werden, insbesondere Umsätze aus:

- Platzierung von Werbung auf der digitalen Schnittstelle, die sich an die Nutzer dieser Schnittstelle richtet;
- Bereitstellung einer mehrseitigen digitalen Schnittstelle für Nutzer, die es diesen ermöglicht, andere Nutzer zu finden und mit ihnen zu interagieren, und die darüber hinaus die Lieferung zugrunde liegender Gegenstände oder Dienstleistungen unmittelbar zwischen Nutzern ermöglichen kann;
- Übermittlung gesammelter Nutzerdaten, die aus den Aktivitäten der Nutzer auf digitalen Schnittstellen generiert werden.

228 Der Vorschlag der Digitalsteuer nennt zwei Grenzwerte, die beide überschritten werden müssen, damit die Steuer zur Anwendung kommt (Art. 4 Abs. 1):

- Die von dem Rechtsträger für das letzte abgeschlossene Geschäftsjahr insgesamt gemeldeten weltweiten Erträge überschreiten 750 Mio. € und
- Die von dem Rechtsträger in diesem Geschäftsjahr innerhalb der Union insgesamt erzielten steuerbaren Erträge überschreiten 50 Mio. €.

Wie aus dem Vorschlag zu entnehmen ist, zielt der erste Schwellenwert darauf ab, Unternehmen ab einer gewissen Größe zu treffen und somit sowohl für Unternehmen als auch für Steuerverwaltungen Rechtssicherheit zu schaffen. Gleichzeitig können dadurch kleinere Unternehmen und Start-ups unbelastet bleiben. Der zweite Schwellenwert stellt sicher, dass die Steuer nur bei Unternehmen greift die einen signifikanten digitalen Fußabdruck in der EU hinterlassen. Für Unternehmen in Verlustsituationen werden keine abmildernden Regelungen vorgesehen.

229 Der Richtlinienvorschlag führt an, dass die Digitalsteuer auch in rein inländischen Fällen Anwendung findet. Dies sei notwendig, um der Dienstleistungs- und Niederlassungsfreiheit der EU-Verträge und den Rahmenbedingungen der Welthandelsorganisation (WTO) zu entsprechen.

Den Ausführungen der Kommission ist zu entnehmen, dass die Digitalsteuer sowohl keinen bestehenden Doppelbesteuerungsabkommen mit Drittstaaten entgegensteht als auch nicht

---

[1] Im Folgenden: *EY* (2018), „European Commission issues proposals for taxation of digitalized activity".

im Gegensatz zu Regelungen der WTO steht. Sie ist nach Ansicht der Kommission im Einklang mit dem grundsätzlichsten Prinzip der Unternehmensbesteuerung – nämlich, dass Gewinne dort besteuert werden, wo die Wertschöpfung stattfindet.

Darüber hinaus hat die Kommission einen Mechanismus zur Abmilderung der Doppelbesteuerung vorgesehen, da Mitgliedstaaten bestimmen können, dass die Digitalsteuer von der Bemessungsgrundlage der Körperschaftsteuern abgezogen werden dürfen. Somit wird das Risiko von Doppelbesteuerungen ein und desselben Einkommens abgemildert. Gleichzeitig wird durch die Einführung eines einheitlichen Systems innerhalb der EU die Gefahr gebannt, dass neue Belastungen aufgrund unilateraler Maßnahmen von einzelnen Mitgliedstaaten eingeführt werden.

Dem Grundsatz nach erfolgt die Besteuerung in dem EU-Staat, in dem der Nutzer ansässig ist. Nicht relevant ist hingegen der Ort, an dem eine Lieferung stattfindet oder der Ort, von dem aus die Zahlung für eine Dienstleistung erfolgt. Die Ortsbestimmung erfolgt auf Basis der Internet Protocol Adresse (IP-Adresse) oder mittels Methoden der Geolokalisierung, falls diese genauer sind. Das heißt auch, dass Unternehmen die Nutzerdaten sammeln müssen, um zu bestimmen, in welchem EU-Staat der Nutzer ansässig ist.

Die Digitalsteuer wird im Rahmen einer Selbstveranlagung der Stpfl. erhoben. Mitgliedstaaten können Außenprüfungen vornehmen, um sicherzustellen, dass Stpfl. ihren Verpflichtungen nachkommen. Ein digitales Portal, bekannt als eine kleine einzige Anlaufstelle, wird zur handhabbaren Abführung der Steuer geschaffen. Ein Mitgliedstaat wird für die Identifizierung und Eintreibung der Steuer zuständig sein. Ebenso wird dieser Mitgliedstaat dann das Steueraufkommen zwischen den betroffenen Mitgliedstaaten verteilen.

(Einstweilen frei)

E. Die EU-rechtlichen Vorgaben im Einzelnen

I. Die Mutter-/Tochter-Richtlinie

1. Wesentlicher Inhalt der Richtlinie

Die sog. „Mutter-/Tochter-Richtlinie", auch **„Konzernrichtlinie"**[1] genannt, (Richtlinie des Rates v. 23.7.1990 über das gemeinsame Steuersystem der Mutter- und Tochtergesellschaften verschiedener Mitgliedstaaten, die zu dem am 23.7.1990 vom Rat verabschiedeten Richtlinienpaket gehört, zielt darauf ab, die steuerliche Mehrfachbelastung von Dividendenausschüttungen einer Tochtergesellschaft an ihre Muttergesellschaft in einem anderen Mitgliedstaat zu beseitigen.

In Anbetracht des Aktionsplans der Kommission zur Verstärkung der Bekämpfung von Steuerbetrug und Steuerhinterziehung wurde von der Kommission eine Änderung der Mutter-/Tochter-Richtlinie vorgeschlagen und vom Rat am 8.7.2014 angenommen. Danach sollen sog. „Hybridanleihenstrukturen" verhindert werden.[2] Eine „Hybridanleihenstruktur" liegt vor, wenn nach dem Recht des einen Mitgliedstaates eine Kapitalzuwendung als Darlehen qualifiziert, während dies nach dem Recht eines anderen Mitgliedstaates als Eigenkapital qualifiziert wird.

---

1 Konzernrichtlinie v. 23.7.1990, Richtlinie 90/435/EWG des Rates v. 23.7.1990, ABl. EG Nr. L 225 v. 20.8.1990, 6.
2 Stakeholder's Consultation, Discussion paper, European Commission, 27 March 2013, D.1 (2013).

EU-steuerpolitischer Hintergrund 252–253

Ziel ist es, dass die Gewinne in dem Mitgliedstaat versteuert werden, in dem sie realisiert wurden und die Steuerlast nicht durch Arbitrage zwischen verschiedenen Steuersystemen verschoben werden kann.[1] Inhalt dieser Änderung ist die Verhinderung von Qualifikationskonflikten bei Gestaltungen hybrider Finanzierungen. Die Neuregelung verlangt von den Mitgliedstaaten die Freistellung der Einkünfte bis zu der Höhe zu verweigern, bei der die Einkünfte auf Ebene des Tochterunternehmens als Betriebsausgabe abzugsfähig waren. Die Neufassung setzt also bei der Muttergesellschaft im zahlungsempfangenden Mitgliedstaat an, der den Betrag als steuerbefreite Gewinnausschüttung qualifiziert.[2]

Das Korrespondenzprinzip ist im deutschen Rechtssystem mittels § 8 Abs. 1 Satz 2 KStG bereits umgesetzt, der die Freistellung der Bezüge nach § 8 Abs. 1 Satz 2 KStG versagt, falls diese das Einkommen der Gesellschaft gemindert haben. Diese nationale Umsetzung in einem weiteren Verständnis ist explizit im Entwurf begrüßt. Die EU sieht die Initiative im Einklang mit dem Subsidiaritätsprinzip, da die Qualifikationskonflikte aus den unterschiedlichen Regelungen nationaler Steuersysteme resultieren und eine Lösung auf EU Ebene erfordert.[3] Die Regelung entspricht dem Verhältnismäßigkeitsgrundsatz, da über das zur Lösung des Problems Erforderliche nicht hinausgegangen wird.[4]

252 **Voraussetzung** für die Anwendung der Richtlinie ist, dass eine körperschaftsteuerpflichtige Gesellschaft in der Rechtsform einer Kapitalgesellschaft eine nunmehr mindestens 15 %ige Beteiligung an einer anderen Kapitalgesellschaft eines anderen Mitgliedstaates hält. Beide Gesellschaften müssen in ihrem jeweiligen Ansässigkeitsstaat der Körperschaftsteuer unterliegen, ohne Möglichkeit einer Option und ohne von der Steuer befreit zu sein. Hierzu werden in Artikel 2 der Richtlinie die Gesellschaften namentlich aufgeführt, auf die diese Richtlinie Anwendung findet. Jener Katalog wurde durch den deutschen Gesetzgeber mit der Anlage 2 des EStG in nationales Recht umgesetzt. Hinsichtlich der Frage, ob dieser Katalog tatsächlich abschließend ist, legte das FG Köln durch Beschluss vom 23. 5. 2009[5] die konkrete Frage vor, ob auch eine der in Deutschland kleinen Kapitalgesellschaft vergleichbare französische „société par actions simplifée" in den Anwendungsbereich der Mutter-/Tochter-Richtlinie falle, obwohl sie zwar nicht ausdrücklich eine im Katalog aufgeführte Gesellschaftsform aufweist, jedoch dem eigentlichen Zweck der Richtlinie nach in deren Anwendungsbereich fallen müsste. In dem Urteil der Rs. Gaz de France,[6] verneinte der EuGH mit Verweis auf den eindeutigen Wortlaut der Richtlinie dies. Mittlerweile ist die frz. „SAS" jedoch ausdrücklich im Anwendungsbereich der Richtlinie aufgenommen.

253 Sind die vorgenannten Voraussetzungen erfüllt, sieht die Richtlinie **zwei Regelungen** vor:

▶ Nach Art. 4 soll die mögliche (wirtschaftliche) Doppelbesteuerung der ausgeschütteten Gewinne mit Körperschaftsteuer, nämlich sowohl im Staat der Tochtergesellschaft als auch im Staat der Muttergesellschaft, dadurch vermieden werden, dass entweder der Staat der Muttergesellschaft diese Gewinne von der Steuer befreit oder im Falle einer Besteuerung der Muttergesellschaft gestattet, „den Steuerteilbetrag, den die Tochtergesell-

---

1 Europäische Kommission, 25. 11. 2013, COM(2013)/0400 814 final, S. 5.
2 Europäische Kommission, 25. 11. 2013, COM(2013)/0400 814 final, S. 2.
3 Europäische Kommission, 25. 11. 2013, COM(2013)/0400 814 final, S. 6.
4 Europäische Kommission, 25. 11. 2013, COM(2013)/0400 814 final, S. 6.
5 FG Köln, Urteil v. 23. 5. 2009 - 2 K 3527/02, EFG 2008, 1391.
6 EuGH, Urteil v. 1. 10. 2009 - Rs. C-247/08, Gaz de France, NWB OAAAD-33102.

schaft für diese von ihr ausgeschütteten Gewinne entrichtet ... bis zur Höhe der entsprechenden innerstaatlichen Steuer abzuziehen".

▶ Nach Art. 5 werden die von einer Tochtergesellschaft an ihre Muttergesellschaft ausgeschütteten Gewinne vom Steuerabzug an der Quelle befreit.

(Einstweilen frei)

2. Zur Umsetzung der Richtlinie

Die Richtlinie findet sich im deutschen Steuerrecht in den §§ 43b, 50d EStG und § 8b KStG wieder. Was von der inhaltlichen Zielwirkung einfach erscheint, nämlich die Vermeidung der wirtschaftlichen Doppelbesteuerung von Dividenden zwischen verbundenen Unternehmen, ist in der tatsächlichen gesetzgeberischen Umsetzung recht komplex. Die Thematik der hybriden Finanzierungsmechanismen ist das jüngste Beispiel (siehe oben → Rz. 176), die Frage nach der diskriminierungsfreien Einbettung in das gesamte Konzept der Kapitalertragsbesteuerung (siehe zuletzt das Vertragsverletzungsverfahren Kommission gegen Deutschland sowie das EuGH-Dividenden-Umsetzungsgesetz, unten → Rz. 348 ff.) stellt hierbei noch ein nicht abschließend geklärtes Problem dar. Bereits gelöst und gesetzgeberisch umgesetzt ist das Thema der Berücksichtigung von Beteiligungsaufwand im Zusammenhang mit steuerfreien Dividenden.

§ 50d Abs. 3 EStG (Rs. Deister Holding AG und Juhler Holding A/S)

Im Dezember 2017 entschied der EuGH über die Vorlagefragen des FG Kölns hinsichtlich der Rechtmäßigkeit von § 50d Abs. 3 EStG in seiner alten Fassung (bis 2011), welcher den Erstattungsanspruch aus Abs. 1 und 3 einschränkt. Konkret ging es in den Vorlagefällen um die Freistellung von Kapitalertragsteuer und Solidaritätszuschlag hinsichtlich Gewinnausschüttungen an eine gebietsfremde (niederländische bzw. dänische) Mutter von ihren in Deutschland ansässigen Tochtergesellschaften.

In den Rs. Deister Holding AG (C–504/16) und Juhler Holding A/S (C–613/16) entschied der EuGH, dass § 50d Abs. 3 EStG in seiner Fassung von 2011 einen Verstoß gegen die Mutter-Tochter-Richtlinie und gegen die Niederlassungsfreiheit darstellt. Die Vorschrift begründet demnach eine unwiderlegbare Missbrauchs- oder Hinterziehungsvermutung, da sie in dem Fall, in dem eine der in ihr vorgesehenen Voraussetzungen erfüllt ist, der gebietsfremden Muttergesellschaft nicht die Möglichkeit lässt, das Vorliegen wirtschaftlicher Gründe zu beweisen. Die Tatbestandsmerkmale der Norm begründen als solche keinen Missbrauch, denn die Mutter-Tochter-Richtlinie schreibt nicht vor, welche wirtschaftliche Tätigkeit die von ihr erfassten Gesellschaften ausüben müssen oder wie hoch die Einkünfte aus ihrer eigenen wirtschaftlichen Tätigkeit zu sein haben.

Nachdem der EuGH[1] § 50d Abs. 3 EStG (2007) als unionsrechtswidrig einstufte und das FG Köln auch die Fassung 2012 dem EuGH zur Klärung vorlegte (anhängig unter C-440/17),[2] hat nun das BMF mit Schreiben vom 4.4.2018 zur Entlastung vom Steuerabzug vom Kapitalertrag bei ausländischen Gesellschaften Stellung genommen.[3] Die Finanzverwaltung folgt der Bindungswirkung des EuGH und wendet die Fassung 2007 in Fällen, in denen der Gläubiger der Kapitalerträge einen Anspruch auf Entlastung nach § 43b EStG geltend macht, nicht mehr an.

---

1 Urteil v. 20.12.2017 - C-504/16 und C-613/16, NWB CAAAG-69289.
2 Vgl. ausführlich zu EuGH-Urteil und Vorlagebeschluss *Polatzky/Goldschmidt/Schuhmann*, DStR 2018, 641 ff.
3 BStBl 2018 I S. 589.

Darüber hinaus überträgt das BMF die Auslegung des Unionsrechts durch den EuGH auf die aktuelle Fassung (2012), soweit diese mit der alten Fassung übereinstimmt.

Das BMF-Schreiben ist für alle Fälle von Bedeutung, in denen der Gläubiger der Kapitalerträge einen Entlastungsanspruch nach § 43b EStG (Mutter-Tochter-Richtlinie) geltend machen kann. Keine Aussagen hat das BMF leider zu Drittstaatenfällen, zu Entlastungsansprüchen aufgrund der Zins- und Lizenzrichtlinie (§ 50g EStG) sowie Fällen einer Entlastung aufgrund DBA getroffen (weitere Hinweise s. u.).

258 Dem EuGH-Urteil folgend wendet die Finanzverwaltung § 50d Abs. 3 EStG 2007 in Fällen, in denen der Gläubiger der Kapitalerträge einen Anspruch auf Entlastung nach § 43b EStG (Mutter-Tochter-Richtlinie) geltend macht, nicht mehr an. Für die aktuelle Fassung (§ 50d Abs. 3 EStG 2012) ordnet das BMF an, dass die verbindliche Auslegung des Unionsrechts durch den EuGH auch auf die aktuelle Regelung des § 50d Abs. 3 EStG zu übertragen ist, als diese mit der Fassung 2007 übereinstimmt. Konkret bedeutet das:

Nichtanwendung des § 50d Abs. 3 Satz 2 EStG

259 Die Finanzverwaltung wendet künftig (in allen noch offenen Fällen) § 50d Abs. 3 Satz 2 EStG nicht mehr an. Danach kam es bisher ausschließlich und allein auf die Verhältnisse der ausländischen Gesellschaft an. Dieses Verbot der Konzernbetrachtung ist nunmehr aufgehoben; organisatorische, wirtschaftliche oder sonst beachtliche Gründe von der ausländischen Gesellschaften nahestehenden Personen haben somit in Zukunft Relevanz. Das BMF weist aber darauf hin, dass derartige wirtschaftliche oder sonst beachtliche Gründe i. S. d. § 50d Abs. 3 Satz 1 Nr. 1 EStG dennoch fehlen, wenn sich aus einer Gesamtwürdigung der Umstände des Einzelfalls ergibt, dass die Einschaltung der ausländischen Gesellschaft im Wesentlichen auf einen steuerlichen Vorteil abzielt.

260 Im Hinblick auf Erleichterungen für vermögensverwaltende Tätigkeiten/EU-Holdings wendet die Finanzverwaltung ihr BMF-Schreiben vom 24.1.2012 künftig (in allen noch offenen Fällen) mit der Maßgabe an, dass

▶ eine Gesellschaft auch insoweit i. S. d. § 50d Abs. 3 Satz 1 Nr. 2 EStG am allgemeinen wirtschaftlichen Verkehr teilnimmt, als sie ihre Bruttoerträge aus der Verwaltung von Wirtschaftsgütern erzielt. Im Fall einer passiven Beteiligungsverwaltung (Tz. 5.2 des BMF-Schreibens vom 24.1.2012) gilt dies nur dann, wenn die Gesellschaft ihre Rechte als Gesellschafterin tatsächlich ausübt;

▶ für den Geschäftszweck der Verwaltung von Wirtschaftsgütern ein i. S. d. § 50d Abs. 3 Satz 1 Nr. 2 EStG angemessen eingerichteter Geschäftsbetrieb nicht zwingend voraussetzt, dass die Gesellschaft im Ansässigkeitsstaat für die Ausübung ihrer Tätigkeit ständig sowohl geschäftsleitendes als auch anderes Personal beschäftigt (betrifft Tz. 7 des BMF-Schreibens vom 24.1.2012);

▶ die bisherigen Ausführungen zu § 50d Abs. 3 Satz 2 EStG (betrifft Tz. 6 und 8 des BMF-Schreibens vom 24.1.2012) keine Anwendung mehr finden.

Damit folgt die Finanzverwaltung nun auch für die aktuell gültige Fassung des § 50d Abs. 3 EStG der Auffassung des EuGH, wonach allein die Tatsache, dass die wirtschaftliche Tätigkeit einer gebietsfremden Muttergesellschaft in der Verwaltung von Wirtschaftsgütern der Tochtergesellschaft besteht, oder die Einkünfte nur aus der Verwaltung von Wirtschaftsgütern stammen, nicht per se schädlich für die sachliche Entlastungsberechtigung ist.

In einem weiteren Verfahren hat das FG Köln Bedenken geäußert hat, ob die zur Missbrauchsverhinderung aufgestellten und zur Versagung der Entlastung von Kapitalertragsteuer führenden Kriterien in der aktuell geltenden Fassung von § 50d Abs. 3 EStG mit dem EU-Recht vereinbar sind.[1] Der Umstand, dass die wirtschaftliche Tätigkeit der gebietsfremden Muttergesellschaft in der Verwaltung von Wirtschaftsgütern ihrer Tochtergesellschaften besteht oder ihre Einkünfte nur aus dieser Verwaltung stammen, bedeutet für sich allein noch nicht, dass eine rein künstliche, jeder wirtschaftlichen Realität bare Konstruktion vorliegt. Hierbei ist es ohne Belang, dass die Verwaltung von Wirtschaftsgütern in Bezug auf die Mehrwertsteuer nicht als eine wirtschaftliche Tätigkeit angesehen wird, da für die im Ausgangsverfahren streitige Steuer und für die Mehrwertsteuer unterschiedliche Rechtsrahmen gelten, mit denen jeweils unterschiedliche Ziele verfolgt werden.

Mit Beschluss vom 14.6.2018 hat der EuGH in der Rechtssache GS[2] entschieden, dass die deutsche Anti Treaty Shopping-Regelung des § 50d Abs. 3 EStG auch in der seit 2012 geltenden Fassung die unionsrechtlichen Anforderungen an eine Missbrauchsverhütungsregelung nicht erfüllt und deshalb gegen die Niederlassungsfreiheit und gegen die Mutter-Tochterrichtlinie 2011/96 verstößt. Der EuGH schließt damit inhaltlich an seine Entscheidungen in der Rechtssache Deister Holding und Juhler Holding[3] an, in der er bereits § 50d Abs. 3 EStG a. F. für unionsrechtswidrig erklärt hatte. Erneut betont der EuGH, dass für die Bejahung eines Missbrauchsvorwurfs jeder Einzelfall zu untersuchen ist und hält fest, dass reine Holdinggesellschaften für sich allein nicht als missbräuchlich angesehen werden können.

In einer ersten Reaktion zu den Entscheidungen Deister und Juhler Holding hatte das BMF diese Rechtsprechung schon teilweise auf die Anwendung des § 50d Abs. 3 EStG n. F. erstreckt (vgl. BMF-Schreiben vom 4.4.2018 zur unionsrechtskonformen Anwendung des § 50d Abs. 3 EStG).[4] Es bleibt abzuwarten, ob das BMF im Lichte des nun ergangenen EuGH-Beschlusses die in seinem Schreiben vom 4.4.2018 genannten Kriterien für eine Versagung der Richtlinien bzw. DBA-Vergünstigungen erneut überarbeiten wird.

Bemerkenswert ist, dass der EuGH hier im Wege eines Beschlusses entschieden hat. Der EuGH wählt eine solche Entscheidungsform, bei der der Generalanwalt keine Schlussanträge vorlegt, wenn sich die Antwort auf die Vorlagefragen klar und eindeutig aus der bisherigen Rechtsprechung ergibt. Insofern dürften nun die in dem Beschluss getroffenen Aussagen für den EuGH mittelweile eine gefestigte Rechtsprechung darstellen, von der eine Abkehr zumindest kurzfristig nicht erwartet werden kann.

§ 8b KStG (Rs. Bosal Holding B.V.)

Die früher bestehende unterschiedliche Behandlung von Beteiligungsaufwand im Zusammenhang mit der Vereinnahmung steuerfreier Dividenden, je nachdem, ob es sich um inländische oder ausländische Anteile an Kapitalgesellschaften handelte, galt von jeher als gemeinschaftsrechtlich fragwürdig.[5]

---

1 FG Köln, Urteil v. 17.5.2017 - 2 K 773/16, EFG 2017 S. 1518, NWB JAAAG-53557.
2 C-440/17, NWB NAAAG-87490.
3 EuGH, Urteil v. 20.12.2017 - C-504/16 und C-613/16, NWB CAAAG-69289.
4 Vgl. BMF, Schreiben v. 4.4.2018 zur unionsrechtskonformen Anwendung des § 50d Abs. 3 EStG, BStBl 2018 I S. 589.
5 Vgl. *Schön*, FR 2001, 381.

EU-steuerpolitischer Hintergrund

264 Im Verfahren Bosal Holding B.V.[1] ging es um die Abzugsfähigkeit von durch EU-Tochtergesellschaften auf der Ebene einer niederländischen Muttergesellschaft verursachten Betriebsausgaben von der Steuerbemessungsgrundlage der Muttergesellschaft.

265 Der EuGH sah sowohl die Verletzung der Niederlassungsfreiheit gem. Art. 49 AEU und Art. 56 AEU als gegeben an als auch die Verletzung der Vorgaben der Mutter-Tochter-Richtlinie. Die Richtlinie eröffnet den Mitgliedstaaten zwar die Möglichkeit, eine Regelung einzuführen, die die Abzugsfähigkeit von Betriebsausgaben, die im Zusammenhang mit steuerfreien Gewinnen aus Beteiligungen entstehen, pauschal bis zu einer Höhe von 5 % der Gewinnausschüttung zu versagen. Allerdings eröffne die Regelung nicht die Möglichkeit der Differenzierung zwischen in- und ausländischen Beteiligungen. Der Gerichtshof wiederholte seine Argumentation aus den Fällen Hoechst/Metallgesellschaft,[2] wonach die Gebietsansässigkeit der Muttergesellschaft unerheblich ist für die steuerliche Behandlung der Tochtergesellschaft und deren Inanspruchnahme von Steuervorteilen. Demnach sei auch die Ungleichbehandlung einer Muttergesellschaft mit ausländischen Tochtergesellschaften gegenüber einer solchen mit inländischen Tochtergesellschaften nicht gerechtfertigt.

266 Das EuGH-Urteil in der Rs. Bosal[3] hat insoweit Klarheit geschaffen, dass die Abzugsfähigkeit von Betriebsausgaben im Zusammenhang mit schachtelprivilegierten Dividenden sich einerseits im Rahmen der Vorgaben der Mutter-/Tochter-Richtlinie halten und zum anderen für in- und ausländische Beteiligungen gleich behandelt werden muss.

Änderung der Mutter-Tochter-Richtlinie

267 Am 8. 7. 2014 hat der Rat eine Änderung der Mutter-Tochter-Richtlinie angenommen. Dadurch soll der steuermindernde Einsatz hybrider Finanzinstrumente verhindert werden. Zur Wahl stand Option 1, wonach Gewinnausschüttungen im Empfängerstaat generell nicht mehr freigestellt sein sollten, sowie Option 2, wonach Gewinnausschüttungen im Empfängerstaat nur in Höhe des im Quellenstaat abzugsfähigen Anteils besteuert werden sollen. Der Rat entschloss sich zur Änderung i. S. v. Option 2. Entstehungsgeschichte und Wortlaut sprechen für eine Umsetzungsverpflichtung der Mitgliedstaaten. Für Deutschland sollte sich die Notwendigkeit einer Umsetzung in Grenzen halten, als mit § 8b Abs. 1 Satz 2 KStG bereits eine entsprechende Korrespondenzregel im Körperschaftsteuerrecht existiert.

Daneben haben Kommission und Rat die Aufnahme einer allgemeinen Anti-Missbrauchsklausel in die Mutter-Tochter-Richtlinie mit Entscheidung vom 27. 1. 2015 angenommen. Ziel ist, eine Vielzahl an Umgehungsgestaltungen zu erfassen. Die Änderung stellt darauf ab, dass der wesentliche Zweck oder ein wesentlicher Zweck unter mehreren einer Gestaltung darin bestehen muss, einen Vorteil zu erlangen, der von dem Ziel und dem Zweck der Richtlinie nicht gedeckt ist. Insoweit erscheint das vor kurzem ergangene Urteil des EuGH in dem Vertragsverletzungsverfahren der Kommission gegen das Vereinigte Königreich vom 13. 11. 2014 in der Rs. 112/14 nicht unbeachtlich. Danach kann eine nationale Einschränkung der Kapitalverkehrsfreiheit durch eine Verhinderung von Steuervermeidung gerechtfertigt sein. Eine solchermaßen einschränkende Norm darf sich jedoch (1) nicht auch, quasi als Kollateralfolge, gegen wirtschaftlich nachvollziehbare Gestaltungen richten und (2) muss unabhängig davon dem Steuerpflichtigen die Möglichkeit eines Gegenbeweises eröffnen. Soll sich eine Norm ausdrücklich

---

[1] EuGH, Urteil v. 18. 9. 2003 - Rs. C-168/01, Bosal Holding B.V., NWB AAAAB-72610.
[2] EuGH, Urteil v. 8. 3. 2001 - Rs. C-397/98 und C-410/98, Hoechst/Metallgesellschaft, NWB CAAAB-79442.
[3] EuGH, a. a. O., Rs. Bosal.

nur gegen künstliche Steuervermeidungsgestaltungen richten, muss sich dies aus der Norm selbst ergeben.

(Einstweilen frei) 268–275

II. Die Zins-/Lizenzgebührenrichtlinie

Die „Richtlinie über eine gemeinsame Steuerregelung für Zahlungen von Zinsen und Lizenzgebühren zwischen verbundenen Unternehmen verschiedener Mitgliedstaaten v. 3. 6. 2003"[1] zielt auf die Beseitigung der Quellensteuern auf Zahlungen von Zinsen und Lizenzgebühren zwischen verbundenen Unternehmen verschiedener Mitgliedstaaten ab. Dies gilt bei verbundenen Unternehmen aufgrund Art. 15 Abs. 2 Zinsbesteuerungsabkommen seit dem 1. 7. 2005 auch im Verhältnis zur Schweiz. 276

Die Mitgliedstaaten befreien demnach Zins- und Lizenzgebührenzahlungen zwischen den genannten Gesellschaften von jeglicher Steuer, unabhängig davon, ob diese an der Quelle oder durch Veranlagung erhoben wird. Eine Erweiterung des Anwendungsbereiches der Zins-/Lizenzgebührenrichtlinie im Hinblick auf die Einführung eines „subject to tax clause", wonach der Quellenstaat eine die Steuerfreiheit der Zins- und Lizenzgebührenzahlungen nur gewähren darf, wenn die Einmalbesteuerung der Zahlungen gewährleistet ist, wird derzeit geprüft. 277

1. Wesentlicher Inhalt der Richtlinie

Die Zielsetzung der Zins-/Lizenzgebührenrichtlinie liegt in der Beseitigung der Doppelbesteuerung im Binnenmarkt. Auf den ersten Blick erschien das Problem der Quellensteuern auf Zinsen und Lizenzgebühren wegen der grundsätzlichen Abzugsfähigkeit beim Schuldner nicht von der gleichen Tragweite zu sein wie entsprechende Quellensteuern auf Dividenden. 278

Darüber hinaus konnte der im Staat des Schuldners gezahlte Quellensteuerbetrag i. d. R. im Staat des Gläubigers angerechnet werden. Aus diesen Gründen werden Quellensteuern auf Zinsen und Lizenzgebühren häufig nicht unter dem Gesichtspunkt der Doppelbesteuerung gesehen, sondern lediglich i. S. einer gerechten Aufteilung des Steueraufkommens zwischen Schuldner- und Gläubigerstaat. 279

Die Voraussetzungen für die Anwendbarkeit der Richtlinie entsprechen derjenigen der Mutter-/Tochter-Richtlinie (s. → Rz. 176 ff.). Dementsprechend muss nach Art. 3 Buchst. a eine Kapitalgesellschaft eine mindestens 25 %ige direkte Beteiligung an einer Kapitalgesellschaft eines anderen Mitgliedstaates halten und im Inland der Körperschaftsteuer unterliegen. 280

Die Beteiligung kann entweder durch Beteiligung einer Mutter- an einer oder mehreren Tochtergesellschaften gegeben sein oder umgekehrt. Die Steuerfreiheit wird allerdings durch Art. 3 Buchst. b ausgeschlossen, wenn die Mutter- nur mittelbar zu mehr als 25 % an der Tochtergesellschaft beteiligt ist und zum anderen, wenn Zins- und Lizenzzahlungen zwischen Gesellschaften fließen, an denen die Muttergesellschaft nur mittelbar eine Beteiligung hält. Konzerne könnten sich gezwungen fühlen, ihre legalen Strukturen an den Vorgaben der Richtlinie auszurichten, um sich damit die Quellensteuerbefreiung zu sichern. Es obliegt daher den Mitgliedstaaten, die Richtlinie über ihre Vorgaben hinaus umzusetzen. Beide Gesellschaften, als auch eine etwa involvierte Betriebsstätte einer Kapitalgesellschaft, müssen in einem EU-Mitgliedstaat ansässig sein und in ihrem jeweiligen Ansässigkeitsstaat der Körperschaftsteuer un- 281

---

[1] Richtlinie v. 3. 6. 2003, Richtlinie 2003/49/EG des Rates v. 3. 6. 2003.

terliegen. Die Steuerfreiheit von Zinszahlungen wird nach Art. 4 hingegen nicht gewährt, wenn die Zinszahlung aufgrund des Überschreitens der vorgegebenen Eigenkapital-Fremdkapitalrelation in eine Dividendenausschüttung umqualifiziert wird. Entgegen der Vorgaben der Mutter-/Tochter-Richtlinie enthält die Zins-/Lizenzgebührenrichtlinie keinen Ausschluss von der Steuerfreiheit, wenn die betreffende Gesellschaft von ihrem Optionswahlrecht als transparente Gesellschaft besteuert zu werden, Gebrauch macht. Diese Regelungslücke hat die Kommission aufgegriffen und in den Änderungsvorschlag zur Zins-/Lizenzgebührenrichtlinie[1] aufgenommen.

282   Durch Art. 1 Abs. 6 wird die Problematik im Hinblick auf die Doppelbesteuerung bei Involvierung von Betriebsstätten vermieden. Abweichend vom Konzept des OECD-Musterabkommens wird bei der Involvierung von Betriebsstätten jegliche Quellenbesteuerung vermieden. Die von der Betriebsstätte geleisteten oder empfangenen Zahlungen werden stets bei derselben berücksichtigt. Diese Gleichstellung mit Tochtergesellschaften ist wahrscheinlich zurückzuführen auf das Urteil des EuGH in der Rs. Saint-Gobain.[2] Der EuGH erweiterte hier die vorteilhafte Behandlung des Art. 23 in dem Doppelbesteuerungsabkommen auch auf Betriebsstätten.

283   Den Mitgliedstaaten stehen zahlreiche Missbrauchsklauseln zur Verfügung. Der Empfänger der Zins- bzw. Lizenzzahlungen ist nach Art. 1 Abs. 4 und Abs. 5 derjenige, der die Zahlungen zu eigenen Gunsten erhält. Darunter fallen nach Art. 1 Abs. 4 Vertreter, Treuhänder oder Bevollmächtigte. Die Aufzählung in Art. 1 Abs. 4 ist allerdings nur als beispielhafte Auflistung zu verstehen und entgegen Richtlinienvorschlag von 1998 nicht final. Eine weitere den Mitgliedstaaten zur Verfügung stehende Missbrauchsklausel ist der zweijährige Haltezeitraum der Beteiligung zwischen den Kapitalgesellschaften nach Art. 1 Abs. 10. Hiermit sollen Gestaltungen vermieden werden, die die Erreichung der vorgegebenen Beteiligungsquote nur kurzfristig aufgrund der erwarteten Zins- oder Lizenzgebührenzahlung bezwecken und unmittelbar nach der Transaktion eine Auflösung der Beteiligung erfolgt. Gemäß Art. 5 stehen den Mitgliedstaaten weitere Maßnahmen zur Verfügung, den Missbrauch durch nationale oder zwischen den Mitgliedstaaten vereinbarte Maßnahmen zu verhindern. In Deutschland hat der Gesetzgeber von dieser Möglichkeit in § 50d Abs. 3 EStG Gebrauch gemacht.

284–290   *(Einstweilen frei)*

2. Zur Umsetzung der Richtlinie

291   Die Zins-/Lizenzgebührenrichtlinie trat mit ihrer Verkündung am 26. 6. 2003 in Kraft und war von den Mitgliedstaaten zum 1. 1. 2004 umzusetzen. Derzeit wird im EU-Rat für Wirtschaft und Finanzen (ECOFIN) über eine mögliche Änderung der Richtlinie diskutiert, ein konkreter Änderungsvorschlag liegt jedoch noch nicht vor.

292   Der deutsche Gesetzgeber ist seiner Pflicht durch das EG-Amtshilfe-Anpassungsgesetz durch Einführung des § 50g EStG nachgekommen. Allerdings war die Notwendigkeit der Umsetzung auf wenige Fälle beschränkt, da grundsätzlich eine Steuerbefreiung von Kapitalertragsteuer nach § 43 Abs. 1 Satz 1 – 3 EStG i. V. m. § 20 Abs. 1 Nr. 7 EStG bereits vorliegt. Die Befreiung der Zinszahlung von Kapitalertragsteuer erfolgt sowohl für EU-Mitgliedstaaten als auch für Drittstaaten. Zahlungen für die Nutzung im Inland belegener Lizenzen an einen EU-Mitgliedstaat unterliegen der beschränkten Steuerpflicht nach § 49 Abs. 1 Nr. 6 EStG i. V. m. § 21 EStG und

---

[1] A. a. O., EG des Rates 841 final v. 30. 12. 2003.
[2] EuGH, a. a. O., Rs. Saint-Gobain.

damit einem Quellensteuerabzug i. H. v. 20 %. In den meisten Doppelbesteuerungsabkommen ist jedoch die Freistellung der Lizenzeinnahmen von Quellensteuer im Belegenheitsstaat vorgesehen.

Treten losgelöst von obigen Ausführungen Fälle ein, in denen dem Steuerpflichtigen aufgrund der fehlenden Umsetzung der Richtlinie steuerliche Nachteile entstehen, kann sich der Steuerpflichtige gegenüber dem Mitgliedstaat unmittelbar auf für ihn günstigeres EU-Recht berufen, wenn die Regelungen hinreichend präzise, klar und bedingungslos sind. Diese Voraussetzungen sind bei der Zins-/Lizenzgebührenrichtlinie erfüllt; jedenfalls sofern zum Zeitpunkt der Zahlung die Beteiligungsquote erfüllt ist. Ebenfalls gefestigte Rechtsprechung des EuGH ist der Vorrang des EU-Rechts vor dem nationalen Recht. Dies hat im Anwendungsbereich der Zins-/Lizenzgebührenrichtlinie insbesondere Auswirkungen auf Lizenzzahlungen in EU-Mitgliedstaaten, mit denen ein Doppelbesteuerungsabkommen abgeschlossen ist, welches keine Quellensteuerreduzierung für Lizenzzahlungen auf Null vorsieht. 293

3. Vereinbarkeit der Hinzurechnung von Dauerschuldzinsen nach § 8 Nr. 1 GewStG mit der Zins-/Lizenzgebührenrichtlinie

Der BFH hat mit Beschluss vom 27. 5. 2009[1] diese Fragestellung dem EuGH zur Vorabentscheidung nach Art. 267 AEU vorgelegt (EuGH Rs. Scheuten Solar Technology GmbH[2]). Hierbei hat der BFH im Anschluss an das negative Urteil des EuGH, Urteil v. 21. 7. 2011 mit Schlussurteil v. 7. 12. 2011 entschieden, dass die hälftige Hinzurechnung von an eine niederländische Muttergesellschaft gezahlten Darlehenszinsen zum Gewinn einer deutschen Kapitalgesellschaft weder gegen die Zins- und Lizenzrichtlinie noch gegen die Niederlassungsfreiheit (Art. 49, 54 AEU) noch gegen die Diskriminierungsverbote des DBA Niederlande verstößt. Zu dieser Frage war es gekommen, weil der Wortlaut der Richtlinie (insbesondere in der englischen Fassung) die Auslegung zuließ, dass die Richtlinie jedwede Besteuerung gleich welcher Art schon auf der Ebene der zahlenden Gesellschaft verbieten könnte. Der EuGH stellte aber in der Rs. Scheuten Solar im Hinblick auf den Sinn und Zweck der Richtlinie auf die doppelte Steuerbelastung des Empfängers der Zinszahlung ab. 294

(Einstweilen frei) 295–300

III. Steuerliche Fusionsrichtlinie

1. Allgemeines und wesentlicher Inhalt

Die Richtlinie 2009/133/EG des Rates vom 19. 10. 2009 über das gemeinsame Steuersystem für Fusionen, Spaltungen, Abspaltungen, die Einbringung von Unternehmensteilen und den Austausch von Anteilen, die Gesellschaften verschiedener Mitgliedstaaten betreffen, sowie für die Verlegung des Sitzes einer Europäischen Gesellschaft oder einer Europäischen Genossenschaft von einem Mitgliedstaat in einen anderen Mitgliedstaat ersetzt die Richtlinie 90/434/EWG in der Fassung der Richtlinie 2005/19/EG. Ziel ist die Gewährleistung steuerneutraler grenzüberschreitender Übertragungen des gesamten Aktiv- und Passivvermögens von einem übertragenden auf einen aufnehmenden Rechtsträger, die in unterschiedlichen Mitgliedstaaten ansässig sind. Ein in dieser Situation gegebenenfalls grundsätzlich anfallender 301

---

[1] BFH, Urteil v. 27. 5. 2009 - I R 30/08, IStR 2009, 780 ff. = NWB NAAAD-30665.
[2] EuGH, Urteil v. 21. 7. 2011 - Rs. C-397/09, Scheuten Solar Technology GmbH, NWB DAAAD-88765.

Veräußerungsgewinn soll nicht im Zeitpunkt der Vermögensübertragung greifen, da eine tatsächliche Realisation eines solchen Gewinns gerade nicht stattfindet. Vielmehr wird die Besteuerung auf einen späteren Zeitpunkt hinausgeschoben. Die Steuerneutralität wird dadurch realisiert, indem der übernehmende Rechtsträger die Buchwerte der Vermögenswerte des übertragenden Rechtsträgers fortführt. Für Einbringungsvorgänge gilt dies ebenfalls, soweit ein Teilbetrieb gegeben ist. Überträgt ein Rechtsträger, der in einem Mitgliedstaat ansässig ist, eine Betriebsstätte, die in einem anderen Mitgliedstaat belegen ist, gelten die gleichen Regeln.

2. Impulse durch Gesellschaftsrecht und EuGH-Rechtsprechung

302 Das Gesellschaftsrecht als Grundlage steuerrechtlicher Beurteilung hat zwischenzeitlich gleichfalls Änderungen erfahren. Am 8.10.2004 trat die SE-VO in Kraft.[1] Durch Gesetz vom 19.4.2007 wurde mit der Novellierung von §§ 122a ff. UmwG die Richtlinie 2005/56/EG vom 26.10.2005 umgesetzt, die die grenzüberschreitende Verschmelzung von Kapitalgesellschaften ermöglicht.[2]

303 Ergänzend zu den genannten sekundärrechtlichen Vorgaben liefert die Rechtsprechung des EuGH weitere Leitlinien. Ohne an dieser Stelle in die Einzelheiten eingehen zu können, stellen in gesellschaftsrechtlicher Hinsicht die Urteile in den Rs. Centros,[3] Überseering,[4] Inspire Art,[5] Sevic[6] und Vale[7] bedeutende Voraussetzungen zur grenzüberschreitenden Anerkennung und Tätigkeit von Kapitalgesellschaften dar. Das Steuerrecht betreffend ist insbesondere das Urteil in der Rs. Hughes de Lasteyrie du Saillant von wegweisender Bedeutung.[8] Der EuGH hat darin festgestellt, dass es die Niederlassungsfreiheit verbietet, an einen grenzüberschreitenden Umzug negative steuerrechtliche Folgen zu knüpfen. Ferner wurde durch den EuGH festgestellt, dass dieses gemeinschaftsrechtliche Prinzip grundsätzlich auch gegenüber Staaten des EWR–Raums Geltung entfaltet.[9] Die Verschränkung von Gemeinschaftsrecht und nationalem Recht kommt u.a. darin zum Ausdruck, dass die steuerliche Fusionsrichtlinie materielle Voraussetzungen statuiert, von denen die Mitgliedstaaten selbständig kaum abweichen können, während ihnen im formellen Rechtsbereich noch ein weiterer Gestaltungsraum zukommt, wobei sie hinsichtlich Letzterem Vorsorge treffen müssen, dass dem Steuerpflichtigen hinreichend erkennbar ist, unter welchen formalen Voraussetzungen er die materiellen Steuervergünstigungen in Anspruch nehmen kann.[10] Nicht unionsrechtswidrig sind nationale Regelungen, die alternativ optional neben die Regeln der steuerlichen Fusionsrichtlinie treten.[11] Ferner ist kein Missbrauchstatbestand erfüllt, wenn ein durch die Fusionsrichtlinie erfasster Vorgang dazu dient, einen anderen nationalen Steuertatbestand nicht zu erfüllen, da sich das finanziel-

---

1 Verordnung (EG) Nr. 2157/2001 des Rates v. 8.10.2001 über das Statut der Europäischen Gesellschaft (SE).
2 BGBl I 2007, 542.
3 EuGH, Urteil v. 9.3.1999 - Rs. C-212/97, Centros, NZG 1999, 298 = NWB PAAAB-72644.
4 EuGH, Urteil v. 5.11.2002 - Rs. C-208/00, Überseering, IStR 2002, 809 = NWB BAAAB-72640.
5 EuGH, Urteil v. 30.9.2003 - Rs. C-167/01, Inspire Art, NZG 2003, 1064 = NWB JAAAB-72607.
6 EuGH, Urteil v. 13.12.2005 - Rs. C-411/03, Sevic, DStR 2006, 49 = NWB KAAAB-79448.
7 EuGH, Urteil v. 12.7.2012 - Rs. C-378/10, Vale, EuZW 2012, 621 = NWB VAAAE-16289.
8 EuGH, Urteil v. 11.3.2004 - Rs. C-9/02, Hughes de Lasteyrie du Saillant, DStR 2004, 551 = NWB KAAAB-72877.
9 EuGH, Urteil v. 19.7.2012 - Rs. C-48/11, NWB QAAAE-14474.
10 EuGH, Urteil v. 18.10.2012 - Rs. C-603/10, NWB WAAAE-20712, zur Frage, ob eine nationale Antragsfrist der Gewährung von Steuervergünstigungen bei einer Spaltung i. S. d. Fusionsrichtlinie entgegensteht.
11 EuGH, Urteil v. 19.12.2012 - Rs. C-207/11, zur Frage, ob eine nationale Regelung, wonach bei einer Einbringung von Unternehmensteilen bei der einbringenden Gesellschaft der Wertzuwachs aufgrund der Einbringung besteuert wird, sofern die einbringende Gesellschaft keine Rücklage in Höhe des Mehrwerts aufgrund der Einbringung in ihre Bilanz aufnimmt, gegen die steuerliche Fusionsrichtlinie verstößt.

le Interesse des Mitgliedstaates auf die Erhebung der jeweiligen Steuer beschränkt.[1] Dagegen kann eine nicht durch den Tatbestand gedeckte missbräuchliche Anwendung der steuerlichen Fusionsrichtlinie vorliegen, wenn eine Vermutung dahin gehend begründet wird, dass die Anwendung eines Richtlinientatbestands der Steuerhinterziehung oder -umgehung dient.[2]

3. Umsetzung der Richtlinie

Die Umsetzung der steuerlichen Fusionsrichtlinie erfolgt durch Änderungen im UmwStG. Die Umsetzung der ursprünglichen Richtlinie 90/434/EWG, die bereits am 23. 7. 1990 durch den Europäischen Rat angenommen worden war, erfolgte in Deutschland durch das StÄndG 1992 vom 25. 2. 1992.[3] In diesem Rahmen wurden § 20 Abs. 4 und 8 UmwStG 1977 sowie § 23 UmwStG 1995 neukodifiziert. Umfangreiche Änderungen erfolgten im nationalen Recht durch das SEStEG vom 7. 12. 2006,[4] das durch die Richtlinie 2005/19/EG bedingt wurde. Insbesondere wurden folgende Themen im UmwStG neu geregelt:

▶ Ausweitung des persönlichen (Rechtsträger der Mitgliedsstaaten des Gemeinschaftsgebiets und EWR–Raums) und sachlichen (grenzüberschreitende und vergleichbare ausländische Vorgänge) Anwendungsbereichs,

▶ Das Gesetz wurde insofern an die Verwaltungspraxis angepasst, als seither auch im Umwandlungssteuergesetz nicht mehr das handelsrechtliche Prinzip der Maßgeblichkeit gilt,

▶ Ein Verschmelzungsgewinn ist aufgrund des Verweises auf § 8b KStG grundsätzlich zu einem Anteil von 5 % steuerpflichtig,

▶ Künftig verrechenbare Verluste, verbleibende Verlustvorträge und vom übertragenden Rechtsträger nicht ausgeglichene negative Einkünfte des Umwandlungsjahres sind seither nicht mehr übertragbar,

▶ Das Konzept der einbringungsgeborenen Anteile wurde aufgegeben. Stattdessen wurde das Konzept einer Nachversteuerung im Einbringungsfall eingeführt. Eine Nachversteuerung ist dann fällig, wenn ein schädlicher Veräußerungsvorgang oder ein entsprechender Ersatztatbestand eintritt. Diesbezüglich gilt eine zeitliche Befristung, die einer jahresabschnittsweisen Abstufung unterliegt,

▶ Ansatz übergehender Wirtschaftsgüter grundsätzlich mit dem gemeinen Wert, es sei denn es besteht die Möglichkeit zur Option des Ansatzes einen Teil- oder Zwischenwerts,

▶ Die Verschmelzung einer Körperschaft auf eine Personengesellschaft oder natürliche Person bedingt nach § 7 UmwStG, dass die übergehenden offenen Reserven für jeden Anteilsinhaber als Einkünfte aus Kapitalvermögen erfasst werden.[5]

(Einstweilen frei)

---

1 EuGH, Urteil v. 20. 5. 2010 - Rs. C-352/08, Rz. 51 ff., insbes. 55, NWB TAAAD-45039.
2 EuGH, Urteil v. 10. 11. 2011 - Rs. C-126/10, BFH/NV 2012, 154 = NWB VAAAD-96068.
3 BGBl 1992 I 297.
4 BGBl 2006 I 2782.
5 Vgl. *Hörtnagl* Schmitt/Hörtnagl/Stratz, UmwG/UmwStG, 5. Aufl., 2009, Einführung, Rz. 15.

F. Problemfelder zwischen dem KStG und dem Unionsrecht

I. Körperschaftsteuerbefreiung einer gemeinnützigen beschränkt steuerpflichtigen Stiftung

316 Im deutschen Recht werden gem. § 5 Abs. 1 Nr. 9 Satz 1 KStG i.V. m. §§ 51 ff. AO die gemeinnützigen Körperschaften von der Körperschaftsteuer befreit. Diese Befreiung galt bis zum JStG 2009 nach dessen Abs. 2 Nr. 2 aber nicht für beschränkt steuerpflichtige Körperschaften, weshalb diese hinsichtlich ihrer im Inland erzielten Einkünfte schlechter als eine vergleichbare inländische Körperschaft standen. Der EuGH hat in seinem Urteil v. 14. 9. 2006 in der Rs. Stauffer[1] – den Schlussanträgen der Generalanwältin Stix-Hackl folgend – festgestellt, dass die Versagung der Körperschaftsteuerbefreiung allein wegen der Ansässigkeit der Stiftung im Ausland gegen die Kapitalverkehrsfreiheit gem. Art. 56 EG i.V. m. Art. 58 EG (jetzt Art. 63 i.V. m. Art. 65 AEU) verstößt. Die in Italien als gemeinnützig anerkannte Stauffer-Stiftung ohne Geschäftsräume in Deutschland bezog Mieteinkünfte aus einem in Deutschland belegenen Grundstück. Nach ständiger Rechtsprechung des Gerichtshofes fallen die direkten Steuern zwar in die Zuständigkeit der Mitgliedstaaten, doch müssen diese ihre Zuständigkeit unter Wahrung des Gemeinschaftsrechts ausüben.[2] Die Anwendbarkeit der Niederlassungsfreiheit verneinte der EuGH in der Rs. C-386/04 Stauffer[3] aufgrund der fehlenden Existenz einer dauerhaften Präsenz der Klägerin im Aufnahmemitgliedstaat. Der EuGH bejaht jedoch einen Eingriff in den Schutzbereich der Kapitalverkehrsfreiheit. Nach ständiger Rechtsprechung des EuGH hat die Nomenklatur im Anhang der RL 88/361 Hinweischarakter für die Definition des Kapitalverkehrs. Unter den in Anhang I der Richtlinie aufgeführten Kapitalbewegungen zwischen den Mitgliedstaaten sind in Abschnitt II „Immobilieninvestitionen von Gebietsfremden im Inland" erfasst. Daraus folgert der EuGH in der Rs. Stauffer,[4] dass sowohl das Eigentum als auch dessen Nutzung vom Schutzbereich der Kapitalverkehrsfreiheit erfasst sind.[5]

317 Durch das JStG 2009 wurden im § 5 Abs. 2 Nr. 2 KStG auch im Ausland ansässige Körperschaften, die nach § 5 Abs. 1 Nr. 9 KStG als gemeinnützig anzusehen sind von der Körperschaftsteuerpflicht ausgenommen. Damit werden ausländische gemeinnützige Körperschaften den inländischen gleichgestellt und von der Steuer befreit, wenn sie durch die Förderung der Allgemeinheit in nicht nur unbedeutendem Umfang auch der Förderung des Ansehens der Bundesrepublik Deutschland dienen. Wirtschaftliche Gewerbebetriebe gemeinnütziger in- oder ausländischer Gesellschaften werden jedoch weiterhin von der Steuerbefreiung ausgenommen.

318–330 *(Einstweilen frei)*

---

[1] EuGH, Urteil v. 14. 9. 2006 - Rs. C-386/04, Stauffer, NWB AAAAC-16451.
[2] EuGH, Urteil v. 16. 7. 1998 - Rs. C-264/96, ICI, NWB LAAAD-22784, Rz. 19.
[3] EuGH, a. a. O., Rs. Stauffer.
[4] EuGH, a. a. O., Rs. Stauffer.
[5] Vgl. Folgeentscheidung des BFH, Urteil v. 20. 12. 2006 - I R 94/02, NWB YAAAC-38819.

II. Berücksichtigung ausländischer Verluste

1. Rechtsprechung des EuGH (Marks & Spencer etc.)

a) Die Entscheidung in der Rs. Marks & Spencer

Marks & Spencer plc (M&S) hatte in verschiedenen Mitgliedstaaten Unternehmen, die Verluste generierten. In der Folgezeit trennte sich M&S von den verlustbringenden Auslandsgesellschaften bzw. stellte deren Geschäftstätigkeit ein. Dementsprechend beantragte M&S, die Verrechnung der Auslandsverluste mit den Inlandsgewinnen. Das britische Recht bietet zwar grundsätzlich die Möglichkeit der Gruppenbesteuerung (Group Relief), setzt jedoch voraus, dass die verlustbringende Gesellschaft entweder im Vereinigten Königreich ansässig bzw. dort zumindest über eine Zweigniederlassung tätig ist.

Dieser Fall hat als erster die Problematik der Auslandsverluste zum Gegenstand. Bisherige Entscheidungen betrafen dagegen jeweils die Verrechnung von Inlandsverlusten (z. B. ICI und AMID). Im Grundsatz kommen für die Frage, ob eine Diskriminierung vorliegt, zwei Vergleichssachverhalte in Betracht. Einerseits der Vergleich mit dem rein inländischen Sachverhalt (inländische Muttergesellschaft mit inländischer Tochtergesellschaft) und andererseits der Vergleich der Behandlung ausländischer Tochtergesellschaften mit der Behandlung von ausländischen Betriebsstätten.

Der **EuGH** verneint einen Verstoß gegen Art. 49 und Art. 54 AEU für den Fall, dass eine Regelung einer inländischen Muttergesellschaft generell den Abzug solcher Verluste verwehrt, die einer in einem anderen Mitgliedstaat ansässigen Tochtergesellschaft dort entstanden sind, während sie einen Abzug für Verluste der gebietsansässigen Tochtergesellschaft zulässt. Der EuGH nimmt einen Verstoß gegen die Niederlassungsfreiheit jedoch dann an, wenn eine Berücksichtigung der Verluste der ausländischen Tochtergesellschaft in deren Mitgliedstaat ausgeschlossen ist und auch keine Möglichkeit besteht, diese Verluste im Staat des Sitzes, insbesondere durch Übertragung auf die Muttergesellschaft, auszugleichen. Dabei sieht der EuGH in einer wie der ihm vorgelegten Regelung tatbestandlich eine Beeinträchtigung der Muttergesellschaft in der Ausübung ihrer Niederlassungsfreiheit. Denn der Muttergesellschaft werde bei Ausschluss des Verlustabzugs eine Steuervergünstigung vorenthalten, wodurch sie abgehalten werde, in anderen Mitgliedstaaten Tochtergesellschaften zu gründen. Doch erkennt der EuGH drei Rechtfertigungsgründe als mit dem AEU-Vertrag grundsätzlich vereinbare Ziele an, zu deren Erreichung das Verbot des Konzernabzugs geeignet sei. Demnach ist ein solches Verbot zum einen zur Wahrung der Aufteilung der Besteuerungsbefugnis zwischen den Mitgliedstaaten erforderlich, da ansonsten der Konzern wählen könnte, in welchem Staat die Besteuerungsgrundlage gemindert werde. Der EuGH lässt ferner die mögliche doppelte Verlustberücksichtigung sowie die Steuerfluchtgefahr als Rechtfertigungsgründe gelten. In der Gesamtschau der Rechtfertigungsgründe kommt der EuGH zu dem Schluss, dass die Regelung gemeinschaftsrechtlich anerkannte Ziele verfolge und zwingenden Gründen des Allgemeinwohls entspreche.

Schließlich sieht der EuGH ein absolutes Verbot des Konzernabzugs dann für nicht erforderlich, wenn

▶ die gebietsfremde Tochtergesellschaft, die im Staat ihres Sitzes für den von dem Abzugsantrag erfassten Steuerzeitraum sowie frühere Steuerzeiträume vorgesehenen Möglichkeiten zur Berücksichtigung von Verlusten ausgeschöpft hat, ggf. durch Übertragung dieser Verluste auf einen Dritten oder ihre Verrechnung mit Gewinnen, die die Tochtergesellschaft in früheren Zeiträumen erwirtschaftet hat, und

▶ keine Möglichkeit besteht, dass die Verluste der ausländischen Tochtergesellschaft im Staat ihres Sitzes für künftige Zeiträume von ihr selbst oder von einem Dritten, insbesondere im Fall der Übertragung der Tochtergesellschaft auf ihn, berücksichtigt werden.

b) Berücksichtigung laufender Verluste (Rs. X-Holding)

334 Der EuGH hat in seinem Urteil v. 25. 2. 2010[1] entschieden, dass die Niederlassungsfreiheit der niederländischen Regelung nicht entgegen steht, die es einer Muttergesellschaft ermöglicht, mit ihrer gebietsansässigen Tochtergesellschaft eine steuerliche Einheit zu bilden, die Bildung einer solchen steuerlichen Einheit mit einer gebietsfremden Tochtergesellschaft aber nicht zulässt, weil deren Gewinne nicht den Steuervorschriften dieses Mitgliedstaats unterliegen. Die X-Holding hat ihren Sitz in den Niederlanden und hält 100 % der Anteile an der in Belgien ansässigen Gesellschaft F. Der Antrag bei der niederländischen Finanzverwaltung, als steuerliche Einheit i. S. d. niederländischen Körperschaftsteuergesetzes anerkannt zu werden, wurde mit der Begründung abgelehnt, F habe ihren Sitz nicht in den Niederlanden. Letzteres ist gem. Art. 15 Abs. 3 des niederländischen Körperschaftsteuergesetzes Voraussetzung für eine steuerliche Einheit – und damit für die Konsolidierung von Verlusten auf Ebene der Muttergesellschaft und die Steuerneutralität von Transaktionen innerhalb der Gruppe. Der Kassationsgerichtshof der Niederlande legte dem Gerichtshof die Frage vor, ob die Regelung mit der Niederlassungsfreiheit gem. Art. 49 bzw. Art. 54 AEU vereinbar ist.

335 Der Gerichtshof bestätigt in seiner Entscheidung den Schlussantrag von Generalanwältin Kokott. Diesem zufolge sind die Regelungen des niederländischen Körperschaftsteuerrechts zur Bildung einer steuerlichen Einheit mit der Niederlassungsfreiheit vereinbar. In den niederländischen Regelungen sei eine Beschränkung der Niederlassungsfreiheit zu sehen. Die unterschiedliche Behandlung je nach Sitz der Tochtergesellschaft sei geeignet, die Gründung, den Erwerb oder das Halten von maßgeblichen Beteiligungen an Gesellschaften in einem anderen Mitgliedstaat zu behindern oder weniger attraktiv zu machen. Der Ausschluss der Konsolidierung von Gewinnen und Verlusten für ausländische Gesellschaften sei jedoch durch die Wahrung der Aufteilung der Besteuerungsbefugnisse der Mitgliedstaaten als zwingender Grund des Allgemeininteresses gerechtfertigt. Nach der Generalanwältin greife zudem der Rechtfertigungsgrund der Gefahr der Steuerumgehung ein. Ein Unternehmen dürfe nicht frei wählen können, in welchem Staat es seine Einkünfte der Steuer unterwerfe. Zu der Frage, ob die Regelung des niederländischen Körperschaftsteuerrechts durch die Gefahr der doppelten Verlustberücksichtigung gerechtfertigt sei, nahm die Generalanwältin nicht abschließend Stellung. Dies hatten die Kommission sowie die X-Holding angezweifelt. So sei u. a. die Verlustverrechnung in den Niederlanden an den Nachweis geknüpft, dass der Verlust im Sitzstaat der Tochtergesellschaft nicht bereits anderweitig berücksichtigt worden ist, so dass keine doppelte Verlustberücksichtigung möglich sei.

336 Nach Ansicht des EuGH ist eine Ungleichbehandlung gegeben, die allerdings gerechtfertigt ist. Dürften die Gesellschaften selbst entscheiden, ob ihre Verluste im Mitgliedstaat ihrer Niederlassung oder in einem anderen Mitgliedstaat berücksichtigt werden, wäre die ausgewogene Aufteilung der Besteuerungsbefugnisse zwischen den Mitgliedstaaten erheblich gefährdet.

---

1 EuGH, a. a. O., Rs. X-Holding.

Könnte die Muttergesellschaft nach Belieben entscheiden, ob sie mit einer in einem anderen EU-Mitgliedstaat ansässigen Tochtergesellschaft eine steuerliche Einheit bilden möchte, hätte sie die freie Wahl, welches Steuersystem auf die Verluste ihrer Tochtergesellschaft anwendbar ist und wo die Verluste berücksichtigt werden. Hingegen ist nicht von Bedeutung, dass Verluste einer ausländischen Betriebsstätte aufgrund einer Regelung, die eine vorläufige Verlustübertragung verbunden mit einer Nachversteuerung vorsieht, vorläufig mit den Gewinnen des Stammhauses verrechnet werden könnten. Die Situation einer Tochtergesellschaft als selbständige juristische Person ist nicht mit der einer Betriebsstätte vergleichbar. Folglich ist es nicht erforderlich, eine ähnliche Regelung wie für Betriebsstätten vorgesehen auch für Tochtergesellschaften zu schaffen.

In der Rs. X-Holding[1] ging es im Gegensatz zu dem Verfahren in der Rs. Marks & Spencer[2] um die durch die Bildung einer niederländischen steuerlichen Einheit ermöglichte Berücksichtigung laufender Verluste. Unmittelbar nach Ergehen der Entscheidung des EuGH in der Rs. Lidl Belgium,[3] in dem explizit auf die Marks & Spencer[4]-Rechtsprechung hingewiesen wurde, war jedoch klar, dass die **Verlustberücksichtigung nur in einem eng begrenzten Rahmen** europarechtlich gefordert werden kann, nämlich dann, wenn es keine konkreten Möglichkeiten der Verlustberücksichtigung im Quellenstaat mehr gibt. Ebenfalls schon vom EuGH in der Rs. Marks & Spencer[5] entschieden und hier noch einmal klargestellt, besteht trotz gleichstufiger Benennung der Niederlassungsformen in Art. 49 AEU kein Gebot der Gleichbehandlung von ausländischen Tochtergesellschaften und ausländischen Betriebsstätten seitens des Herkunftsstaats. Somit liegt keine Fortentwicklung bzw. Einschränkung der in der Rs. Marks & Spencer[6] aufgestellten Grundsätze vor.[7] Der EuGH verneint im Streitfall die Frage, ob laufende Verluste einer ausländischen Tochtergesellschaft aus EU-rechtlichen Gründen bei der Muttergesellschaft zu berücksichtigen sind, wenn das nationale Recht einen solchen Verlustausgleich im Falle einer inländischen Tochtergesellschaft vorsieht. Davon zu unterscheiden ist die in der Rs. Marks & Spencer[8] behandelte Frage, ob die im Sitzstaat der Tochtergesellschaft nicht mehr nutzbaren Verluste (sog. Finale Verluste) im Sitzstaat der Muttergesellschaft zum Abzug zuzulassen sind. Soweit die Verluste im Sitzstaat der Tochtergesellschaft definitiv nicht genutzt werden können, verstößt es laut EuGH gegen EU-Recht, wenn der Verlustabzug bei der Muttergesellschaft verwehrt wird.

Das Urteil vom 25. 2. 2010 lässt Rückschlüsse auf die Vereinbarkeit der deutschen Organschaftsregelung mit den EU-rechtlichen Vorgaben zu. Auch nach deutschem Steuerrecht kann nur eine in Deutschland ansässige Kapitalgesellschaft als Organgesellschaft qualifizieren, so dass die Bildung einer grenzüberschreitenden Organschaft grundsätzlich ausgeschlossen ist. Auch wenn aus den dargestellten Urteilsgründen gefolgert werden könnte, dass die Ungleichbehandlung ausländischer Gesellschaften aus den dargestellten Gründen gerechtfertigt ist,[9] ist auf das laufende Vertragsverletzungsverfahren hinzuweisen, dass die EU-Kommission mit

---

1 EuGH, a. a. O., Rs. X-Holding.
2 EuGH, a. a. O., Rs. Marks & Spencer.
3 EuGH, Urteil v. 15. 5. 2008 - Rs. C-414/06, „Lidl Belgium", BStBl 2009 II 692.
4 EuGH, a. a. O., Rs. Marks & Spencer.
5 EuGH, a. a. O., Rs. Marks & Spencer.
6 EuGH, a. a. O., Rs. Marks & Spencer.
7 Vgl. auch *Eisenbarth/Hufeld*, IStR 2010, 312.
8 EuGH, a. a. O., Rs. Marks & Spencer.
9 Vgl. *Mitschke*, DStR 2010, 1369 f.

Beschluss vom 29.1.2009[1] gegen Deutschland eingeleitet hat. Darin ist zu klären, ob in dem Ausschluss von Gesellschaften, die nicht ihren Sitz im Inland haben, als Organgesellschaften eines Organkreises in Deutschland eine unzulässige Diskriminierung nach dem Satzungssitz zu sehen ist.[2]

339–345 (Einstweilen frei)

2. Organschaft

a) Grenzüberschreitende Organschaft – §§ 14 ff. KStG

346 Nach geltendem Recht kann eine „grenzüberschreitende Organschaft" mit steuerlicher Wirkung nicht begründet werden. Lediglich eine ausländische Gesellschaft mit inländischer Geschäftsleitung kann wirksam gem. § 14 Abs. 1 Nr. 1 KStG Organträgereigenschaft übernehmen. Eine ausländische Kapitalgesellschaft mit Sitz und Geschäftsleitung außerhalb des Geltungsbereichs des KStG kann aber de lege lata nicht Organgesellschaft einer deutschen Organschaft sein. Ob dies unionsrechtlich Bestand haben wird, könnte sich unter Umständen aus dem EuGH-Urteil in der Rs. Marks & Spencer[3] ergeben.

b) Folgerungen für das deutsche Recht der Organschaft

347 Ob die Grundsätze des Urteils auf die deutsche Organschaft übertragbar sind, hängt davon ab, ob sie im Vergleich zum britischen Group Relief vergleichbar ist. Bis auf das Erfordernis des Gewinnabführungsvertrages nach § 14 Abs. 1 KStG i.V. m. § 291 AktG ist dies der Fall.

Daher stellt sich die Frage, welche Voraussetzungen des § 14 KStG nach dem Urteil von M&S als mit dem Gemeinschaftsrecht vereinbar gelten können, wenn ein Abzug der Verluste einer ausländischen Tochtergesellschaft bei der inländischen Muttergesellschaft erreicht werden soll. Europarechtlich unbedenklich erscheint die nach § 14 Abs. 1 Nr. 1 KStG nötige finanzielle Eingliederung. Diese ist sowohl nach inländischem wie EU-ausländischem Recht ohne Beschränkungen möglich. Auch eine mittelbare finanzielle Eingliederung sollte vor dem Hintergrund der Niederlassungsfreiheit jedenfalls auch für den Fall einer zwischengeschalteten ausländischen Gesellschaft, die in den EU-Mitgliedstaaten ansässig ist, zugelassen werden.[4]

348 Eine Organgesellschaft kann nach § 14 Abs. 1 Satz 1 i.V. m. § 17 KStG nur zwischen Kapitalgesellschaften mit Geschäftsleitung (§ 10 AO) oder Sitz (§ 11 AO) im Inland angenommen werden. Da nach der Rs. M&S zumindest nach Ausschöpfung der Verlustabzugsmöglichkeiten im Ausland eine Verlustberücksichtigung möglich sein muss, dürfte eine Beschränkung auf inländische Kapitalgesellschaften allein aus diesem Grund nicht mehr aufrechterhalten werden können.

349 Auf Bedenken stößt auch das Erfordernis eines Ergebnisabführungsvertrages nach § 14 Abs. 1 KStG i.V. m. § 291 AktG zwischen ausländischer Tochter und inländischem Organträger. Nicht nur ein Vertragskonzern ist in zahlreichen Staaten unbekannt. Auch ist im deutschen Konzernrecht ein Abschluss eines Konzernvertrages mit einer ausländischen Gesellschaft nicht vorgesehen. Ohnehin würde dessen Wirksamkeit nach ausländischem Recht zu beurteilen sein, so

---

1 EU-Kommission v. 29.1.2009 - 2008/4409, DB 2009, 653.
2 Vgl. zur Kritik am doppelten Inlandsbezug *Pache/Englert*, IStR 2010, 448.
3 EuGH, Urteil v. 13.12.2005 - Rs. C-446/03, Marks & Spencer, NWB ZAAAB-79456.
4 Zu weiteren Unklarheiten, u. a. bei Drittstaaten vgl. *Röhrbein/Eicker*, BB 2005, 465, 477.

dass für die bei der Organschaft notwendigen tatsächliche Durchführung nach § 14 Abs. 1 Nr. 3 KStG kaum ein den §§ 291 ff. AktG entsprechender Beurteilungsmaßstab vorläge.

Ferner ist nicht geklärt, ob für die Vergleichbarkeit gefordert werden kann, dass gem. deutscher Rechtslage die Muttergesellschaft zur Verlustberücksichtigung diese wirtschaftlich tragen muss, was nach § 302 AktG in Form von Einlagen geschieht.

c) Zwei deutsche Marks & Spencer-Verfahren

Die Finanzverwaltung tendierte in der Praxis ersichtlich dazu, bei Rechtsbehelfs- und Klageverfahren die Anwendbarkeit der Marks & Spencer-Entscheidung auf die deutsche Organschaft gänzlich zu verneinen bzw. die Anforderungen nach Maßgabe des deutschen Organschaftsrechts derartig hoch anzusetzen, so dass es praktisch unmöglich erscheint, diese für eine grenzüberschreitende Beteiligung zu erfüllen. Fraglich ist, ob diese strikte Betrachtungsweise europarechtlich haltbar ist. Denn erstens zielt der Tenor des Urteils Marks & Spencer[1] nicht nur auf die britische Gruppenbesteuerung, sondern auf konzerninterne Verlustverrechnungssysteme schlechthin ab,[2] und zweitens sind gem. Art. 4 Abs. 3 EU die nationalen Finanzverwaltungen und Gerichte verpflichtet, die als unionswidrig erkannten Normen so anzupassen, dass sie „neutral" wirken und somit gleichermaßen von inländischen und grenzüberschreitend agierenden Konzernen erfüllt werden können. Einen großen Schritt vorwärts stellt in diesem Zusammenhang das Urteil des Niedersächsischen FG vom 11. 2. 2010[3] dar. Dieses wendet als erstes deutsches Gericht die Grundsätze der Entscheidung des EuGH in der Rs. Marks & Spencer[4] im Wege der normerhaltenden Reduktion auf die deutschen Regelungen zur Organschaft (§§ 14 ff. KStG) an, kommt aber dennoch zu einer Klageabweisung. Die Revision gegen diese Entscheidung ist mit Beschluss vom 9. 11. 2010 nach § 126a FGO vom BFH unter dem Az. I R 16/10 als unbegründet abgewiesen worden, da zumindest nicht die Verluste des Finalitätsjahres geltend gemacht wurden.[5] Auf die weitergehenden Fragen der Vereinbarkeit der deutschen Organschaftsregelungen mit Europarecht musste der BFH somit gar nicht mehr eingehen. Dennoch verdient es das Urteil des Niedersächsischen FG ob seiner innovativen Vorgehensweise erörtert zu werden.

Nach Ansicht des Niedersächsischen FG können auch Definitivverluste nicht ohne weiteres vom Einkommen einer deutschen Muttergesellschaft abgezogen werden, sondern allenfalls dann, wenn sich diese Muttergesellschaft rechtsverbindlich zur Übernahme der Verluste der Tochtergesellschaft verpflichtet hat. Dies begründet das Niedersächsische FG damit, dass das Tatbestandsmerkmal des Gewinnabführungsvertrages nicht gänzlich außer Betracht bleiben dürfte. Es sei zumindest eine Verlustübernahmeverpflichtung erforderlich. Auch wenn die Entscheidung wegweisenden Charakter hat, so ist doch die dogmatische Herleitung und Begründung des Erfordernisses einer Verlustübernahmeverpflichtung verfehlt.[6] Um das Merkmal einer Verlustübernahmeverpflichtung zu rechtfertigen, beruft sich das Niedersächsische FG auf den Wortlaut des EuGH in der Rs. Marks & Spencer.[7] Der EuGH wollte in dieser Rs. jedoch zu

---

1 EuGH, a. a. O., Rs. Marks & Spencer.
2 *Homburg*, IStR 2009, 350; vgl. a. *Sedemund/Sterner*, DStZ 2006, 29, 34; *Herzig*, DStR 2006, 1, 9.
3 FG Niedersachsen, Urteil v. 11. 2. 2010 - 6 K 406/08, NWB GAAAD-40237.
4 EuGH, a. a. O., Rs. Marks & Spencer.
5 Vgl. hierzu *Homburg*, IStR 2010, 247.
6 Vgl. hierzu *Homburg*, IStR 2010, 248.
7 EuGH, a. a. O., Rs. Marks & Spencer.

der Frage, wie eine nationale Vorschrift hinsichtlich des Erfordernisses eines Gewinnabführungsvertrags oder sonstiger inländischer Merkmale auszulegen ist, keine Aussage treffen. Vielmehr traf der EuGH in der Rs. Marks & Spencer[1] lediglich die Aussage, dass finale Verluste ausländischer Tochtergesellschaften grundsätzlich Berücksichtigung finden müssen. Betrachtet man das Urteil des Niedersächsischen FG, so liest das Gericht in den Wortlaut des Urteils Marks & Spencer[2] Voraussetzungen hinein, die der EuGH in dieser Entscheidung, im Kontext betrachtet, nicht aufstellen wollte. So richtig die grundsätzliche Anwendung des Urteils auf den gegebenen Sachverhalt auch sein mag, so lässt das Urteil des Niedersächsischen FG doch eine schlüssige Begründung für die eigenständige Auslegung der EuGH-Rechtsprechung vermissen.

353 Das Niedersächsische FG fordert zusätzlich zu einer Verlustübernahmeverpflichtung, dass die Muttergesellschaft Verluste einer ausländischen Tochtergesellschaft zeitnah durch die Zufuhr von Eigenkapital ausgleicht. So sei ein Verlustabzug ausgeschlossen, wenn der Tochtergesellschaft zunächst Fremdkapital zur Verfügung gestellt werde, auch wenn dieses später durch Darlehensverzicht in Eigenkapital umgewandelt werde. Bei bloßer Darlehensgewährung bestehe schon zivilrechtlich ein so großer Unterschied gegenüber den in §§ 14 ff. KStG geregelten Sachverhalten, dass eine Verlustverrechnung auf der Ebene der Muttergesellschaft nicht auf ein aus EU-rechtlichen Gründen bestehendes Gleichbehandlungsgebot gestützt werden könne. Selbst bei kapitalersetzenden Darlehen handele es sich um eigenständige Schuldverhältnisse, die von der Beteiligung als solche zu unterscheiden seien. Auch diese Betrachtungsweise des Niedersächsischen FG ist bedenklich. Steuerlich kommt es gerade nicht auf eine zivilrechtliche Betrachtungsweise, sondern auf eine wirtschaftliche Betrachtungsweise an (vgl. § 41 Abs. 1 AO). Wirtschaftlich betrachtet besteht jedoch zwischen der Situation, dass eine Muttergesellschaft zunächst Fremdkapital zuführt und später in Eigenkapital umwandelt oder der Situation, in der die Muttergesellschaft von Anfang an Eigenkapital zur Verfügung stellt kein Unterschied.

354 Auch eine zweite Klage in einem deutschen Marks & Spencer[3]-Fall wurde vom Gericht abgewiesen. Klägerin in dem vom FG Rheinland-Pfalz entschiedenen Verfahren vom 17. 3. 2010[4] ist eine in Deutschland ansässige börsennotierte AG. Sie bildet die Muttergesellschaft eines großen Konzerns und verfügt über mehrere Mutter- und Tochtergesellschaften im In- und Ausland. Im Streitjahr bestand eine Organschaft i. S. v. § 14 KStG gegenüber mehreren deutschen Tochtergesellschaften. Zu den ausländischen Tochtergesellschaften gehörte auch eine unmittelbare Beteiligung i. H. v. 100 % an der Tochtergesellschaft A mit Sitz und Geschäftsleitung in Dänemark. Die Beteiligung an der A wurde in der Handels- und Steuerbilanz der Klägerin unter den Anteilen an verbundenen Unternehmen ausgewiesen.

355 Mit dem Einstellen der aktiven Geschäftstätigkeit der A zum 31. 12. 2004 nahm die Klägerin in ihrem Jahresabschluss eine Teilwertabschreibung auf den Beteiligungsbuchwert der A bis auf den Erinnerungswert i. H. v. 1 € vor.

Das FG Rheinland-Pfalz hat unter einer ähnlichen Begründung wie das Niedersächsische FG die Klage abgewiesen, wogegen Revision[5] beim BFH eingelegt wurde.

---

1 EuGH, a. a. O., Rs. Marks & Spencer.
2 EuGH, a. a. O., Rs. Marks & Spencer.
3 EuGH, a. a. O., Rs. Marks & Spencer.
4 FG Rheinland-Pfalz v. 17. 3. 2010 - 1 K 2406/07, DStRE 2010, 802 = NWB AAAAD-44257.
5 Revision beim BFH - Az.: I R 34/10; die Revision wurde mittlerweile zurückgenommen.

Im Fall des FG Rheinland-Pfalz ist das vom Niedersächsischen FG aufgestellte Kriterium der Eigenkapitalzufuhr von Beginn an erfüllt. Für die Frage der zeitnahen Kapitalzufuhr und der Frage nach der tatsächlich wirtschaftlichen Belastung der Muttergesellschaft kann es m. E. bei dem Sachverhalt, der dem FG Rheinland-Pfalz unterlag, keinen Unterschied machen, ob durch bereits versteuertes Kapital die Anlauftätigkeit der Tochtergesellschaft vorfinanziert wird oder bei niedriger Stammeinlage zur Deckung laufender Verluste Kapital nachgeschossen wird. Zudem bestand mangels einer Möglichkeit der Begründung einer steuerlichen Organschaft gerade die Notwendigkeit der Einzahlung eines hohen Eigenkapitals weit über der nach dänischem Gesellschaftsrecht geforderten Mindeststammeinlage zur Deckung der Anfangsverluste. Der Abzug der als endgültig festgestellten „laufenden" Verluste einer Tochterkapitalgesellschaft wird auch nicht sinngemäß durch die Regelung des § 8b Abs. 3 Satz 3 KStG ausgeschlossen. Die Regelung des § 8b Abs. 3 Satz 3 KStG verbietet lediglich Teilwertabschreibungen auf Kapitalbeteiligungen für steuerliche Zwecke, jedoch nicht die Berücksichtigung des laufenden Verlustes einer Organgesellschaft. Zwar sind Teilwertabschreibungen auf die Beteiligung des Organträgers an der Organgesellschaft gem. § 8b Abs. 3 Satz 3 KStG grundsätzlich nicht anzuerkennen.[1]

356

Die Berücksichtigung eines laufenden Verlustes aus der Beteiligung an einer Organgesellschaft wird durch die Regelung des § 8b Abs. 3 Satz 3 KStG jedoch nicht ausgeschlossen. Denn das Einkommen der Organgesellschaft ist nach der Grundkonzeption der steuerlichen Organschaft getrennt vom Einkommen des Organträgers zu ermitteln und danach auszugleichen.[2] Somit ist der laufende Verlust der Organgesellschaft, im vorliegenden Fall der A, getrennt von den innerhalb der Bilanz des Organträgers vorzunehmenden Teilwertabschreibungen zu berücksichtigen. Auch die deutsche Rechtsprechung geht von dieser Konzeption aus. Sie hält Teilwertabschreibungen auf eine Organgesellschaft im Falle laufender Verluste für unzulässig, weil diese bei der Organgesellschaft nicht zu einer Substanzminderung geführt haben. Diese Rechtsprechung impliziert damit aber gleichzeitig, dass laufende Verluste der Organgesellschaft abziehbar bleiben. Denn die Verluste führen gerade dann nicht zu einer Substanzminderung, wenn sie tatsächlich von dem Organträger übernommen werden.[3]

357

Für die Abziehbarkeit der im Ausland erlittenen Verluste bei den Klägerinnen sprechen hinsichtlich dieses Punktes weitere europarechtliche Gesichtspunkte. Nach der Rechtsprechung des EuGH sind Verluste einer Muttergesellschaft aus Beteiligungsabschreibungen an einer ausländischen Tochtergesellschaft gegenüber Verlusten der Tochtergesellschaft getrennt zu behandeln.[4] Denn auch inländische Muttergesellschaften mit einer inländischen Tochtergesellschaft können die bei der Tochtergesellschaft entstandenen Verluste abziehen, selbst wenn sie Teilwertabschreibungen auf die Beteiligung vornehmen.[5] Zudem entspricht die Berücksichtigung der finalen Verluste der Tochtergesellschaft als ultima ratio dem Ziel einer leistungsfähigkeitskonformen Besteuerung der Muttergesellschaft, wenn die Verluste bei der Tochtergesellschaft, wie im vorliegenden Fall bei der A, tatsächlich entstanden sind.[6] Denn die Tätig-

358

---

1 Vgl. *Blümich* Blümich KStG § 8b Rz. 133a; vgl. a. *Dötsch/Jost/Pung/Witt*, Die Körperschaftsteuer, 67. Erg.-Lfg. 2009, § 8b Rz. 100, 112 ff.
2 *Blümich* Blümich KStG § 14 Rz. 210; *E&Y* § 14 Rz. 801.
3 Vgl. BFH, Urteil v. 12. 10. 1972 - IV R 37/68, BStBl 1973 II 76; FG Nürnberg v. 5. 12. 2000 - I 45/99, EFG 2001, 1026; vgl. a. *Blümich* Blümich KStG § 14 Rz. 223; *Müller* in Mössner/Seeger/Oellerich, KStG, § 14 Rz. 687.
4 EuGH, Urteil v. 29. 3. 2007 - Rs. C-347/04, Rewe Zentralfinanz, BStBl 2007 II 492, Rz. 48.
5 EuGH, Urteil v. 29. 3. 2007 - Rs. C-347/04, Rewe Zentralfinanz, BStBl 2007 II 492, Rz. 49.
6 *Homburg*, IStR 2009, 350, 351.

keit der Tochtergesellschaft wurde durch bereits versteuertes Einkommen der Muttergesellschaft finanziert.

359 In beiden Verfahren hat die Finanzverwaltung in ihren Einlassungen angedeutet, dass die Gefahr eines steuerlichen Missbrauchs bestünde, wenn durch gezielte Maßnahmen einem Verlustimport mit Hilfe der gemeinschaftsrechtlichen Grundfreiheiten Tür und Tor geöffnet werden würde. Es sei an dieser Stelle noch einmal daran erinnert, dass es in den zugrunde liegenden Sachverhalten nicht um einen ungezügelten Verlustimport mittels steuerrechtlicher Gestaltung ging. Vielmehr geht es darum, in einem eng begrenzten Bereich gleichsam als ultima ratio nach den Grundsätzen des Urteils in der Rs. Marks & Spencer[1] in einem EU-Mitgliedstaat erlittene Verluste einmal zu berücksichtigen. Das rechtliche Begehr stellt sich somit als Ausnahme von dem Grundsatz dar, dass eine wirtschaftliche Tätigkeit in einem EU-Mitgliedstaat sowohl in Bezug auf Gewinne als auch in Bezug auf Verluste nur in den Anwendungsbereich des Steuerrechts dieses EU-Mitgliedstaats fällt. Durch den eng begrenzten Anwendungsbereich wird gewährleistet, dass mittels der EU-Grundfreiheiten die Verteilung der Besteuerungsrechte zwischen den Mitgliedstaaten nicht untergraben wird. Andererseits lässt sich in den EuGH-Urteilen auch der Grundsatz entnehmen, dass negative Besteuerungsgrundlagen einmal berücksichtigt werden müssen.

d) Vermeidung einer doppelten Verlustberücksichtigung, § 14 Abs. 1 Satz 1 Nr. 5 KStG

360 In der bisherigen Fassung des § 14 Abs. 1 Satz 1 Nr. 5 KStG wird die Berücksichtigung von negativem Einkommen des Organträgers insoweit ausgeschlossen, als dieses Einkommen in einem ausländischen Staat im Rahmen einer der deutschen Besteuerung des Organträgers entsprechenden Besteuerung bereits berücksichtigt wird. Unter diese Regelung können bisher doppelt ansässige Gesellschaften oder Organträger mit einfachem Inlandsbezug (Geschäftsleitung in Deutschland, Sitz im EU-/EWR-Ausland) fallen. Durch die Änderung in § 14 Abs. 1 Satz 1 Nr. 5 KStG sollen negative Einkünfte des Organträgers oder der Organgesellschaft bei der inländischen Besteuerung unberücksichtigt bleiben, soweit sie in einem ausländischen Staat im Rahmen der Besteuerung des Organträgers, der Organgesellschaft oder einer anderen Person berücksichtigt werden können. Dadurch soll verhindert werden, dass negative Einkünfte einer doppelt ansässigen Organgesellschaft im In- und Ausland berücksichtigt werden können.

361 Es stellt sich die Frage zur Vereinbarkeit des neuen § 14 Abs. 1 Satz 1 Nr. 5 KStG mit der Niederlassungsfreiheit in der Interpretation des Gerichtshofs der Europäischen Union in der Rs. C-18/11 Phillips Electronics. Die Sachverhaltskonstellation, die den grundsätzlichen Fall des § 15 Abs. 1 Satz. 1 Nr. 5 KStG widerspiegeln soll, ähnelt dem Sachverhalt der der Rs. C-273/83 Kommission gegen Frankreich Urteil vom 28.1.1986 und eben der Rs. Philips zugrunde lag. Soweit die Besteuerungsbefugnisse eines Mitgliedstaates gewahrt werden können, kann dieser Mitgliedstaat selbständig nicht die Verlustberücksichtigung bzw. einen Zinsabzug nach nationalem Recht aus dem Grund verweigern, dass die Gefahr besteht, dass dieselben Betriebsausgaben bzw. Verluste potenziell auch in einem anderen Mitgliedstaat abgezogen werden können. Dementsprechend ist europarechtlich den Regeln zur Eindämmung eines doppelten Betriebsausgabenabzugs bzw. eines Dual Consolidated Loss Relief ein Riegel vorgeschoben, wenn es sich nicht gezielt um einen Missbrauch der Grundfreiheiten handelt. Liegen nach nationalen Rechtsvorschriften die Voraussetzungen für einen steuerlichen Abzug von Betriebs-

---

[1] EuGH, a.a.O., Rs. Marks & Spencer.

ausgaben gleich welcher Art oder Verlusten vor und kann auch kein Missbrauch der Gestaltungsmöglichkeiten gesehen werden, kann sich ein Mitgliedstaat nicht zum Schutzpatron der Bemessungsgrundlage eines anderen Mitgliedstaates aufspielen. Dementsprechend ist zumindest zweifelhaft, ob § 14 Abs. 1 Satz 1 Nr. 5 KStG sowohl in seiner alten als auch in der ab VZ 2013 geltenden Fassung mit den in der Rs. C-18/11 aufgestellten Grundsätzen vereinbar ist.[1] Wieder einmal ist die Gefahr hoch, dass eine deutsche Norm am Unionsrecht scheitert.

e) Horizontale Organschaft? Das Urteil in den verbundenen Verfahren C-39/13, C-40/13 und C-41/13 (SCA Group Holding u. a.)

In seinem Urteil im Verfahren SCA Group Holding u. a. hatte der EuGH die Frage zu entscheiden, ob die Niederlande ihre Gruppenbesteuerung (fiscale eenheid) in Sachverhaltskonstellationen anwenden müssen, in denen sich in einer Beteiligungskette zwischen der niederländischen Muttergesellschaft und ihrer Enkel- bzw. Urenkelgesellschaft eine oder mehrere EU-ausländische (Zwischen-)Gesellschaften befinden (C-39/13 und C-41/13) bzw. in denen mehrere niederländische Tochtergesellschaften von einer EU-ausländischen Muttergesellschaft gehalten werden (C-40/13). Nach niederländischem Steuerrecht kann auf Antrag eine fiscale eenheid begründet werden, wenn die Muttergesellschaft mindestens 95 % an ihrer Tochtergesellschaft hält. Voraussetzung für die Einbeziehung einer ausländischen Gesellschaft ist es allerdings, dass diese in den Niederlanden zumindest eine Betriebsstätte unterhält. Die Bildung einer solchen Gruppe zwischen einer Enkel- und ihrer Großmuttergesellschaft bzw. zwischen Schwestergesellschaften ohne Einbeziehung der Muttergesellschaft ist nach den niederländischen Regelungen nicht möglich. Die Ergebniskonsolidierung erfolgt bei der jeweiligen Muttergesellschaft, welche dann alleinige Steuerschuldnerin der Gruppe ist.

In seinem Urteil hat der EuGH zunächst die beiden Verfahren C-39/13 und C-41/13 abgehandelt, in denen die Konsolidierung zwischen zwei niederländischen Gesellschaften, zwischen denen EU-ausländische Gesellschaften in der Beteiligungskette zwischengeschaltet waren, verfahrensgegenständlich waren. Obwohl bei einer rein niederländischen Beteiligungskette die Umgehung einer Gesellschaft nicht möglich gewesen wäre, streng genommen eine Ungleichbehandlung nicht vorlag, folgte der EuGH dem von Generalanwältin Kokott in ihren Schlussanträgen vorgebrachten Argument, dass es ausreiche, dass im vergleichbaren Inlandsfall durch die Einbeziehung der Zwischengesellschaft eine Konsolidierung zwischen Mutter- und Enkelgesellschaft möglich gewesen wäre, während dies im Sachverhalt der beiden Ausgangsverfahren von vornherein unmöglich war. Den gleichen argumentativen Ansatz wählte der EuGH in dem das Verfahren C-40/13 betreffenden Teil des Urteils. Obwohl eine steuerliche Einheit zwischen Schwestergesellschaften nach den niederländischen Regelungen nicht vorgesehen war, entschied der EuGH, dass eine Diskriminierung im Hinblick auf die Tochtergesellschaften einer EU-ausländischen Muttergesellschaft zu bejahen war, welche untereinander keine steuerliche Einheit bilden konnten. Auch die von der Bundesrepublik im Verfahren vorgebrachten Argumente, dass die niederländische Regelung eine Konsolidierung nur bei der Muttergesellschaft zulasse und diese Regelung auf dem Gedanken beruhe, dass die Muttergesellschaft die Tochtergesellschaft beherrsche, fanden vor dem EuGH kein Gehör. Die Niederlande sind demzufolge gehalten, die Tochtergesellschaften als steuerliche Gruppe zu behandeln.

---

1 *Linn/Müller*, Dual Consolidated Loss Rules nach der Philips Electronics-Entscheidung, IWB Sonderausgabe 2012, 18, 22 f.

Es ist zu fragen, ob das SCA Group Holding-Urteil Auswirkungen auf die deutsche Rechtslage haben kann, wenn eine (EU-)ausländische Muttergesellschaft mehrere inländische Tochtergesellschaften zu 100 % direkt, d. h. nicht über eine deutsche Betriebsstätte, hält. Auch in einem solchen Fall gilt, dass die Tochtergesellschaften jeweils die Möglichkeit haben, einen Ergebnisabführungsvertrag mit der ausländischen Muttergesellschaft abzuschließen. Auch das Erfordernis der finanziellen Eingliederung kann als erfüllt angesehen werden, so dass eine dem Fall SCA Group Holding vergleichbare Situation eintritt. Die Begründung der Organschaft scheitert alleine am fehlenden Inlandsbezug der Muttergesellschaft, auf deren Ebene nach § 14 KStG die Konsolidierung der Einkommen der Tochtergesellschaften stattfindet. Da im vergleichbaren (Inlands-)Fall einer ansässigen Muttergesellschaft eine Organschaft unzweifelhaft hätte begründet werden können, dürften die Grundsätze des EuGH-Urteils SCA Group Holding dem Grunde nach auf den Fall übertragbar sein.

363   In der Praxis sollte in Fällen, in denen der Abschluss von Gewinnabführungsverträgen zwischen inländischen Tochtergesellschaften und ihrer gemeinsamen ausländischen Muttergesellschaft geplant ist, um eine Verrechnung der Einkommen der Tochtergesellschaften zu erreichen, die steuerliche Behandlung der Gewinnabführung im Staat der Muttergesellschaft geprüft werden. Denn die Qualifikation einer Ergebnisabführung durch einen Staat, welcher das Rechtsinstitut des Ergebnisabführungsvertrags nicht kennt, kann unterschiedlich ausfallen. So ist denkbar, dass die Vermögensmehrung bei der Muttergesellschaft als (ggf. verdeckte) Gewinnausschüttung oder auch als Unternehmensgewinn angesehen wird. Werden die Gewinnabführungen darüber hinaus auch abkommensrechtlich als Unternehmensgewinne (Art. 7 OECD-MA) oder sonstige Einkünfte (Art. 21 OECD-MA) qualifiziert, kann, mangels einer deutschen Betriebsstätte, eine Doppelbesteuerung drohen.

364-370   *(Einstweilen frei)*

3.   § 2a EStG

371   § 2a EStG schränkt die Berücksichtigung ausländischer Verluste ein, seien es, um die Wichtigsten zu nennen, Verluste aus einer ausländischen Betriebsstätte (mit Ausnahme der vorübergehenden Rückausnahme durch § 2a Abs. 3 EStG aus aktiven Betriebsstätten), aus Vermietung und Verpachtung oder aus Teilwertabschreibungen. Demgegenüber ist festzuhalten, dass bei einer bestehenden Betriebsstätte im Inland die Verluste im Rahmen der einheitlichen Bemessungsgrundlage berücksichtigt werden. Anders verhält es sich seit VZ 1999 bei ausländischen Verlusten. Durch die Abschaffung des § 2a Abs. 3 EStG a. F. werden ausländische Verluste im Zusammenwirken mit einem DBA, welches die Freistellungsmethode für ausländische Betriebsstätteneinkünfte vorsieht, nicht mehr berücksichtigt. Liegt kein DBA vor, so sind nach dem Welteinkommensprinzip die Verluste integraler Bestandteil des deutschen Unternehmens und werden unter den Einschränkungen des § 2a Abs. 1 bzw. mit § 2a Abs. 2 EStG berücksichtigt. Es kann folglich eine Ungleichbehandlung von Verlusten dahin gehend konstatiert werden, dass nur inländische Verluste sowie Verluste aus Staaten, mit denen kein DBA abgeschlossen ist, im Rahmen der inländischen Bemessungsgrundlage berücksichtigt werden. Es stellt sich die Frage, ob die Nichtberücksichtigung der ausländischen Verluste im Rahmen der inländischen Bemessungsgrundlage durch das DBA zwingend gefordert wird oder ein Verstoß gegen Gleichbehandlungsgrundsätze oder Beschränkungsverbote darstellt.

Soweit die Verluste im Ausland aber nicht mehr geltend gemacht werden können, bestehen keine Bedenken, die Grundsätze der Entscheidung des EuGH in der Rs. Marks & Spencer[1] auf die Betriebsstättenverluste zu übertragen. Dementsprechend ist der Staat des Stammhauses verpflichtet, diese Betriebsstättenverluste auf Ebene des Stammhauses zu verrechnen. Hinsichtlich laufender Betriebsstättenverluste gilt dies nicht ohne weiteres. In der Rs. Marks & Spencer[2] entschied der EuGH vor dem Hintergrund des britischen group relief, dass die Beschränkung auf solche Verluste, die im Betriebsstättenstaat nicht mehr geltend gemacht werden können, unter den drei kumulativ vorliegenden Voraussetzungen gerechtfertigt ist: Die Gefährdung der Wahrung der Aufteilung der Besteuerungsbefugnis zwischen den Mitgliedstaaten, die Gefahr der doppelten Verlustberücksichtigung und die Gefahr der Steuerflucht. Hier liegen die Voraussetzungen für eine beschränkende Regelung aber nicht vor: Der Gefahr der doppelten Verlustberücksichtigung könnte wie in § 2a Abs. 3 EStG a. F. und in zahlreichen anderen Mitgliedstaaten mit einer Nachbesteuerungsregelung als milderes Mittel und i. V. m. der Amtshilferichtlinie bzw. den DBA-rechtlichen Auskunftsregelungen als ebenso geeignetes Mittel begegnet werden, und die Betriebsstättenverluste werden von der Betriebsstätte nur auf das Stammhaus und nicht – wie vom EuGH in Marks & Spencer[3] ausgeführt – „in Richtung der Gesellschaften geleitet, die in den Mitgliedstaaten ansässig sind, in denen die höchsten Steuersätze gelten und folglich der steuerliche Wert am höchsten ist"– mithin besteht also keine Gefahr des „loss trafficking". Auch handelt es sich bei Betriebsstättenverlusten um Verluste desselben Steuerpflichtigen und nicht – wie im Fall von Verlusten einer Tochtergesellschaft – um Verluste eines anderen Steuerpflichtigen. Somit ist auch bei Anwendung der Freistellungsmethode die absolute Versagung des Verlustabzugs gegenüber einer (temporären) Gewährung des Verlustabzugs unverhältnismäßig und stellt insofern einen Verstoß gegen die Niederlassungsfreiheit dar.

372

In der Rs. Lidl Belgium[4] vom 15. 5. 2008 befasste sich der EuGH mit der Möglichkeit, Verluste ausländischer Betriebsstätten im Sitzstaat der Muttergesellschaft geltend zu machen. Er kam zu dem Ergebnis, dass die Versagung des Verlustabzugs bei der inländischen Muttergesellschaft zwar grundsätzlich einen Verstoß gegen die Niederlassungsfreiheit darstellt, dieser jedoch immer dann gerechtfertigt ist, wenn eine Besteuerung nach einem DBA im Quellenstaat erfolgt und die Verluste dort zukünftig genutzt werden können. Auf diese Weise sollen die willkürliche Verlagerung der Besteuerungszuständigkeit sowie die doppelte Verlustnutzung unterbunden werden können.

373

Der BFH nahm das ausgesetzte Verfahren wieder auf und urteilte, dass die Verluste einer ausländischen Betriebsstätte im Inland nicht abzugsfähig seien, wenn nach einem DBA die Einkünfte im Inland steuerfrei gestellt sind.[5] Ein phasenweiser Verlustabzug komme aber dann in Frage, wenn der Steuerpflichtige nachweist, dass die Verluste im Betriebsstättenstaat unter keinen Umständen verwertbar sind. Auf dieses BFH-Urteil reagierte die Finanzverwaltung umgehend mit einem Nichtanwendungserlass.[6] Die ausnahmsweise Gewährung des Verlustabzugs sei auf den Einzelfall beschränkt.

374

---

1 EuGH, a. a. O., Rs. Marks & Spencer.
2 EuGH, a. a. O., Rs. Marks & Spencer.
3 EuGH, Urteil v. 13. 12. 2005 - Rs. C-446/03, Marks & Spencer, NWB ZAAAB-79456.
4 EuGH, Urteil v. 15. 5. 2008 - Rs. C-414/06, Lidl Belgium, NWB JAAAC-80208.
5 BFH, Urteil v. 28. 6. 2006 - I R 8/04, BStBl 2006 II 861.
6 BMF, Schreiben v. 13. 7. 2009, BStBl 2009 I 771.

EU-steuerpolitischer Hintergrund 375–377

375 Im Einklang mit der Rechtsprechung des EuGH und BFH in der Rechtsache Lidl Belgium[1] hat das FG Hamburg in seinem Urteil vom 18.11.2009[2] entschieden, dass definitive Verluste ausländischer Betriebsstätten körperschaftsteuerlich abzugsfähig sind. Ein Abzug im Rahmen der Gewerbesteuer wurde jedoch aufgrund des Inlandscharakters dieser verneint.[3] Im Sachverhalt konnten die Verluste einer endgültig aufgegebenen ausländischen Betriebsstätte dort weder vor- noch rückgetragen werden oder von Dritten im Ausland genutzt werden, so dass sie dort faktisch „final" geworden sind. Gegen dieses Urteil[4] wurde durch die Finanzverwaltung Revision beim BFH eingelegt.

376 Strittig ist in der Rechtsprechung jedoch, wann im Ausland definitiv gewordene Verluste zu berücksichtigen sind. Während das FG Hamburg einen rückwirkenden phasengleichen Verlustabzug im Entstehungsjahr vorsieht, hat sich das FG Düsseldorf in seinem Urteil vom 8.9.2009[5] für eine Berücksichtigung der Verluste im Finalitätsjahr ausgesprochen. Der BFH setzte sich in zwei am 9.6.2010 veröffentlichten Urteilen mit der entscheidenden Frage auseinander, wann solche Betriebsstättenverluste final werden. Keine finalen Betriebsstättenverluste liegen nach Auffassung des BFH vor, wenn der Betriebsstättenstaat nur einen zeitlich begrenzten Vortrag von Verlusten zulässt.[6] Finale Betriebsstättenverluste seien allerdings – entgegen der Auffassung der Finanzverwaltung – gegeben, wenn Betriebsstättenverluste aus tatsächlichen Gründen im Betriebsstättenstaat nicht mehr berücksichtigt werden können. Als Beispiele führt der BFH die Umwandlung der Auslandsbetriebsstätte in eine Kapitalgesellschaft, die entgeltliche oder unentgeltliche Übertragung einer Auslandsbetriebsstätte oder deren endgültige Aufgabe an. Liegen danach finale Betriebsstättenverluste vor, seien diese nicht im Veranlagungszeitraum des Entstehens der Verluste, sondern in dem Veranlagungszeitraum abzugsfähig, in dem sie final geworden sind.

377 Bundestag und Bundesrat reagierten auf die EuGH-Rechtsprechung mit der Verabschiedung des neuen § 2a EStG im Rahmen des JStG 2009. Demnach soll das Abzugsverbot innerhalb der EU/des EWR dann nicht mehr gelten, wenn das DBA die Anrechnungsmethode vorsieht. Dann können ausländische Verluste mit inländischen Einkünften verrechnet werden. Sieht das DBA die Freistellungsmethode vor, so ist das Abzugsverbot weiterhin zulässig, wenn es aus der Aufteilung der Besteuerungsrechte zwischen der Bundesrepublik Deutschland und den Mitgliedstaaten folgt. Jedoch auch nach der Entscheidung Lidl Belgium[7] ist die Abzugsfähigkeit von ausländischen Verlusten alles andere als geklärt. Insbesondere ließ der EuGH offen, ob ein Abzugsverbot auch dann gerechtfertigt ist, wenn die Verluste definitiv werden. So kennen einige Mitgliedstaaten die Möglichkeit des Verlustrücktrags, nicht aber die des Verlustvortrags. Oder der Verlustrücktrag ist an bestimmte Fristen gebunden. In derartigen Fällen drohen Verluste ausländischer Betriebstätten immer noch definitiv zu werden. Gleiches gilt für die Verluste von Betriebsstätten, wenn deren Tätigkeit eingestellt wird. Ob Verluste der Betriebsstätte danach durch eine eventuelle Wiederaufnahme der Tätigkeit nochmals aufleben oder endgültig werden, richtet sich allein nach dem Recht des Quellenstaates. In Deutschland gehen die Finanzämter beispielsweise von einem Wiederaufleben aus, während die Verluste in anderen

---

1 EuGH, a.a.O., Rs. Lidl Belgium.
2 FG Hamburg v. 18.11.2009 - 6 K 147/08, NWB KAAAD-33284.
3 Kritisch hierzu *Braunagel*, IStR 2010, 313.
4 BFH, Urteil v. 9.6.2010 - I R 107/09, BFH/NV 2010, 1744 = NWB EAAAD-48038.
5 FG Düsseldorf, Urteil v. 8.9.2009 - 6 K 308/04 K, NWB GAAAD-36891.
6 BFH, Urteil v. 9.6.2010 - I R 100/09, BStBl 2010 II 1065.
7 EuGH, a.a.O., Rs. Lidl Belgium.

Mitgliedstaaten unterzugehen drohen. Die Nachweispflicht, ob die Bedingungen hierfür erfüllt sind, obliegt alleine dem Stammhaus. Die Höhe der Verluste ist ausschließlich nach deutschen steuerlichen Gewinnermittlungsvorschriften zu bestimmen.

Die Voraussetzung des Vorliegens endgültiger Verluste für die Möglichkeit der Verrechnung mit Gewinnen des Stammhauses birgt in der Folge jedoch auch die Gefahr, dass einzelne Mitgliedstaaten ihre Verlustvor- und -rücktragsmöglichkeiten reduzieren, damit endgültige Verluste möglichst schnell entstehen und eine Verrechnung mit Gewinnen der Betriebsstätte unwahrscheinlich wird und damit schneller zu Lasten anderer Mitgliedstaaten verrechnet werden können. Aus dem nachfolgenden EuGH-Urteil vom 23. 10. 2008 in der Rs. Krankenheim Ruhesitz am Wannsee[1] schlussfolgerten denn auch Teile in der Literatur, dass zeitliche Begrenzungen in der Verlustnutzung nicht zu Lasten des Staates des Stammhauses gelten.[2] Somit kann derzeit nur anhand der Rechtsprechung des EuGH mit Sicherheit festgestellt werden, dass endgültige Verluste nur in dem Fall der Liquidation bzw. der Aufgabe der Betriebsstätte vorliegen.

Grundsätzlich kann bei einer Betriebsstätte nicht von einer Liquidation gesprochen werden, da sie keine eigene Rechtspersönlichkeit besitzt, sondern mit dem Stammhaus eine Einheit bildet, so dass die Betriebsstätte nicht getrennt vom Stammhaus betrachtet werden kann. Es kann jedoch die Tätigkeit der Betriebsstätte aus betriebswirtschaftlichen Gründen eingestellt werden. In diesem Fall kann angenommen werden, dass die vorhandenen Verluste damit endgültig nicht mehr genutzt werden können. Es ist jedoch denkbar, dass die Betriebsstätte zu einem späteren Zeitpunkt ihre Tätigkeit in derselben oder einer neuen Betriebsstätte im gleichen Mitgliedstaat wieder aufnimmt. Dann könnten die Verluste erneut genutzt werden und wären demnach nicht endgültig. Allerdings ist auch hier das Recht des Quellenstaates alleiniger Maßstab. Während z. B. nach Meinung einiger deutscher Finanzämter das „Wiederaufleben" der Verlustverwertbarkeit bei Eröffnung einer späteren Betriebsstätte desselben Stammhauses gegeben ist, gehen z. B. in Griechenland mit Einstellung der Betriebsstätte die durch sie generierten Verluste endgültig unter.

Das Einstellen der Tätigkeit aus wirtschaftlichen Gründen muss klar abgegrenzt werden von missbräuchlichen Gestaltungen, die lediglich dazu dienen, den bei der Betriebsstätte vorhandenen Verlust beim Stammhaus zum Abzug zu bringen. Bei einer Liquidation einer Betriebsstätte müsste ein Nachweis dafür, dass für das Einstellen der Tätigkeit wirtschaftliche Gründe vorlagen und eine Wiederaufnahme der Tätigkeit in gleicher Form nicht geplant ist, genügen, damit die Verluste als endgültig anerkannt werden. Bei einem Verkauf der Betriebsstätte an Dritte oder ihrer Umwandlung können die bei der Betriebsstätte vorhandenen Verluste ebenfalls endgültig nicht mehr genutzt werden. In vielen Mitgliedstaaten verfallen die Verluste der Betriebstätte nicht, wenn ihre Tätigkeit eingestellt wird und später in demselben Mitgliedstaat eine neue Betriebstätte gegründet wird. Auch besteht das Risiko, dass die stillen Reserven der Betriebsstätte bei Einstellen der Tätigkeit besteuert werden. Insoweit läge aber auch eine Verlustnutzungsmöglichkeit i. S. d. EuGH-Rechtsprechung vor.

---

1 EuGH, Urteil v. 23. 10. 2008 - Rs. C-157/07, Krankenheim Ruhesitz am Wannsee, NWB VAAAC-95193.
2 Vgl. *Lamprecht*, IStR 2008, 766–769.

EU-steuerpolitischer Hintergrund 381–383

381 Die Frage, inwieweit Verluste von ausländischen Tochterunternehmen bei der inländischen Muttergesellschaft zu berücksichtigen sind wurde durch die Rs. Stahlwerk Ergste Westig[1] (SEW) auf Drittstaaten ausgeweitet.

Die in Deutschland ansässige Stahlwerk Ergste Westig GmbH war mittelbar zu 100 % an zwei Personengesellschaften in den USA beteiligt, deren Verluste dort unterzugehen drohten. Die Ausgangssituation war somit ähnlich der in der Rs. Marks & Spencer.[2] Da jedoch eine Schutzwirkung der Niederlassungsfreiheit im Verhältnis zu Drittstaaten ausscheidet, konnte hierbei lediglich die auch in Bezug auf Drittstaaten geltende Kapitalverkehrsfreiheit einer etwaigen Diskriminierung entgegenstehen.

382 Ob eine Anerkennung von Verlusten ausländischer Unternehmen nach den Grundsätzen der Entscheidung in der Rs. Marks & Spencer[3] auch in Bezug auf Drittstaaten zu gewähren sei, wurde durch den Beschluss des EuGH vom 6. 11. 2007[4] jedoch nicht geklärt. Vielmehr verwies der EuGH darauf, dass in der vorliegenden Rechtssache weder der Schutzbereich der Niederlassungsfreiheit, noch der Schutzbereich der Kapitalverkehrsfreiheit eröffnet sei, da die Niederlassungsfreiheit nicht auf Drittstaatensachverhalte Anwendung findet, jedoch bei einer Beherrschung der Tochtergesellschaft durch die Muttergesellschaft vorrangig vor der Kapitalverkehrsfreiheit anzuwenden sei und diese verdränge. Somit findet die Niederlassungsfreiheit durch den Bezug zu Drittstaaten in vorliegender Rechtssache keine Anwendung, verdränge aber aufgrund der mittelbaren 100 % Beteiligung an den amerikanischen Gesellschaften die Kapitalverkehrsfreiheit, die somit nicht weiter zu prüfen sei.

Durch diesen Beschluss bekräftigte der EuGH zwar die Auffassung der vorrangigen Anwendbarkeit der Niederlassungsfreiheit vor der Kapitalverkehrsfreiheit, gab aber der Diskussion um die Reichweite hinsichtlich grenzüberschreitender Verlustverrechnungsmöglichkeiten keine neuen Impulse.

383 Weitere Ansichten zur Berücksichtigung ausländischer Betriebsstättenverluste sind der Rechtssache Deutsche Shell[5] und der Rechtssache Krankenheim Ruhesitz Am Wannsee-Seniorenheimstatt[6] zu entnehmen. In dem Urteil vom 28. 2. 2008 zur Rechtssache Deutsche Shell[7] stellte der EuGH klar, dass es gegen die Niederlassungsfreiheit verstößt, wenn der Abzug von Währungsverlusten aus der Rückführung von Dotationskapital aus einer ausländischen Betriebsstätte ausgeschlossen ist, oder auf den Umfang begrenzt ist, in dem die ausländische Betriebsstätte steuerpflichtige Gewinne erzielt hat. Denn ein Währungsverlust sei nicht Teil des Betriebsstättengewinnes und damit auch nicht von der Freistellung der Betriebsstättengewinne im Staat des Stammhauses durch ein Doppelbesteuerungsabkommen betroffen, da er naturgemäß nicht bei der Betriebsstätte entstehen kann, da diese gerade in der Fremdwährung ihre Gewinne ermittelt. Auch greife das Argument nicht, die Nichtberücksichtigung sei aus Gründen der Kohärenz geboten, da dieser kein direkter Steuervorteil weder im Betriebsstättenstaat noch im Ansässigkeitsstaat des Stammhauses gegenüber stehe. Fraglich dagegen bleibt, in-

---

1 EuGH, Urteil v. 6. 11. 2007 - Rs. C-415/06, Ergste Westig, NWB JAAAC-81138; Vorlage des BFH, Urteil v. 22. 8. 2006 - I R 116/04.
2 EuGH, a. a. O., Rs. Marks & Spencer.
3 EuGH, a. a. O., Rs. Marks & Spencer.
4 EuGH, Urteil v. 6. 11. 2007 - Rs. C-415/06, Ergste Westig GmbH, NWB JAAAC-81138.
5 EuGH, Urteil v. 28. 2. 2008 - Rs. C-293/06, Deutsche Shell, NWB YAAAC-73328.
6 EuGH, a. a. O., Rs. Krankenheim Ruhesitz Am Wannsee.
7 EuGH, a. a. O., Rs. Deutsche Shell.

wieweit und zu welchem Zeitpunkt Währungsverluste bei einer Teil-Kapitalrückführung zu berücksichtigen sind.

Rs. K, EuGH, 7.11.2013 – C-322/11

Der Hintergrund der Streitfrage in der Rs. K war, dass eine finnische Regelung die steuerliche Berücksichtigung von Verlusten aus der Veräußerung einer in einem anderen Mitgliedstaat belegenen Immobilie geltend machen wollte. Die unterschiedliche Behandlung von Verlusten aus der Veräußerung einer Immobilie, je nachdem, ob diese in Finnland oder einem anderen Mitgliedsstaat belegen ist, bedeute eine Schlechterstellung der Investition in einem anderen Mitgliedstaat und stelle daher eine Beschränkung der Kapitalverkehrsfreiheit nach Art. 63 AEUV dar. Nach dem DBA zwischen Finnland und Frankreich war das Besteuerungsrecht dem Belegenheitsstaat zugewiesen, wo hingegen die Verluste nicht geltend gemacht werden konnten. Der EuGH stellte klar, die Verpflichtung des Wohnsitzstaates zum Verlustabzug sei unvereinbar mit dem Grundsatz der Verhältnismäßigkeit, da dieser sonst die Nachteile des Steuerverzichts des Belegenheitsstaates tragen müsste. Der Wohnsitzstaat muss nicht ein nachteiliges Steuersystem eines anderen Mitgliedstaates ausgleichen. Der EuGH hält die Einschränkung der Kapitalverkehrsfreiheit aufgrund der ausgewogenen Aufteilung der Besteuerungsbefugnisse zwischen den Mitgliedstaaten und der Kohärenz des Steuersystems für gerechtfertigt. Die Kapitalverkehrsfreiheit fordert nicht, dass Mitgliedstaaten ihre Steuervorschriften untereinander abstimmen. Im Einklang mit der Rs. Wannsee muss ein Mitgliedstaat somit nicht die nachteiligen Folgen rechtlicher Verlustnutzungsbeschränkungen des für die Besteuerung der Verlustquelle zuständigen Mitgliedstaates tragen. Damit wird auch die Rechtsprechung des BFH bestätigt, nach der bloße rechtliche Beschränkungen der Verlustnutzung im Tätigkeitsstaat nicht ausreichen, um eine Finalität der betreffenden Verluste anzunehmen.[1] In der Praxis müssen sich betroffene Steuerpflichtige jedoch darauf einstellen, dass finale Verluste von der Finanzverwaltung nicht anerkannt werden.

Die BFH-Entscheidung I R 48/11 vom 5.2.2014

Dies könnte sich allerdings mit dem jüngsten BFH-Urteil vom 5.2.2014 ändern. Im Hinblick auf das DBA Belgien hat der BFH entschieden, dass bei ausländischen Betriebsstättenverlusten nur solche „finalen" Verluste zum Abzug berücksichtigt werden können, wenn diese im Quellenstaat nicht mehr verwertbar sind. Der BFH definiert finale Verluste als solche, die aus tatsächlichen Gründen nicht mehr berücksichtigt werden können oder ihr Abzug in jenem Staat zwar theoretisch noch möglich, aus tatsächlichen Gründen aber so gut wie ausgeschlossen ist und ein wider Erwarten dennoch erfolgter späterer Abzug im Inland verfahrensrechtlich noch rückwirkend nachvollzogen werden könnte.

Nach dem deutsch belgischen DBA werden die Einkünfte aus der Betriebsstätte und auch die Gewinne aus der Betriebsstättenveräußerung von der Steuer ausgenommen. Die Freistellung gilt nach dem Nettoprinzip auch für Betriebsstättenverluste. Ein die Bemessungsgrundlade mindernder Abzug trotz Freistellung sei nur im Fall finaler Verluste möglich, wenn die Verwertung im Betriebsstättenstaat definitiv nicht mehr zu erwarten ist. Diese Regelung ist in der Niederlassungsfreiheit nach Art. 43. i.V. m. Art. 48 AEUV verankert. Demnach hat der Ansässigkeitsstaat, in diesem Fall Deutschland, die „Ausfallbürgschaft" für die Abzugsfähigkeit der anderenfalls gänzlich unberücksichtigt bleibenden Verluste zu leisten. Den Nachweis über die Unverwertbarkeit hat der Steuerpflichtige zu führen. Die rechtlich bestehende abstrakte Mög-

---

[1] Vgl. insbesondere BFH, Urteil v. 9.6.2010 - I R 100/09, BStBl 2010 II 1065; siehe auch *Thömmes*, IWB 2013, 821, 824.

lichkeit einer künftigen Verlustnutzung genüge nicht, um die Finalität auszuschließen, wenn diese Möglichkeit nur auf dem Papier steht und keinen Bezug zu den tatsächlichen Gegebenheiten aufweist und aus tatsächlichen Gründen so gut wie ausgeschlossen ist.

Der EuGH hat seine Rechtsprechung zu finalen Verlusten in jüngerer Vergangenheit trotz offen vorgetragener Kritik von Generalanwälten in den Schlussanträgen in den Verfahren A Oy (zu eine grenzüberschreitenden upstream-merger), K (Verluste aus privaten Veräußerungsgeschäften) und zuletzt in einem Vertragsverletzungsverfahren gegen Großbritannien (zur Umsetzung des Marks & Spencer-Urteils des EuGH aus dem Jahre 2005)[1] aufrecht erhalten. Der Gerichtshof geht in seinen Urteilen vom 21. 2. 2013[2] und vom 3. 2. 2015[3] weiterhin davon aus, dass nicht mehr nutzbare Verluste grundsätzlich final und damit im Stammhausstaat bzw. im Staat der Muttergesellschaft zu berücksichtigen sind. Der BFH folgt dieser Rechtsprechung.[4]

Rechtsprechungsänderung des EuGH mit Urteil Timac Agro

386 In einem vom FG Köln[5] vorgelegten Verfahren zur grenzüberschreitenden Verlustberücksichtigung[6] hat der EuGH am 17.12.2015 sein Urteil erlassen und dabei eine Neupositionierung im Hinblick auf seine bisherige Rechtsprechung (u. a. Lidl Belgium) zur grenzüberschreitenden Verlustberücksichtigung im Anwendungsbereich der Freistellungsmethode vorgenommen.

Demnach scheint er an die Finalität höhere Voraussetzungen anknüpfen zu wollen. So weist der EuGH zum einen darauf hin, dass sich die Endgültigkeit eines Verlust nicht daraus ergeben könne, dass der Mitgliedstaat, in dem die jeweilige Betriebsstätte belegen ist, jede Möglichkeit des Verlustvortrags ausschließe. Zum anderen könne ein endgültiger Verlust nur dann festgestellt werden, wenn die betroffene Betriebsstätte des Mitgliedstaats, in dem sie belegen ist, keine Einnahmen mehr erziele. Denn soweit weiterhin Einnahmen, mögen sie auch noch so gering sein, erzielt werden, bestehe grundsätzlich die Möglichkeit, die Verluste mit künftigen Gewinnen zu verrechnen.[7]

Im Rahmen der Prüfung, ob ein Verstoß gegen die Niederlassungsfreiheit vorliegt, weicht der EuGH von seiner bisherigen Rechtsprechung (Marks & Spencer, Lidl Belgium) ab. Zwar wird nach Auffassung des EuGH durch die Versagung des Steuervorteils, der bei einer Berücksichtigung der Verluste der ausländischen Betriebsstätte bei der inländischen Muttergesellschaft entsteht, die Niederlassungsfreiheit beschränkt.[8] Jedoch sieht der EuGH abweichend zu seiner bisherigen Rechtsprechung die Beschränkung gerechtfertigt, da die Freistellung der Betriebsstätteneinkünfte dazu führt, dass die Situation des Stammhauses mit seiner ausländischen Be-

---

1 Schlussanträge der GA'in Kokott v. 19. 7. 2012 - Rs. C-123/11, (A Oy), IStR 2012, 618, m. Anm. *Schnitger/Mitschke*; *Müller*, ISR 2012, 25); Schlussanträge des GA Mengozzi v. 21. 3. 2013 - Rs. C-322/11 (K), IStR 2013, 312, m. Anm. *Mitschke*; *Müller*, ISR 2013, 193; Schlussanträge der GA'in Kokott v. 23. 10. 2014 - Rs. C-172/13, Kommission ./. Vereinigtes Königreich; IStR 2014, 855, m. Anm. *Benecke/Staats*; *Müller*, ISR 2014, 415.
2 Rs. C-123/11, A Oy, [NWB KAAAE-31045], IStR 2013, 239, m. Anm. *Ditz/Quilitzsch*; *Müller*, ISR 2013, 103.
3 Rs. C-172/13, Kommission ./. Vereinigtes Königreich, [NWB KAAAE-87445], IStR 2015, 137, m. Anm. *Benecke/Staats*; *Müller*, ISR 2015, 139; *Linn/Oumar*, IWB 2015, 259.
4 Vgl. BFH, Urteil v. 5. 2. 2014 - I R 48/11, IStR 2014, 377, m. Anm. *Mitschke* = NWB OAAAE-62159; *Müller*, ISR 2014, 204.
5 Vorlagebeschluss v. 19.2.2014 - 13 K 3906/09, NWB DAAAE-72746.
6 EuGH, Urteil v. 17.12.2015 - C-388/14, Timac Agro Deutschland GmbH, BStBl 2016 II S. 362.
7 Vgl. EuGH, Urteil v. 17.12.2015 - C-388/14, BStBl 2016 II S. 362, Rz. 54, 55.
8 Vgl. EuGH, Urteil v. 17.12.2015 - C-388/14, BStBl 2016 II S. 362, Rz. 62.

triebsstätte nicht mehr mit der eines Unternehmens mit einer inländischen Betriebsstätte objektiv vergleichbar ist.[1]

Daher verneinte der EuGH einen Verstoß gegen die Niederlassungsfreiheit (Art. 49 AEUV). Aufgrund der fehlenden Vergleichbarkeit war auch eine Prüfung der Finalität der Verluste, wie sie noch im Urteil Lidl Belgium vorgenommen wurde, obsolet.

Folgeentscheidung des BFH (Anschluss an das EuGH-Urteil Timac Agro)

Der BFH wendet mit Urteil vom 22.2.2017[2] das EuGH-Urteil in der Rs. Timac Agro Deutschland an und verwehrte bei einer Übertragung eines Mitunternehmeranteils den Betriebsausgabenabzug auch als sog. finalen ausländischen Betriebsstättenverlust. An seiner bisherigen eigenen Rechtsprechung, wonach sog. finale Verluste von Freistellungsbetriebsstätten aufgrund der Niederlassungsfreiheit als Betriebsausgaben steuerlich geltend gemacht werden können, hält der BFH nicht mehr fest. Die Vorinstanz (FG Nürnberg)[3] hatte noch unter Berufung auf die Rechtsprechung des EuGH und des BFH einen Abzug der Verluste zugelassen.

Eine erneute Vorlage an den EuGH wegen Zweifeln an der Begründung des EuGH-Urteils lehnt der BFH ausdrücklich ab. Allerdings führt der BFH aus, dass noch einige Fragen offen bleiben. So sieht der BFH u. a. Ungewissheit bei der Reichweite des EuGH-Urteils auf andere Konstellationen oder den Vorwurf, dass auf der Grundlage der Entscheidung die harmonisierende Bedeutung der Grundfreiheiten im Rahmen der Freistellungsmethode entwertet werde. Dies reicht jedoch im vorliegenden Fall nicht für eine erneute Vorlage an den EuGH aus, da die Rechtsfrage des konkreten Falles geklärt ist und kein Raum für vernünftige Zweifel hinsichtlich der richtigen Auslegung der fraglichen Rechtsnorm mehr besteht.[4]

Erneute Kehrtwende des EuGH mit dem Urteil Bevola/Trock[5]

In seinem Urteil in der Rechtssache Bevola/Trock hat der EuGH die Berücksichtigung finaler Verluste einer EU-Betriebsstätte wieder für unionsrechtlich geboten erklärt und hält damit die Marks & Spencer Ausnahme (teilweise) aufrecht. Damit rückt der EuGH vom Urteil Timac Agro aus dem Jahre 2015 ab, welches ganz überwiegend als Abkehr von der Pflicht zur Berücksichtigung finaler Verluste verstanden wurde.

Im Streitfall hat eine Konzernholding in Dänemark. eine Betriebsstätte in Finnland. Diese erwirtschaftete Verluste und stellte im Jahr 2009 ihre Geschäftätigkeiten ein. Die dänische Gesellschaft beantragte den Abzug der Verluste von der Bemessungsgrundlage der dänischen Körperschaftsteuer. Das dänische Körperschaftsteuergesetz bietet zwar die Möglichkeit, dass im Rahmen einer sog. „internationalen gemeinsamen Besteuerung" im Ausland belegende Betriebsstätten einbezogen werden. Diese fakultative Option bezieht jedoch sämtliche Betriebsstätten mit ein und bindet über 10 Jahre.

In seiner am 12.6.2018 veröffentlichten Entscheidung in der Rechtssache Bevola/Trock,[6] einem dänischen Vorlageverfahren zur Berücksichtigung finaler Betriebsstättenverluste, hat der Große Senat des EuGH mit 13 Richtern entschieden, dass Mitgliedstaaten weiterhin verpflichtet

---

1 Vgl. EuGH, Urteil v. 17.12.2015 - C-388/14, BStBl 2016 II S. 362, Rz. 65.
2 I R 2/15, BStBl 2017 II S. 709.
3 Urteil v. 27.11.2014 - 6 K 866/12, NWB QAAAE-83866.
4 Vgl. BFH, Urteil v. 22.2.2017 - I R 2/15, BStBl 2017 II S. 709, Rz. 41.
5 EuGH, Urteil v. 12.6.2018 - C-650/16, NWB PAAAG-87352.
6 EuGH, Urteil v. 12.6.2018 - C-650/16, NWB PAAAG-87352.

sind, Verluste einer EU-ausländischen Betriebsstätte zu berücksichtigen, die im Tätigkeitsstaat aufgrund der Schließung der Betriebsstätte nicht mehr berücksichtigt werden können, obwohl auf die Betriebsstätteneinkünfte die Freistellungsmethode Anwendung findet. Die von Dänemark vorgesehene Möglichkeit, für einen 10-Jahreszeitraum zur Anrechnungsmethode zu optieren, vermochte die Nichtberücksichtigung der finalen Verluste nicht zu rechtfertigen.

Damit distanziert sich der EuGH von seinem Timac Agro-Urteil vom 17.12.2015,[1] in dem es um die Berücksichtigung von Verlusten einer Freistellungsbetriebsstätte gegangen war, die infolge einer konzerninternen Veräußerung im Tätigkeitsstaat nicht mehr nutzbar waren. Der EuGH hatte darin entschieden, dass die Situation des Stammhauses nicht mehr mit der Situation eines Steuerpflichtigen vergleichbar war, der eine entsprechende Betriebsstätte im Inland unterhielt und dementsprechend eine Beschränkung der Niederlassungsfreiheit ausgeschlossen.

Dem Rechtfertigungsargument des Zwecks der Norm, eine mögliche doppelte Verlustberücksichtigung zu vermeiden, erteilt der EuGH eine Absage: Sobald der Verlustabzug bei der ausländischen Betriebsstätte nicht mehr möglich ist, sei diese Gefahr ausgeschlossen.[2] Die Verletzung der Niederlassungsfreiheit hat der EuGH hier für eine Betriebsstätte bejaht, die jede Tätigkeit eingestellt hat und deren Verluste nicht von ihrem steuerpflichtigen Gewinn in dem Mitgliedstaat, in dem sie tätig war, abgezogen werden konnten und nicht mehr abgezogen werden können. Der EuGH kommt so zu dem Ergebnis, dass eine Vergleichbarkeit der gebietsansässigen mit der gebietsfremden Betriebsstätte gegeben sei.[3]

389 Unklar bleibt zunächst, ob der EuGH für seine Ausführungen in der Timac Agro-Entscheidung weiterhin einen Anwendungsbereich sieht, oder ob er diese Entscheidung nunmehr vollumfänglich revidiert hat. In seiner Bevola-Entscheidung hat der EuGH lediglich ausgeführt, dass die Timac Agro-Entscheidung nicht so verstanden werden kann, dass in Betriebsaufgabefällen die Vergleichbarkeit nicht mehr gegeben ist, wenn die Verluste nicht mehr nutzbar sind. Eine explizite Aussage zu Veräußerungsfällen fehlt.

Auch die Kriterien für das Vorliegen eines sog. „endgültigen Verlustes" bleiben weiterhin unklar, insbesondere auch die Frage, ob, wenn die Verluste bei einer Neugründung einer Betriebsstätte wieder nutzbar wären, Finalität angenommen werden kann. Auch zu Fällen „rechtlicher Finalität", bei der in der Vergangenheit keine Verlustberücksichtigungspflicht angenommen wurde, hat der EuGH in dieser Entscheidung keine Aussage getroffen.

Dementsprechend bleibt abzuwarten, wie der EuGH künftig entscheidet und die Rechtsprechung ggf. festigt. National hat zuletzt das FG Hamburg[4] den Begriff der „Finalität aus tatsächlichen Gründen" vom BFH Urteil vom 5.2.2014[5] fortgesetzt. Neben der im Verfahren vorliegenden Betriebsaufgabe dürften wohl auch Fälle einer Veräußerung oder Umwandlung als „tatsächlich final" einzustufen sein.[6]

Ungeklärt ist außerdem, inwiefern die Berücksichtigung der ausländischen Betriebsstättenverluste im Rahmen des Progressionsvorbehalts Einfluss auf die Bestimmung der Ungleichbe-

---

1 C-388/14, BStBl 2016 II S. 362.
2 EuGH, Urteil v. 12.6.2018 - C-650/16, NWB PAAAG-87352, Rz. 58.
3 EuGH, Urteil v. 12.6.2018 - C-650/16, NWB PAAAG-87352, Rz. 38.
4 FG Hamburg, Urteil v. 6.8.2014 - 2 K 355/12, NWB VAAAE-76985, beim BFH anhängig unter Az: I R 17/16.
5 BFH, Urteil v. 5.2.2014 - I R 48/11, NWB OAAAE-62159.
6 Kirchhof/Gosch, § 2a Rz. 5b.

handlung haben könnte.[1] Diese Frage sollte aber nur noch von Relevanz sein, wenn der EuGH seiner Timac Agro-Entscheidung weiterhin einen bestimmten Anwendungsbereich belässt. Sollte der EuGH die Vergleichbarkeit bei finalen Verlusten in Freistellungsfällen generell bejahen, käme es auf diese Frage nicht mehr an.

FG Hessen, Urteil vom 4.9.2018

Mit dem FG Hessen folgt das erste nationale Finanzgericht dem EuGH und setzt die Rechtsprechung in der Rechtssache Bevola/Trock[2] in einem deutschen Fall um.

Mit dem EuGH-Urteil vom 12.6.2018[3] vollzog der EuGH eine Abkehr von seiner vorherigen Rechtsprechung[4] und ließ den Abzug solcher Verluste grundsätzlich wieder zu. Da das Urteil zur dänischen Rechtslage ergangen war, welche nur inländische Betriebseinkünfte und das Welteinkommen von Gesellschaften nur auf Antrag erfasst, stellte sich die Frage, ob sich die im Urteil Bevola/Trock getroffenen Aussagen unmittelbar auf die deutsche Rechtslage übertragen lassen.

Nach Auffassung des FG Hessen[5] sei die Übertragbarkeit „erst recht" zu bejahen, da es im deutschen Steuerrecht keine derartige Wahlmöglichkeit gebe. Das BFH-Urteil vom 22.2.2017,[6] das noch auf Basis der revidierten EuGH-Entscheidung Timac Agro ergangen war, erachtet der Senat damit ebenfalls als überholt. Das FG gewährt daher den Verlustabzug beim deutschen Stammhaus auch im Rahmen der Gewerbesteuer, denn die unilaterale Freistellung in § 9 Nr. 3 GewStG wirke ebenso wie die Freistellung nach dem einschlägigen DBA.

Im konkreten Fall (Streitjahr 2007) hatte der Kläger die in einer verlustreichen britischen Betriebsstätte angestellten Mitarbeiter entlassen und den Mietvertrag über die Büroräume gekündigt. Diese Schließung reicht dem FG Hessen aus, um anzunehmen, dass keine zum Verlustausgleich zur Verfügung stehenden Einnahmen mehr erzielt werden. Das Gericht bejaht deshalb die Finalität der Verluste.

Sollte das im Verfahren unterlegene Finanzamt Revision einlegen, käme zu den bereits anhängigen Verfahren zu finalen Betriebsstättenverlusten ein weiteres hinzu. Es bleibt abzuwarten, ob der BFH zur Klärung der Rechtsfragen ein Vorlageverfahren zum EuGH einleitet.

(Einstweilen frei)

III. Quellenbesteuerung von Portfolio-Dividenden, § 32 KStG

1. Einführung

Werden Einkünfte eines Unternehmens, das in einem Mitgliedstaat ansässig ist, in einem anderen Mitgliedstaat erzielt, wird das Unternehmen durch den letztgenannten Mitgliedstaat regelmäßig als beschränkt steuerpflichtig behandelt. Im Hinblick auf Niederlassungsfreiheit, Art. 49 AEU, und Kapitalverkehrsfreiheit, Art. 63 AEU, sind die Mitgliedstaaten, in denen sich die Einkunftsquelle befindet, gewissen Anforderungen unterworfen. Wie auch in anderen Bereichen der direkten Besteuerung oblag es mangels Harmonisierung durch den AEU und deri-

---

1 Vgl. *Müller*, ISR 2016, S. 54, 57, *Schnitger*, IStR 2016, S. 72, 73 f.
2 EuGH, Urteil v. 12.6.2018 - C-650/16, NWB PAAAG-87352.
3 C-650/16, Bevola/Trock, NWB PAAAG-87352.
4 EuGH, Urteil v. 17.12.2015 - C-388/14, Timac Agro, BStBl 2016 II S. 362,
5 FG Hessen, Urteil v. 4.9.2018 - 4 K 385/17, NWB OAAAG-97966.
6 I R 2/15, BStBl 2017 II S. 709.

2. Grundlegende Rechtsprechung des EuGH zur Quellenbesteuerung

402 In der mittlerweile zu einiger Berühmtheit gewordenen grundlegenden Entscheidung in der Rechtssache Denkavit Internationaal[1] hat der EuGH sodann entschieden, dass das französische Quellensteuer-Erhebungsverfahren, das gebietsfremde Muttergesellschaften mit einer Quellensteuer auf die Dividenden französischer Tochtergesellschaften i. H. v. 25 % belastet, gebietsansässige Muttergesellschaften aber fast völlig (bis auf 5 % vom steuerpflichtigen Nettogewinn) davon befreit, gegen die Niederlassungsfreiheit verstößt. Hieran ändert die Möglichkeit einer Anrechnung der Quellensteuer auf die Steuerschuld der Muttergesellschaft im Sitzstaat aufgrund eines Doppelbesteuerungsabkommens nichts, soweit die im Doppelbesteuerungsabkommen vorgesehene Anrechnung tatsächlich nicht möglich ist und es zu einer definitiven Belastung der Muttergesellschaft durch die Quellensteuerzahlung kommt. Diese tatsächliche Unmöglichkeit ist z. B. bei völliger Steuerfreistellung der Dividende oder einer Verlustsituation der Fall.

403 Eine Erweiterung dieser Rechtsprechung erging am 18. 6. 2009 in der Rechtssache Aberdeen Property Fininvest Alpha Oy.[2] Darin entschied der EuGH, dass es gegen die Niederlassungsfreiheit des Art. 49 und 54 AEU (ex-Art. 43 und 48 EGV) verstößt, wenn Finnland Dividenden von einer finnischen Tochtergesellschaft an ihre ebenfalls in Finnland ansässige Muttergesellschaft von der Quellensteuer befreit, während Finnland auf Dividenden an eine ausländische Muttergesellschaft (hier in der Rechtsform einer (SICAV) finnische Quellensteuer einbehält. Der EuGH hat in dieser Entscheidung außerdem klargestellt, dass es der Annahme einer Diskriminierung nicht entgegensteht, dass die ausländische Muttergesellschaft in einer Rechtsform betrieben wird (SICAV), welche nach dem finnischen Recht nicht vorgesehen ist, solange eine Vergleichbarkeit mit einer inländischen Rechtsform nachgewiesen werden kann.

404 Die Europäische Kommission hat im Anschluss an die „Denkavit"- und „Amurta"-Rechtsprechung des EuGH verschiedene Vertragsverletzungsverfahren gegen Mitgliedstaaten wegen der ungleichen Besteuerung von Dividendenausschüttungen an in- und ausländische Portfolio-Anteilseigner initiiert. Neben Norwegen,[3] Frankreich,[4] Finnland,[5] Niederlande,[6] welche indirekt Adressat des europarechtlichen Gleichbehandlungsgebots geworden sind, wurden die EU-Mitgliedstaaten Portugal,[7] Spanien,[8] Belgien[9] und Italien[10] sowie Deutschland unmittelbar im Rahmen eines Vertragsverletzungsverfahrens gem. Art. 258 AEUV mit dem Vorwurf der Diskriminierung konfrontiert. Bei der Sachlage der Ungleichbehandlung in- und ausländischer Divi-

---

1 EuGH, Urteil v. 14. 12. 2006 - Rs. C-170/05, Denkavit Internationaal, NWB KAAAC-53722.
2 EuGH, a. a. O., Aberdeen Property Fininvest Alpha Oy.
3 EFTA v. 23. 11. 2004 - Rs. E 1/04, Fokus Bank.
4 EuGH, Urteil v. 14. 12. 2006 - Rs. C-170/05, Denkavit, NWB KAAAC-53722.
5 EuGH, Urteil v. 18. 6. 2009 - Rs. C-303/07, Aberdeen Property Fininvest Alpha Oy, NWB ZAAAD-27295.
6 EuGH, Urteil v. 8. 11. 2007 - Rs. C-379/05, Amurta, NWB JAAAC-78161.
7 EuGH, Urteil v. 6. 10. 2011 - Rs. C-493/09, Portugal, NWB GAAAD-96611.
8 EuGH, Urteil v. 3. 6. 2010 - Rs. C-487/08, Spanien, NWB OAAAD-48535.
9 Belgien, Referenznummer IP 10/10/94.
10 EuGH, Urteil v. 19. 11. 2009 - Rs. C-540/07, Italien, NWB OAAAD-36790.

dendenausschüttungen an Portfolio-Investoren gilt es aber, im Wesentlichen fünf unterschiedliche Kategorien von Anteilseignern zu unterscheiden:

1. der vorliegend und in der Rs. Denkavit entschiedene Fall der Kapitalgesellschaft als Anteilseigner,

2. die Fälle der Pensionsfonds, Pensionskassen,[1]

3. die Fälle der Investmentfonds,[2]

4. die Fälle der gemeinnützigen Rechtsträger[3] sowie

5. die Fälle der sonstigen steuerbefreiten Rechtsträger (Versorgungswerke, spezifische Versicherungen).

Allen Typen von Anteilseignern ist gemein, dass sie als in dem Mitgliedstaat der ausschüttenden Gesellschaft ansässige Personen mit den empfangenen Dividenden wirtschaftlich keiner Doppelbesteuerung unterworfen wären, m. a. W., im Endeffekt würden sie wie unbeschränkt Steuerpflichtige besteuert, soweit im nationalem Recht wie z. B. durch § 8b KStG bis 25. 2. 2013 Dividenden zur Vermeidung der wirtschaftlichen Doppelbesteuerung freigestellt wurden. Tatsächlich sind jedoch alle ausländischen Anteilseigner kraft ihrer zumeist vollständigen Steuerbefreiung oder mangels ausreichendem zu versteuernden Einkommen im Ausland mit der deutschen Kapitalertragsteuer belastet. Die für einige Anteilseigner mögliche Reduzierung des Quellensteuersatzes auf 15 % kraft DBA mildert diese Doppelbelastung nur zum Teil.

Während die 4. und 5. Kategorie rechtstechnisch einfach zu behandeln wäre, handelt es sich ja hierbei um Rechtsträger, die im Inland unter bestimmten Voraussetzungen körperschaftsteuer- und damit auch im Ergebnis kapitalertragsteuerbefreit sind und die Rechtslage seit der Rs. Stauffer eigentlich auch für Deutschland hinreichend geklärt ist, sieht die europarechtlich zu würdigende Situation der Investmentgesellschaften und Pensionsfonds, die dem komplexen Regelwerk des Investmentsteuergesetzes oder anderen speziellen Regeln unterfallen (siehe § 8b Abs. 8 Satz 5 KStG), anders aus. Insbesondere bei Investmentfonds wird sich unter Berücksichtigung der zumeist transparenten Besteuerung des Fondsvehikels die Frage stellen, inwieweit die Besteuerungsfolgen auf der Ebene des Anteilseigners miteinzubeziehen sind. Mit dem Urteil des EuGH in der Rs. Orange European Smallcap Fund NV[4] ist zwar bereits eine Entscheidung im Bezug auf Investmentfonds ergangen. In diesem Verfahren ging es um eine niederländische Regelung, wonach niederländische steuerbefreite Investmentfonds eine Vergünstigung bzw. Erstattung bezüglich ausländischer Quellensteuern auf Dividenden erhalten. Insbesondere erfolgt die Erstattung der Quellensteuern direkt an den Anlageorganismus, also an den Investmentfonds selbst, und nicht an die einzelnen Anteilsinhaber. Diese Fallkonstellation behandelte aber den Inboundfall, also den Bezug von Dividenden aus dem Ausland, während es bei den Denkavit-Fällen um die „Quellen"-Besteuerung der ausschüttenden Kapitalgesellschaft (Outbound-Fälle) geht.

---

[1] EuGH - Rs. C-342/10, Komm. gg Finnland, Urteil v. 8. 11. 2012; EuGH Urteil v. 2. 6. 2016 - Rs. C-252/14, Pensioensfonds Metaal en Technikie, vgl. auch *Forchhammer*, ISR 2017, S. 117.
[2] EuGH, Urteil v. 10. 5. 2012- Rs. C-338/11 - Rs. C-345/11, Santander, NWB WAAAE-10415; EuGH, a. a. O., Rs. Aberdeen Property Fininvest Alpha Oy.
[3] EuGH, Urteil v. 14. 9. 2006 - Rs. C-386/04, *Stauffer*, NWB AAAAC-16451.
[4] EuGH, Urteil v. 20. 5. 2008 - Rs. C-194/06, Orange European Smallcap Fund NV, NWB CAAAC-81940.

3. Das Urteil Europäische Kommission gegen Deutschland

407 Am 20. 10. 2011 hat der Europäische Gerichtshof („EuGH") sein Urteil[1] im Vertragsverletzungsverfahren der Europäischen Kommission gegen Deutschland gefällt. Nach Ansicht des EuGH verstoßen die deutschen Steuervorschriften betreffend die Besteuerung von Portfolio Dividenden gegen den AEU-Vertrag („AEUV") und das Abkommen über den Europäischen Wirtschaftsraum. Nach Auffassung des EuGH dürfen in Deutschland Dividenden, die an in anderen Mitgliedstaaten ansässige Gesellschaften ausgeschüttet werden, wirtschaftlich nicht einer höheren Besteuerung unterworfen werden als Dividenden, die an Gesellschaften mit Sitz in der Bundesrepublik Deutschland ausgeschüttet werden. Nach dem EuGH verstoßen die deutschen Regelungen gegen die Kapitalverkehrsfreiheit nach Art. 63 AEUV und Art. 40 EWR.

4. Das EuGH-Urteil in der Rs. Santander

408 Am 10. 5. 2012 ist das EuGH-Urteil in der Rs. Santander[2] ergangen. Die verbundenen Rechtssachen haben die französische Dividendenbesteuerung betroffen. In Frage stand, ob der Abzug französischer Kapitalertragsteuer bei gebietsfremden OGAW (Organismen für gemeinsame Anlagen in Wertpapieren) gegen europäisches Gemeinschaftsrecht verstößt. Konsistent zu seiner bisherigen Rechtsprechung stellte der EuGH einen Verstoß der französischen Rechtsvorschriften gegen die Kapitalverkehrsfreiheit (Art. 63, 65 AEU) fest. Inzident klärte der EuGH, ob für die Frage der Situation der OGAW im Hinblick auf diesen Verstoß die Ebene der Anteilseigner zu berücksichtigen ist. Damit befasste sich der EuGH mit den teilweise transparent besteuerten Investmentfonds und somit einer besonderen Kategorie im Rahmen der mit „Denkavit" bekannt gewordenen Rechtsprechung der Besteuerung von Portfolio Dividenden.

5. Das Urteil des EuGH vom 8. 11. 2012 - Rs. C-342/10, Europäische Kommission gegen Finnland

409 Ein auch für das deutsche Steuerrecht relevantes Urteil zur Dividendenbesteuerung ist das Urteil des EuGH vom 8. 11. 2012.[3] In diesem Urteil stellt der EuGH fest, dass die finnischen Regelungen zur Besteuerung von an ausländische Pensionsfonds ausgezahlte Dividenden gegen geltendes EU-Recht (u. a. Art. 63 AEUV Kapitalverkehrsfreiheit) verstoßen. Konkret sehen die finnischen Gesetze vor, dass gebietsansässige Pensionsfonds in Bezug auf die Dividenden, die sie beziehen, einem Steuersatz von 19,5 % unterliegen. Sie dürfen aber Rückstellungen für die Sicherung ihrer Pensionsverbindlichkeiten bilden, was im Endeffekt praktisch zu einer Steuerfreiheit dieser Dividenden führt.

Die Möglichkeit dieser Rückstellungsbildung wird gebietsfremden Pensionsfonds, welche Dividenden aus Finnland erhalten, nicht gewährt. Die genannten Rückstellungen können nicht gebildet werden, obwohl die Aufwendungen nach finnischem Recht in direktem Zusammenhang mit den betreffenden Dividendeneinkünften stehen.

Die Diskriminierung liegt also darin, dass die Dividendeneinkünfte gebietsfremder Pensionsfonds mit einem Steuersatz i. H. v. 19,5 % versteuert werden müssen oder nach von Finnland geschlossenen DBA (Doppelbesteuerungsabkommen) einem Steuersatz von höchstens 15 %

---

[1] EuGH, Urteil v. 20. 10. 2011 - Rs. C-284/09, Europäische Kommission/Bundesrepublik Deutschland, NWB TAAAD-95597.
[2] Rs. C-338/11 bis C-347/11, NWB WAAAE-10415.
[3] Rs. C-342/10, Kommission gegen Finnland, NWB NAAAD-22388.

unterliegen, wohingegen vergleichbare gebietsansässige Pensionsfonds diese Dividenden praktisch steuerfrei beziehen können.

Nach deutschem Recht sind Einkünfte aus Dividenden, welche in Deutschland ansässige Lebens- und Krankenversicherungen sowie bestimmte Pensionsfonds erhalten, prinzipiell in Deutschland steuerbar, und zwar mit einem Satz von 15,825 % (Körperschaftsteuersatz zzgl. des Solidaritätszuschlags). Allerdings können diese Gesellschaften zusätzlich zu ihren Betriebsausgaben – ähnlich wie in Finnland – einen entscheidenden Teil ihrer Dividendeneinkünfte in Rückstellungen einstellen. Folglich zahlen sie die o. g. 15,825 % nur auf eine deutlich verringerte Bemessungsgrundlage.

Analog zum dargestellten Finnlandfall können vom Typ her ähnliche nicht in Deutschland ansässige Versicherungen und Pensionsfonds solche Rückstellungen nicht bilden und keine Betriebsausgaben abziehen. Stattdessen wird bei ihnen die Steuer im Wege einer abgeltenden Kapitalertragsteuer auf die ungekürzten Dividendeneinkünfte einbehalten. Die vorliegende Urteilsbegründung hinsichtlich der Ungleichbehandlung weist somit deutliche Parallelen auch zu der deutschen Systematik der Besteuerung von Pensionsfonds auf.

6. Gesetz zur Umsetzung des EuGH-Urteils vom 20. 10. 2011 in der Rechtssache C-284/09[1]

Um eine vom EuGH festgestellte Europarechtswidrigkeit zu beseitigen, muss die Ungleichbehandlung zwischen einem EU/EWR-ausländischen und einem inländischen Anteilseigner sowohl rückwirkend als auch erst recht ab Verkündung des Urteils beseitigt werden. Der deutsche Gesetzgeber hat mit einer Änderung der Vorschriften zum Quellensteuerabzug reagiert. Das „Gesetz zur Umsetzung des EuGH-Urteils vom 20. 10. 2011 in der Rechtssache C-284/09" wurde am 21. 3. 2013 ausgefertigt und am 28. 3. 2013 verkündet. Ex nunc soll eine Ungleichbehandlung EU/EWR-ausländischer und inländischer Anteilseigner durch § 8b Abs. 4 KStG n. F. verhindert werden. Mit Wirkung für die Vergangenheit wurde ein Erstattungsverfahren gem. § 32 Abs. 5 KStG bei Erfüllung und Nachweis umfangreicher Voraussetzungen (u. a. § 50d Abs. 3 EStG) eingeführt. Positiv-rechtlich wurde für die Anträge eine weitere Zuständigkeit des Bundeszentralamts für Steuern mit § 5 Abs. 1 Nr. 39 FVG begründet. Mit diesem Gesetz werden aber nicht sämtliche in Rz. 242 aufgezählten potenziell diskriminierten ausländischen Anteilseigner erfasst. Neben der europarechtlichen Fragwürdigkeit der einzelnen Nachweiserfordernisse bleiben folglich noch viele weitere Fragen ungeklärt.

(Einstweilen frei)

7. Dividendenausschüttungen an Gesellschaften in Drittstaaten

Das Urteil des EuGH in der Rs. C-190/12, Emerging Markets vom 10. 4. 2014 fügt nun dem Verständnis der Kapitalverkehrsfreiheit im Verhältnis zu Drittstaaten weitere grundlegende Aspekte hinzu. Die grundsätzliche Bedeutung dieses Urteils ergibt sich dabei nicht nur unmittelbar aus der Begründung der ersten Kammer. Vielmehr ist diese Begründung im Zusammenhang mit dem Vorbringen weiterer Prozessbeteiligter (neben Polen haben fünf weitere Mitgliedstaaten, u. a. auch Deutschland, an dem Verfahren teilgenommen) sowie insbesondere

---

1 Vgl. zur Vorgeschichte des Gesetzes zur Umsetzung des EuGH-Urteils v. 20. 10. 2011 - Rs. C-284/09, NWB TAAAD-95597: *von Brocke*, IWB 23/2012, 884–887; sowie zu dem Gesetz selbst *Lemaitre*, IWB 8/2013, 269–279.

mit den Schlussanträgen von Generalanwalt Mengozzi zu sehen, von denen das Gericht in den wesentlichen Bereichen abweicht.[1]

In dem zugrundeliegenden Sachverhalt erzielte ein in den USA ansässiger Fonds Portfoliodividenden. Nach dem polnischen Körperschaftsteuergesetz sind Dividenden- und Zinseinnahmen von in Polen ansässigen Investmentfonds steuerfrei. Ähnliches gilt für in anderen Mitgliedstaaten der Europäischen Union ansässige Investmentfonds. Dagegen unterliegen vorgenannte Einkünfte von in Drittstaaten ansässigen Investmentfonds der Besteuerung. Hiergegen richtete sich die Klage eines in den USA ansässigen Investmentfonds.

417 Im Wesentlichen entschied der EuGH, dass eine Dividende, die von einer in einem Mitgliedstaat ansässigen Gesellschaft an einen Investmentfonds bezahlt wird, der in einem Drittstaat ansässig ist, nicht von einer Steuerbefreiung ausgenommen werden darf, falls zwischen beiden Staaten eine Verpflichtung zur gegenseitigen Amtshilfe besteht. Entgegen der Auffassung des Generalanwalts entschied der EuGH, dass eine Beschränkung nur gerechtfertigt sein kann, wenn nach der Regelung eines Mitgliedstaats die Gewährung eines Steuervorteils von der Erfüllung von Bedingungen abhängt, deren Einhaltung nur durch Einholung von Auskünften bei den zuständigen Behörden eines Drittstaats nachgeprüft werden kann, und es sich wegen des Fehlens einer vertraglichen Verpflichtung des Drittstaats zur Auskunftserteilung als unmöglich erweist, die betreffenden Auskünfte von diesem Staat zu erhalten.

Dagegen gibt es im Sachverhalt des Ausgangsverfahrens einen von Polen und den Vereinigten Staaten geschaffenen Regelungsrahmen für die gegenseitige Amtshilfe zur Ermöglichung des Austauschs von Informationen, die sich für die Anwendung der Steuervorschriften als erforderlich erweisen. Gleichwohl ist es Sache des vorlegenden Gerichts, zu prüfen, ob es die vertraglichen Verpflichtungen der Vertragsstaaten den polnischen Steuerbehörden tatsächlich ermöglichen können, die von den in den Vereinigten Staaten ansässigen Investmentfonds vorgelegten Informationen über ihre Gründung und Tätigkeit ggf. zu prüfen, ob sie innerhalb eines Regelungsrahmens tätig sind, der dem der Union gleichwertig ist.

Entgegen der Auffassung des Generalanwalts genügt der Umstand, dass gebietsfremde Investmentfonds nicht unter den einheitlichen Regelungsrahmen der Union fallen, der durch die mit dem polnischen Investmentfondsgesetz in nationales Recht umgesetzte OGAW-Richtlinie zur Regelung der Modalitäten für die Gründung und die Tätigkeit von Investmentfonds innerhalb der Union geschaffen wurde, als solcher nicht, um die Unterschiedlichkeit der Situationen der betreffenden Fonds zu begründen. In Anbetracht dessen, dass die OGAW-Richtlinie nicht für in Drittstaaten ansässige Investmentfonds gilt, weil sie sich außerhalb des Geltungsbereichs des Unionsrechts befinden, würde nämlich eine Anforderung, dass diese Fonds einer identischen Regelung unterliegen wie gebietsansässige Investmentfonds, der Kapitalverkehrsfreiheit jede praktische Wirksamkeit nehmen.

418 Ein weiterer Problemkreis ist die Thematik der Rechtsform der Dividendengläubiger. Für die Beurteilung der Vergleichbarkeit einer Inlands- mit einer Drittstaatensituation stellt der EuGH mit Verweis auf seine Rechtsprechung in der Rs. FIM Santander speziell für die Situation kollektiver Investmentvehikel auf die Ebene desselbigen ab, nicht auf deren dahinterstehende Investoren, d. h. Fondsbeteiligte.

---

[1] Schlussanträge des Generalanwalts Paolo Mengozzi v. 6.11.2013 - Rs. C-190/12, Emerging Markets, NWB EAAAE-61789; vgl. dazu von Brocke, IWB 2014, 146 ff.

Die Urteilsgründe zeigen, dass es insoweit auf eine hinreichende Vergleichbarkeit mit in im Unionsgebiet anerkannten Rechtsformen ankommt. Durch das vorliegende Urteil kann nun als gesichert gelten, dass Investmentfonds in der Rechtsform des RIC (Regulated Investment Trust) hinreichend vergleichbar sein können. Ein solcher Rechtstypenvergleich muss durch die Rechtsordnung der Mitgliedstaaten anerkannt und zulässig sein. Darüber hinaus liegt der Verdienst der vorliegenden Entscheidung insbesondere darin, dass die Regelungsrahmen, in denen jeweils RIC und OGAW an ihrem jeweiligen Sitz operieren, hinreichend vergleichbar sind. Informationsmöglichkeiten, die zwischen den Mitgliedstaaten aufgrund Unionsrecht bestehen, aber nicht das Steuerrecht betreffen, z. B. die OGAW-Richtlinie, dürfen insoweit nicht in eine Vergleichbarkeitsanalyse einbezogen werden. Steuerpflichtigen dürfen Nachweisanforderungen nicht im Übermaß auferlegt werden. Soweit zwischen dem betreffenden Mitgliedstaat und dem Drittstaat ein Amtshilfeabkommen besteht, das der Finanzverwaltung die Einholung von als notwendig angesehenen Informationen erlaubt, sollte damit die Finanzverwaltung gehalten sein, solche Auskunftsmöglichkeiten anzuerkennen.

Nach ständiger Rechtsprechung des EuGH kann die Beschränkung der Kapitalverkehrsfreiheit durch zwingende Gründe des Allgemeininteresses gerechtfertigt sein.[1] Als solcher wird durch den EuGH vorliegend auch die Notwendigkeit der Gewährleistung steuerlicher Kontrollen in Erwägung gezogen. Dabei stellt der EuGH allerdings klar, dass ein solcher Rechtfertigungsgrund nicht verfängt, wenn vertragliche Verpflichtungen zwischen den betroffenen Staaten bestehen, um einen hinreichenden Informationsaustausch zu gewährleisten (vgl. vorne unter → Rz. 16). Die Notwendigkeit der Wahrung der Kohärenz des Steuersystems kann sich nur dann als Rechtfertigungsgrund durchsetzen, wenn ein unmittelbarer Zusammenhang zwischen dem betreffenden steuerlichen Vorteil und dessen Ausgleich durch eine bestimmte steuerliche Belastung besteht.

Im vorliegenden Verfahren greift dieser Grund ebenfalls nicht durch, da die Quellenbesteuerung der Dividenden nicht an die Bedingung geknüpft ist, „dass der betreffende Investmentfonds die Dividenden, die er erhalten hat, weiterleitet und die Besteuerung der Dividenden bei den Anteilseignern der Fonds ermöglicht, die Befreiung von der Quellenbesteuerung auszugleichen".[2] Im Übrigen verneint der EuGH im Einklang mit bisheriger Rechtsprechung den Rechtfertigungsgrund der Aufteilung der Besteuerungsbefugnis und der Sicherung des Steueraufkommens. Zum einen kann dieser Rechtfertigungsgrund im Verhältnis zu Drittstaaten nicht durchgreifen, wenn sich der betreffende Mitgliedstaat entschieden hat, gebietsansässige Investmentfonds keiner Quellensteuer auf Dividenden zu unterwerfen. Zum anderen stellt der EuGH klar, dass Steuermindereinnahmen auch dann nicht als zwingender Grund des Allgemeininteresses anzusehen sind, wenn der Mitgliedstaat zugunsten eines Drittstaats auf Steueraufkommen verzichtet.

Nach ständiger Rechtsprechung findet das durch die Prüfung der Vereinbarkeit einer mitgliedstaatlichen Norm mit Unionsrecht durch den EuGH gewonnene Verständnis einer mitgliedstaatlichen Norm grundsätzlich auch rückwirkend Anwendung. Eine Beschränkung der Rechtskraft pro futuro ist nur möglich, wenn der Mitgliedstaat in gutem Glauben bezüglich der Vereinbarkeit seiner Norm mit Unionsrecht war und kumulativ andernfalls schwerwiegende – finanzielle – Störungen drohen. Vorliegend hat der EuGH knapp den vorgebrachten Antrag auf

---

1 Vgl. z. B. EuGH, Urteil v. 6. 10. 2011 - Rs. C-493/09, Rz. 42, NWB GAAAD-96611.
2 EuGH, Urteil v. 10. 4. 2014 – Rs. C-190/12, Emerging Markets, Rz. 93, NWB EAAAE-61789.

zeitliche Begrenzung des Urteils abgewiesen. Der Einwand des guten Glaubens wurde gar nicht erst nicht geprüft, da dem Gericht bereits nicht ausreichend Daten vorgelegt wurden, um feststellen zu können, ob die Gefahr schwerwiegender wirtschaftlicher Störungen aus dem Urteil folgen kann.

420 Unter dem Eindruck der vorliegenden Entscheidung erscheint auch zweifelhaft, ob § 32 Abs. 5 KStG in der derzeitigen Form Bestand haben kann. Zwar ist diese Norm ihrerseits durch den deutschen Gesetzgeber mit dem Ziel in das Gesetz aufgenommen worden, der Rechtsprechung des EuGH zu entsprechen.[1] Dadurch sollen Dividendenausschüttungen an im Ausland ansässige Gläubiger für die Vergangenheit unionsrechtskonform ausgestaltet werden. Gleichwohl ist zu konstatieren, dass dieses Ziel nicht erreicht wird. Daher ist es folgerichtig, dass auch weiterhin in Drittstaaten ansässige Dividendengläubiger auf die Rechtsprechung des EuGH gestützte Anträge auf vollständige Rückerstattung stellen. Ungeachtet dieser materiell-rechtlichen Überlegungen stellt das Verfahren i. S. d. § 32 Abs. 5 KStG je nach konkreter Situation auch formell-rechtlich beträchtliche Hindernisse. Diese umfassen insbesondere das Beibringen eines Nachweises für das Vorliegen der Erstattungsvoraussetzungen sowie hinsichtlich der Bestimmung der Zuständigkeit.[2]

Das Urteil macht zudem einmal mehr deutlich, dass fiskalpolitische Erwägungen zur Beschränkung der Rechtskraft von Urteilen des EuGH einer äußerst hohen Rechtfertigungsschwelle unterliegen. Darüber hinaus erscheint es im Lichte des vorliegenden Urteils umso fraglicher, ob § 32 Abs. 5 KStG unionsrechtlichen Anforderungen genügen kann. Derzeit anhängige Verfahren zeigen jedenfalls, dass das Verständnis der Kapitalverkehrsfreiheit zu Drittstaaten durch den EuGH weiter geprägt werden wird.[3] Ebenfalls im Spannungsfeld zwischen Niederlassungs- und Kapitalverkehrsfreiheit findet sich das Verfahren der Rechtsache Kronos. Ob und inwieweit sich hieraus Schlussfolgerungen für die Situation von in Drittstaaten ansässigen Fonds ziehen lassen werden, wird auch davon abhängen, welches Gewicht der EuGH der der Rechtssache Kronos zugrunde liegenden Sondersituation einer doppelansässigen Gesellschaft beimessen wird.[4]

421–435 *(Einstweilen frei)*

IV. Wegzugsbesteuerung

1. Wegzug natürlicher Personen

436 Von besonderer Bedeutung im Bezug auf die Regelungen der Wegzugsbesteuerung sind die EuGH-Entscheidungen in der Rs. de Lasteyrie du Saillant[5] sowie in der Rs. N.[6] Die Urteilsbegründung in der Rs. de Lasteyrie du Saillant[7] kann auch als Hinweis darauf gewertet werden, dass bei sämtlichen Entstrickungstatbeständen im Rahmen grenzüberschreitender wirtschaft-

---

1 EuGH, Urteil v. 20. 10. 2011 - Rs. C-284/09, Kommission/Deutschland, BGBl 2013 I 561 = NWB TAAAD-95597.
2 *Von Brocke/Aicher*, IWB 2013, 711, 714 ff.; *von Brocke/Auer*, Steueranwaltsmagazin 2012, 50, 51 ff. insbesondere zur Problematik der Zuständigkeit von Bundeszentralamt für Steuern und/oder lokalen Finanzämtern.
3 EuGH, Rs. C-10/14, J.B.G.T. Miljoen; Rs. C-14/14, X; Rs. C-17/14, Société Général.
4 Generalanwalt Villalón, Schlussanträge v. 7. 11. 2013 - Rs. C-47/12, Kronos.
5 EuGH, Urteil v. 11. 3. 2004 - Rs. C-9/02, de Lasteyrie du Saillant, EWS 2004, 184 ff. = NWB KAAAB-72877.
6 EuGH, Urteil v. 7. 9. 2006 - Rs. C-470/04, N, NWB DAAAD-22700; vgl. *Eicker/Schwind*, Anmerkung, EWS 2004, 186 ff.; *Lausterer*, DStZ 2004, 299 ff.; *Lehner*, JZ 2004, 730 ff.; *Schnitger*, BB 2004, 804–813; *Wassermeyer*, GmbHR 2004, 613–618.
7 EuGH, a. a. O., Rs. de Lasteyrie du Saillant.

licher Betätigung (z. B. bei Verbringung von Wirtschaftsgütern über die Grenze oder bei Vorliegen eines Tatbestandes gem. §§ 11, 12 KStG) eine sofortige Besteuerung der nicht realisierten stillen Reserven als EU-rechtlich unverhältnismäßig zu werten wäre, wenn kein Missbrauch vorliegt und der Besteuerungsanspruch in Kosten schonender Weise gesichert ist.

Die Entscheidung in der Rs. de Lasteyrie du Saillant[1] betraf die Vereinbarkeit der Wegzugsbesteuerung nicht realisierter Wertsteigerungen bei wesentlichen Anteilen an inländischen Kapitalgesellschaften mit der Niederlassungsfreiheit nach Art. 49 AEU. In diesem Fall hatte der Kläger im Laufe der letzten fünf Jahre eine mehr als 25 %ige Beteiligung an einer französischen Kapitalgesellschaft gehalten. Die in diesen Anteilen enthaltenen stillen Reserven unterliegen nach französischem Steuerrecht einer Besteuerung, sobald der Steuerpflichtige seinen Wohnsitz aus Frankreich verlagert (Art. 167a Code général des impôts). Der Kläger legte beim Conseil d'État einen Einspruch gegen die Bestimmungen der französischen Wegzugsbesteuerung auf wesentliche Beteiligungen ein, da diese seiner Ansicht nach gegen die in Art. 49 AEU garantierte Niederlassungsfreiheit verstießen.[2] Die anfallende Steuer wird jedoch auf Antrag unter bestimmten Voraussetzungen, u. a. der Leistung einer Sicherheit, gestundet. Der Conseil d'État vertrat in seiner Vorlageentscheidung die Meinung, dass die Wegzugsbesteuerung die Niederlassungsfreiheit nach Art. 49 AEU insoweit betreffe, als Letztere die Einführung solcher Rechtsvorschriften eines Mitgliedstaates verbiete, die die Behinderung der Niederlassung von eigenen Staatsangehörigen in einen anderen Mitgliedstaat zur Folge hätten. Durch die Möglichkeit der Stundung der Steuerschuld – unter der Voraussetzung der Bestellung eines Fiskalvertreters sowie der Hinterlegung einer Sicherheitsleistung – sieht der Conseil d'État den Verstoß gegen die Niederlassungsfreiheit abgewendet.

In der Besteuerung latenter Wertsteigerungen sieht der EuGH einen Verstoß gegen die Niederlassungsfreiheit nach Art. 49 AEU, wenn der Herkunftsmitgliedstaat die Niederlassung seiner Staatsangehörigen in einem anderen Mitgliedstaat behindert, wobei sich auch **geringfügige oder unbedeutende** Beschränkungen der Niederlassungsfreiheit verbieten. Eine solche Beschränkung sieht der EuGH in der in Frage stehenden gesetzlichen Regelung, da sie durch die strengen Voraussetzungen, an die ein Zahlungsaufschub geknüpft ist, zumindest abschreckende Wirkung habe und dem Steuerpflichtigen einen Teil seines Vermögens vorenthalte.

Insgesamt sei die Regelung geeignet, einen Steuerpflichtigen von einer Wohnsitzverlegung abzuhalten. Der Rechtfertigungsgrund des französischen Gesetzgebers, der in der Wegzugsbesteuerung eine Maßnahme sieht, der Steuerflucht vorzubeugen, wird vom Gerichtshof abgelehnt. Nach Ansicht des EuGH zielt die Norm entgegen dem Regelungszweck nicht nur speziell darauf ab, Umgehungsfälle zu vermeiden, sondern erfasst durch die Anknüpfung an die Verlegung des Wohnsitzes allgemein alle Fälle. Allein die Verlegung des Wohnsitzes stelle für sich aber noch keine Steuerflucht dar, weshalb eine allgemeine Vermutung einer Steuerumgehung nicht auf den Umstand der Wohnsitzverlegung gestützt werden könne. Die französische Regelung gehe somit weit über das hinaus, was zur Erreichung des damit verfolgten Zieles erforderlich ist und sei damit unverhältnismäßig. Eine mildere Regelung sehen die Urteilsgründe beispielsweise in der Besteuerung von Steuerpflichtigen, die nach verhältnismäßig kurzem Aufenthalt in einem anderen Mitgliedstaat, in dem sie eine Veräußerung der Anteile vorgenommen haben, nach Frankreich zurückkehren (Rz. 54 des Urteils).

---

[1] EuGH, a. a. O., Rs. de Lasteyrie du Saillant.
[2] Vgl. zu der französischen Rechtslage *Richter*, IStR 2003, 157 ff.

EU-steuerpolitischer Hintergrund

440 Damit kann festgestellt werden, dass der EuGH zwar das Recht der bei einem grenzüberschreitenden Vorgang beteiligten Staaten auf Aufteilung der Besteuerungsrechte zwischen dem Wegzugsstaat und dem Zuzugsstaat nicht in Abrede stellt und er damit indirekt auch den fiskalischen Anspruch eines Staates auf die Besteuerung der unter seiner Steuerhoheit entwickelten stillen Reserven bestätigte.[1] Die Verwirklichung dieses Anspruchs durch einen Staat darf aber nicht so ausgestaltet werden, dass dadurch die betroffene Person in ihrer Niederlassungsfreiheit (und aufgrund der Konvergenz der Grundfreiheiten auch in ihrer Arbeitnehmerfreizügigkeit) in unverhältnismäßiger Weise eingeschränkt wird.

441 In der Rs. N.[2] betreffend die niederländische Wegzugsbesteuerung, wurde der EuGH mit der Frage ersucht, ob Regelungen der Wegzugsbesteuerung mit dem Allgemeinen Freizügigkeitsrecht gem. Art. 21 AEU zu vereinbaren sind. Die Regelungen der niederländischen Wegzugsbesteuerung greifen, wenn der Steuerpflichtige unmittelbar oder mittelbar mindestens 5 % der Anteile an einer Kapitalgesellschaft hält und aus der unbeschränkten Steuerpflicht ausscheidet. Der EuGH folgte in der Rs. N.[3] den Schlussanträgen der Generalanwältin Kokott v. 30. 3. 2006 und stellte fest, dass die niederländische Regelung im Wesentlichen mit der französischen vergleichbar sei und das allgemeine Freizügigkeitsrecht des Art. 21 AEU des Wegziehenden insoweit beschränke, als die Regelung die Erforderlichkeit einer Sicherheitsleistung für die Stundung der Steuer vorsieht sowie nach dem Wegzug des Steuerpflichtigen eintretende Wertminderungen der Beteiligung nicht steuermindernd berücksichtigt werden.

442 Als Reaktion auf das Urteil in der Rs. de Lasteyrie du Saillant[4] und das von der Europäischen Kommission gegen Deutschland eingeleitete Vertragsverletzungsverfahren wurde § 6 AStG durch das am 13. 12. 2006 in Kraft getretene „Gesetz über steuerliche Begleitmaßnahmen zur Einführung der Europäischen Gesellschaft und zur Änderung weiterer steuerrechtlicher Vorschriften (SEStEG)" neu gefasst. Danach unterliegen Wertzuwächse von Kapitalgesellschaftsanteilen i. S. d. § 17 EStG zum Zeitpunkt des Wegzugs ins Ausland zwar weiterhin der inländischen Besteuerung. Bei einem Wegzug in einen anderen EU- oder EWR-Mitgliedstaat soll die anfallende Steuer jedoch zukünftig bis zur Realisierung des Wertzuwachses ohne Sicherheitsleistung zinslos gestundet werden.

Entsprechend hat das FG Baden-Württemberg mit einem Beschluss vom 14.6.2017[5] dem EuGH die nachfolgende Frage, welche sich an die in § 6 AStG normierte Wegzugsbesteuerung und dessen Rechtmäßigkeit bei einem Wegzug in die Schweiz richtete, zur Vorabentscheidung vorgelegt:

Sind die Vorschriften des Abkommens zwischen der Europäischen Gemeinschaft und ihren Mitgliedstaaten einerseits und der Schweizerischen Eidgenossenschaft andererseits über die Freizügigkeit vom 21. Juni 1999, in Kraft getreten am 1. Juni 2002, insbesondere dessen Präambel sowie Art. 1, 2, 4, 6, 7, 16 und 21 und Anhang I Art. 9 dahin auszulegen, dass sie der Regelung eines Mitgliedstaats entgegenstehen, nach der, damit kein Besteuerungssubstrat entgeht, latente, noch nicht realisierte Wertsteigerungen von Gesellschaftsrechten (ohne Aufschub) besteuert werden, wenn ein in diesem Staat zunächst unbeschränkt steuerpflichtiger Staatsangehöriger dieses

---

1 Vgl. insoweit bereits EuGH, Urteil v. 21. 11. 2002 - Rs. C-436/00, X und Y, EuGHE 2002, I-10829, Rz. 57 = NWB YAAAB-72816.
2 EuGH, Urteil v. 7. 9. 2006 - Rs. C-470/04, N., NWB DAAAD-22700.
3 EuGH, Urteil v. 7. 9. 2006 - Rs. C-470/04, N., NWB DAAAD-22700.
4 EuGH, a. a. O., Rs. de Lasteyrie du Saillant.
5 2 K 2413/15, NWB XAAAG-61755.

Mitgliedstaats seinen Wohnsitz von diesem Staat in die Schweiz und nicht in einen Mitgliedstaat der Europäischen Union oder in einen Staat verlegt, auf den das Abkommen über den Europäischen Wirtschaftsraum Anwendung findet?

Die EuGH-Vorlage richtet sich an die in § 6 AStG normierte Wegzugsbesteuerung und dessen Rechtmäßigkeit bei einem Wegzug in die Schweiz. Nach Ansicht des FG Baden-Württemberg (Pressemitteilung vom 2.11.2017) kann sich der Kläger auf das Abkommen zwischen der Europäischen Gemeinschaft und ihren Mitgliedstaaten und der Schweiz über die Freizügigkeit berufen.

2. Wegzug von Körperschaften[1]

Auf den ersten Blick liegt es nahe, auch in der Wegzugsbesteuerung einer Körperschaft einen unzulässigen Eingriff in die Niederlassungsfreiheit nach Art. 54 und 49 AEU zu sehen.[2] Allerdings ist zu beachten, dass die Wegzugsbesteuerung nach § 12 Abs. 1 KStG sowohl im Falle des Wegzugs einer inländischen als auch einer ausländischen Kapitalgesellschaft greift, so dass nicht bereits grundsätzlich eine mit dem AEU-Vertrag kollidierende Ausländerdiskriminierung festzustellen ist.[3] Zudem ist das Urteil des EuGH in der Rs. Daily Mail v. 27.9.1988[4] zu berücksichtigen. Nach dieser bislang unveränderten Rechtsprechung des EuGH ist zumindest für den Bereich des Gesellschaftsrechts davon auszugehen, dass die Niederlassungsfreiheit kein Recht auf Sitzverlegung vom Sitzstaat in einen anderen EU-Mitgliedstaat umfasst und folglich der Wegzugsbesteuerung einer Körperschaft grundsätzlich keine europarechtlichen Vorgaben entgegenstehen.[5] Aus den jüngeren Urteilen des EuGH in der Rs. Überseering[6] v. 5.11.2002 sowie Inspire Art[7] v. 30.9.2003 lässt sich nichts Gegenteiliges folgern, da diese den Zuzug einer in einem anderen EU-Mitgliedstaat gegründeten Körperschaft betreffen. Dieser darf laut EuGH nicht dadurch behindert werden, dass der Staat, in dessen Gebiet die Körperschaft ihren Sitz verlegt, die Körperschaft rechtlich nur anerkennt, wenn sie nach seinen Vorschriften gegründet wurde. Auch das mit Spannung erwartete Urteil v. 16.12.2008 in der Rs. Cartesio,[8] bestätigte die durch Daily Mail vorgezeichnete Linie.[9]

Relativ unproblematisch lässt sich hingegen wiederum die Europarechtswidrigkeit der Wegzugsbesteuerung bei Verlegung einer inländischen Betriebsstätte einer beschränkt steuerpflichtigen Körperschaft in einen anderen EU-Mitgliedstaat bejahen. Anders als die Verlegung der Betriebsstätte innerhalb Deutschlands löst die Verlegung ins Ausland die Besteuerung der im Betriebsvermögen der Betriebsstätte vorhandenen stillen Reserven aus. Infolge dieser Ungleichbehandlung ist der Schutzbereich der Niederlassungsfreiheit eröffnet. Eine Rechtfertigung ist ebenso wenig wie bei der Wegzugsbesteuerung natürlicher Personen zu erkennen.[10]

---

1 Siehe auch *Mössner* in Mössner/Seeger/Oellerich, KStG, § 12 Rz. 36.
2 So auch *Schnitger*, BB 2004, 804 ff.; *Eicker/Schwind*, EWS 2004, 186 ff. sowie zunächst *Kleinheisterkamp*, PIStB 2004, 82 ff.
3 Vgl. *Wassermeyer*, GmbHR 2004, 613 ff.
4 EuGH, Urteil v. 27.9.1988 - Rs. C-81/87, Daily Mail, Slg. 1988, S. 5512 ff.
5 Vgl. *Kleinert/Probst*, DB 2004, 673 ff.
6 EuGH, Urteil v. 5.11.2002 - Rs. C-208/00, Überseering, EuGHE 2002 S. I-09919 = NWB BAAAB-72640.
7 EuGH, Urteil v. 30.9.2003 - Rs. C-167/01, Inspire Art, BB 2003, 2195 ff. = NWB JAAAB-72607.
8 EuGH, Urteil v. 16.12.2008 - Rs. C-210/06, Cartesio, NWB KAAAD-02818.
9 Vgl. *Leible/Hoffmann*, BB 2009, 58–63.
10 Vgl. *Schnitger*, BB 2004, 804 ff. sowie *Körner*, IStR 2004, 424 ff.

445 Somit ist festzustellen, dass die **sofortige** Aufdeckung stiller Reserven bei Wegzug der Gesellschaft eine Beschränkung der Niederlassungsfreiheit nach den Grundsätzen der Rs. Lasteyrie darstellt. Soweit mit dem Betriebsstättenprinzip der Fusionsrichtlinie eine Verstrickung der stillen Reserven weiterhin gesichert ist, muss unter europarechtskonformer Auslegung § 12 KStG teleologisch reduziert werden.[1] Für die übrigen Wirtschaftsgüter bzw. soweit keine Betriebsstätte zurückgelassen wird, darf allein aufgrund des Wegzugs ohne tatsächliche Realisierung keine fiktive Besteuerung erfolgen. Die Besicherung des Besteuerungsanspruchs des Wegzugsstaates muss unionsrechtlich den Verhältnismäßigkeitsgrundsatz wahren und eine mildere Methode vorsehen (z. B. Feststellung der stillen Reserven und Aufschub der Besteuerung bis zur tatsächlichen Veräußerung). Ob insoweit der § 4g EStG europarechtskonform ist, kann wohl mit Verweis auf das EuGH-Urteil vom 23.1.2014 in der Rs. C-164/12 DMC Beteiligungsgesellschaft bejaht werden. Darin wurde die früher geltende Regelung der gestaffelten Besteuerung auf fünf Jahre (§ 21 Abs. 2 Satz 3 – 6 UmwStG 1995) vom EuGH als verhältnismäßiges Mittel anerkannt. In seinem Urteil vom 21.5.2015 in der Rs. Verder LabTec zu einer Übertragung von Wirtschaftsgütern einer deutschen KG auf ihre niederländische Betriebsstätte hat der EuGH die für diese Sachverhaltskonstellation geltende zehnjährige Staffelung der Aufdeckung und Besteuerung der stillen Reserven bestätigt.[2]

446 In der mittlerweile als Grundsatzurteil zu bezeichnenden Entscheidung in der Rs. C-371/10 „National Grid Indus" hatte die Große Kammer des EuGH bereits am 29.11.2011[3] unter Anhörung von 10 Mitgliedstaaten darüber zu befinden, ob und zu welchem Zeitpunkt der Herkunftsstaat eines Unternehmens nicht realisierte Wertzuwächse anlässlich der Verlegung des Unternehmenssitzes in einen anderen Mitgliedstaat besteuern darf. Konkret ging es um eine niederländische Kapitalgesellschaft mit beschränkter Haftung (BV), die ihren tatsächlichen Verwaltungssitz nach Großbritannien verlegte und deshalb aufhörte, in den Niederlanden steuerpflichtige Gewinne zu erzielen. Die bis zum Zeitpunkt der Sitzverlegung entstandenen, noch nicht realisierten Wertzuwächse sind nach niederländischem Steuerrecht im Kalenderjahr der Sitzverlegung zu versteuern (sog. Schlussbesteuerung).

447 Der EuGH entschied, dass das Unionsrecht der Besteuerung solcher im Herkunftsstaat entstandener stiller Reserven nicht entgegensteht. Zwar liege in der Besteuerung aufgrund einer Sitzverlegung eine Beschränkung der Niederlassungsfreiheit. Die endgültige Festsetzung der Steuerhöhe im Zeitpunkt der Sitzverlegung selbst ohne Berücksichtigung möglicherweise später eintretender Wertminderungen oder Wertzuwächse sei aber geeignet, die vom EuGH als gerechtfertigt angesehene ausgewogene Aufteilung der Besteuerungsbefugnis zwischen den betroffenen Mitgliedstaaten sicherzustellen.

448 Allerdings betrachtet der EuGH die sofortige Einziehung der Steuer bereits zum Zeitpunkt der Sitzverlegung, ohne Möglichkeit zum Aufschub der Steuerzahlung, jedoch als mit der europarechtlichen Niederlassungsfreiheit unvereinbar. Eine europarechtskonforme Lösung sieht das Gericht aber möglicherweise in einer Regelung, die einer Gesellschaft die Wahl ließe zwischen einer sofortigen Zahlung des Steuerbetrages einerseits und einem – mit höherem Verwaltungsaufwand verbundenen – Aufschub der Zahlung mit Nachverfolgung des verlegten Ver-

---

[1] Vgl. *Kessler/Huck/Obser/Schmalz*, DStZ 2004, 819f.
[2] Rs. C-657/13, IStR 2015, 440 = NWB YAAAE-91181; zu den Schlussanträgen des GA Jääskinen v. 3.2.2015 *Mitschke*, IStR 2015, 214; *Müller*, ISR 2015, 144.
[3] EuGH, Urteil v. 29.11.2011 - Rs. C-371/10, National Grid Indus BV, NWB LAAAE-00703; vgl. auch *Mössner* in Mössner/Seeger/Oellerich, KStG, § 12 Rz. 41.

mögens und ggf. je nach nationaler Rechtslage aufgebürdeter Zinszahlungspflicht und Gewährung von Sicherheiten andererseits.

Die weitere Entwicklung nach der Rs. National Grid Indus als Grundsatzentscheidung

In bisweilen drei weiteren Entscheidungen in Folge von Vertragsverletzungsverfahren gegen Portugal, die Niederlande und Spanien hat der EuGH[1] die in der Rs. National Grid Indus vertretene Position zu der Unverhältnismäßigkeit sofort zu erhebender Wegzugssteuern bei Verlagerung von Wirtschaftsgütern bzw. ganzen Gesellschaften über die Grenze bestätigt.

In beiden Vertragsverletzungsverfahren gilt der optional ausgestaltete Steueraufschub bei Wegzug von Gesellschaften bzw. Verlagerung von Wirtschaftsgütern über die Grenze als mildestes Mittel den Interessensausgleich zwischen den Mitgliedstaaten auf Sicherung der stillen Reserven und der Unternehmen auf steuerschonende Umstrukturierung oder Umorientierung ihrer Geschäftstätigkeit zu wahren. Auch das Erfordernis der Gestellung einer Sicherheit unterliegt dem Verhältnismäßigkeitsgrundsatz und kann somit im Einzelfall je nach Größe des Unternehmens, Verlagerung der Wirtschaftsgüter oder Vorhandensein anderer Betriebsstätten auf die besonderen Erfordernisse des Unternehmens und des Staates angepasst werden.

Äußerst kritisch ist aber nach wie vor die Zinstragungspflicht des aufgeschobenen Steuerbetrags je nach nationaler Rechtslage zu sehen. Dieses Erfordernis, welches in der Rs. Kommission gegen Portugal wortgleich aus der Rs. National Grid Indus übernommen wurde und in dem Verfahren Kommission gegen die Niederlande überhaupt keine Erwähnung fand, bildet ein zunehmendes Ärgernis in der Praxis und stellt sich immer mehr als tatsächlicher „Showstopper" vieler sinnvoller Umstrukturierungen in der EU dar. Stellt man auf die Liquiditätsprobleme der sich relokierenden Unternehmen ab, welche das maßgebliche Kriterium zur Bestimmung der beschränkenden Wirkung der sofortigen Besteuerung der stillen Reserven bedeutete, so kann eine mögliche Verzinsung eines Steueraufschubs mit 6 % derzeit kaum der Schutzwirkung der Niederlassungsfreiheit standhalten. Dies gilt schon unabhängig von der Frage, ob eine vergleichbare nationale Zinstragungspflicht für rein innerstaatliche Wegzugs- oder Verbringungsfälle überhaupt gegeben ist. Allenfalls könnte man hier an eine marktorientierte Verzinsung denken.[2]

Zuletzt befasste sich der EuGH mit einer Klage der Kommission gegen das portugiesische Einkommensteuergesetz,[3] welches in der entsprechenden Norm vorsieht, dass eine steuerpflichtige natürliche Person die Portugal verlässt und in einen anderen Mitgliedstaat zieht, den Steuerbetrag für den resultierenden Wertzuwachs sofort entrichten muss, wohingegen Steuerpflichtige, die Portugal nicht verlassen, erst bei der Veräußerung der beim Tausch erhaltenen Gesellschaftsanteile herangezogen werden. Außerdem prüft der EuGH eine weitere Norm des portugiesischen Einkommensteuergesetzes, wonach ein Steuerpflichtiger keinen Aufschub bei der Besteuerung erhält, wenn er Anteile im Tausch gegen Geschäftsanteile an eine Gesellschaft überträgt, dessen Sitz oder tatsächliche Gesellschaft sich aber nicht in Portugal befindet.

Der EuGH hat entschieden, dass die Ungleichbehandlung durch beide Normen eine Beschränkung der Freizügigkeit von Arbeitnehmern und der Niederlassungsfreiheit nach Art. 45 und 49

---

[1] Kommission gegen Portugal s. Rs. C-38/10, Urteil v. 6. 9. 2012, NWB LAAAD-17273; Kommission gegen Niederlande Rs. C-123/11, Urteil v. 31. 1. 2012; Kommission gegen Spanien Rs. C-64/11, Urteil v. 25. 4. 2013.
[2] Vgl. dazu auch *Gosch*, Über Entstrickung, IWB 21/2012, 779 ff.
[3] EuGH, Urteil v. 21. 12. 2016 - C-503/14, NWB KAAAG-39344.

AEUV sowie Art. 21 AEUV, sowie für die entsprechenden Grundfreiheiten des EWR-Vertrags darstellt, und erkennt die Unverhältnismäßigkeit der Normen an. Die Entscheidung bringt Klarheit hinsichtlich der EU-rechtlich gebotenen Gleichbehandlung von natürlichen respektive juristischen Personen im Rahmen der nationalen Wegzugsbesteuerung. Die Kommission kann sich in ihrer Argumentation nicht auf die bisherige Rechtsprechung „de Lasteyrie du Saillant" berufen, sondern es findet die „gelockerte" Rechtsprechung der Rs. National Grid Indus[1] Anwendung, obwohl diese Entscheidung sich mit der Besteuerung von Wertzuwächsen bei juristischen Personen befasst.

451-460 *(Einstweilen frei)*

V. Beihilfe Allgemein und die Problematiken im Fall des Verlustabzugs bei Körperschaften, § 8c Abs. 1a KStG

1. Beihilfe Allgemein

461 Der Begriff der Beihilfe aus Art. 107 Abs. 1 AEUV folgt einem weiten Verständnis des Beihilfebegriffs und umfasst auch Steuervergünstigungen.[2]

In der europäischen und deutschen Literatur mangelt es zwar nicht an der Befassung mit dem Steuerrecht im Lichte des Beihilferechts.[3] Ein besonderer Schwerpunkt lag und liegt in Deutschland insoweit auf der Diskussion um die Beihilfequalität, mithin die Selektivität, des § 8c Abs. 1a KStG.[4] Gleichwohl fällt auf, dass bislang in der Literatur eine Auseinandersetzung mit der unionsrechtlichen Beihilfethematik im Hinblick auf deren steuerrechtliche Implikationen im Wesentlichen punktuell, bezogen auf bestimmte steuerrechtliche Thematiken erfolgte. Als grundlegend ist insoweit der Beitrag von *Blumenberg/Kring* zu werten, der unter dem Eindruck der aktuellen Beihilfethematik des § 8c Abs. 1a KStG eine umfassende Darstellung der beiden Rechtssphären des Beihilfe- und des Steuerrechts vermittelt.[5]

Dass steuerrechtliche Maßnahmen durch die Kommission im Lichte des unionsrechtlichen Beihilferechts betrachtet werden, ist nicht neu.[6] Die jüngsten Äußerungen der Kommissare für Wettbewerb sowie Steuern und Zoll[7] komplementieren die in jüngerer Vergangenheit erfolgten Tätigkeiten der Kommission auf dem Gebiet der Steuern.[8] Es entsteht der Eindruck, dass sich insoweit möglicherweise die Tätigkeit der Kommission derzeit und ggf. auch zukünftig intensiviert.[9]

---

[1] Urteil v. 29. 11. 2011 Rs. National Grid Indus - C-371/10, NWB LAAAE-00703.

[2] *Cremer* Calliess/Ruffert, EUV/AEUV, 4. Aufl. 2011, Art. 107 AEUV Rz. 10; Bekanntmachung der Kommission über die Durchsetzung des Beihilferechts durch die einzelstaatlichen Gericht v. 9. 4. 2009 - 2009/C 85/01 (im Weiteren: Kommission, 2009/C 85/01), Rz. 11; *Bode*, FR 2011, 1034; *de Weerth*, DB 2009, 2677, 2678.

[3] *Ismer/Karch*, IStR 2014, 130, 131, m.w.N.; vgl. auch BFH Vorlagebeschluss v. 30. 5. 2017 - II R 62/14 zu Beihilfecharakter von § 6a GrEStG

[4] Vgl. zuletzt insbes. *Hackemann/Sydow*, IStR 2013, 786, im Übrigen vgl. nachfolgend.

[5] *Blumenberg/Kring*, Europäisches Beihilferecht und Besteuerung, IFSt Schriften, Nr. 473.

[6] Entschließung des Rates v. 1. 12. 1997 über einen Verhaltenskodex für die Unternehmensbesteuerung - 98/C 2/02; Mitteilung der Kommission über die Anwendung der Vorschriften über staatliche Beihilfen auf Maßnahmen im Bereich der direkten Unternehmensbesteuerung v. 10. 12. 1998 - 98/C 384/03 (im Weiteren: Kommission, 98/C 384/03).

[7] Kommission, Pressemitteilungen v. 11. 2. 2014 - Speech/14/119 und Speech/14/117.

[8] Kommission, Pressemitteilung IP/13/955; Kommission, Pressemitteilung IP/13/1203; Kommission, 2013/C 258/06, ABl. C 258 v. 7. 9. 2013, 8; COM(2013) 814 final; COM(2013) 348 final; C(2012) 8806 final; C(2012) 8805 final; COM(2012) 351 final; Mitteilung der Kommission, Richtlinien betreffend Beihilfen zur Förderung von Risikofinanzierungsinvestments, C(2014) 34/2.

[9] In diesem Sinne wohl auch *Soltész*, EuZW 2014, 89, 92.

Aus Art. 108 AEUV folgt letztlich die Unterscheidung in sog. neue und bestehende Beihilfen. Entsprechend der negativabgrenzenden Definition durch Art. 1 Buchst. c Verordnung Nr. 659/1999 des Rates v. 22. 3. 1999 (im Weiteren: VerfO) i. d. F. v. 31. 7. 2013[1] sind alle Beihilfen, die nicht als bestehende Beihilfen qualifizieren, **neue Beihilfen**. Als solche wurden sie bislang noch nicht gewährt und sind daher gem. Art. 108 Abs. 3 Satz 1 AEUV durch den Mitgliedstaat vor ihrer Einführung bei der Kommission anzumelden, d. h. zu notifizieren, und unterliegen somit einer Präventivkontrolle.[2] Für gewisse Bereiche des Beihilferechts bestehen Ausnahmen von der Notifizierungspflicht. Dies gilt u. a. für von einer Gruppenfreistellung erfasste staatliche Maßnahmen, Maßnahmen, die die sog. De-minimis-Grenze von 200 000 € über einen Zeitraum von drei Jahren nicht überschreiten, oder falls die Beihilfe unter einer Beihilferegelung erfolgt, die bereits durch die Kommission genehmigt wurde. Ein entsprechender Katalog von Maßnahmen, die von der Notifizierungspflicht freigestellt sind, existiert für Maßnahmen auf dem Gebiet des Steuerrechts hingegen nicht. Solange die Kommission noch keinen abschließenden Beschluss erlassen hat, darf die beabsichtigte Begünstigung gem. Art. 108 Abs. 3 Satz 3 AEUV nicht gewährt werden (Stillhaltepflicht). 462

Artikel 1 Buchst. b VerfO definiert **bestehende Beihilfen**. Als solche gelten insbesondere Maßnahmen, für die eine Rückforderung wegen Eintritts der Verjährung gem. Art. 1 Buchst. b i. V. m. Art. 15 VerfO ausgeschlossen ist. Gemäß Art. 1 Buchst. d VerfO unterliegen bestehende Beihilferegelungen einer Repressivkontrolle. Von Bedeutung ist im Hinblick auf Art. 108 Abs. 3 Satz 1 AEUV, inwieweit eine bestehende Beihilferegelung umgestaltet und zu einer „neuen" Beihilfe wird, wobei die Schwelle insoweit aus der Rechtsprechung des EuGH bisher nicht deutlich erkennbar wurde.[3] Dementsprechend überprüft die Kommission fortlaufend in Zusammenarbeit mit den Mitgliedstaaten bestehende Beihilfen.[4] Stellt die Kommission fest, dass eine Beihilferegelung nicht mehr mit dem Beihilferecht vereinbar ist, kann sie den Mitgliedstaat zu einer Änderung oder Einstellung der betreffenden Beihilferegelung auffordern. 463

Von einer **formell und materiell rechtswidrige Beihilfe** ist auszugehen, wenn eine staatliche Maßnahme entgegen Art. 108 Abs. 3 Satz 1 AEUV nicht notifiziert und gleichwohl durchgeführt wird. Dann handelt es sich um eine sog. rechtswidrige Beihilfe gem. Art. 1 Buchst. f VerfO. Eine ohne Notifizierung durchgeführte Beihilfe ist formell rechtswidrig.[5] Erfüllt eine staatliche Maßnahme den Tatbestand der Beihilfe gem. Art. 107 Abs. 1 AEUV, ohne dass eine Ausnahme gem. Art. 107 Abs. 2 und 3 AUEV einschlägig ist, wird von einer materiell rechtswidrigen Beihilfe gesprochen.[6] Die Kommission kann gem. Art. 10 Abs. 1 Satz 1 VerfO von Amts wegen jegliche Information über rechtswidrige Beihilfen aufgreifen. Wie in Art. 10 Abs. 2 Satz 2 VerfO zum Ausdruck kommt, gelten die Verfahrensvorschriften über angemeldete Beihilfen im Wesentlichen entsprechend, wobei sich insbesondere Abweichungen im Hinblick auf Fristerfordernisse ergeben.[7] Eine rechtswidrige Beihilfe kann sowohl durch die Kommission als auch durch Wettbewerber des begünstigten Unternehmens angegriffen werden. Gemäß Art. 11 464

---

[1] Verordnung (EU) Nr. 734/2013 des Rates v. 22. 7. 2013 zur Änderung der Verordnung (EG) Nr. 659/1999 über besondere Vorschriften für die Anwendung von Art. 93 des EG-Vertrags, ABl. v. 31. 7. 2013, L 204/15.
[2] *Götz/Martinez Soria* in Dauses, EU-Wirtschaftsrecht, 31. Erg.-Lfg. 2012, H.III. Rz. 236.
[3] *Soltész/Wagner*, EuZW 2013, 856, 857 ff.; EuGH, Urteil v. 18. 7. 2013 - Rs. C-6/12, P Oy, m. Anm. *von Brocke/Wohlhöfler*, ISR 2013, 291 = NWB YAAAE-43180.
[4] EuGH, Urteil v. 22. 3. 1977 - Rs. C-78/76, Steinike und Weinlig, Slg. 1977, 595, 609; Kommission, 98/C 384/03, Rz. 36.
[5] EuGH, Urteil v. 5. 10. 2006 - Rs. C-368/04, Transalpine Ölleitung, Rz. 40, NWB EAAAC-83166; *Mähring*, JuS 2003, 448, 453.
[6] *Bode*, FR 2011, 1034, 1036.
[7] *Götz/Martinez Soria* in Dauses, EU Wirtschaftsrecht, 31. Erg.-Lfg. 2012, H.III. Rz. 261; *Sinnaeve*, EuZW 1999, 270, 273.

Abs. 1 und 2 VerfO kann die Kommission im Prüfungsverfahren der entsprechenden nicht notifizierten Maßnahme, ohne bereits über die Maßnahme endgültig entschieden zu haben, eine Aussetzung der rechtswidrigen Beihilfe verlangen. Sollte der Mitgliedstaat diesen Anordnungen nicht nachkommen, kann die Kommission gegen diesen Mitgliedstaat vor dem EuGH Klage auf Feststellung eines Verstoßes gegen den Vertrag erheben, Art. 12 VerfO. Obgleich die Kommission selbst insoweit nur beschränkte Befugnisse sieht,[1] ist es ihr gem. Art. 11 Abs. 2 VerfO möglich, einstweilig eine Rückforderung der rechtswidrigen Beihilfe verlangen.

465 Eine Definition des Beihilfebegriffs existiert im Unionsrecht nicht.[2] Aus Art. 107 Abs. 1 AEUV und der Rechtsprechung des EuGH folgt jedoch bezüglich der **Tatbestandsmäßigkeit**, dass es sich bei einer Beihilfe um (i) eine dem Staat zuzurechnende Maßnahme handeln muss, (ii) die zu einer finanziellen Belastung öffentlicher Mittel führt, (iii) eine Begünstigung darstellt, (iv) die nur bestimmte Unternehmen erfasst (sog. Selektivität) und (v) geeignet sein muss, um zu einer Beeinträchtigung des Handels zwischen den Mitgliedstaaten führen zu können.[3]

Auf eine ausdrückliche Minderung der Steuerlast kommt es nicht an. Denn jede Maßnahme, mit der in verschiedener Form Belastungen gemindert werden, die ein Unternehmen regelmäßig zu tragen hat, kann eine Begünstigung im Sinne einer steuerlichen Beihilfe darstellen.[4] Mindereinnahmen des Staates stehen der Zuwendung finanzieller Mittel an den Begünstigten gleich.[5] Mittelbare steuerliche Begünstigungen werden von der Rechtsprechung als ausreichend i. S. d. Beihilfetatbestands angesehen.[6]

466 Das Kriterium der Selektivität entfaltet steuerrechtlich die größte Bedeutung.[7] Unterschieden werden materielle, sektorale und regionale Selektivität.[8] Daneben indiziert die Gewährung einer Vergünstigung durch eine Ermessenentscheidung der Verwaltung deren selektive Wirkung.[9] Erfolgt die Steuervergünstigung anhand objektiver Merkmale, kann diese gleichwohl den Selektivitätsanforderungen genügen.[10] Entscheidend für eine Begünstigung bestimmter Unternehmen ist allein die tatsächliche Wirkung der betreffenden Maßnahme.[11] Da diese in weitem Sinne verstanden wird,[12] verliert eine Maßnahme ihren selektiven Charakter nicht da-

---

1 Kommission, 2009/C 85/01, Rz. 25.
2 *Cremer* Calliess/Ruffert, EUV/AEUV, 4. Aufl. 2011, Art. 107 AEUV Rz. 10.
3 Kommission, 2009/C 85/01, Rz. 25; *von Wallenberg/Schütte* in Grabitz/Hilf/Nettesheim, Das Recht der Europäischen Union, 51. Erg.-Lfg. 2013, Art. 107 AEUV Rz. 24.
4 EuGH, Urteil v. 8.9.2011 - verbundene Rs. C-78/08, C-79/08 und C-80/08, Paint Graphos u. a., Rz. 45, NWB LAAAD-93890; EuGH, Urteil v. 10.1.2006 - Rs. C-222/04, Cassa di Risparmio di Firenze, Rz. 131, NWB GAAAB-80332; EuGH, Urteil v. 7.3.2002 - Rs. C-310/99, Italien/Kommission, Rz. 51 Slg. 2002 I S. 2285.
5 Kommission, 98/C 384/03, Rz. 10.
6 EuGH, Urteil v. 19.9.2000 - Rs. C-156/98, BStBl 2001 II 47, Rz. 26; EuG v. 4.3.2009 - T-445/05, Fineco, Rz. 127 ff.; *Soltész/Hellstern*, EuZW 2013, 489, 490, unter Hinweis auf die Bestimmung des letztlich gewährten Vorteils.
7 *Linn*, IStR 2008, 601, 602.
8 Kommission, 98/C 384/03, Rz. 17 ff.; EuGH, Urteil v. 6.9.2006 - Rs. C-88/03, Portugal/Kommission, NWB UAAAE-15783; zur Selektivität aufgrund bestimmter Rechtsform EuGH, Urteil v. 10.1.2006 - Rs. C-222/04, Cassa di Risparmio di Firenze, Rz. 136, NWB GAAAB-80332.
9 Kommission, 98/C 384/03, Rz. 21.
10 EuG v. 23.10.2002 - verbundene Rs. T-269/99, T-270/99 und T-271/99, Deputación Foral de Guipúzcoa u. a., Rz. 62; EuGH, Urteil v. 8.11.2001 - Rs. C-143/99, Adria-Wien Pipeline, Rz. 53, NWB TAAAF-77816.
11 EuGH, Urteil v. 22.12.2008 - Rs. C-487/06, British Aggregates, Rz. 85 Slg. 2008 I S. 10515, st. Rspr.; *Cremer* Calliess/Ruffert, EUV/AEUV, 4. Aufl. 2011, Art. 107 AEUV Rz. 26; Kommission, 98/C 384/03, Rz. 14, unter Bezugnahme auf EuGH, Urteil v. 2.7.1974 - Rs. C-173/73, Italien/Kommission Slg. 1974 S. 709.
12 *Cremer* Calliess/Ruffert, EUV/AEUV, 4. Aufl. 2011, Art. 107 AEUV Rz. 26 m. w. N. zur Rspr.

durch, dass eine Vielzahl von Unternehmen betroffen ist oder diese Unternehmen mehreren Branchen angehören.[1]

Steuerrechtlich wird zur Beurteilung der Selektivität einer Maßnahme zunächst das allgemein geltende oder „normale" Steuersystem ermittelt und geprüft, um dann in einem zweiten Schritt zu beurteilen, ob durch die betreffende Maßnahme ein Vorteil gewährt wird, der selektiv wertet.[2] Insbesondere dem ersten Schritt kommt besondere Bedeutung zu, „da das tatsächliche Vorliegen einer Vergünstigung nur in Bezug auf eine sogenannte ‚normale' Besteuerung festgestellt werden kann".[3] Es ist danach zu fragen, ob eine nationale Maßnahme im Rahmen einer bestimmten rechtlichen Regelung geeignet ist, bestimmte Unternehmen oder Produktionszweige gegenüber anderen Unternehmen oder Produktionszweigen, die sich im Hinblick auf das mit der betreffenden Regelung verfolgte Ziel in einer vergleichbaren tatsächlichen oder rechtlichen Situation befinden, zu begünstigen.[4] Die Bestimmung des Referenzsystems wirft jedoch Unsicherheit und Diskussionspotential auf.[5] Der EuGH verringert insofern das Diskussionspotential nicht, als seiner Auffassung nach unter bestimmten Voraussetzungen auf die Bestimmung des Referenzsystems verzichtet werden kann.[6] Denn im Einzelfall kann es danach nicht ausreichend sein, das Referenzsystem und ein Abweichen hiervon zu bestimmen; es kann vielmehr notwendig sein, das gesamte Referenzsystem selbst auf seine Stimmigkeit hin zu überprüfen.[7] Hierdurch lässt der EuGH, zumindest in bestimmten Fällen, die Vorteilsprüfung in der Selektivitätsprüfung aufgehen.[8] Mithin folgt der EuGH, zumindest in bestimmten Fällen, der Auffassung der Kommission, die selbst die Prüfung von Vorteilsgewährung und Selektivität in einem Prüfungsschritt zusammenfasst.[9] Wird die Steuervergünstigung durch eine Ermessensentscheidung der Finanzverwaltung gewährt, ergeben sich hieraus entsprechende Konsequenzen für die Beurteilung der Selektivität einer Maßnahme, auf die an dieser Stelle nicht weiter eingegangen werden soll.[10]

Soll eine Maßnahme Unternehmen gänzlich oder teilweise von finanziellen Lasten freistellen, die sich aus der normalen Anwendung des allgemeinen Steuersystems ergeben, kann jedoch diese Befreiung durch die Natur oder den inneren Aufbau respektive das Wesen und allgemei-

---

1 EuGH, Urteil v. 3. 3. 2005 - Rs. C-172/03, Heiser, Rz. 42 f., NWB OAAAC-16938; EuGH, Urteil v. 17. 6. 1999 - Rs. C-75/97, Belgien/Kommission, Rz. 33 Slg. 1999 S. 3671.
2 Vgl. nur EuGH, Urteil v. 18. 7. 2013 - Rs. C-6/12, P Oy, Rz. 19, NWB YAAAE-43180.
3 EuGH, Urteil v. 6. 9. 2006 - Rs.C-88/03, Portugal/Kommission, Rz. 56, NWB UAAAE-15783.
4 EuGH, Urteil v. 15. 11. 2011 - verbundene Rs. C-106/09 P und C-107/09 P, Kommission/Gibraltar u. a., Rz. 75, NWB LAAAD-97292; EuGH, Urteil v. 22. 12. 2008 - Rs. C-143/99, Adria Wien Pipeline, Rz. 41, NWB TAAAF-77116; EuGH, Urteil v. 6. 9. 2006 - Rs. C-88/03, Portugal/Kommission, Rz. 56, NWB UAAAE-15783.
5 Zuletzt *Ismer/Karch*, IStR 2014, 130, 131; *Hackemann/Sydow*, IStR 2013, 786, 788 f.; vgl. bei *Lang*, Europäisches Beihilferecht und Besteuerung – am Beispiel des § 8c KStG, in Lüdicke (Hrsg.), Praxis und Zukunft des deutschen Internationalen Steuerrechts, 2012, 85, 91 ff.
6 Zustimmend *Lang*, Europäisches Beihilferecht und Besteuerung – am Beispiel des § 8c KStG, in Lüdicke (Hrsg.), Praxis und Zukunft des deutschen Internationalen Steuerrechts, 2012, 85, 111.
7 EuGH, Urteil v. 15. 11. 2011 - verbundene Rs. C-106/09 P und C-107/09 P, Kommission/Gibraltar u. a., Rz. 87 bis 107, insb. 104 ff., NWB LAAAD-97292.
8 Zustimmend *Lang*, Europäisches Beihilferecht und Besteuerung – am Beispiel des § 8c KStG, in Lüdicke (Hrsg.), Praxis und Zukunft des deutschen Internationalen Steuerrechts, 2012, 85, 112.
9 Bericht über die Umsetzung der Mitteilung der Kommission über die Anwendung der Vorschriften über staatliche Beihilfen auf Maßnahmen im Bereich der direkten Unternehmensbesteuerung v. 9. 2. 2004 - C(2004)434 (im Weiteren: Kommission C(2004)434), Rz. 7.
10 EuGH, Urteil v. 18. 7. 2013 - Rs. C-6/12, P Oy, Rz. 25 ff., NWB YAAAE-43180; *Hackemann/Sydow*, IStR 2013, 790.

ne Zwecke dieses Systems gerechtfertigt sein.[1] Kommt einer Finanzverwaltung Ermessen zur Gewährung eines Steuervorteils zu, entschied der EuGH, dass diese Maßnahme gerechtfertigt sein kann, wenn dieses Ermessen durch objektive, dem Steuersystem nicht fremde, mithin systeminhärente, Kriterien begrenzt ist.[2] Als nicht systeminhärent sieht die Rechtsprechung bspw. eine Politik der regionalen Entwicklung oder des sozialen Zusammenhalts an, soweit diese Kriterien alleinig zu einer Rechtfertigung gereichen sollen.[3] Der Erhalt von Arbeitsplätzen, kann, wenn hierdurch einer Behörde im Rahmen einer Ermessenentscheidung erst die Bestimmung der Begünstigten ermöglicht wird, auch als ein systemfremdes Kriterium werten.[4] Als beihilferechtlich unschädlich wertet eine Bezugnahme auf beschäftigungspolitische Aspekte jedoch dann, wenn dadurch lediglich gesetzliche Tatbestandsmerkmale bestimmt werden und der Verwaltung kein Ermessen zur Gewährung des Vorteils zukommt.[5] Daneben stellt sich das Verhältnis der letztgenannten Rechtfertigungsgründe zur Tatbestandsmäßigkeit aus der unionsrechtlichen Rechtsprechung noch nicht hinreichend klar dar.[6]

467 Eine **Rückforderung** der Beihilfe kann nicht nur im Wege einer einstweiligen Anordnung erfolgen. Sie hat vielmehr gem. Art. 12 VerfO erst recht zu erfolgen, wenn die Kommission über eine Beihilfe final entscheidet und diese als rechtswidrig bewertet.[7] Dies umfasst gem. Art. 12 Abs. 2 VerfO zusätzlich eine angemessene Verzinsung.

468 Die Rückforderung gestaltet sich nach folgendem **Verfahren**:

Zweck der Rückforderung rechtswidriger Beihilfen ist die Wiederherstellung der früheren Lage.[8] Dies gilt auch für steuerliche Beihilfen.[9] Hieraus folgt eine Pflicht des Mitgliedstaats, eine rechtswidrige Beihilfe vom Begünstigten zurückzuverlangen.[10] Zwar liegt es grundsätzlich im Ermessen des Mitgliedstaates, wie die Beihilfe zurückgefordert wird.[11] Für eine vollständige Rückabwicklung der Beihilfe verbleiben dem Mitgliedstaat jedoch grundsätzlich nur vier Monate; eine Verlängerung dieser Frist gewährt die Kommission ggf. ausschließlich nach vorangehender Konsultation durch den Mitgliedstaat im Hinblick auf den Grundsatz des unionsloyalen Verhaltens der Mitgliedstaaten.[12] Diesem Fristerfordernis wird nur genügt, wenn die Begünstigung tatsächlich innerhalb dieser Frist zurückgeführt wird. Die bloße Bestimmung eines

---

1 EuGH, Urteil v. 18. 7. 2013 - Rs. C-6/12, P Oy, Rz. 22, NWB YAAAE-43180; EuGH, v. 6. 9. 2006 - Rs. C-88/03, Portugal/Kommission, Rz. 81, NWB UAAAE-15783; EuGH, Urteil v. 2. 7. 1974 - Rs.C-173/73, Italien/Kommission, Rz. 33 Slg. 1974 S. 709; Kommission, 98/C 384/03, Rz. 15.
2 EuGH, Urteil v. 18. 7. 2013 - Rs. C-6/12, P Oy, Rz. 24 ff., NWB YAAAE-43180.
3 EuGH, Urteil v. 6. 9. 2006 - Rs. C-88/03, Portugal/Kommission, Rz. 82, NWB UAAAE-15783.
4 EuGH, Urteil v. 18. 7. 2013 - Rs.C-6/12, P Oy, Rz. 30, NWB YAAAE-43180.
5 *Hackemann/Sydow*, IStR 2013, 786, 790.
6 EuGH, Urteil v. 18. 7. 2013 - Rs. C-6/12, P Oy, m. Anm. *von Brocke/Wohlhöfler*, ISR 2013, 292 f. = NWB YAAAE-43180; *Linn*, IStR 2008, 601, 604.
7 *Sinnaeve*, EuZW 1999, 270, 274.
8 EuGH, Urteil v. 20. 3. 1997 - Rs. C-24/95, Alcan, Rz. 25, NWB SAAAE-85322; EuGH, Urteil v. 14. 1. 1997 - Rs. C-169/95, Spanien/Kommission, Rz. 47 Slg. 1997 I S. 135.; EuGH, Urteil v. 14. 9. 1994 - verbundene Rs. C-278/92 bis C-280/92, Spanien/Kommission, Rz. 75 Slg. 1994 I S. 4103; *Bode*, FR 2011, 1034, 1043: „unionsrechtswidrig gewährte Beihilfe mit allen Mitteln zu beseitigen").
9 *Sinnaeve*, EuZW 1999, 270, 275.
10 EuGH, Urteil v. 13. 11. 2008 - Rs. C-214/07, Kommission/Frankreich, Rz. 43 ff. Slg. 2008 I S. 8357.
11 EuGH, Urteil v. 22. 12. 2010 - Rs. C-507/08, Kommission/Slowakei, Rz. 51, NWB UAAAE-61000; *Hopt/Mestmäcker*, WM 1996, 753, 759.
12 Bekanntmachung der Kommission, Rechtswidrige und mit dem Gemeinsamen Markt unvereinbare staatliche Beihilfen: Gewährleistung der Umsetzung von Rückforderungsentscheidungen der Kommission in den Mitgliedstaaten v. 15. 11. 2007 - 2007/C 272/04 (im Weiteren: Kommission, 2007/C 272/04), Rz. 42 f.; *von Wallenberg/Schütte* in Grabitz/Hilf/Nettesheim, Das Recht der Europäischen Union, 51. Erg.-Lfg. 2013, Art. 108 AEUV Rz. 100.

geeigneten Verfahrens innerhalb dieser Frist genügt nicht, da es sich um eine Erfolgspflicht handelt.[1]

Mangels entsprechender unionsrechtlicher Normen erfolgt gem. Art. 14 Abs. 1 Satz 1 VerfO die Rückforderung nach den nationalen Verfahrensvorschriften des jeweiligen Mitgliedstaates. Allerdings sind nationale Normen und Rechtsgrundsätze unter der Prämisse des allgemein geltenden **Effektivitätsgrundsatzes** nur anzuwenden, soweit sie der sofortigen und tatsächlichen Vollstreckung der Kommissionsentscheidung, mithin deren Wirksamkeit und Durchsetzung, nicht entgegenstehen.[2] Der Mitgliedstaat hat mithin alle erforderlichen Maßnahmen zu ergreifen, um die Durchführung einer Rückforderungsentscheidung sicherzustellen.[3] Ein Fehlen einschlägiger (Korrektur-)Normen darf einer Rückforderung nicht entgegenstehen.[4] Verwaltungsmäßige Hindernisse tatsächlicher Art, wie z. B. administrative Schwierigkeiten, Belastungen der Finanzverwaltung, die Komplexität eines Rückforderungsverfahrens oder politische Hindernisse können daher im absoluten Regelfall nicht als Einwand vorgebracht werden.[5] Schließt das nationale Verfahrensrecht eine Rückforderung rechtlich aus, hat dies für die Rückforderung rechtswidriger Beihilfen unbeachtlich zu sein.[6] Da das Konzept des Bestandsschutzes dem unionsrechtlichen Beihilferecht nicht bekannt ist,[7] kann eine Bestandskraft nationaler Rechtsakte, einschließlich Gerichtsurteilen oder Festsetzungsverjährung, § 169 AO, einer Rückforderung vom Begünstigten nicht entgegenstehen.[8] Soweit den mitgliedstaatlichen Verwaltungsbehörden überhaupt Ermessen zukommt, reduziert sich dieses auf null.[9]

Mitgliedstaatliche Gerichte haben im Rahmen von Rückforderungsverfahren der Effektivität und der unmittelbaren Wirkung von Art. 108 Abs. 3 AEUV sowie dem Gemeinschaftsinteresse Rechnung zu tragen.[10] Hieraus folgt u. a., dass mitgliedstaatlichen Gerichten lediglich insoweit ein Entscheidungsspielraum zukommt, wie er auch der Kommission im Hinblick auf Art. 14 f. VerfO zusteht.[11] Zudem trug jüngst der Generalanwalt in seinen Schlussanträgen vor, dass na-

---

1 Vgl. zuletzt Schlussanträge des Generalanwalts v. 13. 2. 2014 - Rs. C-527/12, Kommission/Deutschland, Rz. 34 ff.; EuGH, Urteil v. 5. 5. 2011 - Rs. C-305/09, Kommission/Italien, Rz. 29, NWB CAAAD-90954; EuGH, Urteil v. 22. 12. 2010 - Rs. C-507/08, Kommission/Slowakei, Rz. 47 ff., NWB UAAAE-61000; EuGH, Urteil v. 22. 12. 2010 - Rs. C-304/09, Kommission/Italien, Rz. 32, NWB SAAAD-90953.
2 EuGH, Urteil v. 5. 10. 2006 - Rs. C-232/05, Kommission/Frankreich, Rz. 49, NWB IAAAD-90952; EuGH, Urteil v. 20. 3. 1997 - Rs. C-24/95, Alcan, Rz. 24, NWB SAAAE-85322; BVerfG, Urteil v. 3. 7. 2001 - 1 BvR 382/01, BeckRS 2001 30190678, betreffend Grundsatz des Vertrauensschutzes; BVerfG, Urteil v. 8. 4. 1987 - 2 BvR 687/85, NJW 1988, 1459; *Hopt/Mestmäcker*, WM 1996, 753, 759.
3 EuGH, Urteil v. 22. 12. 2010 - Rs. C-304/09, Kommission/Italien, Rz. 31, NWB SAAAD-90953.
4 EuGH, Urteil v. 21. 3. 1991 - Rs. C-303/88, Italien/Kommission, Rz. 56, 60 Slg. 1991 I S. 1433.; *Linn*, IStR 2008, 601, 607, unter Hinweis darauf, dass §§ 172 ff. AO, insbesondere § 175 Abs. 1 Nr. 2 AO, insoweit die Eignung als Rechtsgrundlage fehlt.
5 EuGH, Urteil v. 5. 5. 2011 - Rs. C-305/09, Kommission/Italien, Rz. 36 f., NWB CAAAD-90954; EuGH, Urteil v. 29. 1. 1998 - Rs. C-280/95, Kommission/Italien, Rz. 23 Slg. 1998 I S. 259.; EuGH, Urteil v. 19. 5. 1999 - Rs. C-6/97, Italien/Kommission, Rz. 32, NWB KAAAD-91543; EuGH, Urteil v. 17. 6. 1999 - Rs. C-75/97, Belgien/Kommission, Rz. 86 Slg. 1999 I S. 3671.
6 EuGH, Urteil v. 20. 3. 1997 - Rs. C-24/95, Alcan, Rz. 34, 38, NWB SAAAE-85322; EuGH, Urteil v. 23. 2. 1995.
7 *Linn*, IStR 2008, 601, 606.
8 EuGH, Urteil v. 18. 7. 2007 - Rs. C-119/05, Lucchini, Rz. 63 BFH, Urteil v. 30. 1. 2009 - VII B 180/08, BeckRS 2009, 24003604 = NWB GAAAD-16018, sowie VII B 181/08, BeckRS 2009, 25014942 = NWB DAAAD-21096; BVerfG, Urteil v. 17. 2. 2000 - 2 BvR 1210/98, BeckRS 2000 30096701; vgl. Überblick bei *de Weerth*, DB 2009, 2677 ff., mit krit. Würdigung.
9 EuGH, Urteil v. 20. 3. 1997 - Rs. C-24/95, Alcan, Rz. 34, NWB SAAAE-85322; *Hopt/Mestmäcker*, WM 1996, 801, 803 (dort Fn. 15 m. w. N.) zu § 48 Abs. 1 VwVfG.
10 EuGH, Urteil v. 18. 7. 2007 - Rs. C-119/05, Lucchini, Rz. 60 Kommission, 2009/C 85/01, Rz. 22 m. w. N. zur Rspr. des EuGH; zum Einfluss des unionsrechtlichen Maßstabs auf die Rechtsprechung *Bode*, FR 2011, 1034.
11 Kommission, 2009/C 85/01, Rz. 32.

tionale Gerichte ausdrücklich denselben Sorgfaltsanforderungen wie Behörden bei der Anwendung von Unionsrecht unterliegen.[1] Im Übrigen wird es im Hinblick auf den Effektivitätsgrundsatz als denkbar erachtet, eine Rückforderung nicht denselben rechtlichen Regeln folgen zu lassen wie die Gewährung der Begünstigung.[2]

470 Nach Art. 15 Abs. 1 VerfO gilt ein **unionsrechtlicher Ausschluss der Rückforderung** von Beihilfen, wenn seit Gewährung der Beihilfe zehn Jahre vergangen sind. Zwar gewährt Art. 15 Abs. 1 VerfO einen gewissen Rechtsschutz für den Steuerpflichtigen. Gleichwohl gilt es, für die Anwendung der VerfO folgende Aspekte zu beachten. Obgleich Art. 15 Abs. 1 VerfO eine Beschränkung enthält, kann der Betrag der Rückforderung beträchtlich sein, da gerade nicht an die Durchführung, mithin Inkraftsetzung der Beihilfe auf gesetzgeberischer Ebene, sondern an die Gewährung des einzelnen Vorteils im Rahmen einer Beihilferegelung angeknüpft wird.[3] Problematisch kann jedoch bereits die Anwendbarkeit der VerfO erscheinen. Nach der Rechtsprechung des EuG kann die VerfO auch dann anwendbar sein, wenn eine Steuerbegünstigung noch vor Inkrafttreten der VerfO gewährt wurde.[4] Unklarheit kann sich hinsichtlich des Zeitpunkts des Beginns der Zehnjahresfrist ergeben. Zwar wird hierfür an den Zeitpunkt der Gewährung des einzelnen Vorteils angeknüpft (vgl. vorne). Nach der Rechtsprechung des EuGH ist hierunter der Zeitpunkt zu verstehen, in dem dem Begünstigten nach nationalem Recht das Recht gewährt wird, den Vorteil zu erhalten.[5] Klarheit besteht damit insoweit, dass nicht an den tatsächlichen Erhalt des Vorteils, sondern an dessen Rechtsgrundlage angeknüpft wird. Für steuerliche Vergünstigungen ergibt sich insoweit gleichwohl Unsicherheit insbesondere aufgrund des Charakters des Steuerrechts der sich wiederholenden Veranlagung. So könnte auf den Zeitpunkt der erstmaligen oder einmaligen (rechtlichen) Gewährung der Steuervergünstigung abgestellt werden oder ggf. auf einen nachfolgenden Zeitpunkt. Dies gilt insbesondere dann, wenn es sich um eine Steuervergünstigung handelt, die in mehreren Veranlagungszeiträumen genutzt wird. Manifestiert sich in jedem der Folgezeitpunkte der Akt der erstmaligen (rechtlichen) Gewährung erneut, wird mit jedem dieser Zeitpunkte ein neuer Zehnjahreszeitraum beginnen.[6] Sollte jedoch die Auffassung vertreten werden, dass zu jedem weiteren Folgezeitpunkt lediglich ein tatsächlicher Akt der Nutzung einer Steuervergünstigung vorliegt, fehlt es insoweit an einer Anknüpfung für weitere Zehnjahresfristen. Rechtsprechung ist hierzu, soweit ersichtlich, noch nicht ergangen. Der unionsrechtliche Effektivitätsgrundsatz und der Wiederherstellungszweck der Rückforderung von Beihilfen könnten den Beginn – in erstgenanntem Sinn zu verstehen – erscheinen lassen. Würde hingegen die Zehnjahresfrist als Ausprägung des unionsrechtlichen Vertrauensschutzes begriffen, könnte der Fristbeginn in zweitgenanntem Sinn verstanden werden. Für Letztgenanntes könnte der Kontext der Urteilsgründe sprechen, in dem das EuG entschied, dass die Zehnjahresfrist nicht zu einer Umwandlung einer rechtswidrigen Beihilfe in eine bestehende Beihilfe führt, sondern lediglich die Wie-

---

[1] Schlussanträge des Generalanwalts v. 13. 2. 2012 - Rs. C-527/12, Kommission/Deutschland, Rz. 84 f.
[2] Kommission, 2007/C 272/04, Rz. 52 (dort: Fn. 54) unter Hinweis auf OVG Berlin-Brandenburg v. 7. 11. 2005 - 8 S 93/05, BeckRS 2005, 30864; EuGH, Urteil v. 10. 6. 1993 - Rs. C-183/91, Kommission/Griechenland, Rz. 17; krit. *von Wallenberg/Schütte* in Grabitz/Hilf/Nettesheim, Das Recht der Europäischen Union, 51. Erg.-Lfg. 2013, Art. 108 AEUV Rz. 103.
[3] *Sinnaeve*, EuZW 1999, 270, 274 f.
[4] EuG v. 10. 4. 2003 - T-366/00, Scott/Kommission, Rz. 53; EuG v. 10. 4. 2003 - T-369/00, Départment du Loiret/Commission, Rz. 51.
[5] EuGH, Urteil v. 21. 3. 2013 - Rs. C-129/12, Magdeburger Mühlenwerke GmbH/Finanzamt Magdeburg, Rz. 40, NWB KAAAE-36411.
[6] So offenbar *Sinnaeve*, EuZW 1999, 270, 275.

dereinziehung von Beihilfen ausschließt, die vor dem ersten Tätigkeitwerden der Kommission eingeführt wurden.[1] Wird eine Steuervergünstigung per Gesetz, das in mehreren Veranlagungszeiträumen gilt, gewährt, stellt sich die Frage, wie jede (Folge-)Veranlagung, die auf die erstmalige Nutzung der Begünstigungsmöglichkeit folgt, wertet. Gilt das Gesetz im jeweiligen Veranlagungszeitraum (noch), mag es nicht abwegig erscheinen, insofern eine (rechtliche) Gewährung zu sehen. Darüber hinaus stellt sich steuerrechtlich die weitergehende Problematik, ob an den Zeitpunkt der Abgabe der Steuerklärung, des Erlasses des Steuerbescheids oder den Ablauf von Rechtsmittel- oder Festsetzungsfrist anzuknüpfen wäre. Rechtswidrige Beihilfen, für die die Rückforderungsfrist abgelaufen ist, gelten gem. Art. 15 Abs. 3 VerfO als bestehende Beihilfen. Als solche unterliegen sie weiterhin der fortlaufenden Überprüfung durch die Kommission (vgl. vorne).

Eine Rückforderung ist gem. Art. 14 Abs. 1 Satz 2 VerfO ausgeschlossen, wenn die Rückforderung gegen einen allgemeinen Grundsatz des Unionsrechts verstoßen würde. Im Einklang mit dem Grundsatz des unionsloyalen Verhaltens der Mitgliedstaaten besteht, zumindest für rechtswidrige Beihilfen, unionsrechtlich grundsätzlich kein Rückwirkungsverbot.[2]

Als weiterer Grundsatz gilt **schutzwürdiges Vertrauen**.[3] Hierfür gilt ein eigenständiger, von nationalem Recht unabhängiger, strenger Maßstab.[4] Unionsrechtlich ist Vertrauen nur schutzwürdig, wenn beim Beihilfeempfänger durch klare Zusicherung eines Unionsorgans eine begründete Erwartung geweckt wurde.[5] Ändert die Kommission ihre Auffassung und zeitigt dies dennoch keine Auswirkung auf die Konsequenzen des rechtswidrigen Verhaltens des Mitgliedstaates, kann sich ebenfalls kein schutzwürdiges Vertrauen bilden.[6] Hat die Kommission bislang nicht auf staatliche Maßnahmen reagiert, kann dies gleichwohl nicht zur Bildung von schützenswertem Vertrauen führen.[7] Aufgrund der Beschränkung auf Unionsorgane kann das Verhalten einer nationalen Behörde keinen Einfluss auf die Beurteilung schutzwürdigen Vertrauens haben.[8] Vertrauen darauf, dass die nach innerstaatlichem Recht gewährte Beihilfe den unionsrechtlichen Vorgaben entspricht, gilt nach Unionsrechtsprechung als nicht geschützt.[9] Vielmehr hat der Begünstigte einer nicht notifizierten Beihilfe in dem Fall, dass diese vor Inkrafttreten der VerfO gewährt wurde, keinerlei schutzwürdiges Vertrauen oder Rechtssicherheit bezüglich der zehnjährigen Ausschlussfrist, das er für sich anführen kann. Mithin fällt es in die

---

1 EuG v. 30.4.2002 - verbundene Rs. T-195/01 und T-207/01, Gibraltar, Rz. 129 f.; EuGH, Urteil v. 24.11.1987 - Rs. C-223/85, RSV/Kommission, Rz. 16 f. Slg. 1987 S. 4617.
2 *Blumenberg/Kring*, Europäisches Beihilferecht und Besteuerung, IFSt Schriften, Nr. 473, S. 38 f.
3 EuGH, Urteil v. 24.11.1987 - Rs. C-223/85, RSV/Kommission, Rz. 17 Slg. 1987 S. 4617. *Götz/Martinez Soria* in Dauses, EU Wirtschaftsrecht, 31. Erg.-Lfg. 2012, H.III. Rz. 269.
4 EuGH, Urteil v. 16.12.2010 - Rs. C-537/08 P, Kahla Thüringen Porzellan/Kommission, Rz. 63 ff. Slg. 2010 I S. 12917. EuG v. 9.9.2009 - T-30/01 bis T-32/01 und T-86/02 bis T-88/02, Territorio Histórico de Álava – Diputatión Foral de Álava u. a./Kommission, Rz. 278 ff.; EuGH, Urteil v. 14.1.1997 - Rs. C-169/95, Spanien/Kommission, Rz. 48 Slg. 1997 I S. 135. EuGH, Urteil v. 20.9.1990 - Rs. C-5/89, Kommission/Deutschland, Rz. 13 Slg. 1990 I S. 3437.
5 EuGH, Urteil v. 16.12.2010 - Rs. C-537/08 P, Kahla Thüringen Porzellan/Kommission, Rz. 63 Slg. 2010 I S. 12917.
6 EuGH, Urteil v. 14.1.1997 - Rs. C-169/95, Spanien/Kommission, Rz. 53 Slg. 1997 I S. 135.
7 EuG v. 9.9.2009 - T-30/01 bis T-32/01 und T-86/02 bis T-88/02, Territorio Histórico de Álava – Diputatión Foral de Álava u. a./Kommission, Rz. 153; eine hiergegen gerichtete Revision wurde zurückgewiesen, EuGH, Urteil v. 9.6.2011 - verbundene Rs. C-465/09, P bis C-470/09, EuGH, Urteil v. 30.4.2002 - verbundene Rs. T-195/01 und T-207/01, Gibraltar, Rz. 129 f.
8 EuGH, Urteil v. 15.12.2005 - Rs. C-148/04, Unicredito, Rz. 107 Slg. 2005 I S. 11737.
9 EuGH, Urteil v. 21.3.2013 - Rs. C-129/12, Magdeburger Mühlenwerke, Rz. 46 ff., NWB KAAAE-36411.

Verantwortung jedes sorgfältigen Wirtschaftsteilnehmers, selbst sicherzustellen, dass den Anforderungen gem. Art. 108 AEUV genügt wird.[1] Dies gilt unabhängig von einem Verhalten des Mitgliedstaates und unabhängig davon, ob der deutsche Staat die Beihilfequalität einer gesetzlichen Maßnahme erkennt.[2] Das öffentliche Interesse der Europäischen Union an der Durchsetzung der unionsrechtlichen Wettbewerbsordnung wurde als zwingender Grund des Allgemeinwohls gewertet, der zur Aufhebung eines begünstigenden Steuerbescheids führen kann.[3]

472 **Unverhältnismäßigkeit** steht der Rückforderung im absoluten Regelfall nicht entgegen, da die Rückforderung logische Folge der Feststellung der Rechtswidrigkeit ist.[4] Unschädlich ist eine Benachteiligung von Gläubigern in einem Vergleichs- oder Konkursverfahren.[5]

Eine Rückforderung kann allerdings ausgeschlossen sein, wenn einem solchen Verlangen absolute Unmöglichkeit entgegensteht.[6] Gleichwohl werden an dieses Ausschlusskriterium strengste Anforderungen gestellt, die nur äußerst schwer erfüllt werden können, insbesondere muss der Mitgliedstaat nachweisen, dass er jegliches zur Verfügung stehende Mittel versucht hat, um in dem betreffenden Zeitraum die Beihilfe insgesamt zurückzuerlangen.[7]

473 In folgenden **steuerliche Konstellationen** können nach Auffassung der Kommission[8] beihilferechtliche Aspekte von Bedeutung sein.

Genossenschaften können einer Besteuerung unterliegen, die günstiger als die für gewerbliche Unternehmen sein kann. Falls sie nicht in einer vergleichbaren Situation sind wie diese gewerblichen Unternehmen, stellt dies keine Verletzung der Beihilferegeln dar. Unter Zugrundelegung der Kriterien der Kommission befinden sich Genossenschaften einer nicht vergleichbaren Situation, (1) wenn sie im wirtschaftliche Interesse ihrer Mitglieder handelt, (2) sich deren Beziehung zu ihren Mitgliedern nicht in einer wirtschaftlichen erschöpft, sondern auch persönlichen Charakter hat, (3) die Mitglieder aktiv in der Führung des Unternehmens engagiert sind und (4) die Mitglieder zu einer Beteiligung am Kapital abhängig vom Erfolg der wirtschaftlichen Tätigkeit berechtigt sind.

Falls jedoch eine Genossenschaft einem gewerblichen Unternehmen vergleichbar ist, bedarf es eines weiteren Prüfungsschritts. Es bedarf der Prüfung, ob die besonderen steuerlichen Vorschriften durch das Steuersystem gerechtfertigt sind. Gemäß des Kommissionsentwurfs „gibt es keine überzeugende Rechtfertigung für eine staatliche Maßnahme, die Gewinne, die aus

---

1 EuG v. 9.9.2009 - T-30/01 bis T-32/01 und T-86/02 bis T-88/02, Territorio Histórico de Álava – Diputatión Foral de Álava u. a./Kommission, Rz. 279; eine hiergegen gerichtete Revision wurde zurückgewiesen, EuGH, Urteil v. 9.6.2011 - verbundene Rs. C 465/09 P bis C 470/09, EuGH, Urteil v. 20.3.1997 - Rs. C-24/95, Alcan, Rz. 25, NWB SAAAE-85322; Kommission, 2009/C 85/01, Rz. 32.
2 EuGH, Urteil v. 20.3.1997 - Rs. C-24/95, Alcan, Rz. 41, NWB SAAAE-85322; BFH, Urteil v. 30.1.2009 - VII B 180/08, BeckRS 2009, 24003604 = NWB GAAAD-16018, sowie VII B 181/08, BeckRS 2009, 25014942 = NWB DAAAD-21096.
3 BFH, Urteil v. 30.1.2009 - VII B 180/08, BeckRS 2009, 24003604 = NWB GAAAD-16018, sowie VII B 181/08, BeckRS 2009, 25014942 = NWB DAAAD-21096.
4 EuGH, Urteil v. 14.1.1997 - Rs. C-169/95, Spanien/Kommission, Rz. 47 Slg. 1997 I S. 135. EuGH, Urteil v. 14.9.1994, verbundene Rs. C-278/92 bis C-280/92, Spanien/Kommission, Rz. 75 slg. 1994 I S. 4103. von *Wallenberg/Schütte* in Grabitz/Hilf/Nettesheim, Das Recht der Europäischen Union, 51. Erg.-Lfg. 2013, Art. 108 AEUV Rz. 100; wohl weniger streng *Sinnaeve*, EuZW 1999, 270, 275.
5 *Hopt/Mestmäcker*, WM 1996, 753, 759.
6 *Linn*, IStR 2008, 601, 606; *Sinnaeve*, EuZW 1999, 270, 275.
7 Zuletzt Schlussanträge des Generalanwalts v. 13.2.2012 - Rs. C-527/12, Kommission/Deutschland, Rz. 47 ff.; nicht anerkannt: EuGH, Urteil v. 5.5.2011 - Rs. C-305/09, Kommission/Italien, Rz. 33 ff., NWB CAAAD-90954; EuGH, Urteil v. 22.12.2010 - Rs. C-304/09, Kommission/Italien, Rz. 36 ff., NWB SAAAD-90953; *Linn*, IStR 2008, 601, 606.
8 Mitteilung der Kommission betreffend den Begriff der Beihilfe gem. Art. 107 AEUV.

dem Handel mit Dritten, die nicht Mitglieder der Genossenschaft sind, stammen, aus der Besteuerung ausnimmt oder entsprechende Beträge solchen Personengruppen im Wege einer Erstattung zukommen lässt. Ungeachtet dessen muss eine Steuererleichterung mit dem Verhältnismäßigkeitsprinzip übereinstimmen und darf nicht über das Notwendige hinausgehen. Außerdem müssen hinreichende Kontroll- und Überwachungsmechanismen durch den betreffenden Mitgliedstaat angewendet werden."

474 Allgemein ist nicht davon auszugehen, dass steuerliche **Vergleiche** eine Beihilfe darstellen. Dies kann jedoch nicht zutreffen, wenn im Wege eines steuerlichen Vergleichs offenbar in erheblichem Umfang reduziert wird und hierfür eine klare Rechtfertigung nicht ersichtlich ist. Dies gilt auch in dem Fall, dass die Finanzverwaltung ein Ermessen gegenüber einem Steuerpflichtigen wohlwollender als gegenüber anderen Steuerpflichtigen in einer vergleichbaren tatsächlichen und rechtlichen Lage anwendet.

475 Die Kommission fragt regelmäßig Informationen von den Mitgliedstaaten für eine Vielzahl von Themen an, einschließlich in Steuerangelegenheiten wie z. B. zu **steuerlichen Absprachen**. Die letzte, öffentlich bekannt gewordene Anfrage bezüglich steuerlicher Absprachen erfolgte am 11.9.2013 und betrifft eine Reihe von Mitgliedstaaten einschließlich Irland, Luxemburg und den Niederlanden. Eine solche Anfrage ist ein informeller, einleitender Schritt, um überhaupt bestimmen zu können, ob Unternehmen von rechtswidrig gewährten Beihilfen durch günstige steuerliche Absprachen und bestimmten Gebieten profitiert haben könnten. Neben der Kommission untersuchten bereits ECOFIN (Economic and Financial Affairs Council) und Code of Conduct Gruppe für Unternehmensbesteuerung mehrfach Regeln zu steuerlichen Absprachen in den Mitgliedstaaten. Im Rahmen dieser vorangehenden Untersuchungen beanstandete die Kommission eine allgemeine Absprachepraxis insoweit nicht, als sie mit den OECD-Prinzipien übereinstimmt und solche Absprachen lediglich eine Auslegung der allgemeinen steuerlichen Regeln des Mitgliedstaats enthalten, um so dem Steuerpflichtigen Rechtssicherheit zu vermitteln. Außerdem akzeptierte die Kommission in der Vergangenheit Absprachen, die lediglich eine Bestätigung dessen enthielten, dass sämtliche erforderliche gesetzliche Voraussetzungen erfüllt werden, ohne vom Gesetz abzuweichen. Diese Auffassung findet sich im Entwurf einer Mitteilung der Kommission betreffend den Begriff der Beihilfe gem. Art. 107 AEUV wieder. Deutlich bestimmt dieser Entwurf, dass steuerliche Absprachen nicht per se eine Beihilfe darstellen.

Nach Auffassung der Kommission führen steuerliche Absprachen nicht zur Vermutung einer Beihilfe, die lediglich eine Auslegung der betreffenden steuerlichen Norm enthalten, ohne hierdurch von Rechtsprechung oder Verwaltungspraxis abzuweichen. Sollte im Anschluss an informelle Anfragen betreffend steuerliche Absprachen eine formale Beihilfeuntersuchung eingeleitet werden, muss die Kommission nachweisen, dass diese Absprachen die Voraussetzungen der Selektivität i. S. d. Rechtsprechung des EuGH erfüllen.

476 Gemäß der Kommission kann eine steuerliche Absprache insbesondere in folgenden Fällen selektiv sein:

▶ Der Finanzverwaltung kommt Ermessen bezüglich der Gewährung steuerlicher Absprachen zu;

▶ die betreffenden steuerlichen Absprachen werden anderen Steuerpflichtigen, die sich in einer vergleichbaren rechtlichen und tatsächlichen Lage befinden, nicht gewährt;

- die Finanzverwaltung wendet augenscheinlich ein wohlwollendes Ermessen betreffend die steuerliche Behandlung eines Steuerpflichtigen an, das anderen Steuerpflichtigen in einer vergleichbaren tatsächlichen und rechtlichen Lage nicht gewährt wird;
- die steuerliche Absprache wurde in Widerspruch zu den geltenden steuerlichen Normen gewährt und bewirkt eine niedrigere Steuerlast.

Aus der Mitteilung der Kommission betreffend den Begriff der Beihilfe gem. Art. 107 AEUV folgt weiterhin, dass eine Nichtveröffentlichung steuerlicher Absprachen und Verhandlungsspielraum mit der Finanzverwaltung gelegentlich zur Vermutung einer Beihilfe führen sollen. Zudem können steuerliche Absprachen, die es dem Steuerpflichtigen erlauben, alternative Gewinnermittlungsmethoden zur Bestimmung des steuerlichen Gewinns zu verwenden, z. B. Nutzung fester Margen für die Anwendung der Cost-Plus- oder Resale-Minus-Methode, eine steuerliche Beihilfe darstellen.

2. Das Vorgehen gegen die „ruling"-Praxis einiger Mitgliedstaaten unter Beihilferecht

477   Ziel der aktuellen Kommission ist es, steuerrechtliche Maßnahmen der Mitgliedstaaten sowohl weiterhin retrospektiv als auch pro futuro auf dessen Vereinbarkeit mit dem Beihilferecht respektive den Zielen eines fairen Steuerwettbewerbs zu unterwerfen.[1]

Im Bereich dieser Thematik leitete im vergangenen Jahr die Kommission Untersuchungen wegen Verletzung des europäischen Beihilferechts offiziell gegen Irland, Luxemburg und die Niederlande ein.[2] Die aktuelle Kommission unter Jean-Claude Juncker und der Kommissarin für Wettbewerb, Margrethe Vestager, führt diese Verfahren fort. Darüber hinaus forderte sie sämtliche Mitgliedstaaten auf, Informationen über die Gewährung von Vorabentscheidungen der nationalen Finanzverwaltung der Kommission zukommen zu lassen.[3] Jüngst wurde eine beihilferechtliche Untersuchung gegen Belgien zur Vereinbarkeit von Vorabentscheidungen mit dem Beihilferecht eingeleitet.[4]

Verfahren gegen Irland, Luxemburg und die Niederlande

478   Die Kommission führt seit 2014 offiziell beihilferechtliche Untersuchungen gegen Irland, Luxemburg und die Niederlande betreffend die Gewährung von Vorabentscheidungen der Finanzverwaltung. Diese Verfahren wurden im Oktober 2014 durch ein weiteres entsprechendes Verfahren gegen Luxemburg ergänzt.[5] Zuletzt gab die Kommission im Dezember 2018 bekannt, dass sie eine Prüfung der steuerlichen Behandlung von Inter IKEA in den Niederlanden eingeleitet hat, wodurch erneut zwei von den Niederlanden gewährte Steuervorbescheide in den Fokus der Untersuchungen rücken. Inhaltlich gemein ist allen vier Verfahren, dass sie Vorabentscheidungen im Bereich der Verrechnungspreise betreffen. Der Schwerpunkt der vorläufigen Feststellungen liegt jeweils darin, das Vorliegen eines selektiven Vorteils darzustellen. Ihrer bisherigen Praxis folgend trennt die Kommission darin nicht zwischen der Prüfung der Ge-

---

[1] Presseerklärung der Kommission (College of Commissioners) v. 18. 2. 2015 - IP/15/4436, respektive Presseerklärung des Rats der Europäischen Union v. 9. 12. 2014, 16603/14, Presse 68, PR CO 632.
[2] Presseerklärung der Kommission v. 11. 6. 2014 - IP/14/663; anhängige Verfahren: SA.38373, SA.38374, SA.38375.
[3] Presseerklärung der Kommission v. 17. 12. 2014 - IP/14/2742.
[4] Presseerklärung der Kommission v. 3. 2. 2015 - IP/15/4080; anhängiges Verfahren: SA.37667.
[5] Presseerklärung der Kommission v. 7. 10. 2014 - IP/14/1105; anhängiges Verfahren: SA.38944.

währung eines Vorteils und dem Vorliegen von Selektivität.[1] Im Wesentlichen bringt die Kommission folgende Aspekte vor, die ihrer Auffassung nach für das Vorliegen eines selektiven Vorteils sprechen können:[2]

- Nichtvorliegen einer Verrechnungspreisdokumentation,
- eher Aushandlung als Ermittlung der Bemessungsgrundlage,
- fehlende Begründung für die Wahl des verwendeten Gewinn-Indikators,
- sog. „reverse-engineering" um einen gewählten Zuschlag zu bestimmen,
- Anschein der Einigung auf einen bestimmten Gewinn anstatt Bestimmung einer Methode zur Ermittlung des Verrechnungspreises,
- fehlende Begründung für die Wahl der verwendeten Methode zur Bestimmung eines Verrechnungspreises,
- zu niedriger Ansatz von Vergütungen,
- die Qualifikation als low-risk- statt als full-fledged-Produzent,
- fehlerhafte Durchführung der Funktions- und Risikoanalyse,
- Anpassungen im Rahmen von Datenbankanalysen,
- die Berechnung von Lizenzzahlungen,
- die Höhe von Vergütungen sowie die zeitliche Dauer von solchen Verrechnungspreisvereinbarungen.

Die Kommission sieht in diesen Fällen ein Abweichen vom Fremdvergleichsgrundsatz gemäß den Verrechnungspreisrichtlinien der OECD. Hieraus schließt sie auf das Vorliegen eines selektiven Vorteils. Dies stütze sich darauf, dass eine Vorabentscheidung, die die Verrechnungspreisgrundsätze der OECD nicht korrekt anwende, eine ermessensgeleitete Behandlung des Steuerpflichtigen darstelle. Ein solches ermessensgeleitetes Abweichen von allgemeinen Regeln verschaffe einen selektiven Vorteil für den Steuerpflichtigen, da die übrigen Steuerpflichtigen entsprechend den allgemeinen Regeln besteuert werden.

Die Europäische Kommission machte mittels einer nichtvertraulichen Version ihrer Entscheidung vom 21. 10. 2015 öffentlich, dass die Luxemburg Fiat Finance and Trade selektive Steuervorteile gewährt hat. Jene verstoßen gegen EU-Beihilferecht.[3] Es wurde festgestellt, dass der Fiat-Tochtergesellschaft seit 2012 ein ungerechtfertigter selektiver Vorteil in Form einer Steuerlastverminderung zwischen 20 und 30 Mio. € durch Steuervorbescheide gewährt wurde. Die Berechnung des Gewinns von Fiat Finance and Trade nach marktüblichen Bedingungen wäre die nach einer Banktätigkeit gewesen. Es wurde jedoch eine schwerdurchschaubare Methode anerkannt, welche für diese objektiv nicht geeignet ist und die versteuerten Gewinne um das 20-fache senkte.[4]

---

1 EU-Kommission, Bericht über die Umsetzung der Mitteilung der Kommission über die Anwendung der Vorschriften über staatliche Beihilfen auf Maßnahmen im Bereich der direkten Unternehmensbesteuerung v. 9. 2. 2004 - C(2004)434 (im Folgenden: Kommission C(2004)434), Rz. 7.
2 Vgl. SA.38373, C(2014) 3606 final, Rz. 57-70; SA.38374, C(2014) 3626 final, Rz. 78-125; SA.38375, C(2014) 3627 final, Rz. 63-82; SA.38944, C(2014) 7156 final, Rz. 57-79; vgl. auch *Linn*, IStR 2015, 114, 117 ff.
3 Presseerklärung der Kommission v. 9. 6. 2016 - MEX/16/2164.
4 Presseerklärung der Kommission v. 21. 10. 2015 - IP/15/5880.

Verfahren gegen Belgien: Entscheidung vom 11. 1. 2016, Excess Profit Rulings

479   Am 3. 2. 2015 erklärte die Kommission, dass sie gegen Belgien ein Beihilfeverfahren eingeleitet hat, mit dem sie das System der sog. Vorabentscheidungen betreffend überschießender Gewinne („excess profit" ruling system) untersuchen wird. Im Wesentlichen reduziert sich nach einer Norm des belgischen Steuergesetzes die Steuer eines Unternehmens insoweit, als der Unternehmensgewinn auf der Zugehörigkeit zu einer internationalen Unternehmensgruppe beruht. Diesen Unternehmen wird somit nach Auffassung der Kommission im Vergleich zu den Unternehmen, die nur in Belgien tätig sind, ein selektiver Vorteil gewährt. Ein solcher Vorteil kann z. B. auf Synergie- und Skaleneffekten beruhen. Zur Nutzung dieser Steuervergünstigung bedarf das Unternehmen einer Vorabentscheidung durch die Finanzverwaltung. Die belgische Finanzverwaltung sieht in diesem System die Umsetzung des Fremdvergleichsgrundsatzes der OECD. Demgegenüber bezweifelt die Kommission, dass diese Auffassung belastbar ist. Sie könne – auf der Rechtfertigungsebene – nicht durch die Abhilfe einer Doppelbesteuerung begründet werden, da die in Belgien gewährten Steuervorteile nicht der Steuerbelastung in anderen Staaten in Bezug auf denselben Gewinn entsprächen. Darüber hinaus sei der überschießende Gewinn im vorgenannten Sinn zu hoch angesetzt.

480   Die Kommission erklärte die belgische Steuerregelung für Gewinnüberschüsse (excess profit rulings) als unzulässige Beihilfe und verlangt von Belgien die Nacherhebung der nicht gezahlten Steuerbeträge von verschiedenen Unternehmen.[1] Die Kommission vertritt die Auffassung, dass Belgien durch Steuervorbescheide (Rulings) bestimmten multinationalen Konzernen einen selektiven steuerlichen Vorteil gewährt hat. Die excess profit rulings erlaubten Firmen, Gewinnüberschüsse auf der Basis eines Steuervorbescheids von der Bemessungsgrundlage ausnehmen, wenn diese darauf beruhen, dass der Konzern international aufgestellt ist. Diese Gewinnüberschüsse sollten sich aus Synergien, Skaleneffekten, Reputation, Marktmacht etc. ergeben. Die belgische Regelung erlaubte es Konzernen, die Bemessungsgrundlage um 50 % bis 90 % zu verringern. Besteuert wurde letztlich der hypothetische durchschnittliche Gewinn eines eigenständigen Unternehmens in vergleichbarer Lage, das nicht Teil eines multinationalen Konzerns ist.

Diese Praxis steht im Widerspruch zum üblichen belgischen Körperschaftsteuerrecht, da eigenständige Unternehmen, die ihre Gewinne nach dem normalen belgischen Steuergesetz versteuern, Steuern auf die tatsächlich in Belgien erzielten Gewinne bezahlen. Weiterhin steht die Regelung im Konflikt mit dem Fremdvergleichsgrundsatz, da selbst für den Fall, dass ein solcher Gewinnüberschuss in einem multinationalen Konzern entstehen würde, dieser nach dem Fremdvergleichsgrundsatz nach wirtschaftlichen Faktoren auf die Konzerngesellschaften aufgeteilt und am Ort der Gewinnerzielung versteuert werden müsste. Von der Steuerregelung für Gewinnüberschüsse profitierten nur bestimmte international aufgestellte Unternehmen, die einen Steuervorbescheid beantragt hatten. Folglich sah die Kommission den Tatbestand einer Beihilfe als erfüllt an.

481   *(Einstweilen frei)*

482   Wie die derzeitige Entwicklung zeigt, sind beihilferechtliche Untersuchungen von steuerlichen Vorabentscheidungen (Rulings bzw. APA) eine aktuelle Ausprägung der Beihilfepraxis der Kommission. Inzwischen ist es allbekannt, dass die Kommission nicht nur in der Excess Profit Ruling-Entscheidung staatliche Beihilfe festgestellt hat, sondern in weiteren Entscheidungen

---

[1] Presseerklärung der Kommission v. 11. 1. 2016 - IP/16/42.

machte die Kommission deutlich, dass auch große, multinationale Konzerne, die von Vorabentscheiden Gebrauch gemacht haben, als Konsequenz der Entscheidung der Kommission, dass Beihilfe vorlag, Steuerrückzahlungen leisten müssen (u. a. Apple[1]). Die meisten Fälle befinden sich zurzeit in der Berufung, weitere Vorabentscheidungen werden von der Kommission untersucht.

Neben der Untersuchung der Vorabentscheidungspraxis von Mitgliedstaaten untersucht die Kommission unter dem beihilferechtlichen Aspekt zwischenzeitlich eine Vielzahl von steuerlichen Maßnahmen und Regelungen der Mitgliedstaaten, insbesondere die Besteuerung von geistigem Eigentum,[2] das gesamte Körperschaftssteuergesetz Gibraltars[3] oder aktuell die ungarische Besteuerung von Werbung.[4]

Sowohl das weitere Vorgehen der Kommission als auch eine mögliche Befassung der Unionsgerichte lässt Raum für eine weitere Konturierung des steuerlichen Beihilferechts. Ob und inwieweit neuere Entscheidungen und Verfahren, insbesondere zum Verständnis und den Anforderungen an das Gewähren eines Vorteils und das Bestehen von Selektivität,[5] hierauf Einfluss nehmen könnten, muss der weitere Verfahrensverlauf zeigen. Die nächste große Etappe ist der Aktionsplan zur Unternehmensbesteuerung, der noch vor dem Sommer vorgelegt werden soll. Dieser zweite Aktionsplan wird Maßnahmen gewidmet sein, die die Unternehmensbesteuerung im Binnenmarkt gerechter und effizienter machen sollen. Hierzu zählt u. a. der Vorschlag für eine gemeinsame konsolidierte Körperschaftsteuer-Bemessungsgrundlage (GKKB), der wieder ins Gespräch gebracht werden soll. Des Weiteren werden Überlegungen angestellt, wie die neuen OECD/G20-Maßnahmen zur Bekämpfung der Erosion der Bemessungsgrundlage und der Gewinnverlagerung (BEPS) in die EU-Regelungen übernommen werden können.

3. Sanierungsklausel des § 8c Abs. 1a KStG[6]

Im Rahmen des Bürgerentlastungsgesetzes vom 16. 7. 2009 hatte der Gesetzgeber in § 8c Abs. 1a KStG eine ursprünglich zeitlich befristete Sanierungsklausel eingeführt. Diese Sanierungsklausel stellt nach Ansicht der Europäischen Kommission eine unzulässige staatliche Beihilfe gem. Art. 107 AEU dar. Die EU-Kommission veröffentlichte am 3. 5. 2011 die Begründung zu ihrer Entscheidung, mit der die Sanierungsklausel als gemeinschaftswidrige Beihilfe angesehen wurde, auf ihrer Internetseite. In ihrer Begründung geht die Kommission davon aus, dass § 8c Abs. 1 KStG über den Verlustabzug bei Körperschaften, bei denen es zu einem Beteiligungserwerb kommt, das Referenzsystem darstelle. Eine selektive Beihilfe läge u. a. deswegen vor, weil insolvente bzw. von Insolvenz bedrohte Unternehmen die Privilegierung des § 8c Abs. 1a KStG in Anspruch nehmen könnten, während dies für Verlust erwirtschaftende, jedoch gesunde Unternehmen nicht möglich sei. Da das mit der Sanierungsklausel verfolgte Ziel der Unterstützung notleidender Unternehmen in der Wirtschaftskrise nach Ansicht der Kommission außerhalb des Steuersystems liege, könne die Maßnahme (Sanierungsklausel) nicht durch

---

1 Commission Decision of 30. 8. 2016 on State Aid SA.38373 (20147NN) (ex 2014/CP) implemented by Ireland to Apple.
2 Presseerklärung der Kommission v. 17. 12. 2014 - IP/14/2742.
3 Presseerklärung der Kommission v. 16. 10. 2013 - IP/13/955; anhängiges Verfahren: SA.34914.
4 Presseerklärung der Kommission v. 12. 3. 2015 - IP/15/4598; anhängiges Verfahren: SA.39235.
5 Vgl. z. B. jüngst anhängige Verfahren bei EuGH und EuG betreffend die Abschreibung von unmittelbar und mittelbar erworbenen Firmenwerten: C-20/15 P; C-21/15 P; T-12/15; T-826/14.
6 Vgl. ausführliche Kommentierung zu § 8c KStG von Hackemann (*Hackemann* in Mössner/Seeger/Oellerich, KStG § 8c Rz. 76 ff. u. 635 ff.

den inneren Aufbau des deutschen Steuersystems gerechtfertigt werden und sei im Ergebnis als europarechtswidrige staatliche Beihilfe zu qualifizieren.

Einige betroffene Unternehmen und die Bundesregierung[1] haben hiergegen eine Nichtigkeitsklage gegen die Entscheidung der Kommission zur Sanierungsklausel eingereicht. Hervorzuheben ist, dass die Klage der Bundesrepublik Deutschland zwischenzeitlich wegen Nichteinhaltung der Klagefrist als unzulässig abgewiesen wurde.[2]

Mit den EuGH-Urteilen in der Rs. Heitkamp und Rs. GFKL[3] liegen nun erstmals seit dem Kommissionsbeschluss vor fünf Jahren wegweisende Begründungen für Sanierungsklauseln als Beihilfe vor. Gehör finden diese Urteile vor allem, da sie den wachsenden Einfluss des EU-rechtlichen Beihilferechts auf die nationalen Steuerrechte der Mitgliedstaaten widerspiegeln. Das EuG, die Eingangsinstanz des Gerichtshofs der Europäischen Union für Klagen in Beihilfesachen, hat die beiden anhängigen Musterklagen (T-287/11 – Heitkamp BauHolding GmbH (Heitkamp) / Kommission; T-620/11 – GFKL Financial Services AG (GFKL) / Kommission) als unbegründet abgewiesen und die Einschätzung der Kommission im Hinblick auf die sachliche Würdigung damit zunächst bestätigt: Die Sanierungsklausel soll nach Maßgabe des anzulegenden einheitlichen Referenzsystems als ungerechtfertigte selektive Maßnahme einzuordnen sein und damit eine unzulässige staatliche Beihilfe darstellen.

Gegen letzteres Urteil richtete sich ein Rechtsmittel der Bundesrepublik Deutschland (C-208/16 P), Unternehmen gegen Kommission vom 14.4.2016, mit dem Antrag, das Urteil des Gerichts der Europäischen Union vom 4.0.2016 in der Rechtssache T-287/11 aufzuheben, soweit es die Klage als unbegründet abweist, den Beschluss der Kommission vom 26.1.2011 endgültig, im Verfahren „Staatliche Beihilfe C 7/2010- KStG, Sanierungsklausel" gemäß Art. 61 Abs. 1 der Satzung des Gerichtshofs für nichtig zu erklären, und die Kommission zur Tragung der Kosten vor dem Gericht und dem Gerichtshof zu verurteilen.

Der EuGH hat nun am 28.6.2018 den Beschluss der Europäischen Kommission für nichtig erklärt.[4] Aus Sicht des EuGH hat die Kommission ihre Beurteilung anhand eines fehlerhaft bestimmten Referenzsystems vorgenommen. Der EuGH vertritt in Übereinstimmung mit dem Generalanwalt Nils Wahl die Auffassung, dass in das Referenzsystem auch die im Körperschaftsteuersystem angelegte Verlustvortagsmöglichkeit mit einzubeziehen ist.

Erster Teil: Steuerpflicht

§ 1 Unbeschränkte Steuerpflicht

(1) Unbeschränkt körperschaftsteuerpflichtig sind die folgenden Körperschaften, Personenvereinigungen und Vermögensmassen, die ihre Geschäftsleitung oder ihren Sitz im Inland haben:

1. Kapitalgesellschaften (insbesondere Europäische Gesellschaften, Aktiengesellschaften, Kommanditgesellschaften auf Aktien, Gesellschaften mit beschränkter Haftung);

2. Genossenschaften einschließlich der Europäischen Genossenschaften;

---

1 Vgl. dazu Abweisung der Klage der Bundesregierung wegen Fristversäumnis, IStR 2013, 101–106, m. Anm. *Kippenberg*.
2 EuG v. 17.1.2013 - Rs. T-205/11.
3 EuGH, Urteil v. 4.2.2016 - T-281/11, Heitkamp; EuGH, Urteil v. 4.2.2016 - T-620/11, GFKL.
4 EuGH, Urteil v. 28.6.2018 - C-2013/16 P, NWB JAAAG-87474.

3. Versicherungs- und Pensionsfondsvereine auf Gegenseitigkeit;
4. sonstige juristische Personen des privaten Rechts;
5. nichtrechtsfähige Vereine, Anstalten, Stiftungen und andere Zweckvermögen des privaten Rechts;
6. Betriebe gewerblicher Art von juristischen Personen des öffentlichen Rechts.

(2) Die unbeschränkte Körperschaftsteuerpflicht erstreckt sich auf sämtliche Einkünfte.

(3) Zum Inland im Sinne dieses Gesetzes gehört auch der der Bundesrepublik Deutschland zustehende Anteil

1. an der ausschließlichen Wirtschaftszone, soweit dort
   a) die lebenden und nicht lebenden natürlichen Ressourcen der Gewässer über dem Meeresboden, des Meeresbodens und seines Untergrunds erforscht, ausgebeutet, erhalten oder bewirtschaftet werden,
   b) andere Tätigkeiten zur wirtschaftlichen Erforschung oder Ausbeutung der ausschließlichen Wirtschaftszone ausgeübt werden, wie beispielsweise die Energieerzeugung aus Wasser, Strömung und Wind oder
   c) künstliche Inseln errichtet oder genutzt werden und Anlagen und Bauwerke für die in den Buchstaben a und b genannten Zwecke errichtet oder genutzt werden, und
2. am Festlandsockel, soweit dort
   a) dessen natürliche Ressourcen erforscht oder ausgebeutet werden; natürliche Ressourcen in diesem Sinne sind die mineralischen und sonstigen nicht lebenden Ressourcen des Meeresbodens und seines Untergrunds sowie die zu den sesshaften Arten gehörenden Lebewesen, die im nutzbaren Stadium entweder unbeweglich auf oder unter dem Meeresboden verbleiben oder sich nur in ständigem körperlichen Kontakt mit dem Meeresboden oder seinem Untergrund fortbewegen können; oder
   b) künstliche Inseln errichtet oder genutzt werden und Anlagen und Bauwerke für die in Buchstabe a genannten Zwecke errichtet oder genutzt werden.

Inhaltsübersicht

	Rz.
A. Regelungsinhalt des § 1 KStG	1 - 5
B. Geschichte der Vorschrift des § 1 KStG	6 - 20
C. Unbeschränkt körperschaftsteuerpflichtige Subjekte – § 1 Abs. 1 KStG	21 - 100
I. Grundsätzliches	21 - 25
II. Kapitalgesellschaften – § 1 Abs. 1 Nr. 1 KStG	26 - 50
1. Grundsätzliches	26
2. Europäische Gesellschaften	27 - 29
3. Aktiengesellschaft (AG)	30 - 31
4. Kommanditgesellschaft auf Aktien (KGaA)	32 - 32a
5. Gesellschaft mit beschränkter Haftung (GmbH)	33 - 35
6. Nach ausländischem Recht gegründete Gesellschaften	36 - 50
III. Genossenschaften – § 1 Abs. 1 Nr. 2 KStG	51 - 60
IV. Versicherungs- und Pensionsverein auf Gegenseitigkeit (VVaG) – § 1 Abs. 1 Nr. 3 KStG	61 - 65
V. Sonstige juristische Personen des privaten Rechts – § 1 Abs. 1 Nr. 4 KStG	66 - 75
1. Grundsätzliches	66

	2. Verein	67 - 68
	3. Rechtsfähige Stiftung	69 - 75
VI.	Nichtrechtsfähige Vereine, Anstalten, Stiftungen und andere Zweckvermögen des privaten Rechts – § 1 Abs. 1 Nr. 5 KStG	76 - 85
VII.	Betrieb gewerblicher Art (BgA) – § 1 Abs. 1 Nr. 6 KStG	86 - 93
VIII.	Ausländische Rechtsformen	94 - 100
D. Beginn und Ende der Körperschaftsteuerpflicht		101 - 150
	I. Beginn der Steuerpflicht	101 - 120
	II. Ende der Steuerpflicht	121 - 150
E. Unbeschränkte Körperschaftsteuerpflicht		151 - 170
F. Umfang der Körperschaftsteuerpflicht – § 1 Abs. 2 KStG		171 - 181

A. Regelungsinhalt des § 1 KStG

HINWEIS:

R 1.1 und 1.2 KStR 2015, H 1.1 und 1.2 KStH 2015.

LITERATURHINWEISE:

Funke, Besteuerung der Societas Europaea, NWB Fach 4, 5407 (46/2008); *Hufeld*, Auf Konfliktkurs mit dem europäischen Steuerrecht: die Besteuerung der Reit-Aktiengesellschaft, ews 2008, 209; *Wengel/Pfeiffer*, Die Limited im deutschen Steuerrecht, Stub 2009, 917; *Elser/Dürrschmidt*, Die deutsche Immobilien-GmbH mit Geschäftsleitung im Ausland, IStR 2010, 79; *Seer/Klemke*, Abgrenzung des Betriebes gewerblicher Art vom Hoheitsbetrieb, BB 2010, 2015; *Dißars*, Kriterien zur Bestimmung des Orts der Geschäftsleitung einer Gesellschaft nach § 10 AO, DStZ 2011, 21; *Leuering/Rubner*, Deutsche GmbH mit Verwaltungssitz im Ausland, NJW-Spezial 2011, 463; *Martini*, Das Verhältnis der Körperschaftsteuerpflicht der Vorgesellschaften zur späteren Eintragung, DStR 2011, 337; *Schiffer/Pruns*, Stiftung und „Vorstiftung", NWB 2011, 1258; *Bott/Gastl*, Betriebe gewerblicher Art und Kapitalertragsteuer: Neue Ausrichtung nach alten Maßstäben, DStZ 2012, 570; *Jarzynska/Mroz*, grenzüberschreitende Organschaft mit einer zugezogenen Organgesellschaft – Chancen und Risiken am Beispiel einer polnischen Kapitalgesellschaft, StB 2012, 272; *Kronawitter*, Land- und forstwirtschaftliche Betriebe einer juristischen Person des öffentlichen Rechts im Steuerrecht, KStZ 2012, 81; *Martini*, Der Typenvergleich bei beschränkter Steuerpflicht, IStR 2012, 441; *Rautenstrauch/Seitz*, National Grid Indus: Europarechtliche Implikationen für den Wegzug und die internationale Umwandlung von Gesellschaften, Ubg 2012, 14; *Schmidt/Gehrmann*, Die doppelt ansässige Kapitalgesellschaft in der internationalen Gestaltung, pistb 2012, 95; *Maciejewski/Theilen*, Steuern an ihren Grenzen: Der (erweiterte) Inlandsbegriff im deutschen Ertragsteuerrecht und seine völkerrechtlichen Bezüge, IStR 2013, 846; *Kahle/Cortez*, Zuzug von Kapitalgesellschaften im Ertragsteuerrecht, FR 2014, 673; *Kopec/Mroz*, Steuersubjektqualifikation ausländischer Rechtsträger im internationalen Vergleich, Ubg 2014, 164; *Hawlitschek*, Gedanken zur geplanten (vermeintlichen) Erweiterung des Inlandsbegriffs für die Ertragsteuern, IStR 2015, 413; *Hild*, Körperschaftsteuerpflicht einer Drittstaaten-Kapitalgesellschaft mit deutschem Geschäftsleitungsort - Einwendungen aus Beratersicht, Stbg 2019, 66.

1 § 1 KStG stellt die **Grundnorm des Körperschaftsteuerrechts** dar.[1] Die Vorschrift regelt die sog. unbeschränkte Steuerpflicht und bestimmt den Anwendungsbereich des KStG.

2 Durch § 1 Abs. 1 KStG wird die **(subjektive) unbeschränkte Körperschaftsteuerpflicht** geregelt (zur beschränkten Körperschaftsteuerpflicht vgl. § 2 KStG). Im Wege einer enumerativen Aufzählung werden die juristischen Personen bezeichnet, die körperschaftsteuerpflichtig sind, wobei es zu berücksichtigen gilt, dass die Aufzählung der Körperschaften in § 1 Abs. 1 Nr. 1 KStG nicht abschließend ist („insbesondere"). Die Regelung unterliegt nicht der Disposition des Steuerpflichtigen und kann auch nicht durch Vereinbarungen, gleich welcher Art, unterlaufen oder erweitert werden. Die unbeschränkte Körperschaftsteuerpflicht knüpft als entscheiden-

---

1 Frotscher/*Drüen*, § 1 Rz. 1.

des Kriterium an das objektive Merkmal der gewählten Rechtsform an. Hinzukommen muss, dass Sitz oder Geschäftsleitung dieser juristischen Personen sich im Inland befinden. Was Inland i. S. d. § 1 Abs. 1 KStG ist, wird in § 1 Abs. 3 KStG definiert. Nicht im Gesetz geregelt sind Beginn und Ende der unbeschränkten Körperschaftsteuerpflicht (dazu ausführlich → Rz. 101 ff.).

§ 1 Abs. 1 KStG verankert das **Trennungsprinzip**.[1] (Auch) ertragsteuerlich werden die Einkommens- und Vermögenssphäre der Körperschaft und ihrer Anteilseigner voneinander getrennt. Diese gesetzgeberische Entscheidung ist in verfassungsrechtlicher Hinsicht grundsätzlich nicht zu beanstanden.[2] Durch das Trennungsprinzip entsteht indes die Gefahr einer Doppelbesteuerung auf der Ebene der Körperschaft und ihres Anteilseigners. Diesem Problem wird durch den Gesetzgeber de lege lata – wenn auch nicht perfekt – durch das sog. Teileinkünfteverfahren begegnet.

Auf welche Einkünfte sich die unbeschränkte Steuerpflicht bezieht, bestimmt § 1 Abs. 2 KStG. Dieser enthält das **Welteinkommensprinzip**. Die unbeschränkte Steuerpflicht erstreckt sich auf sämtliche Einkünfte. Ob und welche Einkünfte vorliegen, bestimmt § 1 Abs. 2 KStG indes nicht. Dies bemisst sich erst durch Hinzuziehung der weiteren Vorschriften des KStG und (über den Verweis des § 8 Abs. 1 KStG) des EStG.

§ 1 Abs. 3 KStG **erweitert den Inlandsbegriff** i. S. d. § 1 Abs. 1 KStG. Unter bestimmten Voraussetzungen kann auch der Deutschland zustehende Anteil an der ausschließlichen Wirtschaftszone oder am Festlandssockel zum Inland gehören.

B. Geschichte der Vorschrift des § 1 KStG

§ 1 KStG i. d. F. des Art. 1 des Körperschaftsteuerreformgesetzes vom 31. 8. 1976[3] fand erstmals für den am 1. 1. 1977 beginnenden Veranlagungszeitraum Anwendung – § 54 Abs. 1, § 49 KStG 1977 i. V. m. § 25 EStG. Die Absätze 1 und 2 stimmen inhaltlich – abgesehen von geringfügigen redaktionellen Änderungen – mit dem § 1 KStG 1975[4] überein. Absatz 3 ist neu eingefügt worden.

Aufgrund von Art. 8 Nr. 1 des Gesetzes zur Entlastung der Familie und zur Verbesserung der Rahmenbedingungen für Investitionen und Arbeitsplätze (Steueränderungsgesetz 1992 – StÄndG 1992) vom 25. 2. 1992[5] wurde in dem Klammerzusatz in § 1 Abs. 1 Nr. 1 KStG das Wort „Kolonialgesellschaft" gestrichen. Durch das „Gesetz über die Auflösung, Abwicklung und Löschung von Kolonialgesellschaften" vom 20. 8. 1975[6] waren alle aufgrund des Schutzgebietgesetzes vom 10. 9. 1900[7] noch bestehende Kolonialgesellschaften mit Ablauf des 31. 12. 1976 kraft Gesetzes aufgelöst worden, sofern sie bis dahin keine Umwandlung der Gesellschaft nach den Vorschriften des Umwandlungsgesetzes (§ 61a Umwandlungsgesetz i. d. F. der Bekanntmachung vom 6. 11. 1969[8]) zur Eintragung ins Handelsregister angemeldet hatten.

---

1 Dazu *Böhmer*, StuW 2012, 33.
2 BVerfG, Urteil v. 12. 10. 2010 - 1 BvL 12/07, BVerfGE 127, 227.
3 BGBl 1976 I 2597; BStBl 1976 I 445.
4 BGBl 1975 I 1933; BStBl 1975 I 770.
5 BGBl 1992 I 297; BStBl 1992 I 146.
6 BGBl 1975 I 2253.
7 RGBl 1900, 812.
8 BGBl 1969 I 2081.

8   Durch das **Gesetz zur Bereinigung von steuerlichen Vorschriften (Steuerbereinigungsgesetz 1999 – StBereinG 1999)** vom 22.12.1999[1] wurden in § 1 Abs. 1 Nr. 1 KStG in der Klammer die Worte „bergrechtliche Gewerkschaften" gestrichen, da diese Gesellschaftsform nicht mehr existiert: Nach § 163 Abs. 4 BBergG sind alle bergrechtlichen Gewerkschaften, unabhängig davon, ob sie rechtsfähig waren oder nicht, mit Ablauf des 1.1.1994 kraft Gesetzes aufgelöst worden, wenn sie bis dahin nicht entweder nach den Bestimmungen des UmwG oder des AktG umgewandelt oder verschmolzen worden waren. Die Bezeichnung „Gewerkschaft" darf für das umgewandelte Unternehmen aber weiterbenutzt werden – § 163 Abs. 2 BBergG.

9   Mit dem **Gesetz zur Umsetzung von EU-Richtlinien in nationales Steuerrecht und zur Änderung weiterer Vorschriften (Richtlinien-Umsetzungsgesetz – EURLUmsG)** vom 9.12.2004[2] wurde eine Änderung des Versicherungsaufsichtsgesetzes im Rahmen des Gesetzes zur Reform der gesetzlichen Rentenversicherung und zur Förderung eines kapitalgedeckten Altersvorsorgevermögens (Altersvermögensgesetz – AVmG) umgesetzt und der Pensionsfondsverein in Abs. 1 Nr. 3 eingefügt. Pensionsfondsvereine auf Gegenseitigkeit erlangen nunmehr wie Versicherungsvereine auf Gegenseitigkeit die Rechtsfähigkeit und werden entsprechend behandelt.

10 Zur Anpassung an die neue Rechtslage wurde durch Art. 3 Nr. 2 des **Gesetzes über steuerliche Begleitmaßnahmen zur Einführung der Europäischen Gesellschaft und zur Änderung weiterer steuerrechtlicher Vorschriften (SEStEG)** vom 7.12.2006[3] § 1 Abs. 1 Nr. 1 und 2 KStG neu gefasst und die Gesellschaftsformen Europäische Gesellschaften und Europäische Genossenschaften ausdrücklich in das Gesetz als Körperschaftsteuersubjekte aufgenommen. Außerdem wurde durch die Einfügung des Wortes „insbesondere" die bisher abschließende Aufzählung der Kapitalgesellschaften geöffnet.

11 § 1 Abs. 3 KStG ist durch das **Jahressteuergesetz 2008 (JStG 2008)** vom 20.12.2007[4] neu gefasst worden. Damit wird der steuerliche Inlandsbegriff erweitert, um auch die Energieerzeugung unter Nutzung erneuerbarer Energien zu erfassen.

12 Durch das Gesetz zur Anpassung des nationalen Steuerrechts an den Beitritt Kroatiens zur EU und zur Änderung weiterer steuerlicher Vorschriften (**KroatienAnpG**) vom 25.7.2014[5] fasste der Gesetzgeber § 1 Abs. 3 KStG nochmals neu. Diese Änderung dient entgegen den missverständlichen Ausführungen der Gesetzesbegründung nicht allein der Klarstellung.[6] Der Gesetzgeber meinte, die Energieerzeugung werde oberhalb der Wasseroberfläche ausgeübt; daher könne fraglich sein, ob derartige Tätigkeiten vom erweiterten Inlandsbegriff erfasst werden. Deshalb werde nun nicht mehr auf den Festlandsockel, sondern auf den nach Seerechtsübereinkommen der Vereinten Nationen deckungsgleichen Begriff der ausschließlichen Wirtschaftszone Bezug genommen, um dies klarzustellen. Dieser Klarstellung hätte es wohl nicht bedurft. Soweit nach der Gesetzesbegründung im Übrigen klargestellt werden sollte, dass auch Tätigkeiten vor Ort, die der Errichtung der Energieerzeugungsanlagen dienten, im Inland ausgeübt werden,[7] liegt demgegenüber keine Klarstellung vor. § 1 Abs. 3 Nr. 2 KStG ist inso-

---

1 BGBl 1999 I 2601; BStBl 2000 I 13.
2 BGBl 2004 I 3310; BStBl 2004 I 1148.
3 BGBl 2006 I 2782; BStBl 2007 I 4.
4 BGBl 2007 I 3150; BStBl 2008 I 218.
5 BGBl I 2014, 1266.
6 Von einer alleinigen Klarstellung ausgehend BT-Drucks. 18/1529, 63, 67.
7 BT-Drucks. 18/1529, 63, 67.

weit **konstitutiv**. Galt der Festlandsockel bislang nur insoweit als Inland, als dieser der Energieerzeugung unter Ausnutzung der erneuerbaren Energien diente, konnte darunter nicht die Vorstufe, nämlich die Errichtung der hierfür dienlichen Anlagen subsumiert werden.

Die bislang letzte Änderung des § 1 KStG erfolgte durch das **Steueränderungsgesetz 2015** vom 2.11.2015.[1] Der Gesetzgeber erweiterte den Inlandsbegriff abermals für sämtliche aus dem UN-Seerechtsübereinkommen vom 10.12.1982[2] ableitbaren Besteuerungsrechte.[3]

(Einstweilen frei) 14–20

C. Unbeschränkt körperschaftsteuerpflichtige Subjekte – § 1 Abs. 1 KStG

I. Grundsätzliches

Nach § 1 Abs. 1 KStG sind unbeschränkt körperschaftsteuerpflichtig die in den Nr. 1 – 6 aufgeführten Körperschaften, Personenvereinigungen und Vermögensmassen,[4] die ihre Geschäftsleitung (§ 10 AO) oder ihren Sitz (§ 11 AO) im Inland haben. Diese Aufzählung ist grundsätzlich **abschließend** und einer analogen Anwendung nicht zugänglich.[5]

Für die Abgrenzung zwischen körperschaftsteuerpflichtigen und nicht körperschaftsteuerpflichtigen (Personen-)Vereinigungen kommt es ausschließlich auf die **gewählte Rechtsform** an.[6] Ebenso ist die Rechtsform für die Einordnung in die einzelnen Gruppen des § 1 Abs. 1 KStG entscheidend.[7] Damit knüpft das Körperschaftsteuerrecht in § 1 Abs. 1 Nr. 1 bis 5 KStG an die zivilrechtlichen Ordnungsstrukturen an;[8] in § 1 Abs. 1 Nr. 6 KStG wird die Existenz von durch das öffentliche Recht begründeten juristischen Personen vorausgesetzt. Eine vorangegangene Beurteilung der Rechtsqualität einer Körperschaft, Personenvereinigung und Vermögensmasse durch andere Behörden oder Gerichte kann von Bedeutung sein; eine dahin gehende Bindung besteht indessen nicht.[9]

Aufgrund der Tatsache, dass alternativ an den Sitz oder die Geschäftsleitung angeknüpft wird, kann sich die Situation ergeben, dass eine – formal betrachtet – ausländische Körperschaft (mit Sitz im Ausland) trotzdem unbeschränkt steuerpflichtig ist, weil sich die Geschäftsleitung (der sog. Verwaltungssitz i. S. d. internationalen Privatrechts) in der Bundesrepublik befindet bzw. umgekehrt der formale Sitz ist in der Bundesrepublik befindet und die tatsächliche Geschäftsführung im Ausland wahrgenommen wird.[10] Dies kann dann dazu führen, dass eine Ge-

---

1 BGBl 2015 I 1834.
2 BGBl 1982 II 1789; BGBl 1955 II 602.
3 BT-Drucks. 18/4902, 45 f.; dazu *Hawlitschek*, IStR 2015, 413 ff.
4 Zur Definition dieser Oberbegriffe *Levedag* RHN § 1 Rz. 46 ff.
5 BFH, Beschluss v. 25.6.1984 - GrS 4/82, BStBl 1984 II 751; Frotscher/*Drüen* § 1 Rz. 13; *Rengers* Blümich KStG § 1 Rz. 60.
6 BFH, Urteil v. 4.11.1958 - I 141/57 U, BStBl 1959 III 50; v. 13.1.1959 - I 44/57 U, BStBl 1959 II 197; v. 17.7.1968 - I 121/64, BStBl 1968 II 695; v. 2.12.1970 - I R 122/68, BStBl 1971 II 187.
7 BFH, Urteil v. 2.12.1970 - I R 122/68, BStBl 1971 II 187 – hierzu Beschluss des BVerfG, Urteil v. 6.4.1973 - 1 BvR 103/71, HFR 1973, 306.
8 *Rengers* Blümich KStG § 1 Rz. 61.
9 BFH, Urteil v. 1.3.1951 - I 52/50 U, BStBl 1951 III 120; v. 8.2.1995 - I R 73/94, BStBl 1995 II 552; v. 29.1.2003 - I R 106/00, BFH/NV 2003, 868 = NWB CAAAA-71704; v. 31.1.2007 - I B 110/06, BFH/NV 2007, 1069 = NWB WAAAC-43340.
10 BFH, Urteil v. 8.9.2010 - I R 6/09, BFH/NV 2011, 154 = NWB ZAAAD-57531.

sellschaft in zwei Staaten unbeschränkt steuerpflichtig ist.[1] Ist zwischen den beiden Staaten kein Doppelbesteuerungsabkommen geschlossen, dann kann die doppelte unbeschränkte Steuerpflicht nur durch das jeweilige nationale Instrumentarium – z. B. § 34c EStG, § 26 KStG – gelöst werden. Wenn zwischen diesen beiden Staaten ein DBA geschlossen ist, wird häufig dem Staat die Ansässigkeit im Sinne des DBA zugewiesen, in dem sich die tatsächliche Geschäftsleitung befindet (vgl. Art. 4 Abs. 3 OECD-Musterabkommen). Es kann allerdings auch der Fall eintreten, dass derartige Konstellationen – ggf. unter weiteren Voraussetzungen – aus dem DBA grundsätzlich herausfallen.[2]

24–25   *(Einstweilen frei)*

II. Kapitalgesellschaften – § 1 Abs. 1 Nr. 1 KStG

1. Grundsätzliches

26   Unbeschränkt steuerpflichtig sind nach § 1 Abs. 1 Nr. 1 KStG zunächst einmal die Kapitalgesellschaften. Der Gesetzgeber hat darauf verzichtet, den Begriff der Kapitalgesellschaft abstrakt zu definieren. Vielmehr hat er sich darauf beschränkt, in einem Klammerzusatz bestimmte Kapitalgesellschaften (Europäische Gesellschaften, Aktiengesellschaften, Kommanditgesellschaften auf Aktien, Gesellschaften mit beschränkter Haftung) zu benennen, die unter den Begriff der Kapitalgesellschaft fallen sollen. Dieser Klammerzusatz war (allerdings noch ohne die Europäischen Gesellschaften) zunächst abschließend und einer erweiterten Auslegung, z. B. auf Mischformen, nicht zugänglich.[3] Durch das SEStEG[4] fügte der Gesetzgeber die Europäischen Gesellschaften in § 1 Abs. 1 Nr. 1 KStG hinzu und gab dem Klammerzusatz durch Einfügung des vorangestellten „insbesondere" den Charakter von Regelbeispielen. Hierdurch wollte der Gesetzgeber klarstellen, dass auch solche Gesellschaftsformen unter § 1 Abs. 1 Nr. 1 KStG zu subsumieren sein sollen, die nicht nach deutschem oder europäischem Recht gegründet worden sind, aber im Wege eines **Typenvergleichs** aufgrund ihres Gründungsstatuts einer Kapitalgesellschaft entsprechen.[5] Nicht zu den begünstigten Kapitalgesellschaften i. S. d. § 1 Abs. 1 Nr. 1 KStG zählen die fortexistierenden juristischen Personen des alten Gemeinen Rechts (vgl. Art. 164 EGBGB), die vor dem 1. 1. 1900 gegründet wurden;[6] sie sind ggf. als Vereinigung i. S. d. § 1 Abs. 1 Nr. 4 KStG zu behandeln.[7]

---

1 BFH, Urteil v. 29. 1. 2003 - I R 6/99, BStBl 2004 II 1043; v. 10. 6. 2010 - I B 186/09, BFH/NV 2010, 1864 = NWB BAAAD-48548; v. 8. 9. 2010 - I R 6/09, BFH/NV 2011, 154 = NWB ZAAAD-57531. Ausnahmsweise ist es zudem möglich, dass es eine mehrfache unbeschränkte Stpfl. aufgrund mehrerer Orte der Geschäftsleitung i. S. d. § 10 AO gibt. Hierzu BFH, Urteil v. 5.11.2014 - IV R 30/11, BStBl 2015 II 601; Benecke Schnitger/Fehrenbacher KStG § 1 Rz. 57.
2 Bsp.: Art. 4 Abs. 3 DBA-USA 2008.
3 BFH, Beschluss v. 25. 6. 1984 - GrS 4/82, BStBl 1984 II 751.
4 Vom 7. 12. 2006, BGBl 2006 I 2782.
5 BT-Drucks. 16/2710, 30.
6 BFH, Urteil v. 5. 9. 1963 - IV 213/58 S, BStBl 1964 III 117; v. 2. 12. 1970 - I R 122/68, BStBl 1971 II 187; BVerfG, Urteil v. 6. 4. 1973 - 1 BvR 103/71, HFR 1973, 306.
7 BFH, Urteil v. 2. 12. 1970 - I R 122/68, BStBl 1971 II 187; v. 8. 2. 1995 - I R 73/94, BStBl 1995 II 552.

2. Europäische Gesellschaften

Europäische Gesellschaft (SE – Societas Europaea): Am 20.12.2000 wurde auf EU-Ebene eine politische Einigung über den Verordnungsvorschlag zum Statut der Europäischen Aktiengesellschaft erreicht. Die erforderlichen Rechtsakte wurden im Laufe des Jahrs 2001 erlassen.[1] Beide Rechtsakte sind drei Jahre später am 8.10.2004 in Kraft getreten. Ergänzt werden diese Akte der EU durch das „Gesetz zur Einführung der Europäischen Gesellschaft – SEEG" vom 22.12.2004.[2] Dieses Gesetz besteht aus zwei Einzelgesetzen, zum einen das Gesetz über die Ausführung der EG-Verordnung über das Statut der Europäischen Gesellschaft (SE-Ausführungsgesetz) und das Gesetz über die Beteiligung der Arbeitnehmer in einer Europäischen Gesellschaft (SE-Beteiligungsgesetz). Das erste Gesetz flankiert die unmittelbare anwendbare Verordnung (EG) Nr. 2157/2001; das zweite Gesetz setzt die Richtlinie 2001/86/EG in nationales Recht um. Die SE zählt zu den juristischen Personen und zu den Kapitalgesellschaften auf die die Vorschriften des deutschen Aktiengesetzes ergänzend anzuwenden sind. Gemäß den für Aktiengesellschaften geltenden Vorschriften wird sie in das Handelsregister eingetragen (§ 3 SEAG).[3]

Nach Art. 2 VO (EG) Nr. 2157/2001 kann eine Europäische Aktiengesellschaft **gegründet werden** durch

- Verschmelzung von zwei oder mehr Aktiengesellschaften aus mindestens zwei verschiedenen Mitgliedstaaten;
- Errichtung einer Holding-SE durch Gesellschaften aus mindestens zwei Mitgliedstaaten, sofern sie seit mindestens zwei Jahren im anderen Mitgliedstaat eine Tochtergesellschaft oder Zweigniederlassung haben;
- Gründung einer Tochter-SE durch Gesellschaften aus mindestens zwei Mitgliedstaaten, sofern sie seit mindestens zwei Jahren im anderen Mitgliedstaat eine Tochtergesellschaft oder Zweigniederlassung haben;
- Umwandlung einer nach einzelstaatlichem Recht verfassten Gesellschaft in eine SE, sofern sie seit mindestens zwei Jahren im anderen Mitgliedstaat eine Tochtergesellschaft besitzt.

Der Sitz der SE muss nach Art. 7 VO (EG) Nr. 2157/2001 in dem Mitgliedstaat sein, in dem sich die Hauptverwaltung befindet. Demnach ergibt sich eine unbeschränkte Körperschaftsteuerpflicht nach § 1 Abs. 1 Nr. 1 KStG dann, wenn sich der Sitz der SE in der Bundesrepublik befindet. Wird eine in der Bundesrepublik befindliche Kapitalgesellschaft mit einer aufnehmenden Gesellschaft in einem anderen Mitgliedstaat, die zur SE wird, verschmolzen, erlischt die bisherige Gesellschaft[4] und wird damit zur inländischen Betriebsstätte der ausländischen SE. Dies führt dazu, dass nunmehr die SE der beschränkten Steuerpflicht nach § 2 Nr. 1 KStG unterliegt.

3. Aktiengesellschaft (AG)

Es muss sich um eine AG i. S. d. AktG handeln, die als AG ins Handelsregister eingetragen ist.[5]

---

1 Verordnung (EG) Nr. 2157/2001 des Rates v. 8.10.2001 über das Statut der Europäischen Gesellschaft (SE), ABl. 2001 L 294 S. 1, und Richtlinie 2001/86/EG des Rates v. 8.10.2001 zur Ergänzung des Statuts der Europäischen Gesellschaft hinsichtlich der Beteiligung der Arbeitnehmer, ABl. 2001 L 294 S. 22.
2 BGBl 2004 I 3671.
3 Vgl. Art. 10 VO (EG) Nr. 2157/2001.
4 Art. 29 Abs. 1 Buchst. c VO (EG) Nr. 2157/2001.
5 §§ 1 ff., §§ 36 ff., § 41 AktG.

31 Als **Vor-Aktiengesellschaft** wird die entstehende, aber noch nicht eingetragene AG nach Abschluss des notariellen Gesellschaftsvertrages bezeichnet; auf sie sind die zur Vor-GmbH entwickelten Rechtsgrundsätze[1] entsprechend anwendbar.[2]

4. Kommanditgesellschaft auf Aktien (KGaA)

32 Es muss sich um eine Gesellschaft i. S. d. §§ 278 ff. AktG handeln, die als KGaA ins Handelsregister eingetragen ist.[3]

32a Die KGaA unterliegt einem besonderen Besteuerungsregime. Als Körperschaftsteuersubjekt unterliegt sie mit ihrem Gewinn der Körperschaftsteuer. Bei der Ermittlung des Gewinns werden aber die Teile des Gewinns abgezogen, die an persönlich haftende Gesellschafter (Komplementäre) auf ihre nicht auf das Grundkapital gemachten Einlagen oder als Vergütung (Tantieme) für die Geschäftsführung gezahlt worden sind (§ 9 Abs. 1 Satz 1 Nr. 1 KStG). Der Komplementär hat die auf der Ebene der KGaA abgezogenen Teile bei sich als Einkünfte aus Gewerbebetrieb (§ 15 Abs. 1 Nr. 3 EStG) zu versteuern. Jedoch führen Ausschüttungen auf die das Grundkapital betreffenden Einlagen bei dem Komplementär zu Kapitaleinkünften, § 20 Abs. 1 Nr. 1 EStG. Die Kommanditaktionäre erzielen allein Kapitaleinkünfte.

5. Gesellschaft mit beschränkter Haftung (GmbH)

33 Es muss sich um eine GmbH i. S. d. GmbHG handeln, die als GmbH ins Handelsregister eingetragen ist.[4] Zur Vor-GmbH vgl. → Rz. 106.

34 Durch das **Gesetz zur Modernisierung des GmbH-Rechts und zur Bekämpfung von Missbräuchen (MoMiG)** vom 23. 10. 2008[5] wurde in § 5a GmbHG die neue GmbH-Form **Unternehmergesellschaft (haftungsbeschränkt) – UG (haftungsbeschränkt)** zugelassen. Hierbei handelt es sich nicht[6] um eine neue Gesellschaftsform, sondern um eine GmbH,[7] die noch nicht über das gesetzlich geforderte Mindeststammkapital i. H. v. 25 000 € verfügt. Da es sich unstreitig um eine Sonderform der GmbH handelt, fällt die Unternehmergesellschaft (haftungsbeschränkt) auch unter § 1 Abs. 1 Nr. 1 KStG.[8]

35 Nach ständiger Rechtsprechung ist demgegenüber eine **GmbH & Co. KG** trotz ihrer Besonderheiten, die sich aus der Beteiligung einer Kapitalgesellschaft als persönlich haftender Gesellschafter ergeben, keine Kapitalgesellschaft i. S. d. Gesetzes.[9] Dies gilt auch für eine sog. doppel- oder mehrstöckige GmbH & Co. KG und eine Schein-GmbH & Co. KG.[10] Sie stellt sich – insbesondere in der Erscheinungsform der Publikums-GmbH & Co. KG (einschließlich der Publikums-GmbH & Co. KG mit Treuhänder-Kommanditisten) – auch nicht als nichtrechtsfähige,

---

1 Vgl. → Rz. 106.
2 Vgl. auch BFH, Urteil v. 23. 1. 2002 - V R 84/99, BFH/NV 2002, 881 = NWB KAAAA-69287.
3 § 282 AktG.
4 §§ 1 ff., §§ 11, 13 GmbHG.
5 BGBl 2008 I 2026.
6 BT-Drucks. 16/6140 und 16/9737.
7 Vgl. § 5a Abs. 5 GmbHG.
8 Gosch/*Hummel* § 1 Rz. 70; *Rengers* Blümich KStG § 1 Rz. 70.
9 BFH, Beschluss v. 25. 6. 1984 - GrS 4/82, BStBl 1984 II 751; v. 24. 7. 2003 - X B 123/02, BFH/NV 2003, 1571 = NWB PAAAA-69495; H 1.1 KStH 2015.
10 BFH, Beschluss v. 25. 6. 1984 - GrS 4/82, BStBl 1984 II 751.

körperschaftlich verfasste Personenvereinigung i. S. d. § 1 Abs. 1 Nr. 5 KStG oder § 3 Abs. 1 KStG dar.[1]

6. Nach ausländischem Recht gegründete Gesellschaften

Aufgrund der Neufassung des § 1 Abs. 1 Nr. 1 KStG durch das SEStEG und die Einfügung des Wortes „insbesondere" wird klargestellt, dass es sich in Nr. 1 nicht um eine abschließende Aufzählung von Gesellschaftsformen handelt. Vielmehr fallen nun unter diesen Begriff auch solche Gesellschaften, die nach ausländischem Recht (nicht nur nach dem Recht eines anderen EU- oder EWR -Mitgliedstaates) gegründet wurden und nach ihrem Gründungsstatut einer der genannten Kapitalgesellschaft entsprechen.[2]

Voraussetzung für die Eigenschaft eines ausländischen Gebildes mit Geschäftsleitung im Inland als sonstige Kapitalgesellschaft ist zunächst einmal, dass das ausländische Gebilde eine **körperschaftliche Struktur** aufweist. Diese Struktur bemisst sich nach dem für die ausländische Gesellschaft einschlägigen ausländischen Gesellschaftsrecht.[3] Darüber hinaus muss der ausländische Rechtsträger einer inländischen Kapitalgesellschaft in den wesentlichen Aspekten vergleichbar sein – sog. **Typenvergleich**.[4] Dies bedeutet, dass für die steuerliche Beurteilung der Frage, ob die ausländische juristische Person der Körperschaftsteuer unterliegt, die Rechtsfähigkeit der ausländischen Gesellschaft nicht allein ausschlaggebend ist. Es kommt vielmehr auch darauf an, ob die ausländische Gesellschaft nach rechtlichem Aufbau und wirtschaftlicher Gestaltung einem der Rechtsgebilde entspricht, die selbst körperschaftsteuerpflichtig sind; nur dann, wenn die leitenden Gedanken des Einkommen- und Körperschaftsteuerrechts gegen eine Mitunternehmerschaft sprechen, ist das KStG anzuwenden.[5] Wenn die ausländische Gesellschaft trotz Vorliegens der genannten Voraussetzungen im Sitzstaat nicht der dortigen Körperschaftsteuer unterworfen wird, sondern der Gewinn auf die Gesellschafter aufgeteilt und von diesen anteilig versteuert wird, so ist die Gesellschaft wie eine ausländische Personengesellschaft zu behandeln.[6] So ist die belgische BVBA zivilrechtlich eine Personengesellschaft, die aber steuerrechtlich wie eine Kapitalgesellschaft behandelt wird.

Für die Annahme einer Körperschaft sprechen im Rahmen des Typenvergleichs folgende **Kriterien**:[7]

▶ Die ausländische Gesellschaft muss sich als Organisation von der Gesamtheit der Mitglieder unterscheiden.

▶ Die Gesellschafter sind zur Erbringung von Eigenkapital verpflichtet.

▶ Die Existenz der Gesellschaft darf nicht vom Bestand der Mitglieder abhängen. Insbesondere müssen die Anteile grundsätzlich frei übertragbar sein.

---

1 BFH, Beschluss v. 25. 6. 1984 - GrS 4/82, BStBl 1984 II 751.
2 BT-Drucks. 16/2710, 30.
3 Frotscher/*Drüen* § 1 Rz. 55.
4 BFH, Urteil v. 23. 6. 1992 - IX R 182/87, BStBl 1992 II 972; v. 23. 6. 1993 - I R 31/92, BFH/NV 1994, 661 = NWB KAAAB-33802; v. 16. 12. 1998 - I R 138/97, BStBl 1999 II 437; v. 20. 8. 2008 - I R 34/08, BStBl 2009 II 263; v. 24. 8. 2011 - I R 46/10, BFH/NV 2011, 2165 = NWB KAAAD-94174; H 1.1 KStH 2015; eine Zusammenfassung derjenigen ausländischen Gesellschaften, die im Ausland steuerrechtlich wie eine Kapitalgesellschaft behandelt werden, in BMF, Schreiben v. 26.9.2014, BStBl 2014 I 1258.
5 RFH, Urteil v. 12. 2. 1930 - VI A 899/27, RStBl 1930, 444, sog. Venezuela-Fall; BFH, Urteil v. 6. 11. 1981 - IV R 182/77, BStBl 1981 II 220; v. 3. 2. 1988 - I R 134/84, BStBl 1988 II 588; v. 4. 4. 2007 - I R 110/05, BStBl 2007 II 521.
6 BFH, Urteil v. 22. 1. 1992 - I R 42/91, BFH/NV 1992, 600 = NWB LAAAB-33015.
7 Aufzählung nach Frotscher/*Drüen* § 1 Rz. 55.

- Die Geschäftsführung liegt bei bestellten Organen.
- Der Gewinn/Verlust der Geschäftstätigkeit fällt bei der Gesellschaft und nicht bei den einzelnen Mitgliedern an.
- Die Gesellschafter haben nur im Fall der Liquidation oder eines ähnlichen Vorgangs einen Anspruch auf das Gesellschaftsvermögen.

39 Eine ausländische Kapitalgesellschaft kann jedenfalls mit ihren inländischen Einkünften in Deutschland beschränkt steuerpflichtig sein (§ 2 Nr. 1 KStG). Damit jedoch eine unbeschränkte Steuerpflicht gem. § 1 Abs. 1 Nr. 1 KStG besteht, muss die Kapitalgesellschaft einen stärkeren Bezug zum Inland herstellen. Entspricht sie nach dem Typenvergleich einer Kapitalgesellschaft i. S. d. § 1 Abs. 1 Nr. 1 KStG, kann dies dadurch geschehen, dass die Gesellschaft den Ort der Geschäftsleitung (§ 10 AO) oder ihren statuarischen Sitz (§ 11 AO) in das Inland verlegt.

Solche Vorgänge könnten jedoch aus gesellschaftsrechtlichen Gründen zur Ablehnung der unbeschränkten Steuerpflicht nach § 1 Abs. 1 Nr. 1 KStG führen, weil gesellschaftsrechtlich ggf. kein rechtsformwahrender Zuzug möglich ist. Dies gilt jedenfalls dann, wenn der **Sitztheorie** gefolgt wird, von der grundsätzlich auch Deutschland ausgeht.[1] Hiernach entscheidet sich die Frage nach dem Personalstatut (handelt es sich um ein rechtsfähiges Gebilde?) ausschließlich nach dem Recht des Staates, in dem sich der effektive Verwaltungssitz (am ehesten vergleichbar der Geschäftsleitung i. S. d. § 10 AO) befindet. Demnach müsste eine im Ausland inkorporierte Gesellschaft, wenn sie in der Bundesrepublik als rechtsfähige Kapitalgesellschaft am Rechtsverkehr teilnehmen möchte, sich den Bestimmungen des AktG oder des GmbHG unterwerfen und die Eintragung ins Handelsregister betreiben, was allerdings eine Neugründung voraussetzen würde. Die **Gründungstheorie** stellt demgegenüber ausschließlich auf das Recht des Staates ab, in dem die Gesellschaft im Einklang mit den dortigen Bestimmungen ihren Rechtsstatus erlangt hat. Eine Verlegung des Orts des effektiven Verwaltungssitzes führt demnach (grundsätzlich) nicht zum Verlust der Rechtsfähigkeit. Heute vertritt der BGH im Anschluss an die EuGH-Rechtsprechung[2] für **Zuzugsfälle** die Auffassung, dass eine in einem EU-Mitgliedstaat gegründete Gesellschaft nach den Prinzipien des deutschen internationalen Gesellschaftsrechts hinsichtlich ihrer Rechtsfähigkeit dem Recht des Mitgliedstaates zu unterstellen ist, in dem sie gegründet worden ist und ihren satzungsmäßigen Sitz hat.[3]

Dies entspricht dem Inhalt nach der Gründungstheorie, die – wegen der Anknüpfung an die Niederlassungsfreiheit des Art. 49 AEUV – zunächst einmal nur für EU-ausländische Gesellschaften gilt. Nach Auffassung des BGH gilt diese Rechtsprechung auch für diejenigen Gesellschaften, die in einem **EWR-Staat** (Island, Liechtenstein, Norwegen) gegründet worden sind.[4] Offen gelassen hat er die Rechtsfrage, ob etwas anderes gilt, wenn es sich um eine nur zur Umgehung der Vorschriften des deutschen Rechts gegründete Briefkastenfirma handelt, die über keinerlei tatsächliche, effektive Beziehung[5] zum Gründungsstaat verfügt und alle Aktivitäten in der Bundesrepublik entfaltet. Zur Schweiz hingegen hat der BGH wiederholt entschie-

---

1 *Rengers* Blümich KStG § 1 Rz. 140.
2 EuGH, Urteil v. 5. 11. 2002 - Rs. C-208/00, Überseering, Slg. 2002, I-9919; v. 30. 9. 2003 - Rs. C-167/01, Inspire Art, ZIP 2003, 1885.
3 BGH v. 29. 1. 2003 - VIII ZR 155/02, BGHZ 153, 353, zum Problem einer US-amerikanischen Aktiengesellschaft; v. 5. 7. 2004 - II ZR 389/02, DStR 2004, 1841; v. 2. 12. 2004 - III ZR 358/03, DVBl 2005, 371; v. 14. 3. 2005 - II ZR 5/03, DStR 2005, 839; zur steuerlichen Einordnung der nach dem Recht der Bundesstaaten der USA gegründeten Limited Liability Company (LLC) vgl. BMF, Schreiben v. 19. 3. 2004, BStBl 2004 I 411.
4 BGH v. 19. 9. 2005 - II ZR 372/03, NJW 2005, 3351.
5 Sog. „genuine link" – BGH v. 13. 10. 2004 - I ZR 245/01, GmbHR 2005, 51.

den, dass die Sitztheorie anzuwenden ist, da es sich nicht um einen EU- oder EWR-Mitgliedstaat handelt;[1] Gleiches gilt für Kapitalgesellschaften in sonstigen Drittländern, z. B. in den USA.

Hiervon getrennt zu behandeln sind die **Wegzugsfälle**, in denen eine inländische Gesellschaft ihren Sitz oder den Ort ihrer Geschäftsleitung in das Ausland verlegen will. Unionsrechtlich soll es dem Mitgliedstaat nach der EuGH-Rechtsprechung nicht verwehrt sein, den rechtsformwahrenden Wegzug in das Ausland zu erschweren oder gar zu unterbinden.[2] Dies folgert der EuGH nicht zuletzt daraus, dass es bislang keine einheitliche Definition der Gesellschaft gebe, die in den Genuss der Niederlassungsfreiheit komme.[3] In der Sache betrachtet der EuGH die Niederlassungsfreiheit damit als eine normgeprägte Grundfreiheit, die durch das nationale Recht ausgefüllt wird. In EU-Fällen ist von diesem Ausgangspunkt kommend die Anwendung der Sitztheorie für Wegzugsfälle keinen unionsrechtlichen Bedenken unterworfen. Folglich kann der Wegzug zum Verlust der Rechtsfähigkeit führen. Dies gilt ebenso in Drittstaatsfällen.

Steuerrechtlich bedeutet dies Folgendes: Bei der **Verlegung des Orts der Geschäftsleitung** einer ausländischen Kapitalgesellschaft ins Inland soll diese in Deutschland unbeschränkt steuerpflichtig werden, obwohl der Wegzug im Staat des statuarischen Sitzes zu einer Auflösung führt und die Gesellschaft im Inland gesellschaftsrechtlich nur als Personengesellschaft betrachtet wird, wenn der Wegzugsstaat der Sitztheorie folgt. Der Rechtsprechung des BFH kann entnommen werden, dass er dies steuerrechtlich für irrelevant hält.[4] Es fragt sich, ob dies nicht im Gegensatz zur Rechtsprechung des EuGH steht, denn dieser fragt sich auch in Fällen mit steuerrechtlicher Relevanz, ob die Gesellschaft trotz des Wegzugs ihre Rechtsfähigkeit behält und deshalb überhaupt noch in der Lage ist, sich auf die Niederlassungsfreiheit zu berufen.[5] Dies erscheint auch durchaus folgerichtig. Sind Beschränkungen infolge des Wegzugs erlaubt, so knüpft Deutschland bei den steuerlichen Folgen lediglich an das Rechtsgebilde an, das zugezogen und aufgrund der Behandlung des Wegzugsstaates nunmehr allein eine Personengesellschaft ist. Von dieser Perspektive aus liegt eine originäre – und freilich unionsrechtlich verbotene – Diskriminierung des Zuzugs nicht vor; eine unbeschränkte Steuerpflicht nach § 1 Abs. 1 Nr. 5 KStG bleibt aber möglich. Zu den vorstehend beschriebenen rechtsdogmatischen Problemen kommt es von vornherein nicht, wenn der Wegzugsstaat der Gründungstheorie folgt und aus seiner Sicht die wegziehende Kapitalgesellschaft rechtsfähig bleibt.[6]

Will die ausländische Gesellschaft nicht nur ihren **Verwaltungssitz**, sondern auch ihren statuarischen Sitz in das Inland verlegen, dürfte dies auch in den Fällen, in denen aus unionsrechtlicher Sicht die Gründungstheorie zum Zuge kommt, häufig nicht möglich sein.[7] Regelmäßig verlangt das Recht des Gründungsstaates einen Sitz im Inland. Dies gilt namentlich auch für das deutsche Recht (§ 4a GmbHG und § 5 AktG). In diesen Fällen will die Gesellschaft den Sitz

---

1 BGH v. 27.10.2008 - II ZR 158/06, IWB 2009, Fach 3a, Gruppe 1, 1111; v. 15.3.2010 - II ZR 27/09, DStR 2010, 1196; *Wilke*, IWB 2010, 398.
2 EuGH, Urteil v. 16.12.2008 - C-210/06, Cartesio, IStR 2009, 59; v. 29.11.2011 - C-371/10, National Grid Indus, DStR 2011, 2334.
3 EuGH, Urteil v. 16.12.2008 - C-210/06, Cartesio, IStR 2009, 59 Rz. 107 ff.
4 BFH, Urteil v. 8.9.2010 - I R 6/09, BStBl 2013 II 186; so auch *Rengers* Blümich KStG § 1 Rz. 142; a. A. *Levedag* RHN § 1 Rz. 71.
5 EuGH, Urteil v. 29.11.2011 - C-371/10, National Grid Indus, DStR 2011, 2334 Rz. 28; insoweit auch *Rengers* Blümich KStG § 1 Rz. 141.
6 EuGH, Urteil v. 29.11.2011 - C-371/10, National Grid Indus, DStR 2011, 2334 Rz. 28.
7 OLG Zweibrücken v. 27.9.2005 - 3 W 170/05, NJW-RR 2006, 42; *Levedag* RHN § 1 Rz. 69; *Rengers* Blümich KStG § 1 Rz. 141.

im Gründungsstaat, den der EuGH gerade zum Ansatzpunkt nahm, um von der Gründungstheorie auszugehen, gerade aufgeben. Denkbar ist – vor einer Neugründung der Kapitalgesellschaft im Inland – allein eine unbeschränkte Steuerpflicht nach § 1 Abs. 1 Nr. 5 KStG.[1]

43–50 (Einstweilen frei)

III. Genossenschaften – § 1 Abs. 1 Nr. 2 KStG

51 Es muss sich um eine Genossenschaft i. S. v. § 1 Abs. 1 GenG handeln; die Genossenschaft ist aus zivilrechtlicher Sicht eine Sonderform des Vereins. Nach h. M. ist es nicht erforderlich, dass die Genossenschaft ins Genossenschaftsregister eingetragen ist – sog. „eingetragene Genossenschaften eG" – die mit der Eintragung die Rechtsfähigkeit erlangt,[2] so dass auch nichtrechtsfähige (= nicht in das Genossenschaftsregister eingetragene) Genossenschaften unter § 1 Abs. 1 Nr. 2 KStG einzuordnen sind. Voraussetzung für die Qualifizierung als Steuersubjekt ist allein der Abschluss des Statuts i. S. d. § 5 GenG; die hierdurch entstandene Vorgenossenschaft fällt bereits unter § 1 Abs. 1 Nr. 2 KStG.[3] Hinsichtlich der Steuerpflicht von Genossenschaften vgl. insbesondere § 5 Abs. 1 Nr. 10, 14, 16 KStG, § 11 Abs. 1 KStG, § 22 KStG sowie § 25 KStG.

52 Am 22. 7. 2003 hat der Rat der Europäischen Union die Verordnung Nr. 1435/2003/EG über das Statut der **Europäischen Genossenschaft** (Societas Cooperativa Europaea – SCE)[4] und die Richtlinie 2003/72/EG zur Ergänzung des Statuts der Europäischen Genossenschaft hinsichtlich der Beteiligung der Arbeitnehmer[5] beschlossen. Die Verordnung trat nach Art. 80 am 18. 8. 2006 in Kraft. Da die SCE-Verordnung an zahlreichen Stellen auf Rechtsvorschriften verweist, die die Mitgliedstaaten erlassen, und da auch einige Wahlrechte für den nationalen Gesetzgeber in der Verordnung vorgesehen sind, bedurfte es eines Ausführungsgesetzes. Dies ist das „Gesetz zur Ausführung der Verordnung (EG) Nr. 1435/2003 des Rates vom 22. 7. 2003 über das Statut der Europäischen Genossenschaft (SCE) – (SCE-Ausführungsgesetz – SCEAG)", welches als Art. 1 des Gesetzes zur Einführung der Europäischen Genossenschaft und zur Änderung des Genossenschaftsrechts vom 14. 8. 2006[6] verkündet wurde. Ergänzt wird dies durch das „Gesetz über die Beteiligung der Arbeitnehmer und Arbeitnehmerinnen in einer Europäischen Genossenschaft (SCE-Beteiligungsgesetz – SCEBG)".[7] Diese neue supranationale Rechtsform wird, sofern sie ihren Sitz in der Bundesrepublik hat, als unbeschränkt steuerpflichtige Körperschaft behandelt. Durch das SEStEG wurde dann auch § 1 Abs. 1 Nr. 2 KStG der veränderten Rechtslage angepasst.

53 Nicht zu den Körperschaftsteuersubjekten i. S. d. § 1 Abs. 1 Nr. 2 KStG zählen die fortexistierenden Genossenschaften des Gemeinen Rechts; ihre Körperschaftsteuerpflicht folgt aus § 1 Abs. 1 Nr. 4, 5 KStG. Soweit es sich um ein öffentlich-rechtliches Gebilde handelt, das die Bezeichnung „Genossenschaft" trägt (Bsp.: Waldgenossenschaft, Jagdgenossenschaft[8]), ist § 1 Abs. 1 Nr. 2 KStG ebenfalls nicht anwendbar.

---

1 *Levedag* RHN § 1 Rz. 71.
2 § 13 GenG.
3 R 1.1 Abs. 4 Satz 1 KStR 2015.
4 ABl. 2003 Nr. L 207, 1.
5 ABl. 2003 Nr. L 207, 25.
6 BGBl 2006 I 1911.
7 BGBl 2006 I 1911.
8 FinMin Bayern v. 23. 12. 1992, StEK § 44a EStG Nr. 18; v. 24. 2. 1993, ebendort Nr. 19.

Schließlich zählen nicht zu den Genossenschaften i. S. d. § 1 Abs. 1 Nr. 2 KStG die in § 3 Abs. 2 KStG genannten Hauberg-, Wald-, Forst- und Laubgenossenschaften sowie vergleichbare Realgemeinden; deren Körperschaftsteuerpflicht folgt aus § 1 Abs. 1 Nr. 4 KStG, sofern sie rechtsfähig sind bzw. aus § 1 Abs. 1 Nr. 5 KStG, sofern sie nichtrechtsfähig sind. 54

(Einstweilen frei) 55–60

IV. Versicherungs- und Pensionsverein auf Gegenseitigkeit (VVaG) – § 1 Abs. 1 Nr. 3 KStG

Es muss sich um einen Versicherungsverein auf Gegenseitigkeit i. S. d. §§ 171 ff. VAG handeln, der über eine entsprechende Erlaubnis der Aufsichtsbehörde zum Geschäftsbetrieb verfügt. Bei dem VVaG handelt es sich um einen Verein, der die Versicherung seiner Mitglieder nach dem Grundsatz der Gegenseitigkeit betreiben will (§ 171 VAG). Es handelt sich um einen sog. wirtschaftlichen Verein;[1] demnach beinhaltet § 1 Abs. 1 Nr. 3 KStG eine Spezialregelung zu § 1 Abs. 1 Nr. 4 KStG. 61

Hinsichtlich sog. **kleiner Versicherungsvereine** vgl. § 210 VAG sowie § 5 Abs. 1 Nr. 3, 4, 15 KStG; diese müssen nicht in das Handelsregister eingetragen werden. 62

Was unter einem Pensionsfonds zu verstehen ist, ergibt sich aus § 236 VAG; dieser kann auch als VVaG ausgestaltet sein – Pensionsfondsverein auf Gegenseitigkeit (vgl. § 237 Abs. 3 Nr. 1 VAG). Er wird dann auch steuerlich dem VVaG gleichgestellt. 63

(Einstweilen frei) 64–65

V. Sonstige juristische Personen des privaten Rechts – § 1 Abs. 1 Nr. 4 KStG

1. Grundsätzliches

§ 1 Abs. 1 Nr. 4 KStG ist ein **Auffangtatbestand** zu den vorangegangenen § 1 Abs. 1 Nr. 1 bis 3 KStG („sonstige juristische Personen"). Der Begriff der juristischen Person ist derselbe wie im Zivilrecht.[2] Angeknüpft wird an die durch das Zivilrecht vorgegebenen Rechtsformen.[3] Entscheidend für die Qualifikation als juristische Person ist die **Rechtsfähigkeit**.[4] Die bloße Teilrechtsfähigkeit, wie sie auch Personengesellschaften besitzen, ist nicht ausreichend. Hinzukommen muss, dass es sich um eine juristische Person des *privaten* Rechts handelt. Die Abgrenzung bemisst sich stets nach dem Zivilrecht bzw. öffentlichen Rechts des Bundes oder des jeweiligen Landes.[5] In besonders gelagerten Einzelfällen mag die Abgrenzung problematisch sein. Die Finanzbehörden können sich gleichwohl nicht auf die Entscheidung anderer Bundes- oder Landesbehörden oder Gerichte zurückziehen. Sie haben vielmehr die Pflicht, eine selbständige Beurteilung vorzunehmen. Gleichwohl ist es aus Sicht des BFH nicht zu beanstanden, wenn das Finanzamt die Qualifikation der zuständigen Behörde übernimmt.[6] 66

---

[1] BFH, Urteil v. 13. 11. 1991 - I R 45/90, BStBl 1992 II 429.
[2] *Rengers* Blümich KStG § 1 Rz. 80.
[3] *Birk/Desens/Tappe*, Steuerrecht, 20. Aufl. 2017, Rz. 1212.
[4] BFH, Urteil v. 23. 6. 1992 - IX R 182/87, BStBl 1992 II 972.
[5] BFH, Urteil v. 1. 3. 1951 - I 52/50 U, BStBl 1951 III 120.
[6] BFH, Urteil v. 1. 3. 1951 - I 52/50 U, BStBl 1951 III 120; v. 8. 2. 1995 - I R 73/94, BStBl 1995 II 552; v. 29. 1. 2003 - I R 106/00, BFHE 201, 287 = NWB CAAAA-71704.

2. Verein

67 Hierzu zählen vor allem die **rechtsfähigen Vereine**,[1] und zwar sowohl die ideellen (nichtwirtschaftlichen) als auch die wirtschaftlichen Vereine, die ins Vereinsregister eingetragen sind.[2] Die Erlangung der Rechtsfähigkeit richtet sich entweder nach § 21 BGB (ideeller Verein) oder nach § 22 BGB (wirtschaftlicher Verein). Ideelle Vereine sind häufig nach § 5 Abs. 1 KStG von der Körperschaftsteuer befreit.[3]

68 Als **wirtschaftlicher Verein** werden z. B. Pensionssicherungsvereine, Garantievereine, Sterbekassen, Postspar- und Darlehensvereine angesehen; die GEMA ist ebenfalls ein wirtschaftlicher Verein.[4]

3. Rechtsfähige Stiftung

69 Ferner fallen unter § 1 Abs. 1 Nr. 4 KStG die **rechtsfähigen Stiftungen** des privaten Rechts i. S. d. §§ 80 ff. BGB,[5] allerdings nicht sog. Vorstiftungen. Vor der Anerkennung der Stiftung durch die zuständige Landesbehörde existiert die Stiftung weder zivil- noch steuerrechtlich.[6] Die Körperschaftsteuerpflicht trifft dem Grundsatz nach sowohl die gemeinnützigen Stiftungen – vgl. aber § 5 Abs. 1 Nr. 9 KStG – als auch die steuerpflichtigen Stiftungen (i. d. R. Familienstiftungen – vgl. auch § 10 Abs. 1 Nr. 2 KStG). Zu den nichtrechtsfähigen Stiftungen vgl. § 1 Abs. 1 Nr. 5 KStG – unten → Rz. 78 – sowie § 3 Abs. 1 KStG.

69a Besonderheiten gelten insoweit für **Stiftungen von Todes wegen**. Deutlich wird dies schon durch § 84 BGB, der die Rechtsfähigkeit für Zuwendungen des Stifters bereits vor dessen Tod und der Anerkennung der Stiftung als rechtsfähig fingiert. Bereits mit dem Zeitpunkt des Vermögensanfalls gilt die Stiftung von Todes wegen auch für steuerliche Zwecke als existent.[7] Dies gilt allerdings nicht im Hinblick auf § 5 Abs. 1 Nr. 9 KStG.[8]

70 **Rechtsfähige Stiftungen des öffentlichen Rechts**[9] fallen nicht unter § 1 Abs. 1 Nr. 4 KStG; ggf. kann sich eine Steuerpflicht aus § 1 Abs. 1 Nr. 6 KStG ergeben.[10]

71 Hat eine **ausländische Stiftung** tatsächlich ihre Geschäftsleitung in der Bundesrepublik, wird sie jedenfalls nach § 1 Abs. 1 Nr. 5 KStG unbeschränkt steuerpflichtig sein, wenn man sie als im Inland nicht rechtsfähig qualifiziert; nur dann, wenn man die Gründungstheorie zugrunde legt (vgl. → Rz. 39 ff.) wird man die ausländische Stiftung der Regelung des § 1 Abs. 1 Nr. 4 KStG unterwerfen können. Zu den **ausländischen Familienstiftungen** vgl. § 15 AStG.

72–75 *(Einstweilen frei)*

---

1 §§ 21 ff. BGB.
2 R 1.1 Abs. 2 Satz 1 KStR 2015.
3 Vgl. z. B. § 5 Abs. 1 Nr. 7, 9, 10, 14 KStG.
4 BFH, Urteil v. 13. 11. 1991 - I R 45/90, BStBl 1992 II 429.
5 R 2 Abs. 2 KStR 2004; zur Abgrenzung zu Stiftungen des öffentlichen Rechts vgl. BFH, Urteil v. 29. 1. 2003 - I R 106/00, BFH/NV 2003, 868 = NWB CAAAA-71704.
6 BFH, Urteil v. 11. 2. 2015 - X R 36/11, BStBl 2015 II 545; Levedag RHN § 1 Rz. 83. Gegebenenfalls kommt aber eine Steuerpflicht nach § 1 Abs. 1 Nr. 5 KStG in Betracht (Levedag RHN § 1 Rz. 85).
7 BFH, Urteil v. 17. 9. 2003 - I R 85/02, BStBl 2005 II S. 149; FG Münster, Urteil v. 13. 10. 2017 - 13 K 641/14 K, NWB KAAAG-70451, EFG 2018 S. 92 mit Anm. *Brosda*.
8 BFH, Urteil v. 17. 9. 2003 - I R 85/02, BStBl 2005 II S. 149.
9 § 89 BGB.
10 R 1.1 Abs. 2 Satz 2 KStR 2015.

VI. Nichtrechtsfähige Vereine, Anstalten, Stiftungen und andere Zweckvermögen des privaten Rechts – § 1 Abs. 1 Nr. 5 KStG

Die Bestimmung des § 1 Abs. 1 Nr. 5 KStG befasst sich in Ergänzung der Regelung in § 1 Abs. 1 Nr. 4 KStG mit den nichtrechtsfähigen Körperschaften, Personenvereinigungen und Vermögensmassen; sie ist im Zusammenhang mit der Vorschrift des § 3 Abs. 2 KStG zu sehen.[1] § 1 Abs. 1 Nr. 5 KStG enthält keine abschließende Regelung der Körperschaftsteuerpflicht nichtrechtsfähiger Personenvereinigungen, wie sich aus § 3 Abs. 1 KStG ergibt. § 3 Abs. 1 KStG ist ein Auffangtatbestand für Personenvereinigungen und Vermögensmassen, wofür auch die Aufzählung von Realgemeinden in § 3 Abs. 2 KStG spricht.

Der **nichtrechtsfähige Verein** i. S. d. § 1 Abs. 1 Nr. 5 KStG entspricht dem nichtrechtsfähigen Verein i. S. d. § 54 BGB.[2] Schwierigkeiten können sich in der Praxis bei der Abgrenzung zwischen nichtrechtsfähigem Verein und BGB-Gesellschaft ergeben. Entscheidend ist hier, ob formell und strukturell an die zivilrechtliche Rechtsform einer Personenvereinigung i. S. d. § 54 BGB angeknüpft wird; weiteres Unterscheidungskriterium ist die Frage, ob die Voraussetzung des § 3 Abs. 1 KStG erfüllt ist; ggf. ist der durch Auslegung zu ermittelnde Willen der Beteiligten zu berücksichtigen.

Eine **nichtrechtsfähige Stiftung** des privaten Rechts ist dann gegeben, wenn die Stiftung nicht gem. § 80 BGB staatlich anerkannt ist, sei es, dass kein Antrag gestellt wurde – Regelfall bei sog. treuhänderischen Stiftungen – sei es, dass der Antrag abgelehnt wurde.[3] Für eine Steuerpflicht sind kumulativ notwendig:

1. Endgültige Entreicherung des Stifters,
2. fehlendes wirtschaftliches Eigentum des Stiftungsträgers (Fiduziars),
3. Dauerhaftigkeit der Bindung des Stifters an die Vermögensübertragung und des Fiduziars an den Stiftungszweck.[4]

In der Rechtsprechung wurden u. a. als nichtrechtsfähige Stiftungen anerkannt: Schulstiftung,[5] Unterstützungsfonds,[6] Fräulein- und Witwenstift,[7] Grabpflegevermögen.[8] Seit der Neuregelung des Zuwendungsrechts hinsichtlich Stiftungen in § 10b Abs. 1a EStG ist die Zahl der nichtrechtsfähigen Stiftungen sprunghaft angestiegen; genaue Zahlen existieren nicht. Sie dienen heute unter dem Dach einer rechtsfähigen steuerbefreiten Stiftung als Objekt der Anlage auch geringer Vermögen.

Da die Rechtsfigur des **Trusts** in der Bundesrepublik zivilrechtlich nicht anerkannt wird, weil die Bundesrepublik nicht dem Haager Übereinkommen über das auf den Trust anzuwendende Recht und seine Anerkennung beigetreten ist, fällt der im Ausland inkorporierte Trust ebenfalls unter § 1 Abs. 1 Nr. 5 KStG, sofern er die Geschäftsleitung im Inland hat. In diesem Fall ist es m. E. abzulehnen, auf die Gründungstheorie abzustellen, und den im Ausland rechtsfähigen

---

1 BFH, Beschluss v. 25. 6. 1984 - GrS 4/82, BStBl 1984 II 751.
2 BFH, Urteil v. 4. 11. 1958 - I 141/57 U, BStBl 1959 III 50; Beschluss v. 25. 6. 1984 - GrS 4/82, BStBl 1984 II 571; v. 18. 12. 1996 - I R 16/96, BStBl 1997 II 361.
3 Zur Definition aus steuerrechtlicher Sicht vgl. BFH, Urteil v. 24. 3. 1993 - I R 27/92, BStBl 1993 II 637.
4 *Rengers* Blümich KStG § 1 Rz. 89.
5 RFH, Urteil v. 7. 4. 1936 - I A 227/35, RStBl 1936, 442.
6 RFH, Urteil v. 18. 12. 1937 - VIa 76/37, RStBl 1938, 284.
7 RFH, Urteil v. 26. 4. 1938 - VIa 34/37, RStBl 1938, 573.
8 RFH, Urteil v. 5. 7. 1938 - VIa 9/37, RStBl 1938, 827.

Trust als rechtsfähiges Körperschaftsteuersubjekt gem. § 1 Abs. 1 Nr. 4 KStG zu behandeln, da sonst die bewusste Entscheidung des deutschen Gesetzgebers, nicht dem Haager Übereinkommen beizutreten, unterlaufen würde. Einschränkungen müssen aber dann gelten, wenn die Niederlassungsfreiheit zur Anwendung kommt, da unionsrechtlich in der Zuzugskonstellation die Anwendung der Gründungstheorie geboten ist (s. → Rz. 39). Anerkannt ist im deutschen internationalen Privatrecht zudem, dass ein (ausländischer) Trust für im Ausland befindliches Vermögen gebildet werden kann; wenn ein im Ausland inkorporierter Trust mit im Ausland befindlicher Geschäftsführung im Inland Einkünfte erzielt, ergibt sich eine beschränkte Körperschaftsteuerpflicht aus § 2 Nr. 1 KStG.

80 Ein **Zweckvermögen** ist eine selbständige, einem bestimmten Zweck dienende Vermögensmasse, die aus dem Vermögen des Widmenden ausgeschieden ist und eigene Einkünfte bezieht, für die kein anderer Steuerpflichtiger als das Vermögen selbst vorhanden ist und deren Einkommen weder nach den Vorschriften des KStG noch des EStG unmittelbar bei einem anderen Steuerpflichtigen zu erfassen ist.[1] Gleichwohl begründet die formale Existenz dieser Vermögensmasse noch keine Steuerpflicht. Diese beginnt erst, wenn neben der wirtschaftlichen Verselbständigung und Zweckwidmung die Zweckverfolgung tatsächlich durchgeführt wird.[2] Das wiederum setzt voraus, dass Organe bestellt sind, die für die Vermögensmasse tätig werden und über das Vermögen und Einkommen verfügen können. Nur wenn das verselbständigte Vermögen nach außen geschäftlich bzw. zur Verwirklichung ihres Satzungszweckes in Erscheinung getreten ist, liegt ein körperschaftsteuerliches Rechtssubjekt in Form eines anderen Zweckvermögens vor.[3] Besitzt die Vermögensmasse keine eigene Rechtsfähigkeit, so ist sie nur dann körperschaftsteuerpflichtig, wenn sie wenigstens wirtschaftliche Selbständigkeit besitzt. Die Vermögensmasse darf nicht im wirtschaftlichen Eigentum der Anleger oder von diesen in das wirtschaftliche Eigentum eines Dritten übertragen worden sein.[4] Sonstige Zweckvermögen können z. B. sein Sammelvermögen i. S. d. § 1914 BGB, Unterstützungsfonds.

81 Der **Nachlass** ist auch bei angeordneter Nachlassverwaltung kein Körperschaftsteuersubjekt i. S. d. § 1 Abs. 1 Nr. 1 KStG.[5]

82–85 *(Einstweilen frei)*

VII. Betrieb gewerblicher Art (BgA) – § 1 Abs. 1 Nr. 6 KStG

86 Juristische Personen des öffentlichen Rechts sind nicht mit ihrer gesamten Tätigkeit, sondern nur mit ihren BgA unbeschränkt körperschaftsteuerpflichtig. Sie sollen durch die Besteuerung nicht in der Wahrnehmung ihrer hoheitlichen Aufgaben beeinträchtigt werden. Nur wenn sie darüber hinausgehend in ein **Wettbewerbsverhältnis** zu Unternehmen der Privatwirtschaft treten, soll besteuert werden.[6]

---

1 RFH, Urteil v. 7. 4. 1936 - I A 227/35, RStBl 1936, 442; BFH, Urteile v. 5. 2. 1964 - I 213/62, HFR 1964, 247; v. 5. 11. 1992 - I R 39/92, BStBl 1993 II 388; R 1.1 Abs. 5 Satz 1 KStR 2015.
2 RFH, Urteil v. 16. 4. 1943 - III 84/82, RStBl 1943, 658.
3 BFH, Urteil v. 13. 3. 1981 - III R 132/79, BStBl 1981 II 600; Hessisches FG, Urteil v. 17. 9. 2002 - 4 K 2859/02, EFG 2003, 569.
4 FG Sachsen-Anhalt, Urteil v. 22.3.2017 - 3 K 383/16, NWB AAAAG-61206, EFG 2017 S. 1943, Rev. eingelegt, Az. des BFH: I R 61/17; FG Münster, Urteil v. 20.4.2017 - 10 K 3059/14 K, NWB ZAAAG-51077, EFG 2017 S. 1116 mit Anm. Vasel, Rev. eingelegt, Az. des BFH: I R 33/17.
5 BFH, Urteile v. 5. 6. 1991 - XI R 26/89, BStBl 1991 II 820; v. 11. 8. 1998 - VII R 118/95, BStBl 1998 II 705.
6 *Rengers* Blümich KStG § 1 Rz. 122.

87 § 1 Abs. 1 Nr. 6 KStG ist missverständlich formuliert. Denn Steuersubjekt ist nicht der BgA, sondern die juristische Person des öffentlichen Rechts. Die eine juristische Person ist jedoch gesondert unbeschränkt steuerpflichtig für jeden BgA; mehrere BgA dürfen grundsätzlich nicht zusammengerechnet werden.[1] Hieraus folgt insbesondere auch, dass das Einkommen jedes BgA gesondert zu ermitteln und festzusetzen ist.

88 Was unter einem BgA zu verstehen ist, wird in § 4 Abs. 1 KStG **legaldefiniert**. Unter einem BgA sind alle Einrichtungen zu verstehen, die einer nachhaltigen wirtschaftlichen Tätigkeit zur Erzielung von Einnahmen außerhalb der Land- und Forstwirtschaft dienen und die sich innerhalb der Gesamtbetätigung der juristischen Person wirtschaftlich herausheben. Die Absicht, Gewinn zu erzielen, und die Beteiligung am allgemeinen wirtschaftlichen Verkehr sind nicht erforderlich. Zu den einzelnen Tatbestandsvoraussetzungen.[2] Für Betriebe, die in einer eigenständigen privatrechtlichen Rechtsform geführt werden, gilt § 1 Abs. 1 Nr. 6 KStG nicht.[3] In diesem Fall ist vielmehr der jeweilige, an die Rechtsform anknüpfende Tatbestand in § 1 Abs. 1 KStG einschlägig.

89 Es muss sich um einen Betrieb gewerblicher Art einer **inländischen** juristischen Personen[4] des öffentlichen Rechts i. S. d. § 4 KStG handeln. Handelt es sich um eine ausländische juristische Person des öffentlichen Rechts (Bsp.: ausländischer Staat, Versorgungseinrichtungen ausländischer Streitkräfte), richtet sich die Steuerpflicht nach § 2 Nr. 1 KStG.[5]

90–93 *(Einstweilen frei)*

VIII. Ausländische Rechtsformen

94 Wie bereits zu § 1 Abs. 1 Nr. 1 KStG erläutert wurde, können auch ausländische Kapitalgesellschaften in Deutschland unbeschränkt steuerpflichtig sein (s. ausführlich → Rz. 36 ff.). Ebenso können aber auch andere ausländische Körperschaften unter die Tatbestände in § 1 Abs. 1 KStG fallen. Dies mag zwar grundsätzlich für BgA ausländischer juristischer Personen des öffentlichen Rechts nicht gelten, weil diese juristischen Personen weder Sitz noch Geschäftsleitung im Inland haben dürften. Insoweit kommt allein eine beschränkte Steuerpflicht in Betracht.[6] Im Übrigen enthalten § 1 Abs. 1 Nr. 2 bis 5 KStG aber keinen Inlandsbezug dergestalt, dass dies einer unbeschränkten Körperschaftsteuerpflicht entgegenstehen könnte.

95 Ob eine rechtsfähige oder nicht rechtsfähige Gesellschaft der deutschen Körperschaftsteuer oder der deutschen Einkommensteuer unterliegt, entscheidet sich allein nach deutschem Steuerrecht.[7] Maßgebend ist auch insoweit ein **Typenvergleich**. Maßgebend ist, ob die ausländische Gesellschaft nach ihrem im Ausland geregelten rechtlichen Aufbau und ihrer wirtschaftlichen Stellung einer deutschen Gesellschaft entspricht. Auf die Rechtsfähigkeit kommt es hierbei nicht entscheidend an.[8] Entspricht demnach eine im Ausland als juristische Person anerkannte Gesellschaft in Deutschland eher einer KG, spricht dies für die Anwendung der

---

1 Frotscher/*Drüen* § 1 Rz. 50.
2 Siehe Musil in Mössner/Seeger/Oellerich, KStG, § 4 Rz. 81 ff.
3 *Rengers* Blümich KStG § 1 Rz. 123.
4 R 1.1 Abs. 3 Satz 1 KStR 2015.
5 R 1.1 Abs. 3 Satz 2 KStR 2015.
6 R 1.1 Abs. 3 Satz 2 KStR 2015; *Rengers* Blümich KStG § 1 Rz. 125.
7 RFH, Urteil v. 12. 2. 1930 - VI A 899/27, RStBl 1930, 444; BFH, Urteil v. 17. 7. 1968 - I 121/64, BStBl 1968 II 695.
8 BFH, Urteil v. 17. 7. 1968 - I 121/64, BStBl 1968 II 695.

Grundsätze der steuerlichen Mitunternehmerschaft nach § 15 Abs. 1 Nr. 1 EStG.[1] Dass zu dem Einfluss der Niederlassungsfreiheit Ausgeführte (→ Rz. 39 ff.) gilt auch hier.

96 Eine **Auflistung der einzelnen ausländischen Rechtsformen**, die den deutschen Körperschaften entsprechen, findet sich bei *Rengers*.[2]

97–100 *(Einstweilen frei)*

D. Beginn und Ende der Körperschaftsteuerpflicht

I. Beginn der Steuerpflicht

101 Die Körperschaftsteuerpflicht beginnt bei rechtsfähigen Körperschaftsteuersubjekten grundsätzlich mit der Erlangung der Rechtsfähigkeit, z. B. durch Eintragung ins Handelsregister,[3] ins Vereinsregister[4] oder durch staatliche Verleihung[5] bzw. Anerkennung[6] und dauert bis zur Beendigung der Zivilrechtsfähigkeit.[7] Nichtrechtsfähige Gebilde, z. B. der nichtrechtsfähige Verein oder ein anderes Zweckvermögen, unterliegen ab der tatsächlichen Existenz, dem Abschluss des Gesellschaftsvertrages oder der Feststellung der Satzung der Körperschaftsteuerpflicht. Dies ist die Errichtung, Feststellung der Satzung oder Aufnahme einer geschäftlichen Tätigkeit.[8]

102 Bei juristischen Personen, insbesondere bei Kapitalgesellschaften können sich Probleme aus der Tatsache ergeben, dass zwischen der Verabredung zur Gründung einer Gesellschaft und dem Beginn ihrer rechtlichen Existenz ein längerer Zeitraum verstreichen kann, in dem bereits steuerlich relevante Sachverhalte verwirklicht werden. Die zivilrechtliche und steuerrechtliche Rechtsprechung hat sich insbesondere mit den verschiedenen Stadien einer GmbH bis zur Erlangung der Rechtsfähigkeit aufgrund der Eintragung ins Handelsregister – § 11 Abs. 1 GmbHG – ausführlich befasst. Die dazu entwickelten Grundsätze können auf andere rechtsfähige Körperschaftsteuersubjekte (z. B. Genossenschaft, Aktiengesellschaften) unter Berücksichtigung deren jeweiliger besonderen Rechtsnatur übertragen werden.[9]

103 Als **Vorgründungsgesellschaft** wird die Vereinigung bezeichnet, die nach der Verabredung zur Gründung einer GmbH, aber vor dem Abschluss des Gesellschaftsvertrages der GmbH entsteht. Hierbei handelt es sich um eine Gesellschaft des bürgerlichen Rechts i. S. d. §§ 705 ff. BGB, auf die die Vorschriften des KStG nicht anwendbar sind;[10] ihr Gesellschaftszweck gem. § 705 BGB ist auf den Abschluss des notariellen Gesellschaftsvertrags gerichtet; ist der notarielle Vertrag unterzeichnet, erlischt die Gesellschaft wegen Zweckerreichung.[11] Die Vorgrün-

---

1 BFH, Urteil v. 3. 2. 1988 - I R 134/84, BStBl 1988 II 588.
2 *Rengers* Blümich KStG § 1 Rz. 146.
3 Vgl. § 41 Abs. 1 AktG, § 11 GmbHG, § 13 GenG.
4 Vgl. § 21 BGB.
5 Vgl. § 22 BGB.
6 Vgl. § 80 BGB, § 15 VAG.
7 BFH, Urteil v. 13. 12. 1989 - I R 98-99/86, BStBl 1990 II 468.
8 Vgl. auch R 1.1 Abs. 4 Satz 5 KStR 2015; zur unselbständigen Stiftung vgl. BFH, Urteil v. 16. 11. 2011 - I R 31/10, BFH/NV 2012, 786 = NWB QAAAE-03542.
9 R 1.1 Abs. 4 Satz 1 und 2 KStR 2015.
10 BFH, Urteil v. 20. 10. 1982 - I R 118/78, BStBl 1983 II 247; v. 8. 11. 1989 - I R 174/86, BStBl 1990 II 91; v. 13. 12. 1989 - I R 98-99/86, BStBl 1990 II 468; v. 29. 11. 2000 - I B 64/00, BFH/NV 2001, 573 = NWB AAAAA-66694; v. 5. 9. 2008 - IV B 1/08, NWB TAAAC-93954; H 1.1 KStH 2015.
11 Vgl. auch BFH, Urteil v. 8. 11. 1989 - I R 174/86, BStBl 1990 II 91.

dungsgesellschaft ist weder mit der Vorgesellschaft noch mit der später entstehenden Kapitalgesellschaft identisch. Rechte und Verbindlichkeiten gehen deshalb nicht automatisch von der Vorgründungsgesellschaft mit dem Abschluss des Gesellschaftsvertrages auf die Vorgesellschaft und später mit der Eintragung der Kapitalgesellschaft auf diese über. Sie müssen vielmehr einzeln übertragen bzw. übernommen werden. Soweit die BGB-Gesellschaft eine steuerlich relevante Tätigkeit ausgeübt hat, handelt es sich um eine Mitunternehmerschaft i. S. d. § 15 Abs. 1 Nr. 2 EStG.

Wenn die GmbH mangels Eintragung ins Handelsregister nicht zur Entstehung gelangt, aber die Voraussetzungen eines nichtrechtsfähigen Vereins gem. § 54 BGB erfüllt sind – Vorhandensein eines größeren Kreises von Beteiligten, Verfassung und besonderer Organe, Auftreten nach außen –, kann sich eine Körperschaftsteuerpflicht der BGB-Gesellschaft im Einzelfall aus § 1 Abs. 1 Nr. 5 KStG ergeben. Ansonsten ist nach der Rechtsprechung des BFH die Gesellschaft von Anfang an als eine Gesellschaft des bürgerlichen Rechts und ggf. eine gewerbliche Mitunternehmerschaft i. S. d. § 15 EStG zu betrachten.[1]

Auch in den Fällen, in denen es zum Abschluss des notariellen Vertrages und dann nachfolgend zur Eintragung ins Handelsregister kommt, ist die Vorgründungsgesellschaft nach den Vorschriften des EStG als Gesellschaft des bürgerlichen Rechts steuerlich zu behandeln. Dies entspricht auch der zivilrechtlichen Handhabung. Da die Vorgründungsgesellschaft weder mit der Vorgesellschaft noch mit der nachfolgenden Kapitalgesellschaft identisch ist, können deshalb Rechte und Pflichten nicht automatisch auf die genannten Gesellschaften übergehen. Die entsprechenden Konsequenzen sind für die Besteuerung zu ziehen; eine steuerliche Haftung der Vorgesellschaft oder gar der Kapitalgesellschaft kann nur unter dem Gesichtspunkt des § 75 AO in Betracht kommen;[2] ansonsten gelten die Regeln über die Besteuerung von Mitunternehmerschaften bzw. Personenvereinigungen.

Mit Abschluss des Vertrages zur Gründung einer GmbH entsteht die sog. **Vorgesellschaft** oder **Vor-GmbH** oder **Gründergesellschaft**. Der BGH sieht in diesem notwendigen Zwischenstadium, das mit der Eintragung ins Handelsregister beendet ist, ein Rechtsgebilde eigener Art, das einem Sonderrecht untersteht, das aus den im Gesetz oder im Gesellschaftsvertrag gegebenen Gründungsvorschriften und dem Recht der rechtsfähigen GmbH, soweit es nicht die Eintragung voraussetzt, besteht.[3] Es ist einer juristischen Person weitgehend angenähert.[4] Daher sind auch die Vorgesellschaften nach allgemeiner Auffassung bereits körperschaftsteuerpflichtig.[5]

Von einer **unechten Vorgesellschaft** spricht man dann, wenn die Eintragungsabsicht entweder schon ursprünglich fehlte oder später aufgegeben worden ist – z. B. nach Ablehnung des Eintragungsantrages –, ohne dass die Gesellschafter ihre geschäftliche Tätigkeit sofort eingestellt

---

1 BFH, Urteil v. 6. 5. 1952 - I 8/52 U, BStBl 1952 III 172; v. 8. 4. 1960 - III 129/57 U, BStBl 1960 III 319; v. 14. 10. 1992 - I R 17/92, BStBl 1993 II 352; v. 18. 9. 2001 - V B 227/00, BFH/NV 2002, 158 = NWB MAAAA-67140.
2 BFH, Urteil v. 8. 11. 1989 - I R 174/86, BStBl 1990 II 91.
3 BGH v. 9. 3. 1981 - II ZR 54/80, BGHZ 80, 129; v. 7. 5. 1984 - II ZR 276/83, BGHZ 91, 148.
4 BGH v. 29. 10. 1992 - I ZR 264, 90, GmbHR 1993, 103; ebenso BFH, Urteil v. 8. 11. 1989 - I R 174/86, BStBl 1990 II 91; v. 14. 10. 1992 - I R 17/92, BStBl 1993 II 352.
5 *Levedag* RHN § 1 Rz. 111.

hätten.[1] Diese werden als Mitunternehmerschaften gem. § 15 EStG besteuert. Nur ausnahmsweise mag man von einem nichtrechtsfähigen Verein ausgehen können.[2]

108 Der Abschluss eines Gesellschaftsvertrages allein führt noch nicht zur Körperschaftsteuerpflicht, wenn der Gründungsvertrag wegen einer einzuholenden **behördlichen Genehmigung** noch in der Schwebe ist und dementsprechend jegliche Geschäftätigkeit zunächst ruht; ansonsten beginnt die Steuerpflicht mit dem Tag des Abschlusses des Gesellschaftsvertrages,[3] vorausgesetzt, dass die Eintragung ins Handelsregister nachfolgt und die Gesellschaft eine nach außen in Erscheinung tretende geschäftliche Tätigkeit aufgenommen hat, z. B. die Geschäfte einer früheren KG, die in der GmbH aufgeht, fortführt.[4]

109 Wird die GmbH **in das Handelsregister eingetragen**, so wird sie zum Gesamtrechtsnachfolger der Vorgesellschaft und übernimmt alle ihre steuerlichen Rechte und Pflichten; d. h., die Steuerfestsetzung für die Zeit zwischen Abschluss des notariellen Gesellschaftsvertrages und der Eintragung ins Handelsregister ist gegenüber der GmbH vorzunehmen.[5] Wird der Gesellschaftsvertrag zivilrechtlich auf einen Zeitpunkt vor Abschluss des Vertrages zurückbezogen, kann diese Rückwirkung dann steuerlich anerkannt werden, wenn es sich nur um einen kurzen Zeitraum (nicht mehr als drei Monate) handelt; dann beginnt auch rückwirkend die Körperschaftsteuerpflicht.[6]

110 Der Eintritt der Steuerpflicht als Körperschaftsteuersubjekt nach dem KStG hat zur Folge, dass nunmehr die Zurechnung der Einkünfte bei diesem Subjekt erfolgt und nicht mehr bei einer natürlichen Person oder einem sonstigen der Einkommensbesteuerung unterliegenden Subjekt. Die Körperschaftsteuerpflicht der einzelnen Gesellschaft schirmt insofern die Einkünfte ab vor der Besteuerung nach dem EStG (Bsp.: Übergang von einer Mitunternehmerschaft zu einem Körperschaftsteuersubjekt), aber auch nach dem KStG durch ein anderes Körperschaftsteuersubjekt.

111–120 *(Einstweilen frei)*

II. Ende der Steuerpflicht

121 Bei juristischen Personen endet die Körperschaftsteuerpflicht grundsätzlich zu dem Zeitpunkt, in dem die **Rechtsfähigkeit endgültig erlischt**, z. B. durch Löschung im Handels- oder Vereinsregister;[7] daran kann sich ggf. eine Steuerpflicht nach anderen Bestimmungen des § 1 Abs. 1 KStG anschließen; ansonsten erfolgt nunmehr eine Besteuerung nach dem EStG. Bei den übrigen Körperschaften, Personenvereinigungen und Vermögensmassen endet die Steuerpflicht in dem Augenblick, in dem diese aufhören, tatsächlich zu existieren.

---

1 BFH, Urteil v. 7. 4. 1998 - VII R 82/97, BStBl 1998 II 531; v. 21. 3. 2003 - VIII B 55/02, BFH/NV 2003, 1304 = NWB PAAAA-69495; H 1.1 KStH 2015.
2 *Levedag* RHN § 1 Rz. 56.
3 BFH, Urteil v. 5. 6. 1956 - I R 342/55, Information StW/A 1956, 361, altes Recht; v. 11. 4. 1973 - I R 172/72, BStBl 1973 II 568; v. 9. 3. 1978 - V R 90/74, BStBl 1978 II 486; v. 23. 4. 1986 - I R 178/82, BStBl 1986 II 880.
4 BFH, Urteil v. 11. 4. 1973 - I R 172/72, BStBl 1973 II 568; v. 20. 10. 1982 - I R 118/78, BStBl 1983 II 247; v. 14. 10. 1992 - I R 17/92, BStBl 1993 II 352; v. 21. 8. 1996 - I R 85/95, BStBl 1997 II 194.
5 BFH, Urteil v. 14. 10. 1992 - I R 17/92, BStBl 1993 II 352; v. 17. 10. 2001 - II R 43/99, BStBl 2002 II 210; v. 23. 1. 2002 - V R 84/99, BFH/NV 2002, 881 = NWB KAAAA-69287.
6 BFH, Urteil v. 28. 2. 1990 - I R 52/90, BFH/NV 1991, 564 = NWB YAAAB-32296.
7 BFH, Urteil v. 13. 12. 1989 - I R 98-99/86, BStBl 1990 II 468; v. 27. 4. 2000 - I R 65/98, BStBl 2000 II 500.

Die subjektive und objektive Körperschaftsteuerpflicht einer Kapitalgesellschaft endet, wenn die Kapitalgesellschaft **jegliche Tätigkeit einstellt**, also nicht nur die eigentliche (werbende) Tätigkeit, sondern auch die Verwertungstätigkeit im Rahmen der Abwicklung, die ihrerseits mit der letzten Abwicklungshandlung endet,[1] auf jeden Fall aber nicht vor Ablauf des Sperrjahres gem. § 73 GmbHG, § 272 AktG.[2]

Ist eine Kapitalgesellschaft zwar aufgelöst, wird aber die Abwicklung nicht durchgeführt, sondern beteiligt sich die Gesellschaft weiterhin als Erwerbsgesellschaft am Wirtschaftsleben (vgl. § 274 AktG), so unterliegt die Gesellschaft nach den allgemeinen Regeln gem. § 1 Abs. 1 Nr. 1 KStG der Körperschaftsteuerpflicht.[3]

Zur formellen und materiellen Seite der Besteuerung zwischen Auflösung einer unbeschränkt steuerpflichtigen Kapitalgesellschaft, einer unbeschränkt steuerpflichtigen Erwerbs- oder Wirtschaftsgenossenschaft oder eines unbeschränkt steuerpflichtigen Versicherungsvereins auf Gegenseitigkeit und dem Ende der Abwicklung (Liquidation) vgl. § 11 KStG.

Eine im Handelsregister gelöschte Kapitalgesellschaft kann in einem **finanzgerichtlichen Verfahren** als Beteiligter auftreten, sofern sie vor der Löschung einen Prozessbevollmächtigten bestellt hat.[4] Eine Löschung im Handelsregister führt nicht automatisch zum Verlust der Parteifähigkeit,[5] sondern i. d. R. nur zur Unterbrechung des finanzgerichtlichen Verfahrens.[6]

Der Antrag auf Eröffnung des **Insolvenzverfahrens** und die Bestellung eines vorläufigen Insolvenzverwalters nach § 21 InsO haben keine Auswirkung auf die Körperschaftsteuerpflicht.

Die Eröffnung des Insolvenzverfahrens über das Vermögen einer unbeschränkt steuerpflichtigen Kapitalgesellschaft, einer unbeschränkt steuerpflichtigen Erwerbs- oder Wirtschaftsgenossenschaft oder eines unbeschränkt steuerpflichtigen Versicherungsvereins auf Gegenseitigkeit berührt grundsätzlich die Körperschaftsteuerpflicht nicht, wenn während des Insolvenzverfahrens das Unternehmen fortgeführt wird – vgl. § 11 Abs. 7 KStG. Zivilrechtlich geht man davon aus, dass die Gesellschaft aufgelöst ist und sich in eine Liquidationsgesellschaft umgewandelt hat.

Wenn die **Eröffnung des Insolvenzverfahrens abgelehnt** wird, hat der Geschäftsführer einer Kapitalgesellschaft die Liquidation zu betreiben, da mit Eintritt der Rechtskraft des die Eröffnung des Insolvenzverfahrens ablehnenden Beschlusses, die juristische Person ihre Rechtsfähigkeit verliert und ggf. von Amts wegen im Handelsregister gelöscht wird: das Ende der Körperschaftsteuerpflicht wird man grundsätzlich mit der Rechtskraft des die Eröffnung des Insolvenzverfahrens abweisenden Beschlusses ansetzen müssen; folgt hieran nur noch die Abwicklung wird man diese noch der Körperschaftsteuer unterwerfen müssen.

Im Fall der Insolvenz ist zu beachten, dass die Eröffnung des Insolvenzverfahrens in steuerrechtlicher Hinsicht keine Trennung des Vermögens des Gemeinschuldners und der Insolvenz-

---

1 BFH, Urteil v. 24. 4. 1980 - IV R 68/77, BStBl 1980 II 658, m. w. N.; v. 6. 7. 1983 - I R 12/79, n. v. v. 29. 11. 2000 - I R 28/00, BFH/NV 2001, 816 = NWB NAAAA-66723.
2 BFH, Urteil v. 29. 11. 2000 - I R 28/00, BFH/NV 2001, 816 = NWB NAAAA-66723.
3 FG Baden-Württemberg, Urteil v. 26. 4. 1990 - III K 228/89, EFG 1990, 540.
4 BFH, Urteil v. 11. 4. 1990 - I R 119/85, BFH/NV 1991, 415 = NWB PAAAB-31570; v. 23. 11. 1994 - VIII R 51/94, BFH/NV 1995, 663 = NWB LAAAB-35118; v. 27. 4. 2000 - I R 65/98, BStBl 2000 II 500; v. 23. 8. 2001 - VII R 94/99, BStBl 2002 II 330.
5 BFH, Urteil v. 22. 7. 2002 - V R 55/00, BFH/NV 2002, 1601 = NWB BAAAA-68509, mit Nachweisen der BFH-Rechtsprechung.
6 BFH, Beschluss v. 11. 4. 2001 - I B 130/00, BFH/NV 2001, 1284 = NWB BAAAA-66646.

masse bewirkt, dass vielmehr der Gemeinschuldner Steuerschuldner bleibt und bei der Ermittlung der Einkünfte im Jahre der Insolvenzeröffnung die vom Gemeinschuldner außerhalb der Insolvenz bezogenen und die vom Insolvenzverwalter für die Insolvenzmasse erzielten Einkünfte zusammenzurechnen sind.[1]

130 Bei Kapitalgesellschaften ist die **formwechselnde Umwandlung in eine andere Kapitalgesellschaft** nach §§ 238 ff. UmwG möglich. Nach h. M. sowohl im Zivil- als auch im Steuerrecht ist in den Fällen, in denen in eine andere Kapitalgesellschaft umgewandelt wird, von einer Identität der Rechtssubjekte auszugehen, so dass die Körperschaftsteuerpflicht nicht endet.[2]

131 Demgegenüber endet die Körperschaftsteuerpflicht bei einer **formwechselnden Umwandlung in eine Personengesellschaft**.[3]

132 Bei der **Verschmelzung** – §§ 2 – 122 UmwG –, der Aufspaltung – § 123 Abs. 1 UmwG –, der Vollübertragung – § 174 Abs. 1 UmwG –, der formwechselnden Umwandlung in eine Gesellschaft des bürgerlichen Rechts oder eine Personenhandelsgesellschaft – §§ 226 ff. UmwG – kommt es dagegen zur Beendigung des Körperschaftsteuerpflicht;[4] das Ende der Steuerpflicht tritt auf den Ablauf des Stichtages der Vermögensübertragungsbilanz ein – § 2 Abs. 1 UmwStG. Bei der Abspaltung – § 123 Abs. 2 UmwG – und bei der Ausgliederung – § 123 Abs. 3 UmwG – stellt sich das Problem der Beendigung der Körperschaftsteuerpflicht nicht, da das bisherige Körperschaftsteuersubjekt bestehen bleibt.

133 Ist eine Kapitalgesellschaft, die in mehreren Staaten über Vermögen verfügt, in einem Staat **enteignet** worden, mit der Konsequenz, dass sie aufhört als juristische Person zu existieren, so beschränkt sich die Wirkung dieser Maßnahme nach Zivil- und Völkerrecht auf das Territorium des Staates, der die Enteignung angeordnet hat; für die Bundesrepublik besteht die Gesellschaft fort; ob sie unbeschränkt oder gem. § 2 Nr. 1 KStG nur beschränkt körperschaftsteuerpflichtig ist, richtet sich danach, ob sich die Geschäftsleitung für alle übrigen Staaten, für die die Enteignung nicht wirkt, in der Bundesrepublik befindet oder nicht.[5]

134 Werden **Sitz und Geschäftsleitung eines Körperschaftsteuersubjekts ins Nicht-EU- und Nicht-EWR-Ausland verlegt**, endet die unbeschränkte Steuerpflicht,[6] und gem. § 2 Nr. 1 KStG werden nur noch die inländischen Einkünfte i. S. d. § 49 EStG der Besteuerung unterworfen; zu den Rechtsfolgen vgl. § 12 KStG und die dortige Kommentierung. Die Sitzverlegung innerhalb der EU hat grundsätzlich keine auflösende Wirkung.[7]

135 Nach Art. 8 Abs. 1 VO (EG) Nr. 2157/2001 kann die SE den Sitz jederzeit in einen anderen EU-Mitgliedstaat verlegen. Diese Verlegung führt weder zur Auflösung der SE noch zur Gründung einer neuen juristischen Person.

---

1 BFH, Urteil v. 7. 11. 1963 - IV 210/62 S, BStBl 1964 III 70; v. 15. 3. 1995 - I R 82/93, BFHE 177, 257 = NWB QAAAA-96754; v. 16. 4. 2002 - IX R 53/98, BFH/NV 2002, 1152 = NWB LAAAA-69051.
2 BFH, Urteil v. 19. 8. 1958 - I 78/58 U, BStBl 1958 III 486; v. 29. 10. 1986 - I R 202/82, BStBl 1987 II 308; v. 29. 10. 1986 - I R 318-319/83, BStBl 1987 II 310; v. 4. 12. 1996 - II B 116/96, BStBl 1997 II 661; v. 8. 10. 2008 - I R 3/06, BStBl 2010 II 186.
3 *Rengers* Blümich KStG § 1 Rz. 191.
4 BFH, Urteile v. 8. 4. 1964 - VI 205/61 S, BStBl 1964 III 306; v. 14. 10. 1992 - I R 17/92, BStBl 1993 II 352; v. 21. 8. 1996 - I R 85/95, BStBl 1997 II 194.
5 BFH, Urteile v. 24. 8. 1956 - I 57/56 U, BStBl 1956 III 289; v. 18. 5. 1957 - III 229/56 U, BStBl 1957 III 243; v. 1. 3. 1966 - I 13, 14/65, BStBl 1966 III 207; v. 8. 4. 1976 - III R 55/74, BStBl 1976 II 708.
6 BFH, Urteil v. 10. 6. 2010 - I B 186/09, BFH/NV 2010, 1864 = NWB BAAAD-48548.
7 EuGH, Urteil v. 29. 11. 2011 - C-371/10, National Grid Indus, Slg. 2011, I-12273, sowie EuGH, Urteil v. 12. 7. 2012 - C-378/10, VALE, BB 2012, 2069.

(Einstweilen frei) 136–150

E. Unbeschränkte Körperschaftsteuerpflicht

Die unbeschränkte Körperschaftsteuerpflicht knüpft an Geschäftsleitung (§ 10 AO) oder Sitz (§ 11 AO) im Inland an. Die **Geschäftsleitung** bezeichnet den Mittelpunkt der geschäftlichen Oberleitung. Die geschäftliche Oberleitung wird regelmäßig an dem Ort ausgeübt, an dem der für die Geschäftsführung und Betriebsleitung maßgebliche Wille tatsächlich gebildet wird und die für das Unternehmen wichtigen Entscheidungen getroffen, nicht dagegen wirksam werden.[1] Maßgebend ist, dass an diesem Ort die tatsächlichen, organisatorischen und rechtsgeschäftlichen Handlungen vorgenommen werden, die der gewöhnliche Betrieb der Gesellschaft mit sich bringt (sog. Tagesgeschäfte).[2] Regelmäßig handelt es sich hierbei um die Büroräume des maßgebenden Betriebs- oder Geschäftsleiters.[3]

151

Weitere Voraussetzung ist, dass es sich auch um den Mittelpunkt der geschäftlichen Oberleitung handelt. Hierfür ist eine Gewichtung der einzelnen Tätigkeiten vorzunehmen, die zu den Tagesgeschäften zählen.[4] Da es allein auf die tatsächlichen Verhältnisse ankommt, kann der Ort der Geschäftsleitung wechseln.[5] Ausnahmsweise kann eine Gewichtung ergebnislos mit der Folge verlaufen, dass eine Körperschaft mehrere Mittelpunkte der geschäftlichen Oberleitung besitzt.[6] Allein dies führt dann zu einer doppelt bzw. (theoretisch sogar vielfach) ansässigen Gesellschaft. Demgegenüber lässt sich der Sitz einer Körperschaft, Personenvereinigung oder Vermögensmasse vergleichsweise einfach bestimmen. Er liegt gem. § 11 AO an dem Ort, der durch Gesetz, Gesellschaftsvertrag, Satzung, Stiftungsgeschäft oder dergleichen bestimmt ist. Hierfür kommt es auf die tatsächlichen Umstände nicht an.[7]

Für die unbeschränkte Steuerpflicht reicht es aus, dass das Körperschaftsteuersubjekt entweder Geschäftsleitung *oder* Sitz im Inland hat, so dass z. B. eine in den USA inkorporierte Kapitalgesellschaft mit statuarischem Sitz in den USA und tatsächlicher Geschäftsleitung in der Bundesrepublik unbeschränkt körperschaftsteuerpflichtig ist und demnach auch Organträger sein kann.[8] Folglich kann eine ausländische Körperschaft zugleich auch eine inländisch unbeschränkt steuerpflichtige Körperschaft sein.[9]

Unter „**Inland**" i. S. d. § 1 Abs. 1 KStG ist der Geltungsbereich des KStG zu verstehen. Dieser ist mit dem Geltungsbereich des Grundgesetzes identisch.[10] Hierzu gehören auch Handelsschiffe mit deutscher Flagge oder in inländischen Gewässern, die Drei-Meilen-Zone als deutsches Hoheitsgebiet und Zollfreigebiete.[11]

152

---

1 Frotscher/*Drüen* § 1 Rz. 54.
2 BFH, Urteil v. 16. 12. 1998 - I R 138/97, BStBl 1999 II 437.
3 BFH, Urteil v. 23. 1. 1991 - I R 22/90, BStBl 1991 II 554; Frotscher/*Drüen* § 1 Rz. 54.
4 BFH, Urteil v. 5. 11. 2014 - IV R 30/11, BStBl 2015 II 601.
5 Gosch/*Hummel* § 1 Rz. 47.
6 BFH, Urteil v. 5. 11. 2014 - IV R 30/11, BStBl 2015 II 601.
7 Gosch/*Hummel* § 1 Rz. 51.
8 BFH, Urteile v. 10. 11. 1998 - I R 91, 102/97, BStBl 1999 II 306; v. 29. 1. 2003 - I R 6/99, BStBl 2004 II 1043.
9 BFH, Urteil v. 24. 3. 1998 - I R 49/96, BStBl 1998 II 649; vgl. auch BFH, Urteil v. 10. 6. 2010 - I B 186/09, BFH/NV 2010, 1864 = NWB BAAAD-48548.
10 Gosch/*Hummel* § 1 Rz. 45.
11 *Levedag* RHN § 1 Rz. 122.

153 Der **Festlandsockel** zählt nur zum Inland, soweit dort dessen natürliche Ressourcen erforscht oder ausgebeutet werden oder künstliche Inseln errichtet oder genutzt werden und Anlagen und Bauwerke für die zuvor genannten Zwecke errichtet oder genutzt werden (§ 1 Abs. 3 Nr. 2 KStG). Die **ausschließliche Wirtschaftszone** wird zum Inland gezogen, soweit (1) die lebenden und nicht lebenden natürlichen Ressourcen der Gewässer über dem Meeresboden, des Meeresbodens und seines Untergrunds erforscht, ausgebeutet, erhalten oder bewirtschaftet werden, (2) andere Tätigkeiten zur wirtschaftlichen Erforschung oder Ausbeutung der ausschließlichen Wirtschaftszone ausgeübt werden, wie beispielsweise die Energieerzeugung aus Wasser, Strömung und Wind, oder (3) künstliche Inseln errichtet oder genutzt werden und Anlagen und Bauwerke für die zuvor genannten Zwecke errichtet oder genutzt werden (§ 1 Abs. 3 Nr. 1 KStG). Ansonsten gelten der Festlandsockel und die ausschließliche Wirtschaftszone als steuerliches Ausland. Hierdurch ist seit dem VZ 2016 eine Anpassung des Inlandsbegriffs an das UN-Seerechtsübereinkommen erfolgt.[1]

154 **Schiffe auf hoher See**, d. h. außerhalb der Zwölf-Meilen-Zone (seit 1.1.1995, davor Drei-Meilen-Zone), gelten als schwimmender Gebietsbestandteil des Staates, dessen Flagge sie führen,[2] es sei denn, das Schiff befindet sich in den Hoheitsgewässern eines anderen Staates.

155 Die Luftsäule oberhalb der Staatsfläche zählt völkerrechtlich und steuerrechtlich zum Staatsgebiet des jeweils betroffenen Staates,[3] unabhängig davon, ob das Besteuerungsrecht wahrgenommen wird oder nicht.

156–170 *(Einstweilen frei)*

F. Umfang der Körperschaftsteuerpflicht – § 1 Abs. 2 KStG

171 Nach § 1 Abs. 2 KStG erstreckt sich die unbeschränkte Körperschaftsteuerpflicht auf sämtliche Einkünfte, sofern sie nach den Bestimmungen des KStG und des EStG – vgl. § 8 Abs. 1 KStG – steuerpflichtig sind. Unerheblich ist, ob die Einkünfte im Inland oder im Ausland erzielt wurden; für die unbeschränkt steuerpflichtige Körperschaft gilt das **Prinzip des Welteinkommens**. Die Steuerpflicht ausländischer Einkünfte kann ggf. durch DBA eingeschränkt werden; zur Besteuerung ausländischer Einkünfte vgl. ferner § 26 KStG.

172 Zur Ermittlung des nach § 23 KStG zu versteuernden Einkommens vgl. im Einzelnen §§ 6 – 26 KStG.

173–180 *(Einstweilen frei)*

181 **ABC der Rechtsprechung: Körperschaftsteuersubjekte**

▶ Arbeitsgemeinschaften, Arge

Zivilrechtlich sind **Arbeitsgemeinschaften (Argen)** regelmäßig als Gesellschaften bürgerlichen Rechts (GbR) anzusehen. Steuerrechtlich sind sie nach den für GbR allgemein geltenden

---

[1] BT-Drucks. 18/4902, 46.
[2] BFH, Urteile v. 13.2.1974 - I R 218/71, BFHE 111, 416 = NWB IAAAA-99943; v. 13.2.1974 - I R 219/71, BStBl 1974 II 361; v. 5.10.1977 - I R 250/75, BStBl 1978 II 50; v. 12.11.1986 - I R 38/83, BStBl 1987 II 377; v. 12.11.1986 - I R 24/84, BFH/NV 1988, 298 = NWB AAAAB-28734; v. 5.2.1992 - I R 9/90, BStBl 1992 II 607.
[3] BFH, Urteile v. 14.12.1988 - I R 148/87, BStBl 1989 II 319; v. 27.11.1992 - VI R 95/90, BFH/NV 1993, 365 = NWB NAAAB-33451; v. 7.5.1993 - VI R 98/92, BFH/NV 1994, 91 = NWB PAAAB-34243; v. 16.3.1994 - I R 140/93, BStBl 1994 II 508.

Grundsätzen Personengesellschaften i. S. d. § 15 Abs. 1 Satz 1 Nr. 2 EStG. Dem stehen nach BFH, Urteil v. 2. 12. 1992 - I R 165/90, BStBl 1993 II 577, und v. 13. 10. 1998 - VIII R 61/96, BFH/NV 1999, 463 = NWB EAAAA-62692, die Sondervorschriften für Argen nicht entgegen. Eine Arbeitsgemeinschaft von Lohnschlächtern eines städtischen Schlacht- und Viehhofs, die nach bestimmten festen Regeln lebt und durch Organe nach außen unter einem Namen auftritt, ist ein nichtrechtsfähiger Verein i. S. d. § 1 Abs. 1 Nr. 5 KStG (BFH, Urteil v. 14. 12. 1965 - I 196/63, HFR 1966, 211).

▶ **Ausländische Gesellschaft, ausländische Körperschaft, ausländische Kapitalgesellschaft, ausländische Stiftung**

Siehe → Rz. 36 ff. sowie die Kommentierung von *Oellerich* in Mössner/Seeger/Oellerich, KStG, § 2 Rz. 21 ff.

▶ **Berufsverband**

I. d. R. Körperschaftsteuerpflicht nach § 1 Abs. 1 Nr. 4 KStG (BFH, Urteile v. 8. 6. 1966 - I R 151/63, BStBl 1966 III 632; v. 16. 12. 1998 - I R 36/98, BStBl 1999 II 366; v. 16. 12. 1998 - I R 137/97; BFH/NV 1999, 1250 = NWB WAAAA-63029); vgl. auch BFH, Urteil v. 4. 6. 2003 - I R 45/02, BStBl 2003 II 891, mit Nachweisen der Rechtsprechung; s. auch Fachvereinigung; zur Steuerbefreiung eines Berufsverbandes BFH, Urteil v. 13. 3. 2012 - I R 46/11, BFH/NV 2012, 1181 = NWB MAAAE-09981.

▶ **Betriebsrat**

Als Betreiber einer Werkskantine: Körperschaftsteuerpflicht als nichtrechtsfähige Personenvereinigung gem. § 1 Abs. 1 Nr. 5 KStG (BFH, Urteil v. 18. 10. 1960 - I 121/59 U, BStBl 1960 III 496; FG Rheinland-Pfalz; Urteil v. 21. 9. 1965 - I 148/65, EFG 1966, 81).

▶ **Braubürgerschaft (Vereinigung von Brauberechtigten)**

Nach BFH, Urteile v. 13. 2. 1953 - III 27/52 U, BStBl 1953 III 90; v. 24. 6. 1966 - VI 171/65, BStBl 1966 III 579 kann es sich u. U. um eine juristische Person i. S. d. § 1 Abs. 1 Nr. 4 KStG handeln, eine Körperschaftsteuerpflicht ergibt sich aber auf jeden Fall aus § 1 Abs. 1 Nr. 5 KStG.

▶ **Ein- und Verkaufsgesellschaft**

Eine Ein- und Verkaufsgesellschaft (z. B. in der Rechtsform der GmbH) ist dadurch gekennzeichnet, dass sie ausschließlich und unmittelbar im Auftrag und für Rechnung ihrer Gesellschafter tätig wird, d. h. ihren Gesellschaftern als vorgeschobene Person zur Ausübung ihrer eigenen, ihnen unmittelbar zuzurechnenden gewerblichen Tätigkeit dient, so dass Gewinne und Verluste unmittelbar ihre Gesellschafter selbst treffen (BFH, Urteil v. 18. 9. 1974 - I R 118/73, BStBl 1975 II 124). Nach der Rechtsprechung des RFH (v. 7. 11. 1928 - VI A 199/28, RStBl 1929, 60; v. 16. 9. 1932 - I 35/30, RStBl 1932, 1066; v. 19. 12. 1933 - I A 735/32, RStBl 1934, 663) waren Gewinnausschlussvereinbarungen zur Vermeidung der Doppelbesteuerung nach altem Körperschaftsteuerrecht steuerlich anzuerkennen; der BFH hat diese Rechtsprechung aber nicht bestätigt (v. 18. 9. 1962 - I 113/61 U, BStBl 1962 III 485; v. 18. 9. 1974 - I R 118/73, BStBl 1975 II 124).

▶ **Enteignung**

Siehe → Rz. 133.

▶ **Fachvereinigung**

Körperschaftsteuerpflicht ggf. nach § 1 Abs. 1 Nr. 5 KStG (BFH, Urteil v. 22. 7. 1952 - I 44/55 L, BStBl 1952 III 221); s. auch Berufsverband.

▶ **Familienstiftung**

Siehe → Rz. 71.

▶ **Genossenschaft**

Siehe → Rz. 51 ff. sowie die Kommentierung von *Oellerich* in Mössner/Seeger/Oellerich, KStG, § 3.

▶ **Getreidebörse**

Eingetragener Verein als Rechtsträger einer Getreidebörse: Körperschaftsteuerpflicht nach § 1 Abs. 1 Nr. 4 KStG (BFH, Urteil v. 16. 11. 1954 - I 114/53 U, BStBl 1995 III 12).

▶ **GmbH & Co. KG**

Siehe → Rz. 35.

▶ **Gründergesellschaft**

Siehe → Rz. 106.

▶ **Hauberggenossenschaft**

Körperschaft gem. § 1 Abs. 1 Nr. 4 KStG (BFH, Urteil v. 5. 9. 1963 - IV S 213/58 S, BStBl 1964 III 117).

▶ **Interessengemeinschaft**

Eine Interessengemeinschaft von Lohnsteuerzahlern ist nach § 1 Abs. 1 Nr. 4 KStG körperschaftsteuerpflichtig (BFH, Urteil v. 29. 8. 1973 - I R 234/71, BStBl 1974 II 60).

▶ **Jahngemeinschaft**

Körperschaft gem. § 1 Abs. 1 Nr. 4 KStG (BFH, Urteil v. 5. 9. 1963 - IV S 213/58 S, BStBl 1964 III 117).

▶ **Kameradschaft**

Kameradschaft einer Freiwilligen Feuerwehr kann nach BFH, Urteil v. 18. 12. 1996 - I R 16/96, BStBl 1997 II 361 ein nichtrechtsfähiger Verein sein.

▶ **Kindergärten**

Von einer Kommune betriebene Kindergärten sind unbeschadet des Rechtsanspruchs von Kindern ab dem vollendeten dritten Lebensjahr auf Förderung in Tageseinrichtungen nach § 24 SGB VIII keine Hoheitsbetriebe, sondern Betriebe gewerblicher Art i. S. d. § 1 Abs. 1 Nr. 6 KStG.[1]

▶ **Limited**

Eine Limited mit statutarischem Sitz im Vereinigten Königreich und Ort der Geschäftsleitung im Inland unterliegt mit ihren sämtlichen Einkünften der unbeschränkten Steuerpflicht nach § 1 Abs. 1 Nr. 1 KStG. Befindet sich der Ort der Geschäftsleitung nicht im Inland, unterliegt die Limited mit ihren inländischen Einkünften i. S. d. § 49 EStG der beschränkten Steuerpflicht nach § 2 Nr. 1 KStG. Gleiches gilt für eine gelöschte Limited, die infolge des Vorhandenseins von inländischem Vermögen als fortbestehend anzusehen ist.[2]

▶ **Lohnsteuerhilfeverein**

Körperschaftsteuerpflichtig nach § 1 Abs. 1 Nr. 4 KStG (BFH, Urteil v. 16. 12. 1998 - I R 36/98, BStBl 1999 II 366; v. 16. 12. 1998 - I R 137/97, BFH/NV 1999, 1250 = NWB WAAAA-63029).

---

[1] BFH, Urteil v. 12. 7. 2012 - I R 106/10, BStBl 2012 II 837; dazu OFD Niedersachsen v. 15. 1. 2013 - S 2706 - 182 - St 241, NWB YAAAE-30185.
[2] BMF, Schreiben v. 6. 1. 2014, BStBl 2014 I 111 Rz. 8.

▶ **Markgenossenschaft**

Körperschaft gem. § 1 Abs. 1 Nr. 4 KStG (BFH, Urteil v. 5. 9. 1963 - IV S 213/58 S, BStBl 1964 III 117).

▶ **Mieterverein**

Körperschaftsteuerpflichtig (BFH, Urteil v. 29. 8. 1973 - I R 234/71, BStBl 1974 II 60).

▶ **Ordensgemeinschaft**

Nach FinMin Nordrhein-Westfalen v. 10. 6. 1992, StEK § 1 KStG 1977 Nr. 36 ist die sog. Einheitstheorie aufgegeben worden und sind die Betriebe, die in eine bestimmte privatrechtliche Form gekleidet sind, nach den für diese Rechtsform geltenden Bestimmungen zu besteuern.

▶ **Rabattsparverein**

Körperschaftsteuerpflichtig gem. § 1 Abs. 1 Nr. 4 KStG (BFH, Urteil v. 29. 11. 1967 - I 67/65, BStBl 1968 II 236).

▶ **Realgemeinde**

Körperschaft i. S. d. § 1 Abs. 1 Nr. 4 KStG (BFH, Urteil v. 4. 12. 1962 - I 231/61 U, BStBl 1963 III 243; v. 5. 9. 1963 - IV S 213/58 S, BStBl 1964 III 117).

▶ **Ritterschaft**

Vereinigung von Rittergutsbesitzern ist eine unbeschränkt steuerpflichtige Körperschaft i. S. d. § 1 Abs. 1 Nr. 4 oder 5 KStG (BFH, Urteil v. 8. 2. 1995 - I R 73/94, BStBl 1995 II 552).

▶ **Selbsthilfeeinrichtung**

Siehe Lohnsteuerhilfeverein.

▶ **Stiftung**

Vgl. grundsätzlich → Rz. 69 ff.; die Zugehörigkeit einer Stiftung zum Bereich des öffentlichen oder privaten Rechts richtet sich nach den gesamten Umständen des Streitfalles, insbesondere der Entstehungsform und dem Stiftungszweck (BFH, Urteil v. 29. 1. 2003 - I R 106/00, BFH/NV 2003, 868 = NWB CAAAA-71704).

▶ **Unterstützungskasse**

Eine betriebliche Unterstützungskasse kann ggf. ein nichtselbständiger Teil einer Kapitalgesellschaft sein (FG Rheinland-Pfalz, Urteil v. 12. 9. 1990 - 5 K 1186/89, EFG 1991, 266); sie kann auch in der Rechtsform der Stiftung des privaten Rechts auftreten (BFH, Urteil v. 26. 2. 1992 - I B 74/91, BFH/NV 1993, 329 = NWB WAAAB-32852).

▶ **Verein**

Zum nichtrechtsfähigen Verein s. → Rz. 77, zum rechtsfähigen Verein s. → Rz. 67 f.

▶ **Vorgesellschaft**

Siehe → Rz. 106.

▶ **Vor-GmbH**

Siehe → Rz. 106.

▶ **Vorgründungsgesellschaft**

Siehe → Rz. 103.

▶ **Waldbetriebsgesellschaft**

Keine Kapitalgesellschaft, sondern nichtrechtsfähige Personenvereinigung entsprechend §§ 705 ff. BGB (landwirtschaftliche Mitunternehmerschaft – BFH, Urteil v. 15.6.1965 - IV 188/62 U, BStBl 1965 III 554).

▶ **Warenzeichenverband**

Körperschaftsteuerpflichtig (BFH, Urteil v. 8.6.1966 - I 151/63, BStBl 1966 III 632).

▶ **Werkskantine**

Siehe Betriebsrat.

§ 2 Beschränkte Steuerpflicht

Beschränkt körperschaftsteuerpflichtig sind

1. Körperschaften, Personenvereinigungen und Vermögensmassen, die weder ihre Geschäftsleitung noch ihren Sitz im Inland haben, mit ihren inländischen Einkünften;
2. sonstige Körperschaften, Personenvereinigungen und Vermögensmassen, die nicht unbeschränkt steuerpflichtig sind, mit den inländischen Einkünften, die dem Steuerabzug vollständig oder teilweise unterliegen; inländische Einkünfte sind auch

    a) die Entgelte, die den sonstigen Körperschaften, Personenvereinigungen oder Vermögensmassen dafür gewährt werden, dass sie Anteile an einer Kapitalgesellschaft mit Sitz oder Geschäftsleitung im Inland einem anderen überlassen und der andere, dem die Anteile zuzurechnen sind, diese Anteile oder gleichartige Anteile zurückzugeben hat,

    b) die Entgelte, die den sonstigen Körperschaften, Personenvereinigungen oder Vermögensmassen im Rahmen eines Wertpapierpensionsgeschäfts im Sinne des § 340b Abs. 2 des Handelsgesetzbuchs gewährt werden, soweit Gegenstand des Wertpapierpensionsgeschäfts Anteile an einer Kapitalgesellschaft mit Sitz oder Geschäftsleitung im Inland sind, und

    c) die in § 8b Abs. 10 Satz 2 genannten Einnahmen oder Bezüge, die den sonstigen Körperschaften, Personenvereinigungen oder Vermögensmassen als Entgelt für die Überlassung von Anteilen an einer Kapitalgesellschaft mit Sitz oder Geschäftsleitung im Inland gewährt gelten.

Inhaltsübersicht	Rz.
A. Geschichte des § 2 KStG	1 - 5
B. Regelungsinhalt des § 2 KStG	6 - 10
C. Verhältnis des § 2 KStG zu anderen Vorschriften	11 - 20
D. Körperschaften, Personenvereinigungen und Vermögensmassen ohne Geschäftsleitung und Sitz im Inland – § 2 Nr. 1 KStG	21 - 50
I. Kreis der Steuersubjekte	21 - 30
II. Umfang der Körperschaftsteuerpflicht	31 - 35
III. Durchführung der Besteuerung	36 - 50
E. Sonstige beschränkt Steuerpflichtige – § 2 Nr. 2 KStG	51 - 70
I. Kreis der Steuersubjekte	51 - 55
II. Umfang der Körperschaftsteuerpflicht	56 - 70
F. Beginn und Ende der beschränkten Körperschaftsteuerpflicht	71 - 74

A. Geschichte des § 2 KStG

HINWEIS:

R 2 KStR 2015, H 2 KStH 2015.

LITERATURHINWEISE:

Siehe die Literaturangaben zu § 1 KStG.

§ 2 KStG i. d. F. des Art. 1 des Körperschaftsteuerreformgesetzes v. 31. 8. 1976[1] fand erstmals für den am 1. 1. 1977 beginnenden Veranlagungszeitraum Anwendung – § 54 Abs. 1, § 49 KStG 1977 i. V. m. § 25 EStG. Die Bestimmung entspricht § 2 Abs. 1 KStG 1975;[2] lediglich in Nr. 2 wurde das Adjektiv „sonstige" aus Gründen der Klarstellung eingefügt. 1

Das **„Zweite Gesetz zur Änderung steuerrechtlicher Vorschriften (Steueränderungsgesetz 2003 – StÄndG 2003)"** vom 15. 12. 2003[3] änderte durch Art. 3 Nr. 1 § 2 Nr. 2 KStG ab. Der letzte Halbsatz „von denen ein Steuerabzug vorzunehmen ist" wurde mit Wirkung ab dem Veranlagungszeitraum 2004 (§ 34 Abs. 2a KStG) durch den Passus „die dem Steuerabzug ganz oder teilweise unterliegen" ersetzt. Hintergrund dieser rein redaktionellen Änderung ist die Änderung des Verfahrens zur Erstattung von Kapitalertragsteuer durch das StÄndG 2003; die verfahrensmäßigen Änderungen beim Steuerabzug haben auf die Rechtsfolgen keine materiellen Auswirkungen.[4] 2

Durch das **Unternehmensteuerreformgesetz 2008** vom 14. 8. 2007[5] wurde in § 2 Nr. 2 KStG nach dem bisherigen Text die Regelung betreffend die Wertpapierleihe von juristischen Personen des öffentlichen Rechts angefügt. Die Neufassung ist gem. § 34 Abs. 2a KStG erstmals auf Einkünfte anzuwenden, die nach dem 17. 8. 2007 zufließen. 3

(Einstweilen frei) 4–5

B. Regelungsinhalt des § 2 KStG

§ 2 KStG regelt den Kreis der lediglich **beschränkt körperschaftsteuerpflichtigen Subjekte** (wer ist beschränkt steuerpflichtig?) sowie den **Umfang der objektiven beschränkten Körperschaftsteuerpflicht** (mit welchen Einkünften sind die beschränkt steuerpflichtigen Subjekte im Inland steuerpflichtig?).[6] Dabei wird zwischen zwei Gruppen von beschränkt steuerpflichtigen Körperschaften unterschieden: Körperschaften, Personenvereinigungen und Vermögensmassen, die weder Sitz noch Geschäftsleitung im Inland haben (= ausländische Körperschaftsteuersubjekte, s. § 2 Nr. 1 KStG) sowie sonstige Körperschaften, Personenvereinigungen und Körperschaften und Vermögensmassen, die zwar Sitz oder Geschäftsleitung im Inland haben, die jedoch aus anderen Gründen nicht unbeschränkt steuerpflichtig sind und in dem von § 2 Nr. 2 KStG bestimmten Umfang der inländischen Besteuerung unterworfen werden sollen. 6

(Einstweilen frei) 7–10

---

1 BGBl 1976 I 2597; BStBl 1976 I 445.
2 BGBl 1975 I 1933; BStBl 1975 I 770.
3 BGBl 2003 I 2645; BStBl 2003 I 710.
4 BT-Drucks. 15/1945, 11 f.
5 BGBl 2007 I 1912; BStBl 2007 I 630.
6 Daher weist die beschränkte Steuerpflicht Elemente einer Objektsteuer auf, s. *Levedag* RHN § 2 Rz. 4; *Rengers* Blümich KStG § 2 Rz. 9.

C. Verhältnis des § 2 KStG zu anderen Vorschriften

11 § 1 Abs. 1 KStG regelt, welche Körperschaften, Personenvereinigungen und Vermögensmassen unbeschränkt steuerpflichtig sind. Die unbeschränkte Steuerpflicht und die beschränkte Steuerpflicht nach § 2 KStG schließen einander aus.

12 § 3 Abs. 2 KStG befasst sich – im Gegensatz zu § 2 KStG – mit unbeschränkt steuerpflichtigen Körperschaftsteuersubjekten; vgl. hierzu R 2 Abs. 2 KStR 2015.

13 **Steuerbefreit nach § 5 Abs. 1 KStG** können grundsätzlich nur unbeschränkt steuerpflichtige Körperschaftsteuersubjekte sein. Beschränkt Körperschaftsteuerpflichtige sind aufgrund des § 5 Abs. 2 Nr. 2 KStG grundsätzlich nicht steuerbefreit. Dies trifft allerdings im Hinblick auf § 5 Abs. 1 Nr. 9 KStG auf unionsrechtliche Bedenken. So hat der EuGH entschieden, dass eine mitgliedstaatliche Vorschrift gegen die Kapitalverkehrsfreiheit verstößt, wenn einer im Inland als beschränkt steuerpflichtigen Körperschaft die aufgrund der Gemeinnützigkeit gewährte Steuerbefreiung verweigert wird.[1] Daher hat der Gesetzgeber für diesen Bereich § 5 Abs. 2 Nr. 2 KStG durch das JStG vom 19. 12. 2008[2] dahingehend geändert, dass mit Sitz oder Geschäftsleitung in einem anderen EU- oder EWR-Ausland ansässige gemeinnützige, mildtätige oder kirchliche Einrichtungen ebenfalls steuerbefreit sein können. Da der EuGH seine Auffassung auch auf die im Verhältnis zu Drittstaaten anwendbare Kapitalverkehrsfreiheit stützt, dürfte der Gesetzgeber mit dieser Gesetzesänderung zu kurz gegriffen haben. Dieses Problem hat der Gesetzgeber durch die bloß redaktionelle Änderung des § 5 Abs. 2 Nr. 2 KStG durch das AmtshilfeRLUmsG vom 26. 6. 2013[3] nicht beseitigt. Bislang ungeklärt ist, inwieweit die Beschränkung der anderen Steuerbefreiungen auf unbeschränkt Steuerpflichtige mit den Grundfreiheiten vereinbar ist.[4]

14 Über den Verweis in § 8 Abs. 1 KStG findet im Körperschaftsteuerrecht **§ 49 EStG** Anwendung, der bestimmt, unter welchen Voraussetzungen inländische Einkünfte i. S. d. § 2 Nr. 1 KStG vorliegen.[5] Die Regelungen des EStG über den Steuerabzug sind demgegenüber für § 2 Nr. 2 KStG von Bedeutung. Dies gilt insbesondere für die Aufzählung der steuerabzugspflichtigen Einkünfte in §§ 43, 50a EStG.[6]

15–20 *(Einstweilen frei)*

D. Körperschaften, Personenvereinigungen und Vermögensmassen ohne Geschäftsleitung und Sitz im Inland – § 2 Nr. 1 KStG

I. Kreis der Steuersubjekte

21 Nach § 2 Nr. 1 KStG unterliegen alle Körperschaften, Personenvereinigungen und Vermögensmassen, die weder Geschäftsleitung (§ 10 AO) noch Sitz (§ 11 AO) im Inland haben, mit ihren

---

1 EuGH v. 14. 9. 2006 - C-386/04, *Stauffer*, Slg. 2006, I-8203. Dem folgend BFH, Urteil v. 20. 12. 2006 - I R 94/02, BStBl 2010 II 331.
2 BGBl 2008 I 2794.
3 BGBl 2013 I 1809.
4 Vgl. *von Twickel* Blümich KStG § 5 Rz. 292.
5 *Witt* HHR KStG § 2 Rz. 10.
6 *Witt* HHR KStG § 2 Rz. 10.

inländischen Einkünften der beschränkten Körperschaftsteuerpflicht.[1] Der Kreis der nach § 2 Nr. 1 KStG beschränkt steuerpflichtigen Körperschaftsteuersubjekte ist nicht nur auf rechtsfähige Körperschaftsteuersubjekte beschränkt, sondern umfasst auch nichtrechtsfähige ausländische Personenvereinigungen.[2] Anders als in § 1 Abs. 1 KStG werden die Körperschaftsteuersubjekte nicht näher bezeichnet, was zugleich bedeutet, dass hierunter u.U. auch Gebilde fallen können, die nicht unter § 1 Abs. 1 KStG zu subsumieren sind, da Anknüpfungspunkt die Erzielung inländischer Einkünfte durch eine nichtnatürliche Person ohne Sitz und Geschäftsleitung im Inland ist. Die beschränkte Steuerpflicht kann ausgelöst werden durch unmittelbar erzielte Einkünfte (Bsp.: Vermietung eines inländischen Grundstücks unmittelbar durch den ausländischen Eigentümer, Vergabe einer Lizenz nach Deutschland usw.) oder durch eine rechtlich unselbständige inländische Betriebsstätte.[3]

Zu den Rechtsformen **ausländischer Gesellschaften** und Personenvereinigungen sowie ihre Entsprechung siehe *Oellerich* in Mössner/Seeger/Oellerich § 1 KStG Rz. 36 ff., H 2 KStH 2015, Tabellen 1 und 2 zum BMF-Schreiben v. 24. 12. 1999[4] sowie Anlage zum BMF-Schreiben vom 16. 4. 2010.[5]

Für die ertragsteuerlichen Behandlung von **ausländischen Familienstiftungen** i. S. d. § 15 AStG gilt Folgendes: Da sich § 20 EStG und § 15 AStG tatbestandsmäßig wechselseitig ausschließen,[6] fällt die Familienstiftung i. S. d. § 15 AStG nicht unter § 2 Nr. 1 KStG. Vermögen und Einkünfte werden gem. § 15 Abs. 1 Satz 1 AStG dem Stifter, wenn er unbeschränkt steuerpflichtig ist, sonst den unbeschränkt steuerpflichtigen Personen, die bezugsberechtigt oder anfallsberechtigt sind, entsprechend ihrem Anteil zugerechnet (Durchgriff durch die juristische Person).[7] Die Zurechnungsverpflichteten haben die Einkünfte und das Vermögen unabhängig von tatsächlichen Zuwendungen seitens der Stiftung wie eigene Einkünfte und eigenes Vermögen zu versteuern.[8] Durch die Zurechnung soll verhindert werden, dass die Intransparenz von Auslandsstiftungen unbeschränkt Steuerpflichtiger genutzt wird, um Steuersubstrat ins Ausland zu verlagern und dieses hierdurch dem Zugriff des deutschen Fiskus zu entziehen.[9]

Ausländische Körperschaften des öffentlichen Rechts unterliegen – im Gegensatz zu inländischen Körperschaften des öffentlichen Rechts (§ 4 Abs. 1, 4 KStG) – mit allen ihren inländischen Einkünften uneingeschränkt der beschränkten Körperschaftsteuerpflicht, d. h. sind auch mit den Einkünften aus Land- und Forstwirtschaft sowie Vermietung und Verpachtung steuerpflichtig.

Zur steuerlichen Behandlung von sog. **ausländischen Zwischengesellschaften** i. S. d. §§ 7 ff. AStG vgl. grundsätzlich § 7 AStG sowie Tz. 7.0 des Erlasses betreffend die Grundsätze zur Anwendung des Außensteuergesetzes vom 14. 5. 2004:[10] Die Einkünfte derartiger Gesellschaften werden den Anteilseignern hinzugerechnet. Die Hinzurechnungsbesteuerung der von der aus-

---

1 BFH, Urteile v. 21. 8. 1974 - I R 183/72, BStBl 1974 II 776; v. 1. 4. 2003 - I R 31/01, BStBl 2003 II 669.
2 BFH, Urteil v. 3. 2. 1988 - I R 134/84, BStBl 1988 II 588; vgl. zur Abgrenzung und zum Typenvergleich BFH, Urteil v. 4. 4. 2007 - I R 110/05, BStBl 2007 II 521.
3 BFH, Urteil v. 3. 2. 1993 - I R 80, 81/91, BStBl 1993 II 462.
4 BStBl 1999 I 1076.
5 BStBl 2010 I 354.
6 BFH, Urteil v. 2. 2. 1994 - I R 66/92, BStBl 1994 II 727.
7 BFH, Urteil v. 25. 4. 2001 - II R 14/98, BFH/NV 2001, 1457 = NWB GAAAA-66815.
8 *Werner*, IStR 2010, 589, 593 f.
9 *Kraft/Moser/Gebhardt*, DStR 2012, 1773.
10 BStBl 2004 I Sondernr. 1.

ländischen Zwischengesellschaft erzielten Einkünfte bei den unbeschränkt Steuerpflichtigen – vgl. § 10 AStG – lässt eine eigene beschränkte Körperschaftsteuerpflicht der ausländischen Körperschaft, Personenvereinigung oder Vermögensmasse hinsichtlich der von ihr erzielten inländischen Einkünfte unberührt.[1] Ist die Zwischengesellschaft dagegen nach den Grundsätzen der Sitztheorie, die allerdings nach der neueren Rechtsprechung des BGH[2] und des BFH[3] nur noch für Gesellschaften mit Sitz in einem Nicht-EU-Staat in Betracht kommt, als unbeschränkt steuerpflichtiges Körperschaftsteuersubjekt zu beurteilen – weil sich insbesondere die Geschäftsleitung im Inland befindet –, so geht die unbeschränkte Körperschaftsteuerpflicht einer Hinzurechnungsbesteuerung vor.[4]

26–30 *(Einstweilen frei)*

II. Umfang der Körperschaftsteuerpflicht

31 Die Körperschaftsteuerpflicht gem. § 2 Nr. 1 KStG erstreckt sich nur auf die **inländischen Einkünfte**.[5] Wegen der Verweisung des § 8 Abs. 1 KStG auf die Vorschriften des EStG bestimmt sich der Begriff der inländischen Einkünfte nach § 49 EStG;[6] die ergänzenden Bestimmungen, z. B. §§ 50, 50d EStG sind dabei zu berücksichtigen.[7]

32 Der **Katalog in § 49 EStG** geht von den Einkünften i. S. d. §§ 13 bis 24 EStG aus und wird um Tatbestandsmerkmale angereichert, um den notwendigen Inlandsbezug herzustellen. Dieser Katalog stellt die äußersten Schranken inländischer Einkünfte i. S. d. § 2 Nr. 1 KStG dar; zu bedenken ist jedoch, dass es Einkünfte gibt, die ihrem Wesen nach für Kapitalgesellschaften nicht in Betracht kommen, beispielsweise Einkünfte aus nichtselbständiger Arbeit, Versorgungsbezüge oder Abgeordnetenbezüge.[8]

33 Gemäß § 49 Abs. 2 EStG bleiben im Ausland gegebene Besteuerungsmerkmale außer Betracht, soweit bei ihrer Berücksichtigung inländische Einkünfte i. S. d. § 49 Abs. 1 EStG nicht angenommen werden könnten (**isolierende Betrachtungsweise**). Einkünfte sollen auch dann wegen des bestehenden Inlandsbezugs als inländische Einkünfte eingeordnet werden können, wenn sie unter Berücksichtigung der im Ausland verwirklichten Tatbestandsmerkmale einer anderen Einkunftsart zuzuordnen wären, für die die im Inland verwirklichten Merkmale nicht ausreichen.[9] § 49 Abs. 2 EStG ist auch für die beschränkte Körperschaftsteuerpflicht bedeutsam. Die Tatsache, dass es sich um eine ausländische Kapitalgesellschaft handelt, hat aufgrund der isolierenden Betrachtungsweise für die Qualifizierung der inländischen Einkünfte keine Bedeutung. Hierdurch müssen die Einkünfte nicht als gewerblich eingestuft werden, wodurch die

---

1 Tz. 7.0.3 des Erlasses betreffend die Grundsätze zur Anwendung des Außensteuergesetzes v. 14. 5. 2004; zur Steueranrechnung in diesem Falle vgl. § 12 AStG.
2 BGH v. 29. 1. 2003 - VIII ZR 155/02, BGHZ 153, 353; v. 5. 7. 2004 - II ZR 389/02, DB 2004, 1984; v. 14. 3. 2005 - II ZR 5/03, DStR 2005, 839.
3 BFH, Urteil v. 29. 1. 2003 - I R 6/99, BStBl 2004 II 1043.
4 BFH, Urteil v. 23. 6. 1992 - IX R 182/87, BStBl 1992 II 972; Tz. 7.0.2 des Erlasses betreffend die Grundsätze zur Anwendung des Außensteuergesetzes v. 14. 5. 2004.
5 Vgl. z. B. BFH, Urteile v. 18. 12. 1974 - I R 161/73, BStBl 1975 II 464; v. 27. 1. 1982 - I R 5/78, BStBl 1982 II 374; v. 18. 9. 1996 - I R 59/95, BFHE 181, 419 = NWB RAAAA-98420.
6 BFH, Urteile v. 3. 2. 1993 - I R 80–81/91, BStBl 1993 II 462; v. 1. 4. 2003 - I R 317/01, BStBl 2003 II 669; v. 19. 12. 2007 - I R 19/06, BStBl 2010 II 398; vgl. R 4 Abs. 1 Satz 1 KStR 2004.
7 Vgl. R 8.1 Abs. 1 KStR 2015.
8 *Witt* HHR KStG § 2 Rz. 70.
9 *Frotscher* in Frotscher/Geurts, EStG, § 49 Rz. 425; KKB/Kreft, § 49 EStG Rz. 231.

Gefahr bestehen würde, dass sie mangels einer Betriebsstätte nicht der beschränkten Steuerpflicht unterliegen könnten.[1]

Eine **Gesamtbetrachtung** ist indessen – abweichend von der isolierenden Betrachtungsweise – anzustellen, soweit es um die Frage geht, ob die Grenzen der privaten Vermögensverwaltung überschritten sind.[2] Ebenso ist das Fehlen der Gewinnerzielungsabsicht kein im Ausland gegebenes Besteuerungsmerkmal, das nach § 49 Abs. 2 EStG außer Betracht bleiben könnte.[3] 34

(Einstweilen frei) 35

III. Durchführung der Besteuerung

Bei der Besteuerung beschränkt steuerpflichtiger Körperschaften, Personenvereinigungen und Vermögensmassen ist zu unterscheiden, ob das Körperschaftsteuersubjekt Geschäftsleitung und Sitz in einem **DBA-Staat oder in einem Nicht-DBA-Staat** hat. Im ersten Falle sind die Vorschriften des jeweiligen Abkommens zu beachten, wobei der Besteuerung nach Art. 7 OECD-Musterabkommen (Unternehmensgewinne) bei Vorliegen einer Betriebsstätte im Inland besondere Bedeutung zukommt, da davon auszugehen ist, dass das Besteuerungsrecht insoweit i. d. R. beim Betriebsstättenstaat verbleibt; befindet sich keine Betriebsstätte im Inland richtet sich die Besteuerung nach dem jeweils einschlägigen Artikel der Art. 6 bis 22 i. V. m. dem Methodenartikel (vgl. Art. 23 A, 23 B OECD-MA). 36

Ist mit dem Ansässigkeitsstaat des beschränkt steuerpflichtigen Körperschaftsteuersubjekts kein DBA abgeschlossen, so richtet sich die Besteuerung grundsätzlich nach den §§ 49 ff. EStG (§ 8 Abs. 1 KStG; R 8.1 KStR 2015). 37

Die Einkünfte und das zu versteuernde Einkommen sind nach den Bestimmungen des EStG zu ermitteln. 38

Hinsichtlich der Steuerermäßigung für beschränkt Steuerpflichtige bei ausländischen Einkünften nach § 50 Abs. 6 EStG vgl. *Mössner*.[4] 39

(Einstweilen frei) 40–50

E. Sonstige beschränkt Steuerpflichtige – § 2 Nr. 2 KStG

I. Kreis der Steuersubjekte

Die Regelung des § 2 Nr. 2 KStG umfasst alle Körperschaften, Personenvereinigungen und Vermögensmassen (weiter als § 1 Abs. 1 KStG), die zwar Geschäftsleitung oder Sitz im Inland haben und somit nicht unter § 2 Nr. 1 KStG fallen, die aber nicht unbeschränkt steuerpflichtig sind. Hierzu zählen z. B. alle öffentlich-rechtlichen Gebietskörperschaften (Bund, Land, Kommune), Zweckverbände, Innungen, Religionsgemeinschaften, Hochschulen und andere juristische Personen, deren Gründung und Fortbestand Gesetzen, Normen, Verträge, Hoheitsakten etc. des öffentlichen Rechts zu verdanken sind, aber auch die unter § 1 Abs. 1 Nr. 1 – 6 KStG 51

---

1 Frotscher/*Drüen* § 2 Rz. 25.
2 *Witt* HHR KStG § 2 Rz. 71.
3 BFH, Urteil v. 7. 11. 2001 - I R 14/01, BStBl 2002 II 861.
4 *Mössner* in Mössner/Seeger/Oellerich, KStG, § 26.

fallenden Körperschaftsteuersubjekte, sofern sie steuerbefreit sind,[1] da die Steuerbefreiung sich – vgl. § 5 Abs. 2 Nr. 1 KStG – nicht auf diejenigen inländischen Einkünfte erstreckt, die dem Steuerabzug unterliegen. Ausdrücklich von der Anwendung des § 2 Nr. 2 KStG ausgeschlossen sind die in § 3 Abs. 2 KStG aufgeführten Realgemeinden.[2]

52–55   (Einstweilen frei)

II. Umfang der Körperschaftsteuerpflicht

56   Die Körperschaftsteuerpflicht gem. § 2 Nr. 2 KStG erstreckt sich nur auf diejenigen inländischen Einkünfte, die vollständig oder teilweise dem Steuerabzug unterliegen. Hierunter sind, da natürliche Personen nicht Steuersubjekte sein können und der Lohnsteuerabzug somit ausscheidet, die **Kapitalerträge mit Steuerabzug gem. §§ 43 ff. EStG** sowie die Einkünfte i. S. d. § 50a EStG zu verstehen, soweit sie nicht lediglich durch natürliche Personen erzielt werden können.[3]

57   Die durch das Unternehmensteuerreformgesetz 2008 angebrachte Ergänzung soll sicherstellen, dass juristische Personen des öffentlichen Rechts nicht die **Wertpapierleihe** nutzen, um die abgeltende Wirkung der Kapitalertragsteuer auf Dividendenerträge i. H. v. derzeit 10 % nach § 43a Abs. 1 Nr. 1 i. V. m. § 44a Abs. 8 EStG zu umgehen.[4] Als Wertpapierleihe wird allgemein der Vorgang bezeichnet, bei dem der Verleiher eine bestimmte Anzahl von Wertpapieren (= Anteile an Kapitalgesellschaft mit Sitz oder Geschäftsleitung im Inland) an den Entleiher zivilrechtlich wirksam übereignet mit der Maßgabe, dass der Entleiher nach Ablauf der vereinbarten Zeit Wertpapiere gleicher Art, Güte und Menge rückübereignet und dafür ein Entgelt – Leihgebühr und sog. Kompensationszahlung – entrichtet. Aus zivilrechtlicher Sicht handelt es sich um ein sog. Sachdarlehen nach § 607 BGB. Da zivilrechtlich, steuerrechtlich und wirtschaftlich das Eigentum auf den Entleiher übergeht, stellen die Leihgebühren und die sog. Kompensationszahlung (= Zahlung für die Dividendenerträge, die vom Entleiher vereinnahmt wurden) bei der juristischen Person zum einen keine der Kapitalertragsteuer unterliegenden Einkünfte dar und sind zum anderen nicht zu versteuern, da es sich um Einkünfte im Rahmen der Vermögensverwaltung handelt.

58   Durch diese Neuregelung sind ab dem 18. 8. 2007 neben den Kapitalerträgen i. S. d. § 43 Abs. 3 EStG zusätzlich die **Leihgebühr und Kompensationszahlungen** von der beschränkten Steuerpflicht nach § 2 Nr. 2 KStG erfasst.[5] Auch erfasst sind Fälle des ebenfalls durch das Unternehmensteuerreformgesetz 2008 geänderten § 8b Abs. 10 Satz 2 KStG,[6] in denen als Gegenleistung für die geliehenen Wertpapiere ertragbringende Wirtschaftsgüter überlassen werden.[7]

59–70   (Einstweilen frei)

---

1 BFH, Urteil v. 21. 8. 1974 - I R 183/72, BStBl 1974 II 776; Bsp.: Betriebe nichtgewerblicher Art einer Körperschaft des öffentlichen Rechts, land- und forstwirtschaftlicher Betrieb einer Körperschaft des öffentlichen Rechts.
2 Vgl. *Oellerich* in Mössner/Seeger/Oellerich, KStG, § 3 Rz. 41 ff.
3 BFH, Urteil v. 11. 12. 1956 - I 115/56 U, BStBl 1957 III 49; *Levedag* RHN § 2 Rz. 122; vgl. hierzu ergänzend § 32 Abs. 1 Nr. 2, Abs. 2 KStG sowie *Valta* in Mössner/Seeger/Oellerich, KStG, § 32 Rz. 15 ff.
4 BT-Drucks. 16/4841, 74.
5 Hierzu Gosch/*Pfirrmann* § 2 Rz. 53 ff.
6 Vgl. *Geißer* in Mössner/Seeger/Oellerich, KStG, § 8b Rz. 756 ff.
7 BT-Drucks. 16/4841, 74 f.

F. Beginn und Ende der beschränkten Körperschaftsteuerpflicht

Die beschränkte Körperschaftsteuerpflicht i. S. d. § 2 Nr. 1 KStG beginnt, wenn eine Körperschaft, Personenvereinigung oder Vermögensmasse, die im Übrigen die Voraussetzungen des § 2 Nr. 1 KStG erfüllt, **inländische Einkünfte erzielt**, d. h., wenn ihr Einkünfte steuerlich zuzurechnen sind.[1] Der bloße Besitz von im Inland belegenen Wirtschaftsgütern oder von inländischen Beteiligungen führt für sich alleine noch nicht zur beschränkten Steuerpflicht; denn der Sinn und Zweck der Steuerpflicht ist es, Einkünfte zu besteuern.

Weiter beginnt dann die beschränkte Körperschaftsteuerpflicht, wenn eine Körperschaft, Personenvereinigung oder Vermögensmasse Geschäftsleitung und Sitz vom Inland ins Ausland und somit aus der unbeschränkten Steuerpflicht heraus verlegt.[2] Schließlich kann § 2 Nr. 1 KStG dann erfüllt sein, wenn eine ausländische Körperschaft, Personenvereinigung oder Vermögensmasse als Körperschaftsteuersubjekt im Ausland entsteht und inländische Einkünfte erzielt.

Die beschränkte Körperschaftsteuerpflicht endet, wenn entweder das Subjekt keine inländischen Einkünfte mehr erzielt, das Körperschaftsteuersubjekt aufhört zu existieren oder wenn eine unbeschränkte Körperschaftsteuerpflicht beginnt.

In den Fällen des § 2 Nr. 2 KStG bestimmen sich Beginn und Ende der beschränkten Körperschaftsteuerpflicht – sofern man einmal vom Erlöschen einer inländischen Körperschaft des öffentlichen Rechts absieht – nach dem Beginn und Ende des Bezugs inländischer Einkünfte, die ganz oder teilweise dem Steuerabzug unterliegen[3] bzw. vom Gesetz als steuerpflichtige Einkünfte qualifiziert werden. Die beschränkte Steuerpflicht endet, wenn die Körperschaft, Personenvereinigung oder Vermögensmasse ihre Tätigkeit i. S. d. § 2 Nr. 2 KStG aufgibt, die zu den steuerpflichtigen inländischen Einkünften führt und deshalb auch tatsächlich keine solchen Einkünfte mehr erzielt.[4]

§ 3 Abgrenzung der Steuerpflicht bei nichtrechtsfähigen Personenvereinigungen und Vermögensmassen sowie bei Realgemeinden

(1) Nichtrechtsfähige Personenvereinigungen, Anstalten, Stiftungen und andere Zweckvermögen sind körperschaftsteuerpflichtig, wenn ihr Einkommen weder nach diesem Gesetz noch nach dem Einkommensteuergesetz unmittelbar bei einem anderen Steuerpflichtigen zu versteuern ist.

(2) [1]Hauberg-, Wald-, Forst- und Laubgenossenschaften und ähnliche Realgemeinden, die zu den in § 1 bezeichneten Steuerpflichtigen gehören, sind nur insoweit körperschaftsteuerpflichtig, als sie einen Gewerbebetrieb unterhalten oder verpachten, der über den Rahmen ei-

---

1 R 2 Abs. 1 Satz 1 Halbsatz 1 KStR 2015.
2 BFH, Beschluss v. 10. 6. 2010 - I B 186/09, BFH/NV 2010, 1864 = NWB BAAAD-48548: Die Liquidationsbesteuerung infolge der Verlegung des Sitzes oder der Geschäftsleitung einer Körperschaft ins Ausland setzt das Ausscheiden aus der unbeschränkten Steuerpflicht voraus. Das ist nicht der Fall, wenn eine GmbH lediglich ihre Geschäftsleitung, nicht aber auch ihren satzungsmäßigen Sitz ins Ausland verlegt.
3 R 2 Abs. 1 Satz 1 Halbsatz 2 KStR 2015.
4 Gosch/*Pfirrmann* § 2 Rz. 60.

nes Nebenbetriebs hinausgeht. ²Im Übrigen sind ihre Einkünfte unmittelbar bei den Beteiligten zu versteuern.

Inhaltsübersicht	Rz.
A. Regelungsgehalt und Zweck des § 3 KStG	1 - 5
B. Rechtsentwicklung des § 3 KStG	6 - 10
C. Nichtrechtsfähige Personenvereinigungen – § 3 Abs. 1 KStG	11 - 40
I. Allgemeines	11 - 20
II. Einzelfälle	21 - 40
D. Realgemeinden – § 3 Abs. 2 KStG	41 - 47

A. Regelungsgehalt und Zweck des § 3 KStG

HINWEIS:
H 2 KStH 2015.

1 Gemäß § 3 Abs. 1 KStG besteht eine subjektive Körperschaftsteuerpflicht einer Personenvereinigung, wenn ihr Einkommen nicht bei einer anderen Person versteuert wird. Die Vorschrift steht systematisch vor § 1 Abs. 1 KStG; erst wenn die ausreichende körperschaftliche Verfassung i. S. d. § 3 Abs. 1 KStG feststeht, ist der Katalog des § 1 Abs. 1 KStG, namentlich § 1 Abs. 1 Nr. 5 KStG zu prüfen.[1] Durch § 3 Abs. 1 KStG kommt die Auffangfunktion der Körperschaftsteuerpflicht zum Ausdruck; sie greift nur, wenn nicht vorrangig bei einer anderen Person das Einkommen versteuert wird. Hierdurch soll eine Einmalbesteuerung auf der Ebene der Personengesellschaft sichergestellt werden. Zugleich hindert § 3 Abs. 1 KStG eine Doppelbesteuerung[2] und begrenzt § 3 Abs. 1 KStG den Anwendungsbereich des § 2 KStG.

2 Zum anderen sollen die Genossenschaften alten Rechts nach § 3 Abs. 2 KStG nur für bestimmte Einkünfte körperschaftsteuerpflichtig sein; insoweit beinhaltet die Bestimmung eine Steuerbefreiung. § 3 Abs. 2 KStG ist im Verhältnis zu § 3 Abs. 1 KStG lex specialis.[3]

3–5 *(Einstweilen frei)*

B. Rechtsentwicklung des § 3 KStG

6 § 3 KStG i. d. F. des Art. 1 des Körperschaftsteuerreformgesetzes vom 31. 8. 1976[4] fand erstmals für den am 1. 1. 1977 beginnenden Veranlagungszeitraum Anwendung (§ 54 Abs. 1, § 49 KStG 1977 i. V. m. § 25 EStG). Die Regelung des § 3 Abs. 1 KStG entspricht dem § 3 Abs. 1 KStG 1975;[5] Abs. 2 fasst die bisherigen Bestimmungen der Abs. 2 und 3 aus Gründen der Rechtsklarheit und zur Vermeidung von Wiederholungen zusammen. Die Norm ist bislang nicht geändert worden.

7–10 *(Einstweilen frei)*

---

[1] *Frotscher*/Drüen § 3 Rz. 1.
[2] BFH, Urteil v. 29. 1. 2003 - I R 106/00, NVwZ 2003, 1020 = NWB CAAAA-71704.
[3] Gosch/*Pfirrmann* § 3 Rz. 7.
[4] BGBl 1976 I 2597; BStBl 1976 I 445.
[5] BGBl 1975 I 1933; BStBl 1975 I 770.

C. Nichtrechtsfähige Personenvereinigungen – § 3 Abs. 1 KStG

I. Allgemeines

Nach § 3 Abs. 1 KStG sind nichtrechtsfähige Personenvereinigungen, Anstalten, Stiftungen und andere Zweckvermögen (§ 1 Abs. 1 Nr. 5 KStG[1]) dann körperschaftsteuerpflichtig, wenn ihr Einkommen weder nach den Bestimmungen des KStG noch nach denen des EStG unmittelbar bei einem anderen Steuerpflichtigen zu versteuern ist. Dies ist weniger nach bürgerlich-rechtlichen als nach wirtschaftlichen Gesichtspunkten zu beurteilen.[2] Bei der wirtschaftlichen Betrachtungsweise kommt es für die Zurechnung der Einkünfte entscheidend darauf an, in wessen Interesse und für wessen Rechnung z. B. der Betrieb unterhalten wird.

Zweck des § 3 Abs. 1 KStG ist, das in bestimmten Personenvereinigungen und Vermögensmassen erzielte Einkommen jeweils einmal entweder bei dem Rechtsgebilde selbst oder bei den dahinter stehenden Personen der Besteuerung zu unterwerfen. § 3 Abs. 1 KStG begründet somit einen „Auffangtatbestand" für die genannten Personenvereinigungen und Vermögensmassen[3] und ergänzt insoweit § 1 Abs. 1 Nr. 5 KStG,[4] um etwaige Lücken im System der Steuersubjekte zu schließen. Andererseits soll mit der Vorschrift eine doppelte Ertragsbesteuerung vermieden werden, so dass die Vorschrift erst dann eingreift, wenn eine Besteuerung sowohl nach §§ 1, 2 KStG als auch nach den Bestimmungen des EStG ausscheidet.[5] Dabei ist es nicht erforderlich, dass es tatsächlich zu einer effektiven Besteuerung kommt; ausreichend ist es, wenn die rechtliche Möglichkeit der Versteuerung des Einkommens der Personenvereinigung bei einem anderen Steuerpflichtigen gegeben ist.[6]

Da über die Frage der Versteuerung des Einkommens des Subjekts nur einheitlich entschieden werden kann (soweit das Subjekt als ein Ganzes wirtschaftlich zu betrachten ist), scheidet eine Besteuerung nach § 3 Abs. 1 KStG bereits dann aus, wenn das Einkommen bzw. Teile des Einkommens nur bei einem Mitglied des Subjekts unmittelbar zu versteuern ist (= steuerlich zuzurechnen ist). So ist eine GmbH-Vorgesellschaft, die später nicht als GmbH eingetragen wird, nicht körperschaftsteuerpflichtig,[7] weil sie (auch) nach gesellschaftsrechtlichen Grundsätzen nie das Stadium der Personengesellschaft verlassen hat.

Zum Begriff der nichtrechtsfähigen Personenvereinigungen, Anstalten, Stiftungen und Zweckvermögen vgl. § 1 KStG.[8]

Die Regelung des § 3 Abs. 1 KStG ist nach der älteren Rechtsprechung des BFH auch in den Fällen anzuwenden, in denen eine im Ausland inkorporierte Gesellschaft den effektiven Verwaltungssitz ins Inland verlegt, ohne die nach nationalem Handels- und Gesellschaftsrecht erforderlichen Eintragungen vornehmen zu lassen.[9]

---

1 *Oellerich* in Mössner/Seeger/Oellerich, KStG, § 1 Rz. 76 ff.
2 BFH, Urteil v. 18. 10. 1960 - I 121/59 U, BStBl 1960 III 496.
3 BFH, Beschluss v. 25. 6. 1984 - GrS 4/82, BStBl 1984 II 751; v. 1. 7. 1992 - I R 6/92, BStBl 1993 II 222; v. 29. 1. 2003 - I R 106/00, BFH/NV 2003, 868 = NWB CAAAA-71704.
4 BFH, Urteil v. 23. 6. 1992 - IX R 182/87, BStBl 1992 II 972.
5 BFH, Urteil v. 29. 1. 2003 - IX R 106/00, BFH/NV 2003, 868 = NWB CAAAA-71704.
6 BFH Beschluss v. 25. 6. 1984 - GrS 4/82, BStBl 1984 II 751.
7 BFH, Urteil v. 18. 3. 2010 - IV R 88/06, BStBl 2010 II 991.
8 *Oellerich* in Mössner/Seeger/Oellerich, KStG, § 1 Rz. 76 ff.
9 BFH, Urteil v. 1. 7. 1992 - I R 6/92, BStBl 1993 II 222; v. 23. 6. 1993 - I R 31/92, BFH/NV 1994, 661 = NWB KAAAB-33802.

16–20 *(Einstweilen frei)*

II. Einzelfälle

21 **Arbeitsgemeinschaften (bspw. im Baugewerbe)** sind i. d. R. Gesellschaften des bürgerlichen Rechts und werden nach den Bestimmungen des EStG besteuert.[1]

22 Bei einer **Braubürgerschaft** ergibt sich die Körperschaftsteuerpflicht aus § 1 Abs. 1 Nr. 5 KStG.[2]

23 Eine **GmbH & Co. KG** ist keine Vereinigung i. S. d. § 3 Abs. 1 KStG[3] (H 3 KStH 2015).

24 **Holdinggesellschaften** sind zwar nicht begriffsnotwendig, aber häufig in der Form einer GbR organisiert und damit nicht körperschaftsteuerpflichtig; sofern sie andere Rechtsformen aufweisen – GmbH, GmbH & Co. KG – ist auf die konkrete Rechtsform abzustellen und die Holdinggesellschaft entsprechend zu besteuern. Unabhängig davon ist weiter zu entscheiden, ob die Holding geschäftsleitend tätig ist, ob sie Organgesellschaft ist oder ob sie sich lediglich darauf beschränkt, Beteiligungen zu halten; im letzten Fall hat der EuGH[4] entschieden, dass die Holding nicht unternehmerisch tätig ist.

25 **Investmentclubs** sind i. d. R. als GbR organisiert.[5]

26 **Kartelle** i. S. d. §§ 1 ff. GWB werden entsprechend ihrer Rechtsform (GbR, Verein, Kapitalgesellschaft) besteuert.

27 **Konsortien**, z. B. ein Emissionskonsortium,[6] treten als sog. Gelegenheitsgesellschaften i. d. R. in der Rechtsform der GbR auf und werden dementsprechend besteuert.[7]

28 Ein **Konzern** i. S. d. § 18 AktG wird steuerlich nicht als ein Unternehmen betrachtet, sondern jedes zum Unternehmen gehörende Unternehmen wird entsprechend seiner Rechtsform gesondert behandelt.

29 Ob es sich bei einer **Laborgemeinschaft** um eine GbR (i. d. R. Innengesellschaft) oder einen nichtrechtsfähigen Verein handelt, entscheidet sich aufgrund der Auslegung des zu ermittelnden Willens der Beteiligten; allerdings fehlt bei einer Laborgemeinschaft häufig die Gewinnerzielungsabsicht, so dass auch keine Mitunternehmerschaft vorliegt.[8]

30 Die **Vorgesellschaft** fällt nicht unter § 3 KStG.[9]

31–40 *(Einstweilen frei)*

D. Realgemeinden – § 3 Abs. 2 KStG

41 Grundsätzlich sind die Einkünfte aus der Beteiligung an unbeschränkt steuerpflichtigen Hauberg-, Wald-, Forst- und Laubgenossenschaften und ähnlichen Realgemeinden (= Oberbegriff)

---

1 Ausführlich *Oellerich* in Mössner/Seeger/Oellerich, KStG, § 1 Rz. 181.
2 BFH, Urteil v. 13. 2. 1953 - III 27/52 U, BStBl 1953 III 90.
3 BFH, Beschluss v. 25. 6. 1984 - GrS 4/82, BStBl 1984 II 751; vgl. ausführlich *Oellerich* in Mössner/Seeger/Oellerich, KStG, § 1 Rz. 35.
4 EuGH v. 20. 6. 1991 - Rs. C-60/90, Polysar Investments Netherlands BV, Slg. 1991, I-3111.
5 OFD Hannover v. 19. 8. 2002 - G 1401 - 23 - StO 231 /G 1401 - 7 - StH 241.
6 BFH, Urteil v. 8. 6. 1988 - I R 132/84, BFH/NV 1989, 48 = NWB BAAAB-29616.
7 BFH, Urteil v. 9. 6. 1999 - I R 37/98, BFH/NV 2000, 347 = NWB DAAAA-97016.
8 BFH, Urteil v. 30. 9. 2003 - III R 5/00, BStBl 2003 II 947.
9 BFH, Urteil v. 18. 3. 2010 - IV R 88/06, BStBl 2010 II 991.

i. S. d. § 1 Abs. 1 Nr. 4, 5 KStG kraft gesetzlicher Definition – § 13 Abs. 1 Nr. 4 EStG – Einkünfte aus Land- und Forstwirtschaft. Der Gesetzgeber negiert also die zivilrechtliche Qualifikation der Vereinigung als Körperschaft und behandelt sie steuerrechtlich kraft einer Fiktion wie eine Personengesellschaft.[1] Nur insoweit besteht die Körperschaftsteuerpflicht, als die Genossenschaft einen Gewerbebetrieb unterhält oder verpachtet, der über den Rahmen eines land- und forstwirtschaftlichen Nebenbetriebes (vgl. § 13 Abs. 2 Nr. 1 EStG) hinausgeht. Die Vorschrift des § 3 Abs. 2 KStG ist demnach als Steuerbefreiungsvorschrift zu qualifizieren.

Soweit keine Körperschaftsteuerpflicht besteht, sind die Einkünfte, an denen notwendigerweise mehrere beteiligt sein müssen, gem. §§ 179, 180 Abs. 1 Nr. 2 Buchst. a AO gesondert und einheitlich festzustellen.[2] Aus der Entscheidung des Gesetzgebers folgt auch, dass das Betriebsvermögen den Mitgliedern zuzurechnen ist und diese auch die Vergünstigungen gem. §§ 6b, 6c EStG in Anspruch nehmen können.[3] **42**

Der **Begriff des Gewerbebetriebes** ist entsprechend der Grundsätzen der R 15.5 – 15.7 EStR 2012, H 15.5 – 15.7 EStH 2017 abzugrenzen.[4] Um eine Körperschaftsteuerpflicht auszulösen, muss der Gewerbebetrieb über den Umfang eines Nebenbetriebes hinausgehen. Zum **Begriff des Nebenbetriebes** vgl. R 15.5 Abs. 3 EStR 2012, H 15.5 EStH 2017 „Nebenbetrieb". **43**

Soweit die Realgemeinde einen körperschaftsteuerpflichtigen Betrieb unterhält, ist sie für Veranlagungszeiträume, für das KStG 1977 (Anrechnungsverfahren) noch Anwendung findet, in das Anrechnungsverfahren einbezogen – vgl. Abschn. 96 KStR 1995 – und zur Gliederung des verwendbaren Eigenkapitals verpflichtet. **44**

Soweit die Realgemeinde körperschaftsteuerpflichtige Einkünfte bezieht, sind ihre Leistungen an ihre Mitglieder bei diesen grundsätzlich Einnahmen aus Kapitalvermögen i. S. d. § 20 Abs. 1 Nr. 1 EStG.[5] Dies kann aber nur dann gelten, wenn man davon ausgeht, dass die in § 3 Abs. 2 KStG genannten Steuerrechtssubjekte den in § 20 Abs. 1 Nr. 1 EStG genannten Gesellschaften von der Organisation und Struktur her vergleichbar sind.[6] Hier bedarf es einer Prüfung im Einzelfall.[7] Bejaht man die Vergleichbarkeit der in § 3 Abs. 2 KStG aufgeführten Körperschaftsteuersubjekte mit den in § 20 Abs. 1 Nr. 1 EStG genannten Gesellschaften muss konsequenterweise bei Leistungen der Realgemeinde an ihre Mitglieder auch Kapitalertragsteuer gem. § 43 Abs. 1 Nr. 1 EStG einbehalten werden. **45**

Den Freibetrag nach § 25 KStG kann die Realgemeinde nicht beanspruchen, da ihre land- und forstwirtschaftlichen Einkünfte gerade nicht der Körperschaftsteuer unterliegen und das Einkommen aus dem Gewerbebetrieb bzw. der Verpachtung des Gewerbebetriebes zu den Einkünften aus Gewerbebetrieb zählt. **46**

---

1 BFH, Urteil v. 9. 10. 1986 - IV R 331/84, BStBl 1987 II 169, mit weiteren Hinweisen auf die Geschichte der alten Markgenossenschaften sowie agrar- und forstwirtschaftlichen Genossenschaften, die gem. Art. 164 EGBGB fortexistieren.
2 BFH, Beschluss v. 18. 3. 1981 - IV B 11/81, n. v.; Urteil v. 9. 10. 1986 - IV R 331/84, BStBl 1987 II 169; v. 28. 4. 1988 - IV R 298/83, BStBl 1988 II 885.
3 BFH, Urteil v. 28. 4. 1988 - IV R 298/83, BStBl 1988 II 885.
4 BFH, Urteil v. 30. 3. 1994 - I R 54/93, BStBl 1994 II 864, mit Nachweisen der Rechtsprechung.
5 BFH, Urteile v. 8. 2. 1995 - I R 73/94, BStBl 1995 II 552; v. 23. 9. 1970 - I R 22/67, BStBl 1971 II 47, zur Auslegung von § 20 Abs. 1 Nr. 1 EStG; v. 3. 11. 1961 - VI R 42/80, BStBl 1962 III 7, zu den Ausschüttungen einer Forstgemeinschaft und v. 24. 6. 1966 - VI 171/85, BStBl 1966 III 579, zur Besteuerung von sog. Braugeldern.
6 BFH, Urteil v. 16. 12. 1992 - I R 32/92, BStBl 1993 II 399.
7 BFH, Urteil v. 8. 2. 1995 - I R 73/94, BStBl 1995 II 552, zur Einzelfallprüfung einer Vereinigung von Eigentümern bestimmter Rittergüter.

47　Ebenso scheidet eine Steuerbefreiung nach § 5 Abs. 1 Nr. 14 KStG aus: Soweit es sich um Einkünfte aus Land- und Forstwirtschaft handelt, unterliegen sie nicht der Körperschaftsteuer; im Übrigen liegen die Voraussetzungen für eine Steuerbefreiung nicht vor.

§ 4 Betriebe gewerblicher Art von juristischen Personen des öffentlichen Rechts

(1) ¹Betriebe gewerblicher Art von juristischen Personen des öffentlichen Rechts im Sinne des § 1 Abs. 1 Nr. 6 sind vorbehaltlich des Absatzes 5 alle Einrichtungen, die einer nachhaltigen wirtschaftlichen Tätigkeit zur Erzielung von Einnahmen außerhalb der Land- und Forstwirtschaft dienen und die sich innerhalb der Gesamtbetätigung der juristischen Person wirtschaftlich herausheben. ²Die Absicht, Gewinn zu erzielen, und die Beteiligung am allgemeinen wirtschaftlichen Verkehr sind nicht erforderlich.

(2) Ein Betrieb gewerblicher Art ist auch unbeschränkt steuerpflichtig, wenn er selbst eine juristische Person des öffentlichen Rechts ist.

(3) Zu den Betrieben gewerblicher Art gehören auch Betriebe, die der Versorgung der Bevölkerung mit Wasser, Gas, Elektrizität oder Wärme, dem öffentlichen Verkehr oder dem Hafenbetrieb dienen.

(4) Als Betrieb gewerblicher Art gilt die Verpachtung eines solchen Betriebs.

(5) ¹Zu den Betrieben gewerblicher Art gehören nicht Betriebe, die überwiegend der Ausübung der öffentlichen Gewalt dienen (Hoheitsbetriebe). ²Für die Annahme eines Hoheitsbetriebs reichen Zwangs- oder Monopolrechte nicht aus.

(6) ¹Ein Betrieb gewerblicher Art kann mit einem oder mehreren anderen Betrieben gewerblicher Art zusammengefasst werden, wenn

1. sie gleichartig sind,
2. zwischen ihnen nach dem Gesamtbild der tatsächlichen Verhältnisse objektiv eine enge wechselseitige technisch-wirtschaftliche Verflechtung von einigem Gewicht besteht oder
3. Betriebe gewerblicher Art im Sinne des Absatzes 3 vorliegen.

²Ein Betrieb gewerblicher Art kann nicht mit einem Hoheitsbetrieb zusammengefasst werden.

Inhaltsübersicht	Rz.
A. Allgemeines zu § 4 KStG	1 - 80
I. Rechtsentwicklung des § 4 KStG	6 - 15
II. Gesetzeszweck des § 4 KStG	16 - 25
III. Juristische Personen des öffentlichen Rechts	26 - 35
IV. Typusbegriff oder unbestimmter Rechtsbegriff	36 - 40
V. Steuersubjekt	41 - 50
VI. Beschränkte und unbeschränkte Steuerpflicht	51 - 60
VII. Steuerbefreiungen	61 - 65
VIII. Steuerrechtlich relevante Bereiche und Einfluss europäischen Rechts	66 - 80
B. Betriebe gewerblicher Art von juristischen Personen des öffentlichen Rechts (§ 4 Abs. 1 KStG)	81 - 180
I. Einrichtung	81 - 95

II.	Wirtschaftliche Tätigkeit	96 - 100
III.	Nachhaltigkeit	101 - 110
IV.	Einnahmeerzielungsabsicht und Gewinnerzielungsabsicht	111 - 120
V.	Wirtschaftliche Bedeutung	121 - 130
VI.	Negative Tatbestandsmerkmale	131 - 170
	1. Vermögensverwaltung	132 - 145
	2. Hoheitsbetrieb	146 - 160
	3. Land- und Forstwirtschaft	161 - 170
VII.	Beteiligung am allgemeinen wirtschaftlichen Verkehr	171 - 180
C. Betrieb gewerblicher Art als juristische Person des öffentlichen Rechts (§ 4 Abs. 2 KStG)		181 - 200
D. Versorgungsbetriebe (§ 4 Abs. 3 KStG)		201 - 220
E. Verpachtung eines BgA (§ 4 Abs. 4 KStG)		221 - 240
F. Hoheitsbetriebe (§ 4 Abs. 5 KStG)		241 - 260
G. Zusammenfassung von BgA (§ 4 Abs. 6 KStG)		261 - 330
I.	Rechtsentwicklung und Normzweck	261 - 280
II.	Voraussetzungen für die Zusammenfassung (§ 4 Abs. 6 Satz 1 KStG)	281 - 300
	1. Gleichartigkeit	282 - 285
	2. Verflechtung	286 - 290
	3. Verweis auf Abs. 3	291 - 295
	4. Trennung, Zusammenfassung in einer Kapitalgesellschaft	296 - 300
III.	Keine Zusammenfassung mit Hoheitsbetrieben (§ 4 Abs. 6 Satz 2 KStG)	301 - 330
H. ABC der Betriebe gewerblicher Art/Hoheitsbetriebe		331
I. Einkommensermittlung		332 - 480
I.	Einkunftsart	333 - 340
II.	Verträge zwischen BgA und Trägerkörperschaft	341 - 350
III.	Bezugspunkt der Einkommensermittlung	351 - 360
IV.	Zusammenfassung mehrerer BgA	361 - 365
V.	Besonderheiten der Einkommensermittlung	366 - 440
	1. Buchführungspflicht	366 - 375
	2. Betriebsvermögen	376 - 385
	3. Einlagen/Entnahmen	386 - 400
	4. Betriebseinnahmen und -ausgaben	401 - 410
	5. Veräußerung und Aufgabe von BgA	411 - 420
	6. Einzelfälle	421 - 440
	a) Aufsichtsratsvergütungen	421
	b) Darlehen	422 - 425
	c) Konzessionsabgaben	426 - 427
	d) Spenden	428 - 440
VI.	Verdeckte Gewinnausschüttung	441 - 460
VII.	Verlustabzug	461 - 480
J. Eigengesellschaften		481 - 527
I.	Steuerbelastung	486 - 495
II.	Gestaltungsmissbrauch	496 - 510
III.	Holdingmodelle	511 - 525
	1. Organschaft	513
	2. Betriebsüberlassung	514 - 525
IV.	Einlage von Beteiligungen in einen BgA	526 - 527

A. Allgemeines zu § 4 KStG

HINWEIS:

R 4.1 – 4.5 und R 8.2 KStR 2015; H 4.1 – 4.5 und H 8.2 KStH 2015.

LITERATURHINWEISE:

König, Die subjektive Steuerpflicht der Betriebe gewerblicher Art von juristischen Personen des öffentlichen Rechts nach dem deutschen Körperschaftsteuerrecht, Diss. Münster 1958; *Rader*, Verdeckte Gewinnausschüttungen bei Stiftungen, Vereinen und Betrieben gewerblicher Art von juristischen Personen des öffentlichen Rechts, BB 1977, 1441; *Selmer/Schulze-Osterloh*, Besteuerung öffentlicher Unternehmen und Wettbewerbsneutralität – Steuer- und verfassungsrechtliche Überlegungen zur subjektiven Steuerpflicht juristischer Personen des öffentlichen Rechts, DÖV 1978, 381; *Pott*, Die Führung von Verlustunternehmen als verdeckte Gewinnausschüttung – Zur Ergebnissaldierung zwischen Gewinn- und Verlustunternehmen, StuW 1979, 321; *Piltz*, Zur Besteuerung der Betriebe gewerblicher Art von juristischen Personen des öffentlichen Rechts, FR 1980, 34; *Schmid*, Der Querverbund kommunaler Unternehmen, ZKF 1980, 34; *Oettle*, Grundsätze der Besteuerung öffentlicher Unternehmen, in Friedrich/Kupsch, Die Besteuerung öffentlicher Unternehmen, 1981, 45; *Bink*, Betriebe gewerblicher Art bei Verpachtungen durch juristische Personen des öffentlichen Rechts, FR 1983, 87; *Knobbe-Keuk*, Betriebe gewerblicher Art von juristischen Personen des öffentlichen Rechts und der Tatbestand der verdeckten Gewinnausschüttung, StuW 1983, 227; *Buciek*, Die Verpachtung von Hoheitsbetrieben – ein Betrieb gewerblicher Art?, DStZ 1985, 113; *Meßmer*, Der Betrieb gewerblicher Art im Körperschaftsteuerrecht – ein Stiefkind des Gesetzgebers, FS v. Wallis, 1985, 341; *Laule*, Die Körperschaftsteuerfreiheit für Hoheitsbetriebe – wann dient ein Betrieb der Ausübung öffentlicher Gewalt?, DStZ 1988, 183; *Birkenfeld*, Juristische Personen des öffentlichen Rechts als Unternehmer, UR 1989, 1; *Carl*, Zusammenfassung von Beteiligungen im kommunalen Bereich, ZKF 1989, 194; *Kugel*, Die Besteuerung öffentlicher Betriebe, Trierer Diss. 1989; *Wagner*, Umsatzsteuer und öffentliche Hand, DStJG Bd. 13 (1990), 59; *Lätsch*, Konzernstrukturierung zur Ergebnispoolung bei Wirtschaftsbetrieben der öffentlichen Hand, ZKF 1991, 218; *Seer*, Inhalt und Funktion des Begriffs „Betrieb gewerblicher Art" für die Besteuerung der öffentlichen Hand, DStR 1992, 1751, 1790; *Altehofer*, Betriebe gewerblicher Art von juristischen Personen des öffentlichen Rechts – Zur Abgrenzung der wirtschaftlichen von der hoheitlichen Tätigkeit, in FS Ludwig Schmidt, 1993, 677; *Fichtelmann*, Betriebe gewerblicher Art von gemeinnützigen Körperschaften des öffentlichen Rechts, DStR 1993, 1514; *Hofmeister*, Zur Ertragsbesteuerung inländischer juristischer Personen des öffentlichen Rechts mit mehreren Betrieben gewerblicher Art, in FS Ludwig Schmidt, 1993, 691; *Lang/Seer*, Die Besteuerung der Drittmittelforschung, StuW 1993, 47; *Riegler*, Entwicklung der Besteuerung der Betriebe der Gemeinden (GV) 1992, ZKF 1993, 266; Fromm, Der Fortbestand des Querverbunds – ein steuerliches Problem?, BB 1994, 2366; Menck, Zu den Auswirkungen des EG-Rechts auf Ausgleichszahlungen im steuerlichen Querverbund der Kommunen, FR 1994, 76; *Bolsenkötter*, Steuerliche Behandlung des Querverbunds, in Püttner, Der kommunale Querverbund, 1995, 111; *Meier*, Die Übernahme von Bankbürgschaften für kommunale Eigen- und Beteiligungsgesellschaften, FR 1995, 183; *Schulte de Groot*, Die Buchführungspflicht der Gemeinden für ihre Betriebe gewerblicher Art, ZKF 1995, 271; *Thiel*, Die Besteuerung öffentlich geförderter Forschungseinrichtungen, DB 1996, 1944; *Thode*, Steuerliche Auswirkungen der Umwandlung von Hoheitsbetrieben in Wettbewerbsanstalten oder Kapitalgesellschaften, DB 1996, 2098; *Gern*, Zur Körperschaft- und Umsatzsteuerpflicht kommunaler Unternehmen nach der Rechtsprechung des Bundesfinanzhofes, Kommunale Steuer-Zeitschrift 1997, 167; *Gröpl*, Verdeckte Gewinnausschüttung bei der Erfüllung öffentlicher Aufgaben, StuW 1997, 131; *Korn/Strahl*, Einkommensermittlung der Betriebe gewerblicher Art infolge der Verwertung von Forschungsergebnissen durch öffentliche Hochschulen, BB 1997, 1557; *Lex*, Die Mehrheitsbeteiligung einer steuerbegünstigten Körperschaft an einer Kapitalgesellschaft: Vermögensverwaltung oder wirtschaftlicher Geschäftsbetrieb, DB 1997, 349; *Seer*, Die steuerliche Behandlung des Forschungstransfers unter Berücksichtigung der gesetzlichen Neuregelungen ab 1.1.1997, DStR 1997, 436; *Heinzerling*, Holdinggesellschaften. Der steuerliche Verbund kommunaler Unternehmen, in Haarmann, Hemmelrath & Partner, Gestaltung and Analyse in der Rechts-, Wirtschafts- und Steuerberatung von Unternehmen, 1998, 89; *Olbertz*, Kann die Veranstaltung von Faschings- und Unibällen durch eine Universität ein Betrieb gewerblicher Art sein?, UVR 1998, 1; *Forster*, Zwiespältiges und Ungeklärtes im Zusammenhang mit den Entsorgungstätigkeiten von juristischen Personen des öffentlichen Rechts, UVR 1999, 42; *Reimann*, Die Besteuerung der Kreislauf- und Abfallwirtschaft, DB 1999, 1088; *Saucke*, Ist die hoheitliche Behandlung der Abwasserbeseitigung und Müllentsorgung noch zeitgemäß?, Versorgungswirtschaft 1999, 129; *Schön*, Kirchliche Hoheitsbetriebe, DStZ 1999, 701; *Wenk/Stein*, Der körperschaftsteuerliche Verlustausgleich zwischen Betrieben gewerblicher Art von juristischen Personen des öffentlichen Rechts, FR 1999, 573; *Hey*, Die Steuerbegünstigung der gemeinnützigen Tätigkeit der öffentlichen Hand – Gedanken zur Anwendung des Gemeinnützigkeitsrechts auf die öffentliche Hand, StuW 2000, 467; *Landwehr*, Betriebe gewerblicher Art von juristischen Personen des öffentlichen Rechts im Körperschaftsteuerrecht,

2000; *Schorr/Schlär*, Steuersenkungsgesetz: Handlungsbedarf für die kommunale Wirtschaft durch die Abschaffung des Anrechnungsverfahrens, DB 2000, 2553; *Steffen*, Neuregelung der Unternehmenssteuerreform für die Ertragsbesteuerung der juristischen Personen des öffentlichen Rechts, DStR 2000, 2025; *Thieme*, Steuersenkungsgesetz: Änderungen bei der Besteuerung juristischer Personen des öffentlichen Rechts und Lösungsansätze zur Steueroptimierung, FR 2000, 1074; *Kessler/Fritz/Gastl*, Ertragsteuerliche Behandlung wirtschaftlicher Betätigungen von juristischen Personen des öffentlichen Rechts, BB 2001, 961; *Kußmaul*, Ertragsbesteuerung öffentlicher Unternehmen – Mögliche Organisationsformen, StB 2001, 17; *Kußmaul*, Ertragsbesteuerung öffentlicher Unternehmen – Besteuerung der Organisationsformen, StB 2001, 58; *Reich/Helios*, Zur Besteuerung einer erwerbswirtschaftlichen Betätigung der öffentlichen Hand nach dem Steuersenkungsgesetz, BB 2001, 1442; *Schiffers*, Steuerliche Beratung für Betriebe gewerblicher Art, GmbH-StB 2001, 315; *Seer/Wendt*, Strukturprobleme der Besteuerung der öffentlichen Hand, DStR 2001, 825; *Steffen*, Der Betrieb gewerblicher Art, Diss. Münster 2001; *Tillmann/Mohl*, Auswirkungen des Steuersenkungsgesetzes auf Betriebe gewerblicher Art von Körperschaften öffentlichen Rechts im kommunalen Bereich, KStZ 2001, 61; *Gastl*, Betriebe gewerblicher Art im Körperschaftsteuerrecht, 2002; *Hüttemann*, Die Besteuerung der öffentlichen Hand, 2002; *Kessler/Fritz/Gastl*, Auswirkungen des Unternehmenssteuerfortentwicklungsgesetzes auf die ertragsteuerliche Behandlung von Betrieben gewerblicher Art, BB 2002, 1512; *Kußmaul/Blasius*, Körperschaftsteuerlich relevante Betätigungsfelder der öffentlichen Hand, INF 2002, 682; *Strahl*, Steuerliche Chancen und Risiken bei Beteiligung einer Körperschaft des öffentlichen Rechts an Tochtergesellschaften, FR 2002, 916; *Thouet*, Die Besteuerung der Organisationen des Handwerks, DStZ 2002, 91; *Gastl*, Die Besteuerung juristischer Personen des öffentlichen Rechts – eine kritische Bestandsaufnahme, DStZ 2003, 99; *Heizmann/Heizmann/Schroeder*, Der „Betrieb gewerblicher Art" als Besteuerungsmerkmal der öffentlichen Hand – Qualifikationsprobleme und praktische Anwendungsschwierigkeiten, NWB, Beilage 12/2003 zu Heft 34/2003; *Hölzer*, Verdeckte Gewinnausschüttungen durch die dauerdefizitäre Tätigkeit kommunaler Unternehmen?, DB 2003, 2090; *Kußmaul/Blasius*, Körperschaftsteuerlich relevante Betätigungsfelder der öffentlichen Hand, INF 2003, 21; *Kußmaul/Blasius*, Die Besteuerung von Gewinntransfers eines Betriebs gewerblicher Art an seine Trägerkörperschaft nach dem Unternehmenssteuerfortentwicklungsgesetz (UntStFG), StB 2002, 384; *Schiffers*, Kapitalertragssteuer bei Betrieben gewerblicher Art ohne eigene Rechtspersönlichkeit, BB 2003, 398; *Stapelfeld/Heyer*, Die Buchführungs- und Aufzeichnungspflichten der Betriebe gewerblicher Art, DB 2003, 1818; *Storg/Vierbach*, Eine kritische Bestandsaufnahme zur Besteuerung der öffentlichen Hand bei Organisationsprivatisierungen, BB 2003, 2098; *Sydow*, Steuerrechtliche Behandlung von Public-Private-Partnership-Konzessionsmodellen, NWB Fach 2, 8187; *Thieme/Dorenkamp*, Auswirkungen des Gemeinnützigkeitsrechts auf die öffentliche Hand im Hinblick auf das Subjekt der Gemeinnützigkeit und die Zulässigkeit eines Ergebnisausgleichs, FR 2003, 693; *Wallenhorst*, Vermietung von Büro- und Verwaltungsgebäuden juristischer Personen des öffentlichen Rechts an ihre Betriebe gewerblicher Art, DStZ 2003, 703; *Weitemeyer*, Der steuerliche Verlustausgleich im kommunalen Querverbund als Beihilfe nach Art. 87 Abs. 1 EGV, StuW 2003, 326; *Wolf*, Steuerliche Privilegien staatlicher Wirtschaftstätigkeit, DB 2003, 849; *Bauschatz/Strahl*, Steuerliche Behandlung von Vermögensübertragungen innerhalb von Körperschaften des öffentlichen Rechts, DStR 2004, 489; *Doppstadt*, Die Abgrenzung von Eigen- und Fremdkapital bei Betrieben gewerblicher Art (BgA) von Körperschaften des öffentlichen Rechts, BB 2004, 299; *Strahl*, Die Ausgliederung hoheitlicher und wirtschaftlicher Tätigkeiten durch staatliche Hochschulen, FR 2004, 72; *Wallenhorst*, Dauerverlustbetriebe gemeinnütziger und öffentlich-rechtlicher Körperschaften, DStZ 2004, 711; *Wendt/Elicker*, Fortbestand der Steuerfreiheit für die Fortbildungstätigkeit der Handwerkskammern, DStZ 2004, 399; *Orth*, Einkünfte von wirtschaftlichen Geschäftsbetrieben und Betrieben gewerblicher Art ohne Gewinnerzielungsabsicht, FR 2007, 326; *Kußmaul/Henkes/Pinkos*, Vom drohenden Ende der Einnahmen-Überschussrechnung nach § 4 Abs. 3 EStG für kommunale Betriebe gewerblicher Art, Wpg 2008, 978; *Leippe/Baldauf*, Geplante gesetzliche Verankerung des kommunalen steuerlichen Querverbundes durch das Jahressteuergesetz 2009, DStZ 2008, 568; *Bracksiek*, Die Neuregelung des steuerlichen Querverbunds durch das JStG 2009, FR 2009, 15; *Heger*, Die Besteuerung der öffentlichen Hand – Ein Überblick über die Rechtsprechung des BFH, FR 2009, 301; *Hüttemann*, Die Besteuerung der Öffentlichen Hand, FR 2009, 308; *Hüttemann*, Rechtsprobleme des „neuen" Querverbundes nach dem JStG 2009, DB 2009, 2629; *Müller-Gatermann*, Die Besteuerung der Kommunen – eine Bestandsaufnahme, FR 2009, 314; *Weitemeyer*, Verdeckte Gewinnausschüttungen bei Betrieben der öffentlichen Hand, FR 2009, 1; *Eversberg/Baldauf*, Gesetzliche Regelung der Zusammenfassung von Betrieben gewerblicher Art nach dem JStG 2009, DStZ 2010, 358; *Kronawitter*, Der steuerliche Querverbund bei Körperschaften des öffentlichen Rechts – herkömmliche und besondere Gestaltungen zur Ergebnisrechnung, ZKF 2010, 97; *Kronawitter*, Einnahmen-

Überschussrechnung oder freiwillige Bilanzierung bei Regiebetrieben als BgA?, ZKF 2010, 217; *Seer/Klemke*, Abgrenzung des Betriebes gewerblicher Art vom Hoheitsbetrieb, BB 2010, 2015; *Strahl*, Aktuelle steuerliche Hinweise für Körperschaften des öffentlichen Rechts und für Gemeinnützige, KÖSDI 2010, 17064; *Kohlhepp*, Konkurrentenklagen im Umsatzsteuerrecht – Hoheitlicher Bereich von Körperschaften des öffentlichen Rechts und Relevanz von Wettbewerbsbeziehungen, DStR 2011, 145; *Belcke/Westermann*, Praxisrelevante Hinweise zu Zweifelsfragen bei der Besteuerung öffentlicher Unternehmen, BB 2012, 2473; *Keyser*, Kommunale Kindergärten im Steuerrecht – eine Bestandsaufnahme nach dem Urteil des BFH vom 12.7.2012 (I R 106/10), KStZ 2013, 47; *Leippe*, Die Anstalt öffentlichen Rechts, DStZ 2013, 183; *Schmitz/Meffert*, Zur Steuerpflichtigkeit kommunaler Kindertagesstätten – Anmerkung zum BFH-Urteil vom 12.7.2012, VR 2013, 155–158; *Westermann/Zemke*, Neue Entwicklungen beim steuerlichen Querverbund, KommJur 13, 1; *Bott*, Kapitalertragsteuer bei Leistungen eines Betriebes gewerblicher Art: Fiktiver Gewinntransfer iSd. § 20 Abs. 1 Nr. 10 Buchst. b EStG, DStZ 2015, 112; *Belcke/Westermann*, Die Besteuerung öffentlicher Unternehmen – Die Umsatzsteuerreform und weitere aktuelle Praxishinweise zum Jahresbeginn 2016, BB 2016, 87.

1 Die juristischen Personen des öffentlichen Rechts unterliegen mit ihren wirtschaftlichen Betätigungen grundsätzlich der vollen Besteuerung wie private Unternehmen auch. Zentraler Anknüpfungspunkt ist die Besteuerung der „Betriebe gewerblicher Art" (BgA). Die juristischen Personen des öffentlichen Rechts werden hinsichtlich ihrer BgA der Körperschaftsteuerpflicht unterworfen (§ 1 Abs. 1 Nr. 6, § 4 Abs. 1 KStG). Auf diesen Begriff greift die Grundsteuer (§ 3 Abs. 3 GrStG) durch Verweisung zurück, während die Gewerbesteuer (§ 2 Abs. 1 GewStG, § 2 Abs. 1 GewStDV) den Begriff des BgA nicht übernommen hat, sondern an den Gewerbebetrieb anknüpft.

2 Das Sondersteuerrecht für die juristischen Personen des öffentlichen Rechts hinsichtlich ihrer BgA steht im Spannungsfeld zwischen einerseits grundsätzlicher Steuerfreiheit des Staates und andererseits der zunehmenden wirtschaftlichen Betätigung der öffentlichen Hand sowie der Öffnung nach überkommenem Verständnis dem Staat als Eingriffsverwaltung vorbehaltener Tätigkeiten für private Wirtschaftssubjekte (sog. Public-Private-Partnerships und materielle Privatisierungen). Zudem bedient sich der Staat zunehmend der Organisationsformen des Privatrechts für die Aufgabenerledigung. Outsourcing öffentlich-rechtlicher Aufgaben aus Kosten-, Rationalisierungs- und Kapazitätsgründen nimmt aber auch innerhalb der öffentlichen Hand zu. Der nur rechtshistorisch zu verstehende Tatbestand des § 4 KStG und die Besteuerungspraxis auf der Grundlage der gefestigten Rechtsprechung und Verwaltungshaltung sind zunehmend um konsistente Lösungen bemüht, es bleiben aber nach wie vor offene Fragen.

3–5 *(Einstweilen frei)*

I. Rechtsentwicklung des § 4 KStG

6 Das KStG 1920/22 unterwarf die juristischen Personen des öffentlichen Rechts der unbeschränkten Steuerpflicht, die jedoch durch subjektive und objektive Steuerbefreiungen (§§ 2, 6) weitgehend aufgehoben wurde.

7 Durch § 2 des KStG 1925 wurde die Steuerpflicht öffentlicher Betriebe erheblich ausgeweitet. Danach waren die Betriebe und Verwaltung von Körperschaften des öffentlichen Rechts körperschaftsteuerpflichtig, es sei denn, dass sie der Ausübung öffentlicher Gewalt, lebenswichtigen Bedürfnissen der Bevölkerung (Versorgungsbetriebe), gemeinnützigen, mildtätigen oder kirchlichen Zwecken dienten.

8 Das KStG 1934 verwendet erstmals in § 1 Abs. 1 Nr. 6 den Begriff BgA als Anknüpfungskriterium. Damit wollte der Gesetzgeber sämtliche Betriebe der öffentlichen Hand der KSt unterwer-

fen, die das äußere Bild eines Gewerbebetriebes bieten.[1] Zudem ist die Befreiung für Versorgungsbetriebe entfallen. Die folgende Definition des BgA befand sich in § 1 KStDV 1935:

„(1) Zu den BgA von Körperschaften des öffentlichen Rechts, gehören alle Einrichtungen, die einer nachhaltigen wirtschaftlichen Tätigkeit zur Erzielung von Einnahmen oder anderen wirtschaftlichen Vorteilen dienen. Die Absicht, Gewinn zu erzielen, ist nicht erforderlich.

(2) Die Einrichtung ist als BgA nur dann steuerpflichtig, wenn sie sich innerhalb der Gesamtbetätigung der Körperschaft wirtschaftlich heraushebt. Diese wirtschaftliche Selbständigkeit kann in einer besonderen Leitung, in einem geschlossenen Geschäftskreis, in der Buchführung oder in einem ähnlichen auf eine Einheit hindeutenden Merkmal bestehen. Dass die Bücher in einer anderen Verwaltung geführt werden, ist unerheblich."

Die Ausklammerung der hoheitlichen Tätigkeit erfolgte in § 4 Abs. 1 KStDV 1935:

„Betriebe von Körperschaften des öffentlichen Recht, die überwiegend der Ausübung der öffentlichen Gewalt dient (Hoheitsbetriebe), gehören nicht zu den Betrieben gewerblicher Art. Eine Ausübung der öffentlichen Gewalt ist insbesondere anzunehmen, wenn es sich um Leistungen handelt, zu deren Annahme der Leistungsempfänger aufgrund gesetzlicher oder behördlicher Anordnung verpflichtet ist. Hierzu gehören z.B. Forschungsanstalten, Wetterwarten, Schlachthöfe, Friedhöfe, Anstalten zur Nahrungsmitteluntersuchung, zur Desinfektion, zur Leichenverbrennung, zur Müllbeseitigung, zur Straßenreinigung und zur Abführung von Spülwasser und Abfällen."

Die Bestimmungen wurden durch die §§ 1, 4 KStDV 1968[2] übernommen. Im Rahmen der Körperschaftsteuerreform durch das Körperschaftsteuerreformgesetz v. 31.8.1976 wurden die Regelungen über den BgA und den Hoheitsbetrieb in § 4 KStG 1977 eingefügt. Nicht übernommene Passagen wurden in R 5 KStR integriert. Die steuerliche Behandlung der BgA sollte sich durch die Aufnahme in das Gesetz nicht ändern, sondern lediglich erläuternde Funktion haben.[3]

9

Der Übergang vom Anrechnungsverfahren zum Halbeinkünfteverfahren hat sich auf den Tatbestand des § 4 KStG nicht ausgewirkt. Die ertragsteuerlichen Änderungen für die Behandlung der BgA finden sich bei der Erfassung der Gewinne von BgA als Einkünfte der Trägerkörperschaft aus Kapitalvermögen in § 20 Abs. 1 Nr. 10 EStG, die einer definitiven Kapitalertragsteuer unterliegen (§ 43 Abs. 1 Satz 1 Nr. 7b und c i.V. m. § 43a Abs. 1 Nr. 2).[4] Ausschüttungsfiktion und Kapitalertragsteuerabzug führen zu einer rechtsformneutralen Besteuerung im Vergleich zwischen BgA und Auslagerung auf eine Kapitalgesellschaft, die im vermögensverwaltenden Bereich gehalten wird.

10

Mit dem Jahressteuergesetz 2009[5] wurde schließlich Absatz 6 an § 4 KStG angefügt. Die Vorschrift regelt die Zusammenfassung von mehreren Betrieben gewerblicher Art und soll die bisherige Rechtsprechung des BFH hierzu korrigieren (näher → Rz. 261 ff.).

11

(Einstweilen frei)

12–15

---

1 RGBl 1935 I 81.
2 In der Fassung v. 26.3.1969, BStBl 1969 I S. 158.
3 Begründung der BReg. zu § 4 KStG, BT-Drucks. 7/1470 S. 335.
4 Vgl. *Leippe*, DStZ 2013, S. 183, 190.
5 JStG v. 19.12.2008, BGBl 2008 I 2794.

II. Gesetzeszweck des § 4 KStG

16 Der Besteuerung öffentlicher Beteiligung am Wirtschaftsprozess können keine fiskalpolitischen Motive zugrunde liegen: Das Geld in den öffentlichen Kassen kann nicht vermehrt, sondern vermindert um die Steuererhebungskosten nur zwischen den Haushalten verschoben werden.[1] Vorrangiger Zweck der Besteuerung öffentlicher Unternehmen kann daher nur die Gewährleistung der Wettbewerbsneutralität sein.[2] Private Unternehmen stehen im Wettbewerb der sich wirtschaftlich betätigenden öffentlichen Hand, die durch die grundsätzliche Steuerfreiheit des Staats keine Wettbewerbsvorteile genießen darf. Die §§ 1 Abs. 1 Nr. 6, 4 KStG entfalten insofern drittschützende Wirkung.[3]

17 Nicht zu vernachlässigen ist aber auch, dass die Besteuerung der öffentlichen Unternehmen ein Instrument des Finanzausgleichs ist.[4] Die föderale Finanzverfassung darf nicht durch Monopolisierung von Aufgaben, die nicht zum Kernbereich hoheitlicher Tätigkeit gehören, unterlaufen werden.

18 Der genaue Verlauf der Grenzlinie zwischen steuerfreier Staatstätigkeit einerseits und steuerpflichtiger Wettbewerbsteilnahme andererseits ist derzeit in der Diskussion. Mit Blick auf eine Reihe von Tätigkeiten, die von der Finanzverwaltung als hoheitlich behandelt werden, wird in der Literatur eine Einbeziehung in den steuerbaren Bereich gefordert. Auch der Bundesrechnungshof sieht einen gewissen Reformbedarf.[5] Die Abgrenzung ist für jeden einzelnen Tätigkeitsbereich nach dem Kriterium der Wettbewerbsrelevanz vorzunehmen.[6] Ist eine solche gegeben, muss auch eine Besteuerung erfolgen. Angesichts der weitreichenden Folgen der Abgrenzungsentscheidung ist mit besonderem Augenmaß vorzugehen.

19 Wünschenswert wäre in jedem Falle eine Vereinheitlichung des Anwendungsbereichs des Betriebs gewerblicher Art und des wirtschaftlichen Geschäftsbetriebs i. S. d. § 14 AO.[7]

20–25 *(Einstweilen frei)*

III. Juristische Personen des öffentlichen Rechts

26 Juristische Personen des öffentlichen Rechts sind alle Struktureinheiten, denen durch das öffentliche Recht die Fähigkeit verliehen worden ist, Träger von Rechten und Pflichten zu sein. Die Rechtsfähigkeit kann durch Gesetz, Verordnung oder eine andere Form der Verleihung durch Hoheitsakt erworben werden; sie kann sogar auf Gewohnheitsrecht (Verwaltungsübung) beruhen.[8] In Ermangelung eindeutiger Verleihungsakte oder Verwaltungsübung ist sowohl die Eigenschaft als Rechtssubjekt als auch die Zuordnung zum öffentlichen oder privaten Recht nach allgemeinen Rechtsgrundsätzen zu entscheiden.

---

1 Vgl. *Püttner*, Die öffentlichen Unternehmen, S. 273; *Laule*, DStZ 1988 S. 183, 184 f.
2 Vgl. *Laule*, DStZ 1988 S. 183, 184 f. *Altehofer*, FS Ludwig Schmidt, 1993 S. 677, 678 f.; *Seer*, DStR 1992 S. 1751, 1752; *Seer/Klemke*, BB 2010, 2015; *Hüttemann*, a. a. O., 2002 S. 8 ff.; *ders.*, FR 2009 S. 308, *Heger*, FR 2009 S. 301; FG Düsseldorf, Urteil v. 11. 6. 2013 - 6 K 2867/11 KE F; zur Zweckdiskussion ausführlich *Märtens* in Gosch KStG 3. Auflage 2015 § 4 Rz. 1 f.; s. auch *Hey* in Tipke/Lang, Steuerrecht, 22. Aufl. 2015, § 11 Rz. 28; s. dazu auch FG Berlin-Brandenburg, Urteil v. 13.7.2017 - 9 K 11318/15, EFG 2018 S. 56, NWB DAAAG-62524.
3 Vgl. BFH, Beschluss v. 18.9.2007 – I R 30/06, BStBl 2009 II S. 126.
4 *Püttner*, Die öffentlichen Unternehmen S. 272; *Oettle*, 1981 S. 45, 50; *Hüttemann*, a. a. O., 2002 S. 13 ff., *Heger*, FR 2009 S. 301.
5 BT-Drucks. 15/4081.
6 *Hüttemann*, FR 2009, S. 308, 310.
7 Vgl. nur *Hey*, StuW 2000 S. 467, 469.
8 Vgl. BFH, Urteile v. 1. 3. 1951 - I 52/50 U, BStBl 1951 III S. 120, 121; v. 8. 7. 1971 - V R 1/68, BStBl 1972 II S. 70, 71.

Unter den Begriff der juristischen Person des öffentlichen Rechts fallen alle Körperschaften, Anstalten und Stiftungen des öffentlichen Rechts. Juristische Personen des öffentlichen Rechts sind insbesondere die Gebietskörperschaften (Bund, Länder, Gemeinden, Städte, Gemeinde- und Zweckverbände), die öffentlich-rechtlichen Religionsgemeinschaften, kirchliche Orden (soweit nicht privatrechtlich organisiert), die Universitäten, Studentenwerke, Landeszentralbanken, die öffentlich-rechtlichen Sparkassen, die Sparkassen- und Giroverbände, die Träger der Sozialversicherung, die Berufskammern, die Innungen, die Industrie- und Handwerkskammern sowie die öffentlich-rechtlichen Rundfunkanstalten.[1] 27

Teilrechtsfähige Gebilde sind keine juristischen Personen des öffentlichen Rechts und können daher nicht Träger eines BgA sein. 28

(Einstweilen frei) 29–35

IV. Typusbegriff oder unbestimmter Rechtsbegriff

§ 4 Abs. 1 KStG enthält nach der Formulierung eine Legaldefinition des BgA. Nach wohl herrschender und zutreffender Meinung handelt es sich jedoch um einen Typusbegriff, d. h. um einen Begriff, der nur durch eine Vielzahl von Merkmalen vergleichend und umschreibend zu erfassen ist.[2] Folge dieser Sichtweise ist, dass nicht alle aufgezählten Merkmale zwingend gegeben sein müssen, um einen BgA darzustellen.[3] Hingegen spricht der BFH – bezogen auf das Tatbestandsmerkmal „wirtschaftlich heraushebt" – von einem unbestimmten Rechtsbegriff.[4] Zur Ausfüllung eines solchen Merkmales sei deshalb stets eine qualitative und eine quantitative Wertung der Umstände des Einzelfalles auf der Grundlage durchschnittlicher sozialer wirtschaftlicher und technischer Anschauungen vorzunehmen und zu prüfen, ob das gewonnene Gesamtbild in den durch das Tatbestandsmerkmal abgesteckten Rahmen passt. Methodisch ist somit zwischen h. M. und BFH eine unterschiedliche Auffassung des Tatbestandsmerkmals Betrieb gewerblicher Art festzuhalten, wobei auch die Rechtsprechung Zuspruch aus der Literatur erfährt.[5] Trotz dieser Unterschiede können alle Ansätze zu denselben Ergebnissen gelangen. Denn in allen Fällen ist ausgehend von einer teleologischen Interpretation des steuerlichen Anknüpfungspunktes BgA aufgrund einer Vielzahl von typischen Merkmalen, die das Gesamtbild prägen, eine Entscheidung über die steuerliche Einordnung zu treffen. 36

(Einstweilen frei) 37–40

---

[1] Vgl. auch R 4.1 Abs. 1 KStR 2015.
[2] *Alvermann* in Streck, KStG 9. Auflage 2018, § 4 Rz. 10; *Seer*, DStR 1992 S. 1751, 1752.
[3] Siehe dazu *Lock*, Ertragsteuerliche Behandlung von Anteilen der öffentlichen Hand an Personenhandelsgesellschaften als Betrieb gewerblicher Art?, 2011, 12 f.
[4] BFH, Urteil v. 11. 1. 1979 - V R 26/74, BStBl 1979 II S. 746, 749; a. A. *Lock*, a. a. O., der davon ausgeht, dass die Rechtsprechung keine Einordnung vorgenommen hat.
[5] Jedoch ohne nähere Begründung *Erhard* in Blümich KStG 141. Auflage 2018 § 4 Rz. 1.

V. Steuersubjekt

41 Der Wortlaut des § 1 Abs. 1 Nr. 6 KStG legt es nahe, als Steuersubjekt den BgA anzusehen. Das entsprach bis zur Grundlagenentscheidung des BFH vom 13. 3. 1974 der ganz h. M.[1] Seitdem ist es einhellige Meinung, dass Steuersubjekt die juristische Person des öffentlichen Rechts ist.[2] Sie unterliegt der Steuerpflicht allerdings nur, soweit sie einen oder mehrere Betriebe gewerblicher Art unterhält.[3]

42 *Seer*[4] weist treffend darauf hin, dass § 1 Abs. 1 Nr. 6 KStG keine unbeschränkte Körperschaftsteuerpflicht der juristischen Person des öffentlichen Rechts begründet, sondern eine auf die Betriebe gewerblicher Art beschränkte Körperschaftsteuerpflicht. Man kann also sagen, dass § 1 Abs. 1 Nr. 6 KStG eine partielle subjektive Körperschaftsteuerpflicht normiert.

43 Der BgA ist jedoch selber Körperschaftsteuersubjekt, wenn er eine eigenständige juristische Person des öffentlichen Rechts ist (§ 4 Abs. 2 KStG). Dann sind Steuerobjekt und Steuersubjekt identisch.

44–50 *(Einstweilen frei)*

VI. Beschränkte und unbeschränkte Steuerpflicht

51 Der unbeschränkten Steuerpflicht nach § 1 Abs. 1 Nr. 6 i. V. m. § 4 KStG unterliegen nur inländische juristische Personen des öffentlichen Rechts, also solche, die Sitz oder Geschäftsleitung im Inland haben.

52 Außerhalb der BgA trifft juristische Personen des öffentlichen Rechts die beschränkte Steuerpflicht nach § 2 Nr. 2 KStG, die sich nur auf Einkünfte erstreckt, die dem Steuerabzug unterliegen. § 2 Nr. 2 KStG ist teleologisch zu reduzieren. Nach dem Wortlaut der Vorschrift („die nicht unbeschränkt steuerpflichtig sind") bestünde keine beschränkte Steuerpflicht, wenn die juristische Person des öffentlichen Rechts einen BgA unterhielte. Dieses Ergebnis steht im Widerspruch zum Gesetzeszweck. Der Gesetzgeber wollte bei der KSt-Reform 1977 ersichtlich nicht das Nebeneinander von beschränkter und unbeschränkter Steuerpflicht[5] aufgeben.[6] Das zeigt jetzt deutlich § 20 Abs. 1 Nr. 10 EStG, der Einkünfte aus BgA explizit als Einkünfte aus Kapitalvermögen qualifiziert.

53 Ausländische juristische Personen des öffentlichen Rechts werden nur von der beschränkten Körperschaftsteuerpflicht nach § 2 Nr. 1 KStG erfasst. Der Begriff der inländischen Einkünfte entspricht dem in § 49 EStG.[7] Sie sind gegenüber inländischen Personen des öffentlichen Rechts nach der derzeit herrschenden Auffassung bei der Ermittlung des Einkommens bevor-

---

[1] BFH, Urteil v. 13. 3. 1974 - I R 7/71, BStBl 1974 II S. 391, 392 f., m. w. N. der bis dahin ständigen Rechtsprechung und h. L.
[2] BFH, Urteile v. 13. 3. 1974 - I R 7/71, BStBl 1974 II 391, 393; v. 8. 11. 1989 - I R 187/85, BStBl 1990 II S. 242, 243; v. 9. 7. 2003 - I R 48/02, BStBl 2004 II 425, 426; R 2 Abs. 4 Satz 6 KStR 2004; *Krämer* in Dötsch/Jost/Pung/Witt, KStG 85. Erg. Lfg. 2015, § 4 Rz. 10; *Alvermann* in Streck, KStG 9. Auflage 2018, § 4 Anm. 5. Anders *Hey* in Tipke/Lang, Steuerrecht, 22. Aufl. 2015, § 11 Rz. 29.
[3] Vgl. H 4.1. KStH 2015.
[4] *Seer*, DStR 1992, 1790.
[5] Vgl. BFH, Urteil v. 20. 9. 1960 - I 63/59 U, BStBl 1961 III 341.
[6] Vgl. BT-Drucks. 7/1410, 380, 3540.
[7] Vgl. R 42 Abs. 1 KStR 2015.

zugt, weil der Begriff des BgA für die Ertragsteuern keine Bedeutung hat.[1] Da es sich um einen Fall der Inländerdiskriminierung handelt, dürfte das EU-konform sein.

(Einstweilen frei) 54–60

VII. Steuerbefreiungen

Hinsichtlich ihrer BgA kann die unbeschränkt steuerpflichtige juristische Person des öffentlichen Rechts nach § 5 Abs. 1 KStG steuerbefreit sein, wenn der jeweilige BgA die Voraussetzungen der einzelnen Befreiungsvorschriften erfüllt.[2] Außerhalb der BgA liegt entweder keine steuerbare Tätigkeit vor, oder die Befreiung ist hinsichtlich der beschränkt steuerpflichtigen Einkünfte durch § 5 Abs. 2 KStG ausgeschlossen. Mit Blick auf Steuerpflichtige aus anderen EU-Mitgliedstaaten gilt der Ausschluss nach § 5 Abs. 2 Nr. 2 KStG allerdings nicht. Die Neuregelung war durch die Entscheidung des EuGH in der Rechtssache *Stauffer*[3] notwendig geworden. 61

Für die Anwendung des Gemeinnützigkeitsrechts auf die juristische Person des öffentlichen Rechts besteht nur ein sehr eingeschränkter Anwendungsbereich, weil der Gedanke der Wettbewerbsneutralität eine Steuerbegünstigung nur für die Zweckbetriebe i. S. d. § 64 Abs. 1 i.V. m. §§ 65 – 68 AO zulässt. Denn jeder BgA ist zugleich ein wirtschaftlicher Geschäftsbetrieb. 62

(Einstweilen frei) 63–65

VIII. Steuerrechtlich relevante Bereiche und Einfluss europäischen Rechts

Die Besteuerung der BgA unterscheidet dem Grundsatz der Wettbewerbsneutralität folgend einen steuerlich grundsätzlich erfassten wettbewerbsrelevanten Bereich und die ertragsteuerlich grundsätzlich irrelevanten Bereiche Hoheitsverwaltung und Vermögensverwaltung. In Letzterem könnte nach nationalem Recht allenfalls Grundsteuer anfallen. Unter Vernachlässigung der ebenfalls ausgeklammerten land- und forstwirtschaftlichen Tätigkeiten kann dies grafisch wie folgt veranschaulicht werden: 66

---

[1] Vgl. *Erhard* in Blümich KStG 141. Auflage März 2018 § 4 Rz. 1, 23.
[2] Vgl. BFH, Urteile v. 13. 3. 1974 - I R 7/71, BStBl 1974 II 391, 395; v. 31. 10. 1984 - I R 21/81, BStBl 1985 II 162, 163; Nr. 1 Satz 2 AEAO zu § 51.
[3] Vgl. EugH, Urteil v. 14. 9. 2006 - Rs. C-386/04, *Stauffer*, Slg. 2006 I-8203.

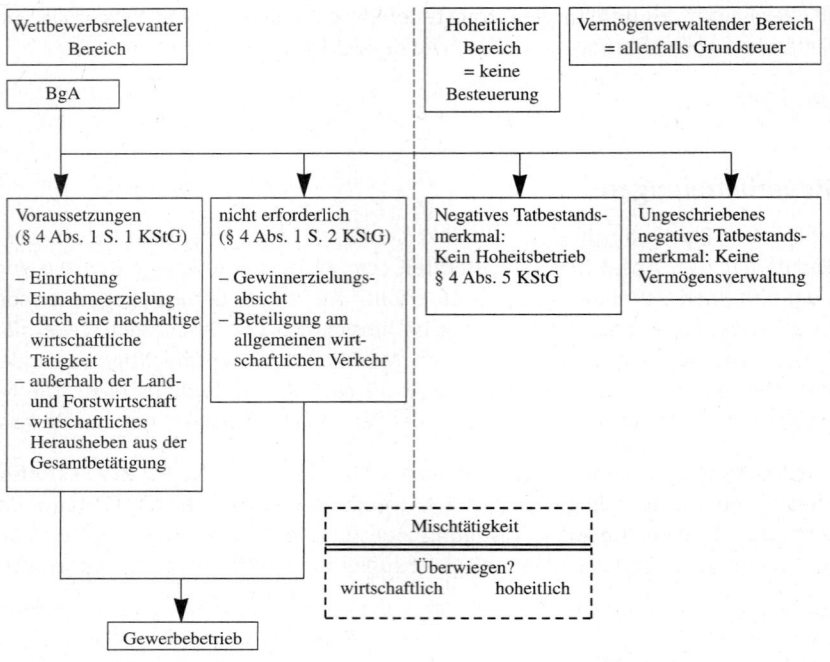

67 Europarechtlich ist die Regelung des § 4 KStG grundsätzlich unbedenklich. Sie will gerade erreichen, dass Wettbewerbsverzerrungen zu privaten Marktteilnehmern verhindert werden. Damit weist sie dieselbe Schutzrichtung auf wie die Grundfreiheiten und die anderen wettbewerbsschützenden Vorschriften des AEUV. Allerdings kann die Europarechtskonformität hinsichtlich einzelner Aspekte zweifelhaft sein. So fragt sich, ob der neu eingefügte Absatz 6 eine unzulässige Beihilfe darstellt (dazu näher → Rz. 264). Problematisch war umgekehrt der Verweis des § 2 Abs. 3 Satz 1 UStG auf § 4 KStG. § 2 Abs. 3 UStG wurde mittlerweile gestrichen und durch § 2b UStG ersetzt.

68–80 *(Einstweilen frei)*

B. Betriebe gewerblicher Art von juristischen Personen des öffentlichen Rechts (§ 4 Abs. 1 KStG)

I. Einrichtung

81 Unter Einrichtung versteht die Rechtsprechung den Inbegriff fortdauernder wirtschaftlicher Verrichtungen, die unter einem einheitlichen Willen auf ein bestimmtes sachliches Ziel gerichtet sind, dadurch in sich wirtschaftlich zusammenhängen und eine funktionelle Einheit bilden, die sich aber innerhalb der Gesamtbetätigung der Körperschaft des öffentlichen Rechts als etwas Besonderes herausheben.[1]

---

1 BFH, Urteil v. 11.1.1979 - V R 26/74, BStBl 1979 II 746, 748.

Andere Beweisanzeichen für eine Einrichtung sind in Anlehnung an § 1 Abs. 2 KStDV 1935 eine besondere Leitung, ein geschlossener Geschäftskreis, eine besondere Buchführung oder ein ähnliches auf eine Einheit weisendes Merkmal.[1]

82

Leitbilder sind offensichtlich der rechtlich verselbständigte BgA i. S. d. § 4 Abs. 2 KStG und der Eigenbetrieb. Besondere Abgrenzungsschwierigkeiten bereitet aber auch der Regiebetrieb nicht, wenn er organisatorisch klar umgrenzt ist. Jedoch können auch innerhalb definierter struktureller Einheiten, die hoheitlichen oder anderen nichtwettbewerbsrelevanten Tätigkeiten dienen, auch Einnahmen erzielt werden, die damit in keinem Zusammenhang stehen. Dennoch scheitert die Qualifikation als BgA nicht zwangsläufig. Denn der Begriff der Einrichtung setzt nicht voraus, dass die Tätigkeit einer im Verhältnis zur sonstigen Tätigkeit verselbständigten Organisationseinheit ausgeübt wird. Erforderlich ist nicht, dass eigenes Personal, eigene Arbeitsmittel bzw. Betriebsvermögen oder eine gesonderte Buchführung existieren.[2]

83

Schließlich ist darauf hinzuweisen, dass die Finanzverwaltung einen Jahresumsatz i. S. d. § 1 Abs. 1 Nr. 1 UStG von mehr als 130 000 € für ein wichtiges Indiz für die Selbständigkeit der ausgeübten Tätigkeit hält.[3] Bei Ermittlung dieser Schwelle sind alle Umsätze zu betrachten, die aus derselben wirtschaftlichen Tätigkeit stammen und die nach der Verkehrsauffassung zu einer Einheit zusammenzufassen sind.[4]

84

Der BFH hingegen lehnt feste Umsatz- oder Gewinnzahlen als Maßstab ab.[5] Zutreffend weist er darauf hin, dass die ausschlaggebende Frage sein muss, ob Wettbewerbsverzerrungen drohen. Aus dem Bedürfnis der juristischen Person, eine zutreffende Vorhersage treffen zu können, folgert er, dass die Bedeutung im Verhältnis zur Gesamtbetätigung festzustellen sei, damit auf lange Sicht konstante Verhältnisse bestünden. Maßgeblich sei das Verhältnis der im betroffenen Geschäftskreis erzielten Einnahmen zum betroffenen Bereich der Gesamtverwaltung und nicht zum Gesamthaushalt der Trägerkörperschaft. Aus dem Grundsatz der Wettbewerbsneutralität folgt aber, dass nicht die Relation zwischen diesen Bezugsgrößen ausschlaggebend sein darf, sondern allein die Möglichkeit der Wettbewerbsbeeinflussung. Widersprüchlich ist, dass die Finanzverwaltung beide Entscheidungen veröffentlicht hat, was generell deren Anwendung impliziert, die Bezugnahme auf feste Umsatzgrößen in R 6 Abs. 4 Satz 2 KStR 2015 aber aufrechterhält, ohne dass ein ausdrücklicher Nichtanwendungserlass ergangen wäre.

85

Trotz der unterschiedlichen Behandlung der Umsatzgrößen durch Rechtsprechung und Finanzverwaltung besteht Übereinstimmung, dass die fehlende organisatorische Verselbständigung die Qualifikation als BgA nicht ausschließt. Demnach genügt jede selbständige wirtschaftliche Tätigkeit. Der Verzicht auf strukturelle bzw. organisatorische Voraussetzungen ist zwar mit dem umgangssprachlichen Verständnis des Tatbestandsmerkmals „Einrichtung" schwer zu vereinbaren, übersteigt aber nicht dessen möglichen Wortsinn, weil immerhin organisatorische Strukturen existieren, wenn diese auch primär anderen Zwecken dienen, und entspricht dem Gesetzeszweck. Inkonsistent erscheint es aber, wenn andererseits die Saldierung der Ergebnisse aus verschiedenen Tätigkeiten von einer Zusammenfassung in einer organisatorischen Einheit abhängig gemacht wird (dazu unten → Rz. 343 ff.).

86

---

1 Vgl. *Meier/Smelka* in HHR KStG 285. Erg. Lfg. 2018 § 4 Rz. 22; R 4.1 Abs. 4 Satz 3 KStR 2015.
2 BFH, Urteile v. 11. 1. 1979 - V R 26/74, BStBl 1979 II 746, 748; v. 14. 4. 1983 - II R 3/77, BStBl 1983 II 491, 494.
3 R 6 Abs. 4 Satz 2 KStR 2015; s. auch *Kohlhepp*, DStR 2011 S. 145, 149.
4 R 6 Abs. 3 Satz 3 KStR 2015.
5 BFH, Urteile v. 11. 1. 1979 - V R 26/74, BStBl 1979 II S. 746, 749; v. 14. 4. 1983 - V R 3/79, BStBl 1983 II S. 491, 494.

87 Der Begriff der Einrichtung ist im Ergebnis funktionslos und daher entbehrlich. Er sollte gestrichen werden.[1]

88–95 *(Einstweilen frei)*

II. Wirtschaftliche Tätigkeit

96 Das Erfordernis der wirtschaftlichen Tätigkeit ist zu sehen im Zusammenhang mit dem negativem Tatbestandsmerkmal, dass kein Hoheitsbetrieb vorliegen darf (siehe unten → Rz. 146 ff.).

97–100 *(Einstweilen frei)*

III. Nachhaltigkeit

101 Mit dem Kriterium der Nachhaltigkeit werden alle Betätigungen ausgeschieden, die nicht auf Wiederholung angelegt sind. Der Begriff stimmt mit dem der § 14 AO, § 15 Abs. 2 EStG, § 2 Abs. 1 Satz 3 UStG überein. Wegen der Einzelheiten kann auf die Kommentierungen zu diesen Vorschriften verwiesen werden.

102 Nachhaltigkeit ist ein finaler Begriff: Voraussetzung ist eine mit Wiederholungsabsicht ausgeübte Tätigkeit. Regelmäßig werden andauernde, fortgesetzte Tätigkeiten vorliegen, die durch ein einheitliches Willensband verbunden sind.[2] Nachhaltigkeit kann aber auch festzustellen sein, wenn durch dauerndes Dulden oder Unterlassen ein Dauerverhältnis geschaffen wird, das zu Vergütungen führt.[3] Schließlich genügt aber auch ein einmaliges Tätigwerden, wenn es von Wiederholungsabsicht getragen ist.[4]

103 Unter Rückgriff auf die Formulierung des § 22 Nr. 3 EStG können als Gegenteil die nur gelegentlichen Tätigkeiten angesehen werden. Sie können unter dem Gesichtspunkt der Wettbewerbsneutralität vernachlässigt werden. Zufallsgewinne etwa aus der einmaligen Veräußerung von Wirtschaftsgütern, die im Bereich der Hoheitsverwaltung eingesetzt werden, sind als Annex steuerlich unbeachtlich. Etwas anderes gilt m. E. für die systematische Verwertung nicht mehr verwendeter Wirtschaftsgüter (siehe → Rz. 152).

104–110 *(Einstweilen frei)*

IV. Einnahmeerzielungsabsicht und Gewinnerzielungsabsicht

111 Nach § 4 Abs. 1 Satz 1 KStG ist Einnahmeerzielungsabsicht erforderlich, nach § 4 Abs. 1 Satz 2 KStG aber auch ausreichend, weil auf die Gewinnerzielungsabsicht abweichend von § 15 Abs. 2 EStG ausdrücklich verzichtet wird. Ein Verstoß gegen den Grundsatz der Besteuerung nach der Leistungsfähigkeit droht jedenfalls nicht, soweit die steuerliche Betrachtung sich nur auf den jeweiligen BgA beschränkt, weil mangels Gewinn auch keine Körperschaftsteuerlast entsteht.[5] Ein BgA ist nicht gewerbesteuerpflichtig, wenn er nicht mit der Absicht der Gewinnerzielung betrieben wird.[6] Unter den Regelungsgehalt des § 4 Abs. 1 Satz 2 KStG ist auch ein Betrieb zu

---

1 So auch *Hüttemann*, a. a. O., 2002, S. 50.
2 BFH, Urteile v. 21. 8. 1985 - I R 60/80, BStBl 1986 II S. 88, 89 ff., m. w. N ; v. 26. 2. 1992 - I R 149/90, BStBl 1992 II S. 693, 694.
3 BFH, Urteile v. 13. 2. 1969 - V R 92/68, BStBl 1969 II S. 282; v. 16. 12. 1971 - V R 41/68, BStBl 1972 II S. 238 f.
4 BFH, Urteil v. 21. 8. 1985 - I R 60/80, BStBl 1986 II S. 88, 90, m. w. N.
5 BFH, Urteil v. 27. 6. 1990 - I R 166/85, BFH/NV 1991, S. 628, 630 = NWB BAAAB-31579.
6 FG Düsseldorf, Urteil v. 10. 7. 2003 - 10 K 2561/00 G, rkr., EFG 2003 S. 1408, NWB EAAAB-07184.

subsumieren, dessen Einnahmen die betrieblichen Aufwendungen unterschreiten und der deshalb auf die gesamte Dauer seiner Existenz betrachtet einen Verlust erwirtschaftet.[1]

Dennoch stellt sich unter systematischen Gesichtspunkten die Frage, ob Tätigkeiten, die keinen Totalgewinn versprechen, d. h. die ohne Einkünfteerzielungsabsicht betrieben werden, trotz § 4 Abs. 1 Satz 2 KStG nach den Grundsätzen der Liebhaberei ausgeschieden werden müssen. Zunächst ist anzumerken, dass bei Betrieben gewerblicher Art – im Gegensatz zu Kapitalgesellschaften, die über keine außerbetriebliche Sphäre verfügen[2] – zwischen der betrieblichen und der außerbetrieblichen Sphäre unterschieden werden muss (siehe oben → Rz. 66). Methodisch geht es um das Verhältnis zwischen § 8 Abs. 1 KStG und § 4 Abs. 1 Satz 2 KStG; genauer gesagt um die Frage, ob § 1 Abs. 1 Nr. 6 und § 4 KStG als leges speciales zu der Verweisungsnorm des § 8 Abs. 1 KStG aufgefasst werden müssen.[3] Diese These wird zum Teil damit begründet, dass es Einrichtungen von juristischen Personen des öffentlichen Rechts gäbe, bei denen das Motiv der Gewinnerzielung schwer nachweisbar sei, weil die Trägerkörperschaft auf dringende öffentliche Interessen verweisen könne, derentwegen die Tätigkeit ausgeübt werde.[4]

112

Die Gegenauffassung differenziert hingegen zwischen der Ebene des Steuersubjekts und des Steuerobjekts. Die systematische Interpretation lege es nahe, dass § 4 Abs. 1 Satz 2 KStG aufgrund seiner Stellung im ersten Teil (§§ 1 – 6 KStG) lediglich die subjektive Körperschaftsteuerpflicht der juristischen Person des öffentlichen Rechts regle, während der zweite Teil (§§ 7 – 13 KStG) das Steuerobjekt bestimme. Die Verweisung in § 8 Abs. 1 KStG sei demnach so zu lesen, dass der die subjektive Steuerpflicht begründende Tatbestand des BgA auf Ebene des Steuerobjektes hinsichtlich der Gewinnverwendungsabsicht eingeschränkt werde, so dass dieses Motiv nur im Rahmen der subjektiven Steuerpflicht verzichtbar sei.[5] Wettbewerbsgleichheit könne nur bestehen, wenn die steuerliche Subventionierung von dauerhaften Verlustbetrieben durch Verlustausgleich unterbunden werde.[6]

113

Es erscheint gekünstelt, zwischen der Begründung der subjektiven und der objektiven Steuerpflicht zu differenzieren.[7] Mit klaren Worten sagt der Gesetzgeber, dass eine Einnahmeerzielungsabsicht zur Begründung der Steuerpflicht ausreicht.[8] Dass damit das teilweise als nicht sachgerecht empfundene Ergebnis einer Einbeziehung von dauerdefizitären Einrichtungen vorgezeichnet ist, spricht nicht entscheidend gegen die hier vertretene Auffassung. Vielmehr hat der Gesetzgeber deren Behandlung nunmehr in Absatz 6 einer gesonderten Behandlung zugeführt (dazu noch ausführlich → Rz. 264).

114

(Einstweilen frei) 115–120

---

1 FG Berlin-Brandenburg, Urteil v. 13.7.2017 - 9 K 11318/15, EFG 2018 S. 56, NWB DAAAG-62524; s. auch *Kein/Müller/Döpper* in Mössner/Seeger/Oellerich, KStG, § 8 Rz. 76.
2 BFH, Urteil v. 4.12.1996 - I R 54/95, NWB YAAAA-96773.
3 *Seer*, DStR 1992, S. 1790, 1791.
4 *König*, Diss. Münster 1958 S. 62; *Kugel*, Diss. Trier 1989 S. 24 f.
5 So noch die Vorbearbeitung.
6 *Seer*, DStR 1992 S. 1790, 1791.
7 So auch *Orth*, FR 2007, S. 326, 329.
8 So auch *Meier/Semelka* in HHR KStG 285. Erg. Lfg. 2018 § 4 Rz. 35.

V. Wirtschaftliche Bedeutung

121 Die Einrichtung muss sich innerhalb der Gesamtbetätigung der juristischen Person wirtschaftlich herausheben, d. h., es muss sich um eine Tätigkeit von einigem wirtschaftlichen Gewicht handeln.[1] Einigkeit besteht darüber, dass die wirtschaftliche Selbständigkeit im Rahmen des Tatbestandsmerkmals Einrichtung und die wirtschaftliche Bedeutsamkeit miteinander verbunden sind. In welchem Verhältnis sie allerdings zueinander stehen, bleibt unklar. An diesem Kriterium wird die topische Vorgehensweise der Rechtsprechung besonders deutlich.

122 In älteren Entscheidungen lag als Vergleichsmaßstab noch der Gewerbebetrieb als Existenzgrundlage des Einzelunternehmers zugrunde. Die Tätigkeit müsse „umfangreich genug sein, um einer einzelnen Person eine, wenn auch bescheidene, Existenz zu gewähren". Maßgeblich sei allerdings nicht der tatsächlich erzielte Verdienst, sondern der Verdienst, der bei den in der Privatwirtschaft üblichen Gewinnaufschlägen verdient werden könnte.[2] Auch der BFH verlangt noch im Urteil v. 24. 10. 1961,[3] dass der durchschnittliche Jahresgewinn etwa 2 000 DM beträgt. Auf nicht näher bezifferte Gewinne stellt auch die Anschlagsäulen-Entscheidung des BFH, Urteil v. 2. 3. 1983[4] ab. Gewinnziffern zum Maßstab zu erheben, bereitet Unbehagen, weil Gewinnerzielungsabsicht gerade kein Merkmal des BgA ist. Diesem systematischen Einwand ist entgegenzuhalten, dass der BgA als Typusbegriff nur durch eine Gesamtschau verschiedener Merkmale zu fassen ist, in die auch die Gewinnerwartung einfließen kann. Allerdings dürfte dieser Aspekt bei idealtypischer Betrachtungsweise (marktübliche Rendite) kaum praktikabel sein.

123 Die Finanzverwaltung geht von einer Wesentlichkeitsvermutung aus, wenn der Jahresumsatz i. S. d. § 1 Abs. 1 Nr. 1 UStG 35.000 € nachhaltig übersteigt.[5] Wird diese Schwelle nicht überschritten, wird ein BgA nur angenommen, wenn hierfür besondere Gründe vorliegen, insbesondere wenn die Körperschaft zu anderen Unternehmen mit der fraglichen Tätigkeit unmittelbar in Wettbewerb tritt.[6] Regelmäßig handelt es sich also um eine Aufgriffsgrenze. Praktisch wird der öffentlichen Hand ein Wahlrecht eingeräumt. Stellt sie besondere Gründe dar, etwa weil sie den Vorsteuerabzug erreichen will, entsteht ein BgA, andernfalls nicht.[7]

124 Der BFH hat starre Umsatzgrenzen als Abgrenzungsmerkmal abgelehnt und Umsätze i. H. v. 40 000 DM und 20 000 DM für ausreichend gehalten.[8] So wurden auch Pachterlöse aus Gaststättenverpachtung i. H. v. ca. 6 000 DM als genügend angesehen[9] und Einnahmen aus dem Betrieb einer Schwimmhalle i. H. v. ca. 17 000 DM bzw. eines Liftes i. H. v. ca. 13 000 DM.[10]

125–130 *(Einstweilen frei)*

---

1 BFH v 26. 2. 1957 - I 327/56 U, BStBl 1957 III S. 147; v. 24. 10. 1961 - I 105/60 U, BStBl 1961 III S. 552.
2 RFH, Urteil v. 9. 12. 1932 - I A 294/32, RStBl 1933 S. 53.
3 BFH, Urteil v. 24. 10. 1961 - I 105/60 U, BStBl 1961 III S. 552.
4 BFH, Urteil v. 2. 3. 1983 - I R 100/79, BStBl 1983 II S. 386, 389.
5 R 4.1 Abs. 5 Satz 4 KStR 2015.
6 R 4.1 Abs. 5 Satz 4 und 5 KStR 2015.
7 *Krämer* in Dötsch/Jost/Möhlenbrock, KStG 92. Erg. Lfg. 2018, § 4 Rz. 33.
8 BFH, Urteile v. 26. 2. 1957 - I 327/56 U, BStBl 1957 III 146; v. 11. 1. 1979 - V R 26/74, BStBl 1979 II 746, 748.
9 BFH, Urteil v. 25. 10. 1989 - I R 111/85, BStBl 1990 II S. 868, 870.
10 FG Nürnberg v. 24. 1. 1984 - II 15/80, EFG 1984 S. 415 und 45 /80, EFG 1984 416.

VI. Negative Tatbestandsmerkmale

§ 4 Abs. 1 Satz 1 KStG enthält zwei ausdrückliche negative Tatbestandsmerkmale: Es dürfen keine Hoheitsbetriebe i. S. d. § 4 Abs. 5 KStG und keine Betriebe der Land- und Forstwirtschaft steuerlich erfasst werden. Als ungeschriebenes negatives Tatbestandsmerkmal wird der Bereich der bloßen Vermögensverwaltung ausgeklammert.

1. Vermögensverwaltung

Nach einhelliger Meinung stellt die bloße Vermögensverwaltung ebenfalls keinen BgA dar.[1] Im Umkehrschluss aus § 4 Abs. 4 KStG, der einen BgA bei der Verpachtung eines BgA fingiert, folgt, dass § 14 Satz 1 a. E. AO entsprechend anwendbar ist. Die teleologische Interpretation stützt nach zutreffender Auffassung der Literatur[2] dieses Ergebnis:

Vermögensverwaltung liegt nach § 14 Satz 3 AO in der Regel vor, wenn Vermögen genutzt, z. B. Kapitalvermögen verzinslich angelegt, oder unbewegliches Vermögen vermietet oder verpachtet wird. Die Abgrenzungskriterien zwischen wirtschaftlichem Geschäftsbetrieb und Vermögensverwaltung i. S. d. § 14 AO entsprechen denen zur einkommensteuerlichen Abgrenzung zwischen gewerblicher Tätigkeit und Vermögensverwaltung.

Die bloße Vermietung und Verpachtung von Räumen auch zu einem bestimmten Zweck ist grundsätzlich Vermögensverwaltung.[3] Erst wenn Sonderleistungen hinzutreten, bei denen der Gedanke der Fruchtziehung zurücktritt und die entfaltete Tätigkeit im Vordergrund steht, oder für die Vermietung aufgrund häufigen Mieterwechsels eine besondere Organisation erforderlich wird, wird eine gewerbliche Tätigkeit angenommen.[4] So kann bei kurzzeitiger Vermietung von Grundstücken ein BgA gegeben sein.[5] Tragender Gesichtspunkt ist, dass die Bereitstellung der erforderlichen einheitlichen Organisation die Vermietung überwiegt.[6] Z. B. stellt nach Ansicht des BFH die Vermietung einer kommunalen Mehrzweckhalle gegen Entgelt offensichtlich einen BgA dar.[7] Ferner liegt nach Ansicht des BFH ein BgA und keine Vermögensverwaltung vor, wenn die vermieteten oder verpachteten Räumlichkeiten in einem engen wirtschaftlichen Zusammenhang mit dem ebenfalls verpachteten BgA stehen.[8]

Hinsichtlich der Beteiligung an Gesellschaften ist zu unterscheiden zwischen der Beteiligung an Mitunternehmerschaften, an vermögensverwaltenden Personengesellschaften und Kapitalgesellschaften. Die Beteiligung an einer Mitunternehmerschaft, die zu gewerblichen Einkünf-

---

1 Vgl. etwa BFH, Urteile v. 13. 3. 1974 - I R 7/71, BStBl 1974 II S. 391, 394; v. 28. 11. 1991 - V R 95/86, BStBl 1992 II S. 569; *Hüttemann*, FR 2009, 308, 309; *Strahl*, KÖSDI 2010, 17064, 17069; zur abweichenden Rechtslage bei der Umsatzsteuer siehe BFH, Urteil v. 15. 4. 2010 - V R 10/09, BFH/NV 2010 S. 1574 = NWB QAAAD-45066.
2 Vgl. etwa *Koenig* in Koenig, AO 3. Auflage 2014, § 14 Rz. 22.
3 Vgl. BFH, Urteile v. 13. 3. 1974 - I R 7/71, BStBl 1974 II S. 391, 394; v. 25. 10. 1988 - VIII R 262/80, BStBl 1989 II S. 291, 292.
4 BFH, Urteile v. 30. 7. 1985 - VIII R 263/81, BStBl 1986 II S. 359, 361, m. w. N.; v. 27. 2. 1987 - III R 217/82, BFH/NV 1987 S. 441 = NWB LAAAB-29455; H 15.7 (2) EStR 2008.
5 Vgl. *Strahl*, KÖSDI 2010, 17064, 17069.
6 BFH, Urteil v. 25. 10. 1988 - VIII R 262/80, BStBl 1989 II S. 291, 292.
7 BFH, Urteil v. 28. 11. 1991 - V R 95/86, BStBl 1992 II S. 569.
8 BFH, Urteil v. 13. 3. 1974 - I R 7/71, BStBl 1974 II S. 391, 394.

ten aus § 15 EStG führt, begründet immer einen BgA,[1] auch wenn deren Gegenstand bei der juristischen Person des öffentlichen Rechts keinen BgA darstellen würde.[2] Dabei ist auch unerheblich, ob an der Personengesellschaft auch Personen des Privatrechts beteiligt sind[3] und ob der BgA nur aus der Beteiligung besteht oder ob die Beteiligung einem bereits bestehenden BgA zugeordnet worden ist.[4] Erzielt die Beteiligungsgesellschaft aufgrund gewerblicher Prägung gemäß § 15 Abs. 3 Nr. 2 Satz 1 EStG gewerbliche Einkünfte, liegt nicht zwingend ein BgA vor.[5] § 4 Abs. 1 KStG enthält eine eigene allein tätigkeitsbezogene Definition des Betriebs gewerblicher Art.[6] Liegt mangels Gewinnerzielungsabsicht keine Mitunternehmerschaft vor, sind die Aktivitäten der Personengesellschaft für sich zu betrachten, ob sie einen BgA begründen.[7] Die Tatsache, dass die Übertragung einer öffentlichen Aufgabe auf eine zivilrechtliche Einrichtung möglich ist, ist m. E. ein erhebliches Indiz dafür, dass keine hoheitliche Betätigung vorliegen kann. Das gilt insbesondere für das Outsourcing von Aktivitäten, die auch ein privates Unternehmen ausführen könnte, namentlich für Rechenzentren.

136 Das bloße Halten von Beteiligungen an einer Kapitalgesellschaft ist regelmäßig Vermögensverwaltung.[8] Das gilt unabhängig von der Höhe der Beteiligung. Im Regelfall bleibt es für die juristische Person des öffentlichen Rechts bei der beschränkten Körperschaftsteuerpflicht nach § 2 Nr. 2 KStG für die steuerabzugspflichtigen Einkünfte. § 17 EStG begründet im Falle inländischer Personen des öffentlichen Rechts keine Steuerpflicht.[9] Ausländische Personen des öffentlichen Rechts hingegen unterlägen im Falle der Veräußerung einer wesentlichen Beteiligung der beschränkten Steuerpflicht nach § 17 i.V.m. § 49 Abs. 1 Nr. 2 Buchst. e EStG (§ 8b KStG ist aber zu beachten). Die Beteiligungsverwaltung kann allerdings in einen BgA umschlagen, wenn der Gedanke der Fruchtziehung verdrängt wird durch Aktivitäten, die den Rahmen der Vermögensverwaltung verlassen, z. B. Kauf und Verkauf von Beteiligungen,[10] durch Übernahme oder ständige Eingriffe in die Geschäftsleitung, insbesondere, wenn eine Verwaltungsholdingfunktion ausgeübt wird, die dazu führen, dass die juristische Person des öffentlichen Rechts nach früheren gewerbesteuerlichen Maßstäben Organträger wird.

137 Zur Betriebsaufspaltung siehe unten → Rz. 222 f.

138–145 *(Einstweilen frei)*

---

1 Siehe zuletzt BFH, Urteil v. 25.3. 2015 - I R 52/13, BStBl 2016 II S. 172, m.w.N. insbesondere führt danach die Beteiligung an einer Mitunternehmerschaft im Sinne des § 15 Abs. 1 Satz 1 Nr. 2 EStG bei der jPöR selbst dann zu einem BgA, wenn die Tätigkeit der Mitunternehmerschaft, würde sie von der jPöR unmittelbar selbst ausgeübt, bei ihr keinen BgA begründen würde. Siehe dazu auch das BMF, Schreiben vom 8.2.2016, BStBl 2016 I 237 bzw. das BMF, Schreiben vom 21.6.2017 - IV C 2 - S 2706/14/10001, NWB DAAAG-48560.
2 Siehe auch zuletzt BFH, Urteil v. 25.3.2015 - I R 52/13, BStBl 2016 II 172, m.w.N. Insbesondere führt danach die Beteiligung an einer Mitunternehmerschaft im Sinne des § 15 Abs. 1 Satz 1 Nr. 2 EStG bei der jPöR selbst dann zu einem BgA, wenn die Tätigkeit der Mitunternehmerschaft, würde sie von der jPöR unmittelbar selbst ausgeübt, bei ihr keinen BgA begründen würde. Siehe dazu auch das BMF, Schreiben vom 8.2.2016, BStBl 2016 I 237 bzw. das BMF, Schreiben vom 21.6.2017 - IV C 2 - S 2706/14/10001, NWB DAAAG-48560.
3 Vgl. *Meier/Smelka* in HHR KStG 285. Erg. Lfg. 2018 § 4 Rz. 29; OFD Frankfurt v. 4.2.2002, NWB PAAAA-85711.
4 BFH, Urteile v. 6.4.1973 - III R 78/72, BStBl 1973 II S. 616, 617 f.; v. 9.5.1984 - I R 25/81, BStBl 1984 II S. 726, 727.
5 BFH, Urteil v. 29.11.2017 - I R 83/15, NWB SAAAG-85047.
6 BFH, Urteil v. 29.11.2017 -I R 83/15, NWB SAAAG-85047.
7 Entspricht der ständigen Rechtsprechung zur Zurechnung der Aktivitäten einer Personengesellschaft beim gewerblichen Grundstückshandel, vgl. etwa grundlegend BFH, Entscheidungen v. 3.7.1995 - GrS 1/93, BStBl 1995 II S. 617 und v. 24.7.2003 - X B 123/02, BFH/NV 2003 S. 1571, m.w.N. = NWB PAAAA-69495.
8 RFH, Urteil v. 29. 3. 1938 - I 53/38, RStBl 1938 S. 471.
9 RFH, Urteil v. 29. 3. 1938 - I 53/38, RStBl 1938 S. 471.
10 Vgl. *Koenig* in Koenig, AO 3. Auflage 2014, § 14 Rz. 22.

2. Hoheitsbetrieb

Nach § 4 Abs. 1 Satz 1, Abs. 5 KStG gehören Betriebe, die überwiegend der Ausübung öffentlicher Gewalt dienen, nicht zu den Betrieben gewerblicher Art. Der BFH sieht als kennzeichnend für die Ausübung öffentlicher Gewalt die Erfüllung öffentlich-rechtlicher Aufgaben an, die aus der Staatsgewalt abgeleitet sind und staatlichen Zwecken dienen.[1] Die Standardformel lautet: „Als Ausübung öffentlicher Gewalt könne eine Tätigkeit nur angesehen werden, wenn sie öffentlich-rechtlichen Körperschaften eigentümlich und vorbehalten sei".[2] Trete die öffentliche Hand allerdings in Wettbewerb – auch nur ungewollt – zur privaten Wirtschaft, so sei die Tätigkeit nicht mehr der öffentlichen Hand eigentümlich und vorbehalten.[3] Der BFH orientiert sich an der Verwirklichung der Wettbewerbsgleichheit. Konsequenterweise kommt es demnach nicht darauf an, ob eine Marktchance bereits von Privaten ergriffen worden ist, sondern nur darauf, ob eine potenzielle Wettbewerbslage besteht.[4]

Aus Perspektive dieses Schutzzweckes erscheint allerdings § 4 Abs. 5 Satz 2 KStG über das Ziel hinauszugehen, wonach für die Annahme eines Hoheitsbetriebs Zwangs- und Monopolrechte nicht ausreichen. Die Rechtfertigung ergibt sich aus der Funktion des Finanzausgleiches.

Aus dem Wettbewerbskriterium folgt, dass eine zweistufige Prüfung erfolgen muss. Zunächst sieht es der BFH als Indiz für das Vorliegen eines Hoheitsbetriebs an, wenn die zu erfüllende Aufgabe der juristischen Person durch Gesetz, Verordnung oder Gewohnheitsrecht ausdrücklich zugewiesen wird oder ein besonderer öffentlich-rechtlicher Annahmezwang besteht.[5] In einem zweiten Schritt ist aber weiter zu prüfen, ob eine Wettbewerbsrelevanz vorliegt oder nicht. Nur wenn dies zu verneinen ist, liegt ein Hoheitsbetrieb vor.[6] Der Vorschrift des § 4 Abs. 5 Satz 1 KStG kommt lediglich deklaratorische Funktion zu. BgA und Hoheitsbetrieb schließen sich wesensmäßig gegenseitig aus.[7] Es ist somit für die Annahme eines Hoheitsbetriebs nicht allein ausreichend, wenn eine Tätigkeit dem öffentlichen Recht zuzuordnen ist. Lediglich umgekehrt lässt sich sagen, dass auf jeden Fall keine steuerrechtliche hoheitliche Tätigkeit vorliegt, wenn die Tätigkeit aus der Perspektive des Verwaltungsrechts nicht als öffentlich-rechtlich anzusehen ist.[8]

Bereits das Gebot sparsamer Mittelverwendung zwingt die öffentliche Hand zum wirtschaftlichen, d. h. planmäßigen, möglichst effizienten Einsatz von Ressourcen zur Erzielung eines Zweckes. Ist der Hauptzweck die Erzielung von Einnahmen, kann kein Hoheitsbetrieb vorliegen; ergeben sich Einnahmen lediglich gelegentlich (Nebenzweck), ist zu prüfen, ob keine Wettbewerbsverzerrung droht.[9] In einem ersten Schritt ist daher immer der (Haupt-)Zweck festzustellen, der mit der Betätigung verfolgt wird. Im zweiten Schritt ist die Wettbewerbslage zu

---

1 BFH, Urteile v. 21.11.1967 - I 274/64, BStBl 1968 II S. 218, 219; v. 30.6.1988 - V R 79/84, BStBl 1988 II S. 910, 912, m.w.N.
2 RFH, Urteil v. 9.7.1937 - V D 1/37, RStBl 1937 S. 1306, 1307; BFH, Urteile v. 18.8.1966 - V 21/64, BStBl 1967 III S. 100, 101; v. 14.4.1983 - V R 3/79, BStBl 1983 II S. 491, 492; v. 30.6.1988 - V R 79/84, BStBl 1988 II S. 910, 912; v. 14.3.1990 - I R 156/87, BStBl 1990 II S. 866, 867, m.w.N.; v. 3.2.2010 - I R 8/09, BStBl 2010 II S. 502, 503.
3 BFH, Urteile v. 30.6.1988 - V R 79/84, BStBl 1988 II S. 910, 911; v. 21.9.1989 - V R 89/85, BStBl 1990 II S. 95, 97; v. 14.3.1990 - I R 156/87, BStBl 1990 II S. 866, 867; v. 28.11.1991 - V R 95/86, BStBl 1992 II S. 569.
4 BFH, Urteile v. 30.6.1988 - V R 79/84, BStBl 1988 IIS. 910, 911; v. 21.9.1989 - V R 89/85, BStBl 1990 II S. 95, 97.
5 Vgl. nur BFH, Urteile v. 13.4.1961 - V 120/59 U, BStBl 1961 III S. 298; v. 29.10.2008 - I R 51/07, BStBl 2009 II S. 1022, ausführlich auch *Seer/Klemke*, BB 2010, 2015, 2016.
6 Näher *Seer/Klemke*, BB 2010 S. 2015, 2016.
7 Vgl. *Lang/Seer*, StuW 1993 S. 47, 54.
8 Ebenso *Hüttemann*, FR 2009 S. 308, 310.
9 Vgl. auch BFH, Urteil v. 23.10.1996 - I R 1-2/94, BStBl 1997 II S. 139, 142.

untersuchen. Könnte die Tätigkeit auch von einem privaten Unternehmen ausgeführt werden, erfolgt sie nicht in Ausübung öffentlicher Gewalt.

150 Deswegen impliziert die Tatsache, dass eine Tätigkeit aus Perspektive des öffentlichen Rechts als Amtshilfe einzustufen ist, noch nicht zwingend die Einordnung als Hoheitsbetrieb.[1] Auch die Annahme, der Beistand zu Büroarbeiten für eine andere öffentlich-rechtliche Körperschaft stelle eine Ausübung öffentlicher Gewalt dar,[2] ist nicht mehr aufrechtzuerhalten.[3] Etwas anderes gilt nur, wenn die Übertragung auf einen privaten Unternehmer rechtlich nicht möglich wäre. Beistandsleistungen sind daher entgegen der großzügigeren Auffassung der Finanzverwaltung unabhängig von der Form ihrer Durchführung grundsätzlich nicht hoheitlich.[4]

151 Ob die Entgelte als Gebühren oder Beiträge bezeichnet werden, spielt keine Rolle.

152 Die Verwertung oder Veräußerung von Vermögensgegenständen aus dem hoheitlichen Bereich ist nach R 4.4 Abs. 2 KStR 2015 als sog. Hilfsgeschäft dem hoheitlichen Bereich zuzuordnen. Mindestens eine Einschränkung erscheint angebracht: Die Hilfsgeschäfte dürfen nach Art und Umfang nicht einem gewerblichen Handel entsprechen. Geht man allerdings – wie hier – davon aus, dass auch die Vermögensverwaltung nur daran gemessen werden sollte, ob Wettbewerbsverzerrungen im Einzelfall möglich sind, ist kaum zu begründen, warum für die sog. Hilfsgeschäfte etwas anderes gelten soll, wenn diese nachhaltig betrieben werden. Soweit R 4.4 Abs. 2 Satz 2 und 3 KStR 2015 die Anzahl der vorgenommenen An- und Verkäufe für unbeachtlich erklärt und auch den An- und Verkauf von Dienstfahrzeugen vor Ablauf der wirtschaftlichen Nutzungsdauer für unschädlich hält, kann dem nicht gefolgt werden. Der Wettbewerb zu privaten Unternehmen (wie etwa Gebrauchtfahrzeughändlern und Kfz-Leasinggesellschaften) ist offensichtlich.

153–160 *(Einstweilen frei)*

3. Land- und Forstwirtschaft

161 Betriebe der Land- und Forstwirtschaft der juristischen Personen des öffentlichen Rechts werden durch das negative Tatbestandsmerkmal „außerhalb der Land- und Forstwirtschaft" steuerbefreit. Die innere Rechtfertigung dieser Privilegierung ist nicht zu erkennen. Die Finanzverwaltung gewährt die Steuerfreiheit auch land- und forstwirtschaftlichen Nebenbetrieben und für die Verpachtung land- und forstwirtschaftlicher Betriebe.[5]

162 Die Übertragung eines land- und forstwirtschaftlichen Betriebes auf eine juristische Person des öffentlichen Rechts durch Verfügung von Todes wegen führt im Todeszeitpunkt zu einer Betriebsaufgabe in der Person des Erblassers, weil es zu einer Entstrickung kommt.[6]

163 Zur Abgrenzung des land- und forstwirtschaftlichen Betriebs vom BgA und für die Qualifikation als Nebenbetrieb können die einkommensteuerlichen Grundsätze in R 15.5 EStR 2012 herangezogen werden.[7]

---

1 BFH, Urteile v. 21. 9. 1989 - V R 89/85, BStBl 1990 II S. 95, 97; v. 14. 3. 1990 - I R 156/87, BStBl 1990 II S. 866, 868.
2 BFH, Urteil v. 8. 7. 1971 - V R 1/68, BStBl 1972 II S. 70, 75.
3 Für das Umsatzsteuerrecht nunmehr BFH, Urteil v. 10. 11. 2011 - V R 41/10, BFH/NV 2012, S. 670 = NWB DAAAE-02343.
4 Zu Ausnahmen bei Hochschulkliniken s. noch → Rz. 331 „Hochschulkliniken".
5 R 64.1 Abs. 6 KStR 2015.
6 BFH, Urteil v. 19. 2. 1998 - IV R 38/97, BStBl 1998 II S. 509, 511.
7 R 15. 5. EStR 2012.

Eine sachliche Steuerbefreiung für Einkünfte aus Land- und Forstwirtschaft der juristischen Personen des öffentlichen Rechts ist mit § 4 Abs. 1 Satz 1 KStG nicht verbunden. Fallen diese Einkünfte in einem BgA an, ohne dass ein eigener privilegierter Betrieb der Land- und Forstwirtschaft vorliegt, sind diese Einkünfte steuerpflichtig. Es kann sich daher empfehlen, diese Tätigkeiten organisatorisch zu verselbständigen, falls keine Aufdeckung stiller Reserven droht.

(Einstweilen frei)

VII. Beteiligung am allgemeinen wirtschaftlichen Verkehr

Nach § 4 Abs. 1 Satz 2 KStG ist die Beteiligung am wirtschaftlichen Verkehr kein konstituierendes Merkmal für einen BgA. Diese Regelung erlangt Bedeutung für die von den juristischen Personen des öffentlichen Rechts unterhaltenen Eigen- oder Selbstversorgungsbetriebe. Dabei handelt es sich um Betriebe, die ausschließlich oder fast ausschließlich Lieferungen und Leistungen gegenüber der Trägerkörperschaft bringen (z. B. hauseigene Tankstellen, Druckereien, Kantinen etc.). Aus Wettbewerbsgründen sind diese Tätigkeiten grundsätzlich in den steuerlichen Bereich aufzunehmen, da die juristische Person des öffentlichen Rechts insoweit die Konkurrenz auf dem freien Markt umgeht.[1]

Die praktische Relevanz dieser Vorschrift dürfte jedoch sehr niedrig einzuschätzen sein, weil ertragsteuerlich Überschüsse wegen Abrechnung auf Selbstkostenbasis regelmäßig nicht entstehen. Es würde zu einer „Sollertragsbesteuerung" führen, wollte man den Gewinn des Selbstversorgungsbetriebs auf der Grundlage fiktiver marktüblicher Entgelte berechnen, also eine Korrektur über das Institut der vGA vornehmen.[2]

(Einstweilen frei)

C. Betrieb gewerblicher Art als juristische Person des öffentlichen Rechts (§ 4 Abs. 2 KStG)

Verfolgt eine juristische Person des öffentlichen Rechts gewerbliche Zwecke nicht nur als Nebenzweck, sondern beschränkt sie sich auf eine abgegrenzte gewerbliche Tätigkeit als Hauptzweck, so unterliegt die juristische Person nach § 4 Abs. 2 KStG insgesamt der KSt. Es handelt sich um eine Vorschrift, die lediglich deklaratorischen Charakter hat.[3]

Ein gradueller Unterschied zu den BgA nach § 4 Abs. 1 Satz 1 KStG ergibt sich daraus, dass die Merkmale, die auf die Identifizierung funktioneller Einheiten im Rahmen einer zumindest auch hoheitlich tätigen juristischen Person des öffentlichen Rechts hinzielen, nicht gesondert festgestellt werden müssen.

Beispiele für Abs. 2 sind öffentlich-rechtliche Kreditanstalten, Sparkassen und Versicherungsanstalten.

(Einstweilen frei)

---

1 RFH, Urteil v. 6. 5. 1930 - I A 24/30 S, RStBl 1930, 637.
2 Vgl. *Hüttemann*, a. a. O., 2002, 39; a. A. *Siegel*, Der Begriff des Betriebs gewerblicher Art, 112 ff.
3 *Erhard* in Blümich KStG 141. Erg. Lfg. 2018 § 4 Rz.61.

D. Versorgungsbetriebe (§ 4 Abs. 3 KStG)

201 § 4 Abs. 3 KStG enthält eine Klarstellung, dass auch Betriebe, die der Versorgung der Bevölkerung mit Wasser, Gas, Elektrizität oder Wärme, dem öffentlichen Verkehr oder dem Hafenbetrieb dienen, zu den BgA gehören. Gemeinsam ist allen, dass sie der Daseinsvorsorge dienen und den Grundsätzen des Verwaltungsprivatrechts unterliegen. Diese öffentlich-rechtlichen Kategorien sind jedoch für die Besteuerung irrelevant. Ein etwaiger Anschluss- und Benutzungszwang hindert die Steuerpflicht nach § 4 Abs. 5 Satz 2 KStG ebenfalls nicht. Die besondere Stellung der Versorgungsbetriebe im Steuerrecht resultiert aus der erleichterten Möglichkeit zur Zusammenfassung (s. unten → Rz. 281 ff.).

202 Eine Legaldefinition des Begriffs Versorgungsbetrieb enthält das KStG 1977 im Gegensatz zum KStG 1925 (§ 7 Abs. 1) und StAnpG 1934 (§ 39 Abs. 2) nicht mehr. Der Gesetzgeber hat sich vielmehr darauf beschränkt, die wesentlichen Versorgungsbereiche in § 4 Abs. 3 KStG aufzuzählen. Die Aufzählung ist jedoch nicht enumerativ. Die neuere Rechtsprechung rechtfertigt die Sonderstellung von Versorgungsbetrieben damit, dass sie trotz ihrer Verschiedenartigkeit dem gleichen Gedanken, nämlich der Versorgung der Bevölkerung mit lebensnotwendigen und lebenswichtigen Gütern zu sozialen und gerechten Bedingungen dienen.[1] Diese Argumentation könnte auf die Entsorgungstätigkeit ohne weiteres erstreckt werden.

203 Häufig stehen die Versorgungstätigkeiten im engen sachlichen und organisatorischen Zusammenhang mit Tätigkeiten, die hoheitlichen Charakter aufweisen (Mischbetriebe). Dann kommt es darauf an, welche Tätigkeit i. S. d. § 4 Abs. 5 Satz 1 KStG überwiegt (siehe unten → Rz. 241).

204–220 *(Einstweilen frei)*

E. Verpachtung eines BgA (§ 4 Abs. 4 KStG)

221 Als BgA gilt nach § 4 Abs. 4 KStG auch die Verpachtung eines BgA.[2] Steuerpflichtig ist die entgeltliche Gebrauchs- und Nutzungsüberlassung eines Inbegriffs von Sachen und Rechten, die beim Verpächter als BgA zu qualifizieren wäre. Entscheidend ist, ob die mittels der verpachteten Vermögensgegenstände entfaltete Tätigkeit einen BgA darstellen würde.[3] Ein Verpachtungs-BgA liegt aber nur vor, wenn die dem Pächter überlassenen Wirtschaftsgüter die wesentliche Betriebsgrundlage ausmachen und der Pächter auf dieser Grundlage seinen Gewerbebetrieb ohne größere Vorkehrungen ausüben kann.[4]

222 Beherrscht die juristische Person des öffentlichen Rechts die Pächterin, begründet die entgeltliche Überlassung der wesentlichen Betriebsgrundlagen nach allgemeinen Regeln eine Betriebsaufspaltung. Selbst wenn also kein Verpachtungsbetrieb vorliegt, weil nicht alle erforderlichen wesentlichen Betriebsgrundlagen überlassen werden, besteht ein BgA (Besitzunternehmen), zu dessen notwendigem Betriebsvermögen die Anteile an dem Betriebsunternehmen gehören.[5] Die Rechtfertigung hierfür liegt darin, dass es andernfalls der juristischen Person des öffentlichen Rechts möglich wäre, am wettbewerbsrelevanten Marktgeschehen teilzunehmen

---

1 BFH, Entscheidungen v. 8. 2. 1966 - I 212/63, BStBl 1966 III S. 287, 288, m. w. N.; v. 16. 1. 1967 - GrS 4/66, BStBl 1967 III S. 240, 242; v. 8. 11. 1989 - I R 187/85, BStBl 1990 II S. 242, 243.
2 Siehe beispielhaft FG Sachsen v. 29. 10. 2015 - 6 K 1104/13, BeckRS 2016, 94485.
3 BFH, Urteil v. 13. 3. 1974 - I R 7/71, BStBl 1974 II S. 391, 394, m. w. N.
4 BFH, Urteil v. 11. 7. 1990 - II R 33/86, BStBl 1990 II S. 1100, 1101.
5 *Alvermann* in Streck, KStG 9. Auflage 2018 § 4 Rz. 33; *Krämer* in Dötsch/Jost/Möhlenbrock, KStG 92. Erg. Lfg. 2018 § 4 Rz. 78.

und gleichzeitig einen Teil der Markteinkünfte in den nicht steuerpflichtigen Bereich zu verlagern.[1]

Aus dieser Überlegung ergibt sich aber auch die Grenze für die Verwendung des Rechtsinstituts der Betriebsaufspaltung. Wenn die in der Rechtsform der Kapitalgesellschaft ausgeübte Tätigkeit selbst nicht steuerpflichtig ist, z. B. im Falle der Gemeinnützigkeit, oder im Rahmen der Trägerkörperschaft keinen BgA bilden würde,[2] sind die Grundsätze der Betriebsaufspaltung nicht anwendbar. Andernfalls würde der körperschaftsteuerpflichtige Bereich ohne sachlichen Grund über den Rahmen des § 4 KStG angelehnt. Denn eine Wettbewerbsverzerrung droht in diesen Fällen nicht, wenn man mit der h. M. die Vermögensverwaltung als steuerlich irrelevant ansieht. Würde man einen Verpachtungs-BgA annehmen, würde der Trägerkörperschaft im Ergebnis ein steuerliches Wahlrecht eingeräumt, steuerlich irrelevante Bereiche steuerpflichtig werden zu lassen.

(Einstweilen frei)

F. Hoheitsbetriebe (§ 4 Abs. 5 KStG)

Durch die Verweisung auf § 4 Abs. 5 KStG als negative Voraussetzung eines BgA in § 4 Abs. 1 Satz 1 KStG werden hoheitliche Tätigkeiten – wie bereits dargelegt – steuerrechtlich irrelevant. Insoweit verlangt § 4 Abs. 5 Satz 1 KStG lediglich, dass die hoheitliche Tätigkeit überwiegt. Auf den Schwerpunkt der Tätigkeit kommt es jedoch nur an, wenn die Tätigkeiten so miteinander verbunden sind, dass sie nicht eindeutig abgegrenzt werden können.[3] Andernfalls ist jede Tätigkeit für sich zu beurteilen.[4] Rechtsprechung und Finanzverwaltung begreifen die Überwiegensklausel des § 4 Abs. 5 Satz 1 KStG qualitativ. Ein Überwiegen hoheitlicher Tätigkeit wird angenommen, wenn „die beiden Tätigkeiten derart ineinandergreifen, dass eine genaue Abgrenzung nicht möglich oder nicht zumutbar ist, also die gewerbliche Tätigkeit unlösbar mit der hoheitlichen Tätigkeit verbunden ist und eine Art Nebentätigkeit im Rahmen der einheitlichen, dem Wesen nach hoheitlichen Tätigkeit darstellt".[5] Mit der Entscheidung über die Abgrenzbarkeit wird somit auch über das Überwiegen entschieden.

Anzeichen für abgrenzbare Tätigkeiten sind nach Ansicht des BFH die gesonderte Abrechnung der verschiedenen Leistungen und ein fehlender Bezug zu den hoheitlichen Aufgaben, wohingegen die Bezeichnung des Entgelts irrelevant ist.[6]

Die Ausübung öffentlicher Gewalt meint eine Tätigkeit, die einer öffentlich-rechtlichen Körperschaft eigentümlich und vorbehalten ist.[7] Kennzeichnend dafür ist die Erfüllung spezifisch öffentlich-rechtlicher Aufgaben, die aus der Staatsgewalt abgeleitet sind, staatlichen Zwecken dienen und zu deren Annahme der Leistungsempfänger aufgrund gesetzlicher oder behördlicher Anordnung verpflichtet ist. Eine Ausübung öffentlicher Gewalt ist allerdings insoweit aus-

---

1 BFH, Urteil v. 14. 3. 1984 - I R 223/80, BStBl 1984 II S. 496, 497. Zur Überlassung von Büro- und Verwaltungsgebäuden s. OFD Koblenz, Rdvfg. v. 4. 6. 2003, KSt-Kartei, § 4 KStG Karte A 19 und v. 19. 1. 2004, DStR 2004 S. 727.
2 Vgl. auch OFD Chemnitz, Vfg. v. 11. 5. 1998, DStR 1998 S. 1265.
3 BFH, Urteil v. 26. 5. 1977 - V R 15/74, BStBl 1977 II S. 813, 814; zuletzt auch FG Düsseldorf, Urteil v. 11. 6. 2013 - 6 K 2867/11 KE F, BeckRS 2013, 95894 zur Abfallentsorgung unter Einschaltung einer gewerblich geprägten Personengesellschaft.
4 R 4.1 Abs. 3 Satz 1 KStR 2015.
5 BFH, Urteil v. 26. 5. 1977 - V R 15/74, BStBl 1977 II S. 813, 814; R 5 Abs. 3 Satz 3 KStR.
6 BFH, Urteil v. 26. 5. 1977 - V R 15/74, BStBl 1977 II S. 813, 815.
7 BFH, Urteile v. 4. 2. 1976 - I R 200/73, BFHE 118, 31, BStBl 1976 II S. 355; v. 27. 8. 2013 - VIII R 34/11, BStBl 2014 II 248.

geschlossen, als sich die Körperschaft durch ihre Einrichtungen in den allgemeinen wirtschaftlichen Verkehr einschaltet und eine Tätigkeit ausübt, die sich ihrem Inhalt nach von der Tätigkeit eines privaten gewerblichen Unternehmens nicht wesentlich unterscheidet.[1]

244–260 *(Einstweilen frei)*

G. Zusammenfassung von BgA (§ 4 Abs. 6 KStG)

I. Rechtsentwicklung und Normzweck

261 § 4 Abs. 6 KStG regelt, dass die Zusammenfassung von BgA zulässig und möglich ist, wenn es sich um gleichartige BgA handelt, oder zwischen den jeweiligen BgA nach dem Gesamtbild der tatsächlichen Verhältnisse objektiv eine enge wechselseitige technisch-wirtschaftliche Verflechtung von einigem Gewicht besteht, oder es sich um sog. Querverbundunternehmen i. S. d. § 4 Abs. 3 KStG handelt.[2]

Nach Satz 2 von Abs. 6 ist eine Zusammenfassung eines BgA mit einem Hoheitsbetrieb nicht zulässig.

262 Der Gesetzentwurf der Bundesregierung v. 2. 9. 2008 umfasste noch den Vorschlag, die Fallgruppe der „engen wechselseitigen technisch-wirtschaftlichen Verflechtung" von der Normierung auszunehmen.[3] Der Entwurf sah zudem vor, in Abs. 3 den Hauptanwendungsfall des „öffentlichen Badebetriebs" aufzunehmen. Von der Aufnahme wurde letztlich allerdings Abstand genommen, stattdessen ist, trotz der Bedenken wegen des administrativen Aufwands und der Streitanfälligkeit dieser Fallgruppe,[4] die entsprechende Kodifikation in § 4 Abs. 6 Satz 1 Nr. 2 KStG erfolgt.

263 Gegen die Aufnahme des „öffentlichen Badebetriebs" in den Katalog des Abs. 3 wurden (auch) beihilferechtliche Bedenken vorgebracht. Vor allen Dingen die vorgesehene Einbeziehung öffentlicher Bäder in den Verlustausgleich durch schlichte Aufnahme in den Katalog des Abs. 3 bereitete vor dem Hintergrund auch privater Anbieter Sorge, dass dies Auswirkungen auf den Gemeinsamen Markt haben könnte und folglich tatbestandlich als (Neu)Beihilfe nach Art. 1c der VO (EG) Nr. 659/1999 gewertet würde.[5]

264 Doch auch die Neuregelung wird hinsichtlich der Vereinbarkeit mit dem unionsrechtlichen Beihilferecht kritisch begutachtet. Vor allem die in Abs. 6 normierte Möglichkeit, Dauerverlustbetriebe i. S. d. § 8 Abs. 7 KStG mit gewinnträchtigen Tätigkeiten verrechnen zu können und damit der öffentlichen Hand einen einseitigen Wettbewerbsvorteil zu verschaffen, begegnet Bedenken, da dies der Neutralität des Steuerrechts widerspreche. Strittig ist in diesem Zusammenhang, ob es sich um eine Neu- oder Altbeihilfe handelt.[6] Da allerdings die bisherige Verwaltungspraxis durch den Gesetzgeber lediglich bestätigt und nicht geändert wird, ist von einer Altbeihilfe auszugehen.[7]

---

1 BFH, Urteil v. 7. 11. 2007 - I R 52/06, BStBl 2009 II S. 248.
2 *Eversberg/Baldauf*, DStZ 2010 S. 358, 360; s. dazu jüngst FG Münster, Urteil v. 11.5.2017 - 10 K 2308/14 K,G,F, EFG 2017 S. 1622, NWB SAAAG-52355.
3 BT-Drucks. 16/10189.
4 BT-Drucks. 16/10189, 68.
5 Beschlussempfehlung des Finanzausschusses, BT-Drucks. 16/11055, 75.
6 Für Neubeihilfe: *Heger*, FR 2009 S. 301; für Altbeihilfe: *Weitemeyer*, FR 2009 S. 1 sowie *Hüttemann*, FR 2009 S. 308.
7 So *Meier/Semelka* in HHR KStG 285. Erg. Lfg. 2018, § 4 Rz. 80.

§ 4 Abs. 6 KStG wurde durch das JStG 2009 in das KStG eingefügt, weil für die bis dahin lediglich allgemeinen Grundsätze zur Zusammenfassung von BgA keine gesetzliche Grundlage bestand. Der BFH entwickelte in seinem Urteil vom 20. 3.1956[1] die Voraussetzung des engen inneren wirtschaftlichen Zusammenhangs zwischen verschiedenen Tätigkeiten, die er neben der organisatorischen Verknüpfung für die wirtschaftliche Verknüpfung für erforderlich hielt. Bei demgegenüber gleichartigen Betätigungen (Verkehrs-, Versorgungs- und Hafen- oder ähnliche Betriebe) hielt die Rechtsprechung allerdings eine enge technisch-wirtschaftliche Verflechtung für nicht erforderlich.[2] Die Finanzverwaltung akzeptierte, der Rechtsprechung folgend bzw. an diese anknüpfend, die Zusammenfassung von Tätigkeiten in der Form einer Eigengesellschaft, sofern sie auch nach den Voraussetzungen für einen Zusammenschluss von BgA hätten zusammengefasst bzw. zusammengeschlossen werden dürfen (R 7 Abs. 2 KStR 2004).

265

Bis zum JStG 2009 fehlte diesen Grundsätzen zur bzw. für die Zusammenfassung die gesetzliche Normierung. § 4 Abs. 6 KStG ist daher als gesetzliche Normierung der bisher allgemein anerkannten Grundsätze zur Zusammenfassung von Betrieben gewerblicher Art bzw. von Tätigkeiten in einer Eigengesellschaft zu sehen. Es soll gewährleistet werden, dass eine Verlustverrechnung weiterhin unter den vorgenannten Voraussetzungen möglich bleibt. Nunmehr lässt sich anhand von § 4 Abs. 6 KStG bzw. dessen tatbestandlicher Voraussetzungen die Frage klären, unter welchen Bedingungen die öffentliche Hand ihre Tätigkeiten zu einer wirtschaftlichen Einheit mit steuerlicher Wirkung zusammenfassen kann.

266

Das Ziel der Zusammenfassung ist der Verlustausgleich zwischen Verlust- und Gewinnbetrieben. Dabei steht es der juristischen Person des öffentlichen Rechts frei, ihre BgA nach eigenen Zweckmäßigkeitserwägungen zu organisieren (mehrere BgA in einem BgA oder mehrere BgA in einer juristischen Person des Privatrechts); allerdings unter Berücksichtigung und Beachtung der gesetzlichen Vorgaben.[3]

267

(Einstweilen frei)

268–280

II. Voraussetzungen für die Zusammenfassung (§ 4 Abs. 6 Satz 1 KStG)

Nach § 4 Abs. 6 Satz 1 KStG ist die Zusammenfassung mehrerer BgA bei Vorliegen eines der drei genannten Tatbestände, die getrennt zu prüfen sind,[4] möglich. Eine Zusammenfassung kann unter eine oder mehrere tatbestandliche Varianten fallen. Sofern keine der tatbestandlichen Varianten einschlägig ist, ist eine Zusammenfassung der BgA nicht möglich. Die Zusammenfassung kann bei allen Varianten unter bestimmten Voraussetzungen auch kettenförmig erfolgen.[5] Auch mehrere verpachtete BgA können zusammengefasst werden. Dabei müssen allerdings gleichartige Betriebe involviert sein.[6] Es ist unerheblich, dass die Betriebe an verschiedene Personen verpachtet sind.[7] Ebenfalls zulässig ist die Zusammenfassung von verpachteten und selbst bewirtschafteten Betrieben gleicher Art.

281

---

1 BFH, Urteil v. 20. 3.1956 - I 317/55 U, BStBl 1956 III S.166.
2 BFH, Urteil v. 28. 2.1956 - I 5/54 U, BStBl 1956 III S.133.
3 BFH, Urteil v. 22. 8.2007 - I R 32/06, BStBl 2007 II S. 961.
4 BMF, Schreiben v. 12.11.2009, BStBl 2009 I S.1303 Tz. 4; s. auch FG Nürnberg v. 16. 6.2015 - 1 K 1305/13, BeckRS 2016, 94186 am Beispiel eines Hallenbads.
5 *Bracksiek*, FR 2009 S. 15, 16; *Hüttemann*, DB 2009 S. 2629, 2630.
6 BFH, Urteil v. 24. 6.1959 - I R 213/58 U, BStBl 1959 III S. 339.
7 *Kronawitter*, ZKF 2010 S. 97.

1. Gleichartigkeit

282 Nach § 4 Abs. 6 Satz 1 Nr. 1 KStG ist die Zusammenfassung gleichartiger BgA zulässig (R 4.2 Abs. 1 KStR 2015). Entscheidend ist somit nicht eine Gleichwertigkeit, sondern eine Gleichartigkeit. Gemeint sind damit gewerbliche Betätigungen, die im gleichen Gewerbezweig ausgeübt werden. Gleichartigkeit liegt auch vor, wenn sich die Tätigkeiten zwar unterscheiden, allerdings einander ergänzen.[1] Daraus lässt sich schließen, dass der Begriff der Gleichartigkeit nicht zu eng gefasst werden sollte. Die Finanzverwaltung macht deutlich, dass Versorgungs- und Verkehrsbetriebe nicht als gleichartig gelten, weil sie in Abs. 3 aufgelistet sind,[2] vielmehr gelten die in Abs. 3 aufgeführten Versorgungsbetriebe Wasser, Gas, Wärme und Elektrizität untereinander stets als gleichartig. Dadurch soll die nachträgliche Aufnahme einer dieser Tätigkeiten von Versorgungsunternehmen erleichtert werden.[3]

283–285 *(Einstweilen frei)*

2. Verflechtung

286 § 4 Abs. 6 Satz 1 Nr. 2 KStG regelt, dass verschiedenartige BgA nur zusammengefasst werden können, wenn nach dem Gesamtbild der tatsächlichen Verhältnisse eine objektiv bestehende enge wechselseitige technisch-wirtschaftliche Verflechtung von einigem Gewicht besteht.[4] Ein innerer funktionaler Zusammenhang zwischen den Betrieben in der Form eines „Aufeinander angewiesen sein" wird nicht vorausgesetzt, wohl aber eine sachliche Beziehung der jeweiligen Betätigungen in der Form eines inneren wirtschaftlichen Zusammenhangs, der nach den Anschauungen des Geschäftsverkehrs die Zusammenfassung zu einer wirtschaftlichen Einheit rechtfertigt.[5] Eine rein organisatorische Verknüpfung über eine gemeinsame einheitliche kaufmännische Leitung oder Buchführung genügt nicht den Anforderungen an den engen wirtschaftlichen Zusammenhang, ist aber dennoch notwendig.[6]

287 Für die Annahme des Merkmals „von einigem Gewicht" dürfte indiziell bei Strom, Wärme und Wasser die Marke von 25 % der Gesamtabnahmemenge bzw. der Gesamtleistung eines BgA veranschlagt werden.[7] Eine Verflechtung/Zusammenfassung wurde von der Rechtsprechung angenommen z. B. bei einem Schwimmbad und Wasserwerk[8] oder einer Gas- und Wasserversorgung mit Tiefgarage[9] sowie einem Wasser- und Fernwärmewerk mit Verkehrs- und Bäderbetrieb.[10] Abgelehnt wurde sie hingegen z. B. bei einer Gaststätte und einem Marktstandplatz[11] sowie Fernheizwerke, Theatertiefgarage und Industriegleisanlagen mit dem Eigenbetrieb „Verpackungsverordnung".[12]

288–290 *(Einstweilen frei)*

---

1 BFH, Urteil v. 9. 8. 1989 - X R 130/87, BStBl 1989 II S. 901.
2 BMF, Schreiben v. 12. 11. 2009, BStBl 2009 I 1303, Tz. 4.
3 *Meier/Semelka* in HHR KStG 272 Erg. Lfg. 2015, § 4 Rz. 81.
4 FG Münster, Urteil v. 11.5.2017 - 10 K 2308/14 K,G,F, EFG 2017 S. 1622, NWB SAAAG-52355.
5 BFH, Urteil v. 4. 9. 2002 - I R 42/01, BFH/NV 2003, S. 511 = NWB QAAAA-70039; BMF, Schreiben v. 12. 11. 2009, BStBl 2009 I 1303, Tz. 5; s. auch FG München, Urteil v. 21. 7. 2015 - 6 K 3113/11, BeckRS 2015, 95702.
6 BFH, Urteil v. 11. 2. 1997 - I R 161/94, BFH/NV 1997 S. 625 = NWB VAAAB-38943.
7 *Meier/Semelka* in HHR KStG 285. Erg. Lfg. 2018 § 4 Rz. 82.
8 BFH, Urteil v. 8. 2. 1966 - I 212/63, BStBl 1966 III S. 287.
9 BFH, Urteil v. 8. 11. 1989 - I R 187/85, BStBl 1990 II S. 242.
10 BFH, Urteil v. 19. 5. 1967 - III 50/61, BStBl 1967 III S. 510.
11 BFH, Urteil v. 24. 10. 1961 - I 105/60 U, BStBl 1961 III S. 552.
12 BFH, Urteil v. 4. 9. 2002 - I R 42/01, BFH/NV 2003 S. 511 = NWB QAAAA-70039.

3. Verweis auf Abs. 3

Nach § 4 Abs. 6 Satz 1 Nr. 3 KStG ist die Zusammenfassung von Versorgungsbetrieben auch dann möglich, wenn die Voraussetzungen der Nr. 1 oder Nr. 2 nicht erfüllt sind, sondern allein die Verflechtung besteht. Der Prüfung einer engen wechselseitigen technisch-wirtschaftlichen Verflechtung von einigem Gewicht bedarf es nicht, wenn Versorgungs-, Verkehrs-, Hafen- und Flughafenbetriebe einer Gemeinde zusammengefasst werden.[1] Als Begründung führt man an, diese Betriebe erfüllten die einheitliche Aufgabe der Grundversorgung der Bürger mit lebensnotwendigen Gütern zu sozialadäquaten Konditionen.[2]

Für eine Zusammenfassung mit anderen BgA gilt dies nicht. Eine Zusammenfassung eines BgA der Nr. 2 mit einem BgA, der unter Nr. 3 fällt, setzt zwei Versorgungsbetriebe voraus. Für die Zusammenfassung eines unter Nr. 3 stehenden BgA nach Nr. 1 mit einem anderen BgA verlangt die Finanzverwaltung das Vorliegen von Gleichartigkeit.[3] Obwohl die Tatbestände des Abs. 6 prinzipiell in einem Alternativverhältnis zueinander stehen, kann Abs. 6 Satz 1 Nr. 3 über den Verweis auf Abs. 3 und die damit bereits verbundene Erfassung von Verkehrs- und Versorgungsbetrieben als speziellere Variante angesehen werden.[4] Argument hierfür ist zudem, dass andernfalls, im Hinblick auf die Zusammenfassung mit einem Bäderbetrieb, die Regelung in Abs. 6 Satz 1 Nr. 2 obsolet wäre.[5] Daraus folgt, dass die Zusammenfassung von Versorgungs- und Verkehrsbetrieben primär nach Abs. 6 Satz 1 Nr. 3 bewertet wird.[6]

(Einstweilen frei) 293–295

4. Trennung, Zusammenfassung in einer Kapitalgesellschaft

Zusammengefasste BgA können wieder getrennt werden, sofern dafür keine steuerlichen, sondern allein sachliche Erwägungen vorliegen.[7] Ebenfalls ausdrücklich zulässig ist die Zusammenfassung unterschiedlicher BgA einer juristischen Person des öffentlichen Rechts in einer Kapitalgesellschaft.[8] Eine Zusammenfassung scheidet aus, wenn allein Beteiligungen an Kapitalgesellschaften zusammengefasst werden, wenn die Gesellschaft keine eigene wirtschaftliche Tätigkeit entfaltet und für die Zwischenschaltung über das Halten der Beteiligungen hinaus keine weiteren wirtschaftlichen oder andere wichtigen Gründe erkennbar sind.[9]

(Einstweilen frei) 297–300

III. Keine Zusammenfassung mit Hoheitsbetrieben (§ 4 Abs. 6 Satz 2 KStG)

Nach § 4 Abs. 6 Satz 2 ist die Zusammenfassung von BgA mit Hoheitsbetrieben, die getrennt vorliegen oder getrennt werden können, nicht zulässig.[10] Auch unzulässig ist die Zusammen-

---

1 BFH, Urteil v. 8. 11. 1989 - I R 187/85, BStBl 1990 II S. 242; *Meier/Semelka* in HHR KStG 285. Erg. Lfg. 2018, § 4 Rz. 83.
2 *Meier/Semelka* in HHR KStG 285. Erg. Lfg. 2018, § 4 Rz. 83.
3 BMF, Schreiben v. 12. 11. 2009, BStBl 2009 I 1303, Tz. 6.
4 *Meier/Semelka* in HHR KStG 285. Erg. Lfg. 2018, § 4 Rz. 83.
5 *Meier/Semelka* in HHR KStG 285. Erg. Lfg. 2018, § 4 Rz. 83.
6 BMF, Schreiben v. 12. 11. 2009, BStBl 2009 I S. 1303, Tz. 4.
7 BFH, Urteil v. 28. 2. 1956 - I 5/54, BStBl S. 1956 III 133.
8 BFH, Urteil v. 14. 7. 2004 - I R 9/03, BFH/NV 2004, 1689 = NWB HAAAB-35877.
9 BFH, Urteil v. 14. 7. 2004 - I R 9/03, BFH/NV 2004, 1689 = NWB HAAAB-35877.
10 BFH, Urteil v. 25. 1. 2005 - I R 245/04, BFH/NV 2005, S. 1135 ff.

fassung im Bereich der Vermögensverwaltung mit einem BgA.[1] Allein wenn die wirtschaftliche und hoheitliche Tätigkeit unlösbar und untrennbar miteinander verbunden ist und die Überwiegensregelung des Abs. 5 Satz 1 zum Tragen kommt, ist ein Ergebnisausgleich möglich.[2]

302–330 (Einstweilen frei)

H. ABC der Betriebe gewerblicher Art/Hoheitsbetriebe

Hinweis: Die Qualifikation als BgA steht unter dem Vorbehalt, dass die übrigen Voraussetzungen vorliegen. Zu weiteren Beispielen s. *Erhard* in Blümich KStG 141. Auflage 2018 § 4 Rz. 131.

331 ▶ **Abfallberatung**

Nach zutreffender Ansicht des FG Berlin/Brandenburg stellt die gegen Entgelt durch die öffentliche Hand geleistete Abfallberatung einen Hoheitsbetrieb dar.[3] Ein Wettbewerb zu privaten Anbietern ist in diesem Feld nicht ersichtlich.

▶ **Abfallbeseitigung und -verwertung**

Die Abfallbeseitigung und -verwertung stellt im Grundsatz einen Hoheitsbetrieb dar.[4] S. auch ausführlich unten beim Stichwort „Entsorgung".

▶ **Ärztliche und zahnärztliche Stellen nach § 16 Abs. 3 Röntgenstrahlenverordnung**

Ärztliche und zahnärztliche Stellen nach § 16 Abs. 3 Röntgenstrahlenverordnung werden nach Auffassung der Finanzverwaltung hoheitlich tätig, auch, wenn zwei juristische Personen des öffentlichen Rechts sich zu einer Arbeitsgemeinschaft in der Rechtsform der GbR zusammenschließen.[5]

▶ **Amtshilfe**

Der dem öffentlichen Recht entstammende Begriff der Amtshilfe (Art. 35 GG) ist für die Qualifizierung der Tätigkeit entgegen älterer Auffassung[6] irrelevant, weil eine ihrem Inhalt nach wirtschaftliche Tätigkeit auch nicht dadurch zur Ausübung hoheitlicher Gewalt wird, dass sie im Wege der Amtshilfe erfolgt.[7] Die Amtshilfe bei hoheitlichen Tätigkeiten begründet aber nach Auffassung der Finanzverwaltung keinen BgA.[8] Dem ist unter dem Aspekt zuzustimmen, dass die Ausübung von Hoheitsgewalt grundsätzlich staatlichen Stellen vorbehalten ist und ein Wettbewerb zu Privaten nicht auftreten kann. Geht es allerdings um auch privatrechtlich ausübbare Tätigkeiten, gelten die allgemeinen Abgrenzungsregeln zwischen BgA und Hoheitsbetrieb.[9]

---

1 *Kronawitter*, ZKF 2010, 97.
2 *Meier/Semelka* in HHR KStG 285. Erg. Lfg. 2018, § 4 Rz. 85.
3 FG Berlin/Brandenburg v. 16.2.2011 - 12 K 8281/06 B, EFG 2011 S. 1358, nrkr., Rev., erledigt durch BFH v. 3.4.2012 - I R 22/11, NWB CAAAE-11223.
4 Einzelheiten bei *Erhard* in Blümich 141. Auflage 2018 KStG § 4 Rz. 131.
5 OFD Hannover Vfg. v. 10.12.1998, KStK § 4 KStG Karte E 4.
6 BFH, Urteil v. 1.4.1965 - V 131/62 U, BStBl 1965 III S. 339, 340 f.
7 BFH, Urteile v. 21.9.1989 - V R 89/85, BStBl 1990 II S. 95, 97; v. 14.3.1990 - I R 156/87, BStBl 1990 II S. 866, 868; R 5 Abs. 12 Satz 9 KStR 2015.
8 Vgl. auch OFD Rostock v. 21.11.2002, DStZ 2003 S. 129.
9 Vgl. auch BFH, Urteil v. 18.12.2003 - V R 66/01, BFH/NV 2004 S. 985 = NWB TAAAB-20748.

▶ **Anschlagtafeln**

Nach der Entscheidung des BFH, Urteil v. 2.3.1983[1] ist die Anbringung von Anschlagtafeln eine wirtschaftliche Tätigkeit. Zur Abgrenzung und zur Vermögensverwaltung siehe auch BFH, Urteil v. 20.11.1969.[2]

▶ **Apotheken**

Die Unterhaltung einer Apotheke begründet einen BgA, auch bei Verpachtung.[3]

▶ **Asylbewerberheim**

Die nur vorübergehende Unterbringung von Asylbewerbern in Einrichtungen der juristischen Person des öffentlichen Rechts wird aus Billigkeitsgründen von der Verwaltung nicht als BgA angesehen.[4]

▶ **Aufzug im Fernsehturm**

Die Verpachtung einer Aufzugsanlage in einem Fernsehturm, der auf dem Turm befindlichen Aussichtsterrassen und im Turmkorb sowie am Fuß des Turms befindlichen Räume, die für den Betrieb einer Gaststätte bestimmt sind, ist ein BgA.[5]

▶ **AU-Plaketten**

Der Verkauf von AU-Plaketten durch Kfz-Innungen an anerkannte Kfz-Werkstätten begründet einen BgA; eine Zuordnung zum hoheitlichen Bereich wurde bis einschließlich VZ 1994 nicht beanstandet.[6]

▶ **Beistandsleistungen**

Für Beistandsleistungen öffentlich-rechtlicher Körperschaften untereinander gelten die allgemeinen Regeln, d.h. allein der Charakter als Beistandsleistung führt nicht zu einem Hoheitsbetrieb.[7]

▶ **Berufsgenossenschaft**

Der arbeitsmedizinische Dienst einer Berufsgenossenschaft stellt aus Wettbewerbsgründen einen BgA dar.[8]

▶ **Blutalkoholuntersuchungen**

Blutalkoholuntersuchungen sind aufgrund der Konkurrenz zu privaten Laboren stets wirtschaftliche Tätigkeiten.[9]

▶ **Bodenuntersuchungsanstalten**

Bodenuntersuchungsanstalten sind wirtschaftlich tätig.[10]

---

1 BFH, Urteil v. 2.3.1983 - I R 100/79, BStBl 1983 II S. 386.
2 BFH, Urteile v. 20.11.1969 - I R 204/67, BStBl 1970 II S. 151 f. und v. 5.7.1972 - I R 83/70, BStBl 1972 II S. 777 f.; v. 2.3.1983 - I R 199/79, BStBl 1983 II S. 386.
3 BFH, Urteil v. 14.2.1956 - I 44/55 U, BStBl 1956 III S. 105, 106.
4 BMF, Schreiben v. 11.12.1996, BStBl 1997 I 112; s. *Märtens* in Gosch KStG, 3. Auflage 2015 § 4 Rz. 181 bzw. *Erhard* Blümich KStG 141. Erg. Lfg. § 4 Rz. 131.
5 BFH, Urteil v. 13.3.1974 - I R 7/71, BStBl 1974 II S. 391.
6 OFD Hannover Vfg. v. 8.8.1994, KStK § 4 KStG Karte A 7.
7 KStH 9 „Beistandsleistung"; näher *Müller-Gatermann*, FR 2009 S. 314, 318.
8 BMF, Schreiben v. 9.10.1998, NWB GAAAA-79247.
9 BFH, Urteile v. 21.9.1989 - V R 89/85, BStBl 1990 II S. 95, 97; v. 14.3.1990 - I R 156/87, BStBl 1990 II S. 866, 867 f.
10 OFD Freiburg, Vfg. v. 30.6.1980, KStK 1977 § 4 KStG Nr. 1.

▶ **Börsen**

Börsen in der Rechtsform der Körperschaft des öffentlichen Rechts bilden BgA.[1]

▶ **Buchstellen**

Die Buchstellen der Handwerkskammer oder einer Handwerksinnung stellen einen BgA dar.[2]

▶ **Bundeswehr**

Die Bundeswehr ist Hoheitsbetrieb (vgl. Art. 87a GG). Anderes kann für die sozialen Einrichtungen der Streitkräfte gelten.[3] Zu den Betreuungseinrichtungen der Bundeswehr siehe etwa Vfg. der OFD Hannover v. 1. 8. 2000.[4]

▶ **Campingplatz**

Die Unterhaltung eines Zelt- oder Campingplatzes ist eine wirtschaftliche Tätigkeit, es sei denn, es würde lediglich ein Grundstück ohne die erforderlichen Einrichtungen und Anlagen überlassen.[5]

▶ **Datenverarbeitung**

Ein Zweckverband für kommunale Datenverarbeitung stellt nach älterer Auffassung der Finanzverwaltung einen Hoheitsbetrieb dar, soweit er für den Hoheitsbereich der Mitglieder oder Nichtmitglieder tätig wird. Eine wirtschaftliche Tätigkeit soll hingegen vorliegen, wenn die Aufgaben für einen BgA oder für Dritte, die keine juristischen Personen öffentlichen Rechts sind, ausgeführt werden. Diese Ansicht wird auf den Gedanken der Amtshilfe gestützt.[6] Diese Auffassung ist nach der jüngeren Rechtsprechung zur Amtshilfe nicht mehr aufrechtzuerhalten, weil diese Tätigkeiten auch durch private EDV-Unternehmen durchgeführt werden könnten.

▶ **Desinfektion**

Desinfektionsanstalten sind Einrichtungen zur hoheitlichen Gefahrenabwehr.[7]

▶ **Duales System**

Erbringen bei der Müllentsorgung im Rahmen des sogenannten Dualen Systems juristische Personen des öffentlichen Rechts Leistungen gegen Entgelt gegenüber den entsorgungspflichtigen Unternehmen, begründen sie hierdurch einen BgA und keinen Hoheitsbetrieb.[8] Siehe auch noch „Entsorgung".

▶ **Entsorgung**

Traditionell wird die Entsorgungstätigkeit durch die öffentliche Hand als hoheitliche Aufgabe angesehen.[9] Die jüngeren Entscheidungen des BFH[10] bestätigen diese Rechtsprechung mit der Begründung, dass die Aufgabe der Abfallentsorgung im fraglichen Streitjahr den Gebietskörperschaften unabweisbar zugewiesen sei. Dass dieser Ansatz, auf die öffentlich-rechtliche Na-

---

1 BFH, Urteil v. 16. 11. 1954 - I 114/53 U, BStBl 1955 III S. 12, 13.
2 BFH, Urteile v. 18. 8. 1966 - V 21/64, BStBl 1967 III S. 100 f.; v. 13. 3. 1991 - I R 83/89, BStBl 1991 II S. 595, 596 f.
3 *Erhard* in Blümich 141. Auflage 2018 KStG § 4 Rz. 131.
4 KStK § 4 KStG Karte D 1.
5 Abgrenzung zur Vermögensverwaltung, BFH, Urteil v. 7. 5. 1969 - I R 106/66, BStBl 1969 II S. 443 f.
6 Koordinierter Ländererlass, FinMin NRW v. 7. 11. 1984, DB 1984 S. 2435.
7 R 5 Abs. 14 Satz 3 KStR 2015.
8 BFH, Urteil v. 6. 11. 2007 - I R 72/06, BStBl 2009 II S. 246.
9 § 4 Abs. 1 KStDV 1935; R 9 Abs. 1 Satz 2 KStR 2004.
10 BFH, Urteile v. 23. 10. 1996 - I R 1-2/94, BStBl 1997 II S. 139, 141; v. 8. 1. 1998 - V R 32/97, BStBl 1998 II S. 410, 412.

tur der Aufgabenzuweisung abzustellen, zu kurz greift, wurde bereits dargestellt (s. oben → Rz. 146 ff.).[1] Vielmehr ist auch nach der Wettbewerbssituation auf dem relevanten Markt zu fragen. Hier wird deutlich, dass in vielen Fällen potenzieller Wettbewerb zwischen öffentlichen und privaten Entsorgern besteht, was dann zu einer Verneinung der Hoheitsbetriebseigenschaft führen muss.[2] Zur Wettbewerbssituation siehe auch BFH, Urteil v. 15. 12. 1993.[3]

Darüber hinaus ist auch die unterschiedliche Behandlung von Versorgung (§ 4 Abs. 3 KStG) und Entsorgung nur historisch zu verstehen. Die Entsorgung hatte bis in die jüngste Vergangenheit noch nicht die Bedeutung, die ihr heute zukommt. Deswegen bestand kein Anlass, sie in die Definition der Versorgungsbetriebe im Sinne dieser steuerlichen Bevorzugung aufzunehmen. Die Versorgung der Bevölkerung ist in heutiger Zeit hingegen ohne eine fachgerechte Entsorgung nicht mehr möglich. Dies verdeutlichen die Verordnung über die Vermeidung und Verwertung von Verpackungsabfällen v. 21. 8. 1998[4] und das Kreislaufwirtschafts- und Abfallgesetz v. 27. 9. 1994.[5] Die Einstufung der Abwasserbeseitigung als hoheitliche Aufgabe bestätigen auch das FG Rheinland Pfalz,[6] das FG Mecklenburg-Vorpommern,[7] das FG des Landes Brandenburg.[8]

Auf dem Boden der neueren BFH-Rechtsprechung stellen Tätigkeiten im Rahmen des Dualen Systems[9] keinen Hoheitsbetrieb dar, weil sie aufgrund privatwirtschaftlicher Verträge ausgeführt werden. Das DSD könnte auch mit anderen privaten Unternehmen zusammenarbeiten.[10] Zu den steuerpflichtigen Leistungen, die die entsorgungspflichtige Körperschaft im Rahmen ihrer wirtschaftlichen Tätigkeit für das Duale System erbringt, gehören auch die Erfassung von Verkaufspackungen, die Öffentlichkeitsarbeit, die Wertstoffberatung sowie die Zurverfügungstellung und Reinigung von Containerstellplätzen.[11]

Unter dem KrW-/AbfG (§§ 15 ff.) sind die öffentlich-rechtlichen Entsorgungsträger zur Entsorgung von Abfällen aus privaten Haushaltungen und anderen Herkunftsbereichen verpflichtet. Nach der Aufgabenzuweisungslösung liegt insoweit eine hoheitliche Tätigkeit vor. Zur Entsorgung der Abfälle zur Verwertung aus anderen Tätigkeitsbereichen ist der Abfallbesitzer und -erzeuger selbst verpflichtet. Die Betätigung der öffentlichen Hand in diesem Bereich stellt demnach einen BgA dar, wenn die übrigen Voraussetzungen vorliegen.[12]

Die Abwasserbeseitigung ist nach herkömmlichen Maßstäben hoheitlich[13] Die Finanzverwaltung sieht im Rahmen einer Billigkeitsregelung für die neuen Bundesländer aus der (zwangs-

---

1 Ebenso *Müller-Gatermann*, FR 2009 S. 314, 316.
2 Ebenso *Seer/Klemke*, BB 2010, S. 2015, S. 2023.
3 BFH, Urteil v. 15. 12. 1993 - X R 115/31, BStBl 1994 II S. 314.
4 Verpackungsverordnung, BGBl 1998 I 2379 ff.
5 BGBl 1994 I 2715.
6 FG Rheinland-Pfalz v. 12. 2. 1998 - 6 K 1490/97, EFG 1998, S. 849 f., rkr.
7 FG Mecklenburg-Vorpommern v. 29. 7. 1998 - 1 K 6/97, EFG 1998, S. 1431 f., rkr., nach Zurückweisung der Nichtzulassungsbeschwerde; BFH, Urteil v. 7. 12. 1999 - I B 136/98, BFH/NV 2000, S. 894 = NWB IAAAA-65287.
8 Urt. v. 15. 4. 2002 - 1 K 2642/99, EFG 2002 S. 1124, rkr.; BFH, Urteil v. 27. 6. 2001 - I R 82-85/00, BStBl 2001 II S. 773.
9 BFH, Urteil v. 6. 11. 2007 - I R 72/06, BStBl 2009 II S. 246.
10 Koordinierter Ländererlass, FinMin NRW v. 2. 3. 1995, DB 1995 S. 652.
11 R 4.5 Abs. 6 Satz 8 KStR 2015.
12 *Reimann*, DB 1999 S. 1088 ff.
13 BFH, Urteil v. 8. 1. 1998 - V R 38/97, BStBl 1998 II S. 410, 412; R 5 Abs. 14 KStR 2004.

weisen) Zusammenfassung der Wasserversorgung und Abwasserbeseitigung in Wasser- und Abwassergesellschaften für den Zeitraum 1992 und 1993 keine Konsequenzen.[1]

Nach Auffassung der Finanzverwaltung zählt zum hoheitlichen Bereich als Hilfsgeschäft neben dem getrennten Ansammeln und Veräußern wiederverwertbarer Abfälle außerhalb des Dualen Systems auch die entgeltliche Abgabe der Abfälle selbst oder der aus den Abfällen gewonnenen Stoffe oder Energie.[2] Stammen die veräußerten Stoffe oder die im Zuge der Müllverbrennung veräußerte Energie nicht überwiegend aus Abfällen, liegt selbst nach Ansicht der Finanzverwaltung eine wirtschaftliche Tätigkeit vor. Zur Wärmelieferung einer Müllverbrennungsanlage an ein Fernheizkraftwerk siehe auch FG Münster, Urteil v. 21.4.1986.[3]

Bei untrennbarer Verknüpfung mit dem Bereich der Abfallversorgung und -entsorgung ist auf die überwiegende Tätigkeit abzustellen (§ 4 Abs. 5 Satz 1 KStG).

Die Müllentsorgung für eine andere Körperschaft des öffentlichen Rechts wird ebenfalls als hoheitlich behandelt.[4] Die Kritik an der Einstufung der Amtshilfe als hoheitlich gilt auch hier.

▶ **Erholungsheim**

Die Unterhaltung eines Erholungsheimes begründet einen BgA.[5]

▶ **Forschung und Lehre**

Ausgangspunkt ist, dass in Anlehnung an den RFH[6] nach einhelliger Meinung Forschung und Lehre an staatlichen Hochschulen grundsätzlich als Ausübung öffentlicher Gewalt anzusehen sind.[7]

Die entgeltliche Untersuchungs-, Beratungs- und Begutachtungstätigkeit konnte nach dem BFH-Urteil v. 13.4.1961[8] nur dann als Ausübung hoheitlicher Tätigkeiten eingestuft werden, wenn sie im Rahmen der wissenschaftlichen Forschung ausgeübt wird. Nach dem Urteil des BFH, Urteil v. 30.11.1995[9] stellen Auftragsforschung und Projektträgerschaft wirtschaftliche Geschäftsbetriebe i. S. d. §§ 14, 64 AO dar. Die Reaktion des Gesetzgebers war die Einführung einer neuen Zweckbetriebsfiktion für Wissenschafts- und Forschungseinrichtungen in § 68 Nr. 9 AO, deren Träger sich überwiegend aus Zuwendungen der öffentlichen Hand oder der Vermögensverwaltung finanziert, jetzt auch Steuerbefreiung in § 5 Abs. 1 Nr. 23 KStG.

Der Steuerbefreiung vorgelagert ist jedoch die Frage, ob eine hoheitliche Tätigkeit vorliegt oder nicht.[10] Grundsätzlich wirtschaftlich ist die Projektträgerschaft und die Anwendung gesicherter Erkenntnisse (z. B. bei Materialprüfungsanstalten). Der Forschungstransfer, der durch die öffentliche Hand oder private gemeinnützige Einrichtungen gefördert wird, ist hingegen im Grundsatz hoheitlich. Bei einer Förderung durch privatwirtschaftliche Unternehmen ist zu unterscheiden, ob echte Zuschüsse oder Spenden für die Forschungstätigkeit vorliegen oder ob

---

1 BMF, Schreiben v. 7.5.1992 - IV B7 - S 2706 - 15/92, DB 1992, 1555 und v. 6.10.1992 - IV B7 - S 2706 - 43/92, FR 1992, 788.
2 R 4.5 Abs. 6 Satz 3 KStR 2015; BMF, Schreiben v. 13.3.1987, BStBl 1987 I S. 373.
3 FG Münster, Urteil v. 21.4.1986 - IX 3394/84 K, EFG 1986 S. 619.
4 FinMin Baden-Württemberg, Erlass v. 22.12.1993, KStK § 4 KStG Karte 10.
5 OFD Frankfurt a. M. Vfg. v. 5.5.1994, KStK § 4 KStG Karte A 15.
6 RFH, Urteil v. 9.7.1937 - V D 1/37, RStBl 1937 S. 1306, 1307.
7 BFH, Urteile v. 13.4.1961 - V 120/59 U, BStBl 1961 III S. 298, 299; v. 14.3.1990 - I R 156/87, BStBl 1990 II S. 866, 868.
8 BFH, Urteil v. 13.4.1961 - V 120/59 U, BStBl 1961 III S. 298, 299.
9 BFH, Urteil v. 30.11.1995 - V R 29/91, BStBl 1997 II S. 189, 191 f.
10 Vgl. Hessisches FinMin v. 12.5.1998, KStK § 4 KStG Karte A 21; umfassend: *Lang/Seer*, StuW 1993 S. 47 ff.

Gegenleistungen vereinbart sind, die die Wissenschaftsfreiheit beseitigen, z. B. exklusive Verwertungsrechte, Weisungsbefugnisse des privatwirtschaftlichen Unternehmens oder Veröffentlichungssperren. Die Frage, ob ein echter Zuschuss vorliegt, kann an umsatzsteuerlichen Maßstäben gemessen werden.[1]

▶ **Friedhöfe**

Friedhöfe sind Hoheitsbetriebe, soweit Aufgaben des Bestattungswesens wahrgenommen werden. Neben dem eigentlichen Bestattungsvorgang gehören hierzu die Grabfundamentierung und die Grabschachtung sowie alle sonstigen Leistungen, die mit der Bestattung untrennbar verbunden sind und allgemein als unverzichtbar für eine würdige Bestattung angesehen werden, z. B. Dienstleistungen wie Wächterdienste, Sargaufbewahrung, Sargtransport im Friedhofsbereich, Totengeleit, Kranzannahme, Läuten der Glocken, musikalische Umrahmung.[2]

▶ **Friedhofsgärtnerei**

Hingegen handelt es sich bei einer Friedhofsgärtnerei um einen BgA, auch wenn dieser mit dem Bestattungswesen organisatorisch in der Friedhofsabteilung einer Gemeinde zusammengefasst wird, weil eine abgrenzbare wirtschaftliche Tätigkeit vorliegt.[3]

▶ **Fuhrpark**

Die entgeltliche Übertragung des Rechts, Werbung an Fahrzeugen des Fuhrparks einer Körperschaft des öffentlichen Rechts anzubringen, stellt nach R 10 Abs. 8 KStR 2004 grundsätzlich keine einen BgA begründende Tätigkeit dar. Das Entgelt erhöhe jedoch die Einnahmen eines BgA, wenn die Fahrzeuge diesem zugeordnet sind. Ein eigenständiger BgA könne im Einzelfall vorliegen, wenn im Zusammenhang mit der Werbung Leistungen erbracht werden, die über die bloße Zurverfügungstellung der Werbeflächen hinausgehen.

▶ **Gaststätten(verpachtung)**

Betrieb und Verpachtung einer Gaststätte sind BgA.[4]

▶ **Gesetzliche Krankenversicherung**

Nach zutreffender Rechtsprechung des BFH unterhalten gesetzliche Krankenversicherungen einen BgA, wenn sie ihren Mitgliedern private Zusatzversicherungsverträge vermitteln und dafür von den privaten Krankenversicherungen einen Aufwendungsersatz erhalten.[5]

▶ **Grundstücksverkäufe**

Grundstücksverkäufe erfolgen im Rahmen der Bauleitplanung, Boden- und Siedlungspolitik nach öffentlich-rechtlichen Vorschriften (BBauG, StBauFG, WoBauG) hoheitlich.[6] Das erscheint unter Wettbewerbsgesichtspunkten nicht unproblematisch, insbesondere mit Blick auf die Grundsätze zum gewerblichen Grundstückshandel.[7] Die FinVerw hält an der bisherigen Praxis

---

1 Vgl. auch BFH, Urteil v. 28. 7. 1994 - V R 90/92, BStBl 1995 S. II 86, 87 f.
2 BFH, Urteile v. 14. 4. 1983 - V R 3/79, BStBl 1983 II S. 491, 492 f.; v. 2. 7. 1986 - I R 38/80, BFH/NV 1987 S. 810 = NWB JAAAB-28744.
3 BFH, Urteile v. 26. 5. 1977 - V R 15/74, BStBl 1977 II S. 813, 814; v. 14. 4. 1983 - V R 3/79, BStBl 1983 II S. 491, 493.
4 BFH, Urteile v. 25. 10. 1989 - V R 111/85, BStBl 1990 II S. 868, 870; v. 11. 7. 1990 - II R 33/86, BStBl 1990 II S. 1100, 1101.
5 BFH, Urteil v. 3. 2. 2010 - I R 8/09, BStBl 2010 II S. 502.
6 Koordinierter Ländererlass, FinMin Hessen v. 11. 3. 1981, KStK 1977 § 4 KStG Karte A 2.
7 Vgl. FG Baden-Württemberg, Urteil v. 7. 2. 1992 - 9 K 342/89, EFG 1992 S. 422.

fest.[1] Entscheidend dürfte sein, ob die Grundstücksverkäufe sich auf den öffentlich-rechtlich erforderlichen Rahmen beschränken.

▶ **Gutachterausschüsse**

Die Tätigkeit der Gutachterausschüsse für Grundstückswerte i. S. d. §§ 192 ff. BauGB, §§ 136 ff. BBauGB für Privatpersonen ist wirtschaftlich.[2]

▶ **Hochbauverwaltung**

Leistungen der Hochbauverwaltung gegenüber BgA derselben juristischen Person des öffentlichen Rechts begründen nach dem Erlass der OFD Hannover v. 6. 9. 2002[3] keinen BgA, weil es an einem Drittumsatz fehle, der bei der Prüfung, ob die wirtschaftliche Tätigkeit von einigem Gewicht sei, nicht einzubeziehen sei. Das gilt nicht bei Leistungen an einen BgA einer anderen Trägerkörperschaft.[4] Bei Leistungen an den Hoheitsbereich einer anderen juristischen Person des öffentlichen Rechts liege Amtshilfe im nicht steuerlich relevanten Bereich vor.

▶ **Hochschulkliniken**

Die mit der Forschung und Lehre als Ausübung öffentlicher Gewalt untrennbare Patientenversorgung begründet eine überwiegend wirtschaftliche Zweckbestimmung des Klinikbetriebes. Mithin liegt kein Hoheitsbetrieb, sondern ein BgA vor.[5] Das Gleiche gilt für von Universitäten betriebene Tierkliniken. Nebenbetriebe (Kantinen, Apotheken, Wäschereien, Cafeterien etc.) sind wegen der engen räumlichen und organisatorischen Verbindung mit dem Klinikbetrieb in den (einheitlichen) BgA Hochschulkliniken einzubeziehen. Verpachtete Nebenbetriebe sind aus dem gleichen Grund ebenfalls als unselbständige Teile des BgA anzusehen.[6]

▶ **Industrie- und Handelskammern**

Die Industrie- und Handelskammern sind im Rahmen ihrer öffentlich-rechtlichen Befugnisse hoheitlich tätig. Die entgeltliche Abgabe von Formularen und Druckschriften sowie die Durchführung von Fortbildungsveranstaltungen kann einen BgA begründen.

▶ **Innungen**

Innungen, Handwerkskammer und Kreishandwerkerschaften werden hoheitlich tätig. Die von ihnen unterhaltenen Fachschulen und veranstalteten Lehrgänge, insbesondere zur Vorbereitung auf die Meisterprüfung, halten sich u. U. im Rahmen der öffentlich-rechtlichen Aufgabe und begründen daher keinen BgA.[7]

▶ **Job-Tickets**

Die Vermittlung von Job-Tickets durch einen öffentlichen Arbeitgeber an seinen Arbeitnehmer kann einen BgA begründen, wenn eine Verwaltungsgebühr oder ein die tatsächlichen Kosten übersteigendes Entgelt erhoben wird.

▶ **Justizvollzugsanstalten**

Beschäftigungsbetriebe im Rahmen des Strafvollzuges werden als Hoheitsbetriebe behandelt.[8]

---

[1] Vfg. OFD Frankfurt a. M. v. 19. 7. 1994, KSt-Kartei § 4 Karte A 2.
[2] R 4.5 Abs. 9 KStR 2015.
[3] DStZ 2002 S. 799.
[4] Vgl. auch OFD Koblenz, Vfg. v. 3. 4. 2002, KStK § 4 KStG, Karte A 16.
[5] RFH, Urteil v. 23. 4. 1937 - V A 409/36, RStBl 1937 S. 1306 f.; v. 2. 7. 1938 - GrS. D 5/38, RStBl 1938 S. 743 f.
[6] Umfassend FinMin Baden-Württemberg, Erlass v. 16. 8. 1990, KStK § 4 KStG Nr. 15.
[7] Vgl. insbesondere *Thouet*, DStZ 2002 S. 91 ff.; *Wendt/Elicker*, DStZ 2004 S. 399 ff.
[8] BFH, Urteil v. 14. 10. 1964 - I 80/62 U, BStBl 1965 III S. 95 f.; H 10 KStH.

▶ **Kantinen**

Die Unterhaltung einer Kantine stellt einen BgA dar.[1] Entscheidend für die wirtschaftliche Selbständigkeit ist regelmäßig die Jahresumsatzgrenze von 35.000 €.[2]

▶ **Kartenverkäufe**

Der Verkauf von Karten (z. B. Straßen-, Wanderkarten, historische Karten) durch die Landesvermessungsämter, die Landesämter für Bodenforschung, des Instituts für angewandte Geodäsie und ähnliche Einrichtungen stellt grundsätzlich eine wirtschaftliche Betätigung i. S. d. § 4 Abs. 1 KStG dar. Das gilt nicht für dem hoheitlichen Bereich zuzuordnende Karten, wie z. B. Katasterkarten und amtliche topographische Karten. Nach dem Erlass des FinMin Rheinland-Pfalz v. 28. 10. 1990[3] besteht ein BgA nur bei Abgabe an private Abnehmer und Wiederveräußerer. Die Abgabe von Karten an juristische Personen des öffentlichen Rechts sei hingegen als Amtshilfe anzusehen und deswegen dem hoheitlichen Bereich zuzuordnen. Dieser Differenzierung kann hinsichtlich der nichtamtlichen Kartenwerke nicht mehr zugestimmt werden, da die übrigen Karten auch von privaten Unternehmen besorgt werden können, so dass im Lichte der neueren Rechtsprechung der Begriff der Amtshilfe irrelevant ist.

▶ **Kassenärztliche Vereinigungen**

Kassenärztliche und zahnkassenärztliche Vereinigungen, die nach dem Gesetz über Kassenarztrecht vom 17. 8. 1955[4] Körperschaften des öffentlichen Rechts sind, werden in der Regel hoheitlich tätig.[5]

▶ **Kiesgrube**

Die Verpachtung einer Kiesgrube erfolgt stets nicht hoheitlich. Der Bereich der Vermögensverwaltung wird überschritten, wenn der Verpächter die zur Ausbeute der Grube erforderlichen Einrichtungen zur Verfügung stellt.[6]

▶ **Kindergarten**

Der Betrieb von Kindergärten ist unter Wettbewerbsgesichtspunkten stets nicht hoheitlich, wenn er auf der Grundlage zivilrechtlicher Vereinbarungen betrieben wird.[7] Die Einordnung als BgA gilt unbeschadet der Tatsache, dass ein Rechtsanspruch von Kindern ab dem vollendeten dritten Lebensjahr auf Förderung in Tageseinrichtungen nach § 24 SGB VIII besteht.[8] Bei Kindergärten, Kinderhorten und Kindertagesstätten öffentlich-rechtlicher Religionsgemeinschaften liegt nach der Vfg. der OFD Hannover v. 19. 2. 2004[9] kein BgA vor, weil die pastorale Aufgabenwahrnehmung im Vordergrund steht.[10] Das erscheint mindestens fraglich, wenn die Aufnahme der Kinder durch Abschluss eines privatrechtlichen Vertrages erfolgt.

---

1 RFH, Urteil v. 1. 3. 1938 - I 149/37, RStBl 1938 S. 477 f., R 5 Abs. 15 Satz 1 KStR 1995.
2 OFD Frankfurt a. M. v. 29. 1. 1998, KStK § 4 KStG Karte B 2.
3 KStHA 1995 H 4/7.
4 BGBl 1955 I S. 513.
5 Erlass FinMin Baden-Württemberg v. 18. 9. 1956, KStK § 4 KStG Nr. 5.
6 Vgl. RFH, Urteil v. 26. 9. 1939 - I 332 und 333/38, RStBl 1940 S. 444 f.
7 BFH, Urteil v. 18. 12. 2003 - V R 66/01, BFH/NV 2004 S. 985 = NWB TAAAB-20748.
8 BFH, Urteil v. 12. 7. 2012 - I R 106/10, BStBl 2012 II S. 837; dazu *Keyser*, KStZ 2013 S. 47; *Schmitz/Meffert*, VR 2013, 155.
9 DStZ 2004, 350; vgl. auch OFD Niedersachsen, Vfg. v. 15. 1. 2013 - S 2706 - 182- St 241, DB 2013, 318.
10 Zuletzt dazu FG Hamburg v. 5. 2. 2013 - 3 K 74/12, EFG 2013 S. 956.

▶ **Kliniken**

Siehe unter Hochschulkliniken.

▶ **Konversion militärischer Liegenschaften**

Die Konversion militärischer Liegenschaften durch einen Zweckverband ist nach den Tätigkeiten im Einzelfall zu betrachten.[1]

▶ **Krankenbeförderung**

Die Krankenbeförderung wurde von der älteren Rechtsprechung[2] als hoheitlich eingestuft. Das erscheint angesichts der neueren gesetzlichen Regelung nicht mehr zutreffend, wonach die Voraussetzung für die Durchführung der Krankentransporte lediglich die fachliche Eignung ist, also Konkurrenz besteht.

▶ **Krematorium**

Der BFH hat entschieden, dass ein öffentlich-rechtlich betriebenes Krematorium einen BgA darstellen kann, wenn das Landesrecht auch eine Übertragung der Aufgabe auf Private ermöglicht.[3] Dem hat sich die Finanzverwaltung angeschlossen.[4] Der BFH grenzt die Fälle des Krematoriumsbetriebs ausdrücklich von denen der Vermessungs- und Katasterämter sowie der Müllentsorgung ab, weil dort keine Wahlfreiheit für den Benutzer bestehe und deshalb kein Wettbewerb denkbar sei. Hingegen könne sich der Kunde bei der Bestattung zwischen öffentlichen und privaten Krematoriumsbetreibern entscheiden. Dem ist zu folgen.[5]

▶ **Kurverwaltung**

Gemeindliche Kurverwaltungen stellen wirtschaftliche Tätigkeiten i. S. d. § 4 Abs. 1 KStG dar und zwar unabhängig davon, ob eine Kurtaxe als öffentliche Abgabe erhoben wird.[6] Parkanlagen einschließlich der Wege können nur dann dem unternehmerischen Bereich (Kur- bzw. Fremdenverkehrsbetrieb) zugeordnet werden, wenn sie nicht öffentlich-rechtlich gewidmet sind.[7] Eine Zusammenfassung von Kurverwaltung mit Gaststättenverpachtung ist nach dem BFH-Urteil v. 12. 7. 1967[8] nicht möglich.

▶ **Landeskrankenhäuser**

Bei der Tätigkeit der psychiatrischen Landeskrankenhäuser ist zwischen den wirtschaftlich einzustufenden Behandlungsfällen einerseits und dem Hoheitsbereich zurechenbaren Fällen der Verwahrung und Pflege aufgrund gerichtlicher Anweisung und Genehmigung andererseits zu unterscheiden.[9]

▶ **Landesvermessungsämter**

Landesvermessungsämter werden grundsätzlich hoheitlich tätig. Zu den wirtschaftlichen Tätigkeiten gehören jedoch Leistungen, die auch von Architekturbüros übernommen werden

---

1 FG Baden-Württemberg, Urteil v. 11. 7. 2002 - 3 K 225/00, EFG 2003 S. 346, rkr.
2 BFH, Urteil v. 25. 10. 1956 - V 79/56 U, BStBl 1956 III 353.
3 BFH, Urteil v. 29. 10. 2008 - I R 51/07, BStBl 2009 II S. 1022; s. auch bereits BFH, Urteil v. 17. 3. 2005 - I B 245/04, BFH/NV 2005, 1135 = NWB KAAAB-52792.
4 BMF, Schreiben v. 11. 12. 2009, BStBl 2009 I S. 1597.
5 A. A. *Seer/Klemke*, BB 2010, S. 2015, S. 2024.
6 BFH, Urteil v. 15. 10. 1962 - I 53/61 U, BStBl 1962 III S. 542 f.; R 10 Abs. 7 KStR 2004.
7 BFH, Urteil v. 18. 8. 1988 - V R 18/83, BStBl 1988 II S. 971, 973 f.; v. 26. 4. 1990 - V R 166/84, BStBl 1990 II S. 799, 800 f.
8 BFH, Urteil v. 12. 7. 1967 - I 1967/63, BStBl 1967 III S. 679, 680.
9 BMF, Schreiben v. 19. 3. 1987, DB 1987 S. 1017.

können, insbesondere Leistungen auf dem Gebiet der Planung, wie Anfertigung von Bebauungsplänen und ingenieurtechnischen Vermessungsleistungen.[1]

▶ **Landwirtschaftskammern**

Landwirtschaftskammern als Körperschaften des öffentlichen Rechts üben grundsätzlich hoheitliche Tätigkeiten aus. Die Betreuung privater Waldbesitzer stellt jedoch aus Wettbewerbsgründen einen BgA dar.[2]

▶ **Lebensmitteluntersuchungsanstalten**

Anstalten zur Lebensmitteluntersuchung sind u.U. Hoheitsbetriebe.[3] Das dürfte nur zutreffen, soweit sie im Bereich der Gefahrenabwehr tätig werden. Hingegen sind Routineuntersuchungen für die Lebensmittelindustrie wirtschaftliche Tätigkeiten.

▶ **Leichenverbrennung**

Siehe unter „Krematorium".

▶ **Leihanstalten**

Der Betrieb einer öffentlichen Leihanstalt ist kein Hoheitsbetrieb, sondern eine wirtschaftliche Tätigkeit.[4]

▶ **Marktverwaltung**

Märkte aller Art, so z.B. Wochen-, Weihnachts-, Vieh-, Jahr- und ähnliche Märkte begründen einen BgA.[5] Die öffentliche Straßenfläche ist zwingend dem hoheitlichen Bereich zuzuordnen und ist daher zwar wesentliche Betriebsgrundlage, nicht aber Betriebsvermögen des BgA; die Entgelte für die Sondernutzung mindern nicht den Gewinn des Marktbetriebs.[6] Hingegen sollen gemeindeeigene Schlachtviehmärkte hoheitlich sein,[7] und zwar im Gegensatz zu gemeindeeigenen Nutz- und Zuchtviehmärkten.[8] Diese Differenzierung will nicht recht einleuchten. Der Aufgabe der Gefahrenabwehr im Bereich der Tierkörperbeseitigung kann diese Tätigkeit kaum zugeordnet werden.

▶ **Materialprüfungsanstalten**

Staatliche Materialprüfungsanstalten und Materialprüfungsämter betätigen sich wettbewerbsrelevant, d.h. wirtschaftlich, soweit sie entgeltliche Untersuchungs-, Beratungs- und Begutachtungsleistungen erbringen.[9]

▶ **Mehrzweckhalle**

Die Vermietung einer Mehrzweckhalle durch eine Gemeinde ist auch dann eine wirtschaftliche Tätigkeit, die aus dem Rahmen der Vermögensverwaltung hinausfällt, selbst wenn die Vermie-

---

[1] Abschn. 2.11 Abs. 9 UStAE.
[2] BFH, Urteil v. 30.6.1988 - V R 79/84, BStBl 1988 II S. 910, 912.
[3] R 4.5 Abs. 1 Satz 2 KStR 2015.
[4] RFH, Urteil v. 3.6.1939 - VIa 5/36, RStBl 1939 S. 1186f.
[5] BFH, Urteil v. 10.5.1955 - I 124/53 U, BStBl 1955 III S. 176 f.; v. 3.2.1993 - I R 61/91, BStBl 1993 II S. 459.
[6] BFH, Urteil v. 17.5.2000 - I R 50/98, BStBl 2001 II S. 558; zum Umfang der Steuerpflicht bei der Vermietung von Standflächen für Wochen-, Jahr-, Flohmärkte s. OFD Hannover, Vfg. v. 7.11.2003, DStR 2003, 2226.
[7] R 4.5 Abs. 3 KStR 2015.
[8] R 4.5 Abs. 3 KStR 2015.
[9] Abschn. 2.11 Abs. 14 UStAE.

tung aufgrund kommunalrechtlicher Aufgabenzuweisung erfolgt.[1] Dies gilt auch für die entgeltliche Überlassung einer Halle an eine Nachbargemeinde zum Zwecke des Schulsports.[2]

▶ **Museen**

Die Unterhaltung von Museen, die gegen Entgelt der Allgemeinheit offen stehen, ist eine wirtschaftliche Betätigung.[3]

▶ **Notarkammer**

Der Geschäftsbereich einer Notarkammer für die Tätigkeit von Notarverwesern dient überwiegend der Ausübung öffentlicher Gewalt und stellt daher einen Hoheitsbetrieb dar.[4]

▶ **Öffentlich-rechtliche Religionsgemeinschaften**

Einrichtungen öffentlich-rechtlicher Religionsgemeinschaften die der pastoralen Aufgabenwahrnehmung dienen oder Ausdruck tätiger Nächstenliebe sind, bilden nach der Vfg. der OFD Hannover v. 19. 2. 2004[5] selbst dann keinen BgA wenn vergleichbare Einrichtungen der Gebietskörperschaften unzweifelhaft ein BgA sind (z. B. Krankenhäuser). Erst wenn der spezifisch kirchliche Charakter nicht mehr im Vordergrund stehe und ein Wettbewerbsverhältnis zu privaten Anbietern bestehe, werde im Einzelfall die Grenze zur Steuerpflicht überschritten. Warum der kirchliche Verkündungsauftrag in wettbewerbsrelevanten Situationen ein Sonderrecht begründen soll, erscheint allerdings schwer nachvollziehbar.

▶ **Parkanlagen**

Die Unterhaltung von Parkanlagen ist in der Regel nicht Gegenstand eines BgA.[6] Siehe auch unter Kurverwaltung.

▶ **Parkhäuser**

Der Betrieb eines Parkhauses begründet einen BgA.[7] Dies gilt auch dann, wenn sich die Gemeinde zur Regelung der Benutzung einer Form der öffentlichen Rechts, z. B. der Satzung, bedient.[8] Im Hinblick auf die Behandlung von Tiefgaragen (s. dort) stellen auch Parkhäuser Verkehrsbetriebe dar, die ohne das Vorliegen einer engen wechselseitigen technisch-wirtschaftlichen Verflechtung mit anderen Verkehrs- oder Versorgungsbetrieben zusammengefasst werden können.

▶ **Parkplätze**

Die Unterhaltung eines gebührenpflichtigen Parkplatzes ist eine wirtschaftliche Tätigkeit, auch wenn die motorisierten Besucher aus tatsächlichen Gründen gezwungen sind, den Parkplatz zu benutzen.[9] Nach der Vfg. der OFD Hannover v. 26. 1. 1999[10] gilt zur Abgrenzung von der Vermögensverwaltung R 137 EStR, so dass das Unterhalten eines bewachten Parkplatzes eine wirtschaftliche Tätigkeit darstelle, nicht hingegen die entgeltliche Parkraumüberlassung ohne feste Zuordnung der Stellplätze und weitere Leistungen. Die Parkraumüberlassung an

---

1 BFH, Urteil v. 28. 11. 1991 - V R 95/86, BStBl 1992 II S. 569, 571 f.
2 BFH, Urteil v. 10. 11. 2011 - V R 41/10, DStR 2012 S. 348 = NWB DAAAE-02343.
3 RFH, Urteil v. 2. 4. 1937 - V A 409/36, RStBl 1937 S. 1306.
4 BFH, Urteil v. 7. 12. 1965 - I 319/62 U, BStBl 1966 III S. 150, 151.
5 DStZ 2004 S. 350.
6 FG Düsseldorf, Urteil v. 24. 2. 1994 - 10 K 484/87 U, EFG 1994, 767, 768.
7 BFH, Urteil v. 22. 9. 1976 - I R 102/74, BStBl 1976 II S. 793, 794; R 10 Abs. 4 Satz 2 KStR 2004.
8 BFH, Urteil v. 10. 12. 1992 - V R 3/88, BStBl 1993 II S. 380, 381.
9 BFH, Urteil v. 22. 9. 1976 - I R 102/74, BStBl 1976 II S. 793, 794; s. dazu auch *Seer/Klemke*, BB 2010 S. 2015, 2022.
10 KStK § 4 KStG Karte B 8; ebenso OFD Frankfurt a. M. Vfg. v. 27. 3. 2000, KStK § 4 KStG Karte C 3.

die eigenen Bediensteten und bei Hochschulen an die Studenten, ist ohne weitere Leistungen ebenso als Vermögensverwaltung anzusehen.[1]

▶ **Parkuhren, Parkscheinautomaten**

Der Betrieb von Parkuhren und Parkscheinautomaten ist nach Rechtsprechung und Finanzverwaltung als Ausübung öffentlicher Gewalt anzusehen, soweit er im Rahmen der Straßenverkehrsordnung durchgeführt wird.[2] Das gelte auch, wenn der Parkplatz für einen BgA errichtet worden ist, zugleich aber verkehrsrechtlichen Bedürfnissen und Anforderungen des Naturschutzes Rechnung getragen wird.[3] Unter Aspekten des Wettbewerbsschutzes erscheint diese Auffassung problematisch. Für den Benutzer ist nicht ersichtlich, auf welchen Vorschriften ein Parkentgelt beruht. Vielmehr besteht auch hier potentieller Wettbewerb zu privaten Anbietern von Parkraum.[4]

▶ **Personalgestellung**

Die Personalgestellung von juristischen Personen des öffentlichen Rechts an privatrechtliche Unternehmen begründet stets einen BgA,[5] weil Konkurrenz zu privaten Unternehmen im Bereich der Arbeitnehmerüberlassung besteht.

Ein Sonderfall, der nicht als wirtschaftliche Tätigkeit einzustufen ist, soll jedoch vorliegen, wenn die Personalgestellung lediglich eine Folge organisatorisch bedingter äußerer Zwänge ist (z. B. Wechsel der Rechtsform des Krankenhauses einerseits, Unkündbarkeit wegen Anstellung im öffentlichen Dienst andererseits), ohne dass sich an der Stellung oder der Art der Tätigkeit der betroffenen Person etwas geändert hat.[6] Bei der Personalgestellung aus dem Hoheitsbereich an eigene BgA und aus dem Hoheitsbereich an den Hoheitsbereich anderer juristischer Personen des öffentlichen Rechts soll keine wirtschaftliche Tätigkeit vorliegen.[7] Letzteres wird mit dem Gesichtspunkt der Amtshilfe gerechtfertigt. Das erscheint angesichts der Tendenzen der professionellen Arbeitnehmerüberlassung nicht mehr gerechtfertigt, weil auch insoweit ein Wettbewerbsverhältnis bestehen könnte. Dass die Personalgestellung aus dem Hoheitsbereich an einen eigenen BgA nicht steuerlich gesondert erfasst werden muss, ergibt sich bereits aus der Zurechnung von Betriebsausgaben. Weitere Beispiele finden sich in Abschn. 2.11 Abs. 15 UStAE.

▶ **Rechenzentrum**

Siehe Datenverarbeitung.

▶ **Reklameeinrichtungen**

Siehe Anschlagtafeln.

---

1 R 4.5 Abs. 4 Satz 3 KStR 2015.
2 R 4.5 Abs. 4 Satz 1 KStR 2015; vgl. auch BFH, Urteil v. 27. 2. 2003 - V R 78/01, BStBl 2004 II 431, 432 f.; kritisch *Küffner*, DStR 2003, 1606, 1608.
3 Sächs. FG v. 6. 12. 2001 - 2 K 708/99, rkr., n.v., NWB JAAAB-16746.
4 Ebenso *Seer/Klemke*, BB 2010, S. 2015, S. 2022.
5 BFH, Urteil v. 24. 2. 1994 - V R 25/92, BFH/NV 1995, S. 353 f. = NWB FAAAB-35253.
6 Zur Arbeitnehmerüberlassung zwischen Universität und Universitätsklinikum s.a. OFD Magdeburg. v. 30. 5. 2002, KStk § 4 KStG Karte 2.6 Bl. 1 und OFD Hannover, Vfg. v. 22. 8. 2002, KSt-Kartei, § 4 KStG Karte B 9.
7 *Krämer* in Dötsch/Jost/Möhlenbrock, KStG 92. Erg. Lfg. 2018, § 4 Rz. 109, Stichwort Personalgestellung.

▶ Rundfunkanstalten

Öffentlich-rechtliche Rundfunk- und Fernsehanstalten unterhalten mit dem Betrieb von Sendeanlagen und der Veranstaltung von Sendungen im Rahmen einer öffentlichen Aufgabe.[1] Außerhalb dieses Bereiches kann ein BgA begründet werden, z. B. durch die Verpachtung einer Aufzugsanlage an einem Fernsehturm[2] (oder die Veranstaltung von Werbesendungen).[3] Diese Auffassung scheint unter Wettbewerbsgesichtspunkten angesichts der Tatsache, dass das Monopol der öffentlich-rechtlichen Rundfunkanstalten inzwischen nicht mehr besteht, nicht mehr zeitgemäß zu sein. Vielmehr befinden sich öffentlich-rechtliche und private Anbieter in einem unmittelbaren Wettbewerbsverhältnis. Einzuräumen ist allerdings, dass gravierende Wettbewerbsverzerrungen nach derzeitigem Stand nicht drohen, weil die privaten Anbieter sich dazu ausschließlich über Werbung finanzieren und insoweit die Chancengleichheit gewahrt bleibt, weil dieser Bereich bei öffentlich-rechtlichen Rundfunkanstalten als BgA qualifiziert wird.

▶ Schlachthöfe

Nach dem Koordinierten Ländererlass, FinMin Baden-Württemberg v. 10. 6. 1992[4] stellen gemeindeeigene Schlachthöfe einen Hoheitsbetrieb dar, wenn das Schlachten durch die ortsansässigen Metzgereibetriebe aufgrund des satzungsmäßigen Benutzungszwangs nur in den gemeindeeigenen Schlachthöfen vorgenommen werden darf.[5] Ist das Schlachten auch außerhalb des gemeindeeigenen Schlachthofes zulässig, sei aus Wettbewerbsgründen von einem BgA auszugehen. Angesichts der Tatsache, dass Schlachthöfe nicht mehr nur für lokale Lieferanten und Abnehmer schlachten, scheint diese Auffassung nicht mehr zutreffend zu sein. Schlachthöfe üben stets wirtschaftliche Tätigkeiten aus.

▶ Schlachtviehmärkte

Siehe Marktverwaltung.

▶ Schulen

Schulen, Universitäten und ähnliche Einrichtungen dienen mit der Erziehung und Bildung bzw. Forschung und Lehre der Ausübung öffentlicher Gewalt.[6] Werden Einrichtungen der Schule oder Universität gegen Entgelt dem allgemeinen Verkehr geöffnet, liegt hingegen eine wirtschaftliche Tätigkeit vor.[7]

▶ Schülerheime

Der Betrieb von Schülerheimen öffentlich-rechtlicher Schulen zur Erreichung des Unterrichts- und Erziehungszweckes stellt eine Ausübung öffentlicher Gewalt dar.[8]

▶ Schülerzeitungen

Die Herausgabe von Schülerzeitungen ist eine wirtschaftliche Tätigkeit.[9]

---

1 BVerfG, Urteil v. 27. 7. 1971 - 2 BvF 1/68, 2 BvR 702/68, BStBl 1971 II S. 567, 571: keinen BgA; vgl. BFH, Urteil v. 6. 7. 1967 - V 76/64, BStBl 1967 III S. 582, 585.
2 BFH, Urteil v. 13. 3. 1974 - I R 7/71, BStBl 1974 II S. 391, 393 f.
3 FG München, Urteil v. 2. 12. 1969 - I [VII] 83/67, EFG 1970 S. 189, 190 f.
4 KStK § 4 KStG Nr. 8.
5 Ebenso jetzt R 4.4 Abs. 1 Satz 2 KStR 2015.
6 BFH, Urteil v. 11. 1. 1979 - V R 26/74, BStBl 1979 II S. 746, 748.
7 BFH, Urteil v. 11. 1. 1979 - V R 26/74, BStBl 1979 II S. 746, 748.
8 R 4.5 Abs. 2 KStR 2015.
9 FinMin Bayern, Erlass v. 14. 11. 1984, KStK § 4 KStG Karte 2.

▶ **Schwimmbad**

Werden Schwimmbäder dem öffentlichen Badebetrieb zur Verfügung gestellt, liegt eine wirtschaftliche Tätigkeit vor,[1] ohne dass es darauf ankommt, welche Nutzung überwiegt.[2] Soweit die Schwimmhalle an deren Gemeinden zur Erfüllung der ihnen obliegenden Erziehungsaufgaben zur Verfügung gestellt wird, liegt nach der Entscheidung v. 11.1.1979 hoheitliche Amtshilfe vor.[3] Das ist nicht mehr aufrechtzuerhalten. Verpachtete Leerräume, die nach den oben beschriebenen Grundsätzen der Vermögensverwaltung zuzuordnen wären, dürfen, wenn sie zum Betrieb einer Gasstätte verpachtet sind, als gewillkürtes Betriebsvermögen behandelt werden.[4]

▶ **Seebrücke**

Eine Seebrücke kann regelmäßig nicht dem BgA „Fremdenverkehr" zugerechnet werden.[5]

▶ **Skilift**

Der Betrieb eines Skiliftes stellt eine wirtschaftliche Tätigkeit dar.[6]

▶ **Software**

Entwicklung und Vertrieb kommunaler Software stellen keinen BgA dar, wenn die Software lediglich zur Erfüllung kommunaler Aufgaben entwickelt wurde und der Vertrieb einen Annex aus der Entwicklung der Software zu hoheitlichen Zwecken darstellt, der sich innerhalb der Gesamtbetätigung der Kommune nicht heraushebt.[7]

▶ **Sozialversicherung**

Die öffentlich-rechtlichen Sozialversicherungsträger werden in Ausübung öffentlicher Gewalt tätig.[8] Ein BgA kann allerdings geschaffen werden, wenn der Sozialversicherungsträger in seinen Rehabilitationseinrichtungen nicht nur in geringfügigem Umfang (5%) auch Privatversicherte oder Privatpersonen behandelt.[9]

▶ **Sparkassen**

Öffentlich-rechtliche Sparkassen (Anstalten des öffentlichen Rechts) stellen BgA i.S.d. § 4 Abs. 2 KStG dar.[10]

▶ **Sparkassen- und Giroverbände**

Die Tätigkeit der Sparkassen- und Giroverbände ist nicht insgesamt als BgA anzusehen, sondern lediglich mit einzelnen, als wirtschaftliche Tätigkeiten zu qualifizierenden Betätigungen.[11] M.E. wäre zu differenzieren zwischen den Aufsichtsfunktionen, insbesondere der Prüfung der Sparkassen, sowie der Unterstützung der Sparkassenaufsichtsbehörden und den übrigen Tätigkeiten. Insoweit besteht keine gravierende Differenz zu privaten Wirtschaftsverbänden. Allerdings ist die Wertung des § 5 Abs. 1 Nr. 5 KStG zu berücksichtigen, wonach Berufsver-

---

1 FG Nürnberg v. 24.1.1984 - II 15/80, EFG 1984, 415.
2 R 4.5 Abs. 5 Satz 1 KStR 2015.
3 BFH, Urteil v. 11.1.1979 - V R 26/74, BStBl 1979 II S. 746, 748.
4 OFD Frankfurt a.M., Vfg. v. 28.3.2000, KStK § 4 KStG, Karte A 24.
5 FG Mecklenburg-Vorpommern, Urt. v. 22.10.2002 - 2 K 559/00, EFG 2003 S. 577, 579, rkr.
6 FG Nürnberg v. 24.1.1984 - II 45/80, EFG 1984 S. 416.
7 FG München, Urteil v. 25.9.2002 - 3 K 835/99, rkr., n.v., NWB ZAAAB-09951.
8 BFH, Urteil v. 4.2.1976 - I R 200/73, BStBl 1976 II 355, 357.
9 R 4.5 Abs. 1 KStR 2015.
10 BFH, Urteile v. 25.11.1987 - I R 126/85, BStBl 1988 II S. 220, 221; v. 20.1.1993 - I R 115/91, BStBl 1993 II S. 373, 374.
11 BFH, Urteil v. 27.2.1976 - VI R 97/72, BStBl 1976 II S. 418, 421.

bände ohne öffentlich-rechtlichen Charakter steuerbefreit sind, soweit sie keinen wirtschaftlichen Geschäftsbetrieb unterhalten.

▶ **Steuerberaterkammern**

Steuerberaterkammern sind hoheitlich tätig. Ausbildungs- und Vorbereitungslehrgänge zur Vorbereitung auf Prüfungen, für die die Berufskammer zuständig ist (z. B. Übergangsprüfung nach § 157 StBerG sowie Prüfung zum Steuerfachangestellten) können dem hoheitlichen Bereich zugeordnet werden, weil derartige Lehrgänge von privaten Unternehmen aufgrund von § 89 Berufsbildungsgesetz nicht durchgeführt werden können.

Die übrigen Tätigkeiten im Bereich der Vorbereitung auf die Steuerberaterprüfung, der allgemeinen fachwissenschaftlichen Information und Fortbildung sowie der Weiterbildung der Kammermitglieder und deren Mitglieder stellen jedoch einen BgA dar. Dieser kann u. U. nach § 5 Abs. 1 Nr. 9 KStG steuerbefreit sein.

▶ **Straßenreinigung**

Die Straßenreinigung kann nach R 9 Abs. 1 Satz 2 KStR 2004 ein Hoheitsbetrieb sein. Das erscheint im Regelfall zweifelhaft, weil die Tätigkeit genauso durch private Unternehmen ausgeführt werden kann. Eine Ausnahme mag gelten, wenn die Straßenreinigung im Einzelfall der Gefahrenabwehr dient, z. B. im Falle von Ölspuren.

▶ **Studentenwerke**

Die Studentenwerke unterliegen als Anstalten des öffentlichen Rechts nur mit den von ihnen unterhaltenen BgA der KSt. Zu den wirtschaftlichen Tätigkeiten zählen z. B. Mensa- und Cafeterienbetriebe.[1]

▶ **Teilnehmergemeinschaften im Flurbereinigungsverfahren**

Hoheitlich nach OFD Koblenz, Vfg. v. 3. 4. 2002, KStK § 4 KStG Karte A 17.

▶ **Tiefgarage**

Tiefgaragen sind BgA. Sie gehören zu den Verkehrsbetrieben, die mit anderen Verkehrs- oder Versorgungsbetrieben ohne enge wechselseitig technisch-wirtschaftliche Verflechtung zusammengefasst werden können.[2]

▶ **Toilettenanlage**

Eine öffentliche Toilettenanlage bildet nach zutreffender Ansicht des BFH keinen Bestandteil eines BgA, weil und soweit es sich um hoheitlich zu erbringende Daseinsvorsorge handelt. Dies gilt allerdings nur dann, wenn sich die betreibende Körperschaft nicht in den Markt einschaltet, indem sie etwa ein Entgelt erhebt.[3]

▶ **U-Bahn/Straßenbahnanlagen**

Unter Berufung auf die Entscheidung des BFH, Urteil v. 11. 7. 1990[4] wertet die Finanzverwaltung die Überlassung von U-Bahn-/Straßenbahnanlagen durch eine Gebietskörperschaft an Eigengesellschaften nicht mehr als Verpachtung i. S. d. § 4 Abs. 4, sondern als Betriebsaufspaltung.[5]

---

[1] BFH, Urteil v. 11. 5. 1988 - V R 76/83, BStBl 1988 II S. 908.
[2] BFH, Urteil v. 8. 11. 1989 - I R 117/85, BStBl 1990 II S. 242, 243 f.
[3] BFH, Urteil v. 7. 11. 2007 - I R 52/06, BStBl 2009 II S. 248.
[4] BFH, Urteil v. 11. 7. 1990 - II R 33/88, BStBl 1990 II S. 1000 f.
[5] Erlass FinMin Nordrhein-Westfalen v. 11. 3. 1994, Lexinform 106760.

▶ **Unterbringung**

Die Billigkeitsmaßnahmen bei der vorübergehenden Unterbringung von Aus- und Übersiedlern sowie von Obdachlosen und Bürgerkriegsflüchtlingen in dem BMF, Schreiben v. 11. 7. 1991[1] und v. 21. 12. 1992[2] wurden bis zum 31. 12. 1998 verlängert.[3]

▶ **Veranstaltungen**

Faschings- und Universitätsbälle einer Universität können einen BgA begründen.[4] Zur Zurechnung festlicher Betätigungen der Freiwilligen Feuerwehr zur Verbandsgemeinde vgl. OFD Koblenz, Vfg. v. 6. 1. 1993.[5]

▶ **Verlag**

Der Betrieb eines Verlags stellt einen BgA dar.[6]

▶ **Vermessungs- und Katasteramt**

Die Tätigkeiten des Vermessungs- und Katasteramts stellen nach Auffassung des BFH,[7] der sich die Finanzverwaltung anschließt,[8] keinen BgA dar, obwohl die Arbeiten auch von Beliehenen ausgeführt werden können. Dem liegt die zutreffende Erwägung zugrunde, dass das Vermessungs- und Katasteramt hoheitlich tätig wird und eine privatwirtschaftliche Wettbewerbssituation zu nicht hoheitlich tätigen Vermessungsingenieuren nicht auftrete. Vermessungsingenieure würden als Beliehene selbst hoheitlich tätig, wenn sie sich im Aufgabenbereich des Vermessungs- und Katasteramts betätigten. Dem ist zu folgen.[9]

▶ **Verpachtung von Eigenjagdbezirken**

Die Verpachtung von Eigenjagdbezirken durch juristische Personen des öffentlichen Rechts ist keine hoheitliche und keine land- und forstwirtschaftliche Tätigkeit,[10] dürfte aber den Bereich der Vermögensverwaltung nicht überschreiten.[11]

▶ **Versicherungsanstalt**

Öffentlich-rechtliche Versicherungs- und Versorgungseinrichtungen stellen Hoheitsbetriebe dar, wenn sie nach dem Inhalt ihrer Tätigkeit in privater Form nicht betrieben werden können.[12] Versicherungs- und Versorgungseinrichtungen der freien Berufe bei den entsprechenden Versorgungswerken werden jedoch aufgrund ihrer Wettbewerbsrelevanz regelmäßig einen BgA darstellen.[13]

---

1 BMF, Schreiben v. 11. 7. 1991, BStBl 1991 I S. 744.
2 BMF, Schreiben v. 21. 12. 1992, BStBl 1993 I S. 166.
3 BMF, Schreiben v. 11. 12. 1996, BStBl 1997 I S. 112.
4 FG München, Urteil v. 7. 11. 1996 - 14 K 1749/96, UVR 1997, S. 174.
5 KStK § 4 KStG Karte A 11.
6 RFH, Urteil v. 16. 12. 1939 - VIa 25/37, RStBl 1941 S. 158.
7 BFH, Urteil v. 25. 1. 2005 - I R 63/03, BStBl 2005 II S. 501.
8 BMF, Schreiben v. 11. 12. 2009, BStBl 2009 I S. 1597, 1598.
9 A. A. *Seer/Klemke*, 2015 S. 2023 f., dort auch zu Unterschieden bei der Umsatzsteuer.
10 BFH, Urteil v. 27. 11. 2003 - V R 28/03, BFH/NV 2004 S. 449 = NWB QAAAB-16077.
11 FG Münster, Urteil v. 11. 2. 2003 - 5 K 3018/01, EFG 2003 S. 1127.
12 BFH, Urteil v. 12. 3. 1970 - IV R 39/69, BStBl 1970 II S. 518, 520; zum Wegfall der Versicherungsmonopole s. *Thode*, DB 1996 S. 2098.
13 BFH, Urteile v. 9. 5. 1974 - IV R 160/71, BStBl 1974 II 631 S. 632; v. 4. 2. 1976 - I R 200/73, BStBl 1976 II S. 355, 356.

▶ **Versicherungsvermittlung**

Die Versicherungsvermittlung stellt einen BgA dar.[1]

▶ **Volksschulunterricht**

Erteilung von Volksschulunterricht ist Ausübung öffentlicher Gewalt.[2]

▶ **Wärmelieferung**

Wärmelieferung begründet in der Regel einen BgA.[3]

▶ **Wasserbeschaffung**

Die Wasserbeschaffung stellt nach traditioneller Auffassung grundsätzlich einen Hoheitsbetrieb dar.[4] Sie kann jedoch mit der Wasserversorgung derartig verbunden sein, dass eine einheitliche wirtschaftliche Tätigkeit vorliegt.[5]

▶ **Wasserversorgung**

Im Gegensatz zur Wasserbeschaffung stellt die Wasserversorgung aufgrund ausdrücklicher gesetzlicher Regelungen in § 4 Abs. 3 KStG einen BgA dar.[6]

▶ **Werbung**

Die Kooperation mit Werbeunternehmen regelt die Vfg. der OFD Frankfurt a. M. v. 16. 1. 1997.[7]

▶ **Wetterwarten**

Die Wetterwarten stellen u.U. einen Hoheitsbetrieb dar.[8]

▶ **Wohnungsüberlassung an Asylbewerber/Spätaussiedler etc.**

Bei Sonderleistungen des Vermieters oder sich aus der Natur der Sache ergebenden besonderen Anforderungen an eine Unternehmensorganisation wegen häufigen Wechsels der Mieter wird der Bereich der Vermögensverwaltung überschritten.[9]

I. Einkommensermittlung

332 Das Einkommen der einzelnen bzw. für die nach § 4 Abs. 6 KStG zusammengefassten Betriebe ist gesondert zu ermitteln und die Körperschaftsteuer ist gesondert festzusetzen.[10]

I. Einkunftsart

333 Die Umqualifikation des § 8 Abs. 2 KStG gilt nur für die Einkünfte der Buchführungspflichtigen. Mithin wären auch bei Betrieben gewerblicher Art verschiedene Einkunftsarten denkbar. Im

---

1 BFH, Urteil v. 27. 6. 1990 - I R 166/85, BFH/NV 1991 S. 628, 629, Ärztekammer = NWB BAAAB-31579.
2 BFH, Urteil v. 8. 7. 1971 - V R 1/68, BStBl 1972 II S. 70, 73.
3 OFD Magdeburg, Vfg. v. 8. 8. 1994, KStK § 4 KStG Karte 1.5 Blatt 1.
4 BFH, Urteil v. 5. 3. 1972 - I R 232/71, BStBl 1972 II S. 500; zu den Unterschieden bei der Umsatzsteuer s. *Seer/Klemke*, BB 2010, 2015, 2022.
5 BFH, Urteil v. 30. 11. 1989 - I R 79-80/86, BStBl 1990 II S. 452, 453.
6 BFH, Urteile v. 30. 11. 1989 - I R 79-80/86, BStBl 1990 II S. 452, 453; v. 27. 4. 2000 - I R 12/98, BFH/NV 2000 S. 1365 = NWB JAAAC-21259.
7 KStK § 4 KStG Karte A 18.
8 R 4.4 Abs. 1 Satz 2 KStR 2015.
9 Hessisches FG, Urteil v. 31. 5. 2000 - 4 K 4430/98, n.v., NWB AAAAB-14176.
10 *Erhard* in Blümich KStG 139. Auflage 2018, § 4 Rz. 111 mit ausführlicher Erläuterung; BFH, Urteile v. 13. 3. 1974 - I R 7/71, BFHE 112, 61 = BStBl 1974 II S. 391; v. 8. 11. 1989 - I R 187/85, BStBl 1990 II S. 242, 243.

Anschluss an die Entscheidung des BFH, Urteil v. 1.8.1979[1] gehen Finanzverwaltung[2] und Literatur[3] jedoch davon aus, dass Einkünfte aus der Unterhaltung eines BgA stets als Einkünfte aus Gewerbebetrieb zu behandeln sind.[4]

Einkünfte aus selbst betriebener Land- und Forstwirtschaft können wegen der Steuerbefreiung in § 4 Abs. 1 Satz 1 KStG nur im Rahmen eines BgA anfallen, wenn kein – eigenständiger – land- und forstwirtschaftlicher Betrieb besteht. 334

(Einstweilen frei) 335–340

II. Verträge zwischen BgA und Trägerkörperschaft

Für die Zwecke der Einkommensermittlung „fingiert" der BFH die Rechtsfähigkeit: Vereinbarungen und sonstige Geschäftsvorfälle sowie Spenden zwischen Eigenbetrieb und Körperschaft seien steuerlich anzuerkennen. Das Einkommen sei so zu ermitteln, als ob der BgA im Verhältnis zur Trägerkörperschaft ein selbständiges Rechtssubjekt wäre.[5] 341

Verträge zwischen BgA und Trägerkörperschaft werden grundsätzlich anerkannt, wenn die Vereinbarung nach den Regeln, die für das Verhältnis zwischen Kapitalgesellschaft und beherrschendem Gesellschafter gelten, anerkannt würde.[6] Der Ausweis im Haushaltsplan ersetzt keinen Vertrag.[7] Bei Umwandlung des Eigenbetriebes in eine GmbH gehen Verbindlichkeiten gegenüber der Trägerkörperschaft nicht automatisch über.[8] 342

Die Vereinbarung wird allerdings nicht anerkannt, wenn dem BgA wesentliche Betriebsgrundlagen entgeltlich überlassen werden, weil andernfalls im Vergleich zu Privaten eine Wettbewerbsverzerrung droht, die in einer solchen Gestaltung den Grundsätzen der Betriebsaufspaltung unterworfen wären.[9] 343

(Einstweilen frei) 344–350

III. Bezugspunkt der Einkommensermittlung

Steuersubjekt ist die juristische Person des öffentlichen Rechts, die den BgA unterhält (s. oben → Rz. 41). Für die Einkommensermittlung setzt der BFH jedoch die auf den einzelnen BgA bezogene isolierte Betrachtungsweise fort. Steuerpflichtig sei das Einkommen jedes einzelnen BgA. Diese Sichtweise wird lediglich auf die – angebliche – Teil-Verselbständigung durch die Formulierung des § 1 Abs. 1 Nr. 6 KStG gestützt.[10] Auf den Wortlaut kann dieses Ergebnis nicht mehr gestützt werden. Denn insoweit hat sich die Normsituation maßgeblich verändert. Mit der Abkehr von einer restriktiven Interpretation des Wortlautes besteht die Notwendigkeit, das auf der Grundlage des bisherigen Normverständnisses gefundene Auslegungsergebnis umfassend zu überprüfen. Systematisch konsequent wäre aber die Ermittlung eines einheitli- 351

---

1 BFH, Urteil v. 1.8.1979 - I R 106/76, BStBl 1979 II S. 716, 717.
2 H 8.2 KStR 2015.
3 Vgl. *Lang* in Dötsch/Jost/Möhlenbrock, KStG 92. Erg. Lfg. 2018, § 8 Abs. 2 Rz. 24; *Alvermann* in Streck, KStG 9. Auflage 2018 § 4 Rz. 50.
4 Anders noch die Vorbearbeitung.
5 BFH, Urteile v. 1.9.1982 - I R 52/78, BStBl 1983 II S. 147, 148; v. 3.2.1993 - I R 61/91, BStBl 1993 II S. 459, 460.
6 BFH, Urteil v. 3.2.1993 - I R 61/91, BStBl 1993 II S. 459, 460; R 33 Abs. 1 Satz 2 KStR 2004.
7 BFH, Urteil v. 12.7.1967 - I 267/63, BStBl 1967 III S. 679, 681.
8 BFH, Urteil v. 1.2.1989 - I R 2/85, BStBl 1989 II S. 473, 475.
9 BFH, Urteile v. 14.3.1984 - I R 223/80, BStBl 1984 II S. 496, 497; v. 24.4.2002 - I R 20/01, BStBl 2003 II S. 412.
10 BFH, Urteile v. 8.11.1989 - I R 187/85, BStBl 1990 II S. 242, 243; v. 3.2.1993 - I R 61/91, BStBl 1993 II S. 459, 460.

chen Einkommens entsprechend der steuerlichen Behandlung mehrerer wirtschaftlicher Geschäftsbetriebe von steuerbefreiten Körperschaften.[1]

352 Die getrennte steuerliche Erfassung der einzelnen wirtschaftlichen Tätigkeiten ist bei teleologischer Betrachtung nur geboten, wenn andernfalls die Gewährleistung des Grundsatzes der Wettbewerbsneutralität gefährdet würde. Es drohen aber weder Wettbewerbsverzerrungen durch einen Ergebnisausgleich von Gewinnen aus wettbewerbsrelevanten Tätigkeiten mit Verlusten aus Hoheitsbetrieben, noch aus der Ergebnissaldierung mit anderen wirtschaftlichen Tätigkeiten.[2] Die Besteuerung der Summe aller Einkünfte aus BgA schließt zunächst die Verrechnung mit Verlusten aus Hoheitsbetrieben aus. Einkünfte aus hoheitlicher Tätigkeit sind steuerlich irrelevant. Wettbewerbsverzerrungen infolge Verlustausgleiches mit Hoheitsbetrieben drohen nach der hier vertretenen Auffassung der Berechnung eines einheitlichen Einkommens aus allen BgA nicht. Denn alle wettbewerbsrelevanten Tätigkeiten sind nicht hoheitlicher Natur. Hoheitsbetriebe sind als steuerrechtlich irrelevante Tätigkeiten aus der steuerlichen Betrachtung ausgeschlossen.

353 Die Wettbewerbsneutralität wird auch durch den horizontalen und vertikalen Verlustausgleich zwischen den Betrieben gewerblicher Art nicht notwendig beeinträchtigt. Insbesondere regelt nunmehr Absatz 6 die Möglichkeit der Zusammenfassung von BgA. Die verbleibende Möglichkeit zum Verlustausgleich entspricht dem in der Privatwirtschaft.

354 Richtig wäre die Ermittlung des einheitlichen Einkommens der Trägerkörperschaft aus allen BgA.

355–360 *(Einstweilen frei)*

IV. Zusammenfassung mehrerer BgA

361 Die Frage der Zusammenfassung mehrerer BgA im Zuge der Einkünfteermittlung wurde früher kontrovers beurteilt. Nachdem sich der BFH in einer Grundsatzentscheidung zu diesem Problemkreis geäußert hatte,[3] sah der Gesetzgeber Handlungsbedarf und fügte Abs. 6 an § 4 KStG an. Dessen Voraussetzungen wurden bereits oben näher erläutert (siehe → Rz. 261 ff.).

362–365 *(Einstweilen frei)*

V. Besonderheiten der Einkommensermittlung

1. Buchführungspflicht

366 Eine besondere steuerrechtliche Verpflichtung, Bücher zu führen, besteht für BgA nicht. Die Buchführungspflicht ergibt sich nach § 140 AO entweder aus anderen Gesetzen[4] oder beruht originär steuerlich auf § 141 AO, wenn die größenabhängigen Merkmale dieser Norm erfüllt sind. Erleichterungen sieht der Erlass des FinMin NRW vom 23. 12. 1987[5] vor.[6] Danach kann im Falle des § 141 AO die Trägerkörperschaft von der Buchführungspflicht entbunden und das

---

1 *Hüttemann*, FR 2009 S. 308, 311; *Wenk/Stein*, FR 1999, 573, 574, m.w. N.
2 *Hüttemann*, FR 2009 S. 308, 311; vgl. dazu auch ausführlich *Wenk/Stein*, a. a. O., S. 576 ff.
3 BFH, Urteil v. 22. 8. 2007 - I R 32/06, BStBl 2007 II S. 961.
4 EigenbetriebsVO vgl. etwa R 8.2 Abs. 5 KStR 2015; OFD Frankfurt a. M., Vfg. v. 27. 3. 2000, KStK § 4 KStG Karte A 23, KHBV etc.; zu den Folgen des Übergangs zur Doppik siehe *Kußmaul/Henkes/Pinkos*, Wpg 2008 S. 978.
5 DB 1988 S. 421.
6 Auch OFD Magdeburg Vfg. v. 18. 2. 1999, KStK § 4 KStG Karte 1.9 Blatt 1.

steuerliche Ergebnis aus der kameralistischen Buchführung abgeleitet werden.[1] Erleichterungen nach § 148 AO dürfen jedoch nicht darauf hinauslaufen, dass eine vollständige und unbefristete Befreiung entsteht.[2] Die Buchführung, die den jeweiligen gesetzlichen Vorschriften entspricht, sollte grundsätzlich als ordnungsgemäß angesehen werden.[3] Bei Dauerverlustbetrieben dürfte mangels Qualifikation als Gewerbebetrieb eine Aufforderung zur Buchführung nach § 141 AO unterbleiben müssen.[4]

Mangels gesetzlicher Verpflichtung oder freiwilliger Buchführung erfolgt die Gewinnermittlung vereinfacht nach § 4 Abs. 3 EStG. Nach zutreffender Auffassung der Finanzverwaltung kann es trotz Übergangs der Trägerkörperschaft eines BgA, etwa einer Kommune, zur Doppik grundsätzlich bei einem Wahlrecht nach § 4 Abs. 3 EStG verbleiben.[5] Geht allerdings die Trägerkörperschaft zur doppischen Buchführung über, so entsteht meist aufgrund des haushaltsgesetzlichen Zusammenhangs und der spezielle landesrechtlichen Vorschriften auch für die betriebenen BgA eine Buchführungspflicht, die zur Gewinnermittlung nach § 4 Abs. 1, § 5 Abs. 1 EStG führt.[6]   367

Bei Aufstellung der Eröffnungsbilanz ist der Teilwert anzusetzen.[7]   368

(Einstweilen frei)   369–375

2. Betriebsvermögen

Notwendiges Betriebsvermögen ist auch ohne besondere Vereinbarung dem BgA zuzurechnen.[8] Bei bilanzierenden BgA kann gewillkürtes Betriebsvermögen gebildet werden.[9] Eine Grenze soll nach dem BMF, Schreiben v. 5. 12. 1988[10] darin bestehen, dass im Ergebnis eine vermögensverwaltende Betätigung mit einem BgA zusammengefasst wird, es sei denn, aufgrund inneren Zusammenhangs bestünde ein einheitlicher BgA. Die durch ein Schwimmbad an eine Gaststätte verpachteten Räumlichkeiten ohne Inventar können aber als gewillkürtes BV ausgewiesen werden.[11]   376

Im Falle der Gesamtrechtsnachfolge von Todes wegen ist § 6 Abs. 3 EStG anwendbar, wenn das Betriebsvermögen auf einen BgA übergeht.[12]   377

(Einstweilen frei)   378–385

---

1 Kritisch *Drüen* in Tipke/Kruse, 145. Erg. Lfg. 2018, AO/FGO, § 145 Rz. 18: nur gehobene kameralistische Buchführung mit Vermögenskonten und Bilanzen ausreichend; unproblematisch auf jeden Fall bei generellen Übergang zur Doppik.
2 Vgl. etwa *Stapelfeld/Hoyer*, DB 2003 S. 1818, 1821.
3 OFD Freiburg, KStK 1977 § 4 KStG Nr. 3.
4 OFD Rostock, Vfg. v. 26. 2. 2003, DB 2003 S. 1301.
5 BMF, Schreiben v. 9. 2. 2012, NWB TAAAE-02381.
6 Ausführlich *Kußmaul/Henkes/Pinkos*, Wpg 2008 S. 978; *Kronawitter*, ZKF 2010 S. 217.
7 RFH, Urteil v. 17. 11. 1937 - I A 35/37, RStBl 1937, 1210; v. 18. 10. 1938 - I 113/38, RStBl 1939 S. 464; BFH, Urteil v. 1. 7. 1987 - I R 197/83, BStBl 1987 II S. 865, 866.
8 BFH, Urteil v. 12. 7. 1967 - I 267/63, BStBl 1967 III S. 679, 680.
9 Vgl. hierzu BFH, Urteil v. 7. 11. 2007 - I R 52/06, BStBl 2009 II S. 248, m. w. N.
10 DB 1988 S. 2602.
11 FinMin Niedersachsen, Erlass v. 21. 12. 1998, KStK § 4 KStG Karte A 4.
12 BFH, Urteil v. 19. 2. 1998 - IV R 38/97, BStBl 1998 II S. 509, 510.

3. Einlagen/Entnahmen

386 Der BFH wertet Vermögensübertragungen aus einem BgA in den Hoheits- oder Vermögensverwaltungsbereich der Trägerkörperschaft nicht als Entnahme, sondern als vGA, wenn keine angemessene Gegenleistung gewährt wird.[1] Wegen der Eigenständigkeit der Gewinnermittlung der BgA führt die Überführung eines Wirtschaftsgutes von einem BgA in einen anderen BgA nach älterer Auffassung der Finanzverwaltung zur Entnahme und Gewinnrealisierung.[2] Nach dem BMF, Schreiben v. 11.9.2002[3] sollen bei Vermögensübertragungen zwischen verschiedenen BgA die für vGA zwischen Schwestergesellschaften geltenden Grundsätze anwendbar sein, so dass eine vGA des übertragenden BgA an die Trägerkörperschaft und eine verdeckte Einlage der Trägerkörperschaft in den übernehmenden BgA vorliegt, die dort dem Einlagekonto gutzubringen ist. Der falsche Ansatz (isolierte Betrachtungsweise) führt nicht notwendig zu diesem Ergebnis. Da den juristischen Personen des öffentlichen Rechts kaum Möglichkeiten zur steuerneutralen Restrukturierung offen stehen und eine Steuerentstrickung in diesem Fall nicht droht, ist die Analogie zur Übertragung zwischen Betrieben eines Einzelunternehmers geboten, bei dem die Buchwertübertragung durch § 6 Abs. 5 Satz 1 EStG zwingend ist.[4] Bei der Übertragung von Betrieben und Teilbetrieben zwischen verschiedenen BgA wird teilweise vertreten, eine Buchwertverknüpfung könne nach § 20 UmwStG gewährleistet werden,[5] was aber an dem Erfordernis der Gewährung von Gesellschaftsrechten scheitern dürfte. Richtig wäre bei unentgeltlicher Übertragung die Anwendung des § 6 Abs. 3 Satz 1 EStG.[6]

387 Bei entgeltlicher Überführung von Wirtschaftsgütern aus einem BgA aufgrund einer im Voraus abgeschlossenen, klaren Vereinbarung liegt aufgrund des Trennungsprinzips keine vGA vor, sondern eine Realisierung nach allgemeinen Grundsätzen.[7]

Einlagen sind grundsätzlich dem Einlagekonto gem. § 27 KStG zuzuordnen. Das gilt aber nicht, soweit die Einlage der Ausstattung mit einer dem Nennkapital vergleichbaren Größe dient.[8]

388 Grundsätzlich gelten die für Einlagen bei Körperschaften anerkannten Regeln. Das eingelegte Wirtschaftsgut ist gem. § 8 Abs. 1 KStG i.V.m. § 6 Abs. 1 Nr. 5 EStG mit dem Teilwert anzusetzen.[9] Die Einlage von ertragsbringenden Wirtschaftsgütern in das gewillkürte BV eines BgA zum Ausgleich von Verlusten ist nicht rechtsmissbräuchlich.[10]

389 Im Falle der Betriebsverpachtung ist allerdings zu beachten, dass die Trägerkörperschaft ihren verpachteten Betrieb mit allen erforderlichen Wirtschaftsgütern zur Führung der Geschäfte ausstatten muss, so dass es insoweit zu einer Art Zwangseinlage in den verpachteten BgA kommt.[11]

---

1 BFH, Urteil v. 24.4.2002 - I R 20/01, BStBl 2003 II S. 412; R 33 Abs. 4 KStR 2004 i.V.m. H 33 KStH „Überführung"; dazu auch *Heger*, FR 2009 S. 301, 302.
2 Koordinierter Ländererlass Hessisches FinMin v. 17.4.1997, KStK § 4 KStG Karte A 20; OFD Frankfurt Vfg. v. 7.5.1997, FR 1997 S. 503.
3 BMF, Schreiben v. 11.9.2002, BStBl 2002 I S. 935, Tz. 27 a.E.
4 Vgl auch *Hüttemann*, a.a.O., 2002 S. 141.
5 *Reich/Helios*, BB 2001 S. 1442, 1445.
6 *Bauschatz/Strahl*, DStR 2004 S. 489, 492.
7 OFD Frankfurt a.M., Vfg. v. 15.1.2004, KStK § 4 KStG Karte A 20.
8 OFD Frankfurt a.M., Vfg. v. 16.9.2003, KStK § 4 KStG Karte A 28 und OFD Magdeburg, Vfg. v. 24.10.2003, DStR 2003 S. 2225.
9 BFH, Urteil v. 1.7.1987 - I R 197/83, BStBl 1987 II S. 865 ff.
10 BFH, Urteil v. 25.7.2002 - I B 52/02, BFH/NV 2002 S. 1341, 1342 = NWB WAAAA-68071.
11 BFH, Urteil v. 12.7.1967 - I 267/63, BStBl 1967 III S. 679, 681.

Die Einlage von wesentlichen Beteiligungen an Kapitalgesellschaften in einen BgA ist abweichend von § 6 Abs. 1 Nr. 5 Buchst. b EStG nicht in der Höhe auf die Anschaffungskosten begrenzt, weil es insoweit an einer Steuerverstrickung i. S. d. § 17 EStG fehlt.[1] 390

Hinsichtlich der Zuschüsse der Trägerkörperschaft ist zu unterscheiden, ob sie der allgemeinen Verlustdeckung dienen oder durch die betriebliche Tätigkeit des Kommunalwirtschaftsunternehmens bedingt sind. Im letzten Fall sind sie nach allgemeinen Grundsätzen als Betriebseinnahme zu behandeln.[2] Insoweit besteht auch das Wahlrecht nach R 6.5 Abs. 2 EStR. Andernfalls liegt eine Einlage vor.[3] Nach der Vfg. der OFD Cottbus v. 13. 1. 2004,[4] sind Zuschüsse der Trägerkörperschaft weiterhin als Einlage zu behandeln, bis das Urt. v. 27. 4. 2000[5] im BStBl II veröffentlicht ist, was bis heute nicht geschehen ist. Das soll auch für zweckgebundene Zuschüsse von Dritter Seite gelten, die über die Trägerkörperschaft an den BgA weitergeleitet werden. Ersteres ist sicherlich richtig, weil der BFH den Fall der Zuschüsse Dritter entschieden hat. Wenn Dritte Zuschüsse leisten kann die Behandlung aber keinesfalls davon abhängig sein, ob die Trägerkörperschaft diese zunächst gleichsam in Ihrem hoheitlichen Bereich vereinnahmt. Juristischer Empfänger ist immer die Trägerkörperschaft. Zweckgebundene Zuwendungen können daher nicht gleichsam für eine logische Sekunde diesem zugerechnet und dann wie ein eigener Zuschuss behandelt werden. 391

(Einstweilen frei) 392–400

4. Betriebseinnahmen und -ausgaben

Die Zuordnung der Betriebseinnahmen zum BgA ist in der Regel mit der Identifizierung desselben erfolgt und bereitet daher keine besonderen Schwierigkeiten. Betriebsausgaben sind die Aufwendungen, die durch die wirtschaftliche Tätigkeit des BgA veranlasst sind.[6] Diese Ausgaben sind nach R 8.2 Abs. 3 Satz 1 KStR 2015 ohne weitere Regelung abziehbar. 401

Bei sog. gemischten Aufwendungen, die teils mit der wirtschaftlichen Tätigkeit, teils mit steuerlich irrelevanten Tätigkeiten im Zusammenhang stehen, ist eine Aufteilung nach dem Prinzip der wirtschaftlichen Zuordnung auf der Basis einer Vollkostenkalkulation vorzunehmen.[7] Die Grundsätze des BFH-Urteils v. 27. 3. 1991[8] zur Abziehbarkeit von gemischt veranlassten Aufwendungen bei gemeinnützigen Körperschaften sollten nicht übertragbar sein.[9] Notfalls sind die Betriebsausgaben zu schätzen. Zur Ermittlung der Finanzierungskosten siehe OFD Frankfurt a. M. v. 11. 1. 1996.[10] 402

---

1 OFD Hannover Vfg. v. 18. 1. 1989, KStK § 4 KStG Karte A 5; OFD Frankfurt a. M. Vfg. v. 11. 4. 1997, ZKF 1999, 16 Tz. 3.1; a. A. *Bauschatz/Strahl*, DStR 2004 S. 489, 493.
2 BFH, Urteil v. 14. 7. 1988 - IV R 78/85, BStBl 1989 II 189, 191, zu privaten Krankenhäusern; s. a. BFH, Urteile v. 27. 4. 2000 - I R 12/98, BFH/NV 2000, 1365 = NWB PAAAA-65357; v. 3. 8. 2005 - I B 242/04, BFH/NV 2005, 2210 = NWB QAAAB-66972.
3 Für Baukostenzuschüsse bei Energieversorgungsunternehmen anerkannt durch BMF, Schreiben v. 27. 5. 2003, BStBl 2003 I 361, für die nach dem 31. 12. 2002 beginnenden Wirtschaftsjahre, s. a. OFD Hannover Vfg. v. 19. 4. 2004, KStK § 4 KStG Karte C 11.
4 DStZ 2004, 206.
5 BFH, Urteil v. 27. 4. 2000 - I R 12/98, BFH/NV 2000, 1365 = NWB PAAAA-65357.
6 § 8 Abs. 1 KStG i. V. m. § 4 Abs. 4 EStG.
7 *Korn/Strahl*, BB 1997, 1557, 1562 f.
8 BFH, Urteil v. 27. 3. 1991 - I R 31/89, BStBl 1992 II S. 103.
9 *Hüttemann*, a. a. O., 2002 S. 46 f.
10 KStK § 4 KStG Karte A 8.

403 Angemessene Aufwendungen für gesetzlich vorgeschriebene Rechnungs- und Kassenprüfungen durch das Rechnungsprüfungsamt der Körperschaft werden als Betriebsausgabe anerkannt.[1]

404–410 *(Einstweilen frei)*

5. Veräußerung und Aufgabe von BgA

411 Wird der BgA einer juristischen Person des öffentlichen Rechts verkauft, fallen die Wirtschaftsgüter des Betriebsvermögens, die bei der Veräußerung nicht auf den Erwerber übergehen, in das allgemeine Vermögen der juristischen Person des öffentlichen Rechts zurück. Es erfolgt also eine Entnahme, bei der die in diesen Wirtschaftsgütern enthaltenen stillen Reserven im Zeitpunkt der Betriebsveräußerung aufzulösen und der Besteuerung zu unterwerfen sind, es sei denn, die verbleibenden Wirtschaftsgüter würden einen selbständigen BgA darstellen.[2]

412 Gleiches hat im Fall der Aufgabe eines BgA zu gelten.[3] Als Aufgabe ist jede Einschränkung der Tätigkeit eines BgA in der Weise anzusehen, dass die erforderlichen Tatbestandsmerkmale nicht mehr vorliegen.[4] Die Verpachtung der zurückbehaltenen einzelnen Wirtschaftsgüter an den Erwerber eines BgA genügt nicht, um eine Betriebsverpachtung i. S. d. § 4 Abs. 4 KStG zu begründen.

413 Verpachtungsbetriebe i. S. d. § 4 Abs. 4 KStG können nur durch die Einstellung der Verpachtungstätigkeit oder die Veräußerung des Verpachtungsbetriebes aufgegeben werden. Eine Aufgabeerklärung entsprechend den für die Verpachtung von Betrieben natürlicher Personen geltenden Grundsätze kommt nicht in Betracht.[5] Der Verpachtungsbetrieb kann demnach nicht steuerlich in einen außerbetrieblichen Bereich der Vermögensverwaltung überführt werden.[6]

414 Die Privatisierung eines BgA durch Umwandlung in eine Eigengesellschaft oder eine andere Kapitalgesellschaft gegen Gewährung neuer Anteile kann steuerneutral im Rahmen des § 20 UmwStG erfolgen, wenn die übernehmende Kapitalgesellschaft die erhaltenen Wirtschaftsgüter mit dem Buchwert fortführt und der BgA einen Betrieb, Teilbetrieb oder einen Mitunternehmeranteil darstellt. In Betracht kommt auch die steuerneutrale Einbringung in eine Personengesellschaft nach § 24 UmwStG. Diese Gestaltung kann sich insbesondere aus grunderwerbsteuerlicher Sicht (§ 5 GrEStG) empfehlen.

415 Wird umgekehrt ein BgA in eine Anstalt des öffentlichen Rechts umgewandelt, so gehen nicht genutzte Verluste des BgA unter. Ein Verlustabzug setzt die Personenidentität voraus, was im Falle der Umwandlung in eine Anstalt nicht geben ist, weil hier eine Gesamtrechtsnachfolge auf einen neuen Rechtsträger erfolgt.[7]

416–420 *(Einstweilen frei)*

---

[1] BFH, Urteil v. 28. 2. 1990 - I R 137/86, BStBl 1990 II S. 647, 648.
[2] BFH, Urteil v. 22. 7. 1964 - I 136/62 U, BStBl 1964 III S. 559, 561.
[3] FG München, v. 17. 2. 2004 - 6 K 2914/01, n. v., NWB ZAAAB-20921.
[4] *Meier/Semelka* in HHR KStG 285. Erg. Lfg. 2018, § 4 Rz. 66.
[5] BFH, Urteil v. 1. 8. 1979 - I R 106/76, BStBl 1979 II S. 716, 717 f.
[6] Vgl. *Meier/Semelka* in HHR KStG 285. Erg. Lfg. 2018, § 4 Rz. 86.
[7] BFH, Urteil v. 12. 1. 2011 - I R 112/09, BFH/NV 2011 S. 1194 = NWB YAAAD-84111.

6. Einzelfälle

a) Aufsichtsratsvergütungen

Vergütungen, die an Mitglieder von Organen mit Funktionen eines Aufsichtsrats gezahlt werden, sind nach § 10 Nr. 4 KStG beschränkt abzugsfähig.[1]

b) Darlehen

Die Anerkennung schuldrechtlicher Beziehungen zwischen dem BgA und der Trägerkörperschaft wird eingeschränkt, soweit bei verzinslichen Darlehen der BgA nicht mit einem angemessenen Eigenkapital ausgestattet ist. Zinsen für Darlehen, das die Trägerkörperschaft dem BgA gewährt, stellen eine vGA dar, wenn der BgA nicht in ausreichendem Maß über Eigenkapital verfügt, wobei ein bestimmter Prozentsatz des Aktivvermögens maßgeblich sein soll.[2] Nach Verwaltungsauffassung ist ein Betrieb mit einem angemessenen Eigenkapital ausgestattet, wenn das Eigenkapital mindestens 30 % des Aktivvermögens beträgt.[3] Das ist jedoch lediglich eine norminterpretierende Verwaltungsvorschrift und keine typisierende Pauschalregelung, die auch von den Gerichten zu beachten wäre.[4] Maßgeblich ist nach der Rechtsprechung ein Vergleich mit der Kapitalstruktur gleichartiger privater Unternehmen.[5] Die Angemessenheit der Eigenkapitalausstattung ist für jeden Veranlagungszeitraum neu zu prüfen.

Baukostenzuschüsse sind bei der Berechnung vom Aktivvermögen abzusetzen.[6] Stille Reserven rechnen ebenfalls nicht zum Eigenkapital.[7] Für die Berechnung der Eigenkapitalquote ist nach R 33 Abs. 2 Satz 4 – 7 KStR 2004 von den Buchwerten in der Steuerbilanz am Anfang des Wirtschaftsjahrs auszugehen; das Aktivvermögen ist um Baukostenzuschüsse und passive Wertberichtigungsposten zu kürzen; von der juristischen Person des öffentlichen Rechts gewährte unverzinsliche Darlehen sind als Eigenkapital zu behandeln; Pensionsrückstellungen rechnen als echte Verpflichtungen nicht zum Eigenkapital.

Die Regelungen über die angemessene Mindestausstattung mit Eigenkapital sind nach Auffassung der Finanzverwaltung nicht anzuwenden, wenn das Darlehen nicht an einen BgA, sondern an eine rechtlich selbständige Anstalt des öffentlichen Rechts gewährt wird. § 8a KStG sei in diesen Fällen ebenfalls nicht anzuwenden.[8] Diese Regelung kann ausgedehnt werden auf alle BgA i. S. d. § 4 Abs. 2 KStG, bei denen eine Beteiligung nicht möglich ist. Andernfalls ist lediglich auf die Erfordernisse der Eigenkapitalfinanzierungsquote aufgrund der unterschiedlichen Steuersubjekte zu verzichten.

Die Behandlung der BgA sollte de lege ferenda mit § 8a KStG harmonisiert werden, weil ein sachlicher Grund für die unterschiedliche Behandlung nicht ersichtlich ist. Die Gelegenheit wurde bei der Neufassung des § 8a KStG nicht genutzt.

---

1 BFH, Urteil v. 15. 11. 1978 - I R 65/76, BStBl 1979 II S. 193, 194, Kreditausschuss einer Sparkasse.
2 BFH, Urteile v. 1. 9. 1982 - I R 52/78, BStBl 1983 II S. 147, 148 f.; v. 9. 7. 2003 - I R 48/02, BStBl 2004 II S. 425, 426.
3 R 33 Abs. 2 Satz 3 KStR 2004.
4 BFH, Urteil v. 9. 7. 2003 - I R 48/02, BStBl 2004 II S. 425, 427.
5 BFH, Urteil v. 9. 7. 2003 - I R 48/02, BStBl 2004 II S. 425, 427.
6 BFH, Urteil v. 1. 9. 1982 - I R 52/78, BStBl 1983 II S. 147, 149.
7 BFH, Urteil v. 1. 9. 1982 - I R 52/78, BStBl 1983 II S. 147, 149.
8 Vfg. OFD Hannover v. 27. 6. 1995, DB 1995 S. 1540.

c) Konzessionsabgaben

426 Die Abziehbarkeit von Konzessionsabgaben bei öffentlichen Betrieben, die die Versorgung der Bevölkerung mit Wasser, Gas, Elektrizität oder Wärme (Versorgungsbetriebe) oder dem öffentlichen Personennahverkehr sichert, regelt seit dem Veranlagungszeitraum 1998 das BMF, Schreiben v. 9.2.1998.[1] Der BFH ist etwas strenger und wendet die Rechtsfolgen der verdeckten Gewinnausschüttung auf der Grundlage einer Gesamtbetrachtung nach Fremdvergleichsgrundsätzen an.[2]

427 Noch unklar ist der Einfluss des Energiewirtschaftsgesetzes v. 24.4.1998.[3] Art. 4 § 1 des Gesetzes zur Neuregelung des Energiewirtschaftsrechts lässt laufende Vereinbarungen über Konzessionsabgaben unberührt.

d) Spenden

428 Spenden eines BgA an die Trägerkörperschaft sind anerkennungsfähig, es sei denn, es handelt sich bei dieser Leistung um eine vGA.[4] Das ist eine Frage des Einzelfalles. So wurde z.B. eine vGA angenommen, wenn die an den Gewährträger geleistete Spende den durchschnittlichen Betrag überstieg, den die Sparkasse an Dritte gespendet hat.[5] Ist ein Landkreis Gewährträger, sind bei der Prüfung, ob die Spenden an den Gewährträger die an Dritte übersteigen, die Spenden zugunsten der kreisangehörigen Gemeinden grundsätzlich als Fremdspenden zu berücksichtigen.[6] Ebenso sind Durchlaufspenden keine Spenden an den Gewährsträger.[7] Zur Beteiligung einer Sparkasse an einer Wirtschaftsförderungsgesellschaft siehe FG Köln, Urteil v. 23.3.2004.[8]

429–440 *(Einstweilen frei)*

VI. Verdeckte Gewinnausschüttung

441 § 8 Abs. 3 Satz 2 KStG findet auch auf BgA Anwendung.[9] Die Grundsätze zur vGA, die im Verhältnis einer Kapitalgesellschaft zu ihrem beherrschenden Gesellschafter gelten, greifen auch beim BgA durch.[10] Das bedeutet, dass, soweit bei der Ermittlung des Einkommens, welches die Trägerkörperschaft durch den BgA erzielt, Minderungen des dem BgA gewidmeten Vermögens zugunsten des übrigen Vermögens der Trägerkörperschaft zu beurteilen sind, das Einkommen so zu ermitteln ist, als ob der BgA ein selbständiges Steuerrechtssubjekt in der Rechtsform einer Kapitalgesellschaft und die Trägerkörperschaft deren beherrschender Gesellschafter wäre.[11] Die allgemeinen Grundsätze der vGA sind daher zunächst anwendbar, d.h., dass die grundsätzlich anerkennungsfähigen Vereinbarungen zwischen der Trägerkörperschaft und

---

1 BMF, Schreiben v. 9.2.1998, BStBl 1998 I 209, aktualisiert durch BMF, Schreiben v. 27.9.2002, BStBl 2002 I S. 940.
2 BFH, Urteil v. 9.12.2010 - I R 28/09, BFH/NV 2011, S. 850 = NWB AAAAD-78871; s.a. *Meier/Semelka* in HHR KStG 285. Erg. Lfg. 2018, § 4 Rz. 126.
3 BStBl 1998 I S. 730.
4 BFH, Urteil v. 12.10.1978 - I R 149/75, BStBl 1979 II S. 192, 193.
5 BFH, Urteil v. 9.8.1989 - I R 4/84, BStBl 1990 II S. 237, 241, m.w.N.
6 BFH, Urteil v. 8.4.1992 - I R 126/90, BStBl 1992 II S. 849, 851.
7 BFH, Urteil v. 8.4.1992 - I R 126/90, BStBl 1992 II S. 849, 851.
8 13 K 455/03, EFG 2004 S. 1392, rkr.
9 BFH, Urteile v. 10.7.1996 - I R 108 – 109/95, BStBl 1997 II S. 230, 231; v. 28.1.2004 - I R 87/02, DB 2004 S. 850, 851 = NWB QAAAB-17866.
10 BFH, Urteil v. 9.8.1989 - I R 4/84, BStBl 1990 II S. 237, 239.
11 BFH, Urteil v. 10.7.1996 - I R 108 – 109/95, BStBl 1997 II S. 230, 231.

dem BgA einem Fremdvergleich standhalten müssen, der den formellen Anforderungen für Rechtsbeziehungen zwischen einer Kapitalgesellschaft und ihrem beherrschenden Gesellschafter genügen muss.

Wird das Ergebnis des BgA durch Aufwendungen belastet, die durch die hoheitlichen oder sonstigen Aufgaben der Trägerkörperschaft veranlasst sind und nicht durch die wirtschaftliche Tätigkeit des BgA, liegt insoweit jedenfalls eine vGA vor.

Unternimmt ein BgA eine dauerdefizitäre Tätigkeit, führt dies unter den Voraussetzungen des § 8 Abs. 7 Satz 2 KStG (zu den Voraussetzungen im Einzelnen und weiteren Einzelfallkonstellationen verdeckter Gewinnausschüttungen siehe Kommentierung zu § 8 KStG) nicht zu einer vGA an dessen Trägerkörperschaft. Unternimmt eine Eigengesellschaft einer juristischen Person des öffentlichen Rechts eine dauerdefizitäre Tätigkeit, gilt unter den Voraussetzungen des § 8 Abs. 7 Satz 1 Nr. 2 KStG Gleiches.[1]

Eine Besonderheit besteht bei der Abgrenzung trägerschaftlich veranlasster Vorgänge von betrieblich bedingten Geschäftsvorfällen im Hinblick auf die sich aus der besonderen Aufgabenstellung öffentlicher Unternehmen ergebende untergeordnete Bedeutung der Gewinnmaximierung. Arbeitet ein öffentliches Unternehmen aus diesen Gründen lediglich kostendeckend oder mit ständigen Verlusten, wird nach h. M. allein durch diese Tatsache keine verdeckte Gewinnausschüttung begründet.[2] Bei der Vorteilsgewährung durch Übernahme von Aufwendungen im Interesse der Trägerkörperschaft begründet daher der abstrakte Vorteil durch den Betrieb eines Verlustunternehmens keine vGA, wohl aber die Durchführung von konkreten marktunüblichen Geschäften im Interesse der Trägerkörperschaft.

Konzessionsabgaben sind trotz Nichterreichen eines Mindestgewinns nach FG Baden-Württemberg[3] zumindest dann keine vGA, wenn die Anlaufverluste auf hohe Investitionen zurückzuführen sind und zukünftig mit einer angemessenen Kapitalverzinsung gerechnet werden kann.[4] Nach FG Köln[5] kann eine vGA nur angenommen werden, wenn trotz spezialgesetzlicher Vorgaben eine Vermögensmehrung möglich gewesen wäre und der gedachte ordentliche und gewissenhafte Geschäftsleiter darauf nicht verzichtet hätte. Die Finanzverwaltung nimmt eine verdeckte Gewinnausschüttung an, wenn in dem Veranlagungszeitraum des Abzugs der Konzessionsabgabe und den folgenden fünf Jahren ein angemessener Gesamtgewinn nicht erreicht wird.[6] Ein angemessener Gesamtgewinn wird nicht erreicht, wenn innerhalb dieses Zeitraums im Durchschnitt der Mindestgewinn unterschritten wird. Mindestgewinn meint in diesem Zusammenhang, dass der Betrag der Konzessionsabgabe nur insoweit als Aufwand gebucht und damit als Betriebsausgabe geltend gemacht worden ist, als nach seinem Abzug dem Versorgungsbetrieb ein angemessener handelsrechtlicher Jahresüberschuss (Mindestgewinn) verbleibt.[7] Dabei ist zu beachten, dass der Mindestgewinn 1,5 %. des Sachanlagevermögens (Bezugspunkt ist insofern das am Anfang des Wirtschaftsjahres in der Handelsbilanz ausgewiesene), nicht unterschreitet.

---

1 *Krämer* in Dötsch/Jost/Möhlenbrock, KStG 92. Erg. Lfg. 2018, § 4 Rz. 148.
2 FG Düsseldorf v. 10. 7. 2003 - 10 K 2561/00, EFG 2003 S. 1408, rkr.; Hölzer, DB 2003 S. 2090, 2092; *Knobbe-Keuk*, StuW 1983 S. 227, 230 f.
3 Urt. v. 11. 12. 2003 - 10 K 219/00, EFG 2004 S. 683.
4 Der BFH hat die hiergegen eingelegte Revision als unbegründet zurückgewiesen: BFH, Urteil v. 6. 4. 2005 - I R 15/04, BStBl 2006 II S. 196.
5 Urt. v. 24. 3. 2004 - 13 K 5197/00, EFG 2004 S. 1156, rkr., und v. 23. 6. 2004 - 13 K 403/02, EFG 2004 S. 1715, rkr.
6 BMF, Schreiben v. 9. 2. 1998, BStBl 1998 I S. 209.
7 BFH, Urteil v. 1. 9. 1982 - I R 44/78, BStBl 1982 II S. 783.

446 Aus der untergeordneten Bedeutung der Gewinnerzielung folgt auch, dass bei Leistungsbeziehungen mit der Trägerkörperschaft ein Gewinnaufschlag nur erforderlich ist, wenn bei der Kalkulation der Leistungen an Dritte eine Gewinnspanne einberechnet wird. Umsatzrückvergütungen an Innungsmitglieder führen aber zu einer vGA bei nachträglich gezielt herbeigeführter Gewinnlosigkeit der Kapitalgesellschaft.[1]

447–460 *(Einstweilen frei)*

VII. Verlustabzug

461 Aufgrund der Verweisung in § 8 Abs. 1 KStG gelten auch bei der Besteuerung von BgA die Regelungen des § 10d EStG über den Verlustrücktrag und den Verlustvortrag.

462 Für den Verlustvortrag ergibt sich das verfahrensrechtliche Problem, dass der verbleibende Verlust des eingegliederten BgA jährlich gesondert festzustellen ist.

463 Der Verlustrücktrag ist bei einem zusammengefassten BgA nur zulässig, soweit der Verlust durch die gleiche Tätigkeit entstanden ist wie das durch den Rücktrag zu mindernde Einkommen.[2] Es kann allerdings höchstens der Verlust des zusammengefassten Betriebes zurückgetragen werden, auch wenn der einzelne eingegliederte BgA einen höheren Verlust erwirtschaftet hat, der aber steuerlich anerkennungsfähig durch andere gewinnbringende Tätigkeit ausgeglichen wurde.

464–480 *(Einstweilen frei)*

J. Eigengesellschaften

481 Bei der Erfüllung ihrer Aufgaben kann sich die juristische Person des öffentlichen Rechts auch Rechtsformen des Privatrechts bedienen. Soweit sie die Tätigkeiten rechtlich verselbständigt, greifen grundsätzlich die für die jeweilige Rechtsform geltenden Regeln.[3]

482 Die Ausgliederung eines BgA in eine Kapitalgesellschaft ist nach § 20 Abs. 1 Satz 1, Abs. 2 Satz 1 UmwStG zu Buchwerten möglich, wenn die Trägerkörperschaft für die Einbringung Gesellschaftsrechte erhält. Nicht erforderlich ist, dass die Gegenleistung ausschließlich in Gesellschaftsrechten erbracht wird; es können auch andere Wirtschaftsgüter auf den Einbringenden übertragen werden.[4] Die Kapitalgesellschaft kann auch eine Kapitalrücklage nach § 272 Abs. 2 Nr. 4 HGB bilden. Voraussetzung der Buchwertverknüpfung ist allerdings, dass sämtliche wesentlichen Betriebsgrundlagen eingebracht werden. Geschieht dies nicht oder wird vom Bewertungswahlrecht Gebrauch gemacht und ein Zwischenwert oder der Teilwert angesetzt, so sind die stillen Reserven aufzulösen und ist insbesondere der Geschäftswert aufzudecken.[5] Soweit es sich bei den eingebrachten Wirtschaftsgütern um Grundstücke handelt, lässt sich eine Belastung mit GrESt bei der Einbringung nicht vermeiden. Will man dieses Ergebnis vermeiden, könnte man an eine Ausgliederung auf eine – gewerblich tätige – Personenhandelsgesellschaft denken, insbesondere auf eine GmbH & Co. KG. Für die Steuerneutralität nach § 24 UmwStG genügt es, wenn die wesentlichen Betriebsgrundlagen zur Nutzung überlassen wer-

---

1 BFH, Urteil v. 2.2.1994 - I R 78/92, BStBl 1994 II S. 479, 481.
2 BFH, Urteil v. 4.12.1991 - I R 74/89, BStBl 1992 II S. 432, 434.
3 R 4.1 Abs. 7 KStR 2015.
4 § 20 Abs. 2 Satz 5 UmwStG.
5 BFH, Urteil v. 5.6.2002 - I R 6/01, BFH/NV 2003 S. 88 = NWB FAAAA-68123.

den, ertragsteuerlich also notwendiges Sonderbetriebsvermögen I vorliegt. Die GrESt-Belastung bei Einbringung von Immobilien in eine Personenhandelsgesellschaft kann nach § 5 GrEStG vermieden werden. Die Beteiligung an einer Mitunternehmerschaft begründet einen BgA (s. o. → Rz. 135). Ertragsteuerlich ist zu beachten, dass Zahlungen an die Trägerkörperschaften aufgrund vertraglicher Vereinbarungen zu Sonderbetriebseinnahmen i. S. d. § 15 Abs. 1 Satz 1 Nr. 2 EStG führen müssten. Nach der Vfg. der OFD Kiel v. 2. 10. 2002[1] soll das bei Konzessionsabgaben nicht der Fall sein, weil die Verkehrswege im öffentlichen Eigentum stehen und die Kommunen allen Anbietern von Versorgungsleistungen den Zugang zu den öffentlichen Verkehrswegen zur Verfügung stellen müssen.

(Einstweilen frei) 483–485

I. Steuerbelastung

Ermittelt ein BgA seinen Gewinn durch Betriebsvermögensvergleich und führt den Gewinn nicht den Rücklagen zu, ist nach § 43 Abs. 1 Satz 1 Nr. 7c EStG i. V. m. § 43a Abs. 1 Nr. 2 EStG i. V. m. § 20 Abs. 1 Nr. 10 Buchst. b EStG Kapitalertragsteuer von 15 % zu entrichten, womit die im Rahmen der beschränkten Körperschaftsteuerpflicht nach § 2 Abs. 2 i. V. m. § 32 Abs. 1 Nr. 2 KStG zu entrichtende KSt abgegolten ist.[2] Die laufende Steuerbelastung für an die Trägerkörperschaft als ausgeschüttet geltenden Gewinne des BgA (einschließlich der Beteiligung an einer Mitunternehmerschaft) errechnet sich nach folgendem Schema:

Für den BgA nach neuem Recht

Gewinn vor Steuern	100,00
./. Freibetrag (§ 24 KStG)	5,00
= zu versteuerndes Einkommen	95,00
./. KSt (15 % n. § 23 KStG)	14,25
./. SolZ (5,5 %)	0,78
Gewinn vor Steuern	100,00
./. Freibetrag (§ 11 Abs. 1 Satz 3 Nr. 2 GewStG)	5,00
= zu versteuerndes Einkommen	95,00
./. GewSt (Hebesatz 400 % von 3,5 % von 95,00)	13,30
= Gewinn nach Steuern (100,00 ./. 14,25 ./. 0.78 ./. 13,30)	71,66
Überführung des Gewinns an Träger (./. KapESt 15 %)	10,75
./. SolZ (5,5 %)	0,59
Nettozufluss	60,32
Steuerbelastung in %	39,67

Die laufende Steuerbelastung für ausgeschüttete Gewinne bei Ausübung der wirtschaftlichen Betätigung in einer Kapitalgesellschaft errechnet sich nach folgendem Schema:

---

[1] DB 2003 S. 240.
[2] Vgl. ausführlich BMF, Schreiben v. 11. 9. 2002, BStBl 2002 I S. 935.

KapGes	
Gewinn vor Steuern	100,00
./. KSt (15 % n. § 23 KStG)	15,00
./. SolZ (5,5 %)	0,82
./. GewSt (Hebesatz 400 %)	14,00
= Gewinn nach Steuern/Bruttodividende	70,17
./. KapESt (25 % zu 3/5 erhoben, § 44a Abs. 8 Satz 1 Nr. 2 EStG = 15 %)	10,52
./. SolZ (5,5 %)	0,57
= Nettozufluss	59,07
Ertragssteuerbelastung in %	40,92

487 Mit Einführung und Inkrafttreten des URefG 2008 v. 14. 8. 2007[1] wurde der Steuersatz für Kapitalerträge nach § 20 Abs. 1 Nr. 10 Buchst. a EStG auf 15 % erhöht (§ 43a Abs. 1 Nr. 2 EStG). Der 15-%-Steuersatz soll dem Steuersatz angeglichen werden, der bei Ausschüttungen einer Kapitalgesellschaft an eine juristische Person des öffentlichen Rechts nach der aus § 44a Abs. 8 EStG resultierenden Entlastung von der Kapitalertragsteuer noch verbleibt.[2] Der Gesetzgeber verfolgte mit der Regelung in § 44a Abs. 8 EStG und den an diese gekoppelten neuen Steuersatz für Kapitalerträge nach § 20 Abs. 1 Nr. 10 Buchst. a EStG die Intention, den Steuersatz für die endgültige Belastung der inländischen öffentlichen Hand als Empfänger einer Gewinnausschüttung an den tariflichen Steuersatz für die Körperschaftsteuer anzupassen.[3] § 20 Abs. 1 Nr. 10 EStG regelt, dass Leistungen von BgA mit eigener Rechtspersönlichkeit i. S. d. Abs. 1 Nr. 10 Buchst. a EStG als Kapitaleinkünfte der Trägerkörperschaft qualifiziert werden. Gleiches gilt gem. § 20 Abs. 1 Nr. 10 Buchst. b EStG für den nicht den Rücklagen zugeführten Gewinn und vGA eines BgA ohne eigene Rechtspersönlichkeit, der den Gewinn durch BV-Vergleich ermittelt bzw. bestimmte Umsatz- (350 000 €) und Gewinngrenzen (30 000 €) im Wirtschaftsjahr überschreitet, durch die die Auflösung von Rücklagen des BgA zu Zwecken außerhalb des BgA, die Gewinne i. S. d. § 22 Abs. 4 UmwStG sowie Gewinne aus Werbesendungen der inländischen öffentlich-rechtlichen Rundfunkanstalten (§ 20 Abs. 1 Nr. 10 Buchst. b EStG) zu den Kapitaleinkünften der Trägerkörperschaft qualifiziert werden. Bei der Ausschüttungsbesteuerung werden rechtlich selbständige und rechtlich unselbständige BgA differenziert. Leistet ein rechtlich selbständiger BgA etwas an seine Trägerkörperschaft, stehen sich zwei Rechtssubjekte gegenüber mit der Folge, dass hier die tatsächlichen Leistungen des BgA besteuert werden. Wann der Gewinn für Zwecke außerhalb des BgA verwendet wird, ist bei rechtlich unselbständigen BgA schwerer festzustellen. In solchen Konstellationen behilft man sich mit der Ausschüttungsfiktion, die aus Vereinfachungsgründen nur für BgA gilt, die die o. a. Voraussetzungen erfüllen.

488–495 *(Einstweilen frei)*

---

[1] BGBl 2007 I S. 1912.
[2] BT-Drucks. 16/4841 S. 67.
[3] BT-Drucks. 16/4841 S. 68.

II. Gestaltungsmissbrauch

Obwohl grundsätzlich die für Kapitalgesellschaften geltenden Regeln anwendbar sind, wurden in der Vergangenheit alle Gestaltungen an § 42 AO gemessen. Einen Gestaltungsmissbrauch nahm die Finanzverwaltung an, wenn die Zusammenfassung in einem BgA steuerlich nicht anerkannt würde,[1] nämlich, wenn positive und negative Ergebnisse aus mehreren wirtschaftlichen Tätigkeiten weder gleichartig sind noch aus Versorgungs- und Verkehrsbetrieben resultieren und eine enge, wechselseitige technisch-wirtschaftliche Verflechtung dieser Tätigkeiten nicht gegeben ist. Nach R 5 Abs. 11a KStR 1995 erkannte man einschränkungslos die Zusammenfassung von BgA zu einer Kapitalgesellschaft an. Der BFH hat die Frage der Saldierung im Urt. v. 14. 7. 2004[2] ausdrücklich offen gelassen, allerdings klargestellt, dass eine fortdauernde Kostenunterdeckung aus Dienstleistungen eine vGA an die Trägerkörperschaft darstellen könne. Seit diesem Urteil geht der BFH davon aus, dass die Zusammenfassung von BgA in eine Eigengesellschaft keine missbräuchliche Gestaltung gem. § 42 AO darstellt. Der uneingeschränkten Zusammenfassung von Verlust- und Gewinnbetrieben setzte R 7 Abs. 2 aber Grenzen. Danach war eine Zusammenfassung ausgeschlossen, wenn die BgA nach allgemeinen Grundsätzen nicht hätten zusammengefasst werden dürfen. R 7 Abs. 2 Satz 2 und 3 KStR 2004 vermieden des Weiteren eine Festlegung, mit welchem Institut die unerwünschte Zusammenfassung bekämpft werden soll; es findet sich lediglich der Hinweis, dass im Einzelfall eine vGA vorliegen könne.

496

In einer weiteren Entscheidung stellte der BFH klar, dass die Begründung einer Organschaft zwischen verschiedenen kommunalen Eigenbetrieben in der Rechtsform einer GmbH als Organgesellschaften und einer kommunalen Holding-GmbH als Organträgerin grundsätzlich nicht als missbräuchliche Gestaltung i. S. v. § 42 AO anzusehen sei.[3]

497

Mit dem JStG 2009[4] und der Einführung des § 8 Abs. 9 KStG hat der Gesetzgeber die bisherigen allgemeinen Grundsätze (und die langjährige Rechtsprechung des BFH) gesetzlich normiert und die Gleichbehandlung zwischen Eigengesellschaften der öffentlichen Hand und BgA sichergestellt.[5] Dies hat zur Folge, dass die Zulässigkeit der Verlustverrechnung auf der Einkommensermittlungsebene und nicht auf der Steuersubjektsebene geklärt wird. § 8 Abs. 7 ff. KStG bietet den Gemeinden die Möglichkeit, Tätigkeiten zu einer Gesellschaft zusammenzuschließen. Die öffentliche Hand kann dadurch steuerlich begünstigte und steuerlich nicht begünstigte Tätigkeiten in einer Eigengesellschaft zusammenfassen. Dabei gilt es aber zu berücksichtigen, dass die Dauerverluste aus der steuerlich nicht begünstigten Tätigkeit als vGA zu behandeln wären.[6] Die Urteile des BFH vom 14. 7. 2004 und vom 22. 8. 2007 zeigen, dass die Zusammenfassung verschiedener und verschiedenartiger Tätigkeiten in einer Kapitalgesellschaft prinzipiell zulässig ist, ohne in den Verdacht der missbräuchlichen Gestaltung zu geraten.

498

(Einstweilen frei) 499–510

---

[1] Abschn. 5 Abs. 11a UStR 1995.
[2] I R 9/03, BFH/NV 2004 S. 1689 = NWB HAAAB-35877.
[3] BFH, Urteil v. 22. 8. 2007 - I R 32/06, BStBl 2007 II S. 961.
[4] BGBl 2008 I 2794.
[5] Kabinetts-Drucks. 16/08150 S. 111.
[6] *Leippe/Baldauf*, DStZ 2008 S. 568, 572 f.

III. Holdingmodelle

511 Als Gestaltungsinstrumente zur Ergebnissaldierung unter Verwendung eines Holding-Modells kommt die Bildung eines Organschaftsverhältnisses in Form des klassischen Vertragskonzernes in Betracht. Das sog. Teilwertabschreibungsmodell (wegen § 8b Abs. 3 KStG und dem Halb- bzw. Teileinkünfteverfahren wirkt sich dieses nicht mehr aus), die Mehrmütterorganschaft (durch Streichung des § 14 II a. F. durch das StVergAbG vom 16. 5. 2003[1] wurde die Mehrmütterorganschaft mit Beginn des VZ 2003 abgeschafft) und die Bildung eines vertikalen Unternehmensverbundes (nach Einführung des § 8b Abs. 1 KStG ist diese Gestaltung unergiebig) sind nach dem Übergang zum Halb- bzw. Teileinkünfteverfahren keine Gestaltungsmodelle mehr.

512 Der BFH sieht den Zusammenschluss verschiedener Eigengesellschaften in der Form der GmbH unter einer Holding GmbH grundsätzlich nicht als missbräuchliche Gestaltung an. Allerdings kann das Unterhalten einer strukturell dauerdefizitären GmbH ohne Verlustausgleich (ggf. auch ohne angemessenen Gewinnzuschlag durch die Körperschaft als Gesellschafterin) eine vGA auslösen.[2] Siehe hierzu auch § 8 Abs. 7 und 9 KStG und die Kommentierung hierzu.

1. Organschaft

513 Die klassische Gestaltung zur Ergebnissaldierung in einem Holdingmodell ist der Vertragskonzern i. S. d. § 14 KStG, bei dem aufgrund der Ergebnisabführungsverträge das Ergebnis der Organgesellschaften der Holding als Organträger zugerechnet wird. Nachdem die wirtschaftliche und organisatorische Eingliederung als Voraussetzungen der Organschaft entfallen sind, stellt sich nur die Frage, ob die Zusammenfassung gewinn- und verlustbringender Betriebe durch das Institut der Organschaft steuerlich anerkannt werden kann. Hier sollten dieselben Grundsätze gelten wie bei der Zusammenfassung in einer Kapitalgesellschaft. Allerdings setzt die steuerliche Anerkennung eines Gewinnabführungsvertrags voraus, dass sich die Organgesellschaft verpflichtet, ihren ganzen Gewinn an ein einziges anderes gewerbliches Unternehmen abzuführen. Nach zutreffender Ansicht des BFH ist daher ein BgA nur dann ein tauglicher Organträger, wenn er ein gewerbliches Unternehmen ist, also insbesondere auch mit Gewinnerzielungsabsicht betrieben wird.[3] Das dürfte häufig Schwierigkeiten bereiten.

2. Betriebsüberlassung

514 Der Betriebsüberlassungsvertrag ist gesetzlich nicht geregelt. Er wird lediglich in § 292 Abs. 1 Nr. 3 AktG erwähnt. Darunter versteht man die entgeltliche Überlassung des Betriebs und seiner Führung an ein anderes Unternehmen. Dieses andere Unternehmen nutzt den überlassenen Betrieb für eigene Zweck. Der Betriebsüberlassungsvertrag unterscheidet sich von der Betriebspacht daher nur dadurch, dass der Übernehmer zwar ebenfalls auf eigene Rechnung, jedoch nicht im eigenen Namen, sondern im fremden Namen, d. h. im Namen der überlassenden Gesellschaft tätig wird.[4] Man könnte von einer „Innenpacht" sprechen. Diese Variante bietet

---

[1] BGBl 2003 I S. 660.
[2] BFH, Urteil v. 22. 8. 2007 - I R 32/06, BStBl 2007 II S. 961.
[3] BFH, Urteil v. 2. 9. 2009 - I R 20/09, BFH/NV 2010 S. 391 = NWB IAAAD-35580.
[4] *Koch* in Hüffer/Koch, 13. Auflage 2018, AktG, § 292 Rz. 19; *Altmeppen* in MüKo AktG, 4. Aufl. 2015, § 292 Rz. 106; *Huber*, Betriebsführungsverträge zwischen selbständigen Unternehmen, ZHR 1988 S. 1, 3.

sich insbesondere bei der Verlagerung von Tochterunternehmen auf das Mutterunternehmen an. Im Ergebnis können dieselben Effekte erzielt werden wie bei einer Organschaft.[1]

(Einstweilen frei) 515–525

IV. Einlage von Beteiligungen in einen BgA

Die Einlage von Beteiligungen aus dem vermögensverwaltenden Bereich in einen BgA hat auf die Steuerbelastung wie oben dargestellt keine dem Anrechnungsverfahren vergleichbaren Vorteile. Die Steuerbelastung der Tochterkapitalgesellschaft ist anders als im Anrechnungsverfahren definitiv. Der Vorteil durch Einlage der Beteiligung in einen defizitären BgA oder einen BgA, der sonst keinen Gewinn erzielt, beschränkt sich auf die Erstattung der KapESt, da die Ausschüttung durch § 8b Abs. 1 KStG steuerbefreit ist (wenn auch 5 % nach § 8b Abs. 3 Satz 1 KStG als nicht abzugsfähige Betriebsausgabe gelten). 526

Denkbar erscheint aus steuerrechtlicher Sicht der Weg, eine Ergebniskonsolidierung herzustellen, in dem die Beteiligung in einen BgA eingelegt wird und anschließend eine Organschaft errichtet wird, bei der der BgA Organträger und die Tochterkapitalgesellschaft Organgesellschaft wird.[2] 527

§ 5 Befreiungen

(1) Von der Körperschaftsteuer sind befreit

1. das Bundeseisenbahnvermögen, die Monopolverwaltungen des Bundes, die staatlichen Lotterieunternehmen und der Erdölbevorratungsverband nach § 2 Abs. 1 des Erdölbevorratungsgesetzes vom 25. Juli 1978 (BGBl I S. 1073);

2. die Deutsche Bundesbank, die Kreditanstalt für Wiederaufbau, die Landwirtschaftliche Rentenbank, die Bayerische Landesanstalt für Aufbaufinanzierung, die Niedersächsische Gesellschaft für öffentliche Finanzierung mit beschränkter Haftung, die Bremer Aufbau-Bank GmbH, die Landeskreditbank Baden-Württemberg – Förderbank, die Bayerische Landesbodenkreditanstalt, die Investitionsbank Berlin, die Hamburgische Investitions- und Förderbank, die NRW.Bank, die Investitions- und Förderbank Niedersachsen, die Saarländische Investitionskreditbank Aktiengesellschaft, die Investitionsbank Schleswig-Holstein, die Investitionsbank des Landes Brandenburg, die Sächsische Aufbaubank – Förderbank –, die Thüringer Aufbaubank, die Investitionsbank Sachsen-Anhalt – Anstalt der Norddeutschen Landesbank – Girozentrale –, die Investitions- und Strukturbank Rheinland-Pfalz, das Landesförderinstitut Mecklenburg-Vorpommern – Geschäftsbereich der Norddeutschen Landesbank Girozentrale –, die Wirtschafts- und Infrastrukturbank Hessen – rechtlich unselbständige Anstalt in der Landesbank Hessen-Thüringen Girozentrale und die Liquiditäts-Konsortialbank Gesellschaft mit beschränkter Haftung;

2a. die Bundesanstalt für vereinigungsbedingte Sonderaufgaben;

3. rechtsfähige Pensions-, Sterbe- und Krankenkassen, die den Personen, denen die Leistungen der Kasse zugute kommen oder zugute kommen sollen (Leistungsempfängern), ei-

---

[1] *Raupach/Völker*, Betriebsüberlassungssystem eines internationalen Spartenkonzerns als flexibles Organisationsmodell zur Errichtung einer Einheitsgesellschaft, JBF AStR 1999/2000, 383, 391.
[2] Vgl. etwa *Thieme*, FR 2000 S. 1074, 1079; *Schorr/Schlär*, DB 2000, 2553, 2555 f.

nen Rechtsanspruch gewähren, und rechtsfähige Unterstützungskassen, die den Leistungsempfängern keinen Rechtsanspruch gewähren,

a) wenn sich die Kasse beschränkt

   aa) auf Zugehörige oder frühere Zugehörige einzelner oder mehrerer wirtschaftlicher Geschäftsbetriebe oder

   bb) auf Zugehörige oder frühere Zugehörige der Spitzenverbände der freien Wohlfahrtspflege (Arbeiterwohlfahrt-Bundesverband e.V., Deutscher Caritasverband e.V., Deutscher Paritätischer Wohlfahrtsverband e.V., Deutsches Rotes Kreuz, Diakonisches Werk – Innere Mission und Hilfswerk der Evangelischen Kirche in Deutschland sowie Zentralwohlfahrtsstelle der Juden in Deutschland e.V.) einschließlich ihrer Untergliederungen, Einrichtungen und Anstalten und sonstiger gemeinnütziger Wohlfahrtsverbände oder

   cc) auf Arbeitnehmer sonstiger Körperschaften, Personenvereinigungen und Vermögensmassen im Sinne der §§ 1 und 2; den Arbeitnehmern stehen Personen, die sich in einem arbeitnehmerähnlichen Verhältnis befinden, gleich;

   zu den Zugehörigen oder Arbeitnehmern rechnen jeweils auch deren Angehörige;

b) wenn sichergestellt ist, dass der Betrieb der Kasse nach dem Geschäftsplan und nach Art und Höhe der Leistungen eine soziale Einrichtung darstellt. ²Diese Voraussetzung ist bei Unterstützungskassen, die Leistungen von Fall zu Fall gewähren, nur gegeben, wenn sich diese Leistungen mit Ausnahme des Sterbegeldes auf Fälle der Not oder Arbeitslosigkeit beschränken;

c) wenn vorbehaltlich des § 6 die ausschließliche und unmittelbare Verwendung des Vermögens und der Einkünfte der Kasse nach der Satzung und der tatsächlichen Geschäftsführung für die Zwecke der Kasse dauernd gesichert ist;

d) wenn bei Pensions-, Sterbe- und Krankenkassen am Schluss des Wirtschaftsjahrs, zu dem der Wert der Deckungsrückstellung versicherungsmathematisch zu berechnen ist, das nach den handelsrechtlichen Grundsätzen ordnungsmäßiger Buchführung unter Berücksichtigung des Geschäftsplans sowie der allgemeinen Versicherungsbedingungen und der fachlichen Geschäftsunterlagen im Sinne des § 219 Absatz 3 Nummer 1 des Versicherungsaufsichtsgesetzes auszuweisende Vermögen nicht höher ist als bei einem Versicherungsverein auf Gegenseitigkeit die Verlustrücklage und bei einer Kasse anderer Rechtsform der dieser Rücklage entsprechende Teil des Vermögens. ²Bei der Ermittlung des Vermögens ist eine Rückstellung für Beitragsrückerstattung nur insoweit abziehbar, als den Leistungsempfängern ein Anspruch auf die Überschussbeteiligung zusteht. ³Übersteigt das Vermögen der Kasse den bezeichneten Betrag, so ist die Kasse nach Maßgabe des § 6 Abs. 1 bis 4 steuerpflichtig; und

e) wenn bei Unterstützungskassen am Schluss des Wirtschaftsjahrs das Vermögen ohne Berücksichtigung künftiger Versorgungsleistungen nicht höher ist als das um 25 Prozent erhöhte zulässige Kassenvermögen. ²Für die Ermittlung des tatsächlichen und des zulässigen Kassenvermögens gilt § 4d des Einkommensteuergesetzes. ³Übersteigt das Vermögen der Kasse den in Satz 1 bezeichneten Betrag, so ist die Kasse nach Maßgabe des § 6 Abs. 5 steuerpflichtig;

4. kleinere Versicherungsvereine auf Gegenseitigkeit im Sinne des § 210 des Versicherungsaufsichtsgesetzes, wenn

   a) ihre Beitragseinnahmen im Durchschnitt der letzten drei Wirtschaftsjahre einschließlich des im Veranlagungszeitraum endenden Wirtschaftsjahrs die durch Rechtsverordnung festzusetzenden Jahresbeträge nicht überstiegen haben oder

   b) sich ihr Geschäftsbetrieb auf die Sterbegeldversicherung beschränkt und die Versicherungsvereine nach dem Geschäftsplan sowie nach Art und Höhe der Leistungen soziale Einrichtungen darstellen;

5. Berufsverbände ohne öffentlich-rechtlichen Charakter sowie kommunale Spitzenverbände auf Bundes- oder Landesebene einschließlich ihrer Zusammenschlüsse, wenn der Zweck dieser Verbände nicht auf einen wirtschaftlichen Geschäftsbetrieb gerichtet ist. ²Die Steuerbefreiung ist ausgeschlossen,

   a) soweit die Körperschaften oder Personenvereinigungen einen wirtschaftlichen Geschäftsbetrieb unterhalten oder

   b) wenn die Berufsverbände Mittel von mehr als 10 Prozent der Einnahmen für die unmittelbare oder mittelbare Unterstützung oder Förderung politischer Parteien verwenden.

   ³Die Sätze 1 und 2 gelten auch für Zusammenschlüsse von juristischen Personen des öffentlichen Rechts, die wie die Berufsverbände allgemeine ideelle und wirtschaftliche Interessen ihrer Mitglieder wahrnehmen. ⁴Verwenden Berufsverbände Mittel für die unmittelbare oder mittelbare Unterstützung oder Förderung politischer Parteien, beträgt die Körperschaftsteuer 50 Prozent der Zuwendungen;

6. Körperschaften oder Personenvereinigungen, deren Hauptzweck die Verwaltung des Vermögens für einen nichtrechtsfähigen Berufsverband der in Nummer 5 bezeichneten Art ist, sofern ihre Erträge im Wesentlichen aus dieser Vermögensverwaltung herrühren und ausschließlich dem Berufsverband zufließen;

7. politische Parteien im Sinne des § 2 des Parteiengesetzes und ihre Gebietsverbände, sofern die jeweilige Partei nicht gemäß § 18 Absatz 7 des Parteiengesetzes von der staatlichen Teilfinanzierung ausgeschlossen ist, sowie kommunale Wählervereinigungen und ihre Dachverbände. ²Wird ein wirtschaftlicher Geschäftsbetrieb unterhalten, so ist die Steuerbefreiung insoweit ausgeschlossen;

8. öffentlich-rechtliche Versicherungs- und Versorgungseinrichtungen von Berufsgruppen, deren Angehörige auf Grund einer durch Gesetz angeordneten oder auf Gesetz beruhenden Verpflichtung Mitglieder dieser Einrichtung sind, wenn die Satzung der Einrichtung die Zahlung keiner höheren jährlichen Beiträge zulässt als das Zwölffache der Beiträge, die sich bei einer Beitragsbemessungsgrundlage in Höhe der doppelten monatlichen Beitragsbemessungsgrenze in der allgemeinen Rentenversicherung ergeben würden. ²Ermöglicht die Satzung der Einrichtung nur Pflichtmitgliedschaften sowie freiwillige Mitgliedschaften, die unmittelbar an eine Pflichtmitgliedschaft anschließen, so steht dies der Steuerbefreiung nicht entgegen, wenn die Satzung die Zahlung keiner höheren jährlichen Beiträge zulässt als das Fünfzehnfache der Beiträge, die sich bei einer Beitragsbemessungsgrundlage in Höhe der doppelten monatlichen Beitragsbemessungsgrenze in der allgemeinen Rentenversicherung ergeben würden;

9. Körperschaften, Personenvereinigungen und Vermögensmassen, die nach der Satzung, dem Stiftungsgeschäft oder der sonstigen Verfassung und nach der tatsächlichen Geschäftsführung ausschließlich und unmittelbar gemeinnützigen, mildtätigen oder kirchlichen Zwecken dienen (§§ 51 bis 68 der Abgabenordnung). ²Wird ein wirtschaftlicher Geschäftsbetrieb unterhalten, ist die Steuerbefreiung insoweit ausgeschlossen. ³Satz 2 gilt nicht für selbst bewirtschaftete Forstbetriebe;

10. Erwerbs- und Wirtschaftsgenossenschaften sowie Vereine, soweit sie

    a) Wohnungen herstellen oder erwerben und sie den Mitgliedern auf Grund eines Mietvertrags oder auf Grund eines genossenschaftlichen Nutzungsvertrags zum Gebrauch überlassen; den Wohnungen stehen Räume in Wohnheimen im Sinne des § 15 des Zweiten Wohnungsbaugesetzes gleich,

    b) im Zusammenhang mit einer Tätigkeit im Sinne des Buchstabens a Gemeinschaftsanlagen oder Folgeeinrichtungen herstellen oder erwerben und sie betreiben, wenn sie überwiegend für Mitglieder bestimmt sind und der Betrieb durch die Genossenschaft oder den Verein notwendig ist.

    ²Die Steuerbefreiung ist ausgeschlossen, wenn die Einnahmen des Unternehmens aus den in Satz 1 nicht bezeichneten Tätigkeiten 10 Prozent der gesamten Einnahmen übersteigen;

11. (weggefallen)

12. die von den zuständigen Landesbehörden begründeten oder anerkannten gemeinnützigen Siedlungsunternehmen im Sinne des Reichssiedlungsgesetzes in der jeweils aktuellen Fassung oder entsprechender Landesgesetze, soweit diese Landesgesetze nicht wesentlich von den Bestimmungen des Reichssiedlungsgesesetzes abweichen, und im Sinne der Bodenreformgesetze der Länder, soweit die Unternehmen im ländlichen Raum Siedlungs-, Agrarstrukturverbesserungs- und Landentwicklungsmaßnahmen mit Ausnahme des Wohnungsbaus durchführen. ²Die Steuerbefreiung ist ausgeschlossen, wenn die Einnahmen des Unternehmens aus den in Satz 1 nicht bezeichneten Tätigkeiten die Einnahmen aus den in Satz 1 bezeichneten Tätigkeiten übersteigen;

13. (weggefallen)

14. Erwerbs- und Wirtschaftsgenossenschaften sowie Vereine, soweit sich ihr Geschäftsbetrieb beschränkt

    a) auf die gemeinschaftliche Benutzung land- und forstwirtschaftlicher Betriebseinrichtungen oder Betriebsgegenstände,

    b) auf Leistungen im Rahmen von Dienst- oder Werkverträgen für die Produktion land- und forstwirtschaftlicher Erzeugnisse für die Betriebe der Mitglieder, wenn die Leistungen im Bereich der Land- und Forstwirtschaft liegen; dazu gehören auch Leistungen zur Erstellung und Unterhaltung von Betriebsvorrichtungen, Wirtschaftswegen und Bodenverbesserungen,

    c) auf die Bearbeitung oder die Verwertung der von den Mitgliedern selbst gewonnenen land- und forstwirtschaftlichen Erzeugnisse, wenn die Bearbeitung oder die Verwertung im Bereich der Land- und Forstwirtschaft liegt, oder

    d) auf die Beratung für die Produktion oder Verwertung land- und forstwirtschaftlicher Erzeugnisse der Betriebe der Mitglieder.

²Die Steuerbefreiung ist ausgeschlossen, wenn die Einnahmen des Unternehmens aus den in Satz 1 nicht bezeichneten Tätigkeiten 10 Prozent der gesamten Einnahmen übersteigen. ³Bei Genossenschaften und Vereinen, deren Geschäftsbetrieb sich überwiegend auf die Durchführung von Milchqualitäts- und Milchleistungsprüfungen oder auf die Tierbesamung beschränkt, bleiben die auf diese Tätigkeiten gerichteten Zweckgeschäfte mit Nichtmitgliedern bei der Berechnung der 10-Prozentgrenze außer Ansatz;

15. der Pensions-Sicherungs-Verein Versicherungsverein auf Gegenseitigkeit,

    a) wenn er mit Erlaubnis der Versicherungsaufsichtsbehörde ausschließlich die Aufgaben des Trägers der Insolvenzsicherung wahrnimmt, die sich aus dem Gesetz zur Verbesserung der betrieblichen Altersversorgung vom 19. Dezember 1974 (BGBl I S. 3610) ergeben, und

    b) wenn seine Leistungen nach dem Kreis der Empfänger sowie nach Art und Höhe den in den §§ 7 bis 9, 17 und 30 des Gesetzes zur Verbesserung der betrieblichen Altersversorgung bezeichneten Rahmen nicht überschreiten;

16. Körperschaften, Personenvereinigungen und Vermögenmassen, soweit sie

    a) als Einlagensicherungssysteme im Sinne des § 2 Absatz 1 des Einlagensicherungsgesetzes sowie als Entschädigungseinrichtungen im Sinne des Anlegerentschädigungsgesetzes ihre gesetzlichen Pflichtaufgaben erfüllen oder

    b) als nicht als Einlagensicherungssysteme anerkannte vertragliche Systeme zum Schutz von Einlagen und institutsbezogene Sicherungssysteme im Sinne des § 61 des Einlagensicherungsgesetzes nach ihrer Satzung oder sonstigen Verfassung ausschließlich den Zweck haben, Einlagen zu sichern oder bei Gefahr für die Erfüllung der Verpflichtungen eines Kreditinstituts im Sinne des § 1 Absatz 1 des Kreditwesengesetzes oder eines Finanzdienstleistungsinstituts im Sinne des § 1 Absatz 1a Satz 2 Nummer 1 bis 4 des Kreditwesengesetzes Hilfe zu leisten oder Einlagensicherungssysteme im Sinne des § 2 Absatz 1 des Einlagensicherungsgesetzes bei deren Pflichtenerfüllung zu unterstützen.

    ²Voraussetzung für die Steuerbefreiung nach Satz 1 ist zusätzlich, dass das Vermögen und etwa erzielte Überschüsse dauernd nur zur Erreichung des gesetzlichen oder satzungsmäßigen Zwecks verwendet werden. ³Die Sätze 1 und 2 gelten entsprechend für Sicherungsfonds im Sinne der §§ 223 und 224 des Versicherungsaufsichtsgesetzes sowie für Einrichtungen zur Sicherung von Einlagen bei Wohnungsgenossenschaften mit Spareinrichtung. ⁴Die Steuerbefreiung ist für wirtschaftliche Geschäftsbetriebe ausgeschlossen, die nicht ausschließlich auf die Erfüllung der begünstigten Aufgaben gerichtet sind;

17. Bürgschaftsbanken (Kreditgarantiegemeinschaften), deren Tätigkeit sich auf die Wahrnehmung von Wirtschaftsförderungsmaßnahmen insbesondere in Form der Übernahme und Verwaltung von staatlichen Bürgschaften und Garantien oder von Bürgschaften und Garantien mit staatlichen Rückbürgschaften oder auf der Grundlage staatlich anerkannter Richtlinien gegenüber Kreditinstituten, Versicherungsunternehmen, Leasinggesellschaften und Beteiligungsgesellschaften für Kredite, Leasingforderungen und Beteiligungen an mittelständischen Unternehmen zu ihrer Gründung und zur Erhaltung und Förderung ihrer Leistungsfähigkeit beschränkt. ²Voraussetzung ist, dass das Vermögen und etwa erzielte Überschüsse nur zur Erreichung des in Satz 1 genannten Zwecks verwendet werden;

18. Wirtschaftsförderungsgesellschaften, deren Tätigkeit sich auf die Verbesserung der sozialen und wirtschaftlichen Struktur einer bestimmten Region durch Förderung der Wirtschaft, insbesondere durch Industrieansiedlung, Beschaffung neuer Arbeitsplätze und der Sanierung von Altlasten beschränkt, wenn an ihnen überwiegend Gebietskörperschaften beteiligt sind. ²Voraussetzung ist, dass das Vermögen und etwa erzielte Überschüsse nur zur Erreichung des in Satz 1 genannten Zwecks verwendet werden;

19. Gesamthafenbetriebe im Sinne des § 1 des Gesetzes über die Schaffung eines besonderen Arbeitgebers für Hafenarbeiter vom 3. August 1950 (BGBl I S. 352), soweit sie Tätigkeiten ausüben, die in § 2 Abs. 1 dieses Gesetzes bestimmt und nach § 2 Abs. 2 dieses Gesetzes genehmigt worden sind. ²Voraussetzung ist, dass das Vermögen und etwa erzielte Überschüsse nur zur Erfüllung der begünstigten Tätigkeiten verwendet werden. ³Wird ein wirtschaftlicher Geschäftsbetrieb unterhalten, dessen Tätigkeit nicht ausschließlich auf die Erfüllung der begünstigten Tätigkeiten gerichtet ist, ist die Steuerbefreiung insoweit ausgeschlossen;

20. Zusammenschlüsse von juristischen Personen des öffentlichen Rechts, von steuerbefreiten Körperschaften oder von steuerbefreiten Personenvereinigungen,

    a) deren Tätigkeit sich auf den Zweck beschränkt, im Wege des Umlageverfahrens die Versorgungslasten auszugleichen, die den Mitgliedern aus Versorgungszusagen gegenüber ihren Arbeitnehmern erwachsen,

    b) wenn am Schluss des Wirtschaftsjahrs das Vermögen nicht höher ist als 60 Prozent der im Wirtschaftsjahr erbrachten Leistungen an die Mitglieder;

21. die nicht in der Rechtsform einer Körperschaft des öffentlichen Rechts errichteten Arbeitsgemeinschaften Medizinischer Dienst der Krankenversicherung im Sinne des § 278 des Fünften Buches Sozialgesetzbuch und der Medizinische Dienst der Spitzenverbände der Krankenkassen im Sinne des § 282 des Fünften Buches Sozialgesetzbuch, soweit sie die ihnen durch Gesetz zugewiesenen Aufgaben wahrnehmen. ²Voraussetzung ist, dass das Vermögen und etwa erzielte Überschüsse nur zur Erreichung der in Satz 1 genannten Zwecke verwendet werden;

22. gemeinsame Einrichtungen der Tarifvertragsparteien im Sinne des § 4 Abs. 2 des Tarifvertragsgesetzes vom 25. August 1969 (BGBl I S. 1323), die satzungsmäßige Beiträge auf der Grundlage des § 186a des Arbeitsförderungsgesetzes vom 25. Juni 1969 (BGBl I S. 582) oder tarifvertraglicher Vereinbarungen erheben und Leistungen ausschließlich an die tarifgebundenen Arbeitnehmer des Gewerbezweigs oder an deren Hinterbliebene erbringen, wenn sie dabei zu nicht steuerbegünstigten Betrieben derselben oder ähnlicher Art nicht in größerem Umfang in Wettbewerb treten, als es bei Erfüllung ihrer begünstigten Aufgaben unvermeidlich ist. ²Wird ein wirtschaftlicher Geschäftsbetrieb unterhalten, dessen Tätigkeit nicht ausschließlich auf die Erfüllung der begünstigten Tätigkeiten gerichtet ist, ist die Steuerbefreiung insoweit ausgeschlossen;

23. die Auftragsforschung öffentlich-rechtlicher Wissenschafts- und Forschungseinrichtungen; ist die Tätigkeit auf die Anwendung gesicherter wissenschaftlicher Erkenntnisse, die Übernahme von Projektträgerschaften sowie wirtschaftliche Tätigkeiten ohne Forschungsbezug gerichtet, ist die Steuerbefreiung insoweit ausgeschlossen;

24. die Global Legal Entity Identifier Stiftung, soweit die Stiftung Tätigkeiten ausübt, die im unmittelbaren Zusammenhang mit der Einführung, dem Unterhalten und der Fortent-

wicklung eines Systems zur eindeutigen Identifikation von Rechtspersonen mittels eines weltweit anzuwendenden Referenzcodes stehen.

(2) Die Befreiungen nach Absatz 1 und nach anderen Gesetzen als dem Körperschaftsteuergesetz gelten nicht

1. für inländische Einkünfte, die dem Steuerabzug vollständig oder teilweise unterliegen; Entsprechendes gilt für die in § 32 Abs. 3 Satz 1 zweiter Halbsatz genannten Einkünfte,

2. für beschränkt Steuerpflichtige im Sinne des § 2 Nr. 1, es sei denn, es handelt sich um Steuerpflichtige im Sinne des Absatzes 1 Nr. 9, die nach den Rechtsvorschriften eines Mitgliedstaats der Europäischen Union oder nach den Rechtsvorschriften eines Staates, auf den das Abkommen über den Europäischen Wirtschaftsraum vom 3. Januar 1994 (ABl EG Nr. L 1 S. 3), zuletzt geändert durch den Beschluss des Gemeinsamen EWR-Ausschusses Nr. 91/2007 vom 6. Juli 2007 (ABl EU Nr. L 328 S. 40), in der jeweiligen Fassung Anwendung findet, gegründete Gesellschaften im Sinne des Artikels 54 des Vertrags über die Arbeitsweise der Europäischen Union oder des Artikels 34 des Abkommens über den Europäischen Wirtschaftsraum sind, deren Sitz und Ort der Geschäftsleitung sich innerhalb des Hoheitsgebiets eines dieser Staaten befindet, und mit diesen Staaten ein Amtshilfeabkommen besteht,

3. soweit § 38 Abs. 2 anzuwenden ist.

Inhaltsübersicht

	Rz.
A. Allgemeine Erläuterungen zu § 5 KStG	1 - 5
I. Entstehungsgeschichte der Vorschrift	1
II. Verhältnis zu anderen Vorschriften	2 - 5
B. Steuerbefreiungen (§ 5 KStG)	6 - 25
I. Arten der Steuerbefreiungen	6 - 15
1. Persönliche Steuerbefreiungen	6
2. Sachliche Steuerbefreiungen	7 - 15
II. Umfang der Steuerbefreiungen	16 - 25
C. Die Steuerbefreiungen nach § 5 KStG im Einzelnen	26 - 770
I. Bundeseisenbahnvermögen, Monopolverwaltungen des Bundes, staatliche Lotterieunternehmen, Erdölbevorratungsverband (§ 5 Abs. 1 Nr. 1 KStG)	26 - 40
II. Deutsche Bundesbank und Kreditinstitute mit Sonderaufgaben (§ 5 Abs. 1 Nr. 2 KStG)	41 - 50
III. Bundesanstalt für vereinigungsbedingte Sonderaufgaben (§ 5 Abs. 1 Nr. 2a KStG)	51 - 55
IV. Rechtsfähige Pensions-, Sterbe-, Kranken- und Unterstützungskassen (§ 5 Abs. 1 Nr. 3 KStG)	56 - 150
1. Rechtsentwicklung	56 - 57
2. Allgemeines	58 - 70
3. Voraussetzungen für die Steuerbefreiung	71 - 150
a) Rechtsfähigkeit	71 - 72
b) Beschränkung auf bestimmten Personenkreis	73 - 85
c) Sicherstellung als soziale Einrichtung	86 - 110
d) Sicherung des Kassenvermögens	111 - 125
e) Höhe des Vermögens	126 - 130
f) Zeitpunkt für die Voraussetzungen der Steuerfreiheit	131 - 135
g) Steuerpflichtige Kassen	136 - 150
V. Kleinere Versicherungsvereine auf Gegenseitigkeit (§ 5 Abs. 1 Nr. 4 KStG)	151 - 160

VI. Berufsverbände ohne öffentlich-rechtlichen Charakter, deren Zweck nicht auf einen wirtschaftlichen Geschäftsbetrieb gerichtet ist (§ 5 Abs. 1 Nr. 5 KStG) .... 161 - 215
    1. Rechtsentwicklung 161
    2. Begriff und Beispiele .... 162 - 180
    3. Wirtschaftlicher Geschäftsbetrieb .... 181 - 195
    4. Partielle Steuerpflicht .... 196 - 205
    5. Spenden für politische Parteien .... 206 - 215
VII. Körperschaften oder Personenvereinigungen als Vermögensverwalter nichtrechtsfähiger Berufsverbände (§ 5 Abs. 1 Nr. 6 KStG) .... 216 - 225
VIII. Politische Parteien (§ 5 Abs. 1 Nr. 7 KStG) .... 226 - 240
IX. Berufsständische Pflichtversicherungs- und Versorgungseinrichtungen (§ 5 Abs. 1 Nr. 8 KStG) .... 241 - 250
X. Gemeinnützigen, mildtätigen und kirchlichen Zwecken dienende Körperschaften, Personenvereinigungen und Vermögensmassen (§ 5 Abs. 1 Nr. 9 KStG) .... 251 - 550
    1. Rechtsentwicklung 251
    2. Hinweis auf §§ 51 – 68 AO .... 252 - 255
    3. Steuerbegünstigte Zwecke .... 256 - 300
        a) Gemeinnützige Zwecke .... 256 - 270
        b) Mildtätige Zwecke .... 271 - 290
        c) Kirchliche Zwecke .... 291 - 300
    4. Voraussetzungen für die Steuerbefreiung .... 301 - 390
        a) Selbstlosigkeit .... 301 - 330
        b) Ausschließlichkeit .... 331 - 340
        c) Unmittelbarkeit .... 341 - 350
        d) Anforderungen an die Satzung .... 351 - 370
        e) Anforderungen an die tatsächliche Geschäftsführung ... 371 - 380
        f) Anerkennung der Gemeinnützigkeit .... 381 - 390
    5. Wirtschaftlicher Geschäftsbetrieb .... 391 - 440
        a) Begriff 391
        b) Wirtschaftliche Geschäftsbetriebe im Einzelnen .... 392 - 405
        c) Mehrere wirtschaftliche Geschäftsbetriebe .... 406 - 415
        d) Besteuerungsgrenze .... 416 - 430
        e) Sonderregelung .... 431 - 440
    6. Zweckbetrieb .... 441 - 540
        a) Begriff .... 441 - 450
        b) Wohlfahrtspflege .... 451 - 455
        c) Krankenhäuser .... 456 - 460
        d) Sportliche Veranstaltungen .... 461 - 505
        e) Sonstige Zweckbetriebe .... 506 - 540
    7. Wegfall der Steuerbefreiung .... 541 - 550
XI. Vermietungsgenossenschaften und -vereine (§ 5 Abs. 1 Nr. 10 KStG) .. 551 - 620
    1. Vermietungsgenossenschaften .... 551 - 595
        a) Überlassung von Wohnungen an Mitglieder .... 551 - 560
        b) Betrieb von Gemeinschaftsanlagen und Folgeeinrichtungen .. 561 - 570
        c) Einnahmen aus nicht begünstigten Tätigkeiten .... 571 - 580
        d) Änderung der Nutzung von Teilen des Betriebsvermögens .. 581 - 595
    2. Vermietungsvereine .... 596 - 600
    3. Sonderfragen .... 601 - 610
        a) Kostendeckende Miete und verdeckte Gewinnausschüttungen .. 601
        b) Verlustabzug .... 602 - 604
        c) Gliederung des verwendbaren Eigenkapitals .... 605 - 610
    4. Verbände der gemeinnützigen Wohnungswirtschaft .... 611 - 620
XII. Gemeinnützige Siedlungsunternehmen (§ 5 Abs. 1 Nr. 12 KStG) .... 621 - 630

XIII. Landwirtschaftliche Erwerbs- und Wirtschaftsgenossenschaften und Vereine (§ 5 Abs. 1 Nr. 14 KStG)	631 - 690
1. Allgemeines	631 - 650
2. Molkereigenossenschaften	651 - 660
3. Winzergenossenschaften	661 - 670
4. Pfropfrebengenossenschaften	671 - 675
5. Andere Erwerbs- und Wirtschaftsgenossenschaften	676 - 680
6. Genossenschaftszentralen	681 - 690
XIV. Pensions-Sicherungs-Verein VVaG (§ 5 Abs. 1 Nr. 15 KStG)	691 - 695
XV. Sicherungseinrichtungen der Kreditinstitute (§ 5 Abs. 1 Nr. 16 KStG)	696 - 705
XVI. Bürgschaftsbanken (§ 5 Abs. 1 Nr. 17 KStG)	706 - 715
XVII. Wirtschaftsförderungsgesellschaften (§ 5 Abs. 1 Nr. 18 KStG)	716 - 725
XVIII. Gesamthafenbetriebe (§ 5 Abs. 1 Nr. 19 KStG)	726 - 735
XIX. Zusammenschlüsse zum Ausgleich von Versorgungslasten (§ 5 Abs. 1 Nr. 20 KStG)	736 - 745
XX. Arbeitsgemeinschaften Medizinischer Dienst der Krankenversicherung und Medizinischer Dienst der Spitzenverbände der Krankenkassen (§ 5 Abs. 1 Nr. 21 KStG)	746 - 750
XXI. Gemeinsame Einrichtungen der Tarifvertragsparteien (§ 5 Abs. 1 Nr. 22 KStG)	751 - 755
XXII. Auftragsforschung öffentlich-rechtlicher Wissenschafts- und Forschungseinrichtungen (§ 5 Abs. 1 Nr. 23 KStG)	756 - 761
XXIII. Global-Legal-Entity-Identifier-Stiftungen (§ 5 Abs. 1 Nr. 24 KStG)	762 - 770
D. Steuerbefreiungen außerhalb des KStG	771 - 780
E. Einschränkung der Steuerbefreiungen (§ 5 Abs. 2 KStG)	781 - 811
I. Steuerabzugspflichtige inländische Einkünfte (§ 5 Abs. 2 Nr. 1 KStG)	781 - 795
II. Beschränkt Steuerpflichtige (§ 5 Abs. 2 Nr. 2 KStG)	796 - 810
III. Übergangsregelungen (§ 5 Abs. 2 Nr. 3 KStG)	811

A. Allgemeine Erläuterungen zu § 5 KStG

HINWEIS:

§§ 1 – 4 KStDV; R 4.1 – 4.5, R 5.1 – 5.17 KStR 2015.

LITERATURHINWEISE:

Patt/Patt, Neue Entwicklungen im Gemeinnützigkeitsrecht, DStR 2005, 1509; *Kube*, Die Zukunft des Gemeinnützigkeitsrechts in der europäischen Marktordnung, IStR 2005, 469; *Meining*, Beteiligungen steuerbefreiter Berufsverbände an Kapitalgesellschaften, DStR 2006, 352; *Knoop*, Gewinnausschüttung im gemeinnützigen Konzern – Zugleich Stellungnahme zu den BMF-Schreiben vom 10. 11. 2005 und 12. 1. 2006, DStR 2006, 1236; *Kaufmann/Schmitz-Herscheidt*, Steuerbefreiung von Forschungseinrichtungen, BB 2007, 2039; *Becker*, Auftragsforschung als Zweckbetrieb nach § 68 Nr. 9 AO unter besonderer Berücksichtigung staatlicher Hochschulen, DStZ 2007, 529; *Dehesselles*, Gemeinnützige Körperschaften in der Insolvenz, DStR 2008, 2050; *Becker*, Das Recht auf Scheitern einer gemeinnützigen Körperschaft, FR 2008, 909; *Kühner*, Unbeschränkte wirtschaftliche Betätigung für Berufsverbände, DStR 2009, 1786; *Dorau/Göttsching*, Selbstversorgungseinrichtungen gemeinnütziger Körperschaften, NWB 2009, 2876; *Leisner-Egensperger*, Besteuerung der Forschungstätigkeit im Hochschulbereich, FR 2010, 493; *Brouwer*, Zum Erfordernis einer Satzungserlaubnis für Organvergütungen bei steuerbefreiten Berufsverbänden, BB 2010, 865; *Mueller-Thuns/Jehke*, Gefährdung der Steuerbefreiung von Berufsverbänden gemäß § 5 Abs. 1 Nr. 5 KStG durch Beteiligung an Kapitalgesellschaften, DStR 2010, 905; *Wallenhorst*, Die Nachversteuerung in § 61 Abs. 3 AO bei Verstössen gegen die Vermögensbindung durch die tatsächliche Geschäftsführung, DStR 2011, 698; *Eversberg/Baldauf*, Der gemeinnützige Betrieb gewerblicher Art als steuerbegünstigter wirtschaftlicher Geschäftsbetrieb (Zweckbetrieb) einer juristischen Person des öffentlichen Rechts, DStZ 2011, 597; *Hüttemann/Schauhoff*, Der BFH als Wettbewerbshüter, DB 2011, 319; *Thomalla*, Die Beteiligung gemeinnütziger Körperschaften an gewerblich geprägten Personengesellschaften, BB 2012, 490; *Schotenroehr*, Kooperation von Zweckbetrieben gemeinnütziger Körperschaften in Form der Gesellschaft Bürgerlichen Rechts,

DStR 2012, 14; *Weisheit*, Zur Abfärbewirkung bei Beteiligung einer gemeinnützigen Körperschaft an einer Personengesellschaft, DB 2012, 142; *Hüttemann*, Ausstellung von Zuwendungsbestätigungen und Anerkennung als gemeinnützige Körperschaft, FR 2012, 241; *Joisten/Vossel*, Karneval im Steuerrecht, FR 2013, 57; *Söhl*, Wirtschaftliche Geschäftsbetriebe in Gemeinnützigen Einrichtungen, NWB 2013, 190; *Suck*, Alaaf und Helau – Zur Besteuerung von Karnevalsvereinen, NWB 2013, 248; *Winheller*, Idealverein oder Wirtschaftsverein? Kita-Vereine zwischen Eintragungsfähigkeit und Rechtsformverfehlung, DStR 2013, 2009; *Hüttemann/Schauhoff/Kirchhain*, Fördertätigkeiten gemeinnütziger Körperschaften und Konzerne, DStR 2013, 633; *Musil*, Europäisches Beihilferecht und nationales Steuerrecht, FR 2014, 953; *Rang/Baldauf*, Besteuerung kommunaler Sportstätten und Schwimmbäder sowie vergleichbarer Einrichtungen, DStZ 2014, 38; *Kümpel*, Leistungsbeziehungen zwischen verbundenen gemeinnützigen Körperschaften, FR 2014, 51; *Busch/Maciejewski/Schepers*, Sind wissenschaftliche Diskussionen steuerbefreit?, DStR 2015, 2737; *Fischer*, Leistungen des Vereins an seine Mitglieder, NWB 2015, 2602; *Schiffer/Pruns*, Höchstrichterlicher Abschied von der Vorstellung einer Vorstiftung, BB 2015, 1756; *Fiand*, Spende an eine Stiftung vor deren Rechtswirksamkeit, NWB 2015, 2061; *Höfer*, BFH zur Steuerfreiheit von Gruppenunterstützungskassen, DB 2015, 831; *Hüttemann*, Steuerliche Gemeinnützigkeit und politische Betätigung, DB 2015, 821; *Leippe*, Hilfe für Flüchtlinge aus steuerlicher Sicht, ZKF 2015, 265; *Weitemeyer/Kamp*, Zulässigkeit politischer Betätigungen durch Gemeinnützige, ZRP 2015, 72; *Martini*, Der Gemeinnützigkeitsstatus beschränkt steuerpflichtiger Körperschaften, IStR 2015, 97; *Schultze*, Keine DBA-Begünstigung für steuerbefreite Körperschaften, IStR 2016, 320; *Bott*, Gemeinnützigkeit und Stiftungen – Aktuelle Rechtsprechung, StB 2016, 96; *Fein*, Gemeinnützigkeit der Sportvereine und Sportverbände – Ein Überblick ZStV 2017, 48; *Heuermann*, Gemeinnützigkeitsrecht: Grundrechtskatalog maßgebend für die „Förderung der Allgemeinheit", DStR 2017, 1754; *Hüttemann*, Kein allgemeinpolitisches Mandat für gemeinnützige Körperschaften – Anmerkungen zum Attac-Urteil des BFH vom 10.01.2019, DB 2019, 744; *Leisner-Egensperger*, Politische Betätigung auf dem Minenfeld des Gemeinnützigkeitsrechts, NJW 2019, 964; *Michel*, Gemeinnütziger Schießsport, BFH, Urt. v. 27.09.2018 - V R 48/16, jm 2019, 162; *Michel*, Keine Gemeinnützigkeit für allgemein-politische Aktivitäten (Attac), BFH, Urt. v. 10.01.2019 - V R 60/17, jm 2019, 212.

I. Entstehungsgeschichte der Vorschrift

1 § 5 KStG 1977 knüpft mit seinem Regelungsgehalt an § 4 KStG 1975 an: Wegen der einzelnen Steuerbefreiungen des § 5 Abs. 1 KStG wird auf die Hinweise zu Beginn der Erläuterungen verwiesen.

Bei Schaffung des KStG 1977 wurden die Befreiungen (§ 4 Abs. 1 KStG 1975) überprüft und zum Teil neu abgegrenzt und redaktionell überarbeitet. Zugleich wurden Befreiungen aus anderen Bestimmungen des KStG und der KStDV zusammengefasst, um eine bessere Übersichtlichkeit zu erreichen.

§ 5 Abs. 2 KStG regelt die Fälle, in denen die Steuerbefreiung des § 5 Abs. 1 KStG nicht anzuwenden ist, wobei § 5 Abs. 2 Nr. 1 KStG 1977 dem § 4 Abs. 2 KStG 1975 entspricht. Bei dem Ausschluss nach § 5 Abs. 2 Nr. 2 KStG 1977 handelte es sich um eine durch die Einführung des Anrechnungsverfahrens bedingte Neuregelung, die mit dem erneuten Systemwechsel vom Anrechnungsverfahren zum Halbeinkünfteverfahren aufgrund des Steuersenkungsgesetzes v. 23.10.2000[1] ab dem VZ 2001 (§ 34 Abs. 1 KStG) ihren Sinn verloren hat und deshalb aufgehoben wurde. Auf Körperschaften mit einem vom Kj. abweichenden Wj. ist die Aufhebung erstmals für den VZ 2002 anzuwenden, wenn das erste im VZ 2001 endende Wj. vor dem 1.1.2001 beginnt (§ 34 Abs. 1a KStG). Die bisherige Nr. 3 wurde aufgrund dessen zu Nr. 2 und hat § 4 Abs. 3 KStG 1975 in redaktionell überarbeiteter Fassung übernommen.

---

[1] BGBl 2000 I 1433; BStBl 2000 I 1428.

Durch Art. 4 Nr. 1 Buchst. b des Gesetzes zur Änderung steuerlicher Vorschriften (Steueränderungsgesetz 2001 – StÄndG 2001) v. 20.12.2001[1] wurde der Einleitungssatz von Abs. 2 dahin gehend ergänzt, dass der dort geregelte Ausschluss der Befreiungen auch für Befreiungen „nach anderen Gesetzen als dem KStG" gilt. Artikel 2 Nr. 2 des Gesetzes zur Fortentwicklung des Unternehmenssteuerrechts (Unternehmenssteuerfortentwicklungsgesetz – UntStFG) v. 20.12.2001[2] hat Abs. 2 um eine neue Nr. 3 ergänzt, nach der die Befreiungen nicht gelten, soweit § 34 Abs. 9, § 37 oder § 38 Abs. 2 KStG anzuwenden sind.

Art. 3 Nr. 2 Buchst. b Zweites Gesetz zur Änderung steuerlicher Vorschriften (Steueränderungsgesetz 2003 – StÄndG 2003) v. 15.12.2003[3] hat § 5 Abs. 2 Nr. 1 KStG dahin gehend modifiziert, dass die Befreiungen nach Abs. 1 und nach anderen Gesetzen als dem KStG auch nicht für inländische Einkünfte gelten, die dem Steuerabzug „vollständig oder teilweise" unterliegen. § 5 Abs. 2 Nr. 1 2. Halbsatz wurde durch das Unternehmenssteuerreformgesetz v. 14.8.2007[4] mit Wirkung vom 18.8.2007 eingefügt. Das Jahressteuergesetz 2009[5] hat mit Wirkung vom 25.12.2008 § 5 Abs. 2 Nr. 2 und 3 neu gefasst. § 5 Abs. 1 Nr. 2 ist geändert mit Wirkung vom Veranlagungszeitraum 2009 durch das Jahressteuergesetz 2010 vom 8.12.2010.[6] Durch das Amtshilferichtlinien-Umsetzungsgesetz (BGBl 2013 I 1809) v. 26.6.2013 ist die Bezugnahme auf unionsrechtliche Regelungen in § 5 Abs. 2 Nr. 2 mit Wirkung vom 30.6.2013 angepasst worden. In § 5 Abs. 1 Nr. 2 ist die Hamburgische Wohnungsbaukreditanstalt durch Gesetz v. 25.7.2014[7] durch die Hamburgische Investitions- und Förderbank ersetzt worden.

Die bislang letzte Änderung nahm der Gesetzgeber durch das Gesetz zum Ausschluss verfassungsfeindlicher Parteien von der Parteienfinanzierung v. 18.7.2017 (BGBl 2017 I S. 2730) mit Wirkung vom 29.7.2017 in § 5 Abs. 1 Nr. 7 Satz 1 vor. Durch die Einfügung des Halbsatzes: „sofern die jeweilige Partei nicht gemäß § 18 Absatz 7 des Parteiengesetzes von der staatlichen Teilfinanzierung ausgeschlossen ist", hat der Gesetzgeber den Kreis der von der Körperschaftsteuer befreiten Parteien eingeschränkt. Hierdurch hat er auf einen Spielraum reagiert, den das BVerfG dem Gesetzgeber durch sein Urteil zum NPD-Verbotsverfahren aufgezeigt hat.[8]

II. Verhältnis zu anderen Vorschriften

§ 5 KStG steht in unmittelbarem Zusammenhang zu § 13 KStG, der für Beginn und Erlöschen der Steuerbefreiung einer Körperschaft, Personenvereinigung oder Vermögensmasse die Pflicht zur Aufstellung einer Schluss- bzw. Anfangsbilanz statuiert. Hierdurch soll sichergestellt werden, dass die während des Zeitraums der Steuerpflicht erworbenen stillen Reserven nicht für die Besteuerung verloren gehen. Ergänzende Bestimmungen zu den Steuerbefreiungen des § 5 Abs. 1 Nr. 3 KStG finden sich in § 6 KStG. § 5 Abs. 1 Nr. 9 KStG verweist für die Voraussetzungen der Steuerbefreiung auf das in den §§ 51 ff. AO geregelte Gemeinnützigkeitsrecht. Soweit die Steuerbefreiung für einen wirtschaftlichen Geschäftsbetrieb ausgeschlossen ist, bezieht

---

[1] BGBl 2001 I 3794, 3801; BStBl 2002 I 4.
[2] BGBl 2001 I 3858, 3863; BStBl 2002 I 35.
[3] BGBl 2003 I 2645; BStBl 2003 I 710.
[4] BGBl 2007 I 1912.
[5] BGBl 2008 I 2794.
[6] BGBl 2010 I 1768.
[7] BGBl 2014 I 1266.
[8] BVerfG v. 17.1.2017 - 2 BvB 1/13, NWB UAAAG-14873, NJW 2017, 611.

sich die Vorschrift auf die Definition des § 14 AO. Entsprechende Befreiungen sind in § 3 GewStG geregelt.

3–5 *(Einstweilen frei)*

B. Steuerbefreiungen (§ 5 KStG)

I. Arten der Steuerbefreiungen

1. Persönliche Steuerbefreiungen

6 Bestimmte, im Gesetz ausdrücklich genannte Körperschaften, Personenvereinigungen und Vermögensmassen, die nach § 1 KStG unbeschränkt körperschaftsteuerpflichtig sind, werden durch § 5 Abs. 1 Nr. 1 – 2 a, 9 und 15 KStG von der KSt befreit. Hierbei handelt es sich um eine persönliche Steuerbefreiung des Steuerrechtssubjekts für sämtliche Vermögensmehrungen, einerlei aus welchen Einkunftsquellen sie stammen. Die Voraussetzungen der Steuerbefreiung müssen bei der Körperschaft selbst vorliegen. Nicht ausreichend ist die Tatbestandsverwirklichung durch die selbständige Muttergesellschaft oder die jeweiligen Anteilseigner. Dementsprechend werden selbständige Tochtergesellschaften nicht von der Steuerbefreiung erfasst. Persönliche Steuerbefreiungen werden zuweilen sachlich beschränkt, indem einzelne Bereiche oder Einkunftsquellen der Steuer unterworfen werden. Eine solche sachliche Beschränkung der persönlichen Steuerbefreiung führt zu einer partiellen Steuerpflicht, wie die Besteuerung der wirtschaftlichen Geschäftsbetriebe gemeinnütziger Körperschaften, Personenvereinigungen und Vermögensmassen i. S. d. § 5 Abs. 1 Nr. 9 KStG.[1]

2. Sachliche Steuerbefreiungen

7 Sachliche Steuerbefreiungen bewirken die Steuerfreiheit für gewisse Einkünfte bzw. in bestimmter Höhe. Sie führen dazu, dass die betreffenden Körperschaften, Personenvereinigungen und Vermögensmassen z. T. steuerfreie und zum anderen Teil steuerpflichtige Einkünfte haben. Auch die sachlichen Steuerbefreiungen gelten nur für die im Gesetz selbst genannten Steuerrechtssubjekte, nicht für von ihnen abhängige Gebilde. § 5 Abs. 1 Nr. 3 – 8, 10 – 14 und 16 – 22 KStG stellen sachliche Steuerbefreiungen dar.

8–15 *(Einstweilen frei)*

II. Umfang der Steuerbefreiungen

16 Die **persönlichen Steuerbefreiungen** beziehen sich auf das gesamte Einkommen der steuerbefreiten Körperschaft, Personenvereinigung oder Vermögensmasse mit Ausnahme der inländischen steuerabzugspflichtigen Einkünfte (§ 5 Abs. 2 Nr. 1 KStG); unter bestimmten Voraussetzungen wird vom Steuerabzug bei Kapitalerträgen jedoch auf Antrag gem. § 44a EStG Abstand genommen. Der Umfang der **sachlichen Steuerbefreiungen** ist gesetzlich unterschiedlich bestimmt, z. B. dahin gehend, dass für wirtschaftliche Geschäftsbetriebe die Steuerbefreiung im Einzelfall nicht gilt.

---

[1] BFH, Urteil v. 7. 8. 2002 - I R 84/01, BFH/NV 2003, 277 = NWB DAAAA-69097; a. A. *von Twickel* in Blümich KStG § 5 Rz. 1.

Eine erweiternde Auslegung der Befreiungsvorschriften ist grds. zulässig, wenn nur so der Zweck der Vorschrift erreicht werden kann. Insoweit käme auch eine Analogie grds. in Betracht.[1] Auf die Steuerbefreiung kann nur verzichtet werden, soweit dies gesetzlich zugelassen ist, da der Steueranspruch durch Tatbestandsverwirklichung entsteht.[2] 17

(*Einstweilen frei*) 18–25

C. Die Steuerbefreiungen nach § 5 KStG im Einzelnen

I. Bundeseisenbahnvermögen, Monopolverwaltungen des Bundes, staatliche Lotterieunternehmen, Erdölbevorratungsverband (§ 5 Abs. 1 Nr. 1 KStG)

Die Steuerbefreiung für die in dieser Vorschrift aufgeführten Unternehmen findet ihre Rechtfertigung in deren besonderen **staatswirtschaftlichen Aufgaben**. Es handelt sich um Unternehmen des Bundes und der Länder, die entweder Monopole sind oder monopolartigen Charakter haben. Befreit sind nur die ausdrücklich erwähnten Unternehmen, nicht auch ihre in besonderer Rechtsform betriebenen Unternehmen. Dies gilt auch, wenn sämtliche Anteile dem persönlich befreiten Unternehmen zuzurechnen sind.[3] 26

Aus dem Aufbau des KStG ergibt sich, dass die Steuerfreiheit der in § 5 Abs. 1 Nr. 1 KStG genannten Staatsbetriebe nur insoweit eingreifen kann, als diese nach § 1 KStG unbeschränkt steuerpflichtig sind, d. h., als sie einen **Betrieb gewerblicher Art** (§ 1 Abs. 1 Nr. 6 i. V. m. § 4 KStG) darstellen. Soweit z. B. bei der Bundesmonopolverwaltung für Branntwein ein Hoheitsbetrieb besteht, fehlt es von vornherein an der unbeschränkten Körperschaftsteuerpflicht des Betriebs, so dass es einer Steuerbefreiung hierfür nicht bedurft hätte. Der Verzicht auf die Benennung der Betriebe gewerblicher Art dient insoweit der Vermeidung von Abgrenzungsschwierigkeiten beim Gesetzesvollzug. Die Steuerbefreiung gilt auch, soweit die Betriebe mit anderen stpfl. Unternehmen im Wettbewerb stehen.[4] 27

Die Steuerbefreiung wird durch Betätigungen der erwähnten Unternehmen, die **neben ihrem eigentlichen Zweck** liegen, nicht ausgeschlossen. Die Rechtsprechung des RFH[5] ist insoweit überholt.[6] 28

An Monopolverwaltungen des Bundes gibt es zurzeit nur das **Branntweinmonopol**; die Zündwarenmonopolgesellschaft wurde am 15. 1. 1983 aufgelöst. 29

Zu den befreiten staatlichen **Lotterieunternehmen** gehören nach der Rspr des BFH[7] nur solche Unternehmen, die der Staat unmittelbar selbst in Form eines Betriebs gewerblicher Art betreibt (sog. **Regiebetrieb**). Für Lotterieunternehmen, die als rechtsfähige Anstalten des öffentlichen Rechts der Staatsaufsicht unterliegen, gilt die Steuerbefreiung ebenfalls.[8] Lotterieunter- 30

---

1 Ebenso Streck/*Alvermann* § 5 Rz. 4.
2 § 38 AO; a. A. Streck/*Alvermann* § 5 Rz. 4.
3 Vgl. BFH, Urteil v. 13. 11. 1963 - GrS 1/62 S, BStBl 1964 III 190.
4 Vgl. BT-Drucks. 7/1470, 337.
5 Vom 23. 4. 1940 - I 258/39, RStBl 1940, 747, betr. Kantinen der Reichspost; v. 1. 12. 1936 - I A 159/36, RStBl 1937, 321, betr. Kleiderkasse der Reichsbahn.
6 Vgl. BFH, Urteile v. 19. 8. 1958 - I 182/57 U, BStBl 1958 III 429, betr. Verpachtung von Bahnhofshotels und -gaststätten durch die Bundesbahn; FG München, Urteil v. 23. 9. 1969 - I (VII) 75/67, EFG 1970, 91, betr. posteigene Kantine.
7 Vom 14. 3. 1961 - I 240/60 S, BStBl 1961 III 212; v. 13. 11. 1963 - I/62 S, BStBl 1964 III 190.
8 BFH, Urteil v. 24. 10. 1984 - I R 158/81, BStBl 1985 II 223.

nehmen in Form einer Kapitalgesellschaft fallen aber auch dann nicht unter die Steuerbefreiung, wenn sich alle Gesellschaftsanteile in der Hand des Staates befinden.[1] Beim Zahlenlotto handelt es sich in Anbetracht der durchaus ungewissen, vom Zufall abhängigen Gewinnmöglichkeiten ebenfalls um eine Lotterie und nicht um eine Wette. Ebenso ist der Fußballtoto als Lotterie zu beurteilen.[2]

31 Der **Erdölbevorratungsverband** ist eine bundesunmittelbare rechtsfähige Körperschaft des öffentlichen Rechts mit Sitz in Hamburg. Seine Aufgabe besteht darin, bestimmte Erdölerzeugnisse vorzuhalten. Der damit verbundene An- und Verkauf von Beständen erfüllt die Merkmale eines Betriebs gewerblicher Art; die Steuerbefreiung trägt der volkswirtschaftlichen und sicherheitspolitischen Bedeutung der Tätigkeit Rechnung.

32–40 *(Einstweilen frei)*

II. Deutsche Bundesbank und Kreditinstitute mit Sonderaufgaben (§ 5 Abs. 1 Nr. 2 KStG)

41 Die persönliche Steuerbefreiung der in der Vorschrift abschließend aufgezählten Kreditinstitute findet ihre sachliche Rechtfertigung in der Tatsache, dass sie bestimmte **öffentliche Aufgaben** wahrnehmen und – abgesehen von geringfügigen Ausnahmen – mit anderen Kreditinstituten **nicht im Wettbewerb** stehen. Diese Körperschaften sind Instrument staatlicher Subventionspolitik und werden in diesem Sinne regelmäßig zur Abwicklung staatlicher Förderprogramme oder Finanzierungsmaßnahmen eingesetzt. Steuerbefreit sind sämtliche Einnahmen der Körperschaft, soweit sie ihr selbst zuzurechnen sind. Selbständige Tochterunternehmen der aufgeführten Körperschaften sind nicht in die Befreiungsvorschrift einbezogen.

42–50 *(Einstweilen frei)*

III. Bundesanstalt für vereinigungsbedingte Sonderaufgaben (§ 5 Abs. 1 Nr. 2a KStG)

51 In Abs. 1 Nr. 2a war vormals die ab dem VZ 1991 (§ 54 Abs. 1 KStG a. F.) aufgrund des Einigungsvertrags[3] geltende Steuerbefreiung für die Staatsbank Berlin und die Treuhandanstalt geregelt.

52 Im Rahmen der Neuorganisation wurde die **Treuhandanstalt** durch die „Verordnung zur Umbenennung und die Anpassung von Zuständigkeiten der Treuhandanstalt" v. 20. 12. 1994[4] mit Wirkung v. 1. 1. 1995 in „Bundesanstalt für vereinigungsbedingte Sonderaufgaben" umbenannt. Die „Staatsbank Berlin" ist aufgrund der „Verordnung zur Übertragung des Vermögens der Staatsbank Berlin auf die Kreditanstalt für Wiederaufbau" v. 13. 9. 1994[5] erloschen. Die Befreiungsvorschrift ist durch das Jahressteuergesetz 1997 v. 20. 12. 1996[6] entsprechend angepasst worden. Die Neufassung galt erstmals für den VZ 1995; die Altfassung war letztmals für

---

[1] BFH, Urteil v. 13. 11. 1963 - GrS 1/62, BStBl 1964 III 190; zu Bedenken im Hinblick auf das Beihilfeverbot *Kümpel* in R/H/N, § 5 Rz. 46; *Schäfer* in Schnitger/Fehrenbacher, § 5 Rz. 118.
[2] BFH, Urteil v. 20. 7. 1951 - II 32/51 U, BStBl 1951 III 166.
[3] BStBl 1990 I 656.
[4] BGBl 1994 I 3913.
[5] BGBl 1994 I 2554.
[6] BGBl 1996 I 2049; BStBl 1996 I 1523.

den VZ 1994 anzuwenden (§ 52 Abs. 2a KStG a. F.). Soweit Aufgaben der Treuhandanstalt auf weitere Körperschaften übertragen wurden, greift die Steuerbefreiung nicht ein.

(*Einstweilen frei*) 53–55

IV. Rechtsfähige Pensions-, Sterbe-, Kranken- und Unterstützungskassen (§ 5 Abs. 1 Nr. 3 KStG)

1. Rechtsentwicklung

§ 5 Abs. 1 Nr. 3 KStG 1977 hat § 4 Abs. 1 Nr. 7 KStG 1975 im Wesentlichen unverändert übernommen. 56

Das Dritte Gesetz zur Durchführung versicherungsrechtlicher Richtlinien des Rates der Europäischen Gemeinschaften v. 21. 7. 1994[1] hat in § 5 Abs. 1 Nr. 3 Buchst. d KStG die Worte „unter Berücksichtigung des von der Versicherungsaufsichtsbehörde genehmigten Geschäftsplans" durch die Worte „unter Berücksichtigung des Geschäftsplans sowie der allgemeinen Versicherungsbedingungen und der fachlichen Geschäftsunterlagen i. S. d. § 5 Abs. 3 Nr. 2 2. Halbsatz des Versicherungsaufsichtsgesetzes" ersetzt.

Durch das Steueränderungsgesetz 1992 v. 25. 2. 1992[2] wurde § 5 Abs. 1 Nr. 3 Buchst. e Satz 2 KStG mit Wirkung ab dem VZ 1992 dahin gehend ergänzt, dass noch nicht fällige Ansprüche aus einer Versicherung mit dem Wert des geschäftsplanmäßigen Deckungskapitals zuzüglich des Guthabens aus Beitragsrückerstattung am Schluss des Wj. bei der Ermittlung des Vermögens der Kasse anzusetzen sind.

An die Stelle der KStDV 1984[3] ist die KStDV 1994 i. d. F. v. 22. 2. 1996[4] getreten, die zuletzt durch Art. 5 des Gesetzes zur Umrechnung und Glättung steuerlicher Euro-Beträge (Steuer-Euroglättungsgesetz – StEuglG) v. 19. 12. 2000[5] geändert wurde. 57

Durch Art. 14 des Jahressteuergesetzes 1996 v. 11. 10. 1995[6] wurde § 5 Abs. 1 Nr. 3 Buchst. e KStG an die geänderte Vorschrift des § 4d EStG angepasst. Um künftig derartige Anpassungen zu vermeiden, wurde klargestellt, dass sich die Ermittlung des tatsächlichen und des zulässigen Vermögens einer Unterstützungskasse nach § 4d EStG richtet.

2. Allgemeines

Pensions-, Sterbe-, Kranken- und Unterstützungskassen ist gemeinsam, dass es sich um soziale Einrichtungen handelt; sie unterscheiden sich jedoch bezüglich ihrer Zielsetzungen und Aufgaben sowie dadurch, dass den Leistungsempfängern z. T. ein Anspruch auf ihre Leistungen zusteht, z. T. aber auch nicht (z. B. bei Unterstützungskassen). Zur Erlangung der Steuerbefreiung müssen die Kassen gleichartige Voraussetzungen erfüllen, wobei es ausreicht, wenn den Erfordernissen des § 5 Abs. 1 Nr. 3 KStG und der §§ 1 – 3 KStDV am **Ende des VZ** genügt wird (R 5.2 Abs. 2 KStR 2015). 58

---

[1] BGBl 1994 I 1630, 1667; BStBl 1994 I 742.
[2] BGBl 1992 I 297.
[3] BStBl 1984 I 484.
[4] BGBl 1996 I 365; BStBl 1996 I 191.
[5] BGBl 2000 I 1790; BStBl 2001 I 3.
[6] BGBl 1995 I 1250; BStBl 1995 I 438.

59 **Pensionskassen** sind rechtsfähige Versorgungseinrichtungen der betrieblichen Altersversorgung, die dem Arbeitnehmer oder seinen Hinterbliebenen auf ihre (i. d. R. laufenden) Leistungen einen Rechtsanspruch gewähren.[1] Der Begriff umfasst auch die **Witwen- und Waisenkassen**.[2] Als Versicherungsunternehmen, die überwiegend in der Rechtsform des Versicherungsvereins auf Gegenseitigkeit (VVaG; §§ 7, 15 VAG) betrieben werden, unterliegen sie der Versicherungsaufsicht (§ 1 Abs. 1 VAG). **Zusatzversorgungseinrichtungen des öffentlichen Dienstes** sind trotz ihrer rechtlichen Unselbständigkeit wegen ihrer Gleichstellung mit den Pensionskassen (§ 18 BetrAVG a. F.) ebenfalls begünstigt.[3]

60 Als **Sterbekassen** gelten Einrichtungen, die eine einfache Versicherung auf den Todesfall gewähren, also nicht auch den Erlebensfall betreffen.[4] Sie unterliegen ebenfalls der Versicherungsaufsicht.

61 **Krankenkassen** sind Einrichtungen, die nach einem auf versicherungsmathematischen Grundsätzen aufgestellten Geschäftsplan Leistungen im Krankheitsfalle erbringen. Auch sie sind der Versicherungsaufsicht unterliegende Versicherungsunternehmen.

62 **Unterstützungskassen** sind Versorgungseinrichtungen der betrieblichen Altersversorgung, die auf ihre Leistungen keinen Rechtsanspruch gewähren.[5] Sie unterliegen nicht der Versicherungsaufsicht. Die nach § 15 Abs. 3 Postpersonalrechtsgesetz v. 14. 9. 1994[6] i. d. F. des Begleitgesetzes zum Telekommunikationsgesetz v. 17. 12. 1997[7] errichteten Unterstützungskassen sind seit ihrer Gründung von der Körperschaftsteuer befreit. § 4d EStG ist auf sie nicht anzuwenden.

63 Erbringt eine Unterstützungskasse ihre Leistungen kraft ausdrücklicher Satzungsregelung **freiwillig mit der Möglichkeit des jederzeitigen Widerrufs**, gewährt sie den Leistungsempfängern i. S. v. § 5 Abs. 1 Nr. 3 KStG keinen Rechtsanspruch. Dass die erbrachten Leistungen schuldbefreiend auf Leistungen angerechnet werden, die das Trägerunternehmen als Arbeitgeber den Begünstigten unmittelbar zugesagt hat, steht dem nicht entgegen.[8]

64–70 (*Einstweilen frei*)

3. Voraussetzungen für die Steuerbefreiung

a) Rechtsfähigkeit

71 Steuerbefreit sind nur rechtsfähige Pensions-, Sterbe-, Kranken- und Unterstützungskassen. Gesonderte Konten oder Fonds innerhalb eines Betriebsvermögens fallen ebenso wenig unter die Steuerbefreiung wie Kassen in einer nichtrechtsfähigen Organisationsform. Eine bestimmte Rechtsform ist nicht vorgeschrieben. **Kassen mit Rechtsanspruch** haben häufig die Rechtsform eines VVaG, einer Versicherungs-AG oder einer öffentlich-rechtlichen Versorgungsanstalt. **Unterstützungskassen** findet man oft in der Form eines eingetragenen Vereins oder

---

1 Vgl. BFH, Urteil v. 5. 11. 1992 - I R 61/89, BStBl 1993 II 185.
2 BT-Drucks. 7/1281, 42.
3 R 5.2 Abs. 1 Satz 1 KStR 2015; vgl. BFH, Urteil v. 22. 9. 1995 - VI R 52/95, BStBl 1996 II 136, betr. § 40b EStG.
4 RFH, Urteil v. 9. 12. 1931 - I A 233/31, RStBl 1932, 499.
5 Vgl. § 1 Abs. 4 Satz 1 BetrAVG a. F.; *Eichenhofer* in Münchner Kommentar zum BGB, § 1587a Rz. 291.
6 BGBl 1994 I 2325, 2353.
7 BGBl 1997 I 3108.
8 BFH, Urteil v. 24. 1. 2001 - I R 33/00, BFH/NV 2001, 1300 = NWB RAAAA-66726.

der GmbH. Die Wahl der Rechtsform der GmbH für eine Unterstützungskasse stellt keinen Gestaltungsmissbrauch i. S. d. § 42 AO dar.[1]

Wird eine Unterstützungskasse in der Rechtsform eines **eingetragenen Vereins** geführt, erwirbt dieser seine Rechtsfähigkeit durch Eintragung in das Vereinsregister. Bis dahin ist er zwar noch nicht rechtsfähig (§ 21 BGB), aber doch schon den Regeln über den sog. **Vorverein** unterworfen. Damit ist den mit dem in § 5 Abs. 1 Nr. 3 KStG verankerten Rechtsfähigkeitserfordernis verbundenen Zwecken genügt, nämlich das Kassenvermögen und die Versorgungsleistungen zu sichern und zugleich eine vermögensmäßige Trennung dieses Vermögens von dem Vermögen des Trägerunternehmens zu gewährleisten.[2]

b) Beschränkung auf bestimmten Personenkreis

Die Steuerfreiheit der Kassen wird nur anerkannt, wenn sie sich mit ihrer Tätigkeit beschränken

- auf Zugehörige oder frühere Zugehörige einzelner oder mehrerer **wirtschaftlicher Geschäftsbetriebe** oder
- auf Zugehörige oder frühere Zugehörige der **Spitzenverbände der freien Wohlfahrtspflege** einschließlich ihrer Untergliederungen, Einrichtungen und Anstalten und sonstiger gemeinnütziger Wohlfahrtsverbände oder
- auf Arbeitnehmer **sonstiger Körperschaften, Personenvereinigungen und Vermögensmassen i. S. d. §§ 1 und 2 KStG,** wobei den Arbeitnehmern solche Personen gleichstehen, die sich in einem **arbeitnehmerähnlichen** Verhältnis befinden.

Zu den Zugehörigen oder Arbeitnehmern rechnen jeweils auch deren **Angehörige** (im Einzelnen s. → Rz. 79).

Zugehörige sind Arbeitnehmer und Personen, die zu dem Betrieb oder Verband in einem arbeitnehmerähnlichen Verhältnis stehen oder gestanden haben.

Zur Umschreibung des steuerlichen **Begriffs des Arbeitnehmers** kann auf § 1 LStDV zurückgegriffen werden: Danach sind Arbeitnehmer Personen, die in öffentlichem oder privatem Dienst angestellt oder beschäftigt sind oder waren und die aus diesem Dienstverhältnis oder einem früheren Dienstverhältnis Arbeitslohn beziehen. Arbeitnehmer sind auch die **Rechtsnachfolger** dieser Personen, soweit sie Arbeitslohn aus dem früheren Dienstverhältnis ihres Rechtsvorgängers beziehen. Ein Dienstverhältnis im vorgenannten Sinne liegt vor, wenn der Angestellte oder Beschäftigte dem Arbeitgeber – dieser kann eine öffentliche Körperschaft, ein Unternehmer oder Haushaltsvorstand sein – seine Arbeitskraft schuldet. Dies ist der Fall, wenn die tätige Person in der Betätigung ihres geschäftlichen Willens unter der Leitung des Arbeitgebers steht oder im geschäftlichen Organismus des Arbeitgebers dessen Weisungen zu folgen verpflichtet ist.

Arbeitnehmer ist nicht, wer Lieferungen und sonstige Leistungen innerhalb der von ihm selbständig ausgeübten gewerblichen oder beruflichen Tätigkeit im Inland gegen Entgelt ausführt, soweit es sich um die Entgelte für diese Lieferungen und sonstigen Leistungen handelt.[3]

---

[1] BFH, Urteile v. 24. 5. 1973 - IV R 39/68, BStBl 1973 II 632; v. 25. 10. 1972 - GrS 6/71, BStBl 1973 II 79.
[2] BFH, Urteil v. 24. 1. 2001 - I R 33/00, BFH/NV 2001, 1300 = NWB RAAAA-66726.
[3] Zum steuerlichen Begriff des Arbeitnehmers s. auch *Giloy*, DB 1986, 822.

77 **Arbeitnehmerähnliche Personen** stehen i. d. R. auf bestimmte Dauer in einem sozialen Abhängigkeitsverhältnis, ohne dass Lohnsteuerpflicht eintritt. Typische Beispielsfälle sind selbständige Handelsvertreter, Hausgewerbetreibende und Zwischenmeister, die ihre Arbeitskraft ausschließlich oder überwiegend nur einem einzelnen Unternehmen zur Verfügung stellen und von diesem in besonderem Maße sozial abhängig sind.[1]

78 Arbeitnehmer, die über den Tag des **65. Lebensjahres** (Zeitpunkt der Pensionierung) hinaus im Betrieb beschäftigt werden, sind **Zugehörige** i. S. d. Gesetzes. Frühere Zugehörige müssen ihre Zugehörigkeit zu der Kasse durch ihre Tätigkeit in den betreffenden Betrieben oder Verbänden erworben haben. Es ist nicht notwendig, dass die Kasse schon während der Zeit der Tätigkeit des Betriebsangehörigen bestanden hat (R 5.3 Abs. 1 Satz 3 und 4 KStR 2015).

79 **Angehörige** sind nach § 15 AO der Ehegatte oder Lebenspartner, der Verlobte, Verwandte und Verschwägerte gerader Linie, Geschwister, Kinder der Geschwister, Ehegatten oder Lebenspartner der Geschwister und Geschwister der Ehegatten oder Lebenspartner, Geschwister der Eltern, Pflegeeltern und Pflegekinder sowie Personen, die durch Adoption die Stellung eines ehelichen Kindes erlangt haben (§ 1754 BGB). Verwandte und Verschwägerte in gerader Linie, Ehegatten und Lebenspartner sowie Ehegatten und Lebenspartner der Geschwister sowie Geschwister der Ehegatten und Lebenspartner und angenommene Kinder bleiben Angehörige auch dann, wenn die ihre Beziehung untereinander begründende Ehe für nichtig erklärt oder aufgelöst (z. B. durch Scheidung, Tod) worden ist oder das Adoptionsverhältnis erloschen ist.

80 Der Pensions- oder Unterstützungskasse eines inländischen Unternehmens geht die Steuerfreiheit nicht dadurch verloren, dass zu ihren Leistungsempfängern Arbeitnehmer gehören, die das inländische Unternehmen zur Beschäftigung bei seinen **ausländischen Tochtergesellschaften oder Betriebsstätten** abgeordnet hat. Auch die Mitgliedschaft anderer, auch ausländischer, Arbeitnehmer der ausländischen Tochtergesellschaften oder Betriebsstätten des inländischen Unternehmens ist für die Kasse steuerunschädlich, wenn für diese Arbeitnehmer von der ausländischen Tochtergesellschaft oder Betriebsstätte entsprechende Beiträge (Zuwendungen) an die Kasse des inländischen Unternehmens abgeführt werden (R 5.3 Abs. 3 Satz 2 KStR 2015).

81–85 *(Einstweilen frei)*

c) Sicherstellung als soziale Einrichtung

86 Weitere Voraussetzung für die Steuerfreiheit der Kasse ist, dass der Betrieb der Kasse nach dem Geschäftsplan und nach Art und Höhe der Leistungen eine soziale Einrichtung darstellt.

87 Um diese Voraussetzung zu erfüllen, dürfen die Leistungsempfänger sich in der Mehrzahl nicht aus dem Unternehmer oder dessen Angehörigen und bei Gesellschaften in der Mehrzahl nicht aus den Gesellschaftern oder deren Angehörigen zusammensetzen (§ 1 Nr. 1 KStDV). Bereits der RFH[2] hat die Steuerbefreiung für den Fall versagt, dass die Kasse nur der Ruhestandsversorgung von Mitgliedern des Vorstandes einer AG diente, die gleichzeitig wesentlich beteiligte Aktionäre waren. Die Kasse muss in erster Linie **für die Arbeitnehmer des Trägerunternehmens bestimmt** sein. Zwar dürfen auch Unternehmer, Mitunternehmer oder deren Angehörige in den Genuss von Kassenleistungen kommen; es darf aber nicht die Mehrzahl der be-

---

[1] Zum Begriff der arbeitnehmerähnlichen Personen s. auch *Herschel*, DB 1977, 1185.
[2] Vom 19. 5. 1931 - I A 140, 141/31, RStBl 1931, 499.

günstigten Personen diesem Kreis angehören. Das bedeutet, dass die Kassen nicht in der Hauptsache den Unternehmern zugute kommen dürfen.

Auch eine einseitige Bevorzugung der Unternehmer bei der Bemessung der Leistungen nimmt der Kasse ihren sozialen Charakter. Dieser Tatbestand liegt nicht nur vor, wenn die Unternehmer zahlenmäßig überwiegen, sondern auch dann, wenn die ihnen gewährten Leistungen unverhältnismäßig hoch sind.[1]

Bei rechtsfähigen **Pensions- oder Sterbekassen,** die den Leistungsempfängern einen **Rechtsanspruch** gewähren, dürfen die jeweils erreichten Rechtsansprüche der Leistungsempfänger gem. § 2 Abs. 1 KStDV – vorbehaltlich dessen Abs. 2 – die folgenden Beträge nicht übersteigen:

	ab VZ 1993	ab VZ 2002
• als Pension	50 400 DM	25 769 €
• als Witwengeld	33 600 DM	17 179 €
• als Waisengeld		
– je Halbwaise	10 080 DM	5 154 €
– je Vollwaise	20 160 DM	10 308 €
• als Sterbegeld (Gesamtleistung)	15 000 DM	7 669 €

Die jeweils erreichten Rechtsansprüche, mit Ausnahme des Anspruchs auf Sterbegeld, dürfen in nicht mehr als 12 % aller Fälle auf höhere als die vorbezeichneten Beträge gerichtet sein. Dies gilt in nicht mehr als 4 %. aller Fälle uneingeschränkt. Im Übrigen dürfen die jeweils erreichten Rechtsansprüche die folgenden Beträge des § 2 Abs. 2 KStDV nicht übersteigen:

	ab VZ 1993	ab VZ 2002
• als Pension	75 600 DM	38 654 €
• als Witwengeld	50 400 DM	25 769 €
• als Waisengeld		
– je Halbwaise	15 120 DM	7 731 €
– je Vollwaise	30 240 DM	15 461 €

Zur **Gesamtleistung einer Sterbekasse** i. S. d. § 5 Abs. 1 Nr. 3 KStG gehören auch Gewinnzuschläge, auf die der Berechtigte einen Rechtsanspruch hat. Für die Beantwortung der Frage, ob mehr als 12 % aller Fälle auf höhere als die in § 2 Abs. 1 KStDV genannten Höchstbeträge gerichtet sind, ist die Zahl derjenigen Mitglieder maßgebend, die im jeweiligen Veranlagungszeitraum höhere Rechtsansprüche haben.[2]

Rechtsfähige **Unterstützungskassen,** die den Leistungsempfängern **keinen Rechtsanspruch** gewähren, müssen gem. § 3 KStDV die folgenden Voraussetzungen erfüllen:

▶ die Leistungsempfänger dürfen zu laufenden Beiträgen oder sonstigen Zuschüssen nicht verpflichtet sein,

---

[1] BFH, Urteil v. 24. 3. 1970 - I R 73/68, BStBl 1970 II 473.
[2] BFH, Urteil v. 20. 11. 1969 - I R 107/67, BStBl 1970 II 227.

- den Leistungsempfängern oder den Arbeitnehmervertretungen des Betriebs oder der Dienststelle muss satzungsgemäß und tatsächlich das Recht zustehen, an der Verwaltung sämtlicher Beträge, die der Kasse zufließen, beratend mitzuwirken,
- die laufenden Leistungen und das Sterbegeld dürfen die in § 2 KStDV (vgl. → Rz. 89) bezeichneten Beträge nicht übersteigen.

93 Das satzungsgemäße Recht der Leistungsempfänger oder Arbeitnehmervertretungen zur **beratenden Mitwirkung** darf nicht eingeschränkt sein. Insbesondere macht § 87 Abs. 1 Nr. 8 BetrVerfG, der dem Betriebsrat das Recht zur Mitbestimmung bei der Verwaltung der Sozialeinrichtungen einräumt, die Voraussetzung des § 3 Nr. 2 KStDV nicht überflüssig.[1] Das Recht zu einer beratenden Mitwirkung kann auch in der Weise eingeräumt werden, dass satzungsmäßig und tatsächlich bei der Unterstützungskasse ein **Beirat** gebildet wird, dem Arbeitnehmer angehören.

94 Diese müssen jedoch die Gesamtheit der Betriebszugehörigen repräsentieren, d. h., sie müssen von diesen unmittelbar oder mittelbar gewählt worden sein.[2] Diese Voraussetzung ist indessen nicht erfüllt, wenn die Beiratsmitglieder letztlich von der Geschäftsleitung des Trägerunternehmens bestimmt werden. Eine Bestimmung durch die Geschäftsleitung des Trägerunternehmens ist auch gegeben, wenn der Beirat zwar durch die Mitgliederversammlung der Unterstützungskasse aus dem Kreis der Betriebsangehörigen gewählt wird, über die Zusammensetzung der Mitgliederversammlung jedoch der von der Geschäftsleitung des Trägerunternehmens eingesetzte Vorstand entscheidet.[3] Eine Unterstützungskasse ist jedoch nicht von der KSt befreit, wenn die Leistungsempfänger oder die Arbeitnehmervertretung aufgrund eines schuldhaften Verhaltens der Organe der Kasse faktisch von der Mitwirkung bei der Verwaltung des Kassenvermögens ausgeschlossen sind.[4]

95 Unterstützungskassen sind als Kassen ohne Rechtsanspruch der Leistungsempfänger – im Gegensatz bspw. zu Pensionskassen – zur Aufstellung eines Geschäftsplans i. S. d. Versicherungsaufsichtsgesetzes (VAG) nicht verpflichtet. Es genügt deshalb, wenn bei ihnen in anderer Weise sichergestellt ist, dass die Kassen nach Art und Höhe ihrer Leistungen eine soziale Einrichtung darstellen, bspw. durch Aufnahme entsprechender Bestimmungen in die Satzung oder – bei Unterstützungskassen mit laufenden Leistungen – durch Aufstellung eines Leistungsplans.[5] Die laufenden Leistungen und das Sterbegeld dürfen die in § 2 KStDV (s. → Rz. 89) genannten Höchstbeträge nicht übersteigen. Dabei ist zu beachten, dass zu den Leistungsempfängern auch die Leistungsanwärter gehören. Daher gilt die Begrenzung der laufenden Leistungen für die tatsächlich gezahlten Renten und die sich aus dem Leistungsplan ergebenden tatsächlichen Rentenanwartschaften, die mit den jeweils erreichten Beträgen anzusetzen sind.[6]

96 Unterstützungskassen dürfen auch laufende Leistungen, z. B. zur **Altersversorgung,** gewähren, wenn die Voraussetzungen des § 5 Abs. 1 Nr. 3 Buchst. b KStG und des § 3 Nr. 3 KStDV erfüllt sind. Dabei dürfen Altersrenten, Witwengeld, Waisengeld und Sterbegeld ohne Rücksicht auf die wirtschaftlichen Verhältnisse des Leistungsempfängers gewährt werden. Unterstützungs-

---

1 Vgl. BFH, Urteil v. 20. 9. 1967 - I 62/63, BStBl 1968 II 24.
2 Vgl. BFH, Urteil v. 24. 6. 1981 - I R 143/78, BStBl 1981 II 749.
3 BFH, Urteil v. 10. 6. 1987 - I R 253/83, BStBl 1988 II 27.
4 BFH, Beschluss v. 26. 2. 1992 - I B 74/91, BFH/NV 1993, 329.
5 BFH, Urteil v. 24. 1. 2001 - I R 33/00, BFH/NV 2001, 1300 = NWB RAAAA-66726.
6 R 14 Abs. 2 Satz 7 KStR; BFH, Urteil v. 18. 7. 1990 - I R 22-23/87, BStBl 1990 II 1088.

kassen, die dagegen Leistungen nur von Fall zu Fall erbringen, sind nur dann soziale Einrichtungen, wenn sich die Leistungen mit Ausnahme des Sterbegeldes auf Fälle der Not oder Arbeitslosigkeit beschränken (§ 5 Abs. 1 Nr. 3 Buchst. b Satz 2 KStG). Insoweit kommt es also auf die **Bedürftigkeit des Leistungsempfängers** an. Eine Unterstützungskasse, die jedem Mitglied des Unternehmens ohne Rücksicht darauf, ob es sich in guter oder schlechter Vermögenslage befindet, eine einmalige Zuwendung gewährt, ist folglich keine soziale Einrichtung.[1] Der Begriff der Not ist dabei aber nicht eng auszulegen. Ein Notfall kann auch schon vorliegen, wenn bei einem Arbeitnehmer zwangsläufig ein erhöhter Geldbedarf eintritt, den er ohne Beeinträchtigung seiner wirtschaftlichen Lage nicht aufbringen kann. Die Zahlung von **Überbrückungsbeihilfen** ist deshalb dann steuerunschädlich, wenn sie ausschließlich an Arbeitnehmer erfolgt, die arbeitslos geworden sind oder bei denen die Entlassung aus anderen Gründen zu einer Notlage geführt hat (z. B. berufsbedingter Umzug oder Erfordernis der Anschaffung eines Pkw zum Erreichen der neuen auswärtigen Arbeitsstelle). Entsprechendes gilt, wenn eine rechtsfähige Unterstützungskasse Beihilfen für die **Fortbildung** der Arbeitnehmer des Trägerunternehmens oder **Ausbildungsbeihilfen** für die Kinder dieser Arbeitnehmer gewährt.[2]

Eine steuerbefreite Pensionskasse oder Unterstützungskasse kann anstelle einer laufenden Rente auch eine **Kapitalabfindung** zahlen. Voraussetzung ist, dass die zu kapitalisierende Rente sich in den Grenzen der Höchstbeträge der §§ 2 und 3 KStDV hält und der Leistungsempfänger durch die Kapitalisierung nicht mehr erhält, als er insgesamt erhalten würde, wenn die laufende Rente gezahlt würde. Der Berechnung der Kapitalabfindung darf daher nur ein Zinsfuß zugrunde gelegt werden, der auf die Dauer gesehen dem durchschnittlichen Zinsfuß entspricht. Bei der Prüfung, ob sich die kapitalisierte Rente in den Grenzen der vorgenannten Höchstbeträge hält, geht die Finanzverwaltung von einem Zinsfuß von 5,5 % aus (R 5.5 Abs. 3 Satz 4 KStR 2015).

Der Charakter einer sozialen Einrichtung wird nicht dadurch gestört, dass sich die Leistungen auf einen **Teil der Betriebszugehörigen** beschränken, wenn die Beschränkung dem Sinn der sozialen Einrichtung entspricht (z. B. Beschränkung auf Betriebsangehörige mit einer bestimmten Anzahl von Jahren der Betriebszugehörigkeit oder auf Arbeitnehmer mit niedrigem Einkommen).

Nach § 1 Abs. 4 BetrAVG a. F. wird ein aus dem Betrieb **vor Eintritt des Versorgungsfalles ausscheidender Arbeitnehmer,** der seine betriebliche Altersversorgung von der Unterstützungskasse des Betriebs erhalten sollte, bei Erfüllung der Voraussetzungen hinsichtlich der Leistungen so gestellt, wie wenn er weiterhin zum Kreis der Begünstigten der Unterstützungskasse des Betriebs gehören würde. Bei Eintritt des Versorgungsfalles hat die Unterstützungskasse dem früheren Arbeitnehmer und seinen Hinterbliebenen mindestens den nach § 2 Abs. 1 BetrAVG berechneten Teil der Versorgung zu gewähren (§ 2 Abs. 4 BetrAVG). Diese Verpflichtung zur Gewährung von Leistungen an den vorzeitig ausgeschiedenen Arbeitnehmer bei Eintritt des Versorgungsfalles (§ 2 Abs. 4 BetrAVG) kann von der Unterstützungskasse wie folgt **abgelöst** werden:

▶ Nach § 3 Abs. 1 BetrAVG kann dem ausgeschiedenen Arbeitnehmer mit seiner Zustimmung eine **einmalige Abfindung** gewährt werden, wenn er vor der Beendigung des Ar-

---

[1] RFH, Urteil v. 15.11.1943 - I 164/43, RStBl 1944, 443.
[2] Vgl. Nds. FinMin v. 9.5.1968, DStR 1968, 382.

beitsverhältnisses **weniger als zehn Jahre** zu dem Kreis der Begünstigten der Unterstützungskasse gehört hat.

▶ Nach § 4 Abs. 2 BetrAVG kann die Verpflichtung mit Zustimmung des ausgeschiedenen Arbeitnehmers von jedem Unternehmen, bei dem der Ausgeschiedene beschäftigt wird, von einer Pensionskasse, von einem Unternehmen der Lebensversicherung, einem öffentlich-rechtlichen Versorgungsträger oder von einer anderen Unterstützungskasse **übernommen** werden.

Vermögensübertragungen im Zusammenhang mit diesen Maßnahmen sind steuerunschädlich (R 5.4 Abs. 3 Satz 4 KStR 2015).

100–110 *(Einstweilen frei)*

d) Sicherung des Kassenvermögens

111 Weiterhin erfordert die Steuerfreiheit, dass die ausschließliche und unmittelbare Verwendung des Vermögens und der Einkünfte der Kasse nach der Satzung und der tatsächlichen Geschäftsführung für die Zwecke der Kasse dauernd gesichert ist. Diese Voraussetzung muss vorbehaltlich der Bestimmungen des § 6 KStG erfüllt sein. Einer ausdrücklichen Satzungsbestimmung für die ausschließliche und unmittelbare Verwendung des Vermögens und der Einkünfte der Kasse bedarf es nicht, wenn der begünstigte Zweck als ausschließlich und unabänderlich in der Satzung festgelegt ist.[1]

112 Die Kasse kann also ihr Vermögen in Wertpapieren oder sonst wie verzinslich anlegen oder es in anderer Weise nutzen, sofern dabei der Rahmen einer **allgemeinen Vermögensverwaltung** eingehalten wird. Insbesondere kann die Kasse auch das Kassenvermögen dem Trägerunternehmen als verzinsliches Darlehen zur Verfügung stellen. Allerdings muss die wirtschaftliche Leistungsfähigkeit des Betriebes in ausreichendem Maße für die Sicherheit der Mittel bürgen. Ist diese Voraussetzung nicht erfüllt, so müssen die Mittel der Kasse in angemessener Frist aus dem Betrieb ausgesondert und in anderer Weise angelegt werden. Von grundsätzlicher Bedeutung ist die **Frage der Angemessenheit der Verzinsung** eines solchen Darlehens. Die Beantwortung der Frage, wann eine angemessene Verzinsung gegeben ist, wird nicht allgemein gültig erfolgen können, da insoweit auch die Verhältnisse am Kreditmarkt zu berücksichtigen sind. Eine Verzinsung, die den jeweils aktuellen Zinssatz für Spareinlagen mit gesetzlicher Kündigungsfrist unterschreitet, ist allerdings nicht in jedem Fall unangemessen.[2] Die Frage ist deshalb von Bedeutung, weil der angemessene Zinssatz weder über- noch unterschritten werden darf: Eine Überschreitung führt zur Annahme von Zuwendungen, eine Unterschreitung gefährdet die Steuerfreiheit der Kasse.[3] Auch eine **Sicherungsabtretung** der Ansprüche einer Unterstützungskasse aus den von ihr abgeschlossenen **Rückdeckungsversicherungen** an das Trägerunternehmen führt nach Auffassung des Hess. FinMin v. 10. 6. 1991[4] zu einem Verstoß gegen die Vermögensbindung.

113 Die Art der Anlage oder Nutzung des Kassenvermögens darf nicht dazu führen, dass sich die Kasse durch die mit der Vermögensverwaltung verbundene Tätigkeit selbst einen weiteren satzungsmäßig nicht bestimmten Zweck gibt. Eine Kasse ist in ihren Maßnahmen zwar inso-

---

1 RFH, Urteil v. 24. 3. 1942 - I 223/41, RStBl 1942, 910.
2 BFH, Urteil v. 30. 5. 1990 - I R 64/86, BStBl 1990 II 1000.
3 Vgl. BFH, Urteil v. 27. 1. 1977 - I B 60/76, BStBl 1977 II 442.
4 KSt-Kartei § 5 Karte C 11.

weit frei, als ihre Tätigkeit sich im Rahmen einer Vermögensverwaltung hält, d. h. das Kassenvermögen verzinslich angelegt oder in anderer Weise genutzt wird, wobei nicht zuletzt auch an den Erwerb von Immobilien gedacht werden kann, die als Wohnungen oder Geschäftsräume vermietet werden. Tritt die Kasse als **Bauherr** auf, so ist die Gefahr besonders groß, dass sie sich durch diese Tätigkeit einen neuen Zweck gibt. Hier muss also besonders darauf geachtet werden, dass die Grenzen der allgemeinen Vermögensverwaltung eingehalten bleiben. Diese Grenzen sind nach BFH[1] überschritten, wenn eine Kasse mit ihren – teils mit Kreditmitteln beschafften – Aktien des Trägerunternehmens Transaktionen vornimmt, die i. S. d. Sicherung des Kassenvermögens nicht mehr verstanden werden können.

Steuerschädlich ist auf jeden Fall, wenn sich die Kasse **gewerblich betätigt**, z. B. als Kommanditistin an ihrem Trägerunternehmen beteiligt und als solche Mitunternehmer eines Gewerbebetriebs ist.[2]

Weichen Satzung und tatsächliche Geschäftsführung der Kasse voneinander ab, so ist für die Entscheidung über die Steuerfreiheit der Kasse die **tatsächliche Geschäftsführung** maßgebend.[3]

Die Sicherung des Kassenvermögens setzt auch voraus, dass bei **Auflösung der Kasse** ihr Vermögen – vorbehaltlich des § 6 KStG – satzungsgemäß nur den Leistungsempfängern oder deren Angehörigen zugute kommt oder für ausschließlich gemeinnützige oder mildtätige Zwecke verwendet werden darf (§ 1 Nr. 2 KStDV).

Bei Kassen, deren Vermögen bei ihrer Auflösung vorbehaltlich der Regelung in § 6 KStG satzungsgemäß für ausschließlich gemeinnützige oder mildtätige Zwecke zu verwenden ist, gilt § 61 Abs. 1 und 2 AO sinngemäß. Eine ausreichende Vermögensbindung i. S. d. § 1 Nr. 2 KStDV liegt nicht vor, wenn die Satzung sich auf die allgemeine Bestimmung beschränkt, dass zur Verteilung des Vermögens der Kasse die Zustimmung des Finanzamts erforderlich ist.[4] Wird eine Unterstützungskasse in der Rechtsform einer GmbH betrieben, so ist wegen der satzungsgemäß abzusichernden Vermögensbindung für den Fall der **Liquidation der Unterstützungskassen-GmbH** eine Rückzahlung der eingezahlten Stammeinlagen an das Trägerunternehmen ausgeschlossen.[5] Bei einer Unterstützungskasse in der Rechtsform einer **privatrechtlichen Stiftung** wird seitens der FinVerw nicht beanstandet, wenn die Stiftung in ihre Verfassung die Bestimmung aufnimmt, dass das Stiftungskapital ungeschmälert zu erhalten ist, um dadurch zu verhindern, dass sie neben ihren Erträgen und den Zuwendungen vom Trägerunternehmen auch ihr Vermögen uneingeschränkt zur Erbringung ihrer laufenden Leistungen einsetzen muss. In einer solchen Bestimmung wird kein Verstoß gegen das Erfordernis der dauernden Vermögenssicherung für Zwecke der Kasse gesehen. Durch die satzungsgemäß abgesicherte Vermögensbindung ist nämlich gewährleistet, dass das Stiftungsvermögen im Falle der Auflösung der Stiftung nicht an den Stifter zurückfließt, sondern nur den Leistungsempfängern oder deren Angehörigen zugutekommt oder für ausschließlich gemeinnützige oder mildtätige Zwecke zu verwenden ist (R 5.4 Abs. 1 Satz 4 KStR 2015).

---

1 Vom 29. 1. 1969 - I 247/65, BStBl 1969 II 269.
2 BFH, Urteil v. 17. 10. 1979 - I R14/76, BStBl 1980 II 225.
3 BFH, Urteil v. 28. 9. 1954 - I 127/54 U, BStBl 1954 III 339.
4 BFH, Urteil v. 20. 9. 1967 - I 62/63, BStBl 1968 II 24.
5 BFH, Urteil v. 25. 10. 1972 - GrS 6/71, BStBl 1973 II 79.

118 Die **Übertragung** des (nahezu) gesamten **Vermögens** auf einen anderen Rechtsträger lässt die Steuerbefreiung mit Wirkung für die zurückliegenden VZ entfallen, da die Verwendung des Vermögens nicht mehr tatsächlich für die Zwecke der Kasse „dauernd" gesichert ist.[1]

119–125 *(Einstweilen frei)*

e) Höhe des Vermögens

126 Bei **Pensions-, Sterbe- und Krankenkassen** ist die Steuerfreiheit zusätzlich davon abhängig, dass das auszuweisende Vermögen bestimmte Höchstgrenzen nicht überschreitet, deren Berechnung sich aus § 5 Abs. 1 Nr. 3d KStG ergibt. Danach darf am Schluss des Wj., zu dem der Wert der Deckungsrückstellung versicherungsmathematisch zu berechnen ist – dies geschieht regelmäßig alle drei Jahre –, das nach den handelsrechtlichen GoB unter Berücksichtigung des von der Versicherungsaufsichtsbehörde genehmigten Geschäftsplans auszuweisende Vermögen nicht höher sein als bei einem Versicherungsverein auf Gegenseitigkeit (VVaG) die Verlustrücklage und bei einer Kasse anderer Rechtsform der dieser Rücklage entsprechende Teil des Vermögens. Bei der Ermittlung des Vermögens ist eine **Rückstellung für Beitragsrückerstattung** nur insoweit abziehbar, als den Leistungsempfängern ein Anspruch auf Überschussbeteiligung zusteht. Übersteigt das Vermögen den bezeichneten Betrag, so ist die Kasse nach Maßgabe des § 6 Abs. 1 – 4 KStG steuerpflichtig.

127 Bei **Unterstützungskassen** darf das Vermögen am Schluss des Wj. ohne Berücksichtigung künftiger Versorgungsleistungen nicht höher sein als das um 25 % erhöhte zulässige Kassenvermögen i. S. d. § 4d EStG. Für die Ermittlung des tatsächlichen und des zulässigen Kassenvermögens gilt § 4d EStG. Übersteigt das Vermögen der Kasse den bezeichneten Betrag, so ist die Kasse nach Maßgabe des § 6 Abs. 5 KStG steuerpflichtig (§ 5 Abs. 1 Nr. 3e KStG). Zur Bewertung des tatsächlichen und des zulässigen Kassenvermögens bei **kongruent rückgedeckten Unterstützungskassen** vgl. Hess. FinMin v. 10. 6. 1991.[2] Inländische Einkünfte (insbesondere Kapitalerträge) einer Unterstützungskasse, die dem Steuerabzug unterliegen, sind im Verhältnis des überdotierten Vermögens zum Gesamtvermögen der Kasse in die Körperschaftsteuerveranlagung einzubeziehen. Nur insoweit ist die auf die Kapitalerträge entfallende KapErtrSt und KSt auf die festgesetzte KSt anzurechnen.[3]

128–130 *(Einstweilen frei)*

f) Zeitpunkt für die Voraussetzungen der Steuerfreiheit

131 Für die Steuerbefreiung genügt es, wenn die Voraussetzungen des § 5 Abs. 1 Nr. 3 KStG und der §§ 1 – 3 KStDV am **Ende des VZ** erfüllt sind (R 5.2 Abs. 2 KStR 2015).

132–135 *(Einstweilen frei)*

g) Steuerpflichtige Kassen

136 In § 6 KStG ist die partielle Körperschaftsteuerpflicht der **überdotierten Kassen** geregelt, also der Kassen, deren Vermögen die Beträge des § 5 Abs. 1 Nr. 3 Buchst. d bzw. e KStG übersteigt.

---

1 BFH, Urteil v. 15. 12. 1976 - I R 235/75, BStBl 1977 II 490; bestätigt durch BFH, Urteil v. 14. 11. 2012 - I R 78/11, BStBl 2014 II 44.
2 KSt-Kartei § 5 Karte C 10.
3 BFH, Urteil v. 31. 7. 1991 - I R 4/89, BStBl 1992 II 98.

Pensionskassen können den Eintritt in die partielle Steuerpflicht durch eine Übertragung bzw. Verwendung des überdotierten Vermögens rückwirkend beseitigen (§ 6 Abs. 2 KStG). Bei **Unterstützungskassen** kann die partielle Steuerpflicht durch rechtzeitige Rückübertragung des überdotierten Vermögens vermieden werden (§ 6 Abs. 6 Satz 2 KStG).[1]

137 Entsteht die Körperschaftsteuerpflicht aus anderen Gründen, weil nämlich die sonstigen Voraussetzungen des § 5 Abs. 1 Nr. 3 KStG nicht erfüllt sind, so tritt die Steuerpflicht nach allgemeinen Grundsätzen ein, also – nach Maßgabe der Vorschriften über die Festsetzungsverjährung – auch für die Vergangenheit.[2]

138 Entfällt die Steuerfreiheit einer Pensionskasse, Sterbekasse oder Krankenkasse, so bleiben sie gleichwohl Versicherungsunternehmen, d. h., die für diese maßgeblichen Vorschriften (z. B. §§ 20, 21 KStG) und Grundsätze sind anzuwenden. Unterstützungskassen sind hingegen keine Versicherungsunternehmen (s. → Rz. 62).

139 Wird eine rechtsfähige **Unterstützungskasse,** die den Leistungsempfängern keinen Rechtsanspruch gewährt, steuerpflichtig, so ist ihr Einkommen wie folgt zu ermitteln:[3]

Wird die Unterstützungskasse in der Rechtsform eines **eingetragenen Vereins (Stiftung)** betrieben, so gehören die Zuwendungen des Trägerunternehmens an die Unterstützungskasse bei dieser nicht zu den steuerpflichtigen Einkünften i. S. d. § 2 EStG. Die Leistungen der Unterstützungskasse sind nicht abzugsfähige Aufwendungen i. S. d. § 10 Nr. 1 KStG. Die Unterstützungskasse wird i. d. R. nur steuerpflichtige Einkünfte aus ihrem angelegten Vermögen (z. B. Kapitalvermögen) haben.

Wird die Unterstützungskasse in der Rechtsform einer **Kapitalgesellschaft** betrieben, so sind die Zuwendungen des Trägerunternehmens an sie als gesellschaftsrechtliche Einlagen, d. h. als steuerfreie Vermögensmehrung, anzusehen, wenn das Trägerunternehmen – was regelmäßig der Fall ist – Gesellschafter der Unterstützungskasse ist. Sind nominell einige Betriebsangehörige Gesellschafter der Unterstützungskasse, so werden sie i. d. R. die Anteile nur treuhänderisch halten, so dass auch in diesem Fall die Anteile nach § 39 AO dem Trägerunternehmen zuzurechnen sind. Die Leistungen der Unterstützungskasse sind in jedem Fall auch hier nicht abzugsfähige Aufwendungen. Steuerpflichtige Einkünfte werden deshalb im Allgemeinen auch hier nur in Bezug auf ihre Vermögenserträge gegeben sein.

140 Hinsichtlich der Einkommensermittlung besteht somit im Ergebnis kein Unterschied, ob die Unterstützungskasse in der Rechtsform einer Kapitalgesellschaft oder in der Rechtsform einer sonstigen juristischen Person des privaten Rechts betrieben wird. Die Kapitalgesellschaft ist aber im Gegensatz zum Verein oder zur Stiftung **gewerbesteuerpflichtig,** weil sie nach § 2 Abs. 2 Nr. 2 GewStG ein Gewerbebetrieb kraft ihrer Rechtsform ist.

141 Beim Trägerunternehmen richtet sich die Höhe der abziehbaren Zuwendungen an die Unterstützungskasse nach § 4d EStG. Dabei ist es unbeachtlich, ob die Unterstützungskasse von der KSt befreit ist oder nicht (R 4d Abs. 1 Satz 1 EStR 2017).

(Einstweilen frei) 142–150

---

1 BFH, Urteil v. 26. 11. 2014 - I R 37/13, BStBl 2015 II 813.
2 BFH, Urteil v. 15. 12. 1976 - I R 235/75, BStBl 1977 II 490.
3 OFD Kiel v. 28. 10. 1982, NWB DokSt Erl. F. 4 §§ 1 – 6 KStG Nr. 18/83.

V. Kleinere Versicherungsvereine auf Gegenseitigkeit (§ 5 Abs. 1 Nr. 4 KStG)

151 Die Regelung wurde im Rahmen des KStG 1977 ziemlich unverändert aus § 12 KStDV 1968 übernommen. § 53 Abs. 1 Nr. 1 Buchst. b KStG a. F. ermächtigt zum Erlass weiterer Bestimmungen, wovon in § 4 KStDV 1977/1984 Gebrauch gemacht ist. Seit dem 1. 1. 1993 gilt die KStDV 1994 i. d. F. der Bekanntmachung v. 22. 2. 1996,[1] geändert durch das Gesetz zur Umrechnung und Glättung steuerlicher Euro-Beträge (Steuer-Euroglättungsgesetz – StEuglG) v. 19. 12. 2000.[2]

152 Kleinere Versicherungsvereine auf Gegenseitigkeit sind Vereine, die bestimmungsgemäß einen sachlich, örtlich oder dem Personenkreis nach **eng begrenzten Wirkungskreis** haben. Versicherungen gegen festes Entgelt, ohne dass der Versicherungsnehmer Mitglied wird, dürfen von ihnen nicht übernommen werden.

Ob ein Verein ein kleiner Verein i. S. d. § 5 Abs. 1 Nr. 4 KStG ist, entscheidet die **Versicherungsaufsichtsbehörde,** nicht das Finanzamt (§ 53 Abs. 4 Versicherungsaufsichtsgesetz – VAG). Diese Entscheidung ist auch für steuerliche Zwecke bindend.

153 Kleine Versicherungsvereine auf Gegenseitigkeit sind von der KSt befreit, wenn ihre Beitragseinnahmen im Durchschnitt der letzten drei Wj. einschließlich des im VZ endenden Wj. die durch Rechtsverordnung (§ 4 KStDV) festzusetzenden Jahresbeträge nicht überstiegen haben.

Danach sind kleinere Versicherungsvereine steuerbefreit, wenn

- ihre Beitragseinnahmen im Durchschnitt der letzten drei Wj. einschließlich des im VZ endenden Wj. die folgenden Jahresbeträge nicht überstiegen haben:
    - 797 615 € bei Versicherungsvereinen, die die **Lebens- oder die Krankenversicherung** betreiben,
    - 306 775 € bei allen **übrigen Versicherungsvereinen,**
- sich ihr Geschäftsbetrieb auf die **Sterbegeldversicherung** beschränkt und sie im Übrigen die Voraussetzungen des § 1 KStDV erfüllen.

154 Über § 4 Nr. 2 KStDV i. V. m. § 1 Nr. 3 KStDV gilt seit dem VZ 1993 auch für die hier genannten Vereine die **Höchstbegrenzung des Sterbegelds** nach § 2 Abs. 1, § 3 Nr. 3 KStDV auf insgesamt 15 000 DM (ab 1. 1. 2002: 7 669 €). Zu dieser Gesamtleistung gehören auch Gewinnzuschläge, auf die der Berechtigte einen Rechtsanspruch hat.[3]

155 Hat ein Mitglied einer Sterbekasse mit der Kasse mehrere Versicherungsverträge für sich selbst abgeschlossen, so sind die für das Mitglied aufgrund dieser Verträge in Betracht kommenden Versicherungsleistungen bei der Ermittlung der Gesamtleistung zusammenzurechnen (R 5.6 KStR 2015).

156 **Beitragseinnahmen** sind alle Leistungen der Mitglieder, wie Beiträge, Nachschüsse, Umlagen. Auch eventuelle Zuschläge, die bei monatlicher, viertel- oder halbjährlicher Zahlung erhoben werden, gehören zu den Beitragseinnahmen.

157–160 (Einstweilen frei)

---

[1] BGBl 1996 I 365; BStBl 1996 I 191.
[2] BGBl 2000 I 1790; BStBl 2001 I 3.
[3] BFH, Urteil v. 20. 11. 1969 - I R 107/67, BStBl 1970 II 227.

VI. Berufsverbände ohne öffentlich-rechtlichen Charakter, deren Zweck nicht auf einen wirtschaftlichen Geschäftsbetrieb gerichtet ist (§ 5 Abs. 1 Nr. 5 KStG)

1. Rechtsentwicklung

Die Befreiungsvorschrift geht auf § 4 Abs. 1 Nr. 8 KStG 1975 zurück. Sie wurde im Interesse einheitlicher Rechtsgestaltung und der Vereinfachung des Steuerrechts an die Regelungen für Körperschaften angepasst, die gemeinnützigen, mildtätigen oder kirchlichen Zwecken dienen (§ 5 Abs. 1 Nr. 9 KStG).

Das Steueränderungsgesetz 1992 v. 25. 2. 1992[1] hat mit Wirkung vom VZ 1991 „kommunale Spitzenverbände auf Bundes- oder Landesebene einschließlich ihrer Zusammenschlüsse" sowie „Zusammenschlüsse von juristischen Personen des öffentlichen Rechts, die wie die Berufsverbände allgemeine ideelle und wirtschaftliche Interessen ihrer Mitglieder wahrnehmen", ausdrücklich in die Regelung einbezogen.

Durch das „Sechste Gesetz zur Änderung des Parteiengesetzes und anderer Gesetze" v. 28. 1. 1994[2] ist § 5 Abs. 1 Nr. 5 Satz 2 KStG geändert und die Vorschrift um einen Satz 4 erweitert worden.

2. Begriff und Beispiele

Was unter einem „Berufsverband" zu verstehen ist, wird gesetzlich nicht definiert.

Nach der Rechtsprechung des BFH sind Berufsverbände Zusammenschlüsse von natürlichen Personen oder von Unternehmen, die allgemeine, aus der beruflichen oder unternehmerischen Tätigkeit erwachsende ideelle und wirtschaftliche Interessen eines Wirtschaftszweiges oder der Angehörigen eines Berufs wahrnehmen.[3] Entscheidend ist dabei, dass die allgemeinen wirtschaftlichen Belange aller Angehörigen eines Berufes, nicht nur die besonderen wirtschaftlichen Belange einzelner Angehöriger eines bestimmten Geschäftszweiges wahrgenommen werden. Denn die Steuerfreiheit der Berufs- und Wirtschaftsverbände beruht auf der gesetzespolitischen Anerkennung ihres Wirkens für die allgemeinen wirtschaftlichen Interessen ihrer Mitglieder als eines Wirkens im Interesse der Allgemeinheit.[4] Die persönliche Steuerbefreiung geht selbst dann verloren, wenn neben die Wahrnehmung der allgemeinen wirtschaftlichen Interessen die Wahrnehmung der besonderen geschäftlichen Interessen einzelner Mitglieder tritt und alle Mitglieder an ihr interessiert sind und sie wünschen.[5] Andererseits ist es steuerlich unschädlich, wenn sich Mitglieder verschiedener Zweige (z. B. Industrie, Handel, Banken, Versicherungen sowie Handwerk) der gewerblichen Wirtschaft in einem Verband zusammenschließen.[6] Notwendig ist nur, dass sich dessen Mitglieder durch ein gemeinsam zu verfolgendes, ihren Berufsgruppen oder Wirtschaftszweigen eigenes Interesse vereint haben. Der Aufbau der Verbände der gewerblichen Wirtschaft ist deshalb in verschiedener Weise möglich. Die Angehörigen der Wirtschaftszweige der gewerblichen Wirtschaft schließen sich entweder in einem Verband zusammen (**horizontale Gliederung**), oder die Angehörigen jeweils einer

---

1 BGBl 1992 I 297; BStBl 1992 I 146.
2 BGBl 1994 I 142; BStBl 1994 I 207.
3 BFH, Urteil v. 4. 6. 2003 - I R 45/02, BStBl 2003 II 891; vgl. auch R 5.7 Abs. 1 Satz 1 KStR 2015.
4 BFH, Urteile v. 29. 11. 1967 - I 67/65, BStBl 1968 II 236; v. 19. 3. 1975 - I R 137/73, BStBl 1975 II 722.
5 BFH, Urteil v. 26. 4. 1954 - I 110/53 U, BStBl 1954 III 204.
6 BFH, Urteil v. 13. 3. 2012 - I R 46/11, NWB MAAAE-09981.

Fachgruppe bilden auf der untersten Ebene den Verband (**vertikale Gliederung**), oder es können in einem Verband beide Gliederungsarten gemischt bestehen. Die Wahl der Organisationsform wird sich nach dem Zweck richten, der dem Verband zugedacht ist. Steuerschädliche Folgerungen lediglich aus der Art und Weise des Aufbaues zu ziehen, lässt sich nicht ohne Weiteres rechtfertigen.[1]

163 Ein Berufsverband ist auch dann gegeben, wenn er die sich aus der Summe der Einzelinteressen der Mitglieder ergebenden allgemeinen wirtschaftlichen Belange eines Berufsstandes oder Wirtschaftszweiges vertritt und die Ergebnisse der Interessenvertretung dem Berufsstand oder Wirtschaftszweig als solchem unabhängig von der Mitgliedschaft der Angehörigen des Berufsstandes oder Wirtschaftszweiges beim Verband zugute kommen. Zusammenschlüsse von Vereinigungen, auf die die Merkmale eines Berufsverbandes zutreffen, sind ebenfalls Berufsverbände (R 5.7 Abs. 1 Satz 3 KStR 2015).

164 Die **Berufskammern der freien Berufe** (z. B. Ärzte-, Notar-, Rechtsanwalts- oder Steuerberaterkammern) sind – anders als ggf. ihre Zusammenschlüsse – keine unter § 5 Abs. 1 Nr. 5 KStG fallenden Berufsverbände, weil sie Körperschaften des öffentlichen Rechts sind; sie sind nach § 4 KStG steuerpflichtig, soweit sie einen Betrieb gewerblicher Art unterhalten.[2]

165 Kommunale Spitzenverbände auf Bundes- und Landesebene einschließlich ihrer Zusammenschlüsse sowie Zusammenschlüsse von juristischen Personen des öffentlichen Rechts, die wie Berufsverbände allgemeine ideelle und wirtschaftliche Interessen ihrer Mitglieder wahrnehmen, sind seit 1991 ausdrücklich[3] den Berufsverbänden gleichgestellt.

166 Ob ein Verband unter die Vorschrift des § 5 Abs. 1 Nr. 5 KStG fällt, kann nur nach den Verhältnissen des Einzelfalles beurteilt werden. Ein Verband fällt z. B. dann nicht mehr unter die Bestimmung, wenn die Verbandstätigkeit hinter die wirtschaftliche Tätigkeit soweit zurücktritt, dass der wirtschaftliche Geschäftsbetrieb dem Verband das Gepräge gibt (R 5.7 Abs. 1 Satz 6 KStR 2015).

167 **Berufsverbände** sind bspw.:
- Arbeitgeberverbände
- Bankenverband
- Bauernverbände
- Beamtenbund
- Eigentumserhaltungsverband der gewerblichen Wirtschaft[4]
- Erzeuger- und Kontrollringe
- Gewerkschaften
- Handwerkerverband
- Haus- und Grundbesitzerverbände[5]
- Industrieclubs
- Marketingclubs[6]

---

1 BFH, Urteil v. 12. 7. 1955 - I 104/53 U, BStBl 1955 III 271.
2 BFH, Urteil v. 27. 6. 1990 - I R 166/85, BFH/NV 1991, 628 = NWB BAAAB-31579.
3 Bis dahin lediglich nach koord. Ländererlass – bspw. NW v. 20. 11. 1990, S 2725.
4 Vgl. BFH, Urteil v. 18. 9. 1984 - VIII R 324/82, BStBl 1985 II 92.
5 Vgl. BFH, Urteil v. 15. 7. 2005 - I B 58/04, BFH/NV 2005, 2061 = NWB KAAAB-66572.
6 Vgl. Niedersächsisches FinMin v. 18. 8. 1982, KSt Kartei § 5 KStG, Karte E 4.

- Steuerberaterverband
- Verein zur EDV-seitigen Standardisierung von Geschäftsprozessen für Softwareunternehmen[1]
- Wirtschaftsrat der CDU[2]
- Wirtschaftsverbände

Keine Berufsverbände sind:
- Apotheken-Verrechnungsstellen[3]
- Einkaufsgesellschaften[4]
- Erzeugergemeinschaften
- Lohnsteuerhilfevereine[5]
- Mietervereine[6]
- Milchkontrollverein[7]
- Rabattsparverein[8]
- Verein zur Förderung des organisch-biologischen Land- und Gartenbaus[9]
- Warenzeichenverband[10]
- Werbeverband[11]

Zur Frage der Abgrenzung des Berufsverbandes vom **politischen Verein** ergeben sich Hinweise aus dem BFH-Gutachten v. 17. 5. 1952.[12] Danach sind Fördergesellschaften und Fördervereine, die einen erheblichen Teil ihrer Einnahmen politischen Parteien zuführen oder die durch ihre Zuwendungen einen beherrschenden Einfluss auf eine Partei ausüben, nicht als Berufsverband anzusehen.

(Einstweilen frei)

3. Wirtschaftlicher Geschäftsbetrieb

Was unter einem „wirtschaftlichen Geschäftsbetrieb" zu verstehen ist, ergibt sich aus der gesetzlichen Umschreibung in **§ 14 AO**. Ein wirtschaftlicher Geschäftsbetrieb liegt vor, wenn sämtliche Definitionsmerkmale des gesetzlichen Tatbestands in mehr oder weniger starker Ausprägung vorhanden sind. Anders als ein Gewerbebetrieb ist eine Gewinnerzielungsabsicht oder eine Teilnahme am allgemeinen wirtschaftlichen Verkehr erforderlich. Der Begriffsbestimmung in § 14 AO unterscheidet zudem nicht zwischen verschiedenen selbständigen Tätigkeiten, so dass nicht nur gewerbliche, sondern auch land- und forstwirtschaftliche und andere selbständige Tätigkeiten erfasst werden. Die inhaltlichen Anforderungen an einen wirt-

---

1 BFH, Urteil v. 13. 3. 2012 - I R 46/11, NWB MAAAE-09981.
2 BFH, Urteil v. 7. 6. 1988 - VIII R 76/85, BStBl 1989 II 97.
3 BFH, Urteil v. 26. 4. 1954 - I 110/53 U, BStBl 1954 III 204.
4 BFH, Urteil v. 19. 3. 1975 - I R 137/73, BStBl 1975 II 722.
5 BFH, Urteil v. 29. 8. 1973 - I R 234/72, BStBl 1973 II 60.
6 BFH, Urteil v. 17. 5. 1966 - III 190/64, BStBl 1966 II 525.
7 BFH, Urteil v. 17. 3. 1964 - I 265/61, HFR 1964, 301.
8 BFH, Urteil v. 29. 11. 1967 - I 67/65 U, BStBl 1968 II 236.
9 FG Brandenburg, Urteil v. 2. 7. 2003 - 2 K 257/01, EFG 2003, 1334.
10 BFH, Urteil v. 8. 6. 1966 - I 151/63, BStBl 1966 III 632.
11 BFH, Urteil v. 15. 7. 1966 - III 179/64, BStBl 1966 III 638.
12 I D 1/52, BStBl 1952 III 228.

schaftlichen Geschäftsbetrieb entsprechen weitgehend denjenigen für Betriebe gewerblicher Art.

182 Die Annahme eines wirtschaftlichen Geschäftsbetriebs erfordert eine selbständige nachhaltige **Tätigkeit,** also ein wirtschaftliches Verhalten zum Zwecke der Einnahmeerzielung. Erfasst wird jedes Verhalten, unabhängig davon, ob es in einem aktiven Tun, Dulden oder Unterlassen besteht.[1] Zu den Einzelheiten eines wirtschaftlichen Geschäftsbetriebs s. → Rz. 391 ff. Werden für die Tätigkeit ausschließlich Mitgliederbeiträge erhoben, liegt kein wirtschaftlicher Geschäftsbetrieb vor, da Mitgliedsbeiträge bei der Einkommensermittlung nach § 8 Abs. 5 KStG nicht anzusetzen sind. Zu den **Mitgliederbeiträgen** gehören auch Umlagen, die von allen Mitgliedern in gleicher Höhe oder nach einem bestimmten Maßstab, der von dem Maßstab der Mitgliederbeiträge abweichen kann, erhoben werden. Solche beitragsähnlichen Umlagen liegen z. B. bei der **Gemeinschaftswerbung** und bei der Durchführung von **Betriebsvergleichen** vor. Dagegen ist ein wirtschaftlicher Geschäftsbetrieb anzunehmen, wenn mehr als 20 % der Mitglieder des Berufsverbandes oder der Mitglieder eines zu dem Berufsverband gehörenden an der Gemeinschaftswerbung oder an der Durchführung von Betriebsvergleichen beteiligten Berufs- oder Wirtschaftszweiges zu der Umlage nicht herangezogen werden. Im Einzelfall kann eine Prüfung erforderlich sein, ob die von dem Berufsverband erhobenen Beiträge in vollem Umfang als Mitgliederbeiträge anzusehen oder ob darin Entgelte für die Gewährung besonderer wirtschaftlicher Vorteile enthalten sind.

183 Die Gewährung derartiger Vorteile gegen Entgelt begründet einen wirtschaftlichen Geschäftsbetrieb. So enthalten z. B. die Mitgliederbeiträge zu **Haus- und Grundeigentümervereinen** sowie zu **Mietervereinen** i. d. R. Entgelte für Rechtsberatung oder Prozessvertretung, so dass sie keine reinen Mitgliederbeiträge sind.[2] Ebenso verhält es sich mit den von den **Obst- und Gartenbauvereinen** erhobenen Mitgliederbeiträgen;[3] ebenso bei kostenlosen Seminaren und Workshops für Mitglieder eines berufsorientierten Netzwerks für Frauen.[4]

184 Beschränkt sich die Tätigkeit eines Vereins darauf, seinen Mitgliedern preisgünstige **Reisen zu vermitteln** und zinsgünstige **Darlehen zu gewähren,** so sind die gesamten Mitgliederbeiträge Entgelt für diese Leistungen. Ein solcher Verein ist kein Berufsverband, da die besonderen wirtschaftlichen Interessen seiner Mitglieder im Vordergrund stehen.[5]

185 Zu den wirtschaftlichen Geschäftsbetrieben gehören z. B. die Vorführung und der Verleih von Filmen und Tonbändern, die Beratung der Angehörigen des Berufsstandes oder Wirtschaftszweiges einschließlich der Hilfe bei der Buchführung,[6] bei der Ausfüllung von Steuererklärungen und sonstigen Vordrucken, die Unterhaltung einer Buchstelle, die Einrichtung eines Kreditschutzes, die Unterhaltung von Sterbekassen, der Abschluss oder die Vermittlung von Versicherungen, die Unterhaltung von Laboratorien und Untersuchungseinrichtungen, die Veranstaltung von Märkten, Leistungsschauen und Fachausstellungen, die Übernahme von Inkasso- und Abrechnungstätigkeit für die Mitglieder,[7] die Unterhaltung einer Kantine für die Arbeitskräfte der Verbandsgeschäftsstelle, die nachhaltige Vermietung von Räumen für regel-

---

1 *Fischer* in Hübschmann/Hepp/Spitaler, § 14 AO Rz. 49.
2 BFH, Urteil v. 5. 6. 1953 - I 104/52 U, BStBl 1953 III 212.
3 Vgl. R 44 Abs. 1 KStR; FG München, Urteil v. 19. 7. 2010 - 7 K 472/08, EFG 2010, 1921.
4 FG München, Urteil v. 19. 7. 2010 - 7 K 472/08, EFG 2010, 1921.
5 BFH, Urteil v. 28. 6. 1989 - I R 86/85, BStBl 1990 II 550.
6 BFH, Urteil v. 19. 11. 1967 - I 67/65, BStBl 1968 II 236.
7 BFH, Urteil v. 13. 8. 1997 - I R 85/96, BStBl 1998 II 161.

mäßig kurze Zeit (z. B. Stunden oder einzelne Tage) an wechselnde Benutzer. Die Herausgabe, der Verlag oder der Vertrieb von Fachzeitschriften, Fachzeitungen und anderen fachlichen Druckerzeugnissen des Berufsstandes oder Wirtschaftszweiges, einschließlich der Aufnahme von Fachanzeigen, stellt ebenfalls einen wirtschaftlichen Geschäftsbetrieb dar. Ein Zeitungsverleger, der gegen Entgelt Presseausweise an Journalisten ausgibt, die nicht bei einem seiner Verbandsmitglieder beschäftigt sind, unterhält insoweit einen steuerpflichtigen wirtschaftlichen Geschäftsbetrieb.[1] Verbandszeitschriften, in denen die Mitglieder über die Verbandstätigkeit und über allgemeine Fragen des Berufsstandes unterrichtet werden, sind dagegen kein wirtschaftlicher Geschäftsbetrieb, es sei denn, in ihnen wird Anzeigenwerbung betrieben.[2]

186 Die **Vermögensverwaltung** fällt nicht unter den Begriff des wirtschaftlichen Geschäftsbetriebs. Die **Beteiligung** eines Berufsverbandes **an einer Kapitalgesellschaft** ist grundsätzlich Vermögensverwaltung.[3] Sie stellt jedoch einen wirtschaftlichen Geschäftsbetrieb dar, wenn mit ihr tatsächlich ein entscheidender Einfluss auf die laufende Geschäftsführung des Unternehmens ausgeübt wird.[4] Eine geringfügige Beteiligung stellt dann einen wirtschaftlichen Geschäftsbetrieb dar, wenn der Berufsverband zusammen mit gleichartigen Berufsverbänden die Kapitalgesellschaft beherrscht und im Zusammenwirken mit diesen Berufsverbänden einen entscheidenden Einfluss auf die Geschäftsführung der Gesellschaft ausübt. Die Beteiligung an einem Unternehmen, das ausschließlich der Vermögensverwaltung dient, ist kein wirtschaftlicher Geschäftsbetrieb. Dies gilt auch, soweit das Unternehmen aufgrund seiner gewerblichen Prägung gewerbliche Einkünfte erzielt, da die Fiktion des § 15 Abs. 3 Nr. 2 EStG nicht auf § 14 AO durchschlägt.[5] Die Frage, ob die **Beteiligung an einer Personengesellschaft** als wirtschaftlicher Geschäftsbetrieb oder als Vermögensverwaltung zu qualifizieren ist, wird außerhalb des Feststellungsverfahrens allein beim Berufsverband (gemeinnützigen Körperschaft) entschieden.[6]

187 Die Tätigkeit der Geschäftsstelle eines Berufsverbands stellt keinen wirtschaftlichen Geschäftsbetrieb dar. Der Verkauf von Altmaterial, Einrichtungsgegenständen, Maschinen, Kraftfahrzeugen u. dgl. bildet eine Einheit mit der Tätigkeit der Geschäftsstelle. Es fehlt insoweit an der für die Begründung eines wirtschaftlichen Geschäftsbetriebs erforderlichen **Selbständigkeit**.[7] Das gilt auch für den Fall, dass Entgelte für die Mitbenutzung der Geschäftsstelle durch einen anderen Berufsverband vereinnahmt werden. Entsprechendes gilt auch hinsichtlich der Vereinnahmung von Entgelten für die Zurverfügungstellung von Personal für einen anderen Berufsverband (R 5.7 Abs. 6 Satz 5 KStR 2015).

188 Problematisch im Hinblick auf die Steuerbefreiung ist die Tätigkeit nur, wenn diese auf einen wirtschaftlichen Geschäftsbetrieb **gerichtet ist**. Wird ein derartiger Geschäftsbetrieb nur als Nebentätigkeit unterhalten, ohne Verbandszweck zu sein, ist dies für die Steuerfreiheit dem

---

1 BFH, Urteil v. 7. 5. 2014 - I R 65/12, BFH/NV 2014, 1670 = NWB OAAAE-71928.
2 Vgl. zugleich zum Sponsoring BFH, Urteil v. 7. 11. 2007 - I R 42/06, BStBl 2008 II 949; R 5.7 Abs. 4 Satz 12 und 13 KStR 2015.
3 Vgl. BFH, Urteil v. 25. 8. 2010 - I R 97/09, BFH/NV 2011, 312 = NWB WAAAD-59084.
4 BFH, Urteil v. 30. 6. 1971 - I R 57/70, BStBl 1971 II 753.
5 BFH, Urteile v. 25. 5. 2011 - I R 60/10, BStBl 2011 II 858 m. w. N.; v. 18. 2. 2016 - V R 60/13, DStR 2016, 1264 = NWB TAAAF-74524.
6 BFH, Urteil v. 25. 5. 2011 - I R 60/10, BStBl 2011 II 858.
7 RFH, Urteil v. 24. 7. 1937 - VI a A 1/35, RStBl 1937 1103.

Grunde nach unbeachtlich, da sie dann nur im Umfang dieser Nebentätigkeit, also insoweit, ausgeschlossen ist (partielle Steuerpflicht, → Rz. 196).[1]

189–195   *(Einstweilen frei)*

4. Partielle Steuerpflicht

196   Wird ein wirtschaftlicher Geschäftsbetrieb unterhalten, ist die Steuerbefreiung **„insoweit"** ausgeschlossen (§ 5 Abs. 1 Nr. 5 Satz 2 KStG), d. h., nur die durch ihn erzielten Einnahmeüberschüsse unterliegen der Besteuerung, und zwar als sonstige – nicht als gewerbliche – Einkünfte i. S. d. § 2 Abs. 1 Nr. 7 EStG, wenn dem steuerpflichtigen Berufsverband die Gewinnerzielungsabsicht fehlt.[2] Unterhält jedoch ein steuerfreier Berufsverband einen wirtschaftlichen Geschäftsbetrieb, gilt dessen Tätigkeit mit Ausnahme der Land- und Forstwirtschaft als Gewerbebetrieb (§ 2 Abs. 3 GewStG), ohne dass es auf eine Gewinnerzielungsabsicht ankommt.[3] Zum Überprüfungsverfahren der Voraussetzungen für die Steuerfreiheit.[4]

197   Steuerpflichtig ist nicht der einzelne wirtschaftliche Geschäftsbetrieb, sondern der Berufsverband. Die Ergebnisse **mehrerer wirtschaftlicher Geschäftsbetriebe**, z. B. aus der Unterhaltung eines Erholungsheimes[5] und der Vermittlung des Abschlusses von Einzel-Haftpflicht-Versicherungsverträgen,[6] werden für die Besteuerung zusammengefasst (R 5.7 Abs. 7 Satz 2 KStR 2015).

198   Die **Freibetragsregelung** des § 24 KStG bezieht sich auf das Einkommen des Berufsverbandes (R 5.7 Abs. 7 Satz 3 KStR 2015).

199–205   *(Einstweilen frei)*

5. Spenden für politische Parteien

206   Die **Steuerbefreiung** eines Berufsverbands ist seit dem VZ 1994 **ausgeschlossen,** wenn der Berufsverband Mittel von **mehr als 10 % der Einnahmen** für die unmittelbare oder mittelbare Unterstützung oder Förderung politischer Parteien verwendet (§ 5 Abs. 1 Nr. 5 Satz 2 Buchst. b KStG). Mit dieser Regelung hat der Gesetzgeber dem Umstand Rechnung getragen, dass es nicht Zweck eines Berufsverbandes ist, seine Mittel in erheblichem Umfang an politische Parteien weiterzugeben.

207   Entsprechendes gilt für Zusammenschlüsse von juristischen Personen des öffentlichen Rechts, die wie Berufsverbände allgemeine ideelle und wirtschaftliche Interessen ihrer Mitglieder wahrnehmen.

208   Verwenden Berufsverbände Mittel für die unmittelbare oder mittelbare Unterstützung oder Förderung politischer Parteien, beträgt die **KSt 50 % der Zuwendungen** (§ 5 Abs. 1 Nr. 5 Satz 4 KStG). Hierdurch sollen Steuerentlastungen ausgeglichen werden, die bei den Mitgliedern des Berufsverbands dadurch entstehen, dass sie ihre Mitgliedsbeiträge an den Berufsverband als **BA** oder **WK** steuermindernd absetzen können.

---

1   BFH, Urteil v. 13.12.2018 - V R 45/17, NWB FAAAH-10789.
2   BFH, Urteil v. 8.6.1966 - I 151/63, BStBl 1966 III 632.
3   Vgl. BFH, Urteile v. 28.6.1989 - I R 86/85, BStBl 1990 II 550; v. 21.8.1985 - I R 208/81, BFH/NV 1987, 397 = NWB DAAAB-28062.
4   I. d. R. alle drei Jahre vgl. SenFin Berlin v. 6.12.1990 - S 2725.
5   BFH, Urteil v. 22.11.1955 - I 67/54 U, BStBl 1956 III 29.
6   BFH, Urteil v. 11.9.1970 - I R 155/67, BStBl 1970 II 528.

(Einstweilen frei) 209–215

VII. Körperschaften oder Personenvereinigungen als Vermögensverwalter nichtrechtsfähiger Berufsverbände (§ 5 Abs. 1 Nr. 6 KStG)

Ebenso wie Berufsverbände mit eigener Rechtspersönlichkeit gem. § 5 Abs. 1 Nr. 5 KStG steuerbefreit sind, sollen bei nichtrechtsfähigen Berufsverbänden die ihr Vermögen verwaltenden Körperschaften oder Personenvereinigungen von der Körperschaftsteuer befreit sein. Die Voraussetzungen für die Steuerbefreiung sind im Wesentlichen die Gleichen. Die Vermögensverwaltung darf also **keinen wirtschaftlichen Geschäftsbetrieb** darstellen und die Erträge der Vermögensverwaltungsgesellschaften müssen im Wesentlichen aus der Vermögensverwaltung herrühren, wobei die Erzielung unwesentlicher sonstiger Erträge unschädlich ist. 216

Spezielle Voraussetzungen des § 5 Abs. 1 Nr. 6 KStG sind:

▶ Der Hauptzweck der Körperschaft oder Personenvereinigung muss nach Satzung und tatsächlicher Geschäftsführung die Vermögensverwaltung sein – als untergeordneten Nebenzweck könnte die Körperschaft folglich auch einen wirtschaftlichen Geschäftsbetrieb führen,

▶ die Erträge müssen im Wesentlichen aus der Vermögensverwaltung stammen; der unbestimmte Rechtsbegriff „im Wesentlichen" ist durch die Rechtsprechung noch nicht näher konkretisiert worden. In der Literatur bestehen hierzu unterschiedliche Auffassungen. Die Bandbreite reicht dabei von einer absoluten Grenze in Höhe von 5.000 €,[1] zu relativen Grenzen in Höhe von 5 %,[2] 10 %[3] oder 25 %.[4] Anhaltspunkte für die Bestimmung der Wesentlichkeitsgrenze lassen sich aus den verschiedenen Befreiungstatbeständen des § 5 KStG selbst gewinnen. So hat der Gesetzgeber in den Nr. 5, 10 und 14 die 10%-Grenze zur Abgrenzung der steuerunschädlichen Betätigung verwandt.[5] Eine absolute Grenze legt § 5 Abs. 1 Nr. 6 KStG nicht fest.

▶ der Berufsverband selbst ist nicht rechtsfähig,

▶ die Erträge der Körperschaft oder Personenvereinigung – Stiftungen sind also von der Regelung ausgeschlossen[6] – müssen „im Wesentlichen" aus der Vermögensverwaltung herrühren und ausschließlich dem Berufsverband zufließen.

(Einstweilen frei) 217–225

VIII. Politische Parteien (§ 5 Abs. 1 Nr. 7 KStG)

Die Vorschrift wurde aus § 8 Abs. 2 KStG 1975 in den Katalog der persönlichen Steuerbefreiungen übernommen und dabei inhaltlich an die Regelung für Berufsverbände ohne öffentlich-rechtlichen Charakter (§ 5 Abs. 1 Nr. 5 KStG) angepasst. Diese Anpassung diente der Vereinheitlichung steuerrechtlicher Bestimmungen. 226

---

1 *Frotscher*/Drüen § 5 Rz. 176.
2 *Frotscher*/Drüen § 5 Rz. 83.
3 *Von Twickel* in Blümich KStG § 5 Rz. 91; Gosch/*Märtens* § 5 Rz. 166.
4 Streck/*Alvermann* KStG, § 5 Rz. 90; *Bott* in Bott/Walter, § 5 Rz. 334.
5 Ebenso Gosch/*Märtens* § 5 Rz. 166.
6 *Von Twickel* in Blümich § 5 Rz. 87; Gosch/*Märtens* § 5 Rz. 166.

227 Seit dem VZ 1984 gilt die Vorschrift in der durch das Gesetz zur Änderung des Parteiengesetzes und anderer Gesetze v. 22. 12. 1983[1] geschaffenen Neufassung.

§ 5 Abs. 1 Nr. 7 Satz 1 KStG war nach dem Beschluss des BVerfG v. 29. 9. 1998[2] mit dem GG insoweit unvereinbar und nichtig, als den kommunalen Wählervereinigungen und ihren Dachverbänden im Gegensatz zu den politischen Parteien und deren Gebietsverbänden keine gesetzliche Befreiung von der KSt gewährt wurde. Art. 4 Nr. 2 Buchst. c des Gesetzes zur Bereinigung von steuerlichen Vorschriften (Steuerbereinigungsgesetz 1999 – StBereinG 1999) v. 22. 12. 1999[3] trägt dieser Entscheidung Rechnung und erweiterte die Steuerbefreiung auf die kommunalen Wählervereinigungen und ihre Dachverbände, und zwar rückwirkend für alle noch nicht bestandskräftigen Fälle (§ 34 Abs. 2c KStG).

228 Persönlich steuerbefreit sind die politischen Parteien i. S. d. § 2 Parteiengesetz und ihre Gebietsverbände.[4]

228a **Politische Parteien** in diesem Sinne sind „Vereinigungen von Bürgern, die dauernd oder für längere Zeit für den Bereich des Bundes oder eines Landes auf die politische Willensbildung Einfluss nehmen und an der Vertretung des Volkes im Deutschen Bundestag oder einem Landtag mitwirken wollen, wenn sie nach dem Gesamtbild der tatsächlichen Verhältnisse, insbesondere nach Umfang und Festigkeit ihrer Organisation, nach der Zahl ihrer Mitglieder und nach ihrem Hervortreten in der Öffentlichkeit eine ausreichende Gewähr für die Ernsthaftigkeit dieser Zielsetzung bieten".

Mit Wirkung vom 29.7.2017 sind Parteien nicht steuerbefreit, wenn die jeweilige Partei gem. § 18 Abs. 7 des Parteiengesetzes von der staatlichen Teilfinanzierung ausgeschlossen ist (→ Rz. 1). Hierdurch soll vermieden werden, dass verfassungswidrig agierende, insbesondere rechtsradikale Parteien (wie die NPD) durch eine Befreiung steuerlich begünstigt werden.

229 **Politische Vereine** sind seit 1984 nicht mehr von der Körperschaftsteuer befreit.

Unabhängige Wählergemeinschaften sind keine politischen Parteien.

230 Unterhalten politische Parteien einen wirtschaftlichen Geschäftsbetrieb (s. hierzu → Rz. 181 ff.), so ist die Steuerbefreiung insoweit ausgeschlossen (s. hierzu → Rz. 196 ff.).

231–240 *(Einstweilen frei)*

IX. Berufsständische Pflichtversicherungs- und Versorgungseinrichtungen (§ 5 Abs. 1 Nr. 8 KStG)

241 Die Vorschrift ist unverändert aus § 4 Abs. 1 Nr. 10 KStG 1975 in § 5 Abs. 1 Nr. 8 KStG 1977 übernommen worden. Durch das Rentenreformgesetz 1992 v. 18. 12. 1989[5] wurde eine Verweisung angepasst.

242 Die Träger der Sozialversicherung sind als Hoheitsbetriebe (§ 4 Abs. 5 Satz 1 KStG) von der Körperschaftsteuerpflicht ausgenommen. Durch § 5 Abs. 1 Nr. 8 KStG werden diesen die öffentlich-rechtlichen Versicherungs- und Versorgungseinrichtungen von Berufsgruppen steuerlich

---

1 BGBl 1983 I 1577; BStBl 1984 I 7.
2 2 BvL 64/93, BStBl 1999 II 110.
3 BGBl 1999 I 2601; BStBl 2000 I 13.
4 Vgl. dazu a. BMF, Schreiben v. 30. 3. 1990 - IV B 7 - S 2727 - 5190, KSt-Kartei ND, § 5 KStG, Karte F1.
5 BGBl 1989 I 2261; BStBl 1990 I 113.

gleichgestellt, deren Angehörige aufgrund einer durch Gesetz angeordneten oder auf Gesetz beruhenden Verpflichtung Mitglieder dieser Einrichtungen sind, wenn die Satzung der Einrichtung nur die Zahlung bestimmter Höchstbeiträge zulässt.

Als Beispiele für berufsständische Pflichtversicherungs- und Versorgungseinrichtungen seien genannt die Versorgungseinrichtungen der Kammern der **Ärzte, Zahnärzte und Tierärzte, der Apotheker, Architekten und sonstiger freier Berufe.**

Seit 1992 gilt als Höchstbetrag das Zwölffache der Beiträge, die sich bei einer Beitragsbemessungsgrundlage in Höhe der doppelten monatlichen Beitragsbemessungsgrenze in der Rentenversicherung der Arbeiter und Angestellten ergeben würden.

Ermöglicht die Satzung der Einrichtung nur Pflichtmitgliedschaften sowie freiwillige Mitgliedschaften, die unmittelbar an eine Pflichtmitgliedschaft anschließen, so steht dies der Steuerbefreiung nicht entgegen, wenn die Satzung die Zahlung keiner höheren jährlichen Beiträge zulässt als das Fünfzehnfache der Beiträge, die sich bei einer Beitragsbemessungsgrenze in der Rentenversicherung der Arbeiter und Angestellten ergeben würden (§ 5 Abs. 1 Nr. 8 Satz 2 KStG).

Öffentlich-rechtliche Versorgungseinrichtungen unterliegen als juristische Personen des öffentlichen Rechts mit ihren Betrieben gewerblicher Art der Körperschaft- und Gewerbesteuer. Die gesamte Betätigung der Betriebe ist jedoch steuerbefreit, soweit die Erträge nicht aus Tätigkeiten außerhalb ihrer öffentlichen Aufgaben erzielt werden. Da die Steuerbefreiung grds. umfassend sämtliche Tätigkeiten erfasst, sind z. B. auch die Erträge aus der Verpachtung eines Pflegeheims und von mitunternehmerischen Beteiligungen an Personengesellschaften befreit.[1] Grundlegend zur Frage, ob eine durch Gesetz für eine bestimmte Gruppe freier Berufe geschaffene Versorgungseinrichtung des öffentlichen Rechts als Betrieb gewerblicher Art einer Körperschaft des öffentlichen Rechts der Körperschaftsteuer unterliegt.[2]

(Einstweilen frei)

X. Gemeinnützigen, mildtätigen und kirchlichen Zwecken dienende Körperschaften, Personenvereinigungen und Vermögensmassen (§ 5 Abs. 1 Nr. 9 KStG)

1. Rechtsentwicklung

Die Regelung entspricht § 4 Abs. 1 Nr. 6 KStG 1975, wurde aber im Wortlaut an die Terminologie der §§ 51 ff. AO 1977 angeglichen.

Durch das Vereinsförderungsgesetz v. 18. 12. 1989[3] wurde der Ausschluss von der Steuerbefreiung, soweit ein wirtschaftlicher Geschäftsbetrieb unterhalten wird (§ 5 Abs. 1 Nr. 9 Satz 2 KStG), für selbstbewirtschaftete Forstbetriebe auch für vor dem 1. 1. 1990 beginnende VZ aufgehoben, soweit Bescheide noch nicht bestandskräftig sind oder unter dem Vorbehalt der Nachprüfung stehen (§ 34 Abs. 3 KStG). Das Gesetz zur weiteren Stärkung des bürger-

---

1 BFH, Urteil v. 9. 2. 2011 - I R 47/09, BFH/NV 2011, 1257 = NWB FAAAD-84126.
2 Vgl. BFH, Urteil v. 4. 2. 1976 - I R 200/73, BStBl 1976 II 355.
3 BGBl 1989 I 2212; BStBl 1989 I 499.

schaftlichen Engagements v. 10.10.2007[1] hat den Katalog gemeinnütziger Zwecke mit Wirkung zum 1.1.2007 neu gefasst (Art. 97 § 1d EGAO, § 52 XXIV b EStG).

2. Hinweis auf §§ 51 – 68 AO

252 Der Klammerhinweis in § 5 Abs. 1 Nr. 9 KStG auf die §§ 51 – 68 AO dient zum einen der **Klarstellung**. Zum anderen wird aus ihm auch deutlich, dass es **keine unterschiedliche Rechtsauslegung** des § 5 Abs. 1 Nr. 9 KStG und der §§ 51 – 68 AO geben kann.

Der § 51 AO seinerseits nimmt Bezug auf das KStG, denn unter Körperschaften versteht diese Vorschrift die Körperschaften, Personenvereinigungen und Vermögensmassen i. S. d. KStG. Die Beziehungen zwischen KStG und AO sind also wechselseitig.

253 Die § 51 AO und § 5 Abs. 1 Nr. 9 KStG betreffen Körperschaften, Personenvereinigungen und Vermögensmassen gleich welcher Rechtsform, die unter § 1 Abs. 1 KStG fallen. In Betracht kommen insbesondere **Vereine,** und zwar rechtsfähige wie nicht rechtsfähige, **Stiftungen** sowie **Kapitalgesellschaften.** Auch Betriebe gewerblicher Art von juristischen Personen des öffentlichen Rechts kommen in Betracht, nicht aber die Körperschaften des öffentlichen Rechts selbst (Anwendungserlass zur AO – AEAO – zu § 51).

254–255 *(Einstweilen frei)*

3. Steuerbegünstigte Zwecke

a) Gemeinnützige Zwecke

256 Gemeinnützige Zwecke werden verfolgt, wenn die Tätigkeiten darauf gerichtet sind, die Allgemeinheit auf materiellem, geistigem oder sittlichem Gebiet selbstlos zu fördern (§ 52 Abs. 1 AO). Fördern ist eine zielgerichtete Betätigung zur Hilfe, Unterstützung und Begünstigung oder der Verbesserung der Lage Dritter.[2]

257 Als **Förderung der Allgemeinheit** sind in § 52 Abs. 2 AO beispielhaft förderungswürdige Zwecke aufgeführt. Die Anerkennung der einzelnen Zwecke erfolgt aber nicht eo ipso durch einen Abgleich mit Abs. 2, sondern jeder Zweck bedarf im Einzelfall der positiven Feststellung, dass die Voraussetzungen des § 52 Abs. 1 AO erfüllt sind.[3] In Abs. 2 sind als förderungswürdige Zwecke aufgezählt:

- ► die Förderung von Wissenschaft und Forschung (Nr. 1), Bildung und Erziehung (Nr. 7), Kunst und Kultur (Nr. 5), der Religion (Nr. 2), der Gleichberechtigung (Nr. 18), der Flüchtlings-, Vertriebenen und Opferhilfe (Nr. 10), der Völkerverständigung (Nr. 13), der Entwicklungszusammenarbeit (Nr. 15), des Naturschutzes und der Landschaftspflege, des Umwelt-, Küsten- und Hochwasserschutzes (Nr. 8), des Denkmalschutzes und der Denkmalpflege (Nr. 6), des Katastrophen- und Zivilschutzes (Nr. 12), des Tierschutzes (Nr. 14), des Heimatgedankens (Nr. 22),

- ► die Förderung der Jugend- und Altenhilfe (Nr. 4), der Strafgefangenenfürsorge (Nr. 17), des öffentlichen Gesundheitswesens (Nr. 3), der Lebensrettung (Nr. 11), des Wohlfahrtswesens (Nr. 9), des bürgerlichen Engagements (Nr. 25), des Ehe- und Familienschutzes

---

[1] BGBl 2007 I 2332.
[2] Vgl. im Einzelnen *Lang*, StuW 1987, 221; *Koenig*, AO, § 52 Rz. 10.
[3] Vgl. *Bauer*, FR 1989, 61.

(Nr. 19), von Verbraucherberatung und Verbraucherschutz (Nr. 16), der Kriminalprävention (Nr. 20) und des Sports, wobei Schach als Sport gilt (Nr. 21),

- die allgemeine Förderung des demokratischen Staatswesens in der Bundesrepublik (Nr. 24); hierzu gehören nicht Bestrebungen, die nur bestimmte Einzelinteressen staatsbürgerlicher Art verfolgen oder die auf den kommunalpolitischen Bereich beschränkt sind. Hierzu zählt auch nicht die Einflussnahme auf die politische Willensbildung und die Einflussnahme auf die Gestaltung der öffentlichen Meinung,[1]

- die Förderung der Tierzucht, der Pflanzenzucht, der Kleingärtnerei, des traditionellen Brauchtums einschließlich des Karnevals, der Fastnacht und des Faschings, der Soldaten- und Reservistenbetreuung, des Amateurfunkens, des Modellflugs und des Hundesports (Nr. 23).

Diese Aufzählung ist wegen ihres beispielhaften Charakters nicht abschließend. Die Allgemeinheit kann auch durch andere als die genannten Zwecke gefördert werden. Es ist in jedem Fall positiv festzustellen, ob die Tätigkeit eine selbstlose Förderung der Allgemeinheit auf materiellem, geistigem oder sittlichem Gebiet darstellt.

Bei der Auflistung der in **§ 52 Abs. 2 Nr. 23 AO** aufgeführten Freizeitaktivitäten handelt es sich zwar auch um eine lediglich beispielhafte Aufzählung, deren Aufnahme in den Katalog gemessen an den Voraussetzungen des Abs. 1 indes zu erheblichen Friktionen führt. Obwohl der Gesetzgeber in diesen Fällen offensichtlich von einer Förderung der Allgemeinheit ausgegangen ist, bleibt die Frage offen, wieso Freizeitvereine, deren Zweck sich zuweilen in der Selbstverwirklichung ihrer Mitglieder erschöpft, die Allgemeinheit auf materiellem, geistigen oder sittlichen Gebiet fördern sollen.[2] Insofern bedarf es einer grundsätzlichen Begrenzung der förderungswürdigen Zwecke i. S. d. § 52 Abs. 2 Nr. 23 AO auf die ausdrücklich genannten Betätigungen. Durch Tätigkeiten, die nicht unter § 52 Abs. 2 Nr. 1 – 22, 24 und 25 AO fallen und die in § 52 Abs. 2 Nr. 23 AO nicht ausdrücklich genannt sind, wird die Allgemeinheit also nicht gefördert.

Die Förderung von **Freizeitaktivitäten** außerhalb des Bereichs des Sports kann nur dann als Förderung der Allgemeinheit anerkannt werden, wenn die Freizeitaktivitäten hinsichtlich der Merkmale, die ihre steuerliche Förderung rechtfertigen, mit den im Katalog des § 52 Abs. 2 Nr. 23 genannten Freizeitgestaltungen **identisch** sind. Es reicht nicht aus, dass die Freizeitgestaltung sinnvoll und einer der in § 52 Abs. 2 Nr. 23 AO genannten ähnlich ist.[3] Mit der Förderung des Modellflugs sind nach Auffassung der Rspr. die Förderung des Baus und Betriebs von Schiffs-, Auto-, Eisenbahn- und Drachenflugmodellen[4] und Minicar-Rennen[5] identisch.[6] Die Finanzverwaltung erkennt schließlich die Förderung des CB-Funkens als Förderung des Amateurfunkens vergleichbar an.[7]

Nicht identisch im vorstehenden Sinn mit den in § 52 Abs. 2 Nr. 23 AO genannten Freizeitaktivitäten und deshalb nicht als eigenständige gemeinnützige Zwecke anzuerkennen sind z. B. die Förderung des Amateurfilmens und -fotografierens, des Kochens, von Brett- und Karten-

---

1 BFH v. 10.1.2019 - V R 60/17, NWB RAAAH-08485.
2 Vgl. zur Kritik *Seer* in Tipke/Kruse, AO, § 52 Rz. 58; *Isensee*, DStJG Bd. 26, 102 ff.
3 BFH, Urteil v. 14. 9. 1994 - I R 153/93, BStBl 1995 II 499.
4 BFH, Urteil v. 14. 9. 1994 - I R 153/93, BStBl 1995 II 499.
5 FG Baden-Württemberg, Urteil v. 10. 11. 1994 - 6 K 10/92, EFG 1995, 337.
6 Vgl. auch FinMin Sachsen, DStR 1997, 867: Drachenflug.
7 FinMin Saarland, DStR 1996, 1973.

spielen und des Sammelns von Gegenständen (z. B. Briefmarken, Münzen und Autogrammkarten) sowie die Tätigkeit von Reise- und Touristik-, Sauna-, Geselligkeits-, Kosmetik- und Oldtimer-Vereinen. Bei Vereinen, die das Amateurfilmen und -fotografieren fördern, und bei Oldtimer-Vereinen kann aber eine Steuerbegünstigung wegen der Förderung von Kunst oder (technischer) Kultur in Betracht kommen (AEAO Nr. 9 zu § 52).

261 Negativ bestimmt § 52 Abs. 1 Satz 2 AO, dass eine Förderung der Allgemeinheit nicht gegeben ist, wenn der Kreis der Personen, dem die Förderung zugute kommt, **fest abgeschlossen** ist oder wenn der Kreis der Personen infolge seiner Abgrenzung, insbesondere nach räumlichen oder beruflichen Merkmalen, **dauernd nur klein** sein kann. Als Beispiele werden genannt die Zugehörigkeit zu einer Familie oder zur Belegschaft eines Unternehmens. Ob eine Begrenzung des Kreises der Geförderten gemeinnützigkeitsschädlich ist, kann nur im Einzelfall beantwortet werden. Die Bestimmung des Personenkreises anhand festgelegter Merkmale schließt eine gemeinnützige Betätigung grds. nicht aus. Dies gilt auch, wenn der Kreis der tatsächlich Betroffenen dauerhaft klein sein wird, eine Förderung jedoch im Interesse der Allgemeinheit liegt.[1] Kommt die Förderung vornehmlich Nichtmitgliedern zugute, legt das altruistische Verhalten eine gemeinnützige Betätigung nahe.[2]

Förderung der Allgemeinheit

262 Von einer „Förderung" kann nur bei einem **eigenen Handeln der Körperschaft** gesprochen werden. Sie muss also tätig werden mit Zielrichtung auf die begünstigten Zwecke, die sie sich satzungsmäßig vorgenommen hat. Die begünstigte Tätigkeit setzt nicht die Vollendung der Förderung voraus; es genügen unter Umständen schon vorbereitende Handlungen („... darauf gerichtet ist ...").[3] Mit welcher Intensität und in welchem Umfang sie die Allgemeinheit fördern will, kann die Körperschaft selbst bestimmen.

Allgemeinheit

263 Der Begriff der Allgemeinheit ist nicht definiert. Er umfasst nicht notwendigerweise die Gesamtheit der Bürger der Bundesrepublik oder eine daraus kaum zu ermittelnde Mehrheit der Bevölkerung. Demgegenüber kann ein Nutzen für das allgemeine Beste auf materiellem, geistigem oder sittlichem Gebiet unter Umständen – allgemein gesehen – auch dann gegeben sein, wenn nur einzelne oder wenige Personen gefördert werden. Nach dem steuerlichen Gemeinnützigkeitsrecht darf die Tätigkeit der Körperschaft jedoch nicht einem infolge seiner Abgrenzung nach örtlichen oder beruflichen Merkmalen dauernd nur kleinen Personenkreis zugute kommen. Insoweit ist der Begriff zwischen diesen beiden Extremen – Gesamtheit der Bürger der Bundesrepublik einerseits oder bestimmte Personen oder nur dauernd kleiner Personenkreis – angesiedelt, wo, ist in jedem **Einzelfall** nach den jeweiligen Verhältnissen zu bestimmen.[4] Die Allgemeinheit wird nicht gefördert, wenn der Kreis der Personen, dem die Förderung zugute kommt, fest abgeschlossen ist. Dies kann auch gegeben sein, wenn die Mitgliedschaft von der Zugehörigkeit zu einer bestimmten Organisation abhängt. Als Beispiel für einen fest abgeschlossenen Personenkreis nennt § 52 Abs. 1 Satz 2 AO die Zugehörigkeit zu einem Unternehmen. Ohne Bedeutung ist, ob die Zahl der zu dem Unternehmen gehörenden Personen groß oder klein ist. Denn nach der genannten Vorschrift ist eine „Förderung der All-

---

1 Vgl. BFH, Urteil v. 14. 7. 2004 - I R 94/02, BStBl 2005 II 721.
2 Vgl. *Lang*, StuW 1987, 221.
3 BFH, Urteil v. 13. 12. 1978 - I R 39/78, BStBl 1979 II 482.
4 BFH, Urteil v. 13. 12. 1978 - I R 39/78, BStBl 1979 II 482.

gemeinheit" alternativ auch dann zu verneinen, wenn der Personenkreis in einer Weise abgegrenzt ist, dass er dauernd nur klein sein kann. Hängt die Mitgliedschaft in einer Körperschaft nach den maßgeblichen Satzungsbestimmungen von der Zugehörigkeit zu einer anderen Körperschaft ab, ist zweifelhaft, ob allein die große Zahl der Mitglieder dieser Organisation eine andere Beurteilung rechtfertigen könnte.[1]

Eine für die Gemeinnützigkeit schädliche Begrenzung der Allgemeinheit kann darin liegen, dass durch hohe Aufnahmegebühren oder Mitgliedsbeiträge der Allgemeinheit der Zugang zu dem Verein, z. B. einem Sportverein, praktisch verwehrt bleibt. Eine Förderung der Allgemeinheit wird von der Finanzverwaltung noch angenommen, wenn folgende Grenzen im Durchschnitt nicht überschritten sind:[2]

264

	seit VZ 1991	ab VZ 2002
Mitgliedsbeiträge und sonstige -umlagen zusammen je Mitglied und Jahr	2 000 DM	1 023 €
Aufnahmegebühren für die im Jahr aufgenommenen Mitglieder	3 000 DM	1 534 €

Die Förderung der Allgemeinheit und damit ein Nutzen zum allgemeinen Besten ist grundsätzlich nach **objektiven Kriterien** zu beurteilen.[3] Entsprechend der unzähligen, nach Gehalt und Umfang recht unterschiedlichen Möglichkeiten, die Allgemeinheit zu fördern, ist zur objektiven Qualifizierung und Wertung des unbestimmten Gesetzesbegriffes „Förderung der Allgemeinheit" an eine Vielzahl von Faktoren (Werten) anzuknüpfen. Diese bestimmen im jeweiligen Einzelfall in ihrer Gesamtheit oder durch einzelne oder mehrere von ihnen den Inhalt des Gesetzesbegriffes: Dessen Sinngehalt wird im Wesentlichen geprägt durch die herrschende **Staatsverfassung,** wie sie der Bundesrepublik als einem demokratischen und sozialen Bundesstaat durch das Grundgesetz gegeben ist, durch die **sozialethischen und religiösen Prinzipien,** wie sie gelehrt und praktiziert werden, durch die bestehende **geistige und kulturelle Ordnung,** durch **Forschung, Wissenschaft und Technik,** wie sie aufgrund ihrer Entwicklungen dem neueren Wissens- und Erkenntnisstand entsprechen, durch die vorhandene **Wirtschaftsstruktur** und die **wirtschaftlichen und sozialen Verhältnisse** sowie schließlich durch die **Wertvorstellungen und die Anschauungen der Bevölkerung.** Diese Wertungskriterien ermöglichen es – anders als ein alleiniges Abstellen auf die Anschauung der Bevölkerung oder ihrer Mehrheit, die oft kaum feststellbar sein dürfte – eine angemessene Begriffsausfüllung. Dabei kann eine feste, offen- oder allgemeinkundige Meinung der Bevölkerung als Indiz für die Frage nach einem möglichen Nutzen einer Tätigkeit für das allgemeine Beste zu berücksichtigen sein.[4]

265

Eine Förderung der Allgemeinheit durch eine bestimmte Tätigkeit ist nicht bereits dann zu verneinen, wenn die Aktivität nicht nur förderungswürdigen Zwecken dient (sog. **ambivalente Handlungen).** Derartige Maßnahmen sind allerdings nur dann förderungswürdig, wenn sie nach Abwägung aller Auswirkungen ganz überwiegend dem Gemeinwohl dienen. Die von ihnen ausgehenden negativen Wirkungen müssen grds. zu vernachlässigen sein. Es ist nicht Aufgabe des Staates gemeinwohlschädliches Verhalten, auch wenn es nur als Annex anderer Aktivitäten auftritt, zu schützen oder gar zu fördern. Ist der Nutzen der Tätigkeit im Vergleich zum

266

---

1 BFH, Urteil v. 5. 8. 1992 - X R 165/88, BStBl 1992 II 1048.
2 AEAO Nr. 1.1 zu § 52.
3 BFH, Urteil v. 13. 12. 1978 - I R 39/78, BStBl 1979 II 482.
4 BFH, Urteil v. 13. 12. 1978 - I R 39/78, BStBl 1979 II 482.

bewirkten Schaden für das Gemeinwohl oder im Verhältnis zur Zahl der nachteilig betroffenen Personen nicht erheblich größer, dient die Maßnahme nicht der Allgemeinheit.

Ob eine Maßnahme gemeinwohlschädigende Wirkungen hat, ist vorrangig anhand der Wertentscheidungen und Ziele der Verfassung zu entscheiden, wobei einfachgesetzliche Ausformungen zur näheren Bestimmung dieser Ziele herangezogen werden können.[1] So hat sich der Verfassungsgesetzgeber klar gegen die Begünstigung umweltschädlicher Betätigungen ausgesprochen, indem er den Umweltschutz als Staatsziel in Art. 20a GG aufgenommen hat.[2] Motorsport, dessen umweltbeeinträchtigende Wirkungen durch Lärm- und Schadstoffimmissionen von nicht zu vernachlässigendem Ausmaß sind, ist aus diesem Grund nicht förderungswürdig.[3] Nach Auffassung des BFH[4] erhalten diese Bedenken zusätzliches Gewicht durch die Überlegung, dass der Umweltschutz nach § 52 Abs. 2 Nr. 8 AO besonders gefördert wird. Gravierende Wertungswidersprüche zwischen Betätigungen, die aus demselben gesetzgeberischen Grund, nämlich der „Förderung der Allgemeinheit", besonders begünstigt werden, müssten aber nach Möglichkeit vermieden werden.

267 Eine Förderung der Allgemeinheit ist auch nicht deswegen zu verneinen, weil sich die Tätigkeit **gegen Planungen staatlicher Behörden** richtet (z. B. Straßenbau, Trassenführung einer Bahnlinie, Energiepolitik etc.). Insoweit gibt es keinen Primat der öffentlichen Hand zur Förderung des Allgemeinwohls. Es ist vielmehr das gute Recht der Bürger, einzeln oder in Vereinigungen bei der staatlichen Planung mitzuwirken, mit den rechtsstaatlich vorgesehenen Mitteln dagegen vorzugehen und die nach ihrer Meinung im Interesse der Allgemeinheit liegenden Ziele zu verfolgen.[5] Die Tatsache, dass mit der Tätigkeit zwangsläufig eine gewisse politische Zielsetzung verbunden ist, ist unschädlich. So rechtfertigt das Eintreten einer **Bürgerinitiative für den Umweltschutz** es für sich allein nicht, eine solche Bürgervereinigung wegen möglicher politischer Auswirkungen ihrer Tätigkeiten steuerlich als politischen Verein einzustufen.[6] Eine Körperschaft fördert deshalb auch dann ausschließlich ihren steuerbegünstigten Zweck, wenn sie gelegentlich zu **tagespolitischen Themen** im Rahmen ihres Satzungszwecks Stellung nimmt. Entscheidend ist, dass die Tagespolitik nicht Mittelpunkt der Tätigkeit der Körperschaft ist oder wird, sondern der Vermittlung der steuerbegünstigten Ziele der Körperschaft dient.[7]

Soweit dies der politischen Verfolgung eines in § 52 Abs. 2 AO genannten bestimmten Zwecks dient, mag dies unschädlich sein. Dies gilt aber auch nur dann, wenn sich die Körperschaft parteipolitisch neutral verhält. Im Gegensatz dazu sind selbst geringfügige allgemein-politische Betätigungen einer Körperschaft im Hinblick auf die Gemeinnützigkeit schädlich.[8]

268 Dagegen ist die Förderung der Allgemeinheit und damit die Gemeinnützigkeit zu versagen, wenn ein **politischer Zweck als alleiniger oder überwiegender Zweck** in der Satzung einer Kör-

---

[1] Vgl. BFH, Urteil v. 31. 5. 2005 - I R 105/04, BFH/NV 2005, 1741 = NWB IAAAB-58934; *Koenig*, AO, § 52 Rz. 14.
[2] Vgl. hierzu *Murswiek* in Sachs, GG, Art. 20a Rz. 34.
[3] Vgl. bereits *Bauer*, FR 1989, 61; a. A. BFH, Urteil v. 29. 10. 1997 - I R 13/97, BStBl 1998 II 9.
[4] Vom 5. 8. 1992 - X R 165/88, BStBl 1992 II 1048.
[5] BFH, Urteil v. 29. 8. 1984 - I R 203/81, BStBl 1984 II 844.
[6] BFH, Urteil v. 29. 8. 1984 - I R 203/81, BStBl 1984 II 844.
[7] BFH, Urteile v. 23.11.1988 - I R 11/88, BStBl 1989 II 391; v. 10.1.2019 - V R 60/17, NWB RAAAH-08485.
[8] BFH, Urteil v. 10.1.2019 - V R 60/17, NWB RAAAH-08485; hierzu *Hüttemann*, DB 2019, 744; *Leisner-Egensperger*, NJW 2019, 964.

perschaft festgelegt ist oder die Körperschaft tatsächlich ausschließlich oder überwiegend einen politischen Zweck verfolgt.[1]

Für die Zuerkennung der Gemeinnützigkeit setzt die rechtsstaatliche Ordnung selbstverständlich das gesetzestreue Verhalten aller Bürger, Vereine und Verbände und (sonstiger) juristischer Personen ebenso voraus wie das Beachten der Verfassungsnormen. Diese Ordnung wird indes nicht schon mit der **Ankündigung von gewaltfreiem Widerstand** und der **Nichtbefolgung von polizeilichen Anordnungen** durchbrochen, sondern nur bei Verstößen von einigem Gewicht.[2] Als Verstoß gegen die Rechtsordnung, der die Annahme der Gemeinnützigkeit ausschließt, kommt auch eine der Körperschaft zurechenbare **Lohnsteuerverkürzung** in Betracht.[3] Allein die verspätete Abgabe der Steuererklärungen genügt jedoch nicht einem Verein die Gemeinnützigkeit abzuerkennen.[4]

ABC gemeinnütziger Zwecke:

▶ **Abfallbeseitigung**: gemeinnützig, wenn dem Umweltschutz oder der öffentlichen Gesundheitsfürsorge dienend. Wegen fehlender Selbstlosigkeit nicht gemeinnützig, wenn sie als hoheitliche Aufgabe von einer Körperschaft des öffentlichen Rechts auf eine ihr gehörende KapGes übertragen wird.[5]

▶ **Abgabe von Medikamenten zur Blutgerinnung**: Die Abgabe von Medikamenten zur Blutgerinnung (sog. Faktorpräparate) an Hämophiliepatienten ist auch dann dem Zweckbetrieb Krankenhaus (§ 67 AO) zuzuordnen, wenn sich der Patient selbst das Medikament im Rahmen einer ärztlich kontrollierten Heimselbstbehandlung verabreicht.[6]

▶ **Abmahnverein**: gemeinnützig wegen Förderung des Verbraucherschutzes.[7] Fördert ein Verein die Wettbewerbsfähigkeit und damit die geschäftlichen Interessen des einzelnen Kaufmanns durch die Ahndung von Wettbewerbsverstößen, ist er nicht gemeinnützig.[8]

▶ **ADAC-Ortsclub**: gemeinnützig, wenn keine enge satzungsmäßige Verklammerung mit dem ADAC e.V. besteht.[9] Ortsclubs, die eine ordentliche Mitgliedschaft von der Mitgliedschaft im ADAC e.V. abhängig machen, fördern lediglich Gruppeninteressen.[10]

▶ **Adoptionsvermittlungsstellen**: gemeinnützig.[11]

▶ **Akupunktur**: Forschung und Lehre über Akupunktur sind gemeinnützig.[12] Dies gilt ebenso für die Erforschung von Naturheilverfahren, z. B. Homöopathie.

---

1 Vgl. BFH, Urteile v. 14. 3. 1990 - I B 79/89, BFH/NV 1991, 485 = NWB RAAAB-31432; v. 9. 2. 2011 - I R 19/10, BFH/NV 2011, 1113 = NWB XAAAD-83670.
2 BVerfG v. 11. 11. 1986 - 1 BvR 713/83, NJW 1987, 43; FG Sachsen v. 11. 1. 2011 - 2 K 1429/10, EFG 2011, 1675; vgl. aber BFH, Urteil v. 29. 8. 1984 - I R 215/81, BStBl 1985 II 106.
3 BFH, Urteil v. 27. 9. 2001 - V R 17/99, BStBl 2002 II 169.
4 FG Münster, Urteil v. 30. 6. 2011 - 9 K 2649/10 K, EFG 2012, 492.
5 BFH, Urteil v. 15. 12. 1993 - X R 115/91, BStBl 1994 II 314.
6 BFH, Urteil v. 18.10.2017 - V R 46/16, NWB JAAAG-68724, BFH/NV 2018, 293; dazu *Fischer*, jurisPR-SteuerR 8/2018 Anm. 1.
7 In Betracht gezogen von BFH, Urteil v. 16.1.2003 – V R 92/01, BStBl 2003 II S. 732.
8 FG Mecklenburg-Vorpommern v. 28. 9. 1999 - 2 K 363/97, DStRE 2000, 88, rkr.; zum Rechtsinstitut der Abmahnung vgl. *Vogt*, NJW 1995, 2819.
9 OFD Frankfurt/M. v. 13. 7. 1994 - S 0171 A - 9 - St II 12.
10 BFH, Urteil v. 5. 8. 1992 - X R 165/88, BStBl 1992 II 1051.
11 OFD Hannover v. 12. 7. 2000, StEd 2000, 706.
12 OFD Köln, StEK AO 1977 § 52 R. 10.

- **Alkoholmissbrauchsbekämpfung**: Bekämpfung des Drogenmissbrauchs, auch soweit sie sich auf gesellschaftlich akzeptierte Alltagsdrogen (Alkohol, Nikotin) bezieht, ist als Förderung des Gesundheitswesens gemeinnützig.[1]
- **Alleinstehende Menschen**: Selbsthilfegruppen allein stehender Menschen sind i. d. R. nicht gemeinnützig, da sie auch die gemeinsame Freizeitgestaltung der Alleinstehenden fördern. Etwas anderes kann gelten, wenn es sich um Selbsthilfegruppen besonders schutzwürdiger Personenkreise (z. B. der Behinderten, Kranken oder der Jugend) handelt.[2]
- **Altenhilfe, Altersfürsorge**: gemeinnützig (§ 52 Abs. 2 Satz 1 Nr. 4 AO).
- **Amateurfilmen und -fotografieren**: als Freizeitaktivität nicht gemeinnützig,[3] aber im Einzelfall steuerbegünstigt wegen Förderung der Kunst.
- **Amateurfunken**: gemeinnützig (§ 52 Abs. 2 Satz 1 Nr. 23 AO).
- **Anglervereine**: schützen durch die Aufzucht weniger Arten nicht die natürlichen Lebensgrundlagen, sondern dienen in erster Linie der Befriedigung des Freizeitinteresses der Angler;[4] von der FinVerw werden sie als gemeinnützig wegen Förderung des Naturschutzes und der Landschaftspflege anerkannt; anders bei Durchführung von Wettfischveranstaltungen, auch soweit sie zur Umgehung behördlicher Verbote als „Tombolafischen" oder „Hegefischen" bezeichnet werden. Der Verkauf von Angelkarten durch Vereine an Mitglieder ist Zweckbetrieb, an Nichtmitglieder steuerpflichtiger wirtschaftlicher Geschäftsbetrieb.[5]
- **Aquarien- und Terrarienkunde**: gemeinnützig wegen Förderung der Tierzucht.[6]
- **Arbeitslosenhilfe**: therapeutische und soziale Betreuung von Arbeitslosen sowie die Durchführung von Berufsbildungsmaßnahmen kann gemeinnützig sein.[7]
- **Arbeitsmedizinische Zentren des berufsgenossenschaftlichen arbeitsmedizinischen Dienstes e. V.**: gemeinnützig.[8]
- **Arbeitsschutz**: gemeinnützig (§ 52 Abs. 2 Satz 1 Nr. 12 AO).
- **Astrologieverein**: nicht gemeinnützig.[9]
- **Atomkraftgegner**: gemeinnützig wegen Förderung des Umweltschutzes.[10]
- **Automodellbau**: gemeinnützig (vgl. § 52 Abs. 2 Satz 1 Nr. 23 AO, betr. Modellflug).
- **Ballett- und Schauspielschulen**: gemeinnützig wegen Förderung der Bildung (Berufsbildung).
- **Ballonsport**: gemeinnützig wegen Förderung des Sports, wenn wettkampfmäßig betrieben.[11]

---

1 BFH, Urteil v. 6. 6. 1951 - III 69/51 U, BStBl 1951 III 376.
2 OFD Münster v. 24. 6. 1994, DB 1994, 1755.
3 A. A. *Miessl*, NJW 1992, 4314.
4 Vgl. *Koenig*, AO, § 52 Rz. 68.
5 BMF, Schreiben v. 25. 9. 1991 - IV B 4 - S 0171 - 50/91, juris.
6 § 52 Abs. 2 Nr. 23 vgl. OFD Erfurt v. 28. 11. 1996, DStR 1997, 116; zweifelhaft.
7 FG Niedersachsen.v. 2. 6. 1983 - VI 584/82, EFG 1984, 45, rkr.
8 Vgl. OFD Frankfurt/M. v. 6. 4. 1982 - S 0171 A - 21 - St II 11.
9 FG Schleswig-Holstein, Urteil v. 22. 3. 1996 - I 535/92, EFG 1996, 940, rkr.; OFD Frankfurt/M. v. 5. 12. 1996 - S 0171 A - 107 - St II 13.
10 BFH, Urteil v. 29. 8. 1984 - I R 203/81, BStBl 1984 II 844.
11 OFD Frankfurt/M. v. 5. 12. 1996 - S 0171 A - 107 - St II 13; bedenklich, weil die körperliche Ertüchtigung und die heraus resultierende gesundheitliche Förderung Wesensmerkmal des Sports ist; die Rspr. negiert das Erfordernis körperlicher Ertüchtigung indes weitgehend vgl. BFH, Urteil v. 29. 10. 1997 - I R 13/97, BStBl 1998 II 9: Motorsport.

- **Baudenkmäler**: Siehe „Denkmalpflege".
- **Berufsbildung**: gemeinnützig (§ 52 Abs. 2 Satz 1 Nr. 7 AO).
- **Berufssport**: nicht gemeinnützig (AEAO Nr. 7 zu § 52).
- **Beschäftigungsgesellschaften**: gemeinnützig, wenn das Schwergewicht ihrer Tätigkeit auf der beruflichen Qualifizierung, der Umschulung oder der sozialen Betreuung liegt.[1]
- **Betriebssport**: nicht gemeinnützig, da es an einer Förderung der „Allgemeinheit" fehlt, wenn nur Betriebszugehörige und deren Angehörige Mitglied werden können.
- **Bibliotheken**: gemeinnützig (§ 52 Abs. 2 Satz 1 Nr. 7 AO).
- **Bierbrauen**: nicht gemeinnützig.[2]
- **Bildung**: gemeinnützig (§ 52 Abs. 2 Satz 1 Nr. 7 AO).
- **Billard**: gemeinnützig, wenn sportlich betrieben und nicht die Pflege der Geselligkeit im Vordergrund steht.[3]
- **Blindenfürsorge**: gemeinnützig.
- **Bonsaikunst**: gemeinnützig wegen Förderung der Pflanzenzucht.[4]
- **Brauchtumspflege**: gemeinnützig.[5]
- **Bridge**: nicht gemeinnützig.[6]
- **Briefmarkensammeln**: nicht gemeinnützig (AEAO Nr. 9 zu § 52).
- **Bürgerinitiativen**: können gemeinnützig sein.[7]
- **Bürgernetzvereine**: gemeinnützig, soweit sie Aus- und/oder Fortbildung betreiben.[8]
- **Burschenschaften**: nicht gemeinnützig (AEAO Nr. 11 zu § 52).
- **Camping**: ein Verein zur Förderung des Campings ist nicht gemeinnützig.[9]
- **CB-Funkverein**: gemeinnützig.[10]
- **Country- und Westernvereine**: nicht gemeinnützig.[11]
- **Darlehensvergabe**: nicht gemeinnützig, wenn sie Satzungszweck ist. Ist die Vergabe zinsloser oder zinsgünstiger Darlehen in der Satzung aber nur als Mittel zur Verwirklichung steuerbegünstigter Zwecke (z. B. bei Schuldnerberatung, für Stipendien oder die Anschaffung von Geräten für Nachwuchskünstler) genannt, ist sie unschädlich.[12]
- **Dart-Vereine**: Dart ist kein Sport i. S. d. § 52 Abs. 2 Satz 1 Nr. 2 AO, auch wenn es nach den Regeln des Deutschen Dartverbands e.V. 1982, Berlin, wettkampfmäßig betrieben wird.

---

1 Vgl. OFD Frankfurt/M. v. 8. 4. 1992 - S 0171 A - 85 - St II 12.
2 OFD Erfurt v. 28. 11. 1996, DStR 1997, 116.
3 OFD Düsseldorf, StEK AO 1977 § 52 Nr. 17; zweifelhaft.
4 OFD Erfurt v. 28. 11. 1996, DStR 1997, 116; bedenklich.
5 § 52 Abs. 2 Nr. 23 AO; BFH, Urteil v. 17. 2. 2000 - I R 108, 109/98, BFH/NV 2000, 1071 = NWB XAAAA-65350.
6 AEAO Nr. 6 zu § 52; BFH, Urteil v. 16. 12. 1987 - I B 68/87, n.v.; zu Turnierbridge, BFH, Urteil v. 9.2.2017 - V R 69/14, BStBl 2017 II 1221.
7 BFH, Urteil v. 13. 12. 1978 - I R 39/78, BStBl 1979 II 482.
8 FinMin Bayern v. 5. 3. 1997, DB 1997, 652.
9 BFH, Urteil v. 22. 10. 1971 - III R 52/70, BStBl 1972 II 204.
10 FinMin Saarl. v. 18. 11. 1996, DStR 1996, 1973.
11 OFD Hannover v. 1. 4. 1998, DB 1998, 1062.
12 BMF, Schreiben v. 14. 12. 1994, BStBl 1995 I 40.

Dies belegt nicht nur die überwiegende Austragung der Wettkämpfe in Gaststätten ist, wie bei Billard und Sportkegeln.[1]

- **Demokratisches Staatswesen**: gemeinnützig, soweit die Bestrebungen auf die allgemeine Förderung gerichtet sind (§ 52 Abs. 2 Satz 1 Nr. 24 AO).
- **Denkmalpflege**: gemeinnützig.
- **Dialyse-Vereine**: ihre Tätigkeit kann gemeinnützig sein, wenn die beteiligten Ärzte oder Industrieunternehmen keine Vorteile durch die Mitgliedschaft haben. Trotz des Wettbewerbs zu steuerpflichtigen niedergelassenen Ärzten kann die Tätigkeit als steuerbegünstigter Zweckbetrieb beurteilt werden.[2]
- **Drachenfliegen (Fesseldrachen)**: gemeinnützig.[3]
- **Drachenflugsport**: gemeinnützig.[4]
- **Drogenmissbrauchsbekämpfung**: gemeinnützig als Förderung des öffentlichen Gesundheitswesens (§ 52 Abs. 2 Satz 1 Nr. 3 AO).
- **Ehe und Familie**: Die Förderung des Schutzes von Ehe und Familie ist gemeinnützig (§ 52 Abs. 2 Satz 1 Nr. 19 AO).
- **Ehrenmale für Kriegsopfer**: gemeinnützig (§ 52 Abs. 2 Satz 1 Nr. 10 AO).
- **Eisenbahnmodellbau**: gemeinnützig (vgl. „Modellbau").
- **Eisenbahnvereine**: gemeinnützig, wenn über den Modellbau und -betrieb hinaus auch das Verständnis für die Belange der Eisenbahn (z. B. Bundesbahn) gefördert wird.[5]
- **Eislaufen**: als Sport gemeinnützig; ebenso Eishockey.[6]
- **Entwicklungshilfe**: gemeinnützig (§ 52 Abs. 2 Satz 1 Nr. 15 AO).
- **Erholungsheim**: nicht gemeinnützig, es sei denn, es dient besonders stark erholungsbedürftigen Personen oder solchen, die mangels eigener Mittel eine Erholung nicht durchführen können.[7]
- **Erwachsenenbildung**: gemeinnützig (§ 52 Abs. 2 Satz 1 Nr. 7 AO).
- **Erziehung**: gemeinnützig (§ 52 Abs. 2 Satz 1 Nr. 7 AO).
- **Esoterik**: nicht gemeinnützig.[8]
- **Fahrvereine**: gemeinnützig. Siehe „Reitsportvereine".
- **Familienhotel**: Ein von einem gemeinnützigen Verein betriebenes Familienhotel ist keine steuerbegünstigte Einrichtung der Wohlfahrtspflege, wenn nicht nachgewiesen wird, dass die Leistungen zu mindestens zwei Dritteln den in § 53 AO genannten hilfsbedürftigen Personen zugutekommen.[9]
- **Fasching/Fastnacht/Karneval**: gemeinnützig (§ 52 Abs. 2 Satz 1 Nr. 23 AO).

---

1 Vgl. OVG Thüringen v. 22. 9. 2008, DÖV 2009, 254 Vergnügungsteuerpflicht für elektronisches Dartspiel; a. A. OFD Hannover v. 25. 7. 1994, DB 1994, 1755.
2 OFD Frankfurt/M. v. 30. 3. 1993, DB 1993, 1116.
3 Vgl. OFD Frankfurt/M. v. 20. 11. 1996 - S 0171 A - 100 - St II 13.
4 BFH, Urteil v. 29. 10. 1997 - I R 13/97, BStBl 1998 II 9.
5 Vgl. OFD Erfurt v. 28. 11. 1996, DStR 1997, 116.
6 Vgl. BFH, Urteil v. 30. 3. 2000 - V R 30/99, BStBl 2000 II 705; FG Bremen, Urteil v. 12. 11. 2008, EFG 2010, 527.
7 BFH, Urteil v. 22. 11. 1972 - I R 21/71, BStBl 1973 II 251.
8 Vgl. FG Baden-Württemberg, Urteil v. 4. 2. 1988 - X K 196/85, EFG 1988, 270, rkr.
9 BFH, Urteil v. 21.9.2016 - V R 50/15, BStBl 2017 II 1173.

- **Feuerbestattungsvereine**: gemeinnützig.[1]
- **Feuerschutz**: gemeinnützig (§ 52 Abs. 2 Satz 1 Nr. 12 AO).
- **Feuerwehrvereine**: gemeinnützig wegen Förderung des Feuerschutzes.
- **Film-, Foto- und Videovereine**: nicht gemeinnützig wegen privater Freizeitgestaltung.[2]
- **Filmvorführungen durch Kommunale Kinos e.V.**: gemeinnützig,[3] wenn von der öffentlichen Hand Zuschüsse gewährt werden, die Vorführung in die gesamte Kulturarbeit der jeweiligen Kommune einbezogen ist, sie sich inhaltlich, konzeptionell und formal von vorhandenen gewerblichen Kinos am Ort unterscheidet, in sachlichem Zusammenhang stehende Filme gezeigt werden oder die Vorführung z. B. durch begleitende Vorträge inhaltlich aufbereitet wird.
- **Flüchtlingsfürsorge**: gemeinnützig (§ 52 Abs. 2 Satz 1 Nr. 10 AO).
- **Flugrettung**: kann gemeinnützig sein (§ 52 Abs. 2 Satz 1 Nr. 11 AO).
- **Flugsport**: gemeinnützig.[4]
- **Fördervereine**: gemeinnützig (vgl. AEAO Nr. 1 zu § 58 Nr. 1).
- **Forschung**: gemeinnützig (§ 52 Abs. 2 Satz 1 Nr. 1 AO), nicht aber bei Auftragsforschung zugunsten eines einzelnen oder einzelner Unternehmer.
- **Freikörperkultur**: nicht gemeinnützig,[5] auch soweit neben der Förderung der Freikörperkultur die Förderung des Sports bezweckt wird.
- **Freimaurerlogen**: nicht gemeinnützig.[6] Dies gilt insbesondere für solche Freimaurerlogen, die Frauen ohne sachlichen Grund ausschließen, weil hierdurch zugleich gegen die Wertordnung des GG verstoßen wird.[7]
- **Freizeitgestaltung**: nicht gemeinnützig.[8]
- **Freizeitwinzervereine**: können wegen der Förderung der Heimatpflege, die Teil der Brauchtumspflege (§ 52 Abs. 2 Satz 1 Nr. 23 AO) ist, als gemeinnützig behandelt werden (AEAO Nr. 12 zu § 52).
- **Friedensförderung**: gemeinnützig.[9]
- **Friedhofsverein**: Auch Friedhofsvereine in der Rechtsform eines privaten Vereins können gemeinnützig sein.[10] Ein eingetragener Friedhofsverein, dessen satzungsmäßiger Zweck – ohne nähere Konkretisierung – bloß darin besteht, „einen Friedhof mit einer Trauerhalle für seine Mitglieder zu unterhalten", verfolgt keine gemeinnützigen Zwecke i. S. d. § 52 AO.[11]
- **Fremdenverkehr**: nicht gemeinnützig, da regelmäßig wirtschaftliche Einzelinteressen verfolgt werden.[12]

---

[1] BFH, Urteil v. 14.12.1978 - I R 122/76, BStBl 1979 II 491; OFD Frankfurt/M. v. 11.12.1996, DB 1997, 205.
[2] OFD Hannover v. 25.7.1994, DB 1994, 1755.
[3] FinMin Mecklenburg-Vorpommern v. 6.4.1993, DB 1993, 1060.
[4] Vgl. BFH, Urteil v. 21.8.1985 - I R 60/80, BStBl 1986 II 88.
[5] BFH, Urteil v. 30.9.1981 - III R 2/80, BStBl 1982 II 148.
[6] BFH, Urteil v. 26.1.1973 - III R 40/72, BStBl 1973 II 430; FG Bremen, Urteil v. 9.7.1982 - I K 37/81 K, EFG 1983, 194.
[7] BFH 17.5.2017 - V R 52/15, NWB GAAAG-52012, Az. BVerfG: 2 BvR 1966/17.
[8] BFH, Urteil v. 30.9.1981 - III R 2/80, BStBl 1982 II 148.
[9] Vgl. BFH, Urteil v. 23.11.1988 - I R 11/88, BStBl 1989 II 391.
[10] *Schmitz-Herscheidt*, EFG 2018, 901.
[11] FG Münster, Urtiel v. 19.2.2018 - 13 K 3313/15 F, NWB EAAAG-82036, EFG 2018, 897 mit Anm. *Schmitz-Herscheidt*.
[12] Vgl. OFD Frankfurt/M. v. 27.10.1995, FR 1996, 42.

- **Gartenbauvereine**: gemeinnützig wegen Förderung der Pflanzenzucht (AEAO Nr. 10 zu § 52).
- **Gedenkstätten für Katastrophenopfer etc.**: gemeinnützig (§ 52 Abs. 2 Satz 1 Nr. 10 AO).
- **Gesangvereine**: gemeinnützig (§ 52 Abs. 2 Satz 1 Nr. 13 AO).
- **Gesundheitswesen**: die Förderung des öffentlichen Gesundheitswesens ist gemeinnützig (§ 52 Abs. 2 Satz 1 Nr. 2 AO).
- **Gleichberechtigung**: gemeinnützig (§ 52 Abs. 2 Satz 1 Nr. 18 AO).
- **Golfsport**: gemeinnützig,[1] es sei denn, der Verein erhebt zu hohe Aufnahme- und Mitgliederbeiträge, um die Exklusivität seiner Mitglieder zu wahren.[2] Ab 2002 gelten Beträge von 1 023 € bzw. 1 534 €.
- **Gospiel**: nicht gemeinnützig (AEAO Nr. 1.1 zu § 52).
- **Hallenbauvereine**: nicht gemeinnützig, wenn der Hallenbau der alleinige Vereinszweck ist.[3] Ein Sportverein kann bspw. seinen begünstigten Zweck mittelbar auch durch den Bau einer Halle und ihre Überlassung an andere gemeinnützige Sportvereine verwirklichen.
- **Heimatkunde/-pflege**: gemeinnützig.[4]
- **Hilfe für Verfolgte, Flüchtlinge, Vertriebene etc.**: gemeinnützig (§ 52 Abs. 2 Satz 1 Nr. 10 AO).
- **Hobbyvereine**: nicht gemeinnützig. Siehe „Freizeitgestaltung".
- **Hochwasserschutz**: gemeinnützig (§ 52 Abs. 2 Satz 1 Nr. 8 AO).
- **Hundesport**: nur gemeinnützig, soweit Hunde zu bestimmten Zwecken ausgebildet werden (z. B. Rettungshunde, Blindenhunde usw.).
- **Internationale Gesinnung**: gemeinnützig (§ 52 Abs. 2 Satz 1 Nr. 13 AO).
- **Internet-Vereine**: nicht gemeinnützig, sofern sie nicht der Volksbildung dienen.[5]
- **Jagdschulen**: als Einrichtungen zur Berufsausbildung von Förstern und Jägern gemeinnützig.[6]
- **Jugendhilfe**: gemeinnützig (§ 52 Abs. 2 Satz 1 Nr. 4 AO).
- **Jugendreligionen, -sekten**: Siehe „Religion".
- **Junggesellen- und Burschenvereine**: können als gemeinnützig behandelt werden, wenn sie das traditionelle Brauchtum einer bestimmten Region fördern (z. B. durch das Setzen von Maibäumen).[7]
- **Kameradschaftsverein ehemaliger Wehrmachtsangehöriger**: nicht gemeinnützig.[8]
- **Karneval**: gemeinnützig (§ 52 Abs. 2 Satz 1 Nr. 23 AO).
- **Katastrophenschutz**: gemeinnützig (§ 52 Abs. 2 Satz 1 Nr. 12 AO).

---

1 BFH, Urteil v. 13. 12. 1978 - I R 64/77, BStBl 1979 II 488.
2 Siehe dazu BMF, Schreiben v. 7. 8. 1991, BStBl 1991 I 792: Eine Förderung der Allgemeinheit wird noch angenommen, wenn die Mitgliedsbeiträge und -umlagen zusammen im Durchschnitt 2 000 DM je Mitglied und Jahr und die Aufnahmegebühren für die im Jahr aufgenommenen Mitglieder im Durchschnitt 3 000 DM nicht übersteigen.
3 Ebenso Klein/Gersch, AO, § 58 Rz. 5.
4 Nr. 22 BFH, Urteil v. 21. 8. 1985 - I R 3/82, BStBl 1986 II 92.
5 OFD Münster v. 6. 2. 1996, DStR 1996, 546.
6 OFD Nürnberg v. 3. 7. 1998, DStR 1998, 1218.
7 Maiclubs; AEAO Nr. 11 zu § 52.
8 AEAO Nr. 13 zu § 52; BFH, Urteil v. 31. 10. 1963 - I 320/61 U, BStBl 1964 III 20.

- **Kernkraftgegner**: gemeinnützig (s. „Atomkraftgegner").
- **Kinderbetreuung**: nicht gemeinnützig bei bloßer Vermittlung von Babysittern und Tagesmüttern.[1]
- **Kindergärten**: gemeinnützig (steuerbegünstigte Zweckbetriebe gem. § 68 Nr. 1b AO).
- **Kleingärtner**: gemeinnützig.[2]
- **Kleintierzucht**: gemeinnützig (§ 52 Abs. 2 Satz 1 Nr. 23 AO).
- **Kochclubs**: nicht gemeinnützig.[3]
- **Kommunale Spitzenverbände**: nicht gemeinnützig.[4]
- **Konzertvereine**: gemeinnützig (§ 52 Abs. 2 Satz 1 Nr. 5 AO).
- **Kosmetikvereine**: nicht gemeinnützig.[5]
- **Kostümfest**: Ein von einem gemeinnützigen Karnevalsverein in der Karnevalswoche durchgeführtes Kostümfest ist kein für die Vereinszwecke „unentbehrlicher Hilfsbetrieb" und deshalb kein Zweckbetrieb.[6]
- **Krankenhauswäscherei**: nicht gemeinnützig.[7]
- **Kriegsopferfürsorge**: gemeinnützig (§ 52 Abs. 2 Satz 1 Nr. 10 AO).
- **Kriegsspiele**: Vereine, die z. B. Gotcha oder Paintball fördern, sind nicht gemeinnützig.[8]
- **Kriminalprävention**: Vereine, die z. B. auf kommunaler Ebene die Kriminalprävention fördern, sind gemeinnützig.[9]
- **Kultur**: gemeinnützig (§ 52 Abs. 2 Satz 1 Nr. 5 AO).
- **Kunst**: gemeinnützig (§ 52 Abs. 2 Satz 1 Nr. 5 AO).
- **Kunststiftung**: Werden Kunstwerke in privaten – nicht der Allgemeinheit zugänglichen – Räumlichkeiten untergebracht und nur teilweise gelegentlich öffentlich ausgestellt, verfolgt eine zur Bewahrung und Förderung von bildender Kunst gegründete Stiftung mangels Selbstlosigkeit keine gemeinnützigen Zwecke.[10]
- **Küstenschutz**: gemeinnützig (§ 52 Abs. 2 Satz 1 Nr. 8 AO).
- **KZ-Häftlingsgedenkstätten**: gemeinnützig (§ 52 Abs. 2 Satz 1 Nr. 10 AO).
- **Landjugend**: nicht gemeinnützig (AEAO Nr. 11 zu § 52).
- **Landschaftspflege**: gemeinnützig (§ 52 Abs. 2 Satz 1 Nr. 8 AO).
- **Lehrwerkstätten**: gemeinnützig, wenn sie als Einrichtungen der Berufsbildung und Jugendhilfe ohne eigenwirtschaftliche Zwecke betrieben werden.
- **Literatur**: Vereine zur Förderung der Literatur sind gemeinnützig (§ 52 Abs. 2 Satz 1 Nr. 5 AO). Soweit sie das Lesen fördern, verfolgen sie Bildungszwecke (§ 52 Abs. 2 Satz 1 Nr. 7 AO).

---

1 OFD Frankfurt/Main. v. 9. 10. 1998, DB 1998, 2245.
2 OFD Köln v. 8. 7. 1982, NWB DokSt Erl. F 2 §§ 51 – 68 AO Nr. 1/83.
3 Vgl. OFD Erfurt v. 28. 11. 1996, DStR 1997, 116.
4 OFD Frankfurt/M. v. 7. 1. 1991, KSt-Kartei § 5 Karte H 44.
5 Vgl. OFD Erfurt v. 28. 11. 1996, DStR 1997, 116.
6 BFH, Urteil v. 30.11.2016 - V R 53/15, BStBl 2017 II S. 1224.
7 Vgl. BFH, Urteil v. 19. 7. 1995 - I R 56/94, BStBl 1996 II 28.
8 FG Niedersachsen, Urteil v. 8. 9. 1998 - VI 366/94, EFG 1998, 1667, rkr.; OFD Nürnberg v. 22. 4. 1999, DB 1999, 986.
9 § 52 Abs. 2 Satz 1 Nr. 20 AO; OFD Hannover v. 3. 11. 1997, FR 1998, 81.
10 BFH, Urteil v. 23.2.2017 - V R 51/15, NWB CAAAG-43981.

- **Magie**: nicht gemeinnützig.[1]
- **Meditationsgemeinschaften**: gemeinnützig.[2]
- **Minicar-Sport**: gemeinnützig.[3]
- **Modellbau**: gemeinnützig.[4]
- **Modellflug**: gemeinnützig (§ 52 Abs. 2 Satz 1 Nr. 23 AO).
- **Motorsport**: gemeinnützig;[5] abzulehnen, da weder körperliche Ertüchtigung gefördert wird noch im Einklang mit dem Gemeinwohlzweck des Umweltschutzes steht; die steuerliche Begünstigung umweltschädlicher Aktivitäten verstößt regelmäßig gegen das Verbot der Förderung von Umweltbeeinträchtigungen.[6]
- **Müllverbrennung**: gemeinnützig wegen Umweltschutzes. Siehe auch „Abfallbeseitigung".
- **Münzen sammeln**: nicht gemeinnützig.[7]
- **Museen**: gemeinnützig (§ 52 Abs. 2 Satz 1 Nr. 5 AO).
- **Musik**: gemeinnützig (§ 52 Abs. 2 Satz 1 Nr. 5 AO).
- **Musikschulen**: gemeinnützig.[8]
- **Musikvereine**: gemeinnützig (§ 52 Abs. 2 Satz 1 Nr. 5 AO).
- **Nachbarschaftshilfe**: grds. nicht gemeinnützig, es sei denn, sie ist auf besondere Personengruppen ausgerichtet (z. B. Jugend-, Behinderten- oder Altenhilfe).[9]
- **Naturschutz**: gemeinnützig (§ 52 Abs. 2 Satz 1 Nr. 8 AO).
- **Obstbau**: gemeinnützig (§ 52 Abs. 2 Satz 1 Nr. 23 AO; AEAO Nr. 10 zu § 52).
- **Oldtimer-Vereine**: nicht gemeinnützig. Ggf. kann Gemeinnützigkeit anerkannt werden wegen Förderung der (technischen) Kultur gem. § 52 Abs. 2 Satz 1 Nr. 5 AO.[10]
- **Paintball**: nicht gemeinnützig.[11]
- **Pferdesport/-zucht**: gemeinnützig (§ 52 Abs. 2 Satz 1 Nr. 23 AO).
- **Pflanzenzucht**: gemeinnützig (vgl. § 52 Abs. 2 Satz 1 Nr. 23 AO).
- **Philatelie**: nicht gemeinnützig (AEAO Nr. 9 zu § 52).
- **Pilgerreisen**: gemeinnützig. Es kann nur im Einzelfall entschieden werden, ob es sich um einen Zweckbetrieb oder einen steuerpflichtigen wirtschaftlichen Geschäftsbetrieb handelt.[12]
- **Politische Parteien**: nicht gemeinnützig, aber Steuerbefreiung gem. § 5 Abs. 1 Nr. 7 KStG.

---

1 BFH, Urteil v. 2. 8. 1989 - I R 72/87, BFH/NV 1990, 146 = NWB YAAAA-97168.
2 BFH, Urteil v. 20. 1. 1972 - I R 81/70, BStBl 1972 II 440.
3 Vgl. FG Baden-Württemberg, Urteil v. 10. 11. 1994 - 6 K 10/92, EFG 1995, 337, rkr.
4 BFH, Urteile v. 14. 9. 1994 - I R 153/93, BStBl 1995 II 499; v. 21. 12. 1994 - I R 10/94, BFH/NV 1995, 1045 = NWB LAAAB-34723.
5 BFH, Urteil v. 29. 10. 1997 - I R 13/97, BStBl 1998 II 9.
6 Vgl. hierzu *Murswiek* in Sachs, GG, Art. 20a Rz. 34.
7 Vgl. OFD Erfurt v. 28. 11. 1996, DStR 1997, 116.
8 OFD Köln v. 1. 2. 1979, StEK AO 1977 § 52 Nr. 3; Nr. 7.
9 Vgl. OFD Frankfurt/M. v. 29. 5. 2000, DB 2000, 1371.
10 OFD Erfurt v. 28. 11. 1996, DStR 1997, 116.
11 FG Rheinland-Pfalz, Urteil v. 19. 2. 2014 - 1 K 2423/11, NWB DAAAE-64565.
12 OFD Frankfurt/M. v. 4. 3. 1993 - S 0184 A - 10 - St II 12.

- **Politische Zwecke**: nicht gemeinnützig.[1] Werden andere begünstigte Zwecke verfolgt, ist eine gelegentliche Stellungnahme zu tagespolitischen Fragen unschädlich.[2] Wer demgegenüber allgemein-politische Zwecke durch Einflussnahme auf die politische Willensbildung und die Gestaltung der öffentlichen Wahrnehmung verfolgt, erfüllt keinen gemeinnützigen Zweck i. S. des § 52 AO.[3]
- **Pool-Billard**: gemeinnützig als Sport.[4]
- **Preisverleihungen**: gemeinnützig, soweit Preise für förderungswürdige Zwecke ausgelobt werden.[5]
- **Privatschulen**: gemeinnützig wegen Förderung der Erziehung und Bildung (§ 52 Abs. 1 Satz 1 Nr. 7 AO), es sei denn, wegen der Höhe des Schulgeldes o. Ä. sind sie nicht jedermann zugänglich.
- **Regenwalderhaltung**: gemeinnützig wegen Förderung des Natur- und Umweltschutzes (vgl. § 52 Abs. 1 Satz 1 Nr. 8 AO).
- **Rehabilitation von Sportlern**: gemeinnützig.[6]
- **Reise- und Touristikvereine**: nicht gemeinnützig.[7]
- **Reitsportvereine**: gemeinnützig wegen Förderung des Sports (vgl. § 52 Abs. 2 Satz 1 Nr. 21 AO).
- **Religiöse Zwecke**: gemeinnützig (§ 52 Abs. 2 Satz 1 Nr. 2 AO). Soweit das FG Hessen, Urteil v. 28. 10. 1982[8] sog. Jugendreligionen die Gemeinnützigkeit versagt hat, ist BFH, Urteil v. 11. 12. 1985[9] dem nicht gefolgt.
- **Reservistenvereine**: gemeinnützig (vgl. § 52 Abs. 2 Satz 1 Nr. 23 AO).
- **Rettung aus Lebensgefahr**: gemeinnützig (§ 52 Abs. 1 Satz 1 Nr. 11 AO).
- **Rundfunkvereine**: gemeinnützig wegen Förderung der Volks- und Berufsbildung, soweit es sich um Trägervereine für den nicht kommerziellen lokalen Rundfunk handelt.[10]
- **Salafisten**: Die Errichtung eines Gottesstaates, die Einführung der Scharia oder die Negierung der Grund- oder Menschenrechte ist mit der abendländischen Kultur nicht vereinbar.[11]
- **Sammeln von Briefmarken, Münzen, Steinen, Autogrammen etc.**: nicht gemeinnützig.[12]
- **Saunavereine**: nicht gemeinnützig.[13]
- **Schach**: gemeinnützig (§ 52 Abs. 2 Satz 1 Nr. 21 AO).

---

1 BFH, Urteil v. 9. 2. 2011 - I R 19/10, BFH/NV 2011, 1113 = NWB XAAAD-83670.
2 Vgl. BFH, Urteile v. 23. 11. 1988 - I R 11/88, BStBl 1989 II 391; v. 29. 8. 1984 - I R 203/81, BStBl 1984 II 844.
3 BFH, Urteil v. 10.1.2019 - V R 60/17, NWB RAAAH-08485; dazu *Hüttemann*, DB 2019, 744.
4 OFD Düsseldorf v. 13. 5. 1982, DStZ/E 1982, 194.
5 Vgl. OFD Frankfurt/M. v. 26. 8. 1980 - S 0171 A - 20 - St II 1.
6 Vgl. OFD Frankfurt/M. v. 22. 8. 1991 - S 0186a - 1 - St II 12.
7 Vgl. OFD Erfurt v. 28. 11. 1996, DStR 1997, 116.
8 IV 303/79, EFG 1983, 196.
9 I R 305/82, n.v.
10 OFD Frankfurt/M. v. 27. 9. 1995, FR 1995, 873.
11 Vgl. FG Sachsen v. 11. 1. 2011, EFG 2011, 1675; BFH, Urteil v. 11. 4. 2012 - I R 11/11, BStBl 2013 II 146.
12 Vgl. OFD Erfurt v. 28. 11. 1996, DStR 1997, 116.
13 Vgl. OFD Erfurt v. 28. 11. 1996, DStR 1997, 116.

- **Schießsport:** Ein Verein, dessen Zweck in der Förderung des Schießsportes, insbesondere des IPSC-Schießens besteht, erfüllt (entgegen Ziffer 6 AEAO zu § 52 AO) die satzungsmäßigen Anforderungen an die Feststellung der Gemeinnützigkeit.[1]
- **Schiffsmodellbau:** gemeinnützig, da mit den steuerlichen Merkmalen der in § 52 Abs. 2 Satz 1 Nr. 23 AO aufgeführten Freizeitaktivitäten identisch.
- **Schulfördervereine:** gemeinnützig (§ 52 Abs. 1 Satz 1 Nr. 7 AO).
- **Schützenvereine:** gemeinnützig wegen Förderung des Schießsports und des Brauchtums.[2] Nicht gemeinnützig, wenn die Geselligkeit im Vordergrund steht. Historische Schützenbruderschaften können wegen der Förderung des Brauchtums als gemeinnützig behandelt werden (AEAO Nr. 11 zu § 52).
- **Schwulen- und Lesbenvereine:** gemeinnützig, wenn sie sich mit den individuellen und gesellschaftlichen Problemen der Betroffenen befassen. Gesellige Veranstaltungen als Satzungszweck schließen die Gemeinnützigkeit aus.[3]
- **Scientology:** ist keine Religionsgemeinschaft; die verbreiteten Lehren dienen als Vorwand für die Verfolgung wirtschaftlicher Ziele,[4] folglich nicht gemeinnützig.[5]
- **Selbsthilfegruppen allein stehender Menschen:** nicht gemeinnützig, da diese Vereine i. d. R. auch die gemeinsame Freizeitgestaltung fördern.[6]
- **Seuchenbekämpfung:** gemeinnützig (vgl. § 52 Abs. 1 Satz 1 Nr. 3 AO).
- **Siedlergemeinschaften:** gemeinnützig, wenn sie sich für die Förderung und Erhaltung des Familienheimes einsetzen.[7]
- **Skatvereine:** nicht gemeinnützig.[8]
- **Soldatenvereine:** gemeinnützig, wenn sie aktive und ehemalige Wehrdienstleistende, Zeit- und Berufssoldaten betreuen und nicht nur die Tradition pflegen.[9]
- **Sondermüllbeseitigung:** gemeinnützig wegen Förderung des Umweltschutzes.
- **Sparvereine:** nicht gemeinnützig mangels Selbstlosigkeit.
- **Sport:** gemeinnützig, wenn die körperliche Ertüchtigung im Vordergrund steht (§ 52 Abs. 2 Satz 1 Nr. 2 AO; AEAO Nr. 6 zu § 52). Im Einzelfall kann die Förderung der Allgemeinheit wegen zu hoher Aufnahmegebühren und Mitgliedsbeiträge zu verneinen sein (s. „Golfsport").
- **Sportangeln:** nicht gemeinnützig.[10]

---

1 BFH, Urteil v. 27.9.2018 - V R 48/16, BFH/NV 2019, 144 = NWB TAAAH-02106; dazu *Michel*, jm 2019, 162.
2 FinMin Nds. v. 28. 3. 2000, DB 2000, 900.
3 FG Berlin, Urteil v. 25. 6. 1984 - VIII 182/83, EFG 1985, 146, rkr.
4 Vgl. BAG v. 28. 7. 1994 - 5 AZB 21/94, NJW 1996, 143.
5 BAG v. 22.3.1995 – 5 AZB 21/94, DStR 1995, 1983; FG Münster, Urteil v. 25. 5. 1994 - 15 K 5247/87 U, EFG 1994, 810 wurde durch BFH, Urteil v. 21. 8. 1997 - V R 65/94, BFH/NV 1998, 971 = NWB UAAAB-39480 wegen eines Verfahrensfehlers aufgehoben; FG Hamburg, Urteil v. 4. 10. 1995, NVwZ 1998, 107.
6 Vgl. OFD Münster v. 24. 6. 1994, DStR 1994, 1233.
7 OFD Frankfurt/M. v. 15. 4. 1991, KSt-Kartei § 5 Karte H 50.
8 Vgl. BFH, Urteil v. 17. 2. 2000 - I R 108, 109/98, BFH/NV 2000, 1071 = NWB XAAAA-65350; OFD Erfurt v. 28. 11. 1996, DStR 1997, 116.
9 § 52 Abs. 2 Nr. 23 AO; AEAO Nr. 13 zu § 52.
10 Vgl. OFD Frankfurt/M. 18. 11. 1991 - S 0171 A - 17 - St II 12.

- **Sporthilfe-Förderverein**: gemeinnützig, soweit Förderleistungen nur nach strengen Maßstäben vergeben werden.[1]
- **Staatspolitische Zwecke**: gemeinnützig, sofern nicht Einzelinteressen verfolgt werden oder eine Beschränkung auf den kommunalpolitischen Bereich erfolgt (§ 52 Abs. 2 Satz 1 Nr. 24 AO).
- **Strafgefangenenfürsorge**: gemeinnützig (§ 52 Abs. 1 Satz 1 Nr. 17 AO).
- **Studentenhilfe**: gemeinnützig (vgl. § 52 Abs. 1 Satz 1 Nr. 7 AO).
- **Studentenwerk**: gemeinnützig (vgl. § 52 Abs. 1 Satz 1 Nr. 7 AO).
- **Studentische Verbindungen**: nicht gemeinnützig (AEAO Nr. 11 zu § 52).
- **Tanzsportvereine**: gemeinnützig, wenn der Sport und nicht die Geselligkeit im Vordergrund steht.[2]
- **Technologieparks und -zentren**: nicht gemeinnützig, da i. d. R. eigenwirtschaftliche Zwecke verfolgt werden.
- **Terrarienkunde**: gemeinnützig wegen Förderung der Tierzucht (§ 52 Abs. 2 Satz 1 Nr. 23 AO).
- **Theatervereine**: gemeinnützig wegen Förderung kultureller Zwecke (§ 52 Abs. 2 Satz 1 Nr. 5 AO).
- **THW-Helfervereinigungen**: gemeinnützig wegen Förderung des Zivilschutzes (vgl. § 52 Abs. 2 Satz 1 Nr. 12 AO).
- **Tierparks**: gemeinnützig.
- **Tierschutz**: gemeinnützig (§ 52 Abs. 2 Satz 1 Nr. 14 AO).
- **Tierseuchenbekämpfung**: gemeinnützig (vgl. § 52 Abs. 2 Satz 1 Nr. 3 AO).
- **Tierzucht**: gemeinnützig (§ 52 Abs. 2 Satz 1 Nr. 23 AO).
- **Tischfußball**: nicht gemeinnützig.[3]
- **Toleranz**: Vereine zur Förderung der Toleranz auf allen Gebieten der Kultur sind gemeinnützig (§ 52 Abs. 2 Satz 1 Nr. 13 AO).
- **Trägervereine offener Kanäle**: gemeinnützig.[4]
- **Traditionsvereine**: nicht gemeinnützig, weil bei ihnen i. d. R. die Geselligkeit im Vordergrund steht.
- **Turnierbridge**: gemeinnützig. Zwar stellt Turniebridge weder Sport noch eine anerkannte Freizeitbetätigung dar.[5] Der BFH sieht aber eine Förderung der Allgemeinheit auf geistigem Gebiet und nimmt eine Anerkennung als gemeinnützig namentlich wegen einer Gleichstellung zum Schachspiel als geboten an. Da Turnierbridge aber nicht unter § 52 Abs. 2 Satz 1 AO fällt, hat die Körperschaft einen Anspruch auf Anerkennung von Turnierbridge nach § 52 Abs. 2 Satz 2 AO durch das FA, der getrennt vom Veranlagungsverfahren geltend zu machen ist.[6]

---

1 Vgl. FinMin Thüringen v. 25. 4. 1996, FR 1996, 570; OFD Saarbrücken v. 16. 9. 1997, DStR 1997, 1726.
2 Vgl. OFD Frankfurt/M. v. 7. 8. 1979 - S 0171 A - 16 - St II 1.
3 Vgl. BFH, Urteil v. 12. 11. 1986 - I R 204/85, BFH/NV 1987, 705 = NWB MAAAB-28730; a. A. FG Hessen, Urteil v. 23. 6. 2010 - 4 K 501/09, NWB KAAAD-49128, zu Drehstangen-Tischfußball.
4 Vgl. OFD Frankfurt/M. v. 27. 9. 1995, FR 1995, 873.
5 BFH, Urteil v. 9.2.2017 - V R 69/14, BStBl 2017 II 1221.
6 BFH, Urteil v. 9.2.2017 - V R 70/14, BStBl 2017 II 1106.

- **Umweltschutz**: gemeinnützig.[1]
- **Unabhängige Wählervereinigungen**: nicht gemeinnützig, weil politische Ziele verfolgt werden.
- **Unfallverhütung**: gemeinnützig (§ 52 Abs. 2 Satz 1 Nr. 12 AO).
- **Veranstalter örtlicher Volksfeste**: Vereine, deren Hauptzweck die Veranstaltung von örtlichen Volksfesten (z. B. Kirmes, Kärwa, Schützenfest) ist, sind i. d. R. nicht gemeinnützig (AEAO Nr. 11 zu § 52).
- **Verbraucherberatung und -schutz**: gemeinnützig (§ 52 Abs. 2 Satz 1 Nr. 16 AO. Siehe aber auch „Abmahnverein").
- **Verbrechensverhütung**: gemeinnützig (§ 52 Abs. 2 Satz 1 Nr. 20 AO).
- **Verein zur Förderung der Open-Source-Software**: Kongressveranstaltungen eines Vereins zur Förderung der Open-Source-Software können Zweckbetriebe i. S. v. § 68 Nr. 8 AO sein, wenn dabei Vorträge, Kurse und andere Veranstaltungen wissenschaftlicher und belehrender Art durchgeführt werden.[2]
- **Verein zur Wiedereinführung der Todesstrafe**: nicht gemeinnützig, da ein verfassungswidriges Anliegen verfolgt wird.[3]
- **Verkehrsbetriebe**: nicht gemeinnützig.
- **Verkehrssicherheit**: gemeinnützig, da Unfallverhütung entsprechend.[4]
- **Verkehrsvereine**: gemeinnützig, wenn ausschließlich begünstigte Zwecke (z. B. Heimatpflege, Heimatkunde) verfolgt werden.[5]
- **Vermietung von Ausstellungsflächen**: Die Vermietung von Ausstellungsflächen durch einen gemeinnützigen Verein anlässlich von Kongressveranstaltungen führt zu steuerpflichtigen Einnahmen im Rahmen eines wirtschaftlichen Geschäftsbetriebs.[6]
- **Vermisstensuchdienst**: gemeinnützig (vgl. § 52 Abs. 2 Satz 1 Nr. 10 AO).
- **Verschönerungsvereine**: gemeinnützig (s. „Verkehrsvereine").
- **Versorgungsbetriebe**: nicht gemeinnützig.
- **Vertriebenenfürsorge**: gemeinnützig (vgl. § 52 Abs. 2 Satz 1 Nr. 10 AO).
- **Vertriebenenorganisationen**: gemeinnützig (vgl. § 52 Abs. 2 Satz 1 Nr. 10 AO), sofern nicht auch Zwecke verfolgt werden, die darauf abzielen, den Anspruch der Volksgruppen und der einzelnen Landsleute auf Rückerstattung von Vermögen und sich daraus ergebende Entschädigungsansprüche zu vertreten.[7]
- **Video-Clubs**: nicht gemeinnützig. Siehe „Film-, Foto- und Video-Vereine".
- **Völkerverständigung**: gemeinnützig (§ 52 Abs. 2 Satz 1 Nr. 13 AO).
- **Volksbildung**: gemeinnützig (vgl. § 52 Abs. 2 Satz 1 Nr. 7 AO).
- **Volkshochschulen**: gemeinnützig (§ 52 Abs. 2 Satz 1 Nr. 7 AO).

---

1 § 52 Abs. 2 Satz 1 Nr. 8 AO; vgl. a. BFH, Urteile v. 29. 8. 1984 - I R 203/81, BStBl 1984 II 844; v. 29. 8. 1984 - I R 215/81, BStBl 1985 II 106; v. 13. 12. 1978 - I R 39/78, BStBl 1979 II 482.
2 BFH, Urteil v. 21.6.2017 - V R 34/16, BStBl 2018 II 55.
3 FG Düsseldorf/Köln v. 22. 7. 1965, DStZ/E 1965, 421.
4 Vgl. Nr. 12; OFD Erfurt v. 28. 11. 1996, DStR 1997, 116.
5 Vgl. OFD Cottbus v. 10. 9. 1996, StEd 1996, 635.
6 FG Düsseldorf, Urteil v. 5.9.2017 - 6 K 2010/16 K,G, nrkr. NWB JAAAG-63290, EFG 2017, 1725 mit Anm. *Zimmermann*, Az. BFH: I R 64/17.
7 OFD Frankfurt/M. v. 21. 11. 1995 - S 0171 A - 104 - St II 12.

- **Wählergemeinschaften**: nicht gemeinnützig.
- **Waldorfschulen**: gemeinnützig wegen Förderung der Erziehung und Bildung (vgl. § 52 Abs. 2 Satz 1 Nr. 7 AO).
- **Wandervereine**: gemeinnützig, wenn die sportlichen und nicht gesellige Zwecke im Vordergrund stehen.
- **Wirtschaftsförderung**: nicht gemeinnützig.[1] Seit VZ 1993 Steuerbefreiung für Wirtschaftsförderungsgesellschaften nach § 5 Abs. 2 Nr. 18 KStG.
- **Wissenschaftliche Zwecke**: gemeinnützig (§ 52 Abs. 2 Satz 1 Nr. 1 AO).
- **Wohlfahrtspflege**: gemeinnützig (§ 52 Abs. 2 Satz 1 Nr. 9 AO).
- **Zauberei/Magie**: nicht gemeinnützig. Soweit FG Niedersachsen, Urteil v. 28. 11. 1985[2] Gemeinnützigkeit bejaht hatte, ist ihm BFH, Urteil v. 2. 8. 1989[3] nicht gefolgt.[4]
- **Zivilschutz**: gemeinnützig (§ 52 Abs. 2 Satz 1 Nr. 12 AO).
- **Zoologische Gärten**: gemeinnützig.[5]
- **Zytostatika**: Die Abgabe von Medikamenten zur Behandlung von Krebserkrankungen (sog. Zytostatika) durch eine Krankenhausapotheke an Patienten zur anschließenden ambulanten Behandlung ist Teil des Zweckbetriebs der Trägerin eines gemeinnützigen Plankrankenhauses, soweit die Abgabe der Zytostatika zur ambulanten onkologischen Behandlung durch Krankenhausärzte erfolgt, die hierzu gem. § 116 SGB V bzw. § 31 Ärzte-ZV zur Teilnahme an der vertragsärztlichen Versorgung der Versicherten ermächtigt sind.[6]

Für die Zurechnung zum Zweckbetrieb kommt es nicht zusätzlich darauf an, dass die Ärzte ihre aufgrund der Ermächtigungen gem. § 116 SGB V bzw. § 31a Ärzte-ZV durchgeführten ambulanten Behandlungen nicht aufgrund eines eigenen Willensentschlusses, sondern aufgrund ihres Dienstvertrages als Dienstaufgabe durchführen. Auch hindert die Behandlung von Privatpatienten nicht die Zurechnung zum Krankenhausbetrieb. Anderes gilt für die Abgabe von Zytostatika an Patienten, die ambulant durch nicht entsprechend ermächtigte Ärzte behandelt werden.[7]

b) Mildtätige Zwecke

Nach § 53 AO verfolgt eine Körperschaft mildtätige Zwecke, wenn ihre Tätigkeit darauf gerichtet ist, Personen selbstlos zu unterstützen,

- die infolge ihres körperlichen, geistigen oder seelischen Zustandes auf die Hilfe anderer angewiesen sind oder
- die wirtschaftlich hilfsbedürftig sind.

---

1 Vgl. BMF, Schreiben v. 4. 1. 1996, BStBl 1996 I 54.
2 VI 265/83, EFG 1986, 256.
3 I R 72/87, BFH/NV 1990, 146 = NWB YAAAA-97168.
4 Vgl. BVerfG, Urteil v. 25. 1. 1990 - 1 BvR 1513/89.
5 Vgl. BFH, Urteil v. 20. 4. 1988 - X R 20/82, BStBl 1988 II 796; FinMin Thüringen v. 30. 8. 1994, DStR 1994, 1691.
6 BFH, Urteile v. 31.7.2013 - I R 31/12, NWB OAAAE-51227; v. 31.7.2013 - I R 82/12, BStBl 2015 II 123.
7 FG Münster, Urteil v. 17.8.2017 - 10 K 2165/15 K, NWB SAAAG-61748, EFG 2017, 1689, mit Anm. *Schmeing*, Rev. erledigt durch BFH v. 6.6.2019 - V R 39/17, NWB EAAAH-24030.

272 Bei Personen, die infolge ihres **körperlichen, geistigen oder seelischen Zustandes** auf die Hilfe anderer angewiesen sind, spielt deren wirtschaftliche Lage keine Rolle.[1]

Bei der Beurteilung der Bedürftigkeit dieser Personen kommt es nicht darauf an, dass die Hilfsbedürftigkeit dauernd oder auf längere Zeit besteht; sie braucht auch nicht auf Krankheit zu beruhen, sondern kann auch altersbedingt sein. Bei Personen, die das **75. Lebensjahr vollendet** haben, unterstellt die FinVerw körperliche Hilfsbedürftigkeit ohne weitere Nachprüfung.[2] Die Hilfsbedürftigkeit von Kindern entfällt nicht deshalb, weil sie sich in der Obhut eines Erwachsenen befinden.[3] Hilfeleistungen wie **„Essen auf Rädern"** können steuerbegünstigt erbracht werden.

273 Unter § 53 Nr. 1 AO fällt auch die **Telefonseelsorge** für Personen in seelischer Notlage. Völlige Unentgeltlichkeit der mildtätigen Zuwendungen wird nicht vorausgesetzt. Die mildtätige Zuwendung darf nur nicht des Entgelts wegen erfolgen (AEAO Nr. 2 zu § 53).

274 Die Verfolgung mildtätiger Zwecke durch Unterstützung von wirtschaftlich Hilfsbedürftigen hat nur dann die Körperschaftsteuerfreiheit zur Folge, wenn die Bezüge bzw. das Vermögen der unterstützten Personen bestimmte Grenzen nicht übersteigt. In § 53 Nr. 2 AO sind diese **Grenzen der wirtschaftlichen Hilfsbedürftigkeit** festgelegt: Danach dürfen ihre Bezüge nicht höher sein als das Vierfache des Regelsatzes der Sozialhilfe i. S. d. § 28 SGB XII. Seit dem 1. 1. 2011 ist der aufgrund der Rspr. des BVerfG[4] neu ermittelte Regelsatz i. S. d. § 27a SGB XII i. V. m. der Anlage zu § 28 SGB XII maßgebend, soweit die Länder nicht eine abweichende Festsetzung nach § 29 SGB XII vornehmen. Danach gliedern sich die Regelsätze entspr. der 6 Regelbedarfsstufen auf, die zwischen Alleinstehenden und Partnerschaften, die Führung eines eigenen und die Zugehörigkeit zu einem fremden Haushalt sowie Erwachsenen, Jugendlichen und Kindern differenzieren; beim Alleinstehenden oder Haushaltsvorstand tritt an die Stelle des Vierfachen das Fünffache des Regelsatzes. Dies gilt nicht für Personen, deren Vermögen zur nachhaltigen Verbesserung ihres Unterhalts ausreicht und denen zugemutet werden kann, es dafür zu verwenden. Bei Personen, deren wirtschaftliche Lage aus besonderen Gründen zu einer Notlage geworden ist, dürfen die Bezüge oder das Vermögen die genannten Grenzen übersteigen.

275 **Bezüge** im vorgenannten Sinn sind

- Einkünfte i. S. d. § 2 Abs. 1 EStG und
- andere zur Bestreitung des Unterhalts bestimmte oder geeignete Bezüge, die der Alleinstehende oder Haushaltsvorstand und die sonstigen Haushaltsangehörigen haben. Zu den Bezügen zählen nicht Leistungen der Sozialhilfe und bis zur Höhe der Leistungen der Sozialhilfe Unterhaltsleistungen an Personen, die ohne die Unterhaltsleistungen sozialhilfeberechtigt wären. Unterhaltsansprüche sind zu berücksichtigen.

Wegen der Begriffe „Einkünfte" und „Bezüge" s. im Übrigen **H 190 EStH**.

276 Zu den Bezügen gehören auch solche Einnahmen, die im Rahmen der steuerlichen Einkunftsermittlung nicht erfasst werden, weil sie nicht steuerbar oder steuerfrei sind.[5] Dazu gehört u. a. auch das **Kindergeld**. Bei **Leibrenten** zählt der über den von § 53 Nr. 2a AO erfassten Er-

---

[1] BFH, Urteil v. 2.12.1955 - III 99/55 U, BStBl 1956 III 22.
[2] AEAO Nr. 4 zu § 53; zu Recht a. A. FG Schleswig-Holstein, Urteil v. 21.10.1992 - IV 530/92, EFG 1993, 347.
[3] *Musil* in Hübschmann/Hepp/Spitaler, AO, § 53 Rz. 25.
[4] BVerfG v. 9.2.2010 - 1 BvL 1/09, BVerfGE 125, 175.
[5] BFH, Urteil v. 2.8.1974 - VI R 148/71, BStBl 1975 II 139.

tragsanteil hinausgehende Teil der Rente zu den Bezügen i. S. d. § 53 Nr. 2b AO (AEAO Nr. 6 und 7 zu § 53).

Bei der Feststellung der Bezüge i. S. d. § 53 Nr. 2b AO sind aus Vereinfachungsgründen insgesamt **180 €** im Kalenderjahr **abzuziehen,** wenn nicht höhere Aufwendungen, die in wirtschaftlichem Zusammenhang mit den entsprechenden Einnahmen stehen, nachgewiesen oder glaubhaft gemacht werden (AEAO Nr. 8 zu § 53).

Als mildtätigen Zwecken dienend wurde nicht anerkannt

▶ die Tätigkeit eines freiweltlichen **Frauenstifts,** dessen Kapitularinnen über größere Einnahmen verfügten,[1]

▶ die Tätigkeit einer Stiftung, die die **Förderung und Stützung eines ihr nahe stehenden Unternehmens** verfolgt,[2]

▶ die Tätigkeit einer privaten Stiftung, die das zur nachhaltigen Erfüllung ihres satzungsmäßigen Zwecks angesammelte Kapital nicht in einer besonderen, jederzeit kontrollierbaren und nachprüfbaren Rücklage gebunden, sondern **in Wertpapieren angelegt** hat.[3]

(Einstweilen frei)

c) Kirchliche Zwecke

Nach § 54 Abs. 1 AO verfolgt eine Körperschaft kirchliche Zwecke, wenn ihre Tätigkeit darauf gerichtet ist, eine Religionsgemeinschaft, die **Körperschaft des öffentlichen Rechts** ist, selbstlos zu fördern. Religionsgemeinschaften des privaten Rechts stehen denen des öffentlichen Rechts nicht gleich,[4] sie können aber wegen Förderung der Religion (§ 52 Abs. 2 Nr. 2 AO) als gemeinnützig anerkannt werden (AEAO zu § 54).

Zu den Religionsgemeinschaften des öffentlichen Rechts gehören die **evangelischen Landeskirchen,** die **katholische Kirche** und die **altkatholische Kirche.** Außerdem fallen hierunter die **Synagogengemeinden.** In einzelnen Bundesländern wurde auch anderen religiösen Vereinigungen der Charakter einer juristischen Person des öffentlichen Rechts verliehen (z. B. den **Neuapostolischen Kirchen, Methodistenkirchen** und dem **Bund der Baptistengemeinden).** Ausländische kirchliche Gemeinschaften werden nicht von § 54 AO erfasst.[5]

Zu den kirchlichen Zwecken gehören **insbesondere** die Errichtung, Ausschmückung und Unterhaltung von Gotteshäusern und kirchlichen Gemeindehäusern, die Abhaltung von Gottesdiensten, die Ausbildung von Geistlichen, die Erteilung von Religionsunterricht, die Beerdigung und die Pflege des Andenkens der Toten, ferner die Verwaltung des Kirchenvermögens, die Besoldung der Geistlichen, Kirchenbeamten und Kirchendiener, die Alters- und Behindertenversorgung für diese Personen und die Versorgung ihrer Witwen und Waisen (§ 54 Abs. 2 AO), wobei diese Aufzählung nicht abschließend ist, wie sich aus der Verwendung des Wortes „insbesondere" ergibt. So gehört auch die religiöse Unterweisung von Laien in kirchlichen Bildungsanstalten (Akademien) zu den begünstigten Zwecken.[6]

---

1 BFH, Urteil v. 1. 3. 1951 - I 52/50 U, BStBl 1951 III 120.
2 BFH, Urteil v. 29. 1. 1964 - I 192/62, HFR 1964, 248.
3 BFH, Urteil v. 20. 12. 1978 - I R 21/76, BStBl 1979 II 496.
4 BFH, Urteil v. 6. 6. 1951 - III 69/51 U, BStBl 1951 III 148.
5 FG Köln, Urteil v. 15. 1. 2014 - 13 K 3735/10, EFG 2014, 667.
6 BFH, Urteil v. 14. 11. 1958 - III 303/56 S, BStBl 1959 III 81.

294 Eine Stiftung, deren Tätigkeit sich in der Führung eines **Erholungsheimes auf christlicher Grundlage** und mit seelsorgerischer Betreuung erschöpft, dient nicht kirchlichen Zwecken.[1]

295–300 *(Einstweilen frei)*

4. Voraussetzungen für die Steuerbefreiung

a) Selbstlosigkeit

301 Die Steuerfreiheit wegen Verfolgung gemeinnütziger, mildtätiger oder kirchlicher Zwecke setzt voraus, dass die Tätigkeit „selbstlos" ausgeübt wird. Eine Förderung oder Unterstützung geschieht **selbstlos,** wenn dadurch nicht in erster Linie eigenwirtschaftliche Zwecke – z. B. gewerbliche Zwecke oder sonstige Erwerbszwecke – verfolgt werden (§ 55 Abs. 1 AO). Zudem müssen die folgenden Voraussetzungen gegeben sein (vgl. auch AEAO Nr. 1 ff. zu § 55):

302 Nach § 55 Abs. 1 Nr. 1 Satz 1 AO dürfen die **Mittel nur für die satzungsmäßigen Zwecke** verwendet werden. „Mittel" in diesem Sinne sind nicht nur die der Körperschaft durch Spenden, Beiträge und Erträge ihres Vermögens und ihrer wirtschaftlichen Zweckbetriebe zur Verfügung stehenden Geldbeträge, sondern **sämtliche Vermögenswerte** der Körperschaft.[2] Dazu gehören grundsätzlich auch die in einem wirtschaftlichen Geschäftsbetrieb erzielten **Gewinne**.[3]

Die Verwendung von Mitteln der Körperschaft zum **Ausgleich von Verlusten** aus einem Nicht-Zweckbetrieb ist nicht zulässig; geschieht dies gleichwohl, ist die Verwendung nur unschädlich, wenn der Verlust auf einer Fehlkalkulation beruht und die Körperschaft dem ideellen Bereich bis zum Ende des dem Verlustentstehungsjahr folgenden Wirtschaftsjahr Mittel in entsprechender Höhe wieder zuführt.[4] Demzufolge ist die wirtschaftliche Tätigkeit einzustellen, sobald absehbar ist, dass durch den wirtschaftlichen Geschäftsbetrieb zeitnah keine Überschüsse mehr erzielt werden können.[5]

303 Das Gebot, dass Mittel der Körperschaft nur zu steuerbegünstigten Zwecken verwendet werden dürfen, schließt indessen nicht aus, dass im wirtschaftlichen Geschäftsbetrieb freie **Rücklagen** gebildet werden, die bei vernünftiger kaufmännischer Beurteilung wirtschaftlich begründet sind (vgl. § 14 Nr. 5 KStG). Insoweit muss ein konkreter Anlass für die Rücklagenbildung gegeben sein, der auch aus objektiver unternehmerischer Sicht die Bildung der Rücklage rechtfertigt, wie z. B. eine geplante Betriebsverlegung, Werkserneuerung, Kapazitätsausweitung. Eine **Umsatzsteigerung,** die zum Anlass genommen werden soll, die Kapitalbasis zu verstärken, rechtfertigt hingegen die Bildung freier Rücklagen nicht; eine Umsatzausweitung gehört nämlich zum selbstverständlichen Ziel und Streben eines jeden Unternehmens und ist deshalb mit einer **Kapazitätsausweitung** nicht vergleichbar.[6] Das Gebot der steuerbegünstigten Mittelverwendung erfasst also nur solche Mittel des wirtschaftlichen Geschäftsbetriebs, die nicht zur Sicherung von dessen wirtschaftlichem Erfolg benötigt werden. Dabei hat die Körperschaft nachzuweisen, dass die betriebliche Mittelverwendung zur Sicherung ihrer Exis-

---

1 BFH, Urteil v. 28. 10. 1960 - III 134/56 U, BStBl 1961 III 109.
2 BFH, Urteil v. 23. 10. 1991 - I R 19/91, BStBl 1992 II 62.
3 BFH, Urteil v. 15. 7. 1998 - I R 156/94, BStBl 2002 II 162.
4 BFH, Urteil v. 13. 11. 1996 - I R 152/93, BStBl 1998 II 711, unter Aufgabe BFH, Urteil v. 2. 10. 1968 - I R 40/68, BStBl 1969 II 43.
5 BFH, Urteil v. 1. 7. 2009 - I R 6/08, BFH/NV 2009, 1837 = NWB NAAAD-28968.
6 FinMin NW v. 24. 7. 1973, FR 1973, 478.

tenz geboten war.[1] Dies gilt insbesondere dann, wenn der Gewinn fast vollständig einer Rücklage zugeführt wird.[2]

Die Körperschaft muss ihre Mittel grundsätzlich zeitnah für ihre steuerbegünstigten satzungsmäßigen Zwecke verwenden (§ 55 Abs. 1 Nr. 5 Satz 1 AO). Die Bildung von Rücklagen ist nur nach Maßgabe des § 62 AO zulässig. Es verstößt aber nicht gegen das Gebot der **zeitnahen Mittelverwendung,** wenn eine steuerbegünstigte Körperschaft einen ihr zugewendeten Betrag oder Gegenstand auf Wunsch des Spenders in ihrem Vermögen behält und nur die Erträge daraus zeitnah für ihre steuerbegünstigten Zwecke ausgibt. Eine besondere Erklärung des Spenders ist nicht erforderlich, wenn die Zuwendungen aufgrund eines Spendenaufrufs der Körperschaft geleistet werden, in dem sie um Zuwendungen zu ihrem Kapital gebeten hat. **Zuwendungen von Todes wegen** darf eine gemeinnützige Körperschaft grundsätzlich ihrem Vermögen zuführen.

Dem Gebot zeitnaher steuerbegünstigter Mittelverwendung stehen im Übrigen notwendige **Planungsphasen** nicht entgegen. Jeder sachgerechte Einsatz gemeinnütziger Mittel verlangt eine planerische Überlegungszeit, die umso länger ist, je höher die einzusetzenden Mittel sind. Andererseits kann es nicht gänzlich der Körperschaft überlassen bleiben, die Verwirklichung gemeinnütziger Zwecke durch ständige Verlängerung der Planungsphase hinauszuschieben.[3] Die bisherige Auffassung der Finanzverwaltung[4] zur zeitnahen Mittelverwendung ist nunmehr in § 55 Abs. 1 Nr. 5 Satz 3 AO geregelt. Danach liegt eine zeitnahe Verwendung vor, wenn sie bis zum Ende des auf den Zufluss der Mittel folgenden Kalender- oder Wirtschaftsjahres erfolgt. Diese Verwendungsfrist ist durch das Ehrenamtsstärkungsgesetz[5] mit Wirkung vom 1. 1. 2013 um ein Kalenderjahr verlängert worden. Eine Verlängerung der Frist kann nicht mit der Begründung erfolgen, die Überlegungen zur Verwendung der Mittel seien noch nicht abgeschlossen.

Auch die Bildung einer Rücklage nach § 62 AO kommt mit einer solchen Begründung nicht in Betracht. Nach dieser Vorschrift darf eine gemeinnützige Körperschaft ihre Mittel ganz oder teilweise einer Rücklage zuführen, soweit dies für die nachhaltige Erfüllung ihrer steuerbegünstigten satzungsmäßigen Zwecke erforderlich ist. Die Rücklagenbildung ist aber nur zulässig, wenn die Mittel für **bestimmte** – die steuerbegünstigten Satzungszwecke verwirklichende – **Vorhaben** angesammelt werden.

Ist die Tätigkeit einer Körperschaft in erster Linie auf Mehrung ihres eigenen Vermögens gerichtet, so handelt sie nach einer weit verbreiteten Ansicht nicht selbstlos.[6] Ein eigener wirtschaftlicher Vorteil wird indes nicht durch die Ansammlung von Vermögen oder der Erzielung von Einkünften zur Finanzierung der ideellen Zwecke erlangt, sondern erst im Fall der Verwendung der Mittel zu nicht begünstigten Zwecken.[7] Ohnehin ist nicht jede auf **Verbesserung der Einkünfte oder des Vermögens** gerichtete Tätigkeit als Verstoß gegen das Gebot der Selbstlosigkeit anzusehen. Die Körperschaft kann auf Gewinnerzielung gerichtete wirtschaftliche Ge-

---

1 BFH, Urteil v. 15. 7. 1998 - I R 156/94, BStBl 2002 II 162.
2 BMF, Schreiben v. 15. 2. 2002, BStBl 2002 I 267.
3 BFH, Urteil v. 15. 7. 1998 - I R 156/94, BStBl 2002 II 162.
4 BMF, Schreiben v. 15. 2. 2002, BStBl 2002 I 267; AEAO zu § 55 Nr. 9.
5 BGBl 2013 I 556.
6 Vgl. BFH, Urteil v. 26. 4. 1989 - I R 209/85, BStBl 1989 II 670; *Schwarz*, AO, § 55 Rz. 1.
7 Vgl. *Seer* in Tipke/Kruse, AO, § 55 Rz. 6; *Koenig*, AO, § 55 Rz. 5.

schäftsbetriebe unterhalten, ohne dadurch das Gebot der Selbstlosigkeit zu verletzen (vgl. § 64 AO).

Nach Ansicht der Finanzverwaltung[1] ist zwischen der steuerbegünstigten und der wirtschaftlichen Tätigkeit der Körperschaft zu gewichten; gibt eine wirtschaftliche Tätigkeit der Körperschaft bei einer Gesamtbetrachtung das Gepräge, ist die Gemeinnützigkeit zu versagen. Richtigerweise ist die zulässige wirtschaftliche Betätigung nicht in die Abwägung einzubeziehen, ob in erster Linie eigenwirtschaftliche Zwecke verfolgt werden. Die altruistische Wertentscheidung der Förderung der Allgemeinheit wird nicht dadurch negiert, dass durch umfangreiche eigenwirtschaftliche Tätigkeit die finanzielle Möglichkeit der Hilfe geschaffen wird. Selbstloses Handeln ist vielmehr erst zu verneinen, wenn die ihm eigene Opferwilligkeit zugunsten anderer wegfällt oder in den Hintergrund gedrängt wird und an deren Stelle in erster Linie Eigennutz tritt. So verfolgt eine Körperschaft z. B. in erster Linie **eigenwirtschaftliche Zwecke,** wenn sie ausschließlich durch Darlehen ihrer Gründungsmitglieder finanziert ist und dieses Fremdkapital satzungsmäßig tilgen und verzinsen muss.[2] Die Wahrung der Interessen der Mitglieder darf ebenfalls nicht „in erster Linie" erfolgen, also jedenfalls nicht das vorrangige Ziel der Körperschaft sei.[3]

306 Unterhält eine Körperschaft einen **wirtschaftlichen Geschäftsbetrieb,** ist sie aber nicht allein deswegen „eigennützig" in diesem Sinne tätig, weil sie zu dessen Sicherung – und damit zur langfristigen Erfüllung ihrer satzungsmäßigen Zwecke – ein erhebliches und mit dem Geschäftsumfang wachsendes Eigenkapital benötigt und das betriebswirtschaftlich notwendige Eigenkapital für den Betrieb nur durch eine **Thesaurierung der Gewinne** aufbringen kann. Eine – vorübergehende – notwendige Gewinnthesaurierung zugunsten des wirtschaftlichen Geschäftsbetriebs schließt nicht aus, dass die Tätigkeit der Körperschaft darauf „gerichtet" ist (§ 52 Abs. 1 Satz 1 AO), die Allgemeinheit selbstlos zu fördern. Dabei ist auch unschädlich, wenn die unternehmerischen Aktivitäten die gemeinnützigen übersteigen.[4]

307 Nach § 55 Abs. 1 Nr. 1 Satz 2 AO dürfen die Mitglieder oder Gesellschafter (Mitglieder im Sinne dieser Vorschriften) **keine Gewinnanteile** und in ihrer Eigenschaft als Mitglieder **auch keine sonstigen Zuwendungen** aus Mitteln der Körperschaft erhalten. Ein gemeinnütziger Verein, dessen satzungsmäßiger Zweck die Förderung von Wissenschaft, Forschung und Fortbildung auf einem bestimmten Gebiet ist, verstößt hiergegen, wenn er einem Mitglied und zugleich Vorsitzenden seines Vorstands eine als Aufwandsentschädigung bezeichnete und am Verdienstausfall in seiner ärztlichen Praxis orientierte Vergütung zahlt, obwohl der Vorstand nach der Satzung ehrenamtlich i. S. v. unentgeltlich tätig sein sollte.[5]

308 Eine Zuwendung in diesem Sinne ist ein wirtschaftlicher Vorteil, den die Körperschaft bewusst unentgeltlich oder gegen zu geringes Entgelt einem Dritten zukommen lässt. Die Zuwendung erhält der Dritte aus Mitteln der Körperschaft, wenn deren Vermögenswerte eingesetzt werden, um den wirtschaftlichen Vorteil dem Dritten zukommen zu lassen. Erkennt mindestens ein Mitglied des Vorstands der Körperschaft bei Abschluss des entsprechenden Rechtsgeschäfts die Unangemessenheit des Werts der vereinbarten gegenseitigen Leistungen oder hätte er sie bei sorgfältiger Prüfung erkennen müssen, so spricht dies für die Annahme, dass

---

1 BMF, Schreiben v. 15. 2. 2002, BStBl 2002 I 267.
2 BFH, Urteil v. 26. 4. 1989 - I R 209/85, BStBl 1989 II 670.
3 BFH, Urteil v. 6. 10. 2009 - I R 55/08, BStBl 2010 II 335.
4 BFH, Urteil v. 15. 7. 1998 - I R 156/94, BStBl 2002 II 162.
5 BFH, Urteil v. 8. 8. 2001 - I B 40/01, BFH/NV 2001, 1536 = NWB DAAAA-66680.

bewusst ein Vorteil zugewendet werden sollte. Verpachtet die Körperschaft bspw. einen landwirtschaftlichen Betrieb, so ist bei der Prüfung der Angemessenheit des Pachtzinses u. a. zu berücksichtigen:[1]

- der Wert des landwirtschaftlichen Betriebs im Zeitpunkt des Abschlusses des Überlassungsvertrags,
- die für vergleichbare landwirtschaftliche Betriebe marktüblichen Pachtzinsen bei längerfristiger Verpachtung,
- die etwaige Ertragsminderung des Betriebs aufgrund einer Verpflichtung der Pächter, den Hof nach der biologisch-dynamischen Wirtschaftsweise als Muster- und Ausbildungsbetrieb zu führen,
- die von den Pächtern zu tragenden Aufwendungen (z. B. für Grundsteuer, Sachversicherungen und Instandhaltung der Gebäude und des Inventars), soweit sie üblicherweise vom Verpächter getragen werden.

Zulässig sind allerdings Aufmerksamkeiten, wie sie im Rahmen der Mitgliederbetreuung allgemein üblich und nach der Verkehrsauffassung als angemessen anzusehen sind (AEAO Nr. 9 zu § 55).

Im Hinblick auf die Regelung des § 55 Abs. 1 Nr. 1 Satz 2 AO ergeben sich z. B. Probleme im **Verhältnis von Sozialstationen zu Krankenpflegevereinen,** deren Mitglieder traditionell von den Sozialstationen kostenlos oder gegen ein ermäßigtes Entgelt betreut werden, wofür die Krankenpflegevereine sich an evtl. Kostenunterdeckungen der Sozialstationen beteiligen: Bei den Sozialstationen bestehen aus gemeinnützigkeitsrechtlicher Sicht zwar keine Bedenken, wenn sie Mitgliedern von Krankenpflegevereinen Nachlässe gewähren, aber andererseits von den Krankenpflegevereinen ein Pauschalentgelt erhalten, das in etwa der Summe der finanziellen Nachlässe für deren Mitglieder entspricht. Die gemeinnützigen steuerbegünstigten Krankenpflegevereine dürfen aber ihren Mitgliedern grundsätzlich weder unmittelbar noch mittelbar (z. B. durch von ihnen zu übernehmende Nachlässe) Vorteile gewähren.[2]

Erbringen Mitglieder gegenüber der gemeinnützigen Körperschaft **Lieferungen oder sonstige Leistungen,** so können sie hierfür **angemessen entgolten** werden.

Die Körperschaft darf ferner ihre Mittel weder für die unmittelbare noch für die mittelbare **Unterstützung oder Förderung politischer Parteien** verwenden (§ 55 Abs. 1 Nr. 1 Satz 3 AO).

Als weitere Voraussetzung für die Selbstlosigkeit fordert § 55 Abs. 1 Nr. 2 AO, dass die Mitglieder bei ihrem Ausscheiden oder bei Auflösung oder Aufhebung der Körperschaft nicht mehr als ihre **eingezahlten Kapitalanteile** und den **gemeinen Wert ihrer geleisteten Sacheinlagen** zurückerhalten dürfen. Die Bestimmung gilt nur für Körperschaften, bei denen die Mitglieder Kapitalanteile o. dgl. halten; das sind also Kapitalgesellschaften und Genossenschaften sowie wirtschaftliche Vereine, bei denen Mitglieder kapitalmäßig beteiligt sein können, nicht aber Idealvereine.

Kapitalanteile können mit dem **Nominalwert** zurückgezahlt werden; ein evtl. Inflationsausgleich findet also nicht statt. Geldwertverluste gehen somit zu Lasten des Mitglieds.

---

1 BFH, Urteil v. 23. 10. 1991 - I R 19/91, BStBl 1992 II 62.
2 Vgl. FinMin BW v. 8. 8. 1988, NWB DokSt Erl. F. 4 §§ 1 – 6 KStG Nr. 4/89.

Sacheinlagen sind Einlagen i. S. d. Handelsrechts, für die dem Mitglied Gesellschaftsrechte eingeräumt worden sind.

315 Unentgeltlich zur Verfügung gestellte Vermögensgegenstände, für die keine Gesellschaftsrechte eingeräumt sind (**Leihgaben, Sachspenden**) fallen nicht unter die Regelung (AEAO Nr. 22 zu § 55).

316 Nach § 55 Abs. 1 Nr. 3 AO darf die Körperschaft keine Person durch Ausgaben, die dem Zweck der Körperschaft fremd sind, oder durch unverhältnismäßig hohe Vergütungen begünstigen.

„**Keine Person**" erfasst sowohl Mitglieder als auch Außenstehende.

Zulässig sind angemessene Tätigkeitsvergütungen, Mieten oder Darlehenszinsen u. dgl.

317 Bei Auflösung oder Aufhebung der Körperschaft oder bei Wegfall ihres bisherigen Zwecks darf das Vermögen der Körperschaft, soweit es die eingezahlten Kapitalanteile der Mitglieder und den gemeinen Wert der von den Mitgliedern geleisteten Sacheinlagen übersteigt, nur für steuerbegünstigte Zwecke verwendet werden (**Grundsatz der Vermögensbindung**). Diese Voraussetzung ist auch erfüllt, wenn das Vermögen einer anderen steuerbegünstigten Körperschaft oder einer Körperschaft des öffentlichen Rechts für steuerbegünstigte Zwecke übertragen werden soll (§ 55 Abs. 1 Nr. 4 AO). Dabei kann es sich auch um **andere steuerbegünstigte Zwecke** handeln, als sie die Körperschaft verfolgt hat (z. B. das Vermögen eines gemeinnützigen Zwecken dienenden Vereins wird zur Förderung mildtätiger Zwecke übertragen).

318 Soweit der gemeine Wert von Sacheinlagen maßgebend ist (§ 55 Abs. 1 Nrn. 2 und 4 AO), kommt es auf die Verhältnisse zu dem Zeitpunkt an, in dem die Sacheinlagen erbracht worden sind (§ 55 Abs. 2 AO).

319 Die Vorschriften, die die Mitglieder der Körperschaft betreffen (§ 55 Abs. 1 Nrn. 1, 2 und 4 AO), gelten bei **Stiftungen** für die Stifter und ihre Erben, bei **Betrieben gewerblicher Art von Körperschaften des öffentlichen Rechts** für die Körperschaft sinngemäß. Damit ist also sichergestellt, dass bspw. bei Stiftungen nur das Stiftungskapital und evtl. Zustiftungen im Falle des Erlöschens der Stiftung an den Stifter oder seine Erben zurückfallen.

320–330 (*Einstweilen frei*)

b) Ausschließlichkeit

331 Ausschließlichkeit liegt nach § 56 AO vor, wenn eine Körperschaft nur ihre steuerbegünstigten satzungsmäßigen Zwecke verfolgt. Eine daneben ausgeübte vermögensverwaltende Tätigkeit verstößt nicht gegen das Gebot der Ausschließlichkeit.[1]

332 Eine Körperschaft darf **mehrere steuerbegünstigte Zwecke** nebeneinander verfolgen, ohne dass dadurch die Ausschließlichkeit verletzt wird. Die steuerbegünstigten Zwecke müssen jedoch sämtlich **satzungsmäßige Zwecke** sein. Sollen nicht in die Satzung aufgenommene steuerbegünstigte Zwecke gefördert werden, bedarf es einer Satzungsänderung, die den Erfordernissen des § 60 AO entsprechen muss (AEAO Nr. 2 zu § 56).

333 Der Grundsatz der Ausschließlichkeit besagt indessen nicht, dass jede Betätigung der Körperschaft außerhalb des satzungsmäßig begünstigten Bereichs die Gemeinnützigkeit ausschließt. Jedoch müssen diese Tätigkeiten von so untergeordneter Bedeutung sein, dass sie nicht als

---

[1] BFH, Urteil v. 23. 10. 1991 - I R 19/91, BStBl 1992 II 62.

weiterer Zweck der Körperschaft in Erscheinung treten. Es muss sich also — im Verhältnis zu den satzungsmäßigen Zwecken — um **untergeordnete und unselbständige Hilftätigkeiten** handeln. So darf z. B. die Verfolgung des satzungsmäßigen Zwecks „Umweltschutz" damit einhergehen, dass Einfluss auf die politische und staatliche Willensbildung genommen wird, solange diese Einflussnahme Mittel zum Zweck ist.[1]

Ausnahmen vom Grundsatz der Ausschließlichkeit finden sich in den §§ 58, 64 – 68 AO. So wird die Ausschließlichkeit z. B. nicht dadurch verletzt, dass

334

▶ eine Körperschaft Mittel für die Verwirklichung der steuerbegünstigten Zwecke einer anderen Körperschaft oder für die Verwirklichung steuerbegünstigter Zwecke durch eine Körperschaft des öffentlichen Rechts beschafft; die Beschaffung von Mitteln für eine unbeschränkt steuerpflichtige Körperschaft setzt voraus, dass diese selbst steuerbegünstigt ist,

▶ eine Körperschaft ihre Mittel teilweise einer anderen, ebenfalls steuerbegünstigten Körperschaft oder einer Körperschaft des öffentlichen Rechts zur Verwendung zu steuerbegünstigten Zwecken zuwendet,

▶ eine Körperschaft ihre Arbeitskräfte anderen Personen, Unternehmen oder Einrichtungen für steuerbegünstigte Zwecke zur Verfügung stellt,

▶ eine Körperschaft ihr gehörende Räume einer anderen steuerbegünstigten Körperschaft zur Benutzung für deren steuerbegünstigte Zwecke überlässt,

▶ eine Stiftung einen Teil, jedoch höchstens ein Drittel ihres Einkommens dazu verwendet, um in angemessener Weise den Stifter und seine nächsten Angehörigen zu unterhalten, ihre Gräber zu pflegen und ihr Andenken zu ehren,

▶ eine Körperschaft ihre Mittel ganz oder teilweise einer Rücklage zuführt, soweit dies erforderlich ist, um ihre steuerbegünstigten satzungsmäßigen Zwecke nachhaltig erfüllen zu können,

▶ eine Körperschaft höchstens ein Drittel des Überschusses der Einnahmen über die Kosten aus Vermögensverwaltung und darüber hinaus höchstens 10 % ihrer sonstigen nach § 55 Abs. 1 Nr. 5 AO zeitnah zu verwendenden Mittel einer freien Rücklage zuführt,

▶ eine Körperschaft Mittel zum Erwerb von Gesellschaftsrechten zur Erhaltung der prozentualen Beteiligung an Kapitalgesellschaften ansammelt oder im Jahr des Zuflusses verwendet; diese Beträge sind auf die vorgenannten in demselben Jahr oder künftig zulässigen Rücklagen anzurechnen,

▶ eine Körperschaft gesellige Veranstaltungen durchführt, die im Vergleich zu ihrer steuerbegünstigten Tätigkeit von untergeordneter Bedeutung sind,

▶ ein Sportverein neben dem unbezahlten auch den bezahlten Sport fördert.

Wegen weiterer Einzelheiten vgl. AEAO zu § 58.

(Einstweilen frei) 335–340

c) Unmittelbarkeit

Die gemeinnützigen, mildtätigen oder kirchlichen Zwecke müssen von der Körperschaft unmittelbar verfolgt werden (§ 52 Satz 1 AO).

341

---

[1] BFH, Urteil v. 23. 11. 1988 - I R 11/88, BStBl 1989 II 391.

342 Eine Körperschaft verfolgt unmittelbar ihre steuerbegünstigten Zwecke, wenn **sie selbst** diese Zwecke verwirklicht. Das kann auch durch **Hilfspersonen** geschehen, wenn nach den Umständen des Falles, insbesondere nach den rechtlichen und tatsächlichen Beziehungen, die zwischen der Körperschaft und der Hilfsperson bestehen, das Wirken der Hilfsperson wie eigenes Wirken der Körperschaft anzusehen ist (§ 57 Abs. 1 AO). Ob die Tätigkeit der Hilfsperson der Körperschaft als eigenes Wirken zugerechnet werden kann, richtet sich nach den zivilrechtlichen Gegebenheiten. Dementsprechend ist Weisungsgebundenheit der Hilfsperson nur erforderlich, soweit dies Voraussetzung für eine zivilrechtliche Zurechnung des Verhaltens ist.[1] Da die Hilfstätigkeit regelmäßig zur Erfüllung einer fremden Tätigkeit dient, erfüllt die Hilfsperson mit der Hilfstätigkeit grds. keine eigene steuerbegünstigte Tätigkeit.[2] Fördert die Hilfstätigkeit jedoch nicht nur die steuerbegünstigte Tätigkeit des Geschäftsherrn, sondern werden hierdurch zugleich eigene steuerbegünstigte Satzungsziele der Hilfsperson verfolgt, erfolgt die Zweckverfolgung auch durch die Hilfsperson unmittelbar.[3] Hiervon ist im Fall eines arbeitsteiligen Zusammenwirkens mehrerer steuerbegünstigter Körperschaften auszugehen, soweit sie selbst einen steuerbegünstigten Zweck verfolgen.[4] Werden jedoch allein fremde gemeinnützige Zwecke eines Auftraggebers verwirklicht, begründet diese mittelbare Förderung steuerbefreiter Zwecke i. S. d. §§ 52 bis 54 AO keine eigene steuerbegünstigte Tätigkeit.

343 Eine Körperschaft, in der steuerbegünstigte Körperschaften zusammengefasst sind, wird einer Körperschaft, die unmittelbar steuerbegünstigte Zwecke verfolgt, gleichgestellt (§ 57 Abs. 2 AO). Voraussetzung ist, dass jede der zusammengefassten Körperschaften sämtliche Erfordernisse der Steuervergünstigung erfüllt. Verfolgt eine solche Körperschaft selbst unmittelbar steuerbegünstigte Zwecke, ist die bloße Mitgliedschaft einer nicht steuerbegünstigten Organisation für die Steuerbegünstigung unschädlich. Die Körperschaft darf aber die nicht steuerbegünstigte Organisation nicht mit Rat und Tat fördern (z. B. Zuweisung von Mitteln, Rechtsberatung; AEAO Nr. 3 zu § 57).

Es ist zwar unschädlich, dass eine gemeinnützige Körperschaft ihre Mittel teilweise einer anderen, ebenfalls steuerbegünstigten Körperschaft zur Verwendung zu steuerbegünstigten Zwecken zuwendet (§ 58 Nr. 2 AO). Da dies nach dem Wortlaut der Vorschrift aber nur „teilweise" geschehen darf, muss die Körperschaft auch selbst ihre steuerbegünstigten Zwecke verwirklichen. Nach Ansicht des BFH[5] darf dabei nicht isoliert auf den einzelnen Veranlagungszeitraum abgestellt werden. Gerade dann, wenn in Erfüllung des steuerbegünstigten satzungsmäßigen Zwecks ein gemeinnütziges „Großprojekt" (z. B. die Errichtung eines Therapiezentrums) geplant sei, das eine entsprechende Mittelansammlung voraussetzt, reiche es aus, wenn die Körperschaft in einzelnen Veranlagungszeiträumen ausschließlich anderen ebenfalls steuerbegünstigten Körperschaften Mittel zuwendet (§ 58 Nr. 2 AO), sie aber in anderen Veranlagungszeiträumen auch selbst (§ 57 AO) ihre steuerbegünstigten satzungsmäßigen Zwecke verfolgt. Diese Auffassung wird von der Finanzverwaltung nicht geteilt:[6] Nach dem Grundsatz der Abschnittsbesteuerung könne eine Körperschaft nur dann von der Körperschaftsteuer befreit werden, wenn sie in dem zu beurteilenden Veranlagungszeitraum alle Voraussetzungen

---

1 Vgl. FG Niedersachsen, Urteil v. 8. 4. 2010 - 6 K 139/09, NWB IAAAD-54239.
2 BFH, Urteil v. 7. 3. 2007 - I R 90/04, BStBl 2007 II 628.
3 BFH, Urteil v. 17. 2. 2010 - I R 2/08, BStBl 2010 II 1006.
4 BFH, Urteil v. 6. 2. 2013 - I R 59/11, BStBl 2013 II 603.
5 Vom 15. 7. 1998 - I R 156/94, BStBl 2002 II 162.
6 BMF, Schreiben v. 15. 2. 2002, BStBl 2002 I 267.

für die Gemeinnützigkeit erfüllt. Das spätere Erfüllen einer der Voraussetzungen, z. B. des Merkmals der Unmittelbarkeit, könne nicht auf frühere Veranlagungszeiträume zurückwirken.

Die Rechtsprechung hat die Bedeutung der Unmittelbarkeit in folgenden Fällen verdeutlicht:

► Ein Verein, dessen satzungsmäßiger Zweck in **Kameradenhilfe und Kameradschaftspflege** unter den **Angehörigen eines ehemaligen Wehrmachtstruppenteils** besteht, verfolgt nicht ausschließlich und unmittelbar gemeinnützige Zwecke.[1]

► Ein **Grundstück** dient nicht unmittelbar den Zwecken einer **Kranken- oder Bewahrungsanstalt,** wenn es **landwirtschaftlich genutzt** wird, und zwar selbst dann nicht, wenn dies in Eigenbewirtschaftung geschieht und die landwirtschaftlichen Erzeugnisse fast ausschließlich in der Anstaltsküche verwendet werden.[2]

► Ein Verein, dessen Haupttätigkeit darin besteht, als Fachverband für das gesamte **Zelt- und Wohnwagenwesen** den Zusammenschluss aller Zelt- und Wohnwagenwanderer auf sportlicher Grundlage und deren Interessenvertretung durch Zusammenarbeit mit Behörden und Verbänden zu betreiben, dient nicht unmittelbar gemeinnützigen Zwecken.[3]

► Eine **Freimaurerloge** dient nicht unmittelbar gemeinnützigen Zwecken.[4]

(Einstweilen frei) 345–350

d) Anforderungen an die Satzung

Die Steuervergünstigung wird nach § 59 AO gewährt, wenn sich aus der Satzung, dem Stiftungsgeschäft oder der sonstigen Verfassung (Satzung im Sinne dieser Vorschriften) ergibt, welchen Zweck die Körperschaft verfolgt, dass dieser Zweck den Anforderungen der §§ 52 – 55 AO entspricht und dass er ausschließlich und unmittelbar verfolgt wird; die tatsächliche Geschäftsführung muss diesen Satzungsbestimmungen entsprechen.

Weitere satzungsmäßige Voraussetzung in diesem Sinne ist die in § 61 AO statuierte **Vermögensbindung.** Das Unterhalten wirtschaftlicher Geschäftsbetriebe (§§ 14 Sätze 1 und 2, 64 AO), die keine Zweckbetriebe (§§ 65 – 68 AO) sind, und die Vermögensverwaltung (§ 14 Satz 3 AO) dürfen nicht Satzungszweck sein.

Unterhält eine juristische Person des öffentlichen Rechts mehrere Betriebe gewerblicher Art, so ist für jeden von ihnen eine **eigene Satzung** erforderlich.

Sind die vorgenannten satzungsmäßigen Anforderungen nicht erfüllt, wird also bspw. – die an sich unschädliche (§ 58 Nr. 7 AO) – **Durchführung geselliger Veranstaltungen** zum **Satzungszweck** erhoben, so schließt dies die Gemeinnützigkeit aus.[5] Fehlt eine Satzung oder ist diese unvollständig, kann dieser Mangel nicht durch die tatsächliche Geschäftsführung oder den Hinweis auf anderweitige Regelungen ausgeglichen werden.[6]

---

1 BFH, Urteil v. 31. 10. 1963 - I 320/61 U, BStBl 1964 III 20.
2 BFH, Urteil v. 11. 11. 1970 - III R 64/67, BStBl 1971 II 372.
3 BFH, Urteil v. 22. 10. 1971 - III R 52/70, BStBl 1972 II 204.
4 BFH, Urteil v. 26. 1. 1973 - III R 40/72, BStBl 1973 II 430; FG Düsseldorf, Urteil v. 23. 6. 2015 - 6 K 2138/14 K, EFG 2015, 1632.
5 FG Berlin, Urteil v. 25. 6. 1984 - VIII 182/83, EFG 1985, 146, rkr.
6 BFH, Urteil v. 31. 10. 1984 - I R 21/81, BStBl 1985 II 162.

355 An die **inhaltliche Bestimmtheit** der Satzung gemeinnütziger Körperschaften ist ein strenger Maßstab anzulegen.[1] Es reicht allerdings aus, wenn sich die satzungsmäßigen Voraussetzungen aufgrund einer **Auslegung aller Satzungsbestimmungen** ergeben.[2] Die bloße Angabe, dass „Veranstaltungen" durchgeführt werden sollen, genügt zur Kennzeichnung des Satzungszwecks nicht, wenn die Satzung nicht erkennen lässt, um welche Art von Veranstaltungen es sich handelt.[3]

356 Gemäß § 60 Abs. 1 AO müssen die Satzungszwecke und die Art ihrer Verwirklichung so genau bestimmt sein, dass aufgrund der Satzung geprüft werden kann, ob die satzungsmäßigen Voraussetzungen für Steuervergünstigungen gegeben sind. Insoweit spricht man vom **Grundsatz der formellen Satzungsmäßigkeit**.[4] Die Bezugnahme auf Satzungen oder Regelungen andere Organisationen genügt nicht.[5]

357 Durch das JStG 2009 legt nunmehr § 60 Abs. 1 Satz 2 AO, unter Hinweis auf die dazugehörige Anlage fest, welche inhaltlichen Anforderungen eine Satzung erfüllen muss. Die gesetzliche Festschreibung des Inhalts einer Satzung erfolgte als Reaktion auf die Rspr. des BFH,[6] wonach die formelle Satzungsmäßigkeit nicht die ausdrückliche Verwendung der Begriffe „ausschließlich" und „unmittelbar" erfordert. Die Mustersatzung in Anlage 1 schreibt nunmehr für Satzungsänderungen ab dem Veranlagungszeitraum 2009 verbindlich die Verwendung dieser Worte im Zusammenhang mit der Benennung des verfolgten Zwecks vor. Verstößt die Satzung hiergegen, erfüllt sie nicht die formellen Voraussetzungen für eine Anerkennung. Die Mustersatzung für Vereine, Stiftungen, Betriebe gewerblicher Art von juristischen Personen des öffentlichen Rechts, geistliche Genossenschaften und Kapitalgesellschaften ist als Anlage 1 zu § 60 abgedruckt sowie das Muster einer Erklärung der Ordensgemeinschaften als Anlage zu Nr. 5 zu § 60 AEAO.

358 Diese Muster enthalten nicht nur Vorschriften über die steuerbegünstigten Zwecke und Ausführungen, wie die Satzungszwecke verwirklicht werden sollen, sondern auch eine **satzungsmäßige Vermögensbindung**. Es gehört zum Wesen der Selbstlosigkeit (§ 55 AO), dass bei Auflösung oder Aufhebung der Körperschaft oder bei Wegfall ihres bisherigen Zwecks das Vermögen nur für steuerbegünstigte Zwecke verwendet werden darf. Gemäß § 61 AO ist es für eine steuerlich ausreichende Vermögensbindung erforderlich, dass der Zweck, für den das Vermögen nunmehr verwendet werden soll, in der Satzung so genau bestimmt ist, dass aufgrund der Satzung geprüft werden kann, ob der Verwendungszweck steuerbegünstigt ist.[7] Die gesetzlich vorgeschriebene Festschreibung der künftigen Vermögensverwendung hat die Funktion eines Buchnachweises.[8] Dabei muss die Körperschaft nur für den Fall ihrer Auflösung oder bei Wegfall ihres bisherigen Zwecks eine Bestimmung hinsichtlich der Verwendung seines Vermögens getroffen haben, da die Aufhebung nur bei Stiftungen in Betracht kommt.

---

1 FG Hamburg, Urteil v. 13. 12. 1984 - II 125/80, EFG 1985, 525; *Mack*, DStR 1984, 187.
2 BFH, Urteile v. 29. 8. 1984 - I R 203/81, BStBl 1984 II 844; v. 13. 12. 1978 - I R 39/78, BStBl 1979 II 482.
3 FG Hamburg, Urteil v. 8. 7. 1988 - II 287/85, EFG 1989, 32, rkr.
4 BFH, Beschluss v. 7.2.2018 - V B 119/17, NWB ZAAAG-79574.
5 BFH, Urteil v. 5. 8. 1992 - X R 165/88, BStBl 1992 II 1048.
6 BFH, Urteil v. 20. 12. 2006 - I R 94/02, BStBl 2010 II 331.
7 BFH, Urteil v. 12. 1. 2011 - I R 91/09, BFH/NV 2011, 1111 = NWB PAAAD-83194; s. BFH, Beschluss v. 7.2.2018 - V B 119/17, NWB ZAAAG-79574. Vgl. zur Benennung eines Empfängers dessen Gemeinnützigkeit bestritten wird FG Nürnberg v. 24. 4. 2007 - I 175/2005, NWB XAAAC-64200.
8 Vgl. BFH, Urteil v. 10. 11. 1998 - I R 95/97, BFH/NV 1999, 739 = NWB LAAAA-63050.

Bei **Betrieben gewerblicher Art von Körperschaften des öffentlichen Rechts,** bei **staatlich beaufsichtigten Stiftungen,** bei den **von einer Körperschaft des öffentlichen Rechts verwalteten unselbständigen Stiftungen** und bei **geistlichen Genossenschaften** (Orden, Kongregationen) brauchte die Vermögensbindung in der Satzung nicht festgelegt zu werden (§ 62 AO). Diese Ausnahme bezog sich nur auf das **formelle** Erfordernis der Vermögensbindung; materiell unterlagen auch diese Körperschaften der Vermögensbindung. Die staatliche Genehmigung einer Stiftung begründete noch nicht die Befreiung; die Stiftung musste vielmehr staatlicher Aufsicht nach den Stiftungsgesetzen der Länder unterliegen. Durch das JStG 2009 wurde § 62 AO für nach dem 31.12.2008 errichtete in § 62 AO genannte Betriebe, Stiftungen und Genossenschaften aufgehoben. Im Rahmen der Neuregelung des Gemeinnützigkeitsrechts durch das Ehrenamtsstärkungsgesetz[1] ist die bisher in § 58 AO geregelte Rücklagen- und Vermögensbildung mit Wirkung vom 1.1.2014 eigenständig in § 62 AO geregelt worden. Eine Anpassung der Satzung an die geänderten Vermögensbildungsregeln ist zu empfehlen.[2]

359

Die satzungsmäßigen Voraussetzungen für die Anerkennung der Steuerbegünstigung müssen bei der Körperschaftsteuer vom Beginn bis zum Ende des Veranlagungszeitraums erfüllt sein (§ 60 Abs. 2 AO). Wird die Bestimmung über die Vermögensbindung nachträglich so geändert, dass sie den Anforderungen des § 55 Abs. 1 Nr. 4 AO nicht mehr entspricht, so gilt sie gem. § 61 Abs. 3 Satz 1 AO von Anfang an als steuerlich nicht ausreichend. § 60 Abs. 2 i.V. m. § 61 Abs. 3 AO ermöglicht u. a. eine Nachversteuerung, wenn der Satzungszweck ohne Satzungsänderung tatsächlich geändert wird, das Vermögen aber nicht für steuerbegünstigte Zwecke verwendet wird.[3] Die Steuerbefreiung einer Körperschaft endet deshalb auch, wenn die eigentliche steuerbegünstigte Tätigkeit eingestellt und über das Vermögen der Körperschaft das Konkurs- oder Insolvenzverfahren eröffnet wird.[4]

360

(Einstweilen frei) 361–370

e) Anforderungen an die tatsächliche Geschäftsführung

Die satzungsmäßigen Festlegungen genügen für die Steuerbefreiung nicht. Es muss vielmehr hinzukommen, dass auch die **tatsächliche Geschäftsführung** der Körperschaft auf die ausschließliche und unmittelbare Erfüllung der steuerbegünstigten Zwecke ausgerichtet ist und den Bestimmungen entspricht, die die Satzung über die Voraussetzungen für Steuervergünstigungen enthält (§ 63 Abs. 1 AO).

371

Fallen also tatsächliche Geschäftsführung und Satzung auseinander, so ist für die steuerliche Beurteilung die tatsächliche Geschäftsführung maßgebend.[5] Hat eine Körperschaft **mehrere Geschäftsführer,** so bestimmt sich die tatsächliche Geschäftsführung i. d. R. nach den Handlungen, die von sämtlichen Geschäftsführern gemeinschaftlich oder von einem oder mehreren mit Zustimmung der anderen vorgenommen wurden.[6] An der Ordnungsmäßigkeit der tatsächlichen Geschäftsführung fehlt es z. B., wenn bei einem gemeinnützigen Sportverein Lohnsteuerverkürzungen festgestellt werden, die darauf beruhen, dass Sponsoren den Spielern, denen vertraglich nur Aufwandsentschädigungen zustanden, über eine in maßgeblicher Position

372

---

1 BGBl 2013 I 556.
2 Zu Einzelheiten vgl. *Koenig,* AO, § 62.
3 BFH, Urteil v. 12.10.2010 - I R 59/09, BStBl 2012 II 226.
4 BFH, Urteil v. 16.5.2007 - I R 14/06, BStBl 2007 II 808.
5 BFH, Urteil v. 22.11.1955 - I 67/54 U, BStBl 1956 III 29, betr. die gleiche Problematik bei einem Berufsverband.
6 BFH, Urteil v. 31.7.1963 - I 319/60, HFR 1963, 407.

für den Verein tätige Person zusätzliche Gelder zukommen ließen. Die Zurechenbarkeit eines eigenmächtigen Handelns einer solchen Person ist bereits bei grober Vernachlässigung der dem Vertretungsorgan (z. B. Vorstand) obliegenden Überwachungspflichten zu bejahen. Insoweit kommt auch ein Organisationsverschulden in Betracht, wenn z. B. wesentliche Angelegenheiten delegiert werden, die delegierte Tätigkeit aber nicht hinreichend überwacht wird.[1]

373 Während die Rechtslage eindeutig ist, wenn die Geschäftsführung nicht auf die ausschließliche und unmittelbare Erfüllung der steuerbegünstigten Zwecke gerichtet ist – nämlich Wegfall der Gemeinnützigkeit und damit der Körperschaftsteuerfreiheit –, können sich Probleme ergeben, wenn die Erfüllung der gemeinnützigen Zwecke über längere Zeit durch außergewöhnliche, von der Körperschaft nicht zu beeinflussende Umstände verhindert wird. Der BFH[2] hat hierzu entschieden, dass das Gesetz lediglich verlangt, dass die Geschäftsführung auf die Erfüllung der satzungsmäßigen Zwecke „gerichtet" sein muss, d. h., dass sich die Körperschaft nicht anderweitig betätigen und die Erreichung der steuerbegünstigten Ziele nicht endgültig aufgeben darf. Ob der Wille zur Fortführung der satzungsmäßigen Ziele noch vorhanden ist oder nicht, kann nur nach den objektiven Umständen des Einzelfalles beurteilt werden. Wird die entsprechende Betätigung eingestellt, so kann dies der weiteren Anerkennung der Körperschaft als gemeinnützig entgegenstehen. Ist jedoch erkennbar, dass die Unterbrechung auf außergewöhnliche Verhältnisse zurückzuführen ist und dass die Körperschaft ernstlich bestrebt und in der Lage ist, die Schwierigkeiten aus dem Weg zu räumen, so wird dies i. d. R. nicht den Wegfall der steuerlichen Begünstigung zur Folge haben. Die tatsächliche Geschäftsführung steht also erst dann in Widerspruch zur Satzung und führt zur Verneinung der Steuerfreiheit, wenn sie neben oder anstelle der Erfüllung der steuerbegünstigten satzungsmäßigen Zwecke andere nicht begünstigte Ziele verfolgt oder wenn sie insgesamt untätig bleibt und nichts unternimmt, was die Erfüllung des steuerbegünstigten satzungsmäßigen Zwecks ermöglicht.[3] Die Steuerfreiheit geht auch verloren, wenn die Geschäftsführung durch ihr Verhalten den Grundsatz der Vermögensbindung verletzt.

374 Die Körperschaft hat den **Nachweis,** dass ihre tatsächliche Geschäftsführung auf die ausschließliche und unmittelbare Erfüllung der steuerbegünstigten Zwecke gerichtet ist, durch ordnungsgemäße Aufzeichnungen über ihre Einnahmen und Ausgaben zu führen (§ 63 Abs. 3 AO). Die Vorschriften der AO über die Führung von Büchern und Aufzeichnungen (§§ 140 ff. AO) sind zu beachten. Die Vorschriften des Handelsrechts einschließlich der entsprechenden Buchführungsvorschriften gelten nur, sofern sich dies aus der Rechtsform der Körperschaft oder aus ihrer wirtschaftlichen Tätigkeit ergibt (AEAO Nr. 1 zu § 63). Die tatsächliche Geschäftsführung umfasst auch die **Ausstellung von steuerlichen Spendenbescheinigungen.** Missbräuche auf diesem Gebiet, z. B. durch Ausstellung von Gefälligkeitsbescheinigungen, können einen Verstoß gegen die Gemeinnützigkeit darstellen (AEAO Nr. 3 zu § 63).

375–380 *(Einstweilen frei)*

---

[1] BFH, Urteil v. 27. 9. 2001 - V R 17/99, BStBl 2002 II 169.
[2] Vom 11. 12. 1974 - I R 104/73, BStBl 1975 II 458.
[3] Vgl. BFH, Urteil v. 25. 6. 2014 - I R 41/12, BFH/NV 2015, 235 = NWB YAAAE-81769.

f) Anerkennung der Gemeinnützigkeit

Das steuerliche Gemeinnützigkeitsrecht kannte bislang kein besonderes Anerkennungsverfahren. Erst die Neuregelung in § 60a AO durch das Ehrenamtsstärkungsgesetz[1] enthält ein selbständiges Verfahren zur Feststellung der satzungsmäßigen Gemeinnützigkeit. In einem gesonderten Feststellungsverfahren wird darüber entschieden, ob die Körperschaft nach ihrer Satzung die Voraussetzungen der Steuervergünstigung gem. §§ 51, 59, 60 und 61 AO erfüllt. Die tatsächliche Geschäftsführung i. S. d. § 63 AO, die steuerlich unschädlichen Betätigungen (§ 58 AO) und die Rücklagen- und Vermögensbildung gem. § 62 AO sind nicht zu prüfen. Derartige Verstöße treten regelmäßig erst während der laufenden Betätigung der Körperschaft auf.

Die FinVerw will eine Feststellung gleichwohl ablehnen, wenn im Zeitpunkt der Entscheidung über die gesonderte Feststellung bereits Erkenntnisse vorliegen, dass die tatsächliche Geschäftsführung der Körperschaft den Anforderungen des § 51 AO nicht entsprechen wird.[2] Diese Auffassung ist abzulehnen.[3] § 60a Abs. 1 Satz 1 AO knüpft ausdrücklich an die satzungsmäßigen Voraussetzungen an. Und dies aus gutem Grund: Nur hinsichtlich dieser besteht ein Bedarf und die Möglichkeit, einen VZ-übergreifenden Rechtsfrieden zu schaffen. Die tatsächliche Geschäftsführung kann sich demgegenüber erheblich wandeln.

Der Entzug der Gemeinnützigkeit wegen des Verstoßes gegen die formelle Satzungsmäßigkeit aufgrund nachträglicher Änderung der Verhältnisse hat durch Aufhebung des Feststellungsbescheides mit Wirkung vom Zeitpunkt der Änderung zu erfolgen (§ 60a Abs. 4 AO). Die Versagung der Gemeinnützigkeit wegen eines Verstoßes außerhalb der formellen Satzungsmäßigkeit muss – wie bisher – im Veranlagungsverfahren (KSt-Bescheid) und nicht durch Ablehnung oder Aufhebung des Feststellungsbescheides erfolgen. Die Feststellung der Satzungsmäßigkeit erfolgt auf Antrag oder von Amts wegen (§ 60a Abs. 2 AO). Bei der Prüfung hat das FA die rechtlichen und tatsächlichen Verhältnisse zu ermitteln, die für die Steuerpflicht und die Bemessung der Steuer wesentlich sind. Eine Körperschaft, bei der nach dem Ergebnis dieser Prüfung die gesetzlichen Voraussetzungen für die Behandlung als steuerbegünstigte Körperschaft vorliegen, muss deshalb auch als solche behandelt werden, und zwar ohne Rücksicht darauf, ob ein entsprechender Antrag gestellt worden ist oder nicht. Ein Verzicht auf die Behandlung als steuerbegünstigte Körperschaft ist somit für das Steuerrecht unbeachtlich.

Der Bescheid über die Feststellung der formellen Satzungsmäßigkeit entfaltet als Grundlagenbescheid für die Besteuerung der Körperschaft und für die Besteuerung der Spender und Mitglieder umfassende Bindungswirkung. Die Bindungswirkung erfasst alle Steuerarten. Demgemäß kann der Körperschaft während der Geltungsdauer des Feststellungsbescheides ein Verstoß gegen die formelle Satzungsmäßigkeit nicht entgegengehalten werden. Nicht umfasst von der Bindungswirkung ist die Tatbestandsmäßigkeit der Steuerbefreiung nach den Einzelsteuergesetzen, da auch Verstöße außerhalb der formellen Satzungsmäßigkeit zum Entfallen der Gemeinnützigkeit und der Steuerbefreiung führen können.

Der Feststellungsbescheid bleibt grds. bis zu seiner Aufhebung wirksam und damit bindend. Daneben sieht § 60a Abs. 3 AO das Entfallen der Bindungswirkung von Gesetzes wegen für den Fall vor, dass sich die Rechtsvorschriften ändern, auf denen die Feststellung beruht. Dies dürfte insbesondere bei der Änderung der gemeinnützigen Zwecke oder der gesetzlich vor-

---

[1] BGBl 2013 I 556.
[2] AEAO Nr. 2 Abs. 2 Satz 2 zu § 60a Abs. 1 AO.
[3] So auch *Schäfer* in Schnitger/Fehrenbacher, § 5 Rz. 313.

geschriebenen Mustersatzung in Betracht kommen. Ab dem Zeitpunkt der Änderung oder Aufhebung der gesetzlichen Regelung entfällt automatisch auch die Bindungswirkung des Feststellungsbescheides. Materielle Fehler des Feststellungsbescheides können nach den allgemeinen Änderungsvorschriften der §§ 172 ff. AO beseitigt werden.

383 Gegen die Ablehnung der Feststellung der satzungsmäßigen Gemeinnützigkeit und gegen den die Gemeinnützigkeit versagenden Steuerbescheid sind Einspruch und Verpflichtungsklage gegeben. Gegen die Aufhebung eines Freistellungs- bzw. Feststellungsbescheides sind Einspruch und Anfechtungsklage zulässig. Versagt das FA den Erlass eines gesonderten Feststellungsbescheides ist ein Antrag auf einstweilige Anordnung statthaft (§ 114 Abs. 1 Satz 2 FGO).[1] Hebt die Finanzbehörde einen zunächst erteilten Freistellungsbescheid auf, ist vorläufiger Rechtsschutz durch einen Antrag auf Aussetzung der Vollziehung zu verfolgen.

384–390 *(Einstweilen frei)*

5. Wirtschaftlicher Geschäftsbetrieb

a) Begriff

391 Unterhalten gemeinnützigen, mildtätigen oder kirchlichen Zwecken dienende Körperschaften, Personenvereinigungen und Vermögensmassen einen wirtschaftlichen Geschäftsbetrieb, so ist die Steuerbefreiung insoweit ausgeschlossen. Dies gilt nach Satz 3 der Vorschrift allerdings nicht für selbstbewirtschaftete Forstbetriebe.[2] Wegen des Begriffs „wirtschaftlicher Geschäftsbetrieb" wird auf → Rz. 181 ff. verwiesen.

b) Wirtschaftliche Geschäftsbetriebe im Einzelnen

392 Schließt das Gesetz die Steuervergünstigung insoweit aus, als ein wirtschaftlicher Geschäftsbetrieb unterhalten wird, wie es u. a. in § 5 Abs. 1 Nr. 9 KStG der Fall ist, so verliert die Körperschaft die Steuervergünstigung für die dem Geschäftsbetrieb zuzuordnenden Besteuerungsgrundlagen (Einkünfte, Umsätze, Vermögen), soweit der wirtschaftliche Geschäftsbetrieb kein Zweckbetrieb (§§ 65 – 68 AO) ist (§ 64 Abs. 1 AO).

393 Ob eine an einer Personengesellschaft oder Gemeinschaft beteiligte steuerbegünstigte Körperschaft gewerbliche Einkünfte bezieht und damit einen wirtschaftlichen Geschäftsbetrieb (§ 14 Sätze 1 und 2 AO) unterhält, wird im **einheitlichen und gesonderten Gewinnfeststellungsbescheid der Personengesellschaft** bindend festgestellt.[3] Ob der wirtschaftliche Geschäftsbetrieb steuerpflichtig ist oder ein Zweckbetrieb vorliegt, ist dagegen bei der Körperschaftsteuerveranlagung der steuerbegünstigten Körperschaft zu entscheiden. Die Beteiligung einer steuerbegünstigten Körperschaft an einer Kapitalgesellschaft ist grundsätzlich Vermögensverwaltung (§ 14 Satz 3 AO). Sie stellt jedoch einen wirtschaftlichen Geschäftsbetrieb dar, wenn mit ihr tatsächlich ein entscheidender Einfluss auf die laufende Geschäftsführung der Kapitalgesellschaft ausgeübt wird oder ein Fall der Betriebsaufspaltung vorliegt.[4]

394 **Beispiele wirtschaftlicher Geschäftsbetriebe:**

▶ selbstbewirtschaftete Vereinsgaststätten, -heime, -kioske, Clubhäuser u. dgl.,

---

[1] BFH, Urteil v. 7. 5. 1986 - I B 58/85, BStBl 1986 II 677.
[2] Dazu FinMin Baden-Württemberg v. 16. 1. 1990, KSt-Kartei § 5 Abs. 1 Nr. 9, S. 32 Nr. 34.
[3] BFH, Urteil v. 27. 7. 1988 - I R 113/84, BStBl 1989 II 134.
[4] BFH, Urteil v. 30. 6. 1971 - I R 57/70, BStBl 1971 II 753; AEAO Nr. 3 zu § 64.

- Verkauf von Speisen und Getränken,[1]
- Betrieb eines Kommunikationszentrums in Form eines Cafés (Teestube) eines wegen Förderung der Jugendhilfe gemeinnützigen Vereins,[2]
- stundenweise Vermietung einer Tennishalle an Mitglieder und Nichtmitglieder zu gleichen Bedingungen,[3]
- entgeltliche Gestattung von Bandenwerbung durch einen Sportverein,[4]
- Werbung auf Trikots und Sportgeräten sowie in Vereinszeitschriften,
- Verkauf von Sportartikeln und -kleidung,
- Wartung von Pferden gegen Entgelt, Erteilung von Reitunterricht,[5] Betrieb eines Totalisators und Veranstalten von Trabrennen[6]
- Verkauf von Ansichtskarten, Postern, Kalendern, Schallplatten, Büchern, Maskottchen etc.,
- Basare, Flohmärkte, Straßenfeste u. Ä.,
- Vermietung von Ausstellungsflächen anlässlich eines Kongresses,[7]
- Altmaterialsammlungen zur Mittelbeschaffung,[8]
- gesellige Veranstaltungen,[9] Tanzveranstaltungen, Maskenbälle,[10] Karnevalssitzungen eines Schwulen- und Lesben-Vereins,[11]
- entgeltliche Beförderung von Kranken in Pkw durch Wohltätigkeitsorganisationen.

Zum Sponsoring vgl. FG München, Urteil v. 15. 5. 2006.[12]

Die Tatsache, dass der wirtschaftliche Geschäftsbetrieb unterhalten wird, um Mittel für die gemeinnützige Tätigkeit der Körperschaft zu beschaffen, ist unerheblich. Bei **Altmaterialsammlungen** durch steuerbegünstigte Körperschaften unterscheidet die Finanzverwaltung:[13]

- Wird das Altmaterial mit dem Ziel gesammelt, es zum Zwecke der Mittelbeschaffung für die steuerbegünstigte Tätigkeit zu veräußern, so ist ein steuerpflichtiger wirtschaftlicher Geschäftsbetrieb i. S. d. §§ 14, 64 AO gegeben.[14] Von einem solchen ist ferner bei folgendem Sachverhalt auszugehen: Auf Stellplätzen, die nicht im Eigentum der gemeinnützigen Organisation stehen, über die diese aber verfügen darf, stellt ein gewerblicher Altkleiderhändler Sammelcontainer auf, die mit dem Namenszug der Organisation versehen sind. Bei der Aufstellung der Container ist die Organisation aufgrund ihrer Ortskenntnis-

---

1 BFH, Urteile v. 21. 8. 1985 - I R 60/80, BStBl 1986 II 88; I R 3/82, BStBl 1986 II 92.
2 BFH, Urteil v. 11. 4. 1990 - I R 122/87, BStBl 1990 II 724.
3 BFH, Urteil v. 2. 3. 1990 - III R 89/87, BStBl 1990 II 1012.
4 BFH, Urteil v. 13. 3. 1991 - I R 8/88, BStBl 1992 II 101, mit Anm. Fischer, KFR F. 2 AO § 14, 1/91, S. 243; dazu der Nichtanwendungserlass FinMin Baden-Württemberg v. 14. 1. 1992 - S 0183/3; vgl. a. FG Köln, Urteil v. 25. 7. 1991 - 13 K 4715/90, EFG 1991, 698.
5 BFH, Urteil v. 2. 10. 1968 - I R 40/68, BStBl 1969 II 43.
6 BFH, Urteil v. 22. 4. 2009 - I R 15/07, BStBl 2011 II 475.
7 FG Hamburg, Urteil v. 15. 6. 2006 - 2 K 10/05, NWB IAAAC-05525.
8 BFH, Urteil v. 26. 2. 1992 - I R 149/90, BStBl 1992 II 693; s. a. → Rz. 113.
9 OFD Frankfurt/M. v. 7. 3. 1991, KSt-Kartei Karte H 13.
10 OFD Frankfurt/M. v. 7. 8. 1991, KSt-Kartei § 5 Karte H 60.
11 FG Rheinland-Pfalz, Urteil v. 27. 5. 2010 - 6 K 1104/09, EFG 2010, 1552.
12 7 K 4052/03, EFG 2006, 1362.
13 OFD Frankfurt/M. v. 11. 9. 1991, NWB DokSt F. 4 §§ 1 – 6 KStG Erl 4/92.
14 BFH, Urteil v. 26. 2. 1992 - I R 149/90, BStBl 1992 II 693.

se dem Händler behilflich, auch hat sie die Container auf Sauberkeit hin zu kontrollieren. Für die Überlassung der Stellplätze vergütet der Händler der Organisation pro Stellplatz einen bestimmten Betrag. In die Container eingeworfene Altkleider gehen nach dem Vertrag mit Einwurf in die Container in das Eigentum der Organisation über. Mit Leerung der Container geht das Eigentum am Inhalt auf den gewerblichen Händler über, der je Tonne Altkleider einen weiteren Betrag an die gemeinnützige Organisation zahlt. Mit der Vermittlung der Standplätze für Container auf fremdem Grund und Boden, der Vergabe von Namensrechten und Werbung für die Sammlung betreibt die Organisation einen wirtschaftlichen Geschäftsbetrieb eigener Art, auf den weder § 64 Abs. 5 AO noch ein pauschaler Betriebsausgabenabzug anzuwenden sind.

▶ Werden dagegen Textilien für die Auffüllung bzw. Umwälzung von sog. Kleiderkammern oder Katastrophenlagern gesammelt, wird ein steuerbegünstigter **Zweckbetrieb** begründet, soweit untaugliche Textilien bzw. nach Auffüllung oder Umwälzung nicht benötigte Altmaterialien (Überbestände) verkauft werden. Dies gilt auch dann, wenn sich die steuerbegünstigte Körperschaft gewerblicher Unternehmer als Hilfspersonen i. S. v. § 57 Abs. 1 Satz 2 AO bedient, die sich auf das Sammeln und Verwerten von Textilien spezialisiert haben. Die Verwirklichung der steuerbegünstigten Zwecke kann hierbei auch in der Form erfolgen, dass die steuerbegünstigte Körperschaft den Überbestand tragbaren Sammelguts treuhänderisch an gewerbliche Unternehmen übereignet, die wiederum vertraglich verpflichtet sind, Katastrophenlager mit hierfür tauglichen Bekleidungsstücken aufzufüllen und zu unterhalten und in Erfüllung dieser Verpflichtung jeweils mindestens 5 % des Sammelguts den Katastrophenlagern zuzuführen haben.

396 Verpachtet ein **Verein für Heimatpflege** ein Gasthaus, das zu einem von ihm unterhaltenen **Freilandmuseum** in räumlich engem Zusammenhang steht, so liegt darin allein um dieser räumlichen Verbindung willen noch kein wirtschaftlicher Geschäftsbetrieb vor, zumal wenn die Unterhaltung des Freilandmuseums selbst keinen wirtschaftlichen Geschäftsbetrieb darstellt.[1] Ebenso hat der BFH[2] entschieden, dass kein wirtschaftlicher Geschäftsbetrieb vorliegt, wenn ein gemeinnütziger Verein, der ein Haus besitzt, den **großen Saal und Nebenräume** in dem Hause anderen Benutzern zur Abhaltung von Vorträgen, Konzerten, Versammlungen u. Ä. **vermietet,** und zwar an Tagen, an denen er sie selbst nicht benötigte. Dabei wurde insbesondere darauf abgestellt, dass der Verein die Räumlichkeiten zur Erfüllung seiner steuerbegünstigten Zwecke zwar benötigt, aber nicht dauernd hierfür braucht und dass er zur ordnungsmäßigen Nutzung seines Grundbesitzes eine Vermietung dieser Räume für die Zeit, in der er sie selbst nicht nutzt, anstreben muss. Entscheidendes Gewicht wurde allerdings darauf gelegt, dass es sich um die allein mögliche Nutzung der Räume handelte, die in erster Linie der Erfüllung der gemeinnützigen Zwecke diente, dass die Einkünfte im Verhältnis zum Wert des Grundvermögens von ganz untergeordneter Bedeutung waren und dass keine Organisation nach Art eines Geschäftsbetriebes geschaffen worden war.

397–405 *(Einstweilen frei)*

---

[1] BFH, Urteil v. 23. 4. 1969 - I R 54/67, BStBl 1969 II 441.
[2] Vom 17. 12. 1957 - I 182/55 U, BStBl 1958 III 96.

c) Mehrere wirtschaftliche Geschäftsbetriebe

Unterhält eine Körperschaft mehrere wirtschaftliche Geschäftsbetriebe, die keine Zweckbetriebe (§§ 65 – 68 AO) sind, so werden diese als **ein** wirtschaftlicher Geschäftsbetrieb behandelt (§ 64 Abs. 2 AO). Dies gilt auch für die Beurteilung der Buchführungspflicht nach § 141 Abs. 2 AO. Für die Frage, ob die Grenzen für die Buchführungspflicht überschritten sind, kommt es also auf die Werte (Einnahmen, Überschuss, Vermögen) des **Gesamtbetriebs** an (AEAO Nr. 11 zu § 64). 406

Die Bestimmungen des § 55 Abs. 1 Nr. 1 Satz 2 und Nr. 3 AO gelten auch für den steuerpflichtigen wirtschaftlichen Geschäftsbetrieb. Daraus folgt u. a., dass Verluste und Gewinnminderungen in den einzelnen steuerpflichtigen wirtschaftlichen Geschäftsbetrieben nicht durch Zuwendungen an Mitglieder oder durch unverhältnismäßig hohe Vergütungen entstanden sein dürfen (AEAO Nr. 12 zu § 64 Abs. 2). 407

Bei einer Körperschaft mit mehreren steuerpflichtigen wirtschaftlichen Geschäftsbetrieben ist für die Frage, ob gemeinnützigkeitsschädliche Verluste vorliegen (vgl. → Rz. 302), nicht auf das Ergebnis des einzelnen wirtschaftlichen Geschäftsbetriebs, sondern auf das zusammengefasste Ergebnis aller steuerpflichtigen wirtschaftlichen Geschäftsbetriebe abzustellen. Danach ist die Gemeinnützigkeit einer Körperschaft gefährdet, wenn die Gewinne einzelner wirtschaftlicher Geschäftsbetriebe nicht ausreichen, die Verluste anderer wirtschaftlicher Geschäftsbetriebe auszugleichen, und die steuerpflichtigen wirtschaftlichen Geschäftsbetriebe **insgesamt Verluste** erwirtschaften (AEAO Nr. 13 zu § 64). 408

(Einstweilen frei) 409–415

d) Besteuerungsgrenze

Übersteigen die Einnahmen einschließlich Umsatzsteuer aus wirtschaftlichen Geschäftsbetrieben, die keine Zweckbetriebe sind, insgesamt **nicht 60 000 DM im Jahr**, so unterliegen die diesen Geschäftsbetrieben zuzuordnenden Besteuerungsgrundlagen nicht der Körperschaftsteuer und Gewerbesteuer (§ 64 Abs. 3 AO). **Ab 2002** liegt die Grenze bei **30 678 €; ab 2007 35 000 €**. 416

Die Ermittlung der Höhe der Einnahmen hat nach den **Grundsätzen der steuerlichen Gewinnermittlung** zu erfolgen. Bei steuerbegünstigten Körperschaften, die ihren Gewinn durch Betriebsvermögensvergleich (§ 4 Abs. 1, § 5 EStG) ermitteln, kommt es deshalb nicht auf den Zufluss i. S. d. § 11 EStG an, so dass auch Forderungszugänge auf der Einnahmeseite zu erfassen sind. Bei anderen steuerbegünstigten Körperschaften sind die im Kj. zugeflossenen Einnahmen (§ 11 EStG) maßgeblich. Ob die Einnahmen die Besteuerungsgrenze übersteigen, ist **für jedes Jahr gesondert** zu prüfen (AEAO Nr. 14 zu § 64).

Ist eine steuerbegünstigte Körperschaft an einer Personengesellschaft oder Gemeinschaft beteiligt, sind für die Beurteilung, ob die Besteuerungsgrenze überschritten wird, die **anteiligen Einnahmen aus der Beteiligung** – nicht aber der Gewinnanteil – entscheidend (AEAO Nr. 17 zu § 64). 417

Einnahmen aus der **Verwertung unentgeltlich erworbenen Altmaterials** gehören auch dann zu den Einnahmen i. S. d. § 64 Abs. 3 AO, wenn der Überschuss nach § 64 Abs. 5 AO in Höhe des branchenüblichen Reingewinns geschätzt werden kann (AEAO Nr. 27 zu § 64). 418

Einnahmen aus **sportlichen Veranstaltungen**, die nach § 67a Abs. 1 Satz 1 AO oder – bei einer Option – Abs. 3 kein Zweckbetrieb sind, gehören zu den Einnahmen i. S. d. § 64 Abs. 3 AO. 419

> **BEISPIEL:** ▶ Ein Sportverein, der auf die Anwendung des § 67a Abs. 1 Satz 1 AO (Zweckbetriebsgrenze) verzichtet hat, erzielt im Jahr 01 folgende Einnahmen aus wirtschaftlichen Geschäftsbetrieben:
>
> | | |
> |---|---:|
> | Sportliche Veranstaltungen, an denen kein bezahlter Sportler teilgenommen hat | 35 790 € |
> | Sportliche Veranstaltungen, an denen bezahlte Sportler des Vereins teilgenommen haben | 20 452 € |
> | Verkauf von Speisen und Getränken | 5 113 € |
>
> Die Einnahmen aus wirtschaftlichen Geschäftsbetrieben, die keine Zweckbetriebe sind, betragen (20 452 € + 5 113 € =) 25 565 €. Die Besteuerungsgrenze von 35 000 € wird nicht überschritten.

420 Zu den **Einnahmen i. S. d. § 64 Abs. 3 AO** gehören auch:

▶ Zuschüsse für die Anschaffung oder Herstellung von Wirtschaftsgütern des steuerpflichtigen wirtschaftlichen Geschäftsbetriebs,

▶ der gesamte Erlös aus der Veräußerung von Wirtschaftsgütern des steuerpflichtigen wirtschaftlichen Geschäftsbetriebs. Dies gilt auch dann, wenn Teile des Veräußerungserlöses nach § 6b EStG auf ein Ersatzwirtschaftsgut übertragen werden,

▶ Vorauszahlungen (im Jahr des Zuflusses),

▶ Ausschüttungen für Beteiligungen an Kapitalgesellschaften, wenn die Beteiligung, z. B. wegen entscheidender Einflussnahme auf die laufende Geschäftsführung, einen steuerpflichtigen wirtschaftlichen Geschäftsbetrieb darstellt oder in einem steuerpflichtigen wirtschaftlichen Geschäftsbetrieb gehalten wird,

▶ die mit den anzusetzenden Einnahmen zusammenhängende Umsatzsteuer, auch bei Gewinnermittlung nach § 4 Abs. 1 oder § 5 EStG.

421 **Nicht zu den Einnahmen i. S. d. § 64 Abs. 3 AO** gehören z. B.:

▶ Investitionszulagen,

▶ der Zufluss von Darlehen,

▶ Entnahmen i. S. d. § 4 Abs. 1 EStG,

▶ die Auflösung von Rücklagen.

422 Wird die **Besteuerungsgrenze (s. → Rz. 416) unterschritten,** verliert die wirtschaftliche Betätigung dadurch nicht den Charakter eines steuerpflichtigen wirtschaftlichen Geschäftsbetriebs. Das bedeutet, dass kein Beginn einer teilweisen Steuerbefreiung i. S. d. § 13 Abs. 4 KStG vorliegt und dementsprechend keine Schlussbesteuerung durchzuführen ist, wenn Körperschaftsteuer und Gewerbesteuer wegen § 64 Abs. 3 AO nicht mehr erhoben werden (AEAO Nr. 20 zu § 64).

423 Hat die Körperschaft ein **vom Kj. abweichendes Wj.,** sind die für die Frage, ob die Besteuerungsgrenze überschritten wird, die in dem Wj. erzielten Einnahmen maßgebend (AEAO Nr. 21 zu § 64).

424 Der allgemeine Grundsatz des Gemeinnützigkeitsrechts, dass für die steuerbegünstigten Zwecke gebundene Mittel nicht zum Ausgleich von Verlusten aus steuerpflichtigen wirtschaftlichen Geschäftsbetrieben verwendet werden dürfen,[1] wird durch § 64 Abs. 3 AO nicht aufgehoben. Unter diesem Gesichtspunkt braucht jedoch bei Unterschreiten der Besteuerungsgrenze der Frage der Mittelverwendung nicht nachgegangen zu werden, wenn bei überschlägiger Prü-

---

[1] Vgl. BFH, Urteil v. 27. 3. 1991 - I R 31/89, BStBl 1992 II 103.

fung der Aufzeichnungen erkennbar ist, dass in den steuerpflichtigen wirtschaftlichen Geschäftsbetrieben **keine Dauerverluste** entstanden sind (AEAO Nr. 22 zu § 64).

Verluste und Gewinne aus Jahren, in denen die maßgeblichen Einnahmen die Besteuerungsgrenze nicht übersteigen, bleiben beim **Verlustabzug** (§ 10d EStG) außer Ansatz. Ein rück- oder vortragbarer Verlust kann danach nur in Jahren entstehen, in denen die **Einnahmen die Besteuerungsgrenze übersteigen.** Dieser Verlust wird nicht für Jahre verbraucht, in denen die Einnahmen die Besteuerungsgrenze von 35 000 € nicht übersteigen (AEAO Nr. 23 zu § 64 Abs. 3). 425

Die Aufteilung einer Körperschaft in mehrere selbständige Körperschaften zum Zwecke der mehrfachen Inanspruchnahme der Steuervergünstigung des § 64 Abs. 3 AO gilt als Missbrauch rechtlicher Gestaltungsmöglichkeiten i. S. d. § 42 AO (§ 64 Abs. 4 AO). 426

Diese gesetzliche Bestimmung gilt nach Ansicht der FinVerw aber nicht für regionale Untergliederungen (**Landes-, Bezirks- und Ortsverbände**) von steuerbegünstigten Körperschaften (AEAO Nr. 24 zu § 64).

(Einstweilen frei) 427–430

e) Sonderregelung

Überschüsse aus der **Verwertung unentgeltlich erworbenen Altmaterials** außerhalb einer ständig dafür vorgehaltenen Verkaufsstelle, die der Körperschaftsteuer und Gewerbesteuer unterliegen, können nach § 64 Abs. 5 AO in Höhe des branchenüblichen Reingewinns geschätzt werden. 431

Die Regelung gilt aber nur für **Altmaterialsammlungen** (Sammlung und Verwertung von Lumpen, Altpapier, Schrott) nicht für den Einzelverkauf gebrauchter Sachen (Gebrauchtwarenhandel). Basare und ähnliche Einrichtungen sind deshalb nicht begünstigt (AEAO Nr. 25 zu § 64). Außerdem ist die Regelung nur anzuwenden, wenn die Körperschaft dies **beantragt** (Wahlrecht; AEAO Nr. 26 zu § 64). 432

Wird der Überschuss nach § 64 Abs. 5 AO **geschätzt,** sind damit auch die tatsächlichen Aufwendungen der Körperschaft für die Altmaterialsammlung und -verwertung abgegolten. Da es sich um eine Schätzung des **Reingewinns** handelt, können sie nicht zusätzlich abgezogen werden (AEAO Nr. 33 zu § 64). 433

Im Falle der Schätzung des Überschusses nach § 64 Abs. 5 AO muss die Körperschaft – abweichend vom § 64 Abs. 2 AO – die mit der Altmaterialsammlung zusammenhängenden Einnahmen und Ausgaben **gesondert aufzeichnen**. Die genaue Höhe der Einnahmen wird nämlich als Grundlage für die Reingewinnschätzung benötigt. Die mit diesem steuerpflichtigen wirtschaftlichen Geschäftsbetrieb zusammenhängenden Ausgaben, die durch die Schätzung abgegolten sind, dürfen das Ergebnis der anderen steuerpflichtigen wirtschaftlichen Geschäftsbetriebe nicht mindern (AEAO Nr. 34 zu § 64). 434

Der **branchenübliche Reingewinn** ist bei der Verwertung von **Altpapier** mit **5 %** und bei der Verwertung von **anderem Altmaterial** mit **20 %** der Einnahmen anzusetzen. Zu den maßgeblichen Einnahmen gehört nicht die im Bruttopreis enthaltene Umsatzsteuer (AEAO Nr. 27 zu § 64). 435

(Einstweilen frei) 436–440

6. Zweckbetrieb

a) Begriff

441 Der Zweckbetrieb ist ein wirtschaftlicher Geschäftsbetrieb, der steuerunschädlich ist und dem **steuerbegünstigten Bereich der Körperschaft** zugerechnet wird.

Nach § 65 AO ist ein Zweckbetrieb gegeben, wenn

► der wirtschaftliche Geschäftsbetrieb in seiner Gesamtrichtung dazu dient, die steuerbegünstigten satzungsmäßigen Zwecke der Körperschaft zu verwirklichen,

► die Zwecke nur durch einen solchen Geschäftsbetrieb erreicht werden können und

► der wirtschaftliche Geschäftsbetrieb zu nicht begünstigten Betrieben derselben oder ähnlicher Art nicht in größerem Umfang in Wettbewerb tritt, als es bei Erfüllung der steuerbegünstigten Zwecke unvermeidbar ist.

442 Ein Zweckbetrieb muss **tatsächlich und unmittelbar satzungsmäßige Zwecke** der Körperschaft verwirklichen, die ihn betreibt. Es genügt deshalb nicht, dass er begünstigte Zwecke verfolgt, die nicht satzungsmäßig Zwecke der ihn tragenden Körperschaft sind. Ebenso wenig genügt es, wenn er der Verwirklichung begünstigter Zwecke nur mittelbar dient, z. B. durch Abführung seiner Erträge.[1]

443 Weitere Voraussetzungen eines Zweckbetriebs ist, dass die begünstigten Zwecke der Körperschaft nur durch ihn erreicht werden können. Die Körperschaft muss den Zweckbetrieb zur Verwirklichung ihrer satzungsmäßigen Zwecke unbedingt und unmittelbar benötigen.[2] Dies trifft bspw. zu für eine Körperschaft, die den steuerbegünstigten Zweck der **Altenhilfe** verfolgt, und ein **Altenheim** betreibt oder für eine gemeinnützige GmbH, die sog. **Problemarbeitslose** (ehemalige Strafgefangene und Alkoholiker) durch Beschäftigung in einem **Handwerksbetrieb** wieder an ein geregeltes Arbeitsleben gewöhnen will.[3]

444 Der Wettbewerb eines Zweckbetriebes zu nicht begünstigten Betrieben derselben oder ähnlichen Art muss auf das zur Erfüllung der steuerbegünstigten Zwecke unvermeidbare Maß begrenzt sein. Daran fehlt es z. B., wenn eine steuerbegünstigte Körperschaft im Auftrage einer öffentlich-rechtlichen Rundfunkanstalt Fernsehfilme unterhaltenden, belehrenden und informierenden Inhalts über wichtige soziale Fragen unter Berücksichtigung der religiösen Anliegen der Kirche, die die steuerbegünstigte Körperschaft trägt, produziert.[4] Unschädlich ist dagegen der **uneingeschränkte Wettbewerb zwischen Zweckbetrieben,** die demselben steuerbegünstigten Zweck dienen und ihn in gleicher oder ähnlicher Form verwirklichen (z. B. „Rollender Mittagstisch" eines Wohlfahrtsverbandes konkurriert mit „Essen auf Rädern" eines anderen Wohlfahrtsverbandes).

445 Einzelfälle:

► Der entgeltliche **Musikunterricht** gemeinnütziger Musikschulen ist als Zweckbetrieb anzusehen.[5]

---

1 BFH, Urteil v. 21. 8. 1985 - I R 60/80, BStBl 1986 II 88.
2 BFH, Urteil v. 2. 10. 1968 - I R 40/68, BStBl 1969 II 43.
3 Vgl. BFH, Urteil v.13. 6. 2012 - I R 71/11, BFH/NV 2013, 89 = NWB ZAAAE-22182.
4 BFH, Urteil v. 13. 8. 1986 - II R 246/81, BStBl 1986 II 831.
5 Koordinierter Ländererl., NWB DokSt Erl. F. 2 §§ 51 – 68 AO Nr. 2/82.

- Bei einer **Jugendreise,** an der nur Jugendliche unter 18 Jahren teilnehmen, kann i. d. R. davon ausgegangen werden, dass mit der Jugendreise auch eine erzieherische Betreuung verbunden ist; die Jugendreise kann deshalb als Zweckbetrieb behandelt werden. Bei Jugendreisen, an denen auch Jugendliche über 18 Jahren teilnehmen, ist im Einzelfall zu untersuchen, ob ein Zweckbetrieb angenommen werden kann. Eine Wettbewerbsverletzung ist gegeben, wenn die Reise lediglich der Erholung der Jugendlichen dient; dies ist insbesondere dann anzunehmen, wenn die Jugendlichen den Urlaub frei gestalten können.[1]
- Die Herstellung und Veräußerung von Erzeugnissen, die in der 2. Stufe der Blutfraktionierung gewonnen werden, durch die **Blutspendedienste** des Deutschen Roten Kreuzes sind ein steuerpflichtiger wirtschaftlicher Geschäftsbetrieb, es sei denn, die abgegebenen Plasmaderivate sind aus abgelaufenen Vollblutkonserven hergestellt worden. Insoweit ist der Wettbewerb zwischen den Blutspendediensten und den Unternehmen der pharmazeutischen Industrie unvermeidbar, so dass ein Zweckbetrieb gegeben ist.[2]
- Zusammengefasste Werkstattläden können noch als Zweckbetriebe behandelt werden, wenn ein Warenaustausch lediglich zwischen Läden stattfindet, die von **Werkstätten für Behinderte** unterhalten werden, und wenn in diesen Läden ausschließlich Produkte veräußert werden, die von Werkstätten für Behinderte stammen. Ein Zweckbetrieb kann dagegen nicht mehr angenommen werden, wenn andere Erzeugnisse zugekauft werden.[3]
- Der Verkauf von Ansichtskarten, Fotografien, Dias und Postern mit Zoo- und Tierparkmotiven, von Kalendern, Tierbüchern, Medaillen, Aufklebern, Stofftieren u. dgl. sowie von Tierfutter durch **Tierparks** und **zoologische Gärten** bildet einen steuerpflichtigen wirtschaftlichen Geschäftsbetrieb. Dazu gehört auch die Anzeigenwerbung in den Zoo- und Tierparkführern. Dagegen sind die Einnahmen aus dem Eintrittsgeld, dem Verkauf von Zoo- und Tierparkführern, die Erteilung einer Fotografieerlaubnis dem Zweckbetrieb zuzuordnen. Das Gleiche gilt für den Verkauf von Tieren, falls der Verkauf den Aufgaben anderer Tierparks oder zoologischen Gärten dient, z. B. Zurschaustellung, Zucht oder Verjüngung des Tierbestandes.[4]
- Der Verkauf von **Angelkarten** durch Vereine an Vereinsmitglieder wird im Rahmen eines steuerbegünstigten wirtschaftlichen Geschäftsbetriebs (Zweckbetrieb) durchgeführt.[5]
- Entgeltliche **Organtransporte** durch gemeinnützige Organisationen sind – ungeachtet der Ausrüstung der Transportfahrzeuge, etwa mit Martinshorn und Blaulicht – als Zweckbetriebe anzusehen.[6]
- Beförderungsleistungen (**Krankenfahrten**) können unter bestimmten Voraussetzungen als Zweckbetriebe behandelt werden.[7]
- Die **Arzneimittellieferungen der Krankenhausapotheke** eines gemeinnützigen Krankenhausträgers an andere Krankenhäuser sind keine Tätigkeit, die zu einem Zweckbetrieb

---

1 Koordinierter Ländererl., NWB DokSt Erl. F. 2 §§ 51 – 68 AO Nr. 3/82.
2 Koordinierter Ländererl., NWB DokSt Erl. F. 2 §§ 51 – 68 AO Nr. 7/82.
3 BMF, Schreiben v. 13.11.1980, NWB DokSt Erl. F. 2 §§ 51 – 68 AO Nr. 5/83; Hess. FinMin v. 23.5.1991, KSt-Kartei § 5 Karte H 59.
4 Koordinierter Ländererl., NWB DokSt Erl. F. 2 §§ 51 – 68 Nr. 6/83.
5 BMF, Schreiben v. 25.9.1991 - IV B 4 - S 0171 - 50/91, NWB JAAAA-78008.
6 OFD Köln, NWB DokSt Erl. F. 2 §§ 51 – 68 AO Nr. 4/87.
7 Siehe dazu Bay. FinMin v. 17.8.1990, KSt-Kartei § 5 Abs. 1 Nr. 9 Karte 14.1.

führt.[1] Demgegenüber ist die Abgabe von Medikamenten durch die Krankenhausapotheke an Patienten eines Krankenhauses dem Zweckbetrieb Krankenhaus zuzurechnen.[2]

► Ein **Kommunikationszentrum** in Form eines Cafés (**Teestube**) eines wegen Förderung der Jugendhilfe gemeinnützigen Vereins ist kein Zweckbetrieb.[3]

► **Karnevalssitzungen** sind wegen der durch Büttenreden sowie tänzerische und musikalische Darbietungen karnevalistischer Art zum Ausdruck kommenden Brauchtumspflege als steuerbegünstigte Zweckbetriebe zu behandeln. Entsprechendes gilt für **Karnevalsumzüge** und Einnahmen aus der Vermietung von **Tribünenplätzen** an Zuschauer.[4] Dagegen handelt es sich bei dem Verkauf von Speisen und Getränken bei Karnevalssitzungen durch den Verein bzw. bei Einnahmen für Teilnahme von Wagen mit Werbung an dem Umzug um einen wirtschaftlichen Geschäftsbetrieb.[5]

446–450 *(Einstweilen frei)*

b) Wohlfahrtspflege

451 Eine Einrichtung der Wohlfahrtspflege ist ein Zweckbetrieb, wenn sie in besonderem Maße den in § 53 AO genannten Personen dient (§ 66 Abs. 1 AO), d. h., ihre Tätigkeit muss auf die Sorge für **Not leidende oder gefährdete Menschen** gerichtet sein. Nach AEAO Nr. 3 zu § 66 sind Not leidend bzw. gefährdet die Menschen, die eine oder beide Voraussetzungen des § 53 Nrn. 1 und 2 erfüllen (vgl. → Rz. 271 ff.).

452 Unter **Wohlfahrtspflege** versteht das Gesetz (§ 66 Abs. 2 AO) die planmäßige, zum Wohle der Allgemeinheit und nicht des Erwerbs wegen ausgeübte Sorge für Not leidende oder gefährdete Mitmenschen. Die Sorge kann sich auf das gesundheitliche, sittliche, erzieherische oder wirtschaftliche Wohl erstrecken und Vorbeugen oder Abhilfe bezwecken (§ 66 Abs. 2 AO).

453 Eine Einrichtung der Wohlfahrtspflege dient in besonderem Maße den in § 53 AO genannten Personen, wenn diesen mindestens zwei Drittel ihrer Leistungen zugute kommen (§ 66 Abs. 3 Satz 1 AO). Dies gilt bspw. für **Mensa- und Cafeteriabetriebe** von Studentenwerken.[6] Es ist nicht erforderlich, dass die gesamte Tätigkeit auf die Förderung Not leidender bzw. gefährdeter Menschen gerichtet ist. Es genügt, wenn **zwei Drittel der Leistungen** einer Einrichtung Not leidenden oder gefährdeten Menschen zugute kommen. Auf das Zahlenverhältnis von gefährdeten bzw. Not leidenden und übrigen geförderten Menschen kommt es nicht an. Nicht begünstigt ist allerdings die Leistungserbringung gegenüber einem steuerpflichtigen Dritten, der seinerseits überwiegend Leistungen an begünstigte Personen i. S. d. § 53 AO erbringt.[7] Soweit Wohlfahrtsverbände mit Krankentransporten und Rettungsdiensten Leistungen zu denselben Bedingungen wie private gewerbliche Unternehmen anbieten, werden sie nicht im Rahmen der Wohlfahrtspflege tätig.[8]

---

[1] BFH, Urteil v. 18. 10. 1990 - V R 76/89, BStBl 1991 II 268.
[2] BFH, Urteil v. 31. 7. 2013 - I R 82/12, BStBl 2015 II 123; ebenso für die Abgabe von Gerinnungsfaktoren an Patienten eines Krankenhauses zur häuslichen Selbstbehandlung FG Köln, Urteil v. 17. 3. 2016 - 10 K 775/15, juris = NWB DAAAF-73715.
[3] BFH, Urteil v. 11. 4. 1990 - I R 122/87, BStBl 1990 II 724.
[4] A. A. FG Nürnberg v. 23. 4. 1991 - II 21/91, EFG 1991, 629.
[5] OFD Frankfurt/M. v. 7. 8. 1991, KSt-Kartei § 5 Karte H 60.
[6] Hess. FinMin v. 20. 6. 1991, KSt-Kartei § 5 Karte H 58.
[7] Vgl. BFH, Urteil v. 16. 12. 2009 - I R 49/08, BStBl 2011 II 398, zu Leistungen gegen Entgelt im Bereich des altenbetreuten Wohnens.
[8] BFH, Urteil v. 18. 9. 2007 - I R 30/06, BStBl 2009 II 126.

Für **Krankenhäuser** gilt § 67 AO als lex specialis (→ Rz. 456).

(Einstweilen frei) 454–455

c) Krankenhäuser

Ein Krankenhaus, das in den Anwendungsbereich der Bundespflegesatzverordnung fällt, ist kraft gesetzlicher Bestimmung in § 67 Abs. 1 AO ein Zweckbetrieb, wenn mindestens **40 %** der jährlichen Pflegetage auf Patienten entfallen, bei denen **nur Entgelte für allgemeine Krankenhausleistungen** (§ 7 Krankenhausentgeltgesetz, § 10, Bundespflegesatzverordnung) berechnet werden. 456

Ein Krankenhaus, das nicht in den Anwendungsbereich der Bundespflegesatzverordnung fällt, ist ein Zweckbetrieb, wenn mindestens 40 % der jährlichen Pflegetage auf Patienten entfallen, bei denen für die Krankenhausleistungen kein höheres Entgelt als nach § 67 Abs. 1 AO berechnet wird (§ 67 Abs. 2 AO). Die entgeltliche (Mit-)Überlassung eines medizinischen Großgerätes und nichtärztlichen medizinisch-technischen Personals an eine ärztliche Gemeinschaftspraxis durch ein Krankenhaus i. S. d. **§ 67 Abs. 1 AO** stellt einen steuerpflichtigen wirtschaftlichen Geschäftsbetrieb dar.[1] Die Erträge aus wirtschaftlichen Geschäftsbetrieben werden nicht von der Gewerbesteuerbefreiung für Krankenhäuser, Altenheime, Altenwohnheime und Pflegeeinrichtungen umfasst.[2] 457

(Einstweilen frei) 458–460

d) Sportliche Veranstaltungen

Sportliche Veranstaltungen eines Sportvereins sind gem. § 67a Abs. 1 AO ein Zweckbetrieb, wenn die Einnahmen einschließlich Umsatzsteuer insgesamt 30 678 € (ab 2013) 45 000 € im Jahr nicht übersteigen (**Zweckbetriebsgrenze**). Übersteigen die Einnahmen diese Zweckbetriebsgrenze, liegt grds. ein steuerpflichtiger wirtschaftlicher Geschäftsbetrieb vor.[3] 461

Der Sportverein kann dem Finanzamt bis zur Unanfechtbarkeit des Körperschaftsteuerbescheids erklären, dass er auf die Anwendung der Zweckbetriebsgrenze **verzichtet**. An diese Erklärung ist der Verein für mindestens fünf Jahre gebunden (§ 67a Abs. 2 AO). Die steuerliche Behandlung der sportlichen Veranstaltungen (s. → Rz. 467) des Vereins erfolgt im Falle des Verzichts nach § 67a Abs. 3 AO (→ Rz. 479). 462

Der Verzicht auf die Anwendung des § 67a Abs. 1 Satz 1 AO ist auch dann möglich, wenn die Einnahmen aus den sportlichen Veranstaltungen die Zweckbetriebsgrenze von 30 678 € (ab 2013) 45 000 € nicht übersteigen (AEAO Nr. 21 zu § 67a). 463

Die Option nach § 67a Abs. 2 AO kann **bis zur Unanfechtbarkeit des Körperschaftsteuerbescheids widerrufen** werden. Eine Steuerfestsetzung ist unanfechtbar, wenn auf die Einlegung eines Rechtsbehelfs wirksam verzichtet oder ein Rechtsbehelf wirksam zurückgenommen worden ist, wenn die Rechtsbehelfsfrist ohne Einlegung eines förmlichen Rechtsbehelfs abgelaufen oder wenn gegen den Verwaltungsakt oder die gerichtliche Entscheidung kein Rechtsbehelf mehr gegeben ist. Dabei ist unter Unanfechtbarkeit die **formelle Bestandskraft** 464

---

1 BFH, Urteil v. 6. 4. 2005 - I R 85/04, BStBl 2005 II 545.
2 BFH, Urteil v. 22. 6. 2011 - I R 59/10, BFH/NV 2012, 61 = NWB CAAAD-94852; v. 22. 6. 2011 - I R 43/10, BStBl 2011 II 892.
3 Zu einzelnen Tätigkeitsbereichen von Sportvereinen vgl. a. Hess. FinMin v. 26. 7. 1991, KSt-Kartei § 5 Karte H 61.

der erstmaligen Steuerfestsetzung zu verstehen, die auch in einer Steuerfestsetzung unter Vorbehalt der Nachprüfung oder in einer Steueranmeldung bestehen kann.[1]

465 Der Widerruf ist – auch nach Ablauf der **fünfjährigen Bindungsfrist** – nur mit Wirkung ab dem Beginn eines Kalender- oder Wirtschaftsjahres zulässig (AEAO Nr. 22 zu § 67a).

Sportverein

466 Unter Sportvereinen i. S. d. Vorschrift sind alle gemeinnützigen Körperschaften zu verstehen, bei denen die **Förderung des Sports Satzungszweck** ist. § 67a AO gilt also z. B. auch für Sportverbände und Sportvereine, die Fußballveranstaltungen unter Einsatz ihrer Lizenzspieler nach dem Lizenzspielerstatut des Deutschen Fußballverbandes e.V. durchführen (AEAO Nr. 2 zu § 67a).

Sportliche Veranstaltungen

467 Als sportliche Veranstaltung ist die organisatorische Maßnahme eines Sportvereins anzusehen, die es aktiven Sportlern, die nicht Mitglieder des Vereins zu sein brauchen, ermöglicht, Sport zu treiben.[2] Eine sportliche Veranstaltung liegt ferner vor, wenn ein Sportverein in Erfüllung seiner Satzungszwecke im Rahmen einer Veranstaltung einer anderen Person oder Körperschaft eine sportliche Darbietung erbringt. Die Veranstaltung, bei der die sportliche Darbietung präsentiert wird, braucht keine steuerbegünstigte Veranstaltung zu sein.[3] Aber auch die Aus- und Fortbildung in sportlichen Fertigkeiten gehört zu den typischen und wesentlichen Tätigkeiten eines Sportvereins. Sportkurse und -lehrgänge für Mitglieder und Nichtmitglieder von Sportvereinen (**Sportunterricht**) sind daher als sportliche Veranstaltungen anzusehen. Dabei ist es unschädlich für die Zweckbetriebseigenschaft, wenn der Sportverein mit dem Sportunterricht in Wettbewerb zu gewerblichen Sportlehrern tritt (z. B. Reitlehrer, Skilehrer, Tennislehrer, Schwimmlehrer), weil § 67a AO gegenüber § 65 AO als lex specialis vorgeht. Die Beurteilung des Sportunterrichts als sportliche Veranstaltung hängt nicht davon ab, ob der Unterricht durch Beiträge, Sonderbeiträge oder Sonderentgelte abgegolten wird. Auch das **Sporttraining** ist eine sportliche Veranstaltung (AEAO Nr. 3 und 5 zu § 67a). Die Tätigkeit eines Sport-Dachverbands gehört nicht dazu.[4]

468 **Sportreisen** werden als sportliche Veranstaltung behandelt, wenn die sportliche Betätigung wesentlicher und notwendiger Bestandteil der Reise ist (z. B. **Reise zum Wettkampfort**). Reisen, bei denen die Erholung der Teilnehmer im Vordergrund steht (**Touristikreisen**), zählen dagegen nicht zu den sportlichen Veranstaltungen, selbst wenn anlässlich der Reise auch Sport betrieben wird (AEAO Nr. 4 zu § 67a).

469 Der **Verkauf von Speisen und Getränken**[5] – auch an Wettkampfteilnehmer, Schiedsrichter, Kampfrichter, Sanitäter, Ordnungskräfte usw. – sowie die **Werbung** gehören nicht zu den sportlichen Veranstaltungen. Die Einnahmen aus diesen Betätigungen bleiben also bei der Prüfung, ob die Zweckbetriebsgrenze (s. → Rz. 461) überschritten wird, außer Ansatz. Diese Tätigkeiten sind vielmehr gesonderte steuerpflichtige wirtschaftliche Geschäftsbetriebe. Nach § 64 Abs. 2 AO ist es aber möglich, Überschüsse aus diesen Betrieben mit Verlusten aus sport-

---

[1] Vgl. BFH, Urteil v. 19. 12. 1985 - V R 167/82, BStBl 1986 II 420.
[2] BFH, Urteil v. 25. 7. 1996 - V R 7/95, BStBl 1997 II 154.
[3] BFH, Urteil v. 4. 5. 1994 - XI R 109/90, BStBl 1994 II 886.
[4] BFH, Urteil v. 24. 6. 2015 - I R 13/13, DStR 2015, 2428 = NWB OAAAF-06778.
[5] Vgl. FG Saarland v. 13. 9. 1990 - 1 K 7/89, EFG 1991, 5.

lichen Veranstaltungen, die steuerpflichtige wirtschaftliche Geschäftsbetriebe sind (z. B. Einnahmen über [ab 2002] 30 678 € bzw. 45 000 € ab 2013), zu verrechnen (AEAO Nr. 6 zu § 67a).

Wird für den Besuch einer sportlichen Veranstaltung, die Zweckbetrieb ist, ein **Eintrittspreis** bezahlt, der auch eine **Bewirtung** enthält, so ist dieser – ggf. im Wege der Schätzung – in einen Entgeltsanteil für den Besuch der sportlichen Veranstaltung und in einen Entgeltsanteil für die Bewirtung aufzuteilen (AEAO Nr. 7 zu § 67a).

Sportliche Veranstaltungen, die Zweckbetriebe sind, werden in erster Linie um ihrer selbst willen und nicht zu Werbezwecken durchgeführt. Andererseits wären die Werbeeinnahmen kaum ohne die sportlichen Veranstaltungen zu erzielen. Wegen dieses Zusammenhangs zwischen Sportveranstaltung und den Werbeeinnahmen lässt die Finanzverwaltung zu, dass ein Teil der Veranstaltungskosten von den Werbeeinnahmen abgezogen wird. Da sich die unmittelbar mit den Sportveranstaltungen zusammenhängenden Kosten praktisch nicht ermitteln und hinreichend genau gegenüber den Kosten der übrigen sportlichen Betätigungen des Vereins abgrenzen lassen, wird es nicht beanstandet, wenn die **abziehbaren Veranstaltungskosten pauschal mit 25 % der Werbeeinnahmen** angesetzt werden.[1] Dabei gehört die im Bruttopreis enthaltene Umsatzsteuer nicht zu den maßgebenden Werbeeinnahmen. Andererseits ist die Umsatzsteuer nicht durch die Pauschale abgedeckt. Bei der Einnahmen-Überschussrechnung (§ 4 Abs. 3 EStG) ist die Umsatzsteuer als Betriebseinnahme anzusetzen und neben der Pauschale als Betriebsausgabe abzuziehen. Die Pauschale deckt auch die unmittelbar durch die Werbung selbst verursachten Kosten ab. Diese können somit nicht noch einmal von den Werbeeinnahmen abgezogen werden und dürfen auch nicht das Ergebnis der anderen wirtschaftlichen Geschäftsbetriebe mindern (AEAO Nr. 8 zu § 67a i. V. m. Nr. 28–35 zu § 64).

Die entgeltliche Übertragung des Rechts zur **Nutzung von Werbeflächen auf der Sportkleidung** (z. B. auf Trikots, Sportschuhen, Helmen) und auf **Sportgeräten** ist stets als steuerpflichtiger wirtschaftlicher Geschäftsbetrieb zu behandeln, nicht dagegen – nach Auffassung der FinVerw – die pachtweise Gesamtüberlassung von Werberechten, die als steuerfreie Vermögensverwaltung (§ 14 Satz 3 AO) zu beurteilen ist (AEAO Nr. 9 zu § 67a).

Die Unterhaltung von **Clubhäusern, Kantinen, Vereinsheimen oder Vereinsgaststätten** ist selbst dann keine „sportliche Veranstaltung", wenn die Einrichtung ihr Angebot nur an Mitglieder richtet (AEAO Nr. 10 zu § 67a).

Bei **Vermietung von Sportstätten** einschließlich der Betriebsvorrichtungen für sportliche Zwecke ist zwischen der Vermietung auf längere Dauer und der Vermietung für kurze Zeit (z. B. stundenweise Vermietung, auch wenn die Stunden für einen längeren Zeitraum im Voraus festgelegt werden) zu unterscheiden: Die Vermietung **auf längere Dauer** gehört zur steuerfreien Vermögensverwaltung; die Frage der Behandlung als sportliche Veranstaltung i. S. d. § 67a AO stellt sich dort erst gar nicht.

Die Vermietung von Sportstätten und Betriebsvorrichtungen **auf kurze Dauer schafft** lediglich die Voraussetzungen für sportliche Veranstaltungen. Sie ist jedoch selbst keine sportliche Veranstaltung, sondern ein wirtschaftlicher Geschäftsbetrieb eigener Art. Dieser ist als Zweckbetrieb i. S. d. § 65 AO anzusehen (→ Rz. 441), wenn es sich bei den Mietern um Mitglieder des Vereins handelt. Bei der Vermietung auf kurze Dauer an Nichtmitglieder tritt der Verein dagegen in größerem Umfang in Wettbewerb zu nicht begünstigten Vermietern, als es bei Erfül-

---

[1] Vgl. a. BFH, Urteil v. 27. 3. 1991 - I R 31/89, BStBl 1992 II 103.

lung seiner steuerbegünstigten Zwecke unvermeidbar ist (§ 65 Nr. 3 AO). Diese Art der Vermietung stellt deshalb einen steuerpflichtigen wirtschaftlichen Geschäftsbetrieb dar.[1]

475 Werden sportliche Veranstaltungen, die im vorangegangenen Veranlagungszeitraum Zweckbetrieb waren, zu einem steuerpflichtigen wirtschaftlichen Geschäftsbetrieb oder umgekehrt, ist grds. § 13 Abs. 5 KStG anzuwenden (AEAO Nr. 16 zu § 67a).

Zweckbetrieb

476 Bei der Anwendung der Zweckbetriebsgrenze von 60 000 DM bzw. (ab 2002) 30 678 € bzw. (ab 2013) 45 000 € (s. →Rz. 461) sind **alle Einnahmen** der Veranstaltung zusammenzurechnen, die in dem betreffenden Jahr als sportliche Veranstaltungen (s. →Rz. 467) stattgefunden haben. Zu diesen Einnahmen gehören insbesondere Eintrittsgelder, Startgelder, Zahlungen für die Übertragung sportlicher Veranstaltungen in Rundfunk und Fernsehen, Lehrgangsgebühren und Ablösezahlungen (AEAO Nr. 17 zu § 67a).

477 Die **Bezahlung von Sportlern** in einem Zweckbetrieb i. S. d. § 67a Abs. 1 Satz 1 AO ist – ungeachtet der Herkunft der Mittel hierfür – uneingeschränkt zulässig (§ 58 Nr. 9 AO). Dies gilt auch für die Zahlung von **Ablösesummen** (AEAO Nr. 18 und 193 zu § 67a).

478 Bei **Spielgemeinschaften** von Sportvereinen ist – unabhängig von der Qualifizierung der Einkünfte im Feststellungsbescheid für die Gemeinschaft – bei der Körperschaftsteuerveranlagung der beteiligten Sportvereine zu entscheiden, ob ein Zweckbetrieb oder ein steuerpflichtiger wirtschaftlicher Geschäftsbetrieb gegeben ist. Für die Beurteilung, ob die Zweckbetriebsgrenze (s. →Rz. 461) überschritten wird, ist die **Höhe der anteiligen Einnahmen** – nicht des anteiligen Gewinns – maßgebend (AEAO Nr. 20 zu § 67a).

Verzicht auf Anwendung der Zweckbetriebsgrenze

479 Macht ein Sportverein gem. § 67a Abs. 2 AO von der Möglichkeit Gebrauch, auf die Anwendung der Zweckbetriebsgrenze (s. →Rz. 461) zu verzichten, sind sportliche Veranstaltungen des Sportvereins ein Zweckbetrieb, wenn folgende Voraussetzungen erfüllt sind:

► Es nimmt kein Sportler des Vereins teil, der für seine sportliche Betätigung oder für die Benutzung seiner Person, seines Namens, seines Bildes oder seiner sportlichen Betätigung zu Werbezwecken von dem Verein oder einem Dritten über eine Aufwandsentschädigung hinaus Vergütungen oder andere Vorteile erhält und

► es nimmt kein anderer Sportler teil, der für die Teilnahme an der Veranstaltung von dem Verein oder einem Dritten im Zusammenwirken mit dem Verein über eine Aufwandsentschädigung hinaus Vergütungen oder andere Vorteile erhält (§ 67a Abs. 3 Satz 1 AO).

480 Auf die Höhe der Einnahmen oder Überschüsse dieser sportlichen Veranstaltungen kommt es im Rahmen des § 67a Abs. 3 AO nicht an. Sportliche Veranstaltungen, an denen ein oder mehrere Sportler teilnehmen, die als **bezahlte Sportler** anzusehen sind, sind steuerpflichtige wirtschaftliche Geschäftsbetriebe. Nach dem Gesetz kommt es nicht darauf an, ob ein Verein eine Veranstaltung von vornherein als steuerpflichtigen wirtschaftlichen Geschäftsbetrieb angesehen oder ob er – aus welchen Gründen auch immer – zunächst irrtümlich einen Zweckbetrieb angenommen hat (AEAO Nr. 26 zu § 67a).

Unter Veranstaltungen i. S. d. § 67a Abs. 3 AO sind bei allen Sportarten grds. die **einzelnen Wettbewerbe** zu verstehen, die in engem zeitlichen und örtlichen Zusammenhang durch-

---

1 AEAO Nr. 12 zu § 67a; vgl. a. Hess. FinMin v. 23. 5. 1991, KSt-Kartei § 5 Karte H 54.

geführt werden. Bei einer **Mannschaftssportart** ist also nicht die gesamte Meisterschaftsrunde, sondern jedes einzelne Meisterschaftsspiel die zu beurteilende sportliche Veranstaltung. Bei einem **Turnier** hängt es von der Gestaltung im Einzelfall ab, ob das gesamte Turnier oder jedes einzelne Spiel als sportliche Veranstaltung anzusehen ist. Dabei ist von wesentlicher Bedeutung, ob für jedes Spiel gesondert Eintritt erhoben wird und ob die Einnahmen und Ausgaben für jedes Spiel gesondert ermittelt werden (AEAO Nr. 24 zu § 67a).

Sportkurse und **Sportlehrgänge** für Mitglieder und Nichtmitglieder von Sportvereinen sind bei Anwendung des § 67a Abs. 3 AO als Zweckbetrieb zu behandeln, wenn kein Sportler als Auszubildender teilnimmt, der wegen seiner Betätigung in dieser Sportart als bezahlter Sportler i. S. d. § 67a Abs. 3 AO anzusehen ist. Werden Ausbilder bezahlt, hat dies keine Auswirkung auf die Eigenschaft als Zweckbetrieb (AEAO Nr. 25 zu § 67a).

Ist ein Sportler in einem Kj. als **bezahlter Sportler** anzusehen, sind alle in dem Kj. durchgeführten sportlichen Veranstaltungen des Vereins, an denen der Sportler teilnimmt, ein steuerpflichtiger wirtschaftlicher Geschäftsbetrieb. Bei einem vom Kj. abweichenden Wj. ist dieses zugrunde zu legen. Es kommt nicht darauf an, ob der Sportler die Merkmale des bezahlten Sportlers erst nach Beendigung der sportlichen Veranstaltung erfüllt. Nehmen neben bezahlten Sportlern auch andere Sportler an einer Veranstaltung teil, so hat dieser Umstand keinen Einfluss auf die Behandlung der Veranstaltung als steuerpflichtiger wirtschaftlicher Geschäftsbetrieb (AEAO Nr. 26 zu § 67a).

Die gezahlten Vergütungen oder anderen gewährten Vorteile müssen **in vollem Umfang** aus steuerpflichtigen wirtschaftlichen Geschäftsbetrieben oder von Dritten geleistet werden (§ 67a Abs. 3 Satz 3 AO). Eine anderweitige Aufteilung der Vergütungen ist nicht zulässig. Es geht also z. B. nicht an, Vergütungen an bezahlte Sportler bis zu 700 DM (s. nachstehend) als Ausgaben des steuerbegünstigten Bereichs und nur die diesen Betrag übersteigenden Vergütungen als Ausgaben des steuerpflichtigen wirtschaftlichen Geschäftsbetriebs „Sportveranstaltungen" zu behandeln (AEAO Nr. 27 zu § 67a).

Auch die anderen anfallenden Kosten müssen aus dem steuerpflichtigen wirtschaftlichen Geschäftsbetrieb „Sportveranstaltungen", aus anderen wirtschaftlichen Geschäftsbetrieben (z. B. Verkauf von Speisen und Getränken, Werbung) oder von Dritten abgedeckt werden.[1] Dies gilt auch dann, wenn an der Veranstaltung neben bezahlten auch andere Sportler teilnehmen. Die Kosten können also nicht danach aufgeteilt werden, ob sie auf bezahlte oder unbezahlte Sportler entfallen. Etwaiger **Aufwandsersatz an unbezahlte Sportler** für die Teilnahme an einer Veranstaltung mit bezahlten Sportlern ist als eine Ausgabe dieser Veranstaltung zu behandeln. Aus Vereinfachungsgründen wird es nicht beanstandet, wenn die **Aufwandspauschale (bis zu 400 € monatlich)** an unbezahlte Sportler nicht als Betriebsausgabe des steuerpflichtigen wirtschaftlichen Geschäftsbetriebs behandelt, sondern aus Mitteln des steuerbegünstigten Bereichs abgedeckt wird (AEAO Nr. 27 zu § 67a).

Trainingskosten (z. B. Vergütungen an Trainer), die sowohl unbezahlte als auch bezahlte Sportler betreffen, sind nach den im Einzelfall gegebenen Abgrenzungsmöglichkeiten **aufzuteilen.** Als solche kommen bspw. in Betracht der jeweilige Zeitaufwand oder – bei gleichzeitigem Training von unbezahlten und bezahlten Sportlern – die Zahl der trainierten Sportler oder Mannschaften. Soweit eine Abgrenzung anders nicht möglich ist, sind die auf das Training unbezahlter und bezahlter Sportler entfallenden Kosten im Wege der Schätzung zu ermitteln.

---

[1] Vgl. BFH, Urteil v. 27. 3. 1991 - I R 31/89, BStBl 1992 II 103.

485 Werden unbezahlte und bezahlte Sportler einer Mannschaft gleichzeitig für eine Veranstaltung trainiert, die als steuerpflichtiger wirtschaftlicher Geschäftsbetrieb zu beurteilen ist, sind die gesamten Trainingskosten dafür Ausgaben des wirtschaftlichen Geschäftsbetriebs, wobei die vorerwähnte Vereinfachungsregelung für Aufwandspauschalen entsprechend gilt (AEAO Nr. 30 zu § 67a).

Sportler des Vereins i. S. d. § 67a Abs. 1 Satz 1 Nr. 1 AO sind nicht nur die aktiven Mitglieder des Vereins, sondern alle Sportler, die für den Verein auftreten, z. B. in einer Mannschaft des Vereins mitwirken (AEAO Nr. 31 zu § 67a).

486 Zahlungen an einen Sportler des Vereins **bis zu insgesamt 400 € je Monat** im Jahresdurchschnitt sind für die Beurteilung der Zweckbetriebseigenschaft der sportlichen Veranstaltungen – nicht aber bei der Besteuerung des Sportlers – **ohne Einzelnachweis als Aufwandsentschädigung** anzusehen. Werden höhere Aufwendungen erstattet, sind die gesamten Aufwendungen im Einzelnen nachzuweisen. Dabei muss es sich um Aufwendungen persönlicher oder sachlicher Art handeln, die dem Grunde nach Werbungskosten oder Betriebsausgaben sein können. Diese Regelung gilt für alle Sportarten (AEAO Nr. 32 zu § 67a).

487 Diese Regelung über die Unschädlichkeit pauschaler Aufwandsentschädigungen bis zu 400 € je Monat im Jahresdurchschnitt gilt **nur für Sportler des Vereins,** nicht aber für Zahlungen an andere Sportler. Einem anderen Sportler, der in einem Jahr nur an einer Veranstaltung des Vereins teilnimmt, kann also nicht ein Betrag bis zu 4 800 € als pauschaler Aufwandsersatz dafür gezahlt werden. Vielmehr führt in den Fällen des § 67a Abs. 3 Satz 1 Nr. 2 AO jede Zahlung an einen Sportler, der über eine Erstattung des tatsächlichen Aufwands hinausgeht, zum Verlust der Zweckbetriebseigenschaft der Veranstaltung (AEAO Nr. 33 zu § 67a).

488 Zuwendungen der **Stiftung Deutsche Sporthilfe, Frankfurt, und** der **Sporthilfe Berlin** an Spitzensportler sind i. d. R. als Ersatz von besonderen Aufwendungen der Spitzensportler für ihren Sport anzusehen. Sie sind deshalb nicht auf die zulässige Aufwandspauschale von 700 DM bzw. (ab 2002) 358 € je Monat im Jahresdurchschnitt anzurechnen. Weisen Sportler ihre tatsächlichen Aufwendungen nach, so muss sich der Nachweis auch auf jene Aufwendungen erstrecken, die den vorgenannten Zuwendungen gegenüberstehen (AEAO Nr. 34 zu § 67a).

489 Bei der Beurteilung der Zweckbetriebseigenschaft einer Sportveranstaltung nach § 67a Abs. 3 AO ist nicht zu unterscheiden, ob Vergütungen oder andere Vorteile an einen Sportler für die Teilnahme an sich oder für die erfolgreiche Teilnahme gewährt werden. Entscheidend ist vielmehr, dass der Sportler **aufgrund seiner Teilnahme Vorteile** hat, die er ohne seine Teilnahme nicht erhalten hätte. Auch die Zahlung eines **Preisgeldes,** das über eine Aufwandsentschädigung hinausgeht, begründet demnach einen steuerpflichtigen wirtschaftlichen Geschäftsbetrieb (AEAO Nr. 35 zu § 67a).

490 Bei einem sog. **Spielertrainer** ist zu unterscheiden, ob er für seine Trainertätigkeit oder für die Ausübung des Sports Vergütungen erhält. Wird er nur für seine Trainertätigkeit bezahlt oder erhält er für seine Tätigkeit als Spieler nur die Aufwandspauschale von bis zu 700 DM bzw. (ab 2002) 358 € monatlich, ist seine Teilnahme an sportliche Veranstaltungen unschädlich für die Zweckbetriebseigenschaft (AEAO Nr. 36 zu § 67a).

491 **Unbezahlte Sportler** werden allein wegen ihrer Teilnahme an Veranstaltungen mit bezahlten Sportlern nicht selbst zu bezahlten Sportlern. Die Ausbildung dieser Sportler gehört nach wie vor zu der steuerbegünstigten Tätigkeit eines Sportvereins, es sei denn, sie werden zusammen

mit bezahlten Sportlern für eine Veranstaltung trainiert, die ein steuerpflichtiger wirtschaftlicher Geschäftsbetrieb ist (AEAO Nr. 37 zu § 67a).

Sportler, die einem bestimmten Sportverein angehören und die nicht selbst unmittelbar Mitglieder eines **Sportverbandes** sind, werden bei der Beurteilung der Zweckbetriebseigenschaft von Veranstaltungen des Verbandes als andere Sportler i. S. d. § 67a Abs. 3 Satz 1 Nr. 2 AO angesehen. Zahlungen der Vereine an Sportler im Zusammenhang mit sportlichen Veranstaltungen der Verbände (z. B. Länderkämpfe) sind in diesen Fällen als „Zahlungen von Dritten im Zusammenwirken mit dem Verein" (hier: Verband) zu behandeln (AEAO Nr. 38 zu § 67a). 492

Ablösezahlungen, die einem gemeinnützigen Sportverein für die Freigabe von Sportlern zufließen, beeinträchtigen seine Gemeinnützigkeit nicht. Die erhaltenen Beträge zählen zu den Einnahmen aus dem steuerpflichtigen wirtschaftlichen Geschäftsbetrieb „Sportveranstaltungen", wenn der den Verein wechselnde Sportler in den letzten zwölf Monaten vor seiner Freigabe bezahlter Sportler i. S. d. § 67a Abs. 3 Satz 1 Nr. 1 AO war. Ansonsten gehören sie zu den Einnahmen aus dem Zweckbetrieb „Sportliche Veranstaltungen".[1] 493

Zahlungen eines gemeinnützigen Sportvereins an einen andern (abgebenden) Verein für die **Übernahme eines Sportlers** sind unschädlich für die Gemeinnützigkeit des zahlenden Vereins, wenn sie aus steuerpflichtigen wirtschaftlichen Geschäftsbetrieben für die Übernahme eines Sportlers geleistet werden, der beim aufnehmenden Verein in den ersten zwölf Monaten nach dem Vereinswechsel **als bezahlter Sportler** i. S. d. § 67a Abs. 3 Satz 1 Nr. 1 AO anzusehen ist. Zahlungen für einen Sportler, der beim aufnehmenden Verein nicht als bezahlter Sportler anzusehen ist, sind bei Anwendungen des § 67a Abs. 3 AO nur dann unschädlich für die Gemeinnützigkeit des zahlenden Vereins, wenn lediglich die **Ausbildungskosten** für den den Verein wechselnden Sportler erstattet werden. Eine derartige Kostenerstattung kann bei Zahlungen **bis zur Höhe von 5 000 DM bzw. (ab 2002) 2 557 € je Sportler** ohne weiteres angenommen werden. Bei höheren Kostenerstattungen sind sämtliche Ausbildungskosten im Einzelfall nachzuweisen. Die Zahlungen mindern nicht den Überschuss des steuerpflichtigen wirtschaftlichen Geschäftsbetriebs „Sportveranstaltungen" (AEAO Nr. 40 zu § 67a). 494

(Einstweilen frei) 495–505

e) Sonstige Zweckbetriebe

Der **§ 68 AO** enthält einen Katalog von Betrieben, die „auch" Zweckbetriebe sind. Es handelt sich hierbei nicht um eine abschließende Aufzählung; sie gibt wichtige Anhaltspunkte für die Auslegung der Begriffe Zweckbetriebe (§ 65 AO) im Allgemeinen und Einrichtungen der Wohlfahrtspflege (§ 66 AO) im Besonderen. 506

§ 68 AO ist gegenüber § 65 AO lex specialis.[2]

Alten-, Altenwohn- und Pflegeheime, Erholungsheime, Mahlzeitendienste sind Zweckbetriebe, wenn sie in besonderem Maße den in § 53 AO genannten Personen dienen.[3] Die Begriffe Alten- 507

---

[1] Vgl. OFD Frankfurt/M. v. 11. 3. 1991, KSt-Kartei § 5 Karte H 30.
[2] BFH, Urteil v. 4. 6. 2003 - I R 25/02, BStBl 2004 II 660.
[3] § 66 Abs. 3 i.V. m. § 68 Nr. 1a AO; vgl. → Rz. 271 ff., 451.

heim, Altenwohnheim und Pflegeheim nach § 1 HeimG[1] sind auch für das Steuerrecht maßgeblich.[2] Ein Hotelbetrieb ist nicht nach § 68 AO begünstigt.[3]

508 **Kindergärten, Kinder-, Jugend- und Studentenheime, Schullandheime und Jugendherbergen** sind gem. § 68 Nr. 1b AO Zweckbetriebe, ohne dass die durch sie geförderten Personen die Voraussetzungen des § 53 AO (→ Rz. 271 ff.) erfüllen müssen (AEAO Nr. 3 zu § 68). Die Beköstigung ist Teil des steuerbegünstigten Zweckbetriebs, da sie übliche und zum Teil notwendige Nebenleistung zum Betrieb dieser Einrichtungen ist.[4]

509 **Landwirtschaftliche Betriebe und Gärtnereien,** die der Selbstversorgung von Körperschaften dienen und dadurch die sachgemäße Ernährung und ausreichende Versorgung von Anstaltsangehörigen sichern, sowie andere Einrichtungen, die für die Selbstversorgung von Körperschaften erforderlich sind, wie z. B. **Tischlereien, Schlossereien,** sind Zweckbetriebe, wenn die Lieferungen und sonstigen Leistungen dieser Einrichtungen an Außenstehende dem Wert nach 20 v. H. der gesamten Lieferungen und sonstigen Leistungen des Betriebs – einschließlich der an die Körperschaft selbst bewirkten – nicht übersteigen (§ 68 Nr. 2a und b AO).

510 **Werkstätten für Behinderte** (vgl. § 54 Schwerbehindertengesetz), die nach den Vorschriften des Dritten Buches Sozialgesetzbuch – SGB III – förderungsfähig sind (also nicht gefördert werden müssen) und Personen Arbeitsplätze bieten, die wegen ihrer Behinderung nicht auf dem allgemeinen Arbeitsmarkt tätig sein können, sowie **Einrichtungen für Beschäftigungs- und Arbeitstherapie,** die der Eingliederung von Behinderten dienen, sind ebenfalls Zweckbetriebe (§ 68 Nr. 3 AO).

511 Zu den Zweckbetrieben gehören auch die von den Trägern der Behindertenwerkstätten betriebenen **Kantinen,** weil die besondere Situation der Behinderten auch während der Mahlzeiten eine Betreuung erfordert (AEAO Nr. 5 zu § 68).

512 Zweckbetriebe sind ferner die Einrichtungen, die zur Durchführung der **Blindenfürsorge** und zur Durchführung der **Fürsorge für Körperbehinderte** unterhalten werden (§ 68 Nr. 4 AO).

513 Einrichtungen der **Fürsorgeerziehung** und der **freiwilligen Erziehungshilfe** sind gem. § 68 Nr. 5 AO Zweckbetriebe.

514 Von den zuständigen Behörden genehmigte **Lotterien und Ausspielungen,** die eine steuerbegünstigte Körperschaft höchstens zweimal im Jahr zu ausschließlich gemeinnützigen, mildtätigen oder kirchlichen Zwecken veranstalten, sind Zweckbetriebe (§ 68 Nr. 6 AO).

515 Der Gesetzeswortlaut lässt es offen, in welchem Umfang solche Lotterien veranstaltet werden dürfen. Da eine besondere Einschränkung fehlt, ist auch eine umfangreiche Tätigkeit so lange unschädlich, wie die allgemein durch das Gesetz gezogenen Grenzen – hier insbesondere § 65 AO (→ Rz. 441 ff.) – nicht überschritten werden und die Körperschaft durch den Umfang der Lotterieveranstaltungen nicht ihr Gepräge als begünstigte Einrichtung verliert. Unter Veranstaltung sind die innerhalb einer angemessenen Zeitdauer abgeschlossenen Lotterien und Ausspielungen zu verstehen. **Dauerveranstaltungen** sind demnach keine Zweckbetriebe (AEAO Nrn. 10 zu § 68).

---

[1] BGBl 2001 I 2970.
[2] BFH, Urteil v. 1.12.1994 - V R 116/92, BStBl 1995 II 220.
[3] FG Köln, Urteil v. 19.2.2015 - 13 K 3354/10, EFG 2015, 1119.
[4] A. A. *Musil* in Hübschmann/Hepp/Spitaler, AO, § 68 Rz. 18.

Auch **kulturelle Einrichtungen,** wie Museen, Theater, und **kulturelle Veranstaltungen,** wie Konzerte, Kunstausstellungen, sind Zweckbetriebe (§ 68 Nr. 7 AO).

Der Zweckbetrieb umfasst aber nicht auch den Verkauf von Speisen und Getränken sowie die Werbung. Diese Tätigkeiten sind gesonderte wirtschaftliche Geschäftsbetriebe. Wird für den Besuch einer kulturellen Veranstaltung mit Bewirtung ein einheitlicher Eintrittspreis bezahlt so ist dieser – ggf. im Wege der Schätzung – in einen Entgeltsanteil für den Besuch der Veranstaltung und für die Bewirtungsleistungen aufzuteilen (AEAO Nr. 14 zu § 68).

Kulturelle Einrichtungen und Veranstaltungen sind nur dann Zweckbetriebe, wenn die Förderung der Kultur satzungsmäßiger Zweck der Körperschaft ist.

Volkshochschulen und andere Einrichtungen sind Zweckbetriebe, soweit sie selbst Vorträge, Kurse und andere Veranstaltungen wissenschaftlicher oder belehrender Art durchführen; dies gilt auch, soweit die Einrichtungen den Teilnehmern dieser Veranstaltungen selbst Beherbergung und Beköstigung gewähren (§ 68 Nr. 8 AO).

Wissenschafts-Forschungseinrichtungen, deren Träger sich überwiegend, also zu mehr als 50 % der gesamten Einnahmen, aus Zuwendungen der öffentlichen Hand oder Dritter oder aus der Vermögensverwaltung finanziert, sind ebenfalls Zweckbetriebe.[1]

Eine Forschungseinrichtung finanziert sich nicht überwiegend aus Zuwendungen der öffentlichen Hand oder Dritter oder aus der Vermögensverwaltung. Die Finanzierungsvoraussetzung ist für jeden Veranlagungszeitraum getrennt zu prüfen.[2] Der Wissenschaft und Forschung dient auch die **Auftragsforschung.** Nicht zum Zweckbetrieb gehören Tätigkeiten, die sich auf die Anwendung gesicherter wissenschaftlicher Erkenntnisse beschränken, die Übernahme von Projektträgerschaften sowie wirtschaftliche Tätigkeiten ohne Forschungsbezug.

Die Rechtsänderung geht darauf zurück, dass der BFH, Urteil v. 30. 11. 1995[3] entgegen der früheren Praxis[4] entschieden hatte, dass die Übernahme von Projektträgerschaften und die Auftragsforschung[5] grds. kein Zweckbetrieb sei. Der Gesetzgeber hielt diese Entscheidung im Ergebnis unter dem Gesichtspunkt des Gemeinwohls nicht für angebracht. In der Begründung zu § 68 Nr. 9 heißt es[6] u. a.:

„Die Vorschrift enthält eine neue Zweckbetriebsfiktion für Forschungseinrichtungen. Sie bewirkt, dass die Auftragsforschung der gemeinnützigen Forschungseinrichtungen als steuerbegünstigte Tätigkeit behandelt wird."

Mit ihren wirtschaftlichen Tätigkeiten unterliegen auch gemeinnützige Körperschaften grds. der normalen Besteuerung. Dies gilt jedoch nicht, wenn der wirtschaftliche Geschäftsbetrieb ein Zweckbetrieb ist. Für Zweckbetriebe werden die gleichen Steuervergünstigungen gewährt wie für die ideelle gemeinnützige Tätigkeit. Die allgemeinen Voraussetzungen für die Annahme eines Zweckbetriebs finden sich in § 65 AO. Die §§ 66 – 68 AO enthalten Sonderregelungen (Zweckbetriebsfiktionen) für bestimmte wirtschaftliche Geschäftsbetriebe, z. B. Krankenhäu-

---

[1] § 68 Nr. 9 durch Art. 18 Gesetz v. 20. 12. 1996, BGBl 1996 I 2049, 2074; BStBl 1996 I 1523, 1548 angefügt.
[2] Vgl. FG Köln, Urteil v. 22. 6. 2005, EFG 2005, 1492.
[3] V R 29/91, BStBl 1997 II 189.
[4] Vgl. *J. Thiel*, DB 1996, 1944, 1946.
[5] Siehe dazu *Lang/Seer*, Die Besteuerung der Drittmittelforschung, 1992; *Olbertz*, DStZ 1996, 531.
[6] BR-Drucks. 390/96, 88 f.

ser, sportliche und kulturelle Veranstaltungen, Altenheime und Bildungseinrichtungen, die der allgemeinen Regelung vorgehen.

523 Die Finanzverwaltung hat die Auftragsforschung der gemeinnützigen Forschungseinrichtungen bisher i. d. R. als Zweckbetrieb i. S. d. § 65 AO behandelt. Sie hat nur dann einen steuerpflichtigen wirtschaftlichen Geschäftsbetrieb angenommen, wenn die Einrichtung dem Auftraggeber Exklusivrechte bei der Verwertung der Forschungsergebnisse übertragen hat. Nach der neuen Rspr. des BFH ist die Auftragsforschung jedoch generell als steuerpflichtiger wirtschaftlicher Geschäftsbetrieb zu behandeln.[1]

524 Das Urteil führt, wenn nicht durch eine Zweckbetriebsfiktion abgeholfen wird, bei den gemeinnützigen Forschungseinrichtungen zu großen Problemen. Dabei geht es nur am Rande um die zu zahlenden Steuern, sondern in erster Linie um schwierige Abgrenzungsfragen und Planungssicherheit. Die Auftragsforschung ist in den Einrichtungen mit der gesamten Forschungstätigkeit verzahnt und vernetzt. Dadurch ist es schwierig und mit großem Arbeitsaufwand verbunden, die Einnahmen und Ausgaben der Einrichtung den einzelnen Tätigkeitsbereichen zuzuordnen. Die Zuordnungen würden bei späteren Prüfungen regelmäßig Anlass zu Diskussionen geben. Durch den bei der Auftragsforschung unverzichtbaren Transfer von Geld und Sachmitteln vom steuerbegünstigten in den steuerpflichtigen Bereich wäre häufig auch die Gemeinnützigkeit insgesamt gefährdet. Für eine wirksame und sinnvolle Erfüllung des gemeinnützigen Zwecks der Forschungseinrichtungen ist es unverzichtbar, dass die im steuerbegünstigten Bereich (Grundlagenforschung) gefundenen Ergebnisse in der Praxis überprüft und der Wirtschaft zugänglich gemacht werden. Dies geschieht weit überwiegend im Rahmen der Auftragsforschung. Eine Behandlung sämtlicher Auftragsforschung als steuerpflichtiger wirtschaftlicher Geschäftsbetrieb würde den Transfer der Forschungsergebnisse in die Wirtschaft erheblich behindern. Es ist deshalb gerechtfertigt und auch unter Wettbewerbsgesichtspunkten vertretbar, die Auftragsforschung als Zweckbetrieb zu behandeln.

525 Die neue Regelung gilt für alle gemeinnützigen Forschungseinrichtungen, die Körperschaften i. S. d. § 1 KStG sind. Dazu gehören neben Gesellschaften mit beschränkter Haftung, Vereinen und Stiftungen auch die gemeinnützigen Betriebe gewerblicher Art von juristischen Personen des öffentlichen Rechts (z. B. die Forschungseinrichtungen von staatlichen Hochschulen). Nach § 1 Abs. 1 Nr. 6 i. V. m. § 4 KStG stellt der Betrieb gewerblicher Art aus steuerlicher Sicht eine eigenständige Körperschaft dar. Diese ist gemeinnützig, wenn sie die Voraussetzungen der §§ 51 – 68 AO erfüllt. Dazu muss sie insbesondere eine eigene Satzung haben.

526 Die Zweckbetriebsfiktion wird auf Forschungseinrichtungen beschränkt, deren Träger sich überwiegend aus Zuwendungen der öffentlichen Hand oder Dritter oder aus der Vermögensverwaltung finanzieren. Dies trägt dem Grundsatz Rechnung, dass Forschungseinrichtungen wegen ihrer Eigen- oder Grundlagenforschung gemeinnützig sind und Steuervergünstigungen nur zu rechtfertigen sind, wenn das Schwergewicht der Tätigkeit in diesem Bereich liegt. Die Auftragsforschung kann nur als für den Transfer der Forschungsergebnisse notwendige Nebentätigkeit in die Steuervergünstigung einbezogen werden. Ohne die Begrenzung der Zweckbetriebsfiktion wären, im Gegensatz zum geltenden Recht, auch Forschungseinrichtungen gemeinnützig und insgesamt steuerbegünstigt, die ausschließlich Auftragsforschung für Unternehmen betreiben. Dies ist aus Wettbewerbsgründen nicht hinnehmbar. Werden die Voraussetzungen des § 68 Nr. 9 AO nicht erfüllt, weil sich der Träger überwiegend durch Einnahmen

---

[1] BFH, Urteil v. 4. 4. 2007 - I R 76/05, BStBl 2007 II 631.

aus der Auftragsforschung finanziert hat, folgt hieraus unmittelbar nur, dass speziell die Einkünfte aus dieser Tätigkeit nicht von der Körperschaftsteuer befreit sind.[1] Die Körperschaftsteuerbefreiung des § 5 Abs. 1 Nr. 9 KStG geht insgesamt verloren, wenn die Auftragsforschung nicht nur wirtschaftlicher Geschäftsbetrieb ist, sondern als eigenständiger Zweck neben die Eigenforschung tritt und hierdurch gegen das Ausschließlichkeitsgebot des § 56 AO verstoßen wird.[2]

Nicht in die Zweckbetriebsfiktion einbezogen werden die Tätigkeiten der Forschungseinrichtungen, die für die Erfüllung des gemeinnützigen Zwecks nicht notwendig sind oder die in erster Linie der Beschaffung von (zusätzlichen) Mitteln für den steuerbegünstigten Bereich dienen. Dazu gehören neben wirtschaftlichen Geschäftsbetrieben ohne Forschungsbezug, wie Kantinen, auch Dienstleistungen, wie Projektträgerschaften, Materialprüfungen, Verwaltungstätigkeiten für andere Forschungseinrichtungen und Blutalkoholuntersuchungen im Auftrag von Strafverfolgungsbehörden. Diese Tätigkeiten bleiben steuerpflichtige wirtschaftliche Geschäftsbetriebe."

Nach Art. 97 § 1e EGAO[3] ist § 68 Nr. 9 AO auf alle noch nicht endgültigen (nicht bestandskräftigen oder unter dem Vorbehalt der Nachprüfung stehenden) Steuerfestsetzungen anzuwenden, weil sonst in allen noch offenen Fällen nach dem BFH-Urteil[4] hätte verfahren werden müssen.[5]

(Einstweilen frei)

7. Wegfall der Steuerbefreiung

Wird die gesetzlich notwendige Vermögensbindung (§ 55 Abs. 1 Nr. 4 AO) in der Satzung nachträglich in steuerschädlicher Weise geändert, so gilt die Körperschaft grds. als **von Anfang an** nicht steuerbegünstigt, d. h. als steuerpflichtig (§ 61 Abs. 3 Satz 1 AO). Soweit Steuern anfallen, können diese jedoch nach § 61 Abs. 3 Satz 2 AO nur insoweit erhoben werden, als sie innerhalb der letzten **zehn Kalenderjahre** vor der steuerschädlichen Maßnahme entstanden sind. Verstöße der tatsächlichen Geschäftsführung gegen § 55 Abs. 1 Nr. 1 – 3 AO können so schwerwiegend sein, dass sie einer Verwendung des gesamten Vermögens für satzungsfremde Zwecke gleichkommen. Auch in diesen Fällen gilt § 61 Abs. 3 AO, auf den in § 63 Abs. 2 AO verwiesen wird.

Der durch die Aberkennung der Gemeinnützigkeit bedingte Verlust der Steuerbefreiung hat bei einem Verein der **Fußballbundesliga** nicht zwingend die Steuerbarkeit seiner gesamten Tätigkeit zur Folge. Dieser kann die in den Amateurabteilungen entstandenen Verluste nur insoweit bei der Ermittlung seines Einkommens berücksichtigen, als die dort entfaltete Tätigkeit für sich die Voraussetzungen einer der Einkunftsarten des § 2 Abs. 1 EStG erfüllt oder dergestalt mit dem Gewerbebetrieb der Lizenzspielerabteilung verbunden ist, dass dieser ohne die anderweitige Betätigung nicht ausgeübt werden könnte.[6]

---

1 Vgl. BFH, Urteil v. 7. 8. 2002 - I R 84/01, DStRE 2003, 171 = NWB DAAAA-69097.
2 BFH, Urteil v. 4. 4. 2007 - I R 76/05, BStBl 2007 II 631.
3 I. d. F. des Gesetzes v. 27. 12. 1996, BGBl 1996 I 2076.
4 A. a. O.
5 Siehe auch BR-Drucks. 390/60, 89; zum Übergang vgl. OFD Hannover, FR 1996, 649; OFD Düsseldorf, DStR 1996, 1246.
6 BFH, Urteil v. 15. 7. 1987 - I R 280/81, BStBl 1988 II 75.

543–550 *(Einstweilen frei)*

XI. Vermietungsgenossenschaften und -vereine (§ 5 Abs. 1 Nr. 10 KStG)

1. Vermietungsgenossenschaften

a) Überlassung von Wohnungen an Mitglieder

551 Nach dem durch das Steuerreformgesetz 1990 mit Wirkung ab dem VZ 1990 (wegen der Übergangsregelung vgl. § 54 Abs. 4 KStG a. F.) neu gefassten § 5 Abs. 1 Nr. 10 KStG setzt die Steuerbefreiung u. a. voraus, dass die Genossenschaft ihren Mitgliedern selbst hergestellte oder erworbene Wohnungen aufgrund eines Mietvertrags oder aufgrund eines genossenschaftlichen Nutzungsvertrags zum Gebrauch überlässt. Der Mietvertrag muss hiernach mit demjenigen abgeschlossen werden, dem die Wohnung zum Gebrauch überlassen wird. Außerdem muss der Mieter oder sein Ehegatte Mitglied der Genossenschaft sein.

Durch **übliche Untervermietung** (z. B. die Untervermietung von Räumen an Studenten) wird die Steuerbefreiung nicht ausgeschlossen.

552 Zu den Wohnungen gehören auch Zubehörräume (Garagen, Keller, Speicher, Bodenräume). Die Vermietung von Wohnungen zu Ferienzwecken an Mitglieder ist begünstigt, wenn die Vermietungstätigkeit als Vermögensverwaltung anzusehen ist und keinen gewerblichen Charakter angenommen hat. Bei Vermietung einer Ferienwohnung ist eine gewerbliche Betriebsstätte gegeben, wenn sämtliche der folgenden Voraussetzungen vorliegen:[1]

- Die Wohnung muss für die Führung eines Haushalts voll eingerichtet sein, z. B. Möblierung, Wäsche und Geschirr enthalten. Sie muss in einem reinen Feriengebiet im Verband mit einer Vielzahl gleichartig genutzter Wohnungen liegen, die eine einheitliche Wohnanlage bilden;

- die Werbung für die kurzfristige Vermietung der Wohnung an laufend wechselnde Mieter und die Verwaltung der Wohnung müssen von einer für die einheitliche Wohnanlage bestehenden Feriendienstorganisation durchgeführt werden;

- die Wohnung muss jederzeit zur Vermietung bereitgehalten werden, und es muss nach Art der Rezeption eines Hotels laufend Personal anwesend sein, das mit den Feriengästen Mietverträge abschließt und abwickelt und dafür Sorge trägt, dass die Wohnung in einem Ausstattungs-, Erhaltungs- und Reinigungszustand ist und bleibt, der die sofortige Vermietung zulässt.

553 Sind nicht sämtliche dieser Voraussetzungen erfüllt, so ist eine gewerbliche Betriebsstätte anzunehmen, wenn eine **hotelmäßige Nutzung** der Wohnung vorliegt oder die Vermietung nach Art einer **Fremdenpension** erfolgt. Ausschlaggebend ist, ob wegen der Häufigkeit des Gästewechsels oder im Hinblick auf zusätzlich zur Nutzungsüberlassung erbrachte Leistungen eine Unternehmensorganisation erforderlich ist, wie sie auch in Fremdenpensionen vorkommt.[2]

554–560 *(Einstweilen frei)*

---

[1] BFH, Urteil v. 25. 6. 1976 - III R 167/73, BStBl 1976 II 728.
[2] BFH, Urteil v. 28. 6. 1984 - IV R 150/82, BStBl 1985 II 211.

b) Betrieb von Gemeinschaftsanlagen und Folgeeinrichtungen

Eine Vermietungsgenossenschaft ist nach § 5 Abs. 1 Nr. 10b KStG auch steuerbefreit, soweit sie im Zusammenhang mit der Wohnungsvermietung Gemeinschaftsanlagen oder Folgeeinrichtungen herstellt oder erwirbt und sie betreibt, wenn diese Einrichtungen überwiegend für Mitglieder bestimmt sind und der Betrieb durch die Genossenschaft notwendig ist. 561

Gemeinschaftsanlagen sind bauliche Anlagen, die für Wohnungen errichtet werden und anstelle der üblicherweise zur Wohnungsnutzung gehörenden Einzelanlagen den Wohnungsberechtigten zur gemeinsamen Benutzung dienen. Dazu gehören z. B. gemeinsame Heizungsanlagen, Wasch- und Trockenanlagen, Badeeinrichtungen sowie Gemeinschaftsgebäude für Wohnsiedlungen. 562

Folgeeinrichtungen sind bauliche Anlagen, die für eine größere Anzahl von zusammenhängende Wohnungen notwendig sind, um die bildungsmäßige, soziale oder verwaltungsmäßige Betreuung zu gewährleisten. Dazu gehören z. B. Kindertagesstätten, Kindergärten und Lesehallen. 563

Die Steuerbefreiung wird nicht dadurch eingeschränkt, dass Gemeinschaftsanlagen oder Folgeeinrichtungen auch von Nichtmitgliedern in Anspruch genommen werden; die Nutzung durch solche Personen darf aber nicht überwiegen.

Das steuerbegünstigte „Betreiben" einer Gemeinschaftsanlage oder Folgeeinrichtung setzt nicht voraus, dass die Vermietungsgenossenschaft im eigenen Namen und für eigene Rechnung den Nutzenden gegenüber selbst tätig wird. 564

(Einstweilen frei) 565–570

c) Einnahmen aus nicht begünstigten Tätigkeiten

Nach § 5 Abs. 1 Nr. 10 Satz 2 KStG ist die Steuerbefreiung ausgeschlossen, wenn die Einnahmen der Vermietungsgenossenschaft aus den in Satz 1 nicht bezeichneten Tätigkeiten **10 % der gesamten Einnahmen übersteigen**. In diesem Falle ist das Einkommen aus der gesamten Geschäftstätigkeit zu versteuern. 571

Betragen die Einnahmen aus den nicht begünstigten Tätigkeiten nicht mehr als 10 % der gesamten Einnahmen, ist die Genossenschaft nur bezüglich der nicht begünstigten Tätigkeiten steuerpflichtig. Im Übrigen bleibt die Steuerfreiheit erhalten. Die nicht begünstigten Tätigkeiten bilden einen einheitlichen steuerpflichtigen Geschäftsbetrieb. 572

Die Höhe der Einnahmen bestimmt sich nach den Grundsätzen über die **steuerliche Gewinnermittlung**. Der Zufluss i. S. v. § 11 EStG ist nicht maßgebend, weil der gewerbliche Gewinn einer Vermietungsgenossenschaft nach § 5 EStG ermittelt wird. Ob die Einnahmen aus nichtbegünstigten Tätigkeiten innerhalb der 10%-Grenze liegen, ist **für jedes Wj. gesondert** zu prüfen. Der Wortlaut der Befreiungsvorschrift und der Grundsatz der Abschnittsbesteuerung lassen es nicht zu, auf die Verhältnisse im Durchschnitt mehrerer Jahre abzustellen. 573

Begünstigte Geschäfte

Geschäfte, die zur Abwicklung der begünstigten Tätigkeiten notwendig sind und die der Geschäftsbetrieb der Vermietungsgenossenschaft mit sich bringt, sind ebenfalls begünstigt. Einnahmen aus solchen Geschäften fallen deshalb nicht unter die 10 %-Grenze. 574

Zu den begünstigten Geschäften gehören z. B.
- der Verkauf von nicht mehr benötigten **Inventar;**
- die Veräußerung von **Betriebsgrundstücken** oder von Teilen davon. Der Verkauf von unbebauten oder bebauten Grundstücken ist aber nicht mehr begünstigt, wenn der Grundstückshandel gewerblichen Charakter annimmt und deshalb die Merkmale eines Gewerbebetriebs gegeben sind;[1]
- die Annahme und verzinsliche Anlage von **Mietkautionen** für vermietete Wohnungen;
- die Annahme von **Baukostenzuschüssen, Aufwendungszuschüssen** und sonstigen **Baufinanzierungsmitteln;**
- die **Ersatzleistungen der Versicherungsunternehmen** für von der Vermietungsgenossenschaft abgeschlossene Versicherungsverträge über Schäden durch Feuer, Glasbruch, Wassereinbruch, Hagel u. dgl.;
- die Anlage liquider Mittel, die entsprechend der **Instandhaltungs- und Investitionsplanung** mittelfristig, d. h. bis zu fünf Jahren, bereitgehalten werden müssen;[2] jedoch nicht bei höherer Kapitalanlage;[3]
- die vorübergehende **Verpachtung von Grundstücken,** die in naher Zukunft für den Bau von Mietwohnungen vorgesehen sind.

Nicht begünstigte Geschäfte

575   Nicht zu den begünstigten Geschäften gehören dagegen z. B.
- der **Verkauf von Wirtschaftsgütern** aus dem steuerpflichtigen Gewerbebetrieb;
- die Finanzierung von Mieterzeitschriften durch **Anzeigen** Dritter;
- die Annahme von **Spenden für Mieterfeste;**
- die Einräumung von **Erbbaurechten;**
- die Durchführung von **Reparaturen,** zu denen die Mieter vertraglich verpflichtet sind;
- bei Vermietungsgenossenschaften mit Spareinrichtungen die **Anlage von Spareinlagen;**
- die **Beteiligung** an einem anderen Unternehmen. Bei der Beteiligung an einer Personengesellschaft sind – wie in den Fällen des § 5 Abs. 1 Nr. 9 (vgl. Nr. 17 zu § 64 AEAO) und Nr. 14 (vgl. R 5.11 Abs. 5 Satz 5 KStR 2015) – die anteiligen Einnahmen anzusetzen. Die Auffassung, dass aus Vereinfachungsgründen der positive Gewinnanteil der Vermietungsgenossenschaft als Einnahme zugrunde gelegt werden kann, der sich aus der einheitlichen und gesonderten Gewinnfeststellung ergibt, hat die Finanzverwaltung aufgegeben.[4]

576–580   (*Einstweilen frei*)

d) Änderung der Nutzung von Teilen des Betriebsvermögens

581   Zum Betriebsvermögen des steuerpflichtigen Gewerbebetriebs (vgl. → Rz. 571) gehören alle Wirtschaftsgüter, die diesem Gewerbebetrieb zu dienen bestimmt sind.

---

[1] Vgl. dazu z. B. BFH, Urteile v. 6. 4. 1990 - III R 28/87, BStBl 1990 II 1057; v. 29. 11. 1989 - X R 100/88, BStBl 1990 II 1060; BMF, Schreiben v. 20. 12. 1990, BStBl 1990 I 884.
[2] BMF, Schreiben v. 22. 11. 1991, BStBl 1991 I 1014, Rz. 39, 41; FG Köln, Urteil v. 28. 7. 1999 - 13 K 2452/98, EFG 2000, 33.
[3] BFH, Urteil v. 25. 8. 2010 - I R 95/09, BFH/NV 2011, 311 = NWB CAAAD-58635.
[4] FinMin BW v. 22. 4. 1991 - S 2730 A 28/88.

Ob Grundstücke oder Grundstücksteile zum Betriebsvermögen gehören, kann in entsprechender Anwendung von R 4.2 EStR 2017 geprüft werden. Die Nutzung für nicht begünstigte Tätigkeiten entspricht der eigenbetrieblichen Nutzung der Grundstücke oder Grundstücksteile i. S. d. R 4.2 EStR 2017. Bei der Nutzungsänderung von Grundstücken, Grundstücksteilen oder anderen Wirtschaftsgütern ist nach § 13 Abs. 4 KStG zu verfahren. Die Aufdeckung der stillen Reserven in der Schlussbilanz erhöht das zu versteuernde Einkommen; bei dem Vergleich der Einnahmen unter dem Gesichtspunkt der 10 %-Grenze bleibt der Betrag der aufgedeckten stillen Reserven aber unberücksichtigt, da es sich insoweit nicht um Einnahmen handelt.

(Einstweilen frei)

2. Vermietungsvereine

Vermietungsvereine können außer Einkünften aus Gewerbebetrieb auch **andere Einkünfte** erzielen. Die nicht begünstigten Tätigkeiten, die zu gewerblichen Einkünften führen, bilden einen einheitlichen steuerpflichtigen Gewerbebetrieb. Bei der Änderung der Nutzung von Teilen des Betriebsvermögens (vgl. → Rz. 581) ist § 13 Abs. 5 KStG nur anzuwenden, wenn der gewerbliche Gewinn nach § 4 Abs. 1 oder nach § 5 EStG ermittelt wird. Wird der Gewinn nicht nach diesen Vorschriften ermittelt oder gehören die Einnahmen zu einer anderen Einkunftsart, ist der Zufluss i. S. d. § 11 EStG maßgebend.

Im Übrigen gelten die → Rz. 551 ff. für Vermietungsvereine entsprechend.

(Einstweilen frei)

3. Sonderfragen

a) Kostendeckende Miete und verdeckte Gewinnausschüttungen

Die Erhebung der **Kostenmiete,** die von der ortsüblichen Vergleichsmiete abweicht, führt auch nach Aufhebung des Wohnungsgemeinnützigkeitsgesetzes (WGG) grundsätzlich nicht zur Annahme einer verdeckten Gewinnausschüttung. Die Überlassung von Wohnungen zu einem unter der Vergleichsmiete liegenden Mietpreis hat ihre Ursache in diesen Fällen nicht in dem Mitgliedschaftsverhältnis.[1] **Verdeckte Gewinnausschüttungen** sind jedoch anzunehmen, wenn Nichtmitgliedern höhere Mieten berechnet werden als Mitgliedern.

b) Verlustabzug

Nach den bis zum 31. 12. 1989 geltenden Vorschriften durften Verluste aus Geschäften, für die eine **Ausnahmebewilligung** erteilt worden war, nicht mit Gewinnen aus anderen ausnahmebewilligungspflichtigen Geschäften ausgeglichen werden. Ein Verlustabzug im Rahmen des § 10d EStG und des § 8 Abs. 4 KStG von Gewinnen aus dem gleichen ausnahmebewilligungspflichtigen Geschäft war jedoch möglich.

Da nach den ab 1990 geltenden Vorschriften die verschiedenen nicht begünstigten Tätigkeiten der Vermietungsgenossenschaft einen **einheitlichen Gewerbebetrieb** darstellen, sind nicht ausgeglichene Verluste aus ausnahmebewilligungspflichtigen Geschäften im Rahmen des Verlustvortrags von Gewinnen abzuziehen, die nach der geänderten Rechtslage in dem steuerpflichtigen Gewerbebetrieb entstanden sind. Umgekehrt sind Verluste eines steuerpflichtigen

---

[1] Vgl. auch BFH, Urteil v. 7. 12. 1988 - I R 25/82, BStBl 1989 II 248.

Gewerbebetriebs im Rahmen des zulässigen Verlustrücktrags mit Gewinnen zu verrechnen, die vor der Änderung der Rechtslage bei der Durchführung ausnahmebewilligungspflichtiger Geschäfte entstanden sind.

604 Bei anderen bisher steuerbefreiten gemeinnützigen Wohnungsunternehmen und Organen der staatlichen Wohnungspolitik (§ 5 Abs. 1 Nr. 10 und 11 KStG a. F.) ist entsprechend zu verfahren.

c) Gliederung des verwendbaren Eigenkapitals

605 Gemeinnützige Wohnungsunternehmen und Organe der staatlichen Wohnungspolitik, die unbeschränkt körperschaftsteuerpflichtige Kapitalgesellschaften sind oder zu den unbeschränkt steuerpflichtigen Körperschaften i. S. d. § 43 KStG a. F. gehören, hatten unter der Geltung des Anrechnungsverfahrens zum Schluss jedes Wj. ihr für Ausschüttungen verwendbares Eigenkapital zu gliedern. Das gilt auch, soweit die Unternehmen nach der Neufassung des § 5 Abs. 1 Nr. 10 KStG von der Körperschaftsteuer befreit sind.

606–610 *(Einstweilen frei)*

4. Verbände der gemeinnützigen Wohnungswirtschaft

611 Soweit die Verbände der gemeinnützigen Wohnungswirtschaft nach den bis zum 31. 12. 1989 geltenden gesetzlichen Vorschriften als Organ der staatlichen Wohnungspolitik anerkannt waren, haben sie diesen Status verloren.

Für VZ **ab 1990** – in den Fällen des § 54 Abs. 4 KStG a. F. ab 1991 – sind die Verbände nur steuerbefreit, wenn sie die Voraussetzungen des § 5 Abs. 1 Nr. 5 KStG als **Berufsverband** (vgl. → Rz. 162 ff.) erfüllen.[1]

612–620 *(Einstweilen frei)*

XII. Gemeinnützige Siedlungsunternehmen (§ 5 Abs. 1 Nr. 12 KStG)

621 Gemeinnützige Siedlungsunternehmen, die die Voraussetzungen des Reichssiedlungsgesetzes und der Bodenreformgesetze der Länder erfüllen und von den zuständigen Landesbehörden dementsprechend begründet oder anerkannt sind, sind insoweit von der Körperschaftsteuer befreit, als sie im ländlichen Raum Siedlungs-, Agrarstrukturverbesserungs- und Landentwicklungsmaßnahmen mit Ausnahme des Wohnungsbaus durchführen. Die Durchführung derartiger Maßnahmen ist auch dann begründet, wenn sie nicht ausdrücklich durch Gesetz zugewiesen ist.

622 **Landentwicklungsmaßnahmen** sind Maßnahmen im öffentlichen Interesse, die wegen des sich vollziehenden Strukturwandels zur Unterstützung und Ergänzung der Siedlungs- und Agrarstrukturverbesserung im ländlichen Raum erforderlich sind und vornehmlich

- ▶ die Planung und Durchführung von Maßnahmen der Ortssanierung, Ortsentwicklung, Bodenordnung und Agrarstrukturverbesserung,
- ▶ die Durchführung von Umsiedlungen und Landtauschen aus Anlass der Inanspruchnahme von Land für öffentliche und städtebauliche Zwecke

zum Gegenstand haben.

---

1 BMF, Schreiben v. 24. 7. 1989, BStBl 1989 I 271.

Die Durchführung umfasst alle Tätigkeiten gemeinnütziger Siedlungsunternehmen, die der Verwirklichung dieser Maßnahme dienen, insbesondere auch die erforderliche **Landbeschaffung**. Soweit die gemeinnützigen Siedlungsunternehmen als **Bauträger** oder **Baubetreuer im Wohnungsbau** tätig sind oder andere Tätigkeiten ausüben, z. B. das Betreiben von Land- und Forstwirtschaft, besteht partielle Steuerpflicht, wenn diese Tätigkeiten nicht überwiegen. Übersteigen die Einnahmen aus diesen Tätigkeiten die Einnahmen aus den in § 5 Abs. 1 Nr. 12 Satz 1 KStG bezeichneten Tätigkeiten, wird das Unternehmen in vollem Umfang steuerpflichtig (R 5.10 Satz 6 KStR 2015). Ob die Grenze der schädlichen Einnahmen überschritten wird, ist für jeden Veranlagungszeitraum gesondert zu prüfen.[1]

(Einstweilen frei)

XIII. Landwirtschaftliche Erwerbs- und Wirtschaftsgenossenschaften und Vereine (§ 5 Abs. 1 Nr. 14 KStG)

1. Allgemeines

Erwerbs- und Wirtschaftsgenossenschaften sowie Vereine im Bereich der Land- und Forstwirtschaft sind nach § 5 Abs. 1 Nr. 14 KStG grundsätzlich von der Körperschaftsteuer befreit, soweit sich ihr Geschäftsbetrieb auf die dort genannten Tätigkeiten beschränkt und im Bereich der Land- und Forstwirtschaft liegt.

Vereine sind dabei rechtsfähige wie nicht rechtsfähige Vereine i. S. d. § 1 Abs. 1 Nr. 4 und 5 KStG.

Üben die Genossenschaften und Vereine auch Tätigkeiten aus, die nicht begünstigt sind, und betragen die Einnahmen aus diesen Tätigkeiten **nicht mehr als 10 %** der gesamten Einnahmen, sind die Genossenschaften und Vereine mit den Gewinnen aus den nicht begünstigten Tätigkeiten partiell steuerpflichtig. Die nicht begünstigten Tätigkeiten bilden einen einheitlichen steuerpflichtigen Gewerbebetrieb; hinsichtlich der begünstigten Tätigkeiten bleibt die Steuerfreiheit erhalten. Übersteigen die Einnahmen aus den nicht begünstigten Tätigkeiten in einem VZ 10 % der gesamten Einnahmen, entfällt die Steuerbefreiung für diesen VZ insgesamt.

Der Begriff und die Höhe der Einnahmen (Einnahmen einschließlich Umsatzsteuer) bestimmen sich nach den Grundsätzen über die **steuerliche Gewinnermittlung**. Der Zufluss i. S. d. § 11 EStG ist nicht maßgebend (vgl. → Rz. 541).

Eine Ausnahme von der 10 %-Grenze enthält § 5 Abs. 1 Nr. 14 KStG für Genossenschaften und Vereine, deren Geschäftsbetrieb sich überwiegend auf die Durchführung von **Milchqualitätsprüfungen** und/oder **Milchleistungsprüfungen** oder auf die **Tierbesamung** beschränkt. Zur ersten Gruppe gehören danach grundsätzlich die nach Landesrecht zugelassenen Untersuchungsstellen, die insbesondere im öffentlichen Interesse Milchqualitätsprüfungen für Mitglieder und Nichtmitglieder sowie für Nichtlandwirte durchführen. Auch die Tierbesamungsstationen tätigen, vor allem bei Ausbruch einer Seuche, neben Zweckgeschäften mit Mitgliedern in größerem Umfang auch solche mit Nichtmitgliedern und Nichtlandwirten. Die Einnahmen aus diesen Tätigkeiten bleiben bei der Berechnung der 10%-Grenze, d. h. sowohl bei der Berechnung der Einnahmen aus den steuerlich nicht begünstigten Tätigkeiten als auch bei der Be-

---

[1] Vgl. Gosch/*Märtens* § 5 Rz. 272.

rechnung der gesamten Einnahmen, außer Ansatz. Die Gewinne aus diesen Betätigungen unterliegen jedoch der Körperschaftsteuer.[1]

636 Die Ausübung mehrerer begünstigter Tätigkeiten nebeneinander ist für die Steuerbefreiung unschädlich. Zu den begünstigten Tätigkeiten gehört auch die **Vermittlung** von Leistungen im Bereich der Land- und Forstwirtschaft, z. B. von Mietverträgen für **Maschinenringe** einschließlich der **Personalgestellung**. Der Begriff „Verwertung" umfasst auch die **Vermarktung** und den **Absatz**, wenn die Tätigkeiten im Bereich der Land- und Forstwirtschaft liegen. Nicht unter die Steuerbefreiung fällt dagegen die Rechts- und Steuerberatung.

637 Der Begriff „**im Bereich der Land- und Forstwirtschaft**" ist nach denselben Grundsätzen auszulegen, die für die Abgrenzung der Land- und Forstwirtschaft gegenüber dem Gewerbebetrieb gelten. Dabei kommt es darauf an, in welchem Umfang dauernd und nachhaltig fremde Erzeugnisse zur Vermarktung zugekauft werden (vgl. R 15.5 EStR 2017).

638 Die Frage, ob eine Tätigkeit noch im Bereich der Land- und Forstwirtschaft liegt, ist nach den Verhältnissen des Einzelfalles und der Verkehrsauffassung zu entscheiden.[2]

639 **Beteiligungen an anderen Unternehmen** sind grundsätzlich zulässig. Die Einnahmen aus Beteiligungen an anderen Unternehmen sind jedoch als Einnahmen aus nicht begünstigten Tätigkeiten anzusehen, soweit es sich nicht um Beteiligungen an nach § 5 Abs. 1 Nr. 14 KStG befreiten Genossenschaften und Vereinen handelt. Bei der Beteiligung an einer Körperschaft, deren Leistungen bei den Empfängern zu den Einnahmen i. S. d. § 20 Abs. 1 Nr. 1 oder 2 EStG gehören, sind unter der Geltung des Anrechnungsverfahrens (s. dazu § 34 Abs. 1 und 1a KStG) als Einnahmen die Gewinnausschüttungen zuzüglich der darauf entfallenden anrechenbaren Körperschaftsteuer anzusetzen. Bei der Beteiligung an einer Personengesellschaft sind die anteiligen Einnahmen anzusetzen. **Rückvergütungen** i. S. d. § 22 KStG sind den Einnahmen aus den Geschäften zuzurechnen, für die die Rückvergütung gewährt worden sind.

640 Für die Besteuerung der Erwerbs- und Wirtschaftsgenossenschaften sind die folgenden Arten von Geschäften zu unterscheiden:

- **Zweckgeschäfte** sind alle Geschäfte, die der Erfüllung des satzungsmäßigen Gegenstandes des Unternehmens der Genossenschaft dienen und die Förderung des Erwerbs oder der Wirtschaft der Mitglieder bezwecken (§ 1 Genossenschaftsgesetz).

Sie können sein

- **Mitgliedergeschäfte**. Dies sind Zweckgeschäfte, die mit den Mitgliedern der Genossenschaft als Vertragspartnern durchgeführt werden. Mitglieder sind die in das Genossenschaftsregister eingetragenen Personen. Es genügt, wenn der Genossenschaft im Zeitpunkt des Geschäftsabschlusses die Beitrittserklärung vorliegt und diese dem Registergericht unverzüglich zur Eintragung eingereicht wird;
- **Nichtmitgliedergeschäfte**. Dies sind Zweckgeschäfte, die mit Nichtmitgliedern der Genossenschaft als Vertragspartnern durchgeführt werden;
- **Gegengeschäfte** sind Geschäfte, die zur Durchführung der Zweckgeschäfte erforderlich sind, z. B. bei Bezugsgenossenschaften der Einkauf der Waren, bei Nutzungsgenossenschaften der Ankauf einer Dreschmaschine, bei Absatzgenossenschaften der Verkauf der Waren;

---

[1] Vgl. OFD Hannover v. 10. 7. 1990, NWB DokSt Erl. F. 4 §§ 1 – 6 KStG Rz. 1/91.
[2] Vgl. BFH, Urteil v. 8. 9. 1953 - I D 2/52 S, BStBl 1954 III 38.

- **Hilfsgeschäfte** sind Geschäfte, die zur Abwicklung der Zweckgeschäfte und Gegengeschäfte notwendig sind und die der Geschäftsbetrieb der Genossenschaft mit sich bringt, z. B. der Einkauf von Büromaterial, der Verkauf von überflüssig gewordenem Inventar oder Verpackungsmaterial, die Lieferung von Molkereibedarfsartikeln, z. B. Hofbehälter, Milchbehälter oder Milchkühlbehälter durch eine Molkereigenossenschaft an ihre Mitglieder, die Vermietung von Wohnräumen an Betriebsangehörige, wenn die Vermietung aus betrieblichen Gründen (im eigenen betrieblichen Interesse der Genossenschaft) veranlasst ist. Auch die Veräußerung eines Betriebsgrundstücks oder des Teils eines Betriebsgrundstücks kann ein Hilfsgeschäft sein. Ein Hilfsgeschäft ist insbesondere dann gegeben, wenn der Erlös aus dem Verkauf eines Betriebsgrundstücks zur Finanzierung neuer Betriebsanlagen verwendet wird[1] oder wenn der Verkauf im Rahmen einer Rationalisierungsmaßnahme erfolgt, z. B. bei einer Verschmelzung, bei einer Betriebsumstellung, bei Einstellung eines Betriebszweiges, oder wenn der Bestand an Betriebsgrundstücken dem Bedarf der Genossenschaft angepasst wird. Der Annahme eines Hilfsgeschäfts steht i. d. R. nicht entgegen, dass der Erlös aus dem Verkauf an die Mitglieder ausgeschüttet wird;[2]
- **Nebengeschäfte** sind alle sonstigen Geschäfte. Dazu gehört auch die Vermietung oder Verpachtung eines Betriebs oder von Betriebsteilen.[3]

Für die Besteuerung der **Vereine in der Land- und Forstwirtschaft** gilt die vorgenannte Unterscheidung der Arten von Geschäften bei Erwerbs- und Wirtschaftsgenossenschaften sinngemäß.

Begünstigt sind nur Zweckgeschäfte mit Mitgliedern, Gegengeschäfte und Hilfsgeschäfte, die sich auf den nach § 5 Abs. 1 Nr. 14 KStG steuerfreien Geschäftsbereich beziehen (begünstigte Tätigkeiten). Die Einnahmen aus Zweckgeschäften mit Nichtmitgliedern und Nebengeschäften sind den Einnahmen aus nicht begünstigten Tätigkeiten hinzuzurechnen. Das gilt auch für Nebengeschäfte mit anderen nach § 5 Abs. 1 Nr. 14 KStG steuerbefreiten Erwerbs- und Wirtschaftsgenossenschaften sowie Vereinen.[4] Bei **Verwertungsgenossenschaften** sind die Einnahmen aus begünstigten und nicht begünstigten Tätigkeiten nach dem Verhältnis der Ausgaben für bezogene Waren von Mitgliedern und Nichtmitgliedern aus den Gesamteinnahmen zu ermitteln, soweit eine unmittelbare Zuordnung nicht möglich ist. Dabei ist für die Ermittlung der Einnahmen von den Ausgaben und den Gesamteinnahmen im gleichen Wirtschaftsjahr auszugehen. Durch diese zeitliche Zuordnung kann es in Einzelfällen zu Verschiebungen kommen, wenn Ausgaben für bezogene Waren und Einnahmen aus dem Verkauf dieser Waren in verschiedenen Wj. anfallen. Diese Verschiebungen werden zugunsten einer einfachen Handhabung der Vereinfachungsregelung hingenommen, da eine Zuordnung der Einnahmen auf der Grundlage des Wareneinsatzes praktisch nicht durchführbar ist.[5] Wegen der Auswirkungen auf die partielle oder volle Steuerpflicht vgl. → Rz. 631 f.

Die wechselseitigen Hilfen von Erwerbs- und Wirtschaftsgenossenschaften oder Vereinen aufgrund eines **Beistandsvertrages** sind begünstigte Zweckgeschäfte, wenn beide Genossenschaf-

---

1 BFH, Urteil v. 14. 10. 1970 - I R 67/68, BStBl 1971 II 116.
2 Vgl. jedoch BFH, Urteil v. 10. 12. 1975 - I R 192/73, BStBl 1976 II 351; v. 9. 3. 1988 - I R 262/83, BStBl 1988 II 592.
3 BFH, Urteil v. 9. 3. 1988 - I R 262/83, BStBl 1988 II 592.
4 Vgl. BFH, Urteil v. 18. 5. 1988 - II R 238/81, BStBl 1988 II 753, betr. Vermögensteuer; zur Anwendung des Urteils s. BMF, Schreiben v. 24. 9. 1990, NWB DokSt Erl. F. 4 §§ 4 – 6 KStG Rz. 4/91 – Übergangsregelung.
5 FinMin NW v. 22. 4. 1993 - S 2734 - 26 - V B 4.

ten oder Vereine die gleiche Zweckbestimmung haben und gegenseitig als Mitglied beteiligt sind.

> **BEISPIEL:** Steuerbefreite Molkereigenossenschaften lassen nach R 5.12 KStR 2015 zugelassene Be- und Verarbeitungsvorgänge aus Rationalisierungsgründen im Wege der Kooperation bei einer anderen steuerbefreiten Molkereigenossenschaft durchführen, wobei Milcherzeugnisse zugeliefert werden.
> Die **Steuerfreiheit bleibt erhalten,** wenn
> - beide Genossenschaften nach § 5 Abs. 1 Nr. 14 KStG steuerbefreit sind und gegenseitige Mitgliedschaft erwerben,
> - beide Genossenschaften die gleiche Zweckbestimmung haben,
> - die von der Molkereigenossenschaft an die andere Molkereigenossenschaft zur Herstellung der Milcherzeugnisse, die zurückgeliefert werden, gelieferte Milch mengenmäßig ausreicht,
> - die Molkereigenossenschaft nur solche Milcherzeugnisse bezieht, die von der anderen Molkereigenossenschaft aus der angelieferten Milch selbst hergestellt sind und deren Herstellung in den Bereich der Landwirtschaft fällt.[1]

644 Es kommt vor, dass zwischen Erzeuger und Verwertungsgenossenschaften **Anschlussgenossenschaften** oder **Lieferungsgenossenschaften** eingeschaltet werden.

645 **BEISPIEL FÜR ANSCHLUSSGENOSSENSCHAFTEN:** Landwirtschaftliche Erzeuger mit geringer finanzieller Leistungsfähigkeit werden oft in einer Anschlussgenossenschaft zusammengefasst, um ihre Erzeugnisse, z. B. Milch, Eier, zu verwerten. Die Anschlussgenossenschaft tritt einer Molkereigenossenschaft oder einer Eierverwertungsgenossenschaft als Mitglied bei. Der gesamte Geschäftsverkehr spielt sich unmittelbar zwischen der Molkereigenossenschaft oder der Eierverwertungsgenossenschaft und den Mitgliedern der Anschlussgenossenschaft ab.

BEISPIEL FÜR LIEFERUNGSGENOSSENSCHAFTEN: Genossenschaftliche Sammelstellen, z. B. für Milch und Eier, werden oft gebildet, um wirtschaftliche Erzeugnisse örtlich zu erfassen. Diese Sammelstellen leiten die Erzeugnisse der Mitglieder an die Verwertungsgenossenschaft, z. B. Molkereigenossenschaft, Eierverwertungsgenossenschaft, weiter. Die Sammelstelle tritt in ihrer Eigenschaft als Lieferungsgenossenschaft der Verwertungsgenossenschaft als Mitglied bei. Die Abrechnung wird zwischen der Verwertungsgenossenschaft und der Lieferungsgenossenschaft oder unmittelbar zwischen der Verwertungsgenossenschaft und den Mitgliedern der Lieferungsgenossenschaft vorgenommen.

Die Einschaltung von Anschlussgenossenschaften oder Lieferungsgenossenschaften zwischen Erzeuger und Verwertungsgenossenschaft rechnet bei der Verwertungsgenossenschaft zu den begünstigten Geschäften. Die Verwertungsgenossenschaft wird jedoch im nicht begünstigten Bereich tätig, soweit sie von einer ihr angeschlossenen Anschluss- oder Lieferungsgenossenschaft Erzeugnisse bezieht, die nicht von deren Mitgliedern selbst gewonnen sind. Für Vereine gilt das sinngemäß (R 5.10 Abs. 10 Satz 5 KStR 2015).

646–650 *(Einstweilen frei)*

2. Molkereigenossenschaften

651 Bei Molkereigenossenschaften fällt z. B. in den folgenden Fällen die Bearbeitung oder Verwertung in den **Bereich der Landwirtschaft,** auch wenn hierbei Zutaten, z. B. Salz oder Bindemittel, im gesetzlich festgelegten oder nachstehend enger festgelegten Umfang verwendet werden:
- Standardisierung (Einstellung) der Milch auf einen gewünschten Fettgehalt ohne Rücksicht auf seine Höhe;
- Herstellung von ultrahocherhitzter Milch (H-Milch);

---

1 OFD Nürnberg v. 18. 8. 1988, KSt-Kartei § 5 Abs. 1 Nr. 14 Karte 2.6.2.

- Herstellung von eiweißangereicherter, teilentrahmter Milch;
- Vitaminieren von Milch oder Magermilch;
- Herstellung von Milchmischerzeugnissen, wenn der Anteil aus Milch oder Milcherzeugnissen mindestens 75 % des Fertigerzeugnisses beträgt;
- Herstellung von Sauermilcherzeugnissen;
- Herstellung von Joghurt, Joghurtpulver und Bioghurt, auch mit Fruchtzusätzen. Wird zugekauftes Milchpulver oder Magermilchpulver zugesetzt, so darf dieser Zusatz 3 % der Joghurtmilch nicht übersteigen;
- Herstellung von Butter, auch in kontinuierlichen Verfahren;
- Herstellung von Hart-, Schnitt-, Weich- und Frischkäse, Frischkäse mit beigegebenen Lebensmitteln, auch geschäumt, sowie Quarkmischungen für Backzwecke;
- Herstellung von Schmelzkäse nur, wenn dies ausschließlich zur Verwertung der im eigenen Betrieb angefallenen Fehlprodukten erfolgt;
- Herstellung von Molkensirup (eingedickte Molke) und eingedickter Magermilch mittels Vakuumverdampfer;
- Herstellung und Vitaminieren von Magermilchpulver, auch im Werklohnverfahren. Herstellung und Vitaminieren von aufgefetteter Magermilch oder aufgefettetem Magermilchpulver zu Fütterungszwecken und von Sauermilchquarkpulver, auch im Werklohnverfahren;
- Denaturierung von Magermilch und Magermilchpulver in vorgegebener Weise. Der Zukauf der zur Denaturierung vorgeschriebenen Zusatzmittel ist als ein steuerunschädliches Hilfsgeschäft anzusehen;
- Herstellung von Speisemolke durch Erhitzen und Tiefkühlen der Molke und Ausfällen von Molkeneiweiß;
- Herstellung von Trinkmolke mit Fruchtzusätzen, wenn der Anteil der Molke mindestens 75 % des Fertigerzeugnisses beträgt;
- Verwertung der Molke zu Futterzwecken;
- Herstellung von Molkepulver;
- Lieferung von Molke an andere Betriebe;
- Herstellung von Schlagsahne ohne Zusätze;
- Sahneeinlagerung unter Vertrag mit der Bundesanstalt für landwirtschaftliche Marktordnung.

Ein von einer nach § 5 Abs. 1 Nr. 14 KStG steuerbefreiten Molkereigenossenschaft erteilter Werklohnauftrag zur Herstellung von Milcherzeugnissen ist nicht steuerschädlich, wenn die Bearbeitung bei eigener Durchführung in den Bereich der Landwirtschaft fallen würde und das Zukaufsverbot nicht verletzt wird.

Nicht in den Bereich der Landwirtschaft fallen z. B.:
- Herstellung von Laktrone, Lakreme, Milone, Germola und ähnlichen Erzeugnissen;
- Herstellung kondensierter Milch;
- Gewinnung von Eiweiß mit Zusätzen, Herstellung von Essigaustauschstoffen und Gewinnung von Milchpulver (Ausnahme vgl. → Rz. 651);
- Verhefung von Molke zu Nährhefe und Kefirpulver;

- Herstellung von Heilmitteln wie Milchzucker, Albumin- und Vitaminpräparaten, Molkenseren und Mineralpräparaten;
- Herstellung von Speiseeis;
- Herstellung von Kunsteis;
- Herstellung von Saure-Sahne-Dressing.

654 Sind Geschäfte, die eine Molkereigenossenschaft aufgrund gesetzlicher Vorschriften oder behördlicher Anordnung mit Nichtmitgliedern abschließen muss, Zweckgeschäfte, so kann die Lieferung von **Molkereibedarfsartikeln** an diese Nichtmitglieder als Hilfsgeschäft angesehen werden. Gewährt eine Molkereigenossenschaft einem Milchversorgungsbetrieb ein **Darlehen zur Finanzierung der Kapazitätserweiterung** eines Trockenmilchwerkes und räumt der Milchversorgungsbetrieb der Genossenschaft dafür ein sog. Milchanlieferungsrecht ein, so kann die Darlehensgewährung als ein Hilfsgeschäft angesehen werden (R 5.12 Abs. 3 Satz 2 KStR 2015).

655–660 *(Einstweilen frei)*

3. Winzergenossenschaften

661 In den **Bereich der Landwirtschaft** fallen insbesondere die nachstehend aufgeführten Tätigkeiten. Voraussetzung ist, dass die Tätigkeiten Erzeugnisse der Weinbaubetriebe der Genossen betreffen und sie keine gewerblichen Formen annehmen:
- Zucht und Unterhaltung der Weinreben;
- Weinbereitung;
- Weinbehandlung;
- Absatz der Trauben, des Traubenmostes und des Weins. Schädlich ist der Zukauf fremder Weine, auch wenn dies zur Veredelung geschieht, oder von Trauben. Wegen des Zukaufs und Zusatzes von Deckweinen zur Farbverbesserung des Rotweins, der aus von Mitgliedern angelieferten Trauben gewonnen ist, vgl. BFH, Urteil v. 10. 2. 1953.[1] Der Verkauf im Wege des Ausschanks liegt nicht im Bereich der Landwirtschaft, wenn er gewerbliche Formen annimmt;
- Herstellung von Branntwein aus Wein oder aus Rückständen, die bei der Weinbereitung anfallen, z. B. Trester, Hefe.

662 Eine Winzergenossenschaft, die **Winzersekt** aus Grundwein herstellt, der ausschließlich aus dem Lesegut ihrer Mitglieder gewonnen wurde, betätigt sich mit der Herstellung und dem Vertrieb des Winzersekts noch im Bereich der Landwirtschaft, wenn der Sekt beim Vertrieb durch die Genossenschaft unter Angabe der ggf. verschiedenen Rebsorten, des Jahrgangs, der Weinbergslage und als Erzeugnis der Genossenschaft in sinngemäßer Anwendung der bezeichnungsrechtlichen Vorschriften für Wein gekennzeichnet ist. Dabei darf der Wein weder von den Mitgliedern noch von der Genossenschaft zugekauft sein. Lässt eine Winzergenossenschaft Winzersekt im Wege einer Werkleistung (sog. **Lohnversektung**) durch eine gewerbliche Sektkellerei herstellen und vermarktet sie ihn als eigenes Erzeugnis der Genossenschaft, gilt die Regelung entsprechend.

663 **Nicht in den Bereich der Landwirtschaft** fallen z. B.:
- der Mitverkauf fremder Erzeugnisse;

---

[1] I 123/52 U, BStBl 1953 III 81.

- die Herstellung von Branntweinerzeugnissen und deren Verkauf;
- der Betrieb oder die Verpachtung eines Ausschanks oder einer Gastwirtschaft, wenn andere Getränke als Weine, die von der Genossenschaft hergestellt worden sind, kalte oder warme Speisen oder sonstige Genussmittel abgegeben werden.[1]

(Einstweilen frei) 664–670

4. Pfropfrebengenossenschaften

Die Verpflanzung von Pfropfreben zur Gewinnung von Rebstecklingen durch Winzergenossenschaften und ihr Absatz an Mitglieder fallen in den **Bereich der Landwirtschaft**. Seitens der Finanzverwaltung bestehen deshalb keine Bedenken, auch **reine Pfropfrebengenossenschaften** als befreite Genossenschaften i. S. d. § 5 Abs. 1 Nr. 14 KStG zu behandeln, obwohl es sich nicht um reine Verwertungsgenossenschaften i. S. dieser Vorschrift handelt (R 5.13 KStR 2015). 671

(Einstweilen frei) 672–675

5. Andere Erwerbs- und Wirtschaftsgenossenschaften

Unter der Voraussetzung, dass es sich um die Bearbeitung von Erzeugnissen der land- und forstwirtschaftlichen Betriebe der Mitglieder handelt, fallen in den **Bereich der Landwirtschaft** z. B.: 676

- die Herstellung von Kartoffelflocken und Stärkemehl;
- die Herstellung von Branntwein;
- die Herstellung von Apfel- und Traubenmost;
- die Herstellung von Sirup aus Zuckerrüben;
- die Herstellung von Mehl aus Getreide, nicht dagegen die Herstellung von Backwaren;
- die Herstellung von Brettern oder anderen Sägewerkserzeugnissen, nicht dagegen die Herstellung von Möbeln (R 5.15 KStR 2015).

(Einstweilen frei) 677–680

6. Genossenschaftszentralen

Wegen der steuerlichen Behandlung von Zentralen landwirtschaftlicher Nutzungs- und Verwertungsgenossenschaften vgl. BFH, Urteil v. 2. 12. 1950.[2] Danach sind die Genossenschaftszentralen wie folgt zu behandeln: 681

- Werden die Zentralen in der Form von **Kapitalgesellschaften** geführt, so gilt die persönliche Steuerbefreiung des § 5 Abs. 1 Nr. 14 KStG nicht;
- Werden die Zentralen in der Form von **Genossenschaften** oder **Vereinen** geführt, so ist § 5 Abs. 1 Nr. 14 KStG für sie anwendbar. Voraussetzung ist, dass die angeschlossenen Genossenschaften – abgesehen von der nachfolgenden Ausnahme – die in § 5 Abs. 1 Nr. 14 KStG geforderten Erfordernisse erfüllen und die Zentralen lediglich Erzeugnisse dieser Genossenschaften bearbeiten oder verwerten. Ist eine der Mitgliedsgenossenschaften nicht nach § 5 Abs. 1 Nr. 14 KStG befreit, sind die Umsätze mit dieser Genossenschaft Einnahmen aus nicht begünstigten Tätigkeiten (H 5.11 KStH).

---

[1] BFH, Urteil v. 27. 4. 1954 - I 150/52 U, BStBl 1954 III 191; R 22 Abs. 3 KStR.
[2] I D 3/50 S, BStBl 1951 III 26.

682–690 *(Einstweilen frei)*

XIV. Pensions-Sicherungs-Verein VVaG (§ 5 Abs. 1 Nr. 15 KStG)

691 Die Vorschrift knüpft unverändert an § 4 Abs. 1 Nr. 12 KStG 1975 an.

Der Pensions-Sicherungs-Verein VVaG ist **Träger der Insolvenzsicherung** i. S. d. Gesetzes zur Verbesserung der betrieblichen Altersversorgung (Betr-AVG). Voraussetzung für die Steuerbefreiung ist, dass er

- mit Erlaubnis der Versicherungsaufsichtsbehörde ausschließlich die Aufgaben des Trägers der Insolvenzsicherung wahrnimmt, die sich aus dem BetrAVG ergeben, und
- seine Leistungen nach dem Kreis der Empfänger sowie nach Art und Höhe den in den §§ 7 – 9, 17 und 30 BetrAVG bezeichneten Rahmen nicht überschreiten.

Zur entsprechenden Steuerbefreiung für die Gewerbesteuer vgl. § 3 Nr. 19 GewStG.

692–695 *(Einstweilen frei)*

XV. Sicherungseinrichtungen der Kreditinstitute (§ 5 Abs. 1 Nr. 16 KStG)

696 Die Vorschrift ist durch das Steueränderungsgesetz 1977 v. 16. 8. 1977[1] eingeführt worden; sie war erstmals für den VZ 1978 anzuwenden.

Durch das Steuerreformgesetz 1990 v. 25. 7. 1988[2] wurde sie ausgeweitet auf Einrichtungen zur Sicherung von Spareinlagen bei Unternehmen, die am 31. 12. 1989 als gemeinnützige Wohnungsunternehmen anerkannt waren; die Steuerfreiheit galt erstmals für den VZ 1990.

697 Die Vorschrift ist durch Art. 5 Nr. 1 des Gesetzes zur Umsetzung der EG-Einlagensicherungsrichtlinie und der EG-Anlegerentschädigungsrichtlinie v. 16. 7. 1998[3] mit Wirkung ab dem VZ 1998 (§ 54 Abs. 5a KStG) neu gefasst worden. Eingeführt wurde die partielle Steuerpflicht für wirtschaftliche Geschäftsbetriebe.

698 Gemäß Art. 4 Nr. 1 des Gesetzes zur Änderung des Versicherungsaufsichtsgesetzes und anderer Gesetze vom 15. 12. 2004[4] erstreckt sich die Steuerbefreiung in Abs. 1 Nr. 16 nunmehr auch auf Sicherungsfonds i. S. d. §§ 126 und 127 VAG.

699 Körperschaften, Personenvereinigungen und Vermögensmassen, die als Sicherungseinrichtungen eines Verbandes der Kreditinstitute nach ihrer Satzung oder sonstigen Verfassung ausschließlich den Zweck haben, bei Gefahr für die Erfüllung der Verpflichtungen eines Kreditinstituts Hilfe zu leisten, sind von der Körperschaftsteuer befreit, wenn das Vermögen und etwa erzielte Überschüsse nur zur Erreichung des satzungsmäßigen Zwecks verwendet werden. Entsprechendes gilt für Einrichtungen zur Sicherung von Spareinlagen bei Unternehmen, die am 31. 12. 1989 als **gemeinnützige Wohnungsunternehmen** (§ 5 Abs. 1 Nr. 10 KStG a. F.) anerkannt waren.

700–705 *(Einstweilen frei)*

---

[1] BGBl 1977 I 1585; BStBl 1977 I 442.
[2] BGBl 1988 I 1093; BStBl 1988 I 224.
[3] BGBl 1998 I 1842; BStBl 1998 I 1112.
[4] BGBl 2004 I 3416.

XVI. Bürgschaftsbanken (§ 5 Abs. 1 Nr. 17 KStG)

Das Baugesetzbuch v. 8.12.1986[1] hat unter § 5 Abs. 1 Nr. 17 KStG mit Wirkung vom VZ 1987 an eine Steuerbefreiung für Unternehmen in der Rechtsform einer juristischen Person eingeführt, deren Tätigkeit sich auf die Erfüllung der Aufgaben nach §§ 157, 167 des Baugesetzbuchs beschränkt und die nicht selbst als Bauunternehmen tätig oder von einem Bauträger abhängig sind. Mit Wirkung ab 1990 ist diese Regelung wieder aufgehoben worden.[2]

Die vorliegende Fassung der Vorschrift geht auf das Steueränderungsgesetz 1992 v. 25.2.1992[3] zurück.

Nach früherem Recht waren Bürgschaftsbanken (meist als Kreditgarantiegemeinschaften bezeichnet) als gemeinnützige Körperschaften behandelt worden, wogegen Bedenken bestanden. Das Steueränderungsgesetz 1992[4] befreit deshalb ab dem VZ 1991 Bürgschaftsbanken von der Körperschaftsteuer, wenn sich ihre Tätigkeit auf die **Wahrnehmung von Wirtschaftsförderungsmaßnahmen** insbesondere in Form der Übernahme und Verwaltung von staatlichen Bürgschaften und Garantien oder von Bürgschaften und Garantien mit staatlichen Rückbürgschaften oder auf der Grundlage staatlich anerkannter Richtlinien gegenüber Kreditinstituten (einschl. Bausparkassen), Versicherungsunternehmen, Leasinggesellschaften und Beteiligungsgesellschaften für Kredite, Leasingforderungen und Beteiligungen an mittelständischen Unternehmen zu ihrer Gründung und zur Erhaltung und Förderung ihrer Leistungsfähigkeit beschränkt. Voraussetzung für die Befreiung ist, dass das Vermögen und etwa erzielte Überschüsse zur Erreichung des satzungsmäßigen Zweckes (§ 5 Abs. 1 Nr. 17 Satz 1 KStG) verwendet werden.

Die Bürgschaftsbanken nehmen als **Selbsthilfeeinrichtungen der Wirtschaft** einen öffentlichen Auftrag zur Förderung des gewerblichen Mittelstandes und der freien Berufe wahr. Ihre Tätigkeit ist darauf gerichtet, für die Gründung und Erhaltung solcher Unternehmen, die über bankmäßige Sicherheiten nicht oder nur in ungenügendem Maße verfügen und demgemäß Schwierigkeiten bei der Erschließung von Finanzierungsquellen haben, eine ausreichende Kapitalversorgung bereitzustellen. Sie dienen damit der **Existenzgründung und -sicherung.** Das Stammkapital der Bürgschaftsbanken wird von Kammern, Wirtschaftsverbänden, Innungen und Kreditinstituten sowie Versicherungsunternehmen gehalten. Es wird ergänzt durch Rückbürgschaften des Bundes und der Länder sowie ERP-Haftungsfondsdarlehen, die für Bürgschaftsverluste haften.

Die Vorschrift findet entsprechende Anwendung auf die neu geschaffenen Sicherungsfonds für die Kranken- und Lebensversicherungsgesellschaften. Die Steuerbefreiung erfasst sowohl den Sicherungsfond als nicht rechtsfähiges Sondervermögen des Bundes bei der Kreditanstalt für Wiederaufbau als auch eine Körperschaft des Privatrechts, soweit sie als Beliehene die Aufgaben des Sicherungsfonds übernimmt (§§ 126, 127 VAG). Nach § 3 Nr. 21 GewStG werden diese Einrichtungen auch von der GewSt befreit, soweit sie von der KSt befreit sind.

(Einstweilen frei)

---

1 BGBl 1986 I 2191; BStBl 1987 I 95.
2 Steuerreformgesetz 1990 v. 25.7.1988, BGBl 1988 I 1093; BStBl 1988 I 224.
3 BGBl 1992 I 297; BStBl 1992 I 146.
4 BGBl 1977 I 1585; BStBl 1977 I 442.

XVII. Wirtschaftsförderungsgesellschaften (§ 5 Abs. 1 Nr. 18 KStG)

716 Die Steuerbefreiung für bestimmte Wirtschaftsförderungsgesellschaften wurde mit Wirkung ab dem VZ 1993 durch das „Gesetz zur Verbesserung der steuerlichen Bedingungen zur Sicherung des Wirtschaftsstandorts Deutschland im Europäischen Binnenmarkt (Standortsicherungsgesetz – StandOG)" v. 13. 9. 1993[1] eingeführt.

717 Bis zur jetzigen gesetzlichen Regelung wurden Wirtschaftsförderungsgesellschaften in einzelnen Ländern als gemeinnützige Körperschaften i. S. d. § 5 Abs. 1 Nr. 9 KStG behandelt. Da jedoch Bedenken aufgekommen waren, ob die regionale Wirtschaftsförderung i. S. d. Gemeinnützigkeitsrechts der „Allgemeinheit" zugute kommt, sollte eine sichere Rechtsgrundlage geschaffen werden; zudem dient die Regelung der Rechtsvereinheitlichung.

Wirtschaftsförderungsgesellschaften sind nur steuerbefreit, wenn

- sich ihre Tätigkeit auf die Verbesserung der sozialen und wirtschaftlichen **Struktur einer bestimmten Region** durch Förderung der Wirtschaft, insbesondere durch Industrieansiedlung, Beschaffung neuer Arbeitsplätze und der Sanierung von Altlasten beschränkt. Es brauchen nicht alle diese Tätigkeiten gleichzeitig von einer Gesellschaft ausgeübt zu werden. Es ist deshalb zulässig, dass eine Gebietskörperschaft (z. B. Kreis, Stadt, Gemeinde) einzelne dieser Aufgaben (z. B. Altlastensanierung) nicht fördert oder in verschiedenen Kapitalgesellschaften betreibt;
- an ihnen überwiegend Gebietskörperschaften beteiligt sind und
- sie ihr Vermögen und etwa erzielte Überschüsse nur zur Erreichung der oben genannten Zwecke verwenden.

718 Eine Wirtschaftsförderungsgesellschaft, deren hauptsächliche Tätigkeit sich darauf erstreckt, Grundstücke zu erwerben, hierauf Gebäude nach den Wünschen und Vorstellungen ansiedlungswilliger Unternehmen zu errichten und an diese zu verleasen, ist nicht nach § 5 Abs. 1 Nr. 18 KStG steuerbefreit.[2] Geht eine Wirtschaftsförderungsgesellschaft eigenwirtschaftlichen Tätigkeiten nach, die auch von privaten Anbietern erbracht werden können, ist sie nicht von der Gewerbesteuer befreit.[3]

719–725 *(Einstweilen frei)*

XVIII. Gesamthafenbetriebe (§ 5 Abs. 1 Nr. 19 KStG)

726 Die Steuerbefreiung wurde mit Wirkung ab dem VZ 1993 durch das „Gesetz zur Verbesserung der steuerlichen Bedingungen zur Sicherung des Wirtschaftsstandorts Deutschland im Europäischen Binnenmarkt (Standortsicherungsgesetz – StandOG)" v. 13. 9. 1993[4] neu eingefügt.

727 Die Steuerbefreiung gilt nach Satz 1 der Vorschrift nur für Gesamthafenbetriebe i. S. d. § 1 des Gesetzes über die Schaffung eines besonderen Arbeitgebers für Hafenarbeiter v. 3. 8. 1950.[5] Danach kann durch schriftliche Vereinbarung von zuständigen Arbeitgeberverbänden und Gewerkschaften oder von einzelnen Arbeitgebern und Gewerkschaften von den Betrieben eines Hafens, in dem Hafenarbeit geleistet wird, zur Schaffung stetiger Arbeitsverhältnisse für Ha-

---

[1] BGBl 1993 I 1569; BStBl 1993 I 774.
[2] BFH, Urteil v. 3. 8. 2005 - I R 37/04, BStBl 2006 II 141.
[3] BFH, Urteil v. 25. 3. 2015 - I R 91/12, BFH/NV 2015, 1111 = NWB MAAAE-93745.
[4] BGBl 1993 I 1569, BStBl 1993 I 774.
[5] BGBl 1950 I 352.

fenarbeiter ein besonderer Arbeitgeber (Gesamthafenbetrieb) gebildet werden. Hierbei handelt es sich um eine **Personalführungsgesellschaft**. Eine erwerbswirtschaftliche Tätigkeit des Gesamthafenbetriebs ist gesetzlich ausgeschlossen. Der Gesamthafenbetrieb umfasst auch Betriebe, deren Unternehmen weder Mitglied des Arbeitgeberverbandes sind noch selbst die vorgenannte Vereinbarung abgeschlossen haben, sofern die Betriebe, die dem die Vereinbarung abschließenden Arbeitgeberverband angehören oder die selbst die Vereinbarung abgeschlossen haben, nach Feststellung der obersten Arbeitsbehörde des Landes (Landesarbeitsministerium) oder der von ihr bestimmten Stelle im Durchschnitt des dem Abschluss der Vereinbarung vorangegangenen Kalendervierteljahres insgesamt nicht weniger als 50 % der Hafenarbeiter beschäftigt haben. Eine solche Vereinbarung über die Schaffung eines besonderen Arbeitgebers für Hafenarbeiter wurde z. B. am 9.2.1951 in Hamburg von der Arbeitsgemeinschaft Hamburger Hafen-Fachvereine und der Gewerkschaft Öffentliche Dienste, Transport und Verkehr (ÖTV) geschlossen. Die Erledigung der laufenden Verwaltungsarbeiten obliegt der Gesamthafenbetriebsgesellschaft mbH.

Die Steuerfreiheit gilt nur, soweit die Gesamthafenbetriebe **Tätigkeiten** ausüben, die in § 2 Abs. 1 des o. a. Gesetzes **bestimmt** und nach § 2 Abs. 2 dieses Gesetzes durch das Landesarbeitsministerium (widerruflich) **genehmigt** worden sind. Nach § 2 Abs. 1 des Gesetzes hat der Gesamthafenbetrieb den Begriff der Hafenarbeit i. S. d. § 1 Abs. 1 des Gesetzes bindend festzusetzen. Dazu kann auch die soziale Betreuung der Hafenarbeiter gehören. Weil die Gesamthafenbetriebe sozialstaatliche und volkswirtschaftliche Zwecke erfüllen, waren sie früher als gemeinnützig i.S.v. § 5 Abs. 1 Nr. 9 KStG behandelt worden. Die Tätigkeit dieser Gesellschaften kommt aber auch Wirtschaftsunternehmen zugute, weshalb Zweifel an der Zulässigkeit dieser Praxis aufgekommen waren, die durch die gesetzliche Regelung ausgeräumt werden sollten. 728

Wird ein **wirtschaftlicher Geschäftsbetrieb** (zum Begriff s. → Rz. 181) unterhalten, dessen Tätigkeit nicht ausschließlich auf die Erfüllung der begünstigten Tätigkeiten gerichtet ist, ist die Steuerbefreiung insoweit ausgeschlossen (§ 5 Abs. 1 Nr. 19 Satz 3 KStG). 729

Voraussetzung für die Steuerfreiheit ist ferner, dass das Vermögen und etwa – durch die Erhebung von Beiträgen und Umlagen – erzielte Überschüsse nur zur Erfüllung der begünstigten Tätigkeiten verwendet werden (§ 5 Abs. 1 Nr. 19 Satz 2 KStG). 730

(Einstweilen frei) 731–735

XIX. Zusammenschlüsse zum Ausgleich von Versorgungslasten (§ 5 Abs. 1 Nr. 20 KStG)

Das „Gesetz zur Bekämpfung des Missbrauchs und zur Bereinigung des Steuerrechts (Missbrauchsbekämpfungs- und Steuerbereinigungsgesetz – StMBG)" v. 21.12.1993[1] hat § 5 Abs. 1 KStG mit Wirkung ab dem VZ 1993 um diesen weiteren Befreiungstatbestand ergänzt. Bei den zum 1.1.1993 bereits bestehenden Zusammenschlüssen ist die Vermögensbegrenzung nach Buchst. b der Vorschrift erstmals für den VZ 1998 anzuwenden (§ 34 Abs. 5b Satz 2 KStG). 736

Die Steuerbefreiung betrifft Zusammenschlüsse von juristischen Personen des öffentlichen Rechts, von steuerbefreiten Körperschaften oder von steuerbefreiten Personenvereinigungen, deren Tätigkeit auf den Zweck beschränkt ist, im Wege des Umlageverfahrens die Versor- 737

---

[1] BGBl 1993 I 2310; BStBl 1994 I 50.

gungslasten auszugleichen, die den Mitgliedern aus Versorgungszusagen gegenüber ihren Arbeitnehmern erwachsen (Buchst. a).

738 Die Steuerfreiheit hängt davon ab („wenn, ..."), dass das Vermögen des Zusammenschlusses am Schluss des Wj. nicht höher ist als 60% der im Wj. erbrachten Leistungen an die Mitglieder (Buchst. b).

739–745 *(Einstweilen frei)*

XX. Arbeitsgemeinschaften Medizinischer Dienst der Krankenversicherung und Medizinischer Dienst der Spitzenverbände der Krankenkassen (§ 5 Abs. 1 Nr. 21 KStG)

746 Durch Art. 9 Nr. 1 Buchst. b „Gesetz zur Ergänzung des Jahressteuergesetzes 1996 und zur Änderung anderer Gesetze" v. 18.12.1995[1] ist eine Steuerbefreiung für die o. a. Medizinischen Dienste geschaffen wurde, die erstmals für den VZ 1991 anzuwenden ist (§ 34 Abs. 5c KStG).

747 Durch die Steuerbefreiung werden die in den neuen Bundesländern in der Rechtsform des **eingetragenen Vereins** geführten Arbeitsgemeinschaften Medizinischer Dienst der Krankenversicherung (MDK) mit den entsprechenden Einrichtungen der alten Bundesländer, die als Körperschaften des öffentlichen Rechts errichtet sind, gleichgestellt. Bei dem ebenfalls befreiten Medizinischen Dienst der Spitzenverbände der Krankenkassen handelt es sich um eine Arbeitsgemeinschaft, die aufgrund § 282 SGB V als Zusammenschluss der Spitzenverbände der Krankenkassen zu bilden ist und die Arbeit der MDK auf Bundesebene im öffentlichen Interesse koordiniert.[2] Die Steuerbefreiung setzt voraus, dass die Arbeitsgemeinschaften nicht als Körperschaften des öffentlichen Rechts errichtet sind, sie gesetzliche Aufgaben wahrnehmen und ihr Vermögen und etwa erzielte Überschüsse ausschließlich zur Erreichung des begünstigten Zwecks verwendet werden.

748–750 *(Einstweilen frei)*

XXI. Gemeinsame Einrichtungen der Tarifvertragsparteien (§ 5 Abs. 1 Nr. 22 KStG)

751 Die Steuerbefreiung wurde durch Art. 10 Nr. 1 Buchst. b JStG 1997 v. 20.12.1996[3] mit Wirkung ab dem VZ 1996 (§ 54 Abs. 1 KStG a. F.) eingefügt.

752 Die Regelung betrifft die **Sozialkassen** (z. B. Versorgungskassen, Urlaubskassen, Lohnausgleichskassen) der Tarifvertragsparteien, die bisher z.T. als Pensions- oder Unterstützungskassen (§ 5 Abs. 1 Nr. 3 KStG), als Berufsverbände (§ 5 Abs. 1 Nr. 5 KStG) oder als gemeinnützige Einrichtungen (§ 5 Abs. 1 Nr. 9 KStG) behandelt worden sind bzw. im Bereich der Vorruhestandsleistungen von der KSt befreit waren. Die Sozialkassen fördern berufliche sowie soziale Interessen und Belange der Arbeitnehmer des jeweiligen Gewerbezweigs. Die Regelung dient der Schaffung einer eindeutigen Rechtsgrundlage.[4] Die Steuerbefreiung entfällt – entsprechend der Regelung in § 65 Nr. 3 AO zu Zweckbetrieben, wenn die Einrichtungen zu anderen nicht steuerbegünstigten Marktteilnehmern derselben oder ähnlicher Art in größerem

---

1 BGBl 1995 I 1959; BStBl 1995 I 786, 790.
2 Vgl. BT-Drucks. 13/1686, 51 u. BT-Drucks. 13/3084, 24.
3 BGBl 1996 I 2049; BStBl 1996 I 1523, 1546.
4 Vgl. BT-Drucks. 13/5389, 127.

Umfang in Wettbewerb treten, obwohl dies nicht zur Erfüllung der Gemeinwohlaufgabe unabdingbar notwendig ist. Soweit ein wirtschaftlicher Geschäftsbetrieb unterhalten wird, dessen Tätigkeit nicht ausschließlich auf die Erfüllung der begünstigten Tätigkeiten gerichtet ist, ist die Steuerbefreiung ausgeschlossen (Satz 2).

(Einstweilen frei) 753–755

XXII. Auftragsforschung öffentlich-rechtlicher Wissenschafts- und Forschungseinrichtungen (§ 5 Abs. 1 Nr. 23 KStG)

Die Steuerbefreiung wurde durch Art. 3 Nr. 2 Buchst. a, bb Zweites Gesetz zur Änderung steuerlicher Vorschriften (Steueränderungsgesetz 2003 – StÄndG 2003) v. 15. 12. 2003[1] neu eingeführt. Sie gilt auch für VZ vor 2003 (§ 34 Abs. 3a KStG).

Für die Zuordnung der entgeltlichen Forschungstätigkeit der Hochschulen zum hoheitlichen Bereich oder zum Betrieb gewerblicher Art war es nach Ansicht der Finanzverwaltung ohne Bedeutung, ob es sich um Grundlagenforschung oder um anwendungsorientierte Forschung (Auftragsforschung) handelte.[2] Sie stellte vielmehr darauf ab, von welcher **Qualität die Einnahmen** waren, die den Hochschulen zuflossen:

▶ Erhielt eine Hochschule **echte Zuschüsse oder Spenden** für Forschungstätigkeiten, handelte es sich um **Einnahmen des hoheitlichen Bereichs** der Hochschule. Bei der Entscheidung der Frage, wann es sich um echte Zuschüsse handelt, wurde auf die umsatzsteuerliche Beurteilung abgestellt.

▶ Erhielt eine Hochschule im Rahmen einer **Auftragsforschung Zahlungen von Dritten** (öffentliche Hand oder Privatpersonen), bei denen sich der Dritte Exklusivrechte in irgendeiner Form für die Verwertung des Forschungsergebnisses einräumen ließ, waren diese Zahlungen **Einnahmen aus einer wirtschaftlichen Tätigkeit**, die unter den Voraussetzungen des R 4.1 KStR 2015 zur Annahme eines Betriebs gewerblicher Art führte.

▶ Erhielt eine Hochschule im Rahmen einer Auftragsforschung, Projektförderung oder ähnlichem **Mittel von Dritten** und wurden die Forschungsergebnisse veröffentlicht, ohne dass der Dritte sich irgendwelche Exklusivrechte bei der Verwertung der Forschungsergebnisse einräumen ließ, waren diese Mittel, sofern ein umsatzsteuerlicher Leistungsaustausch vorlag, ebenfalls **Einnahmen aus einer wirtschaftlichen Tätigkeit,** die unter den Voraussetzungen des R 4.1 KStR 2015 zur Annahme eines Betriebs gewerblicher Art führte. Bei fehlendem Leistungsaustausch (echter Zuschuss) wurden die Einnahmen dem hoheitlichen Bereich zugeordnet.

Entsprechendes galt bei der Beurteilung der gemeinnützigen Forschungseinrichtungen des privaten Rechts.

Sind bei einem als gemeinnützig anerkannten eingetragenen Verein (Zweck: Förderung von Wissenschaft und Forschung) **Auftragsforschung und Eigenforschung** nach Satzung und tatsächlicher Übung so sehr miteinander verwoben, dass beide nicht voneinander abgrenzbar sind und die Ausübung der einen Tätigkeit nicht ohne die andere möglich ist, liegt nach Ansicht des BFH[3] ein **einheitliches gewerbliches Unternehmen** vor, bei dem zumindest im Bereich

---

1 BGBl 2003 I 2645; BStBl 2003 I 710.
2 Vgl. OFD Münster v. 16. 5. 1990, FR 1990, 406.
3 Vom 30. 11. 1995 - V R 29/91, BStBl 1997 II 189.

der Auftragsforschung die Allgemeinheit nicht selbstlos gefördert wird. Ist die entgeltlich ausgeübte Auftragsforschung abgrenzbar und selbständig von der Eigenforschung, so handelt es sich insoweit um einen wirtschaftlichen Geschäftsbetrieb, nicht aber um einen Zweckbetrieb.

760 Im Hinblick auf diese Rspr. haben Art. 18 und 20 des Jahressteuergesetzes (JStG) 1997 v. 20. 12. 1996[1] § 68 AO i.V. m. § 1 Abs. 6 EGAO um eine Nr. 9 ergänzt. Danach sind Wissenschafts- und Forschungseinrichtungen, deren Träger sich überwiegend aus Zuwendungen der öffentlichen Hand oder Dritter oder aus der Vermögensverwaltung finanzieren, einschließlich ihrer Auftragsforschung als **Zweckbetriebe** anzusehen. Die Finanzierungsvoraussetzung („überwiegend") ist für jeden Veranlagungszeitraum getrennt zu prüfen.[2] Nicht zum Zweckbetrieb gehören Tätigkeiten, die sich auf die Anwendung gesicherter wissenschaftlicher Erkenntnisse beschränken, die Übernahme von Projektträgerschaften sowie wirtschaftliche Tätigkeiten ohne Forschungsbezug.[3]

761 Die jetzt eingeführte Steuerbefreiung für die Auftragsforschung öffentlich-rechtlicher Wissenschafts- und Forschungseinrichtungen (§ 5 Abs. 1 Nr. 23 KStG) dient der **Gleichbehandlung** der staatlichen Hochschulen mit der Forschungstätigkeit gemeinnütziger Einrichtungen. Ist die Tätigkeit auf die Anwendung gesicherter wissenschaftlicher Erkenntnisse, die Übernahme von Projektträgerschaften sowie wirtschaftliche Tätigkeiten ohne Forschungsbezug gerichtet, ist die Steuerbefreiung hier wie dort insoweit ausgeschlossen.

XXIII. Global-Legal-Entity-Identifier-Stiftungen (§ 5 Abs. 1 Nr. 24 KStG)

762 Die Steuerbefreiung der Global-Legal-Entity-Identifier-Stiftung (GLEIS) wurde ab dem VZ 2014 (§ 34 Abs. 3 Satz 3 KStG) durch Gesetz v. 22. 12. 2014[4] eingeführt. Die im Jahre 2014 gegründete Institution mit Sitz in Basel soll die Einführung einer weltweit anwendbaren Identifikation einer Rechtsperson in Form eines Referenzcodes fördern. Die Identifizierbarkeit der an Finanzgeschäften beteiligten Rechtspersonen dient der Stabilität des Finanzsektors. So soll ein besseres Risikomanagement, bessere Einschätzung von Risiken auf Mikro- und Makroebene, Erleichterung einer geordneten Abwicklung, Begrenzung von Marktmissbräuchen und Finanzbetrug, generell eine höhere Qualität und Genauigkeit der Finanzdaten erreicht werden.[5] Beaufsichtigt wird die Stiftung vom Regulatory Oversight Board, einer Institution, die von den Finanzministern der „G20-Staaten" geschaffen worden ist.

763 Die Steuerbefreiung ist beschränkt auf Tätigkeiten, die im unmittelbaren Zusammenhang mit der Einführung, dem Unterhalten und der Fortentwicklung des Identifikationssystems stehen. Die Feststellungslast für das Vorliegen der sachlichen Steuerbefreiung, also die Ausübung der Tätigkeiten im Rahmen der Begünstigungsgrenzen, trifft die Körperschaft. Der Körperschaftsteuerbefreiung entspricht eine Befreiung von der Gewerbesteuer gem. § 3 Nr. 31 GewStG.

764–770 *(Einstweilen frei)*

D. Steuerbefreiungen außerhalb des KStG

771 Aufgrund anderer Gesetze bzw. Rechtsvorschriften sind u. a. von der KSt befreit:

---

1 BGBl 1996 I 2049; BStBl 1996 I 1523.
2 Vgl. FG Köln, Urteil v. 22. 6. 2005 - 13 K 3420/04, EFG 2005, 1492.
3 Siehe dazu BMF, Schreiben v. 22. 9. 1999, BStBl 1999 I 944 und OFD Nürnberg v. 26. 4. 2000, FR 2000, 633.
4 BGBl 2014 I 2417.
5 Vgl. www.moneyhouse.ch/u/global_legal_identifier_foundation_CH-270.7.003.155-7.htm.

- die Aktionsgemeinschaft Deutsche Steinkohlenreviere GmbH gem. § 1 Gesetz über steuerliche Maßnahmen bei der Stilllegung von Steinkohlenbergwerken v. 11. 4. 1967;[1]
- der Rationalisierungsverband im Steinkohlenbergbau gem. § 36 Gesetz zur Förderung der Rationalisierung im Steinkohlenbergbau v. 29. 7. 1963;[2]
- die Internationale Moselgesellschaft mbH;[3]
- die European Transonic Windtunnel GmbH;[4]
- die Sondervermögen der Kapitalanlagegesellschaften.

Zu steuerlichen Vorrechten und Befreiungen aufgrund zwischenstaatlicher Vereinbarungen s. Anlage zu BMF, Schreiben v. 23. 2. 1999.[5]

(Einstweilen frei)

E. Einschränkung der Steuerbefreiungen (§ 5 Abs. 2 KStG)

I. Steuerabzugspflichtige inländische Einkünfte (§ 5 Abs. 2 Nr. 1 KStG)

Nach § 5 Abs. 2 Nr. 1 KStG erstrecken sich die Steuerbefreiungen nach § 5 Abs. 1 KStG und nach anderen Gesetzen als dem KStG (s. → Rz. 179) nicht auf inländische Einkünfte, die dem Steuerabzug unterliegen. Das bedeutet, dass für derartige Einkünfte auch bei ansonsten steuerbefreiten Körperschaften, Personenvereinigungen und Vermögensmassen eine **partielle Steuerpflicht** besteht. Nach der ab dem VZ 2004 geltenden (§ 34 Abs. 5 KStG) Ergänzung durch Art. 3 Nr. 2 Buchst. b des Zweiten Gesetzes zur Änderung steuerlicher Vorschriften (Steueränderungsgesetz 2003 – StÄndG 2003) v. 15. 12. 2003[6] gilt § 5 Abs. 2 Nr. 1 KStG für inländische Einkünfte, die dem Steuerabzug „vollständig oder teilweise" unterliegen. Hierbei handelt es sich um eine Anpassung an die geänderten §§ 44a und 44c EStG.

Praktische Bedeutung erlangt die Vorschrift vor allem in Fällen, in denen sonst § 5 Abs. 1 KStG gelten würde. Soweit derartige Einkünfte z. B. im Rahmen eines steuerpflichtigen wirtschaftlichen Geschäftsbetriebs einer steuerbefreiten Körperschaft anfallen, greift § 5 Abs. 2 Nr. 1 KStG also nicht.

Bei bestimmten inländischen Kapitalerträgen wird die ESt durch Abzug vom Kapitalertrag (**Kapitalertragsteuer**) erhoben. Inländische Kapitalerträge liegen vor, wenn der Schuldner Wohnsitz, Geschäftsleitung oder Sitz im Inland hat. Zu den steuerabzugspflichtigen Kapitalerträgen gehören in erster Linie Gewinne (Dividenden), Zinsen, Ausbeuten und sonstige Bezüge aus der Beteiligung an inländischen juristischen Personen sowie die Einnahmen aus der Beteiligung an einem Handelsgewerbe als stiller Gesellschafter sowie Zinsen aus partiarischen Darlehen. Außerdem wird KapErtrSt erhoben auf Zinsen aus bestimmten festverzinslichen Wertpapieren. Daneben enthält § 43 EStG noch eine Aufzählung bestimmter Sonderfälle, in denen steuerabzugspflichtige Kapitalerträge vorliegen. Über § 8 Abs. 1 KStG gilt § 43 EStG auch für Körperschaften (R 8.1 Abs. 1 Nr. 1 KStR 2015).

---

[1] BGBl 1967 I 403.
[2] BGBl 1963 I 549.
[3] BGBl 1956 II 1837, 1838; 1957 II 2.
[4] BGBl 1989 II 738.
[5] BStBl 1999 I 405.
[6] BGBl 2003 I 2645; BStBl 2003 I 710.

783 Die Körperschaftsteuer für Einkünfte, die dem Steuerabzug unterliegen, ist durch den Steuerabzug **abgegolten,** wenn sie nach § 5 Abs. 2 Nr. 1 KStG von der Steuerbefreiung ausgenommen sind.

784–795 *(Einstweilen frei)*

II. Beschränkt Steuerpflichtige (§ 5 Abs. 2 Nr. 2 KStG)

796 Die Steuerbefreiungen des § 5 Abs. 1 KStG gelten nicht für beschränkt Stpfl. i. S. d. § 2 Nr. 1 KStG, d. h. für Körperschaften, Personenvereinigungen und Vermögensmassen, die im Inland weder Sitz noch Geschäftsleitung haben. Soweit in § 5 Abs. 1 KStG oder in sonstigen Rechtsvorschriften die von der KSt befreiten Rechtssubjekte namentlich aufgeführt sind, ergibt sich bereits hieraus, dass es sich um Gebilde mit Sitz oder Geschäftsleitung im Inland handelt. Für alle nicht namentlich genannten Steuersubjekte, die unter § 5 Abs. 1 KStG fallen können, ergibt sich aus § 5 Abs. 2 Nr. 3 KStG, dass die Steuerbefreiung nicht für beschränkt Stpfl. i. S. d. § 2 Nr. 1 KStG gilt.

797 Problematisch war diese Beschränkung im Hinblick auf ausländische steuerbefreite Körperschaften, soweit sie in EU-Staaten ihren Sitz haben. Für EU-Auslandskörperschaften wirkte sich die beschränkte Steuerpflicht i. V. m. der Versagung der vergleichbaren inländischen Körperschaften gewährten Steuerbefreiung nachteilig aus. Diese insbesondere bei gemeinnützigen Körperschaften relevante Diskriminierung ist durch das JStG 2009 beseitigt worden. Aufgrund der Neufassung des § 5 Abs. 2 Nr. 2 KStG sind beschränkt steuerpflichtige Gesellschaften aus Staaten der Europäischen Union und des Europäischen Wirtschaftsraums i. S. d. § 5 Abs. 1 Nr. 9 KStG n. F. den inländischen steuerbegünstigten Institutionen gleichgestellt, soweit es sich um Gesellschaften i. S. d. Art. 48 EG (jetzt Art. 54 AEUV) handelt und soweit mit dem Ansässigkeitsstaat ein Amtshilfeabkommen besteht.

Die Neuregelung ist gem. § 34 Abs. 5a KStG n. F. auch auf Veranlagungszeiträume vor 2009 anzuwenden, um den Anforderungen des Urteils des EuGH – Centro di Musicologia Walter Stauffer[1] nachzukommen, wonach es geboten ist, „ausländische steuerbegünstigte Körperschaften, die in der EU oder in Teilen des EWR-Raums ansässig sind, den inländischen Körperschaften gleichzustellen".[2] Dadurch, dass in § 5 Abs. 2 Nr. 2 KStG n. F. auf die beschränkt Steuerpflichtigen i. S. d. § 2 Nr. 1 KStG Bezug genommen wird, setzt die Neuregelung im JStG 2009 jedoch das Bestehen einer beschränkten Steuerpflicht der EU/EWR-Körperschaft voraus.[3] Die vorläufige Anerkennung der Gemeinnützigkeit beschränkt stpfl. Körperschaften erfolgt – wie bei unbeschränkt stpfl. Körperschaften – nach § 60a AO (vgl. hierzu → Rz. 381 ff.). Die örtliche Zuständigkeit richtet sich nach § 20 Abs. 3 AO, da das Verfahren zur Feststellung der satzungsmäßigen Voraussetzungen nach § 60a AO ein Annexverfahren zur Körperschaftsteuerveranlagung ist.[4]

798–810 *(Einstweilen frei)*

---

[1] In Slg. 2006, I-8203.
[2] Vgl. Bericht des Finanzausschusses zum Entwurf eines JStG 2009, BT-Drucks 16/11108, 29; vgl. zur Beurteilung der Gemeinnützigkeit ausländischer Körperschaften BFH, Urteil v. 15.11.2017 - I R 39/15, NWB EAAAG-80014.
[3] Vgl. BFH, Urteil v. 15. 9. 2010 - X R 33/08, BStBl 2011 II 637.
[4] Vgl. Nr. 3 AEAO zu § 60a AO; *Koenig*, AO, § 60a Rz. 2 ff.

III. Übergangsregelungen (§ 5 Abs. 2 Nr. 3 KStG)

Die Einschränkung, dass die Steuerbefreiungen nach Abs. 1 und nach anderen Gesetzen als dem KStG nicht gelten, soweit § 34 Abs. 9, § 37 oder § 38 Abs. 2 KStG anzuwenden sind, stellt entsprechend § 5 Abs. 2 Nr. 2 KStG a. F. sicher, dass auch bei steuerbefreiten Körperschaften die Körperschaftsteuer nach den genannten Vorschriften erhoben werden kann. Es handelt sich hierbei insbes. um Regelungen, die den Übergang vom Anrechnungsverfahren zum Halbeinkünfteverfahren betreffen. Wegen Einzelheiten wird auf die Kommentierung der genannten Vorschriften verwiesen.

811

§ 6 Einschränkung der Befreiung von Pensions-, Sterbe-, Kranken- und Unterstützungskassen

(1) Übersteigt am Schluss des Wirtschaftsjahrs, zu dem der Wert der Deckungsrückstellung versicherungsmathematisch zu berechnen ist, das Vermögen einer Pensions-, Sterbe- oder Krankenkasse im Sinne des § 5 Abs. 1 Nr. 3 den in Buchstabe d dieser Vorschrift bezeichneten Betrag, so ist die Kasse steuerpflichtig, soweit ihr Einkommen anteilig auf das übersteigende Vermögen entfällt.

(2) Die Steuerpflicht entfällt mit Wirkung für die Vergangenheit, soweit das übersteigende Vermögen innerhalb von 18 Monaten nach dem Schluss des Wirtschaftsjahrs, für das es festgestellt worden ist, mit Zustimmung der Versicherungsaufsichtsbehörde zur Leistungserhöhung, zur Auszahlung an das Trägerunternehmen, zur Verrechnung mit Zuwendungen des Trägerunternehmens, zur gleichmäßigen Herabsetzung künftiger Zuwendungen des Trägerunternehmens oder zur Verminderung der Beiträge der Leistungsempfänger verwendet wird.

(3) Wird das übersteigende Vermögen nicht in der in Absatz 2 bezeichneten Weise verwendet, so erstreckt sich die Steuerpflicht auch auf die folgenden Kalenderjahre, für die der Wert der Deckungsrückstellung nicht versicherungsmathematisch zu berechnen ist.

(4) ¹Bei der Ermittlung des Einkommens der Kasse sind Beitragsrückerstattungen oder sonstige Vermögensübertragungen an das Trägerunternehmen außer in den Fällen des Absatzes 2 nicht abziehbar. ²Das Gleiche gilt für Zuführungen zu einer Rückstellung für Beitragsrückerstattung, soweit den Leistungsempfängern ein Anspruch auf die Überschussbeteiligung nicht zusteht.

(5) ¹Übersteigt am Schluss des Wirtschaftsjahrs das Vermögen einer Unterstützungskasse im Sinne des § 5 Abs. 1 Nr. 3 den in Buchstabe e dieser Vorschrift bezeichneten Betrag, so ist die Kasse steuerpflichtig, soweit ihr Einkommen anteilig auf das übersteigende Vermögen entfällt. ²Bei der Ermittlung des Einkommens sind Zuwendungen des Trägerunternehmens nicht erhöhend und Versorgungsleistungen der Kasse sowie Vermögensübertragungen an das Trägerunternehmen nicht mindernd zu berücksichtigen.

(5a) ¹Unterstützungskassen in der Rechtsform der Kapitalgesellschaft können bis zum 31. Dezember 2016 auf amtlich vorgeschriebenem Vordruck einen positiven Zuwendungsbetrag erklären. ²Dieser errechnet sich aus den Zuwendungen des Trägerunternehmens in den Veranlagungszeiträumen 2006 bis 2015 abzüglich der Versorgungsleistungen in diesem Zeitraum, soweit diese Zuwendungen und diese Versorgungsleistungen in dem steuerpflichtigen Teil des Einkommens der Kasse nach Absatz 5 Satz 1 enthalten waren. ³Dabei gelten Versorgungsleistungen in den Veranlagungszeiträumen 2006 bis 2015 als vornehmlich aus Zuwendungen des

Trägerunternehmens in diesem Zeitraum erbracht. ⁴Ab dem Veranlagungszeitraum 2016 mindert sich das steuerpflichtige Einkommen der Kasse in Höhe des zum Schluss des vorherigen Veranlagungszeitraums festgestellten Betrags nach Satz 6; es mindert sich höchstens um einen Betrag in Höhe der im Wirtschaftsjahr getätigten Versorgungsleistungen. ⁵Durch die Minderung darf das Einkommen nicht negativ werden. ⁶Gesondert festzustellen sind

1. der Zuwendungsbetrag auf den 31. Dezember 2015 und

2. der zum 31. Dezember des jeweiligen Folgejahres verbleibende Zuwendungsbetrag, der sich ergibt, wenn vom zum Schluss des Vorjahres festgestellten Betrag der Betrag abgezogen wird, um den sich das steuerpflichtige Einkommen im laufenden Veranlagungszeitraum nach den Sätzen 4 und 5 gemindert hat.

(6) ¹Auf den Teil des Vermögens einer Pensions-, Sterbe-, Kranken- oder Unterstützungskasse, der am Schluss des Wirtschaftsjahrs den in § 5 Abs. 1 Nr. 3 Buchstabe d oder e bezeichneten Betrag übersteigt, ist Buchstabe c dieser Vorschrift nicht anzuwenden. ²Bei Unterstützungskassen gilt dies auch, soweit das Vermögen vor dem Schluss des Wirtschaftsjahrs den in § 5 Abs. 1 Nr. 3 Buchstabe e bezeichneten Betrag übersteigt.

Inhaltsübersicht	Rz.
A. Geschichte des § 6 KStG	1 - 5
B. Einschränkung der nach § 5 Abs. 1 Nr. 3 KStG vorgesehenen Steuerbefreiung bei den verschiedenen Kassenarten durch § 6 KStG	6 - 41
I. Allgemeines	6 - 10
II. Einschränkung der Steuerbefreiung bei Pensions-, Sterbe- und Krankenkassen	11 - 30
1. Rechnerische Feststellung des überdotierten Vermögensanteils und des partiell steuerpflichtigen Einkommens	11 - 13
2. Zeitpunkt der Feststellung von zulässigem und überdotiertem Kassenvermögen	14 - 15
3. Möglichkeiten zur Vermeidung der partiellen Steuerpflicht	16 - 30
III. Einschränkung der Steuerbefreiung bei Unterstützungskassen	31 - 41
1. Zulässiges und überdotiertes Kassenvermögen	31 - 32
2. Zeitpunkt der Prüfung der partiellen Steuerpflicht	33
3. Vermeidung der Überdotierung	34
4. Einkommensneutralität von Zuwendungen vom oder an das Trägerunternehmen	35
5. Feststellung des Zuwendungsbetrages bei Unterstützungskassen in Rechtsform der Kapitalgesellschaft (§ 6 Abs. 5a KStG)	36 - 41

A. Geschichte des § 6 KStG

LITERATURHINWEISE

Brendle/Schaaf, Steuerliche Behandlung von überdotierten Gruppen-Unterstützungskassen u. deren Mitgliedsunternehmen, BB 1975, 1296; *Hensgens*, Steuerpflicht und Steuerbefreiung der Pensions- u. Unterstützungskassen nach dem Gesetz zur Verbesserung der betrieblichen Altersversorgung, StW 1976, 22; *Hennige*, Zur teilweisen Stpfl. von Unterstützungskassen, StLex 6 5–6, (77/6); *Horn*, Überdotierte betriebliche Unterstützungskassen, DStR 1978, 136; *Heim*, Zur Ermittlung der partiellen Steuerpflicht von überdotierten Unterstützungskassen, DB 1979, 472; *Dr. Stuhrmann*, Zur Körperschaftsteuerfreiheit einer Unterstützungskasse, BB 1980, 879; *OFD Düsseldorf*, Umwandlung einer Unterstützungskasse auf das Trägerunternehmen, BB 1988, 119; *Dr. Dr. Förster*, Konsequenzen u. Gestaltungsmöglichkeiten bei Unterstützungskassen nach dem Steueränderungsgesetz 1992, BetrAV 1992, Folgen 4, 128; *Dr. Gratz/Bühl*, Beseitigung der partiellen Steuerpflicht einer Unterstützungskasse – ein Irrweg?, DB 1996, 1995; *Prof. Dr. Schmeisser/Blömer*, Pensionsfondsmodell im Rahmen der betrieblichen Altersversorgung, DStR 1999, 1747; *Baier/Buttler*, Steuerliche Fallstricke bei rückgedeckter Unterstützungskasse, BB 2000, 2070; *Harle/Kesting/Leser*, Die Übertragung von unmittelbaren Versorgungsverpflichtungen auf eine Unterstützungskasse, BB 2006, 131; *Höfer*, BFH zur Steuerfreiheit von Gruppenunterstützungskassen, DB 2015, 831.

Der heutige § 6 KStG entspricht inhaltlich dem früheren § 4a KStG 1975. Er wurde aufgrund des Gesetzes zur Verbesserung der betrieblichen Altersversorgung v. 19.12.1974[1] in das KStG eingefügt und besteht unverändert fort.   1

§ 6 KStG ist in sachlicher Hinsicht als Ergänzungsvorschrift zu § 5 Abs. 1 Nr. 3 KStG zu sehen.

Mit dem Steueränderungsgesetz 2015 vom 2.11.2015[2] wurden Abs. 5 Satz 2 neu gefasst und Abs. 5a neu eingefügt. Beide Änderungen gelten ab dem Veranlagungszeitraum 2016 und erfolgten als Reaktion des Gesetzgebers auf die Rechtsprechung des BFH zur Einkommensermittlung bei Unterstützungskassen in der Rechtsform einer Kapitalgesellschaft[3] (→ Rz. 35 f.).   2

(Einstweilen frei)   3–5

B. Einschränkung der nach § 5 Abs. 1 Nr. 3 KStG vorgesehenen Steuerbefreiung bei den verschiedenen Kassenarten durch § 6 KStG

I. Allgemeines

Die in § 5 Abs. 1 Nr. 3 KStG genannten Pensions-, Sterbe- und Rentenkassen sowie die Unterstützungskassen sind nicht persönlich von der Körperschaftsteuer befreit, sondern nur in sachlicher Hinsicht. Das bedeutet, dass sie neben einem steuerfreien Einkommen auch steuerpflichtige Einkommensteile haben können. Im Hinblick auf den Charakter der genannten Kassen als soziale Einrichtung soll die Steuerbefreiung bei sog. **überdotierten Kassen** auf das Maß zurückgeführt werden, das sozialen Einrichtungen entspricht. Als überdotiert gilt eine Kasse, wenn ihr Vermögen eine gewisse Höhe übersteigt mit der Folge einer **partiellen Steuerpflicht**. § 6 KStG steht in einem inneren Zusammenhang mit den Zuwendungsvorschriften der §§ 4c und 4d EStG, durch die Kassenvermögen gebildet wird.   6

Die in § 6 KStG enthaltenen Begriffe und Rechenschritte sind vom Gesetzgeber nicht leicht verständlich dargestellt. Es bedarf daher einer übersichtlichen Gliederung der geforderten Rechenvorgänge und genauer Definition der Rechendaten, um das sog. überdotierte Vermögen und damit eine eventuelle partielle Steuerpflicht des Einkommens zu ermitteln.

(Einstweilen frei)   7–10

---

[1] BStBl 1975 I 22.
[2] BGBl 2015 I 1834.
[3] BFH, Urteil v. 22.12.2010 - I R 110/09, BStBl 2014 II 119.

II. Einschränkung der Steuerbefreiung bei Pensions-, Sterbe- und Krankenkassen

1. Rechnerische Feststellung des überdotierten Vermögensanteils und des partiell steuerpflichtigen Einkommens

11 Zur Feststellung der **partiellen Steuerpflicht** bedient sich der Gesetzgeber bei allen Kassen des gleichen Schemas, indem er das tatsächliche Kassenvermögen dem zulässigen Kassenvermögen gegenüberstellt (§ 5 Abs. 1 Nr. 3 Buchst. d KStG). Ist das tatsächliche Kassenvermögen höher als das zulässige Kassenvermögen, so stellt der übersteigende Betrag überdotiertes Vermögen dar. Der prozentuale Anteil des überdotierten Vermögens am Gesamtvermögen wird direkt proportional zur Ermittlung des partiell steuerpflichtigen Einkommens auf das Jahreseinkommen der Kasse angewendet.

In Formeln:

Symbole:
- TKV = Tatsächliches Kassenvermögen
- ZKV = Zulässiges Kassenvermögen
- ÜKV = Überdotiertes Kassenvermögen

$$TKV - ZKV = \ddot{U}KV \text{ (falls Wert positiv)}$$

$$\text{Prozentualer Anteil (PA)} = \frac{\ddot{U}KV \times 100}{TKV}$$

Jahreseinkommen × PA = partiell steuerpflichtiges Einkommen

Tatsächliches Kassenvermögen

12 Das tatsächliche Kassenvermögen ist gem. § 5 Abs. 1 Nr. 3 Buchst. d KStG nach folgenden Merkmalen zu ermitteln:

- ▶ Grundsätze ordnungsmäßiger Buchführung
- ▶ Berücksichtigung des Geschäftsplans
- ▶ Berücksichtigung der allg. Versicherungsbedingungen
- ▶ Berücksichtigung der fachlichen Geschäftsunterlagen i. S. d. § 219 Abs. 3 Nr. 1 VAG). Rückstellungen für Beitragsrückerstattungen (BRE) sind nur insoweit abziehbar, als den Leistungsempfängern ein Anspruch auf die Überschussbeteiligung zusteht. Bei Leistungsempfängern der genannten Kassen ist die Verwendungsfrist des § 21 Abs. 2 KStG zu beachten.[1]
- ▶ Ist ein Trägerunternehmen anspruchsberechtigt, so müssen die Mittel der BRE innerhalb der in § 6 Abs. 2 KStG genannten Frist (18 Monate) verwendet werden.[2]

Zulässiges Kassenvermögen

13 Das zulässige Kassenvermögen wird ebenfalls in § 5 Abs. 1 Nr. 3 Buchst. d KStG definiert. Bei einem Versicherungsverein auf Gegenseitigkeit (VVaG) ist das zulässige Kassenvermögen die **Verlustrücklage nach § 193 VAG**.

---

1 R 6 Abs. 3 Satz 6 KStR 2015.
2 R 6 Abs. 3 Satz 7 KStR 2015.

§ 193 VAG lautet:

"Die Satzung hat zu bestimmen, dass zur Deckung eines außergewöhnlichen Verlusts aus dem Geschäftsbetrieb eine Rücklage (Verlustrücklage, Reservefonds) zu bilden ist, welche Beträge jährlich zurückzulegen sind und welchen Mindestbetrag die Rücklage erreichen muss."

Bei einer Kasse in einer anderen Rechtsform besteht das zulässige Kassenvermögen aus dem dieser Rücklage entsprechenden Vermögensanteil.

2. Zeitpunkt der Feststellung von zulässigem und überdotiertem Kassenvermögen

Die Prüfung, ob eine Pensions-, Sterbe- und Krankenkasse wegen Überdotierung partiell steuerpflichtig wird, muss nicht jährlich erfolgen. Sie ist auf die Bilanzstichtage beschränkt, zu denen nach den Vorschriften der Versicherungsaufsichtsbehörde der Wert der **Deckungsrückstellung** zu berechnen ist (regelmäßig in einem Dreijahreszeitraum) oder freiwillig berechnet wird.[1]

Die gesetzliche Definition der Deckungsrückstellung ist in § 341f HGB enthalten. Deckungsrückstellungen sind für Verpflichtungen aus dem Lebensversicherungs- und dem nach Art der Lebensversicherung betriebenen Versicherungsgeschäft versicherungsmathematisch zu berechnen. Bei einer Krankenkasse handelt es sich hierbei um die sog. Alterungsrückstellung. Der Berechnung liegt meistens ein Gutachten zugrunde.

Die partielle Steuerpflicht beginnt und endet vorbehaltlich des § 6 Abs. 2 KStG (Heilungsfrist für die Vergangenheit von 18 Monaten) nur zu den Bilanzstichtagen, zu denen eine versicherungsmathematische Berechnung der Deckungsrückstellung durchgeführt worden ist (vgl. § 6 Abs. 3 KStG).

Tritt die partielle Steuerpflicht z. B. für einen Zeitraum von drei Jahren ein, weil nur alle drei Jahre eine Deckungsrückstellung zu berechnen ist, so bleibt während dieser Zeit der Aufteilungsschlüssel (überdotiertes Vermögen zu Gesamtvermögen) unverändert. Das Einkommen ist zwar jedes Jahr nach den allgemeinen steuerlichen Vorschriften und unter Berücksichtigung des § 6 Abs. 4 KStG zu ermitteln, jedoch nach dem unveränderten Verhältnis in den steuerfreien und steuerpflichtigen Anteil aufzuteilen, der sich im Zeitpunkt der Berechnung der Deckungsrückstellung ergab.[2]

BEISPIEL:

	€	€
Aktiva		1 600 000
Passiva Rückstellung für Beitragsrückerstattung (BRE)		
mit Anspruch der Leistungsempfänger	300 000	
für freiwillige BRE	200 000	
Sonstige Passiva	500 000	1 000 000
Vermögen der Kasse		600 000
nichtabziehbare BRE		+ 200 000
Tatsächliches Kassenvermögen (→ Rz. 12)		**800 000**

---
1 R 6 Abs. 4 Satz 4 KStR 2015.
2 R 6 Abs. 4 Satz 6 KStR 2015.

	€
Verlustrücklage (§ 193 VAG) (→ Rz. 13)	600 000
(oder entsprechender Vermögensteil)	
Überdotiertes Vermögen	**200 000**

Berechnung des Aufteilungsverhältnisses und des partiell steuerpflichtigen Einkommens

	€
Einkommen im Jahr 1	100 000
Aufteilungsverhältnis 200 000 zu 800 000 = 25 %, partiell steuerpflichtiges Einkommen	25 000
Einkommen im Jahr 2	50 000
partiell steuerpflichtiges Einkommen 25 %	12 500
Einkommen im Jahr 3	40 000
partiell steuerpflichtiges Einkommen 25 %	10 000

3. Möglichkeiten zur Vermeidung der partiellen Steuerpflicht

16 § 6 Abs. 2 KStG eröffnet die Möglichkeit, die partielle Steuerpflicht rückwirkend innerhalb einer Frist von 18 Monaten ganz oder teilweise zu beseitigen. Das bedeutet, die partielle Steuerpflicht ist bis zu einer Frist von 18 Monaten auflösend bedingt. Sie entfällt, wenn die Kasse von den in § 6 Abs. 2 KStG genannten Verwendungen des überdotierten Vermögensanteils Gebrauch macht. Um die Steuerpflicht zu beseitigen, sieht § 6 Abs. 2 KStG folgende Verwendung vor:

- ▶ zur Leistungserhöhung (Pensionen, Sterbegelder, Krankenkassenleistungen),
- ▶ zur Auszahlung an das Trägerunternehmen,
- ▶ zur Verrechnung mit Zuwendungen des Trägerunternehmens,
- ▶ zur gleichmäßigen Herabsetzung künftiger Zuwendungen des Trägerunternehmens,
- ▶ zur Verminderung von Beiträgen der Leistungsempfänger.

17 Die Verwendungen müssen bis zum Ablauf der genannten Frist nach dem Schluss des Wirtschaftsjahres, für welches das überdotierte Vermögen festgestellt wurde, durchgeführt werden. Liegt die in besonderer Weise zugelassene Verwendung des überdotierten Vermögens nicht vor, so entsteht aus der zunächst auflösend bedingten Steuerpflicht eine unbedingte. In der Folge fällt die partielle Steuerpflicht erst dann wieder weg, wenn bei der Ermittlung des Vermögens auf den Schluss eines Geschäftsjahres zu dem die Deckungsrückstellung erneut versicherungsmathematisch zu errechnen ist, sich kein überdotiertes Vermögen ergibt oder von der o. a. Fristenregelung erneut Gebrauch gemacht wird.

18 Nach § 5 Abs. 1 Nr. 3 Buchst. c KStG setzt die Steuerfreiheit einer Pensions-, Sterbe- oder Krankenkasse u. a. voraus, dass die ausschließliche und unmittelbare Verwendung des Kassenvermögens und der Einkünfte der Kasse nach der Satzung und der tatsächlichen Geschäftsführung für die Zwecke der Kasse dauernd gesichert ist. Nach § 6 Abs. 6 KStG gilt diese Vorschrift nicht für den überdotierten Teil des Vermögens. Die Kasse kann also über diesen Teil des Vermögens und dessen Erträge frei verfügen, ohne ihre Steuerfreiheit zu gefährden.

19–30 *(Einstweilen frei)*

III. Einschränkung der Steuerbefreiung bei Unterstützungskassen

1. Zulässiges und überdotiertes Kassenvermögen

§ 5 Abs. 1 Nr. 3 Buchst. e KStG befreit Unterstützungskassen, wenn am Schluss des Wirtschaftsjahres das Vermögen ohne Berücksichtigung künftiger Versorgungsleistungen nicht höher ist als das um 25 % erhöhte zulässige Kassenvermögen. Für die Ermittlung des tatsächlichen und des zulässigen Kassenvermögens wird auf § 4d EStG hingewiesen. Übersteigt das tatsächliche Kassenvermögen den o. a. Betrag, so wird auch eine Unterstützungskasse partiell steuerpflichtig. Hinsichtlich des Aufteilungsschlüssels gelten die Berechnungen wie bei den Pensions-, Sterbe- und Krankenkassen (→ Rz. 11). Beträgt die Überdotierung z. B. 30 %, so wird die Körperschaftsteuer aus 30 % des Einkommens erhoben.

Für die Einkommensermittlung gelten die allgemeinen Vorschriften des Einkommensteuer- und Körperschaftsteuergesetzes. Abweichend von handelsrechtlichen Bewertungsmaßstäben sind gem. § 4d EStG anzusetzen:

- der Grundbesitz mit 200 % des Einheitswertes des Feststellungszeitpunktes, der auf den Schluss des Wirtschaftsjahres folgt,

- der noch nicht fällige Anspruch aus einer Versicherung (eventuelle Rückdeckung) mit dem Wert des geschäftsplanmäßigen Deckungskapitals zzgl. des Guthabens aus Beitragsrückerstattung am Schluss des Wirtschaftsjahres. Ist die Berechnung eines Deckungskapitals nach dem Geschäftsplan nicht vorgesehen, so tritt an dessen Stelle der nach § 169 Abs. 3 und 4 des Gesetzes über den Versicherungsvertrag (VVG) berechnete Wert,

- das übrige Vermögen mit dem gemeinen Wert am Schluss des Wirtschaftsjahres.

2. Zeitpunkt der Prüfung der partiellen Steuerpflicht

Abweichend von der Regelung für Pensions-, Sterbe- und Krankenkassen ist bei Unterstützungskassen die partielle Steuerpflicht nach Ablauf jeden Jahres zu prüfen. Die Steuerpflicht besteht daher jeweils nur für ein Jahr. Eine rückwirkende Heilung der Überdotierung, wie bei den Pensions-, Sterbe und Krankenkassen (→ Rz. 16), ist für Unterstützungskassen nicht vorgesehen.[1]

3. Vermeidung der Überdotierung

Die Unterstützungskasse hat die Möglichkeit, von vornherein, z. B. durch rechtzeitige Rückübertragung von Deckungsmitteln auf das Trägerunternehmen, die durch eine Überdotierung drohende partielle Steuerpflicht abzuwenden.[2] Ist absehbar, dass sich im Laufe eines Wirtschaftsjahres ein überdotiertes Vermögen ergibt, wird es noch im selben Wirtschaftsjahr auf das Trägerunternehmen übertragen, womit am Schluss des Wirtschaftsjahres kein überdotiertes Vermögen vorhanden ist. Im Hinblick auf § 6 Abs. 6 KStG letzter Satz wird dadurch § 5 Abs. 1 Nr. 3 Buchst. c KStG (Bindung des Vermögens und der Einkünfte für Zwecke der Kasse) nicht verletzt, weil es sich um überdotierte Vermögensteile handelt.

---

[1] R 6 Abs. 6 KStR 2015.
[2] R 6 Abs. 6 Satz 4 KStR 2015.

4. Einkommensneutralität von Zuwendungen vom oder an das Trägerunternehmen

35 Nach der Rechtsprechung des BFH[1] sollten bei Unterstützungskassen in der Rechtsform einer Kapitalgesellschaft Zuwendungen des Trägerunternehmens an die Kasse bei dieser Einnahmen sein. Leistungen der Kasse an die Versorgungsberechtigten sollten konsequenterweise bei dieser Betriebsausgaben sein. In der Vergangenheit sind Zuwendungen an diese Kassen regelmäßig als Einlagen und Leistungen dieser Kassen nach § 10 Nr. 1 KStG als nicht einkommensrelevant behandelt worden. Dies entsprach im Ergebnis der Behandlung bei Unterstützungskassen, die in anderer Rechtsform (z. B. eingetragener Verein oder Stiftung) betrieben werden.

In Folge obiger BFH-Rechtsprechung war die Höhe der Einkommen von Unterstützungskassen in Abhängigkeit von deren Rechtsform unterschiedlich hoch. Wegen der grundsätzlichen Steuerfreiheit der Kassen nach § 5 Abs. 1 Nr. 3 KStG war die unterschiedliche Einkommensermittlung in der Regel ohne weitere Auswirkung. Auswirkungen ergaben sich allerdings, soweit die Kasse überdotiert war und eine partielle Steuerpflicht nach § 6 KStG bestand. Um die rechtsformabhängigen Unterschiede bei der Einkommensermittlung zu beseitigen, hat der Gesetzgeber mit Wirkung ab dem Verlangungszeitraum 2016 in § 6 Abs. 5 Satz 2 KStG normiert, dass bei Unterstützungskassen rechtsformunabhängig Zuwendungen der Trägerunternehmen und Leistungen an Versorgungsberechtigte das Einkommen der Kassen nicht beeinflussen.

5. Feststellung des Zuwendungsbetrages bei Unterstützungskassen in Rechtsform der Kapitalgesellschaft (§ 6 Abs. 5a KStG)

36 Ab dem Veranlagungszeitraum 2016 können auch Unterstützungskassen in der Rechtsform einer Kapitalgesellschaft Leistungen an Versorgungsberechtigte nicht mehr einkommensmindernd geltend machen (→ Rz. 35). In früheren Veranlagungszeiträumen konnten Zuwendungen der Trägerunternehmens bei diesen Kassen allerdings einkommenswirksam erfasst worden sein. Zum Ausgleich dieser unterschiedlichen steuerlichen Handhabung der Zuwendungen einerseits und der Leistungen andererseits ermöglicht es die Regelung in Abs. 5a den betroffenen Kassen, Zuwendungen feststellen zu lassen, soweit diese – nach Abzug von Versorgungsleistungen – in den letzten zehn Jahren das steuerpflichtige Einkommen erhöht haben. Die Feststellung erfolgt auf Antrag.

Soweit zum Schluss des Vorjahres ein entsprechender Zuwendungsbetrag festgestellt wurde, mindert sich das steuerpflichtige Einkommen der Kasse um im Veranlagungszeitraum gezahlte Versorgungsleistungen. Die Einkommensminderung ist begrenzt auf den festgestellten Zuwendungsbetrag. Auch darf das steuerpflichtige Einkommen der Kasse hierdurch nicht negativ werden.

37–40 *(Einstweilen frei)*

ABC der Rechtsprechung

41 ▶ Anrechnung von Kapitalertragsteuer und Körperschaftsteuer bei partieller Steuerpflicht (BFH, Urteil v. 31. 7. 1991 - I R 4/98, BStBl 1992 II 98).

▶ Einkommensermittlung einer GmbH als partiell steuerpflichtiger Unterstützungskasse (BFH, Urteil v. 22. 12. 2010 - I R 110/09, BStBl 2014 II 119).

▶ Leistungen an die begünstigten Arbeitnehmer des Trägerunternehmens als Betriebsausgaben

---

1 BFH, Urteil v. 22. 12. 2010 - I R 110/09, BStBl 2014 II 119.

(BFH, Urteil v. 8. 11. 1989 - I R 187/84, BStBl 1990 II 210).
- Mehrere Unterstützungskassen als Einheit
  (BFH, Urteil v. 25. 10. 1972 - GrS 6/71, BStBl 1973 II 79).
- Reservepolster, Berechnung des
  (BFH, Urteil v. 22. 12. 2010 - I R 110/09, BStBl 2014 II 119).
- Überdotierung einer Gruppenunterstützungskasse; kassenbezogene Beurteilung
  (BFH, Urteil v. 26. 11. 2014 - I R 37/13, BStBl 2015 II 761 sowie v. 18. 8. 2015 - I R 66/13, BFH/NV 2016, 67 = NWB CAAAF-07647).

§ 6a Einkommensermittlung bei voll steuerpflichtigen Unterstützungskassen

Bei Unterstützungskassen, die voll steuerpflichtig sind, ist § 6 Absatz 5 Satz 2 und Absatz 5a entsprechend anzuwenden.

Inhaltsübersicht	Rz.
Hintergrund des § 6a KStG	1

Hintergrund des § 6a KStG

Die Vorschrift ist mit Wirkung ab dem Veranlagungszeitraum 2016 durch das Steueränderungsgesetz 2015 v. 2. 11. 2015[1] eingeführt worden.

Für partiell steuerpflichtige Unterstützungskassen enthalten § 6 Abs. 5 und 5a KStG spezielle Regelungen zur Einkommensermittlung. Nach § 6a KStG werden diese Regelungen konsequenterweise auch auf Unterstützungskassen, die die Tatbestandsvoraussetzungen des § 5 Abs. 1 Nr. 3a – 3c KStG nicht erfüllen und daher nicht partiell, sondern voll steuerpflichtig sind, ausgedehnt. Auch für voll steuerpflichtige Unterstützungskassen gilt, dass bei deren Einkommensermittlung Zuwendungen der Trägerunternehmen nicht erhöhend und Versorgungsleistungen der Kasse sowie Vermögensübertragungen an das Trägerunternehmen nicht mindernd berücksichtigt werden. Auch die Möglichkeit, einen positiven Zuwendungsbetrag i. S. v. § 6 Abs. 5a KStG feststellen zu lassen und nutzen zu können, wird über die Verweisung in § 6a KStG den voll steuerpflichtigen Unterstützungskassen eröffnet.

Zweiter Teil: Einkommen

Erstes Kapitel: Allgemeine Vorschriften

§ 7 Grundlagen der Besteuerung

(1) Die Körperschaftsteuer bemisst sich nach dem zu versteuernden Einkommen.

---

[1] BGBl 2015 I 1834.

(2) Zu versteuerndes Einkommen ist das Einkommen im Sinne des § 8 Abs. 1, vermindert um die Freibeträge der §§ 24 und 25.

(3) ¹Die Körperschaftsteuer ist eine Jahressteuer. ²Die Grundlagen für ihre Festsetzung sind jeweils für ein Kalenderjahr zu ermitteln. ³Besteht die unbeschränkte oder beschränkte Steuerpflicht nicht während eines ganzen Kalenderjahrs, so tritt an die Stelle des Kalenderjahrs der Zeitraum der jeweiligen Steuerpflicht.

(4) ¹Bei Steuerpflichtigen, die verpflichtet sind, Bücher nach den Vorschriften des Handelsgesetzbuchs zu führen, ist der Gewinn nach dem Wirtschaftsjahr zu ermitteln, für das sie regelmäßig Abschlüsse machen. ²Weicht bei diesen Steuerpflichtigen das Wirtschaftsjahr, für das sie regelmäßig Abschlüsse machen, vom Kalenderjahr ab, so gilt der Gewinn aus Gewerbebetrieb als in dem Kalenderjahr bezogen, in dem das Wirtschaftsjahr endet. ³Die Umstellung des Wirtschaftsjahrs auf einen vom Kalenderjahr abweichenden Zeitraum ist steuerlich nur wirksam, wenn sie im Einvernehmen mit dem Finanzamt vorgenommen wird.

Inhaltsübersicht

	Rz.
A. Überblick über die Regelung des § 7 KStG	1 - 10
B. Rechtsentwicklung des § 4 KStG	11 - 20
C. Kommentierung des § 7 KStG	21 - 80
I. Bemessungsgrundlage	21 - 40
1. Zu versteuerndes Einkommen, § 7 Abs. 1, Abs. 2 KStG	21 - 30
2. Der EU-Vorschlag für eine Gemeinsame Konsolidierte Körperschaftsteuerliche Bemessungsgrundlage (GKKB)	31 - 40
a) Grundkonzept der GKKB	31
b) Einbezogene Unternehmen	32
c) Anwendungswahlrecht- und -zeitraum	33 - 34
d) Einkommensermittlung	35 - 40
II. Veranlagungszeitraum – Steuerbemessungszeitraum – Einkünfteermittlungszeitraum	41 - 80
1. Veranlagungszeitraum, § 7 Abs. 3 Satz 1 KStG	42 - 45
2. Steuerbemessungszeitraum, § 7 Abs. 3 Satz 2, Satz 3, Abs. 4 Satz 2 KStG	46 - 55
3. Einkünfteermittlungszeitraum, § 7 Abs. 3, Abs. 4 KStG	56 - 80
a) Kürzerer Ermittlungszeitraum	57
b) Längerer Ermittlungszeitraum	58
c) Vom Kalenderjahr abweichender Ermittlungszeitraum (Wirtschaftsjahr)	59 - 75
d) Umstellung des Wirtschaftsjahrs	76 - 80

A. Überblick über die Regelung des § 7 KStG

HINWEIS:

R 7.1 – 7.3 KStR 2015; H 29 KStH 2008, H 7.1 KStH 2015.

LITERATURHINWEISE:

Streck/Schwedhelm, Zwei aufeinanderfolgende Rumpfwirtschaftsjahre – stets unzulässig?, BB 1988, 679; *Dötsch/Pung*, Steuerentlastungsgesetz 1999/2000/2002: Änderungen des KStG, DB 1999, 867; *Wolff*, Die Zulässigkeit einer rückwirkenden Änderung des Geschäftsjahres bei KapGes, DB 1999, 2149; *Schoor*, Wj und abw Wj bei Gewerbetreibenden, StBp 2003, 245, *von Groll*, Irrungen und Wirrungen um die Organschaft im KSt-Recht – mit Folgen auch im formellen Recht, DStR 2004, 1193; *Wassermeyer*, Widersprüchlichkeiten bei der Organschaft, DStR 2004, 214; Beck'sches Steuer- und Bilanzrechtslexikon, Edition 1/2014, Stichwort Wirtschaftsjahr; *Schnitger/Herbst*, Die Bedeutung der Zeitzonen im Internationalen Steuerrecht, Anstoß zur Diskussion bisher ungeklärter Fragestellungen, IStR 2013, 649; *Krauß, Sebastian*,

Richtlinienvorschlag zur gemeinsamen Körperschaftsteuer-Bemessungsgrundlage vom 25.10.2016, IStR 2017, 479.

§ 7 KStG enthält Regelungen über die sachlichen Grundlagen der Besteuerung, wie sie für die ESt in den § 2, § 4a EStG enthalten sind und die die Grundlage für die Einkommensermittlung nach den Vorschriften der §§ 8 – 22 KStG bilden.

§ 7 Abs. 1 KStG bestimmt die **Bemessungsgrundlage** für die KSt, im Regelfall das zu versteuernde Einkommen (vgl. zur ESt § 2 Abs. 5 Satz 1 EStG).

§ 7 Abs. 2 KStG definiert das **zu versteuernde Einkommen** als das nach § 8 Abs. 1 i.V.m. den Vorschriften des EStG sowie des KStG zu ermittelnde Einkommen abzüglich der Freibeträge nach §§ 24, 25 (vgl. zur ESt auch insoweit § 2 Abs. 5 Satz 1 EStG).

§ 7 Abs. 3 KStG verwirklicht – vorbehaltlich der Spezialregelung des § 11 KStG – mit den Regelungen zum **Ermittlungs-, Veranlagungs- und Bemessungszeitraum** das sog. Periodizitätsprinzip und enthält wie der nach dem Regelungsgegenstand vergleichbare § 2 Abs. 7 EStG eine Bestimmung über den Umgang mit einem **Wechsel zwischen unbeschränkter und beschränkter Steuerpflicht** innerhalb eines Steuerjahres, die allerdings inhaltlich von der des EStG abweicht.

§ 7 Abs. 4 KStG trifft eine Sonderregelung für den **Gewinnermittlungszeitraum für Stpfl., die nach dem HGB zur Buchführung verpflichtet sind**, und gleicht für diese den steuerlichen Ermittlungszeitraum an das Wj. an (Satz 1, vgl. § 4a Abs. 1 EStG). Weicht das Wj. vom Kj. ab, wird der Gewinn dem VZ zugeordnet, in dem das Wj. endet (Satz 2, vgl. § 4a Abs. 2 Nr. 2 EStG). Die Umstellung des Wj. auf einen vom VZ abweichenden Zeitraum ist steuerlich nur mit Zustimmung des FA wirksam (Satz 3, vgl. § 4a Abs. 1 Nr. 2 Satz 2 EStG).

(Einstweilen frei)

B. Rechtsentwicklung des § 4 KStG

Die Vorschrift des § 7 KStG, die sich an § 5 KStG 1934/1975 anlehnt, wurde durch das KStG 1977 vom 31.8.1976 geschaffen. Erstmals wurde entsprechend der einkommensteuerlichen Begrifflichkeit das zu versteuernde Einkommen als allgemeine Bemessungsgrundlage für die KSt bestimmt und die besondere Bemessungsgrundlage für das ZDF eingeführt. § 7 Abs. 3 Satz 3 KStG übernahm die bestehende Verwaltungspraxis zu Fällen, in denen die unbeschränkte oder beschränkte Steuerpflicht nicht während des gesamten Kj. bestand. § 7 Abs. 5 KStG regelte erstmals innerhalb des Gesetzes die zeitliche Zuordnung von Lastenausgleichsabgaben für Fälle abweichender Wj. (zuvor § 16a Nr. 2 KStDV 1968).

Seither hat die Vorschrift inhaltlich lediglich drei Änderungen erfahren: Durch das Steuerbereinigungsgesetz (StBereinG) 1986 vom 19.12.1985 wurde die Verweisungen auf die §§ 14, 17, 18 KStG in § 7 Abs. 2 KStG als überflüssig beseitigt. Dadurch soll deutlich gemacht werden, dass der Verlustabzug nach § 10d EStG beim Organträger erst nach den Hinzurechnungen/Kürzungen wegen der Übernahme des Ergebnisses der Organgesellschaft vorzunehmen ist. Durch das Steuerreformgesetz (StRefG) 1990 vom 25.7.1988 fiel § 7 Abs. 5 KStG ersatzlos weg, weil die Vorschrift durch das Auslaufen der Lastenausgleichsabgaben schon seit 1980 praktisch gegenstandslos geworden war. Durch das Solidarpaktförderungsgesetz vom

20.12.2001[1] ist die Sonderregelung für das Zweite Deutsche Fernsehen (ZDF) und die Verweisung auf § 23 Abs. 3 KStG entfallen.

13 Im Übrigen ist die Vorschrift seit dem VZ 1977 anzuwenden. Lediglich redaktionelle Anpassungen der in bis zum Veranlagungszeitraum 2001 anwendbaren Verweisung in § 7 Abs. 1 KStG auf § 23 KStG enthielten das Subventionsabbaugesetz vom 26.6.1981, die Bekanntmachung der Neufassung des KStG vom 11.3.1991 sowie das Steuersenkungsgesetz vom 23.10.2000.

14–20 *(Einstweilen frei)*

C. Kommentierung des § 7 KStG

I. Bemessungsgrundlage

1. Zu versteuerndes Einkommen, § 7 Abs. 1, Abs. 2 KStG

21 § 7 KStG ordnet in den Abs. 1 für den Regelfall die Bemessung der KSt nach dem **zu versteuernden Einkommen** an. Nach Abs. 2 ist zu versteuerndes Einkommen das Einkommen i.S.d. § 8 Abs. 1 KStG, vermindert um die Freibeträge nach §§ 24, 25 KStG. § 8 Abs. 1 KStG verweist seinerseits auf die Vorschriften des EStG und die Sondervorschriften des KStG zur Ermittlung des Einkommens in § 8 Abs. 2 – 7, §§ 8a – 13, §§ 20 – 22 KStG. Bei bilanzierenden Stpfl. setzt sich das Einkommen aus dem StB-Gewinn zuzüglich aller nicht darin enthaltenen steuerpflichtigen Beträge und abzüglich aller darin enthaltenen, nicht steuerbaren bzw. steuerfreien Einnahmen zusammen.

22 In den meisten Fällen entspricht das Einkommen i.S.d. § 8 Abs. 1 KStG dem zu versteuernden Einkommen nach § 7 Abs. 2 KStG und damit auch der **Bemessungsgrundlage** für die KSt. Ein Schema zur Ermittlung des zu versteuernden Einkommens enthält R 7.1 Abs. 1 KStR.[2] In den Fällen der **Organschaft** ist das Einkommen der OG nach Maßgabe der §§ 14, 16 KStG dem OrgT zuzurechnen, also Bestandteil des zu versteuernden Einkommens des OrgT. Die Ermittlung der Einkommen erfolgt jedoch für OrgT und OG getrennt.[3]

23 Das zu versteuernde Einkommen bestimmt sich nach § 7 Abs. 2 KStG, indem das Einkommen unbeschränkt steuerpflichtiger Körperschaften, Personenvereinigungen und Vermögensmassen nach Maßgabe der §§ 24, 25 KStG durch **Freibeträge** gemindert wird. Für die nicht nach § 24 Satz 2 KStG von der Anwendung des § 24 Satz 1 KStG ausgeschlossenen unbeschränkt steuerpflichtigen Körperschaften, Personenvereinigungen und Vermögensmassen ist seit dem Veranlagungszeitraum 2010 ein **Freibetrag von 5.000 €**, höchstens jedoch in Höhe des Einkommens, abzuziehen. Nach § 24 Satz 2 KStG sind von der Freibetragsregelung ausgeschlossen diejenigen Körperschaften und Personenvereinigungen, deren Leistungen bei den Empfängern zu den Einnahmen i.S.d. § 20 Abs. 1 Nr. 1 oder 2 des EStG gehören (die also bis zur Unternehmenssteuerreform in das Anrechnungsverfahren einbezogen waren), sowie die Vereine i.S.d. § 25 KStG. Wegen der Einzelheiten der Freibetragsgewährung nach § 24 Satz 1 KStG wird auf die Erläuterungen zu § 24 KStG verwiesen.

---

1 BGBl 2001 I 3955.
2 Vgl. auch *Klein/Müller/Döpper* in Mössner/Seeger/Oellerich, KStG, § 8; sowie *Pung* Dötsch/Jung/Witt/Pust, 53. Erg. Lfg 2005, KStG und EStG, § 7 Rz. 10 ff.
3 Zu den Einzelheiten vgl. *Müller* in Mössner/Seeger/Oellerich, KStG, § 14.

Für Erwerbs- und Wirtschaftsgenossenschaften sowie für Vereine, die Land- und Forstwirtschaft oder eine gemeinschaftliche Tierhaltung i. S. d. § 51a des Bewertungsgesetzes betreiben, enthält § 25 KStG einen besonderen Freibetrag von **15.000 €**. Im Einzelnen wird auf die Erläuterungen zu § 25 KStG verwiesen.

(Einstweilen frei)

2. Der EU-Vorschlag für eine Gemeinsame Konsolidierte Körperschaftsteuerliche Bemessungsgrundlage (GKKB)

a) Grundkonzept der GKKB

Die Kommission hat in den Jahren 2011 und 2016 Richtlinienentwürfe für die Einführung einer gemeinsamen konsolidierten Körperschaftsteuer-Bemessungsgrundlage (GKKB) veröffentlicht. Ziel dieses Projekts ist die Beseitigung steuerlicher Wachstumshemmnisse im europäischen Binnenmarkt. In diesem Bestreben folgen die Richtlinienvorschläge den OECD-Prinzipien und sind in Anlehnung an international anerkannte Rechnungslegungs- und Besteuerungsstandards geschaffen worden.

b) Einbezogene Unternehmen

Die Anwendung der GKKB ist auf Körperschaften innerhalb der EU beschränkt. Dem ursprünglichen Richtlinienentwurf von 2011 zufolge sollte die GKKB in Form eines Optionsmodells ausgestaltet werden, so dass Unternehmen die Anwendung der GKKB zwar wählen können, sie aber nicht anwenden müssen. Für Personenunternehmen ist nach dem neuen Entwurf eine Optionsmöglichkeit für die GKKB nicht vorgesehen, jedoch sieht der Richtlinienvorschlag von 2011 Regeln für die Zuweisung der Einkünfte steuerlich transparenter Unternehmen vor.

c) Anwendungswahlrecht- und -zeitraum

Anwendungsberechtigt sind EU-Körperschaften, die unter einer entsprechenden Rechtsform (Anhang I zum Richtlinienvorschlag) von 2011 und 2016 firmieren und einer entsprechenden Steuer unterliegen (Anhang II zum Richtlinienvorschlag von 2011 und 2016). Auch Nicht-EU-Körperschaften sind anwendungsberechtigt mit ihren steuerlichen Niederlassungen und qualifizierten Tochtergesellschaften, sofern sie unter einer ähnlichen Rechtsform der in Anhang I genannten Rechtsformen firmieren und einer der in Anhang II genannten Steuern unterliegen.

Der einzelne Steuerpflichtige bzw. die Gruppe hat nach Optionsausübung das System für die Dauer von fünf Steuerjahren nach dem All-in-or-all-out-Prinzip anzuwenden. Nach Ablauf des Fünfjahreszeitraumes muss der Steuerpflichtige bzw. die Gruppe das System während aufeinander folgender Zeiträume von drei Steuerjahren weiterhin anwenden, sofern keine Mitteilung über den Verzicht der Anwendung erfolgt.

d) Einkommensermittlung

Die Ermittlung des Einkommens und dessen anschließende Aufteilung auf die einzelnen Mitgliedstaaten erfolgt in drei Stufen. In einem ersten Schritt wird das Einkommen der einzelnen Unternehmensteile nach einheitlichen Regeln ermittelt. Die Einkommensermittlung basiert dabei auf einer rein steuerlichen Gewinn- und Verlustrechnung (keine Maßgeblichkeit). In einem zweiten Schritt wird das Einkommen der einzelnen Gesellschaften und/oder Betriebsstätten konsolidiert. Zuletzt wird das konsolidierte Einkommen mit Hilfe einer Formelzerlegung auf die einzelnen Mitgliedstaaten aufgeteilt, die den auf sie entfallenden Anteil nach ihren Regeln besteuern. Auf die so auf die einzelnen EU-Mitgliedstaaten verteilte steuerliche Bemessungsgrundlage soll weiterhin jeder Mitgliedstaat den von ihm individuell festgelegten Körperschaftsteuersatz anwenden.

36 **Aktueller Stand des GKKB-Vorschlags**

Die Entwicklung der GKKB wurde im Jahr 2015 durch die Kommission maßgeblich vorangetrieben. Am 17.6.2015 hat die Kommission dem Europäischen Parlament und dem Europäischen Rat den neuen Aktionsplan „Eine fairere und effizientere Unternehmensbesteuerung in der EU" vorgelegt.[1] Das Kernelement ist die Einführung eines modifizierten GKKB-Vorschlages, aufgebaut auf dem früheren Entwurf.

37 In einem Treffen am 8.12.2015 hat die ECOFIN den gegenwärtigen Stand[2] zu einem zukünftigen Gesetzesvorschlag einer GKKB diskutiert.[3] Diese berücksichtigt die erbrachte Arbeit im Rahmen eines zukünftigen Vorschlags zu einer GKKB und erwägt einen zweistufigen Ansatz. In einem ersten Schritt soll eine gemeinsame Körperschaftsteuerbemessungsgrundlage (GKB) umgesetzt werden (engl. CCTB – Common Corporate Tax Base). In einem zweiten Schritt soll die Konsolidierung eingeführt werden, um die Gemeinsame Konsolidierte Körperschaftsteuerbemessungsgrundlage (GKKB) zu erreichen (engl. CCCTB – Common Consolidated Corporate Tax Base). Die GKKB dient auch dazu, der Nutzung von grenzüberschreitenden Verlusten und Verrechnungspreissystemen entgegenzuwirken.

38 Am 25.10.2016 veröffentlichte die Kommission dann den zweiten Richtlinienvorschlag. Grundsätzlich verfolgen beide Vorschläge dieselben Ziele. Entsprechend baut der aktuelle Richtlinienvorschlag auf dem ersten Entwurf auf und wurde zusätzlich um zentrale Neuerungen ergänzt. Im Vordergrund des neuen Richtlinienentwurfs steht die bereits erwähnte, schrittweise Umsetzung des GKKB-Projekts: Zunächst soll laut Vorschlag der Kommission eine gemeinsame Körperschaftsteuer-Bemessungsgrundlage (GKB) geschaffen werden, erst danach folgen in einem zweiten Schritt weitere Diskussionen zum GKKB-Projekt.

Die Vorschriften der GKB-Richtlinie gelten laut Art. 2 des neuen Richtlinienvorschlags für Unternehmen, die einer der in Anhang I aufgeführten Rechtsform entsprechen (i.d.R. EU-Körperschaften) und einer entsprechenden nationalen Körperschaftsteuer unterliegen (Anhang II zum Richtlinienvorschlag 2016). Anders als im Entwurf von 2011 sollen die Regelungen der GKB nun obligatorisch für Unternehmen einer bestimmten Größe (Gesamtumsatz von mehr als 750 Mio. Euro) anzuwenden sein. Kleinere Unternehmen haben die Möglichkeit, optional von den Vorschriften der Richtlinie Gebrauch zu machen. Nicht zuletzt muss das Unternehmen, das von der GKB gebaucht macht, Mutter- oder qualifizierte Tochtergesellschaft sein und/oder mindestens eine Betriebstätte in anderen europäischen Mitgliedstaaten haben.

Der Richtlinienvorschlag von 2016 beinhaltet außerdem steuerliche Anreize hinsichtlich Forschungs- und Entwicklungsarbeit, einen Freibetrag für Wachstum und Innovation sowie Miss-

---

1 *Europäische Kommission*, A Fair and Efficient Corporate Tax System in the European Union: 5 Key Areas for Action, Brüssel, 17.6.2015, COM(2015) 302 final, http://www.ey.com/GL/en/Services/Tax/International-Tax/Alert–European-Commission-publishes-new-Action-Plan-for-a-fairer-corporate-taxation-system-in-the-EU.
2 *Rat der Europäischen Union*, Proposal for a Council Directive on a Common Consolidated Corporate Tax Base (CCCTB), Brüssel, 1.12.2015, 14509/15, http://data.consilium.europa.eu/doc/document/ST-14509-2015-INIT/en/pdf.
3 *Rat der Europäischen Union*, ECOFIN Report to the European Council on Tax Issues, Brüssel, 9.12.2015, 15187/15, http://www.consilium.europa.eu/en/meetings/ecofin/2015/12/08/; http://data.consilium.europa.eu/doc/document/ST-15187-2015-INIT/en/pdf.

brauchsvermeidungsrichtlinien (u.a. Regelungen zur Zinsschranke, zur Wegzugsbesteuerung, zur Erfassung hybrider Gestaltungen und eine allgemeine Missbrauchsklausel).

Der neue Vorschlag der GKB-Richtlinie sieht vor, dass EU-Mitgliedstaaten die für die Umsetzung der Richtlinie erforderlichen Recht- und Verwaltungsvorschriften ab dem 1.1.2019 umsetzen. Die Vorschriften zur GKKB sollen ab dem 1.1.2021 angewendet werden, jedoch wird die Arbeit an der Richtlinie zur konsolidierten Körperschaftsteuer-Bemessungsgrundlage erst fortgesetzt, wenn über den Vorschlag der GKB Richtlinie eine Einigung erzielt worden ist.

Mit einem gemeinsamen Positionspapier, der sog. Meseberger Erklärung vom 19.6.2018 haben die Finanzminister Olaf Scholz und sein französischer Amtskollege, Bruno Le Maire, auf dem deutsch-französischen Ministerrat neuen Schwung in die Debatte über eine Gemeinsame Körperschaftsteuer-Bemessungsgrundlage (GKB) in der EU gebracht. In dem gemeinsamen Positionspapier bekennen sich Deutschland und Frankreich ausdrücklich sowohl zur GKB als auch zu einer späteren Konsolidierung der Körperschaftsteuer in der EU (GKKB). **39**

Das unerwartet detaillierte Papier schlägt darüber hinaus eine Fülle von Änderungen an dem von der EU-Kommission am 25.10.2016 vorgelegten GKB-Entwurf vor. Einige aus Sicht der Wirtschaft wünschenswerte Aspekte der GKB stehen demnach auf der Streichliste. So sprechen sich Deutschland und Frankreich dagegen aus, steuerliche Anreize für Forschung und Entwicklung oder die Eigenkapitalfinanzierung in die GKB aufzunehmen. Auch der von der Kommission bereits für die GKB vorgesehene grenzüberschreitenden Verlustausgleich soll nach dem Wunsch der beiden Partner gestrichen bzw. erst im Rahmen einer späteren GKKB erörtert werden.

Ergänzen wollen sie dagegen eine Vorschrift, die offenbar Grundsätze der Rechnungslegung für die Ermittlung der steuerlichen Bemessungsgrundlage sowie die Anwendung eines Betriebsvermögensvergleichs festschreibt. Die GKB soll zudem unabhängig von der Unternehmensgröße verpflichtend anzuwenden sein, wobei eine angemessene Übergangszeit von vier Jahren vorgeschlagen wird. Mit dem Papier wird offenbar der Auftrag aus dem Koalitionsvertrag zu einer deutsch-französischen Initiative zur Angleichung der Körperschaftsteuer umgesetzt. Beide Staaten sind laut dem Papier fest entschlossen, die GKB-Richtlinie rasch zu verabschieden. **40**

Ob auf EU-Ebene noch vor den EU-Wahlen am 26.5.2019 eine Einigung in den zuletzt festgefahrenen Verhandlungen über eine GKB erfolgen kann, scheint jedoch fraglich. Die österreichische Ratspräsidentschaft hat dazu bisher keine Schritte angekündigt.

II. Veranlagungszeitraum – Steuerbemessungszeitraum – Einkünfteermittlungszeitraum

Die Vorschriften des § 7 Abs. 3, Abs. 4 KStG haben sowohl verfahrensrechtliche als auch materiell-rechtliche Bedeutung. **41**

1. Veranlagungszeitraum, § 7 Abs. 3 Satz 1 KStG

Nach § 7 Abs. 3 Satz 1 KStG ist die KSt eine Jahressteuer, mithin eine periodische Steuer. Die Vorschrift steht im Regelungszusammenhang mit den verfahrensrechtlichen Vorschriften in § 49 Abs. 1 i.V.m. § 25 Abs. 1 EStG, wonach die KSt nach Ablauf des Kj als VZ veranlagt wird. Der VZ ist auch dann das Kj, wenn die Steuerpflicht nicht während des ganzen Kj bestanden hat. Endet mehr als ein Wj in einem VZ (z.B. im Fall eines Rumpfwirtschaftsjahres), werden **42** ggf. die Ergebnisse mehrerer Wj in einem VZ steuerlich erfasst. Für den Fall der Liquidation vgl. die Kommentierung zu § 11 KStG.

43–45 *(Einstweilen frei)*

2. Steuerbemessungszeitraum, § 7 Abs. 3 Satz 2, Satz 3, Abs. 4 Satz 2 KStG

46 Die innerhalb eines Bemessungszeitraums verwirklichten Bemessungsgrundlagen sind Anknüpfungspunkt für die Höhe der periodischen Steuern. Regelmäßiger Bemessungszeitraum für die KSt ist nach § 7 Abs. 3 Satz 2 das Kj. Die KSt bemisst sich daher i. d. R. nach dem **während des Kj. bezogenen zu versteuernden Einkommens**. Sofern Besteuerungsgrundlagen für ein vom Kj. **abweichendes Wj.** ermittelt werden, ist das Ergebnis ihrer Ermittlung nach § 7 Abs. 4 Satz 2 KStG **dem Kj. zuzuordnen, in dem das Wj. endet.**

47 Besteht die unbeschränkte oder beschränkte **Steuerpflicht nicht während des gesamten Kj.**, z. B. bei Entstehung, Sitzverlegung oder Wegfall einer Körperschaft, tritt nach § 7 Abs. 3 Satz 3 KStG an die Stelle des Kj. der Zeitraum der jeweiligen Steuerpflicht.

48 Bei einem **Wechsel zwischen beschränkter und unbeschränkter Steuerpflicht** bestehen anders als nach § 2 Abs. 7 Satz 3 EStG in einem Kj. zwei, bei mehrfachem Wechsel auch mehr Bemessungszeiträume. Die Trennung der Bemessungszeiträume ist wegen der für beschränkt und unbeschränkt Stpfl. unterschiedlichen Einkommensermittlungsvorschriften erforderlich.

49 Ursache für die in der **Rechtsfolge** von § 2 Abs. 7 Satz 3 EStG abweichenden Regelung des § 7 Abs. 3 Satz 3 KStG ist, dass wegen des proportionalen KSt-Tarifs im Bereich der KSt nicht wie bei der ESt ungerechtfertigte Progressionsvorteile entstehen können, wenn der Bemessungszeitraum verkürzt wird. In den Fällen des § 7 Abs. 3 Satz 3 KStG sind deshalb zwei Veranlagungen für ein Kalenderjahr durchzuführen.

50 Die **Freibeträge der §§ 24, 25 KStG** werden im Kalenderjahr bei den Stpfl., die zumindest für einen Teil des Kalenderjahres der unbeschränkten Steuerpflicht unterlegen haben und bei denen die Voraussetzungen der Vorschriften vorliegen, ungekürzt gewährt.

Wegen der Einzelheiten bei der **Liquidation** unbeschränkt steuerpflichtiger Kapitalgesellschaften vgl. die Anmerkungen zu § 11 KStG.

51 Im **internationalen Verkehr** sind bei der Bestimmung des Begriffes des Kalenderjahres i. S. d. § 7 Abs. 3 Satz 2 KStG deutsche Rechtsgrundsätze heranzuziehen. Für die Verwirklichung des steuerlichen Tatbestandes gilt demnach auch bei ausländischen Gesellschaften grundsätzlich das nach mitteleuropäischer Zeit bestimmte Kalenderjahr.[1]

52–55 *(Einstweilen frei)*

3. Einkünfteermittlungszeitraum, § 7 Abs. 3, Abs. 4 KStG

56 Der Ermittlungszeitraum ist der Zeitraum, für den die Besteuerungsgrundlagen ermittelt werden. Nach § 7 Abs. 3 Satz 2 KStG ist auch der Ermittlungszeitraum für die Besteuerungsgrundlagen der KSt grundsätzlich das Kj. Ausnahmen von diesem Grundsatz sind jedoch zum Teil gesetzlich, zum Teil durch Verwaltungsvorschriften zugelassen. Der Ermittlungszeitraum für die KSt kann unter den nachstehend beschriebenen Voraussetzungen in Abweichung von § 8b Satz 1 EStDV kürzer oder länger als das Kj. sein oder bei gleicher Länge vom Kj. abweichen.

---

[1] Vgl. *Schnitger/Herbst*, IStR 2013, 649.

a) Kürzerer Ermittlungszeitraum

Ein Ermittlungszeitraum von weniger als einem Jahr kommt in Betracht, wenn eine Körperschaft gegründet oder gelöscht wird und dadurch ein Rumpfwirtschaftsjahr gebildet wird, wenn eine Körperschaft im Laufe des Kj. ihr Wj. ändert, oder bei Beginn oder Beendigung der unbeschränkten oder beschränkten Steuerpflicht (§ 7 Abs. 3 Satz 3 KStG).

57

b) Längerer Ermittlungszeitraum

Der Ermittlungszeitraum in Fällen der Liquidation kann sich nach § 11 KStG über einen Zeitraum von mehr als zwölf Monaten erstrecken; der Zeitraum der Abwicklung, für den nach § 11 Abs. 1 Satz 1 KStG in Abweichung von § 7 Abs. 3 Satz 2 KStG der Gewinn zu ermitteln ist,[1] soll aber die Dauer von drei Jahren nicht überschreiten (§ 11 Abs. 1 Satz 2 KStG).

58

c) Vom Kalenderjahr abweichender Ermittlungszeitraum (Wirtschaftsjahr)

§ 7 Abs. 4 Satz 1 KStG bestimmt in Abweichung von § 7 Abs. 3 Satz 2 KStG, dass für buchführungspflichtige Körperschaften der Gewinn nach ihrem Wj. zu ermitteln ist. Die Vorschrift ist lex specialis im Verhältnis zu § 4a Abs. 1 Nr. 2 EStG. Nach § 7 Abs. 4 Satz 2 KStG ist das Wj. auch dann Ermittlungszeitraum für den Gewinn, wenn das Wj. vom Kj. abweicht. Folgerichtig ist nach § 7 Abs. 4 Satz 2 KStG der für ein vom Kj. abweichendes Wj. ermittelte Gewinn einem Kj als Bemessungszeitraum für die KSt zuzuordnen (s. oben → Rz. 46).

59

Der **persönliche Anwendungsbereich** des § 7 Abs. 4 Satz 1 KStG umfasst unabhängig vom Unternehmensgegenstand zunächst diejenigen Körperschaften i. S. d. § 1 Abs. 1 Nr. 1 KStG, die als Handelsgesellschaften oder sonstige Kaufleute nach den Vorschriften der §§ 1 ff., 238 ff. HGB buchführungspflichtig sind. Hierzu gehören die AG (§ 3 AktG), die KGaA (§ 278 Abs. 3 AktG), die GmbH (§ 13 GmbHG) und sonstige **Körperschaften, die nach §§ 1 ff. HGB Kaufleute sind**. Gleiches gilt für Genossenschaften (§ 17 GenG) und VVaG (§ 16 VAG) i. S. d. § 1 Abs. 1 Nr. 2, Nr. 3 KStG.

60

Sonstige juristische Personen des privaten Rechts und nichtrechtsfähige Zweckvermögen i. S. d. § 1 Abs. 1 Nr. 4, Nr. 5 KStG fallen dagegen nur dann unter § 7 Abs. 4 Satz 1 KStG, wenn sich ihre handelsrechtliche Buchführungspflicht aus ihrer Betätigung ergibt (vgl. insoweit §§ 2, 3 HGB).

61

BgA i. S. d. § 1 Abs. 1 Nr. 6 KStG unterliegen ebenfalls der handelsrechtlichen Buchführungspflicht, sofern sie die Voraussetzungen der §§ 1, 2 HGB erfüllen; andernfalls kann sich die Buchführungspflicht aus §§ 16 ff. Eigenbetriebsverordnung (EBVO) ergeben. Wegen der Anknüpfung der Buchführungspflicht an die Rechtspersönlichkeit des Stpfl. erstreckt sich die Buchführungspflicht auch auf ausländische Betriebsstätten unbeschränkt Stpfl.

62

Ob auch Stpfl., für die sich die Buchführungspflicht nach § 141 AO ergibt, unter § 7 Abs. 4 KStG fallen, ist streitig. Dagegen spricht, dass § 4a Abs. 1 Nr. 3 EStG für nicht in das Handelsregister eingetragene Gewerbetreibende zwingend das Kj. als Ermittlungszeitraum bestimmt, soweit es sich nicht zugleich um Land- und Forstwirte handelt. Sollte jedoch § 7 Abs. 4 Satz 1 KStG auch insoweit als lex specialis anzusehen sein, könnten auch diese Stpfl. in den Anwendungsbereich der Vorschrift einbezogen werden (a. A. FinVerw in R 8.1 Abs. 1 Nr. 1 KStR, wonach § 4a Abs. 1 Nr. 3 EStG von der Verweisung des § 8 Abs. 1 KStG erfasst ist). R 7.1 Abs. 1 KStR und R 7.1

63

---

[1] Vgl. auch R 51 KStR sowie *Zuber* in Mössner/Seeger/Oellerich, KStG, § 11.

Abs. 2 KStR enthalten den Anwendungsbereich des § 7 Abs. 4 Satz 1 KStG erweiternde Ausnahmeregelungen.

64 **Stpfl.**, die **Land- und Forstwirtschaft** betreiben und nicht handelsrechtlich zur Buchführung verpflichtet sind, fallen nicht unter den Anwendungsbereich des § 7 Abs. 4 Satz 1 KStG. Sie können aber nach § 4a Abs. 1 Nr. 1, Nr. 3 EStG ein abweichendes Wj. haben, dessen Gewinn nach § 4a Abs. 2 Nr. 1 EStG auf die beiden VZ aufzuteilen ist, auf die sich das abweichende Wj. erstreckt.

65 Der **sachliche Anwendungsbereich** des § 7 Abs. 4 Satz 1 KStG ist die Bestimmung des Wj, für das der vorstehend beschriebene Personenkreis regelmäßig Abschlüsse macht. Der Begriff des Wj. entspricht dem des Geschäftsjahrs nach §§ 240 Abs. 2, 242 HGB. Auch das Geschäftsjahr darf nach § 240 Abs. 2 HGB einen Zeitraum von 12 Monaten nicht überschreiten. Im **internationalen Verkehr** ist das Wirtschaftsjahr ebenso wie das Kalenderjahr nach deutschen Rechtsgrundsätzen zu ermitteln (s. → Rz. 51).

66 Die **erstmalige Bestimmung** des Geschäftsjahrs unterliegt der freien Entscheidung des buchführungspflichtigen Stpfl., bei abweichendem Geschäftsjahr jedoch nur in den Grenzen des § 42 AO. Sie erfolgt i. d. R. in der Satzung des Stpfl. Enthält die Satzung keine Regelung über das Geschäftsjahr, ist das Kj. als Geschäftsjahr maßgebend.[1] Gegenüber dem FA erfolgt die Wahl des Wj. durch Einreichung der ersten Schlussbilanz. Weicht deren Abschlussstichtag vom satzungsmäßigen Abschlussstichtag ab, kann die Bilanz nach § 4 Abs. 2 Satz 1 EStG berichtigt werden. Das Wahlrecht besteht auch in den Fällen, in denen die neu gegründete Körperschaft im Fall der Betriebsaufspaltung als Betriebsgesellschaft auftritt, ein Unternehmen erwirbt oder ein Betrieb in sie eingebracht wird. Die Wj. der bereits bestehenden Betriebe bzw. Unternehmen sind für die Bestimmung des Wj. der neu gegründeten Körperschaft steuerlich ohne Belang.

67 **Regelmäßige Abschlüsse** liegen vor, wenn sie in Erfüllung der handelsrechtlichen Verpflichtung zur Rechnungslegung gemacht werden und die Abschlüsse den Grundsatz des Bilanzzusammenhangs wahren. Dies gilt auch dann, wenn die Abschlüsse nicht ordnungsgemäß sind oder wenn das Wj. ggf. auch mehrfach, in zulässiger Weise gewechselt wird.

68–75 *(Einstweilen frei)*

d) Umstellung des Wirtschaftsjahrs

76 Eine aufgrund ordnungsgemäßer Satzungsänderung sowie deren Eintragung in das HR zivilrechtlich wirksame (vgl. § 181 AktG, §§ 53, 54 GmbHG) **Umstellung** des vom Kj abweichenden Wj. **auf das Kj.** ist ohne weiteres auch steuerlich wirksam; einer Zustimmung durch das FA bedarf es nicht. Die Umstellung kann wegen der konstitutiven Wirkung der HR-Eintragung bereits zivilrechtlich und damit auch steuerlich nicht mit Rückwirkung erfolgen. Bei dieser Umstellung entsteht ein Rumpfwirtschaftsjahr, das in demselben Kj. endet wie das letzte abweichende Wj. Die getrennt zu ermittelnden Gewinne beider Wj. sind nach § 7 Abs. 4 Satz 2 KStG diesem Kj. als Steuerbemessungszeitraum zuzuordnen.

Nach § 7 Abs. 4 Satz 3 KStG ist die Umstellung des (abweichenden oder dem Kj entsprechenden) Wj. auf einen (ggf. anderen) **vom Kj. abweichenden Zeitraum** nur steuerlich anzuerkennen, wenn sie zivilrechtlich wirksam sowie im Einvernehmen mit den FA vorgenommen wird

---

[1] *Rengers* Blümich KStG § 7 Rz. 34, m.w. N.

(vgl. insoweit auch § 4a Abs. 1 Nr. 1 EStG). Einvernehmen i. S. d. § 7 Abs. 4 Satz 3 KStG bedeutet Zustimmung, also vorherige Einwilligung (§ 183 BGB) oder nachträgliche Genehmigung (§ 184 BGB).

Das **Verfahren** über den Antrag auf Umstellung des Wj. wird grundsätzlich in das Veranlagungsverfahren einbezogen. Der Stpfl. kann jedoch den Antrag auch außerhalb des Veranlagungsverfahrens stellen und hat dann einen Anspruch auf Entscheidung durch rechtsbehelfsfähigen Bescheid vor der Durchführung der Veranlagung. Die Entscheidung über den Antrag steht im pflichtgemäßen Ermessen des FA und ist von den FG im Rahmen des § 102 FGO nur daraufhin überprüfbar, ob sie sich in den dem Ermessen gesetzten Grenzen gehalten hat.

77

Das Einvernehmen ist durch das FA zu erteilen, wenn wirtschaftlich einleuchtende bzw. ernsthafte betriebliche **Gründe für die Wahl des abweichenden Wj.** vorliegen, z. B. bei Anpassung des Wj. an das des OrgT (vgl. R 14.4 Abs. 3 Satz 2 KStR) oder des Verpächters. Betriebliche Gründe, die eine Umstellung des Wj. rechtfertigen, liegen nicht vor, wenn durch die Umstellung lediglich eine Steuerpause bzw. eine bessere Verlustausnutzung ermöglicht werden soll.

78

Entsprechend dem vorstehend genannten Zweck der Vorschrift müssen die für die Umstellung geltend gemachten Gründe in einem angemessenen Verhältnis zu dem mit der Umstellung ggf. gewonnenen Steuervorteil stehen. Wirtschaftlich zwingend brauchen die Gründe dagegen nicht zu sein. Da bei KSt-Pflichtigen wegen § 31 Abs. 2 KStG durch die Wahl eines abweichenden Wj. keine Vorauszahlungs-Pause eintreten kann, dürfte die Versagung des Einvernehmens im Bereich des KStG die Ausnahme bleiben.

79

Bei **Begründung eines Organschaftsverhältnisses** ist ausnahmsweise die zweimalige Umstellung des Wj. der OG zulässig. Das FA ist nach R 14.4 Abs. 3 Satz 2 KStR gehalten, den insoweit erforderlichen Umstellungen des Wj. zuzustimmen.

80

Die Eröffnung des **Insolvenzverfahrens** führt nach § 155 Abs. 2 InsO dazu, dass handelsrechtlich ein neues Geschäftsjahr beginnt. Dies gilt auch für das steuerliche Wj., ohne dass das FA dem widersprechen könnte.[1]

§ 8 Ermittlung des Einkommens

(1) ¹Was als Einkommen gilt und wie das Einkommen zu ermitteln ist, bestimmt sich nach den Vorschriften des Einkommensteuergesetzes und dieses Gesetzes. ²Bei Betrieben gewerblicher Art im Sinne des § 4 sind die Absicht, Gewinn zu erzielen, und die Beteiligung am allgemeinen wirtschaftlichen Verkehr nicht erforderlich. ³Bei den inländischen öffentlich-rechtlichen Rundfunkanstalten beträgt das Einkommen aus dem Geschäft der Veranstaltung von Werbesendungen 16 Prozent der Entgelte (§ 10 Abs. 1 des Umsatzsteuergesetzes) aus Werbesendungen.

(2) Bei unbeschränkt Steuerpflichtigen im Sinne des § 1 Abs. 1 Nr. 1 bis 3 sind alle Einkünfte als Einkünfte aus Gewerbebetrieb zu behandeln.

(3) ¹Für die Ermittlung des Einkommens ist es ohne Bedeutung, ob das Einkommen verteilt wird. ²Auch verdeckte Gewinnausschüttungen sowie Ausschüttungen jeder Art auf Genussrechte, mit denen das Recht auf Beteiligung am Gewinn und am Liquidationserlös der Kapitalgesellschaft verbunden ist, mindern das Einkommen nicht. ³Verdeckte Einlagen erhöhen das Einkommen nicht. ⁴Das Einkommen erhöht sich, soweit eine verdeckte Einlage das Einkom-

---

[1] Vgl. *Frotscher*/Maas § 7 Rz. 45.

men des Gesellschafters gemindert hat. ⁵Satz 4 gilt auch für eine verdeckte Einlage, die auf einer verdeckten Gewinnausschüttung einer dem Gesellschafter nahe stehenden Person beruht und bei der Besteuerung des Gesellschafters nicht berücksichtigt wurde, es sei denn, die verdeckte Gewinnausschüttung hat bei der leistenden Körperschaft das Einkommen nicht gemindert. ⁶In den Fällen des Satzes 5 erhöht die verdeckte Einlage nicht die Anschaffungskosten der Beteiligung.

(4) (weggefallen)

(5) Bei Personenvereinigungen bleiben für die Ermittlung des Einkommens Beiträge, die auf Grund der Satzung von den Mitgliedern lediglich in ihrer Eigenschaft als Mitglieder erhoben werden, außer Ansatz.

(6) Besteht das Einkommen nur aus Einkünften, von denen lediglich ein Steuerabzug vorzunehmen ist, so ist ein Abzug von Betriebsausgaben oder Werbungskosten nicht zulässig.

(7) ¹Die Rechtsfolgen einer verdeckten Gewinnausschüttung im Sinne des Absatzes 3 Satz 2 sind

1. bei Betrieben gewerblicher Art im Sinne des § 4 nicht bereits deshalb zu ziehen, weil sie ein Dauerverlustgeschäft ausüben;

2. bei Kapitalgesellschaften nicht bereits deshalb zu ziehen, weil sie ein Dauerverlustgeschäft ausüben. ²Satz 1 gilt nur bei Kapitalgesellschaften, bei denen die Mehrheit der Stimmrechte unmittelbar oder mittelbar auf juristische Personen des öffentlichen Rechts entfällt und nachweislich ausschließlich diese Gesellschafter die Verluste aus Dauerverlustgeschäften tragen.

²Ein Dauerverlustgeschäft liegt vor, soweit aus verkehrs-, umwelt-, sozial-, kultur-, bildungs- oder gesundheitspolitischen Gründen eine wirtschaftliche Betätigung ohne kostendeckendes Entgelt unterhalten wird oder in den Fällen von Satz 1 Nr. 2 das Geschäft Ausfluss einer Tätigkeit ist, die bei juristischen Personen des öffentlichen Rechts zu einem Hoheitsbetrieb gehört.

(8) ¹Werden Betriebe gewerblicher Art zusammengefasst, ist § 10d des Einkommensteuergesetzes auf den Betrieb gewerblicher Art anzuwenden, der sich durch die Zusammenfassung ergibt. ²Nicht ausgeglichene negative Einkünfte der einzelnen Betriebe gewerblicher Art aus der Zeit vor der Zusammenfassung können nicht beim zusammengefassten Betrieb gewerblicher Art abgezogen werden. ³Ein Rücktrag von Verlusten des zusammengefassten Betriebs gewerblicher Art auf die einzelnen Betriebe gewerblicher Art vor Zusammenfassung ist unzulässig. ⁴Ein bei einem Betrieb gewerblicher Art vor der Zusammenfassung festgestellter Verlustvortrag kann nach Maßgabe des § 10d des Einkommensteuergesetzes vom Gesamtbetrag der Einkünfte abgezogen werden, den dieser Betrieb gewerblicher Art nach Beendigung der Zusammenfassung erzielt. ⁵Die Einschränkungen der Sätze 2 bis 4 gelten nicht, wenn gleichartige Betriebe gewerblicher Art zusammengefasst oder getrennt werden. ⁶Kommt es bei einem Betrieb gewerblicher Art, der sich durch eine Zusammenfassung ergeben hat, innerhalb eines Zeitraums von fünf Jahren nach der Zusammenfassung zur Anwendung des § 3a des Einkommensteuergesetzes, ist § 3a Absatz 3 Satz 3 des Einkommensteuergesetzes entsprechend auf die in Satz 4 genannten Verlustvorträge anzuwenden.

(9) ¹Wenn für Kapitalgesellschaften Absatz 7 Satz 1 Nr. 2 zur Anwendung kommt, sind die einzelnen Tätigkeiten der Gesellschaft nach folgender Maßgabe Sparten zuzuordnen:

1. Tätigkeiten, die als Dauerverlustgeschäfte Ausfluss einer Tätigkeit sind, die bei juristischen Personen des öffentlichen Rechts zu einem Hoheitsbetrieb gehören, sind jeweils gesonderten Sparten zuzuordnen;
2. Tätigkeiten, die nach § 4 Abs. 6 Satz 1 zusammenfassbar sind oder aus den übrigen, nicht in Nummer 1 bezeichneten Dauerverlustgeschäften stammen, sind jeweils gesonderten Sparten zuzuordnen, wobei zusammenfassbare Tätigkeiten jeweils eine einheitliche Sparte bilden;
3. alle übrigen Tätigkeiten sind einer einheitlichen Sparte zuzuordnen.

²Für jede sich hiernach ergebende Sparte ist der Gesamtbetrag der Einkünfte getrennt zu ermitteln. ³Die Aufnahme einer weiteren, nicht gleichartigen Tätigkeit führt zu einer neuen, gesonderten Sparte; Entsprechendes gilt für die Aufgabe einer solchen Tätigkeit. ⁴Ein negativer Gesamtbetrag der Einkünfte einer Sparte darf nicht mit einem positiven Gesamtbetrag der Einkünfte einer anderen Sparte ausgeglichen oder nach Maßgabe des § 10d des Einkommensteuergesetzes abgezogen werden. ⁵Er mindert jedoch nach Maßgabe des § 10d des Einkommensteuergesetzes die positiven Gesamtbeträge der Einkünfte, die sich in dem unmittelbar vorangegangenen und in den folgenden Veranlagungszeiträumen für dieselbe Sparte ergeben. ⁶Liegen die Voraussetzungen des Absatzes 7 Satz 1 Nr. 2 Satz 2 ab einem Zeitpunkt innerhalb eines Veranlagungszeitraums nicht mehr vor, sind die Sätze 1 bis 5 ab diesem Zeitpunkt nicht mehr anzuwenden; hiernach nicht ausgeglichene oder abgezogene negative Beträge sowie verbleibende Verlustvorträge aus den Sparten, in denen Dauerverlusttätigkeiten ausgeübt werden, entfallen. ⁷Liegen die Voraussetzungen des Absatzes 7 Satz 1 Nr. 2 Satz 2 erst ab einem bestimmten Zeitpunkt innerhalb eines Veranlagungszeitraums vor, sind die Sätze 1 bis 5 ab diesem Zeitpunkt anzuwenden; ein bis zum Eintritt der Voraussetzungen entstandener Verlust kann nach Maßgabe des § 10d des Einkommensteuergesetzes abgezogen werden; ein danach verbleibender Verlust ist der Sparte zuzuordnen, in denen keine Dauerverlustgeschäfte ausgeübt werden. ⁸Der am Schluss eines Veranlagungszeitraums verbleibende negative Gesamtbetrag der Einkünfte einer Sparte ist gesondert festzustellen; § 10d Absatz 4 des Einkommensteuergesetzes gilt entsprechend. ⁹Die §§ 3a und 3c Absatz 4 des Einkommensteuergesetzes sind entsprechend anzuwenden; § 3a Absatz 2 des Einkommensteuergesetzes ist für die Kapitalgesellschaft anzuwenden.

(10) ¹Bei Einkünften aus Kapitalvermögen ist § 2 Absatz 5b des Einkommensteuergesetzes nicht anzuwenden. ²§ 32d Abs. 2 Satz 1 Nr. 1 Satz 1 und Nr. 3 Satz 1 und Satz 3 bis 6 des Einkommensteuergesetzes ist entsprechend anzuwenden; in diesen Fällen ist § 20 Abs. 6 und 9 des Einkommensteuergesetzes nicht anzuwenden.

Inhaltsübersicht

	Rz.
A. Allgemeine Erläuterungen zu § 8 KStG	1 - 50
I. Rechtsentwicklung des § 8 KStG	1
II. Bedeutung und Gegenstand des § 8 KStG	2 - 25
1. Regelungsinhalt	2 - 20
2. Bedeutung	21 - 22
3. Verhältnis der Körperschaftsteuer zur Einkommensteuer	23 - 25
III. Anwendungsbereich des § 8 KStG	26 - 35
1. Persönlicher Anwendungsbereich	26
2. Sachlicher Anwendungsbereich	27
3. Zeitlicher Anwendungsbereich	28 - 35
IV. Verhältnis des § 8 KStG zum Zivilrecht	36 - 50

B. Einkommen (§ 8 Abs. 1 KStG)		51 - 100
I. Generalverweisung		51 - 75
1. Verweisungsumfang		51 - 60
2. Einkommensermittlung		61 - 70
3. Anzuwendende Vorschriften		71 - 75
II. Einkommensermittlung bei dauerdefizitären Betrieben gewerblicher Art		76 - 90
III. Inländische öffentlich-rechtliche Rundfunkanstalten		91 - 100
C. Einkunftsart (§ 8 Abs. 2 KStG)		101 - 160
I. Allgemeines		101 - 108
II. Einkunftsarten im Körperschaftsteuerrecht		109 - 160
1. Einkünftequalifizierung		109 - 140
a) Allgemeines		109 - 110
b) Einkünfte aus Gewerbebetrieb		111 - 115
c) Vermögenszuordnung und gesellschaftsrechtlich veranlasste Tätigkeit		116 - 125
d) Nichtabzugsfähige Betriebsausgaben		126 - 135
e) Liebhaberei		136 - 140
2. Sonstige Steuerpflichtige		141 - 160
D. Besondere Abgrenzung der Einkünfteermittlung von der Einkünfteverwendung (§ 8 Abs. 3 Satz 1 KStG)		161 - 190
E. Verdeckte Gewinnausschüttungen (§ 8 Abs. 3 Satz 2 KStG)		191 - 2080
I. Zweck der verdeckten Gewinnausschüttung		191 - 210
II. Abgrenzung der verdeckten Gewinnausschüttung gegenüber anderen Vorschriften und Rechtsbereichen		211 - 280
1. Verdeckte Gewinnausschüttung aus der Sicht des Gesellschaftsrechts		211
2. Verdeckte Gewinnausschüttung nach § 20 Abs. 1 Nr. 1 Satz 2 EStG		212
3. Liebhaberei		213 - 220
4. Nichtabziehbare Ausgaben gem. § 4 Abs. 5 EStG		221 - 223
5. Abgrenzung zu § 12 EStG		224 - 230
6. Scheingeschäfte		231 - 240
7. Missbrauch (§ 42 AO)		241 - 250
8. Bilanzberichtigung		251 - 260
9. Buchwertübertragung (§ 6 Abs. 5 Satz 3 EStG)		261 - 270
10. Einkünftekorrektur gem. § 1 AStG		271 - 280
III. Definition und Tatbestandsmerkmale der verdeckten Gewinnausschüttung		281 - 580
1. Definition		281 - 289
2. Tatbestandsmerkmal Vermögensminderung oder verhinderte Vermögensmehrung		290 - 315
a) Beispiele		290
b) Vermögensminderung		291 - 305
c) Verhinderte Vermögensmehrung		306 - 315
3. Tatbestandsmerkmal der Auswirkung auf den Unterschiedsbetrag gem. § 4 Abs. 1 Satz 1 EStG i.V. m. § 8 Abs. 1 KStG		316 - 319
4. Verursacht durch die Organe der Körperschaft		320 - 327
5. Kein Zusammenhang mit einer offenen Ausschüttung		328 - 330
6. Veranlassung durch das Gesellschaftsverhältnis		331 - 530
a) Definition		331 - 335
b) Gesellschafterstellung		336 - 360
aa) Gesellschafter		336 - 345
bb) Nahe stehende Person		346 - 360
c) Drittvergleich Stufe 1: inner- und außerbetrieblicher Vergleich, ordentlicher und gewissenhafter Geschäftsleiter		361 - 410
aa) Allgemein		361 - 370
bb) Drittvergleich Stufe 1a): Innerbetrieblicher Vergleich		371 - 380
cc) Drittvergleich Stufe 1b): Vergleich mit anderen Betrieben		381 - 385

		dd)	Drittvergleich Stufe 1c): Hypothetischer Drittvergleich = ordentlicher und gewissenhafter Geschäftsleiter			386 - 410
			(1) Allgemein			386
			(2) Ausfüllung durch § 43 GmbHG			387 - 392
			(3) Kasuistik zur Ausfüllung des Maßstabs			393 - 396
			(4) Kritik			397 - 410
	d)	Drittvergleich Stufe 2: Erweiterung um andere Gründe des Drittvergleichs (Verdopplung des Drittvergleichs)				411 - 460
		aa)	Verträge, die nur mit Gesellschaftern möglich sind			412 - 420
		bb)	Weitere Gründe des Drittvergleichs (Verdopplung des Drittvergleichs, Drittvergleich aus Sicht des Gesellschafters)			421 - 460
			(1) Vergleichspunkt			426 - 435
			(2) Rechtsfolge			436 - 450
			(3) Kritik			451 - 460
	e)	Umfang der Veranlassung				461 - 470
	f)	Veranlassung im Gesellschaftsverhältnis für beherrschende Gesellschafter				471 - 530
		aa)	Beherrschender Gesellschafter			472 - 482
		bb)	Nachweis der schuldrechtlichen Vereinbarung			483 - 485
		cc)	Zivilrechtliche Wirksamkeit			486 - 490
		dd)	Nachzahlungs- bzw. Rückwirkungsverbot (Vereinbarung im Vorhinein)			491 - 492
		ee)	Klare und eindeutige Vereinbarungen			493 - 500
		ff)	Tatsächliche Durchführung der Vereinbarung			501 - 530
7.	Eignung zum Beteiligungsertrag					531 - 540
8.	Die Trennung der vGA-Ebenen, Zeitpunkt der verdeckten Gewinnausschüttung					541 - 566
	a)	Bedeutung des Zeitpunkts der verdeckten Gewinnausschüttung				541 - 545
	b)	Zeitpunkt des Vertragsabschlusses				546 - 550
	c)	Gewinnminderung und Vorteilszufluss				551 - 566
		aa)	Zur zeitlichen Inkongruenz von Gewinnminderung und Zufluss			551 - 553
		bb)	Zur sachlichen Inkongruenz von Gewinnminderung und Zufluss			554
		cc)	Zusammenfassung der Inkongruenz von Gewinnminderung und Zufluss			555
		dd)	Gewinnminderung bei der Kapitalgesellschaft			556 - 560
		ee)	Zufluss beim Gesellschafter			561 - 566
9.	Die Korrespondenz der Gesellschafts- und Gesellschafterebene					567 - 578
	a)	Die „formelle" Korrespondenz				568
	b)	Die „materielle" Korrespondenz				569 - 578
		aa)	Anteilseigner ist eine dem Teileinkünfteverfahren unterworfene natürliche Person			570 - 572
		bb)	Anteilseigner ist eine der Abgeltungsteuer unterworfene natürliche Person			573
		cc)	Anteilseigner ist eine Körperschaft			574
		dd)	Erweiterung der „materiellen" Korrespondenz durch das AmtshilfeRLUmsG			575 - 578
10.	Die Fiktionstheorie					579 - 580
IV.	Rechtsfolgen der verdeckten Gewinnausschüttung bei der Gesellschaft					581 - 680
	1.	Allgemeine Rechtsfolgen				581 - 595
		a)	Grundsätze			581 - 585
		b)	Gewinnaufschlag			586 - 595
	2.	Bilanzielle Behandlung der verdeckten Gewinnausschüttung				596 - 627
		a)	Hinzurechnung der verdeckten Gewinnausschüttung außerhalb der Bilanz			596 - 610

		b)	Auswirkungen bei Überpreiskauf durch die Gesellschaft	611 - 615
		c)	Auswirkungen bei Unterpreisverkauf durch die Gesellschaft	616 - 620
		d)	Behandlung von Passivposten	621 - 627
	3.		Rechtsfolgen in der Umsatzsteuer	628 - 640
		a)	Verbilligte Leistungen an den Gesellschafter (oder ihm nahestehende Personen)	629 - 632
			aa) Verkauf zu Einkaufspreisen	629 - 630
			bb) Verkauf unter Einkaufspreisen	631 - 632
		b)	Unentgeltliche Leistungen an den Gesellschafter (oder ihm nahestehende Personen)	633 - 635
		c)	Übernahme von Kosten des Gesellschafters	636
		d)	Zahlung eines überhöhten Betrages an den Gesellschafter	637
		e)	Prüf- und Übersichtsschema zur vGA und USt	638 - 640
	4.		Rechtsfolgen in der Kapitalertragsteuer	641 - 647
	5.		Rechtsfolgen in der Gewerbesteuer	648 - 650
	6.		Rechtsfolgen in der Grunderwerbsteuer	651 - 655
	7.		Rechtsfolgen im Gesellschaftsrecht	656 - 680
V.			Ertragsteuerliche Rechtsfolgen der verdeckten Gewinnausschüttung beim Gesellschafter	681 - 780
	1.		Gesellschafter ist eine natürliche Person	682 - 720
		a)	Rechtsfolgen bei Anteilen im Privatvermögen	682 - 690
		b)	Einkünfteerhöhung bei Anteilen im Betriebsvermögen (bilanzielle Behandlung beim Gesellschafter)	691 - 700
			aa) Auswirkungen bei Überpreisverkauf an die Gesellschaft	692
			bb) Auswirkungen bei Unterpreiskauf von der Gesellschaft	693 - 700
		c)	Bewertung der verdeckten Gewinnausschüttung beim Gesellschafter	701 - 710
			aa) Die Beteiligung des Gesellschafters ist Betriebsvermögen	702 - 703
			bb) Die Beteiligung des Gesellschafters ist Privatvermögen	704 - 710
		d)	Zurechnung bei verdeckter Gewinnausschüttung an nahe stehende Personen u. a.	711 - 720
			aa) Zurechnung von verdeckter Gewinnausschüttung bei zugleich still beteiligtem Gesellschafter	711
			bb) Zurechnung von verdeckter Gewinnausschüttung an nahe stehende Personen	712 - 720
	2.		Gesellschafter ist eine Kapitalgesellschaft	721 - 725
	3.		Rechtsfolgen bei vGA zwischen Schwestergesellschaften bzw. im Konzern	726 - 780
		a)	Voraussetzungen	726 - 730
		b)	Besteuerung bei der zuwendenden Tochtergesellschaft	731 - 735
		c)	Besteuerung bei einer Muttergesellschaft, die Kapitalgesellschaft ist	736 - 745
			aa) Zuwendung aktivierungsfähiger Wirtschaftsgüter	736
			bb) Zuwendung von Gebrauchs- und Nutzungsvorteilen	737 - 745
		d)	Besteuerung bei einer Muttergesellschaft, die Personengesellschaft oder natürliche Person ist	746 - 755
		e)	Besteuerung bei der empfangenden Schwestergesellschaft	756 - 760
		f)	Zusammenfassende Beispiele	761 - 780
			aa) Muttergesellschaft ist Kapitalgesellschaft	761 - 762
			bb) Muttergesellschaft ist Personengesellschaft oder natürliche Person	763 - 780
VI.			Schenkungsteuerliche Rechtsfolgen beim Gesellschafter	781 - 835
	1.		Voraussetzungen für den Anfall von Schenkungsteuer nach dem Grundtatbestand	781 - 790
	2.		Schenkungsteuer bei vGA an den Gesellschafter nach dem Grundtatbestand	791 - 800

3. Schenkungsteuer bei vGA an nahe stehende Personen nach dem Grundtatbestand		801 - 820
	a) Rechtslage in der KSt	801 - 806
	b) Rechtslage in der ErbSt: Schenkung der Gesellschaft an die nahestehende Person	807 - 820
	aa) Die Entscheidung des BFH vom 7. 11. 2007 aus schenkungsteuerlicher Sicht	807 - 808
	bb) Reaktionen auf das „obiter dictum" des BFH	809
	cc) Reaktion des Gesetzgebers und aktuelle Rechtslage	810 - 820
4. Erlöschen der Schenkungsteuer		821 - 825
5. Verdeckte Gewinnausschüttung im Konzern		826 - 835
VII. Rückgängigmachung und Vermeidung von verdeckten Gewinnausschüttungen		836 - 910
1. Rückgängigmachung der verdeckten Gewinnausschüttung		836 - 880
	a) Steuerliche Bewertung der Rückgängigmachung vollzogener Geschäftsvorfälle	837 - 845
	b) Inhalt und Umfang der Rückabwicklung einer verdeckten Gewinnausschüttung	846 - 865
	aa) Rückabwicklungsanspruch	846 - 847
	bb) Umfang des Anspruchs	848 - 849
	cc) Rechtsfolgen bei der Gesellschaft	850 - 852
	dd) Rechtsfolgen beim Gesellschafter	853 - 865
	c) Abgrenzung der Rückabwicklung zur Entstehung von Ersatzansprüchen	866 - 880
2. Vermeidung verdeckter Gewinnausschüttungen: Vorteilsausgleich, Steuer- und Satzungsklauseln		881 - 910
	a) Vorteilsausgleich	881 - 890
	aa) Begriff	881
	bb) Grundsätze	882 - 890
	b) Steuer- und Satzungsklauseln	891 - 910
VIII. Verfahrensrecht: Berichtigungsmöglichkeiten, Beweislast, tatsächliche Verständigung, Prozessrecht, Haftung des Steuerberaters		911 - 1000
1. Berichtigungsmöglichkeiten		911 - 920
	a) Veranlagung der Gesellschaft	911 - 915
	b) Veranlagung des Gesellschafters	916 - 920
2. Beweislast in der Veranlagung und im Finanzgerichtsprozess		921 - 945
3. Tatsächliche Verständigung		946 - 955
4. Prozessuale Einzelheiten		956 - 965
	a) Beiladung	956
	b) Streitwert	957
	c) Nachprüfbarkeit in der Revision	958 - 965
5. Haftung des Steuerberaters		966 - 1000
IX. Verdeckte Gewinnausschüttung im internationalen Steuerrecht		1001 - 2080
1. Prüfung einer vGA		1001 - 2080
	a) Ebene der Gesellschaft	1003 - 1004
	b) Ebene des oder der Gesellschafter	1005 - 1006
	c) Besonderheit in BP-Verfahren	1007
	d) Ansässigkeit des Empfängers der vGA	1008
	e) Entlastungsverfahren	1009 - 1012
	f) Verfahrensrechtliche Problemfelder	1013 - 2080
F. Verdeckte Einlagen		**2081 - 2400**
I. Allgemeines und Definition		2081 - 2100
1. Rechtsentwicklung		2081
2. Persönlicher Anwendungsbereich		2082
3. Sachlicher Anwendungsbereich		2083
4. Zeitlicher Anwendungsbereich		2084

	5.	Konkurrenzen		2085 - 2088
		a)	Konkurrenz zu § 6 Abs. 3 EStG	2085
		b)	Konkurrenz zu § 6 Abs. 5 EStG	2086
		c)	Konkurrenz zum Tauschgeschäft	2087 - 2088
	6.	Definition		2089 - 2100
II.	Tatbestandsmerkmale der verdeckten Einlage			2101 - 2140
	1.	Zuwendung eines bilanzierbaren Vermögensvorteils		2101 - 2115
		a)	Allgemeines	2101
		b)	Vermögensvorteil	2102 - 2106
			aa) Vermögensmehrung	2103 - 2105
			bb) Verhinderte Vermögensminderung	2106
		c)	Bilanzierbarkeit	2107 - 2115
	2.	Gesellschaftsrechtliche Gründe		2116 - 2130
		a)	Gesellschafterstellung	2116 - 2118
		b)	Drittvergleich	2119 - 2130
	3.	Ohne Entgelt in Gestalt von Gesellschaftsrechten		2131 - 2132
	4.	Zeitpunkt		2133 - 2140
III.	Ertragsteuerliche Rechtsfolgen der verdeckten Einlage			2141 - 2185
	1.	Behandlung bei der Gesellschaft		2141 - 2150
		a)	Keine Einkommenserhöhung	2141
		b)	Zuweisung zum Einlagekonto	2142
		c)	Bewertung	2143 - 2150
	2.	Behandlung beim Gesellschafter		2151 - 2175
		a)	Beteiligung im Betriebsvermögen	2152 - 2159
			aa) Eingelegtes Wirtschaftsgut Teil desselben Betriebsvermögens wie die Beteiligung	2152 - 2154
			bb) Eingelegtes Wirtschaftsgut Teil eines anderen Betriebsvermögens als die Beteiligung	2155
			cc) Eingelegtes Wirtschaftsgut Teil des Privatvermögens	2156 - 2157
			dd) Teilwertabschreibung	2158 - 2159
		b)	Beteiligung im Privatvermögen	2160 - 2175
			aa) Eingelegtes Wirtschaftsgut Teil eines Betriebsvermögens	2160
			bb) Eingelegtes Wirtschaftsgut Teil des Privatvermögens	2161 - 2175
	3.	Dreiecksfälle		2176
	4.	Rückgängigmachung der verdeckten Einlage		2177 - 2185
IV.	Schenkungsteuerliche Rechtsfolgen der verdeckten Einlage			2186 - 2195
	1.	Schenkungsteuerpflicht im Verhältnis zur Gesellschaft		2187
	2.	Schenkungsteuerpflicht im Verhältnis zu anderen Gesellschaftern		2188 - 2195
V.	Materielle Korrespondenz bei verdeckter Einlage (§ 8 Abs. 3 Satz 4 – 6 KStG)			2196 - 2400
	1.	Allgemeines		2196 - 2210
		a)	Persönlicher Anwendungsbereich	2196
		b)	Sachlicher Anwendungsbereich	2197 - 2198
		c)	Zeitlicher Anwendungsbereich	2199
		d)	Grundlage der Vorschrift	2200 - 2210
	2.	Grundfall § 8 Abs. 3 Satz 4 KStG		2211 - 2230
		a)	Voraussetzung: Vermögensminderung beim Gesellschafter	2212 - 2223
			aa) Vermögensminderung	2212 - 2215
			bb) Verhinderte Vermögensmehrung	2216 - 2220
			cc) … beim Gesellschafter	2221 - 2222
			dd) Auslandsfälle	2223
		b)	Rechtsfolge: Einkommenserhöhung bei der Gesellschaft	2224 - 2230
			aa) Einkommenserhöhung dem Grunde nach	2225
			bb) Umfang der Einkommenserhöhung	2226 - 2230
	3.	Dreiecksfälle, § 8 Abs. 3 Satz 5 und 6 KStG		2231 - 2250
		a)	Grundfall zu § 8 Abs. 3 Satz 5 und 6 KStG	2231 - 2243
			aa) Darstellung	2231 - 2234

	bb)	Fall 1: Nur Veranlagung der T2 ist falsch	2235
	cc)	Fall 2: Nur Veranlagung der M ist falsch	2236
	dd)	Fall 3: Nur Veranlagung der T1 ist falsch	2237
	ee)	Fall 4: Veranlagung von T2 und M falsch	2238
	ff)	Fall 5: Veranlagung von M und T1 falsch	2239
	gg)	Fall 6: Veranlagung von T1 und T2 falsch	2240 - 2242
	hh)	Fall 7 und 8: Alle Veranlagungen richtig oder alle falsch	2243
b)		Ausnahme zu § 8 Abs. 3 Satz 5 und 6 in § 8 Abs. 3 Satz 5 a. E.	2244 - 2250
4.		Vierecksfälle	2251 - 2260
5.		Kritik	2261 - 2400

G. **Verlustabzug bei Mantelkauf (§ 8 Abs. 4 KStG a. F.)**   2401 - 2750
H. **Mitgliederbeiträge (§ 8 Abs. 5 KStG)**   2751 - 2770
I. **Steuerabzugspflichtiges Einkommen (§ 8 Abs. 6 KStG)**   2771 - 2780
J. **Dauerverlustgeschäfte der öffentlichen Hand (§ 8 Abs. 7 – 9 KStG)**   2781 - 2950

I.	Allgemeine Erläuterungen zu § 8 Abs. 7 - 9 KStG		2781 - 2790
II.	Ausschluss einer verdeckten Gewinnausschüttung bei Dauerverlustgeschäften von Betrieben gewerblicher Art und Eigengesellschaften (§ 8 Abs. 7 KStG)		2791 - 2850
	1. Dauerverlustgeschäfte bei Betrieben gewerblicher Art (§ 8 Abs. 7 Satz 1 Nr. 1 KStG)		2791 - 2795
	2. Dauerverlustgeschäfte bei Eigengesellschaften (§ 8 Abs. 7 Satz 1 Nr. 2 KStG)		2796
	3. Mehrheit der Stimmrechte		2797 - 2805
	4. Verlusttragung ausschließlich durch die öffentliche Hand		2806 - 2850
		a) Begriff des Dauerverlustgeschäfts (§ 8 Abs. 7 Satz 2 KStG)	2816 - 2830
		b) Rechtsfolgen von § 8 Abs. 7 KStG	2831 - 2835
		c) Anwendungsregelung	2836 - 2850
III.	Verlustverrechnung bei Zusammenfassung von Betrieben gewerblicher Art (§ 8 Abs. 8 KStG)		2851 - 2900
	1. Zusammenfassung von Betrieben gewerblicher Art		2851 - 2860
	2. Möglichkeiten und Beschränkungen der Verlustverrechnung		2861 - 2880
	3. Sonderregelung für die Zusammenfassung gleichartiger Betriebe		2881 - 2885
	4. Anwendungsregelung		2886
	5. Verlustverrechnung bei Sanierungsgewinnen		2887 - 2900
IV.	Verlustverrechnung bei Eigengesellschaften (§ 8 Abs. 9 KStG)		2901 - 2950

K. **Besonderheiten für Einkünfte aus Kapitalvermögen (§ 8 Abs. 10 KStG)**   2951 - 2953
Anlage 1: ABC der verdeckten Gewinnausschüttungen   3001 - 4101

1.	Abfindungen		3001
2.	Aktiengesellschaften		3002
3.	Aktivierung		3003
4.	Angemessenheit der Gesamtvergütung von Gesellschafter-Geschäftsführern		3004 - 3038
	a) Allgemein		3004 - 3006
	b) Kriterien zur Prüfung der Angemessenheit der Gesamtausstattung		3007 - 3038
		aa) Persönlicher und sachlicher Anwendungsbereich	3007 - 3009
		(1) Persönlicher Anwendungsbereich	3007 - 3008
		(2) Sachlicher Anwendungsbereich = Ermittlung der einzubeziehenden Vergütung	3009
		bb) Stammkapitalverzinsung	3010
		cc) Halbteilungsgrundsatz und andere Nichtaufgriffsgrenzen	3011 - 3012
		dd) Fremdvergleich	3013 - 3038
		(1) Innerbetrieblicher Fremdvergleich	3013
		(2) Externer Fremdvergleich	3014
		(3) Externer Fremdvergleich – Rückgriff auf veröffentlichte Zahlen von Industriemanagern	3015 - 3019

		(4)	Externer Fremdvergleich – Gehaltsstrukturuntersuchungen	3020 - 3037
			(a) Erstellung und Aussagekraft	3021 - 3023
			(b) Die Verwendung von Gehaltsstrukturuntersuchungen durch die Finanzämter – die Methode Hansmann	3024 - 3031
			(c) Verwendung von Gehaltsstrukturuntersuchungen durch die Gerichte	3032 - 3034
			(d) Verwendung von Gehaltsstrukturuntersuchungen in der Beratung	3035 - 3037
		(5)	Hypothetischer Fremdvergleich	3038
	5.	Anstellungsvertrag des Gesellschafter-Geschäftsführers		3039 - 3132
		a) Allgemeine zivilrechtliche Voraussetzungen		3040 - 3046
			aa) Zuständigkeit der Gesellschafterversammlung	3040
			bb) Schriftform des Anstellungsvertrages	3041 - 3043
			cc) Das Selbstkontrahierungsverbot	3044 - 3046
		b) Allgemeine steuerrechtliche Voraussetzungen		3047 - 3056
			aa) Klare Vereinbarung	3047 - 3052
			bb) Gehaltsverzicht als Spezialfall des Tatbestandsmerkmals der klaren Vereinbarung	3053 - 3056
		c) Vereinbarung im Vorhinein (Nachzahlungsverbot)		3057 - 3061
		d) Weihnachts- und Urlaubsgeld		3062 - 3063
		e) Sozialversicherungsbeiträge		3064
		f) Urlaubsabgeltung		3065 - 3067
		g) Lohnfortzahlung im Krankheitsfall		3068
		h) Private Pkw-Nutzung		3069 - 3076
		i) Private Telefonnutzung, Überlassung von betrieblichen Computern und Telefonen		3077
		j) Überstundenvergütungen		3078 - 3081
		k) Sonn-, Nacht- und Feiertagszuschläge (SNF-Zuschläge)		3082 - 3092
		l) Überlassung einer Wohnung		3093 - 3094
		m) Zinsverbilligung bei Arbeitgeberdarlehen		3095
		n) Aufwendungsersatz		3096 - 3097
		o) Kündigung		3098 - 3101
		p) Durchführung des Vertrages		3102 - 3132
	6.	Anteilserwerb		3133
	7.	Arbeitnehmerüberlassung		3134
	8.	Arbeitszeitkonten		3135 - 3138
	9.	Arztkosten		3139
	10.	Aufteilungsverbot		3140
	11.	Ausbildungskosten		3141
	12.	Aushilfskräfte		3142
	13.	Auslandsreisen		3143
	14.	Ausstehende Einlagen		3144 - 3147
	15.	Bargelddiebstahl		3148
	16.	Beratervertrag		3149 - 3197
		a) Checkliste		3150
		b) Gesellschafter oder Gesellschafter-Geschäftsführer?		3151 - 3155
		c) Wettbewerbsverbot		3156 - 3157
		d) Allgemeine zivilrechtliche Voraussetzungen		3158
		e) Allgemeine steuerliche Voraussetzungen, insbesondere Abgrenzung der unterschiedlichen Sphären		3159 - 3172
			aa) Eindeutige und klare Vereinbarung	3159 - 3171
			(1) Allgemein	3159
			(2) Auslegung eines Nur-Beratervertrages	3160
			(3) Abgrenzung Geschäftsführungs- zu Beratungs-/Subunternehmertätigkeit	3161

	(4)	Nicht übertragbarer Bereich	3162 - 3165
	(5)	Vereinbarung	3166 - 3171
	bb) Weitere allgemeine steuerliche Voraussetzungen		3172
	f)	Angemessenheit der Vergütungshöhe	3173 - 3176
	g)	Rückwirkung auf das Gehalt des Gesellschafter-Geschäftsführers	3177 - 3182
	h)	Tatsächliche Durchführung	3183 - 3184
	i)	Rechtsfolgen	3185 - 3197
17.	Beschränkte Steuerpflicht		3198
18.	Besserungsklausel		3199
19.	Betriebsaufspaltung		3200 - 3212
	a)	Grundlagen	3200
	b)	Pachtzins als verdeckte Gewinnausschüttung	3201 - 3203
	c)	Weitere Einzelfälle der verdeckten Gewinnausschüttung bei Betriebsaufspaltung	3204 - 3205
	d)	Umgekehrte Betriebsaufspaltung	3206 - 3212
20.	Betriebsveräußerung		3213
21.	Bürgschaften		3214 - 3217
22.	Charterflugverkehr		3218
23.	D & O-Versicherung		3219
24.	Darlehenshingabe		3220 - 3252
	a)	Allgemein	3220 - 3222
	b)	Darlehen der Gesellschaft an den Gesellschafter	3223 - 3229
	c)	Insbesondere: Darlehensvergabe unter Verstoß gegen § 30 GmbHG	3230 - 3234
	d)	Darlehen des Gesellschafters an die Gesellschaft	3235 - 3252
25.	Darlehensverzicht		3253 - 3255
26.	Darlehensverzinsung		3256 - 3269
	a)	Darlehen der Gesellschaft an den Gesellschafter	3257 - 3260
	b)	Darlehen des Gesellschafters an die Gesellschaft	3261 - 3265
	c)	Gegenseitige Darlehen	3266 - 3267
	d)	Zinslosigkeit von Verrechnungskonten als verdeckte Gewinnausschüttung	3268 - 3269
27.	Eigene Anteile		3270 - 3278
28.	Einbringung		3279 - 3282
29.	Einlagen		3283 - 3288
30.	Enkelgesellschaft		3289
31.	Erfindungen		3290
32.	Erschließungskosten		3291 - 3298
33.	Fälligkeit		3299
34.	Firmenwert		3300
35.	Forderungsabtretung		3301
36.	Forderungsverkauf		3302 - 3303
37.	Forderungsverzicht		3304 - 3305
38.	Fortbildungskosten		3306
39.	Freianteile		3307
40.	Gebäude der Gesellschaft auf Grund und Boden des Gesellschafters		3308 - 3318
	a)	Wirtschaftliches Eigentum und vGA	3310 - 3311
	b)	Verkauf des rechtlichen Eigentums	3312 - 3318
41.	Geburtstagsfeier		3319 - 3325
42.	Gehaltserhöhungen		3326 - 3330
43.	Gehaltsnachzahlung		3331
44.	Gehaltsumwandlung		3332 - 3334
45.	Geldauflage		3335
46.	Gemischtes Interesse		3336
47.	Genossenschaft		3337 - 3344
48.	Genussrechte		3345 - 3353
49.	Gerichtsurteil		3354

50.	Geschäftsberichte	3355
51.	Geschäftsbetrieb	3356
52.	Geschäftschancenlehre und das Wettbewerbsverbot	3357 - 3388
	a) Die Geschäftschance der Gesellschaft	3358 - 3368
	b) Wettbewerbsverbot	3369 - 3373
	c) Ausgleichsanspruch der Gesellschaft	3374 - 3377
	aa) Befreiung vom Wettbewerbsverbot	3375 - 3376
	bb) Unentgeltlichkeit aus anderen Gründen	3377
	d) Bestehendes Wettbewerbsverbot und Abgrenzung zur vGA	3378
	e) Rechtsfolgen und Umfang einer vGA	3379 - 3388
53.	Geschäftsführergremium	3389 - 3393
54.	Gesellschafterkosten	3394
55.	GmbH & Co. KG	3395 - 3453
	a) Allgemeines	3395 - 3397
	b) Verdeckte Gewinnausschüttung durch Gewinnverteilung bei der Kommanditgesellschaft	3398 - 3409
	aa) Grundlagen	3398 - 3399
	bb) Bestandteile der angemessenen laufenden Vergütung für die GmbH	3400 - 3408
	(1) Auslagenersatz	3401 - 3402
	(2) Vergütung des Haftungsrisikos	3403 - 3405
	(3) Vergütung für eine Kapitaleinlage der GmbH in die KG	3406
	(4) Gewinnaufschlag, wenn die Geschäftsführer der GmbH nicht die Kommanditisten der KG sind	3407
	(5) Berechnungsvorschlag	3408
	cc) Angemessener Anteil am Veräußerungsgewinn	3409
	c) Verdeckte Gewinnausschüttung durch Änderung der Gewinnverteilung	3410 - 3430
	aa) Grundlagen	3410 - 3412
	bb) Unmittelbare Änderung der Gewinnverteilung	3413 - 3418
	(1) Rückwirkende Änderung	3414 - 3415
	(2) Zukünftige Änderung bei Kündigungsmöglichkeit	3416
	(3) Zukünftige Änderung ohne Kündigungsmöglichkeit	3417 - 3418
	cc) Mittelbare Änderung der Gewinnverteilung durch Änderung der Beteiligungsquote	3419 - 3423
	dd) Steuerliche Folgen der Nichtanerkennung der Änderung der Gewinnverteilung	3424 - 3430
	(1) Änderung der Beteiligung am Auseinandersetzungsguthaben	3425 - 3428
	(2) Keine Änderung der Beteiligung am Auseinandersetzungsguthaben	3429 - 3430
	d) Tätigkeitsvergütungen an den Gesellschafter-Geschäftsführer der GmbH & Co. KG	3431 - 3439
	e) Sonstige Vergütungen	3440
	f) Verdeckte Gewinnausschüttung durch Lieferungen und Leistungen zwischen der Komplementär-GmbH und der Kommanditgesellschaft	3441 - 3442
	g) Weitere Einzelfälle der verdeckten Gewinnausschüttung bei der GmbH & Co. KG	3443
	h) Verfahrensrecht: Verdeckte Gewinnausschüttungen in der einheitlichen und gesonderten Feststellung des Gewinns der Kommanditgesellschaft	3444 - 3453
56.	Golfclubbeiträge	3454
57.	Gründungskosten	3455
58.	Grundstücksgeschäfte	3456
59.	Imageverlust	3457
60.	Incentive-Reisen	3458
61.	Inkassotätigkeit	3459

62.	Juristische Personen des öffentlichen Rechts, insbesondere bei Betrieben gewerblicher Art	3460 - 3493
	a) Beteiligung an Kapitalgesellschaften	3462 - 3464
	b) Betriebe gewerblicher Art von juristischen Personen des öffentlichen Rechts	3465 - 3493
	aa) Allgemeine Grundsätze	3465 - 3469
	bb) Einzelfälle der Behandlung eines Betriebs gewerblicher Art wie eine Kapitalgesellschaft	3470
	cc) Sonderfälle/Ausnahmen von der Behandlung des Betriebs gewerblicher Art wie eine Kapitalgesellschaft	3471 - 3482
	(1) Widmungskapital bei Betrieben gewerblicher Art	3471 - 3473
	(2) Konzessionsabgaben	3474 - 3476
	(3) Miet-, Pacht- und Darlehensverträge über wesentliche Betriebsgrundlagen	3477 - 3478
	(4) Zusammenfassung von verschiedenen Betrieben gewerblicher Art	3479 - 3482
	dd) Dauerverlustbetriebe der öffentlichen Hand	3483 - 3484
	ee) Spenden oder verdeckte Gewinnausschüttungen von Betrieben gewerblicher Art	3485 - 3493
63.	Kanalbaubeiträge	3494
64.	Kassenführungsmängel	3495
65.	Kompetenzüberschreitungen	3496
66.	Kreditvermittlung	3497
67.	Lebensversicherung	3498
68.	Liquidation	3499
69.	Lizenzzahlungen	3500 - 3503
	a) Berechtigung dem Grunde nach	3502
	b) Höhe eines Lizenzentgelts	3503
70.	Limited (Ltd.)	3504 - 3533
	a) Allgemein	3504 - 3507
	b) Englisches Gesellschaftsrecht der Ltd. und vGA	3508 - 3517
	aa) Gründungskosten	3508
	bb) Ausschüttungen	3509
	cc) Kapitalherabsetzung	3510
	dd) VGA bei Verstoß gegen Kapitalerhaltungsvorschriften	3511
	ee) VGA bei zivilrechtlich unwirksamen Verträgen zwischen Gesellschaft und Gesellschafter	3512 - 3517
	(1) Zuständigkeit der Gesellschafterversammlung für Abschluss des Anstellungsvertrages des directors	3513
	(2) Beachtung des Selbstkontrahierungsverbotes	3514
	(3) Außerbetrieblicher und hypothetischer Drittvergleich	3515 - 3517
	c) Geringe Kapitalisierung der Ltd. und vGA	3518 - 3522
	aa) Gesellschafterfremdfinanzierung	3518
	bb) Gewinnverteilung bei der Ltd. & Co. KG	3519
	cc) Gewinnverteilung bei der Ltd. & Still	3520 - 3522
	d) Kein doppelter Inlandsbezug bei der Ltd. und vGA	3523 - 3533
71.	Management-buy-out	3534 - 3535
72.	Mehrfachtätigkeit	3536 - 3539
73.	Mietverträge	3540 - 3563
	a) Klare und eindeutige Vereinbarung	3540
	b) Vertrag mit Betrieb gewerblicher Art	3541
	c) Angemessenheit	3542 - 3552
	aa) Gesellschaft überlässt zu einer unangemessen niedrigen Miete	3542 - 3548
	(1) Allgemein	3542
	(2) Überlassung einer Wohnung an den Gesellschafter	3543 - 3548
	bb) Gesellschaft überlässt zu einer angemessenen Miete	3549 - 3550

cc) Gesellschafter überlässt zu einer überhöhten Miete	3551
dd) Gesellschafter überlasst zu einer angemessenen Miete	3552
d) Tatsächliche Durchführung/Änderung der Verhältnisse	3553 - 3563
74. Mindestdividende	3564
75. Nichtigkeit eines Jahresabschlusses	3565
76. Nießbrauch an Gesellschaftsanteilen	3566 - 3583
a) Zivilrecht	3566 - 3567
b) Steuerrecht	3568
c) Speziell verdeckte Gewinnausschüttungen	3569 - 3583
77. Non-profit-Unternehmen	3584 - 3585
78. Novation	3586
79. Organschaft	3587 - 3623
a) Verdeckte Gewinnausschüttung als vorweggenommene Gewinnabführung	3587 - 3588
b) Rechtsfolgen bei einer Personengesellschaft oder natürlichen Person als Organträger	3589 - 3598
aa) Keine doppelte Erfassung der verdeckten Gewinnausschüttung	3589 - 3597
(1) Lieferungen an den Organträger	3591 - 3593
(2) Leistungen an den Organträger	3594 - 3595
(3) Überhöhte Zahlungen der Organgesellschaft	3596 - 3597
bb) Organträger bzw. Gesellschafter des Organträgers als Geschäftsführer der Organgesellschaft	3598
c) Rechtsfolgen bei einer Kapitalgesellschaft als Organträger	3599 - 3601
aa) VGA zwischen Organträger und Organgesellschaft	3599 - 3600
bb) VGA zwischen Schwestergesellschaften	3601
d) Verunglückte Gewinnabführung	3602 - 3606
aa) Mangelhafter Gewinnabführungsvertrag	3603 - 3604
bb) Nichtdurchführung des Gewinnabführungsvertrags	3605
cc) Keine finanzielle Eingliederung	3606
e) Verdeckte Gewinnausschüttungen an Minderheitsgesellschafter	3607 - 3608
f) Einzelfälle	3609 - 3613
g) Haftung der Organgesellschaft für Steuerschulden des Organträgers	3614 - 3623
80. Pensionszusagen	3624 - 3821
a) Allgemeine zivilrechtliche Voraussetzungen	3625
b) Allgemeine steuerrechtliche Voraussetzungen (Nachzahlungsverbot)	3626 - 3627
c) Einhaltung von § 6a EStG	3628 - 3635
d) Probezeit	3636 - 3657
aa) Probezeit für die Gesellschaft	3636 - 3638
bb) Probezeit für den Geschäftsführer	3639 - 3646
cc) Rechtsfolgen	3647 - 3657
(1) Allgemein	3647 - 3650
(2) Beispielsfall – Sachverhalt	3651
(3) Vorteil aus Verletzung der Probezeit bei späterem Verzicht auf die Pensionszusage	3652
(4) Rechtsfolge bei späterer Übertragung der Pensionszusage auf einen Pensionsfonds	3653 - 3654
(5) Rechtsfolge für die GmbH	3655 - 3657
e) Finanzierbarkeit	3658 - 3674
aa) Prüfung bei rückgedeckter Pensionszusage	3659 - 3660
bb) Prüfung bei nicht rückgedeckter Pensionszusage	3661 - 3674
(1) Prüfungsmaßstab für die Überschuldung ist das Insolvenzrecht	3662
(2) Ansatz der Pensionszusage in der Überschuldungsprüfung	3663
(3) Zeitpunkt der Prüfung der Finanzierbarkeit i. d. R. nur bei Erteilung der Pensionszusage	3664
(4) Rechtsfolge teilbar	3665 - 3674

f)	Anspruchszeitpunkt	3675 - 3680
g)	Berechnungszeitpunkt	3681 - 3682
h)	Erdienbarkeit	3683 - 3696
i)	Nur-Pension	3697 - 3704
j)	Unverfallbarkeit	3705 - 3711
k)	Abfindungsklausel	3712 - 3719
l)	Dynamisierung	3720 - 3721
m)	Überversorgung	3722 - 3756
	aa) Begründung des Rechtsinstituts	3722
	bb) Persönlicher und sachlicher Anwendungsbereich	3723 - 3726
	cc) Überversorgung – Durchführung der Überversorgungsprüfung	3727 - 3735
	dd) Zeitpunkt der Prüfung der Überversorgung	3736 - 3742
	ee) Rechtsfolgen der Überversorgung	3743
	ff) Überversorgung bei Nur-Pension	3744 - 3752
	(1) Anfängliche Nur-Pensionszusage bei Gesellschafter-Geschäftsführern	3745 - 3746
	(2) Nachträgliche Nur-Pensionszusagen bei Gesellschafter Geschäftsführern	3747 - 3749
	(3) Nur-Pensionszusagen an Nichtgesellschafter	3750 - 3752
	gg) Kritik	3753 - 3756
n)	Tatsächliche Durchführung	3757 - 3760
	aa) Korrekte Bilanzierung	3757 - 3758
	bb) Abfindung oder Umwandlung	3759 - 3760
o)	Pension neben Gehalt	3761 - 3765
p)	Verzicht auf eine Pensionszusage	3766 - 3779
	aa) Verzicht auf eine unverfallbare Pensionsanwartschaft oder eine Pension („Past service")	3767 - 3772
	(1) Grundsätzliche Rechtsfolgen des Verzichts bei Gesellschaft und Gesellschafter	3767 - 3768
	(2) Bewertung der Pensionszusage	3769 - 3770
	(3) Einkunftsart beim Gesellschafter	3771 - 3772
	bb) Verzicht auf eine verfallbare Pensionsanwartschaft („Future service")	3773 - 3775
	cc) Alternativen	3776 - 3779
	(1) Bei gleichzeitigem Verkauf der Anteile	3776 - 3777
	(2) Alternativer Widerruf	3778 - 3779
q)	Verdeckte Gewinnausschüttung bei Abfindung einer Pensionszusage	3780 - 3821
	aa) Arbeitsrechtliche Zulässigkeit	3781 - 3783
	bb) Vorherige Vereinbarung	3784
	cc) Ernstlichkeit	3785
	dd) Unverfallbarkeit	3786 - 3787
	ee) Drittvergleich	3788
	ff) Beschränkung auf den erdienten Teil der Pensionszusage	3789 - 3792
	gg) Höhe der Abfindung und verdeckte Gewinnausschüttung	3793 - 3797
	hh) Rechtsfolgen	3798 - 3799
	ii) Alternative: Übertragung der Pensionszusage	3800
	jj) Steuerbilanzielle Behandlung bei Übertragung der Pensionszusage im Rahmen eines asset deals	3801 - 3821
81.	Produkteinführung	3822
82.	Prüfungskosten	3823
83.	Prüfungspflicht	3824
84.	Rabatte	3825
85.	Reisen	3826 - 3828
86.	Renovierungskosten	3829
87.	Reparaturkosten Pkw	3830

88.	Risikogeschäfte	3831 - 3847
	a) Abgrenzung der Risikogeschäfte	3832 - 3833
	b) Übernahme eines Risikogeschäfts – Fallgruppen nach BFH	3834 - 3840
	aa) Grundsatz: Risikogeschäfte keine vGA	3834 - 3835
	bb) Ausnahmen Fall 1 und 2: Übertragung von Verlusten auf die GmbH	3836
	cc) Ausnahme Fall 3: Die GmbH wurde nur zur Befriedigung der Spielleidenschaft des Gesellschafters errichtet	3837 - 3838
	dd) Ausnahme Fall 4: Die Gesellschaft wurde nur zur Übernahme von Verlusten gegründet	3839
	ee) Folge für die Beratung	3840
	c) Übernahme eines Risikogeschäfts – nach BMF	3841 - 3843
	aa) Darstellung	3841 - 3842
	bb) Folge für die Beratung	3843
	d) Verzicht auf einen Schadenersatzanspruch	3844 - 3847
89.	Rückstellung	3848 - 3849
90.	Rückvergütung	3850
91.	Sanierung	3851 - 3852
92.	Schadenersatz	3853
93.	Schätzung	3854
94.	Schuldübernahme	3855 - 3856
95.	Sicherheitsaufwendungen	3857 - 3861
96.	Spendenabzug und vGA	3862 - 3890
	a) Einführung	3862
	b) Darstellung der Rechtsprechung des BFH – Spenden von Sparkassen an ihre Gewährträger	3863 - 3867
	c) Die Rechtsprechung der FG – Spenden an Vereine und Kirchen als nahe stehende Personen von Gesellschaftern der spendenden Kapitalgesellschaft und erste Revisionsentscheidung des BFH dazu	3868 - 3873
	d) Kritik und systematische Abgrenzung Spenden – vGA – Sponsoring	3874 - 3890
97.	Sponsoring	3891
98.	Stille Beteiligung an einer Kapitalgesellschaft	3892 - 3930
	a) Typische stille Beteiligung	3893 - 3905
	aa) Grundlagen	3893 - 3895
	bb) Kriterien bei der Angemessenheit der Gewinnverteilung	3896 - 3905
	(1) Grundsatz	3896 - 3898
	(2) Arbeitseinsatz	3899
	(3) Kapitalverzinsung	3900
	(4) Kapitalverlust- und Ertragsausfallrisiko	3901
	(5) Restgewinnverteilung	3902 - 3903
	(6) Berechnungsvorschlag	3904 - 3905
	b) Einzelfälle aus der Rechtsprechung	3906
	c) Atypisch stille Beteiligung	3907 - 3914
	aa) Grundlagen	3907 - 3908
	bb) Angemessenheit der Gewinnverteilung	3909 - 3912
	cc) Einzelfälle aus der Rechtsprechung	3913
	dd) Verfahrensfragen	3914
	d) Die Einmann-GmbH Stille Gesellschaft	3915 - 3930
99.	Strohmann-Geschäftsführer	3931
100.	Studienfahrten	3932
101.	Tantiemen	3933 - 4030
	a) Abgrenzung zur Festvergütung	3935 - 3936
	b) Eindeutigkeit	3937 - 3943
	c) Drittvergleich	3944 - 3945
	d) Verlustverrechnung	3946 - 3973
	aa) Überblick	3946 - 3948
	bb) Anwendungsprobleme	3949 - 3965

	(1) Welcher Verlustvortrag?	3949 - 3952
	(2) Verlust statt Verlustvortrag	3953 - 3956
	(3) Einbeziehung von Ergebnissen aus der Zeit nach Anstellung aber vor Abschluss der Tantiemevereinbarung?	3957 - 3959
	(4) Keine doppelte Berücksichtigung von Verlusten	3960 - 3962
	(5) Individualisierung der Verluste	3963 - 3965
	cc) Verfahrensrechtliche Aspekte – Auswirkung einer Betriebsprüfung	3966 - 3969
	dd) Kritik	3970 - 3973
	e) Umsatztantieme	3974 - 3978
	f) Nur-Tantieme	3979 - 3986
	g) Angemessenheit der Tantieme	3987 - 4005
	aa) Bestandteile der Bemessungsgrundlage	3988 - 3991
	bb) Maximal 50 % des Jahresüberschusses	3992 - 3995
	cc) Maximal 25 % der Vergütung an den Geschäftsführer	3996 - 4002
	dd) Tantieme nach Beteiligung	4003
	ee) Angemessenheit der Gesamtbezüge	4004 - 4005
	h) Tatsächliche Durchführung	4006 - 4007
	i) Tantiemen an Minderheitsgesellschafter-Geschäftsführer	4008 - 4030
102.	Teilhaberversicherungen	4031
103.	Teilwertabschreibungen	4032 - 4035
104.	Treuhandverhältnis	4036
105.	Umsatzrückvergütung	4037
106.	Umwandlung	4038 - 4038a
107.	Unternehmergesellschaft haftungsbeschränkt (UG)	4039
108.	Veräußerungszwang	4040
109.	Vereine	4041
110.	Vermittlungsprovisionen	4042
111.	Versicherungsverein auf Gegenseitigkeit	4043 - 4049
112.	Verspätungszuschlag	4050
113.	Verzicht	4051 - 4061
114.	Vorgesellschaft und Vorgründungsgesellschaft	4062 - 4066
115.	Vorteil vGA	4067 - 4086
	a) Vorteil aus vGA bei getrennter Betrachtung von Gesellschaft und Gesellschafter	4068 - 4069
	b) VGA statt Lohnsteuer bei Nutzung eines Gebrauchtwagens als Dienstwagen	4070
	c) VGA rettet Kinderfreibetrag	4071
	d) VGA bei Verzicht auf eine Pensionszusage	4072 - 4076
	e) VGA bei Verlustvorträgen der Gesellschaft	4077 - 4086
116.	Wegfall der Geschäftsgrundlage	4087 - 4088
117.	Werbung	4089
118.	Zinsen	4090 - 4101
Anlage 2: ABC der verdeckten Einlagen		4102 - 4225
1.	Abfindung	4102
2.	Agio = Aufgeld	4103
3.	Anwachsung	4104
4.	Begründung des Besteuerungsrechts der BRD	4105
5.	Betriebsaufgabe	4106
6.	Betriebsaufspaltung	4107 - 4121
	a) Verdeckte Einlage des Firmenwertes bei Begründung der Betriebsaufspaltung	4107 - 4111
	b) Darlehen an Geschäftspartner – GmbH als verdeckte Einlage	4112 - 4116
	c) Nutzungsüberlassung an die Betriebs-GmbH	4117 - 4121
7.	Bürgschaft und ähnliche Sicherungsmittel	4122 - 4125
8.	Darlehen	4126
9.	Disquotale Einlage	4127

10. Dreiecksverhältnisse	4128 - 4161
a) Abgekürzter Zahlungsweg	4130 - 4136
b) Abgekürzter Vertragsweg	4137 - 4141
c) Drittaufwand	4142 - 4146
d) Disquotale Einlage	4147 - 4161
aa) Voraussetzungen	4147 - 4149
bb) Rechtsfolgen der überproportional disquotalen Einlage	4150 - 4155
(1) Teilwertabschreibung	4150 - 4151
(2) Schenkungsteuer	4152 - 4153
(3) Entnahme	4154 - 4155
cc) Rechtsfolgen der unterproportional disquotalen Einlage	4156 - 4161
11. Firmenwert	4162 - 4176
12. Forderungsverzicht	4177 - 4212
a) Abgrenzung	4177 - 4181
b) Forderungsverzicht aus gesellschaftsrechtlichen Gründen	4182 - 4212
aa) Voraussetzungen	4182 - 4183
bb) Rechtsfolgen	4184 - 4199
(1) Darstellung	4184 - 4190
(2) Strategien zur Vermeidung des Anfalls von Erträgen	4191 - 4196
(3) Strategien zur Vermeidung des Zuflusses beim Gesellschafter	4197
(4) Einsatz des Forderungsverzichts zur Erhaltung von Verlustvorträgen?	4198 - 4199
cc) Bewertung von Zufluss, verdeckter Einlage und Anschaffungskosten	4200 - 4209
(1) Bewertung bei Gesellschaft und Gesellschafter	4200 - 4201
(2) Bestimmung der Werthaltigkeit der Forderung	4202
(3) Bestimmung der Werthaltigkeit bei Teilverzicht	4203 - 4209
dd) Forderungsverzicht durch eine dem Gesellschafter nahe stehende Person	4210 - 4212
13. Hintereinandergeschaltete Einlagen	4213
14. Mittelbare verdeckte Einlage, → Rz. 231	4214
15. Mitunternehmeranteil	4215
16. Organschaft	4216
17. Pensionszusagen	4217
18. Reiheneinlagen	4218
19. Rückzahlungen	4219
20. Verschleierte Sachgründung	4220 - 4223
21. Verzicht	4224
22. Vorsteuererstattungsanspruch	4225

A. Allgemeine Erläuterungen zu § 8 KStG

HINWEIS

auf KStDV, KStR: Soweit nicht anders angegeben, beziehen sich die Verweise auf die KStR 2015. Die KStDV enthalten keine Regelungen zu verdeckten Gewinnausschüttungen. In R 8.5 KStR 2015 sind nur ganz allgemeine Grundsätze zu verdeckten Gewinnausschüttungen wiedergegeben.

LITERATURHINWEISE

zu § 8 KStG erfolgen abschnittsweise.

Allgemeine Erläuterungen zu § 8 KStG

I. Rechtsentwicklung des § 8 KStG

Mit der Einführung des Anrechnungsverfahrens durch das **KStG 1977** v. 31.8.1976[1] wurden auch die Vorschriften über die Einkommensermittlung neu gestaltet. § 8 KStG, dessen Vorläufer bis zum KStG 1920 zurückreichen, ist trotz zahlreicher Änderungen in seiner Grundstruktur bis heute erhalten geblieben.

Erst durch das **StBereinG 1985** v. 14.12.1984[2] erfuhr § 8 KStG seine erste Änderung. Der Gesetzgeber ersetzte in Abs. 3 durch das Wort „Genussrechte" den bisher geltenden Begriff „Genussscheine" und erweiterte damit die Regelung ab dem VZ 1985 (§ 54 Abs. 9 KStG a. F.) auf unverbriefte Rechte.

Das **StRefG 1990** v. 25.7.1988[3] fügte Abs. 4 zur Vermeidung einer wirtschaftlichen Übertragung von Verlusten durch sog. Mantelkauf ein. Die Neuregelung verlangte nunmehr als Voraussetzung für den Verlustausgleich und -abzug die wirtschaftliche Identität zwischen der verlusterleidenden und der verlustabziehenden Körperschaft. Anzuwenden ist die Neuregelung auf alle nach dem 23.6.1988 abgeschlossenen Rechtsgeschäfte, die zum Verlust der wirtschaftlichen Identität geführt haben (§ 54 Abs. 4 KStG a. F.). Die bisherigen Abs. 4 – 7 wurden zu Abs. 5 – 8.

Das **StandOG** v. 13.9.1993[4] strich den durch die Änderung des § 10d Abs. 1 EStG entbehrlich gewordenen Abs. 5. Mit Einführung des Wahlrechts zwischen Verlustrücktrag und Verlustvortrag bedurfte es der gesetzlichen Begrenzung des Rücktrags auf den Einkommensbetrag, der den ausgeschütteten Gewinn übersteigt, nicht mehr. § 8 Abs. 5 KStG ist letztmals für den VZ 1992 anzuwenden, soweit nicht ausgeglichene Verluste des VZ 1993 zurückgetragen werden (§ 54 Abs. 6a KStG a. F.). Abs. 6 – 8 wurden zu Abs. 5 – 7.

Das Gesetz zur Fortsetzung der **Unternehmenssteuerreform** v. 29.10.1997[5] fügte in § 8 Abs. 4 KStG einen neuen Satz 3 ein und fasste Satz 2 neu. Durch das Gesetz zur Finanzierung eines zusätzlichen Bundeszuschusses zur gesetzlichen Rentenversicherung v. 19.12.1997[6] erfolgte eine erneute Neufassung. Die Vorschrift gilt erstmals für den VZ 1997, soweit der Verlust nicht erst im Jahr 1997 eingetreten ist.[7]

Das **StSenkG** v. 23.10.2000[8] vollzog einen erneuten Systemwechsel vom Anrechnungsverfahren zum Halbeinkünfteverfahren. Neben weitreichenden Änderungen im gesamten KStG strich das StSenkG § 8 Abs. 5 KStG mit Wirkung ab dem VZ 2001; bei abweichendem Wj. ab dem VZ 2002 (§ 34 Abs. 1a KStG). Eine materielle Regelung dieser Rechtsfrage enthält nunmehr § 8b Abs. 6 Satz 2 KStG.

Eine Anpassung des § 8 Abs. 4 Satz 3 KStG an das EStG – ohne inhaltliche Änderung – erfolgte durch das **StÄndG 2001** v. 20.12.2001.[9]

---

[1] BGBl 1976 I 2597.
[2] BGBl 1984 I 1493.
[3] BGBl 1988 I 1093.
[4] BGBl 1993 I 1569.
[5] BGBl 1997 I 2590.
[6] BGBl 1997 I 3121.
[7] Vgl. im Einzelnen die Erl. zu § 8 Abs. 4 KStG.
[8] BGBl 2000 I 1433.
[9] BGBl 2001 I 3794.

Ab dem VZ 2001 ersetzt der durch das **Solidarpaktfortführungsgesetz** v. 20.12.2001[1] neu eingefügte § 8 Abs. 1 Satz 2 KStG die bisherige Sonderregelung in § 23 Abs. 6 KStG.

Seit dem **SEStEG** v. 7.12.2006[2] sind alle Einkünfte der unbeschränkt Steuerpflichtigen i. S. d. § 1 Abs. 1 Nr. 1 – 3 KStG als Einkünfte aus Gewerbebetrieb zu behandeln, unabhängig davon, ob diese nach dem HGB zur Führung von Büchern verpflichtet sind.

Die Regelungen zur verdeckten Einlage wurden durch das **JStG** 2007 v. 13.12.2006[3] um die Sätze 4 – 6 ergänzt.

Durch das **UntStReformG** 2008 v. 14.8.2007[4] wurde § 8 Abs. 4 KStG aufgehoben und durch § 8c KStG ersetzt.

Das **MoRaKG** v. 12.8.2008[5] hatte zum Ziel, die zeitliche Anwendungsvorschrift des § 34 Abs. 6 Satz 3 KStG für die Weiteranwendung des § 8 Abs. 4 KStG a. F. um Ausnahmeregelungen für sog. Wagniskapitalgesellschaften zu ergänzen. Die EU-Kommission hat diesen Regelungen jedoch aufgrund beihilferechtlicher Bedenken die Zustimmung versagt. Somit ist diese Änderung nicht in Kraft getreten.

Im Rahmen des **JStG** 2009 v. 19.12.2008[6] wurde § 8 Abs. 1 KStG um den Satz 2 ergänzt, wonach bei Betrieben gewerblicher Art keine Gewinnerzielungsabsicht sowie Beteiligung am allgemeinen wirtschaftlichen Verkehr erforderlich ist. Zudem wurden die Abs. 7 – 10 eingefügt (vgl. → Rz. 2781 – → Rz. 2950 und → Rz. 2951 – → Rz. 2953).

Durch das **JStG 2010** v. 8.12.2010[7] wurde der Satz 8 in Abs. 9 hinzugefügt.

Das **Steuervereinfachungsgesetz 2011** v. 1.11.2011[8] passte den Verweis in § 8 Abs. 10 Satz 1 KStG aufgrund des Wegfalls des Satzes 2 in § 2 Abs. 5b EStG dahin gehend an, dass nunmehr auf § 2 Abs. 5b EStG verwiesen wird.

Durch das Gesetz gegen schädliche Steuerpraktiken im Zusammenhang mit Rechteüberlassungen v. 27.6.2017 (RÜbStG)[9] wurden § 8 Abs. 8 und 9 KStG um den Verweis auf die gesetzliche Neuregelung der Steuerfreiheit von Sanierungsgewinnen gem. §§ 3a, 3c Abs. 4 EStG ergänzt.

II. Bedeutung und Gegenstand des § 8 KStG

1. Regelungsinhalt

§ 8 KStG ist neben § 7 KStG die zweite aber wesentlich umfangreichere Grundnorm über die Ermittlung des Einkommens für Körperschaften, Personenvereinigungen und Vermögensmassen.

---

1 BGBl 2001 I 3955.
2 BGBl 2006 I 2782.
3 BGBl 2006 I 2878.
4 BGBl 2007 I 1912.
5 BGBl 2008 I 1672.
6 BGBl 2008 I 2794.
7 BGBl 2010 I 1768.
8 BGBl 2011 I 2131.
9 BGBl 2017 I 2074.

Abs. 1 enthält weder einen eigenständigen Einkommensbegriff noch einzelne Ermittlungsvorschriften. Vielmehr verweist **Satz 1** für die Definition des Einkommens und deren Ermittlung auf die Vorschriften des EStG und die im zweiten Teil des KStG enthaltenen Regelungen. § 8 Abs. 1 Sätze 2 und 3, Abs. 2 – 10, §§ 8a – 22 KStG gehen als speziellere Normen den Vorschriften des EStG vor. **Satz 3** enthält eine Sonderregelung für inländische öffentlich-rechtliche Rundfunkanstalten zur pauschalierten Ermittlung des Einkommens aus Werbesendungen.

Abs. 2 lässt die Unterscheidung zwischen den Einkunftsarten des EStG für Stpfl., die nach den Vorschriften des HGB zur Führung von Büchern verpflichtet sind, entfallen. Alle Einkünfte sind unabhängig von ihrer Qualifizierung nach dem EStG als Einkünfte aus Gewerbebetrieb zu behandeln.

Abs. 3 ist Ausfluss der allgemeinen Unterscheidung zwischen Einkommensverwendung und Einkommenserzielung. Insoweit stellt die Regelung klar, dass eine Einkommensverwendung durch offene oder verdeckte Gewinnausschüttungen sowie Ausschüttungen aus Genussrechten nicht zu einer Verminderung der steuerlichen Bemessungsgrundlage führt.

Abs. 4 passte den Verlustabzug nach § 10d EStG an die Erfordernisse des Körperschaftsteuerrechts an. Er wurde durch das UntStReformG 2008 v. 14. 8. 2007 aufgehoben und durch § 8c KStG ersetzt. Zur zeitlichen Anwendung des § 8 Abs. 4 KStG vgl. § 34 Abs. 6 KStG.

Abs. 5 scheidet bei Personenvereinigung satzungsgemäß erhobene Mitgliedsbeiträge von der steuerlichen Bemessungsgrundlage aus.

Abs. 6 versagt für Einkünfte, von denen lediglich ein Steuerabzug vorzunehmen ist, den Betriebsausgaben- und Werbungskostenabzug.

Abs. 7 enthält die Ausnahmen von der Annahme einer vGA bei Dauerverlustgeschäften bei Betrieben gewerblicher Art bzw. Kapitalgesellschaften der öffentlichen Hand. Die Voraussetzungen für das Vorliegen eines Dauerverlustgeschäftes i. S. d. Abs. 7 sind in Satz 2 geregelt.

Abs. 8 schränkt die Verlustverrechnung von zusammengefassten Betrieben gewerblicher Art ein. Verlustvortrag und Verlustrücktrag sollen danach bei zusammengefassten Betrieben gewerblicher Art nur in Ausnahmefällen möglich sein, ansonsten sollen die in einem Betrieb gewerblicher Art entstandenen Verluste auch nur von diesem genutzt werden können.

Abs. 9 schreibt für Dauerverlustgeschäfte bei Kapitalgesellschaften der öffentlichen Hand i. S. d. Abs. 7 Satz 1 Nr. 2 die Spartenrechnung bei der Einkommensermittlung vor. Ziel des Abs. 9 ist die Angleichung der steuerlichen Behandlung der Kapitalgesellschaften der öffentlichen Hand mit den Betrieben gewerblicher Art bei der Ergebnisverrechnung.

Abs. 10 ordnet an, dass § 2 Abs. 5b EStG bei Einkünften einer Kapitalgesellschaft aus Kapitalvermögen keine Anwendung findet. § 32d Abs. 2 Satz 1 Nr. 1 Satz 1 und Nr. 3 Satz 1 – 6 EStG finden hingegen gem. Abs. 10 Satz 2 Anwendung. In diesen Fällen sind § 20 Abs. 6 und 9 EStG nicht anwendbar.

(Einstweilen frei)

2. Bedeutung

Der Ermittlung des Einkommens nach § 8 KStG kommt eine zentrale Bedeutung für den Umfang der steuerlichen Belastung der in § 1 Abs. 1 KStG enumerierten steuerpflichtigen Körperschaften, Personenvereinigungen und Vermögensmassen zu. Es handelt sich um die Kernvorschrift des Körperschaftsteuerrechts, was sich nicht zuletzt an ihrer überaus großen Streitanfälligkeit zeigt. Im Zusammenspiel mit § 7 KStG und den nachfolgenden Vorschriften (insbesondere §§ 9 f. KStG) bestimmt sie die Bemessungsgrundlage, auf welche im Regelfall die tarifliche Steuer nach § 23 Abs. 1 KStG berechnet wird, soweit ein Abzug von Freibeträgen nach §§ 24 f. KStG ausscheidet (§ 7 Abs. 2 KStG).

22 Dabei folgt die Einkommensermittlung durch die Generalverweisung des § 8 Abs. 1 KStG auf das EStG weitgehend denselben Grundsätzen, wie man sie bei Einkünfte erzielenden natürlichen Personen kennt. Die hierauf beruhende und aus verfassungsrechtlicher Sicht anzustrebende **Rechtsformneutralität** der Besteuerung[1] findet indes ihre Grenzen in den sachlichen Unterschieden der Gesellschaftsformen.[2] Anders als bei natürlichen Personen wird der zunehmenden Leistungsfähigkeit mit steigendem Einkommen jedoch nicht durch Anwendung eines progressiven Steuersatzes Rechnung getragen. Erst mit der Ausschüttung der Erträgnisse durch die Körperschaft an eine natürliche Person kann die subjektive individuelle Leistungsfähigkeit Berücksichtigung finden.

3. Verhältnis der Körperschaftsteuer zur Einkommensteuer

23 Die Generalverweisung des § 8 Abs. 1 KStG wirft die Frage nach dem Verhältnis der KSt zur ESt auf. Sie hängt zusammen mit der Frage welche Steuersubjekte den beiden Einkunftsarten unterworfen sind. Der Körperschaftsteuer unterliegen rechtsfähige und nicht rechtsfähige nicht natürliche Personen, dagegen unterliegen der Einkommensteuer nur natürliche Personen. Natürliche Personen können eine betriebliche und eine private Sphäre haben. Dagegen sind die Körperschaftsteuersubjekte aufgeteilt. Die Steuersubjekte, die in den Katalog des § 1 Abs. 1 Nr. 1 – 3 KStG fallen, realisieren Einkünfte aus Gewerbebetrieb. Diese Steuersubjekte haben nur eine betriebliche Sphäre. Dies hat der BFH in seiner Entscheidung, in der er im Übrigen zu der Feststellung kam, dass die Bildung einer Rückstellung für die Mitwirkungspflicht im Rahmen einer Betriebsprüfung nicht dem Abzugsverbot des § 10 Nr. 2 KStG unterliegt, wiederholt entschieden.[3] Die Körperschaftsteuersubjekte, die in den Katalog des § 1 Abs. 1 Nr. 4 – 6 KStG fallen, beispielsweise rechtsfähige und nichtrechtsfähige Vereine oder Stiftungen können neben der betrieblichen Sphäre auch eine Privatsphäre (außerbetriebliche Sphäre haben).[4] Daraus ergibt sich folgende grafische Darstellung:

---

[1] BFH, Urteil v. 15. 5. 2002 - I R 92/00, BFHE 199, 217 = NWB EAAAA-69104.
[2] Vgl. zur GewSt BFH, Urteil v. 5. 9. 2001 - I R 27/01, BStBl 2002 II 155, m.w. N.
[3] BFH, Urteil v. 6. 6. 2012 - I R 99/10, BStBl 2013 II 196.
[4] BFH, Urteil v. 19. 11. 2003 - I R 33/02, BFH/NV 2004, 445 = NWB IAAAB-16071.

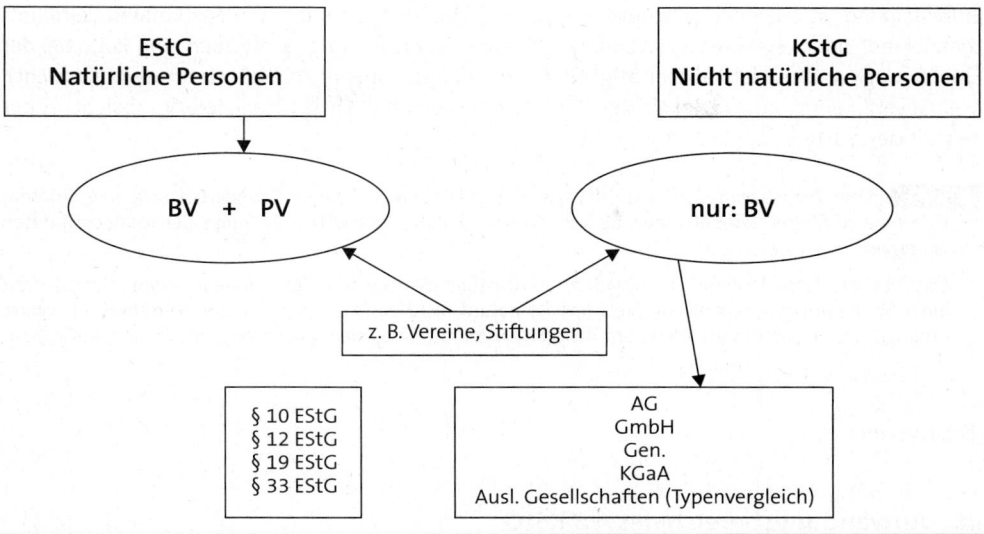

Als Fazit für die Generalverweisung in § 8 Abs. 1 KStG kann somit festgehalten werden: Normen des Einkommensteuerrechts, die die Privatsphäre einer natürlichen Person voraussetzen, können im Körperschaftsteuerrecht nicht entsprechend angewandt werden. Die einkommensteuerlichen Normen (EStG, EStDV), die Anwendung finden können, sind in R 8.1 Abs. 1 und 2 KStR aufgelistet.

Nach ständiger Rspr.[1] haben Kapitalgesellschaften nur eine betriebliche Sphäre. Das wird auch in der Literatur vertreten.[2] Dort wird allerdings z.T. auch bei Körperschaften eine außerbetriebliche Sphäre anerkannt.[3]

Der Sphärengedanke führt eher zu Missverständnissen und sollte durch die an dem objektiven und subjektiven Leistungsfähigkeitsprinzip ausgerichteten Zwecke „Einkünfteerzielung" und „Einkünfteverwendung" ersetzt werden.

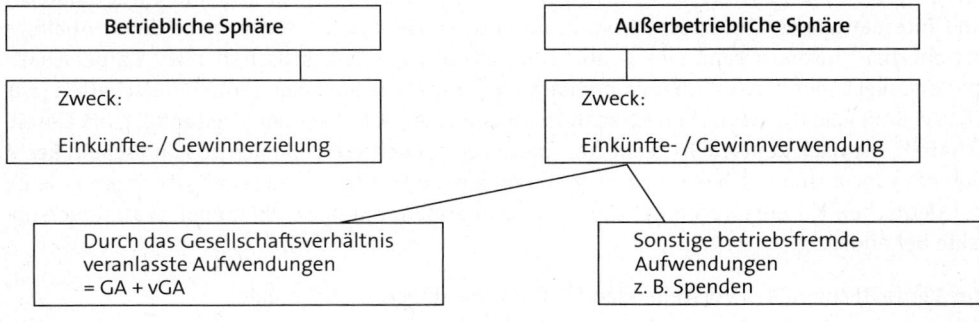

[1] BFH, Urteil v. 4.12.1996 - I R 54/95, NWB YAAAA-96773; v. 6.7.2000 - I B 34/00, BStBl 2002 II 490; v. 8.8.2001 - I R 106/99, BStBl 2003 II 487; v. 6.6.2012 - I R 99/10, BStBl 2013 II 196.
[2] *Rengers* Blümich KStG § 8 Rz. 63; *Lang*, Bott/Walter, § 8 n. F. Rz. 22.
[3] *Pezzer*, StuW 1990, 261; *Thiel/Eversberg*, DStR 1993, 1884; *Weber-Grellet*, DStR 1994, 12; *Pezzer*, StuW 1998, 76 (80).

Entscheidend ist die richtige Einordnung der Aufwendungen nach den Merkmalen „einkünfteerzielend" oder „einkünfteverwendend". Diese Unterscheidung spielt auch eine Rolle bei der Einordnung in eine Liebhabereitätigkeit (= mangelnde Gewinn-/Einkünfteerzielungsabsicht). Das Gesetz kennt eine Tätigkeit der KapGes ohne positive Einkünfteerzielungsabsicht in der Gestalt des § 10g EStG (R 8.1 Abs. 1 KStR).

BEISPIEL: Eine Versicherungs-AG hat ihr Verwaltungsgebäude auf einem Grundstück errichtet, auf dem sich eine römische Tempelanlage befand. Sie hat Erhaltungskosten, für einen denkmalgeschützten Obelisken.

Das ist ein Fall der Liebhaberei und gehört zu sonstigen betriebsfremden Aufwendungen in der Gestalt einer Sonderausgabe. Die Rechtsprechung ist darauf nicht eingegangen. Die zur betrieblichen Sphäre ergangenen Urteile führen auch zum richtigen Ergebnis, da es sich regelmäßig um Fälle von vGA handelt.

25 *(Einstweilen frei)*

III. Anwendungsbereich des § 8 KStG

1. Persönlicher Anwendungsbereich

26 § 8 KStG gilt grds. für alle unbeschränkt und beschränkt steuerpflichtigen Körperschaften, Personenvereinigungen und Vermögensmassen i. S. d. §§ 1 f. KStG. Es handelt sich um nicht natürliche Steuersubjekte, die Einkünfte erzielen können und persönlich der Besteuerung des zu versteuernden Einkommens unterliegen. Hier liegt die Abgrenzung zu den Einkommensteuersubjekten. Die Subjekte der Körperschaftsteuer sind geprägt durch das Prinzip der „Intransparenz". Auf hinter den Gebilden stehende Mitglieder, z. B. Aktionäre, Gesellschafter eine GmbH oder Destinatäre können die Einkünfte nicht übertragen werden. Hier liegt zugleich auch die Abgrenzung zu den Personenvereinigungen, die dem Prinzip der „Transparenz" unterworfen sind. Personengesellschaften wie GbR, OHG oder KG zählen zu diesen. Sie sind weder Subjekt der ESt noch Subjekt der KSt. Nach Zuweisung der Einkünfte im Rahmen einer einheitlichen und gesonderten Feststellung an die Mitglieder, ist Steuersubjekt das einzelne Mitglied selbst. Die Abgrenzung zwischen transparenten und intransparenten Rechtsformen wird mit Hilfe des Katalogs des § 1 Abs. 1 Nr. 1–6 KStG vorgenommen. Dieser ist, modifiziert durch Europarecht und internationales Steuerrecht bzw. ausländisches Gesellschaftsecht, nicht durch Analogie erweiterbar.[1] Insofern kann eine GmbH & Co. KG als Massengesellschaft nicht Körperschaftsteuersubjekt sein.[2] Erweiterbar ist der Katalog nur im Falle ausländischer Körperschaften (z. B. SA, BV, SARL) die der deutschen Rechtsform entsprechen. Dies ist aber streitanfällig, da Gesellschaften, die nach deutschem Recht transparent behandelt werden nach ausländischem Recht durchaus intransparent behandelt werden können. So werden Gesellschaftsstrukturen die einer deutschen KG entsprechen beispielsweise in anderen Staaten als Körperschaftsteuersubjekte behandelt.[3]

Zur Verdeutlichung des Vorstehenden dient das nachfolgende Schaubild.

---

[1] BFH, Urteil v. 25. 6. 1984 - GrS 4/82, BStBl 1984 II 751; R 2 Abs. 1 KStR 2004.
[2] Zu weiteren Einzelheiten vgl. o. *Oellerich* in Mössner/Seeger/Oellerich, KStG, § 1 Rz. 35.
[3] Ausführlich und mit weiteren Fundstellen *Schaumburg*, Internationales Steuerrecht, 3. Aufl. 2011, Rz. 16.168 ff.; *Greif* in Mössner, Steuerrecht international tätiger Unternehmen, 4. Aufl. 2012, Rz. E 12 ff.

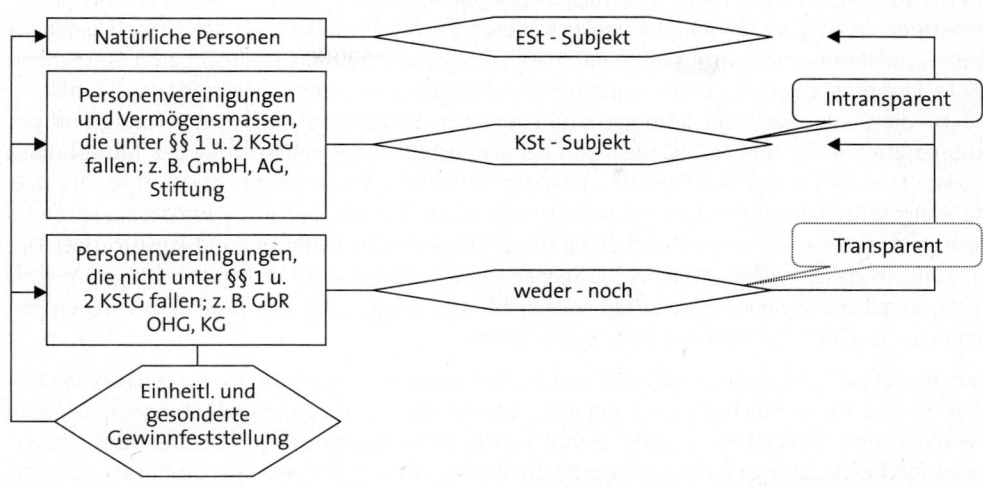

Eine lediglich auf inländische öffentlich-rechtliche Rundfunkanstalten beschränkte Sonderregelung enthält § 8 Abs. 1 Satz 3 KStG.

2. Sachlicher Anwendungsbereich

§ 8 KStG regelt i.V.m. § 7 Abs. 1 und 2 KStG die sachliche Steuerpflicht für alle körperschaftsteuerpflichtigen Subjekte i. S. d. §§ 1 f. KStG.[1] Während § 7 Abs. 2 KStG das zu versteuernde Einkommen als das um die Freibeträge nach §§ 24 und 25 KStG verminderte Einkommen definiert, welches Bemessungsgrundlage der KSt ist (§ 7 Abs. 1 KStG), enthält § 8 KStG nähere Regelungen[2] zur Ermittlung des Einkommens von Körperschaften. Die weiteren Vorschriften des zweiten Teils §§ 8a – 22 KStG ergänzen die Einkommensermittlungsvorschriften des EStG (§ 8 Abs. 1 Satz 1 KStG).

27

3. Zeitlicher Anwendungsbereich

Die Vorschrift ist – mit Ausnahme des Abs. 1 Satz 2 – erstmals ab dem VZ 1977 anzuwenden. § 8 Abs. 1 Satz 2 KStG gilt ab dem VZ 2001. Die seit Einführung des neuen Körperschaftsteuerrechts eingetretenen zahlreichen Änderungen sind zumeist mit dem VZ ihrer Einführung anzuwenden.[3]

28

(Einstweilen frei) 29–35

IV. Verhältnis des § 8 KStG zum Zivilrecht

Das Zivilrecht ist Ausgangspunkt der körperschaftsteuerlichen Besteuerung. Grundlagen der transparenten und intransparenten Rechtsformen sind bereits im Zivilrecht angelegt. Intransparent sind die im BGB normierten Vereinsstrukturen (die Wiege für AG, GmbH, Genossen-

36

---

1 → Rz. 26.
2 Siehe → Rz. 63 ff.
3 Zu Einzelheiten s. → Rz. 1.

schaften). Diese sind geprägt durch offenen Mitgliederkreis und organschaftliche Vertretung. Transparent ist die auch im BGB normierte GbR (die Ausgangsrechtsform aller Personengesellschaften) sie ist geprägt durch einen geschlossenen Mitgliederkreis in der Gestalt einer Arbeits-, Gefahren- und Haftungsgemeinschaft. Gleichwohl steht das Zivilrecht zum Steuerrecht nicht in einem Über-/Unterordnungsverhältnis, sondern in einem Gleichordnungsverhältnis. So ist die Frage, nach der körperschaftsteuerlichen Steuersubjekteigenschaft aufgrund der Enumeration in § 1 Abs. 1 KStG nicht von der zivilrechtlichen Voraussetzung des Tatbestandes „Existenz einer juristischen Person" abhängig. Juristische Personen des privaten Rechts (z. B. Kapitalgesellschaften) entstehen durch Errichtung des körperschaftlich verfassten Verbandes mittels Abschluss des zivilrechtlichen Gesellschaftsvertrages (Satzung) und konstitutiver Eintragung in das jeweilige Register.[1] Dagegen sind beispielsweise nichtrechtsfähige Vereine, nichteingetragene Genossenschaften oder nichtrechtsfähige Stiftungen keine juristischen Personen gleichwohl aber Körperschaftsteuersubjekte.

37 Lebenssachverhalte jeglicher Art sind zivilrechtlichen Regeln unterworfen. Als solche entscheiden sie über die rechtliche Einordnung vertraglicher Vereinbarungen,[2] den Interessenausgleich zwischen den Beteiligten[3] und die Erfordernisse ordnungsgemäßen Handelns.[4] Das Steuerrecht folgt diesen Vorgaben des bürgerlichen Rechts, soweit nicht aus dem Grundsatz der **wirtschaftlichen Betrachtungsweise** (§ 40 AO) Abweichendes folgt. So lassen sich privatrechtlichen Normen vielfach Auslegungskriterien und Indizien für fremdvergleichsgerechtes Handeln entnehmen.[5]

38 Zugleich beeinflusst das Zivilrecht durch das im Körperschaftsteuerrecht grds. geltende **Postulat der zivilrechtlichen Wirksamkeit** von Verträgen als Voraussetzung für deren steuerliche Anerkennung auch die laufende Besteuerung der Körperschaften. Verträge zwischen Kapitalgesellschaften und ihren beherrschenden Gesellschaftern werden der Besteuerung regelmäßig nur zugrunde gelegt, wenn sie von Anfang an wirksam sind.[6] Auch Genehmigungen wirken steuerlich regelmäßig nicht zurück.[7] Die bürgerlich-rechtliche Wirksamkeit dient dabei als Indiz für die Ernsthaftigkeit einer Vereinbarung und als Teilstück des Fremdvergleichs zur Abgrenzung der Einkommenserzielung von der Einkommensverwendung.[8]

39–50 *(Einstweilen frei)*

B. Einkommen (§ 8 Abs. 1 KStG)

I. Generalverweisung

1. Verweisungsumfang

51 Das KStG kennt keinen eigenen Gewinn- oder Einkommensbegriff. Was als Einkommen gilt, bestimmt sich nach den Vorschriften des EStG. Dementsprechend ist auch das Einkommen der

---

[1] Vgl. zu den einzelnen Entstehungsstadien *Koenig* in Pahlke/Koenig, AO, § 33 Rz. 6 ff.
[2] Vgl. z. B. BFH, Urteil v. 19. 1. 1994 - I R 67/92, BStBl 1996 II 77.
[3] Vgl. BFH, Urteil v. 18. 12. 2002 - I R 93/01, BFH/NV 2003, 946 = NWB WAAAA-70076.
[4] BFH, Urteil v. 4. 9. 2002 - I R 7/01, BStBl 2005 II 662.
[5] So zur Erdienbarkeit der Pensionszusage BFH, Urteil v. 15. 3. 2000 - I R 40/99, BStBl 2000 II 504.
[6] Vgl. BFH, Urteile v. 16. 12. 1998 - I R 96/95, BFH/NV 1999, 1125 = NWB VAAAA-63051; v. 31. 5. 1995 - I R 64/94, BStBl 1996 II 246, m. w. N.; v. 13. 3. 1991 - I R 1/90, BStBl 1991 II 597.
[7] BFH, Urteil v. 16. 12. 1997 - VIII R 38/94, BStBl 1998 II 339.
[8] Zu Einzelheiten s. die Erläuterungen in → Rz. 191 ff.

Körperschaften gemäß der Generalverweisung in Abs. 1 Satz 1 ausgehend von den Vorschriften des EStG zu ermitteln. Abweichungen von der einkommensteuerlichen Ermittlung ergeben sich nur, soweit das KStG selbst spezielle vorrangige Regelungen enthält. Anzuwenden sind grds. sämtliche Vorschriften des EStG, die die **Einkommensermittlung (§§ 2 – 24a EStG)** betreffen. So werden z. B. Vorschriften über die persönliche Steuerpflicht, die Veranlagung oder den Tarif von der Verweisung nicht erfasst. Die Generalverweisung umfasst zudem die Normen der **EStDV**, soweit sie sachlich Regelungen der Einkommensermittlung betreffen. Die EStDV beruht auf der Ermächtigungsvorschrift des § 51 EStG und fällt damit in den Regelungsbereich der Verweisung.[1]

Soweit das EStG auf **andere** steuerrechtliche oder außersteuerliche **Normen** verweist (bzw. umgekehrt), gelten sie auch für die Ermittlung des Einkommens der Körperschaften. Die Anwendbarkeit sonstiger gesetzlicher Bestimmungen richtet sich nach ihrem Regelungsgegenstand. So gilt etwa § 1 InvStG ohne Rücksicht auf die Rechtsform für alle Stpfl., die dem Kapitalanlagegesetzbuch unterworfen sind. § 1 AStG gilt für Stpfl. allgemein und § 3 Abs. 1 Satz 1, 2 ForstschädAusglG gemäß ausdrücklicher Anordnung auch für Körperschaften. **DBA** befassen sich ausschließlich mit der Vermeidung einer mehrfachen Steuerbelastung.[2] Nicht zu ihrem Regelungsgegenstand gehören grds. die Zurechnung der Einkünfte,[3] die Einkunftsermittlung[4] und die inländische (subjektive oder objektive) Steuerpflicht.[5]

52

Knüpft das EStG inhaltlich an **persönliche Eigenschaften** oder Lebensumstände natürlicher Personen an (z. B. das Alter, die Angehörigeneigenschaft, Verpflegungsmehraufwendungen) scheiden juristische Personen, Vermögensmassen und Personenvereinigungen als Adressat der Norm aus; sie ist auf diese Steuerpflichtigen nicht anwendbar. Dies gilt auch, soweit einzelne Vorschriften auf Personengesellschaften zugeschnitten sind (vgl. z. B. § 15 Abs. 3 EStG). Konsequenz aus der (steuer-)rechtlichen Verselbständigung der KSt-Subjekte ist die Trennung der Rechts- und Vermögenssphären zwischen Gesellschaft und Gesellschafter. Für die Einkommensermittlung der Kapitalgesellschaft bedeutet es, dass schuldrechtliche Rechtsbeziehungen zwischen ihr und ihrem Gesellschafter grds. einkünftewirksam vereinbart werden können; eine hierdurch entstehende „Einkünfteverlagerung" ist systemimmanent,[6] soweit hierdurch nicht eine verdeckte Gewinnausschüttung entsteht.

53

(Einstweilen frei)   54–60

2. Einkommensermittlung

Die Ermittlung des zu versteuernden Einkommens ist in Form eines Berechnungsschemas ausführlich in R 7.1 Abs. 1 KStR dargestellt.

61

Danach ist verkürzt gesagt die **Summe der Einkünfte** aus den Einkunftsarten (einschließlich der vGA) nach Abzug der ausländischen Steuern vom Einkommen (§ 26 Abs. 6 KStG i.V.m. § 34c Abs. 2, 3 und 6 EStG) um negative ausländische Einkünfte, die nach einem DBA nicht zu berücksichtigen sind und positive ausländische Einkünfte, die nach einem DBA – ggf. i.V.m.

---

1 *Balmes* in HHR KStG § 8 Rz. 17; *Rengers* in Blümich KStG § 8 Rz. 30; a. A. *Schwedhelm* in Streck, KStG, § 8 Anm. 3.
2 BFH, Urteil v. 24. 3. 1999 - I R 114/97, BStBl 2000 II 399.
3 BFH, Urteil v. 29. 10. 1997 - I R 35/96, BStBl 1998 II 235.
4 Vgl. BFH, Urteil v. 16. 2. 1996 - I R 43/95, BStBl 1997 II 128.
5 Vgl. BFH, Urteil v. 21. 5. 1997 - I R 79/96, BStBl 1998 II 113.
6 Vgl. BFH, Urteil v. 17. 10. 2001 - I R 97/00, BFH/NV 2002, 240 = NWB DAAAA-97110.

§ 8b Abs. 5 KStG – steuerfrei sind, zu korrigieren. Nach Abzug des Verlusts nach § 2a Abs. 1 Satz 3 EStG, der nach § 8b Abs. 1 und 2 KStG steuerfreien Ausschüttungen und Gewinne, ergibt sich die Summe der Einkünfte. Bei Körperschaften i. S. d. § 8 Abs. 2 KStG sind alle Einkünfte als Einkünfte aus Gewerbebetrieb zu behandeln mit der Folge, dass die Summe der Einkünfte den Einkünften aus Gewerbebetrieb entspricht.

62 Der **Gesamtbetrag der Einkünfte** entsteht bei Körperschaften, die auch andere Einkünfte als die aus Gewerbebetrieb realisieren können, nach Auffassung der FinVerw durch Abzug des Freibetrags nach § 13 Abs. 3 EStG bei Einkünften aus Land- und Forstwirtschaft sowie der Spenden und Beiträge (§ 9 Abs. 1 Nr. 2 KStG). Dieses Zwischenergebnis ist um das zuzurechnende Einkommen von Organgesellschaften (§§ 14, 17, 18 KStG) zu verändern. Der Abzug der Spenden und Mitgliedsbeiträge wird nach Rspr.[1] und Verwaltungsauffassung[2] vor dem Gesamtbetrag der Einkünfte im Rahmen der Einkünfteermittlung vorgenommen. Anders als in § 10b EStG soll es sich bei § 9 Abs. 1 Nr. 2 KStG nicht um eine Regelung über Sonderausgaben, sondern eine Begrenzung der Abzugsfähigkeit von Betriebsausgaben handeln.[3] Damit beeinflussen Spenden im KStG auch die Höhe des Verlustabzugs. Nach einer systematischen Ausrichtung am Leistungsfähigkeitsgedanken und der konsequenten Aufteilung in einkünfteerzielende oder einkünfteverwendende Tätigkeit ist dies ein Bruch, der sogar mit dem Gedanken der „Rechtsformneutralität" unvereinbar ist.

63 Nach Berücksichtigung des Verlustabzugs (§ 10d, § 2a Abs. 3 Satz 2 EStG) ergibt sich das Einkommen. Nach Abzug des Freibetrags für bestimmte Körperschaften (§ 24 KStG) und für Erwerbs- und Wirtschaftsgenossenschaften sowie Vereine, die Land- und Forstwirtschaft betreiben (§ 25 KStG), verbleibt das zu versteuernde Einkommen.

64–70 *(Einstweilen frei)*

3. Anzuwendende Vorschriften

71 Eine für die FinVerw verbindliche Aufzählung der anzuwendenden Vorschriften des EStG und der EStDV ist in R 8.1 Abs. 1 KStR 2015 enthalten (siehe bereits oben → Rz. 23). Für die Gerichte ist die gesetzesauslegende Verwaltungsvorschrift nicht bindend.[4] Die nachfolgenden Anmerkungen gehen auf die nach § 8 Abs. 1 KStG anzuwendenden Vorschriften nur ein, soweit sich Abweichungen zu der Auffassung der FinVerw ergeben.

72 **§ 3 Nr. 11 EStG** findet für den Bereich Hilfsbedürftigkeit keine Anwendung, weil Körperschaften nicht hilfsbedürftig sein können.[5]

§ 3 Nr. 41a EStG findet nach Auffassung der Finanzverwaltung auch auf Kapitalgesellschaft Anwendung. Dies ist in der Literatur äußerst streitig. Der BFH hat diese Frage ausdrücklich offen gelassen.[6]

---

1 BFH, Urteil v. 21. 10. 1981 - I R 149/77, BStBl 1982 II 177.
2 R 7.1 Abs. 1 KStR.
3 Vgl. *Brandl* in Blümich KStG, § 9 Rz. 35; a. A. *Schulte* in Erle/Sauter, § 9 Rz. 44; *Olgemöller* in Streck, KStG, § 9 Anm. 11.
4 Vgl. *Schwedhelm* in Streck, KStG, § 8 Anm. 3; *Rengers* in Blümich KStG § 8, Rz. 45.
5 Ebenso *Rengers* in Blümich KStG, § 8 Rz. 45.
6 BFH, Urteil v. 26.4.2017 - I R 84/15, NWB MAAAG-56537, mit zahlreichen Nachweisen zu den verschiedenen Auffassungen in Rz. 13.

§ 3c Abs. 1 EStG wird durch § 8b Abs. 5 KStG verdrängt. **§ 3c Abs. 2 EStG** findet auf Körperschaften keine Anwendung, weil sie nicht am Teileinkünfteverfahren teilnehmen.[1]

§ 4 Abs. 1 – 4 EStG sind grds. anzuwenden.

§ 4 Abs. 5 EStG gilt, soweit einzelne Regelungen nicht auf natürliche Personen zugeschnitten sind (so z. B. Nr. 5 Mehraufwendungen für Verpflegung; Nr. 6 Fahrten zwischen Wohnung und Betriebsstätte;[2] Nr. 6a Mehraufwendungen wegen doppelter Haushaltsführung; Nr. 6b Aufwendungen für ein häusliches Arbeitszimmer). **Anwendbar** sind indes z. B. Nr. 1 Geschenke;[3] Nr. 2 Bewirtungsaufwendungen;[4] Nr. 4 Aufwendungen für die Jagd und ähnliche Zwecke;[5] Nr. 7 allgemeine Angemessenheit;[6] Nr. 8 Geldbußen;[7] Nr. 8a Hinterziehungszinsen.[8]

§ 15 EStG ist anwendbar, soweit nicht die speziellere Regelung des § 8 Abs. 2 KStG eingreift.[9] So liegt ein wirtschaftlicher Geschäftsbetrieb (§ 14 AO) stets im Falle eines bestehenden Gewerbebetriebes vor.[10] Zur Betriebsaufspaltung bei Beherrschung über eine zwischengeschaltete rechtsfähige Stiftung vgl. BFH, Urteil v. 16. 6. 1982.[11] Verluste aus gewerblicher Tierzucht oder gewerblicher Tierhaltung unterliegen auch bei Körperschaften den Beschränkungen des § 15 Abs. 4 EStG.[12] Dies gilt ebenso für Verluste aus Termingeschäften.[13]

§ 17 Abs. 2 Satz 1 EStG findet nur auf die Veräußerung von im Privatvermögen gehaltenen Beteiligungen Anwendung. Mangels einer privaten Sphäre erzielt eine unbeschränkt stpfl. Kapitalgesellschaft einen Beteiligungsveräußerungsgewinn stets im betrieblichen Bereich, so dass er nach § 8 Abs. 1 und 2 KStG i. V. m. § 5 Abs. 1 EStG zu ermitteln ist.[14]

§ 20 EStG trifft nur auf Körperschaften zu, die Privatvermögen bilden können. Da Kapitalgesellschaften nur gewerbliche Einkünfte erzielen (§ 8 Abs. 2 KStG) greift immer der in § 20 Abs. 8 EStG verankerte Grundsatz der Subsidiarität.

§ 21 Abs. 2 EStG ist auf Körperschaften nicht anzuwenden.[15]

§ 32b EStG gilt wegen des linearen Steuertarifs nicht für Körperschaften.[16]

§ 49 EStG ist anzuwenden.[17]

---

1 *Schwedhelm* in Streck, KStG, § 8 Anm. 8; *Heinicke* in Schmidt, EStG, § 3c Rz. 27.
2 Vgl. BFH, Urteil v. 19. 2. 1999 - I R 105–107/97, BStBl 1999 II 231.
3 BFH, Urteil v. 21. 5. 1997 - I B 6/97, BFH/NV 1997, 904 = NWB MAAAB-38797.
4 Vgl. BFH, Urteile v. 12. 5. 2003 - I B 157/02, BFH/NV 2003, 1314 = NWB NAAAA-69876; v. 19. 11. 1999 - I B 4/99, BFH/NV 2000, 698 = NWB GAAAA-65321.
5 BFH, Urteile v. 4. 12. 1996 - I R 54/95, DStR 1997, 492 = NWB YAAAA-96773; v. 11. 8. 1994 - I B 235/93, BFH/NV 1995, 205 = NWB BAAAB-34547.
6 BFH, Urteil v. 19. 7. 1996 - I B 110/95, BFH/NV 1997, 27 = NWB PAAAB-37814.
7 BFH, Urteil v. 9. 6. 1999 - I R 100/97, BStBl 1999 II 658.
8 BFH, Urteil v. 16. 2. 1996 - I R 73/95, BStBl 1996 II 592; s. auch BFH, Urteil v. 7. 12. 1994 - I R 7/94, BStBl 1995 II 477.
9 Vgl. zur nachrangigen Anwendbarkeit BFH, Urteil v. 15. 12. 1999 - I R 16/99, BStBl 2000 II 400: gewerbliche Betätigung einer ausländischen Kapitalgesellschaft im Inland.
10 BFH, Urteil v. 27. 3. 2001 - I R 78/99, BStBl 2001 II 449.
11 Vgl. BFH, Urteil v. 16. 6. 1982 - I R 118/80, BStBl 1982 II 662.
12 BFH, Urteil v. 8. 11. 2000 - I R 10/98, BStBl 2001 II 349.
13 Ebenso *Rengers* in Blümich, KStG, § 8 Rz. 47.
14 BFH, Urteil v. 6. 7. 2000 - I B 34/00, BStBl 2002 II 490.
15 *Schwedhelm* in Streck, KStG, § 8 Anm. 19.
16 *Heinicke* in Schmidt, EStG, § 32b EStG Rz. 12; KKB/Egner/Gries, § 32b EStG Rz. 6; a. A. *Schwedhelm* in Streck, KStG, § 8 Anm. 19.
17 BFH, Urteil v. 6. 7. 2000 - I B 34/00, BStBl 2002 II 490.

73 § 6 Abs. 3 EStG (früher § 7 Abs. 1 EStDV), ist grundsätzlich anwendbar, wenn eine Körperschaft Betriebsvermögen einer natürlichen Person erbt.[1] Erfüllt die Übertragung eines Anteils an einer Personengesellschaft durch eine GmbH sowohl den Tatbestand der vGA als auch den der Veräußerung eines Mitunternehmeranteils (§ 16 Abs. 1 Nr. 2 EStG), dann hindert § 6 Abs. 3 EStG die Erfassung der vGA bei der GmbH nicht.[2] Die Verwaltung hat in ihrem Schreiben zu § 6 Abs. 3 EStG vom 3. 3. 3005[3] noch viele Fragen offen gelassen.[4]

74–75 *(Einstweilen frei)*

II. Einkommensermittlung bei dauerdefizitären Betrieben gewerblicher Art

76 Bis zum JStG 2009[5] wurde die Frage der sachlichen Steuerpflicht eines dauerdefizitären Betriebs gewerblicher Art teilweise kontrovers diskutiert. Mit dem JStG 2009 wurde diese Diskussion beendet. Seither ist geregelt, dass bei Betrieben gewerblicher Art i. S. d. § 4 KStG für die Einkommensermittlung weder Gewinnerzielungsabsicht noch die Beteiligung am allgemeinen wirtschaftlichen Verkehr erforderlich sind.[6] Durch die Aufnahme des Satzes 2 wird ein Gleichlauf der persönlichen Steuerpflicht eines Betriebs gewerblicher Art mit der sachlichen Steuerpflicht des Betriebs gewerblicher Art normiert.

77 Für Betriebe gewerblicher Art gelten somit für die Einkommensermittlung ebenfalls die maßgeblichen Vorschriften des EStG und des KStG. Spezialregelungen sind insbesondere enthalten in den Abs. 7 (für verdeckte Gewinnausschüttungen) und 8 (für Verluste) des § 8 KStG.[7]

78 § 8 Abs. 1 Satz 2 KStG findet gem. § 34 Abs. 6 Satz 1 KStG auch für Veranlagungszeiträume vor 2009 Anwendung.

79–90 *(Einstweilen frei)*

III. Inländische öffentlich-rechtliche Rundfunkanstalten

91 Die ausschließlich das ZDF betreffende, verfassungsrechtlich zweifelhafte Sonderregelung gem. § 7 Abs. 1 i. V. m. § 23 Abs. 6 KStG 1999 ist ab dem VZ 2001 ersetzt worden. Nunmehr sieht die gesetzliche Regelung für alle inländischen öffentlich-rechtlichen Rundfunkanstalten einheitlich vor, dass das Einkommen aus dem Geschäft der Veranstaltung von Werbesendungen 16 % der Entgelte (§ 10 Abs. 1 UStG) aus Werbesendungen beträgt. Die pauschalierte Einkommensermittlung dient der Vereinfachung. Die vom Gesetzgeber angeführten Schwierigkeiten,[8] die mit den Werbesendungen zusammenhängenden Betriebsausgaben zu ermitteln und von denen des hoheitlichen Bereichs abzugrenzen, sind sachlich begründet und rechtfertigen die Ausnahmevorschrift (s. zur vergleichbaren Regelung des § 64 Abs. 6 AO für bestimmte wirtschaftliche Geschäftsbetriebe).

92–100 *(Einstweilen frei)*

---

1 BFH, Urteil v. 19. 2. 1998 - IV R 38/97, BStBl 1998 II 509.
2 BFH, Urteil v. 29. 10. 1991 - VIII R 2/86, BStBl 1992 II 832.
3 BMF, Schreiben v. 3. 3. 2005, BStBl 2005 I 458.
4 Zu offenen Fragen s. *Klein*, Zweifelsfragen zu Übertragungsakten nach § 6 Abs. 3 EStG, NWB 2005 F. 3, 13772.
5 JStG 2009 v. 19. 12. 2008, BGBl 2008 I 2794.
6 Siehe hierzu auch *Musil* in Mössner/Seeger/Oellerich, KStG, § 4 Rz. 111.
7 Vgl. hierzu → Rz. 2781 ff.
8 Vgl. BT-Drucks. 14/7646, 32.

C. Einkunftsart (§ 8 Abs. 2 KStG)

LITERATURHINWEISE:

Weber-Grellet, Das Gestüt im Körperschaftsteuerrecht – Zur Privatsphäre der Körperschaft, DStR 1994, 12; *Jost*, Außerbetriebliche Sphäre der Kapitalgesellschaft, DB 1994, 910; *Wassermeyer*, Liebhaberei bei Kapitalgesellschaften, FS Haas 1996, 401; *Berz*, Liebhaberei und Segmentierung einer einheitlichen gewerblichen Tätigkeit von Personengesellschaften, DStR 1997, 358; *Mahlow*, Zur betrieblichen Einkünfteerzielung im Körperschaftsteuerrecht, DB 2001, 1450.

I. Allgemeines

§ 8 Abs. 2 KStG differenziert zwischen unbeschränkt steuerpflichtigen Steuersubjekten i. S. d. § 1 Abs. 1 Nr. 1 – 3 KStG und sonstigen Körperschaften. Die Vorschrift findet nur auf unbeschränkt körperschaftsteuerpflichtige Steuersubjekte i. S. d. § 1 Abs. 1 Nr. 1 – 3 KStG Anwendung und ordnet für diese an, dass sämtliche Einkünfte als Einkünfte aus Gewerbebetrieb zu behandeln sind. Andere Einkünfte dieser Körperschaften sind somit ausgeschlossen. Auf das bis zum Inkrafttreten des SEStEG maßgebliche Kriterium der Buchführungspflicht kommt es für diese Körperschaften nicht mehr an. 101

(Einstweilen frei) 102–108

II. Einkunftsarten im Körperschaftsteuerrecht

1. Einkünftequalifizierung

a) Allgemeines

Bei unbeschränkt Steuerpflichtigen i. S. d. § 1 Abs. 1 Nr. 1 – 3 KStG (§ 8 Abs. 2 KStG) und bei Betrieben gewerblicher Art von Körperschaften des öffentlichen Rechts (R 8.2 KStR) sind alle Einkünfte als Einkünfte aus Gewerbebetrieb zu behandeln. Von § 1 Abs. 1 Nr. 1 – 3 KStG werden im Wesentlichen die Formkaufleute nach deutscher Rechtsvorstellung erfasst. Bei einer Kapitalgesellschaft erzielt bereits die Vorgesellschaft, d. h die Kapitalgesellschaft, nach Abschluss des notariellen Gesellschaftsvertrages, aber vor Eintragung, gewerbliche Einkünfte unter der Voraussetzung, dass die Registereintragung nachfolgt und die Vorgesellschaft eine nach außen in Erscheinung tretende geschäftliche Tätigkeit aufgenommen hat.[1] 109

Bei den anderen Steuersubjekten des § 1 KStG können alle Einkunftsarten des § 2 Abs. 1 EStG vorliegen (§ 8 Abs. 1 KStG; R 8.1 Abs. 2 KStR) außer: 110

- Einkünfte aus freiberuflicher Tätigkeit, wegen der persönlichen Leistung des Berufsträgers. § 18 EStG ist in den anzuwendenden EStG – Vorschriften erwähnt, wegen des Ausnahmefalles der Testamentsvollstreckung durch eine Stiftung.[2]
- Einkünfte aus nichtselbständiger Arbeit (§ 19 EStG), da der Faktor Arbeit nur von natürlichen Personen realisiert werden kann.

b) Einkünfte aus Gewerbebetrieb

Für Stpfl., die in den Geltungsbereich des § 8 Abs. 2 KStG fallen, reduziert sich die Einkünftevielfalt des EStG auf Einkünfte aus Gewerbebetrieb (§ 15 EStG). Zu- und Abflüsse mit Einkünf- 111

---

[1] BFH, Urteil v. 24.1.2017 - I R 81/15, BFH/NV 2017, 1267 = NWB GAAAG-50619.
[2] BFH, Urteil v. 20. 2. 1974 - I R 217/71, BStBl 1974 II 511, 512.

teerzielung vollziehen sich unmittelbar im Rahmen der gewerblichen Einkünfte. Dies gilt auch, soweit die juristische Person gemeinschaftlich mit Dritten Einkünfte erzielt (z. B. Vermietergemeinschaft), die bei den Dritten als Einkünfte i. S. d. § 2 Nr. 1, 3 – 7 EStG erfasst werden.[1] Ob die Umqualifizierung und Umrechnung von anteiligen Einkünften aus der Beteiligung an einer Personengesellschaft im Rahmen der einheitlichen und gesonderten Feststellung der Besteuerungsgrundlagen grds. auf der Ebene der Personengesellschaft zu erfolgen hat[2] oder über die Art und Höhe der Einkünfte durch das zuständige Wohnsitzfinanzamt entschieden wird,[3] ist sehr streitig,[4] ändert indes nichts daran, dass auch derartige Zuflüsse bei der Körperschaft ausschließlich als Einnahmen aus Gewerbebetrieb zu erfassen sind.

112–115 (Einstweilen frei)

c) Vermögenszuordnung und gesellschaftsrechtlich veranlasste Tätigkeit

116 Die juristische Person des Privatrechts (oder allgemeiner: die Körperschaft) ist eine Zusammenfassung von Personen oder Sachen zu einer rechtlich geregelten Organisation mit der Befähigung, selbst Träger von Rechten und Pflichten zu sein.[5] Sie ist damit ein durch die Rechtsordnung unter bestimmten Voraussetzungen anerkanntes Rechtsgebilde mit **eigener Rechtspersönlichkeit**, welches auch befähigt ist, Inhaber eigenen Vermögens zu sein. Wesensmerkmal aller körperschaftlichen Verbände ist die Verselbständigung gegenüber ihren Mitgliedern, Gesellschaftern oder Anteilseignern.[6] Zwischen Körperschaft und Mitglied verläuft eine von der Rechtsordnung allgemein anerkannte klare Trennlinie, die eine gegenseitige Verantwortung oder Haftung grds. ausschließt. Rechtsbeziehungen zu den Mitgliedern basieren daher auf schuldrechtlichen oder gesellschaftsrechtlichen Grundlagen. Diese Trennung der Rechts- und Vermögenssphären zwischen Mitglied und Verband wird ergänzt durch eine ungeteilte Vermögenszuordnung innerhalb des Verbandes (Körperschaft). Anders als natürliche Personen hat die Gesellschaft ihr gesamtes Vermögen zu den ihr durch die Satzung vorgegebenen Zwecken zu verwenden. Dem entspricht die handelsrechtliche Verpflichtung, die bilanzielle Vermögenslage entsprechend der tatsächlichen Verhältnisse unter Einbeziehung **aller** Vermögenswerte darzustellen.[7]

117 Für das Steuerrecht gilt, dass die Körperschaften, die nur Einkünfte aus Gewerbebetrieb realisieren können **keine Privatsphäre** haben. Der umstrittenen Auffassung der fehlenden außerbetrieblichen Sphäre[8] hat sich der BFH in st. Rspr. angeschlossen.[9] Aus der Sicht einer einkünfteerzielenden und einkünfteverwendenden Tätigkeit ist aber aus systematischer Sicht diese

---

1 Vgl. BFH, Urteil v. 7. 2. 1985 - IV R 31/83, BStBl 1985 II 372.
2 So z. B. BFH, Urteile v. 18. 5. 1995 - IV R 125/92, BStBl 1996 II 5; v. 8. 6. 2000 - IV R 37/99, BStBl 2001 II 162; v. 5. 12. 2002 - IV R 58/01, BFH/NV 2003, 588 = NWB GAAAA-70492; v. 31. 7. 1990 - I R 3/90, BFH/NV 1991, 285 = NWB PAAAB-31596; v. 4. 10. 2001 - I B 53/01, BFH/NV 2002, 308 = NWB GAAAA-68072.
3 So Vorlagebeschluss des BFH, Urteil v. 30. 10. 2002 - IX R 80/98, BStBl 2003 II 167, m. w. N. sowie nachfolgend BFH, Urteil v. 11. 4. 2005 - GrS 2/02, BStBl 2005 II 679.
4 Vgl. eingehend *Koenig* in Pahlke/Koenig, AO, § 180 Rz. 25 ff.
5 *Palandt*, BGB, Einf. v. § 21 Rz. 1.
6 *K. Schmidt*, Gesellschaftsrecht, § 22 II 1.
7 *Winnefeld*, Bilanzhandbuch, Einf. Rz. 25 f.
8 Vgl. *Wassermeyer*, DB 1987, 1113, 1114; *Crezelius*, ZGR 1987, 1, 9; *Rüd*, DStR 1994, 1874; a. A. *Pezzer*, Die vGA, 49 ff.; *Weber-Grellet*, DStR 1994, 12.
9 BFH, Urteil v. 4. 12. 1996 - I R 54/95, NWB YAAAA-96773; v. 6. 7. 2000 - I B 34/00, BStBl 2002 II 490; v. 8. 8. 2001 - I R 106/99, BStBl 2003 II 487.

Auffassung nicht haltbar.¹ Die Ermittlung des Gewinns aus Gewerbebetrieb erfolgt durch Vermögensvergleich. Dabei ist grds. das gesamte der Körperschaft zuzurechnende Vermögen in die Ermittlung des gewerblichen Gewinns einzubeziehen.² Vermögenszuflüsse sind bei betrieblicher Veranlassung stpfl. oder steuerfreie Betriebseinnahmen, im Falle gesellschaftsrechtlicher Verursachung offene oder verdeckte Einlagen.

Erbschaften und Schenkungen zugunsten einer Körperschaft werden, soweit es sich nicht um einen gemeinnützigen Verein oder eine Stiftung handelt, häufig mit Rücksicht auf die an der Körperschaft beteiligten Personen zugewandt. Die Vermögensmehrung bei der Gesellschaft vollzieht sich folglich auf gesellschaftsrechtlicher Grundlage, die als gewinnneutrale Einlage zu behandeln ist.³ Erfolgt die unentgeltliche Zuwendung im Hinblick auf den betrieblichen Zweck der Körperschaft, handelt es sich nach Auffassung des BFH um steuerbare und steuerpflichtige Betriebsvermögensmehrungen.⁴ Der BFH lehnt die Argumente „mangelnde Teilnahme am marktwirtschaftlichen Geschehen" und „mangelnde Gewinnerzielungsabsicht" ab; aufgrund der Gewerblichkeitsfiktion des § 8 Abs. 2 KStG sei die Erfolgswirksamkeit einer Vermögensmehrung bei einer unbeschränkt körperschaftsteuerpflichtigen Kapitalgesellschaft nicht daran gebunden, dass die Vermögensmehrung den Einkunftstatbeständen des EStG zugeordnet werden kann. wegen mangelnder Teilnahme am marktwirtschaftlichen Geschehen und wegen mangelnder Gewinnerzielungsabsicht. Gewinne aus Preisausschreiben, Wetten oder sonstigen Gewinnspielen sind bei fehlendem betrieblichen Bezug nicht steuerbar,⁵ ansonsten bei KapGes Betriebseinnahmen oder in Fällen mit aleatorischem Charakter verdeckte Einlagen. Ist ein Spieleinsatz zu leisten, wird das Gewinnspiel in aller Regel im ausschließlichen Interesse des Gesellschafters erfolgen. 118

Abflüsse verringern das Gesellschaftsvermögen als (abzugsfähige oder nicht abzugsfähige) Betriebsausgaben soweit sie der Einkünfteerzielung dienen, im Rahmen der Einkünfteverwendung sind sie bei gesellschaftsrechtlicher Verknüpfung als offene, verdeckte oder andere Gewinnausschüttungen zu werten. Einen anderen Fall der Verwendung bilden z. B. Spenden. Obwohl betriebliche und gesellschaftsrechtliche Vorgänge sich grds. gegenseitig ausschließen,⁶ bedeutet das nicht, dass sich Betriebsausgaben und verdeckte Gewinnausschüttungen ausschließen.⁷ 119

(Einstweilen frei) 120–125

d) Nichtabzugsfähige Betriebsausgaben

Da das bilanzielle Ergebnis durch steuerlich nichtabziehbare Ausgaben gemindert wurde, müssen im Rahmen der Einkommensermittlung außerbilanziell entsprechende Korrekturen vorgenommen werden. Nichtabziehbaren Ausgaben beruhen auf den unterschiedlichsten steuerlichen Rechtsgrundlagen. So gilt § 4 Abs. 5 EStG über § 8 Abs. 1 KStG auch für Kapitalgesellschaften. 126

---

1 Siehe o. ausführlich → Rz. 24.
2 § 4 Abs. 1 Satz 1 i. V. m. § 5 Abs. 1 EStG.
3 Vgl. BFH, Urteil v. 24. 3. 1993 - I R 131/90, BStBl 1993 II 799; *Frotscher*/Drüen § 8 Rz. 26; Niedersächsisches FG, Urteil v. 28. 6. 2016 - 10 K 285/15, EFG 2016, 1366, Rev. erledigt durch BFH, Urteil v. 6.12.2016 - I R 50/16, BStBl 2017 II 324.
4 BFH, Urteil v. 6. 12. 2016 - I R 50/16, BStBl 2017 II 324.
5 Vgl. FG München, Urteil v. 18. 3. 1988, EFG 1987, 467.
6 Vgl. *Rengers* in Blümich, KStG, § 8 Rz. 63; *Ahmann*, DStZ 1998, 497.
7 Vgl. zur Definition der vGA → Rz. 281 sowie *Wassermeyer*, GmbHR 2002, 1.

127 Aufwendungen i. S. d. § 4 Abs. 5 EStG dürfen trotz ihrer betrieblichen Veranlassung den Gewinn nicht mindern. Sog. nichtabzugsfähige Betriebsausgaben liegen für Aufwendungen bestimmter Art vor, die nach Auffassung der Allgemeinheit unangemessen erscheinen (vgl. § 4 Abs. 5 Nr. 7 EStG). Abs. 5 will letztlich verhindern, dass unangemessener betrieblicher **Repräsentationsaufwand** gewinnmindernd berücksichtigt wird.[1] So werden insbesondere Luxusartikel und Antiquitäten bei einer Kosten-Nutzen-Analyse[2] den betrieblichen Bedürfnissen nicht hinreichend gerecht.[3] Ferner enthält § 10 KStG ein eigenständiges Abzugsverbot für bestimmte Aufwendungen.[4]

128 Das Abzugsverbot betrifft jeweils nur Aufwendungen, die der Kapitalgesellschaft aufgrund **eigener Betätigung** entstehen. Erstattet die Körperschaft ihrem Gesellschafter-Geschäftsführer anlässlich von Dienstreisen entstandene Übernachtungs- und Verpflegungsaufwendungen, so kann darin eine vGA liegen. § 4 Abs. 5 Nr. 6 EStG ist auf diesen Sachverhalt jedoch nicht anwendbar, da eine juristische Person naturgemäß derartige Aufwendungen nicht haben kann.[5] Nichtabzugsfähige Betriebsausgaben und vGA können folglich nicht kumulativ vorliegen.[6]

129–135 *(Einstweilen frei)*

e) Liebhaberei

136 Unterhält eine unbeschränkt stpfl. Kapitalgesellschaft im Interesse eines oder mehrerer Gesellschafter ein Wirtschaftsgut, tätigt aus diesem Grunde Geschäfte und entstehen ihr nur aus diesem Anlass Verluste, ohne dass ein Verlustausgleich zuzüglich eines angemessenen Gewinnaufschlags vereinbart ist, liegt im Verzicht auf die Vereinbarung eines Aufwendungsersatzanspruchs grds. eine vGA i. S. d. § 8 Abs. 3 Satz 2 KStG.[7] Die Vermögensminderung beruht in diesem Fall auf der Befriedigung persönlicher Neigungen des Gesellschafters mit betrieblichen Mitteln, also auf gesellschaftsrechtlicher Grundlage.[8] In derselben Weise ist prinzipiell zu verfahren, wenn sich die getätigten Geschäfte nicht nur auf einzelne Vorfälle beziehen, sondern den gesamten Betrieb oder einzelne selbständige Tätigkeitsbereiche des Betriebs betreffen.[9] Ob das Handeln der Gesellschaft im eigenen oder im Interesse der Gesellschafter erfolgt, ist grds. nach denjenigen Regeln zu beurteilen, die bei natürlichen Personen und Personengesellschaften für die Abgrenzung der auf Einkunftserzielung gerichteten Tätigkeit von der steuerlich unbeachtlichen „Einkünfteverwendungstätigkeit", in der auch die „Liebhaberei" erfasst

---

[1] BFH, Urteil v. 30. 7. 1980 - I R 111/77, BStBl 1981 II 58; *Heinicke* in Schmidt, EStG, § 4 Rz. 601; KKB/Hallerbach, § 4 EStG Rz. 621.

[2] Vgl. BFH, Urteil v. 27. 2. 1985 - I R 20/82, BStBl 1985 II 458, zu Hubschrauber.

[3] Zu § 4 Abs. 5 Nr. 7 EStG: BFH, Urteil v. 8. 10. 1987 - IV R 5/85, BStBl 1987 II 853; Hessisches FG, EFG 1999, 276, Pkw; FG München, EFG 1988, 463, Flugzeug; BFH, Urteil v. 20. 8. 1986 - I R 80/83, BStBl 1986 II 904; v. 20. 8. 1986 - I R 29/85, BStBl 1987 II 108, Teppich, Büroeinrichtung; zu § 4 Abs. 5 Nr. 2 EStG Bewirtungsaufwendungen: BFH, Urteil v. 3. 2. 1993 - I R 57/92, BFH/NV 1993, 530 = NWB CAAAB-33809; zu § 4 Abs. 5 Nr. 1 EStG, Goldstücke als Geschenke: BFH, Urteil v. 20. 8. 1986 - I R 29/85, a. a. O.; zu § 4 Abs. 5 Nr. 4, Segel- oder Motorjacht: BFH, Urteil v. 3. 2. 1993 - I R 18/92, BStBl 1993 II 367; Rennpferde: BFH, Urteil v. 11. 8. 1994 - I B 235/93, BFH/NV 1995, 205 = NWB BAAAB-34547.

[4] Vgl. BFH, Urteil v. 7. 12. 1994 - I R 7/94, BStBl 1995 II 477, zum Abzugsverbot für Hinterziehungszinsen und Säumniszuschläge.

[5] BFH, Urteil v. 19. 2. 1999 - I R 105–107/97, BStBl 1999 II 321.

[6] BFH, Urteil v. 4. 12. 1996 - I R 54/95, NWB YAAAA-96773; vgl. auch → Rz. 201.

[7] BFH, Urteil v. 8. 7. 1998 - I R 123/97, NWB HAAAA-97473; v. 8. 8. 2001 - I R 106/99, BStBl 2003 II 487.

[8] *Rengers* in Blümich, KStG, § 8 Rz. 64; a. A. *Frotscher*/Maas § 8 Rz. 26: nicht steuerbare Einkünfte.

[9] Vgl. BFH, Urteil v. 25. 6. 1996 - VIII R 28/94, BStBl 1997 II 202; v. 14. 10. 1976 - I R 137/73, BStBl 1975 II 722; v. 2. 2. 1994 - I R 78/92, BStBl 1994 II 479.

ist, gelten.¹ Ein Sonderfall der unmittelbaren „Liebhaberei" = Einkünfteverwendung ist die Gewährung von Steuervergünstigungen für die Ausgaben gem. § 10g EStG i.V.m. § 8 Abs. 1 KStG für schutzwürdige Kulturgüter, die weder zur Einkünfteerzielung noch zu eigenen Wohnzwecken genutzt werden.

Bei beschränkt stpfl. Körperschaften soll eine ohne Einkunftserzielungsabsicht ausgeübte Tätigkeit nicht zu stpfl. Einkünften führen, da § 8 Abs. 2 KStG auf diese Gesellschaften keine Anwendung findet, soweit sie im Inland keine Zweigniederlassung unterhalten.² Diese Unterscheidung überzeugt nicht. § 8 Abs. 2 KStG enthält keine Aussage darüber, ob Vermögensveränderungen einer Einkunftsart unterfallen und damit stpfl. sind.³ Die Vorschrift setzt vielmehr die Steuerpflicht der Vermögensveränderungen voraus und ordnet diese dann abweichend von § 2 EStG ausschließlich einer Einkunftsart zu. Eine im Interesse der Gesellschafter ausgeübte (Liebhaberei-)Tätigkeit wird auch bei beschränkt Stpfl. auf gesellschaftsrechtlicher Grundlage ausgeübt und führt zu vGA.⁴

137

(Einstweilen frei) 138–140

2. Sonstige Steuerpflichtige

Körperschaften, Personenvereinigungen und Vermögensmassen, die nicht von § 8 Abs. 2 KStG erfasst werden, können mit Ausnahme von Einkünften aus nichtselbständiger Arbeit grds. sämtliche Einkünfte i.S.v. § 2 Abs. 1 EStG erzielen. Eine Umqualifizierung erfolgt nicht. Einnahmen, die außerhalb der einzelnen Einkunftsarten anfallen, sind nicht steuerbar. So erhöhen Erbschaften, Schenkungen oder Spielgewinne nicht den Gewinn dieser Steuerpflichtigen.⁵ Diese Zuflüsse führen aufgrund mangelnder Teilnahme am marktwirtschaftlichen Geschehen und mangelnder Einkünfteerzielung zu einer nicht steuerbaren Vermögenserhöhung der Gesellschaft.⁶

141

(Einstweilen frei) 142–160

D. Besondere Abgrenzung der Einkünfteermittlung von der Einkünfteverwendung (§ 8 Abs. 3 Satz 1 KStG)

LITERATURHINWEISE:
Meilicke/Meilicke, Die Abführung des Mehrerlöses aus Aktienemissionen nach Handels- und Steuerrecht, DB 1985, 457; *Janssen*, § 8a KStG – Zweck der Vorschrift und Kritik ihrer Ausgestaltung, Göttingen 1997.

Durch § 8 Abs. 3 KStG wird das nach den Absätzen 1 und 2 **ermittelte Einkommen** (vgl. dazu → Rz. 61 ff.) **von der Einkommensverwendung abgegrenzt**. Es wird klargestellt, dass die Einkommensverwendung der Einkommensermittlung nachfolgt und daher auf diese keinen Einfluss zu nehmen vermag. Nach § 8 Abs. 3 Satz 1 KStG ist es für die Ermittlung des Einkommens ohne Bedeutung, ob das Einkommen verteilt wird. Mit der Vorschrift soll erreicht werden, dass sich Gewinnausschüttungen aller Art nicht einkommensmindernd auswirken. Man findet hier den allgemeinen ertragsteuerlichen Grundsatz, dass sich Gewinnverwendungen bei der Er-

161

---

1 BFH, Urteil v. 15.5.2002 - I R 92/00, BFH/NV 2002, 1538 = NWB EAAAA-69104.
2 BFH, Urteil v. 7.11.2001 - I R 14/01, BStBl 2002 II 861.
3 Ähnlich *Frotscher*/Drüen § 8 Rz. 26.
4 Zu weiteren Einzelheiten s. → Rz. 211 ff.
5 So generell *Frotscher*/Drüen § 8 Rz. 26.
6 Vgl. → Rz. 118.

mittlung des Einkommens nicht mindernd auswirken dürfen. § 8 Abs. 3 KStG ist eine außerbilanzielle steuerrechtliche Korrekturvorschrift. Sollte eine Gewinnausschüttung also von einer Körperschaft gewinnmindernd verbucht werden, muss dieser Aufwand außerbilanziell wieder hinzugerechnet werden.

Grundsätzlich würde die allgemeine Abgrenzung in Satz 1 genügen, dennoch wird in **Satz 2** Gleiches noch einmal ausdrücklich festgestellt für

- vGA (dazu → Rz. 191 ff.) und
- Ausschüttungen auf Genussrechte (dazu → Rz. 1333 f.).

Unabhängig davon konnten vGA auch vor Einführung von Satz 2 das Einkommen nicht mindern.

162 **Offene Ausschüttungen** sind solche, die auf einem den gesellschaftsrechtlichen Vorschriften entsprechenden Gewinnverteilungsbeschluss beruhen. Dabei sind auch Ausschüttungsbeschlüsse ordnungsgemäß, die sich auf ein früheres Kalenderjahr beziehen, z. B. kann in 2016 nicht nur der Gewinn aus 2015, sondern auch aus 2012 ausgeschüttet werden. Letztlich ist, soweit eine entsprechende Gewinnrücklage vorhanden ist, nicht unbedingt eine konkrete Zuordnung des Gewinns zu einem Kalenderjahr erforderlich. Sie wäre wohl meist auch gar nicht möglich, da in der Gewinnrücklage nicht ausgewiesen wird aus welchem Jahr die dort aufgespeicherten Gewinne stammen. **Vorabausschüttungen** sind offene Ausschüttungen, mit denen der Gewinn des laufenden Kalenderjahres ausgeschüttet werden soll. Sie sind bei Aktiengesellschaften nicht erlaubt (§ 59 AktG). Die Regelungen über die **Entnahme** werden durch die Regelungen zur Ausschüttung ausgeschlossen;[1] Entnahmen sind daher bei KapG nicht möglich. Soweit die Gesellschaft private Verbindlichkeiten des Gesellschafters übernimmt, kommen in Betracht:

- ein Buchungsfehler,[2]
- ein Schadenersatzanspruch der Gesellschaft, wenn es sich um eine unberechtigte Auszahlung handelt, die der Gesellschafter als Geschäftsführer an sich selbst vorgenommen hat. Eine vGA kommt hier nur in Betracht, wenn die Gesellschaft auf diesen Ersatzanspruch verzichtet oder dieser sich als wertlos erweist;[3]
- ein Darlehen der Gesellschaft an den Gesellschafter, insbesondere, wenn bei der Gesellschaft Verrechnungskonten bestehen. Dieses Darlehen muss wie unter fremden Dritten verzinst werden. Eine vGA kommt bei Zinslosigkeit in Höhe der Zinsen, bei Verzicht auf das Darlehen in Höhe des Darlehens in Betracht.

Der Bereich der **Einkommensverwendung** wird geprägt durch:

- alle Arten von Ausschüttungen (= gesellschaftsrechtlicher Anlass),
- offene oder verdeckte Einlagen,
- Ausgleichszahlungen gem. § 304 AktG.[4]

---

[1] BFH, Urteil v. 22. 10. 1987 - GrS 2/86, BStBl 1988 II 348.
[2] Ein Buchungsfehler stellt nicht automatisch eine vGA dar, vgl. BFH, Urteil v. 29. 4. 2008 - I R 67/06, BStBl 2011 II 55; R/H/*Neumann*, § 8 Rz. 1361.
[3] BFH, Urteil v. 13. 8. 1957 - I 161/56, HFR 1961, 230; FG Baden-Württemberg, Urteil v. 28. 10. 1976 - III 181/75, rkr., EFG 1977, 170.
[4] Vgl. dazu *Müller* in Mössner/Seeger/Oellerich, KStG, § 16 Rz. 12 ff.

Letztere sind eine Einkommensverwendung aus Sicht der Körperschaft nur im weitesten Sinne, da ihr Vermögen erhöht wird. Auch dies darf sich aber nicht auf das Einkommen der Körperschaft auswirken. 163

Einlagen sind alle Vorteilszuwendungen eines Gesellschafters an seine Gesellschaft mit Rücksicht auf sein Mitgliedschaftsrecht. Mitgliedschaftsrechte gibt es bei allen Kapitalgesellschaften, Genossenschaften, VVaG, nicht aber bei Stiftungen. Einlagefähig sind nur bilanzierbare Vermögenswerte, nicht jedoch Nutzungen.[1] Eine Einlage kann nur durch einen Gesellschafter vorgenommen werden, ebenso wie eine Gewinnausschüttung nur an Gesellschafter erfolgen kann.[2] **Einlagen** sind Vorteilszuwendungen des Gesellschafters an seine Gesellschaft, die entweder von vornherein als Einlage deklariert werden oder aber ohne ausdrücklich als Einlage deklariert zu werden ohne Bezugnahme auf ein (angeblich oder tatsächlich bestehendes) obligatorisches Schuldverhältnis geleistet werden. 164

Offene Einlagen sind daher auch 165

▶ alle **Pflicht- und freiwilligen Einlagen** gem. § 272 Abs. 2 Nr. 4 **HGB**, §§ 54 Abs. 1, 55 **AktG**, §§ 5, 19, 26 **GmbHG**;

▶ das Aufgeld (**Agio**), welches bei Ausgabe neuer Anteile zu zahlen ist;[3]

▶ **Verlustabdeckung** durch Gesellschafter,[4] sofern nicht Organschaft vorliegt.[5]

Umfassend zu (verdeckten) Einlagen vgl. → Rz. 2081 ff. 166

(Einstweilen frei) 167–190

E. Verdeckte Gewinnausschüttungen (§ 8 Abs. 3 Satz 2 KStG)

I. Zweck der verdeckten Gewinnausschüttung

LITERATURHINWEISE:

Wassermeyer, Replik zu Paus, DB 1993, 1260; *Hoffmann*, Duplik zu Wassermeyer, DStR 1996, 735; *Gosch*, Der BFH und der Fremdvergleich, DStZ 1997, 1; *Hoffmann*, Das Telos der verdeckten Gewinnausschüttung und die Rechtsprechung des Bundesfinanzhofs, DStR 1998, 313; *Wassermeyer*, Einige Grundsatzüberlegungen zur verdeckten Gewinnausschüttung, GmbHR 1998, 157; *Daumke/Keßler/Perbey*, Der GmbH-Geschäftsführer 5. Aufl., 2016.

Der **Zweck** der vGA ist vielschichtig. § 8 Abs. 3 Satz 2 KStG ist eine Einkommensermittlungsvorschrift. Sie dient der Abgrenzung zwischen Einkünfteerzielung und Einkünfteverwendung.[6] Hier stehenzubleiben wird der Sache jedoch nicht gerecht. 191

Die vGA ist, wie im Übrigen jede Auskehrung an den Gesellschafter, eingebettet in einen Vermögenskreislauf der zwischen den Ebenen Gesellschafter und Gesellschaft stattfindet. Auf der Grundlage des Gesellschaftsrechts ergibt sich am Beispiel einer GmbH folgende Situation: 192

---

1 BFH, Urteil v. 22.10.1987 - GrS 2/86, BStBl 1988 II 348; v. 22.11.1983 - VIII R 133/82, BB 1984, 513 = NWB CAAAB-02818; z. B. Unentgeltlichkeit eines Darlehens ist keine Einlage.
2 Für verdeckte Gewinnausschüttungen ausführlich → Rz. 336 ff.
3 *Schwedhelm* in Streck, KStG, § 8 Rz. 72; ebenso *Meilicke/Meilicke*, DB 1985, 457, für Abführung von Mehrerlösen aus Aktienemissionen.
4 BFH, Urteil v. 12.2.1980 - VIII R 114/77, BStBl 1980 II 494; v. 16.5.1990 - I R 96/88, BStBl 1990 II 797.
5 *Müller* in Mössner/Seeger/Oellerich, KStG, § 14 Rz. 536.
6 *Frotscher/Maas*, Anhang zu § 8 Rz. 13; *Tipke/Lang*, a.a.O., § 9 Rz. 56.

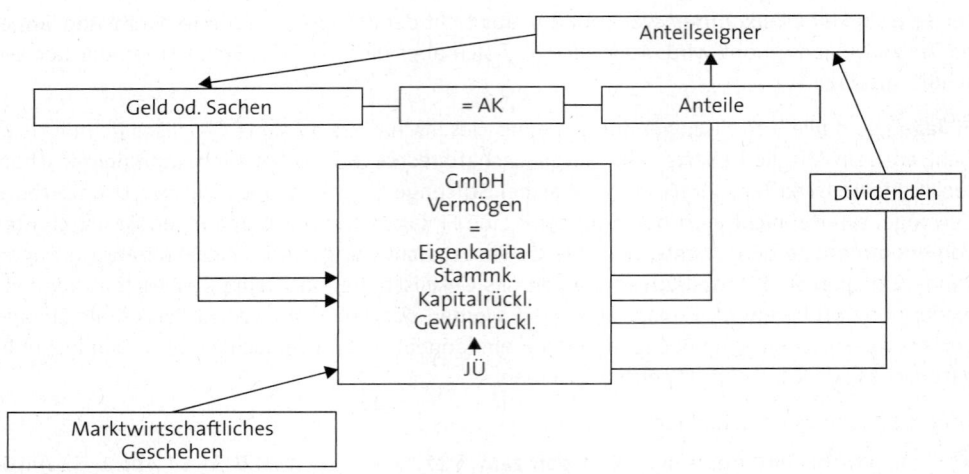

Entsprechend vorstehender Grafik gehört die vGA grds. zu dem Dividendenbereich und wird aus dem ausschüttbaren Gewinn bedient, kann aber auch kraft Verwendungsfiktion als Rückzahlung aus dem steuerlichen Einlagenkonto gelten. Insoweit wird eine strenge Trennung zwischen Einlagen aus Gesellschaftermittel und Auskehrungen der am Markt erzielten Gewinne vorgenommen.

193 Ein weiterer Aspekt ergibt sich aus dem Intransparenzprinzip, wonach eine KapG gegenüber ihren Mitgliedern ein eigenes Ertragsteuersubjekt darstellt. Zivilrechtlich kommt hinzu, dass eine juristische Person existiert, mit der die Mitglieder in vertragliche Beziehung treten können, wie mit jedem Dritten. Die vGA bezweckt die vertragliche Beziehung und die gesellschaftsrechtliche Beziehung voneinander abzugrenzen. Sie erfüllt den gleichen Zweck wie die Entnahme im Bereich der dem Transparenzprinzip unterliegenden betrieblich tätigen Mitunternehmerschaften und Einzelpersonen.

BEISPIEL:

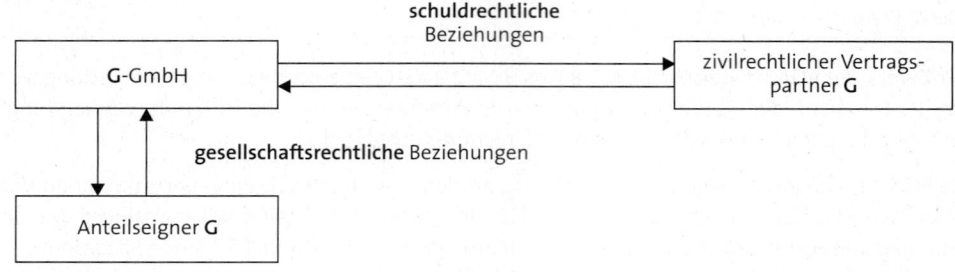

G tritt als **schuldrechtlicher Vertragspartner** gegenüber „seiner" GmbH auf. Gleichzeitig ist er im Rahmen der Gesellschafterversammlung höchstes **Beschlussorgan** der GmbH. Damit fehlt es an dem zwischen fremden Dritten vorhandenem **Interessengegensatz**. Dies wird besonders deutlich bei beherrschenden Gesellschaftern oder Alleingesellschaftern. Schuldrechtliche Vertragsbeziehungen führen zu **Betriebsausgaben und Betriebseinnahmen** bei der GmbH. Gesellschaftsrechtliche Beziehungen müssen dagegen **ergebnisneutral** bleiben. Denn für die Ermittlung des Einkommens ist es gem. § 8 Abs. 3 Satz 1 KStG ohne Bedeutung, ob das Einkommen verteilt wird. Derartige Vorgänge dürfen das Einkommen nicht mindern. Für die vGA ist das in § 8 Abs. 3 Satz 2 KStG ausdrücklich normiert.

Zugleich ist die vorgenannte Abgrenzung Schuldrecht und Gesellschaftsrecht missbrauchsanfällig.

BEISPIEL: Georg Gierig ist Alleingesellschafter einer GmbH. Er ist verheiratet und wird mit seiner Ehefrau, die keine eigenen Einkünfte hat, zusammen veranlagt. Der Bilanzgewinn VZ 05 von 40.000 wurde im Wege einer Vorabausschüttung an ihn ausgezahlt. Die GmbH erklärte für VZ 05 180.000 Einkünfte.

Durch eine Außenprüfung wurde festgestellt, dass die GmbH mit dem vermögenslosen Vater Gierig einen Beratervertrag abgeschlossen und ihm im Jahre 05 10.000 Beratungshonorar gezahlt hatte. Der Vater hatte früher einen Bauchladen. Seine Beratung beschränkte sich auf anfeuernde Zurufe.

Hier dienen die Regeln der vGA dazu solch offensichtliche Missbrauchsgestaltungen zu vermeiden.

Die vGA ist abzugrenzen, einerseits gegenüber einer schuldrechtlichen Beziehung, andererseits aber auch gegenüber anderen gesellschaftsrechtlichen Beziehungen, die zu Vermögensabflüssen bzw. Vermögenszuflüssen führen. Mit Hilfe der nachfolgenden Darstellung soll dies verdeutlicht werden.

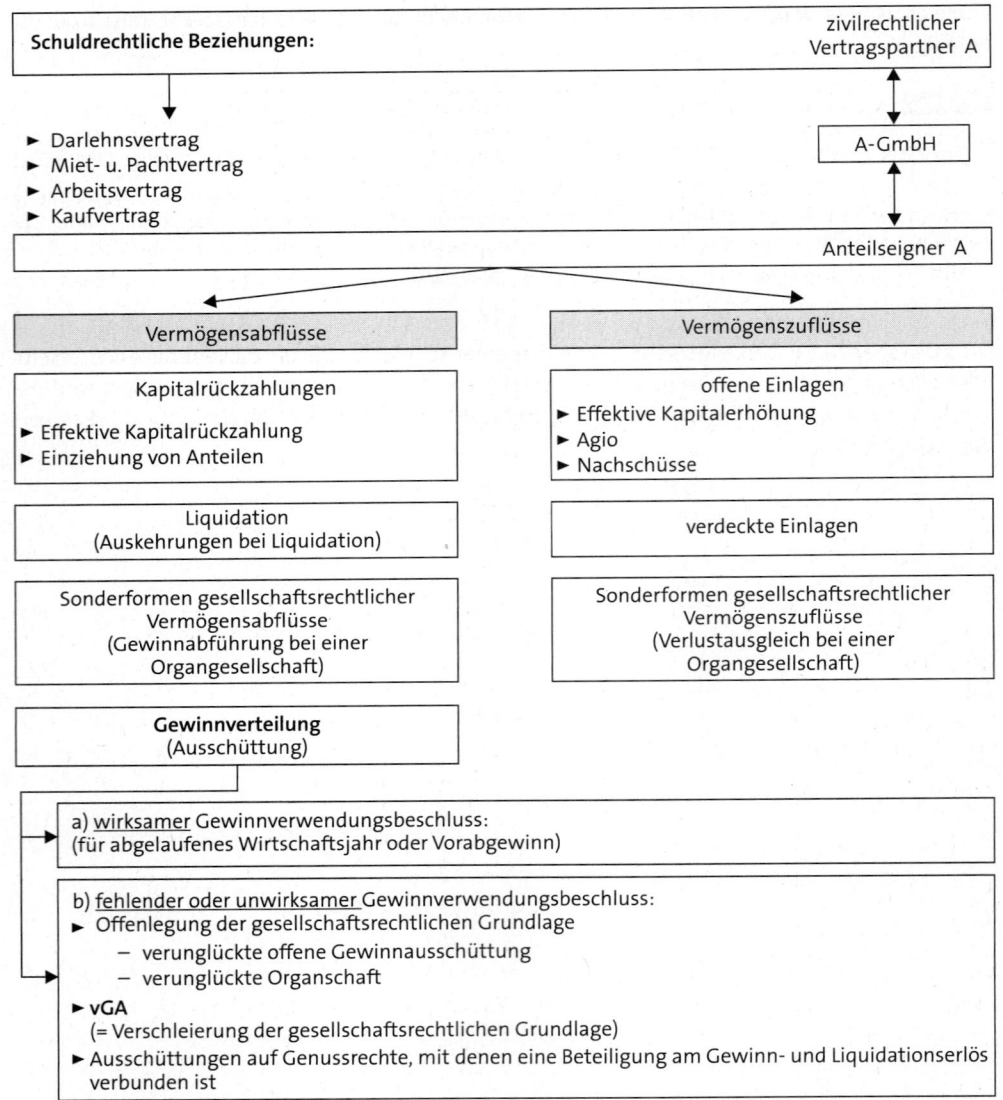

196–210 *(Einstweilen frei)*

II. Abgrenzung der verdeckten Gewinnausschüttung gegenüber anderen Vorschriften und Rechtsbereichen

LITERATURHINWEISE:

Hoffmann, Duplik zu Wassermeyer, DStR 1996, 735; *Gosch*, Der BFH und der Fremdvergleich, DStZ 1997, 1; *Hoffmann*, Das Telos der verdeckten Gewinnausschüttung und die Rechtsprechung des Bundesfinanzhofs, DStR 1998, 313; *Wassermeyer*, Einige Grundsatzüberlegungen zur verdeckten Gewinnausschüttung, GmbHR 1998, 157; *Dörner*, Korrektur einer verdeckten Gewinnausschüttung außerhalb der Steuerbilanz, INF 2002, 481; *Harle*, Verdeckte Gewinnausschüttung: Korrektur innerhalb oder außerhalb der Bilanz?, GmbHR 2008, 1257.

1. Verdeckte Gewinnausschüttung aus der Sicht des Gesellschaftsrechts

Aus der Sicht des Gesellschaftsrechts ist die vGA ein Verstoß gegen den gesellschaftsrechtlichen Gleichbehandlungsgrundsatz. Danach sind alle Gesellschafter entsprechend ihrem gesellschaftsrechtlichen Beitrag gleich zu behandeln. § 53a AktG hat diesen Grundsatz wörtlich manifestiert, wonach Aktionäre unter gleichen Voraussetzungen gleich zu behandeln sind. Bei mehrgliedrigen Gesellschaften entsteht regelmäßig eine Forderung gegen den begünstigten Gesellschafter, die in die Bilanz einzustellen ist. Das hat zur Konsequenz, dass steuerlich eine vGA nach § 8 Abs. 3 Satz 2 KStG mangels Auswirkung auf den Unterschiedsbetrag nicht anzunehmen ist. Nur wenn die Gesellschaft die Rückforderung nicht ausübt, wie das in Fällen von Familien- und Einpersonengesellschaften vorkommt, ist eine Auswirkung auf den Unterschiedsbetrag aus gesellschaftsrechtlichem Anlass gegeben und eine vGA i. S. d. § 8 Abs. 3 Satz 2 KStG liegt vor. § 8 Abs. 3 Satz 2 KStG soll als Einkommensermittlungsvorschrift, außerhalb der Steuerbilanz die Ermittlung der richtigen Steuerbemessungsgrundlage aus Gründen der Leistungsfähigkeit garantieren, insoweit besteht ein Unterschied zwischen Gesellschaftsrecht und Steuerrecht. Gesellschaftsrechtlich geht es vorrangig um den Gläubigerschutz (§§ 30 ff. GmbHG), den Gleichbehandlungsgrundsatz, die Treuepflicht oder die innergesellschaftliche Kompetenzverteilung.[1]

2. Verdeckte Gewinnausschüttung nach § 20 Abs. 1 Nr. 1 Satz 2 EStG

Nach 20 Abs. 1 Nr. 1 Satz 2 EStG gilt das Zuflussprinzip. Es soll ein einem AE verdeckt aus einer Körperschaft zugeflossener Vermögensvorteil der Besteuerung als Einkünfte aus Kapitalvermögen unterworfen werden. Auf der Ebene des Gesellschafters müssen die Zuflüsse somit auch weder dem Grunde nach noch zeitlich und betragsmäßig mit der Einkommenskorrektur nach § 8 Abs. 3 Satz 2 KStG identisch sein. Wohl spielt die wirtschaftliche Leistungsfähigkeit eine Rolle, nach der eine vGA die Leistungsfähigkeit des AE erhöht und bei ihm der Besteuerung unterliegt.

3. Liebhaberei

Vgl. dazu auch schon die Ausführungen zu diesem Thema in → Rz. 136 f.

Nur wenn man sich in den Kategorien Einkünfteerzielung und Einkünfteverwendung bewegt, ist der Hinweis auf die mangelnde Liebhabereitätigkeit bei KapGes gegenüber natürlichen Personen obsolet.[2] Genauso wenig braucht man dann den Hinweis, alle Ausgaben der GmbH seien Betriebsausgaben.[3] In der Regel werden die klassischen Fälle aus Hobby, Freizeit und Luxus immer den Bereich Verwendung aus gesellschaftsrechtlichem Anlass erfüllen und führen so-

---

[1] BGH, Urteil v. 7.4.2003, DStR 2003, 1309; *Geißler*, GmbHR 2003, 394.

[2] BFH, Urteil v. 4.12.1996 - I R 54/95, HFR 1997, 327 = NWB YAAAA-96773, mit ausführlicher Begründung; ferner BFH, Urteil v. 8.7.1998 - I R 123/97, BFHE 186, 540 = NWB HAAAA-97473; v. 8.8.2001 - I R 106/99, BStBl 2003 II 487; v. 31.3.2004 - I R 83/03, FR 2004, 1229 = GmbHR 2004, 1230 = NWB AAAAB-25685; v. 17.11.2004 - I R 56/03, BFH/NV 2005, 793 = NWB WAAAB-44847; *Pezzer*, FR 2005, 590; BB 2005, 1261; *Wassermeyer*, GmbHR 1998, 157, 158; *Frotscher*/Maas, Anhang zu § 8 Rz. 10. Dies hat der BFH früher anders entschieden, vgl. BFH-Gutachten des GrS v. 17.5.1952 - I D 1/52 S, BStBl 1952 III 228, und Urteile v. 2.11.1965 - I 221/62 S, BStBl 1966 III 255; v. 4.3.1970 - I R 123/68, BStBl 1970 II 470, betr. Unterhaltung eines Gestüts; s. auch BFH, Urteil v. 19.7.1990 - IV R 82/89, BStBl 1991 II 333, betr. Trabrennstall; s. dazu *Lange*, Verdeckte Gewinnausschüttung, 6. Aufl., Rz. 64 ff.; kritisch dazu bereits *Thiel/Eversberg*, DStR 1993, 1881; *Jost*, DB 1994, 910.

[3] BFH, Urteil v. 31.3.2004 - I R 83/03, BFH/NV 2004, 1482 = NWB AAAAB-26585; v. 17.11.2004 - I R 56/03, BFH/NV 2005,793 = NWB WAAAB-44847; *Pezzer*, FR 2005, 590; BB 2005, 1261; ähnlich schon BFH, Urteil v. 4.12.1996 - I R 54/95, BFH/NV 1997, 190 = NWB YAAAA-96773.

mit immer zur vGA. Spenden gem. § 9 Abs. 1 Nr. 2 KStG sind Verwendung von erzielten Gewinnen und der Sonderfall des § 10g EStG, der gem. § 8 Abs. 1 KStG auf Körperschaften (ergo KapGes) anwendbar ist, ist in Fällen von Unterhalt von Kulturgütern, die nicht zur Einkunftserzielung genutzt werden, nichts anderes, als was ein Fall der Liebhaberei beinhaltet.

215–220 (Einstweilen frei)

4. Nichtabziehbare Ausgaben gem. § 4 Abs. 5 EStG

221 Der BFH sieht die Vorschriften des § 4 Abs. 5 EStG und des § 8 Abs. 3 KStG als gleichrangig an.[1] Deshalb seien nicht beide Vorschriften kumulativ anzuwenden, vielmehr erübrige sich eine Gewinnkorrektur nach der einen Vorschrift, wenn sie bereits nach der anderen Vorschrift vollzogen wurde.[2] Der Rechtsanwender kann daher nach Ansicht des BFH selbst wählen, welche von ihnen er vorrangig prüft, solange die Rechtsfolgen nicht voneinander abweichen.[3] Gleichartigkeit besteht darin, dass beide Vorschriften außerbilanzielle Hinzurechnungen sind. Es ergeben sich jedoch noch folgende Unterschiede:

- § 4 Abs. 5 EStG betrifft nur eingetretene Vermögensminderungen, während § 8 Abs. 3 KStG auch verhinderte Vermögensmehrungen erfasst.[4]
- Während der BFH bei § 8 Abs. 3 KStG entschieden hat, dass Einnahmen, z. B. aus einer zeitweiligen Verpachtung des betroffenen Gegenstandes, die vGA mindern, ist dies bei der Versagung des Betriebsausgabenabzugs gem. § 4 Abs. 5 EStG noch nicht gesichert.[5]
- Nach § 4 Abs. 5 EStG wird regelmäßig nur eine Kostenkorrektur vorgenommen; bei einer vGA muss demgegenüber noch ein Gewinnaufschlag vorgenommen werden (= Ansatz des gemeinen Wertes).

222 Beide Vorschriften können nebeneinander anwendbar sein. Hat eine GmbH z. B. Aufwendungen für eine Yacht getätigt, so sind diese grundsätzlich Betriebsausgaben. Wird sie Geschäftsfreunden zur Verfügung gestellt, so versagt § 4 Abs. 5 EStG die Abzugsfähigkeit. Soweit der Vorteil Gesellschaftern zukommt, wird der Tatbestand der vGA ausgelöst.

> **BEISPIEL:**[6] Die von der KapGes zu Repräsentationszwecken angeschaffte Segeljacht wird zu 80% unentgeltlich von Geschäftsfreunden genutzt. Der Alleingesellschafter nutzt die Segeljacht zu 20% unentgeltlich für private Reisen.
>
> Die Aufwendungen wurden zu 100% als BA bilanziell erfasst. Außerbilanziell sind sie i. H. v. 20% als vGA hinzuzurechnen. Die Höhe der vGA bemisst sich nach den als BA berücksichtigten Kosten zzgl. eines angemessenen Gewinnaufschlags. Die durch die Segeljacht verursachten Aufwendungen bezüglich der Geschäftsfreunde sind i. H. v. 80% außerbilanziell als nichtabziehbare BA nach § 4 Abs. 5 Satz 1 Nr. 4 EStG hinzuzurechnen.

223 Vorgänge und Tätigkeiten im Freizeitbereich, die eine GmbH im privaten Interesse ihrer Gesellschafter ausübt, die für sie selbst nur Verluste bringt, führen zur vGA. Beurteilt wird eine solche vGA nach den Grundsätzen der Liebhaberei. Wird ein angeschaffter Gegenstand, wie z. B.

---

1 BFH, Urteil v. 4. 12. 1996 - I R 54/95, HFR 1997, 327 = NWB YAAAA-96773.
2 BFH, Urteil v. 4. 12. 1996 - I R 54/95, a. a. O.
3 BFH, Urteil v. 4. 12. 1996 - I R 54/95, a. a. O.
4 Ebenso *Geiger* in Rupp/Felder/Geiger/Lang, a. a. O., A I Rz. 24, dort auch zu den Unterschieden während der Geltung des Anrechnungsverfahrens.
5 *Heinicke* in Schmidt, a. a. O., § 4 Rz. 564, 569, 460 Stichwort: Abfindungen.
6 Nach *Lang* in DPM, § 8 Abs. 3 Teil C Rz. 612.

im vorstehenden Beispiel eine Segeljacht, zu marktüblichen Entgelten fremdverchartert, ist der Betriebsausgabenabzug nach § 4 Abs. 5 Satz 2 EStG nicht zu versagen, soweit eine mit Gewinnerzielungsabsicht ausgeübte Tätigkeit vorliegt. Für die Annahme einer vGA nach § 8 Abs. 3 Satz 2 KStG ist insoweit dann kein Raum.[1] Allerdings wird in Fällen dieser Art der Nachweis der Gewinnerwartung um so schwieriger, je mehr sich die Tätigkeit der GmbH mit der Freizeitgestaltung der Gesellschafter vermischt. Es ist deshalb ratsam, rechtzeitig (plausible) Geschäftsprognosen aufzustellen, die ggf. später dem FA vorgelegt werden können.

5. Abgrenzung zu § 12 EStG

§ 12 EStG ist im Körperschaftsteuerrecht schon vom Wortlaut her für die Einkommensermittlung nicht anwendbar, § 8 Abs. 3 Satz 2 KStG geht dieser Regelung vor. Entsprechend hat der Gesetzgeber auch den Regelungsinhalt von § 12 Nr. 3 und 4 EStG ausdrücklich in § 10 Nr. 2 und 3 KStG übernommen. Das strenge Aufteilungsverbot des § 12 Nr. 1 EStG ist mittlerweile aufgehoben.[2]

(Einstweilen frei)

6. Scheingeschäfte

Nach § 117 BGB ist eine Willenserklärung, die einem anderen gegenüber mit dessen Einverständnis nur zum Schein abgegeben worden ist, nichtig. Wurde durch das Scheingeschäft ein anderes Rechtsgeschäft verdeckt, so finden nach § 117 Abs. 2 BGB die für das verdeckte Rechtsgeschäft geltenden Vorschriften Anwendung. Dementsprechend bestimmt auch § 41 Abs. 2 AO, dass Scheingeschäfte für die Besteuerung unerheblich sind und ggf. das verdeckte Rechtsgeschäft zu besteuern ist. Eine eigene Definition des Scheingeschäfts gibt § 41 AO nicht, es ist daher davon auszugehen, dass die zivilrechtliche Definition auch steuerlich zugrunde zu legen ist.[3] Danach liegt ein Scheingeschäft vor, wenn die Parteien einverständlich lediglich den äußeren Schein eines Rechtsgeschäfts hervorrufen, dagegen die mit dem betreffenden Rechtsgeschäft verbundenen Rechtswirkungen nicht eintreten lassen wollen.[4]

Die vom BFH häufiger benutzte Formulierung ein Vertrag sei „nicht ernstlich gemeint" könnte zu dem Schluss verleiten, der BFH betrachte alle schuldrechtlichen Verträge als Scheingeschäfte, soweit er bei den Vergütungen vGA annimmt. Ein Scheingeschäft im zivilrechtlichen Sinne setzt aber voraus, dass kein Rechtsbindungswille vorhanden ist.[5] Dies ist im Bereich der vGA nur in einem zahlenmäßig geringen Teil der Fälle gegeben, wenn nämlich ein Vertrag – z. B. mangels tatsächlicher Durchführung[6] – dem Grunde nach nicht anerkannt wird. Tatsächliche Zahlungen erfolgen dann ohne vertragliche Grundlage und sind deswegen vGA.

Zahlenmäßig wesentlich häufiger sind aber die Fälle, in denen das abgeschlossene Rechtsgeschäft anerkannt und lediglich die gezahlte Vergütung **der Höhe nach** beanstandet wird.

---

1 BFH, Urteil v. 15. 5. 2002 - I R 92/00, BFH/NV 2002, 1538 = NWB EAAAA-69104.
2 BFH, Beschluss v. 21. 9. 2009 - GrS 1/06, BStBl 2010 II 672.
3 Ebenso BVerfG, Urteil v. 26. 6. 2008 - 2 BvR 2067/07, NJW 2008, 3346.
4 BGH, Urteil v. 22. 10. 1981 - III ZR 149/80, NJW 1982, 569; v. 20. 3. 2002 - 5 StR 448/01, NJW 2002, 1963, 1964; verfassungsrechtlich unbedenklich laut BVerfG, Urteil v. 26. 6. 2008 - 2 BvR 2067/07, NJW 2008, 3346.
5 BGH, BGHZ 36, 87; *Heinrichs* in Palandt, BGB, § 117 Rz. 3; auch FG Schleswig-Holstein, Urteil v. 6. 12. 2007 - 1 K 147/04, rkr., EFG 2008, 637.
6 Vgl. z. B. → Rz. 1090.

Dann ist gerade die Wirksamkeit des verdeckenden Rechtsgeschäfts bedeutsam, so kann also in diesen Fällen ein Scheingeschäft nicht vorliegen.[1]

234 Es ist also festzustellen, dass die vGA das zwischen der Gesellschaft und dem Gesellschafter abgeschlossene Rechtsgeschäft grundsätzlich unberührt lässt. Ein Scheingeschäft liegt nur vor, wenn festgestellt werden kann, dass der Vertrag nicht dem Rechtsbindungswillen der Parteien entspricht und entweder gar nicht als solcher gewollt ist, wie in Fällen der mangelnden Durchführung eines Vertrages, oder eigentlich ein anderes Geschäft, meist eine Auszahlung an den Gesellschafter verdeckt, z. B. in Fällen, in denen die Hingabe eines Darlehens schon dem Grunde nach nicht anerkannt werden kann (vgl. dazu → Rz. 1208). Die Vorschriften des § 117 BGB und des § 8 Abs. 3 Satz 2 KStG stehen aber **nicht in Konkurrenz**, weil § 8 Abs. 3 Satz 2 für den speziellen Fall verdeckter Gewinnausschüttungen das umsetzt, was § 117 BGB allgemein anordnet – er sorgt für die Besteuerung des verdeckten Rechtsgeschäfts bzw. der verdeckten tatsächlichen Handlung.

235–240 *(Einstweilen frei)*

7. Missbrauch (§ 42 AO)

241 Nach § 42 AO kann durch den Missbrauch von Gestaltungsmöglichkeiten das Gesetz nicht umgangen werden. Soweit ein Missbrauch vorliegt, bestimmen sich die Rechtsfolgen entweder nach der einschlägigen Einzelvorschrift oder es entsteht der Steueranspruch so, wie er bei einer den wirtschaftlichen Vorgängen angemessenen rechtlichen Gestaltung entstanden wäre.

242 Bereits der Text des Gesetzes gibt damit einen Hinweis auf eine Gemeinsamkeit des § 42 AO mit der vGA – beide wurzeln im **Angemessenheitsgrundsatz**,[2] – so dass es nicht überrascht, wenn die beiden Vorschriften Gemeinsamkeiten aufweisen bzw. ihre Anwendungsfälle sich überschneiden. Dieser wird allerdings bei der vGA durch internen und externen Drittvergleich bewerkstelligt,[3] so dass der Maßstab das Verhalten anderer Stpfl. ist, während bei § 42 AO die Vorstellungen des Gesetzgebers maßgebend sind, die sich vor allem an den im Wirtschaftsleben typischen Gestaltungen ausrichten.

243 Der **Zweck der Missbrauchsklausel des § 42 AO** ist es, die Herbeiführung eines wirtschaftlichen Erfolgs, den ein Steuergesetz erfassen soll, mit anderen als den von diesem für typisch gehaltenen rechtlichen Mitteln zu vermeiden.[4] Damit lassen sich unter den gesetzlichen Zweck des § 42 AO auch typische vGA-Sachverhalte fassen. Ganz allgemein ließe sich sagen, der Gesetzgeber geht davon aus, dass die Einkommensverwendung bei Kapitalgesellschaften durch offene Ausschüttungen erfolgt und nicht durch Abschluss schuldrechtlicher Verträge mit den Gesellschaftern, weshalb diese, soweit sie der Einkommensverwendung dienen, als missbräuchlich anzusehen sind. Missbräuchlich können aber auch Handlungen der Kapitalgesellschaft sein, die nicht zur Einkommensverwendung geführt haben. Daher ist der Anwendungsbereich des § 42 AO größer als der Anwendungsbereich der vGA.

244 Die **vGA ist jedoch keine lex specialis** zu § 42 AO, sie steht neben dieser Vorschrift. Sie bedient sich lediglich für die Abgrenzung der Einkünfteerzielung von der Einkünfteverwendung dessel-

---

1 BGH, BGHZ 67, 338; *Heinrichs* in Palandt, BGB, § 117 Rz. 4; auch FG Schleswig-Holstein, Urteil v. 6.12.2007 - 1 K 147/04, rkr., EFG 2008, 637.
2 Für die vGA vgl. → Rz. 194.
3 Dazu → Rz. 371 ff.
4 *Klein*, a. a. O., S. 145; *Tipke/Lang*, a. a. O., § 5 Rz. 98.

ben Mittels wie § 42 AO für die Abgrenzung von Missbrauch zu angemessener Gestaltung, nämlich der Angemessenheitsprüfung bzw. des Drittvergleichs. Die von der vGA erfassten Sachverhalte verhindern also in ihrem Bereich Missbräuche. Der Zweck der vGA ist es jedoch nicht, sämtliche Missbräuche im Bereich der Körperschaftsteuer zu erfassen und sollte daher dafür auch nicht instrumentalisiert werden.[1] Daher schließt § 8 Abs. 3 KStG die Anwendung von § 42 AO nicht aus. Soweit aber bereits § 42 AO angewendet wurde, kommt eine Anwendung von § 8 Abs. 3 KStG nicht mehr in Betracht.[2]

Nach Ansicht des BFH gibt es allerdings andererseits auch **vGA, die nicht als Missbrauch** angesehen werden können.[3] Dies betrifft insbesondere die vGA aufgrund der Sondermerkmale für beherrschende Gesellschafter,[4] diese vGA treten nämlich unabhängig vom Drittvergleich ein.

(Einstweilen frei) 246–250

8. Bilanzberichtigung

Hier geht es um eine Abgrenzung auf der **Rechtsfolgenseite**, die von erheblicher Bedeutung ist:

▶ Die vGA kann nur im Jahr ihrer Vornahme dem Gewinn außerbilanziell wieder hinzugerechnet werden; kann dieses Jahr nicht mehr geändert werden, bleibt die vGA unversteuert.[5] Eine Bilanzänderung kann dagegen im ersten offenen Jahr vorgenommen werden, unabhängig davon, ob der Fehler in diesem oder einem vorhergehenden Jahr entstanden ist.

▶ Bei einer vGA ist u.U. der Ansatz eines Gewinnzuschlags erforderlich,[6] bei einer Bilanzänderung nicht.

▶ Eine vGA hat stets auch eine Auswirkung auf der Ebene des Gesellschafters, eine Bilanzberichtigung beschränkt sich hingegen regelmäßig auf die Ebene der Gesellschaft.

Ein Widerspruch scheint sich zunächst aus der Rechtsprechung des BFH zu ergeben. Einerseits stellt er fest, dass eine Bilanzberichtigung der vGA vorgeht und in den entsprechenden Fällen die Bilanz als solche zu berichtigen ist. Hier handelt es sich vor allem um die Fallgruppe der Buchungsfehler.[7] Andererseits hat der BFH entschieden, dass eine vGA durch Rückzahlung des

---

[1] Ebenso *Hoffmann*, DStR 1998, 313, 319. Vgl. jedoch *Gosch*, DStZ 1997, 1, 2, 6; und die von *Hoffmann*, DStR 1996, 735 und DStR 1998, 313, 318 dargestellten bedenklichen Tendenzen in ausgewählten BFH-Urteilen.
[2] So auch FG Düsseldorf, Urteil v. 14.8.1984 - XV 3/80 K, EFG 1985, 142, aus anderen Gründen aufgehoben und zurückverwiesen von BFH, Urteil v. 1.2.1989 - I R 2/85, BStBl 1989 II 473.
[3] BFH, Urteil v. 1.2.1989 - I R 2/85, BStBl 1989 II 473, das FG hatte noch Missbrauch gem. § 42 AO angenommen, der BFH sah nur die Möglichkeit einer vGA, da die Gestaltung angemessen sei.
[4] Vgl. dazu unter → Rz. 471 ff.
[5] BFH, Urteile v. 21.8.2007 - I R 74/06, BFH/NV 2008, 158 = NWB PAAAB-13831; v. 4.9.2002 - I R 48/01, BFH/NV 2003, 347 = NWB PAAAB-13831; v. 15.10.1997 - I R 42/97, DStR 1998, 418 = NWB PAAAB-13831; v. 16.12.1998 - I R 96/95, NWB VAAAA-63051; FG Schleswig-Holstein, Urteil v. 6.12.2007 - 1 K 147/04, rkr., EFG 2008, 637; BMF, Schreiben v. 28.5.2002, BStBl 2002 I 603 Tz. 4; *Harle*, GmbHR 2008, 1257, 1258.
[6] Dazu → Rz. 611.
[7] Vgl. BFH, Urteil v. 18.12.1996 - I R 26/95, NWB IAAAA-96774; *Neu*, EFG 2003, 1573.

Vorteils nicht rückgängig gemacht werden kann, es handele sich dann vielmehr um eine Einlage des Gesellschafters.[1]

253 Dieser scheinbare Widerspruch hat das **FG Saarland**[2] veranlasst, sich dezidiert für den Vorrang der vGA gegenüber der Bilanzberichtigung auszusprechen. Es begründet dies wie folgt:

▶ Nach § 8 Abs. 1 KStG bestimme sich das Einkommen der Kapitalgesellschaft entsprechend der einkommensteuerlichen Vorschriften. Daraus könne abgeleitet werden, dass diese, einschließlich des § 4 Abs. 2 EStG zur Bilanzberichtigung, nur gelten sollen, soweit das Körperschaftsteuerrecht keine speziellere Vorschrift enthalte. Da § 8 Abs. 3 Satz 2 KStG eine körperschaftsteuerliche Vorschrift ist, gehe sie also § 4 Abs. 2 EStG vor.

▶ Wolle man anders entscheiden, wäre ein Großteil der klassischen vGA-Fälle (z. B. unangemessene Gehaltszahlungen) nicht mehr unter § 8 Abs. 3 Satz 2 KStG zu subsumieren.

▶ Schließlich sei es rechtstatsächlich schwierig, zu ermitteln, wann der Gesellschaft wegen einer Vermögensminderung ein Schadenersatzanspruch gegen den Geschäftsführer zusteht. Im Rahmen der KSt-Veranlagung solle dies auch gar nicht geprüft werden, es sei ein Zweck des § 8 Abs. 3 Satz 2 KStG, den Finanzbeamten diese Prüfung zu ersparen.

254 Der Widerspruch in der Rechtsprechung ist jedoch nur ein **scheinbarer Widerspruch**. Tatsächlich ist eine Voraussetzung für eine vGA eine Vermögensminderung. Diese ist anhand bilanzrechtlicher Maßstäbe zu prüfen. Ist also die Bilanz zu berichtigen, so kann bereits keine Vermögensminderung vorliegen und eine vGA, die außerhalb der Bilanz zu berichtigen wäre, nicht eintreten.[3] Ein Ersatzanspruch entsteht allerdings nur, wenn die Vermögensminderung gegen den Willen der Organe der Gesellschaft stattgefunden hat.[4] Insbesondere bei Alleingesellschafter-Geschäftsführern ist daher das Entstehen eines Ersatzanspruchs praktisch undenkbar.[5] Gleiches gilt für vGA, die von einem beherrschenden Gesellschafter-Geschäftsführer ausgelöst oder mit seinem Willen veranlasst werden. Liegt aber eine vGA vor, so kann dieser, auch wenn sie verjährt ist, nicht durch eine spätere Bilanzkorrektur der Boden entzogen werden.[6]

255–260 *(Einstweilen frei)*

9. Buchwertübertragung (§ 6 Abs. 5 Satz 3 EStG)

261 Nach § 6 Abs. 5 Satz 3 EStG besteht die Möglichkeit der Buchwertfortführung bei einer unentgeltlichen Übertragung oder einer Übertragung gegen Gewährung oder Minderung von Gesellschaftsrechten bei Übertragung zwischen

▶ dem Betriebsvermögen eines Mitunternehmers und dem Gesamthandsvermögen der Mitunternehmerschaft,

---

[1] Dazu umfassend → Rz. 850 ff. und BFH, Urteil v. 22. 10. 2003 - I R 23/03, BFH/NV 2004, 667 = NWB WAAAB-16814; v. 30. 5. 2001 - I B 176/00, BFH/NV 2001, 1456 = NWB DAAAA-66667; v. 14. 7. 2009 - VIII R 10/07, BFH/NV 2009, 1815 = NWB FAAAD-29652.

[2] FG Saarland, Urteil v. 5. 2. 2003 - 1 K 49/99, EFG 2003, 566, in der Revision von BFH, Urteil v. 22. 10. 2003 - I R 23/03, BFH/NV 2004, 667 = NWB WAAAB-16814 nicht thematisiert; dem FG Saarland folgend FG Schleswig-Holstein, Urteil v. 6. 12. 2007 - 1 K 147/04, rkr., EFG 2008, 637.

[3] Dazu → Rz. 264 ff. u. BFH, Urteil v. 17. 9. 2003 - I R 91/02, BFH/NV 2004, 182 = NWB PAAAB-13831; FG Düsseldorf, Urteil v. 28. 5. 2002 - 6 K 7119/99 K, DStRE 2003, 807 = NWB XAAAB-07571; *Neu*, EFG 2003, 1572, 1573; *Harle*, GmbHR 2008, 1257, 1258.

[4] Vgl. dazu BFH, Urteil v. 22. 10. 2003 - I R 23/03, BFH/NV 2004, 667 = NWB WAAAB-16814.

[5] Ebenso *Neu*, EFG 2003, 568, 569.

[6] FG Schleswig-Holstein, Urteil v. 6. 12. 2007 - 1 K 147/04, rkr., NWB RAAAC-71933.

- dem Sonderbetriebsvermögen eines Mitunternehmers und dem Gesamthandsvermögen derselben oder einer anderen Mitunternehmerschaft, an der er beteiligt ist, und
- zwischen den Sonderbetriebsvermögen verschiedener Mitunternehmer derselben Mitunternehmerschaft.

In allen Fällen gehen stille Reserven von einem Mitunternehmer teilweise oder vollständig auf die anderen Mitunternehmer über. Mitunternehmer einer Mitunternehmerschaft kann dabei auch eine GmbH sein. Sind einer, mehrere oder alle weiteren Mitunternehmer zugleich Gesellschafter der GmbH, so fragt sich, ob in diesen Fällen eine vGA vorliegt.

Nach Ansicht von *Bilitewski*[1] ist § 6 Abs. 5 EStG vorrangig. Dem Gesetzgeber sei bei Formulierung der Norm klar gewesen, dass auch Kapitalgesellschaften als Gesellschafter von Personengesellschaften in den Anwendungsbereich der Norm fallen würden. Es sei daher kein Grund ersichtlich, die ansonsten gegenüber den allgemeinen Gewinnermittlungsvorschriften vorrangige Norm des § 6 Abs. 5 EStG lediglich bei einer Kollision mit § 8 Abs. 3 KStG als nachrangig zu behandeln. Dies übersieht jedoch den Ansatzpunkt der vGA außerhalb der Bilanz.[2] Innerhalb der Bilanz ist auch in den genannten Fällen § 6 Abs. 5 EStG gem. § 8 Abs. 1 Satz 1 KStG zu beachten. Außerhalb der Bilanz ist jedoch eine vGA, die dadurch verwirklicht wird, dem Gewinn wieder hinzuzurechnen.

BEISPIEL: Die A-GmbH, an der A zu 100 % beteiligt ist, überträgt ein Grundstück, Buchwert 20.000 €, Verkehrswert 100.000 € zum Buchwert gem. § 6 Abs. 5 EStG auf die A-KG, an der die A-GmbH und der Sohn des A jeweils zu 50 % beteiligt sind. Diese nutzt das Grundstück zunächst und verkauft es nach drei Jahren zum Verkehrswert.

In der A-GmbH ist bei Übertragung der Abgang des Grundstücks zu verzeichnen, zugleich erhöht sich der Wert der Beteiligung an der A-KG gem. der Spiegelbildtheorie des BFH um 10.000 €, Buchung daher:

Beteiligung an KG 10.000 €, Aufwand 10.000 € an Grundstück 20.000 €.

Damit ist der Vorschrift des § 6 Abs. 5 EStG genügt worden. Allerdings liegt hier eine Vermögensminderung von 10.000 € (= gebuchter Aufwand) und eine verhinderte Vermögensmehrung von 40.000 € (= auf Sohn des A übergegangene stille Reserven) vor. Es ist wohl auch davon auszugehen, dass die GmbH die Übertragung des Grundstücks nur deswegen unentgeltlich vorgenommen hat, weil damit lediglich der Sohn ihres Gesellschafters bereichert wurde, so dass die Veranlassung im Gesellschaftsverhältnis gegeben sein dürfte. Außerbilanziell ist daher eine vGA von 50.000 € hinzuzurechnen. Würde das Grundstück vor Ablauf der Dreijahresfrist des § 6 Abs. 5 EStG von der KG weiterverkauft, so wäre nachträglich für die Übertragung der Teilwert anzusetzen. Dann würde dementsprechend nachträglich die vGA entfallen.

Fraglich ist aber vor allem, ob und ggf. wann eine vGA beim Gesellschafter vorliegt. Der Wert des Gesellschaftsanteils des Sohnes erhöht sich sofort bei Übertragung des Grundstücks um 50.000 €, fraglich ist, ob dies bereits einen Zufluss darstellt oder ein solcher erst bei Realisierung der Werterhöhung durch Verkauf des Anteils gegeben ist. So hat der BFH entschieden, dass bei einer Incentivereise der Zufluss erst erfolgt ist, wenn der Arbeitnehmer die Reise tat-

---

1 *Bilitewski* in Lange, Personengesellschaften im Steuerrecht, 10. Aufl. 2017, Rz. 1261.
2 Vgl. dazu → Rz. 642 ff.

sächlich in Anspruch genommen hat.[1] Andererseits genügt es, dass HAPIMAG-Aktionären die Nutzungsmöglichkeit an einer Ferienwohnung eingeräumt wird, allein die Einräumung der Möglichkeit stellt bereits einen Zufluss i. S. v. § 20 KStG dar.[2] Hier dürfte Letzteres zutreffend sein, da es allein vom Sohn abhängt, wann er den Wertzuwachs realisieren will. Somit ist der Vorteil bereits in seine Verfügungsgewalt übergegangen. Damit ist eine vGA beim Gesellschafter im Zeitpunkt der Übertragung des Grundstücks zu bejahen. Die Höhe des Vorteils entspricht dabei der Werterhöhung des Anteils, die nicht unbedingt den stillen Reserven im Grundstück genau entsprechen muss.

265–270 (Einstweilen frei)

10. Einkünftekorrektur gem. § 1 AStG

271 Nach § 1 AStG können Einkünfte eines Steuerpflichtigen aus einer Geschäftsbeziehung zum Ausland mit einer nahestehenden Person, die dadurch gemindert werden, dass er seiner Einkünfteermittlung andere Bedingungen, insbesondere Preise (Verrechnungspreise), zugrunde legt, als sie voneinander unabhängige Dritte unter gleichen oder vergleichbaren Verhältnissen vereinbart hätten (Fremdvergleichsgrundsatz), korrigiert werden. Nach der Neufassung des § 1 Abs. 1 Satz 3 AStG durch die Unternehmenssteuerreform 2008 ist klar, dass die vGA Vorrang vor den Regelungen des § 1 AStG hat. Soweit diese allerdings in den Rechtsfolgen weiterreichend sind, bleibt die Anwendung gem. § 1 Abs. 1 AStG weiter statthaft. Die Neuregelung führt so zu einer „Meistbegünstigung zu Gunsten der Finanzverwaltung".[3]

272 Die vGA kann nur auf Körperschaften gem. § 1 KStG angewendet werden, § 1 AStG hingegen auch auf natürliche Personen und Personengesellschaften, insoweit ist er weiter gefasst als die vGA. Dieser kann jedoch nur auf Einkünfte aus Geschäftsbeziehungen zum Ausland angewendet werden, wogegen die vGA auch auf Inlandssachverhalte Anwendung findet und insoweit die weitere Vorschrift ist. Eine vGA muss durch das Verhältnis zu einem Gesellschafter veranlasst sein, bei § 1 AStG reicht hingegen die Möglichkeit einer beherrschenden Einflussnahme bzw. das eigene Interesse an der Erzielung der Einkünfte des anderen aus. Umgekehrt reicht für die vGA bereits eine Veranlassung durch eine Minderheits- oder gar Minibeteiligung grundsätzlich aus, bei § 1 AStG ist hingegen mindestens eine wesentliche Beteiligung von 25 % erforderlich. Unterschiede zwischen den beiden Vorschriften können sich ferner in der Bewertung ergeben.[4]

273–280 (Einstweilen frei)

III. Definition und Tatbestandsmerkmale der verdeckten Gewinnausschüttung

LITERATURHINWEISE:
Döllerer, Fragwürdige Fiktionen im Bereich der verdeckten Gewinnausschüttung und der verdeckten Einlagen, JbFSt 1972/73, 142; *Lange*, Verfassungswidrigkeit der Zusammenrechnung von Ehegatten-Beteiligungen bei der verdeckten Gewinnausschüttung, NWB F. 4, 3499; *Lange*, Verzicht auf den Erwerb eige-

---

1 BFH, Urteil v. 9.3.1990 - VI R 48/87, BStBl 1990 II 711; auch Hessisches FG, Urteil v. 23.9.2004 - 4 K 3657/03, EFG 2005, 524 – Vorteil aus einer nicht übertragbaren Jahresnetzkarte fließt erst mit Inanspruchnahme der einzelnen Fahrten zu.
2 BFH, Urteil v. 16.12.1992 - I R 32/92, BStBl 1993 II 399.
3 *Looks/Steinert/Müller*, BB 2009, 2348, 2349.
4 Zum Ganzen *Wassermeyer* in Flick/Wassermeyer/Baumhoff, AStG, § 1 Rz. 78 ff.

ner Anteile unter Wert, NWB F. 4, 3535; *Fuchs/Lempenau*, Nutzungsvorteil als verdeckte Gewinnausschüttung ohne Zufluss, BB 1982, 484; *Sarrazin*, Ausgewählte Fragen des Körperschaftsteuerrechts, GmbHR 1982, 161; *Fiedler*, Nutzungsvorteil zwischen inländischen Schwestergesellschaften, BB 1983, 230 u. 1014; *Jonas*, Darlehensgewährung zwischen Schwestergesellschaften, BB 1983, 682; *Reuter*, Zwei wichtige Urteile des BFH zur verdeckten Gewinnausschüttung – ihre Bedeutung für die Kapitalertragsteuer und Körperschaftsteuer, DStR 1983, 317; *Trzaskalik*, Zuflussprinzip und periodenübergreifende Sinnzusammenhänge, StuW 1985, 222; *Maas*, Die neue Rechtsprechung des BFH zur verdeckten Gewinnausschüttung, StVj 1990, 42; *Paus*, Unterschlagungen als verdeckte Gewinnausschüttungen, Anmerkung zu BFH 14. 10. 1992, I R 14/92, DB 1993, 1258, Replik von *Wassermeyer*, DB 1993, 1260; *Flume*, Besteuerung von Untreue, Unterschlagung oder Diebstahl als verdeckte Gewinnausschüttung, Anmerkung zu BFH, Urteil v. 14. 10. 1992, I R 14/92, DB 1993, 1945, Replik von *Wassermeyer*, DB 1993, 1948; *Hoffmann*, Der wirtschaftliche Vorteil für die Kapitalgesellschaft als verdeckte Gewinnausschüttung, DStR 1996, 729; *Wassermeyer*, Replik zu Hoffmann, DStR 1996, 733; *Mahlow*, Verdeckte Gewinnausschüttungen an nahe stehende Personen, DB 1997, 1640; *Wassermeyer*, Einige Grundsatzüberlegungen zur verdeckten Gewinnausschüttung, GmbHR 1998, 157; *Hoffmann*, Der verlustverursachende Geschäftsführer als Merkmal der verdeckten Gewinnausschüttung, DStR 1999, 269; *Berners*, Rettungsanker, GmbH-Stpr. 2000, 181; *Alber*, Tantiemen an den Gesellschafter-Geschäftsführer – Regeln und Fehler, GStB 2002, 32; *Wassermeyer*, Neues zur Definition der verdeckten Gewinnausschüttung, DB 2002, 2668; *Musil*, Neue Entwicklungen in der Rechtsprechung zur verdeckten Gewinnausschüttung, DStZ 2003, 649; *Janssen*, Risikogeschäfte des Gesellschafter-Geschäftsführers einer GmbH, GStB 2003, 506; *Schnorr*, Die Rückabwicklung verdeckter Gewinnausschüttungen nach Einführung des Halbeinkünfteverfahrens, GmbHR 2003, 861; *Ott/Schmitz*, Zurechnung verdeckter Gewinnausschüttungen an nahe stehende Personen, INF 2005, 941; *Steinkamp*, Neue klärungsbedürftige Rechtsfragen im Zusammenhang mit der vGA, Stbg 2005, 25; *Kamps*, Schenkungsteuerpflicht verdeckter Gewinnausschüttungen durch Leistungen der Kapitalgesellschaft an Gesellschafter und deren nahe Angehörige, Stbg 2006, 324; *Schumann*, Umsatztantieme: Muss sie immer verdeckte Gewinnausschüttung sein?, GmbHR 2007, 977; *Steinhauff*, Unterschlagung eines GmbH-Geschäftsführers als verdeckte Gewinnausschüttung, NWB 2008, 239; *Crezelius*, Verdeckte Gewinnausschüttungen zwischen Zivilrecht, Ertragsteuerrecht und Schenkungsteuerrecht, ZEV 2008, 268.

1. Definition

Die vGA ist gesetzlich nicht definiert. Auch geht man seit dem BFH-Urteil v. 1. 2. 1989[1] nicht mehr von einem einheitlichen Begriff aus. Entscheidend sind die vorgesehenen Rechtsfolgen der einzelnen Ebenen (§ 8 KStG = Einkommensermittlungsebene der Gesellschaft; § 20 EStG = Zuflussebene des Gesellschafters).[2] Auf der Ebene der Gesellschaft wird die vGA in § 8 Abs. 3 Satz 2 KStG erwähnt mit dem Hinweis, dass sie das Einkommen nicht mindern darf. Danach wird die vGA als außerbilanzielle Korrektur bei der Einkünfteermittlung der Gesellschaft dargestellt und nicht weiter definiert.

In R 8.5 KStR findet man die in der Rechtsprechung entwickelten Definitionselemente wieder.[3]

Eine vGA i. S. d. § 8 Abs. 3 Satz 2 KStG ist eine Vermögensminderung oder verhinderte Vermögensmehrung, die durch das Gesellschaftsverhältnis veranlasst ist, sich auf die Höhe des Unterschiedsbetrags i. S. d. § 4 Abs. 1 Satz 1 EStG auswirkt und nicht auf einem den gesellschaftsrechtlichen Vorschriften entsprechenden Gewinnverteilungsbeschluss beruht. Bei nicht

---

1 BFH, Urteil v. 1. 2. 1989 - I R 750/85, BStBl 1989 II 522.
2 Zum Zufluss beim Gesellschafter BFH, Urteil v. 19. 12. 2007 - VIII R 13/05, BStBl 2008 II 568; v. 14. 7. 1998 - VIII B 38/98, NWB PAAAA-97398; v. 5. 10. 2004 - VIII R 9/03, BFH/NV 2005, 526 = NWB MAAAB-40857; v. 25. 5. 2004 - VIII R 4/01, GmbHR 2005, 60 = NWB QAAAB-36872; bei mittelbaren Zuwendungen BFH, Urteil v. 19. 3. 1991 - VIII R 2/85, BFH/NV 1992, 19 = NWB ZAAAB-32504.
3 BFH, Urteil v. 22. 2. 1989 - I R 44/85, BStBl 1989 II 475; v. 22. 2. 1989 - I R 9/85, BStBl 1989 II 63; v. 9. 7. 2003 - I R 100/02, BFH/NV 2003, 1666 = NWB YAAAA-71701; v. 5. 10. 2004 - VIII R 9/03, BFH/NV 2005, 526 = NWB MAAAB-40857; verfassungsrechtlich unbedenklich laut BVerfG, Urteil v. 26. 6. 2008 - 2 BvR 2067/07, NJW 2008, 3346.

buchführungspflichtigen Körperschaften ist auf die Einkünfte abzustellen. Eine Veranlassung durch das Gesellschaftsverhältnis ist auch dann gegeben, wenn die Vermögensminderung oder verhinderte Vermögensmehrung bei der Körperschaft zugunsten einer nahe stehenden Person erfolgt.

Im Verhältnis zwischen Gesellschaft und beherrschendem Gesellschafter ist eine Veranlassung durch das Gesellschaftsverhältnis i. d. R. auch dann anzunehmen, wenn es an einer zivilrechtlich wirksamen, klaren, eindeutigen und im Voraus abgeschlossenen Vereinbarung darüber fehlt, ob und in welcher Höhe ein Entgelt für eine Leistung des Gesellschafters zu zahlen ist, oder wenn nicht einer klaren Vereinbarung entsprechend verfahren wird. Die beherrschende Stellung muss im Zeitpunkt der Vereinbarung oder des Vollzugs der Vermögensminderung oder verhinderten Vermögensmehrung vorliegen. Der BFH hat die Definition der verdeckten Gewinnausschüttung, wie sie R 8.5 KStR nunmehr wiedergibt, weiter verfeinert.[1] Er definiert die verdeckte Gewinnausschüttung danach als *„eine Vermögensminderung (verhinderte Vermögensmehrung), die durch das Gesellschaftsverhältnis veranlasst ist, sich auf die Höhe des Unterschiedsbetrags gemäß § 4 Abs. 1 Satz 1 EStG i. V. m. § 8 Abs. 1 KStG auswirkt und in keinem Zusammenhang zu einer offenen Ausschüttung steht"*. Gegenüber der früheren Formel hat der BFH damit das Merkmal der „Minderung des Einkommens" durch den Begriff „Auswirkung auf den Unterschiedsbetrag" ersetzt. Schließlich fordert der BFH in seiner Judikatur **die Verursachung der Vermögensminderung bzw. verhinderten Vermögensmehrung durch die Organe der Körperschaft.**[2]

283 Der durch richterliche Rechtsfortbildung entwickelte Begriff der verdeckten Gewinnausschüttung zeigt folgende Struktur, aus der sich auch eine Prüfungsabfolge ergibt.

- ▶ Vermögensminderung oder verhinderte Vermögensmehrung (R 8.5 Abs. 1 KStR);
- ▶ Auswirkung auf die Höhe des Unterschiedsbetrages § 4 Abs. 1 EStG (R 8.5 Abs. 1 KStR);
- ▶ verursacht durch die Organe der Körperschaft;
- ▶ in keinem Zusammenhang zu einer offenen Ausschüttung steht (so BFH);
- ▶ nicht auf einem den gesellschaftsrechtlichen Vorschriften entsprechenden Gewinnverteilungsbeschluss beruht (R 8.5 Abs. 1 KStR);
- ▶ veranlasst durch das Gesellschaftsverhältnis (R 8.5 Abs. 1 KStR)
  - – immer dann, wenn ein ordentlicher und gewissenhafter Geschäftsleiter die Vermögensminderung oder verhinderte Vermögensmehrung gegenüber einer Person, die nicht Gesellschafter ist, unter sonst gleichen Umständen nicht hingenommen hätte. (= Drittvergleich) (H 36 KStH);
  - – Modifizierung beim beherrschenden Gesellschafter: Für die Vermeidung einer vGA ist grds. erforderlich; eine im Voraus geschlossene, zivilrechtlich wirksame, klare und eindeutige Vereinbarung, die tatsächlich durchgeführt wird.
- ▶ Unterschiedsbetragsminderung kann bei Gesellschafter zu „sonstigem Bezug" i. S. d. § 20 Abs. 1 Nr. 1 EStG führen (BFH).

284–289 *(Einstweilen frei)*

---

1 Vgl. BFH, Urteile v. 7. 8. 2002 - I R 2/02, BStBl 2004 II 131 = BFH/NV 2003, 124; v. 9. 7. 2003 - I R 100/02, BFH/NV 2003, 1666 = NWB YAAAA-71701; v. 22. 10. 2003 - I R 37/02, BStBl 2004 II 121 = BFH/NV 2004, 269; v. 31. 3. 2004 - I R 70/03, BStBl 2004 II 937; v. 31. 3. 2004 - I R 65/03, BFH/NV 2004, 1191 = NWB IAAAB-24038.
2 BFH, Urteile v. 30. 8. 1995 - I R 155/94, BFHE 178, 371 = NWB EAAAA-96758; v. 18. 7. 1990 - I R 32/88, BStBl 1991 II 484; v. 13. 9. 1989 - I R 41/86, BStBl 1989 II 1029.

2. Tatbestandsmerkmal Vermögensminderung oder verhinderte Vermögensmehrung

a) Beispiele

Vermögensminderung	verhinderte Vermögensmehrung
Dienstverträge	
GmbH gewährt AE unangemessen hohe Vergütung / Pensionszusagen	GmbH überlässt AE Arbeitnehmer gegen zu geringes Entgelt
Miet- und Pachtverträge	
GmbH zahlt für Geschäftsräume eine zu hohe Miete an AE	GmbH vermietet dem AE ein Grundstück zu einem zu niedrigen Mietzins
Darlehensgewährung	
GmbH leistet für ein Darlehen des AE unangemessen hohe Zinsen	GmbH gewährt dem AE ein Darlehen zu einem zu niedrigen Zins
Lieferungen	
AE veräußert Waren an die GmbH zu einem überhöhten Preis	GmbH veräußert Waren an den AE zu einem unangemessen niedrigen Preis
sonstige	
Zahlungen eigener Gründungs kosten unter Missachtung § 26 Abs. 2 AktG	GmbH verzichtet auf Rechte, die ihr gegen den AE zustehen
	GmbH veranlasst, dass ihr zustehende Einnahmen dem AE zufließen.

b) Vermögensminderung

Die Vermögensminderung ist nach der Rspr. mit Hilfe der Steuerbilanz zu ermitteln,[1] so dass letztlich nicht eine Vermögens-, sondern eine **Gewinnminderung** maßgeblich ist.[2] Eine Vermögensminderung liegt deshalb nur dann vor, wenn eine Minderung des Eigenkapitals in der Steuerbilanz eintritt. Eine vGA liegt daher mangels Vermögensminderung nicht vor, wenn keine Gewinnminderung erfolgt, weil

▶ ein Anspruch der Gesellschaft überhaupt nicht besteht (1. Fallgruppe) oder

▶ die konkrete Handlung keine Gewinnauswirkung zeitigt (2. Fallgruppe).

▶ Demgegenüber liegt eine Vermögensminderung auch dann vor, wenn die Gewinnauswirkung sogleich durch Einbuchung eines gleich hohen Ersatzanspruches gegen den Gesellschafter oder Dritte wieder ausgeglichen wird (Vorteilsausgleich; 3. Fallgruppe). Der BFH vertritt insoweit eine geschäftsvorfallbezogene Betrachtungsweise.[3]

---

[1] BFH, Urteil v. 15.12.2004 - I R 6/04, BStBl 2009 II 197; *Buciek*, DStZ 2005, 277; *Fritsche*, GmbHR 2005, 635; FR 2005, 843; BFH, Urteil v. 23.6.1993 - I R 72/92, BStBl 1993 II 801; v. 14.9.1994 - I R 6/94, BStBl 1997 II 89; v. 24.3.1998 - I R 88/97, BFH/NV 1998, 1374 = NWB LAAAB-39739.

[2] BFH, Urteil v. 15.12.2004 - I R 6/04, BStBl 2009 II 197; *Buciek*, DStZ 2005, 277; *Fritsche*, GmbHR 2005, 635; FR 2005, 843; BFH, Urteil v. 6.8.1985 - VIII R 280/81, BStBl 1986 II 17; v. 9.5.1985 - IV R 76/83, BStBl 1985 II 683; Niedersächsisches FG, Urteil v. 26.2.1997 - VI 384/96, EFG 1997, 825; *Geiger* in Rupp/Felder/Geiger/Lang, vGA, A I Rz. 57.

[3] BFH, Urteil v. 11.9.2013 - I R 28/13, BStBl 2014 II 726.

292 Ein Anspruch der Gesellschaft besteht z. B. nicht, wenn die Gesellschaft ein **Risikogeschäft** aufgrund eines Gesellschafterbeschlusses oder mit Billigung der Gesellschafter ausführt.[1]

293 Zur **zweiten Fallgruppe** (keine Handlung mit Gewinnauswirkung) gehören u. a. folgende Fälle:

- Die Aktivierung einer **Darlehensforderung** führt nicht zur Vermögensminderung, auch nicht bei unüblichen Darlehensverträgen.[2] Die Unüblichkeit des Darlehensvertrages bestand im Streitfall darin, dass es z. B. keine Vereinbarung über die Rückzahlung des Darlehens gab, dass keine Sicherheiten vereinbart waren, keine klare Regelung über die Verzinsung des Darlehens bestand (u. a.). Gleiches gilt auch, wenn die Darlehensgewährung gegen § 30 GmbHG verstößt, vgl. dazu eingehend → Rz. 1218 ff. Erst Recht kann daher die Tilgung eines Darlehens des Gesellschafters an die Gesellschaft als ertragsneutraler Vorgang keine vGA darstellen.[3]

- Eine GmbH in Liquidation hat alle Gläubigeransprüche befriedigt und zahlt das verbleibende Vermögen **vor Ablauf des Sperrjahres** an die Gesellschafter aus. Die Auszahlung vermindert nicht den Gewinn der Gesellschaft. Das gilt selbst dann, wenn noch nicht alle Gläubigeransprüche befriedigt sind und daher ein Rückzahlungsanspruch der Gesellschaft analog § 31 GmbHG entsteht.[4]

- Wird bei der GmbH keine gewinnmindernde Rücklage bzw. Verbindlichkeit ausgewiesen, so hat sich ihr Einkommen nicht gemindert; für eine vGA ist dann kein Raum.[5] Nach dem Sachverhalt des Urteils hatte der beherrschende GesGf einer GmbH laut Vertrag Anspruch auf eine Tantieme i. H. v. 10 % des Gewinns vor Steuern, soweit die Bemessungsgrundlage 50.000 DM überstieg. Obgleich dieser Anspruch bestand, hatte der GesGf keine Tantieme erhalten; diese war weder gewinnmindernd gebucht, noch an den GesGf ausgezahlt worden. Trotzdem rechnete das FA der GmbH bzw. dem GesGf eine vGA zu, da die Tantieme mangels tatsächlicher Durchführung des Vertrages als vGA den Einkünften aus Kapitalvermögen zuzurechnen sei. Das FG konnte zutreffend keine Vermögensverschiebung zugunsten des Gesellschafter-Geschäftsführers feststellen. Eine **„Zwangsdurchführung" einer vGA** mit der Folge, dass die (bewusste) Nichtdurchführung eines Vertrages zu einer Steuererhöhung führt, ist dem Steuerrecht fremd.[6]

- Eine GmbH nimmt nicht an der Kapitalerhöhung bei einer anderen GmbH teil, an der neben ihr auch ihre Gesellschafter beteiligt sind. Eine Vermögensminderung ergibt sich hier nicht, weil der Absenkung ihrer Beteiligungsquote gegenübersteht, dass sie nach der Kapitalerhöhung an einem höheren Vermögen beteiligt ist. Daran ändert es nichts, dass ihr Anteil an den stillen Reserven nun geringer ist, da diese nicht bilanziert werden. Es kommt allerdings eine verhinderte Vermögensmehrung in Betracht.[7]

---

1 BFH, Urteil v. 14. 9. 1994 - I R 6/94, BStBl 1997 II 89; vgl. zu Risikogeschäften → Rz. 3831 ff.; ferner *Janssen*, GStB 2003, 506; *Janssen*, vGA, 12. Aufl. 2017, Rz. 1841 ff.
2 Niedersächsisches FG, Urteil v. 26. 2. 1997 - VI 384/96, EFG 1997, 825.
3 Anders in einem obiter dictum FG Hamburg, Urteil v. 9. 3. 2004 - VI 275/02, NWB ZAAAB-24229, dagegen zu Recht *Steinkamp*, Stbg 2005, 25.
4 BFH, Urteil v. 4. 10. 2006 - VIII R 7/03, BStBl 2009 II 772; RFH, Urteil v. 10. 5. 1938 - I 266/37, RStBl 1938, 630; BFH, Urteil v. 14. 12. 1965 - I 246/62 U, BStBl 1966 III 152; auch *Lutter/Hommelhoff*, GmbHG, § 73 Rz. 15; a. A. Niedersächsisches FG, Urteil v. 8. 11. 1990 - VI 670/89, rkr., GmbHR 1992, 59.
5 FG Köln, Urteil v. 19. 2. 1997 - 12 K 4819/91, GmbHR 1997, 510.
6 *Streck*, KStG, 6. Aufl. 2003, § 8 Anm. 137; *ders.*, GmbHR 1982, 30.
7 BFH, Urteil v. 15. 12. 2004 - I R 6/04, BStBl 2009 II 197; *Buciek*, DStZ 2005, 277; *Fritsche*, GmbHR 2005, 635; FR 2005, 843.

▶ Wird der Jahresabschluss einer gem. § 316 Abs. 1 i.V. m. § 267 HGB prüfungspflichtigen KapGes nicht geprüft, so ist ein dennoch festgestellter **Jahresabschluss nichtig**. Die Nichtigkeit kann von jedermann jederzeit geltend gemacht werden, also auch vom FA. Sie kann nur durch Nachholung der Prüfung und anschließende erneute Feststellung des Jahresabschlusses beseitigt werden. Infolge der Nichtigkeit des Jahresabschlusses sind auch die Ausschüttungsbeschlüsse nichtig.[1] Die aufgrund dieser Beschlüsse erfolgten Ausschüttungen sind keine offenen Gewinnausschüttungen, da sie nicht auf einem den gesellschaftsrechtlichen Vorschriften entsprechenden Gewinnverteilungsbeschluss beruhen. Sie stellen aber auch keine vGA dar, da sie nicht zu einer Minderung des Gewinns geführt haben, da sie ja von Beginn an als Gewinnverwendung vorgesehen waren. Von Bedeutung war diese Frage im Anrechnungsverfahren, weil nach § 27 KStG a. F. nur Ausschüttungen, die auf einem den gesellschaftsrechtlichen Vorschriften entsprechenden Gewinnverteilungsbeschluss beruhten, zur Herstellung der Ausschüttungsbelastung führten und damit zur KSt-Minderung.[2] Diese Bedeutung behielt die Frage auch nach dem Ende des Anrechnungsverfahrens, solange die KSt-Minderung noch durch Ausschüttungen erreicht werden konnte.

Zur **dritten Fallgruppe (Kompensation durch Ersatzanspruch)** gehören u. a. folgende Fälle:

▶ Zahlt eine GmbH für ihre jeweils zu 30 % am Stammkapital beteiligten Gesellschafter-Geschäftsführer irrtümlich **Arbeitgeberanteile zur Rentenversicherung**, so liegt zwar eine Vermögensminderung vor, auch wenn zeitgleich mit der Zahlung Erstattungsforderungen der GmbH gegen den Rentenversicherungsträger entstehen. Dies folgt aus der geschäftsvorfallbezogenen Betrachtungsweise des BFH. Gleichwohl liegt u. E. keine vGA vor, da dem Gesellschafter aus diesem Vorgang kein Vorteil erwächst. Sollte allerdings die Gesellschaft die erstatteten Beträge an den Gesellschafter-Geschäftsführer weiterleiten liegt eine vGA vor.

▶ Aus einer **Schuldübernahme** ergibt sich eine Vermögensminderung, wenn eine GmbH Bankschulden und Zinsverpflichtungen übernimmt, auch wenn sie gleichzeitig für die übernommenen Verpflichtungen gleichhohe Ersatzforderungen gegen den Hauptgesellschafter aktiviert. Das frühere anderslautende BFH-Urteil ist überholt.[3]

▶ Eine GmbH schließt eine **Rückdeckungsversicherung** für eine Pensionszusage ab, die eine vGA darstellt. Soweit der Anspruch aus der Versicherung zu aktivieren ist, kann der Aufwand für die Versicherung keine vGA darstellen, da keine Vermögensminderung eingetreten ist. Im Übrigen liegt eine vGA für die Versicherungsbeiträge nicht vor, weil die Gestaltung den Drittvergleich besteht. Der BFH hält für diesen Fall die Einführung eines neuen Tatbestandsmerkmals für erforderlich.[4]

Dagegen sah der BFH in folgendem Fall der **Abfindung einer Pensionszusage** eine Vermögensminderung: Der Gesellschafter-Geschäftsführer hatte von seiner GmbH eine Pensionszusage erhalten. Es war vereinbart worden, dass das BetrAVG darauf anwendbar sein sollte. Dieses verbietet in § 3 die Abfindung einer Pensionszusage. Eine Abfindung wurde dennoch durch-

---

[1] Vgl. auch OFD Münster v. 15. 5. 2003, DB 2003, 1199.
[2] BFH, Urteil v. 22. 8. 2006 - I R 40/05, BStBl 2007 II 728; FG Rheinland-Pfalz, Urteil v. 15. 3. 2006 - 1 K 2473/04, rkr., EFG 2006, 1278; FG Hamburg, Urteil v. 13. 9. 2006 - 6 K 374/03, GmbHR 2007, 551 = NWB EAAAC-33600; *Rauch*, BB 1997, 35.
[3] BFH, Urteil v. 26. 2. 1992 - I R 23/91, BStBl 1992 II 846.
[4] Vgl. dazu → Rz. 531.

geführt, indem die Rückdeckungsversicherung auf den Gesellschafter-Geschäftsführer übertragen wurde und dieser dafür auf seinen Anspruch aus der Pensionszusage verzichtete. Die Abfindung entgegen § 3 BetrAVG begründete die gesellschaftsrechtliche Veranlassung. Diese führe auch zu einer vGA, da der Abgang der Forderung auf die Rückdeckungsversicherung das Vermögen der Gesellschaft vermindere. Der gleichzeitige Verzicht auf die Pensionszusage führe dagegen nur zu einer Einlage und ändere daher nichts an der Vermögensminderung. Eine wirtschaftliche Neutralisierung scheide angesichts ihrer wechselseitigen gesellschaftlichen Veranlassungen aus.[1]

296 Das Ergebnis ist richtig, die Begründung aber abenteuerlich. Ist der Verzicht wirksam, so kann er gerade deswegen, weil beide Vorgänge gesellschaftsrechtlich veranlasst sind, mit der Übertragung der Rückdeckungsversicherung verrechnet werden (zumindest nach den Grundsätzen des Vorteilsausgleichs,[2] auf die der BFH nicht mit einem Wort eingegangen ist). Zudem muss der BFH sich fragen lassen, wie denn der Verzicht auf die Pensionszusage zu einer verdeckten Einlage führen soll. Dies kann doch entsprechend den Grundsätzen des Verzichts nur gehen, wenn zuvor der Zufluss der Pensionszusage unterstellt wird,[3] so dass mithin hier ein doppelter Zufluss erfolgen müsste (einmal Pensionszusage und einmal Versicherung), wovon aber selbst das genannte Urteil nicht auszugehen scheint. Stellt aber die Auszahlung der Rückdeckungsversicherung den Zufluss dar, der Voraussetzung für die Einlage ist, so kann man doch kaum leugnen, dass Auszahlung der Rückdeckungsversicherung und Verzicht auf die Pensionszusage miteinander so eng verknüpft sind, dass eine Vermögensminderung nicht vorliegt. Richtig ist das Ergebnis dennoch, weil der Pensionsanspruch wegen des Verstoßes gegen § 3 BetrAVG nicht untergeht[4] und somit die Vermögensminderung nicht kompensieren kann.

297–305 *(Einstweilen frei)*

c) Verhinderte Vermögensmehrung

306 Die Erfassung einer verhinderten Vermögensmehrung wird als Versteuerung des entgangenen Gewinns verstanden. Entsprechend der Vermögensminderung wird hier der bilanzierte Gewinn mit demjenigen verglichen, der sich bei der Erfassung der verhinderten Vermögensmehrung als Einnahme ergeben hätte. Eine verhinderte Vermögensmehrung liegt daher vor, wenn die Gesellschaft auf einen **bestehenden Anspruch**, wie in den folgenden Fällen, **verzichtet**:

▶ Zustimmung der an einer GmbH & Co. KG beteiligten Komplementär-GmbH zur rückwirkenden **Neuverteilung des Gewinns,** wodurch die Gewinnbeteiligung zugunsten ihrer Gesellschafter und Kommanditisten eingeschränkt wurde.[5]

▶ Die KapGes gibt Ansprüche, die gegenüber einem Dritten bestehen, auf und ermöglicht dadurch, dass zwischen dem Dritten und dem Gesellschafter ein für diesen vorteilhaftes Geschäft zustande kommt.[6]

▶ Die KapGes verzichtet auf einen **Herausgabeanspruch** (Herausgabe von Schmiergeldern) gegenüber dem Gesellschafter.[7] Auch in dem Verzicht einer KapGes auf einen in Wahr-

---

1 BFH, Urteil v. 14. 3. 2006 - I R 38/05, BFH/NV 2006, 1515 = NWB JAAAB-88782.
2 Dazu → Rz. 881 ff.
3 Siehe dazu → Rz. 3767.
4 Vgl. dazu → Rz. 3761.
5 BFH, Urteil v. 16. 2. 1980 - IV R 40/77, BStBl 1980 II 723.
6 BFH, Urteil v. 18. 11. 1980 - VIII R 8/78, BStBl 1981 II 260.
7 BFH, Urteil v. 29. 4. 1987 - I R 176/83, BStBl 1987 II 733.

heit nicht bestehenden, von dem Dritten aber im Wege des Vergleichs anerkannten Anspruch kann eine vGA liegen.[1]

Es kommt letztlich nur darauf an, dass die KapGes über die Vorteile, die sie dem Gesellschafter zuwendet, auch wirklich verfügen konnte. **Chancen** können somit im Allgemeinen nicht Gegenstand einer vGA sein, es sei denn, sie hätten sich bereits ausreichend, wie in den folgenden Fällen, konkretisiert:

- Verzicht auf ein besonders günstiges Kaufanwartschaftsrecht,[2]
- Verzicht der KapGes auf den Erwerb eigener Anteile zum Nominalwert zugunsten der Gesellschafter,[3]
- Überlassung **eines Grundstücks** an den Gesellschafter weit unter dem Preis, über den die KapGes bereits mit Interessenten in Verkaufsverhandlungen stand.[4]
- Zur verhinderten Vermögensmehrung durch Verzicht auf die Chance, die Bezugsrechte aus einer Kapitalerhöhung einer Gesellschaft, an der neben der GmbH auch ihre Gesellschafter beteiligt sind, zu veräußern.[5]

(Einstweilen frei)

3. Tatbestandsmerkmal der Auswirkung auf den Unterschiedsbetrag gem. § 4 Abs. 1 Satz 1 EStG i. V. m. § 8 Abs. 1 KStG

Eine vGA beinhaltet eine Vermögensminderung (verhinderte Vermögensmehrung), die sich auf die Höhe des Unterschiedsbetrages gem. § 4 Abs. 1 Satz 1 EStG i.V. m. § 8 Abs. 1 KStG auswirkt.[6]

Vermögensminderung	verhinderte Vermögensmehrung

Unterschiedsbetrag i. S. v. § 4 Abs. 1 Satz 1 EStG i. V. m. § 8 Abs. 1 KStG
muss dadurch bei GmbH gemindert worden sein (= Gewinnminderung)
Prüfung: Geschäftsfall bezogene Festestellung des Saldos im Zeitpunkt des jeweiligen Geschäftsvorgangs

Der Unterschiedsbetrag nach § 4 Abs. 1 Satz 1 EStG ist der Jahresüberschuss lt. Steuerbilanz. Auf seine Auswirkung kommt es an.

Gegenüber der bisherigen Formel hat der BFH damit das frühere Merkmal der „Minderung des Einkommens" durch den Begriff „Auswirkung auf den Unterschiedsbetrag" ersetzt. Diese Änderung der Definition steht im Zusammenhang mit einer **„zweistufigen Prüfung" des Vorliegens einer verdeckten Gewinnausschüttung.**

1. Stufe

In einem ersten Schritt wird geprüft, ob die Steuerbilanz, die die Vermögensminderung (verhinderte Vermögensmehrung) ausweist, nach steuerbilanziellen Regeln richtig ist. Ist das nicht

---

[1] BFH, Urteil v. 18. 11. 1980 - VIII R 8/78, BStBl 1981 II 260.
[2] BFH, Urteil v. 3. 11. 1971 - I R 68/70, BStBl 1972 II 227; FG Münster, Urteil v. 8. 6. 1979 - VI 647/76 K, EFG 1980, 44.
[3] BFH, Urteil v. 14. 11. 1984 - I R 50/80, BStBl 1985 II 227; s. auch *Lange*, NBW F. 4, 3535.
[4] BFH, Urteil v. 16. 11. 1965 - I 302/61, BStBl 1966 III 97.
[5] Vgl. Stichwort: Verzicht → Rz. 4051 ff.
[6] BFH, Urteil v. 7. 8. 2002 - I R 2/02, BStBl 2004 II 131.

der Fall, geht also die Vermögensminderung oder verhinderte Vermögensmehrung auf eine unrichtige Bilanzierung zurück, ist die Bilanz durch Bilanzberichtigung zu korrigieren. Es wird sich i. d. R. um eine unzulässige Rückstellungsbildung handeln (vgl. dazu Bsp. 1). Infolge der Korrektur (Berichtigung) des Bilanzansatzes in der Steuerbilanz ergibt sich keine Auswirkung (Minderung) auf den Unterschiedsbetrag mehr. Somit ist auch keine verdeckte Gewinnausschüttung verwirklicht. Dieser Bereich der bilanziellen Gewinnermittlung fragt nach der betrieblichen Veranlassung; eine gesellschaftsrechtliche Veranlassung ist insoweit kein Kriterium.[1] Eine Verbindlichkeit, die zivilrechtlich besteht, auch wenn sie aus gesellschaftsrechtlichen Gründen eingegangen wurde, ist daher auf der Ebene der Bilanzierung betrieblich veranlasst. Das ist eine Folge davon, dass einer Kapitalgesellschaft nur eine betriebliche Sphäre zugestanden wird.

2. Stufe

Erst wenn eine Bilanzberichtigung auf dieser ersten Stufe nicht möglich ist, weil die Bilanz richtig ist, ist zu prüfen, ob eine „Minderung des Unterschiedsbetrags" vorliegt, die auf gesellschaftsrechtlicher Veranlassung beruht. Ist das der Fall, liegt eine verdeckte Gewinnausschüttung vor, die nicht innerhalb der Bilanz, sondern bei der Einkommensermittlung zu korrigieren ist.[2] Die gesellschaftsrechtliche Veranlassung ist daher ein Prüfungskriterium auf der zweiten Stufe der Gewinnermittlung (der Einkommensermittlung). Damit erfolgt die Prüfung auf der ersten und der zweiten Stufe jeweils nach unterschiedlichen Kriterien. Auf der ersten Stufe ist das Kriterium die „betriebliche", auf der zweiten Stufe die „gesellschaftsrechtliche" Veranlassung. Ein Vorgang kann daher auf der ersten Stufe betrieblich, auf der zweiten Stufe gesellschaftsrechtlich veranlasst sein.

Wird z. B. eine Rückstellung für eine zivilrechtlich bindende Verpflichtung gebildet, die aus gesellschaftsrechtlichen Gründen eingegangen wurde, muss dieser Vorgang zugleich als betrieblich veranlasst (da zivilrechtlich bindend und daher zu bilanzieren) und als gesellschaftsrechtlich veranlasst eingestuft werden. Grds. führt ein betrieblicher Ansatz zum Betriebsausgabenabzug. Dagegen darf eine gesellschaftsrechtliche Vermögensminderung zu keinem steuerlichen Abzug führen. Dieses Problemfeld löst der BFH dadurch, dass das Paar „betrieblich – gesellschaftsrechtlich veranlasst" stufengetrennt geprüft wird, indem das Paar „betrieblich – nicht betrieblich veranlasst" auf der 1. Stufe = Bilanzierung und das „gesellschaftsrechtlich – nicht gesellschaftsrechtlich veranlasst" auf der 2. Stufe der Einkünfte- oder Einkommensermittlung behandelt werden.

BEISPIEL 1: GmbH gewährt GesGf eine überhöhte Tätigkeitsvergütung von 200.000 € (angemessen: 150.000 €) und eine Pensionszusage mit Rückstellungszuführung von 100.000 €, die nicht die Voraussetzungen des § 6a EStG erfüllen.

---

[1] *Wassermeyer*, GmbHR 2002, 1.
[2] *Wassermeyer*, DB 2002, 2668; *Frotscher*, FR 2003, 230.

Verdeckte Gewinnausschüttungen (§ 8 Abs. 3 Satz 2 KStG) 317 § 8 KStG

Handelsbilanz

Buchführungspflicht für KapGes
(vgl. § 264 HGB)

- KapG haben keine außerbetriebliche Sphäre. D. h. alle Aufwendungen mindern den Gewinn, eine gesellschaftsrechtliche Veranlassung ist auf dieser Stufe unbeachtlich
- Maßgebend ist, ob eine Verpflichtung vorliegt. Soweit noch keine Auszahlung erfolgt ist, muss Verbindlichkeit passiviert / Rückstellung gebildet werden

Buchung im Beispielsfall:

Gehalts-Aufwand	Bank	200'
Gehalts-Aufwand	Pensions-rückstellung	100'

Steuerbilanz

Grundsatz: Maßgeblichkeit der HB für StB
(§ 5 Abs. 1 Satz 1 EStG)

- Aufwendungen bleiben BA, Verbindlichkeiten / Rückstellung verbleiben

Ausnahme: EStG schreibt Abweichung vor
(§§ 5-7 EStG)

- Bilanzansatz / -bewertung ist zu korrigieren, unabhängig davon, ob eine gesellschaftsrechtliche Veranlassung vorliegt.
- Abweichungen sind in eigener StB oder durch Korrektur des HB-Gewinns gem. § 60 Abs. 2 EStDV vorzunehmen

im Beispielsfall:

- Tätigkeitsvergütung 200 000 € bleibt BA

- Zuführung zur Pensionsrückstellung in StB nicht anzusetzen (§ 6a EStG)
- JÜ – STB erhöht sich um 100 000 €

= Unterschiedsbetrag i. S. v. § 4 Abs. 1 Satz 1 EStG i. V. m. § 8 Abs. 1 KStG
Im Beispielsfall hat nur die Tätigkeitsvergütung i. H. v. 200 000 €, nicht aber die Zuführung zur Pensionsrückstellung den Unterschiedsbetrag gemindert

Einkommensermittlung

Korrektur gem. § 8 Abs. 3 Satz 2 KStG

- Außerbilanzielle Hinzurechnung der vGA bei der Ermittlung des Einkommens

im Beispielsfall:
wenn die übrigen vGA-Voraussetzungen vorliegen, Hinzurechnung: 50 000 €

BEISPIEL 2: Eine GmbH erwirbt am 1. 1. vom AE eine Maschine (Wert 150.000 €/ND 5 Jahre) zum Preis von 300.000 €.

Erfolgte Buchung:

Maschinen	Bank	300.000 €
AfA	Maschinen	60.000 €

LÖSUNG: Hat die KapGes ein Wirtschaftsgut vom AE zu einem überhöhten Preis erworben und das Wirtschaftsgut mit diesem Wert aktiviert, führt diese Buchung zu keiner Gewinnauswirkung (Aktivtausch). Auf den ersten Blick fehlt es somit an einer Vermögensminderung. Erst die überhöhte AfA würde zu einer Vermögensminderung mit Auswirkung auf den Unterschiedsbetrag nach § 4 Abs. 1 Satz 1 EStG führen. Es sind jedoch zunächst die Anschaffungskosten i. S. d. § 255 Abs. 1 HGB zu prüfen. Diese betragen lediglich 150.000 €, ansonsten käme es zu einer Überbewertung.[1] Die Anschaffungskosten sind in der Handelsbilanz auf 150.000 € zu korrigieren. Damit kommt es zu einer Vermögensminderung (Aufwandsbuchung i. H.v. 150.000 €) mit Auswirkung auf den Unterschiedsbetrag § 4 Abs. 1 Satz 1 EStG. Die AfA mindert sich entsprechend.

Bei der steuerlichen Gewinnermittlung ist der Unterschiedsbetrag X./. 150.000 € aufgrund der Bilanzänderung = 1. Stufe zu niedrig. Daher ist in der 2. Stufe gem. § 8 Abs. 3 Satz 2 KStG außerbilanziell, wegen des gesellschaftsrechtlichen Anlasses die steuerliche Bemessungsgrundlage um 150.000 € zu erhöhen. Damit bleibt der Unterschiedsbetrag X.

Die überhöhte Kaufpreiszahlung führt zu einer vGA, die bei Zufluss beim AE nach § 20 Abs. 1 Nr. 1 Satz 2 EStG zu erfassen ist.

318 Nach der neuen Definition soll allerdings eine vGA auch dann angesetzt und erfasst werden, wenn die Vermögensminderung steuerlich außer Ansatz bleibt.[2]

BEISPIEL: Die Muttergesellschaft M veräußert alle Anteile an ihrer Tochtergesellschaft T an ihren Alleingesellschafter G. Dieser zahlt nur 100, statt des angemessenen Preises von 150.

LÖSUNG: Der zu niedrige Kaufpreis wirkt sich als verhinderte Vermögensmehrung auf den Unterschiedsbetrag aus. Eine Einkommensauswirkung ergibt sich jedoch wegen der Freistellung gem. § 8b Abs. 2 KStG nicht. Das Beispiel zeigt, dass die Umstellung der Definition insoweit den Anwendungsbereich der vGA erweitert.[3]

319 Trotzdem darf eine verdeckte Gewinnausschüttung nicht zur außerbilanziellen Erhöhung der steuerlichen Bemessungsgrundlage der Körperschaft führen. Hätte sie die Kapitalbeteiligung zu einem angemessenen Preis veräußert, wäre zwar ihr „Unterschiedsbetrag", wegen § 8b Abs. 2 KStG jedoch nicht ihr Einkommen gemindert. In sachgerechter Auslegung und unter dem Gesichtspunkt der Folgerichtigkeit führt auf der Ebene der Gesellschaft die vGA zu keinem steuerlichen Ergebnis. Eine vGA darf das Einkommen nicht mindern. Ein Streit, ob eine vGA bei Steuerbefreiungen vorliegt oder mangels Einkommensminderung nicht vorliegt, ist müßig. Vom Ergebnis wird die steuerliche Bemessungsgrundlage in keinem Fall erhöht.

4. Verursacht durch die Organe der Körperschaft

320 Nach der Rspr. muss die Vermögensminderung der Gesellschaft zuzurechnen sein, also von Personen getroffen werden, die zur Geschäftsführung befugt sind.[4] Die Prüfung dieses Tatbestandsmerkmals erfolgt dabei dreistufig:[5]

▶ Stufe 1: Buchungsfehler

321 Eine unzutreffende Buchung (= Buchungsfehler) eines nicht vertretungsberechtigten Buchhalters oder des Steuerberaters, durch die einem Gesellschafter ein Vorteil zugewendet wird, entspricht nicht dem **Handlungswillen der Organe** der Gesellschaft und kann nicht vGA sein. Dabei ist es unerheblich, ob der Buchhalter die Buchung, durch die der Gesellschafter objektiv einen Vorteil erlangt hat, nur irrtümlich oder vorsätzlich gemacht hat, um diesen Gesellschafter zu begünstigen.

---

1 Verstoß gegen das Veranlassungsprinzip, vgl. *Lang* in Bott/Walter § 8 Rz. 706 ff.
2 So die Vorauflage in der Rz. 317; a. A. *Frotscher*/Drüen, Anhang zu § 8 vGA Rz. 85b.
3 Ebenso Gosch/*Gosch*, § 8 Rz. 169.
4 BFH, Urteil v. 28. 1. 1992 - VIII R 207/85, BStBl 1992 II 605.
5 *Neu*, EFG 2003, 568.

BEISPIELE:
- ► Ein Angestellter der KapGes (z. B. Lagerverwalter) gibt ohne Kenntnis des vertretungsberechtigten Organs und ohne Ermächtigung ein Wirtschaftsgut an einen Gesellschafter ohne Berechnung heraus.
- ► Steuerberater unterlässt versehentlich die Verzinsung des Verrechnungskontos des Gesellschafters.

Eine spätere Aufdeckung kann dann nicht als vGA behandelt werden.

Mit der Zuwendung des Vorteils entsteht zugleich ein zivilrechtlicher **Ersatzanspruch der Gesellschaft**, der zu aktivieren ist, so dass auch mangels Vermögensminderung keine vGA eintreten kann.[1] Wird dieser Ersatzanspruch nicht aktiviert, so ist eine Bilanzberichtigung vorzunehmen und eine entsprechende Forderung gegen den Gesellschafter einzubuchen.[2] Dadurch würde zwar die eingetretene Gewinnminderung bei der KapGes ebenso rückgängig gemacht werden wie im Falle einer vGA; beim Gesellschafter liegen dann aber keine Einkünfte aus Kapitalvermögen vor. Eine vGA entsteht erst, wenn auf den Ersatzanspruch **verzichtet** werden sollte.[3]

► Stufe 2: Gesellschaftsrechtlicher Ersatzanspruch

Eine vGA liegt ferner nicht vor, wenn die Vermögensminderung auf einer Handlung eines **nicht beherrschenden Gesellschafters** beruht, der weder die Gesellschafter noch die Geschäftsführer zugestimmt haben, denn die tatsächliche Ausnutzung einer nicht beherrschenden Gesellschafterstellung reicht nicht aus, um entsprechende Handlungen der Gesellschaft zuzurechnen.[4] Der Gesellschaft entsteht in diesen Fällen ein **Rückforderungsanspruch** gegen den Minderheitsgesellschafter, der zu bilanzieren ist. Ein solcher Anspruch entsteht beispielsweise in folgenden Fällen:

- ► der Minderheitsgesellschafter unterschlägt Gelder der Kapitalgesellschaft.
- ► der Geschäftsführer ermöglicht fahrlässig den Diebstahl von betrieblichem Bargeld, indem er den gesamten Kassenbestand über das Wochenende in einem auch privat genutzten Betriebsfahrzeug deponiert und dieses zeitweise an einer Freizeiteinrichtung (Spaßbad) abstellt.[5]

Erst wenn und soweit auf diesen Anspruch **verzichtet** wird, liegt eine vGA vor.[6] Zur Abgrenzung von Schadenersatzansprüchen zur Rückabwicklung vgl. → Rz. 868 ff. Die Tatsache, dass die Gesellschaft eine Forderung gegenüber dem Gesellschafter nicht ausweist, bewirkt dabei noch keinen Forderungsverzicht, weil ein derartiger buchmäßiger Vorgang sich auf die Existenz und den Fortbestand der Forderung nicht auswirkt.[7]

Gleiches wie für den Minderheitsgesellschafter gilt auch für **Nichtgesellschafter**. Hat ein Nichtgesellschafter eine Vermögensminderung bei der Gesellschaft vorgenommen, ohne dass ihm

---

1 BFH, Urteil v. 24. 3. 1998 - I R 88/97, BFH/NV 1998, 1374 = NWB LAAAB-39739; v. 18. 4. 2002 - III R 43/00, BStBl 2003 II 149.
2 FG Saarland, Urteil v. 21. 5. 2001 - 1 K 326/97, rkr., EFG 2001, 1233.
3 BFH, Urteil v. 5. 4. 2004 - X B 130/03, NWB AAAAB-23744; FG Saarland, Urteil v. 21. 5. 2001 - 1 K 326/97, rkr., EFG 2001, 1233.
4 BFH, Urteil v. 25. 5. 2004 - VIII R 4/01, GmbHR 2005, 60 = NWB QAAAB-36872; v. 14. 10. 1992 - I R 14/92, BStBl 1993 II 351; v. 18. 7. 1990 - I R 32/89, BStBl 1991 II 383; v. 13. 8. 1957 - I 161/56, HFR 1961, 230.
5 FG Düsseldorf, Urteil v. 28. 5. 2002 - 6 K 7119/99 K, DStRE 2003, 807 = NWB XAAAB-07571.
6 BFH, Urteil v. 17. 9. 2003 - I R 91, 92/02, BFH/NV 2004, 182 = NWB PAAAB-13831.
7 BFH, Urteile v. 5. 4. 2004 - X B 130/03, NWB AAAAB-23744; v. 14. 9. 1994 - I R 6/94, BStBl 1997 II 89 unter II.2.c; BFH, Urteil v. 13. 9. 2000 - I R 10/00, BFH/NV 2001, 584 = NWB DAAAA-66709.

diese von einem Geschäftsführer oder einem beherrschenden Gesellschafter ermöglicht wurde, so liegt keine vGA vor. Wurde ihm die Vermögensminderung durch einen Geschäftsführer oder beherrschenden Gesellschafter ermöglicht, so ist weitere Voraussetzung der Zurechnung der Vermögensminderung zu dem Gesellschaftsorgan oder dem beherrschenden Gesellschafter allerdings, dass ein ordentlicher und gewissenhafter Geschäftsleiter die Vermögensminderung durch den Nichtgesellschafter erkannt und verhindert hätte. Es entsteht allerdings ein Ersatzanspruch. Erst wenn die Gesellschaftsorgane davon Kenntnis erlangen und diesen Anspruch nicht geltend machen liegt eine vGA vor.[1]

BEISPIELE:

▶ Die nicht an der GmbH beteiligten Eltern der Alleingesellschafterin sind faktische Geschäftsführer und haben bei der GmbH ohne Wissen der Gesellschafterin Gelder unterschlagen.

Ergebnis: Keine vGA[2]

▶ Ein Gesellschafter-Geschäftsführer ermöglicht einem Angehörigen Untreuehandlungen gegenüber der GmbH

Ergebnis: vGA[3]

▶ Stufe 3: vGA Indiz

324 Liegt kein Buchungsfehler vor und ist die Vermögensminderung der Gesellschaft zuzurechnen, weil sie von **Personen** getroffen wurde, **die zur Geschäftsführung befugt** sind, so liegt bei Erfüllung der weiteren Voraussetzungen eine vGA vor.[4] Dabei muss es sich nicht um Rechtshandlungen handeln, rein **tatsächliches Handeln** mit Handlungswillen (Unterschlagung) **reicht aus**.[5] Darüber hinaus bedarf es weder der Absicht noch des Bewusstseins, dass Gewinn verdeckt ausgeschüttet wird.[6] Neben den Geschäftsführern gehören zu den Organen der GmbH die Gesellschafter in ihrer Gesamtheit; sie sind das höchste Organ, und ihre Zuständigkeit ist allumfassend. So liegt eine vGA auch dann vor, wenn der eine GmbH beherrschende Gesellschafter in Überschreitung seiner Kompetenzen Handlungen vornimmt, die als vGA anzusehen sind.[7] Insbesondere bei Handlungen des Alleingesellschafters einer GmbH sind Fälle der zweiten Stufe nicht denkbar; soweit in diesen Fällen kein Buchungsfehler vorliegt, ist immer vGA gegeben.[8] Jedenfalls aber liegt auch in diesen Fällen eine vGA spätestens vor, wenn die Gesellschafterversammlung auf einen Ersatzanspruch gegenüber dem Geschäftsführer **verzichtet**.[9]

325 **Eine vGA** liegt danach auch vor, wenn die Gesellschafter einem einzelnen Gesellschafter oder einer ihm nahe stehenden Person die **Möglichkeit verschafft haben, über Gesellschaftsver-**

---

[1] Zum Ganzen *Ott/Schmitz*, INF 2005, 941, 943 f.
[2] FG Düsseldorf, Urteil v. 14. 2. 2005 - 10 V 6438/04 A (E), rkr., EFG 2005, 959; ähnlich FG Baden-Württemberg, Urteil v. 25. 7. 1990 - II K 130/84, EFG 1991, 390.
[3] FG Düsseldorf, Urteil v. 1. 9. 1998 - 6 K 4428/95 E, n.v.
[4] BFH, Urteil v. 25. 5. 2004 - VIII R 4/01, BFH/NV 2005, 105 = NWB QAAAB-36872, zu Minderheitsgesellschafter nahe stehende Person; v. 28. 1. 1992 - VIII R 207/85, BStBl 1992 II 605; v. 22. 10. 2003 - I R 23/03, BFH/NV 2004, 667 = NWB WAAAB-16814, für Alleingesellschafter-Geschäftsführer.
[5] BFH, Urteil v. 14. 10. 1992 - I R 17/92, BStBl 1993 II 352; v. 14. 10. 1992 - I R 14/1992, BStBl 1993 II 351; FG Saarland, Urteil v. 21. 5. 2001 - 1 K 326/97, rkr., EFG 2001, 1233; vgl. zu Untreue und Unterschlagung als vGA *Paus*, DB 1993, 1258; *Flume*, DB 1993, 1945, jeweils mit Replik *Wassermeyer*.
[6] BFH, Urteil v. 28. 1. 1992 - VIII R 207/85, BStBl 1992 II 605.
[7] BFH, Urteil v. 18. 7. 1990 - I R 32/88, BStBl 1991 II 484; v. 14. 10. 1992 - I R 14/92, BStBl 1993 II 351; v. 14. 10. 1992 - I R 17/92, BStBl 1993 II 352.
[8] Ebenso *Neu*, EFG 2003, 568.
[9] BFH, Urteil v. 11. 2. 2003 - VIII B 229/02, BFH/NV 2003, 909 = NWB UAAAA-71228.

mögen zu disponieren.[1] Im Streitfall hatte der Treugeber einer GmbH-Vorgesellschaft, der gesellschaftsrechtlich weder Geschäftsführer noch Gesellschafter der GmbH-Vorgesellschaft war, über Scheckbeträge, ohne Wissen und Mitwirkung der Organe der GmbH, zu seinen Gunsten verfügt. Beherrscht ein Treugeber-Gesellschafter eine GmbH, weil er deren Mehrheitsgesellschafter auswechseln und die Geschäftsführer abberufen kann, und ist er dadurch – wie im Streitfall – in der Lage, ohne Mitwirken der Organe der Gesellschaft zu seinen Gunsten über Gesellschaftsvermögen zu verfügen, dann sind nach diesem Urteil des BFH seine eigennützigen Handlungen zu Lasten der GmbH dieser wie Handlungen ihrer Organe zuzurechnen.

Liegt all das nicht vor, so kann sich aus einer Unterschlagung selbst keine vGA ergeben, sondern es kann daraus nur ein Ersatzanspruch der Gesellschaft gegen den Täter (der allenfalls ein nicht beherrschender Gesellschafter sein kann) entstehen. Erst wenn auf diesen Ersatzanspruch verzichtet wird, kann sich aus dem Verzicht eine vGA ergeben.[2]

Wird in diesen Fällen der Vorteil an die GmbH zurückgezahlt, so ist auch die **Rückzahlung** im Gesellschaftsverhältnis begründet und kann daher die eingetretene vGA nicht mehr aufheben, sondern wird als Einlage gewertet.[3]

5. Kein Zusammenhang mit einer offenen Ausschüttung

Die Finanzverwaltung fordert in R 8.5 Abs. 1 KStR eine nicht auf einem ordentlichen Gewinnverteilungsbeschluss beruhende Ausschüttung. Diese Formulierung hat ihre Ursache im ehemaligen Körperschaftsteueranrechnungssystem. Dort gab es vor allem für die Eigenkapitalverwendung die Trennung zwischen einer auf einem ordentlichen Gewinnverteilungsbeschluss beruhenden Ausschüttung und einer anderen Ausschüttung. Zu einer anderen Gewinnausschüttung zählte die vGA, die verunglückte Gewinnausschüttung, die Vorabausschüttung oder Liquidationsauskehrungen. Die anderen Gewinnausschüttungen erlitten die gleichen steuerlichen Rechtsfolgen bei ihrem Abfluss bei der Gesellschaft. Durch das Teileinkünfte-/Freistellungssystem haben sich die Grundlagen verändert. Davon macht der BFH Gebrauch und fordert nunmehr, dass im Rahmen einer vGA die Ausschüttung in keinem Zusammenhang zu einer offenen Ausschüttung stehen dürfe.[4]

Im Rahmen des § 8 Abs. 3 Satz 2 EStG waren andere Ausschüttungen nicht = vGA. Sowohl eine Vorab- als auch eine verunglückte Gewinnausschüttung hatten, da sie ja offensichtlich waren, keine Auswirkungen auf den Unterschiedsbetrag.

---

1 BFH, Urteil v. 14. 10. 1992 - I R 17/92, BStBl 1993 II 352.
2 BFH, Urteil v. 11. 2. 2003 - VIII B 229/02, BFH/NV 2003, 909 = NWB UAAAA-71228; v. 17.9. 2003 - I R 91, 92/02, BFH/NV 2004, 182 = NWB PAAAB-13831.
3 Niedersächsisches FG, Urteil v. 23. 4. 2002 - 6 K 10392/94, rkr., NWB YAAAB-17204.
4 Vgl. BFH, Urteil v. 7. 8. 2002 - I R 2/02, BStBl 2004 II 131.

330 Daraus ergibt sich folgende Aufteilung:

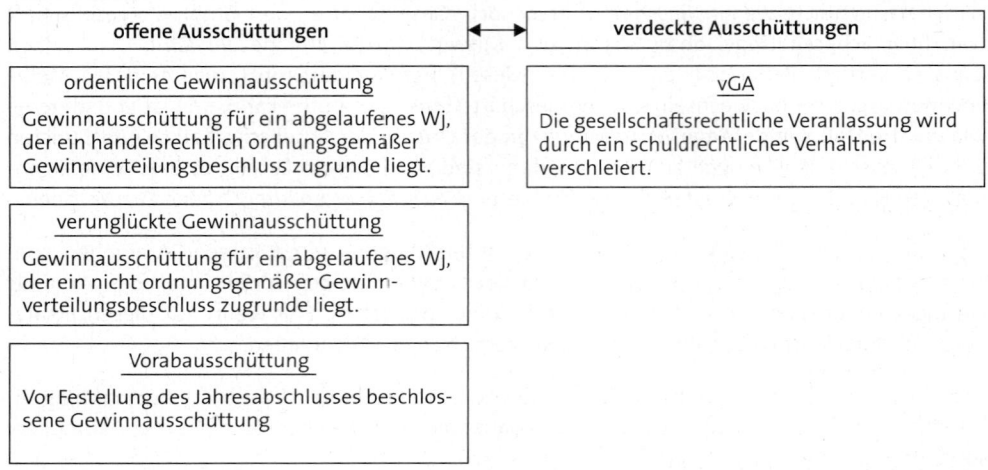

6. Veranlassung durch das Gesellschaftsverhältnis

a) Definition

331 Schließlich muss eine Veranlassung durch das Gesellschaftsverhältnis vorliegen. Dieses Tatbestandsmerkmal der vGA ist vom BFH in zahlreichen Urteilen ausdifferenziert worden. Grundsätzlich nimmt der BFH die Veranlassung durch das Gesellschaftsverhältnis an, wenn die KapGes ihrem Gesellschafter einen Vermögensvorteil zuwendet, den sie bei der Sorgfalt eines ordentlichen und gewissenhaften Geschäftsleiters einem Nichtgesellschafter nicht gewährt hätte.[1] Dieser Vergleich scheitert aber in den Fällen, in denen nur mit Gesellschaftern Vertragsgestaltungen möglich sind.

332 Als Maßstab kann in diesen Fällen nur eine **modifizierte Form der Angemessenheitsprüfung** dienen. Es ist zu prüfen, ob der Gewinn der Gesellschaft durch die fragliche Maßnahme unangemessen gemindert wird. Da es sich immer um gesellschaftsrechtlich beeinflusste Vorgänge handelt, indiziert die Unangemessenheit gleichzeitig die Notwendigkeit einer steuerlichen Korrektur und somit das Vorliegen einer verdeckten Gewinnausschüttung. Modifiziert ist die Angemessenheitsprüfung deshalb, weil keine wirtschaftlichen (tatsächlichen) Maßstäbe für die Angemessenheit zur Verfügung stehen. Grundlage ist eine steuerliche Wertung; es ist aus der Sicht der steuerlichen Systematik zu fragen, welche Gewinnminderung angesichts der Umstände des einzelnen Falls noch angemessen ist.[2] Zu nennen sind hier die Fälle der Erstausstattung.[3]

333 Verdeutlichen soll das nachfolgende Schema, mit welchen Grundprüfungsmaßstäben das Merkmal „veranlasst durch das Gesellschaftsverhältnis" in der Praxis abgegrenzt wird.

---

[1] BFH, Urteil v. 16.3.1967 - I 261/63, BStBl 1967 III 626; v. 9.7.2003 - I R 100/02, BFH/NV 2003, 1666 = NWB YAAAA-71701.
[2] *Frotscher*/Drüen, Anhang zu § 8 vGA Rz. 197.
[3] Vgl. BFH, Urteil v. 23.5.1984 - I R 294/81, BStBl 1984 II 673; v. 4.5.1977 - I R 11/75, BStBl 1977 II 679.

Geschäfte, die ein **Geschäftsführer** auch **mit Dritten** abschließen kann	Geschäfte, die nur zwischen **Gesellschaft und AE** abgeschlossen werden können
Prüfungsmaßstab	
Fremdvergleichsgrundsätze	Verbleib angemessener Gewinn
Hätte die Gesellschaft bei gebotener Sorgfalt eines **ordentlichen und gewissenhaften Geschäftsleiters** diesen Vorteil einer Person, die nicht Gesellschafter ist, unter gleichen Umständen auch gewährt?	Zielt die Gestaltung darauf ab, den Gewinn der Kapitalgesellschaft nicht über die **angemessene Verzinsung** des eingezahlten gezeichneten Kapitals und eine Vergütung für das Risiko des nicht eingezahlten Kapitals hinaus zu steigern?
Beispiel: Dienstvertrag mit dem AE Mietvertrag mit dem AE	Beispiel: Vereinbarungen zur Erstausstattung der Kapitalgesellschaft
Höhe der vGA	
In Höhe des **Vorteils**, der bei einem Drittvergleich nicht gewährt worden wäre (z. B. überhöhte Vergütung). In Höhe des **Gesamtbetrags**, wenn die Vergütung dem Grunde nach unüblich ist (z. B. bei gewinnabsaugender Umsatztantieme).	Der Gesellschaft muss ein **angemessener Gewinn** verbleiben, soweit dies nicht der Fall ist, liegt eine Vermögensminderung / verhinderte Vermögensmehrung vor.

(Einstweilen frei) 334–335

b) Gesellschafterstellung

aa) Gesellschafter

Eine Veranlassung im Gesellschaftsverhältnis setzt also zunächst voraus, dass der Empfänger der Vorteilszuwendung Gesellschafter ist bzw. ein mitgliedschaftliches oder mitgliedschaftsähnliches Verhältnis zu der den Vorteil gewährenden Körperschaft hat. Das kann bei KapGes und anderen Körperschaften[1] der Fall sein. Bei Körperschaften, die keine Mitgliedschaftsrechte vermitteln, wie Stiftungen und andere Vermögensmassen, kann keine vGA ausgelöst werden. Eine Gesellschafterstellung besteht für den **Treugeber**, nicht den Treuhänder, wenn nach außen ein Treuhänder als Gesellschafter auftritt. Der Treugeber ist freilich nur dann Gesellschafter, wenn das Treuhandverhältnis zivilrechtlich wirksam begründet worden ist. Das setzt bei der Treuhand an GmbH-Anteilen regelmäßig notarielle Beurkundung voraus, lediglich die Treuhand an einer noch zu gründenden GmbH kann formlos bestellt werden.[2] Es ist für die Annahme einer vGA im Allgemeinen unerheblich, ob die Zuwendung einem Minderheitsgesellschafter oder einem Mehrheitsgesellschafter gemacht wird. Eine Stellung ausschließlich als **mittelbarer Gesellschafter** ist jedoch nicht ausreichend.[3] Es reicht nicht aus, Gesellschafter einer ver- 336

---

[1] Verein oder Betrieb gewerblicher Art, dazu BFH, Urteil v. 9.8.1989 - I R 4/84, BStBl 1990 II 237, unter Aufgabe des Urteils v. 11.2.1987 - I R 43/83, BStBl 1987 II 643; ebenso schon BMF, Schreiben v. 14.8.1987, BStBl 1987 I 631.
[2] BFH, Urteil v. 19.6.2007 - VIII R 54/05, GmbHR 2007, 1051 = NWB HAAAC-53710. Aus gesellschaftsrechtlichen Erwägungen heraus hält *Schröder*, GmbHR 2007, 1054, auch eine zivilrechtlich unwirksame Vereinbarung für ausreichend.
[3] BFH, Urteil v. 4.12.1996 - I R 54/95, HFR 1997, 327 = NWB YAAAA-96773.

mögensverwaltenden Personengesellschaft zu sein, die ihrerseits Gesellschafterin der Kapitalgesellschaft ist.[1] Die Stellung als **zukünftiger Gesellschafter** reicht aus, wenn die Leistung in zeitlichem Zusammenhang mit der Begründung des Gesellschaftsverhältnisses steht und der Empfänger dann auch tatsächlich Gesellschafter wird.[2] Es genügt jedoch nicht, dass die KapGes einer Person einen Vorteil zuwendet in der Absicht, diese als Gesellschafter zu gewinnen.[3] Da die KapGes steuerlich nicht erst mit Erlangung der Rechtsfähigkeit durch die Eintragung in das Handelsregister körperschaftsteuerliches Rechtssubjekt geworden ist, sondern bereits als **Vorgesellschaft (= Vor-GmbH)**[4] wie eine juristische Person behandelt wird, besteht Gesellschaftereigenschaft auch schon im Gründungsstadium,[5] so dass bereits in diesem Stadium vGA möglich ist.

337 Eine vGA ist auch an einen **ehemaligen Gesellschafter** möglich, wenn dieser im Zeitpunkt der Begründung der vGA auf Gesellschaftsebene Anteilsinhaber war und ihm die vGA später auch tatsächlich zufließt.[6] Dies kommt insbesondere bei Pensionszahlungen vor. Soweit diese nach der Rspr. des BFH vGA darstellen, verlieren sie diese Eigenschaft nicht dadurch, dass der Berechtigte inzwischen seine Beteiligung an einen Dritten abgetreten hat.[7] Dem steht auch nicht § 20 Abs. 5 EStG entgegen, nach dem für die Einkünfte aus Kapitalvermögen i. S. d. § 20 Abs. 1 Nr. 1 EStG stets der Anteilseigner ist, dem die Anteile an der Gesellschaft im Zeitpunkt des Gewinnverteilungsbeschlusses zustehen, da über eine vGA gerade kein Gewinnverteilungsbeschluss getroffen wird.[8] Auch nach einer Anteilsveräußerung an die Gesellschaft kann sich noch eine vGA ergeben.[9]

338 Eine vGA kann schließlich auch an einen **minderjährigen Gesellschafter** erfolgen. Da die Eltern in diesem Fall auch die Vermögenssorge für den Minderjährigen innehaben, ist es unerheblich, wenn diese die aus der vGA zugeflossenen Mittel nicht an den Minderjährigen weiterleiten. Dies ist ggf. in einem Zivilprozess gegen die Eltern durchzusetzen, kann aber die Besteuerung bei dem Minderjährigen nicht verhindern. Auch der seit 1.1.1999 gültige § 1629a BGB kann daran nichts ändern.[10]

339–345 *(Einstweilen frei)*

---

1 BFH, Urteil v. 21.10.2014 - VIII R 22/11, BStBl 2015 II 687.
2 BFH, Urteil v. 14.7.2004 - I R 14/04, BFH/NV 2005, 245 = NWB DAAAB-36123; v. 24.1.1989 - VIII R 74/84, BStBl 1989 II 419; FG Berlin, Urteil v. 15.3.2004 - 8 K 8171/00, rkr., EFG 2004, 1712; a. A. *Wichmann*, DB 1994, 2101.
3 BFH, Urteil v. 3.7.1968 - I 83/65, BStBl 1969 II 14.
4 BFH, Urteil v. 20.10.1982 - I R 118/78, BStBl 1983 II 247; v. 8.11.1989 - I R 174/86, BStBl 1990 II 91; v. 14.10.1992 - I R 17/92, BStBl 1993 II 352.
5 BFH, Urteil v. 20.10.1982 - I R 118/78, a. a. O.; auch BFH, Urteil v. 16.11.2005 - I B 34/05, BFH/NV 2006, 362 = NWB AAAAB-73083.
6 BFH, Urteil v. 5.4.2004 - X B 130/03, NWB AAAAB-23744 – auch für nahe stehende Personen; v. 22.4.1971 - I R 114/70, BStBl 1971 II 600; v. 10.11.1993 - I R 36/93, BFH/NV 1994, 827 = NWB EAAAB-33804; FG Baden-Württemberg, Urteil v. 11.7.2001 - 2 K 364/99, rkr., EFG 2001, 1440, 1441; *Wichmann*, GmbHR 1995, 432.
7 BFH, Urteil v. 22.4.1971 - I R 114/70, BStBl 1971 II 600; v. 10.11.1993 - I R 36/93, BFH/NV 1994, 827 = NWB EAAAB-33804; FG Baden-Württemberg, Urteil v. 11.7.2001 - 2 K 364/99, a. a. O.; für nahe stehende Personen: BFH, Urteil v. 18.12.1996 - I R 139/94, BStBl 1997 II 301.
8 FG Baden-Württemberg, Urteil v. 11.7.2001 - 2 K 364/99, a. a. O.
9 Vgl. Stichwort: Teilwertabschreibung → Rz. 4032 ff.
10 BFH, Urteil v. 1.7.2003 - VIII R 45/01, BStBl 2004 II 35; FG Baden-Württemberg, Urteil v. 25.9.2001 - 11 K 167/98, EFG 2002, 135.

bb) Nahe stehende Person

Der unmittelbaren Zuwendung an einen Gesellschafter steht die **Zuwendung an einen Dritten** gleich, wenn sie durch das Gesellschaftsverhältnis veranlasst ist. Falls der Dritte eine einem Gesellschafter nahe stehende Person ist, wertet die Rspr. dies als Indiz für die Veranlassung durch das Gesellschaftsverhältnis.[1] Dies gilt unabhängig davon, ob in der Vorteilszuwendung an die nahe stehende Person zugleich ein Vorteil für den Gesellschafter zu sehen ist oder nicht.[2] Aufgrund der Definitionsbreite des „Nahestehens"[3] stellt die „mittelbare" vGA eine erhebliche Gefahr für die Gesellschafter einer Kapitalgesellschaft dar. Abzugrenzen sind Fälle mit Konstellationen, bei denen Gesellschafter von der Vorteilsgewährung an die nahe stehende Person nichts wussten.[4]

Als nahe stehende Personen sind zunächst sämtliche **Angehörigen gem. § 15 AO** anzusehen, also auch Ehegatten. Dies widerspricht auch nicht dem Beschluss des BVerfG,[5] der die Zusammenrechnung von Ehegattenanteilen ohne weitere zusätzliche Begründung untersagt.[6] Nach der Rspr. des BFH[7] reichen aber auch andere Gründe als Verwandtschaftsverhältnisse aus. Jede Beziehung des Gesellschafters der Kapitalgesellschaft zu einer anderen Person, die den Schluss zulässt, sie habe die Vorteilszuwendung der Kapitalgesellschaft an die andere Person beeinflusst, reicht danach aus. Diese **Beziehungen** können **familienrechtlicher**,[8] **gesellschaftsrechtlicher**,[9] **schuldrechtlicher** oder auch **rein tatsächlicher Art**[10] sein.[11] Dazu gehören auch eheähnliche Lebensgemeinschaften,[12] persönliche Freundschaften und familienrechtliche Beziehungen zu Personen außerhalb des Kreises des § 15 AO.[13] Zweifelhaft ist noch, ob die geschiedene Ehefrau als nahe stehende Person anzusehen ist.[14] Dies wird letztlich von den konkreten Beziehungen im Einzelfall abhängig sein. Nahe stehende Personen müssen durchaus nicht stets natürliche Personen sein; auch juristische Personen können dem Gesellschafter nahe stehen.[15]

---

1 BFH, Urteil v. 22. 2. 2005 - VIII R 24/03, BFH/NV 2005, 1266 = NWB MAAAB-53707; v. 18. 12. 1996 - I R 139/94, BStBl 1997 II 301, m.w.N.; s. dazu *Mahlow*, DB 1997, 1640; *Ott/Schmitz*, INF 2005, 941; *Kamps*, Stbg 2006, 324, 327.

2 BFH, Urteil v. 14.3.2017 - VIII R 32/14, DStRK 2017, 242; BFH, Urteil v. 19. 6. 2007 - VIII R 34/06, BFH/NV 2007, 2291 = NWB LAAAC-61531; v. 22. 2. 2005 - VIII R 24/03, BFH/NV 2005, 1266 = NWB MAAAB-53707; v. 18. 12. 1996 - I R 139/94, BStBl 1997 II 301; FG des Saarlandes, Urteil v. 5. 12. 2007 - 1 V 1502/07, rkr., EFG 2008, 390; *Ott/Schmitz*, INF 2005, 941; *Kamps*, Stbg 2006, 324, 327; zur abweichenden früheren Rspr. vgl. BFH, Urteil v. 27. 1. 1972 - I R 28/69, BStBl 1972 II 320; v. 23. 4. 1986 - I S 2/86, BFH/NV 1987, 811 = NWB BAAAB-28764.

3 H 8.5 III KStH 2015, „Nahestehende Person".

4 Siehe oben → Rz. 322 f., mit Beispielen.

5 BVerfG, Urteil v. 12. 3. 1985 - I BvR 571/81, BStBl 1985 II 475; s. dazu *Lange*, NWB F. 4, 3499.

6 BFH, Urteil v. 2. 3. 1988 - I R 103/86, BStBl 1988 II 786.

7 BFH, Urteil v. 18. 12. 1996 - I R 139/94, BStBl 1997 II 301; ebenso schon BFH, Urteil v. 25. 10. 1963 - I R 325/61 S, BStBl 1964 III 17.

8 BFH, Urteil v. 2. 3. 1988 - I R 103/86, BStBl 1988 II 786, Ehegatten als nahe stehende Personen; v. 29. 4. 1987 - I R 192/87, BStBl 1987 II 797; v. 19. 12. 2007 - VIII R 13/05, BStBl 2008 II 568, Eltern und Kinder als nahe stehende Personen.

9 BFH, Urteil v. 20. 8. 1986 - I R 150/82, BStBl 1987 II 455, Schwestergesellschaften als der Muttergesellschaft nahe stehend; v. 13. 9. 1967 - I 82/64, BStBl 1967 II 791; v. 6. 12. 1967 - I 98/65, BStBl 1968 II 322: Vereine.

10 BFH, Urteil v. 25. 10. 1963 - I 325/61 S, BStBl 1964 III 17; FG Hessen, Urteil v. 11. 9. 1995 - 4 V 1428/95, rkr., EFG 1996, 451.

11 Insgesamt BFH, Urteil v. 19. 12. 2007 - VIII R 13/05, BStBl 2008 II 568.

12 BFH, Urteil v. 22. 5. 2005 - VIII R 24/03, BFH/NV 2005, 1266, 1267 = NWB MAAAB-53707; v. 29. 11. 2000 - I R 90/99, BStBl 2001 II 204; v. 18. 12. 1996 - I R 139/94, BStBl 1997 II 301.

13 BFH, Urteil v. 18. 12. 1996 - I R 139/94, BStBl 1997 II 301.

14 *Kamps*, Stbg 2006, 324, 327.

15 BFH, Urteil v. 18. 7. 1975 - IV R 135/72, BStBl 1975 II 635; v. 31. 7. 1974 - I R 238/72, BStBl 1975 II 48.

348 Wendet eine KapGes einer anderen KapGes einen Vermögensvorteil zu und sind an beiden KapGes dieselben Personen beteiligt, so ist darin – sofern die Voraussetzungen im Übrigen gegeben sind – eine mittelbare vGA der ersten KapGes an ihre Anteilseigner zu sehen, die ihrerseits das zugewendete Wirtschaftsgut in die zweite KapGes einlegen (**vGA im Dreiecksverhältnis** bzw. vGA unter Schwestergesellschaften).[1]

349 Ferner können auch juristische Personen, an denen Verwandte des Gesellschafters beteiligt sind, dem Gesellschafter nahe stehende Personen sein.[2]

> **BEISPIEL:** GmbH I wendet der GmbH I , an der die Ehefrau des Gesellschafters der GmbH I beteiligt ist, einen Vorteil zu.

Der BFH sieht den Vorteil, den der Ehegatte erlangt, darin, dass die Beteiligung an der durch die Zuwendung begünstigten KapGes in ihrem Wert erhöht wird.

> **BEISPIEL:** Die A-GmbH gibt der insolvenzreifen B-GmbH ein Darlehen. Mit der Darlehensvaluta löst diese ein Darlehen des A, der Alleingesellschafter-Geschäftsführer der A-GmbH ist, ab. A ist befreundet mit B, der mit 50 % an der B-GmbH beteiligt ist. Die B-GmbH ist eine nahe stehende Person zu A, da diesem B nahe steht und dem B wiederum die B-GmbH. Dass an der B-GmbH außerdem noch C zu 50 % beteiligt sei und dieser also ebenfalls einer Vorteil habe, sei ein mit der Zuwendung an B zwangsläufig verbundener Reflex und somit unerheblich.

Danach wäre der **Gesellschafter der Muttergesellschaft** aus Sicht der Tochtergesellschaft eine nahe stehende Person.

> **BEISPIEL:**[3] Die natürliche Person A hält alle Anteile an der A-GmbH, diese wiederum alle Anteile an der B-GmbH. Die A-GmbH gibt der B-GmbH ein unverzinsliches Darlehen. Ist die Unverzinslichkeit auf Weisung des A erfolgt, so stellen die angemessenen Zinsen eine verdeckte Gewinnausschüttung an ihn dar, die tatsächlich die ihm nahestehende Person B-GmbH erhalten hat. Es ist allerdings zu berücksichtigen, dass die A-GmbH an der B-GmbH zu 100 % beteiligt ist. Üblicherweise wird sie daher ein betriebliches Interesse am Wohlergehen der E-GmbH haben und dieses betriebliche Interesse wird der Grund für die Unverzinslichkeit sein, so dass sich die Frage nach einer vGA gar nicht stellt.

350 Auch PersGes können als nahe stehende Personen in Betracht kommen.[4] Dabei ist es unerheblich, wenn an der begünstigten PersGes auch Personen beteiligt sind, die nicht Gesellschafter der leistenden KapGes sind. Auch eine juristische Person, an der Verwandte des Gesellschafters beteiligt sind, kommen als nahe stehende Person in Betracht.[5]

351 Der Leistungsweg zwischen Gesellschaft und nahestehender Person kann unmittelbar und mittelbar sein:

---

1 Dazu → Rz. 726 f.
2 BFH, Urteil v. 31. 7. 1974 - I R 238/72, BStBl 1975 II 48; FG Berlin, Urteil v. 22. 6. 2004 - 7 K 7147/02, rkr., EFG 2004, 1866; s. a. BFH, Urteil v. 6. 5. 2005 - I R 86/04, BStBl 2005 II 666; a. A. FG Saarland, Urteil v. 5. 9. 1972 - I 239/69, EFG 1973, 90.
3 Nach FG Berlin, Urteil v. 22. 6. 2004 - 7 K 7147/02, rkr., EFG 2004, 1866; s. a. BFH, Urteil v. 6. 5. 2005 - I R 86/04, BStBl 2005 II 666.
4 BFH, Urteil v. 6. 12. 1967 - I 98/65, BStBl 1968 II 322; v. 1. 10. 1986 - I R 54/83, BStBl 1987 II 459; s. auch FG München, Urteil v. 9. 10. 1984 - VII 28/82, EFG 1985, 141.
5 Vgl. BFH, Urteil v. 31. 7. 1974 - I R 238/72, BStBl 1974 II 48; FG Berlin, Urteil v. 22. 6. 2004 - 7 K 7147/02, rkr., EFG 2004, 1866; s. a. BFH, Urteil v. 6. 5. 2005 - I R 86/04, EStBl 2005 II 666.

BEISPIELE:

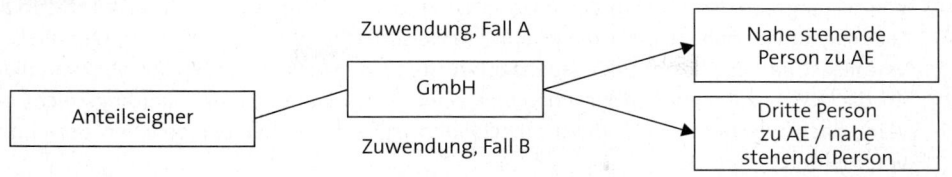

Fall A: **Vorteil wird einer dem AE nahestehenden Person gewährt**
Die GmbH gewährt im Einführungsfall dem Vater des AE ein Gehalt, obwohl dieser nicht in der GmbH tätig ist (verdeckte Unterhaltsleistung).

Fall B: **Leistung wird an einen Dritten zum Vorteil der nahestehenden Person erbracht**
GmbH begleicht eine Verbindlichkeit, die die nahestehende Person dem Dritten schuldet. Obwohl die Leistung der GmbH an einen Dritten erfolgt, liegt hier eine Zuwendung an die nahestehende Person vor. Denn der Nahestehende hat durch das Erlöschen seiner Verbindlichkeit gegenüber dem Dritten einen Vermögensvorteil erlangt.

Die Beweislast für das Näheverhältnis trägt das Finanzamt. Das FG Hessen[1] hat allerdings in einem AdV-Verfahren das Nahestehen eines Geschäftspartners der GmbH zum Geschäftsführer der GmbH vermutet, weil der Geschäftsführer

▶ die Verwendung der Darlehensmittel nicht aufgeklärt hatte, obwohl verschiedene Darstellungen über die Verwendung dazu Anlass gegeben hätten und

▶ bei Ausfall der Darlehen lediglich unter Verweis darauf, dass eine Rechtsverfolgung im Ausland schwierig sei und der Darlehensnehmer nach seiner eigenen Darstellung nicht über Mittel zur Rückzahlung verfüge, keinerlei Anstrengungen zur Beitreibung der Darlehensmittel unternommen habe.

Bei der vGA an nahe stehende Personen geht man davon aus, dass die vGA praktisch dem Gesellschafter zufließt und von dort in einkommensteuerlich nicht relevanter Weise an die nahe stehende Person weitergegeben wird.[2] Nach der Rspr. des BFH spricht bei der Zuwendung eines Vorteils an eine nahe stehende Person der Beweis des ersten Anscheins für eine vGA an den Gesellschafter.[3] Die Finanzverwaltung geht davon aus, dass eine vGA an eine nahe stehende Person immer dem Gesellschafter zuzurechnen ist, der dem Empfänger der vGA nahesteht.[4] Der von der Rechtsprechung angenommene Beweis des ersten Anscheins gilt jedoch nur, wenn andere Ursachen für die Zuwendung als das Nahestehen des Empfängers zu einem Gesellschafter auszuschließen sind.[5] Damit

▶ gilt der Anscheinsbeweis dann nicht, wenn die Zuwendung des Vorteils auch auf der persönlichen Beziehung zu einem anderen, dem Empfänger ebenfalls nahestehenden Ge-

---

[1] FG Hessen, Urteil v. 11.9.1995 - 4 V 1428/95, rkr., EFG 1996, 451.
[2] BFH, Urteil v. 22.2.2005 - VIII R 24/03, BFH/NV 2005, 1266 = NWB MAAAB-53707; Ott/Schmitz, INF 2005, 941, 942.
[3] BFH, Urteil v. 22.2.2005 - VIII R 24/03, BFH/NV 2005, 1266 = NWB MAAAB-53707; v. 18.12.1996 - I R 139/94, BStBl 1997 II 301 = GmbHR 1997, 359; v. 29.9.1997 - VIII R 8/77, BStBl 1982 II 248; v. 2.2.1994 - I R 78/92, BStBl 1994 II 479; v. 10.3.1993 - I R 51/92, BStBl 1993 II 635; v. 11.12.1991 - I R 49/90, BStBl 1992 II 434; v. 14.3.1990 - I R 6/89, BStBl 1990 II 795; v. 24.1.1990 - I R 157/86, BStBl 1990 II 645; v. 8.11.1989 - I R 16/86, BStBl 1990 II 244. Z. B. bei Zuwendungen an den Ehegatten: BFH, Urteil v. 31.7.1974 - I R 238/72, BStBl 1985 II 48. Dies widerspricht nach BFH, Urteil v. 2.3.1988 - I R 103/86, BStBl 1988 II 786 nicht dem Urteil des BVerfG, Urteil v. 12.3.1985 - 1 BvR 571/81, BStBl 1985 II 475, betr. Unzulässigkeit der Vermutung gleichgerichteter Interessen bei Ehegatten. Vgl. auch *Ottersbach*, NWB F. 4, 4439; *Kamps*, Stbg 2006, 324, 327.
[4] BMF, Schreiben v. 8.3.1999, BStBl 1999 I 514, auch H 36 KStH 2004.
[5] BFH, Urteil v. 22.2.2005 - VIII R 24/03, BFH/NV 2005, 1266 = NWB MAAAB-53707.

sellschafter beruhen kann.¹ Im Fall des BFH hatte ein Nichtgesellschafter Unterschlagungen begangen. Er stand dem einen Gesellschafter als Bruder und der Gesellschafterin als Lebensgefährte nahe. Es war daher ohne Beweiserleichterung festzustellen, wer die vGA veranlasst hat. Da dies nur der Lebensgefährtin nachgewiesen werden konnte, war allein ihr die vGA zuzurechnen. Abgesehen von einem solch klaren Fall ist allerdings nicht geklärt, nach welchem Maßstab zu entscheiden ist, auf welcher persönlichen Beziehung von mehreren eine vGA beruht.[2]

▶ gilt der Anscheinsbeweis ebenfalls nicht, wenn dem Gesellschafter nicht nachzuweisen ist, dass er von der Begünstigung der ihm nahe stehenden Person durch die GmbH überhaupt Kenntnis besaß. Bei Ermittlung dieser Frage trifft den Gesellschafter allerdings eine erhöhte Mitwirkungspflicht. Der Geschäftsführer einer GmbH hatte Unterschlagungen begangen, diese konnten seinem Vater, dem beherrschenden Gesellschafter-Geschäftsführer, nicht als vGA zugerechnet werden, weil er keine Kenntnis von den Unterschlagungen besaß.[3] In einem solchen Fall kommt eine Zurechnung zum Gesellschafter auch nicht in Betracht, weil er etwa seine Kontrollrechte als Gesellschafter nicht wahrgenommen hat, da er bis auf besondere zivilrechtliche Ausnahmefälle zu einer Kontrolle der Gesellschaft zwar berechtigt, aber nicht verpflichtet ist und es nicht Sache des Steuerrechts sein kann, eine solche Verpflichtung einzuführen.[4]

▶ kann der Anscheinsbeweis widerlegt werden durch die Feststellung, dass die Zuwendung des Vorteils ihre Ursache ausschließlich in den Beziehungen der KapGes zu der dem Gesellschafter nahe stehenden Person hat.[5]

354 Zu der zwischen den einander nahe stehenden Personen u.U. zusätzlich vorliegenden Schenkung.[6]

355–360 *(Einstweilen frei)*

c) Drittvergleich Stufe 1: inner- und außerbetrieblicher Vergleich, ordentlicher und gewissenhafter Geschäftsleiter

aa) Allgemein

361 Der Drittvergleich ist das regelmäßige Mittel um die Veranlassung im Gesellschaftsverhältnis festzustellen. Als Ausgangspunkt muss allerdings zunächst der **tatsächlich verwirklichte Sachverhalt** festgestellt werden. Dies geschieht bei Gericht durch alle üblichen Beweismittel und ist Voraussetzung des Drittvergleichs und somit kein Fall für seine Anwendung.[7] Steht der verwirklichte Sachverhalt fest, wird die Veranlassung einer Vermögensminderung durch das Gesellschaftsverhältnis dann angenommen, wenn die KapGes ihrem Gesellschafter einen Ver-

---

1 BFH, Urteil v. 22. 2. 2005 - VIII R 24/03, BFH/NV 2005, 1266 = NWB MAAAB-53707.
2 *Kamps*, Stbg 2007, 324, 328.
3 BFH, Urteil v. 19. 6. 2007 - VIII R 54/05, GmbHR 2007, 1051 = NWB HAAAC-53710.
4 BFH, Urteil v. 19. 6. 2007 - VIII R 54/05, GmbHR 2007, 1051 = NWB HAAAC-53710.
5 BFH, Urteil v. 22. 2. 2005 - VIII R 24/03, BFH/NV 2005, 1266 = NWB MAAAB-53707; v. 13. 4. 1988 - I R 284/82, BFH/NV 1989, 395 = NWB DAAAB-29650; v. 6. 4. 1977 - I R 86/75, BStBl 1977 II 569; *Ottersbach*, NWB F. 4, 4439; *Kamps*, Stbg 2006, 324, 327, Beweislast insoweit beim Steuerpflichtigen.
6 Vgl. → Rz. 808.
7 BFH, Urteil v. 15. 9. 2004 - I B 92, 93/04, BFH/NV 2005, 387 = NWB MAAAB-40510.

mögensvorteil zuwendet, den sie bei Anwendung der Sorgfalt eines ordentlichen und gewissenhaften Geschäftsleiters einem Nichtgesellschafter nicht zugewendet hätte.[1] Es wird also bei ansonsten unveränderten Verhältnissen lediglich das **Gesellschafterverhältnis weggedacht**.[2] Dies übersieht das FG Saarland[3] bei einer vGA an eine nahe stehende Person, wenn es bemerkt, dass es unter fremden Dritten nicht üblich wäre, zugunsten eines anderen auf einen Teil des eigenen Gehaltes zu verzichten, wie es im entschiedenen Fall der Ehemann zugunsten seiner Ehefrau getan hatte. Hier wird vom Gericht fälschlich das Näheverhältnis weggedacht, die vGA ist aber immer im Gesellschaftsverhältnis begründet, daher ist nur dies wegzudenken. Dieser Drittvergleich gilt gegenüber Mehrheits- und Minderheitsgesellschaftern gleichermaßen.

Der Drittvergleich kann letztlich nur durch eine **Angemessenheitsprüfung** ausgefüllt werden.[4] 362
Die Angemessenheit ist zu unterteilen in die Angemessenheit dem Grunde nach und die Angemessenheit der Höhe nach. Mit der **Angemessenheit dem Grunde nach** wird danach gefragt, ob eine Gesellschaft die entsprechende Zahlung an einen Nichtgesellschafter überhaupt leisten würde. Mit der **Angemessenheit der Höhe nach** wird danach gefragt, ob – Angemessenheit dem Grunde nach vorausgesetzt – ein Nichtgesellschafter eine Zahlung in derselben Höhe auch erhalten würde.

Sowohl die Angemessenheit dem Grunde nach als auch die Angemessenheit der Höhe nach 363
wird vom BFH wiederum je nach angegebenem Leistungsgrund anhand zahlreicher verschiedener Kriterien geprüft, die hier nicht im Einzelnen besprochen werden können. Die Einordnung in eine der beiden Angemessenheitsgruppen ist dabei bereits eine Vorentscheidung für die bei Verneinung der Angemessenheit eintretende **Rechtsfolge**. Liegt die Angemessenheit dem Grunde nach bereits nicht vor, so ist die gesamte Zahlung als vGA anzusehen, liegt sie nur der Höhe nach nicht vor, so ist nur der überhöhte Teil der Zahlung eine vGA. Letztlich gelten in der ESt bei der Anerkennung von Arbeitsverhältnissen unter Ehegatten weitgehend gleiche Maßstäbe,[5] dennoch sollen die dort ergangenen Urteile auf das Verhältnis zwischen Gesellschaft und Gesellschafter nicht uneingeschränkt anwendbar sein.[6] Die beiden Angemessenheitsprüfungen werden jeweils in zwei Stufen vorgenommen, deren erste wiederum in drei Teile zerfällt.

(Einstweilen frei) 364–370

bb) Drittvergleich Stufe 1a): Innerbetrieblicher Vergleich

Beim innerbetrieblichen Vergleich wird festgestellt, welche Entscheidungen die Gesellschaft in 371
gleicher Situation gegenüber Nichtgesellschaftern bereits getroffen hat. Dieser Vergleich ist gewissermaßen der Idealfall.[7] Soweit es um Anstellungsverträge geht, wäre also zu verglei-

---

[1] BFH, Urteil v. 2.12.1992 - I R 54/91, BStBl 1993 II 311; v. 4.12.1991 - I R 63/90, BStBl 1992 II 362; v. 29.4.1992 - I R 21/90, BStBl 1992 II 851; v. 16.12.1992 - I R 2/92, BStBl 1993 II 455; v. 11.12.1991 - I R 152/90, BStBl 1992 II 690; v. 5.10.2004 - VIII R 9/03, BFH/NV 2005, 526 = NWB MAAAB-40857; *Schröder*, GmbHR 2005, 179.
[2] BFH, Urteil v. 15.10.1997 - I R 80/96, BFH/NV 1998, 624 = NWB LAAAB-38968; v. 27.3.2001 - I R 27/99, BStBl 2002 II 111.
[3] FG Saarland, Urteil v. 26.7.2002 - I K 129/99, rkr., EFG 2002, 1555.
[4] Zum Teil auch Üblichkeit oder Ernstlichkeit bzw. Ernsthaftigkeit genannt.
[5] Vgl. dazu BFH, Urteil v. 18.12.2001 - VIII R 69/98, BStBl 2002 II 353.
[6] BFH, Urteil v. 28.10.1987 - I R 22/84, BFH/NV 1989, 131 = NWB YAAAB-29643; v. 28.7.1993 - I B 54/93, BFH/NV 1994, 345 = NWB LAAAB-33657.
[7] Für ESt: BFH, Urteil v. 18.12.2001 - VIII R 69/98, BStBl 2002 II 353.

chen, mit einem Geschäftsführer, der nicht zugleich Gesellschafter ist, ausreichend ist aber auch ein leitender Angestellter, der in etwa dieselbe Tätigkeit ausübt wie ein Geschäftsführer.[1] Ist bereits bekannt wie sich die Gesellschaft in gleicher Situation gegenüber einem solchen Nichtgesellschafter verhalten hat, so kann, wenn sie sich gegenüber einem Gesellschafter in dieser Situation anders verhält, nur das Gesellschaftsverhältnis der ausschlaggebende Grund gewesen sein. Die Zahlung ist dann insoweit im Gesellschaftsverhältnis veranlasst. Wird also beispielsweise ein fremder Geschäftsführer und ein Gesellschafter-Geschäftsführer im Unternehmen beschäftigt, so kann dem Gesellschafter-Geschäftsführer nicht eine Pensionszusage erteilt werden, wenn dies dem Fremdgeschäftsführer nicht einmal angeboten wurde. Das FG Berlin-Brandenburg vergleicht in seinem Urteil,[2] allerdings im internen Vergleich, das Gehalt des Geschäftsführers, der nahe stehende Person ist, mit dem Gehalt des Gesellschafter-Geschäftsführers selbst und mit dem Gehalt eines später eingestellten Fremdgeschäftsführers. Ersteres ist unverständlich, Letzteres jedenfalls kritisch.

372 Dennoch wird die Gesellschaft die Gelegenheit haben, die **Ergebnisse** des internen Fremdvergleichs zu **widerlegen**, wenn

- sie bis dahin nicht beachtete Unterschiede zwischen den Vergleichsgruppen geltend machen kann; z. B. der GesGf Verantwortung für das gesamte Unternehmen trägt, der Fremdgeschäftsführer jedoch nur für einen Teilbereich; oder wenn

- zwischen den Vergleichszeitpunkten ein zeitlicher Abstand lag. In diesem Fall kann die Gesellschaft geltend machen, dass sich die Verhältnisse geändert haben und zu den jeweiligen Zeitpunkten die Vergleichsgruppen jeweils gleich behandelt worden wären. Wird z. B. dem GesGf eine Pensionszusage gegeben, dem später eingestellten Fremdgeschäftsführer aber nicht, so folgt daraus nicht, dass die Pensionszusage unangemessen ist. Die Gesellschaft kann geltend machen, dass ihre Politik in Pensionsfragen inzwischen geändert wurde und der GesGf, wäre er später eingestellt worden, nun auch keine Pensionszusage mehr erhalten würde. Besteht die Zuwendung an den GesGf den innerbetrieblichen Fremdvergleich, so handelt es sich um eine Betriebsausgabe. Insbesondere kommt es dann nicht darauf an, ob Betriebsausgaben dieser Art in anderen Betrieben derselben Branche üblich sind.[3]

373 Allerdings soll nach dem BFH[4] auch das Finanzamt nicht immer an das Ergebnis des außerbetrieblichen Vergleichs gebunden sein. Im entschiedenen Fall hatte eine Innung eine GmbH gegründet, die für die Mitglieder der Innung und fremde Dritte den Einkauf übernahm. Der Gewinn der GmbH wurde bis auf einen geringen Sockelbetrag jedes Jahr für Rückvergütungen an alle, die über die GmbH einkauften, ausgezahlt. Der BFH entschied, dass die Rückzahlung an fremde Dritte abzugsfähige Betriebsausgaben darstellt, an die Mitglieder der Innung jedoch vGA. Der innerbetriebliche Drittvergleich versage, weil für fremde Dritte nur mit eingekauft worden sei, um

- für die Mitglieder der Innung einen höheren Rabatt (durch höhere Mengen) zu erzielen und

- um zu verdecken, dass die Innung hier eine Pflichtaufgabe auf die GmbH übertragen habe, die sie eigentlich gar nicht auslagern dürfte.

---

[1] BFH, Urteil v. 14. 7. 2004 - I R 111/03, GmbHR 2004, 1397 = NWB AAAAB-27428.
[2] FG Berlin-Brandenburg, Urteil v. 16. 1. 2008 - 12 K 8312/04 B, BB 2008, 1489 = NWB ZAAAC-73815.
[3] BFH, Urteil v. 14. 7. 2004 - I R 111/03, GmbHR 2004, 1397 = NWB AAAAB-27428.
[4] BFH, Urteil v. 2. 2. 1994 - I R 78/92, BStBl 1994 I 479.

Ohne es explizit zu äußern geht der BFH damit wohl davon aus, dass aus diesen Gründen die Zahlungen an die fremden Dritten letztlich auch gesellschaftsrechtlich motiviert waren und daher nicht als Fremdvergleich taugen. Daran sind allerdings Zweifel angebracht. Wenn fremde Dritte sich für einen Einkauf über die GmbH nur interessieren, wenn sie auch in den Genuss der Rückvergütungen kommen, so zeigt das, dass die Leistungen der GmbH anders nicht attraktiv sind. Wenn umgekehrt fremde Dritte auch ohne die Rückvergütung an den Leistungen der GmbH interessiert wären, sind aber die beiden vom BFH genannten Gründe kein Anlass, diese Rückvergütungen dennoch zu gewähren. Beide Ziele erfordern nur die Beteiligung, nicht aber die Begünstigung von fremden Dritten. Damit ist klar, dass die Beteiligung fremder Dritter hier sehr wohl einen ausreichenden internen Drittvergleich ermöglicht und daher die Zahlungen auch an die Innungsmitglieder keine vGA sind.

(Einstweilen frei)

cc) Drittvergleich Stufe 1b): Vergleich mit anderen Betrieben

Der außerbetriebliche Vergleich ist vorzunehmen, wenn ein innerbetrieblicher nicht möglich ist.[1] Er ist erheblich **problematische**. Es geht bei der vGA darum, festzustellen, ob die Gesellschaft eine Zahlung aus gesellschafts- oder aus schuldrechtlichen Gründen leistet. Dafür ist es eigentlich nutzlos, zu wissen, aus welchem Grund eine andere Gesellschaft eine solche Zahlung leisten würde. Es geht nur um die individuellen Verhältnisse der jeweils zu beurteilenden Gesellschaft. Können diese Verhältnisse aber, wie meist, nicht sicher festgestellt werden, so wird unterstellt, dass sich die Gesellschaft im Zweifelsfalle **wirtschaftlich vernünftig** und daher also ebenso wie ihre Konkurrenz bzw. die Unternehmen ihrer Branche, verhalten wird. Nur dadurch kann der außerbetriebliche Drittvergleich gerechtfertigt werden. Daraus folgt auch, dass seine Ergebnisse durch die Gesellschaft **widerlegt** werden können. Sie kann dartun, dass bei ihr besondere Gründe vorlagen, sich anders zu verhalten, als es in der Branche üblich ist – schließlich kann darauf u.U. gerade der Erfolg der Gesellschaft beruhen. Der außerbetriebliche Vergleich ist jedoch bei der Prüfung der Angemessenheit der Gesamtvergütung des Gesellschafter-Geschäftsführers verbreitet, da hier mit den Gehaltsstrukturuntersuchungen leicht zugängliche Daten von fremden Betrieben vorliegen.[2]

(Einstweilen frei)

dd) Drittvergleich Stufe 1c): Hypothetischer Drittvergleich = ordentlicher und gewissenhafter Geschäftsleiter

(1) Allgemein

Der innerbetriebliche Vergleich scheitert meist, weil es keinen Angestellten gibt, der die gleiche Tätigkeit ausführt wie der Gesellschafter. Häufig ist aber auch ein außerbetrieblicher Vergleich nicht möglich, weil sich ein Unternehmen gleicher Art und Größe nicht findet. Allein deswegen ist aber eine Zahlung an einen Gesellschafter noch keine vGA,[3] sie kann dennoch

---

[1] Für ESt: BFH, Urteil v. 18.12.2001 - VIII R 69/98, BStBl 2002 II 353.
[2] Vgl. im Einzelnen → Rz. 3020 ff.
[3] BFH, Urteil v. 29.10.1997 - I R 52/97, BStBl 1999 II 318; für die ESt: BFH, Urteil v. 18.12.2001 - VIII R 69/98, BStBl 2002 II 353.

betrieblich veranlasst sein. Eine **Üblichkeit** im Rahmen statistischer Wahrscheinlichkeit trägt dazu nichts bei.[1] Solange die Leistung der Gesellschaft an den Gesellschafter angemessen ist, ist es unerheblich, ob sie üblich ist. Der BFH stellt daher im Rahmen eines so genannten hypothetischen Drittvergleichs[2] darauf ab, ob ein gedachter ordentlicher und gewissenhafter Geschäftsleiter dem Gesellschafter die erhaltene Leistung auch gewährt hätte. Dabei soll es darum gehen, wie sich ein Geschäftsleiter verhalten soll, nicht notwendig darum, wie sich die Mehrheit der Geschäftsleiter tatsächlich verhält. Dies soll aber immerhin Anhaltspunkte geben, wenn das herangezogene tatsächliche Verhalten nicht nur zur Rechtfertigung von unangemessenen Leistungen an den Gesellschafter vorgenommen wird.[3]

(2) Ausfüllung durch § 43 GmbHG

387 In neueren Entscheidungen stellt der BFH zur Konkretisierung der Anforderungen an den ordentlichen und gewissenhaften Geschäftsleiter auf § 43 Abs. 1 GmbHG ab.[4]

Dieser lautet:

„*Die Geschäftsführer haben in den Angelegenheiten der Gesellschaft die Sorgfalt eines ordentlichen Geschäftsmannes anzuwenden.*"

In Abs. 2 der Vorschrift ist eine Haftung für Geschäftsführer statuiert, die ihre Obliegenheiten verletzen, Abs. 3 enthält eine Verschärfung der Haftung sofern gegen § 30 oder § 33 GmbHG verstoßen wird und Abs. 4 regelt die Verjährung dieser Haftung. Leider führt der BFH nicht aus, wie er sich die Übertragung dieser Vorschrift auf die steuerlichen Anforderungen für die vGA vorstellt. Er stellt auch in den genannten Urteilen lediglich diesen Maßstab auf, wendet ihn aber nicht ersichtlich auf den Fall an, sondern behauptet weiterhin nur, der ordentliche und gewissenhafte Geschäftsleiter würde nur in einer bestimmten vom BFH jeweils behaupteten Weise und nicht anders handeln.

388 Tatsächlich ist es auch schwierig der Figur des ordentlichen und gewissenhaften Geschäftsleiters mittels § 43 Abs. 1 GmbHG Gestalt zu geben. Ist doch der einschlägigen Literatur nicht viel mehr zu entnehmen, als dass § 43 Abs. 1 GmbHG zu verstehen sei als diese Sorgfalt eines selbständigen, treuhänderischen Verwalters fremder Vermögensinteressen in verantwortlich leitender Position.[5] Zudem ist man sich in der gesellschaftsrechtlichen Literatur weitgehend einig, dass sich aus § 43 Abs. 1 GmbHG keine Verhaltenspflichten des Geschäftsführers ergeben.[6]

---

1 BFH, Urteil v. 14. 7. 2004 - I R 111/03, BStBl 2005 II 307; Niedersächsisches FG, Urteil v. 8. 9. 1998 - VI 687/96, rkr., GmbHR 1999, 137; FG Bremen, Urteil v. 13. 5. 2004 - 1 K 271/03, rkr., EFG 2004, 1163.
2 Terminus findet sich z. B. bei BFH, Urteil v. 27. 2. 2003 - I R 46/01, BStBl 2004 II 132; auch v. 4. 6. 2003 - I R 38/02, BStBl 2004 II 139; v. 6. 4. 2005 - I R 27/04, BFH/NV 2005, 1633 = NWB ZAAAB-56928; *Hoffmann*, GmbHR 2003, 1372.
3 So jedenfalls Gosch/*Gosch* § 8 Rz. 291, 300.
4 BFH, Urteil v. 4. 6. 2003 - I R 24/02, BStBl 2004 II 136; v. 4. 6. 2003 - I R 38/02, BStBl 2004 II 139; *Hoffmann*, GmbHR 2003, 1368; BFH, Urteil v. 23. 7. 2003 - I R 80/02, BStBl 2003 II 926; v. 11. 8. 2004 - I R 108–110/03, BFH/NV 2005, 385 = NWB WAAAB-41185; v. 28. 6. 2005 - I R 25/04, BFH/NV 2005, 2252 = NWB AAAAB-66973; v. 26. 5. 2004 - I R 92/03, BFH/NV 2005, 77 = NWB DAAAB-35835; v. 26. 5. 2004 - I R 101/03, BFH/NV 2004, 167 = NWB UAAAB-27388; v. 15. 12. 2004 - I R 61/03, BFH/NV 2005, 1146 = NWB EAAAB-52794; v. 15. 12. 2004 - I R 79/04, BFH/NV 2005, 1147 = NWB GAAAB-52014.
5 OLG Brandenburg, NZG 2001, 756; OLG Celle, NZG 2000, 1178, 1179; *Hommelhoff/Kleindiek* in Lutter/Hommelhoff, GmbHG, § 43 Rz. 6; *Koppensteiner* in Rowedder/Schmidt/Leithoff, GmbHG, § 43 Rz. 7; *Schuhmann*, GmbHR 2007, 977, 978.
6 *Hommelhoff/Kleindiek* in Lutter/Hommelhoff, GmbHG, § 43 Rz. 7; *Koppensteiner* in Rowedder/Schmidt/Leithoff, GmbHG, § 43 Rz. 8.

Soweit sich die Verhaltenspflichten nicht aus gesetzlichen Spezialregeln ergeben (etwa § 41 GmbHG Buchführungspflicht), können sie also nur aus dem jeweiligen Geschäftsführeranstellungsvertrag und den Loyalitätspflichten des Geschäftsführers entnommen werden.[1] Aufschlussreich für einen Steuerrechtler ist auch § 43 Abs. 2 GmbHG. Die dort statuierte Haftung des Geschäftsführers für Obliegenheitsverletzungen entfällt[2]

▶ stets bei Alleingesellschafter-Geschäftsführern,

▶ bei allen anderen Geschäftsführern, wenn sie aufgrund eines Gesellschafterbeschlusses handeln oder ihr Handeln nachträglich durch einen Gesellschafterbeschluss genehmigt wird.

Dies ließe sich in der Tat auch für das Steuerrecht instrumentalisieren, wenn man sich kurz nochmals daran erinnert, auf welcher Stufe des Drittvergleichs man sich befindet. Nur wenn ein interner und externer Drittvergleich nicht möglich ist, es also um eine Verhaltensweise geht, die gegenüber Fremdgeschäftsführern nicht vorkommt oder für einen solchen Vergleich kein ausreichendes Vergleichsmaterial vorhanden ist, kann überhaupt auf den hypothetischen Fremdvergleich abgestellt werden. Dann ist es aber nicht abwegig, anzunehmen, dass der ordentliche und gewissenhafte Geschäftsleiter entsprechend dem Willen der Gesellschafter(-mehrheit) handeln wird. Schließlich ist er von den Gesellschaftern eingesetzt und kann von diesen auch wieder abberufen werden. Zudem ist die Gesellschaft letztlich eine wirtschaftliche Veranstaltung der Gesellschafter zur Förderung ihrer wirtschaftlichen Interessen. Diese können und müssen sie aber letztlich selbst bestimmen. Seine Grenze findet dieser Maßstab, übereinstimmend mit dem Gesellschaftsrecht,[3] allerdings dort, wo eine Weisung der Gesellschafter gegen Gesetze verstoßen würde. Das ist jedoch kaum der Regelfall.

Diese Fundierung des Maßstabs des ordentlichen und gewissenhaften Geschäftsleiters im Gesellschaftsrecht ist allerdings nicht umsonst zu haben. Sie hätte vielmehr weitreichende Auswirkungen. So wäre z. B. bei Pensionszusagen nur noch die Frage der eindeutigen und klaren Vereinbarung im Vorhinein, § 6a EStG und die Angemessenheit der Gesamtvergütung mit der Pensionszusage zu prüfen. Die Rechtsprechung zu vGA würde jedoch einfacher, übersichtlicher und vorhersehbarer.

Ob der BFH soweit gehen will, wird man nur einer künftigen Rechtsprechung entnehmen können. In der Literatur wird gefordert, er solle das Lippenbekenntnis zu § 43 GmbHG ruhig wieder fallen lassen.[4] Eine entsprechende Wandlung der Rechtsprechung wäre zwar wünschenswert, ist aber kaum zu erwarten, schließlich würde die Arbeit für die Rechtsprechung nicht unerheblich zunehmen, wenn sie bei vGA-Fällen einen tatsächlichen statt einen hypothetischen Fremdvergleich vornehmen müsste.

---

1 *Koppensteiner* Rowedder/Schmidt/Leithoff, GmbHG, § 43 Rz. 8.
2 BGH, Urteil v. 14.12.1959 - II ZR 187/57, BGHZ 31, 258, 278 f.; v. 28.9.1992 - II ZR 299/91, BGHZ 119, 257, 261; v. 10.5.1993 - II ZR 74/92, BGHZ 122, 333, 336; OLG Köln v. 1.3.1995 - 2 U 110/94, BB 1995, 794; v. 29.6.2000 - 18 U 31/00, DB 2001, 32; OLG Stuttgart v. 30.5.2000 - 20 W 1/00, GmbHR 2000, 1048, 1049; *Hommelhoff/Kleindiek* in Lutter/Hommelhoff, GmbHG, § 43 Rz. 22; *Koppensteiner* Rowedder/Schmidt/Leithoff, GmbHG, § 43 Rz. 14, 20, 28, 30.
3 *Hommelhoff/Kleindiek* in Lutter/Hommelhoff, GmbHG, § 43 Rz. 23; *Koppensteiner* in Rowedder/Schmidt/Leithoff, GmbHG, § 43 Rz. 28.
4 *Schuhmann*, GmbHR 2007, 977, 978.

(3) Kasuistik zur Ausfüllung des Maßstabs

393 Zur Ausfüllung dieser Formel wird vielfach die Entscheidung zitiert, in der der BFH verlangt, dass ein ordentlicher und gewissenhafter Geschäftsleiter für die GmbH, deren Geschäfte er führt, nur dann ein neues Produkt am Markt einführen und vertreiben wird, wenn er daraus bei vorsichtiger und vorheriger kaufmännischer Prognose innerhalb eines überschaubaren Zeitraums und unter Berücksichtigung der voraussichtlichen Marktentwicklung einen angemessenen Gesamtgewinn erwarten kann.[1] Wollte man diese Formel ernst nehmen, wäre das Wirtschaftsleben erheblich gehemmt. Beispielsweise würde die Entwicklung von Autos mit Wasserstoffantrieb unmöglich sein, da hier völlig klar ist, dass ein Entwicklungsvorlauf von zehn Jahren und mehr erforderlich ist, bevor eine Serienfertigung möglich ist und an einen Gewinn überhaupt gedacht werden kann. Bei einer vorsichtigen Beurteilung i. S. d. BFH müsste daher wohl auf die Entwicklung verzichtet werden, ein Scheitern in dieser langen Entwicklungsphase ist schließlich jederzeit möglich. Zwar werden solche Pkw nicht von Familiengesellschaften entwickelt, die Vorstände dieser Gesellschaften sind i. d. R. aber auch an ihrem Unternehmen beteiligt, nach dem zitierten Urteil wäre also vGA denkbar, wenngleich in der Realität abwegig. Ähnlich abwegig dürfte ein Urteil des FG Sachsen-Anhalt sein,[2] danach müsste der ordentliche und gewissenhafte Geschäftsleiter wohl zum geizigen und suizidgefährdeten Geschäftsleiter mutieren, nach Ansicht des FG würde er nämlich für eigene Anteile der Gesellschaft niemals einen überhöhten Kaufpreis zahlen, auch dann nicht, wenn die Alternative in der Veräußerung an einen Konkurrenten liegt, der die Gesellschaft vom Markt nehmen will.

394 Wenn der BFH auch die vorgenannten Gedanken zu § 43 GmbHG nicht umgesetzt hat, so ist er doch über dieses Urteil inzwischen hinaus. Dazu hat er in einer Entscheidung zu Risikogeschäften[3] dargelegt, dass

- es Sache der jeweiligen unternehmerischen Entscheidung ist, Risikogeschäfte und die damit verbundenen Chancen, zugleich aber auch **Verlustgefahren** wahrzunehmen, selbst wenn sich eine entsprechende Risiko- und Spekulationsbereitschaft mit den Absichten des Gesellschafter-Geschäftsführers decken sollte und

- es nicht darauf ankommt, ob die Durchführung der Geschäfte nach Art und Umfang der Geschäftstätigkeit der Gesellschaft völlig **unüblich** sind.

395 In einer Entscheidung zur Finanzierbarkeit von Pensionszusagen legt der BFH ferner dar, dass der ordentliche und gewissenhafte Geschäftsleiter zwar keine Situation schaffen wird, in der der Gesellschaft eine Überschuldung und damit die Insolvenz drohen würde, dass er aber bei seiner Beurteilung nicht immer vom **denkbar schlimmsten Fall** ausgehen muss, sondern die Wahrscheinlichkeit des Eintritts eines Risikos berücksichtigen darf.[4]

396 Ferner ist festzuhalten:

- Der ordentliche und gewissenhafte Geschäftsleiter ist nicht unbedingt ein tüchtiger Geschäftsführer, er ist also nicht gefeit vor unternehmerischen Fehlmaßnahmen.[5]

---

[1] BFH, Urteil v. 17. 2. 1993 - I R 3/92, BStBl 1993 II 457; v. 12. 3. 1980 - I R 186/76, BStBl 1980 II 531.
[2] FG Sachsen-Anhalt, Urteil v. 29. 4. 2003 - 3 V 74/02, NWB TAAAB-12943.
[3] BFH, Urteil v. 8. 8. 2001 - I R 106/99, BStBl 2003 II 487.
[4] BFH, Urteil v. 20. 12. 2000 - I R 15/00, BStBl 2005 II 657, m. Anm. *Buciek*; kommentiert von *Janssen*, KFR F. 4 KStG § 8, 7/01, S. 331.
[5] *Wassermeyer*, DB 1993, 1260; *Hoffmann*, DStR 1999, 269.

▶ Die Beurteilung aus Sicht dieses ordentlichen und gewissenhaften Geschäftsleiters ist **ex ante** vorzunehmen; treten also hinterher Ergebnisse ein, die der Geschäftsleiter nicht vorhersehen konnte, so kann dies keinen Vorwurf rechtfertigen und erst recht nicht Anlass einer vGA sein.[1] Nach diesem Urteil durfte der Geschäftsführer in 1992 noch die sog. **stand-alone-Methode** nutzen und musste nicht vorerahnen, dass diese in 1992 durch den BGH verworfen wird.[2] Gerade soweit es dabei um innere Tatsachen geht, steht es dem Gericht aber frei, zur Beurteilung der Frage, was ex ante beabsichtigt war, auch Umstände aus der nachfolgenden Zeit heranzuziehen, die Rückschlüsse darauf zulassen.[3]

(4) Kritik

Der BFH hat jedoch bis heute **keine Formel** gefunden, die es dem Rechtsanwender erlauben würde, vorherzusagen, wann der Drittvergleich gelingen und wann er scheitern muss.[4] Dies liegt insbesondere daran, dass in keinem Urteil begründet wird, warum sich nach Ansicht des BFH der ordentliche und gewissenhafte Geschäftsführer so verhalten würde, wie vom BFH unterstellt. Daher ist auch die Formulierung beliebt, der hypothetische Fremdvergleich beruhe allein auf richterlichem Nachdenken.[5] Das ist aber keine Methode des Fremdvergleichs, sondern richterliche Willkür. Klassisches Beispiel ist das **Überstunden-Urteil**. Da nach empirischen Erhebungen rund 30 % der Geschäftsführer Überstundenvergütungen erhalten, würde man nach dem zuvor Gesagten davon ausgehen, dass für die Vergütung von Überstunden bereits die zweite Stufe des Drittvergleichs besteht. Damit hätte man erwarten können, dass ein ordentlicher und gewissenhafter Geschäftsleiter sich darauf auch für Gesellschafter-Geschäftsführer einlassen kann. Dies hat der BFH jedoch abgelehnt, der Fremdvergleich fordere auch eine wertende Betrachtung, er sei ein normativer, kein statistischer Maßstab.[6] Dies sind Steine statt Brot, auch die **normative Wertung benötigt einen Maßstab**, der damit allenfalls behauptet, aber nicht geschaffen ist. Es verwundert daher aber auch nicht, dass sich auch die Finanzverwaltung nicht vorherzusagen traut in welchen Fällen der hypothetische Drittvergleich gegeben ist und in welchen er scheitert und daher grundsätzlich keine verbindliche Auskunft zu dieser Thematik erteilen will.[7] Es wird dabei klar, dass der **Beurteilungsmaßstab** letztlich nicht der ordentliche und gewissenhafte Geschäftsführer ist, sondern die **Vorstellung des I. Senats des BFH** vom ordentlichen und gewissenhaften Geschäftsführer,[8] die erstens gewissen Wandlungen unterliegt und zweitens nicht völlig deckungsgleich mit den Vorstellungen in Wirtschaftskreisen ist. Da bei diesem letztlich subjektiven Maßstab die einzelnen Entscheidungen nicht vorhersehbar sind,[9] ist Raum geschaffen für Kasuistik. Eine Vielzahl von Urteilen ist daher kaum noch als ein logischer Gesamtzusammenhang begreifbar. Im Urteil v. 24. 4. 2002[10] zur

---

1 BFH, Urteil v. 7. 11. 2001 - I R 57/00, BStBl 2002 II 369, m. Anm. *Pezzer*, BB 2002, 715.
2 Näher dazu *Janssen*, vGA, 10. Aufl. 2010, Rz. 698; ferner *Hoffmann*, DStR 1999, 269, mit Hinweis auf die in diesem Zusammenhang äußerst problematische Formulierung im Urteil v. 17. 2. 1993 - I R 2/92, BStBl 1993 II 457.
3 Vgl. für ESt-Recht BFH, Urteil v. 3. 3. 2004 - X R 12/02, BStBl 2004 II 722, m. zahlreichen w. N.
4 Ähnlich *Pezzer*, FR 2008, 468, 469 und 1025, der daraus jedoch nur die Folgerung zieht, eine Kontinuität der Rechtsprechung zu fordern.
5 *Ott*, INF 2004, 188, 189; *Pezzer*, FR 2003, 1020; *Gosch*, StBp 2003, 279, 280.
6 BFH, Urteil v. 27. 3. 2001 - I R 40/00, BStBl 2001 II 655.
7 Bayerisches Landesamt für Steuern v. 6. 12. 2005, DB 2006, 251 vgl. dazu auch → Rz. 946.
8 Ähnlich *Pezzer*, FR 2008, 1025, der daraus jedoch nur die Folgerung zieht, eine Kontinuität der Rechtsprechung zu fordern.
9 *Pezzer*, FR 2008, 468, 469.
10 BFH, Urteil v. 24. 4. 2002 - I R 43/01, BStBl 2003 II 416.

Erdienbarkeit von Pensionszusagen[1] stellt der BFH z. B. bei Unterschreitung der Zehn-Jahres-Frist darauf ab, dass sich dann aus anderen Umständen ergeben müsse, dass die Pensionszusage für zukünftige Leistungen erteilt worden sei. Dies sieht er dann aber als gegeben an, weil der Kläger sich bisher keine angemessene Altersversorgung aufbauen konnte und seine Tätigkeit für den Betrieb essentiell war, dabei ignoriert er geflissentlich, dass diese Argumente nichts mit der zuvor geforderten Vergütung für zukünftige Leistungen zu tun hat, kümmert sich also selbst um die von ihm aufgestellten Voraussetzungen nicht. Das Ergebnis war richtig, die **Begründung** aber **willkürlich**.

398 Letztlich kann der hypothetische Drittvergleich nur überzeugend sein, wenn es zumindest prüfbare Anhaltspunkte für das Verhalten fremder Dritter in einer vergleichbaren Situation ergibt. Diese zu ermitteln ist schwieriger als die Fälle durch richterliches Nachdenken zu lösen, würde aber die Ergebnisse vorhersehbarer gestalten.

399–410 *(Einstweilen frei)*

d) Drittvergleich Stufe 2: Erweiterung um andere Gründe des Drittvergleichs (Verdopplung des Drittvergleichs)

LITERATURHINWEISE:

Becker, Der ordentliche Geschäftsleiter – Ist sein Grab schon geschaufelt?, DB 1996, 1439; *Frotscher*, Tendenzen im Recht der verdeckten Gewinnausschüttung, GmbHR 1998, 23; *Gruppe Viadrina*, Verdeckte Gewinnausschüttung: BFH – Definition und Ansätze zur Behandlung des Tigerfalles, BB 1996, 2436; *Hoffmann*, Der wirtschaftliche Vorteil für die Kapitalgesellschaft als verdeckte Gewinnausschüttung, DStR 1996, 729; *Pezzer*, Anmerkung zu BFH 6.12.1995 - I R 88/94, FR 1996, 379; *Wassermeyer*, Replik zu Hoffmann, DStR 1996, 733; *Senger/Schulz*, Das Rechtsinstitut der verdeckten Gewinnausschüttung – Notwendigkeit einer grundlegenden Reform – Untersuchung der Bundessteuerberaterkammer zu Geschäftsführer-Vergütungen von Kapitalgesellschaften und Reformvorschläge aus der Sicht des Berufsstandes, DStR 1997, 1830; *Hoffmann*, Frischer Wind vom BFH zur verdeckten Gewinnausschüttung?, DStR 1998, 1625; *Wassermeyer*, Einige Grundsatzüberlegungen zur verdeckten Gewinnausschüttung, GmbHR 1998, 157.

411 Der BFH hat aber erkannt, dass der Drittvergleich der ersten Stufe nicht in allen Fällen ausreichend ist. Nach seiner Ansicht versagt der Drittvergleich der ersten Stufe z. B. bei allen Verträgen, die nur mit Gesellschaftern möglich sind,[2] tatsächlich ist dies wohl nur bei der Erstausstattung der Gesellschaft zutreffend. Darüber hinaus will der BFH aber den Drittvergleich ganz allgemein um eine zweite Stufe erweitern.[3] Dazu ist weder die Begründung noch die Kasuistik bisher ausgereift.

aa) Verträge, die nur mit Gesellschaftern möglich sind

412 Der Maßstab des ordentlichen und gewissenhaften Geschäftsleiters greift nicht bei **Geschäften**, die eine Gesellschaft **nur gegenüber ihren Gesellschaftern vornehmen kann**. Ein Drittvergleich mit dem Verhalten gegenüber außerhalb der Gesellschaft stehenden Personen, ist hier per se nicht möglich. Dies ist aber nicht als zeitliche Abgrenzung zu verstehen – schuldrechtliche Verträge mit der Vorgesellschaft unterliegen ebenso dem Drittvergleich wie schuldrechtliche Verträge mit der eingetragenen GmbH.[4] Es geht vielmehr nur um eine bestimmte Art

---

[1] Dazu ausführlich → Rz. 3683 ff.
[2] → Rz. 412 ff.
[3] → Rz. 421 ff.
[4] Ausdrücklich BFH, Urteil v. 16.11.2005 - I B 34/05, BFH/NV 2006, 362 = NWB AAAAB-73083; vgl. auch oben → Rz. 336.

von Geschäften, nämlich solchen, die gegenüber Nichtgesellschaftern gar nicht denkbar sind. Dennoch steht ein wirtschaftlicher Maßstab für diese Fälle durchaus zur Verfügung.[1] Rekurriert man auf die soeben dargestellte Angemessenheitsprüfung, so ergibt sich nämlich, dass lediglich der innerbetriebliche Vergleich nicht möglich ist. Es bleibt aber ein außerbetrieblicher Vergleich möglich, indem festgestellt wird, was andere Firmen derselben Branche in derselben Situation ihren Gesellschaftern gegenüber aufwenden. Rechtsprechung und Verwaltung haben jedoch mit der Angemessenheit, praktische Probleme, die sie offenbar nur kasuistisch lösen können.

So waren die Kosten der **Bewirtung** anlässlich der **Gesellschafterversammlung einer VVaG** nach einem Urteil aus dem Jahr 1991 bis zu 25 DM pro Person als Betriebsausgabe abzugsfähig.[2] Sie stellt eine sachlich zutreffende Schätzung dar. Zutreffend dürfte jedoch auch heute noch sein, dass die **Erstattung von Fahr- und Verpflegungskosten** grds. unangemessen ist und eine vGA darstellt.[3]

413

Der Hauptanwendungsfall ergibt sich aber bei **Errichtung einer Kapitalgesellschaft**. Auch hier wurden die Anerkennungskriterien von BMF und Rechtsprechung in freier Schöpfung aufgestellt und haben nichts mit einem Drittvergleich zu tun. Der Abzug der Gründungskosten als Betriebsausgabe ist möglich, wenn die einzelnen Kosten zusammengefasst als **Gesamtbetrag in der Satzung** ausgewiesen sind. Hierbei ist es ausreichend, wenn ein Höchstbetrag beziffert wird, bis zu dem die Gesellschaft die Gründungskosten selbst trägt, die Benennung der einzelnen Kostenarten ist nicht erforderlich.[4] Die **Einlageforderung** der Gesellschaft gegen die Gesellschafter ist nur zu **verzinsen**, wenn sie von der Gesellschaft eingefordert ist (bereits per Gesetz, z. B. § 19 Abs. 4 GmbHG, oder Satzung fällig gestellt oder später durch notariell beurkundeten Gesellschafterbeschluss). Eine vGA ist jedoch nicht anzunehmen, solange die Einforderung nicht erfolgt ist und zwar auch dann nicht, wenn die Gesellschaft Kapitalbedarf hat und diesen durch ein Gesellschafterdarlehen deckt.[5] Ist allerdings die Einlage eingefordert, so ist diese Forderung auch angemessen zu verzinsen, andernfalls ergibt sich vGA.[6]

414

Über diese Einzelfragen hinaus sah der BFH sich jedoch ferner veranlasst, die Möglichkeit einer vGA im Rahmen der sog. **Erstausstattung der Kapitalgesellschaft** zu eröffnen. Dabei geht es nicht um den Inhalt der einzelnen schuldrechtlichen Verträge der Gesellschafter mit der Gesellschaft, sondern darum, dass die Kapitalgesellschaft nicht von vornherein der Gewinnchancen in ihrem Tätigkeitsfeld beraubt wird. Nach der Formulierung des BFH liegt vGA vor, wenn die Gestaltung darauf abzielt, den Gewinn der Kapitalgesellschaft nicht über eine angemessene Verzinsung des eingezahlten Nennkapitals zzgl. Risikovergütung zu steigern.[7] Dabei muss allerdings das Tätigkeitsfeld und auch der Umfang der Tätigkeit der GmbH beachtet werden. So ist die angesprochene Vergütung bei einer GmbH, die nur als Komplementär einer KG gegründet wurde, angemessen und kann daher nicht zur vGA führen.[8]

415

---

1 A. A. *Frotscher*/Maas, Anhang zu § 8 Rz. 197.
2 BMF, Schreiben v. 26. 11. 1984, BStBl 1984 I 591; BFH, Urteil v. 13. 11. 1991 - I R 45/90, BStBl 1992 II 429.
3 BFH, Urteil v. 16. 12. 1955 - I 12/55 U, BStBl 1956 III 43, für eine Genossenschaft.
4 BFH, Urteile v. 11. 10. 1989 - I R 12/87, BStBl 1990 II 89; v. 11. 2. 1997 - I R 42/96, BFH/NV 1997, 711 = NWB OAAAB-38954; BMF, Schreiben v. 25. 6. 1991, BStBl 1991 I 661; OFD Karlsruhe v. 7. 1. 1999, BB 1999, 300.
5 BFH, Urteile v. 29. 5. 1968 - I 200/65, BStBl 1969 II 11; v. 5. 2. 1992 - I R 127/90, BStBl 1992 II 532.
6 BFH, Urteile v. 29. 5. 1968 - I 200/65, BStBl 1969 II 11; v. 5. 2. 1992 - I R 127/90, a. a. O.; s. auch → Rz. 3306.
7 BFH, Urteile v. 4. 5. 1977 - I R 11/75, BStBl 1977 II 679; v. 23. 5. 1984 - I R 294/81, BStBl 1984 II 673; v. 2. 2. 1994 - I R 78/92, BStBl 1994 II 479.
8 Vgl. dazu → Rz. 3400 ff.

416–420 *(Einstweilen frei)*

bb) Weitere Gründe des Drittvergleichs (Verdopplung des Drittvergleichs, Drittvergleich aus Sicht des Gesellschafters)

421 Eine vGA soll nach der Rechtsprechung auch dann anzunehmen sein, wenn eine KapGes mit ihren Gesellschaftern Bedingungen vereinbart, die von denen abweichen, die voneinander unabhängige Dritte unter gleichen oder ähnlichen Verhältnissen vereinbart hätten.[1] So hat das FG des Landes Sachsen-Anhalt einen Vertrag zwischen einer Kapitalgesellschaft und einem Gesellschafter, in dem weder vereinbart wurde, wie der vertraglich zu erbringende Erfolg zu erfüllen ist noch bis wann der Erfolg eingetreten sein soll, nicht anerkannt.[2] Da in der ersten Stufe der Drittvergleich bereits aus der Sicht der Gesellschaft vorgenommen worden ist, wird der Drittvergleich auf der zweiten Stufe nicht bestanden, wenn das Geschäft/der Vertrag/die Zahlung

▶ zwar zum Vorteil der Gesellschaft ist, jedoch dieser Vorteil von fremden Dritten der Gesellschaft nicht eingeräumt worden wäre,[3]

▶ bzw. ein fremder Vertragspartner sich im eigenen Interesse nicht auf die Vereinbarung eingelassen hätte.[4]

422 Das vom Fremdvergleich abweichende Verhalten soll in diesen Fällen die Veranlassung im Gesellschaftsverhältnis indizieren. Der Gesellschaft steht es also frei, das Gegenteil zu beweisen. Das gilt auch für **nicht beherrschende Gesellschafter-Geschäftsführer,**[5] nach FG Berlin-Brandenburg[6] jedoch nur für Fälle, in denen die Vertragsdurchführung nicht nur ungewöhnlich, sondern zwischen fremden Dritten gänzlich undenkbar wäre. Dies ist jedenfalls nicht der Fall, wenn die Gesellschaft eine Miete an den Gesellschafter nicht monatlich zahlt, sondern erst nach einem Jahr.

423 Im Urteil v. 19.5.1998[7] schien sich der BFH jedoch wieder diskret von der Verdopplung des Fremdvergleichs zu distanzieren.[8] In dem dort entschiedenen Fall war auf eine Pensionszusage verzichtet worden, soweit sie zuvor durch das Finanzamt als vGA angesehen worden war. Der Verzicht wurde als betrieblich veranlasst anerkannt. In der jüngeren Rechtsprechung wird aber die Verdopplung des Fremdvergleichs in geeigneten Fällen wieder als ein vertrauter Bestandteil des Drittvergleichs behandelt.[9]

424 Die Rechtsfolge aus einem Nichtbestehen der zweiten Stufe des Drittvergleichs soll nach Ansicht des BFH in den entschiedenen Fällen stets eine vGA in vollem Umfang sein. Dieses Verdikt trifft vor allem zwei Fallgruppen:

---

1 BFH, Urteile v. 25.10.1995 - I R 9/95, BStBl 1996 II 703; v. 5.10.1994 - I R 50/94, BStBl 1995 II 549; v. 6.12.1995 - I R 88/94, BStBl 1996 II 383; v. 16.12.1992 - I R 2/92, BStBl 1993 II 455; v. 19.3.1997 - I R 75/96, BStBl 1997 II 577.
2 Urteil v. 13.7.2016 - 3 K 467/16, NWB AAAAG-45982, BFH, Beschluss v. 12.9.2018 - I R 77/16, NWB QAAAH-07927.
3 BFH, Urteil v. 17.5.1995 - I R 147/93, BStBl 1996 II 204, eingeschränkt allerdings durch BFH, Urteil v. 19.5.1998 - I R 36/97, BStBl 1998 II 689.
4 BFH, Urteil v. 20.10.2004 - I R 4/04, BFH/NV 2005, 723 = NWB RAAAB-44185.
5 BFH, Urteil v. 13.11.1996 - I R 53/95, BFH/NV 1997, 622 = NWB UAAAB-38015, unter II 1; FG Berlin-Brandenburg, Urteil v. 12.11.2008 - 12 K 8423/05 B, rkr., EFG 2009, 433.
6 FG Berlin-Brandenburg, Urteil v. 12.11.2008 - 12 K 8423/05 B, rkr., EFG 2009, 433.
7 BFH, Urteil v. 19.5.1998 - I R 36/97, BStBl 1998 II 689 = DStR 1998, 1381.
8 Dazu *Hoffmann*, DStR 1998, 1625.
9 BFH, Urteil v. 20.10.2004 - I R 4/04, BFH/NV 2005, 723 = NWB RAAAB-44185 – Gehaltsauszahlung erst nach gesondertem Gesellschafterbeschluss.

- Nur-Pensionszusagen,[1]
- Durchführungsmängel.[2]

Im Fall der Nur-Pension geht der BFH also davon aus, dass eine Pensionszusage unter voneinander unabhängigen Dritten gar nicht abgeschlossen worden wäre. Im zweiten Fall greift der BFH dann gerne wieder auf den Terminus der Ernstlichkeit zurück. Die mangelhafte Durchführung sei Indiz dafür, dass der abgeschlossene Vertrag nicht ernstlich gemeint sei und daher sollen dann alle Zahlungen, die dennoch aufgrund des Vertrages geleistet wurden, vGA darstellen.[3] Allerdings soll es bei Dauerverträgen durchaus möglich sein, dass der Durchführungsmangel nur für einen Teil der Laufzeit des Vertrages besteht und die vGA sich daher nur auf die Auszahlungen in diesem Zeitraum bezieht.[4] Damit ergeben sich zwei grundsätzliche Fehler in dieser Rspr. des BFH,[5] die im Folgenden näher ausgeführt werden:

(1) Vergleichspunkt

In den Fällen der Nur-Pension stellt der BFH darauf ab, ob der Vorteil der Gesellschaft auch von fremden Dritten eingeräumt worden wäre. Damit wählt er den falschen Vergleichspunkt und kommt der von ihm geforderten Verdopplung des Fremdvergleichs nicht nach. Soll ein Fremdvergleich aus der Sicht des Gesellschafters erfolgen, so ist ebenso wie beim Drittvergleich erster Stufe aus Sicht der Gesellschaft das Gesellschaftsverhältnis hinwegzudenken. Also ist nicht die Person des Gesellschafters gedanklich zu ersetzen, sondern die der Gesellschaft. Mithin ist zu fragen, ob der Gesellschafter bei einer anderen Gesellschaft, an der er nicht beteiligt ist, auch zur Einräumung dieses Vorteils bereit gewesen wäre. Dies ist ein wesentlicher Unterschied.

BEISPIEL: Der Gesellschafter wird Geschäftsführer der Gesellschaft und vereinbart als Honorar ausschließlich eine (hohe) Pensionszusage, da er im Übrigen wirtschaftlich abgesichert ist. Hier ist es durchaus vorstellbar, dass – wie es der BFH unterstellt – ein anderer dieses Honorar nicht akzeptiert hätte, da er wirtschaftlich nicht so abgesichert ist wie der Gesellschafter. Umgekehrt ist aber anzunehmen, dass der wirtschaftlich abgesicherte Gesellschafter diese Vereinbarung auch mit einer anderen Gesellschaft getroffen hätte, wenn er dadurch nicht riskiert hätte, gänzlich ohne Vergütung arbeiten zu müssen. Letzteres wäre allerdings nur eine Frage der konkreten Fallgestaltung. Wird für den Teil der Pensionszusage, der dem Verhältnis der bereits abgeleisteten Dienstzeit zur gesamten bis zum Pensionsalter zu leistenden Dienstzeit entspricht, die sofortige Unverfallbarkeit vereinbart, so erhält der Geschäftsführer für seine Dienstleistung bereits einen konkreten Gegenwert, der ihm auch verbleibt, wenn er vorzeitig kündigt oder entlassen wird.

Der gleiche Fehler unterläuft dem BFH auch immer wieder in den Fällen eines Durchführungsmangels. Er stellt darauf ab, dass ein an der Gesellschaft nicht beteiligter Geschäftsführer z. B. eine Gehaltsstundung nur bei Vereinbarung einer Sicherung vorgenommen hätte. Dagegen wäre zu prüfen, ob der Geschäftsführer einer Gehaltsstundung bei einer Gesellschaft, an der er nicht beteiligt ist, ebenfalls zugestimmt hätte. Hier wird das Ergebnis sich allerdings häufig nicht ändern.

---

1 Dazu → Rz. 3697.
2 Dazu → Rz. 3102, → Rz. 3553, → Rz. 4006.
3 Vgl. → Rz. 3044 ff., → Rz. 3102.
4 BFH, Urteil v. 28.11.2001 - I R 44/00, BFH/NV 2002, 543, 544 = NWB GAAAB-68114; v. 15.12.2004 - I R 32/04, BFH/NV 2005, 1374 = NWB SAAAB-53689.
5 Vgl. auch *Janssen*, NWB 2010, 3455, 3461.

428–435 (Einstweilen frei)

(2) Rechtsfolge

Allgemein

436 Der BFH folgert aus dem Nichtbestehen des zweiten Teils des Fremdvergleichs der hier besprochenen Erweiterung sogleich das Vorliegen einer vGA in voller Höhe.[1] Dies verstößt gegen seine eigene Rspr. und hat dadurch nachhaltige Missverständnisse ausgelöst. Die Rechtsfolgen aus dem Nichtbestehen der zweiten Stufe des Drittvergleichs werden daher hier für die beiden o. g. häufigsten Fälle der Anwendung dieser zweiten Stufe – der Nur-Pensionszusage und der vGA wegen eines Durchführungsmangels – dargestellt.

437 Durch die neue Rspr. erhebt sich jedoch zunächst die Frage, ob bei Einräumung eines wirtschaftlichen Vorteils durch den Gesellschafter für die Gesellschaft z. B. durch ein zu niedriges Gehalt, eine zu geringe Tantieme usw. stets eine vGA in Höhe des gesamten gezahlten Gehaltes anzunehmen ist.[2] Eine solche Annahme würde dazu führen, dass fortan GesGf stets den vollen Gehaltsrahmen ausreizen oder – sicherheitshalber – gar überschreiten müssten, da bei einem zu hohen Gehalt nur der überhöhte Teil vGA ist, bei einem zu niedrigen Gehalt aber nach der neuen Rspr. das gesamte Gehalt als vGA anzusehen wäre. Schließlich ist auch bei einem zu niedrigen Gehalt davon auszugehen, dass ein fremder Dritter als Geschäftsführer dies nicht akzeptiert hätte. Auch die hier vorgenommene Richtigstellung des zweiten Teils des Drittvergleichs hilft nicht weiter, da nicht davon auszugehen ist, dass der Gesellschafter bei einer Gesellschaft, an der er nicht beteiligt ist, ein zu niedriges Gehalt akzeptiert hätte.

438 Es ist jedoch zu berücksichtigen, dass es dem Gesellschafter nach der Rspr. des BFH freisteht, seine Dienste teilweise auf schuldrechtlicher und teilweise auf gesellschaftsrechtlicher Basis für die Gesellschaft zu erbringen und somit auch auf einen Teil seines Gehaltes zu verzichten, ohne dass dies eine vGA für den verbleibenden Teil des Gehaltes auslöst.[3]

Rechtsfolge bei Nur-Pensionszusage

439 Der BFH geht im Fall der Nur-Pensionszusage davon aus, dass in der Anwartschaftsphase keine Rückstellung gebildet werden darf und zusätzlich in der Leistungsphase alle Auszahlungen vGA darstellen.[4] Richtig wäre es demgegenüber die Pensionszusage anzuerkennen, soweit sie im Rahmen einer zulässigen Gesamtausstattung vereinbart werden könnte. Soweit die Zusage danach nicht anzuerkennen wäre, ist die Annahme einer vGA immer noch nicht gerechtfertigt, vielmehr wäre sie – entsprechend früherer Rechtsprechung – in Arbeitslohn umzuqualifizieren, da die Entgeltlichkeit der Tätigkeit vereinbart worden ist.

> **BEISPIEL:** Die fiktive Jahresnettoprämie für die zugesagte Nur-Pension beträgt 50.000 €. Nach allgemeiner Auffassung wäre eine Gesamtvergütung i. H. v. 120.000 € noch gerade angemessen. Es kann also davon ausgegangen werden, dass der GesGf zulässig auf ein Gehalt von 70.000 € verzichtet hat. Die Pensionszusage ist nun an den Kriterien für Pensionszusagen nach der Rspr. des BFH zu prüfen. Insbesondere wird dabei die Überversorgung[5] zu prüfen sein. Es ist also festzustellen, ob durch die Pensi-

---

1 Siehe → Rz. 424.
2 *Hoffmann*, DStR 1996, 729 und 735.
3 *Wassermeyer*, DStR 1996, 733, unter Verweis auf BFH, Urteil v. 26. 10. 1987 - GrS 2/86, BStBl 1988 II 348 = DStR 1988, 213.
4 BFH, Urteil v. 28. 4. 2010 - I R 78/08, BFH/NV 2010, 1709 = NWB LAAAD-47470; zur abweichenden Auffassung des BMF vgl. → Rz. 3746.
5 Dazu → Rz. 3722 ff.

onszusage maximal ein Anspruch auf eine Pension von (70.000 € × 75 % =) 52.500 € verschafft wird.[1] Wird nicht eines der K.o.-Kriterien für Pensionszusagen wie z. B. die Erdienbarkeit verletzt, so ist danach jedenfalls ein Teil der Pensionszusage keine vGA. Ein entsprechendes Vorgehen ergibt sich auch bei Vereinbarung einer Nur-Tantieme.

Aber auch dies ist letztlich noch nicht zutreffend. Es wird damit nämlich unterstellt, dass der GesGf in einem weiteren Maße zur unentgeltlichen, gesellschaftsrechtlich orientierten Dienstleistung bereit ist, als es tatsächlich der Fall ist. Durch den Vertrag zwischen Gesellschaft und Gesellschafter ist hinreichend zum Ausdruck gebracht, dass der Gesellschafter zu einem Teilbetrag von 50.000 € nur entgeltlich tätig werden will. Wenn nun nach der dargestellten Rspr. sich z. B. erweisen sollte, dass die Pensionszusage nur in Höhe einer fiktiven Jahresnettoprämie von 20.000 € steuerlich nicht anzuerkennen ist, so kann die Differenz von 30.000 € nur in Gehalt, nicht aber in vGA umqualifiziert werden.[2] Nur die Auszahlung in Form einer Pensionszusage ist im Gesellschaftsverhältnis veranlasst, nicht aber die Zahlung selbst. Diese beruht vielmehr nach wie vor auf dem anzuerkennenden schuldrechtlichen Vertrag.

Rechtsfolge bei Durchführungsmängeln

In den Fällen eines Durchführungsmangels greift der BFH gerne wieder auf den Terminus der Ernstlichkeit eines Vertragsabschlusses zurück. Wird der Vertrag nicht wie unter voneinander unabhängigen Dritten durchgeführt, so sei das ein Indiz dafür, dass der Vertrag von Anfang an bzw. (bei Dauerschuldverhältnissen) zumindest zeitweise nicht ernstlich gemeint gewesen sei. Auszahlungen in dem entsprechenden Zeitraum sind daher in voller Höhe vGA. Dies kann letztlich nur daran liegen, dass die Auszahlung nach Ansicht des BFH in dem geschlossenen Vertrag keine Rechtsgrundlage findet, sei es, weil er zivilrechtlich nichtig oder – unabhängig davon – steuerlich unbeachtlich ist, dies wird vom BFH nicht näher dargestellt. Die häufigsten Fälle sind:

▶ Ein Gehalt wird nicht wie vereinbart, sondern in unregelmäßigen Abständen und oft mit jahrelangen Rückständen ausgezahlt;[3]

▶ auf ein Gehalt wird, je nach wirtschaftlicher Lage der Gesellschaft, immer wieder – teils für Jahre – verzichtet;

▶ eine Beratervergütung oder Miete wird zwar als Verbindlichkeit zurückgestellt, aber über Jahre gar nicht ausgezahlt.

Die zivilrechtliche Nichtigkeit kommt in solchen Fällen wohl nicht in Betracht. Es verbleibt also nur anzunehmen, dass die Verträge nach Ansicht des BFH steuerlich unbeachtlich sein sollen. Daher sollen dann alle Zahlungen aufgrund dieser Verträge rechtsgrundlos und mithin vGA sein. Dieses Ergebnis wird jedoch vom Drittvergleich nicht getragen. Es steht nämlich fest, dass ein schuldrechtlicher Vertrag besteht. Dieser ist zivilrechtlich wirksam und muss folglich steuerlich zumindest soweit anerkannt werden, dass akzeptiert wird, dass die erbrachten Leistungen nicht auf gesellschaftsrechtlicher, sondern auf schuldrechtlicher Basis erbracht werden

---

1 A. A. BFH, Urteil v. 9.11.2005 - I R 89/04, BStBl 2008 II 523, wg. Überversorgung.
2 Umdeutung einer Pensionsrückstellung in eine Rückstellung für nicht ausgezahltes Gehalt, vgl. dazu BFH, Urteile v. 10.4.1962 - I 216/60 U, BStBl 1962 III 318; v. 30.11.1966 - I R 111/66, BStBl 1967 III 154; v. 21.2.1974 - I R 160/71, BStBl 1974 II 363.
3 Einschränkend BFH, Urteil v. 20.7.1988 - I R 136/84, BFH/NV 1990, 64 = NWB LAAAB-29617, wenn sich die volle oder teilweise Nichtdurchführbarkeit zwangsläufig aus der Situation der Gesellschaft ergibt und diese sich insbesondere in finanziellen Schwierigkeiten befindet; so auch FG München, Urteil v. 5.5.2011 - 7 K 1349/09, GmbHR 2011, 839 = NWB VAAAD-85217, das aber eine Stundungsvereinbarung als Dokumentation verlangt.

sollen. Es mag natürlich sein, dass sich aus der Durchführung ergibt, dass der schuldrechtliche Vertrag von den Parteien verändert worden ist und diese Änderung dem Drittvergleich nicht standhält. Dann kann sich aber auch nur aus dieser Änderung eine vGA ergeben, d. h.

- ist das Geschäftsführergehalt unregelmäßig, aber gleichwohl vollständig ausgezahlt worden, so mag es sein, dass die unregelmäßige Zahlung dem Drittvergleich nicht standhält. Daraus kann aber nicht geschlossen werden, dass überhaupt keine Zahlung ernsthaft vereinbart war. Die Zahlungen sind dann in dem Rhythmus zu versteuern, in dem sie vereinbart wurden. Wurde also z. B. das Gehalt des Geschäftsführers für 2005 und 2006 im Dezember 2006 in einem Betrag gezahlt, so wären Gesellschaft und Gesellschafter zu behandeln, als ob, entsprechend dem Vertrag, monatliche Zahlungen vorgenommen worden wären. Auf Ebene der Gesellschaft wäre also der Lohnaufwand zur Hälfte in das Jahr 2005 zu verschieben. Das ändert aber nichts daran, dass es sich um Lohnaufwand handelt. Nur die Verschiebung der Auszahlung ist im Gesellschaftsverhältnis veranlasst, nur sie kann daher aufgrund des Drittvergleichs korrigiert werden.[1]

- ist immer wieder auf Gehaltsteile verzichtet worden, so dürfte klar sein, dass der Geschäftsführer dies gegenüber einer Gesellschaft, an der er nicht beteiligt ist, i. d. R. nicht getan hätte.[2] Insoweit fehlt es aber an einer Vermögensminderung bei der Gesellschaft, zumindest wenn der Verzicht vor Fälligkeit des Gehalts erfolgt ist. Deswegen hätte der Geschäftsführer aber auch gegenüber einer fremden Gesellschaft die ausgezahlten Gehälter entsprechend seinem Vertrag kassiert. Sie können also keine vGA darstellen. Eine vGA kann sich also nur ergeben, wenn die Gehälter, auf die verzichtet wurde, dann doch noch gezahlt werden. Das dürfte sogar bei einem Verzicht mit Besserungsklausel gelten, wenn feststeht, dass auch ein solcher gegenüber einer fremden Gesellschaft nicht abgegeben worden wäre.

- wird eine Vergütung jahrelang nicht gezahlt, jedoch von der Gesellschaft als Verbindlichkeit ausgewiesen, so ist zunächst festzustellen, ob voneinander unabhängige Dritte diesen Zahlungsverzug hingenommen hätten. Bei Mietverträgen mag das z. B. durchaus möglich sein, bei Geschäftsführervergütungen hingegen eher nicht. Dann steht fest, dass die Zahlungsverzögerung im Gesellschaftsverhältnis begründet ist. Wiederum darf nur diese korrigiert werden. Bei der Gesellschaft ist durch die Zahlungsverzögerung jedoch keine Vermögensminderung eingetreten, da die Zahlung der Vergütung ertragsneutral zu buchen wäre. Es ergibt sich also keine Änderung. Der Gesellschafter jedoch hat die Vergütung zu versteuern, als ob sie bereits zugeflossen wäre. Dies wird sich allerdings bei beherrschenden Gesellschafter-Geschäftsführern häufig schon aufgrund der vom BFH vorgenommenen Zuflussfiktion bei Fälligkeit einer Vergütung ergeben.[3]

- wird jedoch eine Mietzahlung von der Gesellschaft an den nicht beherrschenden Gesellschafter nicht, wie vereinbart, monatlich entrichtet, sondern in drei Raten im Folgejahr, so ist das lt. FG Berlin-Brandenburg[4] zwar ungewöhnlich, aber nicht zwischen fremden Dritten gänzlich undenkbar, da die mietende Gesellschaft ohne Zweifel zahlungsfähig war. Deswegen soll sie auch den verdoppelten Drittvergleich bestanden haben.

443–450 *(Einstweilen frei)*

---

[1] Ebenso *Meyer-Arndt*, DB 1989, 66, 67; *Bilsdorfer*, BB 1996, 2381, 2387.
[2] Näher → Rz. 3053 ff.
[3] Vgl. dazu → Rz. 562.
[4] FG Brandenburg, Urteil v. 12. 11. 2008 - 12 K 8423/05 B, rkr., EFG 2009, 433.

(3) Kritik

Der BFH hat die Einführung der Verdopplung des Drittvergleichs äußerst spärlich begründet, nämlich lediglich mit dem Hinweis, die Veranlassung im Gesellschaftsverhältnis könne sich auch daraus ergeben, dass ein fremder Dritter als Vertragspartner der für die Gesellschaft vorteilhaften Vereinbarung niemals zugestimmt hätte,[1] bzw. richtig (s. o.), dass der Gesellschafter-Geschäftsführer bei einer Gesellschaft, an der er nicht beteiligt ist, einem solchen Vertragsabschluss nicht zugestimmt hätte.

451

Wassermeyer meint, die Erweiterung des Fremdvergleichs um einen Fremdvergleich aus der Sicht des Gesellschafters sei notwendig, wenn man die Definition der vGA internationalen Standards anpassen wolle, was erforderlich sei, da die internationale Verrechnungspreisproblematik innerstaatlich zumeist über das Rechtsinstitut der vGA gelöst werde.[2] Die OECD schreibe in ihrer Verrechnungspreisrichtlinie vor, dass die Bedingungen so zu gestalten seien, wie sie voneinander unabhängige Unternehmen gestalten würden.[3] Dies zwinge zu der Annahme, dass der Drittvergleich gewissermaßen zu verdoppeln sei und daher nicht nur aus der Sicht der Gesellschaft, sondern auch aus der Sicht des Gesellschafters vorzunehmen sei.

452

Sowohl der BFH als auch Wassermeyer verkennen dabei das Ziel der vGA. Ziel und Zweck der vGA ist es, Ausschüttungen der Gesellschaft an den Gesellschafter, die durch ein anderes Rechtskleid verdeckt werden, aufzudecken und wieder als Ausschüttungen zu versteuern. Es geht also nur um Gewinnausschüttungen und damit nur einseitig um Transferleistungen der Gesellschaft an den Gesellschafter und nicht um ein zweiseitiges Verhältnis, wie es bei Geschäftsbeziehungen ist, die Gegenstand der Verrechnungspreisrichtlinie sind. Anders als bei § 1 AStG oder § 9 OECD-MA ist also das Schutzobjekt des § 8 Abs. 3 KStG nur einseitig in der Besteuerung der Körperschaft zu sehen und nicht zudem auch in den Interessen des Dritten.[4] Anders gewendet kann man sagen, dass der Drittvergleich zwar das wichtigste Tatbestandsmerkmal des § 8 Abs. 3 KStG ist, dass aber nicht jeder nicht bestandene Drittvergleich gleich zur vGA führt, sondern nur solche, die einen Nachteil für die Gesellschaft indizieren.[5] Das ist aber gerade bei den hier relevanten Fällen nicht gegeben. Es erscheint schlicht widersinnig, bei einer Gesellschaft, die erfolgreich die berechtigten Ansprüche ihres Gesellschafter-Geschäftsführers reduzieren konnte, die verbleibenden Zahlungen auch noch zum Gewinn hinzuzurechnen, wie es in den Fällen mangelnder Durchführung oder auch der Nur-Pensionszusage regelmäßig geschieht. Dagegen sprechen auch nicht die Überlegungen zu Nur-Pensionen – ein Geschäftsführer werde sich niemals auf eine Nur-Pension einlassen, da er dann das Risiko eingehe, für seine Tätigkeit gar keine Vergütung zu erhalten.[6] Das mag sein, der Geschäftsführer als Vertragspartner gehört aber entsprechend der vorstehenden Darlegung nicht zum Schutzbereich des § 8 Abs. 3 KStG, so dass die möglichen Nachteile einer solchen Vereinbarung für ihn bei der Besteuerung der vGA schlicht irrelevant sind.

453

---

[1] BFH, Urteil v. 17. 5. 1995 - I R 147/93, BStBl 1996 II 204.
[2] *Wassermeyer*, GmbHR 1998, 157, 161.
[3] *Wassermeyer*, GmbHR 1998, 157, 162, mit wörtlichem Zitat.
[4] Ebenso *Frotscher*/Maas, Anhang zu § 8 Rz. 189, 191; *Gosch*/Gosch § 8 Rz. 361; jetzt auch FG Berlin-Brandenburg, Urteil v. 12. 11. 2008 - 12 K 8423/05 B, rkr., EFG 2009, 433.
[5] Ähnlich BFH, Urteil v. 21. 2. 1974 - I R 160/71, BStBl 1974 II 363.
[6] BFH, Urteil v. 17. 5. 1995 - I R 147/93, BStBl 1996 II 204.

454 Immerhin hat der BFH in seiner neuesten Rechtsprechung die Verdopplung des Drittvergleichs zur Annahme einer vGA bei Nur-Pensionen nicht mehr verwendet.[1] Ob sich damit schon eine Aufgabe dieser Verdopplung ankündigt,[2] bleibt jedoch offen.

455 Die Verdopplung des Drittvergleichs ist daher unsystematisch und überflüssig und mithin im Bereich der vGA verzichtbar.

456–460 *(Einstweilen frei)*

e) Umfang der Veranlassung

461 Steht nach einem Drittvergleich fest, dass eine Handlung im Gesellschaftsverhältnis veranlasst ist, so muss dies nicht die einzige und nicht einmal die entscheidende Veranlassung sein. Fraglich ist also wie Fälle einer gemischten Veranlassung zu entscheiden sind. Die Frage taucht selten auf, die Rechtsprechung vermittelt daher kein einheitliches Bild:

- In seiner Entscheidung v. 20.8.2008[3] spricht der BFH von einer gefestigten Rechtsprechung nach der für den Tatbestand der vGA eine Mitveranlassung durch das Gesellschaftsverhältnis ausreiche. Er verweist dabei auf zwei Urteile, von denen eines genau gegensätzlich tenoriert.[4]

- In der Entscheidung v. 14.7.2004 hat der BFH entschieden, dass eine Feier mit 2 650 Personen, von denen 2 580 Angestellte der GmbH und ca. 70 örtliche Geschäftsleute und Bekannte des Gesellschafter-Geschäftsführers waren, in einer Messehalle zum 50. Geburtstag des Gesellschafter-Geschäftsführers nicht betrieblich ist, weil auf dem persönlichen Kopfbogen des Gesellschafter-Geschäftsführers eingeladen wurde und das in diesem Betrieb übliche einmal jährliche Betriebsfest wenige Wochen später zusätzlich stattfand. Die Kosten sollen daher vGA sein.[5] Zur tatsächlich unnötig restriktiven Rechtsprechung bei Geburtstagsfeiern von Gesellschafter-Geschäftsführern vgl. Stichwort: Geburtstagsfeier.

- In der Entscheidung v. 6.4.2005[6] entschied der BFH, dass die Übernahme von Reisekosten für den Gesellschafter-Geschäftsführer durch die Gesellschaft vGA ist, wenn die Reise durch private Interessen des Gesellschafter-Geschäftsführers veranlasst oder in nicht nur untergeordnetem Maße mitveranlasst ist. Dies sei nach dem Maßstab des § 12 EStG festzustellen.

462 Mit der vorgenannten Entscheidung hat der BFH also, anders als in der Entscheidung v. 20.8.2008 dargestellt, entschieden, dass eine untergeordnete private Mitveranlassung den betrieblichen Charakter einer Reise nicht zu beeinträchtigen vermag.[7] Der Maßstab des § 12 EStG ist dabei allerdings ein strenger Maßstab, der eigentlich im KStG keine Anwendung findet.[8]

---

[1] BFH, Urteil v. 9.11.2005 - I R 89/04, FR 2006, 173 = NWB NAAAB-73112.
[2] So wohl *Pezzer*, FR 2006, 176.
[3] BFH, Urteil v. 20.8.2008 - I R 19/07, BStBl 2011 II 60; vgl. → Rz. 3549 f.
[4] Daher war das Urteil v. 6.4.2005 - I R 86/04, BStBl 2005 II 666, von der Vorinstanz zur Entscheidung v. 20.8.2008 auch für die (aufgehobene) gegenteilige Ansicht als Beleg herangezogen worden, vgl. FG Münster, Urteil v. 3.11.2006 - 9 K 1100/03 K - F, EFG 2007, 539.
[5] BFH, Urteil v. 14.7.2004 - I R 57/03, BStBl 2011 II 285.
[6] BFH, Urteil v. 6.4.2005 - I R 86/04, BStBl 2005 II 666.
[7] Zum Ganzen näher Stichwort: Reisen → Rz. 3826 ff.
[8] So die frühere Rechtsprechung, vgl. BFH, Urteil v. 7.7.1976 - I R 180/74, BStBl 1976 II 753, von der die Entscheidung v. 6.4.2005 ohne Begründung abweicht.

Die vorgenannten Entscheidungen zeigen daher zweierlei: 463

▶ anders als die Einkommensteuersenate ist der I. Senat des BFH nicht bereit bei einer gemischten Veranlassung aufzuteilen und nur einen Teil der Kosten als vGA anzusehen, einen anderen Teil aber als betriebliche Kosten.[1]

▶ bei der gemischten Veranlassung ist nur auf eine der Ursachen für eine Handlung abzustellen. Dabei kommt es nicht auf ein Überwiegen einer Veranlassung an (etwa i. S. einer 50 %-Grenze), vielmehr ist stets die gesellschaftsrechtliche Veranlassung ausschlaggebend, solange sie nicht von gänzlich untergeordneter Bedeutung ist. Dabei definiert der BFH die gänzlich untergeordnete Bedeutung nicht, macht aber klar, dass er strenge Anforderung daran stellen will.

Vgl. zur gesamten Problematik die Abgrenzung von Spenden zu vGA → Rz. 1842 ff.

(Einstweilen frei) 464–470

f) Veranlassung im Gesellschaftsverhältnis für beherrschende Gesellschafter

In dem Fall eines beherrschenden Gesellschafters fehlt es an einem echten Interessengegensatz, da das Handeln der KapGes vom Willen des beherrschenden Gesellschafters abhängig ist. Dieser hat es deshalb in der Hand, Gewinne in verdeckter Form als Betriebsausgaben „auszuschütten". Dem soll durch die zusätzlichen Voraussetzungen zur steuerlichen Anerkennung von Vereinbarungen zwischen KapGes und beherrschendem Gesellschafter, die neben den zuvor dargestellten Drittvergleichskomponenten treten, entgegengewirkt werden. Als zusätzliche Voraussetzungen werden gefordert: 471

▶ Nachweis, dass schuldrechtliche Vereinbarung überhaupt besteht,
▶ Zivilrechtliche Wirksamkeit,
▶ Im Voraus getroffene Vereinbarung, Rückwirkungs- bzw. Nachzahlungsverbot,
▶ Klar und eindeutig bestimmte Vereinbarung, über „Ob" und „Höhe" des Entgelts,
▶ Tatsächliche Durchführung der Vereinbarung.

aa) Beherrschender Gesellschafter

Für die beherrschende Stellung sind mehrere Möglichkeiten denkbar: 472

1. Möglichkeit:	Mehrheit der Stimmrechte
	(ggf. auch über zusätzliche mittelbare Beteiligung)
2. Möglichkeit:	mehrere AE mit gleichgerichteten Interessen haben durch Zusammenwirken die Mehrheit der Stimmrechte
3. Möglichkeit:	aufgrund sonstiger Vereinbarung

Für die Beherrschung einer KapGes ist im Regelfall eine Beteiligung am Stamm- oder Grundkapital von mehr als 50 % erforderlich (**Mehrheit der Stimmrechte**), so dass der Gesellschafter entscheidenden Einfluss ausüben kann,[2] weil nur bei einer Mehrheitsbeteiligung Gesellschaf-

---

[1] Zur Einkommensteuer vgl. dazu Stichwort: Reisen → Rz. 3826 ff.
[2] BFH, Urteil v. 23. 9. 2008 - I R 62/07, BFH/NV 2009, 297 = NWB BAAAD-02205; 50 % Anteile und die Stimmrechte der übrigen Anteile als Testamentsvollstrecker; v. 5. 10. 2004 - VIII R 9/03, BFH/NV 2005, 526 = NWB MAAAB-40857; v. 9. 4. 1997 - I R 52/96, BFH/NV 1997, 808 = NWB MAAAB-38959; v. 13. 12. 1989 - I R 99/87, BStBl 1990 II 454; v. 21. 10. 1981 - I R 230/78, BStBl 1982 II 139.

terbeschlüsse i. S. d. Mehrheitsgesellschafters erzwungen werden können (§ 47 GmbHG). Eine **mittelbare Beteiligung** ist allerdings ebenfalls ausreichend, sofern die vermittelnde Gesellschaft beherrscht wird.[1] Diese Beherrschung der vermittelnden Gesellschaft kann, ebenso wie die Beherrschung der beherrschten Gesellschaft durch mehrere mit gleichgerichteten Interessen verbundene Gesellschafter erfolgen.[2]

> **BEISPIEL:** A, B und C sind Gesellschafter-Geschäftsführer der ABC-GmbH. Sie wollen dort ihr Gehalt rückwirkend erhöhen. Da jeder von ihnen nur 5 % an der ABC-GmbH hält halten sie sich für Minderheitsgesellschafter und das Rückwirkungsverbot deswegen für nicht anwendbar. Die verbleibenden 85 % an der ABC-GmbH werden von der D-GmbH gehalten. An dieser sind A, B und C zu je $^1/_3$ beteiligt. Keiner von ihnen beherrscht daher die D-GmbH. Da aber ihre Interessen bei der ABC-GmbH gleichgerichtet sind und sie zusammen auch die D-GmbH beherrschen, sind sie bei der ABC-GmbH alle drei als beherrschende Gesellschafter anzusehen mit der Folge, dass für alle drei das Rückwirkungsverbot gilt.

473 Ausnahmsweise ist allerdings eine **geringere Beteiligung** ausreichend, wenn die steuerliche Anerkennung einer Vereinbarung von einer Abänderungsmöglichkeit abhängt und der Gesellschafter mit seiner Beteiligung die Abänderung blockieren kann.[3]

474 Eine Beteiligung des GesGf von **50 % und weniger** an einer KapGes reicht grundsätzlich nicht aus, um dem GesGf den beherrschenden Einfluss einzuräumen. Gleichwohl kann jedoch ein GesGf bei einer Beteiligung von nur 50 % oder darunter dann einen ins Gewicht fallenden Einfluss ausüben, wenn z. B. zwei zu je 50 % beteiligte GesGf oder mehrere Minderheitsgesellschafter „zusammenwirken", weil die Interessen der GesGf in die gleiche Richtung gehen.[4] Ist die Gleichrichtung der Interessen gegeben, so erfolgt eine Zusammenrechnung aller davon betroffenen Anteile, nicht nur derjenigen, die zur Überschreitung der 50 %-Grenze notwendig sind.

> **BEISPIEL:** Anteilsinhaber der ABC-GmbH sind A mit 40 % und B und C mit jeweils 30 %. A und B sind Geschäftsführer. Das Gehalt von A und B wird rückwirkend erhöht. Lt. Satzung der GmbH ist für den Abschluss/Änderung von Anstellungsverträgen die einfache Mehrheit (> 50 %) der Stimmrechte erforderlich.
>
> **LÖSUNG:** Weder A noch B haben alleine einen beherrschenden Einfluss. Hinsichtlich der Gehaltserhöhung haben A und B jedoch gleichgerichtete Interessen. Sie werden für diesen Beschluss als beherrschende Personengruppe angesehen, die Stimmrechte werden zusammengerechnet. Die rückwirkende Gehaltserhöhung führt daher zu einer vGA.

475 Andererseits kann eine Beherrschung im Ausnahmefall trotz einer Beteiligung von **mehr als 50 %** zu verneinen sein, wenn z. B. Gesellschafterbeschlüsse nur einstimmig gefasst werden dürfen. Nicht ausreichend ist es aber, wenn die Mitgesellschafter lediglich aufgrund ihrer Fachkenntnisse im Bereich der wirtschaftlichen Tätigkeit der Gesellschaft Druck auf den beherr-

---

1 BFH, Urteil v. 13. 12. 1989 - I R 45/84, BFH/NV 1990, 455 = NWB CAAAB-30893; Thüringer FG, Urteil v. 16. 10. 2003 - II 620/00, rkr., EFG 2004, 594, 595.
2 Thüringer FG, Urteil v. 16. 10. 2003 - II 620/00, a. a. O., zu gleichgerichteten Interessen vgl. → Rz. 474.
3 BFH, Urteil v. 15. 3. 2000 - I R 74/99, BStBl 2000 II 547, mit Anm. *Buciek*.
4 BFH, Urteil v. 20. 10. 2004 - I R 4/04, BFH/NV 2005, 723 = NWB RAAAB-44185; v. 10. 7. 2002 - I R 37/01, BStBl 2003 II 418; v. 26. 7. 1978 - I R 138/76, BStBl 1978 II 659; v. 23. 1. 1980 - I R 12/77, BStBl 1980 II 304; v. 11. 12. 1985 - I R 164/82, BStBl 1986 II 469; v. 29. 4. 1987 - I R 192/82, BStBl 1987 II 797; v. 23. 1. 1991 - I R 113/88, BStBl 1991 II 379; v. 4. 12. 1991 - I R 63/90, BStBl 1992 II 362; v. 10. 3. 1993 - I R 51/92, BStBl 1993 II 635, ebenso für ESt: BFH, Urteil v. 18. 12. 2001 - VIII R 69/98, BStBl 2002 II 353.

schenden Gesellschafter ausüben können. Vielmehr muss dafür die Möglichkeit der Einflussnahme auf sein Stimmrecht gegeben sein.[1]

Es kommt für die Beurteilung der beherrschenden Stellung bei Leistungen, die aufgrund eines Vertrages bewirkt werden, auf die Stellung im **Zeitpunkt** des Vertragsabschlusses an.[2] Daher ist es für die Beurteilung solcher Leistungen als vGA unerheblich, wenn ein beherrschender Gesellschafter nach Vertragsabschluss seine **beherrschende Stellung** oder gar seine Gesellschafterstellung durch Anteilsveräußerung **verliert** oder umgekehrt, ein bis dahin nicht beherrschender Gesellschafter oder ein Nichtgesellschafter nun beherrschender Gesellschafter wird. Daher ist es z. B. im Falle einer Pensionszusage, die als vGA anzusehen ist, unerheblich, wenn im Zeitpunkt der Auszahlung der Pension die Gesellschafterstellung nicht mehr besteht. Zudem verlieren die nachträglichen Leistungen an den Gesellschafter ihre Eigenschaft als verdeckt verteilter Gewinn in den Fällen, in denen die vGA in fortlaufenden Leistungen (z. B. Pensionszahlungen) besteht, auch nicht dadurch, dass das Recht auf die Leistung an einen Dritten **abgetreten** wird.[3]

(Einstweilen frei)

bb) Nachweis der schuldrechtlichen Vereinbarung

Aus steuerlicher Sicht ist eine bestimmte Form für die Vereinbarung ist nicht vorgeschrieben. Da die Vereinbarung jedoch „klar und eindeutig" sein und auch der Zeitpunkt des Abschlusses feststehen muss, geht jede Unklarheit über Inhalt und Abschlussdatum, die auch nicht durch juristische Auslegung beseitigt werden kann, zulasten des Steuerpflichtigen. Aus Beweisgründen ist immer zu empfehlen, Vereinbarungen **schriftlich** abzuschließen. Lassen sich Inhalt und Abschlussdatum auf andere Weise klar und eindeutig nachweisen, genügt auch eine mündliche Vereinbarung.[4] Ob der Inhalt einer mündlichen Vereinbarung klar und eindeutig bewiesen ist, entscheidet das Finanzgericht in freier Beweiswürdigung.[5] Seine Entscheidung ist, wenn sie nicht gegen Denkgesetze verstoßen, nicht revisibel (§ 118 Abs. 2 FGO). Daher wird eine Berufung lediglich auf einen gesetzlich begründeten Anspruch, den Nachweis einer zivilrechtlichen Vereinbarung nicht ersetzen können.

Bei **Dauerschuldverhältnissen** (Miete, Pacht, Darlehen, Arbeitsverhältnis) kann das tatsächliche Verhalten Beweisanzeichen für das Bestehen einer Vereinbarung sein. Hier besteht ein enger zeitlicher Zusammenhang zwischen Leistung und Gegenleistung. Daraus kann geschlossen werden, dass die Leistung nur erbracht wird, um die Gegenleistung zu erhalten, dass also dem tatsächlichen Verhalten eine (mündliche) Vereinbarung zugrunde liegt oder dass durch das Verhalten eine ohne wirksame Vertretungsmacht abgeschlossene Vereinbarung genehmigt

---

1 BFH, Urteil v. 5. 10. 2004 - VIII R 9/03, BFH/NV 2005, 526 = NWB MAAAB-40857.
2 BFH, Urteil v. 23. 1. 1980 - I R 12/77, BStBl 1980 II 304; v. 22. 6. 1977 - I R 171/74, BStBl 1978 II 33; v. 21. 7. 1976 - I R 223/74, BStBl 1976 II 734; v. 30. 7. 1975 - I R 110/72, BStBl 1976 II 74; v. 3. 4. 1974 - I R 241/71, BStBl 1974 II 497; v. 22. 4. 1971 - I R 114/70, BStBl 1971 II 600; v. 19. 2. 1970 - I R 24/67, BStBl 1970 II 442; v. 29. 5. 1996 - I R 70/95, BFH/NV 1997, 65 = NWB YAAAB-38018; v. 11. 2. 1997 - I R 43/96, BFH/NV 1997, 806 = NWB YAAAB-38955.
3 BFH, Urteil v. 22. 6. 1977 - I R 171/74, BStBl 1978 II 33; RFH, Urteil v. 12. 11. 1931 - I A 495/30, RStBl 1932, 60; v. 15. 11. 1932 - I A 124/32, RStBl 1932, 1145.
4 Vgl. BFH, Urteil v. 19. 3. 1969 - I R 31/67, BStBl 1969 II 497; v. 18. 5. 1972 - I R 165/70, BStBl 1972 II 721; v. 24. 1. 1990 - I R 157/86, BStBl 1990 II 645.
5 Vgl. BFH, Urteil v. 27. 2. 1985 - I R 187/81, BFH/NV 1986, 430 = NWB SAAAB-28057.

wird.[1] Weiter kann aus dem tatsächlichen Verhalten geschlossen werden, dass die mündliche Vereinbarung klar und eindeutig ist, dass sie also objektiv so zu verstehen ist, wie die Parteien sie durchgeführt haben. Es handelt sich aber nur um ein Beweisanzeichen, nicht um eine unwiderlegbare Vermutung. Es liegt daher nur dann keine verdeckte Gewinnausschüttung vor, wenn das Finanzgericht aufgrund des tatsächlichen Verhaltens die Überzeugung gewonnen hat, dass dem tatsächlichen Verhalten eine mündliche Vereinbarung zugrunde liegt.[2]

485 Zum Nachweis der schuldrechtlichen Vereinbarung bietet sich folgendes Prüfschema an.

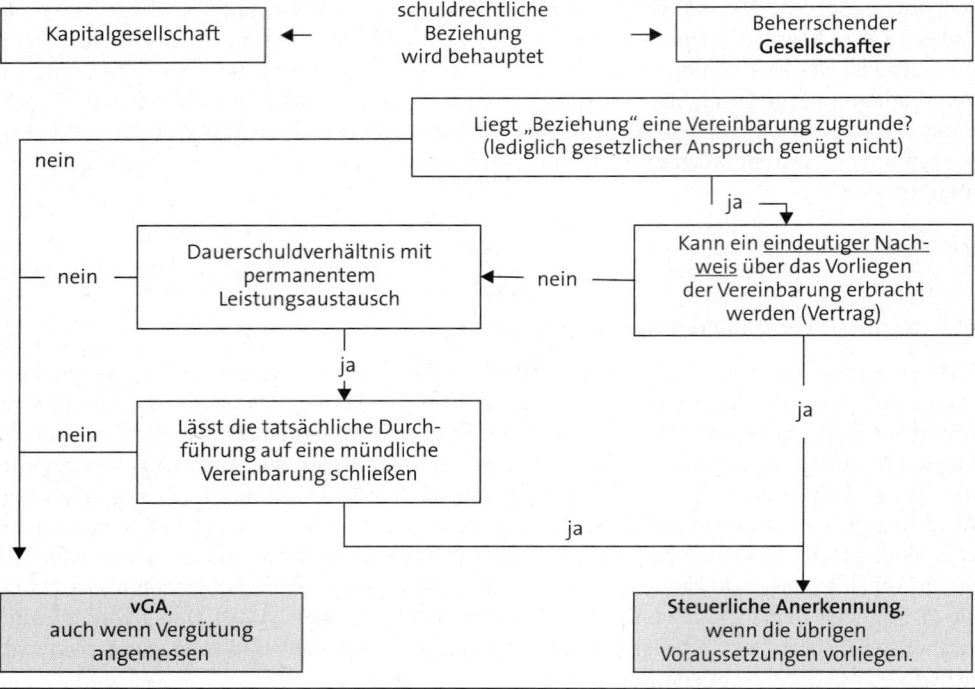

cc) Zivilrechtliche Wirksamkeit

486 Die Vereinbarungen mit dem beherrschenden Gesellschafter müssen **zivilrechtlich wirksam**[3] sein, ansonsten sollen sie auch steuerlich – trotz der Bestimmung des § 41 AO – unbeachtlich sein. Allgemein ist hier vor allem an folgende Punkte zu denken:

▶ Zivilrechtliche Zuständigkeitsregelungen müssen beachtet werden.

▶ Zivilrechtliche Formerfordernisse müssen eingehalten werden.

▶ Zu beachten sind hier gesetzlich od. vertraglich angeordnete Schriftform (§§ 125 ff. BGB); notarielle Beurkundung.

---

1 Vgl. BFH, Urteil v. 24.1.1990 - I R 157/86, BStBl 1990 II 645; v. 29.7.1992 - I R 18/91, BStBl 1993 II 139; v. 17.10.1990 - I R 47/87, BFH/NV 1991, 773 = NWB MAAAB-31600; v. 31.5.1995 - I R 64/94, BStBl 1996 II 246; FG Düsseldorf, Urteil v. 11.1.1994 - 6 K 562/90, EFG 1994, 680; *Meier*, GmbHR 1991, 70.
2 BFH, Urteil v. 4.12.1991 - I R 63/90, BStBl 1992 II 362.
3 Siehe z. B. BFH, Urteil v. 23.2.2005 - I R 70/04, BStBl 2005 II 882; FG München, Urteil v. 5.5.2011 - 7 K 1349/09, GmbHR 2011, 839 = NWB VAAAD-85217; FG Hamburg, Urteil v. 12.12.2011 - 6 K 140/10, NWB AAAAE-02652.

- Das zivilrechtliche Selbstkontrahierungsverbot (§ 181 BGB) ist zu beachten. Die Befreiung kann in der Satzung i.V. m. der HR-Eintragung erfolgen, auch ist eine nachträgliche Genehmigung nach HR-Eintragung möglich.[1]
- Bei Einbeziehung minderjähriger Kinder sind die zivilrechtlichen Regelungen über die Vertretung minderjähriger Kinder, die Bestellung eines Ergänzungspflegers und die Genehmigungsvorbehalte des Vormundschaftsgerichts zu beachten.

Diese Voraussetzung ist jedoch vom BFH inzwischen in mehrfacher Hinsicht **abgemildert** worden:

- Soweit den Vertragspartnern die Nichtbeachtung einer zivilrechtlichen Vorschrift nicht angelastet werden kann und sie zeitnah nach Erkennen der Unwirksamkeit den **Mangel beseitigt** haben, ist das Rechtsgeschäft auch für die Vergangenheit steuerlich anzuerkennen.[2]
- Die **Erklärungen** der Vertragsparteien sind **auszulegen**[3] und insbesondere bei Dauerschuldverhältnissen aus dem tatsächlich Verwirklichten zurückzuschließen.
- Die Befreiung vom **Selbstkontrahierungsverbot** entfaltet inzwischen auch steuerlich Rückwirkung.[4]

(Einstweilen frei)

dd) Nachzahlungs- bzw. Rückwirkungsverbot (Vereinbarung im Vorhinein)

Das ebenfalls nur für Vereinbarungen der Kapitalgesellschaft mit beherrschenden Gesellschaftern geltende Nachzahlungs- oder Rückwirkungsverbot bestimmt, dass für alle schuldrechtlich begründeten Zahlungen der Gesellschaft an den beherrschenden Gesellschafter die **schuldrechtliche Vereinbarung im Vorhinein** getroffen werden muss.[5] Ziel dieser Voraussetzung ist es, nachträgliche Gewinnmanipulationen „dem Grunde nach" zu verhindern. Wird die schuldrechtliche Vereinbarung erst nach Durchführung des Geschäfts getroffen, so gelten die Zahlungen, auch wenn sie erst nach Abschluss der Vereinbarung erfolgt sind, als vGA.[6] Eine unzulässige rückwirkende Vereinbarung liegt insoweit vor, als im Zeitpunkt der Vereinbarung die Leistung des Gesellschafters an die KapGes bereits erbracht ist. Unabhängig davon, ob die Vergütung der Höhe nach angemessen ist, sind solche Vereinbarungen nicht anzuerkennen. Dies gilt auch, soweit dem beherrschenden Gesellschafter für erbrachte Leistungen im laufenden Wirtschaftsjahr eine Nachzahlung gewährt wird.[7]

Soweit die Regelung auch für die Zukunft wirkt, ist sie jedoch steuerlich wirksam.

---

1 BFH, Urteil v. 5.10.1997 - IV R 47/90, NV 1997, 757; *Keßler* in Daumke/Keßler/Perbey, 5. Aufl. 2016, Rz. 583 m. w. N.
2 BFH, Urteil v. 13.7.1999 - VIII R 29/97, BStBl 2000 II 386.
3 BFH, Urteil v. 24.3.1999 - I R 20/98, BFH/NV 1999, 1566 = NWB WAAAA-97468; v. 4.12.1991 - I R 63/90, BStBl 1992 II 362; v. 15.10.1995 - I R 9/95, BStBl 1997 II 703; v. 11.2.1997 - I R 43/96, BFH/NV 1997, 806 = NWB YAAAB-38955; v. 9.4.1997 - I R 52/96, BFH/NV 1997, 808 = NWB MAAAB-38959; v. 22.10.1998 - I R 29/98, BFH/NV 1999, 972 = NWB RAAAA-63035; v. 4.12.1991 - I R 63/90, BStBl 1992 II 362; vgl. dazu → Rz. 3049.
4 Vgl. dazu BFH, Urteil v. 23.10.1996 - I R 71/95, BStBl 1999 II 35; s. dazu *Hoffmann*, DB 1997, 444; ebenso BFH, Urteil v. 3.12.1996 - I R 121/95, BFH/NV 1997, 265 = NWB VAAAB-38006; v. 11.2.1997 - I R 58/96, BFH/NV 1997, 803 = NWB JAAAB-38960.
5 Siehe z. B. BFH, Urteil v. 23.2.2005 - I R 70/04, BStBl 2005 II 882.
6 FG Hamburg, Urteil v. 17.3.1997 - II 147/95, EFG 1997, 1051.
7 Vgl. H 8.5 III. (- Rückwirkende Vereinbarung) KStH.

BEISPIEL: Bewilligung von Weihnachtsgeld am 1. 7. für das laufende Jahr, mit der Folge, dass 50 % des Weihnachtsgeldes als vGA zu beurteilen sind.

Da die KSt, wie die ESt, jeweils erst mit Ablauf eines Kalenderjahres entsteht, könnte man davon ausgehen, dass vertragliche Vereinbarungen abgeschlossen wurden, soweit sie bis zum Ende des Jahres, für welches sie getroffen werden, nicht als rückwirkende Vereinbarungen gelten. Der BFH entschied jedoch, dass hier eine **taggenaue Anwendung** zu erfolgen hat.[1] Es genügt auch nicht, dass das erhöhte Gehalt sofort tatsächlich gezahlt wird.[2]

492 **Fehlt es an einer im Voraus getroffenen Vereinbarung**, so liegt bei einem beherrschenden Gesellschafter grundsätzlich vGA vor,[3] ohne dass es darauf ankäme, wie der ordentliche und gewissenhafte Geschäftsleiter gehandelt hätte, und ob die Leistungen der KapGes der Höhe nach angemessen sind. Der BFH spricht hier allerdings nur von einem **Indiz für eine vGA**,[4] so dass auch bei Verletzung des Nachzahlungsverbots im Einzelfall die Möglichkeit der Widerlegung des Indizes bestehen muss. Keine Verletzung des Nachzahlungsverbots liegt vor, wenn der Gesellschafter nach einem **Darlehensverzicht mit Besserungsschein** im Fall des Eintritts der Besserung auch für die zurückliegende Zeit Zinsen auf sein Darlehen erhält.[5]

ee) Klare und eindeutige Vereinbarungen

493 Ist ein Gesellschafter beherrschend, so müssen Leistungen an ihn u. a. klar und eindeutig vereinbart sein.[6] Diese Voraussetzung bezweckt, nachträgliche Gewinnmanipulationen „der Höhe nach" zu vermeiden. Allgemein gilt, es muss klar und eindeutig bestimmt sein, ob und in welcher Höhe, laufend oder einmalig ein Entgelt gezahlt wird. Dies gilt auch für **Gründungsgesellschaften**[7] und für **Änderungen bestehender Vereinbarungen**, z. B. Gehaltserhöhungen.[8] Selbst wenn die Zusage, z. B. einer Prämie für besonders gute Leistungen unter Dritten nicht im Vorhinein üblich ist, kann lt. BFH auf diese Anforderung beim beherrschenden Gesellschafter-Geschäftsführer nicht verzichtet werden.[9] Das Erfordernis der eindeutigen und klaren Vereinbarung im Vorhinein gilt ferner auch für **Aufwendungsersatzansprüche** des Gesellschafter-Geschäftsführers.[10] Dies gilt insbesondere dann, wenn der Aufwendungsersatz ohne Einzelnachweis erfolgt, soweit es sich nicht um den Ersatz von überraschenden oder von Bagatellaufwen-

---

1 BFH, Urteil v. 29. 11. 1967 - I 96/64, BStBl 1968 II 234; v. 11. 12. 1991 - I R 49/90, BStBl 1992 II 434.
2 BFH, Urteil v. 18. 5. 1972 - I R 165/70, BStBl 1972 II 721; entgegen FG Münster, Urteil v. 4. 12. 1969 - I 586/68 K, EFG 1970, 301.
3 BFH, Urteil v. 22. 2. 1989 - I R 9/85, BStBl 1989 II 631; v. 24. 5. 1989 - I R 63/82, BStBl 1989 II 590.
4 BFH, Urteil v. 4. 12. 1996 - I R 54/95, NWB YAAAA-96773; v. 23. 2. 2005 - I R 70/04, BStBl 2005 II 882.
5 Vgl. BMF, Schreiben v. 2. 12. 2003, BStBl 2003 I 648.
6 BFH, Urteil v. 23. 2. 2005 - I R 70/04, BStBl 2005 II 882; v. 5. 10. 2004 - VIII R 9/03, BFH/NV 2005, 526 = NWB MAAAB-40857; v. 13. 11. 1996 - I R 149/94, NWB EAAAA-96771; v. 23. 10. 1996 - I R 71/95, BStBl 1999 II 35; v. 24. 7. 1996 - I R 115/95, BStBl 1997 II 138; v. 10. 7. 1996 - I R 108–109/95, BStBl 1997 II 230; v. 13. 11. 1996 - I R 53/95, BFH/NV 1997, 622 = NWB UAAAB-38015; v. 11. 6. 1996 - I R 97/95, NWB NAAAA-96768; v. 6. 12. 1995 - I R 88/94, BStBl 1996 II 383; v. 12. 10. 1995 - I R 127/94, NWB OAAAA-96759; v. 2. 2. 1994 - I R 78/92, BStBl 1994 II 479. Nach Ansicht von *Alber*, GStB 2002, 32, gilt dieses Merkmal auch für nicht beherrschende Gesellschafter-Geschäftsführer.
7 BFH, Urteil v. 16. 12. 1992 - I R 2/92, BStBl 1993 II 455; v. 20. 10. 1982 - I R 118/78, BStBl 1983 II 247.
8 BFH, Urteil v. 2. 3. 1988 - I R 63/82, BStBl 1988 II 590; v. 22. 2. 1989 - I R 9/85, BStBl 1989 II 631; v. 24. 1. 1990 - I R 157/86, BStBl 1990 II 645; v. 11. 12. 1991 - I R 49/90, BStBl 1992 II 434; v. 27. 10. 1992 - VIII R 41/89, BStBl 1993 II 569; v. 5. 10. 1994 - I R 50/94, BStBl 1995 II 549; v. 30. 8. 1995 - I R 155/94, NWB EAAAA-96758; v. 13. 11. 1996 - I R 53/95, BFH/NV 1997, 622 = NWB UAAAB-38015.
9 BFH, Urteil v. 15. 9. 2004 - I R 62/03, BStBl 2005 II 176; a. A. *Gosch/Gosch*, § 8 Rz. 799.
10 BFH, Urteil v. 3. 11. 1976 - I R 98/75, BStBl 1977 II 172; v. 2. 3. 1988 - I R 63/82, BStBl 1988 II 590; v. 15. 10. 1997 - I R 19/97, BFH/NV 1998, 746 = NWB FAAAB-38944; v. 5. 10. 2004 - VIII R 9/03, BFH/NV 2005, 526 = NWB MAAAB-40857.

dungen handelt[1] oder um Aufwendungen, die ihrer Art nach üblich sind.[2] Bei Vereinbarungen über Sondervergütungen (z. B. Gewinntantiemen, Weihnachtsgeld etc.) muss die Bemessungsrundlage (Prozentsatz, Höchst-/Mindestbetrag etc.) so genau bestimmt sein, dass sich die Höhe der Vergütung allein durch Rechenvorgänge ermitteln lässt. Insbesondere darf sich die Vergütungshöhe nicht erst in Abhängigkeit von weiteren Ermessensentscheidungen seitens der Geschäftsführung oder Gesellschafterversammlung bestimmen lassen.[3]

Gesetzliche Ansprüche sind dagegen steuerlich auch dann anzuerkennen, wenn sie nicht zusätzlich klar und eindeutig vereinbart worden sind.[4] Ein Aufwendungsersatzanspruch aus **Geschäftsführung ohne Auftrag** gem. §§ 675, 670 BGB soll aber nicht ausreichend sein.[5]

Eine **mündliche Vereinbarung** zwischen einer KapGes und ihren beherrschenden Gesellschaftern ist grundsätzlich auch dann wirksam, wenn Schriftlichkeit vereinbart war, da durch die mündliche Vereinbarung zugleich diese Klausel geändert wurde.[6] Allerdings ist das Bestehen der mündlichen Vereinbarung grundsätzlich kaum nachzuweisen. Bei Dauerschuldverhältnissen ist darum bereits aufgrund der Regelmäßigkeit der Leistungen und des engen zeitlichen Zusammenhangs von Leistung und Gegenleistung aus dem tatsächlichen Leistungsaustausch der Schluss gezogen worden, dass die Gesellschaft ihre Leistung erbringt, weil sie die Gegenleistung erhält.[7] Dagegen soll aus der Zahlung von Pensionszahlungen, zu der die Gesellschafter verpflichtet sind, nicht abgeleitet werden können, dass dies als Gegenleistung für einen der Gesellschaft durch schriftlichen Vertrag übertragenen Mandantenstamm erfolgte.[8]

Unklar ist danach z. B. eine Gehaltsvereinbarung, wenn zur Höhe des Gehalts lediglich bestimmt ist, dass diese noch durch Gesellschafterbeschluss festzusetzen ist.[9] Erst wenn dieser dann ergangen ist, liegt eine klare und eindeutige Vereinbarung vor, soweit der Gesellschafterbeschluss seinerseits nicht wieder einer Beanstandung unterliegt.

Fehlt es an einer klaren Vereinbarung, so besteht wegen des nicht vorhandenen Interessengegensatzes zwischen der Gesellschaft und dem beherrschenden Gesellschafter die Möglichkeit, den Gewinn der KapGes mehr oder weniger beliebig festzusetzen und ihn so zu beeinflussen, wie es bei der steuerlichen Gesamtbetrachtung der Einkommen der KapGes und des Gesellschafters jeweils am günstigsten ist,[10] so dass grundsätzlich vGA vorliegt, ohne dass es darauf ankäme, wie der ordentliche und gewissenhafte Geschäftsleiter gehandelt hätte, und ob die Leistungen der KapGes der Höhe nach angemessen sind. Der BFH spricht hier allerdings

---

1 BFH, Urteil v. 19.10.1965 - I 88/63 U, BStBl 1966 III 72; v. 5.10.2004 - VIII R 9/03, BFH/NV 2005, 526 = NWB MAAAB-40857.
2 BFH, Urteil v. 5.10.2004 - VIII R 9/03, NWB MAAAB-40857.
3 H 8.5 III. (- Klare und eindeutige Vereinbarung) KStH.
4 BFH, Urteil v. 18.7.2001 - X R 23/99, BStBl 2002 II 281; v. 18.7.2001 - X R 15/01, BStBl 2002 II 278, anders allerdings fordert BFH, Urteil v. 2.3.1988 - I R 63/82, BStBl 1988 II 590 eine eindeutige und klare Vereinbarung auch für gesetzlich zustehende Zinsen; für Ansprüche der Gesellschaft gegenüber dem Gesellschafter BFH, Urteil v. 30.7.1997 - I R 65/96, BStBl 1998 II 402.
5 BFH, Urteil v. 5.10.2004 - VIII R 9/03, BFH/NV 2005, 526 = NWB MAAAB-40857; v. 3.4.1974 - I R 241/71, BStBl 1974 II 497; v. 3.11.1976 - I R 98/75, BStBl 1977 II 172; v. 2.3.1988 - I R 63/82, BStBl 1988 II 590.
6 Dazu → Rz. 3042 f.
7 BFH, Urteil v. 24.1.1990 - I R 157/86, BStBl 1990 II 645; v. 19.12.2007 - VIII R 13/05, BStBl 2008 II 568.
8 BFH, Urteil v. 29.7.1992 - I R 18/91, BStBl 1993 II 139.
9 BFH, Urteil v. 20.10.2004 - I R 4/04, BFH/NV 2005, 723 = NWB RAAAB-44185.
10 BFH, Urteil v. 22.2.1989 - I R 9/85, BStBl 1989 II 631; v. 24.5.1989 - I R 63/82, BStBl 1989 II 590.

nur von einem **Indiz für eine vGA**,[1] so dass auch bei Verletzung des Klarheits- und Eindeutigkeitsgebots im Einzelfall die Möglichkeit der Widerlegung des Indizes bestehen muss.

498–500 *(Einstweilen frei)*

ff) Tatsächliche Durchführung der Vereinbarung

501 Die Vereinbarung muss ernst gemeint sein. Das Fehlen der tatsächlichen Durchführung gilt allgemein als ein gewichtiges Indiz dafür, dass die Vereinbarung nicht ernstlich gemeint ist. Leistungen aufgrund einer nicht ernstlich gemeinten Vereinbarung führen zur vGA.[2]

502 Beim beherrschenden Gesellschafter kommt diesem Indiz besonderes Gewicht zu, da er das Handeln der Kapitalgesellschaft maßgeblich beeinflussen kann und ein echter Interessengegensatz der Vertragspartner fehlt.

Zur Vermeidung einer vGA ist daher erforderlich:

▶ Vergütungen müssen grds. zu den vereinbarten Terminen gezahlt werden

▶ Konsequente Behandlung auch aus anderer Sicht (z. B. Buchführung, LSt, Sozialversicherung)

503 Ausnahmsweise kein Verstoß liegt vor bei Nachzahlung von eindeutig im Voraus festgelegten Vergütungen, die bei Fälligkeit wegen Liquiditätsschwierigkeiten nicht oder nicht in voller Höhe ausgezahlt werden konnten.

504–530 *(Einstweilen frei)*

7. Eignung zum Beteiligungsertrag

531 Nach dem Urteil des BFH, Urteil v. 7. 8. 2002[3] ist für eine vGA schließlich erforderlich, dass die Vermögensminderung bei der Körperschaft die Eignung hat, beim Gesellschafter einen sonstigen Bezug i. S. d. § 20 Abs. 1 Nr. 1 Satz 2 EStG auszulösen. Aus diesem Grunde wurde im entschiedenen Fall angenommen, dass die Beiträge zu einer Rückdeckungsversicherung keine vGA darstellen, obwohl die Pensionszusage selbst als vGA anzusehen und die Rückdeckungsversicherung an die Geschäftsführer abgetreten war. *Musil*[4] spricht sich gar dafür aus, die Rechtsprechung des I. und des VIII. Senats des BFH zur Definition der vGA nunmehr entsprechend dem Urteil des I. Senats vom 7. 8. 2002 zu vereinheitlichen. Der VIII. Senat fordert für das Vorliegen einer vGA in der Einkommensteuer den Zufluss, nicht nur die Eignung zum Zufluss. Man wird bei der Erfassung der vGA in der Einkommensteuer auf den Zufluss nicht verzichten können. Die Ansicht von *Musil* würde z. B. dazu führen, dass eine überhöhte Pension bezüglich des überhöhten Teils zur sofortigen Versteuerung beim Gesellschafter führen würde, obwohl er den Vorteil u. U. erst nach Jahrzehnten erhält oder, wenn er vorzeitig verstirbt, auch gar nicht.

532 Dem Ergebnis des BFH im entschiedenen Fall ist durchaus zuzustimmen, der **Einführung** eines neuen Tatbestandsmerkmals **bedarf es** indes dafür **nicht**:

▶ Soweit den Beiträgen an die Versicherung ein zu aktivierender Anspruch gegenübersteht, mangelt es bereits an der **Vermögensminderung**.

---

1 BFH, Urteil v. 4. 12. 1996 - I R 54/95, BFH/NV 1997, 190 = NWB YAAAA-96773.
2 H 8.5 I. („Tatsächliche Durchführung") KStH.
3 BFH, Urteil v. 7. 8. 2002 - I R 2/02, BStBl 2002 II 131; zustimmend *Wassermeyer*, DB 2002, 2668; *Musil*, DStZ 2003, 649, 651 f.
4 *Musil*, DStZ 2003, 649, 651 f.

- Im Übrigen steht der Annahme einer vGA der Drittvergleich entgegen. Die Gesellschaft hat bei einem Versicherungsunternehmen eine Versicherung abgeschlossen und dafür die marktübliche Gegenleistung erhalten. Auch der Abschluss einer Rückdeckungsversicherung ist selbst nicht im Gesellschaftsverhältnis begründet, sondern darin, dass die Gesellschaft später die Pension auszuzahlen hat. Auch wenn die Zuführungen zur Pensionsrückstellung vGA sind, so bleibt doch die zukünftige Verpflichtung bestehen. Zudem ist es durchaus angebracht und **drittüblich**, eine langdauernde zukünftige Verpflichtung abzusichern, gleich, ob die Pensionszahlung aus steuerlicher Sicht eine Pensions- oder Ausschüttungsverbindlichkeit ist.

- Die Abtretung der Versicherung ändert an dieser Einordnung nichts. Sie dient lediglich dazu, sicherzustellen, dass der Gesellschafter das ihm zustehende Geld auch im Insolvenzfall der Gesellschaft erhält; gleich, ob der Anspruch aus einer Pensionszusage oder einer vGA herzuleiten ist, ist dieser Sicherheitsanspruch des Gesellschafters berechtigt und drittüblich.

Die Einführung des o. g. neuen Tatbestandsmerkmals ist aber nicht nur überflüssig,[1] sondern würde zudem Begründungsschwierigkeiten für die Annahme einer vGA in verschiedenen Fällen auslösen:

- **Betriebe gewerblicher Art (BgA) von öffentlich-rechtlichen Trägerkörperschaften:** Nimmt man das Merkmal der Eignung zum Beteiligungsertrag ernst, so wäre eine vGA bei BgA nicht möglich, da die öffentlich-rechtliche Trägerkörperschaft, die der Alleingesellschafter des BgA ist, außerhalb des Steuerrechts steht und somit keine Beteiligungserträge erhalten kann. Die Möglichkeit der Annahme einer vGA in diesem Bereich wurde vom BFH daher ausdrücklich damit begründet, dass nach der neuen Auslegung des Begriffs der vGA keine Einnahmen aus Kapitalvermögen bei anderen Personen vorausgesetzt werden.[2] Bezüglich der Trägerkörperschaften muss aber bereits für die Möglichkeit einer solchen Einnahme Gleiches gelten.

- Teilt man die Ansicht des FG Münster zu Teilwertabschreibungen auf eigene Anteile nach Erwerb durch Verschmelzung, so wird die dort vom FG gesehene vGA ausgeschlossen, weil sie nicht geeignet ist, einen Beteiligungsertrag auszulösen.[3]

- **Pkw-Nutzung durch Gesellschafter-Geschäftsführer:** Da nach der Rechtsprechung des Lohnsteuersenats die Pkw-Nutzung eines Gesellschafter-Geschäftsführers immer zu Arbeitslohn führt, selbst in Fällen, in denen die Nutzung entgegen einem ausdrücklichen dienstvertraglichen Verbot unterstellt wird, darf in diesen Fällen niemals vGA angenommen werden. Aufgrund der Rechtsprechung des Lohnsteuersenats sind die Fälle nämlich nicht geeignet, einen Beteiligungsertrag auszulösen.[4]

Das letztgenannte Beispiel offenbart zugleich ein Grundproblem des neuen Merkmals – nimmt man es ernst, so macht es die Rechtsprechung zur vGA letztlich abhängig von der Rechtsprechung der Lohnsteuersenate. Es ist doch zu bezweifeln, dass der I. Senat dies in seiner Urteilspraxis in Zukunft wirklich akzeptiert.

(Einstweilen frei)

---

1 Ähnlich *Crezelius*, ZEV 2008, 268, 272.
2 BFH, Urteil v. 9. 8. 1989 - I R 4/84, BStBl 1990 II 237, 240.
3 Vgl. näher Stichwort: Teilwertabschreibungen → Rz. 4032 ff.
4 Vgl. dazu näher → Rz. 3073.

8. Die Trennung der vGA-Ebenen, Zeitpunkt der verdeckten Gewinnausschüttung

a) Bedeutung des Zeitpunkts der verdeckten Gewinnausschüttung

541 Von der Feststellung, in welchem VZ eine vGA vorgenommen wurde, hängt es ab, welches Einkommen der KapGes korrigiert und der KSt unterworfen werden muss. Wenn in dem zutreffenden Jahr Verluste erzielt wurden, kann eine Zurechnung ohne Liquiditätsverlust geschehen.

542–545 *(Einstweilen frei)*

b) Zeitpunkt des Vertragsabschlusses

546 Bei Prüfung der Frage, ob eine vGA vorliegt, wenn dem Gesellschafter aufgrund eines Vertrages eine bestimmte Leistung zusteht, ist stets auf den **Zeitpunkt des Vertragsabschlusses** abzustellen;[1] es ist zu prüfen, ob schon der Abschluss des Vertrages das Merkmal einer vGA enthält, weil ein solcher Vertrag mit einem fremden Dritten nicht abgeschlossen worden wäre. Die **spätere Entwicklung** der Verhältnisse (z. B. Änderung der Preisverhältnisse) muss dabei **außer Betracht** bleiben.[2] Es sind diejenigen Umstände für die Prüfung, ob vGA vorliegt, maßgeblich, die im Zeitpunkt des Vertragsabschlusses von einem ordentlichen und gewissenhaften Geschäftsleiter erkannt worden sind oder hätten erkannt werden müssen.[3] Auch für die Frage, ob eine vGA einem Gesellschafter zugerechnet werden kann, ist der Zeitpunkt der Vereinbarung maßgebend.

547 Ist die Leistung bei Vertragsabschluss angemessen, so wird sie auch nicht wegen **Zeitablaufs** unangemessen (z. B. wegen Änderung der Preise), wenn die KapGes an die vertragliche Vereinbarung auch gegenüber einem fremden Dritten oder ein fremder Dritter gegenüber der KapGes an die vertragliche Vereinbarung gebunden wäre. Bei **Dauerrechtsverhältnissen** (Miete, Pacht usw.) kann sich jedoch dann eine vGA ergeben, wenn

- die Leistungen nicht **angepasst** werden, obgleich dies unter Fremden üblicherweise geschehen würde,[4]

- eine Anpassung aufgrund einer Irrtumsanfechtung oder nach den Grundsätzen des Wegfalls der Geschäftsgrundlage möglich war, aber nicht vorgenommen wurde,

- wenn bei Vertragsabschluss nach den damals absehbaren Verhältnissen ein ordentlicher Geschäftsleiter eine Tantiemezusage der Höhe oder der Zeitdauer nach begrenzt hätte. Nach dem Zeitablauf bzw. einem Übersteigen der angemessenen Höhe kann dann der entsprechende Teil der Tantieme vGA werden.[5]

548–550 *(Einstweilen frei)*

---

[1] BFH, Urteil v. 10.11.1993 - I R 36/93, BFH/NV 1994, 827 = NWB EAAAB-33804; v. 13.7.1994 - I R 112/93, BStBl 1995 II 198; für nahe stehende Personen: BFH, Urteil v. 18.12.1996 - I R 139/94, BStBl 1997 II 301.
[2] *Döllerer*, a. a. O., S. 67; vgl. aber Stichwort: Teilwertabschreibungen → Rz. 4032 ff.
[3] BFH, Urteil v. 9.4.1975 - I R 166/73, BStBl 1975 II 617; v. 19.3.1975 - I R 173/73, BStBl 1975 II 614; v. 22.6.1977 - I R 171/74, BStBl 1978 II 33; v. 22.4.1971 - I R 114/70, BStBl 1971 II 600.
[4] Vgl. dazu näher → Rz. 3073.
[5] BFH, Urteil v. 10.7.2002 - I R 37/01, BStBl 2003 II 418.

c) Gewinnminderung und Vorteilszufluss

aa) Zur zeitlichen Inkongruenz von Gewinnminderung und Zufluss

Für die Frage, ob vGA vorliegt, ist es unerheblich, ob sie sich bei der KapGes oder beim Gesellschafter in demselben Zeitpunkt auswirkt; **Gewinnminderung bei der KapGes** und **Zufluss beim Gesellschafter** können zu **verschiedenen Zeiten** stattfinden.[1] Der Gewinn der KapGes kann z. B. durch eine als vGA anzusehende Rückstellung gemindert worden sein, ohne dass der als Vorteil anzusehende Rückstellungsbetrag dem Gesellschafter in diesem Zeitpunkt zugeflossen wäre. So kann z. B. eine Rückstellung für eine Pensionszusage, die als überhöht anzusehen ist, nicht beim Gesellschafter als zugeflossen behandelt werden. Der Einnahmezufluss beim Gesellschafter ist für die Berücksichtigung der vGA beim Einkommen der Körperschaft nicht maßgeblich.[2] Beim Gesellschafter wirkt sich die vGA erst aus, wenn ihm die zugesagte Pension auch tatsächlich ausgezahlt wird.

Umgekehrt kann auch dem Gesellschafter bereits ein Vorteil zugeflossen sein, ohne dass sich dieser Vorteil im selben Zeitpunkt als Gewinnminderung ausgewirkt hätte. Das ist der Fall, wenn die KapGes überhöhte Zahlungen an den Gesellschafter als Anschaffungskosten zu aktivieren hat, da insoweit zunächst eine erfolgsneutrale Vermögensumschichtung stattfindet. Die Minderung träte, sofern keine Korrektur der Anschaffungskosten[3] vorgenommen wird, erst ein, sobald sich eine entsprechend höhere AfA gewinnmindernd auswirken würde. Beim Erwerb von Wirtschaftsgütern, die nicht abgeschrieben werden können, ergäbe sich eine Gewinnauswirkung erst im Falle der Veräußerung. Zur zeitlichen Differenz bei Teilwertabschreibung auf vom – früheren – Gesellschafter erworbene eigene Anteile siehe Stichwort: Teilwertabschreibung.[4]

Die zeitliche Differenzierung zwischen vGA bei der Gesellschaft und beim Gesellschafter kann im Einzelfall gar dazu führen, dass eine vGA beim Gesellschafter versteuert werden muss, die im Einkommen der Gesellschaft nicht mehr wegen Verjährungseintritt erfasst werden kann.

bb) Zur sachlichen Inkongruenz von Gewinnminderung und Zufluss

Eine sachliche Differenzierung zwischen vGA bei der Gesellschaft und beim Gesellschafter besteht, wenn auf der Ebene der Gesellschaft weder eine Auswirkung auf den Unterschiedsbetrag oder eine steuerpflichtige Hinzurechnung gem. § 8 Abs. 3 Satz 2 KStG vorhanden ist. Nur ein Zufluss beim Gesellschafter muss als vGA versteuert werden.

cc) Zusammenfassung der Inkongruenz von Gewinnminderung und Zufluss

Die Inkongruenzen zwischen Gesellschafts- und Gesellschafterebene zeigen, dass die zuvor genannten diversen Tatbestandsmerkmale einer vGA auf jeder Ebene und jedem Bereich gesondert zu prüfen sind und auch nicht völlig identische Tatbestandsmerkmale gegeben sein müssen.

---

1 BFH, Urteil v. 4. 7. 1984 - I R 195/81, BStBl 1984 II 842; v. 19. 5. 1982 - I R 102/79, BStBl 1982 II 631; v. 28. 1. 1981 - I R 10/77, BStBl 1981 II 612.
2 BFH, Urteil v. 22. 2. 1989 - I R 44/85, BStBl 1989 II 475; v. 3. 2. 1971 - I R 51/66, BStBl 1971 II 408.
3 Aus der Literatur zur zeitlichen Inkongruenz von Gewinnminderung und Zufluss, s. *Döllerer*, a. a. O., S. 125 f.; *Wassermeyer*, GmbHR 1986, 26 f.; *Lang*, JbFSt 1984/85, 530; *Reuter*, DStR 1983, 320; *Westerfelhaus*, DB 1985, 937, 938.
4 Siehe → Rz. 4032 f. Teilwertabschreibungen.

Dazu folgende Fallgruppen:

1. Eine GmbH zahlt ein überhöhtes Geschäftsführergehalt.
2. Eine KapG hat Anspruch auf eine (steuerfreie) Investitionszulage, die sich der Alleingesellschafter auf sein Privatkonto überweisen lässt.
3. Es wird eine überhöhte Pensionsrückstellung für die Gesellschafter gebildet.

Die unterschiedliche Auswirkung in den verschiedenen Ebenen kann man an der folgenden Übersicht nachvollziehen. Die Frage lautet: Sind die Tatbestandsmerkmale einer vGA in jeder Ebene zeitlich und sachlich erfüllt und wie wirken sie sich auf das Einkommen der Gesellschaft und des Anteilseigners aus?

	überhöhtes GF-Gehalt	Investitionszulage	Pensionsrückstellung
§ 8 Abs. 3 KStG	+	–	+
Abfluss bei Körperschaften	+	+	–
Zufluss Gesellschafter § 20 Abs. 1 EStG	+	+	–

dd) Gewinnminderung bei der Kapitalgesellschaft

556 Die vGA entsteht in dem Augenblick, in dem sie sich auf das **Vermögen der KapGes mindernd** auswirkt.[1] Die vGA ist bei der ausschüttenden KapGes jeweils in dem Jahr steuerlich zu erfassen, in dessen Schlussbilanz ein um die vGA geminderter Gewinn ausgewiesen wird, bzw. in dem Jahr, in dem bei verhinderter Vermögensmehrung ein Anspruch zu erfassen gewesen wäre.[2] Der ausgewiesene Gewinn wird sodann für steuerliche Zwecke durch Hinzurechnung der vGA korrigiert.

BEISPIEL: Eine KapGes kauft in 02 von ihrem Gesellschafter Waren, deren Teilwert 2.500 € beträgt, für 4.500 €. Die Waren werden im selben Jahr geliefert; der Kaufpreis wird erst in 03 bezahlt.

Die vGA ist im Jahr 02 zu berücksichtigen, d.h. die Ware ist mit dem Teilwert zu aktivieren, und die Kaufpreisschuld ist mit 4.500 € auszuweisen. Die dadurch eintretende Gewinnminderung ist vGA, die bei der Ermittlung des Einkommens des Jahres 02 hinzuzurechnen ist.

557 Die **Berücksichtigung der vGA** bei der KapGes muss weder mit dem tatsächlichen **Vermögensabfluss** (= Erfüllung der vGA) noch mit einem entsprechenden **Einnahmezufluss** beim Empfänger zusammenfallen.[3] Auch kann nicht aus dem fehlenden Zufluss beim Empfänger geschlossen werden, es könne keine vGA vorliegen.[4]

558–560 *(Einstweilen frei)*

---

[1] BFH, Urteil v. 29.4.1987 - I R 176/83, BStBl 1987 II 733; v. 16.2.1977 - I R 132/75, BStBl 1977 II 444.
[2] BFH, Urteil v. 15.12.2004 - I R 6/04, BStBl 2009 II 197; *Fritsche*, GmbHR 2005, 635; FR 2005, 843; v. 14.7.1976 - I R 239/73, BStBl 1976 II 731; FG Düsseldorf, Urteil v. 18.5.1977 - XV/X 80/73, EFG 1978, 40.
[3] BFH, Urteil v. 29.4.1987 - I R 176/83, BStBl 1987 II 733; v. 4.7.1985 - I R 195/81, BStBl 1985 II 842; v. 19.5.1982 - I R 102/79, BStBl 1982 II 631; v. 28.1.1981 - I R 10/77, BStBl 1981 II 612; v. 3.2.1971 - I R 51/66, BStBl 1971 II 408; v. 11.9.1968 - I 89/63, BStBl 1968 II 809; *Döllerer*, a.a.O., S.125 u. JbFSt 1972/73, 154; *Sarrazin*, GmbHR 1982, 161; *Schmidt*, FR 1980, 361.
[4] *Fiedler*, BB 1983, 230; *Fuchs/Lempenau*, BB 1982, 484; *Jonas*, BB 1983, 682; *Reuter*, DStR 1983, 317.

ee) Zufluss beim Gesellschafter

Für die steuerliche Erfassung der Vorteilszuwendung beim Gesellschafter kommt es grundsätzlich auf den **Zufluss des Vorteils** i. S. d. § 11 Abs. 1 Satz 1 EStG an;[1] Zufluss beim **gesetzlichen oder gewillkürten Vertreter** reicht.[2] Es kommt darauf an, wann der Empfänger wirtschaftlich über die ihm zustehenden Beträge verfügen kann,[3] sei es, dass die Geldbeträge bar ausgezahlt oder auf einem Konto gutgeschrieben worden sind. Auch eine Gutschrift in den Büchern des Verpflichteten kann bereits einen Zufluss bewirken, wenn damit zum Ausdruck gebracht wird, dass der Betrag dem Berechtigten von nun an zur Verfügung steht.[4] Es ist für den Zufluss auch unerheblich, ob eine **Verpflichtung zur Rückzahlung** besteht.[5]

561

Beim **beherrschenden Gesellschafter** ist jedoch der **Zufluss (= Beginn des Innehabens der Verfügungsmacht)** eines Vermögensvorteils nicht erst im Zeitpunkt der Gutschrift auf dem Konto des Gesellschafters, sondern bereits im Zeitpunkt der **Fälligkeit der Forderung** anzunehmen; denn ein beherrschender Gesellschafter hat es regelmäßig in der Hand, sich geschuldete Beträge auszahlen zu lassen.[6] Der Anspruch[7] muss also

562

- konkretisiert sein, es muss klar sein, in welcher Höhe ein Anspruch überhaupt besteht;
- unbestritten sein. Zinsen aus Darlehen gelten daher beim beherrschenden Gesellschafter einer KapGes so lange nicht als zugeflossen, als der Gesellschaft ein Leistungsverweigerungsrecht zusteht;[8]
- fällig sein. Nach dem Urteil des BFH, Urteil v. 14. 12. 1988[9] wird die Pensionszusage als Vermögensmehrung des Pensionsberechtigten behandelt; sie ist aber keine Einnahme des Berechtigten i. S. d. § 20 Abs. 1 Nr. 1 EStG, eine solche liegt erst bei der späteren Auszahlung der Pension vor.
- Zudem muss die Gesellschaft zahlungsfähig sein. **Zahlungsunfähigkeit** wird wie im Insolvenzrecht definiert als das auf dem Mangel an Zahlungsmitteln beruhende dauernde Unvermögen des Schuldners, seine sofort zu erfüllenden Geldschulden noch im Wesentlichen zu berichtigen.[10] Dies soll regelmäßig nicht anzunehmen sein, solange noch kein Insolvenzverfahren eingeleitet worden ist.[11] Zumindest solange die Gesellschaft die Forderungen ihrer übrigen Gläubiger noch bezahlt, ist davon auszugehen, dass sie auch die

---

1 BFH, Urteil v. 25. 5. 2004 - VIII R 4/01, BFH/NV 2005, 105 = NWB QAAAB-36872; v. 30. 4. 1974 - VIII R 123/73, BStBl 1974 II 541; *Schnorr*, GmbHR 2003, 861, 864.
2 BFH, Urteil v. 10. 12. 1985 - VIII R 15/83, BStBl 1986 II 342; v. 1. 7. 2003 - VIII R 45/01, BStBl 2004 II 35.
3 RFH, Urteil v. 13. 11. 1928 - VI A 155/28, RFHE 24, 272, 276; BFH, Urteil v. 11. 7. 1973 - I R 144/71, BStBl 1973 II 806; v. 8. 10. 1985 - VIII R 284/83, BStBl 1986 II 481, 483; *Schütz*, GmbHR 2003, 861, 864; a. A. *Trzaskalik*, StuW 1985, 222 ff.
4 BFH, Urteil v. 14. 2. 1984 - VIII R 221/80, BStBl 1984 II 480; v. 21. 10. 1981 - I R 230/78, BStBl 1982 II 139.
5 BFH, Urteil v. 29. 4. 1982 - IV R 95/79, BStBl 1982 II 593; v. 1. 3. 1977 - VIII R 106/74, BStBl 1977 II 545; vgl. zur Frage der Verhinderung einer vGA durch Rückabwicklung → Rz. 836 ff.
6 BFH, Urteil v. 8. 5. 2007 - VIII R 13/06, BFH/NV 2007, 2249 = NWB DAAAC-62186; v. 10. 5. 2005 - VIII B 121/04, BFH/NV 2005, 1776 = NWB XAAAB-57795; v. 5. 10. 2004 - VIII R 9/03, BFH/NV 2005, 526 = NWB MAAAB-40857; v. 8. 5. 2001 - VII B 252/00, BFH/NV 2001, 1222 = NWB TAAAA-67395; v. 14. 2. 1984 - VIII R 221/80, BStBl 1984 II 480, unter 2.b; v. 19. 7. 1994 - VIII R 58/92, BStBl 1995 II 362, unter II.2.b.bb; v. 9. 6. 1997 - GrS 1/94, BStBl 1998 II 307, unter C.II.1.a.
7 Vgl. BFH, Urteil v. 5. 10. 2004 - VIII R 9/03, BFH/NV 2005, 526 = NWB MAAAB-40857.
8 BFH, Urteil v. 5. 2. 1992 - I R 127/90, BStBl 1992 II 532; v. 5. 2. 1992 - I R 79/89, BFH/NV 1992, 629 = NWB EAAAB-33026; v. 16. 11. 1993 - VIII R 33/92, BStBl 1994 II 632.
9 BFH, Urteil v. 14. 12. 1988 - I R 44/83, BStBl 1989 II 323.
10 BFH, Urteil v. 22. 7. 1997 - VIII R 57/95, BStBl 1998 II 755, unter II.2.b.cc.bbb; v. 6. 4. 2000 - IV R 56/99, BFH/NV 2000, 1191 = NWB PAAAA-65678, unter 2.c; v. 5. 10. 2004 - VIII R 9/03, BFH/NV 2005, 526 = NWB MAAAB-40857; v. 8. 5. 2007 - VIII R 13/06, BFH/NV 2007, 2249 = NWB DAAAC-62186.
11 BFH, Urteil v. 30. 10. 2001 - VIII R 15/01, BStBl 2002 II 138, unter II.2.c.bb; v. 5. 10. 2004 - VIII R 9/03, BFH/NV 2005, 526 = NWB MAAAB-40857; v. 8. 5. 2007 - VIII R 13/06, BFH/NV 2007, 2249 = NWB DAAAC-62186.

Zahlungen an den beherrschenden Gesellschafter hätte erbringen können.[1] Zahlungsfähigkeit der Gesellschaft besteht auch, wenn sie diese nur durch die Zuführung von Darlehen des Gesellschafters sichern kann.[2]

563 Wird eine Ruhegeldzahlung im Voraus geleistet, so ist der Betrag mit der Gutschrift auch dann zugeflossen, wenn die Zahlung für einen Zeitraum geleistet wird, den der Empfänger nicht mehr erlebt.[3]

564 Ist die vGA eine betriebliche Einnahme des Gesellschafters, so kommt es für die Erfassung beim Gesellschafter nicht auf den Zufluss an, sondern der Anspruch bzw. die Verpflichtung des Gesellschafters ist nach den bilanzrechtlichen Vorschriften zu aktivieren bzw. zu passivieren.

565–566 *(Einstweilen frei)*

9. Die Korrespondenz der Gesellschafts- und Gesellschafterebene

567 Grundsätzlich soll die Ebene der ausschüttenden Körperschaft mit der des Anteilsinhabers nicht gekoppelt werden. In der Praxis könnte das allerdings zu **Steuergestaltungen**, insbesondere mittels des Instituts der **verdeckten Gewinnausschüttung**, genutzt werden. Gegen ungewollte Gestaltungen soll das Korrespondenzprinzip helfen.

Der Gesetzgeber hat das Korrespondenzprinzip formell und materiell ausgestaltet.

a) Die „formelle" Korrespondenz

568 In formeller Hinsicht ermöglicht § 32a Abs. 1 KStG eine Anpassung der Steuerfestsetzung des Gesellschafters, wenn die Steuerfestsetzung gegenüber der ausschüttenden Körperschaft hinsichtlich einer verdeckten Gewinnausschüttung erlassen, aufgehoben oder geändert worden ist.[4]

b) Die „materielle" Korrespondenz

569 In materieller Hinsicht macht § 3 Nr. 40 Satz 1 Buchst. d Satz 2 – 3, § 32d Abs. 2 Nr. 4 EStG, § 8b Abs. 1 Satz 2 – 4 KStG die Steuerfreistellung bei einer verdeckten Gewinnausschüttung davon abhängig, dass das Einkommen der leistenden Gesellschaft durch die verdeckte Gewinnausschüttung nicht gemindert worden ist.

In materieller Hinsicht muss man nach Anteilseignergruppen unterscheiden.

aa) Anteilseigner ist eine dem Teileinkünfteverfahren unterworfene natürliche Person

570 Dem Anteilseigner stand bis zum Inkrafttreten des JStG 2007 bei Vorliegen einer vGA das (Halb-)Teileinkünfteverfahren auch dann zu, wenn auf der Ebene der Gesellschaft eine Hinzurechnung der vGA zu Recht oder zu Unrecht nicht erfolgt war. Zu Recht kann eine Einkommenskorrektur z. B. unterblieben sein, wenn die vGA von einer ausländischen Tochtergesellschaft stammt und das ausländische Steuerrecht diesen Vorgang nicht als vGA qualifiziert.

---

[1] BFH, Urteil v. 30.10.2001 - VIII R 15/01, BStBl 2002 II 138, unter II.2.c.bb; v. 5.10.2004 - VIII R 9/03, BFH/NV 2005, 526 = NWB MAAAB-40857.
[2] FG Hamburg, Urteil v. 9.3.2004 - VI 275/02, NWB ZAAAB-24229, dazu *Steinkamp*, Stbg 2005, 25.
[3] BFH, Urteil v. 19.12.1975 - VI R 157/72, BStBl 1975 II 322.
[4] Ausführlich *Oellerich* in Mössner/Seeger/Oellerich, KStG, § 32a Rz. 51 ff.

Der Gesetzgeber hat in § 3 Nr. 40 Satz 1 Buchst. d EStG die Sätze 2 und 3 eingefügt. Damit will er „weiße" Einkünfte verhindern. Sind bei der Gesellschaft vGA nicht gem. § 8 Abs. 3 KStG dem Einkommen zugerechnet worden, soll der Anteilseigner nicht auf seiner Ebene die Wohltat der teilweisen Freistellung genießen.

Gemäß § 3 Nr. 40 Satz 1 Buchst. d Satz 2 EStG ist die 40 %ige Steuerfreistellung für sonstige Bezüge i. S. d. § 20 Abs. 1 Nr. 1 Satz 2 und Nr. 9, 2. Halbsatz EStG nur zu gewähren, soweit sie das Einkommen der leistenden Körperschaft nicht gemindert haben.

Diese Verzahnung der beiden Ebenen wird als „materielles Korrespondenzprinzip" bezeichnet.[1]

BEISPIEL: Der Gesellschafter-Geschäftsführer hat einen überhöhten Arbeitslohn bezogen, der bei der Kapitalgesellschaft bestandskräftig als Betriebsausgabe abgezogen worden ist. Hier wird durch § 3 Nr. 40 Satz 1 Buchst. d EStG sichergestellt, dass die Grundsätze des Teileinkünfteverfahrens keine Anwendung finden, wenn der ausgeschüttete Gewinn auf der Ebene der Körperschaft die steuerliche Bemessungsgrundlage gemindert hat und daher nicht besteuert worden ist. Der Betrag unterliegt in voller Höhe der Einkommensteuer.

Eine Minderung des Einkommens liegt auch in den Fällen vor, in denen bei der Körperschaft noch keine erstmalige Steuerfestsetzung ergangen ist.

Eine Rückausnahme zu § 3 Nr. 40 Satz 1 Buchst. d Satz 2 EStG sieht § 3 Nr. 40 Satz 1 Buchst. d Satz 3 EStG vor mit seinem Wortlaut: „Satz 1 Buchstabe d Satz 2 gilt nicht". Danach ist die 40 %ige Steuerbefreiung doch zu gewähren, soweit die verdeckte Gewinnausschüttung das Einkommen einer dem Steuerpflichtigen nahe stehenden Person erhöht hat und § 32a KStG auf die Veranlagung dieser nahe stehenden Person keine Anwendung findet. Damit schränkt der Gesetzgeber den Anwendungsbereich des § 3 Nr. 40 Satz 1 Buchst. d Satz 2 EStG ein. Diese Ergänzung wurde erst durch die Beschlussempfehlung des Finanzausschusses in das Gesetzgebungsverfahren eingebracht. Damit werden bestimmte Dreieckskonstellationen von dem in § 3 Nr. 40 Satz 1 Buchst. d Satz 2 EStG festgeschriebenen Grundsatz der Vollversteuerung ausgenommen. Es handelt sich um Fälle, in denen die verdeckte Gewinnausschüttung bereits bei einer nahestehenden Person der (vollen) Besteuerung unterlegen hat und die Veranlagung der nahe stehenden Person trotz § 32a KStG nicht geändert werden kann, z. B. weil die nahestehende Person im Ausland ansässig ist. Im Bericht des Finanzausschusses zum Entwurf des JStG 2007 wird das folgende Beispiel gebildet:[2]

BEISPIEL Der Anteilseigner B mit Wohnsitz im Inland ist alleiniger Gesellschafter der Kapitalgesellschaften X 1 und X 2, letztere mit Sitz im Ausland. Das ausländische Steuerrecht kennt die steuerrechtlichen Instrumentarien der verdeckten Einlage und der verdeckten Gewinnausschüttung nicht. Die Kapitalgesellschaft X 2 überlässt der Kapitalgesellschaft X 1 ein Grundstück für eine Jahresmiete von 150.000 €, angemessen ist eine jährliche Miete von 100.000 €. Bei X 1 ist die Miete von 150.000 € als Betriebsausgabe gewinnmindernd berücksichtigt worden, bei X 2 wurde eine Betriebseinnahme von 150.000 € gewinnerhöhend erfasst.

Im Beispiel wäre die verdeckte Gewinnausschüttung von 50.000 € an den Gesellschafter B nach § 3 Nr. 40 Satz 1 Buchst. d Satz 2 EStG (wegen der Einkommensminderung der verdeckten Gewinnausschüttung bei X 1) voll zu versteuern. Es läge bei einem rein innerdeutschen Fall

---

[1] Vgl. BT-Drucks. 16/2712, 40.
[2] BT-Drucks. 16/3325.

eine verdeckte Einlage des Gesellschafters B in die X 2 vor, die wegen der Anwendung des § 8 Abs. 3 KStG nicht zu einer Einkommenserhöhung bei X 2 führte. Da im Beispiel X 2 im Ausland ansässig ist, unterliegt X 2 nicht der deutschen Steuerhoheit. Die verdeckte Gewinnausschüttung von 50.000 € ist somit bereits bei X 2 voll als Einnahme versteuert worden. Zur Vermeidung einer Doppelbesteuerung wird in diesem Fall gem. § 3 Nr. 40 Satz 1 Buchst. d Satz 3 EStG für die verdeckte Gewinnausschüttung auch nach Einführung von § 3 Nr. 40 Satz 1 Buchst. d Satz 2 EStG das Teileinkünfteverfahren angewendet.

bb) Anteilseigner ist eine der Abgeltungsteuer unterworfene natürliche Person

573 Der Betrag der verdeckten Gewinnausschüttung ist auf der Ebene des Gesellschafters einkommensteuerlich seit 2009 regelmäßig in Form der Abgeltungsteuer belastet. Im Rahmen der Abgeltungsteuer bestand zunächst keine materielle Korrespondenz zwischen der Abgeltungsteuer und der steuerlichen Behandlung bei der leistenden Körperschaft. Diese stellt die mit dem JStG 2010 eingefügte Regelung in § 32d Abs. 2 Nr. 4 EStG her. Gemäß § 52a Abs. 15 Satz 2 EStG gilt die Regelung ab dem Veranlagungszeitraum 2011.

cc) Anteilseigner ist eine Körperschaft

574 Durch die Beteiligungsertragsbefreiung nach § 8b Abs. 1 KStG wird die wirtschaftliche Doppelbesteuerung von Dividendenausschüttungen zwischen Kapitalgesellschaften vermieden. Dies gilt auch für verdeckte Gewinnausschüttungen. Mit diesen Grundsätzen ist eine Freistellung einer verdeckten Gewinnausschüttung ohne vorhergehende Besteuerung des ausgeschütteten Gewinns auf der Ebene der Kapitalgesellschaft nicht zu vereinbaren. Die Freistellung eines sonstigen Bezuges i. S. d. § 20 Abs. 1 Nr. 1 Satz 2 EStG ist daher beim Anteilseigner von der Voraussetzung abhängig, dass die verdeckte Gewinnausschüttung auf Ebene der leistenden Kapitalgesellschaft das Einkommen gem. § 8 Abs. 3 Satz 2 KStG oder bei gebietsfremden Gesellschaften nach entsprechendem ausländischem Recht nicht gemindert hat.

Die Rückausnahme entsprechend § 3 Nr. 40 Satz 1 Buchst. d Satz 3 EStG enthält § 8b Abs. 1 Satz 4 KStG.

dd) Erweiterung der „materiellen" Korrespondenz durch das AmtshilfeRLUmsG

575 Bei der Finanzierung einer ausländischen Kapitalgesellschaft durch einen inländischen Geldgeber ist es möglich, dass die Finanzierungsmaßnahme im Ausland als Fremdkapital und in Deutschland als Eigenkapital behandelt wird. Dies hatte bisher zur Folge, dass die ausländische Gesellschaft die von ihr erbrachte Vergütung als Zinsaufwand steuermindernd geltend machen konnte und gleichzeitig die Vergütung beim Empfänger in Deutschland als Dividende nach dem Teileinkünfteverfahren zu 40 % steuerbefreit war. Durch die Änderung des § 3 Nr. 40 Satz 2 EStG soll dies künftig verhindert werden.

Der neue Wortlaut ist künftig folgender: „Dies gilt nur, soweit sie das Einkommen der leistenden Körperschaft nicht gemindert haben." Danach findet das Teileinkünfteverfahren nur noch unter der Voraussetzung Anwendung, dass die Vergütung das Einkommen der leistenden Körperschaft im Quellenstaat nicht gemindert hat.

576 Die Erweiterung der materiellen Korrespondenz ist gem. § 52 Abs. 4d EStG anwendbar ab dem Veranlagungszeitraum 2014 und bei vom Kalenderjahr abweichenden Wirtschaftsjahr erst-

mals für den Veranlagungszeitraum anzuwenden, in dem das Wirtschaftsjahr endet, das nach dem 31.12.2013 begonnen hat.

Ist der Empfänger einer solchen Leistung ebenfalls eine Körperschaft, so bleibt diese Leistung entgegen § 8b Abs. 1 Satz 1 KStG nach entsprechender Änderung des § 8b Abs. 1 Satz 2 KStG bei der Ermittlung des Einkommens des Empfängers nicht außer Ansatz.

(Einstweilen frei)

10. Die Fiktionstheorie

Schon mit Urt. v. 3.2.1971 hat der I. Senat des BFH[1] von der Anwendung einer Fiktion zur Vorgängerregelung des § 8 Abs. 3 Satz 2 KStG Abstand genommen, da alleine die Regelung des § 8 Abs. 3 Satz 2 eine außerbilanzielle Zurechnung wegen verhinderter Vermögensmehrung anordne. Es bedürfe daher keiner Fiktion. Ebenso hat der GrS des BFH die Einlagefähigkeit von Nutzungseinlagen verneint. Fiktionen bedürfen der gesetzlichen Grundlage und würden daher bei Nutzungseinlagen zu keiner Einnahme führen. Gewährt eine Tochterkapitalgesellschaft ihrer Schwestergesellschaft einen Nutzungsvorteil (z. B. zinsloses Darlehen), fließt der gemeinsamen Muttergesellschaft eine verdeckte Gewinnausschüttung zu, der jedoch ein gleich hoher (Beteiligungs-)Aufwand gegenübersteht; zu einer verdeckten Einlage bei der Schwestergesellschaft kommt es nicht.[2] Es stellt sich die Frage, ob die Fiktionstheorie somit überflüssig ist? Man findet darauf nur eine Antwort, wenn man sich den Sinn der vGA vor Augen führt. Neben den vielfältigen Zwecken[3] soll die vGA die Lage in allen Ebenen wiederherstellen, wie sie bestehen würde, wenn das Geschäft nicht aufgrund gesellschaftsrechtlichen Anlasses abgelaufen wäre. VGA darf nicht zu einer Strafsteuer führen. Daher sind auch beim Gesellschafter steuerliche Abzüge einer vGA gegenüberzustellen, die er bei einem Drittgeschäft gehabt hätte. Dies wird mit folgendem Beispiel verdeutlicht.

BEISPIEL: Eine GmbH gewährt dem Gesellschafter ein zinsloses Darlehen. Der ersparte Zinsaufwand ist vGA. Die Rechtsfolgen stellen sich folgendermaßen dar:

Ebene der Gesellschaft

1. fiktive Zahlung des Marktzinses an die GmbH = verhinderte Vermögensmehrung
2. Rückgewähr der fiktiven Zinszahlung durch die GmbH an A = Einnahmetatbestand vGA § 20 Abs. 1 Nr. 1 EStG

Ergebnis: Fiktionstheorie nicht erforderlich

Ebene des Gesellschafters

1. Einnahmen gem. § 20 Abs. 1 Nr. 1 u. Abs. 8 EStG
2. Je nach Verwendung des Darlehens sind die Zinszahlungen fiktive abziehbare Ausgaben
   - ▶ Wird das Darlehen für eine betriebliche Investition verwendet, sind die fiktiven Zinsen als Betriebsausgaben abziehbar
   - ▶ Wird das Darlehen für den Bau eines zu vermietenden Hauses verwendet, sind die fiktiven Zinsen als Werbungskosten abziehbar
   - ▶ Bei Verwendung für Krankheitskosten Abzug nach § 33 EStG, soweit zumutbare Eigenbelastung überstiegen wird
   - ▶ Bei Kauf einer privaten Stereoanlage kein Abzug wegen § 12 EStG

---

1 BFH, Urteil v. 3.2.1971 - I R 51/66, BStBl 1971 II 408.
2 BFH, Urteil v. 26.10.1987 - GrS 2/86, BStBl 1988 II 348.
3 Siehe o. → Rz. 191 ff.

Nur hier hat die Rechtsfolge, die mit der Fiktionstheorie ausgelöst werden soll, noch Bedeutung. Daher darf man eher von eine „Denkhilfe" sprechen.[1]

Allerdings sind bei Auslösung von nur teilweise steuerpflichtigen vGA Einnahmen i.S.v. § 20 Abs. 1 Nr. 1 EStG nur Ausgaben bis zur Höhe des steuerpflichtigen Teils zu berücksichtigen. VGA soll weder zu einem Vor- noch zu einem Nachteil führen. Die Besteuerung nach der Leistungsfähigkeit ist wiederherzustellen.

580 *(Einstweilen frei)*

IV. Rechtsfolgen der verdeckten Gewinnausschüttung bei der Gesellschaft

LITERATURHINWEISE:

Brezing, Neues zur Besteuerung der Kapitalgesellschaften und ihrer Gesellschafter, StbJb 1975/76, 244; *Winter*, Korrektur einer verdeckten Gewinnausschüttung innerhalb oder außerhalb der Steuerbilanz, DStZ 1987, 269; *Wassermeyer*, Einige grundsätzliche Überlegungen zur verdeckten Gewinnausschüttung, DB 1987, 1113; *ders.*, Die Einkommens- und Vermögensminderung bei einer verdeckten Gewinnausschüttung, DStR 1990, 549; *Maas*, Die neue Rechtsprechung des BFH zur verdeckten Gewinnausschüttung, StVj 1990, 42; *Sender*, Verdeckte Gewinnausschüttung und Kapitalertragsteuerabzug, StB 1994, 52; *Schäfer*, Zur sach- und zeitkongruenten Verwirklichung der Tatbestandsvoraussetzungen der verdeckten Gewinnausschüttungen nach § 8 Abs. 3 Satz 2 und § 27 Abs. 3 Satz 2 KStG bei der Kapitalgesellschaft und zur Zuflussbesteuerung bei den Gesellschaftern im Licht der neuesten Steuerrechtsprechung, DStZ 1995, 364; *Brenner*, Neue Rechtsprechung für den Gesellschafter-Geschäftsführer einer GmbH (Pensionszusagen, Tantiemen, Forderungsverzicht), DStZ 1996, 65; *Wuttke*, Verdeckte Gewinnausschüttung – Bilanz – Bestandskraft, DStR 1996, 485; *Wassermeyer*, Einige Grundsatzüberlegungen zur verdeckten Gewinnausschüttung, GmbHR 1998, 157; *Dötsch/Pung*, Steuerentlastungsgesetz 1999/2000/2002: Änderungen des KStG, DB 1999, 867; *Hey*, Bedeutung und Besteuerungsfolgen der verdeckten Gewinnausschüttung nach der Unternehmenssteuerreform, GmbHR 2001, 1; *Korn*, Neue Beratungsaspekte zu verdeckten Gewinnausschüttungen, KÖSDI 2001, 12811; *Dörner*, Korrektur einer verdeckten Gewinnausschüttung außerhalb der Steuerbilanz, INF 2002, 481; *Frotscher*, Korrektur der verdeckten Gewinnausschüttung außerhalb der Steuerbilanz, FR 2002, 859; *Paus*, Nachträgliche Gewinnerhöhung wegen nicht erkannter vGA, DStZ 2002, 787; *Wassermeyer*, Neues zur Definition der verdeckten Gewinnausschüttung, DB 2002, 2668; *Musil*, Neue Entwicklungen in der Rechtsprechung zur verdeckten Gewinnausschüttung, DStZ 2003, 649; *Kessler/Fritz/Gastl*, Auswirkungen des Unternehmenssteuerfortentwicklungsgesetzes auf die ertragsteuerliche Behandlung von Betrieben gewerblicher Art, BB 2004, 1512; *Briese*, Unterstellte Privatnutzung eines Betriebs-PKW durch den Gesellschafter-Geschäftsführer: Lohn oder verdeckte Gewinnausschüttung, GmbHR 2005, 1271; *Kohlhepp*, Gewinnaufschlag bei vGA – Untersuchung der Rechtsprechung und Entwicklung eines Lösungsvorschlags, DStR 2009, 357.

1. Allgemeine Rechtsfolgen

a) Grundsätze

581 Ist eine vGA festgestellt, so ist in Höhe der vGA entsprechend § 8 Abs. 3 KStG das Einkommen der KapGes zu erhöhen und dieses erhöhte Einkommen der KSt und GewSt zu unterwerfen. Nur vordergründig kann die Frage nach der **Bewertung der vGA** dabei mit einem Hinweis auf die Einkommensauswirkung der vGA beantwortet werden.[2] Natürlich kann eine vGA nur vorliegen, soweit eine Auswirkung auf das Einkommen besteht, diese Höhe steht aber keineswegs von vornherein fest. Hat der Gesellschafter seiner Gesellschaft z.B. ein Wirtschaftsgut zu einem überhöhten Preis verkauft, so hat der gesamte Kaufpreis das Einkommen gemindert. Es

---

[1] So auch *Klingebiel* DPM § 8 Abs. 3 Teil C Rz. 437.
[2] So aber *Dörner*, INF 2002, 481, 486.

ist aber natürlich nicht der gesamte Kaufpreis vGA, vielmehr ist festzustellen, welcher Preis angemessen gewesen wäre und wie hoch demnach die vGA zu bewerten wäre. Eine ausdrückliche Vorschrift über die Bewertung der vGA gibt es nicht im KStG. Daher ist der gemeine Wert gem. § 9 BewG zugrunde zu legen;[1] mithin der Wert, der im gewöhnlichen Geschäftsverkehr zu erzielen gewesen wäre. Diese Vergütung wird mittels des Fremdvergleichs ermittelt, also durch Beantwortung der Frage, was ein ordentlicher und gewissenhafter Geschäftsführer von einem Nichtgesellschafter als Entgelt verlangt hätte. Dabei sind anders als nach § 9 BewG auch ungewöhnliche und persönliche Verhältnisse zu berücksichtigen, wenn dies vom ordentlichen und gewissenhaften Geschäftsführer im Einzelfall erwartet werden kann.[2] Der Wert einer verdeckten Einlage ist nicht geeignet, die Höhe einer vGA zu mindern. Überlässt der Gesellschafter einer KapGes dieser eine Erwerbschance (Rechte aus einem Grundstückskaufvertrag) und verzichtet die KapGes später auf die Nutzung der Erwerbschance wiederum zugunsten des Gesellschafters, so ist eine vGA in Höhe der Differenz zwischen den nicht erzielten Einnahmen und den ggf. anfallenden Aufwendungen anzunehmen.[3] Ist der Wert danach nicht zu ermitteln, so muss er auf der Grundlage dieser Grundsätze geschätzt werden.[4]

(Einstweilen frei) 582–585

b) Gewinnaufschlag

Der gemeine Wert schließt nach der Rechtsprechung des BFH grundsätzlich auch den bei der Gesellschaft üblichen Gewinnaufschlag mit ein.[5] Das gilt unverändert jedoch nur, wenn die Leistung aus dem normalen Geschäftsbetrieb der GmbH heraus erbracht wird. Ist dies nicht der Fall,

▶ so sollen sich bei der Überlassung eines Darlehens von der Gesellschaft an den Gesellschafter beide Parteien die Differenz zwischen Anlage- und Darlehenszins teilen,[6] es findet also ein hälftiger Gewinnzuschlag statt;

▶ sollen bei einer Pkw-Überlassung an den Gesellschafter, die ausnahmsweise nicht Teil des Arbeitslohns ist, sondern vGA darstellt, die Kosten zugrunde gelegt werden und dann der Gewinnaufschlag eines gewerblichen Vermieters zwischen Gesellschaft und Gesellschafter geteilt werden;[7]

▶ soll dagegen bei der Überlassung einer Wohnung an den Gesellschafter, die nicht Teil des Arbeitslohns ist, sondern vGA darstellt, der doppelte Gewinnzuschlag genommen werden. Der BFH verlangt hier nämlich, die Miete auf Kostenbasis inkl. einer Kapitalverzinsung zu berechnen und dann noch einen Gewinnzuschlag hinzuzusetzen.[8]

586

---

[1] BFH, Urteil v. 27.11.1974 - I R 250/72, BStBl 1975 II 306; v. 18.10.1967 - I 262/63, BStBl 1968 II 105.
[2] BFH, Urteil v. 27.11.1974 - I R 250/72, BStBl 1975 II 306; FG Hamburg, Urteil v. 22.6.1989 - II 392/86, EFG 1990, 126; im Einzelnen dazu *Brezing*, StbJb 1975/76, 244 ff.
[3] BFH, Urteil v. 12.12.1990 - I R 73/89, BStBl 1991 II 593.
[4] Niedersächsisches FG, Urteil v. 11.4.2000, EFG 2001, 157, wonach der Kaufpreis eines Unternehmens nach der Ertragswertmethode zu schätzen ist; OFD Hannover v. 2.11.1998, DB 1998, 2345, für Schätzung des Privatanteils an der Pkw-Nutzung; BFH, Urteil v. 23.6.1993 - I R 72/92, BStBl 1993 II 801, für Schätzung der Leistungen einer konzernangehörigen Steuerberatungsgesellschaft nach der Gebührenordnung.
[5] BFH, Urteil v. 23.6.1993 - I R 72/92, BStBl 1993 II 801; v. 8.7.1998 - I R 123/97, BFH/NV 1999, 269 = NWB HAAAA-97473; OFD Hannover v. 2.11.1998, NWB MAAAA-78850.
[6] Vgl. dazu → Rz. 3258.
[7] Vgl. → Rz. 3073.
[8] Vgl. → Rz. 3545.

587 Der Grundsatz ist durchaus nachvollziehbar. Verkauft die Gesellschaft Fernseher und überlässt sie auch ihrem Gesellschafter ein Gerät, so liegt eine Vermögensminderung in Höhe des Verkaufspreises vor, da die Gesellschaft den Fernseher ebenso gut hätte verkaufen können. Es gilt dann der Gewinnaufschlag, den die Gesellschaft bei Fernsehern üblicherweise macht.

588 In den vorgenannten Fällen könnte dem grundsätzlichen Verlangen nach Berechnung eines Gewinnaufschlags jedoch mehr der Gedanke des entgangenen Gewinns zugrunde liegen. Hätte die Gesellschaft ihr Geld nicht durch ein Darlehen an den Gesellschafter, die Anschaffung eines Pkw oder die Anschaffung einer Wohnung gebunden, so hätte sie es in ihrem Betrieb einsetzen können und die bei ihr übliche Rendite erzielt. Folgt man dieser Überlegung, so muss sich aber der Gewinnaufschlag an der üblichen Rendite in der Gesellschaft orientieren, nicht an den o. g. Maßstäben. Dieser Betrag wäre allerdings noch in zweierlei Weise nach unten zu begrenzen:

► Hätte die Gesellschaft die Investition nicht getätigt (Pkw, Wohnung), hätte sie, soweit vorhanden, möglicherweise ihre eigenen Kredite zurückzahlen können (je nach Kreditbedingungen). Die dort gezahlten Zinsen sind dann die Untergrenze für den Gewinnzuschlag.

► War eine Kreditrückzahlung nicht möglich, so hätte die Gesellschaft das Geld zumindest zum Anlagezins (Tagesgeld) bei einer Bank deponieren können. Dieser Anlagezins bildet dann die Untergrenze.

589 Ist dagegen nachweisbar, dass die Gesellschaft die Investition selbst finanziert hat, so wären nur die Kosten der Finanzierung weiterzureichen, ein Gewinnaufschlag wäre nicht berechtigt. Die Gesellschaft hat einen Kredit nur durchgeleitet, ein entgangener Gewinn entsteht dabei nicht. Den entgangenen Gewinn könnte man in der Terminologie der vGA als verhinderte Vermögensmehrung sehen. Es handelt sich jedoch nicht um eine konkret verhinderte Vermögensmehrung, sondern eine fiktiv unterstellte. Dabei müsste man davon ausgehen, dass die Gesellschaft jederzeit ihre Geschäftstätigkeit ausweiten könnte und dabei stets dieselbe Gewinnmarge erzielen würde. Gerade dies ist aber bei der Annahme einer verhinderten Vermögensmehrung unzulässig. Eine Chance ist für die Annahme einer verhinderten Vermögensmehrung im Allgemeinen nicht ausreichend, es sei denn, sie habe sich bereits ausreichend konkretisiert. Dies ist in den vorliegenden Fällen nicht gegeben. Der Gedanke des entgangenen Gewinns vermag den Gewinnzuschlag mithin nicht zu rechtfertigen.

590 So ist in den o. g. Fällen zu differenzieren. Der Gesellschaft stand die Möglichkeit, als Bank aufzutreten gar, nicht zur Verfügung. Daher kann sie den Zinssatz, den Banken für Darlehen berechnen, nicht erreichen. Es ist daher nur eine Vermögensminderung in Höhe der Kosten erfolgt, diese können in Höhe normaler Bankzinsen liegen – aber nur, wenn sich die Gesellschaft refinanziert hat. Gleiches gilt für die Überlassung des Pkw – mehr als die Kosten kann nicht berechnet werden. Etwas anders stellt es sich bei der Überlassung einer Wohnung dar. In diesem Bereich ist es üblich, dass Vermieter auf dem Markt auftreten, bei denen die Vermietung nicht der Hauptgegenstand ihrer Tätigkeit ist, sondern die nur eine oder wenige Wohnungen im Rahmen der Vermögensanlage vermieten. Hier hätte die Gesellschaft daher grundsätzlich auch die Möglichkeit, die Wohnung an einen Dritten zu vermieten, daher ist der Ansatz der Marktmiete gerechtfertigt. Soweit darin ein Gewinn enthalten ist, kommt er der Gesellschaft zu, soweit nicht, kann er ihr nicht entgangen sein. Besteht keine Marktmiete, muss wie in den vorgenannten Fällen wieder die Berechnung der Kosten ausreichend sein.

Briese will bei Leistungen der Gesellschaft an den Gesellschafter stets die Kosten weiterberechnen, auch wenn diese letztlich höher sind als der Marktpreis der Leistung (insoweit wie hier). Soweit die Kosten niedriger sind, soll der übliche Gewinnzuschlag der Gesellschaft hinzukommen, maximal aber der Marktpreis berechnet werden können.[1] Nach der hier vertretenen Ansicht[2] ist ein Gewinnzuschlag nur in den Fällen berechtigt, in denen Leistungen aus dem normalen Geschäftsgegenstand der Gesellschaft erfolgen. Dann wird der Preis inkl. Gewinnmarge aber der Marktpreis sein.

(Einstweilen frei)

2. Bilanzielle Behandlung der verdeckten Gewinnausschüttung

a) Hinzurechnung der verdeckten Gewinnausschüttung außerhalb der Bilanz

Nach eindeutiger Rechtsprechung, der sich die Finanzverwaltung und Literatur angeschlossen hat, sind die erforderlichen Korrekturen **außerhalb der Bilanz** bei der Einkommensermittlung vorzunehmen.[3] Man hält sich an den Wortlaut und der systematischen Stellung des § 8 Abs. 3 KStG, wonach beim Einkommen und nicht beim Gewinn angesetzt wird. Keine Rückwirkung auf das Handelsrecht hat z. B. eine vGA wegen eines unangemessenen Geschäftsführergehalts. Der Anstellungsvertrag mit dem überhöhten Gehalt bleibt wirksam, handelsrechtlich mindert das Gehalt als Betriebsausgabe den Gewinn. Aufgrund des Maßgeblichkeitsgrundsatzes ist dieser Ansatz in die Steuerbilanz zu übernehmen, die Korrektur kann daher nur außerhalb der Bilanz stattfinden.[4]

Es ergeben sich weiter Konsequenzen:

▶ Da die Hinzurechnung der vGA außerhalb der Bilanz erfolgt, kann die Aufdeckung der vGA nicht dazu führen, dass die Betriebsvermögensgrenze des **§ 7g EStG** nachträglich überschritten wird.

▶ Die Korrektur außerhalb der Bilanz ist ein entscheidendes Argument für die Nachrangigkeit der vGA gegenüber den Regelungen des § 4 Abs. 5 EStG.[5]

▶ Unterschiedliche Rechtsfolgen ergeben sich ferner, wenn die Veranlagung des Zeitraums des Eintritts der vGA **verfahrensrechtlich nicht mehr geändert** werden kann. Wird z. B. in einer Betriebsprüfung festgestellt, dass eine Pensionszusage (z. B. mangels Erdienbarkeit) seit Beginn in voller Höhe unzulässig gebildet wurde, so kann eine Korrektur der bereits bestandskräftig veranlagten Jahre nicht mehr erfolgen.[6] Vertritt man jedoch die Ansicht, die vGA sei in der Steuerbilanz zu korrigieren, so ist eine Korrektur der Pensionsrückstellung in voller Höhe im ersten noch offen Veranlagungszeitraum möglich, der Fehler

---

1 *Briese*, GmbHR 2005, 1271, 1273.
2 Ebenso jetzt *Kohlhepp*, DStR 2009, 357.
3 BMF, Schreiben v. 28.5.2002, BStBl 2002 I 603, Tz.3; BFH, Urteil v. 23.6.1993 - I R 72/92, BStBl 1993 II 801; v. 29.6.1994 - I R 137/93, BStBl 2002 II 366; v. 12.10.1995 - I R 127/94, BFH/NV 1996, 81 = NWB OAAAA-96759; v. 8.7.1998 - I R 123/97, BFH/NV 1999, 269 = NWB HAAAA-97473; v. 29.11.2000 - I R 90/99, BStBl 2001 II 204; v. 28.6.2005 - I R 25/04, BFH/NV 2005, 2252 = GmbHR 2005, 1510 = NWB AAAAB-66973; v. 21.8.2007 - I R 74/06, BStBl 2008 II 277; *Frotscher*/Drüen Anhang zu § 8 Rz. 213; *Maas*, StVj 1990, 42, 48; *Winter*, DStZ 1987, 269; *Brenner*, DStZ 1996, 65, 68 f.; *Wuttke*, DStR 1996, 485; jetzt auch *Wassermeyer*, GmbHR 1998, 157, 159.
4 Vgl. zur ausführlichen Begründung der h. M. insbesondere *Frotscher*/Maas Anhang zu § 8 Rz. 213 ff.
5 Vgl. dazu oben → Rz. 222.
6 BFH, Urteil v. 21.8.2007 - I R 74/06, BStBl 2008 II 277.

wird gewissermaßen über den Bilanzenzusammenhang in das noch offene Jahr verlagert.[1] Hat die Korrektur dagegen entsprechend der h. M. außerhalb der Bilanz zu erfolgen, so ist die Änderung der Veranlagungen der bestandskräftig veranlagten Jahre nicht mehr möglich. Die **vGA bleibt** insoweit **unbesteuert**.[2]

598–610 *(Einstweilen frei)*

b) Auswirkungen bei Überpreiskauf durch die Gesellschaft

611 Kauft die Gesellschaft von einem Gesellschafter ein Wirtschaftsgut zu einem überhöhten Preis, so ist der **überhöhte Teil des Kaufpreises vGA**. Bilanziell stellt der überhöhte Teil des Kaufpreises **keine Anschaffungskosten**, sondern einen Aufwand dar, der durch die vGA außerbilanziell zu korrigieren ist. Das betreffende Wirtschaftsgut ist also mit den richtigen, angemessenen Anschaffungskosten zu bilanzieren und auf dieser Basis ggf. abzuschreiben.[3] Das gilt auch, wenn die vGA durch eine Betriebsprüfung erst später entdeckt wird. Zusätzlich sind dann die überhöhten Abschreibungen im Rahmen der Bilanzberichtigung zu korrigieren.

612 Kann die vGA wegen **bestandskräftiger Veranlagungen** nicht mehr erfasst werden, so ist lediglich der Ansatz des Wirtschaftsgutes in der ersten noch offenen Bilanz im Rahmen einer Bilanzberichtigung zutreffend anzusetzen. Die sich dabei ergebende Vermögensminderung ist dann die vGA. Nach Ansicht der Finanzverwaltung ist diese daher dem Einkommen außerbilanziell wieder hinzuzurechnen.[4] Nach richtiger Ansicht kann die vGA jedoch nur in dem Jahr hinzugerechnet werden, in dem sie veranlasst wurde, also im Jahr des Erwerbs des Wirtschaftsgutes. Ist dieses Jahr bestandskräftig veranlagt, kann die vGA nicht bei der späteren Bilanzberichtigung erfasst werden; der durch die Teilwertabschreibung entstehende Aufwand ist daher nicht außerbilanziell zu korrigieren. Der überhöhte Ansatz des Wirtschaftsgutes in der Bilanz war gesellschaftsrechtlich veranlasst und durfte den Gewinn nicht mindern. Daher ist nun auch die Korrektur auf den richtigen, niedrigeren Bilanzansatz gesellschaftsrechtlich veranlasst und darf den Gewinn mithin nicht erhöhen, durch die der Aufwand bei Reduzierung des Bilanzansatzes auf den Teilwert wieder ausgeglichen wird.[5]

BEISPIEL: A veräußert am 3.5.2001 an die A-GmbH, bei der er alleiniger Gesellschafter und Geschäftsführer ist, ein Bürogrundstück mit Bürogebäude zum Preis von 1.200.000 € zzgl. 192.000 € Umsatzsteuer. Der Kaufpreis ist in drei Raten von je 400.000 € zum 1.7. der Jahre 2001, 2002 und 2003 zu entrichten, die Umsatzsteuer wird zusammen mit der ersten Rate in voller Höhe gezahlt. Die Gesellschaft bilanziert den Grund und Boden mit 200.000 € und das Gebäude mit 1 Mio. € und schreibt dies jährlich mit 30.000 € ab. In der Jahre später stattfindenden Betriebsprüfung einigt man sich darauf, dass der angemessene Preis für das gesamte Grundstück 1 Mio. € war, wegen der Verjährung in 2001 aber keine Änderungen mehr vorgenommen werden können. Legt man die Ansicht der Finanzverwal-

---

1 Grundsatz des formellen Bilanzzusammenhangs, BFH, Urteil v. 10.11.1997 - GrS 1/96, BStBl 1998 II 83; v. 11.2.1998 - I R 150/94, BStBl 1998 II 503; v. 28.4.1998 - VIII R 46/96, BStBl 1998 II 443.
2 BFH, Urteil v. 21.8.2007 - I R 74/06, BStBl 2008 II 277; v. 28.4.2010 - I R 78/08, BFH/NV 2010, 1709 = NWB LAAAD-47470; BMF, Schreiben v. 28.5.2002, BStBl 2002 I 603, Tz. 4; zu diesem Effekt, insbesondere bei Pensionszusagen vgl. *Janssen*, vGA, 10. Aufl. 2010, Rz. 1835, 1839, 1843.
3 Heute einzige noch vertretene Auffassung vgl. BFH, Urteil v. 13.3.1985 - I R 9/81, BFH/NV 1986, 116 = NWB EAAAB-28092; BMF, Schreiben v. 28.5.2002, BStBl 2002 I 603, Tz. 42; *Wassermeyer*, GmbHR 1998, 157, 160 und DB 2002, 2668, 2670; *Wuttke*, DStR 1996, 485, 487; *Felder* Rupp/Felder/Geiger/Lang, vGA, A I Rz. 285 ff.; *Frotscher*/Maas Anhang zu § 8 Rz. 220; *Achenbach* Dötsch/Eversberg/Jost/Witt, KStG, Anhang zu § 8, Stichwort: Absetzung für Abnutzung, dort auch zu den früher vertretenen weiteren Auffassungen.
4 BMF, Schreiben v. 28.5.2002, BStBl 2002 I 603, Tz. 43; ebenso *Wassermeyer*, DB 2002, 2668, 2670; *Musil*, DStZ 2003, 649, 652.
5 Ebenso *Frotscher*, FR 2002, 859, 865.

tung zugrunde, wäre eine vGA anzunehmen, die entsprechend des ursprünglichen Verhältnisses auf Grund und Boden einerseits und Gebäude andererseits aufgeteilt wird. Danach ergibt sich:

- Grund und Boden ist in der Bilanz überhöht ausgewiesen mit 200.000 × $^1/_6$ = 33.333 €. In dieser Höhe ist der Bilanzansatz im ersten offenen Jahr (hier 2002), zu korrigieren. Der daraus entstehende Aufwand ist durch Hinzurechnung einer vGA auszugleichen. Nach richtiger Ansicht ist keine vGA anzunehmen, es verbleibt bei dem durch die Bilanzberichtigung entstandenen Aufwand.

- Gebäude ist in der Bilanz überhöht ausgewiesen mit 200.000 × $^5/_6$ = 166.667 €. Hier ergibt sich folgende Auswirkung:

Zugang Gebäude 2001	1.000.000 €
AfA 2001	30.000 €
Stand 31.12.2001	970.000 €
Korrektur auf den Teilwert in 2002	161.667 €
AfA 2002 (3 % von 833.333 €)	25.000 €
Stand 31.12.2002	783.333 €

Die Korrektur auf den Teilwert kann in 2002 nur noch stattfinden, soweit der überhöhte Ansatz nicht bereits durch die (nicht mehr korrigierbare) überhöhte AfA in 2001 aufgezehrt wurde. Nach Ansicht der Finanzverwaltung ist eine Einkommenskorrektur durch eine vGA, wie beim Grund und Boden vorzunehmen.[1] Nach richtiger Ansicht entfällt die Annahme einer vGA und es bleibt bei dem durch die Bilanzberichtigung entstandenen Aufwand, da im Jahr der Bilanzberichtigung keine vGA vorliegt. Die Umsatzsteuer ist in voller Höhe in 2001 als Vorsteuer abziehbar, eine Korrektur durch die BP ist also nicht erforderlich. Beim Gesellschafter dagegen liegen Einkünfte gem. § 20 EStG aus vGA erst vor, wenn der zugeflossene Betrag den angemessenen Kaufpreis übersteigt, bei einer Ratenzahlung also nicht anteilig mit jeder Rate, sondern erst mit der/den letzten Rate/n.[2] Hier wäre also der Zufluss der vGA beim Gesellschafter erst in 2003 erfolgt. Soweit die Veranlagung für dieses Jahr noch nicht bestandskräftig ist, kann dort die vGA noch berücksichtigt werden. Wäre bei der Gesellschaft der Veranlagungszeitraum 2001 noch offen, so würde eine vGA i. H. v. insgesamt 200.000 € dem Einkommen zuzurechnen sein. Zudem wäre die 2001 in Anspruch genommene AfA um 5.000 € in der Bilanz zu korrigieren. Ebenso verhält es sich bei Umlaufvermögen.

(Einstweilen frei) 613–615

c) Auswirkungen bei Unterpreisverkauf durch die Gesellschaft

Verkauft die Gesellschaft ihrem Gesellschafter ein Wirtschaftsgut zu einem niedrigeren Preis, als es zwischen voneinander unabhängigen Dritten erfolgt wäre, so tritt bei ihr eine **verhinderte Vermögensmehrung** ein. Diese stellt vGA dar und wird daher dem Einkommen der KapGes wieder hinzugerechnet. Soweit das Wirtschaftsgut unter dem Buchwert verkauft wird, ist in Höhe der Differenz zum Buchwert ein Aufwand entstanden und es handelt sich daher um eine Vermögensminderung. In den Rechtsfolgen ergibt sich jedoch kein Unterschied, auch diese Differenz stellt vGA dar. Beim Gesellschafter ergeben sich in Höhe der vGA Einkünfte aus § 20 EStG. Soweit das Wirtschaftsgut zur Einkunftserzielung verwendet wird und abgeschrieben werden kann, ist die vGA dem Wert des Wirtschaftsgutes hinzuzurechnen.

616

BEISPIEL: Eine GmbH verkauft ihrem Alleingesellschafter-Geschäftsführer ein bebautes Grundstück für 1,2 Mio. €, angemessen wären 1,5 Mio. €. Bei der GmbH ergibt sich eine Einkommenshinzurechnung von 300.000 €, beim Gesellschafter ein entsprechender Ertrag aus Kapitalvermögen. Der Ansatz des

---

[1] *Frotscher*/Drüen, Anhang zu § 8 Rz. 220; BMF, Schreiben v. 28. 5. 2002, BStBl 2002 I 603, Tz. 43.
[2] BFH, Urteil v. 20. 1. 1999 - I R 32/98, BStBl 1999 II 369.

Grundstücks ist um diesen Betrag zu erhöhen und der Gebäudeanteil daran ist von der erhöhten Bemessungsgrundlage abzuschreiben.

617–620 *(Einstweilen frei)*

d) Behandlung von Passivposten

621 Ist eine Vereinbarung mit dem Gesellschafter, die in der Steuerbilanz zu einer Passivierung geführt hat, also insbesondere eine Pensionszusage, ganz oder teilweise als vGA zu beurteilen, so hat die Annahme der **vGA keinen Einfluss auf die Passivierung**. Der gebildete Passivposten ist nicht im Hinblick auf die vGA zu korrigieren.[1] Die vGA ist vielmehr **außerhalb der Bilanz** dem Gewinn hinzuzurechnen, soweit sie durch die Zuführungen in noch offenen Jahren verwirklicht wird. Soweit die vGA in Zuführungen von bereits bestandskräftigen Jahren lag, ist eine Einkommenshinzurechnung jedoch nicht mehr möglich.[2] Beim Gesellschafter treten die Rechtsfolgen allerdings erst bei Auszahlung der Pension ein. Soweit vGA vorlagen, handelt es sich bei ihm um Einnahmen aus Kapitalvermögen, nicht um Einnahmen aus nicht selbständiger Arbeit.[3]

622 Nach BMF, Schreiben v. 28. 5. 2002[4] ist jedoch von der Finanzverwaltung in einer Nebenrechnung die Höhe der vGA (**Teilbetrag I**) und die Höhe der Hinzurechnung dieser vGA zum Einkommen der Gesellschaft (**Teilbetrag II**) für jeden Passivposten gesondert festzuhalten. Soweit der Passivposten später aufgelöst wird, sind auch die genannten Teilbeträge in der Nebenrechnung aufzulösen. In Tz. 9 des Schreibens ist zwar ausgeführt, dass die Auflösung nur zu geschehen habe, wenn der Passivposten ertragswirksam aufgelöst werde, in den zahlreichen folgenden Beispielen werden aber die Teilbeträge auch dann aufgelöst, wenn die Auflösung des Passivpostens nicht ertragswirksam erfolgt ist, vgl. nur z. B. Tz. 17. Daher wird nicht recht klar, warum der Teilbetrag I überhaupt gebildet wird. Nach Ansicht der Finanzverwaltung hat dieser nämlich keinerlei rechtliche Auswirkungen. Soweit der Passivposten (also z. B. die Pensionsrückstellung) ertragswirksam aufgelöst wird, ist in Höhe des Teilbetrags II außerhalb der Bilanz ein Abzug vom Steuerbilanzgewinn vorzunehmen, weil dieser insoweit bereits bei Bildung des Passivpostens hinzugerechnet und versteuert wurde. Eine **doppelte Versteuerung** entspräche aber nicht dem Sinn der vGA. Die konsequente Durchführung dieser Grundsätze wird in dem genannten BMF-Schreiben anhand von zahlreichen Beispielen dargestellt. Nach Ansicht des BMF soll aber der Abzug höchstens in Höhe des Teilbetrags II erfolgen, also in Höhe der tatsächlich erfassten vGA.[5] Dem folgt auch der BFH,[6] da die Bestandskraft der Steuerbescheide, die eine vGA festsetzen, auf die Höhe der Steuer beschränkt sei und nur in Höhe des tatsächlich als vGA dem Ertrag wieder hinzugerechneten Betrages eine doppelte Versteuerung zu verhindern sei.

623 Dies ist unzutreffend.[7] Wurde die Pensionsrückstellung aus gesellschaftsrechtlichen Gründen gebildet, so beruht auch ihre Auflösung auf gesellschaftsrechtlichen Gründen und dies hat

---

1 BFH, Urteil v. 21. 8. 2007 - I R 74/06, BStBl 2008 II 277; BMF, Schreiben v. 28. 5. 2002, BStBl 2002 I 603, Tz. 7; *Paus*, DStZ 2002, 787, 788.
2 BFH, Urteil v. 21. 8. 2007 - I R 74/06, BStBl 2008 II 277.
3 Ebenso *Paus*, DStZ 2002, 787, 788.
4 BMF, Schreiben v. 28. 5. 2002, BStBl 2002 I 603, Tz. 8 – 9.
5 BMF, Schreiben v. 28. 5. 2002, BStBl 2002 I 603, Tz. 8 – 9, auch *Wassermeyer*, DB 2002, 2668, 2670 f.
6 BFH, Urteil v. 21. 8. 2007 - I R 74/06, BStBl 2008 II 277.
7 Ebenso *Frotscher*, FR 2002, 859, 862; *Paus*, DStZ 2002, 787, 789.

nichts mit der Bestandskraft von Bescheiden zu tun. Sowohl die Bildung als auch die Auflösung darf den Gewinn nicht beeinflussen. Diese Korrekturen erfolgen unabhängig voneinander. Wurde bei der Bildung die Hinzurechnung zum Gewinn versäumt, so ist dies kein Grund auch den Abzug der Auflösung der Rückstellung zu unterlassen.

BEISPIEL: Über die Jahre 1985 – 2002 wird für den Gesellschafter-Geschäftsführer eine Pensionsrückstellung i. H. v. 100.000 € gebildet. Davon waren 25.000 € (Teilbetrag I) aus den unterschiedlichsten Gründen als vGA anzusehen. Wegen verspäteter Entdeckung dieser vGA konnten aber nur insgesamt 20.000 € (Teilbetrag II) als vGA dem Einkommen der Gesellschaft hinzugerechnet werden. In 2003 verstirbt der Gesellschafter, der Pensionsanspruch entfällt damit. Die Gesellschaft hätte die Rückstellung grundsätzlich erfolgswirksam aufzulösen. Die Auflösung einer Rückstellung führt grundsätzlich zu Ertrag. Da aber 25.000 € der Rückstellung aus gesellschaftsrechtlichen Gründen gebildet wurden, kann die Auflösung der Rückstellung insoweit auch keinen Ertrag darstellen. Es ist daher nur ein Ertrag i. H. v. 75.000 € zu versteuern. Nach Ansicht der Finanzverwaltung jedoch i. H. v. 80.000 €, da nur i. H. v. 20.000 € zuvor tatsächlich eine Hinzurechnung zum Einkommen stattfand und die Finanzverwaltung hier in rechtlich unzulässiger Weise eine Verknüpfung herstellt. Gleiches gilt auch, wenn der Gesellschafter den Pensionsfall erlebt. Wie bisher können nur die Zinsanteile vGA darstellen, also der Betrag der Auszahlungen, der die Minderung der Pensionsrückstellungen im jeweiligen Jahr übersteigt. Es ist hingegen nicht möglich zusätzlich 5.000 € der Rückstellung nachzuversteuern. Dies hat die Finanzverwaltung bei Tantiemerückstellungen erkannt, es muss auch für Pensionsrückstellungen gelten.[1]

Die Erfassung über dieses neue Instrument ist zwar zweckmäßig, der **Rechtsschutz** ist aber hier nur **unzureichend** gewährleistet. Da sich eine steuerliche Auswirkung aus der Bildung und Fortführung der Teilbeträge I und II erst bei Auflösung des Passivpostens ergeben kann, kann ein Fehler in der Bildung dieser Teilbeträge erst mit einem Einspruch gegen die Bescheide umgesetzt werden, in denen sich der Fehler bei der Auflösung erstmals auswirkt. Bei einer Pensionszusage also u. U. erst 30 Jahre nach Verursachung des Fehlers.

(Einstweilen frei)

3. Rechtsfolgen in der Umsatzsteuer

Die vGA schließt bei der verbilligten Lieferung an den Gesellschafter einen Gewinnzuschlag ein, da sie nach dem Entgelt zu berechnen ist, das ein ordentlicher und gewissenhafter Geschäftsleiter verlangt haben würde.[2] Der Geschäftsleiter würde natürlich auch die entstehende Umsatzsteuer aufschlagen, gleichwohl sind Unterschiede zu beachten, da die im unternehmerischen Drittverkehr bestehende Unternehmerkette unterbrochen wird. VGA wird umsatzsteuerlich der Lieferung und der sonstigen Leistung gem. § 3 Abs. 1b und Abs. 9a UStG gleichgestellt. Eine Umsatzsteuer ergibt sich auch nur, soweit auf der Eingangsseite eine Berechtigung zum Vorsteuerabzug bestanden hat. Zur Ermittlung der umsatzsteuerlichen Bemessungsgrundlage[3] sind folgende Fallgruppen zu beachten.

---

[1] Ausführlich *Paus*, DStZ 2002, 787, 788 f.
[2] Siehe o. → Rz. 586 ff.
[3] Im Einzelnen zu § 10 Abs. 4 und 5 UStG, für vGA der USt-Senat des BFH, Urteil v. 12. 10. 2004 - V R 37/02, BFH/NV 2005, 923 = NWB VAAAB-44204; a. A. BFH, Urteil v. 25. 5. 2004 – VIII R 4/01, BFH/NV 2005, 105 = NWB QAAAB-36872: Endpreis am Abgabeort gem. § 8 Abs. 2 EStG.

a) Verbilligte Leistungen an den Gesellschafter (oder ihm nahestehende Personen)

aa) Verkauf zu Einkaufspreisen

BEISPIEL: Eine GmbH kauft ein Wirtschaftsgut für 1.000 € netto ein. Sie verkauft es an einen Gesellschafter für 1.000 € + 190 € USt = 1.190 €. Einem fremden Dritten hätte sie das WG für 1.500 € zzgl. USt = 1.785 € überlassen.

629 **LÖSUNG:** Umsatzsteuerliche Behandlung:

1. **Steuerbarkeit ist gegeben:**
   - ▶ Leistung i. S. d. § 1 Abs. 1 Nr. 1 UStG
2. **Die Leistung ist steuerpflichtig.**
3. **Bemessungsgrundlage:**
   - ▶ Gem. § 10 Abs. 5 UStG wird § 10 Abs. 4 UStG entsprechend angewandt. d. h. es gilt die **Mindestbemessungsgrundlage**. In den Fällen der Lieferung an Gesellschafter ist diese der Einkaufspreis. Da Gegenleistung und Einkaufspreis identisch sind, wird nach § 10 Abs. 1 UStG die Gegenleistung (= 1.000 €) als Bemessungsgrundlage zugrunde gelegt. **Ergebnis: 1.000 € + 190 € USt = 1.190 €.**

630 Körperschaftsteuerliche Behandlung:

1. **Einkommensermittlung gem. § 8 Abs. 3 Satz 2 KStG:**
   Die vGA ergibt sich aus der Differenz zwischen der vom Gesellschafter erbrachten Gegenleistung und dem gemeinen Wert.
2. **Problem: Wert der Differenz**
   - – Ansatz gem. R 8.6 KStR: **gemeiner Wert**

   Verwaltungsmeinung: Bruttomethode

   1.785 € (gemeiner Wert) abzgl. 1.190 € = 595 € (inkl. USt)

Von der Rechtsprechung wurde mittlerweile geklärt, dass die vGA als Bruttobetrag und zwar sowohl nach § 8 Abs. 3 Satz 2 KStG als auch beim Gesellschafter nach § 20 EStG entsteht.[1]

Wichtig: Hier führt die vGA nicht zur Erhöhung der USt Verbindlichkeit. Da der im Körperschaftsteuerrecht anzusetzende Betrag der vGA auch die zu entrichtende Umsatzsteuer mit einschließt, ist diese Umsatzsteuer nicht zusätzlich nach § 10 Nr. 2 KStG hinzuzurechnen.

bb) Verkauf unter Einkaufspreisen

BEISPIEL: Eine GmbH kauft ein Wirtschaftsgut für 1.000 € netto ein. Sie verkauft es an einen Gesellschafter für 900 € + 171 € USt = 1.071 €. Einem fremden Dritten hätte sie das Wirtschaftsgut für 1.500 € zzgl. USt = 1.785 € überlassen.

631 **LÖSUNG:** Umsatzsteuerliche Behandlung:

1. **Steuerbarkeit ist gegeben:**
   - ▶ Leistung i. S. d. § 1 Abs. 1 Nr. 1 UStG
2. **Die Leistung ist steuerpflichtig.**
3. **Bemessungsgrundlage:**
   - ▶ Gem. § 10 Abs. 5 UStG wird § 10 Abs. 4 UStG entsprechend angewandt, d. h., es gilt die **Mindestbemessungsgrundlage**. In den Fällen der Lieferung an Gesellschafter ist dies der Einkaufspreis.

Da die Gegenleistung unter dem Einkaufspreis liegt, wird nach § 10 Abs. 5 UStG die Gegenleistung (= 1.000 €) zugrunde gelegt:

---

[1] Vgl. BFH, Urteil v. 25. 5. 2004 - VIII R 4/01, BFH/NV 2005, 105 = NWB QAAAB-36872.

Daher:	900 € + 171 € USt
und	
eine Erhöhung auf	100 € + 19 € USt
▶ Ergebnis:	**1.000 € + 190 € USt = 1.190 €**

Dies gilt nicht, wenn das vereinbarte niedrigere Entgelt marktüblich ist.[1] Dann ist der Fall wie beim Verkauf zu Einkaufspreisen zu lösen.

Körperschaftsteuerliche Behandlung:

1. **Einkommensermittlung gem. § 8 Abs. 3 Satz 2 KStG:**
   Die vGA ergibt sich aus der Differenz zwischen der vom Gesellschafter erbrachten Gegenleistung und dem gemeinen Wert.
2. **Problem: Wert der Differenz**
   – Ansatz gem. R 8.6 KStR: **gemeiner Wert.**

Verwaltung und Rechtsprechung[2]: Bruttomethode

1.785 € (gemeiner Wert)./. 1.071 € = 714 € (inkl. USt)

Wichtig: Hier führt die vGA zur Erhöhung der USt Verbindlichkeit in Höhe der Differenz zur Mindestbemessungsgrundlage (100 € + 19 €). Folglich entstehen 19 € USt. Aber die Rspr. des EuGH beachten.[3]

b) Unentgeltliche Leistungen an den Gesellschafter (oder ihm nahestehende Personen)

BEISPIEL: Eine GmbH kauft ein Wirtschaftsgut für 1.000 € netto ein. Sie gibt es ohne Entgelt an einen Gesellschafter weiter. Einem fremden Dritten hätte sie das WG für 1.500 zzgl. USt = 1.785 € überlassen.

LÖSUNG: Umsatzsteuerliche Behandlung:

1. **Steuerbarkeit ist gegeben:**
   ▶ Keine Leistung i. S. d. § 1 Abs. 1 Nr. 1 UStG mangels Leistungsaustausch
   ▶ Gilt als Lieferung gem. § 3 Abs. 1b UStG
2. **Die Leistung ist steuerpflichtig.**
3. **Bemessungsgrundlage:**
   ▶ § 10 Abs. 5 i. V. m. Abs. 4 UStG wird angewandt, d. h., es gilt die **Mindestbemessungsgrundlage**. Das ist der Einkaufspreis (= 1.000 €)

Ergebnis: **1.000 € + 190 € USt = 1.190 €**

Körperschaftsteuerliche Behandlung:

1. **Einkommensermittlung gem. § 8 Abs. 3 Satz 2 KStG:**
   Die vGA ergibt sich aus dem gemeinen Wert.
2. **Problem: Höhe des gemeinen Wertes**
   – Ansatz gem. R 8.6 KStR ist der gemeine Wert.

Verwaltungsmeinung: Bruttomethode

Folge: 1.785 € (gemeiner Wert)

Ermittlung des zvE bei der GmbH
Verwaltung und Rspr.:

USt Verbindlichkeit	./.	190
vGA	+	1.785 (Brutto)
Einkommen		**1.595**

---

[1] EuGH, Urteil v. 29. 5. 1997 - Rs. C-63/96, BStBl 1997 II 841; BFH, Urteil v. 8. 10. 1997 - XI R 8/86, BStBl 1997 II 840.
[2] Vgl. BFH, Urteil v. 25. 5. 2004 - VIII R 4/01, BFH/NV 2005, 105 = NWB QAAAB-36872.
[3] EuGH, Urteil v. 29. 5. 1997 - Rs. C-63/96, BStBl 1997 II 841; BFH, Urteil v. 8. 10. 1997 - XI R 8/86, BStBl 1997 II 840.

§ 10 Nr. 2 KStG:[1]

Keine außerbilanziellen Umsatzsteuerhinzurechnung gem. § 10 Nr. 2 KStG, weil sonst eine ungerechtfertigte Doppelbelastung bestehen würde. Die erforderliche Umsatzsteuerbelastung ist in der außerbilanziellen Einkünfteerhöhung des § 8 Abs. 3 Satz 2 KStG enthalten.[2]

Wichtig: Hier führt die vGA zur Erhöhung der USt Verbindlichkeit ausgehend von der Mindestbemessungsgrundlage (1.000 € + 190 €) Folglich 190 € USt.

c) Übernahme von Kosten des Gesellschafters

636 Übernimmt die GmbH Kosten, die der Gesellschafter zu begleichen hätte, z. B. die Rechnung eines Handwerkers für die Renovierung des Hauses des Gesellschafters, so kann die GmbH die Umsatzsteuer aus dieser Rechnung nicht als Vorsteuer abziehen, da die Leistung nicht für ihr Unternehmen ausgeführt wurde. Die Umsatzsteuer zählt in diesem Fall zur Bemessungsgrundlage der vGA. Dies ist nur konsequent, da der Gesellschafter als Endverbraucher von der Umsatzsteuer auch belastet worden wäre. Daran würde sich allerdings auch nichts ändern, wenn die Rechnung z. B. ein Einzelunternehmen des Gesellschafters betroffen hätte, allerdings könnte der Gesellschafter dann im Rahmen seines Einzelunternehmens die Umsatzsteuer als Vorsteuer geltend machen und so letztlich die ertragsteuerlichen Auswirkungen der Erhöhung der vGA um die Umsatzsteuer kompensieren. Dies wäre ebenfalls nur konsequent, da der Unternehmer durch die Umsatzsteuer nicht belastet wurde.

d) Zahlung eines überhöhten Betrages an den Gesellschafter

637 Zahlt die Gesellschaft dem Gesellschafter für einen Gegenstand mehr als zwischen untereinander unabhängigen Dritten üblich, so ist der überhöhte Betrag vGA. Hat der Gesellschafter, z. B. als Einzelunternehmer, diesen Betrag mit Umsatzsteuer belastet, so ist diese bei der Gesellschaft als Vorsteuer abziehbar.[3] Es ist die gesamte in Rechnung gestellte Umsatzsteuer abziehbar, also auch die auf den überhöhten Teil des Nettobetrages in Rechnung gestellte Umsatzsteuer;[4] eine vGA liegt jedoch nur in Höhe des überhöhten Teils des Nettobetrages vor.[5] Gleiches gilt, wenn sich ein mit Umsatzsteuer geschlossener Vertrag zwischen Gesellschaft und Gesellschafter als nichtig erweist und die Leistung der Gesellschaft deswegen als vGA anzusehen ist. Dies beeinträchtigt nicht den Vorsteueranspruch und daher liegt eine vGA nur in Höhe des Nettobetrages vor.[6] Beim Gesellschafter fließt aber nicht nur der Nettobetrag, sondern auch die Umsatzsteuer zu, sie soll bei ihm nach FG Düsseldorf[7] deshalb zur vGA gehören, unabhängig davon, dass er die Umsatzsteuer an das Finanzamt abzuführen hat.

---

[1] Siehe R 8.6 KStR.
[2] Zur Bedeutungslosigkeit des § 10 Nr. 2 KStG hinsichtlich USt vgl. *Valta* in Mössner/Seeger/Oellerich, KStG, § 10 Rz. 95.
[3] BFH, Urteil v. 6.12.2005 - VIII R 70/04, BStBl 2005 II 882; FG Düsseldorf, Urteil v. 18.6.2004 - 1 K 3477/02 E, EFG 2004, 1838 = NWB QAAAB-26870.
[4] Vgl. BFH, Urteil v. 25.11.1987 - X R 12/81, BStBl 1988 II 210.
[5] BFH, Urteil v. 6.12.2005 - VIII R 70/04, BStBl 2005 II 882; FG Düsseldorf, Urteil v. 18.6.2004 - 1 K 3477/02 E, NWB QAAAB-26870.
[6] BFH, Urteil v. 16.12.1998 - I R 96/95, NJW 1999, 3070 = NWB VAAAA-63051.
[7] FG Düsseldorf, Urteil v. 18.6.2004 - 1 K 3477/02 E, NWB QAAAB-26870.

e) **Prüf- und Übersichtsschema zur vGA und USt**

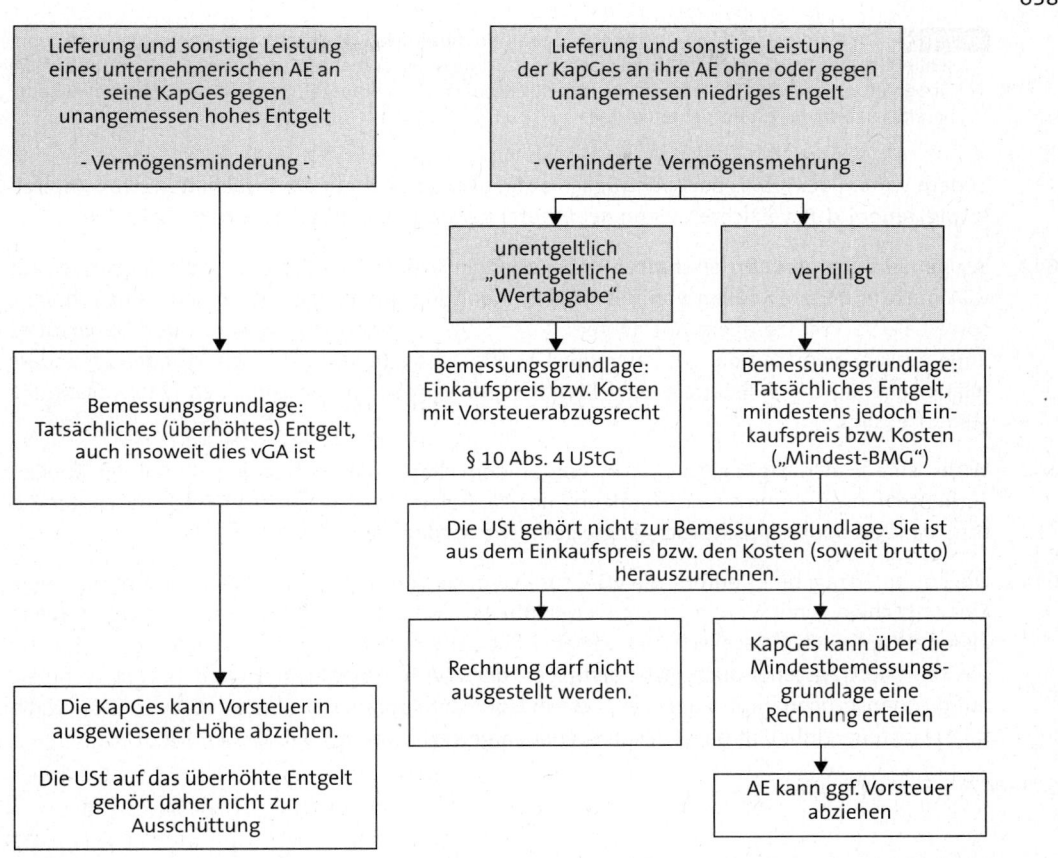

(Einstweilen frei)

4. Rechtsfolgen in der Kapitalertragsteuer

VGA unterliegen grundsätzlich ebenso dem Steuerabzug gem. § 43 EStG wie Gewinnausschüttungen, die auf einem gesellschaftsrechtlichen Beschluss beruhen.[1] Dies gilt auch für **vGA an andere inländische Kapitalgesellschaften**, bei denen die vGA gem. § 8b KStG grundsätzlich steuerfrei ist. Die Kapitalertragsteuer ist dann gem. § 36 Abs. 2 Satz 2 Nr. 2 Satz 1 2. Alt. EStG zu erstatten. Allerdings entfällt der Steuerabzug, wenn die Besteuerung beim Gesellschafter gesichert ist,[2] daher sollte bei vGA an andere KapGes der **Kapitalertragsteuerabzug** grundsätzlich **unterbleiben**.[3] Da gem. § 8b Abs. 1 KStG die vGA bei der empfangenden Kapitalgesellschaft steuerfrei ist, ist keine Besteuerung zu sichern. Ferner ist keine Kapitalertragsteuer zu

---

[1] Für vGA nach § 8a KStG 2002 vgl. BFH, Urteil v. 20. 8. 2008 - I R 29/07, BStBl 2010 II 142.
[2] OFD Münster v. 7. 11. 2007, NWB WAAAC-62894.
[3] *Korn*, KÖSDI 2001, 12811, 12813; *Hey*, GmbHR 2001, 1, 3.

erheben, wenn z. B. der Zufluss der Ausschüttung bereits einer **Abzugssteuer** (z. B. LSt) unterworfen ist.[1] Jedenfalls aber haftet die Körperschaft für die Besteuerung beim Gesellschafter.[2]

BEISPIEL: Die KapGes zahlt ein überhöhtes Gehalt. In diesem Fall ist bereits vom gesamten Gehalt einschließlich des Teils, der als vGA anzusehen ist, Lohnsteuer einbehalten worden. Es ist somit auf die Einbehaltung von Kapitalertragsteuer zu verzichten, da die Vorauszahlung auf die Einkommensteuer bereits in Form der LSt entrichtet wurde.

Zudem wird in der Praxis bei nachträglich aufgedeckten vGA auf die Einbehaltung von **Kapitalertragsteuer i. d. R. verzichtet**, wenn der Empfänger **unbeschränkt steuerpflichtig** ist.[3]

642 Bei **gemeinnützigen Körperschaften** und Vermögensmassen wird die Kapitalertragsteuer auf vGA auch in anderen Fällen von der Finanzverwaltung aus Billigkeitsgründen nicht erhoben, soweit sie bei rechtzeitigem Antrag gem. § 44c EStG zu erstatten gewesen wäre.[4] Daher ist es angemessen, wenn auf die Erhebung einer Kapitalertragsteuer für Ausschüttungen an andere inländische KapGes vollständig verzichtet wird, da vGA bei diesen gem. § 8b KStG vollständig steuerfrei sind.[5]

643 Wenn eine **vGA rückgängig** gemacht wird, indem die Gesellschafter den Vorteil der KapGes zurückgewähren, kommt eine Erstattung der Kapitalertragsteuer nicht in Betracht, da der Zufluss der vGA dadurch nicht rückgängig gemacht werden kann.[6]

644 Die Kapitalertragsteuer **erhöht die vGA** nur, wenn sie von der Gesellschaft übernommen wird. Eine stillschweigende Vereinbarung dieses Inhalts kann jedoch nicht unterstellt werden. Wenn also die KapGes den Gesellschafter sogleich mit der Kapitalertragsteuer-Schuld belastet, kann die Kapitalertragsteuer auch nicht dem Wert der vGA hinzugerechnet werden. Nur, wenn sie auf die Inanspruchnahme verzichtet, liegt in Höhe der Kapitalertragsteuer vGA vor.[7] Zum Kapitalertragsteuereinbehalt bei vGA von **Betrieben gewerblicher Art** vgl. *Kessler/Fritz/Gastl*.[8]

645–647 *(Einstweilen frei)*

5. Rechtsfolgen in der Gewerbesteuer

648 Die Erhöhung der Einkünfte infolge der vGA führt zugleich zu einer Erhöhung des Gewerbeertrags und somit zur Erhöhung der GewSt. Die GewSt ist aber seit VZ 2008 gem. § 8 Abs. 1 KStG i. V. m. § 4 Abs. 5b EStG keine steuerlich abzugsfähige Betriebsausgabe mehr, so dass eine Erhöhung und Verminderung der steuerlichen Bemessungsgrundlage in einem Vorgang nicht mehr zusammenfallen.

649–650 *(Einstweilen frei)*

---

[1] OFD Münster 7. 11. 2007, NWB WAAAC-62894; BFH, Urteil v. 4. 7. 1984 - I R 195/81, BStBl 1984 II 842, 843; v. 23. 10. 1985 - I R 248/81, BStBl 1986 II 178, 179; v. 25. 9. 1970 - VI R 122/67, BStBl 1971 II 53.
[2] BFH, Urteil v. 4. 7. 1984 - I R 195/81, BStBl 1984 II 842.
[3] OFD Münster v. 7. 11. 2007, NWB WAAAC-62894; auch *Sender*, StB 1994, 52, mit umfangreichen Ausführungen zur Behandlung nicht unbeschränkt steuerpflichtiger Empfänger.
[4] OFD Frankfurt a. M. v. 3. 1. 2000, NWB AAAAA-78332.
[5] Ebenso *Hey*, GmbHR 2001, 1, 3.
[6] BFH, Urteil v. 19. 1. 1977 - I R 188/74, BStBl 1977 II 847; v. 2. 11. 1977 - I R 92/75, BStBl 1978 II 102.
[7] BFH, Urteil v. 25. 9. 1970 - VI R 122/67, BStBl 1971 II 53.
[8] Vgl. *Kessler/Fritz/Gastl*, BB 2004, 1512.

6. Rechtsfolgen in der Grunderwerbsteuer

Besteht eine vGA darin, dass eine KapGes ihrem Gesellschafter ein Grundstück unter Preis verkauft, so dass eine vGA i. S. d. § 8 Abs. 3 Satz 2 KStG vorliegt, so unterliegt gleichwohl auch **nur der tatsächlich vereinbarte Kaufpreis** der Grunderwerbsteuer (GrESt), da in Höhe der vGA keine Leistung des Gesellschafters an die GmbH vorliegt.[1] Allerdings wird auch der tatsächliche Kaufpreis Bemessungsgrundlage der GrESt bleiben, wenn die Gesellschaft vom Gesellschafter zu einem überhöhten Kaufpreis ein Grundstück erwirbt,[2] da nur der tatsächliche Preis Gegenleistung für das Grundstück ist.

(Einstweilen frei) 652–655

7. Rechtsfolgen im Gesellschaftsrecht

Bei der AG dürfen nach § 57 Abs. 1 AktG die Einlagen den Aktionären nicht zurückgezahlt werden. Daraus wird abgeleitet, dass jede – offene oder verdeckte – Vermögenszuwendung an die Aktionäre, die sich nicht als Verteilung des Bilanzgewinns darstellt, unzulässig ist. Es entsteht daher bei **vGA einer AG** stets ein **Rückgewähranspruch** gem. § 62 AktG. Dieser verdrängt §§ 812 ff. BGB, wird aber ergänzt durch einen dinglichen Herausgabeanspruch gem. §§ 985, 1007 BGB, Ansprüche auf Schadenersatz gem. § 823 BGB und § 117 AktG sowie Nachteilsausgleich gem. § 311 AktG. Der Rückgewähranspruch ist in der Bilanz auszuweisen, so dass sich bilanziell keine Vermögensminderung ergibt.[3]

Bei der GmbH darf das zur Erhaltung des Stammkapitals erforderliche Vermögen gem. § 30 Abs. 1 GmbHG nicht an die Gesellschafter zurückgezahlt werden. Dies gilt für offene wie verdeckte Gewinnausschüttungen. Soweit diese gegen § 30 GmbHG verstoßen, entsteht gem. **§ 31 GmbHG** ein Rückerstattungsanspruch der Gesellschaft. Dieser ist bilanziell auszuweisen, so dass sich bilanziell keine Vermögensminderung ergibt; zur steuerlichen Wertung vgl. → Rz. 837 ff.

Auch daneben gibt es im **Handelsrecht verdeckte Gewinnausschüttungen** und in diesem Rahmen auch eine **Angemessenheitsprüfung bei Gehältern**.[4] Allerdings verfolgt das Handelsrecht damit **andere Ziele** als das Steuerrecht. Das Handelsrecht will mit diesen Instrumenten die Beeinträchtigung der Vermögensinteressen der anderen Gesellschafter, meist von Minderheitsgesellschaftern, und ihrem berechtigten Interesse an Ausschüttungen schützen.[5] Der körperschaftsteuerlich richtige Gewinn, der beim Steuerrecht im Mittelpunkt steht, ist für das Handelsrecht irrelevant. Die unterschiedliche Zielsetzung verbietet es daher, von der steuerrechtlichen Beanstandung der Vergütung auf die zivilrechtliche Unwirksamkeit zu schließen.[6] Es kommt deswegen eine zivilrechtliche **Rückerstattungspflicht** nur wegen eines Verstoßes gegen das Gleichbehandlungsgebot oder die gesellschaftsrechtliche Treuepflicht gem. §§ 812 ff., 985 BGB oder wegen pflichtwidriger Handlung des Geschäftsführers gem. § 43 GmbHG in Betracht. Diese Ansprüche entfallen allerdings, wenn die Auszahlung durch Gesellschafter-

---

1 BFH, Urteil v. 26. 10. 1977 - II R 115/69, BStBl 1978 II 201.
2 *Felder* in Rupp/Felder/Geiger/Lang, a. a. O., A I Rz. 288.
3 Zur steuerlichen Wertung vgl. → Rz. 838 f.
4 Zu Letzterem ausführlich OLG Frankfurt a. M. v. 22. 12. 2004 - 13 U 177/02, GmbHR 2005, 550.
5 OLG Frankfurt a. M. v. 22. 12. 2004 - 13 U 177/02, NWB DAAAE-84569.
6 OLG Frankfurt a. M. v. 22. 12. 2004, NWB DAAAE-84569.

beschluss nachträglich genehmigt wurde oder daran sämtliche Gesellschafter beteiligt waren.[1]

659 Besteht danach ein Rückgewähranspruch, so ist auch sein **Umfang** fraglich. Im früheren Anrechnungsverfahren wurde insbesondere die Frage diskutiert, ob der Rückerstattungsanspruch auch den einkommensteuerlichen Vorteil des Gesellschafters umfasst. Dies war im Halbeinkünfteverfahren und ist auch im Teileinkünfteverfahren bzw. unter Geltung der Abgeltungsteuer wohl nicht mehr denkbar, da der einkommensteuerliche Vorteil nicht mehr das direkte Spiegelbild des körperschaftsteuerlichen Nachteils der Gesellschaft ist, sondern von den persönlichen Einkommensverhältnissen des Gesellschafters abhängt und mangels einer Anrechnung die Körperschaftsteuer auch nicht mehr als Vorauszahlung auf die Einkommensteuer begriffen werden kann.[2]

660–680 *(Einstweilen frei)*

V. Ertragsteuerliche Rechtsfolgen der verdeckten Gewinnausschüttung beim Gesellschafter

LITERATURHINWEISE:

Söffing, Verdeckte Gewinnausschüttungen bei nahe stehenden Personen, DStZ 1999, 886; *Ax/Harle*, Die „unangemessene" Gesellschafter-Geschäftsführer-Vergütung, GmbHR 2001, 763; *Dörner*, Verdeckte Gewinnausschüttungen sowie Leistungen zwischen Kapitalgesellschaft und Gesellschafter nach dem Halbeinkünfteverfahren, INF 2001, 76; *Hey*, Bedeutung und Besteuerungsfolgen der verdeckten Gewinnausschüttung nach der Unternehmenssteuerreform, GmbHR 2001, 1; *Korn*, Neue Beratungsaspekte zu verdeckten Gewinnausschüttungen, KÖSDI 2001, 12811; *Ottersbach*, Verdeckte Gewinnausschüttungen durch Leistungen an nahe stehende Personen eines Gesellschafters, NWB F. 4, 4435; *Schmitz*, Verdeckte Gewinnausschüttung im Konzern und systemgerechte Besteuerung nach der Unternehmenssteuerreform?, DB 2001, 1166; *Meyer/Ball*, Verfahrensrechtliche Fallstricke bei der verdeckten Gewinnausschüttung nach neuem Recht, DStR 2002, 1285; *Briese*, Unterstellte Privatnutzung eines Betriebs-PKW durch den Gesellschafter-Geschäftsführer: Lohn oder verdeckte Gewinnausschüttung?, GmbHR 2005, 1271; *Kollruss*, Abgeltungsteuer auf verdeckte Gewinnausschüttungen trotz Nichtbesteuerung der verdeckten Gewinnausschüttung auf Gesellschaftsebene, BB 2008, 2437.

681 Die Annahme einer **vGA** beim **Gesellschafter** ist **unabhängig** von der Annahme einer vGA bei der **Gesellschaft**.[3] Die Voraussetzungen einer vGA bei der Gesellschaft sind nicht deckungsgleich mit den Voraussetzungen einer vGA beim Gesellschafter. Die Voraussetzungen beim Gesellschafter im Einzelnen sind Folgende:

► Wirtschaftlicher Vorteil für den Gesellschafter (Zufluss),

► Verursacht durch die Organe der Körperschaft,

► veranlasst durch das Gesellschaftsverhältnis,

– immer dann, wenn ein ordentlicher und gewissenhafter Geschäftsleiter die Vermögensminderung oder verhinderte Vermögensmehrung gegenüber einer Person, die nicht Gesellschafter ist, unter sonst gleichen Umständen nicht hingenommen hätte (= Drittvergleich).

---

[1] BGH, Urteil v. 21.6.1999 - II ZR 47/98, DB 1999, 1651; v. 10.5.1993 - II ZR 74/92, DStR 1993, 1072; OLG Frankfurt a. M. v. 22.12.2004, a. a. O.
[2] Vgl. dazu ausführlich mit Nachweisen zum Anrechnungsverfahren Hey, GmbHR 2001, 1, 5 f.
[3] BFH, Urteil v. 22.9.2004 - III R 9/03, BStBl 2005 II 160; v. 13.9.2000 - I R 10/00, BFH/NV 2001, 584 = NWB DAAAA-66709; BMF, Schreiben v. 28.5.2002, BStBl 2002 I 603, Tz. 6; u. s. o. → Rz. 568 ff.

- Modifizierung beim beherrschenden Gesellschafter: Für die Vermeidung einer vGA ist immer erforderlich eine im Voraus geschlossene, zivilrechtlich wirksame, klare und eindeutige Vereinbarung, die tatsächlich durchgeführt wird.

▶ nicht auf einem ordentlichen Gewinnverteilungsbeschluss beruhend bzw. in keinem Zusammenhang zu einer offenen Ausschüttung steht (BFH).

Streitigkeiten über Grund und Höhe einer Gewinnausschüttung sind in dem jeweiligen Besteuerungsverfahren selbständig zu entscheiden.[1]

1. Gesellschafter ist eine natürliche Person

a) Rechtsfolgen bei Anteilen im Privatvermögen

Das Einkommen des Gesellschafters kann durch eine vGA dadurch erhöht werden, dass ihm Aufwendungen erspart werden oder dass er überhöhte Leistungen von der KapGes erhält. Grundsätzlich ist die vGA als **Einkünfte aus Kapitalvermögen** i. S. d. § 20 Abs. 1 Nr. 1 EStG zu qualifizieren; sie ist jedoch dann als Einkünfte aus Gewerbebetrieb zu erfassen, wenn die Anteile an der KapGes zu einem Betriebsvermögen des Gesellschafters gehören (vgl. § 20 Abs. 8 EStG). Wenn die vGA beim Gesellschafter bereits als Einkünfte erfasst worden ist, hat ihre Feststellung insoweit eine Umschichtung der Einkünfte zur Folge.[2] Unterliegen die Einkünfte nach der Umschichtung der **Abgeltungsteuer**, so führt dies für den Gesellschafter zu einer **Steuererstattung**. Dazu kann eine weitere Vergünstigung durch erstmalige Ausnutzung des **Sparer-Pauschbetrages gem. § 20 Abs. 9 EStG** kommen. Insoweit sind die Einkünfte steuerbefreit. Allerdings setzt dies voraus, dass die **Einkommensteuerveranlagung** des Gesellschafters nach der AO noch **änderbar** ist.[3]

Erhält der Gesellschafter eine **Vermögensmehrung**, z. B. in Form eines Wirtschaftsgutes, so sind seine Einkünfte aus Kapitalvermögen in dieser Höhe zu erhöhen (der Zufluss muss nachgewiesen sein, eine Schätzung bei der GmbH reicht nicht aus[4]) und mit Abgeltungsteuer zu versteuern. Es kommt dabei nicht darauf an, ob der zugeflossene **Vorteil bei dem Gesellschafter verbleibt**.[5] Die Vorteilsgewährung ist tatbestandsmäßig vielmehr als **Bruttoertrag** (Roheinnahme) für Zwecke der Kapitalertragsteuer zu verstehen, d. h. die Annahme einer Vermögensmehrung hängt nicht davon ab, ob der zugeflossene Vorteil seinem Wert nach Betriebsausgaben, Werbungskosten oder Rückgewähransprüche übersteigt, die wirtschaftlich durch den Zufluss ausgelöst werden.[6]

Erspart ein Gesellschafter dadurch **Aufwendungen**, dass die KapGes ihm für Lieferungen oder Leistungen ein zu niedriges Entgelt berechnet, liegt eine vGA vor, die stets zu einer Erhöhung

---

1 BFH, Urteil v. 27. 10. 1992 - VIII R 41/89, BStBl 1993 II 569; v. 22. 9. 2004 - III R 9/03, a. a. O., vgl. ferner zur Beweislast unter → Rz. 921 ff.
2 Ebenso *Korn*, KÖSDI 2001, 12811, 12812, m. w. N.; *Hey*, GmbHR 2001, 1, 3; *Dörner*, INF 2001, 76.
3 Im Einzelnen vgl. o. formelle und materielle Korrespondenz und Kommentierung zu § 32a KStG.
4 Vgl. BFH, Urteil v. 18. 5. 2006 - III R 25/05, BFH/NV 2006, 1747 = NWB YAAAB-90234.
5 BFH, Urteil v. 4. 7. 1984 - I R 195/81, BStBl 1984 II 842; v. 13. 11. 1985 - I R 275/82, BStBl 1986 II 193; v. 6. 3. 1979 - VIII R 26/78, BStBl 1979 II 510; v. 1. 3. 1977 - VIII R 106/74, BStBl 1977 II 545; FG Baden-Württemberg, Urteil v. 23. 1. 1986 - X K 39/83, EFG 1986, 307.
6 BFH, Urteil v. 4. 7. 1984 - I R 195/81, BStBl 1984 II 842.

des Einkommens bei der KapGes führt. Dementsprechend ergeben sich beim Gesellschafter Einkünfte aus Kapitalvermögen, die mit **Abgeltungsteuer** zu besteuern sind. Wären die ersparten Aufwendungen zugleich **Werbungskosten**, so sind sie nun dementsprechend zu berücksichtigen.[1] Für die Zeiträume der Anwendung des Teileinkünfteverfahrens ergibt sich keine Kürzung nach § 3c Abs. 2 EStG,[2] da die Werbungskosten nicht unmittelbar mit den Einkünften aus der Beteiligung zusammenhängen.[3] Gleiches gilt auch bei Anwendung der Abgeltungsteuer. Eine allgemeine Kürzung kommt u. E. nur nach § 3c Abs. 1 EStG in Betracht, soweit eine Steuerbefreiung i. S. d. Vorschrift besteht.

685   Wird die **Beteiligung** an der GmbH **im Privatvermögen** gehalten, so führen (offene und) verdeckte Gewinnausschüttung auf der Ebene der Gesellschaft regelmäßig zu Einkünften aus Kapitalvermögen i. S. v. § 20 Abs. 1 Nr. 1 EStG, auf die gem. § 32d Abs. 1 EStG die Abgeltungsteuer mit 25 % anzuwenden ist. Dies gilt nur dann nicht, wenn die Einkünfte gem. § 20 Abs. 8 EStG einer anderen Einkunftsart zuzurechnen sind, wie z. B. überhöhte Mietzahlungen der Gesellschaft an den Gesellschafter (§ 21 EStG) oder vGA an einen Gesellschafter, der die Anteile an der GmbH im Betriebsvermögen eines Einzelunternehmens hält (§ 15 EStG – regelmäßig bei Betriebsaufspaltung). Dagegen ist die Anwendung der Abgeltungsteuer nicht daran gebunden, dass die vGA bei der Gesellschaft Auswirkungen auf den Unterschiedsbetrag hat (früher Einkommensminderung).[4] Kraft Verwendungsfiktion kann bei Überschreiten des ausschüttbaren Gewinns und festgestelltem steuerlichen Einlagenkonto dieses als ausgekehrt gelten. Insofern kann § 17 Abs. 4 EStG ausgelöst werden.

686–690   *(Einstweilen frei)*

b) Einkünfteerhöhung bei Anteilen im Betriebsvermögen (bilanzielle Behandlung beim Gesellschafter)

691   Erhält ein Gesellschafter eine vGA, der die Beteiligung an der KapGes im Betriebsvermögen hält, so stellt sich bei ihm die Frage nach der bilanziellen Erfassung ebenso wie bei der ausschüttenden Gesellschaft. Folgende Fälle sind zu unterscheiden:

aa) Auswirkungen bei Überpreisverkauf an die Gesellschaft

692   Hat das Einzelunternehmen des Gesellschafters der Kapitalgesellschaft ein Wirtschaftsgut zum **überhöhten Preis verkauft**, so ist der überhöhte Teil des Preises auch auf Seiten des Gesellschafters als vGA anzusehen und unterliegt daher dem Teileinkünfteverfahren gem. § 3 Nr. 40 EStG, d. h. wird nur zu 60 % versteuert. Da es sich in Höhe der vGA ferner nicht um einen Erlös aus dem laufenden Geschäftsbetrieb, sondern um einen Beteiligungsertrag handelt, ist die gewerbesteuerliche Bemessungsgrundlage nach § 9 Nr. 2a GewStG zu kürzen. Wird die Beteiligung gar im Betriebsvermögen einer anderen Kapitalgesellschaft gehalten, so ist die vGA

---

[1] BFH, Urteile v. 5. 4. 2004 – X B 130/03, NWB AAAAB-23744, bezeichnet als Fiktionstheorie; v. 23. 10. 1985 – I R 248/81, BStBl 1986 II 178; v. 19. 3. 1975 – I R 137/73, BStBl 1975 II 722; v. 15. 11. 1960 – I 189/59 S, BStBl 1961 III 80; v. 9. 3. 1962 – I 203/61 S, BStBl 1962 III 338; v. 25. 9. 1970 – VI R 122/67, BStBl 1971 II 53; v. 3. 2. 1971 – I R 51/66, BStBl 1971 II 408; zur Fiktionstheorie ausführlich s. o. → Rz. 579.

[2] *Korn*, KÖSDI 2001, 12811, 12812.

[3] A. A. FG des Saarlandes, Urteil v. 5. 12. 2007 – 1 V 1502/07, rkr., EFG 2008, 390, obwohl dort festgestellt wird, dass die vGA die Folgen einer oGA herstellen soll und bei einer Verwendung von Mitteln aus einer oGA auch keine Anwendung des § 3c erfolgt.

[4] *Kollruss*, BB 2008, 2437, mit einschlägigen – eher exotischen – Fällen.

steuerfrei zu vereinnahmen gem. § 8b KStG, so dass sich aus ihr eine Reduzierung der Körperschaftsteuer und der Gewerbesteuer ergibt.

bb) Auswirkungen bei Unterpreiskauf von der Gesellschaft

Verkauft die Gesellschaft ihrem Gesellschafter ein Wirtschaftsgut des Anlagevermögens zu einem niedrigeren Preis, als es zwischen voneinander unabhängigen Dritten erfolgt wäre, so ist in Höhe der Differenz vGA gegeben. Beim bilanzierenden Gesellschafter ergeben sich in Höhe der vGA Einkünfte aus § 15 EStG (Beteiligungserträge), die im Teileinkünfteverfahren gem. § 3 Nr. 40 EStG mit 60 % versteuert werden. Die **vGA** ist dem **Bilanzansatz** des Wirtschaftsgutes **hinzuzurechnen**. Damit ergibt sich eine Durchbrechung des Anschaffungskostenprinzips. Diese ist geboten, da der wahre Wert bilanziert werden muss und die durch gesellschaftsrechtliche Gründe veranlasste Minderung des Wertes ausgeschieden werden muss. Zudem würde eine Bilanzierung zum niedrigen Wert auch zu einer zu niedrigen AfA führen und damit nach der Hinzurechnung der vGA das Vermögen der Gesellschaft ungerechtfertigt ein zweites Mal erhöhen.[1] Dies gilt auch für **immaterielle Wirtschaftsgüter**, da sie insoweit als entgeltlich angeschafft anzusehen sind.[2] Grundsätzlich gilt Gleiches auch für Wirtschaftsgüter des **Umlaufvermögens** und bei **ersparten Aufwendungen**.

(Einstweilen frei)

c) Bewertung der verdeckten Gewinnausschüttung beim Gesellschafter

Zur – u.U. abweichenden – Bewertung der vGA bei der Gesellschaft vgl. → Rz. 581, zum Vorteilsausgleich → Rz. 881.

aa) Die Beteiligung des Gesellschafters ist Betriebsvermögen

Wenn auch in Rspr. und Literatur überwiegend die Ansicht vertreten wird, dass die vGA bei der KapGes mit dem gemeinen Wert anzusetzen sei,[3] so ist doch umstritten, wie derselbe Vorteil beim Gesellschafter, dem er zufließt, bewertet werden muss. Eine rechtliche Bindung zwischen der Bewertung nach § 8 Abs. 3 Satz 2 KStG und der Bewertung der sich aus der Vorteilszuwendung ergebenden Einkünfte i. S. d. EStG besteht nicht.[4]

Es gibt auch keine spezielle Vorschrift für die Bewertung der vGA beim Gesellschafter.

Aus der Rspr. ergeben sich hierzu, soweit ersichtlich, keine klaren Hinweise. Im Betriebsvermögen wird aber der erhaltene Vorteil ebenso mit dem gemeinen Wert gem. § 9 BewG anzusetzen sein wie bei der die vGA vornehmenden Gesellschaft.[5]

bb) Die Beteiligung des Gesellschafters ist Privatvermögen

Wenn sich die Beteiligung an der KapGes im Privatvermögen des Gesellschafters befindet, ist eine abweichende Bewertung der vGA bei der KapGes und beim Gesellschafter nicht ausgeschlossen. Eine rechtliche Bindung zwischen der Bewertung der vGA bei der KapGes und der

---

[1] Ebenso Frotscher/Maas, Anhang zu § 8 Rz. 219.
[2] BFH, Urteile v. 23. 10. 1985 - I R 248/81, BStBl 1986 II 178; v. 20. 8. 1986 - I R 150/82, BStBl 1987 II 455.
[3] Siehe o. → Rz. 581.
[4] RFH, Urteil v. 19. 12. 1935 - I A 166/35, RStBl 1936, 252.
[5] Siehe dazu näher unter → Rz. 581.

Bewertung der dem Gesellschafter zufließenden Einkünfte besteht auch hier nicht. Soweit jedoch der Vorteil in einer Geldzuwendung besteht, können an der Bewertung der vGA wohl keine Zweifel auftreten (z. B. vGA durch Zahlung eines überhöhten Kaufpreises oder eines überhöhten Gehalts an den Gesellschafter); lediglich wenn der Gesellschafter Aufwendungen erspart, kann eine unterschiedliche Bewertung in Betracht kommen.

705 Nach § 8 Abs. 2 EStG sind Einnahmen, die nicht in Geld bestehen, „mit den üblichen Endpreisen am Abgabeort" anzusetzen.[1] Der gemeine Wert bestimmt sich dagegen gem. § 9 Abs. 2 BewG nach den im gewöhnlichen Geschäftsverkehr erzielbaren Preisen ohne Begrenzung auf den üblichen Endpreis des Abgabeorts. Üblicherweise werden auch diese beiden Preise gleich hoch sein. Unterschiede ergeben sich in der Praxis in zwei Fällen:

- Die Kosten der Gesellschaft sind höher als der gemeine Wert oder der Endpreis am Abgabeort. Bei der Bewertung der vGA auf Seiten der Gesellschaft werden dann zumindest die Kosten zugrunde gelegt, da in dieser Höhe eine Vermögensminderung eingetreten ist. Auf Seiten des Gesellschafters müsste es jedoch beim Endpreis des Abgabeorts bleiben.

- Der Unterschied kann sich aber insbesondere dann ergeben, wenn der übliche Endpreis am Abgabeort für steuerliche Zwecke einer Pauschalierung unterliegt. Wird z. B. im Rahmen einer vGA die Privatnutzung eines Pkw ermöglicht, so ist lt. BFH auf Seiten der Gesellschaft der gemeine Wert auf Kostenbasis zzgl. Gewinnzuschlag anzusetzen.[2] Beim Gesellschafter hält der BFH dagegen weiterhin die Anwendung der 1 %-Regel für denkbar,[3] das FG Brandenburg wandte sie tatsächlich auch an.[4]

- Bei Verkauf eines Wirtschaftsguts an den Gesellschafter unter Preis kann bei der Gesellschaft nur die USt in die vGA einbezogen werden, die auch tatsächlich gezahlt wird (Mindestbemessungsgrundlage nach Kosten = Einkaufspreis), beim Gesellschafter richtet sich die Höhe der vGA aber nach dem Abgabepreis, ist also höher.

BEISPIEL: Ein Fernseher kostet im Einkauf 1.000 € + 190 € USt, er wird von der GmbH i. d. R. für 2.000 € + 380 € USt verkauft. Der Gesellschafter zahlt nur 500 € + 95 € USt. Bei der Gesellschaft beträgt die vGA 500 € netto + 95 € USt = 595 €, da die umsatzsteuerliche Bemessungsgrundlage 1.000 € ist und die Gesellschaft folglich eine Umsatzsteuer von 190 € abzuführen hat.[5] Beim Gesellschafter ist die vGA jedoch durch Vergleich mit dem Endpreis am Abgabeort zu ermitteln, beträgt also (2.380 € abzgl. 595 € =) 1.785 €. Dies gilt nicht, wenn das vereinbarte niedrigere Entgelt marktüblich ist.[6]

706–710 *(Einstweilen frei)*

---

[1] BFH, Urteil v. 19. 3. 1975 - I R 137/73, BStBl 1975 II 722; *Schoor*, StBp 1981, 184, a. A. *Briese*, GmbHR 2005, 1271, 1273 (gemeiner Wert – ohne Begründung), anders aber wieder bei Pkw, S. 1274.
[2] Vgl. dazu →Rz. 586.
[3] BFH, Urteil v. 23. 2. 2005 - I R 70/04, BStBl 2005 II 882; für 1 %-Regelung *Briese*, GmbHR 2005, 1271, 1274.
[4] FG Brandenburg, Urteil v. 26. 10. 2005 - 2 K 1763/02, rkr., EFG 2006, 115.
[5] Dazu oben auch Beispiel →Rz. 631.
[6] EuGH, Urteil v. 29. 5. 1997 - Rs. C-63/96, BStBl 1997 II 841; BFH, Urteil v. 8. 10. 1997 - XI R 8/86, BStBl 1997 II 840. Im Übrigen vgl. o. →Rz. 630 ff.

d) Zurechnung bei verdeckter Gewinnausschüttung an nahe stehende Personen u. a.

aa) Zurechnung von verdeckter Gewinnausschüttung bei zugleich still beteiligtem Gesellschafter

Ist der Gesellschafter einer KapGes an dieser zugleich noch mit einer stillen Beteiligung beteiligt und erhält er auf diese stille Beteiligung einen unangemessenen Gewinnanteil, so liegt darin eine vGA, die ihm in seiner Eigenschaft als Gesellschafter zuzurechnen ist.[1]

bb) Zurechnung von verdeckter Gewinnausschüttung an nahe stehende Personen

Da die nahe stehende Person kein Gesellschafter der KapGes ist, von der sie die Vermögensmehrung erhalten hat, kann es sich bei ihr auch nicht um Einkünfte aus Kapitalvermögen gem. § 20 Abs. 1 Nr. 1 EStG handeln. Daher wird die vGA an eine nahe stehende Person **stets dem Gesellschafter** als Einkünfte aus Kapitalvermögen **zugerechnet**, dem diese Person nahe steht.[2] Soweit die vGA bei der nahe stehenden Person bereits versteuert wurde, z. B. bei unangemessenen Gehaltszahlungen als Einkünfte aus § 19 EStG, sind diese entsprechend zu kürzen. Diese Rechtsfolgen gehen letztlich davon aus, dass die Auszahlung nur auf kurzem Wege direkt von der KapGes an die nahe stehende Person erfolgt ist, während entsprechend der rechtlichen Beziehungen die KapGes eigentlich an den Gesellschafter und dieser an die nahe stehende Person zu zahlen hat. Wie die gedachte Zahlung zwischen Gesellschafter und nahe stehender Person zu qualifizieren ist, richtet sich nach den Rechtsbeziehungen zwischen diesen beiden. Danach richtet sich auch die steuerliche Beurteilung von Aufwendungen, die die nahe stehende Person im Zusammenhang mit diesen Einnahmen gehabt hat.

BEISPIEL: Die KapGes A erhöht rückwirkend das Gehalt ihres Geschäftsführers um 1.000 € pro Monat. Der Geschäftsführer ist an der KapGes nicht beteiligt, er ist aber der Sohn des beherrschenden Gesellschafters B. Im Umfang der Nachzahlung stellt die Gehaltserhöhung vGA dar. Diese ist B zuzurechnen und von ihm gem. § 20 Abs. 1 Nr. 1 EStG zu versteuern. Gleichzeitig sind die Einkünfte des A aus nicht selbständiger Arbeit in gleicher Höhe zu vermindern. Stellt sich nun heraus, dass durch diesen Betrag Arbeiten abgegolten werden sollten, die das Einzelunternehmen des A am privaten Mietshaus des B vorgenommen hat, so ist der Betrag im Einzelunternehmen des A als Betriebseinnahme anzusetzen und stellt für B bei den Einkünften aus Vermietung und Verpachtung Werbungskosten oder Anschaffungskosten dar.

Wenn kein Rechtsverhältnis zwischen Gesellschafter und nahe stehender Person vorliegt, das für die vGA ursächlich ist, so dass i. d. R. für die rechtlich unterstellte Weiterleitung des Geldes vom Gesellschafter an die nahe stehende Person eine Schenkung. Dies kann dann zusätzlich zu den ertragsteuerlichen Rechtsfolgen der vGA auch noch **Schenkungsteuer** auslösen.[3]

(Einstweilen frei)

2. Gesellschafter ist eine Kapitalgesellschaft

Ist der von einer vGA begünstigte Gesellschafter seinerseits ebenfalls eine KapGes, so wird die vGA ebenso wie eine offene Gewinnausschüttung gem. § 8b KStG nicht besteuert. Dadurch wird die gewünschte Rechtsfolge, die Gleichbehandlung beider Ausschüttungsformen, perfekt

---

1 BFH, Urteil v. 7. 12. 1983 - I R 70/77, BStBl 1984 II 384.
2 BMF, Schreiben v. 8. 3. 1999, BStBl 1999 I 514; ausführlich *Ottersbach*, NWB F. 4, 4435, 4441; kritisch *Söffing*, DStZ 1999, 886.
3 *Ottersbach*, NWB F. 4, 4435, 4442.

hergestellt, da auch vGA, wie offene Ausschüttungen unter den Anwendungsbereich des **§ 8b KStG** fallen. Besonderheiten ergeben sich nur in der speziellen Konstellation einer vGA zwischen Schwestergesellschaften, die im Folgenden dargestellt wird.

722–725 *(Einstweilen frei)*

3. Rechtsfolgen bei vGA zwischen Schwestergesellschaften bzw. im Konzern

a) Voraussetzungen

726 Unter Schwestergesellschaften versteht man KapGes, an denen derselbe oder dieselben Gesellschafter beteiligt sind. Diese KapGes sind im Verhältnis zum Gesellschafter nahe stehende Personen und im Verhältnis zueinander Schwestergesellschaften.[1] Es ist jedoch nicht Voraussetzung, dass der (die) Gesellschafter an beiden KapGes mehrheitsbeteiligt oder gar zu 100 % beteiligt ist (sind). Einem **minderbeteiligten Gesellschafter** kann auch dann eine vGA zugerechnet werden, wenn die KapGes im Hinblick auf seine Beteiligung an eine andere KapGes Leistungen erbringt, an der der Gesellschafter eine Mehrheitsbeteiligung hat.[2] Nach dieser Entscheidung war der Gesellschafter an der A-GmbH zu 41,6 % und an der B-GmbH zu 70 % beteiligt; der Gesellschafter war auch in beiden KapGes Geschäftsführer. Die vGA bestand darin, dass die A-GmbH auf Veranlassung ihres Gesellschafter-Geschäftsführers Ausgaben der B-GmbH übernahm.

727 Nach den Grundsätzen der vGA folgt daraus, dass eine vGA an eine Schwestergesellschaft wie eine vGA an den (die) gemeinsamen Gesellschafter gewertet werden muss. Zuwendungen zwischen Schwestergesellschaften werden von der Rspr. wie **Zuwendungen an den** bzw. die **Gesellschafter** beider KapGes und **zugleich als Einlage** des (der) Gesellschafter(s) in die begünstigte Schwestergesellschaft behandelt. Bereits der RFH hatte in Fällen, in denen eine KapGes ihrer Schwestergesellschaft Vorteile zuwandte, vGA an den gemeinsamen Gesellschafter angenommen.[3]

728–730 *(Einstweilen frei)*

b) Besteuerung bei der zuwendenden Tochtergesellschaft

731 Grundsätzlich wird bei der zuwendenden Tochtergesellschaft T 1 die **Einkommenserhöhung** gem. § 8 Abs. 3 KStG vorgenommen. Im Falle der **Organschaft** wird dieses erhöhte Einkommen dem Organträger zugerechnet und dort versteuert.

732–735 *(Einstweilen frei)*

---

[1] Siehe a. BFH, Urteil v. 18.7.1985 – IV R 135/82, BStBl 1985 II 635.
[2] BFH, Urteil v. 18.7.1985 – IV R 135/82, BStBl 1985 II 635.
[3] RFH, Urteil v. 12.9.1933 – I A 424/31, RStBl S. 1201; v. 19.4.1932 – I A 28/32, RStBl S. 526; aus der Rspr. des BFH: v. 29.1.1964 – I 209/62 U, BStBl 1965 II 27; v. 1.2.1966 – I 121/63, BStBl 1966 III 285; v. 23.10.1968 – I 228/65, BStBl 1969 II 243; v. 7.10.1970 – I R 1/68, BStBl 1971 II 69; v. 3.2.1971 – I R 51/66, BStBl 1971 II 408; v. 21.12.1972 – I R 70/70, BStBl 1973 II 449; v. 6.4.1977 – I R 183/75, BStBl 1977 II 571; v. 6.4.1977 – I R 184/75, BStBl 1977 II 574; v. 28.1.1981 – I R 10/77, BStBl 1981 II 612; v. 19.5.1982 – I R 102/79, BStBl 1982 II 631; v. 9.3.1983 – I R 182/78, BStBl 1983 II 744; v. 18.7.1985 – IV R 135/82, BStBl 1985 II 635; v. 22.10.1986 – I R 107/82, BStBl 1987 II 293.

c) Besteuerung bei einer Muttergesellschaft, die Kapitalgesellschaft ist

aa) Zuwendung aktivierungsfähiger Wirtschaftsgüter

BEISPIEL Die M-AG ist zu 100 % sowohl an der GmbH 1 als auch an der GmbH 2 beteiligt. GmbH 1 kauft der GmbH 2 ein WG zu einem um 200 GE überhöhten Preis ab. Damit hat die GmbH 1 in ihrer GuV einen überhöhten Aufwand von 200 GE (→ s. Rz. 611) und GmbH 2 einen einen entsprechenden Mehrertrag.

Rechtsfolge: Bei der GmbH 1 wird der Aufwand von 200 GE außerbilanziell als vGA korrigiert. Bei der M-AG kommt eine vGA in entsprechender Höhe an. Diese ist gem. **§ 8b KStG zu 95 % steuerfrei**. Sie wird nach BFH, Urteil v. 26.10.1987[1] zu einer **Einlage** bei der GmbH 2 verwendet.[2] Diese ist nunmehr, anders als im früheren Anrechnungsverfahren, steuerfrei als Erhöhung der Anschaffungskosten an der GmbH 2 zu erfassen. Wird die Beteiligung an GmbH 2 später einmal veräußert, so mindern die erhöhten Anschaffungskosten zwar den Veräußerungsgewinn, dieser fällt jedoch um denselben Betrag höher aus, da die Einlagebuchung bei der GmbH 2 zu einem höheren Kapital führt. Somit wäre auch bei einer späteren Veräußerung der Beteiligung Steuerneutralität für die Muttergesellschaft hergestellt. Die Steuererhöhung bei GmbH 1 gleicht sich durch die Gewinnminderung bei GmbH 2 aus, so dass der Vorgang letztlich, wie es der Grundidee des § 8b KStG entspricht, in Höhe von 95 % **steuerneutral** ist. Im Falle der **Organschaft** wird der Muttergesellschaft der um die vGA erhöhte Gewinn der GmbH 1 zugerechnet. Eine Einkommenskürzung ist, anders als sonst, nicht erforderlich, da keine doppelte steuerpflichtige Erfassung vorliegt und bei der Muttergesellschaft § 8b KStG greift.[3] Nach Ansicht des BFH[4] soll auch eine Übernahme von Beratungs- und Personalkosten in diese Fallgruppe fallen. Durch die Übernahme der Kosten erhöhe sich das Vermögen der Schwestergesellschaft und daher liege, anders als bei Überlassung eines Wirtschaftsgutes zur Nutzung, ein einlagefähiger Vorteil vor. Das Gericht verrät freilich nicht, welches Gegenkonto zur Erhöhung des Kapitals angesprochen werden soll. Zudem ließe sich die Argumentation auch auf die Nutzung eines Wirtschaftsgutes durch die Schwestergesellschaft übertragen, was das Gericht selbst nicht plant. Die Entscheidung dürfte eine Ausreißerentscheidung bleiben.

bb) Zuwendung von Gebrauchs- und Nutzungsvorteilen

Gewährt eine Gesellschaft ihrer Schwestergesellschaft einen Nutzungsvorteil, z. B. ein zinsloses Darlehen, so ist die vorgenannte Behandlung als **vGA gegenüber der Muttergesellschaft** und Einlage bei der Schwestergesellschaft nicht möglich, da Nutzungsvorteile nicht eingelegt werden können. Der große Senat des BFH hat daher entschieden, dass eine vGA der nutzungsgewährenden Schwestergesellschaft an die Muttergesellschaft stattfindet, diese den Nutzungsvorteil verbraucht und daher einen **Aufwand in Höhe der vGA** hat.[5] Dies gilt auch unter dem neuen KSt-System. Die Muttergesellschaft erhält die vGA gem. **§ 8b KStG steuerfrei**. Dies könnte grundsätzlich dazu führen, dass die Aufwendungen der M gem. **§ 3c Abs. 1 EStG** nicht mehr abzugsfähig sind. Die Vorschrift des § 3c Abs. 1 EStG bezieht sich jedoch nur auf Aufwen-

---

[1] BFH, Urteil v. 26.10.1987 - GrS 2/86, BStBl 1987 II 348.
[2] Nach BFH, Urteil v. 20.8.1986 - I R 41/82, BStBl 1987 II 65, gilt dies auch für immaterielle Wirtschaftsgüter.
[3] A. A. Schmitz, DB 2001, 1166, 1167: Kürzung der Beteiligungserträge – da er selbst die Beteiligungserträge gem. § 8b KStG steuerfrei erhöhen will, ist kein Grund für die Kürzung ersichtlich.
[4] BFH, Urteil v. 19.5.2005 - IV R 3/04, BFH/NV 2005, 1784 = NWB WAAAB-58617.
[5] BFH, Urteil v. 26.10.1987 - GrS 2/86, BStBl 1987 II 348.

wendungen tätigt die Muttergesellschaft aber nicht gegenüber der ausschüttenden Gesellschaft T 1, sondern gegenüber der T 2, ein unmittelbarer Zusammenhang mit den steuerfreien Einnahmen besteht daher nicht.[1] Somit ergibt sich bei der Muttergesellschaft ein Aufwand, der zu einer Steuerminderung führt, die der Steuererhöhung durch die vGA bei der T 1 entspricht. Im Ergebnis ist die **vGA daher steuerneutral**, wie es nach § 8b Abs. 1 KStG auch vorgesehen ist. Gegenüber der angemessenen Gestaltung wurde hier der Aufwand von T 2 auf M verlagert.

738 Im Falle der **Organschaft** wird der M das um die vGA erhöhte Einkommen der T 1 zugerechnet und von ihr versteuert. Eine Kürzung dieses Einkommens ist nicht notwendig, da eine Doppelerfassung nicht erfolgt. Der Verbrauch der vGA stellt ebenfalls wieder Aufwand bei der Muttergesellschaft dar, die Anwendung von § 3c EStG ist umso weniger zu befürchten, als der Aufwand nun mit steuerpflichtigen Einnahmen der Muttergesellschaft zusammenhängt.[2]

739 Der Nutzungsvorteil kann auch in der Überlassung einer Geschäftschance zwischen den Schwestergesellschaften bestehen.

740–745 *(Einstweilen frei)*

d) Besteuerung bei einer Muttergesellschaft, die Personengesellschaft oder natürliche Person ist

746 Ist die Muttergesellschaft keine KapGes, so kommt eine Anwendung des § 8b KStG nicht in Betracht. Stattdessen ist die empfangene vGA im **Teileinkünfteverfahren** zu versteuern. Für den steuerfreien Teil treten die unter b) dargestellten Folgen ein. Der andere Teil ist jedoch steuerpflichtig. Es treten insofern die Rechtsfolgen ein, die sich auch schon unter dem früheren Anrechnungsverfahren ergaben. Ist also ein aktivierungsfähiges Wirtschaftsgut weitergegeben worden, so wird auch insoweit eine Einlage bei der T 2 erfasst, in gleicher Höhe entsteht aus der erhaltenen vGA bei M ein Ertrag, der zu versteuern ist. Anders als im Anrechnungsverfahren ergibt sich hier ein **Steuerüberhang**, da auf diese Steuer nicht die durch T 1 gezahlte Steuer angerechnet werden kann. Die hier eintretende Steuer hätte sich auch nicht ergeben, wenn ein angemessenes Entgelt gezahlt worden wäre. Daher ist sie systematisch nicht zu rechtfertigen.[3] Es handelt sich um eine **Strafsteuer**, die allerdings nur Muttergesellschaften trifft, die dem Teileinkünfteverfahren unterliegen, also § 8b KStG nicht anwenden können. Im Falle der **Organschaft** wird der Muttergesellschaft wiederum das um die vGA erhöhte Einkommen zugerechnet. Die Versteuerung bei M erfolgt zudem im Teileinkünfteverfahren. Daher muss, wie sonst auch, eine Kürzung bei M in gleicher Höhe zur Vermeidung einer Doppelerfassung vorgenommen werden. Eine Strafsteuer ergibt sich daher nicht.

747 Ist ein **Nutzungs- und Gebrauchsvorteil** gewährt worden, so ergibt sich ebenfalls in halber Höhe dieselbe Rechtsfolge wie in → Rz. 737 dargestellt. Für die andere Hälfte tritt wiederum die Rechtsfolge des Anrechnungsverfahrens ein, es wird nämlich Aufwand an Ertrag gebucht, so dass sich letztlich keine Auswirkung bei der Muttergesellschaft ergibt. Der Ertrag stammt dabei aus der vGA der T 1, der Aufwand aus der Weitergabe des Nutzungsvorteils an T 2. Aller-

---

1 *Schmitz*, DB 2001, 1166, 1167; er befürchtet eine Anwendung von § 3c EStG zumindest, wenn die T 2 im gleichen Jahr Ausschüttungen an M vornimmt. Das dürfte indes nicht gerechtfertigt sein, da die Aufwendungen der M nicht mit der Ausschüttung der T 2 zusammenhängen, die Einlage ist nicht aus den ausgeschütteten Beträgen von T 2 finanziert worden.
2 *Schmitz*, DB 2001, 1166, 1168.
3 A. A. *Schmitz*, DB 2001, 1166, 1167: systemgerecht, ohne Begründung.

dings hätte im Anrechnungsverfahren dieses Vorgehen zu einer Steuererstattung aus angerechneter Steuer auf die vGA von T1 geführt. Diese entfällt jetzt. Im Teileinkünfteverfahren wird dies ausgeglichen, indem der Aufwand, der bei angemessener Gestaltung bei T2 angefallen wäre, auf M verlagert wird. Dies entfällt jedoch bezüglich des steuerpflichtigen Teils. Auch hier ergibt sich daher eine systematisch nicht zu rechtfertigende Steuer, die nur als **Strafsteuer für Muttergesellschaften**, die nicht dem § 8b KStG unterfallen, angesehen werden kann.[1]

Im Fall einer **Organschaft** wird der M das Einkommen der T1 gem. § 14 KStG zugerechnet und zusätzlich erfolgt die Versteuerung im Teileinkünfteverfahren. Daher muss das Einkommen der M, wie auch sonst, in gleicher Höhe wieder gekürzt werden. Zudem ist ein Aufwand in Höhe der vGA zu berücksichtigen, so dass sich somit auch das zugerechnete Einkommen wieder ausgleicht. Eine Kürzung dieses Aufwandes ist auch hier umso weniger zu befürchten, als dieser mit dem voll steuerpflichtigen zugerechneten Einkommen zusammenhängt.[2] Eine **Strafsteuer fällt nicht an**. 748

(Einstweilen frei) 749–755

e) Besteuerung bei der empfangenden Schwestergesellschaft

Soweit die empfangende Schwestergesellschaft ein aktivierungsfähiges Wirtschaftsgut erhalten hat, wird die Einlage der Muttergesellschaft durch **Erhöhung des Bilanzansatzes** des Wirtschaftsgutes steuerneutral erfasst.[3] Die Abschreibung des Wirtschaftsgutes gleicht dann die Erhöhung des Gewinns der T1 durch die vGA aus. Ist das Wirtschaftsgut nicht abschreibungsfähig, so ergibt sich der Ausgleich freilich erst bei Veräußerung, Verbrauch oder Zerstörung des Wirtschaftsgutes, u.U. also mit einem erheblichen zeitlichen Abstand zu der Gewinnerhöhung bei T1. Es treten letztlich dieselben Rechtsfolgen wie bei angemessener Gestaltung ein. An diesen Rechtsfolgen ändert sich auch durch eine **Organschaft** nichts. 756

Soweit die empfangende Schwestergesellschaft einen **Nutzungsvorteil** erhielt ist bei ihr nichts zu veranlassen.[4] Durch die Behandlung als Aufwand bei der M wird der Ertrag aus der vGA bereits neutralisiert. So verbleibt es dabei, dass bei einer Gesamtbetrachtung von T1 und M die verhinderte Vermögensmehrung bei T1 nicht besteuert wird. Daher besteht auch kein Anlass die zu hohen Erträge, die sich bei T2 durch den Gebrauchsvorteil ergeben, zu korrigieren. Somit wird letztlich der Aufwand von T2 auf M verlagert. An dieser Rechtsfolge ändert sich auch in der Organschaft nichts. 757

(Einstweilen frei) 758–760

f) Zusammenfassende Beispiele

aa) Muttergesellschaft ist Kapitalgesellschaft

BEISPIEL 1: ▶ Die T1 verkauft der T2 ein bebautes Grundstück zum Buchwert von 300.000 €, der tatsächliche Wert liegt bei 400.000 €. M ist an T1 und T2 jeweils zu 100 % beteiligt. Wäre das Grundstück zum angemessenen Preis verkauft worden, hätte T1 einen Ertrag von 100.000 € gehabt und T2 hätte 761

---

[1] Ähnlich *Schmitz*, DB 2001, 1166, 1168; *Korn* erwägt insoweit § 3c EStG wegen verfassungswidriger Übersteuerung nicht anzuwenden; vgl. KÖSDI 2001, 12811, 12815.
[2] Ebenso *Schmitz*, DB 2001, 1166, 1168.
[3] *Korn*, KÖSDI 2001, 12811, 12815; *Schmitz*, DB 2001, 1166, 1167.
[4] *Korn*, KÖSDI 2001, 12811, 12815.

einen höheren Ansatz des Grundstücks von 100.000 € vornehmen und diesen später abschreiben können.

Tatsächlich hat T1 Geld an Grundstück 300.000 € gebucht. Ferner ist bei ihr außerbilanziell eine vGA von 100.000 € hinzuzurechnen und zu versteuern.

M bucht Beteiligung T2 an Kapital 100.000 €. Eine außerbilanzielle Hinzurechnung der vGA unterbleibt, da diese nach § 8b Abs. 1 KStG bei der Ermittlung des Einkommens außer Ansatz bleibt.

T2 bucht Grundstück an Kapitalrücklage (steuerlich ist die Einlage im steuerlichen Einlagenkonto gem. § 27 KStG zu berücksichtigen) 100.000 € und schreibt das Grundstück in der Folge soweit möglich ab.

Die T1 versteuert also einen Ertrag von 100.000 €. Dies neutralisiert sich durch die Abschreibungserhöhungen bei T2 i.H.v. 100.000 €, wie es auch bei angemessener Gestaltung gewesen wäre. Letztlich treten also die Folgen ein, die auch bei einer angemessenen Gestaltung mit anschließender Ausschüttung der T1 an M eingetreten wären.

762 **BEISPIEL 2:** T1 gibt T2 ein Darlehen von 10 Mio. € zu einem Zinssatz von 4 %, angemessen wären 5 %. Es ergibt sich eine vGA von 100.000 €. M ist an beiden Gesellschaften zu 100 % beteiligt. Wäre das Darlehen zum angemessenen Zins gegeben worden, so hätte T1 einen um 100.000 € höheren Ertrag und T2 einen um 100.000 € höheren Aufwand gehabt.

Tatsächlich bucht T1 nun Geld an Zinsertrag 400.000 €. Ferner ist bei ihr außerbilanziell eine vGA von 100.000 € hinzuzurechnen. Es ist also nur die Gewinnerhöhung eingetreten, die auch bei Vereinbarung eines angemessenen Zinses eingetreten wäre.

M bucht Aufwand 100.000 € an Kapital 100.000 €. Eine außerbilanzielle Hinzurechnung der vGA unterbleibt, da diese nach § 8b Abs. 1 KStG bei der Ermittlung des Einkommens außer Ansatz bleibt.

T2 bucht nichts, bei ihr fallen die Erträge um 100.000 € höher aus, da ihr ein entsprechender Zinsaufwand fehlt. Letztlich wird so der Zinsaufwand von T2 auf M verlagert.

bb) Muttergesellschaft ist Personengesellschaft oder natürliche Person

763 **BEISPIEL 3:** Wie Beispiel 1, aber M ist nun eine natürliche Person.

T1 bucht Geld an Grundstück 300.000 €, ferner sind außerbilanziell 100.000 € vGA hinzuzurechnen und zu versteuern (vgl. Beispiel 1).

M bucht in Höhe des nach Teileinkünfteverfahren steuerfreien Teils der Ausschüttung wie oben.

Beteiligung T2 an Kapital 40.000 €.

Bezüglich des steuerpflichtigen Teils wird gebucht:

Beteiligung T2 an Ertrag 60.000 €. Es erfolgt eine Versteuerung durch M.

T2 bucht Grundstück an Kapitalrücklage 100.000 €.

Ein Ausgleich für die Versteuerung der 60.000 € durch M erfolgt nirgends, es ergibt sich also eine dementsprechend systematisch nicht zu rechtfertigende Steuerlast bei M.

764 **BEISPIEL 4:** Wie Beispiel 2, aber M ist nun eine natürliche Person.

T1 bucht Geld an Zinsertrag 400.000 €. Ferner wird bei ihr eine vGA von 100.000 € hinzugerechnet und versteuert (vgl. Beispiel 2).

M bucht in Höhe des nach Teileinkünfteverfahren steuerfreien Teils wie in Beispiel 2:

Aufwand an Kapital 40.000 € und in Höhe des steuerpflichtigen Teils

Aufwand an Ertrag 60.000 €, so dass bei der M keine Versteuerung anfällt.

T2 bucht nichts. In Höhe von 40 % ist hier die Verlagerung des Aufwands von T2 auf M nicht gelungen. Ein Ausgleich dafür erfolgt nicht.

765–780 *(Einstweilen frei)*

VI. Schenkungsteuerliche Rechtsfolgen beim Gesellschafter

LITERATURHINWEISE:

Troll, Ermittlung des Unternehmenswerts zur Feststellung einer steuerpflichtigen Schenkung, DStR 1984, 11; *Gebel*, Gesellschaftliche Leistungsbeziehungen und Schenkungsteuer, DStR 1996, 685; *Hartmann*, Abfindung für Verzicht auf eine Option zum Erwerb einer GmbH-Beteiligung, UVR 2001, 93; *Götz*, Schenkungsteuerliche Folgen der verdeckten Gewinnausschüttung, INF 2005, 742; *Hartmann*, Überhöhte Rabatte einer GmbH an Gesellschafter nahe stehende Personen und nachfolgende Ausgleichsleistungen – ein Anwendungsfall zu R 18 Abs. 4 und 8 ErbStR 2003, UVR 2005, 232; *Zimmermann*, Die verdeckte Gewinnausschüttung an die nahe stehende Person und die Schenkungsteuer, DB 2005, 1650; *Kamps*, Schenkungsteuerpflicht verdeckter Gewinnausschüttungen durch Leistungen der Kapitalgesellschaft an Gesellschafter und deren nahe Angehörige, Stbg 2006, 107 (Teil I), 324 (Teil II); *Crezelius*, Verdeckte Gewinnausschüttungen zwischen Zivilrecht, Ertragsteuerrecht und Schenkungsteuerrecht, ZEV 2008, 268; *Janssen*, Gemischte Schenkung bei vGA an nahestehende Personen, BB 2008, 928; *Kohlhepp*, Überblick über die Rechtsprechung zur verdeckten Gewinnausschüttung im Zeitraum 2007/2008, DB 2008, 1523; *Wälzholz*, Schenkungsteuerliche Behandlung von Vermögenstransfers zwischen der GmbH und ihren Gesellschaftern, ZEV 2008, 273; *Daragan*, Wer ist der Schenker bei Zuwendungen von Kapitalgesellschaften an nahestehende Personen?, DStR 2011, 2079; *Korezkij*, Schenkungen unter Beteiligung von Kapitalgesellschaften, DStR 2012, 163; *Sell*, Schenkungsteuerliche Auswirkungen von Einlagen und Ausschüttungen in bzw. aus Kapitalgesellschaften, DB 2012, 426; *van Lishaut/Ebber/Schmitz*, Die schenkung- und ertragsteuerliche Behandlung disquotaler Einlagen und disquotaler Gewinnausschüttungen, Ubg 2012, 1.

1. Voraussetzungen für den Anfall von Schenkungsteuer nach dem Grundtatbestand

Der Schenkungsteuer unterliegen gem. § 1 Abs. 1 Nr. 2, § 7 Abs. 1 Nr. 1 ErbStG freigebige Zuwendungen unter Lebenden, soweit der Bedachte durch sie auf Kosten des Zuwendenden bereichert wird. Die Schenkung wird daher anhand von zwei Tatbestandsmerkmalen geprüft, dem objektiven und dem subjektiven Zuwendungstatbestand.[1]

Nach dem objektiven Zuwendungstatbestand muss die Zuwendung bei dem Zuwendenden zu einer Vermögensminderung und beim Bedachten zu einer (nicht notwendig deckungsgleichen) Vermögensmehrung auf Kosten des Zuwendenden führen.[2]

Der subjektive Zuwendungstatbestand verlangt das Bewusstsein des Zuwendenden, zur Vermögenshingabe rechtlich nicht verpflichtet zu sein. Die Zuwendung muss freiwillig, also unentgeltlich, mithin unabhängig von einer Gegenleistung[3] erfolgen. Deswegen wird beim subjektiven Merkmal auch vom „Willen zur Unentgeltlichkeit" gesprochen.[4] Eine Bereicherungsabsicht (animus donandi) ist hingegen nicht erforderlich.[5]

Die Beweislast sowohl für den objektiven als auch den subjektiven Zuwendungstatbestand trägt das Finanzamt.[6] Der subjektive Zuwendungstatbestand muss sich dabei aus objektiven Anhaltspunkten ergeben. Es genügt daher, wenn der Zuwendende die Umstände und Tatsachen kennt, aus denen sich der rechtliche Schluss auf Unentgeltlichkeit ergibt. Der Wille zur Unentgeltlichkeit wird deswegen dann unterstellt, wenn der Zuwendende in dem Bewusstsein handelt, zu der Vermögenshingabe weder rechtlich verpflichtet zu sein, noch dafür eine mit

---

1 Vgl. *Zimmermann*, DB 2005, 1650.
2 Sog. bereichernde Zuwendung; vgl. *Zimmermann*, DB 2005, 1650; *Kamps*, Stbg 2006, 107, 109.
3 BFH, Urteil v. 1.7.1992 - II R 108/88, BStBl 1992 II 923; v. 29.10.1997 - II R 60/94, BStBl 1997 II 832; auch *Kamps*, Stbg 2006, 324.
4 BFH, Urteil v. 2.3.1994 - II R 59/92, BStBl 1994 II 366, m.w.N.; *Kamps*, Stbg 2006, 324.
5 BFH, Urteil v. 2.3.1994 - II R 59/92, BStBl 1994 II 366; v. 2.3.1994 - II R 47/92, BFH/NV 1994, 907 = NWB KAAAB-34690; auch R 14 Abs. 3 Satz 2 ErbStR; *Kamps*, Stbg 2006, 324.
6 Vgl. *Zimmermann*, DB 2005, 1650, 1652; *Kamps*, Stbg 2006, 107, 109 f.; 324; *Troll*, DStR 1984, 11, 15.

seiner Leistung in einem synallagmatischen, konditionalen oder kausalen Zusammenhang stehende Gegenleistung zu erhalten.[1]

785 Gibt es immerhin eine Gegenleistung, ist für eine gleichwohl bestehende gemischte Schenkung nachzuweisen, dass zwischen Leistung und Gegenleistung ein deutlicher Wertunterschied besteht, der sich durch Gegenüberstellung, Bewertung und Saldierung der gesamten vertraglich begründeten gegenseitigen Leistungspflichten ergeben kann.[2] Ist das Ergebnis eine deutliche Unausgewogenheit[3] bzw. ein Missverhältnis der beiderseitigen Leistungen,[4] wurde nach alter Rechtslage[5] davon ausgegangen, dass die Unausgewogenheit gewollt ist und damit der Wille zur Unentgeltlichkeit insoweit vorliegt.[6] Dies wurde nach der Dreistufenlehre des BFH[7] und einer zivilrechtlichen, nicht steuerlichen Betrachtung[8] geprüft:

1. Es ist zu prüfen, ob eine deutliche Unausgewogenheit von Leistung und Gegenleistung besteht. Nach FG München ist diese bereits bei einer Wertdifferenz von 51 % gegeben.[9] Der BFH begnügte sich mit 43,2 % Abweichung,[10] das FG Nürnberg hielt gar 15 % für ausreichend.[11] In der Literatur wird zutreffend eine Abweichung von mehr als 50 % gefordert.[12] *Troll* legt eindrücklich dar, dass Abweichungen von 20 % noch als angemessen empfunden werden, ist aber das Verhältnis 100:100 ausgeglichen und jede Seite weicht 20 % ab, so ergibt sich eine Leistung von 80:120 und damit zwischen den beiden Leistungen eine Abweichung von 50 %, die noch als angemessen angesehen werden muss. Immerhin ist zu bedenken, dass es sich um eine Vermutungsregelung zu Lasten des Steuerpflichtigen handelt. Der Finanzverwaltung steht es frei, in Fällen mit einer geringeren Abweichung den Willen zur Unentgeltlichkeit konkret nachzuweisen.[13]

2. Es ist zu prüfen, ob vermutet werden kann, dass das Missverhältnis von Leistung und Gegenleistung dem Zuwendenden bekannt war. Dazu genügt das Bewusstsein des einseitig benachteiligten Vertragspartners über den Mehrwert seiner Leistung. Auf die Kenntnis des genauen Ausmaßes des Wertunterschieds kommt es nicht an.[14] Gerade bei einem Leistungsaustausch (also maximal teilunentgeltlichen Geschäften) kann es sein, dass der Partner mit der höheren Leistung diese aus geschäftlichen Interessen erbringt (Knüpfung oder Festigung einer Geschäftsbeziehung mit Potenzial), die sein Bewusstsein von der Teilunentgeltlichkeit seiner Leistung verdrängen.[15]

---

1 BFH, Urteil v. 2.3.1994 - II R 59/92, BStBl 1994 II 366; *Kamps*, Stbg 2006, 324; *Zimmermann*, DB 2005, 1650, mit Erläuterung der Begrifflichkeit.
2 BFH, Urteil v. 30.3.1994 - II R 7/92, BStBl 1994 II 580; FG Nürnberg, Urteil v. 24.6.2004 - IV 192/2003, rkr., NWB DAAAB-27774; *Kamps*, Stbg 2006, 107, 109.
3 Vgl. *Zimmermann*, DB 2005, 1650.
4 Vgl. *Troll*, DStR 1984, 11, 15.
5 Bis 13.12.2011 vor BeitrRLUmsG v. 7.12.2011, BGBl 2011 I 2592.
6 Vgl. *Zimmermann*, DB 2005, 1650.
7 BFH, Urteil v. 10.9.1986 - II R 81/84, BStBl 1987 II 80; v. 20.12.2000 - II R 42/99, BStBl 2001 II 454, 455.
8 Vgl. *Götz*, INF 2005, 742, 744; *Zimmermann*, DB 2005, 1650.
9 FG München, Urteil v. 5.2.2001 - 4 V 3339/00, EFG 2001, 701 = NWB EAAAB-10336.
10 BFH, Urteil v. 30.5.2001 - II R 6/98, BFH/NV 2002, 26, 28 = NWB CAAAA-66851: Einlage von 100.000 DM gegen Gewähr eines KG-Anteils von 176.000 DM.
11 FG Nürnberg, Urteil v. 24.6.2004 - IV 192/2003, NWB DAAAB-27774.
12 Vgl. *Troll*, DStR 1984, 11, 16; *Kamps*, Stbg 2006, 324, 325.
13 Vgl. *Kamps*, Stbg 2006, 324, 325.
14 BFH, Urteil v. 16.12.2005 - II R 8/04, BStBl 2005 II 845, 847; v. 29.10.1997 - II R 60/94, BStBl 1997 II 832; v. 21.10.1981 - II R 176/78, BStBl 1982 II 83; FG Nürnberg, Urteil v. 24.6.2004 - IV 192/2003, NWB DAAAB-27774.
15 BFH, Urteil v. 29.10.1997 - II R 60/94, BStBl 1997 II 832; *Kamps*, Stbg 2006, 324, 325 f.

3. Schließlich ist der Wille zur Unentgeltlichkeit zu prüfen. Dieser kann, wie dargelegt, allerdings regelmäßig unterstellt werden, wenn die zweite Stufe bejaht worden ist.

In beiden Fällen ist jedenfalls eine zivilrechtliche, nicht steuerliche Betrachtung ausschlaggebend.[1]

(Einstweilen frei)

2. Schenkungsteuer bei vGA an den Gesellschafter nach dem Grundtatbestand

Bei einer vGA der Gesellschaft an einen ihrer unmittelbar oder mittelbar beteiligten Gesellschafter handelt es sich nach der Rspr. nicht um schenkungsteuerbare Zuwendungen der Gesellschaft an ihre Gesellschafter.[2]

Eine Mindermeinung[3] bejahte eine freigebige Zuwendung unter den Gesellschaftern, wenn die Leistung der Gesellschaft außerhalb eines ausgewogenen gesellschaftlichen Leistungsgeflechts steht, d. h. wenn sie den begünstigten Gesellschafter, gemessen an seiner Vermögensbeteiligung und seinen sonstigen Erfolgsbeiträgen im Verhältnis zu seinen Mitgesellschaftern unangemessen bevorzugt. Davon könne nicht gesprochen werden, wenn auch die anderen Gesellschafter Leistungen vergleichbaren Umfangs erhalten haben. Die Vermögensverschiebung bei einer vGA vollzieht sich jedoch im Verhältnis der Gesellschaft zum Gesellschafter, die anderen Gesellschafter erleiden keinen gegenständlichen Verlust, allenfalls der Wert ihrer Anteile kann sich vermindern. Dies stellt aber keine gegenständliche Vermögensminderung dar, wie sie für die Annahme einer Schenkung erforderlich ist. Ebenso ist die Werterhöhung der Anteile der übrigen Gesellschafter bei einer disquotalen Einlage bekanntlich keine gegenständliche Vermögensmehrung im schenkungsteuerlichen Sinne.[4] Eine solche kann nur eintreten, wenn eine Kapitalerhöhung vorgenommen wird, bei der ein (neuer) Gesellschafter einen höheren Preis als den Nominalwert zahlt, die anderen (bisherigen Gesellschafter) aber nicht. Die Ausgabe neuer Anteile ist dann aber eine gegenständliche Vermögensmehrung, ebenso wie die Leistung über Nennwert eine gegenständliche Vermögensminderung ist. Daher fehlt es bei einer vGA an den Gesellschafter bereits an der objektiven Unentgeltlichkeit.[5] Zudem pflegen sich einander fremde Dritte nichts zu schenken, so dass die subjektive Unentgeltlichkeit fehlt, es sei denn, die Gesellschafter sind untereinander nahe stehende Personen,[6] vgl. dazu → Rz. 801 ff. In den hier angesprochenen Fällen, dass die nahe stehende Person selbst Gesellschafter ist, wird aber festzustellen sein, dass sie die vGA nicht als Gesellschafter, sondern als nahe stehende Person erhalten hat. Schließlich würde eine schenkungsteuerliche Erfassung zu einer verfassungsrechtlich bedenklichen Besteuerung der vGA mit Körperschaft- und Schenkungsteuer führen.[7] Wenngleich der BFH in einem aktuellen Beschluss vom

---

[1] Vgl. *Götz*, INF 2005, 742, 744; *Zimmermann*, DB 2005, 1650.
[2] BFH, Urteil v. 30. 1. 2013 - II R 6/12, BStBl 2013 II 930; FG Niedersachsen, Urteil v. 12. 11. 2014 - 3 K 347/14, juris; a. A. BMF im Nichtanwendungserlass v. 5. 6. 2013, BStBl 2013 I 1465.
[3] Vgl. *Gebel*, DStR 1996, 685; auch *Schuck* in Viskorf/Glier/Hübner/Knobel/Schuck, § 7 ErbStG Rz. 186.
[4] Jedoch anders zu beurteilen seit Einführung des § 7 Abs. 8 ErbStG durch das BeitrRLUmsG, vgl. hierzu → Rz. 826 sowie → Rz. 2188 ff. und → Rz. 4152 f.
[5] Vgl. *Kamps*, Stbg 2006, 107, 115 f., m. w. N.
[6] Vgl. *Götz*, INF 2005, 742, 744.
[7] Vgl. *Kamps*, Stbg 2006, 107, 116; *Janssen*, BB 2008, 928, 930; für grundsätzlich unbedenklich hält eine solche Doppelbelastung dagegen BFH, Urteil v. 7. 12. 1990 - X R 72/89 (unter II. 5.), BStBl 1991 II 350; Niedersächsisches FG, Urteil v. 29. 5. 2008 - 11 K 69/06, rkr., NWB VAAAD-05415.

12.9.2011[1] zwar keine Entscheidung zur verfassungsrechtlichen Problematik getroffen hat, hält der VIII. Senat bei einer drohenden Doppelbesteuerung durch Einkommen- und Schenkungsteuer die Zulässigkeit der Ertragsbesteuerung zumindest für ernstlich zweifelhaft.

793 Schließlich wird noch von *Hartmann*[2] die Ansicht vertreten, dass Vorteilsgewährungen zwischen der Kapitalgesellschaft und ihren Gesellschaftern schenkungsteuerpflichtig sind, wenn und soweit Ihnen kein Rechtsanspruch zugrunde liegt. Dies ist indes bei vGA regelmäßig der Fall, so dass seine Ansicht insoweit keine große Abweichung von der h. M. bedeutet.

794–800 *(Einstweilen frei)*

3. Schenkungsteuer bei vGA an nahe stehende Personen nach dem Grundtatbestand

a) Rechtslage in der KSt

801 Die Unterscheidung zwischen einer Vorteilsziehung durch einen beherrschenden Gesellschafter und einer solchen durch eine diesem nahe stehende Person rechtfertigt keine unterschiedliche Beurteilung der vGA.[3] Die vGA selbst wird daher nach denselben Grundsätzen beurteilt, wie sie angewendet würden, wenn der Gesellschafter selbst Empfänger der vGA gewesen wäre und nicht die ihm nahe stehende Person.[4] Auf der Tatbestandsebene ergeben sich daher bei der vGA an nahe stehende Personen keine Besonderheiten.

802 Auf der Rechtsfolgenebene geht man jedoch bei der vGA an nahe stehende Personen davon aus, dass die vGA praktisch dem Gesellschafter zufließt und von dort in einkommensteuerlich nicht relevanter Weise an die nahe stehende Person weitergegeben wird.[5] Nach der Rspr. des BFH spricht bei der Zuwendung eines Vorteils an eine nahe stehende Person der Beweis des ersten Anscheins für eine vGA an den Gesellschafter.[6] Die Finanzverwaltung geht davon aus, dass eine vGA an eine nahe stehende Person immer dem Gesellschafter zuzurechnen ist, der dem Empfänger der vGA nahe steht.[7]

803–806 *(Einstweilen frei)*

---

[1] BFH, Urteil v. 12.9.2011 - VIII B 70/09, BFH/NV 2012, 229 Nr. 2 = NWB DAAAD-97970.
[2] Vgl. *Hartmann*, UVR 2001, 93, 96.
[3] BFH, Urteil v. 22.2.1989 - I R 9/85, BStBl 1989 II 631.
[4] Ebenso *Ottersbach*, NWB F. 4, 4439.
[5] BFH, Urteil v. 19.6.2007 - VIII R 54/05, BStBl 2007 II 830; v. 22.2.2005 - VIII R 24/03, BFH/NV 2005, 1266 = NWB MAAAB-53707; *Ott/Schmitz*, INF 2005, 941, 942.
[6] BFH, Urteil v. 19.6.2007 - VIII R 54/05, BStBl 2007 II 830; v. 22.2.2005 - VIII R 24/03, BFH/NV 2005, 1266 = NWB MAAAB-53707; v. 18.12.1996 - I R 139/94, BStBl 1997 II 301; v. 29.9.1981 - VIII R 8/77, BStBl 1982 II 248; v. 2.2.1994 - I R 78/92, BStBl 1994 II 479; v. 10.3.1993 - I R 51/92, BStBl 1993 II 635; v. 11.12.1991 - I R 49/90, BStBl 1992 II 434; v. 14.3.1990 - I R 6/89, BStBl 1990 II 795; v. 24.1.1990 - I R 157/86, BStBl 1990 II 645; v. 8.11.1989 - I R 16/86, BStBl 1990 II 244. Z. B. bei Zuwendungen an den Ehegatten BFH, Urteil v. 31.7.1974 - I R 238/72, BStBl 1985 II 48. Dies widerspricht nach BFH, Urteil v. 2.3.1988 - I R 103/86, BStBl 1988 II 786 nicht dem Urteil des BVerfG, Urteil v. 12.3.1985 - 1 BvR 571/81, BStBl 1985 II 475, betr. Unzulässigkeit der Vermutung gleichgerichteter Interessen bei Ehegatten, vgl. auch *Ottersbach*, NWB F. 4, 4439; *Kamps*, Stbg 2006, 324, 327.
[7] BMF, Schreiben v. 8.3.1999, BStBl 1999 I 514; auch H 36 KStH 2004, ebenso *Kamps*, Stbg 2006, 324, 327.

b) Rechtslage in der ErbSt: Schenkung der Gesellschaft an die nahestehende Person

aa) Die Entscheidung des BFH vom 7.11.2007 aus schenkungsteuerlicher Sicht

Der BFH hatte in folgendem verkürzt wiedergegebenen Fall über eine gewollte oder bewusste vGA im Rahmen der Erbschaftsteuer zu entscheiden.[1]

> **BEISPIEL:**[2] Frau A ist Alleingesellschafterin der A-GmbH, ihr Ehemann B ist dort angestellter Geschäftsführer. Er erhält eine Gesamtvergütung von 400.000 € im Jahr, nach einschlägigen Gehaltsuntersuchungen beträgt das in dieser Branche gezahlte Höchstgehalt 165.000 €, die Prüfung sah 250.000 € als angemessen an und nahm i.H.v. 150.000 € eine vGA an die Ehefrau und eine Schenkung von dieser an den Ehemann an. Angesichts der erheblichen schenkungsteuerlichen Freibeträge zwischen Ehegatten ergab sich eine Schenkungsteuer nur, weil das Gehalt unverändert über eine ganze Reihe von Jahren gezahlt wurde. Im Verfahren vor dem FG macht der Ehemann geltend, wenn er ausscheide, müssten zwei Personen neu eingestellt werden, die dann 210.000 € Gehalt verdienen würden. Im schenkungsteuerlichen Verfahren ist die vGA unstreitig, nur die Schenkung ist Gegenstand des Verfahrens.

Der BFH entschied, dass schon der objektive Tatbestand einer Schenkung zwischen Gesellschafter und nahe stehender Person nicht vorliege, da keine Vermögensverschiebung stattgefunden habe. Der Fiktion aus der KSt sei nicht zu folgen, die ErbSt halte sich vielmehr an die privatrechtlichen Rechtsbeziehungen, die hier nur zwischen der Gesellschaft und der nahe stehenden Person bestünden. Die Diskussion um eine Schenkung nach dem Grundtatbestand zwischen Gesellschafter und nahe stehender Person hatte sich somit erledigt.

Nicht entscheidungserheblich äußerte der BFH in einem sog. obiter dictum noch, dass aber eine Schenkung zwischen Gesellschaft und nahe stehender Person vorliegen könne und lieferte gleich noch Anhaltspunkte dafür mit, dass der subjektive Tatbestand der Schenkung in einem solchen Fall zu bejahen sei, der Wille zur Unentgeltlichkeit soll danach gegeben sein, weil der Gesellschaft bekannt ist, dass sie eine überhöhte Leistung erbringt

Die Finanzverwaltung nimmt die im obiter dictum erfolgte Äußerung als Rechtsgrundsatz an.[3] Nach vertretener Literaturauffassung erfolgt hier zwar eine Bereicherung der nahe stehenden Person; Schenker ist aber nicht die Kapitalgesellschaft, sondern der Gesellschafter, da die Leistung an die nahe stehende Person in Erfüllung seines Entnahmeanspruchs und daher aus seinem Vermögen und auf seine Kosten erfolgt.[4] Einer Schenkung des Gesellschafters an die begünstigte Person hat der BFH allerdings im o.g. Urteil eine Absage erteilt.

bb) Reaktionen auf das „obiter dictum" des BFH

Das dargestellte obiter dictum, mit der Möglichkeit einer Schenkung zwischen Gesellschaft und einer dem Gesellschafter nahe stehender Person wird in der Literatur mit folgenden Argumenten einhellig abgelehnt:[5]

▶ der BFH verkenne, dass die körperschaftsteuerliche Einordnung der vGA an nahe stehende Personen eben nicht auf wirtschaftlichen Überlegungen beruhe, sondern der zivil-

---

1 BFH, Urteil v. 7.11.2007 - II R 28/06, BStBl 2008 II 258.
2 Ähnlich die Fälle des FG Nürnberg, Urteil v. 18.11.2004 IV - 284/2003, INF 2005, 247 (aufgehoben durch BFH, Urteil v. 7.11.2007 - II R 28/06, BStBl 2008 II 258); v. 24.6.2004 - IV 192/2003, NWB DAAAB-27774 (Einzelunternehmen); ferner *Zimmermann*, DB 2005, 1650, 1652.
3 Vgl. gleich lautender Ländererlass v. 20.10.2010, BStBl 2010 I 1207 mittlerweile überholt.
4 Vgl. *Daragan*, DStR 2011, 2079.
5 Vgl. *Janssen*, BB 2008, 928; *Crezelius*, ZEV 2008, 268, 272.

- rechtlichen Rechtsbeziehung folge, die auch für das Schenkungsteuerrecht ausschlaggebend ist.[1]
- nicht einzusehen sei, dass eine (entgeltliche) vGA an den Gesellschafter zugleich eine unentgeltliche Schenkung an die nahestehende Person sein soll.[2]
- nach der Rechtsprechung desselben Senats causa societatis veranlasste Vorgänge nicht schenkungsteuerbar sind, weil sie die gesellschaftsvertraglichen Zwecke fördern und somit nicht unentgeltlich sind – dies wurde für Zuführung von Vermögenswerten durch den Gesellschafter entschieden und kann daher im umgekehrten Verhältnis nicht anders sein.[3]
- es angesichts der Bandbreite der verdeckten Gewinnausschüttungen kaum möglich oder zulässig sein wird, das subjektive Merkmal der Schenkung (Bewusstsein der Unausgewogenheit der Leistungen) aus den objektiven Umständen subjektiv abzuleiten.[4]
- eine Körperschaft keine Privatsphäre habe,[5] eine Schenkung aber stets privat veranlasst sei, eine Körperschaft also gar nicht in der Lage sei, eine Schenkung auszuführen, ebenso wie bei ihr auch keine Erbschaftsteuer anfallen könne.[6]

cc) Reaktion des Gesetzgebers und aktuelle Rechtslage

810 Wegen vieler Unklarheit sind für Kapitalgesellschaften und Genossenschaften die § 7 Abs. 8, § 15 Abs. 4 ErbStG mit Wirkung ab dem 14. 12. 2011 durch das **BeitrRLUmsG v. 7. 12. 2011**[7] eingefügt worden hinsichtlich disquotaler Einlagen[8] und Ausschüttungen. Nach § 7 Abs. 8 ErbStG gilt auch die Werterhöhung von Anteilen an einer Kapitalgesellschaft, die eine an der Gesellschaft unmittelbar oder mittelbar beteiligte natürliche Person oder Stiftung (Bedachte) durch die Leistung einer anderen Person (Zuwendender) an die Gesellschaft erlangt als Schenkung. Nach dem Gesetzeswortlaut wird eine Schenkung fingiert. Auch Zuwendungen zwischen Kapitalgesellschaften, soweit sie in der Absicht getätigt werden, Gesellschafter zu bereichern und soweit an diesen Gesellschaften nicht unmittelbar oder mittelbar dieselben Gesellschafter zu gleichen Anteilen beteiligt sind werden als freigiebig fingiert.

811 Nach § 15 Abs. 4 ErbStG werden die Steuerklassenregelung mit Freibetragsauswirkung für disquotale Vorgänge geregelt. Bei einer Schenkung durch eine Kapitalgesellschaft oder Genossenschaft ist der Besteuerung das persönliche Verhältnis des Erwerbers zu derjenigen unmittelbar oder mittelbar beteiligten natürlichen Person oder Stiftung zugrunde zu legen, durch die sie veranlasst ist. In diesem Fall gilt die Schenkung bei der Zusammenrechnung früherer Erwerbe (§ 14 ErbStG) als Vermögensvorteil, der dem Bedachten von dieser Person anfällt. Damit wird klargestellt das die Schenkungsfiktion nur zwischen Gesellschaft und Gesellschafter besteht. Nur Freibeträge und Tarife werden so berechnet als ob die Zuwendung zwischen den beteiligten Personen erfolgt wäre.

Die neue Regelung führt für den Fiskus zu einem Mehrergebnis.

---

1 Vgl. *Crezelius*, ZEV 2008, 268, 272.
2 Vgl. *Crezelius*, ZEV 2008, 268, 272.
3 Vgl. *Crezelius*, ZEV 2008, 268, 270.
4 Vgl. *Crezelius*, ZEV 2008, 268, 272.
5 Vgl. → Rz. 136 f. u. → Rz. 213 f.
6 Vgl. *Crezelius*, ZEV 2008, 268, 272, 273.
7 BGBl 2011 I 2592.
8 Dazu s. u. → Rz. 2186 ff.

BEISPIEL: Vater V ist mit 70 % und Sohn S ist mit 30 % Gesellschafter der A GmbH. S ist Geschäftsführer und erhält ein um 200.000 € überhöhtes Gehalt, welches infolge Unangemessenheit als vGA beurteilt wird.

Neben der Beurteilung als VGA i. H. v. 200.000 € besteht nach geänderter Rspr. des BFH keine freigebige Zuwendung der GmbH an den Sohn.[1]

Die Zahlung überhöhter vertraglicher Entgelte durch eine GmbH an eine dem Gesellschafter nahestehende Person ist keine gemischte freigebige Zuwendung der GmbH an die nahestehende Person, wenn der Gesellschafter bei Abschluss der Vereinbarung zwischen der GmbH und der nahestehenden Person mitgewirkt hat. Die Mitwirkung des Gesellschafters kann darin bestehen, dass er den Vertrag zwischen GmbH und nahestehender Person als Gesellschaftergeschäftsführer abschliesst, als Gesellschafter mitunterzeichnet, dem Geschäftsführer eine Anweisung zum Vertragsabschluss erteilt in sonstiger Weise auf den Vertragsabschluss hinwirkt oder diesem zustimmt. In diesen Fällen kann jedoch der Gesellschafter selbst Schenker sein, was von der Ausgestaltung der zwischen dem Gesellschafter und der nahestehenden Person bestehenden Rechtsbeziehung abhängt.

Auch die neue Rechtslage löst nicht das Problem, ob eine unzulässige Doppelbesteuerung mit Einkommensteuer und Erbschaftssteuer eintreten kann. Wie diese Konkurrenz von Einkommensteuer und Erbschaft-/Schenkungsteuer zu lösen ist, ist in der Rechtsprechung und auch im Schrifttum noch nicht abschließend geklärt.[2] Die Rechtspraxis bewegt sich hier auf vermintem Gelände. Grundsätzlich ist es tatbestandlich ausgeschlossen, mit derselben Handlung sowohl eine freigebige Zuwendung zu verwirklichen (§ 7 ErbStG) als auch wirtschaftlich am Markt teilzunehmen (§ 2 EStG).[3] Wenn jedoch ein und derselbe Lebenssachverhalt tatbestandlich sowohl der Einkommen- als auch der Schenkungsteuer unterfällt, hat die Ertragsbesteuerung grundsätzlich zurückzutreten. Es fehlt dann an einer Handlung, die auf das Erzielen von Einnahmen am Markt gerichtet ist. Wenn jemand einer anderen Person etwas schenken möchte, ist seine Handlung gerade keine Erwerbshandlung, denn sie ist nicht auf Einkünfteerzielung am Markt, also auf einen Hinzuerwerb von Einkommen, ausgelegt.[4] Fehlt es jedoch an der notwendigen Erwerbshandlung, kommt eine Erfassung von Erträgen als Einkünfte i. S. d. EStG grundsätzlich nicht in Betracht.

812

Nicht jede verdeckte Gewinnausschüttung stellt eine Schenkung dar. Keine Schenkung liegt in den Fällen vor, die wegen einer fehlenden vorherigen Vereinbarung beim beherrschenden Gesellschafter allein durch die Verletzung des Rückwirkungsverbotes ertragssteuerlich zur vGA führten.[5]

813

(Einstweilen frei) 814–820

---

1 BFH, Urteil v. 13.9.2017 - II R 54/15, NWB SAAAG-70590; II R 32/16, NWB BAAAG-70587; II R 42/16, NWB VAAAG-70589; zu Einzelheiten s. a. Gleichlautende Erlasse v. 20.4.2018, BStBl 2018 I 632.
2 Die nicht entscheidungserhebliche Frage spielt in dem ADV-Verfahren des BFH, Urteil v. 12.9.2011 - VIII B 70/09, BFH/NV 2012, 229 = NWB DAAAD-97970 eine Rolle.
3 *Zugmaier* in HHR, EStG, § 2 Rz. 33.
4 *Kirchhof* in Kirchhof/Söhn/Mellinghoff, EStG, § 2 Rz. A 117.
5 *Binnewies*, GmbHR 2011, 1022.

4. Erlöschen der Schenkungsteuer

821 Ist nach dem zuvor ausgeführten grundsätzlich Schenkungsteuer festzusetzen, so erlischt dieser Anspruch gem. § 29 Abs. 1 Nr. 1 ErbStG wieder, wenn das Geschenk wegen eines Rückforderungsrechts herausgegeben werden musste. Dies erfordert aber, dass das Rückforderungsrecht von vornherein bestand oder vereinbart wurde, es ist jedoch nicht ausreichend, wenn das Geschenk erst aufgrund einer nachträglich getroffenen Vereinbarung herausgegeben wird.[1] Schenkungsteuerlich sind daher Satzungs- und Steuerklauseln in den angesprochenen Fällen durchaus sinnvoll[2] und führen, anders als ertragsteuerlich, zum gewünschten Ziel, nämlich einem nachträglichen Wegfall des Erbschaftsteueranspruchs. Mit Blick auf diese Vorschrift sollte bei Gesellschaftern in den Gesellschaftsvertrag, der der notariellen Beurkundung bedarf, eine Steuerklausel aufgenommen werden. Ebenso sollte in den Dienstverträgen und Verträgen mit nahen Angehörigen eine Steuerklausel enthalten sein. In Dienstverträgen kann man u. E. mit folgender Formulierung operieren:

„Wird durch die Finanzverwaltung ein Teil der Vergütung als verdeckten Gewinnausschüttung besteuert, so hat der Geschäftsführer diesen Teil der Vergütung unverzüglich nach Ergehen eines Schenkungssteuerbescheides wegen dieser verdeckten Gewinnausschüttung an die Gesellschaft zu erstatten."[3]

Bei nahe stehenden Personen sollte die Rückforderungsvereinbarung Bestandteil der Vergütungsvereinbarung zwischen Gesellschaft und nahe stehender Person sein. Bei Rückgängigmachung einer Schenkung aufgrund eines vor der Schenkung vereinbarten Rückforderungsanspruchs entfällt die Schenkung. Es darf aber keine so genannte Steuerklausel im Gesellschaftsvertrag für diese verdeckte Gewinnausschüttung vereinbart werden, denn dann müsste im Verhältnis zur GmbH der Gesellschafter und nicht die nahe stehende Person die verdeckte Gewinnausschüttung zurückzahlen. Das dürfte in der Regel nicht gewollt sein.

Dazu ist allerdings nicht nur das von vornherein bestehende Rückforderungsrecht erforderlich, sondern auch seine Ausübung und die tatsächliche Rückzahlung der überhöhten Vergütungsteile.

822–825 *(Einstweilen frei)*

5. Verdeckte Gewinnausschüttung im Konzern

826 Durch das am 25.11.2011 im Bundesrat verabschiedete Gesetz zur Umsetzung der Beitreibungsrichtlinie sowie zur Änderung steuerlicher Vorschriften[4] werden in Artikel 11 des Gesetzes Änderungen des Erbschaftsteuer- und Schenkungsteuergesetzes vorgenommen, welche u. a. den Bereich von disquotalen verdeckten Einlagen in Kapitalgesellschaften („Einlagefälle"[5]) sowie von verdeckten Gewinnausschüttungen aufgrund von Vermögensverschiebungen zwischen Kapitalgesellschaften („Konzernfälle") betreffen. Danach können solche Vorgänge als schenkungsteuerbar behandelt werden, wenngleich nach den Ausführungen im Bericht des Finanzausschusses des Deutschen Bundestags[6] klargestellt werden soll, dass verdeckte Einlagen

---

1 FG Nürnberg, Urteil v. 24.6.2004 - IV 192/2003, NWB DAAAB-27774.
2 Dem folgend *Kohlhepp*, DB 2008, 1523, 1524.
3 Vgl. *Janssen*, GStB 2012, 374 ff.
4 BeitrRLUmsG v. 7.12.2011, BGBl 2011 I 2592.
5 Siehe dazu → Rz. 2188 ff. und → Rz. 4152 f.
6 BT-Drucks. 17/7524 v. 26.10.2011, 7 f.

und verdeckte Gewinnausschüttungen zwischen verbundenen Körperschaften grundsätzlich keine freigebigen Zuwendungen sind.

§ 7 Abs. 8 Satz 2 ErbStG behandelt „Zuwendungen" zwischen Kapitalgesellschaften grundsätzlich als schenkungsteuerbare freigebige Zuwendungen, soweit diese in der Absicht einer Bereicherung der Gesellschafter getätigt werden. In welchen Fällen von einer den Schenkungsteuertatbestand auslösenden Bereicherungsabsicht ausgegangen werden kann oder muss, ist fraglich. Im Rahmen des Gesetzgebungsverfahrens verwies die Bundesregierung darauf, dass es sich bei Vermögensverschiebungen zwischen Kapitalgesellschaften nur in Ausnahmefällen um eine Bereicherung der Gesellschafter handeln könne und solche Gestaltungen innerhalb des gleichen Verbundes üblicherweise betrieblich veranlasst wären. „Innerhalb des gleichen Verbunds!" dürfte so zu verstehen sein, dass an den beteiligten Gesellschaften unmittelbar oder mittelbar dieselben Gesellschafter zu gleichen Anteilen beteiligt sind. Ist diese Voraussetzung gegeben, geht der Gesetzgeber auch bei Vorliegen einer Vorteilszuwendung dem Anschein nach nicht von dem Willen zur Unentgeltlichkeit und damit nicht von einer Bereicherungsabsicht sondern vielmehr von einer betrieblichen Veranlassung aus.[1]

§ 7 Abs. 8 Satz 2 2. Halbsatz ErbStG kann insoweit als Ausnahmeregelung verstanden werden, nach der Vermögensverschiebungen zwischen Kapitalgesellschaften nicht schenkungsteuerbar sind, soweit an den Gesellschaften unmittelbar oder mittelbar dieselben Gesellschafter (natürliche Personen) zu gleichen Anteilen beteiligt sind und die Vermögensverschiebungen daher nicht auf einer Bereicherungsabsicht der Gesellschafter beruhen.

BEISPIEL 1 Keine Erbschaftsteuer, wenn Vorteil sich nicht auf unterschiedliche Beteiligungsverhältnisse bezieht.

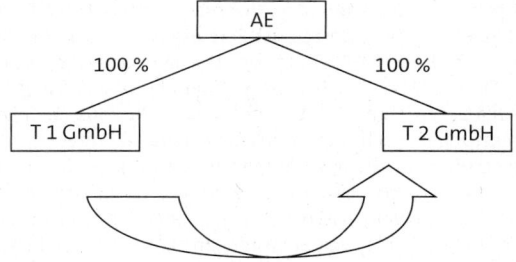

BEISPIEL 2 Zu einer 50 %igen Schenkung führt folgende Konstellation:

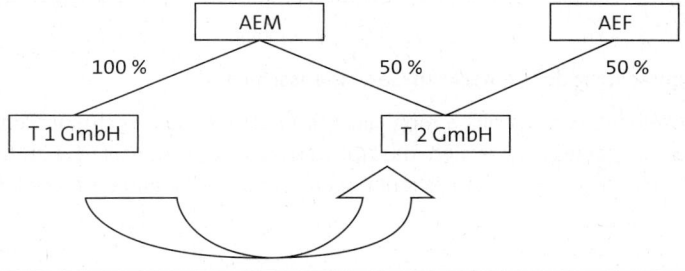

In diesem Beispiel gilt AEF als bereichert durch die Leistung der T 1.

---

1 Vgl. Beispiel 1 zu den Konzernfällen in der Gesetzesbegründung zu Art. 11 des BeitrRLUmsG.

829 Der Gesetzgeber geht gemäß der Gesetzesbegründung zu Artikel 11 des BeitrRLUmsG davon aus, dass bei Vermögensverschiebungen regelmäßig eine private freigebige Veranlassung vorliegt, sofern der leistende und der begünstigte Gesellschafter nahe Angehörige i.S.d. § 15 AO sind. Inwieweit hier ein entsprechender Gegenbeweis gelingt, erscheint fraglich. Bei Nichtverwandten dürfte das Erfordernis der Bereicherungsabsicht hingegen eine Erschwerung für die Finanzverwaltung darstellen.

830 Nach § 37 Abs. 7 ErbStG gelten die Neuregelungen für Erwerbe, für die die Steuer nach dem Tag der Verkündung des Gesetzes am 13.12.2011 im Bundesgesetzblatt entsteht. Eine Vielzahl von Anwendungs- und Auslegungsfragen zu den Neuregelungen bleiben offen.

831–835 *(Einstweilen frei)*

VII. Rückgängigmachung und Vermeidung von verdeckten Gewinnausschüttungen

LITERATURHINWEISE:

Brezing, Ein Urteil des Bundesfinanzhofs zu Satzungsklauseln, DB 1984, 2059; *Ebert*, Die Besteuerung von verdeckten Gewinnausschüttungen bei der Gesellschaft und beim Anteilseigner, BB 1984, 1221; *Zenthöfer*, Steuerklauseln und Satzungsklauseln – eine Zwischenbilanz, DStZ/A 1987, 185, 217, 273; *Wassermeyer*, Verdeckte Gewinnausschüttungen und verdeckte Einlagen, DStR 1990, 160; *Institut Finanzen und Steuern*, Bei Rückgabeverpflichtung keine verdeckte Gewinnausschüttung, DB 1992, 177; *Theis*, Steuerliche Überlegungen zum Jahresende 1992, DB 1992, 2580; *Schäfer*, Steuerrechtliche Folgen der Rückgewähr verdeckter Gewinnausschüttungen, StBp 1995, 73 (Teil I), 97 (Teil II); *Wassermeyer*, Die Rückgängigmachung verdeckter Gewinnausschüttungen nach dem Entwurf zum Jahressteuergesetz 1996, DB 1995, 946; *Wichmann*, Der Zeitpunkt der Erfassung des Anspruchs auf Rückgewähr nach verdeckten Gewinnausschüttungen, GmbHR 1997, 63; *ders.*, Derzeitiger Erkenntnisstand zur Rückabwicklung einer verdeckten Gewinnausschüttung, GmbHR 1997, 991; *Binz/Sorg*, Die verdeckte Gewinnausschüttung nach der Unternehmenssteuerreform, DStR 2001, 1457; *Hey*, Bedeutung und Besteuerungsfolgen der verdeckten Gewinnausschüttung nach der Unternehmenssteuerreform, GmbHR 2001, 1; *Schnorr*, Die Rückabwicklung verdeckter Gewinnausschüttungen nach Einführung des Halbeinkünfteverfahrens, GmbHR 2003, 861; *Schütz*, Tatbestandsverhinderung und Rückabwicklung einer verdeckten Gewinnausschüttung, DStZ 2004, 14; *Schwedhelm/Binnewies*, Anm. zu BFH, Urteil v. 25.5.2004, GmbHR 2005, 65; *Wassermeyer*, Nochmals: Rückgängigmachung verdeckter Gewinnausschüttungen, Anmerkung zum BFH-Urteil vom 25.5.2004 - VIII R 4/01 und zum GmbHR-Kommentar von Schwedhelm/Binnewies, GmbHR 2005, 149; *Schwedhelm/Binnewies*, Nochmals: Rückgängigmachung verdeckter Gewinnausschüttungen, Zur Replik von Prof. Dr. Franz Wassermeyer zu unserem GmbHR-Kommentar zu BFH vom 25.5.2004 - VIII R 4/01, GmbHR 2005, 151.

1. Rückgängigmachung der verdeckten Gewinnausschüttung

836 Es bleibt darzustellen, ob und welche Möglichkeiten bestehen, die Rechtswirkungen einer vGA wieder dadurch rückgängig zu machen, dass Geschäftsvorfälle, die als vGA zu beurteilen sind, tatsächlich oder rechtlich wieder aufgehoben werden oder eine andere rechtliche Form erhalten.

a) Steuerliche Bewertung der Rückgängigmachung vollzogener Geschäftsvorfälle

837 Zu den zivilrechtlichen Rückerstattungsansprüchen bei vGA vgl. oben → Rz. 656 ff.

838 Die Rspr. des BFH zur steuerlichen Rückgängigmachung vollzogener Geschäftsvorfälle ist sehr eng; insbesondere wird die **Rückgängigmachung einer vGA nicht zugelassen.**[1] Im Einzelnen gilt:

▶ Eine vGA kann nicht durch die Aktivierung eines (gesetzlichen oder vertraglichen) **Schadenersatzanspruchs** gegen einen Gesellschafter rückgängig gemacht werden,[2] anders jedoch die mit der vGA u.U. verbundene Schenkung zwischen den Gesellschaftern.[3]

▶ Eine im Laufe des Jahres verwirklichte vGA wird nicht dadurch ganz oder teilweise rückgängig gemacht, dass der mit der Zuwendung verbundene Aufwand den nach Jahresende entstehenden Anspruch der Gesellschafter auf **Gewinntantiemen vermindert.**[4]

▶ Die Rspr. des BFH ist auch vom **BVerfG bestätigt** worden.[5] Es ist, wie das BVerfG ausführt, nicht angreifbar, wenn der BFH in den Fällen, in denen die KapGes Ansprüche auf Rückgewähr einer eine vGA ausmachenden Vorteilszuwendung aus gesellschaftsrechtlichen oder schuldrechtlichen Gesichtspunkten geltend machen kann, eine rückwirkende Beseitigung der vGA aus Bilanzierungsgrundsätzen regelmäßig ausschließt.

839 Es gab verschiedene Ansätze diese rigide Rspr. zumindest für Ausnahmefälle zu durchbrechen, die aber letztlich alle ohne Erfolg geblieben sind:

▶ Der BFH ließ früher einmal Ausnahmen zu, wenn die Beteiligten offensichtlich die steuerlichen Folgen ihres Handelns nicht überblicken konnten, diese Folgen ungewöhnlich hart sind und dann spätestens bis zur Aufstellung der Bilanz der frühere Zustand wiederhergestellt wird.[6] Diese Rspr. wurde inzwischen ausdrücklich aufgegeben.[7]

▶ Die OFD Berlin vertrat in der Verfügung v. 21.7.1995[8] unter Berufung auf das Urteil des FG Berlin, Urteil v. 8.11.1993[9] die Auffassung, dass die Rückgängigmachung einer den Jahresüberschuss übersteigenden Vorabausschüttung steuerlich anzuerkennen sei. Diese Verfügung ist jedoch unter Hinweis auf Abschn. 77 Abs. 10 Satz 6 KStR 1995, wonach die Rückgängigmachung einer Gewinnausschüttung (auch Vorabausschüttung) nach deren Abfluss mit steuerlicher Wirkung nicht möglich ist, wieder aufgehoben worden.[10]

---

1 BFH, Urteil v. 14.3.1989 - I R 105/88, BStBl 1989 II 741: keine Rückgängigmachung einer vollzogenen Ausschüttung; BFH, Urteil v. 3.4.1974 - I R 241/71, BStBl 1974 II 497: keine Rückabwicklung von nachgezahlten Vergütungen; FG Nürnberg, Urteil v. 10.5.2017 - 3 K 1157/16, NWB VAAAG-54149; Az. des BFH: VIII B 66/17.
2 BFH, Urteil v. 29.4.1987 - I R 176/83, BStBl 1987 II 733; v. 13.9.1989 - I R 41/86, BStBl 1989 II 1029; v. 10.3.1993 - I R 51/92, BStBl 1993 II 635; v. 29.5.1996 - I R 118/93, BStBl 1997 II 92; v. 8.7.1998 - I R 123/97, BFH/NV 1999, 269 = NWB HAAAA-97473; v. 30.5.2001 - I B 176/00, BFH/NV 2001, 1456 = NWB DAAAA-66667, für Rückforderung nach § 31 GmbHG.
3 Siehe dazu → Rz. 821.
4 BFH, Urteil v. 10.3.1993 - I R 51/92, BStBl 1993 II 635.
5 BVerfG, Urteil v. 8.12.1992 - 1 BvR 326/89, HFR 1993, 201.
6 BFH, Urteil v. 24.6.1957 - I 143/56 U, BStBl 1957 III 400; v. 10.4.1962 - I 65/61 U, BStBl 1962 III 255; v. 30.11.1966 - I 310/62, BStBl 1967 III 152; FG Münster, Urteil v. 9.11.1972 - II 542/70 E, EFG 1973, 201; s. auch BMF, Schreiben v. 6.8.1981, BStBl 1981 I 599.
7 BFH, Urteil v. 2.8.1983 - VIII R 15/80, BStBl 1983 II 736; insofern unverständlich, dass auf die älteren Urteile immer noch rekurriert wird von *Felder* in Rupp/Felder/Geiger/Lang, a.a.O., A I Rz. 465.
8 OFD Berlin v. 21.7.1995, DB 1995, 1587; dagegen OFD Hannover v. 22.11.1995, DB 1995, 2500.
9 FG Berlin, Urteil v. 8.11.1993 - VIII 54/91, EFG 1994, 409.
10 OFD Berlin v. 23.1.1996, DB 1996, 1109.

▶ Der Vorschlag des BMF, für das JStG 1996 in das KStG und EStG Vorschriften über eine steuerrechtliche Rückgängigmachung von vGA aufzunehmen, ist nicht realisiert worden.[1]

840–845 *(Einstweilen frei)*

b) Inhalt und Umfang der Rückabwicklung einer verdeckten Gewinnausschüttung

aa) Rückabwicklungsanspruch

846 Unabhängig von der steuerlichen Beurteilung als Einlage besteht bei vGA häufig ein gesetzlicher oder vertraglicher Anspruch auf Rückabwicklung der vGA.[2] Dies setzt allerdings nicht nur eine vGA gem. § 8 Abs. 3 KStG bei der Gesellschaft voraus, sondern auch eine vGA beim Gesellschafter, also einen **Zufluss** bei ihm.[3] Dieser ist insbesondere bei Pensionsfällen häufig erst mit langjähriger Verzögerung gegeben oder tritt gar nicht ein, wenn die Gesellschaft für den als vGA beurteilten Anspruch zwar eine Rückstellung oder Verbindlichkeit gebildet hat, diese aber z. B. wegen Insolvenz der Gesellschaft nicht mehr zur Auszahlung gelangt.

847 Ferner sind die Rückabwicklungsansprüche bezüglich einer vGA von anderen Rückgewähr- und Schadenersatzansprüchen der Gesellschaft gegenüber ihrem Gesellschafter **abzugrenzen**. Diese **anderen Ansprüche** sind, soweit die entsprechenden Forderungen nicht erfasst sind, durch **Bilanzberichtigung** darzustellen. Eine vGA kann sich dann erst aus dem Verzicht auf den Anspruch ergeben.

BEISPIEL: ▶ Schadenersatzanspruch, weil aufgrund eines Buchungsfehlers die Gesellschaft Aufwendungen des Gesellschafters getragen hat.[4] Der Steuerberater hatte ein Grundstück, welches die Gesellschafter erworben hatten, bei der Gesellschaft eingebucht, es bestand daher ein Schadenersatzanspruch bzgl. der Grundstücksaufwendungen.[5]

bb) Umfang des Anspruchs

848 Beruht der Rückgewähranspruch bezüglich der vGA auf einer **gesetzlichen Vorschrift**, so richtet sich der Umfang der Rückgewähr nach dieser Bestimmung. Ergibt sich der Rückgewähranspruch aber nur aus einer Steuer- oder Satzungsklausel oder gar nur aus einer für diesen Einzelfall getroffenen Vereinbarung zwischen der Gesellschaft und dem Gesellschafter, so haben es die Beteiligten in der Hand, zivilrechtlich zu **vereinbaren,** wer den Nachteil aus der Rückgabe des Vorteils tragen soll:

▶ Der Gesellschafter trägt den Nachteil, wenn er den zugewendeten Vorteil zurückgeben muss,

▶ die Gesellschaft trägt den Nachteil, wenn der Gesellschafter nur den Nettovorteil (nach Abzug seiner Steuerbelastung) zurückzuzahlen hat,

▶ Gesellschaft und Gesellschafter können sich auch den Nachteil teilen.

---

1 Siehe dazu *Wassermeyer*, DB 1995, 946; angeregt wohl auch durch die Untersuchung des Instituts Finanzen und Steuern, DB 1992, 177; dazu *Theis*, DB 1992, 2580.
2 Dazu → Rz. 656 ff.
3 Dazu → Rz. 561 ff.
4 BFH, Urteil v. 24. 3. 1998 - I R 88/97, HFR 1998, 1004, Anm. *Brenner*, DStZ 1998, 843 = NWB LAAAB-39739.
5 Näher zu Buchungsfehlern unter → Rz. 513.

Im **Anrechnungsverfahren** wurde die Rückgewährpflicht nicht nur auf den ausgezahlten Betrag erstreckt, sondern auch auf den Betrag der Körperschaftsteueranrechnung, die der Gesellschafter bei der Veranlagung durch das Finanzamt erhielt.[1] Im **Teileinkünfteverfahren bzw. unter Geltung der Abgeltungsteuer** erhält der Gesellschafter keine Anrechnung mehr. Ein Vorteil entsteht jedoch für ihn aus der Anwendung des Teileinkünfteverfahrens, aus der Anwendung des Abgeltungsteuersatzes bzw. aus § 8b KStG. *Binz/Sorg* meinen, dass auch dieser Vorteil an die Gesellschaft herauszugeben sei.[2] Dies ist jedoch keine Selbstverständlichkeit, unter der Geltung des Teileinkünfteverfahrens bzw. der Abgeltungsteuer ergibt sich der Vorteil des Gesellschafters nicht mehr spiegelbildlich zur Belastung der Gesellschaft, sondern ist von dieser unabhängig.[3] Daher wird sich der Anspruch der Gesellschaft nur dann um den **Steuervorteil** des Gesellschafters erhöhen, wenn dies **ausdrücklich vereinbart** worden ist. Vertritt man allerdings die Ansicht, dass die Rückabwicklung der vGA zumindest beim Gesellschafter ertragswirksam erfolgt, so kann sich der Vorteil aus dem Teileinkünfteverfahren bereits dadurch neutralisieren, dass auch die Rückzahlung steuerlich entsprechend § 3c EStG nur zu 60 % berücksichtigt wird.[4]

849

cc) Rechtsfolgen bei der Gesellschaft

Die Rückzahlung einer vGA durch den Gesellschafter stellt steuerlich eine **Einlage** dar, da die Rückzahlung der vGA wie die vGA selbst ihre Ursache im Gesellschaftsverhältnis hat.[5] Dies liegt schon daran, dass eine vGA nur gegenüber Gesellschaftern möglich ist und daher auch nur gegenüber Gesellschaftern eine Rückzahlungsverpflichtung entstehen kann.[6] Zudem ist die Rückzahlung der actus contrarius zur vGA und muss daher ebenso wie diese im Gesellschaftsverhältnis begründet sein.[7] Es kommt nicht darauf an, ob eine gesetzliche Verpflichtung vorliegt oder ob sie auf einer Vereinbarung beruht oder ob sie freiwillig erfolgt. Bis zur Erfüllung eines Rückgewähranspruchs liegt daher eine Einlageforderung der Gesellschaft vor.[8]

850

Der Rückgewähranspruch ist **gliederungsrechtlich** in Abänderung der Rspr. nach dem Urteil des BFH, Urteil v. 29. 5. 1996[9] erst im Zeitpunkt seiner Erfüllung im EK 04, nach heutigem Recht also im **steuerlichen Einlagekonto** gem. § 27 KStG zu erfassen. Es soll eine zivilrechtlich unzulässige und fehlerhafte Wertverschiebung zwischen KapGes und Gesellschafter rückgängig gemacht werden. Diese Rückgängigmachung ist aber erst mit der Erfüllung des Rückgewähranspruchs vollzogen.

851

---

1 Vgl. *Schnorr*, GmbHR 2003, 861, 865, m.w.N.
2 *Binz/Sorg*, DStR 2001, 1457, 1460.
3 Vgl. auch *Hey*, GmbHR 2001, 1, 5 f.
4 Vgl. dazu → Rz. 858.
5 BFH, Urteil v. 29. 5. 1996 - I R 118/93, BStBl 1997 II 92; v. 14. 7. 2009 - VIII R 10/07, BFH/NV 2009, 1815 = NWB FAAAD-29652; BMF, Schreiben v. 6. 8. 1981, BStBl 1981 I 599; *Wassermeyer*, DStR 1990, 160; *Ebert*, BB 1984, 1221, 1225; a. A. *Wichmann*, GmbHR 1997, 991 ff.
6 *Schütz*, DStZ 2004, 14, 17.
7 Vgl. BFH, Urteil v. 29. 4. 1987 - I R 176/83, BStBl 1987 II 733, 735.
8 BFH, Urteil v. 13. 9. 1989 - I R 41/86, BStBl 1989 II 1029; v. 13. 9. 1989 - I R 110/88, BStBl 1990 II 24; v. 14. 3. 1989 - I R 8/85, BStBl 1989 II 633; v. 29. 4. 1987 - I R 176/83, BStBl 1987 II 733; BMF, Schreiben v. 6. 8. 1981, BStBl 1981 I 599 und v. 11. 12. 1996, BStBl 1997 I 112 unter 3; auch *Seeger*, FR 1990, 53; *Reiss*, StuW 1996, 337, 351; *Gosch*, DStR 1998, 1550; *Brenner*, DStZ 1998, 843; *Wassermeyer*, DB 1998, 1997; a. A. *Wichmann*, GmbHR 1997, 63; *Schäfer*, StBp 1995, 73.
9 BFH, Urteil v. 29. 5. 1996 - I R 118/93, BStBl 1997 II 92; s. Kritik v. *Wichmann*, GmbHR 1997, 63.

852 Wird der Rückgewähranspruch von der Gesellschaft tatsächlich **nicht geltend gemacht**, so handelt es sich um die Rückgängigmachung einer verdeckten Einlage (Korrektur der Korrektur der vGA). Mit der Ausbuchung ist das steuerliche **Einlagekonto zu berichtigen**, eine erneute vGA liegt nicht vor.

dd) Rechtsfolgen beim Gesellschafter

853 Für den Gesellschafter entstehen in Höhe des zurückgezahlten Betrages **zusätzliche Anschaffungskosten**; ein Abzug als negative Einnahme ist ausgeschlossen.[1] Ebenso entsteht bei Gesellschafter-Geschäftsführern regelmäßig ein Abzug als Werbungskosten, da die vGA aus einer privaten Veranlassung entsteht.[2] Damit hat der BFH eine einheitliche Betrachtung für die Gesellschaft und den Gesellschafter hergestellt.[3] Hält der Gesellschafter die Beteiligung in einem **Betriebsvermögen**, sind die nachträglichen Anschaffungskosten **ebenfalls zu aktivieren**. Dies gilt auch, wenn der Gesellschafter selbst eine KapGes ist und die vGA daher bei ihm steuerfrei war. Die Rückzahlung stellt eine Einkommensverwendung dar und für ihre steuerliche Behandlung ist es daher unerheblich, ob sie aus steuerfreiem oder steuerpflichtigem Einkommen gespeist wird.

854 Hält der Gesellschafter seine Beteiligung im Privatvermögen, so wirkt sich die Erhöhung erst bei einer späteren Veräußerung des Anteils aus, soweit die **Veräußerung gem. § 17 EStG** steuerpflichtig ist. **Zinsen,** die der Gesellschafter der Gesellschaft für den Zeitraum zwischen der Ausschüttung der vGA und der Rückzahlung nach Gesetz oder Vertrag schuldet, sind als Betriebsausgaben oder Werbungskosten bei der Einkunftsart absetzbar, bei der die vGA steuerlich erfasst wurde (also i. d. R. § 20 EStG oder § 15 EStG).

855 Fraglich ist aber, ob diese Folgen auch in dem Spezialfall eintreten, dass die verdeckte Einlage vor dem Zufluss der vGA erfolgt. Dies kann sich insbesondere bei Pensionszusagen ergeben.

BEISPIEL: Dem beherrschenden Gesellschafter-Geschäftsführer wird zu seinem 56. Geburtstag am 30. 6. 01 von der Gesellschaft auf den 65. Geburtstag eine Pensionszusage erteilt. Erst zwei Jahre später am 58. Geburtstag erfährt der Steuerberater der Gesellschaft davon. Er veranlasst sofort eine Änderung der Pensionszusage, die nunmehr auf den 66. Geburtstag des Gesellschafter-Geschäftsführers hinausgeschoben wird. Am Bilanzstichtag nach dem 56. Geburtstag (31. 12. 01) soll die Pensionsrückstellung wegen der relativ hohen Erstrückstellung bereits 50.000 € betragen, am Stichtag nach dem 57. Geburtstag (31. 12. 02) 55.000 €, am Stichtag nach dem 58. Geburtstag (31. 12. 03) wegen des Herausschiebens auf den 66. Geburtstag nur noch 48.000 €, am 31. 12. 04 beträgt die Rückstellung dann 52.000 €.

856 Die vGA wird bei der Gesellschaft in 01 und 02 hinzugerechnet. Der Zufluss beim Gesellschafter ergibt sich jedoch erst mit Auszahlung der Pension. Wird die Rückstellung dann wegen des Hinausschiebens des Zusagealters vermindert, so muss die Reduzierung als verdeckte Einlage gewinnneutral erfolgen, da die Zuführung als vGA letztlich ebenfalls gewinnneutral erfolgte. Auf der einkommensteuerlichen Seite des Gesellschafters ergeben sich drei denkbare Möglichkeiten:

---

1 BFH, Urteil v. 14. 7. 2009 - VIII R 10/07, BFH/NV 2009, 1815 = NWB FAAAD-29652; FG Baden-Württemberg, Urteil v. 6. 10. 2006 - 9 K 418/04, EFG 2007, 697; BFH, Urteil v. 25. 5. 1999 - VIII R 59/97, BFH/NV 2009, 1542 = NWB MAAAA-97467; v. 3. 8. 1993 - VIII R 82/91, BStBl 1994 II 561; v. 29. 8. 2000 - VIII R 7/99, BStBl 2001 II 173.
2 FG Baden-Württemberg, Urteil v. 6. 10. 2006 - 9 K 418/04, NWB YAAAC-35569.
3 Ebenso *Felder* in Rupp/Felder/Geiger/Lang, a. a. O., A I Rz. 467, dies gilt auch für die offene Ausschüttung und damit auch für die Vorabausschüttung; so OFD Hannover v. 22. 11. 1995, DB 1995, 2500.

- Im Jahr 03 erfolgt auch hier eine verdeckte Einlage, die Anschaffungskosten des Gesellschafters erhöhen sich. Die vGA erfolgt dennoch erst bei Zufluss, also bei der späteren Auszahlung der Pension.

- Im Jahr 03 erfolgt auch hier die verdeckte Einlage, die Anschaffungskosten des Gesellschafters erhöhen sich. Da nur eingelegt werden kann, was zuvor zugeflossen ist, muss zugleich in Höhe der verdeckten Einlage der Zufluss der Pension unterstellt werden. Der Gesellschafter hätte daher eine vGA zu versteuern.

- Da die verdeckte Einlage hier vor der vGA erfolgt, wird ausnahmsweise eine Rückgängigmachung der vGA anerkannt. Beim Gesellschafter ergibt sich in Höhe der Reduzierung der Rückstellung keine vGA, aber eben auch keine Erhöhung der Anschaffungskosten.

Bei Anwendung der aktuellen Rechtsprechung zur vGA käme man wohl zum ersten Ergebnis, bei Anwendung der Rechtsprechung des BFH zu Einlagen zum zweiten Ergebnis. Sinnvoll erscheint jedoch das letztgenannte Ergebnis, da letztlich beim Gesellschafter nie ein Zufluss der vGA erfolgt. Wird ihm später eine Pension gezahlt, so beruht diese nur in Höhe eines Rückstellungsbetrages von 48.000 € auf einer vGA, da die darüber hinausgehenden Beträge zulässig und zutreffend gebildet worden sind.

Nach Ansicht von *Schnorr* muss dagegen jedenfalls beim Gesellschafter die **Rückabwicklung ertragswirksam** erfolgen. Im alten Anrechnungsverfahren sei die vGA gegenüber der offenen Gewinnausschüttung benachteiligt worden, weil sie weniger verwendbares Eigenkapital bildete als sie verbrauchte und dadurch ein nachteiliger Liquiditätseffekt entstand, wenn nicht genügend verwendbares Eigenkapital vorhanden war.[1] Im Halbeinkünfteverfahren werde hingegen die vGA völlig gleich mit der offenen Gewinnausschüttung behandelt. Ein Unterschied ergebe sich nur zwischen diesen beiden und der vom Gesetzgeber bevorzugten Thesaurierung von Gewinnen. Der Gesetzgeber halte thesaurierte Gewinne für gute Gewinne, da sie für Investitionen zur Verfügung stehen und ausgeschüttete Gewinne für schlechte Gewinne, da sie zur Konsumtion bestimmt seien.[2] Eine vGA, die einen Rückabwicklungsanspruch auslöse, stehe aber niemals zur Konsumtion zur Verfügung[3] und müsse daher letztlich wie ein thesaurierter Gewinn behandelt werden. Die tatsächlich erfolgte Auszahlung der vGA und die tatsächliche Möglichkeit des Verbrauchs der Mittel sei kein Argument, da dem Anteilseigner auch ohne Ausschüttung genau wie einem Dritten die Möglichkeit beispielsweise im Wege der Unterschlagung stets gegeben sei.[4] Auch das Argument des actus contrarius verfange beim Gesellschafter nicht. Bei diesem sei der Zufluss der vGA ertragswirksam, daher müsse es die Rückzahlung im Gegenzug auch sein und die erfolgte Besteuerung zumindest wieder aufheben.[5] Daher müsse bei bilanzierenden Gesellschaftern phasengleich mit der vGA eine Rückgewährverbindlichkeit bilanziert werden. Bei Gesellschaftern, die ihre Anteile im Privatvermögen halten, sei dagegen der Zufluss der vGA zu beachten, erst die tatsächliche Rückzahlung könne als negative Einnahme gem. § 3c EStG zur Hälfte[6] steuerlich mindernd berücksichtigt werden.

---

1 *Schnorr*, GmbHR 2003, 861, 862.
2 *Schnorr*, GmbHR 2003, 861, 863.
3 *Schnorr*, GmbHR 2003, 861, 870.
4 *Schnorr*, GmbHR 2003, 861, 870.
5 *Schnorr*, GmbHR 2003, 861, 868 f.
6 *Schnorr*, GmbHR 2003, 861, 866, 870.

859 *Schnorr* kann **nicht gefolgt** werden:
- Nach wie vor kann die Qualifizierung der Rückabwicklung als Einlage als actus contrarius qualifiziert werden. Dieser bezieht sich nicht auf die steuerliche Auswirkung bzw. den Zeitpunkt der steuerlichen Auswirkung (auch eine Einlage wirkt sich steuermindernd aus, allerdings eben erst, wenn die Beteiligung veräußert wird), sondern auf die Qualifizierung der jeweiligen Zahlung als gesellschaftsrechtlich veranlasst. Eine vGA ist per definitionem stets gesellschaftsrechtlich veranlasst. Die Rückzahlung einer vGA muss ebenfalls gesellschaftsrechtlich veranlasst sein, weil sie nur durch Gesellschafter vorgenommen werden kann, denn nur diese können eine vGA erhalten. Dass sich eine Auszahlung der Gesellschaft auf gesellschaftsrechtlicher Basis als vGA sofort steuerlich auswirkt, eine Einzahlung des Gesellschafters aber erst verzögert, wenn er bei Veräußerung des Anteils seine Anschaffungskosten geltend machen kann, ist nur die Rechtsfolge daraus. Nicht bei dieser, sondern bei der Veranlassung setzt aber der actus contrarius an.
- Zudem steht die vGA dem Gesellschafter auch zur Konsumtion zur Verfügung, da sie tatsächlich ausgezahlt wurde. Der Vergleich mit einer Unterschlagung hinkt, da die Unterschlagung ohne Willen der Gesellschaft oder ihrer Organe geschieht, dagegen die vGA regelmäßig mit dem Willen der Gesellschaft oder ihrer Organe erfolgt.

860 Es verbleibt danach auch unter der Geltung des Teileinkünfteverfahrens und der Abgeltungsteuer bei den dargestellten Rechtswirkungen.

861–865 *(Einstweilen frei)*

c) Abgrenzung der Rückabwicklung zur Entstehung von Ersatzansprüchen

866 Erfolgt eine Auszahlung der Gesellschaft an ihren Gesellschafter und entsteht aufgrund dieser Auszahlung zugleich ein (werthaltiger) **Schadenersatz- oder Rückgewähranspruch** der Gesellschaft, so kann mangels Vermögensminderung **keine vGA** vorliegen. Die Erfüllung des Schadenersatzanspruchs stellt dann auch keine Einlage dar. Ein solcher eine vGA verhindernder Ersatzanspruch entsteht nach der Rechtsprechung z. B.
- bei Buchungsfehlern,
- bei Ausnutzung der Gesellschafterstellung eines Minderheitsgesellschafters ohne Billigung der Gesellschaftermehrheit oder der Geschäftsführung,
- bei Verletzung der Geschäftsführerpflichten durch den Geschäftsführer ohne Billigung der Gesellschaftermehrheit (vgl. § 43 Abs. 2 GmbHG), z. B. durch Abschluss von Risikogeschäften[1] und
- bei Verletzung eines Wettbewerbsverbotes durch den Gesellschafter.[2]

867 Eine **vGA** wird hingegen **nicht verhindert** bzw. rückgängig gemacht, wenn
- sie einen **Ersatzanspruch** der Gesellschaft **nach §§ 30, 31 GmbHG** auslöst.[3] Dieser stellt nur eine Einlageforderung dar. Gleiches dürfte für Aktiengesellschaften gem. § 57 Abs. 1 Satz 1 i.V. m. § 58 Abs. 5 AktG gelten, nach denen nur der ordnungsgemäß festgestellte Bilanzgewinn an den Gesellschafter ausgezahlt werden darf.

---

1 BFH, Urteil v. 24. 3. 1998 - I R 88/97, BFH/NV 1998, 1374 = NWB LAAAB-39739; v. 18. 4. 2002 - III R 43/00, BStBl 2003 II 149; FG Saarland, Urteil v. 21. 5. 2001 - 1 K 326/97, rkr., NWB IAAAB-12656; a. A. *Trossen*, EFG 2005, 564, 565.
2 BFH, Urteil v. 18. 12. 1996 - I R 26/95, NWB IAAAA-96774; BMF, Schreiben v. 4. 2. 1992, BStBl 1992 I 137.
3 BFH, Urteil v. 30. 5. 2001 - I B 176/00, BFH/NV 2001, 1456 = NWB DAAAA-66667; v. 13. 10. 1999 - I B 164/98, BFH/NV 2000, 749 = NWB BAAAA-65298; FG Münster, Urteil v. 24. 11. 2004 - 1 K 3741/01 E, rkr., NWB RAAAB-43631.

Bezüglich der **Abgrenzung** werden verschiedene Auffassungen vertreten: 868

▶ Unausgesprochen dürfte nach allen Ansichten eine **vGA** vorliegen, wenn ein Ersatzanspruch gar nicht erst entstehen kann, weil die Auszahlung von der Gesellschaftermehrheit im Vorhinein gebilligt wurde. Dies gilt insbesondere bei Zahlungen an beherrschende Gesellschafter, diese stellen, wenn sie unangemessen sind, stets vGA dar.[1]

▶ Nach Auffassung des **BFH** liegt eine **vGA** vor, wenn alle Tatbestandsmerkmale erfüllt sind. Die gleichzeitige Entstehung eines **Ersatzanspruchs** soll dabei die Vermögensminderung nicht hindern, weil die **vGA eine juristische Sekunde vor dem Ersatzanspruch** entstehe.[2] Nur soweit keine vGA vorliege, sei daher ein Ersatzanspruch ertragswirksam zu bilanzieren.[3] Dies ist in den o. g. Fällen 1 – 3 zutreffend, weil von der Auszahlung jeweils die Gesellschaftermehrheit keine Kenntnis hatte und die Geschäftsführung entweder ebenfalls keine Kenntnis hatte oder jedenfalls keine der Gesellschaftermehrheit zurechenbare Kenntnis, da der handelnde Geschäftsführer seine Kompetenzen überschritt. Dennoch wurde eine vGA aus anderen Gründen nicht angenommen. Im vierten Fall (**Wettbewerbsverbotsverletzung**) ist der Schadenersatzanspruch der ursprüngliche Anspruch der Gesellschaft, eine Vermögensminderung tritt erst durch den Verzicht auf diesen Anspruch ein, aber nicht vorher. Der **Schadenersatzanspruch** stellt also die **Vermögensmehrung** bei der Gesellschaft dar, deren Wegfall erst die für die vGA erforderliche Vermögensminderung ergeben kann, die sich aus dem Wettbewerbsverstoß selbst noch nicht ergibt.[4] Dies fügt sich ins Bild, soweit der Wettbewerbsverstoß nicht mit Einverständnis der Gesellschaftermehrheit oder der Geschäftsführung erfolgt.

▶ Nach Auffassung von *Schwedhelm/Binnewies* soll eine vGA nur in Betracht kommen, wenn der Ersatzanspruch eine gesellschaftsrechtliche Grundlage hat. Dies ist gegeben, wenn die Rückforderung sich aus einem Verstoß gegen §§ 30, 31 GmbHG ergibt oder aus einer Satzungsregelung über die Rückforderung verdeckter Gewinnausschüttungen. Vom BFH unterscheidet sich diese Auffassung nur dadurch, dass sie die Einbuchung eines ertragswirksamen Ersatzanspruchs auch befürwortet, wenn ein Minderheitsgesellschafter seine Organstellung als Geschäftsführer zu Zahlungen an sich selbst ausgenutzt hat, die von der Gesellschaftermehrheit nicht autorisiert wurden.[5] In diesem Fall entsteht nämlich häufig nur ein schuldrechtlicher Ersatzanspruch.

▶ *Wassermeyer* folgt der Auffassung des BFH. Ein ertragswirksam zu bilanzierender Ersatzanspruch soll sich allerdings auch ergeben, wenn die Auszahlung an eine dem Gesellschafter nahe stehende Person erfolgt und der Ersatzanspruch direkt von der nahe stehenden Person gegenüber der Gesellschaft ausgeglichen werden soll und auch tatsächlich ausgeglichen wird.[6]

(Einstweilen frei) 869–880

---

1 Ähnlich *Schwedhelm/Binnewies*, GmbHR 2005, 65, 66.
2 Vgl. *Reiss*, StuW 1996, 337, 350 f.; *Schütz*, DStZ 2004, 14, 16.
3 BFH, Urteil v. 25. 5. 2004 - VIII R 4/01, NWB QAAAB-36872.
4 *Trossen*, EFG 2005, 564, 565.
5 *Schwedhelm/Binnewies*, GmbHR 2005, 65, 66; *dies.*, GmbHR 2005, 151.
6 *Wassermeyer*, GmbHR 2005, 149.

2. Vermeidung verdeckter Gewinnausschüttungen: Vorteilsausgleich, Steuer- und Satzungsklauseln

a) Vorteilsausgleich

aa) Begriff

881 In der Regel erlangt der Gesellschafter durch eine vGA von seiner KapGes einen Vorteil. Ein Vorteilsausgleich muss sich somit zwischen der KapGes und ihrem Gesellschafter vollziehen. Es reicht nach FG Saarland, Urteil v. 26. 7. 2002[1] nicht, wenn der Gesellschafter einen Nachteil in Kauf nimmt, den Vorteil aber eine nahe stehende Person erhält. Das erscheint zweifelhaft, da die vGA an die nahe stehende Person dem Gesellschafter zuzurechnen ist. Die Leistung der Gesellschaft muss durch Gegenleistungen des begünstigten Gesellschafters aufgewogen werden.[2] Wenn (bzw. soweit) also Leistung und Gegenleistung kongruent sind, liegt auch kein Vorteil vor, so dass die Frage der vGA nicht entstehen kann. Eine die Annahme von **vGA ausschließende Kongruenz** von Leistung und Gegenleistung setzt aber grundsätzlich voraus, dass sich Leistung und Gegenleistung sowohl nach dem jeweiligen Wert als auch zeitlich decken, d. h. in einem unmittelbaren Zusammenhang stehen. Das kann zweifelhaft sein, wenn dieser Zusammenhang nicht offensichtlich ist.

bb) Grundsätze

882 Mit dem Urteil v. 8. 6. 1977 hat der BFH grundsätzlich zur Frage des Vorteilsausgleichs Stellung genommen und die frühere Rspr.[3] insoweit aufgegeben, als dort ein engerer Standpunkt eingenommen wurde. Aus diesem Urteil ergeben sich folgende Grundsätze:

- Liegt ein gegenseitiger **Vertrag** vor, so sind Leistung und Gegenleistung immer auszugleichen. VGA liegt nur vor, soweit die Leistung der KapGes die Gegenleistung des Gesellschafters übersteigt.[4] Dies ergibt sich heute schon aus der Definition der vGA, da diese eine Vermögensminderung voraussetzt.[5]

- Das Gleiche gilt für Leistungen und Gegenleistungen, die so eng zusammenhängen, dass sie wirtschaftlich als **einheitliches Rechtsgeschäft** anzusehen sind.

> **BEISPIEL:**[6] Auf einem Grundstück der GmbH baut ein fremder Dritter mit Einwilligung der GmbH ein Gebäude. Einige Jahre später veräußert die Gesellschaft das Grundstück an ihren Gesellschafter, ohne im Kaufpreis den Wert des Gebäudes zu berücksichtigen. Mit Errichtung geht das Gebäude zivilrechtlich in das Eigentum der GmbH über. Der Wert des Gebäudes erhöht den Wert des Grundstücks. Dies wurde folglich an den Gesellschafter unter Wert veräußert. Allerdings sah sich die Gesellschaft einem Aufwendungsersatzanspruch des Dritten gem. §§ 951, 946, 812 ff. BGB ausgesetzt. Diesem kann die Gesellschaft nun § 818 Abs. 3 BGB entgegenhalten. Der Anspruch richtet sich nun gesetzlich gegen den Gesellschafter. Diese Belastung stellt einen Vorteilsausgleich zum erhaltenen Vorteil dar. Dies gilt auch für beherrschende Gesellschafter, da eine eindeutige und klare im Vorhinein getroffene Vereinbarung zum Übergang des Ersatzanspruchs nicht erforderlich ist, da dieser per Gesetz übergegangen ist.

---

1 FG Saarland, Urteil v. 26. 7. 2002 - 1 K 129/99, rkr., NWB AAAAB-12475.
2 BFH, Urteil v. 1. 8. 1984 - I R 99/80, BStBl 1985 II 18; für nahe stehende Personen: FG Hamburg, Urteil v. 11. 6. 1985 - II 165/82, EFG 1986, 86.
3 Siehe *Lange*, vGA, 6. Aufl., Rz. 160.
4 BFH, Urteil v. 8. 6. 1977 - I R 95/75, BStBl 1977 II 704; v. 7. 12. 1988 - I R 25/82, BStBl 1989 II 248.
5 Ebenso *Geiger* in Rupp/Felder/Geiger/Lang, A I Rz. 165.
6 FG München, Urteil v. 12. 4. 2000 - 1 K 1983/97, rkr., NWB TAAAB-09859.

Diese Voraussetzungen liegen aber dann nicht vor, wenn die Rechtsgeschäfte zu verschiedenen Zeiten abgeschlossen worden sind.[1]   883

▶ Wenn die Voraussetzungen wie in → Rz. 882 genannt nicht vorliegen, so kommt es darauf an, ob die Empfänger der Vorteile beherrschende Gesellschafter sind oder nicht.

– Sind sie **nicht beherrschende Gesellschafter**, so bedarf es der Prüfung, ob die KapGes den Vorteil bei Anwendung der Sorgfalt eines ordentlichen und gewissenhaften Geschäftsleiters unter sonst gleichen Umständen auch einem Nichtgesellschafter zugewandt hätte. Die Sorgfaltspflicht ist dann nicht verletzt, wenn sich die Leistung der KapGes einerseits und die Leistung des Gesellschafters andererseits (hier: Wert der Zinslosigkeit eines Baudarlehens einerseits und der Wert des Mietpreisnachlasses andererseits) ausgleichen.[2] Das setzt aber voraus, dass die Vorteile im Hinblick auf künftige Gegenvorteile nur gewährt werden, wenn die Gegenvorteile dem Grunde und der Höhe nach gesichert sind. Dazu bedarf es einer im Voraus getroffenen klaren Vereinbarung. Diese braucht freilich nicht ein gegenseitiger Vertrag zu sein; es genügt auch eine rechtliche Verknüpfung anderer Art.

– Sind die Empfänger der Vorteile **beherrschende Gesellschafter**, so bedarf es im Allgemeinen einer im Voraus getroffenen klaren und eindeutigen Vereinbarung.[3] Dies ist nur gegeben, wenn bei Abschluss eines gegenseitigen Vertrags Leistungspflichten aus dem gleichen oder einem anderen Vertrag nachweisbare Grundlage oder Bestandteil der vertraglichen Leistungen waren und bei der Bemessung von Leistung und Gegenleistung berücksichtigt wurden.[4]

▶ Der Vorteilsausgleich bei Lieferbeziehungen zwischen international verbundenen Unternehmen richtet sich nach den Verwaltungsgrundsätzen zur Einkunftsabgrenzung.[5]

Danach ist ein Vorteilausgleich gegeben, wenn die Gesellschaft ein **Gebäude auf ein Grund-**   884
stück des Gesellschafters baut (= Vorteil des Gesellschafters, da er Eigentum erlangt, grds. vGA), jedoch zuvor vertraglich vereinbart wird, dass der Gesellschaft dieses Gebäude unentgeltlich überlassen wird und sie bei Beendigung der Nutzung einen Wertausgleich erhält.[6] Andererseits ergibt sich grundsätzlich keine Minderung von vGA, weil diese zugleich die Bemessungsgrundlage für eine **Gewinntantieme** vermindern.[7] Eine überhöhte **Gehaltssteigerung** für die **Ehefrau** des Gesellschafters (von 1.700 € auf 6.000 € netto/Monat) kann nicht durch einen **Gehaltsverzicht des Gesellschafters** (von 6.000 € auf 580 € netto/Monat) ausgeglichen werden.[8]

(Einstweilen frei)   885–890

---

[1] BFH, Urteil v. 8.6.1977 - I R 95/75, BStBl 1977 II 704; v. 7.12.1988 - I R 25/82, BStBl 1989 II 248.
[2] BFH, Urteil v. 8.6.1977 - I R 95/75, BStBl 1977 II 704; v. 7.12.1988 - I R 25/82, BStBl 1989 II 248.
[3] BFH, Urteil v. 28.2.1990 - I R 83/87, BStBl 1990 II 649; v. 8.6.1977 - I R 95/75, BStBl 1977 II 704; v. 21.7.1976 - I R 223/74, BStBl 1976 II 734; v. 7.12.1988, BStBl 1989 II 248; v. 10.3.1993 - I R 51/92, BStBl 1993 II 635; FG Saarland, Urteil v. 26.7.2002 - 1 K 129/99, rkr., NWB AAAAB-12475.
[4] BFH, Urteil v. 7.12.1988 - I R 25/82, BStBl 1989 II 248; v. 10.3.1993 - I R 51/92, BStBl 1993 II 635; FG Saarland, Urteil v. 26.7.2002 - 1 K 129/99, rkr., NWB AAAAB-12475.
[5] BMF, Schreiben v. 23.2.1983, BStBl 1983 II 218.
[6] Vgl. dazu → Rz. 3308 ff. und BFH, Urteil v. 24.7.1990 - VIII R 304/84, GmbHR 1990, 572 = NWB BAAAB-31874.
[7] BFH, Urteil v. 10.3.1993 - I R 51/92, BStBl 1993 II 635.
[8] FG Saarland, Urteil v. 26.7.2002 - 1 K 129/99, NWB AAAAB-12475.

b) Steuer- und Satzungsklauseln

891 Da nach dem zuvor Dargestellten[1] feststeht, dass eine vGA nach der Rspr. des BFH nicht nachträglich rückgängig gemacht werden kann und eine Anfechtung wegen Irrtums nach der Sachlage häufig nicht in Betracht kommt, besteht in der Praxis ein Bedürfnis, die **vGA von vornherein zu vermeiden**. Dieses ergibt sich zum einen aus der unerwünschten Belastung der Gesellschaft mit Körperschaftsteuer und zum anderen aus dem Interesse der Gesellschafter an einer **gleichmäßigen Gewinnverteilung**. Erhält einer der Gesellschafter eine vGA, so wird damit an ihn ein größerer Teil des Gewinns ausgeschüttet, als ihm nach dem Gesellschaftsvertrag eigentlich zukommt. Die darauf entfallende Körperschaftsteuer mindert aber die Gewinnanteile aller Gesellschafter. Um diese Interessen an einer Verhinderung einer vGA zu verwirklichen, werden immer wieder Steuer- bzw. Satzungsklauseln in Gesellschaftsverträge aufgenommen, wonach der begünstigte Gesellschafter verpflichtet ist, den ihm gewährten Vorteil an die KapGes zurückzuerstatten.

892 Eine **Steuerklausel** ist die in einen Vertrag aufgenommene Bedingung,[2] dass der Vertrag ganz oder teilweise hinfällig wird und daher die vereinbarten Leistungen entsprechend zurückzugewähren sind, wenn von der Finanzbehörde oder dem FG aufgrund dieses Vertrages eine vGA angenommen wird.[3] Eine **Satzungsklausel** formuliert eine entsprechende Bedingung schon in der Satzung einer GmbH. Eine solche Bestimmung greift allerdings nicht automatisch über auf die später abgeschlossen Einzelverträge (Miete, Darlehen, Anstellungsvertrag), dazu ist zumindest eine ausdrückliche oder stillschweigende Bezugnahme auf diese Klausel erforderlich.[4]

893 Die steuerliche Bedeutung der Steuer- und Satzungsklauseln war stark umstritten.[5] Der BFH hatte zunächst entschieden, zur Bilanzierung einer Rückabwicklungsforderung bei der Gesellschaft müsse neben dem zivilrechtlichen Bestehen der Forderung die Kenntnis hinzukommen, dass eine vGA vorgelegen habe und die Kundgabe des Willens, diesen Anspruch auch geltend zu machen.[6] Wurde eine vGA, wie regelmäßig, erst nach Jahren in der Betriebsprüfung aufgedeckt, so entstand danach die Rückabwicklungsforderung erst im Jahr der Betriebsprüfung und konnte schon daher die vGA nicht beseitigen. Diese Rechtsprechung sah sich starker Kritik ausgesetzt.[7] Zudem erging eine gegenläufige Entscheidung des BGH zur Handelsbilanz,[8] die wegen der Maßgeblichkeit auch steuerlich beachtlich war. Der BFH vertrat jedoch in der Folge die Ansicht, es könne dahinstehen, wann die Rückabwicklungsforderung entstehe, jedenfalls handele es sich steuerlich um eine **gewinnneutral einzubuchende Einlageforderung**.[9] Die steuerliche Behandlung ist daher bei Steuer- und Satzungsklauseln keine andere, als bei einer erst

---

1 → Rz. 837 ff.
2 Vgl. zur Rechtsnatur der Steuerklausel als echte auflösende Bedingung oder als unechte Gegenwartsbedingung *Schütz*, DStZ 2004, 14, 19; *Lange*, vGA, 7. Aufl., Rz. 286 ff. und *Tipke/Kruse*, a. a. O., § 41 Rz. 52 f.; offen gelassen von BFH, Urteil v. 24. 11. 1992 - IX R 30/88, BStBl 1993 II 296; FG Düsseldorf, Urteil v. 22. 10. 1987 - XV 221/83 E, EFG 1988, 307.
3 Zur Definition im Einzelnen vgl. *Lange*, vGA, 7. Aufl., Rz. 285; *Tipke/Kruse*, a. a. O., § 41 Rz. 49; BFH, Urteil v. 13. 9. 1989 - I R 41/86, BStBl 1989 II 1029; v. 29. 4. 1987 - I R 176/83, BStBl 1987 II 733, 735; v. 14. 8. 1975 - IV R 30/71, BStBl 1976 II 88, 92; FG Düsseldorf, Urteil v. 22. 10. 1987 - XV 221/83 E, EFG 1988, 307.
4 *Tipke/Kruse*, a. a. O., Rz. 60.
5 Zur Darstellung *Schnorr*, GmbHR 2003, 861; *Lange*, vGA, 7. Aufl., ab Rz. 289; auch *Tipke/Kruse*, a. a. O., § 41 ab Rz. 49.
6 BFH, Urteil v. 23. 5. 1984 - I R 266/81, BStBl 1984 II 723; v. 30. 1. 1985 - I R 37/82, BStBl 1985 II 345; auch *Schütz*, DStZ 2004, 14, 20.
7 Vgl. Nachweise bei *Schnorr*, GmbHR 2003, 861, 866, dortige Fn. 58.
8 BGH, Urteil v. 15. 11. 1993 - II ZR 235/92, BGHZ 124, 111, 119.
9 BFH, Urteil v. 29. 3. 1987 - I R 176/83, BStBl 1987 II 733; v. 13. 9. 1989 - I R 41/86, BStBl 1989 II 1029; v. 29. 5. 1996 - I R 118/93, BStBl 1997 II 92; v. 25. 5. 1999 - VIII R 59/97, BStBl 2001 II 226.

nachträglich vereinbarten Rückabwicklung.[1] Der BFH hat allerdings die Frage offen gelassen, ob eine Steuerklausel steuerliche Wirkung entfalten kann, wenn das Rechtsgeschäft gegenüber der Finanzverwaltung von Anfang an mit der Klausel offen gelegt worden ist.[2] Jedenfalls aber kann durch eine solche Klausel die mit einer vGA an eine nahe stehende Person u.U. verbundene Schenkung rückgängig gemacht werden.[3]

(Einstweilen frei) 894–910

VIII. Verfahrensrecht: Berichtigungsmöglichkeiten, Beweislast, tatsächliche Verständigung, Prozessrecht, Haftung des Steuerberaters

LITERATURHINWEISE:

Janssen, Beweislast bei der verdeckten Gewinnausschüttung, DStR 1994, 314; *Wassermeyer*, Einige Grundsatzüberlegungen zur verdeckten Gewinnausschüttung, GmbHR 1998, 157; *Dörner*, Die Finanzierbarkeitsprüfung von Pensionszusagen an Gesellschafter-Geschäftsführer einer GmbH, INF 2000, 321; *Ax/Harle*, Die „unangemessene" Gesellschafter-Geschäftsführer-Vergütung, GmbHR 2001, 763; *Korn*, Neue Beratungsaspekte zu verdeckten Gewinnausschüttungen, KÖSDI 2001, 12811; *Bippus*, Neuer Ärger mit verdeckten Gewinnausschüttungen – Störfall Verfahrensrecht?, GmbHR 2002, 951; *Meyer/Ball*, Verfahrensrechtliche Fallstricke bei der verdeckten Gewinnausschüttung nach neuem Recht, DStR 2002, 1285; *Intemann*, Beratungsschwerpunkte nach Einführung des Halbeinkünfteverfahrens, NWB F. 3, 12603; *Herff*, Änderungsmöglichkeiten von Steuerbescheiden – Aktuelle Entwicklungen, KÖSDI 2003, 13733; *Marx*, Möglichkeiten und Grenzen der Korrektur von Steuerbescheiden bei verdeckten Gewinnausschüttungen, StuB 2003, 337; *Schlagheck*, Formalrechtliche Aspekte der verdeckten Gewinnausschüttung nach neuem Recht, StBp 2004, 21; *Friedrich/Steidle*, Ausgewählte Aspekte der „verdeckten Gewinnausschüttung" – Handlungsbedarf zum Jahresende, BB 2004, 2665; *Urban*, Verfahrensrechtliche Stolpersteine der verdeckten Gewinnausschüttung, INF 2004, 375; *Hollatz*, Neue Tendenzen bei verdeckter Gewinnausschüttung/Modifizierung der Beweislast, NWB F. 4, 4625; *Briese*, Wider die verfahrensrechtliche Gleichschaltung der verdeckten Gewinnausschüttung, DStR 2005, 999; *Wissenschaftlicher Arbeitskreis des Deutschen Wissenschaftlichen Instituts* (DWS-Institut), Gefahr der Doppelbesteuerung bei einer nachträglich festgestellten verdeckten Gewinnausschüttung, DStR 2005, 989; *Jacobsen*, Der Anspruch des Gesellschafters auf Änderung seines Einkommensteuerbescheides bei nachträglich festgestellter verdeckter Gewinnausschüttung, BB 2006, 183; *Rödel*, Verfahrensrechtliche Folgen einer verdeckten Gewinnausschüttung auf Ebene des Gesellschafters, INF 2006, 97; *Westerfelhaus*, Logik bei der Veranlagung einer verdeckten Gewinnausschüttung, DStZ 2006, 155.

1. Berichtigungsmöglichkeiten

a) Veranlagung der Gesellschaft

Eine verdeckte Gewinnausschüttung wird gewöhnlich nicht in der Steuererklärung erklärt und daher in aller Regel auch bei der Veranlagung nicht berücksichtigt. Es fragt sich also wie diese bei späterer Aufdeckung, meist durch die Betriebsprüfung, noch berücksichtigt werden können. Im Regelfall wird die **verfahrensrechtliche Berücksichtigung** über §§ 164, 165 AO gesichert sein, in den übrigen Fällen wird meist § 173 AO greifen.[4] Dies kann jedoch bei einer markanten **Rechtsprechungsänderung** auch einmal anders sein, wie der nachfolgende Fall des FG Hamburg[5] zeigt:

---

1 Vgl. dazu oben → Rz. 850.
2 BFH, Urteil v. 24.11.1992 - IX R 30/88, BStBl 1993 II 296; *Schütz*, DStZ 2004, 14, 19, m.w.N.
3 Vgl. dazu → Rz. 821.
4 Beispiel: Zuflusszeitpunkt einer Tantieme ist neue Tatsache und ermöglicht Berichtigung nach § 173 AO, FG Nürnberg, Urteil v. 15.11.2001 - IV 131/01, rkr., NWB VAAAB-11778.
5 FG Hamburg, Urteil v. 29.6.2001 - II 202/00, rkr., NWB BAAAB-08024.

912 Das an den Geschäftsführer gezahlte Gehalt war bei der Veranlagung der Jahre 1992 – 1995 nie beanstandet worden, obwohl es großen Schwankungen unterlag. In diesen Jahren wurden Überstundenvergütungen an Gesellschafter-Geschäftsführer von den Finanzgerichten und in der Literatur unterschiedlich beurteilt, eine Äußerung der Finanzverwaltung oder des BFH lag jedoch nicht vor. Erst nachdem dieser in 1997 erstmalig entschieden hatte, dass Überstundenvergütungen an Gesellschafter-Geschäftsführer stets vGA seien, wurde vom FA der Geschäftsführervertrag angefordert. Da darin Überstundenvergütungen zugesagt waren, wurden diese aufgrund der Rspr. des BFH für die Jahre 1992–1994 gem. § 173 AO und für 1995 gem. § 164 AO berichtigt und die Überstundenvergütungen als vGA besteuert. Die Berichtigung für 1995 ließ das FG Hamburg zu, da es die Ansicht des BFH zu Überstundenvergütungen teilte. Eine Berichtigung für 1992 – 1994 war aber aus formalen Gründen nicht mehr möglich. Zwar war die Tatsache der Überstundenvergütung erst nachträglich bekannt geworden, aufgrund der damaligen Rechtslage war aber mit an Sicherheit grenzender Wahrscheinlichkeit davon auszugehen, dass auch bei rechtzeitigem Bekanntwerden der Überstundenvergütungen eine Einordnung als vGA nicht erfolgt wäre. Da § 173 AO jedoch nicht zur Berichtigung von Rechtsfehlern geschaffen wurde, können nach dieser Vorschrift nur rechtserhebliche nachträglich bekanntgewordene Tatsachen berücksichtigt werden. Da diese Tatsachen damals nicht als rechtserheblich angesehen worden wären, war auch eine nachträgliche Berücksichtigung gem. § 173 AO nicht mehr möglich. Dies muss grundsätzlich auch für andere Rechtsprechungsänderungen gelten.

913–915 *(Einstweilen frei)*

b) Veranlagung des Gesellschafters

916 Vgl. nunmehr Kommentierung zu § 32a Abs. 1 KStG.

917–920 *(Einstweilen frei)*

2. Beweislast in der Veranlagung und im Finanzgerichtsprozess

921 Bezüglich der Beweislast unterscheidet man die **subjektive und die objektive Beweislast**. Die subjektive Beweislast meint ein Parteiverhalten, das zwar nicht erzwungen werden kann, an dessen Ausbleiben sich aber als unabwendbare Folge Nachteile für die Partei knüpfen.[1] Eine solche subjektive Beweislast existiert im Steuerrecht nicht, da es vom Amtsermittlungsgrundsatz beherrscht wird.[2] Sowohl die Finanzbehörde als auch das FG hat den Sachverhalt auch bei Verletzung der Mitwirkungspflichten durch den Stpfl. weiter aufzuklären.

922 Es wird aber immer Fälle geben, in denen ein Sachverhalt nicht weiter aufgeklärt werden kann. Dann können allerdings nicht die **strafrechtlichen Beweislastgrundsätze** in das Steuerrecht übertragen werden. Obwohl das Strafrecht, wie das Steuerrecht, zum öffentlichen Recht gehört, gibt es doch andere Grundsätze der Beweislastverteilung, insbesondere kennt das Steuerrecht den Grundsatz ‚in dubio pro reo' nicht und zwar auch dann nicht, wenn der Steuertatbestand durch ein strafrechtlich relevantes Verhalten erfüllt wird.[3] Vielmehr klärt im Steuerrecht dann die objektive Beweislast die Frage, zu wessen Lasten die Unaufklärbarkeit des Sach-

---

[1] *Tipke/Kruse*, a. a. O., § 96 FGO Rz. 78, m. w. N.
[2] *Tipke/Kruse*, a. a. O., § 96 FGO Rz. 78, m. w. N.
[3] Vgl. FG Hamburg, Urteil v. 29. 6. 2000 - II 287/97, NWB JAAAB-07755.

verhaltes geht. Die **objektive Beweislast** wird im Steuerrecht anhand der sog. **Normentheorie** bestimmt.[1] Danach trägt jede Partei die Beweislast für diejenigen Normen bzw. Tatbestandsmerkmale, die ihr günstig sind,[2] also

▶ die **Finanzbehörde für steuerbegründende und steuererhöhende** Umstände und

▶ der Steuerbürger für steuerentlastende, -aufhebende und -mindernde Umstände.

▶ Dabei ist jeweils die Auswirkung im Einzelfall zu betrachten. So ist z. B. die Gewinnerzielungsabsicht als Voraussetzung für eine gewerbliche Tätigkeit grundsätzlich vom FA zu beweisen,[3] geht es jedoch um die Anerkennung von Verlusten und die Abgrenzung zur Liebhaberei, so kann die Beweislast für dasselbe Merkmal auch den Stpfl. treffen.[4]

Dementsprechend trägt nach der ständigen Rspr. des BFH **die objektive Beweislast** für das Vorliegen einer **vGA die Finanzbehörde** und zwar sowohl für das Vorliegen einer Vermögensminderung (verhinderten Vermögensmehrung) als auch für die Veranlassung derselben im Gesellschaftsverhältnis,[5] und auch bezüglich der **zeitlichen Zuordnung** der eine vGA auslösenden Lebenssachverhalte.[6] Nach einer in der **Literatur** vertretenen Ansicht soll es hingegen von der Erscheinungsform der vGA abhängen, wen die Feststellungslast trifft. Ergibt sich die vGA aus einer Vermögensminderung, also aus der Geltendmachung scheinbarer Betriebsausgaben, z. B. überhöhten Geschäftsführergehältern, so soll die Gesellschaft die Beweislast für die betriebliche Veranlassung geltend machen, ergibt sie sich dagegen aus einer verhinderten Vermögensmehrung, so soll die Beweislast das FA treffen.[7]

Der Literaturansicht kann nicht zugestimmt werden. Sie verkennt das Verhältnis der vGA zum Betriebsausgabenbegriff des § 4 Abs. 4 EStG. Betriebsausgaben sind gem. § 4 Abs. 4 EStG alle durch den Betrieb veranlassten Ausgaben. Da eine Körperschaft keine Privatsphäre besitzt,[8] gibt es bei ihr jedoch nur betrieblich veranlasste Ausgaben. Demnach ist auch eine vGA eine Betriebsausgabe.[9] Wäre die vGA keine Betriebsausgabe, so könnte sie den Gewinn nicht mindern und würde sich damit auch nicht auf das Einkommen auswirken, damit wäre sie aber gar keine vGA.[10] Gerade das angeführte Beispiel der Geschäftsführervergütung ist hier besonders gut verwertbar. Es ist auch bei einer steuerlich als überhöht angesehenen Geschäftsführervergütung klar, dass sie zivilrechtlich dennoch geschuldet wird als Vergütung für die Geschäftsführung – wie wollte man da behaupten, der überhöhte Teil sei nicht betrieblich veranlasst?

---

1 *Janssen*, DStR 1994, 314; *Tipke/Kruse*, a. a. O., § 96 FGO, Rz. 83, m. umfangreichen w. N.
2 FG Hamburg, Urteil v. 29. 6. 2000 - II 287/97, NWB JAAAB-07755.
3 Z. B. bei GewSt für BgA vgl. FG Düsseldorf, Urteil v. 10. 7. 2003 - 10 K 2561/00 G, rkr., NWB EAAAB-07184.
4 BFH, Urteil v. 19. 11. 1985 - VIII R 4/83, BStBl 1986 II 289, 291.
5 BFH, Urteil v. 3. 11. 2005 - VIII B 12/05, BFH/NV 2006, 250 = NWB AAAAB-72435; v. 22. 9. 2004 - III R 9/03, BStBl 2005 II 160; v. 26. 2. 2003 - I R 52/02, BFH/NV 2003, 1221 = NWB QAAAA-70052; v. 7. 8. 2002 - I R 64/01, BFH/NV 2003, 205 = NWB JAAAA-68126; v. 20. 3. 1974 - I R 197/72, BStBl 1974 II 430, 431; v. 16. 2. 1977 - I R 94/75, BStBl 1977 II 568, 569; v. 10. 5. 1989 - I R 159/85, BFH/NV 1990, 635, 638 = NWB UAAAB-30874; v. 27. 10. 1992 - VIII R 41/89, BStBl 1993 II 569, 573; v. 13. 7. 1994 - I R 43/94, BFH/NV 1995, 548 = NWB NAAAB-34744; v. 15. 10. 1997 - I R 42/97, BStBl 1999 II 316; ebenso *Dörner*, INF 2000, 321.
6 BFH, Urteil v. 22. 9. 2004 - III R 9/03, BStBl 2005 II 160; v. 26. 2. 2003 - I R 52/02, BFH/NV 2003, 1221 = NWB QAAAA-70052.
7 *Lange* Hübschmann/Hepp/Spitaler, a. a. O., § 96 FGO Rz. 160; *Tipke/Kruse*, a. a. O., § 96 FGO Rz. 85, jeweils m. w. N.
8 Siehe → Rz. 117, → Rz. 194.
9 Ebenso *Wassermeyer*, GmbHR 1998, 157, 158; *Janssen*, DStR 1994, 314, 315.
10 Ebenso Wassermeyer, GmbHR 1998, 157, 158.

925 Somit muss die **Beweisverteilung** bei einer klassischen **vGA in drei Stufen** verlaufen:[1]
1. Die **Finanzbehörde** hat nachzuweisen, dass überhaupt **Einnahmen** aus Gewerbebetrieb vorliegen.
2. Der **Steuerpflichtige** hat alle **Betriebsausgaben** und ihre betriebliche Veranlassung nachzuweisen.
3. Die **Finanzbehörde** hat wiederum nachzuweisen, dass eine **bestimmte Betriebsausgabe** trotz betrieblicher Veranlassung das **Einkommen nicht mindern darf**, da sie einen Drittvergleich nicht bestehen würde und somit unangemessen ist. Dies gilt für alle Erscheinungsformen der vGA.

926 Aus dieser Reihenfolge wird auch klar, dass bei sog. **doppelrelevanten Tatsachen** die Beweislast des Stpfl. vorrangig sein kann. Geht es z. B. um überhöhte Geschäftsführergehälter, so hat auf der Stufe 2 der Stpfl. zunächst den Abschluss eines Anstellungsvertrages nachzuweisen. Dass die darin enthaltene Vergütung auch die Grundlage für den dem FA obliegenden Nachweis ist, dass diese Vergütung überhöht ist, ändert daran nichts. Insofern wird die Aussage des BFH, Urteil v. 24. 6. 1976,[2] verständlich, der Stpfl. habe vorrangig die Abzugsfähigkeit der Betriebsausgaben zu beweisen. Das FA benötigt für diesen Nachweis aber nicht nur den Nachweis der vereinbarten Vergütung, sondern zudem auch noch die Vergleichswerte oder -umstände, die diese Vergütung als unangemessen hoch erscheinen lassen. Diese hat es aber selbst beizutragen. Das heißt, es **genügt nicht**, wie es in der Praxis immer wieder vorkommt, wenn das **FA einfach nur behauptet, eine Vergütung sei** z. B. i. H.v. 20.000 € **überhöht**. Es hat dafür die Beweislast und muss dartun, warum diese Vergütung überhöht sein soll.

927 Dem entsprechen auch folgende Aussagen aus Rspr. und Literatur:

- Das **FA trägt die Beweislast** dafür, dass eine getroffene Vereinbarung (Pensionszusage) **nicht ernstlich gemeint** und daher steuerlich vollständig unbeachtlich ist.[3]
- Das **FA hat nachzuweisen**, dass eine **Überschuldung** vorliegt, wenn es sich zur Begründung der mangelnden **Finanzierbarkeit einer Pensionszusage** darauf beruft, es hat den Überschuldungsstatus selbst zu erstellen. Zweifel daran gehen zu seinen Lasten.[4]
- Die **Unangemessenheit internationaler Verrechnungspreise** ist durch das **FA** nachzuweisen und zwar selbst dann, wenn feststeht, dass diese durch das Gesellschaftsverhältnis veranlasst sind. Sie können trotz dieser Veranlassung angemessen sein.[5] Gleiches muss auch für Geschäftsführervergütungen und andere Verträge mit den Gesellschaftern gelten.
- Liegen ungeklärte **Vermögenszuflüsse im Privatbereich des Gesellschafter-Geschäftsführers** einer GmbH vor, so hat zur Annahme einer **vGA das FA zu beweisen**, dass diese Einnahmen **aus Geschäften der Gesellschaft** stammen. Eine Verletzung der privaten Mitwirkungspflicht des Stpfl. stellt keine Verletzung der **Mitwirkungspflicht** des Geschäftsführers der Gesellschaft dar und kann daher insoweit **keine Umkehrung der Beweislast** verursachen.[6]

---

1 Bereits *Janssen*, DStR 1994, 314, 315; ähnlich FG Hamburg, Urteil v. 29. 6. 2000 - II 287/97, NWB JAAAB-07755, trotz irreführenden Leitsatzes.
2 BFH, Urteil v. 24. 6. 1976 - IV R 101/75, BStBl 1976 II 562.
3 BFH, Urteil v. 15. 10. 1997 - I R 42/97, BStBl 1999 II 316.
4 *Dörner*, INF 2000, 321, 326.
5 BFH, Urteil v. 17. 10. 2001 - I R 103/00, BStBl 2004 II 171.
6 BFH, Urteil v. 26. 2. 2003 - I R 52/02, NWB QAAAA-70052.

▶ Zuschätzungen aufgrund einer **Nachkalkulation** bei einer Kapitalgesellschaft können nur dann zu vGA führen, wenn aufgrund der Nachkalkulation feststeht, dass die Kapitalgesellschaft Betriebseinnahmen nicht vollständig gebucht hat und diese nicht gebuchten Betriebseinnahmen den Gesellschaftern zugeflossen sind und nicht betrieblich verbraucht wurden.[1]

Eine **Ausnahme** von dieser grundsätzlichen Verteilung der Beweislast ergibt sich dann, wenn
▶ der Gesetzgeber eine solche normiert hat,[2] was im Bereich der vGA nicht gegeben ist;
▶ bei typischen Geschehensabläufen aufgrund der Lebenserfahrung von einer feststehenden Ursache auf einen bestimmten Erfolg oder umgekehrt geschlossen werden kann (**Anscheinsbeweis**).[3] Von dieser Möglichkeit macht die **Rspr.** im Bereich der **vGA** zugunsten der Finanzverwaltung allerdings **dermaßen umfassend Gebrauch**, dass sich dies, insbesondere bei beherrschenden Gesellschaftern, praktisch auf eine **Umkehr der Beweislast** bzw. auf eine Einführung der subjektiven Beweislast hinausläuft. So soll aus diesem Grund vom Gesellschafter zu beweisen sein:
  – dass besondere Verhältnisse vorliegen, die eine Abweichung von der Aufteilung der Gehaltsbezüge in max. **25 % Tantieme** und mindestens 75 % Festgehalt rechtfertigen;[4]
  – dass besondere Verhältnisse vorliegen, die eine **Tantieme von mehr als 50 % des Jahresüberschusses** rechtfertigen;[5]
  – dass bei der Aufnahme einer **zusätzlichen Tätigkeit** der Umfang der Tätigkeit für die bisherige GmbH nicht herabgesetzt wurde und daher dort **keine Gehaltskürzung** erforderlich ist;[6]
  – dass die Zuwendung eines Vorteils an eine **nahe stehende Person keine vGA** an den Gesellschafter ist, sondern vielmehr ihren Grund ausschließlich in der Beziehung der Gesellschaft zur nahe stehenden Person hat;[7]
  – dass eine **Umsatztantieme** ausnahmsweise steuerlich zulässig ist, obwohl solche Tantiemen zivilrechtlich generell und nicht nur ausnahmsweise zulässig sind;[8]
  – dass er **einen Pkw**, der ihm in seiner Eigenschaft als Geschäftsführer ausschließlich für betriebliche Fahrten zur Verfügung gestellt worden ist, **trotz des Nutzungsverbots nicht auch privat nutzt**, sofern ihm nicht privat ein gleichwertiges Fahrzeug zur Verfügung steht.[9]

Aus der Nichtdurchführung eines Vertrages (die sieht der BFH z. B. bereits in der Nichtzahlung vereinbarter Honorare, auch wenn sie als Verbindlichkeit ausgewiesen werden[10]) mit einem

---

1 BFH, Urteil v. 22. 9. 2004 - III R 9/03, BStBl 2005 II 160.
2 *Tipke/Kruse*, a. a. O., § 96 FGO Rz. 82.
3 Dazu *Dörner*, INF 2000, 321, 326, m. w. N.
4 BFH, Urteil v. 5. 10. 1994 - I R 50/94, BStBl 1995 II 549; FG Saarland, Urteil v. 4. 2. 1998 - 1 K 184/95, rkr., NWB JAAAC-88941; FG Nürnberg, Urteil v. 29. 10. 2002 - I 197/1999, rkr., DStRE 2003, 366 = NWB LAAAB-11858.
5 BFH, Urteil v. 17. 12. 2003 - I R 16/02, BFH/NV 2004, 817 = NWB SAAAB-20235; v. 5. 10. 1994 - I R 50/94, BStBl 1995 II 549; v. 12. 10. 1995 - I R 4/95, BFH/NV 1996, 437 = NWB ZAAAB-37238; FG Rheinland-Pfalz, Urteil v. 14. 11. 2002 - 6 K 1444/00, rkr., DStRE 2003, 295, 296 = NWB IAAAB-12293.
6 BFH, Urteil v. 18. 9. 1999 - I R 10/99, BFH/NV 2000, 225 = NWB SAAAA-63026.
7 Vgl. → Rz. 346.
8 Vgl. → Rz. 3974.
9 Vgl. → Rz. 3069.
10 BFH, Urteil v. 6. 12. 1995 - I R 88/94, BStBl 1996 II 383.

beherrschenden Geschäftsführer soll regelmäßig auf die Erfüllung aller Tatbestandsvoraussetzungen einer vGA geschlossen werden können;[1] bei einem Minderheitsgesellschafter bedarf es jedoch der positiven Überzeugung des Gerichts, dass aus einer Nichtdurchführung darauf zu schließen ist, dass der Vertrag nicht ernstlich gemeint war.[2]

930 **Eine weitere Ausnahme** ergibt sich, wenn der Stpfl. seiner **Mitwirkungspflicht** im Besteuerungsverfahren nicht nachkommt.[3] Die Finanzbehörde kann ihrer Beweispflicht nur nachkommen, wenn sie Unterlagen und Auskünfte seitens des Stpfl. erhält. Dies gilt in erhöhtem Maße bei **Auslandssachverhalten**, vgl. § 90 Abs. 2 AO. Bezieht sich die Mitwirkungspflicht auf ein Tatbestandsmerkmal, wie bei der vGA üblich, so löst die Verletzung dieser Pflicht eine **Reduzierung des Beweismaßes** aus, dem die Finanzverwaltung unterliegt.[4] Dies soll z. B. gegeben sein, wenn die Verwendung von **nicht erklärten Betriebseinnahmen** nicht nachgewiesen wird, **im Zweifel** sollen diese daher eine vGA an die Gesellschafter entsprechend der Beteiligungsquote der Gesellschafter darstellen. Nur wenn sich die **Mitwirkungspflicht** auf eine **Rechtsfolge** bezieht, löst die Verletzung dieser Pflicht die Berechtigung der Finanzverwaltung zu einer **Schätzung** gem. § 162 AO aus.[5]

931 Für die Begründung der Mitwirkungspflicht ist allerdings erforderlich, dass die beabsichtigte Sachverhaltsaufklärung in seiner Sphäre, also in seinem Lebens- und Verantwortungsbereich (ggf. auch nur Wissensbereich[6]), angesiedelte Tatsachen betrifft. Ist der **Steuerpflichtige eine Kapitalgesellschaft**, so trifft die **Mitwirkungspflicht den Geschäftsführer**, jedoch nur in dem Umfang, in dem die Sphäre der Kapitalgesellschaft betroffen ist. Dazu gehört **nicht** der die **Privatsphäre des Geschäftsführers** betreffende Wissensbereich, auch wenn er zugleich Alleingesellschafter der GmbH ist. Deshalb ist es auch bei einer GmbH mit einem Alleingesellschafter-Geschäftsführer nicht möglich, **vGA** lediglich aufgrund von **ungeklärten Vermögenszuflüssen beim Alleingesellschafter-Geschäftsführer** zu schätzen.[7]

932 Zu beweisen ist jeweils nur der **Zustand zum Zeitpunkt der vGA**.[8] Hat z. B. das FA zu beweisen, dass ein in 1999 gezahltes Gehalt unangemessen hoch war, so sind Vergleichswerte aus früheren oder späteren Jahren dafür ungeeignet. Zulässig ist es aber, **später aufgetretene Indizien** heranzuziehen, wenn sie den Rückschluss auf einen früheren Sachverhalt zulassen. Ist z. B. streitig, ob ein Vertrag von Anfang an ernstlich gemeint war, so kann die spätere Durchführung des Vertrages dafür ein Indiz sein und ist daher im Prozess verwertbar.[9]

933 Die **Annahme einer vGA beim Gesellschafter ist unabhängig von der Annahme einer vGA bei der Gesellschaft**.[10] Streitigkeiten über Grund und Höhe einer Gewinnausschüttung sind in

---

1 BFH, Urteil v. 12. 12. 1973 - I R 183/71, BStBl 1974 II 179; v. 2. 5. 1974 - I R 194/72, BStBl 1974 II 585; v. 5. 10. 1977 - I R 230/75, BStBl 1978 II 234; v. 2. 3. 1988 - I R 103/86, BStBl 1988 II 786, *Schmidt*, FR 1988, 480; v. 6. 12. 1995 - I R 88/94, BStBl 1996 II 383.
2 BFH, Urteil v. 6. 12. 1995 - I R 88/94, BStBl 1996 II 383.
3 BFH, Urteil v. 3. 11. 2005 - VIII B 12/05, BFH/NV 2006, 250 = NWB AAAAB-72435.
4 BFH, Urteil v. 22. 9. 2004 - III R 9/03, BStBl 2005 II 160.
5 BFH, Urteil v. 17. 10. 2001 - I R 103/00, BStBl 2004 II 171.
6 BFH, Urteil v. 3. 11. 2005 - VIII B 12/05, BFH/NV 2006, 250 = NWB AAAAB-72435.
7 BFH, Urteil v. 26. 2. 2003 - I R 52/02, BFH/NV 2003, 1221 = NWB QAAAA-70052; v. 18. 6. 2003 - I B 178/02, BFH/NV 2003, 1450 = NWB ZAAAA-69898.
8 BFH, Urteil v. 30. 8. 1995 - I B 114/94, GmbHR 1996, 302, 303, unter h = NWB SAAAB-37009.
9 BFH, Urteil v. 29. 6. 1994 - I R 11/94, BStBl 1994 II 952, 953, unter II 2.
10 BFH, Urteil v. 22. 9. 2004 - III R 9/03, BStBl 2005 II 160; v. 13. 9. 2000 - I R 10/00, BFH/NV 2001, 584 = NWB DAAAA-66709; BMF, Schreiben v. 28. 5. 2002 - IV A 2 – S2742–32/02, BStBl 2002 I 603, Tz. 6.

dem jeweiligen Besteuerungsverfahren selbständig zu entscheiden.[1] Nimmt z. B. der Geschäftsführer einer GmbH „zur Vermeidung strafrechtlicher Konsequenzen" den Ansatz einer vGA durch die Betriebsprüfung bei der GmbH hin, so hat die Finanzbehörde dennoch die volle Beweislast für den Ansatz der vGA im Einkommensteuerbereich zu erfüllen, wenn der Geschäftsführer dort das Vorliegen einer vGA bestreitet.[2] Zudem ist für die Berücksichtigung einer vGA in der Einkommensteuer zusätzlich zu den körperschaftsteuerlichen Tatbestandsvoraussetzungen der Zufluss der vGA beim Gesellschafter oder einer nahe stehenden Person durch die Finanzverwaltung zu beweisen. Das ist nicht gelungen, wenn bei der GmbH eine vGA aufgrund einer durch Nachkalkulationen begründeten Schätzung erfolgt ist, jedoch nicht bewiesen werden konnte, ob die Beträge an die Gesellschafter geflossen sind oder z. B. für (Schwarz-)Löhne an Angestellte verwendet wurden, die keine nahe stehenden Personen der Gesellschafter sind.[3]

Man sollte indes die Frage der **Beweislast nicht überbewerten**. Der BFH macht nur äußerst selten Ausführungen zur Beweislast bei der vGA, darauf beruhende Beweislastentscheidungen sind rar.[4] Dies dürfte daran liegen, dass die Stpfl. und ihre Berater, Beweislast oder nicht, stets bemüht sind, die Angemessenheit der Aufwendungen zu belegen, sei es, um einen Prozess überhaupt zu vermeiden oder sei es, weil diese Argumente im Prozess hilfsweise vorgetragen werden.

(Einstweilen frei) 935–945

3. Tatsächliche Verständigung

Wird ein Steuerbescheid angefochten, so kann das Gericht nicht nur über das zur Begründung angeführte Besteuerungsmerkmal entscheiden, vielmehr entscheidet es über die Rechtmäßigkeit des gesamten Bescheides.[5] Daher kann das **FG** auch weitere als die von den Parteien vorgetragenen Tatsachen berücksichtigen und eine andere rechtliche Begründung für den Bescheid geben als das FA, soweit der angefochtene Steuerbescheid dadurch nicht in seinem Wesen verändert wird.[6] In seinem **Entscheidungsrahmen** ist es **nur beschränkt durch:**[7]

▶ die Beträge laut der **Anträge und**

▶ eine wirksame tatsächliche **Verständigung**. Auf Tatsachenkomplexe, über die eine tatsächliche Verständigung getroffen wurde, darf nur in dem Sinne zurückgegriffen werden, der der tatsächlichen Verständigung entspricht.

Voraussetzung einer tatsächlichen Verständigung ist:[8]

▶ **Übereinstimmung** zwischen Steuerpflichtigem und Verwaltung,

---

[1] BFH, Urteil v. 27. 10. 1992 - VIII R 41/89, BStBl 1993 II 569; v. 22. 9. 2004 - III R 9/03, BStBl 2005 II 160.
[2] BFH, Urteil v. 22. 9. 2004 - III R 9/03, BStBl 2005 II 160.
[3] BFH, Urteil v. 18. 5. 2006 - III R 25/05, BFH/NV 2006, 1747 = NWB YAAAB-90234.
[4] Beispiele: BFH, Urteil v. 22. 9. 2004 - III R 9/03, BStBl 2005 II 160; v. 18. 5. 2006 - III R 25/05, BFH/NV 2006, 1747 = NWB YAAAB-90234.
[5] BFH, Urteil v. 17. 7. 1967 - GrS 1/66, BStBl 1968 II 344; v. 12. 5. 1989 - III R 132/85, BStBl 1989 II 846, 847; FG Saarland, Urteil v. 4. 2. 1998 - 1 K 184/95, rkr., NWB JAAAC-88941.
[6] BFH, Urteil v. 11. 7. 1984 - II R 87/82, BStBl 1984 II 840; FG Saarland, Urteil v. 4. 2. 1998 - 1 K 184/95, NWB JAAAC-88941.
[7] FG Saarland, Urteil v. 4. 2. 1998 - 1 K 184/95, NWB JAAAC-88941; für die tatsächliche Verständigung auch BFH, Urteil v. 13. 8. 1997 - I R 12/97, BFH/NV 1998, 498 = NWB ZAAAC-21258.
[8] BFH, Urteil v. 22. 9. 2004 - III R 9/03, BStBl 2005 II 160; v. 13. 8. 1997 - I R 12/97, BFH/NV 1998, 498 = NWB ZAAAC-21258, unter Verweis auf BFH, Urteil v. 31. 7. 1996 - XI R 78/95, BStBl 1996 II 625.

- Mitwirkung eines **entscheidungsbefugten Beamten** auf Seiten der Verwaltung,
- kein offensichtlich unzutreffendes Ergebnis.

948 Eine **schriftliche Fixierung** der tatsächlichen Verständigung ist aus Beweisgründen zwar ratsam, notwendig ist sie aber nicht.[1] Es ist auch nicht notwendig, dass der Begriff der tatsächlichen Verständigung benutzt worden wäre oder an eine solche überhaupt gedacht worden wäre. Eine tatsächliche Verständigung kann aber nur über **Sachverhalts-, nicht über Rechtsfragen** abgeschlossen werden.[2] Aus dem in beinahe jedem Betriebsprüfungsbericht enthaltenen Satz, „Über die Feststellungen wurde Einigung erzielt" kann eine tatsächliche Verständigung nicht abgeleitet werden.[3]

949 Zu den **Sachverhaltsfragen** zählt

- eine **Einigung über die Angemessenheit eines Geschäftsführergehalts** (sowohl Angemessenheit der Gesamtausstattung als auch Angemessenheit eines Anteils an der Gesamtvergütung), da es sich nicht allein um eine rechtliche Wertung handelt, sondern auch um die Verständigung über die dafür notwendigen Vorfragen, nämlich die Fixierung eines bestimmten Vergütungsrahmens nach Höhe und Zusammensetzung und zum anderen die Festlegung des Anteils (bspw. einer Tantieme) auf einen bestimmten Verhältniswert;[4]
- eine Einigung darüber, ob bisher **nicht erfasste Geschäfte über die GmbH abzuwickeln** sind oder nicht;[5]
- **nicht** aber eine Einigung über die Frage, **ob ein bestimmter Geschäftsvorfall eine vGA ist** oder nicht.[6]

950 Wird an einer tatsächlichen Verständigung nur das für die **Veranlagung der Gesellschaft zuständige FA** beteiligt, ist das für die Veranlagung des **Gesellschafters zuständige FA** bei seiner Veranlagung **nicht** an die tatsächliche Verständigung **gebunden**.[7] An die vom Berichterstatter in einem Erörterungstermin vorgeschlagene tatsächliche Verständigung über einen vGA-Sachverhalt ist der Senat bei seiner späteren Entscheidungsfindung nicht gebunden.[8]

951–955 *(Einstweilen frei)*

4. Prozessuale Einzelheiten

a) Beiladung

956 Eine vGA hat im Regelfall zwei Seiten. Sie löst einmal bei der Gesellschaft die Einkommenserhöhung aus und zum anderen führt sie beim Gesellschafter zu Einkünften aus § 20 EStG. Über diese beiden Seiten derselben vGA haben indes die beiden zuständigen Finanzämter selb-

---

[1] BFH, Urteil v. 22. 9. 2004 - III R 9/03, BStBl 2005 II 160.
[2] BFH, Urteil v. 22. 9. 2004 - III R 9/03, BStBl 2005 II 160.
[3] BFH, Urteil v. 22. 9. 2004 - III R 9/03, BStBl 2005 II 160.
[4] BFH, Urteil v. 13. 8. 1997 - I R 12/97, BFH/NV 1998, 498 = NWB ZAAAC-21258; FG Saarland, Urteil v. 4. 2. 1998 - 1 K 184/95, rkr., NWB JAAAC-88941; zweifelnd wieder FG Saarland, Urteil v. 25. 9. 2002 - 1 K 127/99, rkr., EFG 2002, 1562.
[5] FG München, Urteil v. 12. 6. 2002 - 9 K 4020/99, rkr., NWB UAAAB-10630.
[6] BFH, Urteil v. 5. 10. 1990 - III R 19/88, BStBl 1990 II 45; FG München, Urteil v. 12. 6. 2002 - 9 K 4020/99, rkr., NWB UAAAB-10630.
[7] FG München, Urteil v. 12. 6. 2002 - 9 K 4020/99, rkr., NWB UAAAB-10630.
[8] FG Hamburg, Urteil v. 29. 6. 2000 - II 287/97, NWB JAAAB-07755.

ständig und unabhängig voneinander zu entscheiden.[1] Daher ist auch im Prozess der einen Seite **keine notwendige Beiladung** der anderen Seite vorzunehmen. Da aber immerhin das Tatbestandsmerkmal der Veranlassung der vGA im Gesellschaftsverhältnis gleich ist, kann eine **einfache Beiladung** gem. § 60 Abs. 1 FGO erfolgen.[2] Da bei einer **GmbH & Co. KG** die vGA in den Feststellungsbescheid der KG einzubeziehen sind, soweit sie sich nicht ausschließlich auf die eigene wirtschaftliche Tätigkeit der GmbH beziehen, ist bei einer Klage der GmbH der vorteilempfangende **Gesellschafter** als persönlich Betroffener gem. **§ 60 Abs. 3 FGO notwendig beizuladen, ebenso** ist die **GmbH bei** einer **Klage des Gesellschafters** notwendig beizuladen.[3]

b) Streitwert

Der **Streitwert** für den Ansatz einer vGA liegt, entsprechend Körperschaftsteuersatz, Solidaritätszuschlag und Gewerbesteuer, bei rund **30 % der strittigen vGA**. Um Streitigkeiten zu vermeiden, lohnt sich für Berater eine Streitwertvereinbarung als Untergrenze zu vereinbaren. Bei einem Streit über die **zeitliche Zuordnung** einer unstreitig vorliegenden vGA sollen **10 % als Streitwert** anzusetzen sein.[4] Auf die Ertragsteuerbelastung des Empfängers kommt es für den Streitwert im Körperschaftsteuerverfahren nicht an.[5]

c) Nachprüfbarkeit in der Revision

Die Frage, ob ein ordentlicher und gewissenhafter Geschäftsleiter bestimmte streitige Aufwendungen getätigt hätte, also der zentrale Punkt des **Drittvergleichs** bei der vGA, ist **eine tatsächliche Feststellung,** an die der **BFH** gem. § 118 Abs. 2 FGO regelmäßig **gebunden** ist. Er kann sie nur daraufhin überprüfen, ob die gesetzlichen Auslegungsregeln, die Denkgesetze und mögliche Erfahrungssätze zutreffend angewandt worden sind.[6] Nach diesen Ausführungen des BFH sollte man meinen, Prozesse um eine vGA wären regelmäßig nicht revisibel und kann sich dann nur über die große Anzahl der BFH-Urteile zu diesem Thema wundern.

(Einstweilen frei)

5. Haftung des Steuerberaters

Erhält der Steuerberater das Mandat, die Steuererklärungen, Jahresabschlüsse, Gewinn- und Verlustrechnungen und Gehaltsabrechnungen für eine GmbH durchzuführen, so ist er nicht nur verpflichtet sich mit den steuerrechtlichen Punkten zu befassen, die zur pflichtgemäßen Erledigung des ihm erteilten Auftrags zu beachten sind, sondern er hat auch

- bei erster Gelegenheit über die bei der Bearbeitung aufgefundenen steuerlichen Risiken aufzuklären, zu denen auch vGA gehören,[7]
- die GmbH im Rahmen seiner vertraglichen Nebenpflichten vor Schaden zu bewahren.[8]

---

[1] BFH, Urteil v. 27.10.1992 - VIII R 41/89, BStBl 1993 II 569, 572.
[2] *Tipke/Kruse*, a. a. O., § 60 FGO Rz. 85.
[3] BFH, Urteil v. 7.5.1987 - IV R 122/84, BFH/NV 1988, 761 = NWB HAAAB-29734; *Tipke/Kruse*, a. a. O., § 60 FGO Rz. 47; *Spindler* in Hübschmann/Hepp/Spitaler, a. a. O., § 60 FGO Rz. 62.
[4] FG Saarland, Urteil v. 7.8.1986 - I 96/84, rkr., EFG 1986, 627.
[5] *Tipke/Kruse*, a. a. O., § 135 FGO Rz. 265; a. A. FG Rheinland-Pfalz, Urteil v. 2.3.1990 - 5 Ko 2629/89, rkr., EFG 1990, 446.
[6] BFH, Urteil v. 18.5.2011 - VIII B 2/11, BFH/NV 2011, 1525 = NWB SAAAD-86738; v. 24.1.2001 - I S 10/00, BFH/NV 2001, 806 = NWB JAAAA-66746.
[7] BGH, Urteil v. 23.2.2012 - IX ZR 92/08, NWB GAAAE-06172.
[8] OLG Düsseldorf v. 20.7.2000 - 13 U 178/99, GI 2001, 298.

967 In dem Fall des OLG Düsseldorf war dem Steuerberater der **Anstellungsvertrag** des Geschäftsführers **übersandt** worden. Er hatte nicht den Auftrag erhalten, diesen Vertrag unter steuerlichen Gesichtspunkten zu überprüfen, sondern erhielt ihn nur, um die **Gehaltsabrechnung** zutreffend durchführen zu können. Er hatte jedoch dafür die **Passagen über die Auszahlung** des Gehalts zur Kenntnis zu nehmen. Gerade diese **begründeten aber den Vorwurf der vGA** in voller Höhe der Zahlungen, da sich die Auszahlung nur nach Gewinn- und Liquiditätslage der Gesellschaft richtete. Nach Ansicht des OLG hatte der Steuerberater

- die einschlägige **vGA-Rechtsprechung zu kennen,**
- auf die **vGA-Problematik hinzuweisen** und
- einen **Lösungsvorschlag** zu unterbreiten.

968 Diese **Anforderungen** dürften weit **überzogen** sein, zeigen aber, welchen **vGA-Risiken der Steuerberater ausgesetzt ist.** Angesichts der ausufernden Rspr. zu den Einzelfällen der vGA wäre im vorliegenden Fall allenfalls zu erwarten gewesen, dass der Steuerberater erkennt, dass ein vGA-Risiko bestehen könnte und darauf hinweist. Erteilt der Mandant dann keinen Auftrag zu näherer Prüfung und zur Erarbeitung eines Lösungsvorschlages, so kann nicht ernstlich erwartet werden, dass der Steuerberater dies gratis und ungefragt erledigt. Das Urteil des OLG geht insoweit an der wirtschaftlichen Wirklichkeit vorbei.

969–1000 *(Einstweilen frei)*

IX. Verdeckte Gewinnausschüttung im internationalen Steuerrecht

1. Prüfung einer vGA

1001 In einer 1. Stufe wird geprüft, ob und an wen eine vGA vorliegt.

Eine vGA bezieht sich nicht nur auf Sachverhalte, die sich im Inland ereignet haben. Sie kann auch bei Fällen mit Auslandsbezug auftreten. Folgende Situationen können auftauchen:

- vom Inland ins Ausland („outbound"),
- vom Ausland ins Inland („inbound") und
- ausschließlich auslandsbezogene Sachverhalte mit Auswirkungen auf inlandsbeteiligte Personen bzw. Gesellschaften im Rahmen von Dreiecksverhältnissen.

1002 Eine vGA wird nach den allgemeinen Grundsätzen geprüft wie bei reinen Inlandsbeziehungen.[1]

BEISPIEL: Eine inländische Tochtergesellschaft erbringt eine Leistung an eine ausländische Muttergesellschaft oder an eine andere der MG nahestehende Person.

a) Ebene der Gesellschaft

1003 Die vGA, die auf der Ebene der Gesellschaft eine vGA in Deutschland auslösen, sind folgende Konstellationen.

- Eine ausländische MG liefert an ihre inländische TG zu einem unangemessen hohen Preis (= Vermögensminderung in Deutschland),

---

[1] Zur Definition s. o. Rz 282 f.

- Eine inländische TG liefert an ihre ausländische MG zu einem unangemessen niedrigen Preis (= verhinderte Vermögensmehrung in Deutschland),
- Eine inländische MG liefert an ihre ausländische TG zu einem unangemessenen niedrigen Preis (= verhinderte Vermögensmehrung in Deutschland),
- Eine ausländische TG liefert an ihre inländische MG zu einem unangemessen hohen Preis (= Vermögensminderung in Deutschland).
- Leistungsaustausch zwischen Schwestergesellschaften mit ausländischer Betriebsstätte

Die beiden ersten Fälle führen dazu, dass bei der inländischen Tochtergesellschaft das Einkommen um den mit Hilfe des Fremdvergleichs zu ermittelnden Betrag der Vermögensminderung bzw. der verhinderten Vermögenmehrung wieder erhöht wird. Die letzten Fälle führen zu einer Hinzurechnung im Falle einer vGA bei der MG. Soweit die DBA-Schachtelbefreiung oder § 8b KStG greifen sollte, kommt auch eine Minderung des Einkommens in Frage, wonach ein steuerpflichtiger Gewinn in eine steuerbefreite Schachteldividende umqualifiziert wird.[1] Unter gegebenen Umständen kommt eine fiktive Steueranrechnung in Betracht.

Zum letzten Punkt sei folgendes Beispiel erwähnt:

BEISPIEL: Die M-AG ist zu 100 % sowohl an der GmbH 1 als auch an der GmbH 2 beteiligt. GmbH 2 hat eine Betriebsstätte in Frankreich. GmbH 1 kauft der französischen Betriebsstätte der GmbH 2 ein WG zu einem um 200 GE überhöhten Preis ab. Damit hat die GmbH 1 in ihrer GuV einen überhöhten Aufwand von 200 GE (→ s. Rz. 611) und GmbH 2 einen entsprechenden Mehrertrag.

LÖSUNG: Die vGA fließt an die M-AG, diese reicht sie im Wege der verdeckten Einlage an die GmbH 2 weiter. Nach DBA Frankreich steht das Besteuerungsrecht für die Einkünfte, die der französischen Betriebsstätte zuzurechnen sind, Frankreich zu (Art. 4 Abs. 1, Art. 20 DBA – Frankreich). Die zu hohe Zahlung der GmbH 1 hat sich in Bezug auf das freigestellte Betriebsstätteneinkommen ausgewirkt. Bei der GmbH 2 ist deshalb – anders als im reinen Inlandsfall – nicht nur eine außerbilanzielle Korrektur von 200 GE vorzunehmen, sondern zusätzlich ist die Freistellung um 200 GE zu verringern. Insgesamt ergibt sich unter Berücksichtigung des § 8b KStG bei der M-AG ein Mehrergebnis in Höhe von 210 GE.

Es muss darauf geachtet werden, dass bei dem in Frankreich zu versteuernden Betriebsstättenergebnis eine Korrektur von −200 GE erfolgt, da diese nunmehr in Deutschland versteuert werden. Sollten zwischen Deutschland und Frankreich hinsichtlich der Höhe von 200 GE sich Differenzen ergeben, sind diese in einem Verständigungsverfahren zu lösen.

b) Ebene des oder der Gesellschafter

Auf der Gesellschafterebene befindet sich eine ausländische Muttergesellschaft, die in Deutschland mit ihren inländischen Kapitaleinkünften (hier: vGA) nur der beschränkten Steuerpflicht gem. § 49 Abs. 1 Nr. 5 EStG i.V. m. § 20 Abs. 1 Nr. 1, Abs. 2 Nr. 1 EStG unterliegt.

Zu beachten ist, dass eine vGA auch aus formalen Gründen vorliegen kann, wenn es bei einem beherrschenden Gesellschafter an einer klaren und eindeutigen Vereinbarung fehlt. Der abkommensrechtliche Grundsatz des „dealing at arm's length" hindert in solch einem Fall die Annahme einer vGA, m. a.W. eine vGA aus rein formellen Gründen über die Grenze gibt es nicht.[2] Gewinnkorrekturen, die sich nur auf die Angemessenheit des Vereinbarten erstrecken,

---
1 Weitere Einzelheiten *Geißer* in Mössner/Seeger/Oellerich, KStG, § 8b Rz. 121 ff.
2 BFH, Urteil v. 11.10.2012 - I R 75/11, BStBl 2013 II S. 1046; H 8.5. KStH.

sind von der Sperrwirkung nicht erfasst.[1] Die Sperrwirkung eines DBA gegenüber der Einkünftekorrektur nach § 1 Abs. 1 AStG nunmehr ablehnend BFH in seinem Urteil v. 27.2.2019.[2]

Die in Deutschland anfallende Steuer auf die vGA wird, unabhängig von der steuerlichen Bewertung im Ausland durch einen KapESt-Abzug gem. § 43 Abs. 1 Nr. 1 EStG erhoben. Dafür haben die inländische TG gem. § 44 Abs. 1 Satz 3 EStG die KapESt einzubehalten und abzuführen. Wenn eine TG dieser Abführungspflicht nicht nachkommt, haftet sie im Rahmen des § 44 Abs. 5 EStG für die Einbehaltung und Abführung der KapESt.

1006 In vorgenannten beiden ersten Fällen der vGA gelten sowohl DBA-Privilegien (z. B. Schachtelfreistellung[3], reduzierter KapESt-Satz) als auch § 8b KStG.[4] Bei beschränkter Steuerpflicht gilt für die vGA nach Durchführung des KapESt-Abzugsverfahren das Steuerverfahren als abgegolten. Eine Veranlagung des beschränkt Steuerpflichtigen und damit auch die Berechtigung zur Verrechnung des Anrechnungsanspruchs entfällt gem. § 32 Abs. 1 KStG.

Dagegen ist in den beiden folgenden Fällen entscheidend, ob die Anteilseigner der inländischen MG im Inland ansässig sind – mit Anrechnungsberechtigung – oder mit beschränkter Steuerpflicht im DBA-Ausland oder einem Nicht-DBA-Staat.

c) Besonderheit in BP-Verfahren

1007 Sachverhalte der vGA werden im Rahmen einer BP regelmäßig aufgedeckt. Da bei reinen Inlandsfällen eine auf der Ebene der Gesellschaft einbehaltene und abgeführte KapESt auf diese Gewinnausschüttung zeitgleich und auf der Ebene der Gesellschafter gem. § 31 Abs. 1 KStG i. V. m. § 36 Abs. 2 Nr. 2 EStG angerechnet werden kann, wird aus Vereinfachungsgründen auf die Festsetzung und die Erhebung der KapESt verzichtet. In den Fällen der Abgeltungswirkung kann aber auf die formale Festsetzung und Erhebung nicht verzichtet werden.

d) Ansässigkeit des Empfängers der vGA

1008 Gemäß § 43 Abs 1 Nr 1 i. V. m. § 43a Abs. 1 Nr. 1 EStG beträgt die KapESt grundsätzlich 25 % der vGA. Diese Höhe gilt vor allem dann, wenn der Empfänger bzw. die MG in einem Nicht-DBA-Staat ansässig ist.

Bei Ausschüttungen in DBA-Staaten ergeben sich unterschiedliche Steuersätze der KapESt. Die von Deutschland abgeschlossenen DBAs sind nach dem OECD-MA verfasst. Diese sehen für abfließende Dividenden eine KapESt von 5 %, 10 % oder 15 % vor.[5]

Bei Zahlungen von sog. „Schachteldividenden" an MG, die in anderen EU-Mitgliedstaaten ansässig sind, wird bei Einhaltung der Mindesthaltezeit ohnehin eine vollständige Entlastung aufgrund der EU-MTR gewährt.

---

1 BFH Urteil v. 11.10.2012 - I R 75/11, BStBl 2013 II S. 1046, Rz. 11; FG Münster, Urteil v. 7.12.2016 - 13 K 4037/13 K,F, NWB CAAAG-35145, rkr. Az. BFH: I R 4/17; FG Köln, Urteil v. 29.6.2017 - 10 K 771/16, NWB DAAAG-63279, nrkr. Az. BFH: I R 62/17.
2 I R 73/16, NWB BAAAH-14765.
3 *Geißer* in Mössner/Seeger/Oellerich, KStG, § 8b Rz. 104 ff.
4 *Geißer* in Mössner/Seeger/Oellerich, KStG, § 8b Rz. 104 ff.
5 Die Quellensteuersätze für Schachteldividenden können entnommen werden dem BMF, Schreiben v. 31.1.2003, BStBl I 2003, 134; aktualisierte Länderlisten enthalten u. a. IDW Praktiker Handbuch-Außensteuerrecht 2017, 897 bzw. die „Restesteuerliste" des BZSt (http://www.bzst.de/DE/Steuern_International/Auslaendische_Quellensteuer/auslaendische_quellensteuer_node.html).

e) Entlastungsverfahren

Im Rahmen des Entlastungsverfahrens aufgrund niedriger Steuersätze nach DBA regeln § 50d Abs. 1 – 6 EStG das formelle Recht auf nationaler Ebene bezüglich der in Betracht kommenden Feistellungs- oder Erstattungsverfahren. Für dieses Verfahren ist immer das Bundeszentralamt für Steuern gem. § 5 FVG zuständig. Bei der abkommensrechtlichen KapESt-Entlastung verweist § 32 Abs. 5 Satz 2 Nr. 4 KStG auf § 50d Abs. 3 EStG. Eine KapESt- Erstattung nach DBA wird nur gewährt, wenn sie nicht entsprechend § 50d Abs. 3 EStG, einer sog. „Anti-Treaty/Directive-Shopping-Regelung", ausgeschlossen wäre.[1]

In den verbundenen Rechtssachen „Deister Holding u. a." hat der EuGH mit Urt v 20.12.2017 entschieden, dass § 50d Abs 3 EStG in der bis 2011 geltenden Fassung mit dem Unionsrecht, insbesondere der Mutter-Tochter-Richtlinie, unvereinbar ist.[2]

Der EuGH stellt in dieser Entscheidung hinsichtlich des Verbots der Quellen-Steuererhebung auf Schachteldividenden entgegen § 50d Abs. 3 EStG fest, dass die Mutter-Tochter-Richtlinie nicht vorschreibe, welche wirtschaftliche Tätigkeit die von ihr erfassten Gesellschaften ausüben müssen, um in den Genuss der Vorteile der Richtlinie zu kommen. Der Umstand, dass die wirtschaftliche Tätigkeit der gebietsfremden MG in der bloßen Verwaltung der Beteiligungen an ihren TG bestehe, reiche für die Annahme einer missbräuchlichen Gestaltung nicht aus. Die Feststellung eines solchen Missbrauchs verlange darüber hinaus in jedem Einzelfall eine umfassende Prüfung, ob aus Sicht des Konzerns wirtschaftliche Gründe für die gesellschaftsrechtliche Konstruktion bestehen.

Das Urteil bezieht sich zwar auf § 50d Abs 3 EStG in der Fassung des JStG 2007 v 13.12.2006.[3] Wegen der weitgehend gleich lautenden Bestimmungen der aktuell geltenden Art 1 Abs 4 und Art 5 der Richtlinie 2011/96/EU sowie § 50d Abs 3 EStG in der aktuell geltenden Fassung des Gesetzes zur Umsetzung der Beitreibungsrichtlinie sowie zur Änderung steuerlicher Vorschriften v. 7.12.2011[4] ist diese EuGH Entscheidung jedoch auch auf aktuelle Fälle anwendbar.

Das BMF folgt dieser Auffassung insoweit, als nach dem partiellen Anwendungsschreiben v. 4.4.2018[5] die Grundsätze des Urteils für den Bereich der Dividendenbesteuerung in der EU uneingeschränkt auch für die aktuelle Fassung des § 50d Abs 3 EStG angewandt werden. Eine Ausdehnung auf Drittstaatenfälle wird aber abgelehnt.[6]

Auch Minderheitsgesellschafter können an der vGA beteiligt sein, wenn eine unzutreffende Verrechnungspreisfestlegung zu Änderungen führt. Solche können eintreten bei gleichgerichtetem Interesse der Gesellschafter oder gleichzeitiger mittelbarer und unmittelbarer Beteiligung. Dann greift die Steuerbelastung bei Streubesitz.

Da häufig Zinsen und Lizenzen umqualifiziert werden, sind zur Berechnung der Belastungsauswirkungen auch die alt Quellensteuerätze für Zinsen bzw. Lizenzgebühren zu beachten. Einzel-

---

1 Zu Einzelheiten: BMF, Schreiben v. 24.1.2012, BStBl 2012 I S. 171; kritisch *Dorfmüller/Fischer*, IStR 2011, 867, und *Lüdicke*, IStR 2012, 81.
2 EuGH, Urteil v 20.12.2017 - C-504/16 und C-613/16, NWB CAAAG-69289.
3 BGBl I 2006, 2878.
4 BGBl I 2011, 2592.
5 BMF, Schreiben v. 4.4.2018, BStBl 2018 I S. 589, IWB 2018, 251.
6 Zur Kritik und Folgefragen s. *Schnitger*, IStR 2018, 169; *Kahlenberg*, IWB 2018, 145.

heiten des Verfahrens bzw die Höhe der Rest-Steuerbelastung lassen sich aus den Merkblättern bzw. Übersichten des BZSt entnehmen.[1]

f) Verfahrensrechtliche Problemfelder

1013 Die zunehmenden nationalen Regelungen zur Dokumentation von Verrechnungspreisen können dazu führen, dass finanzielle Belastungen für die betroffenen Unternehmen neben den vorgenannten Steuerbelastungen und den entsprechenden Verzinsungen zunehmend auch auf „formellen" Fehlern basieren. Man ist davon abhängig, dass die deutsche Finanzverwaltung durch Verständigungsverfahren oder einem EU-Schiedsgerichtsverfahrens die Gewinnkorrektur bei der ausländischen Gesellschaft dem Grunde und der Höhe nach anerkennt.

1014 Der BFH verweist auf Korrekturmöglichkeiten gem. § 174 Abs. 1 AO. Er hat entschieden, dass nicht nur nach deutschem Recht erlassene Steuerbescheide zu berücksichtigen sind, sondern zumindest auch die Steuerbescheide eines anderen EU-Staates zu einer widerstreitenden Steuerfestsetzung im Inland führen können.[2]

1015–2080 (Einstweilen frei)

F. Verdeckte Einlagen

LITERATURHINWEISE:

Döllerer, Verlust eines eigenkapitalersetzenden Gesellschafterdarlehens als nachträgliche Anschaffungskosten einer wesentlichen Beteiligung, FR 1992, 233, 235; *Weber*, Eigenkapitalersetzende Darlehen des GmbH-Gesellschafters BB 1992, 525, 527; *Bullinger*, Steuerliche Fragen von Gesellschafterdarlehen an die GmbH, DStR 1993, 225, 277; *Wolff-Diepenbrock*, Verlust eines Darlehens als Anschaffungskosten bei § 17 EStG – Änderung des Anschaffungskostenbegriffs?, DB 1994, 1539; *Meilicke/Pohl*, Die Forderungseinlage bei sanierungsbedürftigen Kapitalgesellschaften, FR 1995, 877; *Schmidt*, Flüchtige Randbemerkungen zu neuralgischen Punkten des § 17 EStG, StuW 1996, 300; *Büchele*, Offene und verdeckte Einlagen im Bilanz- und Gesellschaftsrecht, DB 1997, 2337; *Hoffmann*, Nachträgliche Anschaffungskosten bei Forderungsverlusten des Gesellschafters im Rahmen des § 17 EStG, GmbHR 1997, 1140; *Hoffmann*, Kritische Anmerkungen zum Einlagebeschluss des Großen BFH-Senats, DB 1998, 1983; *Neu*, Der Forderungsverzicht durch den GmbH-Gesellschafter aus steuerlicher Sicht, GmbH-StB 1998, 131; *Paus*, Erwerb und Veräußerung von Anteilen nach Wegfall einer wesentlichen Beteiligung, DStZ 1998, 390; *Weber-Grellet*, Anschaffungskosten und Beteiligungskosten im Rahmen des § 17 EStG, DStR 1998, 1617; *Hoffmann*, Steuergestaltungen bei bilanziellen Stützungsmaßnahmen von Kapitalgesellschaften, GmbHR 1999, 848; *Groh*, Schenkung durch disquotale Einlagen?, DStR 1999, 1050; *Vogt*, Die Änderungen des § 17 EStG und ihre Auswirkungen auf Veräußerungen von Anteilen an Kapitalgesellschaften, DStR 1999, 1596; *Gosch*, Zum Abzug von Werbungskosten und Betriebsausgaben bei disquotaler Nutzungsüberlassung eines Wirtschaftsgutes an eine Kapitalgesellschaft, StBp 2000, 339; *Korn*, Praktische Bedeutung des § 6 Abs. 6 Satz 2 EStG für verdeckte Einlagen, KÖSDI 2000, 12352; *Kessler/Kahl*, Forderungsverzicht – Anschaffungskosten, Herstellungskosten, Erhaltungsaufwand, DB 2002, 2236; *Füger/Rieger*, Verdeckte Einlage in eine Kapitalgesellschaft zu Buchwerten, DStR 2003, 628; *Strahl/Bauschatz*, Disquotale Leistungsbeziehungen im Ertrag- und Erbschaftsteuer- sowie Gesellschaftsrecht, KÖSDI 2003, 13616; *Klein*, Die verdeckte Einlage im Ertragsteuerrecht, NWB 2004, Nr. 43 S. 3373 Fach 3 S 13059; *Tillmann/Tillmann*, Heilung einer verschleierten Sachgründung aus steuerlicher Sicht, DB 2004, 1853; *Siebert*, Recht auf Vorsteuerabzug als Einlage in Gesellschaften, DB 2005, 2208; *Benecke*, Verdeckte Gewinnausschüttung oder verdeckte Einlage, NWB 41/2006, 3429 (Beratung aktuell); *Briese*, Die verdeckte Einlage in eine Kapitalgesellschaft. Ein Beitrag für eine rechtsformneutrale Gewinnermittlungskonzeption, GmbHR 2006, 1136, 1142; *ders.*, Fragwürde Korrespondenz bei verdeckten Gewinnausschüttungen und verdeckten Einlagen durch den Entwurf des Jah-

---

[1] Dazu BZSt (http://www.bzst.de/DE/Steuern_International/Auslaendische_Quellensteuer/auslaendische_quellensteuer_node.html).
[2] BFH, Urteil v. 9.5.2012 - I R 73/10, BStBl 2013 II S. 566.

ressteuergesetzes 2007, BB 2006, 2110; *Förster/Wendland*, Steuerliche Folgen von Gesellschafterdarlehen in der Krise der GmbH, GmbHR 2006, 169 ff.; *Dötsch/Pung*, JStG 2007: Die Änderungen des KStG und des GewStG, DB 2007, 11; *Dörfler/Heurung/Adrian*, Korrespondenzprinzip bei verdeckter Gewinnausschüttung und verdeckter Einlage, DStR 2007, 514; *Dötsch/Pung*, JStG 2008: Die Änderungen des KStG, des UmwStG und des GewStG, DB 2007, 2669; *Pohl/Raupach*, Verdeckte Gewinnausschüttungen und verdeckte Einlagen nach dem JStG 2007, FR 2007, 210; *Grammel/Breuch*, Das „Verbot" der doppelten Abschreibung in § 7 Abs. 1 Satz 5 EStG im Lichte neuerer Rechtsprechung und Gesetzgebung, DStR 2008, 1167; *Janssen*, Gemischte Schenkung bei vGA an nahestehende Personen, BB 2008, 928; *Schmidt/Schwind*, Gewinnminderungen aus Gesellschafterdarlehen, NWB F. 4, 5223 (Heft 3/2008); *Weber-Grellet*, Grundlegende Änderungen und neue Rechtsprechung bei § 17 EStG, NWB F. 3, 15229 (Heft 41/2008); *Korezkij*, Schenkungen unter Beteiligung von Kapitalgesellschaften, DStR 2012, 163; *Sell*, Schenkungsteuerliche Auswirkungen von Einlagen und Ausschüttungen in bzw. aus Kapitalgesellschaften, DB 2012, 426; *van Lishaut/Ebber/Schmitz*, Die schenkung- und ertragsteuerliche Behandlung disquotaler Einlagen und disquotaler Gewinnausschüttungen, Ubg 2012, 1; *Hilbert*, Verdeckte Einlage und Zufluss von Gehaltsbestandteilen bei einem GesGf, NWB 2014, 1848; *Briese*, Lohnzufluss an GesGf aufgrund Fiktionen, DB 2014, 1334.

I. Allgemeines und Definition

1. Rechtsentwicklung

Die verdeckte Einlage gab es schon immer. Sie war aber bisher nur durch die Rspr. geregelt und im Anschluss daran in den KStR zu finden.[1] Durch das JStG 2007[2] wurde sie erstmals gesetzlich geregelt. Die Regelung des § 8 Abs. 3 Satz 3 übernimmt dabei jedoch die bisherigen untergesetzlichen Regelungen, so dass alles Material dazu weiterhin verwertbar bleibt. Gänzlich neu ist hingegen die materielle Korrespondenz, die in § 8 Abs. 3 Satz 4 – 6 angeordnet worden ist und im Zusammenhang mit § 8b Abs. 1 Satz 2, 3 und § 3 Nr. 40 Satz 1 Buchst. a EStG sowie der formellen Korrespondenz durch § 32a KStG im Zusammenhang steht.

2. Persönlicher Anwendungsbereich

Da die Vorschrift eine Vorschrift des KStG ist, ist sie nur auf Körperschaftsteuersubjekte anzuwenden. Dies ist bei allen Vorschriften des KStG relativ selbstverständlich, lediglich die Korrespondenzvorschriften sollen nach der Grundidee des Gesetzgebers wohl auch bei **natürlichen Personen** angewandt werden, obwohl es im EStG nicht einmal einen Verweis auf diese Vorschriften gibt.[3]

3. Sachlicher Anwendungsbereich

Beim sachlichen Anwendungsbereich beschränken sich die Normen auf das **Inland**, da es Normen des deutschen KSt-Rechts sind. Daher kann also z. B. eine ausländische Gesellschaft keine Vermögensminderung i. S. d. deutschen KStG erleiden, obwohl sich ihr Vermögen natürlich vermindern kann. Der Begriff der Vermögensminderung ist aber ein rechtstechnischer, kein tatsächlicher Begriff und die deutsche Rechtstechnik kann eben nur auf die dem deutschen Recht unterworfenen Gesellschaften angewandt werden. Ebenso kann also z. B. eine ausländische Gesellschaft kein Einkommen i. S. d. deutschen KStG haben, es sei denn, sie hätte hier eine Betriebsstätte. Letztlich kann also kein Merkmal der Vorschrift im Ausland erfüllt oder nicht er-

---

[1] Vgl. R 40 Abs. 2 Satz 1 KStR 2004.
[2] Vgl. BT-Drucks. 16/3368, 21, 50; BR-Drucks. 622/06, 119.
[3] Vgl. dazu → Rz. 2196, sowie *Oellerich* in Mössner/Seeger/Oellerich, KStG, § 32a Rz. 16.

füllt werden, da das Ausland nicht dem deutschen Recht unterliegt. Auch dies ist keine neue Erkenntnis, wird vom Gesetzgeber aber für die Korrespondenzvorschriften unterstellt.[1]

4. Zeitlicher Anwendungsbereich

2084 Die Vorschrift des § 8 Abs. 3 Satz 3 – 6 KStG ist gem. § 34 Abs. 6 KStG erstmals auf verdeckte Einlagen anzuwenden, die nach der Verkündung des JStG 2007[2] im BGBl, also nach dem 18.12.2006, geleistet werden, dabei kommt es allein auf den Zufluss bei der Gesellschaft an.[3] Letztlich gilt die Regelung des § 8 Abs. 3 Satz 3 KStG jedoch aufgrund Richterrechts auch schon für die Zeit davor, so dass die Anwendungsregelung wiederum nur für die Korrespondenzvorschriften wirklich von Belang ist.

5. Konkurrenzen

a) Konkurrenz zu § 6 Abs. 3 EStG

2085 Vgl. dazu → Rz. 2270.

b) Konkurrenz zu § 6 Abs. 5 EStG

2086 Wird einer **Personengesellschaft** von einem ihrer Gesellschafter ein einzelnes **Wirtschaftsgut** aus einem anderen Betriebsvermögen **unentgeltlich zugeführt**, so ist dafür gem. § 6 Abs. 5 EStG grundsätzlich der Buchwert anzusetzen. Wird durch die Übertragung der Anteil einer Kapitalgesellschaft unmittelbar oder mittelbar begründet oder erhöht, so ist jedoch gem. § 6 Abs. 5 Satz 5 EStG der Teilwert anzusetzen. Dies ist praktisch unvermeidbar, wenn auch eine Kapitalgesellschaft an der Personengesellschaft beteiligt ist. Ist der zuführende Gesellschafter aber nicht nur Gesellschafter der Personen-, sondern auch der Kapitalgesellschaft, so könnte auch die Annahme einer verdeckten Einlage in Betracht kommen. Es ist streitig, ob in diesen Fällen § 6 Abs. 5 EStG oder die Regelungen über die verdeckte Einlage vorgehen.[4] Eine verdeckte Einlage dürfte indes kaum in Betracht kommen, weil die Kapitalgesellschaft allenfalls eine Werterhöhung ihres Anteils an der Personengesellschaft erfährt. Das ist aber kein bilanzierbarer Vorteil.[5] Zudem ist i.d.R. auch nach den Regeln der verdeckten Einlage der Teilwert anzusetzen, so dass die Rechtsfolgen i.d.R. dieselben wären. Das BMF-Schreiben vom 8.12.2011 führt dazu lediglich aus, dass bei Übertragungen unter Beteiligung einer Kapitalgesellschaft auch die Regelungen zur verdeckten Einlage zu beachten sind.[6]

c) Konkurrenz zum Tauschgeschäft

2087 Die verdeckte Einlage ist weiterhin vom Tauschgeschäft abzugrenzen. Eine verdeckte Einlage führt regelmäßig ‚reflexartig' zu einer Erhöhung des Wertes der Anteile, dies führt jedoch nicht zur Annahme eines Tauschgeschäftes, denn die **Werterhöhung ist keine Gegenleistung** der Ge-

---

1 Vgl. dazu → Rz. 2197.
2 Vgl. BT-Drucks. 16/3368, 21, 50; BR-Drucks. 622/06, 119.
3 Vgl. *Dötsch/Pung*, DB 2007, 11, 14 f.
4 Näher *Kulosa* Schmidt, EStG § 6 Rz. 569, 715; KKB/Teschke/C. Kraft, § 6 EStG Rz. 341.
5 Dazu → Rz. 2107 ff.
6 BMF, Schreiben v. 8.12.2011, BStBl 2011 I 1279, Rz. 9.

sellschaft, da sich die Gesellschaftsrechte des Gesellschafters nicht vermehren.[1] Umgekehrt bleibt aber der Erwerb von Anteilen mit Zahlung eines **Aufpreises (Agio)** ein vollständig entgeltliches Geschäft, das nicht aufzuteilen ist in ein teilweise entgeltliches Geschäft und eine verdeckte Einlage in Höhe des Aufgeldes, da auch das Aufgeld für die neuen Anteile geleistet wird und sich nicht als eine weitere, freiwillige Leistung des Gesellschafters darstellt.[2] Dies gilt auch, wenn der Erwerb der Beteiligung gegen Einbringung eines Sachwertes erfolgt, da eine solche Einbringung als tauschähnliches Geschäft anzusehen ist.[3]

Die Abgrenzung ist vor allem für die Zeit vor Inkrafttreten des § 6 Abs. 6 Satz 2 EStG ab 1.1.1999 von Bedeutung. Bis dahin war beim Tausch stets der gemeine Wert (= Teilwert),[4] bei einer verdeckten Einlage jedoch war gem. § 6 Abs. 1 Satz 5 EStG der Teilwert, u.U. aber begrenzt auf die fortgeführten Anschaffungskosten anzusetzen. Durch § 6 Abs. 6 Satz 2 EStG wird diese Bewertung jedoch auf den Tausch übertragen, so dass die Abgrenzung an Bedeutung verloren hat.

6. Definition

Auch das **Handelsrecht** kennt den Begriff der verdeckten Einlage. Dieser ist aber für den steuerlichen Einlagebegriff gem. § 4 Abs. 1 Satz 8 EStG nicht maßgeblich und mithin auch nicht für den Begriff der verdeckten Einlage,[5] er wird daher hier nicht behandelt. Die verdeckte Einlage wurde vom **BFH früher**[6] in klarer Anlehnung an die Definition der vGA[7] wie folgt definiert:

Eine verdeckte Einlage ist gegeben, wenn ein Gesellschafter oder eine ihm nahe stehende Person seiner Kapitalgesellschaft außerhalb der gesellschaftsrechtlichen Einlagen Vermögensgegenstände zuwendet und die Zuwendung ihre Ursache im Gesellschaftsverhältnis hat. Dies ist dann der Fall, wenn ein Nichtgesellschafter bei Anwendung der Sorgfalt eines ordentlichen Kaufmanns der Gesellschaft den Vermögensvorteil nicht eingeräumt hätte. Gegenstand der verdeckten Einlage kann auch der Erlass einer Forderung gegen die Gesellschaft sein. Dem Erlass steht unter dem Gesichtspunkt der Einlage der Verzicht auf die Rückzahlung gleich.

Seit dem Urteil v. 15.10.1997[8] definiert der BFH die verdeckte Einlagen nunmehr wie folgt: *Eine verdeckte Einlage ist die Zuwendung eines bilanzierbaren Vermögensvorteils aus gesellschaftsrechtlichen Gründen ohne Entgelt in Gestalt von Gesellschaftsrechten.*

Damit fehlt in dieser neuen Definition der Verweis darauf, dass die verdeckte Einlage außerhalb der gesellschaftsrechtlichen Einlagen stattfinden müsse. Die handelsrechtliche Einordnung der steuerlichen verdeckten Einlage ist damit nicht mehr von Interesse. Die Definition ist

---

1 BFH, Urteil v. 20.8.1986 - I R 150/82, BStBl 1987 II 455; v. 24.3.1987 - I R 202/83, BStBl 1987 II 705; v. 27.7.1988 - I R 147/83, BStBl 1989 II 71; v. 18.12.2001 - VIII R 10/01, BStBl 2002 II 463; v. 20.7.2005 - X R 22/02, BStBl 2006 II 457; v. 24.4.2007 - I R 35/05, BStBl 2008 II 253.
2 BFH, Urteil v. 24.4.2007 - I R 35/05, BStBl 2008 II 253.
3 BFH, Urteil v. 5.6.2002 - I R 6/01, BFH/NV 2003, 88 = NWB FAAAA-68123; v. 24.4.2007 - I R 35/05, BStBl 2008 II 253.
4 Vgl. BFH, Urteil v. 24.4.2007 - I R 35/05, BStBl 2008 II 253.
5 FG Berlin-Brandenburg, Urteil v. 7.9.2007 - 6 K 2320/03, NWB VAAAC-65871, rkr.
6 BFH, Urteil v. 16.4.1991 - VIII R 100/87, BStBl 1992 II 234; v. 7.7.1992 - VIII R 24/90, BStBl 1993 II 333; v. 9.6.1997 - GrS 1/94, BStBl 1998 II 307.
7 Vgl. dazu → Rz. 281 ff.
8 BFH, Urteil v. 15.10.1997 - I R 80/96, BFH/NV 1998, 624 = NWB LAAAB-38968; danach auch v. 12.12.2000 - VIII R 22/92, BStBl 2001 II 385; v. 6.11.2003 - IV R 10/01, BStBl 2004 II 416; v. 20.7.2005 - X R 22/02, BStBl 2006 II 457; v. 19.10.2005 - I R 40/04, BFH/NV 2006, 822 = NWB FAAAB-76982, unter II.2.a; zuletzt vom 25.9.2018 - I B 49/16, BFH/NV 2019, 288 = NWB GAAAH-07926; FG München, Urteil v. 8.4.2008 - 2 K 863/06, NWB AAAAC-81222; auch H 4.3 Abs. 1 EStH; ebenso *Dötsch/Pung*, DB 2007, 11, 14.

also zumindest theoretisch erweitert worden, praktisch ist sie damit nur an die Praxis angepasst worden, die sich um die handelsrechtliche Einordnung ohnehin nicht kümmerte. Damit sind auch alle Urteile zur älteren Definition weiterhin verwendbar.

2092 Die Definition des BFH geht vom sog. **finalen Einlagebegriff** aus, final deshalb, weil immer die endgültige (finale) Auswirkung entscheidend ist für die Einlage. **Zweck der Einlage** ist dabei, dass bereits versteuertes Vermögen nach seiner Einbringung nicht im Betrieb erneut steuerverhaftet wird.[1] Daher werden nur bilanzierbare Vermögensvorteile als einlagefähig angesehen, nicht aber Nutzungen[2] und auch nicht wertlose Forderungen.[3]

2093–2100 *(Einstweilen frei)*

II. Tatbestandsmerkmale der verdeckten Einlage

1. Zuwendung eines bilanzierbaren Vermögensvorteils

a) Allgemeines

2101 Die Zuwendung des bilanzierbaren Vermögensvorteils bei der verdeckten Einlage ist das Spiegelbild der Vermögensminderung bei der vGA. Hier geht es praktisch um eine Vermögensmehrung bei der Gesellschaft. Der Terminus der **Zuwendung** hat dabei keinen eigenen Bedeutungsinhalt, es könnte auch z. B. der Begriff der Übertragung verwendet werden. Es kann sich dabei um die Zuwendung eines materiellen oder immateriellen Wirtschaftsguts handeln oder um die Entlastung der Gesellschaft von einer Verbindlichkeit durch Erlass oder Übernahme. Im Fall der Zuwendung eines materiellen oder immateriellen Wirtschaftsgutes kann man auch von einer **Vermögensmehrung** bei der Gesellschaft sprechen, im Fall der Entlastung von einer Verbindlichkeit von einer verhinderten **Vermögensminderung,** analog der Begrifflichkeiten bei der vGA (Vermögensminderung und verhinderte Vermögensmehrung).

b) Vermögensvorteil

2102 Ein Vermögensvorteil besteht, wenn ein Aktivposten gemehrt (Vermögensmehrung) oder ein Passivposten gemindert (verhinderte Vermögensminderung) wird.[4] Es ist dagegen, anders als im Handelsrecht, nicht erforderlich, dass der Vermögensvorteil der Geschäftsführung zur freien Verfügung steht.[5] So kann z. B. der aus einer offenen Sacheinlage gegenüber dem Finanzamt entstehende **Vorsteuererstattungsanspruch** eine verdeckte Einlage des betreffenden Gesellschafters darstellen.[6]

aa) Vermögensmehrung

2103 Die Vermögensmehrung kann bestehen in

▶ der Zahlung von Geld an die Gesellschaft,

---

1 BFH, Urteil v. 26. 10. 1987 - GrS 2/86, BStBl 1988 II 348; FG Berlin-Brandenburg, Urteil v. 7. 9. 2007 - 6 K 2320/03, NWB VAAAC-65871, rkr.
2 BFH, Urteil v. 26. 10. 1987 - GrS 2/86, BStBl 1988 II 348.
3 BFH, Urteil v. 9. 6. 1997 - GrS 1/94, BStBl 1998 II 307.
4 BFH, Urteil v. 24. 5. 1984 - I R 166/78, BStBl 1984 II 747; FG Berlin-Brandenburg, Urteil v. 7. 9. 2007 - 6 K 2320/03, NWB VAAAC-65871, rkr.
5 FG Berlin-Brandenburg, Urteil v. 7. 9. 2007 - 6 K 2320/03, NWB VAAAC-65871, rkr.
6 FG Berlin-Brandenburg, Urteil v. 7. 9. 2007 - 6 K 2320/03, NWB VAAAC-65871, rkr.

- der Einräumung einer Forderung ohne Gegenleistung,
- einer Unterpreislieferung des Gesellschafters an die Gesellschaft,
- einer Überpreislieferung der Gesellschaft an den Gesellschafter.

Im Fall der Unterpreislieferung bzw. Überpreislieferung ist jeweils nur die **Differenz zum Marktpreis** eine verdeckte Einlage. Der Fall der Unterpreislieferung hat eine besonders weitreichende Auswirkung beim Verkauf eines Betriebs, Teilbetriebs oder Mitunternehmeranteils des Gesellschafters an die Gesellschaft unter Wert.[1]

Früher wurde den Gesellschaften häufiger ein **Rückforderungsanspruch für vGA** eingeräumt, weil man hoffte, dadurch die vGA auszuheben. Der BFH hat jedoch entschieden, dass es sich bei diesen Forderungen um verdeckte Einlagen handelt.[2] Wird die Forderung verzinst, so stellen die **Zinsen** jedoch keine weitere Einlageforderung dar, sondern sind angemessenes Entgelt für das Herausschieben der Zahlung und somit Betriebseinnahme.[3] **Kapitalersetzende Darlehen** sind hingegen keine Vermögensmehrung, da sie Fremdkapital bleiben und als solches bei der Gesellschaft zu bilanzieren sind.[4] Nach Auffassung des BFH sind in Verbindung mit einem (qualifizierten) Rangrücktritt gewährte Gesellschafterdarlehen nicht als Einlagen zu beurteilen.[5] Hierzu hatte das FG Berlin-Brandenburg mit Urteil vom 10.9.2008 gegenteilig entschieden.[6] Der IV. Senat des BFH hatte zuvor in einem obiter dictum geäußert, dass Darlehen in Verbindung mit einem Rangrücktritt Einlagen darstellen könnten.[7]

bb) Verhinderte Vermögensminderung

Als verhinderte Vermögensminderung kommt die Übernahme einer Verbindlichkeit der Gesellschaft durch den einlegenden Gesellschafter oder der Erlass einer Verbindlichkeit durch den Gesellschafter in Betracht. Diese Tatsache an sich ist unstreitig, fraglich ist vielmehr nur wie diese verhinderte Vermögensminderung zu bewerten ist, wenn die Forderung gegenüber der Gesellschaft nicht mehr voll werthaltig ist.[8]

c) Bilanzierbarkeit

Der Vermögensvorteil muss ferner bilanzierbar sein. Ob dies gegeben ist, richtet sich nach dem Bilanzrecht,[9] auf das hier nur verwiesen werden kann. Nach der **bisherigen Rechtsprechung sind z. B. bilanzierbar:**

- **Immaterielle Wirtschaftsgüter** trotz § 5 Abs. 2 EStG. Nach dieser Vorschrift dürfen nicht entgeltlich erworbene immaterielle Wirtschaftsgüter nicht aktiviert werden, eine verdeckte Einlage erfolgt aber stets unentgeltlich. Das Aktivierungsverbot tritt jedoch gegenüber der Notwendigkeit der Abgrenzung der gesellschaftsrechtlichen von der betrieblichen Sphäre zurück, so dass auch immaterielle Wirtschaftsgüter, die verdeckt eingelegt

---

1 Vgl. dazu ABC Stichwort: Betriebsaufgabe, → Rz. 4106.
2 Vgl. dazu → Rz. 850.
3 BFH, Urteil v. 25.5.1999 - VIII R 59/97, BFH/NV 1999, 1542 = NWB MAAAA-97467.
4 BFH, Urteil v. 24.7.1997 - VIII R 16/94, BStBl 1999 II 339; v. 4.11.1997 - VIII R 18/94, BStBl 1999 II 344.
5 BFH, Urteil v. 30.11.2011 - I R 100/10, BStBl 2012 II 332.
6 FG Berlin-Brandenburg, Urteil v. 10.9.2008 - 12 K 8271/05 B, DStRE 2009, 1380.
7 BFH, Urteil v. 10.11.2005 - IV R 13/04, BStBl 2006 II 618.
8 Vgl. dazu → Rz. 2144.
9 BFH, Urteil v. 19.5.1982 - I R 102/79, BStBl 1982 II 631; v. 24.5.1984 - I R 166/78, BStBl 1984 II 747.

wurden, aktiviert werden dürfen.[1] Insbesondere kann daher beim **Verkauf eines Betriebs,** Teilbetriebs oder Mitunternehmeranteils durch den Gesellschafter an die Gesellschaft zu einem geringen Entgelt eine verdeckte Einlage zumindest in Höhe des **Firmenwertes** entstehen.[2]

▶ **Erlass einer Forderung** gegen die Gesellschaft.[3] Auch eine **wertgeminderte Forderung** bleibt bilanzierbar, fraglich ist nur die Bewertung bei der Einlage.[4]

▶ Der Verzicht auf einen bereits **entstandenen Entgeltanspruch**.[5] Zum Zeitpunkt der Entstehung darf und muss ein solcher Anspruch bilanziert werden, anders bei Verzicht auf einen **noch nicht entstandenen Entgeltanspruch**. Daher ist auch ein im Laufe des Jahres abgegebener Verzicht auf **Weihnachtsgeld** z.T. eine verdeckte Einlage, denn dieser Anspruch entsteht das gesamte Jahr über, so dass z.B. mit Ablauf des Juni die Hälfte des Weihnachtsgeldanspruchs entstanden ist und eingelegt werden kann.[6]

▶ Zuschuss des Gesellschafters zur **Abdeckung des Bilanzverlustes** bei der Gesellschaft[7] und Verlustübernahme durch den Gesellschafter trotz gescheiterter Organschaft[8] sowie Kapitalzuführung zur Verhinderung einer drohenden Überschuldung.[9]

▶ Bei einer **Bürgschaft** des Gesellschafters für die Gesellschaft wird das bilanzierungsfähige Vermögen weder durch die Übernahme der Bürgschaft, noch durch die Leistung des Bürgen an den Gläubiger vermehrt.[10] Ein bilanzierbarer Vorteil liegt jedoch vor, wenn auf den Ersatzanspruch gegenüber der Gesellschaft gem. § 774 BGB verzichtet wird, der nach Leistung auf die Bürgschaft entsteht.[11] Unter diesen Umständen reicht auch eine **Bürgschaft des Gesellschafters für einen Kunden** der Gesellschaft. Der Gesellschafter hatte für einen Bankkredit gebürgt, mit dem der Kunde bei der Gesellschaft zwei schwer veräußerbare Immobilien erwarb. Durch diese Bürgschaftsübernahme in der Krise der Gesellschaft erlangte er für den Fall der Inanspruchnahme aus der Bürgschaft lt. BFH einen Ersatzanspruch gegenüber der Gesellschaft gem. § 683 BGB, der ebenso ausfiel wie der Ersatzanspruch gem. § 774 BGB gegenüber dem Kunden. Der Verzicht auf den Ersatzanspruch gegenüber der Gesellschaft führte zu einer verdeckten Einlage, da es sich um eine einem eigenkapitalersetzenden Darlehen ähnliche Kreditierung handele.[12]

▶ Ein bilanzierbarer Vorteil liegt auch vor, wenn ein **Dritter** für den Gesellschafter eine Einlage leistet und ein Fall des abgekürzten **Zahlungsweges** oder des **abgekürzten Vertragsweges** vorliegt.[13]

---

1 BFH, Urteil v. 26.10.1987 - GrS 2/86, BStBl 1988 II 348; v. 20.8.1986 - I R 150/82, BStBl 1987 II 455.
2 BFH, Urteil v. 24.3.1987 - I R 202/83, BStBl 1987 II 705; v. 18.12.1990 - VIII R 17/85, BStBl 1991 II 512; vgl. dazu auch ABC Stichwort: Betriebsaufspaltung → Rz. 4107 ff.
3 BFH, Urteil v. 16.4.1991 - VIII R 100/87, BStBl 1992 II 234, Verzicht auf Darlehensforderung; v. 12.4.1989 - I R 41/85, BStBl 1989 II 612, Verzicht auf Pachtforderung; v. 19.7.1994 - VIII R 58/92, BStBl 1995 II 362, für Gehaltsverzicht.
4 Vgl. dazu → Rz. 2144.
5 BFH, Urteil v. 24.5.1984 - I R 166/78, BStBl 1984 II 747, Zinsen; v. 19.5.1993 - I R 34/92, BStBl 1993 II 804 und v. 19.7.1994 - VIII R 58/92, BStBl 1995 II 362, Gehaltsanspruch.
6 FG Saarland, Urteil v. 27.8.1991 - 1 K 130/91, EFG 1992, 44.
7 BFH, Urteil v. 12.2.1980 - VIII R 114/77, BStBl 1980 II 494.
8 BFH, Urteil v. 16.5.1990 - I R 6/88, BStBl 1990 II 797.
9 BFH, Urteil v. 28.4.2004 - I R 20/03, BFH/NV 2005, 19 = NWB EAAAB-27389.
10 BFH, Urteil v. 12.12.2000 - VIII R 36/97, BFH/NV 2001, 761 = NWB VAAAA-97075; v. 4.3.2008 - IX R 78/06, BFH/NV 2008, 1039 = NWB PAAAC-78869.
11 BFH, Urteil v. 4.3.2008 - IX R 78/06, BFH/NV 2008, 1039 = NWB PAAAC-78869.
12 BFH, Urteil v. 4.3.2008 - IX R 80/06, BFH/NV 2008, 1041 = NWB EAAAC-78611.
13 Dazu → Rz. 4128, Dreiecksverhältnisse.

► Nach einer vereinzelten Meinung soll zur Vermeidung eines negativen Buchwertes für ein Wirtschaftsgut auch eine **Aufwandseinlage** möglich sein.[1]

Als **nicht bilanzierbar** und daher nicht einlagefähig wurden von der Rechtsprechung insbesondere die Zuwen**dung von Gebrauchs- oder Nutzungsvorteilen** wie z. B. unverzinsliche Darlehen erkannt. Solche Vorteile sind keine selbständigen Vermögensgegenstände und können daher nicht bilanziert werden.[2] Letztlich soll so vermieden werden, dass bei der unentgeltlichen Nutzungsüberlassung auf der Seite der Gesellschaft ein Nutzungsvorteil (an Einlage) bilanziert und ertragswirksam abgeschrieben wird, während der Gesellschafter keine Einnahme zu versteuern hätte. Daher ist für die Ablehnung einer verdeckten Einlage aus einer Nutzungsüberlassung entscheidend, dass bereits im Voraus auf das Entgelt verzichtet wird, anders ist es dagegen bei Verzicht auf einen bereits entstandenen Entgeltanspruch.[3]

2108

BEISPIEL: ► Der Gesellschafter X gibt der X-GmbH in 01 ein verzinsliches Darlehen mit einem Zins von jährlich 1.200 €. Am 1. 4. 08 verzichtet X auf den Darlehenszins für das Jahr 08. In Höhe von 300 € war der Zinsanspruch bereits entstanden und stellt daher eine verdeckte Einlage dar, i. H. v. 900 € war der Anspruch noch nicht entstanden und ist daher auch keine Einlage. Auf der anderen Seite muss der Gesellschafter allerdings auch nur 300 € als Einnahme aus Kapitalvermögen angeben.[4]

Als nicht bilanzierbar wurde von der Rechtsprechung auf dieser Grundlage angesehen:

2109

► Überlassung von Wirtschaftsgütern des Gesellschafters an die Kapitalgesellschaft zum Gebrauch oder zur **Nutzung ohne Entgelt** oder gegen ein unangemessen geringes Entgelt.[5] Das gilt, z. B. in **Betriebsaufspaltungsfällen**,[6] auch, wenn die Nutzungsüberlassung (Vermietung) zu Dauerverlusten im Besitzunternehmen führt.[7] Die mit der Nutzungsüberlassung verbundenen Ausgaben sind jedoch bei einer Beteiligung im Betriebsvermögen gem. § 3c Abs. 2 EStG nur hälftig als Betriebsausgaben und bei einer Beteiligung im Privatvermögen nur hälftig als Werbungskosten aus Kapitalvermögen anzuerkennen, soweit nicht die Gewinnerzielungsabsicht zu verneinen ist.[8] Ab 2009 sind diese Kosten für Beteiligungen im Betriebsvermögen gem. § 3c Abs. 2 EStG zu 60 % abziehbar, bei Beteiligungen im Privatvermögen entfällt der Abzug hingegen. Es liegen insoweit keine nachträglichen Anschaffungskosten vor, da die Qualifizierung als Werbungskosten vorrangig ist.[9] Das wird auch weiterhin gelten, auch wenn diese Werbungskosten ab 2009 nicht mehr abgezogen werden dürfen.

► Verzicht des Gesellschafter-Geschäftsführers auf einen **zukünftigen Tantiemeanspruch**.[10]

---

[1] Vgl. dazu → Rz. 2167.
[2] BFH, Urteil v. 26. 10. 1987 - GrS 2/86, BStBl 1988 II 348.
[3] Siehe o. → Rz. 2107.
[4] BFH, Urteil v. 26. 10. 1987 - GrS 2/86, BStBl 1988 II 348.
[5] BFH, Urteil v. 3. 2. 1971 - I R 51/66, BStBl 1971 II 408; v. 28. 3. 2000 - VIII R 68/96, BFH/NV 2000, 1278 = NWB HAAAA-96984.
[6] Siehe dazu auch → Rz. 4112.
[7] BFH, Urteil v. 24. 4. 1991 - X R 84/88, BStBl 1991 II 713; anders die alte Rechtsprechung vgl. BFH, Urteil v. 8. 11. 1960 - I R 131/59 S, BStBl 1960 III 513.
[8] Umfassend BFH, Urteil v. 28. 3. 2000 - VIII R 68/98, BFH/NV 2000, 1278 = NWB HAAAA-96984.
[9] BFH, Urteil v. 2. 5. 2001 - VIII R 32/00, BStBl 2001 II 668.
[10] BFH, Urteil v. 22. 11. 1983 - VIII R 37/79, HFR 1984, 212 = NWB YAAAB-02815.

- Aufwandsersparnis bei **zinsloser oder zinsverbilligter Darlehensgewährung** eines Gesellschafters an die Kapitalgesellschaft, selbst dann, wenn dieser selbst ein verzinsliches Darlehen aufnimmt, um der Gesellschaft das Darlehen gewähren zu können.[1]
- Zuwendung eines **dinglichen Nutzungsrechts** am eigenen Vermögen. Damit wird vermieden, dass ein solches Nutzungsrecht bei der Gesellschaft abgeschrieben werden könnte, ohne beim Gesellschafter versteuert zu werden.[2]
- Aufwandsersparnis aufgrund **unentgeltlicher Dienstleistungen** des Gesellschafters für die Kapitalgesellschaft.[3]

2110 Der **Ausfall einer Forderung** des Gesellschafters führt zwar im Privatvermögen u.U. zu nachträglichen Anschaffungskosten[4] und im Betriebsvermögen zu Betriebsausgaben, stellt aber keine Einlage dar. Der Ausfall ergibt sich nur daraus, dass die Forderung des Gesellschafters tatsächlich nicht mehr durchsetzbar ist (z.B. wegen Liquidation oder Insolvenz der Gesellschaft), die Verbindlichkeit der Gesellschaft bleibt aber bestehen, so dass sich auf Seiten der Gesellschaft keine Einlage ergibt.

2111 Nicht entschieden ist bisher, ob eine Einlage vorliegt, wenn aus dem Privatvermögen dem Betrieb ein Wirtschaftsgut zugeführt wird, das bisher zu einer Überschusserzielungseinkunftsart verwendet wurde und der Teilwert dieses Wirtschaftsgutes unter den fortgeführten Anschaffungskosten liegt.[5]

2112 In Änderung seiner Rechtsprechung hat der BFH entschieden, dass der Rangrücktritt eines Gesellschafters mit seiner Forderung gegenüber der Gesellschaft zu einer verdeckten Einlage führt, soweit die Forderung werthaltig ist.[6]

2113–2115 *(Einstweilen frei)*

2. Gesellschaftsrechtliche Gründe

a) Gesellschafterstellung

2116 Die Zuwendung aus gesellschaftsrechtlichen Gründen kann naturgemäß nur durch einen Gesellschafter vorgenommen werden. Dabei wird der Kreis der Gesellschafter hier nicht anders abzugrenzen sein als bei der vGA. Als Gesellschafter kommen daher u.U. in Betracht:

- zukünftige Gesellschafter[7]
- Gesellschafter der Vorgesellschaft[8]
- ehemalige Gesellschafter[9]
- minderjährige Gesellschafter[10]

---

1 BFH, Urteil v. 26.10.1987 - GrS 2/86, BStBl 1988 II 348.
2 BFH, Urteil v. 26.10.1987 - GrS 2/86, BStBl 1988 II 348.
3 BFH, Urteil v. 14.3.1989 - I R 8/85, BStBl 1989 II 633.
4 Vgl. z.B. BFH, Urteil v. 4.3.2008 - IX R 78/06, BFH/NV 2008, 1039 = NWB PAAAC-78869.
5 Vgl. dazu → Rz. 2156.
6 BFH, Urteil v. 15.4.2015 - I R 44/14, BStBl 2015 II 769.
7 Dazu → Rz. 336.
8 Dazu → Rz. 336.
9 Dazu → Rz. 337 und BFH, Urteil v. 28.2.1956 - I 92/94 U, BStBl 1956 III 154 – Testament zugunsten der Gesellschaft.
10 Dazu → Rz. 338.

▶ Minderheitsgesellschafter, insbesondere gibt es bei der verdeckten Einlage keine Besonderheiten für **beherrschende Gesellschafter** wie bei der vGA.

Auch eine verdeckte Einlage kann von einer dem Gesellschafter **nahe stehenden Person** vorgenommen werden. Auch hier ist der Kreis der nahe stehenden Personen ebenso wie bei der vGA abzugrenzen[1] und mithin nicht § 1 Abs. 2 AStG heranzuziehen.

Ein **Nichtgesellschafter** oder ein ausschließlich **mittelbarer Gesellschafter**[2] kann hingegen keine verdeckte Einlage vornehmen. Er kann aber in Fällen der Abkürzung des Zahlungsweges oder gar des Vertragsweges eine Leistung für einen Gesellschafter erbringen.[3] Eine verdeckte Einlage in voller Höhe kann auch bei **Verlust eines Darlehens** erfolgen, welches der Gesellschafter und sein **Ehegatte** als Gesamtschuldner aufgenommen haben, wenn dies nur vom Gesellschafter zur Erzielung von Einkünften genutzt wurde.[4] Gleiches gilt auch bei einer verdeckten Einlage, die aus dem Ausfall einer Rückgriffsforderung aufgrund einer Bürgschaft dient, die die Ehegatten gesamtschuldnerisch für ein Darlehen abgegeben hatten, das letztlich nur der Einkünfteerzielung des Gesellschafters diente.[5]

b) Drittvergleich

Aus gesellschaftsrechtlichen Gründen erfolgt eine Einlage auch weiterhin entsprechend der früheren Definition,[6] wenn ein Nichtgesellschafter bei Anwendung der Sorgfalt eines ordentlichen Kaufmanns der Gesellschaft den Vermögensvorteil nicht eingeräumt hätte.[7] Es ist also wie bei der vGA auch ein Drittvergleich mit dem Verhalten eines gedachten Dritten erforderlich. Allerdings ist hier anders als bei der vGA zunächst die **Perspektive des Gesellschafters** entscheidend. Ebenso wie bei der vGA[8] kann der Drittvergleich auch hier in verschiedenen Stufen verlaufen:

Stufe 1a: Innerbetrieblicher Vergleich

Es wird festgestellt, ob der Gesellschafter ähnliche Vorteile auch fremden Dritten einräumt.

BEISPIEL: ▶ X, der Gesellschafter der X-Warenhaus AG ist, beliefert diese Gesellschaft regelmäßig mit Waren aus seinem Einzelunternehmen, einem Unternehmen der Lebensmittelproduktion wie fremde Dritte auch. Auf Verlangen der AG zahlt X ihr einen sog. Werbezuschuss zur Eröffnung einer neuen Filiale, der aber nicht mit konkreter Werbung für seine Produkte in Zusammenhang steht. Diese Zahlung ist keine verdeckte Einlage, wenn X auf ihre Anforderung hin auch anderen Kunden solche Zuschüsse zahlt. Die Anforderung solcher Zuschüsse durch Discounter bei ihren Lieferanten ist in der Lebensmittelbranche tatsächlich weit verbreitet und stellt nichts anderes als eine spezielle Form von Rabatten dar.

---

1 Dazu → Rz. 346 ff.
2 Dazu → Rz. 336.
3 Dazu → Rz. 4128 f. und BFH, Urteil v. 31. 5. 2005 - X R 36/02, BStBl 2005 II 707; v. 24. 2. 2000 - IV R 75/98, BStBl 2000 II 314; OFD Kiel v. 28. 8. 2001, FR 2001, 1125.
4 BFH, Urteil v. 23. 8. 1999 - GrS 2/97, BStBl 1999 II 782.
5 OFD Kiel v. 28. 8. 2001, FR 2001, 1125.
6 Siehe → Rz. 2089.
7 BFH, Urteil v. 18. 12. 1990 - VIII R 158/86, BFH/NV 1992, 15 = NWB IAAAB-31863; v. 29. 7. 1997 - VIII R 57/94, BStBl 1998 II 652; v. 28. 4. 2004 - I R 20/03, BFH/NV 2005, 19 = NWB EAAAB-27389; FG München, Urteil v. 8. 4. 2008 - 2 K 863/06, EFG 2008, 1444.
8 Vgl. dazu → Rz. 361 ff.

2121 Stufe 1b: Vergleich mit anderen Betrieben (außerbetrieblicher Vergleich)

Ist ein innerbetrieblicher Vergleich nicht möglich, so bemüht man sich festzustellen, ob bei anderen Betrieben der gleichen Branche solche Zuwendungen üblich sind.

> **BEISPIEL:** Wäre im vorgenannten Beispiel festzustellen, dass X allein der X-Warenhaus AG solche Zuschüsse zahlt, so wäre ein innerbetrieblicher Vergleich nicht möglich. Es könnte aber immer noch festgestellt werden, dass solche Lieferantenzuschüsse bei Betrieben der Branche üblich sind und der Drittvergleich dadurch gelingt. Dabei kann z. B. herangezogen werden, dass die X-AG solche Zuschüsse auch von anderen Lieferanten erhält, deren Inhaber bei ihr keine Gesellschafter sind.

2122 Stufe 1c: Hypothetischer Drittvergleich = ordentlicher und gewissenhafter Geschäftsleiter

Ist weder ein inner- noch außerbetrieblicher Vergleich möglich, so wird mit einem gedachten ordentlichen und gewissenhaften Geschäftsleiter verglichen. Ebenso wie bei der vGA kommt es hier häufig auch darauf an, was der jeweils den Vergleich durchführende sich als Verhalten eines ordentlichen und gewissenhaften Geschäftsleiters vorstellt.

> **BEISPIEL:** Eine Stadtwerke AG unterhält einen defizitären Omnibusbetrieb. Die Stadt als Gesellschafterin hat sich verpflichtet, die entstehenden Verluste auszugleichen. Der Betrieb will diese Zahlungen als verdeckte Einlagen ansehen. Der BFH[1] entschied hingegen, dass es sich um Betriebseinnahmen handele, da nach der Eigenart der vertraglich geregelten Beziehungen – u.U. von öffentlich-rechtlicher Art – auch ein Nichtgesellschafter seine Leistung erbracht hätte. Denn auch in diesem Falle war das Gesellschaftsverhältnis für die Leistung nicht ursächlich. Die Entscheidung ist zutreffend, da es ganz üblich ist, dass Kommunen auch privaten Busunternehmen, an denen sie nicht beteiligt sind, Zuschüsse geben, wenn diese den öffentlichen Nahverkehr übernehmen, da dieser anders wirtschaftlich nicht zu betreiben ist.

2123 Stufe 2: Verdopplung des Drittvergleichs = Drittvergleich aus der Sicht der Gesellschaft

Gelingen alle vorgenannten Formen des Drittvergleichs nicht, so könnte man analog der Rechtsprechung des BFH zu vGA daran denken zusätzlich die Perspektive der Gesellschaft heranzuziehen.[2] Dies ist jedoch bisher nicht geschehen.

2124 Insgesamt ist festzustellen, dass die Frage des Drittvergleichs bei der verdeckten Einlage bei weitem nicht so umkämpft ist wie bei der vGA, was wohl daran liegt, dass die Rechtsfolgen der verdeckten Einlage in vielen Fällen nicht so einschneidend sind wie bei der vGA.

2125 Geht es um die Folge der verdeckten Einlage im Privatvermögen, nämlich die Erhöhung der **Anschaffungskosten gem. § 17 EStG**, so stellte die Rechtsprechung jedenfalls beim Ausfall von Darlehen oder Rückgriffsforderungen aus Bürgschaften bisher nicht auf den hier angesprochenen Drittvergleich ab, um die Veranlassung im Gesellschaftsverhältnis festzustellen, sondern allein auf die Frage, ob das Darlehen/die Bürgschaft kapitalersetzend war.[3] Das FG Düsseldorf ist davon nun abgewichen und hat letztlich auch hier den Drittvergleich angewendet.[4] Der BFH hat diese Auffassung in einem diesbezüglichen Revisionsverfahren mit Urteil vom 19. 8. 2008 bestätigt.[5] Danach führt das zivilrechtliche Sanierungsprivileg des § 32a Abs. 3

---

1 BFH, Urteil v. 9. 3. 1983 - I R 182/78, BStBl 1983 II 744.
2 Vgl. bei vGA → Rz. 411.
3 BFH, Urteil v. 22. 2. 2005 - VIII R 41/03, BFH/NV 2005, 1518 = NWB CAAAB-57322; v. 5. 10. 2005 - XI B 39/04, BFH/NV 2006, 286 = NWB CAAAB-73480; OFD Kiel v. 14. 12. 1999, GmbHR 2000, 197.
4 FG Düsseldorf, Urteil v. 17. 10. 2005 - 11 K 2558/04 E, EFG 2006, 110; ähnlich schon *Weber-Grellet*, DStR 1998, 1617; *Paus*, DStZ 1998, 390; *Wolff-Diepenbrock*, DB 1994, 1539; *Schmidt*, StuW 1996, 300.
5 BFH, Urteil v. 19. 8. 2008 - IX R 63/05, BStBl 2009 II 5.

Satz 3 GmbHG nicht dazu, die Veranlassung der Darlehensgewährung in der Krise durch das Gesellschaftsverhältnis zu verneinen und damit die Darlehensverluste nicht als Anschaffungskosten i. S. d. § 17 Abs. 2 EStG zu qualifizieren. Zuvor hatte der BFH entschieden, dass die einem Drittvergleich nicht standhaltende Finanzierungsmaßnahme eines Gesellschafters für sich genommen noch nicht zu nachträglichen Anschaffungskosten führe.[1] Da mit dem Inkrafttreten des MoMiG ab dem 1. 11. 2008 das Kapitalersatzrecht weggefallen ist, war in dieser Frage schon deshalb eine Veränderung zu erwarten. Allzu schwer war sie dem BFH nicht gefallen, da er schon bisher entschieden hatte, dass der kapitalersetzende Charakter sich auch ergibt, wenn bei einer Bürgschaft zum Zeitpunkt der Bürgschaftsübernahme die Inanspruchnahme und der Ausfall der Rückgriffsforderung bereits so wahrscheinlich ist, dass ein Nichtgesellschafter bei Anwendung der Sorgfalt eines ordentlichen Kaufmanns die Bürgschaft nicht übernommen hätte.[2] Damit war auch hier letztlich auf den Drittvergleich abgestellt worden.

(Einstweilen frei) 2126–2130

3. Ohne Entgelt in Gestalt von Gesellschaftsrechten

Eine verdeckte Einlage liegt nur dann bzw. soweit vor, als der Gesellschafter dafür von der Gesellschaft nichts erhält, insbesondere keine neuen Gesellschaftsrechte etwa aus einer Kapitalerhöhung. Die verdeckte Einlage kann hingegen nicht deshalb als entgeltlich angesehen werden, weil durch sie der Wert der bestehenden Anteile erhöht wird,[3] dies ist nämliche eine Folge der verdeckten Einlage und kann daher keine Tatbestandsvoraussetzung sein. 2131

Allerdings wird an verschiedenen Punkten fingiert, dass eine verdeckte Einlage entgeltlich erfolgt sei, so z. B. bei 2132

- § 17 Abs. 1 Satz 2 EStG – fingierter Veräußerungstatbestand,
- § 23 Abs. 1 Satz 5 Nr. 2 EStG – Einlage von Grundstücken nach dem 31. 12. 1999,
- § 8b Abs. 2 Satz 3 KStG hinsichtlich der verdeckten Einlage von Anteilen an Kapitalgesellschaften.

Gerade, dass der Gesetzgeber hier Fiktionen als notwendig erachtet zeigt, dass auch der Gesetzgeber zutreffend davon ausgeht, dass eine verdeckte Einlage stets unentgeltlich ist.

4. Zeitpunkt

Die verdeckte Einlage tritt im Zeitpunkt der **Zuwendung des Vorteils** ein. 2133

BEISPIEL: Die Treuhandanstalt hat bei vielen der von ihr privatisierten Staatsbetriebe einen Schulderlass oder die Zuwendung von Geldmitteln zugesagt. Diese Zusagen sind im Zeitpunkt ihrer Abgabe bereits bilanzierbare Vorteile. Da die Treuhand regelmäßig zu diesem Zeitpunkt auch noch Gesellschafter war, handelte es sich hierbei um verdeckte Einlagen, unabhängig davon, wann die Zusagen tatsächlich umgesetzt wurden.[4] Der Zugang zum Einlagekonto (früher EK 04) der Gesellschaft erfolgt aber erst bei

---

1 BFH, Urteil v. 22. 4. 2008 - IX R 75/06, BFH/NV 2009, 1994 = NWB QAAAC-93981, Vorinstanz ebenfalls FG Düsseldorf, Urteil v. 16. 3. 2006 - 11 K 2442/03, NWB OAAAB-84155.
2 BFH, Urteil v. 29. 6. 1995 - VIII R 68/93, BStBl 1995 II 722; v. 27. 11. 1995 - VIII B 16/95, BFH/NV 1996, 406 = NWB RAAAB-37514; H 17 Abs. 5 EStH; OFD München v. 30. 4. 1996, FR 1996, 431; BFH, Urteil v. 13. 7. 1999 - VIII R 31/98, BStBl 1999 II 724.
3 Vgl. BFH, Urteil v. 20. 8. 1986 - I R 150/82, BStBl 1987 II 455; v. 24. 3. 1987 - I R 202/83, BStBl 1987 II 705; v. 27. 7. 1988 - I R 147/83, BStBl 1989 II 271; v. 18. 12. 2001 - VIII R 10/01, BStBl 2002 II 463; v. 20. 7. 2005 - X R 22/02, BStBl 2006 II 457; v. 24. 4. 2007 - I R 35/05, BStBl 2008 II 253.
4 FG Berlin, Urteil v. 15. 7. 1998 - 8 B 8290/98, EFG 1998, 1486, rkr.

Zufluss der verdeckten Einlage, da sonst die Gefahr bestünde, dass ein eingelegter, aber noch nicht zugeflossener Betrag ausgeschüttet wird.[1] Wurde z. B. ein Vorsteuererstattungsanspruch verdeckt eingelegt, so erfolgen der Zufluss und damit der Zugang im Einlagekonto erst bei Erstattung durch das Finanzamt.[2]

2134 Eine (mittelbare) verdeckte Einlage setzt nicht zwingend eine noch aktive Gesellschaft voraus – eine Erhöhung der Anschaffungskosten erfolgt auch, wenn Schulden der GmbH erst **nach deren Auflösung** ohne eine zuvor begründete Verpflichtung übernommen werden.[3] Dies gilt auch für die freiwillige Zahlung rückständiger Betriebssteuern der GmbH.[4]

2135–2140 *(Einstweilen frei)*

III. Ertragsteuerliche Rechtsfolgen der verdeckten Einlage

1. Behandlung bei der Gesellschaft

a) Keine Einkommenserhöhung

2141 Die Rechtsfolge einer verdeckten Einlage ist nunmehr in § 8 Abs. 3 Satz 3 KStG klar festgehalten: sie darf das Einkommen nicht erhöhen, muss also **ertragsneutral** verbucht werden. Dies gilt allerdings auch schon bisher gem. § 8 KStG i. V. m. der Grundregel des § 4 Abs. 1 Satz 1 EStG. Die Regelung des § 8 Abs. 3 Satz 3 geht dem allerdings nun als Spezialregel vor (lex specialis derogat legi generali). **Handelsrechtlich** wirkt sich die verdeckte Einlage hingegen i. d. R. weiterhin **ertragserhöhend** aus.[5] Daher muss das handelsrechtliche Ergebnis steuerlich entsprechend korrigiert werden. Diese Korrektur erfolgt, analog zur vGA,[6] außerbilanziell.[7]

b) Zuweisung zum Einlagekonto

2142 Die verdeckte Einlage erhöht außerbilanziell das steuerliche Einlagekonto des § 27 KStG. Was in einem gesonderten Feststellungsverfahren im Laufe eines Wirtschaftsjahres fortgeschrieben wird.

c) Bewertung

2143 Zu bewerten ist die Einlage dabei generell mit dem **Teilwert**, im Einzelfall auch nur mit den **fortgeführten Anschaffungskosten**.[8] Ein dem Steuerpflichtigen **geschenktes Wirtschaftsgut** ist bei der Einlage nach der Rechtsprechung des BFH auch dann mit dem Teilwert anzusetzen, wenn der Schenker es innerhalb der letzten drei Jahre vor Einlage angeschafft, hergestellt oder entnommen hat.[9]

---

1 Vgl. BFH, Urteil v. 29. 5. 1996 - I R 118/93, BStBl 1997 II 92; v. 31. 3. 2004 - I R 72/03, BFH/NV 2004, 1423 = NWB AAAAB-24794; FG Berlin-Brandenburg, Urteil v. 7. 9. 2007 - 6 K 2320/03, EFG 2008, 241, NZB eingelegt, Az. des BFH: I B 206/07.
2 FG Berlin-Brandenburg, Urteil v. 7. 9. 2007 - 6 K 2320/03, EFG 2008, 241, NZB eingelegt, Az. des BFH: I B 206/07.
3 Siehe BFH, Urteil v. 12. 12. 2000 - VIII R 22/92, BStBl 2001 II 385, VIII R 52/93, BStBl 2001 II 286 und VIII R 34/94, NWB LAAAA-97074.
4 BFH, Urteil v. 12. 10. 1999 - VIII R 46/98, BFH/NV 2000, 561 = NWB IAAAA-97023.
5 Vgl. *Büchele*, DB 1997, 2337; *Briese*, GmbHR 2006, 1136, 1142.
6 Dazu → Rz. 611 ff.
7 A. A. *Frotscher/Drüen*, § 8 Rz. 83b: innerhalb der Bilanz.
8 Vgl. § 6 Abs. 1 Nr. 5, 6 Abs. 6 Satz 2 EStG; KKB/*Teschke/C. Kraft*, § 6 EStG Rz. 232 ff..
9 BFH, Urteil v. 14. 7. 1993 - X R 74–75/90, BStBl 1994 II 15.

Wird eine im **Wert geminderte Forderung** eingelegt, so ist sie mit dem unter dem Nennwert liegenden Teilwert zu bewerten, Gleiches muss daher auch für den Erlass einer gegen die Gesellschaft gerichteten Forderung gelten, ein Ansatz mit dem Nennwert kommt nicht in Betracht.[1] Soweit der Nennwert den Teilwert übersteigt, führt der Forderungserlass bei der Gesellschaft daher zu einem Ertrag. Die Regelungen für die Geltendmachung nachträglicher Anschaffungskosten beim privaten Gesellschafter (**Krisendarlehen** etc.[2]) sind dabei für die Gesellschaft unerheblich.[3]

2144

Auch beim **Verzicht auf eine Pensionszusage** ist für die Bewertung der Einlage der Teilwert ausschlaggebend. Dabei handelt es sich um den Teilwert der Pensionsanwartschaft (was müsste die Gesellschaft aufwenden, um einen gleichartigen Anspruch von einer Versicherung zu kaufen?) und nicht um den künstlich durch § 6a EStG niedrig gehaltenen Rückstellungswert. Da jedoch nur eingelegt werden kann, was sich im Vermögen des Gesellschafters befindet, ergibt sich aus der Einlage, dass zuvor notwendig ein Zufluss der Pension beim Gesellschafter stattgefunden hat, der ebenfalls mit dem genannten Teilwert anzusetzen ist und der Lohnsteuer unterliegt.[4]

2145

Keine verdeckte Einlage liegt hingegen vor, wenn die an sich vorhandene verdeckte Einlage beim Gesellschafter ausnahmsweise gem. **§ 17 Abs. 1 Satz 2 EStG oder § 23 Abs. 1 Satz 5 Nr. 2 EStG** zu versteuern ist. Dann wird gesetzlich ein **Anschaffungsvorgang fingiert**, der auch auf die Behandlung bei der Gesellschaft durchschlägt, so dass dort stets die Anschaffungskosten maßgebend sind und die Begrenzung des § 7 Abs. 1 Satz 5 EStG für die Abschreibung nicht greift.[5] Nach a. A. liegt auch in diesen Fällen eine verdeckte Einlage vor, die bei der Gesellschaft im Wege der teleologischen Reduktion mit dem Teilwert zu bewerten sei, bezüglich der Höhe der Anschaffungskosten sei jedoch der gemeine Wert entscheidend.[6]

2146

(Einstweilen frei)

2147–2150

2. Behandlung beim Gesellschafter

Die **Bewertung der Einlage bei der Gesellschaft** mit dem Teilwert, im Einzelfall mit den fortgeführten Anschaffungskosten, ist für die Bewertung beim Gesellschafter **keinesfalls bindend**.[7] Vielmehr hat der BFH offen gelassen, ob die Anschaffungskosten beim Gesellschafter um den Teilwert oder den gemeinen Wert der Einlage steigen.[8] Soweit die Einlage aus dem Betriebsvermögen heraus erfolgt, ist jedoch auf beiden Seiten grundsätzlich der Teilwert anzusetzen. Folgende Fälle sind zu unterscheiden:

2151

---

1 BFH, Urteil v. 9. 6. 1997 - GrS 1/94, BStBl 1998 II 307; v. 31. 5. 2005 - X R 36/02, BStBl 2005 II 707; H 40 KStH, Forderungsverzicht; *Förster/Wendland*, GmbHR 2006, 169 ff.
2 Siehe → Rz. 2165.
3 BFH, Urteil v. 16. 5. 2001 - I B 143/00, BStBl 2002 II 436.
4 Vgl. zum Ganzen → Rz. 1746 ff.
5 Vgl. *Grammel/Breuch*, DStR 2008, 1167, 1170.
6 BFH, Urteil v. 18. 12. 2001 - VIII R 10/01, BStBl 2002 II 463, jedoch ausdrücklich nur die Rechtslage vor 1992 betreffend, also vor Einführung der o. g. Vorschriften.
7 BFH, Urteil v. 18. 12. 2001 - VIII R 10/01, BStBl 2002 II 463.
8 BFH, Urteil v. 29. 7. 1997 - VIII R 57/94, BStBl 1998 II 652.

a) Beteiligung im Betriebsvermögen

aa) Eingelegtes Wirtschaftsgut Teil desselben Betriebsvermögens wie die Beteiligung

2152 Der Beteiligungswert an der Kapitalgesellschaft erhöht sich um den Teilwert gem. § 6 Abs. 6 Satz 2 EStG, ggf. gem. § 6 Abs. 6 Satz 3 EStG nur um die fortgeführten Anschaffungskosten. Die Einlage des Wirtschaftsgutes führt grundsätzlich im Betriebsvermögen zu einer **Entnahme zum Teilwert**.[1] Zum Teil wird die Ansicht vertreten, dass dies nicht gilt, wenn die Beteiligung an der Kapitalgesellschaft, in die das Wirtschaftsgut eingelegt wird, zu dem gleichen Betriebsvermögen gehört, so dass dann eine **Buchwertfortführung** möglich wird.[2] Der BFH hat jedoch entschieden, dass auch in diesen Fällen eine Entnahme zum Teilwert anzusetzen sei,[3] da aus der Perspektive des einlegenden Gesellschafters die Verwendung des Wirtschaftsgutes zu außerbetrieblichen Zwecken geschehe. In Höhe der Abweichung zwischen Teilwert und Buchwert entsteht dann im Betriebsvermögen ein Gewinn oder Verlust.

2153 Der Ansicht des BFH kann hier nicht gefolgt werden. Es ist nicht einsehbar, warum erst eine Entnahme notwendig sein soll, die Beteiligung befindet sich ohnehin im Betriebsvermögen (BV), daher muss es möglich sein, aus diesem heraus eine Einlage vorzunehmen. Auch bei einer Einlage aus dem Privatvermögen ist ein direkter Kontakt zwischen Privatvermögen und BV der Kapitalgesellschaft, deren Anteile im BV des Einzelunternehmens gehalten werden, nicht möglich,[4] daher kann es bei der Entnahme nicht anders sein. Der Privatmann ist gar nicht beteiligt, er hat keinen Anlass, etwas aus dem BV des Einzelunternehmens zu entnehmen, nur weil es in die Kapitalgesellschaft überführt werden soll. Auch läuft die Vorschrift des § 6 Abs. 6 Satz 3 EStG bei Umsetzung der Ansicht des BFH leer. Da die Entnahme stets zum Teilwert erfolgen muss, stellt dieser Teilwert danach die Anschaffungskosten dar und so ist eine Einlage dann stets nur noch zum Teilwert möglich.

2154 Eine spezielle Situation ergibt sich beim **Verzicht auf eine Forderung** gegenüber der Gesellschaft. Hier soll nach der Rechtsprechung der Teilwert der Forderung nämlich nicht der Nennwert, sondern ihr gemeiner Wert sein. Nur um diesen Wert erhöhen sich die Anschaffungskosten der Beteiligung. Soweit der Nennwert diesen Wert übersteigt, liegt Aufwand vor, unabhängig von den nur im Privatvermögen interessierenden Fragen, ob ein Krisendarlehen etc. vorliegt.[5] Fraglich ist noch, ob die so erhöhten Anschaffungskosten der Beteiligung gleich wieder im Rahmen einer **Teilwertabschreibung** abgeschrieben werden können, wenn sich die Ertragsaussichten der Gesellschaft durch den Verzicht nicht verbessert haben.[6]

bb) Eingelegtes Wirtschaftsgut Teil eines anderen Betriebsvermögens als die Beteiligung

2155 Ist das eingelegte Wirtschaftsgut Teil eines anderen Betriebsvermögens als die Beteiligung an der Kapitalgesellschaft, so muss das Wirtschaftsgut grundsätzlich erst einmal aus dem dorti-

---

[1] BFH, Urteil v. 16. 6. 2004 - X R 34/03, BStBl 2005 II 378, m.w.N.
[2] Vgl. *Weber-Grellet*, FR 2005, 94: teleologische Reduktion des § 6 Abs. 6; auch BFH, Urteil v. 29. 7. 1997 - VIII R 57/94, BStBl 1998 II 652.
[3] BFH, Urteil v. 20. 7. 2005 - X R 22/02, BStBl 2006 II 457.
[4] Siehe u. → Rz. 2155.
[5] Dazu → Rz. 2165.
[6] Vgl. *Kessler/Kahl*, DB 2002, 2236, die hier gleich steuerliche abzugsfähigen Erhaltungsaufwand annehmen wollen.

gen Betriebsvermögen entnommen werden, bevor es in das andere Betriebsvermögen und von dort in die Kapitalgesellschaft eingelegt werden kann.[1] Bei der **Entnahme** ist stets der **Teilwert** anzusetzen, bei der Einlage in das BV des Einzelunternehmens gem. § 6 Abs. 1 Nr. 5 EStG und bei der Einlage in die Kapitalgesellschaft gem. § 6 Abs. 6 Satz 2 EStG ebenfalls, § 6 Abs. 6 Satz 3 EStG und die Ausnahmen von § 6 Abs. 1 Nr. 5 EStG laufen leer, da die Anschaffungskosten die Kosten der Entnahme und mithin der Teilwert sind. Das gilt alles auch für den Fall der Einlage einer **wesentlichen Beteiligung**. Insbesondere sind § 17 Abs. 1 Satz 2 und Abs. 2 Satz 2 EStG nicht anzuwenden, da Beteiligungen nach § 17 EStG immer Privatvermögen sein müssen, die Beteiligung im Betriebsvermögen stellt hingegen, egal ob wesentlich oder nicht, ein ganz normales Wirtschaftsgut dar für das die allgemeinen Grundsätze gelten.

cc) Eingelegtes Wirtschaftsgut Teil des Privatvermögens

Da die Beteiligung an der Kapitalgesellschaft sich im Betriebsvermögen eines Einzelunternehmens befindet, muss eine **Einlage** aus dem Privatvermögen zunächst **in das Betriebsvermögen des Einzelunternehmens** erfolgen, von dort kann es dann in die Kapitalgesellschaft eingelegt werden.[2] Für die Einlage in das Betriebsvermögen des Einzelunternehmens gilt § 6 Abs. 1 Nr. 5 EStG, also grundsätzlich der **Teilwert,** ausnahmsweise die fortgeführten Anschaffungskosten. Für die Einlage in das Betriebsvermögen der Kapitalgesellschaft und damit die Erhöhung der Anschaffungskosten an der Beteiligung gelten dann § 6 Abs. 6 Satz 2 und 3 EStG, also ebenfalls grundsätzlich der Teilwert, im Einzelfall die fortgeführten Anschaffungskosten. Im Privatvermögen ergibt sich ein Gewinn oder Verlust aus dem Vorgang nur, wenn die verdeckte Einlage einer Veräußerung gleichgestellt wird z. B. gem. § 17 Abs. 1 Satz 2 EStG oder § 23 Abs. 1 Satz 5 Nr. 2 EStG. Das gilt auch, wenn das Wirtschaftsgut zuvor im Privatvermögen im Rahmen der **Einnahmeüberschusserzielung abgeschrieben** wurde (streitig, bisher nicht entschieden).

2156

> **BEISPIEL:** Ein Haus, welches A von seinem Vater geerbt hat, wurde im Rahmen der Einkünfte aus Vermietung und Verpachtung inzwischen vollständig abgeschrieben. A will dieses Haus nun zu betrieblichen Zwecken nutzen und legt es daher in das Betriebsvermögen ein. Der Teilwert beträgt 100.000 €. Mit diesem Betrag ist das Haus daher im Betriebsvermögen auch anzusetzen, lediglich eine Abschreibung ist gem. § 7 Abs. 1 Satz 5 EStG nun nicht mehr möglich.

Wird eine Forderung gegen die Kapitalgesellschaft aus dem Privatvermögen eingelegt, so soll nach Ansicht von *Dieterlen* für Krisendarlehen etc. die Einlage auf den Zeitpunkt des Kriseneintritts zurückzubeziehen sein, so dass sie zum Nominalwert erfolgen könne. Bei **wesentlichen Beteiligungen** i. S. v. § 17 EStG erfolgt die Einlage in das Betriebsvermögen des Einzelunternehmens gem. § 6 Abs. 1 Nr. 5b EStG stets zu Anschaffungskosten. Wird die Beteiligung dann aus diesem Betriebsvermögen verdeckt in die Kapitalgesellschaft eingelegt, so erfolgt der Ansatz mit dem (ggf. höheren) Teilwert gem. § 6 Abs. 6 Satz 2 und 3 EStG, da § 6 Abs. 1 Nr. 5b EStG hier keine Anwendung findet. Der sich daraus ergebende Gewinn unterliegt u. a. der GewSt. Daher sollte von einer verdeckten Einlage abgesehen werden und ein Verkauf vom Gesellschafter direkt an die GmbH erfolgen. Die Heraufschleusung auf den Teilwert erfolgt nicht in den Fällen der Anschaffung der Beteiligung innerhalb der letzten drei Jahre.[3]

2157

---

1 BFH, Urteil v. 16. 6. 2004 - X R 34/03, BStBl 2005 II 378; v. 18. 12. 1990 - VIII R 17/85, BStBl 1991 II 512; v. 10. 8. 1989 - X R 98/88, BFH/NV 1990, 289 = NWB UAAAB-31405; v. 14. 1. 1993 - IV R 121/91, BFH/NV 1993, 525 = NWB TAAAB-33851, m. w. N.
2 Vgl. *Füger/Rieger*, DStR 2003, 628; *Korn*, KÖSDI 2000, 12352.
3 § 6 Abs. 6 Satz 3 i. V. m. § 6 Abs. 1 Nr. 5a EStG.

dd) Teilwertabschreibung

2158 Haben sich durch eine verdeckte Einlage die Anschaffungskosten der Beteiligung erhöht, so fragt sich, ob diese sogleich wieder abgeschrieben werden können, da sich der Wert der Beteiligung im Einzelfall möglicherweise nicht erhöht hat. Eine solche **sofortige Abschreibung ist grundsätzlich möglich,**[1] seit der Änderung des § 6 EStG durch das Steuerentlastungsgesetz 1999 (Wirkung ab VZ 1999) jedoch nur noch bei Vorliegen einer dauernden Wertminderung. Selbst wenn eine solche vorliegt, bestehen jedoch folgende **Ausnahmen** für die Zulässigkeit einer Teilwertabschreibung:

- Anschaffungskosten, die aus der Leistung eines **Zuschusses** durch den Gesellschafter zur Verhinderung der Überschuldung der Gesellschaft entstanden sind, können dann nicht im Wege der Teilwertabschreibung sogleich wieder abgesetzt werden, wenn dieser Zuschuss nicht nur der Abwendung der Insolvenz, sondern auch der Sanierung der Gesellschaft diente.[2] Sei die Kapitalzuführung Bestandteil eines auf kaufmännischen Erwägungen basierenden Konzepts mit dem Ziel, den Betrieb der Kapitalgesellschaft in die Rentabilität zu führen, würde sich ein Erwerber, so der BFH, vermutlich von den gleichen wirtschaftlichen Erwägungen leiten lassen und bereit sein, den zusätzlichen Aufwand im Rahmen des Gesamtkaufpreises zu vergüten. Dies mag im Einzelfall zutreffend sein. Regelmäßig wird aber der Erwerber prüfen, warum die Einlage notwendig war. Wurden z. B. mit der Einlage Verluste ausgeglichen, die durch Managementfehler entstanden, so wird kein Erwerber bereit sein, dies im Kaufpreis zu honorieren. Auch Einlagen, die infolge einer schlechten Wirtschaftslage notwendig wurden, wird ein Erwerber nicht vergüten, wenn diese schlechte Wirtschaftslage nicht mehr besteht, denn er könnte ein neues Unternehmen gründen, das dann in der guten Wirtschaftslage nicht mit den Auswirkungen der überwundenen Rezession zu kämpfen hätte. Daher wird man die genannten BFH-Urteile nicht verallgemeinern können, indem man allgemein eine Teilwertabschreibung bei Einlagen, die der Sanierung dienen, verneint. Es muss vielmehr jeweils geprüft werden, warum die Sanierung notwendig wurde.

- Zudem hält der BFH bei einer Beteiligung an einem neu gegründeten Unternehmen eine Teilwertabschreibung wegen **Anlaufverlusten** (bei inländischen Beteiligungen für drei, bei ausländischen für fünf Jahre) nicht für möglich.[3]

2159 Entfällt die Teilwertminderung später wieder, so sind später wieder die ursprünglichen Buchwerte anzusetzen, Höchstwert sind allerdings die fortgeführten Anschaffungs- oder Herstellungskosten (§ 6 Abs. 1 Nr. 1 Satz 4 und Nr. 2 Satz 3 EStG).

b) Beteiligung im Privatvermögen

aa) Eingelegtes Wirtschaftsgut Teil eines Betriebsvermögens

2160 Das Wirtschaftsgut muss gem. § 6 Abs. 1 Nr. 4 Satz 1 EStG zwingend zum Teilwert aus dem Betriebsvermögen entnommen werden, die Differenz zum Buchwert ist dann ein Entnahmegewinn oder -verlust. Dieser **Teilwert** sind dann die Anschaffungskosten des Wirtschaftsguts im Privatvermögen. Mit diesem Wert erfolgt dann auch die Einlage. Die Beschränkungen des

---

1 BFH, Urteil v. 9. 3. 1977 - I R 203/74, BStBl 1977 II 515; v. 29. 7. 1997 - VIII R 57/94, BStBl 1998 II 652, 657.
2 BFH, Urteil v. 20. 7. 2005 - X R 22/02, BStBl 2006 II 457; v. 18. 12. 1990 - VIII R 158/86, BFH/NV 1992, 15 = NWB IAAAB-31863.
3 BFH, Urteil v. 27. 7. 1988 - I R 104/84, BStBl 1989 II 274.

§ 6 EStG[1] laufen leer, da die Anschaffungskosten die Kosten der Entnahme und mithin der Teilwert sind. Die Rechtsfolgen sind daher dieselben wie bei Fall a bb.[2] Dies alles gilt auch beim Verzicht auf eine Forderung gegenüber der Gesellschaft und bei der Einlage einer **wesentlichen Beteiligung**, ein Fall des § 17 EStG liegt nicht vor, da die Beteiligung Betriebsvermögen ist.[3]

bb) Eingelegtes Wirtschaftsgut Teil des Privatvermögens

Führt die Überführung aus dem Privatvermögen zu einer Besteuerung gem. § 17 Abs. 1 Satz 2 EStG oder § 23 Abs. 1 Satz 5 Nr. 2 EStG, so wird die an sich vorhandene verdeckte Einlage einer Veräußerung gleichgestellt. Daher liegt dann eine verdeckte Einlage nicht mehr vor. Der Gesellschafter hat daher den Veräußerungsgewinn zu versteuern. Die gesetzliche Fiktion führt aber auch bei der Kapitalgesellschaft zur Annahme einer Anschaffung, so dass dort stets die **Anschaffungskosten** maßgebend sind und die Begrenzung des § 7 Abs. 1 Satz 5 EStG für die Abschreibung nicht greift.[4]

Im Privatvermögen stellt die verdeckte Einlage sog. **nachträgliche Anschaffungskosten** dar.[5] Fraglich ist, ob im Privatvermögen die Erhöhung der Anschaffungskosten mit dem **gemeinen Wert oder dem Teilwert** erfolgt. Dabei ist weniger entscheidend, ob diese Werte unterschiedlich hoch sind, wichtig ist nur, dass der Ansatz des Teilwertes gem. § 6 Abs. 1 Nr. 5 Satz 1 sowie § 6 Abs. 6 Satz 2 und 3 EStG auf die Anschaffungskosten begrenzt werden kann, der gemeine Wert aber nicht. Daher ist es auch für diese Entscheidung nicht hilfreich, dass der BFH entschieden hat, der gemeine Wert und der Teilwert würden bei einer auf Lieferungen und Leistungen beruhenden Kapitalforderung stets übereinstimmen.[6] Auch in diesem Fall werden die Anschaffungskosten regelmäßig geringer sein und nur der Teilwert kann unter bestimmten Umständen nach der genannten Vorschrift auf diese Anschaffungskosten beschränkt werden.

Zutreffend wird in der Literatur geltend gemacht, dass nur der gemeine Wert entscheidend sein kann, weil es bei Einlagen aus dem Privatvermögen keinen Teilwert geben kann.[7] Der Teilwert ist schließlich der Wert, den ein Erwerber bei Ankauf des gesamten Betriebes für ein Wirtschaftsgut zahlen würde, wobei die Fortführung des Betriebes zu unterstellen ist.[8] Da das Wirtschaftsgut aber Teil des Privatvermögens ist, kann es nicht bei Erwerb eines gesamten Betriebes übergehen und folglich auch keinen Teilwert besitzen.

Eine Entscheidung des BFH oder eine Verwaltungsauffassung zu dieser Frage liegen noch nicht vor. Der BFH hat jedoch entschieden, dass bei Einlage einer **wesentlichen Beteiligung** für die Bewertung der Einlage der **gemeine Wert** maßgebend ist[9] und damit eine Begrenzung auf die niedrigeren Anschaffungskosten gem. § 6 Abs. 1 Nr. 5 Satz 1 Buchst. b EStG nicht in Betracht kommt. Im Übrigen hat der BFH jedoch offen gelassen, ob die Einlage zum Teilwert oder zum gemeinen Wert anzusetzen ist.[10] Es ist aber nicht erkennbar, warum bei anderen Wirtschaftsgütern die Bewertung anders sein sollte als bei wesentlichen Beteiligungen.

---

1 § 6 Abs. 6 Satz 3 EStG und die Ausnahmen von § 6 Abs. 1 Nr. 5 EStG.
2 → Rz. 2156.
3 Vgl. → Rz. 2156.
4 Vgl. *Grammel/Breuch*, DStR 2008, 1167, 1170.
5 BFH, Urteil v. 28. 4. 2004 - I R 20/03, BFH/NV 2005, 19 = NWB EAAAB-27389.
6 BFH, Urteil v. 29. 7. 1997 - VIII R 57/94, BStBl 1998 II 652.
7 Vgl. *Vogt*, DStR 1999, 1596.
8 § 6 Abs. 1 Nr. 1 Satz 3 EStG.
9 BFH, Urteil v. 18. 12. 2001 - VIII R 10/01, BStBl 2002 II 463.
10 BFH, Urteil v. 29. 7. 1997 - VIII R 57/94, BStBl 1998 II 652.

2165 Verzichtet der Gesellschafter jedoch auf eine **Darlehensforderung**, so soll nach BMF v. 8.6.1999[1] **der Teilwert** maßgebend sein, dieser

▶ ist bei in der Krise gewährten oder krisenbestimmten Darlehen sowie Finanzplandarlehen mit dem Nominalwert des Darlehens anzusetzen und

▶ bei allen anderen Darlehen korrespondierend mit der Bewertung der Einlage bei der Gesellschaft.

2166 Bei **Bürgschaften** des Gesellschafters für die Gesellschaft stellt weder die Übernahme der Bürgschaft, noch die Zahlung auf die Bürgschaft eine verdeckte Einlage dar, sondern erst der Ausfall der Regressforderung. Dieser ist ebenso wie bei den Darlehen zu bewerten, also mit dem Nominalwert der Zahlung, wenn die Bürgschaft krisenbestimmt oder in der Krise gewährt wurde und mit dem Teilwert in allen anderen Fällen.[2] Ist eine Gesellschaft I an einer Gesellschaft II beteiligt und bürgt ein Gesellschafter der Gesellschaft I für ein Bankdarlehen der Gesellschaft II, so ist der Vorgang zu behandeln wie eine verdeckte Einlage des Gesellschafters in die Gesellschaft I und eine Einlage dieser in die Gesellschaft II.[3] Steuerlich relevant ist dabei für den Gesellschafter nur das Schicksal der Einlage in die Gesellschaft I, nicht jedoch der Ausfall des Ersatzanspruchs gem. § 774 BGB gegenüber der Gesellschaft II.[4]

2167 Zu unterscheiden von der Bewertung der Einlage ist die **Bemessungsgrundlage der Abschreibung** nach folgenden Maßgaben:[5]

1. Die AfA in gleichen Jahresbeträgen von Wirtschaftsgütern, deren Verwendung oder Nutzung zur Erzielung von Einkünften sich erfahrungsgemäß auf einen Zeitraum von mehr als einem Jahr erstreckt, wird nach den Anschaffungs- oder Herstellungskosten des Wirtschaftsguts ermittelt (§ 7 Abs. 1 Satz 1 EStG). Bei einer Einlage aus dem Privatvermögen in ein Betriebsvermögen tritt an die Stelle der Anschaffungs- oder Herstellungskosten der Einlagewert (§ 6 Abs. 1 Nr. 5 Satz 1 EStG). Einlagewert ist grundsätzlich der Teilwert (§ 6 Abs. 1 Nr. 5 Satz 1 Halbsatz 1 EStG). Bei der Einlage eines abnutzbaren Wirtschaftsgutes in ein Betriebsvermögen innerhalb von drei Jahren nach Anschaffung oder Herstellung (§ 6 Abs. 1 Nr. 5 Satz 1 Halbsatz 2 Buchst. a i. V. m. Satz 2 EStG) ermittelt sich der Einlagewert nach den Anschaffungs- oder Herstellungskosten abzüglich der AfA nach § 7 EStG, den erhöhten Absetzungen (außerplanmäßige AfA) sowie etwaigen Sonderabschreibungen, die auf den Zeitraum zwischen der Anschaffung oder Herstellung des Wirtschaftsguts und der Einlage entfallen, unabhängig davon, ob das Wirtschaftsgut vor der Einlage zur Einkunftserzielung genutzt worden ist (R 6.12 Abs. 1 EStR).

2. Werden Wirtschaftsgüter nach einer Verwendung zur Erzielung von Einkünften i. S. d. § 2 Abs. 1 Satz 1 Nr. 4 bis 7 EStG in ein Betriebsvermögen eingelegt, ist nach § 7 Abs. 1 Satz 5 EStG eine vom Einlagewert nach § 6 Abs. 1 Nr. 5 Satz 1 EStG abweichende AfA-Bemessungsgrundlage zu ermitteln. Die Abschreibung des eingelegten Wirtschaftsguts nach § 7 Abs. 1 EStG bemisst sich in diesem Fall abweichend von R 7.3 Abs. 6 Satz 1 und 2 EStR 2008 nach folgenden Grundsätzen:

---

1 BMF, Schreiben v. 8.6.1999, BStBl 1999 I 545.
2 BFH, Urteil v. 4.3.2008 - IX R 78/06, BFH/NV 2008, 1039 = NWB PAAAC-78869.
3 BFH, Urteil v. 4.3.2008 - IX R 78/06, BFH/NV 2008, 1039 = NWB PAAAC-78869.
4 Vgl. → Rz. 2296.
5 Vgl. BMF, Schreiben v. 27.10.2010 - IV C 3 - S 2190/09/10007, BStBl 2010 I 1204 unter Berücksichtigung von BFH, Urteil v. 18.8.2009 - X R 40/06, BStBl 2010 II 961; v. 28.10.2009 - VIII R 46/07, BStBl 2010 II 964.

- Ist der Einlagewert des Wirtschaftsguts höher als oder gleich den historischen Anschaffungs- oder Herstellungskosten, ist die AfA ab dem Zeitpunkt der Einlage nach dem um die bereits in Anspruch genommenen AfA oder Substanzverringerungen (planmäßigen AfA), Sonderabschreibungen oder erhöhten Absetzungen geminderten Einlagewert zu bemessen.

- Ist der Einlagewert des Wirtschaftsguts geringer als die historischen Anschaffungs- oder Herstellungskosten, aber nicht geringer als die fortgeführten Anschaffungs- oder Herstellungskosten, ist die AfA ab dem Zeitpunkt der Einlage nach den fortgeführten Anschaffungs- oder Herstellungskosten zu bemessen.

- Ist der Einlagewert des Wirtschaftsguts geringer als die fortgeführten Anschaffungs- oder Herstellungskosten, bemisst sich die weitere AfA nach diesem ungeminderten Einlagewert.

- Der Einlagewert eines Wirtschaftsguts nach §6 Abs.1 Nr.5 Satz 1 Halbsatz 2 Buchst. a i.V.m. Satz 2 EStG gilt gleichzeitig auch als AfA-Bemessungsgrundlage gem. §7 Abs.1 Satz 5 EStG.

(Einstweilen frei) 2168–2175

3. Dreiecksfälle

Bei den Dreiecksfällen handelt es sich regelmäßig um Leistungen einer Schwestergesellschaft an die andere. In diesen Fällen liegt eine vGA der einen Schwestergesellschaft an den gemeinsamen Gesellschafter und eine verdeckte Einlage von diesem an die andere Schwestergesellschaft vor.[1] 2176

4. Rückgängigmachung der verdeckten Einlage

Ähnlich wie bei der verdeckten Gewinnausschüttung kann auch eine verdeckte Einlage nicht einfach durch eine Vereinbarung zwischen den beiden Parteien (Gesellschaft und Gesellschafter) wieder aufgehoben werden und quasi im Rahmen eines actus contrarius steuerneutral wieder zurückgezahlt werden. Eine Rückzahlung einer erhaltenen Einlage stellt vielmehr grundsätzlich eine (verdeckte) Gewinnausschüttung dar.[2] Diese ist nach den Vorschriften des KStG zu besteuern und nur dann und insoweit steuerneutral, als danach das Einlagekonto als verwendet gilt. Ein unmittelbarer Zugriff auf das Einlagekonto unabhängig von den Vorschriften des KStG ist jedoch nicht möglich.[3] Soweit aber danach das Einlagekonto angesprochen wird, werden die Folgen der verdeckten Einlage auch rückgängig gemacht, d.h., die Anschaffungskosten der Beteiligung werden vermindert.[4] 2177

(Einstweilen frei) 2178–2185

---

[1] Die Fälle sind unter → Rz. 726, → Rz. 2232 behandelt.
[2] BFH, Urteil v. 19.7.1994 - VIII R 58/92, BStBl 1995 II 362; ähnlich für Einzelunternehmen (Entnahme) FG München, Urteil v. 13.12.2007 - 11 K 133/03, EFG 2008, 674.
[3] Vgl. BFH, Urteil v. 19.7.1994 - VIII R 58/92, BStBl 1995 II 362.
[4] BFH, Urteil v. 19.7.1994 - VIII R 58/92, BStBl 1995 II 362.

IV. Schenkungsteuerliche Rechtsfolgen der verdeckten Einlage

2186 Zu den Voraussetzungen der verdeckten Einlage gehört, dass sie unentgeltlich erfolgt.[1] Die Unentgeltlichkeit ist jedoch ein Tatbestandsmerkmal der Schenkung, so dass es naheliegend ist zu prüfen, ob eine verdeckte Einlage grundsätzlich zur Schenkungsteuerpflicht führt. Dabei ist zu unterscheiden:

1. Schenkungsteuerpflicht im Verhältnis zur Gesellschaft

2187 Die verdeckte Einlage erfolgt stets aus gesellschaftsrechtlichen Gründen. Sie dient also, auch wenn keine direkte Gegenleistung erfolgt, der Erhaltung, Sicherung und Festigung der Stellung des Gesellschafters in der Gesellschaft. Die Gegenleistung der Gesellschaft besteht, ebenso wie bei den Stammeinlagen, in der Beteiligung des Gesellschafters an den Dividenden und an Wertzuwächsen der Gesellschaft. Auch wenn sich die Quote des Gesellschafters an diesen Leistungen durch eine verdeckte Einlage nicht erhöht, so wird doch die Wahrscheinlichkeit des Eintritts solcher Leistungen gesichert bzw. erhöht. Daher stellt die verdeckte Einlage im Verhältnis zur Gesellschaft **keine Schenkung** dar.[2]

2. Schenkungsteuerpflicht im Verhältnis zu anderen Gesellschaftern

2188 Erfolgt eine verdeckte Einlage, so werden generell die Anteile aller Gesellschafter an der Gesellschaft wertvoller.

> **BEISPIEL:** A und sein Sohn B sind Gesellschafter der AB-GmbH, sie sind mit je 50 % am Stammkapital von 50.000 € beteiligt. Der Wert des Unternehmens entspricht dem Stammkapital. A verkauft nun sein Einzelunternehmen im Wert von 500.000 € für 50.000 € an die Gesellschaft. Die GmbH ist nun 500.000 € wert, der Anteil des Sohnes 250.000 €, wobei die Werterhöhung allein auf der Leistung seines Vaters beruht.

2189 Soweit sich durch die Einlagen die Höhe der Anteile an der Gesellschaft nicht verschieben, sieht der BFH allerdings schon gar keine Zuwendung auf Kosten des Zuwendenden an den begünstigten Gesellschafter. Die **Werterhöhung der Anteile** der begünstigten Gesellschafter beruhe allein auf ihrer Beteiligung an der Gesellschaft, sie sei lediglich ein **Reflex der Vermögenszuführung**.[3] Da bei verdeckten Einlagen eine Verschiebung der Anteile an der Gesellschaft nicht eintritt, sind nach dieser Rechtsprechung schenkungsteuerliche Folgen der verdeckten Einlage im Verhältnis zwischen den Gesellschaftern ausgeschlossen.

2190 Dieser Rechtsauffassung ist der Gesetzgeber durch die Einführung eines fiktiven Schenkungsteuertatbestandes bei disquotalen verdeckten Einlagen jedoch entgegengetreten. Durch die im Zuge des Beitreibungsrichtlinie-Umsetzungsgesetzes (BeitrRLUmsG)[4] neu eingeführten Vorschriften des § 7 Abs. 8 ErbStG wird die disquotale verdeckte Einlage eines Gesellschafters in eine Kapitalgesellschaft der direkten Schenkung auf Gesellschafterebene gleichgestellt, d. h., es wird eine **Schenkung des Einlegenden an die übrigen Mitgesellschafter** fingiert (§ 7 Abs. 8 Satz 1 ErbStG). Die Werterhöhung der Anteile als Reflexwirkung aufgrund einer disquotalen

---

[1] → Rz. 2131.
[2] BFH, Urteil v. 17. 10. 2007 - II R 63/05, BStBl 2008 II 381.
[3] BFH, Urteil v. 17. 10. 2007 - II R 63/05, BStBl 2008 II 381; v. 19. 6. 1996 - II R 83/92, BStBl 1996 II 616; v. 25. 10. 1995 - II R 67/93, BStBl 1996 II 160; eingehend Kapp/Ebeling, § 7 Rz. 207 ff. Ferner BFH, Urteil v. 9. 12. 2009 - II R 28/08, BStBl 2010 II 566.
[4] BeitrRLUmsG v. 7. 12. 2011, BGBl 2011 I 2592.

Einlage in die Kapitalgesellschaft ist nunmehr schenkungsteuerbar. Die Neuregelung gilt für Sachverhalte, die ab dem Tag nach der Verkündung des Gesetzes am 13.12.2011 verwirklicht werden. Die Einführung dieses neuen Steuertatbestandes ist insoweit unsystematisch, als hier ein Durchgriff durch die Gesellschaft vorgenommen wird, was der BFH in seinem Urteil vom 9.12.2009[1] mangels Vorliegen einer substanziellen Vermögensverschiebung bislang abgelehnt hatte.[2]

Bereits vor der gesetzlichen Neuregelung hatte die Finanzverwaltung ihre ursprünglich in R 18 ErbStR dargelegte Auffassung zum Themenkomplex „Schenkungen unter Beteiligung von Kapitalgesellschaften" durch Aufhebung der Richtline[3] und Neufassung in H 18 ErbStH geändert. Hierdurch wurde die jüngere Rechtsprechung umgesetzt, so unter anderem zur disquotalen Einlage in Kapitalgesellschaften.[4] Der mittlerweile veröffentlichte gleichlautende Erlass betr. Schenkungen unter Beteiligung von Kapitalgesellschaften und Genossenschaften v. 14.3.2012[5] gibt die Auffassung der Finanzverwaltung unter Berücksichtigung von § 7 Abs. 8 ErbStG i.d. F des BeitrRLUmsG wieder. Die gleichlautenden Erlasse v. 20.10.2010 werden durch diesen Erlass aufgehoben.

(Einstweilen frei)

V. Materielle Korrespondenz bei verdeckter Einlage (§ 8 Abs. 3 Satz 4 – 6 KStG)

LITERATURHINWEISE:

Benecke, Verdeckte Gewinnausschüttung oder verdeckte Einlage, NWB 2006, 3429 (Beratung aktuell); *Briese*, Fragwürde Korrespondenz bei verdeckten Gewinnausschüttungen und verdeckten Einlagen durch den Entwurf des Jahressteuergesetzes 2007, BB 2006, 2110; *Dötsch/Pung*, JStG 2007: Die Änderungen des KStG und des GewStG, DB 2007, 11; *Dörfler/Heurung/Adrian*, Korrespondenzprinzip bei verdeckter Gewinnausschüttung und verdeckter Einlage, DStR 2007, 514; *Pohl/Raupach*, Verdeckte Gewinnausschüttungen und verdeckte Einlagen nach dem JStG 2007, FR 2007, 210.

1. Allgemeines

a) Persönlicher Anwendungsbereich

Bezüglich des persönlichen Anwendungsbereichs sind zwei verschiedene Gruppen zu unterscheiden:

► Gesellschafter, die selbst **Gesellschaften** sind, fallen eindeutig in den Anwendungsbereich der Vorschrift.

► Natürliche Personen als Gesellschafter sind aber **nicht betroffen**, weil auf sie das KStG nicht anzuwenden ist. Solange im EStG nicht zumindest ein Verweis auf § 8 Abs. 3 Satz 4 ff. KStG erfolgt, fallen diese Gesellschafter u. E. nicht in den Anwendungsbereich

---

[1] BFH, Urteil v. 9.12.2009 - II R 28/08, BStBl 2010 II 566.
[2] Vgl. dazu auch → Rz. 2316.
[3] Vgl. gleich lautender Ländererlass v. 20.10.2010, BStBl 2010 I 1207.
[4] Konkret: BFH, Urteil v. 9.12.2009 - II R 28/08, BStBl 2010 II 566.
[5] BStBl 2012 I 331.

der Vorschrift.[1] Soweit die natürliche Person zudem ihre Beteiligung im Privatvermögen hält, kann bei ihr auch keine Vermögensminderung i. S. d. Vorschrift eintreten.[2]

b) Sachlicher Anwendungsbereich

2197 Da das KStG eine deutsche Steuervorschrift ist, kann es auch nur für **deutsche Gesellschaften** gelten. Bei ausländischen Gesellschaften scheitert die Anwendung schon daran, dass diese nicht der deutschen Rechtsordnung unterfallen und daher auch kein deutsches Einkommen ermitteln, anders natürlich bei Betriebsstätten ausländischer Gesellschaften.

2198 Die fehlende Anwendbarkeit in Auslandsfällen ist bei der Konzeption der Vorschrift wohl verkannt worden.[3] Ohne die hier dargestellte Meinung aufzugeben, wird daher im Folgenden auch die Kommentierung von Auslandsfällen erfolgen, soweit dies sinnvoll ist, da die Finanzverwaltung voraussichtlich die Vorschrift auch in diesen Fällen anwenden wird.

c) Zeitlicher Anwendungsbereich

2199 Die Vorschrift des § 8 Abs. 3 Satz 4 KStG ist gem. § 34 Abs. 6 KStG erstmals auf verdeckte Einlagen anzuwenden, die nach der Verkündung des **JStG 2007**[4] im BGBl, also **nach dem 18. 12. 2006,** geleistet werden, dabei kommt es allein auf den Zufluss bei der Gesellschaft an.[5]

d) Grundlage der Vorschrift

2200 Wird eine (verdeckte) Einlage zutreffend erfasst, so wirkt sie sich weder bei der Gesellschaft noch beim Gesellschafter auf das Einkommen aus. Bei der Gesellschaft wird durch die Buchung „Bank an Kapitalrücklage" kein Ertrag ausgewiesen, bei einem bilanzierenden Gesellschafter durch die Buchung „Beteiligung an Bank" kein Aufwand. Hält eine natürliche Person die Beteiligung im Privatvermögen, ergibt sich durch eine verdeckte Einlage ohnehin keine Auswirkung, auch hier erhöhen sich lediglich die Anschaffungskosten an der Beteiligung.

2201 Eine verdeckte Einlage wird aber oftmals erst durch eine **Betriebsprüfung** aufgedeckt und bis zu diesem Zeitpunkt nicht als Einlage behandelt. Da zudem die steuerliche Beurteilung der Lebenssachverhalte bei der Gesellschaft und beim Gesellschafter unabhängig voneinander vorgenommen wird, kann sich ergeben, dass eine verdeckte Einlage auf beiden Seiten oder auch nur auf einer der beiden Seiten erfolgswirksam erfasst wurde. Um hier einen Gleichklang herzustellen, wurden durch das JStG 2007 die Vorschriften des § 8 Abs. 3 Satz 4 – 6 KStG und § 32a Abs. 2 KStG geschaffen.

> **BEISPIEL:** Bei der T-GmbH ist die M-GmbH Alleingesellschafterin. Sie verzichtet dort auf ein Darlehen. Bei der T-GmbH wurde dieser Verzicht als Ertrag erfasst, bei M-GmbH als Aufwand. Die Betriebsprüfung stellt fest, dass der Verzicht gesellschaftsrechtlich veranlasst war und daher auf beiden Seiten erfolgsneutral zu buchen gewesen wäre. Ist die Veranlagung bei M-GmbH noch zu ändern, so kann die Veranlagung bei T-GmbH jedenfalls noch gem. § 32a Abs. 2 KStG geändert werden.[6] Kann die Veranlagung bei M-GmbH nicht mehr geändert werden, wohl aber noch bei T-GmbH, z. B. wegen eines Vorbehalts der Nachprüfung gem. § 164 AO, so schreibt § 8 Abs. 3 Satz 4 KStG die falsche erfolgswirksame

---

1 Zweifelnd wohl *Dötsch/Pung*, DB 2007, 11, 14.
2 Vgl. dazu → Rz. 2212.
3 Vgl. dazu auch → Rz. 2200 ff.
4 Vgl. BT-Drucks. 16/3368, 21, 50; BR-Drucks. 622/06, 119.
5 Vgl. *Dötsch/Pung*, DB 2007, 11, 14 f.
6 Vgl. dort → Rz. 121 ff.

Behandlung nunmehr fest. Diese darf nicht geändert werden. War der Vorgang von Anfang an nur bei M-GmbH als Aufwand erfasst, bei T-GmbH aber richtig erfolgsneutral gebucht worden, so muss nun sogar die eigentlich falsche Rechtsfolge einer ertragswirksamen Buchung gem. § 8 Abs. 3 Satz 4 KStG hergestellt werden.

Notwendig ist die Vorschrift für solche **Inlandsfälle** jedoch nicht. In dem Beispiel ist bei M-GmbH nämlich die Bilanz falsch, der Ansatz „Beteiligung" ist zu niedrig ausgewiesen, der Fehler war ertragswirksam. Daher ist in der ersten offenen Bilanz der Fehler durch die Buchung „Beteiligung an Ertrag" ebenfalls ertragswirksam zu berichtigen. Dann ist aber bei M-GmbH die richtige Rechtsfolge hergestellt, insgesamt sind nämlich die beiden Buchungen (ursprünglich fehlerhafte Erfassung der Einlage als Aufwand und die ertragswirksame Erhöhung des Beteiligungsansatzes) ertragsneutral. Somit besteht kein Fehler mehr, der gem. § 8 Abs. 3 Satz 4 KStG in die Bilanz der T-GmbH zu übernehmen wäre. Es gibt auch kein Verjährungsproblem, da der falsche Beteiligungsansatz bei Entdeckung stets in der ersten offenen Bilanz zu berichtigen ist.[1] Ein Anwendungsbereich verbleibt lediglich in einem einzigen Dreiecksfall,[2] für den allein sich der Aufwand kaum lohnen dürfte. 2202

Der eigentliche Anlass für die Vorschrift waren daher auch die **Auslandsfälle** bei der Gesellschafterfremdfinanzierung.[3] 2203

BEISPIEL: A ist der Alleingesellschafter der ausländischen M-Ltd., diese die Alleingesellschafterin der inländischen T-GmbH. Die T-GmbH gibt ihrer Muttergesellschaft ein Darlehen. Dieses Darlehen kann laut BMF-Schreiben v. 15.7.2004[4] unter den Anwendungsbereich von § 8a KStG a. F. (Gesellschafterfremdfinanzierung) fallen, da die T-GmbH eine nahe stehende Person zu A i. S. v. § 8a KStG a. F. sein kann. Soweit die Zinszahlungen unter § 8a KStG a. F. fallen, sollen sie eine verdeckte Einlage darstellen. Damit wären die Zinserträge bei der T-GmbH nunmehr keine Erträge mehr, sondern würden nur noch das Einlagekonto gem. § 27 KStG erhöhen (Buchung: Bank an Kapitalrücklage). Zwar würden die Zinsen bei der M-Ltd. dann auch keinen Aufwand mehr darstellen, dies jedoch nur, wenn der ausländische Staat mit dem deutschen Recht vergleichbare Regelungen zur Gesellschafterfremdfinanzierung hat. Die Verwaltung wollte daher gem. Tz. 27 des o. g. Erlasses die vorgenannten Regelungen nur soweit gelten lassen, als die gezahlten Vergütungen bei der M-Ltd. tatsächlich die Bemessungsgrundlage nicht gemindert haben. Der Nachteil dieser Rechtsansicht war, dass es dafür keine Rechtsgrundlage gab.[5] Diese sollte nun u. a. durch § 8 Abs. 3 Satz 3 – 6 KStG geschaffen werden. Wäre dieser auch auf ausländische Gesellschaften anwendbar, so wäre dies auch gelungen. Da die Zinszahlung bei M-Ltd. nach ausländischem Recht wohl den Gewinn mindern wird, wird nach Ansicht der Finanzverwaltung der T-GmbH das Einkommen gem. § 8 Abs. 3 Satz 4 KStG zu erhöhen sein. Der Schönheitsfehler dabei ist, dass ausländische Gesellschaften nunmal kein deutsches Einkommen haben können, welches sich durch die Zinszahlungen mindern könnte, so dass die Anwendung der Vorschrift von vornherein ausgeschlossen ist.[6]

Dies ist von der Verwaltung bei der Konzeption der Vorschrift wohl verkannt worden. Im Folgenden werden bei der Kommentierung da, wo es sinnvoll erscheint, auch Auslandsfälle berücksichtigt, weil davon auszugehen ist, dass die Finanzverwaltung die Vorschrift auch bei die- 2204

---

1 Vgl. auch *Briese*, BB 2006, 2110, 2112; *Dörfler/Heurung/Adrian*, DStR 2007, 514, 518; anerkannt auch von *Dötsch/Pung*, DB 2007, 11, 14, dortige Fn. 19, sie wollen aber § 8 Abs. 3 Satz 4 ff. KStG zumindest bis zur Durchführung der Bilanzberichtigung anwenden, was systematischer Unsinn ist und der Vorschrift einen Vorläufigkeitscharakter verleihen würde.
2 Vgl. zu diesen Fällen unter → Rz. 2238 von Fall 4.
3 Vgl. *Benecke*, NWB 2006, 3429; *Dörfler/Heurung/Adrian*, DStR 2007, 514, 518.
4 BMF, Schreiben v. 15.7.2004, BStBl 2004 I 593, Rz. 16, 17, 27.
5 Vgl. dazu *Pohl/Raupach*, FR 2007, 210, 216.
6 Vgl. auch → Rz. 2197.

sen anwenden wird, gleichwohl bleibt es bei der oben vertretenen Meinung, dass die Vorschrift auf Auslandsfälle nicht angewendet werden darf.

2205–2210   (Einstweilen frei)

2. Grundfall § 8 Abs. 3 Satz 4 KStG

2211   Nach § 8 Abs. 3 Satz 4 KStG erhöht sich das Einkommen, soweit eine verdeckte Einlage das Vermögen des Gesellschafters gemindert hat.

a) Voraussetzung: Vermögensminderung beim Gesellschafter

aa) Vermögensminderung

2212   Die Vermögensminderung wird hier, wie bei der vGA,[1] mit Hilfe der Steuerbilanz zu ermitteln sein, so dass letztlich nicht eine Vermögens-, sondern eine **Gewinnminderung maßgeblich** ist. Eine Vermögensminderung kann daher von vornherein nur bei einem Gesellschafter eintreten, der die Beteiligung an der Kapitalgesellschaft selbst in einem Betriebsvermögen hält. Soweit ein Gesellschafter, der die Beteiligung im Privatvermögen hält, eine verdeckte Einlage vornimmt, kann § 8 Abs. 3 Satz 4 – 6 KStG niemals zur Anwendung kommen, da eine Vermögensminderung im vorgenannten Sinne nicht eintreten kann.[2]

2213   Bei einem Gesellschafter, der die Beteiligung im Betriebsvermögen hält, liegt eine Vermögensminderung nur dann vor, wenn eine Minderung des Eigenkapitals in der Steuerbilanz eintritt. Eine Vermögensminderung liegt hingegen nicht vor, wenn keine Gewinnminderung erfolgt, weil

► ein Anspruch des Gesellschafters überhaupt nicht besteht wie z. B. in Fällen des Drittaufwandes[3] oder

► die konkrete Handlung keine Gewinnauswirkung zeitigt oder

► weil die Gewinnauswirkung sogleich durch Einbuchung eines gleich hohen Ersatzanspruches gegen die Gesellschaft oder Dritte wieder ausgeglichen wird (**Vorteilsausgleich**).

2214   Zur zweiten Fallgruppe (keine Handlung mit Gewinnauswirkung) gehört die **Aktivierung einer Darlehensforderung**. Diese führt nicht zur Vermögensminderung, auch nicht bei unüblichen Darlehensverträgen.[4] Die Unüblichkeit des Darlehensvertrages bestand im Streitfall darin, dass es z. B. keine Vereinbarung über die Rückzahlung des Darlehens gab, dass keine Sicherheiten vereinbart waren, keine klare Regelung über die Verzinsung des Darlehens bestand (u. a.). Auch die Tilgung eines Darlehens kann als ertragsneutraler Vorgang keine Vermögensminderung darstellen.[5]

2215   Zur dritten Fallgruppe (**Kompensation durch Ersatzanspruch**) gehören folgende Fälle:

► Wird die verdeckte Einlage zutreffend behandelt, so kann eine Vermögensminderung in keinem Fall eintreten, da eine verdeckte Einlage stets ertragsneutral zu buchen ist. Geschieht das nicht, entsteht gleichzeitig eine Verpflichtung zu einer Bilanzberichtigung

---

1 Dazu s. → Rz. 291.
2 A. A. offenbar *Benecke*, NWB 2006, 3429, 3434.
3 Vgl. auch → Rz. 2306.
4 Niedersächsisches FG, Urteil v. 26. 2. 1997 - VI 384/96, EFG 1997, 825, bei vGA.
5 Anders in einem obiter dictum zu vGA FG Hamburg, Urteil v. 9. 3. 2004 - VI 275/02, NWB ZAAAB-24229, dagegen zu Recht *Steinkamp*, Stbg 2005, 25.

durch ertragswirksame Erhöhung des Beteiligungsansatzes, was die Vorschrift grundsätzlich aushebelt.[1] Systematisch entspricht es den Fällen dieser Fallgruppe, bei denen die Vermögensminderung durch einen gleichzeitig entstehenden Ersatzanspruch ausbleibt.

▶ Aus einer Schuldübernahme ergibt sich keine Vermögensminderung, wenn der bilanzierende Gesellschafter Bankschulden und Zinsverpflichtungen der Gesellschaft übernimmt und gleichzeitig für die übernommenen Verpflichtungen gleichhohe Ersatzforderungen gegen die Gesellschaft aktiviert.[2] Eine Auswirkung auf das Einkommen des Gesellschafters hätte sich allenfalls ergeben, wenn er eine Abschreibung auf die aktivierte Forderung vorgenommen hätte. Das war aber nicht der Fall.

bb) Verhinderte Vermögensmehrung

In der Definition der verdeckten Gewinnausschüttung[3] wird die verhinderte Vermögensmehrung gleichrangig neben der Vermögensminderung genannt. In § 8 Abs. 3 Satz 4 KStG wird hingegen nur die Vermögensminderung genannt, so dass man nach dem Wortlaut annehmen dürfte, dass eine verhinderte Vermögensmehrung nicht ausreicht. Es dürfte hingegen zu erwarten sein, dass die Rechtsprechung auch ohne ihre ausdrückliche Nennung die verhinderte Vermögensmehrung der Vermögensminderung gleichsetzen wird.[4] 2216

Die Erfassung einer verhinderten Vermögensmehrung wird als Versteuerung des entgangenen Gewinns verstanden. Entsprechend der Vermögensminderung wird hier der bilanzierte Gewinn des Gesellschafters mit demjenigen verglichen, der sich bei der Erfassung der verhinderten Vermögensmehrung als Einnahme ergeben hätte. 2217

Eine verhinderte Vermögensmehrung liegt daher vor, wenn der Gesellschafter auf einen bestehenden bilanzierungsfähigen Anspruch, wie bei der verbilligten oder unentgeltlichen Lieferung eines Wirtschaftsguts an die Gesellschaft, verzichtet. 2218

BEISPIEL:[5] ▶ Prof. A hält Patente in seinem Betriebsvermögen, die er dann an seine A-GmbH für 500.000 € verkauft. Die Betriebsprüfung ist später bei der GmbH der Ansicht, dass der Wert der Patente 800.000 € beträgt und daher eine verdeckte Einlage von 300.000 € zu erfassen ist. Die Veranlagungen von Prof. A sind jedoch nach den Vorschriften der AO nicht mehr zu ändern. Mithin ist die Erhöhung seines Betriebsvermögens um 300.000 € nicht mehr möglich und somit ist dies um 300.000 € gemindert. Daher erhöht die verdeckte Einlage bei der A-GmbH gem. § 8 Abs. 3 Satz 4 KStG das Einkommen.

Es kommt letztlich nur darauf an, dass der Gesellschafter über die Vorteile, die er der Gesellschaft zuwendet, auch wirklich verfügen konnte. **Chancen** sind im Allgemeinen nicht bilanzierungsfähig und können schon daher nicht Gegenstand einer vE sein, es sei denn, sie hätten sich bereits ausreichend konkretisiert, wie in den folgenden Fällen: 2219

▶ Verzicht auf ein besonders günstiges **Kaufanwartschaftsrecht**,[6]

---

1 Siehe dazu → Rz. 2202.
2 BFH, Urteil v. 26. 2. 1992 - I R 23/91, BStBl 1992 II 846, zum umgekehrten Fall.
3 Vgl. → Rz. 281 ff.
4 Ebenso *Dötsch/Pung*, DB 2007, 11, 14 und die Gesetzesbegründung in BR-Drucks. 622/06, 119, in der auch eine verbilligte oder unentgeltliche Lieferung durch den Gesellschafter als Anwendungsbeispiel genannt wird.
5 Vgl. dazu *Pohl/Raupach*, FR 2007, 210, 215.
6 BFH, Urteil v. 3. 11. 1971 - I R 68/70, BStBl 1972 II 227; FG Münster, Urteil v. 8. 6. 1979 - VI 647/76 K, EFG 1980, 44, für vGA-Fall.

- Überlassung eines **Grundstücks** an die Gesellschaft weit unter dem Preis, über den der Gesellschafter bereits mit Interessenten in Verkaufsverhandlungen gestanden hatte.[1]

2220 Auch bei der verhinderten Vermögensmehrung ist letztlich zu berücksichtigen, dass sie grundsätzlich durch die ertragswirksam einzubuchende Erhöhung des Beteiligungsansatzes ausgeglichen wird.[2] Daher kann letztlich eine Vermögensminderung i. S. d. Vorschrift in keiner der denkbaren Varianten entstehen.

cc) ... beim Gesellschafter

2221 Bezüglich der Gesellschafter sind drei verschiedene Gruppen zu unterscheiden:

- Gesellschafter, die selbst Gesellschaften sind, fallen eindeutig in den Anwendungsbereich der Vorschrift.

- Natürliche Personen als Gesellschafter, die ihre Beteiligung im Privatvermögen halten, können dort aus einer verdeckten Einlage schon keine Vermögensminderung oder verhinderte Vermögensmehrung i. S. d. Vorschrift erleiden, so dass sie von der Vorschrift ohnehin nicht betroffen sind.[3]

- Natürliche Personen als Gesellschafter, die ihre Beteiligung in einem Betriebsvermögen halten (z. B. Einzelunternehmen), können zwar aus einer verdeckten Einlage eine Vermögensminderung verbuchen, sind aber nicht betroffen, weil auf sie das KStG nicht anzuwenden ist. Solange im EStG nicht zumindest ein Verweis auf § 8 Abs. 3 Satz 4 ff. KStG erfolgt, fallen diese Gesellschafter nicht in den Anwendungsbereich der Vorschrift.[4]

2222 Die Vermögensminderung oder verhinderte Vermögensmehrung muss laut Gesetzestext beim Gesellschafter eintreten. Tritt sie dagegen bei einer dem Gesellschafter **nahe stehenden Person** ein, so ist zu unterscheiden:

- Ist die nahe stehende Person eine Gesellschaft, so wird die Vermögensminderung bei ihr i. d. R. eine vGA darstellen, dann greift § 8 Abs. 3 Satz 5 KStG ein.[5]

- Ist die nahe stehende Person jedoch eine natürliche Person, so ergibt sich eine **Regelungslücke**,[6] § 8 Abs. 3 Satz 4 KStG ist nicht anwendbar, da eine Vermögensminderung beim Gesellschafter nicht eintritt und § 8 Abs. 3 Satz 5 KStG nicht, da keine vGA, denkbar ist. Eine Korrektur kommt daher in diesen Fällen nicht in Betracht.

BEISPIEL: Alleingesellschafter der A-GmbH ist A, seine Ehefrau F hat mit ihrem Einzelunternehmen Räume bei der A-GmbH gemietet. Sie zahlt dafür ein überhöhtes Pachtentgelt, welches bei ihr als Aufwand und bei der GmbH als Ertrag behandelt wird. Dies wird nach einigen Jahren in der Betriebsprüfung der GmbH festgestellt. Zu diesem Zeitpunkt ist eine Änderung der Veranlagungen des Einzelunternehmens nicht mehr möglich. Sind die Veranlagungen der GmbH noch offen, so sind die verdeckten Einlagen dort jedoch ertragsneutral zu erfassen, § 8 Abs. 3 Satz 4 KStG ist nicht einschlägig, da eine Vermögensminderung beim Gesellschafter nicht eingetreten ist.

---

1 BFH, Urteil v. 16. 11. 1965 - I 302/61, BStBl 1966 III 97, für umgekehrten Fall.
2 Vgl. dazu → Rz. 2202.
3 Vgl. → Rz. 2212.
4 Zweifelnd wohl *Dötsch/Pung*, DB 2007, 11, 14; vgl. oben → Rz. 2196.
5 Siehe dazu → Rz. 2232 ff.
6 Ebenso *Dötsch/Pung*, DB 2007, 11, 14.

dd) Auslandsfälle

Teilweise wird die Ansicht vertreten, dass auch eine Vermögensminderung oder verhinderte Vermögensmehrung bei einem **ausländischen Gesellschafter** den Tatbestand des § 8 Abs. 3 Satz 4 KStG erfüllt.[1] Diese Auslegung dürfte sich allerdings als allzu großzügig erweisen, da bei einem ausländischen Gesellschafter, auch wenn er bilanziert, niemals deutsches Recht gilt und die Regelungen des KStG nur im deutschen Rechtskreis gültig sein können.[2]

b) Rechtsfolge: Einkommenserhöhung bei der Gesellschaft

Zunächst ist auch hier darauf zu verweisen, dass bei richtiger Auslegung die Voraussetzungen der Vorschrift nicht erfüllt werden können.[3]

aa) Einkommenserhöhung dem Grunde nach

Durch § 8 Abs. 3 Satz 4 KStG wird die **Erhöhung des Einkommens**, nicht des Gewinns der Gesellschaft angeordnet. Daraus kann zweierlei entnommen werden:

- § 8 Abs. 3 Satz 4 KStG **verändert nicht den Charakter** der Zuwendung an die Gesellschaft. Diese bleibt eine verdeckte Einlage und erhöht also auch weiterhin das steuerliche Einlagekonto bei der Gesellschaft.[4] Dies ergibt sich auch aus der ausdrücklichen abweichenden Anordnung für Dreiecksfälle in § 8 Abs. 3 Satz 6 KStG.[5] Daher ist für diese Fälle eine Nebenrechnung wie bei vGA[6] überflüssig. Beim Gesellschafter erhöhen sich weiterhin auch die Anschaffungskosten aus der Beteiligung um die verdeckte Einlage.[7]

- Die Erhöhung des Einkommens erfolgt, ebenso wie bei der vGA,[8] **außerbilanziell.** Daher kann die Erhöhung nur vorgenommen werden, soweit das betreffende Jahr **nach den Regelungen der AO** noch geändert werden kann, wogegen bei einem Ansatz innerhalb der Bilanz eine Korrektur stets im ersten noch offenen Jahr möglich wäre.[9]

BEISPIEL: Die M-GmbH, die Alleingesellschafterin der T-GmbH ist, hat dieser in 01 ein Darlehen gewährt, auf welches sie in 02 verzichtet hat. Bei der M-GmbH wurde der Verzicht als Aufwand gebucht, bei T-GmbH ertragsneutral als verdeckte Einlage. Letztlich war die Buchung bei der T-GmbH richtig, da bei Verzicht das Darlehen noch voll werthaltig war und der Verzicht aus gesellschaftsrechtlichen Gründen erfolgte. Die falsche Behandlung bei der M-GmbH wird im Jahr 08 bei einer Betriebsprüfung der M-GmbH aufgedeckt. Eine Änderung ist dort allerdings verfahrensrechtlich nicht mehr möglich.[10] Daher greift materiell nun grundsätzlich § 8 Abs. 3 Satz 4 KStG, d. h., bei der T-GmbH muss nun auch die eigentlich falsche Rechtsfolge gezogen werden und das Einkommen für 02 durch den Verzicht erhöht werden. Ob dies durchsetzbar ist, richtet sich nach der verfahrensrechtlichen Situation bei der T-GmbH:

- Steht die Veranlagung der T-GmbH unter dem Vorbehalt der Nachprüfung gem. § 164 AO und ist dieser noch nicht wegen Ablauf der Festsetzungsfrist entfallen, so ist eine Erfassung des Ertrags aus dem Verzicht in 02 unkompliziert möglich.

---

1 So *Dötsch/Pung*, DB 2007, 11, 14.
2 Zu Einzelheiten s. *Oellerich* in Mössner/Seeger/Oellerich, KStG, § 32a Rz. 16; auch oben → Rz. 2197.
3 Vgl. → Rz. 2202.
4 Ebenso *Dötsch/Pung*, DB 2007, 11, 14.
5 Dazu unten → Rz. 2238.
6 Dazu → Rz. 627, → Rz. 916.
7 Ausnahme § 8 Abs. 3 Satz 6 KStG, vgl. dazu unten → Rz. 2238.
8 Dazu → Rz. 611.
9 Vgl. → Rz. 612.
10 Vgl. aber → Rz. 2202.

- Steht die Veranlagung bei der T-GmbH nicht unter Vorbehalt der Nachprüfung, so wird innerhalb der Festsetzungsfrist eine Änderung bei der T-GmbH regelmäßig gem. § 173 Abs. 1 AO möglich sein. Die Behandlung des Verzichts bei M-GmbH ist eine Tatsache, die bei der Veranlagung der T-GmbH regelmäßig nicht bekannt gewesen sein wird.

- Ist dagegen die Festsetzungsfrist bei T-GmbH abgelaufen, so ist die entsprechende Änderung nicht möglich. Insbesondere eröffnet § 8 Abs. 3 Satz 4 KStG keine verfahrensrechtliche Möglichkeit zur Überwindung der Festsetzungsfrist bei der T-GmbH, sondern gibt nur die materiell-rechtliche Möglichkeit zu einer (an sich falschen) außerbilanziellen Gewinnerhöhung. Ferner muss bei T-GmbH das Einlagekonto und bei M-GmbH das Beteiligungskonto ertragsneutral erhöht werden.[1]

- Wäre hier innerhalb der Bilanz anzusetzen, so ergäbe sich daraus, dass keine verdeckte Einlage vorliegt und der falsche bilanzielle Ansatz der Kapitalrücklage im ersten offenen Jahr erfolgswirksam zu korrigieren wäre (Buchung „Kapitalrücklage an Ertrag").

- Tatsächlich ist letztlich auch eine ertragserhöhende Bilanzberichtigung beim Beteiligungsansatz des Gesellschafters vorzunehmen, so dass eine Vermögensminderung nicht eintritt bzw. kompensiert wird und die Vorschrift daher nicht angewendet werden kann.[2]

bb) Umfang der Einkommenserhöhung

2226 Laut der gesetzlichen Regelung erfolgt eine Erhöhung des Einkommens, soweit eine verdeckte Einlage das Einkommen des Gesellschafters gemindert hat. Der Umfang der Einkommenserhöhung ist hier also vollständig abhängig vom Umfang der Vermögensminderung beim Gesellschafter. Ist dort keine Vermögensminderung eingetreten oder ist sie durch eine Bilanzberichtigung beseitigt,[3] so kann auch keine Erhöhung des Einkommens bei der Gesellschaft erfolgen.

2227–2230 *(Einstweilen frei)*

3. Dreiecksfälle, § 8 Abs. 3 Satz 5 und 6 KStG

a) Grundfall zu § 8 Abs. 3 Satz 5 und 6 KStG

aa) Darstellung

2231 Die Regelung des § 8 Abs. 3 Satz 5 und 6 KStG gelten für verdeckte Einlagen, die auf verdeckten Gewinnausschüttungen einer dem Gesellschafter nahe stehenden Person beruhen. Gedacht ist damit an klassische Dreiecksfälle zwischen Schwestergesellschaften, ist die nahe stehende Person hingegen eine natürliche Person, so ist ein Anwendungsfall im Dreiecksverhältnis nicht denkbar, da die natürliche Person keine verdeckte Gewinnausschüttung vornehmen kann, es käme dann allenfalls ein Vierecksfall in Betracht.[4]

---

[1] Vgl. *Dötsch/Pung*, DB 2007, 11, 14.
[2] Vgl. → Rz. 2202.
[3] Dazu → Rz. 2202.
[4] Vgl. → Rz. 2251 ff.

Der **Grundfall** eines Dreiecksfalls sieht wie folgt aus: 2232

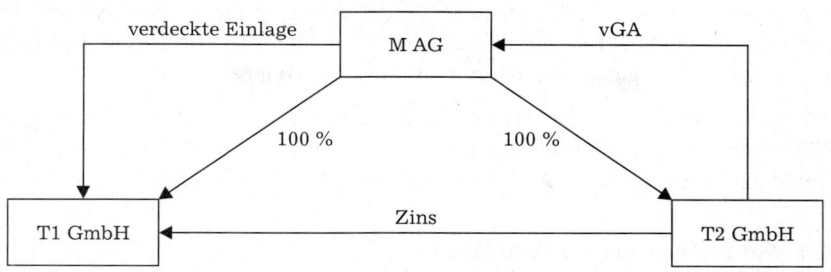

Die M-AG ist zu 100 % an der T1-GmbH und der T2-GmbH beteiligt. Die T1-GmbH gibt der T2-GmbH ein Darlehen, diese zahlt dafür einen überhöhten Zins. Der überhöhte Teil des Zinses ist eine verdeckte Gewinnausschüttung der T2-GmbH an die M-AG und eine verdeckte Einlage der M-AG an die T1-GmbH.[1]

Alternative: Das Darlehen wird unverzinslich vergeben, dann handelt es sich um eine vGA der T1-GmbH an die M-AG, der Nutzungsvorteil wird dort verbraucht,[2] da ein Nutzungsvorteil nicht in die T2-GmbH eingelegt werden kann,[3] somit ist bei der T2 weder ein Aufwand zu berücksichtigen noch etwa eine verdeckte Einlage. Im Grundfall fließt aber tatsächlich Geld, welches auch ein einlagefähiges Wirtschaftsgut ist. 2233

Da bei Gesellschaften Veranlagungen i. d. R. gem. § 164 AO offen gehalten werden, kann ein danach offenes Jahr auch stets noch materiell geändert werden. Unter dieser Voraussetzung stellen nur Fehler in endgültig veranlagten Jahren ein Problem da. Es ergeben sich mithin acht denkbare Fälle, § 8 Abs. 3 Satz 5 und 6 KStG kommen nur in einem einzigen dieser Fälle in Betracht: 2234

bb) Fall 1: Nur Veranlagung der T2 ist falsch

Bei der T2-GmbH wurden die Zinszahlungen in voller Höhe als Aufwand gebucht. Ihre Veranlagung ist verfahrensrechtlich nicht mehr zu ändern. Die Veranlagungen von M und T1 sind hingegen noch offen. Bei M-AG ist der überhöhte Teil des Zinses als Beteiligungsertrag i. S. v. § 20 Abs. 1 Nr. 1 EStG zu erfassen. Dieser ist ausnahmsweise gem. § 8b Abs. 1 Satz 2 KStG in voller Höhe steuerpflichtig. Gleichzeitig erhöht sich der Beteiligungsansatz für die Beteiligung an T1 um denselben Betrag. Bei T2 ist der Betrag einkommensneutral als verdeckte Einlage zu erfassen, § 8 Abs. 3 Satz 5 KStG wird nicht angewandt, da die vGA bei der M-AG erfasst worden ist.[4] 2235

In der Alternative ist die richtige Behandlung des Falles bei T1 und M-AG ebenfalls noch durchführbar, eine falsche Behandlung bei T2 kaum vorstellbar, denn bei dieser ist es zutreffend, wenn sie keinen Zinsaufwand und auch keine verdeckte Einlage erfasst.

cc) Fall 2: Nur Veranlagung der M ist falsch

Bei der M-AG ist bezüglich des gesamten Vorgangs nichts erfasst worden, ihre Veranlagung ist verfahrensrechtlich nicht mehr zu ändern. Die Veranlagungen bei T2 und T1 sind hingegen 2236

---

1 Nachweise s. → Rz. 727, → Rz. 736.
2 Aufwand, zur Frage, ob auf diesen Aufwand § 8b Abs. 3 Satz 4 – 8 KStG anzuwenden ist vgl. *Schmidt/Schwind*, NWB F. 4, 5223, 5226 (Heft 3/2008).
3 Vgl. zum Ganzen → Rz. 737.
4 Ebenso auch *Dötsch/Pung*, DB 2007, 11, 15.

noch offen. Bei T2 wird daher der überhöhte Teil des Zinses als vGA an M erfasst. Die Erfassung der vGA bei M kann nun gem. § 32a Abs. 1 KStG noch erfolgen, ebenso die Erhöhung des Beteiligungsansatzes an der T1.[1] Die Veranlagung der T2 ist ohnehin noch offen und kann daher zutreffend erfolgen. Zum gleichen Fall mit M als ausländischer M-Ltd.[2]

In der Alternative wird bei T1 die vGA erfasst, die Erfassung der vGA bei M kann gem. § 32a Abs. 1 KStG noch erfolgen, ebenso die Buchung des Verbrauchs des Vorteils aus der vGA. Die Veranlagung der T2 ist ohnehin noch offen und kann zutreffend erfolgen.

dd) Fall 3: Nur Veranlagung der T1 ist falsch

2237 Bei der T1 wurden die Zinsen im vollen Umfang als Ertrag gebucht. Die Veranlagung ist nach den Vorschriften der AO nicht mehr änderbar. Bei M-AG und T2 sind alle Veranlagungen noch offen. Daher kann die vGA der T2 an M-AG noch erfasst werden, ebenso kann die Auswirkung der vGA und auch die verdeckte Einlage in T1 bei der M noch erfasst werden, die Veranlagung der T1 kann nun gem. § 32a Abs. 1 oder 2 KStG noch geändert werden.[3]

In der Alternative kann die vGA der T1 an M bei T1 nicht mehr erfasst werden. Sie ist jedoch noch bei M-AG zu erfassen und dort gem. § 8b Abs. 1 Satz 2 KStG ohne die Befreiung des § 8b Abs. 1 Satz 1 KStG voll zu versteuern, dementsprechend kann auch der Aufwand aus dem Verbrauch voll geltend gemacht werden. Bei T2 kann der gesamte Vorgang zutreffend erfasst werden, da die Veranlagungen noch offen sind.

ee) Fall 4: Veranlagung von T2 und M falsch

2238 Dieser Fall ist der einzige Inlandsfall, für den die Vorschriften des § 8 Abs. 3 Satz 4 – 6 KStG überhaupt relevant sind:[4] Die Veranlagungen von T2 und M sind falsch, d. h., die T2 hat die Zinsen in voller Höhe als Aufwand abgesetzt und M hat den gesamten Vorgang nicht erfasst. Die Veranlagungen der beiden Gesellschaften können jedoch nach den Vorschriften der AO nicht mehr geändert werden, die Veranlagungen der T1 sind hingegen noch offen. Bei T1 wird nun die verdeckte Einlage der M erfasst, allerdings gem. § 8 Abs. 3 Satz 5 KStG nicht ertragsneutral, sondern steuerpflichtig, da die verdeckte Einlage bei M-AG nicht steuerwirksam erfasst worden ist und die Zahlung bei T2 den Gewinn gemindert hat. Die M-AG darf gem. § 8 Abs. 3 Satz 6 KStG keine Anschaffungskosten aus der Einlage geltend machen und insbesondere den Beteiligungsansatz an T1 nicht in der ersten offenen Bilanz erhöhen.[5]

Für die Alternative treten dieselben Rechtsfolgen wie bei Fall 2 ein, da die T2 letztlich in den Vorgang gar nicht einbezogen ist und daher ein Fehler bei ihr keine Auswirkungen auf die Beurteilung des Falles zeitigt.

ff) Fall 5: Veranlagung von M und T1 falsch

2239 Bei der M-AG ist bezüglich des gesamten Vorgangs nichts erfasst worden, die T1 hat die Zinsen in voller Höhe als Ertrag gebucht, die Bescheide von beiden sind nach den Vorschriften der

---

1 Vgl. dazu *Oellerich* in Mössner/Seeger/Oellerich, KStG, § 32a Rz. 97.
2 Vgl. → Rz. 2245.
3 Vgl. *Oellerich* in Mössner/Seeger/Oellerich, KStG, § 32a Rz. 97 und 160.
4 Vgl. → Rz. 2202.
5 Ebenso Gesetzesbegründung, BR-Drucks. 622/06, 119; *Dötsch/Pung*, DB 2007, 11, 15; *Dörfler/Heurung/Adrian*, DStR 2007, 514, 519; *Pohl/Raupach*, FR 2007, 210, 216.

AO nicht mehr zu ändern. Die Veranlagung der T2 ist jedoch offen. Daher kann bei T2 die vGA erfasst werden, die richtigen Rechtsfolgen sowohl bei M-AG, als auch bei T1 als nahe stehender Person zu M-AG können gem. § 32a Abs. 1 KStG noch gezogen werden.[1]

Für die Alternative ergibt sich keine Veränderung, die Veranlagungen der T1 und M sind falsch, jedoch nicht änderbar. Die T2 ist von der richtigen steuerlichen Beurteilung des Vorgangs nicht betroffen und daher hat es auch keine Auswirkungen, dass ihre Veranlagung noch offen ist.

gg) Fall 6: Veranlagung von T1 und T2 falsch

Die T1 hat die Zinsen in voller Höhe als Ertrag versteuert, T2 hat sie in voller Höhe als Aufwand abgesetzt. Bei beiden Gesellschaften sind die Veranlagungen nach den Vorschriften der AO nicht mehr zu ändern. Die Veranlagungen der M-AG sind hingegen noch offen. Bei der M-AG ist daher zunächst der Beteiligungsertrag aus der vGA von T2 zu erfassen, dieser ist gem. § 8b Abs. 1 Satz 2 KStG nicht steuerfrei, sondern voll zu versteuern, da diese Einnahmen das Einkommen der leistenden Körperschaft gemindert haben. Ferner ist bei M-AG der Beteiligungsansatz für T1-GmbH ertragsneutral zu erhöhen und somit die verdeckte Einlage zu erfassen. Diese kann auch bei T1 gem. § 32a Abs. 2 KStG noch erfasst werden.

In der Alternative ergibt sich dasselbe Ergebnis wie bei Fall 3, da die Veranlagung der T2 für die Alternative letztlich unerheblich ist.

Variante Ausland 1:

Wie Fall 6, nur dass T 1 und T2 ausländische Gesellschaften sind, also T1-Ltd. und T2-Ltd., wiederum sieht der deutsche Fiskus den von T2 gezahlten Zins als überhöht an, der ausländische Fiskus jedoch als angemessen. Aus deutscher Sicht erhält M nun in Höhe des überhöhten Teils des Zinses eine vGA von T2. Für diese gilt die Freistellung des § 8b Abs. 1 Satz 1 KStG. Grundsätzlich greifen die Ausnahme und die Freistellung des Satzes 1 nach Satz 2 nicht, weil die vGA das Einkommen der T2 gemindert hat. Im Wege der Rückausnahme gem. Satz 4 ist Satz 1 jedoch wiederum anwendbar, weil diese vGA das Einkommen der T1 erhöht, diese eine M AG nahe stehende Person ist und § 32a KStG nicht anwendbar ist. Ferner ist bei M-AG auch die verdeckte Einlage in T1 durch ertragsneutrale Erhöhung des Beteiligungsbuchwertes zu erfassen. Die Regelung des § 8 Abs. 3 Satz 5 KStG ist nicht anwendbar, da die vGA bei der Besteuerung des Gesellschafters berücksichtigt wurde.[2]

Variante Ausland 2:

Wie vorheriger Fall, nur dass T2 ebenfalls im Inland angesiedelt ist, ihre Veranlagungen sind falsch, d. h., die gezahlten Zinsen wurden als Aufwand erfasst, die Veranlagung der T2 kann nach den Vorschriften der AO jedoch nicht mehr geändert werden. Nur die Veranlagungen der M-AG sind also für den deutschen Fiskus noch änderbar. Aus Sicht der deutschen Finanzverwaltung erhält M-AG von der inländischen T2 in Höhe des überhöhten Teils des Mietzinses eine vGA, auf diese ist die Freistellung des § 8b gem. § 8b Abs. 1 Satz 1, 2 und 4 KStG anwendbar.[3] Auch bezüglich der Erfassung der verdeckten Einlage an die ausländische T1 bei M-AG ändert sich nichts im Vergleich zum vorherigen Fall.

---

[1] Vgl. *Oellerich* in Mössner/Seeger/Oellerich, KStG, § 32a Rz. 97; ebenso *Dötsch/Pung*, DB 2007, 11, 15; *Pohl/Raupach*, FR 2007, 210, 216.
[2] Ebenso *Dörfler/Heurung/Adrian*, DStR 2007, 514, 520.
[3] Siehe vorherigen Fall; ebenso *Dörfler/Heurung/Adrian*, DStR 2007, 514, 520.

hh) Fall 7 und 8: Alle Veranlagungen richtig oder alle falsch

2243 Diese Fälle werden nur der Vollständigkeit halber erwähnt. Sind alle Veranlagungen richtig, ergibt sich kein Problem. Sind alle Veranlagungen falsch, aber verfahrensrechtlich nicht mehr zu ändern, so ergeben sich keine Änderungsmöglichkeiten, auch § 8 Abs. 3 Satz 5 und 6 KStG greifen nicht ein, da es sich um rein materiell-rechtliche Vorschriften handelt.

b) Ausnahme zu § 8 Abs. 3 Satz 5 und 6 in § 8 Abs. 3 Satz 5 a. E.

2244 Durch § 8 Abs. 3 Satz 5 KStG wird der Anwendungsbereich des Satz 4 erweitert und eine Einkommenserhöhung bei der Gesellschaft nicht nur dann angeordnet, wenn die verdeckte Einlage das Einkommen des Gesellschafters gemindert hat, sondern auch dann, wenn sie zwar nicht sein Einkommen gemindert hat, jedoch das der **nahe stehenden Person**. Satz 6 ordnet dann an, dass die Anschaffungskosten der Beteiligung beim Gesellschafter nicht erhöht werden dürfen.[1]

2245 Die Ausnahme am Ende von Satz 5 betrifft den Fall, dass das Einkommen des Gesellschafters nicht gemindert wurde, aber auch nicht das der nahe stehenden Person, dann tritt, zur Vermeidung einer Doppelbesteuerung, auch keine Einkommenserhöhung bei der Gesellschaft ein. Im Ergebnis verbleibt jedesmal der Vorgang insgesamt gesehen ertragsneutral. Allerdings ist Satz 6 so formuliert, dass er die (ertragsneutrale) Erhöhung der Anschaffungskosten der Beteiligung in allen Fällen des Satzes 5 verbietet. Dies ist inhaltlich nicht zutreffend. Die Ausnahme am Ende von Satz 5 stellt den Grundsatz des Satzes 3 wieder her, muss also ebenso wie dort[2] auch zur Erhöhung der Anschaffungskosten führen. Man wird daher Satz 6 einschränkend dahin auslegen müssen, dass er sich nur auf den ersten Teil von Satz 5 bezieht, nicht aber auf die Ausnahmevorschrift am Ende.[3]

> **BEISPIEL:** Wie vor Fall 2,[4] aber bei M handelt es sich um eine Gesellschaft im Ausland (M-Ltd.). Der von T2 gezahlte Zins wird in Deutschland als überhöht, im Ausland jedoch als angemessen angesehen. Da die Veranlagungen von T1 und T2 noch offen sind, ist bei T2 der überhöhte Teil des Zinses dem Einkommen als vGA zuzurechnen. Bei T1 ist eine verdeckte Einlage zu erfassen:[5]
>
> ▶ Gemäß § 8 Abs. 3 Satz 3 KStG erhöht diese das Einkommen grundsätzlich nicht.
>
> ▶ Gemäß § 8 Abs. 3 Satz 4 KStG könnte sich das ändern, die Regelung ist jedoch nicht einschlägig, da das Einkommen des Gesellschafters nicht vermindert wurde. Dies gilt schon, weil der Gesellschafter als Ausländer gar kein Einkommen i. S. d. Regelung haben kann, aber auch davon abgesehen gab es bei M keinen Abzug.
>
> ▶ Gemäß § 8 Abs. 3 Satz 5 KStG ist jedoch hier grundsätzlich eine Einkommenshinzurechnung zu machen, da die verdeckte Einlage bei T1 auf einer vGA einer der M-Ltd. nahe stehenden Person, nämlich T2, beruht und bei der Besteuerung der M-Ltd. nicht berücksichtigt wurde.
>
> ▶ Es greift jedoch die Ausnahmeregelung des § 8 Abs. 3 Satz 5 KStG a. E. Danach ist eine Einkommenshinzurechnung doch nicht vorzunehmen, da die vGA bei der T2-GmbH das Einkommen nicht gemindert hat, sie wurde ja wieder hinzugerechnet, da die Veranlagung noch offen war.
>
> ▶ Grundsätzlich sollte hier das Verbot der Erhöhung der Anschaffungskosten für die Beteiligung an T1-GmbH bei M gem. § 8 Abs. 3 Satz 6 KStG nicht greifen, im Fall bleibt diese Frage jedoch belanglos, da die M-Ltd. nicht dem deutschen Steuerrecht unterfällt.

---

1 Zum Fallbeispiel s. o. → Rz. 2238.
2 Dazu → Rz. 2225.
3 Ebenso *Dörfler/Heurung/Adrian*, DStR 2007, 514, 519.
4 → Rz. 2236.
5 Vgl. auch *Dörfler/Heurung/Adrian*, DStR 2007, 514, 519.

(Einstweilen frei) 2246–2250

4. Viereckfälle

Zwar wurde bei der Regelung des § 8 Abs. 3 Satz 5 und 6 KStG wohl ausschließlich an die oben unter → Rz. 2231 ff. behandelten Dreiecksfälle gedacht, anwendbar dürfte die Regelung jedoch auch auf Viereckfälle wie etwa den Folgenden sein:

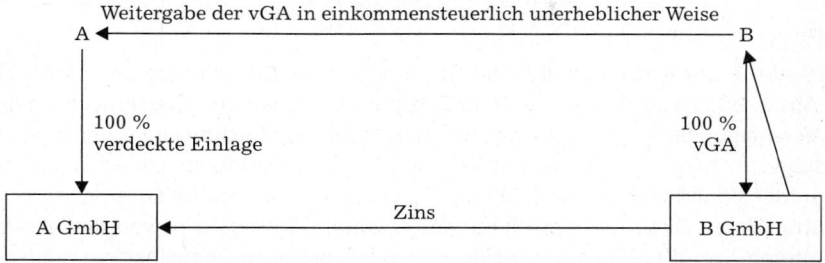

Die natürliche Person A[1] ist Alleingesellschafter der A-GmbH, seine Ehefrau B ist Alleingesellschafter der B-GmbH, beide halten ihre Beteiligungen jeweils in einem Einzelunternehmen, alternativ im Privatvermögen. Die A-GmbH gibt der B-GmbH ein Darlehen, diese zahlt dafür einen weit überhöhten Zins. Der überhöhte Teil des Zinses ist eine vGA an die B, die diesen nach der Rechtsprechung des BFH in einkommensteuerlich unerheblicher Weise an die nahe stehende Person A weitergibt. Diese tätigt dann eine verdeckte Einlage in die A-GmbH.

Der für die Anwendung von § 8 Abs. 3 Satz 5 und 6 KStG relevante Fall[2] liefe dann etwa wie folgt: Bei der B-GmbH wurde der Zins in voller Höhe als Aufwand erfasst, bei A und B wurde nichts erfasst. Die Veranlagungen von B-GmbH, A und B können nach den Vorschriften der AO nicht mehr geändert werden, die Veranlagung der A-GmbH ist jedoch noch offen. Bei A-GmbH wird nun die verdeckte Einlage des A erfasst, allerdings gem. § 8 Abs. 3 Satz 5 KStG nicht ertragsneutral, sondern steuerpflichtig, da

▶ die verdeckte Einlage auf einer vGA einer A nahe stehenden Person beruht, auch die B-GmbH ist eine nahe stehende Person für A, obwohl er selbst nicht daran beteiligt ist;[3]

▶ die verdeckte Einlage bei A nicht steuerwirksam erfasst worden ist und

▶ die Zahlung bei B-GmbH den Gewinn gemindert hat.

A darf gem. § 8 Abs. 3 Satz 6 KStG keine Anschaffungskosten aus der Einlage geltend machen und insbesondere den Beteiligungsansatz an A-GmbH nicht in der ersten offenen Bilanz erhöhen.

Zum Problem wird der Fall erst, wenn man sich etwa B nicht als Ehefrau, sondern als Bruder des A vorstellt und dessen Veranlagung ebenfalls noch offen ist. Dann wird bei diesem die vGA erfasst. Dennoch bleibt es bei wörtlicher Anwendung der Vorschrift bei der Ertragserhöhung bei A-GmbH, denn die o. g. drei Voraussetzungen liegen weiterhin vor. Insbesondere beruht die verdeckte Einlage des A weiterhin auf einer vGA, die bei seiner Besteuerung nicht be-

---

1 Zur Frage der Anwendbarkeit der Vorschrift auf natürliche Personen vgl. oben → Rz. 2196.
2 Analog Dreiecksfall oben Fall 4, → Rz. 2238.
3 Vgl. dazu BFH, Urteil v. 31.7.1974 - I R 238/72, BStBl 1975 II 48; FG Berlin, Urteil v. 22.6.2004 - 7 K 7147/02, EFG 2004, 1866, insoweit von der Revision nicht berührt.

rücksichtigt wurde. Dass eine Berücksichtigung bei B erfolgte, ist zwar gleichwertig, ändert aber nichts an der Anwendung des § 8 Abs. 3 Satz 5 und 6 KStG, da der Viereckssfall nicht vorgesehen war. In diesem Fall führt die Vorschrift daher zu einer **planwidrigen Doppelbesteuerung**.

2254–2260 *(Einstweilen frei)*

5. Kritik

2261 Durch § 8 Abs. 3 Satz 4 KStG werden die Gewinnermittlungsgrundsätze der § 4 Abs. 1 Satz 1 und § 5 Abs. 1 Satz 1 EStG sowie das **Trennungsprinzip**, die verfahrensrechtliche Unabhängigkeit der Veranlagungen von Gesellschaft und Gesellschafter, **durchbrochen**[1] und eine materielle Korrespondenz hergestellt. Es wird dafür gesorgt, dass die verdeckte Einlage in einer Zusammenschau der steuerlichen Behandlung bei Gesellschaft und Gesellschafter letztlich stets ertragsneutral bleibt. Diese Durchbrechung des Trennungsprinzips wird von den verwaltungsnahen Autoren begrüßt,[2] da so sog. weiße Einkünfte aber auch Doppelbesteuerungen verhindert würden. Zumindest für § 8 Abs. 3 Satz 4 KStG ist allerdings nicht ersichtlich, wo hier bei Inlandssachverhalten Doppelbesteuerungen oder weiße Einkünfte zu vermeiden gewesen wären, da die Buchungen ohnehin ertragsneutral sind. Steuerliche Vorteile aus der Buchung verdeckter Einlagen können, wie bei vielen anderen Sachverhalten, einzig durch Fehler entstehen, die im Rahmen der Vorschriften der AO regelmäßig berichtigt werden können. Gibt die AO keine Möglichkeit dazu, so hat der Gesetzgeber (bisher) bewusst für den Einzelfall die Rechtssicherheit über die Rechtsrichtigkeit gestellt. Dass bei verdeckten Einlagen die Anzahl der nicht korrigierbaren Fehler aber so hoch war, dass es das Prinzip der Belastungsgleichheit gebieten würde, hier die Prinzipien der **Rechtssicherheit** und auch das Trennungsprinzip über Bord zu werfen, ist nicht ersichtlich. Aller Voraussicht nach handelt es sich bei § 8 Abs. 3 Satz 4 KStG zudem um eine Regelung, die in **Inlandsfällen** nur in einem eher etwas exotischen Dreiecksfall einen Anwendungsbereich findet,[3] für den gedachten Hauptanwendungsfall aber schlicht überflüssig ist. Für **Auslandsfälle** aber, für die die Regelung letztlich wohl geschaffen wurde, ist sie **nicht anwendbar**. Angesichts der wenigen Fälle, in denen sie tatsächlich von Belang sein wird, ist diese **Regelung überflüssig**. Für die Vielzahl der Fälle bestehen ausreichende gesetzliche Möglichkeiten zur Herstellung des systematisch richtigen Ergebnisses. Da muss nicht bei einem minimalen Restbestand das gesamte System über den Haufen geworfen werden, nur um auch die letzten Steuergroschen noch zu realisieren. Systeme haben nämlich nur dann einen Wert, wenn sie auch eingehalten werden. Das Durchlöchern von Systemen führt regelmäßig zu neuen Problemen, so wird hier ein Fall der **Doppelbesteuerung** bei einem Viereckssachverhalt produziert.[4]

2262–2400 *(Einstweilen frei)*

---

1 So auch *Briese*, BB 2006, 2110, 2112.
2 Z. B. *Dötsch/Pung*, DB 2007, 11, 12.
3 Vgl. *Dörfler/Heurung/Adrian*, DStR 2007, 514, 519: „nicht von erhöhter praktischer Relevanz".
4 Vgl. oben → Rz. 2253.

G. Verlustabzug bei Mantelkauf (§ 8 Abs. 4 KStG a. F.)

Nach Aufhebung der Vorschrift durch das Unternehmenssteuerreformgesetz 2008 wird auf die Kommentierung der 2. Auflage verwiesen. Sie wurde durch § 8c KStG neu geschaffen und ersetzt. Der Verlustabzug wird im Folgenden in der Kommentierung zu § 8c dargestellt.   2401

(Einstweilen frei)   2402–2750

H. Mitgliederbeiträge (§ 8 Abs. 5 KStG)

Nach § 8 Abs. 5 KStG bleiben bei Personenvereinigungen Leistungen, die aufgrund der Satzung von den Mitgliedern als Mitgliedsbeitrag erhoben werden, für die Ermittlung des Einkommens außer Ansatz. Die Vorschrift enthält eine sachliche Steuerbefreiung, die von allen **Personenvereinigungen** i. S. d. § 1 Abs. 1 Nr. 1 – 4 KStG in Anspruch genommen werden kann. Keine Personenvereinigung im Sinne dieser Vorschrift sind Anstalten, Stiftungen, Zweckvermögen des privaten Rechts und Betriebe gewerblicher Art.[1] Ob die Personenvereinigung beschränkt oder unbeschränkt steuerpflichtig ist, hat für die Anwendung der Norm keine Bedeutung.   2751

Mitgliedsbeiträge sind alle wiederkehrenden und einmaligen Einnahmen, die nach der Satzung von den Mitgliedern auf gesellschaftsrechtlicher Grundlage erhoben und ohne Rücksicht auf eine Gegenleistung gezahlt werden, um den gemeinschaftlichen Zweck zu fördern.[2] Die Steuerfreiheit wird unabhängig von der Verwendung der Mittel gewährt, d. h. also auch dann, wenn die Beiträge nicht satzungsgemäß verwendet werden. Die Beiträge müssen auf einer satzungsmäßigen Verpflichtung beruhen und dürfen nicht als Entgelt für eine bestimmte Leistung der Personenvereinigung erbracht werden. Unschädlich ist jedoch die Abhängigkeit der Beitragshöhe von Faktoren, die in der Person des Mitglieds liegen, wie die Höhe des Einkommens, des Vermögens, des Alters oder Ermäßigung für Familien, soweit die Mitgliedschaft trotz unterschiedlicher Beitragshöhe jeweils die gleichen Rechte gewährt.[3] Neben den regelmäßig zu leistenden Beiträgen zählen hierzu auch Eintrittsgelder oder Umlagen zur Finanzierung bestimmter Gesellschaftsaufgaben.   2752

Nicht um Mitgliedsbeiträge handelt es sich bei Einnahmen der Personenvereinigung, die lediglich mittelbar mit den Beiträgen zusammenhängen, wie z. B. Zinsen aus thesaurierten Beiträgen. Insoweit beruht die Vermögensmehrung auf einer eigenen Betätigung der Personenvereinigung und nicht auf einer Leistung des Mitglieds.   2753

Kein Leistungsaustausch. Bei Zuwendungen, die nicht auf gesellschaftsrechtlicher Grundlage beruhen, handelt es sich ebenfalls nicht um echte Mitgliedsbeiträge i. S. d. § 8 Abs. 5 KStG. Freiwillige Leistungen der Mitglieder ohne Gegenleistung zur Erfüllung des Gemeinschaftszwecks, wie insbesondere Spenden, lassen sich ebenso wie die im Rahmen des Leistungsaustausches auf schuldrechtlicher Grundlage erbrachte Gegenleistung klar vom Mitgliedsbeitrag abgrenzen. Bisweilen werden Zuwendungen an eine Personenvereinigung jedoch lediglich in der äußeren Form des Mitgliedsbeitrages, inhaltlich aber als Gegenleistung für bestimmte Leistungen der Personenvereinigung und damit als **verdecktes Entgelt** erbracht. Von einem Leistungsaustausch ist in diesen Fällen auszugehen, soweit die Betätigung der Personenvereinigung der   2754

---

[1] *Rengers* Blümich KStG § 8 Rz. 970; *Streck/Schwedhelm*, KStG, § 8 Anm. 155; a. A. im Hinblick auf Kapitalgesellschaften *Krämer* DPM § 8 Abs. 5 Rz. 3.
[2] Vgl. BFH, Urteil v. 15. 10. 1997 - I R 2/97, BStBl 1998 II 175.
[3] Hessisches FG, EFG 1977, 88; *Rengers* Blümich KStG § 8 Rz. 975.

wirtschaftlichen Förderung der Einzelmitglieder dient und die Beiträge Entgelt für bestimmte Leistungen darstellen.[1] Anhaltspunkte für einen Entgeltanteil liegen vor, wenn Beiträge gezahlt werden, die zugleich einen konkreten oder potenziellen Anspruch auf bestimmte Leistungen (Rechtsberatung, Inanspruchnahme von Einrichtungen, Vermittlungsleistungen) einräumen. Z. B. Beitrag eines LSt-Hilfevereins;[2] Haus- und Grundbesitzerverein;[3] ADAC-Beitrag;[4] Gewährung oder Vermittlung von Versicherungsschutz;[5] zur Vereinszeitschrift, die nicht in erster Linie zur Unterrichtung der Mitglieder über die Vereinsarbeit, sondern auch im erheblichen Umfang allgemeine publizistische Inhalte umfasst.[6]

2755 Werden die Beiträge oder Umlagen nach dem Umfang der tatsächlichen oder zu erwartenden Inanspruchnahme der Leistungen der Personenvereinigung durch das jeweilige Mitglied bemessen, indiziert dies regelmäßig einen Leistungsaustausch.[7] Zu weiteren Abgrenzungskriterien kann auf die vergleichbare Problematik im UStG verwiesen werden.[8] **Teilentgeltliche Beiträge** sind im Wege der Schätzung in einen Beitrags- und einen Entgeltanteil aufzuteilen.[9]

2756 Die Erhebung erfolgt **aufgrund der Satzung**, wenn in der Satzung sowohl die Leistungspflicht als auch die Bemessung der Beiträge geregelt ist. Dabei muss die Satzung die Art und Höhe der Mitgliedsbeiträge im Einzelnen genau bezeichnen oder einen eindeutigen Berechnungsmaßstab vorgeben, so dass die Beiträge bei Kenntnis der Berechnungsgrundlagen bestimmbar sind. Ausreichend ist es auch, wenn in der Satzung die Festsetzung der Beiträge auf ein genau bezeichnetes Organ übertragen wird. So genügt etwa die Festlegung, dass der Mitgliedsbeitrag jährlich durch die Mitgliederversammlung zu bestimmen ist. Beruhen Beiträge auf anderweitigen Vereinbarungen mit der Personenvereinigung oder werden solche ohne rechtliche Verpflichtung geleistet, greift § 8 Abs. 5 KStG nicht.

2757 Sind die Beiträge sachlich von der KSt befreit, folgt daraus andererseits, dass mit den Beiträgen in unmittelbarem wirtschaftlichen Zusammenhang stehende Aufwendungen gem. § 3c Abs. 1 EStG nicht abzugsfähig sind. Dies setzt voraus, dass die einnahmen und die Aufwendungen durch dasselbe Ereignis veranlasst sind; die Finanzierung von Aufwendungen durch Mitgliederbeiträge reicht nicht aus.[10]

2758–2770 *(Einstweilen frei)*

I. Steuerabzugspflichtiges Einkommen (§ 8 Abs. 6 KStG)

2771 Erzielt die Körperschaft ausschließlich Einkünfte, von denen lediglich ein Steuerabzug vorzunehmen ist, schließt die Vorschrift den Abzug von Betriebsausgaben oder Werbungskosten aus. Hierunter fallen z. B. nach § 5 KStG steuerbefreite Körperschaften, Personenvereinigungen und Vermögensmassen mit inländischen Kapitalerträgen, die der KapSt unterliegen, oder nach

---

1 BFH, Urteile v. 28. 6. 1989 - I R 86/85, BStBl 1990 II 550; v. 15. 10. 1997 - I R 2/97, BStBl 1998 II 175.
2 BFH, Urteil v. 29. 8. 1973 - I R 234/71, BStBl 1974 II 60.
3 BFH, Urteil v. 9. 2. 1965 - I 25/63 U, BStBl 1965 III 294.
4 FinMin Niedersachsen, StEK § 1 I Nr. 1 UStG Nr. 19.
5 BFH, Urteil v. 15. 10. 1997 - I R 2/97, BStBl 1998 II 175.
6 Vgl. FG München, EFG 2001, 1178; BFH, Urteil v. 18. 12. 2002 - I R 60/01, BFH/NV 2003, 1025 = NWB AAAAA-88052.
7 Vgl. BFH, Urteil v. 21. 4. 1993 - XI R 84/90, BFH/NV 1994, 60 = NWB MAAAB-34390; FG Hamburg, EFG 2002, 1123; Hessisches FG, EFG 2004, 1873.
8 Siehe auch zur Abgrenzung FG Saarland, EFG 1985, 464.
9 Vgl. BFH, Urteil v. 13. 8. 1997 - I R 85/96, BStBl 1998 II 161; R 8.11 Abs. 3 Satz 2 KStR.
10 BFH, Urteil v. 11. 10. 1989 - I R 208/85, BStBl 1990 II 88.

§ 2 Nr. 1 KStG beschränkt Steuerpflichtige mit inländischen Kapitalerträgen i. S. d. § 49 Abs. 1 Nr. 5 EStG bzw. inländischen Einkünften, die dem Steuerabzug nach § 50a Abs. 1 EStG unterliegen. Durch den Verweis in § 50a Abs. 3 Satz 3 EStG auf § 32 Abs. 4 KStG ergibt sich, dass bei sog. „EU-/EWR-Körperschaften, Personenvereinigungen und Vermögensmassen" bei der Ermittlung der Bemessungsgrundlage für den abgeltenden Steuerabzug der Abzug von BA oder WK zulässig ist.[1] Bei inländischen unbeschränkt steuerpflichtigen Körperschaften ist indes grds. ein Veranlagungsverfahren durchzuführen. Im Rahmen des Veranlagungsverfahrens ist der Betriebsausgaben- oder Werbungskostenabzug zulässig, auch wenn die Körperschaft lediglich dem Steuerabzug unterliegende Einkünfte erzielt.

(Einstweilen frei) 2772–2780

J. Dauerverlustgeschäfte der öffentlichen Hand (§ 8 Abs. 7 – 9 KStG)

LITERATUR:

Bracksiek, Die Neuregelung des steuerlichen Querverbunds durch das JStG 2009, FR 2009, 15; *Hüttemann*, Rechtsprobleme des „neuen" Querverbundes nach dem JStG 2009, DB 2009, 2629; *Leippe/Baldauf*, Änderungen beim kommunalen steuerlichen Querverbund nach dem Jahressteuergesetz 2009, DStZ 2009, 67; *Kirchhof*, Steuerlicher Querverband – Entwarnung für Tracking-Stock-Strukturen, DStR 2010, 1659; *Leippe*, Das BMF-Anwendungsschreiben zum steuerlichen Querverbund aus der Sicht der kommunalen Praxis, DStZ 2010, 106; *Meier*, Der Begriff des „Dauerverlustgeschäfts" i. S. d. § 8 Abs. 7 Satz 2 KStG, FR 2010, 168; *Pinkos*, Erläuterungen zum BMF-Schreiben zum steuerlichen Querverbund, DStZ 2010, 96.

I. Allgemeine Erläuterungen zu § 8 Abs. 7 - 9 KStG

Gegenstand der Vorschriften des § 8 Abs. 7 – 9 KStG ist die **steuerliche Behandlung von Dauerverlustgeschäften** von BgA[2] sowie von Kapitalgesellschaften, die von der öffentlichen Hand beherrscht werden (sog. Eigengesellschaften). Auslöser für die Aufnahme dieser im Rahmen des Jahressteuergesetzes 2009[3] eingeführten **Sonderregelungen** in das Körperschaftsteuergesetz bildete das **BFH-Urteil vom 22. 8. 2007**[4], worin der I. Senat die Fortführung einer dauerdefizitären Tätigkeit als Indiz dafür angesehen hatte, dass diese Tätigkeit nicht im eigenen geschäftlichen Interesse des jeweiligen Steuersubjektes, sondern vielmehr im privaten Interesse des Gesellschafters erfolgt. Im zugrunde liegenden Urteilsfall wurde mangels einer schuldrechtlichen Vereinbarung zum Ausgleich der Verluste eine **verdeckte Gewinnausschüttung** angenommen.

Diese Rechtsprechung eröffnete einen Problemkreis insbesondere für den kommunalen Bereich, da gerade dort wirtschaftliche Tätigkeiten oftmals dauerdefizitär betrieben werden (z. B. öffentlicher Nahverkehr, Bäderbetriebe, Kuranlagen etc.). Solche lediglich im öffentlichen Interesse und nicht aus wirtschaftlichen Gesichtspunkten betriebenen Tätigkeiten können Kommunen in aller Regel nur vor dem Hintergrund des sog. **steuerlichen Querverbundes** aufrechterhalten, d. h. durch Zusammenfassung bzw. **Ergebnisverrechnung** in Bezug auf die betriebenen unterschiedlichen Gewinn- und Verlusttätigkeiten. Die auf die Gewinntätigkeiten ersparten Steuern dienen insoweit als Finanzierungsbeitrag für die betriebenen Verlusttätigkeiten.

---

1 *Krämer* DPM § 8 Abs. 6 Rz. 4.
2 Zum Begriff „Betrieb gewerblicher Art" vgl. grundlegend *Musil* in Mössner/Seeger/Oellerich, KStG, § 4 sowie → Rz. 3465.
3 § 8 Abs. 7 – 10 KStG angefügt gem. JStG 2009 v. 19. 12. 2008, BGBl 2008 I 2794, Art. 3 Nr. 4.
4 BFH, Urteil v. 22. 8. 2007 - I R 32/06, BStBl 2007 II 961.

Die Logik des Querverbundes besteht folglich – vergleichbar mit der ertragsteuerlichen Organschaft – in der steuerlichen Verrechnung von Gewinnen aus profitablen wirtschaftlichen Tätigkeiten mit dauerdefizitären Tätigkeiten **im Bereich der öffentlichen Hand.**

2783 Zur Abschwächung der negativen Folgen für den öffentlichen Sektor bzw. zur Rettung des kommunalen Querverbundes wurden daraufhin die Vorschriften des § 8 Abs. 7 – 9 KStG in die gesetzlichen Regelungen zur Einkommensermittlung aufgenommen. Bis zu diesem Zeitpunkt war der kommunale Querverbund gesetzlich nicht normiert, sondern wurde lediglich in den Körperschaftsteuer-Richtlinien 2004 näher ausgeführt. Die Finanzverwaltung hat in einem ersten **BMF-Schreiben vom 12.11.2009**[1] zu den Anwendungsfragen zum steuerlichen Querverbund Stellung genommen. Inwieweit sich das BMF hierzu noch weiter äußern wird, bleibt abzuwarten.[2] Um EU-rechtliche Bedenken gegen die Regelungen zum steuerlichen Querverbund zu vermeiden, hat der Gesetzgeber lediglich die bisherige Verwaltungsauffassung gesetzlich normiert, so dass es sich um eine sog. **„Altbeihilfe"**[3] handelt.

2784 In § 8 Abs. 7 KStG als Herzstück der neuen Querverbundregelungen werden – in Ergänzung zu den allgemeinen Grundsätzen des § 8 Abs. 3 Satz 2 KStG – die Rechtsfolgen der **verdeckten Gewinnausschüttung** sowohl für dauerdefizitäre BgA als auch für von der öffentlichen Hand beherrschte Kapitalgesellschaften behandelt bzw. entsprechende **Ausnahmetatbestände** hiervon geschaffen. § 8 Abs. 8 und 9 KStG enthalten **Bestimmungen zur Verlustverrechnung** bei den o. g. Steuersubjekten. Ein Großteil der gesetzlichen Neuregelungen gibt die Grundsätze wieder, die der bis dahin bestehenden Verwaltungsauffassung entsprechen. Diese beruht auf langjähriger Rechtsprechung zum kommunalen steuerlichen Querverbund.[4] Manche Grundsätze reichen bis in die 1960er Jahre zurück. Neben einer möglichst vollständigen Übertragung der bisherigen Verwaltungsgrundsätze zum steuerlichen Querverbund in das Körperschaftsteuergesetz war der Gesetzgeber gleichzeitig um eine rechtsformneutrale Verankerung des Querverbundes bemüht. Nicht zuletzt deshalb haben die Regelungen die nun vorhandene Komplexität erlangt.[5]

2785–2790 *(Einstweilen frei)*

II. Ausschluss einer verdeckten Gewinnausschüttung bei Dauerverlustgeschäften von Betrieben gewerblicher Art und Eigengesellschaften (§ 8 Abs. 7 KStG)

1. Dauerverlustgeschäfte bei Betrieben gewerblicher Art (§ 8 Abs. 7 Satz 1 Nr. 1 KStG)

2791 Nach dem Gesetzeswortlaut sind die Rechtsfolgen einer verdeckten Gewinnausschüttung i. S. d. § 8 Abs. 3 Satz 2 KStG bei BgA i. S. d. § 4 KStG nicht bereits deshalb zu ziehen, weil sie ein **Dauerverlustgeschäft** ausüben. Danach führt ein Dauerverlustgeschäft **nicht zu den Rechtsfolgen einer verdeckten Gewinnausschüttung**, wenn dieses **von einem BgA betrieben** wird. Von der Lesart her ist die Norm so zu verstehen, dass aus Dauerverlustgeschäften resultierende

---

1 BMF, Schreiben v. 12.1.2009, BStBl 2009 I 1303.
2 Vgl. *Pinkos*, DStZ 2010, 96, 97. *Pinkos* geht davon aus, dass weitere Verlautbarungen der Finanzverwaltung folgen werden, insbesondere im Hinblick auf die bestehende Komplexität der Querverbundregelungen und die Vielzahl der bestehenden praktischen Anwendungsfragen.
3 Siehe hierzu BFH, Urteil v. 31.7.2013 - I R 82/12, BStBl 2015 II 123; *Krämer* DPM § 8 Abs. 7 Rz. 15; a. A. Gosch/*Heger* § 4 Rz. 70.
4 Z. B. BFH, Urteil v. 4.12.1991 - I R 74/89, BStBl 1992 II 432. Vgl. auch OFD Köln v. 17.8.1998, FR 1998, 966.
5 Vgl. hierzu auch *Hüttemann*, DB 2009, 2629, 2630.

Verluste regelmäßig keine der verdeckten Gewinnausschüttung zugrunde liegende Vermögensminderung oder verhinderte Vermögensmehrung bilden.[1] Nach dem ebenfalls im Rahmen des Jahressteuergesetzes 2009 eingeführten § 8 Abs. 1 Satz 2 KStG sind bei BgA i. S. d. § 4 KStG die **Absicht, Gewinn zu erzielen, und die Beteiligung am allgemeinen wirtschaftlichen Verkehr nicht erforderlich.** Danach liegt auch dann ein steuerpflichtiger BgA vor, wenn die Einnahmen aus der wirtschaftlichen Tätigkeit die Kosten nicht decken und daher dauerhaft Verluste erwirtschaftet werden.[2] Diese gesetzlich erfolgte Klarstellung gegenüber einer möglichen Qualifizierung als Liebhaberei bildet überhaupt erst die **Voraussetzung,** dass Dauerverlusttätigkeiten zur **Ergebnisverrechnung im Querverbund** eingesetzt werden können. Andernfalls würde eine Verlustverrechnung mangels steuerlicher Relevanz per se ausscheiden und die Regelungen des § 8 Abs. 7 KStG keine Wirkung zeigen.

Der Ausnahmetatbestand des § 8 Abs. 7 Satz 1 Nr. 1 KStG ist grundsätzlich nur dann anwendbar, wenn das Dauerverlustgeschäft von dem BgA **unmittelbar betrieben** wird.[3] Eine Abweichung hiervon besteht für Organgesellschaften, da § 15 Satz 1 Nr. 4 Satz 2 KStG die Anwendung der Ausnahmeregelungen des § 8 Abs. 7 KStG nach dem Prinzip der Bruttomethode auf die Ebene des Organträgers verlagert.[4]

2792

Die **Beteiligung** einer juristischen Person des öffentlichen Rechts **an einer Mitunternehmerschaft** i. S. d. § 15 Abs. 1 Satz 1 Nr. 2 EStG begründet nach allgemeinen Grundsätzen einen eigenständigen BgA.[5] Beschränkt sich die Tätigkeit einer Personengesellschaft jedoch ausschließlich auf ein Dauerverlustgeschäft, ist diese Personengesellschaft mangels Gewinnerzielungsabsicht keine Mitunternehmerschaft. Die Tätigkeit und die Wirtschaftsgüter einer solchen Gesellschaft werden dann der beteiligten juristischen Person des öffentlichen Rechts anteilig zugerechnet und bilden dort, da hierfür nach § 8 Abs. 1 Satz 2 KStG eine Tätigkeit mit bloßer Einnahmeerzielung ausreicht, einen BgA. Werden von der Personengesellschaft auch gewinnbringende Tätigkeiten ausgeübt, gilt bei der juristischen Person des öffentlichen Rechts das anteilige Dauerverlustgeschäft als gesonderter BgA, auf den die Sonderregelungen des § 8 Abs. 7 Satz 1 Nr. 1 KStG anwendbar sind.[6] Liegt eine nicht begünstigte dauerdefizitäre Tätigkeit vor, ist in Höhe des Verlustanteils der jur. Person des öR eine vGA anzunehmen.[7]

2793

(Einstweilen frei) 2794–2795

2. Dauerverlustgeschäfte bei Eigengesellschaften (§ 8 Abs. 7 Satz 1 Nr. 2 KStG)

Die Rechtsfolgen einer verdeckten Gewinnausschüttung i. S. d. § 8 Abs. 3 Satz 2 KStG sind – neben BgA – auch bei Kapitalgesellschaften i. S. d. § 1 Abs. 1 Nr. 1 KStG nicht bereits deshalb zu ziehen, weil diese ein Dauerverlustgeschäft ausüben.[8] Dieser **weitere Ausnahmetatbestand** ist jedoch ausschließlich auf **Kapitalgesellschaften** anwendbar, bei denen die **Mehrheit der Stimmrechte** unmittelbar oder mittelbar auf juristische Personen des öffentlichen Rechts ent-

2796

---

1 Vgl. *Bracksiek,* FR 2009, 15, 17.
2 Für weitere Ausführungen zum Begriff und den Voraussetzungen für das Vorliegen eines Dauerverlustgeschäfts vgl. → Rz. 2816 ff.
3 Vgl. hierzu auch → Rz. 2818.
4 Vgl. BMF, Schreiben v. 12. 11. 2009, BStBl 2009 I 1303, Tz. 22.
5 Vgl. R 4.1 Abs. 2 Satz 2 KStR.
6 Vgl. BMF, Schreiben v. 12. 11. 2009, BStBl 2009 I 1303, Tz. 59 ff.
7 *Krämer* DPM § 8 Abs. 7 Rz. 74.
8 Die Kapitalgesellschaft muss die dauerdefizitäre Tätigkeit selber ausüben, eine Verpachtung ist nicht begünstigt, BFH, Urteil v. 9. 11. 2016 - I R 56/15, NWB VAAAG-38325.

fällt. Als zusätzliche Voraussetzung dürfen nachweislich **ausschließlich juristische Personen des öffentlichen Rechts** die **Verluste** aus den Dauerverlustgeschäften der Eigengesellschaft tragen.

3. Mehrheit der Stimmrechte

2797 Nach § 8 Abs. 7 Satz 1 Nr. 2 Satz 2 KStG bedingt der Ausschluss einer verdeckten Gewinnausschüttung bei Dauerverlustgeschäften von Eigengesellschaften, dass die (einfache) Mehrheit der Stimmrechte **unmittelbar oder mittelbar** auf juristische Personen des öffentlichen Rechts entfällt, welche im Inland oder im EU-/EWR-Ausland ansässig sind. Danach ist es erforderlich, dass juristische Personen des öffentlichen Rechts **mehr als 50 % der Stimmrechte** auf sich vereinigen. Sind mehrere juristische Personen des öffentlichen Rechts an einer Kapitalgesellschaft beteiligt, sind die Stimmrechte zur Prüfung der erforderlichen Stimmrechtsquote zusammenzurechnen. Für die Zusammenrechnung der Stimmrechte kommt es nicht darauf an, ob diese durch das rechtliche oder wirtschaftliche Eigentum an den Gesellschaftsanteilen begründet sind oder lediglich auf Stimmbindungsverträgen beruhen.[1] Die Stimmrechtsquote ist zur Prüfung der Mehrheitsverhältnisse allein maßgeblich, auf die Mehrheit der Kapitalanteile kommt es dabei nicht an. Ebenso kommt es nicht darauf an, dass die Stimmrechte tatsächlich gemeinsam ausgeübt werden. Alleine die Möglichkeit hierzu ist ausreichend.

2798 Nach dem Gesetzeswortlaut ist es ausreichend, wenn juristische Personen des öffentlichen Rechts nur mittelbar über die Mehrheit der Stimmrechte verfügen, also nicht direkt an der Eigengesellschaft beteiligt sind. Dies erfordert jedoch, dass eine oder mehrere juristische Personen des öffentlichen Rechts die Stimmrechtsmehrheit an der oder den Körperschaften oder Personengesellschaften innehaben müssen, welche die Mehrheit der Stimmrechte an der Eigengesellschaft vermitteln. Folglich muss **auf jeder Beteiligungsstufe die Mehrheit der Stimmrechte** bestehen.[2] Die Höhe der mittelbaren Beteiligung ist also nicht etwa „durchzurechnen". Stimmrechte einer oder mehrerer juristischen Personen des öffentlichen Rechts sowohl aus unmittelbaren als auch aus mittelbaren Beteiligungen sind zur Berechnung der maßgeblichen Stimmrechtsquote der öffentlichen Hand zusammenzurechnen. Hierbei sind auch ausländische juristische Personen des öffentlichen Rechts zu berücksichtigen, sofern diese in der EU oder in Staaten des EWR ansässig sind. Stimmrechte, die auf eigene Anteile der Eigengesellschaft entfallen, vermindern den Bestand der für die Berechnung der Stimmrechtsquote verfügbaren Stimmrechte.

2799–2805 *(Einstweilen frei)*

4. Verlusttragung ausschließlich durch die öffentliche Hand

2806 Eine weitere Bedingung für den Ausschluss einer verdeckten Gewinnausschüttung bei Dauerverlustgeschäften von Eigengesellschaften ist die Übernahme der Verluste aus der dauerdefizitären Tätigkeit ausschließlich durch juristische Personen des öffentlichen Rechts. Diese zusätzliche Bedingung ist nur in den Fällen relevant, in denen an einer Eigengesellschaft nicht ausschließlich juristische Personen des öffentlichen Rechts beteiligt sind. Es soll in solchen Fällen verhindert werden, dass privatrechtlich organisierte Anteilseigner von den begünstigenden

---

[1] Vgl. BMF, Schreiben v. 12.11.2009, BStBl 2009 I 1303, Tz. 26.
[2] Vgl. BMF, Schreiben v. 12.11.2009, BStBl 2009 I 1303, Tz. 27; ebenso *Frotscher/Drüen* § 8 Rz. 250; a. A. *Schiffers*, GmbH-StB 2009, 67, 72.

Sonderregelungen für den kommunalen Bereich profitieren. Verlusttragung bedeutet hierbei nicht, dass die Eigengesellschaft zwingend einen Bilanzverlust ausweisen muss; auch bei Minderung eines insgesamt positiven Gesamtergebnisses der Kapitalgesellschaft aufgrund von Verlustbeiträgen infolge von dauerdefizitären Tätigkeiten ist die ausschließliche Verlusttragung der öffentlichen Hand zu gewährleisten.[1] Das heißt, dass die öffentliche Hand den vollen Verlust tragen muss und nicht nur den um einen profitablen Bereich geminderten Verlust.

Wenngleich das BMF von einer entsprechend der jeweiligen Beteiligungsquote zu erfolgenden Verlusttragung ausgeht,[2] ergibt sich aus dem Gesetzeswortlaut lediglich, dass eine **Verlusttragung ausschließlich, d. h. zu 100 %, durch juristische Personen des öffentlichen Rechts** gewährleistet sein muss; in welchem Verhältnis dies erfolgt, ist danach unbedeutend. Zumindest eine der wirtschaftlichen Verursachung entsprechende Verlustzuweisung an mehrere beteiligte juristische Personen des öffentlichen Rechts dürfte gegenüber der Finanzverwaltung nachvollziehbar vertreten werden können.[3]

2807

Sind an einer Eigengesellschaft neben juristischen Personen des öffentlichen Rechts auch privatrechtlich organisierte Anteilseigner beteiligt, muss durch entsprechende Maßnahmen erreicht werden, dass die Dauerverluste ausschließlich den öffentlich rechtlichen Anteilseignern zugerechnet werden. Das Erfordernis einer ausdrücklichen Vereinbarung zwischen den Gesellschaftern bzgl. der erforderlichen disquotalen Verlustzurechnung ergibt sich aus der gesetzlichen Regelung nicht; danach ist es ausreichend, dass die **Verlusttragung** im Ergebnis **durch tatsächliche Maßnahmen** erreicht wird. Das Tragen von Verlusten kann auch auf gesellschaftsrechtlicher Ebene erfolgen.[4] Dies bedeutet, für die Verlusttragung ist nicht die ertragsteuerliche Gewinnermittlungsmethodik ausschlaggebend.[5] Das Erfordernis der Verlusttragung stellt vielmehr auf den handelsrechtlichen Verlust ab, da nur dieser Verlust Gegenstand einer Übernahmeverpflichtung zwischen den Gesellschaftern sein kann.

2808

Als **Maßnahmen zur Verlusttragung** kommen daher insbesondere offene und verdeckte Einlagen in die Kapitalgesellschaft in Betracht, die handelsrechtlich mit den maßgeblichen Verlusten verrechnet werden. Bei nur mittelbaren Beteiligungen muss sichergestellt werden, dass die Einlagen über die Beteiligungskette auf Ebene der Eigengesellschaft zu einer entsprechenden ausschließlichen Verlustzurechnung führt. Bei Buchung der Einlagen gegen (Kapital-)Rücklagen würden alle Gesellschafter anteilig partizipieren und wären somit wirtschaftlich nach wie vor anteilig an den Verlusten beteiligt; insoweit müsste hier eine Vereinbarung getroffen werden, wonach solche Rücklagen nur an die übrigen Gesellschafter, die nicht als juristische Person des öffentlichen Rechts organisiert sind, ausgekehrt werden dürfen.[6] Auch eine Kapitalerhöhung durch die beteiligten juristischen Personen des öffentlichen Rechts würde lediglich zu einer Anteilsverschiebung führen, die ausschließliche Verlustzurechnung hierdurch jedoch nicht herbeiführen.

2809

Bei Eigengesellschaften, die neben Dauerverlustgeschäften auch gewinnbringende Tätigkeitsbereiche unterhalten, kann durch Satzungsbestimmung vereinbart werden, dass nur die pri-

2810

---

1 Vgl. BMF, Schreiben v. 12. 11. 2009, BStBl 2009 I 1303, Tz. 28.
2 Vgl. BMF, Schreiben v. 12. 11. 2009, BStBl 2009 I 1303, Tz. 28.
3 So auch *Pinkos*, DStZ 2010, 96, 101.
4 Vgl. *Bracksiek*, FR 2009, 15, 19.
5 Vgl. *Meier*, FR 2010, 168, 169.
6 Vgl. BMF, Schreiben v. 12. 11. 2009, BStBl 2009 I 1303, Tz. 2830.

vatrechtlich organisierten Anteilseigner an diesen gewinnbringenden Geschäften beteiligt werden.[1] Für eine solche Vereinbarung über Bereichsdividenden ist jedoch Voraussetzung, dass wirtschaftliche Gründe insoweit vorliegen, als z. B. die Dauerverlustgeschäfte durch juristische Personen des öffentlichen Rechts in die Eigengesellschaft eingebracht wurden und diese daher nicht an den Gewinnen der durch die übrigen Anteilseigner eingebrachten Tätigkeitsbereiche partizipieren sollen.[2] Die Zwischenschaltung einer Personengesellschaft eröffnet die Möglichkeit, durch entsprechende Gewinnverteilungsabreden die erforderliche ausschließliche Verlusttragung durch juristische Personen des öffentlichen Rechts zu erreichen. Die Sicherstellung der Verlusttragung ist auch im Organschaftsfall gegeben, wenn an dem Organträger der das dauerverlustbetreibenden Organgesellschaft ausschließlich juristische Personen des öffentlichen Rechts beteiligt sind.[3] Entsprechendes gilt natürlich auch für den Fall, dass ein Betrieb gewerblicher Art Organträger der Eigengesellschaft ist. Insoweit ist nämlich durch den Ergebnisabführungsvertrag gewährleistet, dass im Rahmen der Verlustübernahmeverpflichtung die Ergebnisbeiträge aus betriebenen Dauerverlustgeschäften der öffentlichen Hand zugerechnet werden. Ferner kann ein interner Ergebnisausgleich vereinbart werden, nach dem die juristische Person des öffentlichen Rechts dem Privatunternehmen einen Ausgleich für dessen Gewinnverzicht schafft, der durch die Verrechnung von Gewinn- und Verlusttätigkeiten zu einem Gesamtergebnis erfolgt.[4]

2811 In der Praxis dürfte in den überwiegenden Fällen eine satzungsmäßige oder vertragliche Verpflichtung der beteiligten juristischen Personen des öffentlichen Rechts zum Ausgleich der Ergebnisbeiträge aus Dauerverlustgeschäften bestehen. Andernfalls ist darauf zu achten, dass ein Ausgleich der Verluste durch tatsächliche Maßnahmen in zeitlichem Zusammenhang mit dem jeweiligen Wirtschaftsjahr der Eigengesellschaft durchgeführt wird. Dies sollte, sofern eine Verlustübernahme faktisch nicht bereits vor dem Bilanzstichtag durch die Leistung entsprechender Einlagen vorgenommen und somit ein Verlustausweis zum Stichtag umgangen wird, unverzüglich im Rahmen der Feststellung der Jahresbilanz und der entsprechenden Ergebnisverwendung erfolgen. Im Falle einer nachträglichen Verlusterhöhung im Rahmen einer Außenprüfung sollte ebenfalls der Grundsatz des zeitnahen Verlustausgleichs beachtet werden. Hierfür dürfte der Zeitpunkt der Feststellung bzw. Übersendung des endgültigen Prüfungsberichts als Referenzzeitpunkt maßgeblich sein. Wird die Höhe der festgestellten Verluste im Anschluss im Rahmen eines Rechtsbehelfsverfahrens bestritten, dürfte ein Verlustausgleich erst dann erfolgen müssen, nachdem die Entscheidung über eingelegte Rechtsmittel unanfechtbar geworden ist.

2812–2815 *(Einstweilen frei)*

a) Begriff des Dauerverlustgeschäfts (§ 8 Abs. 7 Satz 2 KStG)

2816 Nach der Legaldefinition des § 8 Abs. 7 Satz 2 KStG liegt ein Dauerverlustgeschäft vor, soweit **aus verkehrs-, umwelt-, sozial-, kultur-, bildungs- oder gesundheitspolitischen Gründen** eine wirtschaftliche **Betätigung ohne kostendeckendes Entgelt** unterhalten wird oder in den Fällen von § 8 Abs. 7 Satz 1 Nr. 2 KStG das Geschäft Ausfluss einer Tätigkeit ist, die bei juristischen Personen des öffentlichen Rechts zu einem Hoheitsbetrieb gehört. Wird nur partiell aus den

---

1 Zu derartigen „tracking stocks-Gestaltungen" vgl. *Kirchhof*, DStR 2010, 1659; *Pinkos*, DStZ 2010, 96, 100 f.
2 Vgl. BMF, Schreiben v. 12.11.2009, BStBl 2009 I 1303, Tz. 32.
3 Vgl. BMF, Schreiben v. 12.11.2009, BStBl 2009 I 1303, Tz. 31.
4 Vgl. *Pinkos*, DStZ 2010, 96, 101.

gesetzlich genannten Gründen eine Betätigung ohne kostendeckendes Entgelt betrieben, liegt nur in Bezug auf diese ein Dauerverlustgeschäft vor. Hier bedarf es einer Zuordnung der Kostenunterdeckung bzw. des hieraus resultierenden Verlustes zu den jeweiligen Beweggründen.[1] Wird also beispielsweise ein Wirtschaftsgut durch einen BgA verbilligt an die Trägerkommune überlassen, führt dies zu einer Einkommenskorrektur nach den allgemeinen Grundsätzen des § 8 Abs. 3 Satz 2 KStG.

Die grundsätzliche in § 8 Abs. 7 Satz 2 KStG genannte Anforderung an ein Dauerverlustgeschäft richtet sich sowohl an BgA als auch an Eigengesellschaften. Danach müssen diese eine wirtschaftliche Betätigung betreiben, die aus einem der aufgezählten Gründen ohne ein kostendeckendes Entgelt ausgeübt werden muss oder ausgeübt werden soll. Für Eigengesellschaften kann sich ein Dauerverlustgeschäft hingegen auch aus einer Tätigkeit ergeben, die bei einer juristischen Person des öffentlichen Rechts zu einem Hoheitsbetrieb gehören würde.[2] Hier wird jedoch nicht verlangt, dass die mangelnde Kostendeckung aus bestimmten Gründen erfolgen muss.

Für das **Betreiben einer wirtschaftlichen Betätigung** ist es nicht erforderlich, eine organisatorisch selbständige Einheit hierfür zu unterhalten. Ausreichend ist, dass eine Tätigkeit gegen Entgelt ausgeübt wird. Allerdings muss die Tätigkeit **unmittelbar** ausgeübt werden, d. h. nicht nur mittelbar z. B. im Rahmen einer Nutzungsüberlassung an Dritte, sondern durch eigenes Tätigwerden.[3] Bei einer nur mittelbaren Förderung der privilegierten Zielsetzung bestünde die Gefahr, die Tatbestandsvoraussetzungen des § 8 Abs. 7 Satz 1 Nr. 2 Satz 2 KStG zu umgehen, indem eine den Voraussetzungen (Stimmrechtsmehrheit, Verlusttragung) nicht entsprechende Kommune Tätigkeitsbereiche auf Eigengesellschaften ausgliedert, welche die Kriterien erfüllen.[4] Anders zu beurteilen wäre die Überlassung eines Betriebes, da dies nach § 4 Abs. 4 KStG grundsätzlich selbst einen BgA darstellen würde und auch bei einem defizitären Verpachtungsbetrieb ein Dauerverlustgeschäft vorliegen kann.[5] Die Frage nach der Qualifikation einer Tätigkeit als Dauerverlustgeschäft ist in Bezug auf die einzelne wirtschaftliche Betätigung und die dabei jeweils bestehende Vergütungsstruktur zu beziehen. Die Vergütungsstruktur in Bezug auf etwaige anderweitig ausgeübte gewinnbringende Tätigkeiten eines BgA oder einer Eigengesellschaft ist für die Qualifikation einer aus bestimmten gesetzlich definierten Gründen dauerdefizitär betriebene Tätigkeit nicht maßgeblich.[6] Hier liegt natürlich die Frage auf der Hand, inwieweit eine Verlustverrechnung zwischen den einzelnen Tätigkeiten erfolgen kann. Hierfür wurden die Regelungen des § 8 Abs. 8 und 9 KStG quasi als unmittelbare Folge der begünstigenden Sonderregelungen des § 8 Abs. 7 KStG in das Gesetz aufgenommen.[7]

Wird eine **Tätigkeit ohne Entgelt** als Gegenleistung erbracht, liegt **keine wirtschaftliche Betätigung** vor. Bei Kapitalgesellschaften führt dies grundsätzlich zu einer verdeckten Gewinnausschüttung i. S. d. § 8 Abs. 3 Satz 2 KStG. Voraussetzung für das Vorliegen eines Dauerverlustgeschäfts ist eine wirtschaftliche Betätigung ohne kostendeckendes Entgelt. Danach wäre es

---

1 Vgl. *Bracksiek*, FR 2009, 15, 17.
2 Zum Begriff „Hoheitsbetrieb" vgl. grundlegend *Musil* in Mössner/Seeger/Oellerich, KStG, § 4 Abs. 5 Rz. 241 ff.
3 BFH, Urteil v. 9.11.2016 - I R 56/15, BStBl 2017 II 498; ebenso Hessisches FG, Urteil v. 14.9.2017 - 4 K 1822/15, rkr., NWB PAAAG-71751, EFG 2018, 473.
4 Vgl. *Bracksiek*, FR 2009, 15, 18.
5 Vgl. BMF, Schreiben v. 12.11.2009, BStBl 2009 I 1303, Tz. 47 ff.
6 Sog. geschäftsfallbezogene Betrachtungsweise, vgl. FG Düsseldorf, Urteil v. 9.3.2010 - 6 K 3720/06 K, G, F, EFG 2010, 1443; *Krämer* DPM § 8 Abs. 7 Rz. 26.
7 Vgl. → Rz. 3440 ff.

ausreichend, dass überhaupt ein Entgelt erhoben wird. Nach **Auffassung der Finanzverwaltung** ist für das Vorliegen eines Dauerverlustgeschäfts auch eine **Tätigkeit mit einem ausgeglichenen Ergebnis ausreichend.**[1] Dies widerspricht jedoch zumindest dem Wortlaut des Gesetzes, nach dem Dauerverlustgeschäfte eben keine kostendeckende Entgeltstruktur aufweisen sollen. Klassische Dauerverlustgeschäfte von Kommunen wie z. B. Bäderbetriebe dürften in aller Regel trotz entsprechender Entgeltregelung nicht kostendeckend betrieben werden können. Bei Annäherung bestimmter Tätigkeiten an ein ausgeglichenes Ergebnis könnte – sofern nicht eine Statusverbesserung hin zu grundsätzlich gewinnträchtigem Geschäft erreicht werden kann - unter gestalterischen Gesichtspunkten in Betracht gezogen werden, die Entgeltstruktur entsprechend anzupassen bzw. ggf. geplante Preissteigerungen auszusetzen, wobei für ein nicht kostendeckendes Entgelt natürlich einer der in § 8 Abs. 7 Satz 2 KStG genannten Gründe ursächlich sein muss, sofern das Geschäft nicht Ausfluss einer Tätigkeit ist, die bei juristischen Personen des öffentlichen Rechts zu einem Hoheitsbetrieb gehört. Der Gestaltung sind folglich enge Grenzen gesetzt. Ob jedoch zwangsweise von der Erhebung kostendeckender Entgelte abgesehen wird, oder dies freiwillig geschieht, dürfte unerheblich sein.[2] Liegen die Gründe einer mangelnden Kostendeckung beispielsweise im Vergleich zum Wettbewerb – sofern für die betreffenden Tätigkeitsbereiche vorhanden – in einer bei vergleichbarem Entgelt vorherrschenden ineffizienten Geschäfts- bzw. Kostenstruktur, dürfte grundsätzlich kein begünstigungsfähiges Dauerverlustgeschäft vorliegen.

2820 Durch die erfolgte Klarstellung, dass es für ein wirtschaftliches Dauerverlustgeschäft ausreicht, wenn die Entgelte nur zu einem ausgeglichenen Ergebnis führen, stellt sich zumindest nicht mehr die Frage einer möglichen verdeckten Gewinnausschüttung wegen fehlenden Gewinnaufschlags. Der BFH hatte in seinem Urteil vom 22. 8. 2007 offen gelassen, ob bei lediglich kostendeckenden Tätigkeiten ohne Gewinnaufschlag einer kommunalen Eigengesellschaft eine verdeckte Gewinnausschüttung schon aufgrund einer verhinderten Vermögensmehrung anzunehmen ist. Fraglich in diesem Zusammenhang ist, wie der Steuerpflichtige der ihm obliegenden Feststellungslast für die Anwendung der Sonderregelungen[3] gerecht werden soll, d. h. wie er beweisen kann, dass im Einzelfall aus den gesetzlich abschließend genannten Gründen eine wirtschaftliche Betätigung ohne kostendeckendes Entgelt vorliegt, oder ob andere Gründe wie z. B. die Wettbewerbssituation ursächlich sind.[4]

2821 Für die **Beurteilung,** ob ein **Entgelt kostendeckend** ist, sind **steuerliche Kriterien maßgeblich.** Dies bedeutet, dass bestimmte Kostenrechnungsbestandteile wie z. B. kalkulatorische Zinsen oder eine kalkulatorische Miete nicht zu berücksichtigen sind. Bei Abschreibungen ist darauf zu achten, dass anstelle der handelsrechtlichen jeweils die steuerlich zulässigen Abschreibungsbeträge in die Beurteilung einbezogen werden. Bei der Bestimmung der Ertragskomponente ist zu beachten, dass ausschließlich Erträge aus Aktivitäten und Wirtschaftsgütern einbezogen werden, die funktional der jeweiligen als Dauerverlustgeschäft zu qualifizierenden Tätigkeit zuzurechnen sind. Ob Erträge beispielsweise nach § 8b Abs. 1 oder 2 KStG von der ertragsteuerlichen Bemessungsgrundlage ausgenommen werden oder nicht, ist ohne Belang. Diese sind in die Beurteilung einer möglichen Kostendeckung mit einzubeziehen. Aufgabe-

---

1 Vgl. BMF, Schreiben v. 12. 11. 2009, BStBl 2009 I 1303, Tz. 36; a. A. *Frotscher*/Maas § 8 Rz. 257.
2 So z. B. *Meier*, FR 2010, 168, 170.
3 Vgl. BMF, Schreiben v. 12. 11. 2009, BStBl 2009 I 1303, Tz. 35.
4 So auch *Leippe*, DStZ 2010, 106, 110.

und Veräußerungsgewinne sollen hingegen zugunsten der Kommunen nicht berücksichtigt werden.[1]

Die **als Dauerverlustgeschäft in Frage kommende Betätigung** eines BgA oder einer Eigengesellschaft muss in den Bereichen Verkehr, Umwelt, soziale Verantwortung, Kultur, Bildung oder Gesundheit erfolgen. Diese Bereiche sind im Gesetz abschließend aufgezählt. Eine Konkretisierung, welche Tätigkeiten in den Bereichen begünstigt sein sollen, ist gesetzlich hingegen nicht erfolgt. Ob diese starke Einschränkung auf nur bestimmte Bereiche den praktischen Bedürfnissen der Tätigkeiten der kommunalen Betriebe gerecht wird, erscheint fraglich.[2]

Insbesondere die folgenden **Tätigkeitbereiche** werden seitens der Finanzverwaltung ausdrücklich anerkannt:[3]

▶ Verkehrsbereich: öffentlicher Nahverkehr, Flughafenbetriebe, Parkraumbewirtschaftung, Hafen- und Fährbetriebe

▶ Umweltbereich: Gewerbemüllentsorgung

▶ Sozialbereich: Kindergärten, Tageseinrichtungen für Kinder, Einrichtungen der Jugend- und Erwachsenenhilfe, Senioreneinrichtungen

▶ Kulturbereich: Bibliotheken, zoologische Gärten, Museen, kulturelle Ausstellungen, Kinos, Opern, Theater, Orchester, historische Volksfeste

▶ Bildungsbereich: Schulen, Kurstätigkeit von Kammern, Volkshochschulen

▶ Gesundheitsbereich: Krankenhäuser, Bäder, Kuranlagen, Sportanlagen.

Hierbei handelt es sich um eine **beispielhafte Aufzählung** durch die Finanzverwaltung. Ob ein Dauerverlustgeschäft in einen der Bereiche fällt, ist nach den Umständen des Einzelfalls zu beurteilen.[4] Somit besteht für die Praxis ein entsprechender **positiver Interpretationsspielraum**.

Andere Tätigkeitsbereiche fallen grundsätzlich nicht den Bereich eines Dauerverlustgeschäftes, auch wenn sie aus kommunalpolitischen Gründen nicht kostendeckend ausgeübt werden können. Es besteht allenfalls die Möglichkeit, bestimmte Tätigkeiten im Wege eines Analogieschlusses den explizit genannten Bereichen zuzusprechen. Beispielsweise sollten Jugendherbergen möglicherweise den Einrichtungen der Jugend- und Erwachsenenhilfe und damit dem Sozialbereich zugeordnet werden können. Die nicht kostendeckende Erbringung von Leistungen könnte stets auf ein sozialpolitisches Motiv zurückgeführt werden, beispielsweise auch im Hinblick auf wirtschaftspolitische Zielsetzungen. Die Wirtschaftsförderung wurde jedoch im Rahmen des Gesetzgebungsverfahrens zum Jahressteuergesetz 2009 ausdrücklich nicht in den Katalog des § 8 Abs. 7 Satz 2 KStG aufgenommen. Die Qualifikation als Dauerverlustgeschäft ist daher auf **potenziell erfolgstaugliche Maßnahmen** zu beschränken, eine Berücksichtigung nur unter dem Deckmantel der Sozialpolitik ist nicht möglich.[5]

Der Terminus „Dauerverlustgeschäft" impliziert bereits, dass die sich aus einer wirtschaftlichen Betätigung ergebende **Verlustsituation nicht nur vorübergehend**, sondern langfristig bestehen muss. Die jeweilige Tätigkeit muss aufgrund der in der Vorschrift genannten Gründe betriebenen Entgeltpolitik **strukturell defizitär** sein und es darf zum Zeitpunkt des jeweiligen

---

[1] Vgl. BMF, Schreiben v. 12.11.2009, BStBl 2009 I 1303, Tz. 36 f.
[2] So auch *Leippe/Baldauf*, DStZ 2009, 67, 70; *Meier*, FR 2010, 168, 171.
[3] Vgl. BMF, Schreiben v. 12.11.2009, BStBl 2009 I 1303, Tz. 41 ff.
[4] So auch *Pinkos*, DStZ 2010, 96, 102.
[5] Vgl. *Bracksiek*, FR 2009, 15, 18.

Veranlagungszeitraums für die Zukunft nicht mit einem positiven Ergebnis oder einem Totalgewinn gerechnet werden.[1] Maßgeblich ist somit das **Fehlen einer Totalgewinnprognose** aus Sicht des jeweiligen Bilanzstichtages.[2] Sofern strukturell ein Dauerverlustgeschäft vorliegt, soll eine zeitweise Kostendeckung oder Gewinnerwirtschaftung in einzelnen Veranlagungszeiträumen jedoch unschädlich sein.[3] Nicht als begünstigte Dauerverlustgeschäfte zu qualifizieren sind Anfangsverluste bei neuen gewinnträchtigen Geschäftsaktivitäten.[4]

2826–2830   *(Einstweilen frei)*

b) Rechtsfolgen von § 8 Abs. 7 KStG

2831   Sind bei BgA oder bei Eigengesellschaften die **Voraussetzungen des § 8 Abs. 7 Satz 1 KStG erfüllt,** treten die Rechtsfolgen einer verdeckten Gewinnausschüttung nicht ein, d. h. bei dem BgA bzw. der Kapitalgesellschaft erfolgt **keine Hinzurechnung** der im Zusammenhang mit den betriebenen (Dauerverlust-)geschäften angefallenen Aufwendungen **bei der Einkommensermittlung,** soweit aus den gesetzlich genannten Gründen kein kostendeckendes Entgelt erhoben wird. Dies gilt sowohl auf der Ebene der Kapitalgesellschaft der öffentlichen Hand als auch auf Ebene der unmittelbaren und mittelbaren Anteilseigner.[5] Dies impliziert, dass bei dem aus einem Dauerverlustgeschäft resultierenden Verlust zu **differenzieren** ist zwischen einem Verlustanteil, bei dem aus den gesetzlich genannten Gründen kein kostendeckendes Entgelt erhoben wird (keine verdeckte Gewinnausschüttung), und einem Verlustanteil, bei dem aus sonstigen Gründen – beispielsweise aus Gründen der Wettbewerbssituation – eine Kostendeckung nicht erreicht werden kann (ggf. verdeckte Gewinnausschüttung).[6] Grundsätzlich beruhen alle Aufwandskomponenten wie insbesondere Verwaltungs- und Betriebskosten, Abschreibungen oder Instandsetzungsaufwendungen auf den gesetzlich genannten Gründen, es sei denn, sie stehen mit der jeweiligen Tätigkeit nicht in **funktionalem Zusammenhang.**[7]

2832   **Greift die Sondervorschrift des § 8 Abs. 7 Satz 1 KStG nicht,** liegt eine verdeckte Gewinnausschüttung nach den allgemeinen Vorschriften des Körperschaftsteuergesetzes vor. Der Verweis auf § 8 Abs. 3 Satz 2 KStG legt nahe, dass die **Rechtsfolgen einer verdeckten Gewinnausschüttung** sowohl auf Gesellschaftsebene bzw. auf Ebene des BgA, als auch auf Ebene des Gesellschafters bzw. Trägers eintreten. Sind die Voraussetzungen des § 8 Abs. 7 Satz 1 KStG erfüllt, treten die Rechtsfolgen einer verdeckten Gewinnausschüttung auch insoweit nicht ein. D. h. es ist weder Kapitalertragsteuer einzubehalten noch beziehen die Anteilseigner einer Eigengesellschaft Einkünfte i. S. d. § 20 Abs. 1 Nr. 1 Satz 2 EStG. Ferner treten bei dem Träger eines BgA die Rechtsfolgen des § 20 Abs. 1 Nr. 10 EStG nicht ein.[8]

2833–2835   *(Einstweilen frei)*

---

[1] FG Köln, Urteil v. 9. 3. 2010 - 13 K 3181/05, EFG 2010, 1345, rkr.
[2] Vgl. *Pinkos*, DStZ 2010, 96, 102.
[3] Vgl. BMF, Schreiben v. 12. 11. 2009, BStBl 2009 I 1303, Tz. 38.
[4] Vgl. *Hüttemann*, DB 2009, 2629, 2631; *Meier*, FR 2010, 168, 169.
[5] FG Münster, Urteil v. 18. 8. 2015 - 10 K 1712/11, EFG 2015, 2076, Az. des BFH: I R 75/15.
[6] Vgl. FG Köln, Urteil v. 9. 3. 2010 - 13 K 3181/05, EFG 2010, 1345, rkr.
[7] Vgl. FG Köln, Urteil v. 9. 3. 2010 - 13 K 3181/05, EFG 2010, 1345, rkr.
[8] Vgl. BMF, Schreiben v. 12. 11. 2009, BStBl 2009 I 1303, Tz. 23, 25.

c) Anwendungsregelung

Nach der Anwendungsvorschrift des § 34 Abs. 6 Satz 4 KStG ist § 8 Abs. 7 KStG **auch für Veranlagungszeiträume vor 2009** anzuwenden. Hierdurch wird die gegenteilige Rechtsprechung des BFH vom 22. 8. 2007,[1] nach der eine verdeckte Gewinnausschüttung angenommen wurde, durchbrochen und die bisherige Verwaltungsauffassung gesetzlich verankert. Die insoweit erfolgte echte Rückwirkung der Gesetzgebung dürfte jedoch, da sie grundsätzlich zugunsten des Steuerpflichtigen wirkt, verfassungsrechtlich unbedenklich sein.

Die Anwendungsvorschrift berücksichtigt, dass vor der gesetzlichen Neuregelung teilweise eine andere Rechtsauffassung zugrunde gelegt wurde, da die Rechtslage vor der Rechtsprechung des BFH unklar war und diese selbst kritisiert wurde. Wurde daher bei der Besteuerung von BgA vor dem 18. 6. 2008 nach anderen Grundsätzen verfahren, sollen diese Grundsätze nach § 34 Abs. 6 Satz 5 KStG weiter gelten, jedoch **letztmalig für den Veranlagungszeitraum 2011**. Dies betrifft Fälle, bei denen die Neuregelungen für den Steuerpflichtigen steuerlich ungünstiger sind als die bisherige Handhabung, beispielsweise weil im Einzelfall die öffentliche Hand nicht über die geforderte Mehrheit der Stimmrechte verfügte oder die verlustbringenden Geschäfte nicht der Definition von § 8 Abs. 7 Satz 2 KStG entsprachen. Dies gilt nach Auffassung der Finanzverwaltung jedoch nur dann, wenn die bisherige Handhabung nicht gegen bis dahin geltende Verwaltungsgrundsätze oder die bisherige Rechtslage verstoßen hat.[2]

BgA und Eigengesellschaften konnten bis zum Veranlagungszeitraum 2011 ihre Verhältnisse an die geänderte Rechtslage anpassen, sofern sich die tatsächlichen Verhältnisse nicht ändern. Nach § 34 Abs. 6 Satz 6 KStG sind die Neuregelungen **auch schon auf Veranlagungszeiträume vor 2012** anzuwenden, sofern nach dem 18. 6. 2008 die Stimmrechtsmehrheit der öffentlichen Hand entfällt oder nach diesem Tag erstmals auch privatrechtlich organisierte Gesellschafter Verluste aus Dauerverlustgeschäften tragen. Die Neuregelungen gelten dann ab dem Veranlagungszeitraum, in dem die Änderungen eintreten.

(Einstweilen frei)

III. Verlustverrechnung bei Zusammenfassung von Betrieben gewerblicher Art (§ 8 Abs. 8 KStG)

1. Zusammenfassung von Betrieben gewerblicher Art

§ 8 Abs. 8 KStG knüpft insoweit systematisch an die **Sonderregelungen** des § 8 Abs. 7 KStG an, als **aus Dauerverlustgeschäften erlittene Verluste** unter bestimmten Voraussetzungen als **steuerwirksam anerkannt** werden und nicht aufgrund gesellschaftsrechtlicher Veranlassung für Zwecke der Einkommensermittlung der steuerlichen Bemessungsgrundlage hinzuzurechnen sind. Aufgrund der steuerlichen Anerkennung der Verluste bedarf es einer **Anschlussregelung**, inwieweit diese **Verluste in der Folgezeit genutzt werden** können. Dies regelt zunächst § 8 Abs. 8 KStG.

Nach § 4 Abs. 6 KStG können mehrere BgA **zusammengefasst** werden, wenn die Betriebe **gleichartig** (z. B. mehrere Bäderbetriebe) sind, zwischen den Betrieben eine **enge technisch-wirtschaftliche Verflechtung** (z. B. Strom- oder Wärmeversorgung) besteht oder wenn es sich um **Betriebe der sog. Daseinsvorsorge** (Wasser, Gas, Elektrizität, Wärme, öffentlicher Verkehr,

---

1 Vgl. → Rz. 2781.
2 Vgl. BMF, Schreiben v. 12. 11. 2009, BStBl 2009 I 1303, Tz. 54.

Hafenbetriebe) handelt.[1] Darüber hinaus bestehen keine Möglichkeiten, BgA zusammenzufassen. Eine steuerliche Zusammenfassung nach § 4 Abs. 6 KStG setzt keine organisatorische Zusammenfassung der BgA durch die juristische Person des öffentlichen Rechts voraus, sondern lediglich eine entsprechende eigenständige Gewinnermittlung für die zusammengefasste Einheit.[2] § 4 Abs. 6 KStG wurde ebenfalls im Rahmen des Jahressteuergesetzes 2009 eingeführt. Die dort genannten Voraussetzungen für die Zusammenfassung von Betrieben hatten sich bereits in Rechtsprechung und Schrifttum entsprechend herausgebildet.[3]

2853 § 8 Abs. 8 KStG regelt die **Folgen der Zusammenfassung** von BgA **für die Verlustverrechnung**, d. h. für den Verlustausgleich und den Verlustabzug. Ausgangspunkt hierbei ist die Frage, welche wirtschaftliche Einheit einen Verlust erlitten hat und wer diesen zukünftig in welchem Umfang nutzen kann. Durch die Zusammenfassung soll im Grundsatz keine Verrechnung von Verlusten, die vor der Zusammenfassung bei einem BgA entstanden sind, mit Gewinnen nach der Zusammenfassung ermöglicht werden. Genau so wenig sollen Verluste, die nach der Zusammenfassung entstanden sind, mit Gewinnen vor der Zusammenfassung verrechnet werden können. Für Zwecke der Verlustverrechnung bzw. der Einkommensermittlung erfolgt daher, nach dem Grundsatz des Individualprinzips, eine Trennung zwischen den einzelnen Betrieben vor der Zusammenfassung und dem zusammengefassten Betrieb.

2854 Im Hinblick auf die Verlustverrechnung bei BgA lassen sich anhand des Gesetzeswortlauts die folgenden **Fallkonstellationen** unterscheiden:

- Ausgleich und Abzug von Verlusten, die der zusammengefasste BgA erleidet
- Abzug von Verlusten, die ein BgA vor der Zusammenfassung erlitten hat
- Rücktrag der Verluste des zusammengefassten BgA in Zeiträume vor der Zusammenfassung
- Abzug der Verluste bei Trennung der zusammengefassten BgA.

2855–2860 *(Einstweilen frei)*

2. Möglichkeiten und Beschränkungen der Verlustverrechnung
- Verlustverrechnung beim zusammengefassten Betrieb gewerblicher Art

2861 Werden **BgA zusammengefasst**, ist nach § 8 Abs. 8 Satz 1 KStG die Vorschrift des § 10d EStG auf den BgA anzuwenden, der sich durch die Zusammenfassung ergibt. Nach den Vorschriften über den **Verlustabzug** bedeutet dies, dass nicht ausgeglichene negative Einkünfte eines Veranlagungszeitraumes in den zusammengefassten BgA des Vorjahres bis zu einem Betrag von 511.500 € (ab VZ 2013 1 Mio. €) zurückgetragen und darüber hinausgehende Verluste in den zusammengefassten BgA der Folgejahre vorgetragen werden können. In Bezug auf den Verlustabzug ergeben sich für den zusammengefassten BgA keine über die Vorschrift des § 10d EStG hinausgehenden Einschränkungen. Die vor der Zusammenfassung bestehenden einzelnen BgA verlieren mit der Zusammenfassung zu einem Betrieb ihre Selbständigkeit für die Einkommensermittlung, ein getrennter Ausweis von Einkommen oder Verlusten für die ursprünglich eigenständigen Betriebe ist nicht erforderlich. Auch Verluste aus Dauerverlustgeschäften

---

[1] Vgl. *Musil* in Mössner/Seeger/Oellerich, KStG, § 4 Rz. 281 ff., sowie → Rz. 3473 dieser Kommentierung. Ausführlich hierzu auch *Leippe*, DStZ 2010, 106, 107 ff.
[2] Vgl. *Leippe*, DStZ 2010, 106, 107; *Hüttemann*, DB 2009, 2629, 2630.
[3] Vgl. *Bracksiek*, FR 2009, 15, m. w. N.

i. S. d. § 8 Abs. 7 Satz 1 KStG werden ohne Einschränkungen in die Einkommensermittlung und in den Verlustabzug nach § 10d EStG einbezogen.

Insoweit erfolgt zwischen den ursprünglich separaten BgA auch ein **Verlustausgleich**, der jedoch im Gegensatz zum Verlustabzug gesetzlich nicht ausdrücklich geregelt ist. Dies ist im Hinblick auf den hier betrachteten Fall – nämlich Verluste, die der zusammengefasste BgA erleidet – auch nicht erforderlich. Abgesehen von einer möglichen Einzelbetriebsbetrachtung und einer insoweit denkbaren innerperiodischen Verlustverrechnung kommt ein sich aus § 2 Abs. 3 EStG ergebender Verlustausgleich ohnehin nicht in Betracht, da BgA regelmäßig nur Einkünfte aus Gewerbebetrieb erzielen.

(Einstweilen frei)

► **Verlustabzug bei einem Betrieb gewerblicher Art vor Zusammenfassung**

Nach § 8 Abs. 8 Satz 2 KStG können nicht ausgeglichene negative Einkünfte der einzelnen BgA aus der Zeit **vor der Zusammenfassung** nicht von Gewinnen des zusammengefassten BgA abgezogen werden. Diese Verlustverrechnungsbeschränkung betrifft ausschließlich den **Verlustvortrag**. Hintergrund ist der Gedanke, dass Verluste nur von demjenigen Steuerpflichtigen genutzt werden können sollen, der die Verluste auch verursacht bzw. wirtschaftlich getragen hat. Durch die Zusammenfassung von Einzelbetrieben zu einem zusammengefassten BgA entsteht steuerlich ein neues Rechtssubjekt. Eine Verlustverrechnung ist nach dem vorgenannten Grundprinzip und der insoweit erforderlichen Unternehmensidentität hier nicht möglich.

Verlustvorträge und bis zum Zeitpunkt der Zusammenfassung eines BgA mit einem oder mehreren anderen Einzelbetrieben nicht ausgeglichene negative Einkünfte[1] gehen durch die Zusammenfassung nicht unter, sondern werden – vergleichbar mit den Regelungen zur körperschaftsteuerlichen Organschaft – **eingefroren** und weiterhin als vortragsfähiger Verlust jährlich[2] **gesondert festgestellt**. Scheidet der verlustverursachende Einzelbetrieb zu einem späteren Zeitpunkt aus dem zusammengefassten Betrieb aus, können die eingefrorenen Verluste steuerlich wieder genutzt werden.[3] Dies ergibt sich auch aus § 8 Abs. 8 Satz 4 KStG, wonach ein bei einem BgA vor der Zusammenfassung festgestellter Verlustvortrag nach Maßgabe des § 10d EStG vom Gesamtbetrag der Einkünfte abgezogen werden kann, die dieser BgA nach Beendigung der Zusammenfassung erzielt.[4]

Keine Zusammenfassung von mehreren BgA liegt vor, wenn ein BgA seinen Tätigkeitsbereich ausweitet, indem er eine **neue Tätigkeit** aufnimmt, die zur **gleichen Tätigkeitsgruppe** seiner bisherigen Aktivität gehört (z. B. U-Bahn-Betrieb und Straßenbahn-Betrieb). Besteht zwischen den Tätigkeiten jedoch lediglich eine enge technisch-wirtschaftliche Verflechtung i. S. d. § 4 Abs. 6 KStG (z. B. U-Bahn-Betrieb und Elektrizitätswerk), liegt eine Zusammenfassung mit der Folge der hier beschriebenen Verlustverrechnungsbeschränkung vor.[5]

(Einstweilen frei)

---

1 A. A. insoweit *Krämer* DPM § 8 Abs. 8 Rz. 6.
2 Nach Auffassung der Finanzverwaltung ist eine gesonderte Feststellung nicht erforderlich, BMF, Schreiben v. 12.11.2009, BStBl 2009 I 1303, Tz. 64 f. und OFD Niedersachsen, Vfg. v. 27.4.2012, DStR 2012, 1661.
3 Vgl. BMF, Schreiben v. 12.11.2009, BStBl 2009 I 1303, Tz. 64.
4 Vgl. hierzu auch → Rz. 2876.
5 Vgl. BMF, Schreiben v. 12.11.2009, BStBl 2009 I 1303, Tz. 64 f.

▶ **Verlustrücktrag beim zusammengefassten Betrieb in Zeiträume vor der Zusammenfassung**

2871 Ein Rücktrag von Verlusten des **zusammengefassten BgA** auf die einzelnen BgA vor Zusammenfassung ist nach § 8 Abs. 8 Satz 3 KStG unzulässig. Da ein **Verlustrücktrag** nach § 10d Abs. 1 Satz 1 EStG nur in den dem Verlustentstehungszeitraum unmittelbar vorangegangenen Veranlagungszeitraum erfolgen kann, bezieht sich diese Einschränkung nur auf den ersten Veranlagungszeitraum des zusammengefassten Betriebs.

2872 Die **Einschränkung der Verlustverrechnung** lässt sich, wie bereits an anderer Stelle erwähnt, mit dem Verursacherprinzip begründen. Durch die Zusammenfassung von Einzelbetrieben zu einem zusammengefassten BgA entsteht steuerlich ein neues Rechtssubjekt. Sofern dieses wirtschaftlich Verluste erleidet, können diese Verluste nicht auf andere Rechtssubjekte übertragen werden, welche vor der Zusammenfassung noch bestanden haben, im Zeitpunkt der Zusammenfassung aber in dem neu entstandenen zusammengefassten BgA aufgegangen sind.

2873–2875 *(Einstweilen frei)*

▶ **Verlustabzug bei Trennung eines zusammengefassten Betriebes gewerblicher Art**

2876 Nach § 8 Abs. 8 Satz 4 KStG kann ein bei einem BgA vor der Zusammenfassung festgestellter **Verlustvortrag** nach Maßgabe des § 10d EStG vom Gesamtbetrag der Einkünfte abgezogen werden, den dieser Betrieb nach Beendigung der Zusammenfassung erzielt. Ein etwaiger eingefrorener Verlust kann folglich nach der **Trennung eines zusammengefassten BgA** von demjenigen Einzelbetrieb wieder steuerlich genutzt werden, der den Verlust ursprünglich erwirtschaftet hat. Ein **Verlustrücktrag** aus dem ersten Veranlagungszeitraum nach der Trennung kommt jedoch nicht in Betracht, da ein solcher nach den einkommensteuerlichen Vorschriften ausschließlich in das Vorjahr möglich ist und damit in einen Zeitraum fallen würde, in dem noch ein zusammengefasster BgA vorgelegen hat. Zudem hätte die Möglichkeit des Verlustrücktrages bereits vor der Zusammenfassung bestanden.

2877 § 8 Abs. 8 KStG enthält keine Regelung zum Vortrag von Verlusten des zusammengefassten BgA in **Zeiträume nach der Trennung**. Nach einer Auffassung müssten die insoweit nicht abgezogenen Verluste bei demjenigen Betriebsteil bzw. ursprünglichen Einzelbetrieb berücksichtigt werden, der die Verluste während der Zeit der Zusammenfassung erlitten hat.[1] Dies würde jedoch im Hinblick auf den zusammengefassten Betrieb als eigenständiges Rechtssubjekt dem Verursacherprinzip widersprechen. Bei konsequenter Anwendung würden die im Zeitpunkt der Trennung nicht ausgeglichenen Verluste vielmehr untergehen.[2] Dies dürfte allerdings gegen das Prinzip der Besteuerung nach der Leistungsfähigkeit widersprechen. Fraglich ist in diesem Zusammenhang auch, ob sich in der Praxis solche nicht ausgeglichenen Verluste überhaupt verursachergerecht zuordnen lassen, insbesondere wenn diese durch entstandene Gewinne anteilig ausgeglichen worden sind. Eine praktikable Möglichkeit wäre ggf. eine Aufteilung im Verhältnis des von dem jeweiligen Einzelbetrieb erwirtschafteten Verlustes zum Gesamtverlust. Nach BMF wird der während der Zusammenfassung entstandene Verlust eingefroren und steht dann wieder zur Verrechnung zur Verfügung, wenn ein dem verlustverursachten zusammengefassten BgA vergleichbarer BgA später wieder entstehen sollte.

2878–2880 *(Einstweilen frei)*

---

[1] Vgl. z. B. *Frotscher*/Drüen, § 8 Rz. 267; a. A. *Krämer* in DPM § 8 Abs. 8 Rz. 8.
[2] So z. B. *Pinkos*, DStZ 2010, 96, 103.

3. Sonderregelung für die Zusammenfassung gleichartiger Betriebe

Nach § 8 Abs. 8 Satz 5 KStG gelten die Einschränkungen gem. § 8 Abs. 8 Satz 2 – 4 KStG nicht, wenn **gleichartige BgA** zusammengefasst oder getrennt werden. Diese **Ausnahme** von den genannten **Verlustverrechnungsbeschränkungen** basiert auf der Überlegung, dass gleichartige Betriebe i. S. v. § 4 Abs. 6 Satz 1 KStG[1] bereits bei Gründung als einheitlicher Betrieb hätten ausgestaltet werden können und sich daher bei einer nachträglichen Zusammenfassung auch keine Nachteile im Hinblick auf die Verlustverrechnung ergeben sollen.

2881

Danach können bei der Zusammenfassung gleichartiger Betriebe nicht abgezogene Verluste eines BgA vor der Zusammenfassung von den Gewinnen des zusammengefassten Betriebes abgezogen werden. Ferner können Verluste des zusammengefassten Betriebs auf die Einzelbetriebe in der Zeit vor der Zusammenfassung zurückgetragen werden. Ungeklärt ist hier insbesondere die Frage, auf welche der in einen zusammengefassten Betrieb aufgegangenen Einzelbetriebe bzw. in welchem Verhältnis ein etwaiger Verlust zurückgetragen werden kann. Denkbar wäre hier ein anteiliger Rücktrag nach dem Verhältnis der Gewinne der Einzelbetriebe. Ferner ist unklar, ob die Obergrenze für den Verlustrücktrag nach § 10d Abs. 1 Satz 1 EStG i. H. v. 511.500 € (ab VZ 2013 1 Mio. €) insgesamt gilt oder aber mehrfach, d. h. für jeden Einzelbetrieb zugrundezulegen ist. Aus der Sicht des zusammengefassten Betriebes als das Rechtssubjekt, welches den Verlust erwirtschaftet hat, wäre von einer nur einfachen Berücksichtigung dieses Höchstbetrages auszugehen. Dies wäre auch insoweit schlüssig, als die Sonderregelung des § 8 Abs. 8 Satz 5 KStG gedanklich von gleichartigen Betrieben ausgeht, die bereits von vorherein als einheitlicher Betrieb hätten gegründet werden können. Auch dann würde der Höchstbetrag für den Verlustrücktrag nur einfach gelten. Darüber hinaus braucht nach der Sonderregelung ein vor der Zusammenfassung entstandener Verlust nicht eingefroren zu werden, sondern wird wie ein Verlust des zusammengefassten Betriebs behandelt.

2882

(Einstweilen frei)

2883–2885

4. Anwendungsregelung

Nach der Anwendungsvorschrift des § 34 Abs. 6 Satz 7 und 8 KStG ist § 8 Abs. 8 KStG **erstmals für den Veranlagungszeitraum 2009** anzuwenden. Der zum 31. 12. 2008 für einen zusammengefassten BgA festgestellte Verlustvortrag gilt danach als in diesem Betrieb entstanden. Hierdurch sollte sichergestellt werden, dass bei zusammengefassten Betrieben, die bereits vor dem Veranlagungszeitraum 2009 bestanden haben, ein nach bisherigem Recht möglicher Verlustabzug nicht durch die Neuregelung eingeschränkt wird.

2886

5. Verlustverrechnung bei Sanierungsgewinnen

Der Große Senat hat mit Beschluss v. 28.11.2016[2] den Sanierungserlass v. 27.3.2003 für rechtswidrig erklärt. Der Gesetzgeber hat darauf mit der (Wieder-)Einführung einer gesetzlichen Steuerbefreiung von Sanierungsgewinnen in §§ 3a, 3c Abs. 4 EStG n. F. durch das Gesetz gegen schädliche Steuerpraktiken im Zusammenhang mit Rechteüberlassungen v. 27.6.2017[3] reagiert.[4] Die Vorschrift gilt auch für die Körperschaft- und Gewerbesteuer. Zur zeitlichen Anwen-

2887

---

1 Vgl. hierzu *Musil* in Mössner/Seeger/Oellerich, KStG, § 4 Rz. 281 ff.
2 GrS 1/15 BStBl 2017 II 393.
3 BGBl 2017 I 2074; zur Begründung s. BT-Drucks. 18/12128.
4 Zu Einzelheiten der neuen Vorschrift s. KKB/Kanzler, § 3a EStG Rz. 1 ff. und KKB/Nacke, § 3c Abs. 4 EStG Rz. 46 EStG.

dung bestimmt § 52 Abs. 4a EStG, dass die Neuregelungen auf alle Fälle anzuwenden sind, in denen die Schulden ganz oder teilweise nach dem 8.2.2017[1] erlassen wurden/werden. Für Schulderlasse bzw. verbindliche Auskünfte bis zu diesem Datum verweist die Gesetzesbegründung auf das BMF, Schreiben v. 27.4.2017. Die Neuregelung tritt erst nach Notifizierung durch die EU-Kommission in Kraft.[2] Nachdem die EU-Kommission keine Bedenken gegen die Regelung erhoben hat, wird die Neuregelung nach einer neuen Inkrafttretensregelung wie ursprünglich vorgesehen in Kraft treten.

2888 Zweck der gesetzlichen Regelung ist es zu vermeiden, dass Unternehmen in Krisensituationen durch die Besteuerung von Sanierungsgewinnen gleich wieder in die Krise geraten. Im Gegensatz zum § 3 Nr. 66 EStG a. F. wird durch eine vorrangige Verlustverrechnung die Begünstigung auf das erforderliche Mindestmaß begrenzt.[3]

2889 § 3a EStG stellt Sanierungserträge steuerfrei. Als solche werden Betriebsvermögensmehrungen und Betriebseinnahmen aus einem Schulderlass zum Zweck einer unternehmensbezogenen Sanierung bezeichnet.[4] Die Vorschrift stellt damit die Bruttoerträge, und nicht den Sanierungsgewinn, steuerfrei.

Nach § 3c Abs. 4 EStG sind Aufwendungen, die in unmittelbarem wirtschaftlichen Zusammenhang mit steuerfreien Sanierungserträgen stehen, nicht abzugsfähig.

2890 Voraussetzung für die Steuerbefreiung ist, dass die Betriebsvermögensmehrungen bzw. Betriebseinnahmen aus einem Schuldenerlass herrühren. Das kann sein:

▶ Erlassvertrag oder negatives Schuldanerkenntnis nach § 397 BGB,

▶ Forderungsverzicht im Rahmen eines Insolvenzplanverfahrens nach §§ 217 ff. InsO,

▶ Schuldenerlass unter Besserungsvorbehalt.

U. E. fällt unter die Steuerbefreiung auch eine Rangrücktrittsvereinbarung, wenn die Verbindlichkeit wegen § 5 Abs. 2a EStG nicht mehr passiviert werden darf.[5]

2891 Eine unternehmensbezogene Sanierung liegt gem. § 3a Abs. 2 EStG vor, wenn der Steuerpflichtige für den Zeitpunkt des Schuldenerlasses die Sanierungsbedürftigkeit und Sanierungsfähigkeit des Unternehmens, die Sanierungseignung des betrieblich begründeten Schuldenerlasses und die Sanierungsabsicht der Gläubiger nachweist.[6] Nach der Gesetzesbegründung[7] entsprechen die Voraussetzungen der Verwaltungsauffassung in Tz. 4 des Sanierungserlasses v. 27.3.2003 und der langjährigen Rechtsprechung des RFH und BFH.

2892 Sind die vg. Voraussetzungen erfüllt, stellt § 3a Abs. 1 Satz 1 EStG den Sanierungsertrag steuerfrei. Da § 3c Abs. 4 EStG n. F. ein Abzugsverbot für mit dem Sanierungsertrag in unmittelbarem wirtschaftlichen Zusammenhang stehenden Aufwendungen anordnet, ist im Ergebnis der Sanierungsgewinn steuerfrei.

---

1 Siehe hierzu *Uhländer*, DB 2017, 1224.
2 Siehe hierzu *Kußmaul/Licht*, DB 2017, 1797.
3 *Förster/Hechtner*, DB 2017, 1536.
4 Auf die ausnahmsweise unternehmerbezogene Sanierung wird hier nicht näher eingegangen.
5 Zur Frage, unter welchen Voraussetzungen eine Verbindlichkeit bei Rangrücktritt in der Steuerbilanz ausgebucht werden muss, s. BFH, Urteil v. 15.4.2015 - I R 44/14, BStBl 2015 II 769.
6 Zu den einzelnen Voraussetzungen s. KKB/Kanzler, § 3a EStG Rz. 100 ff.
7 BT-Drucks. 18/12128, 31.

Dieser Sanierungsgewinn ist zunächst in einer bestimmten Reihenfolge mit verteilt abziehbarem Aufwand, negativen Einkünften, Verlusten sowie Zins- und EBITDA-Vorträgen zu verrechnen. Schließlich ordnet § 3a Abs. 1 Satz 2 EStG an, dass steuerliche Wahlrechte in dem Jahr, in dem der Sanierungsertrag erzielt wird (Sanierungsjahr) und im Folgejahr im zu sanierenden Unternehmen gewinnmindernd auszuüben sind.

Die Ermittlung des „verbleibenden Sanierungsertrags" i. S. v. § 3a Abs. 3 Satz 4 EStG, der steuerfrei bleibt, erfolgt in mehreren Schritten:[1]

- Zunächst wird der (Brutto-)Sanierungsertrag um die nach § 3c Abs. 4 EStG n. F. nicht abziehbaren Aufwendungen gemindert („geminderter Sanierungsertrag").

- Dieser geminderte Sanierungsertrag verringert bis zu seinem Verbrauch die Verlustverrechnungspotenziale (§ 3a Abs. 3 Satz 2 Nr. 1 bis 13 EStG n. F.). Diese gehen endgültig unter (§ 3a Abs. 3 Satz 5 EStG n. F.). Hierzu gehört z. B. der zum Ende des Vorjahrs gesondert festgestellte Verlustvortrag gem. § 10d Abs. 4 EStG (Nr. 10).

- Letztlich sind auch die Verlustverrechnungspotenziale einer nahe stehenden Person zu mindern, wenn diese die erlassenen Schulden innerhalb eines Zeitraums von fünf Jahren vor dem Schuldenerlass auf das zu sanierende Unternehmen übertragen hat und soweit das Verlustverrechnungspotenzial zum Ablauf des Wirtschaftsjahrs der Übertragung bereits vorhanden war. Ein Nahestehen kann nach der Gesetzesbegründung weitergehend als § 15 AO durch familienrechtliche, gesellschaftsrechtliche, schuldrechtliche oder auch rein tatsächliche Beziehungen begründet werden.[2]

Für zusammengefasste Betriebe sieht der Gesetzgeber in der Ergänzung des § 8 Abs. 8 KStG vor, dass § 3a Abs. 3 Satz 3 EStG entsprechend auf § 8 Abs. 8 Satz 4 KStG (s. hierzu oben → Rz. 2876) anzuwenden ist, wenn es bei einem Betrieb gewerblicher Art, der sich durch eine Zusammenfassung ergeben hat, innerhalb eines Zeitraums von fünf Jahren nach der Zusammenfassung zur Anwendung des § 3a EStG kommt. Der Verweis auf § 3a Abs. 3 EStG bedeutet, dass auch Verlustverrechnungspotenziale einer nahestehenden Person zum Wegfall von Verlustvorträgen führen können.[3] Der Verweis auf die neue Vorschrift bedeutet: Wird vor einer Sanierung eines zusammengefassten BgA dessen sanierungsrelevanter Betriebsteil im Wege der Zusammenfassung eines Verlust-BgA mit einem anderen BgA gebildet, geht der bisherige Verlustvortrag des Verlust-BgA nicht unter, sondern wird „eingefroren". Er wird wieder aktiv, wenn der zusammengefasste BgA künftig getrennt wird, d. h. dessen defizitärer Betriebsteil wieder zum ursprünglichen Verlust-BgA wird. Dieser Verlust wäre dann wieder nach Satz 4 nutzbar. Dies soll nach dem Willen des Gesetzgebers nicht geschehen. Wird beim zusammengefassten BgA eine steuerbegünstigte Sanierung durchgeführt, entfällt deshalb der „eingefrorene" Verlustvortrag.[4]

(Einstweilen frei)

---

[1] Siehe *Förster/Hechtner*, DB 2017, 1536, 1540.
[2] BT-Drucks. 18/12128, 32.
[3] Siehe hierzu → Rz. 2892, letzter Spiegelstrich.
[4] BT-Drucks. 18/12128, 35.

IV. Verlustverrechnung bei Eigengesellschaften (§ 8 Abs. 9 KStG)

▶ **Grundkonzept der Spartenrechnung**

2901 Durch die Vorschriften des § 8 Abs. 9 KStG soll eine **Gleichstellung von Eigengesellschaften und BgA** im Hinblick auf die Möglichkeiten und Beschränkungen der **Verlustverrechnung** erreicht werden. Nachdem bei BgA ein Verlustausgleich ausschließlich bei zusammenfassbaren Tätigkeiten i. S. d. § 4 Abs. 6 KStG möglich ist, sieht das Gesetz für Eigengesellschaften ein ähnliches Grundkonzept vor, die sog. **Spartenrechnung.** Diese soll verhindern, dass eine unter § 8 Abs. 7 Satz 1 Nr. 2 KStG zu fassende Kapitalgesellschaft Verluste aus Dauerverlustgeschäften mit Gewinnen aus sonstigen Tätigkeiten ausgleichen kann.

2902 Hierfür werden die Tätigkeiten der Eigengesellschaft in bestimmte Sparten eingeteilt. Die Einteilung ist zwingend, es besteht kein Wahlrecht zur Spartenbildung.[1] Eine Verlustverrechnung kann dann nur innerhalb der jeweiligen Sparte und nicht spartenübergreifend erfolgen, die Verluste sind folglich an die einzelnen Sparten gebunden. § 8 Abs. 9 Satz 1 KStG gibt **drei Gruppen** vor, in welche die **Tätigkeiten einer Eigengesellschaft einzuteilen** sind. Während die ersten beiden Gruppen jeweils mehrere Sparten umfassen können, stellt die dritte Gruppe eine Art Auffangposten für diejenigen Tätigkeiten dar, die nicht einer gesonderten Sparte der ersten beiden Gruppen zuzuordnen sind. Die dritte Gruppe bildet insoweit eine einheitliche Sparte.

2903 Die Vorschrift gilt grds. nur für KapGes. Die Finanzverwaltung[2] vertritt die (u. E. unzutreffende[3]) Auffassung, dass sie jedoch auch auf einen **BgA** anzuwenden ist, der **OrgT** einer oder mehrerer KapGes i. S. d. § 8 Abs. 7 Satz 1 Nr. 2 KStG ist. In diesem Fall soll auf das beim OrgT zusammengefasste Ergebnis der OrgGes(en) und das eigene Einkommen des OrgT die Spartenrechnung anzuwenden sein.

2904–2905 *(Einstweilen frei)*

▶ **Einteilung der Tätigkeiten von Eigengesellschaften**

2906 Die **erste** im Gesetz genannte **Gruppe** umfasst Tätigkeiten, die als Dauerverlustgeschäft betrieben werden und bei einer juristischen Person des öffentlichen Rechts zu einem Hoheitsbetrieb gehören würden. Jede dieser Tätigkeiten bildet eine eigene Sparte. Eine Zusammenfassung von Tätigkeiten innerhalb einer Sparte ist nur möglich, wenn es sich um gleiche Tätigkeiten handelt, eine enge technisch-wirtschaftliche Verflechtung reicht für eine Zusammenfassung nicht aus.[4]

2907 Die **zweite Gruppe** enthält Tätigkeiten, die nach § 4 Abs. 6 KStG zusammengefasst werden können[5] sowie die übrigen Dauerverlustgeschäfte, die nicht von der ersten Gruppe umfasst sind. Zusammenfassbare Tätigkeiten bilden eine einheitliche Sparte, ein Verlustausgleich zwischen diesen Tätigkeiten ist somit möglich. Damit erfolgt die Behandlung analog zu BgA. Hingegen stellt jedes Dauerverlustgeschäft eine gesonderte Sparte dar. Für den Fall, dass Tätigkeiten in unterschiedlicher Weise zusammengefasst werden können, gibt das Gesetz keine Rege-

---

[1] *Krämer* in Dötsch/Pung/Möhlenbrock, KStG, § 8 Abs. 9 Rz. 5, m. N. zu den verschiedenen Auffassungen.
[2] BMF, Schreiben v. 12. 11. 2009, BStBl 2009 I 1303, Tz. 92 ff.
[3] Ebenso *Krämer*, a. a. O., Rz. 30 mit Beispiel.
[4] Vgl. BMF, Schreiben v. 12. 11. 2009, BStBl 2009 I 1303, Tz. 69.
[5] Nach Auffassung des FG Münster, Urteil v. 11.5.2017 - 10 K 2308/14 K,G,F, EFG 2017, 1200, Rev. eingelegt, Az. des BFH: I R 41/17, kann eine enge wechselseitige technisch-wirtschaftliche Verflechtung zwischen einem Versorgungsbetrieb und einer Bädergesellschaft über ein nur in Betriebsbereitschaft vorgehaltenes, nicht für den Puplikumsverkehr geöffnetes Hallenbad nicht hergestellt werden; s. hierzu auch FG Münster, Urteil v. 26.4.2017 - IX K 3847/ 15 K F, EFG 2017, 1372, Rev. eingelegt, Az. des BFH: I R 50/17.

lung über eine mögliche Rangordnung vor. Da die Vorschrift grundsätzlich die Möglichkeit der Implementierung eines fiktiven steuerlichen Verlustverrechnungskreises bietet und damit begünstigend wirkt, dürfte eine möglichst umfassende Zusammenfassung, d. h. ohne Berücksichtigung etwaiger handelsrechtlicher Zuordnungen einzelner Tätigkeiten, sachgerecht sein.[1] Die fiktive Spartenbildung für steuerliche Zwecke kann völlig losgelöst von einer etwaigen tatsächlichen Spartenbildung der Kapitalgesellschaft erfolgen. Auch die Voraussetzungen für das Vorliegen eines steuerlichen Teilbetriebes sind nicht maßgeblich für die Zusammenfassung.[2] Letztendlich bleibt es der jeweiligen Gesellschaft überlassen, wie der Verbund zu bilden ist.[3]

Die **dritte Gruppe** bildet eine einheitliche Sparte und umfasst alle übrigen Tätigkeiten, die nicht primär einer der ersten beiden Gruppen zuzuordnen sind, d. h. in erster Linie normale gewerbliche Tätigkeiten. Innerhalb dieser Gruppe bzw. Sparte ist ein Verlustausgleich möglich. Da hier keine Dauerverlustgeschäfte enthalten sein können, die nach § 8 Abs. 7 KStG begünstigt sind, würde insoweit auch kein Grund für eine Verlustverrechnungsbeschränkung bestehen. In Bezug auf solche Tätigkeiten würde es aufgrund der Hinzurechnungsvorschrift des § 8 Abs. 3 Satz 2 KStG von vornherein überhaupt nicht zu einem Verlustausweis bzw. -beitrag kommen. 2908

Nach Auffassung der Finanzverwaltung besteht die Möglichkeit, **Tätigkeiten mit untergeordneter Bedeutung** als Hilfsgeschäfte einem Hauptgeschäft zuzuordnen.[4] Bezüglich des Umfangs erfolgt jedoch keine Konkretisierung. Der Hinweis auf R 4.1 Abs. 5 KStR kann jedoch so verstanden werden, dass die dort genannte Umsatzgrenze von 35.000 € als Abgrenzungskriterium herangezogen werden kann.[5] 2909

Nach § 8 Abs. 9 Satz 2 KStG ist **für jede Sparte** der **Gesamtbetrag der Einkünfte getrennt zu ermitteln.** Hierfür sind jeder Sparte diejenigen Wirtschaftsgüter zuzuordnen, die für sie notwendiges Betriebsvermögen darstellen. Da die einheitliche Steuerpflicht der Kapitalgesellschaft jedoch unberührt bleibt, kommt es durch eine Änderung der spartenmäßigen Zuordnung eines Wirtschaftsgutes nicht zu einer Realisierung etwaiger stiller Reserven.[6] Lassen sich Wirtschaftsgüter wie z. B. Finanzmittel oder Beteiligungen nicht unmittelbar zuordnen, sind diese den einzelnen Sparten nach einem **angemessenen Aufteilungsschlüssel** wie z. B. dem jeweils entstehenden Aufwand je Sparte oder den Umsatzerlösen anteilig zuzuordnen.[7] Allgemeine Verwaltungs- und Servicekosten sind den einzelnen Sparten in sachgerechter Weise, d. h. möglichst verursachergerecht, zuzuordnen.[8] Für eine trennscharfe Abgrenzung der einzelnen Sparten sind daher ein aussagefähiges Rechnungswesen und eine entsprechende Kostenstellenrechnung unverzichtbar.[9] Wenngleich die Spartenregelung für die betroffenen Unternehmen einen erheblichen Verwaltungsaufwand mit sich bringt, dürften mit fortschreitender Umstellung der Kommunen auf doppische Buchhaltung die Schwierigkeiten in der Praxis weiter an Bedeutung verlieren.[10] 2910

---

1 So auch *Pinkos*, DStZ 2010, 96, 103.
2 Vgl. BMF, Schreiben v. 12. 11. 2009, BStBl 2009 I 1303, Tz. 77.
3 Vgl. *Bracksiek*, FR 2009, 15, 21.
4 Vgl. BMF, Schreiben v. 12. 11. 2009, BStBl 2009 I 1303, Tz. 76.
5 So auch *Pinkos*, DStZ 2010, 96, 104.
6 Vgl. *Hüttemann*, DB 2009, 2629, 2633.
7 Vgl. BMF, Schreiben v. 12. 11. 2009, BStBl 2009 I 1303, Tz. 80.
8 Vgl. BMF, Schreiben v. 12. 11. 2009, BStBl 2009 I 1303, Tz. 83.
9 Vgl. *Leippe/Baldauf*, DStZ 2009, 67, 72.
10 Vgl. kritisch hierzu *Leippe*, DStZ 2010, 106, 115.

2911 § 8 Abs. 9 Satz 3 KStG regelt die Entstehung einer neuen, gesonderten Sparte für den Fall der Aufnahme einer weiteren, nicht gleichartigen Tätigkeit sowie für den Fall der Aufgabe einer solchen Tätigkeit. Wird durch eine Eigengesellschaft eine **neue Tätigkeit aufgenommen,** die nicht als gleichartig i. S. d. § 4 Abs. 6 Nr. 1 KStG zu bereits bestehenden in einer entsprechenden Sparte zusammengefassten Tätigkeiten gilt, ist diese neue Tätigkeit – sofern sie nicht ohnehin isoliert einer neuen Sparte zugerechnet werden muss (z. B. Dauerverlustgeschäft) – mit den bisherigen Tätigkeiten in eine neue Sparte zu fassen mit der Folge, dass die bisherigen Verluste nicht mehr genutzt werden können. Die Aufnahme einer gleichartigen Tätigkeit hingegen führt nicht zu einer neuen Sparte, sondern lediglich zur Erweiterung der bestehenden. Die erweiterte Sparte wird fortgeführt, bisherige Verluste können, trotz der veränderten Tätigkeitsstruktur innerhalb der Sparte, weiterhin genutzt werden. Entsprechendes gilt für die Aufgabe einer gleichartigen Tätigkeit.[1] Die **Aufgabe einer nicht gleichartigen Tätigkeit** führt nach dem Gesetzeswortlaut zur Entstehung einer neuen, gesonderten Sparte, was den Untergang der in der bisherigen Sparte angesammelten noch nicht verrechneten Verluste zur Folge hat.

2912 Durch die spartenbezogene Ermittlung der Einkünfte wird ein **Verlustausgleich zwischen den einzelnen Sparten** ausgeschlossen. Dies ist durch § 8 Abs. 9 Satz 4 KStG ausdrücklich geregelt. Danach darf ein negativer Gesamtbetrag der Einkünfte einer Sparte nicht mit einem positiven Gesamtbetrag der Einkünfte einer anderen Sparte ausgeglichen oder nach Maßgabe des § 10d EStG abgezogen werden. Hieraus ergibt sich, dass auch ein Verlustabzug durch Verlustrücktrag oder -vortrag zwischen den Sparten ausgeschlossen ist. Ein negativer Gesamtbetrag der Einkünfte mindert jedoch nach § 8 Abs. 9 Satz 5 KStG die positiven Gesamtbeträge der Einkünfte, die sich in dem unmittelbar vorangegangenen und in den folgenden Veranlagungszeiträumen für dieselbe Sparte ergeben. Ein **Verlustabzug innerhalb derselben Sparte** ist damit zulässig.

2913 Eine Sparte kann insoweit aus steuerlicher Sicht mit einem eigenständigen Betrieb verglichen werden, für den nach dem Individualprinzip eine eigenständige Einkommensermittlung erfolgt und eine Ergebnisverrechnung über den eigenständigen Betrieb hinaus nicht möglich ist. Diese **Individualbetrachtung** bedeutet konsequenterweise aber auch, dass der Höchstbetrag für den Verlustrücktrag nach § 10d Abs. 1 EStG von 1 Mio. € sowie der Sockelbetrag für den uneingeschränkten Verlustvortrag nach § 10d Abs. 2 EStG von 1 Mio. € pro Sparte anzusehen ist.[2] Die Anwendung der Zinsschranke des § 4h EStG erfolgt ebenfalls spartenbezogen.[3]

2914 Verluste, die aus einer Tätigkeit entstanden sind, welche in eine neue Sparte aufgenommen wird, bleiben für die Zeit des Bestehens dieser neuen Sparte nicht ausgleichsfähig bzw. nicht abziehbar.[4] Allerdings gehen sie auch nicht verloren, sondern werden gesondert festgestellt. Bei einer späteren Trennung der verlustverursachenden Tätigkeit von der ursprünglich aufnehmenden Sparte können – sofern die Tätigkeit wieder als eine selbständige Sparte gilt – die festgestellten Verluste wieder genutzt werden.[5] Wird die verlustverursachende Tätigkeit hingegen aufgegeben, gehen die ursprünglich festgestellten Verluste unter.

2915 Nach § 8 Abs. 7 Nr. 2 Satz 2 KStG tritt die Sonderregelung, nach dem die Rechtsfolgen einer verdeckten Gewinnausschüttung nicht zu ziehen sind, nur ein, wenn die Mehrheit der Stimmrechte in der Kapitalgesellschaft unmittelbar oder mittelbar auf juristische Personen des öf-

---

1 Vgl. BMF, Schreiben v. 12. 11. 2009, BStBl 2009 I 1303, Tz. 73.
2 Vgl. BMF, Schreiben v. 12. 11. 2009, BStBl 2009 I 1303, Tz. 88.
3 Vgl. BMF, Schreiben v. 12. 11. 2009, BStBl 2009 I 1303, Tz. 85.
4 Vgl. → Rz. 2911.
5 Vgl. BMF, Schreiben v. 12. 11. 2009, BStBl 2009 I 1303, Tz. 75.

fentlichen Rechts entfällt und nachweislich nur diese Gesellschafter die Verluste aus dem Dauerverlustgeschäft tragen.[1] § 8 Abs. 9 Satz 6 KStG behandelt nun den Fall, dass die vorgenannten Voraussetzungen ab einem Zeitpunkt innerhalb eines Veranlagungszeitraums nicht mehr vorliegen, d. h. die **Stimmrechtsmehrheit entfällt** oder die **Verlusttragung auch durch privatrechtlich organisierte Anteilseigner** erfolgt. Als Rechtsfolge sind die Vorschriften des § 8 Abs. 9 Satz 1 – 5 KStG ab diesem Zeitpunkt nicht mehr anzuwenden. Hiernach nicht ausgeglichene oder abgezogene negative Beträge sowie verbleibende Verlustvorträge aus den Sparten, in denen Dauerverlusttätigkeiten ausgeübt werden, entfallen. Dies bedeutet jedoch auch, dass ab diesem Zeitpunkt eine Verlustverrechnung zwischen Tätigkeiten, die bis dahin verschiedene Sparten gebildet haben, uneingeschränkt in den Grenzen des § 10d EStG wieder möglich ist.

§ 8 Abs. 9 Satz 7 KStG behandelt hingegen den Fall, dass die vorgenannten Voraussetzungen des § 8 Abs. 7 Nr. 2 Satz 2 KStG ab einem Zeitpunkt innerhalb eines Veranlagungszeitraums eintreten, d. h. die **Stimmrechtsmehrheit entsteht** oder die **Verlusttragung nachweislich ausschließlich durch juristische Personen des öffentlichen Rechts** erfolgt. Die Vorschriften des § 8 Abs. 9 Satz 1 – 5 KStG sind ab diesem Zeitpunkt anzuwenden, die Verlustverrechnungsbeschränkungen auf die jeweilige Sparte tritt folglich ab diesem Zeitpunkt ein. Allerdings kann ein bis zum Eintritt der Voraussetzungen entstandener Verlust noch nach Maßgabe des § 10d EStG abgezogen werden. Ein danach verbleibender Verlust ist derjenigen Sparte zuzuordnen, in der keine Dauerverlustgeschäfte betrieben werden. Innerhalb dieser in § 8 Abs. 9 Satz 1 Nr. 3 KStG genannten Sparte ist der Verlust dann ebenfalls nach Maßgabe des § 10d EStG abzugsfähig.

Nach § 8 Abs. 9 Satz 8 KStG ist der am Schluss eines Veranlagungszeitraums verbleibende **negative Gesamtbetrag der Einkünfte einer Sparte** entsprechend der Regelung des § 10d Abs. 4 EStG **gesondert festzustellen**. Diese Regelung wurde nachträglich[2] in das Gesetz aufgenommen und schafft durch rückwirkende Anwendung die Rechtsgrundlage für eine gesonderte Verlustfeststellung.[3]

(Einstweilen frei)

▶ **Anwendungsregelung**

Nach der Anwendungsvorschrift des § 34 Abs. 6 Satz 9 KStG ist § 8 Abs. 9 KStG **erstmals für den Veranlagungszeitraum 2009** anzuwenden. Eine Spartenrechnung hat bei Eigengesellschaften daher erstmalig zu Beginn des Veranlagungszeitraums 2009 zu erfolgen.

§ 34 Abs. 6 Satz 10 KStG schreibt vor, dass ein zum Schluss des Veranlagungszeitraums 2008 festgestellter Verlustvortrag in sachgerechter Weise auf die einzelnen Sparten aufzuteilen ist. Die anteiligen Verlustbeträge gelten dort jeweils als Ausgangsbetrag bei der Anwendung des § 10d EStG im folgenden Veranlagungszeitraum. Die sachgerechte Zuordnung sollte auch hier verursachergerecht erfolgen, d. h. die Verlustanteile sind den einzelnen Sparten in dem Umfang zuzuordnen, in dem die jeweiligen Tätigkeiten den Verlust verursacht haben.

Weiter wird durch § 34 Abs. 6 Satz 11 KStG geregelt, wie ein für den Veranlagungszeitraum 2009 festgestellter Verlust in den Veranlagungszeitraum 2008 zurückgetragen werden kann. Danach ist der Rücktrag noch ohne Anwendung der Spartenbetrachtung vorzunehmen, d. h., es ist die Summe der sich im Veranlagungszeitraum 2009 ergebenden Beträge aus den einzel-

---

[1] Vgl. → Rz. 2796 ff.
[2] Siehe JStG 2010 v. 8. 12. 2010, BStBl 2010 I 1394.
[3] Vgl. bereits vorher BMF, Schreiben v. 12. 11. 2009, BStBl 2009 I 1303, Tz. 89.

nen Sparten maßgeblich. Dieser wird insgesamt – da die Spartenrechnung erst ab 2009 gilt, ohne Begrenzung auf einzelne Sparten – in den Vorjahreszeitraum zurückgetragen. Der Verbrauch der Verluste durch Rücktrag in den Veranlagungszeitraum 2008 ist den einzelnen Sparten anteilig nach der Höhe der Spartenverluste zuzuordnen.

▶ **Sanierungsgewinn**

2929 Zur gesetzlichen Regelung des Sanierungsgewinns s.o. → Rz. 2887 ff. § 8 Abs. 9 KStG wurde dahingehend ergänzt, dass die §§ 3a und 3c Abs. 4 EStG entsprechend anzuwenden sind. Für die Frage, ob eine unternehmensbezogene Sanierung gem. § 3a Abs. 2 EStG vorliegt, ist nach dem eindeutigen Gesetzeswortlaut nur auf die Kapitalgesellschaft abzustellen. Durch den Verweis auf die Kapitalgesellschaft, ergibt sich, dass die Prüfung, ob eine unternehmensbezogene Sanierung vorliegt, auf die Kapitalgesellschaft und nicht auf die von dieser Gesellschaft zu bildenden Sparten abzustellen ist. In entsprechender Anwendung von § 3a und § 3c Abs. 4 EStG ist § 3a Abs. 3 Satz 2 EStG dann aber spartenbezogen anzuwenden. Dessen Nr. 7 erfasst den Verlust des Sanierungsjahrs der zu sanierenden Sparte, dessen Nr. 8, die laufenden Verluste der übrigen Sparten und dessen Nr. 9, die nach Maßgabe des nach § 8 Abs. 9 Satz 8 KStG festgestellten negativen Beträge. Damit wird sichergestellt, dass Fälle, in denen vor einer Sanierung die Eigengesellschaft den sanierungsrelevanten Betriebsteil einer dauerdefizitären Sparte im Wege der Zusammenfassung auf eine andere Sparte überträgt, der bisherige, bei der dauerdefizitären Sparte verbleibende Verlustvortrag auch vom geminderten Sanierungserfolg gemindert wird.

2930–2950 *(Einstweilen frei)*

K. Besonderheiten für Einkünfte aus Kapitalvermögen (§ 8 Abs. 10 KStG)

2951 Bei unbeschränkt steuerpflichtigen Körperschaften sind nach § 8 Abs. 2 KStG alle Einkünfte als Einkünfte aus Gewerbebetrieb zu behandeln. Insoweit stellen auch Einkünfte aus Kapitalvermögen i.S.d. § 20 EStG gewerbliche Einkünfte dar. Anders hingegen ist der Sachverhalt bei Steuerpflichtigen, die nicht unter § 1 Abs. 1 Nr. 1 – 3 KStG zu fassen sind, und damit auch bei juristischen Personen des öffentlichen Rechts, die auch andere Einkünfte als solche aus Gewerbebetrieb haben können. Die Regelung des § 8 Abs. 10 KStG enthält daher **Sondervorschriften für die Anwendung der Abgeltungsteuer** für Kapitalerträge, die über den allgemeinen Verweis des § 8 Abs. 1 Satz 1 KStG auf die Vorschriften des Einkommensteuergesetzes grundsätzlich zu beachten wäre. Der Hintergrund der Regelung besteht darin, die Einkünfte von Körperschaften nicht der Abgeltungsteuer, sondern den allgemeinen körperschaftsteuerlichen Vorschriften zu unterwerfen.

2952 Nach § 8 Abs. 10 Satz 1 KStG ist bei Einkünften aus Kapitalvermögen § 2 Abs. 5b EStG nicht anzuwenden. § 2 Abs. 5b EStG nimmt diejenigen Kapitalerträge, die der Abgeltungsteuer unterliegen, aus der allgemeinen steuerlichen Bemessungsgrundlage aus. Diese Ausscheidung wird somit durch die Sondervorschrift aufgehoben, d.h. die **Einkünfte aus Kapitalvermögen** bilden bei den betreffenden Körperschaften als Einkünfte i.S.d. § 20 EStG **Bestandteil der Besteuerungsgrundlage** und unterliegen dem tariflichen Steuersatz nach § 23 KStG. Die Abgeltungsteuer nach § 32d EStG kommt nicht zur Anwendung. Damit sind grundsätzlich auch die Regelungen des § 20 Abs. 6 EStG zur Beschränkung der Verlustverrechnung sowie des § 20 Abs. 9 EStG zur Beschränkung des Werbungskostenabzugs anwendbar.

§ 8 Abs. 10 Satz 2 KStG regelt hingegen, dass **einige Bestimmungen des § 32d EStG dennoch anzuwenden** sind. Danach ist § 32d Abs. 2 Satz 1 Nr. 1 Satz 1 und Nr. 3 Satz 1 und Satz 3 – 6 EStG bei den betreffenden Körperschaften entsprechend anzuwenden. § 32d Abs. 2 EStG nennt Ausnahmen von der Abgeltungsteuer. Die in § 8 Abs. 10 Satz 2 KStG genannten Ausnahmen betreffen im Einzelnen Einkünfte als stiller Gesellschafter und aus partiarischen Darlehen (§ 20 Abs. 1 Nr. 4 EStG), Erträge aus sonstigen Kapitalforderungen (§ 20 Abs. 1 Nr. 7 EStG) sowie Erträge aus der Veräußerung dieser Kapitalbeteiligungen (§ 20 Abs. 2 Nr. 4 und Nr. 7 EStG). Betroffen hiervon sind im Wesentlichen Gesellschafter mit einer Mindestbeteiligung von 10 %. Ferner beziehen sich die Ausnahmen auf Dividendenerträge (§ 20 Abs. 1 Nr. 1 EStG) sowie auf Erträge aus der Auflösung oder Kapitalherabsetzung (§ 20 Abs. 1 Nr. 2 EStG), sofern der Gesellschafter zu mindestens 25 % beteiligt ist oder für die Kapitalgesellschaft beruflich tätig und mindestens zu 1 % beteiligt ist. Diese Voraussetzung für eine sog. unternehmerische Beteiligung dürfte bei Kapitalgesellschaften keine praktische Relevanz haben. § 20 Abs. 6 und 9 EStG ist in den vorgenannten Fällen nicht anzuwenden, so dass eine Verlustverrechnung und ein Abzug der tatsächlichen Werbungskosten möglich ist.

(Einstweilen frei)

Anlage 1: ABC der verdeckten Gewinnausschüttungen

1. Abfindungen[1]

Abfindungen können an Gesellschafter-Geschäftsführer anlässlich der **Beendigung des Arbeitsverhältnisses** ebenso gezahlt werden wie an andere Arbeitnehmer. Daher stellt eine Abfindung vGA dar, wenn sie gezahlt wurde, obwohl der Betrieb über gesetzliche oder vertragliche Kündigungsmöglichkeiten verfügte, die keine Zustimmung des Arbeitnehmers voraussetzten. Dies gilt nicht, wenn auch anderen entlassenen Arbeitnehmern ohne Verpflichtung eine Abfindung gezahlt wurde (innerbetrieblicher Vergleich) oder wenn für die freiwillige Zahlung der Abfindung entscheidend war, dass der Gesellschafter im Unternehmen eine besonders herausgehobene Arbeitsleistung erbrachte bzw. eine besondere Vertrauensstellung inne hatte.[2] Dies gilt auch für nahe stehende Personen.[3] Die Bemessung der Abfindung kann an § 10 KSchG orientiert werden, der eine Staffelung nach dem Alter des Arbeitnehmers und Dienstalter vornimmt. Die Rspr. der Arbeitsgerichte hat zudem die Faustformel aufgestellt, dass pro Dienstjahr ein Monatsgehalt als Abfindung zulässig ist.[4] Hat aber der Gesellschafter-Geschäftsführer bereits das Pensionsalter erreicht, dann ist eine Abfindungszahlung an ihn wegen der Beendigung des Arbeitsverhältnisses als vGA anzusehen.[5]

---

1 Zur vGA bei der Abfindung eines lästigen Gesellschafters s. *Janssen*, vGA, 12. Aufl. 2017, Rz. 1471 ff., zur Abfindung von Pensionszusagen vgl. Rz. 1760 ff.
2 FG Köln, Urteil v. 5. 9. 2002 - 13 K 521/02, rkr., EFG 2003, 118.
3 FG Köln, Urteil v. 5. 9. 2002 - 13 K 521/02, rkr., EFG 2003, 118.
4 Beachte aber FG München, Urteil v. 26. 11. 1999 - 7 K 3313/97, NWB SAAAB-10515, welches die Höhe der Abfindung bei einer außerordentlichen Kündigung nach dem Gehaltsanspruch bemisst, der bei einer ordentlichen Kündigung noch bestanden hätte, sowie FG Nürnberg, Urteil v. 9. 11. 1999 - I 332/97, NWB PAAAB-44125, GmbHR 2000, 189, welches von 0,5 Monatsgehältern pro Dienstjahr ausgeht.
5 FG Düsseldorf, Urteil v. 30. 1. 1998 - 6 V 5644/97, rkr., EFG 1998, 878.

2. Aktiengesellschaften

LITERATURHINWEISE:
Binnewies, Verdeckte Gewinnausschüttungen im (Steuer-)Recht der Aktiengesellschaft, DStR 2003, 2105; *Streck/Mack/Schwedhelm*, Rechtsbehelfsempfehlung 519/03, Stbg 2003, 75; *Zimmermann*, Die Angemessenheit der Gesamtbezüge eines Gesellschafter-Geschäftsführers, DB 2003, 786.

3002 Die Rspr. zur vGA wurde weitgehend an GmbH-Fällen entwickelt und kann nicht ohne weiteres auf Vorstandsmitglieder von AG übertragen werden, weil nach dem AktG ein struktureller Unterschied der AG zur GmbH besteht.[1] Vorstand und Aufsichtsrat der AG sind rechtlich allein dem Gesellschaftsinteresse verbunden und nicht den Weisungen des die Hauptversammlung beherrschenden Aktionärs (vgl. §§ 76, 93 Abs. 1 Satz 1, 111, 116 AktG).[2] Dafür haben sie auch zu haften. Daher können die besonderen Tatbestandsvoraussetzungen für beherrschende Gesellschafter einer GmbH nicht auf den beherrschenden Gesellschafter einer AG übertragen werden, vielmehr muss das FA jeweils im Einzelnen den Drittvergleich führen.[3] Die Möglichkeit, dass auch die nachträgliche Erhöhung der Bezüge eines Vorstandsmitglieds einer AG als vGA anzusehen ist, ist aber nicht ausgeschlossen.[4] Auch eine Verbesserung der Pensionszusage nach Eintritt des Pensionsfalles ist bei einer Familien-AG als vGA wegen Verstoßes gegen das Rückwirkungsverbot anzusehen.[5] Da die früheren KStR 1995 bei der Angemessenheit von Bezügen stets von Vorstands- oder Geschäftsführertätigkeit sprachen, ist davon auszugehen, dass zumindest nach der Ansicht der Finanzverwaltung die Grundsätze zur Angemessenheit auch für die Vergütungen der AG an den Vorstand gelten.[6]

Das FG Berlin-Brandenburg geht in seiner Entscheidung vom 9.1.2011[7] nunmehr davon aus, dass eine vGA bei einer AG nur dann vorliegt, wenn im Einzelfall eine vertragliche Gestaltung im Verhältnis zwischen der Gesellschaft und ihrem Vorstandsmitglied einseitig an den Interessen des Vorstandsmitglieds und Hauptaktionärs ausgerichtet ist und sich nicht auf einen gerechten Ausgleich der beiderseitigen Interessen zurückführen lässt. Insoweit kommt der Zusammensetzung des Aufsichtsrats besondere Bedeutung zu. Beherrscht der Aktionär/Vorstand direkt oder indirekt auch dieses Gremium, so müssen hier dieselben Grundsätze angewandt werden wie bei der GmbH.

3. Aktivierung

3003 Ansprüche einer GmbH gegen ihren Gesellschafter, die in der Bilanz zu aktivieren sind, können nicht gleichzeitig vGA sein, wurde die Aktivierung unterlassen ist diese im Wege der Bilanzberichtigung nachzuholen.[8] Eine vGA liegt erst bei Verzicht auf den Anspruch vor, die Nichtgeltendmachung reicht dafür noch nicht aus.[9]

---

1 BFH, Urteile v. 15.12.1971 - I R 5/69, BStBl 1972 II 438, rückwirkende Vereinbarungen zur Erhöhung der Bezüge des Gesellschafter-Geschäftsführers; v. 18.12.2002 - I R 93/01, BFH/NV 2003, 946 = NWB WAAAA-70076, rückwirkende Verbesserung einer Pensionszusage; v. 9.6.2004 - I B 10/04, BFH/NV 2004, 1424 = NWB AAAAB-25004, Umsatztantieme.
2 Auch *Binnewies*, DStR 2003, 2105.
3 *Binnewies*, DStR 2003, 2105.
4 BFH, Urteil v. 30.7.1975 - I R 110/72, BStBl 1976 II 74.
5 BFH, Urteil v. 18.12.2002 - I R 93/01, BFH/NV 2003, 946 = NWB WAAAA-70076.
6 A. A. *Zimmermann*, DB 2003, 786, weil der Erlass des BMF zur Angemessenheit die Vorstände nicht erwähnt.
7 FG Berlin-Brandenburg, Urteil v. 22.6.2011 - 12 K 12274/09, EFG 2011, 1992.
8 BFH, Urteil v. 18.12.1996 - I R 26/95, HFR 1997, 413 = NWB IAAAA-96774.
9 BFH, Urteil v. 24.3.1998 - I R 93/96, BFH/NV 1998, 579 = NWB LAAAA-96948.

4. Angemessenheit der Gesamtvergütung von Gesellschafter-Geschäftsführern

LITERATURHINWEISE:

Tänzer, Geschäftsführervergütungen und Nebenleistungen, GmbHR 1989, 324; *ders.*, Die angemessene Vergütung der Geschäftsführer in kleinen GmbH, GmbHR 1993, 728; *ders.*, Die aktuelle Vergütung der GmbH-Gesellschafter-Geschäftsführer – Welche Fixbezüge und Tantiemen sind angemessen?, GmbHR 1996, 40; *Senger/Schulz*, Das Rechtsinstitut der verdeckten Gewinnausschüttung – Notwendigkeit einer grundlegenden Reform – Untersuchung der Bundessteuerberaterkammer zu Geschäftsführer-Vergütungen von Kapitalgesellschaften und Reformvorschläge aus der Sicht des Berufsstandes, DStR 1997, 1830; *Tänzer*, Aktuelle Geschäftsführervergütung in kleinen GmbH – Was darf ein Geschäftsführer in kleinen GmbH verdienen?, GmbHR 1997, 16; *Tänzer*, Aktuelle Geschäftsführervergütung in kleinen GmbH – Angemessene Geschäftsführerbezüge in Unternehmen bis zahl_start 10.000.000 10 Mio. DM Jahresumsatz, GmbHR 1997, 1085; *Niehues*, Das Ende der Gehaltsuntersuchungen, BB 1998, 1452; *Feldkamp*, Die Angemessenheit der Geschäftsführervergütung, Stbg 1999, 136; *ders.*, Geschäftsführervergütung in kleinen GmbHs, Stbg 1999, 181; *Tänzer*, Aktuelle Geschäftsführervergütung in der kleinen GmbH, GmbHR 2000, 596; *Feldkamp/Zimmers*, Gratwanderung, GmbH-Stpr. 2001, 125; *Zimmers*, Chef-Gehälter 2001, GmbH-Stpr. 2001, 372; *Böth*, Die Angemessenheitsprüfung bei Gesellschafter-Geschäftsführer-Vergütungen, StBp 2002, 134; *Hansmann*, Angemessenheit von Geschäftsführer-Gehältern, EStB 2003, 143; *Pflüger*, Angemessenheit der Gesamtbezüge eines Gesellschafter-Geschäftsführers, GStB 2003, 9; *Tänzer*, Die angemessene Geschäftsführervergütung, GmbHR 2003, 754; *Zimmermann*, Die Angemessenheit der Gesamtbezüge eines Gesellschafter-Geschäftsführers, DB 2003, 786; *Böth*, Aktuelle Entwicklungen zur verdeckten Gewinnausschüttung, (Teil III), StbP 2004, 135; *Tänzer*, Die aktuelle Geschäftsführervergütung 2005, GmbHR 2005, 1256; *Hornig*, Verdeckte Gewinnausschüttungen bei Mehrfach-Gesellschafter-Geschäftsführern, NWB F. 4, 4989; *Wackerbarth*, Die Festlegung der Vergütung des Gesellschafter-Geschäftsführers – zugleich Besprechung der Entscheidung des BGH, Urteil v. 21.7.2008 - II ZR 39/07, GmbHR 2009, 65.

Siehe auch Geschäftsführergremium, Mehrfachtätigkeit.

a) Allgemein

Gehälter müssen angemessen sein, damit sie dem Drittvergleich standhalten. Zudem darf ein Gehalt nicht zu einer Gewinnabschöpfung führen. Unangemessen hohe Bezüge eines Gesellschafter-Geschäftsführers sind stets als vGA anzusehen; es kommt dabei, anders als bei Nachzahlungen, nicht auf die Höhe der Beteiligung des Gesellschafter-Geschäftsführers an, so dass in solchen Fällen auch Bezüge eines Minderheits-Gesellschafter-Geschäftsführers oder eines Geschäftsführers, der nur mittelbarer Gesellschafter ist, vGA sein können.[1] Bevor die Angemessenheit der Gesamtbezüge überprüft wird, ist allerdings zunächst bei den einzelnen Vergütungen festzustellen, ob vGA dem Grunde (z.B. bei Umsatztantiemen) oder der Höhe (z.B. 75 %-Grenze bei Pensionen) vorliegen. Erst danach ist unter Aussonderung der dadurch bereits in vGA umqualifizierten Gehaltsbestandteile die Angemessenheit der Gesamtvergütung in einer dritten Stufe zu überprüfen.[2] Für die Angemessenheit der Bezüge eines Gesellschafter-Geschäftsführers gibt es keine festen Regeln.[3] Es gibt keine allgemein gültige obere oder untere Grenze, der angemessene Betrag ist vielmehr im Einzelfall durch Schätzung zu ermitteln.[4]

---

1 BFH, Urteil v. 5.3.2008 - I B 171/07, BB 2008, 1718 = NWB FAAAC-77617.
2 BMF, Schreiben v. 14.10.2002, BStBl 2002 I 972.
3 BFH, Urteile v. 5.10.1977 - I R 230/75, BStBl 1978 II 234; v. 28.6.1989 - I R 89/85, BStBl 1989 II 854; v. 27.10.1992 - VIII R 41/89, BStBl 1993 II 569; s. auch v. 11.12.1991 - I R 152/90, BStBl 1992 II 690; v. 18.12.2002 - I R 85/01, BFH/NV 2003, 822 = NWB RAAAA-70069; v. 26.5.2004 - I R 101/03, BFH/NV 2004, 1672 = NWB UAAAB-27388.
4 BFH, Urteile v. 28.6.1989 - I R 89/85, BStBl 1989 II 854; v. 5.10.1994 - I R 50/94, BStBl 1995 II 549; v. 8.7.1998 - I R 134/97, BFH/NV 1999, 370 = NWB RAAAA-62345; v. 18.12.2002 - I R 85/01, BFH/NV 2003, 822 = NWB RAAAA-70069; v. 11.8.2004 - I R 40/03, BFH/NV 2005, 248 = NWB TAAAB-40243.

3005 Inner- und außerbetriebliche Merkmale können einen Anhaltspunkt für die Schätzung bieten. Beurteilungskriterien sind:[1]

- Art und Umfang der Tätigkeit,

  Art und Umfang der Tätigkeit werden vorrangig durch die Größe des Unternehmens bestimmt. Je größer ein Unternehmen ist, desto höher kann das angemessene Gehalt des Geschäftsführers liegen, da mit der Größe eines Unternehmens auch Arbeitseinsatz, Anforderung und Verantwortung steigen.[2] Die Unternehmensgröße ist vorrangig anhand der Umsatzhöhe und der Beschäftigtenzahl zu bestimmen.

  Ausbildung und Berufserfahrung bilden nur in Ausnahmesituationen ein Beurteilungskriterium für die Angemessenheit (z. B. Meisterprüfung, Steuerberaterzulassung).

  Bei anderweitigen unternehmerischen Tätigkeiten kann eine Rolle spielen, dass man nicht seine ganze Arbeitskraft dem Unternehmen zur Verfügung stellen kann. Bei mehreren Geschäftsführern kann ein Abschlag gerechtfertigt sein, da der Aufwand des einzelnen geringer ist als bei einem Alleingeschäftsführer.

- die künftigen Ertragsaussichten des Unternehmens,

  Neben der Unternehmensgröße stellt die Ertragssituation das entscheidende Kriterium für die Angemessenheitsprüfung dar. Bei sehr ertragsstarken Unternehmen ist aber nicht eine unbegrenzte Steigerung gerechtfertigt. Es sind die Umstände des Einzelfalles zu beachten. Hier wird eine Gehaltsstrukturuntersuchung im Branchenvergleich bedeutsam. Daneben muss für das von den Gesellschaftern eingesetzte Kapital eine angemessene Verzinsung verbleiben.

  Bei ertragsschwachen Unternehmen wird ein Fremdgeschäftsführer aber nicht auf eine angemessene Vergütung für seine Tätigkeit verzichten. Daher führt das Unterschreiten einer angemessenen Verzinsung des eingesetzten Kapitals in Verlustjahren nicht zur vGA der Geschäftsführervergütung.

- das Verhältnis des Geschäftsführergehaltes zum Gesamtgewinn und zur verbleibenden Kapitalverzinsung[3] sowie

- Art und Höhe der Vergütungen, die gleichartige Betriebe ihren Geschäftsführern für entsprechende Leistungen gewähren.

  Hier ist der sog. Fremdvergleich anzusiedeln. Dazu sind die Methoden des inneren und äußeren Fremdvergleichs zu beachten.[4]

- Die Steigerung des Unternehmenswertes soll hingegen kein Kriterium für die Gehaltsbemessung sein, da dieser den Gesellschaftern zustehe. Im Gegenteil soll die Steigerung gar gehaltsmindernd wirken, da dem Unternehmen eine Mindestverzinsung verbleiben soll, die auch die stillen Reserven umfasst.[5]

3006 Die Schätzung obliegt grundsätzlich dem FG, ist also selbst nicht revisibel. Dabei zählt es insbesondere zum Bereich der vom FG zu treffenden Sachverhaltsfeststellungen, welchen Kriterien der Vorrang zur Beurteilung der Angemessenheit der Geschäftsführervergütung im Einzelfall einzuräumen ist. Der BFH überprüft die Schätzung also nur noch daraufhin, ob der Rechts-

---

[1] BFH, Urteile v. 28. 6. 1989 - I R 89/85, BStBl 1989 II 854, 855 f.; v. 5. 10. 1994 - I R 50/94, BStBl 1995 II 549; OFD Karlsruhe v. 17. 4. 2001, GmbHR 2001, 538; BFH, Urteil v. 18. 12. 2002 - I R 85/01, BFH/NV 2003, 822 = NWB RAAAA-70069.
[2] Vgl. z. B. *Tänzer*, GmbHR 2000, 596.
[3] Vgl. dazu die Ausführungen → Rz. 3010.
[4] Dazu umfassend → Rz. 3013.
[5] Hessisches FG, Urteil v. 27. 6. 2001 - 4 K 752/01, rkr., EFG 2002, 490.

begriff der Schätzung richtig angewendet wurde und ob alle nach den Denkgesetzen und nach den jeweiligen Erfahrungssätzen für die Schätzung wesentlichen Tatsachen in die Würdigung einbezogen wurden.[1] Auf jeden Fall ist für die Angemessenheitsprüfung auf den Zeitpunkt abzustellen, in dem die Gehaltsvereinbarung geschlossen bzw. geändert wurde, eine rückschauende Betrachtung ist hingegen nicht vorzunehmen.[2]

b) Kriterien zur Prüfung der Angemessenheit der Gesamtausstattung

aa) Persönlicher und sachlicher Anwendungsbereich

(1) Persönlicher Anwendungsbereich

Die Angemessenheit der Gesamtvergütung wird nur bei Gesellschaftern geprüft, die zugleich bei der Gesellschaft beschäftigt sind. In der Rechtsprechung und Literatur liegt der Schwerpunkt auf Gesellschaftern, die als Geschäftsführer beschäftigt sind. Die Grundsätze der Prüfung der Angemessenheit des Gehalts würden aber ebenso gelten, wenn der Gesellschafter als Sachbearbeiter, Pförtner oder Parkplatzwächter beschäftigt wäre. Bei Arbeitnehmern, die nicht zugleich Gesellschafter sind, wird die Angemessenheitsprüfung nicht durchgeführt. Bei Ihnen geht man davon aus, dass der natürliche Interessengegensatz zur Gesellschaft dafür sorgt, dass die Gehälter stets angemessen sind. Ihre Gehälter dienen daher als Maßstab für die Gehälter der bei der Gesellschaft beschäftigten Gesellschafter.

Im Fall eines mittelbaren Gesellschafters wandte der BFH[3] die Grundsätze zur Angemessenheitsprüfung ebenfalls an: A hielt alle Anteile an der A-GmbH, B alle Anteile der B-GmbH, A-GmbH und B-GmbH hielten sämtliche Anteile an der C-GmbH. A-GmbH und B-GmbH schlossen mit der C-GmbH einen Managementvertrag mit dem sie die gesamte Geschäftsführung der C-GmbH übernahmen, diese Verpflichtung erfüllten sie, indem sie die Arbeitskraft ihrer Geschäftsführer A und B zur Verfügung stellten. Da auch eine Urlaubs- und Krankheitsregelung vorgesehen war, hielt der BFH es für ‚zweifelsfrei gerechtfertigt', die Entgelte für die Managementverträge nach den Kriterien für die Angemessenheit von Gesellschafter-Geschäftsführergehältern zu prüfen.

(2) Sachlicher Anwendungsbereich = Ermittlung der einzubeziehenden Vergütung

Zu klären ist zunächst, ob die einzubeziehenden Vergütungsbestandteile richtig ermittelt wurden. Hier sind nicht alle Bestandteile mit ihrem tatsächlichen Wert anzusetzen.[4] Bestandteile, die bereits aus anderen Gründen vGA sind, werden gar nicht angesetzt.[5] Echter Auslagen- und Aufwandsersatz ist keine Vergütung und daher ebenfalls nicht zu berücksichtigen.[6]

---

1 BFH, Urteile v. 28. 6. 1989 - I R 89/85, BStBl 1989 II 854, 856; v. 24. 10. 1995 - I B 14/95, BFH/NV 1996, 339 = NWB XAAAB-37016; v. 1. 10. 1995 - I R 4/95, BFH/NV 1996, 437, 438 = NWB ZAAAB-37238; v. 8. 7. 1998 - I R 134/97, BFH/NV 1999, 370 = NWB RAAAA-62345; v. 20. 10. 2000 - I B 1/00, BFH/NV 2001, 645 = NWB DAAAA-66628; v. 18. 12. 2002 - I R 85/01, BFH/NV 2003, 822 = NWB RAAAA-70069.
2 BFH, Urteile v. 4. 6. 2003 - I R 24/02, BStBl 2004 II 136; v. 4. 6. 2003 - I R 38/02, BStBl 2004 II 139; v. 26. 5. 2004 - I R 101/03, BFH/NV 2004, 1672 = NWB UAAAB-27388 (Mehrfachgeschäftsführung); *Ott*, INF 2004, 188, 189; v. 27. 2. 2003 - I R 80, 81/01, BFH/NV 2003, 1346 = NWB TAAAA-70064; v. 27. 2. 2003 - I R 46/01, BStBl 2004 II 132.
3 BFH, Urteil v. 5. 3. 2008 - I B 171/07, FR 2008, 1059, 1060 = NWB FAAAC-77617.
4 Z. B. Pensionszusagen nur mit der fiktiven Nettojahresprämie, vgl. OFD Karlsruhe v. 17. 4. 2001, GmbHR 2001, 538.
5 BMF, Schreiben v. 14. 10. 2002, FR 2002, 1246, BStBl 2002 I 972.
6 Näher zum Ganzen *Janssen*, vGA, 12. Aufl. 2017, Rz. 105 ff.

bb) Stammkapitalverzinsung

3010 Verbleibt der GmbH als Untergrenze eine angemessene Stammkapitalverzinsung von ca. 10 % bei Betrachtung über einen längeren Zeitraum?[1] Nach BMF ist auf das gesamte Eigenkapital abzustellen,[2] z. T. wird auch auf den Substanzwert[3] oder gar den Ertragswert[4] abgestellt. Letzteres ist schon deswegen logisch nicht möglich, weil zur Berechnung des Ertragswertes die Kenntnis des angemessenen Gehaltes erforderlich ist (als Unternehmerlohn), dann kann aber das angemessene Gehalt nicht aus der Verzinsung des Ertragswerts abgeleitet werden.[5] Eine Verletzung der 10-%-Grenze indiziert eine vGA allerdings nicht zwingend, insbesondere bei ertragsschwachen GmbH ist unstritig, dass der Geschäftsführer selbst in gewinnlosen Jahren eine Vergütung erhalten muss.[6] Bei ertragsschwachen Gesellschaften kann von einer angemessenen Ausstattung in solchen Fällen dann ausgegangen werden, wenn der Geschäftsführer Gesamtbezüge erhält, die sich am unteren Ende des entsprechenden Vergleichsmaßstabs befinden.

cc) Halbteilungsgrundsatz und andere Nichtaufgriffsgrenzen

3011 Das BMF und die OFD Karlsruhe geben als Faustregel an, dass das Gehalt i. d. R. angemessen ist, wenn es nicht mehr als 50 % des Gewinns der Gesellschaft ausmacht, bei mehreren Geschäftsführern ist auf die Summe der Gehälter abzustellen.[7] Es handelt sich dabei allerdings nur um eine Nichtaufgriffsgrenze. In der Praxis erlebt man, dass Betriebsprüfer davon ausgehen, diese Nichtaufgriffsgrenze lasse sich umkehren und daher müsse eine vGA vorliegen, soweit der Gesellschaft nicht mindestens 50 % des Gewinnes vor Geschäftsführergehalt verbleiben.[8] Dies ist allerdings in den zitierten Anweisungen nicht vorgegeben und kann daraus auch nicht entnommen werden.[9] Der BFH hat in seiner Rspr. festgelegt, dass es keinen absoluten Höchstbetrag für Geschäftsführergehälter gibt.[10] Daraus lässt sich auch ableiten, dass der BFH den Halbteilungsgrundsatz als Indiz für eine vGA ablehnt.[11] Als Nichtaufgriffsgrenze aber taugt dieser Grundsatz zumindest bei kleinen Gesellschaften nicht, da es bei diesen der Regelfall und nicht die Ausnahme ist, dass das bzw. die Gesellschafter-Geschäftsführergehälter mehr als 50 % des Gewinns vor Abzug der Gehälter erreicht. Immerhin spricht nichts dagegen, den Grundsatz in den verbleibenden Fällen zu verwenden. Allerdings ist aus der Praxis nicht ein Fall bekannt, in dem die Betriebsprüfung auf die Überprüfung der Gehälter der Gesellschaf-

---

1 BFH, Urteile v. 4. 5. 1977 - I R 11/75, BStBl 1977 II 679; v. 5. 10. 1977 - I R 230/75, BStBl 1978 II 234; auch FG Saarland, Urteil v. 4. 2. 1998 - 1 K 184/95, rkr., EFG 1998, 686; ähnlich *Pflüger*, GStB 2003, 9, 15; als Beurteilungszeitraum werden drei bis fünf Jahre vorgeschlagen, so *Böth*, StBp 2002, 135, 142, m. w. N.
2 BMF, Schreiben v. 14. 10. 2002, BStBl 2002 I 972.
3 FG Niedersachsen, Urteil v. 21. 9. 1999 - 6 K 166/97, EFG 2000, 647; *Hansmann*, EStB 2003, 143, 144.
4 *Glade*, DB 1998, 691; dagegen zutreffend *Hansmann*, EStB 2003, 143, 145.
5 *Hansmann*, EStB 2003, 143, 145.
6 BMF, Schreiben v. 14. 10. 2002, FR 2002, 1246, BStBl 2002 I 972; OFD Karlsruhe v. 17. 4. 2001, GmbHR 2001, 538; auch Hessisches FG, Urteil v. 27. 6. 2001 - 4 K 752/01, rkr., EFG 2002, 490, 492.
7 BMF, Schreiben v. 14. 10. 2002 -, BStBl 2002 I 972; OFD Karlsruhe v. 17. 4. 2001, GmbHR 2001, 538.
8 Siehe Vorbringen der Verwaltung im Sachverhalt des Urteils FG Berlin-Brandenburg v. 16. 1. 2008 - 12 K 8312/04 B, BB 2008, 1489 = NWB ZAAAC-73815. Nicht eben nützlich, dass solcher Unsinn auch von Vertretern höherer Dienststellen in der Literatur vertreten wird, vgl. die Beispiele bei *Harle/Kulemann*, GmbHR 2003, 941, dort jedoch wenigstens unter Anerkennung der offensichtlichsten Einschränkungen, Verlustfälle etc.
9 Ausdrücklich OFD Chemnitz unter Bezug auf BMF, GmbHR 2005, 507; BFH, Urteil v. 6. 4. 2005 - I R 27/04, BFH/NV 2005, 1633 = NWB ZAAAB-56928; FG Berlin-Brandenburg, Urteil v. 16. 1. 2008 - 12 K 8312/04 B, BB 2008, 1489 = NWB ZAAAC-73815.
10 BFH, Urteil v. 27. 2. 2003 - I R 80, 81/01, BFH/NV 2003, 1346 = NWB TAAAA-70064.
11 Ebenso *Hoffmann*, GmbHR 2003, 1197; *Ott*, INF 2004, 188, 189.

ter-Geschäftsführer nur deshalb verzichtet hätte, weil der Gesellschaft mindestens 50 % des Ertrages vor Abzug der Geschäftsführergehälter verbleibt.

Schon vor der Statuierung des Halbteilungsgrundsatzes wurde immer wieder versucht, Nichtaufgriffsgrenzen zu installieren. Dies hätte den enormen Vorteil, den Gesellschafter-Geschäftsführern und ihren Beratern zumindest für Gehälter innerhalb dieser Grenzen Rechtssicherheit zu verschaffen. Wenn diese Grenzen nicht allzu kleinlich gezogen werden, würde sich zudem eine immense Arbeitserleichterung für die Finanzbehörden und Gerichte ergeben. Die Gerichte haben jedoch keine Nichtaufgriffsgrenze akzeptiert:

- Die „1/5-Methode" ist als fester Schlüssel untauglich,[1]

- die „1/3-Methode" (d. h.: Eine Aufteilung des Geschäftsergebnisses vor Geschäftsführergehalt im Verhältnis 1/3 Gesellschaft zu 2/3 Geschäftsführer wird für angemessen gehalten) entspricht nicht den Kriterien, die die Rspr. zur Prüfung der Angemessenheit von Geschäftsführergehältern anlegt,[2]

- die von der OFD Stuttgart[3] festgelegte Nichtaufgriffsgrenze von 300.000 ($\approx$ 150.000 €) wurde bereits von Anfang an von anderen Teilen der Finanzverwaltung nicht angewandt,[4] von den Gerichten nicht akzeptiert[5] und ist inzwischen aufgehoben worden.[6]

dd) Fremdvergleich

(1) Innerbetrieblicher Fremdvergleich

Die weitaus praktisch wichtigste Frage ist jedoch, ob das Gehalt einen innerbetrieblichen oder außerbetrieblichen Fremdvergleich besteht. Die Idealvorstellung des innerbetrieblichen Fremdvergleichs wäre einen angestellten Geschäftsführer zu finden, der denselben Aufgabenzuschnitt hat, wie der Gesellschafter-Geschäftsführer. Gäbe es je einen solchen angestellten Geschäftsführer, wäre seine Vergütung der Maßstab für die Vergütung des Gesellschafter-Geschäftsführers.[7] Es ist indes kaum ein Fall bekannt, in dem ein solcher Geschäftsführer existiert hätte.[8] Aber auch ein Vergleich mit dem Gehalt des bestbezahlten Angestellten ist denkbar, lt. Streck sind 300 % dieses Gehaltes angemessen,[9] das Angemessenheitsprogramm der Finanzverwaltung geht von 220 % aus.[10]

---

[1] FG Saarland, Urteil v. 14. 2. 1995 - 1 K 113/94, EFG 1995, 538.
[2] BFH, Urteil v. 27. 10. 1992 - VIII R 41/89, BStBl 1993 II 569; FG Saarland, Urteil v. 27. 8. 1991 - 1 K 180/90, EFG 1992, 34.
[3] OFD Stuttgart, BB 1997, 243.
[4] Vgl. z. B. OFD Frankfurt a. M. v. 23. 8. 1999, DB 1999, 1929; OFD Münster v. 13. 7. 2000, NWB EAAAA-77405.
[5] BFH, Urteil v. 27. 2. 2003 - I R 46/01, BStBl 2004 II 132; FG Hamburg, Urteil v. 13. 10. 2000 - II 457/99, rkr., EFG 2001, 160.
[6] OFD Karlsruhe v. 17. 4. 2001, GmbHR 2001, 538, mit Übergangsregelung bis inkl. VZ 2000 für Anstellungsverträge, die vor dem 1. 10. 2000 abgeschlossen wurden.
[7] Nach *Pflüger*, GStB 2003, 9, 17, würde dem Gesellschafter-Geschäftsführer auch dann wegen seines höheren Verantwortungsbereichs eine um 30 % erhöhte Vergütung zustehen.
[8] Ähnlich *Böth*, StBp 2002, 135, 140.
[9] *Streck*, KStG, § 8 Anm. 150, Stichwort: Dienstverhältnis Nr. 5; ebenso FG Baden-Württemberg, Urteil v. 8. 3. 2001 - 6 K 131/98, EFG 2001, 851, 2,5faches Gehalt des bestverdienenden Angestellten; a. A. Hessisches FG, Urteil v. 18. 11. 1999 - 4 K 4573/97, EFG 2000, 287; v. 18. 1. 2000 - 4 K 3248/99, EFG 2000, 1032, das diesen Maßstab für ungeeignet hält.
[10] Vgl. *Janssen*, GStB 2004, 33.

(2) Externer Fremdvergleich

3014 Ist ein innerbetrieblicher Fremdvergleich nicht möglich, muss auf einen externen Vergleich zurückgegriffen werden.[1] Hier bieten sich verschiedene Möglichkeiten:

- Für einen Gesellschafter-Geschäftsführer im Frisörhandwerk ist das Gehalt nach dem Urteil des FG Baden-Württemberg v. 7.12.1995[2] – mangels anderer Anhaltspunkte – nach der mittleren durch sachverständige Erhebungen festgestellten üblichen Höhe zu bemessen.

- Gehaltsgutachten sind grundsätzlich ein geeignetes Beweismittel, wenn sie auf einer genauen betrieblichen Analyse beruhen und gezielt Vergleichsbetriebe benennen.[3] Sie haben aber keinen höheren Beweiswert als Gehaltsstrukturuntersuchungen.[4]

- Das FG Baden-Württemberg nahm bei dem Geschäftsführer einer sehr ertragreichen GmbH einen Vergleich mit Vorstandsgehältern in der Industrie vor,[5] dies wurde in der Revision vom BFH allerdings nicht akzeptiert, er lehnt jede pauschale Lösung ab.[6]

- Allgemein ist die Heranziehung von branchenspezifischen Erfahrungswerten, nach Ansicht der Finanzverwaltung, zulässig.[7]

- Verwaltungsinterne Sammlungen müssen so beschaffen sein, dass sich das Finanzgericht im Streitfall von den Vergleichsbetrieben ein persönliches Bild verschaffen kann.[8]

(3) Externer Fremdvergleich – Rückgriff auf veröffentlichte Zahlen von Industriemanagern

3015 Erst seit kurzem müssen die Manager der börsennotierten Unternehmen ihre Gehälter veröffentlichen. Die Unternehmen versuchen dies z.T. mit allen rechtlich zu Gebote stehenden Mitteln zu verhindern, bzw. veröffentlichen nur die absolut unumgänglichen Mindestangaben, die oft wegen zu starker Zusammenfassungen unbrauchbar sind. Viele Unternehmen setzen aber auf Transparenz und veröffentlichen individualisierte, z.T. nach Gehaltsteilen aufgegliederte Werte.[9]

3016 Diese Daten sind, soweit bisher erkennbar, steuerlich für den Drittvergleich bei der Angemessenheit der Gesamtvergütung noch nicht verwendet worden. Dies mag einmal daran liegen, dass die Daten erst seit kurzem zur Verfügung stehen, aber natürlich auch daran, dass die wenigsten Gesellschafter-Geschäftsführer über Unternehmen mit einer vergleichbaren Größe gebieten. Daher sind wohl auch die absoluten Werte aus diesen Untersuchungen kaum übertragbar. Immerhin kann man aber bei diesen Daten davon ausgehen, dass sie praktisch vollständig von Fremdgeschäftsführern stammen, bzw. von Geschäftsführern, die so geringfügig an ihrem Unternehmen beteiligt sind, dass sie darauf keinen Einfluss in ihrer Stellung als Anteilseigner haben, also Fremdgeschäftsführern gleich geachtet werden können. Daher können relative Werte (Gehaltssteigerungen, Anteil der variablen Vergütung an der gesamten Ver-

---

[1] FG Brandenburg, Urteil v. 20.8.2002 - 2 K 151/00, rkr., EFG 2002, 1405; OFD Frankfurt a.M. v. 23.8.1999, DB 1999, 1929; Niedersächsisches FG, Urteil v. 8.9.1998 - VI 92/96, rkr., LX 550044.
[2] FG Baden-Württemberg, Urteil v. 7.12.1995 - 3 K 301/90, EFG 1996, 675.
[3] Hessisches FG, Urteil v. 18.1.2000 4 K 3248/99, EFG 2000, 1032.
[4] Hessisches FG, Urteil v. 18.1.2000 4 K 3248/99, EFG 2000, 1032.
[5] FG Baden-Württemberg, Urteil v. 8.3.2001 - 6 K 131/98, EFG 2001, 851 = NWB NAAAB-06507.
[6] BFH, Urteil v. 27.2.2003 - I R 46/01, BStBl 2004 II 132.
[7] BMF, Schreiben v. 14.10.2002, BStBl 2002 I 972.
[8] BFH, Urteil v. 11.12.1991, BStBl 1992 II 690.
[9] Beispiele bei *Janssen*, vGA, 10. Aufl. 2010, Rz. 2166 ff.

gütung, Verhältnis von Gewinn- und Gehaltssteigerung) durchaus als aussagekräftig und für einen Drittvergleich tauglich angesehen werden. In diesen Verhältnissen einen Vergleich zu verweigern käme dem Grundsatz quod licet iovis non licet bovis (Was dem Jupiter erlaubt ist, ist nicht jeder Kuh erlaubt) gleich und wäre mithin nicht zu rechtfertigen.

Es zeigt sich: 3017

▶ Hohe Gehaltssteigerungen von bis zu 146 % in einem Jahr sind nichts Ungewöhnliches.

▶ Ein Anteil der variablen Vergütung an der Gesamtvergütung von bis zu 90 % kommt gerade bei erfolgreichen Unternehmen durchaus vor.

▶ Es sind nicht unbedingt diejenigen am schlechtesten bezahlt, die mehrere Mandate gleichzeitig ausüben.

▶ Auch in der Industrie kommt es vor, dass ein Aufsichtsratsvorsitzender gleichzeitig als Berater des Unternehmens auftritt und in dieser Position erheblich mehr verdient.

Zusätzlich war den Auswertungen der Presse zu entnehmen, dass die Gehaltssteigerungen bei Vorständen keinen Zusammenhang mit den Gewinnsteigerungen der Unternehmen haben. So stiegen bei 22 Dax-Unternehmen in 2005 die Bezüge prozentual geringer als die Gewinne, bei acht Unternehmen war es jedoch umgekehrt, bei TUI z. B. stiegen die Vergütungen um 15,15 %, das EBIT ging jedoch um 6,9 % zurück;[1] im Jahre 2004 stieg der operative Gewinn von Adidas-Salomon um 18,4 %, die Pro-Kopf-Vergütung der Vorstände aber um 64 %.[2] 3018

Dem BFH dürfte es schwer fallen, mit seinem hypothetischen Drittvergleich „durch Nachdenken" zu begründen, warum in kleineren Unternehmen dem ordentlichen und gewissenhaften Geschäftsleiter im Rahmen des hypothetischen Drittvergleichs „durch Nachdenken" nicht gestattet sein soll, was den Industriekapitänen der Dax-Unternehmen nicht verweigert werden kann. Wenn das Gehalt von Ferdinand Piech zu 90 % erfolgsabhängig ist, warum darf es das von Karl Müller dann nicht sein? Wenn Jürgen Krumnow bei der TUI die volle Vergütung als Aufsichtsratsvorsitzender erhält, obwohl er noch weitere Aufsichtsratsmandate wahrnimmt, warum muss dann Otto Meier bei Übernahme einer zweiten Geschäftsführertätigkeit sein Gehalt in der ersten Tätigkeit absenken? Diesen Fragen wird sich der BFH in Zukunft stellen müssen. Es wird interessant sein, zu erfahren, zu welchen Ergebnissen der Senat dann durch Nachdenken gelangt. 3019

(4) Externer Fremdvergleich – Gehaltsstrukturuntersuchungen

Die vorgenannten Vergleiche haben jedoch, wie dargestellt, keine Aussagekraft für die Gesamtvergütung in kleinen und mittleren Unternehmen, sondern nur für die Randbedingungen. Das für die Ermittlung der angemessenen Gesamtvergütung mit Abstand am häufigsten eingesetzte Mittel des externen Fremdvergleichs ist bei der Angemessenheit der Gesamtvergütungen jedoch die Gehaltsstrukturuntersuchung.[3] 3020

---

1 Berliner Morgenpost v. 1. 4. 2006.
2 Berliner Morgenpost v. 4. 4. 2005.
3 Z. B. im Urteil FG Hamburg v. 13. 10. 2000 - II 457/99, rkr., EFG 2001, 160; FG Nürnberg, Urteil v. 20. 7. 1999 - I 202/97, rkr., EFG 1999, 1152, m. w. N.; auch die Finanzverwaltung verwendet diese; vgl. BMF, Schreiben v. 14. 10. 2002, BStBl 2002 I 972; Siehe auch zu der auf Gehaltsstrukturuntersuchungen basierenden Methode Hansmann der Finanzverwaltung → Rz. 3024.

(a) Erstellung und Aussagekraft

3021 Gehaltsstrukturuntersuchungen werden z. T. jährlich erstellt,[1] z. T. nur einmal oder sporadisch.[2]

3022 Sämtliche Gehaltsstrukturuntersuchungen haben gemeinsam, dass sie keine repräsentative Auswahl aus den Geschäftsführern in der Bundesrepublik Deutschland treffen, sondern lediglich darauf vertrauen, dass ihre Aussagen aufgrund des Umfangs der Erhebung schon aussagekräftig sein werden.[3] Auch an diesem Argument sind jedoch durchaus Zweifel angebracht, wenn man bedenkt, dass z. B. die Kienbaumstudie 2003 auf der Befragung von 693 Geschäftsführern aus 524 Unternehmen,[4] 2005 auf ca. 1 500 Geschäftsführern[5] beruht – bei derzeit rund 1 Mio. GmbHs in Deutschland. Zu beachten ist jedenfalls, dass

▶ Gesellschaften mit überdurchschnittlich hohen Gewinnen an den Umfragen nicht teilnahmen.[6]

▶ die ermittelten Werte in allen Bereichen Durchschnittswerte darstellen, da sie regelmäßig auf mehreren Antworten beruhen.[7] Insbesondere bei hohen Gehältern kann dies eine Aufstockung gegenüber dem Tabellenwert rechtfertigen.

3023 Die umfangreicher angelegten Untersuchungen stellen die angemessenen Gehälter jeweils in zahlreichen verschiedenen Tabellen in Abhängigkeit von unterschiedlichen Faktoren dar. Für das Jahr 2014 wies die BBE-Untersuchung die folgenden Werte aus, die auch von der Finanzverwaltung verwertet werden:

Jahresfestgehälter von GmbH-Geschäftsführern[8]

(Durchschnittswerte in EUR)

Branche	Festbezüge (gerundet)	Tantieme (gerundet)
Industrie	134.000	14.000
Handwerk	91.000	10.000
Großhandel	120.000	14.000
Einzelhandel	89.000	10.000
Dienstleister	108.000	13.000
Umsatz	Durchschnitts-Gehalt Festbezüge nach Größenklassen (gerundet)	
bis 1 Mio. Euro	97.000	
1 – 2,5 Mio. Euro	133.000	

---

[1] Z. B. Studien von Kienbaum oder BBE, Zusammenfassungen finden sich bei *Zimmers*, GmbH-Stpr. 2001, 372; *Tänzer*, GmbHR 1993, 728; 1996, 40; 1997, 16, 1085; 2000, 596; 2003, 754; 2005, 1256; *Feldkamp*, Stbg 1999, 136, 181 *Feldkamp/Zimmers*, GmbH-Stpr. 2001, 125.

[2] Z. B. Umfrage der Bundessteuerberaterkammer für 1995; vgl. *Senger/Schulz*, DStR 1997, 1830; eine Zusammenfassung von Gehaltsstrukturuntersuchungen enthält auch die Verfügung der OFD Karlsruhe v. 17. 4. 2001, GmbHR 2001, 538.

[3] So ausdrücklich *Senger/Schulz*, für die Untersuchung der Bundessteuerberaterkammer, DStR 1997, 1830, 1834.

[4] *Tänzer*, DSWR 2003, 275.

[5] *Tänzer*, GmbHR 2005, 1256.

[6] *Niehues*, BB 1998, 1452.

[7] Z. B. *Senger/Schulz*, DStR 1997, 1830, 1837.

[8] Quelle: Studie „GmbH-Geschäftsführer-Vergütungen 2014" BBE media GmbH & Co. KG, Neuwied 2013.

2,5 – 5 Mio. Euro	166.000
5 – 10 Mio. Euro	192.000
10 – 25 Mio. Euro	234.000
> 25 Mio. Euro	336.000

Die Finanzverwaltung Baden-Württemberg hat zur Gehaltsstruktur im Jahr 2001 aus Anlass der Euroumstellung folgende, auf Basis verschiedener marktwirtschaftlicher Studien sowie verwaltungsinterner Sammlungen nach Branchen und Größenklassen differenzierte Tabellen veröffentlicht. Die hierin enthaltenen Werte sind Richtschnur, an denen sich die Geschäftsführer-Gehälter von GmbH-Gesellschaftern messen lassen müssen. Sie gelten allerdings nur für Baden-Württemberg. Für die Jahre ab 2002 darf ein jährlicher Zuschlag von 3 % vorgenommen werden. Zudem besteht eine Toleranzgrenze von 20 %. Wird allerdings die Obergrenze inklusive des Toleranzzuschlags überschritten, wird steuerlich nur der Betrag ohne Berücksichtigung des 20-prozentigen Toleranzzuschlags anerkannt. Bei zwei Geschäftsführern erfolgt für jeden Geschäftsführer im Regelfall ein Abschlag von 20 – 25 %, bei drei Geschäftsführern von mindestens 30 % der Tabellenwerte.

Da die Tabelle aus dem Jahr 2001 zwischenzeitlich veraltet ist, wurde eine neue, ab 2009 geltende Tabelle veröffentlicht. Die darin enthaltenen Werte sind ab 2010 jährlich um 3 % zu erhöhen.

Branchengruppe	Umsatz: unter 2.500.000 € Mitarbeiter: unter 20	Umsatz 2.500 000–5.000.000 € Mitarbeiter 20-50
Industrie-/Produktion	141.000–182.000 €	177.000–235.000 €
Großhandel	161.000–198.000 €	173.000–237.000 €
Einzelhandel	123.000–152.000 €	131.000–176.000 €
Freiberufler	159.000–228.000 €	231.000–272.000 €
Sonstige Dienstleistungen	136.000–182.000 €	188.000–230.000 €
Handwerk	102.000–145.000 €	136.000–191.000 €
Branchengruppe	Umsatz: unter 5.000 000–25.000.000 € Mitarbeiter: 51–100	Umsatz 25.000.000–50.000.000 € Mitarbeiter 101–500
Industrie-/Produktion	224.000–260.000 €	279.000–441.000 €
Großhandel	198.000–257.000 €	260.000–450.000 €
Einzelhandel	176.000–213.000 €	212.000–439.000 €
Freiberufler	270.000–325.000 €	279.000–478.000 €
Sonstige Dienstleistungen	213.000–265.000 €	242.000–459.000 €
Handwerk	184.000–237.000 €	205.000–364.000 €

(b) Die Verwendung von Gehaltsstrukturuntersuchungen durch die Finanzämter – die Methode Hansmann

3024 Die Finanzverwaltung erkennt Gehaltsstrukturuntersuchungen als ein zulässiges Mittel des Fremdvergleichs an, nach ihrer Ansicht soll dabei der stärkste Bestimmungsfaktor für das Gehalt die Unternehmensgröße insbesondere gemessen am Umsatz und der Beschäftigtenzahl des Unternehmens sein.[1] Eine Begründung für die Herausstellung dieses Faktors gibt die Verwaltung indes nicht. Nach der Untersuchung der Bundessteuerberaterkammer ist die auffälligste Korrelation vielmehr zwischen Gehalt einerseits und Erfolg und Größe des Unternehmens andererseits feststellbar,[2] so dass auf die Komponenten Umsatz und Umsatzrendite abzustellen wäre. Die Branche soll hingegen kein maßgebendes Einordnungskriterium sein,[3] auch Erfahrung und Ausbildung des Geschäftsführers sollen i. d. R. von untergeordneter Bedeutung sein.[4]

3025 Häufig ergibt sich aufgrund einer Gehaltsstrukturuntersuchung eine Bandbreite für das angemessene Gehalt in zweierlei Hinsicht:

▶ Die BBE-Untersuchung unterscheidet z. B. bei verschiedenen Tabellen in Höchstwert, oberes Quartil (25 % der Geschäftsführer verdienen mehr, 75 % weniger) und Median (50 % verdienen mehr, 50 % weniger – also kein Durchschnittswert). Die Finanzverwaltung geht in diesen Fällen vom Median aus.[5] Das BMF verlangt gar, dass sich das Gehalt bei ertragsschwachen GmbHs an der Untergrenze des Angemessenen zu orientieren habe.[6] Das BMF teilt dabei jedoch nicht mit, ab wann eine GmbH als ertragsschwach angesehen wird und wie es den untersten Wert ermitteln will. In den Untersuchungen ist jedenfalls kein unterster Wert etwa analog zum Höchstwert angegeben. Gegen die Annahme des BMF spricht auch, dass nach den Untersuchungen die erheblichen Unterschiede zwischen ertragsstarken und ertragsschwachen Unternehmen vor allem im ertragsabhängigen Teil der Vergütung (Tantieme) entstehen.[7]

▶ Wie oben gezeigt, lässt sich ein angemessenes Gehalt aus verschiedenen Tabellen ablesen. Auch wenn dabei jeweils auf den Median abgestellt wird, ergeben sich ganz unterschiedliche Werte. Die Finanzverwaltung hat sich nicht dazu geäußert, welcher dieser Werte dann anzusetzen ist. Das nachfolgend beschriebene Programm Hansmann bildet aus acht Medianen einen Durchschnittswert.

Im Gegensatz zur Finanzverwaltung vertritten die BFH- und FG-Rechtsprechung zu diesen Fragen eine klare Ansicht.[8]

3026 Die Finanzverwaltung Nordrhein-Westfalen hat für ihren Geschäftsbereich ein Programm zur Prüfung der Angemessenheit der Gesamtausstattung eines GmbH-Geschäftsführers entwickelt, welches jeder Betriebsprüfer auf seinem Laptop hat. Dieses Programm wird nach seinem

---

1 BMF, Schreiben v. 14.10.2002, BStBl 2002 I 972; OFD Frankfurt a. M. v. 23.8.1999, DB 1999, 1929; OFD Karlsruhe v. 17.4.2001, GmbHR 2001, 538; auch *Böth*, StBp 2002, 134, 135; 2004, 135, 142.
2 *Senger/Schulz*, DStR 1997, 1830, 1840.
3 OFD Karlsruhe v. 17.4.2001, GmbHR 2001, 538; *Tänzer*, GmbHR 2000, 596; GmbHR 2003, 754, 755; GmbHR 2005, 1256, 1258; *Böth*, StBp 2002, 134, 135.
4 OFD Karlsruhe v. 17.4.2001, GmbHR 2001, 538; *Krupske*, GmbHR 2003, 208, 211; a. A. *Evers/Grätz/Näser*, S. 26 f.
5 OFD Düsseldorf v. 17.6.2004, FR 2004, 855.
6 BMF, Schreiben v. 14.10.2002, BStBl 2002 I 972.
7 *Tänzer*, GmbHR 2005, 1256, 1257.
8 Vgl. dazu → Rz. 3033.

Schöpfer auch „Methode Hansmann" genannt.[1] Nach Eingabe der Daten für den individuellen Fall produziert das Programm ein etwa 10-seitiges Gutachten zur Angemessenheit des Gehaltes des Geschäftsführers im konkreten Fall. Das Programm ist relativ einfach aufgebaut und im Wesentlichen eine Ansammlung von Textbausteinen, dennoch werden nach den Erfahrungen der Finanzverwaltung die damit erzielten Ergebnisse von den überraschten und vom Umfang der Ausführungen oft erschlagenen Steuerberatern häufig hingenommen.

Immerhin wird durch die Anwendung des Programmes der Standpunkt der Finanzverwaltung zu vielen Einzelfragen bei der Überprüfung der Gesamtausstattung klar. Wie nicht anders zu erwarten, ist der Standpunkt der Verwaltung jedoch zumeist recht fiskalisch geprägt. Die durch das Programm vertretenen Rechtsansichten sind z.T. umstritten, z.T. auch bereits von der Rechtsprechung verworfen worden, jedenfalls aber führt die Anwendung des Programms zu einer schematischen Prüfung, wie sie der BFH gerade ablehnt. Daher dürfte die Anwendung des Programms wohl allenfalls zufällig einmal zum richtigen Ergebnis führen. Die Überprüfung des Programms war Gegenstand des Verfahrens 9 K 6436/02 beim FG Münster,[2] das Verfahren ist jedoch nicht entschieden worden, da von den Parteien in der Hauptsache eine übereinstimmende Erledigungserklärung abgegeben wurde, was ein Hinweis darauf ist, dass die Verwaltung die Überprüfung scheute. Das Programm wird im Folgenden kurz dargestellt:[3]

In einem ersten Schritt wird in einem sog. echten inneren Betriebsvergleich festgestellt, ob in demselben Unternehmen ein Geschäftsführer beschäftigt ist, der weder direkt noch indirekt an diesem Unternehmen beteiligt ist. In einem zweiten Schritt wird in einem sog. kombinierten inneren und äußeren Betriebsvergleich festgestellt, ob laut Eingabe ein leitender Angestellter vorhanden ist. Überschreitet der Mehrverdienst des Gesellschafter-Geschäftsführers 120% des Gehalts dieses leitenden Angestellten, so wird die Relation als „Missverhältnis" bezeichnet. Schließlich wird das Gehalt in einem dritten Schritt mit den eingegebenen früheren Bezügen des Geschäftsführers aus einer angestellten Tätigkeit verglichen. Ist das aktuelle Gehalt bei Berücksichtigung einer durchschnittlichen Gehaltssteigerung von 3% pro Jahr nicht höher als das letzte Gehalt als Fremdgeschäftsführer, so wird in den Schlussbetrachtungen ein Baustein eingefügt, dass von diesem Ansatz her das Gehalt nicht zu korrigieren ist. Dennoch fährt das Programm an dieser Stelle auf jeden Fall mit dem externen Fremdvergleich fort.

Der dann folgende Teil stellt den eigentlichen Kern des Programmes dar, da bei den weitaus meisten GmbHs der innerbetriebliche Fremdvergleich nicht möglich ist. Als Ausgangspunkt für das angemessene Gehalt des Gesellschafter-Geschäftsführers wird der Durchschnitt aus 8 Medianen errechnet, die aus der BBE-Vergütungsstudie für 1999 entnommen werden sollen. Der Durchschnittswert aus diesen Medianen wird dann in den folgenden Punkten korrigiert. An keiner Stelle des Programms wird begründet, warum diese und keine anderen Mediane ausgesucht wurden, die Gehaltsstrukturuntersuchung stellt jedenfalls noch weitere Werte nach anderen Kriterien zur Verfügung.

Ist das Jahr, für das das zu prüfende Gehalt an den Gesellschafter-Geschäftsführer gezahlt wurde, ein späteres als das Jahr der Aufstellung der Gehaltsstruktur, so wird von dem Programm eine Anpassung des angemessenen Gehalts von 3% Steigerung pro Jahr vorgenommen. Eine weitere Anpassung des Gehaltes ist möglich zur Berücksichtigung regionaler Unter-

---

[1] Ausführlich dazu *Janssen*, GStB 2004, 33, zu den tragenden Überlegungen *Hansmann*, EStB 2003, 143.
[2] Vgl. Hinweis der OFD Düsseldorf v. 17. 6. 2004, FR 2004, 855.
[3] Ausführlich *Janssen*, GStB 2004, 33.

schiede. Der Prozentsatz für die Anpassung muss vom Betriebsprüfer allerdings zusammen mit einer Begründung eingegeben werden. Das angemessene Gehalt wird dann entsprechend des Lebensalters angepasst. Hier sollen Untersuchungen ergeben haben, dass z. B. Geschäftsführer bis zum Alter von 35 Jahren nur 85 % des angemessenen Gehalts verdienen, 45- bis 55-Jährige aber 110 % und über 65-Jährige wieder nur 85 %. Es ist dabei schon bezeichnend, dass es kein Alter gibt in dem 100 % verdient werden.

Soweit die Mediane, die die Umsatzrendite berücksichtigen, erheblich höhere Werte ausweisen als die übrigen Mediane, kann man davon ausgehen, dass eine besonders ertragsstarke GmbH geprüft wird. Hier wird auch von dem Programm anerkannt, dass dies die Gehälter beeinflusst. Bei einer Abweichung von mindestens 20 % werden 30 % des Unterschiedsbetrages hinzugerechnet. Ist laut Eingabe zu erwarten, dass Umsatz, Umsatzrendite oder Beschäftigtenzahl in die laut Gehaltsuntersuchung nächsthöhere Gruppe aufsteigen werden, so geht das Programm davon aus, dass dies auf den aktuellen Leistungen des Geschäftsführers beruht und gewährt daher gestaffelte Zuschläge zwischen 15 und 50 %. Ferner wird das angemessene Gehalt um einen Zuschlag für besondere Leistungen des Geschäftsführers erhöht, der jedoch vorzugeben und durch den Betriebsprüfer zu begründen ist. Werden in einer GmbH laut Eingabe mehr Geschäftsführer beschäftigt als notwendig, so geht das Programm davon aus, dass der einzelne Geschäftsführer auch Aufgaben erledigt, die normalerweise leitenden Angestellten übertragen werden und daher das Gehalt zu reduzieren ist.

Soweit der Geschäftsführer noch in einem weiteren Unternehmen als Geschäftsführer tätig ist, wird dies auf unterschiedliche Weise berücksichtigt, je nachdem, ob es sich um eine Tätigkeit in derselben oder einer anderen Branche handelt. Ist der Geschäftsführer noch in einem anderen Unternehmen derselben Branche tätig, so sollen die Eingabewerte für beide Unternehmen zusammengerechnet und die gesamte Berechnung bis zum vorhergehenden Punkt für das gedachte fusionierte Unternehmen vorgenommen werden. Das daraus als angemessen ermittelte Gesamtgehalt soll auf die verschiedenen Unternehmen verteilt werden, entsprechend des zeitlichen Einsatzes des Geschäftsführers für diese Unternehmen. Ist der Geschäftsführer dagegen in einem weiteren Unternehmen einer anderen Branche tätig, so wird behauptet, grundsätzlich wäre es möglich ein Kürzung in Höhe des gesamten Gehalts bei dem fremden Unternehmen vorzunehmen, großzügigerweise werde aber nur eine Kürzung i. H. v. 70 % dieses Gehaltes vorgesehen. Eine Begründung für die aufgestellte Behauptung oder den angewandten Kürzungssatz enthält das Programm weder im Auswertungs- noch im Hinweisteil. Abschließend wird von der Auswertung des Programms noch festgestellt, ob laut Eingabe eine Stammkapitalverzinsung von 10 % erreicht wird. Wird diese Stammkapitalverzinsung nicht erreicht, so macht das Programm jedoch keinen Vorschlag für die Auswertung. In den Hinweisen wird dazu erläutert, es gebe hier so viele denkbare Möglichkeiten, dass eine Wertung nicht vorgegeben werden könne.

3031 Der Auswertungsteil des Programms schließt dann mit einer Schlussbetrachtung ab. Hier soll endgültig festgestellt werden, welcher Teil des Gehalts des überprüften Gesellschafter-Geschäftsführers angemessen ist und welcher nicht. Das Programm macht hier jedoch keinerlei Vorgaben. Der Betriebsprüfer ist also völlig frei darin die gefundenen Ergebnisse für den jeweiligen Einzelfall zu werten und ein Ergebnis zu formulieren. Dies ist sicherlich zu begrüßen, jede andere Lösung wäre in den Verdacht gekommen dem Betriebsprüfer das eigenständige Denken abnehmen zu wollen. Es ist aber darauf hinzuweisen, dass ein so oder anders als angemessen ermitteltes Gehalt um mehr als 20 % überschritten werden muss, bevor vGA angenommen werden kann.[1]

(c) Verwendung von Gehaltsstrukturuntersuchungen durch die Gerichte

Für die Bemessung der angemessenen Bezüge eines Gesellschafter-Geschäftsführers gibt es keine festen Regeln. Der angemessene Betrag ist vielmehr im Einzelfall durch Schätzung zu ermitteln. Bei dieser Schätzung ist zu berücksichtigen, dass häufig nicht nur ein bestimmtes Gehalt als angemessen angesehen werden kann, sondern der Bereich des Angemessenen sich auf eine gewisse Bandbreite von Beträgen erstreckt.[2] Da Gehaltsstrukturuntersuchungen nach Ansicht des BFH einen einigermaßen repräsentativen und verlässlichen Überblick über die im jeweiligen Untersuchungszeitraum gezahlten Geschäftsführergehälter geben, hat der BFH keine rechtlichen Bedenken gegen die Heranziehung von Gehaltsstrukturuntersuchungen beim externen Betriebsvergleich,[3] steht allerdings in seiner neueren Rspr. der schematischen Anwendung der Ergebnisse der Gehaltsstrukturuntersuchungen kritisch gegenüber. So hält er z. B. daran fest, dass GesGf keine Überstundenvergütungen gezahlt werden dürfen, obwohl Gehaltsstrukturuntersuchungen erbracht hatten, dass ca. 30 % der Geschäftsführer solche Überstundenvergütungen erhalten.[4] Somit dürften jedenfalls die Gerichte für sachgerechte Argumente im Einzelfall offen sein, auch wenn sich das konkrete Gehalt außerhalb der von der Gehaltsuntersuchung dargestellten Spanne bewegt.[5] Da aber ein besserer Maßstab als die Gehaltsstrukturuntersuchungen derzeit nicht ersichtlich ist, werden diese in der Mehrzahl der Fälle weiterhin maßgebend bleiben.[6] Dabei ist allerdings immer wieder zu beobachten, dass den Gerichten die Untersuchungen, auf die sie sich beziehen, nicht vorliegen, diese sich vielmehr auf zusammenfassende Artikel der Fachpresse über diese Untersuchungen stützen.[7]

---

[1] Vgl. → Rz. 3034.
[2] Vgl. BFH, Urteile v. 27. 2. 2003 - I R 46/01, BFHE 202, 241 = BStBl 2004 II 132, und I R 80, 81/01, BFH/NV 2003, 1346 = NWB TAAAA-70064; v. 4. 6. 2003 - I R 24/02, BFHE 202, 494 = BStBl 2004 II 136, und I R 38/02, BFHE 202, 500 = BStBl 2004 II 139; v. 26. 5. 2004 - I R 92/03, BFH/NV 2005, 77 = NWB DAAAB-35835, jeweils m.w.N.
[3] BFH, Urteil v. 26. 5. 2004 - I R 86/03, BFH/NV 2005, 75 = NWB TAAAB-35834; *Hoffmann*, GmbHR 2004, 1538; BFH, Urteile v. 4. 6. 2003 - I R 24/02, BStBl 2004 II 136; v. 4. 6. 2003 - I R 38/02, BStBl 2004 II 139; v. 18. 12. 2002 - I R 85/01, BFH/NV 2003, 822 = NWB RAAAA-70069; v. 10. 7. 2002 - I R 37/01, BStBl 2003 II 418; v. 14. 7. 1999 - I B 91/98, BFH/NV 1999, 1645 = NWB PAAAA-63014, m.w.N.; v. 5. 10. 1994 - I R 50/94, BStBl 1995 II 549; v. 2. 12. 1992 - I R 54/91, BStBl 1993 II 311; v. 1. 12. 1993 - I B 158/93, BFH/NV 1994, 740 = NWB UAAAB-33641; v. 24. 10. 1995 - I B 14/95, BFH/NV 1996, 339 = NWB XAAAB-37016, a. A. noch FG Berlin, Urteil v. 26. 5. 1998 - 8 K 8625/97, DStRE 1999, 113 f. – die Untersuchungen seien „ohnehin nicht maßgeblich".
[4] BFH, Urteil v. 27. 3. 2001 - I R 40/00, BStBl 2001 II 655.
[5] Auch OFD Frankfurt a. M. v. 23. 8. 1999, DB 1999, 1929.
[6] A. A. *Niehues*, BB 1998, 1452.
[7] FG Berlin, Urteil v. 26. 5. 1998 - 8 K 8625/97, DStRE 1999, 113; FG Brandenburg, Urteil v. 20. 8. 2002 - 2 K 151/00, rkr., EFG 2002, 1405; FG Berlin-Brandenburg, Urteil v. 27. 9. 2007 - 6 K 8215/06 B, rkr., EFG 2008, 232; v. 16. 1. 2008 - 12 K 8312/04 B, BB 2008, 1489; toleriert von BFH, Urteil v. 15. 12. 2004 - I R 79/04, BFH/NV 2005, 1147 = NWB GAAAB-52014; *Hoffmann*, GmbHR 2005, 635.

3033 Soweit eine Untersuchung verschiedene Werte ausweist (Höchstwert/oberes Quartil/Median), muss die Schätzung der FG sich nach den Vorgaben des BFH stets am obersten Wert der Bandbreite orientieren.[1] Somit wäre also vom Höchstwert zumindest aber vom sog. oberen Quartil auszugehen.[2] In seinem Urteil v. 15.12.2004 deutet der BFH jedoch an, dass die Werte für das obere Quartil nur anwendbar sind, wenn feststeht, dass das Unternehmen auch zum oberen Quartil gehört.[3] Dies ist allerdings kaum feststellbar, da die Gehaltsstrukturuntersuchungen die Mindestgrenze für die Einordnung im oberen Quartil nicht nennen. Im Zivilrecht deutet sich bei dem gleichgelagerten Problem eine Lösung dahin an, dass auf die Beweislast abgestellt wird:[4] Liegt die Beweislast beim Finanzamt, wäre danach grundsätzlich vom Höchstwert auszugehen, liegt sie beim Steuerpflichtigen, wäre grundsätzlich vom Median als dem geringsten Wert auszugehen. Diese Vorgehensweise ist logisch einleuchtend und nur so macht die Ermittlung von Ober- und Untergrenzen überhaupt einen Sinn. Da die Beweislast für vGA aber beim Finanzamt liegt, bestätigt dies, dass regelmäßig vom Höchstwert auszugehen ist.[5] Unangemessen sind nur die Bezüge, die den oberen Rand dieser Bandbreite übersteigen.[6] Die steuerliche Rechtsprechung dürfte somit dahin gehend zu verstehen sein, dass auch von den Werten, die unterschiedliche Tabellen ausweisen, die für den Steuerpflichtigen günstigste zu verwenden ist.

3034 Die Ergebnisse eines Vergleichs anhand von Gehaltsstrukturuntersuchungen sind allerdings keinesfalls einfach unverändert zu übernehmen,[7] sondern geben nur einen ersten Anhaltspunkt bzw. einen Rahmen an. Es kommt darauf an, den Betrag zu ermitteln, den die GmbH bei gleicher Leistung einem Nichtgesellschafter zugebilligt hätte. Dabei sind objektive Merkmale (Branche, Betriebsgröße, Kundenkreis) und subjektive Merkmale (Erfahrung, Wissen, Geschick, Geschäftssinn usw.) einzubeziehen.[8] Dazu wurden von den Gerichten etwa folgende Erwägungen vorgenommen:

▶ Da die Gesamtvergütung des Gesellschafter-Geschäftsführers auch einen Ansatz für die private Pkw-Nutzung enthält,[9] muss bei dem Wert der Gehaltsstrukturuntersuchung ein Zuschlag vorgenommen werden, wenn er die private Pkw-Nutzung nicht enthält.[10]

▶ Erhält der Gesellschafter-Geschäftsführer keine Altersversorgung, so soll das aus veröffentlichten Durchschnittswerten ermittelte Gehalt um einen Pauschalzuschlag erhöht werden.[11]

---

1 BFH, Urteile v. 15.12.2004 - I R 79/04, BFH/NV 2005, 1147 = NWB GAAAB-52014; v. 27.2.2003 - I R 46/01, BStBl 2004 II 132 und damit gegen BMF, Schreiben v. 14.10.2002, BStBl 2002 I 972; der dort verlangt, bei ertragsschwachen GmbHs das Gehalt an der Untergrenze zu orientieren; ähnlich OFD Düsseldorf v. 17.6.2004, FR 2004, 855 (Median). Vgl. auch bereits BFH, Urteil v. 17.10.2001 - I R 103/00, BStBl 2004 II 171, für vGA bei Ansatz internationaler Verrechnungspreise, ferner BFH, Urteile v. 9.7.2003 - I R 100/02, NWB YAAAA-71701; v. 17.12.2003 - I R 25/03, BFH/NV 2004, 819 = NWB CAAAB-20236; v. 4.6.2003 - I R 24/02, BStBl 2004 II 136; v. 4.6.2003 - I R 38/02, BStBl 2004 II 139; v. 6.4.2005 - I R 22/04, BStBl 2007 II 658, auch *Baumhoff/Ditz/Greinert*, IStR 2005, 592, 593.
2 Vgl. BFH, Urteil v. 26.5.2004 - I R 86/03, BFH/NV 2005, 75 = NWB TAAAB-35834; *Hoffmann*, GmbHR 2004, 1538, der das zumindest nicht beanstandet.
3 BFH, Urteil v. 15.12.2004 - I R 79/04, BFH/NV 2005, 1147 = NWB GAAAB-52014.
4 *Wackerbarth*, GmbHR 2009, 65, 68, mit Herleitung aus BGH, Urteil v. 21.7.2008 - II ZR 39/07, NWB BAAAC-91293.
5 Vgl. u.a. BFH, Urteil v. 24.8.2011 - I R 5/10, BFH/NV 2012, 271 = NWB JAAAD-99014.
6 Vgl. BFH, Urteil v. 17.2.2010 - I R 79/08, BFH/NV 2010, 1307 = NWB OAAAD-43383, m.w.N.
7 Soweit dies Erhöhungen der dort aufgezeigten Werte angeht, wohl a.A. BMF, Schreiben v. 14.10.2002, BStBl 2002 I 972.
8 *Richter*, GmbHR 1981, 165.
9 Siehe → Rz. 3007.
10 BFH, Urteil v. 4.6.2003 - I R 38/02, BStBl 2004 II 139.
11 BFH, Urteil v. 16.10.1991 - I B 227–228/90, BFH/NV 1992, 341 = NWB PAAAB-32127.

- Prozentuale Anpassung eines aus einer Gehaltsstudie für ein früheres Jahr entnommenen Wertes, um die allgemeine Gehaltsentwicklung auf das Streitjahr fortzuschreiben.[1] Das Urteil enthält allerdings keine Aussage über die Ermittlung des Prozentsatzes.
- Ist für die Ausübung der Geschäftsführertätigkeit eine bestimmte Ausbildung Voraussetzung (Meisterprüfung, Steuerberaterzulassung), so verschiebt das die Grenze des angemessenen Gehalts nach Ansicht der OFD Karlsruhe nach oben.[2]
- Auch die erfolgreiche Aufbauleistung eines Geschäftsführers, seine erfolgreiche Unternehmensführung und sein umfassendes Tätigkeitsfeld sind Gründe für eine erhebliche Abweichung von den Werten einer Gehaltsstrukturuntersuchung nach oben.[3]
- Erhöhung des Gehalts laut Gehaltsstrukturuntersuchung um 10 % von 200.000 DM auf 220.000 DM bei dem Geschäftsführer einer ertragsschwachen GmbH ohne große Personalverantwortung (nur gelegentliche Aushilfskräfte) aufgrund seiner besonderen Qualifikation, Berufserfahrung und Einsatzbereitschaft.[4]
- Erhöhung des durchschnittlichen Gehalts beim Geschäftsführer einer ertragsstarken GmbH um 20 %.[5] BFH, Urteil v. 26. 5. 2004[6] geht von einer solchen Erhöhung des für das obere Quartil ausgewiesenen Gehalts aus.
- Erhöhung des Gehalts laut Gehaltsstrukturuntersuchung um 40 % bei dem Geschäftsführer einer ertragsstarken GmbH, da auch die oberen Tabellenwerte immer Durchschnittswerte sind. Dieser Zuschlag erfolgt allerdings auch mit Rücksicht darauf, dass nur ein krasses Missverhältnis zu vGA führt,[7] so dass davon auszugehen sein dürfte, dass das Gericht schon bei geringfügiger Überschreitung der 140 %-Grenze eine vGA annehmen wird.
- Erhöhung des Gehalts um 45 % wegen der überdurchschnittlichen Gewinnsituation, sodann Reduzierung um 10 %, da dem Gericht nur Zahlen zur Verfügung standen, die sowohl bei Fremd- als auch Gesellschafter-Geschäftsführer erhoben worden waren, ein Vergleich aber nur mit Fremdgeschäftsführer in Betracht kommt.[8]
- Werden von dem Geschäftsführer einer kleinen Gesellschaft Aufgaben miterledigt, die bei anderen Unternehmen untergeordnete Angestellte erledigen, wirkt sich dies nach Ansicht der Gerichte gehaltsmindernd aus.[9] Nach Ansicht der OFD Karlsruhe[10] soll bei kleineren Gesellschaften mit mehreren Geschäftsführern generell davon ausgegangen werden, dass diese auch solche untergeordneten Aufgaben wahrnehmen. Dies kann allerdings nur dann gelten, wenn seine eigentliche Geschäftsführungstätigkeit entsprechend reduziert wird. Wird aber die kaufmännische Tätigkeit unter Ausweitung der Arbeitszeit

---

1 BFH, Urteil v. 26. 5. 2004 - I R 86/03, BFH/NV 2005, 75 = NWB TAAAB-35834; FG Berlin-Brandenburg, Urteil v. 16. 1. 2008 - 12 K 8312/04 B, BB 2008, 1489 = NWB ZAAAC-73815, 3 % pro Jahr.
2 OFD Karlsruhe v. 17. 4. 2001, DB 2001, 1009.
3 FG Düsseldorf, Urteil v. 14. 10. 2003 - 6 K 7092/02 K, G, F, AO, rkr., EFG 2004, 222, 223.
4 FG Hamburg, Urteil v. 13. 10. 2000 - II 457/99, rkr., EFG 2001, 160, 162, zumindest bezüglich des Arbeitseinsatzes a. A. BMF, Schreiben v. 14. 10. 2002, BStBl 2002 I 972.
5 Hessisches FG, Urteil v. 27. 3. 1998 - 4 K 3409/96, EFG 1998, 1538.
6 BFH, Urteil v. 26. 5. 2004 - I R 86/03, BFH/NV 2005, 75 = NWB TAAAB-35834.
7 FG Düsseldorf, Urteil v. 30. 1. 2001 - 6 K 8671/97 K, G, F, AO, EFG 2001, 1069; insoweit bestätigt durch BFH, Urteil v. 10. 7. 2002 - I R 37/01, BStBl 2003 II 418.
8 BFH, Urteil v. 18. 12. 2002 - I R 85/01, BFH/NV 2003, 822 = NWB RAAAA-70069.
9 BFH, Urteil v. 11. 12. 1991 - I R 152/90, BStBl 1992 II 690; FG Hamburg, Urteil v. 13. 10. 2000 - II 457/99, rkr., EFG 2001, 160.
10 OFD Karlsruhe v. 17. 4. 2001, GmbHR 2001, 538.

zusätzlich zur eigentlichen Geschäftsführungstätigkeit erledigt, so muss sich dieser Umstand gerade gehaltserhöhend auswirken.[1]

► Das Hessische FG hat ein eigenes sog. Zuschlagsverfahren entwickelt.[2] Danach ist zunächst das mittlere Gehalt lt. Gehaltsstrukturuntersuchung anzusetzen, die Höchstgehälter seien hingegen Ausreißer (wohl unzutreffend, die Geschäftsführer mit Höchstgehältern beteiligen sich i. d. R. gar nicht an den Untersuchungen, s. o.), bei überdurchschnittlicher Ertragslage sei es um 20 % zu erhöhen, bei herausragenden Leistungsmerkmalen des Geschäftsführers um weitere 50 %. Daraus ergebe sich dann das angemessene Gehalt. Ein weiterer Zuschlag von 20 % sei zu gewähren, bevor ein krasses Missverhältnis gegeben sei, alles darüber Liegende sei dann vGA.

Der letztgenannte Zuschlag von 20 % ist jedenfalls stets zu beachten, es handelt sich um einen vom BFH entwickelten Unsicherheitszuschlag.

(d) Verwendung von Gehaltsstrukturuntersuchungen in der Beratung

3035 Nach der Rechtsprechung des BGH hat der Steuerberater seinen Mandanten im Zweifel den sicheren Weg zu empfehlen, wenn er eine Haftung gegenüber dem Mandanten vermeiden will. Im Zusammenhang mit der Angemessenheit der Gesamtausstattung des Gesellschafter-Geschäftsführers gibt es aber eigentlich nur eine sichere Auskunft: Ein Gehalt von 0 € wird bestimmt nicht in vGA umqualifiziert.[3] Jede andere Auskunft ist stets mit einem gewissen Unsicherheitsfaktor belastet. Dies sollte man gegenüber dem Mandanten zum Ausdruck bringen und ihm klarmachen, dass er dieses Risiko selbst tragen muss. Mit dieser Einschränkung lässt sich eine gewisse Sicherheit erreichen, wenn

► zur Ermittlung des Gehalts eine Gehaltsstrukturuntersuchung verwendet wird. Diese sollte möglichst für das zu beurteilende Jahr aufgestellt oder möglichst nah daran sein. Mit zehn Jahre alten Untersuchungen oder stark vergröbernden Darstellungen aus Artikeln der Fachpresse wird dagegen eher wenig auszurichten sein;

► das vereinbarte Gehalt bei mehreren Tabellen dieser Untersuchung den Median nicht überschreitet und

► dafür insbesondere Tabellen verwendet wurden, die nur Werte für Fremdgeschäftsführer verwenden.

3036 Auf diese Art kann für die Beratung ein relativ unangreifbarer Wert ermittelt werden, der jedoch keinesfalls den möglichen Maximalwert darstellt. Ist die Gehaltsvereinbarung ohne Zuziehung des Beraters vorgenommen worden und wird sie in der Betriebsprüfung aufgegriffen, so sollte

► der in den Tabellen ausgewiesene Höchstwert verwendet werden,

► darauf ggf. die nach der oben dargestellten Rechtsprechung möglichen Zuschläge angewandt und auf das Ergebnis,

► der Unsicherheitszuschlag von 20 % vorgenommen werden.

---

[1] BFH, Urteil v. 9.9.1998 - I R 104/97, NWB HAAAA-62344, differenzierend FG München, Urteil v. 26.7.1990 - 15 K 4596/89 und 2866/90, rkr., EFG 1991, 146.
[2] Hessisches FG, Urteil v. 27.3.1998 - 4 K 3409/96, EFG 1998, 1538; dazu näher *Böth*, StBp 2002, 135, 141.
[3] *Hoffmann*, GmbHR 2003, 1197.

Muss wegen der Gesamtausstattung ein Verfahren vor dem Finanzgericht angestrengt werden, so müssen alle Argumente gesammelt werden, die im Einzelfall für ein hohes Gehalt sprechen können. Das Finanzgericht ist in diesen Fällen regelmäßig die letzte Instanz, da der BFH die Urteile allenfalls auf Denkfehler usw. prüft, solche aber praktisch nie findet. Welche Überlegungen aber für das Finanzgericht im konkreten Fall ausschlaggebend sind, ist kaum vorherzusagen. Aus dieser, auch für das Finanzamt vorhandenen Unsicherheit, könnte sich indes auch eine größere Bereitschaft des Finanzamtes zur außergerichtlichen Verständigung ergeben.[1]

(5) Hypothetischer Fremdvergleich

Wie allgemein beim Drittvergleich[2] ist auch bei der Angemessenheit der Gesamtvergütung der sog. hypothetische Drittvergleich vorzunehmen, wenn der interne und der externe Drittvergleich nicht möglich sein sollten.[3] Dies wird im Bereich der Angemessenheit der Gesamtvergütung jedoch kaum je notwendig sein, da mit den Gehaltsstrukturuntersuchungen aussagekräftige externe Drittvergleichsmöglichkeiten vorliegen. Im entschiedenen Fall hatte der BFH verlangt, eine Tantiemezusage, bei deren Zusage eine Prognose der zukünftigen Erträge nicht erfolgt oder nicht möglich ist oder bei deren Zusage ein zukünftiger Gewinnsprung ernsthaft im Raume steht, müsse mit einer Deckelung, also einem Maximalbetrag vereinbart werden,[4] damit eine angemessene Gesamtvergütung nicht überschritten wird. Wie häufig bei dieser recht problematischen Kategorie des Drittvergleichs hat der BFH nicht mitgeteilt, worin seine Wertung eigentlich begründet ist.

Vgl. auch Geschäftsführergremium, Mehrfachtätigkeit.

5. Anstellungsvertrag des Gesellschafter-Geschäftsführers

LITERATURHINWEISE:

Brezing, Die Bedeutung des Zivilrechts für die Annahme einer verdeckten Gewinnausschüttung, FR 1977, 463; *Meyer-Arndt*, Zahlungen auf das Oder-Konto und andere steuerliche Fragen der Leistungsbeziehungen zwischen Angehörigen, DB 1989, 66; *Bilsdorfer*, Die Üblichkeit als Kriterium zur steuerlichen Anerkennung einer Direktversicherung und einer Pensionszusage im Rahmen eines Ehegattenarbeitsvertrages, BB 1996, 2381; *Hoffmann*, Die Metamorphose der BFH-Rechtsprechung zur verdeckten Gewinnausschüttung, DB 1997, 444; *Pezzer*, Anmerkung zu BFH, Urteil v. 19. 3. 1997 - I R 75/96, FR 1997, 684; *Prühs*, Überstundenvergütungen für Gesellschafter-Geschäftsführer, DB 1997, 2094; *Richter*, Replik zu Wassermeyer, GmbHR 1997, 805; *Wassermeyer*, Anmerkung zu FG Köln, Urteil v. 19. 2. 1997 - 12 K 4819/91, GmbHR 1997, 804; *Hoffmann*, Der Telos der verdeckten Gewinnausschüttung und die Rechtsprechung des Bundesfinanzhofs, DStR 1998, 313; *Junge*, Private Pkw-Nutzung als vGA – Anwendung der 1 v. H.-Regelung, DStR 1998, 833; *Schlagheck*, Gehaltsstundung und -verzicht des GmbH-Gesellschafter-Geschäftsführers in der neueren BFH-Rechtsprechung, StBp 1998, 92; *ders.*, Private Pkw-Nutzung und verdeckte Gewinnausschüttung, StBp 1998, 237; *Roemer*, Vorbeugende Gestaltungen in Anstellungsverträgen von Gesellschafter-Geschäftsführern bei möglicher Fehleinschätzung der Sozialversicherungspflicht, INF 2000, 142; *Mertes*, Gehaltsextras, GmbH-Stpr. 2001, 149 (Teil 1), 200 (Teil 2); *Brinkmeier*, VGA bei nicht durchgeführter Gehaltsvereinbarung, GmbH-StB 2002, 64; *Prühs*, Überstundenvergütungen für GmbH-Gesellschafter-Geschäftsführer, DB 2002, 114; *Alber/Herold*, Verzicht auf laufendes Gehalt, Tantieme und Pension, GStB 2003, 219; *Rischar*, Geschäftsführerentgelte und verdeckte Gewinnausschüttungen, GmbHR 2003, 15; *Schlagheck*, Leistungsvergütungen und vGA nach der Unternehmenssteuerreform, GStB 2003, 28; *Stege-*

---

1 Dies hofft *Hoffmann*, GmbHR 2003, 1197, 1199.
2 Siehe dazu → Rz. 386.
3 BFH, Urteil v. 27. 2. 2003 - I R 46/01, BStBl 2004 II 132; v. 4. 6. 2003 - I R 38/02, BStBl 2004 II 139.
4 Dazu näher → Rz. 3998.

mann, Gehälter von Gesellschafter-Geschäftsführern in der Krise der GmbH, INF 2003, 147; *Tänzer*, Die angemessene Geschäftsführervergütung, GmbHR 2003, 754; *Böth*, Aktuelle Entwicklungen zur verdeckten Gewinnausschüttung, StBp 2004, 104 (Teil II), 135 (Teil III); *Langohr-Plato*, Steuerliche Konsequenzen des Verzichts eines GmbH-Gesellschafter-Geschäftsführers auf seine Pensionszusage – Teil I, INF 2004, 16; *Briese*, Unterstellte Privatnutzung eines Betriebs-PKW durch den Gesellschafter-Geschäftsführer: Lohn oder verdeckte Gewinnausschüttung, GmbHR 2005, 1271; *Paus*, Vermietung einer Luxuswohnung an den Gesellschafter-Geschäftsführer, GmbHR 2005, 1600; *Steinkamp*, Neue klärungsbedürftige Rechtsfragen im Zusammenhang mit der vGA, Stbg 2005, 25; *Tänzer*, Die aktuelle Geschäftsführervergütung 2005, GmbHR 2005, 1256; *Lindemann*, Herabsetzung der Geschäftsführervergütung in der Krise und Insolvenz, GmbHR 2009, 737; *Wackerbarth*, Die Festlegung der Vergütung des Gesellschafter-Geschäftsführers – Zugleich Besprechung der Entscheidung des BGH, Urteil v. 21.7.2008 - II ZR 39/07, GmbHR 2009, 65; *Daumke/Keßler/Perbey*, Der GmbH-Geschäftsführer, 5. Aufl. 2016.

3039 **Checkliste**

Zuständigkeit der Gesellschafterversammlung beachtet?	Nein →	vGA
↓ Ja		
Schriftform des Anstellungsvertrages eingehalten?	Nein →	vGA möglich
↓ Ja		
Befreiung vom Selbstkontrahierungsverbot erteilt?	Nein →	vGA, i.d.R. aber mit Rückwirkung nachholbar
↓ Ja		
Klare Vereinbarung getroffen?	Nein →	vGA
↓ Ja		
Vereinbarung im Vorhinein (Nachzahlungsverbot) beachtet?	Nein →	vGA
↓ Ja		
Befreiung vom gesetzlichen Wettbewerbsverbot erteilt?	Nein →	siehe Stichwort → Rz. 3357 ff.
↓ Ja		
Tantiemezusage erteilt?	Ja →	siehe Stichwort → Rz. 3933
↓ Nein		
Pensionszusage erteilt?	Ja →	siehe besondere Checkliste, → Rz. 3624
↓ Nein		
Sozialleistungen zugesagt? (Weihnachts- u. Urlaubsgeld, Sozialversicherungsbeiträge, Urlaubsabgeltung, Lohnfortzahlung)	Ja →	keine vGA, wenn üblich oder rechtzeitig Leistung zugesagt wurde
↓ Nein		

Überstundenvergütungen, Zuschläge für Feiertags- und Nachtarbeit vereinbart?	Ja →	grds. vGA, die Zuschläge können im Einzelfall jedoch anzuerkennen sein
↓ Nein		
Sachzuwendungen vorgesehen? (Privatnutzung Pkw, Wohnung)	Ja →	bei vorheriger, klarer Vereinbarung keine vGA
↓ Nein		
Aufwendungsersatz vereinbart?	Ja →	keine vGA, wenn üblich oder vorher die Leistung zugesagt wurde
↓ Nein		
Ordentliche Kündigung ausgeschlossen?	Ja →	vGA in Höhe der Gesamtausstattung (lt. FG Sachsen-Anhalt)
↓ Nein		
Angemessenheit der Gesamtvergütung eingehalten? Siehe Stichwort Angemessenheit → Rz. 504	Nein →	vGA in Höhe des unangemessenen Teils
↓ Ja		
Vertrag entsprechend der Vereinbarungen durchgeführt?	Nein →	vGA, ganz oder teilweise
↓ Ja		
Anstellungsvertrag ist steuerlich anzuerkennen.		

a) **Allgemeine zivilrechtliche Voraussetzungen**

aa) **Zuständigkeit der Gesellschafterversammlung**

Nach dem BGH, Urteil v. 25. 3. 1991[1] ist die Gesellschafterversammlung einer GmbH entgegen früherer Rspr. für den Abschluss, die Änderung und die Auflösung des Anstellungsvertrages zuständig, soweit keine andere Zuständigkeit (z. B. nach Satzung) bestimmt ist, dies gilt auch für Änderungen und Ergänzungen des Vertrages. Der zum Geschäftsführer zu bestellende Gesellschafter darf bei der Abstimmung mitstimmen.[2] Wenn die Gesellschafterversammlung entsprechend dem Urteil des BGH, Urteil v. 25. 3. 1991 die Bestellung vorgenommen hat, kann der Dienstvertrag vom angestellten beherrschenden Gesellschafter allein unterschrieben werden, da sich die Gesellschafter bei Vollzug des Gesellschafterbeschlusses über die Anstellung des Geschäftsführers vertreten lassen können.[3] Es liegt somit keine vGA vor, wenn der Anstel-

---
[1] BGH, Urteil v. 25. 3. 1991 - II ZR 169/90, GmbHR 1991, 363; auch BFH, Urteil v. 11. 12. 1991 - I R 49/90, BStBl 1992 II 434.
[2] BGH, Urteil v. 14. 5. 1990 - II ZR 126/89, BGHZ 111, 224, 227; OLG Frankfurt a. M. v. 22. 12. 2004 - 13 U 177/02, NWB DAAAE-84569; Übersicht zur Literatur *Wackerbarth*, GmbHR 2009, 65, dortige Fn. 7, selbst jedoch a. A.
[3] OLG Frankfurt a. M. v. 22. 12. 2004, NWB DAAAE-84569.

lungsvertrag nicht von den (Mit)Gesellschaftern unterzeichnet wird.[1] Bei mitbestimmten GmbH und Aktiengesellschaften wird die Geschäftsführung bzw. der Vorstand durch den Aufsichtsrat bestimmt und die zivilrechtliche Wirksamkeit hängt daher von einem Aufsichtsratsbeschluss ab.[2] Wird die Zuständigkeit der Gesellschafterversammlung nicht beachtet, führt dies zu einer vGA; dies gilt auch für mündliche Vertragsänderungen.[3] Es ist allerdings zu beachten, dass der BGH einen tatsächlich durchgeführten Geschäftsführervertrag unter dem Aspekt des faktischen Geschäftsführers anerkennt, auch wenn er formal unwirksam abgeschlossen wurde. Die neue Rspr. wird von der Finanzverwaltung erst ab 1.1.1996 angewendet.[4] Soweit der Anstellungsvertrag von vornherein eindeutig und klar vereinbart und durchgeführt war, dürfte auch eine nachträgliche Genehmigung durch die Gesellschafterversammlung Rückwirkung entfalten und mithin ausreichend sein.[5] Es ist daher unbedingt empfehlenswert, die Zuständigkeit der Gesellschafterversammlung zu beachten. Im steuerrechtlichen Schrifttum noch wenig beachtet ist allerdings das der BGH wieder umschwenkt. In seinen Urteilen v. 11.12.2006[6] und v. 21.7.2008[7] geht er davon aus, dass der Gesellschafter einen Anspruch auf eine dem Wert seiner Tätigkeit entsprechende Vergütung auch dann hat, wenn diese nicht zuvor von der Gesellschafterversammlung abgesegnet wurde. Die Entscheidungen werden allerdings heftig kritisiert.[8]

bb) Schriftform des Anstellungsvertrages

3041 Der gesamte Anstellungsvertrag kann mündlich[9] oder gar konkludent vereinbart werden. Selbst wenn überhaupt keine Art der Vereinbarung getroffen wurde, geht das Arbeitsrecht bei tatsächlicher Erfüllung von arbeitsrechtlichen Pflichten davon aus, dass ein sog. faktischer Arbeitsvertrag besteht. Dieser ist dann auch steuerlich anzuerkennen. Das Fehlen eines schriftlichen Arbeitsvertrages führt also nicht zur vGA. Gerade wenn das Arbeitsverhältnis noch nicht lange besteht, können sich aus dem Fehlen einer schriftlichen Vereinbarung aber letztlich unüberwindbare Beweisschwierigkeiten ergeben. In der Praxis werden Arbeitsverträge daher stets schriftlich abgeschlossen.

3042 Auch ein schriftlicher Arbeitsvertrag kann von den Vertragsparteien aufgrund der zivilrechtlichen Formfreiheit jederzeit mündlich geändert werden. In vielen Arbeitsverträgen ist jedoch aus Gründen der Rechtssicherheit bestimmt, dass nur schriftliche Änderungen möglich sein sollen. Zivilrechtlich ist allerdings anerkannt, dass der vereinbarte Formzwang jederzeit formlos aufgehoben werden kann.[10] Dabei soll nach der Rspr. des BFH eine Schriftformklausel dadurch außer Kraft gesetzt werden, dass die Vertragschließenden deutlich den Willen zum Aus-

---

[1] BFH, Urteile v. 31.5.1995 - I R 64/94, BStBl 1996 II 246.
[2] *Keßler* in Daumke/Keßler/Perbey, a.a.O. Rz. 409.
[3] Hessisches FG, Urteil v. 9.3.1992 - 4 K 4113/90, EFG 1992, 414; s. auch FG Köln, Urteil v. 27.11.1995 - 13 K 58/95, EFG 1996, 1239 und FG Baden-Württemberg, Urteil v. 26.2.1996 - 6 K 30/93, GmbHR 1996, 702.
[4] BMF, Schreiben v. 16.5.1994, BStBl 1994 I 868; v. 21.12.1995, BStBl 1996 I 50.
[5] *Böth*, StBp 2004, 104, 106, in Anlehnung an die Rechtsprechung zum Selbstkontrahierungsverbot und an BFH, Urteil v. 16.12.1998 - I R 96/95, NWB VAAAA-63051.
[6] BGH, Urteil v. 11.12.2006 - II ZR 166/05, NWB XAAAC-36683.
[7] BGH, Urteil v. 21.7.2008 - II ZR 39/07, NWB BAAAC-91293.
[8] Vgl. nur *Wackerbarth*, GmbHR 2009, 65 ff.
[9] Allgemein FG München, Urteil v. 16.10.2000 - 7 K 1181/99, rkr., EFG 2001, 312.
[10] BGH, Urteile v. 18.3.1964 - VIII ZR 281/62, NJW 1964, 1269; v. 11.10.1967 - VIII ZR 76/65, DB 1967, 2021; auch BFH, Urteil v. 24.1.1990 - I R 157/86, BStBl 1990 II 645; Niedersächsisches FG, Urteil v. 13.1.1998 - VI 430/93, EFG 1998, 1030; *Staudinger*, BGB, § 125 Rz. 10 u.a.

druck bringen, die mündlich getroffene Abrede solle ungeachtet der eigentlich notwendigen Schriftform gelten.[1] Eine mündliche Änderung eines zwischen der KapGes und ihrem beherrschenden Gesellschafter geschlossenen Anstellungsvertrages ist aber unwirksam, wenn vereinbart ist, dass jede Änderung und Ergänzung des Anstellungsvertrages zu ihrer „Rechtswirksamkeit" schriftlich abgeschlossen werden muss.[2] Auch wenn der Anstellungsvertrag eine Klausel enthält, wonach Vertragsänderungen der Schriftform bedürfen und eine nur mündlich vereinbarte Aufhebung des Schriftformzwanges unwirksam sein soll, so ist eine mündliche Änderung dieser Klausel nicht möglich, dennoch vorgenommene mündliche Änderungen führen daher zu vGA.[3] Es ist allerdings zu beachten, dass der BGH einen tatsächlich durchgeführten Geschäftsführervertrag unter dem Aspekt des faktischen Geschäftsführers anerkennt, auch wenn er formal unwirksam abgeschlossen wurde.

Bei Alleingesellschafter-Geschäftsführern verlangt § 35 Abs. 3 Satz 2 GmbHG allerdings, dass Rechtsgeschäfte zwischen der GmbH und ihrem Gesellschafter unverzüglich nach ihrer Vornahme in einer Niederschrift festgehalten werden. Eine Verletzung dieser Bestimmung soll zwar nicht allein eine vGA begründen können,[4] wird aber von der Finanzverwaltung als Indiz gewertet.[5]

cc) Das Selbstkontrahierungsverbot

Vereinbarungen zwischen dem Geschäftsführer und der von ihm vertretenen GmbH sind steuerrechtlich unbeachtlich, wenn sie gegen das Selbstkontrahierungsverbot (§ 181 BGB) verstoßen.[6] Eine Befreiung von dieser Beschränkung ist nur dann wirksam, wenn sie in der Satzung oder durch Gesellschafterbeschluss geregelt ist und in das Handelsregister eingetragen ist.[7] Die Befreiung ist nach dem Beschluss des OLG Düsseldorf[8] auch dann in das Handelsregister einzutragen, wenn sie nur in beschränktem Umfang erteilt worden ist. Allerdings ist der BFH, Urteil v. 31. 5. 1995[9] der Ansicht, aufgrund der gegenwärtigen zivilrechtlichen Meinung könne – jedenfalls derzeit – nicht davon ausgegangen werden, dass allein die fehlende Handelsregistereintragung zu einer vGA führe.

Abweichend von in der Vergangenheit vielfach entschiedenen Fällen erkannte der BFH im Urteil v. 23. 10. 1996[10] die nachträgliche Genehmigung der Befreiung von § 181 BGB und die Nachholung und Eintragung einer entsprechenden Satzungsbestimmung an. Die fehlende Befreiung vom Selbstkontrahierungsverbot führt zivilrechtlich nur zu einem schwebend unwirksamen Geschäft. Dieser Zustand wird durch die Genehmigung zivilrechtlich rückwirkend been-

---

1 BFH, Urteil v. 24. 1. 1990 - I R 157/86 BStBl 2990 II 645.
2 BFH, Urteil v. 24. 7. 1996 - I R 115/95, BStBl 1997 II 138.
3 BFH, Urteil v. 31. 7. 1991 - I S 1/91, BStBl 1991 II 933.
4 OFD Frankfurt a. M. v. 26. 4. 1994 - S 2742 A - 15 St II 10, KSt-Kartei OFD Frankfurt a. M. § 8 KStG, Karte B 9, nach *Böth*, StBp 2004, 104, 107, zu zivilrechtlichen Konsequenzen siehe BGH, Urteil v. 27. 3. 1995 - II ZR 140/93, DStR 1995, 774.
5 *Böth*, StBp 2004, 104, 107.
6 BFH, Urteile v. 22. 9. 1976 - I R 68/74, BStBl 1977 II 15; v. 20. 10. 1982 - I R 118/78, BStBl 1983 II 247; s. dazu auch BFH, Urteil v. 31. 5. 1995 - I R 64/94, BStBl 1996 II 246.
7 BGH, Urteil v. 8. 4. 1991 - II ZB 3/91, DStR 1991, 782; BFH, Urteile v. 31. 5. 1995 - I R 64/94, BStBl 1996 II 246; v. 30. 8. 1995 - I R 128/94, BFH/NV 1996, 363 = NWB SAAAB-37223; v. 23. 10. 1996 - I R 71/95, BStBl 1999 II 35.
8 OLG Düsseldorf v. 1. 7. 1994 - 3 Wx 20/93, DB 1994, 1922.
9 BFH, Urteile v. 31. 5. 1995 - I R 64/94, BStBl 1996 II 246; v. 22. 11. 1995 - I R 168/94, BFH/NV 1996, 644 = NWB HAAAB-37231.
10 BFH, Urteil v. 23. 10. 1996 - I R 71/95, BStBl 1999 II 35; s. dazu *Hoffmann*, DB 1997, 444; ebenso BFH, Urteile v. 3. 12. 1996 - I R 121/95, BFH/NV 1997, 265 = NWB VAAAB-38006; v. 11. 2. 1997 - I R 58/96, BFH/NV 1997, 803 = NWB JAAAB-38960.

det. Die zivilrechtliche Rückwirkung schlägt auch auf das Steuerrecht durch, da es bezüglich des Verbots der Selbstkontrahierung an das Zivilrecht anknüpft.[1]

3046 Die dem Gesellschafter-Geschäftsführer einer mehrgliedrigen GmbH erteilte Befreiung von den Beschränkungen des § 181 BGB bleibt auch dann wirksam, wenn sich die GmbH in eine Einmann-GmbH verwandelt.[2] Dies gilt auch für Vorgesellschaften.[3] Zahlungen, die die Gesellschaft an den Gesellschafter-Geschäftsführer aufgrund einer Vereinbarung vornimmt, für die keine Befreiung vom Selbstkontrahierungsverbot vorliegt, sind vGA.[4]

b) Allgemeine steuerrechtliche Voraussetzungen

aa) Klare Vereinbarung

3047 Der Gesellschafter kann für seine Gesellschaft auch ganz oder teilweise unentgeltlich tätig werden und den Gegenwert für seine Leistungen in den Gewinnausschüttungen finden.[5] Daher setzt der Abzug der Bezüge des GesGf als Betriebsausgabe voraus, dass (mündlich oder schriftlich) ein Anstellungsvertrag zwischen der KapGes und dem GesGf vereinbart worden ist. Es müssen in jedem Fall, wenn ein Gesellschafter Geschäftsführer ist und dafür Bezüge erhält, klare und eindeutige Vereinbarungen vorliegen, durch die die Arbeitsvergütung ihrem ganzen Umfang nach festgelegt ist.[6]

3048 Als Beweis gegen eine klare Vereinbarung wurde von der Rspr. Folgendes angesehen:

▶ Der beherrschende Gesellschafter-Geschäftsführer einer KapGes verzichtet wegen Verschlechterung der Gewinnsituation zeitweise auf das vereinbarte Geschäftsführergehalt.[7]

▶ Trotz behaupteter rechtzeitiger sowie klarer und eindeutiger mündlicher Vereinbarungen wurden die Zahlungen für die Gesellschafter-Geschäftsführer überwiegend in wechselnden, unterschiedlich hohen Teilbeträgen geleistet bzw. nicht geleistet, Lohnsteuer wurde nicht einbehalten.[8]

▶ Ferner muss in einem im Übrigen wirksamen Vertrag auch die Vergütung so geregelt sein, dass sie lediglich durch Rechenvorgänge von jedermann ermittelt werden kann, ist

---

[1] M. Rspr.-Nachweis s. H 36 KStH 2004 Stichwort: Zivilrechtliche Wirksamkeit.
[2] BFH, Urteil v. 13. 3. 1991 - I R 1/90, BStBl 1991 II 597; ebenso BGH, Urteil v. 8. 4. 1991 - II ZB 3/91, DB 1991, 1147; a. A. noch BayObG v. 22. 5. 1987 - BReg 3 Z 163/86, GmbHR 1987, 428; FG Rheinland-Pfalz, Urteil v. 25. 9. 1989 - 5 K 121/89, EFG 1990, 124.
[3] BFH, Urteil v. 20. 10. 1982 - I R 118/78, BStBl 1983 II 247.
[4] BFH, Urteil v. 2. 3. 1994 - I B 189/93, BFH/NV 1994, 661 = NWB SAAAA-98437, für Gehaltszahlungen; Niedersächsisches FG, Urteil v. 21. 6. 1994 - VI 386/90, GmbHR 1995, 393, für Verzicht auf Tantieme; Hessisches FG, Urteil v. 10. 5. 1995 - 4 K 3161/94, EFG 1995, 849, für Gehaltszahlung und Pensionsrückstellung.
[5] BFH, Entscheidungen v. 6. 4. 2005 - I R 27/04, BFH/NV 2005, 1633 = NWB ZAAAB-56928; v. 26. 10. 1987 - GrS 2/86, BStBl 1988 II 348, 355; v. 21. 12. 1994 - I R 65/94, NWB LAAAA-97531; v. 10. 6. 1987 - I R 149/83, BStBl 1988 II 25; v. 24. 1. 1990 - I R 157/86, BStBl 1990 II 645; v. 16. 12. 1992 - I R 2/92, BStBl 1993 II 455; v. 10. 3. 1993 - I R 51/92, BStBl 1993 II 635; v. 6. 6. 1994 - I B 19-21/94, BFH/NV 1995, 441 = NWB EAAAB-34533; auch OLG Frankfurt a. M. v. 10. 6. 1992 - 9 U 73/91, GmbHR 1993, 358.
[6] BFH, Urteile v. 10. 3. 1993 - I R 51/92, BStBl 1993 II 635; v. 11. 8. 2004 - I R 40/03, BFH/NV 2005, 248 = NWB TAAAB-40243.
[7] BFH, Urteil v. 30. 3. 1994 - I B 185/93, BFH/NV 1995, 164 = NWB KAAAB-34531, zum Gehaltsverzicht sogleich unter → Rz. 3053.
[8] Niedersächsisches FG, Urteil v. 22. 9. 1993 - VI 506/91, GmbHR 1994, 722, zur tatsächlichen Durchführung vgl. → Rz. 1090 ff.

dagegen nur eine angemessene Vergütung vereinbart, so ist diese im vollen Umfang vGA, auch wenn die genaue Festlegung dem Steuerberater überlassen worden ist.[1]

Dennoch führt nicht jede Unklarheit oder Lücke im Vertrag zwischen Gesellschaft und Gesellschafter-Geschäftsführer zur vGA. Vielmehr ist auch dieser Vertrag, wie jeder andere zivilrechtliche Vertrag, auszulegen und über die richtige Auslegung ggf. auch vom FG Beweis zu erheben.[2] Entsprechend der zivilrechtlichen Vorschriften ist also bei Willenserklärungen der wirkliche Wille zu erforschen und nicht am buchstäblichen Sinn eines Ausdrucks zu haften (§ 133 BGB), Verträge sind so auszulegen, wie Treu und Glauben mit Rücksicht auf die Verkehrssitte dies erfordern (§ 157 BGB). Dabei ist insbesondere die Berücksichtigung des sprachlichen Zusammenhangs der abgegebenen Willenserklärungen, der Stellung der auslegungsbedürftigen Formulierungen im Gesamtzusammenhang des Textes und sämtlicher Begleitumstände geboten.[3] Eine Vereinbarung zwischen der KapGes und ihrem beherrschenden Gesellschafter ist daher dann klar, wenn ein außenstehender Dritter zweifelsfrei erkennen kann, dass die Leistung der Gesellschaft aufgrund einer entgeltlichen Vereinbarung mit dem Gesellschafter erbracht wurde.[4] Kann ein außenstehender Dritter bei einer an sich mehrdeutigen Vereinbarung das, was die Vertragschließenden wollten, durch Beweiserhebung zweifelsfrei ermitteln, so ist das tatsächlich Gewollte der Besteuerung zugrunde zu legen.[5] Dabei können, obwohl die vGA regelmäßig zum Zeitpunkt des Vertragsschlusses anzunehmen ist,[6] Rückschlüsse auch aus der späteren tatsächlichen Entwicklung hergeleitet werden.[7]

BEISPIELE:

- Wird in einer Pensionszusage zwar die fiktive Jahresnettoprämie zur Berechnung vorgegeben, nicht aber der Zinsfuß und wird eine Rückstellungsberechnung vom Versicherungsmathematiker gleichwohl durchgeführt, so ist zu ermitteln, ob im Sachverständigenkreis der Versicherungsmathematiker grundsätzlich ein bestimmter Rechnungszinsfuß als Verkehrssitte angewendet wird und welche Vorgaben dem Versicherungsmathematiker gemacht wurden.[8]

- Wird in einer Pensionszusage die Bemessungsgrundlage nicht eindeutig bezeichnet, so kann darüber durch Befragung des Versicherungsmathematikers und des nicht mehr bei der Gesellschaft angestellten Fremdgeschäftsführers, der eine gleiche Pensionszusage erhalten hatte, Beweis erhoben werden.[9] Als Bemessungsgrundlage waren nur die gem. § 6 des Dienstvertrages gezahlten Bezüge angegeben, was nach Ansicht des BFH Zweifel offen ließ, ob die zum Zusagezeitpunkt oder zum Zeitpunkt des Pensionsfalls gezahlten Bezüge gemeint sind, zudem war nicht klar, ob gewinnabhängige Bezüge einzubeziehen seien.

---

1 BFH, Urteil v. 17.12.1997 - I R 70/97, BStBl 1998 II 545.
2 BFH, Urteile v. 24.3.1999 - I R 20/98, BFH/NV 1999, 1566 = NWB WAAAA-97468; v. 4.12.1991 - I R 63/90, BStBl 1992 II 362; v. 15.10.1995 - I R 9/95, BStBl 1997 II 703; v. 11.2.1997 - I R 43/96, BFH/NV 1997, 806 = NWB YAAAB-38955; v. 9.4.1997 - I R 52/96, BFH/NV 1997, 808 = NWB MAAAB-38959; v. 22.10.1998 - I R 29/98, BFH/NV 1999, 972 = NWB RAAAA-63035; v. 4.12.1991 - I R 63/90, BStBl 1992 II 362; v. 9.7.2003 - I R 36/02, GmbHR 2004, 136 = NWB SAAAA-98437; v. 11.8.2004 - I R 40/03, BFH/NV 2005, 248 = NWB TAAAB-40243.
3 BFH, Urteile v. 24.3.1999 - I R 20/98, BFH/NV 1999, 1566 = NWB WAAAA-97468; v. 11.2.1997 - I R 43/96, BFH/NV 1997, 806 = NWB YAAAB-38955; v. 9.7.2003 - I R 36/02, BFH/NV 2004, 88 = NWB YAAAA-70032.
4 BFH, Urteile v. 24.1.1990 - I R 157/86, BStBl 1990 II 645; v. 9.7.2003 - I R 36/02, BFH/NV 2004, 88 = NWB YAAAA-70032..
5 BFH, Urteil v. 24.7.1990 - VIII R 304/84, BFH/NV 1991, 90 = NWB BAAAB-31874.
6 Vgl. dazu → Rz. 546.
7 BFH, Urteil v. 19.5.1998 - I R 36/97, BStBl 1998 II 689.
8 BFH, Urteil v. 24.3.1999 - I R 20/98, BFH/NV 1999, 1566 = NWB WAAAA-97468.
9 BFH, Urteil v. 22.10.1998 - I R 29/98, BFH/NV 1999, 972 = NWB RAAAA-63035.

► Wird in einem Anstellungsvertrag für das Weihnachts- und Urlaubsgeld auf die betriebliche Übung verwiesen und besteht bei Auszahlung dieser Leistungen tatsächlich eine solche Übung, so ist die Vereinbarung insoweit eindeutig und klar.[1]

► Bei Dauerschuldverhältnissen kann sich das tatsächlich Gewollte aus der tatsächlichen Durchführung, der regelmäßigen Übung zwischen den Vertragsparteien ergeben.[2]

► Die Ernsthaftigkeit einer (ungewöhnlichen) Vereinbarung kann sich aus der tatsächlichen Durchführung derselben ergeben, im Urteilsfall wurde die vereinbarte Dienstzeit des Gesellschafters und der Zeitpunkt der Pensionszusage auf den 70. Geburtstag hinausgeschoben, um die Erdienbarkeit zu sichern.[3]

3051 Die Grundsätze der klaren Vereinbarung gelten auch:

► Bei Änderung einer Vereinbarung. Ohne nachweisbare Vereinbarungen, z. B. bei Gehaltserhöhungen, wird bei Gesellschaftern grundsätzlich eine vGA angenommen.[4]

► Bei Dauerschuldverhältnissen, deren Durchführung – wie z. B. die von Dienst- oder Mietverhältnissen – einen regelmäßigen Leistungsaustausch voraussetzt, kann im Allgemeinen aufgrund der Regelmäßigkeit der Leistungen und des engen zeitlichen Zusammenhangs von Leistung und Gegenleistung bereits aus dem tatsächlichen Leistungsaustausch, also der tatsächlichen monatlichen erhöhten Gehalts- oder Mietzahlung, der Schluss gezogen werden, dass ihm eine mündlich abgeschlossene entgeltliche Vereinbarung zugrunde liegt.[5]

► Für sog. Vorgesellschaften, d. h. für Gesellschaften, die zwischen der Gründung der GmbH (Abschluss des Gesellschaftsvertrages) und der Eintragung in das Handelsregister bestehen.[6]

3052 Die klare Vereinbarung muss von der Gesellschaft nachgewiesen werden. Sie muss daher nach außen erkennbar geworden sein. Der Vorgang der Beschlussfassung muss nachvollziehbar sein. In der Regel müssen sich Inhalt und Zeitpunkt des Geschäfts aus einer schriftlichen Aufzeichnung einwandfrei ergeben, mindestens ist eine ordnungsmäßige Verbuchung zu fordern. Unterlässt der Gesellschafter-Geschäftsführer die Kenntlichmachung eines solchen In-sich-Geschäfts, so vergibt er damit die Möglichkeit, den Abschluss eines solchen In-sich-Geschäfts und den Zeitpunkt Dritten gegenüber nachzuweisen.[7] Es genügt aber zur Kenntlichmachung, wenn der Gesellschafter-Geschäftsführer den Buchhalter über die Vereinbarungen unterrichtet und anweist, entsprechende Buchungen vorzunehmen.

---

1 FG Saarland, Urteil v. 5.4.1994 - 1 K 102/93, EFG 1994, 674.
2 BFH, Urteile v. 19.12.2007 - VIII R 13/05, BStBl 2008 II 568; v. 25.10.1995 - I R 9/95, BStBl 1997 II 703; v. 10.6.1999 - V R 87/98, BStBl 1999 II 580; OFD Hannover v. 16.8.2000, DStR 2000, 1827; z.B. die mündliche Vereinbarung von Sonderleistungen wie Urlaubs- und Weihnachtsgeld, vgl. Niedersächsisches FG, Urteil v. 8.9.1998 - VI 687/96, GmbHR 1999, 137.
3 BFH, Urteil v. 19.5.1998 - I R 36/97, BStBl 1998 II 689.
4 BFH, Urteile v. 2.3.1988 - I R 63/82, BStBl 1988 II 590; v. 22.2.1989 - I R 9/85, BStBl 1989 II 631; v. 24.1.1990 - I R 157/86, BStBl 1990 II 645; v. 11.12.1991 - I R 49/90, BStBl 1992 II 434; v. 27.10.1992 - VIII R 41/89, BStBl 1993 II 569; v. 5.10.1994 - I R 50/94, BStBl 1995 II 549; v. 30.8.1995 - I R 155/94, NWB EAAAA-96758; v. 13.11.1996 - I R 53/95, BFH/NV 1997, 622 = NWB UAAAB-38015.
5 BFH, Urteil v. 29.7.1992 - I R 18/91, BStBl 1993 II 139; z.B. für Gehälter: BFH, Urteil v. 24.1.1990 - I R 157/86, BStBl 1990 II 645; v. 26.2.1992 - I R 39/91, BFH/NV 1992, 385 = NWB RAAAB-33013; das soll aber nicht gelten, wenn die Erhöhung nicht monatlich, sondern nur halbjährlich ausbezahlt wird, BFH, Urteil v. 18.5.1972 - I R 165/70, BStBl 1972 II 721.
6 BFH, Urteil v. 20.10.1982 - I R 118/78, BStBl 1983 II 247.
7 BFH, Urteil v. 12.10.1965 - I 37/63, HFR 1966, 19; v. 20.9.1967 - I R 97/64, BStBl 1968 II 49; FG Köln, Urteil v. 8.12.1994 - 13 K 5811/90, EFG 1996, 1120.

bb) Gehaltsverzicht als Spezialfall des Tatbestandsmerkmals der klaren Vereinbarung

In der Praxis wird von den Finanzämtern gern das Urteil des BFH, Urteil v. 30.3.1994[1] zitiert. In dem entschiedenen Fall war dreimal für unbegrenzte Dauer auf das gesamte Gehalt verzichtet worden, die tatsächliche Verzichtsdauer erstreckte sich auf 10, 13 und 19 Monate. Trotz dieser Besonderheiten des Einzelfalls formuliert der BFH generell, dass ein zeitweise geltender Verzicht des Geschäftsführers auf zukünftige Gehaltsansprüche i. d. R. die Schlussfolgerung zulassen, dass die gesamte Gehaltsvereinbarung wegen mangelnder Ernsthaftigkeit nicht tatsächlich durchgeführt war und daher alle tatsächlich ausgezahlten Gehälter vGA seien.[2] Dies verkennt, dass es dem Gesellschafter-Geschäftsführer grundsätzlich freisteht, seine Leistung für die Gesellschaft auf schuldrechtlicher oder gesellschaftsrechtlicher Basis zu erbringen. Zwischen diesen Möglichkeiten kann der Gesellschafter-Geschäftsführer wählen. Steht es ihm aber frei, seine Leistung gänzlich unentgeltlich zu erbringen, so muss es erst recht möglich sein, sie teilweise unentgeltlich zu erbringen und auf einen Teil des Gehalts oder für eine begrenzte Dauer auch auf das gesamte Gehalt zu verzichten, wenn es dafür gesellschaftsrechtliche Gründe gibt (z. B. Verlustsituation oder schlechte Liquidität). Dementsprechend hat der BFH später auch entschieden, dass ein teilweiser Verzicht auf einen Pensionsanspruch nicht zu einer vGA wegen der dann noch weiter bestehenden Pensionszusage führt.[3] Auch der Verzicht auf einen Teil der Tantieme stellt eine vGA nur dann dar, wenn die äußeren Umstände des Verzichts den Rückschluss auf das Fehlen einer von Anfang an ernstlich gewollten Verbindlichkeit der Gesellschaft erlauben, was im entschiedenen Fall nicht gegeben war.[4] Schließlich hat der BFH in seiner neueren Rechtsprechung festgelegt, dass die Folgen einer nicht durchgeführten Vereinbarung bei Wiederkehrschuldverhältnissen auch nicht notwendig das gesamte Schuldverhältnis erfassen müssen, sondern sich auf Teile bzw. bestimmte Zeitabschnitte beschränken können.[5] Daher kann aus dem Urteil v. 30.3.1994, anders als von der Verwaltung gerne gesehen, nicht abgeleitet werden, dass ein Gehaltsverzicht generell die Ernsthaftigkeit der Gehaltsvereinbarung in Frage stellt und deshalb zu vGA führt.

Der Geschäftsführer einer Gesellschaft kann zivilrechtlich aufgrund seiner Treuepflicht gegenüber der GmbH verpflichtet sein, der Herabsetzung seines Gehalts zuzustimmen,[6] die aber natürlich dennoch seine Zustimmung erfordert.[7] Für Aktiengesellschaften ergibt sich eine Pflicht zur Gehaltsherabsetzung ggf. bereits aus § 87 AktG, für GmbHs ist dieser jedoch nicht anwendbar.[8] Steuerrechtlich ist es aber jedenfalls nicht möglich, dass ein Geschäftsführer auf ein bereits zugeflossenes Gehalt verzichtet.[9] Es ist dann lediglich der rechtliche Charakter der

---

1 BFH, Urteil v. 30.3.1994 - I B 185/93, BFH/NV 1995, 164 = NWB KAAAB-34531.
2 Zur Durchführung des Vertrages s. u. → Rz. 3102 ff.
3 BFH, Urteil v. 19.5.1998 - I R 36/97, BStBl 1998 II 689; dazu *Hoffmann*, DStR 1998, 1625, ebenso auch BMF, Schreiben v. 14.5.1999, BStBl 1999 I 512, wo der teilweise Verzicht u.U. sogar zwingend verlangt wurde, inzwischen aufgehoben durch BMF, Schreiben v. 24.8.2005, NWB GAAAD-53580; v. 6.9.2005, BStBl 2005 I 875; OFD Frankfurt v. 20.9.2005, GmbHR 2005, 1641.
4 BFH, Urteil v. 29.6.1994 - I R 11/94, BStBl 1994 II 952.
5 BFH, Urteile v. 28.11.2001 - I R 44/00, BFH/NV 2002, 543, 544 = NWB GAAAA-68114; v. 15.12.2004 - I R 32/04, BFH/NV 2005, 1374 = NWB SAAAB-53689.
6 BGH, Urteil v. 15.6.1992 - II ZR 88/91, NWB WAAAF-69349; OLG Hamm v. 19.11.1991 - 27 U 145/91, GmbHR 1992, 607; OLG Naumburg v. 16.4.2003 - 5 U 12/03, GmbHR 2004, 423; OLG Köln v. 6.11.2007 - 18 U 131/07, GmbHR 2008, 1216; ausführlich *Lindemann*, GmbHR 2009, 737.
7 BGH, Urteil v. 25.3.1991 - II ZR 169/90, BB 1991, 927, 928.
8 *Lindemann*, GmbHR 2009, 737, 739, m. w. N.
9 Ebenso *Langohr-Plato*, INF 2004, 16, 18; zum Zuflusszeitpunkt bei beherrschenden Gesellschafter-Geschäftsführern siehe → Rz. 3055.

Rückzahlung zu würdigen. Sofern der Geschäftsführer zugleich Gesellschafter ist, dürfte es sich dabei regelmäßig um eine Einlage in die Kapitalgesellschaft handeln.[1] Ein Gehaltsverzicht liegt auch nicht vor, wenn dem Geschäftsführer sein Gehalt zwar noch nicht zugeflossen ist, er den Verzicht aber mit einer Verwendungsauflage für die Gesellschaft verbindet. Dann hat der Geschäftsführer sein Gehalt verwendet und die Gesellschaft lediglich als Vertreter eingeschaltet. Dies ist so zu behandeln, als ob der Geschäftsführer sein Gehalt bezogen hat (Lohnsteuer) und es dann entsprechend seiner Anweisung an die Gesellschaft selbst verwendet hat.

3055 Ein Gehaltsverzicht, der nicht mit Verwendungsauflagen hinsichtlich der frei werdenden Mittel verknüpft ist, führt jedoch nicht zum Zufluss von Arbeitslohn.[2] Das gilt auch, wenn dennoch für diese Beträge LSt und Sozialversicherungsbeiträge abgeführt wurden,[3] auch bei einem Verzicht mit Besserungsschein[4] und auch bei beherrschenden Gesellschafter-Geschäftsführern. Zwar fließen diesen ihre Gehälter bereits bei Fälligkeit zu, also auch ohne tatsächliche Auszahlung.[5] Nicht jedoch, wenn die GmbH bereits zahlungsunfähig ist,[6] wurde auf das Gehalt verzichtet, schuldet die Gesellschaft jedoch keinen Arbeitslohn, der fällig werden könnte.[7] Eine vGA kommt nur dann in Betracht, wenn

- die durch den Verzicht frei werdenden Mittel ohne eine ernsthafte und klare Vereinbarung im Vorhinein an einen Gesellschafter fließen.[8] Die durch Gehaltsverzicht frei werdenden Mittel waren an den beherrschenden Gesellschafter ausgezahlt worden.

- trotz des Verzichts Zahlungen erfolgen,[9] es sei denn, es ist eine Besserungsabrede vorgenommen worden und der Besserungsfall auch eingetreten.[10]

- der Verzicht darauf schließen lässt, dass das Arbeitsverhältnis insgesamt nicht klar vereinbart wurde[11] und in diesem Zusammenhang überhaupt schon Auszahlungen erfolgt sind (vor dem Verzicht oder bei Teilverzicht).

3056 Letzteres ist in der Rspr. der Hauptfall bei vGA wegen Gehaltsverzicht:

- Das FG Münster[12] nahm bei häufigem, jeweils hundertprozentigem und zeitlich unbegrenztem Gehaltsverzicht des Gesellschafter-Geschäftsführers vGA an, da ein gänzlicher Gehaltsverzicht mit einem fremden Geschäftsführer nicht vereinbart worden wäre.

- Das Hessische FG[13] nahm an, dass eine Gehaltsvereinbarung nicht ernsthaft gewesen sei, weil das Gehalt zunächst für mehrere Jahre ohne Verzinsung und Stellung einer Sicherheit durch die Gesellschaft gestundet wurde, bevor der Erlass erfolgte. Der Mangel

---

1 Ebenso *Stegemann*, INF 2003, 147, 148.
2 BFH, Urteil v. 30. 7. 1993 - VI R 87/92, BStBl 1993 II 884; zum Zufluss von Arbeitslohn s. u. → Rz. 2361
3 FG Baden-Württemberg, Urteil v. 18. 8. 1994 - 6 K 209/91, rkr., EFG 1995, 287.
4 BFH v. 18. 12. 2002 - I R 27/02, BFH/NV 2003, 824 = NWB XAAAA-70028, a. A. *Alber/Herold*, GStB 2003, 219, 220, ohne Begründung; Muster für einen solchen Gehaltsverzicht bei *Janssen*, vGA, 12. Aufl. 2017, Rz. 16.
5 BFH, Entscheidungen v. 8. 5. 2007 - VIII R 13/06, BFH/NV 2007, 2249 = NWB DAAAC-62186; v. 10. 5. 2005 - VIII B 121/04, BFH/NV 2005, 1776 = NWB XAAAB-57795; v. 26. 1. 1984 - IV R 30/80, BStBl 1984 II 480.
6 Vgl. BFH, Urteil v. 8. 5. 2007 - VIII R 13/06, BFH/NV 2007, 2249 = NWB DAAAC-62186; FG Berlin, Urteil v. 29. 4. 2002 - 9 K 8168/01, rkr., EFG 2002, 1088.
7 FG Baden-Württemberg, Urteil v. 18. 8. 1994 - 6 K 209/91, rkr., EFG 1995, 287.
8 FG Baden-Württemberg, Urteil v. 18. 8. 1994, a. a. O.
9 BFH, Urteil v. 18. 12. 2002 - I R 27/02, BFH/NV 2003, 824 = NWB XAAAA-70028.
10 BFH, Urteil v. 18. 12. 2002 - I R 27/02, BFH/NV 2003, 824 = NWB XAAAA-70028.
11 BFH, Urteil v. 29. 6. 1994 - I R 11/94, BStBl 1994 II 952.
12 FG Münster, Urteil v. 18. 8. 1993 - 9 K 4472/90 K, EFG 1994, 117; auch BFH, Urteil v. 28. 10. 1987 - I R 110/83, BStBl 1988 II 301, 303.
13 Hessisches FG, Urteil v. 16. 8. 2000 - 4 K 5124/99, rkr., NWB FAAAB-08604.

an Sicherheiten und die Zinslosigkeit waren bei einem Gehaltsverzicht mit Besserungsschein für den BFH dagegen keine ausschlaggebenden Kriterien.[1]

► Auch eine Gehaltsvereinbarung mit einem nicht beherrschenden Gesellschafter-Geschäftsführer, nach der eine Auszahlung des Gehalts erst vorgesehen ist, „sobald die Firma dazu in der Lage ist",[2] spricht für einen durch das Gesellschaftsverhältnis veranlassten Aufwand. Ein fremder Arbeitnehmer hätte sich auf eine derartige Vereinbarung nicht eingelassen.

► Ähnlich auch das Urteil des Niedersächsischen FG v. 25.4.1995.[3] Danach ist eine vGA anzunehmen, wenn ein klar und eindeutig vereinbartes Gehalt, das der Höhe nach angemessen ist, an den beherrschenden Gesellschafter-Geschäftsführer gezahlt wird, für das jedoch – für den Fall der Überschuldung der KapGes am Bilanzstichtag – ein rückwirkender Herabsetzungsanspruch bis zum Betrag von 0 € vereinbart worden ist. Dies folgt aus der Anwendung eines aus § 1 AStG abgeleiteten Fremdvergleichsmaßstabs.

► Als vGA ist in diesen Fällen jeweils nur der ausgezahlte oder als Verbindlichkeit eingestellte Teil des Gehaltes anzusehen, ansonsten liegt eine vGA mangels Vermögensminderung bei der Gesellschaft nicht vor. Eine vGA liegt trotz Besserungsvereinbarung hinsichtlich der Nachzahlungen vor, wenn die Besserungsabrede keine klaren und eindeutigen Vereinbarungen für den Besserungsfall vorsieht.[4] Zur Auswirkung eines Gehaltsverzichts auf eine Pensionszusage vgl. → Rz. 3737.[5]

c) Vereinbarung im Vorhinein (Nachzahlungsverbot)

Bei beherrschenden Gesellschafter-Geschäftsführern reicht der Abschluss einer klaren Vereinbarung allein nicht aus. Diese Vereinbarung muss zusätzlich, zur Vermeidung von missbräuchlichen Gestaltungen, im Vorhinein abgeschlossen werden. Zur Begründung und Herleitung des Nachzahlungsverbots im Einzelnen vgl. → Rz. 491 f. Für die steuerliche Beurteilung einer Nachzahlung ist es nicht erheblich, ob die Gesamtbezüge des Gesellschafter-Geschäftsführers einschließlich der Nachzahlung noch im Rahmen der Angemessenheit liegen. Eine Gehaltsnachzahlung an einen beherrschenden Gesellschafter-Geschäftsführer wird nach der umfangreichen Rspr. grundsätzlich als vGA behandelt.[6] Im Zusammenhang mit Nachzahlungen an Alleinaktionäre und Vorstandsmitglieder einer AG soll der AG im Einzelfall der Nachweis offen stehen, dass wegen der grundsätzlich notwendigen Einschaltung des Aufsichtsrats ausnahmsweise keine Verursachung im Gesellschaftsverhältnis vorliegt.[7] Gehaltsnachzahlungen an eine dem Gesellschafter-Geschäftsführer nahe stehende Person werden entgegen früherer Rspr. ebenfalls als vGA angesehen.[8]

3057

---

[1] Vgl. BFH, Urteil v. 18.12.2002 - I R 27/02, BFH/NV 2003, 824 = NWB XAAAA-70028 und Anm. Hoffmann, GmbHR 2003, 548, 549.
[2] BFH, Entscheidungen v. 14.10.1981 - I R 34/80, BStBl 1982 II 119; v. 30.3.1994 - I B 185/93, BFH/NV 1995, 164 = NWB KAAAB-34531; v. 13.12.1989 - I R 99/87, BStBl 1990 II 454.
[3] Niedersächsisches FG, Urteil v. 25.4.1995 - VI 284/91, rkr., EFG 1995, 848; auch BFH, Urteile v. 11.9.1968 - I 89/63, BStBl 1968 II 809; v. 27.9.1955 - I 174/55 S, BStBl 1955 III 366; RFH, Urteil v. 16.11.1937 - I 219/37, RStBl 1938, 22.
[4] BFH, Urteil v. 18.12.2002 - I R 27/02, BFH/NV 2003, 824 = NWB XAAAA-70028.
[5] Muster für einen Gehaltsverzicht mit Besserungsvereinbarung bei *Janssen*, vGA, 12. Aufl. 2017, Rz.16.
[6] Siehe → Rz. 491 f.; a. A. für Tantiemen, die während des laufenden Geschäftsjahrs vereinbart werden, FG Rheinland-Pfalz, Urteil v. 26.5.1998 - 2 K 2045/97, rkr., EFG 1999, 919.
[7] Vgl. BFH, Urteil v. 30.7.1975 - I R 110/72, BStBl 1976 II 74.
[8] BFH, Urteil v. 1.10.1986 - I 54/83, BStBl 1987 II 459.

3058 Bei wesentlicher Veränderung der Verhältnisse kann sich ggf. eine zivilrechtliche Verpflichtung zur Anpassung der Tätigkeitsvergütung ergeben.[1] Gleichwohl werden Nachzahlungen für eine zurückliegende Zeit an den Gesellschafter-Geschäftsführer stets als vGA behandelt. Das gilt auch, wenn die Gesamtbezüge nicht überhöht, sondern einschließlich der Nachzahlung angemessen sind. Somit kann bei wesentlicher Veränderung der Verhältnisse steuerrechtlich nur eine Anpassung der Bezüge für die Zukunft stattfinden. Auch bezüglich des Zeitpunkts des Abschlusses einer Vereinbarung trifft die Gesellschaft die Beweislast.

3059 Finanzielle Engpässe sind manchmal der Grund dafür, dass die Bezüge eines Gesellschafter-Geschäftsführers nicht zeitgerecht, sondern erst nachträglich ausgezahlt werden. Nach der Rspr. des BFH greift das Nachzahlungsverbot in diesen Fällen nicht ein.[2] Das setzt aber voraus, dass auch alle rechtlichen Folgerungen aus der Gehaltsvereinbarung gezogen worden sind, also insbesondere, dass die Verbindlichkeiten in der Bilanz ausgewiesen worden sind.[3]

3060 Die Genehmigung eines In-Sich-Geschäfts des Geschäftsführers und die Aufnahme einer entsprechenden Satzungsklausel im Gesellschaftsvertrag sowie ihre Eintragung im Handelsregister kann auch mit steuerlicher Wirkung nachgeholt werden, da das Steuerrecht insoweit an das Zivilrecht anknüpft.[4] Das Rückwirkungsverbot ist allerdings verletzt, wenn das In-Sich-Geschäft getätigt wird, obwohl nicht einmal im Anstellungsvertrag des Geschäftsführers eine Befreiung vom Selbstkontrahierungsverbot vorgesehen ist.[5]

3061 Grundsätzlich liegt keine vGA vor, wenn einem Gesellschafter mit einer Minderheitsbeteiligung, d. h. bei einer Beteiligung von 50 % oder weniger, nachträglich eine Vergütung für seine Tätigkeit gezahlt wird, die nicht von vornherein vereinbart worden ist. Solche Zahlungen sind bei der KapGes i. d. R. abzugsfähige Betriebsausgaben.[6] Eine Gehaltsnachzahlung an Minderheitsgesellschafter (oder bis zu 50 % beteiligte Gesellschafter) ist keine vGA, wenn keine besonderen Umstände vorliegen, die eine andere Beurteilung rechtfertigen.[7] Voraussetzung ist allein, dass die Nachzahlung ihre wirtschaftliche Grundlage bereits im abgelaufenen Geschäftsjahr hat und schon am Bilanzstichtag zu erwarten war. Es bedarf nicht, wie der BFH ausführt, in jedem Fall einer Vereinbarung einer Tantiemezahlung im Anstellungsvertrag; die Zahlung kann auch von Jahr zu Jahr nachträglich, d. h. bei Beschlussfassung über den Jahresabschluss, beschlossen werden (§ 46 Nr. 1 GmbHG).

d) Weihnachts- und Urlaubsgeld

3062 Zu häufig vereinbarten Leistungen gehören das Weihnachts- und das Urlaubsgeld. Eine Vereinbarung über die Zahlung von Sondervergütungen muss bei Vermeidung einer vGA im Voraus so geregelt sein, dass allein durch Rechenvorgänge die Höhe der Vergütung ermittelt werden kann, ohne dass es noch der Ausführung irgendwelcher Ermessensakte seitens der Geschäfts-

---

1 BGH, Urteil v. 4.7.1977 - II ZR 81/76, DB 1977, 1940, zur Verpflichtung der Gesellschafter einer OHG, die Bezüge des Gesellschafter-Geschäftsführers anzupassen.
2 BFH, Urteil v. 12.12.1972 - I R 183/71, BStBl 1974 II 179.
3 BFH, Urteil v. 2.5.1974 - I R 194/72, BStBl 1974 II 585.
4 BFH, Urteil v. 23.10.1996 - I R 71/95, BStBl 1999 II 35.
5 BFH, Urteil v. 23.10.1996 - I R 71/95, BStBl 1999 II 35..
6 BFH, Urteile v. 17.2.1971 - I R 172/69, BStBl 1971 II 463; v. 8.1.1969 - I R 91/66, BStBl 1969 II 347.
7 BFH, Urteil v. 17.2.1971 - I R 172/69, BStBl 1971 II 463.

führung oder der Gesellschafterversammlung bedarf.[1] Nach dem Urteil des FG Hamburg v. 17.3.1997[2] ist eine Anweisung an die Buchhaltung, „bei der Gehaltsabrechnung November zusätzlich Gehälter" zu berücksichtigen, keine klare und eindeutige und vorher getroffene Vereinbarung zwischen den Gesellschafter-Geschäftsführern und der Gesellschaft über die Zahlung von Weihnachtsgeld. VGA liegen auch dann vor, wenn fremde Angestellte der Gesellschaft ebenfalls eine Zahlung erhalten haben.[3] Eine mündliche Vereinbarung ist nur dann hinreichend klar, wenn ein objektiver Dritter aufgrund von Zahlungen von Weihnachtsgeldern in den Vorjahren mit Sicherheit erkennen kann, ob und welche Zahlungen in der Zukunft zu erwarten sein werden.

Ferner geht der BFH davon aus, dass das Weihnachts- und Urlaubsgeld zur Jahresvergütung gehört, so dass eine während des laufenden Jahres getroffene Vereinbarung über die Zahlung von Weihnachts- und Urlaubsgeld anteilig gegen das Nachzahlungsverbot für beherrschende Gesellschafter-Geschäftsführer verstößt und daher dementsprechend insoweit als vGA anzusehen ist.[4]

e) Sozialversicherungsbeiträge

Beherrschende Gesellschafter-Geschäftsführer sind i.d.R. nicht sozialversicherungspflichtig.[5] Werden von der Gesellschaft Arbeitgeberanteile zur (freiwilligen) Sozialversicherung getragen, bedarf es daher einer klaren Vereinbarung im Vorhinein, ansonsten liegt vGA vor.[6] Auch wenn eine solche Vereinbarung vorliegt, sind die Arbeitgeberanteile steuerpflichtiger Arbeitslohn. Bei nicht beherrschenden Gesellschafter-Geschäftsführern besteht hingegen i.d.R. Sozialversicherungspflicht, die Arbeitgeberanteile sind daher steuerfrei gem. § 3 Nr. 62 EStG und werden aufgrund gesetzlicher Verpflichtung gezahlt, so dass eine klare Vereinbarung im Vorhinein nicht erforderlich ist. Es geschieht immer wieder, dass bei einem Gesellschafter-Geschäftsführer irrig von der Sozialversicherungspflicht ausgegangen wird und Arbeitgeberanteile gezahlt werden. Werden diese nach Aufklärung des Irrtums an die Gesellschaft erstattet,[7] so löst dies keine lohnsteuerlichen Folgen aus.[8] Zivilrechtlich besteht aber ein Anspruch des Gesellschafter-Geschäftsführers auf Weiterleitung dieser Beiträge an ihn.[9] Ob diese Weiterleitung der erstatteten Beträge an den Gesellschafter-Geschäftsführer oder die Einzahlung in eine (freiwillige) Versicherung für ihn Arbeitslohn oder vGA darstellt, ist streitig.[10] Zutreffend geht das FG

---

1 BFH, Urteile v. 30.1.1985 - I R 37/82, BStBl 1985 II 345; v. 30.7.1975 - I R 110/72, BStBl 1976 II 74; für Urlaubsgeld BFH, Urteil v. 10.3.1993 - I R 51/92, BStBl 1993 II 635.
2 FG Hamburg, Urteil v. 17.3.1997 - II 147/95, EFG 1997, 1051.
3 BFH, Urteil v. 15.12.1965 - I 193/62 S, BStBl 1966 III 202.
4 BFH, Urteil v. 11.12.1991 - I R 49/90, BStBl 1992 II 434; auch FG Saarland, Urteil v. 8.2.1994 - 1 K 225/93, EFG 1994, 675.
5 Die Entscheidung des zuständigen Sozialversicherungsträgers ist auch für das Steuerrecht insoweit bindend, vgl. BFH, Urteil v. 6.6.2002 - VI R 178/97, BStBl 2003 II 34; FinMin Hessen v. 2.6.2003, DStR 2003, 1168; FinMin Baden-Württemberg v. 14.5.2003, DB 2003, 1359; OFD Rheinland v. 16.1.2006, DStZ 2006, 165.
6 BFH, Urteil v. 16.2.1987 - I R 177/83, BStBl 1987 II 461; OFD Rheinland v. 16.1.2006, DStZ 2006, 165.
7 Nur möglich bei Arbeitslosen- und Rentenversicherungsbeiträgen, in der Krankenversicherung besteht hingegen auch bei zu Unrecht gezahlten Beiträgen ein Anspruch und daher keine Rückerstattungsmöglichkeit, vgl. *Roemer*, INF 2000, 142; zu den einkommensteuerlichen Folgen beim Geschäftsführer OFD Köln v. 17.8.1994, DB 1994, 1899; OFD Düsseldorf v. 3.1.2000, GmbH-Stpr. 2000, 269.
8 Dazu näher OFD Köln v. 17.8.1994, DB 1994, 1899; OFD Düsseldorf v. 3.1.2000, GmbH-Stpr. 2000, 269.
9 OLG Düsseldorf v. 15.2.2008 - I 17 U 103/07, MDR 2008, 790.
10 Zumindest vGA prüfen wollen OFD Köln v. 17.8.1994, DB 1994, 1899; OFD Düsseldorf v. 3.1.2000, GmbH-Stpr. 2000, 269.

Köln[1] davon aus, dass wegen der angenommenen Sozialversicherungspflicht die Leistung an die Sozialversicherung im Anstellungs- und nicht im Gesellschaftsverhältnis begründet lag und daher anzunehmen ist, dass bei Kenntnis der Sozialversicherungsfreiheit des Geschäftsführers entsprechend höhere Bruttolöhne gezahlt worden wären. Daher kann dann auch die Weiterleitung der erstatteten Beiträge keine vGA darstellen. Die Finanzverwaltung ist jedoch anderer Auffassung, daher sollte die Verpflichtung zur Weiterleitung von erstatteten Beiträgen von vornherein in den Arbeitsvertrag aufgenommen werden.[2]

f) Urlaubsabgeltung

3065 Es besteht die Möglichkeit, den aus betrieblichen Gründen nicht genommenen Urlaub dem Geschäftsführer zu entgelten. Dazu muss nur der Urlaubsanspruch eindeutig und klar geregelt sein, die Möglichkeit der Abgeltung muss jedoch nicht im Arbeitsvertrag vereinbart sein.[3] Kann der Urlaub aus betrieblichen Gründen nicht in Anspruch genommen werden, wandelt sich der Urlaubsanspruch eines Geschäftsführers vielmehr automatisch in einen Zahlungsanspruch um.[4] Der BFH billigt den Geschäftsführern bei der Einschätzung dieser betrieblichen Gründe einen Ermessensspielraum zu.[5] Anerkannt wurde z. B. ein hoher Arbeitsanfall, der im Gerichtsverfahren nachträglich auch durch entsprechend erhöhte Umsatzzahlen belegt werden konnte. Eine betriebliche Erwägung sei es aber auch, wenn alle drei Gesellschafter-Geschäftsführer gleichzeitig in Urlaub gehen wollten und sich dazu keine Gelegenheit fand.[6]

3066 Das arbeitsrechtliche Verbot von Urlaubsabgeltungen gem. § 7 Abs. 4 BUrlG ist in einem solchen Fall bei Geschäftsführern nicht wirksam.[7] Bei normalen Angestellten ist das Verbot des § 7 Abs. 4 BUrlG allerdings wirksam und unabdingbar. Es führt zur zivilrechtlichen Nichtigkeit der Vereinbarung über die Urlaubsabgeltung.[8] Gegen die Urlaubsabfindung spreche auch nicht, dass der BFH Überstundenvergütungen bei Gesellschafter-Geschäftsführern generell als vGA ansieht. Die Urlaubsabgeltung sei aber keine Arbeitszeitregelung. Zudem sei der Urlaubsanspruch ein Teil der Vergütung, mit der Abgeltung ändere sich lediglich die Form der Vergütung, es werde aber anders als bei der Überstundenvergütung keine zusätzliche Vergütung gewährt.[9]

3067 Der Urlaubsanspruch verfällt im Allgemeinen erst zum 31. 3. des Folgejahres. Ist aber bereits Anfang Dezember erkennbar, dass der Urlaub nicht angetreten werden kann, so bestehen

---

1 FG Köln, Urteil v. 21. 11. 1989 - 13 K 3489/87, rkr., EFG 1990, 383.
2 Vgl. dazu *Janssen*, vGA, 10. Aufl. 2010, Mustervertrag § 7 Abs. 2, Rz. 1128.
3 BFH, Urteile v. 8. 1. 1969 - I R 21/68, BStBl 1969 II 327; v. 10. 1. 1973 - I R 119/70, BStBl 1973 II 322; v. 28. 1. 2004 - I R 50/03, BStBl 2005 II 524.
4 BFH, Urteile v. 8. 1. 1969 - I R 21/68, BStBl 1969 II 327; v. 10. 1. 1973 - I R 119/70, BStBl 1973 II 322; v. 28. 1. 2004 - I R 50/03, BStBl 2005 II 524; v. 6. 10. 2006 - I B 28/06, BFH/NV 2006, 275 = NWB ZAAAC-31811; BGH, Urteil v. 3. 12. 1962 - II ZR 201/61, NJW 1963, 535; OLG Düsseldorf v. 23. 12. 1999 - 6 U 119/99, GmbHR 2000, 278.
5 BFH, Urteile v. 10. 1. 1973 - I R 119/70, BStBl 1973 II 322; v. 28. 1. 2004 - I R 50/03, BStBl 2005 II 524.
6 So die Vorinstanz FG Köln, Urteil v. 25. 9. 2002 - 13 K 4947/01, EFG 2003, 1499, vom BFH in der Revision nicht beanstandet, vgl. BFH, Urteil v. 28. 1. 2004 - I R 50/03, BStBl 2005 II 524.
7 BFH, Urteile v. 8. 1. 1969 - I R 21/68, BStBl 1969 II 327; v. 10. 1. 1973 - I R 119/70, BStBl 1973 II 322; v. 28. 1. 2004 - I R 50/03, BStBl 2005 II 524; v. 13. 6. 2006 - I B 28/06, BFH/NV 2006, 275 = NWB ZAAAC-31811; BGH, Urteil v. 3. 12. 1962 - II ZR 201/61, NJW 1963, 535; OLG Düsseldorf v. 23. 12. 1999 - 6 U 119/99, GmbHR 2000, 278; Gleiches dürfte auch für die Entscheidung des EuGH, Urteil v. 6. 4. 2006 - Rs. C-124/05 zu diesem Thema gelten.
8 BAG, Urteil v. 10. 2. 1987 - 8 AZR 529/84, DB 1987, 1693.
9 BFH, Urteil v. 28. 1. 2004 - I R 50/03, BStBl 2005 II 524.

nach der Rechtsprechung des BFH keine Einwendung dagegen, wenn der Betrieb sich die Arbeitsleistung des Arbeitnehmers bereits zu diesem Zeitpunkt sichert und die Abfindung auszahlt.[1] Im Fall des BFH hatte die GmbH allerdings darlegen können, dass der Terminvorlauf ab Auftragsannahme drei – vier Monate betrug. Somit sollte im Regelfall

▶ die Möglichkeit der Urlaubsabgeltung im Anstellungsvertrag vereinbart werden,

▶ die Berechnung der Urlaubsabgeltung aus dem Vertrag zu entnehmen sein (z. B. 1/22 des monatlichen Festgehalts für einen Urlaubstag) und

▶ die Urlaubsabgeltung nicht vor Ablauf des (Urlaubs-)Jahres erfolgen.[2]

g) Lohnfortzahlung im Krankheitsfall

Da Geschäftsführer nach § 616 Satz 1 BGB nur für eine verhältnismäßig nicht erhebliche Zeit Anspruch auf Lohnfortzahlung im Krankheitsfall haben, muss auch diese klar und eindeutig im Vorhinein im Anstellungsvertrag geregelt werden. Dabei unterliegt es keinen Bedenken, wenn eine Lohnfortzahlung für einen längeren als den bei Arbeitnehmern sonst üblichen Zeitraum von sechs Wochen vereinbart wird.[3] In der Wirtschaft sind Lohnfortzahlungszeiträume von sechs – zwölf Monaten üblich.[4] Letztlich kann diese Zusage für die Gesellschaft billiger sein als die Übernahme der Versicherungsprämie für eine entsprechende Krankentagegeldversicherung. Mit diesem Betrag ist aber die Zusage bei der Berechnung der Angemessenheit des gesamten Gehalts zu berücksichtigen.

h) Private Pkw-Nutzung

Der BFH ging bislang von einem Anscheinsbeweis der Privatnutzung aus, wenn einem Arbeitnehmer ein Dienstwagen zur betrieblichen Nutzung überlassen wurde.[5] Nach der Rspr. des VIII. Senats des BFH[6] soll der Beweis des Gegenteils möglich sein, indem der Steuerpflichtige darlegt und beweist, dass für private Fahrten andere Fahrzeuge im Privatvermögen zur Verfügung stehen, die dem betrieblichen Fahrzeug in Status und Gebrauchswert vergleichbar sind und aus diesem Grunde das betriebliche Fahrzeug tatsächlich nicht privat genutzt wurde. In diesem Fall komme die 1-%-Regelung nicht zur Anwendung.

Dem tritt der VI. Senat in einer Entscheidung aus dem Jahr 2013 entgegen.[7] Danach kommt es auf den Anscheinsbeweis nicht mehr an, da die unentgeltliche oder verbilligte Überlassung eines Dienstwagens zu Privatzwecken an sich zu einem lohnsteuerlichen Nutzungsvorteil führt. Ob der Arbeitnehmer den Dienstwagen dann auch tatsächlich privat nutzt oder nicht ist unerheblich. Eine den Anscheinsbeweis widerlegende substantiierte Darlegung eines atypischen Sachverhalts ist somit nicht mehr möglich. Der VI. Senat ändert damit seine Rechtsprechung.

Bislang ging der BFH davon aus, dass die Überlassung eines Kraftfahrzeugs für berufliche Fahrten durch die Gesellschaft an den GesGf einen widerlegbaren Anscheinsbeweis dafür liefert,

---

1 BFH, Urteil v. 28. 1. 2004 - I R 50/03, BStBl 2005 II 524; a. A. noch FG Münster, Urteil v. 22. 3. 1995 - 13 K 3836/93, EFG 1996, 1116.
2 Musterformulierung dazu s. *Janssen*, vGA, 12. Aufl. 2017, Rz. 131.
3 A. A. *Hachenburg*, GmbHG § 35 Rz. 120 f.; zweifelnd auch *Mertes*, GmbH-Stpr. 2001, 149, 153. Rspr. oder Verwaltungsäußerungen dazu liegen nicht vor.
4 *Tänzer*, GmbHR 2003, 754, 756; GmbHR 2005, 1296, 1260.
5 BFH, Urteil v. 7. 11. 2006 - VI R 19/05, BStBl 2007 II 116.
6 BFH, Urteil v. 4. 12. 2012 - VIII R 42/09, BStBl 2013 II 365.
7 BFH, Urteil v. 21. 3. 2013 - VI R 31/10, BStBl 2013 II 700.

dass dieses Fahrzeug auch privat genutzt wird.[1] Nach der dargestellten Rechtsprechungsänderung[2] dürfte dies nun auch im Falle eines GesGf nicht mehr gelten, folgt man der Auffassung des VI. Senats des BFH. Die Nutzungsmöglichkeit zu Privatfahrten allein stellt bereits den steuerlichen Vorteil dar.

3071 Es muss allerdings feststehen, dass die Gesellschaft ihrem GesGf überhaupt einen Dienstwagen zur privaten Nutzung überlassen hat. Steht diese von der Finanzverwaltung zu beweisende Tatsache nicht fest, kann nach Auffassung des BFH nicht auf einen Anscheinsbeweis zurückgegriffen werden.[3] Auch ein allgemeiner Erfahrungssatz, dass ein Privatnutzungsverbot nur zum Schein ausgesprochen wurde oder durch den GesGf generell missachtet wird besteht nicht.[4] Entschieden hat dies wiederum der VI. Senat des BFH in Bezug auf einen *nicht beherrschenden GesGf*. Damit dürfte u. E. jedenfalls insoweit auch die Rspr. hinfällig sein, die eine private Nutzung annahm, wenn ein bestehendes Nutzungsverbot nicht kontrolliert wird.[5] Ein Nutzungsverbot kann nach Ansicht des FG Köln[6] durch jedes Beweismittel (auch den Zeugenbeweis) vom GesGf nachgewiesen werden, damit liegt die Beweislast für dennoch erfolgende Privatfahrten bei der Finanzverwaltung. Allerdings greift das FG dann doch wieder auf den Anscheinsbeweis zurück, so dass der Geschäftsführer letztlich zu beweisen hat, dass er keine Privatfahrten unternommen hat.[7] Auch diese Ansicht dürfte u. E. vor dem Hintergrund der neuen Rspr. das VI. Senats des BFH nicht mehr haltbar sein.

Ob diese Grundsätze auch für einen **beherrschenden GesGf** gelten erscheint allerdings zweifelhaft. So hat das FG Berlin-Brandenburg in einem aktuellen Urteil entschieden, dass die dargestellte Rspr. des VI. Senats[8] nicht auf den Fall einer vGA einer GmbH an ihren alleinigen GesGf übertragbar sei.[9] Danach bestehe eine allgemeine Lebenserfahrung, dass ein beherrschender GesGf ein ihm zur Verfügung stehendes Fahrzeug auch privat nutzt. Auch ein vertragliches Verbot einer Privatnutzung genüge nicht um eine Privatnutzung vollständig auszuschließen, so das FG. Die GmbH müsse in diesem Fall geeignete organisatorische Maßnahmen zur Sicherstellung treffen, dass Privatfahrten nicht stattfinden.

3072 Erfolgt eine Überlassung des Dienstwagens zu Privatfahrten an den GesGf, wird wie folgt unterschieden:[10]

▶ Erfolgt die Überlassung an einen **nicht beherrschenden GesGf**, so war die Überlassung nach Ansicht der Finanzverwaltung auf jeden Fall als Arbeitslohn und nicht als vGA zu werten.[11] Eine entgeltliche Überlassung außerhalb des Dienstverhältnisses sollte allen-

---

1 BFH, Urteil v. 21. 6. 2007 - V B 211/05, BFH/NV 2007, 2112 = NWB NAAAC-57778; FG Köln, Urteil v. 22. 9. 2000 - 12 K 4477/98, rkr., EFG 2000, 1375; ebenso *Briese*, GmbHR 2005, 1271; FG Brandenburg, Urteil v. 26. 10. 2005 - 2 K 1763/02, rkr., EFG 2006, 115.
2 Siehe → Rz. 3069.
3 BFH, Urteil v. 21. 3. 2013 - VI R 46/11, BStBl 2013 II 1044.
4 BFH, Urteil v. 21. 3. 2013 - VI R 46/11, BStBl 2013 II 1044.
5 BFH, Urteil v. 23. 1. 2008 - I R 8/06, BStBl 2012 II 260; FG Berlin-Brandenburg, Urteil v. 27. 6. 2007 - 12 K 8253/06 B, EFG 2007, 1731.
6 FG Köln, Urteil v. 22. 9. 2000 - 12 K 4477/98, rkr., EFG 2000, 1375.
7 BMF, Schreiben v. 28. 5. 1996, BStBl 1996 I 654, Tz. 5; BFH, Urteil v. 23. 1. 2008 - I R 8/06, BStBl 2012 II 260; FG Brandenburg, Urteil v. 26. 10. 2005 - 2 K 1763/02, rkr., EFG 2006, 115, m. w. N.
8 Siehe → Rz. 3069.
9 FG Berlin-Brandenburg, Urteil v. 3. 9. 2013 - 6 K 6154/10 rkr., EFG 2013, 1955.
10 S. dazu BFH, Urteil v. 30. 9. 2015 - I B 85/14, NWB FAAAF-46562 und mit umfassenden Beispielen *Schmitz-Herscheidt*, NWB 2016, 1429.
11 OFD Hannover v. 16. 8. 2000, NWB SAAAA-86371; OFD Frankfurt/M. v. 23. 4. 2007, NWB UAAAC-53227.

falls vorliegen, wenn das Verrechnungskonto des Gesellschafters belastet wird.[1] Nach den Grundsatzurteilen des BFH, Urteil v. 23.1.2008[2] und v. 17.7.2008[3] dürfte jetzt jedoch grundsätzlich Gleiches gelten, wie für beherrschende GesGf. Allerdings kann bei nicht beherrschenden GesGf die Annahme einer vGA durch eine nachträgliche arbeitsvertragliche Vereinbarung verhindert werden, da für diese das Rückwirkungsverbot nicht gilt.[4]

▶ Erfolgt die Überlassung an einen **beherrschenden GesGf**, muss darüber eine klare Regelung im Voraus im Arbeitsvertrag getroffen werden,

▶ Ist dem beherrschenden GesGf die Privatnutzung des Pkw verboten, so muss er den lohnsteuerlich geltenden Anscheinsbeweis für eine Privatnutzung durch ein ordnungsgemäßes Fahrtenbuch widerlegen.[5] Nach der dargestellten Rspr des FG Berlin-Brandenburg dürften diese Grundsätze in Bezug auf den beherrschenden GesGf weiterhin Gültigkeit haben.[6]

▶ Ist eine Privatnutzung erfolgt und soll diese nach lohnsteuerlichen Grundsätzen versteuert werden (1-%-Regelung oder Fahrtenbuch), so ist eine vorherige eindeutige und klare Vereinbarung über die Privatnutzung im Anstellungsvertrag erforderlich.[7] Es reicht jedoch auch eine mündliche Vereinbarung aus, wenn diese durch die tatsächlich erfolgte Umsetzung nachgewiesen werden kann, also insbesondere der Lohnsteuereinbehalt vorgenommen worden ist.[8] Wenn die Kosten der Privatnutzung für einen firmeneigenen Pkw gegenüber dem beherrschenden GesGf einer GmbH vertragsgemäß nach der 1%-Regelung abgerechnet werden sollen, so führt der Ansatz von 10% der Pkw-Kosten nach dem Urteil des FG Saarland v. 8.2.1994[9] zur Annahme einer vGA, da insoweit die klare und eindeutige Regelung nicht durchgeführt wurde und die durchgeführte Regelung nicht vereinbart war.

▶ Liegt keine Regelung im Arbeitsvertrag vor, so kann eine Nutzung betrieblicher Pkw durch beherrschende GesGf auch gegen Entrichtung eines angemessenen Entgelts für die private Pkw-Nutzung erfolgen,[10] z.B. indem die Gesellschaft das Verrechnungskonto des beherrschenden GesGf belastet.[11]

▶ Liegt eine Vereinbarung im Arbeitsvertrag oder außerhalb nicht vor und kann sie auch aus der tatsächlichen Durchführung nicht entnommen werden, oder erfolgt eine über

---

[1] OFD Hannover v. 29.6.2005, NWB WAAAB-56874; OFD Frankfurt/M. v. 23.4.2007, NWB UAAAC-53227.
[2] BFH, Urteil v. 23.1.2008 - I R 8/06, BStBl 2012 II 260.
[3] BFH, Urteil v. 17.7.2008 - I R 83/07, BFH/NV 2009, 417 = NWB JAAAD-03650.
[4] *Schlagheck*, StBp 1998, 237, 238.
[5] BFH, Urteile v. 17.7.2008 - I R 83/07, BFH/NV 2009, 417 = NWB JAAAD-03650; v. 23.1.2008 - I R 8/06, BStBl 2012 II 260, haben als Beweis für die Privatnutzung jedenfalls die mangelnde Widerlegung des lohnsteuerlichen Anscheinsbeweises ausreichen lassen.
[6] Siehe → Rz. 3069.
[7] BFH, Urteile v. 17.7.2008 - I R 83/07, BFH/NV 2009, 417 = NWB JAAAD-03650; v. 23.1.2008 - I R 8/06, BStBl 2012 II 260; OFD Frankfurt/M. v. 23.4.2007, DStR 2007, 1677, 1678.
[8] BFH, Urteil v. 24.1.1990 - I R 157/86, BStBl 1990 II 645; OFD Hannover v. 16.8.2000, NWB SAAAA-86371 und v. 29.6.2005, NWB WAAAB-56874 OFD Frankfurt/M. v. 23.4.2007, NWB UAAAC-53227; FG Niedersachsen, Urteil v. 8.9.1998 - VI 687/96, GmbHR 1999, 137; auch *Schlagheck*, StBp 1998, 237.
[9] FG Saarland, Urteil v. 8.2.1994 - 1 K 225/93, GmbHR 1994, 336 = EFG 1994, 625.
[10] BFH, Urteil v. 5.10.1977 - I R 230/75, BStBl 1978 II 234, dazu *Junge*, DStR 1998, 833; OFD Hannover v. 16.8.2000, NWB SAAAA-86371, 1827; OFD Frankfurt/M. v. 23.4.2007, NWB UAAAC-53227; auch BFH, Urteil v. 23.2.2005 - I R 70/04, BStBl 2005 II 882; FG Brandenburg, Urteil v. 26.10.2005 - 2 K 1763/02, rkr., EFG 2006, 115.
[11] OFD Hannover v. 29.6.2005, NWB WAAAB-56874; OFD Frankfurt/M. v. 23.4.2007, NWB UAAAC-53227.

die vertragliche Vereinbarung hinausgehende Nutzung oder gar eine einem ausdrücklichen Verbot widersprechende Nutzung, so liegt insoweit vGA vor.[1]

3073 Der Lohnsteuersenat des BFH ging hingegen von Arbeitslohn selbst dann aus, wenn dienstvertraglich die Nutzung des Pkw für Privatzwecke untersagt war, diese aber mangels Überwachung des Verbots durch den Arbeitgeber und mangels Fahrtenbuch dennoch zu unterstellen ist.[2] Er differenziert jetzt jedoch wie folgt:[3]

▶ Ist dem GesGf die Privatnutzung eines Pkw (arbeitsvertraglich) gestattet, so liegt stets Arbeitslohn vor.

▶ Ist die Nutzung ihm nicht gestattet, so kann die Überlassung des Pkw nicht für seine Arbeitsleistung erfolgt sein und es liegt daher vGA vor.[4]

▶ Wird aber eine unbefugte Nutzung des GesGf durch die Gesellschaft nicht unterbunden, so spricht das dafür, dass ein Nutzungsverbot nicht ernstlich gemeint ist und deswegen doch wieder Arbeitslohn vorliegt.

In den ersten beiden Punkten entspricht diese Rechtsprechung der des I. Senats, ob dieser auch die im dritten Punkt vertretene Ansicht des VI. Senats teilt, ist noch offen.

3074 Wird der Pkw auf einer Privatfahrt zerstört oder entsteht ein Schadenersatzanspruch der Gesellschaft wegen eines schuldhaft verursachten Unfalls auf einer Privatfahrt gegenüber dem GesGf, so liegt keine vGA vor, wenn die private Überlassung nach dem zuvor Dargestellten selbst keine vGA darstellt.[5] Es wäre dazu aber jedenfalls vorteilhaft, wenn die Übernahme der Unfallkosten ausdrücklich im Arbeitsvertrag erwähnt ist.[6]

3075 Für die Lohnsteuer und zur Ermittlung des Wertes dieser Nutzung zur Einrechnung in die Gesamtvergütung sind die auch anderen Arbeitnehmern gegenüber angewandten lohnsteuerlichen Grundsätze (1%-Regelung oder Fahrtenbuch) maßgebend. Liegt nach dem zuvor Dargestellten vGA vor, so wäre diese grundsätzlich mit dem Betrag anzusetzen, den die GmbH bei Vermietung am Markt erzielen könnte,[7] aus Vereinfachungsgründen kann aber auch hier auf die Bewertung nach der 1%-Regelung zurückgegriffen werden.[8] Das ist strittig. Das FG Berlin-Brandenburg hat geurteilt, dass die vGA ausschließlich nach Fremdvergleichsmaßstäben zu bewerten sei, was i. d. R. zum Ansatz des gemeinen Wertes führt und einen angemessenen Gewinnaufschlag einbezieht.[9] Bei der Bewertung nach dem Marktpreis sollen lt. BFH[10] die Mietraten eines professionellen Fahrzeugvermieters nur grobe Orientierungspunkte liefern, weil

---

1 BFH, Urteile v. 23.2.2005 - I R 70/04, BStBl 2005 II 882; v. 17.7.2008 - I R 83/07, BFH/NV 2009, 417 = NWB JAAAD-03650; v. 23.1.2008 - I R 8/06, BStBl 2012 II 260; OFD Frankfurt/M. v. 23.4.2007, NWB UAAAC-53227.
2 BFH, Urteile v. 13.4.2005 - VI B 59/04, BFH/NV 2005, 1300 = NWB SAAAB-52999; v. 19.12.2003 - VI B 281/01, BFH/NV 2004, 488 = NWB YAAAB-16313; v. 14.5.1999 - VI B 258/99, BFH/NV 2001, 1420 = NWB NAAAA-67251; a. A. (vGA) FG Brandenburg, Urteil v. 26.10.2005 - 2 K 1763/02, rkr., EFG 2006, 115; FG Köln, Urteil v. 26.3.2008 - 5 K 1599/07, rkr., EFG 2008, 1204.
3 BFH, Urteile v. 23.4.2009 - VI R 81/06, BStBl 2012 II 262; v. 23.4.2009 - VI B 118/08, BStBl 2010 II 234.
4 BFH, Urteile v. 23.1.2008 - I R 8/06, BStBl 2012 II 260; v. 21.3.2013 - VI R 46/11, BStBl 2013 II 1044.
5 *Schlagheck*, StBp, 237, 238; *Lang* Dötsch/Geiger/Klingebiel/Lang/Rupp/Wochinger, KStG, Rz. D 798 f.
6 *Lang* Dötsch/Geiger/Klingebiel/Lang/Rupp/Wochinger, KStG, Rz. D 798 f.
7 BFH, Urteil v. 23.2.2005 - I R 70/04, BStBl 2005 II 882; FG des Saarlandes, Urteil v. 5.12.2007 - 1 V 1502/07, rkr., EFG 2008, 390; *Mertes*, GmbH-Stpr. 2001, 200; OFD Frankfurt a. M. v. 21.11.2005, NWB NAAAB-73057.
8 OFD Kiel v. 2.11.1998, NWB QAAAA-85908; FinMin Hessen v. 23.12.1998 - S 2742 A - 43 - II B 3a, LX 555143; ebenso OFD Frankfurt a. M. v. 21.11.2005, NWB NAAAB-73057 und Thüringer Landesfinanzdirektion v. 26.10.2005, DStR 2006, 97 ausdrücklich auch nach BFH, Urteil v. 23.2.2005 - I R 70/04, BStBl 2005 II 882.
9 FG Berlin-Brandenburg, Urteil v. 3.9.2013 - 6 K 6154/10 rkr., EFG 2013, 1955.
10 BFH, Urteil v. 23.2.2005 - I R 70/04, BStBl 2005 II 882.

Kapitalgesellschaften im Allgemeinen keine solchen Vermieter sind. Der Nutzungsüberlassende und der Nutzungsempfänger sollten deswegen auf Kostenbasis abrechnen und sich einen Gewinnaufschlag teilen, der BFH verweist insofern auf seine Rechtsprechung zur Darlehensverzinsung.[1]

Nicht geklärt hat der BFH jedoch bisher den Umfang einer vGA. Da er nach alter Rspr. für den Beweis der Existenz einer vGA den Rückgriff auf die lohnsteuerlich entwickelten Anscheinsbeweise nicht beanstandet hat, konnte davon ausgegangen werden, dass er beim Umfang der vGA ähnlich vorgehen und regelmäßige Fahrten zwischen Wohnung und Betrieb ansetzen wird. Hier bleibt die Entwicklung abzuwarten. Im Lohnsteuerrecht existiert für weitere Privatfahrten jedoch kein Anscheinsbeweis, es wird lediglich auf die 1 %-Regelung abgestellt. Die 1 %-Regelung lehnt der BFH für das Recht der vGA jedoch ab. Daher wird das Finanzamt jeden einzelnen Privat-Kilometer nachzuweisen haben, da es die Beweislast für vGA trägt und ein Anscheinsbeweis nicht existiert. So gesehen sind die Entscheidungen des BFH von Vorteil für

▶ Geschäftsführer, die sehr nah am Betrieb wohnen oder
▶ Geschäftsführer, die einen Gebrauchtwagen verwenden, weil da die Vergleichsmieten u.U. niedriger sind als ein Ansatz auf Basis des Neuwerts.[2]

3076

i) Private Telefonnutzung, Überlassung von betrieblichen Computern und Telefonen

Wird die private Nutzung betrieblicher Telefone und die Überlassung betrieblicher Computer und Telefone auch zur privaten Nutzung im Arbeitsvertrag mit dem Gesellschafter-Geschäftsführer vereinbart, so stellen diese Vorteile Arbeitslohn dar, der jedoch gem. § 3 Nr. 45 EStG steuerfrei ist. Erfolgt die Überlassung hingegen ohne Vereinbarung liegt grundsätzlich vGA vor. Diese ließe sich u.U. unter dem Aspekt der Bagatellaufwendung für geringfügige Vorteile vermeiden.[3]

3077

j) Überstundenvergütungen

Überstundenvergütungen an Gesellschafter-Geschäftsführer stellen nach Ansicht des BFH und der Verwaltung stets vGA dar.[4] Dies dürfte, obwohl die entschiedenen Fälle beherrschende Gesellschafter-Geschäftsführer betrafen, auch für nicht beherrschende Gesellschafter-Geschäftsführer gelten.[5] Der BFH hat alle Argumente, die in der Literatur für die Geltendmachung von Überstundenvergütungen und die Steuerfreiheit gem. § 3b EStG aufgestellt wurden, abgehandelt und abgelehnt.[6] Dabei verbleibt allerdings der Eindruck, dass die Entscheidungen vom Ergebnis her aufgebaut wurden. Die Begründungen vermögen nicht zu überzeugen. Die Ver-

3078

---

1 Siehe → Rz. 3258.
2 Zur umsatzsteuerlichen Behandlung vgl. OFD Hannover v. 16.8.2000, NWB SAAAA-86371; v. 29.6.2005, NWB WAAAB-56874; auch OFD Frankfurt/M. v. 23.4.2007, NWB UAAAC-53227 und *Schlagheck*, StBp 1998, 237.
3 Unter diesem Aspekt hält *Lang* Dötsch/Geiger/Klingebiel/Lang/Rupp/Wochinger, KStG, Rz. D 822 die Kosten privater Ortsgespräche nicht für vGA.
4 BFH, Urteile v. 19.3.1997 - I R 75/96, BStBl 1997 II 577; v. 8.4.1997 - I R 66/96, BFH/NV 1997, 804 = NWB XAAAB-38964; v. 27.6.1997 - VI R 12/97, BFH/NV 1997, 849 = NWB VAAAB-39419; v. 27.3.2001 - I R 40/00, BStBl 2001 II 655; v. 3.8.2005 - I R 7/05, BFH/NV 2006, 131 = NWB EAAAB-69743; OFD Hannover v. 9.12.2005, NWB XAAAB-73755; FinMin Mecklenburg-Vorpommern v. 9.8.2005, DB 2005, 2051.
5 Vgl. auch FG Köln, Urteil v. 19.6.2001 - 13 K 5563/00, rkr., EFG 2001, 1516, 1517, welches ausdrücklich nicht auf die Sonderkriterien für beherrschende Gesellschafter-Geschäftsführer abstellt, sondern ausschließlich auf den Fremdvergleich, der auch für nicht beherrschende Gesellschafter-Geschäftsführer anzuwenden ist.
6 Zu den Argumenten im Einzelnen, vgl. *Janssen*, vGA, 12. Aufl. 2017, Rz. 31 ff.; *Prühs*, DB 1997, 2094; *Hoffmann*, DStR 1998, 313; *Pezzer*, FR 1997, 684.

mutung von *Hoffmann*[1], dass den Gesellschafter-Geschäftsführer die Vorteile des § 3b EStG vorenthalten werden sollen, ist nahe liegend.[2] Die vGA ist also nur das Vehikel für eine letztlich rechtspolitische Gestaltung des BFH, für die dieser nicht das richtige Gremium ist. Die gegen diese Rspr. eingelegte Verfassungsbeschwerde wurde jedoch nicht zur Entscheidung angenommen.[3]

3079 Immerhin hat aber auch der BFH die Anerkennung einer mit überzeugenden betrieblichen Gründen begründeten Überstundenregelung anerkannt,[4] allerdings kein Beispiel für solche Gründe benannt. Das FG Köln hält hier die Zahlung von Überstundenvergütungen an einen Fremdgeschäftsführer derselben Gesellschaft für ausreichend, nicht aber den Umstand, dass dem Geschäftsführer zuvor in einer Angestelltenposition auch schon Überstundenvergütungen gezahlt wurden.[5] Auch die Mitarbeit eines Geschäftsführers außerhalb der Ladenöffnungszeiten ist kein solcher außerbetrieblicher Grund.[6] Letztlich haben die Gerichte damit den Fremdvergleich für Überstundenvergütungen auf den sog. internen Fremdvergleich beschränkt[7] und für diesen Vergütungsteil, anders als für alle anderen Vergütungsbestandteile, den externen Fremdvergleich für unzulässig erklärt, ohne dazu eine nachvollziehbare Begründung abzugeben.

3080 Die Zahlung einer Abgeltung für Urlaubsansprüche, die aus betrieblichen Gründen nicht genommen werden konnten,[8] hält der BFH hingegen nicht für vGA. Will man also hohen Arbeitsaufwand zusätzlich berücksichtigen, so spricht nichts dagegen, für den Gesellschafter-Geschäftsführer z. B. Zehn-Wochen Urlaub pro Jahr zu vereinbaren. Kann er wegen des hohen Arbeitsanfalls nur sechs Wochen nehmen, so können vier Wochen zulässig abgegolten werden. Zudem sind auch Gehaltserhöhungen für temporäre Mehrbelastungen der Gesellschafter-Geschäftsführer möglich, sie müssen nur nachvollziehbar begründet werden können, z. B. Eröffnung einer neuen Filiale oder eines neuen Geschäftsfeldes.[9]

3081 Da die scharfe Rspr. des BFH zu Überstundenvergütungen für Gesellschafter-Geschäftsführer erst 1997 begründet wurde, ist davon auszugehen, dass solche Vergütungen vor 1997 von den Finanzämtern akzeptiert wurden. Soweit Überstundenvergütungen für diese Zeit nunmehr nachträglich bekannt werden, handelt es sich zwar um neue Tatsachen, diese sind aber nicht rechtserheblich, da sie bei rechtzeitigem Bekanntwerden nicht zu einer anderen Besteuerung geführt hätten. Eine Änderung von Steuerbescheiden für Veranlagungszeiträume vor 1997 wegen nachträglich bekannt gewordener Überstundenvergütungen nach § 173 AO ist daher nicht möglich.[10]

---

1 *Hoffmann*, DStR 1998, 313, 319.
2 Vgl. zu neueren Tendenzen insoweit sogleich bei Feiertags- und Nachtzuschlägen.
3 Vgl. BVerfG, Urteil v. 28. 3. 2002 - 1 BvR 1725/01, DStZ 2002, 448.
4 BFH, Urteile v. 19. 3. 1997 - I R 75/96, BStBl 1997 II 577; v. 8. 4. 1997 - I R 66/96, BFH/NV 1997, 804 = NWB XAAAB-38964.
5 FG Köln, Urteil v. 19. 6. 2001 - 13 K 5563/00, rkr., EFG 2001, 1516, 1517.
6 FG Hamburg, Urteil v. 29. 6. 2001 - II 202/00, rkr., EFG 2001, 1412.
7 So ausdrücklich OFD Frankfurt a. M. v. 8. 11. 2005, NWB NAAAB-71074.
8 Vgl. dazu → Rz. 3065.
9 BFH, Urteil v. 2. 2. 1994 - I R 18/93, BFH/NV 1995, 440 = NWB KAAAB-34732; auch *Lang* Dötsch/Geiger/Klingebiel/Lang/Rupp/Wochinger, KStG, Rz. D 441.
10 FG Hamburg, Urteil v. 29. 6. 2001 - II 202/00, rkr., EFG 2001, 1412.

k) Sonn-, Nacht- und Feiertagszuschläge (SNF-Zuschläge)

Zu Feiertags- und Nachtzuschlägen liegen zwei Entscheidungen des BFH vom gleichen Tage vor, bei denen man eigentlich nicht vermuten möchte, dass diese von demselben Senat stammen, so gegensätzlich fallen diese Entscheidungen aus. In beiden Entscheidungen verweist der BFH zunächst auf seine Rspr. zur Vergütung von Überstunden, die regelmäßig eine vGA darstellen soll.[1] Dies gelte in besonderem Maße, wenn die zusätzliche Vergütung nur für Arbeiten an Sonn- und Feiertagen und zur Nachtzeit gezahlt werde, da dann die Annahme gerechtfertigt ist, dass dem Gesellschafter-Geschäftsführer aus im Gesellschaftsverhältnis liegenden Gründen die in § 3b EStG vorgesehene, Steuervergünstigung verschafft werden soll.[2]

3082

An diesem Punkt endet jedoch die Gemeinsamkeit der beiden Entscheidungen. Die Zuschläge an den Minderheitsgesellschafter-Geschäftsführer einer Gaststätte sollen vGA sein.[3] Dabei sei es unerheblich, dass

3083

► die Zahlung dieser Zuschläge branchenüblich ist. Der besondere Status des Geschäftsführers unterscheide sich grundlegend von einem anderen Arbeitnehmer, daher seien deren Verhältnisse in der Branche unmaßgeblich.

► der Geschäftsführer diese Zuschläge auch erhalten habe, als er noch als Angestellter in demselben Lokal arbeitete, bevor er in die Geschäftsführung wechselte – dies soll aus den vorgenannten Gründen ebenfalls unmaßgeblich sein.

► die Arbeitsleistung zu den betreffenden Zeiten betriebsnotwendig gewesen sei. Dies ändere nichts daran, dass der Geschäftsführer weisungsfrei sei und das gelte auch, wenn keine Möglichkeit bestand, die eigene Arbeit auf zuschlagsfreie Zeiten zu beschränken.

► das Lokal zu einer Unternehmensgruppe gehöre, in der die angewandte Vergütungsstruktur einheitlich verwendet werde. Dies sei jedenfalls dann unerheblich, wenn alle Lokale von Gesellschafter-Geschäftsführern geleitet würden, da dann nicht auszuschließen sei, dass diese durch die Regelung begünstigt werden sollten. Es ist dem Urteil allerdings nicht zu entnehmen, dass das FG festgestellt hätte, dass alle Restaurants von Gesellschafter-Geschäftsführern geführt werden.

In einer früheren Entscheidung führte der BFH bereits aus, dass Gesellschafter-Geschäftsführer diese Zuschläge nicht als Ersatz für eine Tantieme erhalten können.[4]

3084

Nach dem zweiten Urteil vom gleichen Tage sollen die an den beherrschenden Gesellschafter-Geschäftsführer einer Tankstelle gezahlten Zuschläge keine vGA sein,[5] weil

3085

► im Betrieb auch noch Schichtleiter beschäftigt waren, die in etwa dieselbe Tätigkeit ausführten wie der Gesellschafter-Geschäftsführer und dafür eine etwa gleich hohe Vergütung erhielten und eben auch die Zuschläge für Sonn-, Feiertags- und Nachtarbeit.

► die dem Gesellschafter-Geschäftsführer obliegende Arbeit nur durch die Schichtleiter hätte übernommen werden können und dann auch die Zuschläge fällig gewesen wären.

---

1 BFH, Urteile v. 14.7.2004 - I R 111/03, BStBl 2005 II 307; v. 14.7.2004 - I R 24/04, BFH/NV 2005, 247 = NWB JAAAB-40242.
2 BFH, Urteile v. 14.7.2004 - I R 111/03, BStBl 2005 II 307; v. 14.7.2004 - I R 24/04, BFH/NV 2005, 247 = NWB JAAAB-40242; v. 3.8.2005 - I R 7/05, BFH/NV 2006, 131 = NWB EAAAB-69743.
3 BFH, Urteil v. 14.7.2004 - I R 24/04, BFH/NV 2005, 247 = NWB JAAAB-40242.
4 BFH, Urteil v. 19.7.2001 - I B 14/00, BFH/NV 2001, 1608 = NWB CAAAA-66650.
5 BFH, Urteil v. 14.7.2004 - I R 111/03, BStBl 2005 II 307.

Daher war es unerheblich, dass der Geschäftsführer, anders als die Schichtleiter, keiner Weisungsbefugnis unterlag.

3086 Aufgrund dieses internen Vergleichs könne eine vGA auch dann nicht angenommen werden, wenn die Vergütung im allgemeinen Wirtschaftsleben unüblich ist oder aus anderen Gründen regelmäßig zur vGA führe.[1] Daher wurde in einem weiteren Urteil[2] die Zahlung von Sonn- und Feiertagszuschlägen in einem Gerüstbaubetrieb an einen Gesellschafter-Geschäftsführer als betrieblich veranlasst anerkannt, weil

- bei anderen Arbeitnehmern ebenso verfahren wurde – der Gesellschafter-Geschäftsführer hatte keine typische Geschäftsführungsarbeit erbracht, sondern die Gerüstbauarbeit, die auch die Arbeitnehmer erbrachten,

- der tatsächliche Arbeitseinsatz klar belegt werden konnte – dies war unproblematisch, da auch gegenüber dem Kunden nach Stunden abgerechnet wurde und deswegen entsprechende Regieberichte gefertigt wurden und

- für den besonderen Arbeitseinsatz nicht bereits eine anderweitige erfolgsabhängige Vergütung wie z. B. eine Tantieme gezahlt wurde.

3087 Wendet man diese Grundsätze auf den ersten entschiedenen Fall an, so hätte auch dort keine vGA vorgelegen. Ein innerbetrieblicher Fremdvergleich kann nämlich nicht nur durch Vergleich mit anderen Arbeitnehmern, die nicht Gesellschafter sind, geführt werden, sondern auch mit der eigenen, unveränderten Position des Geschäftsführers aus der Zeit, in der er noch nicht Arbeitnehmer war. Dies wird z. B. auch bei der Probezeit für Pensionszusagen akzeptiert.[3] Die offensichtliche Divergenz zwischen beiden Urteilen wird vom BFH in keiner der beiden Entscheidungen aufgegriffen. Sie rührt letztlich daher, dass der BFH davon ausgeht, dass die Entscheidung der Frage Tatsachenfrage ist und daher dem Finanzgericht obliegt. In beiden Fällen seien aber keine Denkgesetze verletzt worden, so dass die Entscheidung nicht vom BFH aufgehoben werden könne. Mit einer solchen Argumentation drückt sich der BFH vor seiner Aufgabe, die Einheitlichkeit der Rspr. zu sichern. Nach dem Urteil v. 13. 12. 2006[4] sollen die Grundsätze der vorgenannten Entscheidungen im Einzelfall sogar für Gesellschafter gelten, die nur leitende Angestellte sind, obwohl diese gerade nicht den besonderen Status eines Geschäftsführers inne haben.

3088 Das BMF hat im Rahmen einer Übergangsregelung die Rspr., nach der Gesellschafter-Geschäftsführer keine steuerfreien Zuschläge nach § 3b EStG erhalten können, für Zeiträume vor dem 1. 1. 1998 als nicht anwendbar angesehen.[5] An diese Billigkeitsregelung sind die Gerichte gebunden. Es liegen daher keine vGA vor; soweit die Voraussetzungen des § 3b EStG gegeben sind, ist auch die Steuerfreiheit zu gewähren.[6]

3089 Auch nach Ergehen des vorgenannten Tankstellen-Urteils bleibt die Finanzverwaltung aber dabei, dass bei Vergütungen für Sonn-, Feiertags- und Nachtarbeit von der – widerlegbaren –

---

1 Auch BFH, Urteil v. 3. 8. 2005 - I R 7/05, BFH/NV 2006, 131 = NWB EAAAB-69743.
2 BFH, Urteil v. 3. 8. 2005 - I R 7/05, BFH/NV 2006, 131 = NWB EAAAB-69743.
3 Vgl. → Rz. 3641.
4 BFH, Urteil v. 13. 12. 2006 - VIII R 31/05, BStBl 2007 II 393.
5 BMF, Schreiben v. 28. 9. 1998, BStBl 1998 I 1194; OFD Frankfurt a. M. v. 8. 11. 2005, NWB NAAAB-71074.
6 Vgl. BFH, Urteil v. 16. 3. 2004 - VIII R 33/02, BStBl 2004 II 927.

Vermutung auszugehen ist, dass es sich um vGA handelt.[1] Arbeitslohn und damit auch die Voraussetzungen des § 3b EStG soll anzunehmen sein,[2] wenn gesellschaftsfremde Arbeitnehmer
► eine mit dem Gesellschafter-Geschäftsführer vergleichbare Leitungsfunktion haben und
► eine Vergütung erhalten, die sich in derselben Größenordnung bewegt wie die Gesamtbezüge des Gesellschafter-Geschäftsführers.

Die OFD Frankfurt a. M.[3] verlangt zusätzlich, dass   3090
► der Gesellschafter-Geschäftsführer neben den Zuschlägen keine Tantieme erhält,
► sein Arbeitseinsatz klar belegt werden kann,
► eine solche Regelung im allgemeinen Wirtschaftsleben nicht unüblich ist und
► keine anderen Gründe für vGA vorliegen.

Diese Grundsätze gelten für beherrschende und Minderheitsgesellschafter-Geschäftsführer gleichermaßen.[4]

Im Ergebnis wird die Anerkennung der Vereinbarung von Sonn-, Feiertags- und Nachtzuschlägen letztlich von einem verschärften internen Drittvergleich abhängig gemacht.[5] Es ist nicht ersichtlich und wird auch nicht begründet, warum hier ein externer oder hypothetischer Fremdvergleich auf einmal ausgeschlossen wird.   3091

Von den FG liegt folgende Entscheidung vor: 3092

Nach FG Baden-Württemberg[6] ist der interne Drittvergleich für diese Fälle grundsätzlich ungeeignet, da die Vereinbarung von SNF-Zuschlägen mit anderen Arbeitnehmern nur bedeute, dass GmbH und Arbeitnehmer sich einig sind, von der Regelung des § 3b EStG Gebrauch zu machen. Dies gelte jedenfalls dann, wenn die Zuschläge der Höhe nach auf einen festen Betrag begrenzt (gedeckelt) werden und dieser Betrag schon bei Wahrnehmung der vertraglich übernommenen Pflichten regelmäßig erreicht oder überschritten wird. Dann fehle nämlich der Interessengegensatz zwischen Arbeitnehmer und Arbeitgeber, der sonst den Wert des Drittvergleichs ausmache. Daher könne ein solcher Drittvergleich die aus der Aufgabenstellung des Geschäftsführers abgeleitete grundsätzliche Vermutung für vGA in diesen Fällen nicht widerlegen.

l) Überlassung einer Wohnung

Überlässt die Gesellschaft dem Gesellschafter-Geschäftsführer als Sachbezug eine Wohnung, so ist dieser Sachbezug gem. § 8 Abs. 2 EStG grundsätzlich mit der Marktmiete zu bewerten.[7] Dieser Ansatz ist aufgrund der gesetzlichen Pauschalierung zwingend, auch wenn sich daraus   3093

---

1 OFD Hannover v. 9.12.2005, NWB XAAAB-73755; OFD Düsseldorf/Münster v. 7.7.2005, NWB PAAAB-56444; FinMin Mecklenburg-Vorpommern v. 9.8.2005, DStR 2005, 1531; auch OFD Frankfurt a.M. v. 8.11.2005, NWB NAAAB-71074.
2 OFD Düsseldorf/Münster v. 7.7.2005, NWB PAAAB-56444.
3 OFD Frankfurt am Main v. 8.11.2005, NWB NAAAB-71074.
4 OFD Düsseldorf/Münster v. 7.7.2005, NWB PAAAB-56444.
5 So auch ausdrücklich FinMin Mecklenburg-Vorpommern v. 9.8.2005, DStR 2005, 1531; OFD Düsseldorf/Münster v. 7.7.2005, NWB PAAAB-56444; OFD Frankfurt a.M. v. 8.11.2005, NWB NAAAB-71074; ähnlich auch BFH, Urteil v. 3.8.2005 - I R 7/05, BFH/NV 2006, 131 = NWB EAAAB-69743.
6 FG Baden-Württemberg, Urteil v. 23.11.2005 - 3 K 22/03, rkr., EFG 2006, 438.
7 BFH, Urteil v. 17.8.2005 - IX R 10/05, BB 2005, 2670 = NWB QAAAB-70237; *Drenseck* Schmidt, EStG, § 8 Rz. 72, KKB/Wünnemann, § 8 EStG Rz. 138 ff.; a.A. FG Köln, Urteil v. 22.1.2015 - 10 K 3204/12, Rev. erledigt durch BFH v. 27.7.2016 - I R 12/15, BStBl 2017 II 217 und I R 71/15, NWB QAAAF-85885, das sich generell für Kostenmiete ausspricht.

für den Gesellschafter-Geschäftsführer ein erheblicher Vorteil ergibt.[1] Dazu sollte die Wohnungsüberlassung jedoch möglichst im Arbeitsvertrag geregelt werden. Für die Vermietung außerhalb des Arbeitsverhältnisses hat der BFH nämlich erheblich strengere Maßstäbe aufgestellt.[2]

3094 Die angemessene, also ortsübliche Miete ist die Marktmiete, die sich oft aus Mietspiegeln[3] oder Vermietungsanzeigen für ähnlich ausgestattete Objekte entnehmen lässt. Dabei ist dann auch ein Wert am untersten Ende der Bandbreite des Mietspiegels die ortsübliche Miete.[4] Die Feststellung des angemessenen Mietwerts kann aber schwierig sein, wenn der Gesellschafter-Geschäftsführer ein Einfamilienhaus bewohnt, welches auf seinen Wunsch mit einem über das übliche Maß hinausgehenden Sonderaufwand besonders gestaltet oder ausgestattet wurde. Nach der Auffassung des BFH[5] ist in diesen Fällen die Kostenmiete (Kapitalverzinsung 4 – 5 %, Wertverzehr-AfA und laufende öffentliche Lasten), u. U. gemindert um die vom Mieter getragenen Reparatur- und andere Kosten und ein Abschlag für das Repräsentationsbedürfnis der GmbH anzusetzen. An die besondere Gestaltung oder Ausstattung, die den Ansatz der Kostenmiete begründet, stellt der Senat im Urteil v. 21.2.1995[6] strengere Anforderungen als in seinem Urteil v. 21.1.1986.[7] Die Kostenmiete ist danach anzusetzen, wenn zu dem Wohnhaus eine Schwimmhalle gehört oder wenn die privat genutzte nach der II. BVO ermittelte Wohnfläche der selbstgenutzten Wohnung 250 qm überschreitet. Im Übrigen ist die Kostenmiete nur dann anzusetzen, wenn aufgrund anderer gewichtiger Gestaltungs- oder Ausstattungsmerkmale offensichtlich ist, dass die im jeweiligen Veranlagungszeitraum am Wohnungsmarkt höchstens erzielbare Miete nicht dem Gebrauchswert entspricht. Hohe Anschaffungs- oder Herstellungskosten reichen jedoch für sich allein noch nicht aus, um den Ansatz der Kostenmiete zu begründen. Diese Kosten müssen vielmehr im Einzelfall ihren Niederschlag in einer besonders aufwändigen Ausgestaltung oder Ausstattung gefunden haben, wie im BFH, Urteil v. 22.10.1993[8] unter Abweichung von der bisherigen Rspr. näher umschrieben ist. Im Schreiben v. 20.2.1995[9] nimmt das BMF zum BFH, Urteil v. 22.10.1993 Stellung und führt im Einzelnen aus, unter welchen Voraussetzungen die Kostenmiete anzusetzen ist. Weist das Wohngrundstück, in dem sich die eigengenutzte Wohnung befindet, nicht die nach den vorstehenden Grundsätzen maßgeblichen Gestaltungs- oder Ausstattungsmerkmale auf, so ist stets die Marktmiete als Mietwert anzusetzen.

m) Zinsverbilligung bei Arbeitgeberdarlehen

3095 Wird einem Gesellschafter-Geschäftsführer von der Gesellschaft eine Zinsverbilligung für ein Darlehen gewährt, so kann dieses auf dem Gesellschafts- oder auf dem Arbeitsverhältnis beruhen. Ein durch das Arbeitsverhältnis verursachtes Darlehen wird angenommen, wenn die Gewährung des Darlehens im Anstellungsvertrag vereinbart worden ist oder wenn entsprechen-

---

1 *Paus*, GmbHR 2005, 1600; auch BFH, Urteil v. 17.8.2005 - IX R 10/05, BStBl 2006 II 71.
2 Vgl. dazu → Rz. 3543.
3 BFH, Urteil v. 17.8.2005 - IX R 10/05, BStBl 2006 II 71.
4 BFH, Urteil v. 17.8.2005 - IX R 10/05, BStBl 2006 II 71.
5 BFH, Urteile v. 21.2.1995 - IX R 41/94, BStBl 1995 II 381; v. 22.10.1993 - IX R 35/92, BStBl 1995 II 98; v. 8.3.1968 - VI R 175/66, BStBl 1968 II 435; v. 10.1.1973 - I R 119/70, BStBl 1973 II 322; v. 6.4.1977 - I R 86/75, BStBl 1977 II 569.
6 BFH, Urteil v. 21.2.1995 - IX R 41/94, BStBl 1995 II 381.
7 BFH, Urteil v. 21.1.1986 - IX R 7/79, BStBl 1986 II 394.
8 BFH, Urteil v. 22.10.1993 - IX R 35/92, BStBl 1995 II 98.
9 BMF, Schreiben v. 20.2.1995, BStBl 1995 I 150.

de Darlehen allen Arbeitnehmern des Betriebes, also nicht allein dem Gesellschafter-Geschäftsführer angeboten wurden.[1] Nachdem die Regelung zur (teilweisen) Steuerfreiheit durch § 3 Nr. 68 EStG mit Wirkung ab VZ 2000 aufgehoben wurde, ist ein dabei erlangter Zinsvorteil der Lohnsteuer zu unterwerfen. Dies gilt aber aus Vereinfachungsgründen nur für den Unterschiedsbetrag des vereinbarten Zinses zu einem Zins von 5,5 %.[2] Nach Ansicht der Finanzgerichte ist jedoch kein Vorteil zu versteuern, wenn der vom Arbeitnehmer verlangte Zins dem bei Ausreichung des Darlehens marktüblichen Zinssatz entsprach, auch wenn dieser unter 5,5 % liegt.[3] Dabei darf der Zinssatz am untersten Rand der Streubreite im Markt orientiert werden.[4] Zusätzlich fallen die Zinsvorteile unter § 8 Abs. 3 EStG und sind daher bis zu 1 080 € steuerfrei, soweit dieser Freibetrag noch nicht durch andere Sachbezüge ausgeschöpft wurde. Die Regelung aus R 31 Abs. 11 LStR (bis 2008) ist auf Darlehen aus gesellschaftsrechtlichem Anlass nicht übertragbar, so ausdrücklich Niedersächsisches FG, Urteil v. 8. 9. 1998.[5]

n) Aufwendungsersatz

Besteht ein gesetzlicher Anspruch auf Aufwendungsersatz, ist die Erfüllung dieses Anspruchs durch die Gesellschaft bei einem nicht beherrschenden Gesellschafter keine vGA.[6] Ferner Niedersächsisches FG,[7] das Erstattung von Reisekosten an eine Minderheitsgesellschafterin ohne Vorliegen eines Anstellungsvertrags lediglich aufgrund eines Einvernehmens als ausreichend für den Betriebsausgabenabzug ansieht. 3096

Bei einem beherrschenden Gesellschafter-Geschäftsführer müssen dagegen auch Aufwendungsersatzansprüche grundsätzlich eindeutig und klar im Vorhinein vereinbart werden.[8] Dies gilt insbesondere dann, wenn der Aufwendungsersatz ohne Einzelnachweis erfolgt, soweit es sich nicht um den Ersatz von überraschenden oder von Bagatellaufwendungen handelt[9] oder um Aufwendungen die ihrer Art nach üblich sind.[10] Ist aber durch einen Dienstvertrag zumindest geklärt, dass der beherrschende Gesellschafter-Geschäftsführer seine Dienste auf schuldrechtlicher, nicht gesellschaftsrechtlicher Basis erbringt, so gilt für ihn Gleiches wie für den Minderheitsgesellschafter-Geschäftsführer.[11] 3097

---

1 OFD Kiel v. 9. 6. 1999, BB 1999, 1476; OFD Hannover v. 2. 11. 1998, NWB WAAAA-85901.
2 So bis 2008 R 31 Abs. 11 Satz 3 LStR.
3 Hypothekendarlehen in 1999 für 10 Jahre zu 4,99 %: FG Köln, Urteil v. 10. 3. 2005 - 10 K 999/01, NWB BAAAB-52503; BFH, Urteil v. 4. 5. 2006 - VI R 28/05, BStBl 2006 II 781 (Umschuldung eines Arbeitgeberdarlehens aus 1994 zu 6,5); Hypothekendarlehen in 1999 für 10 Jahre zu 4,8 %: FG Hamburg, Urteil v. 10. 2. 2005 - V 280/01, rkr., NWB CAAAB-52491.
4 FG Hamburg, Urteil v. 10. 2. 2005 - V 280/01, rkr., NWB CAAAB-52491.
5 Niedersächsisches FG, Urteil v. 8. 9. 1998 - VI 40/95, rkr., EFG 1999, 47.
6 BFH, Urteil v. 16. 12. 1987 - I R 222/83, BFH/NV 1989, 103 = NWB UAAAB-29640.
7 Niedersächsisches FG, Urteil v. 15. 3. 1994 - VI 865/90, GmbHR 1995, 74.
8 BFH, Urteile v. 3. 11. 1976 - I R 98/75, BStBl 1977 II 172; v. 2. 3. 1988 - I R 63/82, BStBl 1988 II 590; v. 15. 10. 1997 - I R 19/97, BFH/NV 1998, 746 = NWB FAAAB-38944; v. 5. 10. 2004 - VIII R 9/03, BFH/NV 2005, 526 = NWB MAAAB-40857.
9 BFH, Urteile v. 19. 10. 1965 - I 88/63 U, BStBl 1966 III 72; v. 5. 10. 2004 - VIII R 9/03, BFH/NV 2005, 526 = NWB MAAAB-40857.
10 BFH, Urteil v. 5. 10. 2004 - VIII R 9/03, BFH/NV 2005, 526 = NWB MAAAB-40857.
11 BFH, Urteile v. 21. 7. 1982 - I R 56/78, BStBl 1982 II 761; v. 28. 10. 1987 - I R 110/83, BStBl 1988 II 301; v. 25. 10. 1995 - I R 9/95, BStBl 1997 II 703; v. 30. 7. 1997 - I R 65/95, BStBl 1998 II 402; die Urteile des BFH v. 13. 12. 1960 - I 88/60 U, BStBl 1961 III 68; v. 7. 7. 1976 - I R 180/74, BStBl 1976 II 753, betr. Repräsentationsaufwand; v. 19. 10. 1965 - I 88/63 U, BStBl 1966 III 72, betr. Reisekosten; v. 3. 11. 1976 - I R 98/75, BStBl 1977 II 172, betr. Pkw-Reparatur u. Miete, die auch bei gesetzlichem Anspruch eine vorherige Vereinbarung verlangten, sind daher überholt, nach BFH, Urteil v. 2. 9. 2005 - I B 227/04, BFH/NV 2006, 132 = NWB PAAAB-69735 ist die Frage offen.

Nach dem Urteil des FG Niedersachsen v. 29.6.1999 sind daher Reisekostenerstattungen auch gegenüber dem beherrschenden GesGf ohne vorherige Vereinbarung als Betriebsausgaben anzusehen, da die Erstattung solcher Kosten allgemein üblich ist und einem angestellten Geschäftsführer ebenfalls ohne vorherige Vereinbarung gewährt worden wäre.[1] Da diese Erstattungen nicht der Sicherung des Lebensunterhalts dienen, ist im Einzelfall auch eine verspätete Auszahlung unschädlich und begründet keine Zweifel an der tatsächlichen Durchführung einer Fahrtkostenerstattung.[2]

Diese Überlegungen sind zutreffend. Der Fremdvergleich für die Annahme einer vGA muss letztlich dadurch geführt werden, dass das Gesellschaftsverhältnis hinweggedacht wird, während alle übrigen Beziehungen bestehen bleiben.[3] Dann besteht in der Tat noch die Anstellung als Geschäftsführer, die als Rechtsgrund der Erstattung auch gegenüber Geschäftsführern ausreicht, die nicht zugleich Gesellschafter sind. Fahrten zwischen Einfamilienhaus und einer Betriebsstätte (Beschäftigungsstätte) einer Steuerberatungsgesellschaft sind nach Ansicht desselben Gerichts aber lediglich als Fahrten zwischen Wohnung und Betriebsstätte (Beschäftigungsstätte) anzusehen. Gleichwohl nach Dienstreisegrundsätzen gewährte Reisekostenvergütungen sind als vGA anzusehen.[4]

Zu Auslandsreisen und Incentivereisen s. Stichwort: Reisen.

o) Kündigung

3098 Nach einer Entscheidung des FG Sachsen-Anhalt[5] soll eine vGA in Höhe der Gesamtausstattung des Gesellschafter-Geschäftsführers vorliegen, wenn die Gesellschaft in seinem Anstellungsvertrag auf die Möglichkeit der ordentlichen Kündigung verzichtet hat. Leider sind Sachverhalt und Begründung der Entscheidung äußerst knapp gehalten.

3099 Sicherlich spricht eine Menge dafür, dass der Ausschluss der normalen Kündigungsmöglichkeit (lt. Vertrag konnte die Gesellschaft nur außerordentlich kündigen) im Gesellschaftsverhältnis liegt. Das muss allerdings näher untersucht werden, der Sachverhalt des Urteils gibt dazu leider nichts her, so dass offen bleibt, wie der entschiedene Fall lag. Sinn macht der Ausschluss der ordentlichen Kündigungsmöglichkeit eigentlich nur bei dem Anstellungsvertrag eines Minderheitsgesellschafter-Geschäftsführers, der beherrschende Gesellschafter-Geschäftsführer kann allein über seine Mehrheit in der Gesellschafterversammlung sicherstellen, dass er nicht entlassen wird. Erhält aber ein Minderheitsgesellschafter-Geschäftsführer so eine Klausel, so hat dem mindestens ein weiterer Gesellschafter zugestimmt. Ist dieser ein fremder Dritter, so wäre der Drittvergleich wohl bestanden und der Ausschluss der Kündigungsmöglichkeit nicht zu beanstanden.

---

1 Niedersächsisches FG, Urteil v. 29.6.1999 - VI 110/97, EFG 2000, 235, rkr., unter Bezugnahme u. a. auf BFH, Urteil v. 21.8.1962, HFR 1962, 339; anders allerdings BFH, Urteil v. 19.10.1965 - I 88/63 U, BStBl 1966 III 72; ebenso Niedersächsisches FG, Urteil v. 26.11.2002 - 6 K 302/00, EFG 2003, 1196. Nach FG des Saarlandes, Urteil v. 7.8.2002 - 1 K 289/00, rkr., EFG 2003, 117 ist dazu jedoch zumindest der Nachweis der Reisekosten durch entsprechende Abrechnungen erforderlich, ebenso BFH, Urteil v. 2.9.2005 - I B 227/04, BFH/NV 2006, 132 = NWB PAAAB-69735.

2 Niedersächsisches FG, Urteil v. 26.11.2002 - 6 K 302/00, EFG 2003, 1196.

3 BFH, Urteil v. 15.10.1997 - I R 80/96, BFH/NV 1998, 624 = NWB LAAAB-38968; FG Hamburg, Urteil v. 18.11.1998 - II 135/96, EFG 1999, 727, insoweit nicht Gegenstand der Revision BFH, Urteil v. 27.3.2001 - I R 27/99, BStBl 2002 II 111.

4 Niedersächsisches FG, Urteil v. 18.8.1992 - VI 369/89, GmbHR 1993, 754.

5 FG Sachsen-Anhalt, Urteil v. 11.12.2008 - 3 K 1035/08, rkr., EFG 2009, 1149; zuvor bereits AdV-Beschluss v. 4.3.2008 - 3 V 808/07, rkr., EFG 2008, 884.

Selbst wenn aber diese Klausel eindeutig im Gesellschaftsverhältnis veranlasst ist, so muss zur Annahme einer vGA nicht die Kündigungsmöglichkeit im Gesellschaftsverhältnis veranlasst sein, sondern die Vermögensminderung. Die Vermögensminderung findet in Form der Gehaltszahlung statt. Sie ist aber regelmäßig durch die Arbeitsleistung des Gesellschafter-Geschäftsführers veranlasst und nicht durch den Ausschluss der Kündigung und damit nicht durch das Gesellschaftsverhältnis. Eindeutig anders ist es, wenn die Gesellschafter sich von dem Geschäftsführer trennen wollen und ihn freigestellt haben, das Gehalt aber wegen des Kündigungsausschlusses dennoch weiterzahlen müssen. Ob ein solcher Fall vorlag, ist dem Sachverhalt des FG-Urteils nicht zu entnehmen – nur dann wäre es jedoch zutreffend.

Zahlt die Gesellschaft ihrem Gesellschafter-Geschäftsführer eine Tätigkeitsvergütung, obwohl sie ihre Geschäfte bereits eingestellt hat, so liegt darin – unabhängig vom Grund der Einstellung der Tätigkeit der GmbH – keine vGA, wenn sie die Vergütung auch gegenüber einem fremden Dritten weiter bezahlen müsste.[1] Dies kann beispielsweise der Fall sein, wenn eine Entlassung des Geschäftsführers (noch) nicht möglich ist, da der Anstellungsvertrag eine längere Kündigungsfrist vorsieht oder weil eine baldige Wiederaufnahme der Geschäfte geplant ist und der Geschäftsführer dafür benötigt wird.

p) Durchführung des Vertrages

Auch wenn die Vergütungsvereinbarung der Gesellschaft mit ihrem Gesellschafter-Geschäftsführer in jeder Hinsicht angemessen ist, liegt dennoch eine vGA vor, wenn diese Vereinbarung nicht tatsächlich durchgeführt worden ist.[2] Dieser Grundsatz gilt jedoch nur dann, wenn das Fehlen der tatsächlichen Durchführung darauf schließen lässt, dass die von vornherein abgeschlossene Vereinbarung lediglich die Unentgeltlichkeit der Leistung des Gesellschafters verdecken soll.[3] Zumindest die Hauptpflichten aus der abgeschlossenen Vereinbarung müssen daher auch erfüllt werden,[4] also muss:

- die Tätigkeit tatsächlich ausgeübt werden,
- die Vergütungen durch die Gesellschaft tatsächlich und fristgerecht bezahlt und
- Lohnsteuer (und ggf. Sozialversicherung) müssen einbehalten und abgeführt werden.

Sind diese Merkmale nur zeitweise erfüllt, so ist die Vereinbarung dementsprechend nur teilweise und nicht etwa insgesamt zu verwerfen, wenn Liquiditätsschwierigkeiten die zeitweise Nichterfüllung der Merkmale nach sich zogen.[5]

Die fristgerechte Auszahlung des Gehalts wird üblicherweise durch die Überweisung des Nettogehalts auf ein Bankkonto des Geschäftsführers oder durch Barauszahlung erfolgen, auch die Überweisung auf ein sog. „Oder-Konto", über das sowohl der Geschäftsführer als auch sein Ehegatte verfügen können, genügt. Es ist aber auch hinreichend, wenn aufgrund einer gesonderten Vereinbarung der Nettolohnanspruch in eine Darlehensforderung des Gesellschafter-

---

[1] BFH, Urteil v. 10.5.1967 - I 187/64, BStBl 1967 III 498.
[2] BFH, Entscheidungen v. 21.3.2001 - I B 31/00, BStBl 2004 II 41; v. 20.7.1988 - I R 136/84, BFH/NV 1990, 64 = NWB LAAAB-26917; v. 29.7.1992 - I R 28/92, BStBl 1993 II 247; v. 28.7.1993 - I B 54/93, BFH/NV 1994, 345 = NWB LAAAB-33657; v. 13.11.1996 - I R 53/95, BFH/NV 1997, 622 = NWB UAAAB-38015; v. 9.7.2003 - I R 36/02, BFH/NV 2004, 88 = NWB YAAAA-70032.
[3] BFH, Urteile v. 28.7.1987 - I R 110/83, BStBl 1988 II 301; v. 9.7.2003 - I R 36/02, BFH/NV 2004, 88 = NWB YAAAA-70032.
[4] BFH, Urteil v. 21.3.2001 - I B 31/00, BStBl 2004 II 41.
[5] BFH, Urteile v. 28.11.2001 - I R 44/00, BFH/NV 2002, 543, 544 = NWB GAAAA-68114; v. 15.12.2004 - I R 32/04, BFH/NV 2005, 1374 = NWB LAAAB-38968.

Geschäftsführers bei der Gesellschaft umgewandelt wird.[1] Das Gehalt gilt dann als beim Gesellschafter-Geschäftsführer zugeflossen und danach sogleich wieder der Gesellschaft überlassen.[2] Daher ist von dem Gehalt Lohnsteuer (und ggf. Sozialversicherung) einzubehalten und das Gehalt vom Gesellschafter-Geschäftsführer zu versteuern.

3105 Schließlich kann der Gehaltsanspruch des Gesellschafter-Geschäftsführers auch dadurch erfüllt werden, dass die Gesellschaft ihn mit eigenen Forderungen gegen den Gesellschafter-Geschäftsführer aufrechnet. Dies setzt aber nicht nur das Bestehen einer Aufrechnungslage voraus, sondern es muss auch eine Aufrechnungserklärung von einer der beiden Seiten erfolgen.[3] Gerade wenn die Forderung der Gesellschaft gegen den Gesellschafter-Geschäftsführer zu verzinsen ist, liegt es in seinem Interesse, die Aufrechnung zu erklären. Versäumt er dies, spricht das gegen die Ernstlichkeit der Vereinbarung. Der Vertrag ist mithin nicht durchgeführt und alle tatsächlich erfolgten Zahlungen aufgrund des nicht durchgeführten Vertrages werden dann vom BFH als vGA angesehen.[4]

3106 An dem Merkmal der tatsächlichen und fristgerechten Auszahlung scheitert die Anerkennung, wenn

- per Vertrag die Gehaltsauszahlung von der wirtschaftlichen Situation der Gesellschaft abhängig gemacht wird,[5]
- eine Gehaltsauszahlung erst nach einem gesonderten Gesellschafterbeschluss erfolgen soll.[6]

In beiden Fällen liegt es nämlich im freien Ermessen der Gesellschaft, ob sie die Gehälter auszahlt oder nicht.[7]

3107 Ist nach diesen Grundsätzen das Gehalt nicht tatsächlich und zeitnah ausgezahlt worden, so sind die tatsächlich gezahlten Beträge in vollem Umfang als vGA anzusehen.[8] Auch die Anerkennung eines Mindestgehaltes nach § 612 BGB kommt nicht in Betracht. Trotz der Vorschrift des § 612 BGB steht es dem Gesellschafter nämlich frei, seine Dienstleistung auf gesellschaftsrechtlicher Grundlage unentgeltlich zu erbringen.[9] Liegt daher keine steuerlich anzuerkennende Gehaltsvereinbarung vor, so kann der Hinweis auf gesetzliche Ansprüche die Annahme einer vGA nicht verhindern.[10]

3108 Wird die Fälligkeit des Gehaltes nicht beachtet, so ist daraus allerdings noch kein Rückschluss auf die Nichtdurchführung des Anstellungsvertrages zu ziehen.[11] Ungewöhnliche Verzögerungen können diesen Rückschluss allerdings zulassen,[12] so z. B. die Einbuchung des Gehalts erst

---

1 BFH, Entscheidungen v. 21. 3. 2001 - I B 31/00, BStBl 2004 II 41; v. 13. 11. 1996 - I R 53/95, BFH/NV 1997, 622, m. w. N. = NWB LAAAB-38968.
2 Anders beim Gehaltsverzicht, vgl. dazu → Rz. 3053 ff.
3 BFH, Entscheidungen v. 21. 3. 2001 - I B 31/00, BStBl 2004 II 41; v. 13. 11. 1996 - I R 53/95, BFH/NV 1997, 622 = NWB UAAAB-38015.
4 BFH, Beschluss v. 21. 3. 2001 - I B 31/00, BStBl 2004 II 41.
5 BFH, Urteil v. 13. 12. 1989 - I R 99/87, BStBl 1990 II 454.
6 BFH, Urteil v. 20. 10. 2004 - I R 4/04, BFH/NV 2005, 723 = NWB RAAAB-44185.
7 BFH, Urteil v. 20. 10. 2004 - I R 4/04, BFH/NV 2005, 723 = NWB RAAAB-44185.
8 BFH, Urteil v. 20. 10. 2004 - I R 4/04, BFH/NV 2005, 723 = NWB RAAAB-44185, auch *Arteaga*, GmbHR 1998, 265, 275.
9 BFH, Urteil v. 20. 10. 2004 - I R 4/04, BFH/NV 2005, 723 = NWB RAAAB-44185.
10 BFH, Urteile v. 2. 3. 1988 - I R 63/82, BStBl 1988 II 590; v. 20. 10. 2004 - I R 4/04, BFH/NV 2005, 723 = NWB RAAAB-44185.
11 BFH, Urteil v. 28. 7. 1993 - I B 54/93, BFH/NV 1994, 345 = NWB LAAAB-33657.
12 BFH, Urteil v. 28. 7. 1993 - I B 54/93, BFH/NV 1994, 345 = NWB LAAAB-33657.

bei Erstellung des Jahresabschlusses[1] bzw. die Verweigerung der GmbH, für eine über 11 Jahre andauernde Beratungstätigkeit das Honorar auszuzahlen.[2]

Die fehlende Gehaltszahlung führt jedoch nicht zu einer vGA, wenn sich die volle oder teilweise Nichtdurchführbarkeit der Vereinbarung zwangsläufig aus der Situation der Gesellschaft (finanzielle Schwierigkeiten) ergibt und sich deswegen auch ein Fremdgeschäftsführer auf eine Stundung des Gehalts eingelassen hätte.[3] Ein solcher würde einer Stundung nur als letztes Mittel zustimmen, die Stundung befristen, eine Verzinsung des gestundeten Betrages verlangen und bei wieder verbesserter Liquidität umgehend wenigstens teilweise Rückzahlung verlangen.[4] Aber auch in diesem Fall müssen die rechtlichen Folgerungen gezogen werden, indem die Gehaltsverbindlichkeit ausgewiesen wird.[5] Besteht eine Aufrechnungslage zwischen der Gesellschaft und dem Gesellschafter-Geschäftsführer, so kann zumindest insoweit eine finanzielle Notlage nicht geltend gemacht werden.[6] Wird das Gehalt zwar nicht gezahlt, aber bei der GmbH weder eine gewinnmindernde Rückstellung noch eine Verbindlichkeit ausgewiesen, so hat sich ihr Einkommen nicht gemindert; für eine vGA ist dann kein Raum.[7]

3109

Ein Anstellungsvertrag ist ferner insoweit nicht durchgeführt, als er zugunsten der Gesellschafter-Geschäftsführer angepasst wird, obwohl der Gesellschaft eine unentziehbare Rechtsposition z. B. durch eine fest vereinbarte, noch nicht abgelaufene Vertragsdauer zustand.[8] Dies gilt jedoch nicht in folgenden Situationen:

3110

▶ Der Gesellschafter-Geschäftsführer hat über die bisherige interne Geschäftsverteilung hinaus auf Dauer zusätzliche Aufgaben übernommen, so dass er eine Erhöhung seiner Bezüge verlangen kann.[9]

▶ Die vorzeitige Anpassung ist eine Reaktion auf im Zeitpunkt des Vertragsabschlusses nicht absehbare gewichtige neue Umstände,[10] aufgrund derer entweder ein zivilrechtlicher Rechtsanspruch auf eine Vertragsanpassung besteht (z. B. aufgrund eines Wegfalls der Geschäftsgrundlage[11]) oder aufgrund derer die Gesellschaft sich auch gegenüber fremden Dritten zu einer Neuregelung bereit erklärt hätte, vorstellbar z. B., wenn der Geschäftsführer einer GmbH sich verpflichtet, dieser umfangreiche, gewinnträchtige Ge-

---

1 BFH, Urteil v. 13. 3. 1997 - I B 124/96, BFH/NV 1997, 712 = NWB WAAAB-38772.
2 BFH, Urteil v. 6. 12. 1995 - I R 88/94, BStBl 1996 II 383.
3 BFH, Urteile v. 28. 11. 2001 - I R 44/00, BFH/NV 2002, 543, 544 = NWB GAAAA-68114; ähnlich BFH, Urteil v. 9. 7. 2003 - I R 36/02, BFH/NV 2004, 88 = NWB YAAAA-70032; auch schon v. 13. 11. 1996 - I R 53/95, BFH/NV 1997, 622 = NWB UAAAB-38015.
4 BFH, Urteile v. 27. 3. 2001 - I R 27/99, BStBl 2002 II 111; v. 13. 11. 1996 - I R 53/95, BFH/NV 1997, 622 = NWB UAAAB-38015; FG Hamburg, Urteil v. 9. 3. 2004 - VI 275/02, rkr., NWB ZAAAB-24229; auch *Stegemann*, INF 2003, 147; *Schlagheck*, StBp 1998, 92; *Brinkmeier*, GmbH-StB 2002, 64.
5 BFH, Entscheidungen v. 21. 3. 2001 - I B 31/00, BFH/NV 2001, 1149, 1150 = NWB SAAAA-66675; v. 13. 11. 1996 - I R 53/95, BFH/NV 1997, 622 = NWB UAAAB-38015; v. 20. 7. 1988 - I R 136/84, BFH/NV 1990, 64 = NWB LAAAA-29617; v. 5. 10. 1977 - I R 230/75, BStBl 1978 II 234; v. 30. 7. 1975 - I R 110/72, BStBl 1976 II 1974; v. 2. 5. 1974 - I R 194/72, BStBl 1974 II 585; v. 12. 12. 1973 - I R 183/71, BStBl 1974 II 179.
6 BFH, Urteil v. 21. 3. 2001 - I B 31/00, BFH/NV 2001, 1149, 1150 = NWB SAAAA-66675.
7 Keine Zwangsdurchführung der vGA; FG Köln, Urteil v. 19. 2. 1997 - 12 K 4819/91, GmbHR 1997, 510; dazu *Wassermeyer*, GmbHR 1997, 804 und *Richter*, GmbHR 1997, 805.
8 BFH, Entscheidungen v. 12. 6. 1980 - IV R 40/77, BStBl 1980 II 723; v. 27. 2. 1992 - IV R 69/91, BFH/NV 1993, 386 = NWB OAAAA-97248; v. 23. 3. 1994 - VIII B 50/93, BFH/NV 1994, 786 = NWB UAAAB-35086; v. 29. 3. 2000 - I R 85/98, BFH/NV 2000, 1247 = NWB HAAAA-65377.
9 BFH, Urteile v. 9. 9. 1998 - I R 104/97, BFH/NV 1999, 519 = NWB HAAAA-62344; v. 29. 3. 2000 - I R 85/98, BFH/NV 2000, 1247 = NWB HAAAA-65377.
10 Z. B. Rechtsprechungsänderungen BFH, Urteile v. 19. 5. 1998 - I R 36/97, BStBl 1998 II 689; auch v. 29. 3. 2000 - I R 85/98, BFH/NV 2000, 1247 = NWB HAAAA-65377.
11 Vgl. BFH, Urteil v. 13. 10. 1983 - I R 4/81, BStBl 1984 II 65.

schäfte zu akquirieren, obwohl er dazu nicht verpflichtet ist und diese auch privat erledigen könnte oder wenn sich aufgrund des gewachsenen Geschäftsumfangs ein grobes Missverhältnis zwischen Arbeitsaufwand und Vergütung ergibt.[1]

3111–3132   *(Einstweilen frei)*

6. Anteilserwerb

3133   Die Kosten des Erwerbs eines Anteils an der Gesellschaft sind vom Gesellschafter zu tragen, werden sie von der Gesellschaft übernommen, stellt dies vGA dar.[2]

7. Arbeitnehmerüberlassung

3134   Aufwendungen einer KapGes für Arbeitnehmer, die die Gesellschafter der KapGes als gesellschaftsrechtlichen Beitrag zur Verfügung zu stellen haben, sind vGA.[3] Stellt die KapGes ihrem Gesellschafter unentgeltlich oder gegen eine zu geringe Vergütung Arbeitnehmer zur Verfügung, so ist die Differenz zwischen dem tatsächlich gezahlten und dem marktüblichen Preis eine vGA.[4] Eine vGA wegen Personalgestellung liegt auch vor, wenn Bedienstete einer Körperschaft des öffentlichen Rechts in deren Betrieb gewerblicher Art tätig sind und Dienstleistungen (Wasserzähler-Ablesen) für diesen Betrieb erbringen, die Hebedaten dann aber auch von der Trägerkörperschaft für hoheitliche Zwecke genutzt werden, ohne dass für die Nutzung der Daten dem Betrieb gewerblicher Art ein angemessenes Entgelt gezahlt wird.[5]

8. Arbeitszeitkonten

LITERATURHINWEISE:

Langohr-Plato/Spiecker, Zeitwertkonten – ein Vergütungsmodell auch für Gesellschafter-Geschäftsführer? INF 2005, 827; *Wellisch/Liedtke/Quast*, Lebensarbeitszeitkonten und verdeckte Gewinnausschüttungen: Hinweise für die Praxis, BB 2005, 1989; *Ziegenhagen/Schmidt*, Steuerliche Anerkennung von Arbeitszeitkonten für Gesellschafter-Geschäftsführer, DB 2006, 181; *Eversloh/Prühs*, BFH-Verbot v. Zeitwertkonten für GmbH-Gesellschafter-Geschäftsführer, GmbH-Steuerpraxis 2016, 236; *Schwedthelm*/Zapf, Steuerliche Beurteilung v. Zeitwertkonten für Gesellschafter-Geschäftsführer, DB 2016, 2200.

3135   Vereinbaren Arbeitgeber und Arbeitnehmer, künftig fällig werdenden Arbeitslohn ganz oder teilweise auf ein Arbeitszeitkonto gutzuschreiben, um ihn in Zeiten der Arbeitsfreistellung auszuzahlen, führt nach BMF v. 17. 11. 2004[6] weder die Vereinbarung noch die Gutschrift auf dem Arbeitszeitkonto zu einem Zufluss von Arbeitslohn, wenn die Auszahlung des Wertguthabens bei fortbestehendem Arbeitsverhältnis auf existenzbedrohende Notlagen des Arbeitnehmers begrenzt ist. Auch eine Verwendung des Arbeitszeitguthabens zur Begründung einer Altersvorsorge führt nicht zum Zufluss von Arbeitslohn, dieser richtet sich vielmehr nach den Grundsätzen für den betreffenden Durchführungsweg.

---

1 BFH, Urteil v. 29. 3. 2000 - I R 85/98, BFH/NV 2000, 1247 = NWB HAAAA-65377.
2 BFH, Urteil v. 24. 1. 1989 - VIII R 74/84, BStBl 1989 II 419; FG Rheinland-Pfalz, Urteil v. 21. 5. 1990 - 5 K 2501/89, EFG 1991, 43.
3 BFH, Urteil v. 1. 4. 1971 - I R 129/31, BStBl 1971 II 538.
4 BFH, Urteile v. 3. 2. 1971 - I R 51/66, BStBl 1971 II 408; v. 23. 6. 1993 - I R 72/92, BStBl 1993 II 801.
5 BFH, Urteil v. 10. 7. 1996 - I R 108-109/95, BStBl 1997 II 230.
6 BMF, Schreiben v. 17. 11. 2004, BStBl 2004 I 1065, Rz. 165, 166; auch schon v. 11. 11. 1999, DB 1999, 2385 und v. 5. 8. 2002, BetrAV 2002, 539, Rz. 154 – 156.

Die Finanzverwaltung[1] sieht allerdings die Einrichtung eines Arbeitszeitkontos für Arbeitnehmer, die zugleich als Organ der Körperschaft bestellt sind, also z. B. für Geschäftsführer und für Vorstände, als nicht mit dem Aufgabenbild des Organs vereinbar an. Dieser Auffassung stimmt der BFH ausdrücklich zu; dabei spielt es keine Rolle, dass die GmbH gleichzeitig das an den Geschäftsführer zu zahlende laufende Gehalt um diesen Betrag gemindert hat.[2] Dies gilt nicht nur bei der Bestellung eines Geschäftsführers, sondern auch bei mehreren Gesellschafter-Geschäftsführern.[3] Daher fließe in diesen Fällen der Arbeitslohn bereits im Zeitpunkt der Gutschrift auf dem Arbeitszeitkonto zu. Der Erwerb einer Organstellung habe allerdings keinen Einfluss auf ein bis dahin aufgebautes Wertguthaben, jede weitere Zuführung nach Erwerb der Organstellung führe aber zum Zufluss von Arbeitslohn. Dementsprechend könne nach der Beendigung einer Organstellung das Guthaben weiter aufgebaut werden bzw. erstmals die Einrichtung eines Arbeitszeitkontos vereinbart werden. Alles dies gelte auch für Arbeitnehmer, die keine Organstellung innehaben, wenn sie als Gesellschafter die Gesellschaft beherrschen. Diese Grundsätze gelten ab 1. 2. 2009, alle vorher aufgebauten Guthaben von Organmitgliedern und beherrschenden Gesellschaftern bleiben unberührt und werden erst bei Zufluss besteuert. Danach verbleibt die Möglichkeit der Einrichtung eines Arbeitszeitkontos nur noch für solche Gesellschafter, die nicht Organmitglied der Gesellschaft sind und die Gesellschaft nicht beherrschen. Für diese sind die Grenzen der verdeckten Gewinnausschüttung zu beachten. Dabei sollten insbesondere folgende Punkte beachtet werden:

- Die Umrechnung von angesparten Gehältern, Sonderzahlungen und nicht genommenen Urlaubsansprüchen in Zeitguthaben, die Gutschrift und spätere Rückrechnung in Lohn und Auszahlung soll nach Ansicht der Verwaltung vGA darstellen.[4]

- Ebenso wie bei Gehaltsumwandlungen allgemein (s. Stichwort: Gehaltsumwandlung) ist nach FinMin Saarland auch bei Arbeitszeitkonten eine Insolvenzsicherung erforderlich.[5] Nach § 7d SGB IV, der für Verträge, die bis 30. 6. 2004 abgeschlossen wurden, gültig ist, ist für Wertguthaben aus einer Gehaltsumwandlung eine Insolvenzsicherung zu treffen, Vorgaben für deren Ausgestaltung macht die Vorschrift jedoch nicht. Nach dem ab 1. 7. 2004 gültigen § 8a Altersteilzeitgesetz ist das Insolvenzrisiko abzusichern und dem Arbeitgeber sind die getroffenen Maßnahmen nachzuweisen. Die Vorschrift sanktioniert zudem Verstöße gegen die Sicherungsverpflichtung.[6] Das FinMin Saarland weist beispielhaft darauf hin, dass eine Rückdeckungsversicherung ausreichend sei.[7]

- Nach Ansicht von *Wellisch/Liedtke/Quast*[8] soll auch eine Nur-Gutschrift, ebenso wie eine Nur-Pension zur vGA führen. Dies hat der BFH allerdings nur in einem Fall entschieden, in dem eine Pensionszusage nicht rückgedeckt war und der Geschäftsführer daher das Risiko einging, für seine Arbeit u. U. gar keinen Lohn zu erhalten.[9] Da Gehaltsumwandlungen ohnehin nur anerkannt werden, wenn sie abgesichert werden, sollte die Nur-Gutschrift hier möglich sein.

---

1 BMF, Schreiben v. 27. 1. 2009, NWB FAAAD-05416.
2 BFH, Urteil v. 11. 11. 2015 - I R 26/15, BStBl 2016 II 489; a. A. *Schwedthelm/Zapf*, DB 2016, 2200.
3 FG Rheinland- Pfalz, Urteil v. 21. 12. 2016 - I K 1381/14, EFG 2017, 420, NWB TAAAG-37358.
4 FinMin Saarland v. 21. 10. 2005, GmbHR 2006, 107.
5 FinMin Saarland v. 21. 10. 2005, GmbHR 2006, 107; *Ziegenhagen/Schmidt*, DB 2006, 181, 184.
6 FinMin Saarland v. 21. 10. 2005, GmbHR 2006, 107.
7 FinMin Saarland v. 21. 10. 2005, GmbHR 2006, 107.
8 *Wellisch/Liedtke/Quast*, BB 2005, 1989, 1990; folgend *Langohr-Plato*, INF 2005, 827, 829; ähnlich *Ziegenhagen/Schmidt*, DB 2006, 181, 182.
9 Vgl. dazu → Rz. 3696 f.

- *Wellisch/Liedtke/Quast*[1] nehmen ferner eine vGA an, wenn Lohn umgewandelt wird, der schon erdient sei. Wird also z. B. die Vereinbarung zum Arbeitszeitkonto am 1.7. geschlossen und das schon immer vereinbarte Weihnachtsgeld umgewandelt, so soll dies im Erstjahr zu 50 % vGA darstellen, da zum Zeitpunkt der Vereinbarung das halbe Weihnachtsgeld bereits erdient war. Demgegenüber ist darauf hinzuweisen, dass eine Umwandlung mit allen Gehaltsbestandteilen erfolgen kann, die noch nicht zu versteuern sind.[2] Die Versteuerung erfolgt i. d. R. aber erst bei Zufluss, beim beherrschenden Gesellschafter-Geschäftsführer bei Fälligkeit. Aber selbst bei diesem wird das Weihnachtsgeld nicht im Juni fällig, sondern erst im November oder Dezember, so dass eine volle Gutschrift auch im Erstjahr möglich sein muss.

- Schließlich wollen diese Autoren auch noch eine vGA erkennen, wenn für eine kurze Freistellungsphase hohe Gutschriften vorgenommen werden.[3] Dies ergebe sich aus dem Fremdvergleich, es sei bei anderen Arbeitnehmern unüblich und werde von der Verwaltung daher auch beim Gesellschafter-Geschäftsführer nicht anerkannt werden. Es ist jedoch nicht zu erkennen, worin bei der Gesellschaft eine vGA liegen soll. Ob diese das Gehalt an den Geschäftsführer auszahlt oder in eine Rückdeckung einzahlt, ist gleich. Der Aufwand erhöht sich nicht, es gibt also keine Vermögensminderung, die als vGA hinzugerechnet werden könnte. Beim Gesellschafter kann, egal ob Lohn oder vGA jedenfalls erst bei Fälligkeit, also mit der Auszahlung, versteuert werden. Wenn dies dann als vGA mit Abgeltungsteuer geschieht, wird der Gesellschafter gewiss nichts dagegen haben.

3138 Im Übrigen sind an die Arbeitszeitkonten selbstverständlich die Anforderungen zu stellen, denen jede Gehaltsumwandlung ausgesetzt ist. Es muss also eine Vereinbarung zwischen dem Geschäftsführer und der Gesellschafterversammlung abgeschlossen werden. Finanzierbarkeit ist aufgrund der Gehaltsumwandlung stets gegeben, Erdienbarkeit und Überversorgung sind dagegen keine Prüfungskriterien.[4] Bei Berechnung der Überversorgung für eine neben dem Arbeitszeitkonto bestehende Pensionszusage ist aber zu berücksichtigen, dass der in Form des Arbeitszeitkontos umgewandelte Lohn auch die 75 %-Bemessungsgrenze für die Pensionszusage nicht mehr erhöhen kann.[5]

9. Arztkosten

3139 Die Übernahme von Arztkosten für den Gesellschafter-Geschäftsführer ist i. d. R. als vGA zu behandeln, auch wenn es sich um eine betriebsbedingte Krankheit handelt.[6] Werden diese Kosten als vGA behandelt, ist jedoch gleichzeitig zu prüfen, ob der Gesellschafter sie als Werbungskosten oder außergewöhnliche Belastung geltend machen kann.

10. Aufteilungsverbot

3140 Das Aufteilungsverbot des § 12 EStG gilt für die Aufteilung von Kosten zwischen Gesellschaft und Gesellschafter nicht, es wird von § 8 Abs. 3 KStG überlagert.[7]

---

1 *Wellisch/Liedtke/Quast*, BB 2005, 1989, 1992.
2 Ähnlich *Ziegenhagen/Schmidt*, DB 2006, 181, 182.
3 *Wellisch/Liedtke/Quast*, BB 2005, 1989, 1992.
4 *Langohr-Plato*, INF 2005, 827, 829.
5 FinMin Saarland v. 21.10.2005, GmbHR 2006, 107.
6 So *Dötsch/Eversberg/Jost/Witt*, KStG, Anh. zu § 8; a. A. *Streck*, KStG, 6. Aufl. 2003, § 8 Anm. 150 Stichwort: Arztkosten.
7 BFH, Urteil v. 21.12.1994 - I R 65/94, NWB LAAAA-97531; vgl. aber auch zur Liebhaberei → Rz. 211 ff.

11. Ausbildungskosten

Im Fall des BFH, Urteil v. 13. 7. 1994[1] übernahm eine GmbH die Ausbildungskosten für das vierjährige BWL-Studium des im Betrieb mitarbeitenden Sohnes des Gesellschafter-Geschäftsführers. Dieser verpflichtete sich im Gegenzug nach Beendigung des Studiums für fünf Jahre bei der Gesellschaft zu arbeiten, andernfalls die Ausbildungskosten zurückzuerstatten. Nach der Entscheidung des BFH liegen Betriebsausgaben vor, wenn diese Förderung des Studiums in der Branche üblich ist (externer Betriebsvergleich) oder im Betrieb auch anderen Arbeitnehmern gewährt wurde (interner Betriebsvergleich). Sofern ein interner Betriebsvergleich nicht möglich ist, da die Förderung erstmalig erfolgte, können daraus keine negativen Rückschlüsse gezogen werden. Im Übrigen sollen die konkreten Umstände des Einzelfalls in die Abgrenzung vGA oder Betriebsausgabe einbezogen werden.

12. Aushilfskräfte

Werden von der GmbH dem Einzelunternehmen eines Gesellschafters Arbeitskräfte zur Verfügung gestellt, so ist als Gegenleistung die Erstattung aller Lohnaufwendungen ausreichend. Es ist nicht erforderlich, dass auch die zusätzlichen Verwaltungskosten in Rechnung gestellt werden.[2]

13. Auslandsreisen

Siehe Reisen.

14. Ausstehende Einlagen

Nach § 7 Abs. 2 GmbHG setzt die Eintragung einer GmbH in das Handelsregister voraus, dass mindestens ein Viertel der auf das Stammkapital zu leistenden Einlagen (mindestens 12 500 €) eingezahlt ist. Da das Stammkapital auf der Passivseite voll auszuweisen ist und sich der Nennbetrag des Geschäftsanteils des Gesellschafters nach dem Betrag der übernommenen Einlage und nicht nach dem Betrag des tatsächlich erbrachten Teils der Einlage richtet, müssen ausstehende Einlagen als Forderungen gegenüber den Gesellschaftern ausgewiesen werden.

Eine vGA in Höhe angemessener Zinsen kommt also erst in Betracht, wenn

▶ die Mindesteinlagen nicht eingefordert werden.[3] Der angemessene Zins beträgt dabei entsprechend § 246 BGB 4 %.[4] Hat der Gesellschafter der Gesellschaft zugleich ein Darlehen überlassen, so wäre die Forderung auf die ausstehende Einlage zu verrechnen und ggf. eine vGA in Höhe des auf diesen Teil des Darlehens geleisteten Zinsbetrags anzuset-

---

1 BFH, Entscheidung v. 13. 7. 1994 - I R 43/94, BFH/NV 1995, 548 = NWB NAAAB-34744; auch BFH, Urteil v. 27. 12. 1995 - I B 34/95, BFH/NV 1996, 510 = NWB FAAAB-37035 und FG Köln, Urteil v. 18. 5. 1999 - 13 K 9456/98, GmbHR 1999, 829; FG Baden-Württemberg, Urteil v. 7. 9. 1995 - 3 K 223/91, EFG 1996, 194.
2 Niedersächsisches FG, Urteil v. 2. 3. 1989 - VI 252/87, rkr., GmbHR 1990, 418.
3 BFH, Urteile v. 14. 8. 1985 - I R 149/81, BStBl 1986 II 87 f.; v. 5. 2. 1992 - I R 127/90, BStBl 1992 II 532, 537; FG Düsseldorf, Urteil v. 15. 6. 1994 - 6 V 224/94 A, rkr., GmbHR 1994, 898; Niedersächsisches FG, Urteil v. 30. 11. 2006 - 6 K 172/05, rkr., NWB VAAAC-42766.
4 Niedersächsisches FG, Urteil v. 30. 11. 2006 - 6 K 172/05, rkr., NWB VAAAC-42766.

zen.¹ Die über die Mindesteinlagen hinausgehenden Beträge müssen nicht eingefordert werden und daher ist auch keine vGA in Höhe einer Verzinsung anzunehmen,² und zwar auch dann nicht, wenn die Gesellschaft Kapitalbedarf hat und diesen durch ein Gesellschafterdarlehen deckt.³ Auch die Nichteinforderung der Mindesteinlage stellt ausnahmsweise keine vGA dar, wenn die GmbH bei Geltendmachung mit Gegenansprüchen in mindestens gleicher Höhe rechnen muss.⁴ Es war zwar eine Bargründung vereinbart worden; in der Eröffnungsbilanz wurden jedoch Aktivwerte ausgewiesen, die im Wesentlichen das von einem Gesellschafter eingebrachte Einzelunternehmen darstellten. Trotz Bargründung wurden aber keine Forderungen auf Einzahlung der Stammeinlagen ausgewiesen, sondern die Forderungen wurden in der Weise als erfüllt dargestellt, dass die Kaufpreis(-darlehens)verbindlichkeit in Höhe des Stammkapitals mit der Forderung auf Zahlung der Stammeinlage verrechnet wurde. Hierdurch wird der Gesellschafter aber nicht von der Verpflichtung zur Leistung der Stammeinlage befreit (§ 19 Abs. 5 GmbHG). Eine vGA liegt aber, wie der BFH ausführt, in solchem Falle deshalb nicht vor, weil dem Gesellschafter gegenüber der GmbH ein Anspruch (mindestens in Höhe der Stammeinlage) aus ungerechtfertigter Bereicherung gem. § 812 BGB zugestanden hat und die Geschäftsleitung mit der Geltendmachung dieses Anspruchs rechnen musste. Unter diesem Gesichtspunkt war der Verzicht auf die Geltendmachung der Mindesteinlage betrieblich veranlasst.

- Einlagen (oberhalb der Mindesteinlage) von der Gesellschaft nicht eingefordert (und von den Gesellschaftern nicht geleistet) werden, obwohl die Gesellschaft durch Gesetz (z. B. § 19 Abs. 4 GmbHG), ihre Satzung oder durch Gesellschafterbeschluss zur Einforderung verpflichtet gewesen wäre.

- nach Einforderung der ausstehenden Einlage durch die Gesellschaft auf eine Verzinsung verzichtet wird.⁵ Dies gilt jedoch wiederum dann nicht, wenn eine Aufnahme der Geschäftstätigkeit durch die Gesellschaft nicht mehr zu erwarten ist.⁶

3146 Auch in diesen Fällen scheidet eine vGA aus, wenn nur die Einbuchung des Zinsanspruchs unterlassen worden ist, auf die Verzinsung jedoch nicht verzichtet wurde und die Einbuchung des Zinsanspruchs im Wege der Bilanzberichtigung nachgeholt wird.⁷

3147 Eine vGA liegt auch nicht vor, wenn im Jahresabschluss einer GmbH Rücklagen auf ausstehende Einlagen umgebucht werden,⁸ weil es an einem Vermögensvorteil fehlt. Durch die Umbuchung ist der Gesellschafter nicht von seiner Einlageverpflichtung befreit worden, weil nach § 19 Abs. 3 bzw. Abs. 5 GmbHG die Einzahlungsverpflichtung (abgesehen vom Falle der Zahlung) nur erlischt, wenn eine wirksame Herabsetzung des Stammkapitals oder eine wirksame Aufrechnung vorliegt. Eine Aufrechnung war jedoch ausgeschlossen (§ 19 Abs. 2 GmbHG); der

---

1 Vgl. → Rz. 3266 f.
2 Niedersächsisches FG, Urteil v. 30.11.2006 - 6 K 172/05, rkr., NWB VAAAC-42766; auch schon BFH, Urteil v. 29.5.1968 - I 200/65, BStBl 1969 II 11; ebenso FG Düsseldorf, Urteil v. 6.9.1978 - VI (XII) 99/74 K, EFG 1979, 202; Hessisches FG, Urteil v. 3.4.1981 - VI 329/79, EFG 1981, 588.
3 BFH, Urteile v. 29.5.1968 - I 200/65, BStBl 1969 II 11; v. 5.2.1992 - I R 127/90, BStBl 1992 II 532.
4 BFH, Urteil v. 14.8.1985 - I R 149/81, BStBl 1986 II 87.
5 BFH, Urteil v. 5.2.1992 - I R 127/90, BStBl 1992 II 532.
6 FG Mecklenburg-Vorpommern, Urteil v. 16.3.1999, 2 K 129/97, DStRE 1999, 667.
7 BFH, Urteil v. 13.9.2000 - I R 10/00, BFH/NV 2001, 584 = NWB DAAAA-66709, die Bilanzberichtigung erfolgte im entschiedenen Fall für zwei Jahre und erst durch Gesellschafterbeschluss nach Entdeckung des Tatbestandes durch die Betriebsprüfung.
8 BFH, Urteil v. 27.3.1984 - VIII R 69/80, BStBl 1984 II 717.

Anspruch des Gesellschafters auf Zahlung von Gewinnanteilen entsteht erst, wenn die Bilanz festgestellt und der Beschluss über die Verwendung des Bilanzgewinns gefasst ist.[1]

15. Bargelddiebstahl

Ein Bargelddiebstahl[2] führt grundsätzlich zu betrieblichem Aufwand. Wird dieser Diebstahl aber nur wegen einer Sorgfaltspflichtverletzung des Gesellschafter-Geschäftsführers möglich, so entsteht gegen diesen ein Schadenersatzanspruch gem. § 43 Abs. 2 GmbHG, der ggf. nach Entdeckung nachträglich einzubuchen ist. Wird auf diesen Anspruch später verzichtet, ergibt sich eine vGA.[3] Kommt zu der Sorgfaltspflichtverletzung hinzu, dass die vorgetragenen Verhältnisse geprägt sind durch unklare Vereinbarungen und nicht nachvollziehbare Abweichungen vom Vereinbarten, so soll nach einer Entscheidung desselben FG gar eine Beweislastumkehr greifen und der Geschäftsführer nachzuweisen haben, dass der Verlust nicht im gesellschaftsrechtlichen Bereich verursacht ist. Gelingt ihm das nicht liege vGA vor.[4]

3148

16. Beratervertrag

LITERATURHINWEISE:

Koenig, Steuerrechtliche Zulässigkeit von Beraterverträgen zwischen GmbH und Gesellschafter-Geschäftsführer, INF 1996, 673; *Neumann*, Beratervertrag eines Gesellschafters mit seiner GmbH, GmbH-StB 2001, 235; *Ballof*, GmbH-Berater, GmbH-Steuerpraxis 2002, 113; *Pflüger*, Gesellschafter-Geschäftsführer als Subunternehmer der eigenen GmbH, GStB 2004, 15; *Janssen*, Berater- oder Subunternehmervertrag des Gesellschafters mit seiner GmbH zulässig, GStB 2008, 180.

Der von einem Gesellschafter(-Geschäftsführer) mit seiner GmbH abgeschlossene Beratervertrag hat, wenn er – wie alle Vereinbarungen zwischen Gesellschaft und Gesellschafter – eine Prüfung am Drittvergleichsmaßstab besteht, nichts mit einem zugleich bestehenden Anstellungsverhältnis des Gesellschafters als Geschäftsführer (oder sonstiger Arbeitnehmer) zu tun, daher wird er hier systematisch nicht unter dem Stichwort Anstellungsverhältnis des Gesellschafter-Geschäftsführers erörtert. Die von der Rechtsprechung angenommene Rückwirkung selbst eines anzuerkennenden Beratervertrages auf die Angemessenheit der Vergütung im Anstellungsverhältnis ist daher unberechtigt.[5]

3149

a) Checkliste

3150

Ist der Gesellschafter zugleich Geschäftsführer der GmbH?	Ja →	Das allein reicht nicht zur Annahme einer vGA.
↓ Nein		
Besteht ein Wettbewerbsverbot?	Ja →	s. zu Wettbewerbsverboten → Rz. 3357 ff.
↓ Nein		

---

1 BFH, Urteil v. 25. 3. 1983 - III R 13/81, BStBl 1983 II 444.
2 Siehe o. BFH, Urteil v. 23. 6. 1993 - I R 72/92, BStBl 1993 II 801; *Ballof*, GmbH-Stpr. 2002, 113, 115; *Neumann*, GmbH-StB 2001, 235, 236.
3 FG Düsseldorf, Urteil v. 28. 5. 2002 - 6 K 7121/99 K, EFG 2003, 639.
4 BFH, Urteil v. 11. 2. 2003 - VIII B 229/02, BFH/NV 2003, 909 = NWB UAAAA-71228.
5 Vgl. dazu im Folgenden → Rz. 3177.

Allgemeine zivilrechtliche Voraussetzungen beachtet?	Nein →	vGA
↓ Ja		
Wirksame Abgrenzung der verschiedenen Sphären erfolgt?	Nein →	vGA oder Zurechnung der Beratervergütung zum Arbeitslohn
↓ Ja		
Allgemeine steuerrechtliche Voraussetzungen beachtet?	Nein →	vGA
↓ Ja		
Höhe der Vergütung angemessen?	Nein →	vGA
↓ Ja		
Ggf. Rückwirkung auf Angemessenheit des Geschäftsführer-Gehalts beachtet?	Nein →	vGA in Höhe des unangemessenen Teils des Geschäftsführer-Gehalts
↓ Ja		
Tatsächliche Durchführung des Vertrages erfolgt?	Nein →	VGA
↓ Ja		
Steuerlich wirksamer Berater bzw. Subunternehmervertrag, keine vGA.		

b) Gesellschafter oder Gesellschafter-Geschäftsführer?

3151 Während die Finanzverwaltung mit der Anerkennung von Beraterverträgen durch Gesellschafter bei Einhaltung der nachgenannten Kriterien i. d. R. keine Probleme hat, gibt es bei Berater- oder Subunternehmerverträgen der Gesellschaft mit Gesellschafter-Geschäftsführern immer wieder Versuche, eine Vergütung, die der Gesellschafter-Geschäftsführer als Berater oder Subunternehmer der Gesellschaft erhält, als Teil der Vergütung aus dem Anstellungsverhältnis anzusehen. Gewöhnlich wird dann eine Angemessenheitsprüfung für das Gehalt zzgl. der Beratervergütungen vorgenommen und die Zahlungen werden, soweit sie danach nach Ansicht der Verwaltung überhöht sind, als vGA eingestuft.[1]

3152 Richtig ist an dieser Einschätzung jedoch nur, dass beim Gesellschafter als Berater lediglich zwei Sphären (Gesellschafter- und Beratersphäre), beim Gesellschafter-Geschäftsführer aber drei Sphären abzugrenzen sind, nämlich:

▶ Gesellschaftersphäre,

▶ Anstellungsverhältnis und

▶ Beratersphäre.

---

[1] So auch *Koenig*, INF 1996, 673, 676; *Janssen*, GStB 2008, 180.

Die besondere Schwierigkeit liegt hier darin, dass zwei dieser Sphären (Anstellungsverhältnis und Beratervertrag) schuldrechtlich begründet sind und daher naturgemäß nur anhand der schuldrechtlichen Vereinbarungen abgegrenzt werden können. Das ist sicherlich für die Verwaltung problematischer als die sonst bei vGA nur erforderliche Abgrenzung zwischen schuldrechtlichem und gesellschaftsrechtlichem Bereich, aber dennoch kein Grund, die verschiedenen schuldrechtlichen Bereiche einfach zu vermischen.[1] Die Abgrenzung zwischen verschiedenen schuldrechtlichen Rechtsverhältnissen gehört zur täglichen Arbeit aller Zivilrechtler und ist weder Zauberwerk noch unlösbares Problem. Die Verwaltung wird sich nun spätestens seit Ergehen der Leitentscheidungen des BFH, Urteil v. 9.7.2003 und v. 17.12.2003[2] daran gewöhnen müssen, solche Abgrenzungen ebenfalls vorzunehmen.

In seinem Beschluss vom 5.3.2008[3] hat der BFH diese Sphären allerdings wieder vermischt. A hielt alle Anteile an der A-GmbH, B alle Anteile der B-GmbH, A-GmbH und B-GmbH hielten sämtliche Anteile an der C-GmbH. A-GmbH und B-GmbH schlossen mit der C-GmbH einen Managementvertrag mit dem sie die gesamte Geschäftsführung der C-GmbH übernahmen, diese Verpflichtung erfüllten sie, indem sie die Arbeitskraft ihrer Geschäftsführer A und B zur Verfügung stellten. Da auch eine Urlaubs- und Krankheitsregelung vorgesehen war, hielt der BFH es für zweifelsfrei gerechtfertigt, die Entgelte für die Managementverträge nach den Kriterien für die Angemessenheit von Gesellschafter-Geschäftsführergehältern zu prüfen.[4]

Festzuhalten bleibt also, dass der Abschluss eines Berater- oder Subunternehmervertrages der Gesellschaft mit ihrem Gesellschafter nicht allein deswegen zu vGA führt, weil der Gesellschafter zugleich auch noch als Geschäftsführer oder Angestellter für die Gesellschaft tätig ist, jedenfalls soweit der Vertrag nicht wie ein (weiterer) Anstellungsvertrag ausgestaltet wird.

c) Wettbewerbsverbot

Besteht ein Wettbewerbsverbot und wurde eine Befreiung nicht vorgenommen, wurde dafür keine Vergütung oder eine nicht angemessene Vergütung gezahlt oder besteht ein zivilrechtlicher Ausgleichsanspruch, auf den die Gesellschaft verzichtet hat, so kann hier eine vGA vorliegen.[5] Festzuhalten bleibt, dass bei Abschluss eines Beratervertrages mit einem Gesellschafter-Geschäftsführer eine Befreiung vom Wettbewerbsverbot bestehen oder vereinbart werden muss.

Auch die in Geschäftsführeranstellungsverträgen nicht selten zu findende Bestimmung, der Geschäftsführer habe seine gesamte Arbeitskraft der Gesellschaft zur Verfügung zu stellen, sollte vor Abschluss des Beratervertrages beseitigt werden.[6] Diese Klausel statuiert zwar kein Wettbewerbsverbot, hinterlässt aber zumindest einen nachteiligen Eindruck.

d) Allgemeine zivilrechtliche Voraussetzungen

Vergleiche dazu → Rz. 3039 ff.

---

1 Schon *Janssen*, GStB 2008, 180.
2 BFH, Urteile v. 9.7.2003 - I R 100/02, BFH/NV 2003, 1666 = NWB YAAAA-71701; v. 17.12.2003 - I R 25/03, BFH/NV 2004, 819 = NWB CAAAB-20236.
3 BFH, Urteil v. 5.3.2008 - I B 171/07, NWB FAAAC-77617.
4 Dazu → Rz. 3004 ff.
5 Vgl. dazu näher → Rz. 3357 ff.
6 *Pflüger*, GStB 2004, 15, 18.

e) Allgemeine steuerliche Voraussetzungen, insbesondere Abgrenzung der unterschiedlichen Sphären

aa) Eindeutige und klare Vereinbarung

(1) Allgemein

3159 Wie bei allen anderen schuldrechtlichen Vereinbarungen auch, muss der Beratervertrag mit der GmbH eindeutig und klar und bei beherrschenden Gesellschaftern im Vorhinein abgeschlossen werden. Dazu gehört insbesondere eine Darstellung der Aufgaben, die der Berater übernehmen soll. Die Gerichte haben immer wieder Beraterverträge vorliegen, mit denen lediglich ganz allgemein eine Beratung der Gesellschaft in allen Fragen ihrer Tätigkeit (z. B. in allen Fragen des Fußbodenbaus und der Deckentechnik) vereinbart wird. Das ist jedoch nicht ausreichend, wenn die konkrete Tätigkeit des Beraters nicht zusätzlich in anderer Weise erkennbar und nachgewiesen wird.[1] Diese Verträge unterliegen regelmäßig dem Verdacht, nur zur Befreiung von den Zwängen der Lohnsteuerabführung abgeschlossen worden zu sein, was sich regelmäßig bestätigt, wenn das Beratungshonorar dann nicht monatlich in Rechnung gestellt wird, sondern nur jährlich. Letzteres allein spricht allerdings nicht gegen einen Beratungsvertrag.[2]

(2) Auslegung eines Nur-Beratervertrages

3160 Hat die zum Geschäftsführer bestellte Person mit der Gesellschaft schuldrechtlich lediglich einen Beratungsvertrag abgeschlossen, jedoch keinen Geschäftsführeranstellungsvertrag, so ist dies zivilrechtlich ohne weiteres zulässig. Soweit mit dem Vertrag die typischen Geschäftsführungsaufgaben übertragen werden, wird man jedoch in der Auslegung regelmäßig davon auszugehen haben, dass ein Anstellungsvertrag gewollt und abgeschlossen worden ist.[3] Die Geschäftsführung obliegt dem Geschäftsführer schon aufgrund der organschaftlichen Bestellung.[4] Wird diese Pflicht lediglich schuldrechtlich konkretisiert, so ist trotz der Bezeichnung des Vertrages als Beratervertrag nicht davon auszugehen, dass eine Übertragung dieser Pflichten auf einen Berater gewollt ist. Dementsprechend liegen bei dem Geschäftsführer Einkünfte aus nichtselbständiger Tätigkeit vor.[5]

(3) Abgrenzung Geschäftsführungs- zu Beratungs-/Subunternehmertätigkeit

3161 Schwieriger ist die Abgrenzung, wenn der Gesellschafter neben einem Geschäftsführeranstellungsvertrag auch noch einen Beratervertrag oder Subunternehmervertrag mit der Gesellschaft abgeschlossen hat.[6] Da seine Beratungs- oder Subunternehmertätigkeit ebenfalls normalerweise im Geschäftsfeld der Gesellschaft liegen wird, ist eine genaue Abgrenzung erforderlich, um der Anforderung an eine eindeutige und klare Vereinbarung zu entsprechen.

---

1 Niedersächsisches FG, Urteil v. 22. 11. 1995 - VI 173/95, LX 0132183; FG München, Urteil v. 22. 7. 1999 - 15 K 1673/95, LX 0553441; Sächsisches FG, Urteil v. 4. 4. 2002 - 2 K 1433/00, rkr., NWB BAAAB-17430; FG Schleswig-Holstein, Urteil v. 6. 12. 2007 - 1 K 147/04, rkr., EFG 2008, 637.
2 FG Baden-Württemberg, Urteil v. 8. 3. 2001 - 6 K 44/98, rkr., EFG 2001, 777.
3 FG Baden-Württemberg, Urteil v. 17. 8. 1988 - XII V 6/88, EFG 1989, 316, 317; *Koenig*, INF 1996, 673; auch BFH, Urteil v. 6. 12. 1995 - I R 88/94, BStBl 1996 II 383 f.
4 BGH, Urteil v. 8. 11. 1989 - 3 StR 249/89, GmbHR 1990, 298, 299, zur strafrechtlichen Verantwortung des faktischen Geschäftsführers, *Koenig*, INF 1996, 673 f.
5 Zum Ganzen ausführlich *Koenig*, INF 1996, 673 ff.
6 Zivilrechtlich zulässig, vgl. BGH, Urteil v. 23. 10. 1995 - II ZR 130/94, LX 0121906.

(4) Nicht übertragbarer Bereich

Zum Teil wird behauptet, die originären Geschäftsführungsaufgaben könnten nicht übertragen werden.[1] Die Übertragung sei zumindest dann kaum vorstellbar, wenn die GmbH nur einen Geschäftsführer habe, der zugleich als Berater tätig werden will. Da die GmbH eine juristische Person sei, könne diese selbst nicht beraten werden, der Berater müsse sich daher dann selbst beraten.[2] Letzteres ist vielleicht dann richtig, wenn man den Berater als Einflüsterer ansieht. Ein Berater kann aber auch ganz praktische Tätigkeiten selbständig erledigen, z. B. Akquisition für die Gesellschaft vornehmen. Es ist dann nicht ersichtlich, warum der Geschäftsführer eine solche Aufgabe nicht in seiner Beraterfunktion ausüben können soll. Die Behauptung, die sog. originären Geschäftsführungsaufgaben seien nicht übertragbar, findet im Gesetz keine Stütze,[3] zumal der Kreis der Aufgaben nach Ansicht der FG die gesamte Tätigkeit der jeweiligen Person für die Gesellschaft umfasste. Immerhin ist aber denkbar, dass ein gewisser Aufgabenkreis dem Geschäftsführer kraft seiner Bestellung vorbehalten ist.

3162

Die Geschäftsführer haben nach dem GmbHG folgende Aufgaben:[4]

3163

► Gerichtliche und außergerichtliche Vertretung der Gesellschaft, § 35 Abs. 1 GmbHG,

► Kundgabe der Willenserklärungen der Gesellschaft und Zeichnung für diese, § 35 Abs. 2 GmbHG,

► Jährliche Einreichung der Liste der Gesellschafter oder Erklärung gem. § 40 GmbHG,

► Sorge für ordnungsmäßige Buchführung, § 41 GmbHG,

► Vorlage von Jahresabschluss und Lagebericht bei den Gesellschaftern, § 42a GmbHG,

► Die Offenlegung der erforderlichen Rechnungsunterlagen eines Geschäftsjahres gem. §§ 325 ff. HGB beim Betreiber des Bundesanzeigers,

► Einberufung der Gesellschafterversammlungen, § 50 GmbHG.

Bei all diesen Aufgaben gibt es einen Kernbereich, den nur der Geschäftsführer ausführen kann. Es sind allerdings vom Aufwand her nur relativ geringfügige Tätigkeiten, insbesondere Grundlagenentscheidungen, z. B.

3164

► über die Einberufung der Gesellschafterversammlung kann nur der Geschäftsführer entscheiden, mit der büromäßigen Erledigung dieser Angelegenheit (Versand der Einladungen, Kontrolle des Rücklaufs, Anmietung eines Raumes für die Versammlung, Catering usw.) kann er aber Außenstehende beauftragen, z. B. einen Büroservice, aber eben auch sich selbst aufgrund eines gesonderten schuldrechtlichen Vertrages.

► Vorlage von Jahresabschluss und Lagebericht bleibt stets eine Pflicht des Geschäftsführers, aber natürlich kann er einen Steuerberater beauftragen, die körperliche Vorlage der Dokumente auf der Gesellschafterversammlung vorzunehmen und diese auch näher zu erläutern. Daher kann er diese Aufgaben auch aufgrund eines gesonderten Vertrages selbst übernehmen.

---

1 FG Schleswig-Holstein, Urteil v. 6.12.2007 - 1 K 147/04, rkr., EFG 2008, 637; Niedersächsisches FG, Urteil v. 8.9.1998 - VI - 573/94, rkr., EFG 1998, 1663; FG München, Urteil v. 27.7.2000 - 6 K 3142/97, rkr., NWB LAAAB-10069, auch für nahe stehende Person als Berater.
2 FG München, Urteil v. 27.7.2000 - 6 K 3142/97, rkr., NWB LAAAB-10069; a. A. FG Rheinland-Pfalz, Urteil v. 12.5.2003 - 5 K 2002/02, rkr., NWB EAAAB-26459.
3 *Janssen*, GStB 2008, 180, 182.
4 Aufzählung nicht abschließend, vgl. auch *Koenig*, INF 1996, 673.

- die Entscheidung über Erhebung einer Klage kann nur der Geschäftsführer treffen, aber die konkrete Prozessführung kann er natürlich einem Anwalt überlassen. Daher kann er, soweit er selbst Anwalt ist, diese auch aufgrund eines gesonderten schuldrechtlichen Vertrages mit gesonderter Vergütung selbst für die Gesellschaft übernehmen.
- die Entscheidung, mit wem die Gesellschaft geschäftliche Beziehungen aufnimmt, kann nur der Geschäftsführer treffen, aber die Akquisition von Kunden kann er durchaus anderen überlassen, daher also auch selbst aufgrund eines Beratervertrages übernehmen und diese Tätigkeit gesondert vergütet bekommen.

3165 Schon diese wenigen Beispiele zeigen, dass der Geschäftsführer meist nur die Verantwortung für bestimmte Handlungen übernehmen muss, die körperliche Ausführung dieser Handlungen aber auf andere übertragen kann. Auch steuerrechtlich ist keine Rechtsgrundlage ersichtlich, die über die vorgenannten Grundsätze hinaus die Übertragung von Geschäftsführungsaufgaben auf einen Berater verbieten würde.[1] Daher hat das FG Rheinland-Pfalz entschieden, dass ein Beratungsvertrag auch typische Geschäftsführungsaufgaben umfassen kann.[2] Letztlich hat daher der nicht übertragbare Bereich von Geschäftsführungsaufgaben zwar eine hohe Bedeutung, aber einen so geringen Umfang, dass eine Abgrenzung für die Zwecke der vGA kaum weiterführt.

(5) Vereinbarung

3166 Die Abgrenzung der Aufgaben des Geschäftsführers ist daher praktisch vollständig der Vereinbarung zwischen dem Geschäftsführer und den Gesellschaftern überlassen. Ein Drittvergleich führt hier also nicht weiter. Es ist völlig unerheblich, ob andere Firmen derselben Branche ähnliche Tätigkeiten auch auslagern oder nicht. Welche Aufgaben im Rahmen der Geschäftsführungstätigkeit und welche aufgrund anderer schuldrechtlicher Vereinbarungen erbracht werden, kann in den Grenzen völlig frei vereinbart werden. Insoweit hat sich das Steuerrecht hier nach dem Zivilrecht zu richten. Wichtig ist aber, dass sich aufgrund der Vereinbarungen (Beratervertrag und Geschäftsführervertrag) genau abgrenzen lässt, welche Tätigkeit auf welcher schuldrechtlichen Basis erbracht wird.[3]

3167 Der Umfang der jeweiligen Tätigkeiten ist allerdings für die Höhe des jeweiligen Gehalts bzw. Honorars ausschlaggebend.[4] Die meisten Formularverträge sehen vor, dass die Geschäftsführung neben den Grundlagenentscheidungen auch die organisatorischen Aufgaben in der Gesellschaft zu übernehmen hat. Regelmäßig ist aber nicht vorgesehen, dass der Geschäftsführer selbst Umsätze erzielt (anders meist bei Freiberufler-GmbHs).

3168 Hier ergeben sich drei Fallgruppen:
- Der Geschäftsführer wird als Berater für die Gesellschaft in einem Bereich tätig, der ausnahmsweise nicht zum Geschäftsfeld der Gesellschaft gehört, z. B. der Gesellschafter eines mittelständischen Autozulieferers übernimmt die Rhetorikschulungen für leitende

---

[1] Janssen, GStB 2008, 180, 182.
[2] FG Rheinland-Pfalz, Urteil v. 12. 5. 2003 - 5 K 2002/02, rkr., NWB EAAAB-26459 (nahe stehende Person); auch FG München, Urteil v. 22. 7. 1999 - 15 K 1673/95, LX 0553441; FG Baden-Württemberg, Urteil v. 8. 3. 2001 - 6 K 44/98, rkr., EFG 2001, 777, gerade in diesen Fällen bedarf es aber einer sorgfältigen Abgrenzung, die in einem ähnlichen Fall des FG München nicht festzustellen war, FG München, Urteil v. 14. 5. 2002 - 7 K 3264/00, rkr., EFG 2002, 1251.
[3] FG Baden-Württemberg, Urteil v. 8. 3. 2001 - 6 K 44/98, rkr., EFG 2001, 777; FG München, Urteil v. 14. 5. 2002 - 7 K 3264/00, rkr., EFG 2002, 1251; positives Beispiel: FG Rheinland-Pfalz, Urteil v. 12. 5. 2003 - 5 K 2002/02, rkr., NWB EAAAB-26459 (nahe stehende Person).
[4] FG Rheinland-Pfalz, Urteil v. 12. 5. 2003 - 5 K 2002/02, rkr., NWB EAAAB-26459 (nahe stehende Person).

Angestellte. In diesen Fällen ergeben sich für die Abgrenzung kaum Probleme, dennoch ist natürlich eine Vereinbarung erforderlich.

- Der Geschäftsführer übernimmt als Berater oder Subunternehmer eine Tätigkeit, die die Gesellschaft stets durch angestellte Arbeitnehmer oder fremde Dritte erledigen lässt. Auch hier muss eine Abgrenzung zwischen Geschäftsführungs- und Berater-/Subunternehmertätigkeit erfolgen und die Entgeltlichkeit der Tätigkeit vereinbart werden. Die Abgrenzung ist aber wegen der zur Verfügung stehenden Vergleichsfälle relativ einfach zu leisten. An den Berater oder Subunternehmervertrag mit dem Geschäftsführer können keine anderen oder höheren Anforderungen gestellt werden als an die Verträge mit Dritten.

- Der Geschäftsführer wird zugleich als Berater oder Subunternehmer für die Gesellschaft tätig, er ist aber der einzige, der diese Tätigkeiten für die Gesellschaft erbringt. Hier ist die Abgrenzung schon schwieriger, aber auch noch relativ einfach durchführbar, wenn es einen Usus in der Branche gibt, an den sich Gesellschaft und Gesellschafter gehalten haben. Gibt es einen solchen Usus nicht, oder wurde er nicht eingehalten, so ist eine besonders sorgfältige Abgrenzung der verschiedenen Bereiche erforderlich. Das gilt noch verstärkt, wenn Tätigkeiten übernommen werden, die normalerweise die Geschäftsführung erledigt.[1]

Alle Tätigkeiten, die dem Geschäftsführer nicht ausdrücklich im Anstellungsvertrag übertragen wurden, kommen für eine Auslagerung in Betracht. Nur weil bestimmte Tätigkeiten im Geschäftsführeranstellungsvertrag nicht genannt sind, ergibt sich bei Erledigung aber noch kein Anspruch auf eine gesonderte Vergütung. Selbstverständlich steht es dem Gesellschafter-Geschäftsführer auch frei, in seiner Eigenschaft als Gesellschafter als Gesellschafterbeitrag eine Leistung zu erbringen, zu der er nach dem schuldrechtlichen Anstellungsvertrag als Geschäftsführer nicht verpflichtet ist. Soll aber eine Vergütung erfolgen, so bedarf es einer Vereinbarung.

Eine solche Vereinbarung (Beratervertrag/Subunternehmervertrag) bedarf dabei keiner nach außen erkennbaren Dokumentation, der Vertrag muss also insbesondere nicht schriftlich abgefasst werden. Es genügt den steuerlichen Bedürfnissen auch, wenn in anderer Weise erkennbar wird, dass und ggf. welche Leistungen vom Gesellschafter-Geschäftsführer aufgrund einer gesonderten schuldrechtlichen Grundlage erbracht werden.[2] Dafür bestehen verschiedene Möglichkeiten:

- Ausreichend ist z. B. eine Vereinbarung über die Abrechnungsmodalitäten für die gesonderte Tätigkeit. Dies gilt auch, wenn sich die Vereinbarung nur auf die Festlegung der Höhe des Stundenhonorars beschränkt.[3]
- Auch ein Gesellschafterbeschluss über die Abrechnungsmodalitäten ist hinreichend.[4]
- Ausreichend war dem FG Brandenburg[5] auch ein Gesellschafterbeschluss, nach dem der Gesellschafter-Geschäftsführer „ein Fixum von 2 500 DM zzgl. 5 % Provision vom Netto-Kundenumsatz" erhalten sollte. Das Fixum wurde als Geschäftsführergehalt, die Provisi-

---

1 FG München, Urteil v. 14. 5. 2002 - 7 K 3264/00, rkr., EFG 2002, 1251.
2 BFH, Urteile v. 9. 7. 2003 - I R 100/02, BFH/NV 2003, 1666 = NWB YAAAB-71701; v. 17. 12. 2003 - I R 25/03, BFH/NV 2004, 819 = NWB CAAAB-20236; auch FG München, Urteil v. 22. 7. 1999 - 15 K 1673/95, LX 0553441.
3 BFH, Urteil v. 17. 12. 2003 - I R 25/03, BFH/NV 2004, 819 = NWB CAAAB-20236.
4 BFH, Urteil v. 9. 7. 2003 - I R 100/02, BFH/NV 2003, 1666 = NWB YAAAB-71701.
5 FG Brandenburg, Urteil v. 16. 11. 2005 - 2 K 1869/02, NWB UAAAB-80751.

on als Vergütung für die vom Gesellschafter-Geschäftsführer zusätzlich ausgeübte Tätigkeit im Vertrieb der Gesellschaft angesehen. Die tatsächliche Prüfung ergab dabei hinreichend, dass die Provision nur für vom Gesellschafter-Geschäftsführer selbst vermittelte Umsätze gezahlt wurde, der Prozentsatz hielt sich im unteren Bereich der Provisionssätze anderer Vertriebsmitarbeiter (4 % – 8 %). Der BFH hingegen sah in der Vereinbarung eine steuerlich unzulässige Umsatzprovision für den Geschäftsführer und nahm vGA an.[1]

- Wird zeitnah zur Durchführung der Tätigkeit eine Rechnung darüber an die Gesellschaft gestellt, so lässt auch dies den Rückschluss auf eine vorherige, eindeutige und klare Vereinbarung zu.

- Daneben sind alle prozessualen Beweismittel geeignet, eine mündliche Vereinbarung nachzuweisen.

3171 In seinen Grundlagenurteilen[2] hat der BFH darauf hingewiesen, dass der ordentliche Geschäftsleiter prüfen wird, ob die Gesellschaft über die personellen und sachlichen Mittel zur Erledigung eines Auftrages verfügt und ob es in Anbetracht des entstehenden Aufwandes und der geschäftlichen Risiken aus unternehmerischer Sicht günstiger sein wird, den Gesellschafter-Geschäftsführer als Subunternehmer zu beauftragen oder ihm ein angemessenes Geschäftsführergehalt zu zahlen. Damit suggeriert der BFH, dass es dem ordentlichen Geschäftsleiter freistünde, den Geschäftsführer als solchen mit der Erledigung des Auftrages zu beauftragen – und ggf. sein Gehalt angemessen zu erhöhen oder ihn als Subunternehmer zu beschäftigen. Diese Auswahl besteht indes nur, wenn die angetragene Tätigkeit grundsätzlich vom Geschäftsführeranstellungsvertrag abgedeckt ist. Ist das nicht der Fall, braucht sich der Geschäftsführer auf eine Ausweitung seines Aufgabenbereichs auch unter Erhöhung seines Gehaltes nicht einzulassen. Die Gesellschaft hat dann allenfalls die Auswahl, ihn oder einen anderen Subunternehmer zu beschäftigen, da sie dann nicht über einen Geschäftsführer mit dem entsprechenden Aufgabenbereich verfügt.

bb) Weitere allgemeine steuerliche Voraussetzungen

3172 Vgl. dazu → Rz. 3047 ff.

f) Angemessenheit der Vergütungshöhe

3173 Steht fest, dass dem Grunde nach eine Tätigkeit aufgrund eines Beratervertrags oder Subunternehmervertrags vorliegt, so ist noch zu prüfen, ob die Höhe der dafür gezahlten Vergütung angemessen ist. Für die Überprüfung der Höhe ist nun wieder der Drittvergleich heranzuziehen, also die Frage, was unter fremden Dritten für die Erledigung der dem Geschäftsführer mit gesondertem Auftrag übertragenen Aufgaben bezahlt wird.

- Obwohl der BFH die Anerkennung von Überstundenvergütungen u. a. mit dem Argument abgelehnt hatte, die tatsächliche Leistung der Stunden lasse sich beim Gesellschafter-Geschäftsführer nicht ausreichend kontrollieren,[3] kann die Abrechnung auf Stundenbasis beim Beratervertrag anerkannt werden, wenn die GmbH die Stunden ihren Kunden wei-

---

[1] BFH, Urteil v. 28. 6. 2006 - I R 108/05, BFH/NV 2007, 107 = NWB XAAAC-19472.
[2] BFH, Urteile v. 9. 7. 2003 - I R 100/02, BFH/NV 2003, 1666 = NWB YAAAB-71701; v. 17. 12. 2003 - I R 25/03, BFH/NV 2004, 819 = NWB CAAAB-20236; auch schon v. 12. 10. 1995 - I R 127/94, BFHE 179, 258 = NWB OAAAA-96759.
[3] Für Beraterverträge so noch FG München, Urteil v. 14. 5. 2002 - 7 K 3264, rkr., EFG 2002, 1251 = NWB YAAAB-10513.

terberechnen kann (mit Gewinnaufschlag) oder zumindest die Pauschalpreise gegenüber ihren Kunden auf Stundenbasis kalkuliert.[1]

- Ist die Abrechnung nach Stunden auch gegenüber fremden Dritten üblich, die solche Aufträge von der Gesellschaft erhalten, so kann sie auch beim Gesellschafter nicht beanstandet werden, natürlich muss auch die Höhe der Stundensätze vergleichbar sein. In seinem Urteil v. 17.12.2003 fordert der BFH für die Anerkennung der Stundensätze, dass diese üblich sind und mit Gewinnaufschlag abgewälzt werden können. Dies ist eine unverständliche Überspannung der Anforderungen. Können die Stundensätze mit Gewinnaufschlag weitergegeben werden, ist nicht ersichtlich, warum sie daneben noch üblich sein müssen. Sind sie üblich, ist nicht ersichtlich, warum der Drittvergleich nicht allein deswegen schon gelungen sein sollte, da dann auch bei Dritten nicht danach gefragt wird, ob die Stundensätze weiterberechnet werden können.

- Gilt für die Tätigkeit eine Gebührenordnung (etwa StBVV, RVG), gilt diese als Maßstab für die Angemessenheit der Vergütungshöhe.[2]

- Ist, wie im wissenschaftlichen Bereich, die Abrechnung nach Tagessätzen und die Zahlung erst nach Eingang der Mittel vom eigenen Auftraggeber üblich, so kann dies auch bei einem Subunternehmervertrag mit dem Gesellschafter-Geschäftsführer nicht beanstandet werden.[3]

- Für den Ersatz von Aufwendungen im Zusammenhang mit der Beratertätigkeit gilt Gleiches wie bei der Anstellung als Geschäftsführer.[4]

- Nach BFH, Urteil v. 5.3.2008[5] ist ferner der Umfang der Tätigkeit zu berücksichtigen. Werden an sich angemessene Stundensätze (250 bzw. 240 DM) so mit Arbeitszeiten (9 300 Std. in drei Jahren) kombiniert, dass der Aufwand das Fremdübliche übersteigt, so kann nur die Vergütung anerkannt werden, die bei einem Gesellschafter-Geschäftsführer als angemessen angesehen worden wäre. Hier werden wieder in unzulässiger Weise die Verhältnisse von Beratungs- und Arbeitsvertrag vermischt.

Im nicht entscheidungserheblichen Teil seines Urteils v. 8.3.2001 hält das FG Baden-Württemberg[6] auf einen Beratervertrag bei dem als Honorar eine Tantieme vereinbart war, auch alle Urteile des BFH zu Tantiemen (insbesondere 75:25-Verhältnis) und zur Gesamtausstattung des Geschäftsführers für anwendbar. Diese sollen wohl analog auf die Beraterhonorare angewendet werden. Da die BFH-Urteile der Konkretisierung des Drittvergleichs dienen, wäre dazu die Feststellung erforderlich, dass fremde Dritte als Berater ihre Honorare nach denselben Grundsätzen ausrichten wie Fremdgeschäftsführer. Diesen Beweis blieb das Gericht freilich schuldig. Er dürfte auch nicht zu führen sein. Dementsprechend hat das FG Brandenburg diesen Punkt in seiner Entscheidung v. 16.11.2005[7] nicht aufgegriffen, obwohl dies nahe liegend gewesen wäre, da das Finanzamt und auch der BFH in der Revision[8] die Beratervergütung als Umsatztantieme verstanden.

---

1 Stunden als Kalkulationsgrundlage; BFH, Urteil v. 17.12.2003 - I R 25/03, BFH/NV 2004, 819 = NWB CAAAB-20236.
2 BFH, Urteil v. 23.6.1993 - I R 72/92, BStBl 1993 II 801; *Ballof*, GmbH-Stpr. 2002, 113, 115; *Neumann*, GmbH-StB 2001, 235, 236.
3 BFH, Urteil v. 9.7.2003 - I R 100/02, BFH/NV 2003, 1666 = NWB YAAAB-71701.
4 Siehe dazu → Rz. 3096 f.
5 BFH, Urteil v. 5.3.2008 - I B 171/07, NWB FAAAC-77617.
6 FG Baden-Württemberg, Urteil v. 8.3.2001 - 6 K 44/98, rkr., EFG 2001, 777.
7 FG Brandenburg, Urteil v. 16.11.2005 - 2 K 1869/02, NWB UAAAB-80751.
8 BFH, Urteil v. 28.6.2006 - I R 108/05, BFH/NV 2007, 107 = NWB XAAAC-19472.

3175 Wer einen Drittvergleich, also einen Vergleich mit den Vereinbarungen einer Gesellschaft mit fremden Dritten, in diesem Bereich vornehmen will, der sollte das Urteil des FG Düsseldorf v. 10. 12. 2002[1] unbedingt in die Betrachtung mit einbeziehen. Dort hatte ein fremder Dritter Beraterverträge mit einem Unternehmen geschlossen, die ihm jährlich wechselnd zwischen 45 % und 60 % des Unternehmensgewinns als Honorar versprachen, zeitweise war ein Mindesthonorar von 30.000 DM vereinbart, das aber in einem Jahr dann doch nicht gezahlt wurde. Zudem konnte weder der Berater noch der Geschäftsführer des Unternehmens genauer angeben, worin denn die Beratungstätigkeit bestand, schriftliche Ergebnisse oder eine Dokumentation des Beraters über seine Tätigkeit lagen ebenfalls nicht vor. Da aber in zumindest zwei Fällen Kunden des Unternehmens eine Vermittlungstätigkeit des Beraters bestätigt hatten und die Zahlung der Beraterhonorare (meist bar, nur einmal per Scheck, nie per Überweisung) vom Berater bestätigt wurde und keine Beziehung des Beraters zu Gesellschaftern bestand, waren die Honorare als Betriebsausgaben abzugsfähig.

3176 Auf der anderen Seite sind auch pauschale Begrenzungen der Vergütungshöhe vom BFH nicht akzeptiert worden. So hatten verschiedene FG[2] entschieden, bei einer personenbezogenen Kapitalgesellschaft dürfe der Gesellschaft nicht mehr als 75 % des erwirtschafteten Ertrags durch die Gesellschafter (u. a. durch Subunternehmerverträge) entzogen werden. Diesen pauschalen Ansatz verwarf der BFH zu recht, entscheidend seien allein die Marktverhältnisse. Ließen diese einen Gewinn für die Gesellschaft nicht zu, sei das kein Grund, die Vergütung für den Subunternehmer zu kürzen, sondern allenfalls ein Grund, den Auftrag nicht anzunehmen.[3]

g) Rückwirkung auf das Gehalt des Gesellschafter-Geschäftsführers

3177 Nach Ansicht des BFH[4] rechtfertigt es beträchtliche Abschläge beim Gehalt des Gesellschafter-Geschäftsführers, dass

► er der Gesellschaft in der Zeit, die er für die Erledigung der Beratungstätigkeit bzw. des Subunternehmerauftrags benötigt, nicht als Geschäftsführer zur Verfügung steht und

► die Aufträge, bei denen der Gesellschafter-Geschäftsführer als Subunternehmer tätig wird, der Gesellschaft angetragen wurden und nicht dem Gesellschafter. Dies wäre nur dann anders, wenn die Aufträge dem Gesellschafter angetragen wurden und dieser sie an die Gesellschaft weitergibt, die ihn daraufhin als Subunternehmer beschäftigt.

3178 Diese Ausführungen sind indes logisch kaum nachvollziehbar.

3179 Die Angemessenheit des Geschäftsführergehalts wird i. d. R. durch den Fremdvergleich aufgrund von Gehaltsstrukturuntersuchungen bestimmt. Diese gehen davon aus, dass eine Ge-

---

1 FG Düsseldorf, Urteil v. 10. 12. 2002 - 6 K 3593/99 K, EFG 2003, 1040 = NWB OAAAB-07561, insoweit von der Revision nicht betroffen, vgl. dazu BFH, Urteil v. 28. 6. 2006 - I R 108/05, BFH/NV 2007, 107 = NWB XAAAC-19472.
2 FG Münster, Urteil v. 14. 10. 2002 - 9 K 3730/99, EFG 2003, 411; FG Hamburg, Urteil v. 13. 10. 2000 - II 457/99, EFG 2001, 160.
3 BFH, Urteil v. 9. 7. 2003 - I R 100/02, BFH/NV 2003, 1666 = NWB YAAAB-71701.
4 BFH, Urteil v. 17. 12. 2003 - I R 25/03, BFH/NV 2004, 819 = NWB CAAAB-20236.

schäftsführertätigkeit einen gewissen Mindestinhalt hat. Wird ein Teil dieses Mindestinhaltes mit einem Beratervertrag ausgelagert,[1] so muss natürlich ein niedrigeres als das maximale[2] Vergleichsgehalt laut Tabelle vereinbart werden.[3] Wird aber vom Gesellschafter-Geschäftsführer eine Tätigkeit zusätzlich zu den unveränderten Geschäftsführungsaufgaben übernommen, so muss er für die Ausübung der Beratungstätigkeit auf Freizeit verzichten. Dies ist aber kein Grund, sein Gehalt als Geschäftsführer zu reduzieren. Besonders deutlich ist dies in Fällen, in denen der Geschäftsführer eine Tätigkeit übernimmt, die von der Gesellschaft regelmäßig an fremde Dritte als Auftragnehmer vergeben wird.

Die Frage, wem ein Auftrag angetragen wurde, entscheidet nach der Geschäftschancenlehre,[4] wem die Gewinnchance aus dem Auftrag zusteht. Wurde der Gesellschaft der Auftrag angetragen, ist dies auch die Gesellschaft. Dies hat aber nichts damit zu tun, wie sie den Auftrag erledigt. Die Kosten für von der Gesellschaft beauftragte Subunternehmer sind auch bei fremden Dritten nicht davon abhängig, ob die Gesellschaft den Auftrag angetragen bekommen oder ob sie ihn selbst als Subunternehmer des Gesellschafters erhalten hat. Erst Recht ist nicht ersichtlich, warum sich der Auftrag direkt an die Gesellschaft auf das Gehalt des Gesellschafter-Geschäftsführers mindernd auswirken sollte.

Zudem ist zu bedenken, dass die einschlägigen Gehaltsstrukturuntersuchungen die Angemessenheit des Gehalts vor allem nach den Kriterien Umsatz, Arbeitnehmerzahl und Umsatzrendite der Gesellschaft bestimmen. Setzt die Gesellschaft aber Subunternehmer ein, so sinken dadurch zumindest die letzten beiden Faktoren. Damit wirkt sich die Subunternehmertätigkeit des Gesellschafters bereits indirekt nachteilig auf sein Geschäftsführergehalt bei der Gesellschaft aus.[5] Eine darüber hinausgehende Minderung ist weder erforderlich noch logisch vertretbar.

Abschließend ist noch darauf hinzuweisen, dass der BFH die übliche Vorgehensweise von Betriebsprüfern, Gehalt und Beratervergütung zusammenzurechnen und dann mit den Gehaltstabellen aus Gehaltsstrukturuntersuchungen abzugleichen, nicht einmal in Erwägung gezogen hat. Diese Vorgehensweise wird auch von *Koenig*[6] bejaht, weil sich sonst durch Ausgliederung der Geschäftsführungsaufgaben mittels Beraterverträgen die Vergütung unter Umgehung der Angemessenheitsgrenzen beliebig steigern ließe. Dies übersieht, dass auch die Vergütung aufgrund eines Beratervertrages einer eigenen Angemessenheitsprüfung unterliegt und dass die Ausgliederung von üblichen Geschäftsführungstätigkeiten eine Verminderung der Vergütung als Geschäftsführer rechtfertigt. Dennoch sind beide Prüfungen vorzunehmen. Es kann nicht, auch nicht aus Vereinfachungsgründen, eine der beiden schuldrechtlichen Vereinbarungen schlicht ignoriert werden.

---

1 Zu dieser Möglichkeit vgl. → Rz. 3161 ff.
2 Grundsätzlich kann ein Gehaltsrahmen voll ausgeschöpft werden, vgl. BFH, Urteile v. 9. 7. 2003 - I R 100/02, BFH/NV 2003, 1666 = NWB YAAAB-71701; v. 17. 12. 2003 - I R 25/03, BFH/NV 2004, 819 = NWB CAAAB-20236; v. 27. 2. 2003 - I R 46/01, BStBl 2004 II 132, und damit gegen BMF, Schreiben v. 14. 10. 2002, BStBl 2002 I 972, der dort verlangt, bei ertragsschwachen GmbHs das Gehalt an der Untergrenze zu orientieren; ähnlich OFD Düsseldorf v. 17. 6. 2004, FR 2004, 855 (Median). Vgl. auch bereits BFH, Urteil v. 17. 10. 2001 - I R 103/00, BStBl 2004 II 171, für vGA bei Ansatz internationaler Verrechnungspreise.
3 Wie z. B. im Fall des FG München, Urteil v. 14. 5. 2002 - 7 K 3264/00, rkr., EFG 2002, 1251 = NWB YAAAB-10513.
4 Dazu → Rz. 3357 ff.
5 *Janssen*, GStB 2008, 180, 185.
6 *Koenig*, INF 1996, 673, 676.

h) Tatsächliche Durchführung

3183 Bei Beraterverträgen wird von den Gerichten immer wieder beanstandet, dass die Durchführung der vereinbarten Beratungsleistungen nicht nachgewiesen werden kann, was dann zur Annahme von vGA führt.[1]

3184 Es kommt darauf an, dass die vereinbarten Honorare in der vereinbarten Höhe zum vereinbarten Termin auch tatsächlich gezahlt werden.[2]

- Wird mit einer dem beherrschenden Gesellschafter-Geschäftsführer nahe stehenden Person ein Beratervertrag abgeschlossen, das Honorar aber über Jahre hinweg nicht ausgezahlt, sondern als Verbindlichkeit ausgewiesen, ist das Honorar vGA.[3] Gleiches gilt auch für einen Beratervertrag mit einem nicht beherrschenden Gesellschafter-Geschäftsführer.[4] Anders als bei beherrschenden Gesellschafter-Geschäftsführern gilt hier aber keine Vermutung für die mangelnde Ernstlichkeit, sondern das FG muss sich von dem nicht ernstlich gewollten Abschluss eines Beratervertrages eine positive Überzeugung bilden. Bei dieser Fallgruppe drängt sich die Vermutung auf, dass die Verträge nur deshalb nicht anerkannt werden, weil die Gesellschaft die Ausgabe sogleich steuerlich berücksichtigen kann, wogegen der Berater aufgrund einer Einnahmenüberschussrechnung zunächst keine Einnahmen versteuern muss.[5]

- Wird neben einem monatlichen Honorar eine Tantieme für den Berater vereinbart und dann das Honorar in zwei- bis viermonatigen Abständen, die Tantieme in einem Jahr gar nicht, in einem neben dem Monatshonorar und in einem weiteren Jahr nach Verrechnung mit den Monatszahlungen gezahlt, so sind dies ausreichende Anhaltspunkte für eine mangelnde Vertragsdurchführung und mithin für vGA.[6]

- Ist es, z. B. im wissenschaftlichen Bereich, üblich, dass Rechnungen für längere Zeiträume und ohne Fälligkeitsdatum gestellt werden und Zahlungen in unregelmäßiger Höhe und unregelmäßigen Abständen entsprechend dem Geldeingang von den öffentlichen Auftraggebern der Gesellschaft erfolgen, so kann das entsprechende Verhalten bei einem Subunternehmervertrag zwischen Gesellschaft und Gesellschafter-Geschäftsführer ebenfalls nicht beanstandet werden.[7]

i) Rechtsfolgen

3185 Soweit eines der o. g. Merkmale verletzt wird, ist eine vGA die Rechtsfolge, i. d. R. in voller Höhe der Vergütung. Nur wenn die Beratungsvergütung im Drittvergleich als überhöht anzusehen ist oder wegen der Beratertätigkeit das Gehalt als Geschäftsführer als überhöht anzusehen ist, wird lediglich der überhöhte Teil als verdeckte Gewinnausschüttung angesehen.

3186 Eine Besonderheit ergibt sich im Bereich der Abgrenzung der Beratertätigkeit. Soweit bei der Abgrenzung nicht festgestellt werden kann, ob die Tätigkeit auf schuldrechtlicher Basis oder gesellschaftsrechtlicher Basis erbracht wird, ist sie in vollem Umfang vGA. Soweit aber feststeht, dass die Tätigkeit auf schuldrechtlicher Grundlage erbracht wird, jedoch eine Abgren-

---

[1] Z. B. FG München, Urteil v. 22.7.1999 - 15 K 1673/95, LX 0553441.
[2] BFH, Urteil v. 2.3.1988 - I R 103/86, BStBl 1988 II 786.
[3] BFH, Urteil v. 2.3.1988 - I R 103/86, BStBl 1988 II 786.
[4] BFH, Urteil v. 6.12.1995 - I R 88/94, BStBl 1996 II 383 (11 Jahre keine Auszahlung).
[5] Vgl. auch *Schmidt*, FR 1988, 481.
[6] FG Baden-Württemberg, Urteil v. 8.3.2001 - 6 K 44/98, rkr., EFG 2001, 777.
[7] BFH, Urteil v. 9.7.2003 - I R 100/02, BFH/NV 2003, 1666 = NWB YAAAB-71701.

zung zur Tätigkeit als Geschäftsführer nicht vorliegt, ist die gesamte gezahlte Vergütung als Vergütung für die Geschäftsführung anzusehen, also auch die als Beraterhonorar ausgezahlten Beträge. Nur soweit diese Gesamtvergütung unangemessen ist, ist sie dann vGA. Es ist jedoch unerheblich, dass die Geschäftsführervergütung ggf. in zwei Teilen in zwei unterschiedlichen schuldrechtlichen Vereinbarungen festgelegt worden ist. Davon besteht jedoch eine Reihe an Ausnahmen. Diese sind insbesondere gegeben, wenn auch die in eine Geschäftsführervergütung umgedeutete Entlohnung vGA darstellen würde. Entscheidungen dazu:

- Erfolgte die Auszahlung der Beratervergütung nicht monatlich, so kann dies allerdings einer Umdeutung in Geschäftsführergehälter entgegenstehen.[1]
- Gleiches gilt, wenn zwei Geschäftsführer Beratervergütungen entsprechend dem Verhältnis ihrer Kapitalbeteiligungen erhalten.[2]

Ist der Beratervertrag nur mündlich geschlossen, nicht erkennbar welche Leistungen als Beraterleistungen und welche als Geschäftsführungsleistungen erbracht wurden und wird lediglich eine Rechnung nach Ablauf von drei Jahren gestellt ohne die Leistungen näher zu bezeichnen, so ist keine Umdeutung in einen Geschäftsführeranstellungsvertrag möglich, der ja gerade nicht gewollt war, vielmehr liegt vGA vor.[3]

(Einstweilen frei)

17. Beschränkte Steuerpflicht

Der Annahme einer vGA steht nicht entgegen, dass die aus der vGA entstehenden Kapitaleinkünfte aufgrund der beschränkten Steuerpflicht des Empfängers nicht im Inland besteuert werden.[4]

18. Besserungsklausel

Erhält ein Gesellschafter auf eine Forderung, die er der Gesellschaft erlassen hat, nach Eintritt einer wirtschaftlichen Gesundung der Gesellschaft eine Zahlung, so stellt diese vGA dar. Wurde allerdings bei Erlass der Forderung vereinbart, dass nach Gesundung der Gesellschaft die Forderung wieder aufleben soll (Besserungsklausel), so ist die Erfüllung dieser Forderung keine vGA.[5] War darüber hinaus vereinbart, dass auch die Zinspflicht für alle Zeiträume nach Erlass der Forderung wieder aufleben soll, so ist auch die nachträgliche Zahlung der Zinsen für den Zeitraum, in dem die Forderung nicht bestand, keine vGA.[6]

19. Betriebsaufspaltung

LITERATURHINWEISE:
Streck, Aktuelle Probleme offener und verdeckter Gewinnausschüttungen und Einlagen bei der mittelständischen GmbH, GmbHR 1982, 22; *Kühn*, Die steuerlich angemessene Pacht im Rahmen der Betriebsaufspaltung, GStB 2002, 153.

---

1 FG München, Urteil v. 22.7.1999 - 15 K 1673/95, LX 0553441; FG München, Urteil v. 27.7.2000 - 6 K 3142/97, rkr., NWB LAAAB-10069.
2 Niedersächsisches FG, Urteil v. 8.9.1998 - VI - 573/94, rkr., EFG 1998, 1663.
3 FG München, Urteil v. 22.7.1999 - 15 K 1673/95, LX 0553441.
4 BFH, Urteile v. 8.11.1988 - I R 335/83, BStBl 1989 II 510; v. 30.5.1990 - I R 41/87, BStBl 1991 II 588, 593; v. 18.12.2002 - I R 27/02, BFH/NV 2003, 824 = NWB XAAAA-70028.
5 BFH, Urteil v. 30.5.1990 - I R 41/87, BStBl 1991 II 588.
6 BFH, Urteil v. 3.12.1996 - I R 121/95, BFH/NV 1997, 265 = NWB VAAAB-38006.

a) Grundlagen

3200 Die Betriebsaufspaltung als Unternehmensform ist eine Doppelgesellschaft, in der die Funktion eines Betriebes auf zwei verschiedene Unternehmen aufgeteilt worden ist, wobei i. d. R. das am Markt auftretende Betriebsunternehmen als KapGes und das Besitzunternehmen, welches dem Betriebsunternehmen wesentliche Betriebsgrundlagen verpachtet, als Einzelunternehmen oder Personengesellschaft ausgestaltet ist. Die Betriebsaufspaltung setzt u. a. eine personelle Verflechtung zwischen der Besitz- und Betriebsgesellschaft voraus. Eine personelle Verflechtung ist gegeben, wenn eine Person oder mehrere Personen (Personengruppen) sowohl das Besitzunternehmen als auch die Betriebsgesellschaft in dem Sinn beherrschen, dass sie in der Lage sind, in beiden Unternehmen einen einheitlichen geschäftlichen Willen durchzusetzen.[1] Dies geschieht i. d. R. indem die Person oder Personengruppe in beiden Unternehmen die Mehrheit der Anteile oder zumindest der Stimmrechte hält. Wegen dieser personellen Verflechtung handelt es sich bei den in die personelle Verflechtung einbezogenen Personen stets um beherrschende Gesellschafter, sei es, dass eine einzelne Person allein die Mehrheit der Anteile an beiden Unternehmen hält, sei es, dass es sich um mehrere Personen handelt. Im letzteren Falle wird hier wegen der gemeinsamen Interessen in der Betriebsaufspaltung stets ein gleichgerichtetes Interesse zu unterstellen sein, so dass ggf. deshalb Beherrschung vorliegt. Auf die Betriebsaufspaltung ist daher die gesamte Rspr. für vGA an beherrschende Gesellschafter anwendbar. Insbesondere ist natürlich dabei der Pachtvertrag zwischen Besitz- und Betriebsgesellschaft ein für vGA anfälliges Vertragsverhältnis. Eine Betriebsaufspaltung ist auch über die Grenze (Besitzgesellschaft im Inland, Betriebsgesellschaft im Ausland) möglich.[2]

b) Pachtzins als verdeckte Gewinnausschüttung

3201 Bei der Ermittlung des Einkommens der Betriebs-KapGes sind grundsätzlich die Pachtzahlungen an die Besitz-PersGes abzugsfähige Betriebsausgaben; soweit jedoch die Zahlungen unangemessen hoch sind, muss der überhöhte Betrag dem Einkommen der Betriebs-KapGes wieder hinzugerechnet werden. Es ist auch erforderlich, dass die Zahlungen eines Pachtzinses nach außen klar und eindeutig erkennbar vereinbart werden. Das gilt insbesondere, wenn der Gesellschafter-Geschäftsführer der GmbH, der zugleich Gesellschafter der Personengesellschaft ist, vom Verbot des Selbstkontrahierens (§ 181 BGB) befreit ist. Es genügt aber, wenn die Buchhalterin unterrichtet und angewiesen ist, entsprechende Buchungen vorzunehmen.[3] Fehlt bei einem Vertrag über eine Betriebsaufspaltung, der von vornherein klar und eindeutig zwischen einer KapGes und ihrem beherrschenden Gesellschafter vereinbart ist, die Detailvereinbarung über eine Nebenpflicht, so kann deshalb das von der KapGes gezahlte Pachtentgelt nicht insgesamt als vGA behandelt werden. Eine vGA kann allenfalls insoweit vorliegen, als die KapGes eine Leistung erbracht hat, zu der sie vertraglich nicht verpflichtet war.[4]

3202 Der vereinbarte Pachtzins muss angemessen sein. Dazu ist er mit dem tatsächlichen Nutzungswert des ganzen Betriebes zu vergleichen.[5] Verpachtet ein Besitzunternehmen an die Be-

---

[1] BFH, Urteile v. 12. 11. 1985 - VIII R 240/81, BStBl 1986 II 296; v. 1. 12. 1989 - III R 94/87, BStBl 1990 II 500; v. 2. 4. 1997 - X R 21/93, BStBl 1997 II 545.
[2] FG Köln, Urteil v. 31.8.2016 - 10 K 3550/14, EFG 2016 S. 1997, NWB LAAAF-86085, Rev. anhängig, Az. BFH: I R 72/16.
[3] BFH, Urteil v. 21. 7. 1976 - I R 178/75, BStBl 1976 II 761; im Anschluss an BFH, Urteil v. 20. 9. 1967 - I 97/64, BStBl 1968 II 49.
[4] BFH, Urteil v. 28. 10. 1987 - I R 110/83, BStBl 1988 II 301.
[5] BFH, Urteil v. 31. 3. 1971 - I R 111/69, BStBl 1971 II 536; Niedersächsisches FG, Urteil v. 27. 11. 1973 - VI Kö 4/69, EFG 1974, 273. Zu Fragen der Angemessenheit auch *Streck*, GmbHR 1982, 22 ff., 29.

triebs-GmbH einzelne Wirtschaftsgüter mit einer relativ kurzen Nutzungsdauer (5 Jahre) und wird dabei ein Pachtzins i. H. v. 200 % (oder mehr) der steuerlichen AfA vereinbart, ist grundsätzlich davon auszugehen, dass der Pachtzins überhöht und teilweise als vGA zu behandeln ist.[1] Denn ein Pachtzins i. H. v. 200 % der steuerlichen AfA würde dem Verpächter wegen des durch die Einrechnung der AfA in die Pacht gegebenen Cash-Flows eine effektive Kapitalverzinsung von rund 38 % eröffnen. In einem solchen Fall ist unter Berücksichtigung der Interessen des Verpächters wie des Pächters der angemessene Pachtzins aus den Faktoren Kapitalverzinsung und Vergütung für den Wertverzehr zu ermitteln. Bemessungsgrundlage für die Kapitalverzinsung bildet dabei die Summe der Teilwerte der verpachteten Einzelwirtschaftsgüter im Zeitpunkt der Pachtberechnung, nicht deren ursprüngliche Anschaffungskosten. Die Vergütung für den Wertverzehr richtet sich nach der tatsächlichen Nutzungsdauer der einzelnen Wirtschaftsgüter und nicht nach den steuerlichen Abschreibungssätzen. Im Übrigen muss zur Ermittlung der angemessenen Pacht auf die Spezialliteratur zur Betriebsaufspaltung verwiesen werden.[2]

Auch das Nachzahlungsverbot ist bei der Betriebsaufspaltung zu beachten, d. h. das Pachtentgelt oder andere Entgelte dürfen nicht rückwirkend erhöht werden.[3] Da jedoch bei der Verpachtung eines ganzen Betriebes oft das angemessene Entgelt nur unter Schwierigkeiten von Anfang an zutreffend ermittelt werden kann, hat der BFH eine Ausnahme vom Nachzahlungsverbot anerkannt und zugelassen, dass die endgültige Höhe der Pacht von einem Sachverständigengutachten abhängig gemacht wird.[4] Allerdings kann eine vGA trotz Einschaltung eines Sachverständigen, der den angemessenen Pachtzins bestimmen soll, dann nicht vermieden werden, wenn der Pachtzins so hoch angesetzt wird, dass ein ordentlicher und gewissenhafter Geschäftsleiter diesen Pachtzins nicht akzeptiert hätte.[5]

c) Weitere Einzelfälle der verdeckten Gewinnausschüttung bei Betriebsaufspaltung

Aufgrund der engen Beziehungen zwischen der Besitz-PersGes (bzw. auch Einzelunternehmen) und der Betriebs-KapGes sind vGA auch außerhalb des Pachtvertrages möglich. Beispiele aus der Rspr.:

- Eine vGA liegt vor, wenn die KapGes Kosten trägt, die aufgrund des Vertrages über die Betriebsaufspaltung vom Besitzunternehmen zu tragen wären.[6]
- Hat der Unternehmer des Besitzunternehmens der Betriebs-KapGes das Nutzungsrecht an einer Erfindung überlassen, liegt eine vGA vor, wenn die Betriebs-KapGes dem Besitzunternehmer die aus einer Weitergabe des Nutzungsrechts herrührenden Vergütungen überlässt.[7]
- Eine Pensionszusage an den Gesellschafter-Geschäftsführer einer Betriebs-KapGes unterliegt denselben Voraussetzungen wie andere Pensionszusagen. Ist diese Pensionszusage (teilweise) vGA, so sind die Pensionsansprüche nicht im Sonderbetriebsvermögen des

---

1 FG München, Urteil v. 15. 7. 1992 - 15 V 614/92, EFG 1993, 172.
2 Vgl. etwa *Kühn*, GStB 2002, 153; *Brandmüller*, a. a. O., Gruppe 4, S. 134e ff.; BFH, Urteil v. 4. 5. 1977 - I R 11/75, BStBl 1977 II 679.
3 BFH, Urteil v. 18. 2. 1970 - I R 12/67, BStBl 1970 II 526, betr. rückwirkende Strompreiserhöhung.
4 BFH, Urteil v. 10. 3. 1971 - I R 178/69, BStBl 1971 II 566.
5 BFH, Urteil v. 11. 10. 1977 - VIII R 191/74, BStBl 1978 II 109.
6 Siehe z. B. FG Baden-Württemberg, Urteil v. 11. 10. 1968 - III (II) 12–13/67, EFG 1969, 141, betr. Kostentragung für Fernsehwerbung.
7 BFH, Urteil v. 6. 11. 1991 - XI R 12/87, BStBl 1992 II 415.

entsprechenden Gesellschafters bei der Besitz-PersGes zu aktivieren. Sie stellen vielmehr erst bei Zahlung nachträgliche Betriebseinnahmen dieses Gesellschafters dar.[1]

▶ Eine Pensionszusage in der GmbH hat dieselben Voraussetzungen für die steuerliche Anerkennung zu erfüllen wie in jeder anderen GmbH. Bei der Prüfung der sog. Überversorgung darf dabei nur auf die Bezüge in der GmbH abgestellt werden, die Bezüge in der Besitzgesellschaft dürfen nicht einbezogen werden.[2]

3205 Dagegen liegt in folgenden Fällen nach der Rspr. keine vGA vor:

▶ Fallen bei der KapGes, die Erzeugnisse herstellt, Aufwendungen an, durch die das Unternehmen des Alleingesellschafters gefördert wird, so liegt insoweit keine vGA vor, als die Aufwendungen (z. B. Bürokosten, Werbekosten, Provisionen) durch die eigene Produktionstätigkeit der KapGes verursacht sind oder ihre Übernahme zugunsten der Vertriebsfirma branchenüblich ist.[3] Zu Aufwendungen der Betriebsgesellschaft bei gemischtem Interesse beider Gesellschaften vgl. auch RFH, Urteil v. 19. 12. 1935.[4]

▶ Bei Beendigung der Betriebsaufspaltung liegt in der Übertragung des Geschäftswerts an die Besitzgesellschaft keine vGA, weil der Pächter zur Rückgabe verpflichtet ist. Es ist daher unerheblich, dass der bei Beginn der Verpachtung vorhanden gewesene Geschäftswert nur noch von geringem Wert und im Wesentlichen ein neu geschaffener Geschäftswert vorhanden ist, weil der Geschäftswert eine Einheit ist und nicht aufgeteilt werden kann.[5]

▶ Wird die Betriebsaufspaltung durch Neugründung der Betriebsgesellschaft hergestellt, so kann ein Geschäftswert des Besitzunternehmens auf das Betriebsunternehmen übergehen. Eine Pachtzahlung für diesen Geschäftswert stellt dann keine vGA dar.[6]

d) Umgekehrte Betriebsaufspaltung

3206 Von einer „umgekehrten Betriebsaufspaltung" spricht man, wenn eine KapGes einen Teilbetrieb (z. B. den Vertrieb) ausgliedert und auf eine von ihren Gesellschaftern gebildete Personengesellschaft überträgt.[7] Zahlt die Personengesellschaft für die verpachteten Wirtschaftsgüter keinen angemessenen Pachtzins, so ist der ihr gewährte Preisvorteil als vGA zu behandeln.[8] Kann festgestellt werden das der Geschäftswert und immaterielle Wirtschaftsgüter die geschäftswertbildenden Faktoren bilden, sind sie bei Übergang auf die Personengesellschaft hinsichtlich der Frage angemessene Gegenleistung oder vGA zu berücksichtigen.[9]

3207–3212 *(Einstweilen frei)*

---

[1] BFH, Urteil v. 23. 3. 2011 - X R 42/08, BStBl 2012 II 188; FG Baden-Württemberg, Urteil v. 11. 7. 2001 - 2 K 364/99, rkr., EFG 2001, 1440, 1441.
[2] BFH, Urteil v. 28. 4. 2010 - I R 78/08, BFH/NV 2010, 1709 = NWB LAAAD-47470, kritisch dazu *Janssen*, NWB 2010, 3455, 3459.
[3] BFH, Urteil v. 16. 2. 1977 - I R 94/75, BStBl 1977 II 568; s. auch BFH, Urteil v. 1. 2. 1967 - I 220/64, BStBl 1967 III 495.
[4] RFH, Urteil v. 19. 12. 1935 - I A 166/35, RStBl 1936, 252.
[5] BFH, Urteil v. 31. 3. 1971 - I R 111/69, BStBl 1971 II 536.
[6] BFH, Urteil v. 27. 3. 2001 - I R 42/00, BStBl 2001 II 771.
[7] BFH, Urteil v. 31. 3. 1971 - I R 111/69, BStBl 1971 II 536.
[8] BFH, Urteil v. 14. 8. 1975 - IV R 30/71, BStBl 1976 II 88.
[9] BFH, Urteil v. 27. 3. 2001 - I R 42/00, BStBl 2001 II 771, für den umgekehrten Fall.

20. Betriebsveräußerung

Veräußert ein Gesellschafter einer KapGes sein Einzelunternehmen an diese und stellt sich diese Veräußerung, z. B. wegen Verletzung zivilrechtlicher Vorschriften, als vGA dar, so ist diese in Höhe des Kaufpreises anzusetzen, gleichzeitig kommt es zu einer Einlage des Einzelunternehmens.[1]

21. Bürgschaften

Übernimmt die GmbH eine Bürgschaft für ihren Gesellschafter, so stellt dies zunächst keine vGA dar, da sich die Übernahme der Bürgschaft nicht auf das Einkommen auswirkt. Erst wenn die Inanspruchnahme aus der Bürgschaft droht, besteht eine Verpflichtung zur Passivierung, zugleich ist dann aber der Rückgriffsanspruch auf den Gesellschafter zu aktivieren, so dass wiederum keine Auswirkung auf das Einkommen gegeben ist. Nur wenn die Forderung gegenüber dem Hauptschuldner wertlos ist oder die GmbH auf den Rückgriffsanspruch verzichtet, entsteht eine vGA. Für die Frage der Wertlosigkeit des (späteren) Rückgriffsanspruchs ist dabei auf den Zeitpunkt der Bürgschaftsübernahme abzustellen.[2] Wenn die Inanspruchnahme droht, so besteht bei der KapGes eine Verpflichtung zur Passivierung.[3] Nach diesem Urteil besteht aber auch die Aktivierungspflicht der Forderung gegenüber dem Gesellschafter. Das kann aber nur zutreffen, wenn zurzeit der möglichen Inanspruchnahme eine gewisse Aussicht auf Erfolg des Rückgriffs gegen den Gesellschafter besteht. Wenn keine Erfolgsaussicht besteht, liegt somit bereits mit der erforderlichen Passivierung eine vGA an den Gesellschafter vor. Spätestens mit der späteren Inanspruchnahme aus der Bürgschaft stellen die geleisteten Zahlungen vGA dar.[4]

Eine vGA liegt auch vor, wenn die Bürgschaft von der Gesellschaft übernommen wird, ohne dass sie dafür ein angemessenes Entgelt (Aval-Provision) erhält.[5] Das gilt auch für eine Bürgschaftsübernahme durch eine inländische Tochtergesellschaft einer ausländischen Muttergesellschaft zugunsten der inländischen Schwestergesellschaft, die dafür keine Provision zahlt. Eine Einlage bei der ausländischen Muttergesellschaft wird vom BFH[6] verneint. Die vGA ist hier in Höhe des entgangenen Entgelts anzusetzen. Auf die Aval-Provision kann allerdings verzichtet werden, wenn ein Geschäftsführer auch gegenüber Dritten keine Provision verlangt hätte, z. B. wenn der Gesellschafter ein wichtiger Geschäftspartner der Gesellschaft ist oder als Arbeitnehmer der Gesellschaft diese Bürgschaft ebenso wie andere Arbeitnehmer erhält oder eine ausreichende Ausfallsicherung stellt.[7]

Weniger problematisch ist eine Bürgschaft des Gesellschafters für die Gesellschaft. Die Übernahme einer solchen Bürgschaft ist allerdings nach der Rechtsprechung regelmäßig durch das Gesellschaftsverhältnis und nicht durch das Arbeitsverhältnis des Gesellschafter-Geschäfts-

---

1 BFH, Urteil v. 16. 12. 1998 - I R 96/95, NJW 1999, 3070 = NWB VAAAA-63051.
2 BFH, Urteil v. 19. 3. 1975 - I R 173/73, BStBl 1975 II 614.
3 BFH, Urteil v. 19. 3. 1975 - I R 173/73, BStBl 1975 II 614.
4 BFH, Urteil v. 19. 3. 1975 - I R 173/73, BStBl 1975 II 614; s. auch *Döllerer*, DStR 1980, 395.
5 BFH, Urteil v. 26. 2. 1992 - I R 23/91, BStBl 1992 II 846.
6 BFH, Urteil v. 19. 5. 1982 - I R 102/79, BStBl 1982 II 631.
7 Ebenso *Schuhmann*, ABC der vGA, Stichwort: Bürgschaften.

führers veranlasst. Anderes kann gelten, wenn sich der Gesellschafter-Geschäftsführer verbürgt, weil er sich in seiner Funktion als Geschäftsführer schadenersatzpflichtig gemacht hat.[1] Eine vGA entsteht jedoch nur, wenn auch die Zahlung einer Avalprovision an den Gesellschafter-Geschäftsführer im Gesellschaftsverhältnis veranlasst ist. Daher setzt die Anerkennung der Zahlung einer Aval-Provision für die Bürgschaft eines beherrschenden Gesellschafters eine eindeutige und klare Vereinbarung im Vorhinein voraus, deswegen kann nicht ein Teil eines überhöhten Gehalts eines Gesellschafter-Geschäftsführers im Nachhinein mit der Übernahme von Bürgschaften vor der Umqualifizierung in vGA bewahrt werden.[2] Es kommt dann aber nur darauf an, dass die Zahlung der Aval-Provision aus der Sicht der Gesellschaft betrieblich veranlasst ist, nicht, ob der Gesellschafter die Bürgschaft nur aus gesellschaftsrechtlichen Gründen übernommen hat.[3] Die Zahlung einer Aval-Provision der Betriebs-GmbH an die Besitz-GmbH für die Besicherung eines Bankkredits soll jedoch dann vGA sein, wenn die Besitz-GmbH zwar rechtlich, nicht aber tatsächlich ein Haftungsrisiko übernommen hat.[4] Für die Höhe der angemessenen Provision lassen sich keine einheitlichen Richtlinien aufstellen; sie richtet sich nach dem Umfang des Risikos[5] und der Dauer der Bürgschaftsübernahme.[6] Nach Ansicht von *Klingebiel*[7] soll eine Aval-Provision jedenfalls nicht gerechtfertigt sein, wenn es sich um eine kapitalersetzende Bürgschaft handelt, da diese dann gesellschaftsrechtlich veranlasst sei. Dennoch gezahlte Aval-Provisionen sollen vGA sein. Dem kann nicht zugestimmt werden. Die Entgeltlichkeit der zivilrechtlich wirksam vereinbarten Bürgschaft wird nicht durch ihre Veranlassung beeinträchtigt. Eine – dann freilich nicht zu verzinsende – Einlage liegt erst bei einer Leistung des Gesellschafters auf die kapitalersetzende Bürgschaft vor.

3217 Die Befreiung des Gesellschafters von der Bürgschaftsübernahme für die KapGes kann nicht als vGA behandelt werden,[8] es sei denn, dass noch nach der Befreiung von der Bürgschaft Vergütungen für die Bürgschaftsübernahme gezahlt werden. Die Entlastung aus der Bürgschaftsübernahme kann also für den Gesellschafter eine Rückzahlungsverpflichtung an Provisionen, die bereits für die Zeit nach der Entlassung aus der Bürgschaftsverpflichtung gezahlt worden sind, auslösen, so dass eine vGA vorliegt, wenn die KapGes den Anspruch nicht geltend macht. Wird der Gesellschafter jedoch aus der Bürgschaft in Anspruch genommen, so geht die Forderung des Gläubigers an die Gesellschaft auf ihn über, ohne dass darin eine vGA gesehen werden könnte.[9]

---

[1] BFH, Urteile v. 20.12.1988 - VI R 55/84, BFH/NV 1990, 23 = NWB KAAAB-30513; v. 5.10.2004 - VIII R 64/02, BFH/NV 2005, 54 = NWB UAAAB-35864; v. 2.3.2005 - VI R 36/01, BFH/NV 2006, 33 = NWB GAAAB-69122; v. 28.6.2007 - VI B 44/07, BFH/NV 2007, 1655 = NWB ZAAAC-50804; FG Berlin-Brandenburg, Urteil v. 27.9.2007 - 6 K 8215/06 B, rkr., EFG 2008, 232.
[2] FG Berlin-Brandenburg, Urteil v. 27.9.2007 - 6 K 8215/06 B, rkr., EFG 2008, 232 = NWB JAAAC-65875.
[3] Ebenso *Frotscher*/Maas Anh. zu § 8 Stichwort: Bürgschaft; a.A. BMF, Schreiben v. 23.2.1983, BStBl 1983 I 218, Tz. 4.4.1.
[4] FG Hamburg, Urteil v. 28.4.1978 - II 294/76, EFG 1978, 568.
[5] RFH, Urteil v. 28.4.1932 - I A 205/30, RStBl 1932, 549; vgl. auch → Rz. 3405.
[6] A. A. insoweit wohl FG Berlin-Brandenburg, Urteil v. 27.9.2007 - 6 K 8215/06 B, rkr., EFG 2008, 232, das ausführt, eine Avalprovision werde regelmäßig nur einmalig entrichtet – abwegig.
[7] *Klingebiel* Dötsch/Eversberg/Jost/Witt, KStG, Anh. zu § 8, Stichwort: Bürgschaft.
[8] RFH, Urteil v. 17.7.1934 - I A 226/33, RStBl 1934, 1239.
[9] BFH, Urteil v. 16.12.1987 - I R 222/83, BFH/NV 1989, 103 = NWB UAAAB-29640; auch *Rupp/Felder/Geiger/Lang*, Verdeckte Gewinnausschüttung, Verdeckte Einlage, Teil B, Stichwort: Bürgschaft, Rz. 4.

22. Charterflugverkehr

Ein vier Jahre lang mit Verlust betriebener Charterflugverkehr einer GmbH (Finanzierungs-Immobilienvermittlung) führt zur Annahme einer vGA bei nicht kostendeckender Vercharterung an eine dem Gesellschafter nahestehende Person.[1]

23. D & O-Versicherung

> LITERATURHINWEISE:
>
> *Kästner*, Steuerrechtliche Probleme der D & O-Versicherung, DStR 2001, 195; *dies.*, Abzugsfähigkeit von D & O-Prämien für Aufsichtsratsmitglieder als Betriebsausgaben, DStR 2001, 422; *Küppers/Dettmeier/Koch*, D & O-Versicherung: Steuerliche Implikationen für versicherte Personen?, DStR 2002, 199.

Die Directors & Officers Liability Insurance, kurz D & O-Versicherung ist eine Versicherung, mit der Ansprüche der KapGes, der Gesellschafter der KapGes oder Dritter gegenüber den Organen der KapGes versichert werden. Die Prämienzahlungen stellen bei Einhaltung einiger Voraussetzungen Betriebsausgaben bei der Gesellschaft dar, sind jedoch kein Arbeitslohn der Mitglieder der versicherten Organe.[2] Eine vGA dürfte jedenfalls dann vorliegen, wenn die Beiträge nicht als Arbeitslohn angesehen wurden und die KapGes im Schadenfall auf ihre Regressansprüche gegenüber dem jeweiligen Organmitglied verzichtet, soweit ihr solche Ansprüche zustehen. Zur Vermeidung einer vGA sollten daher die Regressansprüche vertraglich ausgeschlossen werden, soweit der Schaden durch die D & O-Versicherung abgedeckt wird.

24. Darlehenshingabe

> LITERATURHINWEISE:
>
> *Korn*, Neue Beratungsaspekte zu verdeckten Gewinnausschüttungen, KÖSDI 2001, 12811; *Priester*, Unternehmenssteuer-Reform und Gesellschaftsvertrag, DStR 2001, 795; *Blumers/Beinert/Witt*, Individuell gesteuerter Gewinnfluss zur Gesellschafterebene bei Kapitalgesellschaften DStR 2002, 565 (Teil I), 616 (Teil II); *Wienands/Teufel*, Darlehen einer GmbH an ihren Gesellschafter, GmbHR 2004, 1301; *Berg/Schmich*, Kreditgewährung unter Verstoß gegen § 30 GmbHG als verdeckte Gewinnausschüttung, FR 2005, 190; *Schäfer*, Darlehensgewährung an Gesellschafter als verbotene Ausschüttung i. S. v. § 30 GmbHG – Todesstoß für konzerninternes Cash Pooling?, GmbHR 2005, 133.

a) Allgemein

Auch eine Darlehensvereinbarung muss klar sein und bei beherrschenden Gesellschaftern im Voraus abgeschlossen werden.[3] Insbesondere sind Regelungen über Kündigung, Tilgung bzw. Rückzahlungszeitpunkt usw. erforderlich.[4] Sollen Zinsen gezahlt werden, ist auch darüber eine Vereinbarung notwendig.[5] Diese Vereinbarungen können aber mündlich oder konkludent abgeschlossen und dann aus der tatsächlichen Durchführung abgeleitet werden.[6]

---

[1] FG Bremen, Urteil v. 26. 11. 1987 - II 221–222/85, EFG 1988, 133.
[2] FinMin Niedersachsen v. 25. 1. 2002, DB 2002, 399 f.; in Abstimmung mit dem BMF und den übrigen Ländern; ebenso schon *Küppers/Dettmeier/Koch*, DStR 2002, 199; für Arbeitslohn *Kästner*, DStR 2001, 195, 422.
[3] FinMin Hessen v. 15. 4. 1994, GmbHR 1994, 576; BFH, Urteile v. 23. 9. 1970 - I R 116/64, BStBl 1971 II 64; v. 10. 3. 1971 - I R 178/69, BStBl 1971 II 566; v. 5. 2. 1992 - I R 127/90, BStBl 1992 II 532, 537.
[4] BFH, Urteil v. 19. 12. 2007 - VIII R 13/05, BStBl 2008 II 568.
[5] BFH, Urteil v. 19. 12. 2007 - VIII R 13/05, BStBl 2008 II 568.
[6] BFH, Urteil v. 19. 12. 2007 - VIII R 13/05, BStBl 2008 II 568.

3221 Das Fehlen eines einzelnen Elements führt nach der Rspr. jedoch nicht sogleich zur vGA:

- Das Fehlen einer Vereinbarung zur Verzinsung verursacht keine vGA, da die Verzinslichkeit nicht zum Wesen des Darlehensverhältnisses gehört.[1] Die Rückbeziehung von Verträgen, d. h. eine rückwirkende Vereinbarung von Kreditzinsen, wird steuerrechtlich aber auch nicht anerkannt.[2]

- Fehlt eine Vereinbarung über eine Besicherung, so ergibt sich daraus allein keine vGA.[3] Insbesondere gelten gegenüber der GmbH nicht die Grundsätze, die im Einkommensteuerrecht zwischen Angehörigen angewendet werden, da sich dies nur auf natürliche Personen bezieht.[4] Eine vGA kann sich allerdings ergeben, wenn aus der mangelnden Besicherung darauf zu schließen ist, dass das Darlehensverhältnis nicht ernst als solches gewollt ist.

- Wird keine Kündigungsfrist vereinbart, so ist das Darlehen allein deswegen allerdings noch nicht als vGA anzusehen, vielmehr gilt dann die gesetzliche Kündigungsfrist.[5] Aus der Geltung dieser Frist kann sich allerdings ergeben, dass das Darlehen nicht ernstlich gemeint war.[6]

3222 Darlehen können zivilrechtlich gem. § 398 BGB formfrei abgetreten werden. Die Abtretung des Darlehens führt dabei nicht automatisch auch zur Abtretung der künftigen Zinsansprüche, im Zweifel ist aber anzunehmen, dass diese mit abgetreten wurden.[7] Da die Abtretung eines Darlehensanspruchs lediglich ein rechtlicher Vorteil ist, bedürfen minderjährige Kinder gem. § 107 BGB nicht der Zustimmung ihrer gesetzlichen Vertreter für die Annahme der Abtretung, also erst recht nicht der Zustimmung durch einen Ergänzungspfleger oder ein Vormundschaftsgericht.[8] Schließen die Kinder aber unmittelbar nach der Schenkung ohne Einsatz eines Ergänzungspflegers mit der Gesellschaft erstmals einen schriftlichen Darlehensvertrag über die weitere Überlassung der Darlehensmittel ab, wobei der Vertrag für fünf Jahre unkündbar ist, so ist diese Unkündbarkeit u. U. ein rechtlicher Nachteil. Das führt aber nur dazu, dass wieder die gesetzliche Kündigungsfrist für das Darlehen gilt und nicht dazu, dass die Schenkung des Darlehens unwirksam wäre und die Zinszahlungen daher als vGA an den Vater angesehen werden könnten. Es handelt sich bei Schenkung und Darlehensvertrag um zwei getrennte Rechtsgeschäfte, die nicht vermengt werden dürfen, zumal auch gesonderte Vereinbarungen vorlagen.[9]

b) Darlehen der Gesellschaft an den Gesellschafter

3223 Die Hingabe eines Darlehens an den Gesellschafter kann aber eine vGA sein, wenn bei wirtschaftlicher Betrachtungsweise aufgrund der Umstände im Einzelfall kein echtes Darlehensverhältnis gewollt ist. Echte Darlehen sind jedoch der Regelfall, wenn die zuvor bereits abge-

---

[1] BFH, Urteile v. 16.9.1958 - I 88/57 U, BStBl 1958 III 451; v. 14.3.1990 - I R 6/89, BStBl 1990 II 795, dort aber als Indiz für eine mangelnde Rückforderungsabsicht gewertet.
[2] BFH, Urteile v. 24.8.1973 - VI B 38/73, BB 1973, 1429 = NWB AAAAA-99882; v. 19.12.2007 - VIII R 13/05, BStBl 2008 II 568.
[3] Vgl. → Rz. 3223.
[4] BMF, Schreiben v. 9.5.1994, DB 1994, 1058, allerdings kann danach die Zurechnung des Darlehens und des Zinsanspruchs einkommensteuerlich abweichend von der vertraglichen Regelung zu beurteilen sein.
[5] BFH, Urteile v. 19.12.2007 - VIII R 13/05, BStBl 2008 II 568; v. 29.10.1997 - I R 24/97, BStBl 1998 II 573.
[6] BFH, Urteil v. 29.10.1997 - I R 24/97, BStBl 1998 II 573.
[7] BFH, Urteil v. 19.12.2007 - VIII R 13/05, BStBl 2008 II 568.
[8] BFH, Urteil v. 19.12.2007 - VIII R 13/05, BStBl 2008 II 568.
[9] BFH, Urteil v. 19.12.2007 - VIII R 13/05, BStBl 2008 II 568.

prüften Merkmale einer eindeutigen und klaren Vereinbarung erfüllt sind. Dabei ist zu beachten, dass § 43a GmbHG zwar die Kreditvergabe an Geschäftsführer und Prokuristen einschränkt, danach unzulässige Darlehen aber nicht nichtig sind. Ein Verstoß gegen § 43a GmbHG begründet daher allein keine vGA.[1] Ein echtes Darlehen liegt auch vor, wenn die KapGes für ihre Gesellschafter Verrechnungskonten führt, über die gegenseitige Lieferungen oder Leistungen oder auch private Ausgaben verrechnet werden, sofern eine Rückzahlungsverpflichtung klar vorliegt.[2] Diese ist durch Einrichtung des Verrechnungskontos auch dann gegeben, wenn Gehälter an den Gesellschafter nicht auf das Verrechnungskonto gebucht werden.[3] Es ist allerdings Voraussetzung, dass die Auszahlungen an den Gesellschafter von vornherein als Darlehen (ggf. auf dem Verrechnungskonto) erfasst werden. Durch eine nachträgliche Einbuchung in einem späteren Jahr kann eine einmal eingetretene vGA dagegen nicht rückgängig gemacht werden.[4] Die Darlehenshöhe spricht nicht gegen die Ernstlichkeit des Darlehens,[5] auch wenn im Zweifelsfall die Rückzahlungsmöglichkeit mit steigender Darlehenshöhe abnimmt.[6] Das Fehlen einer Besicherung spricht allein ebenfalls nicht gegen die Ernstlichkeit einer Darlehensvereinbarung,[7] da eine Besicherung kein Selbstzweck ist, sondern nur verlangt werden kann, wenn auch fremde Dritte darauf bestanden hätten.[8] Daher ist eine Besicherung jedenfalls nicht nötig, wenn die Konzernbeziehung zwischen Darlehensgeber und -nehmer für sich gesehen bereits als Sicherheit angesehen werden kann.[9] Insbesondere sind die einkommensteuerlichen Grundsätze zur Besicherung von Darlehen zwischen Angehörigen in der Körperschaftsteuer nicht anwendbar.

Kein echtes Darlehen, sondern dem Grunde nach eine vGA, liegt vor, wenn mit einer Rückzahlung des Darlehens schon bei Hingabe nicht gerechnet werden kann.[10] Das soll selbst dann gelten, wenn das Darlehen dennoch zeitnah getilgt wird.[11] VGA liegt auch vor, wenn bereits bei Hingabe des Darlehens kein Wille zur Rückforderung des Darlehensbetrages besteht.[12] Auch wenn bei einem beherrschenden Gesellschafter keine Absicht oder keine Möglichkeit zur Rückzahlung eines Darlehens besteht, liegt eine vGA vor.[13] Tritt eine Vermögensverschlechterung des Darlehensnehmers ein, so besteht eine außergewöhnliche Kündigungsmöglichkeit

---

1 *Korn*, KÖSDI 2001, 12811, 12820.
2 BFH, Urteile v. 8.10.1985 - VIII R 284/83, BStBl 1986 II 481; v. 23.6.1981 - VIII R 102/80, BStBl 1982 II 245; FG München, Urteil v. 12.6.2002 - 9 K 4020/99, rkr., EFG 2002, 1297.
3 BFH, Urteil v. 8.10.1985 - VIII R 284/83, BStBl 1986 II 481.
4 FG München, Urteil v. 12.6.2002 - 9 K 4020/99, rkr., EFG 2002, 1297 = NWB UAAAB-10630.
5 BFH, Urteil v. 6.12.1955 - I 103/53 U, BStBl 1956 III 80.
6 Vgl. Niedersächsisches FG, Urteil v. 15.2.1994 - VI 385/89, rkr., GmbHR 1994, 899.
7 BFH, Urteil v. 19.12.2007 - VIII R 13/05, BStBl 2008 II 568; v. 20.10.2004 - I R 7/04, BFH/NV 2005, 916 = NWB GAAAB-44556; FG Baden-Württemberg, Urteil v. 11.11.2005 - 10 V 27/05, rkr., DStRE 2006, 534 = NWB PAAAB-74426; ebenso für die ESt BFH, Urteil v. 19.8.2008 - IX R 23/07, BFH/NV 2009, 12 = NWB DAAAC-97237; allerdings sieht BFH, Urteil v. 14.3.1990 - I R 6/89, BStBl 1990 II 795, die mangelnde Sicherung eines hohen Darlehens zusammen mit weiteren Umständen als ausreichende Begründung für eine gesellschaftsrechtliche Veranlassung an.
8 BFH, Urteil v. 19.12.2007 - VIII R 13/05, BStBl 2008 II 568; für ESt: BFH, Urteil v. 12.5.2009 - IX R 46/08, BStBl 2011 II 24.
9 BFH, Urteil v. 29.10.1997 - I R 24/97, BStBl 1998 II 573, zur Besicherung im Konzern auch BFH, Urteil v. 21.12.1994 - I R 65/94, DB 1995, 1312 = NWB LAAAA-97531.
10 RFH, Urteil v. 26.3.1935, RStBl 1935, 1064; FG München, Urteil v. 25.7.2001 - 6 K 3066/99, NWB BAAAB-10068, rkr. = NWB UAAAB-29640; FG Berlin, Urteil v. 22.6.2004 - 7 K 7147/02, rkr., EFG 2004, 1866 = NWB JAAAB-26427, Rev. erledigt durch BFH v. 6.4.2005 - I R 86/04, BStBl 2005 II 666, betraf nicht Darlehen (da Darlehensnehmer praktisch insolvent).
11 FG München, Urteil v. 25.7.2001 - 6 K 3066/99, NWB BAAAB-10068, rkr.
12 BFH, Urteil v. 16.9.1958 - I 88/57 U, BStBl 1958 III 451; v. 14.3.1990 - I R 6/89, BStBl 1990 II 795.
13 BFH, Urteil v. 8.10.1985 - VIII R 284/83, BStBl 1986 II 481; FG Köln, Urteil v. 14.11.2002 - 10 K 3475/02, a.a.O.

für das Darlehen. Auch die Belassung des Darlehens trotz dieser Möglichkeit kann zur vGA dem Grunde nach führen.[1] Das FG Baden-Württemberg[2] fasst diese Rechtsprechung zusammen, indem es bei Darlehensgewährung der Gesellschaft an den Gesellschafter für eine vGA dem Grunde nach kumulativ auf folgende Voraussetzungen abstellt:

▶ Das Darlehen ist bereits bei Hingabe wertlos, da der Gesellschafter nicht solvent ist und

▶ die Kapitalgesellschaft hatte von der Wertlosigkeit (d. h. von der fehlenden Solvenz des Darlehensschuldners) unter Zugrundelegung eines objektiven Maßstabs eines ordentlichen und gewissenhaften Geschäftsleiters gewusst oder hätte jedenfalls davon wissen müssen und

▶ das Darlehen wurde nicht besichert und

▶ betriebliche Gründe für das Darlehen sind nicht gegeben.

3225 Für diese Punkte ist jeweils der Zeitpunkt der Darlehensvergabe maßgebend. Problematisch ist dabei allerdings, dass das Gericht die Kenntnis der Gesellschaft von der mangelnden Bonität ihres Gesellschafters praktisch ausschließlich aus nach der Darlehensvergabe eingetretenen Umständen schließt (Verwendung zum Lebensunterhalt, stetige Erhöhung, Verlängerung, keine Zinszahlung).

3226 Fraglich ist in allen diesen Fällen der Zeitpunkt der vGA. Die Ausreichung des Darlehens selbst kann noch nicht zur vGA führen, da bei der Gesellschaft nur ein Aktivtausch vorliegt und folglich noch keine Vermögensminderung eintritt. Folgende Ansichten werden vertreten:

▶ Nach Ansicht des FG Nürnberg tritt die vGA im Moment der Teilwertabschreibung bei der Gesellschaft ein, eine völlige Ausbuchung der Forderung oder gar ein zivilrechtlicher Erlass sei nicht erforderlich.[3]

▶ Das FG Berlin hingegen nimmt eine vGA in dem Moment an, in dem definitiv nicht mehr mit einer Rückzahlung des Darlehens durch den Gesellschafter zu rechnen ist oder ab dem die Gesellschaft aufhört, auf die Rückzahlung zu bestehen, da dem Mittelabfluss erst ab diesem Zeitpunkt eine gewisse Endgültigkeit innewohne.[4]

▶ Nach BFH liegt eine vGA vor, wenn ein solches Darlehen abgeschrieben oder darauf verzichtet wird.[5]

▶ Nach FG München liegt vGA schon bei Hingabe des Darlehens vor, da im entschiedenen Fall wegen der schlechten Vermögenslage des Gesellschafters dem Darlehensabfluss keine aktivierungsfähige Forderung gegenübergestanden habe.[6]

---

1 So BFH, Urteil v. 7.11.1990 - I R 35/89, BFH/NV 1991, 839 = NWB LAAAB-31593, zu entnehmen, in dem der BFH Erwägungen darüber anstellt, zu welchem Zeitpunkt die vGA eingetreten sein könnte; auch BFH, Urteil v. 14.3.1990 - I R 6/89, BStBl 1990 II 795.
2 FG Baden-Württemberg, Urteil v. 11.11.2005 - 10 V 27/05, rkr., NWB PAAAB-74426.
3 FG Nürnberg, Urteil v. 9.4.2003 - I 139/99, EFG 2003, 139; aufgehoben durch BFH, Urteil v. 14.7.2004 - I R 16/03, BStBl 2004 II 1010, ohne Entscheidung dieser Frage.
4 FG Berlin, Urteil 22.6.2004 - 7 K 7147/02, rkr., EFG 2004, 1866 = NWB JAAAB-26427, Rev. erledigt durch BFH v. 6.4.2005 - I R 86/04, BStBl 2005 II 666, betraf Darlehen nicht; ähnlich bereits Niedersächsisches FG, Urteil v. 10.11.1988 - VI 377/87, NWB YAAAA-07500, da Teilwertabschreibung die Existenz der Forderung nicht berührt.
5 BFH, Urteil v. 14.3.1990 - I R 6/89, BStBl 1990 II 795; auch BFH, Urteil v. 31.7.1974 - I R 238/72, BStBl 1975 II 48.
6 FG München, Urteil v. 25.7.2001 - 6 K 3066/99, NWB BAAAB-10068, rkr.; ebenso FG Baden-Württemberg, Urteil v. 11.11.2005 - 10 V 27/05, rkr., NWB PAAAB-74426.

Ab dem Zeitpunkt, ab dem dem Grunde nach eine vGA vorliegt, sind Zinszahlungen auf diese Darlehen kein Ertrag der GmbH mehr, sondern eine Einlage des Gesellschafters, der die vGA erhalten hat.[1]

3227

Wird ein abgeschriebenes Darlehen später dennoch zurückgezahlt, so stellt dies eine verdeckte Einlage dar.[2] Beim Gesellschafter liegt bei Zufluss der Darlehensvaluta eine vGA, also Einkünfte aus Kapitalvermögen vor. Zahlt er später das Darlehen, entsprechend der weiterhin bestehenden zivilrechtlichen Verpflichtung zurück, so stellen diese Zahlungen gewinnneutrale Einlagen dar, die lediglich seine Anschaffungskosten für die Beteiligung erhöhen. Das Abschreiben des Darlehens durch die Gesellschaft oder der Verzicht darauf haben bei ihm allerdings keine steuerliche Auswirkung mehr. Gleiches gilt für Darlehen, die durch das Stehenlassen beim Gesellschafter zur vGA werden.

3228

Beispiele nach der Rspr.:

3229

▶ Die D-GmbH, bei der D Alleingesellschafter-Geschäftsführer ist, gewährt der Z-GmbH, bei der D mit 67 % beteiligt ist, ein Darlehen zu einem Zeitpunkt, in dem die Z-GmbH bereits insolvenzreif ist. Diese geht auch tatsächlich noch in demselben Jahr in die Insolvenz, das Darlehen fällt aus. Nach Ausfall wurde das Darlehen als vGA angesehen.[3]

▶ Das Darlehen an den Gesellschafter wird trotz fehlender Rückzahlungsabsicht oder -möglichkeit von der Gesellschaft weiter aufgestockt. Der Aufstockungsbetrag ist bei Hingabe vGA.[4]

▶ Unter dem neuen Körperschaftsteuerrecht könnte die Rspr. des RFH wieder aktuell werden, nach der die Darlehenshingabe als vGA anzusehen ist, wenn die KapGes trotz ausreichender Gewinne nie oder nur geringfügig Gewinnausschüttungen vornimmt und die erzielten Gewinne aufspeichert.[5] Zivilrechtlich ist dieses Verhalten zulässig, es kann aber dazu führen, dass die Gesellschaft aus der Treuepflicht gegenüber dem Gesellschafter an der Rückforderung der Darlehen gehindert ist.[6] Nach dem neuen Körperschaftsteuerrecht könnte ein Gesellschafter so jedoch die Einkommensbesteuerung einer Ausschüttung verhindern und die Steuerlast auf den niedrigen Körperschaftsteuersatz (zzgl. Gewerbesteuer) beschränken. Dies würde sich insbesondere dann lohnen, wenn die notwendig zur Vermeidung einer vGA zu vereinbarenden Zinsen im Privatbereich abgesetzt werden können, weil das Darlehen zur Einkunftserzielung verwendet wurde (z. B. Kauf eines Miethauses).[7] Auch der BFH[8] und das BMF[9] haben jedoch in anderem Zusammenhang schon angenommen, dass der Ersatz einer Ausschüttung durch Darlehen zumindest eine missbräuchliche Gestaltung i. S. v. § 42 AO darstellt.

---

1 Zur analogen Behandlung bei Darlehen einer Personengesellschaft an ihren Gesellschafter allein im Interesse des Gesellschafters vgl. FG München, Urteil v. 29. 4. 2003 - 2 K 4309/01, rkr., EFG 2003, 1292 = NWB QAAAB-10055.
2 BFH, Urteil v. 25. 5. 1999 - VIII R 59/97, BB 1999, 1743 = NWB MAAAA-97467; FG München, Urteil v. 25. 7. 2001 - 6 K 3066/99, NWB BAAAB-10068; OFD Hannover v. 22. 11. 1995, FR 1996, 76.
3 BFH, Urteil v. 7. 11. 1990 - I R 35/89, BFH/NV 1991, 839 = NWB LAAAB-31593.
4 FG Düsseldorf, Urteil v. 22. 6. 1993 - 6 K 314/89, EFG 1994, 124, Rev. unzulässig, vgl. HFR 1994, 575.
5 RFH, Urteil v. 14. 9. 1935 - VI A 766/34, RStBl 1936, 107; v. 11. 11. 1936 - VI 833/36, RStBl 1937, 346.
6 OLG Frankfurt a. M. v. 22. 12. 2004 - 13 U 177/02, NWB DAAAE-84569.
7 Näher zur Darlehens-„Lösung" vgl. *Herold*, GStB 2002, 217, freilich ohne das genannte Urteil zu beachten, empfohlen wird diese Gestaltung auch von *Korn*, KÖSDI 2001, 12811, 12818; kritisch *Priester*, DStR 2001, 795, 799; *Blumers/Beinert/Witt*, DStR 2002, 616, 621.
8 BFH, Urteil v. 8. 5. 2003 - IV R 54/01, BStBl 2003 II 854.
9 BMF, Schreiben v. 20. 1. 1997, BStBl 1997 I 99, Tz. 1.3.

- Wird in einem Darlehensvertrag keine Kündigungsfrist vereinbart, kann sich aus der dann geltenden gesetzlichen Kündigungsfrist ergeben, dass die Vereinbarung nicht ernstlich gemeint war.[1]

- Bei ungewöhnlich langen Darlehenslaufzeiten (84 und 95 Jahre) ist der Betrag, der nach mehr als 15 Jahren zurückbezahlt werden soll, als endgültig in das Vermögen der Gesellschafter übergegangen anzusehen und daher vGA.[2]

- Verzicht auf Besicherung des Darlehens trotz ständigen Ansteigens des Darlehensbetrages oder obwohl bereits einmal ein Darlehen wegen Uneinbringlichkeit abgeschrieben werden musste.[3] Ähnlich FG Baden-Württemberg[4] bei dem noch hinzukam, dass der Gesellschaft bei Darlehensvergabe die mangelnde Bonität des Gesellschafters bekannt war.[5]

- Eine GmbH gewährt ihrem Gesellschafter ein Darlehen i. H. v. 190.000 DM, obwohl dieser keine Sicherheit leisten kann, wenige Jahre zuvor die eidesstattliche Versicherung abgegeben hatte und auch bei Darlehenshingabe noch wegen privater Steuerschulden gegen ihn vollstreckt wurde. Das Darlehen wurde vom FG München[6] bereits bei Hingabe als vGA angesehen.

- Eine GmbH gewährte der Not leidenden Schwester-GmbH mit gleichartiger Geschäftstätigkeit ungesicherte Darlehen und bezahlte ihre Lieferantenschulden, weil die Lieferanten drohten, auch die darlehensgewährende GmbH sonst nicht mehr zu beliefern. Als die Forderungen später abgeschrieben wurden, wurde in der Kreditgewährung an die Schwestergesellschaft eine vGA gesehen.[7]

- Eine GmbH gibt einer anderen, nahezu insolventen GmbH ein Darlehen, damit diese dem Alleingesellschafter der darlehensgebenden GmbH sein Darlehen zurückzahlen kann. Die darlehensempfangende GmbH war nahe stehende Person des Alleingesellschafters der darlehensgebenden GmbH, da dieser befreundet war mit einem zu 50 % an der darlehensempfangenden GmbH beteiligten Gesellschafter.[8]

- Eine GmbH hatte ohne ausreichende Sicherheiten dem später wohl mittellosen Alleingesellschafter Darlehen i. H. v. 750.000 DM gewährt und zusätzlich weitere Forderungen auf dem Verrechnungskonto anwachsen lassen. Bei Abschreibung dieser Forderungen wurden sie als vGA angesehen.[9]

- Keine vGA liegt hingegen bei Darlehensvergabe an einen Gesellschafter vor, der dieses Darlehen an eine andere Gesellschaft, an der er ebenfalls beteiligt ist, weitergibt, wenn mit dieser bedeutende Geschäftsbeziehungen der Gesellschaft bestehen. Die Vergabe

---

[1] BFH, Urteil v. 29. 10. 1997 - I R 24/97, BStBl 1998 II 573.
[2] BFH, Urteil v. 10. 12. 1957 - I 272/56 U, BStBl 1958 III 69; auch BFH, Urteil v. 7. 11. 1990 - X R 126/87, BStBl 1991 II 291.
[3] BFH, Urteil v. 26. 10. 1993 - I B 112/93, BFH/NV 1994, 415 = NWB AAAAB-33626; v. 16. 9. 1958 - I 88/57 U, BStBl 1958 III 451; auch v. 31. 7. 1974 - I R 238/72, BStBl 1975 II 48.
[4] FG Baden-Württemberg, Urteil v. 11. 11. 2005 - 10 V 27/05, rkr., NWB PAAAB-74426.
[5] Siehe auch oben → Rz. 3224 f.
[6] FG München, Urteil v. 25. 7. 2001 - 6 K 3066/99, rkr., NWB BAAAB-10068.
[7] BFH, Urteil v. 18. 2. 1999 - I R 62/98, BFH/NV 1999, 1515 = NWB QAAAA-63044.
[8] FG Berlin, Urteil v. 22. 6. 2004 - 7 K 7147/02, rkr., EFG 2004, 1866 = NWB JAAAB-26427 Rev. erledigt durch BFH v. 6. 4. 2004 - I R 86/04, BStBl 2005 II 666, betraf Darlehen nicht.
[9] BFH, Urteil v. 14. 3. 1990 - I R 6/89, BStBl 1990 II 795.

des Darlehens an den Gesellschafter anstatt an die Gesellschaft spricht gerade für eine betriebliche Veranlassung, da der Gesellschafter unbegrenzt haftet.[1]

c) Insbesondere: Darlehensvergabe unter Verstoß gegen § 30 GmbHG

Durch Urteil v. 24.11.2003[2] hat der BGH entschieden, dass Kreditgewährungen an Gesellschafter, die nicht aus Rücklagen oder Gewinnvorträgen, sondern zu Lasten des gebundenen Vermögens der GmbH erfolgen, grundsätzlich auch dann als nach § 30 GmbHG verbotene Auszahlung anzusehen sind, wenn der Rückzahlungsanspruch voll werthaltig ist. Nach h. M. wurde dies bisher anders gesehen, danach erfolgte eine bilanzielle Betrachtung. Wurden die ausgezahlten liquiden Mittel durch einen vollwertigen Rückzahlungsanspruch ersetzt, so wurde darin keine verbotene Auszahlung i. S. v. § 30 GmbHG gesehen.[3] Der BGH bejahte hingegen einen Verstoß gegen § 30 GmbHG, weil

▶ der Austausch liquider Mittel gegen einen Darlehensrückzahlungsanspruch die Vermögenslage der Gesellschaft verschlechtere und

▶ die Darlehensvaluta dem Zugriff der Gläubiger der Gesellschaft entzogen werde, da nur noch die Gläubiger des Darlehensnehmers darauf zugreifen können. Da nicht davon ausgegangen werden kann, dass die Gesellschaft ihre liquiden Mittel ansonsten in bar aufheben würde, handelt es sich bei diesem Argument letztlich darum, dass dem Gesellschafter generell eine schlechtere Bonität unterstellt wird als z. B. einer Bank.[4]

Die Änderung des § 30 Abs. 1 GmbHG durch das MoMiG durch Aufnahme der Sätze 2 und 3 führte zu einer Rückkehr zur bilanziellen Betrachtungsweise und Beendigung der von der Rechtsprechung getragenen Entwicklung eines an § 30 GmbHG angelehnten Eigenkapitalersatzrechts. Danach liegt kein Verstoß gegen den Kapitalerhaltungsgrundsatz gem. § 30 Abs. 1 GmbHG vor, wenn die Auszahlung der Darlehensvaluta durch einen vollwertigen Gegenleistungs- oder Rückgewähranspruch gegen den Gesellschafter als Darlehensnehmer gedeckt ist.

Ob die entsprechende Darlehensvergabe auch eine vGA darstellt, hängt vor allem von der Frage ab, wie die Darlehensvergabe bilanziell umzusetzen ist und ob danach eine Vermögensminderung zu bejahen ist. Vorweg ist festzustellen, das in einem Vertragskonzern (mit Beherrschungsvertrag) jedenfalls keine vGA vorliegen kann, da dort § 30 GmbHG nicht zur Anwendung kommt.[5]

Im Übrigen ist die Frage jedoch strittig:

▶ Gegen eine Vermögensminderung spricht selbst für den Fall, dass ein Verstoß gegen § 30 GmbHG vorliegt, dass, anders als bei anderen Verstößen gegen § 30 GmbHG, hier die Auszahlung selbst schon zu einem Rückzahlungsanspruch, nämlich dem Darlehensrückzahlungsanspruch führt. Der Verstoß gegen § 30 GmbHG macht diesen Darlehensvertrag nicht nichtig. Der Rückzahlungsanspruch aus § 31 GmbHG tritt vielmehr nur neben diesen Darlehensrückzahlungsanspruch. Da aus § 31 GmbHG ein sofortiger Rückzahlungsanspruch erwächst, ist es letztlich seine Funktion, die Rückzahlungsfrist laut Darlehens-

---

[1] FG des Landes Brandenburg, Urteil v. 23.10.2002 - 2 K 1337/00, rkr., EFG 2003, 261 = NWB KAAAB-06910.
[2] BGH, Urteil v. 24.11.2003 - II ZR 171/01, NWB AAAAB-89381.
[3] Vgl. Nachweise im BGH, Urteil v. 24.11.2003 - II ZR 171/01, NWB AAAAB-89381.
[4] Vgl. *Schäfer*, GmbHR 2005, 133, 137.
[5] *Berg/Schmich*, FR 2005, 190, 193; *Schäfer*, GmbHR 2005, 133, 138.

vertrag abzukürzen auf die sofortige Rückzahlung. Eine Vermögensminderung liegt also nicht vor, weil die Auszahlung des Darlehens nur zu einem Aktivtausch führt und die Verstärkung des Rückzahlungsanspruchs durch den § 31 GmbHG daran auch nichts ändert.[1]

▶ Für eine Vermögensminderung spricht es, wenn man annimmt, dass wegen des Verbots des § 30 GmbHG kein Darlehen ausgezahlt wurde. Der Gesellschafter behält dann seinen Anspruch auf Auszahlung der Darlehensvaluta, sobald dies ohne Verstoß gegen § 30 GmbHG möglich ist. Die tatsächliche Auszahlung würde dann ohne schuldrechtlichen Grund geschehen und zur Vermögensminderung führen. Der Rückgewähranspruch wäre dann, entsprechend ständiger Rspr. des BFH,[2] als Einlageforderung anzusehen und würde an der einmal eingetretenen vGA nichts ändern.[3] Für die Vermögensminderung spricht es auch, dass der BGH tenoriert, die Kreditgewährung gehe „zu Lasten des gebundenen Vermögens". Dies scheint für eine Minderung des Kapitals zu sprechen.

3234 Die letztgenannte Ansicht entspricht nicht den zivilrechtlichen Vorgaben. Danach macht, wie dargestellt, der Verstoß gegen § 30 GmbHG den Darlehensvertrag nicht unwirksam, auch der Anspruch auf Verzinsung bleibt bestehen.[4] Dies gilt selbst dann, wenn es den Beteiligten auf die Umgehung der Kapitalerhaltungsvorschriften ankommt.[5] Entsteht aber der obligatorische Darlehensrückzahlungsanspruch zugleich mit der Auszahlung des Darlehens, so entsteht keine Vermögensminderung bei der GmbH, wenn dieser Rückzahlungsanspruch vollwertig ist.[6] Ebenfalls ist es nicht denkbar, dass der Darlehensrückzahlungsanspruch erlischt und durch den Anspruch nach § 31 GmbHG ersetzt wird,[7] da dann der Verzinsungsanspruch nicht bestehen bleiben könnte. Damit kann eine vGA wegen Verstoßes gegen § 30 GmbHG nicht angenommen werden.

d) Darlehen des Gesellschafters an die Gesellschaft

3235 Darlehen des Gesellschafters an die Gesellschaft können nicht dem Grunde nach vGA sein, da sie nicht zu einer Vermögensminderung bei der Gesellschaft führen. Eine solche ist nur bei Rückzahlung der Darlehen denkbar. Diese hat ihren Rechtsgrund jedoch i. d. R. im Schuldverhältnis und nicht im Gesellschaftsverhältnis. Das gilt auch dann, wenn der Darlehensgeber ein Familienangehöriger des beherrschenden Gesellschafter-Geschäftsführers ist.[8] Der BFH hat deshalb entschieden, dass Rückzahlungen auf ein Darlehen des Gesellschafters oder einer diesem nahestehenden Person vor Eintritt des Besserungsfalls zu einer vGA führen können.[9]

3236 Davon abweichend will das Thüringer FG[10] die einkommensteuerlichen Grundsätze zur Anerkennung von Darlehen zwischen Familienangehörigen auf die Darlehensvergabe des Gesellschafters an seine Gesellschaft übertragen und die Darlehensvergabe dem Grunde nach nicht anerkennen, wenn auf Zinszahlungen und Besicherung verzichtet wird und ein konkreter Ab-

---

1 Vgl. *Wienands/Teufel*, GmbHR 2004, 1301.
2 Siehe dazu → Rz. 850.
3 Vgl. *Berg/Schmich*, FR 2005, 190.
4 Vgl. *Wienands/Teufel*, GmbHR 2004, 1301, 1302.
5 *Hueck/Fastrich* Baumbach/Hueck, GmbHG, 17. Aufl., § 30 Rz. 4
6 Vgl. z. B. BFH, Urteil v. 14. 3. 1990 - I R 6/89, BStBl 1990 II 795.
7 So aber *Binz*, DB 2004, 1273, 1274.
8 Vgl. BMF, Schreiben v. 9. 3. 1994, DStR 1994, 753.
9 BFH, Urteil v. 11.12.2018 - VIII R 21/15, NWB KAAAH-12513.
10 Thüringer FG, Urteil v. 16. 10. 2003 - II 620/00, rkr., EFG 2004, 594, NWB PAAAB-17674, mit zu Recht abl. Anm. *Neu*.

lauftermin für das Darlehen nicht vereinbart wird.[1] Die Hingabe des Darlehens soll daher eine Einlage, die Rückzahlung eine vGA sein. Diese Entscheidung widerspricht in mehreren Punkten der Rechtsprechung des BFH:

▶ Der BFH hat entschieden, dass es keine Zwangsdurchführung der vGA gibt. Sofern bei der Gesellschaft keine Vermögensminderung vorliegt, kann diese nicht vom FG fingiert werden.[2]

▶ Bei Darlehen des Gesellschafters an die Gesellschaft wird die tatsächliche Durchführung lediglich als Kriterium für die Verzinsung, nicht für die Anerkennung der Darlehensvergabe selbst, angesehen, da diese mit Ausreichung des Darlehens bereits abgeschlossen ist. So hat der BFH festgestellt, dass ein Darlehensvertrag zwischen dem beherrschenden Gesellschafter und der Gesellschaft auch dann ein Darlehensvertrag bleibt, wenn Vereinbarungen über die Rückzahlung oder Besicherung fehlen. Eine Sicherheitsleistung hält er bei beherrschenden Gesellschaftern ohnehin für überflüssig, da diese aufgrund ihrer beherrschenden Stellung jederzeit für eine Nachbesicherung sorgen können.[3]

▶ Die einkommensteuerlichen Grundsätze zur Anerkennung von Darlehensverträgen können daher allenfalls dazu führen, dass die Einkünfte aus dem Darlehen einer anderen Person, als dem Darlehensgeber, zuzurechnen sind, beeinträchtigen aber nicht den Betriebsausgabenabzug bei der GmbH.[4]

Wird an den Gesellschafter allerdings ein Darlehen zurückgezahlt, obwohl die Verjährung eingetreten ist, so liegt in der Rückzahlung eine vGA,[5] obwohl die Verjährung im Zivilrecht anders als im Steuerrecht die Schuld nicht erlöschen lässt. Nach Ansicht des BFH ist der ordentliche und gewissenhafte Geschäftsleiter nicht frei darin, ob er seine Rechte in Dauerschuldverhältnissen ausübt oder nicht. Daher hat der BFH auch eine vGA angenommen, wenn eine Änderungskündigung zur Erhöhung der Miete gegenüber einem Gesellschafter unterlassen wurde.[6]

Die Rückzahlung des Darlehens an den Gesellschafter führt nach einer z.T. vertretenen Ansicht auch dann zu vGA, wenn diese nur aufgrund einer Aufwertung möglich ist, deren Ursache im Gesellschaftsverhältnis zu suchen ist.

BEISPIEL: ▶ Der Alleingesellschafter-Geschäftsführer der erfolgreichen Y-GmbH namens Y kauft Herrn X alle Anteile an der überschuldeten X-GmbH ab und zusätzlich dessen Darlehen an die X-GmbH im Nominalwert von 500.000 € mit Zeitwert 0. Für das Darlehen wird dementsprechend kein Kaufpreis bezahlt. Nach Erwerb verschmelzt Y die Y-GmbH auf die X-GmbH. Diese ist dadurch wieder in der Lage das Darlehen zurückzuzahlen. In dieser Rückzahlung liege jedoch eine vGA. Ein ordentlicher und gewissenhafter Geschäftsleiter bei der Y-GmbH hätte der Verschmelzung nur zugestimmt unter der Bedingung, dass das Darlehen gegenüber der X-GmbH vor der Verschmelzung erlassen wird. Auch wenn sich deren Verlustvorträge dadurch mindern, ist dies immer noch günstiger als die spätere Bedienung des Darlehens.[7] Das Darlehen ist mit 500.000 € zu bilanzieren und stellte daher sogleich eine vGA gem. § 8 Abs. 3 KStG bei der Gesellschaft dar, ein Zufluss beim Gesellschafter erfolgte jedoch nur entsprechend den von der Gesellschaft vorgenommenen Rückzahlungen.

---

1 Thüringer FG, Urteil v. 16.10.2003 - II 620/00, rkr., EFG 2004, 594 = NWB PAAAB-17674.
2 Vgl. dazu im Übrigen → Rz. 293.
3 BFH, Urteile v. 21.12.1994 - I R 65/94 NWB PAAAB-17674, HFR 1995, 445 = NWB LAAAA-97531; v. 29.10.1997 - I R 24/97, BStBl 1998 II 573; auch v. 6.3.2003 - IV R 21/01, BFH/NV 2003, 1542 = NWB XAAAA-70482; auch Neu, EFG 2004, 597, 599 f.
4 Vgl. BMF, Schreiben v. 9.3.1994, DStR 1994, 753.
5 BFH, Urteil v. 9.2.1993 - VIII R 21/92, BStBl 1993 II 543.
6 BFH, Urteil v. 7.12.1988 - I R 25/82, BStBl 1989 II 248.
7 Schleswig-Holsteinisches FG, Urteil v. 17.4.2002 - I 883/96, rkr., EFG 2002, 112 = NWB DAAAB-13057.

Der BFH sieht in diesem Verhalten keine vGA,[1] da der Ankauf der Forderung keine Geschäftschance der GmbH auf Forderungsverzicht darstellt, weil die Forderung beim Verkauf bestehen bleibt, nach einem Verzicht dagegen untergeht.

3239 Dementsprechend ist auch die Erfüllung einer wertgeminderten Forderung des Gesellschafters keine vGA. Dies wird z.T. angenommen, weil ein fremder Gläubiger sich seine Forderung sicherlich zum geminderten Wert abkaufen lasse.[2]

> **BEISPIEL:** Der Alleingesellschafter hat seiner GmbH ein Darlehen von 100.000 € gegeben. Wegen der schlechten wirtschaftlichen Situation der Gesellschaft beabsichtigt er, auf die Rückzahlung zu verzichten. Da das Darlehen jedoch nur noch zu 20 % werthaltig ist, würde der Ertrag aus dem Erlass von 100.000 € nur zu 20 %, also 20.000 € als verdeckte Einlage zu korrigieren sein.[3] Beim Gesellschafter würden nur diese 20 % zu nachträglichen Anschaffungskosten führen, der restliche Darlehensbetrag würde als Verlust auf der Vermögensebene entfallen ohne jegliche steuerliche Berücksichtigung. Da es also von Vorteil für die Gesellschaft und den Gesellschafter ist, soll das Darlehen werthaltig werden. Der Gesellschafter legt daher 100.000 € in die Gesellschaft ein. Diese zahlt davon das Darlehen zurück. Durch die Bareinlage steigen die Anschaffungskosten des Gesellschafters um 100.000 € und ein Ertrag bei der Gesellschaft entsteht ebenfalls nicht.

3240 Nach der o.g. Ansicht würde jedoch eine vGA i.H.v. 80.000 € vorliegen. Ein fremder Dritter hätte sich danach sicherlich seine Forderung gegenüber der Gesellschaft für 20.000 € abkaufen lassen. Diese Geschäftschance hätte die Gesellschaft nur deshalb nicht wahrgenommen, weil es sich um einen Gesellschafter handelt.

3241 Diese Ansicht ist verfehlt, eine vGA nach der Geschäftschancenlehre setzt als allererstes eine Geschäftschance der Gesellschaft voraus, die sich bereits in irgendeiner Weise konkretisiert haben muss.[4] Dies ist hier nicht der Fall, der Gesellschafter hat der Gesellschaft zu keinem Zeitpunkt den Ankauf seiner Darlehensforderung zum (geminderten) Zeitwert angeboten. Es steht ihm schließlich durchaus auch frei, mit seiner Darlehensforderung wieder auf bessere Zeiten zu warten, er muss diese nicht verkaufen.

3242–3252 *(Einstweilen frei)*

25. Darlehensverzicht

3253 Gibt der Gesellschafter seiner GmbH ein Darlehen und verzichtet er auf Rückzahlung, so liegt eine verdeckte Einlage vor. Ist eine auflösende Bedingung vereinbart worden, nach der die Forderungen im Besserungsfall wieder aufleben soll, so liegt darin keine vGA, wenn die GmbH diese Bedingung erfüllt. Dann ist die Zahlung der GmbH eine steuerlich anzuerkennende Form der Kapitalrückzahlung. Umfasst der Forderungsverzicht auch den Anspruch auf Darlehenszinsen, so sind nach Bedingungseintritt Zinsen auch für die Dauer der Krise als Betriebsausgaben anzusetzen.[5]

---

1 BFH, Urteil v. 30.1.2002 - I R 13/01, BFH/NV 2002, 1172 = NWB RAAAA-68106; a.A. Schleswig-Holsteinisches FG, Urteil v. 17.4.2002 - I 883/96, rkr., EFG 2002, 1142 = NWB DAAAB-13057 – nimmt vGA an; vgl. auch Teil V Stichwort: Forderungsverkauf.
2 *Groh*, BB 1997, 2523, 2525 und StbJb 1997/98, 7,13; dagegen *Weber-Grellet*, DB 1998, 1532.
3 Vgl. dazu → Rz. 2341 f.
4 Vgl. → Rz. 3358 ff.
5 BFH, Urteil v. 30.5.1990 - I R 41/87, BStBl 1991 II 588.

Verzichtet die Gesellschaft gegenüber dem Gesellschafter auf eine Darlehensforderung, so liegt darin eine vGA, wenn dies aus im Gesellschaftsverhältnis liegenden Gründen geschah.[1] Das ist stets der Fall, wenn schon die Vergabe des Darlehens oder sein Stehenlassen es zu einem vGA-Darlehen machen. Keine vGA liegt indes vor, wenn es sich um eine echte Sanierungsmaßnahme handelt oder der Verzicht beim Gläubiger aus sonstigen Gründen betrieblich veranlasst ist.[2] Eine vGA kommt insoweit allerdings auch schon ohne ausdrücklichen Verzicht in Betracht, wenn die Gesellschaft aus im Gesellschaftsverhältnis liegenden Gründen die Forderung gegenüber dem Gesellschafter nicht einklagt oder nicht vollstreckt. Dies setzt allerdings voraus, dass die Gesellschaft mutmaßlich ein obsiegendes Urteil erhalten und es beim Gesellschafter erfolgreich hätte vollstrecken können.[3]

Verzichtet eine GmbH gegenüber einer dem beherrschenden Gesellschafter nahe stehenden Person auf ein Darlehen, so liegt darin eine vGA, wenn ein ordentlicher und gewissenhafter Geschäftsführer auf das Darlehen nicht verzichtet hätte, weil er die wirtschaftliche Lage des Darlehensschuldners positiv eingeschätzt hätte und der Verzicht wirtschaftlich nicht verantwortbar erschienen wäre.[4]

Siehe auch Forderungsverkauf, Forderungsverzicht.

26. Darlehensverzinsung

Da es dem beherrschenden Gesellschafter freisteht, seiner Gesellschaft unentgeltlich Darlehen zu überlassen, bedarf es einer im Voraus getroffenen klaren und eindeutigen Vereinbarung über die Verzinsung einer Forderung auch dann, wenn ein gesetzlicher Zinsanspruch besteht.[5] Die Höhe einer vGA muss vom FG ggf. anhand des hypothetischen Verhaltens eines ordentlichen und gewissenhaften Geschäftsleiters geschätzt werden. Dabei sind allgemein zugängliche statistische Unterlagen, wie z. B. das Statistische Jahrbuch des Bundes, Schätzungshilfen, mit deren Verwendung jeder Verfahrensbeteiligte auch ohne Ankündigung rechnen muss. Somit kann ein FG die Schätzung des angemessenen Zinses dem Statistischen Jahrbuch des Bundes entnehmen.[6] Keine klare und eindeutige Vereinbarung und somit einen Verstoß gegen den formellen Fremdvergleich sah der BFH auch im Fall eines sog. konzerninternen Cash-Pooling Verfahrens, bei dem lediglich ein Mindest- und Höchstzinsatz vereinbart wurde.[7]

a) Darlehen der Gesellschaft an den Gesellschafter

Wenn nicht schon die Hingabe der Darlehensvaluta selbst als vGA anzusehen ist, so kann eine vGA darin bestehen, dass dem Gesellschafter günstige Zinsbedingungen eingeräumt werden, indem nur ein sehr niedriger Zinssatz oder überhaupt keine Zinsen zu entrichten sind,[8] soweit

---

1 FG München, Urteil v. 13.3.2017 - 7 K 1767/15, NWB EAAAG-59081, EFG 2017, S. 1815, NZB eingelegt, BFH Az.: I B 43/17.
2 BFH, Urteil v. 28.2.1989 - VIII R 303/84, BStBl 1989 II 711; FG Rheinland-Pfalz, Urteil v. 29.6.1995 - 4 K 1537/93, rkr., EFG 1995, 1074, Erhalt des französischen Absatzmarkts.
3 BFH, Urteil v. 14.9.1994 - I R 6/94, BStBl 1997 II 89.
4 FG Baden-Württemberg, Urteil v. 26.4.1994 - G-V 37/93, EFG 1994, 901.
5 BFH, Urteil v. 2.3.1988 - I R 63/82, BStBl 1988 II 590.
6 BFH, Urteil v. 3.2.2003 - I B 43/02, BFH/NV 2003, 1027 = NWB IAAAA-69963.
7 BFH, Urteil v. 17.1.2018 - I R 74/15, NWB EAAAG-86777.
8 BFH, Urteile v. 22.10.2003 - I R 36/03, BStBl 2004 II 307; v. 28.2.1990 - I R 83/87, BStBl 1990 II 649; v. 25.9.1970 - VI R 122/67, BStBl 1971 II 53; Hessisches FG, Urteil v. 21.4.1994 - 4 V 596/94, EFG 1996, 393.

es sich bei dem Zinsvorteil nicht um einen Sachbezug im Rahmen eines Arbeitsverhältnisses gem. § 8 Abs. 2 und 3 EStG handelt (dazu Stichwort: Anstellungsvertrag, Arbeitgeberdarlehen).

BEISPIEL: Die Gesellschafter-Geschäftsführer haben mit ihrer Gesellschaft wirksame Tantiemevereinbarungen getroffen. Sie haben nach dieser Vereinbarung das Recht, jederzeit einen Vorschuss auf die erst mit Feststellung des Jahresabschlusses fällige Tantieme auszahlen zu lassen. Diese Vereinbarung ist unwirksam, da sie nicht eindeutig und klar ist, weil die Voraussetzungen und Zeitpunkte für die Vorschusszahlungen nicht festgehalten sind. Die vorzeitige Auszahlung darf daher nur gegen angemessene Verzinsung erfolgen.[1]

3258 Ein überhöhter Zinssatz ist demgegenüber steuerlich nicht zu beanstanden. Die Angemessenheit der Zinsen ist dabei stets aus Sicht der KapGes zu beurteilen, da eine vGA nur eintreten kann, wenn bei der KapGes eine Vermögensminderung (oder verhinderte Vermögensmehrung) entsteht. Danach können unterschiedliche Zinssätze maßgebend sein:

- Leitet die Gesellschaft einen Bankkredit nur an den Gesellschafter durch, so ist der Zinssatz des Bankkredites maßgebend.[2]
- Reicht die Gesellschaft einen Kredit an den Gesellschafter aus, anstatt einen eigenen Kredit zu tilgen, bei dem die Tilgung nach den Kreditbedingungen auch tatsächlich möglich wäre, so ist der Zinssatz dieses Kredites entscheidend.[3]
- Reicht die Gesellschaft einen Kredit an den Gesellschafter aus, ohne sich zu refinanzieren und ohne eine Möglichkeit zur Tilgung eigener Kredite zu haben, so soll der angemessene Zins zu schätzen sein. Dabei soll der Sollzins für die Gesellschaft die Obergrenze, der Habenzins die Untergrenze darstellen. Ein Ansatz des Sollzinses ist dabei i. d. R. nicht möglich, wenn die Gesellschaft keine Bankgeschäfte betreibt und daher die damit verbundenen Aufwendungen nicht zu tragen hat. Sind keine besonderen Umstände feststellbar, soll daher eine hälftige Teilung des Marge zwischen Soll- und Habenzins vorgenommen werden.[4] Diese Aufteilung übersieht, dass aus Sicht der Gesellschaft zu urteilen ist, da es auf ihre Vermögensminderung ankommt. Die Gesellschaft hätte aber auf dem freien Markt, wenn sie keine Bankgeschäfte tätigt, nicht mehr als den Anlagezins erzielen können, folglich kann die Vermögensminderung bei ihr nicht höher sein als dieser Zinssatz.[5] Die Behauptung, dass sich Gesellschafter und Gesellschaft normalerweise die Zinsmarge zwischen Soll- und Habenzins teilen würden, ist erstens unbewiesen und zweitens unerheblich, denn die Teilung wäre im Gesellschaftsverhältnis begründet. Dieses ist aber beim Drittvergleich gerade auszublenden. Die Regelung, dass ein Zinsvorteil nur vorliegt, wenn und soweit der Effektivzins 5,5 % unterschreitet, wie es in R 31 Abs. 11 LStR bis 2008 für Arbeitgeberdarlehen geregelt war, wird hier von den Finanzbehörden und Gerichten nicht angewendet.[6]

3259 Der Zinssatz ist nach dem im Währungsgebiet üblichen Zinssatz zu beurteilen. Der Gesellschafter kann sich nach einer alten Entscheidung des BFH nicht darauf berufen, dass er den

---

[1] BFH, Urteil v. 22. 10. 2003 - I R 36/03, BStBl 2004 II 307.
[2] BFH, Urteil v. 16. 9. 1958 - I 88/57 U, BStBl 1958 III 451.
[3] BFH, Urteil v. 28. 2. 1990 - I R 83/87, BStBl 1990 II 649; Niedersächsisches FG, Urteil v. 8. 9. 1998 - VI 40/95, rkr., EFG 1999, 47.
[4] BFH, Urteil v. 22. 10. 2003 - I R 36/03, BStBl 2004 II 307; v. 28. 2. 1990 - I R 83/87, BStBl 1990 II 649; Hessisches FG, Urteil v. 23. 7. 1992, rkr., EFG 1993, 600; Niedersächsisches FG, Urteil v. 8. 9. 1998 - VI 40/95, rkr., EFG 1999, 47.
[5] Ähnlich jetzt auch FG Baden-Württemberg, Urteil v. 10. 11. 2005 - 3 K 353/01, rkr., EFG 2006, 594 = NWB VAAAB-78805.
[6] Niedersächsisches FG, Urteil v. 8. 9. 1998 - VI 40/95, rkr., EFG 1999, 47.

gleichen niedrigen Zinssatz auch bei einer ausländischen Bank erhalten hätte.[1] Diese Entscheidung ist freilich, soweit sie das Ausland als Vergleichsmöglichkeit ausklammert, mit Einführung des Euro hinfällig geworden, da nun auch ausländische Staaten zum Währungsgebiet gehören. Allerdings ist der vom Gesellschafter in diesem Fall angebotene Beweis auch weiterhin unerheblich, gleich ob es sich um eine in- oder ausländische Bank handelt, da allein auf die Verhältnisse der Gesellschaft abzustellen ist. Dafür sind die Kreditmöglichkeiten des Gesellschafters aber unerheblich. Soweit aber der beste Anlagezins oder der niedrigste Kreditzins aus Sicht der Gesellschaft zu bestimmen ist, sind nunmehr auch konkrete Angebote ausländischer Banken aus dem Eurowährungsraum einzubeziehen.

Die Zinslosigkeit von Vorwegdividenden, die eine GmbH als Vorschuss auf den zu erwartenden Gewinn vor Aufstellung der Bilanz vor dem Beschluss über die Gewinnverteilung auszahlt, ist keine vGA.[2] Die Zinslosigkeit eines Kredits ist auch dann keine vGA, wenn dieser Zinsvorteil ein Bestandteil der angemessenen Tätigkeitsvergütung des Gesellschafter-Geschäftsführers ist und somit der Lohnsteuer unterworfen wurde.[3]   3260

b) Darlehen des Gesellschafters an die Gesellschaft

Wenn die KapGes aus eigenem wirtschaftlichen Interesse beim Gesellschafter ein Darlehen aufnimmt, so kann lt. BFH[4] nur dann vGA vorliegen, wenn   3261

- ▶ die Zinsvereinbarung dem Grunde oder der Höhe nach unangemessen oder
- ▶ die Zinsverbindlichkeit zivilrechtlich nicht entstanden ist oder
- ▶ die Zinszahlung nicht zur Tilgung der Zinsverbindlichkeit führte.

Danach liegt eine vGA vor, wenn eine höhere Verzinsung vereinbart wird, als die KapGes für ein Darlehen zu gleichen Bedingungen bzgl. Zinssatz, Laufzeit und Besicherung auf dem Kapitalmarkt zahlen müsste.[5] Allerdings sind auch hier Ausnahmefälle denkbar: 3262

- ▶ Gibt ein beherrschender Gesellschafter ein Darlehen an seine Kapitalgesellschaft, so ist eine Besicherung allerdings nicht erforderlich. Diese ist durch die Beherrschung bereits ausreichend gegeben. Daher darf aber für das Darlehen nur der Zinssatz für besicherte Darlehen berechnet werden. Gleiches soll auch für Schwestergesellschaften, bzw. Kapitalgesellschaften, die zu demselben Konzern gehören, gelten.[6]
- ▶ - rh -[7] weist auf die in der Praxis nicht seltenen Fälle hin, dass ein Gesellschafter für seine Gesellschaft einen Kredit besorgt, weil er entweder persönlich bessere Möglichkeiten der Kreditaufnahme besitzt oder eigenes Vermögen als Kreditunterlage zur Verfügung stellt. Das gilt seiner Meinung nach insbesondere häufig bei Doppelgesellschaften, weil bei diesen die Betriebs-GmbH zumeist das Anlagevermögen von den Gesellschaftern, die eine PersGes bilden, gepachtet hat. In solchen Fällen wird der Gesellschafter und Kreditnehmer der KapGes einen höheren Zins berechnen können, als er selbst an das Kreditunternehmen zu zahlen hat. Die Zinsdifferenz ist als Gegenleistung für die Kreditbeschaffung

---

[1] BFH, Urteil v. 25.1.1964 - I 116/63 U, BStBl 1965 III 176.
[2] FG Düsseldorf, Urteil v. 16.9.1971 - X 42–44/67, EFG 1972, 93.
[3] OFD Hannover v. 2.11.1998, DStR 1998, 1964; Korn, KÖSDI 2001, 12811, 12821.
[4] BFH, Urteil v. 14.8.1991 - I B 240/99, BStBl 1991 II 935.
[5] BFH, Urteil v. 25.7.2000 - VIII R 35/99, BStBl 2001 II 698; FG Münster, Urteil v. 22.8.2001 - 12 K 6919/99, rkr., EFG 2001, 1552.
[6] BFH, Urteil v. 21.12.1994 - I R 65/94, BFHE 176, 571 = HFR 1995, 445 = NWB LAAAA-97531.
[7] GmbHR 1965, 103.

oder als Bürgschaftsprovision anzusehen, deren Zahlung in Höhe eines bei Bankbürgschaften üblichen Satzes gewinnmindernd abgezogen werden kann.[1]

3263 Bei einem partiarischen Darlehen eines Gesellschafters oder bei einer stillen Beteiligung desselben sollen dagegen feste Sätze vom Nennwert des überlassenen Darlehens als angemessen anzusehen sein.[2] Die Gewinnbeteiligung für das partiarische Darlehen/die stille Beteiligung soll so zu bemessen sein, dass nach dem im Zeitpunkt der Vereinbarung zu erwartenden Gewinn der nächsten fünf Jahre[3] die Gewinnbeteiligung für den Darlehensgeber/den Stillen 25 % des Nennwerts der Darlehenssumme oder der stillen Beteiligung nicht überschreiten.[4] Die so bestimmte Gewinnverteilung kann dann in den Folgejahren beibehalten werden, auch wenn sie im Einzelfall eine Rendite von 25 % überschreitet.[5] Der I. Senat bezieht sich hier auch in seinem neuesten Urteil maßgeblich auch auf die Rspr. anderer Senate, insbesondere zur Angemessenheit bei Familiengesellschaften, ohne jedoch zur Kenntnis zu nehmen, dass sich diese inzwischen geändert hat. Danach ist nunmehr nicht zu beanstanden, wenn als Verzinsung für das partiarische Darlehen/die stille Beteiligung ein Gewinnanteil ausgekehrt wird, der dem Anteil der überlassenen Mittel am Kapital der Gesellschaft entspricht.[6]

3264 Keine Verletzung des für beherrschende Gesellschafter geltenden Nachzahlungsverbots liegt vor, wenn der Gesellschafter nach einem Darlehensverzicht mit Besserungsschein im Fall des Eintritts der Besserung auch für die zurückliegende Zeit Zinsen auf sein Darlehen erhält.[7]

3265 Nach Auffassung des Schleswig-Holsteinischen FG führen Zinszahlungen, die ein Betrieb gewerblicher Art an eine Trägerkörperschaft zur Finanzierung von übertragenen Wirtschaftsgütern, die wesentliche Betriebsgrundlagen darstellen, nicht zu einer vGA, soweit der BgA angemessen mit Kapital ausgestattet ist und die Zinsen marktüblich sind.[8]

c) Gegenseitige Darlehen

3266 Es ist auch möglich, dass die Gesellschaft dem Gesellschafter ein Darlehen gibt und gleichzeitig ein Darlehensverhältnis zwischen dem Gesellschafter und der Gesellschaft besteht. Diese Darlehensverhältnisse sind grundsätzlich getrennt zu betrachten. Gewährt also die Gesellschaft dem Gesellschafter ein zinsloses Darlehen, so sind die angemessenen Zinsen eine vGA, selbst dann, wenn zugleich Darlehen in gleichem oder gar größerem Umfang vom Gesellschafter an die Gesellschaft bestehen.[9] Dies liegt darin begründet, dass es dem Gesellschafter freisteht, die Zinslosigkeit seiner Darlehen als verlorenen Zuschuss an die Gesellschaft anzusehen, also als eine Leistung aus gesellschaftsrechtlichen Gründen. Dies wird vom BFH im Zweifel angenommen. Daraus ergibt sich zugleich, dass bei Vorliegen einer entsprechenden Vereinbarung auch eine Verrechnung von Vor- und Nachteil für die Gesellschaft vorgenommen werden kann und die vGA somit entfällt. Dies setzt aber voraus, dass die gegenseitigen Darlehen

---

[1] BFH, Urteil v. 10. 6. 1964 - I 162/62, HFR 1965, 28; RFH, Urteil v. 4. 9. 1934 - I A 164/34, RStBl 1934, 1360.
[2] BFH, Urteil v. 27. 3. 2001 - I R 52/00, BFH/NV 2002, 537, 539 = NWB KAAAA-68117, m. w. N.
[3] BFH, Urteil v. 29. 5. 1972 - GrS 4/71, BStBl 1973 II 5; v. 9. 6. 1994 - IV R 47, 48/92, BFH/NV 1995, 103 = NWB FAAAA-97277; v. 27. 3. 2001 - I R 52/00, BFH/NV 2002, 537, 539 = NWB KAAAA-68117, m. w. N.
[4] BFH, Urteile v. 27. 3. 2001 - I R 52/00, BFH/NV 2002, 537 = NWB KAAAA-68117; v. 9. 7. 1969 - I R 78/67, BStBl 1969 II 649.
[5] BFH, Urteil v. 27. 3. 2001 - I R 52/00, BFH/NV 2002, 537 = NWB KAAAA-68117.
[6] BFH, Urteil v. 9. 10. 2001 - VIII R 77/98, BStBl 2002 II 460.
[7] Vgl. BMF, Schreiben v. 2. 12. 2003, BStBl 2003 I 648.
[8] Schleswig Holsteinisches FG, Urteil v. 8.3.2017 - 1 K 61/15, NWB JAAAG-57215, EFG 2018 S. 481, BFH Az.: I R 24/17.
[9] BFH, Urteil v. 28. 2. 1990 - I R 83/87, BStBl 1990 II 649, 650.

vertraglich miteinander verbunden werden, die Zinslosigkeit des Darlehens des Gesellschafters also von der Zinslosigkeit der Darlehen der Gesellschaft abhängig gemacht wird, was schwierig werden dürfte, wenn die Darlehen des Gesellschafters früher ausgereicht wurden und nicht kündbar sein sollten.

Die Trennung der gegenseitigen Rechtsbeziehungen soll nach BFH jedoch wohl nur soweit reichen wie sie für die Gesellschaft günstig ist. Erhält die Gesellschaft nämlich ein verzinsliches Darlehen vom Gesellschafter, so ist der Darlehensbetrag von Seiten der Gesellschaft mit der (unverzinslichen) fälligen Forderung auf Einlage zu verrechnen oder zumindest insoweit die Unverzinslichkeit des Gesellschafterdarlehens zu vereinbaren, da dies der ordentliche und gewissenhafte Geschäftsführer auch getan hätte. Erfolgt dies nicht, ergibt sich in Höhe der Zinsen auf einen Darlehensbetrag, der der Einlageforderung entspricht, eine vGA.[1] Anders, wenn die Einlageforderung noch nicht fällig ist.[2]

d) Zinslosigkeit von Verrechnungskonten als verdeckte Gewinnausschüttung

Die Rspr. hat klar anerkannt, dass die Einrichtung eines Verrechnungskontos bzw. die Vereinbarung eines Kontokorrentverhältnisses als klare und eindeutige Vereinbarung einer Darlehensgewährung in Höhe des Saldos des Kontokorrentkontos ausreicht, so dass der Kontensaldo selbst keine vGA sein kann.[3] Werden bei der KapGes (GmbH) Verrechnungskonten für Gesellschafter geführt, über die entweder gegenseitige Forderungen und Verbindlichkeiten aus Lieferungen und Leistungen oder auch private Aufwendungen der Gesellschaft verrechnet werden, kann aber in der Zinslosigkeit des Saldos, der sich zu Lasten der KapGes ergibt, eine vGA liegen.[4] Dabei ist das Verrechnungskonto von anderen Gesellschafterkonten getrennt zu betrachten.[5]

Eine angemessene Verzinsung für ein Verrechnungskonto bemisst sich dabei wie folgt:[6]

▶ Vergibt die Gesellschaft auch an fremde Dritte Kontokorrentkredite, so ist der dabei berechnete Zinssatz zugrunde zu legen.

▶ Nimmt die Gesellschaft selbst Kredit in Anspruch, so ist der von ihr entrichtete Zinssatz maßgebend.

▶ In allen anderen Fällen muss ein durchschnittlicher Zinssatz sowohl für Soll- als auch für Habenzinsen zugrunde gelegt werden. Da Kontokorrentkonten üblicherweise im Haben nur mit 0 – 2 %, im Soll aber mit 8,54 % (Durchschnitt für 2004 lt. einer BBE-Studie) verzinst werden, dürfte danach ein Zinssatz bei ca. 4 – 5,3 % (Habenzins zzgl. 50 % des Unterschiedsbetrags zum Sollzins) für Kontokorrentkredite angemessen sein.

▶ Unerheblich soll es dagegen sein, welche Verzinsung die Gesellschaft bei Anlage des Betrages erhielte, da diese Gestaltung nicht dem tatsächlichen Sachverhalt entspricht.[7] Das

---

[1] BFH, Urteil v. 5.2.1992 - I R 127/90, BStBl 1992 II 532, 537.
[2] Vgl. dazu → Rz. 414, → Rz. 3144.
[3] BFH, Urteile v. 12.6.1974 - I R 247/72, BStBl 1975 II 21; v. 23.6.1981 - VIII R 102/80, BStBl 1982 II 245; v. 8.10.1985 - VIII R 284/83, BStBl 1986 II 481; dazu auch - *rh* -, GmbHR 1982, 244.
[4] Hessisches FG, Urteil v. 23.7.1992 - 4 K 4094/86, GmbHR 1993, 670.
[5] BFH, Urteil v. 14.3.1990 - I R 6/89, BStBl 1990 II 795.
[6] BFH, Urteil v. 28.2.1990 - I R 83/87, BStBl 1990 II 649; ähnlich *Assmann*, StBp 2002, 240, 244; *Sender*, GmbHR 1992, 649, 650.
[7] FG Nürnberg, Urteil v. 20.7.1989, GmbHR 1990, 422.

Niedersächsische FG[1] legt bei einem Saldo zugunsten der Gesellschaft hingegen die Zinsen eines Überziehungskredits der Bank zugrunde.

27. Eigene Anteile

3270 Erwirbt eine Kapitalgesellschaft eigene Anteile, wird dies handelsrechtlich seit BilMoG wie eine Kapitalherabsetzung behandelt. Dabei spielt es keine Rolle, ob die Anteile zum Zweck der Einziehung erworben werden. Entsprechend wird eine Veräußerung eigener Anteile wie eine Kapitalerhöhung behandelt. Die Finanzverwaltung[2] und die h. L.[3] hat die handelsrechtliche Sichtweise zu Recht für das Steuerrecht übernommen. Auf Ebene des veräußernden Gesellschafters stellt der entgeltliche Erwerb eigener Anteile durch die KapGes weiter ein Veräußerungsgeschäft (z. B. nach § 17 EStG) dar.[4] Erwirbt die KapGes die Anteile zu einem überhöhten Kaufpreis, liegt hinsichtlich des überhöhten Teils eine vGA vor.

3271 Auswirkungen hat die Übernahme der neuen handelsrechtlichen Behandlung des Erwerbs eigener Anteile im Steuerrecht bei einer Veräußerung der Anteile durch die KapGes an einen Anteilseigner zu einem unangemessen niedrigen Kaufpreis. Nach BMF und h. L. hat dies auf Ebene der Gesellschaft keine einkommenserhöhende Auswirkung, da der Vorgang gewinnneutral wie eine Kapitalerhöhung zu behandeln ist. Eine Auswirkung ergibt sich nur auf Ebene des Gesellschafters. Dieser hat die vGA nach § 20 Abs. 1 Nr. 1 Satz 2 EStG zu versteuern. In demselben Umfang erhöhen sich seine Anschaffungskosten.

3272–3278 *(Einstweilen frei)*

28. Einbringung

3279 Bei einer Einbringung zur Aufnahme, bei der eine GmbH I in eine andere bereits bestehende GmbH II, an der auch ihre eigenen Gesellschafter beteiligt sind, einen Betrieb, Teilbetrieb oder Mitunternehmeranteil nach § 20 UmwStG einbringt, kann sich eine vGA unabhängig von der Ausübung des Wahlrechts nur dann ergeben, wenn der Wert der Beteiligung, die als Gegenleistung an den Einbringenden erbracht wird, zu einem Vermögensverlust bei der GmbH I führen würde und den Vermögensbereich der Gesellschafter erhöhen würde. In einem Fall der unentgeltlichen Einbringung (= ohne Beteiligung) in eine KG hat der BFH in einem „obiter dictum" die Aussage getroffen das § 8 Abs. 3 Satz 2 KStG dem § 24 UmwStG vorgehe.[5] Gleiches dürfte u. E. auch für eine Einbringung durch eine KapGes in eine KapGes gelten. VGA gefährdet sind die Fälle, wo eine bestehende GmbH ihren Betrieb auf eine GmbH überträgt an der ihre Gesellschafter als Kommanditisten beteiligt sind und diese nur mit einer Null-Beteiligung als Komplementärin weiter fungiert. Dazu bedarf es aber keiner Vorrangstellung. Nach den allgemeinen Grundsätzen ergibt sich eine vGA, in denen die Gesellschaft Vermögen ohne ausreichende Gegenleistung an ihre Gesellschafter oder deren nahe stehenden Personen auskehrt.

3280 Bei der Einbringung zur Neugründung, also z. B. der Umwandlung einer Personengesellschaft in eine KapGes, gelten die allgemeinen Regeln über die vGA, insbesondere diejenigen über be-

---

[1] Niedersächsisches FG, Urteil v. 22. 1. 1991, GmbHR 1992, 120.
[2] BMF, Schreiben v. 27.11.2013, BStBl 2013 I 1615.
[3] *Stimpel* in Rödder/Herlinghaus/Neumann, § 8 KStG, Rz. 718 mit Nachweisen, auch zur Mindermeinung.
[4] BFH, Urteil v. 6.12.2017 - IX R 7/17, UAAAG-77746.
[5] BFH, Urteil v. 29. 10. 1991 - VIII R 2/86, BStBl 1992 II 832.

herrschende Gesellschafter-Geschäftsführer.[1] Alle bei der Einbringung auf die KapGes übergehenden Verbindlichkeiten werden bei dieser betriebliche Verbindlichkeiten und zwar auch diejenigen, die bei der übertragenden Personengesellschaft das Privatvermögen der Gesellschafter betrafen (z. B. private Versorgungsrenten). Ist die übernommene Verpflichtung durch das Aktivvermögen gedeckt, liegt ein steuerlich anzuerkennendes entgeltliches Geschäft vor. Liegt eine Deckung nicht vor, ist die Übernahme der Verbindlichkeiten i. H. der Unterdeckung vGA.[2]

Ab dem steuerlichen Wirksamwerden der KapGes sind Leistungen an beherrschende Gesellschafter-Geschäftsführer nur dann keine vGA, wenn eindeutige und klare Vereinbarungen im Vorhinein über die betreffenden Leistungen getroffen worden sind. Das ist nicht der Fall, wenn – abweichend von diesen Vereinbarungen – dem Gesellschafter-Geschäftsführer rückwirkend auf den Umwandlungsstichtag höhere Bezüge als zuvor zugesagt werden.[3] Das steuerliche Wirksamwerden der Gesellschaft kann nach § 20 Abs. 6 UmwStG bis zu acht Monate vor das Datum der Anmeldung der Umwandlung zum Handelsregister zurückbezogen werden. Die Regeln der vGA sind dann auf alle Leistungen der Gesellschaft an den Gesellschafter in diesem Zeitraum zurückzubeziehen. Der entsprechend rückwirkende Abschluss von Miet-, Pacht-, Darlehens- und Anstellungsverträgen ist steuerlich nicht anzuerkennen.[4] Rechtzeitig zum zurückbezogenen steuerlichen Übertragungsstichtag können diese Verträge nicht mit der KapGes abgeschlossen werden, da sie erst mit der Eintragung in das Handelsregister entsteht. Daher müssen die Verträge noch mit der Personengesellschaft abgeschlossen werden, wenn eine vGA verhindert werden soll.

3281

Werden im Zuge der Einbringung stille Beteiligungen bzw. partiarische Darlehen begründet, gilt hierfür die Rückwirkung nicht.[5] Die Beteiligung am Gewinn der KapGes besteht daher erst mit Wirksamwerden des Vertrages, frühestens mit seiner Unterzeichnung. Wird auch für die Zeit davor ein Gewinnanteil gewährt, stellt dieser vGA dar. Auch für Entnahmen aus der Personengesellschaft nach dem rückbezogenen steuerlichen Übertragungsstichtag, aber vor der Eintragung der Umwandlung in das Handelsregister, gilt die steuerliche Rückwirkung nicht (§ 20 Abs. 5 Satz 2 UmwStG). Entnahmen sind daher nicht in vGA umzuqualifizieren.[6]

3282

29. Einlagen

Leistet die Gesellschaft eine Einlage,[7] die von den Gesellschaftern zu erbringen ist, so liegt darin eine vGA.[8] Wird z. B. eine Kapitalerhöhung durch Bareinlage beschlossen und diese dann durch Umbuchung einer freien Rücklage von der Gesellschaft erbracht, so ist das Vorgehen als Ausschüttung an die Gesellschafter und nachfolgende Einlage durch diese anzusehen. Eine vGA nach § 8 Abs. 3 KStG liegt bei der Gesellschaft nicht vor, da durch die Umbuchung das Ein-

3283

---

1 BFH, Urteile v. 20. 10. 1982 - I R 118/78, BStBl 1983 II 247; v. 7. 12. 1983 - I R 70/77, BStBl 1984 II 384.
2 BFH, Urteil v. 29. 7. 1992 - I R 28/92, BStBl 1993 II 247.
3 BFH, Urteil v. 23. 4. 1986 - I R 178/82, BStBl 1986 II 880.
4 BFH, Urteile v. 20. 10. 1982 - I R 118/78, BStBl 1983 II 247; v. 7. 12. 1983 - I R 70/77, BStBl 1984 II 384; v. 29. 4. 1987 - I R 192/82, BStBl 1987 II 797; v. 1. 2. 1989 - I R 2/85, BStBl 1989 II 473.
5 BFH, Urteil v. 7. 12. 1983 - I R 70/77, BStBl 1984 II 384.
6 BFH, Urteil v. 23. 4. 1986 - I R 178/82, BStBl 1986 II 880; v. 29. 4. 1987 - I R 192/82, BStBl 1987 II 797.
7 Zu ausstehenden Einlagen s. dort.
8 BFH, Urteil v. 24. 9. 1974 - VIII R 64/69, BStBl 1975 II 230.

kommen nicht gemindert wurde.[1] Der Gesellschafter hat jedoch die Ausschüttung gem. § 20 EStG zu versteuern. Die Einlage erhöht seine Anschaffungskosten.

3284–3288 *(Einstweilen frei)*

30. Enkelgesellschaft

3289 Wendet eine Enkelgesellschaft der Muttergesellschaft unmittelbar einen Vorteil zu, ist dies als Vorteilszuwendung der Enkel- an die Tochter- und der Tochter- an die Muttergesellschaft anzusehen.[2] Wird von der Muttergesellschaft kein angemessenes Entgelt gezahlt liegen also zwei vGA im Rahmen der Leistungswegverkürzung vor.

31. Erfindungen

3290 Der Gesellschafter ist nicht verpflichtet Erfindungen[3] unentgeltlich der Gesellschaft zu überlassen. Erfindungen sind vielmehr grundsätzlich Privatsache. Der Gesellschaft stehen die Rechte aus einer Erfindung des Gesellschafters nur zu, wenn dies vertraglich vereinbart oder aus sonstigen Anzeichen zu schließen ist, z. B. das Gehalt mit Rücksicht auf die erfinderische Begabung höher vereinbart worden ist, als es sonst üblich wäre oder die Gesellschaft die Kosten der Erfindung getragen hat.[4] Wird die Erfindung von der Gesellschaft angekauft, so muss das Honorar beim beherrschenden Gesellschafter-Geschäftsführer eindeutig und klar im Vorhinein vereinbart werden.[5]

32. Erschließungskosten

3291 Übernimmt die KapGes die Erschließungskosten für ein Grundstück, welches sie von der Ehefrau des Gesellschafter-Geschäftsführers angemietet hat, ohne dass betriebliche Gründe für die Übernahme ersichtlich sind, so liegt darin eine vGA.[6] Siehe ferner Gesellschafterkosten.

3292–3298 *(Einstweilen frei)*

33. Fälligkeit

3299 Steht dem Gesellschafter eine Forderung gegen die Gesellschaft zu und wird diese vor Fälligkeit erfüllt, ohne dass eine Abzinsung erfolgt, so liegt in Höhe der Differenz des abgezinsten zum Nominalbetrag eine vGA vor.[7]

---

[1] Ebenso *Rupp/Felder/Geiger/Lang*, Verdeckte Gewinnausschüttung, Verdeckte Einlage, Teil B, Stichwort: Einlagen; *Frotscher*/Maas Anh. zu § 8 Stichwort: Rücklagen; auch BFH, Urteil v. 27. 3. 1984 – VIII R 69/80, BStBl 1984 II 717 – in diesem Fall war allerdings die Umbuchung der Rücklage zivilrechtlich unwirksam und wurde rückgängig gemacht, so dass die Gesellschafter nicht von ihrer Einlagepflicht befreit wurden.
[2] BFH, Urteil v. 23. 10. 1985 – I R 247/81, BStBl 1986 II 195.
[3] Siehe auch Lizenzzahlungen.
[4] Grundlegend RFH, Urteil v. 23. 7. 1940, RStBl 1940, 889; FG Rheinland Pfalz, Urteil v. 13. 6. 1972, EFG 1972, 603, Erfindung im Rahmen des Besitzunternehmens.
[5] FG München, Urteil v. 10. 3. 1970 – I (VII) 109/67, rkr., EFG 1970, 466; zur Höhe des angemessenen Entgelts FG Baden-Württemberg, Urteil v. 16. 12. 1976 – III (II) 143/73, rkr., EFG 1977, 235.
[6] FG Saarland, Urteil v. 10. 12. 1986 – I 26/85, rkr., EFG 1987, 137.
[7] BFH, Urteil v. 17. 12. 1997 – I R 70/97, BStBl 1998 II 545.

34. Firmenwert

Wird ein Betrieb oder Teilbetrieb mit einem das Kapitalkonto und die stillen Reserven der Wirtschaftsgüter übersteigenden Wert, also einem eigenen Firmenwert,[1] veräußert, so ist auch dieser Firmenwert in die Kaufpreisbemessung einzubeziehen. Wird ein Teilbetrieb mit eigenem Firmenwert von einer KapGes auf ihre Schwestergesellschaft übertragen, ohne Berechnung eines Entgelts für den Firmenwert, so liegt darin eine vGA an die gemeinsamen Gesellschafter und eine Einlage bei der Schwestergesellschaft.[2] Allerdings kann ein Praxiswert bewusst zurückbehalten werden, ohne dadurch eine vGA auszulösen. Verkauft ein Steuerberater seine Aktiva und Passiva an eine GmbH unter Zurückbehaltung des Praxiswertes, den er zugleich gegen ein angemessenes Entgelt an diese GmbH vermietet, so liegt darin keine vGA.[3] Umgekehrt kann eine Gesellschaft von ihrem Gesellschafter auch ausschließlich den Firmenwert zu einem angemessenen Preis erwerben, ohne dass eine vGA vorliegt.[4] In allen Fällen gilt aber, dass Voraussetzung für den Verkauf oder die Verpachtung eines Firmenwertes der Nachweis der Existenz eines solchen Wertes ist.[5]

3300

35. Forderungsabtretung

Zieht ein Gesellschafter eine der Gesellschaft zustehende Forderung auf eigene Rechnung ein, tritt die Gesellschaft die Forderung an ihn ab, veranlasst sie den Schuldner an den Gesellschafter zu zahlen, oder stimmt sie einer Aufrechnung der Forderung mit einer Schuld des Gesellschafters zu, liegt darin eine vGA, wenn die Gesellschaft nicht einen entsprechenden Gegenwert durch den Gesellschafter erhält.[6]

3301

36. Forderungsverkauf

Zu dieser Thematik liegen drei Entscheidungen zu vergleichbaren Fällen mit unterschiedlichen Ergebnissen vor:

3302

▶ Im Fall des BFH kaufte eine natürliche Person alle Anteile einer GmbH mit hohen Verlustvorträgen und erwarb daneben die Gesellschafterdarlehen der Altgesellschafter dieser Gesellschaft im Nominalwert von 1,13 Mio. DM für 49.000 DM. Nach dem Verkauf erholte sich die GmbH und zahlte die Darlehen zurück. Das FG entschied auf vGA, da die Gesellschaft die Chance auf Erlass der Forderung gehabt hätte. Der BFH dagegen entschied, dass es sich beim Verkauf der Forderungen um etwas rechtlich anderes handelt als beim Erlass und folglich nicht um eine Geschäftschance der GmbH auf einen Forderungsverzicht und daher nicht um eine vGA. Der Verkauf der Forderung statt des Verzichts stellt auch keinen Gestaltungsmissbrauch dar. Der Forderungsverkauf unterscheidet sich vom Verzicht dadurch, dass bei ihm die Forderung bestehen bleibt, wogegen sie nach einem Verzicht untergeht. Bei dem Verkauf lässt sich daher regelmäßig ein besserer Preis erzielen als bei einem Verzicht gegen Leistung eines Teilbetrages, da der Forderungskäufer

---

1 Siehe auch Liquidation; zur Definition auch FG Berlin-Brandenburg, Urteil v. 12.12.2007 - 12 K 8179/04 B, rkr., NWB DAAAC-71138.
2 Vgl. BFH, Urteil v. 20.8.1986 - I R 150/82, BStBl 1987 II 455; zur vGA bei Verkauf von der Gesellschaft an den Gesellschafter direkt vgl. BFH, Urteile v. 7.10.1970 - I R 1/68, BStBl 1971 II 69; v. 31.3.1971 - I R 111/69, BStBl 1971 II 536.
3 BFH, Urteile v. 30.3.1994 - I R 52/93, BStBl 1994 II 903; v. 18.12.1996 - I R 128–129/95, BStBl 1997 II 546; damit ist BFH, Urteil v. 28.2.1990 - I R 144/87, BStBl 1990 II 595 überholt.
4 FG Saarland, Urteil v. 13.12.1994 - 1 K 43/94, EFG 1995, 390.
5 Nicht gelungen im Fall des FG Berlin-Brandenburg, Urteil v. 12.12.2007 - 12 K 8179/04 B, rkr., NWB DAAAC-71138.
6 BFH, Urteil v. 13.11.1985 - I R 7/85, BFH/NV 1986, 639 = NWB ZAAAB-28085.

auch die Chance auf einen späteren Gewinn durch Besserung der finanziellen Situation des Schuldners mit abgilt. Dies gilt gerade dann, wenn der Forderungskäufer auf die finanzielle Situation des Schuldners Einfluss hat oder erste Anzeichen für den Eintritt der Verbesserung der finanziellen Situation bereits vorliegen. Eine vGA wäre daher allenfalls denkbar, wenn positiv festgestellt wird, dass der Gesellschaft zuvor der Verzicht auf die Forderung konkret angeboten worden ist.[1]

▶ Nach Ansicht des Schleswig-Holsteinischen FG[2] soll eine vGA infolge des Missbrauchs von Gestaltungsmöglichkeiten vorliegen, wenn der Ehemann in nicht zu beanstandender Weise die Anteile an einer KapGes erwirbt, während die Ehefrau Forderungen gegen diese Gesellschaft i. H. v. 1,13 Mio. DM für 85.000 DM erwirbt. Leistet die GmbH auf diese Forderungen, so soll die vGA vorliegen, sobald der von der Ehefrau für die Forderung entrichtete Kaufpreis überschritten ist. Nach Ansicht des Gerichts hätte ein fremder Dritter die Anteile an der vermögenslosen Gesellschaft erst nach einem Forderungsverzicht erworben.

▶ Der Senat des FG verquickte unterschiedliche Ebenen und verkannte dadurch das Trennungsprinzip zwischen Gesellschaft und Gesellschafter. Eine vGA kann sich nur aus Leistungen der Gesellschaft an den Gesellschafter ergeben. Sie kann daher nicht durch Aktionen, die ausschließlich zwischen Gesellschaftern stattfinden, ausgelöst werden. Sowohl der Verkauf der Anteile, als auch der Verkauf des Darlehens sind aber Handlungen, von denen die Gesellschaft nicht berührt und in die sie nicht einbezogen ist. Zudem dürfte das Urteil mit der o. g. Rspr. des BFH nicht übereinstimmen.

▶ Das Niedersächsische FG[3] hatte eine etwas andere Fallkonstellation zu entscheiden. Die Anteile an der Verlustgesellschaft wurden von einer AG für 125.000 DM erworben. An dieser hielten zwei Hauptgesellschafter direkt und indirekt zusammen ca. 45 %, die weiteren Anteile wurden von ihren neun Kindern gehalten, jeder Familienstamm verfügte über 50 %. Der Vorstand bestand aus drei nicht zu den Familien gehörigen Personen, der Aufsichtsrat, der das Geschäft genehmigen musste, wurde von den beiden Hauptgesellschaftern geleitet, ferner war eines der Kinder Mitglied im Aufsichtsrat. Die beiden Hauptgesellschafter erwarben die Darlehen des früheren Alleingesellschafters i. H. v. insgesamt 2 Mio. DM je zur Hälfte für je 10.000 DM. Nach dem Erwerb nahm die Verlust-GmbH ihre Tätigkeit wieder auf und zahlte aus den anfallenden Gewinnen binnen eines Jahres rund die Hälfte der Darlehen zurück. Das FG nahm eine vGA der AG an die beiden Hauptgesellschafter an und zwar schon bei Erwerb der Darlehen in voller Höhe. Es liege eine verhinderte Vermögensmehrung bei der AG vor, da ein ordentlicher und gewissenhafter Vorstand eine überschuldete GmbH nicht gekauft hätte, es sei denn, er hätte die Darlehen selbst erwerben können. Diese seien für die AG voll werthaltig gewesen, da diese von der Wiederaufnahme des Geschäftsbetriebs, den sie selbst veranlasste, wusste.

Hoffmann[4] hält es für ein fragwürdiges Ergebnis, da hier der Gewinn, der erzielt werden muss, um die Darlehen zurückzahlen zu können, einmal von der Verlustgesellschaft versteuert werden muss und dann noch ein weiteres Mal als vGA von der AG. Zudem sei auch die Rechts-

---

1 BFH, Urteil v. 30. 1. 2002 - I R 13/01, BFH/NV 2002, 1172 = NWB RAAAA-68106.
2 Schleswig-Holsteinisches FG, Urteil v. 17. 4. 2002 - I 883/96, rkr., Rev. BFH: I R 38/03, Erledigung in der Hauptsache, EFG 2002, 1142 = NWB DAAAB-13057.
3 Niedersächsisches FG, Urteil v. 18. 6. 2003 - 6 K 439/96, rkr., NZB BFH: I B 159/03, zurückgenommen, NWB AAAAB-11545 = GmbHR 2004, 138, m. Anm. Hoffmann = EFG 2003, 1650 = DStRE 2003, 1395, m. Anm. Neu.
4 Hoffmann, GmbHR 2004, 141.

formneutralität beeinträchtigt, wenn beim Erwerb der Anteile durch eine AG andere Folgen eintreten als beim Anteilserwerb durch natürliche Personen, wie im o. g. BFH-Fall.

37. Forderungsverzicht

Verzichtet die Gesellschaft auf die Durchsetzung von gegen den Gesellschafter gerichteten Ansprüchen, liegt hierin nur dann eine Vermögensminderung für die Gesellschaft, wenn der Anspruch gegen den Gesellschafter tatsächlich bestanden hat und rechtlich und tatsächlich ohne unangemessen große Schwierigkeiten, Kosten und Risiken durchsetzbar war.[1] Eine Vorteilszuwendung kann aber auch darin bestehen, dass die KapGes Ansprüche gegenüber Dritten aufgibt und es erst dadurch ermöglicht, dass zwischen dem Dritten und dem Gesellschafter ein für diesen vorteilhaftes Geschäft zustande kommt.[2] So kann z. B. eine vGA schon im Verzicht der KapGes auf die Annahme eines günstigen Kaufangebots zugunsten des Gesellschafters bestehen.[3] Der Verzicht einer inländischen KapGes auf eine Forderung gegenüber ihrer ausländischen Muttergesellschaft ist vGA, wenn die Forderung nach deutschem oder ausländischem Recht besteht.[4] Der Verzicht gegenüber einer Schwestergesellschaft kann eine vGA gegenüber der Muttergesellschaft darstellen, wenn er aus gesellschaftsrechtlicher Rücksichtnahme ihr gegenüber erfolgt ist.[5] Der Forderungsverzicht gegenüber einem Gesellschafter ist aber dann keine vGA, wenn ein echter Sanierungserlass vorliegt, wie er auch gegenüber fremden Dritten gewährt worden wäre.[6]

Ein Verzicht des Gesellschafters auf Darlehen oder Gehalt mit Besserungsvorbehalt stellt bei Eintritt der Besserung und Nachzahlung des Gehalts bzw. Rückzahlung des Darlehens keine vGA dar, soweit die Besserung eindeutig und klar im Vorhinein vereinbart war, so dass der Eintritt des Besserungsfalls auch für einen Dritten feststellbar ist.[7]

38. Fortbildungskosten

Die Übernahme von Fortbildungskosten der Mehrheitsgesellschafterin durch „ihre" GmbH ist jedenfalls dann als vGA zu behandeln, wenn entweder ein Dritter sich zur Übernahme der Kosten verpflichtet hat oder eine durch Gesellschafterbeschluss vorgeschriebene nachvollziehbar durchgeführte Reisekostenabrechnung fehlt.[8]

39. Freianteile

Freianteile sind nicht vGA, wenn eine KapGes das Nennkapital nach den Vorschriften der §§ 207 – 220 AktG oder nach den Vorschriften der §§ 57c – 57o GmbHG unter Beachtung des KapErhStG erhöht. Eine vGA kann aber vorliegen, wenn die KapGes den Gesellschaftern Kosten ersetzt, die ihnen beim Anteilserwerb durch die Kapitalerhöhung entstanden sind.[9]

---

1 Siehe auch Forderungsverkauf, Sanierung; BFH, Urteile v. 29. 5. 1968 - I 200/65, BStBl 1969 II 11; v. 3. 11. 1971 - I R 68/70, BStBl 1972 II 227; v. 11. 2. 1987 - I R 177/83, BStBl 1987 II 461; v. 29. 4. 1987 - I R 176/83, BStBl 1987 II 733, für Herausgabe von Schmiergeld.
2 BFH, Urteil v. 18. 11. 1980 - VIII R 8/78, BStBl 1981 II 260.
3 BFH, Urteil v. 3. 11. 1971 - I R 68/70, BStBl 1972 II 227.
4 BFH, Urteil v. 6. 4. 1977 - I R 183/75, BStBl 1977 II 571.
5 BFH, Urteil v. 31. 7. 1974 - I R 238/72, BStBl 1975 II 48.
6 FG Baden-Württemberg, Urteil v. 18. 8. 1994 - 6 K 123/93, rkr., EFG 1995, 285.
7 BFH, Urteil v. 18. 12. 2002 - I R 27/02, BFH/NV 2003, 824 = NWB XAAAA-70028.
8 Niedersächsisches FG, Urteil v. 8. 2. 1991 - VI 525/87, EFG 1992, 21.
9 BFH, Urteil v. 17. 10. 1984 - I R 22/79, BStBl 1985 II 69.

40. Gebäude der Gesellschaft auf Grund und Boden des Gesellschafters

3308 Errichtet eine KapGes auf dem Grund und Boden ihres Gesellschafters ein Gebäude, so gehört dieses gem. § 93 BGB als wesentlicher Bestandteil des Grund und Bodens schon mit Errichtung dem Gesellschafter. Zahlt dieser der Gesellschaft für das Gebäude keine Entschädigung, so kommt eine vGA in Höhe des Betrages, den die Gesellschaft einem Dritten für die Errichtung des Gebäudes in Rechnung gestellt hätte, in Betracht.[1]

3309 In der Praxis wird allerdings das errichtete Gebäude immer von der KapGes selbst genutzt. In diesen Fällen kommt eine vGA nach neuester Rspr. praktisch nicht mehr in Betracht. Dafür gibt es unterschiedliche im Folgenden dargestellte Ansatzpunkte:

a) Wirtschaftliches Eigentum und vGA

3310 Dafür gibt es unterschiedliche Ansatzpunkte:

- Nach wie vor der sicherste Weg zur Vermeidung einer vGA ist es, wenn bereits vor Baubeginn eine Nutzungsvereinbarung zwischen dem Gesellschafter und der Gesellschaft getroffen wurde, die wegen ihrer Langfristigkeit das wirtschaftliche Eigentum am zu errichtenden Gebäude auf die Gesellschaft überträgt.[2] In diesem Fall erhält der zivilrechtliche Eigentümer nach Ablauf der Nutzungsdauer des Gebäudes nur einen wirtschaftlich verbrauchten Gegenstand.[3] Daher liegt gem. § 39 AO das wirtschaftliche Eigentum bei der Gesellschaft und deswegen entfällt bereits die für die vGA notwendige Vermögensminderung bei der Gesellschaft.

- Eine vGA ist auch nicht anzunehmen, wenn zwischen der Gesellschaft und dem Gesellschafter eine Überlassung des Gebäudes quoad sortem, also dem Werte nach vorliegt.[4] Dadurch wird kein wirtschaftliches Eigentum begründet, der Gesellschafter ist aber schuldrechtlich verpflichtet, der Gesellschaft den gesamten Wert des Gebäudes zu überlassen. Daher entfällt auch in diesem Fall eine Vermögensminderung bei der Gesellschaft. Bei beherrschenden Gesellschaftern gilt, dass diese Vereinbarung eindeutig und klar im Vorhinein abgeschlossen werden muss, bei nicht beherrschenden Gesellschaftern ist ein späterer Abschluss der Vereinbarung auch noch ausreichend.[5]

- Eine vGA ist ferner nicht anzunehmen, wenn das wirtschaftliche Eigentum auf die Gesellschaft übergeht, weil diese bei Beendigung der Nutzung einen Anspruch auf Wertersatz in Höhe des Verkehrswerts des Gebäudes hat.[6] Dieser kann zivilrechtlich (eindeutig, klar und bei beherrschenden Gesellschaftern im Vorhinein) vereinbart sein oder bereits durch Gesetz bestehen.[7] Ein gesetzlicher Anspruch gem. §§ 951, 812 BGB ergibt sich nach der Rspr. des BGH z. B., wenn ein Gebäude auf einem fremden Grundstück in der Erwartung

---

[1] BFH, Urteil v. 8. 11. 1989 - I R 16/86, BStBl 1990 II 244.
[2] Vgl. die zu § 10e EStG ergangenen Urteile des BFH v. 18. 7. 2001 - X R 23/99, BStBl 2002 II 281; v. 18. 7. 2001 - X R 15/01, BStBl 2002 II 278; ein Muster einer solchen Vereinbarung findet sich bei *Janssen*, vGA, 10. Aufl. 2010, unter Rz. 2545 ff.
[3] Vgl. die zu § 10e EStG ergangenen Urteile des BFH v. 18. 7. 2001 - X R 23/99, BStBl 2002 II 281; v. 18. 7. 2001 - X R 15/01, BStBl 2002 II 278.
[4] BFH, Urteil v. 8. 11. 1989 - I R 16/86, BStBl 1990 II 244; v. 20. 1. 1988 - I R 395/83, BStBl 1988 II 453; v. 9. 8. 1989 - I R 47/85, BStBl 1989 II 983.
[5] BFH, Urteil v. 8. 11. 1989 - I R 16/86, BStBl 1990 II 244.
[6] Vgl. das zu § 10e EStG ergangene Urteil des BFH v. 18. 7. 2001 - X R 23/99, BStBl 2002 II 281.
[7] Vgl. die zu § 10e EStG ergangenen Urteile des BFH v. 18. 7. 2001 - X R 23/99, BStBl 2002 II 281; v. 18. 7. 2001 - X R 15/01, BStBl 2002 II 278.

errichtet wird, später selbst Eigentümer des Grundstücks zu werden und diese Erwartung später enttäuscht wird.[1] Nach der Rechtsprechung des BFH entsteht der Anspruch aus §§ 951, 812 BGB bereits, wenn die Aufwendungen getätigt wurden und später der zivilrechtliche Eigentümer die Nutzung an sich zieht.[2] Dieser Anspruch gem. §§ 951, 812 BGB ergibt sich aus dem Gesetz und muss daher auch gegenüber einem beherrschenden Gesellschafter nicht zusätzlich eindeutig und klar vereinbart werden.[3] Verzichtet die Gesellschaft unentgeltlich auf diesen Ausgleichsanspruch, so liegt darin eine vGA. Es ist jedoch ein ausdrücklicher Verzicht notwendig, da ansonsten nicht unterstellt werden kann, dass jemand auf einen ihm gesetzlich zustehenden Anspruch verzichtet.[4]

Bereits durch diese Rspr. des BFH ist eine vGA in den Fällen der Bebauung eines fremden Grundstücks ausgeschlossen, solange auf den Ersatzanspruch gem. §§ 951, 812 BGB nicht ausdrücklich verzichtet wurde. Aus §§ 731 ff. BGB entsteht ferner ein Ausgleichsanspruch, wenn das Gebäude nicht allein von der Gesellschaft finanziert wurde, sondern zwischen Gesellschaft und Gesellschafter eine Innengesellschaft zur Errichtung des Gebäudes bestand.[5] Der BFH hat aber in Sonderfällen dieser Fallgruppe auch schon einen Vorteilsausgleich[6] oder eine Ausgleichszahlung in Höhe des Buchwertes[7] anerkannt.

b) Verkauf des rechtlichen Eigentums

Das FG Münster[8] hat in einem Einkommensteuerfall entschieden, dass bei Verkauf des Grundstücks durch den rechtlichen Eigentümer der wirtschaftliche Eigentümer, bei dem das Grundstück Betriebsvermögen ist, eine Entnahme vornimmt, die mit dem Teilwert zu bewerten ist. Dieser soll sich nach dem Erlös des rechtlichen Eigentümers richten. Übertragen auf die hier relevanten Fälle würde also der Gesellschafter das Grundstück (einschließlich Gebäude, da dieses wesentlicher Bestandteil des Grundstücks ist) verkaufen. In den Fällen 1 und 2 würde das wirtschaftliche Eigentum der Gesellschaft untergehen, da sie es lediglich aus schuldrechtlichen Vereinbarungen mit dem rechtlichen Eigentümer ableitet. Sind diese schuldrechtlichen Vereinbarungen beim Verkauf nicht übergeleitet worden, so verpflichten sie den neuen rechtlichen Eigentümer nicht. In jedem Fall entsteht aber, wie im dritten Fall dargelegt, der Ersatzanspruch gem. §§ 951, 812 BGB, auch und gerade wenn der wirtschaftliche Eigentümer dem Verkauf nicht zugestimmt hat. Eine vGA entsteht erst, wenn auf diesen Anspruch durch die Gesellschaft verzichtet wird.

(Einstweilen frei)

41. Geburtstagsfeier

Zur Abgrenzung des Bereichs der Einkünfteerzielung von der Einkünfteverwendung sind bei der Kapitalgesellschaft dieselben Grundsätze heranzuziehen, die bei Einzel- und Personen-

---

[1] BGH, Urteil v. 12.7.1989 - VIII ZR 286/88, NJW 1989, 2745, m.w.N.
[2] BFH, Urteil v. 14.5.2002 - VIII R 30/98, BStBl 2002 II 741; bei Personengesellschaft; auch v. 30.7.1997 - I R 65/96, BStBl 1998 II 402.
[3] BFH, Urteil v. 30.7.1997 - I R 65/96, BStBl 1998 II 402.
[4] BFH, Urteil v. 30.7.1997, BStBl 1998 II 402.
[5] Vgl. das zu § 10e EStG ergangene Urteil des BFH v. 18.7.2001 - X R 15/01, BStBl 2002 II 278.
[6] BFH, Urteil v. 24.7.1990 - VIII R 304/84, BFH/NV 1991, 90 = NWB BAAAB-31874.
[7] BFH v. 12.7.1972 - I R 203/70, BStBl 1972 II 802.
[8] FG Münster, Urteil v. 4.3.2009 - 12 K 2884/08 GF, rkr., EFG 2009, 1217.

unternehmen für die Abgrenzung von betrieblicher und privater Sphäre verwendet werden.[1] Die Abgrenzung erfolgt dabei anlassbezogen. Ist der Mittelpunkt der Feier ein privater Anlass, so sind die Kosten keine Betriebsausgaben, werden sie dennoch von der Gesellschaft getragen, stellen sie vGA dar. Ist der Mittelpunkt der Feier ein Geburtstag des Gesellschafter-Geschäftsführers, so sind[2] die Kosten keine Betriebsausgaben, auch wenn

- die weitaus meisten Gäste Arbeitnehmer oder Geschäftsfreunde sind. Dies besagt nur, dass sie dem Gesellschafter-Geschäftsführer vor allem auf beruflicher und nicht privater Ebene verbunden sind. Eine private Verbundenheit ist aber keine steuerliche Voraussetzung für die private Veranlassung der Kosten.
- es sich um eine Massenveranstaltung mit 1.000 Gästen und mehr handelt,
- eine Veranstaltung dieser Größe von dem Gesellschafter-Geschäftsführer erwartet wird und
- er mit persönlichen Freunden eine weitere Feier abhält.

3320 Eine betriebliche Veranlassung kann danach nur angenommen werden, wenn das betreffende Fest klar und eindeutig von der Privatsphäre abgegrenzt werden kann. Dies wäre z. B. der Fall, wenn eine Betriebsversammlung stattgefunden hätte und dabei der Geburtstag nur beiläufig gewürdigt worden wäre.[3]

3321 Daher sind in folgenden Fällen vGA angenommen worden:

- Aufwendungen aus Anlass einer Betriebsfeier wegen des 80. Geburtstags des Firmengründers und jetzigen Minderheitsgesellschafters.[4]
- Gibt eine GmbH aus Anlass des 65. Geburtstags ihres Gesellschafter-Geschäftsführers einen Empfang, so sollen die Aufwendungen auch dann vGA sein, wenn nahezu ausschließlich Geschäftsfreunde teilnehmen.[5]
- Eine Feier mit 2 650 Personen, von denen 2 580 Angestellte der GmbH und ca. 70 örtliche Geschäftsleute und Bekannte des Geschäftsführers waren, in einer Messehalle zum 50. Geburtstag des Gesellschafter-Geschäftsführers ist nicht betrieblich, weil auf dem persönlichen Kopfbogen des Gesellschafter-Geschäftsführers eingeladen wurde und das in diesem Betrieb übliche einmal jährliche Betriebsfest wenige Wochen später zusätzlich stattfand. Die Kosten sollen daher vGA sein.[6]
- Der Betriebsausgabenabzug (i. H. v. ca. 580.000 DM) wurde ferner auch für ein Fest versagt, bei dem neben 500 anderen Gästen auch sämtliche (ca. 1.000) Mitarbeiter des Unternehmens eingeladen waren, in der Einladung auf den (runden) Geburtstag des Gesellschafter-Geschäftsführers nicht hingewiesen wurde und ein vergleichbares Sommerfest für die Angestellten ohnehin jährlich stattfand.[7] Zudem war das Fest auf Anregung des Betriebsrates veranstaltet und ausschließlich von den Arbeitnehmern vorbereitet worden.

---

[1] BFH, Urteile v. 14. 7. 2004 - I R 57/03, BStBl 2011 II 285; v. 28. 11. 1991 - I R 13/90, BStBl 1992 II 359; v. 28. 11. 1991 - I R 34–35/90, BFH/NV 1992, 560, m. Anm. = NWB DAAAA-97230.
[2] So BFH, Urteil v. 14. 7. 2004 - I R 57/03, BStBl 2011 II 285.
[3] BFH, Urteil v. 14. 7. 2004 - I R 57/03, BStBl 2011 II 285.
[4] BFH, Urteil v. 23. 9. 1993 - IV R 38/91, BFH/NV 1994, 616 = NWB SAAAB-33860.
[5] BFH, Urteil v. 28. 11. 1991 - I R 13/90, BStBl 1992 II 359.
[6] BFH, Urteil v. 14. 7. 2004 - I R 57/03, BStBl 2011 II 285.
[7] BFH, Urteil v. 4. 11. 1998 - IV B 30/98, BFH/NV 1999, 467 = NWB PAAAA-63254.

3322 Die Rspr. des BFH greift zu kurz. Es kommt für die Frage der vGA nicht auf den Anlass der Feier an, sondern auf die Veranlassung im Gesellschaftsverhältnis. Wären die Kosten auch bei einer Feier für einen fremden dritten Geschäftsführer übernommen worden, so sind sie Betriebsausgabe. Es ist allgemein üblich, dass Firmen solche Anlässe aufgreifen, um Kundenpflege durch eine Einladung zu betreiben. Dies muss zumindest für Empfänge von Geschäftspartnern in den Geschäftsräumen gelten. Dabei kann es dann nicht darauf ankommen, ob sich ein ordentlicher und gewissenhafter Geschäftsleiter diesen Kosten nicht hätte entziehen können oder ob er sich von ihnen einen angemessenen wirtschaftlichen Vorteil versprechen durfte.[1] Die Feiern dienen nur der Festigung der Geschäftsbeziehungen, so dass ein wirtschaftlicher Vorteil daraus kaum je messbar sein dürfte. Ist eine Feier nach diesen Maßstäben betrieblich veranlasst, so schadet es auch nichts, wenn die Familie ebenfalls teilnimmt. Ein Indiz für die betriebliche Veranlassung ist es sicherlich, wenn eine zweite private Feier zu einem anderen Termin durchgeführt wird. Auch im Hinblick auf die von öffentlichen Körperschaften veranstalteten Geburtstagsempfänge für Behördenleiter usw. ist die Rspr. bedenklich.[2]

3323 Schon aus dem Grundsatz der Gleichbehandlung wäre es daher zweckmäßig, auch bei der vGA die Kriterien zu verwenden, die von der Rechtsprechung und Verwaltung angelegt werden, wenn zu entscheiden ist, ob die Kosten der Feier für einen Fremdgeschäftsführer als Arbeitslohn zu versteuern sind oder nicht.

▶ Nach der Rechtsprechung des Lohnsteuersenats ist der Anlass einer Feier zwar ein erhebliches Indiz für die Zuordnung der Kosten zum privaten oder betrieblichen Bereich, jedoch nicht das allein entscheidende Kriterium.[3]

▶ Ein gewichtiges Indiz kann hingegen auch der Umstand sein, dass der Arbeitnehmer eine variable, vom Erfolg seiner Arbeit abhängige Entlohnung erhält. Dabei ist es nicht erforderlich, dass die Bewirtung bzw. die Feier sich auf diejenigen Mitarbeiter beschränkt, die sich nachweislich durch besondere Leistungen ausgezeichnet haben.[4]

3324 Nach der Verfügung des FinMin Hessen[5] spricht es für ein Fest des Arbeitgebers und damit für Betriebsausgaben, wenn

▶ der Arbeitgeber als Gastgeber auftritt,

▶ der Arbeitgeber die Gästeliste nach geschäftsbezogenen Gesichtspunkten bestimmt,

▶ er in seine Geschäftsräume einlädt und

▶ das Fest den Charakter einer betrieblichen Veranstaltung und nicht einer privaten Feier des Arbeitnehmers hat.

3325 Es muss nicht jede dieser Voraussetzungen vorliegen, es ist vielmehr entscheidend, dass der Geburtstag des Arbeitnehmers nicht das tragende Element der Veranstaltung sein darf, sondern nur der Aufhänger für diese. Unter diesen Voraussetzungen ist die Teilnahme von privaten Gästen des Fremdgeschäftsführers unerheblich.[6] Auch der BFH hat entschieden, dass die Kosten einer Geburtstagsfeier zum 60. Geburtstag eines Fremdgeschäftsführers keinen Ar-

---

1 BFH, Urteil v. 28.11.1991 - I R 34–35/90, BFH/NV 1992, 560 = NWB DAAAA-97230; wie hier *Frotscher*/Maas Anh. zu § 8 Stichwort: Repräsentationsaufwendungen.
2 *Streck*, KStG, 6. Aufl. 2003, § 8 Anm. 150 Stichwort: Geburtstag.
3 BFH, Urteil v. 19.6.2008 - III R 57/05, FR 2009, 236 = NWB FAAAC-92242.
4 BFH, Urteil v. 19.6.2008 - III R 57/05, FR 2009, 236 = NWB FAAAC-92242.
5 FinMin Hessen v. 24.2.2004, DStZ 2004, 348.
6 FinMin Hessen v. 24.2.2004, a. a. O.

beitslohn darstellen, wenn neben vier Familienangehörigen 96 Personen aus dem o. g. Kreis eingeladen wurden.[1] Da für die Annahme von vGA der Fremdvergleich ein maßgebliches Kriterium ist, sollten sich die Entscheidungen auch in diesem Bereich an diesen lohnsteuerlichen Grundsätzen ausrichten. Überprüft man die genannten Entscheidungen an diesen Kriterien, so ist zumindest die Entscheidung des BFH, Urteil v. 4. 11. 1998 unzutreffend gewesen.

Vgl. auch Stichwort: Trauerfeiern.

42. Gehaltserhöhungen

3326 In seiner früheren Rspr. hat insbesondere das FG Saarland mehrfach entschieden, dass eine Gehaltserhöhung unabhängig von der Angemessenheit des danach erzielten Gehalts eine vGA darstellen kann, wenn sie prozentual ungewöhnlich hoch ausfällt.[2] Das FG München, Urteil v. 26. 7. 1990[3] hat hingegen eine Gehaltssteigerung von 60 % nicht wegen der Höhe der Gehaltssteigerung, sondern allein deswegen als vGA angesehen, weil mit dem ursprünglichen Gehalt bereits die Grenze des angemessenen Gehalts erreicht war, wofür verschiedene Indizien sprachen. Diese Rspr. hat das FG Saarland mit Urteil v. 4. 2. 1998[4] aufgegeben. Es stellt fest, dass

▶ das Gehalt im Rahmen der Angemessenheit der Gesamtvergütung beliebig angepasst werden kann,

▶ ein angemessenes Gehalt, auch wenn es durch einen ungewöhnlichen Gehaltssprung erreicht wurde, stets durch das Anstellungs- und nicht durch das Gesellschaftsverhältnis bedingt ist,

▶ kein Erfahrungssatz dahin gehend besteht, dass ein Geschäftsführergehalt nur um einen bestimmten Prozentsatz, etwa entsprechend dem, was von den Tarifparteien vereinbart wird, erhöht wird, sondern Geschäftsführergehälter und ihre Erhöhung vielmehr regelmäßig frei ausgehandelt werden.

3327 Aus neuerer Zeit liegen zu der Thematik jedoch wieder einige Entscheidungen vor:

▶ Das FG des Landes Brandenburg hielt in seiner Entscheidung v. 27. 2. 2002[5] bei einem Gehaltssprung von 1 200 DM auf 3 500 DM/Monat die Frage nach der Zulässigkeit einer beinahe 200 %igen Erhöhung nicht einmal für erwähnenswert.

▶ Dasselbe Gericht stellt fest, dass nach einer Gehaltserhöhung von über 100 % nicht drei Monate später erneut eine Gehaltserhöhung erfolgen durfte. Allerdings war hier die schnelle Gehaltserhöhung nur ein Indiz von mehreren für die mangelnde Durchführung eines Vertrages.

▶ Das Hessische FG[6] beanstandete eine Reihe von Gehaltserhöhungen nur deswegen, weil dadurch die angemessene Mindestverzinsung für das Kapital der Gesellschaft nicht erreicht werden konnte.

---

1 BFH, Urteil v. 28. 1. 2003 - VI R 48/99, BStBl 2003 II 724; nunmehr bejaht der BFH, Urteil v. 10. 11. 2016 - VI R 7/16, BFH/NV 2017, 366, NWB SAAAF-89564, sogar einen Werbungskostenabzug beim Gesellschafter-Geschäftsführer.
2 Gehaltssteigerungen von 67 % und 90 %, FG Saarland, Urteil v. 15. 12. 1992 - 1 K 50/92, EFG 1993, 407 und BFH, Urteil v. 2. 2. 1994 - I R 18/93, BFH/NV 1995, 440 = NWB KAAAB-34732; 110 % FG Saarland, Urteil v. 22. 6. 1994 - 1 K 53/93, rkr., EFG 1994, 937; 200 % FG Saarland, Urteil v. 8. 2. 1994 - 1 K 163/93, rkr., EFG 1994, 677; 50 % FG Saarland, Urteil v. 8. 2. 1994 - 1 K 157/93, rkr., EFG 1994, 678.
3 FG München, Urteil v. 26. 7. 1990 - 15 K 4596/89 und 2866/90, rkr., EFG 1991, 146.
4 FG Saarland, Urteil v. 4. 2. 1998 - 1 K 184/95, rkr., EFG 1998, 686.
5 FG Brandenburg, Urteil v. 27. 2. 2002 - 2 K 2503/98 K, F, G, rkr., EFG 2002, 1120.
6 Hessisches FG, Urteil v. 27. 6. 2001 - 4 K 752/01, EFG 2002, 490, 492.

Anlage 1: ABC der vGA

- In einer Entscheidung zur Überversorgung billigt der BFH die Argumentation des FG, es liege kein betrieblicher Grund für eine Gehaltserhöhung von 141 % vor,[1] sucht dann aber noch weitere Gründe für die Annahme einer vGA, so dass wohl unterstellt werden darf, dass er die Gehaltserhöhung noch nicht als ausreichendes Indiz für eine vGA anerkennt.[2]
- Keine Gerichtsentscheidung aber für den Drittvergleich interessant: Laut Meldung der Berliner Morgenpost v. 15. 1. 2007 wurde das Gehalt von Walt-Disney-Chef Robert Iger in 2006 fast verdoppelt. Die Festvergütung stieg von 1,5 auf 2,0 Mio. Dollar, die Boni von 7,74 auf 15 Mio. Dollar.

Der BFH hat jedoch inzwischen seine Position klargestellt. Wird ein Geschäftsführer für ein unangemessen niedriges Gehalt tätig, so ist die Anpassung in der Folgezeit auf ein angemessenes, marktübliches Niveau im Grundsatz kein Indiz für eine gesellschaftliche Veranlassung.[3] Dies ergibt sich auch daraus, dass es Gesellschafter-Geschäftsführern freisteht, für die GmbH auch unentgeltlich tätig zu werden. Wird die Unentgeltlichkeit der Tätigkeit beendet, ist das gerade keine vGA, sondern eben die Herstellung fremdüblicher Verhältnisse. Gleiches muss aber gelten, wenn die Tätigkeit bislang teilweise unentgeltlich erfolgte, also zu einem zu niedrigen Gehalt ausgeübt wurde.[4] Zu beachten ist lediglich, wie bei allen Dauerschuldverhältnissen, dass die Anpassung nicht zu einem beliebigen Zeitpunkt vorgenommen werden kann. Vielmehr ist eine Erhöhung erst möglich, wenn der Geschäftsführer sie wegen Ablauf der Vereinbarung erzwingen könnte. Dies gilt jedenfalls, soweit er über eine Gewinntantieme am Erfolg ohnehin beteiligt ist und soweit keine kontinuierliche Gehaltsanpassung nach Ertragslage vereinbart wurde.[5]

Die Finanzverwaltung hat festgelegt, dass pauschale Obergrenzen keine Anwendung finden,[6] somit dürfte auch eine Obergrenze für eine Gehaltserhöhung nicht akzeptabel sein.

Im Rahmen der Prüfung der Angemessenheit der Gesamtausstattung des Geschäftsführers (vgl. dazu Stichwort: Angemessenheit) wurden Gehaltserhöhungen wie folgt berücksichtigt:

- Jährliche Erhöhung des Gehalts des Geschäftsführers einer ertragsschwachen GmbH ist nur i. H. v. 2,5 % angemessen – das Gericht hat keine Gehaltsstrukturuntersuchungen für die Jahre der Erhöhung herangezogen.[7]
- Das Gericht ermittelte das angemessene Gehalt für die Mitte des streitigen Zeitraums und sah für die Vorjahre einen Abschlag von je 5 % und für die Folgejahre einen Zuschlag von je 5 % als angemessen an.[8]
- Die OFD Karlsruhe will Gehaltssteigerungen von 3 % jährlich als angemessen ansehen.[9]

---

1 BFH, Urteil v. 15. 9. 2004 - I R 62/03, BStBl 2005 II 176.
2 Vgl. Kommentierung von *Janssen*, KFR F. 4 KStG § 8, 3/05, S. 167.
3 BFH, Urteil v. 6. 4. 2005 - I R 27/04, BFH/NV 2005, 1633 = NWB ZAAAB-56928; ähnlich bei der Übernahme einer weiteren Geschäftsführungsposition – keine Gehaltsreduzierung bei der Ausgangsposition soweit das Gehalt auch für die verminderte Arbeitsleistung angemessen ist: BFH, Urteile v. 26. 5. 2004 - I R 92/03, BFH/NV 2005, 77 = NWB DAAAB-35835; v. 26. 5. 2004 - I R 101/03, BFH/NV 2004, 1672 = NWB UAAAB-27388.
4 *Lang* Dötsch/Geiger/Klingebiel/Lang/Rupp/Wochinger, KStG, Rz. D 433 f.
5 BFH, Urteil v. 6. 4. 2005 - I R 27/04, BFH/NV 2005, 1633 = NWB ZAAAB-56928.
6 BMF, Schreiben v. 14. 10. 2002, BStBl 2002 I 972.
7 FG Hamburg, Urteil v. 13. 10. 2000 - II 457/99, rkr., EFG 2001, 160, 162.
8 FG Düsseldorf, Urteil v. 30. 1. 2001 - 6 K 8671/97 K, G, F, AO, NWB ZAAAB-13310; insoweit bestätigt durch BFH, Urteil v. 10. 7. 2002 - I R 37/01, BStBl 2003 II 418.
9 OFD Karlsruhe v. 17. 4. 2001, GmbHR 2001, 538.

► Wird eine Pensionszusage mit einem prozentualen Satz vom letzten Gehalt zugesagt und das Gehalt kurz vor der Pensionierung erhöht, so kann sich aus der damit verursachten Erhöhung der Pension nach Ansicht von *Rupp* eine vGA ergeben, auch wenn die Gehaltserhöhung selbst nicht zu beanstanden ist.[1]

43. Gehaltsnachzahlung

3331 Hat der beherrschende Gesellschafter-Geschäftsführer bezüglich seines Gehalts einen Forderungsverzicht mit Besserungsklausel erklärt, so ist die spätere Nachzahlung des Gehalts dennoch vGA, wenn im Zeitpunkt des Verzichts die Voraussetzungen zur Annahme des Besserungsfalls, die Laufzeit des bedingten Verzichts und der zeitliche und betragsmäßige Umfang der Gehaltsnachholung ungeregelt bleiben.[2]

44. Gehaltsumwandlung

LITERATURHINWEISE:

Höfer, Pensionsrückstellungen und angemessenes Versorgungsniveau, BB 1996, 41; *Otto*, Pensionsrückstellungen für Direktzusagen aufgrund wertlichen Gehaltsverzichts insbesondere an beherrschende Gesellschafter-Geschäftsführer, DStR 1996, 770; *Widmann*, Die Rechtsprechung des BFH zu Pensionszusagen an GmbH-Geschäftsführer, BETRAV 1996, 157; *Arteaga*, Prüfungsschema für die steuerliche Anerkennung von Pensionszusagen an beherrschende Gesellschafter-Geschäftsführer, GmbHR 1998, 265; *Höfer/Kaiser*, Pensionszusagen an beherrschende Gesellschafter-Geschäftsführer einer GmbH – Neues von der Finanzverwaltung und aus der Praxis, DStR 2003, 274; *Langohr-Plato*, Bilanzsteuerrechtliche Berücksichtigung überhöhter Versorgungsanwartschaften nicht nur ein Problem von Gesellschafter-Geschäftsführern, INF 2005, 134; *Janssen*, Auswirkungen des BMF-Schreibens zur Nur-Pensionszusage, NWB 2008, 2741.

3332 Eine Pensionszusage kann einem Gesellschafter-Geschäftsführer als zusätzliche Sozialleistung seines Unternehmens zugesagt werden, vgl. dazu Stichwort: Pensionszusage. Es besteht aber auch die Möglichkeit, dass ein Gesellschafter-Geschäftsführer sich eine Pensionszusage gewissermaßen erkauft durch Verzicht auf einen wertgleichen Teil seines Gehalts. Soweit allerdings im Rahmen der Gehaltsumwandlung eine Pensionszusage erteilt wird, besteht diese nach Ansicht des BFH überhaupt nur dann den Drittvergleich, wenn eine Absicherung erfolgt ist, da sich ein fremder Dritter nicht auf den Verzicht auf sofort fälligen Arbeitslohn einlassen würde zugunsten einer nicht gesicherten Pensionszusage.[3]

3333 Abweichend von der unter dem Stichwort: Pensionszusage befindlichen Checkliste gilt dann Folgendes:

► Eine Probezeit ist weder für die Gesellschaft noch den Geschäftsführer erforderlich. Auch ein fremder Geschäftsführer erhält von Anfang an ein angemessenes Gehalt und es steht ihm frei, dafür eine Pensionszusage zu erwerben. Es kann dabei keinen Unterschied machen, ob dies bei der Gesellschaft geschieht oder bei einer Versicherung, dies muss jedenfalls gelten, wenn die Gesellschaft eine Rückdeckungsversicherung abschließt.

► Die Erdienbarkeit braucht nicht geprüft zu werden. Dies hat der BFH beispielsweise für den Fall entschieden, dass bestehende Gehaltsansprüche in einer Anwartschaft auf Leis-

---

[1] Vgl. auch → Rz. 3690 ff.
[2] BFH, Urteil v. 18.12.2002 - I R 27/02, BFH/NV 2003, 824 = NWB XAAAA-70028.
[3] BFH, Urteile v. 15.9.2004 - I R 62/03, BStBl 2005 II 176; v. 28.4.2010 - I R 78/08, DStRE 2010, 976 = NWB LAAAD-47470.

tung der betrieblichen Altersversorgung umgewandelt werden.[1] Die Dauer der Tätigkeit wirkt sich bei einer Pensionszusage durch Gehaltsumwandlung unmittelbar auf die Höhe der Pension aus.[2] Die Pensionszusage ist also ebenso erdienbar, wie das Gehalt auf welches dafür verzichtet wurde.

► Der Anspruchszeitpunkt kann auch vor dem 60. Lebensjahr liegen, da die Pensionszusage durch Gehaltsumwandlung stets auch erdient ist.

► Das Merkmal der Überversorgung ist bezüglich der Pensionszusage durch Gehaltsumwandlung nach Ansicht des BFH[3] nicht zu prüfen; der BMF nimmt jedoch auch in diesen Fällen vGA an.[4] Die so erworbene Pensionszusage bleibt jedoch auch im Übrigen bei der Prüfung der Überversorgung ausgeklammert.[5] Auch arbeitsrechtlich ist es nicht möglich, eine planmäßige Überversorgung wegen Wegfalls der Geschäftsgrundlage abzuändern. Bei einer Gehaltsumwandlung liegt aber immer ein Plan und daher ggf. auch eine geplante Überversorgung vor, die arbeitsrechtlich nicht verweigert werden kann und daher im Rahmen des Drittvergleichs auch steuerlich anzuerkennen ist.[6]

► Im Fall eines Anspruchs aus Gehaltsumwandlung akzeptiert die Finanzverwaltung eine Unverfallbarkeit gem. § 2 Abs. 5a BetrAVG.[7] Damit kann jeweils der durch die umgewandelten Gehälter finanzierte Teil der Pension unverfallbar werden.

► Gehaltsverzicht s. Anstellungsvertrag, klare Vereinbarung. 3334

45. Geldauflage

Die Zahlung einer gegen den Gesellschafter-Geschäftsführer festgesetzten Auflage gem. § 153a StPO durch die Gesellschaft ist keine Arbeitslohnzahlung, sondern verdeckte Gewinnausschüttung.[8] 3335

46. Gemischtes Interesse

Sofern die Gesellschaft Aufwendungen tätigt, die einerseits in ihrem eigenen betrieblichen Interesse erfolgen, andererseits aber auch im privaten Interesse eines oder mehrerer Gesellschafter, so handelt es sich nicht um vGA, sondern um Betriebsausgaben, solange das Eigeninteresse der GmbH nicht nur vorgeschoben worden ist. Sind die Aufwendungen teilbar, wie z. B. bei Auslandsreisen (vgl. Stichwort: Auslandsreisen), so kommt eine vGA in Betracht, wenn die Gesellschaft dem Gesellschafter seinen Kostenanteil nicht weiter berechnet.[9] Eine § 12 EStG entsprechende Bestimmung, die gar die Aufteilung verbieten würde, besteht im Körper- 3336

---

1 BFH, Urteil v. 7.3.2018 - I R 89/15, NWB WAAAG-87341.
2 *Otto*, DStR 1996, 770, 773; auch *Höfer/Kaiser*, DStR 2003, 274, 275; *Langohr-Plato*, INF 2005, 134, 138.
3 BFH, Urteile v. 9.11.2005 - I R 89/04, BStBl 2008 II 523; v. 28.4.2010 - I R 78/08, DStRE 2010, 976 = NWB LAAAD-47470.
4 BMF, Schreiben v. 16.6.2008, BStBl 2008 I 681; dazu ausführlich *Janssen*, NWB 2008, 2741.
5 BMF, Schreiben v. 3.11.2004, FR 2004, 1408; auch schon *Otto*, DStR 1996, 770, 773; *Arteaga*, GmbHR 1998, 265, 272; *Widmann*, BetrAV 1996, 157, 158; *Höfer*, BB 1996, 41, 42.
6 So *Widmann*, BetrAV 1996, 157, 158; ebenso *Arteaga*, GmbHR 1998, 265, 268 f.
7 BMF, Schreiben v. 9.12.2002 - IV A 2 - S 2742 - 68/02, BStBl 2002 I 1393.
8 Niedersächsisches FG, Urteil v. 7.12.1989, rkr., GmbHR 1990, 596; vgl. auch Urteil des BFH v. 7.7.2004 - VI R 29/00, BStBl 2005 II 367.
9 BFH, Urteile v. 7.7.1976 - I R 180/74, BStBl 1976 II 753; v. 13.3.1985 - I R 122/83, BFH/NV 1986, 48 = NWB LAAAB-28042.

schaftsteuerrecht nicht. Durch die Entscheidung des GrS vom 21.9.2009[1] ist aber die Rechtsauffassung § 12 Nr. 1 Satz 2 EStG normiere ein allgemeines Aufteilungs- und Abzugsverbot überholt.

Beispiele zur Abgrenzung:

- Risiko- und Spekulationsgeschäfte der KapGes sind im Regelfall keine vGA, wenn die Gesellschaft nicht nur die Risiken trägt, sondern auch die Chancen aus dem Risikogeschäft für sich in Anspruch nehmen kann.[2]

- Die Zinslosigkeit eines Verrechnungskontos zwischen der Gesellschaft und ihrem Gesellschafter stellt keine vGA dar, solange sich diese nicht als eine verdeckte zinslose Kreditgewährung der Gesellschaft an den Gesellschafter darstellt, vgl. dazu Stichwort: Darlehensverzinsung.

Vgl. ferner Stichworte: Auslandsreisen, Geburtstagsfeier, Werbung.

47. Genossenschaft

LITERATURHINWEISE:

Schiemann, Überlegungen zur genossenschaftlichen Rückvergütung in der Körperschaftsteuer-Reform, DB 1975, 319; *Zülow/Schuberg/Rosiny*, Die Besteuerung der Genossenschaften, 7. Aufl., München 1985; *Kohlhepp*, Überblick über die Rechtsprechung zur verdeckten Gewinnausschüttung im Zeitraum 2007/2008, DB 2008, 1523.

3337 Erwerbs- und Wirtschaftsgenossenschaften sind Körperschaften, für die die Vorschriften der Gewinnermittlung grundsätzlich ebenso gelten wie für andere Körperschaften i. S. d. § 1 KStG. Infolgedessen findet § 8 Abs. 3 Satz 2 KStG bei Erwerbs- und Wirtschaftsgenossenschaften Anwendung. Eine vGA i. S. d. § 8 Abs. 3 Satz 2 KStG ist somit auch bei einer Genossenschaft eine Vermögensminderung oder verhinderte Vermögensmehrung, die durch das Mitgliedsverhältnis zur Genossenschaft veranlasst ist, sich auf die Höhe des Einkommens auswirkt und in keinem Zusammenhang mit einer offenen Ausschüttung steht und beim Genossen zu einem Vermögensvorteil führen kann.[3] Wegen § 9 Abs. 2 Satz 1 GenG (= Die Mitglieder eines Vorstandes und des Aufsichtsrats müssen Genossen sein) ist die Veranlassung durch die Aufsichtsräte zugleich eine Veranlassung durch die Mitgliedschaft bei der Genossenschaft.

3338 Zur Beurteilung, ob eine Vermögensminderung (verhinderte Vermögensmehrung) durch das Genossenschaftsverhältnis veranlasst ist, ist auf das Handeln eines ordentlichen und gewissenhaften Geschäftsleiters einer Genossenschaft abzustellen.[4] So liegt in der Nichtgeltendmachung eines angemessenen Kaufpreises eine vGA, wenn eine Genossenschaft eine Eigentumswohnung zu einem unangemessen niedrigen Kaufpreis an ein Mitglied veräußert. Die Nichtgeltendmachung des angemessenen Kaufpreises ist keine Aufwendung, weshalb § 10 Nr. 4 KStG (Vergütungen an Mitglieder des Aufsichtsrats) auf sie nicht anwendbar ist.[5]

---

[1] BFH, Urteil v. 21.9.2009 - GrS 1/06, BStBl 2010 II 672.
[2] BFH, Urteile v. 8.7.1998 - I R 123/97, BFH/NV 1999, 269 = NWB HAAAA-97473; v. 8.8.2001 - I R 106/99, BStBl 2003 II 487.
[3] BFH, Urteile v. 24.4.2007 - I R 37/06, BStBl 2015 II 1056; v. 20.1.1993 - I R 55/92, BStBl 1993 II 376; a.A. *Schiemann*, DB 1975, 422, der allein darauf abstellt, ob gesellschaftsrechtlich schutzwürdige Interessen der Gläubiger und Mitglieder berührt werden.
[4] BFH, Urteile v. 11.10.1989 - I R 208/85, BStBl 1990 II 88; v. 9.3.1988 - I R 262/83, BStBl 1988 II 592; v. 11.12.1985 - I R 164/82, BStBl 1986 II 469.
[5] BFH, Urteil v. 20.1.1993 - I R 55/92, BStBl 1993 II 376.

Nach § 22 KStG sind Rückvergütungen einer Genossenschaft sowie Nachzahlungen der Genossenschaft für Lieferungen und Leistungen und auch die Rückzahlung von Kostenbeiträgen an die Mitglieder nur soweit als Betriebsausgabe abziehbar, als die dafür verwendeten Beträge im Mitgliedergeschäft erwirtschaftet worden sind.[1]

Soweit diese Vorschrift anwendbar ist, kommt eine vGA nicht in Betracht:

▶ Soweit die Beträge nach § 22 KStG abziehbar sind, ergibt sich das daraus, dass Rückvergütungen an Mitglieder ihre Wurzeln stets im Gesellschaftsverhältnis haben. Daraus, dass diese Beträge in § 22 KStG gleichwohl als abziehbar bezeichnet werden, ist daher herzuleiten, dass keine vGA angenommen werden kann.[2]

▶ Soweit die Beträge nach § 22 KStG nicht abziehbar sind, ergibt sich schon keine Vermögensminderung und daher keine vGA.

Soweit aber Zahlungen nicht mit dem Mitgliedergeschäft zusammenhängen, ist § 22 KStG nicht anwendbar. Die Zahlungen sind dann grundsätzlich Betriebsausgaben, bei gesellschaftsrechtlicher Veranlassung jedoch vGA. Bei der Auslegung des Begriffs Mitgliedergeschäft ist der Sinn des § 22 KStG heranzuziehen. Die Vorschrift soll die Wettbewerbsgleichheit zwischen Genossenschaften und anderen Kapitalgesellschaften herstellen. Da Genossen der Genossenschaft stets auch korporationsrechtlich verbunden sind, wäre jede Zahlung durch das Gesellschaftsverhältnis mitveranlasst und daher lägen stets vGA vor. Der Genosse muss aber, ebenso wie der Gesellschafter einer Kapitalgesellschaft, die Möglichkeit haben, seiner Genossenschaft ebenso wie ein fremder Dritter gegenüberzutreten und rein schuldrechtliche Beziehungen aufzunehmen. Das Mitgliedergeschäft betrifft daher nur Zahlungen, die auf einem unternehmerischen Leistungsverhältnis zwischen der Genossenschaft und ihren Mitgliedern beruht.[3] Deswegen gibt es bei einer Arbeitnehmerproduktionsgenossenschaft, bei der die Mitglieder selbst nicht Unternehmer, sondern Arbeitnehmer der Genossenschaft sind, kein Mitgliedergeschäft. Die Zahlungen einer solchen Genossenschaft an ihre Mitglieder sind daher von § 22 KStG nicht erfasst und damit zwar grundsätzlich Betriebsausgaben, aber wegen der genossenschaftlichen Veranlassung außerbilanziell als vGA anzusehen.[4] Laut *Kohlhepp*[5] ist zu dieser Frage allerdings noch eine Verfassungsbeschwerde anhängig.

Ferner hängen auch Zahlungen nicht mit dem Mitgliedergeschäft zusammen, die sich aus Nebengeschäften ergeben. Das sind alle die Geschäfte, die für die Erfüllung des Satzungszweckes der Genossenschaft entbehrlich sind. Auch in diesem Bereich gelten daher die üblichen Grundsätze der vGA.[6]

Für den Abzug von Auslagen- bzw. Kostenersatz und für die Abziehbarkeit von Bewirtungskosten gilt das Gleiche wie für die VVaG, danach gilt:

▶ Erstattet ein VVaG den Mitgliedervertretern die ihnen durch Teilnahme an der Vertreterversammlung entstandenen Kosten, so sind die Aufwendungen des VVaG abzugsfähige Betriebsausgaben.[7]

---

1 Einzelheiten dazu vgl. *Klein* in Mössner/Seeger/Oellerich, KStG, § 22 Rz. 66 ff.
2 BFH, Urteil v. 24. 4. 2007 - I R 37/06, BStBl 2015 II 1056; auch schon BFH, Urteil v. 2. 2. 1994 - I R 78/92, BStBl 1994 II 479, unter II 3. G.
3 BFH, Urteil v. 24. 4. 2007 - I R 37/06, BStBl 2015 II 1056.
4 BFH, Urteil v. 24. 4. 2007 - I R 37/06, BStBl 2015 II 1056; ähnlich schon *Zülow/Schubert/Rosiny*, S. 152.
5 Laut *Kohlhepp*, DB 2008, 1523, 1530.
6 BFH, Urteil v. 9. 3. 1988 - I R 262/83, BStBl 1988 II 592.
7 BFH, Urteil v. 24. 8. 1983 - I R 16/79, BStBl 1984 II 273.

▶ Ausgaben zur Bewirtung der Mitglieder einer Vertreterversammlung sind nach einer Entscheidung aus 1983[1] insoweit abzugsfähig, als sie 25 DM pro Mitglied nicht übersteigen – der Betrag wird entsprechend der Preisentwicklung heute anzupassen sein. Die Grenze übersteigende Beträge sind jedoch vGA.[2] Aufwendungen zur Bewirtung der Genossen bei Teilnahme der Frauen anlässlich einer Jubiläumsfeier sind dagegen keine abzugsfähigen Betriebsausgaben.[3]

▶ Sitzungsgelder, Verpflegungs- und Übernachtungspauschalen sind Betriebsausgaben.[4] Gleiches gilt, wenn der VVaG den Mitgliedern der Vertreterversammlung die Fahrtauslagen ersetzt, dagegen ist der Ersatz von Fahrtkosten für die Fahrt zur Teilnahme an der Generalversammlung vGA.[5]

3344 Ebenso sind Aufwendungen einer landwirtschaftlichen (Zentral-)Genossenschaft für die Veranstaltung einer Studienfahrt, an der Mitglieder des Vorstands und Aufsichtsrats sowie Mitglieder (Landwirte) der ihr angeschlossenen Mitgliedsgenossenschaften teilnehmen, vGA, wenn keine betrieblichen Gründe für die Ausdehnung der Teilnehmerzahl auf diesen Personenkreis nachweisbar sind.[6]

48. Genussrechte

3345 Nach § 8 Abs. 3 Satz 2 2. Halbsatz KStG mindern auch Ausschüttungen jeder Art auf Genussrechte, mit denen das Recht auf Beteiligung am Gewinn und am Liquidationserlös der KapGes verbunden ist, das Einkommen nicht.

3346 Nach dem Urteil des BFH v. 19. 1. 1994[7] scheiterte eine Korrektur des Gewinns einer GmbH um die Ausschüttung auf die Genussrechte, weil ausweislich der Genussscheine eine Beteiligung am Liquidationserlös ausdrücklich ausgeschlossen war. Wie der BFH ausführt, setzt § 8 Abs. 3 Satz 2 KStG seinem Wortlaut nach eindeutig kumulativ die Beteiligung am Gewinn und am Liquidationserlös voraus. § 8 Abs. 3 Satz 2 KStG sei aber nicht auf Genussrechte anwendbar, die nur das Recht auf Beteiligung am Gewinn, nicht aber am Liquidationserlös einräumen. Dieses Urteil wird von der Finanzverwaltung jedoch nicht angewandt.[8]

3347 Unter Änderung der bisherigen Auffassung vertritt die Verwaltung[9] nunmehr folgende Auffassung: Ist das Genussrechtskapital nach den Kriterien des IDW (HFA 1/94) unter dem Eigenkapital zu bilanzieren (Kriterien sind Verlustteilnahme, Nachrangigkeit und Längerfristigkeit der Kapitalüberlassung), dann liegt auch steuerlich Eigenkapital vor und Ausschüttungen jeder Art auf diese Genussrechte dürfen das Einkommen nach § 8 Abs. 3 Satz 1 KStG nicht mindern. Stellt das Genussrechtskapital Fremdkapital dar, mindern Gewinnausschüttungen nach § 8

---

1 BFH, Urteil v. 24. 8. 1983 - I R 16/79, BStBl 1984 II 273.
2 BFH, Urteil v. 24. 8. 1983 - I R 16/79, BStBl 1984 II 273; OFD Kiel, v. 10. 3. 1998, o. Az.; mit Hinweis auf Abzugsbeschränkungen gem. § 4 Abs. 5 EStG.
3 BFH, Urteil v. 11. 6. 1963 - I 89/62, HFR 1963, 406.
4 BFH, Urteil v. 24. 8. 1983 - I R 16/79, BStBl 1984 II 273.
5 BFH, Urteil v. 13. 11. 1991 - I R 45/90, BStBl 1992 II 429; BMF, Schreiben v. 26. 11. 1984, BStBl 1984 I 591.
6 BFH, Urteil v. 9. 2. 1972 - I R 29/70, BStBl 1972 II 361.
7 BFH, Urteil v. 19. 1. 1994 - I R 67/92, BStBl 1996 II 77.
8 BMF, Schreiben v. 27. 12. 1995, BStBl 1996 I 49; ist jedoch später in anderen inhaltlichen Zusammenhängen bestätigt worden BFH, Urteil v. 14. 6. 2005 - VIII R 73/03, BStBl 2005 II 861; FG Rheinland-Pfalz, Urteil v. 26. 4. 2001 - 6 K 3450/98, EFG 2001, 1159 = NWB TAAAB-12100.
9 Bundeseinheitlich abgestimmte Verfügung der OFD NRW v. 12. 5. 2016, DB 2016, 1407; kritisch hierzu *Hennrichs/Schlotter*, DB 2016, 2072.

Abs. 3 Satz 2 Alt. 2 KStG das Einkommen nicht, wenn das Genussrecht mit einer Beteiligung am Gewinn und am Liquidationserlös der Kapitalgesellschaft verbunden ist (sog. Zwei-Stufen-Theorie).

(Einstweilen frei)

49. Gerichtsurteil

Hat der Gesellschafter-Geschäftsführer aufgrund persönlicher Motive ein von ihm als falsch erkanntes arbeitsgerichtliches Urteil hingenommen, so sollen die Vergütungsleistungen an den dem Gesellschafter-Geschäftsführer nahe stehenden Prokuristen, zu denen die GmbH verurteilt wurde, vGA darstellen.[1] Diese Entscheidung übersieht, dass durch das arbeitsgerichtliche Urteil eine rechtliche Verpflichtung gegenüber der GmbH entsteht. Es wurde zudem nicht mitgeteilt, ob das Urteil überhaupt berufungsfähig war und schließlich muss es dem Geschäftsführer überlassen bleiben, Chancen und Risiken einer Berufung abzuwägen. Das Gericht mischt sich hier in betriebswirtschaftliche Entscheidungen, die nur durch Unternehmer, nicht durch Gerichte zu treffen sind. Etwas anderes könnte allenfalls gelten, wenn Prokurist und Geschäftsführer in kollusivem Zusammenwirken das Arbeitsgericht zum Nachteil der Gesellschaft getäuscht hätten.

50. Geschäftsberichte

Die Kosten der Geschäftsberichte und ihrer Übersendung an die Aktionäre bzw. Gesellschafter sind Betriebsausgaben und keine vGA.[2]

51. Geschäftsbetrieb

Hat eine KapGes nie einen Geschäftsbetrieb aufgenommen, so ist bei ihr keine vGA möglich.[3]

52. Geschäftschancenlehre und das Wettbewerbsverbot

LITERATURHINWEISE:

Meier, Aktuelle Fragen der Außenprüfung, StBp 1990, 61; *ders.*, Hat der Gesellschafter-Geschäftsführer einer Kapitalgesellschaft ein Entgelt für die Dispenserteilung vom Wettbewerbsverbot zu zahlen?, GmbHR 1990, 586; *Tillmann*, Wettbewerbsverbot des Gesellschafter-Geschäftsführers einer GmbH, GmbHR 1991, 26; *Niehues*, Das Wettbewerbsverbot als Steuerproblem – Zugleich eine Anmerkung zu dem BMF, Schreiben v. 4. 2. 1992, DB 1992, 496; *Röhricht*, Das Wettbewerbsverbot des Gesellschafters und Geschäftsführers, Wpg 1992, 766; *Wassermeyer*, Überlegungen zur BFH-Rechtsprechung zum Wettbewerbsverbot, DB 1992, 2410; *Buyer*, Verdeckte Gewinnausschüttung bei Verletzung der gesellschafter- und mitgliedschaftlichen Treuepflichten, GmbHR 1996, 98; *Wassermeyer*, Die neuere BFH-Rechtsprechung zu Verstößen gegen ein Wettbewerbsverbot durch den Gesellschafter-Geschäftsführer einer GmbH, DStR 1997, 681; *Weisser*, Wahrnehmung von Geschäftschancen des Unternehmens durch Alleingesellschafter-Geschäftsführer als verdeckte Gewinnausschüttungen?, GmbHR 1997, 429; *Fleischer*, Verdeckte Gewinnausschüttung: Die Geschäftschancenlehre im Spannungsfeld zwischen Gesellschafts- und Steuerrecht, DStR 1999, 1249; *Jakob*, Erfindungen eines Gesellschafter-Geschäftsführers im Geschäftsbereich der GmbH, DStR 2000, 1122; *Schuhmann*, Die Geschäftschance – Eine neue Tendenz der verdeck-

---

1 BFH, Urteil v. 25. 11. 1999 - I B 8/99, NWB RAAAA-65339.
2 BFH, Urteil v. 23. 7. 1980 - I R 28/77, BStBl 1981 II 62, wonach die Kosten für die Geschäftsberichte rückstellungsfähig sind.
3 FG Mecklenburg-Vorpommern, Urteil v. 16. 3. 1999 - 2 K 129/97, rkr., EFG 1999, 581.

ten Gewinnausschüttung, StBp 2004, 35; *Wehnert/Sano/Selzer*, Die Zuordnung von Geschäftschancen nach der aktuellen BFH-Rechtsprechung, PIStB 2004, 204.

3357 Ursprünglich wurde nur das Wettbewerbsverbot diskutiert, inzwischen hat der BFH die zivilrechtliche Geschäftschancenlehre übernommen und erkannt, dass das Wettbewerbsverbot nur einen Ausschnitt aus diesem Bereich darstellt.

Checkliste

Handelt es sich nach Zivilrecht um eine Geschäftschance der Gesellschaft?	Ja →	Angemessenes Entgelt gezahlt?	
↓ Nein		↓ Ja	↓ Nein
		keine vGA	vGA
Liegt zivilrechtlich ein Wettbewerbsverbot vor?	Nein →	keine vGA	
ab hier i. d. R. nur für beherrschende Gesellschafter denkbar			
↓ Ja			
Ist nach Zivilrecht ein Ausgleichsanspruch zu aktivieren?	Nein →	keine vGA (z. B. weil wirksame Befreiung vom Wettbewerbsverbot vorliegt)	
↓ Ja			
Wurde auf den Ausgleichsanspruch verzichtet? (nicht aktiviert)	Nein →	keine vGA	
↓ Ja			
Wurde für den Verzicht ein angemessenes Entgelt vereinbart und gezahlt?	Ja →	keine vGA	
↓ Nein			
vGA mit dem Wert der Geschäftschance im Zeitpunkt der Überlassung durch die Gesellschaft, nicht in Höhe des durch den Gesellschafter erzielten Ertrages. Die spätere Geltendmachung des Ersatzanspruchs durch die Gesellschaft soll die vGA nicht aufheben, sondern nur zu einer Einlage führen.			

a) Die Geschäftschance der Gesellschaft

3358 Zunächst ist zu prüfen, ob zivilrechtlich überhaupt eine Geschäftschance der Gesellschaft vorliegt. Auf eine klare und eindeutige Aufgabenabgrenzung kommt es dafür nicht an, da dieses steuerrechtliche Merkmal bei der Prüfung in zivilrechtlichen Kategorien keine Anwendung findet.[1] Tatsächlich getroffene Vereinbarungen sind aber als Indiz für die Aufteilung der Geschäftschancen zwischen Gesellschaft und Gesellschaftern zu werten.[2]

---

1 BFH, Urteile v. 13. 11. 1996 - I R 149/94, NWB EAAAA-96771; v. 18. 12. 1996 - I R 26/95, NWB IAAAA-96774.
2 BFH, Urteil v. 13. 11. 1996 - I R 149/94, NWB EAAAA-96771.

Eine genügend konkretisierte Geschäftschance der Gesellschaft liegt vor, wenn[1] sie bereits Vertragsverhandlungen eingeleitet hat[2] oder es sich um Anschlussaufträge handelt, 3359

- ein Vertragsangebot erhalten hat[3] oder dieses dem Gesellschafter für die Gesellschaft offeriert wurde,[4]
- einen Gesellschafterbeschluss zur Aufnahme der Geschäftstätigkeit oder zum Abschluss eines Vertrages gefasst hat,
- den Abschluss des Geschäftes dringend benötigt,[5]
- die Mittel oder Informationen zur Ausnutzung der Geschäftschance bereitgestellt hat.[6]

Liegt kein so klarer Fall vor, sprechen folgende Indizien für eine Zuordnung der Geschäftschance zur Gesellschaft:[7] 3360

- Die Gesellschaft ist mit dem Geschäft als erste in Berührung gekommen und hat sich bereits um den Kunden bemüht.
- Der Gesellschafter bedient sich zur Durchführung des Geschäfts des Personals und der Sachausstattung der Gesellschaft.
- Den Gesellschafter trifft ein vertragliches Wettbewerbsverbot.

Dagegen sprechen folgende Indizien für eine Zuordnung der Geschäftschance zum Gesellschafter:[8] 3361

- Bei Wahrnehmung der Geschäftschance ist die Gesellschaft noch nicht gegründet.[9] Der spätere Gesellschafter-Geschäftsführer hatte noch als Einzelunternehmer zu 30 €/qm einen Laden gemietet, den er später für ortsübliche 45 €/qm an die GmbH untervermietete.
- Der Gesellschafter wird außerhalb des satzungsmäßigen Unternehmensgegenstandes der Gesellschaft tätig.
- Die Gesellschaft hat Geschäfte dieser Art, obwohl sie zu ihrem satzungsmäßigen Unternehmensgegenstand gehören, bisher nie durchgeführt.
- Es besteht eine Aufgabenabgrenzung zwischen der Gesellschaft und dem Gesellschafter und der Gesellschafter ist nur in dem ihm zugewiesenen Bereich tätig geworden.
- Der Gesellschaft fehlen die personellen, finanziellen oder sachlichen (Maschinen) Kapazitäten, um das Geschäft durchzuführen.[10]
- Die Gesellschaft kann das mit dem Geschäft verbundene Risiko nicht tragen.

---

1 *Schuhmann*, StBp 2004, 35, 38; *Schneider* Scholz, GmbHG, § 43 Rz. 126.
2 BGH, Urteil v. 8. 5. 1989, WM 1989, 1216; Hessisches FG, Urteil v. 7. 1. 2002 - 4 V 5281/00, rkr., EFG 2002, 493 = NWB YAAAB-08615.
3 BFH, Urteil v. 9. 7. 2003 - I R 100/02, DB 2003, 2470 = NWB YAAAA-71701; *Wehnert/Sano/Selzer*, PIStB 2004, 204, 206.
4 BGH, Urteil v. 10. 2. 1977 - II ZR 79/75, BB 1977, 465.
5 Z. B. wichtiges Betriebsgrundstück; BGH, Urteil v. 23. 9. 1985, WM 1985, 1444.
6 BFH, Urteile v. 7. 8. 2002 - I R 64/01, BFH/NV 2003, 205 = NWB JAAAA-68126; v. 9. 7. 2003 - I R 100/02, BFH/NV 2003, 1666 (Teil BFH/R) = NWB YAAAA-71701; v. 17. 12. 2003 - I R 25/03, BFH/NV 2004, 81 = NWB CAAAB-20236; BGH, Urteil v. 8. 5. 1989, WM 1989, 1216.
7 *Lang* Rupp/Felder/Geiger/Lang, a. a. O., AV Rz. 116.
8 *Lang* Rupp/Felder/Geiger/Lang, a. a. O., AV Rz. 116.
9 BFH, Urteil v. 20. 8. 2008 - I R 16/08, BFH/NV 2009, 49 = NWB FAAAC-97219.
10 *Fleischer*, DStR 1999, 1249; *Wehnert/Sano/Selzer*, PIStB 2004, 204, 205.

3362 Steht die Geschäftschance danach der Gesellschaft zu, so kann sie diese jedoch in der Weise wahrnehmen, dass sie mit der Durchführung des Geschäfts ihren Gesellschafter oder Gesellschafter-Geschäftsführer als Subunternehmer beauftragt.[1]

3363 Dennoch muss eine Gesellschaft nicht alle sich ihr bietenden Geschäftschancen wahrnehmen. In einem vom BFH entschiedenen Fall hatte die Gesellschaft die Gelegenheit, den Teil eines Gebäudekomplexes günstig zu erwerben. Der Erwerb wurde jedoch durch den Gesellschafter getätigt. Eine vGA konnte hier allenfalls bestehen, wenn der Gesellschafter der Gesellschaft die übliche Provision vorenthalten haben sollte, der Erwerb des Gebäudeteils war aber keine Geschäftschance der GmbH, da diese auf Maklertätigkeiten beschränkt war und sich Geschäftschancen aus anderen Bereichen nicht aufdrängen lassen muss.[2] Verkauft ein Gesellschafter Wohnungen, die ihm bereits bei Gründung einer Wohnungsmakler-GmbH gehörten, so handelt es sich selbst bei der Vermittlung dieses Verkaufs nicht um eine Geschäftschance der Gesellschaft, da es dem Gesellschafter wie allen anderen Privatpersonen freisteht, sein Vermögen selbst beliebig umzuschichten, er dafür keinen Makler einsetzen muss und er dafür nicht Informationen der GmbH nutzte.[3]

3364 Der beherrschende Gesellschafter oder der Geschäftsführer einer GmbH kann auch persönlich auf einem Gebiet tätig sein, das in keinem Konkurrenzverhältnis zum Tätigkeitsbereich der GmbH steht, so dass die Frage einer Geschäftschance der Gesellschaft nicht entstehen kann.[4] Ist z. B. der beherrschende Gesellschafter einer Produktionsgesellschaft Rechtsanwalt, so kann die Führung eines Prozesses selbst dann nicht der Gesellschaft zugerechnet werden, wenn der beherrschende Gesellschafter diese Gesellschaft im Prozess vertritt, da die anwaltliche Tätigkeit die Selbständigkeit des Freiberuflers voraussetzt. Oder: Der beherrschende Gesellschafter einer GmbH, die eine Bautätigkeit ausübt, ist freiberuflicher Arzt. Seine Tätigkeit kann nicht der GmbH zugerechnet werden, selbst dann nicht, wenn er einmal einem Bauleiter der GmbH ärztliche Hilfe leisten muss.

3365 Eine Geschäftschance der GmbH kann auch nicht vorliegen, wenn ein Gesellschafter eine Tätigkeit ausübt, die nur von einer natürlichen Person ausgeübt werden kann[5] oder die nur aufgrund der persönlichen Tüchtigkeit und des fachlichen Rufs des Gesellschafters besteht.[6]

3366 Liegt danach eine Geschäftschance der Gesellschaft vor und wurde diese vom Gesellschafter genutzt, so liegt vGA vor, wenn kein angemessenes Entgelt für die Entziehung der Geschäftschance gezahlt wurde.[7] Die Entziehung der Geschäftschance ergibt sich dabei aus der Wahrnehmung von Geschäftschancen der Gesellschaft als Eigengeschäft des Geschäftsführers oder daraus, dass er Kenntnisse der Gesellschaft über geschäftliche Möglichkeiten tatsächlicher

---

1 Vgl. dazu näher → Rz. 3149 ff.
2 BFH, Urteil v. 12. 6. 1997 - I R 14/96, NWB ZAAAA-98426.
3 BFH, Urteil v. 22. 11. 1995 - I R 45/95, BFH/NV 1996, 645 = NWB FAAAB-37236.
4 Siehe auch *Niehues*, DB 1992, 499.
5 Z. B. schriftstellerische Tätigkeit, Aufsichtsratstätigkeit, Konkurs- oder Vergleichsverwalter; BFH, Urteil v. 18. 12. 1996 - I R 26/95, DB 1997, 853 = NWB IAAAA-96774; ebenso schon *Tillmann*, GmbHR 1991, 26; *Niehues*, DB 1992, 499.
6 BFH, Urteil v. 13. 11. 1996 - I R 126/95, NWB WAAAA-96778; *Jakob*, DStR 2000, 1122, 1127.
7 BFH, Urteile v. 9. 7. 2003 - I R 100/02, BFH/NV 2003, 1666 = NWB YAAAA-71701; v. 9. 7. 2003 - I B 194/02, BFH/NV 2003, 1349 = NWB PAAAA-69913; v. 16. 12. 1998 - I R 96/95, BFH/NV 1999, 1125 = NWB VAAAA-63051; v. 11. 6. 1996 - I R 97/95, NWB NAAAA-96768; v. 12. 6. 1997 - I R 14/96, NWB ZAAAA-98426.

oder rechtlicher Art an sich zieht und für sich selber nutzt,[1] z. B. die Überlassung von Mandanten-Verträgen an den beherrschenden Gesellschafter-Geschäftsführer einer Steuerberatungs-GmbH. Der BFH betont hier ausdrücklich, dass die Befreiung vom Wettbewerbsverbot sich nicht auf die Übertragung der Verträge bezieht.[2] Dies gilt auch für die einkommensteuerliche Seite beim Gesellschafter.[3] Die Versteuerung der vGA darf ferner nicht zu einer doppelten Versteuerung beim Gesellschafter führen: Hat der Gesellschafter z. B. eine Wohnungsvermittlung für einen Kunden vorgenommen, mit dem die Gesellschaft zuerst in Berührung gekommen ist und hat er daraus in seinem Einzelunternehmen als Makler einen Gewinn von 2.000 € versteuert, so kann es nicht sein, dass er den Betrag im Teileinkünfteverfahren nochmals als verdeckte Gewinnausschüttung zu versteuern hat. Daher wird man es so ansehen müssen, dass er in seinem Einzelunternehmen die Geschäftschance eingekauft hat und diese Kosten den Gewinn aufzehren, so dass ein Gewinn dort nicht mehr entsteht.[4] Eine doppelte Versteuerung wäre gem. § 174 AO zu korrigieren.

Liegt keine Geschäftschance der Gesellschaft vor, so kann allenfalls ein Einlageversprechen des Gesellschafters gegeben sein, dessen Nichterfüllung aber ebenso wenig eine vGA darstellt wie der Verzicht der Gesellschaft auf diese Einlage.

BEISPIEL: Der Steuerberater und Gesellschafter-Geschäftsführer S hatte sich vertraglich verpflichtet, alle Einkünfte aus einer selbständigen Tätigkeit, die nur er allein höchstpersönlich erzielen konnte, an seine Steuerberatungs-GmbH abzuführen. S kam dieser Verpflichtung jedoch nicht nach. Da nur S persönlich die Einkünfte erzielen konnte, handelte es sich um seine Geschäftschance. Die Abführung an die GmbH stellt demgegenüber Einkommensverwendung dar und auf Seiten der GmbH handelt es sich um eine Einlageforderung. Der Verzicht darauf ist keine vGA, da keine Gewinnminderung bei der GmbH entsteht.

Weitere Einzelfälle:

▶ Wird eine Beteiligung von der Gesellschaft an den Gesellschafter zu einem angemessenen Preis veräußert, so kann eine vGA unter dem Gesichtspunkt der Entziehung einer Geschäftschance vorliegen, wenn bereits geplant war, die Beteiligungsgesellschaft an die Börse zu bringen und sich bereits abzeichnete, dass sich dadurch eine wesentliche Werterhöhung ergeben würde.[5]

▶ Werden von verschiedenen Gläubigern der Gesellschaft ihre Forderungen gegenüber der Gesellschaft weit unter dem Nominalwert an den Gesellschafter verkauft, so nimmt dieser damit nicht die Geschäftschance der Gesellschaft auf Erlass der Forderungen wahr. Diese Vorgänge sind wirtschaftlich nicht vergleichbar, die Gesellschaft ist vielmehr in den Forderungsverkauf nicht einbezogen und hat daher auch keine Chance, die ihr entzogen werden könnte.[6]

---

1 BFH, Urteile v. 20. 8. 2008 - I R 16/08, BFH/NV 2009, 49 = NWB FAAAC-97219; v. 9. 7. 2003 - I R 100/02, BFH/NV 2003, 1666 = NWB YAAAA-71701; v. 9. 7. 2003 - I B 194/02, BFH/NV 2003, 1349 = NWB PAAAA-69913; v. 16. 12. 1998 - I R 96/95, NWB VAAAA-63051; v. 11. 6. 1996 - I R 97/95, NWB NAAAA-96768; v. 12. 6. 1997 - I R 14/96, NWB ZAAAA-98426.
2 BFH, Urteil v. 9. 7. 2003 - I B 194/02, BFH/NV 2003, 1349 = NWB PAAAA-69913.
3 Vgl. BFH, Urteil v. 18. 3. 2004 - IX B 129/03, BFH/NV 2004, 958 = NWB GAAAB-20534.
4 *Wassermeyer*, DStR 1997, 681, 685; *Jakob*, DStR 2000, 1122.
5 Hessisches FG, Urteil v. 7. 1. 2002 - 4 V 5281/00, rkr., EFG 2002, 493.
6 BFH, Urteil v. 30. 1. 2002 - I R 13/01, BFH/NV 2002, 1172 = NWB RAAAA-68106; a. A. Schleswig-Holsteinisches FG, Urteil v. 17. 4. 2002 - I 883/96, rkr., EFG 2002, 1142, nimmt vGA an.

- Ist der Gesellschafter-Geschäftsführer einer GmbH zugleich auch Gesellschafter-Geschäftsführer einer weiteren GmbH (Schwestergesellschaften), so hat er die von dritter Seite angebotenen Geschäftschancen jeweils für diejenige GmbH wahrzunehmen, welcher sie zuerst angeboten wurde, vorausgesetzt diese verfügt über die sachlichen und personellen Mittel zur Wahrnehmung der Geschäftschance. Ist dies der Fall, ist es unerheblich, dass die Gesellschaft zur Wahrnehmung der Geschäftschance ihren Gesellschaftszweck erweitern muss. Dies soll selbst dann gelten, wenn die andere Gesellschaft den größeren Nutzen aus dem Geschäft ziehen kann. Es liegt bei Überlassung dieser Geschäftschance eine vGA in Höhe des Entgelts vor, das zum Zeitpunkt der Überlassung zu verlangen gewesen wäre.[1]

- Eine Gesellschaft kann auch als Subunternehmerin ihres Gesellschafters tätig werden und diesen wiederum für die körperliche Durchführung als Sub-Subunternehmer einsetzen, während sie selber im Wesentlichen die Außenhaftung übernimmt.[2]

- Macht der Gesellschafter-Geschäftsführer privat eine Erfindung in dem Geschäftsbereich der GmbH, so kann er aufgrund des ArbNErfG oder aufgrund einer häufig vorkommenden Klausel im Anstellungsvertrag verpflichtet sein, die gewerbliche Nutzung – in der Regel nicht die Substanz – der Gesellschaft zu überlassen, so dass diese Nutzung eine Geschäftschance der Gesellschaft darstellt. Von der Verpflichtung kann der Gesellschafter im Arbeitsvertrag befreit werden.[3]

b) Wettbewerbsverbot

3369 Das Wettbewerbsverbot der Gesellschafter gegenüber der Gesellschaft wurde vom BFH früher sehr weit gefasst. Diese Rspr. wurde aufgegeben[4] und nunmehr stärker an das Zivilrecht angelehnt.

3370 Nach §§ 112, 161 HGB und §§ 284, 288 AktG gilt ein Wettbewerbsverbot für PersGes bzw. AG und KGaA. Für GmbH gibt es dagegen keine gesetzliche Vorschrift, die einen Wettbewerb des Gesellschafter-Geschäftsführers mit seiner KapGes ausschlösse. Ein Wettbewerbsverbot ergibt sich gleichwohl aus der Treuepflicht des Gesellschafters gegenüber der Gesellschaft, insbesondere dient es zivilrechtlich dem Schutz der anderen Gesellschafter und der Gesellschaftsgläubiger. Hier gilt es aber, verschiedene Gruppen von Gesellschaftern zu unterscheiden:

- Nach der Rspr. des BGH[5] unterliegt der Alleingesellschafter-Geschäftsführer einer GmbH keinem Wettbewerbsverbot.

- Der beherrschende Gesellschafter unterliegt dem Wettbewerbsverbot aus der Treuepflicht, unabhängig davon, ob er zusätzlich Geschäftsführer ist oder nicht, da er in der Lage ist, seinen Willen in der Gesellschaft durchzusetzen.

---

1 BFH, Urteil v. 7.8.2002 - I R 64/01, BFH/NV 2003, 205 = NWB JAAAA-68126.
2 BFH, Urteil v. 9.7.2003 - I R 100/02, BFH/NV 2003, 1666 = NWB YAAAA-71701.
3 Zum Ganzen *Jakob*, DStR 2000, 1122; auch BFH, Urteil v. 26.6.1970 - VI R 193/67, BStBl 1970 II 824.
4 Insbesondere folgende Urteile des BFH: BFH, Urteil v. 11.2.1987 - I R 177/83, BStBl 1987 II 461; v. 14.3.1989 - I R 8/85, BStBl 1989 II 633; v. 12.4.1989 - I R 142–143/85, BStBl 1989 II 636; v. 26.4.1989 - I R 172/87, BStBl 1989 II 673; v. 28.2.1990 - I R 144/87, BStBl 1990 II 595, daneben wurden die Schreiben der Finanzverwaltung v. 4.2.1992, BStBl 1992 I 137 und v. 29.6.1993, BStBl 1993 I 556, die diese Urteile umsetzen, als rechtsgrundlos bezeichnet; vgl. BFH, Urteil v. 18.12.1996 - I R 26/95, NWB IAAAA-96774; dazu auch *Jakob*, DStR 2000, 1122, 1124.
5 BGH, Urteil v. 10.5.1993, GmbHR 1993, 427; ebenso BFH, Urteil v. 11.6.1996 - I R 97/95, NWB NAAAA-96768; a. A. FG Köln, Urteil v. 22.2.1994 - 13 K 4766/92, GmbHR 1994, 487.

▶ Bei einer personalistisch strukturierten GmbH kann auch der nicht beherrschende Gesellschafter von einem Wettbewerbsverbot betroffen sein. Grundsätzlich aber steht es diesem frei, auch auf dem Tätigkeitsgebiet der Gesellschaft eigene wirtschaftliche Tätigkeiten zu entwickeln.[1] Seit der Anlehnung der Steuerrechtsprechung an das Zivilrecht wurde ein Wettbewerbsverbot vom BFH für unter 50 % beteiligte Gesellschafter nur bejaht, wenn mehrere aufgrund gemeinsamer Interessen als beherrschend anzusehen waren. Ein Wettbewerbsverbot für einen nicht beherrschenden Gesellschafter-Geschäftsführer hat der BFH jedoch noch nicht erkannt.

Auch für den beherrschenden Gesellschafter gilt kein Wettbewerbsverbot, wenn

▶ alle Gesellschafter seiner Wettbewerbstätigkeit zugestimmt haben[2] oder

▶ er diese Wettbewerbstätigkeit bei Gründung der GmbH bereits betrieben hat und sie ihm nicht untersagt worden ist.[3]

Eine vGA wegen eines Wettbewerbsverbots ist in der heutigen Besteuerungspraxis ,eher akademischer Natur',[4] da eine Paralleltätigkeit eines Gesellschafter-Geschäftsführers ohne Duldung oder zumindest Kenntnis der übrigen Gesellschafter kaum je vorkommen wird. Der Umfang eines ausnahmsweise bestehenden Wettbewerbsverbots erstreckt sich stets auf den gesamten Tätigkeitsbereich der Gesellschaft, auch, soweit diese nicht im Handelsregister eingetragen ist.[5]

Liegt nach all dem kein Wettbewerbsverbot vor, so liegt auch keine vGA vor. Besteht jedoch ein Wettbewerbsverbot, so ist weiter zu prüfen, ob sich aus diesem ein Ausgleichsanspruch der Gesellschaft ergibt.

c) Ausgleichsanspruch der Gesellschaft

Liegt ein Wettbewerbsverbot vor, so ergibt sich aus der Verletzung des Wettbewerbsverbots regelmäßig ein Ausgleichsanspruch der Gesellschaft. Davon bestehen nur zwei Ausnahmen:

▶ dem beherrschenden Gesellschafter wurde eine wirksame Befreiung vom Wettbewerbsverbot erteilt, so dass eigentlich schon keine Verletzung des Verbots vorliegt oder

▶ es wurde zwar das Wettbewerbsverbot verletzt, die Gesellschaft hat aber keinen Ausgleichsanspruch, weil sie die entsprechende Geschäftschance selbst nicht hätte wahrnehmen können oder auch einem fremden Dritten unentgeltlich überlassen hätte.[6]

aa) Befreiung vom Wettbewerbsverbot

Die Befreiung des Geschäftsführers vom Wettbewerbsverbot bedarf einer im Voraus abgeschlossenen Vereinbarung. Zur Wirksamkeit der Befreiung ist zumindest eine Öffnungsklausel im Gesellschaftsvertrag notwendig,[7] die Einzelheiten hinsichtlich der Abgrenzung der Tätigkeiten und eines eventuellen Entgelts können dann in einem einfachen Gesellschafterbeschluss bzw. im Dienstvertrag des Gesellschafter-Geschäftsführers ohne notarielle Beurkundung mit

---

1 *Lutter/Hommelhoff*, GmbHG, § 14 Rz. 20; *Röhricht*, WPg 1992, 766, 773.
2 BFH, Urteil v. 24. 3. 1998 - I R 93/96, NWB LAAAA-96948.
3 BFH, Urteil v. 16. 12. 1998 - I R 96/95, BFH/NV 1999, 1125 = NWB VAAAA-63051.
4 *Jakob*, DStR 2000, 1122, 1125.
5 BGH, Urteil v. 5. 12. 1983 - II ZR 242/82, GmbHR 1984, 203; *Schuhmann*, StBp 2004, 35, 36.
6 BFH, Urteil v. 30. 8. 1995 - I R 155/94, DB 1996, 2451 = NWB EAAAA-96758; s. hierzu *Weisser*, GmbHR 1997, 429 f.
7 Vgl. dazu Musterformulierung bei *Janssen*, vGA, 12. Aufl. 2017, Rz. 224 ff.

einfacher Mehrheit festgelegt werden.[1] Für einen Gesellschafter, der nicht zugleich Geschäftsführer ist, kann eine Befreiung durch einfachen Gesellschafterbeschluss erteilt werden, auch ohne Öffnungsklausel.[2] Wird ein Dispens vom Wettbewerbsverbot erteilt, so bedeutet eine fehlende Abgrenzung zwischen den wechselseitigen Geschäftsbereichen für sich genommen noch keine vGA. Es ist Sache der Gesellschafter, die Aufgaben einer KapGes zu bestimmen. Das Steuerrecht muss die Aufgabenzuweisung durch die Gesellschafter im Grundsatz akzeptieren.[3] Eine Befreiung vom Wettbewerbsverbot kann auch konkludent durch alle Gesellschafter der Gesellschaft erfolgen, ein förmlicher oder gar schriftlicher Gesellschafterbeschluss ist dazu nicht notwendig.[4]

3376 Die Befreiung vom Wettbewerbsverbot darf nur gegen eine angemessene Gegenleistung erfolgen, wenn damit eine konkrete Geschäftschance überlassen wird. In der Literatur[5] werden Gegenleistungen i. H. v. 3 – 5 % des Konkurrenzumsatzes bzw. 25 % des Konkurrenzgewinns als angemessene Gegenleistung bezeichnet. In den Eilnachrichten des BMF, Schreiben v. 30. 6. 1993 hat der BMF zur Bemessung des Entgelts für die Befreiung vom Wettbewerbsverbot Stellung genommen. Danach sind die besonderen Umstände des Einzelfalles maßgebend. In der Regel wird es nicht beanstandet, wenn die in der Literatur vorgeschlagenen Sätze vereinbart werden. Eine Befreiung vom gesetzlichen Wettbewerbsverbot (Dispens) sollte sicherheitshalber allen Gesellschaftern und auch allen Geschäftsführern erteilt werden, wenn dies erwünscht ist. Ein Entgelt ist nämlich nur dann erforderlich, wenn mit der Befreiung eine konkrete Geschäftschance überlassen wird, aber nicht für die vorweggenommene allgemeine Befreiung. Auf ein vertragliches Wettbewerbsverbot sollte aus steuerlicher Sicht gänzlich verzichtet werden.

bb) Unentgeltlichkeit aus anderen Gründen

3377 Ein Ausgleichsanspruch besteht auch nicht, wenn die Gesellschaft die entzogene Geschäftschance selbst gar nicht hätte wahrnehmen können, z. B. weil es ihr an der notwendigen Liquidität mangelt. Die Treuepflicht der Gesellschafter verpflichtet sie nicht dazu, die Gesellschaft so mit flüssigen Mitteln auszustatten, dass diese alle sich ihr bietenden Geschäftschancen wahrnehmen kann. Ferner kann vom Gesellschafter ein Entgelt nicht verlangt werden, wenn es von einem fremden Dritten auch nicht verlangt worden wäre.

d) Bestehendes Wettbewerbsverbot und Abgrenzung zur vGA

3378 **Der BFH** unterscheidet zwischen einem zivilrechtlichen Anspruch aus einem Verstoß gegen ein Wettbewerbsverbot und einer verdeckten Gewinnausschüttung.[6] Ein Wettbewerbsverbot besteht nur, wenn der Gesellschafter-Geschäftsführer ohne oder gegen den Willen der anderen Gesellschafter, und damit pflicht- und treuwidrig, im Geschäftsbereich der GmbH eigene Geschäfte macht. Der GmbH steht wegen Verletzung des Wettbewerbsverbotes ein Schadensersatz- oder Herausgabeanspruch zu. Dieser Vorgang liegt auf der schuldrechtlichen Ebene

---

1 *Schuhmann*, StBp 2004, 35, 36.
2 *Schuhmann*, StBp 2004, 35, 36.
3 BFH, Urteil v. 18. 12. 1996 - I R 26/95, NWB IAAAA-96774.
4 BFH, Urteil v. 24. 3. 1998 - I R 93/96, BFH/NV 1998, 1579 = NWB LAAAA-96948.
5 *Meier*, StBp 1990, 65 und GmbHR 1990, 586; *Niehues*, DB 1992, 497; *Wassermeyer*, DB 1992, 2410; *Buyer*, GmbHR 1996, 98.
6 BFH, Urteile v. 30. 8. 1995 - I R 155/94, NWB EAAAA-96758; v. 22. 11. 1995 - I R 45/95, BFH/NV 1996, 645 = NWB FAAAB-37236.

und löst noch keine verdeckte Gewinnausschüttung aus. Erst aus weiterem Verhalten der Beteiligten kann sich eine vGA entwickeln. Aktiviert die GmbH den Schadensersatzanspruch und macht sie ihn geltend, ist ihr Vermögen nicht vermindert; eine verdeckte Gewinnausschüttung liegt schon im Tatbestand nicht vor.[1]

Eine vGA kann nur vorliegen, wenn der Schadensersatz- oder Herausgabeanspruch nicht geltend gemacht wird und dieses Verhalten auf gesellschaftsrechtlichen Gründen beruht. Das Eingreifen des Instituts der vGA basiert nicht auf dem Verstoß gegen das Wettbewerbsverbot, Ursache ist die Nichtgeltendmachung eines Vermögensanspruchs der Gesellschaft aus gesellschaftsrechtlichen Gründen. Keine vGA liegt vor, wenn die Nichtgeltendmachung des Schadensersatz- oder Herausgabeanspruchs nicht auf gesellschaftsrechtlichen Gründen beruht, sondern z. B. auf einer unklaren zivilrechtlichen Rechtslage oder auf mangelnder tatsächlicher Durchsetzbarkeit des Anspruchs, da der Gesellschafter vermögenslos ist.[2] Verzichtet eine KapGes auf die ihr zustehenden Schadensersatzansprüche wegen des Wettbewerbsverstoßes aus gesellschaftsrechtlichen Gründen, so liegt eine vGA vor, wenn für den Verzicht kein angemessenes Entgelt gezahlt worden ist.[3] Die vGA kann nach der Rspr. nicht dadurch vermieden werden, dass der Ausgleichsanspruch nachträglich aktiviert wird. Ist er nicht aktiviert worden, so ist von einer vGA auszugehen. Die tatsächliche spätere Aktivierung stellt dann nur eine verdeckte Einlage dar.

e) Rechtsfolgen und Umfang einer vGA

Nutzt der Gesellschafter eine Geschäftschance der Gesellschaft mit Verzicht der Gesellschaft auf einen Schadensersatz aus gesellschaftsrechtlichem Grund, so handelt es sich um eine vGA dem Grunde nach. Daher stellen grundsätzlich alle Zahlungen, die der Gesellschafter für die Abwicklung des Auftrages vom dritten Auftraggeber erhalten hat, vGA dar. Allerdings ist zu berücksichtigen, dass auch der Gesellschaft, hätte sie die Geschäftschance wahrgenommen, Kosten entstanden wären. Diese mindern die vGA,[4] so dass letztlich doch nur der Gewinn aus dem Geschäft als vGA angesehen wird, solange der Gesellschafter bei der Abwicklung keine unnötigen Kosten verursacht hat.

Siehe auch Stichwörter: Kaufangebot, Forderungsverkauf, Warenverkauf.

(Einstweilen frei)

53. Geschäftsführergremium

LITERATURHINWEISE:

Hansmann, Angemessenheit von Geschäftsführer-Gehältern, EStB 2003, 143; *Zimmermann*, Die Angemessenheit der Gesamtbezüge eines Gesellschafter-Geschäftsführers, DB 2003, 786.

In der Praxis taucht bei Betriebsprüfungen immer wieder die Behauptung auf, die Gehaltsstrukturuntersuchungen würden sich auf die angemessenen Gehälter für die Geschäftsführung, also für alle Geschäftsführer gemeinsam und nicht für einen einzelnen Geschäftsführer, beziehen. Auch aus dieser immer wieder auftauchenden Behauptung kann abgeleitet werden, dass die Untersuchungen der Verwaltung überhaupt nicht zugänglich sind. Ausdrücklich ha-

---

1 BFH, Urteil v. 13. 11. 1996 - I R 149/94, BB 1997, 508 = NWB EAAAA-96771.
2 So auch *Frotscher*/Drüen Anhang zu § 8 vGA Rz. 86.
3 FG Köln, Urteil v. 1. 10. 1996 - 13 K 1554/95, EFG 1997, 487.
4 FG Hamburg, Urteil v. 28. 10. 1996 - II 180/94, rkr., EFG 1997, 487.

ben die Ersteller der Untersuchungen auch in der Literatur festgehalten, dass sich diese Untersuchungen auf das Gehalt des einzelnen Geschäftsführers beziehen.[1] Sind mehrere Geschäftsführer vorhanden, so sinkt danach das Gehalt des Einzelnen nicht,[2] der Sprecher erhält allerdings einen Zuschlag zwischen 10 und mehr als 100 %.[3] Dem folgt auch die Rechtsprechung.[4]

3390 Sind jedoch bei einer kleinen GmbH, die üblicherweise mit nur einem Geschäftsführer auskommen würde,[5] mehrere Geschäftsführer beschäftigt, so ist das angemessene Gehalt lt. Gehaltsstrukturuntersuchung gleichmäßig auf die Geschäftsführer zu verteilen.[6] Üben diese daneben weitere Tätigkeiten für die GmbH aus, so ist das dafür angemessene Gehalt hinzu zu addieren.[7] So hat das FG Rheinland-Pfalz bei einer kleinen Maler- und Verputzer-GmbH mit vier Geschäftsführern, die alle auch noch auf den Baustellen arbeiteten, als angemessenes Gehalt jedem Geschäftsführer ein Viertel des angemessenen Geschäftsführergehalts und ein um einen Zuschlag erhöhtes normales Meistergehalt zugerechnet.[8] Eine solche Verteilung ist jedoch kein Automatismus, es muss dafür vom Finanzamt zunächst festgestellt und bewiesen werden, dass die GmbH tatsächlich mit weniger Geschäftsführern auskommen müsste, als vorhanden sind. Der Beweis des ersten Anscheins dürfte hier eindeutig dafür sprechen, dass in einer GmbH nicht mehr Geschäftsführer als notwendig bestellt werden, jedenfalls, wenn die Gesellschafter einander fremde Dritte sind.

3391 Der BFH hat zu diesem Themenkreis erst eine Entscheidung erlassen.[9] Darin hält er fest, dass die Gehälter in den Gehaltsstrukturuntersuchungen sich regelmäßig auf Geschäftsführer beziehen, die den gesamten Aufgabenkreis eines Geschäftsführers wahrnehmen. Daher sollen Gehaltsabschläge nötig sein, wenn der einzelne Geschäftsführer eines Geschäftsführergremiums

▶ mit geringerwertigen Aufgabenstellungen belastet ist als ein Alleingeschäftsführer, also insbesondere dann, wenn er (nur) für Aufgabenbereiche zuständig ist, die nicht als geschäftsführend angesehen werden können oder

▶ einer geringeren zeitlichen Belastung ausgesetzt ist als ein Alleingeschäftsführer oder

▶ eine geringere Verantwortung zu tragen hat als ein Alleingeschäftsführer, also insbesondere, wenn er keine Gesamt-, sondern nur eine Teilverantwortung zu tragen hat. Letzteres ist nach der zivilrechtlichen Gesetzeslage nur denkbar, wenn die Verantwortung aufgrund einer Geschäftsführungsordnung ausdrücklich beschränkt worden ist.

3392 Umgekehrt könne aber auch ein Gehaltszuschlag in Betracht kommen, z. B. weil

▶ die Aufteilung auf mehrere Geschäftsführer eine effektivere Bewältigung der anstehenden Aufgaben ermöglicht,

---

1 *Zimmermann*, DB 2003, 786, 788; *Tänzer*, GmbHR 1989, 324; 2005, 1256, 1257.
2 *Zimmermann*, DB 2003, 786, 788; *Tänzer*, GmbHR 1989, 324; 2005, 1256, 1257.
3 *Tänzer*, GmbHR 2003, 754, 755; GmbHR 2005, 1256, 1258.
4 FG Berlin-Brandenburg, Urteil v. 16.1.2008 - 12 K 8312/04 B, NWB ZAAAC-73815, allerdings mit Abschlag von 25 %; FG Brandenburg, Urteil v. 2.7.2003 - 2 K 870/01, EFG 2003, 1336, insoweit von der Revisionsentscheidung v. 26.5.2004 - I R 101/03, NWB UAAAB-27388, nicht bezweifelt.
5 Nach *Evers/Grätz/Näser* sind z. B. bei Unternehmen mit 50 – 250 Arbeitnehmern durchschnittlich 1,9, bei Unternehmen mit 500 – 2.000 Arbeitnehmern durchschnittlich 3,0 Geschäftsführer beschäftigt.
6 BMF, Schreiben v. 14.10.2002, BStBl 2002 I 972; FG Düsseldorf, Urteil v. 16.4.2002 - 6 K 6362/99, GmbHR 2002, 1203.
7 *Zimmermann*, DB 2003, 786, 788; *Hansmann*, EStB 2003, 143, 144.
8 FG Rheinland-Pfalz, Urteil v. 8.9.1999 - 1 K 1395/97, rkr., NWB KAAAB-55264; auch Hessisches FG, Urteil v. 18.1.2000 - 4 K 3248/99, EFG 2000, 1032; v. 27.6.2001 - 4 K 752/01, rkr., EFG 2002, 490.
9 BFH, Urteil v. 4.6.2003 - I R 38/02, BStBl 2004 II 139.

- besondere zusätzliche Qualifikationen und Erfahrungen eingebracht werden oder
- die Geschäftsführer **zusätzlich zu ihren eigentlichen Aufgaben Tätigkeiten anderer Arbeitnehmer mit übernehmen.**

Es kann dagegen nicht bei zwei Geschäftsführern einer kleinen GmbH schematisch davon ausgegangen werden, dass einem Geschäftsführer ein volles Geschäftsführer-Gehalt zusteht und dem anderen das Gehalt eines leitenden Angestellten. Auch in einer kleinen GmbH können sich zwei Geschäftsführer die Aufgaben eines Alleingeschäftsführer teilen. Dennoch sind beide dann am Schicksal der GmbH mehr interessiert als ein Arbeitnehmer und tragen beide auch grundsätzlich die volle Geschäftsführer-Haftung, was bei der Gehaltsbemessung berücksichtigt werden muss.

54. Gesellschafterkosten

Übernimmt die Gesellschaft Kosten, die an sich der Gesellschafter zu tragen hätte, so liegt darin eine vGA,[1] z. B. Pensionszusagen der Gesellschaft für Arbeitnehmer des Betriebs des Gesellschafters[2] oder die Übernahme der Erschließungskosten für ein vom Gesellschafter gemietetes Grundstück.[3] Die Höhe der vGA bestimmt sich dann nicht nur nach den Kosten, vielmehr ist ein Gewinnaufschlag, wie er gegenüber fremden Dritten berechnet worden wäre, hinzuzurechnen.[4] Dies darf allerdings nicht schematisch vorgenommen werden, gerade von der öffentlichen Hand in Rechnung gestellte Kosten, wie z. B. die genannten Erschließungskosten, werden häufig auch zwischen einander fremden Dritten nur als durchlaufende Posten betrachtet und ohne Gewinnaufschlag weiterberechnet, da keine eigene Leistung erfolgt ist. Siehe ferner Stichworte: Erschließungskosten, Geburtstagsfeier.

55. GmbH & Co. KG

LITERATURHINWEISE:

Deininger, Verdeckte Gewinnausschüttung bei Änderung des Gesellschaftsvertrages einer GmbH & Co. KG, DB 1970, 1458; *Henze*, Die GmbH & Co. KG; Ihre Errichtung und ihre wirtschaftliche und steuerliche Bedeutung, 10. Aufl., Stuttgart 1970; *Meyer-Arndt*, Steuerliche Gestaltungsfreiheit der GmbH & Co. KG, StBJb 1972/73, 137; *Lersch/Schaaf*, Zur Korrektur der Gewinnverteilung zu Lasten der Komplementär-GmbH und zur Angemessenheit des Gewinnanteils, GmbHR 1972, 236; *Schulze zur Wiesche*, Ertragsteuerliche Behandlung der GmbH & Co. KG nach der neuesten Rspr. des BFH, StBp 1991, 251; *Tischer*, Pensionszusagen an geschäftsführende Mitunternehmer im System der stufenweisen Gewinnermittlung, FR 1991, 157; *Raupach*, Konsolidierte oder strukturierte Gesamtbilanz der Mitunternehmerschaft oder additive Ermittlung der Einkünfte aus Gewerbebetrieb der Mitunternehmer mit oder ohne korrespondierende Bilanzierung?, DStZ 1992, 692; *Patt/Rasche*, Besteuerung der Pensionszusage an den persönlich haftenden Gesellschafter einer KGaA nach den Grundsätzen der Mitunternehmerschaft?, DB 1993, 2400; *Meier*, § 171 HGB als abschließende Haftungsnorm für Kommanditisten bei der GmbH & Co. KG, wenn diese gleichzeitig Gesellschafter bei der Komplementär-GmbH sind?, DStR 1994, 755; *Gosch*, Korrespondierende Bilanzierung von Pensionszusagen an einen Personengesellschafter, StBp 1998, 138; *Gschwendtner*, Korrespondierende Bilanzierung bei Pensionszusagen einer Personengesellschaft an einen Gesellschafter, DStZ 1998, 777; *Söffing*, Pensionsrückstellung für Personengesellschafter, BB 1999, 40 und 96; *Wassermeyer*, Verdeckte Gewinnausschüttungen bei einer GmbH & Co. KG, GmbHR 1999, 18; *Hannemann*, Down-Stream-Merger einer Kapitalgesellschaft auf eine Personengesellschaft, DB 2000, 2497; *Hey*, Umwand-

---

1 BFH, Urteile v. 3. 7. 1968 - I 149/65, BStBl 1969 II 15; v. 1. 4. 1971 - I R 129–131/69, BStBl 1971 II 538; v. 19. 6. 1974 - I R 94/71, BStBl 1974 II 586.
2 BFH, Urteil v. 25. 10. 1963 - I 207/61 U, BStBl 1964 III 33.
3 FG Saarland, Urteil v. 1. 10. 1991 - 1 K 290/90, EFG 1992, 158.
4 BFH, Urteil v. 4. 12. 1996 - I R 54/95, NWB YAAAA-96773.

lungssteuergesetz nach der Unternehmenssteuerreform, GmbHR 2001, 993; *Schoor*, Steuerliche Behandlung der GmbH & Co. KG, BuW 2003, 96; *Heidemann*, Die GmbH & Co. KG als steuerliche Gestaltungsalternative, INF 2005, 427; *Hesselmann/Tillmann/Müller-Thuns*, Handbuch der GmbH & Co. KG, 19. Aufl., Köln 2005; *Schulze zur Wiesche*, Die GmbH & Co. KG und verdeckte Gewinnausschüttung, BB 2005, 1137.

a) Allgemeines

3395 Die GmbH & Co. KG ist auch dann keine KapGes, wenn eine GmbH alleinige persönlich haftende Gesellschafterin ist und die Kommanditisten der KG die einzigen Gesellschafter der GmbH sind.[1] Ebenso ist eine Publikums-GmbH & Co. KG weder als nicht rechtsfähiger Verein i. S. v. § 1 Abs. 1 Nr. 5 KStG noch als nichtrechtsfähige Personenvereinigung gem. § 3 Abs. 1 KStG körperschaftsteuerpflichtig.

3396 Sind, wie regelmäßig, die Kommanditisten zugleich die Gesellschafter der GmbH, so gehören ihre GmbH-Anteile zum Sonderbetriebsvermögen II bei der KG.[2] Das gilt jedenfalls immer dann, wenn sich die GmbH auf die Geschäftsführung bei der KG beschränkt oder ihr eigener Geschäftsbetrieb von einem ganz unbedeutenden Umfang ist. Aus der Zugehörigkeit der GmbH-Anteile zum SBV II folgt, dass offene und verdeckte Gewinnausschüttungen der GmbH bei den Kommanditisten als Sonderbetriebseinnahmen und damit gem. § 20 Abs. 3 EStG als gewerbliche Einkünfte zu erfassen sind,[3] die allerdings gem. § 3 Nr. 40 Satz 1 Buchst. d Satz 2 EStG dem Teileinkünfteverfahren unterliegen. Gleiches gilt, wenn (bei der Einheits-GmbH & Co. KG) die Anteile an der Komplementär-GmbH der KG als solcher gehören. Die offenen und verdeckten Ausschüttungen sind daher mit Beschlussfassung über die Ausschüttung bzw. mit Vornahme der vGA in den Ergänzungsbilanzen der Kommanditisten bzw. in der Bilanz zu aktivieren.[4] Der Geschäftsanteil eines Kommanditisten an der GmbH gehört allerdings ausnahmsweise nicht zum SBV II bei der KG, wenn die Komplementär-GmbH neben ihrer Geschäftsführertätigkeit für die KG noch eine eigene Tätigkeit von nicht ganz untergeordneter Bedeutung ausübt.[5] Die GmbH-Anteile stellen dann beim Kommanditisten i. d. R. Privatvermögen dar, vGA sind dann regelmäßig als Einkünfte aus Kapitalvermögen zu erfassen.

3397 Im Gebilde der GmbH & Co. KG bestehen für Zuwendungen an die Gesellschafter verschiedene Möglichkeiten:

▶ Soweit die Komplementär-GmbH ihrem(n) Gesellschafter(n) Vorteile zuwendet, die in keinem Zusammenhang mit ihrer Stellung als persönlich haftende Komplementärin der KG stehen, ergeben sich dieselben steuerlichen Fragen der vGA wie in allen anderen Fällen der Vorteilszuwendung an Gesellschafter einer KapGes. Der BFH hat erkannt, dass für Vereinbarungen zwischen einer Komplementär-GmbH und einer KG, deren Kommanditisten die Gesellschafter der GmbH sind, dieselben strengen Anforderungen gelten wie für Vereinbarungen mit beherrschenden Gesellschaftern.[6]

▶ Soweit die KG ihren Kommanditisten Vorteile zuwendet, ohne den Gewinnanteil der GmbH zu schmälern, handelt es sich um Privatentnahmen. Ist die Höhe des Gewinn-

---

[1] BFH, Entscheidungen v. 25. 6. 1984 - GrS 4/82, BStBl 1984 II 751; v. 25. 7. 1995 - VIII R 54/93, BStBl 1995 II 794; *Schoor*, BuW 2003, 96.
[2] BFH, Urteil v. 11. 12. 1990 - VIII R 14/87, BStBl 1991 II 510; v. 23. 8. 1990 - IV R 71/89, BStBl 1991 II 172; auch *Schoor*, BuW 2003, 96, 97; *Heidemann*, INF 2005, 427, 431.
[3] *Schulze zur Wiesche*, BB 2005, 1137; *Schoor*, BuW 2003, 96, 97.
[4] *Schoor*, BuW 2003, 96, 97.
[5] BFH, Urteil v. 12. 11. 1985 - VIII R 286/81, BStBl 1986 II 55; *Schoor*, BuW 2003, 96, 97.
[6] BFH, Urteil v. 22. 2. 1989 - I R 9/85, BStBl 1989 II 631.

anteils der GmbH gemindert, so ergeben sich jedoch insoweit vGA der GmbH an ihre Gesellschafter, als diese zugleich Kommanditisten sind.[1]

▶ Aufgrund der Personenidentität der Gesellschafter der GmbH und der Kommanditisten der GmbH & Co. KG sind ferner Gewinnverlagerungen zwischen der GmbH und der KG zugunsten der KG möglich, so dass die Gesellschafter der GmbH hierdurch mittelbar Vorteile erhalten können, die dann als vGA zu werten sind.

b) Verdeckte Gewinnausschüttung durch Gewinnverteilung bei der Kommanditgesellschaft

aa) Grundlagen

Die Komplementär-GmbH kann ihren Gesellschaftern, die zugleich Kommanditisten sind, mittelbar auch dadurch einen Vorteil zuwenden, dass sie zugunsten der Kommanditisten auf eine angemessene Beteiligung am Gewinn der KG verzichtet.

Die Angemessenheit der Gewinnverteilung kann ebenso wenig wie bei einer Familien-PersGes nur nach den Ergebnissen eines VZ geprüft werden, sondern die Prüfung muss sich auf einen längeren Zeitraum erstrecken. Auch in diesen Fällen kann der vertraglichen Gestaltung nur dann nicht gefolgt werden, wenn sich ernsthafte Bedenken, die zu einer wesentlich anderen Gewinnverteilung führen würden, ergeben.[2] Nach dem Urteil des FG Baden-Württemberg v. 27.11.1973[3] ist eine Gewinnverlagerung i.H.v. weniger als 5% des Gesamtgewinns nicht wesentlich.

bb) Bestandteile der angemessenen laufenden Vergütung für die GmbH

Welche Vergütung angemessen ist, ergibt sich aus den Verhältnissen im Einzelfall. Folgende Komponenten zur Berechnung der angemessenen Vergütung sind anerkannt[4] und ihre Berücksichtigung im Regelfall ausreichend, im atypischen Einzelfall müssen sie aber nicht unbedingt abschließend sein:

(1) Auslagenersatz

Zur Vermeidung einer vGA muss die GmbH stets ihre Auslagen, insbesondere das Gehalt des Geschäftsführers von der KG ersetzt erhalten.[5] Dies kann durch Ersatz der entsprechenden Beträge oder durch eine Erhöhung bzw. Einräumung eines angemessenen Gewinnanteils geschehen.[6] Ein Gewinnzuschlag ist jedoch nicht erforderlich[7] und auch die Gesellschaftskosten (Steuern, Steuerberatung usw.) müssen nicht ersetzt werden[8] – dazu sind die weiteren Vergütungsbestandteile der GmbH bestimmt und geeignet.[9]

---

1 Dazu *Wassermeyer*, DStR 1999, 18; *Schulze zur Wiesche*, StBp 1991, 251; *Heidemann*, INF 2005, 427, 431.
2 BFH, Urteil v. 25.4.1968 - VI R 279/66, BStBl 1968 II 741.
3 FG Baden-Württemberg, Urteil v. 27.11.1973 - I B 129/73, BB 1974, 1108.
4 BFH, Urteile v. 15.11.1967 - IV R 139/67, BStBl 1968 II 152; v. 25.4.1968 - VI R 279/66, BStBl 1968 II 741; *Heidemann*, INF 2005, 427, 431.
5 *Heidemann*, INF 2005, 427, 431; zur Behandlung als Sondervergütung (nur wenn auch bei Verlust der KG zu zahlen ist) oder als Vorabgewinn (Regelfall) vgl. BFH, Urteile v. 13.7.1993 - VIII R 50/92, BStBl 1994 II 282 und v. 13.10.1998 - VIII R 4/98, BStBl 1999 II 284.
6 BFH, Urteil v. 24.7.1990 - VIII R 290/84, NWB RAAAB-31873; auch *Schoor*, BuW 2003, 96, 100.
7 BFH, Urteil v. 24.7.1990 - VIII R 290/84, BFH/NV 1991, 191 = NWB RAAAB-31873.
8 BFH, Urteil v. 18.5.1995 - IV R 46/94, BStBl 1996 II 295.
9 Vgl. auch *Hesselmann/Tillmann/Müller-Thuns*, § 8 Rz. 185 f.

3402 In der Regel liegt aber bereits vGA vor, wenn lediglich die Auslagen ersetzt werden, da daneben zumindest noch die Übernahme des Haftungsrisikos vorhanden ist und auch diese vergütet werden muss. Im Einzelfall kann aber auch eine teilweise Erstattung der Auslagen der GmbH ausreichend sein, z. B. wenn diese ihren Geschäftsführer mehreren KGs zur Verfügung stellt und daher auch diesen gegenüber einen Anspruch auf (teilweisen) Kostenersatz hat.

(2) Vergütung des Haftungsrisikos

3403 Für die Übernahme des Haftungsrisikos muss der GmbH ein Entgelt gewährt werden, für dessen Höhe eine dem Risiko des Einzelfalles entsprechende, im Wirtschaftsleben für einen derartigen Fall übliche Avalprovision einen Anhaltspunkt bietet.[1] Allerdings kann eine diesen Grundsätzen entsprechende Gewinnverteilungsabrede dann zu einer vGA führen, wenn sich die wirtschaftliche Lage der KG verändert, insbesondere das Haftungsrisiko so steigt, dass eine aus fremden Gesellschaftern bestehende GmbH das Gesellschaftsverhältnis kündigen und entweder aus der KG ausscheiden oder ein wesentlich höheres Leistungsentgelt fordern und erhalten würde.[2]

3404 Das zu bewertende Haftungsrisiko der GmbH ist im Einzelfall sehr unterschiedlich. Es bezieht sich auf das Vermögen, welches eine eventuelle Einlage bei der KG überschreitet,[3] da die Haftung auf die Einlage mit der Kapitalverzinsung bereits abgegolten ist. Für Vermögen, welches die GmbH der KG durch Darlehen zur Verfügung stellt, ist das Haftungsrisiko jedoch nicht durch die Darlehenszinsen abgegolten, da es sich nicht um das Verlustrisiko jedes Darlehensgebers handelt, sondern eines daneben aus der Stellung als Komplementär. Wie hoch der abzugeltende Einsatz im Einzelfall ist, hängt von der Höhe des Vermögens ab. Das Risiko hängt ferner von der wirtschaftlichen Lage der KG ab, und es ist höher zu veranschlagen, wenn der Gesellschaftsvertrag für die GmbH auf längere Zeit unkündbar ist. Es ist aber unerheblich, ob eine feste Vergütung gewährt wird, die auch in Verlustjahren zu zahlen ist, oder ob ein bestimmter Hundertsatz vom Gewinn der KG zu zahlen ist.

3405 Folgende Einschätzungen liegen zur Höhe der Haftungsvergütung vor:
- In dem BFH, Urteil v. 3.2.1977[4] wurde eine Vorabvergütung i. H. v. 6 % des Stammkapitals (weiteres Vermögen hatte die GmbH nicht) als angemessen anerkannt.
- Nach BFH, Urteil v. 3.2.1977[5] sind 2 % nicht unbedingt ausreichend. Das FG Saarland hielt gewinnunabhängig gezahlte 2 % Haftungsvergütung für ausreichend, wenn daneben gewinnabhängig 10 % des Gewinns, maximal 10 % des Stammkapitals der GmbH gezahlt werden und nicht von vornherein klar ist, dass dieser Teil der Vereinbarung mangels Gewinnen nicht zum Tragen kommen wird.[6]
- Die Literatur geht davon aus, dass entsprechend einer banküblichen Avalprovision 1 % – 5 % des die Einlage überschreitenden Vermögens der GmbH ausreichend sind.[7]

---

1 BFH, Urteile v. 3.2.1977 - IV R 122/73, BStBl 1997 II 346; v. 24.7.1990 - VIII R 290/84, BFH/NV 1991, 191 = NWB RAAAB-31873; auch *Schoor*, BuW 2003, 96, 101; *Heidemann*, INF 2005, 427, 432.
2 BFH, Urteil v. 3.2.1977 - IV R 122/73, BStBl 1977 II 346; FG Düsseldorf, Urteil v. 6.12.1974 - IX 509 - 512/67, EFG 1975, 224.
3 BFH, Urteil v. 15.11.1967 - IV R 139/67, BStBl 1968 II 152, 158; *Hesselmann/Tillmann/Müller-Thuns*, a. a. O., Rz. 977; *Schoor*, BuW 2003, 96, 101; *Heidemann*, INF 2005, 427, 432.
4 BFH, Urteil v. 3.2.1977 - IV R 122/73, BStBl 1977 II 346.
5 BFH, Urteil v. 3.2.1977 - IV R 122/73, BStBl 1977 II 346.
6 FG Saarland, Urteil v. 28.3.1990 - 1 K 199/88, rkr., EFG 1990, 586.
7 *Bode* in Blümich, EStG § 15 Rz. 298.

(3) Vergütung für eine Kapitaleinlage der GmbH in die KG

Wenn die GmbH auch mit einer Kapitaleinlage an der KG beteiligt ist, ist eine Gewinnverteilung nach den Urteilen des BFH, Urteil v. 15.11.1967[1] und 25.4.1968[2] angemessen, wenn der GmbH auf die Dauer Ersatz ihrer Auslagen und eine den Kapitaleinsatz und das eventuell vorhandene Haftungsrisiko gebührend berücksichtigende Beteiligung am Gewinn in einer Höhe eingeräumt ist, mit der sich eine aus gesellschaftsfremden Personen bestehende GmbH zufrieden geben würde. In einem weiteren Urteil v. 15.11.1967[3] wird eine Rendite von 20 % auf das Kapital als nicht unangemessen angesehen. Die Finanzverwaltung hält eine Verzinsung von 12 % – 15 % für erforderlich.[4]

(4) Gewinnaufschlag, wenn die Geschäftsführer der GmbH nicht die Kommanditisten der KG sind

Sind die Geschäftsführer der GmbH nicht Kommanditisten der KG, so wird die Geschäftsführung der KG nicht nur rechtlich, sondern auch wirtschaftlich von der GmbH durchgeführt. In einem solchen Fall würde eine GmbH, die nicht am Kapital beteiligt ist, durch ihre geschäftsführende Tätigkeit einen Gewinn erzielen wollen; sie würde also zusätzlich zu den übrigen Komponenten eine Vergütung verlangen.[5] Als angemessen sind 5 – 10 % Aufschlag auf den Kostenersatz (siehe aa, → Rz. 3410), entsprechend der Regelung bei Kontroll- und Koordinierungsstellen ausländischer Konzerne, angesehen worden.[6]

(5) Berechnungsvorschlag

Als angemessen ist demnach etwa eine nach folgender Formel berechnete Vergütung anzusehen:[7]

▶ Kostenersatz (insbesondere Geschäftsführer-Gehalt),

▶ Kapitalverzinsung = 3 % Gewinnbeteiligung mindestens 30 % des Stammkapitals + Rücklagen[8] + Gewinnvortrag./. Verlustvortrag,

▶ Haftungsvergütung entsprechend den Ausführungen unter → Rz. 3403 f. Wenn die KapGes am Kapital der GmbH & Co. KG nicht beteiligt ist, entfällt die Kapitalverzinsung.[9] Der BFH hat entschieden, dass eine Gewinnbeteiligung der GmbH von 7,41 % zzgl. einer teilweisen Erstattung der Auslagen (Aufwand für Pensionsrückstellung wurde nicht erstattet) ausreichend ist, wenn diese dazu führt, dass i.d.R. alle Auslagen abgedeckt sind und auf die Einlage und hingegebene Darlehen eine durchschnittliche Rendite von 27 % erzielt wird, obwohl in einem untypischen Jahr sogar ein Verlust eintrat.[10]

---

1 BFH, Urteil v. 15.11.1967 - IV R 139/67, BStBl 1968 II 152 ff.
2 BFH, Urteil v. 25.4.1968 - VI R 279/66, BStBl 1968 II 741.
3 BFH, Urteil v. 15.11.1967 - IV R 241/66, BStBl 1968 II 307.
4 OFD Hannover v. 27.5.1969, GmbHR 1970, 23.
5 *Stapperfend* in HHR EStG § 15 Rz. 29d (3), m.w.N.
6 Ebenso *Scheifele* in E&Y, a.a.O., Fach 4 GmbH & Co. KG, Rz. 22.
7 Ähnlich *Streck*, a.a.O., § 8 Anm. 150 Stichwort: GmbH & Co. KG.
8 *Hesselmann/Tillmann/Müller-Thuns*, a.a.O., Rz. 978, halten eine Erhöhung der Mindestverzinsung auf 30 % nicht für erforderlich.
9 BFH, Urteil v. 3.2.1977 - IV R 122/73, BStBl 1977 II 346.
10 BFH, Urteil v. 24.7.1990 - VIII R 290/84, BFH/NV 1991, 191 = NWB RAAAB-31873.

cc) Angemessener Anteil am Veräußerungsgewinn

3409 Neben ihrem Anteil am laufenden Gewinn steht der GmbH aber auch ein angemessener Anteil am Veräußerungsgewinn für ihre KG-Anteile zu, wenn sie solche hält. In einem Fall des FG Rheinland-Pfalz war eine GmbH aus der KG ausgeschieden gegen Abfindung zum Buchwert ihrer Anteile i. H.v. 10.000 DM, wie es der Gesellschaftsvertrag vorsah. Wenig später wurden alle Anteile an der KG an eine AG veräußert, der Gewinnanteil der GmbH hätte danach ca. 1,2 Mio. DM betragen. Dieser Betrag wurde der natürlichen Person, die an der GmbH und der KG beteiligt war, als vGA zugerechnet.[1] Die Buchwertklausel wurde vom Gericht zwar grundsätzlich anerkannt, aber da das Ausscheiden allein im Interesse des Gesellschafters und nicht der GmbH erfolgte, wurde die vGA mit dem Wert bewertet, der sich bei Teilnahme der GmbH am Verkauf der KG-Anteile ergeben hätte.

c) Verdeckte Gewinnausschüttung durch Änderung der Gewinnverteilung

aa) Grundlagen

3410 Bei Änderung der Gewinnverteilung können vGA durch die Verminderung der Gewinnquote der GmbH auf verschiedenen Wegen bewirkt werden:

▶ unmittelbar durch Änderung, d. h. Herabsetzung der Gewinnquote,

▶ mittelbar z. B. durch einseitige Erhöhung des Kapitals der KG unter Ausschluss der Komplementär-GmbH.

3411 Voraussetzung für eine vGA durch Änderung der Gewinnverteilung ist, dass die Komplementär-GmbH am Gewinn der KG überhaupt beteiligt ist, sei es, weil sie einen Kapitalanteil hält, sei es, weil ihre Vergütung ganz oder teilweise gewinnabhängig gezahlt wird. Soweit sie jedoch nur Kostenersatz und einen Festbetrag für die Übernahme des Haftungsrisikos erhält, kann eine Änderung der Gewinnverteilung nicht zur vGA führen.

3412 Durch unangemessene Leistungen der KG an Kommanditisten, die zugleich Gesellschafter der GmbH sind, ergibt sich hingegen keine vGA der GmbH an diese.[2] Der überhöhte Teil der Leistungen stellt eine Entnahme dar, die dem entsprechenden KG-Gesellschafter zugerechnet wird. Die sich daraus ebenfalls ergebende Gewinnerhöhung bei der KG wird auf alle Gesellschafter verteilt. Daher schmälert sich der Gewinnanteil der GmbH durch die Entnahme des KG-Gesellschafters nicht, so dass eine Grundlage für eine vGA nicht ersichtlich ist.

bb) Unmittelbare Änderung der Gewinnverteilung

3413 Im Erlass des BMF v. 31. 3. 1970[3] und in gleich lautenden Ländererlassen[4] hat die Finanzverwaltung erläutert, unter welchen Voraussetzungen Gewinnverteilungsabreden oder die zur unmittelbaren Änderung der Quote der GmbH führenden abweichenden Vereinbarungen zulässig sind. Es wird dabei wie bei der vGA sonst auch auf den fremden Dritten abgestellt.[5]

---

1 FG Rheinland-Pfalz, Urteil v. 16. 12. 1997 - 2 K 1739/93, juris.
2 A. A. *Schulze zur Wiesche*, BB 2005, 1137, 1142 f.
3 BMF, Schreiben v. 31. 3. 1970, DB 1970, 418.
4 Ländererlasse v. 13. 4. 1970, DStR 1970, 310; auch BFH, Urteil v. 7. 5. 1987 - IV R 122/84, BFH/NV 1988, 761 = NWB HAAAB-29734.
5 Auch BFH, Urteil v. 25. 11. 1976 - IV R 90/72, BStBl 1977 II 467.

(1) Rückwirkende Änderung

Grundsätzlich ist eine Änderung des Gewinn- und Verlustzuteilungsschlüssels einer KG während eines Wj mit Rückbeziehung auf ein vorangegangenes Wj oder auf den Beginn des Wj steuerrechtlich nicht anzuerkennen.[1]

Stimmt die Komplementär-GmbH einer rückwirkenden Änderung zu, wodurch ihre Gewinnbeteiligung zugunsten ihrer Gesellschafter und Kommanditisten eingeschränkt wird, so liegt vGA vor. Das FG Berlin hat allerdings im Urteil v. 29. 7. 1980[2] eine Änderung der Gewinnverteilung, wonach nur die neuen Kapitalgeber gewinn- und verlustberechtigt sein sollten, mit steuerlicher Wirkung – entgegen der Auffassung des BFH sogar rückwirkend für das abgelaufene Wj – anerkannt, weil einleuchtende wirtschaftliche Gründe (unerwartete Verluste) vorlagen; diese Gewinnverteilung wäre nach Ansicht des FG nur dann nicht anzuerkennen, wenn sie einen Missbrauchstatbestand darstellte.[3]

(2) Zukünftige Änderung bei Kündigungsmöglichkeit

Eine Änderung für die Zukunft ist möglich, wenn der Gesellschaftsvertrag zum Änderungszeitpunkt kündbar ist.[4] Die Zulässigkeit der Kündigung wird davon abhängig gemacht, ob sich ein fremder Dritter ebenfalls mit der Änderung des Gewinnverteilungsschlüssels einverstanden erklären würde.[5] Das gilt auch für eine mittelbare Änderung des Gewinnverteilungsschlüssels: Verpachtet z. B. ein Kommanditist ein Grundstück an die GmbH & Co. KG, so ist eine mittelbare Änderung des Gewinnverteilungsschlüssels dadurch möglich, dass der Kommanditist den Pachtzins zum Zeitpunkt der möglichen Kündigung erhöht.[6] Eine vorzeitige Änderung der Gewinnverteilungsabrede wird man ausnahmsweise mit steuerlicher Wirkung für zulässig erachten, wenn aufgrund des Gesamtbildes der Verhältnisse der Gesellschaft dem Kommanditisten eine wirtschaftliche Machtstellung zukommt, die es auch einem fremden Geschäftsführer für angezeigt erscheinen lässt, auf Druck der Kommanditisten ebenfalls einer vorzeitigen Vertragsänderung zuzustimmen.[7]

(3) Zukünftige Änderung ohne Kündigungsmöglichkeit

Wenn aber der Gesellschaftsvertrag eine Kündigung nicht zulässt, muss nach BMF[8] der Komplementär-GmbH weiter die ursprünglich vereinbarte Quote zugeteilt werden; andernfalls läge ein Verzicht zugunsten der Gesellschafter und damit eine vGA vor. Diese von der Finanzverwaltung vertretene Auffassung ist jedoch in der Literatur auf Widerspruch gestoßen.[9] *Dei-*

---

[1] BFH, Urteile v. 17. 3. 1987 - VIII R 293/82, BStBl 1987 II 558; v. 7. 7. 1983 - IV R 209/80, BStBl 1984 II 53; v. 12. 6. 1980 - IV R 40/77, BStBl 1980 II 723.
[2] FG Berlin, Urteil v. 29. 7. 1980 - V 127/78, EFG 1991, 290.
[3] FG Berlin, Urteil v. 3. 7. 1979 - V 275/78, EFG 1979, 604.
[4] BMF, Schreiben v. 31. 3. 1970, DB 1970, 418.
[5] *Hesselmann/Tillmann/Müller-Thuns*, a. a. O., Rz. 1000.
[6] *Deininger*, DB 1970, 1458; FG Baden-Württemberg, Urteil v. 27. 2. 1973 - IV 194/71, EFG 1973, 273; FG Düsseldorf, Urteil v. 16. 2. 1972 - V 163/71, EFG 1972, 400; FG Nürnberg, Urteil v. 8. 12. 1976 - V 214/74, EFG 1977, 120; FG Bremen, Urteil v. 26. 11. 1971 - I 23/71, EFG 1972, 182.
[7] *Hesselmann/Tillmann/Müller-Thuns*, a. a. O., Rz. 1000.
[8] BMF, Schreiben v. 31. 3. 1970, DB 1970, 418.
[9] *Lersch/Schaaf*, GmbHR 1972, 236 ff.; *Meyer-Arndt*, StbJb 1972/73, 153 ff.

ninger[1] hält eine unmittelbare Änderung im Rahmen der durch die Urteile v. 15. 11. 1967 gezogenen Angemessenheitsgrenze für unbedenklich, wenn

- eine zu hohe Gewinnquote im Hinblick auf die frühere Verwaltungspraxis festgesetzt wurde,

- im Übrigen dann, wenn Veränderungen in der tatsächlichen Beitragslage der Gesellschafter oder sonst triftige Gründe dies rechtfertigen.

Eine mittelbare Senkung der Gewinnquote ist seiner Ansicht nach steuerrechtlich unbedenklich, wenn zumindest einer der Kommanditisten genauso belastet ist wie die Komplementär-GmbH.

3418 Eine vGA liegt vor, wenn der Geschäftsführer der GmbH fremden Dritten gegenüber der Änderung der Gewinnverteilung die Zustimmung versagt hätte und hätte versagen können.[2] In dieser Entscheidung sah der BFH in der Minderung des Gewinnanteils der Komplementär-GmbH, ohne auf die Möglichkeit einer Kündigung des Gesellschaftsvertrages abzustellen, keine vGA, weil besondere Umstände vorlagen. Diese besonderen Umstände bestanden darin, dass der Kommanditist die für die Unternehmensführung bestimmende Persönlichkeit war. Es kam hinzu, dass die GmbH trotz Minderung ihres Gewinnanteils noch eine beachtliche Gewinnbeteiligung behielt. Danach teilt der BFH offenbar nicht die engere Auffassung der Finanzverwaltung.

cc) Mittelbare Änderung der Gewinnverteilung durch Änderung der Beteiligungsquote

3419 Durch die Abänderung der Beteiligungsverhältnisse werden die Gewinnquoten ebenfalls verändert. Geschieht das zu Lasten einer an der KG beteiligten Komplementär-GmbH, indem die Anteile der Kommanditisten z. B. durch Neueinlagen erhöht werden, während der Anteil der Komplementär-GmbH unverändert bleibt, so kann sich hieraus eine vGA ergeben, wenn eine Komplementär-GmbH mit Fremden als Gesellschaftern ihren Ausschluss von der Kapitalerhöhung (Verzicht auf ihr Bezugsrecht) nicht zugestimmt hätte.[3] Eine vGA soll jedoch nicht vorliegen, wenn der Gewinnanteil der GmbH auch nach der Veränderung noch angemessen hoch ist und die GmbH auf die Kommanditisten angewiesen ist, weil sie ohne diese den Betrieb nicht mit dem bisherigen Erfolg fortführen kann.[4] Gleiches wie bei einer Abänderung der Beteiligungsverhältnisse gilt auch, wenn ein Kommanditist aus der KG ausscheidet und sein Anteil nur den anderen Kommanditisten anwächst, wenn im Rahmen einer Realteilung das Vermögen nur auf die Kommanditisten übergeht oder die GmbH im Rahmen einer Sacheinbringung nicht berücksichtigt würde.[5]

3420–3423 *(Einstweilen frei)*

---

[1] *Deininger*, DB 1970, 1458.
[2] BFH, Urteil v. 25. 11. 1976 - IV R 38/73, BStBl 1977 II 477; s. dazu *Hesselmann/Tillmann/Müller-Thuns*, a. a. O., Rz. 1000.
[3] Siehe BFH, Urteil v. 16. 3. 1967 - I 261/63, BStBl 1967 III 626; ein Bezugsrecht und damit eine vGA im Fall einer Kapitalerhöhung bei einer KG ablehnend FG Köln, Urteil v. 19. 12. 2016 - 14 K 700/ 14, EFG 2017, 372, NWB ZAAAG-38581, rkr.
[4] BFH, Urteile v. 25. 11. 1976 - IV R 90/72, BStBl 1977 II 467; v. 3. 2. 1977 - IV R 153/74, BStBl 1977 II 504; BFH, Urteil v. 27. 2. 1992 - IV R 99/91, BFH/NV 1993, 386 = NWB BAAAB-43016.
[5] *Schulze zur Wiesche*, BB 2005, 1137, 1142.

dd) Steuerliche Folgen der Nichtanerkennung der Änderung der Gewinnverteilung

In der Entscheidung v. 25.11.1976[1] macht der BFH grundsätzliche Ausführungen zu den Rechtsfolgen der Nichtanerkennung der Gewinnverteilung bzw. zur steuerlichen Erfassung der vGA:

(1) Änderung der Beteiligung am Auseinandersetzungsguthaben

Wird die Gewinnverteilung in der Form geändert, dass nicht nur der Jahresgewinn, sondern auch das Abfindungs- und Auseinandersetzungsguthaben im Falle eines Ausscheidens oder einer Liquidation entsprechend vermindert werden soll, so umfasst die Änderung der Gewinnverteilungsabrede eine Änderung der Beteiligungsverhältnisse. Gegenstand der vGA ist dann ein Bruchteil des Gesellschaftsanteils der GmbH an der KG. Die steuerrechtliche Folge ist, dass die neue Gewinnverteilungsabrede vom Zeitpunkt des Wirksamwerdens an auch steuerrechtlich der Gewinnzurechnung innerhalb der KG zugrunde zu legen ist (sofern der Gewinnanteil der GmbH noch angemessen ist), dass aber für das Jahr, in dem die Vertragsänderung wirksam wird, der Gewinnanteil der GmbH so zu ermitteln ist, wie wenn die GmbH einen Bruchteil ihrer Beteiligung an der KG an einen Dritten gegen angemessenes Entgelt veräußert hätte. Des Weiteren ist bei der Ermittlung der Gewinnanteile der Kommanditisten zu berücksichtigen, dass diesen ein Bruchteil des Gesellschaftsanteils und damit ein Bruchteil an den einzelnen Wirtschaftsgütern des Gesamthandsvermögens zugeflossen ist. Bei ihnen ergeben sich daher in einer Sonderbilanz auszuweisende zusätzliche Anschaffungskosten i.H. der vGA.

Das FG Düsseldorf[2] sieht zwar ebenfalls im Verzicht der Komplementär-GmbH eine vGA zugunsten der Gesellschafter, um die das Einkommen der KapGes erhöht werden muss; es hält aber eine nochmalige Hinzurechnung des Gewinnverzichts bei den Gesellschaftern für unzulässig. Dieser Auffassung ist zuzustimmen, da sich die vGA insoweit bei den Gesellschaftern erst bei den späteren Gewinnverteilungen, bei denen ihnen höhere Gewinnanteile zugerechnet werden, auswirkt. Gleichwohl ist aber der Wert des übergegangenen Bruchteils am Auseinandersetzungsvermögen den Gesellschaftern im Zeitpunkt der Änderung der Gewinnverteilung zuzurechnen, da sie um diesen Teil bereichert worden sind.

Diese Folgen lassen sich vermeiden, wenn die Verminderung der Beteiligung der GmbH an der KG wie folgt bewerkstelligt wird:

▶ Die Kommanditisten gründen eine neue, weitere GmbH.

▶ Diese tritt als weitere Komplementärin in die KG ein, ohne jedoch eine Beteiligung zu halten.

▶ Die alte GmbH wird auf die KG verschmolzen.

Bei der Verschmelzung kann sich allerdings ein steuerpflichtiger Übernahmegewinn ergeben. Dessen Versteuerung kann aber u.U. billiger sein, als die Zahlung eines angemessenen Veräußerungspreises an die GmbH für ihre Vermögensbeteiligung an der KG.[3]

---

1 BFH, Urteil v. 25.11.1976 - IV R 38/73, BStBl 1977 II 477.
2 FG Düsseldorf, Urteil v. 16.2.1972 - V 163/71 F, EFG 1972, 400.
3 *Hannemann*, DB 2000, 2497; *Hey*, GmbHR 2001, 993; *Hesselmann/Tillmann/Müller-Thuns*, § 8 Rz. 224.

(2) Keine Änderung der Beteiligung am Auseinandersetzungsguthaben

3429 Wird dagegen nur die Gewinnbeteiligung, also nicht die Beteiligung am Abfindungs- bzw. Liquidationsguthaben verändert, so hat die Änderung nur Bedeutung für die Verteilung des laufenden Jahresgewinns. Gegenstand der vGA ist dann der jeweilige im Verhältnis zum bisherigen Gesellschaftsvertrag zu geringe Gewinnanteil der GmbH; die neue Gewinnverteilungsabrede ist steuerlich nicht anzuerkennen.

3430 Wenn die Gewinnverteilung wegen „Vorzeitigkeit" der Gewinnänderung, d. h. vor der Möglichkeit, den Vertrag zu kündigen, steuerrechtlich nicht anerkannt werden kann, so umfasst die vGA nur den zu niedrigen Anteil am Jahresgewinn für den Zeitraum der „Vorzeitigkeit". Der Gewinnanteil der GmbH erhöht sich dann jeweils um die vGA, die Gewinnanteile der Kommanditisten vermindern sich im Rahmen der Verteilung des Bilanzgewinns entsprechend. Sie erhöhen sich dann allerdings im Sonderbereich insgesamt wieder um denselben Betrag über die Zurechnung der vGA, so dass die Gewinnanteile der Kommanditisten insgesamt gleich hoch bleiben, untereinander können sich jedoch Verschiebungen ergeben.

> **BEISPIEL:** Der Gewinn der KG von 100.000 € wird auf die GmbH mit. 000 € und die Kommanditisten A und B mit je 49.000 € verteilt. Angemessen wäre ein Gewinnanteil von 10.000 € für die GmbH. Daher sind der GmbH im Rahmen der Verteilung des Steuerbilanzgewinns 10.000 € zuzurechnen und den beiden Gesellschaftern je 45.000 €. Über die Sonderbilanzen ist den Gesellschaftern ferner die vGA zuzurechnen. Ergab sich die unangemessene Gewinnverteilung nun z. B. weil dem einen Kommanditisten ein um 4.000 €, dem anderen ein um 6.000 € zu hohes Gehalt als Geschäftsführer der GmbH gezahlt wurde, so ist ihnen der jeweilige Betrag als Gewinnvorab oder in der Sonderbilanz als vGA der GmbH wieder zuzurechnen.

Die gesamten zu verteilenden Einkünfte sind also von 100.000 € auf 108.000 € gestiegen, weil nicht nur der Gewinn der KG verteilt wurde, sondern zugleich ein Teil des Gewinns der GmbH (verdeckt) ausgeschüttet und damit ebenfalls verteilt worden ist.

d) Tätigkeitsvergütungen an den Gesellschafter-Geschäftsführer der GmbH & Co. KG

3431 Bei der Behandlung der Tätigkeitsvergütung an den Geschäftsführer der GmbH ist wie folgt zu unterscheiden:

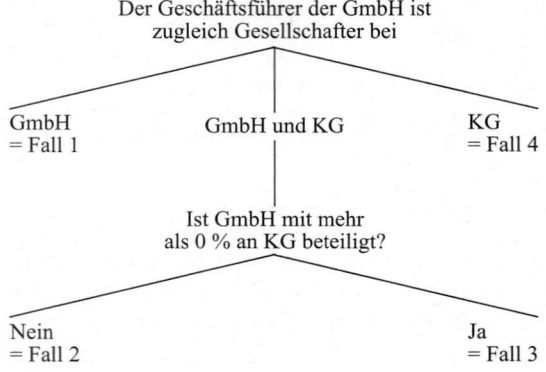

3432 Fall 1: Ist der Geschäftsführer der GmbH zugleich Gesellschafter der GmbH, nicht aber der KG, so richtet sich die Behandlung von vGA nach den allgemeinen Grundsätzen. Sein Gehalt stellt bei der GmbH eine Betriebsausgabe dar, der ein gleichhoher Erstattungsanspruch gegenüber der KG gegenübersteht. Bei dieser ist das Gehalt grundsätzlich Betriebsausgabe.[1] Soweit es allerdings vGA darstellt, ist es dem Gewinn gem. § 20 Abs. 3 i.V. m. § 15 Abs. 1 Nr. 2 EStG wieder hinzuzurechnen, dementsprechend ist sowohl der Gesamtgewinn der KG, als auch der Gewinnanteil der GmbH entsprechend zu erhöhen[2], da die übrigen Gesellschafter in ertragsteuerlich relevanter Weise soweit auf ihren Gewinnanteil zugunsten der GmbH verzichtet haben.[3] Beim Geschäftsführer stellt das Gehalt Einkünfte aus § 19 EStG, vGA solche aus § 20 EStG dar.[4] Letztlich wird so die Vergütung von allen Gesellschaftern der KG entsprechend ihres Anteils getragen. Zu Pensionszusagen in diesen Fällen vgl. Fall 2 a. E.

Fall 2: Ist die GmbH, wie regelmäßig, vermögensmäßig nicht an der KG beteiligt, so sind Tätigkeitsvergütungen an den Gesellschafter-Geschäftsführer der Komplementär-GmbH, der zugleich Kommanditist ist und die Geschäfte für die GmbH & Co. KG führt, keine Einkünfte aus nichtselbständiger Arbeit, sondern als Vorabgewinn gewerbliche Einkünfte i. S. d. § 15 Abs. 1 Nr. 2 EStG.[5] Es soll dem Zweck des § 15 Abs. 1 Nr. 2 EStG entsprechen, auch Vergütungen zu erfassen, bei denen ein Dritter in den Leistungsaustausch zwischen dem Gesellschafter und der Personengesellschaft eingeschaltet ist.[6] Der Kommanditist, der die Geschäfte der KG als Geschäftsführer der GmbH führe, erfülle damit nicht nur eine Pflicht gegenüber der GmbH, sondern auch eine eigene Pflicht gegenüber der KG.[7] Dies verkennt, dass der Kommanditist gesellschaftsrechtlich gerade nicht zur Geschäftsführung verpflichtet ist und daher eine solche eigene Pflicht nicht bestehen kann.

Jedenfalls wird aber so die Vergütung von allen Gesellschaftern der KG getragen. Sie kann jedoch auch als Gewinnvorab allein dem geschäftsführenden Gesellschafter zugerechnet werden, je nach Vereinbarung im Gesellschaftsvertrag. Ist jedoch vereinbart, dass die Tätigkeitsvergütung auch in Verlustjahren zu zahlen ist, so handelt es sich um eine Sondervergütung, die von allen Gesellschaftern zu tragen ist.[8] In beiden Fällen handelt es sich beim Geschäftsführer jedoch um gewerbliche Einkünfte (Entnahmen) gem. § 20 Abs. 3 i.V. m. § 15 Abs. 1 Nr. 2 EStG. Entsprechendes gilt auch für den Teil der Bezüge des Geschäftsführers, der auf die Führung der Geschäfte der GmbH entfällt, sofern dieser Teil nicht ins Gewicht fällt; anders aber, wenn eine eigene von der Tätigkeit der KG abgrenzbare gewerbliche Tätigkeit ausgeübt wird.[9] Der auf die eigene Tätigkeit der GmbH entfallende Gehaltsanteil stellt wie üblich Einkünfte aus § 19 EStG dar.[10] Abgrenzbar ist die Vergütung immer dann, wenn die KG für die Geschäftsführungstätigkeit der GmbH einen Auslagenersatz bezahlt, dieser ist dann gem. § 15 Abs. 1

---

1 BFH, Urteil v. 6. 5. 1965 - IV 135/64 U, BStBl 1965 III 503; v. 7. 2. 2002 - IV R 62/00, BStBl 2005 II 88.
2 Ebenso *Schoor*, BuW 2003, 96, 99; *Schulze zur Wiesche*, BB 2005, 1137, 1141; *Hesselmann/Tillmann/Müller-Thuns*, § 8 Rz. 208.
3 *Hesselmann/Tillmann/Müller-Thuns*, § 8 Rz. 208.
4 Vgl. zum Ganzen auch *Schoor*, BuW 2003, 96, 98; *Schulze zur Wiesche*, BB 2005, 1137, 1139.
5 § 15 Abs. 3 Nr. 2 EStG (SBE); BFH, Urteile v. 13. 7. 1993 - VIII R 50/92, BStBl 1994 II 282; v. 6. 7. 1999 - VIII R 46/94, BStBl 1999 II 720; v. 14. 2. 2006 - VIII R 40/03, BFH/NV 2006, 1198 = NWB UAAAB-81749.
6 So jedenfalls BFH, Urteile v. 14. 2. 2006 - VIII R 40/03, BFH/NV 2006, 1198 = NWB UAAAB-81749; v. 6. 7. 1999 - VIII R 46/94, BStBl 1999 II 720.
7 BFH, Urteil v. 6. 7. 1999 - VIII R 46/94, BStBl 1999 II 720; v. 14. 2. 2006 - VIII R 40/03, a. a. O.
8 BFH, Urteile v. 13. 10. 1998 - VIII R 4/98, BStBl 1999 II 284; v. 23. 1. 2001 - VIII R 30/99, BStBl 2001 II 621; auch *Schoor*, BuW 2003, 96, 98.
9 § 19 EStG; BFH, Urteile v. 12. 3. 1980 - I R 186/76, BStBl 1980 II 531; v. 21. 3. 1968 - IV R 166/67, BStBl 1968 II 579; auch v. 14. 2. 2006 - VIII R 40/03, BFH/NV 2006, 1198 = NWB UAAAB-81749; *Schulze zur Wiesche*, StBp 1991, 251; *Wagner/Rux*, a. a. O. Rz. 500.
10 *Wagner/Rux*, a. a. O., Rz. 500.

Nr. 2 EStG umzuqualifizieren.[1] Wird ein solcher Auslagenersatz nicht gezahlt, kann sich auch ergeben, dass das gesamte Geschäftsführergehalt nicht umzuqualifizieren ist.[2]

3434 Die Qualifizierung als Einkünfte i. S. d. § 15 Abs. 1 Nr. 2 EStG gilt nicht nur für die angemessenen, sondern auch für überhöhte Vergütungen, die sonst als vGA anzusehen wären.[3] Aufgrund der Qualifikationsnorm des § 15 Abs. 1 Nr. 2 EStG sind auch die überhöhten Bezüge nach § 20 Abs. 3 EStG den gewerblichen Einkünften zuzurechnen, weil sie nach dieser Vorschrift zu diesen Einkünften „gehören".[4] Zudem hat die GmbH auch bezüglich des überhöhten Gehaltsteils i. d. R. einen Aufwendungsersatzanspruch gegenüber der KG, so dass bei der GmbH keine Vermögensminderung vorliegt.[5] Dennoch ist beim Geschäftsführer für vGA gem. § 3 Nr. 40 Satz 1 Buchst. d, Satz 2 EStG das Teileinkünfteverfahren anzuwenden.[6] Daneben wird der Ersatz eines überhöhten Gehaltes durch die KG an die GmbH handelsrechtlich u. U. als Einlagenrückgewähr gem. § 172 Abs. 4 HGB gegenüber dem Geschäftsführer gewertet, wenn dieser zugleich Kommanditist der KG ist.[7]

3435 Wird das Gehalt im Rahmen des Auslagenersatzes von der KG ersetzt, so ist die Kostenerstattung bei der GmbH eine Sonderbetriebseinnahme, die Gehaltszahlung Sonderbetriebsausgabe. Ist jedoch ein Teil des Gehalts vGA, müssen die Sonderbetriebsausgaben insoweit gekürzt werden, dementsprechend erhöht sich der Gesamtgewinn und der Gewinnanteil der GmbH um diesen Betrag.[8]

3436 Zu den Vergütungen gehören ggf. auch die Arbeitgeberanteile zur Sozialversicherung[9] sowie Versorgungsbezüge.[10] Wird dem Geschäftsführer der GmbH eine Pension zugesagt, so ist bei der GmbH eine Pensionsrückstellung nach den allgemeinen Grundsätzen zu bilden[11] und durch einen gleich hohen Aufwendungsersatzanspruch gegenüber der KG zu neutralisieren.[12]

---

1 BFH, Urteil v. 14. 2. 2006 - VIII R 40/03, BFH/NV 2006, 1198 = NWB UAAAB-81749.
2 BFH, Urteil v. 14. 2. 2006 - VIII R 40/03, BFH/NV 2006, 1198 = NWB UAAAB-81749.
3 Auch BFH, Urteil v. 14. 2. 2006 - VIII R 40/03, BFH/NV 2006, 1198 = NWB UAAAB-81749.
4 *Schulze zur Wiesche*, BB 2005, 1137, 1141.
5 BFH, Urteil v. 14. 2. 2006 - VIII R 40/03, BFH/NV 2006, 1198 = NWB UAAAB-81749.
6 *Schulze zur Wiesche*, BB 2005, 1137, 1141.
7 BAG, Urteil v. 28. 9. 1982, ZIP 1983, 170, 172; *Meier*, DStR 1994, 755.
8 *Schulze zur Wiesche*, BB 2005, 1137, 1141.
9 BFH, Urteil v. 8. 4. 1992 - XI R 37/88, BStBl 1992 II 812; v. 27. 4. 1993 - VIII B 38/92, BFH/NV 1993, 599 = NWB XAAAB-43159.
10 BFH, Urteil v. 16. 12. 1992 - I R 105/91, BStBl 1993 II 792; v. 30. 3. 2006 - IV R 25/04, BStBl 2008 II 171; auch Witwenpensionen, BFH, Urteil v. 25. 1. 1994 - VIII B 111/93, BStBl 1994 II 455; v. 2. 12. 1997 - VIII R 42/96, HFR 1998, 454 = SAAAC- 24331.
11 BMF, Schreiben v. 29. 1. 2008, DB 2008, 320, Tz. 13; BFH, Urteil v. 14. 2. 2006 - VIII R 40/03, BFH/NV 2006, 1198 = NWB UAAAB-81749; v. 16. 12. 1992 - I R 105/91, BStBl 1993 II 792, unter Änderung des Urteils v. 22. 1. 1970 - IV R 47/68, BStBl 1970 II 415, das die Rückstellungsbildung noch untersagte, so nun wieder *Söffing*, BB 1999, 40 und 96. Wie BFH, Urteil v. 16. 12. 1992 auch FG Köln, Urteil v. 11. 3. 1999, rkr., EFG 1999, 596; *Schoor*, BuW 2003, 96, 99; *Schulze zur Wiesche*, BB 2005, 1137, 1139.
12 BFH, Urteil v. 14. 2. 2006 - VIII R 40/03, BFH/NV 2006, 1198 = NWB UAAAB-81749; auch *Schoor*, BuW 2003, 96, 99; *Schulze zur Wiesche*, BB 2005, 1137, 1139.

Bei der Gewinnermittlung der KG ist ein gleich hoher Sonderaufwand zu berücksichtigen,[1] der unter Beachtung des Grundsatzes der korrespondierenden Bilanzierung durch eine gleich hohe Sonderbetriebseinnahme in der Sonderbilanz des Geschäftsführers, der zugleich Kommanditist ist, auszugleichen ist.[2] Dem Passivposten in der KG steht dann als Anspruch ein Aktivposten in der/den Sonderbilanz(en) gegenüber.[3] Im Gesellschaftsvertrag kann vereinbart werden, dass der Aufwand aus der Bildung des Passivpostens ebenfalls nur dem Gesellschafter-Geschäftsführer zuzurechnen ist, für den die Pensionsrückstellung gebildet wird.[4] Eine solche Vereinbarung ist nicht bereits konkludent aus der (fehlerhaften) Aktivierung der Sonderbetriebseinnahme in den Sonderbilanzen aller Gesellschafter zu entnehmen.[5] Ist der Ansatz des Aktivpostens unterblieben, kann er im Wege der Bilanzberichtigung, auch für festsetzungsverjährte Jahre, in der ersten offenen Bilanz nachgeholt werden.[6] Eine Rückdeckungsversicherung darf den Gewinn der KG im Ergebnis ebenfalls nicht mindern, ist aber allen Gesellschaftern zuzurechnen, da der Anspruch der KG und nicht dem einzelnen Gesellschafter zusteht.[7] Ist der Geschäftsführer nicht Kommanditist der KG, so unterbleibt die Aktivierung, eine Sonderbetriebseinnahme fällt nicht an.[8] Die unterschiedliche Behandlung von Pensionszusagen bei GmbH und GmbH & Co. KG widerspricht nicht der Verfassung.[9]

Fall 3: Ist der Gesellschafter-Geschäftsführer der GmbH zugleich Kommanditist der KG und neben ihm auch die GmbH, so treten die zu → Rz. 3432 und → Rz. 3433 dargestellten Rechtsfolgen jeweils teilweise ein. In Höhe der Beteiligung der GmbH an der KG handelt es sich um Einkünfte aus § 19 bzw. bei vGA aus § 20 EStG für den Geschäftsführer und im Übrigen um Einkünfte aus § 20 Abs. 3 i.V.m. § 15 Abs. 1 Nr. 2 EStG, für die aber i.H. einer vGA das Teileinkünfteverfahren anzuwenden ist.

3437

BEISPIEL: Die X-GmbH ist mit 10 % an der X-GmbH & Co. KG beteiligt. Sie hat dort die Stellung als Komplementär übernommen und ihr einziger Geschäftsgegenstand ist die Geschäftsführung in dieser KG. Diese wird durch ihren Geschäftsführer A ausgeführt, der dafür 200.000 € pro Jahr erhält, angemessen wären nur 150.000 €. Ist der A Gesellschafter der GmbH, aber an der KG nicht beteiligt, so beträgt die vGA 50.000 €, ist er auch an der KG beteiligt, so beträgt die vGA 10 % × 50.000 € = 5.000 €, 45.000 € sind dagegen Entnahme des A bei der KG, ist er nur Kommanditist, nicht aber Gesellschafter der GmbH, so sind es 50.000 € Entnahme bei der KG.[10]

Fall 4: Ist der Geschäftsführer nur Gesellschafter bei der KG, nicht aber bei der GmbH, so ist die GmbH für die KG eigentlich eine Fremdfirma. Dennoch hindert das den BFH nicht, die Ver-

3438

---

1 BMF, Schreiben v. 29.1.2008, DB 2008, 320, Tz. 3; BFH, Urteil v. 14.2.2006 - VIII R 40/03, BFH/NV 2006, 1198 = NWB UAAAB-81749; v. 30.3.2006 - IV R 25/04, BStBl 2008 II 171; v. 16.10.2008 - IV R 82/06, BFH/NV 2009, 582, 583 = NWB XAAAD-08067; *Patt/Rasche*, DB 1993, 2400; *Gosch*, StBp 1998, 138; *Gschwendtner*, DStZ 1998, 777; *Schoor*, BuW 2003, 96, 99; *Schulze zur Wiesche*, BB 2005, 1137, 1140; *Fischer*, FR 1991, 157; *Raupach*, DStZ 1992, 692.
2 BMF, Schreiben v. 29.1.2008, DB 2008, 320, Tz. 5; BFH, Urteil v. 14.2.2006 - VIII R 40/03, BFH, Urteil/NV 2006, 1198 = NWB UAAAB-81749, unter II.B.2.b.bb; v. 30.3.2006 - IV R 25/04, BStBl 2008 II 171, unter II.1.c; v. 16.10.2008 - IV R 82/06, BFH/NV 2009, 582, 583 = NWB XAAAD-08067; *Patt/Rasche*, DB 1993, 2400; *Gosch*, StBp 1998, 138; *Gschwendtner*, DStZ 1998, 777; *Schoor*, BuW 2003, 96, 99; *Schulze zur Wiesche*, BB 2005, 1137, 1140; a.A. *Fischer*, FR 1991, 157; *Raupach*, DStZ 1992, 692.
3 BFH, Urteil v. 2.12.1997 - VIII R 15/96, a.a.O.; v. 28.6.2001 - IV R 41/00, BStBl 2002 II 724; FG Baden-Württemberg, Urteil v. 22.4.2004 - 3 K 98/00, a.a.O. Diese Ansprüche werden dann später bei Zahlung der Pension verrechnet.
4 BFH, Urteil v. 16.10.2008 - IV R 82/06, BFH/NV 2009, 582, 583 f. = NWB XAAAD-08067.
5 BFH, Urteil v. 16.10.2008 - IV R 82/06, BFH/NV 2009, 582, 584 = NWB XAAAD-08067.
6 BFH, Urteil v. 30.3.2006 - IV R 25/04, BStBl 2008 II 171; BMF, Schreiben v. 29.1.2008, DB 2008, 320, Tz. 1.
7 BFH, Urteil v. 28.6.2001 - IV R 41/00, BStBl 2002 II 724.
8 Vgl. FG Köln, Urteil v. 11.3.1999 - 13 K 7388/98, rkr., EFG 1999, 596.
9 FG Baden-Württemberg, Urteil v. 22.4.2004 - 3 K 98/00, a.a.O.
10 *Wassermeyer*, GmbHR 1999, 18.

gütung des Geschäftsführers ebenso wie in Fall 2 zu behandeln, da auch hier mittelbar im Dienst der Gesellschaft Leistungen erbracht würden.[1] Das gilt ausdrücklich auch, wenn die GmbH auch einen eigenen Gesellschaftszweck verfolgt und unabhängig davon, ob die KG ihrerseits an der GmbH beteiligt ist oder nicht.[2]

3439 In den Voraussetzungen richtet sich die Frage der vGA bei Geschäftsführerbezügen nach den allgemeinen Grundsätzen (vgl. dazu Stichwort: Anstellungsvertrag[3]), direkt die GmbH & Co. KG betreffende Beispiele:

- ► vGA durch Überstundenvergütungen und Resturlaubsabfindung.[4]

- ► vGA, wenn die Vereinbarung und Zahlung von Tätigkeitsvergütungen an den Kommanditisten einer GmbH & Co. KG zu ständigen Verlustzuweisungen bei der Komplementär-GmbH führt, so dass auf die Dauer ein Verbrauch ihres Stammkapitals bewirkt wird.[5]

- ► Pensionszusagen an den Arbeitnehmer-Ehegatten eines beherrschenden Gesellschafters einer GmbH & Co. KG richten sich nach den allgemeinen Grundsätzen.[6]

- ► Das Nachzahlungsverbot für Vergütungen an den Gesellschafter-Geschäftsführer soll jedoch nicht anwendbar sein, wenn der GmbH, wie üblich, alle Aufwendungen durch die KG erstattet werden.[7] Das Nachzahlungsverbot solle eine nachträgliche Minderung des Gewinns der GmbH verhindern. Eine solche trete aber nicht ein, wenn alle Aufwendungen durch die KG erstattet werden. Diese Überlegung erscheint zunächst einleuchtend, wäre aber ebenso gut auf alle anderen vGA im Zusammenhang mit dem Geschäftsführergehalt anwendbar, da die KG regelmäßig auch ein überhöhtes Gehalt zu erstatten hat, dennoch können vGA vorliegen.

e) Sonstige Vergütungen

3440 Entsprechendes wie für die Tätigkeitsvergütungen gilt auch für alle anderen Vergütungen, z. B. für die Überlassung von Wirtschaftsgütern. Überlässt ein Kommanditist, der zugleich Gesellschafter der GmbH ist, der GmbH ein Wirtschaftsgut für ein überhöhtes Entgelt und gibt die GmbH das Wirtschaftsgut in Unterpacht an die KG für das gleiche Entgelt zur Nutzung weiter, so ist die Vergütung, soweit sie überhöht ist, ebenfalls dem Einkommen der GmbH wieder hinzuzurechnen. Umgekehrt kann aber auch eine vGA der GmbH an ihre Gesellschafter dadurch bewirkt werden, dass die GmbH für die Überlassung von Wirtschaftsgütern, die ihr gehören, von der KG ein zu niedriges Entgelt erhält, so dass der auf die Kommanditisten verteilbare Gewinn dementsprechend höher wird.[8]

---

1 BFH, Urteile v. 7.12.2004 - VIII R 58/02, BStBl 2005 II 390; auch v. 14.2.2006 - VIII R 40/03, DB 2006, 926 = NWB UAAAB-81749.
2 BFH, Urteil v. 14.2.2006 - VIII R 40/03, BFH/NV 2006, 1198 = DB 2006, 926 = NWB UAAAB-81749.
3 → Rz. 3039.
4 FG Münster, Urteil v. 22.3.1995 - 13 K 3836/93 F, G, rkr., EFG 1995, 1116; vgl. generell dazu → Rz. 3065, → Rz. 3078 ff.
5 FG Münster, Urteil v. 21.10.1985 - VI 3120/84, rkr., EFG 1987, 262.
6 BFH, Urteil v. 10.12.1992 - IV R 118/90, BStBl 1994 II 381; vgl. generell dazu → Rz. 3624 ff.
7 *Hesselmann/Tillmann/Müller-Thuns*, § 8 Rz. 213 f.
8 Siehe auch BFH, Urteil v. 14.8.1975 - IV R 30/71, BStBl 1976 II 88.

f) Verdeckte Gewinnausschüttung durch Lieferungen und Leistungen zwischen der Komplementär-GmbH und der Kommanditgesellschaft

Eine Gewinnverlagerung von der GmbH auf ihre Gesellschafter ist auch dadurch möglich, dass für Lieferungen und Leistungen der KG an die GmbH ein zu hohes Entgelt berechnet wird. Entsprechendes gilt, wenn die GmbH für ihre Lieferungen oder Leistungen an die KG ein zu niedriges Entgelt berechnet. Durch solche manipulierten Verrechnungspreise wird der Gewinn der KG um den Betrag erhöht, auf den die GmbH durch Einnahmeverzichte oder überhöhte Entgelte als einen eigenen der KSt-Pflicht unterliegenden Gewinn verzichtet. Entsprechend ihrer Beteiligung an der KG erhalten somit die Gesellschafter der GmbH höhere Gewinnanteile, die bei zutreffender Preisgestaltung der GmbH als eigener Gewinn, also nicht als Gewinnanteil an der KG, ausgewiesen werden müssten.[1]

BEISPIEL: Die GmbH und ihre zwei Gesellschafter sind zu je $1/3$ an der GmbH & Co. beteiligt. Die GmbH verkauft der KG Waren zu einem niedrigen Preis. Ihr Gewinn aus der Veräußerung hätte bei angemessener Berechnung um 3.000 € höher sein müssen. Da die KG Waren für einen um 3.000 € zu niedrigen Preis erworben hat, wird ihr Gewinn aufgrund der Veräußerung dieser Ware um 3.000 € höher ausgewiesen, als er bei Zahlung eines angemessenen Kaufpreises entstanden wäre. Dieser um 3.000 € höhere Gewinn wird auf die GmbH und die beiden Kommanditisten mit je $1/3$ i. H.v. jeweils 1.000 € verteilt, so dass bei der GmbH nur 1.000 €, nicht aber 3.000 € der KSt unterliegen würden, wie es bei zutreffender Preisgestaltung der Fall gewesen wäre.

Einen ähnlich gelagerten Fall hat der BFH durch Urteil v. 6. 8. 1985[2] entschieden. Eine GmbH & Co. KG verkaufte einer nahe stehenden Person eines Gesellschafters der Komplementär-GmbH Waren unter Preis. Die vGA bestand darin, dass der Verkauf letztlich i. H.v. 4,76 % zu Lasten der GmbH erfolgte. In dieser Höhe war die GmbH an der KG beteiligt, mit der Folge, dass insoweit eine Änderung der Gewinne der KG unmittelbar auf die GmbH durchschlug.[3] Im Übrigen, d. h., soweit die Gewinnanteile der KG gemindert worden waren, lag eine Entnahme vor. Im Rahmen der Gewinnfeststellung der KG ergab sich folgende Erfassung der Wertabflüsse:

► Erhöhung des Gewinnanteils der GmbH um 4,76 % (vGA)

► Erhöhung des Gewinnanteils des begünstigten Gesellschafters und Kommanditisten um 4,76 % (vGA)

► Erhöhung des Gewinnanteils des Gesellschafters und Kommanditisten um die verdeckte Entnahme und

► Erhöhung des Gesamtgewinns der KG um die verdeckten Wertabflüsse.

g) Weitere Einzelfälle der verdeckten Gewinnausschüttung bei der GmbH & Co. KG

Neben den bereits vorgestellten Hauptgruppen der vGA bei GmbH & Co. KG sind jedoch noch viele weitere Arten der vGA in diesem Rechtsgebilde denkbar:

► Eine vGA kann innerhalb einer GmbH & Co. KG auch dadurch vorgenommen werden, dass die KG steuerlich nicht abzugsfähige Aufwendungen für die Lebensführung der Gesellschafter (§ 12 EStG) zu Lasten des auf die Gesellschafter zu verteilenden Gewinns getragen hat. Sie sind bei der einheitlichen Gewinnfeststellung den Gesellschaftern zuzu-

---

[1] Ebenso *Frotscher/Druen* Anhang vGA zu § 8 Rz. 150; *Henze*, a. a. O., S. 75.
[2] BFH, Urteil v. 6. 8. 1995 - VIII R 280/81, BStBl 1986 II 17; s. dazu *Hesselmann/Tillmann/Müller-Thuns*, a. a. O., Rz. 1008.
[3] BFH, Urteil v. 12. 3. 1980 - I R 186/76, BStBl 1980 II 531.

rechnen und stellen bei der Komplementär-GmbH nach Maßgabe deren Beteiligung am zu verteilenden Restgewinn vGA dar.[1]

▶ Trägt die Komplementär-GmbH Aufwendungen, die die KG zu tragen hätte (z. B. in Fällen der Betriebsaufspaltung), so kann ebenfalls eine vGA vorliegen. Für die Zurechnung der vGA bei den Kommanditisten kommt es darauf an, von wem die Aufwendungen zu tragen gewesen wären. Handelt es sich z. B. um Sonderbetriebsausgaben eines Gesellschafters und Kommanditisten, so kann die vGA auch nur diesem zugerechnet werden.

BEISPIEL: ▶ Der Gesellschafter X hat der KG ein Grundstück verpachtet; die auf das Grundstück entfallenden Aufwendungen (z. B. Grundsteuer) sind von ihm zu tragen. Zahlt nun die GmbH diese Grundsteuer, so liegt eine vGA an den Gesellschafter X vor.

▶ Übernimmt dagegen die GmbH eine Betriebsausgabe der KG, so kann eine vGA nur entsprechend den Beteiligungen der Kommanditisten an der KG, die auch Gesellschafter der GmbH sind, zugerechnet werden[2].

BEISPIEL: ▶ An der KG sind die Komplementär-GmbH zu 10 % und die Gesellschafter A, B und C zu je 30 % beteiligt. An der GmbH sind nur A und B zu je 50 % beteiligt. Die GmbH hat 100.000 € Betriebsausgaben der KG gezahlt. Es liegt eine vGA i. H. v. je 30.000 € an A und B vor. Der Gewinn der GmbH ist um 60.000 € zu erhöhen.

▶ Bei Gründung einer GmbH & Co. KG kann nach BFH, Urteil v. 17. 1. 1973[3] eine vGA darin bestehen, dass die GmbH ihr gesamtes Anlagevermögen an die KG veräußert, ohne dass ihr eine Vergütung für den Geschäftswert gezahlt wird.

▶ Nach BFH, Urteil v. 9. 5. 1985[4] liegt bei einer Einheits-GmbH & Co. KG (Geschäftsanteile an der Komplementär-GmbH sind Gesamthandsvermögen der KG, so dass die KG Alleingesellschafterin ist, und das Vermögen der Komplementär-GmbH nur aus einer Beteiligung an der KG besteht, so dass die Komplementär-GmbH mittelbar an sich selbst beteiligt ist) vGA vor, wenn die Komplementär-GmbH ihren Komplementär-Anteil und die Kommanditisten ihre Kommanditanteile an denselben Erwerber veräußern und dabei die Komplementär-GmbH keine angemessene Gegenleistung für ihren Anteil erhält.

▶ Nach dem Urteil des FG Berlin v. 8. 10. 1985[5] darf einer vGA, die dadurch entsteht, dass die GmbH ihren Kommanditanteil einem ihrer Gesellschafter unter dem gemeinen Wert veräußert, nicht eine verdeckte Einlage, für die Jahre zuvor im Zusammenhang mit einer Unternehmensumwandlung zulässigerweise keine stillen Reserven aufgedeckt wurden, gegengerechnet werden.

h) Verfahrensrecht: Verdeckte Gewinnausschüttungen in der einheitlichen und gesonderten Feststellung des Gewinns der Kommanditgesellschaft

Nach ständiger Rspr. des BFH[6] kann eine vGA der Komplementär-GmbH an ihre Gesellschafter und Kommanditisten nicht bei ihrer Einkommensermittlung außerhalb der Bilanz hinzugerechnet und bei den Kommanditisten berücksichtigt werden, wenn die vGA nicht in der einheitlichen und gesonderten Gewinnfeststellung der KG festgestellt worden ist, denn den

---

1 OFD Frankfurt v. 20. 10. 1971, NWB F. 17a, 433 ff.
2 Ebenso *Frotscher/Druen* Anhang vGA zu § 8 Rz. 148.
3 BFH, Urteil v. 17. 1. 1973 - I R 46/71, BStBl 1973 II 418.
4 BFH, Urteil v. 9. 5. 1995 - IV R 76/83, BStBl 1985 II 683, s. dazu *Hesselmann/Tillmann/Müller-Thuns*, a. a. O., Rz. 1010.
5 FG Berlin, Urteil v. 8. 10. 1985 - VII 288/83, GmbHR 1986, 370.
6 BFH, Urteile v. 30. 9. 1964 - I 231, 232/62 U, BStBl 1965 III 54; v. 15. 11. 1967 - IV R 139/67, BStBl 1968 II 152; aus jüngster Zeit s. BFH, Urteil v. 12. 10. 2016 - I R 92/12, NWB LAAAG-39575.

Gesellschaftern der KG, also auch der GmbH, kann kein anderer Gewinnanteil zugerechnet werden, als er in der Gewinnfeststellung festgestellt worden ist.[1] Es wird also in der Gewinnverteilung der Gewinn der GmbH entsprechend der vGA erhöht, der Gewinn der Kommanditisten, die die vGA erhalten haben, wird zunächst entsprechend gemindert, allerdings dann die vGA wieder als Sonderbetriebseinnahme hinzugerechnet.[2] Per Saldo ändert sich der Gewinnanteil der Kommanditisten nicht, allerdings ist die Sonderbetriebseinnahme nunmehr nur noch im Teileinkünfteverfahren zu versteuern. Bei der GmbH erhöht sich der körperschaftsteuerpflichtige Gewinn um die vGA. Damit treten dieselben Auswirkungen ein wie auch sonst bei einer vGA. Liegt jedoch der vGA ein Sachverhalt zugrunde, der nicht untrennbar mit der Höhe des Gewinnanteils der GmbH bei der KG verbunden ist, so ist die Frage im Körperschaftsteuerbescheid der GmbH zu entscheiden, z. B. bei einer verbilligten Veräußerung der GmbH an ihre Gesellschafter, auch wenn diese zugleich Kommanditisten der KG sind.[3]

Bei Änderung nicht nur des Jahresgewinns, sondern der Beteiligungsverhältnisse, ist Gegenstand der vGA nicht nur ein Anteil am Jahresgewinn, sondern ein Bruchteil des Gesellschaftsanteils der GmbH an der KG. Dabei kann auch ein Anteil der GmbH am Geschäftswert[4] oder an einem anderen immateriellen Wirtschaftsgut[5] auf die Kommanditisten übergehen. Auch diese vGA sind in der einheitlichen und gesonderten Feststellung des Gewinns zu berücksichtigen. Das gilt auch für die Bezüge, die der Gesellschafter-Geschäftsführer für die Führung der eigenen Geschäfte der GmbH erhält, sofern dieser Teil nicht besonders ins Gewicht fällt.[6]

3445

Die Einbeziehung der vGA in die einheitliche und gesonderte Gewinnfeststellung der KG kann aber nur gelten, soweit es sich um eine vGA handelt, die auf der Tätigkeit der Komplementär-GmbH für die KG beruht. Liegt dagegen der Grund für die Erhöhung des Einkommens der GmbH wegen vGA außerhalb des Bereichs der KG, kommt eine Einbeziehung in die Gewinnfeststellung der KG nicht in Betracht.[7] Soweit die GmbH eine eigene, deutlich abgrenzbare, mit der Tätigkeit für die KG in keinem Zusammenhang stehende Tätigkeit entfaltet, bestehen gegen die unterschiedliche Behandlung der Geschäftsführer-Bezüge keine Bedenken.

3446

BEISPIEL: Die GmbH ist nicht nur Geschäftsführerin in der GmbH & Co. KG, sondern sie übt auch eine eigene gewerbliche Tätigkeit aus, die mit der Tätigkeit für die KG nicht zusammenhängt. Dafür zahlt sie ihrem Gesellschafter-Geschäftsführer, der auch Kommanditist ist, ein überhöhtes Gehalt, das insoweit als vGA anzusehen ist. Entsprechendes gilt auch für andere Fälle der vGA, z. B. Zahlung eines überhöhten Mietentgelts oder eines überhöhten Kaufpreises usw. an Gesellschafter der GmbH für ihre eigene ins Gewicht fallende und von der Geschäftsführertätigkeit für die KG abgrenzbare Tätigkeit.

(Einstweilen frei)   3447–3453

---

1 BFH, Urteile v. 25.11.1976 - IV R 90/72, BStBl 1977 II 467; v. 25.11.1976 - IV R 38/73, BStBl 1977 II 477; v. 12.3.1980 - I R 186/76, BStBl 1980 II 531; auch BFH, Urteil v. 15.9.2004 - I R 7/02, BFH/NV 2005, 298 = NWB EAAAB-41207; FG des Landes Brandenburg, Urteil v. 15.5.2002 - 2 K 1964/00, rkr., EFG 2002, 1118, bei atyp. stiller Gesellschaft.
2 *Schulze zur Wiesche*, BB 2005, 1137, 1143.
3 BFH, Urteil v. 15.9.2004 - I R 7/02, BFH/NV 2005, 298 = NWB EAAAB-41207.
4 BFH, Urteil v. 25.11.1976 - IV R 90/72, BStBl 1977 II 467.
5 BFH, Urteil v. 25.11.1976 - IV R 38/73, BStBl 1977 II 477.
6 BFH, Urteile v. 12.3.1980 - I R 186/76, BStBl 1980 II 531; 21.3.1968 - IV R 166/67, BStBl 1968 II 579.
7 BFH, Urteil v. 29.10.1991 - VIII R 2/86, BStBl 1992 II 832.

56. Golfclubbeiträge

3454 Begründet eine KapGes eine Firmenmitgliedschaft in einem Golfclub, die nur durch ihre Geschäftsführer und deren Ehefrauen wahrgenommen werden kann und liegt keine Vereinbarung über die Übernahme dieser Beiträge als Arbeitslohn vor, so stellen die Beiträge vGA dar. Dies gilt auch dann, wenn die Geschäftsführer im Golfclub Kunden akquirieren, da dadurch die privaten Interessen nicht in den Hintergrund treten.[1] Vgl. auch Stichworte: Liebhaberei, Werbung.

57. Gründungskosten

3455 Der Abzug der Gründungskosten einer Kapitalgesellschaft als Betriebsausgabe ist möglich, wenn die einzelnen Kosten zusammengefasst als Gesamtbetrag in der Satzung ausgewiesen sind. Hierbei ist es ausreichend, wenn ein Höchstbetrag beziffert wird, bis zu dem die Gesellschaft die Gründungskosten selbst trägt, die Benennung der einzelnen Kostenarten ist nicht erforderlich.[2] Diese Bedingungen sind sachgerecht. Es wird damit festgelegt, dass die Gesellschafter sich spätestens bei Gründung entscheiden müssen, wer diese Kosten übernimmt.[3] Eine Kostenübernahme von > 10 % des Stammkapitals ist im Regelfall zivilrechtlich unzulässig[4] und führt damit steuerlich zu einer vGA.

58. Grundstücksgeschäfte

3456 Verkauft die Gesellschaft an ihren Gesellschafter ein Grundstück unter dem Marktpreis, so ist die Differenz zwischen Kaufpreis und Marktpreis vGA, dabei ist allein die objektiv gegebene Differenz entscheidend, auf subjektiv fehlerhafte Einschätzungen der Parteien kommt es nicht an.[5] Zur Ermittlung des Marktpreises dürfen allerdings die spätere Preisentwicklung auf dem Grundstücksmarkt und die Erlöse des Gesellschafters bei Weiterveräußerung des Grundstücks nicht einbezogen werden.[6]

59. Imageverlust

3457 Aufwendungen, die getätigt werden, um einen Imageverlust bei den Gesellschaftern oder bei anderen zur Firmengruppe gehörenden Gesellschaften zu vermeiden, lassen vGA entstehen, wenn sie von einem Gruppenmitglied allein getragen werden.[7]

60. Incentive-Reisen

3458 Siehe Reisen.

---

[1] BFH, Urteil v. 21. 3. 2012 - VI R 31/10, BStBl 2013 II 700; FG Hamburg, Urteil v. 6. 12. 2001 - VI 155/99, rkr., EFG 2002, 708.
[2] BFH, Urteile v. 11. 10. 1989 - I R 12/87, BStBl 1990 II 89; v. 11. 2. 1997 - I R 42/96, BFH/NV 1997, 711 = NWB OAAAB-38954; BMF, Schreiben v. 25. 6. 1991, BStBl 1991 I 661; OFD Karlsruhe v. 7. 1. 1999, BB 1999, 300.
[3] Siehe auch Erstausstattung einer Kapitalgesellschaft → Rz. 415.
[4] OLG Celle v. 22. 10. 2014 - 9 W 124/14.
[5] FG Hamburg, Urteil v. 17. 4. 1991 - II 98/88, rkr., EFG 1992, 42.
[6] Vgl. BFH, Urteil v. 9. 4. 1975 - I R 166/73, BStBl 1975 II 617.
[7] FG Hamburg, Urteil v. 22. 4. 1999 - II 196/96, rkr., EFG 1999, 921.

61. Inkassotätigkeit

Übernimmt ein als Berufsverband tätiger Verein für seine Mitglieder Inkassoaufgaben, so liegt darin eine vGA, wenn er dafür kein angemessenes Entgelt verlangt bzw. einen angemessenen Teil der Mitgliedsbeiträge als Einnahmen des wirtschaftlichen Geschäftsbetriebs ausweist.[1] Anders als sonst bei vGA ist beim Verein die reine Kostendeckung bereits als angemessenes Entgelt anzusehen.[2] In der Weiterleitung der einkassierten Beträge an die Auftraggeber (und Gesellschafter) liegt dagegen keine vGA.[3]

62. Juristische Personen des öffentlichen Rechts, insbesondere bei Betrieben gewerblicher Art

LITERATURHINWEISE:

Körner, Änderungen bei der Besteuerung von juristischen Personen des öffentlichen Rechts durch das Steuersenkungsgesetz, NWB F. 4, 4447; *Offergeld*, Zur Zusammenfassung von Betrieben gewerblicher Art einer Körperschaft des öffentlichen Rechts, DB 1975, 2406; *Rader*, Verdeckte Gewinnausschüttungen bei Stiftungen, Vereinen und Betrieben gewerblicher Art von juristischen Personen des öffentlichen Rechts, BB 1977, 1551; *Zeller*, Steuerliche Beurteilung der Spenden von Sparkassen, DB 1989, 1991; *Wenk/Stein*, Der körperschaftsteuerliche Verlustausgleich zwischen Betrieben gewerblicher Art von juristischen Personen des öffentlichen Rechts, FR 1999, 573; *Seer/Wendt*, Strukturprobleme der öffentlichen Hand, DStR 2001, 825; *Wallenhorst*, Vermietung von Büro- und Verwaltungsgebäuden juristischer Personen des öffentlichen Rechts an ihre Betriebe gewerblicher Art, DStZ 2002, 703; *Hölzer*, Verdeckte Gewinnausschüttungen durch die dauerdefizitäre Tätigkeit kommunaler Unternehmen?, DB 2003, 2090; *Bauschatz/Strahl*, Steuerliche Behandlung von Vermögensübertragungen innerhalb von Körperschaften des öffentlichen Rechts, DStR 2004, 489; *Doppstadt*, Die Abgrenzung von Eigen- und Fremdkapital bei Betrieben gewerblicher Art (BgA) von Körperschaften des öffentlichen Rechts, BB 2004, 299; *Gastl*, Abgrenzung des Betriebsvermögens bei Betrieben gewerblicher Art, DStZ 2004, 323; *ders.*, Die Besteuerung juristischer Personen des öffentlichen Rechts – eine kritische Bestandsaufnahme, DStZ 2004, 99; *Kessler/Fritz/Gastl*, Auswirkungen des Unternehmenssteuerfortentwicklungsgesetzes auf die ertragsteuerliche Behandlung von Betrieben gewerblicher Art, BB 2004, 1512; *Wallenhorst*, Dauerverlustbetriebe gemeinnütziger und öffentlich-rechtlicher Körperschaften, DStZ 2004, 711; *Binnewies*, Verdeckte Gewinnausschüttungen bei Betrieben der öffentlichen Hand, DB 2006, 465; *Kohlhepp*, Überblick über die Rechtsprechung zur verdeckten Gewinnausschüttung im Zeitraum 2007/2008, DB 2008, 1523; *Weitemeyer*, Verdeckte Gewinnausschüttung bei der öffentlichen Hand nach dem JStG 2009 und die Schranken des europäischen Beihilfenrechts, FR 2009, 1.

Juristische Personen des öffentlichen Rechts unterliegen als solche zwar nicht der Körperschaftsteuer. Neben der Erfüllung hoheitlicher Aufgaben haben sie jedoch – insbesondere die Gebietskörperschaften – auch wirtschaftliche Aufgaben, wie z. B. Verkehrswesen, Energie- und Wasserversorgung, Straßenbau und viele andere Aufgaben zu erfüllen. Zur Durchführung dieser Aufgaben bedienen sich die juristischen Personen des öffentlichen Rechts folgender Formen der betrieblichen Betätigung:[4]

- ▶ Wird die wirtschaftliche Betätigung ohne organisatorische Selbständigkeit von einer Abteilung der öffentlichen Verwaltung erledigt, so handelt es sich um einen Regiebetrieb.

- ▶ Hat sich der Betrieb wirtschaftlich und organisatorisch verselbständigt ohne eine Rechtspersönlichkeit zu erlangen, so handelt es sich um einen Eigenbetrieb.

---

1 BFH, Urteil v. 13. 8. 1997 - I R 85/96, BStBl 1998 II 161.
2 BFH, Urteil v. 19. 8. 1998 - I R 21/98, BStBl 1999 II 99.
3 FG Köln, Urteil v. 3. 9. 1996 - 13 K 2134/96, EFG 1997, 370.
4 Vgl. auch *Binnewies*, DB 2006, 465.

- Als selbständige Organisationsformen mit Rechtsqualität kommen die rechtsfähige Anstalt (Sparkassen) und die Rechtsformen des Privatrechts (vorwiegend GmbH) in Betracht.

3461 In den ersten beiden Fällen spricht das Steuerrecht von Betrieben gewerblicher Art (BgA) i. S. d. § 1 Abs. 1 Nr. 6 KStG und § 4 KStG. Obgleich der BgA keine selbständige Rechtspersönlichkeit ist, wird durch die ständige Rspr. des BFH fingiert, der BgA sei ein selbständiges Steuerrechtssubjekt in der Rechtsform einer Kapitalgesellschaft und die Trägerkörperschaft sei deren Alleingesellschafterin.[1] Daher sind wie bei Kapitalgesellschaften auch zwischen BgA und Trägerkörperschaft geschlossene interne Vereinbarungen grundsätzlich zu beachten.[2] In jeder der genannten Organisationsformen kann es jedoch auch zu vGA kommen.[3]

a) Beteiligung an Kapitalgesellschaften

3462 Die Frage, ob eine vGA der KapGes an die an ihr beteiligte öffentlich-rechtliche Körperschaft (Gemeinde) vorliegt, ist grundsätzlich ebenso zu beurteilen wie die Fälle der vGA zwischen einer KapGes und einem Gesellschafter des privaten Rechts. Es ist also auch hier die Frage zu stellen, ob die KapGes ihrer Gesellschafterin, der Gemeinde, einen Vermögensvorteil zuwendet, den sie bei Anwendung der Sorgfalt eines ordentlichen und gewissenhaften Geschäftsleiters einem Nichtgesellschafter unter sonst gleichen Umständen nicht gewährt hätte.[4]

3463 Wegen der Besonderheiten der Leistungen der Betriebe von Gemeinden ist das aber nicht immer leicht zu beantworten. Soweit aber mehrere Gemeinden an einer KapGes, z. B. an einem Elektrizitätswerk, beteiligt sind, kann aus dem Vergleich der Leistungen an die übrigen Gemeinden schon ein Hinweis dafür gefunden werden, ob eine Sonderleistung an eine Gemeinde ungewöhnlich ist und somit als besonderer Vorteil, der einer Gesellschafterin zugewendet wird, anzusehen ist.

3464 Einzelfälle:

- Führt ein Versorgungsbetrieb (Wasserwerk) Finanzaufschläge, die der Betrieb auf Ersuchen und für Rechnung der beteiligten Gemeinden erhebt, an die Gemeinden ab, so liegt keine vGA vor, wenn auch eine nicht am Versorgungsbetrieb beteiligte Gemeinde die gleichen Finanzzuschläge erhält.[5]

- Sonderausgaben, die ein Versorgungsbetrieb neben dem vereinbarten Pachtzins zu zahlen hat, sind nicht zusätzliches Pachtentgelt, sondern vGA.[6]

- Ebenso kann auch eine vGA darin bestehen, dass ein Versorgungsbetrieb der Gemeinde Sachleistungen (Stromabgabe) erbringt, ohne dass eine rechtliche Verpflichtung dafür besteht.[7]

---

1 BFH, Urteile v. 24. 4. 2002 - I R 20/01, BStBl 2003 II 412; v. 17. 5. 2000 - I R 50/98, BStBl 2001 II 558; *Bauschatz/Strahl*, DStR 2004, 489, 490.
2 BFH, Urteile v. 24. 4. 2002 - I R 20/01, a. a. O.; v. 1. 9. 1982 - I R 44/78, BStBl 1982 II 783.
3 Vgl. *Binnewies*, DB 2006, 465.
4 BFH, Urteil v. 3. 2. 1971 - I R 51/66, BStBl 1971 II 408.
5 RFH, Urteil v. 25. 4. 1937 - I A 374/36, RStBl 1937, 912.
6 RFH, Urteil v. 30. 1. 1934 - I A 412/32, RStBl 1934, 742.
7 RFH, Urteil v. 9. 7. 1935 - I A 37/34, RStBl 1935, 1128.

- Verbilligte Sachleistungen an die Gemeinde sollen aber nach FinMin Nordrhein-Westfalen keine vGA sein, wenn der Preisnachlass für die Lieferung von Elektrizität, Gas, Wasser oder Wärme nicht mehr als 10 % beträgt.[1]
- Die Übernahme von verlustbringenden Tätigkeiten zu deren Erbringung der Gesellschafter verpflichtet ist führt zu vGA in Höhe des Verlustes zzgl. eines Gewinnzuschlags.[2]
- Ist eine Gesellschaft gesetzlich verpflichtet nach dem Kostendeckungsprinzip zu arbeiten, so kann die fehlende Berechnung eines Gewinnaufschlags nicht zu einer vGA führen, da auch ein ordentlicher und gewissenhafter Geschäftsleiter das Gesetz beachtet und keinen Gewinnzuschlag berechnet hätte.[3]
- Besteht keine gesetzliche Verpflichtung auf das Kostendeckungsprinzip und fehlt es einem Betrieb an einem brauchbaren wirtschaftlichen Konzept bzw. wird die Gewinnlosigkeit sehenden Auges in Kauf genommen, so indiziert dies den Einsatz der Gesellschaft zu privaten bzw. hoheitlichen Interessen. Der gesamte Verlust zzgl. eines angemessenen Gewinnaufschlags stellt dann vGA dar.[4]

b) Betriebe gewerblicher Art von juristischen Personen des öffentlichen Rechts

aa) Allgemeine Grundsätze

Betriebe gewerblicher Art (BgA) i. S. v. § 1 Abs. 1 Nr. 6 KStG i. V. m. § 4 KStG sind alle Einrichtungen, die einer nachhaltigen wirtschaftlichen Tätigkeit zur Erzielung von Einnahmen oder anderen wirtschaftlichen Vorteilen dienen, sich innerhalb der Körperschaft wirtschaftlich herausheben und nicht überwiegend der Ausübung öffentlicher Gewalt dienen.[5] Der BgA ist nicht selbst ein körperschaftsteuerliches Rechtssubjekt, sondern die juristische Person des öffentlichen Rechts ist Rechtssubjekt.[6] Hat die juristische Person des öffentlichen Rechts mehrere BgA, so ist sie Subjekt der Körperschaftsteuer wegen jedes einzelnen Betriebes.[7] Der BgA der öffentlich-rechtlichen Körperschaft ist gewissermaßen für Zwecke der Einkommensermittlung verselbständigt worden.[8]

Das Gesetz enthält keine besonderen Bestimmungen zur Ermittlung des Einkommens der Betriebe gewerblicher Art von juristischen Personen des öffentlichen Rechts. Das Einkommen der BgA wird nach den für KapGes geltenden Grundsätzen ermittelt.[9] Somit können auch vGA das

---

1 FinMin Nordrhein-Westfalen v. 22.10.1964, BStBl 1964 II 54.
2 Vgl. BFH, Urteil v. 14.7.2004 - I R 9/03, NWB HAAAB-35877, dazu unter → Rz. 3480.
3 FG Köln, Urteil v. 24.3.2004 - 13 K 5107/00, rkr., EFG 2004, 1156.
4 FG Köln, Urteil v. 23.6.2004 - 13 K 403/02, EFG 2004, 1715. Revision wurde nicht zugelassen, BFH, Urteil v. 25.2.2005 - V B 194/04, NWB QAAAB-52991. Vgl. zu diesen Fällen → Rz. 211 ff.
5 BFH, Urteil v. 30.11.1989 - I R 19/87, BStBl 1989 II 246; *Körner*, NWB F. 4, 4447; *Binnewies*, DB 2006, 465.
6 BFH, Urteile v. 13.3.1974 - I R 7/71, BStBl 1974 II 391; v. 6.10.1976 - I R 115/75, BStBl 1977 II 94; v. 12.10.1978 - I R 149/75, BStBl 1979 II 92; v. 1.8.1979 - I R 106/76, BStBl 1979 II 716; v. 1.9.1982 - I R 52/78, BStBl 1983 II 147; v. 14.3.1984 - I R 223/80, BStBl 1984 II 496; v. 8.11.1989 - I R 187/85, BStBl 1990 II 242; v. 3.2.1993 - I R 61/91, BStBl 1993 II 459; *Körner*, NWB F. 4, 4447; *Gastl*, DStR 2002, 99, 101; *Bauschatz/Strahl*, DStR 2004, 489.
7 Vgl. *Binnewies*, DB 2006, 465; *Körner*, NWB F. 4, 4448; OFD Frankfurt v. 7.5.1997, FR 1997, 503, gleichl. FinMin Baden-Württemberg v. 12.5.1997, DStR 1997, 1006 und FinMin Brandenburg, BB 1997, 1529; BFH, Urteile v. 13.3.1974 - I R 7/71, BStBl 1974 II 391; v. 8.11.1989 I R 187/85, BStBl 1990 II 242; v. 9.7.2003 - I R 48/02, BStBl 2004 II 425; s. a. *Janssen*, KFR F. 4 KStG § 8, 2/04, S. 81; a. A. *Stein*, § 4 Rz. 126 ff., m.w.N.
8 BFH, Urteile v. 24.4.2002 - I R 20/01, BStBl 2003 II 412; v. 1.9.1982 - I R 52/78, BStBl 1983 II 147; v. 14.3.1984 - I R 223/80, BStBl 1984 II 496; v. 3.2.1993 - I R 61/91, BStBl 1993 II 459; OFD Frankfurt v. 7.5.1997, FR 1997, 503; gleichl. FinMin Baden-Württemberg v. 12.5.1997, DStR 1997, 1006 und FinMin Brandenburg, BB 1997, 1529.
9 BFH, Urteile v. 24.4.2002 - I R 20/01, BStBl 2003 II 412; v. 12.10.1978 - I R 149/75, BStBl 1979 II 92; v. 9.7.2003 - I R 48/02, BStBl 2004 II 425, s. a. *Janssen*, KFR F. 4 KStG § 8, 2/04, S. 81.

Einkommen eines BgA nicht mindern. Nach der Rspr. des BFH finden auf die Beziehungen des Eigenbetriebes zu seiner Trägerkörperschaft die Grundsätze der vGA Anwendung, wie sie zwischen einer KapGes und ihren Gesellschaftern gelten.[1] Der I. Senat des BFH[2] begründet die Anwendung der Grundsätze der vGA damit, dass nach der neuen Auslegung des Begriffs der vGA keine Einnahmen aus Kapitalvermögen bei anderen Personen vorausgesetzt werden.[3]

3467 Eine Besonderheit ergibt sich jedoch bei **Dauerverlustbetrieben der öffentlichen Hand**.[4] In seiner zur GewSt ergangenen Entscheidung v. 25.7.2002[5] hatte der BFH den Fall einer Musik- und einer Volkshochschule zu entscheiden, die seit Jahren nur Verluste erzielten und strukturell auch nur erzielen konnten. Die Gemeinde legte in diese BgA ertragsstarke Aktienpakete ein, es entstand jeweils ein Gewinn. Nach Ansicht des BFH war dieser jedenfalls zu versteuern. Die Verluste der Vergangenheit seien unbeachtlich. Entweder habe keine Gewinnerzielungsabsicht bestanden, dann könnten die Verluste steuerlich nicht berücksichtigt werden, oder es habe zwar Gewinnerzielungsabsicht bestanden, dann sei die Übernahme der Verluste aber jedenfalls eine vGA, so dass außerbilanziell die Verluste zuzüglich eines angemessenen Gewinnzuschlags wieder hinzuzurechnen gewesen wären. Mit der Einlage der Aktienpakete sei dann jedenfalls eine Gewinnerzielungsabsicht begründet worden. Der BFH entschied jedoch nicht, ob ab diesem Zeitpunkt eine vGA durch Ausübung der Verlusttätigkeiten vorliegt. Die Entscheidung ist auf berechtigte Kritik gestoßen.[6]

3468 Nach § 4 KStG ist – in der KSt insoweit anders als in der GewSt – bei einem BgA die Gewinnerzielungsabsicht nicht Voraussetzung für die steuerliche Anerkennung,[7] so dass eine Negation der vergangenen Verluste mangels Gewinnerzielungsabsicht hier nicht möglich ist. Eine vGA kann aber allenfalls in Betracht kommen, soweit

▶ dem Träger des BgA unberechtigte Vorteile zugunsten seines sonstigen Vermögens eingeräumt werden[8] oder

▶ der BgA Aufgaben übernimmt, die den Gesellschaftern obliegen und diese daher von den entsprechenden Kosten entlastet.[9]

3469 Eine vGA liegt hingegen nicht vor, wenn der BgA Leistungen erbringt, die zwar dem öffentlichen Interesse dienen, nicht aber der Gesellschafterin als Trägerkörperschaft obliegen.[10] Dies ist aber gerade der Hauptfall für die Errichtung von BgA, die meist eine hoheitliche, jedoch

---

[1] BFH, Urteile v. 9.7.2003 - I R 48/02, BStBl 2004 II 425; v. 24.4.2002 - I R 20/01, BStBl 2003 II 412; v. 10.7.1996 - I R 108–109/95, BStBl 1997 II 230; v. 3.2.1993 - I R 61/91, BStBl 1993 II 459; v. 13.3.1985 - I R 75/82, BStBl 1985 II 435; s. auch Niedersächsisches FG, Urteil v. 29.3.1990 - VI 171/86, EFG 1991, 419; OFD Frankfurt v. 7.5.1997, FR 1997, 503; gleichl. FinMin Baden-Württemberg, Urteil v. 12.5.1997, DStR 1997, 1006 und FinMin Brandenburg, BB 1997, 1529.

[2] BFH, Urteil v. 9.8.1989 - I R 4/84, BStBl 1990 II 237, 240.

[3] Vgl. dazu aber → Rz. 531.

[4] Siehe dazu → Rz. 3483 sowie → Rz. 2781 ff.

[5] BFH, Urteil v. 25.7.2002 - I B 52/02, BFH/NV 2002, 1341 = NWB WAAAA-68071.

[6] Vgl. *Hölzer*, DB 2003, 2090; *Wallenhorst*, DStZ 2004, 711.

[7] Gesetzliche Klarstellung im Rahmen des JStG 2009 durch Ergänzung von § 8 Abs. 1 Satz 2 KStG.

[8] FG Köln, Urteil v. 24.3.2004 - 13 K 5107/00, rkr., EFG 2004, 1156; FG Düsseldorf, Urteil v. 10.7.2003 - 10 K 2561/00 G, EFG 2003, 1408, die Klage wurde während des Revisionsverfahrens I R 8/04 zurückgenommen.

[9] BFH, Urteil v. 10.7.1996 - I R 108–109/95, BStBl 1997 II 230, 231; v. 27.6.2001 - I R 82 - 85/00, BStBl 2001 II 773, 774; FG Köln, Urteil v. 23.6.2004 - 13 K 403/02, EFG 2004, 1715, Revision wurde nicht zugelassen, BFH, Urteil v. 25.2.2005 - V B 194/04, NWB QAAAB-52991; FG Düsseldorf, Urteil v. 10.7.2003 - 10 K 2561/00 G, EFG 2003, 1408, die Klage wurde während des Revisionsverfahrens I R 8/04 zurückgenommen.

[10] BFH, Urteil v. 17.11.1999 - I R 4/99, BFH/NV 2000, 1502 = NWB UAAAA-65364; FG Köln, Urteil v. 23.6.2004 - 13 K 403/02, EFG 2004, 1715, Revision wurde nicht zugelassen, BFH, Urteil v. 25.2.2005 - V B 194/04, NWB QAAAB-52991.

freiwillige Tätigkeit übernehmen. Die Übertragung der Liebhabereigrundsätze ist hier nicht angebracht, da eine Gemeinde keinen Privatbereich kennt.[1] Es besteht darüber hinaus auch kein Rechtssatz, dass die Gewinnlosigkeit einer Gesellschaft auf vGA schließen lasse.[2] Dies gilt gerade bei BgA in besonderer Weise, da ihre Besteuerung eine Gewinnerzielungsabsicht gem. § 4 Abs. 2 KStG und § 8 Abs. 1 Satz 2 KStG nicht voraussetzt. Der BgA muss aufgrund dieser Besonderheit genommen werden, wie er ist und allein das Anfallen von Dauerverlusten kann deswegen nicht zu einer vGA führen.[3] Es könnte jedoch daran gedacht werden die Verlustausgleichszahlungen der Gemeinden als ertragswirksame Zuschüsse anzusehen.[4]

bb) Einzelfälle der Behandlung eines Betriebs gewerblicher Art wie eine Kapitalgesellschaft

▶ Leistungen eines BgA an seine Trägerkörperschaft müssen wie zwischen fremden Dritten vergütet werden, d. h. es müssen die Kosten zzgl. eines Gewinnaufschlags in Rechnung gestellt werden, ansonsten liegt vGA vor.[5]

▶ Auch bei einer Anstalt öffentlichen Rechts ersetzt die Wahrscheinlichkeit eines späteren Kostenausgleichs nicht das Erfordernis einer vorherigen klaren und eindeutigen Vereinbarung, fehlt diese, liegt vGA vor.[6]

▶ Die Gewährung unverzinslicher Darlehen des BgA an die Trägerkörperschaft sind vGA.[7]

▶ Die Übertragung eines Wirtschaftsgutes aus einem BgA in die Trägerkörperschaft ohne Gegenleistung ist vGA.[8] Wird eine angemessene Gegenleistung entrichtet, liegt keine vGA vor, eventuell kann diese auch durch eine Kapitalherabsetzung ersetzt werden.[9]

▶ Vereinbarungen der Trägerkörperschaft mit ihrem BgA sind grundsätzlich steuerlich ebenso anzuerkennen wie Vereinbarungen zwischen selbständigen Personen.[10] Solche Vereinbarungen müssen aber klar und eindeutig sein und können nur für die Zukunft, nicht aber mit Rückwirkung für die Vergangenheit getroffen werden.[11] In späteren Entscheidungen stellt der BFH darauf ab, ob der Vertrag anzuerkennen wäre, wenn er von einer KapGes mit ihrem Gesellschafter geschlossen worden wäre und erkennt ihn in diesen Fällen an.[12] Umlagezahlungen eines BgA an seine Trägerkörperschaft sind daher Betriebsausgaben, soweit die umgelegten Kosten vom BgA verursacht wurden und gemischt veranlasste Kosten nach einem objektiven Maßstab aufgeteilt werden, entspre-

---

1 Vgl. *Hölzer*, DB 2003, 2090; *Wallenhorst*, DStZ 2004, 711; a. A. FG Köln, Urteil v. 23. 6. 2004 - 13 K 403/02, EFG 2004, 1715, 1718, welches privaten und hoheitlichen Bereich gleichsetzt, insoweit ohne Begründung. Revision wurde nicht zugelassen, BFH, Urteil v. 25. 2. 2005 - V B 194/04, NWB QAAAB-52991.
2 FG Köln, Urteil v. 24. 3. 2004 - 13 K 5107/00, rkr., EFG 2004, 1156.
3 FG Düsseldorf, Urteil v. 10. 7. 2003 - 10 K 2561/00 G, EFG 2003, 1408; die Klage wurde während des Revisionsverfahrens I R 8/04 zurückgenommen.
4 Vgl. *Wallenhorst*, DStZ 2004, 711, 715.
5 BFH, Urteil v. 27. 6. 2001 - I R 82–85/00, BStBl 2001 II 773; v. 17. 11. 1999 - I R 4/99, BFH/NV 2000, 150 = NWB UAAAA-65364; v. 10. 7. 1996 - I R 108–109/95, BStBl 1997 II 230; auch OFD Magdeburg v. 28. 12. 2004, DB 2005, 367.
6 FG Hamburg, Urteil v. 4. 9. 1997 - II 82/94, EFG 1998, 392.
7 Hessisches FG, Urteil v. 6. 11. 2000 - 4 K 1984/00, EFG 2001, 591, Rev. durch Zurücknahme erledigt, BFH, Urteil v. 18. 12. 2002 - I R 5/01, NWB CAAAC-21941; *Kessler/Fritz/Gastl*, BB 2002, 1512, 1513 f.
8 BFH, Urteil v. 24. 4. 2002 - I R 20/01, BStBl 2003 II 412; *Bauschatz/Strahl*, DStR 2004, 489, 491.
9 Vgl. *Bauschatz/Strahl*, DStR 2004, 489, 491.
10 BFH, Urteil v. 29. 11. 1960 - I 145/60 U, BStBl 1961 III 67; R 8.1 Abs. 1 KStR.
11 BFH, Urteil v. 7. 4. 1936 - I A 198/35, RStBl 1936, 769; BFH, Urteil v. 29. 11. 1960 - I 145/60 U, BStBl 1961 III 67; v. 12. 10. 1978 - I R 149/75, BStBl 1979 II 192; OFD Magdeburg v. 28. 12. 2004, DB 2005, 367; *Wallenhorst*, DStZ 2002, 703; *Doppstadt*, BB 2004, 299; auch R 8.1 Abs. 1 KStR, danach soll dies für Leistungsvergütungen des BgA an die Trägerkörperschaft nicht notwendig sein, so auch *Dötsch/Pinkos*, DB 2005, 125, 127.
12 BFH, Urteile v. 3. 2. 1993 - I R 61/91, BStBl 1993 II 459; auch v. 1. 9. 1982 - I R 44/78, BStBl 1982 II 783, m. w. N.

chend der Grundsätze des AEAO zur Zuordnung von Kosten zu einem steuerpflichtigen wirtschaftlichen Geschäftsbetrieb eines gemeinnützigen Vereins (AEAO zu § 64 Abs. 1 AO), ansonsten stellt die Umlagezahlung vGA dar.[1]

► Eine Aufrechnung gegenseitiger Leistungen ist nur unter den von der Rspr. aufgeführten Grundsätzen[2] zulässig. Das gilt auch für das Verhältnis zwischen Eigenbetrieben und ihren Trägerkörperschaften.[3] Der BFH ließ die Aufrechnung zwischen Zuwendungen eines gemeindeeigenen Elektrizitätswerks an die Gemeinde in Form von verbilligter Stromabgabe mit nicht erhobenen Darlehenszinsen mangels entsprechender klarer Vereinbarungen nicht zu.

► Ebenso wie Zuführungen zwischen Schwestergesellschaften als vGA an den gemeinsamen Gesellschafter und ggf. nachfolgende Einlage behandelt werden,[4] ist auch die vGA zwischen zwei steuerlich selbständigen BgA derselben Gemeinde als vGA im Dreiecksverhältnis zu werten.[5] Damit wurde Abstand genommen von der früheren Auffassung einer Behandlung wie Einzelunternehmen durch Ansatz des Teilwerts.[6]

► Aufwendungen eines BgA für die Rechnungsprüfung durch das Rechnungsprüfungsamt der Stadt sind Ausgaben für die Überwachung der Geschäftsführung und für die Prüfung des Kassenwesens und somit grundsätzlich betrieblich veranlasst und keine vGA, soweit sie der Höhe nach angemessen sind.[7]

► VGA liegt nach dem Urteil des BFH v. 10. 7. 1996[8] vor, wenn Bedienstete eines BgA (Wasser-)Messeinrichtungen ablesen und der BgA die Ableseergebnisse (Hebedaten) der Trägerkörperschaft zu deren hoheitlichen Zwecken (Abwassergebührenerhebung) zur Verfügung stellt, ohne hierfür ein im Geschäftsverkehr übliches Entgelt zu verlangen. Der BFH sah darin eine Vermögensverlagerung zu Lasten der Gemeindewerke. Denn die Hebedaten sind verkehrsfähig; sie stellen für den BgA konkrete Informationen dar, die ein ordentlicher und gewissenhafter Geschäftsleiter üblicherweise nicht kostenlos an Dritte abgeben würde. Er würde vielmehr die sich ihm bietende Möglichkeit nutzen, diese Informationen zum Vorteil der Körperschaft gegen ein angemessenes Entgelt zu vermarkten. Ob ein angemessenes Entgelt auch die anteiligen Abschreibungen auf Wasserzähler enthält, ist im Einzelfall zu ermitteln und kann für die Zeit vor und nach Ergehen des Urteils vom 10. 7. 1996 unterschiedlich zu beurteilen sein.[9] Für die Zeit nach 1996 ist aber aus dem unveränderten Rückgriff der Abwasserentsorger auf Messdaten der Wasserversorger trotz alternativer billigerer Möglichkeiten wohl zu schließen, dass die Abwasserent-

---

1 OFD Düsseldorf und Münster v. 29. 4. 2005, DB 2005, 1030.
2 Vgl. dazu → Rz. 881 ff.
3 BFH, Urteil v. 4. 5. 1965 - I 130/62 U, BStBl 1965 III 598.
4 Vgl. dazu → Rz. 726 ff.
5 BMF, Schreiben v. 11. 9. 2002, BStBl 2002 I 935, Tz. 27 a. E.; OFD Magdeburg v. 28. 12. 2004, NWB SAAAB-42796, auch schon RFH, Urteil v. 27. 4. 1937 - I A 317/36, RStBl 1937, 979; v. 19. 4. 1932 - I A 28/32, RStBl 1932, 526; v. 9. 5. 1939 - I 389/38, RStBl 1939, 924, ähnlich auch FinMin Sachsen-Anhalt v. 3. 9. 1997, DB 1997, 2355; OFD Koblenz v. 31. 1. 2000, BB 2000, 1293; *Gastl*, DStZ 2003, 99, 102; *Bauschatz/Strahl*, DStR 2004, 489, 492.
6 Vgl. dazu noch OFD Frankfurt v. 7. 5. 1997, NWB PAAAA-85776; gleichl. FinMin Baden-Württemberg v. 12. 5. 1997, DStR 1997, 1006 und FinMin Brandenburg, BB 1997, 1529.
7 BFH, Urteil v. 28. 2. 1990 - I R 137/86, BStBl 1990 II 647; zur damit überholten früheren Rspr., die vGA annahm; vgl. BFH, Urteil v. 13. 3. 1985 - I R 75/82, BStBl 1985 II 435.
8 BFH, Urteil v. 10. 7. 1996 - I R 108–109/95, BStBl 1997 II 230.
9 BFH, Urteil v. 28. 1. 2004 - I R 87/02 NWB QAAAB-17866.

sorger mit den Vollkosten, also auch den anteiligen Abschreibungen auf die Wasserzähler, zuzüglich eines Gewinnzuschlags belastet werden müssen.[1]

► Eine vGA ist bei einer Gemeinde auch durch eine Zuwendung an eine „nahe stehende Person" denkbar.[2]

cc) Sonderfälle/Ausnahmen von der Behandlung des Betriebs gewerblicher Art wie eine Kapitalgesellschaft

(1) Widmungskapital bei Betrieben gewerblicher Art

Bei KapGes kommt die Annahme von vGA wegen verdeckten Stammkapitals nicht in Betracht. Diese für KapGes geltenden Grundsätze finden aber bei Eigenbetrieben von Gemeinden keine Anwendung, weil diese kein Grund- oder Stammkapital besitzen. Sie könnten aufgrund der Kreditwürdigkeit der Gemeinde völlig ohne Eigenkapital betrieben werden und würden damit einen Wettbewerbsvorteil gegenüber gewerblichen Unternehmen besitzen.[3] Dies ist auch nicht zu verhindern, soweit der BgA nur Fremddarlehen aufnimmt. Soweit er aber durch Darlehen der Trägerkörperschaft finanziert wird sind die Zinszahlungen auf Gesellschafterdarlehen in vGA umzuqualifizieren, soweit die Eigenkapitalquote gleichartiger Unternehmen der Privatwirtschaft im maßgeblichen Zeitraum unterschritten wird.[4] Dies zu beweisen ist Sache der Finanzverwaltung, da sie die steuererhöhende vGA annehmen will.[5] Die Finanzverwaltung geht davon aus, dass eine Eigenkapitalquote von 30 % des Aktivvermögens grundsätzlich ausreichend ist.[6] Dies ist jedoch keine grundsätzlich auch von Gerichten zu beachtende Pauschalregelung, sondern lediglich eine verwaltungsinterne Vereinfachungsregelung.[7] Im entschiedenen Fall erkannte der BFH die Ausstattung eines Kurheims mit einer Eigenkapitalquote von 26 % an.

3471

Überschreitet dagegen das in der Bilanz ausgewiesene Widmungskapital die beschriebene Mindestgrenze, so kann es nicht rückwirkend herabgesetzt und der überschießende Teil als Darlehen behandelt werden mit der Folge, dass geleistete Zahlungen rückwirkend als abzugsfähige Zinsen behandelt werden. Eine Kapitalherabsetzung auf das steuerlich notwendige Widmungskapital kann erst für die Zukunft steuerliche Wirkung haben.[8]

3472

Für die Berechnung der Eigenkapitalquote ist von den Buchwerten der Steuerbilanz am Anfang des Wj auszugehen. Die im Anlagevermögen enthaltenen stillen Reserven können dabei nicht als Eigenkapital betrachtet werden; erst die Realisierung der stillen Reserven erhöht das Eigenkapital.[9] Dagegen sind von der Trägerkörperschaft gewährte unverzinsliche Darlehen für die

3473

---

1 BFH, Urteil v. 28. 1. 2004 - I R 87/02 NWB QAAAB-17866.
2 Vgl. dazu bereits RFH, Urteil v. 6. 12. 1938 (I 366/37, RStBl 1939, 482), der dort allerdings sämtliche Gemeindeangehörigen als nahe stehende Personen zur Gemeinde ansieht und dies mit der Fürsorgepflicht der Gemeinde begründet. Dies dürfte heute einer erneuten Überprüfung nicht standhalten.
3 Vgl. auch *Gastl*, DStZ 2004, 323, 328 f.
4 BFH, Urteile v. 9. 7. 2003 - I R 48/02, BStBl 2004 II 425; v. 1. 9. 1982 - I R 52/78, BStBl 1983 II 137; v. 17. 1. 1964 - III 65/63 U, BStBl 1964 III 154.
5 Vgl. dazu insbesondere *Janssen*, KFR F. 4 KStG § 8, 2/04, S. 81; zur Beweislast auch → Rz. 921 ff.
6 Vgl. R 8.2 Abs. 2 Satz 3 KStR; im Anschluss an die ältere Rspr. BFH, Urteile v. 6. 8. 1962 - I 65/60 U, BStBl 1962 III 450; v. 24. 6. 1979 - I R 10/69, BStBl 1979 II 694; v. 10. 12. 1975 - I R 135/74, BStBl 1976 II 226; Fortbestehen zweifelhaft, vgl. OFD Koblenz v. 19. 1. 2004, NWB MAAAB-17101.
7 BFH, Urteil v. 9. 7. 2003 - I R 48/02, BStBl 2004 II 425.
8 Siehe auch BFH, Urteil v. 3. 7. 1956 - I 74/56 U, BStBl 1956 III 238.
9 BFH, Urteil v. 1. 9. 1982 - I R 52/78, BStBl 1983 II 147; R 8.2 Abs. 2 Satz 4 KStR.

Berechnung als Eigenkapital anzusetzen,[1] Baukostenzuschüsse und passive Wertberichtigungsposten sind beim Aktivvermögen zu kürzen,[2] Pensionsrückstellungen erhöhen das Eigenkapital nicht.[3] An der Rspr., dass betriebsnotwendige Wirtschaftsgüter für steuerliche Zwecke dem BgA unabhängig von einer Zuweisung durch die Körperschaft zuzurechnen sind und somit das Aktivvermögen erhöhen, hält der BFH jedoch nicht mehr fest.[4]

(2) Konzessionsabgaben

3474 Aufgrund der Inanspruchnahme öffentlicher Einrichtungen durch Versorgungsbetriebe oder wegen des Verzichts auf Eigenversorgung zahlen Versorgungs- und Verkehrsbetriebe im Allgemeinen Konzessionsabgaben. Versorgungsbetriebe sind Betriebe der Gemeinden und Gemeindeverbände, die der Versorgung der Bevölkerung mit Wasser, Gas, Elektrizität oder Wärme dienen, Verkehrsbetriebe dienen dem öffentlichen Personennahverkehr. Die Entrichtung von Konzessionsabgaben war bis 1991 in der Konzessionsabgabenordnung v. 4.3.1941 (KAE), seit 1.1.1992 ist sie in der Konzessionsabgabenverordnung (KAV) geregelt. Beide Vorschriften sehen eine Höchstabgabe vor, die KAE bestimmte darüber hinaus, dass dem zahlenden Betrieb ein bestimmter Mindestgewinn verbleiben müsse. Die KAV enthält diese Bestimmung nicht mehr. Ist die Gemeinde an dem zahlenden Betrieb beteiligt, so stellt eine überhöhte Konzessionsabgabe vGA dar.[5]

3475 Nach BMF, Schreiben v. 9.2.1998[6] ist die Frage der vGA bei Konzessionsabgaben wie folgt zu entscheiden:

▶ Soweit an diesen Betrieben die Gemeinde, welche die Konzessionsabgabe erhält, nicht beteiligt ist, sind die Konzessionsabgaben als Betriebsausgaben anzuerkennen.

▶ Ist die Gemeinde an dem Versorgungsbetrieb beteiligt, so sind nach BMF die gezahlten Konzessionsabgaben ohne nähere Prüfung als Betriebsausgaben anzuerkennen, wenn die Vorschriften der Konzessionsabgabenordnung eingehalten wurden und dem Betrieb ein Mindestgewinn von 1,5 % des Sachanlagevermögens verbleibt. Dabei ist auf den Durchschnitt eines Zeitraums aus dem Jahr der Abgabenzahlung und der fünf folgenden Jahre abzustellen. Bei Verkehrsbetrieben darf maximal die Hälfte des Höchstbetrages nach der Konzessionsabgabenordnung gezahlt werden.

3476 Die Rechtsprechung wendet dagegen inzwischen die allgemeinen Grundsätze, also den Drittvergleich an. Schon das FG Baden-Württemberg[7] entschied, dass die Unterschreitung dieses Mindestgewinnsatzes allein kein Grund für die Annahme einer vGA ist, wenn die verlangte Konzessionsabgabe marktüblich ist. Der BFH[8] hat dies in der Revisionsentscheidung bestätigt und festgelegt, dass:

---

[1] Vgl. R 8.2 Abs. 2 Satz 6 KStR.
[2] Vgl. R 8.2 Abs. 2 Satz 5 KStR.
[3] Vgl. R 8.2 Abs. 2 Satz 7 KStR.
[4] BFH, Urteile v. 14.3.1984 - I R 223/80, BStBl 1984 II 496; zur früheren Rspr. vgl. BFH, Urteil v. 22.7.1964 - I 136/62, BStBl 1964 III 559; v. 12.7.1967 - I 267/63, BStBl 1967 III 679; v. 1.9.1982 - I R 52/78, BStBl 1983 II 147.
[5] BFH, Urteile v. 31.7.1990 - I R 171/87, BStBl 1991 II 315; v. 6.4.2005 - I R 15/04, BStBl 2006 II 196.
[6] BMF, Schreiben v. 9.2.1998, BStBl 1998 I 209; BFH, Urteil v. 24.4.2002 - I R 20/01, BStBl 2003 II 412.
[7] FG Baden-Württemberg, Urteil v. 11.12.2003 - 10 K 219/00, EFG 2004, 683.
[8] BFH, Urteil v. 6.4.2005 - I R 15/04, BStBl 2006 II 196.

- die Beachtung von preisrechtlichen Regelungen und Verordnungen, wie auch das o. g. BMF-Schreiben allenfalls Indizien im Rahmen des Drittvergleichs sein können. Ein Verstoß gegen das BMF-Schreiben ist aber kein Nachweis für eine vGA.
- die angemessene Höhe einer Konzessionsabgabe sich nach einem Drittvergleich im Einzelfall bestimmt. Im vorliegenden Fall war der Drittvergleich schon deswegen bestanden, weil der Betrieb die Bemessung der Konzessionsabgabe an denselben Maßstäben ausgerichtet hatte, die auch schon galten, als die Gemeinde an dem Betrieb noch nicht beteiligt war.
- die Höchstsätze nach der KAV nicht nur aus dem vorgenannten Grund gerechtfertigt waren, sondern auch nach den Erfahrungen der Bundesregierung regelmäßig diese Höchstsätze am Markt durchgesetzt werden können.[1]
- die Erzielung von Verlusten in der Anlaufphase nichts Ungewöhnliches ist und durch den Betrieb zu tragen ist.
- die Durchführung des Drittvergleichs Sache des Finanzgerichts ist und i. d. R. für den BFH bindend, solange keine Denkgesetze oder Erfahrungssätze verletzt werden.

(3) Miet-, Pacht- und Darlehensverträge über wesentliche Betriebsgrundlagen

Der Zweck, die öffentliche Hand bei Besteuerung der BgA nicht gegenüber der Privatwirtschaft zu begünstigen, gebietet es nach der Rspr.,[2] die für das Verhältnis zwischen einer KapGes und ihren Gesellschaftern maßgebenden Grundsätze insoweit nicht anzuwenden, als dadurch der vom Gesetz verfolgte Zweck der Gleichstellung der Betriebe der öffentlichen Hand mit denen der Privatwirtschaft vereitelt würde. Das gilt für die Anerkennung von Miet- bzw. Pachtverträgen über Wirtschaftsgüter, die eine wesentliche Grundlage des BgA bilden, wie es regelmäßig Büro- und Verwaltungsgebäude sind.[3] Bei vergleichbaren Verhältnissen könnte eine KapGes mit ihrem Alleingesellschafter zwar einen derartigen Vertrag insoweit mit steuerlicher Wirkung abschließen, als angemessene Miet- bzw. Pachtzinsen das steuerliche Einkommen der KapGes minderten. Die Miet- bzw. Pachtzinsen wären jedoch beim Alleingesellschafter Einkünfte aus Gewerbebetrieb,[4] und die überlassenen Wirtschaftsgüter bildeten Betriebsvermögen; da im Falle der Überlassung wesentlicher Betriebsgrundlagen durch den Alleingesellschafter die Voraussetzungen einer Betriebsaufspaltung vorlägen.[5] Ließe man zu, dass die Trägerkörperschaft über solche Wirtschaftsgüter Miet- bzw. Pachtverträge mit steuerlicher Wirkung abschließen könnte, die eine wesentliche Grundlage des BgA sind, käme es nicht zu einer vergleichbaren Besteuerung, wenn man davon ausgeht, dass die Überlassung der Wirtschaftsgüter der steuerfreien Vermögensverwaltung der Trägerkörperschaft zuzurechnen ist. Der gebotenen Angleichung entspricht die Auslegung, nach der die eine wesentliche Grundlage darstellenden Wirtschaftsgüter, die die Trägerkörperschaft dem BgA überlässt, steuerlich zum Betriebsvermögen des BgA zuzurechnen sind. Zur Bestimmung des Begriffs der wesentlichen Betriebsgrundlage wird daher auf die Rspr. zur Betriebsaufspaltung zurückgegriffen.[6] Werden für

---
1 Vgl. BT-Drucks. 13/7274, Anlage 3 S. 32.
2 BFH, Urteile v. 14.3.1984 - I R 223/80, BStBl 1984 II 496; v. 10.7.1996 - I R 108–109/95, BStBl 1997 II 230; v. 24.4.2002 - I R 20/01, BStBl 2003 II 412.
3 Vgl. OFD Koblenz v. 19.1.2004, NWB MAAAB-17101; Niedersächsisches FinMin v. 22.1.2003, DStZ 2003, 320; OFD Hannover v. 19.2.2003, NWB PAAAA-81797; ausführlich *Wallenhorst*, DStZ 2004, 703.
4 BFH, Urteile v. 11.11.1982 - IV R 117/80, BStBl 1983 II 299; v. 24.4.2002 - I R 20/01, BStBl 2003 II 412.
5 BFH, Urteile v. 8.11.1971 - GrS 2/71, BStBl 1972 II 63; v. 24.4.2002 - I R 20/01, BStBl 2003 II 412.
6 Vgl. *Wallenhorst*, DStZ 2004, 703, 704, m. w. N.

die Überlassung solcher Wirtschaftsgüter Miet- oder Pachtzinsen gezahlt, so liegt vGA vor.[1] Dies sollte nach BFH, Urteil v. 17. 5. 2000[2] auch gelten, wenn die wesentlichen Betriebsgrundlagen Hoheitsvermögen der Trägerkörperschaft darstellen (z. B. öffentlicher Straßenraum). Diese Entscheidung hat der BFH mit Entscheidung v. 6. 11. 2007[3] wieder revidiert, Mietzahlungen für die Nutzung von Hoheitsvermögen (z. B. Sondernutzungsentgelt für Nutzung öffentlichen Straßenraums) stellte daher keine vGA mehr dar, sondern abzugsfähige Betriebsausgaben.[4]

3478 Wird der Umfang der Überlassung vermindert, so wird ein Teil des notwendigen Betriebsvermögens des BgA an den Gesellschafter, die Trägerkörperschaft, überführt und auch dadurch eine vGA vorgenommen,[5] es sei denn es würde ein angemessenes Entgelt von der Trägerkörperschaft an den BgA entrichtet.[6] Ein danach steuerlich nicht anzuerkennender Mietvertrag kann nicht in einen Darlehensvertrag umgedeutet werden. Zudem ist es auch zweifelhaft, ob ein solcher Darlehensvertrag steuerlich überhaupt beachtlich wäre. Soweit damit wesentliche Betriebsgrundlagen finanziert werden, könnten die vorgenannten Überlegungen nach Ansicht des BFH dafür sprechen, solche Darlehensverträge steuerlich nicht zu berücksichtigen,[7] darauf gezahlte Zinsen wären dann vGA. Zu berücksichtigen sind aber Darlehen, die die Trägerkörperschaft zur Finanzierung der wesentlichen Betriebsgrundlage aufgenommen hat, und zwar auch ohne dass ein gesonderter Darlehensvertrag geschlossen wurde. Dies gilt auch für einen quotalen Anteil an Darlehen, die die Trägerkörperschaft insgesamt für alle ihre Investitionen aufgenommen hat.[8]

(4) Zusammenfassung von verschiedenen Betrieben gewerblicher Art

3479 Da die juristische Person des öffentlichen Rechts für jeden einzelnen BgA der Körperschaftsteuer unterliegt, ist eine Saldierung der Ergebnisse unterschiedlicher BgA grundsätzlich ebenso wenig zulässig,[9] wie auch sonst im Körperschaftsteuerrecht die Saldierung der Ergebnisse mehrerer KapGes. Die Zusammenfassung von BgA von Körperschaften des öffentlichen Rechts zu einer Einheit und zur einheitlichen Gewinnermittlung ist jedoch in drei Fällen zulässig, nämlich wenn

▶ es sich um gleichartige BgA handelt, die durch organisatorische Maßnahmen zu einem einzigen Betrieb zusammengefasst worden sind,[10] z. B. Verpachtung mehrerer städtischer Grundstücke.[11] Gleichartig sind gewerbliche Betätigungen, wenn sie im gleichen Gewerbezweig ausgeübt werden oder wenn sie sich zwar unterscheiden, aber einander ergänzen.[12] Ergänzende gewerbliche Tätigkeiten sind auch bei unterschiedlichen Produktions-

---

1 Vgl. *Wallenhorst*, DStZ 2004, 703, 704; BFH, Urteile v. 14. 3. 1985 - I R 223/80, BStBl 1984 II 496; v. 3. 2. 1993 - I R 61/91, BStBl 1993 II 459.
2 BFH, Urteil v. 17. 5. 2000 - I R 50/98, BStBl 2001 II 558.
3 BFH, Urteil v. 6. 11. 2007 - I R 72/06, NWB LAAAC-75295.
4 Dazu auch *Kohlhepp*, DB 2008, 1523, 1526.
5 BFH, Urteil v. 24. 4. 2002 - I R 20/01, BStBl 2003 II 412.
6 OFD Magdeburg v. 28. 12. 2004, NWB SAAAB-42796.
7 BFH, Urteil v. 24. 4. 2002 - I R 20/01, BStBl 2003 II 412 – die Frage war jedoch nicht entscheidungsrelevant.
8 FG Münster, Urteil v. 21. 2. 1997 - 9 K 5796/93 K, EFG 1997, 1134.
9 OFD Frankfurt v. 7. 5. 1997, NWB PAAAA-85776; gleichl. FinMin Baden-Württemberg v. 12. 5. 1997, DStR 1997, 1006 und FinMin Brandenburg, BB 1997, 1529.
10 BFH, Urteile v. 11. 2. 1997 - I R 161/94, BFH/NV 1997, 625 = NWB VAAAB-38943; v. 4. 9. 2002 - I R 42/01, BFH/NV 2003, 511 = NWB QAAAA-70039.
11 FG Münster, Urteil v. 21. 2. 1997 - 9 K 5796/93 K, EFG 1997, 1134.
12 BFH, Urteile v. 11. 2. 1997 - I R 161/94, a. a. O.; v. 4. 9. 2002 - I R 42/01, BFH/NV 2003, 511 = NWB QAAAA-70039.

oder Vertriebsstufen denkbar.[1] Dabei ist jedoch eine funktionelle Verbindung erforderlich.

▶ zwischen verschiedenen BgA objektiv eine enge wechselseitige technischwirtschaftliche Verflechtung von einigem Gewicht besteht.[2] Diese Verflechtung setzt keinen notwendigen Funktionszusammenhang in der Weise voraus, dass die Betriebe in ihrer Betätigung gegenseitig aufeinander angewiesen sein müssten, erforderlich ist jedoch eine sachliche Beziehung der jeweiligen Betätigungen i. S. eines inneren wirtschaftlichen Zusammenhangs, der nach den Anschauungen des Verkehrs die Zusammenfassung zu einer wirtschaftlichen Einheit rechtfertigt.[3]

▶ Verkehrs-, Versorgungs-, Hafenbetriebe oder gleichartige Betriebe zusammengefasst werden. Die Zusammenfassung mehrerer Versorgungsbetriebe ist von der Rspr. auch ohne wechselseitige technisch-wirtschaftliche Verflechtung anerkannt worden, da die in ihnen ausgeübten Betätigungen dem gleichen Gedanken, nämlich der Versorgung der Bevölkerung, untergeordnet sind.[4] Ein Versorgungsbetrieb dient der Versorgung der Bevölkerung mit Gas, Wasser, Elektrizität oder Wärme oder dem öffentlichen Verkehr oder dem Hafenbetrieb.[5] Kein Versorgungsbetrieb sollen hingegen Bäderbetriebe[6] oder Betriebe der Entsorgung und Verwertung von Abfall und Wertstoffen dienende Betriebe[7] sein. Sie können daher mit anderen BgA nur dann zusammengefasst werden, wenn zwischen ihnen nach dem Gesamtbild der Verhältnisse objektiv eine enge wechselseitige technisch-wirtschaftliche Verflechtung besteht.

Die genannten Voraussetzungen für eine Zusammenfassung mehrerer BgA können nicht ersetzt werden durch eine organisatorische Zusammenfassung unterschiedlicher BgA oder die Einbeziehung in dieselbe Steuererklärung.[8] Eine danach nicht zulässige Zusammenfassung wird i. d. R. durch Auftrennung der Ergebnisse und getrennte steuerliche Erfassung der verschiedenen BgA korrigiert,[9] bisher ging die Finanzverwaltung bei einer unzulässigen Zusammenfassung jedoch nicht von vGA aus. Dies könnte sich auf Basis der im nachfolgenden dargestellten neueren Rspr. zur Zusammenfassung von BgA in GmbHs ändern. Dadurch wäre dann zusätzlich ein Gewinnzuschlag für die Übernahme der verlustbringenden Tätigkeit zu versteuern.

Die Zusammenfassung von BgA in KapGes ist grundsätzlich anzuerkennen. Ein Gestaltungsmissbrauch ist darin auch dann nicht zu erkennen, wenn die Betriebe als BgA nach den o. g.

---

1 BFH, Urteile v. 9. 8. 1989 - X R 130/87, BStBl 1989 II 901; v. 4. 9. 2002 - I R 42/01, BFH/NV 2003, 511 = NWB QAAAA-70039.
2 BFH, Entscheidungen v. 4. 9. 2002 - I R 42/01, a. a. O.; v. 16. 1. 1967 - GrS 4/66, BStBl 1967 III 240; v. 19. 5. 1967 - III 50/61, BStBl 1967 III 510; v. 12. 7. 1967 - I 256/63, BStBl 1967 III 679.
3 BFH, Urteil v. 4. 9. 2002 - I R 42/01, BFH/NV 2003, 511 = NWB QAAAA-70039.
4 BFH, Urteile v. 4. 9. 2002 - I R 42/01, BFH/NV 2003, 511 = NWB QAAAA-70039; v. 8. 11. 1989 - I R 187/85, BStBl 1990 II 242, mit Hinweisen auf BFH, Urteil v. 28. 2. 1956 - I 5/54 U, BStBl 1956 III 133; v. 10. 7. 1962 - I 164/59 S, BStBl 1962 III 448; v. 6. 8. 1962 - I 65/60 U, BStBl 1962 III 450; v. 8. 2. 1966 - I 212/63, BStBl 1966 III 287; v. 16. 1. 1967 - GrS 4/66, BStBl 1967 III 240; v. 12. 7. 1967 - I 267/63, BStBl 1967 III 679; auch *Offergeld*, DB 1975, 2406.
5 BFH, Urteil v. 4. 9. 2002 - I R 42/01, BFH/NV 2003, 511 = NWB QAAAA-70039.
6 BFH, Urteil v. 4. 12. 1991 - I R 74/89, BStBl 1992 II 432.
7 BFH, Urteil v. 4. 9. 2002 - I R 42/01, BFH/NV 2003, 511 = NWB QAAAA-70039; für möglich gehalten aber von FG Münster, Urteil v. 16. 3. 2001 - 9 K 7607/98 K, G, rkr., EFG 2001, 849 = NWB PAAAB-11190.
8 BFH, Urteil v. 4. 9. 2002, a. a. O.
9 So auch Hessisches FG, Urteil v. 6. 11. 2000 - 4 K 1984/00, EFG 2001, 591, Rev. durch Zurücknahme erledigt, BFH, Urteil v. 18. 12. 2002 - I R 5/01, NWB CAAAC-21941.

Grundsätzen nicht hätten zusammengefasst werden können.[1] Bei einer GmbH muss aber vGA angenommen werden, wenn sie ohne angemessenes Entgelt Geschäfte tätigt, die im privaten Interesse ihrer Gesellschafter liegen. Ein gedachter ordentlicher und gewissenhafter Geschäftsleiter wäre nämlich nicht bereit, eine fortdauernde Kostenunterdeckung aus Dienstleistungen hinzunehmen, die an sich dem Gesellschafter der GmbH obliegen. Die Verluste von verlustbringenden BgA wären in einem solchen Fall, erhöht um einen Gewinnzuschlag, als vGA außerbilanziell dem Gewinn wieder hinzuzurechnen.[2]

3481 Die Rechtsprechung zur Zusammenfassung verschiedener BgA ist in der Literatur kritisch verfolgt worden. Insbesondere erscheint es unstimmig, dass einerseits die Trägerkörperschaft das Subjekt der Körperschaftsteuer sein soll, andererseits die Gewinnermittlung für jeden BgA gesondert zu erfolgen hat. In der Literatur wird angenommen, dass die Zusammenfassung aller BgA erforderlich ist, da nur die Trägerkörperschaft Steuersubjekt ist.[3] Andererseits wird angenommen, wegen der Selbständigkeit der BgA seien diese auch als Körperschaftsteuersubjekt anzusehen, so dass eine Zusammenfassung mehrerer BgA nicht in Betracht komme.[4]

3482 Die Rechtsprechungs- und Verwaltungspraxis gegenüber den BgA ist in diesem Punkt tatsächlich nicht verständlich. Die Abweichung der Behandlung von BgA gegenüber KapGes wird in anderen Punkten (Widmungskapital, Miet- und Pachtverträge) gerade damit begründet, dass die BgA mit den KapGes gleichbehandelt werden sollen. Einer KapGes steht es aber frei, in beliebig vielen Wirtschaftszweigen tätig zu werden, ihre Gesellschafter dürfen auch durchaus alle ihre wirtschaftlichen Aktivitäten in einer KapGes zusammenfassen.[5] Dieses Recht muss daher auch den Gemeinden bzw. ihren BgA zukommen.[6] Dies gilt umso mehr, seit für die Herstellung einer Organschaft nur noch der Abschluss eines Ergebnisabführungsvertrages und die finanzielle Eingliederung, jedoch nicht mehr die wirtschaftliche und organisatorische Eingliederung erforderlich ist. Gerade mit den beiden letztgenannten Voraussetzungen lassen sich die Anforderungen der Rspr. an die Zusammenfassung verschiedener BgA am ehesten vergleichen. Die Zusammenfassung unterschiedlicher Aktivitäten in einer Gesellschaft oder die Herstellung einer Organschaft wird in der Wirtschaft gerade zum Ausgleich von Gewinnen und Verlusten betrieben und ist gerade deswegen auch wirtschaftlich vernünftig. Daher kann es auch bei BgA kein Missbrauch sein und grundsätzlich auch nicht zu vGA führen, die von der Rspr. aufgezeigten Grenzen sind allerdings zu beachten.

dd) Dauerverlustbetriebe der öffentlichen Hand

3483 Eine Besonderheit ergibt sich jedoch bei Dauerverlustbetrieben der öffentlichen Hand.[7] In seiner zur GewSt ergangenen Entscheidung v. 25. 7. 2002[8] hatte der BFH den Fall einer Musik- und einer Volkshochschule zu entscheiden, die seit Jahren nur Verluste erzielten und strukturell auch nur erzielen konnten. Die Gemeinde legte in diese BgA ertragsstarke Aktienpakete ein, es entstand jeweils ein Gewinn. Nach Ansicht des BFH war dieser jedenfalls zu versteuern. Die Verluste der Vergangenheit seien unbeachtlich. Entweder habe keine Gewinnerzielungsab-

---

[1] BFH, Urteil v. 14. 7. 2004 - I R 9/03, NWB HAAAB-35877.
[2] BFH, Urteil v. 14. 7. 2004 - I R 9/03, = NWB HAAAB-35877; dazu oben → Rz. 3467 f.
[3] Vgl. *Wenk/Stein*, FR 1999, 573, 577.
[4] Vgl. *Seer/Wendt*, DStR 2001, 825, 836.
[5] Vgl. dazu insbesondere die Rspr. zu Risikogeschäften → Rz. 3831 ff.
[6] Ähnlich *Gastl*, DStZ 2003, 99, 104.
[7] Siehe dazu → Rz. 2781 ff.
[8] BFH, Urteil v. 25. 7. 2002 - I B 52/02, NWB WAAAA-68071.

sicht bestanden, dann könnten die Verluste steuerlich nicht berücksichtigt werden, oder es habe zwar Gewinnerzielungsabsicht bestanden, dann sei die Übernahme der Verluste aber jedenfalls eine vGA, so dass außerbilanziell die Verluste zuzüglich eines angemessenen Gewinnzuschlags wieder hinzuzurechnen gewesen wären. Mit der Einlage der Aktienpakete sei dann jedenfalls eine Gewinnerzielungsabsicht begründet worden. Der BFH entschied jedoch nicht, ob ab diesem Zeitpunkt eine vGA durch Ausübung der Verlusttätigkeiten vorliegt. Mit Entscheidung v. 22.8.2007[1] entschied dann der I. Senat des BFH, dass die strukturelle und dauerhafte Erwirtschaftung von Verlusten durch eine GmbH oder einen BgA vGA an den Gesellschafter darstellt. Das BMF erließ für dieses Urteil einen Nichtanwendungserlass.[2] Mit dem JStG 2009 wurde dann das Gesetz geändert und in § 8 Abs. 7 KStG ausdrücklich festgehalten, dass die Eigenschaft als Dauerverlustbetrieb bei Betrieben, bei denen diese Verluste durch juristische Personen des öffentlichen Rechts getragen werden, noch nicht zur Annahme einer vGA führen darf. Dabei handelt es sich ersichtlich wieder einmal um den sprichwörtlichen Federstrich des Gesetzgebers, der ganze Bibliotheken überflüssig macht, hier allerdings nur um den Preis eines eiskalten Systembruchs und mit dem durchsichtigen Motiv der eigennützigen Begünstigung. Die Betriebe von juristischen Personen des öffentlichen Rechts werden hier vom Gesetzgeber bevorzugt gegenüber privaten Betrieben und damit wird die Herauslösung der BgA aus der hoheitlichen Tätigkeit offen konterkariert. Spitzfindig könnte man bei der Formulierung ansetzen „Die Rechtsfolgen einer vGA sind ... nicht bereits deshalb zu ziehen, weil sie ein Dauerverlustgeschäft ausüben ..." und argumentieren, die Annahme einer vGA beruhe ja nicht allein auf der Ausübung des Dauerverlustgeschäftes, sondern setze nach der Rechtsprechung neben einer Vermögensminderung ja eben die gesellschaftsrechtliche Veranlassung voraus. Es ist aber kaum zu erwarten, dass Gerichte die Vorschrift in dieser Weise aushebeln. Der Staat hat sich hier einmal mehr selbst begünstigt und würde, sollte die Rechtsprechung dies nicht akzeptieren, ohnehin erneut das Gesetz ändern.

Durch die Neufassung des Gesetzes sind allerdings nur vGA vermieden, die allein durch die Ausübung einer Verlusttätigkeit begründet sind, die unter → Rz. 2851 ff. dargestellten Grundsätze über die Zusammenfassung verschiedener Betriebe gewerblicher Art gelten weiter und in diesem Zusammenhang kann es auch weiterhin zu vGA kommen.[3]

ee) Spenden oder verdeckte Gewinnausschüttungen von Betrieben gewerblicher Art

Vgl. zur Abgrenzung Spenden zu vGA Stichwort: Spendenabzug und vGA, dort insbesondere zu Spenden von Sparkassen an ihre Gewährträger.

(Einstweilen frei)

63. Kanalbaubeiträge

Hat sich eine GmbH bei Anmietung eines Grundstücks vom Gesellschafter verpflichtet, alle Nebenkosten für das Grundstück zu tragen und übernimmt sie von der Gemeinde zur Herstellung einer Entwässerungsanlage einmalig erhobene Kanalbaubeiträge, so liegt darin eine vGA,

---

1 BFH, Urteil v. 22.8.2007 - I R 32/06, BStBl 2007 II 961.
2 BMF, Schreiben v. 7.12.2007, BStBl 2007 I 905, Einzelheiten dazu OFD Rheinland v. 21.8.2008, GmbHR 2008, 1063.
3 Vgl. *Weitemeyer*, FR 2009, 1 ff.; dort auch umfassende Darstellung sowie Begründung, weshalb diese Vorschriften keine Beihilfen nach europäischem Recht sein sollen.

da diese Beiträge Herstellungskosten sind und daher von der Nebenkostenregelung nicht abgedeckt werden.[1]

64. Kassenführungsmängel

Kommt es wegen Kassenfehlbeträgen zu einer Hinzuschätzung,[2] sind nicht zwingend die Hinzuschätzungen als vGA bei dem verantwortlichen GesGf oder an die Gesellschafter zu beurteilen. Die Annahme einer vGA setzt zum einen voraus, dass die Kalkulationsdifferenzen auf nicht vollständig erklärten Betriebseinnahmen der Kapitalgesellschaft beruhen, und zum anderen, dass die nicht erklärten Betriebseinnahmen nicht betrieblich verwendet worden, sondern einem oder allen Gesellschaftern zugeflossen sind.[3] Fehlbuchungen und Kassenfehlbeträge allein begründen keinen Anschein einer vGA. Die hinzugeschätzten Beträge sind auf der einen Seite als Betriebseinnahme und auf der anderen Seite (da nicht mehr vorhanden) als nicht abzugsfähige Betriebsausgaben gem. § 160 Abs. 1 AO anzusehen.[4]

65. Kompetenzüberschreitungen

Nehmen die eine GmbH beherrschenden Gesellschafter in Überschreitung ihrer Kompetenz Handlungen für die GmbH vor, so liegt in der dadurch ausgelösten Vermögensminderung bei der GmbH (bzw. verhinderten Vermögensmehrung) eine vGA.[5] Gleiches gilt für einen nicht geschäftsführenden Minderheitsgesellschafter, der aufgrund einer zivilrechtlich nicht wirksamen Vollmacht Gelder seiner GmbH für private Zwecke verwendet.[6] Vgl. dazu auch Stichwort: Unterschlagung.

66. Kreditvermittlung

Eine vGA liegt nicht vor, wenn eine GmbH für eine Kreditvermittlung ihren Gesellschaftern einen geringeren Gebührensatz berechnet als Nichtgesellschaftern, wenn durch die höheren Gebühren die Mehrkosten bei der Bearbeitung von Anträgen der Nichtgesellschafter ausgeglichen werden,[7] der vollständige Verzicht der KapGes auf die Kreditvermittlungsgebühren ist jedoch vGA.[8]

67. Lebensversicherung

Die Prämien für eine Lebensversicherung sind, auch wenn ein Gesellschafter versicherte Person ist, Betriebsausgaben, wenn die Versicherungsleistung der KapGes zusteht.[9] Erwirbt die KapGes eine bereits begonnene Lebensversicherung von ihrem Gesellschafter, so ist der Kaufpreis in Höhe des Rückkaufswerts der Versicherung zu diesem Zeitpunkt eine Betriebsausgabe. Eine

---

1 FG Saarland, Urteil v. 1.10.1991 - 1 K 290/90, rkr., EFG 1992, 158.
2 Vgl. dazu auch die Ausführungen in → Rz. 3854, Schlagwort „Schätzung".
3 BFH, Urteile v. 22.9.2004 - III R 9/03, BStBl 2005 II 160; v. 24.6.2014 - VIII R 54/10, NWB RAAAE-72202.
4 BFH, Urteil v. 9.8.2000 - I R 82/99, NWB FAAAA-66743.
5 BFH, Urteil v. 18.7.1990 - I R 32/88, BStBl 1991 II 484.
6 Niedersächsisches FG, Urteil v. 14.11.1991 - VI 494/90, BB 1992, 982.
7 BFH, Urteil v. 3.3.1964 - I 319/61, HFR 1964, Nr. 274.
8 BFH, Urteil v. 22.2.1989 - I R 9/85, BStBl 1989 II 631.
9 FG Düsseldorf, Urteil v. 23.8.1994 - 6 K 5890/91 K, G, F, rkr., EFG 1995, 176; FG Köln, Urteil v. 26.11.1998 - 13 K 147/96, rkr., EFG 1999, 349; FG Saarland, Urteil v. 9.3.2001 - 1 V 359/00, NWB SAAAB-12576; auch *Reuter*, GmbHR 1999, 61.

vGA liegt hingegen vor, wenn der Kaufpreis den Rückkaufswert übersteigt oder die KapGes Prämien für eine Lebensversicherung bezahlt, aus der der Gesellschafter der Berechtigte ist, auch wenn diese zur Absicherung eines betrieblichen Krediets dient.[1] Vgl. auch unter D & O-Versicherung, Teilhaberversicherung.

68. Liquidation

Übernimmt eine GmbH als Kommanditistin den Liquidationsverlust einer KG und ist der Komplementär, der diesen Verlust eigentlich zu tragen hätte, Gesellschafter dieser GmbH, so liegt in der Verlustübernahme eine vGA an den Komplementär.[2] Wird im Liquidationszeitraum im Vorgriff auf eine spätere Liquidationsrate, aber unter Verstoß gegen das Sperrjahr, eine Auszahlung an die Gesellschafter vorgenommen und damit ein Rückzahlungsanspruch gem. §§ 30, 31 GmbHG ausgelöst, so stellt dies allein noch keine vGA dar.[3] Abfindungen an den Gesellschafter-Geschäftsführer sind ebenso wie bei einem aufrecht erhaltenen Betrieb möglich.[4] Wird bei der Liquidation der Gesellschaft der originäre Firmenwert des Unternehmens auf den oder die Gesellschafter übertragen, die diesen dann beispielsweise bei einem Einzelunternehmen oder einer Personengesellschaft mit gleichem Geschäftsgegenstand weiternutzen, so liegt in dem entschädigungslosen Übergang keine vGA. Dies ergibt sich einerseits aus § 5 Abs. 2 EStG und zum anderen daraus, dass es bei einer Umwandlung der GmbH in eine Personengesellschaft oder ein Einzelunternehmen ebenfalls keine Entschädigung für den Firmenwert hätte geben dürfen. Es ist allerdings darauf hinzuweisen, dass der BFH eine vGA annahm, weil ein Teilbetrieb unter Schwestergesellschaften ohne Entgelt für den Firmenwert übertragen wurde.[5]

69. Lizenzzahlungen

LITERATURHINWEISE:

Böcker, Steuerliche Prüfung und Behandlung von Lizenzzahlungen an verbundene ausländische Unternehmen, StBp 1991, 73; *Rohnke*, Bewertung von Warenzeichen beim Unternehmenskauf, DB 1992, 1941; *Jacobs*, Internationale Unternehmensbesteuerung, 3. Aufl. 1995; *Groß*, Aktuelle Lizenzgebühren in Patentlizenz-, Know-how- und Computerprogrammlizenz-Verträgen: 1996/1997, BB 1998, 1321; *ders.*, Aktuelle Lizenzgebühren in Patentlizenz-, KNOW-HOW und Computerprogrammlizenz-Verträgen: 1998/1999, BB Beilage 10 ZU BB 48/2000, 24; *Baumhoff*, Lizenzzahlungen bei Identität vom Firmennahmen und Markenrecht, IStR 1999, 533; *Finsterwalter*, Bemessung von Verrechnungspreisen bei Grenzüberschreitenden KNOW-HOW-Überlassungen im Konzern, IStR 2006, 355; *Nestler*, Ermittlung von Lizenzentgelten, BB 2008, 2002.

Beherrschende Gesellschafter-Geschäftsführer greifen in „ihrer GmbH" immer wieder auf eigentlich private Patente oder Lizenzen zurück, ohne sich über eine Vergütung Gedanken zu machen. Dies ist jedoch sinnvoll:

▶ Ein Lizenzentgelt mindert den Gewinn und mithin die Gewerbesteuerbelastung, die im privaten Bereich regelmäßig nicht besteht.

---

1 Vgl. dazu insgesamt FG Saarland, Urteil v. 9. 3. 2001 - 1 V 359/00, NWB SAAAB-12576.
2 FG Baden-Württemberg, Urteil v. 12. 12. 1962 - 108–114/59, rkr., EFG 1963, 420.
3 BFH, Urteil v. 4. 10. 2006 - VIII R 7/03, BFH/NV 2007, 145 = NWB XAAAC-25631; RFH, Urteil v. 10. 5. 1938 - I 266/37, RStBl 1938, 630; BFH, Urteil v. 14. 12. 1965 - I 246/62 U, BStBl 1966 III 152; auch *Lutter/Hommelhoff*, GmbHG, § 73 Rz. 15; a. A. Niedersächsisches FG, Urteil v. 8. 11. 1990 - VI 670/89, rkr., GmbHR 1992, 59.
4 Ebenso - *el* -, DB 1984, 483.
5 BFH, Urteil v. 20. 8. 1986 - I R 150/82, BStBl 1987 II 455.

- Das Lizenzentgelt hat einen anderen Rechtsgrund als das Geschäftsführergehalt und wird ggf. daneben gezahlt. Dadurch kann die Bemessung des Geschäftsführergehalts vorsichtiger erfolgen und die Prüfung der Angemessenheit dieses Gehalts unbeschwerter entgegengesehen werden.
- Schließlich kann sich die Lizenz im Falle der Insolvenz der Gesellschaft als eine Möglichkeit erweisen, wertvolles (geistiges) Vermögen vor dem Zugriff der Gläubiger zu retten.

3501 Wie üblich sind jedoch überhöhte Lizenzzahlungen in den Jahren dem Gewinn hinzuzurechnen, in denen der Gewinn durch den Abzug der Zahlungen unzulässig gemindert worden ist. Die bürgerlich-rechtliche Fälligkeit der Zahlungsverpflichtung wird hierdurch nicht berührt.[1]

a) Berechtigung dem Grunde nach

3502 Zunächst ist also festzustellen, ob dem Grunde nach überhaupt Lizenzgebühr berechnet werden kann:

- Die Überlassung des Konzernnamens an ein konzernverbundenes Unternehmen stellt in der Regel nur einen sogenannten Rückhalt im Konzern dar, für den kein Lizenzentgelt berechnet werden kann. Ist der Konzernname aber zugleich als Markenname oder Markenzeichen geschützt, so kann für die Überlassung ein Entgelt berechnet werden, wenn der überlassenen Marke ein eigenständiger Wert zukommt, was gegeben ist, wenn die Einräumung der Lizenz geeignet ist, zur Absatzförderung beizutragen.[2]
- Wird die Nutzung speziell gestalteter und farblich hervorgehobener Symbole, wie bei einem Firmenlogo, gestattet, so ist die Gestattung stets nach Markenrechtsgrundsätzen zu beurteilen und die Entgeltlichkeit zu bejahen.[3]
- Schließlich sollen vGA auch vorliegen, wenn eine KapGes bereits im notariellen Gründungsvertrag zu Lizenzzahlungen verpflichtet wird.[4]
- Eine Geschäftsidee soll kein überlassungsfähiges Know-how sein und daher die Zahlung eines Lizenzentgeltes nicht rechtfertigen.[5]
- Eher selbstverständlich ist hingegen, dass eine Lizenzzahlung nicht anerkannt wird, die als solche nur ein Scheingeschäft zur Steuerhinterziehung ist. Das Unternehmen des Vaters hatte an eine Ltd. des Sohnes ein Lizenzentgelt bezahlt, der Vater besaß aber volle Verfügungsgewalt über das Unternehmen des Sohnes, so dass er letztlich an sich selber zahlte.[6]

b) Höhe eines Lizenzentgelts

3503 Zur Höhe eines angemessenen Lizenzentgelts gibt es keine festen Regeln, entscheidend ist wie immer der Drittvergleich. Folgende Anhaltspunkte lassen sich der Literatur und Rechtsprechung jedoch entnehmen:

---

1 BFH, Urteil v. 27.9.1967 - I 63/64, BStBl 1968 II 50. Zur vGA bei überhöhten Lizenzzahlungen an den Vater des Gesellschafters einer GmbH s. FG Baden-Württemberg, Urteil v. 17.12.1976 - (III/II) 143/73, EFG 1977, 235.
2 BFH, Urteil v. 9.8.2000 - I R 12/99, BStBl 2001 II 140; auch *Jacobs*, a. a. O., S. 736, *Baumhoff*, IStR 1999, 533.
3 BFH, Urteil v. 9.8.2000 - I R 12/99, BStBl 2001 II 140.
4 Niedersächsisches FG, Urteil v. 18.2.1997 - VI 175/91, rkr., EFG 1997, 1048.
5 FG des Saarlandes v. 26.6.2008 - 1 K 1208/03, EFG 2008, 1742; bestätigt durch BFH, Urteil v. 17.2.2010 - I R 79/08, BFH/NV 2010, 1307 = NWB OAAAD-43383.
6 BVerfG, Urteil v. 26.6.2008 - 2 BvR 2067/07, NWB CAAAC-92538.

Anlage 1: ABC der vGA

- Nach *Jacobs*[1] richten sich Lizenzzahlungen üblicherweise nach der Höhe der produzierten Stückzahl oder den verkauften Produkten des Lizenznehmers; ist das nicht möglich, kann danach als Richtschnur für das Lizenzentgelt ein Betrag von 0,5 – 5 % des Umsatzes gelten.

- Nach *Böcker*[2] betragen die durchschnittlichen Lizenzsätze in der Elektroindustrie 1,5 – 2 %, im Maschinenbau 3,0 – 4,0 %, in der Chemie 2,5 – 3,5 % und in den sonstigen Industrien 3,0 – 5,0 % des Umsatzes.

- Nach *Groß*[3] sind die Lizenzsätze je nach Art des Vertrages sehr unterschiedlich und betragen z. B. bei einer Markenlizenz nur 0,12 %, bei einer Computerprogrammlizenz aber auch bis zu 32,62 %. Zudem lässt sich seiner Untersuchung auch entnehmen, dass die Sätze von Jahr zu Jahr sehr unterschiedlich ausfallen können, eine Patentlizenz in 1998 kostete durchschnittlich 17,78 %, in 1999 nur noch 13,47 %, im Durchschnitt von 12 Jahren (1988 – 1999) waren es 19,06 %. Auch Lizenzgebühren für einzelne Produkte und Verfahren können dem Aufsatz entnommen werden.

- Nach *Nestler*[4] betragen Umsatzlizenzen für Markennutzungen je nach Produkt zwischen 5 und 13 % des Umsatzes, ferner stellt sie die Methoden des Profit Splits und des umgerechneten IP-Werts zur Ermittlung eines angemessenen Entgelts dar, wenn keine Vergleichswerte vorliegen. Ausgangspunkt ist einmal die Teilung des wirtschaftlichen Nutzens aus der Verwertung des lizenzierten Gutes und zum anderen der Wert des lizenzierten Gutes selbst.

- Bei der Verletzung gewerblicher Schutzrechte durch Dritte hat der BGH Schadenersatz i. H. v. 1 – 5 % des Umsatzes zugebilligt.[5]

- Eine Lizenzgebühr von 1,5 % des Umsatzes für die Überlassung des Firmennamens und des Firmenlogos als Warenzeichen für ihr Gebiet, die ein Konzern an eine Tochtergesellschaft berechnet, wurden vom BFH nicht beanstandet.[6]

- Zur Bemessung von Lizenzentgelten für grenzüberschreitende Überlassung von Know-how, also nicht geschütztes Spezialwissen, das Dritten nicht frei zugänglich ist.[7]

- Erhält der Lizenznehmer die Nutzungsrechte an einer Marke, die zum Zeitpunkt des Abschlusses des Lizenzvertrages noch relativ neu war oder auf einem bestimmten Markt neu eingeführt wird und trägt der Lizenznehmer durch eigene Aufwendungen und Leistungen, z. B. in Form von Werbeaufwendungen, Kostenbeteiligungen an internationalen Werbefeldzügen oder Entwicklungen eigener hoher Qualitätsstandards zur Wertbildung der Marke bei, so kann der Lizenzgeber – wenn überhaupt – nur eine vergleichsweise geringe Lizenzgebühr berechnen. Umgekehrt können aber auch sämtliche Markensteigerungseffekte auf Bemühungen und Kosten des Lizenzgebers beruhen und daher eine überdurchschnittliche Lizenzgebühr rechtfertigen.[8]

---

1 *Jacobs*, a. a. O., S. 736.
2 *Böcker*, StBp 1991, 73, 79, dort auch weitere Angaben zur Höhe der Lizenzgebühr je nach Wirtschaftszweig und Vertragsgebiet sowie für einzelne Produkte.
3 *Groß*, BB 1998, 1321 und BB 2000 Beilage 10 zu BB 48/2000, 24.
4 *Nestler*, BB 2008, 2002.
5 Vgl. BGH, Urteile v. 12. 1. 1966, GRUR 1966, 375; v. 13. 7. 1974, GRUR 1975, 85; *Jacobs*, a. a. O., 744; *Böcker*, StBp 1991, 73, 79.
6 BFH, Urteil v. 9. 8. 2000 - I R 12/99, BStBl 2001 II 140.
7 Vgl. *Finsterwalder*, IStR 2006, 355.
8 *Baumhoff*, IStR 1999, 533.

► Ein Satz von 19,6 % des Umsatzes wurde jedenfalls als überhöht bezeichnet, wenn infolge des Fehlens von Patentrechten keine eindeutige und gegen Dritte zu verteidigende Rechtsposition eingeräumt werden konnte.[1]

► Die Regeln über Arbeitnehmererfindungen sind für die Beurteilung der angemessenen Höhe von Lizenzvergütungen an Gesellschafter nicht anwendbar.[2] Ist der Gesellschafter jedoch zugleich Geschäftsführer der Gesellschaft, so sind diese Regeln anwendbar und höhere Zahlungen stellen vGA dar.[3]

Zur Bewertung von Warenzeichen vgl. *Rohnke*.[4]

70. Limited (Ltd.)

LITERATURHINWEISE:

Schoor, Steuerliche Behandlung der GmbH & Co KG, BuW 2003, 96; *Fittkau*, Haftungssituationen bei ausländischen Gesellschaften, insbesondere am Beispiel der Limited, StBP 2005, 255 (Teil I); *Heidemann*, Die GmbH & Co. KG als steuerliche Gestaltungsalternative, INF 2005, 427; *Kessler/Eicke*, Die Limited – Fluch oder Segen für die Steuerberatung?, DStR 2005, 2101; *Klose-Mokroß*, Die Eintragung der Zweigniederlassung einer englischen 'private limited company' in das deutsche Handelsregister, DStR 2005, 971; *Korts*, Die englische Limited – Gesellschafts- und steuerrechtliche Grundlagen für den steuerlichen Berater, Stbg 2005, 485; *Korts/Korts*, Die steuerrrechtliche Behandlung der in Deutschland tätigen englischen Limited, BB 2005, 1474; *Kratzsch*, Gründung einer englischen 'Limited' – eine zweckmäßige Gestaltungsmöglichkeit?, GStB 2005, 246; *Wälzholz*, Vor- und Nachteile der britischen private company limited by shares (Ltd.) in der Rechtspraxis, IWB 2005, F. 2 Großbritannien S. 423, (Teil I), 1013 (Teil II); *Hentschel*, Das finanzbehördliche Zuständigkeitsproblem bei 'deutschen' Limiteds und anderen Gesellschaften ausländischen Rechts, DStZ 2006, 40; *Müller*, Die englische Limited in Deutschland – für welche Unternehmen ist sie tatsächlich geeignet?, BB 2006, 837; *Rohde*, Limited versus GmbH – ein Rechtsformvergleich, INF 2006, 24; *Schlichte*, Die Zulässigkeit der Ltd. & Co. KG, DB 2006, 87; *Wachter*, Aktuelle Probleme bei der Ltd. & Co. KG, GmbHR 2006, 79; *ders.*, Die englische private limited company im deutschen Steuerrecht, FR 2006, 358 (Teil I); *Zöllner*, Konkurrenz für inländische Kapitalgesellschaften durch ausländische Rechtsträger, insbesondere durch die englische Private Limited Company, GmbHR 2006, 1; *Kornblum*, Bundesweite Rechtstatsachen zum Unternehmens- und Gesellschaftsrecht, Stand 1.1.2008, GmbHR 2009, 25.

a) Allgemein

Seit den EuGH-Entscheidungen Centros,[5] Überseering[6] und Inspire Art[7] ist grundsätzlich geklärt, dass eine deutsches Unternehmen auch im Rechtskleid einer Gesellschaftsform einer Gesellschaft eines anderen europäischen Landes in Deutschland tätig werden kann, eben z. B. in Form einer englischen Ltd. (private company limited by shares). In der Literatur wird allerdings auf zahlreiche Probleme für diese Entfremdung einer Gesellschaftsform hingewiesen. So sind für die Gründung, Gesellschafterstreitigkeiten, Kapitalersatzrecht und Liquidation englisches,

---

[1] FG Baden-Württemberg, Urteil v. 16.12.1976 - III/II 143/73, EFG 1977, 235.
[2] FG Rheinland-Pfalz, Urteil v. 13.6.1972 - II 49/68, EFG 1972, 603.
[3] BFH, Urteil v. 26.6.1970 - VI R 193/67, BStBl 1970 II 824.
[4] DB 1992, 1941.
[5] EuGH, Urteil v. 9.3.1999 - Rs. C-212/97, NWB PAAAB-72644.
[6] EuGH, Urteil v. 5.11.2002 - Rs. C-208/00, NWB BAAAB-72640.
[7] EuGH, Urteil v. 30.9.2003 - Rs. C-167/01, NWB JAAAB-72607.

für Eintragung der Zweigniederlassung, Steuern und Insolvenz deutsches Recht anzuwenden,[1] die Zulässigkeit der Ltd. & Co. KG ist streitig.[2] Die Ltd. muss für ihre Tätigkeit in Deutschland eine deutsche Zweigniederlassung gründen, sie hat sich daher mit den Handelsregistern in Deutschland und England auseinanderzusetzen,[3] ferner hat sie steuerliche Erklärungspflichten sowohl in Deutschland als auch in England, in Deutschland sind für die Zweigniederlassung dabei zwei unterschiedliche Finanzämter zuständig.[4] In Deutschland sind eine Handels- und eine Steuerbilanz nach deutschem Recht aufzustellen,[5] in England eine nach UK-GAAP.[6] Die daran anknüpfenden verwaltungstechnischen Probleme, die rechtliche Unsicherheit vieler ungeklärter Detailfragen und nicht zuletzt die hohen laufenden Kosten für die doppelten Erklärungspflichten veranlassen praktisch alle Autoren dazu, den Gebrauch der englischen Rechtsformen für ausschließlich in Deutschland tätige Gesellschaften skeptisch zu beurteilen[7] bzw. klar davon abzuraten.[8]

Dessen ungeachtet hält der Boom der Gründung britischer Limiteds für deutsche Unternehmen unvermindert an. Seit der o. g. Inspire-Art-Entscheidung des EuGH stiegen die Gründungen sprunghaft. Nach einer Untersuchung der Said Business School in Oxford wurden in 1997 – 2000 pro Jahr zwischen 200 und 300 deutsche Ltds. gegründet, in 2003 jedoch allein 2 515, in 2004 9 617 und in 2005 11 463.[9] Damit kommt man auf ca. 20.000 – 25.000 Ltds. im Jahre 2005. Allerdings werden wohl auch eine Menge Ltds. wieder gelöscht, denn eine Untersuchung aus 2008 kommt zu dem Ergebnis, dass etwa 15.000 deutsche Ltds. und 4 500 Ltd. & Co's bestehen.[10] Gleichzeitig sind rund 850.000 GmbHs im Handelsregister eingetragen.[11] So wirkt die Zahl der Ltds. doch noch recht unbedeutend, anders sieht es aber aus, wenn man den Anteil an den Neugründungen betrachtet. In 2005 wurden 81 415 deutsche GmbHs gegründet und 11 463 deutsche Ltds.[12] Der Anteil der Ltds. an der Gesamtzahl von 92 878 Neugründungen beträgt also mehr als $1/9$. Auch in 2007 war der prozentuale Zuwachs bei den Ltds. am höchsten.[13] Stabilisiert sich dieser Trend wäre auf Dauer mit ca. 100.000 deutschen Ltds. zu rechnen. Folglich wird sich jeder Steuerberater früher oder später mit dieser Rechtsform auseinanderzusetzen haben, egal, ob er sie für sinnvoll hält oder nicht. Eine andere Frage ist, ob

---

1 *Rohde*, INF 2006, 24, 29; auch *Müller*, BB 2006, 837 f.
2 Bejaht von: OLG Stuttgart v. 30. 3. 1995, ZIP 1995, 1004; BayObLG v. 21. 3. 1986 - Breg 3 Z 148/85, GmbHR 1986, 305; LG Bielefeld v. 11. 8. 2005 - 24 T 19/05, GmbHR 2006, 89; *Schlichte*, DB 2006, 87; *Wälzholz*, IWB 2005, F. 2 Großbritannien S. 423, 428; *Wachter*, GmbHR 2006, 79, verneint von AG Bad Oeynhausen v. 15. 3. 2005 - 16 AR 15/05, GmbHR 2005, 692.
3 *Korts*, Stbg 2005, 485, 487; *Müller*, BB 2006, 837; *Zöllner*, GmbHR 2006, 1, 3 f.; für die Anmeldepflicht der deutschen Zweigniederlassung auch BGH, Urteil v. 14. 3. 2005 - II ZR 5/03, NWB MAAAB-98154; zu den speziellen Problemen der Eintragung der deutschen Zweigniederlassung *Klose-Mokroß*, DStR 2005, 971, 1013.
4 OFD Hannover v. 15. 4. 2005, NWB VAAAB-54809; *Hentschel*, DStZ 2006, 40; *Korts*, Stbg 2005, 485, 486, 488.
5 OFD Hannover v. 15. 4. 2005, NWB VAAAB-54809, danach soll aber eine § 4 Abs. 3-Rechnung zulässig sein, wenn die Zweigniederlassung nicht in das deutsche Handelsregister eingetragen ist, insoweit a. A. *Korts/Korts*, BB 2005, 1474, 1476; *Zöllner*, GmbHR 2006, 1, 5; *Kessler/Eicke*, DStR 2005, 2101, 2102 ff.; *Rohde*, INF 2006, 24, 26; *Korts*, Stbg 2005, 485, 486; *Wälzholz*, IWB 2005, F. 2 Großbritannien S. 423, 426; *Korts/Korts*, BB 2005, 1474 ff.; a. A. bzgl. handelsrechtlichem Abschluss *Müller*, BB 2006, 837, 842.
6 *Zöllner*, GmbHR 2006, 1, 5; *Kessler/Eicke*, DStR 2005, 2101, 2102 ff.; *Rohde*, INF 2006, 24, 26; *Korts*, Stbg 2005, 485, 486; *Wälzholz*, IWB 2005, F. 2 Großbritannien S. 423, 426; *Müller*, BB 2006, 837, 842.
7 *Klose-Mokroß*, DStR 2005, 1013, 1018; *Zöllner*, GmbHR 2006, 1, 10; *Kratzsch*, GStB 2005, 246, 253.
8 *Kessler/Eicke*, DStR 2005, 2101, 2107; *Müller*, BB 2006, 837, 843.
9 Handelsblatt v. 1. 6. 2006.
10 *Kornblum*, GmbHR 2009, 25.
11 *Kornblum*, GmbHR 2009, 25.
12 Handelsblatt 1. 6. 2006.
13 *Kornblum*, GmbHR 2009, 259.

der Steuerberater sich an der Gründung der Ltd. beteiligen sollte. Stets wird ein Rechtsberater hinzugezogen werden müssen, der im ausländischen Recht qualifiziert ist.[1] Den Steuerberater kann aber, wenn er an der Gründung der Ltd. beteiligt ist, zumindest eine Haftung treffen, weil er einer Auswahl- und Überwachungspflicht bzgl. des Beraters für das ausländische Recht unterliegt.[2] Daher dürfte der Steuerberater gut beraten sein, allenfalls die steuerliche Beratung einer bereits bestehenden Ltd. für das deutsche Steuerrecht zu übernehmen und auf diese Beschränkung im Steuerberatungsvertrag auch ausdrücklich hinzuweisen.

3506 Die deutsche Zweigniederlassung der englischen Ltd. ist nach § 1 Abs. 1 Nr. 1 KStG[3] in Deutschland unbeschränkt körperschaftsteuerpflichtig, da sie den Ort der Geschäftsleitung in Deutschland hat. Dies gilt lt. OFD Hannover auch, wenn die Zweigniederlassung nicht in das deutsche Handelsregister eingetragen wurde[4] und nach h. L. ebenfalls, wenn die Ltd. ihren Gesellschaftszweck überschreitet, was nach der in England gültigen ultra-vires-Lehre dazu führt, dass die Gesellschafter persönlich verpflichtet werden und mithin eine Personengesellschaft vorliegt.[5] Zumindest ersteres dürfte zutreffend sein, da der BGH entschieden hat, dass eine persönliche Haftung der Gesellschafter der Ltd. auch dann nicht in Betracht kommt, wenn diese ihrer Verpflichtung zur Eintragung der deutschen Zweigniederlassung in das deutsche Handelsregister nicht nachgekommen sind.[6] Das deutet darauf hin, dass die Eintragung der Zweigniederlassung für die Rechtsqualität der Gesellschaft und mithin auch für ihre Besteuerung nicht entscheidend ist. Da die Ltd. ihren Satzungssitz zwingend in England hat, ist sie dort ebenfalls unbeschränkt steuerpflichtig.[7] Nach der tie-breaker-rule des DBA Deutschland-Großbritannien aus dem Jahr 1964 folgt aus der ausschließlichen Tätigkeit in Deutschland jedoch die ausschließliche Steuerpflicht in Deutschland,[8] eine Steuererklärung ist dennoch auch in England abzugeben.[9] Grundsätzlich ist daher in vollem Umfang deutsches Steuerrecht anzuwenden, was allerdings zu einigen Verwerfungen führt. So ist zwar z. B. § 8b KStG für die Gesellschaft und für den deutschen Gesellschafter deutsches Einkommensteuerrecht, somit auch § 3 Nr. 40 EStG bzw. § 32d EStG (Teileinkünfteverfahren bzw. Abgeltungsteuer), anwendbar,[10] im Insolvenzfall ist aber der Abzug von Gesellschafterdarlehen als nachträgliche Anschaffungskosten gem. § 17 EStG zweifelhaft, da auf englisches Kapitalersatzrecht abzustellen ist.[11]

---

1 *Fittkau*, StBp 2005, 255, 256.
2 *Fittkau*, StBp 2005, 255, 256.
3 OFD Hannover v. 15. 4. 2005, NWB VAAAB-54809; *Kessler/Eicke*, DStR 2005, 2101, 2103; *Rohde*, INF 2006, 24, 26; *Fittkau*, StBp 2005, 255, 260; *Kratzsch*, GStB 2005, 246, 249; *Müller*, BB 2006, 837, 842; *Korts/Korts*, BB 2005, 1474; *Wachter*, FR 2006, 358, 360, 363; *ders.*, FR 2006, 358, 366.
4 OFD Hannover v. 15. 4. 2005, NWB VAAAB-54809; *Wachter*, FR 2006, 358, 362.
5 *Rohde*, INF 2006, 24, 26; *Wachter*, FR 2006, 358, 361; zumindest einen Anscheinsbeweis nimmt OFD Hannover v. 15. 4. 2005, FR 2006, 195 an, nach *Wachter*, a. a. O. hat die ultra-vires-Lehre heute auch in Großbritannien keine praktische Bedeutung mehr.
6 BGH, Urteil v. 14. 3. 2005 - II ZR 5/03, NWB MAAAB-98154.
7 *Kessler/Eicke*, DStR 2005, 2101, 2104; *Korts*, Stbg 2005, 485, 488; *Fittkau*, StBp 2005, 255, 259, *Müller*, BB 2006, 837, 842; *Korts/Korts*, BB 2005, 1474; *Wachter*, FR 2006, 358, 367.
8 Art. 2 Abs. 1 lit. h, iii DBA Deutschland-Großbritannien; vgl. auch OFD Hannover v. 15. 4. 2005, FR 2006, 193, 195; *Rohde*, INF 2006, 24, 26 f.; *Fittkau*, StBp 2005, 255, 261; *Kessler/Eicke*, DStR 2005, 2101, 2104; *Kratzsch*, GStB 2005, 246, 249; *Korts/Korts*, BB 2005, 1474, 1475; *Wachter*, FR 2006, 358, 366, 370; *Müller*, BB 2006, 837, 842.
9 OFD Hannover v. 15. 4. 2005, NWB VAAAB-54809; *Kessler/Eicke*, DStR 2005, 2101, 2104; *Korts/Korts*, BB 2005, 1474, 1476; *Müller*, BB 2006, 837, 842; *Wachter*, FR 2006, 358, 368, es besteht aber eine Befreiungsmöglichkeit vgl. *Korts/Korts*; *Wachter* und *Müller* a. a. O.
10 *Rohde*, INF 2006, 24, 27; *Kessler/Eicke*, DStR 2005, 2101, 2104; *Korts*, Stbg 2005, 485, 488; *Korts/Korts*, BB 2005, 1474, 1476.
11 FG Rheinland-Pfalz, Urteil v. 22. 6. 2004 - 2 K 2455/02, EFG 2005, 38; OFD Hannover v. 15. 4. 2005, NWB VAAAB-54809; *Rohde*, INF 2006, 24, 27; *Kessler/Eicke*, DStR 2005, 2101, 2106.

Grundsätzlich ist also auch das Recht der vGA anwendbar,[1] es ist aber im Folgenden zu untersuchen, ob und ggf. welche Verwerfungen sich im Recht der vGA ergeben und welche Chancen und Risiken für die Ltd. und ihre Gesellschafter daraus erwachsen.

Dabei können sich Besonderheiten für die Ltd. nur dort zeigen, wo sich Abweichungen von der GmbH ergeben. Dies ist nach der vorstehenden Darstellung nur in wenigen Punkten der Fall:

▶ Für Gründung, Gesellschafterstreitigkeiten, Kapitalersatzrecht und Liquidation ist bei der Ltd. englisches statt deutsches Recht maßgeblich.

▶ Die englische Ltd. hat keinen doppelten Inlandsbezug (Geschäftssitz und Satzungssitz in Deutschland), da sie ihren Satzungssitz zwingend in England haben muss.

b) Englisches Gesellschaftsrecht der Ltd. und vGA

aa) Gründungskosten

Die Kosten der Gründung einer GmbH können in Deutschland als Betriebsausgaben der GmbH geltend gemacht werden, wenn die Übernahme der Gründungskosten in der Satzung bestimmt ist.[2] Bei der Ltd. unterliegt allerdings nur die deutsche Zweigniederlassung der deutschen Steuerpflicht. Diese hat nicht die Kosten des englischen Handelsregisters für die Eintragung der englischen Hauptniederlassung zu tragen. Geschieht dies dennoch, sind die Kosten vGA, unabhängig von der Frage der Satzungsbestimmung.[3] Für die Kosten der Eintragung der Zweigniederlassung im deutschen Handelsregister gilt hingegen die dargestellte inländische Regelung.

bb) Ausschüttungen

Nach englischem Gesellschaftsrecht dürfen Gewinnausschüttungen an die Gesellschafter nur vorgenommen werden, wenn die Gesellschaft im Jahresabschluss einen Gewinn ausweist. Dabei ist auf die kumulierten Ergebnisse abzüglich bisheriger Ausschüttungen jeweils seit Beginn der Gesellschaft abzustellen. Anders als im deutschen Recht dürfen Buchgewinne jedoch nicht ausgeschüttet werden.[4] In der Literatur zur Ltd. wird teilweise behauptet, dass bei einem Verstoß gegen diese Regelungen die ausgeschütteten Beträge als vGA anzusehen seien.[5] Die englischen Regelungen dürften jedoch der Kapitalerhaltung dienen. Es ist aber im deutschen Recht bereits entschieden, dass ein Verstoß gegen Kapitalerhaltungsvorschriften einen Jahresabschluss nicht nichtig macht und die ausgeschütteten Beträge daher nicht vGA werden.[6] Ist allerdings der deutsche Jahresabschluss nichtig, so werden die Ausschüttungen zu vGA.[7]

cc) Kapitalherabsetzung

Wird bei der Ltd. eine Kapitalherabsetzung vorgenommen und das Kapital an die Gesellschafter zurückgezahlt, so liegt vGA vor, wenn die Kapitalherabsetzung nicht nach englischem Recht wirksam erfolgte. Der Fall dürfte allerdings wenig Praxisrelevanz haben, da die Ltds in aller Re-

---

1 *Wachter,* FR 2006, 358, 364.
2 Vgl. → Rz. 3455.
3 Zur Behandlung dieser Kosten in England vgl. *Korts/Korts,* BB 2005, 1474, 1477.
4 *Wachter,* FR 2006, 358, 365.
5 *Wachter,* FR 2006, 358, 365, unter fehlerhaftem Verweis auf Streck.
6 BFH, Beschluss v. 15. 5. 2007 - I B 6/07, BFH/NV 2007, 1713; OFD Münster v. 15. 5. 2003, NWB TAAAA-81816.
7 Vgl. → Rz. 3824.

gel mit so geringem Kapital gegründet werden, dass eine Kapitalherabsetzung nicht mehr von Interesse ist.

dd) VGA bei Verstoß gegen Kapitalerhaltungsvorschriften

3511 Bei GmbHs wird z.T. angenommen, dass die Auszahlungen eines Darlehens an den Gesellschafter bereits dem Grunde nach vGA darstellt, soweit sie gegen § 30 GmbHG verstößt.[1] Dies dürfte schon für GmbHs nicht zutreffend sein,[2] kann aber jedenfalls für Ltds nicht gelten, da diese nicht deutschem, sondern englischem Kapitalersatzrecht unterliegen.[3]

ee) VGA bei zivilrechtlich unwirksamen Verträgen zwischen Gesellschaft und Gesellschafter

3512 Wie der GmbH, so steht es auch der Ltd. grundsätzlich frei, schuldrechtliche Verträge mit Gesellschaftern oder den Gesellschaftern nahe stehenden Personen abzuschließen. Diese müssen aber zivilrechtlich wirksam sein, ansonsten sind alle Zahlungen der Ltd. aufgrund dieser Verträge vGA. Zum Zivilrecht gehört auch das Gesellschaftsrecht, so dass bei der Ltd. auch ein Verstoß gegen das englische Gesellschaftsrecht zur vGA führen kann.

(1) Zuständigkeit der Gesellschafterversammlung für Abschluss des Anstellungsvertrages des directors

3513 Ebenso wie bei dem Gesellschafter-Geschäftsführer einer GmbH ist auch nach britischem Recht die Tätigkeit als director grundsätzlich nicht vergütungspflichtig, sondern nur dann, wenn ein entsprechender Vertrag geschlossen worden ist. Dafür müssen die members (Gesellschafter) einen Beschluss nach Art. 82 Table A, der Standardsatzung der Ltd., gefasst haben.[4] Die regelmäßig erfolgende Verwendung der Standardsatzung reicht dafür allein nicht aus.[5] Ist der Beschluss entsprechend englischem Gesellschaftsrecht korrekt gefasst worden, so liegt jedoch eine vGA insoweit nicht vor, unabhängig von der Frage, ob die Einkünfte des Gesellschafters nach § 18 oder § 19 EStG der deutschen Steuer unterliegen.[6]

(2) Beachtung des Selbstkontrahierungsverbotes

3514 Eine generelle Befreiung vom Verbot der Insichgeschäfte (§ 181 BGB) ist nach englischem Recht nicht möglich und kann daher auch im deutschen Handelsregister für die deutsche Niederlassung der Ltd. nicht eingetragen werden[7]. Es ist daher für jedes Geschäft insoweit eine gesonderte Befreiung erforderlich.[8]

---

1 Vgl. → Rz. 3230 ff.
2 → Rz. 3230 ff.
3 Vgl. zum Verstoß gegen englische Kapitalerhaltungsvorschriften aber auch → Rz. 3515.
4 *Korts/Korts*, BB 2005, 1474, 1477; auch *Wachter*, FR 2006, 358, 365.
5 *Korts/Korts*, BB 2005, 1474, 1477.
6 A. A. insoweit *Korts/Korts*, BB 2005, 1474, 1477, dort auch näher zu der Frage, ob der director eher mit einem Arbeitnehmer oder einem Aufsichtsratsmitglied zu vergleichen ist.
7 OLG Celle v. 14.4.2005 - 9 W 14/04, GmbHR 2005, 1303; OLG München v. 17.8.2005 - 31 Wx 049/05, GmbHR 2005, 1302; *Wachter*, FR 2006, 358, 365.
8 *Wachter*, FR 2006, 358, 366.

(3) Außerbetrieblicher und hypothetischer Drittvergleich

Der Drittvergleich verläuft auf seiner ersten Stufe in drei Teilen.[1] Während sich beim innerbetrieblichen Drittvergleich für die Ltd. keine Besonderheiten ergeben, fragt sich, welche Vergleichsgruppe beim außerbetrieblichen Drittvergleich auszuwählen ist. In Betracht kommen:

▶ Deutsche Unternehmen, da die hier fraglichen Ltds. allein in Deutschland tätig werden,

▶ englische Unternehmen, da für die Ltd. zumindest teilweise englisches Recht gilt oder

▶ englische Unternehmen, die im Ausland tätig werden.

In der Praxis wird der außerbetriebliche Drittvergleich schon mangels Vergleichsmaterial bei den beiden letzten Gruppen immer mit der ersten Gruppe stattfinden (insbesondere bei Anwendung von Gehaltsstrukturuntersuchungen für die Überprüfung der Gesamtausstattung der Gesellschafter-Geschäftsführer[2]). Dies dürfte aber auch zutreffend sein. Ein englisches Unternehmen, das allein in Deutschland tätig wird, hat als Wettbewerber insbesondere nicht englische, sondern deutsche Konkurrenten. An diesen hat es sich daher auszurichten und mit diesen wird es daher auch zu vergleichen sein. Anders kann es nur sein, wenn das Unternehmen auch in England tätig wird, dann mag die Vergleichsgruppe aus englischen Unternehmen bestehen, die ebenfalls in beiden Staaten tätig werden. Für einen deutschen GmbH-Geschäftsführer ist allerdings die Kenntnis von ausländischem Gesellschaftsrecht ungewöhnlich. Da der Ltd.-director über diese verfügen muss, wird dieses Spezialwissen beim außerbetrieblichen Drittvergleich zusätzlich zu berücksichtigen sein und beim Gehalt einen Zuschlag gegenüber der deutschen Vergleichsgruppe rechtfertigen.

Gleiches gilt auch für den hypothetischen Drittvergleich. Hier wird danach gefragt, was ein ordentlicher und gewissenhafter Geschäftsleiter getan hätte. Der ordentliche und gewissenhafte Geschäftsleiter einer Ltd. muss aber, anders als der ordentliche und gewissenhafte GmbH-Geschäftsführer, englisches Gesellschaftsrecht berücksichtigen. Er wird so nichts tun, was gegen englisches Gesellschaftsrecht verstieße. Er wird aber auch einen director einstellen, der dies gewährleisten kann. Da dieser im Übrigen den deutschen Markt kennen muss, braucht er also eine etwas andere Qualifikation als ein deutscher GmbH-Geschäftsführer. Diese wird auf dem deutschen Markt, zumindest derzeit, noch selten sein und daher eine etwas höhere Bezahlung erfordern bzw. rechtfertigen.

c) Geringe Kapitalisierung der Ltd. und vGA

aa) Gesellschafterfremdfinanzierung

In den Fällen einer vGA nach § 8a KStG a. F., die auch ohne Verletzung der Freigrenze von 250.000 € Zinsen eintreten können,[3] ergeben sich für eine deutsche Ltd. keine Unterschiede gegenüber einer GmbH. Bei der Anwendung von § 8a KStG a. F. ergibt sich im Übrigen eine vGA, nachdem die genannte Freigrenze überschritten ist, bei in einem Bruchteil des Kapitals vereinbarter Verzinsung erst nach Abzug eines Freibetrags (save haven). Dieser wird maßgeblich vom Eigenkapital des Unternehmens bestimmt und ist bei einer Ltd. generell gering, da sie meist nicht über erwähnenswertes Stammkapital verfügt. Für kleine und mittlere Unter-

---

[1] Vgl. → Rz. 371 ff.
[2] Vgl. → Rz. 3020 ff.
[3] Vgl. dazu z. B. *Janssen*, GStB 5/04 und DStZ 19/04.

nehmen ist dieser Unterschied indes unbedeutend, da für die Ltd. die genannte Freigrenze ebenso gilt wie für die GmbH und diese in aller Regel nicht überschritten wird.

bb) Gewinnverteilung bei der Ltd. & Co. KG

3519 Bei der GmbH & Co. KG erhält die GmbH regelmäßig für die Übernahme des Haftungsrisikos eine Vergütung i. H. v. 5 – 10 % ihres Stammkapitals, also 1 250 – 2 500 € Übernimmt eine Ltd. die Haftung in einer Ltd. & Co. KG, würde dieselbe Vereinbarung dazu führen, dass die Ltd. regelmäßig für die Haftungsübernahme praktisch keine Vergütung erhalten würde, da die Ltd. meist mit einem Stammkapital von 1 britischen Pfund gegründet wird. Dies wird aber sicherlich nicht dem tatsächlich übernommenen Risiko gerecht. Erhält die Ltd. keine angemessene Vergütung, handelt es sich insoweit um eine verhinderte Vermögensmehrung und vGA.[1] *Wachter* schlägt vor, insoweit auf eine Vergütung in Höhe einer banküblichen Avalprovision zurückzugreifen.[2] Die von ihm insoweit zitierten Urteile[3] beziehen sich auf die Haftungsvergütung in der GmbH & Co. KG. Dies führt nicht weiter, weil auch in diesem Bereich der Prozentsatz der banküblichen Avalprovision auf das Vermögen der GmbH, welches eine eventuelle Einlage bei der KG überschreitet, bezogen wird.[4] Dieses tendiert aber, wie soeben festgestellt, gegen 0. Es kann daher wohl nur eine Vergütung i. H. eines festen Betrages von 1 250 – 2 500 € als angemessen angesehen werden.

cc) Gewinnverteilung bei der Ltd. & Still

3520 Mit einer Ltd. kann auch eine stille Gesellschaft gebildet werden. Der stille Gesellschafter erbringt dann eine Kapitaleinlage in die Ltd. Beteiligt sich ein Gesellschafter der Ltd. zusätzlich als stiller Gesellschafter an der Ltd., so führt eine zu seinen Gunsten verschobene Gewinnverteilung in der stillen Gesellschaft zu vGA. In der Literatur wird die Ansicht vertreten, eine Ltd. & Still habe hier Vorteile vor einer GmbH & Still, da sich die Gewinnverteilung im Wesentlichen nach dem eingesetzten Kapital richte und dieses – und damit auch das vGA-Risiko – bei einer Ltd. regelmäßig geringer sei.[5]

3521 Es wird zwischen der typischen stillen Gesellschaft und der atypischen stillen Gesellschaft unterschieden.[6] Die typisch stille Gesellschaft führt beim Gesellschafter zu Einkünften aus Kapitalvermögen (§ 20 EStG).[7] Es dürfte daher bei der Ltd. angemessen sein, auch die Kapitalverzinsung auf das gesamte eingesetzte Kapital zu beziehen, letztlich also bei der stillen Gesellschaft den gesamten Gewinn entsprechend dem Verhältnis des eingesetzten Kapitals zu verteilen.

3522 Bei der atypisch stillen Gesellschaft handelt es sich dagegen um eine Mitunternehmerschaft. Anders als bei der Ltd. & Co. KG verfügt eine Ltd. & Still regelmäßig zwar nicht über Stammkapital, aber über erhebliches Betriebsvermögen und dementsprechend u. U. auch Eigenkapi-

---

1 *Wachter*, GmbHR 2006, 79, 85 und FR 2006, 358, 365.
2 *Wachter*, GmbHR 2006, 79, 85 und FR 2006, 358, 365.
3 BFH, Urteil v. 3. 2. 1977 - IV R 122/73, BStBl 1977 II 346; FG Saarland, Urteil v. 28. 3. 1990 - 1 K 199/88, EFG 1990, 586, rkr.
4 BFH, Urteil v. 15. 11. 1967, BStBl 1968 II 152, 158; *Schoor*, BuW 2003, 96, 101; *Heidemann*, INF 2005, 427, 432.
5 *Kessler/Eicke*, DStR 2005, 2101, 2107, vorsichtiger *Wachter*, FR 2006, 358, 366.
6 → Rz. 3892 ff.
7 BFH, Urteile v. 25. 1. 1979 - IV R 56/75, BStBl 1979 II 302; v. 8. 12. 1976 - I R 215/73, BStBl 1977 II 409; v. 17. 1. 1973 - I R 46/71, BStBl 1973 II 418; v. 7. 10. 1970 - I R 1/68, BStBl 1971 II 69; v. 11. 10. 1960 - I R 229/59 U, BStBl 1960 III 509; FG Brandenburg, Urteil v. 15. 5. 2002 - 2 K 1964/00, rkr., EFG 2002, 1118 (für atypisch stille Beteiligung); folgend *Blaurock*, a. a. O., Rz. 1594.

tal. Nach der Rechtsprechung des BFH zur GmbH & Co. KG ist in diesen Fällen eine Gewinnverteilung angemessen, wenn der GmbH auf die Dauer Ersatz ihrer Auslagen und eine den Kapitaleinsatz und das eventuell vorhandene Haftungsrisiko gebührend berücksichtigende Beteiligung am Gewinn in einer Höhe eingeräumt ist, mit der sich eine aus gesellschaftsfremden Personen bestehende GmbH zufrieden geben würde.[1] In einem Urteil v. 15.11.1967[2] wird eine Rendite von 20% auf das Kapital als nicht unangemessen angesehen. Die Finanzverwaltung hält eine Verzinsung von 12% – 15% für erforderlich.[3] Bei der Ltd. ergäbe sich wiederum nichts, weil sie regelmäßig über praktisch kein Stammkapital verfügt. Auch hier dürfte es indes wieder angemessen sein, auf das gesamte eingesetzte Kapital abzustellen, da das gesamte Kapital den Ertrag erarbeitet. Eine solche Unterscheidung dürfte bei der GmbH & Co. KG bisher nicht gemacht worden sein, weil die GmbHs dort regelmäßig nicht über erhebliches Betriebsvermögen verfügen.

d) Kein doppelter Inlandsbezug bei der Ltd. und vGA

Da § 14 Abs. 2 Satz 1 KStG vorsieht, dass nur eine Gesellschaft mit Sitz und Geschäftsleitung im Inland Organ einer Organschaft werden kann und die Ltd. zwingend ihren Sitz in Großbritannien haben muss, kann sie nicht Organ in einer Organschaft werden.[4] Alle Gewinnabführungen, die innerhalb einer vermeintlichen Organschaft von der Ltd. an die vermeintliche Organträgerin vorgenommen werden, stellen daher vGA dar.

(Einstweilen frei) 3524–3533

71. Management-buy-out

Übernehmen im Rahmen eines Management-buy-out die leitenden Angestellten einer KapGes die Anteile von den bisherigen Gesellschaftern, so geschieht dies meist nicht durch einen direkten Ankauf. Die Angestellten gründen vielmehr eine Erwerbskapitalgesellschaft, die die Anteile erwirbt. Diese Erwerbsgesellschaft finanziert sich über Darlehen der Gesellschaft, deren Anteile erworben werden oder über Bankdarlehen, die von der zu erwerbenden Gesellschaft gesichert werden. Für das Darlehensverhältnis bzw. die Bürgschaft gelten dabei die normalen vGA-Grundsätze.[5]

Hat ein Management-buy-out stattgefunden, so liegt keine vGA vor, wenn den bereits zuvor lange als Manager im Betrieb beschäftigten nunmehrigen Gesellschafter-Geschäftsführer nach nur einem Jahr Probezeit eine Pensionszusage erteilt wird.[6]

72. Mehrfachtätigkeit

LITERATURHINWEISE:
Hansmann, Angemessenheit von Geschäftsführer-Gehältern, EStB 2003, 143; *Böth*, Aktuelle Entwicklungen zur verdeckten Gewinnausschüttung, (Teil III), Stbp 2004, 135; *Tänzer*, Die akutelle Geschäftsführer-

---

1 BFH, Urteile v. 15.11.1967 - IV R 139/67, BStBl 1968 II 152 ff.; v. 25.4.1968 - VI R 279/66, BStBl 1968 II 741; v. 24.7.1990 - VIII R 290/84, NWB RAAAB-31873.
2 BFH, Urteil v. 15.11.1967 - IV R 241/66, BStBl 1968 II 307.
3 OFD Hannover v. 27.5.1969, GmbHR 1970, 23.
4 Vgl. schon → Rz. 3506.
5 Vgl. Stichwort: Bürgschaften → Rz. 3214 ff., Darlehenshingabe → Rz. 3220 ff., Darlehensverzinsung → Rz. 3256 ff.
6 BFH, Urteil v. 24.4.2002 - I R 18/01, BStBl 2002 II 670.

vergütung 2005, GmbHR 2005, 1256; *Hornig*, Verdeckte Gewinnausschüttungen bei Mehrfach-Gesellschafter-Geschäftsführern, NWB F. 4, 4989.

3536 Hier ist grundsätzlich eine Einzel- oder Gesamtbetrachtung denkbar:

Bei einer Gesamtbetrachtung sind die Gehälter des Geschäftsführers in allen Gesellschaften zusammenzurechnen und zu ermitteln, ob dieses Gesamtgehalt gemessen an der Tätigkeit in allen Gesellschaften zusammen angemessen ist.[1] Zumindest in Konzernen entspricht die Gesamtbetrachtung der wirtschaftlichen Realität.[2] Das Programm der Finanzverwaltung geht von dieser Betrachtung aus, wenn der Gesellschafter in verschiedenen Unternehmen derselben Branche tätig ist.[3] Der BFH akzeptiert diese Methode auch für diese Fälle ausdrücklich nicht.[4]

3537 Bei der vom BFH[5] bevorzugten Einzelbetrachtung, für die die rechtliche Selbständigkeit der Gesellschaften spricht,[6] ist zunächst anhand der Untersuchung für jede einzelne Tätigkeit das angemessene Gehalt zu ermitteln.[7] Die Gehälter für die Tätigkeit in den einzelnen Firmen müssen dann herabgesetzt werden, um zu berücksichtigen, dass der Gesellschafter-Geschäftsführer der einzelnen Gesellschaft nicht mehr seine gesamte Arbeitskraft zur Verfügung stellen kann.[8] Der Verstoß gegen das Verbot einer anderweitigen Tätigkeit und gegen das Gebot, seine gesamte Arbeitskraft bei der Gesellschaft einzusetzen, sind selbst allerdings nur arbeitsrechtlich relevant, steuerlich ist nur entscheidend, ob das Gehalt des Gesellschafter-Geschäftsführers angemessen ist und bleibt.[9] Dies alles gilt auch im Konzern, also bei der Geschäftsführung von Schwestergesellschaften[10] oder Mutter- und Tochtergesellschaften. Wird in diesen Fällen der Geschäftsführer nur in einem Unternehmen entlohnt, so sollte daher unbedingt eine Kostenumlage auf die anderen Unternehmen erfolgen.[11]

3538 Ausnahmen vom Grundsatz der Kürzung gelten daher, wenn

▶ gerade die anderweitige Tätigkeit für die zu beurteilende Gesellschaft Vorteile mit sich bringt, die den Verlust an zeitlichem Einsatz des Geschäftsführers ausgleichen.[12] Das ist ggf. von der Gesellschaft zu beweisen;[13]

---

[1] *Hornig*, NWB F. 4, 4989, 4991; *Brass*, BB 2002, 1724; *Hansmann*, EStB 2003, 143, 144; zumindest bei mehreren Tätigkeiten bei Firmen derselben Branche auch FG Nürnberg, Urteil 20. 7. 1999 I 202/97, rkr., EFG 1999, 1152.
[2] *Brass*, BB 2002, 1724.
[3] Vgl. oben → Rz. 3024.
[4] BFH, Urteil v. 26. 5. 2004 - I R 92/03, BFH/NV 2005, 77 = NWB DAAAB-35835.
[5] BFH, Urteile v. 27. 2. 2003 - I R 46/01, BStBl 2004 II 132; v. 15. 12. 2004 - I R 61/03, BFH/NV 2005, 1146 = NWB EAAAB-52794.
[6] BFH, Urteil v. 15. 12. 2004 - I R 61/03, BFH/NV 2005, 1146 = NWB EAAAB-52794.
[7] BFH, Urteil v. 26. 5. 2004 - I R 92/03, BFH/NV 2005, 77 = NWB DAAAB-35835; auch *Böth*, StBp 2004, 135, 139.
[8] BFH, Urteile v. 26. 5. 2004 - I R 92/03, BFH/NV 2005, 77 = NWB DAAAB-35835; v. 26. 5. 2004 - I R 101/03, BFH/NV 2004, 1672 = NWB UAAAB-27388; v. 15. 12. 2004 - I R 61/03, BFH/NV 2005, 1146 = NWB EAAAB-52794; v. 15. 12. 2004 - I R 79/04, BFH/NV 2005, 1147 = NWB GAAAB-52014; v. 27. 2. 2003 - I R 46/01, BStBl 2004 II 132; v. 27. 2. 2003 - I R 80, 81/01, BFH/NV 2003, 1346 = NWB TAAAA-70064; BMF, Schreiben v. 14. 10. 2002, BStBl 2002 I 972, Tz. 12.
[9] BFH, Urteil v. 26. 5. 2004 - I R 92/03, BFH/NV 2005, 77 = NWB DAAAB-35835; *Hornig*, NWB F. 4, 4989.
[10] BFH, Urteil v. 26. 5. 2004 - I R 92/03, BFH/NV 2005, 77 = NWB DAAAB-35835.
[11] *Böth*, StBp 2004, 135, 138. Maßstäbe dafür z. B. in BMF, Schreiben v. 30. 12. 1999 - IV B 4 - S 1341 - 14/99, BStBl 1999 I 1122.
[12] BFH, Urteile v. 26. 5. 2004 - I R 92/03, BFH/NV 2005, 77 = NWB DAAAB-35835; v. 26. 5. 2004 - I R 101/03, BFH/NV 2004, 1672 = NWB UAAAB-27388; v. 15. 12. 2004 - I R 79/04, BFH/NV 2005, 1147 = NWB GAAAB-52014; a. A. FG Düsseldorf, Urteil v. 14. 10. 2003 - 6 K 7092/02 K, G, F, AO, rkr., EFG 2004, 222, 223.
[13] BFH, Urteile v. 26. 5. 2004 - I R 92/03, BFH/NV 2005, 77 = NWB DAAAB-35835; v. 26. 5. 2004 - I R 101/03, BFH/NV 2004, 1672 = NWB UAAAB-27388; v. 15. 12. 2004 - I R 79/04, BFH/NV 2005, 1147 = NWB GAAAB-52014.

- das tatsächlich gezahlte Gehalt trotz der reduzierten Leistung sich immer noch im Rahmen des angemessenen bewegt. Beispiel: Das angemessene Gehalt für einen voll tätigen Geschäftsführer beträgt 200.000 € im Jahr, der Geschäftsführer erhält aber nur 100.000 € Er nimmt eine weitere Tätigkeit auf, woraufhin sich seine Bedeutung für die erste Gesellschaft um 25 % reduziert, angemessen wäre also jetzt ein Gehalt von 150.000 €. Da das tatsächliche Gehalt immer noch darunter liegt, muss es nicht angepasst werden;
- der Geschäftsführer glaubhaft machen kann, dass die neu aufgenommene (Neben-)Tätigkeit nicht zu einer Reduzierung seines Einsatzes bei der GmbH geführt hat.[1]

Ist das Gehalt danach herabzusetzen, so muss sich die Herabsetzung an folgenden Maßstäben orientieren:

- Zunächst ist der tatsächliche Arbeitseinsatz für die verschiedenen Gesellschaften zu berücksichtigen.[2] Das FG Nürnberg sieht dabei jedenfalls einen Abschlag von 25 % von der angemessenen Vergütung für jede der einzelnen Tätigkeiten als notwendig an.[3] Es muss aber auch berücksichtigt werden, dass das Gehalt des Geschäftsführers nicht nur die Vergütung für die eingesetzte Zeit, sondern auch für Verantwortung, Haftung und Leitung durch den Geschäftsführer ist.[4] Daher ist das Gehalt nicht in demselben Umfang herabzusetzen, wie der zeitliche Einsatz des Geschäftsführers für die GmbH sinkt.[5]
- Die Herabsetzung kann sowohl bei der Festvergütung als auch im variablen Teil des Gehalts (Verzicht auf Tantieme) erfolgen,[6] im letztgenannten Fall ist festzustellen, welche Ertragserwartungen die Gesellschaft im Verzichtszeitpunkt hatte, um die Werthaltigkeit eines solchen Verzichts beurteilen zu können.[7]
- Wird im zeitlichen Zusammenhang mit der Aufnahme einer weiteren Tätigkeit bei der Gesellschaft zur Entlastung des bisherigen Geschäftsführers ein weiterer Geschäftsführer eingestellt, so ist das Gehalt des bisherigen Geschäftsführers in Höhe des Aufwands der Gesellschaft für den neuen, zusätzlichen Geschäftsführer eine vGA. Diese vermindert sich, soweit der neue Geschäftsführer (auch) wegen Erweiterung der Geschäfte der GmbH eingestellt werden musste.[8]
- Abzulehnen ist die Vorgehensweise im Programm der Finanzverwaltung.[9] Danach soll das Gehalt des Geschäftsführers stets um 70 % des Gehalts aus einer anderen Beschäftigung gekürzt werden, wenn es sich nicht um branchengleiche Unternehmen handelt. Das würde häufig dazu führen, dass die gesamte Vergütung in dem Unternehmen, in dem der Geschäftsführer schlechter bezahlt wird, als vGA angesehen werden müsste.

---

[1] BFH, Urteile v. 18. 8. 1999 - I R 10/99, BFH/NV 2000, 225 = NWB SAAAA-63026; v. 27. 2. 2003 - I R 46/01, BStBl 2004 II 132.
[2] BFH, Urteil v. 27. 2. 2003 - I R 46/01, BStBl 2004 II 132.
[3] FG Nürnberg, Urteil v. 20. 7. 1999 - I 202/97, EFG 1999, 1152.
[4] BFH, Urteil v. 15. 12. 2004 - I R 61/03, BFH/NV 2005, 1146 = NWB EAAAB-52794; ebenso *Böth*, StBp 2002, 134, 137.
[5] Anders wohl BMF, Schreiben v. 14. 10. 2002, BStBl 2002 I 972, Tz. 12.
[6] BFH, Urteil v. 26. 5. 2004 - I R 92/03, BFH/NV 2005, 77 = NWB DAAAB-35835; a. A. noch FG Düsseldorf, Urteil v. 14. 10. 2003 - 6 K 7092/02 K, G, F, AO, rkr., EFG 2004, 222, 224.
[7] BFH, Urteil v. 26. 5. 2004 - I R 92/03, BFH/NV 2005, 77 = NWB DAAAB-35835.
[8] BFH, Urteil v. 26. 5. 2004 - I R 92/03, BFH/NV 2005, 77 = NWB DAAAB-35835.
[9] Siehe o. → Rz. 3024.

73. Mietverträge

LITERATURHINWEISE:
Briese, Unterstellte Privatnutzung eines Betriebs-PKW durch den Gesellschafter-Geschäftsführer: Lohn oder verdeckte Gewinnausschüttung?, GmbHR 2005, 1271; *Paus*, Vermieten einer Luxuswohnung an den Gesellschafter-Geschäftsführer, GmbHR 2005, 1600.

a) Klare und eindeutige Vereinbarung

3540 Das Erfordernis, dass von Anfang an klare und eindeutige Vereinbarungen zwischen der KapGes und ihren Gesellschaftern vorliegen müssen, damit sie steuerlich anerkannt werden, gilt auch für die Vereinbarung von Miet- und Pachtverhältnissen. Ist ein Miet- oder Pachtvertrag unklar und wird er nicht durchgeführt, so sind die darauf beruhenden Leistung vGA i. S. d. § 8 Abs. 3 Satz 2 KStG.[1] Aber auch die Vereinbarungen in einem Miet- und Pachtvertrag sind ggf. auszulegen. Aufgrund der Regelmäßigkeit der Leistungen und des engen zeitlichen Zusammenhangs zwischen Leistung und Gegenleistung ist aber bei Mietverträgen, ebenso wie bei anderen Dauerschuldverhältnissen, schon aus dem tatsächlichen Leistungsaustausch der Rückschluss auf eine zumindest mündlich abgeschlossene Vereinbarung (auch zusätzlich zu einem schriftlichen Vertrag) möglich.[2] Daher ist die seit mehreren Jahren regelmäßig vorgenommene jährliche Bezahlung der GrESt und der Gebäudeversicherung durch die GmbH als Pächterin, neben der monatlichen Entrichtung des schriftlich vereinbarten Pachtzinses an den beherrschenden Gesellschafter, keine vGA, auch wenn sie nicht auf einer besonderen schriftlichen Vereinbarung beruhte.[3]

b) Vertrag mit Betrieb gewerblicher Art

3541 Miet- und Pachtverhältnisse zwischen der Trägerkörperschaft und ihrem BgA können überhaupt nicht der Besteuerung zugrunde gelegt werden, soweit es sich um Gegenstände handelt, die für den BgA eine wesentliche Grundlage sind.[4] Alle Zahlungen seitens des BgA auf diese Verträge sind daher vGA.

c) Angemessenheit

aa) Gesellschaft überlässt zu einer unangemessen niedrigen Miete

(1) Allgemein

3542 Vermietet die Gesellschaft an ihren Gesellschafter etwas zu einer unangemessen niedrigen Miete, so liegt eine vGA vor.[5] Vermietet der beherrschende Gesellschafter Grundstücke zu einem zu niedrigen Mietpreis an seine KapGes und vermietet die KapGes ihrem beherrschenden Gesellschafter eine Wohnung ebenfalls zu einem zu niedrigen Mietpreis, so ist die unangemessen niedrige Miete gleichwohl eine vGA an den Gesellschafter.[6]

---

1 BFH, Urteil v. 13. 12. 1989 - I R 98–99/86, BStBl 1990 II 468.
2 BFH, Urteil v. 29. 7. 1992 - I R 18/91, BStBl 1993 II 139; FG Düsseldorf, Urteil v. 11. 1. 1994 - 6 K 562/90, rkr., EFG 1994, 680.
3 FG Düsseldorf, Urteil v. 11. 1. 1994 - 6 K 562/90, rkr., EFG 1994, 680.
4 BFH, Urteil v. 14. 3. 1984 - I R 223/80, BStBl 1984 II 496.
5 BFH, Urteil v. 14. 8. 1975 - IV R 30/71, BStBl 1976 II 88.
6 BFH, Urteil v. 7. 12. 1988 - I R 25/82, BStBl 1989 II 248.

(2) Überlassung einer Wohnung an den Gesellschafter

Vermietet die Gesellschaft eine Wohnung an ihren Gesellschafter-Geschäftsführer und ist die Vermietung im Arbeitsvertrag geregelt, so bemisst sich der Vorteil aus der Vermietung nach § 8 Abs. 2 EStG.[1] Vermietet die Gesellschaft eine Wohnung an einen Gesellschafter, der nicht bei ihr beschäftigt ist oder erfolgt die Vermietung unabhängig von der Anstellung mit einem Mietvertrag, so gelten nach BFH[2] andere Grundsätze. Eine vGA soll in diesen Fällen vorliegen, wenn die Gesellschaft nicht aus eigenem Gewinnstreben handelt, sondern nur zur Befriedigung privater Interessen der Gesellschafter. Dies soll nach denjenigen Kriterien zu prüfen sein, die zur Abgrenzung zwischen der Einkunftserzielung und der Liebhaberei entwickelt worden sind.[3]

Nach den dazu bei den Einkünften aus Vermietung und Verpachtung entwickelten Kriterien wäre eine auf Dauer angelegte Vermietung keine Liebhaberei, soweit der Mietzins mindestens 75 % der Marktmiete erreicht.[4] Diese bis zum VZ 2011 geltenden Grundsätze wurden durch § 21 Abs. 2 EStG mit Wirkung ab dem VZ 2012 abgelöst. Danach wäre ab einer Miethöhe von 66 % der ortsüblichen Miete sowohl von einer Einkunftserzielungsabsicht auszugehen als auch der volle WK-Abzug möglich. Unterhalb dieser Grenze wäre die Einkunftserzielungsabsicht zu unterstellen, die WK sind aber anteilig zu kürzen.[5] Bei besonders aufwändig hergestellten Gebäuden, für die eine Marktmiete nicht besteht, ist die Kostenmiete anzusetzen. Würde man, wie bei Ferienwohnungen, eine Überschussprognose vornehmen, so wäre dabei der Veräußerungsgewinn zu berücksichtigen, da dieser im Betriebsvermögen anfällt und demnach steuerpflichtig ist,[6] zudem wäre im Prinzip ein Überschuss von 1 € auf die gesamte Nutzungsdauer der Wohnung ausreichend.[7]

Konträr zu der allgemeinen Aussage, es sei auf Liebhabereigrundsätze abzustellen, legt der BFH jedoch dann in seinem Urteil fest, dass der ordentliche und gewissenhafte Geschäftsleiter mindestens die Kostenmiete, berechnet nach der II. BVO, anzusetzen habe; ein Verlust darf nicht entstehen.[8] Dabei ist

▶ nur die reguläre AfA nach § 7 EStG zu berücksichtigen, Sonderabschreibungen bleiben außer Betracht (z. B. Baudenkmäler),

▶ eine Verzinsung des eingesetzten Eigenkapitals vorzunehmen und

▶ zusätzlich außerhalb der II. BVO ein angemessener Gewinnaufschlag hinzuzurechnen.

Soweit die tatsächlich vom Gesellschafter verlangte Miete diesen Betrag unterschreite, liege vGA vor. Es wird die Auffassung vertreten, dass es nicht ersichtlich ist, wieso der angemessene Gewinn nicht bereits in der Verzinsung des eingesetzten Eigenkapitals zu sehen ist bzw. wie dieser sich über die Verzinsung hinaus berechnen lassen sollte.[9]

---

1 Vgl. dazu → Rz. 3093.
2 BFH, Urteil v. 17. 11. 2004 - I R 56/03, FR 2005, 589 = NWB WAAAB-44837.
3 BFH, Urteil v. 17. 11. 2004 - I R 56/03, FR 2005, 589 = NWB WAAAB-44837.
4 *Drenseck* Schmidt, 30. Aufl., EStG, § 21 Rz. 10, m.w. N.; KKB/Escher, § 21 EStG Rz. 150.
5 *Kulosa* Schmidt, EStG, § 21 Rz. 121; KKB/Escher, § 21 EStG Rz. 160.
6 *Paus*, GmbHR 2005, 1600, 1601.
7 *Paus*, GmbHR 2005, 1600, 1601.
8 BFH, Urteil v. 17. 11. 2004 - I R 56/03, FR 2005, 589 = NWB WAAAB-44837; ebenso FG Köln, Urteil v. 14. 3. 2014 - 10 K 2606/12, EFG 2014, 1141, rkr.; v. 22. 1. 2015 - 10 K 3204/12, Az. BFH: I R 12/15.
9 Doppelte Gewinnberücksichtigung, so *Briese*, GmbHR 2005, 1271, 1273, dortige Fn. 21.

3547 Diese Entscheidung hat noch nicht alle aufgeworfenen Fragen entschieden. Daher argumentiert die Gegenmeinung, eine Anlage in Immobilien erfolge oftmals schon wegen der Wertbeständigkeit und Inflationssicherheit, die Gewinnmaximierung sei hierbei weniger ausschlaggebend. Zudem wird auch der ordentliche und gewissenhafte Geschäftsleiter in seine Kalkulation einbeziehen, dass er durch die Investition Steuervorteile erlangen kann (etwa Denkmal-AfA oder Sofortabschreibung erheblicher Renovierungsaufwendungen) und später einen Veräußerungsgewinn erwarten kann.[1] Daher wird bei der Vermietung einer Wohnung auch dieser ordentliche und gewissenhafte Geschäftsführer nur die Marktmiete anzusetzen haben,[2] die insoweit allgemein gehaltene Festlegung des BFH auf die Kostenmiete sei unzutreffend.[3]

Der tatsächlich entschiedene Fall ist allerdings zutreffend gelöst. Für das dort von der GmbH gebaute Haus ist eine Marktmiete nicht ermittelbar, da das Haus mit einem Schwimmbad ausgestattet war. In einem solchen Fall kommt aber auch nach den zu Vermietung und Verpachtung entwickelten Grundsätzen nur die Kostenmiete in Betracht.[4]

Paus[5] hält demgegenüber sowohl die Marktmiete als auch die Kostenmiete für unzutreffend. Der Geschäftsleiter habe vielmehr auf eine angemessene Rendite zu achten. Diese sei betriebswirtschaftlich korrekt unter Berücksichtigung der Steuervorteile, des späteren Veräußerungsgewinns, der Sicherheit der Investition und der ungewöhnlichen Zuverlässigkeit und Solvenz des Mieters zu berechnen.

3548 Der BFH hat bei einem Luxuseinfamilienhaus die Kostenmiete für die Frage einer vGA zugrunde gelegt, jedoch ohne zu unterscheiden zwischen „aufwendigem" und „nicht aufwendigem" Objekt.[6] Das FG Köln[7] hat eine solche Differenzierung abgelehnt und betrachtet die Kostenmiete unter Berechnung nach der II. BVO[8] grundsätzlich in jedem Fall als Berechnungsgrundlage für eine vGA. Ein ordentlicher und gewissenhafter Geschäftsleiter wird gegenüber einem Gesellschafter auf volle Kostentragung und einen angemessenen Gewinnaufschlag bestehen.

Ausnahmen können nur gegeben sein, wenn sich eine erhöhte AfA wie z. B. für Baudenkmäler im Einzelfall ergeben sollte. Die Revision gegen die Rspr. des FG Köln wurde abgelehnt.[9] Dieses Revisionsverfahren wurde vom FG zugelassen wegen grundsätzlicher Bedeutung der Klarstellung, dass für den Ansatz der Kostenmiete nicht zwischen „aufwendigen" und „nicht aufwendigen" Objekten zu unterscheiden sei, und ob in diesem Zusammenhang zu berücksichtigen ist, ob ein potentieller Vertragspartner in den Fremdvergleich einzubeziehen ist (sog. doppelter Fremdvergleich), wenn dieser nicht bereit wäre, für ein „normales Einfamilienhaus" über die ortsübliche Miete hinaus Mietaufwendungen nach den Kostenmietgrundsätzen zu verausgaben.

Der BFH hat mit drei Urteilen v. 27. 7. 2016 - I R 71/15, NWB QAAAF-85885; I R 8/15, NWB EAAAF-85889 und I R 12/15, NWB UAAAF-85888 die Rechtsauffassung des FG Köln voll-

---

[1] Pezzer, FR 2005, 590; *Paus*, GmbHR 2005, 1600, 1601.
[2] *Pezzer*, FR 2005, 590.
[3] Pezzer, FR 2005, 590; *Paus*, GmbHR 2005, 1600, 1601.
[4] Ebenso *Pezzer*, FR 2005, 590.
[5] *Paus*, GmbHR 2005, 1600 ff.
[6] BFH, Urteil v. 17. 11. 2004 - I R 56/03, BFHE 208, 519 = NWB WAAAB-44837.
[7] FG Köln, Urteil v. 22. 1. 2015 - 10 K 3204/12, NWB BAAAE-88887; vgl auch FG Köln, Urteil v. 14. 3. 2014 - 10 K 2606/12, EFG 2014, 1141.
[8] Zweites Wohnungsbaugesetz i. d. F. v. 12. 10. 1990, BGBl 1990 I 2178.
[9] BFH, Urteil v. 27.7.2006 - I R 12/15 5, NWB UAAAF-85888.

umfänglich bestätigt. Die Kostenmiete mit Gewinnaufschlag ist immer anzusetzen, unabhängig von der Gestaltung des Hauses und der ortsüblich erzielbaren Miete. Auch kommt es auf das Ergebnis des konkreten Jahres und nicht wie bei V+V auf einen Prognosezeitraum an. Bei der Ermittlung der Kostenmiete ist für die Frage der Kapitalverzinsung immer von den Anschaffungs-/Herstellungskosten ohne Berücksichtigung von AfA auszugehen; in Bezug auf die AfA sollte die steuerlich angesetzte AfA in die Berechnung einbezogen werden; bei den Instandhaltungskosten sollte immer die Pauschale gem. der II. BVO unabhängig von der tatsächlichen Höhe der Instandhaltungskosten angesetzt werden.

bb) Gesellschaft überlässt zu einer angemessenen Miete

Die Überlassung zu einer angemessenen Miete kann regelmäßig nicht zu einer vGA führen und doch ist hier auf eine Entscheidung des BFH zur sog. kapitalersetzenden Nutzungsüberlassung hinzuweisen:

Bildet eine GmbH eine Rückstellung, weil sie damit rechnen muss, von ihrer Schwestergesellschaft erhaltene Mietzahlungen als dem Gesellschafter nahestehende Person z. B. gem. § 31 GmbHG zurückzahlen zu müssen, weil die Nutzungsüberlassung kapitalersetzend ist, so ist die Vermögensminderung durch diese Rückstellung lt. BFH v. 20. 8. 2008[1] eine vGA an den gemeinsamen Gesellschafter.

Diese Entscheidung mutet merkwürdig an, obwohl der BFH zu Recht geltend macht, dass ein solcher Rückzahlungsanspruch der Schwestergesellschaft ohne das Gesellschaftsverhältnis zum gemeinsamen Gesellschafter nicht entstanden wäre. Hätte die klagende Gesellschaft keine Rückstellung vorgenommen, sondern einfach auf die tatsächliche Rückforderung gewartet, so wäre bei Rückzahlung der Miete der Anspruch auf Mietzahlung wieder neu entstanden, allerdings als eigenkapitalersetzender, nachrangiger Anspruch.

Wichtig ist aber, dass dieser Anspruch auf Mietzahlung weder untergeht, noch etwa zu einer Einlage wird. Er wäre allerdings aufgrund der Insolvenzsituation abzuschreiben. Die Abschreibung aber wäre schwerlich im Gesellschaftsverhältnis begründet. Dies gilt umso mehr, als nach den Feststellungen des FG ein betrieblicher Anlass für eine Überlassung des Gebäudes auch während der Krise der Schwestergesellschaft bestand. Für eine derart große Fläche, wie sie ein Möbelhaus einnimmt, bestand nämlich keine Chance zur Neuvermietung, so dass die Fläche brachgelegen hätte.

cc) Gesellschafter überlässt zu einer überhöhten Miete

Überlässt der Gesellschafter seiner Gesellschaft etwas zu einer unangemessen hohen Miete oder Pacht, so liegt in Höhe des unangemessenen Betrages eine vGA vor.[2] Gleiches gilt für Überlassungen von nahe stehenden Personen.[3] Ebenso ist die Miete in Fällen der Rückvermietung als überhöht anzusehen.[4]

---

1 BFH, Urteil v. 20. 8. 2008 - I R 19/07, BStBl 2011 II 60.
2 Vgl. FG Saarland, Urteil v. 21. 1. 1987 - 1 K 239/85, Beck RS 1997, 06709.
3 Niedersächsisches FG, Urteil v. 18. 1. 1990 - VI 108/88, rkr., Beck RS 1990, 07480; FG Saarland, Urteil v. 10. 12. 1986 - I 26/85, EFG 1987, 137.
4 GmbH mietet Haus des Geschäftsführers und vermietet ihm dann einen Teil der Räume zurück; Niedersächsisches FG, Urteil v. 8. 6. 1993 - VI 589/89, GmbHR 1994, 416.

dd) Gesellschafter überlasst zu einer angemessenen Miete

3552 Es wirft schon ein erschreckendes Schlaglicht auf die sog. richterliche Neutralität, dass der BFH sich veranlasst sah, in einem Urteil ausdrücklich festzustellen, dass der Gesellschafter-Geschäftsführer einer GmbH nicht gehindert ist, für die Vermietung eines Wirtschaftsgutes an die GmbH ein verkehrsübliches Entgelt zu verlangen, ohne dass sich daraus eine vGA konstruieren lässt. Er ist dabei auch nicht verpflichtet, Vorteile, die er durch einen günstigen Vertragsabschluss selbst erlangt hat, an die GmbH weiterzugeben.[1] Der spätere Gesellschafter-Geschäftsführer hatte noch vor Gründung der GmbH als Einzelunternehmer einen Laden zu 30 DM/qm angemietet und ihn nach Gründung der GmbH an diese für nachweislich ortsübliche 45 DM/qm weitervermietet. Eine andere Beurteilung wäre nach der Geschäftschancenlehre lediglich vorzunehmen, wenn der Gesellschafter-Geschäftsführer eine Geschäftschance der Gesellschaft genutzt hätte, was im vorliegenden Fall schon deshalb ausgeschlossen war, weil die GmbH bei Abschluss des Hauptmietvertrages noch gar nicht gegründet war.

d) Tatsächliche Durchführung/Änderung der Verhältnisse

3553 Auch ein Mietverhältnis kann der Besteuerung nur zugrunde gelegt werden, wenn die klaren Vereinbarungen auch tatsächlich durchgeführt werden, insbesondere ist auch Voraussetzung, dass bereits von Anfang an entsprechende Mietverbindlichkeiten der KapGes ausgewiesen worden wären. Wurde eine Vereinbarung zeitweise nicht durchgeführt, so ist sie nur für diesen Zeitraum, nicht etwa insgesamt, nicht anzuerkennen.[2]

3554 Ein Dauerschuldverhältnis ist insoweit nicht durchgeführt, als es zugunsten der Gesellschafter-Geschäftsführer angepasst wird, obwohl der Gesellschaft eine unentziehbare Rechtsposition z. B. durch eine fest vereinbarte, noch nicht abgelaufene Vertragsdauer zustand.[3]

> **BEISPIEL:**[4] Der Gesellschafter A vermietet der A-GmbH ein ihm gehörendes Gebäude und sechs Verkaufsstellen für insgesamt 5.000 €/Monat. Der Vertrag ist fest für zehn Jahre vereinbart. Die sechs Verkaufsstellen hat der Gesellschafter selbst für 1.000 €/Monat von einem fremden Dritten angemietet. Nach drei Jahren tritt die Gesellschaft in den Mietvertrag mit dem fremden Dritten ein und zahlt diesem weiterhin 1.000 €/Monat. Zugleich mietet sie weiterhin das Gebäude des Gesellschafters an, es verbleibt bei dem Mietzins von 5.000 €/Monat. Dieser soll inzwischen auch allein für das Gebäude des Gesellschafters angemessen sein.
>
> Da der Mietvertrag jedoch für zehn Jahre fest vereinbart wurde, muss auch die Miete reduziert werden und zwar entsprechend der Verhältnisse bei Vereinbarung des Mietvertrages, weil der Gesellschafter sonst auf diesem Weg die zehnjährige Bindung zu seinen Gunsten aufbrechen könnte. Dementsprechend dürfte hier ein Betrag von ca. 1.000 €/Monat vGA sein und zwar bis zum Ablauf des Zehn-Jahres-Zeitraums.

3555 Die Bindung an eine Mindestvertragslaufzeit gilt jedoch nicht, wenn die vorzeitige Anpassung eine Reaktion auf im Zeitpunkt des Vertragsabschlusses nicht absehbare gewichtige neue Um-

---

[1] BFH, Urteil v. 20. 8. 2008 - I R 16/08, BFH/NV 2009, 49 = NWB FAAAC-97219.
[2] BFH, Urteile v. 21. 12. 1994 - I R 65/94, BFHE 176, 571 = NWB LAAAA-97531; v. 28. 11. 2001 - I R 44/00, BFH/NV 2002, 543, 544 = NWB GAAAA-68114.
[3] BFH, Urteile v. 12. 6. 1980 - IV R 40/77, BStBl 1980 II 723; v. 27. 2. 1992 - IV R 69/91, BFH/NV 1993, 386 = NWB OAAAA-97248; v. 23. 3. 1994 - VIII B 50/93, BFH/NV 1994, 786 = NWB UAAAB-35086; v. 29. 3. 2000 - I R 85/98, BFH/NV 2000, 1247 = NWB HAAAA-65377; FG Düsseldorf, Urteil v. 23. 4. 2002 - 6 K 6744/99 K, F, rkr., EFG 2002, 1404.
[4] Nach FG Düsseldorf, Urteil v. 23. 4. 2002 - 6 K 6744/99 K, F, rkr., EFG 2002, 1404.

stände ist,[1] aufgrund derer entweder ein zivilrechtlicher Rechtsanspruch auf eine Vertragsanpassung besteht[2] oder aufgrund derer die Gesellschaft sich auch gegenüber fremden Dritten zu einer Neuregelung bereit erklärt hätte, z. B., weil ein Interesse an einer frühzeitigen Vertragsverlängerung besteht.[3]

Wird eine Mietzahlung von der Gesellschaft an den nicht beherrschenden Gesellschafter nicht, wie vereinbart, monatlich entrichtet, sondern in drei Raten im Folgejahr, so ist das lt. FG Berlin-Brandenburg[4] zwar ungewöhnlich, aber nicht zwischen fremden Dritten gänzlich undenkbar, da die mietende Gesellschaft ohne Zweifel zahlungsfähig war. Deswegen soll hier auch der verdoppelte Drittvergleich bestehen und damit die Verzögerung keine vGA wegen mangelnder Durchführung des Vertrages auslösen.

(Einstweilen frei)

74. Mindestdividende

Eine garantierte Mindestdividende ist vGA, soweit sie gegen das aktienrechtliche Verbot der Einlagenrückgewähr verstößt. Eine Bank hatte bei Erwerb ihrer Anteile an einer AG den Vorteil eingeräumt erhalten, dass sie immer eine Zahlung in fester Höhe auf den von ihr bezahlten Betrag erhalten sollte. Dies wertete der BFH als Mindestdividende.[5]

75. Nichtigkeit eines Jahresabschlusses

Ein Verstoß gegen die Kapitalerhaltungsvorschriften des § 30 GmbHG führt nicht zur Nichtigkeit eines Jahresabschlusses.[6] Zu den Folgen eines aus anderen Gründen nichtigen Jahresabschlusses vgl. Stichwort Prüfungspflicht.

76. Nießbrauch an Gesellschaftsanteilen

LITERATURHINWEISE:

Sudhoff, Der Nießbrauch am Gesellschaftsanteil einer GmbH, GmbHR 1971, 53; *Gassner*, Verdeckte Gewinnausschüttung bei Vorbehaltsnießbrauch, NWB 1992, 2254; *Fricke*, Der Nießbrauch an einem GmbH-Geschäftsanteil – Zivil- und Steuerrecht, GmbHR 2008, 739; *Petzoldt*, Nießbrauch im Zivilrecht, NWB F. 19, 1337.

a) Zivilrecht

Zivilrechtlich kann der Nießbrauch nach der sog. Treuhandlösung oder der sog. Nießbrauchslösung bestellt werden. Bei der Treuhandlösung überträgt der Gesellschafter seine komplette Gesellschafterstellung auf den Nießbraucher, er selbst scheidet also als Gesellschafter aus, es besteht lediglich ein Anspruch auf Rückübertragung bei Beendigung des Nießbrauchs.[7] Bei der Nießbrauchslösung dagegen wird die Rechtszuständigkeit zwischen Gesellschafter und Nieß-

---

[1] Z. B. Rechtsprechungsänderungen BFH, Urteile v. 19. 5. 1998 - I R 36/97, BStBl 1998 II 689; auch v. 29. 3. 2000 - I R 85/98, BFH/NV 2000, 1247 = NWB HAAAA-65377.
[2] Z. B. aufgrund eines Wegfalls der Geschäftsgrundlage vgl. BFH, Urteil v. 13. 10. 1983 - I R 4/81, BStBl 1984 II 65.
[3] FG Düsseldorf v. 23. 4. 2002 - 6 K 6744/99 K, F, rkr., EFG 2002, 1404.
[4] FG Brandenburg, Urteil v. 12. 11. 2008 - 12 K 8423/05 B, rkr., EFG 2009, 433.
[5] BFH, Urteil v. 17. 10. 1984 - I R 22/79, BStBl 1985 II 69.
[6] BFH, Urteil v. 15. 5. 2007 - I B 6/07, BFH/NV 2007, 1713; OFD Münster v. 15. 5. 2003 - S 2861 - 2 - St 13 - 33, DB 2003, 1199.
[7] *Fricke*, GmbHR 2008, 739, 741.

braucher aufgespalten. Die mitgliedschaftlichen Rechte stehen weiterhin dem Gesellschafter zu, die laufenden Angelegenheiten sind durch den Nießbraucher zu erledigen.[1] Dem Gesellschafter steht daher weiter das Stimmrecht zu, er hat allerdings bei der Ausübung die Interessen des Nießbrauchers angemessen zu berücksichtigen.[2]

3567 Dem Nießbraucher steht daher der laufende Gewinn zu, nicht aber

- ▶ die realisierten stillen Reserven eines Wirtschaftsguts des Anlagevermögens,[3]
- ▶ Vergütungen für besondere Leistungen des Gesellschafters, z. B. für die Geschäftsführertätigkeit,[4]
- ▶ Surrogate für den Geschäftsanteil wie z. B. die Liquidationsrate, das Einziehungsentgelt oder Abfindungsguthaben, er hat allerdings ein Recht auf Nießbrauch an dem Surrogat.[5]

Zulässig sind beide Möglichkeiten, üblich ist die Anwendung der Nießbrauchslösung.[6]

b) Steuerrecht

3568 Die Finanzverwaltung rechnet im Nießbrauchserlass[7] steuerrechtlich die Einkünfte aus Kapitalvermögen

- ▶ beim Zuwendungsnießbrauch dem Nießbrauchsbesteller zu. Ist der Zuwendungsnießbrauch entgeltlich bestellt, so werden dem Nießbrauchsbesteller die Einkünfte in Höhe des Entgelts zugerechnet. Der Nießbrauchsberechtigte zieht dagegen eine von ihm gekaufte Forderung ein, was im Privatvermögen grundsätzlich steuerlich unbeachtlich ist.
- ▶ beim Vorbehaltsnießbrauch entsprechend der Handhabung bei Gebäuden dem Nießbrauchsberechtigten zu. Somit befindet sich das Steuerrecht nur in diesem Fall in Übereinstimmung mit dem Zivilrecht.[8]

Der BFH hat die Frage ausdrücklich offen gehalten[9] und lediglich Detailfragen entschieden.

c) Speziell verdeckte Gewinnausschüttungen

3569 Zur Frage der Zurechnung einer verdeckten Gewinnausschüttung beim Gesellschafter oder beim Nießbraucher liegen, soweit ersichtlich, nur zwei Entscheidungen vor:

- ▶ In der Entscheidung v. 11.10.1955 deutet der BFH an, dass dem (wohl Vorbehalts-) Nießbraucher an Gesellschaftsanteilen, der zugleich Geschäftsführer ist, selbst eine vGA wegen nachgezahlter Gehälter zuzurechnen wäre.[10]

---

1 *Fricke*, GmbHR 2008, 739, 741.
2 *Petzold*, NWB F. 19, 1337 ff., 1347; *Palandt*, BGB-Komm., § 1068 Anm. 3; *Soergel/Siebert*, BGB-Komm., 10. Aufl., § 1068 Anm. 8; *Baumbach/Hueck*, GmbHG-Komm., 15. Aufl., § 15 Anm. 6c; *Fricke*, GmbHR 2008, 739, 744; *Sudhoff*, GmbHR 1971, 53, z. T. mit Einschränkungen bezgl. des Stimmrechts.
3 BFH, Urteil v. 28. 1. 1992 - VIII R 207/85, BStBl 1992 II 605.
4 *Fricke*, GmbHR 2008, 739, 742.
5 *Fricke*, GmbHR 2008, 739, 743 f.
6 *Fricke*, GmbHR 2008, 739, 741 f.
7 BMF, Schreiben v. 23. 11. 1983, BStBl 1983 I 508, Tz. 55 ff.
8 *Fricke*, GmbHR 2008, 739, 746.
9 BFH, Urteil v. 28. 1. 1992 - VIII R 207/85, BStBl 1992 II 605; dazu *Gassner*, NWB 1992, 2254.
10 BFH, Urteil v. 11. 10. 1955 - I 47/55 U, BStBl 1955 III 397, ausdrücklich wird die Frage schon in BFH, Urteil v. 8. 3. 1967 - I 119/64, BStBl 1967 III 372, wieder offen gelassen und ist auch seitdem nicht entschieden worden.

- In der Entscheidung v. 28.1.1992[1] lässt er die Frage, ob dem Vorbehaltsnießbraucher eine vGA zuzurechnen ist, grundsätzlich ausdrücklich offen. Jedenfalls kann nach dieser Entscheidung der Nießbraucher auch im Wege der vGA nicht mehr erhalten, als ihm nach dem Inhalt des Nießbrauchs zusteht. Es waren hier im Rahmen einer Grundstücksveräußerung zwischen Schwestergesellschaften zum Buchwert die stillen Reserven in diesem Anlagegut als verdeckte Gewinnausschüttung beim gemeinsamen Gesellschafter zuzurechnen. Eine Zurechnung beim Nießbraucher war schon deshalb nicht möglich, weil sich der Nießbrauch nicht auf die Vermögenssubstanz und somit nicht auf die stillen Reserven bezieht, egal ob diese z. B. im Rahmen der Liquidation oder einer vGA aufgedeckt werden.

Eine vGA erfordert immer eine gesellschaftsrechtliche Veranlassung. Daraus ist z.T. abgeleitet worden, dass dem Nießbraucher eine vGA nur zugerechnet werden kann, wenn er zumindest wirtschaftliches Eigentum am Gesellschaftsanteil erhalten hat, niemals aber allein aufgrund des Nießbrauchs.[2] Indes gehören zu den Rechten des Gesellschafters auch das Recht am Gewinnbezug. Dieses aber geht eindeutig beim Nießbrauch auf den Nießbraucher über. Es ist daher nicht einzusehen, warum bei ihm Zuwendungen aus gesellschaftsrechtlichem Anlass nicht möglich sein sollten. Würde die Gesellschaft z. B. dem Nießbraucher für ein von ihm überlassenes Darlehen einen überhöhten Zins zahlen, damit er im Gegenzug auf Ausschüttungen verzichtet, so läge der Zahlung des überhöhten Zinses eindeutig eine gesellschaftsrechtliche Veranlassung zugrunde, die in den dem Nießbraucher zustehenden gesellschaftsrechtlichen Rechten wurzelt. Zwar kann dieser eine Gewinnausschüttung nicht beschließen, der Gesellschafter, von dem er sein Nießbrauchsrecht ableitet, ist aber verpflichtet, Gewinnausschüttungen im angemessenen Umfang zu beschließen (s. o.). Davon kann ihn nur der Nießbraucher befreien. Es besteht daher kein Anlass, hier die verdeckte Gewinnausschüttung dem Gesellschafter zuzurechnen. Es wird vielmehr zu unterscheiden sein:

- Der Nießbraucher erhält zwar nicht die Mitgliedschaftsrechte in der GmbH, gleichwohl aber einen Teil des Anteils und somit eine gesellschaftsrechtliche Stellung gegenüber der Gesellschaft, die ihn zum potenziellen Empfänger von vGA macht. Ihm können allerdings nur solche Beträge als vGA zugerechnet werden, die ihm auch selbst zufließen, z. B. unangemessene Gehaltszahlungen, die er als Nießbraucher-Geschäftsführer erhält.

- Der Gesellschafter hingegen ist der Empfänger für alle vGA, die im Stammrecht begründet sind. Werden, wie oben im Fall des BFH aus 1992, stille Reserven zu vGA, so kann nur er der Empfänger der vGA sein, da nur er eine Chance hat, diese stillen Reserven (durch Verkauf des Anteils oder Liquidation der Gesellschaft) später einmal zu realisieren. Auch vGA an nahe stehende Personen sind nur beim Gesellschafter vorstellbar, da dem Nießbraucher hier der notwendige Einfluss auf die Gesellschaft fehlt.

Zumindest bei vGA ist nicht ersichtlich, dass eine abweichende Beurteilung geboten wäre, je nachdem ob ein Vorbehalts- oder ein Zuwendungsnießbrauch vorliegt. Die genannten Grundsätze gelten gleichermaßen.

Erwirbt der Nießbraucher über den Nießbrauch hinaus wirtschaftliches Eigentum an einem Gesellschaftsanteil, so ist er allerdings wie ein regulärer Gesellschafter zu behandeln und kann

---

1 BFH, Urteil v. 28.1.1992 - VIII R 207/85, BStBl 1992 II 605.
2 Vgl. *Janssen*, vGA, 10. Aufl. 2010, Rz. 379 ff.

auch im Stammrecht begründete vGA erhalten. Wirtschaftliches Eigentum am Gesellschaftsanteil liegt aber nicht deshalb vor,

- weil der Nießbraucher zur Ausübung des Stimmrechts berechtigt ist[1] oder
- weil der Nießbrauch auf Lebenszeit des Nießbrauchers bestellt worden ist, selbst wenn seine Lebenserwartung die des Gesellschafters übersteigt.[2]

3573 Da wirtschaftliches Eigentum voraussetzt, dass dem Nießbraucher auf Dauer Substanz und Ertrag zustehen, ist solches bei Gesellschaftsanteilen allgemein schwierig vorstellbar. Es kommt bei der Dauer nämlich nicht auf die Lebenszeit des Gesellschafters oder Nießbrauchers an, sondern auf die Lebensdauer des Gegenstandes, an dem Nießbrauch bestellt wird. Das Gesellschaftsrecht hat aber, anders als z. B. ein Gebäude, keine begrenzte Lebensdauer, so dass grundsätzlich eine Übertragung für ewig erforderlich wäre, das wäre aber wohl nichts anderes als die Abtretung des Rechts. Diese aber führt zu juristischem und nicht nur wirtschaftlichem Eigentum.

3574–3583 *(Einstweilen frei)*

77. Non-profit-Unternehmen

3584 Nach Ansicht der Rspr. spricht zumindest der Beweis des ersten Anscheins dafür, dass eine KapGes den Zweck der Gewinnerzielung verfolgt.[3] *Klingenbiel*[4] geht sogar so weit, den Zweck der Gewinnerzielung als „gesetzlichen Zweck" der KapGes zu bezeichnen und scheint davon auszugehen, dass sie diesen Zweck zwingend verfolgen muss und keine Möglichkeit hat, ihn abzulegen. Freilich ist es auch ihm nicht möglich, eine gesetzliche Vorschrift anzugeben, aus der sich diese gesetzliche Bindung ergeben soll. Tatsächlich hat eine KapGes nur die von ihren Gesellschaftern im Gesellschaftsvertrag festgelegten Zwecke und Ziele zu verfolgen.[5] Dazu gehört bei KapGes typischerweise auch die Gewinnerzielung, so dass der Anscheinsbeweis insoweit wohl gerechtfertigt ist. Die Gewinnerzielung muss aber nicht zwingend der Zweck der Gesellschaft sein, es ist zumindest möglich, diesen Zweck ausdrücklich auszuschließen. Ansonsten wäre eine gemeinnützige GmbH nicht denkbar – diese werden aber auch von *Achenbach* anerkannt.

3585 Danach ist also zu unterscheiden:

- Wird eine KapGes gegründet, um gewinnlos zu arbeiten, so ist dies zulässig und führt nicht zu vGA. Das setzt allerdings – wie immer – voraus, dass die Gesellschafter ebenso wie fremde Dritte behandelt werden, sonst können sich auch hier vGA ergeben. Es führt also zur vGA, wenn die Gewinnlosigkeit sich nur deshalb ergibt, weil die Gewinne im Verkehr mit Dritten durch die Vergünstigungen gegenüber Gesellschaftern wieder aufgezehrt werden.
- Arbeitet die KapGes aber trotz Gleichbehandlung aller Abnehmer gewinnlos, ist dies kein Grund zur Annahme einer vGA, auch wenn sie darauf beschränkt ist, nur Leistungen an

---

1 BFH, Urteil v. 28. 1. 1992 - VIII R 207/85, BStBl 1992 II 605.
2 So beim Gebäudenießbrauch BFH, Urteil v. 24. 6. 2004 - III R 50/01, BStBl 2005 II 80.
3 Vgl. BFH, Urteile v. 19. 3. 1975 - I R 137/73, BStBl 1975 II 722; v. 23. 5. 1984 - I R 294/81, BStBl 1984 II 673, zur Erstausstattung einer KapGes; v. 19. 11. 1985 - VIII R 4/83, BStBl 1986 II 289.
4 *Klingenbiel* Dötsch/Pung/Kühlenbrock, KStG, Anh. zu § 8 Stichwort: Nonprofitunternehmen, ähnlich auch *Frotscher/Drüen* Anhang zu § 8 Stichwort: Non-Profit-Gesellschaften.
5 BFH, Urteil v. 4. 12. 1996 - I R 54/95, NWB YAAAA-96773.

Gesellschafter zu erbringen und gegenüber Dritten gar nicht auftritt. Dies ist jedenfalls bei Vereinen anerkannt,[1] es kann bei KapGes nicht anders sein.[2]

78. Novation

Die Novation ist die Schuldumschaffung eines Schuldverhältnisses in ein anderes, i. d. R. wird eine Kaufpreis- oder sonstige Schuld in ein Darlehen umgewandelt. Ist der Gesellschafter dabei der Darlehensgeber, so soll die Novation nur anzuerkennen sein, wenn sie nicht nur dem Vorteil der Gesellschaft, sondern auch dem Vorteil des Gesellschafters dient.[3] Dies ist allerdings durch den Vorteil einer Verzinsung regelmäßig gegeben. Zudem soll die Novation nur möglich sein, wenn sie Ausdruck der freien Dispositionsbefugnis der Vertragsbeteiligten über den geschuldeten Geldbetrag ist.[4] Dies soll nach dem genannten Urteil nur der Fall sein, wenn die Novation sich bei wirtschaftlicher Betrachtung lediglich als Abkürzung eines Leistungsweges erweise. Dies soll wiederum nur gegeben sein, wenn sich der Schuldner als kreditwürdig erweise und in der Lage sei, den Darlehensbetrag zur umgehenden Begleichung zu verwenden. Das ist jedenfalls erfüllt, wenn die Schuldnerin auch anderswo einen Kredit hätte erhalten können.[5] Schließlich muss die Novation auch ordnungsgemäß durchgeführt werden.[6]

79. Organschaft

LITERATURHINWEISE:

Jurkat, Zur Einkommenszurechnung bei körperschaftsteuerlicher Organschaft, BB 1970, 525 ff.; *Mayer*, Verdeckte Gewinnausschüttungen bei körperschaftsteuerlicher Organschaft, BB 1971, 1405; *Ott*, Verdeckte Gewinnausschüttung an Minderheitsaktionäre bei Organschaft mit Ergebnisabführungsvertrag, DB 1978, 1515 ff.; *Meyer-Scharenberg*, Finanzierung von Kapitalgesellschaften durch zinslose Gesellschafterdarlehen, DB 1987, 1379; *Sturm*, Verlustübernahme bei verunglückter Organschaft – eine Steueroase für verbundene Unternehmen?, DB 1991, 2055; *Schlagheck*, Verdeckte Gewinnausschüttungen und die ertragsteuerliche Organschaft, StuB 2001, 164; *Schmitz*, Verdeckte Gewinnausschüttung im Konzern und systemgerechte Besteuerung nach der Unternehmenssteuerreform, DB 2001, 1166; *Beinert/Mikus*, Das Abzugsverbot des § 3c EStG im Kapitalgesellschaftskonzern, DB 2002, 1467; *Ottersbach*, Die körperschaftsteuerliche Organschaft nach StSenkG und UntStFG, NWB F. 4, 4627; *Berg/Schmich*, Verdeckte Gewinnausschüttungen bei Gewerbesteuerumlagen nach der Belastungsmethode in „Alt"-Fällen, FR 2003, 11; *Füger*, Steuerplanerische Überlegungen nach den Änderungen bei der ertragsteuerlichen Organschaft, BB 2003, 1755; *Müller/Stöcker/Lieber*, Die Organschaft, 10. Aufl. 2017.

a) Verdeckte Gewinnausschüttung als vorweggenommene Gewinnabführung

In der Organschaft wird unter Beibehaltung der rechtlichen Selbständigkeit der Organgesellschaft (OrgGes) das volle Einkommen dem Organträger (OrgT) zugerechnet. Die zur Organschaft gehörenden Rechtsgebilde sind daher grundsätzlich körperschaftsteuerrechtlich ge-

---

[1] Kostenumlage genügt, BFH, Urteil v. 19. 8. 1998 - I R 21/98, BStBl 1999 II 99, ebenso für Erwerbs- und Wirtschaftsgenossenschaften BFH, Urteile v. 18. 9. 1974 - I R 118/73, BStBl 1975 II 124; v. 11. 10. 1989 - I R 208/85, BStBl 1990 II 88.
[2] So auch FG Köln, Urteil v. 26. 11. 1998 - 13 K 9352/97, rkr., EFG 1999, 398.
[3] BFH, Urteil v. 24. 3. 1993 - X R 55/91, BStBl 1993 II 499.
[4] BFH, Urteil v. 24. 6. 2003 - IX B 227/02, BFH/NV 2003, 1327 = NWB WAAAA-71463.
[5] Thüringer FG v. 16. 10. 2003 - II 620/00, rkr., EFG 2004, 594, 595.
[6] BFH, Urteil v. 29. 7. 1992 - I R 28/92, BStBl 1993 II 247.

trennt voneinander und entsprechend den jeweils für sie gegebenen Verhältnissen zu behandeln.[1] Daraus folgt, dass auch vGA bei der Ermittlung des dem Organträger zuzurechnenden Einkommens zu berücksichtigen sind.[2]

3588 VGA an den OrgT sind im Allgemeinen vorweggenommene Gewinnabführungen;[3] vGA stellen auch nicht die Durchführung des Gewinnabführungsvertrages (GAV) in Frage. Das gilt auch, wenn der OrgT eine Personengesellschaft ist und der Gewinn verdeckt ausgeschüttet wird. Ein solcher Vorgang berührt lediglich die Gewinnverteilung innerhalb der Personengesellschaft.[4] Die Rechtsfolgen sind jedoch seit der Unternehmenssteuerreform unterschiedlich, je nachdem, ob der OrgT eine Kapitalgesellschaft oder eine Personengesellschaft bzw. natürliche Person ist.

b) Rechtsfolgen bei einer Personengesellschaft oder natürlichen Person als Organträger

aa) Keine doppelte Erfassung der verdeckten Gewinnausschüttung

3589 Eine vGA der OrgGes führt bei ihr zu einer Einkommenszurechnung. Dieses erhöhte Einkommen wird an den OrgT abgeführt. Hat sich dort jedoch bereits eine entsprechende Gewinnauswirkung ergeben, z. B. weil der OrgT ein von der OrgGes unter Preis geliefertes Wirtschaftsgut bereits weiterverkauft hat, so fragt sich, wie die doppelte Gewinnauswirkung beim OrgT vermieden werden kann. Eine gesetzliche Regelung existiert nicht. Es ist entweder das Zurechnungseinkommen der OrgGes oder das eigene Einkommen des OrgT um den Betrag der vGA zu kürzen. Der BFH hat früher allein die Kürzung des eigenen Einkommens des OrgT als zulässig angesehen, dies wird heute noch von der Finanzverwaltung vertreten.[5] Der BFH bevorzugt inzwischen, ohne einen Grund für den Wandel der Rspr. zu nennen, die Kürzung des Zurechnungseinkommens.[6] Dies gilt jeweils auch für die Gewerbesteuer. Die vGA ist keine Gewinnausschüttung, die gem. § 9 Nr. 2a GewStG gekürzt werden könnte.[7] Unseres Erachtens ist die Lösung der Finanzverwaltung sachgerecht, da für Vorausleistungen (vorweggenommene Gewinnabführung) nichts anderes gelten kann als für die Hauptleistung.[8]

3590 Die Frage, ob das Zurechnungseinkommen oder das Einkommen des OrgT gekürzt wird, war bisher eher von akademischem Interesse, da die Auswirkung letztlich gleich war. Durch die Unternehmenssteuerreform hat sich dies jedoch geändert. Das Zurechnungseinkommen ist voll zu versteuernder gewerblicher Gewinn, das eigene Einkommen des OrgT ist dagegen ein nach dem Teileinkünfteverfahren zu versteuernder Beteiligungsertrag. Wird also das Zurechnungseinkommen gekürzt, so ist die steuerliche Auswirkung doppelt so hoch wie bei Kürzung des eigenen Einkommens des OrgT. Vor diesem Hintergrund dürfte die Praxis den Wandel in der Rspr. des BFH begrüßen und die (wenn auch sachgerechte) Verwaltungsauffassung nunmehr ernsthaft bekämpfen. Für die Kürzung ist aber jeweils zunächst festzustellen, ob sich die vGA beim OrgT bereits ausgewirkt hat. Folgende Fälle sind dabei zu unterscheiden:

---

1 BFH, Urteil v. 1. 8. 1984 - I R 99/80, BStBl 1985 II 18; unter Hinweis auf BFH, Entscheidungen v. 18. 6. 1980 - I B 88/79, BStBl 1980 II 733; v. 25. 1. 1984 - I R 32/79, BStBl 1984 II 382; zu Einzelheiten s. *Müller* in Mössner/Seeger/Oellerich, KStG, § 14 Rz. 611 ff.
2 BFH, Urteil v. 20. 8. 1986 - I R 150/82, BStBl 1987 II 455; *Müller* Müller/Stöcker/Lieber, Die Organschaft, 10. Aufl. 2017, Rz. 526.
3 Ebenso auch R 61 Abs. 4 KStR 2004; *Dötsch* DPM § 14 Rz. 288.
4 BFH, Urteile v. 13. 9. 1989 - I R 110/88, BStBl 1990 II 24; v. 26. 8. 1987 - I R 28/84, BStBl 1988 II 76.
5 R 62 Abs. 2 Satz 2 KStR.
6 BFH, Urteil v. 20. 8. 1986 - I R 150/82, BStBl 1987 II 455.
7 *Schlagheck*, StuB 2001, 164, 168.
8 *Müller* Müller/Stöcker/Lieber, Die Organschaft, 10. Aufl. 2017, Rz. 533; ebenso *Dötsch* DPM § 14 Rz. 288.

(1) Lieferungen an den Organträger

Liefert die OrgGes Wirtschaftsgüter des Umlaufvermögens an den OrgT zu einem zu niedrigen Preis, so hat sich dieser Vorteil bereits im Gewinn in der Bilanz des OrgT ausgewirkt, wenn diese Wirtschaftsgüter vom OrgT noch in demselben Jahr der Vorteilszuwendung veräußert worden sind. Soweit der Gewinn auf der vGA beruht, ist er allerdings nunmehr als Gewinn aus Beteiligungserträgen zu erfassen. Das dem OrgT zuzurechnende Einkommen der OrgGes muss nach der Verwaltungslösung um diese vGA (in Höhe des Einnahmeverzichts) erhöht werden. Da sich der Vorteil bereits ausgewirkt hat, ist das Zurechnungseinkommen nach BFH jedoch um denselben Betrag zu kürzen, es wird also per Saldo nicht verändert. Ist das Umlaufvermögen noch beim OrgT vorhanden, so ist es um die ersparten Aufwendungen aufzustocken; der sich daraus ergebende Mehrgewinn ist als Beteiligungsertrag zu erfassen und dem Teileinkünfteverfahren zu unterwerfen. Um eine doppelte Erfassung der vGA auszuschließen ist das Zurechnungseinkommen wiederum per Saldo nicht zu verändern.

BEISPIEL: Die OrgGes veräußert Waren zum Buchwert 100 € an den OrgT; der angemessene Verkaufswert wäre jedoch 150 €. Die OrgGes hat – vor Aufdeckung der vGA – ein Einkommen von 300 €. Der OrgT hat ein eigenes Einkommen von 500 €.

▶ Wenn die Ware bereits am Bilanzstichtag veräußert worden ist, ist der Gewinn des OrgT und damit auch sein Einkommen bereits um 50 zu hoch ausgewiesen. Der Ertrag von 50 ist als Beteiligungsertrag dem Teileinkünfteverfahren zu unterwerfen. Das Einkommen der OrgGes muss an sich auf 350 erhöht und in dieser Höhe dem Einkommen des OrgT zugerechnet werden. Entsprechend würde das eigene Einkommen des OrgT um 50 gemindert (so die Verwaltungslösung). Nach BFH wird das zuzurechnende Einkommen nicht erhöht. Es verbleibt also bei den angegebenen Einkommen, so dass das Einkommen des OrgT nach Zurechnung des Organeinkommens 800 beträgt, wovon 50 im Teileinkünfteverfahren zu versteuern sind, letztlich werden also 780 versteuert. Daher kann man nun auch nicht mehr, wie noch unter dem Anrechnungsverfahren[1] aus Vereinfachungsgründen von einer Berücksichtigung der vGA ganz absehen. Dieser Ansicht begegneten im Übrigen schon damals Bedenken, weil sich Auswirkungen auf die Höchstbeträge beim Spendenabzug und auf den Zeitraum, in dem die vGA zu versteuern ist, ergeben konnten.[2]

▶ Wenn das Umlaufvermögen am Bilanzstichtag noch beim OrgT ausgewiesen ist, hat sich die vGA infolge der Aktivierung mit den Anschaffungskosten noch nicht ausgewirkt. Die Anschaffungskosten sind um die vGA aufzustocken, so dass sich der Gewinn und das eigene Einkommen des OrgT um diesen Betrag erhöhen. Dieser Gewinn ist als Beteiligungsertrag im Teileinkünfteverfahren zu versteuern. Wenn nunmehr aber das um die vGA erhöhte Einkommen dem OrgT hinzugerechnet würde, würde die vGA ebenfalls doppelt erfasst werden. Daher muss auch hier die Erhöhung des Zurechnungseinkommens unterbleiben. Somit wäre in diesem Beispiel das eigene Einkommen des OrgT auf 550 zu erhöhen. Durch Hinzurechnung des Organeinkommens hat der OrgT ein Einkommen von insgesamt 850 zu versteuern, davon 50 im Teileinkünfteverfahren, letztlich also 830. Der Unterschied zum vorhergehenden Fall ergibt sich daraus, dass der OrgT hier einen um 50

---

1 Streck, a. a. O., 3. Aufl., § 15 Anm. 9; i. E. auch BFH, Urteil v. 20. 8. 1986 - I R 150/82, BStBl 1987 II 455.
2 Vgl. dazu Schlagheck, StuB 2001, 164, 167, der Erfassungszeitpunkt für die vGA ist nur dann unterschiedlich, wenn OrgGes und OrgT nicht dasselbe Wj haben.

höheren Gewinn erwirtschaftet hatte. Entsprechendes wie zuvor geschildert gilt auch, wenn die OrgGes Anlagevermögen oder immaterielle Wirtschaftsgüter zu einem zu niedrigen Preis an den OrgT veräußert hat. Die Vorschrift des § 5 Abs. 2 EStG steht nicht im Wege, da die immateriellen Güter bei Übertragungen aus gesellschaftsrechtlichen Gründen als angeschafft gelten.[1]

(2) Leistungen an den Organträger

3594 Ähnliche Auswirkungen wie bei der Veräußerung von Umlauf- oder Anlagevermögen an den OrgT unter Preis ergeben sich, wenn die OrgGes Leistungen zu einem unangemessen niedrigen Preis erbringt. Verpachtet sie z. B. ein Grundstück an den OrgT zu einem zu niedrigen Pachtzins, so ist das Einkommen der OrgGes grundsätzlich um den Einnahmeverzicht zu erhöhen. Bei dem OrgT hat sich jedoch das Einkommen bereits durch den ersparten Pachtzins um den Betrag der vGA erhöht. Das Zurechnungseinkommen muss daher um den Betrag der vGA wieder gemindert werden, um eine doppelte Erfassung auszuschließen. Beim Einkommen des OrgT ist ein der vGA entsprechender Teil als Beteiligungsertrag im Teileinkünfteverfahren zu erfassen. Anders ist die Rechtslage dagegen, wenn sich der ersparte Aufwand nicht gewinnerhöhend ausgewirkt hat.

> **BEISPIEL:** Die Pacht für das Grundstück, das der OrgT von der OrgGes gepachtet hat, ist nach § 4 Abs. 5 Nr. 3 EStG vom Abzug als Betriebsausgabe ausgeschlossen, weil das Grundstück als Gästehaus außerhalb des Ortes des Betriebs des OrgT genutzt wird. Hier hat sich die vGA beim OrgT steuerlich nicht ausgewirkt, so dass eine Minderung des Zurechnungseinkommens nicht in Betracht kommt. Das dem OrgT zuzurechnende Einkommen der OrgGes ist also um den Einnahmeverzicht zu erhöhen und voll zu versteuern.

3595 Handelt es sich bei der Leistung um die Gewährung eines zinslosen oder zinsverbilligten Darlehens, so ist entscheidend, ob die OrgGes selber zu einer Refinanzierung gezwungen ist oder über ausreichende eigene Liquidität verfügt. In erstem Fall richtet sich die Bewertung der vGA nach den Refinanzierungskosten der kreditgebenden Tochtergesellschaft Ist die Tochtergesellschaft liquide und entgehen ihr durch die Darlehensvergabe nur Anlagezinsen, so greift nach BFH der sog. Margenteilungsgrundsatz ein, d. h., der angemessene Zinssatz ist der Mittelwert zwischen banküblichen Soll- und Haben-Zinsen.[2] Trotz Bedenken gegen den Margenteilungsgrundsatz[3] gibt es keinen überzeugenden anderen Maßstab, so dass dieser beibehalten werden sollte.[4]

(3) Überhöhte Zahlungen der Organgesellschaft

3596 Die vGA kann darin bestehen, dass die OrgGes für Lieferungen oder Leistungen des OrgT ein überhöhtes Entgelt zahlt. Bei der OrgGes ist der Gewinn bzw. das dem OrgT zuzurechnende Einkommen der OrgGes grundsätzlich um die überhöhte Zahlung zu erhöhen. Da aber beim Organträger bereits ein entsprechend erhöhter Gewinn angefallen ist, ergäbe sich wiederum eine doppelte Erfassung. Wie in den vorhergehenden Fällen muss daher die Erhöhung des Zu-

---

1 BFH, Entscheidungen v. 20. 8. 1986 - I R 150/82, BStBl 1987 II 455; v. 26. 10. 1987 - GrS 2/86, BStBl 1988 II 348, 355; v. 30. 3. 1994 - I R 52/93, BStBl 1994 II 903.
2 BFH, Urteil v. 28. 2. 1990 - I R 83/87, BStBl 1990 II 649.
3 FG Berlin-Brandenburg, Urteil v. 9. 3. 2011 - 12 K 12267/07, EFG 2011, 1737; Gosch/*Gosch* § 8 Rz. 693.
4 Ebenso *Lang* DPM § 8 Abs. 3 Teil D Rz. 1067.

rechnungseinkommens unterbleiben, während beim OrgT die erkannte vGA im Teileinkünfteverfahren zu versteuern ist.

BEISPIEL: Die OrgGes erwirbt von dem OrgT ein Grundstück zum überhöhten Preis von 100.000 €; der Verkehrswert beträgt nur 70.000 €.

Das Einkommen des OrgT beträgt unter Einbeziehung des Erlöses aus dem Grundstücksverkauf 150.000 €. Das Einkommen der OrgGes beträgt 90.000 €.

Wie in den vorangegangenen Fällen wird das an den OrgT zuzurechnende Einkommen nicht erhöht, um eine doppelte Versteuerung auszuschließen. Es verbleibt dann bei der OrgGes bei dem angegebenen Einkommen von 90.000 €. Da sich der Mehrpreis beim OrgT bereits als Gewinn ausgewirkt hat, ist wiederum nur die Umgliederung dieses Ertrages in die Beteiligungserträge erforderlich. Entsprechendes gilt, wenn die OrgGes Umlaufgüter, die sie sogleich im selben Jahr weiterveräußert hat, für einen überhöhten Preis erworben hatte. Eine völlige Nichtbeachtung der vGA, wie noch unter der Geltung des Anrechnungsverfahrens vorgeschlagen, ist, wegen der für das Teileinkünfteverfahren erforderlichen Umgliederung in die Beteiligungserträge, nicht möglich.

bb) Organträger bzw. Gesellschafter des Organträgers als Geschäftsführer der Organgesellschaft

Besonderheiten können sich dadurch ergeben, dass zwischen der OrgGes und einem Gesellschafter der OrgT-PersGes oder dem Einzelunternehmer, der OrgT ist, ein Anstellungsverhältnis als Geschäftsführer der OrgGes besteht. Die Bezüge des Geschäftsführers sind dann Einkünfte aus nichtselbständiger Arbeit, da § 19 EStG keine Subsidiaritätsklausel enthält wie § 20 EStG. Die Gehaltszahlungen stellen abzugsfähige Betriebsausgaben dar. Die OrgGes kann deshalb ihrem Gesellschafter-Geschäftsführer, der zugleich OrgT ist, eine Versorgungszusage mit gewinnmindernder Wirkung machen.[1] Eine vGA, die den Gewinn der OrgGes jedoch nicht mindern kann, liegt aber vor, wenn die Bezüge und/oder die Versorgungszusage überhöht sind. Es handelt sich auch in einem solchen Fall um eine vorweggenommene Gewinnabführung an den OrgT, die beim OrgT als eine den Gewinn erhöhende Entnahme anzusehen ist. Eine doppelte Erfassung dieser vGA muss beim OrgT wie auch in anderen Fällen durch Kürzung des Zurechnungseinkommens ausgeschlossen werden. Überhöhte Versorgungszusagen haben den Gewinn der OrgGes durch entsprechend überhöhte Rückstellungen gemindert. Anders als überhöhte Gehaltszahlungen sind diese dem Gesellschafter noch nicht zugeflossen und haben den Gewinn des OrgT auch noch nicht erhöht. Durch Hinzurechnung des um die steuerlich als vGA zu behandelnde Versorgungsrückstellung erhöhten Einkommens wird dieser Betrag beim OrgT der Besteuerung unterworfen. Wenn aber der Versorgungsfall eintritt und die überhöhten Versorgungsbezüge dem Gesellschafter-Geschäftsführer zufließen, so würden diese Bezüge nochmals der Besteuerung unterliegen. Zur Vermeidung der doppelten Besteuerung beim OrgT ist daher in diesen Fällen nach dem Erlass des BMF v. 10.1.1981[2] zu verfahren und ein entsprechender Ausgleichsposten beim OrgT zu bilden, der den Steuerbilanzgewinn nicht erhöht. Beim Eintritt des Versorgungsfalles ist der das zuzurechnende Einkommen übersteigende abgeführte Mehrgewinn mit dem Ausgleichsposten zu verrechnen, so dass der Gewinn in dieser Höhe nicht versteuert wird.

---

1 HHR KStG § 14 Rz. 50; *Müller* Müller/Stöcker/Lieber, Die Organschaft, 10. Aufl. 2017, Rz. 523 ff.
2 BMF, Schreiben v. 10.1.1981, BStBl 1981 I 44, Abschn. B I 1.

c) Rechtsfolgen bei einer Kapitalgesellschaft als Organträger

aa) VGA zwischen Organträger und Organgesellschaft

3599 Allein die Tatsache einer Leistungsbeziehung zwischen Organträger und Organgesellschaft, die neben die Gewinnabführung tritt, begründet noch keine vGA.[1] Eine vGA liegt aber unter denselben Bedingungen wie auch sonst zwischen Gesellschaft (Organgesellschaft) und Gesellschafter (Organträger) vor. Beispiele:

- vGA liegt vor, soweit die Organgesellschaft für Dienstleistungen des Organträgers ein überhöhtes Entgelt bezahlt. Dies gilt auch dann, wenn die Organgesellschaft schon für die Bereitstellung von Dienstleistungsmöglichkeiten seitens der Muttergesellschaft eine Umlage zu zahlen hat, diese Dienstleistungen aber kaum in Anspruch nimmt und daher letztlich zu viel dafür bezahlt.[2]

- vGA liegen grundsätzlich nicht vor, wenn der Organträger an die Organgesellschaft verbilligt leistet. Nur wenn die Muttergesellschaft des Organträgers auch eine unmittelbare Beteiligung an der Organgesellschaft hält, ergibt sich in Höhe ihres Anteils aus dem Vorteil der Organgesellschaft eine vGA an die Muttergesellschaft des Organträgers.[3]

- Nach dem Ende der Organschaft dennoch weiter vorgenommene Gewinnabführungen stellen vGA dar.[4]

3600 Ist der OrgT eine KapGes, kommt es gleichwohl nicht zur Anwendung des § 8b KStG, da die vGA wie eine (vorweggenommene) Gewinnabführung behandelt wird; damit kommt es auch nicht zur 5%igen Pauschalierung nichtabzugsfähiger Betriebsausgaben.[5] Es sind ansonsten dieselben Korrekturen wie bei natürlichen Personen oder PersGes als OrgT (mit denselben Streitfragen) vorzunehmen.

bb) VGA zwischen Schwestergesellschaften

3601 Siehe → Rz. 726 ff.

d) Verunglückte Gewinnabführung

3602 Ein steuerlich anzuerkennendes Organschaftsverhältnis setzt voraus, dass der OrgT eine gewerbliche Tätigkeit entfaltet,[6] die finanzielle Eingliederung der OrgGes gegeben ist und der GAV zivilrechtlich wirksam abgeschlossen worden ist. Nur wenn diese Voraussetzungen vorliegen, kann eine vGA als vorweggenommene Gewinnabführung behandelt werden, mit der Folge, dass das Einkommen der OrgGes dem OrgT zugerechnet wird und eine vGA entsprechend der unter 2. – 4. dargestellten Regeln zu behandeln ist.

---

[1] *Beinert/Mikus*, DB 2002, 1467, 1470.
[2] BMF, Schreiben v. 23. 3. 1983, BStBl 1983 I 218; *Beinert/Mikus*, DB 2002, 1467, 1470.
[3] BFH, Urteil v. 26. 10. 1987 - GrS 2/86, BStBl 1988 II 348; *Beinert/Mikus*, DB 2002, 1467, 1470; vGA im Dreieck vgl. dazu auch → Rz. 726 ff.
[4] BFH, Urteil v. 30. 1. 1974 - I R 104/72, BStBl 1974 II 323; *Ottersbach*, NWB F. 4, 4627, 4646.
[5] *Dötsch* DPM § 14 Rz. 288.
[6] BFH, Urteile v. 18. 4. 1973 - I R 120/70, BStBl 1973 II 740; v. 26. 4. 1989 - I R 152/84, BStBl 1989 II 668; v. 13. 9. 1989 - I R 110/88, BStBl 1990 II 24.

aa) Mangelhafter Gewinnabführungsvertrag

Ein Organschaftsverhältnis allein hat noch keine körperschaftsteuerlichen Auswirkungen, so dass eine vGA der OrgGes an den OrgT wie in allen sonstigen Fällen steuerlich zu beurteilen ist.[1] Liegt bereits von Anfang an ein Mangel beim Abschluss eines GAV vor, weil die Tatbestandsmerkmale des GAV (§§ 14, 17 KStG) nicht erfüllt sind, so ist die Gewinnabführung eine vGA i. S. d. § 8 Abs. 3 Satz 2 KStG,[2] die das Einkommen nicht mindern darf, da der GAV nicht in einen den gesellschaftsrechtlichen Vorschriften entsprechenden Gewinnverteilungsbeschluss umgedeutet werden kann. Das Einkommen der OrgGes ist demgemäß um den abgeführten Betrag zu erhöhen und der KSt zu unterwerfen.[3]

3603

BEISPIEL: Die U-GmbH hat ihren Gewinn des Wj. 2013 am 1.3.2014 an die O-GmbH abgeführt. Der GAV ist jedoch wegen vorhandener Mängel nicht anzuerkennen. Es ist nicht die KSt des VZ 2014, sondern die KSt des VZ 2013 zu ändern. Bei der O-GmbH ist § 8b Abs. 1 KStG anzuwenden, so dass bei ihr der Ertrag aus der Gewinnausschüttung zu 95 % steuerfrei ist (bzw. bei natürlichen Personen als OrgT zu 60 % zu versteuern wäre).

Es ist unerheblich, ob der OrgGes ein Rückforderungsanspruch zusteht. Die Rückforderung einer vGA ist als Einlage zu behandeln.[4] Sie schließt die Annahme einer Vermögensminderung nicht aus, da Vermögenswerte auch dann abfließen, wenn der Gesellschafter diese wieder zurückgewähren muss.[5]

3604

bb) Nichtdurchführung des Gewinnabführungsvertrags

Der GAV bei einer nicht eingegliederten OrgGes in der Rechtsform der AG oder KGaA gilt gem. R 14.5 Abs. 4 KStR steuerlich als nicht durchgeführt, wenn vorvertragliche Gewinn- oder Kapitalrücklagen entgegen den Vorschriften der §§ 301 und 302 Abs. 1 AktG aufgelöst und an den OrgT abgeführt werden. Ein Verstoß gegen das Verbot, Erträge aus der Auflösung vorvertraglicher Rücklagen an den OrgT abzuführen, liegt auch vor, wenn die OrgGes Aufwand (dazu gehören auch nicht abzugsfähige Ausgaben wie Körperschaftsteuer, Aufsichtsratvergütungen usw.) über eine vorvertragliche Rücklage verrechnet und dadurch den an den OrgT abzuführenden Gewinn erhöht. In diesen Fällen ist somit die OrgGes mit ihrem Einkommen der Körperschaftsteuer zu unterwerfen und die Gewinnabführung wie in den Fällen in → Rz. 3599 als Gewinnverwendung zu behandeln und als vGA beim OrgT zu erfassen. Dies gilt jedoch nicht für eine nach §§ 319 – 327 AktG als OrgGes eingegliederte AG; nach § 324 Abs. 2 AktG sind die §§ 293 und 298 – 303 AktG nicht anzuwenden. Löst diese OrgGes vorvertragliche freie Rücklagen zugunsten des an den OrgT abzuführenden Gewinns auf, so verstößt sie gem. R 14.6 Abs. 3 KStR handelsrechtlich nicht gegen das Abführungsverbot.

3605

---

[1] Vgl. FG München v. 12.5.1969 - I 1307/66, EFG 1970, 29; a. A. FG Hamburg, Urteil v. 9.12.1971 - II 17/71, EFG 1972, 201.
[2] BFH, Urteile v. 13.9.1989 - I R 110/88, BStBl 1990 II 24; v. 8.11.1989 - I R 174/86, BStBl 1990 II 91, OrgT war bei Abschluss des GAV noch Vorgründungsgesellschaft, der GAV war später nicht übernommen worden; BFH, Beschluss v. 5.7.1990 - I B 38/90, BFH/NV 1991, 121, 122 = NWB QAAAB-31428; Sturm, DB 1991, 2055; Füger, BB 2003, 1755, 1756, dortige Fn. 14.
[3] BFH, Urteile v. 30.1.1974 - I R 104/72, BStBl 1974 II 323; v. 17.12.1969 - I 252/64, BStBl 1970 II 257; FG Düsseldorf, Urteil v. 13.6.1978 - XVI (XII) 449/76 K, EFG 1979, 43.
[4] BFH, Urteile v. 29.4.1987 - I R 176/83, BStBl 1987 II 733; v. 26.4.1989 - I R 152/84, BStBl 1989 II 668.
[5] BFH, Urteil v. 13.9.1989 - I R 110/88, BStBl 1990 II 24.

cc) Keine finanzielle Eingliederung

3606 Auch wenn es an der finanziellen Eingliederung fehlt, sind gleichwohl an den vermeintlichen Organträger abgeführte Gewinne als vGA zu erfassen,[1] im Einzelnen wie zuvor dargestellt. Fraglich ist in diesen Fällen allerdings, ob der vermeintliche Organträger als Empfänger einer vGA in Betracht kommt. Die finanzielle Eingliederung vermittelt ja gerade die Herstellung eines (besonders qualifizierten) Gesellschafterverhältnisses. Der vermeintliche Organträger kann aber durchaus Gesellschafter sein, ohne jedoch die Mehrheit zu besitzen oder er kann nahe stehende Person eines Gesellschafters sein. So war es im o. g. vom BFH entschiedenen Fall: Der Geschäftsführer einer GmbH hatte alle Anteile an einer anderen GmbH erworben und sich verpflichtet die Gesellschafterstellung ab Abschluss des Gewinnabführungsvertrages nur noch als Treuhänder für die Muttergesellschaft auszuüben. Die finanzielle Eingliederung für die Zeit vor Abschluss des Gewinnabführungsvertrages fehlte daher, eine Rückwirkung ist insoweit auch nicht möglich, die Organschaft begann erst ab Beginn des folgenden Wirtschaftsjahres und die Gewinnabführung für die Zeit davor wurde zur vGA.

e) Verdeckte Gewinnausschüttungen an Minderheitsgesellschafter

3607 VGA an Minderheitsgesellschafter sind gem. R 14.6 Abs. 4 Satz 4 KStR wie Ausgleichszahlungen i. S. d. § 16 KStG zu behandeln. Sie sind demgemäß von der OrgGes als eigenes Einkommen zu versteuern, eine Zurechnung an den OrgT unterbleibt. Daher stellt sich das Problem der doppelten Erfassung bei einem OrgT, der Personengesellschaft oder natürliche Person ist, nicht. Eine vGA ist in diesem Verhältnis zu behandeln wie bei einer anderen, nicht durch eine Organschaft gebundenen Gesellschaft auch.[2]

3608 *Ott*[3] weist darauf hin, dass eine derartige vGA nur dann als eigenes Einkommen steuerpflichtig sei, wenn sie an einen „außenstehenden Minderheitsgesellschafter" geleistet werde. Nicht außenstehende Minderheitsgesellschafter sind, wie er ausführt, solche Gesellschafter, die zwar an der OrgGes eine Minderheitsbeteiligung haben, am OrgT dagegen zu 100 % beteiligt sind. VGA an nicht außenstehende Minderheitsgesellschafter sind daher als vorweggenommene Gewinnabführung[4] anzusehen, zumal eine Ausgleichszahlung in diesen Fällen sinnlos wäre. Nach Auffassung von Ott ist es aber auch denkbar, dass der OrgT mit der vGA des Organs eine Gegenleistung eines außenstehenden Minderheitsgesellschafters ihm gegenüber abgilt. In solchen Fällen kann seiner Ansicht nach ebenfalls keine Ausgleichszahlung, die als eigenes Einkommen der OrgGes steuerpflichtig wäre, vorliegen.

f) Einzelfälle

3609 Für die Frage, ob eine vGA der OrgGes an den OrgT vorliegt, kommt es wie in anderen Fällen auch darauf an, dass eine Vermögensminderung oder verhinderte Vermögensmehrung vorliegt, die durch das Gesellschaftsverhältnis veranlasst ist, sich auf die Höhe des Einkommens auswirkt, in keinem Zusammenhang mit einer offenen Ausschüttung steht und durch Organe der Körperschaft verursacht wird. Der ordentliche und gewissenhafte Geschäftsleiter darf dem

---

1 BFH, Urteil v. 17. 10. 2007 - I R 39/06, BFH/NV 2008, 614 = NWB DAAAC-72606.
2 *Schlagheck*, StuB 2001, 164, 167.
3 *Ott*, DB 1978, 1515.
4 Siehe o. → Rz. 3587 ff.

Gesellschafter auch dann keine Vermögensvorteile zuwenden, wenn seine Handlungsweise für den OrgT von Vorteil wäre.[1]

Im Fall des BFH hatte das FG eine vGA wegen Zinslosigkeit der Forderung einer OrgGes gegen ihren Minderheitsgesellschafter (und Ehemann der alleinigen Gesellschafterin des OrgT) verneint, weil der Gesellschafter andererseits eine höhere, ebenfalls zinslose Forderung gegenüber dem OrgT der OrgGes besaß. Wenn jedoch die Forderung der OrgGes einerseits und auch die Forderung des Gesellschafters gegen den OrgT hätten verzinst werden müssen, dann hätte das zwar für die OrgGes einen Gewinn, für den Organkreis als Ganzen jedoch einen Verlust bedeutet. Ein ordentlicher und gewissenhafter Geschäftsleiter sei aber zur Rücksichtnahme auf den Organkreis als Ganzen verpflichtet.

Dies hat der BFH aber abgelehnt und erkannt, dass eine OrgGes ihrem Gesellschafter auch dann keinen Vorteil gewähren dürfe, wenn dies für den OrgT von Vorteil wäre. Ein Vorteilsausgleich kam in diesem Fall nicht in Frage, weil sich dieser zwischen der KapGes und ihrem Gesellschafter vollziehen muss.

Zwischen dem OrgT und der OrgGes wird häufig eine Vereinbarung geschlossen, um die von der OrgGes veranlasste Gewerbesteuerbelastung beim OrgT wieder an die OrgGes belasten zu können. Dabei werden zwei alternative Methoden verwendet:

▶ Das Belastungsverfahren (sog. stand-alone-Methode), es wird die Gewerbesteuer errechnet, die die OrgGes zu zahlen hätte, wenn sie selbst gewerbesteuerpflichtig wäre. Dieser Betrag wird ihr dann vom OrgT belastet, unabhängig von der tatsächlichen Zahlung durch den OrgT. Die Belastung kann z. B. dann erheblich niedriger sein, wenn beim Organträger selbst Verluste angefallen sind.

▶ Das Verteilungsverfahren verteilt nur die tatsächlich angefallenen Gewerbesteuern auf OrgT und OrgGes, so dass eine Ausgleichszahlung der OrgGes den Betrag der tatsächlich angefallenen Gewerbesteuer beim OrgT nicht übersteigen kann und die OrgGes mithin von Verlusten des OrgT profitiert.

Nach der Rspr. des BGH ist das Belastungsverfahren nicht anzuerkennen.[2] Daher werden vom FA Zahlungen der OrgGes, die einen nach Verteilungsverfahren errechneten Betrag übersteigen, als vGA angesehen.[3] Der BFH hat dazu bisher lediglich entschieden, dass dies für Zeiträume vor der ersten Entscheidung des BGH aus 1992 nicht zutreffend ist, da ein ordentlicher und gewissenhafter Geschäftsführer sich in diesem Zeiträumen noch auf die Anerkennung des Belastungsverfahrens durch die Finanzverwaltung berufen und die Urteile des BGH nicht vorausahnen konnte.[4] Die Finanzverwaltung erkennt die Belastungsmethode weiterhin an, wenn zumindest im Durchschnitt mehrerer Jahre nur die tatsächlich gezahlte Gewerbesteuer umgelegt wird, also spätestens bei Auflösung der Organschaft ggf. ein Ausgleichsanspruch der Organgesellschaft eingebucht wird. Erst ein Verzicht auf diesen ist vGA.[5]

Da es nur darauf ankommt, dass ein wirksamer GAV i. S. d. §§ 14 bzw. 17 KStG vorliegt, kann eine vGA durch den nachfolgenden Abschluss eines GAV gewissermaßen rückgängig gemacht werden, da der GAV nach § 14 Nr. 3 Satz 1 KStG bis spätestens zum Ende des Wj. der OrgGes,

---

1 FG Hamburg, Urteil v. 4. 9. 1997 - II 82/94, EFG 1998, 392; BFH, Urteil v. 1. 8. 1984 - I R 99/80, BStBl 1985 II 18.
2 BGH v. 22. 10. 1992 - IX ZR 244/91, DB 1993, 368; v. 1. 3. 1999 - II ZR 312/97, DStR 1999, 724.
3 Vgl. Sachverhalt des Urteils des BFH v. 7. 11. 2001 - I R 57/00, BStBl 2002 II 369, m. Anm. *Pezzer*, FR 2002, 512.
4 BFH, Urteil v. 7. 11. 2001 - I R 57/00, BStBl 2002 II 369, m. Anm. *Pezzer*, FR 2002, 512.
5 BMF, Schreiben v. 12. 9. 2002, NWB DAAAA-85955.

für das das Einkommen der OrgGes dem OrgT zugerechnet werden soll, abgeschlossen und bis zum Ende des folgenden Wj wirksam wird, d. h. bis dahin in das Handelsregister eingetragen wird. Eine Rückbeziehung über das Wj. hinaus, in dem der GAV abgeschlossen wurde, ist jedoch nicht möglich.

3613 Die Rechtsprechung des BFH[1] zur vGA bei Begründung einer Organschaft zu einer dauerdefizitären OrgGes ist mittlerweile durch die Abs. 7 bis 9 in § 8 KStG und die Nr. 4 und 5 in § 15 Satz 1 KStG überholt.

g) Haftung der Organgesellschaft für Steuerschulden des Organträgers

3614 Nach Auffassung des FG Münster[2] findet zwar das Abzugsverbot des § 10 Nr. 2 KStG bei der Haftungsinanspruchnahme einer früheren Organgesellschaft nach § 73 AO für KSt-Schulden ihrer vormaligen Organträgerin keine Anwendung. Die Aufwendungen der früheren Organgesellschaft wegen einer derartigen Inhaftungsanspruchnahme seien als vGA zu beurteilen.

3615–3623 *(Einstweilen frei)*

80. Pensionszusagen

LITERATURHINWEISE:

Henninger, Pensionsvereinbarungen mit Gesellschafter-Geschäftsführern bei GmbH und GmbH & Co. KG, GmbHR 1972, 161; *Schulze zur Wiesche*, Die steuerliche Behandlung von Pensionszusagen an Gesellschafter-Geschäftsführer, GmbHR 1976, 85 ff.; *Stuhrmann*, Pensionsrückstellungen für beherrschende Gesellschafter-Geschäftsführer von Kapitalgesellschaften, BB 1983, 48; *-el-*, Angemessenheit der Bezüge eines Gesellschafter-Geschäftsführers – Mitberücksichtigung von Pensionszusagen, DB 1984, 20; *-rh-*, Anpassung von Versorgungszusagen für Gesellschafter-Geschäftsführer an gestiegene Lebenshaltungskosten, GmbHR 1986, 290; *Höfer/Kisters-Kölkes*, Zur steuerlichen Anerkennung von Versorgungszusagen an beherrschende Gesellschafter-Geschäftsführer einer GmbH, BB 1989, 1157; *Höfer/Eichholz*, Zehnjährige Mindestzusagedauer bei Versorgungszusagen für beherrschende Gesellschafter-Geschäftsführer, DB 1995, 1246; *Bilsdorfer*, Die Üblichkeit als Kriterium zur steuerlichen Anerkennung einer Direktversicherung und einer Pensionszusage im Rahmen eines Ehegattenarbeitsvertrages, BB 1996, 2381; *Bode/Grabner*, Kommt es bei der steuerlichen Anerkennung von Pensionszusagen auf das Verhältnis zwischen Versorgung und Aktivbezügen an?, DB 1996, 544; *Höfer*, Pensionsrückstellungen und angemessenes Versorgungsniveau, BB 1996, 41; *Otto*, Pensionsrückstellungen für Direktzusagen aufgrund wertgleichen Gehaltsverzichts insbesondere an beherrschende Gesellschafter-Geschäftsführer, DStR 1996, 770; *Widmann*, Die Rechtsprechung des BFH zu Pensionszusagen an GmbH-Geschäftsführer, BetrAV 1996, 157; *Dötsch*, Steuerliche Behandlung von Versorgungszusagen an (Gesellschafter) Geschäftsführer einer GmbH, Karlsruhe 1997; *Neumann*, Verdeckte Gewinnausschüttungen bei Pensionsabfindungen an den Gesellschafter-Geschäftsführer einer GmbH, GmbHR 1997, 292; *Senger/Schulz*, Das Rechtsinstitut der verdeckten Gewinnausschüttung – Notwendigkeit einer grundlegenden Reform-Untersuchung der Bundessteuerberaterkammer zu Geschäftsführer-Vergütungen von Kapitalgesellschaften und Reformvorschläge aus der Sicht des Berufsstandes, DStR 1997, 1830; *Arteaga*, Prüfungsschema für die steuerliche Anerkennung von Pensionszusagen an beherrschende Gesellschafter-Geschäftsführer, GmbHR 1998, 265; *ders.*, Steuerliche Auswirkungen des Verzichts auf eine Pensionszusage durch einen GmbH-Gesellschafter, BB 1998, 977; *Becker/Bur*, Steuerliche Behandlung von Teilhaberversicherungen bei Personen- und Kapitalgesellschaften, StBp 1998, 272; *Cramer*, Verdeckte Einlage aus Verzicht auf Pensionszusage, DStR 1998, 1083; *ders.*, Steuerliche Anerkennung von Pensionszusagen an Gesellschafter-Geschäftsführer am Tage des Dienstantritts, DStR 1998, 1657; *ders.*, Der BFH setzt neue Akzente bei Pensionsrückstellungen, DStR 1998, 759; *Frotscher*, Tendenzen im Recht der verdeckten Gewinnausschüttung, GmbHR 1998, 23; *Gebhardt*, Lohnsteuer-

---

1 BFH, Urteil v. 22. 8. 2007 - I R 32/06, BStBl 2007 II 961; s. hierzu auch *Dötsch* DPM § 14 Rz. 289.
2 Vom 4. 8. 2016 9 K 3999/13 K, G, EFG 2017, 149, NWB NAAAG-37373; bestätigt durch BFH, Urteil v. 24.10.2018 - I R 78/16, NWB KAAAH-11888.

liche Probleme beim Verzicht auf Pensionszusagen, DB 1998, 1837; *Gesierich*, Investmentfonds als Rückdeckungsalternative für Pensionszusagen an Gesellschafter-Geschäftsführer, GmbHR 1998, R 333; *Gosch*, Anmerkung zu BFH v. 15.10.1997 I R 42/97, DStR 1998, 420; *ders.*, Anmerkung zu BFH, Urteil v. 19.5.1998 I R 36/97, DStR 1998, 1383; *Harle*, Die Pensionszusage des Gesellschafter-Geschäftsführers einer GmbH, StBp 1998, 207; *Hoffmann*, Frischer Wind vom BFH zur verdeckten Gewinnausschüttung?, DStR 1998, 1625; *Koops*, Keine Wartezeit für die Erteilung von Pensionszusagen bei Umwandlung und Einbringung, Stbg 1998, 156; *Ott*, Pensionsverzicht, GmbH-Stpr. 1998, 109; *Feldkamp*, Geschäftsführervergütungen in kleinen GmbHs, Stbg 1999, 181; *Hoffmann*, Neue Steuergestaltungsmöglichkeiten mit Pensionszusagen an Gesellschafter-Geschäftsführer, DStR 1999, 1346; *Janssen*, Höhe einer verdeckten Gewinnausschüttung wegen mangelnder Finanzierbarkeit einer Pensionszusage, BB 1999, 1096; *ders.*, Anmerkungen zum Erlass des BMF vom 14.5.1999 zu den Kriterien der Finanzierbarkeit und Probezeit bei der steuerlichen Anerkennung von Pensionszusagen an beherrschende Gesellschafter-Geschäftsführer, DStZ 1999, 741; *Otto*, Zur steuerlichen Behandlung von Direktzusagen an beherrschende Gesellschafter-Geschäftsführer einer GmbH, DStR 1999, 743; *Schmidt*, Checkliste zur Pensionszusage an GmbH-Gesellschafter-Geschäftsführer, GmbH-StB 1999, 169; *Dörner*, Die Finanzierbarkeitsprüfung von Pensionszusagen an Gesellschafter-Geschäftsführer einer GmbH, INF 2000, 321; *Fritsche*, Die Streichung von § 3 Nr. 66 EStG als Sanierungshindernis und die Sicherung des Sanierungserfolgs mittels Erlass von §§ 163, 227 AO, DStR 2000, 2171; *Alber*, Pensionszusagen an Gesellschafter-Geschäftsführer – Regeln und Fehler, GStB 2001, 372; *Herold*, Checkliste „Pensionszusagen an Gesellschafter-Geschäftsführer", GStB 2001, 387; *Hoffmann*, Anmerkung BFH, Urteil v. 29.11.2000 I R 90/99, DStR 2001, 394; *Janssen*, Finanzierbarkeit einer Pensionszusage als Kriterium einer verdeckten Gewinnausschüttung verzichtbar?, BB 2001, 1818; *Langohr-Plato*, Die Abfindung betrieblicher Versorgungsansprüche unter besonderer Berücksichtigung von GmbH-Gesellschafter-Geschäftsführern, INF 2001, 257; *Mertes*, Gehaltsextras, GmbH-Stpr. 2001, 149, 152; *Rund*, Die Abfindung der Pensionsanwartschaft des Gesellschafter-Geschäftsführers im Zusammenhang mit der Unternehmensveräußerung – Arbeitslohn oder verdeckte Gewinnausschüttung, GmbHR 2001, 417; *Valentin*, Anmerkung zu FG Köln, Urteil v. 17.5.2001 13 K 1792/00, EFG 2001, 1237; *Beck*, Steuerliche Überlegungen zur Pensionszusage des Gesellschafter-Geschäftsführers bei Veräußerung der GmbH, DStR 2002, 473; *Brass*, Mehrfachanstellung von Gesellschafter-Geschäftsführern bei verbundenen Unternehmen – Einzel- oder Gesamtbetrachtung – Auswirkung auf Nur-Pension und Nur-Tantieme, DB 2002, 1724; *Cramer*, Barlohn und Rentenlohn – Divergenz zwischen Arbeits- und Steuerrecht in der betrieblichen Altersversorgung, DStR 2002, 387; *Hildesheim*, Zur Absicherung von Pensionsansprüchen eines beherrschenden Gesellschafter-Geschäftsführers, DStZ 2002, 747; *Janssen*, Verdeckte Gewinnausschüttungen bei – insbesondere zu früh zugesagten – Pensionszusagen an beherrschende Gesellschafter-Geschäftsführer, NWB F. 4, 4341; *Kleiner*, Aktuelles – Ablösung einer Pensionszusage bei Veräußerung von GmbH – Anteilen, NWB 2002, 3309; *Langohr-Plato*, Die Versorgung geschäftsführender Gesellschafter von Kapitalgesellschaften, Teil I: Arbeits- und insolvenzrechtliche Rahmenbedingungen, Stbg 2002, 393; *ders.*, Die betriebliche Altersversorgung (beherrschender) Gesellschafter-Geschäftsführer und ihre Konsequenzen für den Sonderausgabenvorwegabzug, INF 2002, 648; *Reuter*, Die Übertragung einer Rückdeckungsversicherung auf den Geschäftsführer der GmbH, GmbHR 2002, 6; *Wichmann*, Pensionszusage: Gehaltsverzicht zur Vermeidung verdeckter Gewinnausschüttungen, Stbg 2002, 278; *Centrale-Gutachtendienst*, Pensionszusage: Reduzierung einer Pensionsrückstellung in der Krise der GmbH, GmbHR 2003, 1200; *Friedrich/Weigel*, Übertragung von Pensionsverpflichtungen auf einen Pensionsfonds, DB 2003, 2564; *Hasselberg*, Abfindung oder Übertragung von Pensionszusagen an beherrschende Gesellschafter vor Erreichen der Altersgrenze, GmbHR 2003, 992; *Höfer*, Lohnsteuerfreie Übertragung der Geschäftsführerversorgung einer GmbH, DB 2003, 413; *Höfer/Kaiser*, Pensionszusagen an beherrschende Gesellschafter-Geschäftsführer einer GmbH – Neues von der Finanzverwaltung und aus der Praxis, DStR 2003, 274; *Knortz*, Auslagerung von Pensionsverpflichtungen aus der Bilanz, DB 2003, 2399; *Poppelbaum*, Ablösung von rückgedeckten Pensionszusagen an beherrschende Gesellschafter-Geschäftsführer, NWB F. 3, 12705; *Langohr-Plato*, Die Regelung der Unverfallbarkeit in Pensionszusagen gegenüber Gesellschafter – Geschäftsführern von Kapitalgesellschaften, INF 2003, 256; *Briese*, Pensionszusagen: Überversorgung nach § 6a EStG und/oder verdeckte Gewinnausschüttung, GmbHR 2004, 1132; *ders.*, vGA-Probleme bei Pensionszusagen im Falle vorzeitigen Ausscheidens des beherrschenden Gesellschafter-Geschäftsführers, DStR 2004, 1233 (Teil I), 1276; *Friedrich/Weigel*, Die steuerliche Behandlung verschiedener Finanzierungsmodelle bei der Auslagerung unmittelbarer Versorgungszusagen und Unterstützungskassenzusagen auf einen Pensionsfonds, DB 2004, 2282; *Höfer/Kaiser*, Zur Angemessenheit von Versorgungszusagen an beherrschende Gesellschafter-Geschäftsführer, DStR 2004, 2136; *Langohr-Plato*, Steuerliche Konsequenzen des Verzichts eines GmbH-Gesellschafter-Geschäftsführers auf seine Pensionszusage – Teil I, INF 2004, 16; *ders.*, Die Novellierung des Betriebsrentengesetzes durch das Alterseinkünftegesetz, INF 2004, 711; *ders.*, Aktuelle arbeits- und steuerrechtliche Praxisfragen zur Abfindung betrieblicher Versorgungsansprüche, INF 2004, 617; *Lederle*, Die Behandlung der passivierten Pensionszusage an den beherrschenden Gesellschafter-Geschäftsführer im Rahmen des Anteilsverkaufs einer GmbH, GmbHR 2004, 269; (Teil II); *Briese*, Überversorgung und vGA bei Pensionszusagen, DStR 2005, 272; *Höfer*, Entgeltumwandlung, Überversorgung und Pensionsrückstellungen, DB 2005, 132; *Janssen*, Abfindungsklauseln in Pensionszusagen – Erste Praxistipps nach dem BMF-Schreiben, GStB 2005, 440; *Langohr-Plato*, Bilanzsteuerrechtliche Berücksichtigung überhöhter Versorgungsanwartschaften nicht nur ein Problem von Gesellschafter-Geschäftsführern, INF 2005, 134; *Pradl*, Finanzierungslücken in der Altersversorgung von GmbH-Geschäftsführern vermeiden, GStB 2005, 162; *Paus*, Die 75 %-Grenze als Maßstab einer unzulässigen Überversorgung bei Pensionszusagen, FR 2005, 409; *ders.*, Der Gesundheitszustand als neue Einschränkung für Pensionszusagen an Gesellschafter-Geschäftsführer, FR 2005, 538; *ders.*, Pensionszusagen und Abfindungsklauseln, GmbHR 2005, 975; *Prost*, Bilanzsteuerrechtliche Berücksichtigung von Abfindungsklauseln in Pensionszusagen nach § 6a EStG, DB 2005, 2321; *Hallerbach*, Abfindungsklauseln in Pensionszusagen, NWB Beratung aktuell, 3917; *Förster*, Steuerliche Folgen der Übertragung von Pensionszusagen, DStR 2006, 2149; *Götz*, Unentgeltlicher Verzicht auf eine Pensionszusage, NWB F. 3, 13815; *Harle/Kesting/Leser*, Die Übertragung von unmittelbaren Versorgungsverpflichtungen auf eine Unterstützungskasse, BB 2006, 131; *Pradl*, Restrukturierung von Pensionszusagen: Die Abfindung in der Gestaltungsberatung, GStB 2006, 64; *Schmidt/Alt*, Bewertung von Pensionsverpflichtungen – Auswirkungen des neuen Näherungsverfahrens zur Berücksichtigung der Sozialversicherungsrente, BB 2006, 296; *Wellisch/Bleckmann*, Schuldbeitritt und unmittelbare Pensionsverpflichtung, DB 2006, 120; *Wichmann*, Missbrauch der Sprache in der steuerrechtlichen Rechtsprechung des BFH?, Stbg 2006, 396; *Briese*, Fallstricke bei beitragsorientierten Pensionszusagen an beherrschende Gesellschafter-Geschäftsführer, DB 2007, 2442; *Fuhrmann/Demuth*, Übertragung von Pensionszusagen auf Dritte, KÖSDI 2007, 15625; *Prost/Rethmeier*, Schuldbefreiende Übernahme von Zusagen auf betriebliche Altersversorgung bei Einstellung der Betriebstätigkeit mit nachfolgender Liquidation – Grundlagen und praktische Erfahrungen, DB 2007, 1945; *Hieb/Kesting/Leser*, Die Auslagerung einer unmittelbaren Versorgungsanwartschaft, GmbHR 2008, 1306: *Janssen*, Auswirkungen des BMF-Schreibens zur Nur-Pensionszusage, NWB 2008, 2741; *ders.*, Erhöhung von Pensionszusagen, NWB 2008, 1633; *Lutz*, Die betriebliche Pensionszusage als eventuelles Haftungsrisiko für die steuerberatenden Berufe, Stbg 2008, 302; *Weber-Grellet*, Fortführung des Dienstverhältnisses des beherrschenden Gesellschafter-Geschäftsführers mit ‚seiner' GmbH nach Kapitalabfindung einer (sofort unverfallbaren) Altersrente, StuB 2008, 680; *Wellisch*, Ablösung von Pensionszusagen: Bestimmung des Ausgleichswerts für die auf den Past und den Future Service entfallenden Anwartschaften, BB 2008, 2562; *Wellisch/Näth/Quiring*, Pensionsverpflichtungen-Ansätze zur Vermeidung zukünftiger Liquiditätsbelastungen, NWB 2008, 3935; *Janssen*, Pensionszusagen in der Liquidation einer GmbH – schnelle Lösungen sind gefragt, GStB 2009, 137; *Janssen*, Zwei gefährliche Irrtümer bei Pensionszusagen, NWB 2009, 796; *Briese*, Aktuelle BFH-Rechtsprechung zu Pensionszusagen an Gesellschafter-Geschäftsführer, DB 2014, 801; *Heidl/Miller*, Erdienbarkeit einer Pensionszusage bei vorzeitigem Ausscheiden eines Gesellschafter-Geschäftsführers, NWB 2014, 1428; *Janssen*, Doppelumwandlung einer Pensionszusage statt Verzicht, NWB Beilage zu Heft 20/2014, 3; *Kamchen/Kling*, Gleichzeitiger Bezug von Versorgungsleistungen und Gehalt, NWB 2014, 1270; *Dommermut/Veh*, Probezeit bei der betrieblichen Altersversorgung des Gesellschafter-Geschäftsführers, DStR 2017 S. 2249.

3624 Checkliste

Allgemeine zivilrechtliche Voraussetzungen eingehalten	Nein →	Keine vGA, Bilanz ist zu berichtigen und gesamte Pensionsrückstellung aufzulösen
↓ Ja		
Allgemeine steuerrechtliche Voraussetzungen eingehalten	Nein →	Alle Zuführungen zur Rückstellung sind vGA
↓ Ja		

Anlage 1: ABC der vGA

Einhaltung von § 6a EStG?	Nein →	Keine vGA, Rückstellung ist aufzulösen (Bilanzberichtigung)
↓ Ja		
Probezeit der Gesellschaft abgelaufen?	Nein →	Die Anerkennung der Zuführungen verschiebt sich um die Probezeit
↓ Ja		
Probezeit für Geschäftsführer eingehalten?	Nein →	Die Anerkennung der Zuführungen verschiebt sich um die Probezeit
↓ Ja		
Finanzierbarkeit der Pensionszusage gegeben?	Nein →	Sämtliche Zuführungen zur Pensionsrückstellung sind nach BMF vGA, Merkmal kaum noch relevant
↓ Ja		
Anspruch auf Pension frühestens zum Ende des 60. LJ? (Anspruchszeitpunkt)	Nein →	Sämtliche Zuführungen zur Pensionsrückstellung sind vGA
↓ Ja		
Berechnung frühestens auf 65. LJ? (Berechnungszeitpunkt) Zweifelhaft wegen BFH-Urteil v. 11.9.2013[1]	Nein →	Berechnung auf 65. LJ erforderlich, überhöhter Teil ist vGA
↓ Ja		
Erdienbarkeit gegeben (10 Jahre)?	Nein →	Sämtliche Zuführungen zur Pensionsrückstellung sind vGA
↓ Ja		
Wird neben der Pensionszusage ein laufendes Gehalt gezahlt?	Nein →	Sämtliche Zuführungen zur Pensionsrückstellung sind vGA
↓ Ja		
Unverfallbarkeitsklausel aufgenommen?	Ja →	vGA, soweit mehr als bei ratierlicher Unverfallbarkeit zugebilligt
↓ Nein		
Kapitalabfindungsklausel erwünscht?	Ja →	Nicht mehr sinnvoll; Abfindung vor Unverfallbarkeit vGA, ebenso eine Inhaberklausel
↓ Nein		

---

[1] BFH, Urteil v. 11.9.2013 - I R 72/12, NWB HAAAE-60362.

Dynamisierung der Anwartschaft und der Zusage vereinbart?	Ja →	Bis zu 2 % bei der Zusage und 3 % bei der Pension selbst zulässig, darüber hinaus vGA
↓ Nein		
Liegt eine sog. Überversorgung vor?	Ja →	Lt. BFH Verstoß gegen § 6a EStG, Auflösung gesamter Rückstellung, keine vGA
↓ Nein		
Tatsächliche Durchführung (Weiterbeschäftigung/Abfindung)	Nein →	Die Rückstellung ist, soweit sie sich auf den nicht durchgeführten Teil bezieht, vGA
↓ Ja		
Wird nach Eintritt des Pensionsfalles bei der Gesellschaft eine aktive Tätigkeit ausgeübt	Ja →	Das Einkommen aus der aktiven Tätigkeit muss lt. BFH auf die Rente angerechnet werden, ansonsten ist dieser Teil vGA
↓ Nein		
Pensionszusage ist steuerlich anzuerkennen		

a) Allgemeine zivilrechtliche Voraussetzungen

3625 Die Pensionszusage muss zivilrechtlich wirksam von der Gesellschafterversammlung zugesagt werden, sonst ist die Pensionszusage zivilrechtlich unwirksam und die Rückstellung daher aufzulösen.[1] Der Beschluss kann, wenn die Satzung nichts Gegenteiliges vorschreibt, auch mündlich oder konkludent erfolgen.[2] Ein nachträglich gefasster Beschluss ist auch steuerlich rückwirkend anzuerkennen.[3] Bei Einmann-GmbHs ist allerdings gem. § 35 Abs. 3 Satz 2 und § 48 Abs. 3 GmbHG die Schriftform vorgeschrieben. Die Verletzung dieser Vorschrift macht den Beschluss aber nicht nichtig, da nicht das Rechtsgeschäft einer Form bedarf, sondern nur die Dokumentation darüber. Daher sind aus der Formverletzung keine Folgerungen zu ziehen, wenn das Rechtsgeschäft tatsächlich vollzogen wird.[4] Bei dem Gesellschafterbeschluss über die Einräumung einer Pensionszusage darf der Geschäftsführer als Gesellschafter mitstimmen. Er ist nicht gem. § 47 Abs. 4 Satz 2 GmbHG ausgeschlossen, da dieser Ausschluss für Geschäfte mit

---

[1] Vgl. dazu zunächst → Rz. 3039 ff.; BMF, Schreiben v. 21. 12. 1995, BStBl 1996 I 50; FG Hessen, Urteil v. 1. 11. 2007 - 4 K 1556/07, rkr., NWB GAAAC-97505; insoweit hält das FG Nürnberg, Urteil v. 21. 11. 2006 - I 149/2005, EFG 2007, 1352, in der Revisionsentscheidung des BFH nicht mehr angesprochen vgl. BFH, Urteil v. 5. 3. 2008 - I R 12/07, BStBl 2015 II 409, weitergehenden Vertrauensschutz für erforderlich.
[2] Ebenso Schmidt, GmbH-StB 1999, 169; Otto, DStR 1999, 743, 747.
[3] Vgl. Otto, DStR 1999, 743, 747, m.w.N.
[4] FG Nürnberg, Urteil v. 21. 11. 2006 - I 149/2005, EFG 2007, 1352, insoweit in der Revisionsentscheidung des BFH ohne weitere Erwähnung als zutreffend bestätigt, vgl. BFH, Urteil v. 5. 3. 2008 - I R 12/07, BStBl 2015 II 409.

mitgliedschaftsrechtlichem Charakter nicht gültig ist.[1] Die Zuständigkeit der Gesellschafterversammlung gilt auch für spätere Änderungen der Pensionszusage.[2]

b) Allgemeine steuerrechtliche Voraussetzungen (Nachzahlungsverbot)

Eindeutig und klar ist dabei auch die Zusage einer Pension, bei der die Leistung der Gesellschaft vollständig von den Leistungen der Rückdeckungsversicherung an die Gesellschaft abhängig gemacht wird, auch wenn in diesem Fall wegen der von der Versicherungsgesellschaft zu zahlenden Gewinnanteile die genaue Höhe der Pension vor dem Tag des Eintritts des Pensionsfalles nicht genau vorhergesagt werden kann.[3] Das Nachzahlungsverbot, welches die nachträgliche Vereinbarung von Leistungen der Gesellschaft an beherrschende GesGf untersagt, gilt auch für Pensionszusagen bzw. für die Erhöhung von Pensionszahlungen an beherrschende GesGf, wenn die Zusage für früher geleistete Dienste gegeben wird.[4] Pensionszahlungen, die erst bei der Pensionierung zugesagt werden, sind jedoch dann nicht als vGA anzusehen, wenn sie den Charakter einer Fürsorgerente haben und auch einem fremden Geschäftsführer ohne Pensionszusage gewährt worden wären.[5] Werden einem nicht mehr tätigen GesGf vor Auslaufen einer gültigen Pensionsvereinbarung weiterhin Pensionsbezüge auf Lebenszeit zugesagt, so ist dies zwar grundsätzlich als vGA zu werten; etwas Anderes gilt jedoch, wenn die weitergezahlten Versorgungsbezüge sozial gerechtfertigt sind.[6] Das Nachzahlungsverbot gilt auch nicht für die Anpassung einer zugesagten oder bereits laufenden Pension an die – gegenüber dem Zeitpunkt der Pensionszusage – entscheidend veränderten Lebenshaltungskosten.[7]

3626

Das FG Köln hält den Rechnungszinssatz i. H. von 6 % gem. § 6a Abs. 3 Satz 3 EStG für verfassungswidrig und hat die Frage deshalb dem BVerfG vorgelegt.[8]

3627

c) Einhaltung von § 6a EStG

Nach § 6a Abs. 1 i. d. F. des Gesetzes zur Änderung steuerlicher Vorschriften v. 20. 12. 2001 muss die Pensionszusage eindeutige Angaben zu Art, Form, Voraussetzungen und Höhe der in Aussicht gestellten künftigen Leistungen enthalten. Die Anforderungen an die Pensionszusage in § 6a Abs. 1 Nr. 3 EStG (Schriftlichkeit und Eindeutigkeit) betreffen dabei nicht nur die ursprüngliche Zusage, sondern auch deren späteren Änderungen.[9] Dies ist jedoch nichts anderes als eine Konkretisierung des durch die Rspr. aufgestellten ohnehin gültigen Klarheitsgebots. Diese Konkretisierung schließt die Auslegung einer entsprechenden Leistungsregelung nicht aus. Widerrufsvorbehalte sind gem. § 6a Abs. 1 Nr. 2 EStG steuerschädlich. Lediglich die in R 6a Abs. 4 EStR 2012 angegebenen Formulierungen sind unschädlich.[10] Eine Klausel, nach der die Pensionsverpflichtung zum Teilwert gem. § 6a Abs. 3 EStG abgefunden werden darf, hat der

3628

---

1 *Otto*, DStR 1996, 770, 772.
2 *Alber*, GStB 2001, 372.
3 Vgl. dazu zunächst → Rz. 522 ff.; Formulierungsbeispiel s. *Janssen*, vGA, 11. Aufl., Rz. 855.
4 BFH, Urteile v. 26. 6. 2013 - I R 39/12, BStBl 2014 I 175; v. 4. 8. 1959 - I 4/59 S, BStBl 1959 III 374; v. 15. 4. 1958 - I 128/57 U, BStBl 1958 III 428; Niedersächsisches FG, Urteil v. 5. 7. 1990 - VI 702/89, NWB KAAAA-10431; s. auch *Henninger*, GmbHR 1972, 163; *Schulze zur Wiesche*, GmbHR 1976, 85 ff.
5 BFH, Urteil v. 10. 4. 1962 - I 216/60 U, BStBl 1962 III 318.
6 BFH, Urteil v. 22. 6. 1977 - I R 171/74, BStBl 1978 II 33.
7 BFH, Urteil v. 27. 7. 1988 - I R 68/74, BStBl 1989 II 614, für Witwenpension; v. 6. 4. 1979 - I R 39/76, BStBl 1979 II 687; v. 22. 3. 1972 - I R 117/70, BStBl 1972 II 501; v. 28. 4. 1982 - I R 51/76, BStBl 1982 II 612.
8 FG Köln, Beschluss v. 12.10.2017 - 10 K 977/17, NWB NAAAG-67956, EFG 2018 S. 287, Az.: BVerfG: 2 BvL 22/17.
9 BFH, Urteil v. 31.5.2017 - I R 91/15, NWB UAAAG-61380, BFH/NV 2018 S. 16.
10 BFH, Urteil v. 15. 10. 1997 - I R 42/97, BStBl 1999 II 316.

BFH jedoch als steuerlich schädliche Widerrufsklausel angesehen. Auch die zulässigen Widerrufsvorbehalte sind wenig sinnvoll. Sollte die Gesellschaft nämlich nach Erteilung der Pensionszusage insolvent werden, so könnten Widerrufsvorbehalte einem Insolvenzverwalter die Möglichkeit verschaffen, die Pensionszusage aufzuheben, eine vorhandene Rückdeckungsversicherung zu kündigen und diese dann zur Befriedigung der Gläubiger zu verwerten und zwar unabhängig davon, ob die Rückdeckungsversicherung an den Gesellschafter-Geschäftsführer verpfändet wurde oder nicht, da jedenfalls der Rechtsgrund für die Verpfändung nach Widerruf der Pensionszusage nicht mehr bestehen würde und die Verpfändung damit hinfällig wäre.[1]

3629 Ist die Pensionszusage von künftigen gewinnabhängigen Bezügen abhängig, so kann sie insoweit bereits gem. § 6a Abs. 1 Nr. 2 EStG insgesamt nicht anerkannt werden. Nach Ansicht des BFH greift diese Vorschrift in Fällen der sog. Überversorgung.[2] Weiterhin ist nach § 6a Abs. 1 Nr. 3 EStG die schriftliche Erteilung der Pensionszusage erforderlich. Wird die Schriftform nachgeholt, so kann die Rückstellung zum folgenden Bilanzstichtag in vollem Umfang gebildet werden.[3] Darüber hinaus muss die Pensionszusage dem Begünstigten auch schriftlich bekannt gegeben werden, was sich aus dem Wort „erteilt" im § 6a EStG ableiten soll.[4] Dieses Erfordernis wird indes stets gegeben sein, wenn der Pensionsberechtigte zugleich als Geschäftsführer der die Pension zusagenden Gesellschaft die Pensionszusage unterschrieben hat.[5]

3630 Wird die Pensionszusage dem Geschäftsführer vor Vollendung des 28. Lebensjahrs zugesagt (Zusagezeitpunkt), so darf gem. § 6a Abs. 2 Nr. 1 EStG eine Rückstellung erst ab dem Wirtschaftsjahr gebildet werden, bis zu dessen Mitte der Geschäftsführer das 27. Lebensjahr vollendet hat. Eine Rückstellung darf nur für die ab diesem Zeitpunkt entstehenden Zeiträume vorgenommen werden, eine Nachholung für die davor liegende Zeit, in der die Pensionszusage gleichwohl zivilrechtlich wirksam ist, ist nicht möglich. Wurden für diese Zeit Rückstellungen gebildet sind sie vGA. Tritt allerdings vor Vollendung des 27. Lebensjahrs bereits der Versorgungsfall ein (z. B. wegen Invalidität oder Tod), so darf gem. § 6a Abs. 2 Nr. 2 EStG sofort die Rückstellung im notwendigen Umfang gebildet werden. Ferner sind nach § 6a Abs. 3 Satz 2 Nr. 1 Satz 4 EStG ungewisse Erhöhungen und Verminderungen bei der Berechnung der Pensionsrückstellung nicht zu berücksichtigen. Ist dies geschehen, ist die Pensionsrückstellung entsprechend aufzulösen. Als Rückstellung ist gem. § 6a Abs. 4 Satz 1 EStG nur eine Zuführung i. H. der Differenz des Teilwerts am Anfang und am Ende des Jahres zulässig.

3631 Wurde in einem Jahr eine Zuführung ganz oder teilweise versäumt, so kann sie daher nicht nachgeholt werden (Nachholverbot). Wird hingegen der richtige Erhöhungsbetrag im richtigen Jahr zugeführt, so steht die Vorschrift nicht entgegen, auch wenn dies im Wege einer Bilanzänderung nach einer Zuführung in zunächst falscher Höhe geschieht.[6] Das Nachholverbot stammt aus der Zeit, als die Pensionsrückstellung ein handelsrechtliches Wahlrecht darstellte. Es sollte einen allzu beliebigen Wechsel zwischen Einstellung und Auflösung der Rückstellung vermeiden. Da für alle sog. Neuzusagen seit 1987 eine Passivierungspflicht besteht, ist das

---

1 Vgl. auch *Demuth/Rosner*, KÖSDI 2006, 14950, 14955.
2 Dazu unter → Rz. 3722 ff.
3 Niedersächsisches FG, Urteil v. 28. 2. 2002 - 6 K 256/99, EFG 2002, 1021; aufgehoben durch BFH, Urteil v. 22. 10. 2003 - I R 37/02, BStBl 2004 II 121, ohne Erörterung dieses Punktes.
4 Vgl. BFH, Urteil v. 20. 4. 1988 - I R 129/84, BFH/NV 1988, 807 = NWB HAAAB-29614.
5 Niedersächsisches FG, Urteil v. 28. 2. 2002 - 6 K 256/99, EFG 2002, 1021.
6 BFH, Urteil v. 13. 6. 2006 - I R 58/05, BStBl 2006 II 1754.

Nachholverbot eigentlich obsolet.[1] Es besteht dennoch weiterhin und ist daher zu beachten. Dies soll nach Ansicht des BFH auch gelten, wenn die zwingend vorzunehmende höchste Rückstellung versehentlich unterblieben ist[2] oder auf einer fehlerhaften Auskunft des Finanzamtes beruht. Das Nachholverbot geht zudem den Regelungen des formellen Bilanzzusammenhangs als lex specialis vor.[3] Vom Nachholverbot gelten folgende Ausnahmen:

► Nach der gesetzlichen Regelung ist die Nachholung bei Beendigung des Dienstverhältnisses und bei Eintritt des Versorgungsfalles gestattet.

► Ferner ist die Nachholung bei einer Änderung der Rspr., aus der sich ergibt, dass für bestimmte Verpflichtungen doch eine Rückstellung gebildet werden darf, erlaubt.[4]

► Auch wenn eine zulässige Pensionsrückstellung auf Veranlassung der Finanzbehörde unterblieben ist, greift das Nachholverbot nicht ein.[5]

► Fehlbeträge dürfen zugeführt werden, die sich ergeben, wenn wegen einer längeren Lebenserwartung auf neue Sterbetafeln übergegangen werden muss.

Das Nachholverbot gilt hingegen nicht für den Ansatz der Rückdeckungsversicherung, ist dieser unterblieben, so ist er nach den Grundsätzen des formellen Bilanzzusammenhangs im ersten offenen Jahr erfolgswirksam nachzuholen.[6]

Da nach den Grundsätzen des BilMoG nunmehr Pensionsrückstellung und Aktivposten für eine Rückdeckung zu verrechnen sind und dies sich nicht nur auf Gliederungsaspekte bezieht, sondern auf den Bilanzansatz, ist das Nachholverbot zumindest in solchen Fällen ausgehebelt, in denen beide Positionen nicht angesetzt wurden.

Ein Dienstverhältnis i. S. v. § 6a Abs. 3 Satz 2 Nr. 1 Sätze 2 und 3 EStG 2002 hat mit dem tatsächlichen Dienstantritt beim Dienstberechtigten begonnen. Wird vor Erteilung der Pensionszusage der mit dem zusagenden Unternehmen geschlossene Anstellungsvertrag beendet und ein neuer Dienstvertrag geschlossen, so sind die Dienstzeiten aus dem ersten Rechtsverhältnis als sog. Vordienstzeiten zu berücksichtigen, wenn deren Anrechnung für die im Verlauf des zweiten Dienstverhältnisses erteilte Pensionszusage vereinbart wird. Letzteres gilt auch, wenn es sich bei dem (ersten) Anstellungsvertrag mangels Vergütungsanspruchs um einen Auftrag i. S. v. § 662 BGB gehandelt hat.[7] Der **BFH** stellt nun klar, dass Vorstehendes nicht nur für Dienstverhältnisse im engeren Sinne gilt, vielmehr gleichermaßen für **Auftragsverhältnisse**, wie z. B. eine unvergütete Geschäftsführertätigkeit. Das ergibt sich aus § 6a Abs. 5 EStG, wonach nicht nur Arbeitnehmer einbezogen werden, sondern „jede andere Person". Desgleichen wird klargestellt, dass die Vereinbarung eines früheren Dienstbeginns nicht mit den steuerschädlichen Rechtsfolgen einer sog. **Nur-Pension** kollidiert,[8] falls der Begünstigte zunächst ohne Vergütung als Gegenleistung für das von ihm Erbrachte gearbeitet hat. Die Vereinbarung des rückwirkenden Dienstbeginns wirkt sich allein auf die Maßgaben der sog. Unverfallbarkeit

---

[1] Erkannt auch von BFH, Urteil v. 13. 2. 2008 - I R 44/07, NWB SAAAC-81443.
[2] Berechnung nach Aktivenbestand statt Gesamtbestand; BFH, Urteil v. 10. 7. 2002 - I R 88/01, BStBl 2002 II 936, m. ablehnender Anm. *Anders*, GmbHR 2002, 1082, ohne die das Urteil kaum zu verstehen ist.
[3] BFH, Urteil v. 13. 2. 2008 - I R 44/07, NWB SAAAC-81443.
[4] BFH, Urteile v. 24. 7. 1990 - VIII R 39/84, BStBl 1992 II 229; v. 7. 7. 1992 - VIII R 36/90, BStBl 1993 II 26.
[5] BFH, Urteil v. 9. 11. 1996 - IV R 2/93, BStBl 1996 II 589.
[6] BFH, Urteil v. 13. 2. 2008 - I R 44/07, NWB SAAAC-81443.
[7] BFH, Urteil v. 26. 6. 2013 - I R 39/12, BStBl 2014 II 174.
[8] Siehe dazu z. B. BFH, Urteil, v. 28. 4. 2010 - I R 78/08, BStBl 2013 II 41 sowie BMF, Schreiben v. 13. 12. 2012, BStBl 2013 I 35.

der Zusage und auf die Teilwertermittlung aus, zieht aber keine „überversorgende" Nur-Pension nach sich.

3635 Pensionszusagen an beherrschende GesGf unterliegen dem sog. Nachzahlungsverbot; sie sind insoweit durch das Gesellschaftsverhältnis veranlasst, als die für die Unverfallbarkeit von Pensionsansprüchen geltenden Fristen nicht an den Zeitpunkt der Erteilung der Pensionszusage, sondern an den früheren Zeitpunkt der Betriebszugehörigkeit anknüpfen. Demgemäß ist die auf der Vereinbarung von Vordienstzeiten beruhende Rückstellungsbewertung nach § 6a Abs. 3 Satz 2 Nr. 1 Satz 2 und 3 EStG 2002 durch den Ansatz einer vGA außerbilanziell zu korrigieren.[1] Es geht darum, ob dieses Ergebnis für die Teilwertrechnung aus spezifisch körperschaftsteuerrechtlichen Gründen der vGA bei Begünstigung eines GesGf außerbilanziell zu korrigieren ist. Das wird vom BFH bejaht unabhängig davon, ob das Dienstverhältnis vorzeitig beendet wird und damit die versprochene Unverfallbarkeit der Zusage zum Zuge kommt.

Es lässt sich entgegenhalten, dass bis zu einem vorzeitigen Ausscheiden des Begünstigten die eine vGA auslösende (bilanzielle) **Vermögensminderung** fehlt. Doch besteht das Erfordernis, dass die vereinbarte Anrechnung der Vordienstzeiten spezifisch körperschaftsteuerrechtlichen Anforderungen standhält. Das ist nicht der Fall, wenn die besagte Anrechnung zwischen der Kapitalgesellschaft und ihrem beherrschenden GesGf unter Verstoß gegen das sog. **Nachzahlungsverbot** zustande kommt. Dann nämlich hat die rechnungsmäßige „Rückdatierung" des Dienstbeginns bei der Rückstellungsbewertung einen einmaligen vermögensmindernden „Teilwertsprung" zur Folge, und das wird steuerrechtlich nicht akzeptiert. Dass diese Vermögensminderung nicht unmittelbar mit einem Vorteil beim Begünstigten korrespondiert, ist unbeachtlich; es genügt insoweit und wie sonst auch die objektive „Vorteilseignung". Die Einbeziehung von Vordienstzeiten bei der Zusage einer Pension durch eine Kapitalgesellschaft kann bei einem beherrschenden Gesellschafter als Zusagebegünstigten problematisch sein. Für die Finanzverwaltung und deren Spezialprüfer der betrieblichen Altersversorgung könnte sich hier ein **neues Prüfungsfeld** auftun, dem jedenfalls rückwirkend kaum zu entgehen sein wird.

d) Probezeit

aa) Probezeit für die Gesellschaft

3636 Bei diesem Merkmal geht es darum, dass eine neu gegründete Gesellschaft ihrem Gesellschafter-Geschäftsführer eine Pension zusagt, obwohl sie noch nicht überblicken kann, ob sie die Zuführungen zu der entsprechenden Rückstellung aus ihren Ergebnissen bedienen kann. Darauf würde sich ein ordentlicher und gewissenhafter Geschäftsleiter nach Ansicht der Rspr. und Finanzverwaltung nicht einlassen; er würde zunächst abwarten, wie sich die Gesellschaft am Markt einführt und welche Ergebnisse sie zu erzielen vermag.[2] Der BMF sieht hier i. d. R. eine Frist von fünf Jahren als notwendig an.[3] Die Frist von fünf Jahren wurde von der Literatur bisher als Maximalfrist angesehen.[4] Der BFH hat nur entschieden, dass 15 Monate jedenfalls

---

[1] BFH, Urteil v. 26.6.2013 - I R 39/12, BStBl 2014 II 174.
[2] BFH, Urteile v. 30.9.1992 - I R 75/91, BFH/NV 1993, 330 = NWB KAAAB-33024; v. 23.2.2005 - I R 70/04, BStBl 2005 II 882; BMF, Schreiben v. 14.5.1999, BStBl 1999 I 512, Tz.1.
[3] BMF, Schreiben v. 14.5.1999, BStBl 1999 I 512; bestätigend durch Ergänzungsschreiben BMF, Schreiben v. 14.12.2012, BStBl 2013 I 58.
[4] *Cramer*, DStR 1998, 1657, 1658.

nicht ausreichen,[1] das FG Mecklenburg-Vorpommern[2] sah jedoch drei Jahre und elf Monate als hinreichend an, da Umsätze und Gewinne (vor Sonder-AfA) sich deutlich positiv entwickelten.

Eine Verkürzung oder ein völliger Wegfall der Probezeit ist möglich, wenn die wirtschaftliche Entwicklung hinreichend deutlich abgeschätzt werden kann, z. B. weil

- bei Betriebsaufspaltung oder Umwandlung aufgrund der Vergangenheit bereits ausreichende Erfahrungen vorliegen;[3]
- ein Unternehmen im Rahmen eines Management-buy-out von den leitenden Angestellten übernommen und dabei neu gegründet wird;[4]
- aus einer Abteilung eines in Konkurs gegangenen Unternehmens hervorgegangen ist und ihr von ihrem wichtigsten Kunden von Anfang an Aufträge in beachtlichem Umfang zugesagt wurden[5] oder
- die GmbH nach einem gescheiterten Management-buy-out neu gegründet wurde und im Wesentlichen eine geschlossene Betriebsabteilung eines anderen Unternehmens fortsetzt.[6]

Für die Erfüllung der Pensionszusage ist aber die Ertragslage bei Auszahlung der Pension und nicht bei Zusage maßgebend. Die Auszahlung liegt aber mehr als zehn Jahre in der Zukunft und kann daher mit der Anforderung der Probezeit für die Gesellschaft nicht gesichert werden.[7] Zudem wird die Notwendigkeit, die Rückstellung aus den Ergebnissen bedienen zu können, bereits durch das Merkmal der Finanzierbarkeit sichergestellt. Zu den Rechtsfolgen bei Verletzung der angemessenen Probezeit unter → Rz. 3647 ff.

bb) Probezeit für den Geschäftsführer

Diesem Kriterium liegt das Fürsorgeprinzip zugrunde, nach dem die betriebliche Altersversorgung eine (freiwillige) Maßnahme des Arbeitgebers in Anerkennung längerer Betriebszugehörigkeit und in Erwartung weiterer Betriebstreue ist.[8] Daraus hat sich die inzwischen verselbständigte Formel abgeleitet, ein ordentlicher und gewissenhafter Geschäftsleiter werde einem neuen Geschäftsführer nicht gleich zu Beginn des Beschäftigungsverhältnisses eine Pensionszusage geben.[9] Wegen des Nachzahlungsverbots kann aber beim beherrschenden GesGf nicht auf die Vergangenheit abgestellt werden.[10] Die Erwartung der weiteren Betriebstreue ist aber auch bei Beginn des Beschäftigungsverhältnisses schon gerechtfertigt, so dass bereits zu Beginn eine Pensionszusage möglich sein muss.[11]

---

1 BFH, Urteil v. 11.2.1998 - I R 73/97, BFH/NV 1998, 1262 = NWB BAAAB-39738.
2 FG Mecklenburg-Vorpommern, Urteil v. 22.2.2006 - 1 K 372/02, rkr., NWB OAAAB-81926.
3 BMF, Schreiben v. 14.5.1999, BStBl 1999 I 512; ebenso BFH, Urteile v. 18.2.1999 - I R 51/98, NWB CAAAA-63040; v. 23.2.2005 - I R 70/04, BStBl 2005 II 882.
4 BFH, Urteil v. 23.2.2005 - I R 70/04, BStBl 2005 II 882.
5 FG Rheinland-Pfalz, Urteil v. 13.8.2002 - 2 K 1945/01, rkr., EFG 2003, 184.
6 FG München, Urteil v. 25.8.2004 - 7 K 4780/02, rkr., EFG 2004, 1683.
7 *Cramer*, DStR 1998, 1657, 1659.
8 BFH, Urteil v. 21.12.1994 - I R 98/93, BStBl 1995 II 419, für Erdienbarkeit.
9 BFH, Urteile v. 30.9.1992 - I R 75/91, BFH/NV 1993, 330 = NWB KAAAB-33024 und v. 16.12.1992 - I R 2/92, BStBl 1993 II 455; zu Einzelheiten s. *Dommermuth/Veh*, DStR 2017, 2249.
10 So z. B. BFH, Urteil v. 24.1.1996 - I R 41/95, BStBl 1997 II 440, 441.
11 *Cramer*, DStR 1998, 1657, 1659, auch der BGH erkennt die Pensionszusage bei Beginn des Arbeitsverhältnisses an, vgl. Urteil v. 25.3.1991 - ZR 169/90, BB 1991, 927; sofortige Unverfallbarkeit bei Übernahme eines Geschäftsführers von einer Schwestergesellschaft: BGH v. 17.12.2001 - II ZR 222/99, NWB EAAAB-97860.

3640 Entscheidend ist aber, dass das Fürsorgeprinzip heute veraltet ist. Die Pensionszusage ist ein Gehaltsbestandteil geworden, der einen Teil des Festgehalts oder der Tantieme ersetzt.[1] Auch der BGH erkennt an, dass Pensionszusagen Entgeltcharakter haben, weshalb sie nicht frei widerrufbar sind.[2] Im Fall war die Zusage nicht widerrufbar, obwohl der Geschäftsführer durch Betrug zu seinem persönlichen Vorteil die KapGes um Millionenbeträge geschädigt hatte und daher kaum ein Anlass zur Fürsorge bestand.[3] Dementsprechend führt auch der BFH in einem aktuellen Urteil zur Erdienbarkeit aus, es müsse sichergestellt sein, dass die Pensionszusage für zukünftige Leistungen erteilt wird.[4] So ist es auch unter fremden Dritten üblich, sich gleich zu Beginn eines Arbeitsverhältnisses über die Erteilung einer Pensionszusage zu einigen. Dies kann bei beherrschenden GesGf nicht anders sein.[5] Bei Einpersonen-GmbH schließlich liegt das Erfordernis der Probezeit neben der Sache, da der Erprobte und der Prüfer dieselbe Person sind.[6] Die teilweise verwendete Begründung, die Gesellschaft müsse die Fähigkeiten des Geschäftsführers erst abschätzen können,[7] ist eine Scheinbegründung. Wird der Geschäftsführer innerhalb weniger Jahre wieder entlassen, so ist i. d. R. die Unverfallbarkeit der Pensionszusage noch nicht eingetreten, bzw. bei ratierlicher Unverfallbarkeit allenfalls für den entsprechend kurzen Zeitraum. Das Merkmal der Probezeit ist daher überflüssig.[8] Selbst wenn man aber den Standpunkt der Rspr. einnimmt, so kann dieses Bedenken dadurch ausgeräumt werden, dass eine bereits zu Beginn des Dienstverhältnisses gegebene Zusage erst nach einer angemessenen Probezeit zu einem Anspruch führt.[9]

3641 Der Erlass des BMF v. 14.5.1999 unterscheidet hier jedoch die zusagefreie Zeit (zwischen Dienstbeginn und erstmaliger Pensionszusage) und die versorgungsfreie Zeit (zwischen Zusageerteilung und erstmaliger Anspruchsberechtigung) und will ohne ersichtliche Begründung nur Ersteres als Probezeit gelten lassen.[10] Die Dauer der Probezeit soll laut BMF regelmäßig zwei bis drei Jahre betragen.[11] Bei einer Vortätigkeit könne sie aber auch entfallen, z. B. wenn ein Unternehmen unter Beibehaltung des bereits bewährten Geschäftsführers in die Rechtsform einer KapGes umgewandelt wird.[12] Die Rspr. hat dazu bisher die folgenden Fälle entschieden:

3642 Die Probezeit kann durch entsprechende Tätigkeit im Vorunternehmen erbracht werden, wenn

▶ Einzelunternehmen in eine Betriebsaufspaltung verändert wird;[13]

---

1 So aufgrund der Kienbaum Gehaltsstrukturuntersuchungen *Feldkamp*, Stbg 1999, 181; auch *Cramer*, DStR 2002, 387, insbesondere unter arbeitsrechtlichen Aspekten.
2 BGH v. 17.12.2001 - II ZR 222/99, NWB EAAAB-97860: „Teil des vom Dienstberechtigten geschuldeten Entgelts".
3 Ebenso BGH v. 11.3.2002 - II ZR 5/00, DStR 2002, 1362, Widerruf nur möglich, wenn der Berechtigte seine Pflichten in so grober Weise verletzt hat, dass sich die in der Vergangenheit bewiesene Betriebstreue nachträglich als wertlos herausstellt, was im Regelfall nur gegeben ist, wenn der Versorgungsberechtigte den Verpflichteten in eine seine Existenz bedrohende Lage gebracht hat.
4 BFH, Urteil v. 24.4.2002 - I R 43/01, BStBl 2003 II 416; v. 30.1.2002 - I R 56/01, NWB BAAAA-68120.
5 *Cramer*, DStR 1998, 1657, 1658, 1660; *ders.*, DStR 2002, 387, 390; *Höfer/Kaiser*, DStR 2003, 274.
6 *Koops*, Stbg 1998, 156.
7 BFH, Urteil v. 23.2.2005 - I R 70/04, BStBl 2005 II 882.
8 Ähnlich Gosch/*Gosch* § 8 Rz.1098.
9 Ähnlich *Gosch*, DStR 1998, 420; *Janssen*, NWB F. 4, 4341, 4342; *Cramer*, DStR 2002, 387, 390.
10 BMF, Schreiben v. 14.5.1999, BStBl 1999 I 512, Tz. 1.
11 BMF, Schreiben v. 14.5.1999, BStBl 1999 I 512, Tz. 1.1.
12 BMF, Schreiben v. 14.5.1999, BStBl 1999 I 512, Tz. 1.1., zuvor schon BFH, Urteil v. 29.10.1997 - I R 52/97, BStBl 1999 II 318; ferner v. 18.2.1999 - I R 51/98, NWB CAAAA-63040; *Gosch*, DStR 1998, 420.
13 BFH, Urteil v. 29.10.1997 - I R 52/97, BStBl 1999 II 318, 320.

- Einzelunternehmen in Kapitalgesellschaft umgewandelt wird;[1]
- die Funktion eines Unternehmens auf zwei Schwestergesellschaften verlagert wird;[2]
- das Unternehmen von den bisherigen Angestellten aufgekauft wird;[3]
- die GmbH nach einem gescheiterten Management-buy-out neu gegründet wurde und im Wesentlichen eine geschlossene Betriebsabteilung eines anderen Unternehmens fortsetzt;[4]
- die hinreichende Qualifikation der Geschäftsführer durch eine Vortätigkeit als Abteilungsleiter bekannt ist, die Höhe der Pensionszusage sich exakt nach den bei einem Arbeitnehmer an die Rentenversicherung abzuführenden Beträgen richtet und ein Fremdgeschäftsführer sich deshalb nicht auf einen Vertrag ohne Altersversorgung eingelassen hätte.[5]

Dagegen soll eine Vortätigkeit in einer ZGE nicht genügen, wenn diese in eine GmbH verwandelt wird, indem die GmbH alle wesentlichen Wirtschaftsgüter der ZGE kauft und Arbeitnehmer und Funktionen der ZGE übernimmt, da es sich um eine Neugründung handelt.[6]

Zur Dauer einer danach noch notwendigen Probezeit sind die Gerichtsentscheidungen weniger großzügig als die o. g. Anweisung des BMF. Nicht ausreichend sein soll danach eine Probezeit
- von 11 Monaten lt. BFH,[7]
- von 15 Monaten lt. FG Berlin,[8]
- von 32 Monaten lt. FG Saarland.[9]

Als ausreichend wurde dagegen angesehen eine Probezeit von
- 18 Monaten lt. BFH,[10]
- 27 Monate lt. BFH,[11]
- 51 Monaten lt. FG Düsseldorf.[12]

Danach kann eine Probezeit bezogen auf den Gesellschafter von 2 – 3 Jahren als ausreichend angesehen werden.[13]

Eine Probezeit ist ausnahmsweise bei solchen Unternehmen verzichtbar, die aus eigener Erfahrung Kenntnisse über die Befähigung des Geschäftsleiters haben und die die Ertragserwartungen aufgrund ihrer bisherigen unternehmerischen Tätigkeit hinreichend deutlich abschätzen können. Diese Kriterien sind bei einem Unternehmen erfüllt, das seit Jahren tätig war und lediglich sein Rechtskleid ändert, wie beispielsweise bei Begründung einer Betriebsaufspaltung

---

1 BFH, Urteil v. 18. 2. 1999 - I R 51/98, BFH/NV 1999, 1384, 1386 = NWB CAAAA-63040.
2 BFH, Urteil v. 18. 8. 1999 - I R 10/99, BFH/NV 2000, 225, 226 = NWB SAAAA-63026.
3 Management-buy-out; BFH, Urteil v. 24. 4. 2002 - I R 18/01, BStBl 2002 II 670.
4 FG München, Urteil v. 25. 8. 2004 - 7 K 4780/02, rkr., EFG 2004, 1683.
5 FG Rheinland-Pfalz, Urteil v. 13. 8. 2002 - 2 K 1945/01, rkr., EFG 2003, 184; ob sich ein Fremdgeschäftsführer auf einen Vertrag ohne Altersversorgung nicht eingelassen hätte, hat das Gericht allerdings nicht untersucht, sondern nur behauptet.
6 FG Brandenburg, Urteil v. 30. 8. 2000 - 2 K 2190 K, rkr., DStRE 2001, 1234.
7 BFH, Urteil v. 30. 9. 1992 - I R 75/91, BFH/NV 1993, 330 = NWB KAAAB-33024.
8 FG Berlin, Urteil v. 28. 4. 1997 - VIII 461/95, EFG 1997, 1139.
9 FG Saarland, Urteil v. 2. 4. 1998 - 1 K 157/97, EFG 1998, 1284.
10 BFH, Urteil v. 4. 5. 1998 - I B 131/97, BFH/NV 1998, 1530 = NWB BAAAB-39670.
11 BFH, Urteil v. 20. 8. 2003 - I R 99/02, BFH/NV 2004, 373 = NWB IAAAB-15368.
12 BFH, Urteil v. 20. 8. 2003 - I R 99/02, BFH/NV 2004, 373 = NWB IAAAB-15368.
13 So auch BMF, Schreiben v. 14. 12. 2012 - IV C 2 - S 2742/10/10001, BStBl 2013 I 58.

oder einer Umwandlung[1] und der bisherige, bereits erprobte Geschäftsleiter das Unternehmen fortführt. Wird ein Unternehmen durch seine bisherigen leitenden Angestellten „aufgekauft" und führen diese Angestellten den Betrieb in Gestalt einer neu gegründeten Kapitalgesellschaft als Geschäftsführer fort (sog. Management-Buy-Out), so kann es ausreichen, wenn bis zur Erteilung der Zusagen nur rund ein Jahr abgewartet wird.[2]

cc) Rechtsfolgen

(1) Allgemein

3647 Wird eine Pensionszusage unter Verletzung der angemessenen Probezeit erteilt, so sind alle Zuführungen zur Pensionszusage verdeckte Gewinnausschüttungen, soweit sie innerhalb der angemessenen Probezeit anfallen. Danach wächst die Pensionszusage in die Anerkennung hinein und nach Ablauf der angemessenen Probezeit sind daher alle weiteren Zuführungen zur Pensionsrückstellung grundsätzlich anzuerkennen.[3] Waren daher die ersten Jahre einer Pensionszusage festsetzungsverjährt, dann wurde das Kriterium der Probezeit unerheblich, egal ob die Probezeit eingehalten wurde oder nicht, da eine vGA in festsetzungsverjährten Zeiträumen nicht mehr berücksichtigt werden kann.[4] Dies war insbesondere für Pensionszusagen aus den 70ern und 80ern des vergangenen Jahrhunderts wichtig, weil das Kriterium der Probezeit damals nicht oder jedenfalls nicht streng angewendet wurde.

3648 Mit dem Urteil vom 28.4.2010[5] hat der BFH jedoch entschieden, dass bei einer unter Verletzung der Probezeit erteilten Pensionszusage sämtliche Zuführungen zur Pensionsrückstellung vGA sind. Die Pensionszusage vermag also niemals mehr in die Anerkennung hineinzuwachsen. Im Folgenden werden die Auswirkungen dieser Entscheidung näher betrachtet.

3649 Soll nun nach Verletzung der Probezeit die steuerliche Anerkennung erreicht werden, ist dies nur durch Aufhebung der Zusage und erneute Erteilung nach Ablauf der Probezeit möglich. Diese Möglichkeit ergibt sich natürlich gerade bei den genannten Altzusagen regelmäßig nicht mehr.

3650 In den Altfällen können sich aber aus der Tatsache, dass hier u.U. jahrzehntelang gewinnmindernd Pensionsrückstellungen aufgebaut worden sind, die sich nunmehr als Rückstellungen für Ausschüttungsverbindlichkeiten aufgrund einer vGA herausstellen erstaunliche Rechtsfolgen ergeben. Dies soll anhand eines Beispiels erläutert werden.

(2) Beispielsfall – Sachverhalt

3651 **BEISPIEL:** Die Geschäftsführer A und B sind gleichalt. Sie haben vor 30 Jahren jeweils eine Pensionszusage erteilt bekommen. Dafür ist jeweils gewinnmindernd eine Rückstellung i.H.v. 500.000 € aufgebaut worden. Das Unternehmen soll der Sohn des A weiterführen. A will zur Unterstützung seines Sohnes auf die Pensionszusage verzichten. B sieht dazu keinen Anlass, da das Unternehmen finanziell gut dasteht. Er möchte aber das Schicksal seiner Pensionszusage vom Schicksal des Unternehmens entkoppeln. Auf den Rat eines gerichtlich anerkannten Rentenberaters plant er, seine Pensionszusage vom Unternehmen in einen Pensionsfonds übertragen zu lassen. Dies soll natürlich gem. § 3 Nr. 66 EStG geschehen, ohne dass sich ein Lohnzufluss ergibt. Gerade noch rechtzeitig stellt der Steuerberater des

---

[1] BFH, Urteile v. 29.10.1997 - I R 52/97, BStBl 1999 II 318 und v. 23.2.2005 - I R 70/04, BStBl 2005 II 882.
[2] BFH, Urteil v. 24.4.2002 - I R 18/01, BStBl 2002 II 670.
[3] BMF, Schreiben v. 14.5.1999, BStBl 1999 I 512, Tz. 1,2.
[4] So zuletzt BFH, Urteil v. 28.4.2010 - I R 78/08, NWB LAAAD-47470, Leitsatz 6.
[5] I R 78/08, NWB LAAAD-47470.

Unternehmens fest, dass beide Pensionszusagen damals unter Verletzung der Probezeit erteilt wurden.

(3) Vorteil aus Verletzung der Probezeit bei späterem Verzicht auf die Pensionszusage

Für A erweist sich das als großer Vorteil. Der Verzicht auf eine anzuerkennende Pensionszusage hätte bei ihm zur Annahme eines Lohnzuflusses von 500.000 € geführt und zu einer entsprechenden verdeckten Einlage.[1] Nach der neuen Rechtsprechung des BFH steht aber nun fest, dass hier ausnahmslos vGA erfolgt sind. Die Rückstellung ist also bestenfalls als Rückstellung für Ausschüttungsverbindlichkeiten anzusehen. Der Verzicht auf eine Ausschüttung ist aber kein Arbeitslohn.[2] A kann also nun leichten Herzens verzichten. Der Verzicht auf die zivilrechtlich wirksam vereinbarte Pension führt steuerlich nicht zu Arbeitslohnzufluss bei ihm, allerdings dann natürlich auch nicht zu einer verdeckten Einlage. Durch den Verzicht ist lediglich die Rückstellung ertragserhöhend aufzulösen.

(4) Rechtsfolge bei späterer Übertragung der Pensionszusage auf einen Pensionsfonds

Für B dagegen stellt die neue Rechtsprechung ein riesiges Problem dar. Er hat zwar einen zivilrechtlichen Anspruch auf seine Pension, aber steuerlich hat er lediglich einen Anspruch auf Ausschüttungen. Für die Übertragung eines Pensionsanspruchs auf einen Pensionsfonds ordnet § 3 Nr. 66 EStG ausdrücklich an, dass Steuerfreiheit besteht. Da aber steuerlich kein Anspruch auf eine Pension besteht, ist auch keine Übertragung nach § 3 Nr. 66 EStG möglich. Wird dem B ein Anspruch gegen den Pensionsfonds verschafft, so erhält er etwas Neues. Ein Anspruch darauf besteht nicht, daher ist der volle Wert des Anspruchs gegen den Pensionsfonds im Zeitpunkt der Einräumung des Anspruchs vGA, hier also mindestens 500.000 €.

Will der B die entstehende Steuer nicht akzeptieren, so verbleibt ihm nur, sich den Pensionsanspruch wie zugesagt vom Unternehmen auszahlen zu lassen. Auch dabei fließt ihm nun zwar eine vGA zu, jedoch nicht geballt, sondern in Raten. Die einzelnen Rentenzahlungen werden daher bei ihm mit Abgeltungsteuer versteuert und nicht mit dem individuellen Steuersatz. Dies kann für B durchaus von Vorteil sein, eine Übertragung aber ist nicht mehr möglich.

(5) Rechtsfolge für die GmbH

Das Unternehmen schließlich hat Rückstellungen für Ausschüttungen gebildet. Es ist fraglich wie diese Rückstellungen aufzulösen sind.

Nach Ansicht der Finanzverwaltung und des BFH ist die Rückstellung ertragserhöhend aufzulösen.[3] Im Fall des A bei Verzicht in einem Betrag, im Fall des B bei Inanspruchnahme der Pension über viele Jahre, entsprechend der Auszahlung – auf den Barwert einer Pension kann es hingegen nicht mehr ankommen. Im Fall der ‚Übertragung auf einen Pensionsfonds' ist auch die Rückstellung für B in einem Betrag aufzulösen.

Nach richtiger Ansicht ist der Ertrag, der sich bei Auflösung der Rückstellung in der Bilanz ergibt, außerbilanziell zu korrigieren. Es handelt sich hier um eine Ausschüttungsrückstellung.

---

1 Vgl. BFH, Urteil v. 9.6.1997 - GrS 1/94, BStBl 1998 II 307, auch OFD Hannover v. 15.12.2006 - S 2742 - 117 - StO 241, NWB GAAAC-35186.
2 BFH, Urteil v. 19.5.1998 - I R 36/97, BStBl 1998 II 689.
3 BMF, Schreiben v. 28.5.2002, BStBl 2002 I 603, Tz. 8 – 9; BFH, Urteil v. 21.8.2007 - I R 74/06, BFH/NV 2008, 158 = NWB IAAAC-64351.

Diese ist aus gesellschaftsrechtlichen Gründen gebildet worden, durfte also den Gewinn nicht beeinflussen. Dass dies dennoch geschehen ist, ist zwar falsch, aber festsetzungsverjährt. Dennoch darf entsprechend der richtigen Bildung auch die Auflösung sich nicht auf den Gewinn auswirken, da sie gesellschaftsrechtlich bedingt ist. Die Ansicht von BMF und BFH läuft darauf hinaus, wegen eines Fehlers bei der Bildung der Pensionsrückstellung auch einen Fehler bei der Auflösung zuzulassen. Das ist zwar fiskalisch, aber weder logisch noch richtig oder gerecht.[1]

e) Finanzierbarkeit

3658 Mit diesem Kriterium soll überprüft werden, ob die zusagende Gesellschaft in der Lage sein wird, die Pension bei Fälligkeit zu bezahlen.

aa) Prüfung bei rückgedeckter Pensionszusage

3659 Soweit die Pensionszusage durch eine Rückdeckungsversicherung abgedeckt ist, ist daher nach übereinstimmender Ansicht von BFH und BMF nur zu prüfen, ob die Beiträge zur Rückdeckungsversicherung aufgebracht werden können.[2] Allerdings wird dabei nicht ausgeführt, wann eine Pensionszusage als voll rückgedeckt anzusehen ist und wie die Prüfung zu erfolgen hat, ob die Versicherungsbeiträge aufgebracht werden können. In der Praxis ging man stets von einer vollständigen Rückdeckung aus, wenn nach Auskunft der Versicherung bei Ablauf der Versicherung die Leistungen aus der Versicherung inkl. der nach den Erfahrungen der Vergangenheit zu erwartenden Gewinnanteile für die Zahlung der zugesagten Pension ausreichen würden. Inzwischen hat sich herausgestellt, dass dabei Gewinnanteile eingerechnet wurden, die dann nicht erzielt werden konnten, Unterdeckungen bis zu 47 % sind die Folge.[3] Dennoch wäre es verfehlt, nur auf den garantierten Pensionsbetrag abzustellen, da eine Versicherung wohl so gut wie nie gänzlich ohne Gewinnanteile bleiben wird. Letztlich kann es nur bei dem bisherigen Verfahren bleiben, da die vorhergesagten Gewinnanteile auf den Erfahrungen der Vergangenheit beruhen und eine bessere Vorhersagebasis zum Zeitpunkt der Zusage nicht zur Verfügung steht.

3660 Auch die Frage, ob die Versicherungsbeiträge von der Gesellschaft voraussichtlich aufgebracht werden können, kann nur nach den Erfahrungen der Vergangenheit geprüft werden. Sinnlos wäre es hier auf einen Barwert der zukünftigen Versicherungsbeiträge abstellen zu wollen, da die Versicherungsbeiträge nie zusammengeballt anfallen können. Daher wird die Höhe des jährlichen Versicherungsbeitrags mit dem durchschnittlichen Gewinn der Gesellschaft in den letzten drei Jahren zu vergleichen sein. Ist dieser durchschnittliche Gewinn höher, so ist zu erwarten, dass die Versicherungsbeiträge auch in Zukunft von der Gesellschaft aufgebracht werden können.

---

1 Dazu auch *Frotscher*, FR 2002, 859, 862; *Paus*, DStZ 2002, 787, 789, näher Rz. 626 ff.
2 Ausdrücklich BFH, Urteil v. 31.3.2004 - I R 65/03, NWB IAAAB-24038; immanent BMF, Schreiben v. 14.5.1999, BStBl 1999 I 512, Tz. 2.2; der Erlass ist allerdings inzwischen aufgehoben durch BMF, Schreiben v. 24.8.2005 - IV B 2 - S 2176 - 65/05, NWB GAAAD-53580; v. 6.9.2005, BStBl 2005 I 875; OFD Frankfurt v. 20.9.2005, NWB ZAAAB-71177.
3 *Pradl*, GStB 2005, 162.

bb) Prüfung bei nicht rückgedeckter Pensionszusage

Bei der Prüfung einer nicht rückgedeckten Pensionszusage vertraten das BMF und einige Finanzgerichte[1] früher eine relativ strenge Rechtsauffassung. Diese wurde vom BFH in einer ganzen Serie von Urteilen[2] in praktisch allen Punkten revidiert. Nachdem die beiden Rechtsauffassungen für einige Jahre nebeneinander standen[3] hat das BMF inzwischen insoweit seinen Erlass v. 14.5.1999 aufgehoben und die Anwendung der zu diesem Themenkreis ergangenen BFH-Urteile ausdrücklich angeordnet.[4] Daher wird im Folgenden das Prüfungskonzept der BFH-Rechtsprechung dargestellt. Zur Auswirkung der Aufhebung des BMF-Schreibens in Verzichtsfällen und zu der insoweit ergangenen Übergangsregelung vgl. unter → Rz. 3766 ff. Eine Pensionszusage stellt immer ein gewisses Risiko für die zusagende Firma dar. Es wird nun geprüft, ob die Verwirklichung dieses Risikos die Firma in die Insolvenz treiben würde. Diese Prüfung wird grundsätzlich auf den ersten möglichen Zeitpunkt vorgenommen, nämlich den ersten Bilanzstichtag nach Zusageerteilung.

(1) Prüfungsmaßstab für die Überschuldung ist das Insolvenzrecht

Ob die Firma bei Verwirklichung des Risikos aus der Pensionszusage in die Insolvenz gehen würde, ist nach insolvenzrechtlichen Grundsätzen durchzuführen,[5] entsprechend des am Tage der Zusage geltenden Insolvenzrechts.[6] Daher ist auch derzeit bei der Prüfung der Finanzierbarkeit häufig noch die Überschuldungsprüfung entsprechend der ehemaligen Konkursordnung anzuwenden. Danach ist also auf den Tag der Erteilung der Pensionszusage ein (fiktiver) Überschuldungsstatus zu erstellen, in dem alle Aktiva und Passiva mit dem für einen Überschuldungsstatus maßgeblichen Wert einzustellen sind. Nach der Insolvenzordnung kann eine Überschuldung aber auch bei bilanzieller Überschuldung zu verneinen sein, wenn für den Betrieb eine positive Fortführungsprognose abzugeben ist.[7] Nach dem bis 31.12.2013 geltenden Recht ist zuerst die Fortführungsprognose zu erstellen. Fällt sie positiv aus, erübrigt sich die Feststellung von Fortführungswerten und die Aufstellung eines Überschuldungsstatus. Die positive Fortführungsprognose schließt deshalb die Möglichkeit der Annahme einer Überschuldung aus.[8] In diesem Rahmen darf die Gesellschaft bei der Erteilung der Zusage bis an die Grenze ihrer Möglichkeiten gehen. Es ist danach nicht nötig, dass nach Berücksichtigung der Zusage noch ein, wie auch immer bemessener, Abstand zur Überschuldungsgrenze eingehalten wird, solange durch die Pensionszusage die Fortführungsprognose nicht zerstört wird.

---

1 BMF, Schreiben v. 14.5.1999, BStBl 1999 I 512, Tz. 2.2; FG Köln, Urteil v. 12.7.1999 - 13 K 644/99, EFG 1999, 1098, auch Niedersächsisches FG, Urteil v. 9.12.1997 - VI 607/93, EFG 1998, 782.
2 BFH, Urteile v. 8.11.2000 - I R 70/99, NWB GAAAA-97080; v. 20.12.2000 - I R 15/00, BStBl 2005 II 657; kommentiert von *Janssen*, KFR F. 4 KStG § 8, 7/01, S. 331; v. 24.1.2001 - I R 14/00, BFH/NV 2001, 1147 = NWB SAAAA-66717; v. 7.11.2001 - I R 79/00, BStBl 2005 II 659, kommentiert von *Janssen*, KFR F. 4 KStG § 8, 3/02, S. 123; auch BFH, Urteil v. 28.11.2001 - I R 86/00, BFH/NV 2002, 675 = NWB KAAAA-68130.
3 Zur Darstellung vgl. *Lange/Janssen*, vGA, 9. Aufl. 2007, Rz. 900 ff.
4 BMF, Schreiben v. 24.8.2005 - IV B 2 - S 2176 - 65/05, NWB GAAAD-53580; v. 6.9.2005, BStBl 2005 I 875; OFD Frankfurt v. 20.9.2005, NWB ZAAAB-71177.
5 BFH, Urteil v. 7.11.2001 - I R 79/00, BStBl 2005 II 659, kommentiert von *Janssen*, KFR F. 4 KStG § 8, 3/02, S. 123; v. 28.11.2001 - I R 86/00, BFH/NV 2002, 675 = NWB KAAAA-68130; v. 18.12.2002 - I R 44/01, NWB BAAAA-70044.
6 BFH, Urteil v. 28.11.2001 - I R 86/00, BFH/NV 2002, 675 = NWB KAAAA-68130.
7 Dazu beruft sich der BFH auf das Urteil des BGH v. 20.3.1995 - II ZR 205/94, NWB BAAAE-96948, unter II 3 a; in BFH, Urteil v. 4.9.2002 - I R 7/01, NWB KAAAA-71749, wird dies so wohl nicht aufrechterhalten.
8 *Andres/Leithaus*, InsO, 2. Aufl. 2011, § 19 Rz. 9.

(2) Ansatz der Pensionszusage in der Überschuldungsprüfung

3663 Da es bei der Finanzierbarkeitsprüfung darum geht, festzustellen, ob die Erteilung der Pensionszusage eine Insolvenzantragspflicht auslöst, ist allein der insolvenzrechtlich anzusetzende Wert maßgebend.[1] Dies ist der handelsrechtliche Teilwert. Dieser stimmt nicht notwendig mit dem steuerlichen Anwartschaftsbarwert überein. Grundsätzlich ist aber der Anwartschaftsbarwert gem. § 6a Abs. 3 Satz 2 Nr. 2 EStG anzusetzen.[2]

(3) Zeitpunkt der Prüfung der Finanzierbarkeit i. d. R. nur bei Erteilung der Pensionszusage

3664 Die Finanzierbarkeit der Pensionszusage ist i. d. R. nur ein einziges Mal, nämlich bei Erteilung der Zusage zu prüfen,[3] da mit Erteilung der Pensionszusage eine Rechtsposition des Zusageempfängers begründet wird, die arbeits- und dienstvertragsrechtlich nicht ohne Weiteres einseitig geändert werden kann. Ein ordentlicher und gewissenhafter Geschäftsführer hat auch bei Verschlechterung der wirtschaftlichen Situation die vertraglichen Verpflichtungen zu erfüllen. Daher kommt eine Kürzung der Zusage nur in Betracht, wenn diese zivilrechtlich möglich ist, ansonsten besteht der ursprüngliche Veranlassungszusammenhang fort, weshalb dann auch die Zuführungen zur Rückstellung weiterhin einkommensmindernd zu berücksichtigen sind. Leider ist zu beobachten, dass diese nun schon nicht mehr brandneue Rechtsprechung in der Beratung von Altersvorsorgeberatern immer wieder unterschlagen wird, um eine ausreichende Ausfinanzierung von Pensionszusagen als steuerliche Notwendigkeit erscheinen zu lassen.[4]

(4) Rechtsfolge teilbar

3665 Eine Pensionszusage deckt immer das Risiko des Alters ab, indem eine Rente mit Erreichung eines bestimmten Geburtstags (meist des 65. oder 60.) zugesagt wird. Die meisten Pensionszusagen decken daneben noch das Risiko der Berufsunfähigkeit ab und sagen im Todesfall eine Hinterbliebenenversorgung zu.[5]

3666 Diese Risiken können in zwei Gruppen unterschieden werden:

- Risiken, die jederzeit eintreten können, wie Arbeitsunfähigkeit oder Tod und
- Risiken, die nur nach einer bestimmten Laufzeit eintreten können, wie Alter. Für das in der zweiten Gruppe enthaltene Risiko ist die Prüfung der bilanziellen Auswirkung bei Eintritt unmittelbar nach dem nächsten Bilanzstichtag sinnlos. Ein Geschäftsführer, der heute z. B. 38 Jahre alt ist, kann nicht nach dem nächsten Bilanzstichtag plötzlich 65 Jahre alt sein und Anspruch auf eine Alterspension haben.

---

1 BFH, Urteile v. 20.12.2000 - I R 15/00, BStBl 2005 II 657, kommentiert von *Janssen*, KFR F. 4 KStG § 8, 7/01, S. 331; v. 7.11.2001 - I R 79/00, BStBl 2005 II 659, kommentiert von *Janssen*, KFR F. 4 KStG § 8, 3/02, S. 123; v. 4.9.2002 - I R 7/01, NWB KAAAA-71749; v. 18.12.2002 - I R 44/01, NWB BAAAA-70044, ausdrücklich auch für Invaliditätszusage BFH, Urteil v. 24.1.2001 - I R 14/00, BFH/NV 2001, 1147 = NWB SAAAA-66717.

2 BFH, Urteil v. 4.9.2002 - I R 7/01, DStR 2003, 113 = NWB KAAAA-71749; ähnlich bereits in: BFH, Urteile v. 20.12.2000 - I R 15/00, BStBl 2005 II 657; v. 7.11.2001 - I R 79/00, BStBl 2005 II 659; v. 24.1.2001 - I R 14/00, BFH/NV 2001, 1147 = NWB SAAAA-66717; v. 28.11.2001 - I R 86/00, BFH/NV 2002, 675 = NWB KAAAA-68130; v. 18.12.2002 - I R 44/01, NWB BAAAA-70044.

3 BFH, Urteil v. 8.11.2000 - I R 70/99, NWB GAAAA-97080, kommentiert von *Janssen*, KFR F. 4 KStG § 8, 5/01, S. 243; bestätigt durch BFH, Urteile v. 24.1.2001 - I R 14/00, BFH/NV 2001, 1147 = NWB SAAAA-66717; v. 28.11.2001 - I R 86/00, BFH/NV 2002, 675, 677 = NWB KAAAA-68130; v. 18.12.2002 - I R 44/01, NWB BAAAA-70044.

4 Meist nur in den entsprechenden Informationsschriften der Altersvorsorgeberater, aber zuletzt auch wieder bei *Lutz*, Stbg 2008, 302.

5 Witwenrente oder auch Rente für die Freundin; vgl. dazu BFH, Urteil v. 29.11.2000 - I R 90/99, BStBl 2001 II 204.

Er kann allerdings unmittelbar nach dem nächsten Bilanzstichtag arbeitsunfähig werden oder sterben. Für die Risiken der ersten Gruppe ist die Prüfung der bilanziellen Auswirkung eines solchen Ereignisses also immerhin möglich. Würde ein 38-jähriger Geschäftsführer am nächsten Bilanzstichtag plötzlich berufsunfähig, so wäre die Berufsunfähigkeitsrente zu zahlen und dafür die Pensionsrückstellung enorm aufzustocken. Dieser hohe Aufstockungsbetrag stellt das sog. Bilanzsprungrisiko[1] dar, welches bei vielen kleineren GmbHs die Überschuldung nach sich ziehen kann.

Die Pensionszusage ist aber nicht insgesamt als ein einheitliches Gebilde zu betrachten, sondern als Zusammenfassung mehrerer verschiedener Zusagen für die verschiedenen Risiken.[2] Dementsprechend muss auch bei der Frage, ob eine vGA vorliegt jede Zusage gesondert betrachtet werden. Sollte also eine Zusage an den beherrschenden Gesellschafter-Geschäftsführer nicht anzuerkennen sein, so sind nicht gleich sämtliche Zuführungen vGA, vielmehr ist zunächst zu prüfen, ob einem fremden Geschäftsführer nicht eine modifizierte, finanzierbare Pensionszusage erteilt worden wäre, z. B. eine reine Pensionszusage auf das 65. Lebensjahr ohne Invaliditätszusage. Eine vGA besteht dann nur bezüglich des nicht finanzierbaren Teils der Pensionszusage.[3]

Ist danach ein Teil der Pensionszusage vGA, so müssen ferner nicht die Zuführungen für den gesamten Teil vGA sein.[4] Dieses Verdikt trifft vielmehr nur die Zuführungen zu dem Teil der betreffenden Zusage, mit dem die Überschuldungsgrenze überschritten wird. Würde also z. B. die Zusage einer Altersrente von 3.000 € zur Überschuldung führen, nicht aber die Zusage einer Rente von 2 900 €, so sind nur die Zuführungen für eine Altersrente von 100 € vGA. Gleiches wird auch für die anderen Zusageteile gelten müssen, zwar ist der Eintritt der Invalidität nicht teilbar, aber die Höhe der Invaliditätsrente kann ebenso reguliert werden wie bei einer Altersrente.

(Einstweilen frei)

f) Anspruchszeitpunkt

Beim Anspruchszeitpunkt (auch Auszahlungszeitpunkt genannt) geht es um die Frage, ob allein die Vereinbarung der Rentenzahlung auf einen bestimmten (früheren) Geburtstag ein Anscheinsbeweis dafür sein kann, dass gar nicht ernsthaft eine Pensionszusage vereinbart wurde, sondern lediglich ein Weg, durch die schnellere Ansammlung der Rückstellung höhere Steuerminderungen zu erzielen.

BEISPIEL: Für den 30-jährigen Geschäftsführer wird eine Pensionszusage auf den 40. Geburtstag zugesagt. Wegen der kurzen Zeit für die Ansammlung der Rückstellung ergibt sich nun zehn Jahre lang jeweils eine enorme Steuerersparnis. Ab Erreichen des 40. Geburtstags wird aber die Zusage jedes Jahr ein Jahr hinausgeschoben und so schließlich doch erst mit 65 gezahlt. Wäre jedoch gleich auf den

---

1 Dazu näher bereits *Janssen*, BB 1999, 1096.
2 BFH, Urteil v. 8. 11. 2000 - I R 70/99, NWB GAAAA-97080, kommentiert von *Janssen*, KFR F. 4 KStG § 8, 5/01, S. 243; BFH, Urteil v. 20. 12. 2000 - I R 15/00, BStBl 2005 II 657, kommentiert von *Janssen*, KFR F. 4 KStG § 8, 7/01, S. 331; erneut bestätigt durch BFH, Urteile v. 24. 1. 2001 - I R 14/00, BFH/NV 2001, 1147 = NWB SAAAA-66717; v. 28. 11. 2001 - I R 86/00, BFH/NV 2002, 675 = NWB KAAAA-68130; Andeutung bereits in einem obiter dictum in BFH, Urteil v. 15. 10. 1997 - I R 42/97, BStBl 1999 II 316.
3 BFH, Urteil v. 20. 12. 2000 - I R 15/00, BStBl 2005 II 657; v. 28. 11. 2001 - I R 86/00, BFH/NV 2002, 675 = NWB KAAAA-68130.
4 BFH, Urteil v. 7. 11. 2001 - I R 79/00, BStBl 2005 II 659, kommentiert von *Janssen*, KFR F. 4 KStG § 8, 3/02, S. 123; v. 28. 11. 2001 - I R 86/00, BFH/NV 2002, 675 = NWB KAAAA-68130.

65. Geburtstag zugesagt worden, so wäre die Ansammlung der Rückstellung nicht in 10, sondern nur in über 35 Jahren möglich gewesen. Würde die Pensionszusage hingegen mit dem 40. Geburtstag des GesGf abgefunden, so wäre dies gerade ein Beweis für ihre Ernsthaftigkeit.

3676 Bei einer Pensionszusage unter 60 Jahren verneint die Finanzverwaltung grds. die Ernsthaftigkeit. und zieht die Rechtsfolge daraus im Anwendungsbereich des § 6a EStG. Der im Beispiel erwünschte Effekt kann, wenn man der Finanzverwaltung folgt, gar nicht eintreten. Bei Neuzusagen nach dem 9. 12. 2016 geht die Verwaltung bei einer vertraglichen Altersgrenze von weniger als 62 Jahren davon aus, dass keine ernsthafte Vereinbarung vorliegt (vGA dem Grund nach).[1]

Eine Zusage ab dem 63. Lebensjahr ist möglich, bei beherrschenden Gesellschaftern wurde die Berechnung der Rückstellung aber auf das 65. Lebensjahr (bei Neuzusagen nach dem 9. 12. 2016 wurde diese Altersgrenze auf 67 angehoben) bezogen. Scheidet er vertragsgemäß mit dem 63. Lebensjahr aus, wurde die Rückstellung ab diesem Zeitpunkt gem. § 6a EStG aufgestockt. Ist die Zusage auf das 65. (67.) Lebensjahr bezogen und die Ausscheidung erfolgt mit 63, dann sind die Zahlungen zwischen dem 63. und dem 65. (67.) Lebensjahr vGA. Gleiches sollt gelten bei Vereinbarung eines höheren Pensionsalters und Ausscheiden mit dem 65. (67.) Lebensjahr. Für beherrschende GesGf wird nach Verwaltungsmeinung die Pensionszusage angesammelt, als ob die Zusage auf den 65. (67.) Geburtstag erteilt worden wäre, auch wenn tatsächlich ein früherer Zeitpunkt vereinbart worden ist. Geht der beherrschende GesGf tatsächlich vor Vollendung des 65. (67.) Lebensjahres in Pension, wird die Rückstellung auf einen Schlag aufgefüllt. Zu der angeschnittenen Frage, ob ein früher Anspruchszeitpunkt für mangelnde Ernsthaftigkeit der Zusage spricht, findet sich nur wenig:

▶ Nach R 38 Satz 8 KStR 2004 (ein entsprechender Hinweis fehlt in R 8.7 KStR) soll bei Vereinbarung einer Altersgrenze unter 60 wohl ein Anscheinsbeweis gegen die Ernsthaftigkeit der Zusage sprechen. Zwischen 60 und 65 kann ausnahmsweise eine Anerkennung im Fall der Schwerbehinderung gem. § 1 SchwbG in Betracht kommen. Weil sich der davor stehende Satz 7 auf behinderte Menschen bezieht, wird fälschlich auch Satz 8 gelegentlich nur auf behinderte Menschen bezogen. Eine solche Einschränkung ist ihm indes nicht zu entnehmen. Da die hier besprochene Frage auch an keiner anderen Richtlinienstelle mehr angesprochen worden ist, ist davon auszugehen, dass sich Satz 8 auf alle Geschäftsführer, egal ob behindert oder nicht behindert, bezieht. Wird also eine Altersgrenze von mindestens 60 vereinbart, ist die Zusage grundsätzlich ernsthaft, dem Finanzamt steht aber der Gegenbeweis offen. Satz 7 der Richtlinie verzichtet für behinderte Menschen lediglich auf diese Möglichkeit des Gegenbeweises („... ist nicht zu beanstanden ...").

▶ Die OFD Koblenz[2] wiederholt den Anscheinsbeweis aus der Richtlinie, will diesen aber wohl erweitern und für beherrschende GesGf ein Unterschreiten des „Mindestpensionsalters" von 65 Jahren nicht zulassen. Das BFH-Urteil, auf das die OFD sich dafür bezieht, sagt zu dieser Frage allerdings gar nichts aus, sondern ist ein Urteil zum Berechnungszeitpunkt. Es dürfte davon auszugehen sein, dass hier bei der OFD eine Verwechslung der Merkmale stattgefunden hat. Ferner will die OFD auch ein Pensionsalter deutlich über 70 als Indiz gegen die Ernsthaftigkeit der Zusage ansehen. Das mag allenfalls eine Berechti-

---
1 BMF, Schreiben v. 9. 12. 2016 IV C 6 - S 2176/07/10004, BStBl 2016 I 1427.
2 OFD Koblenz v. 25. 6. 2003, NWB TAAAA-80643.

gung haben, wenn der Beginn der Pensionszusage nach dem statistisch zu erwartenden Lebensende des Geschäftsführers liegt, dann sollte aber schon finanzmathematisch keine Rückstellung möglich sein.

Nachvollziehbar ist das Merkmal der mangelnden Ernsthaftigkeit nicht auf der Grundlage der Verwaltungsmeinung. Die Berechtigung für den vom BMF aufgestellten Anscheinsbeweis ist nicht ersichtlich, für beherrschende GesGf entbehrt das Merkmal angesichts der Einhaltung des folgenden Merkmals (Berechnungszeitpunkt) jeder Berechtigung. Eine Ausnahme gilt hier jedoch für einen Pensionsanspruch, der im Wege der Gehaltsumwandlung durch Verzicht auf einen wertgleichen Lohnanspruch entstanden ist, da dieser Anspruch auch stets erdient ist.[1]

Die Rechtsauffassung der Verwaltung kann infolge der jüngeren BFH Rspr. so nicht mehr akzeptiert werden, sie hat eine Modifizierung erfahren.[2] Nach § 6a Abs. 3 Satz 2 Nr. 1 Satz 3 EStG sind für die Berechnung des Teilwerts der Pensionsrückstellung die Jahresbeträge zugrunde zu legen, die vom Beginn des Wirtschaftsjahres, indem das Dienstverhältnis begonnen hat, bis zu dem in der Pensionszusage vorgesehenen Zeitpunkt des Eintritts des Versorgungsfalles rechnungsmäßig aufzubringen sind. Ein Mindestpensionsalter wird hiernach auch für die Zusage gegenüber dem beherrschenden GesGf einer GmbH nicht vorausgesetzt. Wurde einem ursprünglichen Minderheitsgesellschafter-Geschäftsführer einer GmbH eine Pension auf das 60. Lebensjahr zugesagt und wird der Begünstigte später zum Mehrheitsgesellschafter-Geschäftsführer, ohne dass die Altersgrenze angehoben wird, kommt deshalb insoweit allenfalls die Annahme einer vGA, nicht aber eine Bilanzberichtigung, in Betracht.

Streitig war in dem Sachverhalt der BFH Entscheidung für 2005, die Auswirkungen des Wechsels vom Minderheits- zum Mehrheitsgesellschafter-Geschäftsführer einer GmbH auf die Berechnung der Pensionsrückstellung nach Maßgabe von § 6a EStG. Eine Steuerberatungs-GmbH (Kl.) erteilte ihrem am 15.1.1950 geborenen zunächst mit 25 % beteiligten alleinvertretungsberechtigten GF A am 15.1.1987 eine Pensionszusage mit einer Altersrente nach Vollendung des 60. Lebensjahres i. H. v. 60 % seiner jährlichen Gesamtbezüge bei Ausscheiden. Die Klägerin berechnete die jährliche Zuführung zur Pensionsrückstellung jeweils unter Ansatz des 60. Lebensjahres. Seit 2002 ist A infolge eines Gesellschafterwechsels zu 60% an der Klägerin beteiligt. Die Jahre 2002 – 2004 sind bestandskräftig. Für 2005 führte die Klägerin zur Pensionsrückstellung einen Betrag i. H. v. 117 189 € zu. Bei einem Pensionsalter von 65 wären nur 60 601 € zuzuführen gewesen. Das FA vertrat die Auffassung, dass aufgrund der zwischenzeitlich eingetretenen beherrschenden Gesellschafterstellung des A die Pensionsrückstellung auf das 65. Lebensjahr zu berechnen und i. H. v. 461 213 € einkommenserhöhend aufzulösen sei. Die hiergegen gerichtete Klage hatte zum überwiegenden Teil Erfolg. Nach Auffassung des FG[3] sei die Pensionsrückstellung weiterhin und jedenfalls zum Bilanzstichtag des Streitjahres unverändert mit dem zum 31.12.2004 erfassten Wert anzusetzen. Wegen der bis dahin bestandskräftigen und nicht mehr änderbaren Steuerbescheide sei die Rückstellung auf diesen Stand „einzufrieren". Vom Streitjahr an sei die Rückstellung hingegen neu zu berechnen, da bei beherrschenden Gesellschaftern eine Pensionszusage nur auf das 65. Lebensjahr steuerlich anerkannt werde.

---

1 Vgl. dazu näher unter → Rz. 3333.
2 BFH, Urteil v. 11.9.2013 - I R 72/12, NWB HAAAE-60362.
3 FG Köln, Urteil v. 6.9.2012 - 10 K 1645/11, EFG 2013, 770.

Die hiergegen gerichtete Revision des FA wurde als unbegründet zurückgewiesen. Eine Auflösung der Pensionsrückstellung zum 31.12. des Streitjahres und ein neuer Ansatz nach Maßgabe eines höheren Pensionsalters kommen nicht in Betracht. Der Umstand, dass A im Jahr 2002 durch das Aufstocken seiner Beteiligung zum beherrschenden Gesellschafter der Klägerin geworden ist, berührt den Inhalt des ursprünglichen steuerwirksamen Versorgungsversprechens nicht; die Parteien haben das ursprünglich vereinbarte Pensionsalter auch nicht verändert. Bei der Ermittlung des Teilwerts der Verpflichtung ist dieser Umstand deshalb nicht mindernd zu berücksichtigen. Eine Korrektur der von der Klägerin angesetzten Pensionsrückstellung zum 31.12. des Streitjahres kommt ebenso wenig in Betracht wie eine Korrektur der Bilanzansätze der Jahre 2002 – 2004 im Wege der Bilanzberichtigung in der ersten offenen Schlussbilanz. Ist eine Hinzurechnung unterblieben und aus verfahrensrechtlichen Gründen eine Änderung der betreffenden Steuerbescheide nicht mehr möglich, können die rückgestellten Beträge auf der Ebene der Kapitalgesellschaft nicht mehr als vGA berücksichtigt werden. Nach dem Wortlaut des § 6a Abs. 3 Satz 2 Nr. 1 Satz 3 EStG ist bei der Berechnung der Pensionsrückstellungen ausschließlich auf den in der Pensionszusage vorgesehenen Zeitpunkt des Eintritts des Versorgungsfalles abzustellen. Für ein davon abweichendes Hinausschieben des Pensionsalters durch eine entsprechende automatische Verknüpfung mit der Regelaltersgrenze der gesetzlichen Rentenversicherung und eine sich danach zu bemessende Teilwertberechnung gibt die Regelung nichts her. Die Klägerin hat die FG Entscheidung nicht angefochten. Daher bleibt die Frage unbeantwortet, ob sich unabhängig davon eine im Gesellschaftsverhältnis gründende Veranlassung der Versorgungsleistung daraus ableiten lässt, dass das auf das vollendete 60. Lebensjahr bestimmte Pensionsalter auch nach dem Wechsel des A vom Minderheits- zum Mehrheitsgesellschafter-GF statt des üblichen 63. oder 65. Lebensjahres beibehalten worden ist.

3679 Die Entscheidung führt zu einem Überarbeitungsbedarf der R 6a Abs. 8 EStR 2012. Beim Statuswechsel wird mangels Revision der Klägerin zu erwarten sein, dass die nachträgliche Anpassung an übliche 63. oder 65. Lebensjahre erneut judiziert werden. Wer unstreitig gestaltet, muss sich an die Vorgaben der Vorinstanz durch „Einfrieren" der bis dahin gebildeten Rückstellungen halten.

3680 Die Rechtsprechung weist auch die Systematik auf. § 6a EStG gehört zur ersten Prüfungsstufe die den Bereich der Auswirkung auf die Höhe des Unterschiedsbetrags betrifft.[1] Wie das obige Beispiel zu lösen wäre, kann man an die Aussage der Rechtsprechung[2] anknüpfen, dass für ein davon abweichendes Hinausschieben des Pensionsalters durch eine entsprechende automatische Verknüpfung mit der Regelaltersgrenze der gesetzlichen Rentenversicherung und eine sich danach zu bemessende Teilwertberechnung die Regelung nichts hergebe. Die Frage einer vGA auf der 2. Prüfungsstufe lässt der BFH mangels Entscheidungsrelevanz offen. Sollte der Veranlagungszeitraum bestandskräftig sein, wäre nach den Vorgaben der Vorinstanz durch Einfrieren der Rückstellung zu verfahren.[3]

g) Berechnungszeitpunkt

3681 Bei beherrschenden GesGf ist die Pensionszusage bei einem Zusagezeitpunkt vor Vollendung des 65. Lebensjahrs auf vGA – Ebene und nicht im Rahmen der Bilanzberichtigung auf ein Ru-

---

[1] Ausführlich dazu → Rz. 316.
[2] BFH, Urteil v. 11.9.2013 - I R 72/12, NWB HAAAE-60362.
[3] FG Köln, Urteil v. 6.9.2012 - 10 K 1645/11, EFG 2013, 770.

hestandsalter von 65 Jahren zu berechnen (Berechnungszeitpunkt). Nach BFH[1] muss es hinreichend wahrscheinlich sein, dass die KapGes nach Maßgabe der Pensionsrückstellung in Anspruch genommen wird. Zur Vereinfachung dieses Maßstabes hat der BFH eine typisierende Betrachtung zugelassen, bei welcher die statistischen Erkenntnisse darüber zu berücksichtigen sind, ob die beherrschenden GesGf zu den vertraglich vorgesehenen Zeiten in den Ruhestand getreten sind. Hiernach sei es hinreichend wahrscheinlich, dass beherrschende GesGf mit dem vertraglich vorgesehenen Pensionsalter von 65 in Ruhestand treten. Neuere Untersuchungen sind nicht existent, daher ist es nicht hinreichend wahrscheinlich, dass ein beherrschender GesGf mit 63 in den Ruhestand tritt.[2] Auch ohne neuere Untersuchungen ist für das BMF die Anhebung der Regelaltersgrenze in der gesetzlichen Rentenversicherung ein ausreichender Grund ab 31.12.2008 (Anwendung erst ab 31.12.2009 wird toleriert[3]) von einem Berechnungszeitpunkt von 67 Jahren auszugehen. Nach R 6a Abs. 8 EStR 2012 gilt der Berechnungszeitpunkt 65 noch für alle Geburtsjahrgänge bis 1952, für Geburtsjahrgänge von 1953 – 1961 gilt 66 Jahre und für alle Geburtsjahrgänge ab 1962 dann ein Berechnungszeitpunkt von 67.[4] Die Behandlung im Rahmen des § 6a EStG ist mittlerweile von der Rechtsprechung verworfen.[5] Bleibt die Rechtsprechung bei ihrer Begründung für den Berechnungszeitpunkt der typisierten 65, darf sie das Herausschieben der Altersgrenze, wie von der Finanzverwaltung vorgesehen, nicht anerkennen.

Die Inanspruchnahme der Pension hat mit der Weiterarbeit des GesGf in der Gesellschaft nichts zu tun. Es steht ihm frei, mit z.B. 63 seine Pension zu beziehen und gleichzeitig weiterhin ein Arbeitsverhältnis mit der Gesellschaft aufrechtzuerhalten und daraus Gehälter zu beziehen.[6] Beachte aber zur Einschränkung von Parallelzahlung von laufendem Gehalt und Altersbezug durch die Gesellschaft → Rz. 3764. Ist vertraglich ein höheres Alter als 65 vorgesehen, so ist die Pension auf diesen Zeitpunkt zu berechnen, eine Änderung des Pensionsalters auf 65 sollte möglich sein. Eine vertraglich vorgesehene Altersgrenze von weniger als 65 Jahren kann nur dann für die Berechnung der Pensionsrückstellung zugrunde gelegt werden, wenn besondere Umstände nachgewiesen werden, die ein niedrigeres Pensionsalter rechtfertigen. Angelehnt werden könnte sich an die Erfüllung einer langjährigen Arbeitszeit von über 40 Jahren. Für anerkannte schwerbehinderte Menschen i.S.d. § 2 Abs. 2 SGB IX kann jedoch gem. R 38 Satz 7 KStR 2004 (ein entsprechender Hinweis fehlt in den KStR 2015) eine vertragliche Altersgrenze von mindestens 60 Jahren zugrunde gelegt werden. Ab 31.12.2008 gilt auch dies gem. der überholten R 6a Abs. 8 EStR 2012 nur noch für Geburtsjahrgänge bis 1952, für Jahrgänge von 1953 – 1961 gilt 61 Jahre und für alle Jahrgänge ab 1962 gilt 62 Jahre.[7] Hier könnte eine typisierende Betrachtung von mindestens 60 Jahre vereinfachend wirken.

---

1 BFH, Urteile v. 23.1.1991 - I R 113/88, BStBl 1991 II 379; v. 25.4.1990 - I R 59/89, BFH/NV 1991, 269 = NWB UAAAB-31606; v. 29.10.1997 - I R 52/97, BStBl 1999 II 318.
2 BFH, Urteil v. 23.1.1991 - I R 113/88, BStBl 1991 II 379.
3 BMF, Schreiben v. 3.7.2009, BStBl 2009 I 712.
4 Dazu näher *Schmidt*, NWB 3/2009, 156.
5 BFH, Urteil v. 11.9.2013 - I R 72/12, NWB HAAAE-60362.
6 Vgl. dazu → Rz. 3759.
7 Dazu näher *Schmidt*, NWB 2009, 156.

h) Erdienbarkeit

3683 Nach der Rspr. und Verwaltungsauffassung müssen Pensionszusagen bei Zusage noch erdienbar sein.[1] Die Rechtfertigung für dieses Kriterium ist nicht ersichtlich. Aus der Bezeichnung kann man eventuell ableiten, es solle damit sichergestellt werden, dass der GesGf die Pensionszusage nicht quasi geschenkt erhält.[2] Dies ist jedoch schon dadurch sichergestellt, dass die Pensionszusage in die Prüfung der Angemessenheit der Gesamtbezüge einbezogen wird.

3684 Dieses Kriterium zerfällt in zwei Teile, das Höchstalter (absolute Zeitgrenze) und den Erdienenszeitraum (relative Zeitgrenze):

▶ Nach Ansicht des BFH hängt die Erdienbarkeit entscheidend vom Alter des Geschäftsführers im Zeitpunkt der Pensionszusage ab. Die Erdienbarkeit wird regelmäßig verneint, sobald der Geschäftsführer das Zusagehöchstalter von 60 Jahren überschritten hat.[3] Konnte die ältere Rechtsprechung noch dahingehend verstanden werden, dass ab dem 61. Geburtstag die Zusage stets vGA sein musste, so sieht der BFH dies heute wohl nur als Grund für eine Beweislastumkehr an,[4] was ihm zugleich ermöglicht, die Beurteilung dieser Frage als Tatsachenfrage auf die FG abzuschieben und deren Beurteilung als i. d. R. nicht revisibel anzusehen.[5] Die Begründung für diesen Stichtag sieht der BFH darin, dass ab diesem Alter das gesundheitliche Risiko steigt und daher die Gefahr besteht, dass der Geschäftsführer die zugesagte Pension nicht mehr erdienen kann. Der BFH sieht nämlich nur einen Zeitraum von zehn bzw. drei Jahren als erforderlich zur Erdienung einer Pensionszusage an.[6] In seiner früheren Rechtsprechung war er aber pauschal davon ausgegangen, dass beherrschende GesGf ihre Pension erst mit 75 in Anspruch nehmen.[7] Zu diesem Zeitpunkt hat der BFH den GesGf also eine bessere Gesundheit zugetraut als aktuell. Da die medizinische Versorgung ständig verbessert und damit auch die Lebenserwartung ständig erhöht wird, dürfte es aber gerade umgekehrt richtig sein, mithin müsste das Höchstalter bereits für beherrschende GesGf mindestens bei 65 liegen. Aus denselben Erwägungen hat das FG Thüringen[8] eine einem 62 jährigen zugesagte Pension aberkannt. Die hiergegen gerichtete Revision hatte keinen Erfolg. Nach dieser Entscheidung des BFH[9] stellt seine ständige Rechtsprechung ein starkes Indiz für die fehlende Erdienbarkeit dar, wenn der GesGf im Zeitpunkt der Pensionszusage das 60. Lebensjahr bereits vollendet hat. Dies gilt unabhängig davon, ob der Begünstigte ein beherrschender oder nicht beherrschender Gesellschafter ist. Diese Rechtsprechung führt nicht zu einer gegen Art. 3

---

1 Anders FG Berlin-Brandenburg, Urteil v. 22. 6. 2011 - 12 K 12274/09, EFG 2011, 1992, für den Fall einer AG; zu Einzelheiten der Erdienbarkeit s. *Pfistmann*, DB 2019, 984.
2 BFH, Urteile v. 16. 12. 1998 - I R 96/95, BFH/NV 1999, 1125 = NWB VAAAA-63051; auch v. 21. 12. 1994 - I R 98/93, BStBl 1995 II 419; auch BFH, Urteil v. 30. 1. 2002 - I R 56/01, BFH/NV 2002, 1055 = NWB BAAAA-68120.
3 BFH, Urteile v. 9. 11. 2005 - I R 94/04, BFH/NV 2006, 616 = NWB WAAAB-75585; v. 28. 6. 2005 - I R 25/04, BFH/NV 2005, 2252 = NWB AAAAB-66973; v. 14. 7. 2004 - I R 14/04, BFH/NV 2005, 245 = NWB DAAAB-36123; v. 16. 12. 1998 - I R 96/95, BFH/NV 1999, 1125 = NWB VAAAA-63051; v. 21. 12. 1994 - I R 98/93, BStBl 1995 II 419; v. 5. 4. 1995 - I R 138/93, BStBl 1995 II 478; v. 24. 1. 1996 - I R 41/95, BStBl 1997 II 440; v. 17. 5. 1995 - I R 66/94, BFH/NV 1995, 1092 = NWB GAAAB-37240; a. A. FG München, Urteil v. 26. 7. 2004 - 6 K 3566/02, EFG 2004, 1789. Nach BFH, Urteil v. 20. 10. 2000 - I B 74/00, BFH/NV 2001, 344 = NWB UAAAA-66696, gilt seine Ansicht auch für eine zusätzlich oder anstatt der Altersversorgung zugesagte Hinterbliebenenversorgung.
4 Vgl. insbesondere BFH, Urteil v. 9. 11. 2005 - I R 94/04, BFH/NV 2006, 616 = NWB WAAAB-75585.
5 BFH, Urteil v. 9. 11. 2005 - I R 94/04, BFH/NV 2006, 616 = NWB WAAAB-75585.
6 Siehe sogleich unter → Rz. 3684.
7 BFH, Urteile v. 15. 12. 1965 - I 193/62, BStBl 1966 III 202; v. 20. 6. 1974 - I R 112/72, BStBl 1974 II 694.
8 FG Thüringen, Urteil v. 16. 2. 2012 - 1 K 368/11, NWB IAAAE-14695.
9 BFH, Urteil v. 11. 9. 2013 - I R 26/12, BFH/NV 2014, 728, Nr. 5 = NWB HAAAE-60349.

Abs. 1 GG verstoßenden Altersdiskriminierung. Da die Pensionszusage eine zusätzliche Vergütung für geleistete und noch zu erbringende Arbeitsleistungen darstellt, stellt die Annahme, dass eine Pensionszusage bei fortschreitendem Lebensalter nicht mehr erdient werden kann, ein sachliches Kriterium dar, das die Ungleichbehandlung rechtfertigen kann. Die Anhebung der Regelaltersgrenze auf 67 Jahre gebietet jedenfalls dann keine Modifizierung der bisherigen Rechtsprechung, wenn der GesGf, dem die Pensionszusage erteilt worden ist, vor dem 1.1.1947 geboren ist und zudem im Zeitpunkt der Erteilung der Pensionszusage das 60. Lebensjahr bereits um mehr als zwei Jahre überschritten hat. Ob bei nach 1946 geborenen Geschäftsführern eine andere Betrachtung vorzunehmen ist, wird nicht weiter ausgeführt. Gleiches ergibt sich auch bei einem Vergleich mit den Verhältnissen von Fremdgeschäftsführern, die oft noch in hohem Alter eine Pensionszusage erhalten,[1] so wurde z. B. in einem Fall des BAG einem 62-jährigen Fremdgeschäftsführer eine Pensionszusage auf den 65. Geburtstag erteilt.[2]

▶ Entscheidend ist aber, dass die voraussichtliche Tätigkeit allenfalls bei einer Berufsunfähigkeitsrente ausschlaggebend sein kann, bezüglich einer Altersrente jedoch nicht, da diese bei vorzeitigem Ausscheiden bzw. vorzeitiger Inanspruchnahme entsprechend gekürzt wird, also stets nur der erdiente Teil gezahlt wird. Diese Aufspaltung in die unterschiedlichen Ansprüche einer einheitlichen Zusage hat der BFH bei der Finanzierbarkeit anerkannt,[3] es ist nicht einzusehen, warum er sie hier verweigern sollte. Zudem kann auf Basis der Begründung des BFH das Höchstzusagealter nicht für Minderheitsgesellschafter-Geschäftsführer gelten. Bei diesen beträgt der Erdienenszeitraum nämlich nur drei Jahre (soweit sie mindestens zwölf Jahre Betriebszugehörigkeit aufweisen können).[4] Es ist aber unsinnig, bei einem beherrschenden Gesellschafter-Geschäftsführer davon auszugehen, dass sein Gesundheitszustand mit 60 noch eine zehnjährige Dienstzeit zulässt, also bis 70, beim nicht beherrschenden aber anzunehmen, dass er mit z. B. 61 eine Dienstzeit von drei Jahren aus gesundheitlichen Gründen nicht mehr wird leisten können.[5] Für Minderheitsgesellschafter-Geschäftsführer muss daher ein Höchstzusagealter von 67 gelten.

▶ Darüber hinaus ist nach der Rspr. der Erdienenszeitraum einzuhalten. Erdient werden kann eine Pension von einem beherrschenden Gesellschafter lt. BFH,[6] wenn zwischen dem Zusagezeitpunkt und dem vorgesehenen Zeitpunkt des Eintritts in den Ruhestand mindestens zehn Jahre liegen.[7] Wird eine höhere Pensionsleistung zum Ausgleich einer erst später einsetzenden Auszahlung der Pension wegen Weiterbeschäftigung über den vorgesehenen Pensionszeitpunkt hinaus vereinbart, so sind der Erdienenszeitraum von zehn Jahren und die Altersgrenze von 60 Jahren zu beachten.[8] Bei nicht beherrschenden

---

[1] *Höfer/Kisters-Kölkes*, BB 1989, 1157, 1159.
[2] BAG, Urteil v. 16.12.1976 – 3 AZR 761/75, AP Nr. 3 zu § 16 BetrAVG – es ging lediglich um die Anpassung der Rente.
[3] Siehe → Rz. 3665.
[4] BFH, Urteil v. 24.1.1996 – I R 41/95, BStBl 1997 II 440.
[5] A. A. OFD Düsseldorf v. 17.11.1997 – S 2742 A – St 131; OFD Köln v. 15.9.1997, NWB JAAAA-85914.
[6] BFH, Urteile v. 28.6.2005 – I R 25/04, BFH/NV 2005, 2252 = NWB AAAAB-66973; v. 14.7.2004 – I R 14/04, BFH/NV 2005, 245 = NWB DAAAB-36123; v. 29.10.1997 – I R 52/97, BStBl 1999 II 318; v. 21.12.1994 – I R 98/93, BStBl 1995 II 419; v. 5.4.1995 – I R 138/93, BStBl 1995 II 478; ebenso FG des Landes Brandenburg v. 30.8.2000 – 2 K 2190 K, rkr., DStRE 2001, 1234, für Geschäftsführer einer aus einer ZGE entstandenen GmbH; auch *Höfer/Eichholz*, DB 1995, 1246.
[7] BFH, Urteil v. 30.1.2002 – I R 56/01, NWB BAAAA-68120, m. umfangreichen w. N.
[8] Äußerst streitig, so aber FG Köln, Urteil v. 6.4.2017 – 10 K 2310/15, NWB DAAAG-58523 rkr., m. N. zu den verschiedenen Auffassungen.

Gesellschafter-Geschäftsführern ist auch ein Zeitraum von drei Jahren ausreichend, wenn der Geschäftsführer dann seit mindestens zwölf Jahren dem Betrieb angehört. Auch diese Fristen sind bezüglich der Zusage einer Alterspension aus den vorgenannten Gründen unverständlich.

▶ Ein im Rahmen einer Pensionszusage erst unmittelbar vor Vollendung des vertraglich vorgesehenen Pensionsalters des beherrschenden Gesellschaftergeschäftsführers einer Kapitalgesellschaft vereinbarter Aufschub des Eintritts der Versorgungsfälligkeit bis zur endgültigen Beendigung der Geschäftsführerfunktion unter Einräumung eines versicherungsmathematischen Barwertausgleichs ist mit den Grundsätzen der Erdienbarkeit unvereinbar und führt zu einer vGA.[1]

3685 Der BFH hat sich bei dem 10-Jahres- und dem 3/12-Jahres-Zeitraum an den Regelungen des BetrAVG zur Unverfallbarkeit von Pensionszusagen orientiert.[2] Die Unverfallbarkeit wird nun aber bereits nach fünf Jahren erreicht, es liegt daher nahe, auch die Erdienbarkeit zumindest auf fünf Jahre abzusenken.[3] Dies wird indes von der Finanzverwaltung[4] und Rechtsprechung[5] abgelehnt, sie halten weiter an den bisherigen Fristen fest.

3686 Durch die flexibleren Unverfallbarkeitsfristen entsteht die Frage nach dem Schicksal der Pensionszusage, wenn der Geschäftsführer seine Position überraschend früher aufgibt als geplant.

BEISPIEL: Der 59-jährige beherrschende GesGf einer GmbH erhält eine Pensionszusage auf seinen 70. Geburtstag. Diese wird sofort ratierlich unverfallbar. Der Geschäftsführer geht mit 65 in Pension.

Bei Vereinbarung der Pensionszusage war sie eindeutig noch erdienbar. Bei Eintritt in die Pension sind jedoch die von der Finanzverwaltung für die Erdienbarkeit geforderten zehn Jahre noch nicht abgelaufen. Der BFH deutet in seiner Entscheidung v. 28.6.2005[6] an, dass dies unschädlich sei, solange die frühere Zahlung lediglich auf den üblichen Klauseln zum vorzeitigen Ausscheiden beruhe. Im entschiedenen Fall hatte der GesGf jedoch unabhängig davon einen Anspruch, die Pensionszusage gekürzt bereits mit 65 in Anspruch zu nehmen. Darin sah der BFH eine unzulässige Abkürzung der Erdienbarkeit. In den einschlägigen Fällen ist es also wichtig, die Pension ausdrücklich auf den 70. Geburtstag zuzusagen und die vorzeitige Inanspruchnahme nur nach den üblichen Regelungen vorzusehen.[7] Dies verlangt vor allem, dass für die verkürzte Laufzeit des Arbeitsvertrags plausible betriebliche Gründe erkennbar sind und vorgebracht werden.[8]

3687 In seiner neueren Rspr. hat der BFH[9] betont, dass die genannten Fristen nicht als allgemein gültige, zwingende Vorgaben zu verstehen sind, vielmehr nur indizielle Bedeutung haben und auch bei einem Erdienenszeitraum von unter zehn Jahren die Erteilung der Pensionszusage steuerlich anzuerkennen sein kann. Dann muss allerdings auf andere Weise sichergestellt sein,

---

1 FG Köln, Urteil v. 6.4.2017 - 10 K 2310/15, NWB DAAAG-58523, EFG 2017 S. 1537.
2 BFH, Urteile v. 28.6.2005 - I R 25/04, BFH/NV 2005, 2252 = NWB AAAAB-66973; v. 14.7.2004 - I R 14/04, BFH/NV 2005, 245 = NWB DAAAB-36123; v. 30.1.2002 - I R 56/01, NWB BAAAA-68120; dazu kritisch *Langohr-Plato*, INF 2003, 256, 259.
3 *Cramer*, DStR 2002, 387, 390; *Höfer/Kaiser*, DStR 2003, 274, 275.
4 BMF, Schreiben v. 9.12.2002, BStBl 2002 I 1393.
5 BFH, Entscheidungen v. 19.11.2008 - I B 108/08, BFH/NV 2009, 608 = NWB DAAAD-09854; v. 6.12.2007 - I B 95/07, NWB UAAAC-71423; v. 14.7.2004 - I R 14/04, BFH/NV 2005, 245 = NWB DAAAB-36123; v. 28.6.2005 - I R 25/04, BFH/NV 2005, 2252 = NWB AAAAB-66973; ebenso für 3/12-Jahres-Zeitraum bei Minderheitsgesellschafter-Geschäftsführern FG München, Urteil v. 25.8.2004 - 7 K 4780/02, rkr., EFG 2004, 1683.
6 BFH, Urteil v. 28.6.2005 - I R 25/04, BFH/NV 2005, 2252 = NWB AAAAB-66973.
7 Vgl. dazu Musterpensionszusage bei *Janssen*, vGA, 12. Aufl. 2017, Rz. 855 ff.
8 BFH, Urteil v. 25.6.2014 - I R 76/13, BStBl 2015 II 665, Rz. 19.
9 BFH, Urteile v. 28.6.2005 - I R 25/04, BFH/NV 2005, 2252 = NWB AAAAB-66973; v. 14.7.2004 - I R 14/04, BFH/NV 2005, 245 = NWB DAAAB-36123; v. 24.4.2002 - I R 43/01, BStBl 2003 II 416; v. 30.1.2002 - I R 56/01, a.a.O.

dass die Zusage für die künftigen Leistungen des Geschäftsführers gegeben wird. Dies sah er als gegeben an, wenn

- der Geschäftsführer sich eine angemessene Versorgung nicht aufbauen konnte und seine Tätigkeit für den Betrieb von essentieller Bedeutung war.[1] Es handelte sich um einen GesGf in den neuen Bundesländern, für den bei Zusage noch eine Dienstzeit von acht Jahren und zehn Monaten verblieb. Eine bei Zusage verbleibende Dienstzeit von sechs Jahren ist dagegen auch in den neuen Bundesländern nicht ausreichend.[2]
- das Dienstverhältnis des GesGf nach zwei Jahren für den kurzen Zeitraum von 1,5 Jahren unterbrochen wurde, danach die inhaltlich gleiche Pensionszusage neu erteilt wurde und die Zeiten vor und nach Unterbrechung insgesamt zehn Jahre erreichten.[3]
- dem Geschäftsführer eine Pension bereits aus einem früheren Dienstverhältnis zusteht und die ergänzende Pensionszusage unter Verletzung des Zehnjahreszeitraums nur zur Schließung einer Versorgungslücke dient.[4]
- sowohl das Höchstalter als auch der Erdienenszeitraum nur um zwei Monate verkürzt worden waren und wegen der Bedeutung des Geschäftsführers als Prüfingenieur und für das Unternehmen der GmbH keine Zweifel an der betrieblichen Veranlassung der Pensionszusage bestanden.[5] Werden beide Zeiträume um drei Monate unterschritten und befürchtet der Gesellschafter-Geschäftsführer subjektiv im Zeitpunkt der Pensionszusage das Wiederaufleben einer Krebserkrankung, so ist wegen dieses zusätzlichen Punktes die Erdienbarkeit nicht gewahrt.[6]
- bei einem Minderheitsgesellschafter-Geschäftsführer, bei dem die Drei-Jahres-Frist gewahrt ist, kann die zwölfjährige Betriebszugehörigkeit auch unter Einbeziehung der Beschäftigung beim vorhergehenden Arbeitgeber berechnet werden, wenn dessen (Teil-)Betrieb nach § 613a BGB auf den aktuellen Arbeitgeber übergegangen ist oder auch ohne Einhaltung des § 613a BGB aus diesem hervorgegangen ist.[7]

Wird wegen der Frage der Erdienbarkeit eine Verlängerung der Lebensarbeitszeit des Geschäftsführers vorgenommen, so ist diese Änderung erst ab dem Zeitpunkt ihrer Vereinbarung zu beachten.[8]

BEISPIEL: Dem beherrschenden GesGf wird zu seinem 56. Geburtstag am 30. 6. 01 von der Gesellschaft auf den 65. Geburtstag eine Pensionszusage erteilt. Erst zwei Jahre später am 58. Geburtstag erfährt der Steuerberater der Gesellschaft davon. Er veranlasst sofort eine Änderung der Pensionszusage, die nunmehr auf den 66. Geburtstag des GesGf hinausgeschoben wird. Am Bilanzstichtag nach dem 56. Geburtstag (31. 12. 01) soll die Pensionsrückstellung wegen der relativ hohen Erstrückstellung bereits 50.000 € betragen, am Stichtag nach dem 57. Geburtstag (31. 12. 02) 55.000 €, am Stichtag nach dem 58. Geburtstag (31. 12. 03) wegen des Herausschiebens auf den 66. Geburtstag nur noch 48.000 €.

---

1 BFH, Urteil v. 24. 4. 2002 - I R 43/01, BStBl 2003 II 416; die Finanzverwaltung lässt ausdrücklich die Anwendung auf ähnlich gelagerte Sachverhalte zu, vgl. BMF, Schreiben v. 13. 5. 2003, BStBl 2003 I 300.
2 BFH, Urteil v. 23. 7. 2003 - I R 80/02, BStBl 2003 II 926.
3 BFH, Urteil v. 30. 1. 2002 - I R 56/01, NWB BAAAA-68120.
4 BFH, Urteile v. 21. 12. 1994 - I R 98/93, BStBl 1995 II 419; v. 16. 12. 1998 - I R 96/95, NWB VAAAA-63051.
5 BFH, Urteil v. 14. 7. 2004 - I R 14/04, BFH/NV 2005, 245 = NWB DAAAB-36123.
6 BFH, Urteil v. 11. 8. 2004 - I R 108–110/03, BFH/NV 2005, 385 = NWB WAAAB-41185 – dagegen zu Recht *Paus*, FR 2005, 538, weil das Risiko der Erkrankung von einer Versicherung übernommen worden war.
7 FG München, Urteil v. 25. 8. 2004 - 7 K 4780/02, rkr., EFG 2004, 1683 – es wurde hier die Rechtsprechung zur Probezeit übertragen.
8 BFH, Urteil v. 23. 7. 2003 - I R 80/02, BStBl 2003 II 926; v. 28. 6. 2005 - I R 25/04, BFH/NV 2005, 2252 = NWB AAAAB-66973.

Der BFH sieht in den Zuführungen zur Pensionsrückstellung bis zur Änderung des Eintrittsalters verdeckte Gewinnausschüttungen. Zum 31.12.01 ergibt sich also eine vGA von 50.000 €, zum 31.12.02 von 5.000 €. Fraglich und ungeklärt ist, ob die Erhöhung der Rückstellung zum 30.6.03 ausgerechnet und als vGA angesehen werden muss, da erst an diesem Tag die Änderung erfolgte. In der Praxis dürfte aber davon auszugehen sein, dass die Zuführung zur Rückstellung nur einmal jährlich erfolgt. Zum 31.12.03 war aber das Kriterium der Erdienbarkeit erfüllt, eine vGA liegt daher nicht vor. In dem Herausschieben des Eintrittsalters sieht der BFH eine Herabsetzung der Pensionszusage und grundsätzlich keine Neuzusage. Wird, wie hier, ab dem Zeitpunkt der ursprünglichen Zusage die Zehn-Jahres-Frist nunmehr erfüllt, so ist die Pensionszusage – wenn sie im Übrigen in Ordnung ist – ab dem Zeitpunkt der Änderung anzuerkennen.[1] Dies gilt ausdrücklich aber nicht rückwirkend.[2] Der BFH hat sich jedoch nicht damit beschäftigt, wie die Herabsetzung der Pensionsrückstellung, die sich durch die Verlängerung der Erdienbarkeit ergibt, zu behandeln ist. Da die Einstellung der Rückstellung als vGA den Gewinn nicht gemindert hat, muss die Absenkung als verdeckte Einlage betrachtet werden, die den Gewinn nicht erhöhen darf. Fraglich ist allein die spätere Behandlung beim Gesellschafter.

3689 Diese Urteile des BFH weisen in die richtige Richtung. Er stellte schon früher fest, dass es praktisch nicht möglich ist, den Zeitraum, in dem eine Pensionszusage jedenfalls dem Grunde nach durch eine aktive Tätigkeit erdient erscheint, im Einzelfall festzustellen,[3] freilich nur, um dann den Zehnjahreszeitraum anzuwenden. Hinterfragt man aber diese Feststellung, kommt man zu der Einsicht, dass das Merkmal der Erdienbarkeit keine Berechtigung hat.[4] Dazu kann man auf zwei Wegen kommen. Einer ergibt sich, wenn man die Begründung des BFH zur Probezeit ernst nimmt. Der BFH hat dort auf das Fürsorgeprinzip zurückgegriffen,[5] danach ergibt sich die Pensionszusage als freiwillige Maßnahme des Arbeitgebers aus Fürsorge für den Arbeitnehmer. Handelt es sich aber demzufolge um eine Art Geschenk, so muss es dem Arbeitgeber freistehen, wann er dieses Geschenk an den Arbeitnehmer geben will, eine Erdienbarkeit ist nicht zu rechtfertigen (allerdings ist eine Probezeit so zu rechtfertigen). Dieses Fürsorgeprinzip ist aber überholt.[6] Eine Pensionszusage muss also durchaus erdient werden; es entspricht nicht der Erfahrung in der heutigen Arbeitswelt, dass ein Arbeitgeber seinen Arbeitnehmern etwas schenkt. Dann lässt sich zwar eine Probezeit nicht mehr rechtfertigen, es ergibt sich jedoch der Maßstab für die Erdienbarkeit. Dies ist nämlich die Angemessenheit der Gesamtvergütung. Dem Arbeitgeber wird es letztlich gleichgültig sein, ob er den Arbeitslohn in Form einer Barvergütung oder in Form einer Altersversorgung zahlt, solange dieser angemessen ist.[7] Auch der BFH erkennt nun in seinem Urteil v. 30.1.2002,[8] dass eine Pensionszusage die künftige Arbeitsleistung eines Geschäftsführers abdecken soll. Ebenso erkennt der BFH[9] den Entgeltcharakter der Pensionszusage an, ohne sich jedoch damit auseinanderzusetzen.[10] Auch das FG

---

[1] BFH, Urteile v. 19.5.1998 - I R 36/97, BStBl 1998 II 689; v. 23.7.2003 - I R 80/02, BStBl 2003 II 926; v. 28.6.2005 - I R 25/04, BFH/NV 2005, 2252 = NWB AAAAB-66973.
[2] BFH, Urteile v. 23.7.2003 - I R 80/02, BStBl 2003 II 926; v. 28.6.2005 - I R 25/04, BFH/NV 2005, 2252 = NWB AAAAB-66973.
[3] BFH, Urteile v. 21.12.1994 - I R 98/93, BStBl 1995 II 419; v. 30.1.2002 - I R 56/01, BFH/NV 2002, 1055 = NWB BAAAA-68120.
[4] I. E. ebenso Gosch/*Gosch* § 8 Rz. 1098.
[5] Vgl. → Rz. 3639.
[6] Vgl. → Rz. 3639.
[7] Ebenso *Cramer*, DStR 2002, 387.
[8] BFH, Urteil v. 30.1.2002 - I R 56/01, NWB BAAAA-68120.
[9] BFH, Urteil v. 21.12.1994 - I R 98/93, BStBl 1995 II 419; ähnlich BFH, Urteil v. 24.4.2002 - I R 43/01, BStBl 2003 II 416.
[10] Diesen Entgeltcharakter erkannte das BAG bereits mit Urteil v. 10.12.1971 - 3 AZR 190/71, NJW 1972, 733.

München[1] hält das Kriterium der Erdienbarkeit für überflüssig, ersetzt dieses aber durch einen unbegründeten, haltlosen und völlig frei schwebenden Drittvergleich.

Bei Erhöhung von Pensionszusagen ist nach der Entscheidung des BFH, Urteil v. 23.9.2008[2] die Erdienbarkeit ebenso einzuhalten wie bei einer Neuzusage. Angesichts der erheblichen und lang reichenden finanziellen Auswirkungen einer Erhöhung würde ein ordentlicher Geschäftsleiter die Erdienbarkeit nicht anders als bei einer Neuzusage beurteilen. Ausnahmen seien, wie bei der Erstzusage denkbar, etwa wenn ein zugesagter Festbetrag sich infolge der erheblichen Steigerung der Lebenshaltungskosten nunmehr zur Alterssicherung als unzureichend erweise.[3]

Der Fall illustriert dabei mustergültig, wie unsinnig die Anforderungen des BFH sind: Im Alter von 41 Jahren war dem GesGf eine Pension von 50% seines letzten Gehalts ab dem 65. Geburtstag zugesagt worden. Diese Zusage konnte unstrittig erdient werden. Unterstellt man eine gleichmäßige Erdienung, so hat der GesGf also in jedem Jahr (65 − 41 = 24) einen Pensionsanspruch von ca. 3% seines Endgehaltes erdient. Mit 56 Jahren wird ihm eine Erhöhung von 16% des Endgehaltes zugesagt (Anspruch jetzt 66% des Endgehaltes). Aufgrund der Erhöhung würde er etwas weniger als 2% seines Endgehaltes pro Jahr erdienen. Das soll aber nicht möglich sein, weil die Zehn-Jahres-Frist nicht eingehalten ist. Umgekehrt könnte man auch argumentieren, die Erdienung der Erhöhung sei gar nicht möglich, weil ja schon jedes Jahr 2% aus der Grundzusage erdient werden und ab Zusage der Erhöhung also ca. 4% pro Jahr erdient werden müssen. Das kann aber wiederum nicht unmöglich sein, weil selbst für eine Zusage von 75% des Endgehaltes eine Erdienung von zehn Jahren ausreicht, so dass dann gar 7,5% pro Jahr erdient werden können. Es bleibt unerfindlich, warum im entschiedenen Fall die Erdienung von ca. 4% pro Jahr in den letzten neun Jahren nicht möglich sein soll.

Zudem unterliegt eine Pensionszusage, die von Anfang an eine Dynamisierung (sowohl der Zusage als auch der späteren Rente) vorsieht, auch nur bei Erteilung der Prüfung der Erdienbarkeit, nicht aber bei jeder planmäßig vorgenommenen Erhöhung. Daher hätte es nahegelegen, auch später vereinbarte Erhöhungen zumindest in dem Maße von der Erdienbarkeitsprüfung auszunehmen, in dem sie auch bei der Erteilung schon zulässig hätten zugesagt werden können.[4] Will man also die Prüfung der Erdienbarkeit umgehen, so bleibt nur die Erhöhung rechtzeitig zu vereinbaren oder bereits bei Erteilung eine Dynamisierung vorzusehen.[5]

Trotz dieser Bedenken hat der BFH entschieden, dass bei Erhöhung der Pension um > 20% infolge einer Gehaltserhöhung („**Endgehaltsabhängiges Pensionsversprechen**") die Erdienenszeit neu zu ermitteln ist. Dies hatte im Streitfall die Folge, dass der Pensionserhöhungsbetrag als vGA angesehen wurde.[6]

So ist auch wenig überraschend, dass die vom BFH genannte Ausnahme mit einer schnelleren Erdienung nichts zu tun hat – es wird dabei nur auf das Bedürfnis des GesGf abgestellt, nicht darauf, dass er etwa die Zusage durch eine besondere Leistung schneller erdienen könnte oder

---

1 FG München, Urteil v. 26.7.2004 - 6 K 3566/02, EFG 2004, 1789.
2 BFH, Urteil v. 23.9.2008 - I R 62/07, BStBl 2013 II 39; ebenso bereits Niedersächsisches FG, Urteil v. 22.4.2004 - 6 K 91/00, rkr., EFG 2004, 1081.
3 BFH, Urteil v. 23.9.2008 - I R 62/07, BStBl 2013 II 39, unter Verweis auf ältere Rechtsprechung, danach genügt zur Anwendung der Ausnahme bereits eine Steigerung der Lebenshaltungskosten um 20%.
4 *Janssen*, NWB 2008, 1633, 1636 f.
5 Dazu auch → Rz. 3720.
6 BFH, Urteil v. 20.5.2015 - I R 17/14, BStBl 2015 II 1022.

dies möglich wäre, weil es sich nur um einen prozentual geringen Betrag handelt. Trotz aller Widersprüche ergibt sich zusammenfassend folgende beispielhafte Regelung für eine Altersversorgung eines beherrschenden Gesellschafters an die man sich halten sollte:

Zusagealter	Alter im Versorgungsfall (für Zusagen nach dem 9.12.2016)	Anerkennung
54	65 (67)	+
56	65 (67)	−
56	67	+
59	70	+
60	70	−
60	75	−

3695 Die Anforderungen an die Erdienbarkeit gelten auch dann, wenn die Versorgungszusage mittelbar in Gestalt einer rückgedeckten Unterstützungskassenzusage erfolgt.[1] Dieser Fall liegt vor, wenn eine Unterstützungskasse die Versorgungszusage erteilt, die Zusage durch eine Rückdeckungsversicherung gesichert wird und der Arbeitgeber an die Unterstützungskasse zur Finanzierung regelmäßige Zuwendungen leistet. Der BFH sieht keinen Anlass, an die Abzugsfähigkeit der Zuwendungen an die Unterstützungskasse andere Anforderungen als an eine Direktzusage zu stellen.

3696 Die Erdienbarkeit ist nicht erneut zu prüfen, wenn bei einer bestehenden Versorgungszusage lediglich der Durchführungsweg gewechselt wird. Das ist der Fall bei einer wertgleichen Umstellung einer Direktzusage in eine Unterstützungskassenzusage.[2]

i) Nur-Pension

3697 Zur Rechtsentwicklung dieses Themas wird auf die 1. Auflage, Rz. 1677 ff. verwiesen.

3698 Mangels Bezug zu einem laufenden Gehalt ist die Nur-Pension eine 100%-Versorgung und somit eine Überversorgung, und zwar typisierend dann, wenn die Versorgungsanwartschaft zusammen mit der Rentenanwartschaft aus der gesetzlichen Rentenversicherung 75% der am Bilanzstichtag bezogenen Aktivbezüge übersteigt.[3] Wegen einer Überversorgung, die auf außergesellschaftsrechtlicher Rechtsgrundlage beruht, ist nach der BFH Rechtsprechung die Pensionsrückstellung im Rahmen der Nur-Pension gem. § 6a EStG insgesamt aufzulösen. Damit nimmt der BFH eine bilanzielle Korrektur vor, auf der sog. 1. Stufe, mit der Folge, dass mittels mangelnder Auswirkung auf den Unterschiedsbetrag keine vGA vorliegt.[4] Die Problematik der Überversorgung aus der Sicht der Finanzverwaltung in diesen Fällen, sowie die Frage der Gehaltsumwandlung werden unter e) Rechtsfolgen der Überversorgung behandelt.[5]

3699–3704 (Einstweilen frei)

---

[1] BFH, Urteil v. 20.7.2016 - I R 33/15, BStBl 2017 II 66.
[2] BFH, Urteil v. 7.3.2018 - I R 89/15, BStBl 2019 II 70, NWB WAAAG-87341.
[3] So BFH, Urteil v. 9.11.2005 - I R 89/04, BStBl 2008 II 523; kommentierend *Pezzer*, FR 2006, 176.
[4] Ausführlich dazu → Rz. 316.
[5] → Rz. 3743 ff.

j) Unverfallbarkeit

Eine Unverfallbarkeitsklausel garantiert dem Pensionsberechtigten, dass er die Pension voll oder zeitanteilig[1] auch erhält, wenn er vor Eintritt des Pensionsfalls aus der Gesellschaft ausscheidet. Für nicht beherrschende GesGf gilt insofern die Regelung des § 1b BetrAVG. Dieses gilt für beherrschende GesGf nicht, daher muss die Unverfallbarkeit entweder vertraglich vereinbart werden[2] oder der Geschäftsführer muss bei Eintritt des Versorgungsfalles betriebszugehörig sein.[3] Wird der gesamte Rentenbetrag sofort unverfallbar, also auch bei vorzeitigem Ausscheiden des Geschäftsführers, sieht die Finanzverwaltung darin eine vGA, soweit mehr als bei einer ratierlichen Unverfallbarkeit gezahlt wird.[4] Die sofortige Garantie des gesamten Rentenbetrages ist aber ohnehin nicht im Interesse des Arbeitgebers und daher auch nicht üblich. In der Regel wird die sofortige Unverfallbarkeit lediglich ratierlich vereinbart, also für den Teil der Rente, der in der (ggf. durch vorzeitige Kündigung oder Entlassung verkürzten) Dienstzeit des Geschäftsführers entstanden ist. Eine sofortige ratierliche Unverfallbarkeit wird inzwischen auch von der Finanzverwaltung anerkannt.[5]

Ist eine ratierliche Unverfallbarkeit vereinbart und richtet sich der zugesagte Pensionsanspruch nach dem oder den letzten Gehältern (z. B. 75 % des letzten Gehalts oder des Durchschnittsgehalts der letzten drei Jahre), dann gilt die ratierliche Unverfallbarkeit auch, wenn der Gesellschafter-Geschäftsführer auf sein Gehalt vollständig verzichtet.[6] Allerdings wäre es besser, wenn dies ausdrücklich vereinbart worden ist.[7]

Nach BMF ist bei der Berechnung der ratierlichen Unverfallbarkeit jeweils auf das Verhältnis der Dienstzeit vom Zusagezeitpunkt bis zum Ausscheiden zu der Dienstzeit vom Zusagezeitpunkt bis zum Eintritt des Anspruchs auf die Pension abzustellen.[8] Nach § 2 Abs. 1 Satz 1 BetrAVG ist dagegen ab dem Eintritt des Geschäftsführers in das Unternehmen zu rechnen. Dadurch ergibt sich für den Gesellschafter-Geschäftsführer bei vorzeitigem Ausscheiden ein niedrigerer Anspruch als für einen Arbeitnehmer.[9] Dies resultiert daraus, dass für den Geschäftsführer eine Probezeit[10] vor Erteilung einer Pensionszusage verlangt wird, so dass der Diensteintritt regelmäßig mehrere Jahre vor der Pensionszusage liegt und andererseits eine Rückbeziehung auf den Diensteintritt bei der ratierlichen Berechnung wegen des Rückwirkungsverbots

---

1 Nach BFH, Urteil v. 16.12.1992 - I R 2/92, BStBl 1993 II 455, muss darüber eine ausdrückliche Vereinbarung getroffen werden, ansonsten ist die Zusage gegenüber einem beherrschenden Gesellschafter-Geschäftsführer schon mangels klarer Vereinbarung nicht anzuerkennen.
2 OLG Frankfurt v. 22.4.1999 - 1 U 67/98, GmbHR 2000, 664 m.w.N.
3 FG Rheinland-Pfalz, Urteil v. 14.11.2002 - 6 K 1430/99, rkr., DStRE 2003, 416, 419 = NWB SAAAB-12294.
4 BMF, Schreiben v. 9.12.2002, BStBl 2002 I 1393, nach *Höfer/Kaiser*, DStR 2003, 274, ist bei Fremdgeschäftsführern eine Abkürzung von Unverfallbarkeitsfristen bis hin zur sofortigen Unverfallbarkeit üblich.
5 BMF, Schreiben v. 9.12.2002, BStBl 2002 I 1393; zuvor bereits BFH, Urteil v. 22.1.2002 - I B 75/01, BFH/NV 2002, 952 = NWB ZAAAA-68083, der Sachverhalt wird aus der Entscheidung der Vorinstanz besser klar; vgl. FG Köln, Urteil v. 17.5.2001 - 13 K 1792/00, EFG 2001, 1235; ähnlich schon BFH, Urteil v. 4.5.1998 - I B 131/97, BFH/NV 1998, 1530 = NWB BAAAB-39670, in einem vergleichbaren Fall, die finanzamtsnahe Literatur empfahl zuvor unbedingt die Einhaltung einer Wartezeit, vgl. *Alber*, GStB 2001, 372, 386; *Herold*, GStB 2001, 387; *Valentin*, EFG 2001, 1237; *Schmidt*, GmbH-StB 1999, 169, 171.
6 So jedenfalls *Centrale-Gutachtendienst*, GmbHR 2003, 1200.
7 Vgl. dazu Musterzusage bei *Janssen*, vGA, 10. Aufl. 2010, Rz. 1860.
8 BMF, Schreiben v. 9.12.2002, BStBl 2002 I 1393.
9 Vgl. *Höfer/Kaiser*, DStR 2003, 274, 275, mit Berechnungsbeispiel.
10 Siehe Stichwort: Probezeit.

nicht zulässig ist. Dies zeigt einmal mehr, dass die Probezeitanforderung unberechtigt ist.[1] Jedenfalls ist aber ein Rumpfwirtschaftsjahr bei der Berechnung als volles Jahr zu zählen.[2]

3708 Im Fall eines Anspruchs aus Gehaltsumwandlung akzeptiert die Finanzverwaltung eine Unverfallbarkeit gem. § 2 Abs. 5a BetrAVG.[3] Damit kann jeweils der durch die umgewandelten Gehälter finanzierte Teil der Pension unverfallbar werden. Dieser Betrag ist regelmäßig höher als der ratierliche Betrag, der nach der zuvor genannten Regelung für Pensionszusagen ohne Gehaltsumwandlung entsteht.[4] Diese Ungleichbehandlung ist nicht verständlich. Es sollte jedoch erwogen werden, jegliche Pensionszusage und auch jede Erhöhung über den Umweg einer Gehaltserhöhung und einer nachfolgenden Gehaltsumwandlung vorzunehmen.[5]

3709 Werden bei Berechnung einer Pensionsrückstellung auch Dienstzeiten des Gesellschafter-Geschäftsführers bei einem anderen Unternehmen einbezogen, so führt dies nicht zu einer vGA, es ist vielmehr nur eine Bilanzberichtigung vorzunehmen.[6] Vordienstzeiten bei demselben Unternehmen dürfen für die Ermittlung des Dienstbeginns nicht berücksichtigt werden,[7] wenn

- das frühere Dienstverhältnis endgültig beendet wurde,
- aus ihm keine unverfallbaren Anwartschaften erwachsen sind und
- die Zurechnung der Vordienstzeiten nicht vertraglich vereinbart wurde.

3710 Wurde das frühere Dienstverhältnis allerdings nicht wirksam beendet, weil die Beendigung mangels Gesellschafterbeschlusses unwirksam war, so kann – nachdem der Geschäftsführer nach sieben Jahren Pause erneut beschäftigt wurde – auf den ursprünglichen Diensteintritt abgestellt werden.[8] Dies gilt allerdings nur für Minderheitsgesellschafter, weil bei beherrschenden Gesellschafter-Geschäftsführern ohnehin nur auf den Zeitpunkt der Erteilung der Pensionszusage abgestellt werden darf.

3711 Differenzierter ist die Lage bei sog. beitragsorientierten Pensionszusagen zu sehen. Die Firma verspricht in einem solchen Fall nur bestimmte Beiträge (z. B. in eine Versicherung oder einen Fonds) zu leisten und den zum 65. Geburtstag des Pensionsberechtigten angesammelten Betrag (sog. Versorgungskapital) dann für den Ankauf einer Rente zu verwenden oder als Einmalbetrag auszuzahlen. § 2 Abs. 5a BetrAVG sieht auch für diese Form der Zusage (ebenso wie für die Entgeltumwandlung) vor, dass bei vorzeitigem Ausscheiden der volle bis dahin erreichte Anspruch unverfallbar wird. Dies dürfte zutreffend sein, wenn die Beiträge in die Versicherung oder den Fonds über die gesamte Vertragsdauer gleichmäßig eingezahlt werden. Wird aber zu Beginn des Vertrages ein Einmalbeitrag erbracht, so muss bei vorzeitigem Ausscheiden entsprechend der oben dargelegten Grundsätze quotiert werden.[9]

---

1 Vgl. auch → Rz. 3639.
2 BFH, Urteil v. 21. 8. 2007 - I R 22/07, BFH/NV 2008, 136 = NWB LAAAC-64820.
3 BMF, Schreiben v. 9. 12. 2002, BStBl 2002 I 1393.
4 Vgl. *Höfer/Kaiser*, DStR 2003, 274, 275, mit Berechnungsbeispiel.
5 Vgl. dazu aber auch Stichwort: Gehaltsumwandlung.
6 BFH, Urteil v. 18. 4. 2002 - III R 43/00, BStBl 2003 II 149.
7 BFH, Urteile v. 17. 5. 2000 - I R 25/98, BFH/NV 2001, 153 = NWB QAAAA-65361; v. 9. 4. 1997 - I R 124/95, BStBl 1997 II 799; FG Berlin-Brandenburg, Urteil v. 16. 4. 2008 - 12 K 8075/05 B, rkr., NWB PAAAC-81632.
8 FG Berlin-Brandenburg, Urteil v. 16. 4. 2008 - 12 K 8075/05 B, rkr., NWB PAAAC-81632.
9 Ausführlich *Briese*, DB 2007, 2442; a. A. *Höfer/Kaiser*, DStR 2003, 275; Gosch/*Gosch* § 8 Rz. 1083.

k) Abfindungsklausel

Eine Klausel, nach der die Pensionsverpflichtung zum Teilwert gem. § 6a Abs. 3 EStG abgefunden werden darf, hat der BFH als steuerlich schädliche Widerrufsklausel angesehen.[1] Eine Abfindung ist die Entschädigung für die Aufgabe einer Rechtsposition, d. h. es handelt sich um einen Änderungsvertrag zwischen Arbeitgeber und Versorgungsberechtigtem.[2] Daher liegt von vornherein bei folgenden Regelungen keine Abfindungsklausel vor:

▶ Eine Vereinbarung, die Pensionszusage bei Fälligkeit auf eine Unterstützungskasse zu übertragen, auch wenn diese nach ihrer Satzung nur freiwillige Leistungen gewährt. Es kommt allerdings darauf an, dass ein unmittelbarer Anspruch gegen die Gesellschaft gewährt wird und die Verpflichtung der Unterstützungskasse nachgeschaltet ist, also nicht gleichzeitig besteht;[3] dazu ist allerdings ein Nichtanwendungserlass des BMF ergangen.[4]

▶ Ein in der Pensionszusage bereits enthaltenes Kapitalwahlrecht. Bei Ausübung wird lediglich die Erfüllung der von Anfang an – wahlweise – geschuldeten Versorgungsleistung vorgenommen.[5]

▶ Gleiches gilt daher erst recht, wenn von Anfang an keine Rente, sondern nur die Einmalauszahlung eines Versorgungskapitals zugesagt worden ist (ggf. auch in mehreren Jahresraten). Eine Abfindungsklausel kann nur vorliegen, wenn eine bestehende Rechtsgrundlage durch eine andere ersetzt wird.

Liegt eine Abfindungsklausel vor, so muss diese lt. BMF die Abfindung eindeutig und präzise definieren.[6] Das BMF teilt allerdings nicht mit, was es unter eindeutig und präzise versteht. Die derzeit kursierenden Muster für Abfindungsklauseln helfen sich mit Formulierungen wie „für die Abfindung sind die versicherungsmathematischen Grundsätze anzuwenden, die bei Vereinbarung der Zusage allgemein anerkannt waren/nach denen die Rückstellung für die Pensionszusage in der letzten Bilanz erfolgte" oder verweisen einfach auf „anerkannte Grundsätze der Versicherungsmathematik". Etwas präzisere Formulierungen geben genau an, nach welchen Tabellen (Heubeck oder DAV) und mit welchem Zinssatz (meist 5,5 % oder 6 %) zu rechnen ist. Ob diese Formulierungen den Anforderungen des BMF entsprechen, ist nicht vorhersehbar. Bei der Zusage von Tantiemen wird jedenfalls vom BFH verlangt, die Tantieme müsse so klar formuliert sein, dass sie rein rechnerisch bestimmt werden kann. Sollten bei der Abfindungsklausel ähnliche Maßstäbe angelegt werden, so ist doch äußerst fraglich, ob die genannten Formulierungen ausreichend sind. Eine zulässige Formulierung dürfte dann allerdings ziemlich umfangreich werden.

Aus dem Sachverhalt des BFH-Urteils v. 5. 3. 2008[7] ergibt sich, dass in dem dort beurteilten Fall die Abfindung in Höhe des Barwerts der Rentenverpflichtung unter Berücksichtigung eines Abzinsungssatzes von 6 % vereinbart war. Diese Formulierung hatte laut Sachverhalt einen Gutachter befähigt, die Abfindung zu berechnen und sie wurde auch in dem Urteil nicht beanstandet, könnte sich also als künftige Formulierung für Abfindungsklauseln durchsetzen.

---

1 BFH, Urteile v. 10. 11. 1998 - I R 49/97, BStBl 2005 II 261; v. 28. 4. 2010 - I R 78/08, DStRE 2010, 976 = NWB LAAAD-47470.
2 *Langohr-Plato*, INF 2004, 711, 713, m. w. N.
3 BFH, Urteil v. 19. 8. 1998 - I R 92/95, BStBl 1999 II 387.
4 BMF, Schreiben v. 2. 7. 1999, BStBl 1999 I 594.
5 LAG Hessen, Urteil v. 23. 9. 1998 - 8 Sa 1410/97, NZA-RR 1999, 497; *Langohr-Plato*, INF 2004, 711, 713.
6 BMF, Schreiben v. 6. 4. 2005 - IV B 2 - S 2176 - 48/05, BStBl 2005 I 860.
7 BFH, Urteil v. 5. 3. 2008 - I R 12/07, BStBl 2015 II 409.

3715 Zur Höhe der Abfindung ist nach BFH, Urteil v. 10.11.1998[1] und BMF, Schreiben v. 6.4.2005[2] zu beachten:

- Zulässig ist allein eine Abfindungsklausel, die eine Abfindung nach § 6a Abs. 3 Satz 2 Nr. 1 EStG vorsieht. Dann müssen sämtliche zukünftig zu leistenden Pensionsleistungen (also alle Leistungen, die der GesGf regelmäßig ab 65 bis zu seinem Lebensende erhalten würde) auf den Tag der Abfindung abgezinst werden. Eine Quotierung, weil der Geschäftsführer z.B. erst seit wenigen Jahren tätig ist, darf nicht stattfinden, wohl weil durch die Abfindung auch abzugelten ist, dass der Pensionsberechtigte keine weiteren Ansprüche mehr erwerben kann.[3] Dieser Wert entspricht daher den Wiederbeschaffungskosten, also dem Betrag, den der Versorgungsberechtigte aufwenden müsste, um sich bei einer Versicherung oder einem Pensionsfonds einen gleichwertigen Anspruch einzukaufen.[4] Damit ergibt sich wohl regelmäßig ein so hoher Abfindungsbetrag, dass eine solche Vereinbarung nicht gewollt sein wird.

- Wird eine Abfindung zum Teilwert vorgesehen, liegt danach eine steuerschädliche Klausel i.S.v. § 6a Abs. 3 EStG vor. Insbesondere eine Abfindung zu dem Wert, der nach dem versicherungsmathematischen Gutachten für die Pensionszusage in die Bilanz einzustellen ist, ist eine Abfindung zum Teilwert und mithin schädlich. Es handelt sich dann zwar nicht um eine vGA, die gesamte Pensionsrückstellung ist jedoch wegen Verstoß gegen § 6a EStG zum Bilanzstichtag ertragswirksam aufzulösen. Nach dem genannten BMF-Schreiben können solche schädlichen Klauseln bis 31.12.2005 durch Gesellschafterbeschluss angepasst werden; sofern die Pensionszusage bis zum 17.5.2005 zugesagt wurde.[5]

3716 Entspricht eine Abfindungsklausel nicht diesen Anforderungen, ist sie nach BMF gem. § 6a vollständig aus der ersten offenen Bilanz ertragswirksam auszubuchen.[6] Dies übersieht, dass nach § 6a Abs. 1 Nr. 2 EStG seit dem JStG 1997 eine Kürzung bestimmt „wenn und soweit" ein Verstoß gegen seine Regelung vorliegt. Eine völlige Ausbuchung der Pensionsrückstellung ist daher sicherlich nicht zulässig, solange nicht die gesamte Zusage entzogen werden kann. Da aber die Rückstellung nur für den bereits erdienten Teil der Pension gebildet wird, kann sie zudem auch nur gekürzt werden, wenn die Abfindungsregelung weniger als diesen erdienten Teil gewährt, was regelmäßig nicht der Fall ist. Nur weil die Abfindung keine Komponente für die Möglichkeit der Erdienung zukünftig weiterer Leistungen enthält, ist eine Kürzung der Rückstellung danach jedoch nicht möglich, da für zukünftig noch zu erdienende Leistungen auch keine Rückstellung besteht.[7]

3717 In der Praxis wird man jedoch die Ansicht des BMF zunächst zu beachten haben. Durch dessen Regelungen zur Höhe der Abfindung würde in der Praxis die Abfindung regelmäßig zu teuer, es empfiehlt sich daher eine Abfindungsklausel gar nicht erst vorzusehen.[8] Eine spätere einvernehmliche Abfindung bleibt auch ohne eine Abfindungsklausel möglich, bei beherrschenden GesGf muss sie zwar vor Durchführung der Abfindung vereinbart werden, unmittelbar vorher

---

[1] BFH, Urteil v. 10.11.1998 - I R 49/97, BStBl 2005 II 261.
[2] BMF, Schreiben v. 6.4.2005 - IV B 2 - S 2176 - 48/05, BStBl 2005 I 860.
[3] *Paus*, GmbHR 2005, 975, 976.
[4] *Briese*, DStR 2004, 1276, 1277; *Beck*, DStR 2002, 476.
[5] Zum Verfahren gegenüber ausgeschiedenen Pensionsberechtigten BMF, Schreiben v. 1.9.2005, BStBl 2005 I 860.
[6] BMF, Schreiben v. 6.4.2005 - IV B 2 - S 2176 - 48/05, BStBl 2005 I 860, verfassungswidrig *Paus*, GmbHR 2005, 975.
[7] Vgl. *Paus*, GmbHR 2005, 975, 977.
[8] Vgl. *Hallerbach*, NWB Beratung aktuell, 3917; *Janssen*, GStB 2005, 440.

ist aber durchaus in Ordnung,[1] eigentlich wäre eine konkludente Vereinbarung schon in der Auszahlung selbst zu sehen. Entspricht diese Abfindung dann nicht den o. g. Anforderungen, so ist die Rechtsfolge daraus keine Bedrohung, da bei Durchführung der Abfindung die Rückstellung ohnehin aufgelöst werden muss.

Im Übrigen kann es sich durch die Abgeltungsteuer als vorteilhaft erweisen, auf eine Abfindungsklausel zu verzichten. Wird eine Abfindung entsprechend Abfindungsklausel gezahlt, so ist diese nämlich vom ausscheidenden Geschäftsführer als Arbeitslohn zu versteuern,[2] gemildert nur durch die i. d. R. nicht attraktive Fünftelregelung des § 34 Abs. 1 EStG.[3] Wird dagegen ohne eine Abfindungsklausel eine Abfindung gezahlt, so handelt es sich um eine vGA, die mit Abgeltungsteuer beim Gesellschafter versteuert wird.[4] Allerdings liegt bei der Gesellschaft im ersten Fall Arbeitslohn vor, also Betriebsausgabe, im letzteren Fall dagegen ein körperschaft- und gewerbesteuerpflichtiger Gewinn. Die Interessen sind hier also insbesondere dann entgegengesetzt, wenn der GesGf bei Veräußerung der Gesellschaft ausscheidet. Die Chance für den Ausscheidenden ist zugleich das Risiko für den Erwerber! 3718

Die Anforderungen an Abfindungsklauseln gelten grundsätzlich für alle Pensionsberechtigten, egal ob sie beherrschende Gesellschafter, Minderheitsgesellschafter oder gar nicht an der GmbH beteiligt sind.[5] Soweit allerdings eine Abfindung arbeitsrechtlich unzulässig ist,[6] ist es auch eine Abfindungsklausel. Ist diese aber zivilrechtlich unwirksam, ist sie auch steuerrechtlich nicht zu beachten und kann daher auch nicht zur Auflösung der Pensionsrückstellung führen.[7] 3719

l) Dynamisierung

Eine Dynamisierung der Pensionszusage um 2 % pro Jahr, der späteren Pension um max. 3 % pro Jahr, wird von der Rspr. und Finanzverwaltung anerkannt.[8] Die Begrenzung auf diese Beträge ist unverständlich. Eine Dynamisierung wirkt sich stets entsprechend auf die fiktive Jahresnettoprämie aus, die bei der Prüfung der Angemessenheit der Gesamtvergütung für die Pensionszusage einzusetzen ist.[9] Die Dynamisierung erfährt dadurch ihre natürliche Begrenzung, die Notwendigkeit einer darüber hinausgehenden Begrenzung ist nicht ersichtlich oder zu rechtfertigen. 3720

BEISPIEL:[10] Die insgesamt angemessenen Geschäftsführerbezüge eines 40-jährigen GesGf betragen 200.000 €. Er erhält eine Barvergütung von 180.000 €. Daher ist eine Pensionszusage in Höhe einer fiktiven Jahresnettoprämie von 20.000 € angemessen. Wählt dieser GesGf nun eine Alterszusage mit 4 % Dynamisierung der Rente, Invalidenrente und 60 %iger Witwenrente, so würde eine Monatsrente von ca. 3.600 € dieser fiktiven Jahresnettoprämie entsprechen. Wird auf die Dynamisierung verzichtet, so würde die Jahresnettoprämie einer Zusage von ca. 5.500 € entsprechen. Es ist nicht einzusehen,

---

1 Vgl. → Rz. 3784.
2 So h. M.; vgl. *Alber*, GStB 2001, 372, 385, a. A. *Janssen*, vGA, 10. Aufl. 2010, Rz. 2019.
3 Vgl. → Rz. 3799.
4 Soweit auch *Alber*, GStB 2001, 372, 385.
5 *Hallerbach*, NWB Beratung aktuell, 3917, 3918.
6 Vgl. § 3 BetrAVG, näher dazu bei → Rz. 3781 ff.
7 *Paus*, GmbHR 2005, 975, 977.
8 BFH, Urteile v. 25. 10. 1995 - I R 34/95, BStBl 1996 II 403; v. 17. 5. 1995 - I R 105/94, BStBl 1996 II 423; FG Baden-Württemberg, Urteil v. 18. 2. 1998 - 5 K 255/97, rkr., EFG 1998, 898, 900; OFD Berlin v. 10. 2. 1998, St 442 - S 2176 - 4/97.
9 Vgl. dazu → Rz. 3007.
10 *Höfer/Kisters-Kölkes*, BB 1989, 1157, 1161.

dass im ersten Fall eine vGA entstehen soll, nur weil die Dynamisierung nach Ansicht des BFH um 1 % überhöht sein soll.

3721 Bei der Dynamisierung der Zusage darf aber jedenfalls keine Überversorgung eintreten,[1] die Dynamisierung der Pension ist hingegen davon unabhängig.[2] Das neue BetrAVG sieht eine Rentenanpassung von 1 % vor, ohne dass daran eine Anrechnung auf die zulässige Versorgungsgrenze geknüpft ist. Statt einer Dynamisierung kann auch eine Wertsicherungsklausel vereinbart werden. Diese ist allerdings z.T. genehmigungsbedürftig und bis zur erfolgten Genehmigung unwirksam.[3] Erfolgt die Vereinbarung einer solchen Klausel erst nach Pensionsbeginn, ergibt sich i.d.R. ein Verstoß gegen das Nachzahlungsverbot.[4] Dies gilt allerdings nicht, soweit eine Erhöhung der Pension wegen der seit Pensionsbeginn eingetretenen Teuerung[5] auch ohne die nachträgliche Dynamisierungsklausel hätte verlangt werden können.[6]

Nach FG Hamburg (Urteil v. 15.4.2106 - 3 K 13/16, juris) soll allerdings die nachträgliche Dynamisierung der Altersrente zu einer vGA führen, wenn der GesGF im Zeitpunkt der nachträglichen Dynamisierungsvereinbarung bereits das 60. Lebensjahr vollendet hatte. Dies soll auch bei Minderheitsgesellschafter-GF mit einer Kapitalbeteiligung von mind. 10 % gelten.

m) Überversorgung

aa) Begründung des Rechtsinstituts

3722 Der BFH sieht die sog. Überversorgung als einen Fall des § 6a EStG an.[7] Dies ist nicht leicht zu verstehen (da der Begriff einen sprachlichen Missbrauch durch den BFH darstellt).[8] Nach § 6a Abs. 3 Satz 2 Nr. 1 Satz 4 EStG dürfen Wertminderungen und -erhöhungen der Pensionsleistung nach dem Schluss des Wirtschaftsjahrs, die hinsichtlich ihres Zeitpunkts, ihres Wirksamwerdens oder ihres Umfangs ungewiss sind, bei der Berechnung der Pensionszusage nicht berücksichtigt werden. Unter Verweis auf ein Urteil aus 1975[9] fügt der BFH dann nur kurz hinzu, dass sich diese Regelungslage durch eine entsprechende Höherbemessung der Versorgung nicht umgehen lasse. Die Zuziehung dieses Urteils schafft Aufschluss. Damals ging der BFH davon aus, dass eine Pension von mehr als 75 % der Endbezüge des Pensionsberechtigten nicht ausgezahlt, sondern zurückgenommen würde. Dies wäre arbeitsrechtlich leicht möglich. Der BFH ging also davon aus, dass stets nur 75 % der letzten Aktivbezüge tatsächlich gezahlt werden und bei Vereinbarung einer höheren Pension damit künftige Lohnsteigerungen vorweggenommen werden. Sollten diese nicht eintreten, wäre nach Ansicht des BFH die Pensions-

---

[1] Siehe dazu → Rz. 3722.
[2] BFH, Urteile v. 25.10.1995 - I R 34/95, BStBl 1996 II 403; v. 17.5.1995 - I R 105/94, BStBl 1996 II 423; OFD Berlin v. 10.2.1998 St 442 - S 2176 - 4/97; ausführlich FG Baden-Württemberg, Urteil v. 18.2.1998 - 5 K 255/97, a.a.O.; *Alber*, GStB 2001, 372, 383, anders allerdings Hessisches FG, Urteil v. 15.2.2000 - 4 K 2677/97, Rev. eingelegt, als unzulässig verworfen, EFG 2000, 454 und FG Rheinland-Pfalz, Urteil v. 5.4.2001 - 6 K 3280/98, rkr., NWB GAAAB-11945.
[3] Dazu *Brandmüller*, Betriebsaufspaltung, Die aktuelle Rechtsform, D 50, 273.
[4] BFH, Urteile v. 28.4.1982 - I R 51/76, BStBl 1982 II 612; v. 6.4.1979 - I R 39/76, BStBl 1979 II 687.
[5] 40 %: – BGH v. 28.5.1973 – II ZR 58/71, BGHZ 61, 31, 33; 1/3 %: BGH v. 4.11.1976 – II ZR 148/75, DB 1977, 170; nach BFH, Urteil v. 28.4.1982 - I R 51/76, BStBl 1982 II 612 sollen 26 % jedoch nicht ausreichen; nach BFH, Urteil v. 6.4.1979 - I R 39/76, BStBl 1979 II 687 ist hingegen eine Steigerung um 20 % bereits ausreichend.
[6] BFH, Urteil v. 6.4.1979 - I R 39/76, BStBl 1979 II 687.
[7] BFH, Urteil v. 15.9.2004 - I R 62/03, BStBl 2005 II 176; auch v. 9.11.2005 - I R 89/04, BStBl 2008 II 523; v. 28.4.2010 - I R 78/08, NWB LAAAD-47470.
[8] Vgl. *Wichmann*, Stbg 2006, 396, 397.
[9] BFH, Urteil v. 13.11.1975 - IV R 170/73, BStBl 1976 II 142.

zusage einfach wieder zu kürzen. Dies zeigte, dass durch die Vereinbarung der hohen Pension nur die genannte Regelung des § 6a EStG umgangen werden sollte. Es handelte sich um eine Art Missbrauchsrechtsprechung, die dennoch nicht einmal einen Gegenbeweis zuließ. Nicht umsonst wird der entsprechende Teil der Begründung des Urteils aus 1975 von BFH, Urteil v. 15. 9. 2004[1] nicht wiederholt. Es ist fraglich, ob diese Begründung damals tragend war, heute würde sie schlicht lächerlich wirken, da nach der Rspr. des BAG eine einmal zugesagte Pension nicht mehr zu entziehen ist.[2] In seinem Urteil v. 17. 6. 2003 stellt das BAG ausdrücklich fest, dass zumindest eine nach BetrAVG insolvenzgeschützte Pensionszusage seit Wegfall des § 7 Abs. 1 BetrAVG a. F. zum 1. 1. 1999 nur noch im Wege des außergerichtlichen Vergleichs unter Einschaltung des Trägers der Insolvenzsicherung oder im Insolvenzverfahren gekürzt werden kann. Damit steht aber keine ungewisse Erhöhung im Raum.[3] So fällt bereits die gesamte Begründung der Überversorgungsrechtsprechung in sich zusammen.[4] Unbeirrt hält der BFH an dieser Rspr. jedoch weiter fest, weshalb sie im Folgenden dargestellt wird. Das BMF hat völlig zu Recht die Annahme eines Verstoßes gegen § 6a EStG zumindest im Fall der Überversorgung wegen Nur-Pension abgelehnt, sieht jedoch dann eine vGA.[5] Eine solche Rechtsfolge entbehrt für die Fälle der Überversorgung allerdings gleich jeder Begründung. Zur Darstellung der unterschiedlichen Rechtsfolgen unter → Rz. 3743.

bb) Persönlicher und sachlicher Anwendungsbereich

Da der BFH eine Überversorgung als Verstoß gegen § 6a EStG sieht, ist das Rechtsinstitut der Überversorgung auf alle Pensionszusagen anzuwenden, also sowohl Pensionszusagen für beherrschende Gesellschafter[6] als auch für Minderheitsgesellschafter[7] und sogar für Pensionszusagen an Arbeitnehmer, die an der Gesellschaft gar nicht beteiligt sind.[8] Da das BMF bei einer Überversorgung (zumindest im Falle der Nur-Pension[9]) vGA annehmen will, kommt eine Anwendung nur für beherrschende Gesellschafter und Minderheitsgesellschafter, nicht aber für die nicht beteiligten Arbeitnehmer in Betracht.[10]

3723

Inhaltlich bezieht sich die Überversorgungsprüfung auf die gesamte Altersversorgung, also nicht nur auf Pensionszusagen, sondern auch auf die Zuwendungen eines Trägerunternehmens an eine Unterstützungskasse[11] sowie auf Versorgungen aus Pensionskasse und Pensi-

3724

---

1 BFH, Urteil v. 15. 9. 2004 - I R 62/03, BFH/NV 2005, 468.
2 BAG, Urteil v. 17. 6. 2003 - 3 AZR 396/02, DB 2004, 324; v. 24. 4. 2001 - 3 AZR 402/00, DB 2001, 1787; v. 10. 12. 1971 - 3 AZR 190/71, DB 1972, 491, ferner *Langohr-Plato*, INF 2005, 134, 135 f.; *Briese*, GmbHR 2005, 272, 273.
3 So generell *Paus*, FR 2005, 409, 410.
4 Vgl. zur Kritik auch *Briese*, GmbHR 2004, 1132; kritisch auch FG Baden-Württemberg, Urteil v. 18. 2. 1998 - 5 K 255/97, rkr., EFG 1998, 898, 899, dies hindert das Gericht allerdings nicht, die Grenze aus Praktikabilitätserwägungen weiter anzuwenden, zur Kritik auch *Otto*, DStR 1999, 743, 747.
5 BMF, Schreiben v. 16. 6. 2008, BStBl 2008 I 681.
6 BFH, Urteile v. 28. 4. 2010 - I R 78/08, NWB LAAAD-47470; v. 15. 9. 2004 - I R 62/03, BStBl 2005 II 176; v. 20. 12. 2006 - I R 29/06, BFH/NV 2007, 1350 = NWB TAAAC-46925.
7 BFH, Urteil v. 20. 12. 2006 - I R 29/06, BFH/NV 2007, 1350 = NWB TAAAC-46925; Sächsisches FG, Urteil v. 8. 6. 2006 - 3 K 1260/05, rkr., NWB EAAAC-19085.
8 BFH, Urteile v. 15. 9. 2004 - I R 62/03, BStBl 2005 II 176; v. 20. 12. 2006 - I R 29/06, BFH/NV 2007, 1350 = NWB TAAAC-46925.
9 Vgl. unten → Rz. 3744.
10 *Janssen*, NWB 2008, 2741.
11 BFH, Urteil v. 19. 6. 2007 - VIII R 100/04, BStBl 2007 II 930; BMF, Schreiben v. 3. 11. 2004, BStBl 2004 I 1045.

onsfonds;[1] nicht aber auf Versorgungsleistungen, die auf Entgeltumwandlung beruhen.[2] Theoretisch muss die Überversorgung auch auf Leistungen aus der gesetzlichen Rentenversicherung angewendet werden, soweit diese auf Pflichtbeiträgen beruht,[3] praktisch ist allerdings nicht bekannt, dass eine Altersversorgung ausschließlich aufgrund von Pflichtbeiträgen zur gesetzlichen Rentenversicherung die Grenze von 75 % einmal überschritten hätte.

3725 Die Überversorgungsprüfung wird nur während der Anwartschaftsphase vorgenommen. In der Leistungsphase ist § 6a EStG nicht mehr einschlägig und es ist für die gesamte Pensionszusage die ungekürzte Rückstellung einzustellen.[4]

3726 Die Überversorgungsgrundsätze kommen bei endgehaltsabhängigen Versorgungszusagen nicht zur Anwendung. Die Grundsätze sind nur anzuwenden, wenn Versorgungsbezüge in Höhe eines festen Betrags zugesagt sind, nicht aber bei der Zusage von Versorgungsbezügen in Höhe eines bestimmten Prozentsatzes der letzten Aktivbezüge vor Eintritt des Versorgungsfalls.[5]

cc) Überversorgung – Durchführung der Überversorgungsprüfung

3727 Die Pensionsrückstellung soll nach § 6a EStG aufzulösen sein, soweit die Zusage zu einer Pension von mehr als 75 % der letzten Aktivbezüge führt.[6] Da diese i. d. R. nicht bekannt sind, werden stattdessen die aktuellen Bezüge[7] als Grenze verwendet, und zwar unabhängig davon, ob die Pensionszusage rückgedeckt ist oder nicht.[8]

3728 Als Ausgangsgröße ist das Jahresgehalt laut Lohnkonto zu nehmen. In die Jahresvergütung sind daher weder vGA noch die fiktive Jahresnettoprämie der Pensionszusage selbst einzubeziehen, obwohl diese bei der Prüfung der Angemessenheit der Gesamtausstattung berücksichtigt wird. Hier geht es nur um den tatsächlich zugeflossenen Lohn,[9] variable Gehaltsbestandteile (Tantiemen/Boni/Sonderzuwendungen) sind mit dem Durchschnittswert der letzten fünf Jahre zu berücksichtigen,[10] Gehaltsteile auf die im Rahmen einer Gehaltsumwandlung verzichtet wurde, sind nicht hinzuzurechnen,[11] aus demselben Grund auch der Arbeitgeberanteil zur Sozialversicherung nicht.[12] Bezüglich der Gehaltsteile, die im Rahmen einer Gehaltsumwandlung entfallen sind, dürfte das letztlich nicht zutreffend sein, weil hier durch die Gehaltsumwandlung über den Arbeitslohn verfügt worden ist und somit ist der entsprechende Betrag

---

1 BMF, Schreiben v. 3. 11. 2004, BStBl 2004 I 1045.
2 BMF, Schreiben v. 3. 11. 2004, BStBl 2004 I 1045, wohl auch BFH, Urteil v. 9. 11. 2005 - I R 89/04, BStBl 2008 II 523; ein Wahlrecht sieht insoweit *Langohr-Plato*, INF 2005, 134, 138.
3 BFH, Urteil v. 20. 12. 2006 - I R 29/06, BFH/NV 2007, 1350 = NWB TAAAC-46925.
4 BFH, Urteil v. 28. 4. 2010 - I R 78/08, BFH/NV 2010, 1709 = NWB LAAAD-47470.
5 BFH, Urteil v. 31.5.2017 - I R 91/15, NWB UAAAG-61380, BFH/NV 2018 S. 16.
6 BFH, Urteile v. 9. 11. 2005 - I R 89/04, BStB 2008 II 523; BFH, Urteil v. 27. 3. 2012 - I R 56/11, BStBl 2012 II 665.
7 BFH, Urteile v. 9. 11. 2005 - I R 89/04, BStB 2008 II 523; v. 20. 12. 2006 - I R 29/06, BFH/NV 2007, 1350 = NWB TAAAC-46925; nach *Höfer*, BetrAVG Band II Rz. 2039.4 und *Gosch/Gosch* § 8 Rz. 1129 ist ein Durchschnittswert aus mehreren Jahren maßgebend.
8 BMF, Schreiben v. 3. 11. 2004, BStBl 2004 I 1045, zu den Rechtsfolgen umfassend *Briese*, GmbHR 2004, 1132.
9 BFH, Urteil v. 15. 9. 2004 - I R 62/03, BStBl 2005 II 176; v. 9. 11. 2005 - I R 89/04, BStB 2008 II 523; Niedersächsisches FG, Urteil v. 16. 8. 2007 - 6 K 211/05, NWB EAAAC-60356; Hessisches FG, Urteil v. 27. 5. 2009 - 4 K 409/06, rkr., NWB IAAAD-27924.
10 BMF, Schreiben v. 3. 11. 2004, BStBl 2004 I 1045; Niedersächsisches FG, Urteil v. 16. 8. 2007 - 6 K 211/05, NWB EAAAC-60356: zwei Jahre.
11 BMF, Schreiben v. 3. 11. 2004, BStBl 2004 I 1045; Hessisches FG, Urteil v. 27. 5. 2009 - 4 K 409/06, rkr., NWB IAAAD-27924.
12 Hessisches FG, Urteil v. 27. 5. 2009 - 4 K 409/06, rkr., NWB IAAAD-27924.

Teil des Arbeitslohns (wenn auch ein steuerfreier Teil).[1] In Fällen der **Betriebsaufspaltung** sind für die Überversorgungsprüfung nur die Bezüge in der Gesellschaft maßgebend, die die Pension zugesagt hat.[2]

75 % der Ausgangsgröße sind die dann nach BFH zulässige Gesamtrente,[3] das FG Düsseldorf[4] sieht jedoch eine Pensionszusage auf jeden Fall als Überversorgung an, soweit sie auf einen als vGA anzusehenden Vergütungsteil zugesagt worden ist, also ggf. auch unterhalb der Grenze von 75 %.

> **BEISPIEL:** Der GesGf erhält ein Festgehalt von 100.000 € und eine Umsatztantieme von durchschnittlich 20.000 € pro Jahr, die – regelmäßig – vGA darstellt. Zudem hat er eine Pensionszusage über eine Jahresspension von 60 % seines letzten Gehalts (Festgehalt zzgl. durchschnittlicher Umsatztantieme) erhalten. Nach der Zusage hätte der GesGf also einen Anspruch auf (60 % x 120.000 =) 72.000 € Jahrespension. Eine Überversorgung tritt erst bei 75 % x 100.000 (Festgehalt) ein, also 75.000 €. Nach Ansicht des FG Düsseldorf wären aber die Zuführungen zur Pensionsrückstellung für 12.000 € Jahrespension allein deshalb vGA, weil sie von einem Gehaltsbestandteil berechnet wurden, der selbst vGA darstellt. Das stimmt weder mit der Rechtsprechung des BFH überein, noch ist es inhaltlich nachvollziehbar.[5]

Soweit noch Anspruch auf eine Sozialversicherungsrente gegeben ist, ist die nach den Einzahlungen bis zum Bilanzstichtag zu erwartende Sozialversicherungsrente von dem 75 %-Betrag abzuziehen,[6] unabhängig davon, ob diese im gleichen oder einem vorherigen Arbeitsverhältnis erworben wurde, nicht aber wenn die Ansprüche aus freiwilliger Weiterführung einer Sozialversicherung entstanden sind,[7] ebenso Ansprüche aus einer zusätzlichen Direktversicherung[8] und aus allen anderen Formen der betrieblichen Altersversorgung, also aus Pensionskasse, Unterstützungskasse und Pensionsfonds[9] oder Ansprüchen auf Altersversorgung aus früheren Arbeitsverhältnissen,[10] nicht aber Versorgungsleistungen, die auf Entgeltumwandlung beruhen.[11] Soweit die Rente aus der Pensionszusage nach Eintritt des Rentenfalls um maximal 3 % pro Jahr ansteigt, ist dies als angemessen anzusehen, die Erhöhung bleibt jedoch für die Berechnung außer Betracht.[12] Der Rest stellt die Obergrenze für eine Pensionszusage dar. Soweit diese überschritten ist, liegt eine Überversorgung vor.[13] Nach Ansicht des BFH haben also alte Leute nicht so große Ansprüche zu haben, jedenfalls dürfen sie (prozentual) nicht besser versorgt sein als ein Richter in Pension.

---

1 Vgl. *Höfer*, DB 2005, 132, ein Wahlrecht sieht *Langohr-Plato*, INF 2005, 134, 138, wenn auch die Leistung in den Vergleich einbezogen wird.
2 BFH, Urteil v. 28. 4. 2010 - I R 78/08, BFH/NV 2010, 1709 = NWB LAAAD-47470.
3 BFH, Urteil v. 15. 9. 2004 - I R 62/03, BStBl 2005 II 176.
4 BFH, Urteil v. 4. 3. 2009 - I R 45/08, BFH/NV 2010, 244 = NWB NAAAD-33312.
5 Zu Ausnahmen, in denen eine Umsatztantieme keine vGA bildet, ausführlich FG Berlin-Brandenburg, Urteil v. 8. 4. 2014 - 6 K 6216/12, EFG 2014, 1332, rkr.
6 BFH, Urteil v. 15. 9. 2004 - I R 62/03, BStBl 2005 II 176.
7 BFH, Urteil v. 20. 12. 2006 - I R 29/06, BFH/NV 2007, 1350 = NWB TAAAC-46925.
8 Dazu FG Baden-Württemberg, Urteil v. 18. 2. 1998 - 5 K 255/97, rkr., EFG 1998, 898, 899; a. A. wohl Gosch/*Gosch* § 8 Rz. 720.
9 BMF, Schreiben v. 3. 11. 2004, BStBl 2004 I 1045.
10 Niedersächsisches FG, Urteil v. 16. 8. 2007 - 6 K 211/05, NWB EAAAC-60356; auch BFH, Urteil v. 20. 12. 2006 - I R 29/06, BFH/NV 2007, 1350 = NWB TAAAC-46925.
11 BMF, Schreiben v. 3. 11. 2004, BStBl 2004 I 1045; Hessisches FG, Urteil v. 27. 5. 2009 - 4 K 409/06, rkr., NWB IAAAD-27924; auch wohl BFH, Urteil v. 9. 11. 2005 - I R 89/04, BStBl 2008 II 523; ein Wahlrecht sieht insoweit *Langohr-Plato*, INF 2005, 134, 138.
12 BMF, Schreiben v. 3. 11. 2004, BStBl 2004 I 1045.
13 BFH, Urteile v. 17. 5. 1995 - I R 105/94, BStBl 1996 II 423; v. 16. 5. 1995 - XI R 87/93, BStBl 1995 II 873; v. 8. 10. 1986 - I R 220/82, BStBl 1987 II 205; v. 15. 9. 2004 - I R 62/03, BStBl 2005 II 176.

3731 Dabei ist zu beachten, dass die Sozialversicherungsrenten seit 1.7.2005 nach einem neuen Näherungsverfahren berechnet werden müssen, welches altersabhängig unterschiedliche Werte ausweist, während das bisher verwendete Verfahren einen konstanten Wert, unabhängig vom Alter des Geschäftsführers, auswies. Unabhängig davon gilt aber, dass das neue Verfahren für fast alle Altersstufen und Einkommen eine höhere Sozialversicherungsrente prognostiziert als das alte Verfahren.[1] Dadurch kann es selbst bei seit Jahrzehnten unangefochten bestehenden Pensionszusagen nunmehr zu einer Überversorgung kommen.

3732 Ist keine laufende Pension zugesagt, sondern eine Einmalleistung, so sollen 10 % davon als Jahreswert einer laufenden Leistung angesetzt werden.[2] Diese Regelung dürfte sich kaum halten lassen. Nach versicherungsinternen Statistiken beträgt die Lebenserwartung derzeit für Männer und Frauen 85 Jahre. Die Pensionsverträge sehen i. d. R. ein Rentenalter von 65 vor, so dass dann noch zwanzig Jahre verbleiben. Daher wäre ein Einmalbetrag dementsprechend auf diese längere Dauer zu verteilen.

3733 Von der Prüfung der 75 %-Grenze konnte laut BFH und BMF im Rahmen einer Vereinfachung abgesehen werden, wenn die laufenden Aufwendungen für die Altersversorgung des Geschäftsführers (Arbeitgeber- und Arbeitnehmeranteil zur gesetzlichen Sozialversicherung, freiwillige Leistungen des Arbeitgebers für Zwecke der Altersversorgung und Zuführungen zur Pensionsrückstellung) 30 % des steuerpflichtigen Arbeitslohns des Pensionsberechtigten nicht überschreiten.[3] Diese Vereinfachungsregelung hat das BMF im Schreiben v. 3.11.2004[4] nunmehr aufgehoben. Es fragt sich daher, ob der BFH weiter daran festhalten wird.

3734 Die Rechtsprechung zur Überversorgung gilt auch für Berufsunfähigkeitszusagen,[5] lediglich wenn einschränkend festgelegt worden ist, dass die Pensionszusage nur eine Anwartschaft aus einer gesetzlichen Rentenleistung ersetzen soll, kann sich bei Zusage einer 75 %igen Invaliditätsversorgung eine vGA ergeben, da dann nur die ersparten Arbeitgeberanteile eingesetzt werden dürfen.[6] Ferner sind die Grundsätze zur Überversorgung auch anwendbar für Zahlungen an eine Unterstützungskasse,[7] nicht aber für Beiträge an Direktversicherungen, Pensionskassen und Pensionsfonds.[8] Entsprechende Grundsätze gelten auch bei Direktversicherungen[9] und bei Barlohnumwandlung.[10] Nach Ansicht der Finanzverwaltung zu Ehegattenarbeitsverhältnissen gilt die Überversorgungsprüfung aber nicht, soweit eine betriebliche Altersversorgung auf den Durchführungswegen Pensionsfonds, Pensionskasse oder Direktversicherung durchgeführt wird und soweit die Höchstbeträge der §§ 3 Nr. 63 und 40b EStG ausgeschöpft werden.[11]

---

1 Umfassend *Schmidt/Alt*, BB 2006, 296.
2 BMF, Schreiben v. 3.11.2004, BStBl 2004 I 1045.
3 BFH, Urteil v. 8.10.1986 - I R 220/82, BStBl 1987 II 205; v. 16.5.1995 - XI R 87/93, BStBl 1995 II 873; v. 17.5.1995 - I R 147/93, BStBl 1996 II 204; v. 22.11.1995 - I R 37/95, BFH/NV 1996, 596 = NWB VAAAB-37235; FG Saarland, Urteil v. 5.4.2001 - 1 K 11/97, EFG 2001, 1316.
4 BMF, Schreiben v. 3.11.2004, BStBl 2004 I 1045. Ebenso für Ehegattenarbeitsverhältnisse FinMin Saarland v. 7.3.2005, NWB FAAAB-52049.
5 BFH, Urteil v. 15.9.2004 - I R 62/03, BStBl 2005 II 176, mit Anm. *Buciek*, DStZ 2005, 84.
6 BFH, Urteil v. 28.1.2004 - I R 21/03, BFH/NV 2004, 890 = NWB MAAAB-20772; dazu *Höfer/Kaiser*, DStR 2004, 2136.
7 BFH, Urteil v. 19.6.2007 - VIII R 100/04, BStBl 2007 II 930; FG München, Urteil v. 23.4.2003 - 7 K 3089/01, EFG 2003, 1150; BMF, Schreiben v. 3.11.2004, FR 2004, 1408.
8 Vgl. BMF, Schreiben v. 3.11.2004, BStBl 2004 I 1045.
9 BFH, Urteile v. 14.7.1989 - III R 97/86, BStBl 1989 II 969; v. 16.5.1995 - XI R 87/93, BStBl 1995 II 873.
10 BFH, Urteile v. 16.5.1995 - XI R 87/93, BStBl 1995 II 873; v. 11.9.1987 - III R 267/83, BFH/NV 1988, 225.
11 FinMin Saarland v. 7.3.2005, NWB FAAAB-52049.

Das FG des Saarlandes geht jedoch bei der Prüfung der Überversorgung sogar so weit, Ansprüche aus einem anderen Rechtsgrund mit einzubeziehen.[1] Die Geschäftsführerin und Alleingesellschafterin einer GmbH erhielt eine an sich angemessene Pensionszusage von 75 % ihrer letzten Aktivbezüge, die auch allen anderen Anerkennungskriterien entsprach. Nur weil sie zudem Anspruch auf 50 % der letzten Aktivbezüge ihres Ehemannes als Witwenversorgung hatte, wurde ein Teil der Pensionsrückstellung als vGA angesehen. Das FG Rheinland-Pfalz hat hingegen Pensionsrückstellungen für im selben Betrieb arbeitende Eheleute i. H. v. je 70 % der letzten Aktivbezüge und 60 % der Rente als Witwenversorgung (also 0,6 × 70 % = 42 % der letzten Aktivbezüge des Ehepartners) anerkannt, allerdings lebten in dem entschiedenen Fall noch beide Eheleute.[2]

dd) Zeitpunkt der Prüfung der Überversorgung

Die Überprüfung erfolgt fortlaufend zu jedem Bilanzstichtag mit den an diesem Tag bestehenden Werten.[3] Wird das Gehalt reduziert, etwa wegen wirtschaftlicher Schwierigkeiten der GmbH, so sind ab dem nächsten Bilanzstichtag die geringeren Werte in die Prüfung einzubeziehen.[4] Nur wenn der Angestellte weniger Gehalt erhält, weil er seine Arbeitszeit reduziert, will das BMF eine Bezugsgröße bilden, in der das herabgesetzte Gehalt ebenso prozentual anteilig berücksichtigt wird wie das ursprüngliche Gehalt.[5] Da nicht angeordnet wurde, dass das Gehalt prozentual entsprechend der Arbeitszeit sinken muss, kann bei einer Reduzierung des Gehaltes wegen wirtschaftlicher Schwierigkeiten der GmbH eine allzu hohe Kürzung der Pension nach diesen Grundsätzen vermieden werden, indem der Angestellte auch seine Arbeitszeit geringfügig verkürzt. Es wäre sogar denkbar, die Arbeitszeit proportional zur Gehaltskürzung abzusenken, da die Anordnung des BMF die Ableistung unentgeltlicher Überstunden nicht untersagt.

Entscheidend ist aber, dass schon die Überprüfung der Überversorgung zu jedem Bilanzstichtag unzutreffend ist. Ist einmal eine Pension zugesagt, so kann sich das Unternehmen einseitig von dieser Zusage aus arbeitsrechtlichen Gründen nicht mehr lösen. Ein Vorbehalt zur Reduzierung bei Eintritt einer Überversorgung wäre nach § 6a Abs. 1 Nr. 2 EStG unzulässig. Eine Verpflichtung auf Zustimmung des Arbeitnehmers zur Reduktion gibt es nicht. Gerade da die Überversorgung auch im Verhältnis zu Arbeitnehmern gelten soll, die nicht Gesellschafter sind, kann eine solche Verpflichtung zur Zustimmung auch nicht aus gesellschaftsrechtlichen Erwägungen abgeleitet werden. Aus den gleichen Gründen hat der BFH entschieden, dass die Finanzierbarkeit einer Pensionszusage nur bei Erteilung zu prüfen ist. Bezüglich einer Verminderung des Gehalts kann bei dem Kriterium der Überversorgung nichts anderes gelten.[6] Wird allerdings das Festgehalt erhöht, so kann ein Teil der Pensionszusage, der zuvor wegen Überversorgung vGA darstellte, in die Angemessenheit hineinwachsen, da spätestens zum Zeitpunkt der Gehaltserhöhung feststeht, dass mit der Pension keine zukünftigen Einkommenserhöhungen vorweggenommen werden.

---

1 FG Saarland, Urteil v. 5. 4. 2001 - 1 K 11/97, EFG 2001, 1316, vom BFH in der Entscheidung v. 4. 9. 2002 - I R 48/01, BFH/NV 2003, 3477 = NWB VAAAA-70046 relativiert, aber im Ergebnis aufrechterhalten.
2 FG Rheinland-Pfalz, Urteil v. 5. 4. 2001 - 6 K 3280/98, rkr., NWB GAAAB-11945.
3 BMF, Schreiben v. 3. 11. 2004, FR 2004, 1408, BStBl 2004 I 1045; BFH, Urteil v. 9. 11. 2005 - I R 89/04, BStBl 2008 II 523.
4 BMF, Schreiben v. 3. 11. 2004, FR 2004, 1408, BStBl 2004 I 1045.
5 BMF, Schreiben v. 3. 11. 2004, FR 2004, 1408, BStBl 2004 I 1045.
6 Auch *Janssen*, NWB 2010, 3455, 3459.

BEISPIEL: Dem Angestellten X der A-GmbH wurde in 01 bei einem Monatsgehalt von 3.000 € eine Pensionszusage in gleicher Höhe erteilt. Im Jahr 02 steigt sein Festgehalt auf 4 000 €/Monat, die Pensionszusage verbleibt bei 3.000 €/Monat. In 03 wird das Festgehalt wegen wirtschaftlicher Schwierigkeiten übereinstimmend wieder auf 3 000 €/Monat gesenkt.

In 01 ist eine Bilanzberichtigung vorzunehmen. Nur eine Rückstellung für eine Pension von (3.000 € × 75 % =) 2.250 €/Monat ist unter dem Gesichtspunkt der Überversorgung anzuerkennen. Im Jahr 02 unterliegt die tatsächlich gegebene Pensionszusage diesen Bedenken nicht mehr, die Zuführung des Jahres 02 ist voll Betriebsausgabe. Nach BMF wäre in 03 wieder nur die Zuführung für eine Pensionszusage i. H.v. 2.250 €/Monat Betriebsausgabe. Nach hier vertretener Ansicht muss dagegen ab 02 die Zuführung zur Pensionszusage in voller Höhe anerkannt werden, da mit der Gehaltserhöhung in 02 feststand, dass nicht künftige Einkommensverbesserungen vorweggenommen wurden und die GmbH sich von der einmal erteilten Pensionszusage nicht mehr lösen kann.

3738 Eine Dynamisierung der Pensionsanwartschaft wird in bestimmtem Rahmen[1] als zulässig erachtet, soweit dadurch keine Überversorgung eintritt.[2] Das Hessische FG und das FG Rheinland-Pfalz nehmen eine Überversorgung ohne Auseinandersetzung mit den einschlägigen BFH-Urteilen und der ausführlichen Begründung des FG Baden-Württemberg auch an, wenn die Pension selbst dynamisiert wird. Eine Dynamisierung der Pension selbst ist hingegen nicht schon dann als Überversorgung anzusehen, wenn unter Berücksichtigung dieser Dynamisierung die Grenze von 75 % der zum Zeitpunkt der Prüfung bekannten Aktivbezüge überschritten ist. Vielmehr erreichen auch andere Pensionen, insbesondere Beamtenpensionen, die Grenze von 75 % der Aktivbezüge und werden später weiter aufgestockt. Daher kann eine fest zugesagte Aufstockung, die sich im Rahmen von statistischen Erfahrungswerten hält, keine Überversorgung darstellen.[3] Tritt danach eine Überversorgung ein, so sind allein die Rechtsfolgen daraus fraglich.

3739 Fraglich ist ferner, ob eine Überversorgung auch eintreten kann, wenn das Gehalt des Gesellschafter-Geschäftsführers herabgesetzt wird, etwa wegen wirtschaftlicher Schwierigkeiten der GmbH[4] oder weil er in Zukunft nur noch eine Halbtagsstelle ausfüllt.

BEISPIEL: Der GesGf erhielt in den Jahren 01 – 10 ein Gehalt von jährlich 100.000 €, ab 11 – 15 jährlich noch 50.000 €. Ihm wurde in 04 eine Pensionszusage i. H.v. 75.000 € pro Jahr gemacht. Für die Berechnung einer Überversorgung bestehen folgende Möglichkeiten:
- ▶ Bei strikter Anwendung der 75-%-Grenze des BFH ist die Pensionsrückstellung zur Hälfte aufzulösen und es dürfen nur noch Zuführungen in halber Höhe wie bisher erfolgen.[5]
- ▶ Z.T. wird auch vertreten, dass lediglich die Zuführungen zur Pensionsrückstellung ab 11 zur Hälfte als vGA anzusehen sind.[6]
- ▶ Schließlich ist auch noch eine quotale Kürzung der Überversorgungsgrenze denkbar: Danach sollen (10 x 100 % + 5 x 50 % : 15 =) 83,3 % des zuletzt gültigen vollen Gehaltes als Basis dienen und da-

---

1 Vgl. dazu unter → Rz. 3720 ff.
2 FG Baden-Württemberg, Urteil v. 18. 2. 1998 - 5 K 255/97, rkr., EFG 1998, 898, 899; FG Rheinland-Pfalz, Urteil v. 5. 4. 2001 - 6 K 3280/98, rkr., NWB GAAAB-11945; Hessisches FG, Urteil v. 15. 2. 2000 - 4 K 2677/97, rkr., EFG 2000, 454.
3 Nach FG Baden-Württemberg, Urteil v. 18. 2. 1998 - 5 K 255/97, rkr., EFG 1998, 898, sind nach den statistischen Materialien für 1987 3 % jedenfalls angemessen, die Inflation der letzten 30 Jahre vor diesem Zeitraum betrug durchschnittlich 3,25 % pro Jahr, die Steigerung der Beamtenpensionen und Sozialversicherungsrenten lag erheblich darüber. BFH, Urteil v. 15. 9. 2004 - I R 62/03, BStBl 2005 II 176.
4 Vgl. FG Berlin-Brandenburg, Urteil v. 22. 6. 2011 - 12 K 12274/09, EFG 2011, 1992.
5 *Langohr-Plato*, INF 2004, 16, 18.
6 *Rupp* Rupp/Felder/Geiger/Lang, a. a. O., A III Rz. 488/2, für den Fall der Herabsetzung wegen schlechter Wirtschaftslage, anders bei Halbtagsstelle. Inkonsequenterweise will *Rupp* umgekehrt die Heraufsetzung des Gehalts kurz vor Pensionsbeginn nicht gelten lassen und die Auswirkung auf die Pension als vGA ansehen, a. a. O., A III Rz. 490 f.

von 75 % anerkannt werden, hier also die Zuführungen für eine Pensionsrückstellung i. H.v. (83.300 x 75 % =) 62.475 € anerkannt werden, soweit sie die weiteren (75.000 − 62.475 =) 12.525 € betreffen, jedoch als vGA behandelt werden.[1]

Die Finanzverwaltung hat für den Fall des Übergangs zur Teilzeitbeschäftigung die dritte Lösung anerkannt, nicht jedoch für andere Gründe der Gehaltsabsenkung.[2] Diese Unterscheidung der Rechtsfolgen je nach dem Grund der Absenkung ist nicht nachvollziehbar. Aber die Reduzierung der Grenze für die Überversorgung ist darüberhinaus bei Gehaltsabsenkungen ohnehin nicht gerechtfertigt, sie zeigt, wie unsinnig dieses Kriterium ist, das Versorgungsbedürfnis des Geschäftsführers soll hier dauerhaft um 12 525 € bzw. 37 500 € pro Jahr sinken, nur weil er fünf Jahre vor der Pensionierung, unter Verzicht auf sein halbes Gehalt, aus seinen Ersparnissen einen sanften Übergang in die Pension vorgenommen hat. Eine solche Annahme ist schlichtweg unsinnig. Ein Hoffnungsschimmer bezüglich der Meinung der Finanzverwaltung ergibt sich aus BMF, Schreiben v. 24. 8. 2005.[3] In diesem Schreiben betont das BMF, dass die 75-%-Grenze nur ein Indiz sei und ein Gegenbeweis möglich bleibt, hält aber gerade bei einer dauerhaften Gehaltskürzung die Grenze für anwendbar.

Das Merkmal ist verzichtbar, zumindest darf aber die Absenkung des Gehaltes nicht auch zu einer Absenkung der 75 %-Grenze führen. Es muss also schon aus Gründen der Besitzstandswahrung immer eine Pensionszusage auf eine Pension von 75 % des höchsten als GesGf der GmbH erreichten Gehaltes zulässig sein.[4] Im vorstehenden Fall darf daher keine vGA angenommen werden.

Werden die Zuführungen zu einer Pensionszusage nach einer Gehaltsherabsetzung wegen Überversorgung nicht mehr anerkannt, so sollte ein Trick versucht werden: Es wird vereinbart, für die letzten drei Monate vor Ausscheiden des Geschäftsführers das Gehalt wieder auf den alten, höheren Betrag anzuheben und eine Pension i. H.v. 75 % des durchschnittlichen Gehalts der letzten drei Monate zu zahlen. Damit ist die Überversorgung wieder entfallen und die Zuführungen zur Pensionsrückstellung auch in der Zeit des abgesenkten Gehalts angemessen.[5] Allerdings ist zu beachten, dass die Finanzverwaltung bei Gehaltssprüngen von mehr als 25 %, die sich darauf beziehenden Pensionszusagen als Neuzusagen ansieht, die wieder alle Voraussetzungen erfüllen müssen, also auch die Zehnjahresfrist der Erdienbarkeit.[6] Bei Gehaltsabsenkungen von mehr als 20 % empfiehlt sich also bei der Erhöhung ein gestaffeltes Vorgehen.

ee) Rechtsfolgen der Überversorgung

Liegt danach eine Überversorgung vor, so begründet das nach BFH einen Verstoß gegen § 6a EStG. Damit ist die Rückstellung für die Pensionszusage aufzulösen. Die Auflösung ist innerhalb der Bilanz vorzunehmen. Eine Korrektur nach vGA-Grundsätzen außerhalb der Bilanz ist dann nicht mehr möglich, weil keine Vermögensminderung mehr vorliegt.[7] Zu den Folgen nä-

---

1 *Alber*, GStB 2001, 372, 382; *Rupp* Rupp/Felder/Geiger/Lang, a. a.O., A III Rz. 488/2, für den Fall der Herabsetzung wegen Halbtagsstelle.
2 BMF, Schreiben v. 3. 11. 2004, BStBl 2004 I 1045, Tz. 19; so auch BFH, Urteil v. 27. 3. 2012 - I R 56/11, BStBl 2012 II 665.
3 BMF, Schreiben v. 24. 8. 2005, NWB GAAAD-53580.
4 Zweifel an der Überversorgung als Pauschalregelung auch bei Gosch/*Gosch* § 8 Rz. 1132.
5 A. A. *Rupp* Rupp/Felder/Geiger/Lang, Verdeckte Gewinnausschüttung, Verdeckte Einlage, A III Rz. 490 f.
6 Vgl. dazu Stichwort: Erdienbarkeit.
7 BFH, Urteile v. 15. 9. 2004 - I R 62/03, BStBl 2005 II 176; v. 20. 12. 2006 - I R 29/06, BFH/NV 2007, 1350 = NWB TAAAC-46925.

her vgl. sogleich die ausführliche Darstellung für Nur-Pensionszusagen. Dort auch zur Annahme einer vGA durch den BMF und zu den Unterschieden.

ff) Überversorgung bei Nur-Pension

3744 Grundsätzlich sind sich BFH und BMF einig, dass die Rechtsprechung zur Überversorgung auch auf Nur-Pensionszusagen anzuwenden ist. Nur die Art der Rechtsfolge und die Auswirkung in den unterschiedlichen Fallgruppen unterscheiden sich.

(1) Anfängliche Nur-Pensionszusage bei Gesellschafter-Geschäftsführern

3745 Nach der Rechtsprechung des BFH[1] ist die Rechtsfigur der Überversorgung auch bei Nur-Pensionszusagen anzuwenden. Es darf daher für die Nur-Pensionszusage keine Rückstellung gebildet werden. Gelangt die Zusage aber zur Auszahlung, so soll es sich um eine verdeckte Gewinnausschüttung handeln.[2] Begründet wird diese Rechtsprechung mit dem sog. doppelten Drittvergleich,[3] also damit, dass sich kein Fremdgeschäftsführer auf eine Vergütung einzig durch eine Nur-Pension einlassen würde. Dies ist gerade für eine bereits in der Auszahlung befindliche Pension überhaupt nicht nachvollziehbar, weil der Geschäftsführer zu diesem Zeitpunkt nicht mehr befürchten muss, ohne Gegenleistung zu arbeiten, da diese gerade an ihn ausgezahlt wird.[4] Eine Ausnahme bilden nach den zitierten Urteilen die Fälle der Gehaltsumwandlung, in diesen Fällen wird auch eine Nur-Pensionszusage anerkannt. BFH, Urteil v. 28. 4. 2010[5] deutet allerdings an, dass

▶ nur eine echte Barlohnumwandlung anerkannt wird, ohne allerdings mitzuteilen, was eine falsche Barlohnumwandlung ist und

▶ nur wenn eine Absicherung z. B. durch eine Rückdeckungsversicherung, vorgenommen wird.

3746 Das BMF[6] wendet diese Rechtsprechung zunächst nicht an. Es meint, die Pensionsrückstellung sei aufwandswirksam einzubuchen und der Aufwand dann außerbilanziell als vGA wieder zu korrigieren, und zwar unabhängig davon, ob eine Gehaltsumwandlung vorliegt oder nicht. In der Auszahlungsphase ergibt sich kein Aufwand, da lediglich die Rückstellung aufgelöst wird, die in der Bilanz ja noch vorhanden ist. Beim Gesellschafter treten die Rechtsfolgen wiederum erst bei Zufluss ein, er erhält aber diesmal keinen Arbeitslohn, sondern vGA, die im Halb- bzw. Teileinkünfteverfahren, ab 2009 mit Abgeltungsteuer zu versteuern sind. Hier verschieben sich also die Gewichte gegenüber einer regulären Zusage, für die Gesellschaft wird die Situation schlechter, für den Gesellschafter besser.

Der BFH[7] hat im Jahre 2010 erneut entschieden, dass die Zusage einer sog. Nur-Pension zu einer sog. Überversorgung führt, wenn dieser Verpflichtung keine ernsthaft vereinbarte Entgeltumwandlung zugrunde liegt. In diesen Fällen könne keine Pensionsrückstellung nach § 6a EStG gebildet werden. Nach dem BMF, Schreiben v. 13. 12. 2012 ist der Grundsatz des BFH

---

1 BFH, Urteil v. 9. 11. 2005 - I R 89/04, BStBl 2008 II 523.
2 BFH, Urteil v. 28. 4. 2010 - I R 78/08, BFH/NV 2010, 1709 = NWB LAAAD-47470, kritisch dazu *Janssen*, NWB 2010, 3455, 3460 ff.
3 Dazu näher → Rz. 421 ff.
4 *Janssen*, a. a. O.
5 BFH, Urteil v. 28. 4. 2010 - I R 78/08, BFH/NV 2010, 1709 = NWB LAAAD-47470.
6 BMF, Schreiben v. 16. 6. 2008, BStBl 2008 I 681, dazu ausführlich *Janssen*, NWB 2008, 2741.
7 BFH, Urteil v. 28. 4. 2010, BStBl 2013 II 41.

über den entschiedenen Einzelfall hinaus unter Aufhebung des BMF, Schreibens v. 16.6.2008 in allen noch offenen Fällen anzuwenden.[1]

(2) Nachträgliche Nur-Pensionszusagen bei Gesellschafter Geschäftsführern

Nach der Rechtsprechung und Verwaltungsauffassung sollen die Folgen der Nur-Pensionszusage auch eintreten, wenn diese erst nachträglich entstanden ist.[2]

> **BEISPIEL:** Der GesGf X verfügte über ein Festgehalt von 10.000 €/Monat und eine Pensionszusage über 3.000 €/Monat. Als die Geschäfte immer schlechter laufen wird das Gehalt des X in mehreren Stufen immer weiter reduziert, bis er schließlich auf eine Gehaltszahlung völlig verzichtet, die Pensionszusage bleibt aber erhalten.

Dadurch ist nun eine Nur-Pensionszusage entstanden, die steuerlich nicht anzuerkennen ist, nach BFH und nunmehr auch nach BMF die Rückstellung aufzulösen.[3]

Geht es der Gesellschaft später wieder besser und erhält der Geschäftsführer später wieder ein ausreichendes Festgehalt (im Beispiel würden 4.000 € pro Monat genügen), so kann die Rückstellung wieder in vollem Umfang gebildet werden.[4] Es handelt sich dabei auch nicht um eine Neuzusage, da die Pensionszusage ja fortwährend bestand. Daher muss z.B. auch nicht erneut die Erdienbarkeit geprüft werden. Die Auffassung des BFH, die von der Verwaltung übernommen wurde ist günstig, da nach Überwindung der Krise wieder eine ganz reguläre Pensionszusage vorliegt, so als ob es die Krise nie gegeben hätte. Nach Ansicht des BMF verbleibt es in bestandskräftigen Altfällen dabei, dass die Zuführungen einiger Jahre vGA sind. Dies muss dann bei der späteren Auszahlung der Pension auch berücksichtigt werden, indem diese Auszahlung teilweise als Arbeitslohn und teilweise als vGA versteuert wird.

(3) Nur-Pensionszusagen an Nichtgesellschafter

Die genannten Auswirkungen gelten für Nur-Pensionszusagen an GesGf bzw. angestellte Gesellschafter. Dieses Merkmal soll jedoch nicht nur bei Pensionszusagen an Gesellschafter, sondern bei Pensionszusagen an sämtliche Arbeitnehmer gelten, egal ob sie am Unternehmen beteiligt sind oder nicht, also auch bei Zusagen an völlig gesellschaftsfremde Dritte.[5] Dabei mag es sein, dass Nur-Pensionszusagen gegenüber fremden Dritten eher selten vorkommen, gänzlich ausgeschlossen sind sie aber nicht. Auch dem BFH müssen vergleichbare Fälle bekannt sein, er hätte sonst keinen Anlass gehabt, seine Rechtsprechung auf Nichtgesellschafter auszudehnen. Allerdings nimmt der BFH im Urteil vom 28.4.2010[6] an, dass die Auszahlung einer Nur-Pension zu vGA führt, ohne mitzuteilen, wie dies zur Anwendung der Überversorgungsrechtsprechung auf gesellschaftsfremde Dritte passen soll. Es muss also in diesen Fällen wohl bei der Versagung der Rückstellung bleiben, die Auszahlung aber kann nur zu Arbeitslohn führen. Es ist allerdings problematisch unter dem Gesichtspunkt der Folgerichtigkeit, warum dies

---

1 BMF, Schreiben v. 13.12.2012, BStBl 2013 I 35.
2 Vgl. BMF, Schreiben v. 3.11.2004, BStBl 2004 I 1045, Rz. 8; BFH, Urteil v. 9.11.2005 - I R 89/04, BStBl 2008 II 681.
3 BFH, Urteil v. 28.4.2010, BStBl 2013 II 41; BMF, Schreiben v. 13.12.2012, BStBl 2013 I 35.
4 *Janssen*, vGA, 10. Aufl. 2010, Rz. 1840.
5 Vgl. BFH, Urteil v. 15.9.2004 - I R 62/03, BStBl 2005 II 176.
6 BFH, Urteil v. 28.4.2010 - I R 78/08, BFH/NV 2010, 1709 = NWB LAAAD-47470.

bei Gesellschafter-Geschäftsführern nur wegen des hier auftretenden gesellschaftsrechtlichen Bezugs dann anders sein soll.[1]

3751 Sieht man hier auf die Rechtsfolgen, so zeigt sich, dass die vom BFH gezogene Rechtsfolge (keine Rückstellung) auch bei Pensionszusagen an Dritte gelten muss. Die vom BMF gezogene Rechtsfolge (vGA) ist in den bestandskräftigen Altfällen nicht möglich, eine solche ist nur bei Gesellschaftern oder Zusagen an eine einem Gesellschafter nahe stehende Person denkbar, nicht aber bei Zusagen an fremde Dritte.

3752 *(Einstweilen frei)*

gg) Kritik

3753 Das Merkmal der Überversorgung ist problematisch und wird kritisch gesehen. Die Prüfung der Angemessenheit der gesamten Gesellschafterbezüge muss ausreichend sein.[2] Ein Grund, den Beteiligten die Verteilung dieser Gesamtbezüge auf bestimmte Vergütungsteile vorzuschreiben, ist nicht ersichtlich, insbesondere ist die vom BFH für die Überversorgung gegebene Begründung veraltet.[3] Dies zeigt sich insbesondere bei der Nur-Pension. Es ist nicht unbestritten nachvollziehbar, dass der GesGf bei Eintritt des Pensionsfalles auf seine Pensionsbezüge verzichten solle, nur weil er zuvor kein Festgehalt bezogen hat. Es bleibt die Frage im Raum, ob man nicht steuerrechtlich übermäßig in die zivilrechtliche Gestaltungsfreiheit eingreift.

3754 Überversorgung wird als Maßstab verstanden und führt deshalb schon zu einem Problem:[4] Der Ansatz kann bei einer Versorgung nur der Bedarf sein. Das Verhältnis der Pension zu den letzten Aktivbezügen sagt aber nichts über den Bedarf aus. Auch der Zeitpunkt, zu dem es durch den BFH geprüft wird, zeichnet sich in keiner Weise als für die Bestimmung eines zukünftigen Bedarfs geeignet aus. Somit sagt der durch den BFH vorgenommene Vergleich nichts darüber aus, ob die betroffene Person tatsächlich eine unangemessen hohe Versorgung erhält oder nicht. Bereits der Begriff der ‚Überversorgung' wird daher als ein sprachlicher Missbrauch verstanden, der einen Zustand suggeriert, der nicht bzw. allenfalls zufällig tatsächlich besteht.[5] Das zeigt sich auch ganz klar an einigen von *Bode/Grabner*[6] aufgezeigten Beispielen. Wird einem Geschäftsführer, der 240.000 € im Jahr verdient, eine Pensionszusage im Jahreswert von 60.000 € erteilt, so kann er verschiedene Versicherungsformen wählen und damit das steuerliche Ergebnis beeinflussen. Wählt er eine Nur-Alterssicherung, so erhält er daraus eine Altersrente von 349.000 € pro Jahr und ist damit eindeutig überversorgt. Wählt er aber eine kombinierte Alters-, Invaliditäts- und zusätzlich 60 %ige Witwenrente, so erhält er nur noch eine Jahresrente von 91.000 € und hat keine vGA wegen Überversorgung zu befürchten – ein widersprüchliches Ergebnis. Für die Entlohnung des Geschäftsführers ist letztlich der Jahreswert der Versicherung maßgebend, nicht die Art der Versicherung. Es ist nicht erkennbar, aus welchem Grund das für die Besteuerung anders sein soll.

3755 Bei der Vereinbarung einer Witwenversorgung haben der BFH und das Niedersächsische FG erkannt, dass die gesetzliche Rentenversicherung und auch die Beamtenversorgung keine Ver-

---

1 Siehe dazu → Rz. 3745.
2 Ähnlich *Buciek*, DStZ 2005, 88.
3 Siehe o. → Rz. 3722 ff.
4 Vgl. *Wichmann*, Stbg 2006, 396, 397.
5 Vgl. *Wichmann*, Stbg 2006, 396, 397.
6 *Bode/Grabner*, DB 1996, 544.

gleichsmaßstäbe für Pensionszusagen sind.[1] Vor diesem Hintergrund dürfte sich auch die Figur der „Überversorgung" kaum halten lassen.[2] In der freien Wirtschaft ist die Pensionszusage ein Teil des Entgelts und die Höhe letztlich frei verhandelbar, ohne eine Bindung an beamtenrechtliche oder sozialversicherungsrechtliche Vorschriften.

Da die Überversorgungsprüfung von der Finanzverwaltung ferner nicht bei Gehaltsumwandlung angewandt wird, wäre die von der Rechtsprechung befürchtete Überversorgung auf diesem Wege herstellbar. Wie unsinnig die Unterstellung ist, eine Rente von mehr als 75 % werde schließlich nicht bezogen, zeigt sich, wenn man eine festgestellte Überversorgung beseitigen will. Das erfordert einen Verzicht des Gesellschafter-Geschäftsführers auf den überhöhten Teil der Pensionszusage. Dieser führt aber bei ihm nach der Rechtsprechung wieder zu einem Zufluss und widerlegt damit gerade die Unterstellung, die zur Begründung des Instituts der Überversorgung dient, d. h. durch den Verzicht bezieht der Gesellschafter-Geschäftsführer den Arbeitslohn, den er nach der Unterstellung durch die Rechtsprechung nie erhalten sollte, sogar vorzeitig.

3756

Für die Fälle eines Eintritts der Überversorgung nach Gehaltsabsenkung ist an die Rechtsprechung ebenfalls des I. Senats zur Finanzierbarkeit von Pensionszusagen zu denken. Ursprünglich wurde die Finanzierbarkeit ab Zusage der Pension laufend geprüft. War sie in einem Zeitraum nicht gegeben, so war der nicht (mehr) finanzierbare Teil der Pensionszusage als vGA anzusehen. Diese Rechtsprechung hat der BFH aufgegeben. Völlig zutreffend hat er erkannt, dass ein ordentlicher Gesellschafter-Geschäftsführer eine Pensionszusage nicht einfach reduzieren kann, wenn sie durch die schlechte wirtschaftliche Lage auf einmal nicht mehr finanzierbar ist. Er hat vielmehr den einmal geschlossenen Vertrag einzuhalten, daher kann die Finanzierbarkeit nur noch einmal, nämlich bei Erteilung der Pensionszusage geprüft werden.[3]

Seitdem ist dieses Prüfungsmerkmal praktisch tot. Die für die Finanzierbarkeit geltende Argumentation muss aber bei der Überversorgung ebenso angewendet werden. Ist im Zeitpunkt der Zusage keine Überversorgung vorhanden, so kann sie nicht durch späteren Gehaltsverzicht eintreten, schließlich ist der Gesellschafter-Geschäftsführer nicht verpflichtet, auf einen Teil der Pensionszusage zu verzichten, und der ordentliche Geschäftsleiter kann ihm diese auch nicht entziehen.

Letztlich ist wohl auch die Überversorgung, ebenso wie das Merkmal der Nur-Pension[4] aus dem Bemühen der Rechtsprechung entstanden, Steuerstundungsmodelle zu vermeiden, die sich aus der Ansammlung einer hohen Rückstellung ergeben sollten, die dann wegen Verzichts aufgelöst würde. Da aber inzwischen seit mehr als einem Jahrzehnt feststeht, dass diese Stundungsmodelle nicht funktionieren würden, weil auch der Verzicht zu einem Zufluss von Arbeitslohn führt,[5] sollten endlich auch die Maßnahmen zur Verhinderung dieser Modelle eingestellt werden. Das Merkmal der Überversorgung ist danach überholt.

---

1 BFH, Urteil v. 29. 11. 2000 - I R 90/99, BStBl 2001 II 204; Niedersächsisches FG, Urteil v. 19. 12. 2000 - 6 K 632/99, EFG 2001, 525 f.
2 Ebenso *Hoffmann*, DStR 2001, 394, in einer Urteilsanmerkung zum Urteil des BFH v. 29.11.2000 - I R 90/99, BStBl 2001 II 204; zur Kritik auch *Bode/Grabner*, DB 1996, 544, 546 ff.; Zweifel an der Überversorgung als Pauschalregelung auch bei Gosch/*Gosch* § 8 Rz. 1132.
3 BFH, Urteil v. 8. 11. 2000 - I R 70/99, BStBl 2005 II 653 = NWB GAAAA-97080, kommentiert von *Janssen*, KFR F. 2 KStG § 8, 5/01, S. 243; bestätigt durch BFH, Urteile v. 24. 1. 2001 - I R 14/00, BFH/NV 2001, 1147 = NWB SAAAA-66717; v. 28. 11. 2001 - I R 86/00, BFH/NV 2002, 675, 677 = NWB KAAAA-68130; v. 18. 12. 2002 - I R 44/01, NWB BAAAA-70044.
4 Vgl. dort → Rz. 3696 ff.
5 Vgl. dazu → Rz. 3771.

n) Tatsächliche Durchführung

aa) Korrekte Bilanzierung

3757 Wird eine Pensionszusage (teilweise) nicht bilanziert, so soll der nicht bilanzierte Teil, mangels tatsächlicher Durchführung, zu einer vGA führen.[1] Dies soll entsprechend dem einschlägigen Urteil nicht gelten, soweit die fehlende Bilanzierung auf einem der Kapitalgesellschaft nicht zuzurechnenden Versehen einer Hilfsperson (Sachverständiger oder Buchhalter) beruht, aber jedenfalls dann, wenn die Abweichung zwischen dem rechtlich zutreffenden und dem tatsächlich gewählten Bilanzausweis derart augenfällig ist, dass ein ordentlicher und gewissenhafter Geschäftsleiter bei sorgsamer Durchsicht der Bilanz den Fehler hätte bemerken müssen. Der Sinn des Gebotes soll darin bestehen, mögliche Bilanzmanipulationen zu vermeiden, wurde im entschiedenen Fall glattweg verfehlt. Die Pensionszusage war um 50 % erhöht worden, jedoch war in den ersten beiden Jahren die Rückstellung für die Erhöhung nicht vorgenommen worden. Der BFH entschied, dass diese in den verfahrensrechtlich noch offenen Jahren nachzuholen und die Gewinnauswirkung durch eine vGA wegen mangelnder Durchführung auszugleichen sei. Dagegen spricht:

▶ dass durch die nachgeholte Bilanzierung ein Durchführungsmangel gerade nicht (mehr) vorliegt und

▶ eine Bilanzmanipulation auf diesem Wege gar nicht möglich ist, da das Nachholverbot des § 6a EStG vermeidet, dass entsprechend der Grundsätze des formellen Bilanzzusammenhangs die Rückstellung sich in einem anderen Zeitraum auswirken könnte als demjenigen, in dem sie richtigerweise einzustellen ist. Wird also die Rückstellung für 2006 nicht in 2006 vorgenommen, kann sie nicht in 2007 nachgeholt werden. Dann tritt allerdings keine Vermögensminderung und damit keine vGA ein. Wird sie wegen offener Bilanzen in 2006 nachgeholt, ist die richtige Rückstellung im richtigen Zeitraum erfolgt, § 6a EStG greift nicht ein, eine Bilanzmanipulation ist nicht erfolgt und die Zusage korrekt durchgeführt.

▶ Bei der Abfindung von Pensionszusagen hat der BFH entschieden, dass die Abfindung nicht gegen die tatsächliche Durchführung der Pensionszusage spricht, weil die Auszahlung des Anspruchs gerade ein Beweis für die Ernsthaftigkeit der Vereinbarung ist.[2] Ebenso muss hier die Bereitschaft, die Rückstellungen nach Erkennen des Fehlers in den zutreffenden Jahren einzubuchen, auch ein Beweis für die Ernsthaftigkeit der Vereinbarung sein und somit die tatsächliche Durchführung beweisen und nicht widerlegen.[3]

3758 Wird die Invaliditätszusage bei tatsächlicher Invalidität des GesGf tatsächlich nicht ausgezahlt, so ist dies für die Anerkennung der Rückstellungen in den Vorjahren ohne Bedeutung.[4]

---

[1] BFH, Urteil v. 13.6.2006 - I R 58/05, BStBl 2006 II 928; weitergehend gesamte Erhöhung für alle Jahre vGA, *Neu*, EFG 2005, 1798.
[2] BFH, Urteil v. 15.10.1997 - I R 42/97, BStBl 1999 II 316.
[3] Vgl. bereits *Janssen*, NWB 2008, 1633, 1637.
[4] BFH, Urteil v. 24.4.2002 - I R 43/01, BStBl 2003 II 416.

bb) Abfindung oder Umwandlung

Die Abfindung einer Pensionszusage durch eine Einmalzahlung spricht u. E. nicht gegen die tatsächliche Durchführung der Pensionszusage, sondern geradezu dafür.[1] Wäre nicht beabsichtigt gewesen, die Pension tatsächlich zu bezahlen, so wäre eine Abfindung für den Anspruch nicht erforderlich gewesen. Auch eine Verletzung des Nachzahlungsverbots liegt nicht darin, da die Zahlung der Abfindung auf einem neuen Rechtsgrund, nämlich der Abfindungsvereinbarung, beruht.[2]

Gleiches gilt, wenn eine Pension in eine Zeitrente umgewandelt wird, die zwar nur für einen beschränkten Zeitraum gezahlt wird, für diesen Zeitraum aber auch dann, wenn der Berechtigte vor Ablauf des Zeitraums verstirbt. Zumindest dann, wenn der Barwert der vereinbarten Zeitrente dem Barwert der Pension entspricht und die Zeitrente nicht eher zu laufen beginnt als die zugesagte Pension, wird dem Pensionsberechtigten nichts nachträglich entzogen oder zusätzlich gewährt, sondern nur eine in der Zukunft wirkende Bedingung hinzugefügt. Dies kann nicht gegen das Nachzahlungsverbot verstoßen.

Solange sich der Anspruch auf die Zeitrente ebenfalls nur gegen die pensionsverpflichtete Gesellschaft richtet, liegt in der Umwandlung beim Pensionsberechtigten auch kein Zufluss von Arbeitslohn. Anders ist dies, wenn er durch die Umwandlung einen unentziehbaren Anspruch gegenüber einem Dritten (z. B. Pensionskasse) erhält,[3] oder der Arbeitgeber innerhalb des Betriebsvermögens einen Versorgungsfonds bilden würde, über den er nicht mehr alleine verfügen könnte. In diesen Fällen wäre ein Zufluss des Stammrechts bei Umwandlung anzunehmen. Erfolgt eine Umwandlung in eine Direktversicherung (Einmalzahlung der Gesellschaft an die Versicherung gegen Verzicht auf Pensionsanspruch in Höhe desselben Barwerts), so kann dieser Lohnzufluss unter den Voraussetzungen des § 40b EStG mit 20 % pauschal besteuert und dabei ggf. das Vervielfältigungsrecht des § 40b Abs. 2 Satz 3 EStG in Anspruch genommen werden, wenn das Arbeitsverhältnis innerhalb von drei Monaten nach Umwandlung beendet und nicht nur nach § 613a BGB übergeleitet wird. Die Umwandlung einer Pensionszusage in eine Zeitrente kann insbesondere zur Risikobegrenzung für den Erwerber eines Unternehmens interessant sein.[4]

o) Pension neben Gehalt

Wird eine Pension neben dem Gehalt gezahlt steht das nach den Vorgaben des BFH[5] mit dem Charakter der Altersversorgung einer Pension oder auch einer Pensionsabfindung nicht im Einklang. Denn die Altersrente ist zwar Teil des Entgelts für die geleistete Arbeit.[6] Sie soll aber in erster Linie zur Deckung des Versorgungsbedarfs beitragen, regelmäßig also erst beim Wegfall der Bezüge aus dem Arbeitsverhältnis einsetzen.[7]

---

[1] BFH, Urteil v. 15. 10. 1997 - I R 42/97, BStBl 1999 II 316.
[2] Zur Abfindung im Übrigen vgl. → Rz. 3780 ff.
[3] Ebenso *Krüger* in Schmidt, EStG, § 11 Rz. 50 Stichwort: Zukunftssicherungsleistungen.
[4] Zu weiteren Möglichkeiten vgl. → Rz. 3800.
[5] BFH, Urteil v. 5. 3. 2008 - I R 12/07, BStBl 2015 II 409; bestätigend BFH, Urteil v. 23. 10. 2013 - I R 60/12, NWB XAAAE-60361.
[6] Vgl. z. B. *Lenz/Teckentrup*, INF 2006, 907 = BetrAV 2007, 131; *Frotscher*/Maas Anhang zu § 8 Rz. 302, Stichwort: Pensionszusagen, unter 7.; *Lang* E&Y § 8 Rz. 1207.33; *Beck/Henn*, a. a. O., Rz. 271.
[7] BFH, Urteil v. 5. 3. 2008 - I R 12/07, BStBl 2015 II 409.

3762 Die Auslösung der vGA kann je nach Vertragsgestaltung unterschiedlich begründet sein. Sind zivilrechtlich das Erreichen des Pensionsalters und das Ausscheiden aus der Geschäftsführung vereinbart, so wird die vGA wegen vertragswidrigem Verhalten ausgelöst.[1] Das Thema Doppelzahlung von Gehalt und Pension enthält dann keinen vGA freien Teil der Pensionsleistung.

Wenn die Zusage der Altersversorgung nicht von dem Ausscheiden des Begünstigten aus dem Dienstverhältnis als Geschäftsführer mit Eintritt des Versorgungsfalls sondern lediglich vom Erreichen einer Altersgrenze abhängig gemacht wird, ist das aus körperschaftsteuerrechtlicher Sicht grundsätzlich nicht zu beanstanden.[2] In diesem Fall würde ein ordentlicher und gewissenhafter Geschäftsleiter allerdings verlangen, dass das Einkommen aus der fortbestehenden Tätigkeit als Geschäftsführer auf die Versorgungsleistung angerechnet wird, da sich die Fortführung des Arbeitsverhältnisses unter gleichzeitigem Bezug von Rente einerseits und laufendem Geschäftsführergehalt andererseits nur bedingt mit den Anforderungen verträgt, die für das Handeln des gedachten ordentlichen und gewissenhaften Geschäftsleiters einer Kapitalgesellschaft maßgeblich sind.[3]

Ein solcher Geschäftsleiter hätte entweder verlangt, das Einkommen aus der fortbestehenden Tätigkeit als Geschäftsführer auf die Versorgungsleistung in Gestalt der Kapitalabfindung anzurechnen, oder aber den vereinbarten Eintritt der Versorgungsfälligkeit – ggf. unter Vereinbarung eines nach versicherungsmathematischen Maßstäben berechneten Barwertausgleichs – aufzuschieben, bis der Begünstigte endgültig seine Geschäftsführerfunktion beendet hat. Beides parallel gezahlt hätte er jedoch nicht.

Letztlich ist es laut BFH die Weiterbeschäftigung über das Pensionsalter hinaus, die aus steuerrechtlicher Sicht Skepsis erweckt. Die nicht erdiente Pension, und so gesehen die wechselseitig uneingeschränkten Zahlungen der Rente und des Gehalts für die aktive Tätigkeit schließen sich jedenfalls aus der hier maßgeblichen Sicht des Leistenden grundsätzlich aus; die möglicherweise entgegenstehende Interessenlage des Begünstigten ist insoweit unbeachtlich. Hier wird deutlich, dass die Deckung des Versorgungsbedarfs infolge des Wegfalls der Bezüge die entscheidende Rolle spielt.

Damit hat der BFH der Gegenmeinung, die die Ansicht vertritt, dass die Pension aus einem völlig anderen Rechtsgrund gezahlt wird als das Gehalt und sich folglich eine Anrechnung verbiete, eine Absage erteilt.[4] Die Rspr. darf kritisch gesehen werden, da der Pensionsanspruch eine Vergütung für die in der Vergangenheit geleistete Arbeit ist, während das Gehalt bei Fortführung des Beschäftigungsverhältnisses der Abgeltung der nach Eintritt des Pensionsfalls geleisteten Arbeit dient; beides ist voneinander zu unterscheiden. Im Übrigen ist es auch im Drittgeschäft üblich, bei Bedarf einen pensionierten Arbeitnehmer weiter zu beschäftigen und ihm dann ein Gehalt neben der Pension zu zahlen. Allerdings darf dann die nach Eintritt des Pensionsfalls geleistete Arbeit den Pensionsanspruch nicht erhöhen.[5]

---

1 Fall des BFH, Urteil v 5. 3. 2008 - I R 12/07, BStBl 2015 II 409.
2 BFH, Urteil v. 5. 3. 2008 - I R 12/07, BStBl 2015 II 409: bestätigend BFH, Urteil v. 23. 10. 2013 - I R 60/12, NWB XAAAE-60361; zugleich Abgrenzung zum Senatsurteil v. 2. 12. 1992 - I R 54/91, BStBl 1993 II 311.
3 BFH, Urteil v. 23. 10. 2013 - I R 60/12, NWB XAAAE-60361; zu Einzelheiten s. BMF, Schreiben v. 18.9.2017, BStBl 2017 I S. 1293.
4 So *Weber-Grellet*, StuB 2008, 680, 682.
5 So *Frotscher*/Maas Anhang zu § 8 Rz. 302, Stichwort: Pensionszusagen, unter 7.3.

Trotz dieser Kritik muss die Praxis sich auf diese Rspr. einrichten. Will man in Fällen der Weiterbeschäftigung eines GesGf die vGA Problematik vermeiden sind folgende Alternativen denkbar. 3763

- Man kann sich an die üblichen Klauseln für eine vorzeitige Inanspruchnahme der Pensionszahlungen anlehnen. Wird die Pension nämlich nicht erst mit dem 65. Lebensjahr, sondern beispielsweise schon ab dem 60. Lebensjahr ausgezahlt, so ist die Pension deshalb, je nach Zusage um 0,2 – 0,5 % pro Monat der vorzeitigen Inanspruchnahme dauerhaft zu kürzen. Dementsprechend sollte u. E. nunmehr vereinbart werden, dass die Pension bei einer Weiterbeschäftigung erst nach Ende der Weiterbeschäftigung in Anspruch genommen werden kann und für jeden Monat der späteren Inanspruchnahme um 0,2 – 0,5 % zu erhöhen ist. Auf diese Art wird die Pension nicht gleichzeitig mit dem Gehalt aus der Weiterbeschäftigung gezahlt, dem GesGf geht aber, anders als bei der vom BFH verlangten Anrechnung, auch nichts verloren. Für eine Abfindung würde dann Entsprechendes gelten, insbesondere kann diese dann zur Vermeidung der Kürzung erst mit dem Ende der Weiterbeschäftigung in Anspruch genommen werden.

- Statt der schädlichen Weiterbeschäftigung als GesGf kann u. E. auch daran gedacht werden, ein normales Arbeitsverhältnis mit der Gesellschaft zu begründen oder gar nur einen Beratervertrag abzuschließen.[1] Der BFH[2] hält eine solche Gestaltungen für möglich. Ein Geschäftsführer kann neben seinem laufenden Gehalt durchaus Altersbezüge beziehen, welche aus einem anderen Dienstverhältnis herrühren. Das widerspricht dem ebenso wenig wie der Umstand, dass der „verrentete" Geschäftsführer ggf. in anderer Funktion, beispielsweise als Berater, für die Kapitalgesellschaft tätig werden und neben einer solchen Funktion Altersbezüge vereinnahmen kann. Es dürfen Pension und laufendes Gehalt nicht aus der gleichen Quelle stammen.

- Die vom BFH verlangte Anrechnung gilt nur für eine Weiterbeschäftigung bei der GmbH, bei der der Pensionär bisher Geschäftsführer war, nicht jedoch für eine Beschäftigung in einer anderen Gesellschaft. Dies kann u. U. bei der Weiterbeschäftigung in einem Konzern weiterhelfen. Denkbar wäre auch, eine neue GmbH zu gründen, die den Pensionär als Geschäftsführer einstellt und ihrerseits die Geschäftsführung in der pensionsverpflichteten GmbH übernimmt. Allerdings ist kaum damit zu rechnen, dass der BFH diese Form der indirekten Weiterbeschäftigung akzeptieren würde. Da schon seine Rechtsprechung zur direkten Weiterbeschäftigung rein willkürlich ist, kann kaum angenommen werden, dass er vor einer beliebigen Ausdehnung dieser Rechtsprechung auf indirekte Fälle Halt macht.

In den o. g. Urteilen hat der BFH die Anrechnung des Gehalts auf die Rente verlangt, sich jedoch die Hintertüre offengehalten, dass dies „zumindest" gelten müsse, wenn ein enger zeitlicher Zusammenhang zwischen der Entscheidung des Begünstigten zur Abfindung der Pensionszusage, dem Eintritt des Versorgungsfalles und der Fortsetzung des Dienstverhältnisses bestehe. Das kann heißen, dass es in anders gelagerten Fällen nicht zu beanstanden ist, wenn Pension und Gehalt nebeneinander gezahlt werden.[3] *Pezzer* nennt den Fall, dass der Geschäftsführer ernsthaft plante, sich auf das Altenteil zurückzuziehen und die laufende Versorgung zu beziehen und davon nur absehen musste, weil sich kein geeigneter Nachfolger fand und hält 3764

---

1 *Gosch*, BFH/PR 2008, 311, 312.
2 BFH, Urteil v. 23. 10. 2013 - I R 60/12, NWB XAAAE-60361.
3 So *Pezzer*, FR 2008, 1025, 1026.

dann auch die Abfindung der Pensionszusage neben dem laufenden Gehalt für unschädlich. Die Entscheidung werden einzelfallbezogen gefällt. Daher bleibt abzuwarten, wie in einem von *Pezzer* dargestellten Fall, entschieden wird.

3765 Um die vGA zu vermeiden muss hinsichtlich der Pensionsleistung ein Abschlag vorgenommen werden, der zugleich den Umfang der vGA darstellt. Monatliche Pensionszahlungen sind bezogen auf die Berechnung eines Abschlags einfacher zu handhaben. Wird beispielsweise ein Gehalt von 5.000 € gezahlt, während zugleich eine laufende Pension von 3.000 € ausgezahlt wird, so liegt eine vGA von 3.000 € vor.[1] Bei einer Kapitalabfindung ist im Rahmen einer versicherungsmathematischen Berechnung der Abschlag zu berücksichtigen.[2]

BEISPIEL:[3] Liegt der Barwert der Pensionsansprüche bei 4.000 € (Ausgangsgröße der Pensionsabfindung), so hängt die mindernde Verrechnung mit weitergezahltem Gehalt von zum Beispiel monatlich 3.000 € von der Dauer der Weiterbeschäftigung des Gesellschaftergeschäftsführers ab – eine Größe, die im Zeitpunkt der Vornahme der Pensionsabfindung nicht bestimmbar ist.

Der BFH[4] fordert daher notgedrungen eine Verrechnung des voraussichtlich gezahlten Gehalts mit der Pensionsabfindung im Schätzungswege. Schätzte der ordentliche und gewissenhafte Geschäftsleiter seine Weiterbeschäftigung auf weitere zwei Jahre, wäre ein Abschlag[5] von 72.000 € zur steuerlichen Anerkennung der Pensionsabfindung zu fordern (24 Monate mal 3.000 €); es verbleiben 328.000 € als angemessene Abfindung (4.000 € abzgl. 72.000 €).

Bei einer geschätzten Weiterbeschäftigung von vier Jahren verdoppelt sich der Abschlag auf 144.000 € s verblieben 246.000 € steuerlich anzuerkennende Pensionsabfindung (400.000 € abzüglich 144.000 €).

Das Beispiel lehrt, dass eine Schätzung nur grob erfolgen und auch zu streitigen Ergebnissen führen kann. Diesem Schätzungsproblem ist auch und vor allem das Finanzamt ausgesetzt, bei dem die Beweislast für das Vorliegen einer verdeckten Gewinnausschüttung liegt.

Des Weiteren ist zu beachten, dass die Kapitalabfindung der Altersrente und die gleichzeitige Fortführung des Dienstverhältnisses als GesGf unter Aufrechterhaltung des Invaliditätsrisikos einen weiteren versicherungsmathematischen Abschlag rechtfertigen können.[6]

Auch die Zusage sofort unverfallbarer, aber zeitanteilig bemessener Rentenansprüche kann steuerlich anerkannt werden. Bei Zusagen an beherrschende GesGf darf die unverfallbare Anwartschaft sich jedoch wegen des für diesen Personenkreis geltenden Nachzahlungsverbots nur auf den Zeitraum zwischen Erteilung der Versorgungszusage und der gesamten tatsächlich erreichbaren Dienstzeit erstrecken, nicht aber unter Berücksichtigung des Diensteintritts.[7]

---

[1] So *Briese*, BB 2014 S. 1567 f.
[2] BFH, Urteil v. 5. 3. 2008 - I R 12/07, BStBl 2015 II 409; bestätigend BFH, Urteil v. 23. 10. 2013 - I R 60/12, NWB XAAAE-60361.
[3] Nach *Briese*, BB 2014, 1568.
[4] BFH, Urteil v. 5. 3. 2008 - I R 12/07, BStBl 2015 II 409 und BFH, Urteil v. 23. 10. 2013 - I R 60/12, NWB XAAAE-60361.
[5] Aus Vereinfachungsgründen wird der Zinseffekt vernachlässigt.
[6] BFH, Urteile v. 5. 3. 2008 - I R 12/07, BStBl 2015 II 409 und v. 23. 10. 2013 - I R 60/12, NWB XAAAE-60361.
[7] BFH, Urteile v. 5. 3. 2008 - I R 12/07, BStBl 2015 II 409 bestätigt das dazu ergangenen Senatsurteil v. 20. 8. 2003 - I R 99/02, BFH/NV 2004, 373 = NWB IAAAB-15368, sowie das BMF, Schreiben v. 9. 12. 2002, BStBl 2002 I 1393, unter 1.

p) Verzicht auf eine Pensionszusage

Der Verzicht auf eine Pensionszusage kann stets nur ein Verzicht seitens des GesGf sein, eine einseitige Lösung der Gesellschaft von der Pensionszusage ist hingegen regelmäßig arbeitsrechtlich unmöglich.[1] Der Verzicht des Gesellschafters ist unentgeltlich, wird von der Gesellschaft hingegen ein Entgelt gezahlt, so handelt es sich um die Abfindung einer Pensionszusage. In der Praxis ergeben sich bei Pensionszusagen häufig massive Unterdeckungen. Eine Nachfinanzierung ist oft nicht finanzierbar. Hinzu kommt, dass die Bilanzierung von Pensionsrückstellungen nach BilMoG zu einer (deutlichen) Erhöhung des Passivpostens führen wird, die die Insolvenzgefahr nach sich zieht. Daher wird ein GesGf über „Ob" und „Wie" eines Verzichts nachdenken.

aa) Verzicht auf eine unverfallbare Pensionsanwartschaft oder eine Pension („Past service")

(1) Grundsätzliche Rechtsfolgen des Verzichts bei Gesellschaft und Gesellschafter

Verzichtet ein Gesellschafter-Geschäftsführer einer GmbH auf eine Pensionszusage, die nach den in R 8.7 KStR und in dem noch geltenden H 38 KStH genannten Kriterien zu einer Minderung des Einkommens der GmbH geführt hat, so ergeben sich folgende Auswirkungen:

▶ Ebene der Gesellschaft:

Die GmbH hat die nach § 6a EStG gebildete Pensionsrückstellung in ihrer Steuerbilanz erfolgswirksam aufzulösen.

Im Gegensatz zur Abfindung ist der Verzicht auf die Pensionszusage durch das Gesellschaftsverhältnis veranlasst, wenn ein Nichtgesellschafter der Gesellschaft diesen Vermögensvorteil (entschädigungsloser Wegfall einer Pensionsverpflichtung) nicht eingeräumt hätte. Eine betriebliche Veranlassung des Verzichts auf die Pensionszusage ist nach allgemeinen Grundsätzen nur anzunehmen, wenn auch ein Fremdgeschäftsführer auf die Pensionszusage verzichten würde.[2]

Daher führt nach Rspr.[3] und Verwaltung[4] der gesellschaftsrechtlich veranlasste Pensionsverzicht zu einer verdeckten Einlage in Höhe des Teilwerts der Pensionsanwartschaft. Die verdeckte Einlage ist außerbilanziell bei der Ermittlung des zu versteuernden Einkommens in Abzug zu bringen. Der Teilwert der verdeckten Einlage ist nicht nach § 6a EStG, sondern unter Beachtung der allgemeinen Teilwertermittlungsgrundsätze im Zweifel nach den Wiederbeschaffungskosten zu ermitteln. Demnach kommt es darauf an, welchen Betrag der Gesellschafter zu dem Zeitpunkt des Verzichts hätte aufwenden müssen, um eine gleich hohe Pensionsanwartschaft gegen einen vergleichbaren Schuldner zu erwerben. Dabei kann die Bonität des Forderungsschuldners berücksichtigt werden. Außerdem kann von Bedeutung sein, ob die Pen-

---

1 BAG, Urteile v. 17. 6. 2003 - 3 AZR 396/02, NWB DAAAB-93890; v. 24. 4. 2001 - 3 AZR 402/00, NWB XAAAB-93892; v. 10. 12. 1971 - 3 AZR 190/71, DB 1972, 491, ferner *Langohr-Plato*, INF 2005, 134, 135 f., *Briese*, GmbHR 2005, 272, 273.
2 BMF, Schreiben v. 24. 8. 2005, NWB GAAAD-53580; v. 6. 9. 2005 - IV B 7 - S 2742 - 69/05, BStBl 2005 I 875; OFD Frankfurt v. 20. 9. 2005, NWB ZAAAB-71177 ; vgl. wohl auch BFH, Urteil v. 19. 5. 1998 - I R 36/97, BStBl 1998 II 689, danach kann der Verzicht auf eine vGA durch Herabsetzung des Teils der Pensionszusage, der vom FA als vGA gewertet wurde, nicht wiederum vGA sein.
3 BFH, Entscheidungen v. 9. 6. 1997 - GrS 1/94, BStBl 1998 II 307; v. 15. 10. 1997 - I R 58/93, BStBl 1998 II 305; anders nur dann (keine verdeckte Einlage), wenn auch ein fremder Geschäftsführer unter sonst gleichen Umständen die Pensionsanwartschaft aufgegeben hätte, BFH, Urteil v. 23.8.2017 - VI R 4/16, NWB PAAAG-62867.
4 BMF, Schreiben v. 14. 8. 2012, BStBl 2012 I 874.

sion unverfallbar ist oder ob sie voraussetzt, dass der Berechtigte bis zum Pensionsfall für den Verpflichteten nicht selbständig tätig ist.[1]

Die verdeckte Einlage des Gesellschafters kann in gleicher Höhe als handelsrechtliche Kapitalrücklage gem. § 272 Abs. 2 Nr. 4 HGB umgebucht werden. Steuerlich ist sie als Feststellungsbetrag i. S. d. § 27 KStG zu berücksichtigen. In der Praxis muss beachtet werden, dass der Feststellungsbescheid selbständig nach Ablauf der Rechtsmittelfrist in Rechtskraft erwächst. In der Gesellschaft ist die Pensionsrückstellung aufzulösen. Handelsrechtlich entsteht ein entsprechender Ertrag. Soweit nach dem zuvor Gesagten steuerrechtlich eine verdeckte Einlage vorliegt, neutralisiert diese gem. § 4 Abs. 1 Satz 1 EStG i.V. m. § 8 Abs. 1 KStG außerbilanziell den Ertrag.

► Ebene des Gesellschafters:

Infolgedessen liegt vorausgehend in Höhe des Teilwerts der verdeckten Einlage beim Gesellschafter-Geschäftsführer ein sofort realisierter Zufluss von Arbeitslohn vor.

Die verdeckte Einlage führt zur nachträglichen Erhöhung der ursprünglichen Anschaffungskosten auf die GmbH-Anteile. Für Anteile im Betriebsvermögen ergibt sich das aus § 6 Abs. 6 Satz 2 EStG. Gleiches gilt aber auch für Anteile im Privatvermögen.[2]

Soweit die Pensionszusage nicht werthaltig ist, entsteht kein Zufluss beim Gesellschafter und mithin auch keine verdeckte Einlage, der Rückstellungsbetrag stellt daher insoweit bei der Gesellschaft Ertrag dar. Diese Rechtsfolge tritt auch ein, soweit der Verzicht ausnahmsweise betrieblich bedingt ist, z. B.

► weil das FA den Teil der Zusage, auf den verzichtet wurde, als vGA angesehen hat[3] und auch, wenn die Pensionszusage, auf die verzichtet wurde, bereits bei Erteilung nicht finanzierbar war.[4] Ein Verzicht auf eine vGA kann nicht wiederum als vGA angesehen werden.[5]

► weil die Anteile an der Gesellschaft verkauft werden sollen und der Käufer nicht bereit ist, die Versorgungsverpflichtung zu übernehmen.[6]

► weil das Unternehmen liquidiert wird und auch ein gesellschaftsfremder Unternehmer im Hinblick auf die wirtschaftliche Situation die Liquidation der Gesellschaft beschlossen hätte. Die Ursache für diese Situation ist unerheblich.[7]

(2) Bewertung der Pensionszusage

Das Hauptproblem bei der Beurteilung des Verzichts ist die Ermittlung des Teilwerts der Pensionszusage. Er richtet sich lt. BFH nicht nach § 6a EStG, sondern ist nach den Wiederbeschaffungskosten zu ermitteln. Es ist festzustellen, welchen Betrag der verzichtende GesGf hätte

---

[1] BFH, Urteil v. 15. 10. 1997 - I R 58/93, BStBl 1998 II 305.
[2] BFH, Urteil v. 12. 2. 1980, VIII R 114/77, BStBl 1980 II 494, zu Anteilen i. S. d. § 17 EStG.
[3] BFH, Urteil v. 19. 5. 1998 - I R 36/97, BStBl 1998 II 689.
[4] OFD Koblenz v. 11. 11. 1999 - S - 2742 A - St 342, Lexinform 556074.
[5] BFH, Urteil v. 19. 5. 1998 - I R 36/97, BStBl 1998 II 689.
[6] BFH, Urteile v. 10. 4. 2003 - XI R 4/02, BStBl 2003 II 748; v. 10. 4. 2003 - XI R 32/02, BFH/NV 2004, 17 = NWB MAAAA-69807; v. 13. 8. 2003 - XI R 18/02, BStBl 2004 II 56, 106, zu §§ 24, 34 EStG.
[7] BFH, Urteil v. 10. 4. 2003 - XI R 32/02, BFH/NV 2004, 17 = NWB MAAAA-69807, zu §§ 24, 34 EStG.

aufwenden müssen, um eine gleich hohe Pensionsanwartschaft gegen einen vergleichbaren Schuldner zu erwerben.[1]

Konkrete Angaben zur Ermittlung des Teilwerts gibt der BFH nicht. Es ist daher wohl wie folgt zu unterscheiden:

▶ Die Bonität der Gesellschaft ist unbestritten und die Pensionszusage ist daher voll werthaltig. Dies wird vor allen Dingen in Fällen vorkommen, in denen der Verzicht auf die Pensionszusage anlässlich einer Veräußerung der Anteile an der Gesellschaft erfolgt. Der Teilwert der Pensionszusage ist dann gleich dem Betrag, den eine Versicherungsgesellschaft als Einmalprämie verlangen würde, um dem Geschäftsführer eine gleichhohe Pensionszusage einzuräumen,[2] es wird aber auch vorgeschlagen, stattdessen auf den Barwert der Versorgungsansprüche[3] oder den Rückkaufswert einer Rückdeckungsversicherung[4] abzustellen.

Bei Pensionszusagen ab dem 60. – 65. Lebensjahr dürfte der Betrag einer Einmalprämie um ca. 50 % höher sein als die Pensionsrückstellung der Gesellschaft.[5] Es tritt also der Fall des Beispiels 4 der Tabelle ein. Der Versteuerung des Zuflusses steht dann ein geringerer Veräußerungsgewinn für die Gesellschaftsanteile aufgrund der nachträglichen Anschaffungskosten entgegen.

▶ Die Bonität der Gesellschaft ist zweifelhaft. Die Pensionszusage ist jedoch voll durch eine an den GesGf verpfändete Rückdeckungsversicherung abgedeckt. Daher ist die Erfüllung der Pensionszusage selbst im Insolvenzfall abgesichert und deswegen von der sonstigen Bonität der Gesellschaft nicht berührt. Da der Teilwert der verdeckten Einlage i. d. R. höher ist als die aufzulösende Pensionsrückstellung, ergibt sich auf der Ebene der Gesellschaft eine Gewinnminderung, auf GesGf-Ebene hingegen eine Einkünfteerhöhung (die allerdings bei Veräußerung der Anteile teilweise kompensiert wird).

BEISPIEL:[6] ▶ Die werthaltige Pensionsrückstellung beträgt 100, der Teilwert der Anwartschaft 160. Der GesGf verzichtet auf die Pension:

Tabelle 1: GmbH	
Erläuterung	Betrag
Auflösung der Pensionsrückstellung	100
= Auswirkung auf das Ergebnis	+100
Außerbilanzielle Korrektur	−160
Auswirkung auf das steuerliche Ergebnis nach Korrektur	−60
Tabelle 2: Gesellschafter-Geschäftsführer	
Erläuterung	Betrag
Zufluss in Höhe des Teilwerts (Einkünfte § 19 EStG)	+160
Auswirkungen auf die Anschaffungskosten der Anteile	+160

---

1 BFH, Urteil v. 15. 10. 1997 - I R 58/93, BStBl 1998 II 305.
2 *Arteaga*, BB 1998, 977, 979; *Weppler/Stolz*, GStB 2003, 124, 126, ggf. abzüglich eines Abschlags für schlechtere Bonität und Sicherheit bei der Gesellschaft; *Poppelbaum*, NWB F. 3, 12705, 12708.
3 *Beck*, DStR 2002, 473, 476.
4 *Weppler/Stolz*, GStB 2003, 124, 126.
5 *Arteaga*, BB 1998, 977, 979; *Pradl*, GStB 2006, 64, 69.
6 Nach *Egner/Sartoris*, DB 2011, 2804, 2805.

Im Übrigen treten die o. g. Rechtsfolgen ein.[1]

▶ Ist die Pensionszusage nur teilweise durch eine verpfändete Rückdeckungsversicherung abgedeckt, so treten diese Rechtsfolgen nur für den abgesicherten Teil ein, im Übrigen jedoch die Rechtsfolgen wie für den folgenden Fall geschildert.

▶ Die Bonität der Gesellschaft ist zweifelhaft und die Pensionszusage ist nicht durch eine Rückdeckungsversicherung gedeckt oder diese ist nicht an den GesGf verpfändet worden. Es besteht daher für die Pensionszusage kein Insolvenzschutz und die Forderung daraus wäre wie jede andere Insolvenzforderung zu behandeln.

Obwohl der Teilwert aus Sicht des Gesellschafters zu ermitteln ist, muss hier geprüft werden, welche Leistungen die Gesellschaft noch aufbringen könnte, wenn sie zum Zeitpunkt des Verzichts liquidiert würde bzw. welcher Betrag zu diesem Zeitpunkt zur Verfügung stünde, um dem GesGf bei einer Versicherungsgesellschaft eine gleich- oder, wenn dafür nicht die Mittel vorhanden sind, minderwertige Pensionszusage zu verschaffen.[2] Dieser Betrag ist dann der Teilwert zum Zeitpunkt des Verzichts und bildet auf der einen Seite den Zufluss, auf der anderen Seite die verdeckte Einlage.

Es ergeben sich regelmäßig die Rechtsfolgen aus dem obigen Beispiel Nr. 3 der Tabelle.

▶ Soweit allerdings die Pensionszusage zum Zeitpunkt des Verzichts nach den Maßstäben des BMF, Schreiben v. 14. 5. 1999 nicht mehr finanzierbar war, sollte lt. BMF ein Verzicht betrieblich veranlasst sein. Daher sollte kein Zufluss beim GesGf und keine verdeckte Einlage bei der Gesellschaft vorliegen, die Rückstellung war insoweit jedoch auch ertragswirksam aufzulösen.[3] Es wurde vom BMF allerdings die Möglichkeit eingeräumt, die Pensionszusage bei einer Besserung der Lage der Gesellschaft wieder aufleben zu lassen, ohne dass dann erneut alle Kriterien wie Erdienbarkeit usw. zu prüfen waren (Pensionsverzicht mit Besserungsklausel). Der genannte Erlass ist inzwischen aufgehoben worden. Soweit jedoch ein Erlass vor dem 20. 10. 2005 erfolgte, können die Regelungen dieses Erlasses auf den gemeinsamen Antrag von Gesellschaft und Gesellschafter hin im Rahmen des Vertrauensschutzes weiterhin angewendet werden.[4]

▶ Die Pensionszusage ist völlig wertlos, da die Gesellschaft hoch überschuldet ist und die Pensionszusage nicht durch eine Rückdeckungsversicherung abgesichert ist oder diese nicht an den GesGf verpfändet wurde. Der Verzicht erfolgt in diesen Fällen i. d. R. als Sanierungsmaßnahme.[5]

Die steuerliche Behandlung entspricht dem obigen Beispiel Nr. 2 in der Tabelle. Beim Gesellschafter erfolgt kein Zufluss, allerdings auch keine Erhöhung seiner Anschaffungskosten. Bei der Gesellschaft ist im Ergebnis die Pensionsrückstellung ertragswirksam aufzulösen. In Sanierungsfällen wird dies wegen bestehender Verlustvorträge häufig keine steuerliche Auswirkung zeitigen. Erfolgt der Verzicht jedoch im Rahmen einer abgestimmten Maßnahme mehrerer Gesellschaftsgläubiger und entsteht im Ergebnis eine

---

1 Siehe o. → Rz. 3767; weiter Alber, GStB 2001, 372, 377; nach OFD Berlin v. 5. 11. 1998 - St 411 - S 2113 - 1/98, n.v., ist mindestens der Rückkaufswert der Rückdeckungsversicherung anzusetzen.
2 Zur Ermittlung des werthaltigen Teils im praktischen Fall vgl. Janssen, GStB 2009, 137, 139 f.
3 BMF, Schreiben v. 14. 5. 1999, BStBl 1999 I 512, Tz. 2.4.1.
4 BMF, Schreiben v. 6. 9. 2005, BStBl 2005 I 875; OFD Frankfurt a. M. v. 20. 9. 2005, NWB ZAAAB-71177.
5 Cramer, DStR 1998, 1083, vertritt diese Ansicht stets für den Verzicht, soweit er wegen Verlustvorträgen nicht zu einer Steuerlast bei der Gesellschaft führt.

Steuerbelastung, so kann über einen Erlassantrag nachgedacht werden, entsprechend der Rechtsgedanken des alten § 3 Nr. 66 EStG.[1]

▶ In diesen Fällen dürfte die Pensionszusage nach den Maßstäben des BMF stets nicht mehr finanzierbar gewesen sein (s. o.).

BEISPIELE:[2]

	1	2	3	4
(1) Pensionsrückstellung bei Verzicht	500.000	500.000	500.000	500.000
(2) Ertrag daher grundsätzlich	500.000	500.000	500.000	500.000
(3) Angenommener Teilwert der Pensionszusage	(500.000)	(0)	(200.000)	(750.000)
(4) = steuerliche Einlage bei der GmbH, außerbilanziell vom Ertrag abzuziehen	500.000	0	200.000	750.000
(5) Verbleibender Ertrag bzw. Aufwand bei GmbH (= stl. Behandlung der GmbH) (Zeile 2 – Zeile 4)	0	500.000	300.000	– 250.000
(6) Zufluss beim Gf (= Zeile 3) zu versteuern	500.000	0	200.000	750.000
(7) Nachträgliche Anschaffungskosten des Gesellschafter-Geschäftsführers (= Zeile 3)	500.000	0	200.000	750.000

(3) Einkunftsart beim Gesellschafter

Streitig ist, ob der Zufluss beim Gesellschafter als Arbeitslohn zu versteuern ist[3] oder ob er eine vGA darstellt und somit als Einnahmen aus Kapitalvermögen anzusehen ist.[4] Der BFH hatte vor 2009 keinen Anlass, diese Frage zu entscheiden, da sie ohne steuerliche Auswirkung war.[5] Ist der Zufluss beim Gesellschafter als Einnahme aus Kapitalvermögen zu versteuern, so unterliegt er nach aktuellem Recht der Abgeltungsteuer bzw. dem Teileinkünfteverfahren. Stellt er Einkünfte aus nicht selbständiger Arbeit dar, so ist der Zufluss voll zu versteuern, dann ist von der Zahlung Lohnsteuer einzubehalten[6] und der volle Betrag zu versteuern. Die Annahme von Einkünften aus nicht selbständiger Arbeit verbietet sich u. E., da auf die Pensionszusage, die ohne Zweifel zu Arbeitseinkünften geführt hätte,[7] gerade verzichtet wurde. Der Zufluss aufgrund einer gesellschaftsrechtlich veranlassten Handlung ist aber stets vGA und stellt daher immer Einkünfte aus Kapitalvermögen dar. In der Eigenschaft als Gesellschafter kann der GesGf nur offene oder verdeckte Ausschüttungen erhalten, aber keine Arbeitseinkünfte. Somit kann er als Gesellschafter keine andere Einkunftsart als Einkünfte aus Kapitalvermögen verwirklichen.[8] Soweit diese Ansicht sich nicht durchsetzen lassen sollte, könnte die

---

1 Sanierungsgewinne; näher *Fritsche*, DStR 2000, 2171.
2 Für Fall 2 auch *Arteaga*, BB 1998, 977, 979.
3 So ohne jede Begründung *Ott*, GmbH-Stpr. 1998, 109, 1111; *Arteaga*, BB 1998, 977, 979; *Beck*, DStR 2002, 473, 479.
4 So überzeugend *Rund*, GmbHR 2001, 417; wohl auch *Neumann*, GmbHR 1997, 292, 298 f.
5 Vgl. *Rund*, GmbHR 2001, 417 und *Neumann*, GmbHR 1997, 292, 298 f.
6 Dazu näher *Gebhardt*, DB 1998, 1837.
7 BFH, Entscheidungen v. 27. 5. 1993 - VI R 19/92, BStBl 1994 II 246; v. 3. 7. 2008 - X B 172/07, BFH/NV 2008, 1672 = NWB EAAAC-87346.
8 *Rund*, GmbHR 2001, 417, für Abfindungen, die Argumentation ist auf den Verzicht ohne Weiteres übertragbar.

Herstellung einer vGA durch eine vereinbarungswidrige Abfindung dasselbe Ergebnis produzieren.[1]

3772 Soweit man der h. M. folgen möchte, bleibt noch die Frage zu klären, ob die durch den Verzicht auf eine werthaltige Pensionszusage beim verzichtenden GesGf zufließenden Einkünfte außerordentliche Einkünfte i. S. v. § 24 Abs. 1 EStG sind und für diese somit eine begünstigte Besteuerung gem. § 34 EStG in Betracht kommt. Dies ist bei Abfindung von Pensionszusagen lange streitig gewesen, vom BFH nunmehr aber jedenfalls in Fällen bejaht worden, in denen der Verzicht auf die Pensionszusage durch den Verkauf der Anteile an der GmbH notwendig geworden ist.[2] Diese Urteile sollten u. E. auf den Verzicht ohne Abfindung entsprechend anwendbar sein.[3] Ausdrücklich hat der BFH auch entschieden, dass in diesen Fällen § 3 Nr. 9 EStG anwendbar ist, da dieser in seinen Voraussetzungen weitgehend § 24 Nr. 1 EStG entspricht.[4]

bb) Verzicht auf eine verfallbare Pensionsanwartschaft („Future service")

3773 Umstritten war die steuerliche Behandlung des isolierten Verzichts auf den noch nicht erdienten Teil der Pensionszusage (sog. Future-Service).

Die Literatur sieht hierin überwiegend keine verdeckte Einlage und keinen Lohnzufluss, der GesGf verzichte nicht auf einen einlagefähigen Vermögensvorteil.[5] In der erforderlichen Änderungsvereinbarung muss eindeutig zum Ausdruck kommen, dass ausschließlich auf den noch nicht erdienten Teil der Versorgungszusage verzichtet wird.

Der Verzicht auf eine noch verfallbare Pensionsanwartschaft war von der Rspr. des BFH zunächst ausdrücklich nicht entschieden worden.[6] Allerdings hat der BFH inzwischen entschieden, dass eine Kapitalabfindung einer verfallbaren Anwartschaft, ohne dass es noch weiterer Überlegungen bedürfte, als vGA anzusehen ist.[7] Daraus ist u. E. der Rückschluss erlaubt, dass dieser Teil der Zusage als wertlos angesehen wird und ein Verzicht darauf folglich nicht zum Zufluss von Arbeitslohn führen kann. Dies entspricht auch der bis dahin herrschenden Meinung in der Literatur.[8] Nach der heftigen Kritik seitens der Literatur haben sich die Finanzministerien der Länder nach anfänglichem Zögern dahin gehend geeinigt, dass der Verzicht auf den future service auch künftig keine Lohnsteuer auslöst.[9]

Nunmehr kann man von Folgendem ausgehen:

▶ Ein Verzicht auf den „future-service" kann zwar dem Grunde nach zu einer verdeckten Einlage und entsprechend zu einem Zufluss bei dem GesGf führen. Es ist allerdings im Einzelfall zu prüfen, in welcher Höhe eine verdeckte Einlage vorliegt. Dabei ist es nicht

---

[1] Vgl. dazu unter → Rz. 3784.
[2] BFH, Urteile v. 10. 4. 2003 - XI R 4/02, BStBl 2003 II 748; v. 13. 8. 2003 - XI R 18/02, BStBl 2004 II 56, 106.
[3] Ebenso *Lederle*, GmbHR 2004, 269, 271.
[4] BFH, Urteil v. 13. 8. 2003 - XI R 18/02, BStBl 2004 II 56, 106.
[5] Zur körperschaftsteuerlichen Anerkennung einer Abfindung des „future-service" dem Grunde nach vgl. *Neufang/Schäfer/Stahl*, BB 2017 S. 1559.
[6] BFH, Urteil v. 15. 10. 1997 - I R 58/93, BStBl 1998 II 305, auch *Lang* Dötsch/Eversberg/Jost/Witt, KStG, § 8 Abs. 3 Rz. 108, mit der Empfehlung abzuwarten; vgl. aber BFH, Urteil v. 19. 5. 1998 - I R 36/97, BStBl 1998 II 689.
[7] BFH, Urteil v. 14. 3. 2006 - I R 38/05, BFH/NV 2006, 1515 = NWB JAAAB-88782.
[8] *Ott*, GmbH-Stpr. 1998, 109, 111; *Cramer*, DStR 1998, 1083, 1084; *Götz*, NWB 2006, 241.
[9] Vgl. z. B. die Erläuterung in OFD Niedersachsen, Verfügung v. 15. 6. 2011 - S 2742 - 202 - St 242, NWB LAAAD-87170 u. BMF-Schreiben, betr. Verzicht des Gesellschafter-Geschäftsführers einer Kapitalgesellschaft auf eine Pensionsanwartschaft als verdeckte Einlage (§ 8 Abs. 3 Satz 3 KStG); Verzicht auf künftig noch zu erdienende Pensionsanwartschaften (sog. Future-service) v. 14. 8. 2012, BStBl 2012 I 874.

ausgeschlossen, dass die Vereinbarung versicherungsmathematisch so austariert ist, dass es zu einer verdeckten Einlage in die Kapitalgesellschaft mit einem Wert von 0 € kommt. Dies kann dann der Fall sein, wenn der Barwert der nach Abgabe der Verzichtserklärung verbleibenden, reduzierten Pensionsanwartschaft den bis zum Verzichtszeitpunkt bereits erworbenen Ansprüchen entspricht. Eine derartige Gestaltung liegt im Regelfall vor, so dass der Verzicht auf den „future-service" regelmäßig keine negativen steuerlichen Konsequenzen nach sich zieht.

- Die in der Bilanz der Kapitalgesellschaft passivierte Pensionsrückstellung ist demgegenüber auf der Basis der abgesenkten Pensionszusage neu zu berechnen. Da nach den Regelungen des § 6a EStG die Pensionsrückstellung auf die Zeit vom Diensteintritt bis zum Eintritt in die Leistungsphase zu verteilen ist, ergibt sich ggf. im Jahr des Verzichts eine Korrektur der bestehenden Rückstellung. Der Auflösungsbetrag der Pensionsrückstellung ist für die Bewertung der verdeckten Einlage allerdings nicht maßgeblich.

Da viele Rückdeckungsversicherungen derzeit den aktuellen Finanzierungsbedarf in Bezug auf die Pensionszusage an den GesGf nicht mehr decken (sog. Deckungslücken) besteht in der Praxis ein erhebliches Bedürfnis, die Pensionsverpflichtungen abzusenken und damit an den Wert der niedrigeren Rückdeckungsansprüche anzugleichen. Zur Vermeidung einer Zuflussbesteuerung beim GesGf wird hierbei meist auf noch nicht erdiente Anwartschaft (sog. „future-service") verzichtet. Dies geschieht durch ein „Einfrieren" in Höhe des unverfallbaren und erdienten Teils der Zusage („past-service") bei gleichzeitigem Verzicht auf den noch zu erdienenden Teil („future-service").

Eine **Zuflussbesteuerung** kann dann **vermieden** werden, wenn der Teilverzicht ausdrücklich nur in Bezug auf die **noch nicht erdienten Anwartschaften** ausgesprochen wird und die zugesagte Pension der Höhe nach auf die bereits erdienten Anwartschaften beschränkt wird. Da der Gesellschafter hier auf ein insoweit noch nicht entstandenes Anwartschaftsrecht verzichtet, bleibt für die Annahme eines Zuflusses von Arbeitslohn kein Raum.[1] Dies deshalb, weil dem GesGf wegen der insoweit noch nicht erbrachten Arbeitsleistung kein einlagefähiger Vermögensvorteil zusteht. Es handelt sich bei dem Verzicht auf den „future-service" um eine Absenkung künftiger Geschäftsführervergütungen indem die „Prämien" für den für den weiteren Aufbau der Pensionsanwartschaft von der Kapitalgesellschaft nicht mehr übernommen werden. Eine eigentumsähnliche Rechtsposition (=einlagefähiger Vermögensvorteil) besteht nur hinsichtlich der bereits erdiente Anwartschaft („past service").[2] Der „future-service" ist hingegen nur eine reine Aussicht auf die Möglichkeit durch zukünftige Arbeitsleistungen eine weitere Anwartschaft zu erdienen. Insoweit besteht also noch gar keine Anwartschaft.

Anders als im Fall des Ausscheidens erfolgt die **Berechnung der Pensionsrückstellung** bei Absenkung der zugesagten Leistungen unter Fortführung des Dienstverhältnisses weiterhin nach § 6a Abs. 3 Nr. 1 EStG. Es ist daher weiterhin der Barwert der fiktiven Prämien für den „future-service" bei der Rückstellungsberechnung in Abzug zu bringen. Im Ergebnis kommt es daher im Jahr des Einfrierens zu einem steuerpflichtigen Ertrag aufgrund der Abstockung der Pensionsrückstellung.

BEISPIEL: GesGf A hat im Alter von 35 eine ratierlich unverfallbare Pensionszusage auf das 65. Lebensjahr i.H.v. mtl. 6.000 € erhalten (bei beherrschenden GesGf wird nicht auf den Zeitraum ab Dienstein-

---

1 *Ott*, GmbH-Stpr. 1998, 109, 111; *Götz*, NWB 2006, 241.
2 Ebenso *Wellisch*, BB 2008, 2562.

tritt, sondern ab dem Zusagezeitpunkt abgestellt!). Als A 50 Jahre alt wird, will die GmbH die Pensionszusage teilweise absenken. Da nach 15 Jahren 50 % der Anwartschaft erdient sind, wird das Pensionsversprechen auf die Hälfte, also auf 3.000 € mtl. abgesenkt. Es wird vereinbart, dass die erdiente Anwartschaft „eingefroren wird" und der Anspruch von 3.000 € monatlich mit Vollendung des 65. Lebensjahrs auch dann entsteht, wenn keine weiteren Ansprüche mehr erdient werden. Die Pensionsrückstellung beträgt in der Steuerbilanz 120.000 €. Durch die Absenkung der versprochenen Altersversorgung wird die Rückstellung auf 60.000 € verringert.

LÖSUNG: Der erdiente Teil der Anwartschaft wird nach dem m/n-tel-Verfahren ermittelt.

Erläuterung	Ergebnis
Dienstjahre vom Zusage- bis zum Verzichtszeitpunkt (35 – 50)	15 Jahre
Dienstjahre vom Zusagezeitpunkt bis zum Altersrentenbeginn (35 – 65)	30 Jahre
m/n-tel-Quotient	15/30 = 0,5
Erreichte Anwartschaft im Verzichtszeitpunkt („past-service")	72.000 € x 0,5 = 36.000 €
Künftige Anwartschaft („future-service")	72.000 € – 36.000 € = 36.000 €

Dem GesGf fließt aufgrund des Teilverzichts kein Arbeitslohn zu, da er auf den noch nicht erdienten Teil der Anwartschaft und damit auf den noch wertlosen Teil seiner Pension verzichtet.

Bei der GmbH entsteht ein bilanzieller Ertrag von 60.000 €, der allerdings nicht als verdeckte Einlage wieder abzuziehen ist, sondern bei der Gesellschaft das steuerliche Einkommen erhöht.

Die vorstehende Lösung setzt voraus, dass ausdrücklich vereinbart wird, dass die erdiente Anwartschaft „eingefroren wird" und der versprochene Pensionsanspruch (im Beispielsfall mtl. 3.000 €) kein weiteres Erdienen mehr voraussetzt. Wird mithin nur eine Herabsetzung des Pensionsbetrags vereinbart und erhält der GesGf den herabgesetzten Betrag nur unter der Voraussetzung, dass das Dienstverhältnis bis zum regulären Eintritt des Versorgungsfalls fortgesetzt wird, führt der Teilverzicht bezüglich der erdienten Anwartschaft stets zu einer verdeckten Einlage und zu einem entsprechenden Zufluss von Arbeitslohn.

ABWANDLUNG: Abweichend vom Grundfall vereinbaren A und die A-GmbH eine Herabsetzung der monatlichen Pension von 6.000 € auf 3.000 €. Ein Anspruch auf die Zahlung der monatlichen Pension von 3.000 € soll nur bestehen, wenn das Dienstverhältnis bis zur Vollendung des 65. Lebensjahrs fortgesetzt wird. Andernfalls erfolgt eine anteilige Kürzung der Pension. Die Absenkung der versprochenen Altersversorgung führt zu einer Verringerung der Rückstellung von 60.000 €. Der Teilwert der Anwartschaft, auf die A verzichtet hat, beträgt 80.000 €.

LÖSUNG: Hier kommt es zu einer verdeckten Einlage, die beim Gesellschafter den Zufluss von Arbeitslohn bewirkt. A verzichtet hier auf 50 % der erdienten Ansprüche. Dies zeigt sich insbesondere daran, dass 50 % der verbleibenden halbierten Pension zukünftig noch erdienen muss. Er begibt sich also aus gesellschaftsrechtlichen Gründen 50 % seiner erdienten Ansprüche.

Bei der Einkommensermittlung der A-GmbH ist demnach ein Betrag von 80.000 € (Teilwert der Teilanwartschaft) abzuziehen. A muss diesen Betrag nach § 19 EStG versteuern und hat in entsprechender Höhe nachträgliche Anschaffungskosten auf seine GmbH-Anteile.

Die o.a. Ausführungen haben gezeigt, dass die Beteiligten durch entsprechende Abfassung der Vereinbarung faktisch ein Wahlrecht haben, welche steuerlichen Rechtsfolgen der Teilverzicht haben soll.

Hat die GmbH eine **Rückdeckungsversicherung** abgeschlossen, deren voraussichtliche Ablaufleistung nicht ausreicht, um die zugesagte Altersrente in voller Höhe zu refinanzieren, orientiert sich der Verzicht häufig am Ausfinanzierungsgrad der Pensionsverpflichtung. Ein Verzicht kann dann auch Teile der bereits erdienten Anwartschaft umfassen und insoweit zu einer Steuerbelastung beim GesGf führen.[1]

Den Regeln des „future-service" dürfte auch die Herausnahme von Berufsunfähigkeit und der Hinterbliebenenversorgung unterliegen. Da es hierzu aber noch kein Rechtsprechung und keine Verlautbarung der Finanzverwaltung gibt, sollte hierzu eine verbindliche Auskunft eingeholt werden.

cc) Alternativen

(1) Bei gleichzeitigem Verkauf der Anteile

Erfolgt der Verzicht wegen eines Verkaufs der Anteile des GesGf, so kann auch ein sog. Asset-Deal ohne Übertragung der Pensionsverpflichtung eine Alternative darstellen. Es werden dann nicht die Anteile an der GmbH verkauft, sondern diese verkauft dem Erwerber alle ihre Wirtschaftsgüter, mag dieser sie als Einzelunternehmer benutzen oder aber durch eine neu gegründete GmbH kaufen lassen. Die verkaufende GmbH bleibt dann als reines Versorgungsinstitut bestehen. Sie kann dann das Risiko der Langlebigkeit des GesGf durch Abschluss einer Rentenversicherung verlagern.[2]

Im Fall des Verkaufs kann der Verzicht auf die Pensionszusage auch nach dem Verkauf erfolgen, da dann ein Nichtgesellschafter verzichtet, ist die Pensionszusage lediglich in der Gesellschaft aufzulösen, es erfolgt jedoch kein Zufluss als Arbeitslohn und dementsprechend auch keine Erhöhung von Anschaffungskosten.[3] Schließlich kann bei einem gleichzeitigen Verkauf von Anteilen auch darüber nachgedacht werden, die Pensionszusage abzufinden und gleichzeitig den Kaufpreis für die Anteile zu vermindern.[4]

(2) Alternativer Widerruf

Der Verzicht auf eine Pensionszusage wird letztlich meist deshalb vereinbart, weil sich das wirtschaftliche Umfeld für die Gesellschaft nachteilig verändert hat und diese sich die Aufrechterhaltung der Zusage nicht mehr leisten kann (immer wieder kann sich die Gesellschaft allerdings zunächst nur die Aufrechterhaltung der Rückdeckungsversicherung nicht erlauben, was schlicht mit einer Kündigung der Versicherung bereinigt werden kann). Statt des problematischen Verzichts wird dann z.T. der Widerruf der Pensionszusage empfohlen.[5] Dies scheitert auch bei beherrschenden GesGf oft nicht an dem Erfordernis der vorherigen Vereinbarung, da die Möglichkeit des Widerrufs bei nachhaltiger Verschlechterung der wirtschaftlichen Lage in älteren Versorgungszusagen häufig noch enthalten ist.[6] Der Widerruf ist wohl auch kein gesellschaftsrechtlicher Grund, so dass bei Ausübung eines zulässigen Widerrufs auch in Höhe des werthaltigen Teils der Zusage kein Zufluss beim Gesellschafter erfolgt.[7] Indes sind die ar-

---

[1] Vgl. hierzu das Beispiel bei *Egner/Sartoris*, a.a.O., S. 2807.
[2] Zu beiden Vorschlägen *Beck*, DStR 2002, 473, 479 f.
[3] So jedenfalls *Daragan*, DStR 2003, 1870, 1871.
[4] Vgl. ferner → Rz. 3800.
[5] *Neumann*, GmbH-Handbuch Teil III Rz. 6915 ff.
[6] Zu den Anforderungen des § 6a EStG in diesem Zusammenhang und dem Risiko der Klausel bei Insolvenz der Gesellschaft vgl. → Rz. 3628 ff.
[7] Und keine Einlage durch diesen; *Neumann*, GmbH-Handbuch Teil III Rz. 6915, 6918, a. A. OFD Hannover v. 15.12.2006 - S 2742 - 117 - StO 241, NWB GAAAC-35186.

beitsrechtlichen Voraussetzungen für den Widerruf einer Pensionszusage so streng, dass er als Gestaltungsmittel praktisch nicht in Betracht kommt:

- Der Widerruf ist nur möglich, wenn das Unternehmen ohne diesen Widerruf in eine konkrete Bestandsgefährdung gerät,[1] also praktisch insolvent wird. Diese Notlage muss der Arbeitnehmer durch eine Betriebsanalyse eines unparteiischen Sachverständigen nachweisen.[2]
- Zudem darf der Widerruf der Pensionszusage nicht die einzige Sanierungsmaßnahme sein, es müssen z. B. auch alle Löhne herabgesetzt werden.[3]
- Schließlich ist der mildeste Eingriff zu wählen,[4] daher wäre eine Stundung bei einer Pensionszusage, die die Auszahlungsphase noch nicht erreicht hat, wohl immer vorzuziehen.[5] Zudem wäre stets auch der Widerruf eines Teilbetrages dem vollständigen Widerruf vorzuziehen.

3779 Praktisch ist damit ein zivilrechtlich wirksamer Widerruf der Pensionszusage in der Regel ausgeschlossen. Ist der Widerruf aber schon zivilrechtlich nicht wirksam, so würde ihm auch die steuerrechtliche Anerkennung zu versagen sein. Auf die Widerrufsklauseln sollte daher aus Gründen des Insolvenzschutzes verzichtet werden.[6]

q) Verdeckte Gewinnausschüttung bei Abfindung einer Pensionszusage

3780 Abfindung und Verzicht einer Pensionszusage liegen eng beieinander, im ersteren Fall handelt es sich um eine entgeltliche, im letzteren um eine unentgeltliche Beendigung des Pensionsversprechens. Abfindung von und Verzicht auf Pensionszusagen gehören zu den am heftigsten diskutierten Themen im Körperschaftsteuerrecht. Dies liegt nicht zuletzt daran, dass hier viele Probleme höchstrichterlich noch nicht entschieden sind, so dass der Steuerberater seiner Mandantschaft jeweils nur die verschiedenen Möglichkeiten und die damit verbundenen Risiken darstellen kann. Der Mandant hat dann selbst zu entscheiden, welchen Weg er einschlagen will und welche Risiken zu tragen er bereit ist. Es ist aus körperschaftsteuerrechtlicher Sicht grundsätzlich nicht zu beanstanden, wenn eine GmbH ihrem beherrschenden GesGf die Anwartschaft auf eine Altersversorgung zusagt und ihm dabei das Recht einräumt, anstelle der Altersrente eine bei Eintritt des Versorgungsfalls fällige, einmalige Kapitalabfindung in Höhe des Barwerts der Rentenverpflichtung zu fordern.[7]

aa) Arbeitsrechtliche Zulässigkeit

3781 Ist die Abfindung der Pensionszusage bereits arbeitsrechtlich unzulässig, so führt die tatsächlich erbracht Zahlung nicht zum Erlöschen der Pensionszusage. Das Unternehmen muss dann

---

1 BAG, Urteil v. 18.5.1977 - 3 AZR 371/76, DB 1977, 1655; *Ahrend/Förster/Rößler*, 1. Teil, Rz. 545.
2 BAG, Urteil v. 24.11.1977 - 3 AZR 732/76, BB 1978, 450.
3 Nicht nur der des Gesellschafter-Geschäftsführers; BAG, Urteil v. 18.5.1977 - 3 AZR 371/76, DB 1977, 1655; v. 16.3.1993 - 3 AZR 299/92, DB 1993, 1927.
4 BAG, Urteil v. 24.11.1977 - 3 AZR 732/76, BB 1978, 450.
5 BAG, Urteil v. 13.3.1975 - 3 AZR 446/74, DB 1975, 1114.
6 Siehe dazu → Rz. 3628 ff.
7 BFH, Urteil v. 5.3.2008 - I R 12/07, BStBl 2015 II 409 = NWB HAAAC-79297 bestätigt das dazu ergangenen Senatsurteil v. 20.8.2003 - I R 99/02, BFH/NV 2004, 373 = NWB IAAAB-15368, sowie das BMF, Schreiben v. 9.12.2002, BStBl 2002 I 1393, unter 1.

neben der Abfindung später auch die Pension leisten.[1] Ist die Abfindung unzulässig, so ist gleichfalls auch ein Erlass- oder Verzichtsvertrag unwirksam.[2] Der BFH[3] sieht dagegen den Verzichtsvertrag als wirksam an, beurteilt wegen der gesellschaftsrechtlichen Veranlassung aber die Abfindung als vGA und zieht aus dem Verzicht die regulären Folgen (Zufluss, Einlage).[4] Wurde die Pensionszusage in Kenntnis der Unwirksamkeit abgefunden, so dürfte die Abfindung in voller Höhe vGA sein, da sie gegenüber einem Fremdgeschäftsführer nicht vorgenommen worden wäre. Erfolgte die Abfindung in Unkenntnis der arbeitsrechtlichen Unzulässigkeit, so dürfte sich aus der Abfindungszahlung allein noch keine vGA ergeben, vielmehr wird zunächst ein Rückforderungsanspruch der Gesellschaft gegen den abgefundenen (ehemaligen) Gesellschafter einzustellen und erst bei Verzicht auf diesen Anspruch eine vGA anzunehmen sein.

Nach § 3 BetrAVG ist die Abfindung von Pensionsansprüchen grundsätzlich unzulässig und nur unter bestimmten, in dieser Vorschrift genannten Voraussetzungen gestattet. Es sind jedoch eine Reihe von Ausnahmen von praktischer Bedeutung:

▶ § 3 BetrAVG gilt nicht für beherrschende GesGf.[5] Verfügt der Gesellschafter nicht über die Mehrheit der Anteile bzw. Stimmrechte in der Gesellschaft, so ist zur Begründung der Beherrschung i. S. d. BetrAVG anders als im Recht der vGA nicht unbedingt Interessenidentität zwischen den Gesellschaftern erforderlich, sondern nur, dass

  – mehrere Gesellschafter zusammen die Mehrheit der Stimmrechte besitzen,
  – jeder dieser Gesellschafter mindestens mit 10 % beteiligt ist und
  – jeder dieser Gesellschafter Geschäftsführer ist.

▶ Es ist also insbesondere nicht Voraussetzung, dass jeder der betreffenden Gesellschafter eine Pensionszusage erhalten hat. Diese Rechtsprechung hat der BFH ausdrücklich auch für die steuerliche Wertung übernommen.[6]

▶ Er greift zudem auch in den Fällen nicht ein, in denen die Abfindung nicht mit der Beendigung des Arbeitsverhältnisses zusammenhängt[7] oder nach BetrAVG noch verfallbar ist.[8] Anders als früher[9] ist aber die Abfindung laufender Renten nach § 3 BetrAVG nicht mehr zulässig.[10]

---

1 BAG, Urteile v. 20. 11. 2001 - 3 AZR 28/01, BB 2002, 2508; v. 22. 9. 1987 - 3 AZR 194/86, NZA 1988, 470; v. 22. 3. 1983 - 3 AZR 499/80, NJW 1984, 1783; *Langohr-Plato*, INF 2004, 617, 619.
2 BAG, Urteile v. 22. 9. 1987 - 3 AZR 194/86, DB 1988, 656; v. 11. 12. 2001 - 3 AZR 334/00, NWB XAAAB-93879.
3 BFH, Urteil v. 14. 3. 2006 - I R 38/05, BFH/NV 2006, 1515 = NWB JAAAB-88782.
4 Dazu näher → Rz. 295.
5 BFH, Entscheidungen v. 23. 3. 2011 - X R 42/08, BStBl 2012 II 188; v. 19. 11. 2008 - I B 108/08, BFH/NV 2009, 608 = NWB DAAAD-09854; v. 14. 3. 2006 - I R 38/05, BFH/NV 2006, 1515 = NWB JAAAB-88782; v. 23. 7. 2003 - I R 80/02, BStBl 2003 II 926; v. 30. 1. 2002 - I R 59/00, BFH/NV 2002, 1005; v. 4. 5. 1998 - I B 131/97, BFH/NV 1998, 1530 = NWB BAAAB-39670; FG Düsseldorf, Urteil v. 30. 1. 1998 - 6 V 5644/97 A (E), rkr., EFG 1998, 878; ebenso *Rund*, GmbHR 417, 420; *Prost*, DB 2005, 2321, 2322; ähnlich auch *Neu*, EFG 2002, 275, 276; a. A. FG München, Urteil v. 29. 5. 2001 - 6 K 5166/00, NWB GAAAB-10357; *Haßelberg*, DStR 2002, 1803; *Frotscher*/Drüen Anhang vGA zu § 8 Rz. 302, Stichwort: Pensionszusagen a. E.
6 BFH, Urteil v. 28. 4. 2010 - I R 78/08, BFH/NV 2010, 1709 = NWB LAAAD-47470.
7 BAG, Urteil v. 14. 8. 1990 - 3 AZR 301/89, NZA 1991, 174; *Beck*, DStR 2002, 473, 474; *Langohr-Plato*, INF 2004, 16, 19; INF 2004, 711, 712; INF 2004, 617, 618; *Hoffmann*, DStR 2002, 2211.
8 BFH, Urteil v. 14. 3. 2006 - I R 38/05, BFH/NV 2006, 1515 = NWB JAAAB-88782; BAG, Urteil v. 14. 8. 1990 - 3 AZR 301/89, NZA 1991, 174; *Beck*, DStR 2002, 473, 474; *Langohr-Plato*, INF 2004, 16, 19; INF 2004, 617, 618; *Hoffmann*, DStR 2002, 2211.
9 BAG, Urteil v. 14. 8. 1990 - 3 AZR 301/89, NZA 1991, 174; *Beck*, DStR 2002, 473, 474; *Langohr-Plato*, INF 2004, 16, 19; *Hoffmann*, DStR 2002, 2211.
10 Dazu auch *Langohr-Plato*, INF 2004, 711, 712; INF 2004, 617, 619.

▶ Die Abfindung hängt stets mit der Beendigung des Arbeitsverhältnisses zusammen und ist daher unzulässig, wenn sie nach Kündigung des Arbeitsvertrages[1] oder nach Beantragung der Altersrente aus der gesetzlichen Rentenversicherung erfolgt.[2] Hängt die Abfindung nicht mit der Beendigung des Arbeitsverhältnisses zusammen, so kann dies für eine vGA mangels betrieblicher Gründe sprechen.[3]

3783 Nach Ansicht von *Beck*[4] soll die Abfindung praktisch stets zulässig sein, da § 3 BetrAVG ein Arbeitnehmerschutzrecht ist und der GesGf durch den Verstoß keinen Rechtsverlust erleidet, sondern besser gestellt wird als durch die Vorschrift vorgesehen, weil er seine Altersversorgung nunmehr vom Schicksal der GmbH abkoppeln kann. Diese Argumentation dürfte arbeitsrechtlich nicht verfangen. Die Vorschrift des § 3 BetrAVG soll die Altersversorgung des Arbeitnehmers sichern. Wird ihm diese in Form einer Abfindung ausgezahlt, ist aber keinesfalls gesichert, dass sich der Arbeitnehmer dafür überhaupt eine andere Art der Alterssicherung schafft, geschweige denn eine sicherere. Dementsprechend entschied der BFH, dass eine Pensionszusage, die nach § 3 BetrAVG, dessen Anwendung bei einem Gesellschafter-Geschäftsführer vertraglich vereinbart war, nicht mehr abfindbar war, auch steuerlich nicht wirksam abgefunden werden könne. Die Abfindungszahlung stellte vGA dar, der Verzicht auf die Zusage, der dem BFH wohl dennoch möglich erschien, wurde wie ein regulärer Verzicht behandelt.[5]

bb) Vorherige Vereinbarung

3784 Bei beherrschenden GesGf müssen zur Vermeidung einer vGA die Rechtsverhältnisse zwischen Gesellschaft und Gesellschafter eindeutig und klar im Vorhinein geregelt werden (sog. Rückwirkungsverbot). So auch bei der Abfindung der Pensionszusage. Die Möglichkeit der Abfindung der Pensionszusage ist in der Zusage normalerweise aber nicht vorgesehen. In der Abfindung wird daher bei beherrschenden GesGf ein Verstoß gegen das genannte Rückwirkungsverbot gesehen.[6] Da jedoch nur zukünftige Ansprüche abgefunden werden, ist ein solcher Verstoß nicht zu befürchten. Der Zahlungsanspruch ergibt sich aufgrund der Pensionszusage. Durch die Abfindungsvereinbarung werden keine neuen Ansprüche erworben, sondern nur die Zahlungsmodalitäten für den bereits erworbenen Anspruch verändert. Somit wirkt die Abfindungsvereinbarung nicht auf den Zeitpunkt des Abschlusses der Pensionszusage zurück. Auch der Sinn und Zweck des Nachzahlungsverbotes ist durch die Abfindung nicht berührt. Dieses soll unkalkulierbaren nachträglichen Belastungen der Gesellschaft durch den beherrschenden GesGf vorbeugen. Die Belastung steigt aber durch die Abfindung wie dargelegt nicht an.[7] Durch die Abfindung wird konkludent die Pensionszusage entsprechend ergänzt.[8] Es wäre allerdings vorzuziehen, wenn dies ausdrücklich im Rahmen eines Gesellschafterbeschlusses geschehen würde. Eine vGA wird man nur annehmen können, wenn die GmbH nachweislich ei-

---

[1] BAG, Urteile v. 22.9.1987 - 3 AZR 194/86, DB 1988, 656; v. 21.1.2003 - 3 AZR 334/00, DB 2002, 2335; *Langohr-Plato*, INF 2004, 617, 618.
[2] *Langohr-Plato*, INF 2004, 711, 712; INF 2004, 617, 618.
[3] Vgl. dazu → Rz. 3788.
[4] *Beck*, DStR 2002, 473, 474.
[5] Zufluss, Einlage; BFH, Urteil v. 14.3.2006 - I R 38/05, BFH/NV 2006, 1515 = NWB JAAAB-88782.
[6] *Hasselberg*, GmbHR 2003, 992, 994 f.; *ders.*, DStR 2002, 1803, 1804.
[7] FG Köln, Urteil v. 17.3.2005 - 13 K 1531/03, EFG 2005, 1075 m.w. N. und *Frotscher/Drüen* Anhang vGA zu § 8 Rz. 302, Stichwort: Abfindung; *Beck*, DStR 2002, 473, 474; *Hoffmann*, DStR 2002, 2211, 2212; *Briese*, DStR 2004, 1276, 1278.
[8] I. E. ebenso *Frotscher/Drüen* Anhang vGA zu § 8 Rz. 302, Stichwort Abfindung; *Beck*, DStR 2002, 473, 474; *Hoffmann*, DStR 2002, 2211, 2212; *Briese*, DStR 2004, 1276, 1278; offen gelassen vom BFH in der Revisionsentscheidung zu FG Köln, vgl. BFH, Urteil v. 14.3.2006 - I R 38/05, BFH/NV 2006, 1515 = NWB JAAAB-88782.

nen Nachteil durch die Abfindung erleidet. Dies dürfte gegeben sein, wenn die Abfindung erst vereinbart wird, nachdem beim GesGf eine unheilbare Krankheit im fortgeschrittenen Stadium festgestellt und bei der Abfindung dennoch die durchschnittliche Lebenserwartung zugrunde gelegt wurde.[1] Im Normalfall aber gleicht sich das durch die Abfindung entfallende Risiko der Langlebigkeit des Geschäftsführers für die Gesellschaft mit ihrer entfallenden Chance aus einem vorzeitigen Versterben des GesGf aus.[2]

cc) Ernstlichkeit

Schließlich wird von *Frotscher* eingewandt, die Abfindung könne die Ernstlichkeit der gesamten Pensionszusage gefährden. Daher könne diese u.U. gerade wegen der Abfindung insgesamt als vGA angesehen werden.[3] Dem ist entgegenzuhalten, dass die Ernstlichkeit der Pensionszusage durch die Abfindung gerade bestätigt wird.[4] Eine nur als Scheinvertrag errichtete Pensionszusage soll ja gerade keine Zahlungen nach sich ziehen, die Abfindung aber stellt gerade eine (vorzeitige) Erfüllung des zugesagten dar. Der von *Frotscher* gezogene Rückschluss erscheint daher eher abwegig. Der BFH hat inzwischen auch entschieden, dass die Ernstlichkeit der Vereinbarung einer Pensionszusage nicht durch eine Abfindungsklausel beeinträchtigt wird.[5] Dabei ist es auch unerheblich, wenn die Abfindung vom Pensionsberechtigten vor, bei oder nach dem Ausscheiden aus dem Dienstverhältnis einseitig verlangt werden kann, soweit sie bei einem vorherigen Verlangen jedenfalls erst mit Eintritt des Versorgungsfalls ausgezahlt werden darf.[6]

3785

dd) Unverfallbarkeit

Die Abfindung einer noch verfallbaren Pensionszusage stellt stets vGA dar,[7] zumindest, wenn der Geschäftsführer gleichzeitig seine Tätigkeit beendet.[8] Dann wird eine Pensionszusage abgefunden, die ansonsten unentgeltlich verfallen wäre. Soweit der Geschäftsführer aber weiterhin beschäftigt bleibt, ist zu beachten, dass die Pensionszusage ohne weiteres zu einer unverfallbaren Pensionszusage hätte erstarken können. Dann kann eine Abfindung aus Sicht der Gesellschaft günstiger sein als die durch sie nicht mehr vermeidbare Erstarkung der verfallbaren zu einer unverfallbaren Pensionszusage und die spätere Auszahlung dieser Pension. In einem solchen Fall wird daher regelmäßig nur die Höhe der Abfindung fraglich sein, weil diese die Zeit bis zur Erstarkung der verfallbaren zur unverfallbaren Pensionszusage mit zu berücksichtigen hat.

3786

Ohne eine Regelung wird eine Pensionszusage bei nicht beherrschenden Gesellschafter-Geschäftsführern nach § 1b Abs. 1 BetrAVG nach fünf Jahren unverfallbar, bei einem beherrschenden GesGf erst mit Eintritt des Pensionsfalles.[9] Daher ist bei Letzteren der Eintritt der

3787

---

[1] *Haßelberg*, DStR 2002, 1803, 1804.
[2] I. E. ebenso *Hoffmann*, DStR 2002, 2211, 2212; a. A. *Haßelberg*, DStR 2002, 1803, 1804.
[3] *Frotscher*/Drüen Anhang vGA zu § 8 Rz. 302, Stichwort: Pensionszusagen a. E.
[4] BFH, Urteil v. 19. 5. 1998 - I R 36/97, BStBl 1998 II 689.
[5] BFH, Urteil v. 5. 3. 2008 - I R 12/07, BStBl 2015 II 409 = NWB HAAAC-79297.
[6] BFH, Urteil v. 5. 3. 2008 - I R 12/07, BStBl 2015 II 409 = NWB HAAAC-79297.
[7] BFH, Urteile v. 14. 3. 2006 - I R 38/05, BFH/NV 2006, 1515 = NWB JAAAB-88782; v. 13. 8. 2003 - XI R 18/02, BStBl 2004 II 56, 106; *Beck*, GmbHR 2002, 473, 474; *Brandis*, EFG 2005, 1078.
[8] Vgl. zum Verzicht oben → Rz. 3773.
[9] Näher *Janssen*, vGA, 10. Aufl. 2010, Rz. 1702.

ee) Drittvergleich

3788 Schließlich besteht eine Abfindung i. d. R. auch den Drittvergleich. Es ist jedenfalls nicht einsehbar, warum die Gesellschaft sich gegenüber einem fremden Dritten dagegen verwahren sollte, einen bestehenden Anspruch gegen einen anderen gleichwertigen Anspruch einzutauschen. Häufig gewinnt die Gesellschaft dabei noch, da die Pensionsrückstellung höher ist als die Abfindung und der Gesellschafter regelmäßig auf den Differenzbetrag verzichtet. Wohl unstreitig wird der Drittvergleich bestanden, wenn eine betriebliche Veranlassung für die Abfindung vorliegt. Diese ist jedenfalls gegeben bei einer Beendigung des Dienstverhältnisses des GesGf im Zusammenhang mit gesellschaftsrechtlichen Veränderungen wie Liquidation, Umwandlung oder Veräußerung der Anteile, die der Käufer von dem Verzicht auf die Pensionszusage abhängig macht.[2] Im Fall einer Abfindung ohne solch einen Anlass soll nach *Lang*[3] vGA vorliegen, der Verzicht auf die Pensionszusage soll hingegen eine Einlage darstellen. Diese Ansicht teilte der BFH allerdings nur für den Fall der ausdrücklichen Vereinbarung eines Abfindungsverbots.[4]

ff) Beschränkung auf den erdienten Teil der Pensionszusage

3789 Schließlich kann die Abfindung nur den Teil der Pensionszusage umfassen, der bereits erdient wurde. Dabei geht es nicht um die nach Ansicht des BFH erforderliche Mindestzeit von zehn Jahren zur Erdienung einer Pension, sondern darum, dass die volle Pension nur durch die Beschäftigung des Geschäftsführers bis zum vereinbarten Pensionsalter erdient werden kann, ansonsten wäre der ratierliche Aufbau der Pensionsrückstellung wenig sinnvoll. Ob bei der Berechnung des erdienten Anteils die vor Zusage der Pension zurückgelegte Dienstzeit bei der Gesellschaft mit in die Anteilsberechnung einbezogen wird, richtet sich nach dem Text der Zusage. Soweit dieser es ausdrücklich bestimmt oder § 2 BetrAVG anzuwenden ist, ist auch diese Dienstzeit einzubeziehen. Bei der Berechnung ist ein Rumpfwirtschaftsjahr als volles Wirtschaftsjahr zu zählen.[5]

3790 Eine vGA-Falle ergibt sich für beherrschende GesGf:[6] Lassen sie sich auch diesen Teil abfinden, so soll die Abfindung insoweit gegen das Nachzahlungsverbot verstoßen, verzichten sie auf diesen Teil, treten die Folgen des Verzichts ein, auch dann erfolgt i. d. R. ein Zufluss.

> **BEISPIEL:** ► Der beherrschende GesGf ist im Alter von 35 Jahren in das Unternehmen eingetreten, mit 45 erhielt er die Pensionszusage auf den 65. Geburtstag. Mit 60 verkauft er das Unternehmen und findet

---

1 BMF, Schreiben v. 9.12.2002, BStBl 2002 I 1393; BFH, Urteil v. 22.1.2002 - I B 75/01, BFH/NV 2002, 952 = NWB ZAAAA-68083.
2 FG Köln, Urteil v. 17.3.2005 - 13 K 1531/03, EFG 2005, 1075 (den Fall einer Abfindung ohne einen solchen Anlass lässt das Gericht ausdrücklich offen; das Urteil wurde vom BFH, Urteil v. 14.3.2006 - I R 38/05, BFH/NV 2006, 1515 = NWB JAAAB-88782, aus anderen Gründen aufgehoben); FG Düsseldorf, Urteil v. 30.1.1998 - 6 V 5644/97 A (E), EFG 1998, 878, für beherrschenden Gesellschafter-Geschäftsführer; ebenso *Rund*, GmbHR 417, 420; ähnlich auch *Neu*, EFG 2002, 275, 276; *Hoffmann*, DStR 2002, 2211; a. A. FG München, Urteil v. 29.5.2001 - 6 K 5166/00, NWB GAAAB-10357 (vGA).
3 *Lang*/Dötsch/Pung/Mühlenbrock, KStG, § 8 Abs. 3 KStG n. F. Rz. 690.
4 Vgl. BFH, Urteil v. 14.3.2006 - I R 38/05, BFH/NV 2006, 1515 = NWB JAAAB-88782.
5 BFH, Urteil v. 21.8.2007 - I R 22/07, BFH/NV 2008, 136 = NWB LAAAC-64820.
6 BMF, Schreiben v. 9.12.2002, BStBl 2002 I 1393; BFH, Urteil v. 20.8.2003 - I R 99/02, NWB IAAAB-15368; ebenso *Beck*, DStR 2002, 473, 474; *Briese*, DStR 2004, 1233.

die Pensionszusage ab. Wurde in der Pensionszusage, für die grundsätzlich das BetrAVG nicht gilt,[1] auf § 2 BetrAVG verwiesen, so ist von einer Erdienensdauer von 30 Jahren (35 – 65) auszugehen, von der bereits ⁵/₆ zurückgelegt wurden, so dass ein Anspruch auf ⁵/₆ bzw. ¹⁰/₁₂ der Pension besteht und dementsprechend auch abzufinden ist. Steuerlich sei aber nur eine Erdienensdauer von 20 Jahren (45 – 65) anzunehmen, wegen des Nachzahlungsverbots. Davon wurden bereits ³/₄ bzw. ⁹/₁₂ zurückgelegt. Die Abfindung für ¹/₁₂ stelle daher wegen Verletzung des Nachzahlungsverbots vGA dar. Wird auf dieses ¹/₁₂ verzichtet, treten die Rechtsfolgen des Verzichts ein, d. h., es ist ein Zufluss zu unterstellen und eine gleichzeitige Einlage, die die Anschaffungskosten erhöht. Da gleichzeitig die Anteile an der GmbH verkauft werden, würde dies allerdings durch den aufgrund der erhöhten Anschaffungskosten reduzierten Veräußerungsgewinn wieder kompensiert.[2]

Dieser Ansicht ist u. E. nicht zuzustimmen.[3] Wie gerade der Vergleich mit § 2 BetrAVG zeigt, ist die Einbeziehung der Zeit ab Beginn des Dienstverhältnisses fremdüblich (anders als die Einbeziehung von Vordienstzeiten, also die bei einer anderen Gesellschaft zurückgelegten Dienstzeiten). Auch ein Verstoß gegen das Rückwirkungsverbot liegt nicht vor, da hier nur eine Berechnungsmodalität für einen zukünftig eintretenden Fall (Abfindung) vereinbart worden ist. Unerheblich ist dabei, dass der Berechnungsmodus auf eine vergangene Zeit abstellt, sonst wäre es unter dem Aspekt des Nachzahlungsverbotes auch nicht möglich, nach Abschluss der Pensionszusage noch eine Abfindungsvereinbarung zu treffen. Diese Möglichkeit besteht aber unstreitig.[4]

BEISPIEL: Die Pensionszusage wurde wie im vorhergehenden Beispiel erteilt, enthielt aber keine Regelung über eine Abfindung. Die Möglichkeit einer Abfindung wird erst im Rahmen einer Änderung des Vertrages eingeräumt, als der GesGf 55 Jahre alt ist. Denkt man die Ansicht von *Beck* fort, könnte die Abfindungsklausel dann nur so formuliert werden, dass der GesGf mit 60 die halbe Pension erhält, nämlich für die fünf Jahre von 55 – 60 im Verhältnis zu den zehn möglichen Jahren im Verhältnis von 55 – 65. Das wird aber zutreffend nirgends vertreten.

Da das Nachzahlungsverbot für nicht beherrschende GesGf nicht gilt, ist die Berechnung der Abfindung gem. § 2 BetrAVG für diese unstreitig möglich.[5]

Erfolgt, anders als im Regelfall, die Abfindung der Pensionszusage nicht anlässlich des Ausscheidens des GesGf, sondern wird dieser weiterbeschäftigt, so wird ein ordentlicher Geschäftsleiter auch eine Zahlung für den noch nicht erdienten Teil der Pensionszusage zu leisten haben, da der Geschäftsführer zu Recht einen Ausgleich dafür verlangen wird, rein dienstzeitabhängig diesen Anspruch zu erwerben. Es kann allerdings nicht um einen vollen Ausgleich gehen, denkbar sind zwei Formen der Einschränkung:[6]

▶ Entweder wird der noch nicht erdiente Teil (sog. „future-service") mit einem erheblichen Abschlag im Hinblick auf die Personalfluktuation im Betrieb erfolgen, da ja auch immer noch die Möglichkeit besteht, dass der Geschäftsführer vorzeitig ausscheidet oder

▶ der zukünftig noch erdienbare Teil wird erst bei Ausscheiden aus dem Dienst abgefunden, und zwar, wenn und soweit er dann wirklich erdient ist. In diesem Fall wäre dann die aktuelle Abfindung nur eine Abfindung für einen Teil der Zusage, nämlich den „past-service".

Vgl. zu Pension neben Gehalt aber auch → Rz. 3761 ff.

---

[1] Ausführlich FG Düsseldorf, Urteil v. 31. 7. 2008 - 14 K 1167/05 F (Rev. betraf nicht diese Frage), EFG 2008, 1884.
[2] Vgl. zum Ganzen auch umfassende Fallstudie bei *Briese*, DStR 2004, 1233.
[3] *Poppelbaum*, NWB F. 3, 12705, 12707; *Langohr-Plato*, INF 2001, 257, 259.
[4] Vgl. → Rz. 3712.
[5] BFH, Urteil v. 24. 1. 1996 - I R 41/95, BStBl 1997 II 440.
[6] *Wellisch*, BB 2008, 2562; *Wellisch/Näth/Quiring*, NWB 2008, 3935, 3938.

gg) Höhe der Abfindung und verdeckte Gewinnausschüttung

3793 Ist auf den Pensionsanspruch das BetrAVG anwendbar, wie es regelmäßig bei nicht beherrschenden GesGf der Fall ist, so muss die Abfindung nach § 3 Abs. 2 dieses Gesetzes bei Pensionszusagen und Unterstützungskassenleistungen mindestens den Anwartschaftsbarwert, bei Direktversicherungen und Pensionskassenleistungen mindestens das geschäftsplanmäßige Deckungskapital umfassen. Unterschreitet die Abfindung diese Beträge, ist die Vereinbarung insoweit unwirksam und die Differenz kann nachgefordert werden.[1] Ist ansonsten die Abfindung geringer als die Pensionsrückstellung, liegt in der Differenz ein Verzicht vor.[2]

3794 Ein neues Risiko ergibt sich für diese Fälle aus der Ansicht von BFH und BMF zu Abfindungsklauseln:[3] Jede Abfindung muss zuvor eindeutig und klar vereinbart werden.[4] Will man in dieser Vereinbarung eine Abfindungsklausel sehen, so muss diese die Anforderungen an Abfindungsklauseln erfüllen. Ist der durch die Klausel zugesicherte Abfindungsbetrag aber zu niedrig, so soll nach BMF dadurch § 6a EStG verletzt sein und die Rückstellung für die Pension ertragserhöhend aufzulösen sein. Die tatsächliche Zahlung könnte dann als vGA angesehen werden. Dies verbietet sich jedoch wohl von selbst. Zwar mag es zutreffend sein, dass nach § 6a EStG für die Zusage keine Rückstellung gebildet werden darf,[5] die Zusage selbst wird aber durch eine Abfindungsklausel nicht zivilrechtlich unwirksam. Durch die tatsächliche Abfindung wird daher ein bestehender Anspruch abgefunden und die Zahlung dafür bleibt folglich Betriebsausgabe.

3795 Steuerlich und insbesondere für die Frage des Vorliegens einer vGA ist eher entscheidend, welche maximalen Abfindungsbeträge möglich sind. Ist die Abfindung unangemessen hoch, so stellt der überhöhte Teil vGA dar,[6] da er dann letztlich nicht zur Abfindung gezahlt wird, sondern aus gesellschaftsrechtlichen Gründen. Ist der Pensionsfall bereits eingetreten, so kann als angemessene Höhe der Abfindung nur der Barwert der künftigen Leistungen in Betracht kommen (§ 6a Abs. 3 Nr. 2 EStG).[7] Ist der Pensionsfall noch nicht eingetreten, so ist nicht der ratierliche Anwartschaftsbarwert,[8] sondern der – i. d. R. höhere – Teilwert gem. § 6a Abs. 3 Satz 2 Nr. 1 EStG entscheidend.[9] Es wird in der Literatur aber auch vorgeschlagen, den nur im Ausnahmefall höheren, häufig aber niedrigeren sog. m/n-tel Anwartschaftsbarwert gem. § 2 Abs. 1 BetrAVG[10] oder einen regelmäßig höheren handelsrechtlichen Wert nach IAS oder US-GAAP zu verwenden.[11] Zivilrechtlich wird letztlich auf die Vereinbarung zwischen den Parteien abzustellen sein. Da diese aber auch noch unmittelbar vor der Abfindung getroffen werden kann,[12] ist

---

[1] BAG, Urteil v. 30. 9. 1986 - 3 AZR 22/85, NZR 1987, 456; auch *Langohr-Plato*, INF 2004, 16, 20.
[2] *Poppelbaum*, NWB F. 3, 12705, 12707; *Briese*, DStR 2004, 1276, 1277; *Janssen*, GStB 2009, 137, 140.
[3] Siehe → Rz. 3712 ff.
[4] Siehe → Rz. 3784.
[5] Durchaus zweifelhaft s. dazu → Rz. 3666.
[6] *Poppelbaum*, NWB F. 3, 12705, 12707; *Briese*, DStR 2004, 1276, 1277; *Pradl*, GStB 2006, 64, 69; *Janssen*, GStB 2009, 137, 140.
[7] *Weppler/Stolz*, GStB 2003, 124, 126; *Beck*, DStR 2002, 473, 474; *Lederle*, GmbHR 2004, 269, 272, 274.
[8] So aber *Poppelbaum*, NWB F. 3, 12705, 12707; *Langohr-Plato*, INF 2001, 257, 259.
[9] *Beck*, DStR 2002, 473, 474; *Neu*, EFG 2002, 682, 683; *Schwedhelm/Olgemöller*, GStB 2003, 163, 166; auch *Pradl*, GStB 2006, 64, 71.
[10] *Hasselberg*, GmbHR 2003, 992, 994; *Weppler/Stolz*, GStB 2003, 124, 126 f.
[11] *Weppler/Stolz*, GStB 2003, 124, 126 f.; lt. *Pradl*, GStB 2006, 64, 70, ist dieser Wert geringer.
[12] Vgl. → Rz. 3784 ff.

keinesfalls gesichert, dass auch steuerrechtlich jeder dieser Werte anerkannt wird. Es spricht viel für die Verwendung des Werts gem. § 6a Abs. 3 Satz 2 Nr. 1 EStG, da der BFH diesen zur Anerkennung einer Abfindungsklausel fordert[1] und anhand dieses Wertes auch die Frage der Finanzierbarkeit einer Pensionszusage prüft.[2] Ist die Abfindung nicht überhöht, so kann schon mangels einer Vermögensminderung eine vGA nicht in Betracht kommen.[3]

In der Praxis akzeptiert das FA die Abfindung mit dem Wert nach § 6a EStG regelmäßig, ohne dann noch wegen der Differenz zu einem höheren Wert einen Verzicht anzunehmen.[4] Überhöht ist eine Abfindung nach Ansicht des BFH z. B. dann, wenn der Geschäftsführer zum Zeitpunkt der Abfindung nicht aus dem Unternehmen ausscheidet, sondern weiter beschäftigt wird. Die (kapitalisierten künftigen) Gehälter sind dann auf die Abfindung der Pension anzurechnen. Wird die Abfindung jedoch nicht entsprechend vermindert, so ist dieser Teil eine vGA.[5]

Es wird z. T. vorgeschlagen, in die Pensionszusage aufzunehmen, dass im Falle der Abfindung auf jeden Fall ein Anspruch auf die gesamte Rückdeckung besteht, um eine vGA für den den Barwert des Pensionsanspruchs übersteigenden Teil zu vermeiden. Wie jedoch im Falle einer Abfindungszahlung durch die Gesellschaft völlig klar wird, ist der übersteigende Teil eben keine Zahlung zur Abfindung, sondern muss einen anderen Rechtsgrund haben. Ersichtlich sind nur gesellschaftsrechtliche Gründe, die zur vGA führen. Dies kann auch nicht anders sein, wenn Aktienfonds, die der Rückdeckung dienten, abgetreten werden. Da die Gesellschaft das Risiko einer schlechten Entwicklung der Aktienfonds trug, muss ihr auch der Erfolg einer überdurchschnittlich guten Entwicklung verbleiben. Dies wäre allenfalls dann anders zu sehen, wenn das Risiko der Gesellschafter tragen würde. Das würde allerdings wieder voraussetzen, dass sich die Höhe der Rente nach der Entwicklung des Aktienfonds richtet und damit einen für die steuerliche Anerkennung wohl schädlichen Widerrufsvorbehalt beinhaltet. Die vorgeschlagene Ergänzung ist daher ein zuverlässig kostenintensiver Weg. Wird nämlich die Abtretung so vorgenommen, wie sie danach geschuldet wird, so liegt in Höhe der überhöhten Zahlung bzw. Abtretung von Rückdeckungsinstrumenten vGA vor. Verzichtet der GesGf aber auf diesen, ihm eigentlich zustehenden Teil, um die vGA zu vermeiden, so treten die Rechtsfolgen des Verzichts ein (i. d. R. Zufluss beim GesGf).

hh) Rechtsfolgen

Ist die Abfindung betrieblich veranlasst, so liegt keine vGA vor und daher hat die Gesellschaft lediglich die Pensionsrückstellung erfolgswirksam aufzulösen und die Rückdeckungsversicherung aufwandswirksam als Arbeitslohnzahlung auszubuchen. Der GesGf muss den Zufluss der Abfindung, z. B. in Form der Rückdeckungsversicherung als Arbeitslohn gem. § 19 EStG versteuern.[6] Dies gilt auch, wenn eine Rückdeckungsversicherung der Gesellschaft in eine Direktversicherung des Gesellschafters umgewandelt wird, da sich die berechtigte Person aus der Ver-

---

1 Dazu → Rz. 3712.
2 Vgl. → Rz. 3663.
3 FG Düsseldorf, Urteil v. 30. 1. 1998 - 6 V 5644/97 A (E), EFG 1998, 878; *Neu*, EFG 2002, 275, 276.
4 *Pradl*, GStB 2006, 94, 70.
5 Vgl. dazu näher → Rz. 3761 ff.
6 BFH, Urteil v. 27. 7. 2004 - IX R 64/01, NWB UAAAB-36152; *Langohr-Plato*, INF 2004, 617, 619; a. A. *Reuter*, GmbHR 2002, 6, 7.

sicherung geändert hat.[1] Mangels gesellschaftsrechtlicher Veranlassung kommen Einkünfte aus Kapitalvermögen insoweit nicht in Betracht.[2]

3799 Es bleibt noch die Frage zu klären, ob die durch die Abfindung beim GesGf zufließenden Einkünfte außerordentliche Einkünfte i. S. v. § 24 Abs. 1 EStG sind und für diese somit eine begünstigte Besteuerung gem. § 34 EStG (Fünftelregelung) in Betracht kommt. Dies ist lange streitig gewesen, vom BFH nunmehr aber jedenfalls in Fällen bejaht worden, in denen die Abfindung der Pensionszusage durch den Verkauf der Anteile an der GmbH notwendig geworden ist.[3] Obwohl für die Begünstigung regelmäßig erforderlich ist, dass die Leistung auf einer neuen Rechtsgrundlage erfolgt, ist es unerheblich, wenn die Abfindungsmöglichkeit bereits in der Pensionszusage enthalten war.[4] Die Vergünstigung gilt auch, wenn ein Zwang zur Liquidation des Unternehmens bestand. Davon ist auszugehen, wenn auch ein gesellschaftsfremder Unternehmer im Hinblick auf die wirtschaftliche Situation der Gesellschaft die Liquidation beschlossen hätte. Allein die Möglichkeit, die GmbH wegen der Existenz einer Rückdeckungsversicherung als reine Versorgungs-GmbH weiterzuführen, spricht jedoch nicht gegen einen Auflösungszwang.[5] Ausdrücklich hat der BFH auch entschieden, dass in diesen Fällen § 3 Nr. 9 EStG anwendbar ist, da dieser in seinen Voraussetzungen weitgehend § 24 Nr. 1 EStG entspricht.[6] Da die Fünftelregelung nur dann richtig zum Tragen kommt, wenn daneben keine laufenden Einkünfte vorliegen und im Jahr der Veräußerung i. d. R. noch Einkünfte aus Geschäftsführer-Gehältern und der Veräußerungspreis der Anteile zu erfassen sind, ist es i. d. R. sinnvoll, zu vereinbaren, dass die Abfindung erst im Jahr nach Veräußerung der Anteile ausgezahlt wird.[7]

ii) Alternative: Übertragung der Pensionszusage[8]

3800 Da im Regelfall sowohl der Verzicht als auch die Abfindung zur sofortigen Versteuerung des Gesamtbetrages der Pensionszusage beim Geschäftsführer führen, wird nach alternativen Wegen gesucht, insbesondere bei Veräußerung der Anteile des GesGf an einen Erwerber oder geplanter Liquidation der Gesellschaft.[9] Dabei ist zumindest arbeitsrechtlich die inhaltliche Umgestaltung einer Pensionszusage kein Verstoß gegen das Abfindungsverbot des § 3 BetrAVG, solange sie wertgleich erfolgt.[10] Es bieten sich verschiedene Wege an:

► Nach § 112 VAG können seit 1. 1. 2002 für Leistungen der betrieblichen Altersversorgung auch Pensionsfonds eingesetzt werden.[11] Da die Vorschrift auf das BetrAVG Bezug nimmt und dieses für beherrschende GesGf keine Gültigkeit hat, ist für diese eine betriebliche Altersversorgung über Pensionsfonds eigentlich nicht zulässig.[12] Das Bundesamt für Finanzdienstleistungsaufsicht hat jedoch mitgeteilt, dass es nicht beanstanden wird,

---

1 *Reuter*, GmbHR 2002, 6, 7; *Weppler/Stolz*, GStB 2003, 124, 129 f..
2 FG Düsseldorf, Urteil v. 30. 1. 1998 - 6 V 5644/97 A (E), EFG 1998, 878; *Rund*, GmbHR 2001, 417, 419.
3 BFH, Urteile v. 10. 4. 2003 - XI R 4/02, BStBl 2003 II 748; v. 13. 8. 2003 - XI R 18/02, BStBl 2004 II 56, 106; v. 27. 7. 2004 - IX R 64/01, BFH/NV 2005, 191 = NWB UAAAB-36152.
4 BFH, Urteil v. 10. 9. 2003 - XI R 9/02, BStBl 2004 II 349.
5 BFH, Urteil v. 15. 10. 2003 - XI R 11/02, BFH/NV 2004, 624 = NWB TAAAB-17275.
6 BFH, Urteil v. 13. 8. 2003 - XI R 18/02, BStBl 2004 II 56, 106.
7 *Beck*, DStR 2002, 473, 475; *Poppelbaum*, NWB F. 3, 12705, 12708.
8 Vgl. zunächst auch → Rz. 3776 ff.
9 Fallbeispiel für eine Pensionszusage in der Liquidation eines Unternehmens: *Janssen*, GStB 2009, 137.
10 BAG, Urteil v. 20. 11. 2001 - 3 AZR 28/01, NWB GAAAB-93863.
11 Dazu insbesondere *Friedrich/Weigel*, DB 2003, 2564 und DB 2004, 2282; *Höfer*, DB 2003, 413.
12 *Weppler/Stolz*, GStB 2003, 124, 130 f.

wenn Pensionsfonds Versorgungszusagen an beherrschende GesGf übernehmen.[1] Steuerlich kann eine Pensionszusage nach § 3 Nr. 66, § 4e Abs. 3 EStG auf einen Pensionsfonds übertragen werden.[2] Nach BMF, Schreiben v. 26. 10. 2006[3] gilt dies allerdings nur noch für den bereits erdienten Teil (past service), der noch nicht erdiente Teil („future-service") kann dagegen nur im Rahmen des § 4e Abs. 1 und 2 i.V. m. § 3 Nr. 63 EStG finanziert werden und unterliegt daher grundsätzlich der Lohnsteuerpflicht. Durch die Übertragung des past service entsprechend § 4e Abs. 3 EStG erfolgt kein Zufluss beim Gesellschafter, i. d. R. wird die GmbH aber erhebliche Beträge aufwenden haben, um die Übernahme herbeizuführen, zudem trifft es ggf. eine Ausfallhaftung.[4] Die Differenz zwischen Pensionsrückstellung und Zahlbetrag an den Fonds (Daumenregel 40 – 50 %) ergibt sich, weil dieser mit einer Garantieverzinsung von 2,25 % statt 6 % rechnet und zudem eine höhere Lebenserwartung berücksichtigt. Wird deswegen mit dem Pensionsfonds bei der Übertragung eine niedrigere Rente vereinbart, so stellt dies nach *Poppelbaum* keinen Verzicht auf die Differenz dar.[5] Der steuerliche Vorteil des § 3 Nr. 66 EStG (kein lohnsteuerpflichtiger Zufluss durch die Übertragung) steht unter der Voraussetzung, dass für die Betriebsausgaben, soweit sie die Höhe der Pensionsrückstellung übersteigen, die Verteilung auf die nächsten zehn Jahre beantragt wird. Geht die Firma vor Ablauf dieser zehn Jahre in Liquidation oder Insolvenz, sind die restlichen Teilbeträge sofort abziehbare Betriebsausgaben.[6] Ist die Pensionszusage unwirksam oder insgesamt vGA, so ist eine Übertragung nach § 3 Nr. 66 nicht möglich, dies ist insbesondere dann möglich, wenn bei Erteilung der Zusage, also u. U. vor Jahrzehnten, die Probezeit verletzt wurde.[7]

▶ Da steuerlich günstig nach dem vorgenannten Schreiben des BMF v. 26. 10. 2006 nur der „past-service" der Pensionszusage übertragen werden kann, wird inzwischen immer häufiger die Pensionszusage in den past und den future service aufgeteilt. Der past service wird dann auf einen Pensionsfonds übertragen, der future-service hingegen auf eine Unterstützungskasse,[8] alternativ kann auf diesen auch ganz verzichtet werden[9] oder er kann unverändert als Pensionszusage der Gesellschaft weitergeführt werden. Da Rückstellungen nur für den bereits erdienten Teil gebildet werden dürfen, wäre die Übertragung des future-service auf die Unterstützungskasse bzw. der Verzicht auf diesen Teil ohne steuerliche Rechtsfolge: Bei dem Unternehmen besteht keine Rückstellung, die aufzulösen wäre, beim Gesellschafter ist kein lohnsteuerpflichtiger Zufluss möglich, da der future-service nur ein noch verfallbarer Anspruch ist.[10] Da allerdings die Pensionszusage grundsätzlich gleichmäßig bis zum 65. (bzw. 67.) Geburtstag des GesGf anzusammeln ist, muss beim Verzicht auf den future-service die Rückstellung wieder linearisiert, also reduziert werden, sie wächst dann bis zur Auszahlung wieder auf das zuvor bereits er-

---

1 BAFin v. 18. 11. 2002 - VA 54 - PF - 96/02; nach *Weppler/Stolz*, GStB 2003, 124, 131 und *Höfer/Kaiser*, DStR 2003, 274, 276 f.; *Poppelbaum*, NWB F. 3, 12705, 12708; vgl. ferner auch BMF, Schreiben v. 5. 8. 2002, BStBl 2002 I 767; nach *Höfer*, DB 2003, 413, nun auch § 112 Abs. 3 VAG zu entnehmen.
2 Zweifelnd und dann ggf. mit vGA drohend Gosch/*Gosch* § 8 Rz. 995.
3 BMF, Schreiben v. 26. 10. 2006, BStBl 2006 I 709.
4 *Weppler/Stolz*, GStB 2003, 124, 131.
5 *Poppelbaum*, NWB F. 3, 12705, 12708, a. A. *Fuhrmann/Demuth*, KÖSDI 2008, 15625, 15628.
6 *Fuhrmann/Demuth*, KÖSDI 2007, 15625, 15628.
7 Vgl. dazu näher → Rz. 3653.
8 *Hieb/Kesting/Leser*, GmbHR 2008, 1306, 1309 ff.; *Wellisch*, BB 2008, 2562; *Wellisch/Näth/Quiring*, NWB 2008, 3935, 3942.
9 *Fuhrmann/Demuth*, KÖSDI 2007, 15625, 15628.
10 Vgl. dazu oben → Rz. 3773.

reichte Niveau an. Die zunächst entstehende Reduzierung der Pensionszusage wirkt sich im Unternehmen ertragserhöhend aus,[1] führt aber nicht zu einem Lohnzufluss beim GesGf.[2] Die Verfügungen der OFD Frankfurt und der OFD Karlsruhe sollen aufgrund einer bundesweiten Abstimmung der Länder ergangen sein. Sie sind allerdings missverständlich formuliert. Da daher die Meinungsverschiedenheiten auch in der Finanzverwaltung nicht ausgeräumt werden konnten, war nun zu hören, dass die Thematik durch ein BMF-Schreiben geregelt werden soll. Es ist allerdings weder etwas über den zu erwartenden Inhalt noch über den Zeitpunkt für dieses Schreiben bekannt. Die Länder sollen vom BMF jedoch gebeten worden sein, bis zum Ergehen dieses Schreibens nichts zu entscheiden. Inzwischen soll jedoch eine Abstimmung erfolgt sein, nach der der Verzicht auf den future-service wieder möglich ist, ohne dass ein Lohnzufluss befürchtet werden muss. Es bestand eine Einspruchsfrist für die Länder bis 16. 6. 2011, die dem Vernehmen nach ohne Einwendungen abgelaufen ist. Ein BMF-Schreiben lässt jedoch immer noch auf sich warten.

▶ Alternativ zum Verzicht auf den future-service ist auch denkbar, dass der Geschäftsführer seinen Anstellungsvertrag beendet.[3] Er kann aufgrund der fortbestehenden Bestellung dennoch Geschäftsführer bleiben, aufgrund der beendeten Anstellung steht ihm allerdings keine Vergütung mehr zu. Damit wird die Pensionszusage entsprechend der Regelung über vorzeitiges Ausscheiden reduziert. Im Regelfall hat dies denselben Effekt, wie der Verzicht auf den future-service, der Rückstellungsbetrag dürfte aber dabei nicht absinken, da kein Grund besteht, die Ansammlung der Rückstellung wieder auf einen längeren Zeitraum zu verteilen. Das Modell ist allerdings, anders als der Verzicht auf den future-service, nicht durch eine Stellungnahme der Finanzverwaltung abgesichert.

▶ Denkbar ist es auch die Pensionszusage zusammen mit den Rückdeckungsinstrumenten (Versicherungsanspruch, Depot etc.) von der GmbH abzuspalten, damit die Anteile an der GmbH ohne diese Belastung verkauft werden können. Zivilrechtlich ist die Abspaltung gem. § 123 Abs. 2 UmwG möglich. Sie führt zu einer (Teil-)Gesamtrechtsnachfolge.[4] Daraus wird in der Literatur z.T. abgeleitet, dass dabei kein Zufluss von Arbeitslohn beim Geschäftsführer erwächst.[5] Dem wird entgegengehalten, dass der BFH den Lohnzufluss bei Einzelrechtsnachfolge angenommen habe[6] und es für den Lohnzufluss keinen Unterschied machen könne, ob Einzel- oder Gesamtrechtsnachfolge vorliege.[7] Das ist nicht nachvollziehbar. Bei der Einzelrechtsnachfolge wird die Pensionsverpflichtung an eine andere Person übertragen, der Pensionsberechtigte erhält also einen neuen Anspruch und damit einen Lohnzufluss. Bei der Gesamtrechtsnachfolge ist trotz der Übertragung Personenidentität gewahrt, der Pensionsberechtigte hat seinen Anspruch immer gegen denselben Pensionsverpflichteten und erhält daher nichts neues zugewandt, was einen Lohnzufluss darstellen könnte. Schwierig sind jedoch die steuerlichen Rechtsfolgen der Abspaltung selbst:

---

1 Insoweit schon OFD Hannover v. 11. 8. 2009, NWB CAAAD-31606.
2 OFD Karlsruhe v. 17. 9. 2010, NWB LAAAD-54024; OFD Frankfurt v. 10. 9. 2010, NWB UAAAD-54034; a. A. FinMin NRW v. 17. 12. 2009 S 2743 - 10-V B4, DB 2010, 587.
3 *Janssen*, NWB 2010, 1998, 2003.
4 BAG, Urteil v. 11. 3. 2008 - 3 AZR 358/06, NWB UAAAC-92117, und zwar ohne Zustimmung der Pensionäre.
5 *Förster*, DStR 2006, 2156.
6 BFH, Urteil v. 12. 4. 2007 - VI R 6/02, BStBl 2007 II 581; s. dazu den übernächsten Spiegelstrich.
7 *Fuhrmann/Demuth*, KÖSDI 2007, 15626, 15629.

– Werden die steuerlichen Voraussetzungen des § 15 UmwStG erfüllt, so ist die Abspaltung steuerneutral möglich. Das setzt aber voraus, dass sowohl der abgespaltene als auch der verbleibende Teil einen Teilbetrieb darstellen. Die abgespaltene Pensionszusage samt Rückdeckungsinstrumenten wird diese Voraussetzung regelmäßig nicht erfüllen.

– Wird die Teilbetriebsvoraussetzung nicht erfüllt, so entfällt allerdings lediglich die Möglichkeit der Buchwertfortführung, ansonsten treten jedoch alle Folgen der Abspaltung ein.[1] Es sind daher die stillen Reserven im abgespaltenen Vermögen aufzudecken.[2] Die Pensionszusage und die Rückdeckungsmittel enthalten jedoch regelmäßig keine stillen Reserven.

► Ein anderes Unternehmen kann aber der Verpflichtung aus der Pensionszusage beitreten. Erfolgt nur ein interner Beitritt, dann hat das beitretende Unternehmen eine Rückstellung für die Verpflichtung zu bilden, die sich allerdings nicht nach § 6a EStG bewertet. Erhält es für den Beitritt eine Zahlung, ist dieser Betrag zu aktivieren. Das Unternehmen, welches die Zusage erteilt hatte, muss weiterhin die Pensionszusage bilanzieren, hat demgegenüber aber den Betrag, den es an das beitretende Unternehmen gezahlt hat, zu aktivieren.[3] Diese Rechtsfolgen will das BMF allerdings fälschlich auch annehmen, wenn der Beitritt – egal ob dem Pensionsberechtigten bekannt gegeben – von einer internen Erfüllungsübernahme begleitet wird. Richtigerweise muss dann aber die Pensionsrückstellung beim zusagenden Unternehmen aufgelöst werden, die Zahlung an das beitretende Unternehmen ist Betriebsausgabe. Dieses hat ohne Beachtung von § 6a EStG die Verpflichtung zu passivieren. Ein Zufluss beim Pensionsberechtigten ergibt sich nicht, da sein Anspruch unverändert bleibt und der Arbeitgeber ihm weiterhin verpflichtet ist. Daher ist dieses Modell jedenfalls nicht möglich, wenn die zusagende GmbH aufgelöst werden soll. Zudem besteht ein Restrisiko, dass das Ergebnis nicht mehr als Direktzusage angesehen wird und wegen eines Wechsels des Durchführungsweges dann doch ein Zufluss beim Arbeitnehmer unterstellt wird, darauf weisen *Wellisch/Bleckmann*[4] hin.

► Die schuldbefreiende Übertragung der Pensionszusage (samt Rückdeckung) an eine andere GmbH (z. B. eine sog. Rentner-GmbH, die nur Vermögensverwaltung betreibt) ist eine weitere Möglichkeit. Der BFH hat ausdrücklich entschieden, dass bei einer Übertragung von Pensionszusage und Rückdeckungsmitteln in gleicher Höhe keine verdeckte Gewinnausschüttung der übertragenden GmbH vorliegt.[5] Insgesamt erweist sich das Modell jedoch als weitaus komplexer als diese Teilentscheidung vermuten ließe.[6] Das Urteil des BFH vom 12. 4. 2007[7] steht diesem Modell nur scheinbar entgegen, beurteilt aber lediglich den Fall, dass der Gesellschafter-Geschäftsführer über seinen Pensionsanspruch frei verfügen kann (Auszahlung oder Übertragung), nicht aber den Fall, dass er lediglich einem Schuldnerwechsel zustimmt, ohne selbst eine Entscheidung treffen zu können;

---

1 *Dötsch/Pung* Dötsch/Patt/Pung/Möhlenbrock, Umwandlungssteuerrecht, 7. Aufl. 2012, § 15 Rz. 37.
2 *Dötsch/Pung*, a. a. O., Rz. 37.
3 BMF, Schreiben v. 16. 12. 2005, BStBl 2005 I 1052; auch *Wellisch/Bleckmann*, DB 2006, 120, 122.
4 *Wellisch/Bleckmann*, DB 2006, 120, 122.
5 Mangels Vermögensminderung, BFH, Urteil v. 28. 4. 2010 - I R 78/08, BFH/NV 2010, 1709 = NWB LAAAD-47470.
6 Zu den Einzelheiten vgl. *Janssen*, NWB 2010, 1998.
7 BFH, Urteil v. 12. 4. 2007 - VI R 6/02, BStBl 2007 II 581; FG München, Urteil v. 29. 5. 2001 - 6 K 5166/00, rkr., NWB GAAAB-10357 (vGA); auch *Haßelberg*, GmbHR 2003, 992, 995 und *Kleiner*, NWB 2002, 3309.

- für letzeren Fall hat der BFH nunmehr ausdrücklich entschieden, dass kein Zufluss von Arbeitslohn vorliegt.[1]
- Die Pensionszusage kann auf eine (rückgedeckte) Unterstützungskasse übertragen werden.[2] Da der Gesellschafter-Geschäftsführer hier keinen Rechtsanspruch gegenüber der Unterstützungskasse erhält, führt auch dies nicht zu einem Zufluss bei ihm. Ist der GesGf noch im Unternehmen tätig, so wird gem. § 4d Abs. 1 Satz 1 Nr. 1b oder c EStG für einen Einmalbeitrag der Betriebsausgabenabzug verwehrt.[3] Aus diesem Grund kommen letztlich nur Zahlungen in Form von gleich bleibenden oder steigenden Prämien in Betracht. Daher kann die Pensionszusage nur schrittweise übertragen werden und muss, soweit die Übertragung noch nicht erfolgt ist, weiterhin bei der Gesellschaft ausgewiesen werden.[4] Zudem besteht die Gefahr, dass wegen des fehlenden Rechtsanspruchs gegenüber der Unterstützungskasse die Gestaltung als Verzicht auf eine Pensionszusage angesehen wird mit den daraus resultierenden Folgen.[5]
- Schließlich kann auch nochmal ganz genau überprüft werden, ob die Pensionszusage zivilrechtlich wirksam erteilt worden ist und ob sie nicht vielleicht steuerlich in vollem Umfang als verdeckte Gewinnausschüttung anzusehen ist. Ein Verzicht auf eine nicht wirksame Zusage bzw. auf eine verdeckte Gewinnausschüttung kann nämlich keinen Lohnzufluss auslösen, sondern allenfalls zu einer ertragserhöhenden Auflösung der Pensionsrückstellung führen. Nach der neueren Rechtsprechung des BFH kann es sich lohnen, diese Möglichkeiten insbesondere bezüglich der Einhaltung der Probezeit bei Erteilung der Pensionszusage zu prüfen.[6]
- Eine Übertragung der Pensionszusage auf eine Direktversicherung oder Pensionskasse ist hingegen keine Alternative, da diese dem Geschäftsführer einen eigenen Anspruch gewähren und somit bei der Übertragung ein (lohnsteuerpflichtiger) Zufluss bei ihm erfolgt.[7]
- Bei unter das BetrAVG fallenden (nicht beherrschenden) GesGf ist eine (zustimmungsfreie) Übertragung der Pensionszusage auf Dritte nur im Falle der Liquidation möglich. Dann kann eine unverfallbare Versorgungsanwartschaft durch Zahlung eines Einmalbeitrags lohnsteuerfrei auf ein Lebensversicherungsunternehmen übertragen werden.[8]

jj) **Steuerbilanzielle Behandlung bei Übertragung der Pensionszusage im Rahmen eines asset deals**

Im Rahmen von asset deals werden regelmäßig die Arbeitsverhältnisse und damit auch die Pensionsverpflichtungen übergehen. Die steuerliche Bewertung nach § 6a EStG liegt regelmäßig (und nach BilMoG noch mehr) erheblich unter dem handelsrechtlichen Wertansatz.

---

1 BFH, Urteil v. 18. 8. 2016 - VI R 18/13, NWB VAAAF-85892.
2 Dazu *Harle/Kesting/Leser*, BB 2006, 131.
3 *Höfer*, DB 2003, 413.
4 *Weppler/Stolz*, GStB 2003, 124, 129.
5 Zufluss von Arbeitslohn, vgl. → Rz. 3767.
6 Dazu näher → Rz. 3653 ff.
7 *Hieb/Kesting/Leser*, GmbHR 2008, 1306, 1307; *Reuter*, GmbHR 2002, 6, 7; *Weppler/Stolz*, GStB 2003, 124, 129 f.; *Knortz*, DB 2003, 2399, 2400, auch zu einzelnen Gestaltungsmöglichkeiten dabei.
8 Sog. Liquidationsversicherung; vgl. § 4 Abs. 4 BetrAVG i.V. m. § 3 Nr. 65 Satz 2 EStG für Mitarbeiter, nach R 27 Abs. 1 Satz 3 LStR 2005 und FinMin NRW v. 7. 11. 2001 - S 2121, StEK EStG § 3 Nr. 764, sind diese Regelungen jedoch auch für beherrschende Gesellschafter-Geschäftsführer anwendbar; zum Ganzen *Fuhrmann/Demuth*, KÖSDI 2007, 15625, 15626 f.; ausführlich *Prost/Rethmeier*, DB 2007, 1945.

Betriebliche Verbindlichkeiten, welche beim Veräußerer aufgrund steuerlicher Rückstellungsverbote (wie beispielsweise für Jubiläumszuwendungen und für Beiträge an den Pensionssicherungsverein) in der Steuerbilanz nicht bilanziert worden sind, sind lt. BFH bei demjenigen Erwerber, der die Verbindlichkeit im Zuge eines Betriebserwerbs übernommen hat, keinem Passivierungsverbot unterworfen, sondern als ungewisse Verbindlichkeit auszuweisen und von ihm auch an den nachfolgenden Bilanzstichtagen nach § 6 Abs. 1 Nr. 3 EStG mit ihren Anschaffungskosten oder ihrem höheren Teilwert zu bewerten.[1] Er wendet sich damit gegen die bisherige Verwaltungsmeinung.[2]

Der BFH hat seine Rechtsprechung auch auf Pensionsrückstellungen angewendet und setzt seine eingeschlagene Linie fort.[3] Im Zuge einer Ausgliederung übernommene Pensionsverpflichtungen sind sowohl in der Eröffnungsbilanz als auch in den Folgebilanzen der übernehmenden Gesellschaft mit den Anschaffungskosten und nicht mit den Teilwerten nach Maßgabe des § 6a Abs. 3 EStG anzusetzen. Vor Veröffentlichung dieser Entscheidung hat das FG Köln entschieden, dass im Fall des Schuldbeitritts zu Pensionsverpflichtungen eine allgemeine Rückstellung nach § 249 Abs. 1 Satz 1 HGB zu bilden ist, die aufgrund des Maßgeblichkeitsgrundsatzes auch steuerlich anzusetzen ist, folglich sei § 6a Abs. 3 EStG nicht anwendbar.[4]

Die Finanzverwaltung hatte bisher als Anschaffungskosten den niedrigeren 6a-Wert angesetzt und die Differenz als Ertrag (Erwerbsgewinn) erfasst. Den Unterschied zwischen Verwaltungsauffassung und Rechtsprechung soll folgendes Beispiel verdeutlichen:

BEISPIEL:

Handelsbilanz veräußernde GmbH (alle Beträge in €)			
Diverse Aktiva	200.000	Kapital	100.000
	(gemeiner Wert 500.000)	Pensionsrückstellung	100.000

Steuerbilanz veräußernde GmbH			
Diverse Aktiva	200.000	Kapital	140.000
	(gemeiner Wert 500.000)	Pensionsrückstellung	60.000

Die veräußernde GmbH verkauft ihren Betrieb an die erwerbende GmbH zu einem Kaufpreis i. H. v. 400.000 €.

Die Handelsbilanz (und nach Rspr. auch die Steuerbilanz) der erwerbenden GmbH sieht wie folgt aus:

Handelsbilanz/Steuerbilanz erwerbende GmbH nach Rechtsprechung			
Diverse Aktiva	500.000	Kapital	400.000
		Pensionsrückstellung	100.000

---

[1] BFH, Urteil v. 14. 12. 2011 - I R 72/10, BFH/NV 2012, 635 = NWB GAAAE-03246; zugleich Bestätigung und Fortführung des Senatsurteils v. 16. 12. 2009 - I R 102/08, BFHE 227, 478 = BStBl 2011 II 566.
[2] Entgegen BMF, Schreiben v. 24. 6. 2011, BStBl 2011 I 627.
[3] BFH, Urteil v. 12. 12. 2012 - I R 28/11, BFH/NV 2013, 884 = NWB AAAAE-32295.
[4] FG Köln, Urteil v. 22. 3. 2012 - 10 K 3226/10, n.v.; ebenso BFH, Urteil v. 12. 12. 2012 - I R 28/11, BStBl 2017 II 1265.

Nach Auffassung der Finanzverwaltung sieht die Steuerbilanz der erwerbenden GmbH wie folgt aus:

Steuerbilanz E-GmbH

Diverse Aktiva	500.000	Kapital	440.000
		Pensionsrückstellung	60.000

Die Differenz von 40.000 € wäre der Erwerbsgewinn nach Verwaltungsauffassung.

3802   Für Wirtschaftsjahre, die nach dem 28.11.2013 enden, ist § 4f i. d. F. des AIFM-StAnpG[1] und § 5 Abs. 7 EStG[2] mit dem bisherigen Regelungsinhalt oder R 6a Abs. 13 EStR 2012 anzuwenden. Demnach kann der vorstehende Erwerbsgewinn von 40.000 € i. H. v. 14/15 in eine gewinnmindernde Rücklage eingestellt werden, die in den folgenden Jahren mind. mit 1/14 jährlich gewinnerhöhend aufgelöst werden muss.[3]

3803   Die von der GmbH dem Alleingesellschafter-Geschäftsführer erstatteten Kosten für den Erwerb einer Privatpilotenlizenz berühren nach Ansicht des FG Düsseldorf, Urteil v. 23.12.1994[4] grundsätzlich die private Lebensführung und sind daher als vGA anzusehen. Die Aufwendungen zum Erwerb und zur Unterhaltung eines Flugzeugs berühren nicht die Lebensführung des – selbst fliegenden – Gesellschafter-Geschäftsführers, wenn es zu 98 % im betrieblichen Interesse genutzt wird. Die Begründung, es handele sich um Kosten der Lebensführung, ist nicht stichhaltig,[5] da der Alleingesellschafter-Geschäftsführer, der eine unternehmensberatende Tätigkeit ausübte, das Flugzeug zu 98 % aus betrieblichen Gründen nutzte und es selbst als Pilot flog. Ebenso wie der Erwerb eines Lkw-Führerscheins unstreitig zu Werbungskosten bzw. Betriebsausgaben führen kann, muss dies auch bei einem Pilotenschein möglich sein. Im Ergebnis dürfte sich das Urteil aber als zutreffend erweisen, da die stets notwendige vorherige und klare Vereinbarung nach dem Sachverhalt nicht vorgelegen hatte.[6]

3804–3821   *(Einstweilen frei)*

81. Produkteinführung

3822   Hier hat sich das Urteil des BFH v. 17.2.1993[7] verselbständigt. In fast allen alphabetischen Zusammenstellungen ist dieses Stichwort zu finden. Das genannte Urteil wird dann auf die Formel verkürzt Einführungskosten für ein Produkt könnten vGA sein, wenn ein ordentlicher und gewissenhafter Geschäftsführer für die GmbH, deren Geschäfte er führt, das Produkt nur einführen und vertreiben würde, wenn er daraus bei vorsichtiger kaufmännischer Prognose innerhalb eines überschaubaren Zeitraums und unter Berücksichtigung der voraussichtlichen Marktentwicklung einen angemessenen Gesamtgewinn erwarten kann.[8] Muss nun jeder GesGf, der ein erfolgloses Produkt einführt, mit einer Zurechnung der Kosten als vGA rechnen?

---

1   AIFM-StAnpG v. 18.12.2013, BGBl 2013 I 4318; *Hoffmann*, StuB 2014, 1.
2   § 52 Abs. 14a EStG n. AIFM-StAnpG v. 18.12.2013, BGBl 2013 I 4318.
3   *Riedel*, Die Neuregelung der sog. Angeschafften Rückstellungen nach § 4f und § 5 VII EStG, FR 2014, 6; *Schulze/Debnar*, Übertragungen von Passiva..., BB 2014, 107.
4   FG Düsseldorf, Urteil v. 23.12.1994 - 6 K 7785/91, GmbHR 1995, 467.
5   Siehe auch *Streck*, KStG, Anm. 150 zu § 8, Stichwort: Pilotenlizenz, nach Ansicht von *Streck* ist der Abzug der Aufwendungen von der Art des Betriebs abhängig.
6   Vgl. auch Privatsphäre.
7   BFH, Urteil v. 17.2.1993 - I R 3/92, BStBl 1993 II 457.
8   So z. B. *Klingebiel* Dötsch/Eversberg/Jost/Witt, KStG, Anh. zu § 8, Stichwort: Produkteinführung; *Schuhmann*, ABC der vGA, Stichwort: Produkteinführung; *Rupp/Felder/Geiger/Lang*, Verdeckte Gewinnausschüttung, Verdeckte Einlage, Teil B, Stichworte: Produkteinführung, Produkthaftung, Ein- und Verkaufsgesellschaft.

Natürlich nicht, eine vGA erfordert immer noch eine Veranlassung im Gesellschaftsverhältnis und diese ist i. d. R. nicht gegeben, da die Einführungskosten für ein neues Produkt betrieblich veranlasst sind. Im Fall des BFH ergab sich die Veranlassung im Gesellschaftsverhältnis, weil es sich um ein von einem Gesellschafter hergestelltes Produkt handelte, welches die Gesellschaft als Vertriebsgesellschaft vertreiben sollte. Aber selbst in diesen Fällen sind die Produkteinführungskosten betrieblich veranlasst, wenn die Gesellschaft einer Fehlbeurteilung unterlag, die nicht durch das Verhältnis zum Gesellschafter beeinflusst wurde. So sind die Kosten auch dann noch Betriebsausgaben, wenn die Einführung risikoreich war, die Gesellschaft aber nicht nur die damit verbundenen Risiken trägt, sondern auch die Chancen wahrnehmen kann.[1] Letztlich ist entscheidend, dass Produktions- und Vertriebsunternehmen das Risiko der Markteinführung so zwischen sich aufteilen wie es in der Branche üblich ist und wie es unter fremden Dritten geschehen würde.[2]

82. Prüfungskosten

Prüfungskosten einer KapGes sind, unabhängig davon, ob die Prüfung gesetzlich vorgeschrieben oder freiwillig ist, Betriebsausgaben.[3] Die Kosten einer Prüfung der Bücher und Beratung der Gesellschaft, die untereinander zerstrittene Gesellschafter zur Klärung ihrer widerstreitenden Interessen vornehmen lassen stellen aber vGA dar, wenn sie von der Gesellschaft übernommen werden, da sie nicht in deren betrieblichem Interesse sind. Ein Teilabzug kann aber in Betracht kommen, wenn die Beratung und Prüfung teilweise auch im Interesse der Gesellschaft ist.[4] Bei Betrieben gewerblicher Art sind auch Prüfungskosten durch das Rechnungsprüfungsamt der Trägerkörperschaft Betriebsausgaben.[5] Es kommt dabei nicht darauf an, dass auch die Trägerkörperschaft an der Prüfung interessiert ist, solange die Veranlassung betrieblich ist.[6]

83. Prüfungspflicht

LITERATURHINWEIS:

Rauch, Konsequenzen der unterlassenen Pflichtprüfung einer GmbH, BB 1997, 35.

Wird der Jahresabschluss einer gem. § 316 Abs. 1 i. V. m. § 267 HGB prüfungspflichtigen KapGes nicht geprüft, so ist ein dennoch festgestellter Jahresabschluss nichtig. Die Nichtigkeit kann von jedermann jederzeit geltend gemacht werden, also auch vom FA. Sie kann nur durch Nachholung der Prüfung und anschließende erneute Feststellung des Jahresabschlusses beseitigt werden. Infolge der Nichtigkeit des Jahresabschlusses sind auch die Ausschüttungsbeschlüsse nichtig.[7] Die aufgrund dieser Beschlüsse erfolgten Ausschüttungen sind seit der Einführung des Teileinkünfte-Freistellungssystems keiner vGA mehr gleichgestellt. Sie führen zu einer verunglückten offenen Gewinnausschüttung.[8] Sie führen ebenso wie eine vGA nicht

---

1 So der BFH zu Risikogeschäften; vgl. dazu Stichwort: Risikogeschäfte und BFH, Urteil v. 8. 8. 2001 - I R 106/99, BStBl 2003 II 487.
2 BFH, Urteil v. 17. 2. 1993 - I R 3/92, BStBl 1993 II 457.
3 BFH, Urteil v. 23. 7. 1980 - I R 28/77, BStBl 1981 II 62.
4 BFH, Urteile v. 17. 1. 1956 - I 178/55 U, BStBl 1956 III 179; auch v. 13. 3. 1985 - I R 75/82, BStBl 1985 II 435.
5 BFH, Urteil v. 28. 2. 1990 - I R 137/86, BStBl 1990 II 647; FG Münster, Urteil v. 21. 7. 1986 - IX 7948/85 K, EFG 1987, 89; anders noch BFH, Urteil v. 13. 3. 1985 - I R 75/82, BStBl 1985 II 435.
6 Vgl. auch Stichwort: Gemischtes Interesse.
7 Vgl. auch OFD Münster v. 15. 5. 2003, NWB TAAAA-81816.
8 Vgl. → Rz. 330.

zur Körperschaftsteuerminderung. Eine verunglückte Gewinnausschüttung kann nach ihrer Ausführung nicht dadurch verhindert, dass zivilrechtlich ein Rückforderungsrecht der Gesellschaft gem. § 812 BGB entsteht.

84. Rabatte

3825 Rabatte, die nur dem Gesellschafter und nicht auch anderen Kunden der KapGes eingeräumt werden, sind vGA.[1] Bei Genossenschaften gehören Preisnachlässe (Rabatte, Skonti) gem. R 22 Abs. 2 KStR zwar nicht zur genossenschaftlichen Rückvergütung; sie sind aber keine vGA, sondern abzugsfähige Betriebsausgaben.[2] Erhält ein Berufsverband Rabatte und leitet er diese an seine Mitglieder weiter, so liegt darin keine vGA.[3] Ist bei einem nicht wirtschaftlichen Verein bestimmt, dass er nur kostendeckend aber ohne Gewinn arbeiten soll, so ist eine leistungsbezogene Rückgewähr der Überschüsse an die Mitglieder keine vGA.[4]

85. Reisen

LITERATURHINWEISE:

Jorczyk, Incentive-Reise als verdeckte Gewinnausschüttung?, GmbHR 2002, 321; *Paus*, Reisen mit betrieblichem und privatem Nutzen bei dem Betriebsinhaber, Arbeitnehmern und Gesellschafter-Geschäftsführern, GmbHR 2006, 569.

3826 Werden von GesGf Auslandsreisen unternommen, so sind die Kosten Betriebsausgaben, wenn die Reise betriebsbezogen ist.[5] Obwohl im Bereich der vGA das Aufteilungs- und Abzugsverbot des § 12 EStG nicht gültig ist,[6] sollte dennoch nach den zu dieser Vorschrift entwickelten Grundsätzen geprüft werden, ob eine Reise im betrieblichen oder gesellschaftlichen Interesse veranlasst ist.[7] Wegen des teilweise touristischen Programms wurde dann vom BFH die Veranlassung im Gesellschaftsverhältnis konstatiert, dass die Reisen zumindest auch im privaten Interesse des Gesellschafters unternommen wurden und die von der GmbH dafür getragenen Kosten daher insgesamt vGA darstellten.[8] Diese Rechtsprechung ist überholt, da seit der Entscheidung des Großen Senats des BFH, Urteil v. 21.9.2009[9] feststeht, das „§12 Nr. 1 Satz 2 EStG kein allgemeines Aufteilungs- und Abzugsverbot normiert" und sich daher eine Anlehnung an dieses im Bereich der vGA verbietet, wenn die betrieblich veranlassten Zeitanteile feststehen und nicht von untergeordneter Bedeutung sind.

3827 VGA liegt danach vor, wenn

▶ der GesGf eines Restaurants auf Einladung des Franchisegebers nach Hawaii fährt, dort nur an drei von acht Reisetagen überhaupt ein als betrieblich in Betracht kommendes Programm stattfindet und zum näheren Inhalt der an diesen drei Tagen stattfindenden

---

1 BFH, Urteile v. 23.3.1994 - VIII B 50/93, BFH/NV 1994, 786 = NWB UAAAB-35086; v. 14.7.1998 - VIII B 38/98, BFH/NV 1998, 1582 = NWB PAAAA-97398.
2 Vgl. dazu ausführlich *Klein* in Mössner/Seeger/Oellerich, KStG, § 22 Rz. 61 f.
3 BFH, Urteil v. 13.8.1997 - I R 85/96, BStBl 1998 II 161.
4 Niedersächsisches FG, Urteil v. 28.10.1997 - VI 461/92, EFG 1998, 783. Siehe auch Non-profit-Unternehmen.
5 BFH, Urteile v. 13.3.1985 - I R 122/83, BFH/NV 1986, 48 = NWB LAAAB-28042 (mehrwöchige USA-Reise); v. 21.5.1997 - I B 6/97, BFH/NV 1997, 904 = NWB MAAAB-38597.
6 BFH, Urteil v. 7.7.1976 - I R 180/74, BStBl 1976 II 753; wiederholt aber nicht mehr beachtet auch von BFH, Urteil v. 6.4.2005 - I R 86/04, BStBl 2005 II 666.
7 BFH, Urteil v. 6.4.2005 - I R 86/04, BStBl 2005 II 666.
8 BFH, Urteil v. 6.4.2005 - I R 86/04, BStBl 2005 II 666.
9 BFH, Urteil v. 21.9.2009 - GrS 1/06, BStBl 2010 II 672.

Konferenzen und Workshops keine Angaben gemacht werden, wobei gegen einen betrieblichen Anlass jedenfalls sprach, dass die Ehegatten bei diesen Veranstaltungen willkommen waren. Ausdrücklich kommt hier auch keine Aufteilung der Kosten in Betracht, da nicht einmal feststeht, ob überhaupt eine betriebliche Veranlassung vorhanden ist.[1]

- die GesGf einer Steuerberatungs-GmbH, die vorwiegend Mandate aus der Land- und Forstwirtschaft betreut, an einer zehntägigen auf die Landwirtschaft ausgerichteten Studienreise in die USA teilnehmen.[2]
- eine GmbH, die ein Omnibusunternehmen betreibt, für beherrschende GesGf die Kosten von Reisen nach Frankreich, Ungarn und Norwegen übernimmt, wenn die durchgeführten Reisen einen rein touristischen Verlauf genommen haben und den GesGf keinerlei Zeit zur Verfolgung betrieblicher Belange, z. B. Erkundigungen über Ausstattung von Hotels, Konditionen für Übernachtungen und die Einnahme von Mahlzeiten in verschiedenen Hotels, geblieben ist.[3]
- Reisen nach Hongkong und Shanghai, Südafrika und Buenos Aires für den beherrschenden GesGf eines Gebäudemanagementunternehmens sind vGA, wenn die Reise sowohl betrieblichen Belangen, als auch der Befriedigung allgemein touristischer Interessen dient, wobei es auf die Reiseroute, die touristische Attraktivität der aufgesuchten Orte sowie auf die fachliche Organisation der Reise und die Ausfüllung der Reisezeit mit fachbezogenen Veranstaltungen ankommt. Diese Fragen zu beurteilen ist allein Sache des FG.[4]

Obwohl es sich im vorgenannten Fall des BFH[5] um Incentive-Reisen handelte, deren Kosten hauptsächlich von einem Geschäftspartner und nur z.T. von der GmbH getragen wurden, hat der BFH auch die Möglichkeit des Vorliegens von Arbeitslohn nicht für erwähnenswert gehalten. Dem Urteil ist nicht zu entnehmen, ob die Annahme von Arbeitslohn generell ausgeschlossen sein sollte oder nur im konkreten Fall fern lag. Nach der Rechtsprechung der Finanzgerichte handelt es sich jedenfalls um Arbeitslohn und nicht vGA, wenn eine GmbH eine ihr von einem Geschäftspartner überlassene Incentive-Reise zu gleichen Teilen ihren GesGf, die zugleich die einzigen Arbeitnehmer der GmbH sind, überlässt.[6] Das BMF geht allerdings davon aus, dass die Weiterleitung von Incentive-Reisen an Gesellschafter vGA darstellt.[7] Die GmbH ist selbst nicht in der Lage eine Incentive-Reise anzutreten, daher kommt die Wahrnehmung nur durch ihre gesetzlichen Vertreter, also die Geschäftsführer in Betracht, unabhängig davon, ob diese Gesellschafter sind oder nicht und auch unabhängig davon, ob diese maßgeblich zum Gewinn des Incentive-Preises beigetragen haben oder nicht. Letzteres wird in der Literatur allerdings teilweise angezweifelt.[8] Solche Zweifel könnten allenfalls Berechtigung haben, wenn die GmbH als juristische Person nicht ernst genommen und durch sie durchgegriffen wird, dies verbietet sich jedoch. In den gerichtlich entschiedenen Fällen waren jedoch der bzw. die begünstigten Geschäftsführer ohnehin die einzigen Arbeitnehmer der GmbH. Ein Gesellschafter, der nicht Geschäftsführer ist, ist hingegen nicht gesetzlicher Vertreter der GmbH und die

---

[1] BFH, Urteil v. 7. 10. 2008 - I B 37/07, BFH/NV 2009, 216 = NWB ZAAAD-01319.
[2] Niedersächsisches FG, Urteil v. 30. 3. 1989 - VI 557/87, rkr., GmbHR 1990, 419.
[3] Niedersächsisches FG, Urteil v. 27. 2. 1992 - VI 107/89, rkr., NWB JAAAA-13930.
[4] BFH, Urteil v. 6. 4. 2005 - I R 86/04, BStBl 2005 II 666.
[5] BFH, Urteil v. 6. 4. 2005 - I R 86/04, BStBl 2005 II 666.
[6] FG Saarland, Urteil v. 14. 7. 1992 - 1 K 91/92, rkr., EFG 1992, 765; FG München, Urteil v. 14. 5. 2002 - 6 K 776/01, rkr., EFG 2002, 1122, m. Anm. *Neu*.
[7] BMF, Schreiben v. 14. 10. 1996, BStBl 1996 I 1192, unter 2 a, bb.
[8] Vgl. *Jorczyk*, GmbHR 2002, 321.

Zuwendung der Reise kann nur dann Arbeitslohn sein, wenn er zumindest ein Arbeitsverhältnis bei der Gesellschaft unterhält. Versteht man daher den genannten BMF-Erlass so, dass er sich nur auf Gesellschafter, nicht aber auf Gesellschafter-Geschäftsführer bezieht, so widerspricht er nicht den o. g. Urteilen der Finanzgerichte.[1]

86. Renovierungskosten

3829 Übernimmt die GmbH Kosten der Renovierung eines Gebäudes, welches sie von ihrem Gesellschafter gemietet hat, so stellt dies grundsätzlich keine vGA dar, da der Gesellschaft bei Beendigung des Mietverhältnisses ein gesetzlicher Ersatzanspruch zusteht.[2] Erst der Verzicht auf diesen Ersatzanspruch stellt eine vGA dar.[3]

87. Reparaturkosten Pkw

3830 Übernimmt die Gesellschaft Reparaturkosten für Reparaturen am Pkw des Gesellschafters, so sind diese nur Betriebsausgaben, wenn die Reparatur durch eine betrieblich bedingte Fahrt notwendig geworden ist. Soweit jedoch die Reparatur aufgrund altersbedingter Verschleißerscheinungen des Fahrzeugs notwendig wird, sind die Kosten der Reparatur grundsätzlich vom Gesellschafter zu tragen, auch wenn der Schaden auf einer betrieblich bedingten Fahrt entstanden ist. Übernimmt die Gesellschaft solche Reparaturkosten, liegt darin eine vGA. Bei dem 32 Monate alten Fahrzeug des Gesellschafters war nach einer Laufleistung von 116.000 km auf einer betrieblich bedingten Fahrt ein Getriebeschaden aufgetreten. Dieser beruht jedoch nicht auf der spezifisch betrieblichen Verwendung des Fahrzeugs. Die Übernahme der Kosten durch die Gesellschaft stellte daher eine vGA dar.[4]

88. Risikogeschäfte

LITERATURHINWEISE:

Paus, Liegt in Börsenspekulationen der GmbH eine verdeckte Gewinnausschüttung?, FR 1997, 565; *Wassermeyer*, Risikogeschäfte durch den Gesellschafter-Geschäftsführer für Rechnung der Kapitalgesellschaft, FR 1997, 563; *Janssen*, Risikogeschäfte des Gesellschafter-Geschäftsführers, GStB 2003, 506; *Böth*, Aktuelle Entwicklungen zur verdeckten Gewinnausschüttung, Teil III, StBp 2004, 135.

3831 **Checkliste**

Führt die durch den Geschäftsführer vorgenommene Geldbewegung zu einem zivilrechtlichen Schadenersatzanspruch (z. B. Unterschlagung)?	Ja →	Fall gehört nicht in die hier behandelte Fallgruppe vGA, wenn eine Verursachung durch die Organe der Gesellschaft zu verneinen ist.
↓ Nein Liegt eine nichtabziehbare Betriebsausgabe vor (§ 8 Abs. 3 KStG i.V. m. § 4 Abs. 5 EStG)?	Ja →	Die Vorschrift des § 4 Abs. 5 EStG ist vorrangig, da sie innerhalb der Bilanz ansetzt, kein Gewinnzuschlag

---

1 So auch verstanden von *Rupp/Felder/Geiger/Lang*, Verdeckte Gewinnausschüttung, Verdeckte Einlage, Teil B, Stichwort: Incentive-Reisen.
2 Ebenso wie bei Errichtung eines Gebäudes auf dem Grund und Boden des Gesellschafters.
3 FG Köln, Urteil v. 7. 12. 1999 - 13 K 6191/95, EFG 2000, 582.
4 FG Rheinland-Pfalz, Urteil v. 17. 11. 1999 - 1 K 3401/98, NWB GAAAB-57124.

↓ Nein Gesellschaft hat Verluste zu tragen, Gewinne aber abzuführen?	Ja →	vGA wegen Übernahme eines Risikogeschäfts
↓ Nein Spekulationsgeschäft wird auf Gesellschaft übertragen als sich Verlust bereits konkret abzeichnet?	Ja →	vGA wegen Übernahme eines Risikogeschäfts
↓ Nein Gesellschaft wird nur zur Befriedigung der Glücksspielleidenschaft des Gesellschafters gegründet?	Ja →	vGA wegen Übernahme eines Risikogeschäfts
↓ Nein Gesellschaft wurde nur zur Verlustübernahme gegründet?	Ja →	vGA wegen Übernahme eines Risikogeschäfts
↓ Nein Geschäft - nach Art und Umfang völlig unüblich - mit hohen Risiken verbunden und - nur aus privaten Spekulationsabsichten des Gesellschafter-Geschäftsführers zu erklären	Ja →	Geschäft ist vGA lt. FinVerw, nicht lt. BFH, u. E. große Erfolgschance bei Klage
↓ Nein Zwischenergebnis: Es liegt keine vGA wegen Übernahme eines Risikogeschäfts vor, da es Sache der jeweiligen unternehmerischen Entscheidung ist, Risikogeschäfte und die damit verbundenen Chancen, zugleich aber auch Verlustgefahren wahrzunehmen.		
Besteht ein zivilrechtlicher Schadenersatzanspruch der Gesellschaft wegen des Geschäfts gegenüber dem Geschäftsführer?	Nein →	Grds. keine vGA. VGA aber, wenn der Schadenersatzanspruch weggefallen ist, weil Gesellschafter dem Geschäft nach Eintritt der Verluste zustimmten.
↓ Ja		
Wurde auf diesen Anspruch verzichtet?	Ja →	vGA
↓ Nein Keine vGA, ist der Anspruch noch nicht aktiviert, so muss dies grundsätzlich nachgeholt werden. Eine Unterlassung der Aktivierung kommt nur dann in Betracht, wenn die Forderung sogleich wieder ausgebucht werden müsste, weil sie vom Gesellschafter bestritten wird und nicht damit zu rechnen ist, dass ein obsiegendes Urteil zu erhalten ist und die Forderung beim Gesellschafter-Geschäftsführer erfolgreich vollstreckt werden kann.		

a) Abgrenzung der Risikogeschäfte

3832 Die Risikogeschäfte der GmbH sind abzugrenzen von der betrieblichen, außerbetrieblichen und gesellschaftsrechtlichen Verursachung. Sie führen zur Diskussion über Liebhaberei im Körperschaftsteuerrecht.[1] Einer Kapitalgesellschaft wird die außerbetriebliche Sphäre abgesprochen.[2] Soweit sie aber im Interesse eines oder mehrerer Gesellschafter ein Wirtschaftsgut unterhält und ihr daraus Verluste entstehen, ohne dass die betreffenden Gesellschafter sich zur Zahlung eines Verlustausgleichs zuzüglich Gewinnzuschlag verpflichtet haben, so ist in dem Verzicht auf den Aufwendungsersatzanspruch eine vGA zu sehen.[3] Es handelt sich dann allerdings i. d. R. um Fälle, in denen die Gesellschaft ein Hobby ihrer Gesellschafter finanziert.

BEISPIEL: Die A-GmbH kauft ein Reitpferd. Dieses wird „Black Beauty-A-GmbH" getauft und soll unter diesem Namen als Werbeträger bei Pferderennen eingesetzt werden. Die durch das Pferd verursachten Kosten von 30.000 € werden als Betriebsausgaben angesetzt. Das FG Düsseldorf nahm hier eine vGA an, da private Interessen die Erwerbsentscheidung mitbestimmt hatten und ein ordentlicher und gewissenhafter Geschäftsführer kostengünstigere Alternativen für die Werbung erwogen hätte.[4]

3833 In anderen Fällen des Risikogeschäfts, beispielsweise Spekulationsgeschäften, handelt es sich dagegen um einen Bereich in dem sich die betriebliche Veranlassung für die Ausgabe der Gesellschaft nicht ohne Weiteres verneinen lässt. Abzugrenzen ist dieser Bereich allerdings noch von

- nicht abziehbaren Betriebsausgaben. Diese Ausgaben sind auch zweifellos betrieblich veranlasst, dürfen aber nach ausdrücklicher gesetzlicher Anordnung nicht abgezogen werden, vgl. § 8 Abs. 1 KStG i.V. m. § 4 Abs. 5 EStG. Laut BFH sind § 4 Abs. 5 EStG und die vGA gleichwertig und solange die Rechtsfolgen nicht voneinander abweichen, könne daher der Stpfl. selbst wählen, welche Vorschrift angewendet werden solle.[5] Dies führt faktisch stets zur Anwendung der vGA, da deren Rechtsfolgen weitergehend sind (Gewinnzuschlag). Richtig ist aber eine vorrangige Anwendung des § 4 Abs. 5 EStG, da dieser innerhalb, die vGA aber erst außerhalb der Bilanz ansetzt.[6] Bei den nicht abziehbaren Betriebsausgaben handelt es sich regelmäßig um Bewirtungsausgaben, Aufwendungen für Geschenke, Jagd und Fischerei usw., also alles Ausgaben, die nur im übertragenen Sinne als riskant angesehen werden können.

- Fällen, in denen schon die Geldbewegung zu einem zivilrechtlichen Schadenersatzanspruch der Gesellschaft führt, etwa bei Diebstahl oder Unterschlagungen des Geschäftsführers. Auch dieser Bereich ist sehr umstritten,[7] aber kein Risikogeschäft, da zum Abschluss eines Geschäfts stets zwei Willenserklärungen gehören und bestohlen zu werden ist keine Willenserklärung.

BEISPIEL FÜR TYPISCHES RISIKOGESCHÄFT: A ist Alleingesellschafter und Geschäftsführer der mittelständischen A-GmbH, die Streichhölzer herstellt. A ist überzeugt, sämtliche Märkte besser als alle Profis

---

1 Siehe o. → Rz. 24.
2 BFH, Urteile v. 4. 12. 1996 - I R 54/95, BFH/NV 1997, 190 = NWB YAAAA-96773; v. 8. 7. 1998 - I R 123/97, BFHE 186, 540 = NWB HAAAA-97473; v. 8. 8. 2001 - I R 106/99, BStBl 2003 II 487, s. auch → Rz. 117, → Rz. 194.
3 BFH, Urteil v. 15. 5. 2001 - I R 92/00, BFH/NV 2001, 1449 = NWB EAAAA-69104; zuletzt FG München, Urteil v. 3. 2. 2003 - 7 K 1951/01, rkr., EFG 2003, 800, vgl. dazu auch näher unten → Rz. 3844.
4 FG Düsseldorf, Urteil v. 19. 3. 2002 - 6 K 7786/99 K, G, rkr., NWB PAAAB-07578.
5 BFH, Urteil v. 4. 12. 1996 - I R 54/95, BFH/NV 1997, 190 = NWB YAAAA-96773.
6 Vgl. → Rz. 211.
7 Vgl. dazu → Rz. 516; *Janssen*, vGA, 12. Aufl. 2017, Rz. 2000.

einschätzen zu können. Er nimmt daher als Geschäftsführer der A-GmbH für diese Devisen- und Warentermingeschäfte vor. Es entsteht binnen kurzem ein Verlust von 100.000 €, den die A-GmbH als Betriebsausgabe ansieht. Bei einer Bank oder auch einem Großunternehmen (man denke an die Skandale bei der Metallgesellschaft oder VW) hätte das FA keine Probleme mit der Anerkennung dieser Betriebsausgaben. Bei einem Mittelständler allerdings kommt schnell der Verdacht auf, dass die Investitionen private Hintergründe haben und daher als Risikogeschäfte und mithin als Liebhaberei anzusehen sind. Entstehen aus diesem Geschäft Verluste, so sollen diese daher stets vGA sein. Konsequenterweise müssen allerdings Gewinne dann als verdeckte Einlage angesehen werden.[1] Das hindert dann allerdings nicht daran, den Gewinn im Privatvermögen als Spekulationsgewinn zu versteuern.

▶ Geschäften mit einem nur einseitigen Risiko, welches die Gesellschaft lediglich wegen ihres Gesellschafters eingeht.

BEISPIEL: ▶ Die A-GmbH gibt der praktisch insolventen B-GmbH ein Darlehen zu 6,5 %, damit diese dem Alleingesellschafter der A-GmbH sein Darlehen an die B-GmbH zurückzahlen kann. Die Vergabe eines Darlehens an die B-GmbH war lt. FG Berlin nicht als Risikogeschäft zu werten, da zu dem Zeitpunkt der Darlehensvergabe auch festverzinsliche Wertpapiere mit dieser Verzinsung hätten erworben werden können.[2]

b) Übernahme eines Risikogeschäfts – Fallgruppen nach BFH

aa) Grundsatz: Risikogeschäfte keine vGA

Der BFH stellt in seinem Grundsatzurteil v. 8.8.2001 ausdrücklich klar, dass es Sache der jeweiligen unternehmerischen Entscheidung ist, risikobehaftete Geschäfte und die damit verbundenen Chancen, zugleich aber auch Verlustgefahren wahrzunehmen.[3] Unerheblich sei auch, dass der Veranlassungszusammenhang zwischen den Aufwendungen einerseits und dem eigentlichen Unternehmensgegenstand der Klägerin andererseits nur ein entfernter ist,[4] und ob der Geschäftsführer der GmbH zur Durchführung der Devisentermingeschäfte überhaupt die nötige Fachkunde besaß sowie die Größenordnung der Geschäfte.[5] Auch wenn sich die Risiko- und Spekulationsbereitschaft der Gesellschaft mit den Absichten des GesGf decken sollte, ändert sich daran prinzipiell nichts.[6] Letztlich war es für den BFH allein entscheidend, dass die Risikogeschäfte zeitnah, also direkt nach Abschluss in der Buchführung erfasst wurden und die Zahlungsströme über betriebliche Konten liefen.[7]

Das FG Baden-Württemberg hatte mit Urteil v. 26.10.1999 noch entschieden: Sind diese Geschäfte jedoch objektiv nicht geeignet, das Betriebskapital zu verstärken und stehen sie in keinem wirtschaftlichen Zusammenhang mit dem Stammgeschäft, so legt dies die Vermutung nahe, dass sie im Eigeninteresse der AE aufgenommen werden und dabei gesellschaftsrecht-

---

1 BFH, Urteil v. 19.2.1970 - I R 24/67, BStBl 1970 II 442.
2 FG Berlin, Urteil v. 22.6.2004 - 7 K 7147/02, rkr., EFG 2004, 1866, Rev. BFH: I R 86/04 zwischenzeitlich entschieden mit Urteil v. 6.4.2005 - I R 86/04, BStBl 2005 II 666, betraf Darlehen nicht.
3 BFH, Urteil v. 8.8.2001 - I R 106/99, BStBl 2003 II 487; zuvor bereits ähnlich BFH, Urteil v. 8.7.1998 - I R 123/97, BFH/NV 1999, 269 = NWB HAAAA-97473.
4 BFH, Urteile v. 8.8.2001 - I R 106/99, BStBl 2003 II 487; v. 8.7.1998 - I R 123/97, BFH/NV 1999, 269 = NWB HAAAA-97473.
5 BFH, Urteil v. 8.8.2001 - I R 106/99, BStBl 2003 II 487.
6 BFH, Urteil v. 8.7.1998 - I R 123/97, BFH/NV 1999, 269 = NWB HAAAA-97473.
7 BFH, Urteile v. 8.8.2001 - I R 106/99, BStBl 2003 II 487; v. 20.4.1999 - VIII R 63/96, BStBl 1999 II 466; v. 11.7.1996 - IV R 67/95, BFH/NV 1997, 114 = NWB TAAAA-97336.

lich veranlasst sind; in diesem Fall handelt es sich bei evtl. Verlusten um vGA.[1] Diese Vermutungsregelung hat der BFH nicht mitgetragen. Mit dem Urteil v. 8.8.2001 hat der BFH folgenden Rahmen für Risikogeschäfte gezogen.[2] Die Aussagen des BFH lassen sich wie folgt zusammenfassen:

- Tätigt eine KapGes Risikogeschäfte (Devisentermingeschäfte), so rechtfertigt dies im Allgemeinen nicht die Annahme, die Geschäfte würden im privaten Interesse des (beherrschenden) Gesellschafters ausgeübt.
- Die Gesellschaft ist grds. darin frei, solche Geschäfte und die damit verbundenen Chancen, zugleich aber auch Verlustgefahren wahrzunehmen. Mit dieser Aussage grenzt er sich der I. Senat von seiner Judikatur v. 8.8.1998 und vom BMF ab.[3] Hierzu führt der BFH aus: Ziel des Tatbestands der vGA ist die Abgrenzung zur Gesellschaftersphäre, nicht die Vermeidung betrieblicher Risiken.
- Die Übernahme der Risiken wird sich deswegen allenfalls bei ersichtlich privater Veranlassung als Verlustverlagerung zuungunsten der Gesellschaft darstellen. Eine vGA bereits wegen der Übernahme eines Geschäfts durch die GmbH kommt laut BFH nur in Betracht, wenn z. B.[4]
- die Gesellschaft sich verpflichtet, Spekulationsverluste zu tragen, Gewinne aber an den Gesellschafter abzuführen,
- die Spekulationsgeschäfte erst auf die Gesellschaft übertragen werden, wenn sich die dauerhafte Verlustsituation bereits konkret abzeichnet,
- die GmbH nur zur Befriedigung der Spielleidenschaft eines Gesellschafters errichtet wurde,[5]
- die GmbH nur aus Gründen der Verlustübernahme gegründet wurde.[6]

Die Abgrenzung kann unter Umständen schwierig sein, weil die KapGes als juristische Person keine eigenen Interessen verfolgt, sondern „ihre" Interessen von den hinter ihr stehenden Gesellschaftern vorgegeben wird.

bb) Ausnahmen Fall 1 und 2: Übertragung von Verlusten auf die GmbH

Das Vorliegen einer vGA, wenn die Gesellschaft sich verpflichtet, nur die Spekulationsverluste zu tragen, die Gewinne aber abzuführen oder wenn das Geschäft erst bei einem sich konkret abzeichnenden Verlust auf die GmbH übertragen wird, ist eindeutig und bedarf keiner Kommentierung. Diese Fälle werden allerdings kaum je eintreten. Dazu muss man sich einmal die Interessenlage verdeutlichen: Den Problembereich der Risikogeschäfte gäbe es nicht, wenn alle Einkunftsarten gleich behandelt und Gewinne und Verluste aus allen Einkunftsarten eines Stpfl. miteinander verrechnet werden könnten. Praktisch alle Urteile in diesem Bereich drehen sich um Options- oder (Devisen- oder Waren-)Termingeschäfte. Solche Geschäfte sind immer

---

[1] FG Baden-Württemberg, Urteil v. 26.10.1999 - 10 K 135/97, EFG 2000, 36.
[2] BFH, Urteil v. 8.8.2001 - I R 106/99, BStBl 2003 II 487, zuvor bereits ähnlich BFH, Urteil v. 8.7.1998 - I R 123/97, BFH/NV 1999, 269 = NWB HAAAA-97473.
[3] Senatsurteil v. 8.8.1998 - I R 123/97, BFHE 186, 540 = NWB HAAAA-97473 und BMF, Schreiben v. 19.12.1996, BStBl 1997 I 112.
[4] BFH, Urteile v. 8.7.1998 - I R 123/97, BFH/NV 1999, 269 = NWB HAAAA-97473; v. 8.8.2001 - I R 106/99, BStBl 2003 II 487.
[5] Abgrenzung zum Glücksspiel in BFH, Urteil v. 20.4.1999 - VIII R 63/96, BStBl 1999 II 466; vgl. auch unter c.
[6] BFH, Urteil v. 8.7.1998 - I R 123/97, BFH/NV 1999, 269 = NWB HAAAA-97473.

kurzfristig, meist nach einigen Tagen oder Wochen, spätestens nach einigen Monaten sind sie abgeschlossen. Im Ergebnis ist also der Gewinn aus einem solchen Geschäft immer zu versteuern, sei es im Betriebsvermögen oder eben im Privatvermögen als Spekulationsgeschäft. Selbst die früher mit einem halben Jahr erheblich kürzere Spekulationsfrist ist für solche Geschäfte nämlich eine lange Frist. Verluste aber können mit Gewinnen aus anderen Einkunftsarten nur verrechnet werden, wenn sie im Betriebsvermögen angefallen sind. Daher ist es nahe liegend, diese Geschäfte von Anfang an im Betriebsvermögen durchzuführen – der Gewinn wird ohnehin besteuert, macht man aber einen Verlust, so ist dieser wenigstens steuerlich absetzbar. Daher kann davon ausgegangen werden, dass diese beiden Fallgruppen in der Praxis nicht existieren werden, jedenfalls ist, soweit ersichtlich, keine solche Fallgestaltung je in einem veröffentlichten Urteil abgehandelt worden.

cc) Ausnahme Fall 3: Die GmbH wurde nur zur Befriedigung der Spielleidenschaft des Gesellschafters errichtet

Dient die GmbH nicht ihren eigenen Zwecken, sondern nur den privaten Launen des Gesellschafters, so würde ein gewissenhafter Geschäftsleiter diesen nicht nachkommen, wenn der Gesellschafter nicht die Übernahme der Verluste, nach Ansicht des BFH zuzüglich eines angemessenen Gewinnaufschlages als Entgelt zusagt. Die Feststellungen zu diesem Fall sollen sich daher mit den Feststellungen zur Gewinnerzielungsabsicht decken.[1]

BEISPIEL: ▸ A, der alleinige GesGf der A-GmbH füllt 100 Lottospielscheine aus, trägt die GmbH als Teilnehmer ein und sieht den Einsatz als Betriebsausgabe an. Diese Ausgaben sind vGA, etwaige Gewinne sind verdeckte Einlagen.

Auch dieser Fall war in den bisher ergangenen Urteilen nie ein Thema. Dies ist darin begründet, dass Spekulationsgeschäfte wie Options- oder Termingeschäfte neben dem Risiko stets auch eine entsprechende Gewinnchance enthalten. Anders ist dies nur bei reinen Glücksspielen um Geld. Dabei handelt es sich lt. BFH um Spiele, die außerhalb des Wirtschaftskreislaufes im gesellschaftlichen Bereich stattfänden und sich ihre Risiken gleichsam selbst schüfen. Ihre Ergebnisse hingen meist ausschließlich vom Zufall ab und erforderten weder eine nennenswerte geistige Tätigkeit, noch würden sie nach den anerkannten Prinzipien einer professionellen Vermögensanlage überwacht. Sie dienten daher dem Zeitvertreib, der Zerstreuung und dem Nervenkitzel des Spielers. Demgegenüber nehme sich der Terminspekulant der Risiken an, die im Wirtschaftskreislauf vorgegeben seien. Bei der seriösen, auf Kenntnissen beruhenden Terminspekulation handele es sich um eine geistige Tätigkeit, welche aus den Erfahrungen der Vergangenheit und aus der Beobachtung der gegenwärtigen Ereignisse die künftige Entwicklung prognostiziere, um durch entsprechende geschäftliche Handlungen wirtschaftliche Vorteile zu erzielen.[2] Mit dieser Variante sollen also wohl nur Gesellschaften ausgesondert werden, deren Zweck in der Beteiligung am Lotto, Toto, Glücksrad, Pferderennen oder dergleichen besteht.

dd) Ausnahme Fall 4: Die Gesellschaft wurde nur zur Übernahme von Verlusten gegründet

Auch die Gründung einer GmbH nur zur Übernahme von Verlusten ist ein klarer Fall der vGA. Doch man sollte meinen, der Fall käme nie vor, denn wer legt es schon darauf an, ausgerech-

---

1 BFH, Urteil v. 8. 7. 1998 - I R 123/97, BFH/NV 1999, 269 = NWB HAAAA-97473.
2 BFH, Urteil v. 20. 4. 1999 - VIII R 63/96, BStBl 1999 II 466.

net in einer GmbH nur Verluste zu erzielen, da sie nicht mit anderen Einkünften außerhalb der GmbH verrechnet werden können. Dennoch gibt es ein Urteil, welches das Vorliegen dieses Falles bejaht.[1] Die GmbH war vorwiegend zur Verwaltung des privaten Vermögens des Gesellschafters gegründet worden. Dieses wurde ihr zunächst als Darlehen, später als Einlage zur Verfügung gestellt. Die Gesellschaft tätigte Devisentermingeschäfte und erzielte damit Verluste. Der BFH erkannte hierin eine vGA, da das FG für den BFH bindend festgestellt hatte, dass die Devisentermingeschäfte von der Klägerin in der Rechtsform der GmbH abgewickelt worden sind, um auf diesem Wege die von persönlichen Neigungen und Interessen ihres Anteilsinhabers bestimmten Geschäfte in einen steuerlich relevanten Bereich zu verlagern. Dies sollte sich daraus bestätigen, dass die GmbH überwiegend Eigengeschäfte getätigt habe und nicht nachgewiesen wurde, dass rechtzeitig Gegenmaßnahmen zur Verminderung oder zum Ausgleich der Verluste ergriffen wurden. Dieses Urteil mag auf der Bindung an die Tatsachenfeststellungen des FG beruhen, es passt jedoch nicht zu den übrigen Urteilen in diesem Themenbereich. Wie unter → Rz. 3837 dargelegt, lässt sich der Durchführung von Termingeschäften nicht die Gewinnerzielungsabsicht absprechen, da es sich dabei nicht um reine Glücksspiele handelt. Vollends unverständlich ist das Argument es seien keine rechtzeitigen Gegenmaßnahmen ergriffen worden. Die GmbH erzielte drei Jahre in Folge Verluste, im vierten jedoch einen Gewinn. In einem anderen Fall hat der BFH es nicht bemängelt, dass vier Jahre Verluste erwirtschaftet, dann zweieinhalb Jahre pausiert und erst danach erstmals ein Gewinn aus Devisentermingeschäften erzielt wurde.[2] Die Entscheidung dürfte daher als Ausreißerentscheidung anzusehen sein.

ee) Folge für die Beratung

3840 Nach der Rspr. des BFH können Risikogeschäfte dem Unternehmen also zugeordnet werden, wenn sie bereits bei Abschluss des Geschäfts in der laufenden Buchführung erfasst werden. Auch eine gelegentliche Fehlbuchung führt dabei nicht zur vGA, wenn sie sofort nach Identifizierung als Fehlbuchung richtig gestellt wird.[3] Da wegen der kurzen Fristen, innerhalb derer solche Spekulationen ausgeführt werden, die Gewinne auch im Privatvermögen nach § 23 EStG stets zu versteuern sind, kann nur dazu geraten werden, alle Risikogeschäfte in die GmbH zu verlagern – ein Gewinn muss ohnehin versteuert werden, wird aber ein Verlust erzielt, ist er nur durch diese Verlagerung mit anderen Einkünften zu verrechnen. Sei es, dass die GmbH diese anderen Einkünfte erzielt oder sei es, dass durch Liquidation der GmbH ein entsprechender Verlust gem. § 17 EStG beim Gesellschafter anfällt. Dennoch ist auf die unter → Rz. 3834 dargestellte Ausreißerentscheidung hinzuweisen.

c) Übernahme eines Risikogeschäfts – nach BMF

aa) Darstellung

3841 Mit Schreiben v. 14.12.2015 hat das BMF sein Schreiben v. 20.5.2003 aufgehoben und folgt nunmehr der o. g. BFH-Rspr. (→ Rz. 3834 ff.); auch das BMF, Schreiben v. 19.12.1996 ist nicht anzuwenden, soweit es der BFH Rspr. widerspricht.[4]

---

1 BFH, Urteil v. 8.7.1998 - I R 123/97, BFH/NV 1999, 269 = NWB HAAAA-97473.
2 BFH, Urteil v. 8.8.2001 - I R 106/99, BStBl 2003 II 487.
3 BFH, Urteile v. 8.8.2001 - I R 106/99, BStBl 2003 II 487; v. 24.3.1998 - I R 88/97, BFH/NV 1998, 1374 = NWB LAAAB-39739.
4 BMF, Schreiben v. 14.12.2015, BStBl 2015 I 1091.

Eine vGA kann u. E. nur angenommen werden bei ersichtlicher privater Veranlassung.
- Etwa wenn die GmbH sich verpflichtet, Spekulationsgewinne abzuführen, dagegen Spekulationsverluste selbst zu tragen.
- Wenn die GmbH sich zur Übernahme von Geschäften entschließt zu einem Zeitpunkt, wenn bereits eine dauerhafte Verlustsituation konkret absehbar ist.
- Eine GmbH wird aus Gründen der Verlustübernahme oder ausschließlich zur Befriedigung einer Spielleidenschaft errichtet.

Diese Kriterien sind weit gespannt. Das BMF hat zur Konkretisierung wenig beigetragen und in seinem Schreiben nur auf den folgenden Sachverhalt verwiesen:

> **BEISPIEL:** Die GmbH beschäftigte sich satzungsgemäß mit dem Vertrieb und der Reparatur von Nähmaschinen. Sie erwarb dann Goldoptionen, die zu einem Spekulationsverlust von ca. 50.000 DM führten. Der BFH sah in seinem Urteil keinen Anlass, die Übernahme des Geschäfts als vGA zu qualifizieren. Nach dem o. g. Schreiben des BMF würde dieser Fall aber die vorgenannten Kriterien erfüllen und daher schon wegen der Übernahme des Geschäfts im Verlustfall zur vGA führen.

bb) Folge für die Beratung

Der BFH hat ausdrücklich klargestellt, dass die genannten Kriterien des BMF-Schreibens untauglich sind.[1] Soweit die Finanzverwaltung die Annahme einer vGA also auf diese Kriterien stützt, ohne dass der Fall zugleich eine der Fallgruppen des BFH erfüllt, bestehen gute Chancen, die Entscheidung der Finanzverwaltung bereits vor dem Finanzgericht aufgehoben zu bekommen. Nur wer das Prozessrisiko (und die Prozessdauer) scheut, sollte auch diese Kriterien des BMF beachten. Das führt allerdings dann dazu, dass eventuelle Verluste im Privatbereich anfallen werden und nur mit späteren Spekulationsgewinnen wieder ausgeglichen werden können.[2]

d) Verzicht auf einen Schadenersatzanspruch

Ist, wie im Regelfall, die Übernahme des Risikogeschäfts keine vGA, so kann sich im Verlustfalle jedoch gem. § 43 GmbHG ein Schadenersatzanspruch der Gesellschaft gegenüber dem GesGf aus der Durchführung des Risikogeschäfts ergeben, wenn dieser nicht die Sorgfalt eines ordentlichen Geschäftsmannes angewendet oder seine Obliegenheiten verletzt hat.

> **BEISPIEL:** Dem Geschäftsführer sind Geschäfte mit einem Wert über 100.000 € nur nach ausdrücklicher Genehmigung der Gesellschafter gestattet. Er kauft dennoch Goldoptionen für 200.000 €. Das Geschäft ist im Außenverhältnis wirksam, den Gesellschaftern gegenüber ist der Geschäftsführer allerdings zum Schadenersatz verpflichtet.

Ein solcher Anspruch besteht allerdings nicht, wenn die Handlung des Geschäftsführers auf einem Beschluss der Gesellschafter(versammlung) oder auf einer für die Geschäftsführung verbindlichen Weisung der Gesellschafter beruht. Der Geschäftsführer ist nicht befugt, eine Weisung der Gesellschafter zu überprüfen oder ihre Ausführung abzulehnen, er muss der Weisung vielmehr auch dann nachkommen, wenn der Gesellschaft durch ihre Ausführung mutmaßlich ein Schaden entstehen wird.[3] Insbesondere der Alleingesellschafter-Geschäftsführer

---

1 BFH, Urteil v. 8. 8. 2001 - I R 106/99, BStBl 2003 II 487.
2 Vgl. dazu → Rz. 3840.
3 BFH, Urteil v. 14. 9. 1994 - I R 6/94, BStBl 1997 II 89; auch BMF, Schreiben v. 19. 12. 1996, BStBl 1997 I 112.

kann sich daher einem Schadenersatzanspruch nicht ausgesetzt sehen. Gleiches dürfte für beherrschende GesGf gelten. Der einzige Fall des BFH zu dieser Konstellation bezieht sich daher auch auf einen nicht beherrschenden GesGf.[1]

3846 Besteht ein solcher Schadenersatzanspruch nicht, so kann auch keine vGA vorliegen. Zivilrechtlich kann allerdings auch der bereits entstandene Schadenersatzanspruch durch eine spätere Genehmigung der Gesellschaftermehrheit wieder entfallen. Steuerrechtlich jedoch nicht. Ist der Schadenersatzanspruch einmal entstanden, so ist er einzubuchen, die Genehmigung kommt einem Verzicht auf den entstandenen Anspruch gleich und führt, da sie stets im Gesellschaftsverhältnis begründet sein dürfte, zur vGA.[2]

3847 Besteht ein Schadenersatzanspruch und verzichtet die Gesellschaft auf diesen, so führt dies zu einer vGA an den GesGf. Wurde allerdings lediglich auf die Einbuchung des Anspruchs verzichtet, so ist dies noch keine vGA, solange die Einbuchung noch nachgeholt werden kann. Erfolgt die Einbuchung nur deshalb nicht, weil der Anspruch sofort wieder abzuschreiben wäre, so liegt ebenfalls keine vGA vor. Ein solcher Fall liegt vor, wenn der Gesellschafter der Geltendmachung des Anspruchs widerspricht und nicht davon auszugehen ist, dass die Gesellschaft in einem Prozess obsiegen würde und den Anspruch hinterher beim Gesellschafter auch erfolgreich vollstrecken könnte.[3]

89. Rückstellung

3848 Findet eine vGA statt, die aber an den Gesellschafter noch nicht ausgezahlt worden ist, so ist eine Rückstellung vorzunehmen, wie beispielsweise bei einer Pensionszusage, die mangels Erdienbarkeit als vGA anzusehen ist. Schon bei Zusage liegt eine vGA vor. Dennoch ist die Pensionsrückstellung zu bilden, da die zivilrechtliche Verpflichtung besteht und gültig ist. Die durch die Bildung der Rückstellung eingetretene Vermögensminderung wird durch die vGA nach § 8 Abs. 3 KStG korrigiert. Diese Korrektur ist nur im Jahr der Rückstellungsbildung möglich. Ist dieses bereits bestandskräftig veranlagt, so bleibt die vGA endgültig unbesteuert, eine Nachholung der Besteuerung bei Auflösung der Rückstellung ist nicht möglich.[4]

3849 Ein Zufluss der Pension erfolgt jedoch erst bei Auszahlung der Pension, erst dann liegen beim Anteilseigner Einkünfte gem. § 20 EStG vor. Zu den Rechtsfolgen bei Verzicht auf die Pensionszusage vgl. → Rz. 3767 ff. Entfällt die Rückstellung etwa, weil der einzig Versorgungsberechtigte vor Eintritt des Pensionsfalls verstirbt, so muss, so wie zuvor der Aufwand bei Bildung der Rückstellung korrigiert wurde, bei der Auflösung der sich daraus ergebende Ertrag korrigiert werden. Dies kann als negative vGA angesehen werden oder gem. § 60 Abs. 2 EStDV als Anpassung der Handels- an die Steuerbilanz vorgenommen werden.[5]

Zu Rückstellungen für vGA bei Umwandlung einer Kapital- in eine Personengesellschaft vgl. Stichwort: Umwandlung.

---

1 BFH, Urteil v. 14. 9. 1994 - I R 6/94, BStBl 1997 II 89.
2 BFH, Urteil v. 14. 9. 1994 - I R 6/94, BStBl 1997 II 89.
3 BFH, Urteil v. 14. 9. 1994 - I R 6/94, BStBl 1997 II 89.
4 BFH, Urteil v. 29. 6. 1994 - I R 137/93, BStBl 2002 II 366.
5 Ebenso *Rupp/Felder/Geiger/Lang*, Verdeckte Gewinnausschüttung, Verdeckte Einlage, Teil B, Stichwort: Rückstellung.

90. Rückvergütung

Unterhält ein als Verein strukturierter steuerbefreiter Berufsverband eine landwirtschaftliche Buchstelle als wirtschaftlichen Geschäftsbetrieb und gewährt er aus diesem Bereich Rückvergütungen an die Vereinsmitglieder, so liegt darin keine vGA, wenn diese nicht durch das Mitgliedschaftsverhältnis veranlasst sind, also auch gegenüber Dritten erbracht werden.[1]

91. Sanierung

Die Sanierung der KapGes führt nicht zu vGA, da die KapGes anlässlich der Sanierung nicht Vermögensminderungen, sondern Vermögensmehrungen erfährt, beispielsweise durch Forderungsverzichte. Auch wenn ein Forderungsverzicht mit einer Besserungsklausel ausgestattet ist, stellt eine spätere Zahlung auf diese Besserungsklausel keine vGA dar. Nach einer Ansicht in der Literatur soll jedoch eine vGA vorliegen, wenn nur die Gesellschafter für ihre Forderungsverzichte ein Besserungsversprechen erhalten haben, fremde Gläubiger aber nicht.[2] Abgesehen davon, dass diese Situation kaum realistisch sein dürfte, zeugen diese Ausführungen von geringer Realitätsnähe. Es ist nicht die Gesellschaft, die großzügig ein Besserungsversprechen gibt und dabei die Gesellschafter bevorzugt, es sind vielmehr die Gläubiger, die einen Schulderlass nur unter dem Vorbehalt einer Besserungsklausel geben. Mit der Besserungsklausel erhalten die Gesellschafter also nicht nach einem vollständigen Verzicht etwas Neues von der Gesellschaft, sondern sie behalten von ihrer bestehenden Forderung etwas zurück. Eine Leistung auf eine Besserungsklausel ist u. E. daher eine Leistung auf die ursprüngliche Verbindlichkeit und keine vGA, auch wenn einmal nur Gesellschafter so intelligent gewesen sein sollten, im Verzicht eine Besserungsklausel vorzusehen.

Im Konzern sind dagegen vGA bei Sanierungsfällen leichter denkbar. Hat eine Gesellschaft auf Forderungen gegenüber ihrem Gesellschafter oder ihrer Schwestergesellschaft aus gesellschaftsrechtlichen Gründen verzichtet, so liegt vGA vor. Der Darlehensverzicht einer GmbH gegenüber ihrem Gesellschafter (einer anderen KapGes) ist aber keine vGA, wenn ein echter Sanierungserlass vorliegt,[3] also auch von einem fremden Dritten z. B. zur Sicherung der Geschäftsbeziehung vorgenommen worden wäre. Maßgebender Zeitpunkt für die Beurteilung, ob der Erlass zur Sanierung erfolgte, ist der Zeitpunkt des Erlasses, auch wenn die Sanierung später fehlschlägt.[4] Erfolgte der Darlehensverzicht mit einer Besserungsklausel und zahlt der sanierte Gesellschafter auf diese Besserungsklausel später nicht, so liegt darin noch keine vGA. Eine solche liegt erst vor, wenn der Gläubiger auf eine Zahlung aus der Besserungsklausel verzichtet.[5]

---

[1] Niedersächsisches FG, Urteil v. 28.10.1997 - VI 491/92, DStRE 1998, 443; im Revisionsverfahren wurde eine vGA im Grundsatz verneint, BFH, Urteil v. 19.8.1998 - I R 21/98, BStBl 1999 II 99. Siehe auch Genossenschaften, Non-profit-Unternehmen, Rabatte.
[2] *Klingebiel* Dötsch/Eversberg/Jost/Witt, KStG, Anh. zu § 8, Stichwort: Sanierung.
[3] FG Baden-Württemberg, Urteil v. 18.8.1994 - 6 K 123/93, rkr., EFG 1995, 285.
[4] FG Baden-Württemberg, Urteil v. 16.12.1976 - III 225/76, EFG 1977, 286.
[5] BFH, Urteile v. 29.4.1987 - I R 176/83, BStBl 1987 II 733; v. 22.2.1989 - I R 9/85, BStBl 1989 II 631.

92. Schadenersatz

3853 Der Anspruch einer KapGes auf Schadenersatz gegenüber ihrem Gesellschafter kann sich grundsätzlich nur aus dem Zivilrecht ergeben.[1] Hat der Gesellschafter seiner KapGes einen ersatzpflichtigen Schaden zugefügt und gleicht er ihn nicht aus, so liegt darin jedoch noch keine vGA. Eine solche liegt vielmehr erst vor, wenn die Gesellschaft auf den Schadenersatzanspruch verzichtet hat.[2] Eine vGA liegt jedoch nicht vor, wenn die Gesellschaft auf einen bilanzierten Schadenersatzanspruch gegenüber dem Gesellschafter eine Teilwertabschreibung vornehmen muss, da der Gesellschafter mittellos und die Verfolgung des Anspruchs aussichtslos geworden ist. Schadenersatzansprüche gegen (Gesellschafter-)Geschäftsführer sind allerdings generell ausgeschlossen, soweit sie eine bindende Weisung der Gesellschafterversammlung ausgeführt haben.[3] Gleiches gilt bei Schäden aus Geschäften, die der Alleingesellschafter einer GmbH in seiner Stellung als Alleingesellschafter für die GmbH abschließt.[4]

93. Schätzung

3854 Grundsätzlich sind ungeklärte Vermögenszuwächse bei einem GesGf einer KapGes nicht geeignet, Hinzuschätzungen von steuerpflichtigen Einkünften bei seiner GmbH und dann eine Ausschüttung in Form der vGA an den GesGf zu unterstellen.[5] Soweit die Buchführung der Gesellschaft ordnungsgemäß ist, kann eine Hinzuschätzung bei ihr auch nicht mit einer Verletzung der Mitwirkungspflicht begründet werden, da die Gesellschaft nicht verpflichtet ist, bei Aufklärung der persönlichen Verhältnisse ihres Geschäftsführers mitzuwirken. Aufgrund des Trennungsprinzips zwischen Gesellschaft und Gesellschafter ist dem GesGf vielmehr eine Doppelstellung zuzubilligen. In seiner Eigenschaft als gesetzlicher Vertreter der Gesellschaft ist er nur verpflichtet, bei der Aufklärung der steuerlichen Verhältnisse der Gesellschaft mitzuwirken. Daneben steht die völlig davon getrennte Pflicht, als Privatperson an der Aufklärung der privaten steuerlichen Verhältnisse mitzuwirken.

Solange eine Verbindung von der Gesellschaft zum Gesellschafter nicht festgestellt werden kann, können die ungeklärten Vermögenszuwächse nur als – ggf. steuerpflichtige – Einnahmen aus Betätigungen außerhalb der Gesellschaft hinzugeschätzt werden.[6] Die objektive Feststellungslast für die Voraussetzungen einer vGA obliegt dem FA. Spricht der festgestellte Sachverhalt dafür, dass die Tatbestandsvoraussetzungen einer vGA erfüllt sind, kann es allerdings Sache des Steuerpflichtigen sein, den dadurch gesetzten Anschein zu widerlegen. Es gelten die allgemeinen Grundsätze zur Beweislastrisikoverteilung.[7]

---

[1] Z. B. bei Bereicherungs- und Ersatzanspruch gem. § 812 BGB, wenn die KapGes Betriebsausgaben des Gesellschafters getragen hat; vgl. BFH, Urteil v. 24. 3. 1998 - I R 88/97, BFH/NV 1998, 1374 = NWB LAAAB-39739.
[2] BFH, Urteil v. 13. 11. 1996 - I R 126/95, NWB WAAAA-96778.
[3] BFH, Urteil v. 13. 11. 1996 - I R 126/95, NWB WAAAA-96778.
[4] BGH v. 28. 9. 1992 - II ZR 299/91, NJW 1993, 193; FG Baden-Württemberg, Urteil v. 26. 10. 1999 - 10 K 135/97, EFG 2000, 36. Im Revisionsverfahren wurde das Vorliegen einer vGA durch entsprechende Verluste grundsätzlich verneint, BFH, Urteil v. 8. 8. 2001 - I R 106/99, BStBl 2003 II 487.
[5] BFH, Urteile v. 26. 2. 2003 - I R 52/02, BFH/NV 2003, 1221 = NWB QAAAA-70052; v. 18. 6. 2003 - I B 178/02, BFH/NV 2003, 1450 = NWB ZAAAA-69898; FG Rheinland-Pfalz, Urteil v. 12. 2. 1996 - 1 K 2212/92, EFG 1996, 834.
[6] Vgl. dazu insgesamt BFH, Urteile v. 26. 2. 2003 - I R 52/02, BFH/NV 2003, 1221 = NWB QAAAA-70052; v. 18. 6. 2003 - I B 178/02, BFH/NV 2003, 1450 = NWB ZAAAA-69898; FG Rheinland-Pfalz, Urteil v. 12. 2. 1996 - 1 K 2212/92, EFG 1996, 834.
[7] BFH, Urteil v. 24. 6. 2014 - VIII R 54/10, BFH/NV 2014, 1501 = NWB RAAAE-72202; vgl. zur Risikoverteilung *Brete*, GmbHR 2010, 911 ff.

Für das formelle Korrespondenzprinzip gem. § 32a Abs. 1 KStG hat die BFH-Rspr. folgende Grundsätze aufgestellt:[1] Wandelt sich das von einer Kapitalgesellschaft betriebene und wegen Insolvenzeröffnung zunächst unterbrochene Klageverfahren betreffend Körperschaftsteuer durch Aufnahme des Rechtsstreits durch das für die Besteuerung der Kapitalgesellschaft zuständige FA in ein Insolvenz-Feststellungsverfahren und einigen sich die Beteiligten jenes Verfahrens allein aus dem Grunde einer ökonomischen Verfahrensbeendigung über eine Verminderung der ursprünglich angesetzten vGA mit der Folge, dass dieses FA seine Anmeldungen zur Insolvenztabelle entsprechend vermindert und der Rechtsstreit in der Körperschaftsteuersache in der Hauptsache für erledigt erklärt wird, so ist das für den Gesellschafter zuständige FA nicht aufgrund einer Ermessensreduzierung auf 0 nach § 32a Abs. 1 Satz 1 KStG zur entsprechenden Änderung der in der Insolvenztabelle angemeldeten Forderungen auf Einkommensteuer verpflichtet. Danach gilt in allen anderen Fällen der Einigung einer vGA-Reduzierung im Rahmen der summarischen Prüfung das formelle Korrespondenzprinzip sinngemäß.

Der BFH hat die Revision des Klägers zugelassen für folgende Fragen: Ist eine Zurechnung von verdeckten Gewinnausschüttungen bei einem zu 25 % an einer GmbH beteiligten Gesellschafter möglich, wenn auf Ebene der Gesellschaft Hinzuschätzungen anlässlich einer Nachkalkulation vorgenommen und im Rahmen eines Klageverfahrens der Gesellschaft rechtskräftig als rechtmäßig gewertet wurden, der Gesellschafter aber zu dem Besteuerungsverfahren der Gesellschaft nicht beigeladen war? Hat das FG dem Gesellschafter wegen einer unterstellten Mitwirkungsverweigerung unmögliche Entlastungsbeweise im Sinne einer echten Beweislastumkehr auferlegt und alle unternommenen Entlastungsversuche als Schutzbehauptungen abgeschnitten?[2]

Mit Urteil vom 12.6.2018[3] hat der BFH die Revision als unbegründet zurückgewiesen.[4] Danach sind Zuschätzungen aufgrund einer Nachkalkulation als vGA an den Gesellschafter zu beurteilen, wenn die Nachkalkulation den Schluss zulässt, dass die KapGes Betriebseinnahmen nicht vollständig gebucht hat und diese nicht gebuchten Betriebseinnahmen den Gesellschaftern außerhalb der gesellschaftsrechtlichen Gewinnverteilung zugeflossen sind. Lässt sich der Verbleib nicht gebuchter Betriebseinnahmen nicht feststellen, ist im Zweifel davon auszugehen, dass der zusätzliche Gewinn an die Gesellschafter entsprechend ihrer Beteiligungsquote ausgekehrt worden ist. Nach den Grundsätzen der Beweisrisikoverteilung geht die Unaufklärbarkeit des Verbleibs zulasten der Gesellschafter. Als Korrekturnorm kann die Regelung des § 32a Abs. 1 KStG herangezogen werden.

94. Schuldübernahme

Die Verpflichtung, Leistungen zu übernehmen, die an sich von dem Gesellschafter zu erbringen sind, ist vGA.[5] Übernimmt also z. B. eine GmbH eine Privatschuld des Gesellschafters, liegt in der Übernahme eine vGA. Nach einer Ansicht in der Literatur[6] soll dadurch die Schuld jedoch keine betriebliche Schuld werden, vielmehr soll der ursprünglich private Veranlassungszusam-

---

1 BFH, Urteil v. 24.6.2014 - VIII R 54/10, BFH/NV 2014, 1501 = NWB RAAAE-72202.
2 Az. BFH: VIII R 38/14; Vorinstanz: FG Berlin-Brandenburg, Urteil v. 11.2.2014 - 8 K 14094/11, NWB XAAAE-80780.
3 VIII R 38/14, UAAAG-94179.
4 Zu dem Urteil s. *Schmitz-Herscheidt*, NWB 2019 S. 170.
5 BFH, Urteile v. 1.4.1971 - I R 129131/69, BStBl 1971 II 538; v. 27.3.1984 - VIII R 69/80, BStBl 1984 II 717; v. 27.3.1985 - I R 290/83, BFH/NV 1986, 301 = NWB WAAAB-28073; FG Baden-Württemberg, Urteil v. 4.5.1988 - XII K 225/87, EFG 1988, 533; FG Rheinland-Pfalz, Urteil v. 16.2.1987 - 5 K 142, 143/86, EFG 1987, 372.
6 Vgl. *Achenbach* Dötsch/Eversberg/Jost/Witt, KStG, Anh. zu § 8, Stichwort: Schuldübernahme.

menhang bis in alle Zukunft fortwirken. Die von der GmbH in Zukunft zu zahlenden Zinsen sollen demnach dem EK-Bereich zuzuordnen, also nicht abzugsfähig sein. Wie dies rechtstechnisch bewerkstelligt werden soll, bleibt offen. Es gibt wohl nur die Wege als nicht abziehbare Ausgabe (nach welchem Punkt des § 4 Abs. 5 EStG?) oder als weitere vGA. Andererseits würde auch ein Schulderlass wohl nicht als Ertrag, sondern als EK-Zugang als Einlage angesehen werden. Dem kann nicht zugestimmt werden. Die vGA soll die Rechtsfolgen einer oGA herstellen, nicht mehr und nicht weniger. Hätte die GmbH aber eine offene Ausschüttung vorgenommen, mit der der Gesellschafter seine Schuld tilgen kann, dann hätte die Gesellschaft dafür ihrerseits ein Darlehen aufnehmen müssen. Dieses wäre aber betrieblich veranlasst gewesen und auch nach der zitierten Meinung betrieblich veranlasst geblieben, wenn das durch die Darlehensaufnahme erzielte Bargeld durch die Ausschüttung zum Gesellschafter gelangt wäre. Die Zinsen wären dann weiterhin Betriebsausgaben, daher kann es in dem Fall der Schuldübernahme vom Gesellschafter auch nicht anders sein.

3856 Die Übernahme von Bankschulden und Zinsverpflichtungen ihres Hauptgesellschafters durch eine GmbH stellt jedoch unstreitig keine vGA dar, wenn die GmbH gleichzeitig werthaltige, gleich hohe Ersatzforderungen gegen den Hauptgesellschafter aktiviert.[1]

95. Sicherheitsaufwendungen

3857 Bei Aufwendungen der Gesellschaft für die Sicherheit des Gesellschafters ist zu unterscheiden:

3858 **Aufwendungen für Gesellschafter-Geschäftsführer**

Hier sind die Rechtsfolgen nach der Art und Höhe der Aufwendungen unterschiedlich:

- ▶ Sicherungsvorkehrungen der KapGes zum Schutz des Lebens und der Freiheit des Gesellschafter-Geschäftsführers, die im betrieblichen Bereich gemacht werden, sind Aufwendungen zur Gestaltung des Arbeitsplatzes im engeren Sinne, die Betriebsausgaben und für den Gesellschafter-Geschäftsführer keine Einkünfte sind.[2]

3859 Im Übrigen gilt nach Auffassung der Finanzverwaltung[3] Folgendes:

- ▶ Aufwendungen (z. B. für Einbau von Sicherheitseinrichtungen in der Wohnung) des Arbeitgebers für GesGf, bei denen eine abstrakte oder konkrete Positionsgefährdung besteht, sind innerhalb bestimmter Höchstbeträge bei der Gesellschaft Betriebsausgabe, ohne beim GesGf Arbeitslohn darzustellen. Bei konkreter Positionsgefährdung und Sicherheitsstufe 1 und 2 sind alle Aufwendungen unbegrenzt anzuerkennen. Bei Sicherheitsstufe 3 max. 30.000 DM, bei abstrakter Positionsgefährdung 15.000 DM, für Kosten des Personals, welches ausschließlich dem Personenschutz dient, daneben auf jeden Fall alle Kosten ohne Höchstbetrag. Die Höchstbeträge gelten auch bei Verteilung der Aufwendungen über mehrere Jahre.[4]

- ▶ Außerhalb dieser Höchstbeträge stellen die Aufwendungen der Gesellschaft lt. BMF für den Gesellschafter-Geschäftsführer lohnsteuerpflichtigen Arbeitslohn dar, wenn die Übernahme durch die Gesellschaft im Arbeitsvertrag eindeutig und – bei beherrschenden GesGf – im Vorhinein vereinbart worden ist. Ansonsten liegen vGA vor.

---

[1] BFH, Urteil v. 26. 2. 1992 - I R 23/91, BStBl 1992 II 846.
[2] Siehe *Filges*, DB 1983, 1166.
[3] BMF, Schreiben v. 30. 6. 1997, BStBl 1997 I 696; der Erlass des FinMin Nordrhein-Westfalen v. 14. 2. 1992, DB 1992, 1021, ist durch den BMF-Erlass überholt.
[4] BMF, Schreiben v. 30. 6. 1997, BStBl 1997 I 696.

Gleiches gilt für Aufwendungsersatz. Soweit Aufwendungen nicht ersetzt werden oder nach den vorstehenden Grundsätzen Arbeitslohn angenommen wird, sind die Aufwendungen wegen des Aufteilungsverbots nach BMF auch nicht als Werbungskosten anzuerkennen.[1] Eine konkrete Positionsgefährdung soll nach BMF nur vorliegen, wenn der Arbeitnehmer von einer für die Gefährdungsanalyse zuständigen Behörde in die Gefährdungsstufe 1 – 3 eingeordnet wird. Eine abstrakte Positionsgefährdung soll vorliegen, wenn eine oberste Bundes- oder Landesbehörde eine Positionsgefährdung des Arbeitnehmers anerkannt hat oder diese anderweitig glaubhaft gemacht wurde.

Aufwendungen für Gesellschafter

Macht die Gesellschaft Aufwendungen zur Sicherung eines Gesellschafters, der nicht in einem Anstellungsverhältnis bei ihr steht, so handelt es sich stets um vGA, auch wenn der Gesellschafter auf freiberuflicher oder gewerblicher Basis für die Gesellschaft tätig wird und in einer konkreten oder abstrakten Positionsgefährdung steht.

Die Haltung der Finanzverwaltung begünstigt Politiker, die üblicherweise in die Sicherheitsstufen 1 – 3 eingeordnet werden und ist im Übrigen kleinlich. Eine Unfallversicherung für Unfälle, die mit der beruflichen Tätigkeit in unmittelbarem Zusammenhang stehen, ist, auch nach Ansicht der Finanzverwaltung, Betriebsausgabe, unabhängig davon, ob eine ernsthafte Unfallgefahr besteht oder nicht.[2] Daher ist nicht einsehbar, warum Schutzmaßnahmen gegen Risiken, die ausschließlich dem beruflichen Bereich zuzuordnen sind, nicht auch unabhängig davon Betriebsausgaben sein sollen, ob tatsächlich ein ernstzunehmendes Sicherheitsrisiko besteht oder nicht.[3] Schließlich ist der private Lustgewinn an Maßnahmen wie dem Einbau von Sicherheitsglas oder einer Alarmanlage wohl ohnehin eher beschränkt.

96. Spendenabzug und vGA

LITERATURHINWEISE:

Kohlmann/Felix, Zur Zulässigkeit der Förderung politischer Parteien durch Kapitalgesellschaften, DB 1983, 1059; *Lang*, Geschenke, Spenden und Schmiergelder im Steuerrecht, JbFSt 1983/84, 195 ff.; *Janssen*, Spenden aus wirtschaftlichen Geschäftsbetrieben und Betrieben gewerblicher Art, DStZ 2001, 160.

a) Einführung

Spenden von Körperschaften sind gem. § 9 KStG, vorbehaltlich des § 8 Abs. 3 KStG abziehbar. Aus dieser Einschränkung im Text des § 9 KStG folgt, dass Spenden, die als offene (§ 8 Abs. 3

---

[1] Soweit wohl in Übereinstimmung mit der Rspr., welche die Sicherheitsaufwendungen mit dieser Begründung noch nie als Werbungskosten anerkannt hat; vgl. z. B. FG Bremen, Urteil v. 18. 2. 1992 - II 232/90 K, EFG 1992, 710; FG Baden-Württemberg, Urteil v. 19. 8. 1992 - 2 K 319/88, rkr., EFG 1993, 72; FG München, Urteil v. 5. 11. 1997 - 5 K 2905/94, EFG 2000, 413; ähnlich BFH für Lösegeldzahlungen, BFH, Urteile v. 30. 10. 1980 - IV R 27/77 und IV R 223/79, BStBl 1981 II 303 und 307.
[2] Vgl. dazu BMF, Schreiben v. 17. 7. 2000, BStBl 2000 I 1204.
[3] Ähnlich *Wunderlich*, DStR 1996, 2003.

Satz 1 KStG) oder verdeckte (§ 8 Abs. 3 Satz 2 KStG) Gewinnausschüttung anzusehen sind, bei der Ermittlung des Einkommens nicht als Spenden abgezogen werden dürfen.[1] Die Einordnung als vGA ist also vorrangig.[2] Mit diesen haben die Spenden lediglich gemeinsam, dass sie eine Gewinnverwendung darstellen.[3] Die Abgrenzung in diesem Bereich, bei der ferner auch noch das Sponsoring zu berücksichtigen ist, erweist sich als schwierig. Die Rechtsprechung des BFH dazu ist meist alt, vom Ergebnis her aufgebaut und unsystematisch. Die Rechtsprechung der FG ist moderner aber nicht besser. Wegen ihrer großen Bedeutung für die Praxis soll diese Rechtsprechung zunächst dargestellt werden.

b) Darstellung der Rechtsprechung des BFH – Spenden von Sparkassen an ihre Gewährträger

3863 In diesem Bereich hat sich der BFH vor allem in den siebziger Jahren mit Spenden von Sparkassen an ihre Gewährträger beschäftigt. Die Sparkasse ist dabei für den Gewährträger ein Betrieb gewerblicher Art, der Gewährträger ist dem Gesellschafter vergleichbar. Somit sind Zuwendungen der Sparkassen an ihre Gewährträger vGA und nicht Spenden, wenn sie bei Anwendung der Sorgfalt eines ordentlichen und gewissenhaften Geschäftsleiters von einer fremden Körperschaft nicht gemacht worden wären,[4] da die Mitgliedschaftsrechte den Rechten des Gesellschafters an der KapGes ähnlich sind.[5] Zu beachten ist jedoch, dass nicht jede Ausgabe in diesem Zusammenhang Spende oder vGA sein muss. So können die Aufwendungen einer Sparkasse für die Beteiligung an einer Wirtschaftsförderungsgesellschaft, bei der auch der Träger der Sparkasse beteiligt ist, durchaus Betriebsausgaben darstellen, wenn diese Beteiligung betrieblich veranlasst ist. Dies wurde im entschiedenen Fall bejaht.[6]

3864 Spenden eines BgA an die Trägergemeinde können grundsätzlich im Rahmen des § 9 Abs. 1 Nr. 2 KStG auch dann abzugsfähig sein, wenn die Trägerkörperschaft Empfänger der Spende ist. Ein Spendenabzug ist jedoch ausgeschlossen, wenn in der Zuwendung eine Einkommensverteilung (vGA) an die Trägerkörperschaft zu sehen ist.[7] Der Beschluss des Verwaltungsrates einer Sparkasse, im laufenden Wj. eine Spende an den Gewährträger zu leisten, ist aber nicht allein deshalb als Beschluss über eine Vorabgewinnausschüttung zu beurteilen, weil er im engen zeitlichen und wirtschaftlichen Zusammenhang mit der Entscheidung des Verwaltungsrats steht, aus dem erwarteten Gewinn des laufenden Wj. nichts an den Gewährträger auszuschütten.[8] Bei Zuwendungen von Sparkassen an ihren Gewährträger liegen nach ständiger

---

[1] BT-Drucks. 7/5310, 11; BFH, Urteile v. 1.2.1989 - I R 98/84, BStBl 1989 II 471; v. 8.4.1992 - I R 126/90, BStBl 1992 II 849; FG Baden-Württemberg, Urteil v. 30.7.1998 - 6 V 38/97, rkr., EFG 1998, 1488, 1489; FG Hamburg, Urteil v. 12.12.2007 - 6 K 131/06, EFG 2008, 634. NZB wurde mangels grundsätzlicher Bedeutung der Rechtssache als unbegründet zurückgewiesen, BFH, Urteil v. 10.6.2008 - I B 19/08, BFH/NV 2008, 1704 = NWB ZAAAC-87352.
[2] BFH, Urteile v. 19.12.2007 - I R 83/06, BFH/NV 2008, 988 = NWB VAAAC-78264; v. 19.6.1974 - I R 94/71, BStBl 1974 II 586; v. 12.10.1978 - I R 149/75, BStBl 1979 II 192; Lademann/Boochs, § 9 Rz. 10; Gosch, StBp 2000, 124, 125; die ausdrückliche Erwähnung dieses Rangverhältnisses ist allerdings nur eine Klarstellung; vgl. BFH, Urteil v. 9.8.1989 - I R 4/84, BStBl 1990 II 237, 241.
[3] Ebenso Sondergeld Blümich KStG § 9 Rz. 32; a. A. Lademann/Boochs, § 9 Rz. 5: BA.
[4] BFH, Urteile v. 21.1.1970 - I R 23/68, BStBl 1970 II 468; v. 12.10.1978 - I R 149/75, BStBl 1979 II 192; v. 19.10.2005 - I R 40/04, BFH/NV 2006, 822 = NWB FAAAB-76982.
[5] BFH, Urteile v. 9.8.1989 - I R 4/84, BStBl 1990 II 237, 240; v. 19.10.2005 - I R 40/04, BFH/NV 2006, 822 = NWB FAAAB-76982.
[6] BFH, Urteil v. 19.10.2005 - I R 40/04, BFH/NV 2006, 822 = NWB FAAAB-76982.
[7] BFH, Urteil v. 9.8.1989 - I R 4/84, BStBl 1990 II 237, m.w.N., und unter Aufgabe einer a.A., die sich nur in dem Urteil v. 11.2.1987 - I R 43/83, BStBl 1987 II 643, manifestiert hatte.
[8] BFH, Urteil v. 8.4.1992 - I R 126/90, BStBl 1992 II 849; anders noch BFH, Urteile v. 1.2.1989 - I R 98/84, BStBl 1989 II 471; v. 1.2.1989 - I R 325/83, BFH/NV 1989, 668 = NWB BAAAB-30889; BMF, Schreiben v. 4.10.1989, DB 1989, 2149; Zeller, DB 1989, 1991.

Rspr. und h. M. in der Literatur vGA jedoch vor, wenn die Spenden an den Gewährträger die durchschnittlichen Fremdspenden der Sparkasse übersteigen.[1] Fremdspenden sind Spenden an begünstigte Empfänger, die nicht Gewährträger oder mit diesem verbunden sind. Der Durchschnitt wird aus den Fremdspenden des Abzugsjahres und der beiden vorhergehenden Jahre gebildet bzw. aus bis zu fünf Jahren, wenn dies günstiger ist.[2] Danach als vGA zu wertende Spenden können nicht deswegen ausnahmsweise als Spenden angesehen werden, weil der Gewährträger damit einen Zweck fördern soll, für den auch Dritte in erheblichem Umfang gespendet haben.[3]

In den Vergleich sind nach der Rspr. die folgenden Werte einzubeziehen:

▶ alle Spenden zugunsten des Gewährträgers, bei mehreren Mitgliedern des Gewährträgers kann der Durchschnittswert nicht mit der Zahl der Mitglieder vervielfältigt werden,[4]

▶ auch Spenden an Dritte gelten als Spenden an den Gewährträger, wenn dieser sie für Aufgaben verwendet, die ohne die Spende der Gewährträger hätte finanzieren müssen.[5] Dies gilt jedoch nicht, soweit der Gewährträger ein Landkreis ist und Spenden auch an kreisangehörige Gemeinden geleistet werden, diese sind Fremdspenden.[6] Die Finanzverwaltung macht davon wiederum eine Ausnahme, wenn im Verwaltungsrat der Kreissparkasse sowohl der Kreis, als auch die kreisangehörigen Gemeinden oder Zweckverbände vertreten sind, dann sind Spenden an diese wie Spenden an den Gewährträger zu sehen.[7]

Nicht in den Vergleich einzubeziehen sind hingegen:

▶ Spenden für Dritte, die nur als Durchlaufspenden über den Gewährträger geleitet werden.

▶ Spenden, die das Einkommen der Sparkasse nicht mindern, weil sie aus dem festgesetzten Teil des Jahresüberschusses geleistet wurden[8] oder als offene Gewinnausschüttung zu beurteilen sind.[9]

▶ Spenden aus späteren Jahren.[10]

▶ Spenden, die den bisherigen Spendenrahmen beim Spender sprengen.[11]

▶ Dotation einer Stiftung durch die Sparkasse. Diese ist, soweit die Voraussetzungen im Übrigen erfüllt sind, als Spende abzugsfähig und in die hier besprochene Vergleichsberechnung nicht einzubeziehen.

---

1 BFH, Urteile v. 12. 10. 1978 - I R 149/75, BStBl 1979 II 192; v. 9. 8. 1989 - I R 4/84, BStBl 1990 II 237; v. 8. 4. 1992 - I R 126/90, BStBl 1992 II 849.
2 BFH, Urteil v. 9. 8. 1989 - I R 4/84, BStBl 1990 II 237, 241.
3 Bau eines Schwimmbades durch die Gemeinde BFH, Urteil v. 12. 10. 1978 - I R 149/75, BStBl 1979 II 192.
4 BFH, Urteil v. 1. 12. 1982 - I R 101/79, BStBl 1983 II 150.
5 BFH, Urteile v. 19. 6. 1974 - I R 94/71, BStBl 1974 II 586; v. 9. 8. 1989 - I R 4/84, BStBl 1990 II 237; v. 8. 4. 1992 - I R 126/90, BStBl 1992 II 849.
6 BFH, Urteil v. 8. 4. 1992 - I R 126/90, BStBl 1992 II 849, unter II. 4. b.
7 OFD Köln v. 26. 3. 1987 - S 2751 - 1 - St 133, nach *Augsten*, a. a. O., Rz. 24.
8 BFH, Urteile v. 1. 2. 1989 - I R 98/84, BStBl 1989 II 471; v. 9. 8. 1989 - I R 4/84, BStBl 1990 II 237.
9 BFH, Urteil v. 8. 4. 1992 - I R 126/90, BStBl 1992 II 849.
10 BFH, Urteil v. 9. 8. 1989 - I R 4/84, BStBl 1990 II 237, 241, unter Aufgabe von BFH, Urteile 19. 6. 1974 - I R 94/71, BStBl 1974 II 586 und 12. 10. 1978 - I R 149/75, BStBl 1979 II 192 - die Begründung ignoriert, dass sehr wohl auch zeitlich spätere Spenden einbezogen werden, wenn diese nur im gleichen Jahr gegeben werden.
11 Im Sachverhalt BFH, Urteil v. 19. 6. 1974 - I R 94/71, BStBl 1974 II 586, hatte die Sparkasse nach durchschnittlich 11.000 € Drittspenden in den Vorjahren im Streitjahr 600.000 € Drittspenden und 800.000 € Spenden an den Gewährträger geleistet, offen gelassen in BFH, Urteil v. 9. 8. 1989 - I R 4/84, BStBl 1990 II 237; vgl. aber Schleswig-Holsteinisches FG, Urteil v. 16. 6. 1999 - I 338/96, EFG 2000, 193, bei Bauunternehmen: 3.000 € bei sonst max. 410 € sprengen angeblich den Rahmen.

3867 VGA können auch in diesem Bereich nicht nur an den Gewährträger selbst erfolgen, sondern ebenso an nahe stehende Personen. Der Begriff der „nahe stehenden Person" wird zwar in erster Linie im Verhältnis einer KapGes zu ihrem Gesellschafter verwendet; er gilt aber auch im Verhältnis einer öffentlich-rechtlichen Sparkasse zu ihrem Gewährträger.[1] Das FG München sah im Urteil v. 24.11.1970[2] das Kreiskrankenhaus als eine dem Gewährträger nahe stehende Person an, so dass die Beträge, die die Kreissparkasse dem Krankenhaus zuwandte, und die ein Vielfaches der gesamten Zuwendungen an fremde Institutionen ausmachten, als vGA behandelt wurden. Nach der Rspr. des BFH sind dagegen Gemeinden eines Landkreises (Gewährträger einer Kreissparkasse) allgemein keine „nahe stehenden Personen" des Landkreises.[3] Zuschüsse einer Kreissparkasse zur Zinsverbilligung von Darlehen an Gemeinden und Schulverbände des Landkreises zum Neubau und Ausbau von Schulen und Lehrerwohnungen sind deshalb keine vGA[4] über den Landkreis als Gewährträger, weil der Landkreis nicht zur finanziellen Unterstützung der Schulträger verpflichtet war. Das bloße Wissen, Dulden oder Zustimmen des Landkreises (Verwaltungsrat) reicht nicht aus, dem Landkreis einen Vermögensvorteil zuzurechnen.[5] Eine mittelbare Zuwendung könnte nur angenommen werden, wenn die Sparkasse ihrem Gewährträger mit der Zubilligung der Zinsvergünstigung an die Gemeinden einen Vermögensvorteil zugewandt oder dies beabsichtigt hätte.

c) Die Rechtsprechung der FG – Spenden an Vereine und Kirchen als nahe stehende Personen von Gesellschaftern der spendenden Kapitalgesellschaft und erste Revisionsentscheidung des BFH dazu

3868 Diese alte Rechtsprechung des BFH[6] wird von den FG inzwischen auf Spenden von GmbHs an gemeinnützige Vereine übertragen. Da hier anders als in den BFH-Fällen meist nicht an den Gesellschafter selbst gespendet wird, ist regelmäßig erst einmal festzustellen, ob der gemeinnützige Verein als Empfänger eine dem Gesellschafter der Kapitalgesellschaft nahe stehende Person ist.[7] Aufgrund der extrem weiten Auslegung dieses Begriffs durch die Rechtsprechung haben die FG keine Probleme, nach Wiedergabe der allgemeinen Definition das Nahestehen stets zu bejahen. So soll ein Nahestehen tatsächlicher Art gegeben sein, wenn:

▶ der beherrschende Gesellschafter-Geschäftsführer Gründer und Vorstand der begünstigten Stiftung auf Lebenszeit ist,[8]

▶ der Alleingesellschafter der spendenden KapGes früher Arbeitnehmer der Spendenempfängerin war,[9]

---

1 Auch BFH, Urteil v. 19.6.1974 - I R 94/71, BStBl 1974 II 586.
2 FG München, Urteil v. 24.11.1970 - V (VII) 1/69, EFG 1971, 304.
3 BFH, Urteile v. 1.12.1982 - I R 69-70/80, BStBl 1983 II 152; v. 15.5.1968 - I 158/63, BStBl 1968 II 629.
4 Nach BFH, Urteile v. 15.5.1968 - I 158/76, BStBl 1968 II 629; v. 1.12.1982 - I R 69-70/80, BStBl 1982 II 152.
5 BFH, Urteil v. 29.9.1981 - VIII R 8/77, BStBl 1981 II 248; s. auch FG Baden-Württemberg, Urteile v. 9.11.1965 - II 2-4/65, EFG 1966, 190; v. 30.11.1978 - III 371/77, EFG 1979, 251.
6 Siehe → Rz. 3863, → Rz. 3867.
7 Zur nahe stehenden Person allgemein vgl. → Rz. 346 ff.
8 FG Hamburg, Urteil v. 12.12.2007 - 6 K 131/06, EFG 2008, 634. NZB wurde mangels grundsätzlicher Bedeutung der Rechtssache als unbegründet zurückgewiesen, BFH, Urteil v. 10.6.2008 - I B 19/08, BFH/NV 2008, 1704 = NWB ZAAAC-87352; so auch FG Köln, Urteil v. 21.3.2018 - 10 K 2146/16, Rev. Az. beim BFH: I R 16/18, NWB UAAAG-95741.
9 FG Baden-Württemberg, Urteil v. 30.7.1998 - 6 V 38/97, rkr., EFG 1998, 1488, 1489.

► die Alleingesellschafter der spendenden Körperschaft Mitglied im Spenden empfangenden Verein sind und ihnen an dessen Kapitalausstattung gelegen ist, weil er eine Schule fördert, die ihre Tochter besucht[1] oder

► der Alleingesellschafter Mitglied der Kirche ist, deren unterschiedliche örtliche Gemeinden und Dachverbände die Spendenempfänger waren.[2]

Der BFH hat in einer ersten Revisionsentscheidung[3] zu dieser Fallgruppe das Urteil des FG Köln bestätigt. Dabei hat er, wenn auch etwas verklausuliert, auch das Nahestehen der Kirche zu ihrem Mitglied bejaht, allein weil diese einen Vorteil aus der Spende habe und der Gesellschafter Mitglied bei ihr ist.[4] Dies mag bei Kirchen noch vertretbar sein, bei gemeinnützigen Vereinen und Organisationen wäre es das nicht mehr. Ein gemeinnütziger Verein ist schon nach der Satzung allein auf den Nutzen der Allgemeinheit verpflichtet, Eigennutz ist ihm verboten. Daher kann aus einer Zuwendung vielleicht der Zweck des gemeinnützigen Vereins einen Vorteil haben, niemals aber der Verein selbst. Ein Vorteil für den Verein wäre kein Nutzen der Allgemeinheit und nur im Rahmen eines wirtschaftlichen Geschäftsbetriebs möglich, aber nicht im gemeinnützigen Bereich. Ein gemeinnütziger Verein oder eine gemeinnützige Organisation kann daher außerhalb eines eventuellen wirtschaftlichen Geschäftsbetriebs keinen Vorteil erhalten und damit auch keine nahe stehende Person i. S. d. vGA-Rechtsprechung sein.

In allen von den FG entschiedenen Fällen wurde sodann eine vGA angenommen, weil die Spenden an den jeweiligen Empfänger weit über den Fremdspenden der spendenden Körperschaft lagen. Das am umfassendsten begründete Urteil des FG Köln vom 23. 8. 2006[5] führte zur Annahme einer vGA ferner aus, dass

► es sich bei dem Verhältnis zu Fremdspenden nur um ein Indiz handele. Es müsse eine nach dem absoluten Betrag wesentliche und über mehrere Jahre verstetigte Bevorzugung des Spendenempfängers bestehen, damit eine vGA angenommen werden könne, da das Gesetz eine gleichmäßige Verteilung der Spenden nicht als Voraussetzung des Spendenabzugs ansehe.

► Das durch die Mitgliedschaft begründete Näheverhältnis sei ein weiteres Indiz für die gesellschaftsrechtliche Veranlassung der Spenden. Der Gesellschafter habe aus den Spenden der Gesellschaft nämlich, unabhängig davon, ob er damit eigene Spenden erspart habe, den Vorteil, dass er selbst in höherem Maße als uneigennützig förderndes Mitglied der Religionsgemeinschaft erschien. Freilich handelt es sich, soweit dies dem Urteil zu entnehmen ist, insoweit um eine Unterstellung, das Gericht hat hier nicht ermittelt, wieweit den anderen Mitgliedern der Kirche die Spenden der Gesellschaft überhaupt bekannt waren. Der BFH behauptet in der Revisionsentscheidung, diese Ausführungen hätten sich nur auf das Verhältnis zu den Kirchenmitgliedern, die mit der Verwaltung des Spendenwesens der Kirche befasst sind, bezogen.

---

1 Schleswig-Holsteinisches FG, Urteil v. 16. 6. 1999 - I 338/96, rkr., EFG 2000, 193.
2 FG Köln, Urteil v. 23. 8. 2006 - 13 K 288/05, EFG 2006, 1932, bestätigt durch die Rev. BFH, Urteil v. 19. 12. 2007 - I R 83/06, BFH/NV 2008, 988 = NWB VAAAC-78264.
3 BFH, Urteil v. 19. 12. 2007 - I R 83/06, BFH/NV 2008, 988 = NWB VAAAC-78264.
4 Anders das FG Bremen in seinem Urteil v. 8. 6. 2011 - 1 K 63/10(6), NWB FAAAE-01515, nrkr., nach dessen Auffassung eine bloße ideelle Nähe noch nichts über die gesellschaftliche Veranlassung aussagt, da niemand einer ihm fremden Organisation Spenden zuwende.
5 FG Köln, Urteil v. 23. 8. 2006 - 13 K 288/05, EFG 2006, 1932, bestätigt durch die Rev. BFH, Urteil v. 19. 12. 2007 - I R 83/06, BFH/NV 2008, 988 = NWB VAAAC-78264.

> Schließlich sei als Indiz für die gesellschaftsrechtliche Veranlassung auch der Umfang der Spenden anzusehen. Ein ordentlicher und gewissenhafter Geschäftsleiter hätte nicht über Jahre 18 % – 30 % des Betriebsergebnisses für nicht einkünftedienliche Spenden verwendet und er hätte schon gar nicht in einem Verlustjahr gespendet.[1] Leider teilt das FG nicht, mit wie viel Prozent des Gewinns ein ordentlicher Geschäftsleiter denn spenden darf, ohne sich dem Verdacht der vGA auszusetzen. Auch setzt es sich nicht damit auseinander, ob die Spenden nicht vielleicht doch einkünftedienlich waren, wenn sie denn, wie kurz zuvor noch unterstellt, das Ansehen des Unternehmers in der Kirche erheblich erhöht haben. Es wäre dann doch naheliegend, dass andere Gemeindemitglieder eher bei diesem hoch angesehenen Unternehmer kaufen. Feststellungen zu dieser Frage wurden jedoch nicht vorgenommen, soweit aus den umfangreichen Urteilsgründen ersichtlich.

3871 Der BFH sah diese Überlegungen in der Revisionsentscheidung als revisionsfest an, da sie nicht in verfahrensfehlerhafter Weise zustande kamen und weder Denkgesetzen widersprechen, noch gegen allgemeine Erfahrungssätze verstoßen würden. Eigene Erwägungen fügte der BFH nicht hinzu. Insgesamt hat der BFH hier nur den entschiedenen Einzelfall abgesegnet, aber wohl keinen Anlass für ein Grundsatzurteil gesehen.

3872 Die übrigen Urteile[2] sahen jeweils das nicht ausreichende Verhältnis von Fremdspenden zu Spenden an den Gesellschafter bzw. die dem Gesellschafter nahe stehende Person als ausreichenden Beweis für die Veranlassung der Spenden im Gesellschaftsverhältnis und damit für die Annahme einer vGA an. Der BFH hat im Urteil v. 19.12.2007[3] ausdrücklich offen gelassen, ob er einer solchen Argumentation folgen könnte, die Verwertung dieses Verhältnisses als Indiz schien ihm aber zulässig.

3873 Das FG Münster[4] sah in Abwandlung zur Rechtsprechung des BFH in den Sparkassenfällen die Spende an den Gesellschafter in dem Umfang (29.000 DM) als Spende und nicht als vGA an, in dem die Gesellschaft innerhalb der letzten fünf Jahre Fremdspenden geleistet hatte, da dies die einzige Spende an den Gesellschafter im gleichen Zeitraum war und der Gesetzgeber durch die Großspendenregelung in § 9 KStG zu erkennen gegeben habe, dass dem Spender durch die Zusammenballung einzelner Spenden in einer einmaligen Großspende kein Nachteil erwachsen solle. Diese Argumentation ist nachvollziehbar, der gewählte Zeitraum von fünf Jahren hingegen nicht, da damals Großspenden auf bis zu sieben Jahre verteilt werden konnten. Das FG Hamburg sah hingegen weder in der Großspendenregelung noch in den Sonderregelungen für den Abzug von Leistungen an eine Stiftung einen Anlass, einen höheren Betrag als den Betrag der Fremdspenden für ein Jahr (aus einem Durchschnitt errechnet) anzuerkennen – freilich ohne sich mit der Entscheidung des FG Münster auseinanderzusetzen.

---

1 Einschränkend insoweit FG Berlin, Urteil v. 8.6.2011 - 1 K 63/10 (6), NWB FAAAE-01515, dass eine Spende in einem angemessenen Rahmen in Verlustjahren als zulässig ansieht, wenn der Gesellschafter/Geschäftsführer unterjährig (im Zeitpunkt der Spende) noch von einem positiven Geschäftsverlauf ausgehen kann.
2 FG Hamburg, Urteil v. 12.12.2007 - 6 K 131/06, EFG 2008, 634, NZB wurde mangels grundsätzlicher Bedeutung der Rechtssache als unbegründet zurückgewiesen, BFH, Urteil v. 10.6.2008 - I B 19/08, BFH/NV 2008, 1704 = NWB ZAAAC-87352; FG Baden-Württemberg, Urteil v. 30.7.1998 - 6 V 38/97, rkr., EFG 1998, 1488, 1489; Schleswig-Holsteinisches FG, Urteil v. 16.6.1999 - I 338/96, rkr., EFG 2000, 193; FG Münster, Urteil v. 19.1.2007 - 9 K 3856/04 K, F, rkr., EFG 2007, 1470.
3 BFH, Urteil v. 19.12.2007 - I R 83/06, BFH/NV 2008, 988 = NWB VAAAC-78264.
4 FG Münster, Urteil v. 19.1.2007 - 9 K 3856/04 K, F, rkr., EFG 2007, 1470.

d) Kritik und systematische Abgrenzung Spenden – vGA – Sponsoring

Schaut man zunächst auf das Ergebnis, so relativiert sich die Bedeutung der Abgrenzung in den von den FG entschiedenen Fällen gewaltig, nicht jedoch in den BFH-Fällen. Bei den Sparkassen ist Sponsoringaufwand oder eine Spende ein abziehbarer Aufwand, liegt eine vGA vor, so kann die Ausgabe nirgends geltend gemacht werden. In den Fällen der FG ist zwar bei einer vGA auch die Einkommenshinzurechnung bei der Gesellschaft und die Versteuerung beim Gesellschafter vorzunehmen, soweit das Geld aber an eine gemeinnützigen Körperschaft gelangt ist, kann der Gesellschafter die Ausgabe dann in seiner Einkommensteuer als Spende geltend machen.[1]

Die Abgrenzung von Sponsoringaufwendungen zu Spenden ist – jedenfalls theoretisch[2] – recht einfach: Die Sponsoringaufwendungen dienen der Einkunftserzielung und sind daher Betriebsausgaben,[3] Spenden sind hingegen Einkommens- zumindest aber Gewinnverwendung. Bei der Abgrenzung von Spenden zu vGA ist es schwieriger, da grundsätzlich beide Ausgaben wenn keine Einkommens- so doch eine Gewinnverwendung sind. Eher ließe sich eine vGA dann mit mangelnder Freiwilligkeit der Zahlung begründen, etwa indem man in den BFH-Fällen darauf abstellt, dass die Geschäftsführung des BgA nicht freiwillig spendete, da sie aufgrund der Anweisung des Gesellschafters keine andere Wahl hatte als zu spenden. Dies ist jedoch nicht zutreffend, auch eine Spende, die aufgrund einer Weisung der Gesellschafterversammlung an die Geschäftsführung getätigt wird, bleibt freiwillig. Die Geschäftsführung einer (Personen- oder Kapital-)Gesellschaft kann stets nur in Übereinstimmung mit den Gesellschaftern tätig werden. Die weitgehende Selbständigkeit der Geschäftsführung von KapGes beruht einzig darauf, dass die Gesellschafter im Statut der Gesellschaft vorab ihre Zustimmung zu den Anordnungen der Geschäftsführung im Tagesgeschäft geben und sich i. d. R. nur für wenige wichtige Punkte eine Zustimmung vorbehalten. Es ist jedoch auch durchaus eine andere Regelung möglich, bei der die Geschäftsführung weitgehend in der Hand der Gesellschafter verbleibt. In allen Fällen hat die Geschäftsführung nur den Willen der Gesellschafter umzusetzen, gleich, ob dieser in Einzelweisungen konkretisiert ist oder nur in generellen Geschäftszielen niedergelegt wurde. Daher können Weisungen der Gesellschafterversammlung an die Geschäftsführung, einen bestimmten Betrag zu spenden, die Freiwilligkeit der Spende nicht beeinträchtigen. Ebenso ist auch die Weisung, einen bestimmten Betrag als Gewinnausschüttung zu verwenden, insoweit unerheblich, die Ausschüttung erfolgt freiwillig.

Das FG Köln will in diesem Bereich die Begünstigung der nahe stehenden Person als Grund für die vGA ansehen.[4] Dies ist freilich ein ungeeignetes Kriterium, da die nahe stehende Person durch eine Spende nicht weniger oder anders begünstigt wird als durch eine vGA. Auch das FG Köln erkennt aber an, dass Spenden an nahe stehende Personen grundsätzlich möglich sind. Zudem hat dieses Kriterium auch mit der Definition der vGA nichts zu tun und es ist auch nicht ersichtlich, dass es als Indiz für die gesellschaftsrechtliche Veranlassung der Zuwendung taugen würde.

Vielmehr muss darauf abgestellt werden, dass Spenden aus einer bestimmten gemeinnützigen Motivation geleistet werden, über diese werden sie daher von den Sponsoringaufwendun-

---

[1] Ebenso *Neu*, EFG 2006, 227, 228.
[2] Zur Praxis vgl. Sponsoring Erlass des BMF, Schreiben v. 18.2.1998, BStBl 1998 I 212.
[3] Zur Abgrenzung Sponsoring/Spende auch FG Münster, Urteil v. 19.1.2007 - 9 K 3856/04 K, F, rkr., EFG 2007, 1470.
[4] FG Köln, Urteil v. 23.8.2006 - 13 K 288/05, EFG 2006, 1932, bestätigt durch BFH, Urteil v. 19.12.2007 - I R 83/06, BFH/NV 2008, 988 = NWB VAAAC-78264.

gen abgegrenzt.¹ Das wichtigste Tatbestandsmerkmal der vGA ist die gesellschaftsrechtliche Veranlassung, was schließlich ein anderes Wort für Motivation ist. Es ergibt sich also eine Abgrenzung nach der Motivation² der Zahlung wie folgt:

- Ist die Motivation gemeinnützig (Übernahme einer sonst der Allgemeinheit zur Last fallenden Ausgabe) liegt eine Spende vor, so z. B. wenn zur Förderung des Sports gezahlt wird.
- Ist die Motivation betrieblich, so liegt Sponsoring vor, so wenn gezahlt wird, damit der Sportverein sein Gebäude nach dem Unternehmen benennt oder es als Sponsor lobend erwähnt.
- Ist die Motivation gesellschaftsrechtlich, so liegt vGA vor, so wenn die GmbH für ihren Gesellschafter die Beitrittsspende zum Golfverein übernimmt.

3878 Dies zeigt, dass eine vGA in diesem Bereich selten sein wird. So ist die Beitrittsspende zum Golfverein regelmäßig schon mangels Freiwilligkeit keine Spende, sie wäre aber auch vGA, wenn sie ausnahmsweise freiwillig wäre, da nicht die Förderung des Sports, sondern der Beitritt des Gesellschafters die Motivation für die Zahlung ist. Die Gesellschafter einer KapGes werden allerdings dem Zweck, den der Spenden empfangende gemeinnützige Verein verfolgt, stets ideell nahe stehen, niemand spendet einer Organisation, die ihm fremde oder gar von ihm abgelehnte Ziele verfolgt.³ Daher wird es eine ausschließlich gemeinnützige Motivation niemals geben. Es muss daher hier auf die überwiegende Motivation abgestellt werden.

3879 Der BFH lehnt eine Abgrenzung ausschließlich nach der Motivation des Spenders ausdrücklich ab, weil dies den gesetzlichen Vorrang des § 8 Abs. 3 Satz 2 KStG vor § 9 Abs. 1 Nr. 2 KStG weitgehend aushöhle.⁴ Daher müsse eine Spende jedenfalls als vGA gewertet werden, wenn sie durch ein besonderes Näheverhältnis zwischen dem Empfänger und dem Gesellschafter der spendenden Kapitalgesellschaft veranlasst ist. Dies ist ein sehr verkürzter Ausdruck für zwei getrennte Voraussetzungen: Ein Näheverhältnis zwischen Gesellschafter und Zahlungsempfänger kann die Einordnung des Zahlungsempfängers als nahe stehende Person begründen, aber noch nicht die Einordnung der Zahlung als vGA. Nicht jede Zahlung an eine dem Gesellschafter nahe stehende Person ist vGA. Dazu muss zusätzlich die Veranlassung der Zahlung im Gesellschaftsverhältnis nachgewiesen werden, was sicherlich gelungen ist, wenn klar ist, dass die Zahlung nur erfolgte weil der Zahlungsempfänger dem Gesellschafter nahesteht – das aber muss erst einmal bewiesen werden, die Beweislast bei der vGA trifft bekanntlich das Finanzamt.⁵ Eine Veranlassung im Gesellschaftsverhältnis ist aber, wie dargelegt, nur ein anderer Ausdruck für eine gesellschaftsrechtliche Motivation. Es kommt also letztlich doch immer allein auf die Motivation, bzw. die überwiegende Motivation (s. o.) des Spenders an.

3880 Sollte der BFH hier jedoch so zu verstehen sein, dass wegen des Vorrangs von § 8 Abs. 3 KStG bereits jede untergeordnete gesellschaftsrechtliche Motivation für die Einordnung als vGA ge-

---

1 Vgl. z. B. BFH, Urteil v. 25. 11. 1987 - I R 126/85, BStBl 1988 II 220; Hessisches FG, Urteil v. 23. 11. 1998 - E K 1309/97, EFG 1999, 496; auch *Neu*, EFG 2006, 1935, 1936.
2 So schon *Janssen*, DStZ 2001, 160, 162, abgelehnt von FG Köln, Urteil v. 23. 8. 2006 - 13 K 288/05, EFG 2006, 1932, da dann eine vGA in diesem Bereich nicht denkbar sei, was sogleich widerlegt wird (s. Text). Abgelehnt in der Revisionsentscheidung auch vom BFH, Urteil v. 19. 12. 2007 - I R 83/06, BFH/NV 2008, 988 = NWB VAAAC-78264, dazu sogleich im Text.
3 So auch schon *Gosch*, StBp 2000, 125, anerkannt auch von FG Köln, Urteil v. 23. 8. 2006 - 13 K 288/05, EFG 2006, 1932 und BFH, Urteil v. 19. 12. 2007 - I R 83/06, BFH/NV 2008, 988 = NWB VAAAC-78264.
4 BFH, Urteil v. 19. 12. 2007 - I R 83/06, BFH/NV 2008, 988 = NWB VAAAC-78264.
5 Siehe → Rz. 921 ff.

nügen sollte, so ist dies eine Aufwertung des § 8 Abs. 3 KStG, die vom Gesetz nicht vorgegeben ist. Eine vGA nach § 8 Abs. 3 KStG setzt regelmäßig eine gesellschaftsrechtliche Motivation voraus, allerdings macht § 8 Abs. 3 KStG keine Aussage darüber, ob diese Motivation die einzige Motivation für eine Leistung sein muss, ebenso wie § 9 KStG regelmäßig eine gemeinnützige Motivation voraussetzt, ohne eine ausschließlich gemeinnützige Motivation vorauszusetzen.[1] Es ist daher durchaus gerechtfertigt, in beiden Fällen eine überwiegende Motivation als Voraussetzung für die Einordnung unter die jeweilige Vorschrift anzunehmen. Der Vorbehalt in § 9 KStG bezieht sich dann nur darauf, dass eine untergeordnet gemeinnützige Motivation nicht ausreicht, eine Aufwendung als Spende gem. § 9 KStG einzuordnen, wenn eine überwiegend gesellschaftsrechtliche Motivation vorliegt. Gleichfalls muss dann aber auch gelten, dass eine überwiegend gemeinnützige Motivation nicht durch eine untergeordnet gesellschaftsrechtliche Motivation ausgehebelt werden kann, da wie dargestellt eine ausschließlich gemeinnützige Motivation ohnehin nicht vorkommt und eine so weitgehende Einschränkung § 9 KStG insgesamt aushebeln würde.

Die Rechtsprechung des BFH zu dieser Frage ist durchaus unentschieden. Sie dreht sich allerdings bisher nicht um Spenden, sondern um andere Bereiche, in denen eine private Mitveranlassung von Ausgaben unvermeidbar ist:

▶ Bei der Übernahme von Reisekosten des Geschäftsführers entschied der BFH, dass eine in nur untergeordnetem Maße privat mitveranlasste Reise Betriebsausgaben darstellt.[2]

▶ Bei der Übernahme von Kosten für Feiern legt der BFH dagegen einen unnötig strengen Maßstab an, hier scheint jede geringfügige Mitveranlassung auszureichen, eine vGA anzunehmen.[3]

▶ Auch bei eigenkapitalersetzenden Zahlungen (Rückzahlung einer eigenkapitalersetzenden Miete an die Schwestergesellschaft) reicht dem BFH schon der Umstand, dass ein Eigenkapitalersatz immer gesellschaftsrechtlich mitveranlasst ist, zur Annahme einer vGA aus.[4] Das FG hatte in einer sehr ausführlichen und gut begründeten Entscheidung noch gegenteilig entschieden.[5]

Die Rechtsprechung zu Spenden und vGA wäre ein guter Anlass für eine Grundsatzentscheidung in diesem Bereich. Sicherlich kann bei einer gemeinnützigen Motivation eine gesellschaftsrechtliche Mitveranlassung in stärkerem Maße akzeptiert werden als bei einer betrieblichen Motivation. Dennoch geht es hier sicherlich nicht um überwiegende Motivation. Vorstellbar wäre z. B. bei einer betrieblichen Motivation eine gesellschaftsrechtliche Mitveranlassung von max. 5 % zu tolerieren, bei einer gemeinnützigen aber durchaus auch von 25 %, schon weil hier auch bei der Abgrenzung gemeinnützige: betriebliche Motivation im Sponsoring entsprechend großzügig verfahren wird.

Zahlungen an gemeinnützige Vereine oder öffentliche Körperschaften für gemeinnützige Zwecke sind daher grundsätzlich als Spenden anzusehen. In Abgrenzung zum Sponsoring kommt ein Vorteil für den Betrieb der GmbH, der die betriebliche Veranlassung rechtfertigen könnte, regelmäßig schon deshalb nicht in Betracht, weil der Verein, außerhalb eines wirtschaftlichen

---

1 Ebenso bei der Abgrenzung Spende/Betriebsausgabe FG Münster, Urteil v. 19. 1. 2007 - 9 K 3856/04 K, F, rkr., EFG 2007, 1470.
2 BFH, Urteil v. 6. 4. 2005 - I R 86/04, BStBl 2005 II 666.
3 Vgl. dazu Stichwort: Geburtstagsfeier.
4 BFH, Urteil v. 20. 8. 2008 - I R 19/07, BStBl 2011 II 60.
5 FG Münster, Urteil v. 3. 11. 2006 - 9 K 1100/03 K, F, EFG 2007, 539.

Geschäftsbetriebs, seine Gemeinnützigkeit verlieren würde, wenn er einzelnen Mitgliedern oder ihnen nahe stehenden Betrieben Vorteile gewähren würde. In Abgrenzung zur vGA kommt diese nicht in Betracht, weil ein gemeinnütziger Verein keine Vorteile erhalten kann, er ist per se gemeinnützig, ein Vorteil hingegen ist etwas eigennütziges, was bei einem gemeinnützigen Verein, außerhalb des wirtschaftlichen Geschäftsbetriebs, gerade nicht vorkommen darf. Den Vorteil aus einer Zuwendung hat allenfalls der Zweck des Vereins – also die Allgemeinheit, nicht aber der Verein selbst. Daher muss eine nicht gemeinnützige Motivation im Einzelfall dezidiert nachgewiesen werden. Die von der Rechtsprechung allgemein aufgeführten Anhaltspunkte taugen dafür jedenfalls allesamt nicht.

3884 Für den Spendenabzug ist also unerheblich

- ob die Spende aufgrund einer Weisung des Gewährträgers/Gesellschafters erfolgte,[1]

- in welchem Verhältnis die Spenden an den Gewährträger/die nahe stehende Person zu sog. Fremdspenden stehen, da § 9 KStG, wie das FG Köln zutreffend ausgeführt hat, keine bestimmte Verteilung der Spenden eines Spenders vorschreibt. Es würde damit gegen die Intention des Gesetzgebers verstoßen, dieses von ihm bewusst nicht verwendete Merkmal nun zur Abgrenzung bzw. Eingrenzung des Spendenbegriffs zu verwenden.

  Das gilt auch bei der Eingrenzung des FG Köln auf höhere und über längere Dauer geleistete Beträge. Dies umso mehr als auch das FG nicht mitteilt, wann ein Betrag absolut hoch genug ist und ab wann die längere Dauer einsetzt. Zudem hat es, soweit aus dem Urteil erkennbar, nicht einmal die Folgerung gezogen, den angemessenen Teil des Betrages anzuerkennen und den überhöhten Teil zumindest für die Zeit zu akzeptieren, in der noch nicht von einem andauernden Verhalten gesprochen werden konnte.

  Da diese Beschränkung der Spenden an Gewährträger/nahe stehende Personen auf den Durchschnittsbetrag der Drittspenden der letzten Jahre im Gesetz keine Begründung findet, ist die dazu ergangene Rechtsprechung entsprechend kasuistisch. Sie mag im Einzelfall dem Rechtsgefühl zumindest der beteiligten Richter entsprechen, gibt aber letztlich nur wieder, was das jeweilige Gericht als angemessen ansieht und setzt so unzulässigerweise die Wertung des Gerichts an die Stelle der Wertung des Gesetzgebers. Dieser hat in § 9 Abs. 1 Nr. 2 KStG bestimmt, dass alle Zahlungen für die genannten Zwecke als Spenden anzusehen und im Rahmen der Höchstbeträge abzuziehen sind. Sollte dies nicht oder nicht in vollem Umfang gewollt sein, so kann dennoch nur der Gesetzgeber den Spendenabzug weiter beschränken.

- Gleiches gilt für den absoluten und relativen Umfang der Spenden. Auch hier hat der Gesetzgeber keine Begrenzung gesetzt. Er hat lediglich die Abziehbarkeit von Spenden durch Höchstbeträge begrenzt, nicht aber die Qualifikation der Spenden als solche. Deshalb ist eine Spende, soweit sie die zulässigen Höchstbeträge übersteigt, keine vGA, sondern lediglich eine nicht abziehbare Betriebsausgabe.[2] Auch dies kann nicht unterlaufen werden, indem unterstellt wird, höhere Beträge seien dann aus einer anderen Motivation heraus gezahlt worden. Dies dürfte auch das FG Köln gesehen haben, es hat aber lieber vermieden mitzuteilen, welche Spendenhöhe im Verhältnis zum Ergebnis denn angemessen wäre. Es gibt hier keinen Maßstab für eine Grenze, weil es sich um Einkommens-

---

1 Siehe dazu oben → Rz. 3877.
2 Vgl. *Kohlmann/Felix*, DB 1983, 1059.

bzw. Gewinnverwendung handelt, die Abgrenzung über den ordentlichen Geschäftsleiter aber nur für den Bereich der Einkommenserzielung taugt.

► Völlig unsinnig ist es schließlich, das Näheverhältnis zwischen Gesellschafter und nahe stehender Person als Indiz für eine vGA anzusehen. Vielmehr ist eine Voraussetzung für eine vGA, dass diese grundsätzlich nur an einen Gesellschafter oder einer diesem nahe stehende Person erfolgen kann, die weiteren Voraussetzungen sind aber zusätzlich zu prüfen und nicht deshalb indiziert, weil eine Zahlung an eine nahe stehende Person erfolgte.

Hinzu kommt, dass ein gemeinnütziger Verein einem Gesellschafter zwar nahestehen kann, aber keine nahe stehende Person i. S. d. vGA-Rechtsprechung sein kann, da er, jedenfalls außerhalb seines wirtschaftlichen Geschäftsbetriebs, keinen Vorteil erhalten kann. Den Vorteil aus einer Zuwendung kann bei einem gemeinnützigen Verein immer nur die Allgemeinheit haben, der Verein darf nicht eigennützig sein, er würde sonst seine Anerkennung als gemeinnütziger Verein verlieren. Ein Vorteil ist aber immer nur als Eigennutz denkbar. Der gemeinnützige Zweck bzw. die Allgemeinheit kann aber nicht nahe stehende Person sein.

(Einstweilen frei) 3885–3890

97. Sponsoring

Wendet eine KapGes Mittel auf, die neben der Förderung gemeinnütziger Zwecke auch für unternehmensbezogene Zwecke eingesetzt werden, so handelt es sich grundsätzlich um Betriebsausgaben. Zu den unternehmensbezogenen Zwecken gehört neben der Werbung auch die Erhaltung des unternehmerischen Ansehens.[1] In Katastrophenfällen gelten auch Sonderregelungen in Form von Billigkeitsmaßnahmen. Daher hat das BMF im Einvernehmen mit den obersten Finanzbehörden der Länder wiederholend Verwaltungsregelungen geschaffen. So zuletzt für die beträchtlichen Schäden, die entstanden durch das Hochwasser Ende Mai/Anfang Juni 2013 in weiten Teilen des Bundesgebiets entstanden sind.[2]

Werden durch diese Zuwendungen aber die Gesellschafter begünstigt, so sind darin weder Betriebsausgaben noch Spenden, sondern vGA zu sehen.[3]

98. Stille Beteiligung an einer Kapitalgesellschaft

LITERATURHINWEISE:

en-, Kündigungsmöglichkeiten bei stiller Beteiligung an einer GmbH und verdeckte Gewinnausschüttungen, DB 1976, 221; *Knobbe-Keuk*, Die Fremdfinanzierung inländischer Kapitalgesellschaften durch nichtanrechnungsberechtigte Anteilseigner, StuW 1982, 201; *Paulick*, Die Einmann-GmbH Stille Gesellschaft (StG) im Steuerrecht, GmbHR 1982, 237; *Bitsch*, Gewinnverteilung der GmbH & Stille Gesellschaft, GmbHR 1983, 56; *Schulze zur Wiesche*, Die Einmann-GmbH & Still und Mitunternehmerschaft, GmbHR 1983, 202; *Blaurock*, Handbuch der Stillen Gesellschaft, Gesellschaftsrecht, Steuerrecht, 5. Aufl., Köln 1998.

Gesellschafter einer KapGes können sich auch als stille Gesellschafter an der KapGes beteiligen. Dabei kann es sich um eine typische oder eine atypisch stille Beteiligung zwischen der

---

[1] BFH, Urteil v. 3. 2. 1993 - I R 37/91, BStBl 1993 II 441, 445.
[2] BMF, Schreiben v. 21. 6. 2013, BStBl 2013 I 769.
[3] BMF, Schreiben v. 9. 7. 1997, BStBl 1997 I 726. Siehe auch Imageverlust, Werbung.

GmbH und den stillen Gesellschaftern handeln. Im Rahmen dieser Beteiligungsformen kann es ebenfalls zu vGA kommen, wenn die GmbH den stillen Gesellschaftern, die zugleich an der GmbH als unmittelbare Gesellschafter beteiligt sind, Vorteile – z. B. überhöhte Entgelte – zuwendet.

a) Typische stille Beteiligung

aa) Grundlagen

3893 Ebenso wie die atypisch stille Beteiligung der Gesellschafter einer GmbH (oder anderer KapGes) ist auch die typische stille Beteiligung an der GmbH steuerlich anerkannt,[1] insbesondere kann eine stille Beteiligung nicht, ohne dass ganz besondere Umstände vorliegen, in verdecktes Stammkapital umgedeutet werden.[2] Stille Gesellschaften werden auch unter Familienangehörigen und ihren KapGes anerkannt. Voraussetzung ist in allen Fällen, dass eindeutige und klare Vereinbarungen vorliegen und diese auch tatsächlich eingehalten werden.[3] Beim stillen Gesellschafter führt die stille Beteiligung regelmäßig zu Einkünften aus Kapitalvermögen gem. § 20 Abs. 1 Nr. 4 EStG.

3894 VGA sind auch bei der stillen Gesellschaft in allen möglichen Formen denkbar, wenn der stille Gesellschafter zugleich Gesellschafter der KapGes ist oder einem solchen nahe steht. Soweit es sich um überhöhte Vergütungen, z. B. überhöhtes Gehalt an den GesGf, oder um unangemessene Preisgestaltung im Liefer- oder Leistungsverkehr zwischen der GmbH und den stillen Gesellschaftern handelt, kann auf die Ausführungen zur GmbH & Co. KG verwiesen werden.[4]

3895 Aber eine vGA kann wie bei der GmbH & Co. KG auch darin bestehen, dass dem oder den stillen Gesellschafter(n) zu hohe Gewinnanteile zuerkannt werden, die bei Anwendung der Sorgfalt eines ordentlichen und gewissenhaften Geschäftsleiters einem Nichtgesellschafter unter sonst gleichen Umständen nicht gewährt worden wären. Allerdings hat das FG Münster durch Urteil v. 23. 6. 1980[5] entschieden, dass die Rspr. zur Angemessenheit der Gewinnverteilung bei der GmbH & Co. KG nicht uneingeschränkt anwendbar sei; die uneingeschränkte Anwendung der Grundsätze zur Gewinnverteilung bei einer GmbH & Co. KG könnten aus dem Urteil des BFH v. 3. 2. 1977[6] nicht hergeleitet werden, weil es sich dort um eine atypische Beteiligung an der KG gehandelt habe.

---

[1] BFH, Urteile v. 9. 7. 1969 - I R 188/67, BStBl 1969 II 690; v. 9. 12. 1976 - IV R 47/72, BStBl 1977 II 155; v. 10. 2. 1978 - III R 115/76, BStBl 1978 II 256; v. 6. 2. 1980 - I R 50/76, BStBl 1980 II 477; v. 21. 6. 1983 - VIII R 237/80, BStBl 1983 II 563; zur Abgrenzung der stillen Gesellschaft vom partiarischen Darlehen s. BFH, Urteil v. 7. 12. 1983 - I R 70/77, BStBl 1984 II 384.

[2] So auch *Paulick*, GmbHR 1982, 237 ff.

[3] BFH, Urteile v. 6. 2. 1980 - I R 50/76, BStBl 1980 II 477; v. 25. 5. 1988 - I R 92/84, BFH/NV 1989, 258 = NWB ZAAAB-29673; v. 26. 4. 1989 - I R 96/85, BFH/NV 1990, 63 = NWB BAAAB-30905; FG Nürnberg, Urteil v. 15. 6. 1999, EFG 1999, 917.

[4] Siehe → Rz. 3431 ff.

[5] FG Münster, Urteil v. 23. 6. 1980 - VII 108/77 F, EFG 1980, 597.

[6] BFH, Urteil v. 3. 2. 1977 - IV R 122/73, BStBl 1977 II 346.

bb) Kriterien bei der Angemessenheit der Gewinnverteilung

(1) Grundsatz

Nach dem Urteil des BFH v. 6.2.1980[1] hängt die Angemessenheit der Gewinnanteile der stillen Gesellschafter – je nach den Verhältnissen des Einzelfalles – u. a. ab von den erbrachten Kapitalleistungen und deren Verzinsung, den eingegangenen Risiken, dem Arbeitseinsatz und den Ertragsaussichten des Unternehmens sowie u. U. von der Dringlichkeit des Kapitalbedarfs und der wirtschaftlichen Bedeutung der Kapitalzuführung.

Da es sich bei der stillen Beteiligung um ein Dauerrechtsverhältnis handelt, ist die Frage, ob die Gewinnbeteiligung angemessen oder überhöht ist, auf den Zeitpunkt des Vertragsabschlusses abzustellen. Die spätere Entwicklung muss grundsätzlich dabei außer Betracht bleiben. Wenn also bei Begründung der stillen Beteiligung eine angemessene Gewinnbeteiligung vereinbart worden ist, so wird diese nicht durch Zeitablauf bei Änderung der Umstände unangemessen. Umgekehrt kann auch nicht eine zu geringe Gewinnbeteiligung, ohne dass die rechtlichen Voraussetzungen (Kündigungsmöglichkeit) vorliegen, in eine höhere Gewinnbeteiligung umgewandelt werden. Die Angemessenheit kann aber nicht nur nach den Verhältnissen nur eines Wj. (Veranlagungszeitraum) beurteilt werden, sondern es muss ein längerer Zeitraum zugrunde gelegt werden.

Die Grundsätze, die die Rspr. zur Prüfung der Angemessenheit bei Familien-PersGes aufgestellt hat, können auf die Prüfung der Angemessenheit der Gewinnverteilung zwischen einer GmbH und stillen Gesellschaftern, die zugleich Gesellschafter der GmbH sind, nicht angewendet werden, da § 12 EStG auf die GmbH nicht angewendet werden kann.[2] Ob und inwieweit bei einer stillen Beteiligung an einer KapGes eine vGA in Betracht kommen kann, bestimmt sich danach, welche Gegenleistung die KapGes einem fremden Dritten als stillen Gesellschafter für die überlassenen Finanzierungsmittel hätte gewähren müssen und auch gewährt hätte. Die zum Vergleich herangezogene hypothetische Gegenleistung muss daher ihrer Art nach so gestaltet sein, dass sie in den Rahmen der stillen Gesellschaft eingefügt werden kann, ohne diese in ihrem Wesen zu verändern. Das gilt insbesondere für die Gewinnabhängigkeit.[3] Die Festsetzung einer als Obergrenze gedachten festen Verzinsung des vom stillen Gesellschafter zur Verfügung gestellten Kapitals kommt daher nicht in Betracht.[4] Der BFH, Urteil v. 2.7.1975[5] sah es auch als zweifelhaft an, ob die für die stille Beteiligung an Personengesellschaften geltende Begrenzung des Gewinnanteils auf einen Prozentsatz der Einlage auf stille Beteiligungen an KapGes übertragbar ist.

---

[1] BFH, Urteil v. 6.2.1980 - I R 50/76, BStBl 1980 II 477.
[2] BFH, Urteile v. 6.2.1980 - I R 50/76, BStBl 1980 II 477; v. 5.12.1990 - I R 106/88, BFH/NV 1991, 841 = NWB EAAAB-31565; FG Düsseldorf, Urteil v. 22.11.1970 - II 331335/67, EFG 1970, 466; FG Münster, Urteil v. 23.6.1980 - VII 108/77 F, EFG 1980, 597; *Blaurock*, a. a. O., Rz. 1585, m. w. N.
[3] BFH, Urteil v. 9.7.1969 - I R 188/67, BStBl 1969 II 690.
[4] Ebenso *Blaurock*, a. a. O., Rz. 1509.
[5] BFH, Urteil v. 2.7.1975 - I B 5/75, NWB IAAAB-00295.

(2) Arbeitseinsatz

3899 Der Arbeitseinsatz spielt für die Bemessung der Vergütung des stillen Gesellschafters i. d. R. keine Rolle, da er bereits vorab durch die Vereinbarung angemessener Gehälter abgegolten wird.[1]

(3) Kapitalverzinsung

3900 Das eingezahlte Kapital muss vorweg zu den allgemeinen Konditionen am Kapitalmarkt verzinst werden. Ist dies nicht vereinbart, so muss die Kapitalverzinsung bei der Verteilung des Restgewinns berücksichtigt werden.[2] Als Kapital ist dabei beim stillen Gesellschafter der Nennbetrag der eingezahlten Einlage und bei der KapGes das Eigenkapital (Stammkapital, Rücklagen, Gewinnvorträge) zu berücksichtigen, stille Reserven jedoch nicht.

(4) Kapitalverlust- und Ertragsausfallrisiko

3901 Das Verlustrisiko des stillen Gesellschafters erfasst nicht nur das Risiko i. S. d. Kapitalverlustes, sondern darüber hinaus auch das Risiko, in dem einen oder anderen Jahr keinen Gewinn zu erhalten (Ertragsausfallrisiko). Diese Risiken sind daher bei der Angemessenheit der Gewinnverteilung zu berücksichtigen. Die Höhe bestimmt sich nach den Verhältnissen im Einzelfall. Im Urteil v. 16. 12. 1981[3] hatte der BFH bei Verlustbeteiligung der stillen Gesellschafter (einer Familien-PersGes) eine Rendite von 35 % statt 25 % der Einlage zuerkannt. Wie der BFH dazu ausführt, ist die Verlustbeteiligung ein Umstand, der auch unter Fremden zu einer wesentlich höheren Gewinnbeteiligung führen würde. Jeder fremde stille Gesellschafter würde sich das Risiko einer Kapitaleinlage, das weit über das übliche Risiko einer Kapitaleinlage hinausgeht, das durch eine Überschuldung des Unternehmens eintreten kann, vergüten lassen. Diese Ausführungen treffen ebenso auch auf die GmbH & Still zu. Zwar kann bei der stillen Gesellschaft mit einem Gesellschafter der KapGes die starre Regelung einer prozentualen Obergrenze der Einlage als Gewinnbeteiligung nicht übernommen werden, aber dieses Urteil zeigt, dass der BFH bei Verlustbeteiligung eine Erhöhung des Gewinnanteils von 40 % akzeptiert und gibt damit einen Anhaltspunkt auch für die hier zu entscheidenden Fälle. Es dürfte also im Normalfall ein Zuschlag auf die Kapitalverzinsung von 40 % angemessen sein. Auch dürfte eine bankübliche Avalprovision angemessen sein. Im Einzelfall können auch höhere Zuschläge gerechtfertigt sein, insbesondere wenn bei Hingabe des Kapitals die GmbH dringenden Kapitalbedarf hatte und diesen am Kapitalmarkt nicht mehr decken konnte.

(5) Restgewinnverteilung

3902 Der dann noch verbleibende Ertrag wird grundsätzlich nach dem Wert der Einlagen zueinander verteilt. Dabei wird die Einlage des Gesellschafters zum Nominalwert angesetzt, bei der KapGes ist hingegen auf den Unternehmenswert abzustellen. Dieser ist nach der Rspr. der 70er Jahre nach der damals angeblich in Wirtschaftskreisen üblichen indirekten Methode zu ermit-

---

1 BFH, Urteile v. 16. 7. 1986 - I R 78/79, BFH/NV 1987, 326 = NWB IAAAB-28753; v. 12. 12. 1990 - I R 85/88, BFH/NV 1992, 59 = NWB NAAAA-97231; auch Blaurock, a. a. O., Rz. 1591.
2 Ebenso Blaurock, a. a. O., Rz. 1592.
3 BFH, Urteil v. 16. 12. 1981 - I R 167/78, BStBl 1982 II 387.

teln.¹ Heutzutage ist in Wirtschaftskreisen entsprechend dem IDW-Standard S 1 die Ertragswertmethode gebräuchlich. Diese entspricht modernen betriebswirtschaftlichen Erkenntnissen und dürfte daher gegenüber der antiquierten indirekten Methode den Vorzug genießen.

Allerdings sollte bei der Restgewinnverteilung auch der bei Eingehung der stillen Beteiligung verfolgte Zweck berücksichtigt werden:

▶ Die stille Einlage kann die Bedeutung haben, dass sie das erforderliche Eigenkapital der KapGes weitgehend ersetzt. Sie hat demgemäß die gleiche Bedeutung wie die Gesellschaftereinlagen selbst. Der ordentliche und gewissenhafte Geschäftsleiter würde daher zu einer der Beteiligung der Gesellschafter entsprechenden Beteiligung des stillen Gesellschafters bereit sein. Hierbei wird jedoch noch für die Gewinnbeteiligung des stillen Gesellschafters zu berücksichtigen sein, ob er von der Beteiligung am Verlust ausgeschlossen ist.² Nur wenn das nicht der Fall ist, kann eine Aufteilung des Restgewinns nur nach Höhe der Kapitalbeteiligungen erfolgen.

▶ Liegt eine stille Beteiligung jedoch im Interesse des stillen Gesellschafters, der sein Geld sicher und gewinnbringend anlegen will, ohne dass bei der KapGes ein Kapitalbedarf besteht, so kann steuerlich auch nur eine entsprechend geringere Gewinnbeteiligung, die nicht höher ist als der übliche Bankzins für längerfristige Geldanlagen, angemessen sein. Da diese bereits berücksichtigt wurde, nimmt der stille Gesellschafter in diesen Fällen gar nicht an der Verteilung des Restgewinns teil.

▶ Dient die Kapitaleinlage weder als Kapitalersatz, noch ist sie im Interesse des Gesellschafters geleistet worden, sondern benötigt die KapGes diese Mittel aus bestimmten betriebswirtschaftlichen Gründen, so kann sich die Gewinnbeteiligung nach der Zweckbestimmung dieses zusätzlichen Kapitals und den Gewinnerwartungen daraus richten.

(6) Berechnungsvorschlag

Nach Ansicht von Blaurock sollen Kapitalverzinsung, Kapital- und Ertragsausfallrisiko zusammen bei einer neugegründeten Gesellschaft mit 20 – 30 % des Stammkapitals, bei einer bestehenden mit 10 – 20 % des Gewinns ausreichend berücksichtigt sein.³ Es ist jedoch nicht nachvollziehbar, warum der angewandte Prozentsatz bei bestehenden Unternehmen nicht auf das Kapital, sondern auf den Gewinn angewendet werden soll. Etwas differenzierter könnte nach den obigen Ausführungen die Berechnung der angemessenen Vergütung für eine stille Beteiligung etwa wie folgt aussehen:

▶ Kapitalverzinsung entsprechend der bei Begründung der stillen Beteiligung bestehenden Kapitalmarktlage und der Situation der Gesellschaft (freie Sicherheiten?); hier kann es auch eine Rolle spielen, ob es sich um eine neugegründete Gesellschaft handelt: 6 – 14 %.

▶ Kapital- und Ertragsausfallrisiko: Das Kapitalverlustrisiko spiegelt sich bereits im vorhergehenden Ansatz des Kapitalmarktzinssatzes wider, da dieses Risiko jeder Kapitalgeber zu tragen hat. Hier wäre ein Zuschlag für das Kapitalverlustrisiko nur dann gerechtfer-

---

1 BFH, Urteile v. 25.1.1979 - IV R 56/75, BStBl 1979 II 302; v. 8.12.1976 - I R 215/73, BStBl 1977 II 409; v. 17.1.1973 - I R 46/71, BStBl 1973 II 418; v. 7.10.1970 - I R 1/68, BStBl 1971 II 69; v. 11.10.1960 - I R 229/59 U, BStBl 1960 III 509; FG Brandenburg, Urteil v. 15.5.2002 - 2 K 1964/00, rkr., EFG 2002, 1118, für atyp. stille Beteiligung; folgend *Blaurock*, a.a.O., Rz. 1594; *Herden* in Ernst & Young, a.a.O., Fach 4, Stille Beteiligung, Rz. 16 ff., mit Darstellung der Methode.
2 Auch BFH, Urteil v. 6.2.1980 - I R 50/76, BStBl 1980 II 477.
3 Vgl. *Blaurock*, a.a.O., Rz. 1590.

tigt, wenn die Gesellschaft auf dem Kapitalmarkt ein Darlehen gar nicht hätte erhalten können. Dieser ist dann zu schätzen. Zur Berechnung des Ertragsausfallrisikos sollten die letzten fünf – zehn Jahre bei der Gesellschaft betrachtet werden und berechnet werden, ob in all diesen Jahren die Kapitalverzinsung erreicht worden wäre. Der entsprechende Bruchteil der Kapitalverzinsung wäre als Berücksichtigung des Ertragsausfallrisikos hinzuzurechnen. Wenn also z. B. die Kapitalverzinsung 8 % beträgt und in den letzten zehn Jahren 3-mal die Kapitalverzinsung nicht erreicht worden wäre, so sind $0,3 \times 8\%$ ./. 7 (verbleibende Jahre) = 3,4 % Ertragsausfallrisiko hinzuzurechnen, bei neugegründeten Gesellschaften sollten pauschal 2 – 5 % berücksichtigt werden.

▶ Zur Restgewinnverteilung vgl. oben → Rz. 3902.

3905 Die Umsetzung dieses Vorschlages führt bei neugegründeten KapGes zu einer Verzinsung des gesamten eingesetzten Kapitals (stille Einlage und Kapital der Gesellschaft) von ca. 15 – 20 % des Kapitals bei bestehenden Gesellschaften eher von 15 – 20 % des Kapitals, nicht des Gewinns. Ein verbleibender Rest ist nach den Grundsätzen der Restgewinnverteilung aufzuteilen.

b) Einzelfälle aus der Rechtsprechung

3906 ▶ Werden im Zuge der Umwandlung einer OHG in eine GmbH die GmbH-Gesellschafter zugleich als stille Gesellschafter beteiligt, so dürfen die stillen Gesellschafter nicht deshalb für eine zurückliegende Zeit am Gewinn der GmbH beteiligt werden, weil die Einkommensermittlung der GmbH nach § 17 Abs. 7 UmwStG 1969 (jetzt: § 20 Abs. 5 UmwStG 2007) auf einen vor ihrer Errichtung liegenden Umwandlungsstichtag zurückbezogen wird. Eine solche vorzeitige Beteiligung der stillen Gesellschafter am GmbH-Gewinn stellt nach BFH, Urteil v. 7. 12. 1983[1] eine vGA dar.

▶ Bei Vereinbarung, dass für die Gewinnbeteiligung des stillen Gesellschafters die Steuerbilanz zugrunde zu legen sei, bedarf es, wie der BFH im Urteil v. 14. 8. 1974[2] ausgeführt hat, der Auslegung, ob die Steuerbilanz vor Abzug (oder nach Hinzurechnung) der KSt und VSt gemeint ist, da weder der Begriff Steuerbilanz noch die Interessenlage der Vertragsparteien eine eindeutige Antwort darauf geben. In der Praxis ist i. d. R. der Gewinn nach Abzug der Steuern gemeint, da eine Gewinnbeteiligung des stillen Gesellschafters am Gewinn vor Steuern eine Besserstellung gegenüber den GmbH-Gesellschaftern wäre.

▶ Das FG Hamburg geht im Urteil v. 11. 6. 1985[3] von der Annahme aus, dass i. d. R. der Steuerbilanzgewinn vor Abzug der KSt und sonstige Personensteuer (damals die mittlerweile aufgehobene VSt) gemeint sei, wenn der „Gewinn vor Steuern" Bemessungsgrundlage sein soll.

▶ Bei Berechnung der Gewinnanteile des stillen Gesellschafters sind vGA dem Steuerbilanzgewinn hinzuzurechnen. Sie werden zwar außerhalb der Steuerbilanz dem Einkommen der GmbH hinzugerechnet; die Interessenlage gebietet aber eine Auslegung des Vertrages dahin, dass vGA den für maßgeblich erklärten Steuerbilanzgewinn der GmbH des stillen Gesellschafters nicht mindern dürfen.[4]

---

[1] BFH, Urteil v. 7. 12. 1983 - I R 70/77, BStBl 1984 II 384.
[2] BFH, Urteil v. 14. 8. 1974 - I R 35/74, BStBl 1974 II 774; ebenso BFH, Urteil v. 22. 4. 1971 - I R 114/70, BStBl 1971 II 600.
[3] FG Hamburg, Urteil v. 11. 6. 1985 - II 165/82, EFG 1986, 86.
[4] Vgl. *Paulick*, GmbHR 1982, 240.

▶ Der gesamte Gewinnanteil des stillen Gesellschafters kann vGA sein, wenn sich eine KapGes trotz zu ihrem Nachteil geänderter Verhältnisse und trotz rechtlich bestehender Möglichkeit nicht von dem stillen Beteiligungsverhältnis mit ihrem beherrschenden Gesellschafter löst.[1]

c) Atypisch stille Beteiligung

aa) Grundlagen

Eine atypisch stille Beteiligung eines Gesellschafters an einer KapGes, z. B. einer GmbH, an derselben Gesellschaft ist steuerlich von der Rspr. anerkannt worden,[2] sofern ein solches Gesellschaftsverhältnis im Voraus klar und eindeutig vereinbart worden ist. Atypisch stiller Gesellschafter und Mitunternehmer kann auch sein, wer zwar nicht am Verlust, an den stillen Reserven und am Geschäftswert beteiligt ist, jedoch wie ein Unternehmer auf das Schicksal des Unternehmens Einfluss nehmen kann. Dies ist anzunehmen, wenn dem stillen Gesellschafter die Geschäftsführung des Unternehmens überlassen wird.[3]

Handelsrechtlich wird der Gewinnanspruch des stillen Gesellschafters in der Handelsbilanz auch bei atypisch stiller Beteiligung als Betriebsausgabe berücksichtigt. Dem Bilanzgewinn ist, da der Gewinn für die Mitunternehmerschaft als GmbH und stiller Beteiligter einheitlich und gesondert festzustellen ist, der Gewinnanteil des stillen Gesellschafters wieder hinzuzurechnen. In die Hinzurechnung sind die Sondervergütungen des stillen Gesellschafters nur, soweit sie die Mitunternehmerschaft betreffen, mit einzubeziehen. Der somit für die Mitunternehmerschaft einheitlich festgestellte Gewinn ist entsprechend dem Gewinnverteilungsschlüssel aufzuteilen, und bei der Gewinnfeststellung ist die vGA dem oder den atypisch still beteiligten Gesellschafter(n) zuzurechnen.

bb) Angemessenheit der Gewinnverteilung

Da bei der atypisch stillen Beteiligung steuerrechtlich Mitunternehmerschaft zwischen der GmbH und dem Stillen vorliegt, besteht Ähnlichkeit mit der GmbH & Co. KG. VGA können daher – ähnlich wie bei der GmbH & Co. KG – durch die Gewinnverteilung zwischen der GmbH und dem Stillen oder auf andere Weise vorgenommen werden.[4]

Nach BFH[5] sind die Grundsätze zur Gewinnverteilung bei der GmbH & Co. KG jedoch nur insoweit anwendbar, als sich nicht aus dem Wesen der stillen Gesellschaft etwas anderes ergibt. Aber auch bei der stillen Gesellschaft sind der Kapitaleinsatz, die Haftung und der Arbeitseinsatz die wichtigsten Faktoren für den Gewinnverteilungsschlüssel. Die stille Gesellschaft unterscheidet sich im Wesen von der GmbH & Co. KG dadurch,[6] dass

---

1 BFH, Urteile v. 5.2.1986 - I S 15/86, GmbHR 1987, 69; v. 13.10.1983 - I R 4/81, BStBl 1984 II 65; v. 9.4.1975 - I R 166/73, BStBl 1975 II 617.
2 RFH, Urteile v. 12.11.1936 - III A 156/36, RStBl 1937, 675; v. 16.3.1938 - VI 167/38, RStBl 1938, 508; v. 4.5.1938 - VI 213/38, RStBl 1938, 647; BFH, Urteile v. 20.8.1954 - I 130/53 U, BStBl 1954 III 336; v. 11.10.1955 - I 117/54 U, BStBl 1956 III 11; v. 9.12.1976 - IV R 47/72, BStBl 1977 II 155, m.w.H. auf die BFH-Rspr.
3 BFH, Urteil v. 28.1.1982 - IV R 197/79, BStBl 1982 II 389.
4 BFH, Urteil v. 3.2.1977 - IV R 122/73, BStBl 1977 II 346.
5 BFH, Urteile v. 9.7.1969 - I R 188/67, BStBl 1969 III 690; v. 6.2.1980 - I R 50/76, BStBl 1980 II 477; auch FG Münster, Urteil v. 23.6.1980 - VII 108/77 F, EFG 1980, 597.
6 Vgl. *Blaurock*, a.a.O., Rz. 1586.

- die Komplementär-GmbH bei der GmbH & Co. KG nicht am Vermögen der KG beteiligt zu sein braucht, während bei der stillen Gesellschaft dem Inhaber (hier GmbH) des Handelsgeschäfts, an dem sich die stillen Gesellschafter beteiligen, sachenrechtlich das gesamte Gesellschaftsvermögen gehört.

- Ein weiterer Unterschied zur GmbH & Co. KG besteht darin, dass bei der stillen Gesellschaft nur die GmbH nach außen auftritt und als Gesellschafter selbst aus Geschäften verpflichtet und berechtigt ist, so dass die GmbH dafür immer ein Entgelt verlangen kann, während bei der GmbH & Co. KG der Geschäftsführung keine große Bedeutung zugemessen wird, wenn die Geschäftsführer der GmbH zugleich Kommanditisten sind.

3911 Diese Unterschiede sollen insbesondere dazu führen, dass das Haftungsrisiko bei der GmbH & Still höher bewertet wird als bei der GmbH & Co. KG.[1] Da jedoch bei wirtschaftlicher Betrachtung das Haftungsrisiko insbesondere ein Kapital- und Ertragsverlustrisiko ist, dürfte es doch auf die GmbH und den stillen Gesellschafter gleich verteilt sein, so dass letztlich eine Abweichung von den zur GmbH & Co. KG aufgestellten Regeln im Normalfall insoweit nicht in Betracht kommt. Allerdings ist zu beachten, dass beim Auslagenersatz ein Abzug des Gehaltes für den atypisch still Beteiligten vorzunehmen ist. Dieses ist aber gem. § 15 Abs. 1 Satz 1 Nr. 2 EStG als Sondervergütung dem Gewinn der stillen Gesellschaft wieder hinzuzurechnen.[2]

3912 Da es sich bei der stillen Beteiligung um ein Dauerrechtsverhältnis handelt, ist die Frage, ob die Gewinnbeteiligung angemessen oder überhöht ist, auf den Zeitpunkt des Vertragsabschlusses abzustellen.[3] Die spätere Entwicklung muss grundsätzlich dabei außer Betracht bleiben. Wenn also bei Begründung der stillen Beteiligung eine angemessene Gewinnbeteiligung vereinbart worden ist, so wird diese nicht durch Zeitablauf bei Änderung der Umstände unangemessen. Umgekehrt kann auch nicht eine zu geringe Gewinnbeteiligung, ohne dass die rechtlichen Voraussetzungen (Kündigungsmöglichkeit) vorliegen, in eine höhere Gewinnbeteiligung umgewandelt werden. Die Angemessenheit kann aber nicht nur nach den Verhältnissen nur eines Wj. (VZ) beurteilt werden, sondern es muss ein längerer Zeitraum zugrunde gelegt werden. Nach Ansicht des FG Brandenburg ist die Gewinnverteilung bei der atypisch stillen Gesellschaft ebenso wie bei der typischen stillen Gesellschaft vorzunehmen.[4]

cc) Einzelfälle aus der Rechtsprechung

3913
- Mit Urteil v. 18. 3. 1966[5] erkannte der BFH folgende Gewinnverteilung als angemessen an: Die Gesellschafter A und B der GmbH, auf deren Stammkapital von 50.000 DM ein Viertel eingezahlt worden war, hatten sich mit je 25.000 DM, X und Y, die nicht an der Gesellschaft beteiligt waren, mit je 50.000 DM als atypisch stille Gesellschafter beteiligt. Die GmbH wurde mit 10 %, A und B wurden mit je 15 % und X und Y mit je 30 % am Gewinn beteiligt.

- Das FG Hamburg[6] hat entschieden, dass bei einer stillen Beteiligung i. H. v. 5.000 DM (Stammkapital der GmbH 20.000 DM) der Mutter bzw. der Schwiegermutter, also nahe stehende Personen der Gesellschafter der GmbH, die zugesagte Gewinnbeteiligung i. H. v.

---

1 Vgl. *Blaurock*, a. a. O., Rz. 1586, m. w. N.
2 BFH, Urteil v. 15. 12. 1998 - VIII R 62/97, NWB PAAAA-64466.
3 FG des Landes Brandenburg, Urteil v. 15. 5. 2002 - 2 K 1964/00, rkr., EFG 2002, 1118.
4 FG des Landes Brandenburg, Urteil v. 15. 5. 2002 - 2 K 1964/00, rkr., EFG 2002, 1118, vgl. dazu → Rz. 3896 ff.
5 BFH, Urteil v. 18. 3. 1966 - IV 218/65, BStBl 1966 III 197.
6 FG Hamburg, Urteil v. 11. 6. 1985 - II 165/82, EFG 1986, 86.

20 % des „Gewinns vor Steuern" unangemessen und daher vGA war. Diese Gewinnbeteiligung hatte eine Rendite zwischen 280 % und 800 % der Einlage erbracht.[1]

dd) Verfahrensfragen

Über eine verdeckte Gewinnausschüttung bei der atypisch stillen Gesellschaft ist, ebenso wie bei der GmbH & Co. KG, im Feststellungsverfahren zu entscheiden, denn den Gesellschaftern der stillen Gesellschaft, also auch der GmbH, kann kein anderer Gewinnanteil zugerechnet werden, als er in der Gewinnfeststellung festgestellt worden ist.[2]

3914

d) Die Einmann-GmbH Stille Gesellschaft

Eine weit verbreitete Gesellschaftsform ist die Einmann-GmbH, an der der alleinige Gesellschafter zugleich als typischer oder atypisch stiller Gesellschafter beteiligt ist.[3] Die Beherrschung der Gesellschaft durch einen Alleingesellschafter schließt die Möglichkeit einer typischen stillen Gesellschaft nicht aus; dieser Umstand allein führt[4] nicht in jedem Fall zu einer atypisch stillen Gesellschaft und damit zur Mitunternehmerschaft i. S. d. § 15 Abs. 1 Satz 1 Nr. 2 EStG mit der Folge, dass Einkünfte aus Gewerbebetrieb vorliegen. Die zivilrechtlichen Formen, in denen jemand mittelbar oder unmittelbar an einer KapGes beteiligt ist, sind auch für das Steuerrecht bedeutsam.[5]

3915

Der GesGf ist nach Auffassung von *Schulze zur Wiesche*[6] dann als Mitunternehmer anzusehen, wenn

3916

▶ er zu mehr als 50 % am Gewinn des ganzen Unternehmens beteiligt ist,

▶ er dem Unternehmen als stiller Gesellschafter mehr Kapital zur Verfügung gestellt hat als die GmbH,

▶ seine Stellung im Verhältnis zur GmbH mindestens der eines Kommanditisten (§ 164 HGB) entspricht,

▶ er im Falle seines Ausscheidens oder im Falle der Liquidation neben den stillen Reserven auch am Firmenwert teilhat.

Bei einer Einmann-GmbH & Still können sich auch dadurch vGA ergeben, dass Formvorschriften, insbesondere § 181 BGB, wenn im Gesellschaftsvertrag keine Befreiung enthalten ist, nicht beachtet werden.[7] Im Übrigen gelten für den Einmann-GesGf auch die strengen Anforderungen der Rspr. an Vereinbarungen über die Bezüge für seine Tätigkeit im Dienste der Gesellschaft, die stets von vornherein klar und eindeutig getroffen sein müssen, so dass Nachzahlungen grundsätzlich als vGA anzusehen sind.

3917

(Einstweilen frei)

3918–3930

---

1 Zur Angemessenheitsprüfung bei der GmbH & Still s. auch *Bitsch*, GmbHR 1983, 56.
2 FG Brandenburg, Urteil v. 15. 5. 2002 - 2 K 1964/00, rkr., EFG 2002, 1118, unter Berufung auf die Rspr. des BFH zur GmbH & Co. KG; BFH, Urteile v. 25. 11. 1976 - IV R 90/72, BStBl 1977 II 467; v. 25. 11. 1976 - IV R 38/73, BStBl 1977 II 477; v. 12. 3. 1980 - I R 186/76, BStBl 1980 II 531.
3 Vgl. *Paulick*, GmbHR 1982, 237 ff.
4 Entgegen *Knobbe-Keuk*, StuW 1982, Sp. 201, 222.
5 BFH, Urteil v. 21. 6. 1983 - VIII R 237/80, BStBl 1983 II 563.
6 Vgl. *Schulze zur Wiesche*, GmbHR 1983, 202 f.; ähnlich *Paulick*, GmbHR 1982, 240.
7 Vgl. *Paulick*, GmbHR 1982, 240.

99. Strohmann-Geschäftsführer

3931 Das Gehalt eines Geschäftsführers kann nicht allein deswegen insgesamt als vGA angesehen werden, weil er nicht die fachliche Qualifikation für den Geschäftsbereich der Gesellschaft besitzt. Eine Architektur-GmbH hatte für ein Monatsgehalt von 5.000 DM die Ehefrau eines Architekten als Geschäftsführerin engagiert, die selbst nicht Architektin war. Diese stellte als Generalbevollmächtigten für ebenfalls 5.000 DM/Monat ihren Ehemann ein. Dennoch trug sie die alleinige Verantwortung für das Unternehmen, sowie die Haftung einer Geschäftsführerin und die Verantwortung gegenüber Dritten; zudem hatte sie auch die Möglichkeit den Vertrag mit dem Generalbevollmächtigten zu kündigen. Der Geschäftsführerin steht es dabei frei, die eigentliche Tätigkeit der GmbH durch qualifizierte Angestellte ausüben zu lassen und sich nur auf Leitungs- und Lenkungsfunktionen zu beschränken.[1] Der BFH hat hingegen in einem Fall, in dem die Ehefrau eines Gesellschafters als Geschäftsführerin angestellt wurde, für diese Tätigkeit aber weder die Zeit noch die Qualifikation besaß und alle Funktionen durch den Gesellschafter ausgeübt wurden, eine vGA angenommen. Die Anstellung des Gesellschafters war nicht möglich gewesen, da Gläubiger ansonsten sein Gehalt gepfändet hätten.[2]

100. Studienfahrten

3932 Aufwendungen der KapGes für eine Studienfahrt der Gesellschafter sind vGA. Das gilt auch, wenn eine Genossenschaft die Fahrt für ihre Mitglieder und deren Ehefrauen veranstaltet, auch wenn die Genossenschaftsmitglieder zugleich Geschäftspartner der Genossenschaft sind.[3] Allerdings gilt das Aufteilungsverbot des § 12 im Verhältnis zwischen Gesellschaft und Gesellschafter nicht, so dass ggf. ein teilweiser Kostenabzug in Betracht kommen kann.[4]

101. Tantiemen

LITERATURHINWEISE:

Tänzer, Die aktuelle Vergütung der GmbH-Gesellschafter-Geschäftsführer, GmbHR 1996, 40; *Senger/Schulz*, Das Rechtsinstitut der verdeckten Gewinnausschüttung – Notwendigkeit einer grundlegenden Reform – Untersuchung der Bundessteuerberaterkammer zu Geschäftsführer-Vergütungen von Kapitalgesellschaften und Reformvorschläge aus der Sicht des Berufsstandes, DStR 1997, 1830; *Tänzer*, Aktuelle Geschäftsführervergütung in kleinen GmbH – Angemessene Geschäftsführerbezüge in Unternehmen bis 10 Mio. DM Jahresumsatz, GmbHR 1997, 1085; *Neyer*, Vereinbarung einer Gewinntantieme: Zur Überschreitung des Richtwerts von 50 %, DStR 1998, 229; *Schmidt*, Checkliste zur Tantieme für Gesellschafter-Geschäftsführer, GmbH-StB 1999, 325; *Feldkamp*, Die Angemessenheit der Geschäftsführervergütungen, Stbg 1999, 136; *Breier/Posdziech*, Flexibles Chef-Gehalt, GmbH-Stpr. 2000, 109; *Janssen*, Beim Gehalt eines beherrschenden Gesellschafter-Geschäftsführers ist das 75:25-Verhältnis nicht maßgeblich; allein entscheidend ist, ob die Gesamtausstattung angemessen ist, KFR F. 4 KStG § 8, 10/01, S. 365; *Skok*, Tantiemeklausel, GmbH-Stpr. 2001, 75; *Alber*, Tantiemen an den Gesellschafter-Geschäftsführer – Regeln und Fehler, GStB 2002, 32; *Altendorf*, Anerkennung von Tantiemezusagen an Gesellschafter-Geschäftsführer, NWB F. 4, 4613; *Brass*, Mehrfachanstellung von Gesellschafter-Geschäftsführern bei verbundenen Unternehmen – Einzel- oder Gesamtbetrachtung – Auswirkung auf Nur-Pension und Nur-Tantieme, DB 2002, 1724; *Derlien*, Die steuerliche Anerkennung von Tantiemezusagen an Gesellschafter-Geschäftsführer, DStR 2002, 622; *Herold*, Musterformulierungen zur Tantieme des Gesellschafter-Geschäftsführers, GStB 2002, 42; *Niehues*, Naht das Ende der 75:25-Relation bei der Geschäftsführervergütung?, DB 2002, 1579; *Zimmers*, Tantieme-Limit, GmbH-Stpr. 2002, 77; *Engers*, Zur steuerlichen Behandlung von Umsatztantie-

---

[1] Niedersächsisches FG, Urteil v. 25. 8. 1998 - VI 275/96, EFG 1999, 45.
[2] BFH, Urteil v. 29. 10. 1997 - I B 9/97, BFH/NV 1998, 749 = NWB MAAAB-38813.
[3] BFH, Urteil v. 9. 2. 1972 - I R 29/70, BStBl 1972 II 361.
[4] BFH, Urteil v. 13. 3. 1985 - I R 122/83, BFH/NV 1986, 48 = NWB LAAAB-28042; vgl. auch Stichwort: Auslandsreisen.

Anlage 1: ABC der vGA

men, DB 2003, 116; *Ott*, Die Bemessungsgrundlage der Gewinntantieme eines GmbH-Gesellschafter-Geschäftsführers unter Berücksichtigung der Rechtsprechung, INF 2003, 509; *Pflüger*, Neue BFH-Urteile zur Gewinntantieme des Gesellschafter-Geschäftsführers, GStB 2003, 437; *Tänzer*, Die angemessene Geschäftsführervergütung, GmbHR 2003, 754; *Zimmers*, Vergütungs-Mix, GmbH-Stpr. 2003, 373; *Janssen*, Neuester Beitrag des BFH zur Steuervereinfachung: Berücksichtigung von Verlustvorträgen bei der Tantiemeberechnung erfordert umfangreiche Nebenrechnung, BB 2004, 1776; *Pflüger*, Tantiemevorschuss als verdeckte Gewinnausschüttung, GStB 2004, 119; *Prinz*, Aktuelle steuerrechtliche Entwicklungen bei der GmbH, Stbg 2004, 53; *Lang*, Bemessungsgrundlage von Tantiemen unter Berücksichtigung von Verlustvorträgen, GStB 2005, 149; *Schuhmann*, Die Umsatztantieme – ein Dauerbrenner?, GmbHR 2005, 921; *ders.*, Umsatztantieme: Muss sie immer verdeckte Gewinnausschüttung sein?, GmbHR 2007, 977; *Mertes*, Geschäftsführer-Erfolgsvergütung, GmbH-Stpr 2009, 69; *Müller-Potthoff/Lippke/Müller*, Angemessenheit von Tantiemen für Minderheits-Gesellschafter-Geschäftsführer, GmbHR 2009, 867.

Checkliste

Liegt eine Tantieme vor? (Abgrenzung zur Festvergütung)	Nein →	Überprüfung nur an den Maßstäben für Festgehalt (insbes. Gesamtausstattung)
↓ Ja		
Allgemeine zivilrechtliche Voraussetzungen eingehalten	Nein →	vGA in voller Höhe
↓ Ja		
Allgemeine steuerrechtliche Voraussetzungen eingehalten	Nein →	vGA in voller Höhe
↓ Ja		
Eindeutigkeit gegeben (Berechenbarkeit der Tantieme aus sich heraus)?	Nein →	vGA wenn die BMG nicht rein rechnerisch bestimmt werden kann
↓ Ja		
Verrechnung mit Verlusten in der BMG vorgesehen?	Nein →	vGA in Höhe der Differenz, die sich bei Verlustberücksichtigung ergibt
↓ Ja		
Tantieme umsatzabhängig ausgestaltet worden?	Ja →	vGA bei Möglichkeit der Gewinnabsaugung, ansonsten zulässig
↓ Nein		
Laufende Vergütung neben der Tantieme vereinbart worden?	Nein →	vGA, wenn Nur-Tantieme Regelfall, erlaubt nur in Sonderfällen
↓ Ja		
Höhe der Tantieme aller Geschäftsführer zusammen mehr als 50 % des Jahresüberschusses?	Ja →	vGA des übersteigenden Betrages
↓ Nein		

Tantieme mehr als 25 % der Gesamtvergütung des einzelnen Geschäftsführers?	Ja →	vGA nur noch bei begründeten Zweifel[1]
↓ Nein		
Tantieme nach Beteiligung	Ja →	Indiz für vGA der gesamten Tantieme
↓ Nein		
Angemessenheit der Gesamtbezüge noch gewahrt	Nein →	Der übersteigende Betrag ist vGA
↓ Ja		
Tantiemeregelung tatsächlich wie vereinbart durchgeführt? (Zeitnähe)	Nein →	vGA wegen Verstoß gegen das Durchführungsgebot
↓ Ja		
Tantiemeregelung ist steuerlich anzuerkennen		

3934 Tantiemen sind Entgelt für eine Arbeitsleistung. Werden sie an einen Gesellschafter gezahlt, so ist festzustellen, ob sie aufgrund des Arbeits- oder des Gesellschaftsverhältnisses gezahlt werden. Dies gilt unabhängig davon, ob der Gesellschafter als Geschäftsführer bei der Gesellschaft beschäftigt ist oder in einem anderen, rangniedrigeren Arbeitsverhältnis mit der Gesellschaft steht.[2]

a) Abgrenzung zur Festvergütung

3935 Wird bei Überschreitung einer bestimmten Umsatz-[3] oder Gewinnschwelle[4] ein fester Betrag zugesagt, so handelt es sich nach der Rechtsprechung des BFH nicht um eine Tantieme, sondern um eine mit einer aufschiebenden Bedingung versehene Fixvergütung, die ein Minus gegenüber einer unbedingten Fixvergütung und daher ebenso wie diese zu behandeln sei.

3936 Auch eine prozentual vom Umsatz oder Gewinn vereinbarte Tantieme ist eine aufschiebend bedingte Fixvergütung, nur eben in vielen kleinen Stufen. Entscheidend ist daher die Frage, wo die Fixvergütung aufhört und die Tantieme beginnt. Der BFH hat bei einer nach Umsatz gestaffelten Tantieme allein die erste Stufe, die nicht von der Erreichung eines bestimmten Umsatzziels abhängig war, als Fixvergütung angesehen, im Übrigen nahm er vGA an.[5] Es ist also davon auszugehen, dass der BFH von Fixvergütungen nur ausgeht, wenn es lediglich eine Umsatz- oder Gewinnschwelle als Voraussetzung gibt.

---

1 BFH, Urteil v. 4. 6. 2003 - I R 24/02, BStBl 2004 II 136.
2 BFH, Urteil v. 1. 4. 2003 - I R 78, 79/02, BFH/NV 2004, 86 = NWB PAAAA-70061. Zu den allgemeinen zivilrechtlichen Voraussetzungen der Anerkennung vgl. → Rz. 3040, → Rz. 3625, zu den allgemeinen steuerrechtlichen Voraussetzungen → Rz. 3047, → Rz. 3626.
3 BFH, Urteil v. 5. 6. 2002 - I R 69/01, BStBl 2003 II 329.
4 BFH, Urteil v. 14. 3. 2006 - I R 72/05, BFH/NV 2006, 1711 = NWB BAAAB-90502.
5 BFH, Urteil v. 11. 8. 2004 - I R 40/03, NWB TAAAB-40243.

b) Eindeutigkeit

Eine Tantiemeregelung muss so klar ausgestaltet sein, dass sie rein rechnerisch bestimmt werden kann,[1] insbesondere unklare Begriffe müssen vermieden werden. Es genügt indes die Tantieme mit eindeutigen Begriffen wie z. B. einem prozentualen Anteil vom Jahresüberschuss zu definieren. Der BFH neigt dazu, als Jahresüberschuss den handels- oder steuerrechtlichen Gewinn nach Abzug der Ertragsteuern zu verstehen, lässt dies aber letztlich offen.[2] Häufig werden Tantiemen aus dem Jahresüberschuss vor Abzug bestimmter Steuern und der Tantieme selbst bestimmt. Dabei muss genau festgelegt und benannt werden, welche Steuern nicht abgezogen werden sollen. Für die Eindeutigkeit der Tantiemeregelung ist es unerheblich, ob andere weitere Regelungen im Anstellungsvertrag als nicht eindeutig angesehen werden müssen, da durch deren Existenz nicht der gesamte Vertrag unwirksam wird.[3] Enthält eine Tantiemevereinbarung aber mehrdeutige Begriffe, so ist sie deswegen nicht automatisch als vGA anzusehen, es ist vielmehr zunächst festzustellen, ob der übereinstimmende Wille der Vertragsparteien nicht durch Auslegung ermittelt werden kann.[4] Diese kann sich insbesondere aus der tatsächlichen Handhabung der Tantiemeregelung ergeben.[5] Daher ist eine neben dem monatlichen Gehalt zu zahlende Mindesttantieme nicht schon ihrer Art nach eine vGA.[6]

Nach diesen Grundsätzen wurden von der Rspr. folgende Vereinbarungen als unklar angesehen:

- ▶ Verwendung des Begriffs „Reingewinn",[7] „Bilanzgewinn",[8] „Gewinn laut Steuerbilanz",[9] „vorläufiger Gewinn",[10] „vorläufiges Ergebnis",[11] „Ergebnis der Steuerbilanz",[12] „Nettogewinn"[13] bzw. „Gewinn gemäß GoB unter Berücksichtigung aller steuerlich zulässigen Maßnahmen"[14] als Bemessungsgrundlage,

- ▶ die vereinbarte Tantieme wird als Mindesttantieme bezeichnet, ohne weitere Berechnungsgrundlagen für darüber hinausgehende Beträge vorzusehen,[15]

- ▶ Vorbehalt für die Gesellschafterversammlung, die Tantieme höher oder niedriger als vereinbart festzusetzen,[16]

---

1 BFH, Urteile v. 29. 4. 1992 - I R 21/90, BStBl 1992 II 851; v. 17. 12. 1997 - I R 70/97, BStBl 1998 II 545.
2 Vgl. BFH, Urteil v. 15. 3. 2000 - I R 73/99, BFH/NV 2000, 1245, 1246 = NWB TAAAA-65373; auch *Rengers* Blümich KStG § 8 Rz. 701, m. w. N.
3 FG Hamburg, Urteil v. 18. 11. 1998 - II 135/96, EFG 1999, 727, bestätigt durch die Rev. BFH, Urteil v. 27. 3. 2001 - I R 27/99, BStBl 2002 II 111, Aufhebung der Vorentscheidung und Klageabweisung. Zur Umsetzung der BFH-Rechtsprechung vgl. BMF, Schreiben v. 1. 2. 2002, BStBl 2002 I 219.
4 BFH, Urteil v. 4. 12. 1991 - I R 163/90, BStBl 1993 II 362; v. 11. 2. 1997 - I R 43/96, NWB YAAAB-38955.
5 BFH, Entscheidungen v. 12. 5. 2000 - I B 83/99, BFH/NV 2001, 167 = NWB NAAAA-65336; v. 24. 1. 1990 - I R 157/86, BStBl 1990 II 645; v. 26. 2. 1992 - I R 39/91, BFH/NV 1993, 385 = NWB NAAAA-65336; v. 15. 10. 1997 - I R 19/97, BFH/NV 1998, 746, 748 = NWB FAAAB-38944.
6 BFH, Urteil v. 6. 10. 1993 - I B 66-68/93, BFH/NV 1994, 660.
7 Niedersächsisches FG, Urteil v. 27. 2. 1992 - VI 283/90, rkr., NWB QAAAA-14032.
8 Vgl. *Breier/Posdziech*, GmbH-Stpr. 2000, 109, 111 f.
9 Vgl. *Breier/Posdziech*, GmbH-Stpr. 2000, 109, 111.
10 BFH, Urteil v. 1. 4. 2003 - I R 78, 79/02, BFH/NV 2004, 86 = NWB PAAAA-70061.
11 BFH, Urteil v. 1. 4. 2003 - I R 78, 79/02, BFH/NV 2004, 86 = NWB PAAAA-70061.
12 BFH, Urteil v. 9. 1. 2007 - I B 78/06, BFH/NV 2007, 1189 = NWB XAAAC-42106.
13 BFH, Urteil v. 9. 1. 2007 - I B 78/06, BFH/NV 2007, 1189 = NWB XAAAC-42106.
14 BFH, Urteil v. 1. 7. 1992 - I R 78/91, BStBl 1992 II 975.
15 Niedersächsisches FG, Urteil v. 27. 2. 1992 - VI 283/90, rkr., NWB QAAAA-14032.
16 BFH, Urteil v. 29. 4. 1992 - I R 21/90, BStBl 1992 II 851.

- Abhängigkeit der Tantieme von dem künftigen Ausschüttungsverhalten der Gesellschafter,[1]
- Abhängigkeit der Tantieme von der Festsetzung durch den Steuerberater,[2]
- Vereinbarung von Vorschusszahlungen auf die erst mit Feststellung des Jahresabschlusses fällige Tantieme ohne Festsetzung der Voraussetzungen und Zeitpunkte für die Vorschusszahlungen.[3]

3939 Als zulässig werden dagegen folgende Größen angesehen:
- handels- oder steuerbilanzieller Gewinn, handels- oder steuerbilanzieller Jahresüberschuss vor oder nach Steuern.[4] Dabei ist eindeutig, dass bei Verwendung des Begriffs „Jahresüberschuss" Verlustvorträge nicht einbezogen werden,[5] im Wege der Auslegung kann sich aber z. B. ergeben, dass der Jahresüberschuss vor Abzug der Tantieme gemeint ist, auch wenn dies nicht ausdrücklich vereinbart ist.[6]
- das zu versteuernde Einkommen.[7]
- Wird der „Jahresgewinn" als Bemessungsgrundlage angegeben, so ist gem. §§ 86, 157 AktG analog der Handelsbilanzgewinn nach Kürzung aller Steuern und der in die offenen Rücklagen einzustellenden Beträge, sowie unter Verrechnung mit einem Verlustvortrag anzusetzen.[8]
- Zulässig ist nach der Rechtsprechung auch eine sog. Rohgewinntantieme, also eine Tantieme, die die nur um den Wareneinsatz geminderten Einnahmen als Bemessungsgrundlage zugrunde legt, jedenfalls, wenn der Rohgewinn infolge der bei seiner Ermittlung einbezogenen Aufwendungen und der konkreten Kostenstruktur nicht mit einer Umsatztantieme, sondern eher mit einer Gewinntantieme vergleichbar ist,[9] also insbesondere, wenn er die restlichen Aufwandspositionen deutlich überwiegt.[10] Beläuft sich aber der Rohertrag auf über 70 % der Umsätze, der Gewinn jedoch nur auf ca. 4 %, so ist die Rohgewinntantieme eher einer Umsatztantieme vergleichbar und daher entsprechend der dort aufgeführten Kriterien nur ausnahmsweise zulässig.[11]

3940 Zur eindeutigen Bestimmung gehört auch die Klärung der Frage, ob die Bemessungsgrundlage der Gewinn vor oder nach Abzug der Tantieme ist. Grundsätzlich kann beides vereinbart werden.[12] Ist nichts vereinbart, so
- geht die Zivilrechtsprechung davon aus, dass die Tantieme von dem Gewinn vor Abzug der Tantieme zu berechnen ist.[13]

---

1 BFH, Urteil v. 1. 7. 1992 - I R 78/91, BStBl 1992 II 975.
2 BFH, Urteil v. 17. 12. 1997 - I R 70/97, BStBl 1998 II 545.
3 BFH, Urteil v. 22. 10. 2003 - I R 36/03, BStBl 2004 II 307.
4 Vgl. *Ott*, INF 2003, 509, 510.
5 BFH, Urteil v. 1. 4. 2003 - I R 78, 79/02, NWB PAAAA-70061.
6 FG Hamburg, Urteil v. 13. 2. 2001 - VI 156/00, rkr., EFG 2001, 774.
7 FG Köln, Urteil v. 15. 2. 2000 - 13 K 6741/98, GmbHR 2000, 581, m. Anm. *Schwedhelm/Binnewies*.
8 BFH, Urteil v. 25. 4. 1990 - I R 59/89, BFH/NV 1991, 269 = NWB UAAAB-31606; Niedersächsisches FG, Urteil v. 22. 10. 2002 - 6 K 34/01, EFG 2003, 120, bestätigt durch Rev. BFH, Urteil v. 1. 4. 2003 - I R 78/02, BFH/NV 2004, 86 = NWB PAAAA-22229, Aufhebung der Vorentscheidung und Klageabweisung.
9 BFH, Urteil v. 26. 1. 1999 - I B 119/98, BStBl 1999 II 241 – es wird aber ausdrücklich betont, dass alle im Folgenden besprochenen Kriterien anwendbar sind. Ebenso BMF, Schreiben v. 1. 2. 2002, BStBl 2002 I 219, Tz. 4.
10 So im entschiedenen Fall in BFH, Urteil v. 26. 1. 1999 - I B 119/98, BStBl 1999 II 241.
11 BFH, Urteil v. 10. 11. 1998 - I R 33/98, BFH/NV 1999, 829 = NWB BAAAA-63036.
12 BFH, Urteil v. 15. 4. 1990 - I R 59/89, NWB UAAAB-31606.
13 BGH, Urteil v. 12. 3. 1962 - II ZR 57/62, NJW 1963, 536; FG Hamburg, Urteil v. 13. 2. 2001 - VI 156/00, EFG 2001, 774.

▶ für die Steuerrechtsprechung dürfte grundsätzlich davon auszugehen sein, dass auf den Gewinn nach Tantieme abzustellen ist, da der Gewinn sich eben erst nach Abzug aller Aufwandspositionen ergibt. Allerdings kann die Vereinbarung von den Parteien entsprechend mündlich oder konkludent ergänzt oder geändert worden sein, was sich durch die tatsächliche Handhabung (= Berechnung vom Gewinn vor Tantieme) nachweisen lässt und dann auch künftig anzuerkennen ist.[1]

Ferner gehört zur eindeutigen Bestimmung der Bemessungsgrundlage eine Regelung über die Frage, ob Mehr- oder Minderergebnisse aus einer Betriebsprüfung berücksichtigt werden sollen und ob dies im Jahr der Betriebsprüfung oder nachträglich für das von der Prüfung geänderte Jahr geschehen soll. Ist nichts vereinbart, kommt es auf die vereinbarte Ausgangsgröße an. Ist diese das zu versteuernde Einkommen, sind BP-Ergebnisse zu berücksichtigen.[2] Wurde dagegen die Tantieme vom Reingewinn vor Abzug der Ertragsteuern vereinbart, so sind BP-Ergebnisse nicht zu berücksichtigen.[3]

Zudem ist die Bemessungsgrundlage nicht eindeutig bestimmt, wenn die Höhe der Tantieme durch die Ausübung bilanztechnischer Darstellungswahlrechte beeinflusst werden kann.

BEISPIEL:[4] Eine GmbH sagt ihrem beherrschenden GesGf eine Tantieme zu, bei der die Bemessungsgrundlage das Jahresergebnis vor Steuern und Zuführung zu Sonderposten mit Rücklagenanteil ist. Der Sachverhalt spielte in der Zeit der Geltung des FördG. Die Sonderabschreibung durch dieses Gesetz konnte entweder in Form eines Sonderpostens eingestellt werden und minderte dann die Tantieme nicht oder konnte gleich als Abschreibung bei der Aktivierung der angeschafften Güter abgezogen werden. Dies hätte die Tantieme gemindert, da die Sonderabschreibungen nicht zuzurechnen waren.

Über folgende Punkte sollte Klarheit geschaffen werden:

▶ Ausgangsgröße,

▶ Bemessungsgrundlage vor oder nach Steuern und Tantieme,[5]

▶ Berücksichtigung außerordentlicher Aufwendungen und Erträge (liegt keine Regelung vor, dürften diese i. d. R. zu berücksichtigen sein. Eine vGA entsteht dann, wenn im Zeitpunkt der Vereinbarung bereits feststand, dass aufgrund Einbeziehung der Sondereinflüsse eine Erhöhung der Tantieme erfolgt und diese einem fremden Dritten nicht gewährt worden wäre,[6]

▶ Berücksichtigung von Mehr- oder Minderergebnissen aus Betriebsprüfungen.[7]

c) Drittvergleich

Auch bei Tantiemen an GesGf muss ein Drittvergleich erfolgen. Entsprechend der allgemeinen Ausführungen zum Drittvergleich[8] wird der Drittvergleich in drei Stufen vorgenommen:

---

1 BFH, Urteil v. 12. 5. 2000 - I B 83/99, BFH/NV 2001, 167 = NWB NAAAA-65336.
2 FG Köln, Urteil v. 15. 2. 2000 - 13 K 6741/98, GmbHR 2000, 581, m. Anm. *Schwedhelm/Binnewies*.
3 Niedersächsisches FG, Urteil v. 9. 11. 1999 - 6 K 547/95, EFG 2000, 807.
4 Nach FG des Landes Sachsen-Anhalt, Urteil v. 13. 7. 2006 - 3 K 485/02, rkr., EFG 2006, 1931.
5 Vgl. FG München, Urteil v. 26. 2. 2002, a. a. O.
6 BFH, Urteil v. 10. 7. 2002 - I R 37/01, BStBl 2003 II 418.
7 Dazu FG Köln, Urteil v. 15. 2. 2000 - 13 K 6741/98, GmbHR 2000, 581, m. Anm. *Schwedhelm/Binnewies*; Niedersächsisches FG, Urteil v. 9. 11. 1999 - 6 K 547/95, EFG 2000, 807.
8 Siehe o. unter → Rz. 361 ff.

- innerbetrieblicher Drittvergleich mit Angestellten im Betrieb,[1]
- außerbetrieblicher Drittvergleich mit Angestellten anderer, vergleichbarer Betriebe,
- hypothetischer Drittvergleich auf Basis dessen, was das jeweilige Gericht als Verhalten des ordentlichen und gewissenhaften Geschäftsleiters ansieht.

3945 Bei Tantiemezahlungen haben die ersten beiden Stufen praktisch keine Bedeutung.[2] Der hypothetische Drittvergleich wird dann vor allem anhand der im Folgenden dargestellten Merkmale vorgenommen, die sich in der Rechtsprechung entwickelt haben. Die Konkretisierung dieser Merkmale nimmt dem hypothetischen Drittvergleich etwas von seiner Beliebigkeit, sorgt aber nicht endgültig für Rechtssicherheit. Vielmehr ist kein Finanzgericht daran gehindert, im Rahmen des hypothetischen Drittvergleichs neue zusätzliche Merkmale für die Anerkennung von Tantiemen bei GesGf zu entwickeln.

d) Verlustverrechnung

aa) Überblick

3946 Nach der Rspr. des BFH[3] muss bei der Berechnung einer Tantieme zwingend vorgesehen werden, dass der Gewinn eines Jahres zunächst mit den aufgelaufenen Verlusten der Vorjahre verrechnet wird und nur von dem verbleibenden Betrag eine Tantieme gezahlt wird, wenn der tantiemeberechtigte Geschäftsführer für die Entstehung der Verluste verantwortlich oder zumindest mitverantwortlich war.

3947 Der BFH begründet dies mit folgenden Argumenten:[4]

- Der Geschäftsführer sei für die Verluste verantwortlich, so sei es nur logisch, dass er auch an den Folgen seiner Handlung beteiligt werde.
- Ohne die Verlustverrechnung bestehe die Gefahr, dass der Geschäftsführer den Gewinn zugunsten seiner Tantieme beeinflusse.
- Gerade auch Anlaufverluste seien zu berücksichtigen, da sonst kein gerechter Interessenausgleich zwischen Gesellschaft und Geschäftsführer bestehe.

3948 Zunächst sind die Anwendungsprobleme dieser Rechtsprechung zu erörtern,[5] die dann anschließend der Kritik unterzogen werden soll.[6]

---

1 Für Tantiemen: *Müller-Potthoff/Lippke/Müller*, GmbHR 2009, 867.
2 Ausnahme s. → Rz. 3987.
3 BFH, Urteile v. 18. 9. 2007 - I R 73/06, BStBl 2008 II 314; v. 17. 12. 2003 - I R 22/03, BStBl 2004 II 524; zuvor bereits FG Saarland, Urteile v. 4. 11. 1994 - 1 K 145/93, EFG 1995, 174, bestätigt durch BFH, Urteil v. 22. 1. 1997 - I R 15/95, NWB XAAAC-21532, und v. 10. 7. 1997 - 1 K 49/95, rkr., EFG 1997, 1214; v. 5. 2. 2003 - 1 K 118/01, EFG 2003, 565, bestätigt durch BFH, Urteil v. 17. 12. 2003 - I R 22/03, BStBl 2004 II 524; s. vor; ebenso wie FG Saarland auch Hessisches FG, Urteil v. 16. 5. 2000 - 4 K 4128/97, rkr., EFG 2000, 1147; FG Köln, Urteil v. 14. 9. 2000 - 13 K 3037/00, rkr., EFG 2001, 309. Zustimmung dazu aus der Literatur: *Breier/Posdziech*, GmbH-Stpr. 2000, 109, 111; *Lang* Rupp/Felder/Geiger/Lang, a. a. O., A III Rz. 200 ff.; *Alber*, GStB 2002, 32, 38 f.; *Ott*, INF 2003, 509, 512; *Altendorf*, NWB F. 4, 4613; a. A. war Niedersächsisches FG, Urteil v. 22. 10. 2002 - 6 K 34/01, EFG 2003, 120.
4 BFH, Urteil v. 17. 12. 2003 - I R 22/03, BStBl 2004 II 524.
5 Siehe → Rz. 3949 - 1949.
6 Siehe → Rz. 3970.

bb) Anwendungsprobleme

(1) Welcher Verlustvortrag?

Fraglich ist zunächst, welcher Verlustvortrag zu berücksichtigen ist. Es stehen die unterschiedlichsten Möglichkeiten zur Auswahl:

► handelsrechtlicher Verlustvortrag,

► steuerrechtlicher Verlustvortrag,

► individueller Verlustvortrag auf Basis der Bemessungsgrundlage der Tantieme.

Der handels- und der steuerrechtliche Verlustvortrag können u.U. erheblich voneinander abweichen. Liegen z. B. hohe Beteiligungserträge vor, so erhöhen diese handelsrechtlich das Ergebnis, steuerlich jedoch wegen § 8b KStG nicht, so dass sich steuerlich trotz dieser Erträge ein Verlustvortrag bilden kann. Umgekehrt kann ein handelsrechtlicher Verlustvortrag steuerlich negiert werden, weil er um erhebliche Beträge an (steuerlich) nicht abziehbaren Ausgaben (z. B. KSt) zu erhöhen ist.

Noch bunter werden die Möglichkeiten, wenn man den Verlustvortrag auf Basis der Bemessungsgrundlage der Tantieme berechnet. Viele Tantiemevereinbarungen sehen z. B. vor, dass außerordentliche Erträge und Aufwendungen sowie Sonderabschreibungen bei der Bemessung der Tantieme nicht berücksichtigt werden. So kann es sein, dass handels- wie steuerrechtlich ein Gewinn entsteht, die Bemessungsgrundlage für die Tantieme aber negativ wird, weil in dem Ergebnis hohe außerordentliche Erträge enthalten sind. Soweit ersichtlich hat allerdings noch niemand vertreten, dass ein solches Negativergebnis in das Folgejahr vorgetragen werden müsste. Das ist auch zutreffend, da sonst der Sinn der Rechtsprechung des BFH völlig verfehlt würde, da die Gesellschaft hier keinen realen Verlust erlitten hat.

Das ist auch der Grund, warum für die Berechnung des Verlustvortrages wohl auf den handelsrechtlichen Verlust abzustellen sein dürfte. Nur dieser spiegelt die Ertragslage der Gesellschaft zutreffend wider, während die steuerlichen Veränderungen aus anderen, meist fiskalischen Gründen, vorgenommen werden.[1]

(2) Verlust statt Verlustvortrag

Mit dem so gefundenen Ergebnis hätte man weitgehend leben können. Nach der jeweils individuell vereinbarten Berechnungsmethode wäre die Bemessungsgrundlage für die Tantieme ermittelt worden, der handelsrechtliche Verlustvortrag abgezogen und danach (ggf.) die Tantieme berechnet worden. Dies hätte allerdings zur Folge gehabt, dass das Ausschüttungsverhalten der Gesellschaft entscheidenden Einfluss auf die Berechnung der Tantieme bekommen hätte.

> **BEISPIEL:** ► Das Unternehmen A macht in 1999 (Gründung) - 2001 jeweils 100.000 € Gewinn nach Steuern und Tantieme. Diese werden in vollem Umfang ausgeschüttet. Das Unternehmen B weist dieselben Ergebnisse aus, stellt diese jedoch in den Gewinnvortrag ein. Ab 1.1.2002 wechseln beide Unternehmen die Geschäftsführung aus. Der neue Geschäftsführer ist jeweils auch Gesellschafter und erhält jeweils eine Tantiemezusage. Beide Gesellschaften erwirtschaften in 2002 einen Verlust von 300.000 und ab 2003 wieder jährliche Gewinne im vorherigen Umfang.

---

[1] Ähnlich *Lang*, GStB 2005, 149, 152.

3954 Im Unternehmen A wurden die Gewinne vollständig ausgeschüttet, es bestand daher kein Gewinnvortrag, und somit steht in 2003 handelsrechtlich ein Verlustvortrag von 300.000 € in der Bilanz, es kommt also keine Tantieme in Betracht. Im Unternehmen B ist aber der Verlust 2002 vollständig mit den Gewinnvorträgen der Jahre 1999 – 2001 verrechnet worden. Es ergibt sich also schon handelsrechtlich kein Verlustvortrag, so dass z.T. vertreten wurde, es sei auch kein Verlustvortrag bei der Berechnung der Tantieme zu berücksichtigen.[1]

3955 Der BFH hat die Frage in seiner Grundlagenentscheidung v. 17.12.2003 zunächst offen gelassen, mit der Entscheidung v. 18.9.2007 jedoch Klarheit geschaffen. Der in 2002 erwirtschaftete Verlust ist danach in den Folgejahren bei der Tantiemeberechnung für den Geschäftsführer zu berücksichtigen, egal ob bei der Gesellschaft ein Gewinnvortrag bestand oder nicht. Zur Begründung führt der BFH an

▶ es könne nicht sein, dass das Ausschüttungsverhalten der Gesellschaft Einfluss auf die Höhe der bei der Tantiemeberechnung zu verrechnenden Verluste nehme und

▶ der ordentliche und gewissenhafte Geschäftsleiter sei an langfristigen Erfolgen interessiert und werde den Geschäftsführer an den von ihm verursachten positiven wie negativen Folgen seiner Tätigkeit beteiligen und daher auf der Verrechnung der unter dem Geschäftsführer angefallenen Verluste bestehen. Die Gewinne aus dem Gewinnvortrag sind aber entweder nicht unter dem Geschäftsführer angefallen oder bereits in der Vergangenheit mit einer Tantieme vergütet worden.

3956 Danach steht also fest, dass es nicht auf den Verlustvortrag des Unternehmens ankommt, sondern auf die jeweils vom Geschäftsführer erzielten Ergebnisse, die in einer Nebenrechnung gesondert festgehalten werden müssen.

(3) Einbeziehung von Ergebnissen aus der Zeit nach Anstellung aber vor Abschluss der Tantiemevereinbarung?

3957 Kommt es also auf die vom Geschäftsführer erzielten Ergebnisse an, so fragt sich, ob es hier nur um die Ergebnisse seit Abschluss der Tantiemevereinbarung geht oder um die gesamten Ergebnisse seit Anstellung des Geschäftsführers.

> **BEISPIEL:** ▶ Der GesGf wird im Jahre 00 eingestellt und erhält ab dem Jahre 05 eine Tantiemezusage. In den Jahren 01 – 04, also vor der Tantiemezusage, wurden 20.000 Gewinn pro Jahr erzielt, im ersten tantiemepflichtigen Jahr 05 entsteht ein Verlust von 80.000, ab 06 wieder jährliche Gewinne von 20.000. Der Geschäftsführer ist der Auffassung, dass der Verlust aus 05 mit den Gewinnen der Jahre 01 – 04 verrechnet werden kann, so dass er ab 06 eine ungeschmälerte Tantieme auf Basis der erzielten Ergebnisse erhalten kann.

3958 Ohne direkten Anlass im vorgelegten Fall entschied der BFH in seiner Entscheidung v. 18.9.2007 jedoch gleich noch mit, dass der ordentliche und gewissenhafte Geschäftsleiter bei nachträglichem Abschluss einer Tantiemevereinbarung einen Verlust nicht mit Gewinnen, die er in der Zeit vor Abschluss der Tantiemevereinbarung erzielt hat, verrechnen kann. Der ordentliche Geschäftsleiter würde sich auf die Einbeziehung dieser Gewinne nicht einlassen, da dies der Zahlung einer Tantieme für die Vergangenheit, für die gerade keine Tantieme vereinbart war, entsprechen würde.

---

[1] Vgl. *Lang*, GStB 2005, 149, 154, ohne weitere Begründung, a. A. *Janssen*, BB 2004, 1776, 1777.

Das Ergebnis des BFH ist nicht zwingend, aber nachvollziehbar. Es muss dann aber auch umgekehrt gelten. Auch Verluste aus der Zeit vor Abschluss der Tantiemevereinbarung dürfen sich dann nicht auswirken.

BEISPIEL: Der Gesellschafter-Geschäftsführer wird im Jahre 00 eingestellt und erhält ab dem Jahre 05 eine Tantiemezusage. In den Jahren 01 – 04, also vor der Tantiemezusage, wurden jährlich 20.000 Verlust erzielt, im ersten tantiemepflichtigen Jahr 05 entsteht ein Gewinn von 80.000. Da entsprechend der Entscheidung des BFH Ergebnisse aus der Zeit vor Abschluss der Tantiemevereinbarung nicht einbezogen werden dürfen muss der Geschäftsführer für 05 eine Tantieme auf Basis des erzielten Gewinnes erhalten. Dies wäre das einzig konsequente Ergebnis, abgesichert durch die Rechtsprechung ist es aber nicht.

(4) Keine doppelte Berücksichtigung von Verlusten

Wird also ein Verlust nach der Rechtsprechung des BFH auch dann berücksichtigt, wenn er sich im Verlustvortrag gar nicht auswirkt, so darf er umgekehrt nicht doppelt berücksichtigt werden. Dies sollte eigentlich eine Selbstverständlichkeit sein. Das Finanzamt vertrat jedoch bereits in einer Betriebsprüfung die gegenteilige Auffassung. Dies ergibt sich leicht in vGA-Fällen, wie das folgende, am tatsächlichen Fall orientierte, Beispiel zeigt.[1]

BEISPIEL: Es wurde wirksam eine Tantieme von 20 % auf den Gewinn vor Ertragsteuern und Tantieme vereinbart. Die Berücksichtigung von Verlustvorträgen wurde nicht vereinbart. In 2002 bestand ein Verlustvortrag von 40.000 €, der unter der Leitung des Gfs im Vorjahr (= Gründungsjahr) entstanden war. Im Jahr 2002 fiel nach der o. g. Formel ein Gewinn von ebenfalls 40.000 € an, der wegen des Verlustvortrages nicht mit Ertragsteuern belastet ist. Entsprechend wurde eine Tantieme von 8.000 € gezahlt. Die BP rechnet für 2002 entsprechend der Rspr. des BFH wie folgt:

Gewinn 2002	32.000 €
tatsächlich gezahlte Tantieme	8.000 €
Verlustvortrag	– 40.000 €
BMG Tantieme 2002	0 €
VGA Tantieme in 2002	8.000 €

Die in 2002 tatsächlich gezahlte Tantieme stellt nach der Rspr. des BFH in vollem Umfang vGA dar, da die Bemessungsgrundlage für die Tantieme 0 € war. Die vGA wird außerhalb der Bilanz dem Gewinn wieder hinzugerechnet. Der Verlustvortrag für die Bemessung der Tantieme ist vollständig aufgezehrt, denn unabhängig von der steuerlichen Einordnung war die Tantieme der Bemessungsgrundlage hinzuzurechnen. Handelsrechtlich dagegen besteht der Verlustvortrag weiterhin i. H. v. 8.000 €, da die Tantieme wirksam vereinbart wurde und den Gewinn gemindert hat. Für 2003 ergeben sich ähnliche Zahlen, die BP rechnet wie folgt:

Gewinn	20.000 €
Ertragsteuern	12.000 €
tatsächlich gezahlte Tantieme	8.000 €
Verlustvortrag	– 8.000 €
BMG Tantieme also	32.000 €
Tantieme 20 % also	6.400 €
VGA Tantieme in 2003	1.600 €

---

[1] Vgl. bereits *Janssen*, BB 2004, 1776, 1777 f.

Da die Tantieme 2002 handelsrechtlich nicht zu beanstanden war, war in der Bilanz ein Verlustvortrag von 8.000 € verblieben, der in der Bilanz 2003 weiterhin als Verlustvortrag ausgewiesen wird. Dies nahm die BP zum Anlass, die Bemessungsgrundlage für die Tantieme erneut zu mindern. Dadurch ergibt sich erneut eine vGA i. H.v. 1 600 €.

In diesem Beispiel hat also ein Verlust von 40.000 € die Bemessungsgrundlage für die Tantieme um insgesamt 48.000 € gemindert. Dies liegt daran, dass auf den handelsrechtlichen Verlustvortrag abgestellt wird, der aber von einer Tantiemebemessungsgrundlage abgezogen wird, die sich nicht ausschließlich nach dem handelsrechtlichen Gewinn richtet.

3961 Die Lösung der Betriebsprüfung im vorstehenden Beispiel ist natürlich unzutreffend, da der Verlustvortrag zur Berechnung der Tantieme steuerlich bereits in 2002 vollständig aufgebraucht wurde. Das zutreffende Ergebnis kann nur hergestellt werden, wenn der handelsrechtliche Verlustvortrag um solche Beträge modifiziert wird, die nach der vereinbarten Tantiemeberechnung abweichend von der handelsrechtlichen Gewinnermittlung hinzuzurechnen oder abzuziehen sind. Meist handelt es sich um die Hinzurechnung der Tantieme selbst, was im o. g. Beispiel die Differenz verursachte. Zu dem Verlustvortrag aber werden meist auch die Ertragsteuern hinzugerechnet. Es muss also künftig nicht nur das handelsrechtliche Ergebnis individualisiert werden, sondern zwischen dem handelsrechtlichen und einem speziellen steuerlichen Verlustvortrag für Berechnung der Tantiemen unterschieden werden. Im vorstehenden Beispiel wäre also in 2003 wie folgt zu rechnen:

Handelsrechtlicher Verlustvortrag	8.000 €
abzüglich steuerlicher Faktoren, die die BMG der Tantieme erhöhten und daher den Verlustvortrag für die Tantiemeberechnung bereits minderten, im Beispiel	− 8.000 €
also Betrag der tatsächlichen Tantiemezahlung für 2002	
in 2003 steuerlich bei Tantiemeberechnung zu berücksichtigender Verlustvortrag	0 €

Eine solche Nebenrechnung kann nur unterbleiben, wenn die Tantiemeberechnung auf das unveränderte handelsrechtliche Ergebnis abstellt. Dies ist jedoch in der Praxis nicht üblich.

3962 Alternativ dazu wäre es auch denkbar, dass der handelsrechtliche Verlustvortrag nur das in die Tantiemeberechnung einbezogene handelsrechtliche Ergebnis, nicht aber die übrigen Faktoren der Tantiemeberechnung beeinflussen kann.

Dann wäre für 2002 wie folgt zu rechnen:

Handelsrechtlicher Gewinn	32.000 €
abzüglich Verlustvortrag, 40.000, max. handelsrechtlicher Gewinn	–
	32.000 €
zuzüglich Tantieme selbst	8.000 €
zulässige BMG für Tantieme	8.000 €
Tantieme 20 %	1.600 €
vGA (tatsächliche abzüglich zulässiger Tantieme)	6.400 €

In 2003 wäre die Berechnung der Betriebsprüfung dann zutreffend. Auch in diesem Fall hätte ein Verlustvortrag von 40.000 € die Bemessungsgrundlage für die Tantieme zutreffend nur um 40.000 € und nicht um 48.000 € gemindert.

(5) Individualisierung der Verluste

Es muss aber nicht nur ein Verlustvortrag abweichend von dem in der Bilanz enthaltenen Wert in einer Nebenrechnung festgestellt werden,[1] sondern dieser muss noch weiter individualisiert werden. Der BFH verlangt nämlich eine Verlustverrechnung bei der Tantiemebemessung eines GesGf nur, wenn dieser für die Verluste verantwortlich oder zumindest mit verantwortlich war.[2] Daraus folgt zunächst, dass der GesGf Verlustvorträge, die vor seinem Amtsantritt entstanden sind, nicht in die Berechnung seiner Tantieme einbeziehen muss.[3] Der BFH erläutert aber nicht genauer, wann der Geschäftsführer nach seiner Ansicht für die Verluste verantwortlich oder zumindest mitverantwortlich sein soll. Lediglich an einer Stelle der Urteilsbegründung verlangt er die Verlustverrechnung bereits, wenn der Verlust unter der Leitung des betreffenden Geschäftsführers entstanden ist. Daraus lässt sich entnehmen, dass der BFH davon ausgeht, dass ein Geschäftsführer für die unter seiner Leitung entstandenen Verluste stets mitverantwortlich ist. Es bleibt abzuwarten, ob diese pauschale Einschätzung einer Überprüfung an der Realität standhält. So dürfte eine Mitverantwortung nicht zu erkennen sein, wenn der Verlust

3963

- allein auf den Weisungen der Gesellschafterversammlung an den Geschäftsführer beruht oder
- allein aus dem Verlust eines wichtigen Kunden, Lieferanten oder Mitarbeiters entsteht oder
- auf staatliche Maßnahmen zurückzuführen ist (Im- oder Exportbeschränkungen) oder
- auf unvorhersehbaren Marktreaktionen beruht (Devisenkurssprünge, Rohölverteuerung wegen Terrorangst etc.) oder
- im Rahmen einer grundsätzlich erfolgreichen Sanierung angefallen ist.

BEISPIEL: Die traditionsreiche A-AG hat im Jahr 01 einen Verlust von 100 Mio. € erwirtschaftet. Sie steht kurz vor der Insolvenz. In dieser Situation beteiligt sich der als Sanierer bekannte B mit 5 % an der Gesellschaft und übernimmt die Geschäftsführung. Er erzielt in den folgenden Jahren folgende Ergebnisse: 02 – 50 Mio. €, 03 – 20 Mio. €, 04 + 5 Mio. € und ab 05 konstant jährlich + 20 Mio. €. Obwohl der Geschäftsführer also nachhaltig erfolgreich war, kann er nach Ansicht des BFH frühestens in 08 eine Tantieme erhalten, da erst dann der 70 Mio. € Verlustvortrag, die unter seiner Leitung angefallen sind, wieder wettgemacht wurden. Die Motivationswirkung einer solchen Tantiemevereinbarung – geschlossen im Jahr 01 – offenbart sich wohl nur dem BFH. Allenfalls könnte man hier argumentieren, der Geschäftsführer sei für die eingetretenen Verluste eben nicht verantwortlich, daher bräuchten sie bei der Bemessung seiner Tantieme auch nicht berücksichtigt zu werden. Dies dürfte aus dem o. g. Grund jedoch eine wenig erfolgversprechende Argumentation sein, offensichtlich entstanden die Verluste i. H. v. 70 Mio. € nämlich unter der Leitung des B.

Allerdings hat sich der BFH eine Hintertür offen gehalten. Er hat in der Entscheidung v. 18. 9. 2007 geäußert, dass es denkbar sei, in besonderen Situationen den Verlustvortrag bei der Tantiemebemessung nicht zu berücksichtigen, etwa um eine besondere Anreizwirkung der

3964

---

1 Vgl. *Mertes*, GmbH-Stpr 2009, 69, 73.
2 BFH, Urteile v. 17. 12. 2003 - I R 22/03, BStBl 2004 II 524 und v. 18. 9. 2007 - I R 73/06, BStBl 2008 II 314.
3 So auch *Lang*, GStB 2005, 149, 152; *Janssen*, BB 2004, 1776.

Tantieme herbeizuführen. Er hat allerdings nicht näher ausgeführt, welche Fälle diese Ausnahmeregelung in Anspruch nehmen könnten. Entschieden ist lediglich, dass auf die Verlustverrechnung nicht deshalb verzichtet werden darf, weil dem Geschäftsführer über seinen bisherigen Tätigkeitsbereich hinaus weitere Aufgaben übertragen werden.[1] *Pezzer* meint, hier kämen als Ausnahmefälle z. B. die Neugründung eines Unternehmens, die wesentliche Erweiterung eines bereits bestehenden Unternehmens oder die deutliche Ausweitung des Unternehmensgegenstandes in Betracht.[2] Er beachtet allerdings nicht, dass der erste dieser Fälle bereits explizit im BFH-Urteil v. 17. 12. 2003[3] abgelehnt wurde und die beiden letztgenannten Fälle wohl durch die vorgenannte Entscheidung v. 29. 6. 2005[4] erfasst und abgelehnt sind.

3965 In der Praxis wird man alle unter der Leitung des Geschäftsführers angefallenen Verluste zusammenrechnen und den unter seiner Leitung angefallenen Gewinnen gegenüberstellen. Solange der Unterschiedsbetrag positiv ist, ist bei der Tantiemebemessung kein Verlustvortrag zu berücksichtigen. Bei Gesellschaften mit mehreren GesGf muss die Nebenrechnung allerdings für jeden GesGf je nach Eintrittsdatum gesondert vorgenommen werden.

cc) Verfahrensrechtliche Aspekte – Auswirkung einer Betriebsprüfung

3966 In vielen Tantiemezusagen ist festgehalten, dass sich die Tantieme nicht ändert, wenn der Jahresüberschuss der Gesellschaft sich z. B. aufgrund einer Betriebsprüfung nachträglich ändert. Das gilt aber nicht für den Verlust oder Verlustvortrag, der bei Berechnung der Tantieme abzuziehen ist. Seine Veränderung in einem Jahr kann Auswirkungen für eine ganze Reihe von Folgejahren haben.

> **BEISPIEL:** Die A-GmbH, Alleingesellschafter-Geschäftsführer A, wurde in 2007 gegründet und wies folgende Ergebnisse (vor Tantieme) aus:
>
> 2007: –20.000 € (Gründungsjahr)
> 2008: +50.000 €
> 2009: –40.000 €
> 2010: +50.000 € usw.
>
> Der Alleingesellschafter-Geschäftsführer bekam von Anfang an eine Tantieme von 20 % des Gewinns zugesagt, eine Berücksichtigung von Verlustvorträgen ist nicht vorgesehen. Die Vereinbarung enthält eine Klausel, nach der sich die Tantieme durch nachträgliche Gewinnänderungen aufgrund einer Betriebsprüfung nicht verändern soll.
>
> Im Jahr 2010 stellt eine Betriebsprüfung fest, dass für das Jahr 2007 kein Verlust, sondern ein Gewinn von 30.000 € angefallen ist (alle Ergebnisse sowohl handels- wie steuerrechtlich).

3967 A hat 2008 und ab 2010 jährlich 10.000 € Tantieme erhalten. Steuerlich wurde jedoch für 2008 nur eine Tantieme von 6.000 € anerkannt und eine vGA i. H.v. 4.000 € sowohl in der KSt als auch in der ESt des Alleingesellschafters versteuert. Durch die Feststellung der BP steht nun fest, dass eine verdeckte Gewinnausschüttung nicht vorlag. Soweit die Bescheide noch offen sind, sind daher die Rechtsfolgen der vGA in 2008 aufzuheben.

3968 Darüber hinaus würde A nun eigentlich für 2007 eine Tantieme von 20 % von 30.000 €, also 6.000 € zustehen. Dies wird durch die genannte Klausel in der Tantiemezusage jedoch verhin-

---

[1] BFH, Urteil v. 29. 6. 2005 - I B 247/04, BFH/NV 2005, 1868 = NWB FAAAB-60885.
[2] Vgl. *Pezzer*, FR 2008, 468, 469.
[3] BFH, Urteil v. 17. 12. 2003 - I R 22/03, BStBl 2004 II 524.
[4] BFH, Urteil v. 29. 6. 2005 - I B 247/04, BFH/NV 2005, 1868 = NWB FAAAB-60885.

dert. Tritt im Jahr 2009 nun ein Verlust von 40.000 € ein, so fragt sich, ob für Tantiemezwecke die 30.000 € Gewinn aus 2007 gegengerechnet werden dürfen, so dass steuerlich für 2010 eine Tantieme auf einen Gewinn von (50.000 − 10.000 =) 40.000 € anerkannt werden kann oder ob der volle Verlust 2009 in 2010 vorgetragen werden muss, also die Tantieme nur auf eine Bemessungsgrundlage von (50.000 − 40.000 =) 10.000 € gezahlt werden darf. Nach der Begründung der bisherigen Rechtsprechung wäre wohl Ersteres richtig:

- Für 2005 gab es schon eine Tantiemevereinbarung.
- Dennoch ist der Gewinn noch nicht mit Tantieme belegt worden.
- Der Gewinn ist unter der Leitung des Geschäftsführers angefallen.

Es ist aber keinesfalls sicher, dass die Rechtsprechung sich nicht doch für die zweite Lösung entscheidet, weil nach ihrer Ansicht der ordentliche Geschäftsführer seinen Vorteil aus der Änderungsklausel voll ausnutzen würde und sich nicht auf diese Art veranlasst sähe, für das Ergebnis des Jahres 2005 doch noch eine Tantieme zahlen zu müssen. Es zeigt sich hier allerdings nur, wie beliebig das Argument mit dem ordentlichen und gewissenhaften Geschäftsführer eingesetzt werden kann, der sich hier zum ordentlich gerissenen Geschäftsleiter weiterentwickeln würde.

dd) Kritik

Die Rechtsprechung des BFH zur Verlustberücksichtigung überzeugt nicht. Er verkennt dabei, dass das Unternehmensrisiko von den Gesellschaftern zu tragen ist, nicht vom Geschäftsführer, daher kann keine Rede von einem Interessenausgleich zwischen Gesellschaft und Geschäftsführer sein. Dieser ist schlicht ein Angestellter, der sein Gehalt unabhängig von der Lage der Gesellschaft beanspruchen kann. Wenn ein Teil dieses Gehalts erfolgsabhängig gestaltet wird, so kann dies nur von dem Erfolg für den jeweils honorierten Zeitraum abhängen und nicht von einer Art Totalgewinn. Zudem ist wieder einmal nicht erkennbar, wie die Begründung des BFH zum Drittvergleich passt. In Großunternehmen richten sich die Tantiemen oft gar nicht nach dem Gewinn, sondern z. B. danach, ob der Aktienkurs sich besser entwickelt hat als der DAX oder ob das EBITDA positiv war oder der ROI nicht weiter abgesunken ist oder anderen abstrakten Größen.[1] Der BFH behauptet in seinem Urteil allerdings auch nicht einmal einen Drittvergleich vorgenommen zu haben, sondern spricht von ‚innerer Logik'.[2]

Zudem widerspricht die Verlustverrechnung der betriebswirtschaftlichen Funktion der Tantieme. Diese soll den Geschäftsführer motivieren, einen Gewinn zu erzielen. Werden die erzielten Gewinne vor Bemessung der Tantieme mit den Verlusten der Vergangenheit verrechnet, so entfällt die Motivation und damit der Zweck der Einführung der Tantieme. Gerade ein Geschäftsführer, der es nach einer Verlustphase noch schaffen soll, das Steuer herumzureißen, bedarf besonders der Motivation. Besonders deutlich lässt sich das am Beispiel eines Geschäftsführers zeigen, der ein Unternehmen in der Krise übernimmt.[3]

Völlig unverständlich bleibt auch, dass gerade die Einbeziehung von Anlaufverlusten bei der Berechnung von Tantiemen erforderlich sein soll. Der BFH hat hier wohl kurzzeitig ignoriert, dass nach seiner eigenen Rechtsprechung sogar die Vereinbarung einer Umsatztantieme ge-

---

1 Vgl. *Hoffmann*, GmbHR 2008, 268, 269.
2 BFH, Urteil v. 18. 9. 2007 - I R 73/06, BStBl 2008 II 314.
3 Beispiel s. → Rz. 3963.

rechtfertigt ist.[1] Dies begründet er dort damit, dass durch die Anlaufphase Gewinne nicht zu erwarten sind und eine Gewinntantieme daher kein ausreichender Anreiz ist. Wie es dazu passen soll, dass ein Geschäftsführer, der dennoch eine solche Gewinntantieme vereinbart noch mit der Verlustverrechnung und damit einem erheblich verlängerten Ausfall der Tantieme bestraft werden muss, ist nicht verständlich. Es kann also nur jedem Geschäftsführer empfohlen werden, für die Anlaufphase der Gesellschaft eine Umsatztantieme zu vereinbaren und zu hoffen, dass zum Ende der Aufbauphase die ersten Verluste bereis ausgeglichen sind.

3973 Schließlich erfordert die Umsetzung dieser Rechtsprechung neben dem bilanziellen Verlustvortrag für jeden GesGf, der eine Tantieme erhält, einen Verlustvortrag im Rahmen einer individualisierten Nebenrechnung vom Zeitpunkt der Erteilung der Tantiemezusage an zu entwickeln und trägt so das seine zur oftmals bedauerten ständigen Komplizierung des Steuerrechts bei.[2]

e) Umsatztantieme

3974 Am Umsatz orientierte Tätigkeitsentgelte sind gestalterisch üblich[3] und nach BFH Rspr.[4] und FG Rspr[5] keine vGA, wenn die Gefahr einer Gewinnabsaugung[6] nicht besteht. Das gilt auch für nicht beherrschende GesGf.[7] Die Nichtgeltendmachung führt mangels tatsächlicher Durchführung zu einer vGA, wenn eine Vermögensminderung durch die Passivierung in der Steuerbilanz vorgenommen wurde.[8] Es darf nicht die Gefahr bestehen, dass der Geschäftsführer den Umsatz zu Lasten der Rendite steigere, was mit dem Ziel eines ordentlichen und gewissenhaften Geschäftsleiters, nämlich der Gewinnsteigerung und der Vermeidung der Gewinnabsaugung, nicht zu vereinbaren sei.[9] Mit der Gewinnabsaugung wird hier jedoch ein Merkmal abgeprüft, dass auch durch die Überprüfung der Gesamtausstattung bereits abgedeckt wird.[10]

3975 Eine zivilrechtlich zugelassene Zusage einer Umsatztantieme an den GesGf einer GmbH kann steuerrechtlich ausnahmsweise anerkannt werden, die Beweislast für den Ausnahmefall trifft die Kapitalgesellschaft.[11] Folgende Umstände sind bei der Vereinbarung[12] zu beachten:

---

1 Vgl. dazu → Rz. 3974.
2 Vgl. *Pezzer*, FR 2008, 468, 469.
3 Vgl. *Engers*, DB 2003, 116; *Tänzer*, GmbHR 2005, 1256, 1259.
4 BFH, Urteile v. 4.3.2009 - I R 45/08, NWB NAAAD-33312; v. 28.6.1989 - I R 89/85, BStBl 1989 II 854; v. 20.8.1997 - I B 128/96, BFH/NV 1998, 353 = NWB GAAAB-38773; Schleswig-Holsteinisches FG, Urteil v. 16.1.2002 - I 192/01, EFG 2002, 636, 637, teilweise bestätigt durch Rev. BFH, Urteil v. 11.8.2004 - I R 40/03, BFH/NV 2005, 248 = NWB TAAAB-40243. Bestätigung, dass umsatz- und gewinnabhängige Vergütungsbestandteile als vGA zu werten sind, im Urteilsfall aber zusätzliches Sockelbetrag als zusätzliches Festgehalt, insoweit keine vGA.
5 FG Berlin-Brandenburg, Urteil v. 8.4.2014 - 6 K 6216/12, EFG 2014, 1332.
6 BFH, Urteile v. 19.2.1999 - I R 105 - 107/97, BStBl 1999 II 321; v. 4.3.2009 - I R 45/08, NWB NAAAD-33312.
7 BFH, Urteile v. 19.2.1999 - I R 105 - 107/97, BStBl 1999 II 321; v. 6.4.2005 - I R 10/04, BFH/NV 2005, 2058 = NWB MAAAB-66058; v. 4.3.2009 - I R 45/08, NWB NAAAD-33312.
8 BFH, Urteil v. 22.2.1989 - I R 44/85, BStBl 1989 II 475.
9 BFH, Urteile v. 19.5.1993 - I R 83/92, BFH/NV 1994, 124 = NWB TAAAA-97255; v. 30.8.1995 - I B 114/94, BFH/NV 1996, 265 = NWB SAAAB-37009; v. 20.9.1995 - I R 130/94, BFH/NV 1996, 508; v. 19.2.1999 - I R 105–107/97, BStBl 1999 II 321; v. 11.8.2004 - I R 40/03, NWB TAAAB-40243.
10 Vgl. *Schuhmann*, StBp 2007, 977, 979; ders., StBp 2005, 921, 922.
11 BFH, Urteil v. 28.6.1989 - I R 89/85, BStBl 1989 II 854.
12 Es ist also auf die Verhältnisse ex ante, nicht ex post abzustellen, so ausdrücklich BFH, Urteil v. 30.8.1995 - I B 114/94, NWB SAAAB-37009, unter h.

- Eine Umsatztantieme ist zulässig, wenn die mit der Vergütung angestrebte Leistungssteigerung des Begünstigten durch eine Gewinntantieme nicht zu erreichen wäre,[1] z. B. in der Aufbauphase eines Unternehmens,[2] bei einem ausschließlich für den Vertriebsbereich zuständigen Gesellschafter-Geschäftsführer[3] oder wenn in einer Phase der Produktionsumstellung eine Umsatzausweitung für das Unternehmen überlebenswichtig ist, der Tantiemesatz mit 1,5 % gering und die Zahlung zudem von einem verbleibenden Mindestgewinn von 50.000 DM abhängig ist.[4] Aufgrund der im modernen Wirtschaftsleben erforderlichen ständigen Flexibilität ist allerdings beinahe jedes Unternehmen irgendwie immer in einer Umbauphase.[5]

- Die Branchenüblichkeit einer dem GesGf einer GmbH zugesagten Umsatztantieme ist nicht Voraussetzung für ihre steuerrechtliche Anerkennung, wenn aufgrund der individuellen Verhältnisse der KapGes besondere Gründe vorliegen, die die Gewährung einer am Umsatz bemessenen Tantieme als sachgerechte Vergütungsform erscheinen lassen.[6] Die Branchenüblichkeit ist aber ein positives Beweisanzeichen für die Zulässigkeit der Umsatztantieme.[7] Umgekehrt soll die Branchenüblichkeit aber allein kein Grund zur Zahlung einer Umsatztantieme sein, vielmehr seien auch in einem solchen Fall die individuellen Verhältnisse des Einzelfalls zu prüfen.[8]

- Die Abhängigkeit des Gewinns vom Umsatz, wie sie z. B. bei Maklern vorliegt, rechtfertigt die Umsatztantieme nicht.[9]

- Eine umsatzabhängige Bezahlung der Angestellten soll etwas gänzlich anderes sein, als eine auf den Gesamtumsatz der Firma bezogene Tantieme und diese daher nicht rechtfertigen können.[10] Leider teilt das FG München nicht mit, worin es den grundlegenden Unterschied erblickt.

---

1 BFH, Urteile v. 4.3.2009 - I R 45/08, NWB NAAAD-33312; v. 6.4.2005 - I R 10/04, BFH/NV 2005, 2058, 2060 = NWB MAAAB-66058.
2 BFH, Urteile v. 19.5.1993 - I R 83/92, BFH/NV 1994, 124 = NWB TAAAA-97255; v. 20.9.1995 - I R 130/94, BFH/NV 1996, 508 = NWB CAAAB-37224; v. 19.2.1999 - I R 105–107/97, BStBl 1999 II 321; v. 6.4.2005 - I R 10/04, BFH/NV 2005, 2058, 2060 = NWB MAAAB-66058; v. 4.3.2009 - I R 45/08, NWB NAAAD-33312; FG München, Urteil v. 27.4.2001 - 6 K 810/98, EFG 2001, 1235, Rev. wurde als unzulässig verworfen, BFH, Urteil v. 3.9.2002 - I R 59/01, BFH/NV 2003, 181 = NWB VAAAA-68122; der Rechtsformwechsel von einer GmbH in eine GmbH & Co. KG ist aber keine solche Aufbauphase; vgl. FG Saarland, Urteil v. 2.2.1998 - 1 V 301/97, EFG 1998, 687.
3 BFH, Urteil v. 19.5.1993 - I R 83/92, BFH/NV 1994, 124 = NWB TAAAA-97255.
4 Hessisches FG, Urteil v. 27.6.1991 - 4 V 1093/91, rkr., EFG 1992, 32.
5 Schuhmann, StBp 2007, 977, 979; ders., StBp 2005, 921, 922.
6 BFH, Urteil v. 19.5.1993 - I R 83/92, BFH/NV 1994, 124 = NWB TAAAA-97255; v. 30.8.1995 - I B 114/94, NWB SAAAB-37009.
7 Ebenso Mertes, GmbH-Stpr 2009, 69, 70.
8 FG Hessen, Urteil v. 15.1.2004 - 4 K 3169/02, rkr., EFG 2005, 479; auch BFH, Urteil v. 30.8.1995 - I B 114/94, BFH/NV 1996, 265 = NWB SAAAB-37009.
9 FG München, Urteil v. 27.4.2001 - 6 K 810/98, EFG 2001, 1235, Rev. wurde als unzulässig verworfen, BFH, Urteil v. 3.9.2002 - I R 59/01, BFH/NV 2003, 181 = NWB VAAAA-68122; auch Hessisches FG, Urteil v. 15.1.2004 - 4 K 3169/02, EFG 2005, 479, Rücknahme der Revision I R 106/04.
10 FG München, Urteil v. 27.4.2001 - 6 K 810/98, EFG 2001, 1235, Rev. wurde als unzulässig verworfen, BFH, Urteil v. 3.9.2002 - I R 59/01, BFH/NV 2003, 181 = NWB VAAAA-68122.

3976　Ist nach dem Vorstehenden eine Umsatztantieme ausnahmsweise gerechtfertigt, so stellt diese nach Ansicht des BFH aber dennoch eine vGA dar, wenn sie weder zeitlich noch höhenmäßig begrenzt worden ist.[1] Das gilt auch für die Aufbaujahre in den neuen Bundesländern[2] und auch wenn die Umsatztantieme nur für vom Geschäftsführer selbst vermittelte Umsätze gezahlt wird[3] und ebenso für nahestehende Personen.[4] Das soll sogar nach umstrittener FG Rspr. gelten, wenn die Umsatztantieme tatsächlich auf die Aufbauphase beschränkt war und nicht zu einer Gewinnabsaugung führte.[5] Dagegen soll ein geringer Prozentsatz und die Kombination mit einer höheren Gewinntantieme, mit der Folge das Verlust und Senkung der Gewinntantieme nachteiliger ist als die Anknüpfung an einen höheren Umsatz, dazu führen, dass eine starre zeitliche und höhenmäßige Begrenzung entfallen darf.[6] Eine Aufbauphase soll dabei grundsätzlich für die ersten drei bis vier,[7] im Einzelfall auch für sechs Jahre[8] anzuerkennen sein, sie ist aber bereits abgeschlossen, wenn das Unternehmen bereits eine stabile Ertragssituation (vor Umsatztantieme) erreicht hat.[9] Für die zeitliche Begrenzung hält der BFH auch eine Revisionsklausel für ausreichend,[10] nach Ansicht des FG Berlin muss diese es der Gesellschaft aber ermöglichen, sich isoliert von der Umsatztantieme zu trennen, eine Kündigungsmöglichkeit des gesamten Arbeitsvertrages soll hingegen nicht ausreichen.[11] Das FG meint, ansonsten unterscheide sich die Revisionsmöglichkeit nur marginal von der bei Geschäftsführern stets möglichen Kündigung, allenfalls entfalle hier die Kündigungsfrist. Dabei übersieht das FG, dass bei einer isolierten Kündigung der Umsatztantieme die Verhältnisse deswegen nicht so grundlegend anders sind, weil es dem Geschäftsführer freisteht, seinerseits zu kündigen, wenn er eine solche Verschlechterung nicht hinnehmen will. Auch die Tatsache, dass die Gesamtausstattung des Geschäftsführers angemessen ist, kann jedoch eine unzulässige Umsatztantieme nicht vor der Umqualifizierung in eine vGA bewahren, da auch eine solche Umsatztantieme die Gefahr der Gewinnabsaugung beinhaltet.[12] Ist die Umsatztantieme unzulässig, so kann sie nicht in eine angemessene Gewinntantieme umgedeutet werden.[13]

---

1. BFH, Entscheidungen v. 19.5.1993 - I R 83/92, BFH/NV 1994, 124 = NWB TAAAA-97255; v. 30.8.1995 - I B 114/94, GmbHR 1996, 302 = NWB SAAAB-37009; v. 20.9.1995 - I R 130/94, BFH/NV 1996, 508 = NWB CAAAB-37224; v. 28.9.1995 - I B 201/94, BFH/NV 1996, 365 = NWB AAAAB-37028; v. 19.2.1999 - I R 105107/97, BStBl 1999 II 321; v. 6.4.2005 - I R 10/04, BFH/NV 2005, 2058, 2060 = NWB MAAAB-66058; v. 4.3.2009 - I R 45/08, NWB NAAAD-33312; FG München, Urteil v. 27.4.2001 - 6 K 810/98, EFG 2001, 1235, Rev. wurde als unzulässig verworfen, BFH, Urteil v. 3.9.2002 - I R 59/01, BFH/NV 2003, 181 = NWB VAAAA-68122.
2. FG Berlin, Urteil v. 23.3.1998 - 8 K 8303/97, rkr., EFG 1998, 1218.
3. BFH, Urteil v. 28.6.2006 - I R 108/05, BFH/NV 2007, 107 = NWB XAAAC-19472.
4. BFH, Urteil v. 9.7.2007 - I B 123/06, BFH/NV 2007, 2148 = NWB GAAAC-58359.
5. FG München, Urteil v. 22.10.2007 - 7 K 4673/05, EFG 2008, 321, NZB als unbegründet zurückgewiesen, Gründe für Zulassung der Rev. liegen nicht vor, BFH, Urteil v. 2.4.2008 - I B 208/07, NWB BAAAC-80267. A. A. FG Berlin-Brandenburg, Urteil v. 8.4.2014 - 6 K 6216/12, EFG 2014, 1332.
6. So FG Berlin-Brandenburg, Urteil v. 8.4.2014 - 6 K 6216/12, EFG 2014, 1332.
7. Vgl. *Engers*, DB 2003, 116, 118.
8. FG Köln, Urteil v. 6.11.1996 - 11 K 487/92, rkr., juris.
9. BFH, Urteil v. 4.3.2009 - I R 45/08, NWB NAAAD-33312.
10. BFH, Urteil v. 4.3.2009 - I R 45/08, NWB NAAAD-33312; auch schon BFH, Urteil v. 19.5.1993 - I R 83/92, BFH/NV 1994, 124 = NWB TAAAA-97255; v. 22.9.1994 - IX R 28/94, BFH/NV 1995, 508 = NWB PAAAB-34885.
11. FG Berlin, Urteil v. 23.3.1998 - 8 K 8303/97, rkr., EFG 1998, 1218, 1219.
12. BFH, Urteil v. 19.5.1993 - I R 83/92, BFH/NV 1994, 124 = NWB TAAAA-97255; FG Berlin, Urteil v. 10.2.2003 - 8 K 8263/99, NWB RAAAB-06844, Rev. als unbegründet zurückgewiesen, BFH, Urteil v. 27.4.2004 - I R 26/03, NWB VAAAC-21657; a. A. *Schuhmann*, StBp 2005, 921, 922.
13. BFH, Urteil v. 20.9.1995 - I R 130/94, BFH/NV 1996, 508 = NWB CAAAB-37224.

Nach einer neueren Entscheidung[1] kann eine Umsatztantieme aber auch dauerhaft zulässig sein, wenn

▶ sie einem Minderheitsgesellschafter von der Gesellschaftermehrheit
▶ wegen seiner besonderen Qualifikation zugebilligt wird und zudem
▶ auch allen anderen Arbeitnehmern mit gleicher Tätigkeit (Auktionator) gezahlt wird.

Die vorstehenden Grundsätze sollen allerdings nicht gelten und die Tantieme in vollem Umfang zulässig sein, wenn bei Überschreitung einer bestimmten Umsatzgrenze ein fester Betrag als Tantieme zugesagt wird.[2] In diesem Fall liege eine mit einer aufschiebenden Bedingung versehene Fixvergütung vor, die ein Minus gegenüber einer unbedingten Fixvergütung sei und daher ebenso wie diese zu behandeln sei. Daraufhin wurde empfohlen, nach Umsatz gestaffelte Festbeträge zuzusagen.[3] Der BFH hat eine solche Staffel jedoch als Umsatztantieme angesehen und als vGA eingeordnet, allein die erste Stufe, die nicht von der Erreichung eines bestimmten Umsatzziels abhängig war, sah er als Festvergütung und nicht als vGA an.[4]

f) Nur-Tantieme

Eine Nur-Tantieme liegt vor, wenn kein Festgehalt vereinbart wurde. Es dürfte hingegen nicht ausschlaggebend sein, ob der Gesellschafter-Geschäftsführer neben einer Tantieme auch noch Sachzuwendungen wie z. B. die Gestellung eines Dienstwagens erhält. Ist allerdings eine Mindesttantieme vereinbart, die unabhängig von der Höhe des tatsächlich angefallenen Gewinns stets zu zahlen ist, so handelt es sich insoweit nach dem wirtschaftlichen Gehalt nicht um eine Tantieme, sondern um ein Festgehalt, welches nur einmal jährlich ausbezahlt wird.[5] Ist der Geschäftsführer in mehreren Gesellschaften angestellt und gehören diese alle zu einem Konzern, so sind seine Vergütungen in allen Gesellschaften zusammen zu betrachten. Erhält er daher in einer Gesellschaft nur eine Tantieme, in einer anderen dagegen ein Festgehalt, so liegt keine Nur-Tantieme vor.[6]

Bei Pensionszusagen wird eine Nur-Pensionszusage immer noch bereits dem Grunde nach als vGA angesehen,[7] weil der Geschäftsführer das Risiko eingehe, jahrelang ohne Entgelt für die Gesellschaft zu arbeiten. Dies kann allerdings auch bei Vereinbarung einer Nur-Tantieme geschehen, wenn nämlich für mehrere Jahre kein Gewinn oder gar ein Verlust anfällt. Die Zeitdauer kann sich erheblich verlängern, wenn die Verrechnung dieser Verluste mit späteren Gewinnen für die Bemessungsgrundlage der Tantieme verlangt wird.[8] So hat der BFH zunächst auch eine Nur-Tantieme als vGA angesehen.[9] In seinem Urteil v. 25. 10. 1995[10] erkennt er jedoch eine Nur-Rohgewinntantieme als betrieblich veranlasst an[11] und verneint damit eine vGA.

---

1 BFH, Urteil v. 9. 6. 2004 - I B 10/04, BFH/NV 2004, 1424 = NWB AAAAB-25004, im zugehörigen Urteil BFH v. 6. 4. 2005 - I R 10/04, BFH/NV 2005, 2058 = NWB MAAAB-66058, allerdings so nicht mehr erwähnt.
2 BFH, Urteil v. 5. 6. 2002 - I R 69/01, BStBl 2003 II 329.
3 Vgl. *Engers*, DB 2003, 116.
4 BFH, Urteil v. 11. 8. 2004 - I R 40/03, NWB TAAAB-40243.
5 Dazu → Rz. 3978; BFH, Urteil v. 6. 10. 1993 - I B 66-68/93, BFH/NV 1994, 660; FG Hamburg, Urteil v. 13. 10. 2000 - II 457/99, rkr., EFG 2001, 160.
6 Bei Personengesellschaften: FG Nürnberg, Urteil v. 17. 1. 2001 - III 113/99 (rkr.), NWB SAAAB-11727; für Kapitalgesellschaften: *Brass*, BB 2002, 1724, unter Verweis auf die wirtschaftlichen Realitäten; a. A. BMF, Schreiben v. 1. 2. 2002, BStBl 2002 I 219, 220.
7 Vgl. dazu Stichwort: Pensionszusage.
8 Siehe dazu Stichwort: Verlustverrechnung.
9 BFH, Urteil v. 2. 12. 1992 - I R 54/91, BStBl 1993 II 311; ebenso immer noch *Breier/Posdziech*, GmbH-Stpr. 2000, 109, 114.
10 BFH, Urteil v. 25. 10. 1995 - I R 9/95, BStBl 1997 II 703.
11 Allgemein *Müller-Potthoff/Lippke/Müller*, GmbHR 2009, 867, 870.

3981 Die Finanzverwaltung wendet das Urteil an und macht dabei keinen Unterschied zwischen Nur-Tantieme und Nur-Rohgewinntantieme, knüpft die Anerkennung allerdings an folgende Voraussetzungen:[1]

- die Nur-Tantieme darf nur in Ausnahmefällen vereinbart werden, beispielhaft werden dafür genannt: Gründungsphase, Phasen vorübergehender wirtschaftlicher Schwierigkeiten oder Tätigkeiten in stark risikobehafteten Geschäftszweigen, ein Ausnahmefall soll jedoch nicht vorliegen bei Tätigkeit desselben Geschäftsführers in mehreren Gesellschaften, wobei er in einer nur Festgehalt und in der anderen nur eine Tantieme erhält; auch die Personenbezogenheit ist nicht mehr als Ausnahmesituation genannt;[2]

- die Grenze von 50 % des Gesamtgewinns als Tantieme für alle Geschäftsführer muss weiterhin eingehalten werden,

- die Nur-Tantieme muss zeitlich auf den Ausnahmezeitraum befristet sein[3] und

- muss bei Wegfall der Ausnahmesituation zwingend durch eine Tantieme innerhalb des 75 : 25 %-Verhältnisses ersetzt werden.

3982 Diese Voraussetzungen gelten erst ab VZ 2003, soweit sie eine Neuregelung darstellen, also insbesondere bezüglich der zeitlichen Befristung und der Nichtanerkennung der Personenbezogenheit als Ausnahmesituation für eine Nur-Tantieme.[4] Dagegen waren die Ausnahmesituation und die Einhaltung des 75 : 25 %-Verhältnisses bereits in BFH, Urteil v. 26.1.1999[5] verlangt worden. Die Einhaltung der 50 %-Grenze war nicht ausdrücklich geregelt, allerdings war auch die Nichtanwendung nicht verfügt worden. Die Voraussetzungen des BMF sorgen dafür, dass die Nur-Tantieme wirtschaftlich weitgehend uninteressant wird. Gerade in der Gründungsphase und in Phasen wirtschaftlicher Schwierigkeiten werden keine oder nur geringe Gewinne auftreten. Wird aber die letztgenannte Voraussetzung so verstanden, dass schon dann, wenn sich wieder Gewinne abzeichnen, zu einer Tantieme innerhalb des 75 : 25 %-Verhältnisses zurückzukehren ist, so dürfte die Nur-Tantieme kaum zum Tragen kommen.[6]

3983 Auch die Rechtsprechung wurde inzwischen weiter ausdifferenziert. Danach soll eine Nur-Gewinntantieme weiterhin ein Indiz für eine vGA sein.[7] Dieses kann nur widerlegt werden, wenn nachprüfbar dargelegt wird, dass

---

[1] BMF, Schreiben v. 1.2.2002, BStBl 2002 I 219; auch schon OFD Frankfurt a. M. v. 25.7.2000, BB 2000, 1770; der Nichtanwendungserlass des BMF, Schreiben v. 13.10.1997, BStBl 1997 I 900 wird durch das BMF ausdrücklich aufgehoben in BMF, Schreiben. v. 1.2.2002, BStBl 2002 I 219. Anerkannt wurde die Nur-Tantieme zuvor bereits von FG Hamburg, Urteil v. 18.11.1998 – II 135/96, EFG 1999, 727, bestätigt durch die Rev. BFH, Urteil v. 27.3.2001 – I R 27/99, BStBl 2002 II 111, vgl. auch → Rz. 3937. Einschränkend will die OFD Frankfurt a. M. v. 25.7.2000, a.a.O., 2000, 1770, die Nur-Rohgewinn-Tantieme nur unter den für eine Umsatztantieme geltenden Voraussetzungen anerkennen, wenn aufgrund der betrieblichen Kostenstruktur die Rohgewinne weitgehend den Umsätzen entsprechen.

[2] Anders noch BMF, Schreiben v. 5.1.1998, BStBl 1998 I 90, aufgehoben durch BMF, Schreiben v. 1.2.2002, BStBl 2002 I 219.

[3] Allgemein *Müller-Potthoff/Lippke/Müller*, GmbHR 2009, 867, 870.

[4] BMF, Schreiben v. 1.2.2002, BStBl 2002 I 219.

[5] BFH, Urteil v. 26.1.1999 – I B 119/98, BStBl 1999 II 241.

[6] Vgl. *Altendorf*, NWB F. 4, 4613, 4614; *Derlien*, DStZ 2002, 622, 624.

[7] BFH, Urteil v. 18.3.2002 – I B 156/01, BFH/NV 2002, 1178 = NWB UAAAA-68050; das gilt insbesondere, wenn die Nur-Tantieme weder einer betragsmäßigen noch zeitlichen Begrenzung unterliegt, vgl. BFH, Urteil v. 27.3.2001 – I R 27/99, BStBl 2002 II 111.

- die zu beurteilende Vereinbarung für die Gesellschaft wirtschaftlich sachgerecht ist und
- sich auch ein Fremdgeschäftsführer auf sie eingelassen hätte.[1]

Wirtschaftlich sachgerecht war die Nur-Gewinntantieme für die Gesellschaft im entschiedenen Fall nach Ansicht des BFH bereits, weil sie die Fixkostenbelastung mindert und den Geschäftsführern einen besonderen Anreiz bietet, möglichst schon in der Aufbauphase der Gesellschaft Gewinne zu erzielen. Daneben war sie im entschiedenen Fall auch für die Geschäftsführer akzeptabel, da diese nur jeweils zehn Wochenstunden für die Gesellschaft zu arbeiten hatten. Sie waren daher auf ein Gehalt aus der Gesellschaft nicht angewiesen. Die Möglichkeit, jahrelang umsonst für die Gesellschaft zu arbeiten, wurde durch die Möglichkeit einer hohen, betragsmäßig nicht begrenzten Tantieme ausgeglichen. Zudem war die Nur-Tantieme auf 2,5 Jahre begrenzt, für die nachfolgende Zeit war bereits ein Festgehalt vereinbart worden.

Auch das FG Münster[2] erkannte eine Nur-Tantieme an. Es stellte darauf ab, dass

- nur ein geringer Einsatz von Arbeitskraft erforderlich war, nämlich ca. 10 % der Arbeitskraft des Gesellschafter-Geschäftsführers und
- nach den Erfahrungen der Vergangenheit damit zu rechnen war, dass grundsätzlich jedes Jahr eine Tantieme anfallen würde.

Dagegen hielt das Gericht andere existenzsichernde Einkünfte des Geschäftsführers, obwohl vorhanden, ausdrücklich nicht für erforderlich. Eine zeitliche und betragsmäßige Begrenzung erschien ihm nur deshalb verzichtbar, weil nach den Erfahrungswerten der Vorjahre mit größeren Ergebnisausschlägen nicht zu rechnen war. Die danach immer noch bestehenden Einschränkungen bei Anerkennung der Nur-Tantieme sind nicht recht verständlich, wenn dem die Argumentation der Gerichte bei der Ablehnung der Vereinbarung von Feiertags- und Nachtzuschlägen (vgl. dort) gegenübergestellt wird. Dort wird ausgeführt, die Entlohnung des Geschäftsführers habe sich nur nach seinem Erfolg, nicht nach der aufgewandten Zeit zu bemessen.

g) Angemessenheit der Tantieme

Auch bei Tantiemen gilt der dreistufige Drittvergleich.[3] Die ersten beiden Stufen können jedoch, mangels Vergleichsmaterials, meist nicht angewendet werden, eine Ausnahme ergab sich jedoch in dem Fall des Urteils vom 9.7.2003.[4] In diesem Fall war einem Angestellten eine Tantiemezusage erteilt worden, die die im Folgenden besprochenen Grenzen deutlich verletzte. Dieser Angestellte erwarb ca. sieben Monate nach Eintritt in das Unternehmen und Erteilung der Tantiemezusage alle Anteile an der GmbH. Das Finanzgericht erkannte die Tantiemezusage der Höhe nach als angemessen an, da ein innerer Betriebsvergleich mit den Verhältnissen aus der Anstellungszeit des jetzigen Gesellschafter-Geschäftsführers die Angemessenheit der Zusage belege. Dem folgte der BFH. Ist ein innerer Betriebsvergleich und auch ein äußerer Betriebsvergleich, wie im Regelfall, jedoch nicht möglich, so sind die folgenden Punkte als Ausprägung des hypothetischen Drittvergleichs zu prüfen.

---

[1] BFH, Urteil v. 18.3.2002 - I B 156/01, BFH/NV 2002, 1178 = NWB UAAAA-68050.
[2] FG Münster, Urteil v. 10.2.2003 - 9 K 468/01 K, F, rkr., EFG 2003, 802.
[3] Innerbetrieblicher, außerbetrieblicher und hypothetischer Drittvergleich, s. → Rz. 3945.
[4] BFH, Urteil v. 9.7.2003 - I R 36/02, BFH/NV 2004, 88 = NWB YAAAA-70032.

aa) Bestandteile der Bemessungsgrundlage

3988 Zunächst ist zu klären, was (eindeutige Vereinbarung vorausgesetzt, s. o.) Bestandteil der Bemessungsgrundlage für eine Gewinntantieme sein kann bzw. darf:

- Zunächst ist natürlich vom Gewinn auszugehen. Bei der im folgenden Punkt besprochenen 50%-Grenze ist zwischen BMF und BFH streitig, ob der Ausgangspunkt für die Berechnung der handelsrechtliche oder steuerrechtliche Gewinn sein soll.[1]

3989 Nach Ansicht des Sächsischen FG ist der Gewinn ferner vor Sonderabschreibungen anzusetzen, da diese nichts mit tatsächlichen wirtschaftlichen Wertverlusten zu tun haben und eine Förderung des Unternehmens darstellen sollen, nicht aber eine Beschränkung für Tantiemenzahlungen.[2] Das FG Sachsen-Anhalt[3] äußerte sich nicht zu der Frage, ob eine solche Korrektur zwingend ist, hielt aber jedenfalls eine Tantieme für unangemessen, die sich nach dem Gewinn vor Steuern und Zuführungen zu Sonderposten mit Rücklageanteilen bemaß, da die Auflösung dieser Sonderposten nicht (entsprechend gegenläufig) korrigiert werden sollte. Die Korrekturen sollten regelmäßig dem Interessenausgleich dienen und müssten daher, wenn sie denn vereinbart würden, für Veränderungen in beide Richtungen korrespondierend vereinbart werden. Dem FG ist zuzustimmen. Es kann an dieser Stelle nur darum gehen, wann die Bemessungsgrundlage so weit verfälscht ist, dass nicht mehr von einer Gewinntantieme gesprochen werden kann. Dies war in dem vom FG entschiedenen Fall sicherlich gegeben. Es hätte daher, entsprechend den Entscheidungen zur Umsatztantieme, am Kläger gelegen, darzulegen, warum die Tantieme dennoch im konkreten Fall anerkannt werden kann.

3990 Daraus folgt aber auch, dass

- es einerseits möglich ist, den unveränderten Gewinn (handels- oder steuerrechtlich) als Bemessungsgrundlage zu wählen, aber auch
- die Korrektur um außergewöhnliche Posten möglich ist, wenn sie jeweils korrespondierend in beide Richtungen erfolgt. *Mertes*[4] empfiehlt diese Korrektur für den Normalfall, allerdings – entsprechend der Rechtsprechung zu Verlustvorträgen – nur, soweit die außerordentlichen Posten unter der Verantwortung des Geschäftsführers entstanden sind. Der BFH hat bisher lediglich vGA angenommen, wenn im Zeitpunkt der Vereinbarung der Tantieme bereits feststand, dass aufgrund Einbeziehung der Sondereinflüsse eine Erhöhung der Tantieme erfolgt und diese einem fremden Dritten nicht gewährt worden wäre.[5]

3991 Unabhängig von den vorgenannten Kriterien liegt nach BFH eine vGA vor, wenn sie die Tantieme erhöht, weil der Gewinn durch vGA an den tantiemeberechtigten Geschäftsführer erhöht wurde. Diese Tantiemeerhöhung stellt nach Ansicht des BFH eine vGA dar, da ein ordentlicher und gewissenhafter Geschäftsleiter die vGA an den Tantiemeempfänger nicht in die Bemessungsgrundlage der Tantieme einbezogen hätte.[6]

---

[1] Siehe → Rz. 3993.
[2] Sächsisches FG, Urteil v. 5.7.2005 - 4 K 1926/00, EFG 2006, 436, für den BFH war diese Frage im Revisionsverfahren nicht entscheidungsrelevant, vgl. BFH, Urteil v. 14.3.2006 - I R 72/05, BFH/NV 2006, 1711 = NWB BAAAB-90502.
[3] FG Sachsen-Anhalt, Urteil v. 13.7.2006 - 3 K 485/02, rkr., EFG 2006, 1931.
[4] Vgl. *Mertes*, GmbH-Stpr 2009, 69, 73.
[5] BFH, Urteil v. 10.7.2002 - I R 37/01, BStBl 2003 II 418.
[6] BFH, Urteil v. 26.2.1992 - I R 124/90, BStBl 1992 II 691.

bb) Maximal 50 % des Jahresüberschusses

Nach Ansicht des BFH spricht der Beweis des ersten Anscheins für eine vGA, soweit die Tantieme für alle Geschäftsführer der Gesellschaft insgesamt 50 % des Jahresüberschusses übersteigt.[1] Das gilt auch für Freiberufler-GmbHs.[2] Die Verletzung der 50 %-Grenze spricht nach Ansicht des BFH für eine Gewinnabschöpfung,[3] zumal dann, wenn Verlustvorträge nicht zu berücksichtigen sind und die Tantieme auch auf außerordentliche Gewinne entfallen soll.[4] Damit gibt der BFH zugleich den Hinweis, dass eine höhere Tantieme eventuell anerkannt werden kann, wenn eine Verlustverrechnung vereinbart ist und außerordentliche Gewinne aus der Bemessungsgrundlage der Tantieme ausgenommen werden. Das BMF folgt der Rspr. und stellt ausdrücklich klar, dass sie auch gültig ist, wenn nur ein einziger Gesellschafter-Geschäftsführer in der Gesellschaft tätig ist.[5]

Diese 50 %-Grenze ist lt. BMF nach dem handelsrechtlichen Überschuss vor Abzug der Gewinntantieme und der ertragsabhängigen Steuern zu berechnen,[6] nach BFH ist die Grundlage der steuerliche Gewinn vor Abzug der Steuern und der Tantieme,[7] die übrigen Bestandteile der Vergütung (Festgehalt, Pensionszusage und Sachbezüge) sind also vom Jahresüberschuss abzuziehen. Ist für die konkret vereinbarte Tantieme eine andere Bemessungsgrundlage vereinbart worden, so ist diese zugrunde zu legen. Die 50 %-Grenze ist aber dennoch auf der Grundlage der o. g. Bemessungsgrundlage zu ermitteln, was dann relativ leicht zur vGA führen kann.

BEISPIEL[8] Der Geschäftsführer erhält eine Tantieme von 30 % des handelsrechtlichen Jahresüberschusses vor Abzug der Tantieme, der ertragsabhängigen Steuern und der Sonderabschreibungen. Es ergibt sich:

JÜ + ertragsabhängige Steuern + Tantieme	100.000 €
Sonderabschreibungen	200.000 €
Gesamt	300.000 €
Tantieme also 30 % =	90.000 €

Für die 50 %-Grenze ist aber von der Bemessungsgrundlage 100.000 € auszugehen, so dass die Tantieme diese Grenze um 40.000 € übersteigt und insoweit als vGA angesehen wird.

Das Sächsische FG ergänzt daher die o. g. Berechnungsgrundlage dahin, dass der Gewinn vor steuerlichen Sonderabschreibungen anzusetzen ist, da diese nichts mit tatsächlichen wirtschaftlichen Wertverlusten zu tun haben und eine Förderung des Unternehmens darstellen sollen, nicht aber eine Beschränkung für Tantiemezahlungen.[9]

---

[1] BFH, Urteile v. 5.10.1994 - I R 50/94, BStBl 1995 II 549; v. 12.10.1995 - I R 4/95, BFH/NV 1996, 437 = NWB ZAAAB-37238; v. 15.3.2000 - I R 73/99, BFH/NV 2000, 1245 = NWB TAAAA-65373; v. 27.4.2000 - I R 88/99, BFH/NV 2001, 342 = NWB RAAAA-65378; v. 17.12.2003 - I R 16/02, BFH/NV 2004, 817 = NWB SAAAB-20235; s. auch *Senger/Schulz*, DStR 1997, 1830, 1837.

[2] BFH, Urteile v. 1.2.2006 - I B 99/05, BFH/NV 2006, 982 = NWB TAAAB-80841; v. 8.7.1998 - I R 134/97, BFH/NV 1999, 370 = NWB RAAAA-62345.

[3] BFH, Urteil v. 17.12.2003 - I R 16/02, BFH/NV 2004, 817 = NWB SAAAB-20235.

[4] BFH, Urteil v. 5.10.1994 - I R 50/94, BStBl 1995 II 549.

[5] BMF, Schreiben v. 1.2.2002, BStBl 2002 I 219, mit Übergangsregelung vor dem 1.1.1997 in BMF, Schreiben v. 3.1.1996, BStBl 1996 I 53, nur insoweit nicht aufgehoben durch BMF, Schreiben v. 1.2.2002, BStBl 2002 I 219; s. dazu auch OFD Frankfurt v. 10.12.1996, GmbHR 1997, 188.

[6] BMF, Schreiben v. 1.2.2002, BStBl 2002 I 219; BFH, Urteil v. 4.6.2003 - I R 24/02, BStBl 2004 II 136.

[7] BFH, Urteile v. 1.2.2006 - I B 99/05, BFH/NV 2006, 982 = NWB TAAAB-80841; v. 4.6.2003 - I R 24/02, BStBl 2004 II 136.

[8] Nach *Alber*, GStB 2002, 32, 37; *Lang*, GStB 2005, 149, 150.

[9] Sächsisches FG, Urteil v. 5.7.2005 - 4 K 1926/00, EFG 2006, 436; für den BFH war diese Frage im Revisionsverfahren nicht entscheidungsrelevant vgl. BFH, Urteil v. 14.3.2006 - I R 72/05, BFH/NV 2006, 1711 = NWB BAAAB-90502.

3994 Der Beweis des ersten Anscheins für eine vGA kann allerdings widerlegt werden, wenn im konkreten Einzelfall angenommen werden kann, dass auch einem fremden Dritten eine erhöhte Tantieme zugebilligt worden wäre.[1] Dabei kann auf die Gründe zurückgegriffen werden, die auch ausnahmsweise die Vereinbarung einer Umsatztantieme rechtfertigen.[2]

3995 Im Einzelnen:

- In der Anlaufphase einer Gesellschaft kann eine höhere Tantieme gerechtfertigt sein,[3] die Anlaufphase muss aber von vornherein zeitlich begrenzt werden.[4] Ob zusätzlich eine betragsmäßige Obergrenze erforderlich ist, hat der BFH hingegen offen gelassen.[5] Geht eine GmbH aus einem Einzelunternehmen hervor, führt dessen Geschäftskontakte fort und ist einer der beiden Geschäftsführer der ehemalige Betriebsleiter des Einzelunternehmens, so liegt in der Gründung der GmbH keine Aufbauphase.[6]

- Im Hinblick darauf, dass die 50 %-Grenze für die Tantiemezusagen an sämtliche Geschäftsführer gilt, kann der Beweis des ersten Anscheins auch widerlegt werden, wenn die höhere Tantieme auch einem Fremdgeschäftsführer zugutekommt.[7]

- Ferner ist nach FG Düsseldorf der Beweis des ersten Anscheins auch widerlegt, wenn die Geschäftsführer einer ertragsstarken GmbH in einer stark wachstumsorientierten Branche ihre Festvergütung bewusst abgesenkt haben. Dies hielt das Gericht bei Jahresüberschüssen zwischen 1,2 und 1,7 Mio. DM und Festgehältern der beiden Geschäftsführer zwischen 159.000 DM und 184.000 DM bzw. 100.000 DM und 122.000 DM für offensichtlich.[8]

- Eine höhere Tantieme ist nicht deshalb angemessen, weil der Erfolg des Unternehmens in besonderem Maße von den Eigenschaften und Fähigkeiten des Geschäftsführers abhängt und der Kapitaleinsatz demgegenüber nur von untergeordneter Bedeutung ist, da es sich bei der 50 %-Grenze schon um eine großzügige im normalen Wirtschaftsleben nicht ausgeschöpfte Regelung handele, deren völlige Ausschöpfung bereits einen außerordentlichen Arbeitseinsatz erfordere.[9]

- Das Verbleiben einer angemessenen Kapitalverzinsung für die Gesellschaft kann allein den Beweis des ersten Anscheins für eine vGA nicht erschüttern,[10] da ein gewissenhafter

---

1 BFH, Urteil v. 17.12.2003 - I R 16/02, NWB SAAAB-20235, ebenso zur Nur-Tantieme: BFH, Urteil v. 18.3.2002 - I R 74/99, BStBl 2000 II 547.
2 BFH, Urteil v. 15.3.2000 - I R 73/99, BFH/NV 2000, 1245, 1246 = NWB TAAAA-65373.
3 BFH, Urteile v. 17.12.2003 - I R 16/02, NWB SAAAB-20235; v. 15.3.2000 - I R 73/99, BFH/NV 2000, 1245, 1246 = NWB TAAAA-65373; v. 15.3.2000 - I R 74/99, BStBl 2000 II 547.
4 BFH, Urteil v. 15.3.2000 - I R 73/99, BFH/NV 2000, 1245, 1246 = NWB TAAAA-65373, die kurzfristige Kündbarkeit des Anstellungsvertrags ist dafür nicht ausreichend; BFH, Urteil v. 15.3.2000 - I R 74/99, BStBl 2000 II 547, die vorgesehene jährliche Überprüfung der Tantieme genügt nicht.
5 BFH, Urteil v. 15.3.2000 - I R 73/99, BFH/NV 2000, 1245 = NWB TAAAA-65373; bejahend: FG des Landes Brandenburg, Urteil v. 8.10.1998 - 2 K 2278/97 K, G, F, EFG 1999, 46, Rev. ohne weitere Begründung (Beschluss nach Art. 1 Nr. 7 BFHEntlG) erledigt, BFH, Urteil v. 17.2.2000 - I R 105/98, NWB PAAAC-21137.
6 BFH, Urteil v. 17.12.2003 - I R 16/02, NWB SAAAB-20235.
7 So BFH, Urteil v. 27.4.2000 - I R 88/99, BFH/NV 2001, 342 = NWB RAAAA-65378.
8 FG Düsseldorf, Urteil v. 30.1.2001 - 6 K 8671/97 K, G, F, AO, NWB ZAAAB-13310, von der Revision nicht thematisiert, vgl. BFH, Urteil v. 10.7.2002 - I R 37/01, BStBl 2003 II 418.
9 BFH, Urteil v. 27.4.2000 - I R 88/99, BFH/NV 2001, 342 = NWB RAAAA-65378, offen gelassen, ob dies anders sein kann, wenn der Erfolg der GmbH allein vom Einsatz des Geschäftsführers abhängt oder es sich um eine sog. Freiberufler-GmbH handelt.
10 BFH, Urteile v. 17.12.2003 - I R 16/02, BFH/NV 2004, 817 = NWB SAAAB-20235; v. 15.3.2000 - I R 73/99, BFH/NV 2000, 1245, 1246 f. = NWB TAAAA-65373; v. 15.3.2000 - I R 74/99, BStBl 2000 II 547; v. 27.4.2000 - I R 88/99, BFH/NV 2001, 342 = NWB RAAAA-65378; a. A. für Freiberufler OFD Stuttgart, BB 1997, 243.

und ordentlicher Geschäftsführer stets bemüht sein wird, einen darüber hinausgehenden Gewinn zu erzielen.[1]

▶ Eine Tantiemezahlung von je 30 % des Gewinns an die beiden Gesellschafter-Geschäftsführer sieht der BFH auch als angemessen an, wenn die wesentliche Unternehmenstätigkeit von diesen selbst erbracht wird, diese außerordentlich qualifiziert sind, ein relativ geringes Festgehalt erhalten (je 60.000 DM/Jahr) und Arbeitszeit in erheblichem Umfang für die Gesellschaft aufwenden.[2] Im entschiedenen Fall handelte es sich um zwei Professoren, die neben ihrer aktiven Tätigkeit als Professor jeweils 50 Std. pro Woche für die Gesellschaft tätig wurden. Die Vereinbarung eines geringen Festgehalts soll jedoch nach Ansicht des BFH keine Kompensation für eine Gewinntantieme von mehr als 50 % sein, sondern im Gegenteil eher beweisen, dass beides im Gesellschaftsverhältnis veranlasst ist.[3]

▶ Kein Grund für die Überschreitung des 50 %-Satzes ist es, dass die Ausstattung der Geschäftsführer dennoch insgesamt angemessen bleibt,[4] und dass die Gewinne zu über 50 % im November und Dezember anfielen. Es ist nicht einsehbar, dass dieser Liquiditätsüberschuss nicht im darauf folgenden Jahr in Form von Festgehältern ausgekehrt werden kann.[5]

cc) Maximal 25 % der Vergütung an den Geschäftsführer

Übersteigt die Tantieme eines Gesellschafter-Geschäftsführers 25 % seiner Gesamtvergütung,[6] so sieht der BFH dies als Indiz für eine vGA an, da diese Risikoverteilung den Interessen beider Seiten entspreche. Der Geschäftsführer habe dabei das Interesse, in Jahren mit geringem Gewinn nicht durch einen hohen Tantiemeanteil in existenzielle Bedrängnis zu geraten und die Gesellschaft habe kein Interesse dem Geschäftsführer einen Anreiz zur Erzielung schneller, aber nicht nachhaltiger Gewinne zu geben.[7] Dies gilt auch für eine Nur-Tantieme,[8] soweit sie nicht ohnehin dem Grunde nach als vGA anzusehen ist.[9] Diese Rechtsprechung wurde lange Zeit dahin verstanden, dass ein solches Indiz unwiderlegbar sei.[10] Der vom BFH behauptete Erfahrungssatz, dass die Tantieme höchstens 25 % und die Festbezüge 75 % des Gehaltes betragen sollen, konnte durch Gehaltsstrukturuntersuchungen nicht bestätigt werden,[11] besteht den Drittvergleich nicht[12] und unterlag dementsprechend starker Kritik in der Literatur.[13]

---

1 BFH, Urteile v. 15.3.2000 - I R 73/99, BFH/NV 2000, 1245 = NWB TAAAA-65373; v. 27.4.2000 - I R 88/99, BFH/NV 2001, 342 = NWB RAAAA-65378.
2 BFH, Urteil v. 29.3.2000 - I R 85/98, NWB HAAAA-65377.
3 BFH, Urteil v. 17.12.2003 - I R 16/02, BFH/NV 2004, 817 = NWB SAAAB-20235.
4 BFH, Urteil v. 4.6.2003 - I R 24/02, BStBl 2004 II 136; Niedersächsisches FG, Urteil v. 20.11.2003 - 6 K 30/02, NZB eingelegt, Az. des BFH: I B 233/03, EFG 2004, 428.
5 Niedersächsisches FG, Urteil v. 20.11.2003 - 6 K 30/02, NZB eingelegt, Az. des BFH: I B 233/03, EFG 2004, 428.
6 BMF, Schreiben v. 1.2.2002, BStBl 2002 I 219; a. A. BMF, Schreiben v. 14.10.2002, BStBl 2002 I 972, Festvergütung.
7 Vgl. insbesondere BFH, Urteil v. 5.10.1994 - I R 50/94, BStBl 1995 II 549, aber auch BFH, Urteil v. 26.5.2004 - I R 86/03, BFH/NV 2005, 75 = NWB TAAAB-35834.
8 BFH, Urteile v. 26.1.1999 - I B 119/98, BStBl 1999 II 241; v. 27.3.2001 - I R 27/99, BStBl 2002 II 111; a. A. OFD Frankfurt a. M. v. 25.7.2000 - S 2742 A - 19 - St II 10.
9 Siehe dazu → Rz. 3979.
10 Vgl. Ausführungen in BFH, Urteil v. 19.11.2003 - I R 42/03, BFH/NV 2004, 669 = NWB UAAAB-16991, zum Verhalten des FA.
11 Vgl. *Tänzer*, GmbHR 1996, 40 ff. und GmbHR 1997, 1087 und DSWR 2003, 275, 276; GmbHR 2005, 1256, 1258; *Feldkamp*, Stbg 1999, 136, 138; *Senger/Schulz*, DStR 1997, 1830, 1836.
12 BFH, Urteil v. 1.2.2007 - VI R 25/03, BStBl 2007 II 459 - LSt-Fall eines Fremd-Geschäftsführers mit 2/3 Tantiemeanteil.
13 Vgl. *Niehues*, DB 2002, 1579.

3997 Der BFH entschied dann schließlich mit Urteilen v. 27. 2. 2003,[1] dass eine vGA nicht schon vorliegen muss, weil die Vergütung eines Geschäftsführers zu mehr als 25 % aus variablen Anteilen besteht, wenn die Gesamtausstattung angemessen ist und modifizierte diese Regel damit bis zur Unkenntlichkeit.[2] Dieses Kriterium sei nur eines unter mehreren zu berücksichtigenden Kriterien, so dass das FG auch dann, wenn sich der Anteil der gewinnabhängigen Bezüge auf mehr als 25 % der Gesamtausstattung belaufe, die Veranlassung der Abrede im Gesellschaftsverhältnis verneinen könne.[3] Die Verletzung dieses Verhältnisses sieht der BFH aber wohl als Beweislastumkehr an.[4] Denn bei Verletzung des Merkmals muss seine Indizwirkung widerlegt werden.

3998 Dies kann nach der bisherigen Rspr. auf folgenden Wegen gelingen:

► Bei Vereinbarung der Gewinntantieme wurde diese so konzipiert, dass nach den damaligen Verhältnissen davon auszugehen war, dass sie nicht mehr als 25 % der Gesamtvergütung ausmachen würde. Fällt die Tantieme dann tatsächlich doch höher aus, weil sich die Gewinnsituation besser als vorgesehen entwickelt, so ändert dies nichts an der Angemessenheit der Vereinbarung, da die Gesellschaft an diese dann – wie gegenüber einem fremden Dritten auch – gebunden ist.[5] Solche Vorstellungen können natürlich nur maßgebend sein, wenn sie bei Vereinbarung der Tantieme überhaupt entwickelt wurden und außerdem später auch noch beweisbar sind.[6]

► Es wird nachgewiesen, dass bei Vereinbarung der Tantieme starke Schwankungen in der Ertragslage der Gesellschaft zu erwarten waren.[7] In diesem Fall ist das 75 : 25-Verhältnis kein Kriterium für die Beurteilung der Tantiemezusage.[8]

► Fehlt es an der vorgenannten Vereinbarung, so kann das FG regelmäßig aus der Verletzung des 75: 25-Verhältnisses keinen Rückschluss auf eine Veranlassung im Gesellschaftsverhältnis ziehen, es sei denn, die tatsächlich geschuldete Tantieme hätte von Anfang an deutlich mehr als 25 % der Gesamtausstattung ausgemacht und dies ließe den Rückschluss darauf zu, dass die getroffene Vereinbarung auf eine Überschreitung dieses Verhältnisses abzielte.[9]

3999 Eine Rechtfertigung der Überschreitung des 75 : 25-Verhältnisses ist im letztgenannten Fall z. B. möglich, weil

---

1 BFH, Urteile v. 27. 2. 2003 - I R 46/01, BStBl 2004 II 132; v. 27. 2. 2003 - I R 80, 81/01, BFH/NV 2003, 1346 = NWB TAAAA-70064; ferner BFH, Urteil v. 4. 6. 2003 - I R 24/02, BStBl 2004 II 136; v. 19. 11. 2003 - I R 42/03, BFH/NV 2004, 669 = NWB UAAAB-16991; v. 26. 5. 2004 - I R 86/03, GmbHR 2004, 1536 = NWB TAAAB-35834.
2 Vgl. *Hoffmann*, GmbHR 2004, 1538.
3 BFH, Urteil v. 19. 11. 2003 - I R 42/03, BFH/NV 2004, 669 = NWB UAAAB-16991; v. 26. 5. 2004 - I R 86/03, BFH/NV 2005, 75 = NWB TAAAB-35834.
4 So *Gosch*, DStR 2003, 1571.
5 BFH, Urteile v. 26. 5. 2004 - I R 86/03, BFH/NV 2005, 75 = NWB TAAAB-35834; v. 19. 11. 2003 - I R 42/03, BFH/NV 2004, 669 = NWB UAAAB-16991; v. 10. 7. 2002 - I R 37/01, BStBl 2003 II 418.
6 BFH, Urteil v. 26. 5. 2004 - I R 86/03, a. a. O.
7 BFH, Urteile v. 19. 11. 2003 - I R 42/03, BFH/NV 2004, 669 = NWB UAAAB-16991; v. 27. 2. 2003 - I R 46/01, BStBl 2004 II 132; v. 4. 6. 2003 - I R 24/02, BStBl 2004 II 136; Zahlenbeispiel bei FG Düsseldorf, Urteil v. 22. 6. 2004 - 6 K 417/04 K, F, rkr., EFG 2004, 1481; BMF, Schreiben v. 1. 2. 2002, BStBl 2002 I 219, Tz. 3.
8 FG Düsseldorf, Urteil v. 22. 6. 2004 - 6 K 417/04 K, F, EFG 2004, 1481.
9 BFH, Urteil v. 26. 5. 2004 - I R 86/03, NWB TAAAB-35834; auch BFH, Urteile v. 27. 2. 2003 - I R 46/01, BStBl 2004 II 132; v. 27. 2. 2003 - I R 80, 81/01, BFH/NV 2003, 1346 = NWB TAAAA-70064.

- nachgewiesen werden kann, dass der Tantiemesatz als solcher einem Fremdvergleich standhält.[1] Dann kann aber eine Deckelung durch einen Höchstbetrag erforderlich sein,[2] zumindest, wenn ein sprunghafter Gewinnanstieg zu erwarten ist.[3]

- durch den besonderen Arbeitseinsatz des Gesellschafter-Geschäftsführers außergewöhnlich gute Ergebnisse erzielt werden und dies den Rückschluss darauf zulässt, dass auch ein vergleichbarer Fremdgeschäftsführer einen so hohen variablen Gehaltsanteil erhalten hätte.[4]

- gewinnabhängige Vergütungen im Wirtschaftsleben allgemein zunehmend an Bedeutung gewonnen haben[5] und deshalb eine Überschreitung dieses Verhältnisses nicht mehr generell auf eine Veranlassung der Tantiemevereinbarung im Gesellschaftsverhältnis schließen lässt.[6]

Da die Rechtfertigung des Überschreitens des 25-%-Anteils bereits durch recht allgemein gehaltene Gründe möglich ist, sollte erwogen werden, von Prognoserechnungen künftig abzusehen. Dies hat allerdings den Nachteil, dass dann die tatsächlich gezahlte Tantieme zusammen mit den übrigen Gehaltsbestandteilen in die Prüfung der Angemessenheit der Gesamtausstattung einbezogen werden muss.[7] Wurde hingegen bei Vereinbarung der Tantieme eine Prognoserechnung erstellt und ist diese auch noch nachweisbar, so ist höchstens die darin enthaltene voraussichtliche Tantieme in die Angemessenheitsprüfung einzubeziehen, nicht aber eine tatsächlich höhere Tantieme.[8]

Die gesamte vorgenannte Rspr. wird durch die Finanzverwaltung angewendet.[9]

Die Rechtsprechung des BFH zu diesem Kriterium konnte dazu führen, dass höhere Festgehälter vereinbart wurden, um das Verhältnis einhalten zu können. In einem Fall, in dem wegen der Annahme einer vGA durch die Finanzverwaltung nach der Betriebsprüfung das Festgehalt erhöht und die Tantieme herabgesetzt wurde, hat das OLG Frankfurt a. M.[10] die Maßnahme zur Vermeidung weiterer vGA als Verstoß gegenüber der gesellschaftsrechtlichen Treuepflicht gegenüber einem Minderheitsgesellschafter angesehen, da das hohe Festgehalt den verteilungsfähigen Gewinn in Jahren mit schlechter Gewinnsituation übermäßig mindere und die daraus erwachsende Schmälerung der Eigenkapitalbasis auch zu einem Nachteil in Verhandlungen mit Kreditinstituten führen könne.

---

1 BFH, Urteile v. 27. 2. 2003 - I R 46/01, BStBl 2004 II 132; v. 19. 11. 2003 - I R 42/03, BFH/NV 2004, 669 = NWB UAAAB-16991.
2 BFH, Urteile v. 27. 2. 2003 - I R 46/01, BStBl 2004 II 132; v. 19. 11. 2003 - I R 42/03, BFH/NV 2004, 669 = NWB UAAAB-16991.
3 BFH, Urteil v. 27. 2. 2003 - I R 46/01, BStBl 2004 II 132.
4 BFH, Urteil v. 26. 5. 2004 - I R 86/03, NWB TAAAB-35834.
5 Dazu *Tänzer*, GmbHR 1996, 40, 42.
6 BFH, Urteil v. 26. 5. 2004 - I R 86/03, BFH/NV 2005, 75 = NWB TAAAB-35834.
7 BFH, Urteil v. 26. 5. 2004 - I R 86/03, BFH/NV 2005, 75 = NWB TAAAB-35834.
8 Zu dem Zeitpunkt der Berechnung und der genauen Berechnung des Verhältnisses vgl. *Janssen*, vGA, 10. Aufl. 2010, Rz. 1436 ff.
9 Vorsichtig noch OFD Düsseldorf v. 17. 6. 2004, NWB IAAAB-23805, eindeutig H 39 KStH 2004 Stichwort: Grundsätze.
10 OLG Frankfurt a. M. v. 22. 12. 2004 - 13 U 177/02, NWB DAAAE-84569.

dd) Tantieme nach Beteiligung

4003 Nach Ansicht des FG Düsseldorf[1] spricht eine Tantieme, die sich bei mehreren Gesellschafter-Geschäftsführern nach der Höhe des Beteiligungsverhältnisses richtet, für eine Veranlassung im Gesellschaftsverhältnis und führt zur vGA. Die Nichtzulassungsbeschwerde gegen die Entscheidung wurde vom BFH als unzulässig verworfen.[2]

ee) Angemessenheit der Gesamtbezüge

4004 Für die Beurteilung der Angemessenheit der Tantieme kommt es, auch im Rahmen der Beurteilung der Angemessenheit der Gesamtausstattung des Gesellschafter-Geschäftsführers, auf den Zeitpunkt der Vereinbarung oder Anpassung der Tantieme an. Zu diesem Zeitpunkt ist eine Prognose über die Gewinnaussichten der Gesellschaft zu erstellen und auf dieser Basis der Tantiemesatz zu ermitteln, der noch angemessen ist.[3] Überschreitet die tatsächliche Tantieme dann den angenommenen Betrag, so kann sich daraus keine vGA ergeben. Wurde eine solche Prognose nicht vorgenommen oder ist sie nicht mehr zu rekonstruieren, so ist die Tantieme dennoch angemessen, wenn nachgewiesen werden kann, dass der Tantiemesatz als solcher einem Fremdvergleich standhält.[4] Insbesondere in diesen Fällen soll aber die Deckelung der Tantieme in Betracht kommen.[5] Auch ist zu beachten, dass in diesen Fällen die tatsächlich gezahlte Tantieme in die Angemessenheitsprüfung einzubeziehen ist.[6]

4005 Ist im Rahmen der Angemessenheit der Gesamtbezüge zu berücksichtigen, dass ein Geschäftsführer noch einer weiteren Tätigkeit nachgeht,[7] so ist ein Abschlag nur beim Festgehalt, nicht bei der Tantieme vorzunehmen, da diese nicht vom zeitlichen Einsatz des Geschäftsführers abhängig ist.[8]

h) Tatsächliche Durchführung

4006 Wird die Tantiemezusage nicht wie vereinbart durchgeführt, so stellt die tatsächliche Auszahlung grundsätzlich eine vGA dar.[9] Wird aber eine klar vereinbarte Gewinntantieme eines herrschenden Gesellschafter-Geschäftsführers nicht bereits bei Fälligkeit[10] ausgezahlt, so führt dies nach dem Beschluss des BFH v. 28.7.1993[11] nicht notwendigerweise zu einer vGA. Ent-

---

1 FG Düsseldorf, Urteil v. 18.10.2005 - 6 K 5761/02 juris; ebenso *Müller-Potthoff/Lippke/Müller*, GmbHR 2009, 867, 870.
2 BFH, Urteil v. 23.10.2006 - I B 173/05, BFH/NV 2007, 724 = NWB LAAAC-37137.
3 BFH, Urteil v. 27.2.2003 - I R 46/01, BStBl 2004 II 132.
4 BFH, Urteil v. 27.2.2003 - I R 46/01, BStBl 2004 II 132.
5 Vgl. → Rz. 3999.
6 BFH, Urteil v. 26.5.2004 - I R 86/03, BFH/NV 2005, 75 = NWB TAAAB-35834.
7 Vgl. dazu → Rz. 3389 ff.
8 FG Düsseldorf, Urteil v. 14.10.2003 - 6 K 7092/02 K, G, F, AO, rkr., EFG 2004, 222, 224.
9 BFH, Urteile v. 29.7.1992 - I R 28/92, BStBl 1993 II 247; v. 4.12.1991 - I R 63/90, BStBl 1992 II 362.
10 Bei beherrschenden GesGf gilt das Gehalt und damit auch die Tantieme bei Fälligkeit als zugeflossen, die Tantieme also bei Feststellung des Jahresabschlusses, vgl. BFH, Urteile v. 17.12.1997 - I R 70/97, BStBl 1998 II 545; v. 8.5.2007 - VIII R 13/06, BFH/NV 2007, 2249 = NWB DAAAC-62186; FG Nürnberg, Urteil v. 12.11.2009 - 4 K 1570/2008, EFG 2010, 801, mangels Spruchreife zu einzelnen Punkten an FG zurückverwiesen, BFH, Urteil v. 3.2.2011 - VI R 66/09, NWB SAAAD-41484 – dieses hatte zu Unrecht einen Zufluss bereits zum Zeitpunkt des Beschlusses über den Jahresabschluss angenommen; gem. BFH wird Tantiemeanspruch mit Feststellung des Jahresabschlusses fällig, sofern nicht – wie im Urteilsfall geschehen – zivilrechtlich wirksam und fremdüblich eine andere Fälligkeit vertraglich vereinbart wurde, der Zeitpunkt lässt sich vertraglich nicht hinausschieben, BFH, Urteil v. 17.11.1998 - VIII R 24/98, BStBl 1999 II 223; FG München, Urteil v. 27.3.2001 - 6 K 225/00, rkr., NWB YAAAB-10030.
11 BFH, Urteil v. 28.7.1993 - I B 54/93, BFH/NV 1994, 345 = NWB LAAAB-33657.

scheidend ist, ob unter Würdigung aller Umstände die verspätete Auszahlung Ausdruck mangelnder Ernsthaftigkeit der Tantiemevereinbarung ist. Ferner hat der BFH in seiner neueren Rechtsprechung festgelegt, dass die Folgen einer nicht durchgeführten Vereinbarung bei Wiederkehrschuldverhältnissen auch nicht notwendig das gesamte Schuldverhältnis erfassen müssen, sondern sich auf Teile bzw. bestimmte Zeitabschnitte beschränken können.[1]

Folgende Entscheidungen liegen vor:

► Kann der Jahresabschluss aus nachvollziehbaren Gründen über einen längeren Zeitraum nicht festgestellt werden, so dass ein Tantiemeanspruch nicht entsteht, kann ein lohnsteuerpflichtiger Zufluss der Tantieme nicht einfach fingiert werden.[2] Nachvollziehbare Gründe sind z. B. der Ausfall der EDV, der Wechsel des zuständigen Bilanzbuchhalters oder Steuerberaters oder eine anhängige Betriebsprüfung.[3]

► Wird die Auszahlung der Tantieme erst mehrere Monate nach Feststellung des Jahresabschlusses und fast drei Jahre nach Ablauf des Wj in Raten ausgezahlt, so fehlt es, wie das FG Berlin[4] feststellt, an der „üblichen tatsächlichen Durchführung".

► Werden die vereinbarten Tantiemen nicht, teilweise nicht oder stark verzögert ausgezahlt, so werden die Tantiemen in vGA umqualifiziert, da die Durchführung den Drittvergleich nicht besteht.[5] Das FG Köln[6] hat hier eine Verzögerung von drei Monaten als zulässig anerkannt, die Praxis geht von drei – sechs Monaten aus,[7] das FG München[8] hat aber auch die Stundungsabrede eines Minderheitsgesellschafter-Geschäftsführers für unbestimmte Dauer akzeptiert, da sich aus der betrieblichen Planung ergab, dass wegen eines Investitionsprojekts in den nächsten zwei Jahren nicht die notwendige Liquidität zur Auszahlung vorhanden war. Tatsächlich verzögerte sich die Auszahlung dann wegen unvorhergesehener wirtschaftlicher Schwierigkeiten noch weiter. Die Stundung erfolgte mündlich, zinslos, ohne Vereinbarung von Abschlagszahlungen und zeitlich unbefristet bis zur Besserung der Liquiditätslage, die Gesellschaft buchte aber eine Rückstellung bzw. Verbindlichkeit ein.

► Die „darlehensweise Überlassung" der Tantiemebeträge durch stillschweigende Umbuchung in der betrieblichen Buchführung wird in Ermangelung einer zivilrechtlichen Vereinbarung nicht als tatsächliche Durchführung anerkannt.[9]

► Eine Tantiemeregelung, die für mehrere Jahre fest vereinbart ist, ist insoweit nicht durchgeführt, als sie zugunsten der Gesellschafter-Geschäftsführer vorzeitig angepasst wird.[10]

---

1 BFH, Urteile v. 28. 11. 2001 - I R 44/00, BFH/NV 2002, 543, 544 = NWB GAAAA-68114; v. 15. 12. 2004 - I R 32/04, BFH/NV 2005, 1374 = NWB SAAAB-53689.
2 FG Baden-Württemberg, Urteil v. 7. 11. 1996 - 8 K 108/95, rkr., EFG 1997, 872; nach *Alber*, GStB 2002, 32, 41, folgt die Finanzverwaltung dieser Entscheidung.
3 Vgl. auch *Alber*, GStB 2002, 32, 41.
4 FG Berlin, Urteil v. 20. 12. 1995 - VIII 261/95, EFG 1996, 606.
5 BFH, Urteil v. 6. 6. 1994 - I B 19/94, 2224/94, StW 11/33 StWa 94, 220, teilweise nicht ausgezahlt; FG Hamburg, Urteil v. 13. 9. 2001 - II 702/99, EFG 2002, 287, rkr., m. Anm. *Neu*, mehrere Jahre nicht ausgezahlt, ohne Darlehensvereinbarung; zu Einzelheiten s. a. *Skalecki*, NWB 2014, 35, 48 und BMF, Schreiben v. 12. 5. 2014, BStBl 2014 I 860.
6 FG Köln, Urteil v. 18. 9. 1996 - 13 K 67627/94, nach *Neu*, EFG 2002, 289.
7 Vgl. *Neu*, EFG 2002, 289; *Alber*, GStB 2002, 32, 34.
8 FG München, Urteil v. 2. 6. 2008 - 6 V 523/08, rkr., EFG 2009, 38; sehr großzügig FG Köln, Urteil v. 28. 4. 2014 - 10 K 564/13, EFG 2014 1610, rkr.
9 BFH, Urteile v. 29. 7. 1992 - I R 28/92, BStBl 1993 II 247; v. 4. 12. 1991 - I R 63/90, BStBl 1992 II 362.
10 BFH, Urteil v. 29. 3. 2000 - I R 85/98, BFH/NV 2000, 1247 = NWB HAAAA-65377.

► Der Verzicht auf einen Teil der Tantieme begründet keine vGA bezüglich des ausgezahlten Teils wegen Nichtdurchführung der Tantiemezusage.[1]

► Wird eine Vorauszahlung auf eine Tantieme geleistet, die vertraglich nicht vereinbart ist, so stellt der Verzicht auf eine Verzinsung vGA dar.[2]

► Wird die regelmäßige Überprüfung der Tantieme vereinbart, so ist eine vor Ablauf des Intervalls vorgenommene Anpassung der Tantieme vGA.[3]

i) Tantiemen an Minderheitsgesellschafter-Geschäftsführer

4008 Gegenüber nicht beherrschenden GesGf gelten grundsätzlich dieselben Kriterien wie gegenüber beherrschenden GesGf.[4] Da allerdings gegenüber den nicht beherrschenden GesGf das Nachzahlungsverbot nicht gilt, kann die Tantieme für ein Geschäftsjahr im laufenden Geschäftsjahr vereinbart werden, ohne eine zeitanteilige Kürzung vorzusehen.[5] Ferner ist nach FG Schleswig-Holstein[6] bei nicht beherrschenden GesGf auch die Eindeutigkeit nicht erforderlich. Im entschiedenen Fall hatte ein zu 6,06 % beteiligter GesGf eine Tantiemezusage i. H.v. „bis zu 22 %." erhalten. Diese erkannte das Gericht an, einen ‚doppelten Drittvergleich'[7] und damit eine Versagung der steuerlichen Anerkennung, weil kein gesellschaftsfremder Geschäftsführer sich auf eine solche Vereinbarung einlassen würde, lehnte das Gericht ausdrücklich ab. Nach Ansicht von *Müller-Potthoff/Lippke/Müller*[8] soll für nicht beherrschende GesGf ferner die 75 : 25-Regel[9] und auch die 50 %-Grenze[10] nicht gelten. Dies wird zutreffend aus einem Vergleich mit Fremdgeschäftsführern abgeleitet, bei denen diese Kriterien ebenfalls unbekannt sind. Zutreffend wird auch auf die Vergütung von Bankvorständen hingewiesen, bei denen inzwischen öffentlich sei, dass ihre Vergütung zu weit mehr als 25 % erfolgsabhängig ist und bei denen eine (Minderheits-)Beteiligung an ihrem Institut unterstellt werden könne.

4009 *Müller-Potthoff/Lippke/Müller*[11] weisen darauf hin, dass für den nicht beherrschenden GesGf als Alternative zur Tantiemezusage eine jeweils einzeln und im Nachhinein durch die Gesellschafterversammlung zu beschließende Bonuszahlung in Betracht kommt. Dies ist zutreffend, es muss allerdings darauf geachtet werden, dass sich arbeitsrechtlich aus der Wiederholung der Bonuszahlungen nicht doch noch ein Anspruch auf eine regelmäßige Zahlung ergibt. Diese unterläge dann u.U. den dargestellten steuerlichen Voraussetzungen für Tantiemen.[12]

---

1 BFH, Urteil v. 29. 6. 1994 - I R 11/94, BStBl 1994 II 952, dazu *Alber*, GStB 2002, 32, 34 f., der annimmt, dass der Teil, auf den verzichtet wurde, in diesen Fällen dennoch zufließt und daraufhin wieder eingelegt wird, so dass Lohnsteuer zu entrichten ist. Vgl. zu dieser Problematik die Ausführungen zum Verzicht auf eine Pensionszusage, *Janssen*, vGA, 12. Aufl. 2017, Rz. 909.
2 BFH, Urteil v. 17. 12. 1997 - I R 70/97, BStBl 1998 II 545, offen blieb, ob dies auch dann gilt, wenn die Tantieme selbst als vGA anzusehen sein sollte.
3 BFH, Urteil v. 15. 12. 2004 - I R 32/04, BFH/NV 2005, 1374 = NWB SAAAB-53689.
4 BFH, Urteile v. 15. 3. 2000 - I R 74/99, BStBl 2000 II 547, für 50 %-Grenze; v. 19. 2. 1999 - I R 105-107/97, BStBl 1999 II 321, für Umsatztantieme; v. 5. 10. 1994 - I R 50/94, BStBl 1995 II 549, für 75:25-Verhältnis und 50 %-Grenze, für Letzteres auch *Böth*, StBp 2004, 104, 109, allgemein *Müller-Potthoff/Lippke/Müller*, GmbHR 2009, 867.
5 FG Rheinland-Pfalz, 2 K 2045/97, rkr., EFG 1999, 919; *Schmidt*, GmbH-StB 1999, 325.
6 FG Schleswig-Holstein, Urteil v. 6. 12. 2007 - 1 K 129/01, NWB EAAAC-68499, aufgehoben durch BFH, Urteil v. 17. 7. 2008 - I R 3/08, NWB UAAAC-92639, aus rein formalen Gründen.
7 Dazu → Rz. 421 ff.
8 Vgl. *Müller-Potthoff/Lippke/Müller*, GmbHR 2009, 867, 870.
9 Dazu oben → Rz. 3996.
10 Dazu oben → Rz. 3992.
11 Vgl. *Müller-Potthoff/Lippke/Müller*, GmbHR 2009, 867, 871.
12 Für eine Musterformulierung für eine Tantieme vgl. *Janssen*, vGA, 12. Aufl. 2017, Rz. 462 ff.

(Einstweilen frei)

102. Teilhaberversicherungen

Eine Teilhaberversicherung ist eine Risiko- oder Kapitallebensversicherung, die von einer KapGes auf das Leben eines, mehrerer oder aller Gesellschafter abgeschlossen wird. Versicherungsnehmerin ist dabei stets die KapGes. Ist sie auch bezugsberechtigt aus der Versicherung, so spricht man von der echten, ist ein/sind mehrere Gesellschafter bezugsberechtigt, so spricht man von einer unechten Teilhaberversicherung. Bei der unechten Teilhaberversicherung stellen bereits die Prämienzahlungen der KapGes vGA dar, soweit es sich nicht um Arbeitslohn im Rahmen eines Arbeitsverhältnisses des Gesellschafters mit der Gesellschaft handelt.[1] Die echte Teilhaberversicherung ist hingegen betrieblich veranlasst. Die ablehnende Rspr. zur Anerkennung solcher Versicherungen bei Personengesellschaften ist nicht übertragbar. Die Gesellschaft wendet durch den Abschluss einer solchen Versicherung ihrem Gesellschafter keinen Vorteil zu, da dieser auch bei einer Überschuldung der Gesellschaft, die dieser beim Tod eines wichtigen Gesellschafters drohen mag, grundsätzlich nicht haftet.[2] Das ausgewiesene Deckungskapital muss daher jeweils aktiviert werden. Soweit die gezahlten Prämien die Aktivierung übersteigen, stellen sie Aufwand dar. Die spätere Auszahlung der Versicherungssumme ist hingegen Ertrag, soweit sie die Aktivierung übersteigt.[3]

103. Teilwertabschreibungen

Erwirbt die Gesellschaft ein Wirtschaftsgut vom Gesellschafter und tritt später eine Teilwertminderung bei diesem Wirtschaftsgut ein, so stellt eine Teilwertabschreibung keine vGA dar. Die frühere gegenteilige Ansicht ist mit dem Urteil des BFH v. 8.8.2001[4] zu Risikogeschäften überholt. Der BFH hat darin festgelegt, dass eine KapGes auch unübliche Risikogeschäfte vornehmen kann, wenn sie nicht nur die Risiken zu tragen hat, sondern ihr auch die Chancen aus dem Geschäft zustehen.

Teilwertabschreibungen wirken sich ggf. wegen § 8b KStG nicht auf das Einkommen aus. Zum Thema Wertaufholung nach gewerbesteuerlich nicht wirksamer Teilwertabschreibung hat das FG Köln folgende Entscheidung mit Revisionszulassung getroffen:[5]

1. Die Wertaufholung der in einem früheren Erhebungszeitraum wegen § 2 Abs. 2 Satz 2 GewStG nicht gewerbesteuerwirksamen Teilwertabschreibung auf den Beteiligungsbuchwert einer Tochtergesellschaft ist gewerbesteuerwirksam.
2. Eine Kürzung des Gewinns durch umgekehrte Anwendung der Hinzurechnungsvorschrift des § 8 Nr. 10 GewStG ist nicht zulässig.
3. Die bei periodenübergreifender Betrachtung entstehende Doppelbelastung begründet keinen Verstoß gegen das objektive Nettoprinzip und ist hinzunehmen.

---

[1] FG Düsseldorf, Urteil v. 23.8.1994 - 6 K 5890/91 K, G, F, EFG 1995, 176; *Reuter*, NWB F. 3, 10345; *Becker/Bur*, StBp 1998, 272, 274.
[2] FG Düsseldorf, Urteil v. 23.8.1994 - 6 K 5890/91 K, G, F, EFG 1995, 176; *Becker/Bur*, StBp 1998, 272, 273 f.; *Reuter*, NWB F. 3, 10345; *Schwarz*, DStR 1993, 1166; nicht ganz klar ist, ob sich das Schreiben des BMF auch auf echte Teilhaberversicherungen beziehen und auch diese als vGA ansehen soll.
[3] Siehe auch D & O-Versicherung, Lebensversicherung.
[4] BFH, Urteil v. 8.8.2001 - I R 106/99, BStBl 2003 II 487.
[5] FG Köln, Urteil v. 3.12.2014 - 13 K 2447/11, NWB XAAAE-86246, EFG 2015, 610, BFH, Urteil v. 7.9.2016 - I R 9/15, NWB ZAAAG-37074.

Soweit in der Literatur[1] vereinzelt der Gedanke einer nur für gewerbesteuerliche Zwecke geführten Bilanzierung, sog. „gewerbesteuerliche Schattenbilanz", vertreten wird, kann das FG dem nicht folgen. Eine Rechtsgrundlage zur Führung einer eigenständigen Bilanz für gewerbesteuerliche Zwecke ist für den erkennenden Senat nicht ersichtlich.

4033 Hat die GmbH eine Forderung gegenüber dem Gesellschafter, ist eine Teilwertabschreibung darauf keine vGA, wenn der Gesellschafter mittellos und die Forderung daher nicht mehr zu realisieren ist. Anders soll es jedoch sein, wenn eine Darlehensforderung gegenüber dem Gesellschafter abgeschrieben wird, die nicht ausreichend besichert wurde, hier soll die Teilwertabschreibung eine vGA darstellen.[2] Eine Wertberichtigung des Darlehens hat keine Auswirkung auf den Wertansatz der entsprechenden Zinsforderung, selbst wenn die Wertberichtigung des Darlehens eine vGA darstellt.[3]

4034 Da eigene Anteile ein Wirtschaftsgut sind, kann auf diese grundsätzlich auch eine Teilwertabschreibung vorgenommen werden. Diese stellt nach BFH[4] jedoch regelmäßig vGA dar. Im Rahmen des Drittvergleichs sei darauf abzustellen, dass es regelmäßig Sache des Gesellschafters ist, einen Käufer für seine Anteile zu suchen und nicht Sache des ordentlichen und gewissenhaften Geschäftsleiters, eigene Anteile der Gesellschaft zu erwerben. Die vGA liegt darin, dass die Gesellschaft ihre – früheren – Gesellschafter von dem Risiko des Wertverlustes der Anteile freistellt. Dies gilt nach Ansicht des FG Sachsen-Anhalt[5] sogar, wenn die Gesellschaft die eigenen Anteile nur erwirbt, um die bei anderweitiger Veräußerung drohende Auflösung der Gesellschaft zu verhindern – der ordentliche und gewissenhafte Geschäftsleiter gibt danach keinen überhöhten Preis für eigene Anteile aus, auch wenn die Gesellschaft dann aufgelöst wird. Die zur vGA notwendige Vermögensminderung tritt durch die Teilwertabschreibung ein, ist daher nach § 8b Abs. 3 Satz 2 KStG seit 2002 nicht mehr möglich. Die Vermögensminderung ist als vGA außerbilanziell dem Gewinn wieder hinzuzurechnen. Betriebliche Gründe für einen Erwerb liegen lt. BFH nur in Ausnahmefällen vor,

► z. B. wenn bereits eine konkrete Möglichkeit vorliegt, die Anteile an einen Arbeitnehmer zu veräußern, um dessen Interesse an der Gesellschaft zu steigern.[6]

► Ein betrieblicher Grund ist es aber auch, wenn der Erwerb eigener Anteile durch eine GmbH zur Durchsetzung der Unternehmensstruktur erfolgt, die vorsieht, dass nur Mitarbeiter auch Gesellschafter des Unternehmens sein können.[7]

Die Rechtslage hat sich durch BilMoG ab 2010 maßgeblich verändert. Eigene Anteile stellen handelsrechtlich keine Vermögensgegenstände dar. Dies gilt aufgrund des Maßgeblichkeitsgrundsatzes auch für das Steuerrecht.[8] Deshalb kann es in Bezug auf eigene Anteile zu keiner Teilwertabschreibung kommen.

---

[1] Vgl. *Wendt*, FR 2010, 279, 281.
[2] FG Nürnberg, Urteil v. 9. 4. 2002 - I 139/1999, LAAAB-11913, EFG 2003, 1039.
[3] BFH, Urteil v. 11. 11. 2015 - I R 5/14, BStBl 2016 II 491.
[4] BFH, Urteil v. 6. 12. 1995 - I R 51/95, BStBl 1998 II 781; auch FG Münster, Urteil v. 20. 5. 2005 - 9 K 3656/03, EFG 2005, 1561; zweifelnd *Stimpel* RHN § 8 Rz. 713.
[5] FG Sachsen-Anhalt, Urteil v. 29. 4. 2003 - 3 V 74/02, VAAAB-19911, EFG 2003, 1267.
[6] Statt Tantieme; BFH, Urteil v. 6. 12. 1995 - I R 51/95, BStBl 1998 II 781.
[7] FG Berlin, Urteil v. 15. 11. 2004 - 8 K 8188/00, rkr., NWB SAAAB-76139.
[8] Streitig: gegen WG-Eigenschaft BMF, Schreiben v. 27. 11. 2013, BStBl 2013 I 1615; *Schiffers*, GmbHR 2014, 79; a.A. *Dötsch* DPM § 8b Rz. 72.

Beim Gesellschafter kann die vGA nur im Zufluss des Kaufpreises liegen und ist daher zeitlich der vGA bei der Gesellschaft vorgelagert, kann jedoch nicht festgestellt werden, bevor die Teilwertabschreibung bei der Gesellschaft erfolgt ist und wird daher häufig verjährt sein. Unzutreffend ist die Anwendung des BFH Urteils durch das FG Münster:[1] Eine Muttergesellschaft wurde von ihren beiden Gesellschaftern auf ihre 100 %ige Tochtergesellschaft verschmolzen. Nach der Verschmelzung besaß die Tochtergesellschaft 50 % eigene Anteile und die vorherigen Gesellschafter der Muttergesellschaft zusammen die restlichen 50 %. Hätte die Muttergesellschaft die Anteile an der Tochtergesellschaft abgeschrieben, wären ihre Gesellschafter indirekt durch den Wertverlust ihrer Anteile davon betroffen gewesen. Dies war aber nach der Verschmelzung nicht anders. Die nun unmittelbar gehaltenen Anteile hätten unmittelbar gelitten, aber auch der Wertverlust der eigenen Anteile der jetzt noch allein vorhandenen Tochtergesellschaft traf die Gesellschafter weiterhin mittelbar. Es ist daher nicht ersichtlich, wieso diese Teilwertabschreibung eine vGA darstellen sollte. Durch die Verschmelzung wurde die Position der Gesellschafter nicht verbessert, ein gesellschaftsrechtlicher Grund für die Verschmelzung als Voraussetzung für die vGA ist daher nicht ersichtlich. Das FG Münster[2] erkennt zudem, dass die von ihm angenommene vGA auch nicht geeignet ist, einen Beteiligungsertrag auszulösen,[3] hält dies aber in diesen Fällen auch nicht für notwendig.

104. Treuhandverhältnis

Nach § 39 Abs. 2 Nr. 1 Satz 2 AO werden bei einem Treuhandverhältnis das Treugut und die daraus resultierenden Einkünfte dem Treugeber und nicht dem Treunehmer zugerechnet. Wird also ein wirksames Treuhandverhältnis zwischen der Gesellschaft als Treuhänderin und dem Gesellschafter als Treugeber vereinbart, so liegt in der unentgeltlichen Überlassung der Erträge aus dem Treugut und in der späteren unentgeltlichen Rückgabe des Treuguts an den Gesellschafter keine vGA. Eine solche kommt in Betracht, wenn die GmbH für ihre Treuhandtätigkeit keine angemessene Vergütung erhält. Insbesondere aber ergibt sich eine vGA, wenn das Treuhandverhältnis nicht rechtswirksam ist. Wird das Treuhandverhältnis nicht anerkannt, so sind die Überlassung der Erträge und die Rückübertragung des Treugutes vGA, soweit ihnen nicht eine gleichwertige Gegenleistung des Gesellschafters gegenübersteht.[4] Eine Treuhandvereinbarung mit der Gesellschaft als Treuhänder ist unklar bzw. nicht durchgeführt und daher nicht anzuerkennen, wenn die KapGes mit Wissen und Wollen ihres Gesellschafter-Geschäftsführers, des Treugebers, die sich aus dem Treuhandverhältnis ergebenden Forderungen und Verbindlichkeiten bilanziell wie eigene behandelt.[5]

105. Umsatzrückvergütung

Sind die Überschüsse einer von einer öffentlich-rechtlichen Innung gegründeten Einkaufs-GmbH auf Anweisung der Innung an die Innungsmitglieder auszukehren, so liegt darin eine vGA, selbst dann, wenn auch Nichtmitglieder in den Genuss dieser Rückvergütung kommen.[6]

---

1 FG Münster, Urteil v. 20. 5. 2005 - 9 K 3656/03, DAAAB-60261, EFG 2005, 1561.
2 FG Münster, Urteil v. 20. 5. 2005 - 9 K 3656/03, DAAAB-60261, EFG 2005, 1561.
3 Vgl. dazu → Rz. 531.
4 BFH, Urteil v. 28. 2. 2001 - I R 12/00, BStBl 2001 II 468, m. Anm. *Berg/Striegel*, GmbHR 2001, 734, 736.
5 BFH, Urteil v. 10. 6. 1987 - I R 149/83, BStBl 1988 II 25.
6 BFH, Urteil v. 2. 2. 1994 - I R 78/92, BStBl 1994 II 479.

Damit wird letztlich eine Non-profit-Gesellschaft entgegen der hier vertretenen Auffassung vom BFH nicht anerkannt.[1]

106. Umwandlung

4038 Eine nachträgliche Änderung von im Spaltungsplan vorgesehene Vermögenszuordnungen führen zu einer vGA.[2]

4038a Hat ein Gesellschafter gegenüber seiner Kapitalgesellschaft auf Forderungen gegen Besserungsschein verzichtet, ist die Verbindlichkeit auszubuchen. Wird die Gesellschaft anschließend nicht aus betriebswirtschaftlichen, sondern aus rein gesellschaftsrechtlichen Gründen („Wiederaufleben" der Forderung wegen Eintritts des Besserungsfalls) auf eine Schwestergesellschaft verschmolzen, führt die beim übernehmenden Rechtsträger ausgelöste Passivierungspflicht zu einer vGA. Der Annahme einer vGA stehen weder umwandlungssteuerrechtliche Sonderregelungen noch der ursprünglich betriebliche Charakter der Darlehensverbindlichkeiten bei der übertragenden Gesellschaft entgegen.[3]

107. Unternehmergesellschaft haftungsbeschränkt (UG)

4039 Die Unternehmergesellschaft ist keine eigene Rechtsform, sondern nur eine Variante der GmbH, so dass für sie auch bezüglich vGA dasselbe gilt wie für die GmbH.[4] Lediglich der Anreiz zu vGAs durch überhöhte Zahlungen an Gesellschafter mag hier höher sein. In der UG muss jedes Jahr ein Viertel des Gewinns in eine gesetzliche Gewinnrücklage zurückgestellt werden, bis ein Stammkapital von 25.000 € erreicht ist. Um dieser Verpflichtung auszuweichen, bieten sich schuldrechtliche Vergütungen an die Gesellschafter an (Gehalt, Miete, Darlehenszinsen usw.). Diese lösen, wenn die Voraussetzungen erfüllt sind, vGA aus.

108. Veräußerungszwang

4040 Nach § 5 des Altschuldenhilfegesetzes[5] waren Wohnungsbaugenossenschaften im Beitrittsgebiet verpflichtet, bis zum 31.12.1999 einen bestimmten Anteil ihres Wohnungsbestandes zu veräußern. Bei der Veräußerung waren die Mieter vorrangig zu berücksichtigen. Nach § 5 Abs. 2 ASHG waren die Genossenschaften verpflichtet, einen bestimmten Teil des Erlöses an den Erblastentilgungsfonds abzuführen. Dieser Anteil erhöhte sich, je später die Veräußerung erfolgte (1994: 20 %, 1999: 50 %).

Nach Ansicht der OFD Magdeburg[6] führt es nicht zu einer vGA, wenn im Hinblick auf die steigende Erlösbelastung die Wohnungen unter dem Verkehrswert verkauft wurden. Eine vGA soll jedoch in Betracht kommen, wenn die Genossenschaftsmitglieder eine zusätzliche Preisreduzierung erhielten, die fremden Dritten nicht gewährt worden wäre. Dieser Differenzierung ist zuzustimmen, da die Veräußerung an Mieter zwar vorrangig erfolgen sollte, aber nicht zwingend war.[7]

---

1 Vgl. dazu Stichwort: Non-profit-Unternehmen.
2 BFH, Urteil v. 8.6.2017 - IV R 29/15, NWB AAAAG-56139, BFH/NV 2017 S. 1466.
3 BFH, Urteil v. 21.2.2018 - I R 46/16, NWB VAAAG-86780.
4 OFD Münster, Kurzinfo KSt 11/2008, nach Haufe News v. 13.3.2009.
5 Gesetz v. 23.6.1992, BGBl 1992 I 944, 986.
6 OFD Magdeburg v. 13.7.1999, NWB UAAAA-85449.
7 Siehe auch Grundstücksgeschäfte.

109. Vereine

Entgegen früherer Auffassung[1] sind vGA auch bei einem Verein, wegen der bestehenden Mitgliedschaftsrechte, möglich.[2]

4041

110. Vermittlungsprovisionen

Vermittlungsprovisionen einer KapGes an ihren beherrschenden Gesellschafter-Geschäftsführer, die darauf abzielen, der Gesellschaft lediglich einen begrenzten Gewinn zu belassen, sind als vGA zu behandeln.[3]

4042

111. Versicherungsverein auf Gegenseitigkeit

Auch bei einem VVaG ist unter einer vGA eine Vermögensminderung (verhinderte Vermögensmehrung) zu verstehen, die durch das Mitgliedschaftsverhältnis veranlasst ist und in keinem Zusammenhang mit einer offenen Ausschüttung steht.[4] Für die Frage, ob eine bestimmte Vermögensminderung (verhinderte Vermögensmehrung) durch die Beteiligung an einer Körperschaft veranlasst ist, hat der I. Senat in dem eine Genossenschaft betreffenden Urteil v. 11.10.1989[5] darauf abgestellt, ob eine Genossenschaft ihren Genossen einen Vermögensvorteil zuwendet, den sie bei Anwendung der Sorgfalt eines ordentlichen und gewissenhaften Geschäftsleiters einem Nichtmitglied nicht gewährt hätte. Dieser Maßstab muss, wie der Senat ausführt, auch bei einem VVaG als Abgrenzungskriterium herangezogen werden, weil der VVaG eine besondere Art der Genossenschaft ist.[6]

4043

Eine vGA kann darin bestehen, dass der VVaG gegenüber den Versicherungsnehmern (die zugleich auch Versicherer sind) Vorausbeiträge in zu geringer Höhe erhebt, die den voraussichtlichen Bedarf im versicherungstechnischen Geschäft nicht decken, wenn dann auch tatsächlich im versicherungstechnischen Geschäft ein Verlust entsteht.[7] Die vGA entspricht in diesem Fall der Höhe des Verlustes aus dem versicherungstechnischen Geschäft.

4044

Erhebt dagegen ein VVaG Umlagevorschüsse von den Mitgliedern, die Genossenschaften sind, und verrechnet er Zinseinnahmen aus diesen Vorschüssen mit den ihm obliegenden Versicherungsleistungen an die Begünstigten (Betriebsangehörige der Genossenschaften), so dass sich dadurch die zu erhebenden Umlagen vermindern, so liegt hierin keine vGA. Diese Zinseinnahmen gehören zum versicherungstechnischen Geschäft, so dass Leistungen aufgrund des Versicherungsverhältnisses und nicht aufgrund des Gesellschaftsverhältnisses gewährt werden.[8]

Anders ist es jedoch mit einer GewSt-Erstattung, die ebenfalls zur Verrechnung mit Ausgaben für Versicherungsleistungen verwendet wird; diese ist vGA, da sie nicht zum versicherungstechnischen Geschäft gehört. Verzichtet ein VVaG ohne die Möglichkeit des späteren Ausgleichs auf hinreichende Deckung seines versicherungstechnischen Aufwands durch Beiträge seiner Mitglieder (Vorausbeträge, Umlagen, Nachschüsse), so liegt vGA vor.

---

1 BFH, Urteil v. 11.2.1987 - I R 43/83, BStBl 1987 II 643.
2 BFH, Urteil v. 9.8.1989 - I R 4/84, BStBl 1990 II 237.
3 BFH, Urteil v. 10.7.1987 - I R 149/83, BStBl 1988 II 25. Siehe Verluste, Non-profit-Unternehmen.
4 BFH, Urteil v. 13.11.1991 - I R 45/90, BStBl 1992 II 429; s. auch BFH, Urteil v. 9.8.1988 - I R 4/84, BStBl 1990 II 237.
5 BFH, Urteil v. 11.10.1989 - I R 208/85, BStBl 1990 II 88.
6 BFH, Urteil v. 13.11.1991 - I R 45/90, BStBl 1991 II 429.
7 BFH, Urteil v. 13.3.1963 - I 248/61 U, BStBl 1963 III 244.
8 BFH, Urteil v. 26.6.1968 - I 127/65, BStBl 1969 II 12.

Die vGA ist in dem Jahr zu erfassen, für das die für die Aufstellung der Bilanz zuständigen Organe des VVaG beschließen, zur Abdeckung eines versicherungstechnischen Verlustes die Mittel aus dem nicht versicherungstechnischen Bereich einzusetzen[1] bzw. in dem Jahr, in dem ein ordentlicher und gewissenhafter Geschäftsleiter des Versicherungsvereins die Beiträge spätestens angehoben hätte.[2]

4045 In den Schreiben des BMF v. 19.6.1980 und 24.11.1981[3] nimmt die Finanzverwaltung zu Fragen der vGA bei VVaG zur Entscheidung des BFH ergänzend Stellung:[4]

Eine Entnahme aus der Verlustrücklage zur Abdeckung von Verlusten ist danach nur dann als vGA anzusehen, wenn der VVaG die Verlustrücklage allein aus dem nicht versicherungstechnischen Geschäft gespeist hat oder wenn er ihr zwar auch Überschüsse des versicherungstechnischen Geschäfts zugeführt, aber diese innerhalb der Verlustrücklage nicht von den Überschüssen aus dem nicht versicherungstechnischen Geschäft getrennt hat.

4046 Bei Mehrsparten-VVaG (Komposit-VVaG) ist ein Verlustausgleich zwischen den einzelnen Sparten (Spartenausgleich) zulässig. Dies gilt jedoch nur für den Verlustausgleich innerhalb eines Wj. Eine vGA ist daher bei diesen Vereinen nur anzunehmen, wenn sich insgesamt (nach Spartenausgleich) in einem Wj. ein versicherungstechnischer Verlust ergibt und dieser mit Einnahmen aus dem nicht versicherungstechnischen Geschäft ausgeglichen wird.

4047 Eine vGA ist nicht anzunehmen, wenn ein versicherungstechnischer Verlust nach Spartenausgleich auf die folgenden drei Wj vorgetragen und mit versicherungstechnischen Gewinnen dieser Jahre verrechnet wird. Erst der am Ende des dritten Jahres noch nicht verrechnete Verlust ist in diesem Jahr als vGA anzusetzen. Erträge aus Kapitalanlagen dürfen nach der Rspr. auf der Einnahmeseite der versicherungstechnischen Erfolgsrechnung grundsätzlich nicht angesetzt werden.[5] Eine Ausnahme gilt jedoch[6] für solche Versicherungssparten, bei denen ein Deckungskapital nach versicherungsmathematischen Grundsätzen zu bilden und anzulegen ist (z. B. Unfall- und Haftpflichtversicherungen). Zur Behandlung der Zinszuführung zur Schwankungsrückstellung bei der Berechnung der Beitragsrückerstattung und zur Frage der vGA bei VVaG wird auf den Erlass des Niedersächsischen FinMin v. 21.10.1982 verwiesen.[7]

4048 Wegen nicht vorhersehbarer Aufwendungen im Versicherungsgeschäft ist in den neuen Bundesländern folgende Übergangsregelung vereinbart worden:[8] Eine vGA ist nicht anzunehmen, wenn ein versicherungstechnischer Verlust (nach Spartenausgleich) auf die folgenden fünf Wj. vorgetragen und mit versicherungstechnischen Gewinnen dieser Jahre verrechnet wird. Erst der am Ende des fünften Wj. noch nicht verrechnete Verlust ist in diesem Jahr als vGA anzusetzen. Im Übrigen gelten die Anweisungen im BMF, Schreiben v. 24.11.1981 unverändert fort.

4049 Erstattet ein VVaG den Mitgliedervertretern die ihnen durch Teilnahme an der Vertreterversammlung entstandenen Kosten, so sind die Aufwendungen des VVaG abzugsfähige Betriebs-

---

[1] BFH, Urteil v. 14.7.1976 - I R 239/73, BStBl 1976 II 731.
[2] BFH, Urteil v. 13.11.1991 - I R 45/90, BStBl 1992 II 429.
[3] BMF, Schreiben v. 19.6.1980, DB 1980, 1374 und 24.11.1981, DB 1981, 2517.
[4] BFH, Urteil v. 14.7.1976 - I R 239/73, BStBl 1976 II 731.
[5] BFH, Urteil v. 6.12.1960 - I 44/60 U, BStBl 1961 III 81.
[6] BMF, Schreiben v. 24.11.1981, DB 1981, 2517.
[7] Niedersächsisches FinMin v. 21.10.1982, DB 1982, 2437.
[8] BMF, Schreiben v. 15.1.1996, NWB EN-Nr. 282/1996, nachdem die Übergangsregelung nach BMF, Schreiben v. 4.11.1994, NWB EN-Nr. 302/1995, zunächst nur für vier Jahre gegolten hatte.

ausgaben.¹ Ausgaben zur Bewirtung der Mitglieder anlässlich einer Vertreterversammlung sind insoweit abzugsfähig, als sie 25 DM je Mitglied nicht übersteigen. Alle darüber hinausgehenden Ausgaben stellen vGA dar. Sitzungsgelder, Verpflegungs- und Übernachtungspauschalen sind Betriebsausgaben.² Das Gleiche gilt, wenn der VVaG den Mitgliedern der Vertreterversammlung die Fahrtauslagen ersetzt. Dagegen ist der Ersatz von Fahrtkosten für die Fahrt zur Teilnahme an der Generalversammlung eine vGA.³

112. Verspätungszuschlag

Ein Verspätungszuschlag wegen verspäteter Abgabe einer Steuererklärung ist keine vGA, sondern Betriebsausgabe. Er ist nicht durch das Gesellschaftsverhältnis veranlasst, und zwar auch dann nicht, wenn die verspätet abgegebene Steuererklärung auf einer vGA beruht (z. B. Kapitalertragsteueranmeldung für vGA oder berichtigte Körperschaftsteuererklärung wegen vGA). Der Verspätungszuschlag wird durch die eigene Pflichtverletzung der Körperschaft, nicht durch das Gesellschaftsverhältnis veranlasst.⁴

113. Verzicht

Ein Verzicht der Gesellschaft gegenüber ihrem Gesellschafter stellt vGA dar, wenn der Verzicht gesellschaftsrechtlich veranlasst ist. So liegt vGA vor, wenn

► die KapGes auf einen Anspruch zugunsten eines Dritten verzichtet, um dadurch den Weg für einen günstigen Vertrag zwischen einem Gesellschafter und dem Dritten freizumachen;⁵

► die Gesellschaft und der Gesellschafter gemeinsam Eigentümer eines Gegenstandes sind und die Gesellschaft nach dessen Veräußerung nicht einen ihrem Eigentumsanteil entsprechenden Anteil des Kaufpreises erhält;⁶

► die Gesellschaft zugunsten des Gesellschafters auf eine eigene Geschäftschance verzichtet;⁷

► die Gesellschaft einen Anspruch gegen den Gesellschafter-Geschäftsführer nicht geltend macht, einklagt und vollstreckt,⁸ wobei allerdings Voraussetzung ist, dass der Anspruch rechtlich und tatsächlich durchsetzbar ist, also im Streitfall voraussichtlich ein obsiegendes Urteil erzielt werden kann⁹ und dieses dann auch vollstreckt werden kann. Dann ist es allerdings unerheblich, ob die Gesellschaft den Anspruch, z. B. aus einer strafbaren Handlung des Gesellschafter-Geschäftsführers ihr gegenüber (Unterschlagung) kennt oder nicht. Der Geschäftsführer ist seiner Gesellschaft zur Auskunftserteilung über alle Vermögensansprüche der Gesellschaft verpflichtet; er hat dafür zu sorgen, dass alle Wirt-

---

1 BFH, Urteil v. 24. 8. 1983 - I R 16/79, BStBl 1984 II 273.
2 BFH, Urteil v. 24. 8. 1983 - I R 16/79, BStBl 1984 II 273.
3 BFH, Urteil v. 13. 11. 1991 - I R 45/90, BStBl 1992 II 429; BMF, Schreiben v. 26. 11. 1984, BStBl 1984 I 591; unter Bezugnahme auf BFH, Urteil v. 16. 12. 1955 - I 12/55 U, BStBl 1956 III 43.
4 BFH, Urteil v. 22. 1. 1997 - I R 64/96, BStBl 1997 II 548.
5 BFH, Urteil v. 18. 11. 1980 - VIII R 8/78, BStBl 1981 II 260.
6 BFH, Urteil v. 9. 5. 1985 - IV R 76/83, BStBl 1985 II 683.
7 Vgl. dazu Stichwort: Geschäftschance.
8 BFH, Urteil v. 14. 9. 1994 - I R 6/94, BStBl 1997 II 89.
9 BFH, Urteil v. 14. 9. 1994 - I R 6/94, BStBl 1997 II 89.

schaftsgüter vollständig in der Buchführung erfasst werden. Tut er dies nicht, ist dieses Unterlassen der Gesellschaft als Handlung ihres Organs zuzurechnen;[1]

- die Gesellschaft auf einen ihr zustehenden Anspruch gegen den Gesellschafter verzichtet,[2] nicht aber wenn sie eine Teilwertabschreibung auf diesen Anspruch vornimmt, weil der Gesellschafter mittellos ist und der Anspruch nicht mehr durchgesetzt werden kann.

- Die Voraussetzungen einer vGA können dadurch erfüllt werden, dass eine KapGes, die zusammen mit ihrem Mehrheitsgesellschafter an einer anderen KapGes (GmbH) wesentlich beteiligt ist, einer Kapitalerhöhung zustimmt, bei der sie keine Anteile, der Gesellschafter dagegen alle neuen Anteile an der GmbH erhält, so dass sich die Vermögensbeteiligungen zuungunsten der KapGes und zugunsten ihres Hauptgesellschafters verschieben.[3] Es müssen aber verschiedene Fälle unterschieden werden:

- Können die Bezugsrechte aus der Kapitalerhöhung frei veräußert werden, so ist der Marktpreis entscheidend. Wurde für die Nichtteilnahme an der Kapitalerhöhung eine Entschädigung unterhalb dieses Betrages gezahlt, ergibt sich entsprechend vGA.[4]

- Können die Bezugsrechte nach dem Gesellschaftsvertrag der Beteiligungsgesellschaft nur unter den Gesellschaftern veräußert werden, sind aber die übrigen Gesellschafter an einem Erwerb nicht interessiert, so muss die Gesellschaft an der Kapitalerhöhung teilnehmen, wenn sie wirtschaftlich vorteilhaft ist.[5]

4052 Kann sich die GmbH die Teilnahme an der Kapitalerhöhung wirtschaftlich gar nicht leisten und ist die Veräußerung der Bezugsrechte nach dem Gesellschaftsvertrag der Beteiligungsgesellschaft nur unter den Gesellschaftern möglich und diese an einem Bezug nicht interessiert, so ergibt sich keine Möglichkeit für eine Realisierung des Werts der Bezugsrechte. Die Kapitalgesellschaft muss dann versuchen die Kapitalerhöhung durch Anfechtung des Erhöhungsbeschlusses zu verhindern, vorausgesetzt dieses Vorgehen hat Aussicht auf Erfolg. Ist wegen der Rechtslage nicht zu erwarten, dass die anderen Gesellschafter durch die Anfechtung des Beschlusses zum Erwerb der Bezugsrechte genötigt werden können, so ist die Nichtteilnahme an der Kapitalerhöhung keine vGA, da sich bei ihr keine verhinderte Vermögensmehrung ergibt.[6]

4053 Ein Verzicht gegenüber dem Gesellschafter stellt keine vGA dar, wenn für den Verzicht ein betrieblicher Grund ausschlaggebend ist, er also auch gegenüber einem Dritten ausgesprochen worden wäre. Z. B. liegt keine vGA vor, wenn

- die Gesellschaft einen angeblichen Anspruch gegen den Gesellschafter nicht verfolgt, weil gegen das Bestehen dieses Anspruchs erhebliche rechtliche Bedenken bestehen, oder wenn der Anspruch nach dem maßgeblichen Zivilrecht überhaupt nicht bestand;[7]

---

1 BFH, Urteil v. 29. 4. 1987 - I R 176/83, BStBl 1987 II 733.
2 Darlehensansprüche: BFH, Urteil v. 14. 3. 1990 - I R 6/89, BStBl 1990 II 795; FG Baden-Württemberg, Urteil v. 26. 4. 1994 - 6 V 37/93, EFG 1994, 901; für Schadenersatzansprüche vgl. Stichwort.
3 BFH, Urteile v. 16. 3. 1967 - I 261/63, BStBl 1967 III 626; v. 15. 12. 2004 - I R 6/04, BFH/NV 2005, 796 = NWB YAAAB-51720.
4 BFH, Urteil v. 15. 12. 2004 - I R 6/04, BFH/NV 2005, 796= NWB YAAAB-51720.
5 BFH, Urteil v. 15. 12. 2004 - I R 6/04, BFH/NV 2005, 796= NWB YAAAB-51720; a. A. *Buciek*, DStZ 2005, 279.
6 BFH, Urteil v. 15. 12. 2004 - I R 6/04, BFH/NV 2005, 796= NWB YAAAB-51720.
7 BFH, Urteil v. 6. 4. 1977 - I R 183/75, BStBl 1977 II 571.

- die Gesellschaft es unterlässt, ihre Rechtsposition bei einem Mietvertrag über ein für den Betrieb wichtiges Grundstück, dessen Gültigkeit strittig ist, durchzusetzen und stattdessen im Wege des Vergleichs eine Fortsetzung des Mietverhältnisses vereinbart;[1]
- wenn die Gesellschaft eine Forderung gegen den Gesellschafter nicht geltend macht, um das Geltendmachen einer Gegenforderung zu vermeiden;[2]
- das Nichtgeltendmachen einer Rechtsposition geschieht, um die Liquidation einer Schwestergesellschaft zu vermeiden, auf die die Gesellschaft als Vertriebsgesellschaft angewiesen ist;[3]
- die Gesellschaft sich aus betrieblichen Gründen an der Sanierung einer Schwestergesellschaft beteiligt.[4]

Der Verzicht auf einen Anspruch kann aber nur dann eine vGA sein, wenn die Handlung, die zum Entstehen des Anspruchs geführt hat, keine vGA war. Ist die Handlung bereits vGA, so hat der Anspruch nur den Charakter einer Einlageforderung; der Verzicht darauf kann dann keine vGA sein, da keine Auswirkung auf das Einkommen vorliegt.

Zum Gehaltsverzicht vgl. Stichwort: Anstellungsvertrag, auch Forderungsverzicht.

(Einstweilen frei)

4055–4061

114. Vorgesellschaft und Vorgründungsgesellschaft

Die GmbH ist steuerlich nicht erst mit ihrer Eintragung relevant. Vielmehr besteht nach Abschluss des notariellen Gesellschaftsvertrags und mit Aufnahme einer nach außen gerichteten Tätigkeit bereits eine **Vorgesellschaft**, die mit der späteren GmbH identisch ist, wenn diese eingetragen wird.[5] Verträge, die mit der Vorgesellschaft geschlossen werden, gehen automatisch auf die GmbH über und unterliegen denselben Anforderungen wie Verträge mit der GmbH.[6]

Verträge, die die Gesellschafter mit der vor Abschluss des Notarvertrages bestehenden **Vorgründungsgesellschaft** schließen, **gehen** dagegen **nicht** über. Dies hat den Vorteil, dass diese Verträge nicht dem Recht der vGA unterliegen. Andererseits müssen sie, sollen sie nach Abschluss des Notarvertrages weiter bestehen, erneut abgeschlossen werden, zumindest, soweit sie mit einem beherrschenden Gesellschafter vereinbart wurden. Dann unterliegen diese Verträge jedoch in vollem Umfang dem Recht der vGA.[7]

Da bei einem nicht beherrschenden Gesellschafter das Gebot der klaren und eindeutigen Vereinbarung nicht besteht, wird man bei ihm davon ausgehen können, dass ein mit der Vorgründungsgesellschaft geschlossener Vertrag auch durch konkludentes Verhalten von der GmbH übernommen werden kann.[8]

---

[1] BFH, Urteil v. 12. 7. 1972 - I R 203/70, BStBl 1972 II 802.
[2] BFH, Urteil v. 14. 8. 1985 - I R 148/81, BStBl 1986 II 86.
[3] FG Rheinland-Pfalz, Urteil v. 29. 6. 1995 - 4 K 1587/93, EFG 1995, 1074.
[4] FG Baden-Württemberg, Urteil v. 18. 8. 1994 - 6 K 123/93, EFG 1995, 285.
[5] BFH, Urteile v. 20. 10. 1982 - I R 118/78, BStBl 1983 II 247; v. 8. 11. 1989 - I R 174/86, BStBl 1990 II 91; v. 14. 10. 1992 - I R 17/92, BStBl 1993 II 352.
[6] BFH, Urteil v. 20. 10. 1982 - I R 118/78, BStBl 1983 II 247.
[7] Ebenso *Geiger* Rupp/Felder/Geiger/Lang, Verdeckte Gewinnausschüttung, Verdeckte Einlage, A I Rz. 137 ff.
[8] Vgl. Sachverhalt des Urteils BFH v. 15. 3. 2000 - I R 74/99, BStBl 2000 II 547 – der Geschäftsführervertrag mit dem Minderheitsgesellschafter wurde vor Gründung der Gesellschaft geschlossen und der BFH geht ohne Weiteres von der Wirksamkeit dieses Vertrages aus.

4063–4066 *(Einstweilen frei)*

115. Vorteil vGA

LITERATURHINWEISE:

Neumann, Verdeckte Gewinnausschüttungen bei Pensionsabfindungen an den Gesellschafter-Geschäftsführer einer GmbH, GmbHR 1997, 292; *Rund*, Die Abfindung der Pensionsanwartschaft des Gesellschafter-Geschäftsführers im Zusammenhang mit der Unternehmensveräußerung – Arbeitslohn oder verdeckte Gewinnausschüttung?, GmbHR 2001, 417; *Herzig*, Gesellschafter-Fremdfinanzierung – Analyse und Perspektiven, Wpg Sonderheft 2003, 191; *Kamer*, Aktivierung bereits verlorener Körperschaftsteuer-Guthaben durch Feststellung einer verdeckten Gewinnausschüttung, DStR 2003, 1963; *Kessler*, Die Gesellschafter-Fremdfinanzierung im Spannungsfeld zum Recht der Doppelbesteuerungsabkommen und Europarecht, DB 2003, 2507; *Rödder/Schumacher*, Erster Überblick über die geplanten Steuerverschärfungen und -entlastungen für Unternehmen zum Jahreswechsel 2003/2004, DStR 2003, 1725; *Weßling/Romswinkel*, Die Gesellschafter-Fremdfinanzierung nach ‚Lankhorst-Hohorst', GmbHR 2003, 925; *Dötsch/Pung*, Die Neuerungen bei der Körperschaftsteuer und bei der Gewerbesteuer durch das Steuergesetzgebungspaket vom Dezember 2003, DB 2004, 91; *Grotherr*, Anwendungsgrundsätze und Zweifelsfragen der neuen Freigrenze in Höhe von 250.000 Euro bei der Gesellschafter-Fremdfinanzierung (§ 8a KStG), BB 2004, 411; *ders.*, Neue Praxisprobleme bei der Gesellschafter-Fremdfinanzierung anhand von Fallbeispielen, Wpg 2004, 405; *Herzig/Lachmann*, Die Belastungswirkungen von § 8a KStG n. F., DB 2004, 825; *Köhler/Eicker*, Aktuelles Beratungs-Know-how Internationales Steuerrecht, DStR 2004, 672; *Lederle*, Die Behandlung der passivierten Pensionszusage an den beherrschenden Gesellschafter-Geschäftsführer im Rahmen des Anteilsverkaufs einer GmbH, GmbHR 2004, 269; *Rödder/Ritzer*, § 8a KStG n. F. im Outbound-Fall, DB 2004, 891; Steuerfachausschuss des IdW, Auslegungsfragen zu § 8a KStG, IdW-FN 2004, 297; *Strunk/Kaminski*, Der Tipp in der Mitte – Außensteuerrecht, Stbg 2004, 129.

4067 Die bewusste Herbeiführung einer vGA kann sich in einigen wenigen Fällen auch als nützlich erweisen. Die Fallgruppen dazu sind im Folgenden zusammengestellt.

a) Vorteil aus vGA bei getrennter Betrachtung von Gesellschaft und Gesellschafter

4068 Generell ist bei einer getrennten Betrachtung der Verhältnisse der Gesellschaft und des Gesellschafters die vGA nach der Einführung der Abgeltungsteuer für den Gesellschafter allein günstiger als eine Versteuerung der erhaltenen Beträge nach einer anderen Vorschrift.

> **BEISPIEL:** Hat der Gesellschafter etwa ein um 100.000 € überhöhtes Gehalt erhalten, so hatte er dies vollständig der Einkommensteuer zu unterwerfen und meist mit einem höheren Steuersatz als 25 % zu versteuern. Wird dieser Teil seines Gehaltes nun als vGA angesehen, so fällt darauf nur noch 25 % Abgeltungsteuer an, der Gesellschafter erhält also eine Erstattung.[1] Auf der anderen Seite hätte allerdings die Gesellschaft eine Erhöhung des Gewinns um 100.000 € hinzunehmen und darauf Körperschaft- und Gewerbesteuer sowie Solidaritätszuschlag zu zahlen.

4069 Diese generelle getrennte Betrachtung entspricht auch nicht der Praxis bei Klein- und Mittelbetrieben. In diesen ist der Gesellschafter oft Alleingesellschafter oder zumindest beherrschender Gesellschafter, so dass er indirekt auch durch die Belastung der Gesellschaft betroffen ist und die vGA daher in einer Gesamtbetrachtung als Nachteil ansehen muss. Diese Gesamtbetrachtung der Verhältnisse von Gesellschaft und Gesellschafter soll nachfolgend auch zugrunde gelegt werden.

Trotz dieser Gesamtbetrachtung kann die vGA im Einzelfall einen Vorteil darstellen, sei es einen endgültigen steuerlichen Vorteil oder auch nur einen Liquiditätsvorteil, was für viele Un-

---

[1] Soweit sein Einkommensteuerbescheid noch änderbar ist; zu diesem Sonderproblem vgl. → Rz. 911 ff.

ternehmen auch schon von nicht zu unterschätzender Bedeutung sein kann. Dabei werden im Folgenden sowohl häufig vorkommende Fallgestaltungen als auch eher untypische Einzelfälle zu besprechen sein, die man sich aber gleichwohl gezielt zunutze machen kann, wenn man sie nur kennt.

b) VGA statt Lohnsteuer bei Nutzung eines Gebrauchtwagens als Dienstwagen

Beinahe jeder GesGf erhält neben seiner Barvergütung von der GmbH einen Pkw gestellt. Der Vorteil aus der – regelmäßig zu unterstellenden – Privatnutzung[1] ist dann gem. § 6 Abs. 1 Nr. 4 Satz 2 EStG mit 1 % des Listenpreises pro Monat zu versteuern. Dieser Ansatz ist meist von Vorteil. Er kann sich allerdings auch als Nachteil erweisen, wenn z. B. ein Gebrauchtwagen eingesetzt wird oder die Privatnutzung nur einen geringen Umfang hat. Nach der Rechtslage kann aber die Versteuerung des Privatanteils nur durch Führung eines Fahrtenbuches auf das Maß der realen Nutzung beschränkt werden. Die Führung eines Fahrtenbuches ist wiederum sehr aufwändig. Wird einem GesGf allerdings die Privatnutzung eines Pkw im Rahmen einer vGA gewährt,[2] so ist diese vGA mit dem gemeinen Wert anzusetzen. Dieser ist nach BFH zu ermitteln, indem den Kosten der GmbH die Hälfte des Gewinnaufschlags eines gewerblichen Vermieters hinzuaddiert wird. Der sich daraus ergebende Wert kann im Einzelfall erheblich geringer sein, als der nach der 1-%-Regelung ermittelte Wert.

4070

c) VGA rettet Kinderfreibetrag

Für ein Kind zwischen 18 und 21 bzw. 25 wurde nach alter Rechtslage ein Kinderfreibetrag gem. § 32 Abs. 4 Satz 2 EStG nur gewährt, wenn die eigenen Einkünfte und Bezüge des Kindes einen bestimmten Höchstbetrag nicht überschreiten. Nicht eben selten stammen die Einkünfte des Kindes aus dem elterlichen Betrieb. Sind sie als vGA an eine einem Gesellschafter (Eltern) nahe stehende Person zu werten, z. B. mangels Vereinbarung oder wegen unangemessener Höhe, so stellen die Einkünfte insoweit eine vGA an den Gesellschafter (Eltern) dar, beim Kind sind sie hingegen nur noch eine unentgeltliche Zuwendung der Eltern und zählen damit nicht mehr zu den eigenen Einkünften und Bezügen.[3] So konnte u.U. der Kinderfreibetrag gerettet werden.

4071

d) VGA bei Verzicht auf eine Pensionszusage

Die ganz herrschende Rechtsprechung[4] und Verwaltungspraxis[5] sind der Auffassung, dass bei Verzicht eines Gesellschafters auf seine Pensionszusage in Höhe des Teilwertes der Pensionsanwartschaft/Pension bei Verzicht ein sofortiger Zufluss beim Gesellschafter anzunehmen ist und gleichzeitig eine verdeckte Einlage des Gesellschafters in gleicher Höhe vorliegt (auszuweisen als handelsrechtliche Kapitalrücklage gem. § 272 Abs. 2 Nr. 4 HGB und steuerlich als Feststellungsbetrag i. S. d. § 27 KStG). In der Gesellschaft ist die Pensionsrückstellung aufzulösen. Soweit dies nicht mit der verdeckten Einlage verrechnet werden kann führt es zu Ertrag

4072

---

1 Vgl. dazu näher → Rz. 3069 f.
2 Vgl. dazu → Rz. 3072.
3 BFH, Urteil v. 14.12.2004 - VIII R 59/02, BFH/NV 2005, 1090 = NWB RAAAB-52823.
4 BFH, Entscheidungen v. 9.6.1997 - GrS 1/94, BStBl 1998 II 307; v. 15.10.1997 - I R 58/93, BStBl 1998 II 305, zuvor schon FG Saarland, Urteil v. 1.10.1991 - 1 K 149/91, rkr., EFG 1992, 330; kritisch *Hoffmann*, DStR 1998, 1625, 1627; FG Münster, Urteil v. 15.6.2011 - 9 K 2731/08 K, G, F, EFG 2011, 2194.
5 BMF, Schreiben v. 14.8.2012, BStBl 2012 I 874.

oder Aufwand. Soweit die Pensionszusage nicht werthaltig ist, entstehen kein Zufluss beim Gesellschafter und mithin auch keine verdeckte Einlage.[1]

4073 Streitig und hier allein interessierend ist, ob der Zufluss beim Gesellschafter als Arbeitslohn zu versteuern ist, oder ob er eine vGA darstellt und somit als Einnahmen aus Kapitalvermögen anzusehen ist. Die h. M. geht, ohne nähere Begründung, von Arbeitslohn aus.[2] Darauf ist dann nach der Rspr. des BFH allerdings wohl die Fünftelregelung gem. §§ 24 Abs. 1, 34 EStG anwendbar.[3]

4074 Nach zutreffender Ansicht ist allerdings eine vGA anzunehmen.[4] Die Annahme von Einkünften aus nicht selbständiger Arbeit verbietet sich, da auf die Pensionszusage, die ohne Zweifel zu Arbeitseinkünften geführt hätte, gerade verzichtet wurde. Der Zufluss aufgrund einer gesellschaftsrechtlich veranlassten Handlung ist aber stets vGA und stellt daher immer Einkünfte aus Kapitalvermögen dar. In der Eigenschaft als Gesellschafter kann der GesGf nur offene oder verdeckte Ausschüttungen erhalten, aber keine Arbeitseinkünfte. Somit kann er als Gesellschafter keine andere Einkunftsart als Einkünfte aus Kapitalvermögen verwirklichen.[5] Der (fiktiv) zugeflossene Betrag ist daher mit Abgeltungsteuer zu versteuern, was i. d. R. wesentlich günstiger ist als die Anwendung der Fünftelregelung.

4075–4076 *(Einstweilen frei)*

e) VGA bei Verlustvorträgen der Gesellschaft

4077 Eine ganz ähnliche Situation wie im vorhergehenden Fall ergibt sich allgemein, wenn

- die GmbH über Verlustvorträge verfügt,
- die Zahlung, die in vGA umqualifiziert werden soll, beim Gesellschafter bereits in voller Höhe versteuert wurde und
- die Einkommensteuerveranlagung des Gesellschafters noch geändert werden kann.[6]

4078 Wird in einer solchen Situation eine vGA festgestellt, so führt die Gewinnerhöhung bei der Gesellschaft wegen des Verlustvortrages nicht zu einer Steuerbelastung. Beim Gesellschafter aber ist statt der vollen Versteuerung nunmehr gem. § 32d EStG nur noch Abgeltungsteuer zu entrichten, so dass der Gesellschafter eine Einkommensteuererstattung erhält. Diese wird allerdings wieder (über-)kompensiert durch das Aufzehren des Verlustvortrages bei der Gesellschaft. Es ergibt sich jedoch ein Liquiditätsvorteil, weil der höhere Verlustvortrag sich, je nach der Situation der Gesellschaft, u. U. erst nach vielen Jahren ausgewirkt hätte. Je nach der finanziellen Situation kann dieser Liquiditätsvorteil entscheidend sein.

BEISPIEL: Im Jahr 2004 verfügt die X-GmbH über einen Verlustvortrag von 500.000 €. Sie hat in 2004 ihrem Alleingesellschafter-Geschäftsführer ein hohes Gehalt gezahlt. In 2005 stellt der Steuerberater fest, dass für einen Gehaltsteil von 50.000 € keine eindeutige und klare Vereinbarung im Vorhinein vorlag und erklärt diesen Teil folglich als vGA.

---

[1] Weitere Ausnahmen vgl. *Janssen*, vGA, 10. Aufl. 2010, Rz. 1910.
[2] Vgl. *Ott*, GmbH-Stpr. 1998, 109, 111; *Arteaga*, BB 1998, 977, 979; *Beck*, DStR 2002, 473, 479; zur Lohnsteuereinbehaltung näher *Gebhardt*, DB 1998, 1837.
[3] Für Abfindungen: BFH, Urteil v. 10. 4. 2003 - XI R 4/02, BStBl 2003 II 748; v. 13. 8. 2003 - XI R 18/02, BStBl 2004 II 106, wohl übertragbar auf Verzicht, ebenso *Lederle*, GmbHR 2004, 269, 271.
[4] Vgl. *Rund*, GmbHR 2001, 417, wohl auch *Neumann*, GmbHR 1997, 292, 298 f.
[5] Vgl. *Rund*, GmbHR 2001, 417.
[6] Zu diesem Teilproblem vgl. → Rz. 911 ff.

Aufgrund eines beispiellosen Wirtschaftsaufschwungs in der Bundesrepublik nach der Bundestagswahl 2006 erzielt die X-GmbH, die in 2005 und 2006 nur ein ausgeglichenes Ergebnis erzielt hatte, in 2007 einen Gewinn von 500.000 €. Die vGA führt in 2004 nicht zu einer Steuerbelastung bei der GmbH, der Verlustvortrag schmilzt allerdings auf 450.000 € zusammen. Der Gesellschafter, der aufgrund des angemessenen Gehaltsteils bereits im Höchststeuersatz liegt, muss die vGA nicht mehr mit 42 % Einkommensteuer, sondern nur noch mit 25 % Abgeltungsteuer versteuern, es ergibt sich eine Einkommensteuerersparnis von (50.000 € × 17 % =) 8.500 € zzgl. Solidaritätszuschlag.

Dieser Betrag trägt nach den angefallenen Verlusten der Vorjahre wesentlich zum Überleben der Gesellschaft bei. Da in 2007 nur noch der Verlustvortrag von 450.000 € statt 500.000 € vorhanden ist, muss die Gesellschaft nun 50.000 € versteuern, was zu einer Steuerbelastung von (KSt und GewSt) ca. 15.000 € führt. Dieser Betrag ist deutlich höher als die Einkommensteuerersparnis in 2004, allerdings nach einem Gewinn von 500.000 € auch deutlich leichter aufzubringen.

(Einstweilen frei) 4079–4086

116. Wegfall der Geschäftsgrundlage

Eine vGA kann auch vorliegen, wenn die KapGes es unterlässt, von ihrem beherrschenden Gesellschafter eine Herabsetzung der Pensionsbezüge (hier: Witwenpension der beherrschenden Gesellschafterin, deren Bezüge sich aufgrund einer Spannungsklausel erheblich erhöht hatten) nach den Grundsätzen über den Störung der Geschäftsgrundlage zu verlangen, obwohl die Voraussetzungen hierfür vorgelegen hatten.[1] Auch hier ist letztlich der Drittvergleich ausschlaggebend. Nur wenn die Gesellschaft eine solche Änderung auch gegenüber einem fremden Dritten durchsetzen könnte, stellt der Verzicht auf die Vertragsanpassung gegenüber dem Gesellschafter eine vGA dar.[2]

Geschäftsgrundlage sind die von einer Partei der anderen Partei erkennbar oder von beiden Parteien gemeinsam bei Vertragsschluss zugrunde gelegten Vorstellungen über das Vorhandensein bzw. den Eintritt bestimmter Umstände, die die Basis für die Vertragsbeziehung bilden. Der Eintritt von Risiken, die mit dem konkreten Geschäft regelmäßig verbunden sind, führt daher nie zum Wegfall der Geschäftsgrundlage. Daher liegt ein Wegfall der Geschäftsgrundlage bei Kostenerhöhungen bei Festpreisaufträgen, Gewinnexplosion bei Gewinntantieme,[3] Inflation usw. nicht vor. Ebenfalls ist kein Wegfall der Geschäftsgrundlage gegeben, wenn eine bei Vertragsabschluss voraussehbare Änderung eintritt.[4]

117. Werbung

Erbringt eine GmbH für die Einzelunternehmen ihrer Gesellschafter Schaufensterwerbung zu einem nicht kostendeckenden Preis, so liegt darin eine vGA, auch wenn das unangemessen niedrige Entgelt ihr im Gesellschaftsvertrag vorgeschrieben worden ist.[5] Ferner gehört es zu den Pflichten eines ordentlichen und gewissenhaften Geschäftsleiters, vor aufwändigen Werbemaßnahmen kostengünstigere Alternativen zu erwägen und durchzuführen. Geschieht dies nicht, können die Kosten der aufwändigen Maßnahme vGA sein, insbesondere wenn diese Kos-

---

[1] BFH, Urteil v. 13.10.1983 - I R 4/81, BStBl 1984 II 65.
[2] Siehe BFH, Urteil v. 9.4.1975 - I R 166/73, BStBl 1975 II 617.
[3] A. A. FG Rheinland-Pfalz, Urteil v. 6.5.1991 - 5 K 2467/90, EFG 1992, 36.
[4] FG München, Urteil v. 12.11.1992 - 15 K 2612/86, EFG 1993, 404, für das Auslaufen der AfA als Pachtzinskomponente.
[5] BFH, Urteil v. 3.7.1968 - I 83/65, BStBl 1969 II 14.

118. Zinsen

4090 Zinsen auf Darlehen, die zur Finanzierung einer vGA aufgenommen wurden, sind nicht wiederum eine vGA,[2] da auch die Zinsen, die zur Finanzierung einer offenen Gewinnausschüttung anfallen, keine weitere offene Gewinnausschüttung darstellen und das Rechtsinstitut der vGA nur die Folgen, die bei einer offenen Ausschüttung eingetreten wären, herstellen soll. Zinsen, die die Trägerkörperschaft für eine Gesamtkreditaufnahme zu zahlen hat, können als Betriebsausgabe ihres BgA behandelt werden, soweit sie auf diesen entfallen.[3] Zinsaufbesserungen, die eine Sparkasse ihren Gewährträgern, nicht aber anderen Kunden zugesteht, sind vGA.[4]

4091–4101 *(Einstweilen frei)*

Anlage 2: ABC der verdeckten Einlagen

1. Abfindung

4102 Die Abfindung einer Pensionszusage kann zu einer verdeckten Einlage führen.[5]

2. Agio = Aufgeld

4103 Wird bei dem Erwerb von Anteilen aus einer Kapitalerhöhung von einem Gesellschafter ein höheres Agio akzeptiert, als es unter fremden Dritten üblich ist, so stellt der übersteigende Betrag eine verdeckte Einlage dar. Diese erhöht die Anschaffungskosten aller, also auch der alten Anteile.[6] Im entschiedenen Fall war im Vergleich zu dem nach dem früheren Stuttgarter Verfahren ermittelten tatsächlichen Wert der Anteile ein Agio von ca. 1/3 bezahlt worden, als angemessenes Agio erachtete das Gericht 3,5 %.

3. Anwachsung

4104 Von einer Anwachsung spricht man, wenn ein Gesellschafter einer Personengesellschaft seinen Anteil nicht verkauft oder verschenkt, sondern einfach austritt. Sein Anteil wächst dann den verbleibenden Gesellschaftern an. Tritt der vorletzte Gesellschafter aus, so geht das Gesellschaftsvermögen ohne Liquidation im Wege der Gesamtrechtsnachfolge auf den Letztgesellschafter über. Ist der Letztgesellschafter eine GmbH und hat diese die ausscheidenden Gesellschafter nicht zu entschädigen, so stellt die Anwachsung eine verdeckte Einlage dar (sog. **Anwachsungsmodell,** insbesondere zur Umwandlung einer GmbH & Co. KG in eine GmbH).

---

1 FG Düsseldorf, Urteil v. 19.3.2002 - 6 K 7786/99 K, G, rkr., NWB PAAAB-07578. Siehe auch Golfclubbeiträge, Sponsoring, Warenverkauf.
2 OFD Kiel v. 25.9.2000, DB 2000, 2095; *Lang* Dötsch/Geiger/Klingebiel/Lang/Rupp/Wochinger, KStG, Rz. D 1102; a.A. Hessisches FG, Urteil v. 12.2.2003 - 4 K 3858/00, EFG 2004, 292, Rev. begründet, Aufhebung der Vorentscheidung und Zurückverweisung der Sache an das FG, BFH, Urteil v. 31.3.2004 - I R 83/03, BFH/NV 2004, 1482 = NWB AAAAB-25685.
3 FG Münster, Urteil v. 21.2.1997 - 9 K 5796/93 K, EFG 1997, 1134, rkr.
4 BFH, Urteil v. 1.12.1982 - I R 6970/80, BStBl 1983 II 152.
5 Vgl. dazu → Rz. 3780 ff.
6 FG München, Urteil v. 8.4.2008 - 2 K 863/06, NWB AAAAC-81222.

Bringen die Kommanditisten einer GmbH & Co. KG hingegen ihre Anteile im Wege der Einlage gegen Gewährung von Gesellschaftsrechten in die GmbH ein, so handelt es sich um eine offene Einlage (die gem. § 20 UmwStG zum Buchwert vorgenommen werden kann, sog. erweitertes Anwachsungsmodell). Der Wert der verdeckten Einlage ist beim einfachen Anwachsungsmodell die Werterhöhung, die die Beteiligung an der GmbH durch die Anwachsung erfährt. Dabei ist auch der **Firmenwert** zu berücksichtigen, da dieser grundsätzlich durch die Anwachsung im Wege der Gesamtrechtsnachfolge übergeht.[1]

Das kann natürlich nicht gelten, wenn der Firmenwert untergeht, weil die GmbH ihn nicht nutzen kann. Dieser Wert ist dann von den Gesellschaftern zusätzlich zum gemeinen Wert der in das Privatvermögen überführten GmbH-Anteile gem. §§ 16, 34 EStG bei den Kommanditisten zu besteuern und erhöht ihre Anschaffungskosten gem. § 17 EStG. Auf das einfache Anwachsungsmodell kann mangels Gewährung neuer Anteile an der GmbH § 20 UmwStG mit dem Wahlrecht der Buchwertfortführung nicht angewandt werden.[2]

4. Begründung des Besteuerungsrechts der BRD

Wird an einem Wirtschaftsgut das Besteuerungsrecht der BRD neu begründet, so ist der Fall wie eine Einlage zu behandeln, vgl. § 4 Abs. 1 Satz 7 2. Halbsatz EStG. Die Bewertung erfolgt in diesen Fällen stets mit dem gemeinen Wert, § 6 Abs. 1 Nr. 5a EStG.

5. Betriebsaufgabe

Wird ein Betrieb, Teilbetrieb oder Mitunternehmeranteil in eine GmbH eingelegt, so handelt es sich nach der Rechtsprechung des BFH um eine Betriebsaufgabe, bei der alle stillen Reserven zu realisieren sind.[3] Soweit die Anteile an der Kapitalgesellschaft in einem Betriebsvermögen gehalten werden, fragt sich, ob die **verdeckte Einlage** gem. § 6 Abs. 3 EStG **zum Buchwert** erfolgen kann. Dies hat der BFH in einer ganzen Reihe von Entscheidungen letztlich offen gelassen.[4] Die Finanzverwaltung geht davon aus, dass § 6 Abs. 3 EStG nicht anwendbar ist.[5] Dafür spricht immerhin, dass man § 20 UmwStG als abschließende Regelung sehen kann, die bestimmt, dass eine Einlage von Betrieben, Teilbetrieben und Mitunternehmeranteilen nur dann zum Buchwert durchgeführt werden kann, wenn sie gegen Gewährung von Gesellschaftsrechten erfolgt. Siehe aber auch „Verschleierte Sachgründung".

6. Betriebsaufspaltung

a) Verdeckte Einlage des Firmenwertes bei Begründung der Betriebsaufspaltung

Bei der Bildung einer Betriebsaufspaltung kann im Wege der verdeckten Einlage auch der Geschäfts- oder Firmenwert auf das Betriebsunternehmen übergehen. Dazu muss er allerdings

---

[1] BFH, Urteile v. 12. 2. 1980 - VIII R 114/77, BStBl 1980 II 494; v. 24. 3. 1987 - I R 202/83, BStBl 1987 II 705; OFD Düsseldorf v. 22. 6. 1988, GmbHR 1988, 412; Anwendungserlass zum UmwStG v. 25. 3. 1998, BStBl 1998 I 268; OFD Berlin v. 11. 11. 2002, NWB VAAAA-81114; Umwandlungssteuererlass v. 11. 11. 2011, BStBl 2011 I 1314.
[2] BFH, Urteile v. 1. 7. 1992 - I R 5/92, BStBl 1993 II 131; v. 14. 1. 1993 - IV R 121/91, BFH/NV 1993, 525 = NWB TAAAB-33851; FinSen Bremen v. 25. 10. 2002, GmbHR 2002, 1264; *Klein/Müller/Lieber*, Änderung der Unternehmensform, 11. Aufl., Rz. 81.
[3] BFH, Urteile v. 24. 3. 1987 - I R 202/83, BStBl 1987 II 705; v. 18. 12. 1990 - VIII R 17/85, BStBl 1991 II 512.
[4] BFH, Urteile v. 18. 12. 1990 - VIII R 17/85, BStBl 1991 II 512; v. 24. 8. 2000 - IV R 51/98, BStBl 2008 II 173; v. 20. 7. 2005 - X R 22/02, BStBl 2006 II 457.
[5] BMF, Schreiben v. 3. 3. 2005, BStBl 2005 I 458.

im Besitzunternehmen gewinnrealisierend **entnommen** werden. Ob eine solche Übernahme des Firmenwerts durch das Betriebsunternehmen zwingend erfolgen muss ist noch nicht eindeutig entschieden:

- Der BFH hat im Urteil v. 27. 3. 2001[1] die Frage ausdrücklich offen gelassen.
- Werden **alle wesentlichen Betriebsgrundlagen** an die Betriebsgesellschaft nur **verpachtet,** so erscheint es dem BFH jedoch naheliegend, dass dies dann auch für den Firmenwert gilt, also eine verdeckte Einlage nicht vorliegt.[2]
- Eine verdeckte Einlage des Firmenwerts kommt definitiv nicht in Betracht, wenn das **Betriebsgrundstück** an die Betriebsgesellschaft vermietet wird und der Firmenwert allein auf bestimmten Eigenschaften des zurückbehaltenen Grundstücks beruht.[3]
- In verschiedenen Urteilen hat der BFH entschieden, dass der Geschäftswert den sog. **geschäftswertbildenden Faktoren** folgt.[4] Noch nicht abschließend geklärt ist, welche Faktoren jeweils den Firmenwert ausmachen, dies ist letztlich eine Frage des Einzelfalls und mithin abschließend durch die FG zu entscheiden.[5] Der BFH[6] hat aber in einem konkreten Fall entschieden, dass revisionsrechtlich nicht beanstandet werden konnte, dass das FG als Bestandteile des Firmenwerts im entschiedenen Fall Kundenstamm, Ruf des Unternehmens und Betriebsorganisation, die Firma und auch alle Arbeitsverhältnisse ansah und von einer **Übertragung** dieses Firmenwerts ausging, da dies alles **langfristig (zehn Jahre) vermietet** worden war und danach nicht automatisch an die Besitzgesellschaft zurückfiel. Das FG Köln sah in einer späteren Entscheidung als einzige Bestandteile des Firmenwerts den Kundenstamm, Firmenname und den Kontakt zu Dauerkunden an.[7] Danach wird man in jedem regulären Fall der Herstellung einer Betriebsaufspaltung vom Übergang des Firmenwertes auszugehen haben, jedenfalls so weit als dieser nicht ausdrücklich zurückbehalten worden ist.
- In der neueren Rechtsprechung hält der BFH jedoch immaterielle Wirtschaftsgüter, die bis dahin meist zumindest als Teil des Firmenwerts betrachtet wurden, für selbständig verkehrsfähig.[8] Diese würden daher nur nach Vereinbarung auf das Betriebsunternehmen übergehen.

4108 Danach ist jedenfalls klar, dass der Geschäfts- oder Firmenwert dann zwingend auf die Besitzgesellschaft übergeht, wenn alle geschäftswertbildenden Faktoren von der Betriebsgesellschaft zu ihr gewechselt sind.[9] Das hat zur Folge

- für Fälle **bis** zum Inkrafttreten von § 6 Abs. 6 Satz 2 EStG zum **1. 1. 1999:** Nach der Rechtsprechung ist eine gewinnrealisierende Entnahme beim Einzelunternehmen und eine

---

1 BFH, Urteil v. 27. 3. 2001 - I R 42/00, BStBl 2001 II 771.
2 BFH, Urteil v. 27. 3. 2001 - I R 42/00, BStBl 2001 II 771; FG Düsseldorf, Urteil v. 25. 9. 2003 - 11 K 5608/01, EFG 2004, 41.
3 BFH, Urteil v. 27. 3. 2001 - I R 42/00, BStBl 2001 II 771; z. B. Apotheke im Ärztehaus.
4 BFH, Urteil v. 27. 3. 1996 - I R 60/95, BStBl 1996 II 576, 577; v. 27. 3. 2001 - I R 42/00, BStBl 2001 II 771; v. 16. 6. 2004 - X R 34/03, BStBl 2005 II 378.
5 BFH, Urteil v. 27. 3. 2001 - I R 42/00, BStBl 2001 II 771.
6 BFH, Urteil v. 16. 6. 2004 - X R 34/03, BStBl 2005 II 378.
7 FG Köln, Urteil v. 25. 8. 2005 - 6 K 3210/01, EFG 2005, 1841.
8 BFH, Urteil v. 18. 12. 1996 - I R 128-129/95, BStBl 1997 II 546, Mandantenstamm des Steuerberaters; BFH, Urteil v. 5. 6. 2007 - III S 6/07, BFH/NV 2007, 2256 = NWB BAAAC-62165, Kundenstamm und Know-how in Beziehung auf die Lieferanten.
9 So im Fall des BFH, Urteil v. 27. 3. 2001 - I R 42/00, BStBl 2001 II 771 und auch des FG Köln, Urteil v. 25. 8. 2005 - 6 K 3210/01, EFG 2005, 1841.

Einlage beim Betriebsunternehmen ausnahmsweise **nicht erforderlich,** da die GmbH-Anteile notwendiges Betriebsvermögen beim Besitzunternehmen darstellen und die stillen Reserven in der Person des ehemaligen Einzelunternehmers steuerverhaftet bleiben.[1] Dies gilt allerdings nur, soweit die Steuerverhaftung reicht, also nicht, soweit stille Reserven auf einen **Nur-Betriebsgesellschafter** überspringen, jedenfalls wenn dies ein Angehöriger ist.[2]

▶ für Fälle **nach** Inkrafttreten von § 6 Abs. 6 Satz 2 EStG zum **1.1.1999**: Es muss eine gewinnrealisierende Entnahme beim Besitzunternehmen und eine Einlage im Betriebsunternehmen gebucht werden. Für diese Fälle hat jedoch die Finanzverwaltung eine **Übergangsregelung** erlassen. Einheitlich kann von allen Beteiligten unwiderruflich und nur für alle Steuerarten gleichmäßig der Antrag auf Anwendung der alten Rechtslage gestellt werden, wenn die Betriebsaufspaltung bis zum 1.1.2002 begründet wurde.[3]

Die ab 1999 geltende Rechtslage konnte dazu führen, dass

▶ bei der **Besitzgesellschaft** der Gewinn aus der zwingenden Übertragung des Firmenwerts auf die Betriebsgesellschaft **nicht versteuert** werden konnte, da die alte Rechtsprechung angewandt wurde oder rechtsirrig angenommen wurde, ein Firmenwert existiere nicht, und der Bescheid bereits bestandskräftig veranlagt wurde.

▶ bei der **Betriebsgesellschaft** aber die **AfA** auf den Firmenwert, die grundsätzlich gem. § 7 Abs. 1 Satz 3 EStG 15 Jahre läuft, noch ganz oder teilweise in Anspruch genommen werden kann.

Die Finanzverwaltung wollte hier zunächst die Bescheide bei der Besitzgesellschaft nach § 174 Abs. 3 AO ändern. Dieser ist jedoch wohl nicht einschlägig.[4] Zumindest für die Zukunft dürfte dieses Problem für die Finanzverwaltung durch die Vorschriften der **materiellen und formellen Korrespondenz**[5] gelöst sein.

(Einstweilen frei)

b) Darlehen an Geschäftspartner-GmbH als verdeckte Einlage

Gewährt die Besitzpersonengesellschaft einem Geschäftspartner der Betriebskapitalgesellschaft ein Darlehen, welches betrieblich veranlasst ist, so ist dieses Darlehen als solches anzusetzen.[6] Eine **Ausnahme** gilt folglich, wenn

▶ zwischen einem der Besitzgesellschafter und dem Geschäftspartner persönliche Beziehungen bestehen,

▶ ein wirtschaftlicher Nutzen des Darlehens für die Betriebs-GmbH nicht zu erkennen ist **und**

▶ das Darlehen unter Bedingungen gewährt wurde, unter denen die Besitzgesellschaft einem fremden Dritten keine finanziellen Mittel zur Verfügung gestellt haben würde.

---

1 BFH, Urteil v. 16.6.2004 - X R 34/03, BStBl 2005 II 378; FG Köln, Urteil v. 25.8.2005 - 6 K 3210/01, EFG 2005, 1841.
2 BFH, Urteile v. 12.12.2007 - X R 17/05, BFH/NV 2008, 647 = NWB XAAAC-72647; v. 16.6.2004 - X R 34/03, BStBl 2005 II 378; FG Köln, Urteil v. 25.8.2005 - 6 K 3210/01, EFG 2005, 1841; BMF, Schreiben v. 22.1.1985, BStBl 1985 I 97.
3 So jedenfalls *Lang* Bott/Walter § 8 Rz. 516.8.
4 Vgl. BFH, Urteil v. 18.8.2005 - IV B 167/04, NWB YAAAB-63582.
5 § 8 Abs. 3 Satz 4 – 6 KStG und § 32a KStG.
6 BFH, Urteil v. 25.11.2004 - IV R 7/03, BStBl 2008 II 354.

4113 Im **entschiedenen Fall** bestand die persönliche Beziehung darin, dass einer der Besitzgesellschafter Alleingesellschafter bei dem Geschäftspartner war, der die Rechtsform der GmbH führte. Soweit auch die beiden anderen Kriterien vorgelegen hätten, wäre die Darlehensgewährung als Privatentnahme dieses Gesellschafters bei der Besitzgesellschaft und als verdeckte Einlage in die Geschäftspartner-GmbH zu werten gewesen, zudem wäre die verdeckte Einlage dann im Sonderbetriebsvermögen II bei der Besitzpersonengesellschaft auszuweisen gewesen, da dort auch die Anteile an der Geschäftspartner-GmbH zu bilanzieren sind. Im entschiedenen Fall lag jedoch der wirtschaftliche Nutzen für die Betriebs-GmbH klar auf der Hand.

4114 Ist die Betriebs-GmbH hingegen an einer anderen GmbH beteiligt und **bürgt** der Besitzunternehmer für ein **Darlehen an diese Tochtergesellschaft,** so sind Zahlungen auf die Bürgschaft eine verdeckte Einlage in die Betriebs-GmbH und eine verdeckte Einlage der Betriebs-GmbH in ihre Tochtergesellschaft.[1]

4115–4116 *(Einstweilen frei)*

c) Nutzungsüberlassung an die Betriebs-GmbH

4117 Eine verbilligte oder gar unentgeltliche Nutzungsüberlassung im Rahmen einer Betriebsaufspaltung führt hingegen nicht zu einer verdeckten Einlage, auch dann nicht, wenn die Nutzungsüberlassung beim Betriebsunternehmen zu Dauerverlusten führt.[2]

4118–4121 *(Einstweilen frei)*

7. Bürgschaft und ähnliche Sicherungsmittel

LITERATURHINWEIS:

Weber-Grellet, Grundlegende Änderungen und neue Rechtsprechung bei § 17 EStG, NWB F. 3, 15229 (Heft 41/2008).

4122 In der Praxis bei kleinen und mittelständischen Unternehmen erhält eine GmbH keinen Kredit ohne Gestellung einer Sicherheit durch den oder die Gesellschafter. In der Regel wird als Sicherheit eine Bürgschaft gegeben. Diese ist letztliche eine Ausfallhaftung des Gesellschafters für die Gesellschaft für den Fall der Zahlungsunfähigkeit der Gesellschaft.

Sie führt bei Zusage noch nicht zu einer verdeckten Einlage, da die Ausfallhaftung selbst noch kein bilanzierbarer Vermögensvorteil ist. Aber auch bei Leistung auf die Bürgschaft entsteht noch keine verdeckte Einlage, da gleichzeitig mit der Leistung ein Ersatzanspruch gegenüber der Gesellschaft gem. § 774 BGB entsteht.[3] Erst der Ausfall dieses Ersatzanspruchs kann eine verdeckte Einlage begründen. Da dieser Ersatzanspruch letztlich eine Forderung des Gesellschafters gegen die Gesellschaft ist, werden hier von der Rechtsprechung die **Grundsätze zum Forderungsverzicht** bzw. Forderungsausfall übertragen (s. Stichwort: Forderungsverzicht). Insbesondere kann auch die Leistung eines Gesellschafters auf eine Bürgschaft kapitalersetzend sein.[4]

---

1 BFH, Urteil v. 9. 9. 1986 - VIII R 159, 85, BStBl 1987 II 257, sog. Reiheneinlage, vgl. dazu auch → Rz. 4132.
2 Siehe o. → Rz. 2108.
3 BFH, Urteile v. 12. 12. 2000 - VIII R 36/97, BFH/NV 2001, 761 = NWB VAAAA-97075; v. 4. 3. 2008 - IX R 78/06, BFH/NV 2008, 1039 = NWB PAAAC-78869.
4 Vgl. BFH, Urteil v. 4. 3. 2008 - IX R 78/06, BFH/NV 2008, 1039 = NWB PAAAC-78869.

Unter diesen Umständen reicht auch eine **Bürgschaft des Gesellschafters für einen Kunden der Gesellschaft**. Der Gesellschafter hatte für einen Bankkredit gebürgt, mit dem der Kunde bei der Gesellschaft zwei schwer veräußerbare Immobilien erwarb. Durch diese Bürgschaftsübernahme in der Krise der Gesellschaft erlangte er einen für den Fall der Inanspruchnahme aus der Bürgschaft lt. BFH einen Ersatzanspruch gegenüber der Gesellschaft gem. § 683 BGB, der ebenso ausfiel wie der Ersatzanspruch gem. § 774 BGB gegenüber dem Kunden. Der Verzicht auf den Ersatzanspruch gegenüber der Gesellschaft führte zu einer verdeckten Einlage, da es sich um eine einem eigenkapitalersetzenden Darlehen ähnliche Kreditierung handele.[1] Der Ausfall des Ersatzanspruchs gem. § 774 BGB sei hingegen steuerlich irrelevant, da Aufwendungen für eine **mittelbare Beteiligung** nicht abziehbar seien.[2]

Auf die Bewertung der **Bürgschaftsforderung im Privatvermögen** werden dabei ebenso die Kategorien der Finanzplanbürgschaft, der krisenbestimmten Bürgschaft, der in der Krise gegebenen Bürgschaft und der in der Krise stehengelassenen Bürgschaft verwendet.[3] Letztere soll dazu führen, dass nur der werthaltige Teil der Rückgriffsforderung bei Kriseneintritt als **nachträgliche Anschaffungskosten** berücksichtigt werden kann.[4]

Dies ist schon **im Ansatz verfehlt**. Anders als ein Darlehen ist schließlich eine Bürgschaft als Ausfallhaftung für einen Notfall bestimmt und damit **stets krisenbestimmt**,[5] sie wird ja regelmäßig nur dann in Anspruch genommen, wenn die Gesellschaft vermögenslos und zahlungsunfähig ist und damit gerade in den Fällen, in denen die Rückgriffsforderung wertlos ist. Wer also eine Bürgschaft eingeht, weiß, dass er im Falle der Geltendmachung nur eine theoretische Rückgriffsforderung gegen die Gesellschaft erhält und findet sich bereits damit ab. Somit ist die Bürgschaft schon bei Eingehung stets krisenbestimmt und muss es daher bei der Inanspruchnahme und dem Ausfall der Rückgriffsforderung auch bleiben.

Das gilt entgegen *Reiser*[6] auch für selbstschuldnerische Bürgschaften. In der Praxis werden diese lediglich vereinbart, um bei Inanspruchnahme etwaigen Durchsetzungsschwierigkeiten einer einfachen Bürgschaft aus dem Weg zu gehen, es führt jedoch nicht dazu, dass Bürgschaften bereits gezogen würden, obwohl die Hauptschuldner selbst noch zahlungsfähig sind.

Die Rechtsprechung und h. M., die die o. g. Kriterien anwendet, kann dies nur rechtfertigen, weil der **Zeitpunkt der Inanspruchnahme** und der Ausfall der Rückgriffsforderung künstlich auseinandergezogen werden. Der Ausfall der Rückgriffsforderung und damit nachträgliche Anschaffungskosten ergeben sich nämlich erst, wenn feststeht, dass der Gesellschafter keine Zahlung auf seine Forderung mehr erhält. Rein rechtlich ist dies erst mit Beendigung der Insolvenz der Gesellschaft bzw. mit der Ablehnung des Insolvenzverfahrens mangels Masse der Fall. Rein praktisch steht es stets schon bei der Leistung auf die Bürgschaft fest. Die Gläubiger würden die Bürgschaft nicht ziehen, wenn bei der Gesellschaft noch etwas zu holen wäre und schon gar nicht, wenn dort noch so viel vorhanden wäre, dass nach Abdeckung aller Verbind-

---

1 BFH, Urteil v. 4. 3. 2008 - IX R 80/06, BFH/NV 2008, 1041 = NWB EAAAC-78611.
2 BFH, Urteil v. 4. 3. 2008 - IX R 80/06, BFH/NV 2008, 1041 = NWB EAAAC-78611, kritisch dazu *Weber-Grellet*, NWB F. 3, 15229, 15232 (Heft 41/2008).
3 BFH, Urteil v. 6. 7. 1999 - VIII R 9/98, BStBl 1999 II 817.
4 OFD Kiel v. 14. 12. 1999, NWB TAAAA-88144.
5 OFD München v. 30. 4. 1996, FR 1996, 431, anders aber BFH, Urteil v. 6. 7. 1999 - VIII R 9/98, BStBl 1999 II 817; OFD Kiel v. 14. 12. 1999, NWB TAAAA-88144.
6 Vgl. *Reiser*, a. a. O.

lichkeiten noch etwas für eine Leistung auf die Rückgriffsforderung aus der kapitalersetzenden Bürgschaft übrig bleibt.

4125 Diese Grundsätze gelten sinngemäß auch für abstrakte Schuldversprechen, Garantieversprechen und Patronatserklärungen.[1]

8. Darlehen

4126 Vgl. Stichwort: Betriebsaufspaltung, Punkt 2; Stichwort: Forderungsverzicht, auch Stichwort: Bürgschaft und ähnliche Sicherungsmittel.

9. Disquotale Einlage

4127 Vgl. Dreiecksverhältnisse

10. Dreiecksverhältnisse

4128 Dreiecksverhältnisse bzw. sog. **mittelbare verdeckte Einlagen** können in verschiedenen Formen vorkommen:

- ▶ Grundfälle (im Folgenden unter 1. – 3.): Ein Gesellschafter kann einen ihm verpflichteten Dritten (oder eine nahe stehende Person) anweisen, seine Schuld durch eine Zahlung an die Gesellschaft zu tilgen (**abgekürzter Zahlungsweg**, ggf. auch **abgekürzter Vertragsweg**). Diese Fälle sind abzugrenzen vom sog. **Drittaufwand.** Lediglich ein Spezialfall des abgekürzten Zahlungsweges ist der Fall der **hintereinandergeschalteten Einlagen** bzw. sog. **Reiheneinlagen.**[2]

- ▶ Ein Gesellschafter kann durch seine Einlage andere Gesellschafter begünstigen. Es handelt sich um die Fälle der sog. **disquotalen oder asymmetrischen Einlage,** die letztlich ein Spezialfall des Dreiecksverhältnisses sind.[3]

- ▶ Zu Dreiecksfällen zwischen Kapitalgesellschaften bzw. **Schwestergesellschaften.**[4]

4129 Grundsätzlich leistet in einem Dreiecksverhältnis immer ein anderer die Zahlung an die Gesellschaft als der eigentlich dazu verpflichtete Gesellschafter. Ein **abgekürzter Zahlungsweg** liegt in diesem Zusammenhang vor, wenn der Gesellschafter eine verdeckte Einlage zugesagt hat und diese Verbindlichkeit ein Dritter im Einvernehmen mit dem Gesellschafter tilgt.[5] Der Grundfall stellt sich also wie folgt dar:

---

[1] Vgl. BFH, Urteile v. 4. 11. 1997 - VIII R 43/96, BFH/NV 1998, 1076 = NWB YAAAB-38955; v. 18. 8. 1992 - VIII R 13/90, BStBl 1993 II 34; FG Düsseldorf, Urteil v. 17. 7. 1996, EFG 1996, 1035.
[2] Vgl. dazu unter → Rz. 4132 f.
[3] Im Folgenden unter → Rz. 4147 ff.
[4] Vgl. oben → Rz. 2232.
[5] Vgl. dazu BFH, Urteil v. 12. 12. 2000 - VIII R 52/93, BStBl 2001 II 286.

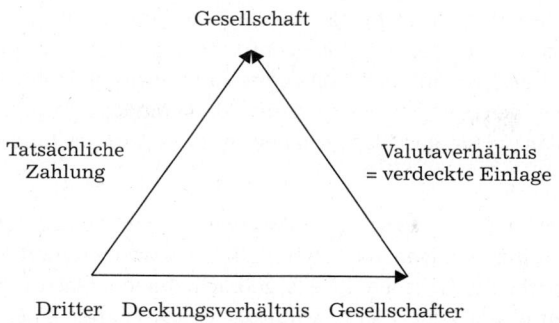

a) Abgekürzter Zahlungsweg

Wird eine Zahlung an die Gesellschaft nicht durch einen Gesellschafter geleistet, so kann dennoch eine verdeckte Einlage des Gesellschafters vorliegen, wenn die Zahlung letztlich auf einer Verpflichtung ihm gegenüber beruht. Es wird dabei unterschieden zwischen dem sog. **Valutaverhältnis** zwischen Gesellschaft und Gesellschafter (verdeckte Einlage) und dem **Deckungsverhältnis** zwischen Gesellschafter und Zahlendem (jedes Schuldverhältnis denkbar, auch Schenkung). Ist kein Deckungsverhältnis vorhanden, so gibt es auch kein Valutaverhältnis, also keine verdeckte Einlage.

BEISPIELE:

▶ A ist Alleingesellschafter der A-GmbH. Er nimmt privat einen Kredit bei der Bank auf, der jedoch auf seine Anweisung hin an die GmbH ausbezahlt wird. Soweit A mit der A-GmbH keinen Darlehensvertrag schließt, ergibt sich hier im Valutaverhältnis eine verdeckte Einlage und im Deckungsverhältnis (zwischen A und der Bank) ein Darlehensvertrag.

▶ A ist Alleingesellschafter der A-GmbH. Seine Ehefrau F leistet an die A-GmbH eine Zahlung, ohne dafür von der GmbH eine Gegenleistung zu erhalten. Im Normalfall wird es sich im Deckungsverhältnis (zwischen A und F) um eine Schenkung handeln (Schenkungsteuer!) und im Valutaverhältnis daher um eine verdeckte Einlage. Nur wenn die F aus eigenwirtschaftlichen Erwägungen an die A-GmbH leistet, z. B. um ihren Arbeitsplatz bei der GmbH zu erhalten oder ein Pachtverhältnis mit der A-GmbH fortführen zu können, entfällt die Schenkung im Deckungsverhältnis, damit aber auch das Valutaverhältnis und mithin die verdeckte Einlage.[1]

Grundsätzlich ist unerheblich, ob ein fremder Dritter oder eine nahe stehende Person in das Dreiecksverhältnis einbezogen worden ist. Der einzige Unterschied besteht darin, dass bei fremden Dritten i. d. R. eine Schenkung im Deckungsverhältnis nicht vorkommen wird.

Die oben in → Rz. 2232 ff. erörterten **Fehler bei der steuerlichen Wertung** von Dreiecksverhältnissen zwischen Kapitalgesellschaften bzw. Schwestergesellschaften dürften bei den hier dargestellten Fällen mit der Beteiligung natürlicher Personen eher selten sein. Soweit das Deckungsverhältnis eine Schenkung ist, läuft die Festsetzungsfrist für die Schenkungsteuer erst an, wenn eine Schenkungsteuererklärung abgegeben wurde, normalerweise verjährt der ggf. bestehende Steueranspruch mangels Abgabe einer solchen Erklärung niemals. Die Berücksichtigung der nachträglichen Anschaffungskosten aus der verdeckten Einlage beim Gesellschafter ist erst erforderlich, wenn die Gesellschaft endet oder die Beteiligung verkauft wird. Ist selbst dabei die Existenz der nachträglichen Anschaffungskosten nicht aufgefallen, so wird sich das

---

1 Vgl. BFH, Entscheidungen v. 9. 6. 1997 - GrS 1/94, BStBl 1998 II 307; v. 12. 12. 2000 - VIII R 62/93, BStBl 2001 II 234.

in der Praxis meist danach auch nicht mehr ändern. Somit kann lediglich eine ggf. fehlende Erfassung der verdeckten Einlage im Einlagekonto der Gesellschaft wegen Bestandskraft der entsprechenden Bescheide verjähren. Dieser Fehler kann aber ggf. in der ersten offenen Bilanz im Wege der Bilanzberichtigung korrigiert werden, da ja die Einlage sich dann in anderer, falscher Form in der Bilanz niedergeschlagen haben muss (z. B. irriger Ausweis als Darlehensverbindlichkeit).

4132 Lediglich ein Sonderfall des abgekürzten Zahlungsweges sind die sog. hintereinandergeschalteten Einlagen bzw. **Reiheneinlagen**, die hier vor allem erwähnt werden sollen, weil sie es zum Gegenstand eines höchstrichterlichen Urteils gebracht haben. Nach der aktuellen Entscheidung des BFH, Urteil v. 4. 3. 2008[1] liegt, wenn der Gesellschafter einer Kapitalgesellschaft I, welche Gesellschafterin einer Kapitalgesellschaft II ist, der Kapitalgesellschaft II Vermögensvorteile gewährt, die geeignet sind, Gegenstand einer verdeckten Einlage zu sein, xy eine verdeckte Einlage des Gesellschafters in die Kapitalgesellschaft I vor und eine verdeckte Einlage der Kapitalgesellschaft I in die Kapitalgesellschaft II. In der oben vorgestellten Terminologie erbringt also im Valutaverhältnis die Gesellschaft I als Gesellschafterin der Gesellschaft II eine verdeckte Einlage. Im Deckungsverhältnis zwischen dem Gesellschafter der Gesellschaft I und dieser Gesellschaft erfolgt ebenfalls eine verdeckte Einlage und die Zahlung erfolgt, wie immer in den Dreiecksverhältnissen, direkt vom Dritten (Gesellschafter der Gesellschaft I) an die Gesellschaft II. In beiden Verhältnissen läge jedoch keine verdeckte Einlage vor, wenn der Gesellschafter der Gesellschaft I gegenüber der Gesellschaft II ein eigenes wirtschaftliches Interesse verfolgen würde.

4133–4136 *(Einstweilen frei)*

b) Abgekürzter Vertragsweg

4137 Zum abgekürzten Vertragsweg liegen, soweit ersichtlich, nur Entscheidungen vor, die sich nicht mit dem Bereich der verdeckten Einlagen beschäftigen[2] aber übertragen lassen. Ein abgekürzter Vertragsweg liegt vor, wenn der Dritte im eigenen Namen für den Stpfl. einen Vertrag abschließt und auch selbst die geschuldete Leistung erbringt, um dem Stpfl. etwas zuzuwenden.[3]

> **BEISPIEL 1:**[4] A ist Alleingesellschafter einer GmbH. Die Ehefrau des A gibt der GmbH ein Darlehen und verzichtet im Interesse des A von vornherein auf eine Rückzahlung. Der Verzicht ist eine verdeckte Einlage des A in die A-GmbH auf abgekürztem Vertragsweg.

> **BEISPIEL 2:** A ist alleiniger Gesellschafter der A-GmbH. Das Betriebsgebäude der A-GmbH muss wegen lebensmittelrechtlicher Auflagen dringend instand gesetzt werden. Die A-GmbH hat dazu nicht die notwendigen Mittel. Die B, Mutter des A, beauftragt im eigenen Namen Handwerker mit der Instandsetzung des Gebäudes und zahlt die Rechnungen der Handwerker. Die A-GmbH will die Aufwendungen absetzen und auf der Passivseite eine verdeckte Einlage des A erfassen. Dies lehnt das Finanzamt ab, da nicht A die Aufwendungen getragen habe, wie ausweislich der Rechnungen auf B bewiesen sei.

---

1 BFH, Urteil v. 4. 3. 2008 - IX R 78/06, BFH/NV 2008, 1039 = NWB PAAAC-78869, m. w. N.
2 Erhaltungsaufwendungen bei VuV BFH, Urteile v. 15. 11. 2005 - IX R 25/03, BStBl 2006 II 623; v. 15. 1. 2008 - IX R 45/07, BStBl 2008 II 572; nachträgliche Anschaffungskosten bei § 17 EStG BFH, Urteil v. 12. 12. 2000 - VIII R 52/93, BStBl 2001 II 286.
3 BFH, Urteil v. 12. 12. 2000 - VIII R 52/93, BStBl 2001 II 286.
4 Ähnlich BFH, Urteil v. 12. 12. 2000 - VIII R 52/93, BStBl 2001 II 286.

Hier liegt eine Kombination des abgekürzten Zahlungsweges mit dem abgekürzten Vertragsweg vor:

- Nach den o. g. Entscheidungen zum abgekürzten Vertragsweg bei VuV liegen auch dann Werbungskosten des Stpfl. bei den Einkünften aus VuV vor, wenn sie auf einem von einem Dritten im eigenen Namen, aber im Interesse des Stpfl. abgeschlossenen Werkvertrag beruhen und der Dritte dem Stpfl. den Betrag zuwendet. Danach kann man sicherlich davon ausgehen, dass die B den Betrag, den sie an die Handwerker zahlte, ihrem Sohn A zuwenden wollte und auch in seinem Interesse handelte. Damit sind aber die Aufwendungen erst auf A verlagert.
- Im zweiten Schritt liegt dann ein abgekürzter Zahlungsweg[1] vor. Statt nämlich Geld in die GmbH einzulegen, so dass diese die Aufwendungen selbst bezahlen kann, hat A diese Aufwendungen übernommen.

Im Ergebnis ist daher die Rechtsfolge wie von der A-GmbH erklärt herzustellen.

(Einstweilen frei)

c) Drittaufwand

Wird eine Zahlung von einem Dritten an die Gesellschaft geleistet, die nicht aufgrund einer Verpflichtung gegenüber dem Gesellschafter erfolgt (abgekürzter Zahlungsweg) und auch nicht im eigenen Namen des Zahlenden aber im Interesse des Gesellschafters (abgekürzter Vertragsweg), so handelt es sich um Drittaufwand, der vom Gesellschafter nicht geltend gemacht werden kann. In aller Regel wird es sich dann um Leistungen des Dritten im eigenen Interesse handeln, also z. B. eine Zahlung einer dem Gesellschafter nahe stehenden Person, die jedoch durch die Zahlung ihr Arbeitsverhältnis erhalten will oder Geschäftsbeziehungen des eigenen Unternehmens mit der GmbH absichern möchte.

BEISPIEL:[2] Der Ehemann war mit 50 % an einer GmbH beteiligt, deren alleiniger Geschäftsführer er auch war. Die Ehefrau hatte der GmbH Darlehen i. H.v. ca. 70.000 DM gegeben. Die GmbH wurde mangels wirtschaftlichen Erfolges in die Liquidation geführt. Der Ehemann erklärte sich im Rahmen der Liquidation zur Verhinderung der Insolvenz bereit, die Restschulden der GmbH zu übernehmen. Er zahlte u. a. 2.000 DM an den Steuerberater, tilgte aber nicht das Darlehen seiner Ehefrau. Es ging in dem Verfahren um die Geltendmachung der nachträglichen Anschaffungskosten gem. § 17 EStG i. H.v. 72 000 DM, die Ausführungen lassen sich aber auch für das Recht der verdeckten Einlage fruchtbar machen. Die Zahlung von 2.000 DM an den Steuerberater stellte eine verdeckte Einlage dar (und damit auch nachträgliche Anschaffungskosten), der Darlehensausfall von 70.000 DM jedoch nicht. Ein abgekürzter Zahlungsweg lag nicht vor, da die Ehefrau mit der Hingabe des Darlehens keine Schuld des Ehemannes getilgt hatte. Ein abgekürzter Vertragsweg lag auch nicht vor, weil die Ehefrau mit Hingabe des Darlehens ihrem Ehemann nichts hatte zukommen lassen. Somit kam nur Drittaufwand in Betracht, der weder eine verdeckte Einlage noch aus sonstigen Gründen nachträgliche Anschaffungskosten darstellen würde. Hätte, wie bei den Steuerberatungskosten, der Ehemann 70.000 DM eingelegt und die GmbH davon das Darlehen tatsächlich zurückgezahlt oder hätte die Ehefrau dann wenigstens im Interesse ihres Mannes die Rückzahlung mit seiner Einlageverpflichtung verrechnet, so wäre eine verdeckte Einlage des Ehemannes und dementsprechend auch nachträgliche Anschaffungskosten zu bejahen gewesen.

(Einstweilen frei)

---

1 Siehe dazu → Rz. 4130.
2 Nach BFH, Urteil v. 12. 12. 2000 - VIII R 52/93, BStBl 2001 II 286.

d) Disquotale Einlage

LITERATURHINWEISE:

Groh, Schenkung durch disquotale Einlagen?, DStR 1999, 1050; *Gosch,* Zum Abzug von Werbungskosten und Betriebsausgaben bei disquotaler Nutzungsüberlassung eines Wirtschaftsgutes an eine Kapitalgesellschaft, StBp 2000, 339; *Strahl/Bauschatz,* Disquotale Leistungsbeziehungen im Ertrag- und Erbschaftsteuer- sowie Gesellschaftsrecht, KÖSDI 2003, 13616; *Janssen,* Gemischte Schenkung bei der vGA an nahestehende Personen, BB 2008, 928; *Korezkij,* Schenkungen unter Beteiligung von Kapitalgesellschaften, DStR 2012, 163; *Sell,* Schenkungsteuerliche Auswirkungen von Einlagen und Ausschüttungen in bzw. aus Kapitalgesellschaften, DB 2012, 426; *van Lishaut/Ebber/Schmitz,* Die schenkung- und ertragsteuerliche Behandlung disquotaler Einlagen und disquotaler Gewinnausschüttungen, Ubg 2012, 1.

aa) Voraussetzungen

4147 Eine disquotale Einlage liegt vor, wenn der Wert aller Gesellschafterbeiträge des Gesellschafters der Höhe seines Anteils an der Gesellschaft nicht entspricht. Sie kann **überproportional disquotal** oder **unterproportional disquotal** erfolgen. Keine disquotale Einlage liegt vor, wenn der Gesellschafter zwar eine geringere Bareinlage leistet als seinem Anteil entspricht, jedoch Leistungen anderer Art, z. B. unentgeltliche Dienstleistungen (Geschäftsführung) gegenüber der Gesellschaft erbringt. Nutzungseinlagen sind zwar nicht einlagefähig,[1] jedoch bei Beantwortung der Frage, ob eine disquotale Einlage vorliegt, zu berücksichtigen.[2] Bei der **Rückgängigmachung** einer vGA ist zu unterscheiden: Die Rückgängigmachung der vGA stellt stets eine verdeckte Einlage dar,[3] ob diese als disquotal anzusehen ist, unterscheidet sich aber nach der Art der vGA:

▶ Bestand auf die vGA ein **zivilrechtlich gültiger Anspruch**, so leistet der Gesellschafter etwas an die Gesellschaft, was ihm zivilrechtlich zusteht, unabhängig von der steuerlichen Qualifizierung. Dies wird als disquotale Einlage anzusehen sein, wenn die anderen Gesellschafter keine vergleichbaren Einlagen leisten. Eine gleiche Einlageleistung ist durchaus vorstellbar, wenn z. B. von allen drei Gesellschafter-Geschäftsführern im gleichen Maße steuerlich als unangemessen angesehene Gehaltsteile zurückgezahlt werden.

▶ Bestand auf die vGA **kein zivilrechtlich gültiger Anspruch** oder ist dieser wegen einer **Satzungsklausel** erloschen, so wird nur der zivilrechtlich korrekte Zustand gegenüber der Gesellschaft wieder hergestellt, ein Deckungsverhältnis zwischen den Gesellschaftern liegt nicht vor und damit kein Dreiecksverhältnis, denn der Rückforderungsanspruch wird regelmäßig der Gesellschaft und eben nicht den Gesellschaftern zustehen. Da also kein Dreiecksverhältnis besteht, treten dann auch die im Folgenden dargestellten Folgen der disquotalen Einlage nicht ein. Der Vorteil, den die anderen Gesellschafter aus der Rückzahlung einer solchen vGA erhalten mögen, steht ihnen ohnehin aufgrund ihrer Beteiligung zu und wird ihnen nicht durch den rückzahlenden Gesellschafter zugewendet.

4148 Auch die disquotale Einlage lässt sich also mit den für den Grundfall dargestellten **Begrifflichkeiten** erfassen:

▶ Erfolgt eine **überproportionale Einlage** eines Gesellschafters, so liegen im Valutaverhältnis gegenüber der Gesellschaft proportionale (verdeckte) Einlagen aller Gesellschafter vor. Soweit der überproportional leistende Gesellschafter für die anderen Gesellschafter

---

1 Vgl. → Rz. 2108.
2 Ebenso *Groh,* DStR 1999, 1050.
3 Siehe o. → Rz. 850.

gezahlt hat, ist zu untersuchen, aufgrund welcher Verpflichtung im Deckungsverhältnis dies geschehen ist. Besteht kein Deckungsverhältnis, besteht auch kein Valutaverhältnis der anderen Gesellschafter gegenüber der Gesellschaft und es handelt sich dann lediglich um eine Einlage des leistenden Gesellschafters.

► Erfolgt eine **unterproportionale Einlage** eines Gesellschafters, so liegen wiederum im Valutaverhältnis gegenüber der Gesellschaft proportionale (verdeckte) Einlagen aller Gesellschafter vor. Soweit die anderen Gesellschafter für den unterproportional leistenden Gesellschafter mitgezahlt haben ist hier das Deckungsverhältnis zu untersuchen. Besteht kein Deckungsverhältnis, besteht auch kein Valutaverhältnis und mithin keine unterproportional disquotale Einlage. Häufig wird dann der oben in → Rz. 4147 genannte Fall einer Nutzungseinlage oder sonstigen nicht bilanzierbaren Wertzuführung des unterproportional leistenden Gesellschafters vorliegen.

Die Besonderheit in den Fällen der disquotalen Einlage ist also, dass der **Dritte** hier **auch Gesellschafter** ist. Für die empfangende Gesellschaft ist der Fall der disquotalen Einlage steuerlich unerheblich, sie erhält auf jeden Fall eine Einlage, ihr kann es dabei egal sein, von welchem Gesellschafter. Körperschaftsteuerlich sind die Fälle daher nur von Interesse, wenn auch zumindest einer der Gesellschafter eine Kapitalgesellschaft ist. Auf diesen Fällen liegt daher bei den folgenden Ausführungen der Schwerpunkt. 4149

bb) Rechtsfolgen der überproportional disquotalen Einlage

(1) Teilwertabschreibung

Eine Einlage führt grundsätzlich zu einer Werterhöhung der Anteile an der Gesellschaft, in die eingelegt wird. Soweit überproportional eingelegt wird, erfolgt die **Werterhöhung** aber nur in Höhe der eigenen Beteiligungsquote. Die darüber hinausgehende Erhöhung des Beteiligungsansatzes kann bei Anteilen im Betriebsvermögen durch eine **Teilwertabschreibung** wieder korrigiert werden.[1] Die übrigen Gesellschafter sind durch diesen Vorgang nicht betroffen. 4150

Soweit allerdings ein **Deckungsverhältnis** besteht, handelt es sich um eine verdeckte Einlage des überproportional leistenden Gesellschafters nur in Höhe seines quotalen Anteils an der Gesellschaft. Im Übrigen handelt es sich um eine Leistung von ihm an die anderen Gesellschafter und um eine verdeckte Einlage von diesen.[2] Das kann insbesondere dann sein, wenn es sich bei den anderen Gesellschaftern um nahe Angehörige bzw. Gesellschafter der überproportional leistenden Gesellschaft handelt. 4151

BEISPIEL: ► Die A-GmbH ist zu 75% an der B-GmbH beteiligt. Die restlichen 25% an der B-GmbH hält A, der zugleich Alleingesellschafter der A-GmbH ist. Die A-GmbH leistet bei der B-GmbH eine Einlage zur Sanierung der Finanzen i.H.v. 100.000 €, A leistet keine Einlage. Grundsätzlich ist die Einlage der A-GmbH bei ihr mit dem Buchungssatz „Beteiligung an Bank" zu erfassen, der Beteiligungsansatz erhöht sich also um 100.000 €. Da der Wert der Beteiligung tatsächlich nur um 75.000 € steigt, kommt eine Teilwertabschreibung von 25.000 € in Betracht, soweit der Teilwert nicht aufgrund von stillen Reserven höher ist als der Beteiligungsansatz bei der A-GmbH. Lässt sich allerdings ein Deckungsverhältnis zwischen A und A-GmbH feststellen, so stellt die Zahlung der A-GmbH an B-GmbH i.H.v. 100.000 € nur i.H.v. 75.000 € eine Einlage der A-GmbH in die B-GmbH dar, die wie dargestellt gebucht wird und den Beteiligungsansatz erhöht. Die Zahlung weiterer 25.000 € wäre dann eine Zahlung an A und eine verdeckte Einlage von A, dessen Anschaffungskosten an der B-GmbH sich entsprechend erhöhen. Be-

---

[1] So auch *Gosch*, StBp 2000, 339.
[2] Vgl. *Gosch*, StBp 2000, 339; *Strahl/Bauschatz*, KÖSDI 2003, 13616.

züglich des Deckungsverhältnisses zwischen A und A-GmbH können die 25.000 € z.B. die Rückzahlung eines Gesellschafterdarlehens von A an die A-GmbH darstellen, es kann aber auch eine verdeckte Gewinnausschüttung vorliegen. Im Regelfall wird sich aber auch bei nahe stehenden Personen solch ein Deckungsverhältnis nicht feststellen lassen, denn die Gesellschafter einer GmbH sind nach der Gesetzeslage gerade nicht zu Einlagen oder Nachschüssen über ihre Beteiligung am Stammkapital hinaus verpflichtet.

(2) Schenkungsteuer

4152 Nach der Rechtsprechung ist im **Deckungsverhältnis** auch eine **Schenkung** der Gesellschaft an den Gesellschafter oder eine diesem nahestehende Person denkbar,[1] wenn beide Gesellschafter einer weiteren Gesellschaft sind. In einem solchen Fall wird Schenkungsteuer ausgelöst. Soweit sich durch die Einlagen die Höhe der Anteile an der Gesellschaft nicht verschieben, sieht der BFH allerdings schon gar **keine Zuwendung** auf Kosten des Zuwendenden an den begünstigten Gesellschafter. Die **Werterhöhung der Anteile** der begünstigten Gesellschafter beruhe allein auf ihrer Beteiligung an der Gesellschaft, sie sei lediglich ein **Reflex der Vermögenszuführung**.[2] Da bei verdeckten Einlagen eine Verschiebung der Anteile an der Gesellschaft nicht eintritt, sind nach dieser Rechtsprechung schenkungsteuerliche Folgen der überproportional disquotalen Einlage ausgeschlossen.

4153 Dies hat sich jedoch mit der Einführung eines fiktiven Schenkungsteuertatbestandes durch § 7 Abs. 8 Satz 1 ErbStG für Sachverhalte, die nach dem 13.12.2011 verwirklicht werden, geändert.[3] Danach gilt als Schenkung auch die Werterhöhung von Anteilen an einer Kapitalgesellschaft, die eine an der Gesellschaft unmittelbar beteiligte natürliche Person oder Stiftung (Bedachte) durch die Leistung einer anderen Person (Zuwendender) an die Gesellschaft erlangt. Die disquotale verdeckte Einlage eines Gesellschafters in eine Kapitalgesellschaft wird damit als **Schenkung des Einlegenden an die übrigen Mitgesellschafter** fingiert. Durch diese gesetzliche Fiktion soll mithin klargestellt werden, dass verdeckte Einlagen grundsätzlich keine freigebigen Zuwendungen darstellen, sondern nur im Falle der Erfüllung des neu eingeführten Steuertatbestandes.[4] Sofern überquotale Einlagen unter fremden Dritten mit gesellschaftsvertraglichen Zusatzabreden vorgenommen werden (z.B. in Sanierungsfällen), sollte grundsätzlich davon ausgegangen werden können, dass insoweit keine endgültigen Vermögensverschiebungen zugunsten der Mitgesellschafter vorliegen.

(3) Entnahme

4154 Erfolgt die verdeckte Einlage durch **Übertragung eines Wirtschaftsgutes aus einem anderen Betriebsvermögen**, so liegt dort eine **Entnahme** vor. Nach der Rechtslage bis 1998 galt dies nur in Höhe der quotalen Beteiligung der übrigen Gesellschafter.

> **BEISPIEL:**[5] A betrieb ein Einzelunternehmen. Er errichtete daneben mit seinem Sohn B eine GmbH im Wege der Bargründung, an der er zu 60% und B zu 40% beteiligt war. Sodann übertrug er sämtliche Wirtschaftsgüter außer dem Betriebsgrundstück unentgeltlich auf die GmbH und vermietete dieser

---

1 Vgl. dazu *Janssen*, BB 2008, 928; auch BFH, Urteil v. 20.12.2001 - II R 42/99, BStBl 2001 II 454.
2 BFH, Urteile v. 17.10.2007 - II R 63/05, BStBl 2008 II 381; v. 19.6.1996 - II R 83/92, BStBl 1996 II 616; v. 25.10.1995 - II R 67/93, BStBl 1996 II 160.
3 Vgl. dazu → Rz. 2188 ff.
4 Vgl. Bericht des Finanzausschusses des Deutschen Bundestags, Drucks. 17/7524 v. 26.10.2011, 7 f.
5 Nach BFH, Urteil v. 16.6.2004 - X R 34/03, BStBl 2005 II 378 vereinfacht.

das Betriebsgrundstück und stellte dadurch eine Betriebsaufspaltung her. Die 60 % Beteiligung an der GmbH wurde im Einzelunternehmen bilanziert. Nach heutiger Rechtslage[1] führt dies zu

- einer Entnahme aller Wirtschaftsgüter des Einzelunternehmens zum Teilwert, also mit Gewinnrealisierung,
- Bezogen auf 60 % der Entnahme Erhöhung der Anschaffungskosten der Beteiligung des A an der GmbH,
- Bezogen auf 40 % zu einer Schenkung an den Sohn (ggf. Schenkungsteuer) sowie einer Einlage des Sohnes in die GmbH mit einer entsprechenden Erhöhung seiner Anschaffungskosten an der GmbH.

Nach der **Rechtslage bis VZ 1998** vor Einführung von § 6 Abs. 6 Satz 2 EStG wurde bei der Begründung einer Betriebsaufspaltung von der Verwaltungspraxis grundsätzlich die **Buchwertfortführung** geduldet.[2] Doch auch in diesen Fällen war eine **Entnahme** jedenfalls in Höhe der **überquotalen Leistung**, hier also i. H. v. 40 % anzusetzen. Der BFH entschied im o. g. Urteil, dass es sich um einen Fall des abgekürzten Zahlungsweges handele. Gedanklich erfolgten hier drei Schritte:

- Entnahme des 40 % Anteils an allen Wirtschaftsgütern aus dem Einzelunternehmen mit Gewinnrealisierung,
- Schenkung dieses Anteils an den Wirtschaftsgütern an den Sohn und
- Einlage des 40 % Anteils an allen Wirtschaftsgütern durch den Sohn in die GmbH.

cc) Rechtsfolgen der unterproportional disquotalen Einlage

Es sind zwei Arten der unterproportional disquotalen Einlage denkbar:

- Machen alle Gesellschafter eine Einlage und bleibt nur bei einem Gesellschafter die Einlage hinter seiner quotalen Beteiligung zurück, so ist letztlich diese unterquotale Einlage nichts anderes als eine überquotale Einlage der anderen Gesellschafter. Dementsprechend kann eine solche Situation nach den soeben dargestellten Grundsätzen der überquotalen Einlage behandelt werden.

- Der Regelfall der unterproportional disquotalen Einlage ist aber eher der Fall, dass ein neuer Gesellschafter an einer Gesellschaft beteiligt wird und im Rahmen einer **Kapitalerhöhung** eine Einlage erbringt, die nicht den Wert der erhaltenen Beteiligung erreicht.

BEISPIEL: A und B sind zu je 50 % an der A-GmbH beteiligt. Diese verfügt über ein Stammkapital von 50.000 €, jedoch einen Unternehmenswert von 1.000000 €. Im Rahmen einer Kapitalerhöhung wird C als neuer Gesellschafter aufgenommen, er erbringt eine Stammeinlage von 50.000 € ohne Aufgeld. Daher ist C jetzt zu 50 % beteiligt, sei Anteil ist aber 525.000 € wert. Diese Fälle werden hier jedoch nicht näher behandelt. Es handelt sich in keinem Fall um verdeckte Einlagen, zu klären ist lediglich das Deckungsverhältnis zwischen den Gesellschaftern. Dabei kann es sich um eine Schenkung[3] oder um sonstige schuldrechtliche Verhältnisse handeln. Soweit die Gesellschafter ihrerseits wieder Kapitalgesellschaften sind, sind zwar auch verdeckte Einlagen im Deckungsverhältnis möglich, diese werden aber i. d. R. nur bei Schwestergesellschaften vorkommen.[4]

(Einstweilen frei)

---

1 Siehe o. → Rz. 2151 ff.
2 BMF, Schreiben v. 16. 6. 1978, BStBl 1978 I 23, Tz. 49.
3 Dazu *Janssen*, BB 2008, 928 sowie → Rz. 4152 ff. und → Rz. 2186 ff.
4 Zu diesen Fällen vgl. → Rz. 2231.

11. Firmenwert

4162 Siehe Betriebsaufspaltung[1]

4163–4176 *(Einstweilen frei)*

12. Forderungsverzicht

LITERATURHINWEISE:

Meilicke/Pohl, Die Forderungseinlage bei sanierungsbedürftigen Kapitalgesellschaften, FR 1995, 877; *Hoffmann*, Kritische Anmerkungen zum Einlagebeschluss des Großen BFH-Senats, DB 1998, 1983; *Neu*, Der Forderungsverzicht durch den GmbH-Gesellschafter aus steuerlicher Sicht, GmbH-StB 1998, 131; *Hoffmann*, Steuergestaltungen bei bilanziellen Stützungsmaßnahmen von Kapitalgesellschaften, GmbHR 1999, 848; *Dötsch/Pung*, JStG 2008: Die Änderungen des KStG, des UmwStG und des GewStG, DB 2007, 2669; *Schmidt/Schwind*, Gewinnminderungen aus Gesellschafterdarlehen, NWB F. 4, 5223 (Heft 3/2008).

a) Abgrenzung

4177 Verzichtet ein Gesellschafter gegenüber der Gesellschaft auf eine Forderung, so sind die Rechtsfolgen daraus bei Gesellschaft und Gesellschafter im Grundsatz stets gleichlaufend: Liegt bei der **Gesellschaft ein Ertrag** vor, der nicht durch eine verdeckte Einlage zu korrigieren ist, so handelt es sich beim Gesellschafter regelmäßig um **Aufwand (Beteiligung im BV**, nicht jedoch bei Kapitalgesellschaften als Gesellschafter vgl. § 8b Abs. 3 Satz 4 – 8 KStG) bzw. steuerlich irrelevante Verluste auf der privaten Vermögensebene (Beteiligung im Privatvermögen). Wird der Ertrag bei der Gesellschaft durch eine **verdeckte Einlage** korrigiert, so handelt es sich beim Gesellschafter i. d. R. um eine **Erhöhung der Anschaffungskosten** der Beteiligung, die zumeist ohne aktuelle steuerliche Auswirkung bleibt. Dies gilt letztlich alles unabhängig davon, woraus die Forderung entstanden ist, also ebenso für eine Darlehens-, wie auch für eine Lohn- oder Mietforderung des Gesellschafters, Besonderheiten sind allerdings bei dem Verzicht auf Pensionsansprüche zu beachten.[2]

4178 Der Forderungsverzicht führt regelmäßig zu **Ertrag bei der Gesellschaft** und **Aufwand bzw. Werbungskosten beim Gesellschafter**, wenn

- ► er durch die **Arbeitnehmereigenschaft** und nicht die Gesellschafterstellung **veranlasst** ist. Dabei spricht um so mehr für die Veranlassung durch das Arbeitsverhältnis, je geringer die Beteiligung ist und je bedeutender die Arbeitseinkünfte gegenüber den Beteiligungserträgen sind.[3]

- ► er **betrieblich** und nicht durch die Gesellschafterstellung **veranlasst** ist. Ein Indiz für eine betriebliche Veranlassung ist es, wenn sich auch gesellschaftsfremde (Groß-)Gläubiger durch Forderungsverzichte an einer Sanierung der Gesellschaft beteiligen.[4] Bei der Gesellschaft wird es sich in diesen Fällen regelmäßig um einen Sanierungsgewinn handeln. Die Steuern darauf können dann entsprechend der Vorgaben des BMF-Schreibens v. 27. 3. 2003[5] aus Billigkeitsgründen erlassen werden. Das FG München hatte hingegen mit Urteil vom 12. 12. 2007 entschieden, dass es dem sog. Sanierungserlass an einer

---

1 → Rz. 4106 ff. und → Rz. 2107.
2 Vgl. dazu → Rz. 3766 ff.
3 Vgl. BFH, Urteil v. 17. 7. 1992 - VI R 125/88, BStBl 1993 II 111.
4 BFH, Urteil v. 29. 7. 1997 - VIII R 57/94, BStBl 1998 II 652, m. w. N.
5 BMF, Schreiben v. 27. 3. 2003, BStBl 2003 I 240.

Rechtsgrundlage fehle.[1] In dem anhängigen Revisionsverfahren wird wegen inzwischen eingetretener Insolvenz der Revisionsführer nicht mehr entschieden werden. Der BFH hat die Auffassung des FG München in einem anderen Verfahren mit Urteil vom 14.7.2010[2] nicht bestätigt. Gegen den Beschluss des BFH wurde Verfassungsbeschwerde eingelegt.[3] Die Beschwerde hatte keinen Erfolg, sie wurde vom BVerfG nicht zur Entscheidung angenommen.

(Einstweilen frei) 4179–4181

b) Forderungsverzicht aus gesellschaftsrechtlichen Gründen

aa) Voraussetzungen

Zunächst muss ein Verzicht vorliegen, also eine einverständliche Entlastung der Kapitalgesellschaft von der passivierten Verpflichtung. Diese kann bewirkt werden durch (konkludenten, mündlichen oder schriftlichen) **Erlassvertrag**, Abtretung des Anspruchs an die Kapitalgesellschaft oder Schuldaufhebungsvertrag. Ein **Moratorium (pactum de non petendo)** reicht jedoch nicht, weil sich dadurch an der Passivierungspflicht nichts ändert.[4]

Zudem muss der Verzicht aus gesellschaftsrechtlichen Gründen erfolgen. Das ist der Fall, wenn der Gesellschafter bei der Anwendung der Sorgfalt eines ordentlichen Kaufmanns die Schulden nicht erlassen hätte, praktisch also dann, wenn keiner der unter → Rz. 4177 f. genannten anderen Fälle vorliegt.

bb) Rechtsfolgen

(1) Darstellung

Wird von einem Gesellschafter gegenüber der Gesellschaft aus gesellschaftsrechtlichen Gründen auf eine Forderung verzichtet, so führt dies bei der Gesellschaft zu einem Ertrag, der durch eine verdeckte Einlage außerbilanziell zu korrigieren ist, und zu einer Erhöhung der Anschaffungskosten (bzw. des Beteiligungsansatzes bei Beteiligung im Betriebsvermögen) beim Gesellschafter. Da der Gesellschafter jedoch nur einlegen kann, was sich in seinem Vermögen befindet,

▶ gilt dies nur für den **werthaltigen Teil** der Forderung. Als werthaltig wird dabei der Betrag angesehen, den die Gesellschaft unter fremden Dritten aufwenden müsste, um die Forderung anzukaufen.[5] Ferner führt der Verzicht auf den werthaltigen Teil der Forderung zu einem fiktiven **Zufluss** dieses Teils, soweit dieser nicht bereits erfolgt ist.[6] Der Zufluss erfolgt bei Beteiligung im Privatvermögen unabhängig vom Geldfluss bereits bei Fälligkeit, wenn der Anteilseigner ein beherrschender und die Gesellschaft im Zeitpunkt der Fälligkeit zahlungsfähig ist.[7]

---

1 FG München, Urteil v. 12.12.2007 - 1 K 4487/06, EFG 2008, 615, offen gelassen von BFH, Urteil v. 28.2.2012 - VIII R 2/08, NWB DAAAE-09073, nach übereinstimmender Erledigungserklärung.
2 BFH, Urteil v. 14.7.2010 - X R 34/08, BStBl 2010 II 916.
3 BVerfG, Beschluss v. 14.7.2011 - 2 BvR 2583/10, NWB BAAAD-79779.
4 BFH, Urteil v. 9.6.1997 - GrS 1/94, BStBl 1998 II 307.
5 BFH, Urteil v. 9.6.1997 - GrS 1/94, BStBl 1998 II 307; nach FG Mecklenburg-Vorpommern v. 3.3.2004 - 1 K 15/02, rkr., NWB IAAAB-20931.
6 BFH, Urteil v. 9.6.1997 - GrS 1/94, BStBl 1998 II 307.
7 BFH, Urteil v. 19.7.1994 - VIII R 58/92, BStBl 1995 II 362, m.w.N.

► Der **nicht werthaltige Teil** des Darlehens stellt bei der Gesellschaft in voller Höhe einen Ertrag dar. Beim bilanzierenden Gesellschafter stellt der nicht werthaltige Teil der Forderung Aufwand dar.[1] Ist der bilanzierende Gesellschafter selbst eine Kapitalgesellschaft und zu mehr als 25 % beteiligt, so ist der Aufwand jedoch gem. dem durch JStG 2008 eingefügten § 8b Abs. 3 Satz 4 – 8 KStG für Fälle ab 2008 nicht mehr geltend zu machen.[2] Dies ist angesichts der vollen Versteuerung des Ertrags bei der Gesellschaft nicht konsequent. Gleiches gilt grundsätzlich auch für die Einnahmeüberschussrechnung. Soweit die Beteiligung im Privatvermögen gehalten wird, führt der Verzicht zu nachträglichen Anschaffungskosten, die Bewertung ist allerdings nach anderen Grundsätzen vorzunehmen, als die Ermittlung des werthaltigen Teils.[3]

BEISPIEL: ► Ein Gesellschafter einer GmbH hat dieser ein Darlehen über 100.000 € gegeben. Es sind Zinsen i. H. v. 10.000 € aufgelaufen, aber noch nicht bezahlt. Der Gesellschafter verzichtet aus gesellschaftsrechtlichen Gründen auf beide Forderungen gegenüber der Gesellschaft. Aufgrund der schlechten wirtschaftlichen Lage der Gesellschaft sind beide Forderungen nur noch zu 60 % werthaltig.

Der Gesellschafter
a) hält die Beteiligung im Betriebsvermögen seines Einzelunternehmens,
b) ist beherrschender Gesellschafter und hält die Beteiligung im Privatvermögen,
c) ist nicht beherrschender Gesellschafter und hält die Beteiligung im Privatvermögen,
d) ist selbst eine GmbH.

4185 Bei der **Gesellschaft** wurde die Darlehensverbindlichkeit ursprünglich ertragneutral, die Zinsverbindlichkeit aufwandswirksam eingebucht. Mit dem Erlass sind beide zunächst ertragserhöhend auszubuchen. Der Ertrag wird dann außerbilanziell zu 60 % als verdeckte Einlage wieder korrigiert, so dass der Erlass des werthaltigen Teils der Forderungen letztlich ertragsneutral geblieben ist. Der Aufwand aus der Einbuchung der Zinsverbindlichkeit bleibt bestehen, ebenso der Ertrag aus der Ausbuchung des nicht werthaltigen Teils beider Forderungen.

4186 Der **bilanzierungspflichtige Gesellschafter in Variante a** hat im Einzelunternehmen bereits Forderungen ausgewiesen. Die Darlehensforderung wurde ertragsneutral, die Zinsforderung ertragswirksam eingebucht. Im Zeitpunkt der Einlage ist der nicht werthaltige Teil beider Forderungen (40 %) als a. o. Aufwand auszubuchen, gem. § 3c Abs. 2 EStG können steuerlich jedoch bis 2008 nur 50 %, ab 2009 60 % berücksichtigt werden. Der werthaltige Teil (60 %) beider Forderungen ist dagegen ertragsneutral auf das Beteiligungskonto umzubuchen. Ob anschließend eine Teilwertabschreibung auf die Beteiligung möglich ist, ist im Einzelfall zu prüfen (beachte dazu jedoch § 3c Abs. 2 EStG). Jedenfalls bleibt der Ertrag aus der Einbuchung der Zinsforderung bestehen, ebenso der Aufwand aus der Ausbuchung des nicht werthaltigen Teils.

4187 Der **beherrschende Gesellschafter in Variante b**, der die Anteile im **Privatvermögen** hält, hat einen fiktiven Zufluss der Zinsforderung bereits mit Fälligkeit der Zinsen erhalten, wenn die Gesellschaft zu diesem Zeitpunkt noch zahlungsfähig war. Dieser Zufluss ist nach § 20 EStG voll, ab 2009 mit Abgeltungsteuer zu versteuern. Im Zeitpunkt des Verzichts erfolgt ferner ein fiktiver Zufluss des werthaltigen Teils der Darlehensforderung (60 %), der jedoch im Privatver-

---

1 BFH, Urteil v. 20. 4. 2005 - X R 2/03, BFH/NV 2005, 1917 = NWB YAAAB-58638; für Darlehen; v. 18. 12. 2001 - VIII R 27/00, BStBl 2002 II 733, für Bürgschaften, zuvor schon *Hoffmann*, GmbHR 1997, 1140; anders (Erhöhung Beteiligungskonto) früher BFH, Urteil v. 3. 10. 1989 - VIII R 328/84, BFH/NV 1990, 361 = NWB NAAAB-31173; *Bullinger*, DStR 1993, 225, 277; *Döllerer*, FR 1992, 233, 235; *Weber*, BB 1992, 525, 527.
2 A. A. Anwendung auch auf Altfälle: *Dötsch/Pung*, DB 2007, 2669.
3 Dazu → Rz. 2165 f.

mögen ohne steuerliche Auswirkung bleibt. Der werthaltige Teil beider Forderungsbeträge (60 %) stellt bei der Gesellschaft eine verdeckte Einlage dar. Die beim Gesellschafter entstehenden Anschaffungskosten aus der verdeckten Einlage sind zumindest mit ebenfalls 60 % der Forderungen zu bewerten, u.U. aber auch höher, eine zwingende Verbindung existiert hier nicht. Soweit keine Anschaffungskosten entstehen, entfällt die Forderung und stellt einen steuerlich nicht relevanten Verlust auf der Vermögensebene dar.

Der **nicht beherrschende Gesellschafter in Variante c**, der die Anteile im **Privatvermögen** hält, hat bei Fälligkeit noch keinen fiktiven Zufluss der Zinsen zu verzeichnen. Nach der Rechtsprechung des BFH erfolgt bei ihm jedoch im Zeitpunkt des Verzichts ein fiktiver Zufluss des werthaltigen Teils beider Forderungen. Der Zufluss des werthaltigen Teils der Darlehensforderung bleibt auch hier ohne steuerrechtliche Folgen. Der Zufluss des werthaltigen Teils der Zinsforderung jedoch führt zu Einkünften aus Kapitalvermögen gem. § 20 EStG bzw. ab 2009 zu Abgeltungsteuer.

Deswegen bietet es sich für den Gesellschafter an, nur auf die Darlehens-, nicht aber auf die Zinsforderung zu verzichten. Der nicht werthaltige Teil der Forderungen fließt nicht fiktiv zu, führt im Fall der Zinsen daher auch nicht zu einer Steuerpflicht. Der werthaltige Teil beider Forderungsbeträge (60 %) stellt bei der Gesellschaft eine verdeckte Einlage dar. Die beim Gesellschafter entstehenden Anschaffungskosten aus der verdeckten Einlage sind zumindest mit ebenfalls 60 % der Forderungen zu bewerten, u.U. aber auch höher, eine zwingende Verbindung existiert hier nicht. Soweit keine Anschaffungskosten entstehen, entfällt die Forderung und stellt einen steuerlich nicht relevanten Verlust auf der Vermögensebene dar.

Der **fiktive Zufluss der Darlehenszinsen in den Varianten b und c** ist also bei Verzicht sofort zu versteuern, die Erhöhung der Anschaffungskosten wirkt sich jedoch erst bei Verkauf der Beteiligung oder Auflösung der Gesellschaft, also möglicherweise erst in Jahren oder Jahrzehnten aus. Die Sonderrechtsprechung für beherrschende Gesellschafter führt hier zudem dazu, dass der beherrschende Gesellschafter u.U. die gesamte Zinsforderung versteuern muss, der nicht beherrschende hingegen nur den werthaltigen Teil der Zinsforderung.

Ist der **Gesellschafter selbst eine GmbH wie in Variante d**, so wurden wie in Variante a bereits Forderungen bilanziert. Die Darlehensforderung wurde ertragsneutral, die Zinsforderung ertragswirksam eingebucht. Im Zeitpunkt der Einlage ist der nicht werthaltige Teil beider Forderungen (40 %) als a. o. Aufwand auszubuchen, gem. § 8b Abs. 3 Satz 4 – 8 KStG ist dieser Aufwand steuerlich jedoch (durch außerbilanzielle Hinzurechnung) nicht zu berücksichtigen, obwohl auf der anderen Seite die Gesellschaft den Ertrag zu versteuern hat. Der werthaltige Teil (60 %) beider Forderungen ist dagegen ertragsneutral auf das Beteiligungskonto umzubuchen, eine Anwendung von § 8b Abs. 3 Satz 4 – 8 KStG kommt hier nicht in Betracht, da schon kein Aufwand vorliegt, der korrigiert werden könnte.[1] Ob anschließend eine Teilwertabschreibung auf die Beteiligung möglich ist, ist im Einzelfall zu prüfen.[2]

Dieselben Rechtsfolgen ergeben sich auch bei Verzicht auf einen Pensionsanspruch.[3]

---

1 Vgl. *Schmidt/Schwind*, NWB F. 4, 5223, 5226, Heft 3/2008.
2 Beachte dann jedoch § 8b Abs. 3 KStG.
3 Vgl. dazu → Rz. 3766 ff.

(2) Strategien zur Vermeidung des Anfalls von Erträgen

4191 Der nicht werthaltige Teil der Forderung muss nach der obigen Darstellung der Rechtsfolgen bei der Gesellschaft ertragserhöhend aufgelöst werden. Aber auch dem Gesellschafter, der die Forderung im Privatvermögen hält, wird daran gelegen sein, diesen Teil möglichst gering zu halten, fällt er doch bei ihm als steuerlich nicht relevanter Verlust auf der Vermögensebene einfach nur weg, ohne wenigstens die Anschaffungskosten zu erhöhen. Folgende Möglichkeiten werden erwogen:[1]

- Denkbar ist, dass die Kapitalgesellschaft die Forderung des Gesellschafters begleicht und dieser danach die erhaltenen Mittel wieder in die Gesellschaft einlegt. Dann handelt es sich um eine **Bareinlage**, die mit dem Nennwert zu bewerten ist, ein Ertrag fällt nicht an. In der Praxis wird die Gesellschaft in einer Situation, in der die Forderung nicht mehr als voll werthaltig angesehen wird, allerdings regelmäßig nicht über die notwendigen Mittel zur Rückzahlung verfügen.

- Daher ist in der Literatur vorgeschlagen worden, eine **Bareinlage** zum Nennwert in die Kapitalgesellschaft zu leisten und daraus die Verbindlichkeit zu begleichen.[2] Die Bareinlage ist dann mit dem Nennwert anzusetzen, in dieser Höhe ergeben sich auch Anschaffungskosten, ein Ertrag bei der Gesellschaft entsteht nicht. Eine vGA kann in der Erfüllung der Forderung nicht gesehen werden.[3] Fraglich ist aber, ob die vollständige Erfüllung der Forderung des Gesellschafters nicht insolvenzrechtlich durch andere Gläubiger anfechtbar ist.

- Gleiches gilt, wenn der Gesellschafter eine **Verlustübernahmeverpflichtung** gegenüber der Gesellschaft eingehen und die Verbindlichkeit daraus mit seiner Forderung gegenüber der Gesellschaft zum Nennwert verrechnen würde. Er ist dann allerdings letztlich verpflichtet, sämtliche Verbindlichkeiten der Gesellschaft zu begleichen, so dass dadurch die **Abschirmwirkung** der Rechtsform der **GmbH aufgehoben** wird.

- Daher ist auch vorgeschlagen worden, der Gesellschafter möge die Verbindlichkeit der Kapitalgesellschaft im Wege der **Schuldübernahme** übernehmen. Die Übernahmeverpflichtung führe dann zu einem Freistellungsanspruch der Gesellschaft, der mit der Forderung des Gesellschafters verrechnet werden könne. Hier ist allerdings fraglich, wie die Einlage, die sich aus der Schuldübernahmeverpflichtung ergibt, zu bewerten ist. Es ist wohl naheliegend, diese auch nur mit dem geminderten Wert zu bewerten, so dass durch die Konstruktion letztlich nichts gewonnen worden ist.

- Die Werthaltigkeit des Gesellschafterdarlehens wird auch wiederhergestellt, wenn es **besichert wird**, z. B. durch eine Bürgschaft der Hausbank oder eine Patronatserklärung der Muttergesellschaft. Diese Möglichkeiten werden allerdings kleinen, inhabergeführten GmbHs selten zur Verfügung stehen, zudem kann auch eine nachträgliche Besicherung eines Gläubigers anfechtbar sein, dann wäre die Sicherheit für die Forderungen aller Gläubiger zu verwenden und würde daher nur einen Teil des Gesellschafterdarlehens werthaltig machen.

4192 Kommt keine dieser Möglichkeiten in Betracht, so kann die Werthaltigkeit der Forderung nicht wiederhergestellt werden. Dennoch verbleiben zwei Möglichkeiten:

---

1 Vgl. z. B. *Hoffmann*, DB 1998, 1983 und GmbHR 1999, 848; *Neu*, GmbH-StB 1998, 131.
2 Vgl. *Meilicke/Pohl*, FR 1995, 877, 885; *Dötsch/Pung*, DB 2007, 2669.
3 Vgl. dazu → Rz. 3239 f.

- Es wird kein Forderungsverzicht vorgenommen, sondern die **Forderung** wird (zusammen mit den Anteilen) verkauft.[1]
- Ein Verzicht wird vorgenommen. Damit lässt sich der Anfall eines Ertrags in Höhe des nicht werthaltigen Teils der Forderung nicht vermeiden. Aber er lässt sich rückgängig machen. Ist die wirtschaftliche Lage schon so schlecht, dass die Gesellschaft nicht mehr in der Lage ist, die Forderung des Gesellschafters voll zu begleichen, dann verfügt sie meist auch über erhebliche Verlustvorträge. Der Anfall des Ertrags aus dem Verzicht auf den nicht werthaltigen Teil der Forderung kann die Gesellschaft mit diesen Verlustvorträgen verrechnen. Meist ist sie in der Praxis sogar erpicht darauf, in dieser Weise ihr Bilanzbild zu verbessern.
- Erfolgt der **Verzicht mit einer Besserungsklausel**, so ändert sich an den dargestellten Rechtsfolgen des Verzichts zunächst nichts. Erst wenn der Besserungsfall eintritt, drehen sich sämtliche Rechtsfolgen wieder um. Die Verbindlichkeit der Gesellschaft wird dann bilanziert, als sei sie nie erlassen worden,[2] d. h.
  - der ehemals nicht werthaltige Teil der Verbindlichkeit wird aufwandswirksam eingebucht,
  - der ehemals werthaltige Teil der Verbindlichkeit wird ertragsneutral gegen Kapital wieder eingebucht,
  - die Zinsen werden für die gesamte Zeit des Verzichts nachträglich berechnet und aufwandswirksam eingebucht.
- Nunmehr kann die voll werthaltige Forderung des Gesellschafters entweder beglichen werden oder er kann darauf erneut und ohne Besserungsabrede verzichten, ohne damit einen Ertrag bei der Gesellschaft zu veranlassen.

(Einstweilen frei)

(3) Strategien zur Vermeidung des Zuflusses beim Gesellschafter

Für die Frage, ob ein Gehaltsverzicht zu einem Zufluss führt, kommt es maßgeblich auf das zeitliche Element an: Eine zum Zufluss von Arbeitslohn führende verdeckte Einlage kann nur gegeben sein, soweit der Arbeitnehmer nach Entstehung seines Gehaltsanspruchs aus gesellschaftsrechtlichen Gründen auf diese verzichtet; verzichtet der Arbeitnehmer bereits vor Entstehung seines Gehaltsanspruchs auf diesen, wird er unentgeltlich tätig und es kommt nicht zum fiktiven Zufluss von Arbeitslohn.[3]

Ist die Forderung, auf die verzichtet wird, eine **Pensionszusage** der Gesellschaft an den Gesellschafter, so liegt das Interesse meist anders als beim Verzicht auf eine Darlehensforderung. Ebenso wie die Darlehensforderung ist auch die Forderung aus der Pensionszusage meist Privatvermögen. Ist die Pensionszusage nicht mehr voll werthaltig, so würde nach den dargestellten Rechtsfolgen daher in Höhe des nicht werthaltigen Teils ein Zufluss beim Gesellschafter erfolgen. Dieser ist aber anders als beim Zufluss der Darlehensforderung nicht steuerneutral, sondern stellt **Einkünfte aus nichtselbständiger Tätigkeit** (§ 19 EStG) dar. Ist die wirtschaftliche Situation der Gesellschaft aber so schlecht, dass die Forderung des Gesellschafters nicht mehr

---

1 Zur Möglichkeit einer vGA in diesem Fall vgl. → Rz. 3302.
2 Vgl. BFH, Urteile v. 30.5.1990 - I R 41/87, BStBl 1991 II 588; v. 3.12.1996 - I R 121/95, BFH/NV 1997, 265 = NWB VAAAB-38006; s. auch → Rz. 3199.
3 BFH, Urteil v. 15.6.2016 - VI R 6/13, BStBl 2016 II 903.

voll werthaltig ist, so ist dessen wirtschaftliche Situation häufig ebenfalls in Mitleidenschaft gezogen, so dass er es sich nicht leisten kann, Lohnsteuer auf einen Lohnzufluss zu entrichten, den er gar nicht liquide erhält. Die Gesellschaft verfügt hingegen über so hohe Verlustvorträge, dass der bei ihr auszuweisende Ertrag bezüglich des nicht werthaltigen Anteils keine Steuern auslösen wird. Daher besteht beim Verzicht auf Pensionszusagen meist ein Interesse, den nicht werthaltigen Teil der Pensionszusage möglichst hoch anzusetzen. Dafür mag es im Rahmen der Bewertung gewisse Möglichkeiten geben, ein Verzicht nur auf den wertlosen Teil einer Forderung ist aber nur in Ausnahmefällen möglich.[1] Es können aber verschiedene Alternativen zum Erlass erwogen werden.[2]

(4) Einsatz des Forderungsverzichts zur Erhaltung von Verlustvorträgen?

4198 Ein Interesse an einem möglichst großen Anteil des wertlosen Teils an der Gesamtforderung besteht auch, wenn durch einen Forderungsverzicht mit Besserungsklausel ein Verlustvortrag vor der Anwendung des § 8 Abs. 4 KStG oder § 8c KStG gerettet werden soll.

4199 Die wertlose Forderung wird dann mit **Besserungsklausel** erlassen. Der Erlass löst bei der Gesellschaft einen Ertrag aus, der mit dem Verlustvortrag verrechnet wird. Danach erfolgt der Eintritt der schädlichen Merkmale im Sinne einer der beiden Vorschriften (§ 8 Abs. 4 KStG Anteilseignerwechsel + Betriebsvermögenszuführung, § 8c KStG Anteilseignerwechsel). Mit Eintritt des Besserungsfalles lebt dann die Verbindlichkeit der Gesellschaft wieder auf. Die Finanzverwaltung hat zu § 8 Abs. 4 KStG verfügt, dass dieser dann dennoch auf die wieder aufgelebte Verbindlichkeit angewendet werden soll.[3] Diese Anordnung ist ohne Rechtsgrundlage.[4]

cc) Bewertung von Zufluss, verdeckter Einlage und Anschaffungskosten

(1) Bewertung bei Gesellschaft und Gesellschafter

4200 Der BFH hat festgestellt, dass die **verdeckte Einlage** bei der Gesellschaft ebenso zu bewerten ist wie der **Zufluss beim Gesellschafter**, nämlich mit dem werthaltigen Teil der Forderung.[5] Da der Zufluss und die Einlage i. d. R. gleichzeitig erfolgen, sind die Werte kongruent.[6]

4201 Die **Erhöhung der Anschaffungskosten** bei einer Beteiligung **im Privatvermögen** richtet sich jedoch nach ganz anderen Kriterien. Nach BMF, Schreiben v. 8.6.1999[7] soll hier der Teilwert maßgebend sein, dieser

- ist bei in der Krise gewährten oder krisenbestimmten Darlehen sowie Finanzplandarlehen mit dem Nominalwert des Darlehens anzusetzen und

- bei allen anderen, insbesondere vor der Krise gewährten und in der Krise dann stehengelassenen, Darlehen korrespondierend mit der Bewertung der Einlage bei der Gesellschaft.[8]

---

1 Siehe unter → Rz. 4203.
2 Vgl. dazu → Rz. 4191 ff.
3 Vgl. dazu näher → Rz. 2716 ff.
4 Vgl. → Rz. 2718.
5 BFH, Urteil v. 9.6.1997 - GrS 1/94, BStBl 1998 II 307.
6 Ausnahme von der Gleichzeitigkeit s. → Rz. 4187.
7 BMF, Schreiben v. 8.6.1999, BStBl 1999 I 545.
8 Vgl. auch BFH, Urteil v. 31.10.2000 - VIII R 47/98, BFH/NV 2001, 589 = NWB XAAAA-67599.

(2) Bestimmung der Werthaltigkeit der Forderung

Da nur der Verzicht auf den werthaltigen Teil einer Forderung bei der Gesellschaft zu einer verdeckten Einlage führt und auch die Rechtsfolgen beim Gesellschafter grundsätzlich unterschiedlich sind, je nach Werthaltigkeit der Forderung auf die verzichtet wurde, fragt sich, wie der werthaltige Teil zu bestimmen ist. Der BFH hat hier festgelegt, dass der Betrag einer Forderung werthaltig ist, den die Gesellschaft auf dem freien Markt unter fremden Dritten regelmäßig für den **Ankauf** der gegen sie gerichteten Forderung noch zu zahlen hätte.[1] Dieser Maßstab ist theoretisch nachvollziehbar und eindeutig, praktisch aber schwer zu ermitteln. Letztlich wird sich dieser Betrag nur schätzen lassen. Dazu bietet es sich an, im Zeitpunkt des Erlasses den Wert (inkl. stiller Reserven) der **nicht mit Sicherungsrechten belasteten Aktiva** ins Verhältnis zu setzen zu den nicht gesicherten Forderungen.[2]

BEISPIEL: Der Gesellschafter hat eine Darlehensforderung gegen die Gesellschaft i. H. v. 500.000 €. Die Gesellschaft verfügt über Aktiva inkl. stiller Reserven von 2 Mio. €, allerdings stehen diesen Passiva von 5 Mio. € gegenüber. In diesen Passiva sind Bankschulden von 1 Mio. €, für die das Firmengebäude mit einer Grundschuld belastet und der Warenbestand verpfändet ist, diese Positionen machen zusammen 1,5 Mio. € der Aktiva aus. Der Gesellschafter gehört zu den nicht gesicherten Gläubigern, deren Forderungen von (5 − 1 =) 4 Mio. € Aktiva im Wert von (2 − 1 =) 1 Mio. € gegenüberstehen. Es kann also eine Werthaltigkeit des Darlehens von 25 % geschätzt werden. Dabei wird davon ausgegangen, dass die Bank ihre Sicherheiten nicht in Anspruch nimmt, soweit eine Übersicherung besteht. Sollte der Gesellschafter allerdings, was in der Praxis häufig vorkommt, für sein Darlehen einen **Rangrücktritt** erklärt haben, so wäre die Werthaltigkeit mit 0 € anzusetzen, da die Aktiva gänzlich zur Tilgung der vorrangigen Schulden verbraucht würden.

(3) Bestimmung der Werthaltigkeit bei Teilverzicht

Fraglich ist, wie bei einem Teilverzicht die Werthaltigkeit der Forderung zu bestimmen ist und insbesondere, ob vom Gesellschafter bestimmt werden kann, dass nur auf den werthaltigen oder den nicht werthaltigen Teil verzichtet wurde.

Die Berechnung des werthaltigen Teils des Teilverzichts ist nur möglich, indem die Werthaltigkeit der Forderung vor und nach Verzicht ermittelt wird. Aus der Differenz davon ergibt sich, wie die Werthaltigkeit des verzichteten Teils zu bewerten ist.

BEISPIEL: Bei der X-GmbH stehen Aktiva von 200.000 €, Passiva von 500.000 € gegenüber, stille Reserven sind nicht vorhanden. In den Passiva ist ein Gesellschafterdarlehen von 100.000 € enthalten. Das Gesellschafterdarlehen ist
a) mit Rangrücktritt
b) ohne Rangrücktritt versehen.
Der Gesellschafter will auf den werthaltigen Teil seiner Forderung verzichten.

Im **Fall a** wird man davon ausgehen können, dass die gesamte Forderung nicht mehr werthaltig ist, da bereits die ihr im Rang vorgehenden Forderungen weit höher sind als die Aktiva der Gesellschaft und daher auch ein fremder Dritter für die Forderung nichts mehr zahlen würde, es sei denn die Gesellschaft würde über überdurchschnittlich gute Ertragsaussichten verfügen. Ein Verzicht auf den werthaltigen Teil der Forderung ist hier also schon mangels Werthaltigkeit kaum vorstellbar.

---

[1] BFH, Urteil v. 9. 6. 1997 - GrS 1/94, BStBl 1998 II 307.
[2] Ähnlich FG Mecklenburg-Vorpommern v. 3. 3. 2004 - 1 K 15/02, rkr., NWB IAAAB-20931.

4206 Im **Fall b** soll unterstellt werden, dass die Forderung mit 40 % als werthaltig bewertet werden kann, da bei einer quotalen Befriedigung aller Gläubiger aus den vorhandenen Aktiva diese Quote gezahlt werden könnte. Tatsächlich kann sich ein abweichender Wert ergeben, wenn z. B. andere Gläubiger Sicherungsrecht an einzelnen oder allen Aktiva bestellt haben, so dass auch ohne Rangrücktritt nicht mit einer quotalen Befriedigung des Gesellschafters zu rechnen ist. Verzichtet der Gesellschafter nun auf diese Quote seiner Forderung, also 40 % = 40.000 €, so stehen nunmehr bei der Gesellschaft Aktiva von 200.000 € Passiva von 460.000 € gegenüber. Die Forderung ist also nunmehr zu 43 % werthaltig. In absoluten Zahlen ist allerdings der werthaltige Teil seiner Forderung von (40 % von 100.000 =) 40.000 € auf (43 % von 60.000 =) 25.800 € gesunken. Daher wird davon auszugehen sein, dass sein Verzicht von 40.000 € zu (40.000 – 25.800 € =) 14.200 € den werthaltigen Teil der Forderung und mit 25.800 € den nicht werthaltigen Teil der Forderung betraf. Mithin hat er nicht ausschließlich auf den werthaltigen Teil der Forderung verzichtet, sondern nur zu ca. 36 % des Verzichtsbetrages.

4207 Fraglich ist, ob dies anders zu beurteilen ist, wenn der Gesellschafter zugleich mit seinem Verzicht einen **Rangrücktritt** für den verbleibenden Teil seiner Forderung ausspricht. Dann ist zwar der werthaltige Teil vor Verzicht mit 40 % = 40.000 € und nach Verzicht mit 0 % = 0 € zu bewerten, dennoch wird man nicht davon ausgehen können, dass nur auf den werthaltigen Teil der Forderung verzichtet wurde. Das Absinken des werthaltigen Teils liegt nämlich vorrangig am Rangrücktritt. Dies zeigt sich, wenn man beide Vorgänge zeitlich entzerrt und annimmt der Rangrücktritt für eine Teilforderung von 60.000 € sei zuerst vorgenommen worden. Dann stehen den Aktiva von 200.000 € noch vorrangige Verbindlichkeiten von 440.000 € gegenüber, Quote also 45 %. Der verbleibende Teil von 40.000 € ist also zu 45 % werthaltig. Wird wenig später auf ihn verzichtet, so war ein Teilbetrag von (45 % von 40.000 =) 18.000 € werthaltig und von 22.000 € nicht werthaltig. Es lässt sich also auch insoweit kein Verzicht ausschließlich auf den werthaltigen Teil erreichen.

4208 Anders ist es nur, wenn durch den Verzicht des Gesellschafters die Überschuldung der Gesellschaft beseitigt wird. Dann ist der verbleibende Teil der Forderung voll werthaltig und in den Verzicht wurde zumindest der gesamte nicht werthaltige Teil (wenn vielleicht auch nicht allein) einbezogen.

4209 Umgekehrt wäre jedoch vorstellbar, dass ein Verzicht nur auf den wertlosen Teil einer Forderung erfolgt, wenn alle anderen Gläubiger dem Gesellschafter unter der Voraussetzung des Verzichts auf einen bestimmten Teil seiner Forderung zusichern, dass der verbleibende Teil dann vorrangig vor allen anderen Schulden bedient werden soll und die Aktiva der Gesellschaft dafür noch ausreichen. Dieser Fall hat allerdings keinen praktischen Wert.

dd) Forderungsverzicht durch eine dem Gesellschafter nahe stehende Person

4210 Zur Definition und Abgrenzung des Begriffs der nahe stehenden Person vgl. → Rz. 2117.

4211 Hier sind verschiedene Fallgestaltungen zu unterscheiden:
- ▶ Die nahe stehende Person ist selbst nicht Gesellschafter
    - Der Forderungsverzicht erfolgt aus **betrieblichen Gründen**.[1] Erfolgt der Forderungsverzicht aus betrieblichen Gründen,[2] so stellt dieser Verzicht bei der Gesellschaft

---

[1] Siehe dazu → Rz. 4178.
[2] Dazu → Rz. 4178.

Ertrag und beim bilanzierenden Darlehensgeber Aufwand dar, beim nicht bilanzierenden Darlehensgeber müsste es sich also um Werbungskosten handeln, tatsächlich wird man regelmäßig einen steuerlich irrelevanten Verlust auf der Vermögensebene annehmen. Mit Einführung der Abgeltungsteuer wären aber auch Werbungskosten in diesem Bereich nicht mehr abziehbar.

– Der Forderungsverzicht erfolgt mit **Rücksicht auf den Gesellschafter**, dem der Darlehensgeber nahe steht. Umgekehrt zu entsprechenden vGA-Fällen wird hier eine einkommensteuerlich irrelevante Weiterreichung der Mittel an den Gesellschafter zu unterstellen sein und eine verdeckte Einlage des Gesellschafters.

– Der Gesellschafter ist auch an der nahestehenden Person beteiligt (Schwestergesellschaften) und der Forderungsverzicht erfolgt aus gesellschaftsrechtlichen Gründen. Ist die nahe stehende Person, durch die der Forderungsverzicht erfolgt, eine Schwestergesellschaft, so ergibt sich eine Dreieckskonstellation.[1]

▸ Die nahe stehende Person ist selbst Gesellschafter.

Ist die nahestehende Person zudem selbst Gesellschafter, so ist festzustellen, ob sie den Verzicht in ihrer Eigenschaft als Gesellschafter oder als nahe stehende Person erbringt. Im ersten Falle gelten die oben unter → Rz. 4184 dargestellten, im letzten die vorstehenden Grundsätze.

13. Hintereinandergeschaltete Einlagen

Siehe Mittelbare verdeckte Einlage, → Rz. 4214.

14. Mittelbare verdeckte Einlage, → Rz. 231

Siehe Dreiecksfälle, → Rz. 231

15. Mitunternehmeranteil

Auch wenn es sich bei Mitunternehmeranteilen um Sachgesamtheiten i. S. d. § 6 Abs. 3 EStG handelt, ist eine Buchwertübertragung nicht möglich, es gelten die Vorschriften über die verdeckte Einlage gem. § 6 Abs. 6 Satz 2 EStG.[2]

16. Organschaft

In der Organschaft ist die Organgesellschaft nur verpflichtet, ihren handelsrechtlichen Gewinn an den Organträger abzuführen. Der Organträger ist nur verpflichtet den handelsrechtlichen Verlust der Organgesellschaft zu übernehmen.[3] Steuerrechtlich ist dem Organträger das Einkommen der Organgesellschaft zuzurechnen. Dieses kann, z. B. wegen rein handelsrechtlich begründeter Rückstellungen (Drohverlustrückstellungen u. viele andere) höher (handelsrechtliche Minderabführung) oder, z. B. wegen der Auflösung solcher handelsrechtlichen Rückstellungen auch niedriger (handelsrechtliche Mehrabführung) als das handelsrechtliche Ergebnis sein.

---

[1] Zu den Rechtsfolgen vgl. → Rz. 2231.
[2] BFH, Urteil v. 15. 9. 2004 - I R 7/02, BStBl 2005 II 867; KKB/Teschke/C. Kraft, § 6 EStG Rz. 219.
[3] § 302 Abs. 1 AktG.

In der Steuerbilanz ist bei **handelsrechtlichen Mehrabführungen** ein steuerlicher aktiver Ausgleichsposten zu bilden, bei **handelsrechtlichen Minderabführungen** ein passiver Ausgleichsposten. Dadurch wird die Einmalbesteuerung des Ergebnisses der Organgesellschaft gewährleistet, es entstehen also weder weiße (nicht versteuerte) Einkünfte noch doppelt versteuerte Einkünfte. Wird die Beteiligung an der Organgesellschaft veräußert, so ist der aktive Ausgleichsposten nach (noch) h.M. und Verwaltungspraxis gewinnmindernd, ein passiver Ausgleichsposten gewinnerhöhend aufzulösen, da den Ausgleichsposten ein materieller Gehalt zukomme, weil es sich um einen steuerbilanziellen Korrekturposten zum Wert der Beteiligung handele. Dies wird damit begründet, dass nach § 27 Abs. 6 KStG Mehr- und Minderabführungen in das Einlagekonto der Organgesellschaft zu buchen sind. Daraus wird geschlossen, dass **Minderabführungen verdeckte Einlagen des Organträgers** in die Organgesellschaft seien.

Dieser Auffassung ist der **BFH** in seiner Entscheidung v. 7.2.2007[1] jedoch **nicht gefolgt**. Die Mehr- und Minderabführungen hätten ihre Ursache ausschließlich im Ergebnisabführungsvertrag, der zwar auch gesellschaftsrechtlich begründet sei, aber den Einlagegrundsätzen vorgehe. Es liegt bei Minderabführungen folglich keine verdeckte Einlage vor. Die praktische Rechtsfolge davon ist, dass die Auflösung nicht ertragswirksam, sondern ertragsneutral vorzunehmen ist, da keine Rechtsvorschrift etwas anderes anordnet. Dies ist bei der Auflösung der aktiven Ausgleichsposten natürlich von Nachteil, für einen passiven Ausgleichsposten wie im Urteilsfall jedoch von Vorteil.

17. Pensionszusagen

4217 Abfindung und Verzicht auf Pensionszusagen können zu verdeckten Einlagen führen.[2]

18. Reiheneinlagen

4218 Vgl. Mittelbare verdeckte Einlage

19. Rückzahlungen

4219 Die Rückzahlung einer offenen Gewinnausschüttung stellt eine verdeckte Einlage dar.[3] Auch die Rückzahlung einer verdeckten Gewinnausschüttung stellt eine verdeckte Einlage dar.[4] Die Rückzahlung einer verdeckten Einlage hingegen ist je nach Fallgestaltung eine offene oder verdeckte Gewinnausschüttung, ein Direktzugriff auf das Einlagekonto der Gesellschaft ist für solche Fälle nicht vorgesehen.[5]

20. Verschleierte Sachgründung

4220 Wird eine GmbH zunächst bar gegründet und erwirbt dann das gesamte Einzelunternehmen ihres Gründers zum Buchwert, so werden damit die komplizierten handelsrechtlichen Vorschriften über die Sachgründung umgangen. Das Umgehungsgeschäft verstößt freilich gegen § 19 Abs. 5, § 5 Abs. 4 Satz 1 GmbHG. **Bisher** wurde jedoch angenommen, dass jedenfalls das

---

[1] BFH, Urteil v. 7.2.2007 - I R 5/05, BStBl 2007 II 895, mit umfangreichem Nachweis auf die Literatur, Nichtanwendungserlass v. 5.10.2007, NWB JAAAC-60029.
[2] Vgl. dazu → Rz. 3766 ff., → Rz. 3780 ff.
[3] BFH, Urteil v. 29.8.2000 - VIII R 7/99, BStBl 2001 II 173.
[4] Vgl. → Rz. 850.
[5] Vgl. → Rz. 2177.

schuldrechtliche Geschäft wirksam bleibt. Die Gesellschaft hat die Wirtschaftsgüter des Einzelunternehmens mit dem Teilwert zu aktivieren, da § 20 UmwStG nicht angewendet werden kann, er setzt die Ausgabe neuer Anteile voraus.[1] Auf der Seite des Gesellschafters ergibt sich nach der Rechtsprechung eine Betriebsaufgabe,[2] die Differenz zwischen Buch- und Teilwert der Wirtschaftsgüter ist als Entnahmegewinn zu versteuern, sie stellt dann eine verdeckte Einlage dar und erhöht mithin beim Gesellschafter die Anschaffungskosten und bei der GmbH das Einlagekapital.

Der **BGH** hat aber nunmehr entschieden, dass § 27 Abs. 3 Satz 1 AktG im GmbH-Recht analog anzuwenden ist und damit bei der verschleierten Sachgründung auch das **schuldrechtliche Geschäft nichtig** ist.[3] Handelsrechtlich wurden die Wirtschaftsgüter daher nicht wirksam auf die GmbH übertragen. Sie sind nach wie vor Teil des nicht untergegangenen Einzelunternehmens und von diesem lediglich an die GmbH überlassen worden. Es ergibt sich daher keine Betriebsaufgabe, **keine verdeckte Einlage** und auch keine Versteuerung eines Entnahmegewinns beim Einzelunternehmen.

Eine **Heilung** der verdeckten Sacheinlage ist nach dem o. g. Urteil des BGH nicht durch Einbringung eines Bereicherungsanspruchs des Einzelunternehmen möglich, da ein solcher nicht besteht.

Zu den steuerlichen Rechtsfolgen gibt es unterschiedliche Auffassungen:

- Erkennt man die handelsrechtlichen Wirkungen auch für das Steuerrecht an, so wird sich regelmäßig eine **Betriebsaufspaltung** ergeben haben. Es wäre dann von einer Pacht in Höhe der (übernommenen) Kosten auszugehen sein und zu befürchten, dass beim Verpächter die Kosten entsprechend der neueren Rechtsprechung der Finanzgerichte teilweise gekürzt würden, wenn damit die Pacht erheblich unter der marktüblichen Pacht bleiben sollte. Allerdings kann die verschleierte Sachgründung nun durch ordnungsgemäße Übertragung der Sachwerte geheilt werden. Diese kann dann als Gegenleistung für die bei der Gründung ausgegebenen Geschäftsanteile gelten, so dass dann doch noch die Voraussetzungen des § 20 UmwStG erfüllt werden. Somit ergibt sich auch bei der Heilung **keine verdeckte Einlage**.[4]

- Geht man hingegen davon aus, dass **steuerlich** zumindest **wirtschaftliches Eigentum** übertragen wurde, so ändert sich steuerlich durch die neue Rechtsprechung des BGH gar nichts. Es bleibt bei der Betriebsaufgabe, der **verdeckten Einlage** und der Versteuerung des Entnahmegewinns beim Einzelunternehmen, auch ist weiterhin § 20 UmwStG nicht anwendbar.[5]

---

1 BFH, Urteil v. 14. 1. 1993 - IV R 121/91, BFH/NV 1993, 525 = NWB TAAAB-33851; BMF, Schreiben v. 25. 3. 1998, BStBl 1998 I 268, Tz. 20.03 bzw. BMF, Schreiben v. 11. 11. 2011, BStBl 2011 I 1314, Rz. E 20.09 f.; OFD Münster v. 27. 8. 1990, BB 1990, 1826, dagegen *Büchele*, DB 1997, 2337.
2 BFH, Urteil v. 18. 12. 1990 - VIII R 17/85, BStBl 1991 II 512.
3 BGH, Urteil v. 7. 7. 2003 - II ZR 235/01, NWB FAAAB-97877.
4 Vgl. *Lang* in Bott/Walter, § 8 Rz. 509 ff.
5 A. A. *Tillmann/Tillmann*, DB 2004, 1853, wenn die verschleierte Sacheinlage zuvor rückgängig gemacht werde.

21. Verzicht

4224 Vgl. dazu Forderungsverzicht,[1] und zum Spezialfall des Verzichts auf eine Pensionszusage.[2] Der zugunsten der Gesellschaft geleistete Verzicht, bei einer Auktion mitzubieten, ist hingegen keine verdeckte Einlage.[3]

22. Vorsteuererstattungsanspruch

4225 Auch ein Vorsteuererstattungsanspruch kann Gegenstand einer verdeckten Einlage sein, da es für diese, anders als im Handelsrecht, nicht erforderlich ist, dass der Vorteil der Geschäftsführung zur freien Verfügung steht.[4] Dies ist nicht gegeben, da der Anspruch vom Finanzamt z. B. auch verrechnet werden kann. Im Fall war vereinbart worden, dass ein Gesellschafter die auf ihn entfallende Stammeinlage durch Einbringung eines ihm gehörenden Pkw erbringen sollte. Über diesen wurde dann mit der GmbH ein Kaufvertrag i. H. v. 15.000 € (= Stammeinlage) zzgl. 2 400 € USt geschlossen. Der Vorsteueranspruch wurde vom FG als verdeckte Einlage beurteilt.[5] Die Beschwerde wurde mangels Darlegung der Voraussetzungen für eine Zulassung der Revision als unzulässig verworfen.[6]

§ 8a Betriebsausgabenabzug für Zinsaufwendungen bei Körperschaften (Zinsschranke)

(1) [1]§ 4h Abs. 1 Satz 2 des Einkommensteuergesetzes ist mit der Maßgabe anzuwenden, dass anstelle des maßgeblichen Gewinns das maßgebliche Einkommen tritt. [2]Maßgebliches Einkommen ist das nach den Vorschriften des Einkommensteuergesetzes und dieses Gesetzes ermittelte Einkommen mit Ausnahme der §§ 4h und 10d des Einkommensteuergesetzes und des § 9 Abs. 1 Nr. 2 dieses Gesetzes. [3]Die §§ 8c und 8d gelten für den Zinsvortrag nach § 4h Absatz 1 Satz 5 des Einkommensteuergesetzes mit der Maßgabe entsprechend, dass stille Reserven im Sinne des § 8c Absatz 1 Satz 6 nur zu berücksichtigen sind, soweit sie die nach § 8c Absatz 1 Satz 5 und § 8d Absatz 2 Satz 1 abziehbaren nicht genutzten Verluste übersteigen. [4]Auf Kapitalgesellschaften, die ihre Einkünfte nach § 2 Abs. 2 Nr. 2 des Einkommensteuergesetzes ermitteln, ist § 4h des Einkommensteuergesetzes sinngemäß anzuwenden.

(2) § 4h Abs. 2 Satz 1 Buchstabe b des Einkommensteuergesetzes ist nur anzuwenden, wenn die Vergütungen für Fremdkapital an einen zu mehr als einem Viertel unmittelbar oder mittelbar am Grund- oder Stammkapital beteiligten Anteilseigner, eine diesem nahe stehende Person (§ 1 Abs. 2 des Außensteuergesetzes vom 8. September 1972 – BGBl I S. 1713 –, das zuletzt durch Artikel 3 des Gesetzes vom 28. Mai 2007 – BGBl I S. 914 – geändert worden ist, in der jeweils geltenden Fassung) oder einen Dritten, der auf den zu mehr als einem Viertel am Grund- oder Stammkapital beteiligten Anteilseigner oder eine diesem nahe stehende Person zurückgreifen kann, nicht mehr als 10 Prozent der die Zinserträge übersteigenden Zinsauf-

---

1 Siehe → Rz. 4177.
2 Siehe → Rz. 3766 ff.
3 FG Rheinland-Pfalz v. 26. 2. 1985 - 2 K 86/83, rkr., EFG 1986, 200.
4 Vgl. auch *Siebert*, DB 2005, 2208, 2209.
5 FG Berlin-Brandenburg, Urteil v. 7. 9. 2007 - 6 K 2320/03, EFG 2008, 241 = NWB VAAAC-65871, NZB zurückgewiesen durch BFH, Urteil v. 2.5.2008 - I B 2016/07, NWB BAAAC-86028.
6 BFH, Urteil v. 2. 5. 2008 - I B 206/07, NWB BAAAC-86028.

wendungen der Körperschaft im Sinne des § 4h Abs. 3 des Einkommensteuergesetzes betragen und die Körperschaft dies nachweist.

(3) ¹§ 4h Abs. 2 Satz 1 Buchstabe c des Einkommensteuergesetzes ist nur anzuwenden, wenn die Vergütungen für Fremdkapital der Körperschaft oder eines anderen demselben Konzern zugehörenden Rechtsträgers an einen zu mehr als einem Viertel unmittelbar oder mittelbar am Kapital beteiligten Gesellschafter einer konzernzugehörigen Gesellschaft, eine diesem nahe stehende Person (§ 1 Abs. 2 des Außensteuergesetzes) oder einen Dritten, der auf den zu mehr als einem Viertel am Kapital beteiligten Gesellschafter oder eine diesem nahe stehende Person zurückgreifen kann, nicht mehr als 10 Prozent der die Zinserträge übersteigenden Zinsaufwendungen des Rechtsträgers im Sinne des § 4h Abs. 3 des Einkommensteuergesetzes betragen und die Körperschaft dies nachweist. ²Satz 1 gilt nur für Zinsaufwendungen aus Verbindlichkeiten, die in dem voll konsolidierten Konzernabschluss nach § 4h Abs. 2 Satz 1 Buchstabe c des Einkommensteuergesetzes ausgewiesen sind und bei Finanzierung durch einen Dritten einen Rückgriff gegen einen nicht zum Konzern gehörenden Gesellschafter oder eine diesem nahe stehende Person auslösen.

Inhaltsübersicht

	Rz.
A. Allgemeine Erläuterungen zu § 8a KStG	1 - 95
I. Überblick über den Regelungsgehalt des § 8a KStG	1 - 10
II. Zweck der Zinsschranke	11 - 15
III. Rechtsentwicklung und zeitlicher Anwendungsbereich des § 8a KStG	16 - 35
IV. Vereinbarkeit des § 8a KStG mit höherrangigem Recht	36 - 55
1. Vereinbarkeit mit Verfassungsrecht	36 - 45
2. Vereinbarkeit mit Europarecht	46 - 55
a) Grundsätzliche Vereinbarkeit mit dem Primärrecht	46 - 46a
b) Kein Verstoß gegen Sekundärrecht	47 - 55
V. Vereinbarkeit des § 8a KStG mit Abkommensrecht	56 - 60
VI. Verhältnis des § 8a KStG zu anderen Vorschriften	61 - 95
1. Verhältnis zu anderen Vorschriften des EStG und KStG	61 - 70
2. Verhältnis zu Vorschriften des UmwStG	71 - 80
3. Verhältnis zu Vorschriften des GewStG	81
4. Verhältnis zu Vorschriften des AStG	82 - 83
5. Verhältnis zu Vorschriften der AO	84 - 95
B. Tatbestand und Rechtsfolge gem. § 4h Abs. 1 EStG	96 - 240
I. Die Voraussetzungen der Zinsschranke	97 - 140
1. Der Begriff des „Betriebs"	97 - 110
2. Zinsaufwendungen	111 - 140
II. Rechtsfolge: Beschränkte Abzugsfähigkeit der Zinsaufwendungen	141 - 180
1. Abzugsfähigkeit i. H. der Zinserträge	141 - 145
2. Abzugsfähigkeit bis zur Höhe des verrechenbaren EBITDA	146 - 170
a) Maßgebliches Einkommen	147 - 160
b) Verrechenbares EBITDA	161 - 170
3. Behandlung des nicht abzugsfähigen Teils der Zinsaufwendungen	171 - 180
III. Erweiterte Abzugsfähigkeit der Zinsaufwendungen: Der EBITDA-Vortrag (§ 4h Abs. 1 Satz 3 und 4 EStG)	181 - 220
1. Die Voraussetzungen des EBITDA-Vortrags (§ 4h Abs. 1 Satz 3 EStG)	181 - 190
2. Ausschluss des EBITDA-Vortrags	191 - 200
3. Rechtsfolgen des EBITDA-Vortrags	201 - 210
4. Fiktiver EBITDA-Vortrag aus den Jahren 2007 – 2009 (§ 52 Abs. 12d Satz 5 EStG a. F.)	211 - 220
IV. Der Zinsvortrag (§ 4h Abs. 1 Sätze 5 und 6 EStG)	221 - 240

1. Voraussetzungen für die Bildung eines Zinsvortrags (§ 4h Abs. 1 Satz 5 EStG)	221
2. Rechtsfolge des Zinsvortrags (§ 4h Abs. 1 Satz 6 EStG)	222 - 240
C. Erste Ausnahme: Die Freigrenze (§ 4h Abs. 2 Satz 1 Buchst. a EStG)	241 - 260
D. Zweite Ausnahme: Die Stand-alone-Klausel (§ 4h Abs. 2 Satz 1 Buchst. b EStG)	261 - 460
I. Systematik	261 - 265
II. Keine Zugehörigkeit zu einem Konzern	266 - 370
1. Legaldefinition des Konzerns	266 - 280
2. Konsolidierung oder Möglichkeit der Konsolidierung	281 - 340
a) Konzernabschluss nach IFRS	296 - 310
b) Konzernabschluss nach dem Handelsrecht der EU-Mitgliedstaaten	311 - 325
c) Konzernabschluss nach US-GAAP	326 - 340
3. Einheitliche Bestimmung der Finanz- und Geschäftspolitik	341 - 360
a) Originär steuerrechtliche Konzernzugehörigkeit	341 - 350
b) Beispiele	351 - 360
4. Anteilmäßige Zugehörigkeit zu einem Konzern	361 - 370
III. Keine schädliche Gesellschafter-Fremdfinanzierung	371 - 460
1. Wesentlich beteiligter Anteilseigner	381 - 390
2. Nahe stehende Person	391 - 395
3. Rückgriffsberechtigter Dritter	396 - 410
4. Nicht mehr als 10 % des Nettozinsaufwands	411 - 440
a) Schädliche Fremdkapitalvergütungen	416 - 420
b) Nettozinsaufwand	421 - 425
c) Die Rechtsfolgen des Vergleichs	426 - 440
5. Nachgeordnete Mitunternehmerschaften	441 - 460
E. Dritte Ausnahme: Die Escape-Klausel	461 - 640
I. Zugehörigkeit zu einem Konzern	471 - 475
II. Keine schädliche Gesellschafter-Fremdfinanzierung	476 - 560
1. Körperschaft oder konzernzugehöriger Rechtsträger	481 - 485
2. Nur konzernexterne Fremdfinanzierungen	486 - 490
3. Schädliche Fremdkapitalgeber	491 - 510
4. Nicht mehr als 10 % des Nettozinsaufwands	511 - 540
a) Schädliche Fremdkapitalvergütungen	516 - 520
b) Nettozinsaufwand	521 - 530
c) Die Rechtsfolgen des Vergleichs	531 - 540
5. Nachgeordnete Mitunternehmerschaften	541 - 560
III. Eigenkapitalvergleich	561 - 640
1. Zeitpunkt	566 - 570
2. Ermittlung der Eigenkapitalquote	571 - 625
a) Maßgeblicher Konzernabschluss	576 - 585
b) Korrekturen des Konzernabschlusses	586 - 595
c) Maßgeblicher Einzelabschluss	596 - 605
d) Korrekturen des Einzelabschlusses	606 - 625
3. Zuschlag nach § 162 Abs. 4 AO	626 - 640
F. Verfahrensrechtliche Fragen des EBITDA-Vortrags und des Zinsvortrags (§ 4h Abs. 4 EStG)	641 - 660
G. Untergang des EBITDA-Vortrags und des Zinsvortrags (§ 4h Abs. 5 EStG)	661 - 680
I. Untergang bei Betriebsaufgabe oder -übertragung (§ 4h Abs. 5 Satz 1 EStG)	661 - 665
II. Untergang beim Ausscheiden eines Mitunternehmers (§ 4h Abs. 5 Satz 2 EStG)	666 - 670
III. Entsprechende Anwendung des § 8c auf den Zinsvortrag (§ 4h Abs. 5 Satz 3 EStG und § 8a Abs. 1 Satz 3 KStG)	671 - 680
1. Beteiligungserwerb an einer als Mitunternehmerin beteiligten Kapitalgesellschaft (§ 4h Abs. 5 Satz 3 EStG)	671 - 675

2. Schädlicher Beteiligungserwerb an einer Körperschaft (§ 8a Abs. 1 Satz 3 KStG)	676 - 680

A. Allgemeine Erläuterungen zu § 8a KStG

HINWEIS:
BMF, Schreiben v. 4. 7. 2008, BStBl 2008 I 718.

LITERATURHINWEISE:
Dörfler/Vogl, Unternehmensteuerreform 2008: Auswirkungen der geplanten Zinsschranke anhand ausgewählter Beispiele, BB 2007, 1084; *Dörr/Geibel/Fehling*, Die neue Zinsschranke, NWB F. 4, 5199; *Eilers*, Fremdfinanzierung im Unternehmen nach der Unternehmensteuerreform 2008, FR 2007, 733; *Führich*, Ist die geplante Zinsschranke europarechtskonform?, IStR 2007, 341; *Goebel/Haun*, § 4h EStG und § 8a KStG (Zinsschranke) in der Hinzurechnungsbesteuerung, IStR 2007, 768; *Hahne*, Die Begünstigung von Beteiligungen an Personengesellschaften bei der „Zinsschranke", DStR 2007, 1947; *Hahne*, Reichweite steuerschädlicher Gesellschafter-Fremdfinanzierungen bei der Zinsschranke, StuB 2007, 808; *Hallerbach*, Einführung einer Zinsschranke im Entwurf eines Unternehmensteuerreformgesetzes 2008, StuB 2007, 289; *Hallerbach*, Problemfelder der neuen Zinsschrankenregelung des § 4h EStG, StuB 2007, 487; *Heintges/Kamphaus/Loitz*, Jahresabschluss nach IFRS und Zinsschranke, DB 2007, 1261; *Hennrichs*, Zinsschranke, Eigenkapitalvergleich und IFRS, DB 2007, 2101; *Hennrichs*, Zinsschranke, IFRS-Rechnung und prüferische Durchsicht oder Prüfung, DStR 2007, 1926; *Herzig/Bohn*, Modifizierte Zinsschranke und Unternehmensfinanzierung, DB 2007, 1; *Herzig/Liekenbrock*, Zinsschranke im Organkreis, DB 2007, 2387; *Hoffmann/Rüsch*, Die effektiven Steuersätze nach der Zinsschranke, DStR 2007, 2079; *Homburg*, Die Zinsschranke – eine beispiellose Steuerinnovation, FR 2007, 717; *Kessler/Köhler/Knörzer*, Die Zinsschranke im Rechtsvergleich: Problemfelder und Lösungsansätze, IStR 2007, 418; *Köhler*, Erste Gedanken zur Zinsschranke nach der Unternehmensteuerreform, DStR 2007, 597; *Kollruss*, Steuersatzspreizung bei Familienunternehmen – das Zusammenspiel von Abgeltungssteuer und Zinsschranke, GmbHR 2007, 1133; *Kollruss*, Leerlaufen des § 50d Abs. 3 EStG durch die Zinsschranke, IStR 2007, 780; *Kollruss*, Steueroptimale Gewinnreparierung unter der verschärften Anti-Treaty-Shopping Regelung des § 50d Abs. 3 EStG i. d. F. JStG 2007 unter Berücksichtigung der Zinsschranke, IStR 2007, 870; *Kollruss*, KGaA und Zinsschranke – unter besonderer Berücksichtigung der Akquisitionsfinanzierung, BB 2007, 1988; *Kollruss*, Vermeidung der Anti-Treaty-Shopping Regelung des § 50d Abs. 3 EStG durch die Zinsschranke, BB 2007, 2774; *Köster*, Zinsschranke: Eigenkapitaltest und Bilanzpolitik, BB 2007, 2278; *Kraft/Bron*, Die Zinsschranke – ein europarechtliches Problem?, EWS 2007, 487; *Lüdenbach/Hoffmann*, Der IFRS-Konzernabschluss als Bestandteil der Steuerbemessungsgrundlage für die Zinsschranke nach § 4h EStG-E, DStR 2007, 636; *Middendorf/Stegemann*, Die Zinsschranke nach der geplanten Unternehmensteuerreform 2008 – Funktionsweise und erste Gestaltungsüberlegungen, INF 2007, 305; *Neumann*, Zinsschranke nach dem Unternehmensteuerreformgesetz 2008, EStB 2007, 292; *Reiche/Kroschewski*, Akquisitionsfinanzierungen nach Einführung der Zinsschranke – erste Empfehlungen für die Praxis, DStR 2007, 1330; *Rödder*, Unternehmensteuerreformgesetz 2008, Beihefter zu DStR 2007, Heft 40, 1; *Rödder/Stangl*, Zur geplanten Zinsschranke, DB 2007, 479; *Rohrer/Orth*, Zinsschranke: Belastungswirkungen bei der atypisch ausgeprägten KGaA, BB 2007, 2266; *Rupp*, Die Zinsschranke – Einzelne Problembereiche und Gestaltungsmöglichkeiten, EStB 2007, 419; *Schaden/Käshammer*, Die Neuregelung des § 8a KStG im Rahmen der Zinsschranke, BB 2007, 2259; *Schaden/Käshammer*, Der Zinsvortrag im Rahmen der Regelungen zur Zinsschranke, BB 2007, 2317; *Scheunemann/Socher*, Zinsschranke beim Leveraged Buy-out, BB 2007, 1144; *Schwedhelm*, Die neue Zinsschranke für Personen- und Kapitalgesellschaften, GmbH-StB 2007, 282; *Staats/Renger*, Hebelt ein Logikfehler des Gesetzgebers die Zinsschranke aus?, DStR 2007, 1801; *Thiel*, Die steuerliche Behandlung von Fremdfinanzierungen im Unternehmen, FR 2007, 729; *Töben*, Die Zinsschranke – Befund und Kritik, FR 2007, 739; *Töben/Fischer*, Die Zinsschranke für Kapitalgesellschaften, GmbHR 2007, 532; *Töben/Fischer*, Die Zinsschranke – Regelungskonzept und offene Fragen, BB 2007, 974; *Wagner/Fischer*, Anwendung der Zinsschranke bei Personengesellschaften, BB 2007, 1811; *Welling*, Die Zinsschranke, FR 2007, 735; *Bauer*, Die Zinsschranke und grenzüberschreitende Finanzierungen mit Drittstaaten am Beispiel der Schweiz, SWI 2008, 358; *Baumgärtel*, Unternehmenssteuerreform aus Sicht der Praxis – Auswirkungen der Zinsschranke auf die Steuerbelastung von Kapitalgesellschaften, in Ballwieser/Grewe, Herausforderungen an Wirtschaftsprüfung, Steuerberatung, Consulting und Corporate Finance, Festgabe 100 Jahre Südtreu/Deloitte 1907 bis 2007, 2008,

575; *Beiser*, Die Einmalerfassung und das Arm's length-prinzip im Gemeinschaftsrecht und die Folgen für Zinsschranken und Funktionsverlagerungen, in Brähler/Lösel, Deutsches und internationales Steuerrecht, Gegenwart und Zukunft, Festschrift für Christiana Djanani zum 60. Geburtstag, 2008, 3; *Bron*, Betriebsbegriff und beschränkte Steuerpflicht im Rahmen des Zinsschrankenregelung der §§ 4h EStG und 8a KStG, IStR 2008, 14; *Brunsbach/Syré*, Die 10%-Grenze des § 8a Abs. 3 KStG – neu als Voraussetzung für den Eigenkapitalvergleich, IStR 2008, 157; *von Cölln*, Die Zinsschranke unter immobilienwirtschaftlichen Aspekten, DStR 2008, 1853; *Demuth/Kaiser*, Die Folgen der Zinsschranke auf PPP-Projekte nach dem neuen BMF-Schreiben vom 4.7.2008 - IV C 7-S 2742/07/10001, BB 2008, 2497; *Dörfler*, Das BMF-Schreiben zur Zinsschranke vom 4.7.2008 – Überblick, Anmerkungen und offene Fragen, Ubg 2008, 693; *Dörr/Fehling*, Gestaltungsmöglichkeiten zum Öffnen der Zinsschranke, Ubg 2008, 345; *Eilers*, Zinsschrankenerfahrungen – sub-prime crisis, Reaktionsgestaltungen, Private Equity Strukturen, Ubg 2008, 197; *Fischer/Wagner*, Das BMF-Schreiben zur Zinsschranke – Überblick/Bewertung/Verbleibende Gestaltungen, BB 2008, 1872; *Forst/Schaaf*, Zinsschranke und Gleichordnungskonzern, EStB 2008, 414; *Ganssauge/Mattern*, Der Eigenkapitaltest im Rahmen der Zinsschranke, DStR 2008, 213, 267; *Geimer*, Das BMF-Schreiben zur Zinsschranke aus Beratersicht, EStB 2008, 407; *Goebel/Eilinghoff*, Rechtsvergleichende Analyse der deutschen und amerikanischen Unterkapitalisierungsregeln unter besonderer Berücksichtigung der Zinsschranke, IStR 2008, 233; *Goebel/Eilinghoff/Kim*, BMF-Schreiben zur Zinsschranke vom 4.7.2008: Überblick über die Regelungsinhalte und deren Bedeutung für die Praxis, DStZ 2008, 630; *Hageböke/Stangl*, Zur Konzernfreiheit von assoziierten Unternehmen im Rahmen der Zinsschranke, DB 2008, 200; *Hartmann*, Zinsschranke aus der Sicht des unternehmerischen Mittelstands, Ubg 2008, 277; *Hoffmann*, Die einer Körperschaft nachgeordnete Mitunternehmerschaft bei der Zinsschranke, GmbHR 2008, 183; *Hoffmann*, Die Zinsschranke bei mitunternehmerischen Personengesellschaften, GmbHR 2008, 113; *Hoffmann*, Das BMF zur Zinsschranke bei Mitunternehmerschaften, GmbHR 2008, 927; *Herzig/Lochmann/Liekenbrock*, Die Zinsschranke im Lichte einer Unternehmensbefragung, DB 2008, 593; *Hey*, Die Zinsschranke als Maßnahme zur Sicherung des inländischen Steuersubstrats aus europa- und verfassungsrechtlicher Sicht, in Brähler/Lösel, Deutsches und internationales Steuerrecht, Gegenwart und Zukunft, Festschrift für Christiana Djanani zum 60. Geburtstag, 2008, 109; *N. Hiller*, Gesellschafter-Fremdfinanzierung und Diskriminierungsverbote, 2008; *Huken*, Entwurf eines BMF-Schreibens zur Zinsschranke, DB 2008, 544; *Kaminski*, Entwurf eines BMF-Schreibens zur Zinsschranke (§ 4h EStG, § 8a KStG), Stbg 2008, 196; *Köhler/Hahne*, BMF-Schreiben zur Anwendung der steuerlichen Zinsschranke und zur Gesellschafter-Fremdfinanzierung bei Kapitalgesellschaften, DStR 2008, 1505; *Köster-Böckenförde/Clauss*, Der Begriff des „Betriebs" im Rahmen der Zinsschranke, DB 2008, 2213; *Kollruss/Michaelis*, Die Zinsschranke bei konzernfreien Kapitalgesellschaften: Ausweitung der Gesellschafter-Fremdfinanzierung und Besonderheiten beim Zinsvortrag, StuB 2008, 822; *Korn*, Die Zinsschranke nach § 4h EStG, KÖSDI 2008, 15866; *Kraft/Mayer-Theobald*, Zinsschranke und atypisch stille Gesellschaft, DB 2008, 2325; *Kreft/Schmitt-Homann*, Der Rückgriff als schädliche Gesellschafterfremdfinanzierung unter der Zinsschranke, BB 2008, 2099; *Kröner/Bolik*, Die Anwendung der Zinsschranke bei vermögensverwaltenden und gewerblichen Personengesellschaften, DStR 2008, 1309; *Küting/Weber/Reuter*, Steuerbemessungsfunktion als neuer Bilanzzweck des IFRS-/Konzern-Abschlusses durch die Zinsschrankenregelung?, DStR 2008, 1602; *Kußmaul/Pfirmann/Meyering/Schäfer*, Ausgewählte Anwendungsprobleme der Zinsschranke, BB 2008, 135; *Kußmaul/Ruiner/Schappe*, Problemfelder bei der Anwendung der Zinsschranke auf Personengesellschaften, DStR 2008, 904; *Kußmaul/Ruiner/Schappe*, Ausgewählte Gestaltungsmaßnahmen zur Vermeidung der Anwendung der Zinsschranke, GmbHR 2008, 505; *Langenmayr*, Die Auswirkungen der Zinsschranke bei Kapitalgesellschaften, StB 2008, 37; *van Lishaut/Schumacher/Heinemann*, Besonderheiten der Zinsschranke bei Personengesellschaften, DStR 2008, 2341; *Loitz/Neukamm*, Der Zinsvortrag und die Bilanzierung von latenten Steueransprüchen, Wpg 2008, 196; *Meining/Telg gen. Kortmann*, Zweifelsfragen bei der Anwendung der Zinsschranke auf beschränkt steuerpflichtige Objektkapitalgesellschaften mit abweichendem Wirtschaftsjahr, IStR 2008, 507; *Mensching/Rosenburg*, Ein Konzern ist ein Konzern ist ein Konzern – Zur Auslegung des Konzernbegriffs durch die herrschende Meinung, DStR 2008, 1224; *Möhlenbrock*, Detailfragen der Zinsschranke aus Sicht der Finanzverwaltung, Ubg 2008, 1; *Mössner*, International-steuerrechtliche Aspekte der Zinsschranke, in Lüdicke, Unternehmensteuerreform 2008 im internationalen Umfeld; *Musil/Volmering*, Systematische, verfassungsrechtliche und europarechtliche Probleme der Zinsschranke, DB 2008, 12; *Pawelzik*, Unzureichende Eliminierung von Konzernforderungen beim Eigenkapitaltest nach § 4h EStG (Zinsschranke), DB 2008, 2439; *Prinz*, Zinsschranke und Organisationsstruktur: Rechtsformübergreifend, aber nicht rechtsformneutral anwendbar, DB 2008, 368; *Schmidt-Fehrenbacher*, Zinsschranke und „Mantelkauf" aus der Sicht der Praxis, Ubg 2008, 469; *Schmitz-Herscheidt*, Zinsschranke und Gesellschafterfremdfinanzierung bei nachgeordneten Mitunternehmerschaften, BB 2008, 699; *Schulz*, Zinsschranke und IFRS – Geklärte, ungeklärte und neue Fragen nach dem Anwendungserlass vom 4.7.2008, DB 2008, 2043; *Schwarz*, Zur Notwendigkeit einer Zinsschranke: Empirische Befunde und Probleme, IStR 2008, 11; *Stibi/Thiele*, IFRS und Zinsschranke nach dem BMF-Schreiben vom 4.7.2008 – Ausweg oder Irrweg?, BB 2008, 2507; *Strunk/Hofacker*, Anwendung der Zinsschranke (§ 4h EStG) auf die Tätigkeiten der öffentlichen Hand, Stbg 2008, 249; *Töben/Fischer*, Fragen zur Zinsschranke aus der Sicht ausländischer Investoren, insbesondere bei Immobilieninvestitionen von Private-Equity-Fonds, Ubg 2008, 149; *Winkler/Käshammer*, Betrieb und Konzern im Sinne der Zinsschranke (§ 4h EStG) – Überlegungen zur Abgrenzung des für die Zinsschranke relevanten Konsolidierungskreises, Ubg 2008, 478; *Beußer*, Der Zinsvortrag bei der Zinsschranke, FR 2009, 49; *Bien/Wagner*, Erleichterungen bei der Verlustabzugsbeschränkung und der Zinsschranke nach dem Wachstumsbeschleunigungsgesetz, BB 2009, 2627; *Eilers*, Die Zinsschranke in der Finanzmarktkrise in Spindler/Tipke/Rödder, Steuerzentrierte Rechtsberatung, Festschrift für Harald Schaumburg zum 65. Geburtstag, 2009, 275; *Eisenbach*, Vermeidung der Zinsschranke durch Förderdarlehen, StuB 2009, 644; *Elicker/Zillmer*, Böses Erwachen beim Körperschaftsteuerbescheid – Was tun, wenn Poolverträge vermeintliche Verlust- und Zinsvorträge zerstört haben?, BB 2009, 2620; *Feldgen*, Der Zinsvortrag nach § 4h EStG bei Umstrukturierungen, NWB 2009, 3574; *Häuselmann*, Möglichkeiten und Grenzen des Zinsschrankenmanagements beim Einsatz von Wertpapieren, Ubg 2009, 225; *Häuselmann*, Zum Zinsbegriff der Zinsschranke als Steueroptimierungsfaktor (§ 4h Abs. 3 EStG), FR 2009, 401; *Häuselmann*, Die Einordnung von Kapitalüberlassungsverhältnissen für Zwecke der Zinsschranke, FR 2009, 506; *Herzberg*, Überlegungen zum Ausschluss der Escape-Klausel nach § 8a Abs. 3 KStG mit der Folge des Eingreifens der Zinsschranke bei Konzerngesellschaften, GmbHR 2009, 367; *Herzig/Bohn*, Internationale Vorschriften zur Zinsabzugsbeschränkung – Systematisierung denkbarer Alternativmodelle zur Zinsschranke, IStR 2009, 253; *Herzig/Bohn*, Wachstumsbeschleunigungsgesetz als Umsetzung des Sofortprogramms der Koalitionsparteien zum Unternehmenssteuerrecht, DStR 2009, 2341; *Herzig/Liekenbrock*, Zum Zinsvortrag bei der Organschaft, DB 2009, 1949; *Hierstetter*, Zinsvortrag und Restrukturierung, DB 2009, 79; *Honert/Obser*, Steuerlich nicht genutzte Verluste und/oder Zinsvorträge in der Gesellschaft – Vorsicht beim Abschluss von Stimmrechtsvereinbarungen!, BB 2009, 1161; *Knopf/Bron*, Höherrangiges Recht bei der Zinsschrankenbesteuerung zu beachten, BB 2009, 1222; *Kollruss*, Vollständige Vermeidung der Zinsschranke: Das Interest-Pooling Modell (IPM), GmbHR 2009, 637; *Kollruss/Erl/Seitz/Gruebner/Niedental*, Zur Rechtsformabhängigkeit der Zinsschranke, DStZ 2009, 117; *Kollruss/Weißert/Ilin*, Die KGaA im Lichte der Verlustabzugsbeschränkung des § 8c KStG und der Zinsschranke, DStR 2009, 88; *Krain*, Der Konzernbegriff der Zinsschranke nach dem BilMoG, StuB 2009, 486; *Kreft/Schmitt-Homann*, Die steuerliche Behandlung des Zins-Swaps, BB 2009, 2404; *Langkau*, Rückwirkung der steuerlichen Zinsschrankenregelung auf den Goodwill-Impairment-Test nach IFRS, DStR 2009, 652; *Nacke*, Gesetzentwurf zum Wachstumsbeschleunigungsgesetz, DB 2009, 2507; *Melchior*, Das Wachstumsbeschleunigungsgesetz im Überblick, DStR 2009, 2630; *Pawelzik*, Die Zuordnung von Firmenwerten und Akquisitionsschulden beim Eigenkapitaltest nach § 4h EStG (Zinsschranke) – Implikationen für die Akquisitionsstruktur, Ubg 2009, 50; *Rödder/Hageböke/Stangl*, Zur Anwendung der Zinsschranke bei der KGaA und ihrem persönlich haftenden Gesellschafter, DB 2009, 1561; *Rödding*, Änderungen der Zinsschranke durch das Wachstumsbeschleunigungsgesetz DStR 2009, 2649; *Scheunemann/Dennisen*, Unternehmensbesteuerung 2010 – Überblick über die im Wachstumsbeschleunigungsgesetz vorgesehenen Änderungen, BB 2009, 2564; *Schildknecht/Riehl*, Untergang von Verlust- und Zinsvorträgen beim Gesellschafterwechsel – Ausgestaltung und Quantifizierung des Ausgleichsanspruchs, DStR 2009, 117; *Schön*, Zurück in die Zukunft? Gesellschafter-Fremdfinanzierung im Lichte der EuGH-Rechtsprechung, IStR 2009, 882; *Schwedhelm/Finke*, Die Zinsschranke in der Beratungspraxis, GmbHR 2009, 281; *Weber-Grellet*, Der Konzernbegriff des § 4h EStG, DStR 2009, 557; *Wehrheim/Haussmann*, Darlehensvergabe im Konzernverbund und Zinsschranke, StuW 2009, 269; *Wilke/Süß*, Die Bedeutung des Gemeinschaftsrechts für die direkten Steuern am Beispiel der Zinsschranke, FR 2009, 796; *Dorenkamp*, Eigen- und Fremdkapitalfinanzierung im Steuerrecht, DStJG 33 (2010), 301; *Gemmel/Loose*, Erleichterungen bei der Zinsschranke, NWB 2010, 262; *Goebel/Eilinghoff*, Systematische Darstellung der Konzernklausel im Sinne der Zinsschranke vor und nach BilMoG, DStZ 2010, 487 und 515; *Goebel/Eilinghoff*, (Nicht-)Konformität der Zinsschranke mit dem Grundgesetz und Europarecht?, DStZ 2010, 550; *Herzig/Liekenbrock*, Zum EBITDA-Vortrag der Zinsschranke, DB 2010, 690; *Kessler/Dietrich*, Die Zinsschranke nach dem WaBeschG – la dolce vita o il dolce far niente?, DB 2010, 240; *Kessler/Lindemer*, Die Zinsschranke nach dem Wachstumsbeschleunigungsgesetz, DB 2010, 472; *Lenz/Dörfler*, Die Zinsschranke im internationalen Vergleich, DB 2010, 18; *Nacke*, Wachstumsbeschleunigungsgesetz – Unternehmenssteuerlich relevante Änderungen des Einkommensteuergesetzes, StuB 2010, 139; *Nacke*, Wachstumsbeschleunigungsgesetz, StuB 2010, 182; *Ortmann-Babel/Bolk/Fuest*, Beurteilung von Zinsschranke, Verlustverrechnungsbeschränkung, und steuerpolitischen Zukunftserwartungen aus Unternehmenssicht, DStR 2010, 1865; *Rätke*, Zinsschranke – Was bringt der neue EBITDA-Vortrag?, BBK 2010, 317; *Rödder*, Entsteht ein EBIDTA-Vortrag in Jahren mit einem Zinsertragsüberhang?, DStR 2010, 529; *Scheunemann/Dennisen/Behrens*, Steuerliche Änderungen durch das Wachstumsbeschleunigungsgesetz, BB 2010, 23; *Schneider/Roderburg*, Beratungsrelevante Änderungen durch das Wachstumsbeschleunigungsgesetz, FR 2010, 58; *Shou*, Die Zinsschranke im Unternehmensteuerreformgesetz 2008, 2010; *Südkamp*, Zinsschranke bei Körperschaften (§ 8a KStG i.V. m. § 4h EStG), in: Birk/Saenger/Töben, Forum Steuerrecht 2009, 249; *Süß/Wilke*, Das objektive Nettoprinzip und die Beschränkung des Zinsabzugs SteuerStud 2010, 551; *Warnke*, Ertragsteuerliche Änderungen durch das Wachstumsbeschleunigungsgesetz, EStB 2010, 104; *Bohn/Loose*, Ausgewählte Zweifelsfragen bei der Anwendung des EBITDA-Vortrags, DStR 2011, 241; *Bohn/Loose*, Prüfungsschema zum Grundtatbestand der Zinsschranke bei negativem EBITDA, DB 2011, 1246; *Heuermann*, Geltung der IFRS als Verfassungsproblem?, in Mellinghoff/Schön/Viskorf, Steuerrecht im Rechtsstaat, Festschrift für Wolfgang Spindler zum 65. Geburtstag, 2011, 83; *T. Hiller*, Die Zinsschranke im Lichte des europäischen Gemeinschaftsrechts, 2011; *T. Hiller*, Folgen des EuGH-Urteils in der Rs. Scheuten Solar – insbesondere für die Zinsschranke, BB 2011, 2715; *Körner*, Offene Praxisfragen im Umgang mit der Zinsschranke, Ubg 2011, 610; *Rödder*, Der neue EBITDA-Vortrag bei der Zinsschranke, JbFStR 2010/11, 115; *Althoff/Taron*, Die Umsetzung der Zinsschranke nach § 4h EStG, Stub 2012, 67; *Althoff/Taron*, Ausnahmetatbestände zur Zinsschranke nach § 4h Abs. 2 EStG i.V. m. § 8a KStG, Stub 2012, 99; *Bensmann/Brähler/Scholz*, Die Auswirkungen der Zinsschranke auf kleine und mittlere Unternehmen – Eine empirische Untersuchung unter Einsatz einer Bilanzsimulation, in Brähler, Besteuerung, Finanzierung und Unternehmensnachfolge in kleinen und mittleren Unternehmen, 2012, 71; *Brähler/Kühner*, Die Wirkungen der Zinsschranke unter Unsicherheit – Eine Analyse auf Basis der Brownschen Bewegung, BFuP 2012, 306; *Brähler/Kühner*, Das Symmetrieverhalten der Zinsschranke, DB 2012, 1222; *Erker*, Zinsschranke und gesellschaftsrechtliche Treuepflicht, DStR 2012, 498; *Fischer*, Zinsschranke in der Anwendung – Zwei verfehlte Verfügungen der Finanzverwaltung, DStR 2012, 2000; *Liekenbrock*, Zinsvortrag und EBITDA-Vortrag bei unterjährigem Gesellschafterwechsel, DB 2012, 2488; *Müller/Angel/Hernandez*, Einführung einer Zinsschranke in Spanien, IStR 2012, 877; *Prinz*, Zinsschranke unter partiellem Verfassungsverdacht, FR 2012, 541; *Prinz*, Investitionsfördernde Zinsschrankenwirkung – paradox, wahr, aber realitätsfern, DB 2012, Heft 30, M 9; *Prinz*, Sonderwirkungen des § 8c KStG beim „Zinsvortrag", DB 2012, 2367; *Rosen/Hütig*, Verfassungsrechtliche Bedenken gegen die Zinsschranke, StuB 2012, 475; *Schirmer*, Die Zinsschranke, StBp 2012, 1 (Teil 1), 29 (Teil 2) und 64 (Teil 3) *Schmid/Mertgen*, Organschaft, Zinsschranke und § 8c KStG bei unterjährigem Beteiligungserwerb – eine Steuerfalle, DB 2012, 1830; *Schuck/Faller*, Probleme der Zinsschrankenanwendung bei grenzüberschreitenden Investitionen über vermögensverwaltende Personengesellschaften, DB 2012, 1893; *Heuermann*, Steuerinnovation im Wandel: Einige Thesen zur Zinsschranke und ihrer Verfassungsmäßigkeit, DStR 2013, 1; *Jehlin*, Die Zinsschranke als Instrument zur Missbrauchsvermeidung und Steigerung der Eigenkapitalausstattung, Entstehung, Konzeption und verfassungsrechtliche Prüfung, 2013; *Marquart/Jehlin*, Zu den verfassungsrechtlichen Grenzen einer „Steuerinnovation", Zugleich Anmerkung zum Beschluss des BFH vom 13. 3. 2012, I B 111/11, DStR 2013, 2301; *Prinz*, Verfassungsrechtlicher Diskussionsstand zur Zinsschranke, DB 2013, 1273; *Prinz*, Ist die Zinsschranke verfassungsrechtlich besser als ihr Ruf?, Eine Einschätzung aus Praktikersicht, FR 2013, 145; *Prinz*, Zinsschranke – Bestandsaufnahme zu Verfassungszweifeln, DB 2013, 1571; *Bahlburg/Endert*, Fortwährende Zweifel an der Verfassungsmäßigkeit der Zinsschranke, StuB 2014, 566; *Cortez/Schmidt*, Ernstliche Zweifel an der Verfassungsmäßigkeit des § 4h EStG n. F., IWB 2014, Heft 13, 507; *Hahn*, Strukturierte Finanzierungsgebühren im Licht der Regelungen zur Zinsschranke und der gewerbesteuerlichen Hinzurechnungsvorschriften, Ubg 2014, 106; *Ismer*, Verfassungsrechtliche Rechtfertigung der Zinsschranke, FR 2014, 777; *Jochimsen/Bildstein*, Eigenkapital versus Fremdkapital – Finanzierung in Deutschland, StC 2014, Nr. 4, 16; *Kaltenbach/Layh*, Sonderfragen der Zinsschranke bei Personengesellschaften – unter besonderer Berücksichtigung doppelstöckiger Personengesellschaften, Ubg 2014, 573; *Liekenbrock*, EBITDA-Kaskade bei der Zinsschranke bei mehrstöckigen Personengesellschaften? FG Köln sagt ja!, DStR 2014, 991; *München/Mückl*, Die Vereinbarkeit der Zinsschranke mit dem Grundgesetz, DStR 2014, 1469; *Prinz*, Zinsschranke vor dem Scheitern?, DB 2014, 1102; *Staats*, Zur Verfassungskonformität der Zinsschranke, Ubg 2014, 520; *Trinh*, Steht die Zinsschranke bald vor dem Aus?, FWW 2014, Heft 3, 30; *Dorenkamp*, Konzernbeliebigkeit beim internationalen Zinsabzug? – Zugleich Anmerkungen zu BEPS Aktionspunkt 4 –, StuW 2015, 345; *Glahe*, Zinsschranke und Verfassungsrecht, Eine Bestandsaufnahme nach den Entscheidungen des FG München vom 02. und 06. 03. 2015, Ubg 2015, 454; *Schmidt*, Die Zinsschranke im Fokus der Betriebsprüfung, NWB 2015, 1840; *Adrian*, Gesellschafter-Fremdfinanzierung bei der Zinsschranke, StuB 2016, 314; *Engelen*, Der OECD-Aktionspunkt 4 zur Begrenzung der Erosion der Bemessungsgrundlage durch Zinsabzug – Reformbedarf für Deutschland?, Ubg 2016, 214; *Feldgen*, Interdependenzen zwischen Zinsschranke und steuerlichen Verlustvorträgen sowie Gewerbesteuer, StuB 2016, 259; *Haase/Geils*, Bankentgelte im Lichte der Gewerbesteuer und der Zinsschranke, DStR 2016, 273; *München/Mückl*, Die Verfassungswidrigkeit der Steuerinnovation „Zinsschranke", DB 2016, 497; *Schmidt*, Zinsschranke und § 6b-Rücklage, NWB 2016, 920; *Staats*, Zur „Begrenzung der Gewinnverkürzung durch Abzug von Zins- oder sonstigen finanziellen Aufwendungen" – Der OECD-Bericht zu Maßnahme 4 des BEPS-Aktionsplans, IStR 2016, 135; *Weggenmann*, Die Zinsschranke – zwischen Ideal der gerechten Besteuerung und ernüchternder gesetzgeberischer Wirklichkeit, BB 2016, Heft 15, I; *Weggenmann/Claß*, Die Zinsschrankenregelung auf dem verfassungsrechtlichen Prüfstand, BB 2016, 1175; *Ettinger*, Zum Untergang des Zinsvortrags bei Umwandlungen von Organgesellschaften, UBG 2017, 293; *Ettinger*, Die stille Reserven-Klausel des § 8c Abs. 1 KStG beim Zinsvortrag, Ubg 2017, 571; *Kollruss*, Gibt es bei der Genossenschaft eine schädliche Gesellschafter-Fremdfinanzierung nach der Zinsschranke?, ZfgG 2017, 3; *Kollruss*, Ist die Zinsschranke verfassungswidrig?, WPg 2017, 918; *Jabrayilov*, Die Verfassungsmäßigkeit der Zinsschranke (§ 4h EStG i.V. m. § 8a KStG) und die Auswirkungen der ATAD-Richtlinie, SAM 2018, 133; *Stöber* in Schön/Sternberg, Zur Zukunft der Zinsschranke, in Zukunftsfragen des deutschen Steuerrechts III, 2018, 121; *Ettinger*, § 4h und § 4i EStG - nah beieinander und einander doch so fern?, DStR 2019, 548.

I. Überblick über den Regelungsgehalt des § 8a KStG

§ 8a KStG ist im Zusammenhang mit § 4h EStG (sog. **Zinsschranke**) zu betrachten, der als Gewinnermittlungsvorschrift über § 8 Abs. 1 KStG zur Ermittlung des Einkommens anwendbar ist. § 4h EStG begrenzt als Grundtatbestand den Schuldzinsenabzug. § 8a KStG baut auf diese Regelung auf und enthält auf die Besteuerung von Körperschaften bezogene Modifikationen der Zinsschrankenregelung. § 8a Abs. 1 KStG modifiziert § 4h Abs. 1 EStG, § 8a Abs. 2 und 3 KStG schränken die Ausnahmetatbestände in § 4h Abs. 2 Satz 1 Buchst. b und c EStG ein.

Nach § 4h Abs. 1 Satz 1 EStG i.V. m. § 8 Abs. 1 Satz 1 KStG sind Zinsaufwendungen eines Betriebs nur in Höhe der Zinserträge und darüber hinaus **nur noch bis zur Höhe von 30 %** des maßgeblichen Gewinns – bzw. bei Körperschaften des maßgeblichen Einkommens – vor Zinsen, Steuern und regulären Abschreibungen (**verrechenbares EBITDA**) abzugsfähig (§ 4h Abs. 1 Satz 2 EStG und § 8a Abs. 1 Satz 1 KStG).

Das Gesetz macht von der Zinsschranke in § 4h Abs. 2 EStG **drei Ausnahmen**: Sie gilt nicht, wenn der Nettozinsaufwand weniger als drei Millionen Euro beträgt (§ 4h Abs. 2 Satz 1 Buchst. a EStG, **Freigrenze**), wenn der Betrieb nicht oder nur anteilmäßig zu einem Konzern gehört (§ 4h Abs. 2 Satz 1 Buchst. b EStG, **Stand-alone-Klausel**) oder wenn der Betrieb zwar zu einem Konzern gehört, aber die Eigenkapitalquote des Betriebs höchstens zwei Prozentpunkte schlechter ist, als die Eigenkapitalquote des Konzerns (§ 4h Abs. 2 Satz 1 Buchst. c EStG, **Escape-Klausel**). Für Körperschaften sind in § 8a Abs. 2 und Abs. 3 KStG **zwei Rückausnahmen** eingeführt worden. Nach § 8a Abs. 2 KStG ist die Stand-alone-Klausel nur anwendbar, wenn nicht mehr als 10 % des Nettozinsaufwands an einen wesentlich beteiligten AE, eine diesem nahe stehende Person oder einem rückgriffsberechtigten Dritten vergütet werden. Die Escape-Klausel ist nach § 8a Abs. 3 KStG für Körperschaften nur anwendbar, wenn bei keinem Rechtsträger des Konzerns mehr als 10 % des Nettozinsaufwands an einen wesentlich beteiligten AE einer konzernzugehörigen Gesellschaft, eine diesem nahe stehende Person oder einem Dritten mit Rückgriffsmöglichkeit auf einen zu mehr als einem Viertel am Kapital beteiligten Gesellschafter oder eine diesem nahe stehende Person vergütet werden und die Körperschaft dies nachweist.

(Einstweilen frei) 4–10

II. Zweck der Zinsschranke

11 Ausweislich der Gesetzesbegründung dient die Zinsschranke *vorrangig* der Sicherung des inländischen Steuersubstrats und der Vermeidung missbräuchlicher Gestaltungen.[1] Die Zinsschranke soll primär Gestaltungen innerhalb von international tätigen Konzernen verhindern, durch die Erträge ins niedrig besteuernde Ausland und Aufwendungen in das höher besteuernde Inland verlagert werden. Internationalen Konzernen bieten sich hierfür verschiedene Gestaltungsmöglichkeiten:[2] So kann die inländische Muttergesellschaft ihre ausländischen Töchter mit EK ausstatten. Für die Mutter ist dies vorteilhaft, wenn die Steuerbelastung im Ausland unter der inländischen liegt und die zurückfließenden Gewinne (wegen § 8b KStG) im Inland weitgehend steuerfrei sind. In diesen Fällen lässt sich der steuerliche Vorteil noch dadurch steigern, dass die Mutter ihren Töchtern weiteres EK zur Verfügung stellt, das sie als Darlehen zurück erhält (**Up-stream-Inboundfinanzierung**). Stattet hingegen eine ausländische Muttergesellschaft ihre inländische Tochter über Darlehen mit Fremdkapital aus, lässt sich der Gewinn der Tochter durch die Schuldzinsen mindern (**Down-stream-Inboundfinanzierung**). Auch kann ein international tätiger Konzern eine ausländische Tochtergesellschaft über eine inländische Muttergesellschaft erwerben und diesen Erwerb bewusst durch Bankdarlehen fremdfinanzieren. Die Zinsaufwendungen sind dann in Deutschland abzugsfähig. Die Dividenden von der ausländischen Tochtergesellschaft sind zu 95 % steuerfrei. Die Schuldzinsen kann die Mutter hingegen körperschaftsteuerlich voll und gem. § 8 Nr. 1 GewStG gewerbesteuerlich zur Hälfte abziehen (**Outboundfinanzierung**).

12 Wegen dieser Gestaltungen werden Unternehmen, die nicht Teil eines Konzerns sind – vorbehaltlich einer (von dem Gesetzgeber dafür gehaltenen) schädlichen Gesellschafter-Fremdfinanzierung (§ 8a Abs. 2 KStG) – aus dem Anwendungsbereich der Zinsschranke ausgenommen (§ 4h Abs. 2 Satz 1 Buchst. b EStG). Der Gesetzgeber will die Zinsschranke zudem nicht auf Konzerne angewandt wissen, die den inländischen Betrieb in konzernüblicher Weise fremdfinanzieren. Deshalb räumt das Gesetz die Möglichkeit ein, durch einen Vergleich der Eigenkapitalquote des inländischen Betriebs mit der des Konzerns, die Zinsschranke zu vermeiden (§ 4h Abs. 2 Satz 1 Buchst. c EStG). Bei einer niedrigeren Eigenkapitalquote des inländischen Betriebs unterstellt das Gesetz typisierend eine gestaltete „übermäßige" Fremdfinanzierung und Gewinnabsaugung. Die Escape-Klausel soll einen Anreiz dafür bieten, den inländischen Betrieb in konzernüblicher Weise mit Eigenkapital auszustatten. Eine weitere Anreizwirkung verspricht sich der Gesetzgeber von der Gewinnabhängigkeit der Abzugsbeschränkung. Diese soll internationale Konzerne dazu motivieren, Gewinne im Inland zu belassen und dadurch die Abzugsmöglichkeiten für den Fremdfinanzierungsaufwand zu erhöhen.[3] Als weiteres Regelungsziel soll die Zinsschranke im Bereich der Körperschaften (§ 8a Abs. 2 und Abs. 3 KStG) die Gesellschafter-Fremdfinanzierung über eine im Vergleich zu der früheren Regelung in § 8a KStG a. F. erheblich pauschalere Regelung einschränken. Die Freigrenze i. H. v. 3 Mio. € (§ 4h Abs. 2 Satz 1 Buchst. a EStG) soll kleinere und mittlere Unternehmen von der Zinsschranke generell ausnehmen.

13 Der Gesetzgeber sah zudem das Problem, dass deutsche Unternehmen im internationalen Vergleich eine zu hohe Fremdkapitalquote aufweisen, was er wegen des daraus resultierenden

---

[1] BT-Drucks. 16/4841, 35. A. A. unter Nichtbeachtung der Gesetzesmaterialien *Frotscher*/Drüen, § 8a Rz. 4; *Heuermann*, DStR 2013, 1, 2; *Loschelder* in Schmidt, EStG, § 4h Rz. 4; KKB/Ortmann-Babel, § 4h EStG Rz. 1.
[2] Siehe *Schenke* in Kirchhof/Söhn/Mellinghoff, EStG, § 4h Rz. A 3 ff.; KKB/Ortmann-Babel, § 4h EStG Rz. 1.
[3] BT-Drucks. 16/4841, 48.

gesteigerten Insolvenzrisikos als misslich ansah. Daher sollte die Zinsschranke auch gegen eine zu hohe Fremdkapitalisierung der Unternehmen wirken.[1] In der Literatur wird darüber hinaus vertreten, die Zinsschranke stelle einen Bestandteil der Gegenfinanzierung der Unternehmenssteuerreform dar.[2]

(Einstweilen frei) 14–15

III. Rechtsentwicklung und zeitlicher Anwendungsbereich des § 8a KStG

§ 8a KStG wurde ursprünglich durch das **StandOG** v. 13. 9. 1993[3] zur Beschränkung der Gesellschafter-Fremdfinanzierung in das KStG eingefügt. Diese Regelung unterschied sich jedoch grundlegend von der Zinsschranke. Nach der damaligen Regelung bestanden für die Finanzierung der Gesellschaft durch den wesentlich beteiligten und nicht anrechnungsberechtigten AE, einer ihm nahe stehenden Person oder eines rückgriffsberechtigten Dritten, je nach Charakter des Fremdkapitals unterschiedliche Nichtaufgriffsgrenzen (sog. safe haven). Wurden diese Grenzen durch das gewährte Fremdkapital überschritten, wurden die darauf gezahlten Vergütungen fiktiv als vGA behandelt. Bei ergebnisunabhängigen Vergütungen sah man bei gelungenem Drittvergleich und bei einer Mittelaufnahme zur Finanzierung banküblicher Geschäfte von einer Umqualifizierung ab. 16

Da § 8a Abs. 1 Nr. 2 KStG a. F. ausschließlich auf Vergütungen für Fremdkapital, das eine unbeschränkt steuerpflichtige Kapitalgesellschaft von einem nicht zur Anrechnung von Körperschaftsteuer berechtigten Anteilseigner erhalten hat, anwendbar war, entschied der EuGH mit Urteil vom 12. 12. 2002,[4] dass die Vorschrift mit der Niederlassungsfreiheit des Art. 43 EGV nicht vereinbar sei. 17

Durch das sog. **Korb-II-Gesetz** v. 22. 12. 2003[5] wurde § 8a KStG daraufhin auf Inlandsfälle ausgedehnt. Dadurch wandelte sich die Vorschrift zu einer zentralen Norm der Unternehmensbesteuerung. Mit Hilfe einer neu eingeführten Freigrenze i. H.v. 250 000 € und einer einschränkenden Auslegung des Rückgriffsbegriffs auf rechtlich durchsetzbare Rückgriffsansprüche und Back-to-back-Finanzierungen[6] sollte verhindert werden, dass durch die Neufassung eine unübersehbare Anzahl von vGA ausgelöst wurde. 18

Durch das **Unternehmensteuerreformgesetz 2008** v. 14. 8. 2007[7] ersetzte der Gesetzgeber die bisherige Regelung der Gesellschafter-Fremdfinanzierung durch eine allgemeine Zinsschrankenregelung. Der Grundtatbestand ist nunmehr in § 4h EStG geregelt. Er gilt über § 8 Abs. 1 Satz 1 KStG auch für Körperschaften. In § 8a KStG n. F. sind nur noch einige ergänzende Regelungen enthalten, die die allgemeinen Vorschriften in § 4h EStG modifizieren. 19

Anders als § 8a KStG a. F. erfasst die neue Abzugsbegrenzung **sämtliche Zinsaufwendungen** des Betriebs, auch wenn es sich um eine herkömmliche Bankenfinanzierung ohne Rückgriffsmöglichkeit handelt. Sie ist nicht auf Kapitalgesellschaften begrenzt, sondern gilt für jeden 20

---

1 BT-Drucks. 16/4841, 31.
2 In diesem Sinne *Heuermann*, DStR 2013, 1, 2; *Hick* in HHR, EStG, § 4h Rz. 4; KKB/Ortmann-Babel, § 4h EStG Rz. 2; Schmieszek in Gosch, § 42 AO Rz. 84.
3 BGBl 1993 I 1569.
4 Rs. C-324/00, Lankhorst-Hohorst, Slg. 2002, I-11179.
5 BGBl 2003 I 2840.
6 Tz. 19 und 20 BMF, Schreiben v. 15. 7. 2004, BStBl 2004 I 593; BMF, Schreiben v. 22. 7. 2005, BStBl 2005 I 829.
7 BGBl 2007 I 1912.

„Betrieb" i. S. d. § 4h Abs. 1 Satz 1 EStG. Anders als bei § 8a KStG a. F. gibt es weder eine unschädliche Eigenkapital-Fremdkapital-Relation (sog. safe haven), noch einen Entlastungsbeweis durch Drittvergleich. Greift die Abzugsbeschränkung ein, besteht die Rechtsfolge im Gegensatz zu § 8a KStG a. F. nicht in der Umqualifikation der Vergütungen in verdeckte Gewinnausschüttungen. Die betroffenen Zinsaufwendungen stellen nichtabzugsfähige Betriebsausgaben dar. Da sich beim Fremdkapitalgeber durch die Zinsschrankenregelung nichts ändert, hat er die Zinseinnahmen nach allgemeinen Grundsätzen zu versteuern. Daher führt die Zinsschranke zumindest **temporär** zu einer **Doppelbesteuerung**. Die nicht abzugsfähigen Zinsaufwendungen können zwar zeitlich und betragsmäßig unbegrenzt in die folgenden Wirtschaftsjahre vorgetragen werden. Doch geht der Zinsvortrag bei Übertragung oder Aufgabe des Betriebs sowie bei Umwandlungen und in den Fällen des § 8c KStG unter.

21 Nach § 52 Abs. 12d EStG i. d. F. vor dem Gesetz zur Anpassung des nationalen Steuerrechts an den Beitritt Kroatiens zur EU und zur Änderung weiterer steuerlicher Vorschriften v. 25. 7. 2014 (EStG a. F.)[1] und § 34 Abs. 6a Satz 3 KStG i. d. F. vor dem Gesetz zur Anpassung des nationalen Steuerrechts an den Beitritt Kroatiens zur EU und zur Änderung weiterer steuerlicher Vorschriften v. 25. 7. 2014 (KStG a. F.)[2] ist die Zinsschranke erstmals für Wirtschaftsjahre anzuwenden, die nach dem 25. 5. 2007 – dem Tag der Beschlussfassung durch den Deutschen Bundestag – beginnen und nicht vor dem 1. 1. 2008 enden. Entspricht das Wirtschaftsjahr dem Kalenderjahr, ist die Zinsschranke **erstmals** für das Wirtschaftsjahr 2008 **anzuwenden**. Bei einem abweichenden Wirtschaftsjahr, das nach dem 25. 5. 2007 beginnt und nicht vor dem 1. 1. 2008 endet, ist die Zinsschranke erstmals für das Wirtschaftsjahr 2007/2008 anzuwenden. Beginnt das abweichende Wirtschaftsjahr vor dem 26. 5. 2007, ist die Zinsschranke noch nicht für das Wirtschaftsjahr 2007/2008, sondern erst für das Wirtschaftsjahr 2008/2009 anwendbar. Das Gesetz sieht keine Übergangs- oder Bestandsschutzregelungen für schon länger bestehende Finanzierungen vor. Durch einen Wechsel von einem abweichenden Wirtschaftsjahr auf ein kalenderjahrgleiches Wirtschaftsjahr kann die Zinsschranke für das Rumpfwirtschaftsjahr 2007 vermieden werden.[3] Zur zeitlich begrenzten Unanwendbarkeit in Fällen der Gewährträgerhaftung (§ 34 Abs. 6a Satz 4 KStG a. F.) vgl. → Rz. 406. Zum zeitlichen Umfang der erhöhten Freigrenze vgl. → Rz. 242.

22 Mit dem **Jahressteuergesetz 2009 (JStG 2009)** v. 19. 12. 2008[4] fügte der Gesetzgeber § 4h Abs. 5 Satz 3 EStG ein, nach dem § 8c KStG auf den Zinsvortrag einer Gesellschaft entsprechend anzuwenden ist, soweit an dieser unmittelbar oder mittelbar eine Körperschaft als Mitunternehmer beteiligt ist. Hierzu → Rz. 671.

23 Die in § 4h Abs. 2 Satz 1 Buchst. a EStG enthaltene – und auch für § 8a KStG bedeutsame – Freigrenze setzte der Gesetzgeber durch das das Gesetz zur verbesserten steuerlichen Berücksichtigung von Vorsorgeaufwendungen – Bürgerentlastungsgesetz Krankenversicherung (BürgEntlG KV) v. 16. 7. 2009,[5] zunächst zeitlich bis zum 31. 12. 2009 befristet, von 1 Mio. € auf 3 Mio. € herauf. Diese Regelung findet gem. § 52 Abs. 12d Satz 3 EStG a. F. rückwirkend seit Inkrafttreten der Zinsschranke Anwendung.

---

1 BGBl 2014 I 1266.
2 BGBl 2014 I 1266.
3 *Köhler*, DStR 2007, 597, 604.
4 BGBl 2008 I 2794.
5 BGBl 2009 I 1959.

Durch das **Gesetz zur Beschleunigung des Wirtschaftswachstums (WachsBeschlG)** v. 22.12.2009[1] wurde § 4h EStG geändert und teilweise neugefasst. In § 4h Abs. 1 EStG wurde nunmehr ein EBITDA-Vortrag neu eingeführt. Dabei ermöglicht § 52 Abs. 12d Satz 4 und 5 EStG auf Antrag des Stpfl. rückwirkend die Ausschöpfung eines fiktiven EBITDA-Vortrags aus den Jahren 2007 bis 2009 erstmals im Jahr 2010 (§ 52 Abs. 12d Satz 5 EStG a. F.). Außerdem wurde die bislang befristete Erhöhung der Freigrenze des § 4h Abs. 2 Satz 1 Buchst. a EStG dauerhaft festgeschrieben (§ 52 Abs. 12d Satz 3 EStG). Ferner wurde die Toleranzgrenze beim Eigenkapitalvergleich der Escape-Klausel des § 4h Abs. 2 Satz 1 Buchst. c EStG auf zwei Prozentpunkte erhöht. Aufgrund der Änderungen des § 4h EStG musste der Verweis auf § 4h EStG in § 8a Abs. 1 Satz 1 KStG redaktionell geändert werden. Zudem wurde die Regelung über die entsprechende Anwendung des § 8c KStG (§ 8a Abs. 1 Satz 3 KStG) an die Änderungen des § 8c KStG hinsichtlich des unschädlichen Beteiligungserwerbs bei vorhandenen stillen Reserven (§ 8c Abs. 1 Satz 6 ff. KStG) angepasst.[2] Durch diese Änderungen ist die Handhabung der Vorschriften über die Zinsschranke nicht einfacher geworden. Insbesondere erschweren die zahlreichen Hinweise und Rückverweise auf eine entsprechende Anwendung von Vorschriften (z. B. in § 4h Abs. 5 Satz 2 und § 52 Abs. 12d Satz 5 EStG sowie in § 8a Abs. 1 Satz 3 KStG) die Verständlichkeit des Gesetzes erheblich.

Die Änderungen des § 4h EStG sind erstmals für Wirtschaftsjahre anzuwenden, die nach dem 31.12.2009 enden (§ 52 Abs. 12d Satz 4 EStG a. F.). § 8a Abs. 1 Satz 1 KStG ist erstmals für Wirtschaftsjahre anzuwenden, die nach dem 31.12.2009 enden (§ 34 Abs. 6a Satz 5 KStG a. F.). § 8a Abs. 1 Satz 3 KStG gilt erstmals für schädliche Beteiligungserwerbe, die nach dem 31.12.2009 erfolgten (§ 34 Abs. 6a Satz 6 KStG). Ferner ist zu beachten, dass § 52 Abs. 12d Satz 4 und 5 EStG a. F. einen fiktiven EBITDA-Vortrag bereits für alle nach dem 31.12.2006 beginnenden und vor dem 1.1.2010 endenden Wirtschaftsjahre ermöglicht (s. → Rz. 211). Damit wird rückwirkend selbst für Zeiträume, in denen die Zinsschranke noch nicht galt (§ 52 Abs. 12d Satz 1 EStG a. F.), ein erhöhtes Zinsabzugspotenzial geschaffen. Unbedenklich ist dabei, dass § 4h Abs. 1 Satz 3 Halbsatz 2 EStG einen EBITDA-Vortrag ausschließt, wenn die Ausnahmefälle des § 4h Abs. 2 EStG greifen. Denn die Einführung des fiktiven EBITDA-Vortrags begünstigt den Stpfl.[3]

Mit Wirkung vom 1.1.2016 hat der Gesetzgeber § 8a Abs. 1 Satz 3 KStG geändert.[4] Hierdurch hat der Gesetzgeber die Auswirkungen der Einfügung des § 8d KStG auf die Zinsschranke nachvollzogen.

Die bislang letzte Änderung des § 8a KStG ist durch das **Gesetz zur Vermeidung von Umsatzsteuerausfällen beim Handel mit Waren im Internet und zur Änderung weiterer steuerlicher Vorschriften** v. 11.12.2018[5] erfolgt. Die Änderung betraf abermals § 8a Abs. 1 Satz 3 KStG, und erneut diente diese dazu, eine Änderung des § 8c KStG redaktionell nachzuvollziehen.

(Einstweilen frei) 28–35

---

1 BGBl 2009 I 3950.
2 Siehe BT-Drucks. 17/15, 19.
3 So auch *Gemmel/Loose*, NWB 2010, 262, 268; a. A. *Nacke*, DB 2009, 2507; *ders.*, StuB 2010, 139, 142.
4 Gesetz zur Weiterentwicklung der steuerrechtlichen Verlustverrechnung bei Körperschaften v. 20.12.2016, BGBl 2016 I S. 2998.
5 BGBl 2018 I S. 2338.

IV. Vereinbarkeit des § 8a KStG mit höherrangigem Recht

1. Vereinbarkeit mit Verfassungsrecht

36 Die Zinsschrankenregelung ist unter mehreren Gesichtspunkten verfassungsrechtlich problematisch.[1]

37 Der Gesetzgeber verletzt durch die Abzugsbeschränkung insbesondere den allgemeinen Gleichheitssatz des Art. 3 Abs. 1 GG.[2] Im Bereich des Steuerrechts hat der Gesetzgeber bei der Auswahl des Steuergegenstandes und bei der Bestimmung des Steuersatzes einen weitreichenden Entscheidungsspielraum. Die grundsätzliche Freiheit des Gesetzgebers, diejenigen Sachverhalte zu bestimmen, an die das Gesetz dieselben Rechtsfolgen knüpft und die es so als rechtlich gleich qualifiziert, wird vor allem durch zwei eng miteinander verbundene Leitlinien begrenzt: durch das Gebot der Ausrichtung der Steuerlast am Prinzip der finanziellen Leistungsfähigkeit und durch das Gebot der Folgerichtigkeit. Nach dem Prinzip der finanziellen Leistungsfähigkeit muss im Interesse verfassungsrechtlich gebotener steuerlicher Lastengleichheit darauf abgezielt werden, Steuerpflichtige bei gleicher Leistungsfähigkeit auch gleich hoch zu besteuern. Die für die Lastengleichheit im Einkommensteuerrecht maßgebliche finanzielle Leistungsfähigkeit bemisst der einfache Gesetzgeber nach dem objektiven und dem subjektiven Nettoprinzip.[3] Danach unterliegt der Einkommensteuer grundsätzlich nur das Nettoeinkommen, nämlich der Saldo aus den Erwerbseinnahmen einerseits und den (betrieblichen/beruflichen) Erwerbsaufwendungen sowie den (privaten) existenzsichernden Aufwendungen andererseits.[4]

Durch die Abzugsbeschränkung der Zinsschranke wird das **objektive Nettoprinzip durchbrochen**. Dem kann nicht entgegengehalten werden, das objektive Nettoprinzip wirke Veranlagungszeitraum übergreifend und die Zinsschranke lasse einen zeitlich unbegrenzten Zinsvortrag zu.[5] Da die Zinsschranke gerade Unternehmen mit geringen Erträgen und (konzeptionell) geringer Eigenkapitalisierung betrifft, besteht nicht nur die Gefahr einer Substanzbesteuerung,[6] sondern auch eines sich verstärkenden Effekts der Zinsschranke in den Folgejahren, wenn das Unternehmen die Steuern nur durch Aufnahme weiteren Fremdkapitals zahlen

---

1 Verfassungsrechtliche Zweifel äußern in der Rechtsprechung u. a. auch BFH, Urteil v. 14.10.2015 - I R 20/15, DStR 2016, III = NWB TAAAF-66181 (Az. des BVerfG = 2 BvL 1/16); FG Berlin-Brandenburg, Urteil v. 13.10.2011 - 12 V 12089/11, EFG 2012, 358, mit Anm. *Hennigfeld*, = FR 2012, 167, mit Anm. *Prinz*; FG Niedersachsen, Urteil v. 18.2.2010 - 6 V 21/10, EFG 2010, 981; gegen eine Verfassungswidrigkeit FG Baden-Württemberg, Urteil v. 26.11.2012 - 6 K 3390/11, NWB DAAAE-37754 (aufgehoben durch BFH, Urteil v. 12.8.2015 - I R 2/13, BFH/NV 2016, 47 = NWB YAAAF-08279), und FG Niedersachsen, Urteil v. 11.7.2013 - 6 K 226/11, NWB CAAAE-44852 (aufgehoben durch BFH, Urteil v. 11.11.2015 - I R 57/13, DStR 2016, 513 = NWB GAAAF-67944); FG München, Urteil v. 2.3.2015 - 7 K 2372/13, EFG 2015, 1127 (nrkr., Revision anhängig unter dem Az.: I R 18/15, ausgesetzt bis zu einer Entscheidung in dem Verfahren 2 BvL 1/16); v. 6.3.2015 - 7 K 680/12, EFG 2015, 1126 (nrkr., Revision anhängig unter dem Az.: I R 20/15, s. Vorlagebeschluss v. 11.11.2015 - I R 20/15, NWB TAAAF-66181, DStR 2016, 301, Az. des BVerfG: 2 BvL 1/16); v. 6.3.2015 - 7 K 3431/12, NWB EAAAE-90330 (nrkr., Revision anhängig unter dem Az.: I R 21/15, ausgesetzt bis zu einer Entscheidung in dem Verfahren 2 BvL 1/16).

2 So auch die h. M. im Schrifttum, s. nur *Hey*, BB 2007, 1303, 1305 f.; *Hey* in Festschrift Djanani, 2008, 109, 122 ff.; *Glahe*, Ubg 2015, 454 ff.; *Goebel/Eilinghoff*, DStZ 2010, 550, 554 ff.; *Marquart/Jehlin*, DStR 2013, 2301 ff.; *Süß/Wilke*, SteuerStud 2010, 561, 565 ff.; *Stangl* in RHN, § 8a Rz. 21; *Weggenmann*, BB 2016, Heft 15, I; *Weggenmann/Claß*, BB 2016, 1175 ff.; a. A. *Frotscher*/Geurts, § 4h EStG Rz. 8 ff.; KKB/Ortmann-Babel, § 4h EStG Rz. 4; *Heuermann* in Blümich, EStG § 4h Rz. 25; *Heuermann*, DStR 2013, 1 ff.; *Ismer*, FR 2014, 777 ff.; *Staats*, Ubg 2014, 520 ff.; auch *Schenke* in Kirchhof/Söhn/Mellinghoff, § 4h Rz. A 161 ff., hält die Zinsschranke weitgehend für verfassungskonform.

3 BVerfG v. 12.10.2010 - 1 BvL 12/07, BVerfGE 127, 224.

4 BVerfG v. 9.12.2008 - 2 BvL 1/07, 2 BvL 2/07, 2 BvL 1/08, 2 BvL 2/08, BVerfGE 122, 210.

5 Vgl. *Südkamp* in Birk/Saenger/Toeben, Forum Steuerrecht 2009, 2010, 249, 273; *Wendt*, FR 2007, 609.

6 So auch *Musil/Volmering*, DB 2008, 12, 14.

kann. Dass das Unternehmen die Zinsen zeitlich unbegrenzt vortragen kann, nutzt ihm in einem solchen Fall nichts. Gerechtfertigt werden kann die Zinsschranke weder mit dem Zweck der Gegenfinanzierung der Unternehmenssteuerreform noch als typisierende Missbrauchsbekämpfungsnorm. Zwar darf der Gesetzgeber einen Missbrauchstatbestand typisieren; er muss sich hierbei jedoch am Regelfall orientieren. Die Vorschrift muss hinreichend zielgenau formuliert sein, also zur Zweckerreichung geeignet, erforderlich und angemessen sein. Die Zinsschranke ist als typisierende Missbrauchsvermeidungsnorm nicht erforderlich.[1] Sie knüpft nicht an eine bestimmte Missbrauchsgestaltung an, sondern an eine zu hohe Fremdkapitalisierung, die auch aus außersteuerlichen Gründen bestehen kann. Erfasst werden daher nicht nur missbräuchliche, sondern auch marktübliche und sinnvolle Gestaltungen.[2] Unternehmen, die gerade erst gegründet worden sind oder sich in der Krise befinden, werden in besonderem Maße betroffen. Gleiches gilt für Unternehmen, die aufgrund ihres Gegenstandes eine hohe Fremdkapitalquote aufweisen. Die Zinsschranke kann bei diesen zur Notwendigkeit führen, weitere Darlehen aufnehmen zu müssen, was – wegen der Wirkungsweise der Zinsschranke – in den Folgejahren zu einem stetig höher werdenden Teil nicht abziehbarer Betriebsausgaben führt.

Im Hinblick auf das Ziel der Missbrauchsvermeidung hätte es zudem einer Einbeziehung der Inlandssachverhalte nicht bedurft.[3] Andererseits werden Missbrauchsgestaltungen unterhalb der (großzügig bemessenen) Freigrenze von inzwischen 3 Mio. € gar nicht erfasst. Verfügt der Betrieb zudem über ausreichenden Gewinn vor Steuern und Regelabschreibungen, kann er den Zinsaufwand auch dann vollumfänglich steuerlich geltend machen, wenn er in hohem Maße Fremdkapital aufgenommen hat.[4] Bei Kapitalgesellschaften schießt die Zinsschranke durch die zu weitgehend formulierten § 8a Abs. 2 und 3 KStG zudem über eine zielgenaue Missbrauchsbekämpfung dadurch hinaus, dass nicht nur die als missbräuchlich empfundenen Back-to-back-Finanzierungen erfasst werden.[5]

Die Zinsschranke lässt sich auch nicht mit dem Ziel der **Stärkung der Eigenkapitalbasis der deutschen Unternehmen** rechtfertigen.[6] Es ist bereits zweifelhaft, ob dieses Ziel in dieser Pauschalität überhaupt ein legitimer Zweck sein kann. Grundsätzlich ist die Entscheidung, ob eine unternehmerische Betätigung durch Eigen- oder Fremdkapital finanziert werden soll, durch die wirtschaftliche Handlungsfreiheit des Unternehmers geschützt. Allenfalls bei Banken oder mitarbeiterstarken Unternehmen mag das Ziel einer Stärkung der Eigenkapitalbasis ein legitimer Zweck für den Eingriff in die wirtschaftliche Handlungsfreiheit sein; auf diese Fälle ist die Zinsschranke jedoch nicht beschränkt. Die Zinsschranke ist zudem zur Erreichung dieses Zwecks aufgrund ihrer – bezogen auf diesen Zweck – nicht zielgerichteten Struktur nur bedingt geeignet und daher nicht erforderlich. Allein aufgrund der hohen Freigrenze betrifft sie nur wenige Unternehmen. Ferner sind nicht konzernzugehörige Unternehmen sowie (selbst hoch fremdkapitalfinanzierte) konzernzugehörige Unternehmen, die den Eigenkapitalvergleich bestehen, von der Zinsschranke ausgenommen. Selbst im gegenteiligen Fall muss aber für die

---

1 So auch *Hey*, BB 2007, 1303, 1306.
2 *Prinz*, FR 2008, 441, 443; *Loschelder* in Schmidt, EStG, § 4h Rz. 4; KKB/Ortmann-Babel, § 4h EStG Rz. 4.
3 *Hey* in Festschrift Djanani, 2008, 109, 126; *Rödder/Stangl*, DB 2007, 481, 483; *Südkamp* in Birk/Saenger/Toeben, Forum Steuerrecht 2009, 2010, 249, 273; a. A. *Seiler*, DStJG 34 (2011), 61, 85.
4 Krit. auch *Dorenkamp*, DStJG 33 (2010), 301, 315.
5 Krit. *Hey*, BB 2007, 1303, 1306; *Schaden/Käshammer*, BB 2007, 2259, 2260 f. Zu § 8a Abs. 2 3. Alt. KStG ebenso BFH, Beschluss v. 13. 3. 2012 - I B 111/11, BStBl 2013 II 611 = HFR 2012, 774, m. Anm. *Oellerich*.
6 A. A. *Schenke* in Kirchhof/Söhn/Mellinghoff, § 4h Rz. A 176.

Anwendbarkeit der Abzugsbeschränkung hinzukommen, dass sich das Unternehmen in einer gewinnschwachen Situation befindet.[1] Hinzu kommt, dass die Anwendung der Zinsschranke bei neu gegründeten kapitalbedürftigen Unternehmen sowie Unternehmen in der Krise entgegen dem Gesetzeszweck sogar zu einem höheren Insolvenzrisiko führen kann.

39 Keine grundsätzlichen Bedenken unterliegt die Zinsschranke hingegen in Hinblick auf Art. 14 Abs. 1 GG.[2] Hat der Betrieb unter Einbezug der Zinsaufwendungen in einem Wirtschaftsjahr einen Verlust erlitten, kann das Eingreifen der Zinsschranke dazu führen, dass trotz der Verlustsituation eine Besteuerung erfolgt. Mangels erwirtschafteten Gewinns muss die Steuer aus der vorhandenen Substanz erbracht werden. Allerdings wird man eine erdrosselnde Wirkung allenfalls bei einer langfristigen Betrachtung ohne Verwertungsmöglichkeit eines Zinsvortrags feststellen können.[3] In diesen Fällen wird man über eine Billigkeitsmaßnahme (§§ 163, 227 AO) nachdenken müssen, soweit man die Zinsschranke nicht ohnehin für verfassungswidrig hält (→ Rz. 37 f.).

40 Teilweise wird in der Literatur eine Verletzung des verfassungsrechtlichen **Bestimmtheitsgrundsatzes** wegen des unklaren Konzernbegriffs[4] und wegen des Verweises auf die Rechnungslegungsstandards[5] angenommen. Dies vermag jedoch nicht zu überzeugen.[6] Die Zinsschranke ist zwar ausgesprochen komplex; eine Auslegung ist aber nicht ausgeschlossen. Dass ihr Regelungsgehalt für den steuerlichen Laien kaum verstehbar ist und nur von Experten erfasst werden kann, ist unerheblich, da davon auszugehen ist, dass die von der Zinsschranke betroffenen Betriebe ohnehin steuerlich beraten werden.[7]

41 Nach zwei AdV-Beschlüssen[8] hat der BFH nunmehr die im Schrifttum geäußerten verfassungsrechtlichen Bedenken auch in einem Hauptsacheverfahren geteilt und die Frage der Verfassungskonformität des § 4h EStG dem BVerfG vorgelegt.[9] Es bleibt abzuwarten, wie das BVerfG über die m. E. zulässige Vorlage des BFH entscheiden wird. Bis dahin ruhen Einspruchsverfahren, die sich auf das Vorlageverfahren berufen, von Amts wegen, soweit die Steuer nicht gem. § 165 Abs. 2 Nr. 3 oder 4 AO vorläufig festgesetzt worden ist (§ 363 Abs. 2 Satz 2 AO).

42–45 *(Einstweilen frei)*

---

[1] *Marquart/Jehlin*, DStR 2013, 2301, 2304.
[2] BFH, Urteil v. 14. 10. 2015 - I R 20/15, DStR 2016, 311 = NWB TAAAF-66181 (Az. des BVerfG: 2 BvL 1/16); a. A. *Scheunemann/Socher*, BB 2007, 1144, 1151; *Seiler* in Kirchhof, EStG, § 4h Rz. 5; *Stangl* in RHN, § 8a Rz. 22. Die noch in der 2. Aufl. unter derselben Rz. vertretene gegenteilige Auffassung gebe ich hiermit auf.
[3] BFH, Urteil v. 14. 10. 2015 - I R 20/15, DStR 2016, 311 = NWB TAAAF-66181 (Az. des BVerfG: 2 BvL 1/16).
[4] *Homburg*, FR 2007, 717, 726.
[5] *Birk*, DStR 2009, 877, 879; *Eilers*, FR 2007, 733, 734; *Scheunemann/Socher*, BB 2007, 1144, 1151; keine verfassungsrechtlichen Bedenken gegen die Bezugnahme auf die IFRS hegt *Heuermann* in Festschrift für Spindler, 83, 95.
[6] So auch BFH, Urteil v. 14. 10. 2015 - I R 20/15, DStR 2016, 311 = NWB TAAAF-66181 (Az. des BVerfG: 2 BvL 1/16); *Heuermann*, DStR 2013, 1, 4; *Schenke* in Kirchhof/Söhn/Mellinghoff, § 4h Rz. A 193 ff.
[7] *Schenke* in Kirchhof/Söhn/Mellinghoff, § 4h Rz. A 194 f.
[8] BFH, Urteile v. 9. 3. 2012 - VII B 171/11, BStBl 2012 II 418; v. 18. 12. 2013 - I B 85/13, BStBl 2014 II 947.
[9] BFH, Urteil v. 14. 10. 2015 - I R 20/15, DStR 2016, 311 = NWB TAAAF-66181 (Az. des BVerfG: 2 BvL 1/16).

2. Vereinbarkeit mit Europarecht

a) Grundsätzliche Vereinbarkeit mit dem Primärrecht

Fraglich ist die Vereinbarkeit der Zinsschranke mit den europäischen Grundfreiheiten. Diskutiert wird insbesondere ein Verstoß gegen die Niederlassungsfreiheit gem. Art. 49 AEUV.[1] Diese Diskussion erfasst indes nicht die Zinsschranke insgesamt, sondern nur einen Randbereich. Ein Steuerpflichtiger kann nämlich inländische Gewinnanteile mit angesammelten Zinsvorträgen verrechnen; Gleiches ist aber nicht möglich, soweit es sich um Gewinnpotenzial in ausländischen Betriebsstätten oder Konzerngesellschaften handelt. Hierdurch wollte der Gesetzgeber einen Anreiz schaffen, Gewinnpotenzial im Inland zu belassen und von Auslandsinvestitionen abzusehen.[2] Dieses Regelungsanliegen lässt sich unionsrechtlich nicht rechtfertigen.[3]

46

Ein weiteres unionsrechtliches Problem stellt sich im Hinblick auf die Escape-Klausel. Das Problem beruht darauf, dass für den Eigenkapitalvergleich allein Abschlüsse nach IFRS oder Abschlüsse nach dem Handelsrecht eines Mitgliedstaats der Europäischen Union verwendet werden dürfen, wenn kein Konzernabschluss nach den IFRS zu erstellen und offen zu legen ist und für keines der letzten fünf Wirtschaftsjahre ein Konzernabschluss nach den IFRS erstellt wurde (§ 4h Abs. 2 Satz 1 Buchst. c Satz 8 und 9 EStG). Abschlüsse nach dem Handelsrecht eines EWR-Staats reichen demgegenüber nicht, obwohl die Bilanzrichtlinien über das Abkommen über den Europäischen Wirtschaftsraum auch für diese Staaten (Island, Liechtenstein, Norwegen) gelten. Da deshalb nicht erkennbar ist, dass das Handelsrecht der EWR-Staaten in einem erheblicheren Maße voneinander abweichen könnten, als das Handelsrecht der EU-Mitgliedstaaten untereinander und die Grundfreiheiten – namentlich Art. 49 AEUV – auch in Bezug auf die EWR-Staaten anwendbar sind, dürfte insoweit eine unionsrechtswidrige Regelungslücke bestehen.

Daneben wird insbesondere eine Ungleichbehandlung diskutiert, die nicht unmittelbar durch § 4h EStG i.V. m. § 8a KStG erfolgt.; sie wird vielmehr darin gesehen, dass inländische Unternehmen der Zinsschranke durch Bildung einer Organschaft ausweichen können (§ 15 Satz 1 Nr. 3 KStG).[4] Die Beschränkung von Organschaften auf inländische Unternehmen ist aber nach der Rechtsprechung des EuGH unbedenklich. Die Ungleichbehandlung ist zu einer angemessenen Aufteilung der Besteuerungsbefugnisse zwischen den Mitgliedstaaten gerechtfertigt. Dürften die Gesellschaften selbst entscheiden, ob ihre Verluste im Mitgliedstaat ihrer Niederlassung oder in einem anderen Mitgliedstaat berücksichtigt werden, wäre die ausgewogene Aufteilung der Besteuerungsbefugnis zwischen den Mitgliedstaaten erheblich gefährdet, da die Steuerbemessungsgrundlage im ersten Staat um die übertragenen Verluste erweitert und im zweiten Staat entsprechend verringert würde.[5]

46a

---

1 Vgl. *Hey* in Tipke/Lang, Steuerrecht, § 11 Rz. 56; *Loschelder* in Schmidt, EStG, § 4h Rz. 4; differenzierend zur Vereinbarkeit mit den Grundfreiheiten *Schenke* in Kirchhof/Söhn/Mellinghoff, § 4h Rz. A 207 ff.
2 *Schenke* in Kirchhof/Söhn/Mellinghoff, § 4h Rz. A 212.
3 Eingehend *Oellerich* in Musil/Weber-Grellet, Europäisches Steuerrecht, § 4h EStG Rz. 37 ff.
4 Vgl. *Dörr/Fehling*, NWB F. 2, 9375, 9378; *Schreiber/Overesch*, DB 2007, 813, 817; *Homburg*, FR 2007, 717, 725; *Führich*, IStR 2007, 341, 343; *Kraft/Bron*, EWS 2007, 487, 488 ff.; *Musil/Volmering*, DB 2008, 12, 15; *Hallerbach*, StuB 2007, 487, 493 f.
5 EuGH, Urteil v. 25. 2. 2010 - Rs. C-337/08, X Holding BV, Slg. 2010, I-1215; vgl. BFH, Urteil v. 7. 12. 2011 - I R 30/08, BStBl 2012 II 507; wie hier auch *Heuermann* in Blümich, EStG § 4h Rz. 24; a. A. hingegen *Stöber*, BB 2011, 1943, 1947 f., der den Ausschluss ausländischer Gesellschaften für nicht erforderlich hält.

b) Kein Verstoß gegen Sekundärrecht

47 Außerdem liegt nach Teilen der Literatur ein Verstoß gegen die **Zins- und Lizenzrichtlinie**[1] vor.[2] Nach Art. 1 Abs. 1 der Richtlinie muss ein Mitgliedstaat Zinsen, die eine inländische Kapitalgesellschaft an eine im Gemeinschaftsgebiet ansässige verbundene Kapitalgesellschaft zahlt, von allen darauf erhebbaren Steuern befreien. Nach der Rechtsprechung des EuGH betrifft diese Vorschrift aber allein die steuerliche Situation des Zinsgläubigers.[3] Die Zinsschranke führt indes allein bei dem zinszahlenden Unternehmen zu einer steuerlichen Mehrbelastung, die nicht vom Schutzbereich der Richtlinie erfasst werden.[4] Darüber hinaus fallen nach Auffassung des EuGH Bestimmungen über die Bemessungsgrundlage nicht unter den Befreiungstatbestand des Art. 1 Abs. 1 der Richtlinie.[5]

48–55 *(Einstweilen frei)*

V. Vereinbarkeit des § 8a KStG mit Abkommensrecht

56 Die Zinsschranke widerspricht der in Art. 7, 9 und 11 OECD-MA vorgesehenen Steuerverteilung. Sie führt im Inland zu nichtabzugsfähigen Betriebsausgaben, während dieselben Vergütungen beim Empfänger im Ausland als Zinserträge ebenfalls zu versteuern sind. Dadurch entsteht eine bewusst in Kauf genommene Doppelbesteuerung der Fremdkapitalvergütungen, durch die das Steueraufkommen entgegen der Regelungen des OECD-MA ins Inland verschoben wird. Die Zinsschranke ist insbesondere keine Gewinnberichtigung i. S. d. Art. 9 Abs. 1 OECD-MA, weil kein Drittvergleich zugelassen wird.[6]

57–60 *(Einstweilen frei)*

VI. Verhältnis des § 8a KStG zu anderen Vorschriften

1. Verhältnis zu anderen Vorschriften des EStG und KStG

61 Die Zinsschranke ist im Zusammenhang mit anderen Abzugsbeschränkungen für Schuldzinsen zu betrachten. Soweit Vergütungen für Fremdkapital bereits nach **§ 4 Abs. 4a EStG** nicht abzugsfähig sind, gehören diese Vergütungen gem. § 4h Abs. 3 Satz 2 EStG nicht zu den Zinsaufwendungen i. S. d. § 4h Abs. 1 Satz 1 EStG.[7] Sind Vergütungen für Fremdkapital als verdeckte Gewinnausschüttungen nach **§ 8 Abs. 3 Satz 2 KStG** zu qualifizieren, mindern auch sie nicht den Gewinn, so dass diese Vergütungen nach § 4h Abs. 3 Satz 2 EStG keine Zinsaufwendungen i. S. d. § 4h Abs. 1 Satz 1 EStG darstellen.[8]

---

1 Richtlinie 2003/49/EG v. 3. 6. 2003 des Rates über eine gemeinsame Steuerregelung für Zahlungen von Zinsen und Lizenzgebühren zwischen verbundenen Unternehmen verschiedener Mitgliedstaaten, ABl. L 157 v. 26. 6. 2003, 49 ff.
2 *Dörr/Fehling*, NWB F. 2, 9375, 9376; *Homburg*, FR 2007, 717, 725; *Köhler*, DStR 2007, 597, 604; *Kraft/Bron*, EWS 2007, 487, 491 f.; a. A. *Schenke* in Kirchhof/Söhn/Mellinghoff, § 4h Rz. A 204 ff.; *Stangl* in RHN, § 8a Rz. 27.
3 EuGH, Urteil v. 21. 7. 2011 – Rs. C-397/09, Scheuten Solar Technology, Slg. 2011, I-6455 = EWS 2011, 383, mit Anm. *Bron*.
4 *Hiller*, BB 2011, 2715, 2716.
5 EuGH, Urteil v. 21. 7. 2011 – Rs. C-397/09, Scheuten Solar Technology, Slg. 2011, I-6455; krit. *Hiller*, BB 2011, 2715, 2717.
6 *Homburg*, FR 2007, 717, 725; *Köhler*, DStR 2007, 597, 604; gegen einen Verstoß gegen Art. 7, 9 und 11 OECD-MA *Schenke* in Kirchhof/Söhn/Mellinghoff, § 4h Rz. A 226 ff.
7 *Schenke* in Kirchhof/Söhn/Mellinghoff, § 4h Rz. A 58.
8 BMF, Schreiben v. 4. 7. 2008, BStBl 2008 I 718.

§ 8a Abs. 1 Satz 2 KStG bestimmt, dass das Einkommen nach den Vorschriften des KStG und des EStG mit Ausnahme des § 4h EStG und des **§ 10d EStG** zu ermitteln ist. Der Teil der abzugsfähigen Schuldzinsen berechnet sich daher ohne Berücksichtigung eines ggf. vorhandenen Verlustvortrags. Sind Teile der Schuldzinsen lediglich vortragsfähig und ergibt sich andererseits ein positives Einkommen, ist dieses um einen Verlustabzug (Verlustvortrag bzw. Verlustrücktrag) zu mindern. Verbleibt ein Verlustabzug, ist dieser im Folgejahr zu berücksichtigen bzw. vorzutragen. Ergibt sich durch den Zinsabzug ein negatives Einkommen, ist der Verlust nach § 10d EStG zurück- und vorzutragen.[1] Im kommenden Jahr sind die Zinsaufwendungen des laufenden Wirtschaftsjahres mit den vorgetragenen Zinsaufwendungen zusammenzurechnen (§ 4h Abs. 1 Satz 6 EStG). Anhand dieses Betrages sind die abzugsfähigen Zinsen und das Einkommen zu berechnen. Hiervon ist der Verlustabzug vorzunehmen. Verbleiben hiernach wiederum ein Zinsvortrag und/oder ein nicht ausgeglichener Verlust, so sind diese in das folgende Jahr vorzutragen. Im Ergebnis hat der Zinsabzug im Vortragsjahr Vorrang vor dem Verlustabzug gem. § 10d EStG.[2]

62

Eine Sondervorschrift zur **Anwendbarkeit der Zinsschranke bei Organschaften** enthält § 15 Satz 1 Nr. 3 KStG. Hiernach ist § 4h EStG bei der Organgesellschaft nicht anwendbar. Organträger und Organgesellschaften gelten vielmehr als ein Betrieb i. S. d. § 4h EStG. Sind in dem dem Organträger zugerechneten Einkommen der Organgesellschaften Zinsaufwendungen und Zinserträge enthalten, sind diese bei Anwendung der Zinsschranke beim Organträger einzubeziehen. Die Freigrenze des § 4h Abs. 2 Buchst. a EStG gilt im Organkreis nur einmal.[3]

63

(Einstweilen frei) 64–70

2. Verhältnis zu Vorschriften des UmwStG

Das UmwStG enthält in § 2 Abs. 4 Satz 1, § 4 Abs. 2 Satz 2, § 15 Abs. 3, § 20 Abs. 9 und § 24 Abs. 6 **Sonderregelungen für den Wegfall des Zins- und EBITDA-Vortrags.**

71

§ 2 Abs. 4 Satz 1 UmwStG will verhindern, dass durch die Rückwirkungsfiktion des § 2 Abs. 1 und 2 UmwStG die Vorschriften über den Untergang von Verlusten (§ 8c KStG) und von Zinsvorträgen (§§ 8a Abs. 1 Satz 3, 8c KStG) umgangen werden.[4]

72

Gemäß § 4 Abs. 2 Satz 2 UmwStG gehen ein Zinsvortrag und ein EBITDA-Vortrag nicht auf den übernehmenden Rechtsträger über. Dies stellt eine Ausnahme von der Regel dar, dass der übernehmende Rechtsträger in die Rechtsstellung des übertragenden Rechtsträgers eintritt (§ 4 Abs. 2 Satz 1 UmwStG).

73

Bei einer Abspaltung vermindern sich gem. § 15 Abs. 3 UmwStG u. a. ein Zins- und EBITDA-Vortrag der übertragenden Körperschaft in dem Verhältnis, in dem bei Zugrundelegung des gemeinen Werts das Vermögen auf eine andere Körperschaft übergeht.

74

Wird ein Betrieb oder Teilbetrieb oder ein Mitunternehmeranteil in eine Kapitalgesellschaft oder eine Genossenschaft (übernehmende Gesellschaft) eingebracht und erhält der Einbringende dafür neue Anteile an der Gesellschaft (Sacheinlage), gehen ein Zins- oder ein EBITDA-Vortrag nicht auf die übernehmende Gesellschaft über (§ 20 Abs. 9 UmwStG).

75

---

1 *Frotscher*/Drüen, § 8a Rz. 16a; *Rödder/Stangl*, DB 2007, 479, 482.
2 *Frotscher*/Drüen, § 8a Rz. 17.
3 *Olbing* in Streck, KStG, § 15 Rz. 21.
4 Im Einzelnen vgl. *Frotscher*/Drüen, § 2 UmwStG Rz. 43 ff.

76 Wird ein Betrieb oder Teilbetrieb oder ein Mitunternehmeranteil in eine Personengesellschaft eingebracht und wird der Einbringende Mitunternehmer der Gesellschaft, gilt § 20 Abs. 9 UmwStG entsprechend (§ 24 Abs. 6 UmwStG).

77–80 *(Einstweilen frei)*

3. Verhältnis zu Vorschriften des GewStG

81 Die Zinsschranke gilt über § 7 Satz 1 GewStG auch für die Gewerbesteuer. Die von der Zinsschranke erfassten Zinsaufwendungen mindern den Gewinn nicht, so dass eine Hinzurechnung gem. **§ 8 Nr. 1 Buchst. a GewStG** ausscheidet. Können die Zinsaufwendungen in einem der folgenden Erhebungszeiträume über den Zinsvortrag abgezogen werden, so ist in diesem Jahr eine Hinzurechnung vorzunehmen.[1] § 8 Nr. 1 Buchst. a GewStG setzt nicht voraus, dass es sich um Entgelte handelt, die in dem Erhebungszeitraum wirtschaftlich entstanden sind. Allerdings ist der Begriff der „Entgelte für Schulden" enger als der Begriff der „Zinsaufwendungen" i. S. d. § 4h EStG. Deshalb fallen Aufwendungen für die Auf- und Abzinsung von Verbindlichkeiten und Kapitalforderungen zwar aufgrund des § 4h Abs. 3 Satz 4 EStG unter den Begriff der „Zinsaufwendungen", nicht aber unter den Begriff der „Entgelte für Schulden".[2] Dies kann zu gewerbesteuerlichen Aufteilungsfragen im Zeitpunkt der gewinnwirksamen Berücksichtigung des Zinsvortrags führen.

4. Verhältnis zu Vorschriften des AStG

82 Die Regelungen der Zinsschranke sind vorrangig gegenüber **§ 1 Abs. 1 AStG** zu prüfen.[3] Hiernach sind Einkünfte „unbeschadet anderer Vorschriften" so anzusetzen, wie sie unter den zwischen voneinander unabhängigen Dritten angefallen wären. Diese Bestimmung ist in den Fällen anwendbar, in denen die der deutschen Besteuerung unterliegenden Einkünfte durch Außerachtlassen des Grundsatzes des Fremdvergleichs gemindert worden sind. Sind Zinsaufwendungen bereits nicht als Betriebsausgaben abziehbar und mindern sie den Gewinn daher nicht, bleibt für eine Berichtigung nach § 1 Abs. 1 AStG kein Raum.

83 Das **Verhältnis zur Hinzurechnungsbesteuerung** bestimmt sich nach § 10 Abs. 3 Satz 4 AStG. Bei der Ermittlung des Hinzurechnungsbetrages bleiben § 4h EStG und § 8a KStG hiernach unberücksichtigt. Der Gesetzgeber geht davon aus, dass anderenfalls bei Anwendung der Fremdfinanzierungsregelungen auf im Ausland belegene Verhältnisse eine Doppelbesteuerung nicht ausgeschlossen ist.[4]

5. Verhältnis zu Vorschriften der AO

84 Obwohl die Zinsschranke eine Missbrauchstypisierung enthält, kann daneben ein Gestaltungsmissbrauch gem. § 42 AO vorliegen, wenn die Anwendbarkeit der Zinsschranke durch Umwegkonstruktionen auf missbräuchliche Weise vermieden wird.

85–95 *(Einstweilen frei)*

---

1 *Dörr/Geibel/Fehling*, NWB F. 4, 5199, 5205; *Wiese/Klass/Möhrle*, GmbHR 2007, 405, 409.
2 Tz. 39 BMF, Schreiben v. 26. 5. 2005, BStBl 2005 I 699; vgl. *Schaden/Käshammer*, BB 2007, 2317, 2323.
3 So auch *Heuermann* in Blümich, EStG § 4h Rz. 19; a. A. *Schenke* in Kirchhof/Söhn/Mellinghoff, § 4h Rz. A 84.
4 BR-Drucks. 544/07, 125.

B. Tatbestand und Rechtsfolge gem. § 4h Abs. 1 EStG

Nach § 4h Abs. 1 Satz 1 EStG sind die Zinsaufwendungen eines Betriebs grundsätzlich nur bis zur Höhe des Zinsertrags abziehbar. Darüber hinausgehend darf der Saldo aus den Zinsaufwendungen und den Zinserträgen (sog. Nettozinsaufwand) nur noch bis zur Höhe des verrechenbaren EBITDA abgezogen werden. Die Vorschrift gilt über § 8 Abs. 1 KStG **auch für Körperschaften**. § 4h Abs. 1 Satz 2 EStG definiert das verrechenbare EBITDA als 30 % des maßgeblichen Gewinns, erhöht um die Zinsaufwendungen und um die nach § 6 Abs. 2 Satz 1, § 6 Abs. 2a Satz 2 und § 7 EStG abgesetzten Beträge und vermindert um die Zinserträge. Im Körperschaftsteuerrecht ist § 4h Abs. 1 Satz 2 EStG jedoch mit der Maßgabe anzuwenden, dass anstelle des „maßgeblichen Gewinns" das „maßgebliche Einkommen" tritt (§ 8a Abs. 1 Satz 1 KStG). Das maßgebliche Einkommen ist nach § 8a Abs. 1 Satz 2 KStG das nach den Vorschriften des Einkommensteuergesetzes und des Körperschaftsteuergesetzes ermittelte Einkommen mit Ausnahme der §§ 4h und 10d EStG und des § 9 Abs. 1 Nr. 2 KStG.

I. Die Voraussetzungen der Zinsschranke

1. Der Begriff des „Betriebs"

Der Begriff des „Betriebs" ist von zentraler Bedeutung in § 4h Abs. 1 Satz 1 EStG. Die Zinsschranke gilt für jeden Betrieb, unabhängig davon, ob der Betrieb in Form eines Einzelunternehmens, einer Mitunternehmerschaft oder einer Körperschaft geführt wird. Eine Definition des Betriebs enthält das Gesetz nicht. Deshalb ist auf den **allgemeinen einkommensteuerlichen Betriebsbegriff** in § 14, § 15 Abs. 2, § 16, § 18 Abs. 3 EStG sowie § 20 UmwStG abzustellen.[1] Es muss sich also um eine selbständige, nachhaltige Betätigung und Beteiligung am allgemeinen wirtschaftlichen Verkehr mit Gewinnerzielungsabsicht handeln.[2] Demnach kann es sich um einen land- und forstwirtschaftlichen, gewerblichen, freiberuflichen oder sonstigen selbständigen Betrieb handeln.[3] Unerheblich ist, ob der Gewinn durch Betriebsvermögensvergleich oder Einnahme-Überschussrechnung ermittelt wird.[4] Vermögensverwaltende Personengesellschaften unterhalten keinen Betrieb, es sei denn, es liegt eine gewerbliche Prägung gem. § 15 Abs. 3 Nr. 2 EStG vor.[5]

Unbeschränkt steuerpflichtige Körperschaften gem. § 1 Abs. 1 Nr. 1 – 3 KStG (Kapitalgesellschaften, Genossenschaften, Versicherungs- und Pensionsfondsvereine auf Gegenseitigkeit) können – im Gegensatz zu Einzelunternehmen – **nur einen Betrieb** unterhalten.[6] Dagegen können unbeschränkt steuerpflichtige Körperschaften gem. § 1 Abs. 1 Nr. 4 und 5 KStG (sonstige juristischen Personen des privaten Rechts, nichtrechtsfähige Vereine und ähnliche Zweckvermögen) **mehrere Betriebe** unterhalten und auch Überschusseinkünfte erzielen. Ein Betrieb gewerblicher Art (§ 1 Abs. 1 Nr. 6 KStG) stellt einen eigenständig zu behandelnden Betrieb dar.[7]

---

1 *Stang* in RHN, § 8a Rz. 34.
2 *Dörr/Geibel/Fehling*, NWB F. 4, 5199, 5201; *Möhlenbrock*, Ubg 2008, 1, 3; *Musil/Volmering*, DB 2008, 12; *Schenke* in Kirchhof/Söhn/Mellinghoff, § 4h Rz. B 11.
3 Tz. 2 BMF, Schreiben v. 4. 7. 2008, BStBl 2008 I 718; *Kußmaul/Pfirmann/Meyering/Schäfer*, BB 2008, 135.
4 Tz. 4 BMF, Schreiben v. 4. 7. 2008, BStBl 2008 I 718; *Bron*, IStR 2008, 14, 15.
5 Tz. 5 BMF, Schreiben v. 4. 7. 2008, BStBl 2008 I 718.
6 Vgl. Tz. 7 BMF, Schreiben v. 4. 7. 2008, BStBl 2008 I 718.
7 *Dörr/Geibel/Fehling*, NWB F. 4, 5199, 5201.

Eine KGaA hat nur einen Betrieb im Sinne der Zinsschranke. Dazu soll auch der Gewinnanteil des persönlich haftenden Gesellschafters gehören.[1]

99 Unterhält eine ausländische Kapitalgesellschaft eine **inländische Betriebsstätte**, so umfasst der Betrieb zwar grundsätzlich das ausländische Stammhaus und die inländische Betriebsstätte.[2] Aber nur die inländische Betriebsstätte unterfällt den Regelungen der Zinsschranke, weil die Zinsschranke nur auf eine inländische Gewinnermittlung Anwendung findet.[3] Im Verhältnis zwischen ausländischem Stammhaus und inländischer Betriebsstätte sind die Betriebsstätten-Verwaltungsgrundsätze[4] und nicht die Zinsschranke anzuwenden.[5]

100 Der Betriebsbegriff setzt das Erzielen von Gewinneinkünften i. S. d. § 2 Abs. 2 Nr. 1 EStG voraus. Daher fällt die Erzielung von Überschusseinkünften grundsätzlich nicht unter den Betriebsbegriff. Nach **§ 8a Abs. 1 Satz 4 KStG** ist § 4h EStG aber sinngemäß auf Kapitalgesellschaften anzuwenden, die ihre Einkünfte nach § 2 Abs. 2 Nr. 2 EStG ermitteln, also Überschusseinkünfte erzielen. Da unbeschränkt steuerpflichtige Kapitalgesellschaften gem. § 8 Abs. 2 KStG gewerbliche Einkünfte erzielen, sind hiervon **beschränkt steuerpflichtige Kapitalgesellschaften** betroffen, die im Inland beispielsweise Immobilien vermieten und wegen der isolierenden Betrachtungsweise in § 49 Abs. 2 EStG Einkünfte aus Vermietung und Verpachtung (§ 49 Abs. 1 Nr. 6 EStG) erzielen.[6] Erzielt die inländische Betriebsstätte wegen der isolierenden Betrachtungsweise sowohl Gewinneinkünfte als auch Überschusseinkünfte, handelt es sich dennoch nur um einen Betrieb.

101 Im Falle der **Organschaft** bilden der Organträger und die Organgesellschaften nach § 15 Satz 1 Nr. 3 Satz 2 KStG einen einheitlichen Betrieb.[7]

102 Zur Vermeidung der Zinsschranke kann sich die gezielte **Gestaltung** von Betrieben anbieten. So führt die Vervielfachung von Betrieben durch Aufspaltungen von Gesellschaften zur mehrfachen Ausnutzbarkeit der Freigrenze. Die Zusammenfassung vormals selbständiger Betriebe zu einem einheitlichen Betrieb durch eine Organschaft oder durch Verschmelzung kann zur Anwendbarkeit der Stand-alone-Klausel und damit zur vollständigen Abzugsfähigkeit der Zinsaufwendungen führen.[8] Die Umstrukturierung von gewerblich geprägten Personengesellschaften mit dem Ziel der Generierung von Überschusseinkünften führt zum Entfallen der Betriebseigenschaft und damit zur Nichtanwendbarkeit der Zinsschranke.[9]

103–110 *(Einstweilen frei)*

2. Zinsaufwendungen

111 Der Begriff der „Zinsaufwendungen" ist in § 4h Abs. 3 Satz 2 EStG definiert. Danach sind Zinsaufwendungen **Vergütungen für Fremdkapital**, die den maßgeblichen Gewinn – bzw. bei Körperschaften das maßgebliche Einkommen – gemindert haben. Zinsaufwendungen liegen vor,

---

1 Tz. 8 BMF, Schreiben v. 4. 7. 2008, BStBl 2008 I 718; vgl. auch → Rz. 151.
2 *Schenke* in Kirchhof/Söhn/Mellinghoff, § 4h Rz. B 93.
3 BT-Drucks. 16/4841, 48; *Hahne*, StuB 2007, 808; *Korn*, KÖSDI 2008, 15866, 15867.
4 Vgl. BMF, Schreiben v. 24. 12. 1999, BStBl 1999 I 1076.
5 BT-Drucks. 16/4841, 50.
6 *Kußmaul/Pfirmann/Meyering/Schäfer*, BB 2008, 135, 137; vgl. auch → Rz. 164.
7 Tz. 10 BMF, Schreiben v. 4. 7. 2008, BStBl 2008 I 718; s. → Rz. 63.
8 *Dörr/Geibel/Fehling*, NWB F. 4, 5199, 5212 f.; *Reiche/Kroschewski*, DStR 2007, 1330, 1333 f.; *Korn/Strahl*, KÖSDI 2007, 15783, 15787.
9 *Rupp*, EStB 2007, 419, 421.

wenn die Rückzahlung des Fremdkapitals oder ein Entgelt für die Überlassung des Fremdkapitals zur Nutzung zugesagt oder gewährt worden ist, auch wenn die Höhe des Entgelts von einem ungewissen Ereignis abhängt.[1] Die Zinsschranke erfasst daher nur Aufwendungen aus der vorübergehenden Überlassung von **Geldkapital**. Vergütungen für die Überlassung von Sachkapital (Miete, Pacht) oder immateriellen Wirtschaftsgütern (Lizenz- oder Patentgebühren) gehören nicht zu den Zinsaufwendungen i. S. d. § 4h Abs. 1 Satz 1 EStG.[2]

Im Gegensatz zu § 8a KStG a. F. ist die **Person des Fremdkapitalgebers** unerheblich. Diesem kommt nur bei der Prüfung der schädlichen Gesellschafter-Fremdfinanzierung nach § 8a Abs. 2 KStG und § 8a Abs. 3 KStG Bedeutung zu. Auf die Dauer der Fremdkapitalüberlassung kommt es ebenfalls nicht mehr an. Anders als bei § 8a KStG a. F. werden auch Vergütungen für **kurzfristig überlassenes Fremdkapital** von der Zinsschranke erfasst.[3]

112

Die Umschreibung der „Zinsaufwendungen" als „Vergütungen für Fremdkapital" lehnt an den Gesetzeswortlaut des § 8a Abs. 1 Satz 1 KStG a. F. an. Für die Bestimmung des Begriffs des „Fremdkapitals" kann daher auf die Auslegung des früheren Rechts zurückgegriffen werden.[4] **Fremdkapital** sind danach alle als Verbindlichkeiten passivierungsfähigen Kapitalzuführungen in Geld, die nach steuerrechtlichen Grundsätzen nicht zum Eigenkapital gehören.[5] Danach ist als Fremdkapital anzusehen:

113

- fest oder variabel verzinsliche Darlehen,
- partiarische Darlehen,
- Darlehen mit Rangrücktrittsvereinbarungen,
- Kontokorrentkredite,
- Cash Pooling,
- typisch stille Beteiligungen,
- Gewinnschuldverschreibungen,
- Genussrechtskapital (mit Ausnahme des Genussrechtskapitals i. S. d. § 8 Abs. 3 Satz 2 KStG),
- andere Mezzanine-Finanzierungen, soweit sie steuerrechtlich nicht als Eigenkapital zu beurteilen sind,
- bei Banken: Das nach dem KWG dem haftenden Eigenkapital zuzurechnende Fremdkapital.[6]

Kein Fremdkapital ist dagegen:

114

- durchlaufender Posten,[7]
- Verbindlichkeiten nach Forderungsverzicht durch den Gläubiger, da durch den Verzicht das Fremdkapital zu Eigenkapital wird,

---

1 BT-Drucks. 16/4841, 49.
2 Tz. 11 und 23 BMF, Schreiben v. 4. 7. 2008, BStBl 2008 I 718; *Middendorf/Stegemann*, INF 2007, 305, 307; *Scheunemann/Socher*, BB 2007, 1144, 1148.
3 Tz. 12 BMF, Schreiben v. 4. 7. 2008, BStBl 2008 I 718.
4 *Scheunemann/Socher*, BB 2007, 1144, 1147.
5 Tz. 11 BMF, Schreiben v. 4. 7. 2008, BStBl 2008 I 718.
6 Tz. 13 BMF, Schreiben v. 4. 7. 2008, BStBl 2008 I 718.
7 Tz. 45 BMF, Schreiben v. 15. 12. 1994, BStBl 1995 I 25, 176.

- Verbindlichkeiten nach Forderungsverzicht mit Besserungsschein (ab Eintritt der Besserung ist die Forderung allerdings wieder als Fremdkapital zu behandeln),
- Rückstellungen,
- passive Rechnungsabgrenzungsposten,
- atypisch stille Beteiligungen.

115 Für den Begriff der „Vergütungen" kann auf die Auslegung zu § 8a Abs. 1 Satz 1 KStG a. F. zurückgegriffen werden. Danach sind unter **Vergütungen** alle Gegenleistungen zu fassen, die für die Überlassung des Fremdkapitals gewährt werden.[1] Die Vergütungen können laufend oder einmalig gezahlt werden. Es ist unerheblich, ob sie in Geld oder Sachwerten geleistet werden. Sie können aufgrund einer rechtlichen Verpflichtung oder freiwillig erbracht werden. Zu den Vergütungen gehören insbesondere:[2]

- Zinsen zu einem festen oder variablen Zinssatz,
- Gewinnanteile des typisch stillen Gesellschafters,
- Gewinnbeteiligungen (z. B. für partiarische Darlehen, Genussrechte und Gewinnschuldverschreibungen),
- Umsatzbeteiligungen,
- Damnum, Disagio,
- Vorfälligkeitsentschädigungen,
- nicht: Aval- oder Bürgschaftsprovisionen,[3] Kreditvermittlungsprovisionen, Bereitstellungszinsen[4] und Aufwendungen zur Kurs- oder Währungssicherung, Vergütungen für Sicherheitengestellungen,
- auch nicht: Aufwendungen für einen Zinsswap. Swap-Aufwendungen sind nur dann als Zinsen im Sinne der Zinsschranke zu behandeln, wenn sie eine wirtschaftliche Einheit mit einer zugrundeliegenden Darlehensvereinbarung bilden.[5]

116 Aus dem Erfordernis, dass die Zinsaufwendungen den Gewinn bzw. **das Einkommen** gemindert haben müssen, ergibt sich, dass Zinsaufwendungen, die bereits nach den Vorschriften § 3c, § 4 Abs. 4a, § 4 Abs. 5 Satz 1 Nr. 8a, § 15 Abs. 1 Nr. 2 Satz 1 Halbsatz 2 EStG oder § 8 Abs. 3 Satz 2 KStG nicht abzugsfähig sind, bei der Berechnung der Zinsschranke nicht erfasst werden dürfen.[6] Dagegen sind Vergütungen, die nur zu verrechenbaren Verlusten gem. §§ 2a, 15 Abs. 4, 15a oder 15b EStG geführt haben, in die Berechnung einzubeziehen.[7] Unterhält ein im Inland ansässiger Steuerpflichtiger eine nach DBA freigestellte **ausländische Betriebsstätte**, so sind die Zinsaufwendungen, die dieser Betriebsstätte zuzurechnen sind, nicht einzubeziehen, weil sie den im Inland steuerpflichtigen Gewinn nicht gemindert haben. Unterhält ein im Ausland ansässiger Steuerpflichtiger **im Inland eine Betriebsstätte** sind nicht die gesamten Zinsaufwendungen des Betriebs des ausländischen Steuerpflichtigen maßgeblich, sondern nur die gewinnmindernd berücksichtigten Zinsaufwendungen der inländischen Betriebsstätte.

---

1 Tz. 51 BMF, Schreiben v. 15.12.1994, BStBl 1995 I 25, 176.
2 Tz. 15 BMF, Schreiben v. 4.7.2008, BStBl 2008 I 718.
3 *Korn*, KÖSDI 2008, 15866, 15869.
4 *Scheunemann/Socher*, BB 2007, 1144, 1148.
5 FG Berlin Brandenburg v. 8.1.2019 - 6 K 6242/17, NWB CAAAH-10264, Rev., Az. BFH: I R 7/19.
6 Tz. 18 und 19 BMF, Schreiben v. 4.7.2008, BStBl 2008 I 718.
7 *Köhler*, DStR 2007, 597, 598; *Schwedhelm*, GmbH-StB 2007, 282.

Zahlungen im Zusammenhang mit der **Eigenkapitalausstattung** (Dividenden, Genussrechte i. S. d. § 8 Abs. 3 Satz 2 KStG) fallen nicht unter den Begriff der „Zinsaufwendungen".[1] Gleiches gilt für **Zinsen gem. §§ 233 ff. AO** sowie für **Skonti** und **Boni**.[2] Nach § 4h Abs. 1 Satz 6 EStG erhöht der **Zinsvortrag** aus den Vorjahren die Zinsaufwendungen.

Werden Zinsaufwendungen, die der **Herstellung eines Wirtschaftsguts** dienen, nach § 255 Abs. 3 Satz 2 HGB als Herstellungskosten behandelt (z. B. Bauzeitzinsen), führt die spätere Ausbuchung bzw. spätere Abschreibungen nicht zu Zinsaufwendungen im Sinne der Zinsschranke.[3]

Erbbauzinsen sind keine Zinsaufwendungen im Sinne der Zinsschranke, weil sie als Entgelt für die Grundstücksnutzung gezahlt werden.[4]

Vergütungen für Darlehen, die **aufgrund von allgemeinen Förderbedingungen** aus Mitteln der Europäischen Union, des Bundes, der Länder und Gemeinden oder anderer öffentlich-rechtlicher Körperschaften oder steuerbefreiter Einrichtungen vergeben wurden, sollen nach Ansicht der FinVerw ebenfalls keine Zinsaufwendungen oder Zinserträge im Sinne der Zinsschranke sein. Hierunter fallen Förderdarlehen der Förderinstitute, öffentliche und nicht öffentliche Baudarlehen, Wohnungsfürsorgemittel und mit Auflagen verbundene Mittel.[5]

Nach § 4h Abs. 3 Satz 4 EStG zählen zu den Zinsaufwendungen auch Beträge aus der **Abzinsung** unverzinslicher oder niedrig verzinslicher Kapitalforderungen bzw. aus der **Aufzinsung** unverzinslicher oder niedrig verzinslicher Verbindlichkeiten (z. B. die schrittweise Aufzinsung nach einer Abzinsung gem. § 6 Abs. 1 Nr. 3 EStG). Der Aufwand anlässlich der erstmaligen Bewertung von Kapitalforderungen mit dem Barwert abweichend vom Nennwert wird von der FinVerw nicht als Zinsaufwand im Sinne der Zinsschranke angesehen. Ebenso soll die erstmalige Bewertung von Verbindlichkeiten mit dem Barwert nicht zu einem Ertrag im Sinne der Zinsschranke führen.[6] Die FinVerw lässt es außerdem als Vereinfachungsregel zu, dass Auf- und Abzinsungen von Kapitalforderungen oder Verbindlichkeiten mit einer Laufzeit am Bilanzstichtag von weniger als zwölf Monaten unberücksichtigt bleiben.[7] Aus dem Gesetzeswortlaut lässt sich all dies nicht ableiten.[8]

Keine Zinsaufwendungen oder Zinserträge im Sinne der Zinsschranke entstehen durch **Teilwertberichtigungen**, soweit sie keine Ab- und Aufzinsungen im Sinne der → Rz. 121 sind.[9] Auch Aufwendungen wegen der Aufzinsung von **Rückstellungen** (z. B. § 6 Abs. 1 Nr. 3a Buchst. e EStG, § 6a EStG) fallen nicht unter den Begriff der Zinsaufwendungen.[10] Dementsprechend stellt die Gesetzesbegründung klar, dass Leistungen an Versicherungsnehmer, die auf Deckungsrückstellungen oder Rückstellungen für Beitragsrückerstattungen beruhen, außer Ansatz bleiben.[11]

---

1 BT-Drucks. 16/4841, 49.
2 BT-Drucks. 16/4841, 49; Tz. 16 BMF, Schreiben v. 4. 7. 2008, BStBl 2008 I 718.
3 Tz. 20 BMF, Schreiben v. 4. 7. 2008, BStBl 2008 I 718.
4 Tz. 21 BMF, Schreiben v. 4. 7. 2008, BStBl 2008 I 718.
5 Tz. 94 BMF, Schreiben v. 4. 7. 2008, BStBl 2008 I 718.
6 Tz. 27 BMF, Schreiben v. 4. 7. 2008, BStBl 2008 I 718, mit Beispiel.
7 Tz. 27 BMF, Schreiben v. 4. 7. 2008, BStBl 2008 I 718.
8 FG Münster, Urteil v. 17.11.2017 - 4 K 3523/14 F, NWB KAAAG-68391, EFG 2018, 98, mit Anm. *Böwing-Schmalenbrock*; dazu auch *Ludwig*, FR 2018, 139.
9 Tz. 28 BMF, Schreiben v. 4. 7. 2008, BStBl 2008 I 718.
10 *Rödder/Stangl*, DB 2007, 479, 480; Tz. 22 BMF, Schreiben v. 4. 7. 2008, BStBl 2008 I 718.
11 BT-Drucks. 16/4841, 49.

123 Beim **unechten Factoring** verbleibt das Risiko der Zahlungsunfähigkeit des Schuldners beim Zedenten. Es handelt sich wirtschaftlich um ein Darlehensgeschäft, so dass die Vergütungen unter die Zinsschranke fallen. Das unechte Factoring wird bilanziell wie folgt behandelt: Die Forderung bleibt beim Zedenten weiterhin mit dem Barwert aktiviert. In Höhe des Nennwerts hat der Zedent eine Rückzahlungsverpflichtung zu passivieren. In Höhe der Differenz zwischen dem Nennwert der Verbindlichkeit und dem überlassenen Geldkapital hat der Zedent einen aktiven Rechnungsabgrenzungsposten einzustellen. Der Zessionar weist eine Darlehensforderung und einen passiven Rechnungsabgrenzungsposten aus. Die Rechnungsabgrenzungsposten sind bei Fälligkeitsdarlehen linear, bei Tilgung in Raten nach der Zinsstaffelmethode aufzulösen. Die hierdurch entstehenden Aufwendungen bzw. Erträge sind im Rahmen der Zinsschranke zu erfassen. Factoringgebühren, mit denen sonstige Kosten abgerechnet werden, sind dagegen keine Zinsaufwendungen, wenn dies durch eine ordnungsgemäße Rechnung des Zessionars nachgewiesen wird.[1] Handelt es sich bei der zugrunde liegenden Forderung um ein **schwebendes Geschäft**, hat der Zedent in Höhe der Differenz zwischen dem Nennwert der Darlehensschuld und dem überlassenen Geldkapital einen aktiven Rechnungsabgrenzungsposten zu bilden, der nach der Zinsstaffelmethode aufzulösen ist. Der hierdurch entstehende Aufwand ist im Rahmen der Zinsschranke zu erfassen. Der Zessionar hat einen Zinsertrag in entsprechender Höhe.[2]

124 Beim **echten Factoring** geht das Risiko der Zahlungsunfähigkeit des Schuldners auf den Zessionar über, so dass aus diesem Vorgang grundsätzlich weder Zinsaufwendungen noch Zinserträge entstehen. Die FinVerw lässt aber aus Billigkeitsgründen ein **Wahlrecht** zu, das echte Factoring als Überlassung von Fremdkapital zu behandeln, wenn Zessionar und Zedent einen entsprechenden gemeinsamen schriftlichen Antrag stellen und sich der Zedent schriftlich und unwiderruflich bereit erklärt, die Zinsanteile in der Gebühr als Zinsaufwand im Rahmen der Zinsschranke zu erfassen. Der Zedent hat in diesen Fällen die Forderung auszubuchen und den Verkaufserlös einzubuchen. In Höhe der Differenz zwischen dem Buchwert der abgetretenen Forderung und dem Verkaufspreis kommt es zu einem Zinsaufwand im Sinne der Zinsschranke. Der Zessionar bilanziert die Forderung mit seinen Anschaffungskosten. Bei Erfüllung der Forderung zum Nennbetrag entsteht ein Zinsertrag.[3] Entgelte für die Übernahme des Bonitätsrisikos und anderer Kosten stellen weder Zinsaufwendungen noch Zinserträge i. S. d. Zinsschranke dar.[4] Handelt es sich bei der zugrunde liegenden Forderung um ein **schwebendes Geschäft**, wird bei Ausübung des Wahlrechts nach Ansicht der FinVerw beim Zedenten fingiert, dass die noch nicht realisierte Forderung mit dem Nennwert realisiert wird. Die Differenz zu dem Verkaufspreis ist Zinsaufwand. Der fingierte Ertrag und die Differenz zwischen diesem Ertrag und dem Verkaufspreis sind über die Laufzeit des schwebenden Geschäfts wie ein Rechnungsabgrenzungsposten linear zu verteilen. Der Zessionar aktiviert die erworbene Forderung mit den Anschaffungskosten. Wird die Forderung später erfüllt, ist der Betrag in einen Zinsanteil und einen Tilgungsanteil aufzuteilen. Der Zinsanteil ist Zinsertrag i. S. d. Zinsschranke.[5]

125 Beim **Leasing** ist zu differenzieren. Geht das wirtschaftliche Eigentum an dem Leasinggegenstand auf den Leasingnehmer über, haben der Leasinggeber eine Darlehensforderung und der

---

[1] Tz. 14 und 29 – 31 BMF, Schreiben v. 4. 7. 2008, BStBl 2008 I 718, mit Beispiel.
[2] Tz. 35 f. BMF, Schreiben v. 4. 7. 2008, BStBl 2008 I 718, mit Beispiel.
[3] Tz. 14 und Tz. 32 – 34 BMF, Schreiben v. 4. 7. 2008, BStBl 2008 I 718, mit Beispiel.
[4] Tz. 14 BMF, Schreiben v. 4. 7. 2008, BStBl 2008 I 718.
[5] Tz. 37 – 39 BMF, Schreiben v. 4. 7. 2008, BStBl 2008 I 718, mit Beispiel.

Leasingnehmer eine Darlehensverbindlichkeit auszuweisen. In diesen Fällen stellen die Zinsanteile in den Leasingraten Zinsaufwendungen und Zinserträge i. S. d. Zinsschranke dar. Geht das wirtschaftliche Eigentum nicht über, entsteht grundsätzlich kein Zinsaufwand und kein Zinsertrag i. S. d. Zinsschranke.[1] Die FinVerw billigt im Fall des **Finanzierungsleasings von Immobilien** ein Wahlrecht zur Behandlung als Fremdkapital zu, wenn der Leasinggeber seine Anschaffungs-, Neben- und Finanzierungskosten vollständig durch die Leasingraten und der Ausübung eines von Beginn an vereinbarten Optionsrechts decken kann. Die Vollamortisation muss nachgewiesen werden. Der Zinsanteil gegenüber dem Leasingnehmer muss offen ausgewiesen werden.[2] Es ist nicht erforderlich, dass der offene Ausweis des Zinsanteils im Leasingvertrag selbst erfolgt. Der Ausweis kann auch in Form monatlicher oder jährlicher Abrechnungen vorgenommen werden.[3] Leasinggeber und Leasingnehmer müssen *jedoch stets* einen gemeinsamen Antrag stellen und der Leasingnehmer muss ein schriftliches und unwiderrufliches Einverständnis erklären, dass er mit der Erfassung der Zinsanteile als Zinsaufwendungen i. S. d. Zinsschranke einverstanden ist. Bei Leasingverträgen über Immobilien, die bis zum 25. 5. 2007 abgeschlossen worden sind, wird es von der FinVerw nicht beanstandet, wenn die Zinsanteile bis zur erstmaligen Änderungsmöglichkeit des Vertrags nicht offen ausgewiesen werden. Die Zinsanteile müssen aber gegenüber der Finanzbehörde nachgewiesen werden.[4]

Auch bei den **Public Private Partnerships** können in den von der öffentlichen Hand an den privaten Investor gezahlten Leistungsentgelten Zinsanteile enthalten sein. Maßgeblich ist die konkrete Vertragsgestaltung. Geht der von dem privaten Investor errichtete Projektgegenstand in das zivilrechtliche und wirtschaftliche Eigentum (sog. **Inhabermodell**) oder in das wirtschaftliche Eigentum (sog. **Erwerbermodell**) der öffentlichen Hand über, so handelt es sich bei den monatlichen Leistungsentgelten um eine über die Vertragslaufzeit gestundete Forderung des privaten Auftragnehmers, in denen Zinsanteile enthalten sind, die für Zwecke der Zinsschranke sukzessiv zu erfassen sind.[5] Ebenso verhält es sich, wenn die öffentliche Hand im Rahmen eines **Leasingmodells** wirtschaftlicher Eigentümer des Projektgegenstands wird[6] oder wenn eine in ein Gebäude eingebaute technische Anlage im wirtschaftlichen Eigentum des öffentlichen Auftraggebers steht.[7] Verbleibt dagegen das zivilrechtliche und wirtschaftliche Eigentum beim privaten Auftragnehmer (sog. **Vermietungsmodell**), enthalten die monatlichen Mietzahlungen keinen Zinsanteil.[8] Besonderheiten bestehen beim sog. **Konzessionsmodell**, bei dem der Nutzer des Projektgegenstands nicht der öffentliche Auftraggeber, sondern ein Dritter ist. Erhält die öffentliche Hand das wirtschaftliche Eigentum an dem Projektgegenstand und werden zwischen dem privaten Auftragnehmer und dem öffentlichen Auftraggeber gesonderte Darlehensvereinbarungen wegen der Vorfinanzierungsleistung des Investors geschlossen, stellen die gezahlten Zinsen beim privaten Investor Zinserträge und beim öffentlichen Auftraggeber Zinsaufwendungen dar, wenn die vereinbarten Vergütungen marktüblich sind. Die

---

1 Tz. 25 BMF, Schreiben v. 4. 7. 2008, BStBl 2008 I 718.
2 Tz. 26 BMF, Schreiben v. 4. 7. 2008, BStBl 2008 I 718.
3 OFD Nordrhein-Westfalen v. 11. 7. 2013 - S 2742a - 2003 - St 137, DStR 2013, 1947, 1948.
4 Tz. 26 BMF, Schreiben v. 4. 7. 2008, BStBl 2008 I 718.
5 Tz. 86 BMF, Schreiben v. 4. 7. 2008, BStBl 2008 I 718.
6 Tz. 88 BMF, Schreiben v. 4. 7. 2008, BStBl 2008 I 718.
7 Sog. Contracting-Modell; Tz. 89 BMF, Schreiben v. 4. 7. 2008, BStBl 2008 I 718.
8 Tz. 87 BMF, Schreiben v. 4. 7. 2008, BStBl 2008 I 718.

Marktüblichkeit hat der private Auftragnehmer nachzuweisen. Übersteigen die gezahlten Zinsen die Refinanzierungskosten, spricht dies gegen die Marktüblichkeit.[1]

127–140 *(Einstweilen frei)*

II. Rechtsfolge: Beschränkte Abzugsfähigkeit der Zinsaufwendungen

1. Abzugsfähigkeit i. H. der Zinserträge

141 Gemäß § 4h Abs. 1 Satz 1 EStG sind die Zinsaufwendungen eines Betriebs unbeschränkt abziehbar i. H. des Zinsertrags. Bei der Anwendung der Zinsschrankenregelung ist – anders als bei § 8a KStG a. F. – die genaue Bestimmung der Zinserträge von Bedeutung, weil durch die Höhe der Zinserträge der Nettozinsaufwand beeinflusst wird. Der Begriff der „Zinserträge" ist in § 4h Abs. 3 Satz 3 EStG definiert. Danach sind Zinserträge **Erträge aus Kapitalforderungen jeder Art**, die den maßgeblichen Gewinn – bei Körperschaften das maßgebliche Einkommen – erhöht haben. Nach der Gesetzesbegründung gilt dies wiederum nur, wenn die Rückzahlung des Fremdkapitals oder ein Entgelt für die Überlassung des Fremdkapitals zur Nutzung zugesagt oder gewährt worden ist, auch wenn die Höhe des Entgelts von einem ungewissen Ereignis abhängt.[2] Es gelten demnach **spiegelbildlich** die gleichen Grundsätze wie bei den Zinsaufwendungen. Es werden nur Erträge aus der Überlassung von Geldkapital erfasst. Vergütungen für die Überlassung von Sachkapital (Miete, Pacht) oder immateriellen Wirtschaftsgütern (Lizenz- oder Patentgebühren) sind keine Zinserträge. Es ist unerheblich, wer der Schuldner der Vergütungen ist und ob es sich um eine kurzfristige oder langfristige Kapitalforderung handelt.

142 Unter die „Kapitalforderungen jeder Art" fallen die in → Rz. 113 aufgezählten Fremdkapitalgewährungen. Zu den „Erträgen" aus den Kapitalforderungen gehören die in → Rz. 115 genannten Vergütungen. Die Erträge können laufend oder einmalig gezahlt werden, in Geld- oder Sachwerten bestehen, aufgrund einer rechtlichen Verpflichtung oder freiwillig erbracht werden. Nicht zu den Zinserträgen gehört die Vereinnahmung von **Dividenden** und **Genussrechten** i. S. d. § 8 Abs. 3 Satz 2 KStG sowie zugerechneten **Gewinnanteilen an einer Mitunternehmerschaft** einschließlich der Sondervergütungen. Auch der Erhalt von **Erstattungszinsen** nach § 233a AO sowie von **Skonti** und **Boni** sind keine Zinserträge. Soweit die Erträge **steuerfrei** sind, sind sie nicht zu erfassen, weil sie den Gewinn nicht erhöht haben. Hat dagegen eine Kapitalgesellschaft an einen Gesellschafter oder eine diesem nahe stehende Person ein Darlehen zu einem unangemessen niedrigen Zinssatz ausgegeben, so ist die **vGA** im Rahmen der Zinsschranke als Zinsertrag zu erfassen. Die vGA dient der steuerlichen Gleichstellung mit einem angemessenen Zinssatz. Dies gebietet die Einbeziehung der vGA in die Berechnung für die Zinsschranke. Gleiches gilt beim Ausreichen eines unangemessen niedrig verzinslichen Darlehens an eine ausländische Tochtergesellschaft hinsichtlich der Korrekturen nach **§ 1 Abs. 1 AStG**. Erträge aus der **Aufzinsung** von unverzinslichen oder niedrig verzinslichen Kapitalforderungen und der **Abzinsung** von unverzinslichen oder niedrig verzinslichen Verbindlichkeiten gehören gem. § 4h Abs. 3 Satz 4 EStG ebenfalls zu den Zinserträgen.[3] Bei einer **Wertpapierleihe**

---

[1] Tz. 90 BMF, Schreiben v. 4. 7. 2008, BStBl 2008 I 718.
[2] BT-Drucks. 16/4841, 49.
[3] *Scheunemann/Socher*, BB 2007, 1144, 1148; wegen der Einzelheiten vgl. → Rz. 121.

kann nach Ansicht der FinVerw ein Missbrauch rechtlicher Gestaltungsmöglichkeiten vorliegen, wenn dadurch beim Entleiher „künstlich" Zinseinnahmen erzielt werden sollen.[1]

(Einstweilen frei)

2. Abzugsfähigkeit bis zur Höhe des verrechenbaren EBITDA

Über die Höhe der Zinserträge hinaus darf der sog. Nettozinsaufwand **nur bis zur Höhe des verrechenbaren EBITDA** (Earnings before Interest, Taxes, Depreciation and Amortization) abgezogen werden (§ 4h Abs. 1 Satz 1 und 2 EStG). Ausgangspunkt für die Ermittlung des verrechenbaren EBITDA ist nach § 4h Abs. 1 Satz 2 EStG der „maßgebliche Gewinn". Im Körperschaftsteuerrecht tritt an die Stelle des „maßgeblichen Gewinns" das „maßgebliche Einkommen" (§ 8a Abs. 1 Satz 1 KStG).

a) Maßgebliches Einkommen

Nach § 8a Abs. 1 Satz 2 KStG ist das „maßgebliche Einkommen" das nach den Vorschriften des Einkommensteuergesetzes und des Körperschaftsteuergesetzes ermittelte Einkommen mit Ausnahme der §§ 4h und 10d EStG und des § 9 Abs. 1 Nr. 2 KStG. **Ausgangspunkt** für die Ermittlung des „maßgeblichen Einkommens" ist danach der für das jeweilige Wirtschaftsjahr **nach § 8 Abs. 1 KStG i. V. m. §§ 4 ff. EStG ermittelte Gewinn** vor Anwendung der Zinsschranke.

Alle **Beträge, die das Einkommen erhöhen**, sind dem Steuerbilanzgewinn hinzuzurechnen. Hierbei handelt es sich insbesondere um steuerlich nicht abziehbare Gewinnminderungen (s. § 8b Abs. 3 Satz 3 KStG), nicht ausgleichs- oder abzugsfähige Verluste (§ 2a, § 15 Abs. 4, § 15a EStG, § 4 Abs. 6, § 12 Abs. 2 UmwStG und der Freistellung unterliegende ausländische Verluste), Zuschläge und Hinzurechnungen, die bilanziell nicht in Erscheinung treten (§ 6b Abs. 7 EStG, der Berichtigungsbetrag nach § 1 AStG und der Hinzurechnungsbetrag nach §§ 7 ff. AStG), vGA,[2] nicht abziehbare Aufwendungen gem. § 10 KStG sowie die Belastung mit Gewerbesteuer.[3]

Da nur das steuerpflichtige Einkommen maßgeblich ist, sind die **steuerfreien Einkünfte** abzuziehen.[4] **Beteiligungserträge nach § 8b KStG** erhöhen das Zinsausgleichsvolumen hingegen nur i. H. v. 5 % (§ 8b Abs. 5 Satz 1 KStG). Da das Einkommen von Holdings fast ausschließlich aus Beteiligungserträgen besteht, kann dies für sie zu erheblichen Nachteilen führen.[5] Diese werden zusätzlich dadurch verstärkt, dass die Holdinggesellschaften wegen ihrer Finanzierungsfunktion einen hohen Fremdfinanzierungsbedarf haben. Die Escape-Klausel wird häufig nicht genutzt werden können, weil die Eigenkapitalquote schlechter als die des Konzerns ist. Dies beruht darauf, dass sich bei der Ermittlung der Eigenkapitalquote von Holdinggesellschaften die Kürzung um die Beteiligungsbuchwerte besonders negativ auswirkt. Außerdem wird häufig eine schädliche Gesellschafter-Fremdfinanzierung i. S. d. § 8a Abs. 3 KStG vorliegen.

Auch Veräußerungsgewinne gemäß § 8b Abs. 2 KStG erhöhen das Zinsausgleichsvolumen nur zu 5 %. Das Einkommen ist zudem gemindert um steuerlich nicht zu berücksichtigende Über-

---

[1] Tz. 24 BMF, Schreiben v. 4. 7. 2008, BStBl 2008 I 718; a. A. *Goebel/Eilinghoff/Kim*, DStZ 2008, 630, 633.
[2] *Stangl* in RHN, § 8a Rz. 72.
[3] *Frotscher*/Drüen, § 8a Rz. 180a.
[4] *Schaden/Käshammer*, BB 2007, 2259; *Scheunemann/Socher*, BB 2007, 1144, 1146.
[5] *Heuermann* in Blümich, KStG § 8a Rz. 11; *Schwedhelm* in Streck, KStG, § 8a Rz. 16.

nahmegewinne (§ 4 Abs. 7, § 12 Abs. 2 UmwStG) und ausländische Einkünfte, die der Freistellungsmethode unterliegen.

151 Bei einer KGaA soll nach Auffassung des BMF der Gewinnanteil des persönlich haftenden Gesellschafters zum Betrieb der KGaA gehören.[1] Zur Ermittlung des maßgeblichen Einkommens i. S. d. § 8a Abs. 1 KStG soll die Vorschrift des § 9 Abs. 1 Satz 1 Nr. 1 KStG nicht anzuwenden sein. Bei der Bildung des steuerlichen EBITDA des persönlich haftenden Gesellschafters bleibt der Gewinnanteil nach Meinung des BMF unberücksichtigt.[2] Diese Auffassung ist abzulehnen. Sie lässt sich aus dem Gesetz nicht ableiten.[3]

152 Ist die Körperschaft an einer **Mitunternehmerschaft** beteiligt, ist die Zinsschranke sowohl auf der Ebene der Mitunternehmerschaft als auch auf der Ebene der Körperschaft zu prüfen. Das Ergebnis der Mitunternehmerschaft beeinflusst über die anteilige Zurechnung gem. § 15 Abs. 1 Nr. 2 EStG auch das Einkommen der Körperschaft. Dadurch wirkt sich das Ergebnis der Mitunternehmerschaft sowohl auf der Ebene der Mitunternehmerschaft als auch auf der Ebene der Körperschaft auf die Zinsschranke aus. Diese doppelte Auswirkung wird durch keine Kürzungsvorschrift nach dem Vorbild des § 9 Nr. 2 GewStG verhindert. Nach Ansicht der FinVerw sind die nach § 15 Abs. 1 Nr. 2 EStG zugerechneten Mitunternehmeranteile bei der Ermittlung des Gewinns der Körperschaft auszuscheiden.[4] Diese Auffassung hat aber keine Rechtsgrundlage.[5] Überzeugend hat sich gegen die Auffassung der FinVerw inzwischen auch das FG Köln gestellt: Die Definition des maßgeblichen Gewinns stellt klar auf den allgemeinen Gewinnbegriff des § 4 Abs. 1 Satz 1 EStG ab; bei der Mutterpersonengesellschaft einer mehrstöckigen Mitunternehmerschaft ist steuerpflichtiger Gewinn der Gesamtgewinn, in dem auch die für die Mutterpersonengesellschaft einheitlich und gesondert festgestellten Ergebnisanteile aus Tochterpersonengesellschaften enthalten sind. Aus der Betriebsbezogenheit der Zinsschranke kann sich bereichsbezogen für die Zinsschranke nichts anderes ergeben. Eine Personengesellschaft hat nur einen Betrieb, zu dem bei einer Mutterpersonengesellschaft auch die Beteiligung an der Tochtergesellschaft zählt.[6] Ob sich die Auffassung des FG Köln letztlich durchsetzt, wird sich in dem beim BFH anhängigen Revisionsverfahren IV R 4/14 zeigen.

153 Ist die Körperschaft an einer vermögensverwaltenden Personengesellschaft beteiligt (sog. **Zebragesellschaft**), greift die Zinsschranke nur auf der Ebene der Körperschaft ein. Die auf der Ebene der Personengesellschaft entstandenen Zinsaufwendungen, Zinserträge und Abschreibungen, sowie die Beteiligungseinkünfte sind anteilig bei der Körperschaft im Rahmen der Gewinneinkünfte zu berücksichtigen.[7]

154 Die Zinsschranke ist als Gewinnermittlungsvorschrift auf das **Wirtschaftsjahr** bezogen anzuwenden. Der Begriff „maßgebliches Einkommen" bezieht sich dagegen auf das **Kalenderjahr** (vgl. § 7 Abs. 3 Satz 1 und 2 KStG). Entspricht das Wirtschaftsjahr dem Kalenderjahr, ist dies unproblematisch. Bei einem abweichenden Wirtschaftsjahr ist der Gewinn oder Verlust in dem Kalenderjahr zugrunde zu legen, in dem das Wirtschaftsjahr endet (§ 7 Abs. 4 Satz 2 KStG). En-

---

[1] Tz. 8 BMF, Schreiben v. 4. 7. 2008, BStBl 2008 I 718.
[2] Tz. 44 BMF, Schreiben v. 4. 7. 2008, BStBl 2008 I 718.
[3] Ebenso *Rödder/Hageböke/Stangl*, DB 2009, 1561.
[4] Tz. 42 BMF, Schreiben v. 4. 7. 2008, BStBl 2008 I 718; ebenso: *Möhlenbrock*, Ubg 2008, 1, 5.
[5] *Rödder*, Beihefter zu DStR 2007 Heft 40, 7; ähnlich: *Kußmaul/Pfirmann/Meyering/Schäfer*, BB 2008, 135, 136.
[6] FG Köln, Urteil v. 19. 12. 2013 - 10 K 1916/12, EFG 2014, 521 = BB 2014, 676, mit Anm. *Ernst*. Zu dem Urteil auch *Liekenbrock*, DStR 2014, 991.
[7] Tz. 43 BMF, Schreiben v. 4. 7. 2008, BStBl 2008 I 718.

den aufgrund einer Umstellung zwei Wirtschaftsjahre in dem Kalenderjahr, so sind die Ergebnisse beider Wirtschaftsjahre in dem maßgeblichen Einkommen enthalten. In diesem Fall muss das maßgebliche Einkommen auf die Wirtschaftsjahre **aufgeteilt** werden, weil die Zinsschranke für jedes Wirtschaftsjahr gesondert anzuwenden ist. Aufteilungsmaßstab ist der in das maßgebliche Einkommen eingegangene Gewinn oder Verlust des jeweiligen Wirtschaftsjahres. Außerbilanzielle Korrekturen sind dem Wirtschaftsjahr zuzuordnen, in dem sie wirtschaftlich veranlasst worden sind.

Eine **Aufteilung** des maßgeblichen Einkommens ist auch erforderlich, wenn die betreffende Körperschaft mehrere Betriebe inne hat. Dies ist bei unbeschränkt steuerpflichtigen Körperschaften gem. § 1 Abs. 1 Nr. 4 und 5 KStG möglich (vgl. → Rz. 98). Die Aufteilung erfolgt nach dem Verhältnis, mit dem die Ergebnisse der Betriebe in das maßgebliche Einkommen eingegangen sind. Außerbilanzielle Korrekturen sind dem Betrieb zuzuordnen, in dem sie wirtschaftlich verursacht worden sind. Nach den gleichen Prinzipien erfolgt eine Aufteilung, wenn Körperschaften nach § 1 Abs. 1 Nr. 4 und 5 KStG auch noch Überschusseinkünfte erzielt haben. Für Überschusseinkünfte gilt die Zinsschranke grundsätzlich nicht (Ausnahme: § 8a Abs. 1 Satz 4 KStG, vgl. → Rz. 100). Deshalb müssen die in dem maßgeblichen Einkommen enthaltenen Überschusseinkünfte herausgerechnet werden.[1]

155

(Einstweilen frei)

156–160

b) Verrechenbares EBITDA

Das maßgebliche Einkommen ist nach § 8a Abs. 1 Satz 1 KStG i.V. m. § 4h Abs. 1 Satz 2 EStG um die Zinsaufwendungen und um die nach § 6 Abs. 2 Satz 1, § 6 Abs. 2a Satz 2 und § 7 EStG abgesetzten Beträge zu erhöhen und um die Zinserträge zu vermindern. Das Gesetz bezeichnet diese Bezugsgröße als EBITDA (Earnings before Interest, Taxes, Depreciation and Amortization). 30 % dieses Betrags werden vom Gesetz als „verrechenbares EBITDA" (§ 4h Abs. 1 Satz 2 EStG) definiert. Zu beachten ist aber, dass diese steuerliche Größe nicht mit dem EBITDA nach HGB, IFRS oder US-GAAP übereinstimmt.[2]

161

Das maßgebliche Einkommen darf nur um die im Gesetz genannten Positionen erhöht werden. Deshalb wird das Einkommen weiterhin durch **Teilwertabschreibungen** (§ 6 Abs. 1 Nr. 1 Satz 2, Nr. 2 Satz 2 EStG), **erhöhte Absetzungen** (z. B. § 7h EStG oder § 7i EStG) und **Sonderabschreibungen** (z. B. § 7g Abs. 5 EStG) gemindert. Neben den regelmäßigen Abschreibungen nach § 7 EStG sind aber auch Absetzungen für **außergewöhnliche technische und wirtschaftliche Abnutzung** nach § 7 Abs. 1 Satz 7 EStG zu neutralisieren. Die Hinzurechnung der regulären Abschreibungen soll nach Ansicht des Gesetzgebers einen Anreiz bieten, Anlageinvestitionen im Inland vorzunehmen.[3]

162

Für die Ermittlung des verrechenbaren EBITDA ergibt sich danach folgendes **Berechnungsschema:**[4]

163

---

[1] A. A. *Schaden/Käshammer*, BB 2007, 2259.
[2] Vgl. *Scheunemann/Socher*, BB 2007, 1144, 1145 f.; *Gosch/Förster* § 8a Rz. 66.
[3] BT-Drucks. 16/5491, 17.
[4] Vgl. Tz. 41 BMF, Schreiben v. 4. 7. 2008, BStBl 2008 I 718.

Gewinn des Wirtschaftsjahres vor Anwendung der Zinsschranke (§ 8 Abs. 1 Satz 1 KStG i. V. m. §§ 4 ff. EStG)

Außerbilanzielle Korrekturen nach Maßgabe der R 7.1 Abs. 1 Satz 1 KStR 2015: z. B.

- \+ Verdeckte Gewinnausschüttungen gem. § 8 Abs. 3 Satz 2 KStG
- \+ Berichtigungsbetrag nach § 1 Abs. 1 AStG
- ./. Einlagen
- \+ Nicht abzugsfähige Aufwendungen (§ 10 KStG, § 4 Abs. 5 EStG, § 160 AO)
- \+ Gesamtbetrag der Zuwendungen nach § 9 Abs. 1 Nr. 2 KStG
- ./. Steuerfreie Bestandteile des Gewinns (z. B. § 8b KStG, steuerfreie Einkünfte nach DBA)
- +./. Zurechnung des Einkommens von Organgesellschaften

Keine Verminderung um die abzugsfähigen Zuwendungen nach § 9 Abs. 1 Nr. 2 KStG

Kein Verlustabzug nach § 10d EStG

Kein Ansatz des Zinsvortrags aus früheren Jahren (§ 4h Abs. 1 Satz 6 EStG)

- = Maßgebliches Einkommen (§ 8a Abs. 1 Satz 1 und 2 KStG)
- \+ Zinsaufwendungen
- \+ Sofortabschreibungen auf GWG (§ 6 Abs. 2 Satz 1 EStG)
- \+ Abschreibungen auf den Sammelposten (§ 6 Abs. 2a Satz 2 EStG)
- \+ Absetzungen für Abnutzung (§ 7 EStG)
- ./. Zinserträge
- = EBITDA, davon 30 %
- = Verrechenbares EBITDA (§ 4h Abs. 1 Satz 1 EStG)

164 Zu beachten ist noch der Sonderfall der **beschränkt steuerpflichtigen Objektgesellschaften**, die wegen der isolierenden Betrachtungsweise des § 49 Abs. 2 EStG Überschusseinkünfte erzielen.[1] Die Zinsschranke ist zwar grundsätzlich nur auf Gewinneinkunftsarten anwendbar. § 8a Abs. 1 Satz 4 KStG bezieht die beschränkt steuerpflichtigen Objektgesellschaften aber ausdrücklich in den Anwendungsbereich der Zinsschranke ein (vgl. → Rz. 100). Diese Sondervorschrift gilt nur für Kapitalgesellschaften, nicht für andere Körperschaften. Die ausländischen Gesellschaften sind deshalb einem Typenvergleich zu unterziehen. Das maßgebliche Einkommen ist nach den Grundsätzen der Überschusseinkunftsarten zu ermitteln. Die für die Zinsschranke maßgebliche Bezugsgröße ist parallel zur Ermittlung des verrechenbaren EBITDA durch Hinzurechnung der Zinsaufwendungen, des Sofortabzugs für GWGs und der regulären Abschreibungen nach § 7 EStG sowie durch Kürzung um die Zinserträge zu berechnen.

165–170 *(Einstweilen frei)*

3. Behandlung des nicht abzugsfähigen Teils der Zinsaufwendungen

171 Die nicht abzugsfähigen Zinsaufwendungen sind **außerbilanziell** dem Gewinn wieder **hinzuzurechnen**.[2] Anders als bei § 8a KStG a. F. werden die übersteigenden Zinsaufwendungen nicht als (fingierte) verdeckte Gewinnausschüttungen, sondern als **nicht abzugsfähige Be-**

---

[1] BT-Drucks. 16/5491, 22.
[2] *Dörr/Geibel/Fehling*, NWB F. 4, 5199, 5204.

triebsausgaben behandelt. Sie unterliegen daher **nicht** der **Kapitalertragsteuer**.[1] Der **Empfänger** der Vergütungen hat die Vergütungen als Zinserträge **zu versteuern**.[2] Eine korrespondierende Entlastung auf der Empfängerseite, wie sie früher über § 8b KStG bzw. § 3 Nr. 40 EStG bewirkt wurde, ist nicht mehr vorgesehen. Dies bedeutet eine Doppelbesteuerung derselben Vergütungen bei der Körperschaft und beim Empfänger. Die nicht abzugsfähigen Zinsaufwendungen können allerdings gem. § 4h Abs. 1 Satz 5 EStG in die folgenden Wirtschaftsjahre betragsmäßig und zeitlich unbegrenzt **vorgetragen** werden (sog. Zinsvortrag). Konzeptionell soll die Doppelbesteuerung daher nur temporär wirken.

Der Mechanismus der Zinsschranke weist indes wegen der Gewinnabhängigkeit der Abzugsbeschränkung eine Tendenz auf, **krisenverschärfend** zu wirken. Je geringer der erwirtschaftete Gewinn ist, umso höher ist der nicht abzugsfähige Teil der Zinsen. Ist das verrechenbare EBITDA negativ, entfällt der Zinsabzug sogar vollständig. Der gesamte Zinsaufwand muss in diesem Fall vorgetragen werden. Dieser Mechanismus kann sogar dazu führen, dass Steuern zu zahlen sind, obwohl ein Verlust erwirtschaftet worden ist. In diesem Fall ist die Grenze zur Substanzbesteuerung überschritten.[3]

172

BEISPIEL: Die A-GmbH erzielt einen Gewinn lt. Steuerbilanz i. H. v. 10 000 000 €. Darin sind 6 000 000 € Zinsaufwendungen, 500 000 € Zinserträge, 2 000 000 € Beteiligungserträge i. S. d. § 8b KStG und 2 000 000 € Absetzungen für Abnutzung nach § 7 EStG enthalten. Die A-GmbH hat eine vGA i. H. v. 1 000 000 € verwirklicht. Die drei Ausnahmen von der Zinsschranke sollen nicht eingreifen.

		Zinsschranke		Einkommen
Gewinn lt. Steuerbilanz		10 000 000 €		10 000 000 €
+ vGA	+	1 000 000 €	+	1 000 000 €
./. 95 % der Beteiligungserträge	./.	1 900 000 €	./.	1 900 000 €
= maßgebliches Einkommen		9 100 000 €		9 100 000 €
+ Zinsaufwendungen	+	6 000 000 €		
./. Zinserträge	./.	500 000 €		
+ Absetzungen für Abnutzung	+	2 000 000 €		
= EBITDA		16 600 000 €		
davon 30 % (verrechenbares EBITDA)		4 980 000 €		
Nettozinsaufwand:				
Zinsaufwendungen		6 000 000 €		
./. Zinserträge	./.	500 000 €		
=		5 500 000 €		
maximal abzugsfähig		4 980 000 €		
nicht abzugsfähig		520 000 €		520 000 €
steuerpflichtiges Einkommen				9 620 000 €

---

1 *Möhlenbrock*, Ubg 2008, 1, 2, Fn. 11.
2 *Rödder/Stangl*, DB 2007, 479, 480.
3 Zu den daraus folgenden verfassungsrechtlichen Bedenken vgl. Rz. 37 ff.; *Hallerbach*, StuB 2007, 487, 488 f.; *Langenmayr*, StB 2008, 37, 40.

ABWANDLUNG:

		Zinsschranke		Einkommen
Das Ergebnis lt. Steuerbilanz beträgt 0 €				
Gewinn lt. Steuerbilanz		0 €		0 €
+ vGA	+	1 000 000 €	+	1 000 000 €
./. 95 % der Beteiligungserträge	./.	1 900 000 €	./.	1 900 000 €
= maßgebliches Einkommen	./.	900 000 €	./.	900 000 €
+ Zinsaufwendungen	+	6 000 000 €		
./. Zinserträge	./.	500 000 €		
+ Absetzungen für Abnutzung	+	2 000 000 €		
= EBITDA		6 600 000 €		
davon 30 % (verrechenbares EBITDA)		1 980 000 €		
Nettozinsaufwand:				
Zinsaufwendungen		6 000 000 €		
./. Zinserträge	./.	500 000 €		
=		5 500 000 €		
maximal abzugsfähig		1 980 000 €		
nicht abzugsfähig		3 520 000 €		3 520 000 €
steuerpflichtiges Einkommen				2 620 000 €

ABWANDLUNG:

		Zinsschranke		Einkommen
Das Ergebnis lt. Steuerbilanz beträgt ./. 2 000 000 €				
Verlust lt. Steuerbilanz	./.	2 000 000 €	./.	2 000 000 €
+ vGA	+	1 000 000 €	+	1 000 000 €
./. 95 % der Beteiligungserträge	./.	1 900 000 €	./.	1 900 000 €
= maßgebliches Einkommen	./.	2 900 000 €	./.	2 900 000 €
+ Zinsaufwendungen	+	6 000 000 €		
./. Zinserträge	./.	500 000 €		
+ Absetzungen für Abnutzung	+	2 000 000 €		
= EBITDA		4 600 000 €		
davon 30 % (verrechenbares EBITDA)		1 380 000 €		

Nettozinsaufwand:		
Zinsaufwendungen		6 000 000 €
./. Zinserträge	./.	500 000 €
=		5 500 000 €
maximal abzugsfähig		1 380 000 €
nicht abzugsfähig		4 120 000 €	4 120 000 €
steuerpflichtiges Einkommen			2 020 000 €

Unter **gestalterischen Aspekten** bietet sich zur mehrfachen Ausnutzung der 30-%-Grenze an, einen Teil des Geschäftsbetriebs auf eine Tochter-Personengesellschaft auszugliedern.[1] Generell wird sich zwecks Erhöhung des verrechenbaren EBITDA zukünftig die Frage stellen, ob angesichts einer auf unter 30 % verringerten Gesamtsteuerbelastung von inländischen Kapitalgesellschaften eine Gewinnverlagerung ins Inland noch sinnvoll ist.

(Einstweilen frei) 174–180

III. Erweiterte Abzugsfähigkeit der Zinsaufwendungen: Der EBITDA-Vortrag (§ 4h Abs. 1 Satz 3 und 4 EStG)

1. Die Voraussetzungen des EBITDA-Vortrags (§ 4h Abs. 1 Satz 3 EStG)

Mit dem WachsBeschlG vom 22.12.2009[2] wurde der EBITDA-Vortrag in das Gesetz eingefügt. Der EBITDA-Vortrag soll es ermöglichen, einen nicht ausgeschöpften Abzugsrahmen der Zinsschranke in den fünf folgenden Wj. auszunutzen.[3] Ein EBITDA-Vortrag entsteht nach § 4h Abs. 1 Satz 3 EStG, wenn das **verrechenbare** EBITDA (§ 4h Abs. 1 Satz 2 EStG) die um die Zinserträge geminderten Zinsaufwendungen des Betriebs übersteigt.

BEISPIEL: Das verrechenbare EBITDA der D-GmbH beträgt 10 000 000 €, die Zinserträge betragen 2 000 000 € und die Zinsaufwendungen 4 000 000 €. Das verrechenbare EBITDA übersteigt die Differenz zwischen den Zinsaufwendungen und den Zinserträgen (2 000 000 €) um 8 000 000 €. In Höhe des Betrags von 8 000 000 € entsteht ein EBITDA-Vortrag.

Sind die Zinserträge gleich hoch oder höher als die Zinsaufwendungen (sog. **positiver Zinsüberschuss**), entsteht ebenfalls ein EBITDA-Vortrag.[4] Soweit dem im Ansatz mit der Begründung widersprochen wird, ein EBITDA-Vortrag entstehe nicht in Fällen, in denen § 4h Abs. 2 EStG die Anwendung der Zinsschranke ausschließe (§ 4h Abs. 1 Satz 3 Halbsatz 2 EStG),[5] vermag dies nicht zu überzeugen.[6]

---

1 *Kollruss*, BB 2007, 1988, 1991; *Rupp*, EStB 2007, 419, 420.
2 BGBl 2009 I 3950.
3 BT-Drucks. 17/15, 17.
4 Ebenso Finanzministerium des Landes Schleswig-Holstein v. 10.8.2012 - VI 301 - S 2741 - 109, NWB AAAAE-15781; OFD Frankfurt am Main v. 17.7.2012 - S 2742a A-4-St 51, KSt-Kartei HE § 8a KStG Karte 19; OFD Nordrhein-Westfalen v. 11.7.2013 - S 2742a - 2003 - St 137, DStR 2013, 1947; *Fischer*, DStR 2012, 2000, 2002 f.; *Gosch/Förster*, § 8a Rz. 95; *Schänzle/Mattern* in Schnitger/Fehrenbacher, § 8a Rz. 633; *Rödder*, DStR 2010, 529, 530; a. A. *Möhlenbrock/Pung* in DPM, § 8a Rz. 240b.
5 Vom Ausgangspunkt OFD Frankfurt am Main v. 17.7.2012 - S 2742a A-4-St 51, KSt-Kartei HE § 8a KStG Karte 19.
6 *Fischer*, DStR 2012, 2000, 2002 f.

> **BEISPIEL:** Das verrechenbare EBITDA der D-GmbH beträgt 10 000 000 €, die Zinserträge betragen 2 000 000 € und die Zinsaufwendungen 1 000 000 €. Die Zinsaufwendungen sind gem. § 4h Abs. 1 Satz 1 EStG in voller Höhe abziehbar, da sie die Zinserträge nicht übersteigen. Ein nicht ausgenutztes Abzugsvolumen und damit ein EBITDA-Vortrag kann in diesem Fall nicht entstehen, wenn es darauf ankommt, dass nach § 4h Abs. 2 EStG die Anwendung der Zinsschranke ausgeschlossen ist (§ 4h Abs. 2 Satz 1 Buchst. a EStG).

183 Dieses Ergebnis erscheint systematisch nicht nachvollziehbar. Hiernach können Unternehmen, deren Zinsaufwendungen die Zinserträge übersteigen, einen EBITDA-Vortrag bilden, im umgekehrten Fall ist hingegen die Bildung eines EBITDA-Vortrags nicht möglich. Deshalb sollte in steuerplanerischer Hinsicht ggf. sichergestellt werden, dass die Zinserträge nicht die Zinsaufwendungen übersteigen, um einen EBITDA-Vortrag generieren zu können.

184–190 *(Einstweilen frei)*

2. Ausschluss des EBITDA-Vortrags

191 Nach § 4h Abs. 1 Satz 3 Halbsatz 2 EStG entsteht ein EBITDA-Vortrag nicht, wenn einer der Ausnahmefälle für die Anwendung der Zinsschranke i. S. d. § 4h Abs. 2 EStG greift. Der Ausschluss gilt zwar nach dem Gesetzeswortlaut für alle drei Ausnahmetatbestände des § 4h Abs. 2 EStG.[1] Jedoch ist im Zusammenhang mit der Anwendung des § 4h Abs. 2 Buchst. b und c EStG zu beachten, dass sich der Stpfl. in der Praxis auf die Stand-alone oder Escape-Klausel berufen wird, weil der Nettozinsaufwand das verrechenbare EBITDA übersteigt. Das Entstehen eines EBITDA-Vortrags wird insoweit also regelmäßig nicht im Raum stehen.[2] Im Hinblick auf die Freigrenze des § 4h Abs. 2 Buchst. a EStG kann in steuerplanerischer Hinsicht erwogen werden, die Freigrenze bewusst, z. B. durch die Aufnahme eines Gesellschafterdarlehens zu überschreiten, um einen EBITDA-Vortrag nutzen zu können.[3]

192 Der Ausschluss des EBITDA-Vortrags gilt allerdings nur für die Wj., in denen bei dem Stpfl. einer der Ausnahmefälle des § 4h Abs. 2 EStG anwendbar ist. Dementsprechend verfallen EBITDA-Vorträge aus vorherigen Wj. nicht oder darf der Stpfl. in nachfolgenden Wj. einen EBITDA-Vortrag bilden, wenn in diesen Wj. ein Ausnahmefall des § 4h Abs. 2 EStG nicht vorlag.[4]

193–200 *(Einstweilen frei)*

3. Rechtsfolgen des EBITDA-Vortrags

201 Der EBITDA-Vortrag ist der Höhe nach nicht begrenzt und ist von Amts wegen zu berücksichtigen. Zeitlich ist der EBITDA-Vortrag jedoch begrenzt, da er nur in die folgenden fünf Wj. vorzutragen ist (zu den verfahrensrechtlichen Fragen s. → Rz. 641 ff.). Ein EBITDA-Vortrag ist erstmals für nach dem 31. 12. 2009 endende Wj. festzustellen (§ 52 Abs. 12d Satz 4 EStG i. d. F. vor dem Gesetz zur Anpassung des nationalen Steuerrechts an den Beitritt Kroatiens zur EU und zur Änderung weiterer steuerlicher Vorschriften v. 25. 7. 2014).[5] Der EBITDA-Vortrag erhöht das Zinsabzugsvolumen nach Anwendung der Zinsschranke des § 4h Abs. 1 Satz 1 EStG. Nur

---

1 So auch *Hick* in HHR, EStG § 4h Rz. 30; KKB/*Ortmann-Babel*, § 4h EStG Rz. 23; *Schenke* in Kirchhof/Söhn/Mellinghoff, § 4h EStG Rz. B 62; a. A. *Herzig/Liekenbrock*, DB 2010, 690, 692.
2 Vgl. *Herzig/Liekenbrock*, DB 2010, 690, 692.
3 Siehe *Gemmel/Loose*, NWB 2010, 262, 265 f.; *Kessler/Lindemer*, DB 2010, 472, 474; *Rätke*, BBK 2010, 317, 320.
4 So auch *Bien/Wagner*, BB 2009, 2627, 2632; *Hick* in HHR, EStG § 4h Rz. 30.
5 BGBl 2014 I 1266.

soweit Zinsaufwendungen unter Anwendung des § 4h Abs. 1 Satz 1 EStG nicht abgezogen werden können, dürfen sie in Höhe des EBITDA-Vortrags aus den vorangegangenen Wj. abgezogen werden.

> **BEISPIEL:** Der D-GmbH steht aus dem Wj. 02 ein EBITDA-Vortrag i. H.v. 6 000 000 €, zur Verfügung. Das verrechenbare EBITDA der D-GmbH beträgt im Wj. 03 1 000 000 €. Im Jahr 03 sind der D-GmbH Zinsaufwendungen i. H.v. 4 000 000 € erwachsen. Nach § 4h Abs. 1 Satz 1 EStG darf die D-GmbH nur Zinsaufwendungen i. H.v. 1 000 000 € abziehen. Aufgrund des EBITDA-Vortrags aus dem Jahr 02 darf die D-GmbH jedoch die Zinsaufwendungen des Wj. 03 in Höhe eines weiteren Betrags von 3 000 000 € abziehen.

Erfolgt ein erweiterter Zinsabzug aufgrund eines bestehenden EBITDA-Vortrags, mindert sich der EBITDA-Vortrag. Dabei mindern sich die EBITDA-Vorträge in ihrer zeitlichen Reihenfolge.[1] Soweit ein EBITDA-Vortrag noch nach dem fünften folgenden Wj. besteht, verfällt er. Das Gesetz stellt ausdrücklich auf fünf Wirtschaftsjahre ab. Bildet der Stpfl. also ein Rumpf-Wj. verkürzt sich der Zeitraum der Nutzbarkeit eines EBITDA-Vortrags.

202

> **BEISPIEL:** Der EBITDA-Vortrag der D-GmbH setzt sich aus einem EBITDA-Vortrag i. H.v. 5 500 000 € aus dem Jahr 01 und aus einem EBITDA-Vortrag i. H.v. 500 000 € aus dem Jahr 02 zusammen. Nach Anwendung des § 4h Abs. 1 Satz 1 EStG verbleiben im Jahr 03 Zinsaufwendungen i. H.v. 3 000 000 €. Der EBITDA-Vortrag mindert sich um 3 000 000 €. Dabei mindert sich nur der EBITDA-Vortrag des Jahres 01.
>
> In den Jahren 04 – 06 übersteigen die Zinsaufwendungen die Zinserträge nicht. Im Jahr 07 betragen das verrechenbare EBITDA der D-GmbH 500 000 €, die Zinserträge 100 000 € und die Zinsaufwendungen 3 500 000 €. Nach § 4h Abs. 1 Satz 1 EStG darf die D-GmbH Zinsaufwendungen i. H.v. 100 000 € + 500 000 € = 600 000 € abziehen. Außerdem darf die D-GmbH nach § 4h Abs. 1 Satz 4 EStG aus dem noch bestehenden EBITDA-Vortrag des Jahres 02 weitere Zinsaufwendungen i. H.v. 500 000 € abziehen. Der EBITDA-Vortrag aus dem Jahr 01 i. H.v. 2 500 000 € ist gem. § 4h Abs. 1 Sätze 3 und 4 EStG verfallen.

Damit widerspricht die zeitliche Befristung des EBITDA-Vortrags der gesetzgeberischen Absicht bei der Einführung des EBITDA-Vortrags, die Anwendung der Zinsschranke bei nur zeitlich befristeten wirtschaftlichen Schwierigkeiten auszuschließen, denn Zinsaufwendungen werden regelmäßig in konjunkturell schwachen Phasen erwachsen. Der Fortfall eines in wirtschaftlich besseren Zeiten „erwirtschafteten" EBITDA-Vortrags wirkt sich damit kontraproduktiv aus.

203

(Einstweilen frei)

204–210

4. Fiktiver EBITDA-Vortrag aus den Jahren 2007 – 2009 (§ 52 Abs. 12d Satz 5 EStG a. F.)[2]

Nach § 52 Abs. 12d Satz 5 EStG a. F. kann der Stpfl. die Berücksichtigung eines fiktiven EBITDA-Vortrags aus den nach dem 31. 12. 2006 endenden und vor dem 1. 1. 2010 beginnenden Wj. beantragen. Dieser fiktive EBITDA-Vortrag für die Jahre 2007 – 2009 ist nach Maßgabe des § 4h Abs. 1 Sätze 1 – 3 EStG für jedes Wj. einzeln zu ermitteln und erhöht das verrechenbare EBITDA des ersten nach dem 31. 12. 2009 endenden Wj.; eine gesonderte Feststellung des fiktiven EBITDA-Vortrags ist nicht vorzunehmen.[3] Überstieg der Nettozinsaufwand das verrechen-

211

---

1 „First in first out", § 4h Abs. 1 Satz 4 EStG; vgl. auch BT-Drucks. 17/15, 17.
2 In der Fassung vor dem Gesetz zur Anpassung des nationalen Steuerrechts an den Beitritt Kroatiens zur EU und zur Änderung weiterer steuerlichen Vorschriften v. 25. 7. 2014, BGBl 2014 I 1266.
3 Vgl. BT-Drucks. 17/15, 18.

bare EBITDA in einem der vor dem 1.1.2010 endenden Wj., vermindert sich ein fiktiver EBITDA-Vortrag aus einem anderen Wj. nicht. Denn § 52 Abs. 12d Satz 5 a. F. EStG verweist nicht auf § 4h Abs. 1 Satz 4 EStG.[1] Da der fiktive EBITDA-Vortrag nach den Grundsätzen des § 4h Abs. 1 Sätze 1 – 3 EStG zu ermitteln ist (§ 52 Abs. 12d Satz 5 EStG a. F.), ist auch jeweils für die betreffenden Wj. zu prüfen, ob aufgrund des Vorliegens eines Ausnahmetatbestands des § 4h Abs. 2 EStG ein EBITDA-Vortrag ausgeschlossen ist (§ 52 Abs. 12d Satz 5 ESTB a. F. i.V. m. § 4h Abs. 1 Satz 3 Halbsatz 2 EStG).[2] Gleichermaßen kann ein fiktiver EBITDA-Vortrag in den Fällen des § 4h Abs. 5 EStG oder in Umwandlungsfällen untergehen (§ 52 Abs. 12d Satz 5 EStG a. F.).[3]

212   Allerdings geht ein fiktiver EBITDA-Vortrag nicht durch einen schädlichen Beteiligungserwerb i. S. d. § 8c KStG unter. Zwar verweist § 52 Abs. 12d Satz 5 EStG a. F. u. a. auch auf § 8a Abs. 1 KStG, nicht jedoch auf § 8c KStG. Zudem hat der Gesetzgeber in § 8a Abs. 1 Satz 3 KStG nur die sinngemäße Anwendung des § 8c KStG auf den Zinsvortrag angeordnet. Daher wäre es nicht nachvollziehbar, wenn für den fiktiven EBITDA-Vortrag eine hiervon abweichende Einschränkung gelten sollte.[4] Soweit aufgrund der Berücksichtigung des fiktiven EBITDA-Vortrags ein EBITDA-Vortrag entsteht oder sich erhöht, ist dieser EBITDA-Vortrag erstmals zum 31.12.2010 gesondert festzustellen (s. → Rz. 641 f.). Damit geht der nicht verbrauchte fiktive EBITDA-Vortrag in dem erstmals festzustellenden EBITDA-Vortrag auf und nur dieser erstmals festgestellte EBITDA-Vortrag verfällt auch nach dem fünften folgenden Wj.[5]

213   Der Antrag auf Nutzung des fiktiven EBITDA-Vortrags kann nur für das erste nach dem 31.12.2009 endende Wj. gestellt werden.[6] Soweit der fiktive EBITDA-Vortrag zu einem erweiterten Abzug der Zinsaufwendungen in dem ersten nach dem 31.12.2009 endenden Wirtschaftsjahr führt, ist der Antrag bis spätestens zur Bestandskraft des entsprechenden KSt-Bescheids zu stellen.[7] Denn § 52 Abs. 12d Satz 5 EStG a. F. bestimmt, dass der fiktive EBITDA-Vortrag das verrechenbare EBITDA der ersten nach dem 31.12.2009 endenden Wirtschaftsjahrs erhöht. Damit wird der fiktive EBITDA-Vortrag Bestandteil des verrechenbaren EBITDA i. S. d. § 4h Abs. 1 Satz 1 EStG. Sofern dagegen durch die Berücksichtigung des fiktiven EBITDA-Vortrags ein gesondert festzustellender EBITDA-Vortrag entsteht oder sich erhöht, ist der Antrag bis spätestens zur Bestandskraft des Bescheids über die gesonderte Feststellung des EBITDA-Vortrags zum 31.12.2010 zu stellen. Der Antrag kann formlos, auch konkludent durch eine entsprechende Berücksichtigung des fiktiven EBITDA-Vortrags in der der Steuererklärung beizufügenden Gewinnermittlung, gestellt werden. Bei der Antragstellung sollten im Hinblick auf eine etwaige Erhöhung eines vortragsfähigen Verlustes und die Nutzung eines Zinsvortrags steuerplanerische Gesichtspunkte beachtet werden.[8]

214–220   *(Einstweilen frei)*

---

1   So auch *Frotscher*/Drüen, § 8a Rz. 67k; *Nacke*, StuB 2010, 139, 141 f.; *Schneider/Roderburg*, FR 2010, 58, 63.
2   Vgl. auch *Rödding*, DStR 2009, 2649, 2651.
3   Siehe a. *Dörfler* in Erle/Sauter, § 4h EStG/Anh. 1 § 8a KStG Rz. 50e.; KKB/Ortmann-Babel, § 4h EStG Rz. 182 ff.
4   Siehe hierzu auch *Herzig/Liekenbrock*, DB 2010, 690, 694.
5   Ebenso *Bien/Wagner*, BB 2009, 2627, 2633; *Gemmel/Loose*, NWB 2010, 262, 267; *Herzig/Liekenbrock*, DB 2010, 690, 691; *Rätke*, BBK 2010, 317, 321; *Schneider/Roderburg*, FR 2010, 58, 63 f.; a. A. *Frotscher*/Drüen § 8a Rz. 67l.
6   So auch *Herzig/Liekenbrock*, DB 2010, 690, 691.
7   A. A. *Rödding*, DStR 2009, 2649, 2651, der ausschließlich auf die Bestandskraft des Bescheids über die gesonderte Feststellung des EBITDA-Vortrags abstellt.
8   Hierzu: *Herzig/Liekenbrock*, DB 2010, 690, 691 f.

IV. Der Zinsvortrag (§ 4h Abs. 1 Sätze 5 und 6 EStG)

1. Voraussetzungen für die Bildung eines Zinsvortrags (§ 4h Abs. 1 Satz 5 EStG)

Wenn die Zinsschranke mit der Rechtsfolge eingreift, dass die entstandenen Zinsaufwendungen teilweise nicht abzugsfähig sind, bestimmt § 4h Abs. 1 Satz 5 EStG, dass diese Zinsaufwendungen in die folgenden Wirtschaftsjahre vorzutragen sind (Zinsvortrag). Soweit aufgrund eines bestehenden EBITDA-Vortrags ein erweiterter Zinsabzug nach § 4h Abs. 1 Satz 4 EStG vorgenommen wurde, entsteht ein Zinsvortrag nur hinsichtlich der nach Berücksichtigung des EBITDA-Vortrags verbleibenden Beträge. Der Zinsvortrag ist **betragsmäßig und zeitlich unbegrenzt**.

2. Rechtsfolge des Zinsvortrags (§ 4h Abs. 1 Satz 6 EStG)

Nach § 4h Abs. 1 Satz 6 EStG **erhöht der Zinsvortrag die Zinsaufwendungen der folgenden Wirtschaftsjahre, nicht aber den maßgeblichen Gewinn**. Für die Prüfung der Zinsschranke in den folgenden Wirtschaftsjahren ist der jeweilige Nettozinsaufwand um den Zinsvortrag zu erhöhen. Daher kann es in Extremfällen zu einem Überschreiten der Freigrenze von 3 Mio. € (§ 4h Abs. 2 Satz 1 Buchst. a EStG) kommen, obwohl im entsprechenden Wj. diese Freigrenze nicht überschritten wird.[1] Dagegen bemisst sich das verrechenbare EBITDA des jeweiligen Folgejahres nur nach den Ergebnissen des entsprechenden Folgejahres. Diese Regelung ist systemgerecht, weil die vorgetragenen Zinsaufwendungen ansonsten das Abzugsvolumen mehrfach erhöhen würden.[2] Deshalb kann der Zinsabzug in den Folgejahren nur durch signifikante Änderungen der Verhältnisse erreicht werden. Dies ist einerseits möglich durch eine Senkung des Nettozinsaufwands, andererseits führt eine Gewinnsteigerung zu einer entsprechenden Erhöhung des verrechenbaren EBITDA. Bleiben die Verhältnisse weitgehend unverändert, ist der Zinsvortrag wertlos.[3]

Wenn in den vorgetragenen Zinsaufwendungen auch **Vergütungen aus einer schädlichen Gesellschafter-Fremdfinanzierung i. S. d. § 8a Abs. 2 oder Abs. 3 KStG** enthalten sind, ist dies für die Berechnung der 10-%-Grenze gem. § 8a Abs. 2 und Abs. 3 KStG im Folgejahr unerheblich.[4] § 4h Abs. 1 Satz 6 EStG bezieht sich nur auf die Zinsaufwendungen im Rahmen der Zinsschranke. § 8a Abs. 2 und Abs. 3 KStG haben keine entsprechende Hinzurechnungsnormen. Damit geht einher, dass im Rahmen der gesonderten Feststellung des Zinsvortrags nicht zwischen Vergütungen aus einer Gesellschafter-Fremdfinanzierung und anderen Vergütungen unterschieden wird.

Im Falle einer **Organschaft** wird der Zinsvortrag nur für den Organträger festgestellt, weil der Organkreis als ein Betrieb gilt und die Zinsschranke auf der Ebene des Organträgers angewandt wird. Endet die Organschaft, kann nur der Organträger den Zinsvortrag weiter nutzen. Dies gilt auch, soweit der Zinsvortrag aus den Ergebnissen der Organgesellschaften resultiert. Hat eine Organgesellschaft einen Zinsvortrag aus vororganschaftlicher Zeit, soll dieser nach Auffassung der Verwaltung und eines Teils der Literatur entsprechend den Grundsätzen zu

---

[1] Tz. 46 BMF, Schreiben v. 4.7.2008, BStBl 2008 I 718; für eine teleologische Reduktion des § 4h Abs. 1 Satz 6 EStG *Schenke* in Kirchhof/Söhn/Mellinghoff, § 4h Rz. B 84; gegen eine Erhöhung der Zinsaufwendungen durch den Zinsvortrag *Hick* in HHR, EStG § 4h Rz. 35; KKB/Ortmann-Babel, § 4h EStG Rz. 57.
[2] BT-Drucks. 16/4841, 48; *Gosch/Förster*, KStG, § 4h EStG Exkurs, Rz. 57; *Schaden/Käshammer*, BB 2007, 2317.
[3] *Dörr/Geibel/Fehling*, NWB F. 4 5199, 5205; *Köhler*, DStR 2007, 597, 603.
[4] *Korn*, KÖSDI 2008, 15866, 15878; a. A. *Schaden/Käshammer*, BB 2007, 2259, 2262.

§ 15 Satz 1 Nr. 1 KStG während der Organschaft nicht genutzt werden können.[1] Er soll erst nach Beendigung der Organschaft der Organgesellschaft wieder zur Verfügung stehen.[2] Diese Auffassung vermag nicht zu überzeugen.[3] Verlust- und Zinsvortrag sind unterschiedliche Besteuerungsgrundlagen, so dass sich eine analoge Anwendung des § 15 Satz 1 Nr. 1 KStG auf Nr. 3 verbietet.[4]

225 Unterschreitet der Nettozinsaufwand in einem der Folgejahre das verrechenbare EBITDA, so ist neben den Zinsaufwendungen des entsprechenden Jahres der **Zinsvortrag bis zur Erreichung der 30-%-Grenze abzugsfähig**. Greift in einem der folgenden Jahre eine der drei Ausnahmen von der Zinsschranke ein, so sind **sämtliche Zinsaufwendungen einschließlich des gesamten Zinsvortrags vollständig abzugsfähig**. Indem die gespeicherten Zinsaufwendungen aus ggf. mehreren Jahren auf einmal zum Abzug gelangen, entsteht die Problematik, dass sich die Aufwendungen in dem Abzugsjahr häufig nicht vollständig auswirken werden. Es wird in diesen Fällen nur zu einer Transformation des Zinsvortrags in einen Verlustvortrag kommen, der in den Folgejahren im Rahmen der sog. Mindestbesteuerung verbraucht werden kann.[5] Dieser Effekt kann dadurch verhindert werden, dass der Betrieb bewusst auf die Inanspruchnahme der Escape-Klausel verzichtet, bis er in einem Wirtschaftsjahr einen ausreichend hohen Gewinn erzielt, um den gesamten Zinsvortrag zu verbrauchen.[6] Zu beachten ist, dass die Abzugsmöglichkeit der Zinsaufwendungen gleichzeitig dazu führt, dass gewerbesteuerlich eine Hinzurechnung nach § 8 Nr. 1 Buchst. a GewStG vorzunehmen ist (vgl. → Rz. 81).

226 Auch im Übrigen hat der Zinsvortrag Auswirkungen auf den **Verlustvortrag**. Sind die Zinsaufwendungen nicht vollständig abzugsfähig, so erhöht sich das steuerliche Ergebnis des jeweiligen Veranlagungszeitraums und es entsteht ein Zinsvortrag. Ist der Gesamtbetrag der Einkünfte positiv, wird durch die Ergebniserhöhung durch die Zinsschranke ein höherer Abzug des Verlustvortrags aus früheren Jahren ermöglicht, weil sich die Mindestbesteuerung nach dem Ergebnis vor Verlustabzug richtet.[7] Ist der Gesamtbetrag der Einkünfte negativ, so verringert die Zinsschranke unter Erzeugung des Zinsvortrags den Verlust des laufenden Veranlagungszeitraums, so dass der Verlustvortrag für die Folgejahre geringer ausfällt.

227–240 *(Einstweilen frei)*

C. Erste Ausnahme: Die Freigrenze (§ 4h Abs. 2 Satz 1 Buchst. a EStG)

241 Nach § 4h Abs. 2 Satz 1 Buchst. a EStG ist die Zinsschranke nicht anzuwenden, wenn der Betrag der Zinsaufwendungen, soweit er den Betrag der Zinserträge übersteigt (sog. Nettozinsaufwand) **weniger als drei Millionen Euro** beträgt. Es handelt sich um eine **Freigrenze**, keinen Freibetrag. Erreicht oder überschreitet der Nettozinsaufwand die Grenze, ist die Zinsschranke für sämtliche Zinsaufwendungen des Betriebs anzuwenden, außer eine der beiden anderen Aus-

---

[1] Tz. 48 BMF, Schreiben v. 4.7.2008, BStBl 2008 I 718; *Schaden/Käshammer*, BB 2007, 2317, 2322; *Schaumburg/Rödder*, Unternehmenssteuerreform 2008, 511.
[2] *Herzig/Liekenbrock*, DB 2007, 2387, 2390; *Schaden/Käshammer*, BB 2007, 2317, 2322; *Korn*, KÖSDI 2008, 15866, 15882.
[3] So auch *Erle/Heurung* in Erle/Sauter, § 14 Rz. 69; *Frotscher*/Drüen, § 15 Rz. 125.
[4] *Frotscher*/Drüen, § 15 Rz. 125.
[5] *Köhler*, DStR 2007, 597, 603; *Rödder/Stangl*, DB 2007, 479, 482.
[6] *Korn*, KÖSDI 2008, 15866, 15879; *Schaden/Käshammer*, BB 2007, 2317, 2318.
[7] Ausführlich: *Herzig/Bohn*, DB 2007, 1, 5 f.

Erste Ausnahme: Die Freigrenze (§ 4h Abs. 2 Satz 1 Buchst. a EStG)

nahmen in § 4h Abs. 2 Satz 1 EStG greift ein. Die Freigrenze soll kleinere und mittlere Betriebe generell aus dem Anwendungsbereich der Zinsschranke ausnehmen.[1] Bei einem unterstellten Zinssatz von 5 % kann – auch wenn keine Zinserträge berücksichtigt werden – Fremdkapital in einer Größenordnung von bis zu 60 000 000 € aufgenommen werden, ohne dass die Zinsschranke eingreift.[2] Problematisch an der Wirkungsweise der Freigrenze ist, dass bei nur geringfügigen Veränderungen des Nettozinsaufwands von einem Wirtschaftsjahr auf das nächste Wirtschaftsjahr erhebliche Belastungssprünge entstehen können, wenn in dem einen Wirtschaftsjahr die Freigrenze knapp unterschritten worden ist und im Folgejahr eine geringfügige Überschreitung stattfindet.[3]

Die **Drei-Millionen-Grenze** ist erst durch das Gesetz zur verbesserten steuerlichen Berücksichtigung von Vorsorgeaufwendungen (Bürgerentlastungsgesetz Krankenversicherung) vom 16. 7. 2009[4] in das Gesetz eingefügt worden. Die frühere Gesetzesfassung sah nur eine Freigrenze von bis zu einer Million Euro vor. Die Erhöhung der Freigrenze ist eine Reaktion auf die fortdauernde Finanz- und Wirtschaftskrise und soll verhindern, dass mittelständische Unternehmen aufgrund eines erhöhten Finanzbedarfs in den Anwendungsbereich der Zinsschranke geraten.[5]

242

Die Freigrenze gilt über § 8 Abs. 1 KStG auch für **Körperschaften**. Anders als bei den Ausnahmen nach § 4h Abs. 2 Satz 1 Buchst. b und c EStG sieht § 8a KStG für Körperschaften hinsichtlich der Anwendbarkeit der Freigrenze auch keine weiteren Einschränkungen vor. Die Freigrenze gilt **für jeden Betrieb**.[6] Hat die Körperschaft mehrere Betriebe (vgl. → Rz. 98), so greift für jeden Betrieb eine eigene Freigrenze ein. Durch die Aufspaltung von Gesellschaften kann die Nutzung der Freigrenze vervielfacht werden.[7] Im Falle einer **Organschaft** ist die Freigrenze für den Organkreis nur einmal anwendbar, weil Organträger und Organgesellschaften nach § 15 Satz 1 Nr. 3 KStG nur einen Betrieb bilden.[8]

243

§ 4h EStG ist eine Gewinnermittlungsvorschrift, die auf den Gewinnermittlungszeitraum bezogen ist. Die Freigrenze steht daher für jedes **Wirtschaftsjahr** zur Verfügung.[9] Durch ein Rumpfwirtschaftsjahr kann die Freigrenze in einem Veranlagungszeitraum verdoppelt werden. Die Freigrenze ist nicht etwa wegen des Rumpfwirtschaftsjahres anteilig zu kürzen.[10]

244

Die Freigrenze bezieht sich grundsätzlich nur auf den **Nettozinsaufwand, der den inländischen steuerpflichtigen Gewinn gemindert hat**.[11] Zinsaufwendungen, die einer nach DBA freigestellten ausländischen Betriebsstätte zuzurechnen sind, werden nicht mit einbezogen. Anders verhält es sich, wenn die Doppelbesteuerung durch die Anrechnungsmethode vermieden wird. Für den umgekehrten Fall, dass ein im Ausland ansässiger Steuerpflichtiger im Inland eine Be-

245

---

1 BT-Drucks. 16/4841, 48.
2 *Reiche/Kroschewski*, DStR 2007, 1330, 1332.
3 *Dörr/Geibel/Fehling*, NWB F. 4, 5199, 5206: „Fallbeileffekt"; *Hallerbach*, StuB 2007, 487, 489, mit Beispiel.
4 BGBl 2009 I 1959.
5 BT-Drucks. 16/12674; 17/15, 1.
6 Tz. 56 BMF, Schreiben v. 4. 7. 2008, BStBl 2008 I 718; Gosch/*Förster*, § 8a Rz. 113; *Schenke* in Kirchhof/Söhn/Mellinghoff, § 4h Rz. C 6.
7 *Reiche/Kroschewski*, DStR 2007, 1330, 1332; *Rupp*, EStB 2007, 419, 421.
8 Tz. 57 BMF, Schreiben v. 4. 7. 2008, BStBl 2008 I 718; *Herzig/Liekenbrock*, DB 2007, 2387, 2388; *Schenke* in Kirchhof/Söhn/Mellinghoff, § 4h Rz. C 8; *Töben/Fischer*, BB 2007, 974, 975.
9 Tz. 58 BMF, Schreiben v. 4. 7. 2008, BStBl 2008 I 718; a. A. *Dörr/Geibel/Fehling*, NWB F. 4, 5199, 5206: veranlagungszeitraumbezogen.
10 *Schenke* in Kirchhof/Söhn/Mellinghoff, § 4h Rz. C 9.
11 BT-Drucks. 16/4841, 48.

triebsstätte hält, ist bei der Prüfung der Freigrenze nicht der Nettozinsaufwand des ganzen Betriebs, sondern nur der Nettozinsaufwand der inländischen Betriebstätte einzubeziehen, weil nur dieser Aufwand den inländischen Gewinn gemindert hat.

246 Ungeklärt ist, ob der **Nettozinsaufwand** für die Prüfung der Freigrenze **um den Zinsvortrag nach § 4h Abs. 1 Satz 2 EStG zu erhöhen** ist. Zwar sprechen systematische Gründe gegen eine Einbeziehung, weil dann die vorgetragenen Zinsen die Freigrenze in allen Folgejahren immer wieder belasten. Die Freigrenze büßt so allmählich ihre Funktion ein, weil auch eine erhebliche Entschuldung die Zinsschranke nicht mehr verhindern kann. Jedoch ordnet § 4h Abs. 1 Satz 6 EStG ausdrücklich an, dass der Zinsvortrag die Zinsaufwendungen des maßgeblichen Wirtschaftsjahres erhöht. Es ist nicht erkennbar, dass sich diese gesetzliche Anordnung nur auf die Berechnungen für die Zinsschranke und nicht auch auf die Freigrenze bezieht. Angesichts dieser gesetzgeberischen Entscheidung wird der Zinsvortrag bei der Prüfung der Freigrenze einzubeziehen sein.[1]

247 Ist die Freigrenze unterschritten, sind nicht nur die in dem jeweiligen Wirtschaftsjahr wirtschaftlich verursachten Zinsaufwendungen vollständig abzugsfähig. Wegen § 4h Abs. 1 Satz 6 EStG kann zusätzlich der Zinsvortrag vollständig abgezogen werden. Weil diese Abzugsmöglichkeit „auf einen Schlag" häufig den steuerpflichtigen Gewinn übersteigen wird, wandelt sich der Zinsvortrag in solchen Fällen in einen Verlustvortrag um, der allerdings im Rahmen der Mindestbesteuerung tendenziell schneller abgebaut werden kann, als der Zinsvortrag.[2] Zu beachten ist, dass die Abzugsmöglichkeit der Zinsaufwendungen zu einem Gegeneffekt führt, weil gleichzeitig die gewerbesteuerliche Hinzurechnung nach § 8 Nr. 1 Buchst. a GewStG n. F. eingreift (vgl. → Rz. 81).

248–260 *(Einstweilen frei)*

D. Zweite Ausnahme: Die Stand-alone-Klausel (§ 4h Abs. 2 Satz 1 Buchst. b EStG)

I. Systematik

261 Nach § 4h Abs. 2 Satz 1 Buchst. b EStG ist die Zinsschranke nicht anzuwenden, wenn der Betrieb **nicht oder nur anteilmäßig zu einem Konzern gehört**. § 4h Abs. 2 Satz 1 Buchst. b EStG verdeutlicht den Charakter der Zinsschranke als Regelung zur Missbrauchsvermeidung[3] und dient dessen zielgenauer Sanktionierung. Der Missbrauchsverdacht ist nach Auffassung des Gesetzgebers ausgeräumt, wenn der Betrieb nicht in einer unternehmerischen Verbundenheit mit anderen, insbesondere ausländischen, Betrieben steht.[4] Bei **Körperschaften** gilt die Stand-alone-Klausel nur, wenn nicht die **Rückausnahme** des § 8a Abs. 2 KStG eingreift. Danach dürfen die Vergütungen für Fremdkapital an einen wesentlich beteiligten AE, an eine diesem nahe stehende Person oder einen rückgriffsberechtigten Dritten nicht mehr als 10 % des Nettozinsaufwands der Körperschaft betragen. Für das Nichteingreifen der Gegenausnahme ist auf-

---

[1] So Tz. 46 BMF, Schreiben v. 4.7.2008, BStBl 2008 I 718; wohl auch *Köhler*, DStR 2007, 597, 598; a. A. *Gosch/Förster*, § 8a Rz. 115; *Hick* in HHR, EStG § 4h EStG Rz. 35; KKB/*Ortmann-Babel*, § 4h EStG Rz. 57; *Korn*, KÖSDI 2008, 15866, 15867; *Neumann*, EStB 2007, 292, 293; für eine teleologische Reduktion *Schenke* in Kirchhof/Söhn/Mellinghoff, § 4h EStG Rz. B 84.
[2] *Köhler*, DStR 2007, 597, 603.
[3] *Rödder*, Beihefter zu DStR 2007, Heft 40, 1, 9; s. auch BFH, Beschluss v. 13.3.2012 - I B 111/11, BStBl 2012 II 611.
[4] *Seiler* in Kirchhof, EStG, § 4h Rz. 34.

grund ausdrücklicher Gesetzesbestimmung die Körperschaft nachweispflichtig. Über § 4h Abs. 2 Satz 2 EStG gilt die Gegenausnahme auch für **nachgeordnete Mitunternehmerschaften**.

(Einstweilen frei) 262–265

II. Keine Zugehörigkeit zu einem Konzern

1. Legaldefinition des Konzerns

Der **Begriff des Konzerns** wird in § 4h Abs. 3 Satz 5 und 6 EStG legal definiert. Danach liegt ein Konzern vor,

▶ wenn der Betrieb nach den für die Anwendung des § 4h Abs. 2 Satz 1 Buchst. c EStG zugrunde gelegten Rechnungslegungsstandards mit einem oder mehreren Betrieben konsolidiert wird oder werden könnte (§ 4h Abs. 3 Satz 5 EStG),

▶ oder wenn seine Finanz- und Geschäftspolitik mit einem oder mehreren anderen Betrieben einheitlich bestimmt werden kann (§ 4h Abs. 3 Satz 6 EStG).

Grundsätzlich nicht konzernzugehörig sind **Einzelunternehmen**, die keine Beteiligungen an Tochterunternehmen inne haben.[1] Werden Beteiligungen gehalten, so darf kein Beherrschungsverhältnis i. S. d. IAS 27 bzw. kein beherrschender Einfluss i. S. d. § 290 HGB sowie keine einheitliche Bestimmung der Finanz- und Geschäftspolitik i. S. d. § 4h Abs. 3 Satz 6 EStG vorliegen. Möglich ist die Beteiligung an Gemeinschaftsunternehmen oder assoziierten Unternehmen. Beherrscht der Einzelunternehmer andere Betriebe, so kann ein Gleichordnungskonzern vorliegen. Umfasst das Einzelunternehmen oder die Gesellschaft **mehrere Betriebe**, so ist dies unschädlich.[2] Gleiches gilt für eine oder mehrere **Betriebsstätten im Ausland**.[3] Hat eine juristische Person des öffentlichen Rechts **mehrere Betriebe gewerblicher Art** dürfte ein Konzern ebenfalls zu verneinen sein.[4] Anders verhält es sich, wenn die juristische Person des öffentlichen Rechts **Eigengesellschaften** beherrscht.

Der **Zeitpunkt** der Prüfung der Konzernzugehörigkeit ist im Gesetz nicht bestimmt. Nach § 4h Abs. 2 Satz 1 Buchst. c EStG (Escape-Klausel) ist der Vergleich des Eigenkapitals des Konzerns und des Betriebs auf den Schluss des vorangegangenen Abschlussstichtags vorzunehmen. Da für die Ermittlung der Konzernzugehörigkeit auf die für den Eigenkapitalvergleich maßgeblichen Rechnungslegungsstandards verwiesen wird (§ 4h Abs. 3 Satz 5 EStG), spricht viel dafür, auch für die Konzernprüfung gem. § 4h Abs. 2 Satz 1 Buchst. b EStG auf den Schluss des vorangegangenen Abschlussstichtags abzustellen. Die FinVerw hat sich dieser Auffassung angeschlossen.[5] Bei Neugründung einer Gesellschaft, einschließlich der Neugründung durch Umwandlung, gilt die Gesellschaft ab dem Zeitpunkt der Neugründung für Zwecke der Zinsschranke als konzernangehörig. Entsteht ein Konzern i. S. d. § 4h Abs. 3 Satz 5 und 6 EStG neu, gelten die einzelnen Betriebe erst zum folgenden Abschlussstichtag als konzernangehörig.[6]

(Einstweilen frei) 269–280

---

[1] *Korn*, KÖSDI 2008, 15866, 15872.
[2] Tz. 62 BMF, Schreiben v. 4. 7. 2008, BStBl 2008 I 718.
[3] BT-Drucks. 16/4841, 50; Tz. 64 BMF, Schreiben v. 4. 7. 2008, BStBl 2008 I 718.
[4] Ausführlich: BT-Drucks. 16/5491, 1.
[5] Tz. 68 BMF, Schreiben v. 4. 7. 2008, BStBl 2008 I 718; a. A. *Frotscher* in Frotscher/Geurts, EStG, § 4h Rz. 65; KKB/Ortmann-Babel, § 4h EStG Rz. 152; *Schenke* in Kirchhof/Söhn/Mellinghoff, § 4h EStG Rz. C 26.
[6] Tz. 68 BMF, Schreiben v. 4. 7. 2008, BStBl 2008 I 718.

2. Konsolidierung oder Möglichkeit der Konsolidierung

281 Nach der ersten Alternative des Konzernbegriffs (§ 4h Abs. 3 Satz 5 EStG) ist die Zinsschranke nicht anzuwenden, wenn der Betrieb **tatsächlich** in einen Konzernabschluss einbezogen worden ist oder wenn auch nur die **Einbeziehungsmöglichkeit** besteht. Es gilt daher ein **erweiterter Konzernbegriff**.[1] Die Erweiterung kommt zum Tragen, wenn der Betrieb in den Konsolidierungskreis aufgrund eines Einbeziehungswahlrechts (IAS 8.8, § 296 HGB) nicht einbezogen worden ist, obwohl er hätte einbezogen werden können.

282 Erforderlich ist eine **Vollkonsolidierung**. Eine Quotenkonsolidierung oder Konsolidierung „at equity" reicht für eine Einbeziehung nicht aus, weil die anteilmäßige Zugehörigkeit zu einem Konzern der fehlenden Zugehörigkeit gleichgestellt wird (§ 4h Abs. 2 Satz 1 Buchst. b EStG). Hinsichtlich der Einzelheiten vgl. → Rz. 361.

283 Die Einbeziehungsmöglichkeit ist anhand der Rechnungslegungsstandards, die im Rahmen des § 4h Abs. 2 Satz 1 Buchst. c EStG zugrunde zu legen sind, zu prüfen. Vorrangig erfolgt die Prüfung anhand der **International Financial Reporting Standards (IFRS)** (§ 4h Abs. 2 Satz 1 Buchst. c Satz 8 EStG). Ob dieser Rechnungslegungsstandard anzuwenden ist, ergibt sich aus §§ 290, 315a HGB oder § 11 PublG. Wenn nach den IFRS kein Konzernabschluss zu erstellen und offen zu legen ist und für die letzten fünf Wirtschaftsjahre tatsächlich kein Konzernabschluss nach den IFRS erstellt worden ist, kann das **Handelsrecht eines Mitgliedstaats der Europäischen Union** angewandt werden (§ 4h Abs. 2 Satz 1 Buchst. c Satz 9 Halbsatz 1 EStG). Wenn nach den IFRS oder dem Handelsrecht eines Mitgliedstaats der Europäischen Union kein Konzernabschluss zu erstellen und offen zu legen ist, sind nach den **Generally Accepted Accounting Principles der Vereinigten Staaten von Amerika (US-GAAP)** aufzustellende und offen zu legende Abschlüsse zu verwenden (§ 4h Abs. 2 Satz 1 Buchst. c Satz 9 Halbsatz 2 EStG). Andere Rechnungslegungsstandards sind aus Gründen der Praktikabilität und Administrierbarkeit durch die Finanzverwaltung nicht zugelassen worden.[2]

284 Durch die Ankopplung an das Recht der Rechnungslegung werden umstrittene und ungeklärte **Abgrenzungsfragen zum Umfang des Konsolidierungskreises** aus den IFRS, dem HGB und den US-GAAP in das Steuerrecht transportiert. Zukünftig werden konzernbilanzielle Fragestellungen im Besteuerungsverfahren zu klären sein. Einschätzungs- und Prognosespielräume, die das Rechnungslegungsrecht dem Anwender einräumen, werden aber auch von der FinVerw zu beachten sein.[3] Solange noch keine abschließende Rechtsprechung zu einer Bilanzierungsfrage ergangen ist, dürfte jede der kaufmännischen Sorgfalt entsprechende Bilanzierung als richtig anzusehen sein.[4]

285 Nach der Gesetzesbegründung ist für die Anwendung der Stand-alone-Klausel und der Escape-Klausel immer der **größtmögliche Konsolidierungskreis** mit dem sich für diesen Konsolidierungskreis ergebenden obersten Rechtsträger zugrunde zu legen. Deshalb muss der Konsolidierungskreis, für den nach einem Rechnungslegungsstandard tatsächlich eine Konsolidierung durchgeführt wird (z. B. ein Teilkonzern) nicht zwingend der für die Zinsschranke maßgebliche Konsolidierungskreis sein. Dies gilt insbesondere dann, wenn die Muttergesellschaft eines Konsolidierungskreises ihrerseits nach einem Rechnungslegungsstandard oder aufgrund eines Be-

---

1 BT-Drucks. 16/4841, 50; krit. hinsichtlich der Begrifflichkeit *Schenke* in Kirchhof/Söhn/Mellinghoff, § 4h Rz. D 56.
2 BT-Drucks. 16/4841, 49.
3 *Hennrichs*, DStR 2007, 1926, 1930.
4 Vgl. BFH, Urteil v. 5. 4. 2006 - I R 46/04, BStBl 2006 II 688.

herrschungsverhältnisses die Voraussetzungen für die Einbeziehung in einen größeren Konsolidierungskreis erfüllt.[1]

Ob der Konzernabschluss nach den IFRS, dem Handelsrecht eines Mitgliedstaats der Europäischen Union oder den US-GAAP zu erstellen ist, ist **aus Sicht des obersten Mutterunternehmens** zu bestimmen.[2] So ist beispielsweise der Konzernabschluss nach den US-GAAP zu erstellen, wenn an der Konzernspitze ein in den USA ansässiges Mutterunternehmen steht. Sitzt das Mutterunternehmen in einem **Drittland** und erstellt es seinen Konzernabschluss nach gänzlich anderen Regeln, muss es für Zwecke der Zinsschranke einen weiteren Konzernabschluss nach den IFRS oder dem nationalen Handelsrecht eines Mitgliedstaats erstellen. Besteht weder eine Verpflichtung zu einem Konzernabschluss nach den IFRS noch nach dem Handelsrecht eines EU-Mitgliedstaats, hat das Mutterunternehmen ein **Wahlrecht**, nach welchem Rechnungslegungsstandard der Konzernabschluss erstellt wird.[3]

(Einstweilen frei)

a) Konzernabschluss nach IFRS

Nach den IFRS besteht ein Konzern aus einem **Mutterunternehmen mit seinen weltweiten Tochterunternehmen** (IAS 27.4). Die Rechtsform der Tochterunternehmen ist unerheblich. Das Mutterunternehmen hat nach IAS 27.9 einen Konzernabschluss aufzustellen, in dem die Anteile an den Tochterunternehmen konsolidiert werden. Soweit IAS 27.10 Befreiungen von der Abschlusspflicht vorsieht, sind diese Befreiungen für die Frage, ob ein Konzern für Zwecke der Zinsschranke vorliegt, unerheblich, weil nach dem erweiterten Konzernbegriff die Einbeziehungsmöglichkeit ausreicht.

Ein Tochterunternehmen nach den IFRS liegt vor, wenn es von dem Mutterunternehmen **beherrscht** werden kann (IAS 27.1). Das ist nach IAS 27.4 gegeben, wenn die Möglichkeit besteht, die Finanz- und Geschäftspolitik eines Unternehmens zu bestimmen, um aus dessen Tätigkeit Nutzen zu ziehen (**sog. control-Konzept**). Eine tatsächliche Beherrschung ist nicht erforderlich. Die Möglichkeit der Beherrschung reicht aus.[4] Die Beherrschungsmöglichkeit wird nach IAS 27.13 angenommen, wenn

▶ das Mutterunternehmen direkt oder indirekt (über Tochterunternehmen) über mehr als die Hälfte der Stimmrechte verfügt, außer wenn sich aufgrund außergewöhnlicher Umstände eindeutig nachweisen lässt, dass keine Beherrschung vorliegt (z. B. 75 %-Quorum für alle wichtigen Maßnahmen), oder

▶ das Mutterunternehmen die Hälfte oder weniger als die Hälfte der Stimmrechte an einem Unternehmen hält und

— durch eine mit anderen AE abgeschlossene Vereinbarung (z. B. Stimmbindungsverträge) die Möglichkeit besteht, über mehr als die Hälfte der Stimmrechte zu verfügen, oder

— die Möglichkeit besteht, die Finanz- und Geschäftspolitik des Unternehmens gemäß einer Satzung oder einer Vereinbarung zu bestimmen (z. B. durch Beherrschungsvertrag gem. § 291 AktG), oder

---

[1] BT-Drucks. 16/4841, 50.
[2] *Hennrichs*, DB 2007, 2101, 2103.
[3] *Köster*, BB 2007, 2278, 2280.
[4] *Hageböke/Stangl*, DB 2008, 200, 201; *Schänzle/Mattern* in Schnitger/Fehrenbacher § 8a KStG Rz. 313.

- die Möglichkeit besteht, die Mehrheit der Mitglieder der Geschäftsführung und/oder der Aufsichtsorgane zu ernennen oder abzuberufen, wenn die Verfügungsgewalt über das Tochterunternehmen bei diesen Organen liegt, oder

- die Möglichkeit besteht, die Mehrheit der Stimmen bei Sitzungen der Geschäftsführung und/oder der Aufsichtsorgane zu bestimmen, wenn die Verfügungsgewalt über das Tochterunternehmen bei diesen Organen liegt.

298 Wird ein Tochterunternehmen **nur zur Veräußerung** gehalten (IFRS 5), so ist es in den Konzernabschluss nicht einzubeziehen (IAS 27.12). Auch für Zwecke der Zinsschranke ist dieses Tochterunternehmen nicht konzernzugehörig.

299 Ein Betrieb braucht gem. IAS 8.8 nicht in den Konzernabschluss einbezogen werden, wenn er **nicht wesentlich** für die Darstellung der Vermögens-, Finanz-, und Ertragslage oder des Cashflows des Unternehmens ist. Für die Zinsschranke ist ein solcher Betrieb aber dennoch konzernzugehörig, weil Einbeziehungswahlrechte unerheblich sind.[1]

300 Besonderheiten bestehen für **Zweckgesellschaften** (Special purpose entities (SPE)). Zweckgesellschaften sind Unternehmen, deren Unternehmenstätigkeit (z. B. Verbriefung von Finanzinstrumenten, Forschungs- und Entwicklungsprojektgesellschaften, Leasinggesellschaften, Spezialfonds) zugunsten eines anderen Unternehmens erfolgt. Kennzeichen der SPE ist, dass i. d. R. kein control-Verhältnis zwischen der Zweckgesellschaft und dem begünstigten Unternehmen besteht, weil ein Dritter die Mehrheit der Stimmrechte der Zweckgesellschaft inne hat. Dennoch sind die SPE nach IAS 27 i. V. m. SIC 12.8 und 12.9 regelmäßig zu konsolidieren, weil sie wirtschaftlich von dem begünstigten Unternehmen beherrscht werden. Handelsrechtlich ist eine Nichtkonsolidierung dagegen vertretbar.[2] Für Zwecke der Zinsschranke sind SPE konzernangehörig, wenn nach dem jeweils zur Anwendung kommenden Rechnungslegungsstandard eine Konsolidierung zu erfolgen hat.[3] Nach der Gesetzesbegründung sollen **Verbriefungsgesellschaften** im Rahmen von Asset-Backed-Securities-Gestaltungen, deren Unternehmensgegenstand in dem rechtlichen Erwerb von Forderungen aller Art und/oder der Übernahme von Risiken aus Forderungen und Versicherungen liegt, nicht einbezogen werden, wenn eine Einbeziehung in den Konzernabschluss allein aufgrund einer wirtschaftlichen Betrachtungsweise unter Berücksichtigung der Nutzen- und Risikoverteilung erfolgt ist.[4] Für diese Ausnahme gibt der Gesetzeswortlaut nichts her.[5] Es fragt sich auch, weshalb andere SPE (z. B. Leasinggesellschaften oder Spezialfonds) nicht ebenfalls ausgenommen worden sind.[6]

301 Der Konzernabschluss nach IFRS muss nach § 4h Abs. 2 Buchst. c Satz 10 EStG **den Anforderungen an die handelsrechtliche Konzernrechnungslegung genügen** oder eine **befreiende Wirkung** gem. §§ 291, 292 HGB haben. Deshalb sind nur die internationalen Rechnungslegungsstandards anzuwenden, die **von der EU bekannt gemacht** wurden. Hierbei handelt es sich um die nach Art. 2, 3 und 6 der Verordnung (EG) Nr. 1606/2002 des Europäischen Parlaments und des

---

1 *Hennrichs*, DB 2007, 2101, 2102; *Lüdenbach/Hoffmann*, DStR 2007, 636.
2 *Lüdenbach/Hoffmann*, DStR 2007, 636, 637.
3 Tz. 67 BMF, Schreiben v. 4. 7. 2008, BStBl 2008 I 718.
4 BT-Drucks. 16/4841, 50; Tz. 67 BMF, Schreiben v. 4. 7. 2008, BStBl 2008 I 718.
5 *Heintges/Kamphaus/Loitz*, DB 2007, 1261, 1262; *Hennrichs*, DB 2007, 2101, 2102.
6 *Köster*, BB 2007, 2278, 2279; *Lüdenbach/Hoffmann*, DStR 2007, 636, 637.

Rates vom 19.7.2002[1] in der jeweils geltenden Fassung übernommenen internationalen Rechnungslegungsstandards.[2]

Wenn ein Konzernabschluss nach den IFRS zu erstellen und offen zu legen ist oder innerhalb der letzten fünf Jahre freiwillig aufgestellt wurde, dann erfolgt die Abgrenzung des Konsolidierungskreises **ausschließlich** nach den Grundsätzen der IFRS (Umkehrschluss aus § 4h Abs. 2 Satz 1 Buchst. c Satz 9 EStG). 302

Eine Prüfung nach dem nationalen Handelsrecht erfolgt nur, wenn die IFRS dem Grunde nach keine Anwendung finden. Deshalb ist keine zusätzliche zweite Prüfung nach dem nationalen Recht erforderlich, wenn sich nach den IFRS ergibt, dass der Betrieb keinem Konzern angehört. 303

(Einstweilen frei) 304–310

b) Konzernabschluss nach dem Handelsrecht der EU-Mitgliedstaaten

Nach § 4h Abs. 2 Satz 1 Buchst. c Satz 9 Halbsatz 1 EStG brauchen die IFRS nicht zugrunde gelegt zu werden, wenn nach den IFRS kein Konzernabschluss zu erstellen und offen zu legen ist und wenn für keines der letzten fünf Wirtschaftsjahre ein Konzernabschluss nach den IFRS erstellt wurde. In diesem Fall kann das **Handelsrecht eines Mitgliedstaats der Europäischen Union** angewandt werden.[3] Schädlich sind aber auch IFRS-Konzernabschlüsse, die in den letzten fünf Jahren freiwillig erstellt wurden. Die Fünf-Jahresregelung führt dazu, dass für Zwecke der Zinsschranke eine Rückkehr von einem IFRS-Konzernabschluss zu einem Konzernabschluss nach HGB in Zukunft nicht mehr möglich sein wird. Das Handelsrecht eines Mitgliedstaats kann indes nur dann angewandt werden, wenn hiernach eine Verpflichtung zur Aufstellung eines Konzernabschlusses besteht. Wie sich aus § 4h Abs. 2 Buchst. c Halbsatz 2 EStG ergibt, ist anderenfalls US-GAAP anzuwenden.[4] 311

Nach **§ 290 Abs. 1 Satz 1 HGB** besteht eine handelsrechtliche Pflicht zur Aufstellung eines Konzernabschlusses, wenn eine Kapitalgesellschaft mit Sitz im Inland auf ein anderes Unternehmen (Tochterunternehmen) unmittelbar oder mittelbar einen beherrschenden Einfluss ausüben kann. Ein beherrschender Einfluss eines Mutterunternehmens besteht gem. § 290 Abs. 2 HGB, wenn 312

- ihm bei einem anderen Unternehmen die Mehrheit der Stimmrechte der Gesellschafter zusteht,
- ihm bei einem anderen Unternehmen das Recht zusteht, die Mehrheit der Mitglieder des die Finanz- und Geschäftspolitik bestimmenden Verwaltungs-, Leitungs- oder Aufsichtsorgans zu bestellen oder abzuberufen, und es gleichzeitig Gesellschafter ist,
- ihm das Recht zusteht, die Finanz- und Geschäftspolitik aufgrund eines mit einem anderen Unternehmen geschlossenen Beherrschungsvertrages oder aufgrund einer Bestimmung in der Satzung des anderen Unternehmens zu bestimmen ist, oder
- es bei wirtschaftlicher Betrachtung die Mehrheit der Risiken und Chancen eines Unternehmens trägt, das zur Erreichung eines eng begrenzten und genau definierten Ziels des Mutterunternehmens dient (Zweckgesellschaft). Neben Unternehmen können Zweck-

---

1 ABl. EG Nr. L 243, 1.
2 BT-Drucks. 16/4841, 48; vgl. auch § 315a HGB.
3 Tz. 77 BMF, Schreiben v. 4.7.2008, BStBl 2008 I 718.
4 *Frotscher* in Frotscher/Geurts, EStG, § 4h Rz. 92.

gesellschaften auch sonstige juristische Personen des Privatrechts oder unselbständige Sondervermögen des Privatrechts, ausgenommen Spezial-Sondervermögen i. S. d. § 2 Abs. 3 InvG, sein.

313 **Befreiungen** von der Aufstellungspflicht sind in §§ 291 – 293 HGB geregelt. Die größenabhängigen Befreiungen in § 293 HGB sind aber Wahlrechte, welche für Zwecke der Zinsschranke nicht maßgeblich sind, weil die Möglichkeit der Einbeziehung ausreicht.[1]

314 In § 296 HGB sind **Einbeziehungswahlrechte** geregelt. Nicht einbezogen werden brauchen Tochtergesellschaften, wenn

- die Ausübung der Rechte des Mutterunternehmens in Bezug auf das Vermögen oder die Geschäftsführung des Tochterunternehmens durch erhebliche und andauernde Beschränkungen nachhaltig beeinträchtigt wird (§ 296 Abs. 1 Nr. 1 HGB),
- die für die Aufstellung des Konzernabschlusses erforderlichen Angaben nicht ohne unverhältnismäßig hohe Kosten oder Verzögerungen zu erhalten sind (§ 296 Abs. 1 Nr. 2 HGB),
- die Anteile des Tochterunternehmens ausschließlich zum Zwecke der Weiterveräußerung gehalten werden (§ 296 Abs. 1 Nr. 3 HGB), oder
- das Tochterunternehmen für die Verpflichtung, ein den tatsächlichen Verhältnissen entsprechendes Bild der Vermögens-, Finanz- und Ertragslage des Konzerns zu vermitteln, von untergeordneter Bedeutung ist (§ 296 Abs. 2 Satz 1 HGB).

Für die Zinsschranke reicht die **Einbeziehungsmöglichkeit** aus. Deshalb müssen auch solche Betriebe als konzernzugehörig berücksichtigt werden, die in Ausübung der Wahlrechte tatsächlich nicht konsolidiert worden sind.[2]

315 Soweit nicht ein Konsolidierungswahlrecht nach § 296 HGB gegeben ist, schreibt § 294 Abs. 1 HGB einen **Weltabschluss** vor.[3] In den Konzernabschluss sind das Mutterunternehmen und alle Tochterunternehmen, ungeachtet ihres Sitzes, einzubeziehen (§ 294 Abs. 1 HGB). Eine freiwillige Einbeziehung von anderen Unternehmen, die keine Tochterunternehmen sind, ist nicht zulässig.[4]

316 **Personengesellschaften** sind durch § 290 HGB grundsätzlich nicht zur Erstellung eines Konzernabschlusses verpflichtet. Über § 264a Abs. 1 HGB werden indes OHG und KG einbezogen, bei denen nicht wenigstens ein persönlicher haftender Gesellschafter eine natürliche Person oder eine OHG, KG oder andere Personengesellschaft mit einer natürlichen Person als persönlich haftendem Gesellschafter ist oder sich die Verbindung von Gesellschaften in dieser Art fortsetzt. Daneben sind Personengesellschaften und eG mit Sitz (Hauptniederlassung) im Inland, die unmittelbar oder mittelbar einen beherrschenden Einfluss auf ein anderes Unternehmen ausüben, gem. § 11 Abs. 1 PublG zur Aufstellung eines Konzernabschlusses verpflichtet, wenn für drei aufeinanderfolgende Konzernabschlussstichtage zwei der drei folgenden Merkmale zutreffen:

- Die Bilanzsumme einer auf den Konzernabschlussstichtag aufgestellten Konzernbilanz übersteigt 65 Mio. €.

---

1 *Hennrichs*, DB 2007, 2101, 2102; *Korn*, KÖSDI 2008, 15866, 15871.
2 *Hennrichs*, DB 2007, 2101, 2102.
3 *Müller/Kreipl* in Bertram/Brinkmann/Kessler/Müller, HGB Bilanz-Kommentar, § 294 Rz. 7.
4 *Müller/Kreipl* in Bertram/Brinkmann/Kessler/Müller, HGB Bilanz-Kommentar, § 294 Rz. 10.

▶ Die Umsatzerlöse einer auf den Konzernabschlussstichtag aufgestellten Konzern-Gewinn- und Verlustrechnung in den zwölf Monaten vor dem Abschlussstichtag übersteigen 130 Mio. €.

▶ Die Konzernunternehmen mit Sitz im Inland haben in den zwölf Monaten vor dem Konzernabschlussstichtag insgesamt durchschnittlich mehr als 5 000 Arbeitnehmer beschäftigt.

In § 11 Abs. 6 Satz 1 Nr. 1 PublG wird auf § 290 Abs. 2 – 6 HGB verwiesen. Über § 13 Abs. 2 PublG gilt § 294 Abs. 1 HGB und damit die Verpflichtung zur Erstellung eines Weltabschlusses sinngemäß.

(Einstweilen frei) 317–325

c) Konzernabschluss nach US-GAAP

Wenn nach den IFRS oder dem Handelsrecht eines Mitgliedstaats der Europäischen Union kein Konzernabschluss zu erstellen und offen zu legen ist, sind nach den **Generally Accepted Accounting Principles der Vereinigten Staaten von Amerika** (US-GAAP) aufzustellende und offen zu legende Abschlüsse zu verwenden (§ 4h Abs. 2 Satz 1 Buchst. c Satz 9 Halbsatz 2 EStG). Die US-GAAP finden nur Anwendung, wenn eine Verpflichtung zur Erstellung und Offenlegung eines Konzernabschlusses nach US-GAAP besteht.[1] Der Abschluss muss gem. § 4h Abs. 2 Buchst. c Satz 10 EStG den Anforderungen an die handelsrechtliche Konzernrechnungslegung genügen oder die Voraussetzungen erfüllen, unter denen ein Abschluss nach §§ 291, 292 HGB befreiende Wirkung hätte.

326

Die Konsolidierungsvorschriften nach US-GAAP ähneln den Vorschriften der IFRS. Es gilt ebenfalls das Weltabschlussprinzip, wonach das Mutterunternehmen sämtliche Tochtergesellschaften weltweit einbeziehen muss. Nach dem **control-Konzept** erfolgt eine Vollkonsolidierung bei Stimmrechtsmehrheit („majority-owned subsidiaries") oder anderweitiger Beherrschungsmöglichkeiten. Deshalb werden ohne Stimmrechtsmehrheit Tochterunternehmen einbezogen, wenn die Möglichkeit besteht, die Mehrheit der Geschäftsleitung zu bestimmen (z. B. durch Stimmbindungsverträge). Werden die Anteile an dem untergeordneten Unternehmen nur zum Zwecke der Weiterveräußerung gehalten, oder kann der Inhaber der Stimmrechtsmehrheit seine Rechte nicht ausüben (z. B. wegen eines Insolvenzverfahrens), erfolgt keine Vollkonsolidierung.

327

(Einstweilen frei) 328–340

3. Einheitliche Bestimmung der Finanz- und Geschäftspolitik

a) Originär steuerrechtliche Konzernzugehörigkeit

Nach der zweiten Alternative des Konzernbegriffs gem. § 4h Abs. 3 Satz 6 EStG ist die Zinsschranke auch anzuwenden, wenn die Finanz- oder Geschäftspolitik mit einem oder mehreren anderen Betrieben einheitlich bestimmt werden kann. Hierdurch wollte der Gesetzgeber einen erweiterten Konzernbegriff für Zwecke der Zinsschranke einführen.[2] Mangels Bezugnahme auf einen Rechnungslegungsstandard handelt es sich bei der zweiten Alternative um einen **origi-**

341

---

[1] *Frotscher* in Frotscher/Geurts, EStG, § 4h Rz. 93; *Kußmaul/Pfirmann/Meyering/Schäfer*, BB 2008, 135, 139.
[2] FG München, Urteil v. 14. 12. 2011 - 7 V 2442/11, EFG 2012, 453 = BB 2012, 815, mit Anm. *Fischer*.

när steuerrechtlichen Konzernbegriff. Die Formulierung lehnt sich an das control-Konzept in IAS 27 an.[1] Gegenüber IAS 27.4 fehlt das Tatbestandsmerkmal „um aus dessen Tätigkeit Nutzen zu ziehen". Eine bewusste Veränderung des control-Konzepts ist hierdurch aber nicht gewollt. Deshalb kann auf die Ausführungen in → Rz. 297 verwiesen werden.

342 Angesichts der Anknüpfung an das control-Konzept führt die zweite Alternative des Konzernbegriffs **im Verhältnis zu den IFRS** regelmäßig zu keinen anderen Ergebnissen. Eine bedeutsame Erweiterung ergibt sich aber daraus, dass ein Konzern nach der Gesetzesbegründung auch vorliegen kann, wenn **eine natürliche Person an der Spitze** steht. Als Beispiel wird eine natürliche Person genannt, die an zwei Kapitalgesellschaften Beteiligungen hält und sie beherrscht.[2] Außerdem soll ein Konzern vorliegen, wenn eine natürliche Person ein Einzelunternehmen betreibt und darüber hinaus Gesellschafterin einer Kapitalgesellschaft ist, die sie beherrscht.[3] Danach werden von der zweiten Alternative des Konzernbegriffs auch **Gleichordnungskonzerne** erfasst.[4] Demgegenüber ist IAS 27 regelmäßig nur im hierarchischen Mutter-Tochter-Verhältnis anwendbar. Eine Beherrschung mehrerer Unternehmen durch eine identische natürliche Person reicht für den Einbezug in einen IFRS-Konzernabschluss jedenfalls dann nicht aus, wenn der AE nicht unternehmerisch tätig ist.[5] Dagegen liegt nach § 4h Abs. 3 Satz 6 EStG auch dann ein Konzern vor, wenn die natürliche Person die Beteiligungen an den beherrschten Rechtsträgern im Privatvermögen hält oder die Konzernspitze eine vermögensverwaltende Gesellschaft ist. Unterhält die Konzernspitze selbst keinen Betrieb, sind in den Konzernabschluss nur die beherrschten Betriebe einzubeziehen.[6]

343 **Im Verhältnis zum Rechnungslegungsrecht des HGB** kann die zweite Alternative des Konzernbegriffs zu Erweiterungen führen, soweit das Handelsrecht auf eine einheitliche Leitung abstellt und für die zweite Alternative das tendenziell etwas weitere control-Konzept maßgeblich ist. *Die Einbeziehung* der Gleichordnungskonzerne stellt auch gegenüber dem HGB eine Erweiterung dar.[7]

344 Ist nur der originäre steuerrechtliche Konzernbegriff erfüllt, muss nur für Zwecke der Zinsschranke ein Konzernabschluss aufgestellt werden, wenn die Escape-Klausel genutzt werden soll. Dieser Konzernabschluss kann wahlweise nach den IFRS oder dem HGB aufgestellt werden, weil keine handelsrechtliche Konzernabschlussverpflichtung besteht.

345–350 *(Einstweilen frei)*

b) Beispiele

351 Eine **GmbH & Co. KG** fällt angesichts des weiten Gesetzeswortlauts unter den Konzernbegriff, wenn die Finanz- und Geschäftspolitik in der Komplementär-GmbH und der KG einheitlich bestimmt werden kann.[8] Werden die Anteile an der Komplementär-GmbH in das Gesamthands-

---

[1] BT-Drucks. 16/4841, 50.
[2] Nach FG München, Urteil v. 14.12.2011 - 7 V 2442/11, EFG 2012, 453 = BB 2012, 815, mit Anm. *Fischer*, genügt nicht die Möglichkeit der Beherrschung, vielmehr müsse eine Beherrschung durch eine Konzernspitze hinzukommen.
[3] BT-Drucks. 16/4841, 50.
[4] FG München, Urteil v. 14.12.2011 - 7 V 2442/11, EFG 2012, 453; Tz. 60 BMF, Schreiben v. 4.7.2008, BStBl 2008 I 718; *Dörfler/Vogl*, BB 2007, 1084, 1085; *Möhlenbrock*, Ubg 2008, 1, 7.
[5] Vgl. *Lüdenbach/Hoffmann*, DStR 2007, 636, 637.
[6] Tz. 60 BMF, Schreiben v. 4.7.2008, BStBl 2008 I 718.
[7] *Lüdenbach/Hoffmann*, DStR 2007, 636, 637.
[8] *Dörfler/Vogl*, BB 2007, 1084, 1985; *Hallerbach*, StuB 2007, 487, 490; einschränkend: *Köster*, BB 2007, 2278, 2279; a. A. *Korn*, KÖSDI 2008, 15866, 15871 f.; *Rödder*, Beihefter zu DStR 2007, Heft 40, 9.

vermögen der Kommanditgesellschaft übertragen (sog. Einheitsgesellschaft), wird das Problem vermieden.[1] Nach Ansicht der **FinVerw** gelten die KG und die Komplementär-GmbH als ein Betrieb i. S. d. Zinsschranke, wenn sich die Tätigkeit der Komplementär-GmbH in der Vertretungsbefugnis und in der Übernahme der Haftung und Geschäftsführung erschöpft und weder die KG noch die Komplementär-GmbH anderweitig zu einem Konzern gehören. Dies gilt nicht, wenn die GmbH eine eigene Geschäftstätigkeit entfaltet.[2]

Eine **Betriebsaufspaltung** soll zu keinem Konzern führen, wenn sich die Gewerblichkeit des Besitzunternehmens nur aufgrund der personellen und sachlichen Verflechtung mit dem Betriebsunternehmen ergibt.[3] Demnach fallen sowohl kapitalistische Betriebsaufspaltungen, als auch Betriebsaufspaltungen, bei denen sich die Gewerblichkeit des Besitzunternehmens nicht aus der Betriebsgesellschaft ableitet, nicht unter die Ausnahme.[4] Aus dem Gesetz ergibt sich für die fehlende Konzernzugehörigkeit von Betriebsaufspaltungen sowieso nichts.[5]

352

Körperschaften des öffentlichen Rechts bilden mit ihren Betrieben gewerblicher Art und ihren Beteiligungen an anderen Unternehmen nach Ansicht der FinVerw keinen Gleichordnungskonzern i. S. d. Zinsschranke.[6] Beteiligungsgesellschaften der öffentlichen Hand, insbesondere unterhalb einer Holdinggesellschaft können aber einen Konzern darstellen.[7]

353

In den Fällen des Gleichordnungskonzerns nach § 4h Abs. 3 Satz 6 EStG sind **Zweckgesellschaften** dann als konzernangehörig anzusehen, wenn ihre Finanz- und Geschäftspolitik mit einem oder mehreren anderen Betrieben einheitlich bestimmt werden kann. Verbriefungszweckgesellschaften im Rahmen von Asset-Backed-Securities-Gestaltungen, deren Unternehmensgegenstand in dem rechtlichen Erwerb von Forderungen aller Art und/oder der Übernahme von Risiken aus Forderung und Versicherungen liegt, gelten für Zwecke der Zinsschranke nicht als konzernangehörige Unternehmen, wenn eine Einbeziehung in den Konzernabschluss allein aufgrund einer wirtschaftlichen Betrachtungsweise unter Berücksichtigung der Nutzen- und Risikoverteilung erfolgt ist.[8]

354

(Einstweilen frei)   355–360

4. Anteilmäßige Zugehörigkeit zu einem Konzern

Nach § 4h Abs. 2 Satz 1 Buchst. b EStG greift die Zinsschranke nicht ein, wenn der Betrieb nur anteilmäßig zu einem Konzern gehört. Dadurch vermeidet der Gesetzgeber die Einbeziehung des Betriebs in mehrere Konzerne, so dass für die Anwendung der Escape-Klausel ein mehrfacher Eigenkapitalvergleich erforderlich wäre.[9] Dementsprechend wird in der Gesetzesbegründung klargestellt, dass ein Betrieb i. d. R. nur durch einen einzelnen mittelbar oder unmittelbar beteiligten AE beherrscht werden kann.[10] Eine **Quotenkonsolidierung** (IAS 31.30,

361

---

1 *Schwedhelm*, GmbH-StB 2007, 282, 284.
2 Tz. 66 BMF, Schreiben v. 4. 7. 2008, BStBl 2008 I 718.
3 BT-Drucks. 16/4841, 50; Tz. 63 BMF, Schreiben v. 4. 7. 2008, BStBl 2008 I 718; vgl. auch *Drissen*, SteuerStud 2008, 533, 536.
4 *Möhlenbrock*, Ubg 2008, 1, 7.
5 *Hallerbach*, StuB 2007, 289, 291.
6 Tz. 91 BMF, Schreiben v. 4. 7. 2008, BStBl 2008 I 718.
7 Tz. 92 BMF, Schreiben v. 4. 7. 2008, BStBl 2008 I 718.
8 Tz. 67 BMF, Schreiben v. 4. 7. 2008, BStBl 2008 I 718.
9 *Lüdenbach/Hoffmann*, DStR 2007, 636.
10 BT-Drucks. 16/4841, 50; Tz. 59 BMF, Schreiben v. 4. 7. 2008, BStBl 2008 I 718.

§ 310 HGB) oder **Konsolidierung „at equity"** (IAS 31.38) reicht für eine Einbeziehung nicht aus.[1] Daher gehören **Gemeinschaftsunternehmen** für Zwecke der Zinsschranke zu keinem Konzern.[2] Ein Gemeinschaftsunternehmen (Joint Venture) ist ein eigenständiges Unternehmen in einer beliebigen Rechtsform, an der Partnerunternehmen beteiligt sind und das gemeinschaftlich geführt wird (IAS 31.24). Als Beispiel werden in der Gesetzesbegründung **PPP-Projektgesellschaften** genannt, die nicht zu einem einzelnen Konzern gehören.[3] Nicht konzernzugehörig sind auch **assoziierte Unternehmen**,[4] die im Wege der Equity-Methode in den Konzernabschluss einbezogen werden (IAS 28.13). Hierbei handelt es sich um Unternehmen, die weder Tochtergesellschaften nach IAS 27 noch Joint Ventures nach IAS 31 sind, auf die der AE aber einen maßgeblichen Einfluss ausüben kann (IAS 28.2).

362–370 (Einstweilen frei)

III. Keine schädliche Gesellschafter-Fremdfinanzierung

371 Die Stand-alone-Klausel findet auf Körperschaften nur Anwendung, wenn nicht die **Rückausnahme in § 8a Abs. 2 KStG** eingreift. Danach ist die Befreiung von der Zinsschrankenregelung in § 4h Abs. 2 Satz 1 Buchst. b EStG nur anzuwenden, wenn die Vergütungen für Fremdkapital an einen zu mehr als einem Viertel unmittelbar oder mittelbar am Grund- oder Stammkapital beteiligten AE, eine diesem nahe stehende Person oder einen rückgriffsberechtigten Dritten nicht mehr als 10 % des Nettozinsaufwands betragen und die Körperschaft dies nachweist. Die Regelung soll Finanzierungsgestaltungen zwischen der Körperschaft und ihren AE verhindern.[5]

372 Die Vorschrift erinnert an die frühere Regelung der Gesellschafter-Fremdfinanzierung. Allerdings unterscheidet die neue Regelung nicht mehr zwischen ergebnisabhängigen und ergebnisunabhängigen Vergütungen. Auch kennt § 8a Abs. 2 KStG n. F. keinen safe haven oder die Möglichkeit des Drittvergleichs. Der neue § 8a Abs. 2 KStG erfasst die vom Gesetzgeber als schädlich empfundene Finanzierung durch eine erheblich pauschalere 10-%-Grenze bezogen auf den Nettozinsaufwand. Im Gegensatz zu der Vorgängerregelung besteht die **Rechtsfolge** auch nicht mehr in der Umqualifizierung der Vergütungen in eine vGA. Es wird der Körperschaft **insgesamt die Berufung auf die Stand-alone-Klausel verwehrt**, so dass die Grundregel der Zinsschranke gem. § 4h Abs. 1 EStG Anwendung findet.

373 Da § 8a Abs. 2 KStG – anders als die Vorgängerregelung – keine Beschränkung auf Kapitalgesellschaften enthält, ist sie grundsätzlich auf alle Körperschaften anwendbar. Durch die Bezugnahme auf das „Grund- oder Stammkapital" in § 8a Abs. 2 KStG wird der Anwendungsbereich aber wieder eingegrenzt, weil **nur Kapitalgesellschaften** (§ 1 Abs. 1 Nr. 1 KStG) über ein Grund- oder Stammkapital verfügen. Die Vorschrift ist daher auf Körperschaften ohne Grund- oder Stammkapital wie z. B. Genossenschaften, Vereine oder Stiftungen nicht anwendbar.[6] Im Falle einer **Organschaft** ist § 8a Abs. 2 KStG nur anwendbar, wenn der Organträger eine Körperschaft ist. Auf die Organgesellschaften kommt es nicht an (§ 15 Satz 1 Nr. 3 KStG).

---

1 *Hennrichs*, DB 2007, 2101, 2102; *Reiche/Kroschewski*, DStR 2007, 1330, 1332.
2 Tz. 61 BMF, Schreiben v. 4. 7. 2008, BStBl 2008 I 718.
3 BT-Drucks. 16/4841, 50.
4 IAS 28, § 311 HGB; vgl. Tz. 61 BMF, Schreiben v. 4. 7. 2008, BStBl 2008 I 718; *Hageböke/Stangl*, DB 2008, 200; *Heintges/Kamphaus/Loitz*, DB 2007, 1261, 1262; *Lüdenbach/Hoffmann*, DStR 2007, 636; a. A. *Rupp*, EStB 2007, 419, 420.
5 BT-Drucks. 16/4841, 74 f.
6 *Korn*, KÖSDI 2008, 15866, 15876; *Schaden/Käshammer*, BB 2007, 2259, 2260; *Schenke* in Kirchhof/Söhn/Mellinghoff, § 4h Rz. C 33.

(Einstweilen frei) 374–380

1. Wesentlich beteiligter Anteilseigner

Der AE muss am Grund- oder Stammkapital zu mehr als einem Viertel unmittelbar oder mittelbar beteiligt sein (**sog. wesentlich beteiligter Anteilseigner**). Eine Beteiligung von genau 25 % ist nicht ausreichend. Maßgeblich ist der nominelle Anteil des AE am Grund- oder Stammkapital. Abweichende Stimmrechtsverhältnisse sind unbeachtlich.[1] Werden von einer Kapitalgesellschaft eigene Anteile gehalten, sind diese bei der Berechnung der Beteiligungsquote vom Gesamtkapital abzuziehen.[2]

Als AE kommt grundsätzlich jede Person oder Gesellschaft in Betracht. Fällt die zivilrechtliche Inhaberschaft des Anteils und das wirtschaftliche Eigentum auseinander (insbesondere bei Treuhandverhältnissen), erfolgt die Zurechnung nach § 39 AO.[3] AE ist nur, wer (zumindest auch) **unmittelbar** an der Körperschaft beteiligt ist.[4] Der nur mittelbar Beteiligte ist eine nahe stehende Person.[5] Als AE ist auch anzusehen, wer im Zeitpunkt der Hingabe des Fremdkapitals noch nicht Gesellschafter war, sich aber später an der Körperschaft wesentlich beteiligt.[6]

Eine **unmittelbare Beteiligung** liegt vor, wenn der Fremdkapitalgeber die Anteile an der Körperschaft selbst hält. Eine **mittelbare Beteiligung** ist gegeben, wenn der Anteil an der Körperschaft über eine zwischengeschaltete Gesellschaft gehalten wird. Die Länge der Beteiligungskette ist unerheblich. Die mittelbare Beteiligung kann über eine Körperschaft, eine Personengesellschaft oder eine sonstige Personenvereinigung erfolgen.[7] Unerheblich ist, ob die zwischengeschaltete Gesellschaft an der Körperschaft wesentlich beteiligt ist, und ob die Beteiligung des AE an der zwischengeschalteten Person wesentlich ist, solange die Beteiligung des AE an der Körperschaft insgesamt mehr als 25 % des Nennkapitals ausmacht.[8] Die gesamte Beteiligung ergibt sich aus der Zusammenrechnung der unmittelbaren Beteiligungsquote mit der rechnerischen Beteiligungsquote aus der mittelbaren Beteiligung.[9]

Anders als bei § 8a Abs. 3 Satz 2 und 3 KStG a. F. erfolgt **keine Zusammenrechnung** mit Beteiligungen anderer AE.[10] Es ist daher unerheblich, ob ein nicht wesentlich beteiligter AE von einem anderen AE beherrscht wird, ob er einen anderen AE beherrscht oder ob er und ein anderer AE von einem Dritten beherrscht wird.[11] Auch der Zusammenschluss mit anderen AE zu einer Personenvereinigung ist unerheblich. Weiterhin ist ohne Bedeutung, ob der AE zusammen mit anderen AE einen beherrschenden Einfluss auf die Körperschaft ausübt.

Im Falle einer **Organschaft** muss die wesentliche Beteiligung an dem Organträger vorliegen. Eine schädliche Gesellschafter-Fremdfinanzierung ist nicht gegeben, wenn ein außerhalb des

---

1 Tz. 10 BMF, Schreiben v. 15. 12. 1994, BStBl 1995 I 25, 176; *Schenke* in Kirchhof/Söhn/Mellinghoff, § 4h Rz. C 37.
2 Tz. 10 BMF, Schreiben v. 15. 12. 1994, BStBl 1995 I 25, 176.
3 Tz. 10 BMF, Schreiben v. 15. 12. 1994, BStBl 1995 I 25, 176.
4 Tz. 8 BMF, Schreiben v. 15. 7. 2004, BStBl 2004 I 593.
5 Tz. 8 BMF, Schreiben v. 15. 7. 2004, BStBl 2004 I 593; a. A. Tz. 81 BMF, Schreiben v. 4. 7. 2008, BStBl 2008 I 718; *Schenke* in Kirchhof/Söhn/Mellinghoff, § 4h Rz. C 38.
6 BFH, Urteil v. 25. 1. 2005 - I R 12/04, BFH/NV 2005, 798 = NWB UAAAB-50839.
7 BFH, Beschluss v. 10. 2. 1982 - I B 39/81, BStBl 1982 II 392.
8 Tz. 10 BMF, Schreiben v. 15.12.1994, BStBl 1995 I 25, 176.
9 Tz. 81 BMF, Schreiben v. 4.7.2008, BStBl 2008 I 718; BFH, Urteil v. 7. 3. 1996 - IV R 12/95, BFH/NV 1996, 736 = NWB VAAAA-97331.
10 *Schenke* in Kirchhof/Söhn/Mellinghoff, § 4h Rz. C 39.
11 *Schaden/Käshammer*, BB 2007, 2259, 2260.

Organkreises stehender Gesellschafter wesentlich an einer Organgesellschaft beteiligt ist. Dies ergibt sich aus der einheitlichen Betrachtungsweise der Organschaft im Rahmen der Zinsschranke (§ 15 Satz 1 Nr. 3 KStG).

386 Im Gesetz ist nicht geregelt, zu welchem **Zeitpunkt** die wesentliche Beteiligung vorhanden sein muss. Nach § 8a KStG a. F. reichte es aus, wenn die wesentliche Beteiligung zu irgendeinem Zeitpunkt im Wirtschaftsjahr vorlag. Mangels einer entsprechenden Regelung in § 8a Abs. 2 KStG n. F. dürfen bei der Prüfung, ob mehr als 10 % des Nettozinsaufwands einem wesentlich beteiligten AE zuzurechnen sind, nur die Zeiträume einbezogen werden, **in denen die wesentliche Beteiligung tatsächlich bestand**.[1] Gleiches gilt für nahe stehende Personen, bei denen das Näheverhältnis nicht das ganze Jahr über bestand und für rückgriffsberechtigte Dritte, bei denen der Rückgriff nicht das ganze Jahr über möglich war.

387–390 *(Einstweilen frei)*

2. Nahe stehende Person

391 Wer wesentlich beteiligter AE ist, kann nicht nahe stehende Person sein und umgekehrt. Die nahe stehende Person i. S. d. § 8a Abs. 2 KStG wird **abschließend nach § 1 Abs. 2 AStG**[2] in der jeweils geltenden Fassung bestimmt. Deshalb kann zur Bestimmung der nahe stehenden Person nicht auf die im vGA-Recht verwendete Begriffsbestimmung zurückgegriffen werden. Nahe stehende Personen sind insbesondere Mutter-, Tochter- und Schwestergesellschaften des AE. Da sich der Anwendungsbereich des § 1 Abs. 2 AStG häufig auf Konzernstrukturen erstreckt, ist immer zu beachten, dass § 8a Abs. 2 KStG nur geprüft wird, wenn die Körperschaft nicht oder nur anteilmäßig einem Konzern angehört. Die nahe stehende Person ist allerdings bei der Prüfung von § 8a Abs. 3 KStG (innerhalb von Konzernstrukturen) ebenfalls von Bedeutung. Deshalb wird der Anwendungsbereich des § 1 Abs. 2 AStG im Folgenden für alle Sachverhaltskonstellationen dargestellt.

392 Bei den folgenden Fallgruppen liegt eine nahe stehende Person i. S. d. § 1 Abs. 2 AStG vor:

- Wenn **eine Person an dem AE mindestens zu einem Viertel** unmittelbar oder mittelbar beteiligt ist (§ 1 Abs. 2 Nr. 1 1. Alt. AStG).
- Maßgeblich ist eine nominelle quotale Beteiligung von mindestens 25 %. Betroffen ist insbesondere die Muttergesellschaft des AE und übergeordnete Gesellschaften. Nach dem Sinn und Zweck der Vorschrift ist zusätzlich erforderlich, dass der AE wesentlich beteiligt i. S. d. § 8a Abs. 2 KStG bzw. § 8a Abs. 3 KStG ist. Ansonsten hätte die Fallgruppe der nahe stehenden Person einen erheblich weiteren Anwendungsbereich als die Fallgruppe des wesentlich beteiligten AE. Es gilt also, dass der AE nach Maßgabe des § 8a Abs. 2 KStG bzw. § 8a Abs. 3 KStG an der Körperschaft wesentlich beteiligt sein muss und die nahe stehende Person nach Maßgabe des § 1 Abs. 2 AStG an dem AE wesentlich beteiligt sein muss. Leider ist die wesentliche Beteiligung in beiden Vorschriften unterschiedlich geregelt. Eine wesentliche Beteiligung im Rahmen des § 8a Abs. 2 KStG bzw. § 8a Abs. 3 KStG liegt erst vor, wenn die Beteiligung – anders als im Rahmen des § 1 Abs. 2 AStG – mehr als ein Viertel beträgt.
- Wenn **die Person auf den AE** unmittelbar oder mittelbar einen **beherrschenden Einfluss** ausüben kann (§ 1 Abs. 2 Nr. 1 2. Alt. AStG).

---

[1] *Schaden/Käshammer*, BB 2007, 2259, 2260.
[2] Vom 8. 9. 1972, BGBl 1972 I 1713.

Ein beherrschender Einfluss ohne Beteiligung zu einem Viertel liegt vor, wenn der beherrschende Teil seinen Willen in der beherrschten Person durchsetzen kann. Dies ist beispielsweise bei einer Stimmrechtsmehrheit ohne entsprechende nominelle Beteiligung, Beherrschungs- oder Stimmbindungsverträge oder bei dem satzungsmäßigen Recht, den Geschäftsführer oder Vorstand zu bestellen, denkbar. Eine wirtschaftliche Abhängigkeit wegen schuldrechtlicher Liefer- und Leistungsbeziehungen reicht nicht aus. Die beherrschende Einflussmöglichkeit muss im Hinblick auf einen wesentlich beteiligten AE i. S. d. § 8a Abs. 2 KStG bzw. § 8a Abs. 3 KStG bestehen. Die bloße Möglichkeit der Beherrschung reicht aus.

- Wenn umgekehrt **der AE an der Person mindestens zu einem Viertel** unmittelbar oder mittelbar beteiligt ist (§ 1 Abs. 2 Nr. 1 3. Alt. AStG).

- Wenn **der AE auf die Person** unmittelbar oder mittelbar einen **beherrschenden Einfluss** ausüben kann (§ 1 Abs. 2 Nr. 1 4. Alt. AStG).

  Mit den Fallalternativen 3 und 4 werden insbesondere Fremdfinanzierungen zwischen Schwestergesellschaften erfasst. Die Begriffsbestimmung der wesentlichen Beteiligung und der beherrschenden Einflussmöglichkeit entspricht der Auslegung in den Alternativen 1 und 2 des § 1 Abs. 2 Nr. 1 AStG. Es ist wiederum erforderlich, dass der AE wesentlich beteiligt i. S. d. § 8a Abs. 2 KStG bzw. § 8a Abs. 3 KStG ist.

- Wenn eine **dritte Person** sowohl an der Person als auch an dem AE **mindestens zu einem Viertel** unmittelbar oder mittelbar beteiligt ist (§ 1 Abs. 2 Nr. 2 1. Alt. AStG).

- Wenn die **dritte Person** auf die Person und auf den AE unmittelbar oder mittelbar einen **beherrschenden Einfluss** ausüben kann (§ 1 Abs. 2 Nr. 2 2. Alt. AStG).

  Mit den Fallvarianten des § 1 Abs. 2 Nr. 2 AStG werden vor allem Fremdfinanzierungen innerhalb größerer Gesellschaftsverbände erfasst. Die dritte Person ist in diesen Fällen häufig eine übergeordnete Gesellschaft, die sowohl an dem AE als auch an der nahe stehenden Person (ggf. mittelbar) wesentlich beteiligt ist bzw. gegenüber dem AE und der nahe stehenden Person eine beherrschende Einflussmöglichkeit inne hat. In der Person des AE müssen wiederum die Voraussetzungen des § 8a Abs. 2 KStG bzw. § 8a Abs. 3 KStG vorliegen.

- Wenn eine Person imstande ist, bei der Vereinbarung der Bedingungen einer Geschäftsbeziehung auf den AE einen außerhalb der Geschäftsbeziehung begründeten **Einfluss** auszuüben, oder wenn umgekehrt der AE in der Lage ist, einen entsprechenden Einfluss auf die Person auszuüben (§ 1 Abs. 2 Nr. 3 Alt. 1 AStG).

  Ausreichend ist eine Einflussmöglichkeit rechtlicher, finanzieller, marktbedingter, persönlicher oder verwandtschaftlicher Art. Die Einflussmöglichkeit muss außerhalb der eigentlichen Fremdfinanzierungsbeziehung bestehen und im Zeitpunkt der Vereinbarung der Bedingungen vorhanden sein. Diese Alternative greift auch bei natürlichen Personen mit Einflussmöglichkeiten auf den AE bzw. bei Einflussmöglichkeiten des AE auf eine fremdfinanzierende natürliche Person ein.

- Gleiches gilt auch, wenn die Person oder der AE ein **eigenes Interesse** an der Erzielung der Einkünfte des anderen hat (§ 1 Abs. 2 Nr. 3 2. Alt. AStG).

  Es genügt jedes rechtliche, finanzielle, marktbedingte, persönliche oder verwandtschaftliche Interesse von einigem Gewicht.[1] Das Interesse muss auf die konkrete Fremdfinanzie-

---

[1] BFH, Urteil v. 19. 1. 1994 - I R 93/93, BStBl 1994 II 725.

rungsbeziehung gerichtet sein. Es muss sich um ein „eigenes" Interesse handeln, welches über das bloße Interesse am Wohlergehen eines Verwandten oder Ehepartners hinausgehen muss.

393–395 *(Einstweilen frei)*

3. Rückgriffsberechtigter Dritter

396 Ebenfalls schädlich sind Vergütungen für Fremdkapital, die auf einen **Dritten** entfallen, der auf den zu mehr als einem Viertel am Grund- oder Stammkapital beteiligten AE oder eine diesem nahe stehende Person **zurückgreifen kann** (§ 8a Abs. 2 KStG). Damit soll verhindert werden, dass eine gewünschte Gesellschafter-Fremdfinanzierung über ein Kreditinstitut erfolgt, welches sich wegen des Kreditrisikos eine Rückgriffsmöglichkeit auf den AE oder eine nahe stehende Person einräumen lässt.

397 Der Begriff des **Dritten** wird durch jede natürliche oder juristische Person erfüllt, die der Kapitalgesellschaft Fremdkapital gewährt und weder wesentlich beteiligter AE noch nahe stehende Person ist. Häufig handelt es sich um finanzierende Banken.

398 Nach der Gesetzesbegründung besteht eine Rückgriffsmöglichkeit bereits dann, wenn der AE oder die ihm nahe stehende Person dem Dritten gegenüber **faktisch** für die Erfüllung der Schuld **einsteht**.[1] Die Gesetzesbegründung entspricht der bereits früher von der FinVerw vertretenen weiten Sichtweise, wonach ein rechtlich durchsetzbarer Anspruch (z. B. aufgrund einer Garantieerklärung oder einer Bürgschaft), eine Vermerkpflicht in der Bilanz, eine dingliche Sicherheit (z. B. Sicherungseigentum, Grundschuld) oder eine harte oder weiche Patronatserklärung ausreichend, aber nicht erforderlich sind.[2] Die FinVerw ging in Konzernfällen – also nicht bei der Anwendung des § 8a Abs. 2 KStG – sogar davon aus, dass eine widerlegbare Vermutung dafür existiere, dass die Muttergesellschaft für die Verbindlichkeiten der Tochtergesellschaft einstehen werde.[3] Es werden insbesondere Gestaltungen erfasst, bei denen eine Bank der Kapitalgesellschaft ein Darlehen gewährt und der AE seinerseits bei der Bank eine Einlage unterhält.[4] Nach der weiten Sichtweise setzt die Anwendung des § 8a KStG keine Abtretung der Einlageforderung gegen die Bank voraus.[5] Auch die Verpfändung der Anteile an der fremdfinanzierten Gesellschaft soll einen Rückgriff begründen.[6]

399 Die in der Gesetzesbegründung geäußerte Auffassung bedeutet eine erhebliche Verschärfung gegenüber dem bisher herrschenden Verständnis zu § 8a KStG a. F. Danach besteht eine Rückgriffsmöglichkeit nur, wenn der Dritte **rechtlich durchsetzbare Rückgriffsansprüche** innehat.[7] Bei einem solchen begrenzenden Verständnis sind nur schuldrechtliche (z. B. Bürgschaften, harte Patronatserklärungen, Garantieerklärungen, Schuldbeitritte) und dingliche (z. B. Sicherungsübereignungen, Pfandrechte, Grundpfandrechte) Rückgriffsrechte erfasst.[8] Für ein sol-

---

1 BT-Drucks. 16/4841, 75; so auch *Schänzle/Mattern* in Schnitger/Fehrenbacher, § 8a KStG Rz. 252.
2 Tz. 21 BMF, Schreiben v. 15.12.1994, BStBl 1995 I 25, 176 und jetzt Tz. 83 BMF, Schreiben v. 4.7.2008, BStBl 2008 I 718.
3 Tz. 22 BMF, Schreiben v. 15.12.1994, BStBl 1995 I 25, 176.
4 Sog. Back-to-back-Finanzierung; BT-Drucks. 16/4841, 75.
5 *Heuermann* in Blümich, KStG § 8a Rz. 26.
6 FG Berlin-Brandenburg, Urteil v. 26.1.2017 - 4 K 4106/16, NWB TAAAG-42224, EFG 2017, 859, mit Anm. *Neu*; Tz. 83 BMF, Schreiben v. 4.7.2008, BStBl 2008 I 718; Zweifel hieran äußert FG Berlin-Brandenburg, Urteil v. 13.10.2011 - 12 V 12089/11, EFG 2012, 358, Rev. Az. des BFH: I R 11/17.
7 Tz. 19 BMF, Schreiben v. 15.7.2004, BStBl 2004 I 593; *Herzig*, DB 1994, 110, 115; *Körner*, IStR 2004, 217, 220; *Kreft*, BB 2004, 1191, 1193.
8 Tz. 19 BMF, Schreiben v. 15.7.2004, BStBl 2004 I 593; *Hey*, RIW 1994, 221, 224; *Janssen*, RIW 1998, 312, 313.

ches Verständnis sprechen die besseren Gründe. Der Dritte ist erst dann im Sinne einer Back-to-back-Finanzierung abgesichert, wenn er rechtlich durchsetzbare Ansprüche innehat. Zudem ist nicht erkennbar, wie eine nur faktische Rückgriffsmöglichkeit von einer fehlenden Rückgriffsmöglichkeit rechtssicher abgrenzbar sein soll. Die Vermutung eines allgemeinen Konzernrückhalts über die bestehenden rechtlichen Verpflichtungen hinaus verkennt, dass Kapitalgesellschaften gerade auch wegen der Haftungsbegrenzung genutzt werden.

Angesichts der Gesetzesbegründung steht zu befürchten, dass auch die zweite wichtige Begrenzung der Rückgriffsfälle unter § 8a KStG a. F. keinen Bestand haben wird. Die FinVerw reduzierte den Rückgriffsbegriff dadurch auf Back-to-back-Finanzierungen, dass sie den **Gegenbeweis** zuließ, dass die Vergütungen beim rückgriffsberechtigten Dritten nicht mit Vergütungen für Einlagen oder sonstige Kapitalüberlassungen im Zusammenhang standen, deren Empfänger der AE oder eine nahe stehende Person war.[1] Diese Eingrenzung wurde vorgenommen, um gewöhnliche Bankenfinanzierungen ohne erkennbare Umgehungsabsicht aus dem Anwendungsbereich des § 8a KStG a. F. herauszunehmen. Da nach der Gesetzesbegründung zu § 8a KStG n. F. „insbesondere" Back-to-back-Finanzierungen unter die Neuregelung fallen, reicht der Anwendungsbereich der neuen Norm nach Auffassung des Gesetzgebers weiter. Der Vorschlag des Bundesrats, den Rückgriffsbegriff in einem § 8a Abs. 4 KStG auf Back-to-back-Finanzierungen einzuschränken, wurde von der Bundesregierung abgelehnt, weil die Begrenzung auf Back-to-back Finanzierungen als gestaltungsanfällig galt.[2] Danach dürfte der Gegenbeweis in der bisherigen Form zukünftig nicht mehr möglich sein.[3] Schon nach altem Recht war die von der FinVerw vorgenommene Begrenzung des Rückgriffsbegriffs mit dem Wortlaut und der Systematik des Gesetzes kaum vereinbar.[4] Sie entsprach aber den praktischen Bedürfnissen.

Die vom Gesetzgeber gewollte weite Fassung des § 8a Abs. 2 3. Alt. KStG ist abzulehnen. Nach der hier vertretenen Auffassung hat der Gesetzgeber die Grenzen einer (verfassungsrechtlich) zulässigen Missbrauchstypisierung überschritten.[5] Eine missbräuchliche Finanzierungsgestaltung ist nur durch Back-to-back-Finanzierungen denkbar. Der Rückgriff aufgrund gestellter Sicherheiten oder einer Bürgschaft stellt keine Gestaltung zwischen der Gesellschaft und ihrem Anteilseigner dar. Die Sicherheiten oder Bürgschaften sind vielmehr erforderlich, damit die Gesellschaft überhaupt einen Kredit erhält. Insbesondere finanz- und ertragsschwache Unternehmen und Unternehmen in der Krise werden durch die weite Fassung der Rückausnahme in einer nicht zu rechtfertigenden Weise betroffen; da sie den Zinsaufwand teilweise nicht als Betriebsausgabe abziehen können, verschärfen sich ihre finanziellen Probleme.[6]

Für die Anwendung des § 8a Abs. 2 bzw. § 8a Abs. 3 KStG reicht die **bloße Möglichkeit eines Rückgriffs** aus. Aus dem Gesetzeswortlaut „zurückgreifen kann" ergibt sich, dass weder ein Rückgriffsanspruch geltend gemacht noch ein faktischer Rückgriff durchgeführt worden sein

---

1 Zu den Einzelheiten: Tz. 20 BMF, Schreiben v. 15.7.2004, BStBl 2004 I 593 und BMF, Schreiben v. 22.7.2005, BStBl 2005 I 829.
2 BT-Drucks. 16/5377, 17 f. und 27.
3 A. A. *Förster* in Breithecker/Förster/Förster/Klapdor, Unternehmensteuerreformgesetz 2008, § 8a KStG Rz. 47; *Schwedhelm* in Streck, KStG, § 8a Rz. 43.
4 Vgl. *Hahn*, GmbHR 2005, 1085, 1086 ff.; *Pung*, DB 2005, 1756: Billigkeitsentscheidung.
5 Ernstliche Zweifel an der Verfassungsmäßigkeit äußert nunmehr auch BFH, Beschluss v. 13. 3. 2012 - I B 111/11, BStBl 2012 II 611, mit Anm. *Oellerich* = NWB HAAAE-09076; dem BFH folgend *Gosch* in Kube/Mellinghoff/Morgenthaler/Palm/Puhl/Seiler, Leitgedanken des Rechts, Band II, 2013, § 178 Rz. 14; *Heuermann* in Blümich, KStG § 8a Rz. 25; für eine teleologische Reduktion hingegen *Schenke* in Kirchhof/Söhn/Mellinghoff, § 4h Rz. C 46.
6 *Schaden/Käshammer*, BB 2007, 2259, 2261.

muss. § 8a Abs. 2 bzw. § 8a Abs. 3 KStG sind aber nur anwendbar, soweit die Rückgriffsmöglichkeit reicht. Bei betragsmäßiger Begrenzung der Rückgriffsmöglichkeit sind nur die Vergütungen in die Prüfung der 10-%-Grenze einzubeziehen, für die die Rückgriffsmöglichkeit gilt. Wegen der zeitlichen Begrenzung der Rückgriffsmöglichkeit vgl. → Rz. 386.

403 Die eingeräumte Rückgriffsmöglichkeit muss gegenüber einem wesentlich beteiligten AE oder eine diesem nahe stehende Person zustehen. Kann der Dritte nur über eine weitere Person auf den AE oder eine nahe stehende Person zurückgreifen (**sog. verlängerte Rückgriffskette**) ist § 8a Abs. 2 bzw. § 8a Abs. 3 KStG *ebenfalls einschlägig*.[1]

404 Wird die **Rückgriffsmöglichkeit durch die darlehensempfangende Körperschaft** selbst eingeräumt, ist § 8a Abs. 2 KStG bzw. § 8a Abs. 3 KStG nicht einschlägig. Zwar erhält der Dritte auch in diesem Fall eine Absicherung durch eine dem AE nahe stehende Person. Es liegt aber schon keine „Rückgriffs"-Möglichkeit i. S. d. § 8a Abs. 2 KStG bzw. § 8a Abs. 3 KStG vor, weil der Fremdkapitalempfänger und der Sicherheitengeber identisch sind.[2] Gleiches gilt für die Einräumung einer **Rückgriffsmöglichkeit innerhalb eines Organkreises**, weil der gesamte Organkreis einen Betrieb bildet (§ 15 Satz 1 Nr. 3 KStG).

405 Bei **Körperschaften des öffentlichen Rechts** und **steuerbefreiten Einrichtungen** gem. § 5 Abs. 1 Nr. 2 KStG soll die Gewährung von Bürgschaften und anderer Sicherheiten bei der Finanzierung von Gesellschaften, an denen sie zu mindestens 50 % unmittelbar oder mittelbar beteiligt sind, nach Ansicht der FinVerw keine Gesellschafterfremdfinanzierung sein, außer es handelt sich um Gestaltungen, bei der ein bürgschaftsberechtigter Dritter der Kapitalgesellschaft ein Darlehen gewährt und die Körperschaft des öffentlichen Rechts gegen den Dritten oder eine diesem nahe stehende Person eine Forderung hat, auf die der Dritte oder die nahe stehende Person zurückgreifen kann.[3] Begründet wird diese Einschränkung mit den Aufgaben der Daseinsvorsorge und der staatlichen Aufsicht.

406 Nach § 34 Abs. 4 KStG findet die Zinsschranke bei einer Fremdfinanzierung durch einen Dritten mit Rückgriffsmöglichkeit keine Anwendung, wenn die Rückgriffsmöglichkeit des Dritten allein auf der **Gewährträgerhaftung** einer Gebietskörperschaft oder einer anderen Einrichtung des öffentlichen Rechts gegenüber den Gläubigern eines Kreditinstituts für Verbindlichkeiten beruht, die bis zum 18. 7. 2001 vereinbart waren. Für bis zum 18. 7. 2005 vereinbarte Verbindlichkeiten gilt dies, wenn die Laufzeit nicht über den 31. 12. 2015 hinausgeht. Die Fristen entsprechen den mit der EU-Kommission ausgehandelten Übergangsfristen für die Abschaffung der Gewährträgerhaftung für Landesbanken und Sparkassen. Mit dieser Regelung wird die Übergangsvorschrift in § 34 Abs. 6a Satz 2 KStG a. F. für § 8a KStG a. F. fortgeführt.[4]

407–410 *(Einstweilen frei)*

4. Nicht mehr als 10 % des Nettozinsaufwands

411 Die Vergütungen an einen wesentlich beteiligten AE, einer diesem nahe stehenden Person oder einen rückgriffsberechtigten Dritten dürfen **nicht mehr als 10 %** der die Zinserträge über-

---

1 So auch *Goebel/Eilinghoff*, DStZ 2010, 515, 520; *Schenke* in Kirchhof/Söhn/Mellinghoff, § 4h Rz. C 43.
2 Ebenso zu § 8a KStG a. F.: *Dannecker/Tiede*, DStZ 2003, 873, 875; *Neu/Tombers*, GmbH-StB 2004, 75, 82; *Tries/Kloster*, GmbHR 2004, 154, 159.
3 Tz. 93 BMF, Schreiben v. 4.7.2008, BStBl 2008 I 718.
4 BT-Drucks. 16/5491, 23; Gosch/Förster, § 8a Rz. 139; zu den Fällen der Gewährträgerhaftung vgl. auch OFD Chemnitz v. 5. 1. 2005, DB 2005, 698; OFD Hannover v. 26. 5. 2005, DStR 2005, 1230, jeweils zu § 8a KStG a. F.

steigenden Zinsaufwendungen der Körperschaft i. S. d. § 4h Abs. 3 EStG betragen. Bei der Prüfung der 10-%-Grenze muss zunächst der Umfang der einzubeziehenden Vergütungen und der Umfang des einzubeziehenden Nettozinsaufwands bestimmt werden.

(Einstweilen frei) 412–415

a) Schädliche Fremdkapitalvergütungen

Der Begriff der „Vergütungen für Fremdkapital" in § 8a Abs. 2 KStG **entspricht inhaltlich grundsätzlich dem Begriff der „Zinsaufwendungen"** in § 4h Abs. 1 Satz 1 EStG (→ vgl. Rz. 111 ff.). Dies ergibt sich aus der Definition der Zinsaufwendungen in § 4h Abs. 3 Satz 2 EStG. Eine Einschränkung ist hinsichtlich der **Abzinsung** unverzinslicher oder niedrig verzinslicher Kapitalforderungen bzw. der **Aufzinsung** unverzinslicher oder niedrig verzinslicher Verbindlichkeiten zu machen. Da diese nur kraft der Sonderbestimmung in § 4h Abs. 3 Satz 4 EStG zu den Zinsaufwendungen zählen, stellen diese Beträge keine Vergütungen für Fremdkapital dar. Außerdem können in den Anwendungsbereich des § 8a Abs. 2 KStG nur Vergütungen einbezogen werden, die das maßgebliche **Einkommen gemindert** haben. Im Gegensatz zur Vorgehensweise bei der Ermittlung des Nettozinsaufwands erfolgt **keine Saldierung mit den Zinserträgen**. 416

Vertreten wird, die Vergütungen an die drei schädlichen Fremdkapitalgeber seien betriebsbezogen zu ermitteln, d. h., es sei **die Summe aller Vergütungen an die schädlichen Fremdkapitalgeber** im Wirtschaftsjahr maßgeblich.[1] Die Gegenauffassung verweist auf den Wortlaut des Gesetzes, wonach die Vergütungen „an einen" schädlichen Fremdkapitalgeber mit dem Nettozinsaufwand zu vergleichen sind. Nach dieser Auffassung muss die Prüfung der 10-%-Grenze für jeden schädlichen Fremdkapitalgeber isoliert erfolgen.[2] Dies mag gegen die Grundentscheidung der Zinsschrankenregelung stehen, nach der die Voraussetzungen betriebsbezogen auszulegen sind. Angesichts einer gesetzeszweckorientierten Auslegung, die den Anwendungsbereich der Regelung auf das gebotene Maß zurückführt, ist jedoch der wortlautgetreuen Auslegung der Vorzug einzuräumen.[3] 417

(Einstweilen frei) 418–420

b) Nettozinsaufwand

Die Ermittlung der „die Zinserträge übersteigenden Zinsaufwendungen" (sog. Nettozinsaufwand) erfolgt nach Maßgabe der Definitionen in **§ 4h Abs. 3 Sätze 2 – 4 EStG**. Anders als bei den „Vergütungen für Fremdkapital" sind also auch Auf- und Abzinsungen i. S. d. § 4h Abs. 3 Satz 4 EStG einzubeziehen.[4] Zu den Einzelheiten → vgl. Rz. 111 ff. Maßgeblicher Zeitraum für die Ermittlung des Nettozinsaufwands ist das **Wirtschaftsjahr**. Dies ergibt sich aus der ergänzenden Funktion des § 8a KStG im Verhältnis zu der Gewinnermittlungsvorschrift des § 4h EStG. 421

Nach der hier vertretenen Auffassung ist der Nettozinsaufwand **des einzelnen Betriebs** i. S. d. § 4 Abs. 1 Satz 1 EStG maßgeblich. Zwar bezieht sich die 10-%-Grenze nach dem Wortlaut des 422

---

[1] Tz. 82 BMF, Schreiben v. 4.7.2008, BStBl 2008 I 718; *Schenke* in Kirchhof/Söhn/Mellinghoff, § 4h Rz. C 51.
[2] *Althoff/Taron*, StuB 2012, 99, 101 f.; *Hallerbach*, StuB 2007, 289, 292; *Herzig/Liekenbrock*, DB 2007, 2387, 2390; *Korn*, KÖSDI 2008, 15866, 15876.
[3] BFH, Urteil v. 11.11.2015 - I R 57/13, DStR 2016, 530 = NWB GAAAF-67944; *Frotscher/Drüen*, § 8a Rz. 159; *Stangl* in RHN, § 8a Rz. 250; a. A. dieser Kommentar bis zur 3. Auflage.
[4] *Schaden/Käshammer*, BB 2007, 2259, 2261.

§ 8a Abs. 2 KStG auf die „Körperschaft" und nicht auf den „Betrieb". Gleichzeitig wird aber durch den Verweis auf § 4h Abs. 3 EStG klargestellt, dass dieselben Ermittlungsgrundsätze wie bei § 4h EStG gelten sollen. Es erscheint aus gesetzessystematischen Gründen nicht einleuchtend, den Nettozinsaufwand für die 10-%-Grenze bezogen auf die Körperschaft und für die Zinsschranke bezogen auf den Betrieb zu ermitteln. Von Relevanz ist diese Problematik im Falle einer **Organschaft**, in der mehrere Körperschaften einen Betrieb ausbilden (§ 15 Satz 1 Nr. 3 Satz 2 KStG). § 8a Abs. 2 KStG ist nach der hier vertretenen Auffassung auf den einheitlichen Betrieb des ganzen Organkreises anzuwenden.[1] Bei wörtlicher Auslegung, wäre die schädliche Gesellschafter-Fremdfinanzierung auch in den Organgesellschaften zu prüfen.

423–425 (Einstweilen frei)

c) Die Rechtsfolgen des Vergleichs

426 Nach den allgemeinen Grundsätzen, dass jeder den Nachweis der für ihn günstigen Tatsachen erbringen muss, muss die Körperschaft nach § 8a Abs. 2 KStG a. E. nachweisen, dass keine schädliche Gesellschafterfremdfinanzierung vorliegt.[2] Eine Glaubhaftmachung genügt nicht. Die Vorschrift enthält eine Regelung zur subjektiven Beweislast; die Körperschaft kann sich deshalb nicht auf die Amtsermittlung der Finanzbehörde verlassen.[3]

427 Gelingt der Körperschaft der Nachweis, dass die 10-%-Grenze eingehalten worden ist, dann kann sie sich auf die Ausnahme des § 4h Abs. 2 Satz 1 Buchst. b EStG berufen und ihre Zinsaufwendungen vollständig abziehen. Gelingt der Körperschaft dieser Nachweis nicht, so unterfallen nicht nur die im Rahmen der Gesellschafter-Fremdfinanzierung gezahlten Vergütungen, sondern **alle Zinsaufwendungen** (!!), die in dem betreffenden Wirtschaftsjahr angefallen sind, der Zinsschranke. Denn durch das Eingreifen von § 8a Abs. 2 KStG ist die Ausnahmeregelung in § 4h Abs. 2 Satz 1 Buchst. b EStG nicht anwendbar, mit der Rechtsfolge, dass die allgemeinen Grundsätze der Zinsschranke zu befolgen sind. Diese Rechtsfolge kann nur vermieden werden, wenn die Freigrenze nicht überschritten wird.

428 Der Vergleich zwischen dem Nettozinsaufwand des Betriebs und der schädlichen Fremdkapitalvergütungen ist **nicht sachlogisch**, weil eine **Bruttogröße** (Fremdkapitalvergütungen ohne Abzug der Zinserträge) mit einer **Nettogröße** (Nettozinsaufwand) verglichen wird. Dies führt zu unsystematischen Ergebnissen, wenn die Überschreitung der 10-%-Grenze bei gleichbleibenden Zinsaufwendungen durch eine Erhöhung der Zinserträge verursacht wird. Dennoch erlaubt der eindeutige Gesetzeswortlaut keine abweichende Handhabung.

> **BEISPIEL:** Die A-GmbH hat drei Gesellschafter (X, Y und Z), die jeweils zu 1/3 an der GmbH beteiligt sind. Der X gibt der A-GmbH ein Darlehen. Für dieses Darlehen entstehen Zinsaufwendungen i. H.v. 400 000 €. Außerdem hat die A-GmbH ein Darlehen bei der B-Bank aufgenommen. Hierfür sind Zinsaufwendungen i. H.v. 200 000 € entstanden. Der Y hält bei der B-Bank eine Einlage, die als Sicherheit für dieses Darlehen dient.
>
> Die weiteren Zinsaufwendungen der GmbH betragen 6 000 000 €. Die Zinserträge betragen 100 000 € bzw. 1 000 000 € (Abwandlung).

---

[1] Ebenso *Herzig/Liekenbrock*, DB 2007, 2387, 2390; *Köhler*, DStR 2007, 597, 599.
[2] *Schenke* in Kirchhof/Söhn/Mellinghoff, § 4h Rz. C 58.
[3] *Frotscher*/Drüen, § 8a Rz. 95.

Vergütungen für Fremdkapital an einen wesentlich beteiligten AE	400 000 €
Vergütungen für Fremdkapital an einen rückgriffsberechtigten Dritten	200 000 €
Summe	600 000 €

Nettozinsaufwand:

Vergütungen für Fremdkapital an einen wesentlich beteiligten AE		400 000 €
Vergütungen für Fremdkapital an einen rückgriffsberechtigten Dritten		200 000 €
Weiterer Zinsaufwand		6 000 000 €
Abzüglich Zinserträge	./.	100 000 €
Summe		6 500 000 €
Verhältnis		9,23 %
		unschädlich

Abwandlung:

Nettozinsaufwand:

Vergütungen für Fremdkapital an einen wesentlich beteiligten AE		400 000 €
Vergütungen für Fremdkapital an einen rückgriffsberechtigten Dritten		200 000 €
Weiterer Zinsaufwand		6 000 000 €
Abzüglich Zinserträge	./.	1 000 000 €
Summe		5 600 000 €
Verhältnis		10,71 %
		schädlich

(Einstweilen frei) 429–440

5. Nachgeordnete Mitunternehmerschaften

Nach § 4h Abs. 2 Satz 2 EStG gilt § 8a Abs. 2 KStG für unmittelbar oder mittelbar einer Körperschaft nachgeordnete Gesellschaften, bei denen der Gesellschafter als Mitunternehmer anzusehen ist, entsprechend (**sog. nachgeordnete Mitunternehmerschaften**). Die Vorschrift dient der Verhinderung von Umgehungsgestaltungen. Würde ein wesentlich beteiligter AE das Fremdkapital nicht der Körperschaft, sondern der nachgeordneten Mitunternehmerschaft zur Verfügung stellen, so wäre § 8a Abs. 2 KStG nicht anwendbar, weil die Mitunternehmerschaft nicht dem Körperschaftsteuerrecht unterliegt. § 15 Abs. 1 Satz 1 Nr. 2 Satz 1 Halbsatz 2 EStG greift nicht ein, wenn der wesentlich beteiligte AE der Körperschaft nicht zugleich Mitunternehmer der nachgeordneten Mitunternehmerschaft ist. In einer solchen Fallkonstellation würden die Fremdkapitalvergütungen den Gewinn der Mitunternehmerschaft verringern, so dass die von dem Gesetzgeber befürchtete Gewinnabsaugung möglich wäre. Zwar unterliegen die Vergütungen auf der Ebene der Mitunternehmerschaft grundsätzlich den Regelungen der Zinsschranke. § 4h Abs. 2 Satz 2 EStG soll aber verhindern, dass diese Regeln aufgrund einer fehlenden Konzernzugehörigkeit der Mitunternehmerschaft keine Anwendung finden, obwohl eine schädliche (mittelbare) Gesellschafter-Fremdfinanzierung vorliegt.

442 Vermögensverwaltende Personengesellschaften fallen nicht unter § 4h Abs. 2 Satz 2 EStG. Erfasst werden allein originär gewerblich tätige oder gewerblich geprägte Personengesellschaften.[1] Ob die nachgeordnete Mitunternehmerschaft im Inland oder im Ausland ansässig ist, ist unerheblich.[2]

443 Da § 4h Abs. 2 Satz 2 EStG die entsprechende Anwendung des § 8a Abs. 2 KStG anordnet, darf die Mitunternehmerschaft **keinem Konzern angehören**. Diese Voraussetzung ist aus Sicht der Mitunternehmerschaft und nicht aus Sicht der übergeordneten Körperschaft zu prüfen.[3] Gehört die Mitunternehmerschaft einem Konzern an, ist § 8a Abs. 3 KStG sinngemäß anzuwenden.

444 Das Fremdkapital muss an eine Mitunternehmerschaft gegeben worden sein, die einer Körperschaft unmittelbar oder mittelbar **nachgeordnet** ist. Ist die Mitunternehmerschaft der Körperschaft übergeordnet, ist § 4h Abs. 2 Satz 2 EStG nicht anwendbar. Im Gegensatz zu der früheren Regelung in § 8a Abs. 5 KStG a. F., die eine wesentliche Beteiligung vorausgesetzt hatte, ist in § 4h Abs. 2 Satz 2 EStG **keine Mindestbeteiligungshöhe** für die Beteiligung der Körperschaft an der Mitunternehmerschaft vorgesehen.[4] Dies stellt eine erhebliche Verschärfung dar.

445 Eine **mittelbare Beteiligung** der Körperschaft an der Mitunternehmerschaft kann über eine andere Körperschaft, eine Personengesellschaft oder eine sonstige Personenvereinigung erfolgen. Die Länge der Beteiligungskette ist unerheblich. Die vermittelnden Beteiligungen müssen keine Mindestbeteiligungshöhe aufweisen.

446 Da § 4h Abs. 2 Satz 2 EStG den Regelungsgehalt des § 8a Abs. 2 KStG nicht generell auf die Mitunternehmerschaft überträgt, sondern nur Umgehungsgestaltungen vermeiden soll, ist der **persönliche Anwendungsbereich der Norm aus Sicht der Körperschaft** zu prüfen.[5] Die Fremdkapitalgeber müssen daher wesentlich beteiligte AE der Körperschaft, sowie nahe stehende Personen eines wesentlich beteiligten AE der Körperschaft bzw. Dritte sein, die auf einen wesentlich beteiligten AE der Körperschaft oder eine diesem nahe stehende Person eine Rückgriffsmöglichkeit haben. Zur Bestimmung der schädlichen Fremdkapitalgeber im Einzelnen vgl. → Rz. 381 ff. Ein Näheverhältnis der Fremdkapitalgeber zur Mitunternehmerschaft ist nicht erforderlich. Sie müssen nur das Fremdkapital an die Mitunternehmerschaft gegeben haben.

447 Die Vergütungen der Mitunternehmerschaft an die schädlichen Fremdkapitalgeber dürfen kumuliert (vgl. → Rz. 417) nicht mehr als 10 % des Nettozinsaufwands der Mitunternehmerschaft betragen. Bei der Ermittlung des Nettozinsaufwands der Mitunternehmerschaft sind die **Zinsaufwendungen und Zinserträge** der **Gesamthandsbilanz, der Ergänzungsbilanzen und der Sonderbilanzen** einzubeziehen.[6] Überscheiten die Vergütungen die 10-%-Grenze, so ist auf die Mitunternehmerschaft die Stand-alone-Klausel gem. § 4h Abs. 2 Satz 1 Buchst. b EStG nicht anwendbar und die Grundregel der Zinsschranke greift ein. Ebenso wie bei direkter Anwendung des § 8a Abs. 2 KStG werden durch die Überschreitung der 10-%-Grenze nicht nur die Vergütungen für die Gesellschafter-Fremdfinanzierung, sondern **alle Zinsaufwendungen** der Mitunternehmerschaft von der Zinsschranke erfasst, wenn nicht die Freigrenze eingreift. Die Rechtsfolgen werden **in der einheitlichen und gesonderten Gewinnfeststellung** gezogen. Be-

---

1 *Schänzle/Mattern* in Schnitger/Fehrenbacher, § 8a KStG Rz. 268, *Schenke* in Kirchhof/Söhn/Mellinghoff, § 4h Rz. C 183.
2 *Schänzle/Mattern* in Schnitger/Fehrenbacher, § 8a KStG Rz. 270, *Schenke* in Kirchhof/Söhn/Mellinghoff, § 4h Rz. C 184.
3 *Schaden/Käshammer*, BB 2007, 2259, 2261.
4 *Schaden/Käshammer*, BB 2007, 2259, 2261; a. A. *Hoffmann*, GmbHR 2008, 183, 186.
5 *Schaden/Käshammer*, BB 2007, 2259, 2261.
6 *Kußmaul/Pfirmann/Meyering/Schäfer*, BB 2008, 135.

troffen sind alle Beteiligte an der Mitunternehmerschaft nach Maßgabe des Gewinnverteilungsschlüssels, auch wenn sie in keiner Verbindung zu der Körperschaft und der mittelbaren Gesellschafter-Fremdfinanzierung stehen. Für das Nichteingreifen von § 4h Abs. 2 Satz 2 EStG i.V. m. § 8a Abs. 2 KStG ist die Mitunternehmerschaft **nachweispflichtig**.

Ist der Fremdkapitalgeber **unmittelbar** an der Mitunternehmerschaft **beteiligt**, findet § 4h Abs. 2 Satz 2 EStG i.V. m. § 8a Abs. 2 KStG keine Anwendung, weil die Vergütungen in diesem Fall gem. § 15 Abs. 1 Satz 1 Nr. 2 EStG in Sondervergütungen umqualifiziert werden. Der Gewinn der Mitunternehmerschaft wird nicht vermindert. Dem steht auch nicht entgegen, dass der betroffene Mitunternehmer zwar Sonderbetriebseinnahmen zu versteuern hat, aber der Gewinnanteil der Körperschaft durch die Vergütungen dennoch anteilig gemindert wird. Würde man die auf die Körperschaft anteilig entfallenden Vergütungen in die Prüfung der 10-%-Grenze einbeziehen, ergäbe sich ein schiefes Bild. Denn diese Vergütungen sind im Nettozinsaufwand der Mitunternehmerschaft nicht enthalten, weil die Zinsaufwendungen durch einen entsprechenden Zinsertrag im Sonderbetriebsvermögen kompensiert werden. 448

(Einstweilen frei) 449–460

E. Dritte Ausnahme: Die Escape-Klausel

Nach § 4h Abs. 2 Satz 1 Buchst. c Satz 1 EStG ist die Zinsschranke nicht anzuwenden, wenn der Betrieb zu einem Konzern gehört und seine Eigenkapitalquote am Schluss des vorangegangenen Abschlussstichtages gleich hoch oder höher ist als die des Konzerns (**Eigenkapitalvergleich**). Ein Unterschreiten der Eigenkapitalquote des Konzerns bis zu zwei Prozentpunkten ist unschädlich (§ 4h Abs. 2 Satz 1 Buchst. c Satz 2 EStG). Für das Eingreifen der Escape-Klausel ist der Steuerpflichtige nach allgemeinen Grundsätzen **nachweispflichtig**. Die Details des Eigenkapitalvergleichs werden in § 4h Abs. 2 Satz 1 Buchst. c Sätze 3 – 13 EStG geregelt. 461

Die Escape-Klausel verdeutlicht die Zielrichtung der Zinsschranke. Es soll verhindert werden, dass internationale Konzerne Erträge ins niedrig besteuernde Ausland und Aufwendungen ins höher besteuernde Inland verlagern. Ob eine solche **Verlagerung** stattgefunden hat, wird am Maßstab des Eigenkapitalvergleichs beurteilt. Ist der Eigenkapitalvergleich negativ, geht der Gesetzgeber typisierend von einer Verlagerung aus und sanktioniert dieses Ergebnis mit der Zinsschranke. 462

Bei **Körperschaften** ist die Escape-Klausel nur anwendbar, wenn die **Rückausnahme in § 8a Abs. 3 KStG** nicht eingreift. Danach dürfen die Vergütungen für Fremdkapital der Körperschaft oder eines anderen demselben Konzern zugehörenden Rechtsträgers an einen wesentlich beteiligten, aber nicht konzernzugehörigen Gesellschafters einer konzernzugehörigen Gesellschaft, eine nicht konzernzugehörige nahe stehende Person oder einen rückgriffsberechtigten Dritten, der eine Rückgriffsmöglichkeit auf einen nicht zum Konzern gehörenden wesentlich beteiligten Gesellschafters einer konzernzugehörigen Gesellschaft oder auf eine nicht konzernzugehörige nahe stehende Person inne hat, nicht mehr als 10 % des Nettozinsaufwands des Rechtsträgers betragen. Über § 4h Abs. 2 Satz 2 EStG gilt die Rückausnahme auch für **nachgeordnete Mitunternehmerschaften**. Die weite Fassung des § 8a Abs. 3 KStG dürfte auf der Befürchtung des Gesetzgebers beruhen, dass durch eine bewusst gesteuerte konzernexterne Gesellschafter-Fremdfinanzierung die Eigenkapitalquote des Konzerns soweit vermindert werden könnte, dass die eigentlich unzureichende Eigenkapitalquote des inländischen Betriebs für den Eigenkapitalvergleich ausreicht. 463

464 Nach dem weiten Wortlaut des § 8a Abs. 3 KStG muss **für jede konzernangehörige Gesellschaft (weltweit!) die 10-%-Grenze geprüft werden**. Wird nur in einer Gesellschaft die 10-%-Grenze nicht eingehalten, kann sich der gesamte Konzern nicht mehr auf die Escape-Klausel berufen.[1] Dabei ist es unerheblich, welches Volumen die Zinsaufwendungen in dieser Gesellschaft haben. Diese strengen Anforderungen werden dazu führen, dass für internationale Konzerne die Berufung auf die Escape-Klausel kaum möglich sein wird. Denn für das Nichteingreifen der Gegenausnahme ist die Körperschaft aufgrund ausdrücklicher Gesetzesbestimmung **nachweispflichtig**. Sie muss also den Nachweis führen, dass in dem gesamten, ggf. weltweit operierenden Konzern keine schädliche Gesellschafter-Fremdfinanzierung nach den Vorgaben des deutschen Gesetzgebers stattfindet. Hierfür dürften der inländischen Körperschaft regelmäßig keine ausreichenden Informationen zur Verfügung stehen. Wie soll eine inländische Körperschaft den Nachweis führen, wie eine konzernangehörige Kapitalgesellschaft in einem beliebigen Staat irgendwo auf der Welt fremdfinanziert ist und welche Rückgriffsmöglichkeiten den finanzierenden Banken zur Verfügung stehen? Und dieser Nachweis muss nicht nur für eine Konzerngesellschaft, sondern für jeden konzernzugehörigen Rechtsträger erfolgen. Hier hat der Gesetzgeber, getrieben von seiner Furcht vor neuen Gestaltungsmöglichkeiten, die Nachweisanforderungen schlicht überspannt. Hinzu kommt, dass die ausländischen Gesellschafter-Fremdfinanzierungen nach den dortigen thin-capitalization-rules optimiert sein dürften, und dass die inländische Körperschaft regelmäßig kaum Einflussmöglichkeiten haben wird, um daran etwas zu ändern.

465–470 *(Einstweilen frei)*

I. Zugehörigkeit zu einem Konzern

471 Der Betrieb muss **zu einem Konzern** gehören. Die Prüfung erfolgt nach den in → Rz. 266 ff. dargestellten Grundsätzen. Die Konzernzugehörigkeit ist eine entscheidende Weichenstellung in der Systematik der Zinsschrankenregelung. Ist keine oder nur eine anteilsmäßige Konzernzugehörigkeit gegeben, so erfolgt die weitere Prüfung anhand der Stand-alone-Klausel und § 8a Abs. 2 KStG. Ist die Konzernzugehörigkeit gegeben, wird anhand der Escape-Klausel und § 8a Abs. 3 KStG weiter geprüft. Die Prüfung der Konzernzugehörigkeit erfolgt **für jeden inländischen Betrieb** gesondert (zum Betriebsbegriff → Rz. 97 ff.). Im Falle einer **Organschaft** ist die Escape-Klausel nur zu prüfen, wenn der Konzern über den Organkreis hinausreicht. Ansonsten findet wegen der Annahme eines einheitlichen Betriebs innerhalb des Organkreises (§ 15 Satz 1 Nr. 3 KStG) die Stand-alone-Klausel Anwendung.

472–475 *(Einstweilen frei)*

II. Keine schädliche Gesellschafter-Fremdfinanzierung

476 Gehört der Betrieb zu einem Konzern, ist bei **Körperschaften** zuerst die **Rückausnahme in § 8a Abs. 3 KStG** zu prüfen. Nur wenn keine schädliche Gesellschafter-Fremdfinanzierung i. S. d. § 8a Abs. 3 KStG vorliegt, kann die Escape-Klausel zur Anwendung kommen. Bei Organkreisen, die Bestandteil eines Konzerns sind, greift § 8a Abs. 3 KStG ein, wenn der Organträger eine Körperschaft ist. Die Rückausnahme in § 8a Abs. 3 KStG ist dadurch gekennzeichnet, dass sie eine konzernweite Betrachtung vorschreibt, so dass schon eine schädliche Gesellschafter-Fremdfinanzierung **irgendeines Rechtsträgers** im Konzern dazu führt, dass die Escape-Klausel für den

---

[1] Tz. 80 BMF, Schreiben v. 4. 7. 2008, BStBl 2008 I 718.

ganzen Konzern nicht mehr anwendbar ist. Das zweite Kennzeichen der Gegenausnahme besteht darin, dass nach § 8a Abs. 3 Satz 2 KStG nur Gesellschafter-Fremdfinanzierungen an **nicht konzernzugehörige** Gesellschafter schädlich sind (sog. konzernexterne Fremdfinanzierungen).

(Einstweilen frei) 477–480

1. Körperschaft oder konzernzugehöriger Rechtsträger

Ob eine schädliche Gesellschafter-Fremdfinanzierung vorliegt, ist nicht nur für die maßgebliche Körperschaft, sondern **für jeden Rechtsträger**, der zu demselben Konzern gehört, zu prüfen. Der Begriff des Rechtsträgers umfasst nicht nur Körperschaften, sondern auch Personengesellschaften.[1] Ob der Rechtsträger gegenüber der maßgeblichen Körperschaft über- oder untergeordnet ist, ist unerheblich. Nach dem Gesetzeswortlaut ist es auch **irrelevant**, ob der konzernzugehörige Rechtsträger **im Inland oder im Ausland ansässig** ist. Zwar ist in der Gesetzesbegründung ausgeführt worden, dass in die Prüfung nur Zinsaufwendungen einbezogen werden sollen, die Teil einer inländischen Gewinnermittlung sind.[2] Hierfür spricht, dass nur die übermäßige Gesellschafter-Fremdfinanzierung eines im Inland veranlagten Betriebs das inländische Besteuerungssubstrat mindern kann. Wird der Zweck der Rückausnahme aber darin gesehen, einer gestalteten Reduzierung der Eigenkapitalquote des Konzerns entgegenzuwirken (vgl. → Rz. 463), sprechen keine überzeugenden Gründe für eine teleologische Beschränkung des Gesetzeswortlauts. Die Prüfung der Gesellschafter-Fremdfinanzierung erstreckt sich daher auf jede Konzerngesellschaft, unabhängig davon, ob ein Inlandsbezug besteht.[3] 481

Bei wörtlicher Auslegung, reicht es aus, wenn entweder die Körperschaft „oder" ein konzernzugehöriger Rechtsträger die 10-%-Grenze unterschreitet.[4] In der Gesetzesbegründung wird aber klargestellt, dass eine solche Rechtsfolge nicht beabsichtigt ist. Vielmehr ist bereits **das Überschreiten der 10-%-Grenze in einem konzernangehörigen Rechtsträger schädlich**.[5] Dies entspricht auch dem Zweck der Gegenausnahme. Wenn die gestaltete Absenkung der Eigenkapitalquote des Konzerns verhindert werden soll, muss die Gesellschafter-Fremdfinanzierung in jedem Rechtsträger geprüft werden. Es ist daher davon auszugehen, dass mit der unscharfen gesetzlichen Formulierung zum Ausdruck gebracht werden sollte, dass in jedem konzernangehörigen Rechtsträger die 10-%-Grenze unterschritten werden muss. 482

(Einstweilen frei) 483–485

2. Nur konzernexterne Fremdfinanzierungen

Nach § 8a Abs. 3 Satz 2 KStG gilt Satz 1 nur für Zinsaufwendungen **aus Verbindlichkeiten, die in dem vollkonsolidierten Konzernabschluss** nach § 4h Abs. 2 Satz 1 Buchst. c EStG **ausgewiesen sind**, bzw. bei Finanzierungen durch einen Dritten für Zinsaufwendungen aus Verbindlichkeiten, die einen Rückgriff gegen einen nicht zum Konzern gehörenden Gesellschafter oder eine diesem nahe stehende Person auslösen. Durch diese Einschränkung wird sichergestellt, 486

---

1 Vgl. *Töben/Fischer*, BB 2007, 974, 978.
2 BT-Drucks. 16/4841, 75.
3 Tz. 80 BMF, Schreiben v. 4. 7. 2008, BStBl 2008 I 718; *Köhler*, DStR 2007, 597, 600; *Reiche/Kroschewski*, DStR 2007, 1330, 1333; *Scheunemann/Socher*, BB 2007, 1144, 1150; *Töben/Fischer*, BB 2007, 974, 978; a. A. *Dörr/Geibel/Fehling*, NWB F. 4, 5199, 5210; *Hahne*, StuB 2007, 808, 809.
4 Eingehend: *Staats/Renger*, DStR 2007, 1801; vgl. auch *Dörr/Geibel/Fehling*, NWB F. 4, 5199, 5210; *Korn*, KÖSDI 2008, 15866, 15876.
5 BT-Drucks. 16/4841, 75; vgl. auch Tz. 80 BMF, Schreiben v. 4. 7. 2008, BStBl 2008 I 718.

dass konzerninterne Fremdfinanzierungen (einschließlich konzerninterne Bürgschaften) nicht als schädliche Gesellschafter-Fremdfinanzierungen einzuordnen sind. Gehört der Fremdkapitalgeber in den Vollkonsolidierungskreis, werden Forderung und Verbindlichkeit im Konzernabschluss wegen der Schuldenkonsolidierung nicht ausgewiesen (IAS 27.24; § 303 Abs. 1 HGB). Für solche Fremdfinanzierungen gilt § 8a Abs. 3 Satz 1 KStG nicht. Der Fremdkapitalgeber muss außerhalb des Vollkonsolidierungskreises stehen. Der Grund für diese Begrenzung ergibt sich aus dem Zweck des § 8a Abs. 3 KStG. Denn nur eine konzernexterne Fremdfinanzierung ist in der Lage, die Eigenkapitalquote des Konzerns negativ zu beeinflussen und damit die Chancen des inländischen Betriebs auf einen positiven Eigenkapitalvergleich zu erhöhen. Vergleichbares gilt beim rückgriffsberechtigten Dritten. Nur wenn er eine Rückgriffsmöglichkeit auf einen nicht konzernzugehörigen Gesellschafter oder eine diesem nahe stehende Person inne hat, greift § 8a Abs. 3 Satz 1 KStG ein.

487 Zwar verwendet § 8a Abs. 3 Satz 2 KStG zur Beschreibung der maßgeblichen Vergütungen den Begriff „Zinsaufwendungen". Gemeint sind damit aber die „Vergütungen für Fremdkapital" i. S. d. § 8a Abs. 3 Satz 1 KStG. Die Begrenzung auf konzernexterne Fremdfinanzierungen bezieht sich **nur** auf die schädlichen „Vergütungen für Fremdkapital", **nicht** dagegen auf den Nettozinsaufwand. Dieser wird unabhängig davon, ob der Fremdkapitalgeber zum Konzern gehört oder nicht, unter Berücksichtigung aller gezahlter Zinsaufwendungen und Zinserträge des Betriebs ermittelt.

488 Eine konzernexterne Finanzierung liegt auch vor, wenn das Fremdkapital durch die Konzernspitze überlassen wird und die **Konzernspitze selbst nicht zum Konzern gehört**, weil eine natürliche Person im Privatvermögen oder eine vermögensverwaltende Personengesellschaft mehrere Kapitalgesellschaften beherrscht und ihnen Fremdkapital überlässt.[1]

489–490 *(Einstweilen frei)*

3. Schädliche Fremdkapitalgeber

491 Der konzernzugehörige Rechtsträger muss das Fremdkapital von

- einem **nicht konzernzugehörigen** aber **wesentlich beteiligten Gesellschafter** einer konzernzugehörigen Gesellschaft oder

- eine **nicht konzernzugehörige nahe stehende Person** eines wesentlich beteiligten Gesellschafters einer konzernzugehörigen Gesellschaft oder

- einen **rückgriffsberechtigten Dritten** mit einer Rückgriffsmöglichkeit auf einen nicht konzernzugehörigen aber wesentlich beteiligten Gesellschafter oder auf eine diesem nahe stehende Person erhalten haben.

Die Grundkonstellation für die schädliche Gesellschafter-Fremdfinanzierung ist daher eine Beteiligung von über 25 % an einer konzernzugehörigen Gesellschaft, ohne dass gleichzeitig ein control-Verhältnis oder eine Mehrheitsbeteiligung vorhanden ist.

492 Der **wesentlich beteiligte Gesellschafter** ist ein zu mehr als einem Viertel unmittelbar oder mittelbar am Kapital einer konzernzugehörigen Gesellschaft beteiligter Gesellschafter (§ 8a Abs. 3 Satz 1 KStG). Wegen der in § 8a Abs. 3 KStG vorherrschenden konzernweiten Betrachtungsweise ist es nicht erforderlich, dass der Fremdkapitalgeber AE des Rechtsträgers ist, den

---

[1] Tz. 80 BMF, Schreiben v. 4. 7. 2008, BStBl 2008 I 718; vgl. hierzu → Rz. 342.

Dritte Ausnahme: Die Escape-Klausel

er finanziert. Er muss nur AE irgendeiner konzernzugehörigen Gesellschaft sein.[1] In Abgrenzung zu § 8a Abs. 2 KStG spricht § 8a Abs. 3 KStG nicht vom wesentlich beteiligten „Anteilseigner", sondern vom wesentlich beteiligten „Gesellschafter". Welche Rechtsform die Gesellschaft hat, an der der Fremdkapitalgeber beteiligt ist, ist vom Gesetz nicht vorgegeben. Deshalb wird in § 8a Abs. 3 Satz 1 KStG – abweichend von § 8a Abs. 2 KStG – auch nicht auf das Grund- oder Stammkapital abgestellt, sondern nur auf das Kapital der Gesellschaft. Es kann sich daher auch um eine Personengesellschaft handeln.

Für die Bestimmung der wesentlichen Beteiligung von 25 % muss der Begriff des **„Kapitals"** ausgelegt werden. Einzig sinnvoll erscheint eine dahin gehende Auslegung, dass es sich um das Nennkapital der Gesellschaft handelt. Eine Auslegung als Eigenkapital der Gesellschaft würde dazu führen, dass hybride Eigenkapitalinstrumente die Beteiligungsquote beeinflussen würden. Wegen der Parallelen zu § 8a Abs. 2 KStG wird man davon ausgehen müssen, dass der Gesetzgeber eine dem Grund- und Stammkapital vergleichbare Bemessungsgrundlage zugrunde legen wollte.[2] Wegen weiterer Einzelheiten zur „wesentlichen Beteiligung" wird auf → Rz. 381 ff. verwiesen. **493**

Die nicht konzernzugehörige **nahe stehende Person** eines wesentlich beteiligten Gesellschafters einer Konzerngesellschaft bestimmt sich nach § 1 Abs. 2 AStG. Dass § 8a Abs. 3 KStG – im Gegensatz zu § 8a Abs. 2 KStG – keine dynamische Verweisung auf die jeweils geltende Fassung des § 1 Abs. 2 AStG enthält, dürfte ein bloßes redaktionelles Versehen des Gesetzgebers sein, welches zu keinen inhaltlichen Abweichungen führt.[3] Es ist nicht erforderlich, dass die Person in einem Näheverhältnis zu einem nicht konzernzugehörigen wesentlich beteiligten Gesellschafter steht. Denn die fehlende Konzernzugehörigkeit des wesentlich beteiligten Gesellschafters ist nicht in § 8a Abs. 3 Satz 1 KStG, sondern in § 8a Abs. 3 Satz 2 KStG geregelt. Sie bezieht sich nur auf die Person des Fremdkapitalgebers. Maßgeblich ist daher ausschließlich, dass die nahe stehende Person selbst außerhalb des Vollkonsolidierungskreises steht. Denn nur in diesem Fall erfolgt keine Verrechnung der Verbindlichkeit mit der Forderung im Rahmen der Schuldenkonsolidierung. Wegen der weiteren Einzelheiten zum Begriff der „nahe stehenden Person" wird auf → Rz. 392 verwiesen. **494**

Der Begriff des **rückgriffsberechtigten Dritten** bestimmt sich nach den gleichen Grundsätzen, wie in § 8a Abs. 2 KStG. Auch im Rahmen von § 8a Abs. 3 KStG ist die FinVerw zu dem weiten Rückgriffsbegriff zurückgekehrt.[4] Wegen der Einzelheiten wird auf → Rz. 396 ff. verwiesen. **495**

Beim rückgriffsberechtigten Dritten ist aber die in § 8a Abs. 3 Satz 2 Halbsatz 2 KStG angeordnete Beschränkung auf **konzernexterne Rückgriffsmöglichkeiten** zu beachten. Kann der Dritte (z. B. eine finanzierende Bank) nur auf eine andere Konzerngesellschaft zurückgreifen, ist dies für die Anwendung von § 8a Abs. 3 Satz 1 KStG unerheblich. Unklar ist die Begrenzung auf konzernexterne Rückgriffsmöglichkeiten allerdings beim Rückgriff auf nahe stehende Personen. Nach dem Wortlaut des § 8a Abs. 3 Satz 2 KStG ist der Rückgriff auf eine Person schädlich, die in einem Näheverhältnis zu einem nicht konzernzugehörigen Gesellschafter steht. Dieser Gesetzeswortlaut steht in Widerspruch zur Auslegung des § 8a Abs. 3 Satz 1 KStG für die Fallgruppe der nicht konzernzugehörigen nahe stehenden Personen. Es ist bei den „nahe stehenden Personen" unerheblich, ob das Näheverhältnis zu einem konzernzugehörigen oder nicht kon- **496**

---

1 Tz. 80 BMF, Schreiben v. 4. 7. 2008, BStBl 2008 I 718.
2 *Hoffmann*, GmbHR 2008, 183, 184; *Korn*, KÖSDI 2008, 15866, 15876; *Schaden/Käshammer*, BB 2007, 2259, 2263 f.
3 *Schaden/Käshammer*, BB 2007, 2259, 2263.
4 Vgl. Tz. 83 BMF, Schreiben v. 4. 7. 2008, BStBl 2008 I 718.

zernzugehörigen wesentlich beteiligten Gesellschafter einer Konzerngesellschaft besteht. Maßgeblich ist nur, dass die nahe stehende Person selbst nicht konzernzugehörig ist (vgl. → Rz. 494). Bei wörtlichem Verständnis des § 8a Abs. 3 Satz 2 Halbsatz 2 KStG wäre dagegen nicht maßgeblich, ob die nahe stehende Person konzernzugehörig ist, sondern ob der wesentlich beteiligte Gesellschafter, zu dem das Näheverhältnis besteht, konzernzugehörig ist. Dies hätte zur Folge, dass der Rückgriff auf eine konzernzugehörige nahe stehende Person schädlich wäre, wenn diese in einem Näheverhältnis zu einem nicht konzernzugehörigen, aber wesentlich beteiligten Gesellschafters stünde. Umgekehrt wäre ein Rückgriff auf eine nicht konzernzugehörige nahe stehende Person unschädlich, wenn der wesentlich beteiligte Gesellschafter konzernzugehörig wäre. Eine solche Auslegung kann aus gesetzessystematischen Gründen nicht zutreffend sein, weil § 8a Abs. 3 Satz 2 KStG den Rückgriff auf konzernzugehörige Personen als unschädlich ansieht. Daher ist § 8a Abs. 3 Satz 2 Halbsatz 2 KStG dahin gehend auszulegen, dass nur der Rückgriff auf eine nicht konzernzugehörige nahe stehende Person schädlich ist und dass die Konzernzugehörigkeit des wesentlich beteiligten Gesellschafters, zu dem das Näheverhältnis besteht, unerheblich ist.[1]

497 Hat der Dritte hinsichtlich desselben Fremdkapitals **zugleich** eine Rückgriffsmöglichkeit auf eine konzernzugehörige Gesellschaft und auch auf einen nicht konzernzugehörigen, aber wesentlich beteiligten Gesellschafter oder auf eine nicht konzernzugehörige nahe stehende Person, so handelt es sich um eine schädliche Finanzierung.

498–510 *(Einstweilen frei)*

4. Nicht mehr als 10 % des Nettozinsaufwands

511 Die Vergütungen für Fremdkapital der maßgeblichen Körperschaft oder eines anderen konzernzugehörigen Rechtsträgers an die drei schädlichen Fremdkapitalgeber dürfen **nicht mehr als 10 %** der die Zinserträge übersteigenden Zinsaufwendungen des Rechtsträgers i. S. d. § 4h Abs. 3 EStG betragen. Die Körperschaft ist hierfür **nachweispflichtig** (§ 8a Abs. 3 Satz 1 KStG).

512–515 *(Einstweilen frei)*

a) Schädliche Fremdkapitalvergütungen

516 Der Begriff der „Vergütungen für Fremdkapital" entspricht inhaltlich dem gleichlautenden Begriff in § 8a Abs. 2 KStG (vgl. → Rz. 416 f.). Nicht einbezogen werden daher die Auf- und Abzinsungen nach § 4h Abs. 3 Satz 4 EStG. Außerdem erfolgt keine Saldierung mit den korrespondierenden Zinserträgen (Bruttogröße). Dagegen werden auch Fremdkapitalvergütungen einbezogen, die sich nur auf den ausländischen Gewinn des Rechtsträgers auswirken.[2] Bei der Prüfung der 10-%-Grenze, ob zur Anwendung der sog. Zinsschranke eine „schädliche" Gesellschafter-Fremdfinanzierung i. S. d. § 8a Abs. 3 Satz 1 KStG vorliegt, sind Vergütungen für Fremdkapital der einzelnen qualifiziert beteiligten Gesellschafter nicht zusammenzurechnen.[3] Der große Unterschied zu § 8a Abs. 2 KStG besteht in der Beschränkung auf die konzernexternen Finanzierungen. Deshalb müssen alle Vergütungen für konzerninterne Gesellschafter-Fremdfinan-

---

1 Ähnlich *Rödder*, Beihefter zu DStR 2007, Heft 40, 10 f.; *Schaden/Käshammer*, BB 2007, 2259, 2265.
2 Tz. 82 BMF, Schreiben v. 4. 7. 2008, BStBl 2008 I 718.
3 BFH, Urteil v. 11.11.2015 - I R 57/13, DStR 2016, 530 = NWB GAAAF-67944; *Stangl* in RHN, § 8a Rz. 250; a. A. Tz. 82 BMF, Schreiben v. 4. 7. 2008, BStBl 2008 I 718.

zierungen ausgeschieden werden, bevor der Vergleich mit dem Nettozinsaufwand durchgeführt werden kann.

(Einstweilen frei) 517–520

b) Nettozinsaufwand

Die Ermittlung der „die Zinserträge übersteigenden Zinsaufwendungen" (sog. Nettozinsaufwand) erfolgt nach Maßgabe der Definitionen in § 4h Abs. 3 EStG. Es werden also auch die Auf- und Abzinsungen i. S. d. § 4h Abs. 3 Satz 4 EStG einbezogen. Die Ermittlung des Nettozinsaufwands erfolgt ebenso wie die Ermittlung der „Vergütungen für Fremdkapital" **für jeden Rechtsträger gesondert.**[1] Im Gegensatz zu der Ermittlung der „Vergütungen für Fremdkapital" erfolgt eine Saldierung mit den Zinserträgen (Nettogröße). Führt die Saldierung in irgendeinem Rechtsträger zu einem Nettozinsertrag (Überhang der Zinserträge), liegt nach hier vertretener Auffassung keine schädliche Gesellschafter-Fremdfinanzierung vor, weil die 10-%-Grenze mangels eines anwendbaren Vergleichsmaßstabs nicht überschritten wird. Handelt es sich bei dem Rechtsträger um eine Mitunternehmerschaft, sind bei der Ermittlung des Nettozinsaufwands der Mitunternehmerschaft die Zinsaufwendungen und Zinserträge der Gesamthandsbilanz, der Ergänzungsbilanzen und der Sonderbilanzen einzubeziehen. Zu den weiteren Einzelheiten vgl. → Rz. 421 f. und → Rz. 111 ff. 521

Im Gegensatz zu der Ermittlung der „Vergütungen für Fremdkapital" gibt es bei der Ermittlung des Nettozinsaufwands **keine Beschränkung auf konzernexterne Finanzierungen**. Unerheblich ist auch, ob der Fremdkapitalgeber wesentlich an einer konzernzugehörigen Gesellschaft beteiligt war, oder ob ein Näheverhältnis oder eine Rückgriffsmöglichkeit bestand. Es sind alle Zinsaufwendungen und Zinserträge i. S. d. § 4h Abs. 3 EStG zu erfassen. 522

Nach der hier vertretenen Auffassung ist der Nettozinsaufwand **des einzelnen Betriebs** i. S. d. § 4h Abs. 1 Satz 1 EStG maßgeblich. Zwar bezieht sich die 10-%-Grenze nach dem Wortlaut des § 8a Abs. 3 KStG auf den „Rechtsträger" und nicht auf den „Betrieb". Gleichzeitig wird aber durch den Verweis auf § 4h Abs. 3 EStG klargestellt, dass dieselben Ermittlungsgrundsätze wie bei § 4h EStG gelten sollen. Es erscheint aus gesetzessystematischen Gründen nicht einleuchtend, den Nettozinsaufwand für die 10-%-Grenze bezogen auf den Rechtsträger und für die Zinsschranke bezogen auf den Betrieb zu ermitteln. Würde eine andere Auffassung vertreten werden, müsste § 8a Abs. 3 KStG innerhalb eines Organkreises für die einzelnen Organgesellschaften geprüft werden, weil diese Rechtsträger i. S. d. § 8a Abs. 3 Satz 1 KStG sind. Dieses Ergebnis dürfte angesichts des § 15 Satz 1 Nr. 3 KStG nicht gewollt sein.[2] 523

(Einstweilen frei) 524–530

c) Die Rechtsfolgen des Vergleichs

Der sog. Nettozinsaufwand des jeweiligen Betriebs wird zur Prüfung der 10-%-Grenze mit den Vergütungen für Fremdkapital des jeweiligen Betriebs verglichen. Der Vergleich ist zwar nicht stimmig, weil eine Bruttogröße (Fremdkapitalvergütungen ohne Zinserträge) mit einer Nettogröße (Nettozinsaufwand) **verglichen** wird. Dies kann zu unsystematischen Ergebnissen führen, wenn die Überschreitung der 10-%-Grenze bei gleich bleibenden Zinsaufwendungen 531

---

[1] So auch Gosch/*Förster*, § 8a Rz. 248 m. w. N.
[2] *Korn*, KÖSDI 2008, 15866, 15882; ähnlich: *Herzig/Liekenbrock*, DB 2007, 2387, 2390.

durch eine Erhöhung der Zinserträge verursacht wird. Der eindeutige Gesetzeswortlaut erlaubt aber keine abweichende Handhabung (vgl. → Rz. 428, mit Beispiel).

532 **Gelingt** der Körperschaft **der Nachweis**, dass die 10-%-Grenze in dem gesamten Konzern eingehalten worden ist, kann sie sich auf die Ausnahme in § 4h Abs. 2 Satz 1 Buchst. c EStG berufen. Sie muss dann den weiteren Nachweis führen, dass der inländische Betrieb eine höchstens zwei Prozentpunkte schlechtere Eigenkapitalquote hat, als der Konzern. Nach dem Ergebnis des Eigenkapitalvergleichs bestimmt sich, ob die Zinsaufwendungen vollständig abziehbar sind oder die Zinsschranke eingreift.

533 **Gelingt** der Körperschaft **der Nachweis nicht**, dass konzernweit keine schädliche Gesellschafter-Fremdfinanzierung vorliegt, so unterfallen nicht nur die im Rahmen der Gesellschafter-Fremdfinanzierung gezahlten Vergütungen, sondern **alle Zinsaufwendungen**, die in dem betreffenden Wirtschaftsjahr angefallen sind, der Zinsschranke.[1] Denn durch das Eingreifen von § 8a Abs. 3 KStG ist die Ausnahmeregelung des § 4h Abs. 2 Satz 1 Buchst. c EStG mit der Folge nicht anwendbar, dass die allgemeinen Grundsätze der Zinsschranke zu befolgen sind. Abgewendet werden kann diese Rechtsfolge nur, wenn die Freigrenze nicht überschritten ist.

BEISPIEL: Die M-GmbH ist zu 70 % an der T-GmbH beteiligt. Die übrigen 30 % hält die A-GmbH. Sowohl die M-GmbH als auch die A-GmbH haben der T-GmbH ein Darlehen gegeben. Außerdem hat die B-Bank der T-GmbH ein Darlehen gegeben und sich eine Rückgriffsmöglichkeit gegenüber der M-GmbH und der A-GmbH einräumen lassen. Es sind jeweils 1 000 € Zinsaufwendungen für die M-GmbH, die A-GmbH und die B-Bank angefallen.

Die T-GmbH ist Bestandteil des M-Konzerns. Die Vergütungen aus dem Darlehensverhältnis mit der M-GmbH sind unschädlich. Die A-GmbH ist eine wesentlich beteiligte Gesellschafterin einer konzernzugehörigen Gesellschaft, aber selbst nicht konzernzugehörig. Deshalb sind diese Vergütungen schädlich. Die B-Bank kann Rückgriff auf eine wesentlich beteiligte Gesellschafterin einer konzernzugehörigen Gesellschaft nehmen, die selbst nicht konzernzugehörig ist. Deshalb sind auch diese Vergütungen schädlich. Bei einem angenommenen Nettozinsaufwand von 3 000 € übersteigen die schädlichen Vergütungen von 2 000 € die 10-%-Grenze. Die T-GmbH kann sich nicht auf die Escape-Klausel berufen. Die Zinsschranke ist für den gesamten Zinsaufwand von 3 000 € grundsätzlich anwendbar. Hier greift allerdings die Freigrenze ein. Problematisch ist aber, dass sich nunmehr **keine Körperschaft** oder nachgeordnete Mitunternehmerschaft in dem M-Konzern auf die Escape-Klausel berufen kann, weil für einen konzernangehörigen Rechtsträger die schädliche Gesellschafter-Fremdfinanzierung eingreift (Infektion). Dies zeigt, dass der weite Anwendungsbereich des § 8a Abs. 3 KStG dazu führen kann, dass **völlig unbedeutende Einheiten** die Escape-Möglichkeit für einen ganzen Konzern verhindern.[2]

534 Für die Praxis wird der **Nachweis** der fehlenden Gesellschafter-Fremdfinanzierung zu nahezu unüberwindliche Schwierigkeiten führen.[3] Voraussetzung ist die Vorlage eines Organigramms des nach Maßgabe des § 4h Abs. 2 und 3 EStG bestimmten Konzerns, die Vorlage sämtlicher Einzelabschlüsse aller konzernzugehöriger Rechtsträger sowie die Aufgliederung und Erläuterung jeder einzelnen Fremdfinanzierung im Hinblick auf den Fremdkapitalgeber und die Vergütungen für das Fremdkapital. Zusätzlich ist von jedem finanzierenden Dritten eine Bescheinigung über die bestehenden rechtlichen und faktischen Rückgriffsmöglichkeiten erforderlich. Es müssen also Bescheinigungen der finanzierenden Banken für sämtliche konzernzugehörigen Rechtsträger eingereicht werden. Diese Anforderungen bedeuten eine umfassende Offen-

---

1 BT-Drucks. 16/4811, 75.
2 *Korn*, KÖSDI 2008, 15866, 15877; *Töben*, FR 2007, 739, 743.
3 Gosch/*Förster*, § 8a Rz. 254.

legung der gesamten weltweiten Finanzierungsstruktur des Konzerns. Wegen § 87 Abs. 2 AO kann die FinVerw eine Übersetzung der eingereichten Unterlagen fordern.

(Einstweilen frei) 535–540

5. Nachgeordnete Mitunternehmerschaften

Nach § 4h Abs. 2 Satz 2 EStG gilt § 8a Abs. 3 KStG entsprechend für unmittelbar oder mittelbar einer Körperschaft nachgeordnete Gesellschaften, bei denen der Gesellschafter als Mitunternehmer anzusehen ist (**nachgeordnete Mitunternehmerschaften**). Die Vorschrift dient der Verhinderung von Umgehungsgestaltungen. Ist der inländische Betrieb keine konzernzugehörige Körperschaft, sondern eine nachgeordnete konzernzugehörige Mitunternehmerschaft, so ist § 8a Abs. 3 KStG nicht direkt anwendbar. § 8a Abs. 3 KStG könnte daher dadurch umgangen werden, dass das Fremdkapital nicht an die Körperschaft, sondern an eine nachgeordnete Mitunternehmerschaft ausgegeben wird.[1] Ein wichtiger Anwendungsbereich des § 4h Abs. 2 Satz 2 EStG ist die GmbH & Co. KG (vgl. → Rz. 351). 541

Nur bei **Konzernzugehörigkeit der Mitunternehmerschaft** greift § 8a Abs. 3 KStG sinngemäß ein. Ansonsten ist § 8a Abs. 2 KStG entsprechend anzuwenden. In der Literatur wird teilweise die Auffassung vertreten, dass die übergeordnete Körperschaft hingegen nicht konzernzugehörig sein muss.[2] Diese Auffassung vermag nicht zu überzeugen. Nach Sinn und Zweck des § 4h Abs. 2 Satz 2 EStG ist eine Umgehung der körperschaftsteuerrechtlichen Regelungen zur Gesellschafterfremdfinanzierung nur möglich, wenn die Körperschaft konzernzugehörig ist.[3] 542

Die Mitunternehmerschaft muss einer Körperschaft **unmittelbar oder mittelbar nachgeordnet** sein. Ist die Mitunternehmerschaft der Körperschaft übergeordnet, ist § 4h Abs. 2 Satz 2 EStG nicht anwendbar. Was unter „Nachordnung" zu verstehen ist, wird in § 4h Abs. 2 Satz 2 EStG nicht näher definiert. Teilweise wird durch einen Vergleich mit § 8a Abs. 5 KStG i. d. F. des „Korb-II-Gesetzes" der Schluss gezogen, auch im Rahmen des § 4h Abs. 2 Satz 2 EStG könne eine Nachordnung nur bei der 25 %-igen Beteiligung einer Körperschaft an einer Mitunternehmerschaft angenommen werden.[4] Weil das Gesetz jedoch ausdrücklich keinen Mindestumfang der Beteiligung fordert, ist davon auszugehen, dass der Umfang der Beteiligung der Körperschaft an der Mitunternehmerschaft unerheblich ist.[5] Eine mittelbare Beteiligung der Körperschaft an der Mitunternehmerschaft kann über eine andere Körperschaft, eine Personengesellschaft oder eine sonstige Personenvereinigung erfolgen. Die Länge der Beteiligungskette ist unerheblich. 543

Ebenso wie bei der direkten Anwendung des § 8a Abs. 3 KStG ist die schädliche konzernexterne Gesellschafter-Fremdfinanzierung für die konzernangehörige Mitunternehmerschaft nicht nur in Bezug auf die Mitunternehmerschaft selbst, sondern für **jeden Rechtsträger** des Konzerns zu prüfen. In keinem Rechtsträger des Konzerns dürfen die Fremdkapitalvergütungen an einen wesentlich beteiligten, aber nicht konzernzugehörigen Gesellschafter einer konzernzugehörigen Gesellschaft, eine nicht konzernzugehörige nahe stehende Person eines wesentlich beteiligten Gesellschafters oder an einen Dritten, der eine Rückgriffsmöglichkeit auf diese beiden 544

---

[1] *Schmitz-Herscheidt*, BB 2008, 699, 701 f.
[2] *Hoffmann*, GmbHR 2008, 183, 187; *Schaden/Käshammer*, BB 2007, 2259, 2263; *Wagner/Fischer*, BB 2007, 1811, 1814.
[3] Zutreffend *Gosch/Förster*, § 8a Rz. 239; *Schmitz-Herscheidt*, BB 2008, 699, 704.
[4] *Hoffmann*, GmbHR 2008, 183, 186; *Stangl/Hageböke* in Schaumburg/Rödder, Unternehmensteuerreform 2008, 501.
[5] So auch *Schmitz-Herscheidt*, BB 2008, 699, 700; *Wagner/Fischer*, BB 2007, 1811, 1812.

Personengruppen inne hat, mehr als 10 % des Nettozinsaufwands betragen. Dies hat die Mitunternehmerschaft **nachzuweisen**. Übersteigen die Vergütungen in irgendeinem Rechtsträger des Konzerns die 10-%-Grenze, so ist die Escape-Klausel gem. § 4h Abs. 2 Satz 1 Buchst. c EStG auf die Mitunternehmerschaft (und alle anderen Konzerngesellschaften) nicht anwendbar, mit der Rechtsfolge, dass die Grundregel der Zinsschranke eingreift. In diesem Fall werden **alle Zinsaufwendungen** der Mitunternehmerschaft von der Zinsschranke erfasst, wenn nicht die Freigrenze eingreift. Die Rechtsfolgen werden in der einheitlichen und gesonderten Gewinnfeststellung gezogen. Betroffen sind nach Maßgabe des Gewinnverteilungsschlüssels alle Beteiligte der Mitunternehmerschaft, auch wenn sie nicht konzernzugehörig sind.

545–560 *(Einstweilen frei)*

III. Eigenkapitalvergleich

561 Die Zinsschranke ist nicht anzuwenden, wenn die Eigenkapitalquote des konzernzugehörigen Betriebs am Schluss des vorangegangenen Abschlussstichtags höchstens zwei Prozentpunkte geringer ist, als die des Konzerns (§ 4h Abs. 2 Satz 1 Buchst. c Satz 1 und 2 EStG).

562–565 *(Einstweilen frei)*

1. Zeitpunkt

566 Maßgeblich für den Eigenkapitalvergleich ist die Eigenkapitalquote **am Schluss des vorangegangenen Abschlussstichtags** für das jeweils maßgebliche Wirtschaftsjahr **des Betriebs** (§ 4h Abs. 2 Satz 1 Buchst. c Satz 1 EStG). Die stichtagsbezogene Ermittlung zu Beginn des Wirtschaftsjahres gibt dem Steuerpflichtigen Rechtssicherheit bezüglich der Anwendbarkeit der Escape-Klausel. **Weicht der letzte Konzernabschluss von diesem Stichtag ab**, ergibt sich aus dem Gesetz nicht, wie die Anpassung der beiden Abschlüsse zu erfolgen hat. Nach § 4h Abs. 2 Satz 1 Buchst. c Satz 1 EStG ist der Abschlussstichtag des Betriebs maßgeblich, so dass ein Konzernzwischenabschluss erstellt werden müsste. Nach § 4h Abs. 2 Satz 1 Buchst. c Satz 11 EStG ergibt sich dagegen ein logischer Vorrang des Konzernabschlusses, der für eine Anpassung des Einzelabschlusses spricht. Da der Abschluss des Tochterunternehmens auch nach dem Rechnungslegungsrecht anzupassen ist, wenn Abweichungen vorliegen (IAS 27.26, § 299 HGB), spricht mehr für eine Anpassung des Einzelabschlusses. Auch nach Ansicht der FinVerw ist für den Vergleich der Eigenkapitalquoten derjenige Abschluss des Betriebs maßgeblich, der in den Konzernabschluss eingegangen ist, wobei es sich auch um einen Zwischenabschluss des Betriebs handeln kann.[1]

567 Im Falle einer **Neugründung** des Betriebs existiert kein vorangegangener Abschlussstichtag. Daher ist die Escape-Klausel nicht anwendbar. Das Abstellen auf die Eröffnungsbilanz[2] scheidet nach hier vertretener Auffassung aus, weil die neu gegründete Gesellschaft auch in dem maßgeblichen Konzernabschluss noch nicht enthalten ist. Demgegenüber lässt es die FinVerw zu, dass bei einer Neugründung auf die Eröffnungsbilanz abgestellt wird, und dass diese Eigenkapitalquote mit der Eigenkapitalquote des Konzerns am vorangegangenen Abschlussstichtag verglichen wird, ohne dass der Konzernabschluss um den neugegründeten Betrieb erweitert

---

1 Tz. 70 BMF, Schreiben v. 4. 7. 2008, BStBl 2008 I 718.
2 In diesem Sinne *Heuermann* in Blümich, EStG, § 4h Rz. 73; KKB/Ortmann-Babel, § 4h EStG Rz. 103; *Schenke* in Kirchhof/Söhn/Mellinghoff, § 4h Rz. C 87.

werden muss.[1] Wird der Betrieb während des Wirtschaftsjahres **veräußert**, gilt der Eigenkapitalvergleich auf den vorangegangenen Abschlussstichtag auch für den Erwerber. **Erwirbt** ein Konzern einen Betrieb während des Wirtschaftsjahres, so bestimmt sich die Abzugsmöglichkeit nach den Verhältnissen am Schluss des vorangegangenen Abschlussstichtags, also noch im Verhältnis zu dem früheren Konzern. Bei **Umwandlungen** gelten dieselben Grundsätze. Entsteht der übernehmende Rechtsträger neu, so ist auf den letzten Abschlussstichtag des Rechtsvorgängers abzustellen.

(Einstweilen frei)

2. Ermittlung der Eigenkapitalquote

Die für den Eigenkapitalvergleich zugrunde zu legende **Eigenkapitalquote** des Konzerns und des Betriebs wird in § 4h Abs. 2 Satz 1 Buchst. c Satz 3 EStG definiert. Danach ist die Eigenkapitalquote das **Verhältnis des Eigenkapitals zur Bilanzsumme**.

Die Berechnung erfolgt nach folgender Formel:[2]

$$\frac{\text{Eigenkapital} \times 100}{\text{Bilanzsumme}}$$

Unter Eigenkapital versteht man nicht das gezeichnete Kapital, sondern das sich aus den handelsrechtlichen Abschlüssen ergebende gesamte Kapital des Betriebs bzw. des Konzerns (ohne steuerrechtliche Korrekturen).

Für den **Konzern** bemisst sich die Eigenkapitalquote anhand des Konzernabschlusses, der auch den Betrieb mit umfasst. Für den **Betrieb** ist sie auf der Grundlage des Jahresabschlusses oder Einzelabschlusses zu ermitteln. Um eine Vergleichbarkeit der Abschlüsse zu gewährleisten, sieht das Gesetz für den Konzernabschluss und den Jahres- bzw. Einzelabschluss jeweils Korrekturen vor. Wenn die Eigenkapitalquote des Konzerns und des Betriebs ermittelt worden ist, sind die Ergebnisse miteinander zu vergleichen (**Eigenkapitalvergleich**). Ist die Eigenkapitalquote des Betriebs höher, gleich hoch oder bis zu zwei Prozentpunkte niedriger als die des Konzerns, können die Zinsaufwendungen vollständig abgezogen werden. Liegt die Eigenkapitalquote des Betriebs mehr als zwei Prozentpunkte unter der des Konzerns, sind die Regeln der Zinsschranke anzuwenden, wenn nicht die Freigrenze eingreift. Die Abschlüsse des Betriebs und des Konzerns sind in deutscher Sprache oder in einer amtlichen beglaubigten Übersetzung vorzulegen.[3]

(Einstweilen frei)

a) Maßgeblicher Konzernabschluss

Um den zutreffenden Konzernabschluss erstellen zu können, muss zunächst der für die Zinsschranke **maßgebliche Konsolidierungskreis** ermittelt werden. Wegen der Einzelheiten zum maßgeblichen Konsolidierungskreis wird auf → Rz. 266 ff. verwiesen. Unterlaufen hier Fehler, droht als Sanktion ein Zuschlag nach § 162 Abs. 4 AO (§ 4h Abs. 2 Satz 1 Buchst. c Sätze 14 – 16 EStG und → Rz. 241). Der maßgebliche Konsolidierungskreis wird wegen der Ausrichtung der

---

1 Tz. 70 BMF, Schreiben v. 4. 7. 2008, BStBl 2008 I 718.
2 BT-Drucks. 16/4841, 50.
3 BT-Drucks. 16/4841, 49.

Zinsschrankenregelungen auf den größtmöglichen Konsolidierungskreis, dem erweiterten Konzernbegriff in § 4h Abs. 3 Satz 5 EStG und dem rein steuerrechtlichen Konzernbegriff in § 4h Abs. 3 Satz 6 EStG häufig nicht mit dem Konsolidierungskreis nach dem Rechnungslegungsrecht übereinstimmen. In diesen Fällen bedarf es eines eigenständigen Konzernabschlusses nur für Zwecke der Zinsschranke.[1] Nach der Gesetzesbegründung muss der Konzernabschluss von einem Abschlussprüfer testiert worden sein.[2] Diese Anforderung ist problematisch, wenn aufgrund des erweiterten Konzernbegriffs ein eigenständiger steuerrechtlicher Konzernabschluss zu erstellen ist, der dem Rechnungslegungsrecht nicht entspricht. In einem solchen Fall kann der Abschlussprüfer kein uneingeschränktes Testat erteilen.[3]

577 Die **FinVerw** lässt es in den Fällen des § 4h Abs. 3 Satz 5 EStG zu, dass die bestehenden Konzernabschlüsse grundsätzlich unverändert für den Eigenkapitalvergleich herangezogen werden dürfen, wenn sie nach den §§ 291, 292 und 315a HGB befreiende Wirkung haben.[4] Die für Zwecke der Zinsschranke erforderlichen Korrekturen von Eigenkapital und Bilanzsumme sind dann außerhalb des Konzernabschlusses und/oder des Abschlusses des Betriebs in einer Nebenrechnung vorzunehmen.[5] Das Abstellen auf den tatsächlich aufgestellten Konzernabschluss bedeutet unbestreitbar eine erhebliche Vereinfachung für die Praxis. Sie führt aber dazu, dass die Konzernkreise der Stand-alone-Klausel und der Escape-Klausel voneinander abweichen. Dadurch kann es passieren, dass Betriebe, die nach den erweiternden Regeln der Zinsschranke konzernzugehörig sind, nicht in dem Konzernabschluss enthalten sind, der für den Eigenkapitalvergleich herangezogen wird. Dies führt zu systemwidrigen Ergebnissen, die vom Gesetz nicht gedeckt sind. Deshalb ist die Vereinfachungsregelung der FinVerw als nicht gesetzeskonform abzulehnen. Sie ist außerdem in den Fällen des § 4h Abs. 3 Satz 6 EStG nicht anwendbar, weil insoweit sowieso ein vom Rechnungslegungsrecht abweichender steuerrechtlicher Konzernbegriff gilt.

578 Grundsätzlich ist der Konzernabschluss nach den **International Financial Reporting Standards (IFRS)** zu erstellen (§ 4h Abs. 2 Satz 1 Buchst. c Satz 8 EStG). Der Konzernabschluss muss den Anforderungen an die handelsrechtliche Konzernrechnungslegung genügen oder befreiende Wirkung gem. §§ 291, 292 HGB haben (§ 4h Abs. 2 Buchst. c Satz 10 EStG). Deshalb sind nur die Rechnungslegungsregeln anzuwenden, die von der EU bekannt gemacht wurden. Hierbei handelt es sich um die nach Art. 2, 3 und 6 der Verordnung (EG) Nr. 1606/2002 des Europäischen Parlaments und des Rates vom 19. 7. 2002[6] in der jeweils geltenden Fassung übernommenen internationalen Rechnungslegungsstandards.[7] Wegen der Einzelheiten vgl. → Rz. 296 ff.

579 Die IFRS brauchen nicht zugrunde gelegt zu werden, wenn nach den IFRS kein Konzernabschluss zu erstellen und offen zu legen ist und wenn für keines der letzten fünf Wirtschaftsjahre ein Konzernabschluss nach den IFRS (ggf. freiwillig) erstellt wurde (§ 4h Abs. 2 Satz 1 Buchst. c Satz 9 Halbsatz 1 EStG). In diesem Fall kann das **Handelsrecht eines Mitgliedstaats der Europäischen Union** angewandt werden.[8] Auch bei einer Erstellung des Konzernabschlusses nach dem Handelsrecht eines Mitgliedstaats ist Voraussetzung, dass der Konzernabschluss

---

1 *Hallerbach*, StuB 2007, 487, 491; *Middendorf/Stegemann*, INF 2007, 305, 309; *Schwedhelm*, GmbH-StB 2007, 282, 285.
2 BT-Drucks. 16/4841, 49.
3 *Lüdenbach/Hoffmann*, DStR 2007, 636, 637; *Schwedhelm*, GmbH-StB 2007, 282, 285.
4 Tz. 72 BMF, Schreiben v. 4. 7. 2008, BStBl 2008 I 718.
5 Tz. 71 BMF, Schreiben v. 4. 7. 2008, BStBl 2008 I 718.
6 ABl. EG Nr. L 243, 1.
7 BT-Drucks. 16/4841, 48.
8 Tz. 77 BMF, Schreiben v. 4. 7. 2008, BStBl 2008 I 718.

den Anforderungen an die handelsrechtliche Konzernrechnungslegung genügt oder befreiende Wirkung gem. §§ 291, 292 HGB hat (§ 4h Abs. 2 Buchst. c Satz 10 EStG). Die Fünf-Jahresregelung führt dazu, dass eine Rückkehr von einem IFRS-Konzernabschluss zu einem Konzernabschluss nach HGB für Zwecke der Zinsschranke in Zukunft nicht mehr möglich ist.

Wenn nach den IFRS oder dem Handelsrecht eines Mitgliedstaats der Europäischen Union kein Konzernabschluss zu erstellen und offen zu legen ist, sind nach den **Generally Accepted Accounting Principles der Vereinigten Staaten von Amerika (US-GAAP)** aufzustellende und offen zu legende Abschlüsse zu verwenden (§ 4h Abs. 2 Satz 1 Buchst. c Satz 9 Halbsatz 2 EStG). Die US-GAAP finden nur Anwendung, wenn eine Verpflichtung zur Erstellung und Offenlegung eines Konzernabschlusses nach US-GAAP besteht. Der Abschluss muss gem. § 4h Abs. 2 Buchst. c Satz 10 EStG den Anforderungen an die handelsrechtliche Konzernrechnungslegung genügen oder befreiende Wirkung gem. § 292 HGB i. V. m. der Konzernabschlussbefreiungsverordnung haben. Wegen der weiteren Einzelheiten vgl. → Rz. 326 f. Andere Rechnungslegungsstandards sind aus Gründen der Praktikabilität und Administrierbarkeit durch die Finanzverwaltung nicht zugelassen worden.[1]

(Einstweilen frei) 581–585

b) Korrekturen des Konzernabschlusses

Gemäß § 4h Abs. 2 Satz 1 Buchst. c Satz 4 Halbsatz 1 EStG sind **Bilanzierungswahlrechte** im Konzernabschluss und im Jahresabschluss oder Einzelabschluss **einheitlich** auszuüben.

Einbeziehungswahlrechte (IAS 8.8, § 296 HGB) können angesichts des erweiterten Konzernbegriffs nicht ausgeübt werden. Besteht die Möglichkeit der Konsolidierung, dann muss der Betrieb auch konsolidiert werden. Dies hat zur Folge, dass die bislang nicht berücksichtigten unwesentlichen Tochterunternehmen in den erstellten Konzernabschluss hineingerechnet werden müssen. Die FinVerw ist dagegen der Auffassung, dass der Konzernabschluss um konzernrechtlich zulässigerweise nicht einbezogene Betriebe nicht erweitert werden muss.[2] Diese Vereinfachungsregelung hat zur Konsequenz, dass Betriebe als konzernzugehörig angesehen werden, die beim Eigenkapitalvergleich in dem Konzernabschluss nicht enthalten sind (vgl. → Rz. 577).

Nach der Stand-alone-Klausel gehört ein anteilmäßig konsolidierter Betrieb nicht zu einem Konzern. Deshalb müssen **at equity-bilanzierte** oder **quotenkonsolidierte Betriebe** aus dem Konzernabschluss **herausgerechnet** werden.[3] Diese Beteiligungen sind stattdessen mit den Anschaffungskosten abzüglich eventueller Abschreibungen anzusetzen.[4] Konsolidierte Verbriefungszweckgesellschaften sind zur Ermittlung der Eigenkapitalquote aus dem Konzernabschluss herauszurechnen, wenn sie für Zwecke der Zinsschranke nicht als konzernzugehörig gelten (s. dazu → Rz. 300). Eine Korrektur um die anteilmäßig konsolidierten Betriebe und die Verbriefungszweckgesellschaften kann aber nach Ansicht der FinVerw unterbleiben, wenn sich dadurch keine erhebliche Veränderung der Konzernkapitalquote ergibt.[5] Auch diese Verein-

---

[1] BT-Drucks. 16/4841, 49.
[2] Tz. 72 BMF, Schreiben v. 4. 7. 2008, BStBl 2008 I 718, auch *Hennrichs*, DB 2007, 2101, 2104; *Korn*, KÖSDI 2008, 15866, 15874.
[3] BT-Drucks. 16/4841, 50; Tz. 72 BMF, Schreiben v. 4. 7. 2008, BStBl 2008 I 718.
[4] *Heintges/Kamphaus/Loitz*, DB 2007, 1261, 1263; einschränkend: *Köster*, BB 2007, 2278, 2281; a. A. *Hennrichs*, DB 2007, 2101, 2104.
[5] Tz. 72 BMF, Schreiben v. 4. 7. 2008, BStBl 2008 I 718.

fachungsregelung ist abzulehnen, weil sie dazu führt, dass Betriebe in dem Konzernabschluss enthalten bleiben, die für Zwecke der Zinsschranke gar nicht konzernzugehörig sind. Fraglich ist auch, wann die Konzernkapitalquote „erheblich" verändert ist.

589 Wenn eine **natürliche Person an der Konzernspitze** steht, ist sie wie ein Mutterunternehmen zu behandeln (vgl. → Rz. 342). Die Vollkonsolidierung bezieht sich aber nur auf das Betriebsvermögen des Einzelunternehmens. Das Privatvermögen der natürlichen Person wird dagegen im Konzernabschluss nicht berücksichtigt. Insoweit mangelt es an einem Betrieb i. S. d. Zinsschranke.[1] Die Vereinfachungsregelungen der FinVerw in Tz. 72 des BMF-Schreibens v. 4.7.2008 greifen bei einem Gleichordnungskonzern nach § 4h Abs. 3 Satz 6 EStG nicht ein.

590 Nach § 4h Abs. 2 Satz 1 Buchst. c Satz 4 Halbsatz 2 EStG ist bei **gesellschaftsrechtlichen Kündigungsrechten** mindestens das EK auszuweisen, dass sich nach den Vorschriften des HGB ergeben würde. Diese Vorschrift beruht auf dem Umstand, dass bei Personengesellschaften nach den IFRS die Kapitalkonten der Gesellschafter als Fremdkapital ausgewiesen werden. IAS 32.18b bestimmt, dass eine Verbindlichkeit auszuweisen ist, wenn dem Anteilseigner einer Personengesellschaft das Recht zusteht, seinen Anteil jederzeit gegen eine Abfindung zurückzugeben. Dies gilt auch dann, wenn die Kündigung noch nicht ausgeübt ist und es sich wirtschaftlich um EK handelt.[2] Demgegenüber sieht § 4h Abs. 2 Satz 1 Buchst. c Satz 4 EStG den Ansatz des EK nach den Regeln des HGB vor, damit durch die IFRS-Regelung keine ungewollte EK-Minderung eintritt. Nach der Neuregelung in IAS 32 (rev. 2008) wird der Ausweis von Eigenkapital bei Personengesellschaften zukünftig unter bestimmten Bedingungen zulässig sein.[3]

591–595 *(Einstweilen frei)*

c) Maßgeblicher Einzelabschluss

596 In den Eigenkapitalvergleich ist der gesamte Betrieb einschließlich der Betriebsteile im Ausland einzubeziehen.[4] Im Falle einer **Organschaft** gilt der gesamte Organkreis als ein Betrieb (§ 15 Satz 1 Nr. 3 Satz 2 KStG). Deshalb muss die Eigenkapitalquote des Organkreises mit der des Konzerns verglichen werden. Dazu muss für den Organkreis ein eigenständiger Teilkonzernabschluss erstellt werden.[5] Ist der gesamte Konzern organschaftlich verbunden, unterfällt er als einheitlicher Betrieb nicht der Escape-Klausel, sondern der Stand-alone-Klausel.

597 Auch der Jahresabschluss bzw. Einzelabschluss des Betriebs ist grundsätzlich nach den International Financial Reporting Standards (IFRS) zu erstellen (§ 4h Abs. 2 Satz 1 Buchst. c Satz 8 EStG). Darf der Konzern seinen Abschluss nach dem Handelsrecht eines Mitgliedstaats oder den US-GAAP erstellen, so muss auch der Betrieb seinen Abschluss nach diesen Rechnungslegungsstandards erstellen. Der Eigenkapitalvergleich kann nur geführt werden, wenn Konzern und Betrieb die Abschlüsse nach **einheitlichen Rechnungslegungsstandards** erstellt haben.[6]

598 Auch im Jahresabschluss bzw. Einzelabschluss ist zu beachten, dass die **Bilanzierungswahlrechte** gem. § 4h Abs. 2 Satz 1 Buchst. c Satz 4 EStG **einheitlich ausgeübt** werden müssen. Vermögenswerte und Schulden, einschließlich Rückstellungen, Bilanzierungshilfen und Rech-

---

1 Tz. 60 BMF, Schreiben v. 4.7.2008, BStBl 2008 I 718; *Möhlenbrock*, Ubg 2008, 1, 7, Fn. 74.
2 BT-Drucks. 16/5491, 17.
3 Vgl. hierzu *Baetge/Winkeljohann/Haenelt*, DB 2008, 1518.
4 BT-Drucks. 16/4841, 49.
5 *Herzig/Liekenbrock*, DB 2007, 2387, 2389; *Köhler*, DStR 2007, 597, 600; *Töben/Fischer*, BB 2007, 974, 977.
6 *Hennrichs*, DB 2007, 2101, 2105.

nungsabgrenzungsposten sind im Einzelabschluss mit den Werten anzusetzen, mit denen sie im Konzernabschluss ausgewiesen sind.[1]

§ 4h Abs. 2 Satz 1 Buchst. c Satz 11 EStG sieht eine Vereinfachung vor, wenn der Jahresabschluss oder Einzelabschluss nicht nach denselben Rechnungslegungsstandards aufgestellt worden ist, wie der Konzernabschluss. In diesem Fall braucht nicht nur für Zwecke der Zinsschranke ein weiterer – mit dem Rechnungslegungsrecht des Konzernabschlusses übereinstimmender – Einzelabschluss gefertigt werden. Es reicht eine **Überleitungsrechnung** nach den für den Konzernabschluss geltenden Rechnungslegungsstandards aus. Anhangangaben sind nur erforderlich, soweit darin für die Eigenkapitalquote erforderliche Angaben enthalten sind.[2] Die Überleitungsrechnung ist einer prüferischen Durchsicht zu unterziehen (§ 4h Abs. 2 Satz 1 Buchst. c Satz 12 EStG). Die **prüferische Durchsicht** hat nach den Grundsätzen des Prüfungsstandard IDW PS 900, verabschiedet durch den IDW-Hauptausschuss – Institut der Wirtschaftsprüfer – am 4. 9. 2001 zu erfolgen.[3] Hierbei handelt es sich nur um eine kritische Würdigung der Überleitungsrechnung im Wege einer Plausibilitätsbeurteilung. Das Gesetz stellt keine expliziten Anforderungen an die Person des Prüfers auf. Deshalb dürften auch Steuerberater geeignet sein.[4] Auf Verlangen der FinVerw ist der Einzelabschluss oder die Überleitungsrechnung durch einen Abschlussprüfer zu testieren, der die Voraussetzungen des § 319 HGB erfüllt (§ 4h Abs. 2 Satz 1 Buchst. c Satz 13 EStG). Das entsprechende Verlangen ist eine Ermessensentscheidung i. S. d. § 5 AO. Es ist nur ermessensgerecht, wenn Zweifel an der Richtigkeit der Überleitungsrechnung oder der Geeignetheit der prüferischen Durchsicht vorhanden sind. Der Prüfauftrag ist von dem Unternehmen zu erteilen. Die Kosten hat das Unternehmen zu tragen.[5] Weigert sich der Steuerpflichtige trotz berechtigtem Verlangen, greift die Escape-Klausel nicht ein.

(Einstweilen frei) 600–605

d) Korrekturen des Einzelabschlusses

Vor der Durchführung des Eigenkapitalvergleichs ist das **EK des Betriebs** um verschiedene Positionen **zu korrigieren**. Ebenso wie im Konzernabschluss muss bei **gesellschaftsrechtlichen Kündigungsrechten** mindestens das EK ausgewiesen werden, dass sich nach den Vorschriften des HGB ergeben würde (§ 4h Abs. 2 Satz 1 Buchst. c Satz 4 Halbsatz 2 EStG, vgl. → Rz. 590). Im Einzelabschluss ist die Korrektur noch wichtiger als im Konzernabschluss, weil einer Personengesellschaft ansonsten wegen der IFRS-Regelung kein EK für den Eigenkapitalvergleich zur Verfügung stünde. Das EK der Personengesellschaft ist in diesen Fällen ausgehend von dem im Konzernabschluss ausgewiesenen Aktiva und Passiva der Personengesellschaft zu ermitteln.[6]

Nach § 4h Abs. 2 Satz 1 Buchst. c Satz 5 EStG ist das EK um einen im Konzernabschluss enthaltenen **Firmenwert** zu erhöhen, soweit er auf den Betrieb entfällt. Damit soll eine Vergleichbarkeit des Konzernabschlusses mit dem Einzelabschluss hergestellt werden.[7] Dieses Ziel wird nicht erreicht, weil die Formulierung im Gesetz zu eng geraten ist. Wird ein Tochterunterneh-

---

1 BT-Drucks. 16/4841, 49; Tz. 73 BMF, Schreiben v. 4. 7. 2008, BStBl 2008 I 718.
2 BT-Drucks. 16/4841, 49.
3 BT-Drucks. 16/4841, 49.
4 *Hennrichs*, DStR 2007, 1926, 1927.
5 *Hennrichs*, DStR 2007, 1926, 1929.
6 BT-Drucks. 16/4841, 49.
7 BT-Drucks. 16/4841, 49.

men im Wege eines Anteilskaufs erworben, so werden im Rahmen der Konzernbilanz die in dem Tochterunternehmen enthaltenen stillen Reserven in dem Mutterunternehmen aufgedeckt, während in dem Einzelabschluss des Tochterunternehmens die Buchwerte fortgeführt werden. Die bloße Hinzurechnung des Firmenwerts reicht zur Kompensation dieses Effekts nicht aus. In der Literatur wird daher zu Recht vertreten, dass im Rahmen einer erweiternden Auslegung des Begriffs „Firmenwert" bei allen Aktiva, die im Konzernabschluss höher bewertet worden sind, als im Einzelabschluss, eine entsprechende Korrektur vorgenommen werden muss.[1] Nur diese Auslegung erreicht den aus der Gesetzesbegründung ersichtlichen Zweck der Hinzurechnung und vermeidet einen gleichheitswidrigen Vergleich von „Äpfeln mit Birnen". Die FinVerw hat sich dieser erweiternden Auslegung angeschlossen.[2] Hinsichtlich der sog. stillen Lasten (z. B. in Pensionsrückstellungen) muss entsprechend vorgegangen werden.

608 Nach § 4h Abs. 2 Satz 1 Buchst. c Satz 5 EStG ist das EK außerdem um **die Hälfte des Sonderpostens mit Rücklagenanteil** zu erhöhen (§ 273 HGB). Der Grund für die Hinzurechnung ist, dass in dem Sonderposten unversteuerte Rücklagen enthalten sind, die wirtschaftlich gesehen aus einem Eigenkapital- und einem Fremdkapitalanteil bestehen.[3] Erfasst wird von der Regelung z. B. eine nach §§ 6b bzw. 7g EStG gebildete Rücklage.[4] §§ 273, 247 Abs. 3 HGB sind durch das BilMoG v. 25. 5. 2009 aufgehoben worden. Letztmalig ist § 273 HGB für Jahres- und Konzernabschlüsse anzuwenden, deren Geschäftsjahr vor dem 1. 1. 2010 beginnt (Art. 66 Abs. 5 EGHGB). Waren im Jahresabschluss für das letzte vor dem 1. 1. 2010 beginnende Geschäftsjahr Sonderposten mit Rücklageanteil enthalten, können diese unter Anwendung der für sie geltenden Vorschriften in der bis zum 28. 5. 2009 geltenden Fassung des HGB, beibehalten werden. Wird von diesem Wahlrecht kein Gebrauch gemacht, ist der Betrag unmittelbar in die Gewinnrücklagen einzustellen (Art. 67 Abs. 3 EGHGB).

609 Das EK ist um **EK, das keine Stimmrechte vermittelt, ausgenommen Vorzugsaktien** zu kürzen (§ 4h Abs. 2 Satz 1 Buchst. c Satz 5 EStG). Die Vorschrift bezieht sich auf sog. Mezzanine-Kapital, dass nach den zur Anwendung kommenden Rechnungslegungsstandards bilanzrechtlich als EK ausgewiesen wird, obwohl es steuerrechtlich als Fremdkapital behandelt wird, mit der Rechtsfolge, dass die darauf gezahlten Vergütungen als Betriebsausgaben abgezogen werden können. Solche Kapitalanteile sollen die Eigenkapitalquote des Betriebs nicht erhöhen. Von der Regelung wird insbesondere die stille Gesellschaft und Genussrechtskapital erfasst. Kennzeichnend für solches Mezzanine-Kapital ist das Fehlen von Stimmrechten für die Kapitalgeber. Vorzugsaktien nach § 139 AktG sind von der Kürzung nicht betroffen.[5] Nach dem Gesetzeswortlaut erfolgt die Kürzung auch bei stimmrechtslosem EK, welches steuerrechtlich ebenfalls als EK behandelt wird. Da die darauf gezahlten Vergütungen steuerrechtlich nicht abgezogen werden dürfen (vgl. § 8 Abs. 3 Satz 2 KStG), besteht kein Grund für eine Kürzung.[6] Sogar Kapitalrücklagen und Gewinnrücklagen würden nach dem Wortlaut unter die Vorschrift fallen, weil auch sie keine Stimmrechte vermitteln. Diese EK-Bestandteile sind nach dem Zweck der

---

1 *Hennrichs*, DB 2007, 2101, 2105; *Lüdenbach/Hoffmann*, DStR 2007, 636, 639: Zulassung des „push down accounting"; *Heintges/Kamphaus/Loitz*, DB 2007, 1261, 1264; *Köster*, BB 2007, 2278, 2282; *Korn*, KÖSDI 2008, 15866, 15873 f.; a. A. *Reiche/Kroschewski*, DStR 2007, 1330, 1335.
2 Tz. 73 BMF, Schreiben v. 4. 7. 2008, BStBl 2008 I 718; *Schenke* in Kirchhof/Söhn/Mellinghoff, § 4h Rz. C 119: Schließung einer verdeckten Regelungslücke.
3 BT-Drucks. 16/4841, 49.
4 *Hick* in HHR, EStG § 4h Rz. 53.
5 BT-Drucks. 16/5491, 17.
6 Ebenso: *Heintges/Kamphaus/Loitz*, DB 2007, 1261, 1265; *Möhlenbrock*, Ubg 2008, 1, 10.

gesetzlichen Regelung nicht in die Kürzung einzubeziehen. Insoweit ist eine teleologische Reduktion vorzunehmen.

Eine weitere Kürzung ist für **Anteile an anderen Konzerngesellschaften** vorzunehmen (§ 4h Abs. 2 Satz 1 Buchst. c Satz 5 EStG). Die Regelung vermeidet einen Kaskadeneffekt, der daraus resultiert, dass wirtschaftlich betrachtet EK sowohl beim Gesellschafter (Beteiligungsansatz) als auch bei dem Tochterunternehmen selbst Berücksichtigung findet.[1] Eine Mindestbeteiligungshöhe ist für die Kürzung nicht vorgesehen.[2] Sie findet ohne Unterscheidung bei einer Beteiligung an einer Kapitalgesellschaft oder einer Personengesellschaft statt, betrifft aber nur Gesellschaften, die zum Konsolidierungskreis gehören („Konzerngesellschaften"). Das Gesetz unterscheidet nicht danach, ob die Tochtergesellschaft eine inländische oder ausländische Gesellschaft ist.[3] Hält der Betrieb eigene Anteile, erfolgt insoweit keine Kürzung.[4] Im Falle einer **Organschaft** führen die Beteiligungen an den Organgesellschaften zu keiner Kürzung, weil es sich um einen einheitlichen Betrieb handelt.[5] Für **Holdinggesellschaften** hat die Regelung schwerwiegende Auswirkungen. Durch die Kürzung um die Beteiligungsansätze dürfte für den Eigenkapitalvergleich regelmäßig kaum noch EK zur Verfügung stehen. Die Escape-Klausel wird daher häufig nicht zur Anwendung kommen. Ein Holdingprivileg – wie im früheren § 8a Abs. 4 KStG a. F. – gibt es nicht mehr. 610

Außerdem ist eine Kürzung um die **Einlagen in den letzten sechs Monaten vor dem maßgeblichen Abschlussstichtag** vorzunehmen, soweit ihnen Entnahmen oder Ausschüttungen innerhalb der ersten sechs Monate nach dem maßgeblichen Abschlussstichtag gegenüberstehen (§ 4h Abs. 2 Satz 1 Buchst. c Satz 5 EStG). Die Vorschrift soll Leg-ein-Hol-zurück-Gestaltungen vermeiden.[6] Betroffen sind offene und verdeckte Einlagen. Das Merkmal „gegenüberstehen" ist bereits erfüllt, wenn innerhalb des maßgeblichen Zeitraums Einlagen und Entnahmen bzw. Ausschüttungen vorgenommen worden sind. Ein konkreter Zusammenhang, wonach die Entnahmen bzw. Ausschüttungen tatsächlich durch die Einlagen finanziert worden sind, ist nicht erforderlich. 611

Sonderbetriebsvermögen ist dem **Betrieb der Mitunternehmerschaft** zuzuordnen, soweit es im Konzernvermögen enthalten ist (§ 4h Abs. 2 Satz 1 Buchst. c Satz 7 EStG). Die Vorschrift ist erforderlich, weil das Rechnungslegungsrecht kein Sonderbetriebsvermögen kennt. Durch die Vorschrift sollen Gestaltungsmöglichkeiten durch die Zuordnung von Wirtschaftsgütern verhindert werden.[7] Bei positivem Sonderbetriebsvermögen erhöht sich das EK der Mitunternehmerschaft, bei negativem Sonderbetriebsvermögen vermindert sich das EK entsprechend. Gehört das Sonderbetriebsvermögen nicht in das Konzernvermögen, greift die Korrektur nicht ein. 612

---

1 *Heintges/Kamphaus/Loitz*, DB 2007, 1261, 1264; *Schenke* in Kirchhof/Söhn/Mellinghoff, § 4h Rz. C 125.
2 Tz. 74 BMF, Schreiben v. 4. 7. 2008, BStBl 2008 I 718.
3 *Rödder*, Beihefter zu DStR 2007, Heft 40, 10.
4 „Andere" Konzerngesellschaften; vgl. insgesamt Tz. 74 BMF, Schreiben v. 4. 7. 2008, BStBl 2008 I 718.
5 *Herzig/Liekenbrock*, DB 2007, 2387, 2389; *Korn*, KÖSDI 2008, 15866, 15882.
6 *Lüdenbach/Hoffmann*, DStR 2007, 636, 638; *Schenke* in Kirchhof/Söhn/Mellinghoff, § 4h Rz. C 129.
7 BT-Drucks. 16/4841, 49.

613 Zusammengefasst ergibt sich folgendes Berechnungsschema für das EK des Betriebs:[1]

	EK ausweislich der Bilanz nach dem jeweiligen Rechnungslegungsstandard (bei gesellschaftsrechtlichen Kündigungsrechten mindestens EK lt. HGB)
+	anteiliger Firmenwert
+ bzw. ./.	korrigierte Wertansätze für Vermögensgegenstände und Schulden nach Maßgabe des Konzernabschlusses
+	Hälfte des Sonderpostens mit Rücklagenanteil
./.	stimmrechtsloses EK (außer Vorzugsaktien)
./.	Anteile an anderen Konzerngesellschaften
./.	vorübergehende Einlagen
+ bzw. ./.	Sonderbetriebsvermögen, das im Konzernvermögen enthalten ist
=	korrigiertes EK

614 Nach § 4h Abs. 2 Satz 1 Buchst. c Satz 6 EStG ist die **Bilanzsumme des Betriebs** um die **Kapitalforderungen** zu kürzen, die nicht im Konzernabschluss ausgewiesen sind und denen Verbindlichkeiten i. S. d. § 4h Abs. 3 EStG in mindestens gleicher Höhe gegenüberstehen. Der Grund für diese Kürzung besteht darin, dass Forderungen gegenüber konzernangehörigen Gesellschaften im Konzernabschluss nicht ausgewiesen werden. Damit wird gewährleistet, dass Fremdkapital eines Betriebs, das einem anderen Konzernunternehmen als Darlehen zur Verfügung gestellt wird, nicht die EK-Quote des Betriebs belastet.[2]

615 Nach dem Gesetzeswortlaut sind hinsichtlich der Bilanzsumme keine weiteren Korrekturen vorzunehmen. Dies entspricht aber nicht dem Mechanismus der Eigenkapitalquote.[3] Um konsistente Ergebnisse zu erhalten, **müssen die Korrekturen des EK bei der Ermittlung der Bilanzsumme nachvollzogen werden**. Dies gilt nur dann **nicht**, wenn lediglich Fremdkapital in Eigenkapital umqualifiziert wird, so dass die Bilanzsumme nicht berührt wird. Deshalb ist die Erhöhung um den Firmenwert, die Kürzungen um die Anteile an den anderen Konzerngesellschaften und die wieder entnommenen Einlagen sowie die Veränderungen durch das Sonderbetriebsvermögen auch bei der Bilanzsumme zu berücksichtigen. Dagegen verändern Korrekturen um den Sonderposten mit Rücklagenanteil und um das stimmrechtslose EK die Bilanzsumme nicht.

616 Es ergibt sich folgendes **Berechnungsschema** für die **Bilanzsumme des Betriebs**:[4]

	Bilanzsumme ausweislich der Bilanz nach jeweiligem Rechnungslegungsstandard
+	anteiliger Firmenwert
+ bzw. ./.	korrigierte Wertansätze für Vermögensgegenstände und Schulden nach Maßgabe des Konzernabschlusses
./.	Anteile an anderen Konzerngesellschaften
./.	vorübergehende Einlagen
+ bzw. ./.	Sonderbetriebsvermögen, das im Konzernvermögen enthalten ist
./.	im Konzernabschluss nicht ausgewiesene Kapitalforderungen
=	korrigierte Bilanzsumme

---

1 Vgl. Tz. 75 BMF, Schreiben v. 4.7.2008, BStBl 2008 I 718.
2 BT-Drucks. 16/4841, 49.
3 Vgl. *Köster*, BB 2007, 2278, 2282; *Rödder/Stangl*, DB 2007, 479, 481.
4 Vgl. Tz. 76 BMF, Schreiben v. 4.7.2008, BStBl 2008 I 718.

(Einstweilen frei) 617–625

3. Zuschlag nach § 162 Abs. 4 AO

Ist ein dem Eigenkapital zugrunde gelegter Abschluss unrichtig und führt der zutreffende Abschluss zu einer Erhöhung der nach § 4h Abs. 1 EStG nicht abziehbaren Zinsaufwendungen, ist ein **Zuschlag entsprechend § 162 Abs. 4 Satz 1 und 2 AO** festzusetzen (§ 4h Abs. 2 Satz 1 Buchst. c Satz 14 EStG). Die Voraussetzungen für den Zuschlag sind nur gegeben, wenn durch den unrichtigen Abschluss der Anschein erweckt worden ist, dass der Eigenkapitalvergleich geglückt sei, obwohl dies unter Zugrundelegung des zutreffenden Abschlusses nicht der Fall ist. Deshalb ist die Bemessungsgrundlage für den Zuschlag die nach § 4h Abs. 1 EStG nicht abziehbaren Zinsaufwendungen (§ 4h Abs. 2 Satz 1 Buchst. c Satz 15 EStG). Der Zuschlag beträgt 5 000 €, aber mindestens 5 % und höchstens 10 % der aufgrund der Zinsschranke nicht abziehbaren Zinsaufwendungen (§ 162 Abs. 4 Satz 1 und 2 AO). § 162 Abs. 4 Satz 4 – 6 AO gelten entsprechend. § 162 Abs. 4 Satz 4 AO nennt Kriterien für die Ermessensausübung. Von Bedeutung ist § 162 Abs. 4 Satz 5 AO. Danach ist von der Festsetzung eines Zuschlags abzusehen, wenn die Zugrundelegung eines unrichtigen Abschlusses entschuldbar erscheint oder das Verschulden nur geringfügig ist. Das Verschulden eines gesetzlichen Vertreters oder eines Erfüllungsgehilfen wird zugerechnet (§ 162 Abs. 4 Satz 6 AO). Nach § 4 Abs. 5 Satz 1 Nr. 12 EStG ist der Zuschlag steuerlich nicht abzugsfähig. 626

(Einstweilen frei) 627–640

F. Verfahrensrechtliche Fragen des EBITDA-Vortrags und des Zinsvortrags (§ 4h Abs. 4 EStG)

Nach § 4h Abs. 4 Satz 1 EStG sind der EBITDA-Vortrag[1] und der Zinsvortrag **gesondert festzustellen**. Beide Vorträge sind **für jeden Betrieb** gesondert festzustellen, auch wenn das Unternehmen mehrere Betriebe hat.[2] Da § 4h Abs. 4 Satz 3 EStG auf § 10d Abs. 4 Satz 1 EStG verweist, erfolgen die Feststellungen **auf den Schluss des jeweiligen Veranlagungszeitraums**.[3] Diese Anordnung überrascht, weil die Zinsschranke als Gewinnermittlungsvorschrift wirtschaftsjahrbezogen angewendet wird. Allerdings kann über den Rechtsgedanken des § 4a Abs. 2 Nr. 2 EStG der pro Wirtschaftsjahr ermittelte EBITDA-Vortrag und Zinsvortrag dem Veranlagungsjahr zugeordnet werden, in dem das Wirtschaftsjahr endet.[4] 641

Zuständig für die gesonderten Feststellungen ist bei Personengesellschaften das für die gesonderte Feststellung des Gewinns oder Verlustes zuständige Finanzamt. Bei Körperschaften und Einzelunternehmen hat das für die Besteuerung zuständige Finanzamt die gesonderte Feststellung durchzuführen (§ 4h Abs. 4 Satz 2 EStG). Die gesonderte Feststellung stellt einen **eigenständigen Verwaltungsakt** dar, der selbständig angefochten werden muss.[5] Eine Zusammenfassung mit anderen Verwaltungsakten in einem Bescheid ist aber möglich. 642

---

[1] Die Feststellung erfolgt in einer Summe, nicht gesondert je nach Entstehungsjahr. Siehe hierzu Finanzministerium Schleswig-Holstein v. 10. 8. 2012 - VI 301 - S 2741 - 109, NWB AAAAE-15781; OFD Niedersachsen v. 21. 9. 2012 - S 2742 a - 31 - St 241, NWB ZAAAE-20844; OFD Nordrhein-Westfalen v. 11. 7. 2013 - S 2742a - 2003 - St 137, DStR 2013, 1947 f.

[2] BT-Drucks. 16/4841, 50; vgl. auch Tz. 49 BMF, Schreiben v. 4. 7. 2008, BStBl 2008 I 718.

[3] A. A. *Frotscher/*Drüen, § 8a Rz. 214a; *Gosch/Förster*, § 8a Rz. 330; *Stangl* in RHN, § 8a Rz. 64.

[4] *Schaden/Käshammer*, BB 2007, 2317, 2318.

[5] § 182 Abs. 1, § 351 Abs. 2 AO; *Schaden/Käshammer*, BB 2007, 2317, 2318.

643 Für den Fall, dass sich der gesondert festzustellende EBITDA-Vortrag und/oder der Zinsvortrag ändern, enthält § 4h Abs. 4 Satz 4 EStG eine § 10d Abs. 4 Satz 4 EStG und § 35b Abs. 2 Satz 2 GewStG entsprechende Änderungsvorschrift für die jeweiligen Feststellungsbescheide. Zwar lässt die Vorschrift allgemein eine Änderung zu, soweit sich die festzustellenden Beträge ändern. Jedoch werden hiervon Rechtsfehler bei der ursprünglichen Berechnung der festzustellenden Beträge nicht erfasst. Vielmehr setzt eine Änderung nach § 4h Abs. 4 Satz 4 EStG voraus, dass sich die rechnerischen Bezugsgrößen für die festzustellenden Beträge verändern.[1]

644–660 *(Einstweilen frei)*

G. Untergang des EBITDA-Vortrags und des Zinsvortrags (§ 4h Abs. 5 EStG)

I. Untergang bei Betriebsaufgabe oder -übertragung (§ 4h Abs. 5 Satz 1 EStG)

661 Bei **Aufgabe** oder **Übertragung** des Betriebs **gehen** ein nicht verbrauchter EBITDA-Vortrag und ein nicht verbrauchter Zinsvortrag **unter** (§ 4h Abs. 5 Satz 1 EStG). Die Aufgabe eines Betriebs bestimmt sich nach den Grundsätzen des § 16 Abs. 3 Satz 1 EStG. Sie liegt vor, wenn die organisatorisch-funktionale betriebliche Einheit aufgegeben wird. Der Untergang des Rechtsträgers ist nicht erforderlich.[2] Die Übertragung des Betriebs kann entgeltlich (Kauf, Tausch) oder unentgeltlich (Erbfall, vorweggenommene Erbfolge) erfolgen.[3] Erforderlich ist wiederum die Übertragung der organisatorisch-funktionalen betrieblichen Einheit. Werden nur **einzelne Wirtschaftsgüter** oder ein **Teilbetrieb** aufgegeben oder übertragen, führt dies zu keinem anteiligen Untergang des EBITDA- Vortrags und des Zinsvortrags, weil es insoweit an einer entsprechenden Gesetzesvorschrift fehlt.[4] Die **FinVerw** ist dagegen der Auffassung, dass der Zinsvortrag bei Aufgabe oder Übertragung eines Teilbetriebs anteilig untergeht.[5] Als Aufgabe eines Teilbetriebs wertet die FinVerw auch das Ausscheiden einer Organgesellschaft aus dem Organkreis.[6] Allerdings ist für den Anwendungsbereich der Zinsschranke bei unbeschränkt steuerpflichtigen Körperschaften i. S. d. § 1 Abs. 1 Nr. 1 – 3 zu beachten, dass in körperschaftsteuerlicher Hinsicht keine Betriebsaufgabe oder -übertragung denkbar ist, da diese Körperschaften nur einen Betrieb innehaben können (s. a. → Rz. 98). Vielmehr erfolgt die „Betriebsaufgabe oder -übertragung" bei diesen Körperschaften entweder durch Liquidation (§ 11 KStG und § 12 Abs. 3 KStG i.V. m. § 11 KStG) oder im Wege der Anteilsübertragung oder der Umwandlung. Daher ist § 4h Abs. 5 Satz 1 EStG auf Körperschaften i. S. v. § 1 Abs. 1 Nr. 1 – 3 KStG nicht anwendbar.[7]

---

1 In diesem Sinne auch *Hick* in HHR, EStG § 4h Rz. 103; KKB/*Ortmann-Babel*, § 4h EStG Rz. 173; *Stangl* in RHN, § 8a Rz. 66; a. A. *Frotscher*/Drüen, § 8a Rz. 220b.
2 A. A. *Schaden/Käshammer*, BB 2007, 2317, 2319.
3 *Schwedhelm*, GmbH-StB 2007, 282, 283.
4 So auch *Feldgen*, NWB 2009, 3574, 3575.
5 Tz. 47 BMF, Schreiben v. 4. 7. 2008, BStBl 2008 I 718; dem folgend *Schenke* in Kirchhof/Söhn/Mellinghoff, § 4h Rz. F 8.
6 Tz. 47 BMF, Schreiben v. 4. 7. 2008, BStBl 2008 I 718.
7 Ebenso *Feldgen*, NWB 2009, 3574, 3575; Gosch/*Förster*, § 8a Rz. 342; *Frotscher*/Drüen, § 8a Rz. 72; *Hick* in HHR, EStG § 4h Rz. 111.

Bei anderen Körperschaften, z. B. bei einem Verein, der seinen wirtschaftlichen Geschäftsbetrieb aufgibt, ist dagegen eine Betriebsaufgabe denkbar. In diesem Fall ist § 4h Abs. 5 Satz 1 EStG anzuwenden.[1]

(Einstweilen frei)

II. Untergang beim Ausscheiden eines Mitunternehmers (§ 4h Abs. 5 Satz 2 EStG)

Nach § 4h Abs. 5 Satz 2 EStG gehen der EBITDA-Vortrag und der Zinsvortrag auch anteilig unter, wenn ein Mitunternehmer **aus einer Mitunternehmerschaft ausscheidet**.[2] Die Grundsätze zu § 10a GewStG sind entsprechend anwendbar.[3] Im Falle einer **Anwachsung** gehen der EBITDA-Vortrag und der Zinsvortrag ebenfalls teilweise unter. Hinsichtlich des Mitunternehmers, auf den die Anwachsung erfolgt, dürften der EBITDA-Vortrag und der Zinsvortrag aber teilweise erhalten bleiben.[4] Die Vorschrift ist allerdings für Körperschaften nicht anwendbar, da es sich bei einer Körperschaft nicht um eine Mitunternehmerschaft handelt. Hingegen ist die Vorschrift bei einer nachgeordneten Mitunternehmerschaft (§ 4h Abs. 2 Satz 2 EStG) anzuwenden (s. → Rz. 676).

(Einstweilen frei)

III. Entsprechende Anwendung des § 8c auf den Zinsvortrag (§ 4h Abs. 5 Satz 3 EStG und § 8a Abs. 1 Satz 3 KStG)

1. Beteiligungserwerb an einer als Mitunternehmerin beteiligten Kapitalgesellschaft (§ 4h Abs. 5 Satz 3 EStG)

Ist eine Kapitalgesellschaft als Mitunternehmerin unmittelbar oder mittelbar an einer Gesellschaft beteiligt, ist nach § 4h Abs. 5 Satz 3 EStG § 8c KStG entsprechend anzuwenden. Danach geht ein Zinsvortrag einer Personengesellschaft anteilig (Fall des § 8c Abs. 1 Satz 1 KStG) oder insgesamt (Fall des § 8c Abs. 1 Satz 2 KStG) unter, wenn es auf der Ebene der Kapitalgesellschaft zu einem schädlichen Beteiligungswechsel kommt.[5] Diese Rechtsfolge konnte früher durch eine Ausgliederung des zinsvortragverursachenden Betriebs auf eine Tochter-Personengesellschaft vor dem schädlichen Erwerb vermieden werden. Zur Bekämpfung dieser Umgehung wurde deshalb durch das JStG 2009 **§ 4h Abs. 5 Satz 3 EStG** in das Gesetz eingefügt. Die Vorschrift ist auf schädliche Beteiligungserwerbe nach dem 28. 11. 2008 anwendbar, wenn sämtliche Erwerbe und gleichgestellte Rechtsakte nach dem 28. 11. 2008 erfolgt sind (§ 52 Abs. 12d Satz 2 EStG i. d. F. vor dem Gesetz zur Anpassung des nationalen Steuerrechts an den Beitritt Kroatiens zur EU und zur Änderung weiterer steuerrechtlicher Vorschriften v. 25. 7. 2014).[6] Die Regelung gilt indessen nur für Mitunternehmerschaften, an denen Körperschaften beteiligt sind und daher nicht unmittelbar für Körperschaften.[7]

(Einstweilen frei)

---

1 I.V. m. § 8 Abs. 1 Satz 1 KStG; a. A. *Frotscher*/Drüen, § 8a Rz. 72b.
2 Vgl. Tz. 52 , Schreiben v. 4. 7. 2008, BStBl 2008 I 718, mit Beispiel.
3 BT-Drucks. 16/4841, 50.
4 Ebenso *Schaden/Käshammer*, BB 2007, 2317, 2320 f.
5 Hierzu *Hackemann* in Mössner/Seeger/Oellerich, KStG, § 8c Rz. 359 ff.
6 BGBl 2014 I 1266.
7 § 8a Abs. 1 Satz 1; vgl. auch *Frotscher*/Drüen, § 8a Rz. 72.

2. Schädlicher Beteiligungserwerb an einer Körperschaft (§ 8a Abs. 1 Satz 3 KStG)

676 § 8a Abs. 1 Satz 3 KStG regelt für Körperschaften den Untergang eines Zinsvortrags; für eine nachgeordnete Mitunternehmerschaft (§ 4h Abs. 2 Satz 2 EStG) gilt dagegen § 4h Abs. 5 Satz 1 EStG, da § 4h Abs. 2 Satz 2 EStG lediglich auf § 8a Abs. 2 und 3 verweist.[1] Die Vorschrift verschärft im Vergleich zur Regelung des § 4h Abs. 5 Satz 3 EStG die Nutzung eines Zinsvortrags einer Kapitalgesellschaft im Falle des schädlichen Beteiligungserwerbs. Hiernach ist bei einem Beteiligungserwerb an einer Körperschaft die Regelung des **§ 8c KStG** und mit Wirkung vom 1.1.2016 auch § 8d KStG (s. → Rz. 26) für den Zinsvortrag **entsprechend** anzuwenden. Da § 7 Satz 1 GewStG auf den nach den Vorschriften des KStG ermittelten Gewinn verweist, gilt die Regelung des § 8a Abs. 1 Satz 3 KStG auch für gewstl. Zwecke. § 8a Abs. 1 Satz 3 KStG erfasst im Gegensatz zu § 4h Abs. 5 EStG nur den Zinsvortrag, nicht aber den EBITDA-Vortrag. Ein EBITDA-Vortrag ist deshalb auch im Falle des schädlichen Beteiligungserwerbs uneingeschränkt weiter nutzbar.[2]

677 Ein mittelbarer oder unmittelbarer AE-Wechsel i. H. v. mehr als 25 % führt nach dem Gesetzeswortlaut des § 8c Abs. 1 Satz 1 a. F. zu einem anteiligen Verlust des Zinsvortrags. Aufgrund des Beschlusses des BVerfG[3] ist § 8c (Abs. 1) Satz 1 KStG jedoch mit dem Grundgesetz unvereinbar. Die Entscheidung des BVerfG betrifft nicht den AE-Wechsel i. H. v. mehr als 50 %, der ggf. zu einem vollständigen Verlust des Zinsvortrags führt.[4] Dies hat der Gesetzgeber[5] zum Anlass genommen, § 8c Abs. 1 Satz 1 KStG a. F. rückwirkend zu streichen (vgl. § 34 Abs. 6 Satz 1). Schädlich ist nunmehr nur noch die Übertragung von mehr als 50 % der Anteile. Dabei geht allerdings nur der vor dem schädlichen Beteiligungserwerb gesondert festgestellte Zinsvortrag unter. Denn § 8a Abs. 1 Satz 3 stellt auf den Zinsvortrag i. S. v. § 4h Abs. 1 Satz 5 EStG und damit auf den zum Schluss des vorangegangenen Veranlagungszeitraumes gesondert festgestellten Zinsvortrag (§ 4h Abs. 4 Satz 1 EStG) ab. Erfolgt daher der schädliche Beteiligungserwerb im Laufe des Wj., ist § 8a Abs. 1 Satz 3 auf die Zinsaufwendungen dieses laufenden Wj. nicht anzuwenden.[6] Bei einem abweichenden Wj. geht somit auch ein Zinsvortrag des vorangegangenen Wj. nicht unter.

BEISPIEL: Die X-GmbH hat ein abweichendes Wj. vom 1.7. – 30.6. Zum 31.12.17 wurde ein Zinsvortrag gesondert festgestellt. In der Zeit vom 1.1. – 30.6.18 sind weitere nicht abziehbare Zinsaufwendungen, die den Zinsvortrag zum 31.12.18 erhöhen, entstanden. Am 1.10.18 kommt es zu einem schädlichen Beteiligungserwerb.

Da nach § 8a Abs. 1 Satz 3 i. V. m. § 8c Abs. 1 Satz 1 KStG nur der vor dem schädlichen Beteiligungserwerb gesondert festgestellte Zinsvortrag i. S. d. § 4h Abs. 1 Satz 5 EStG untergeht, erhöhen die Zinsaufwendungen aus der Zeit vom 1.1. – 30.6.18 den zum 31.12.18 gesondert festzustellenden Zinsvortrag.

---

1 Ebenso *Frotscher*/Drüen, § 8a Rz. 73; *Prinz* in HHR, Jahresband 2008, § 8a KStG Rz. J 07-9, m. w. N.
2 Ebenso *Prinz* in HHR, KStG § 8a Rz. 15, m. w. N.
3 BVerfG, Beschluss v. 29.3.2017 - 2 BvL 6/11, BStBl 2017 II S. 1082.
4 Allerdings hat das FG Hamburg inzwischen auch die Frage der Verfassungskonformität des § 8c (Abs. 1) Satz 2 KStG beim BVerfG anhängig gemacht (FG Hamburg, Beschluss v. 29.8.2017 - 2 K 245/17, NWB MAAAG-60376, EFG 2017, 1906, mit Anm. *Kögel*). Das Az. beim BVerfG lautet 2 BvL 19/17.
5 Gesetz zur Vermeidung von Umsatzsteuerausfällen beim Handel mit Waren im Internet und zur Änderung weiterer steuerlicher Vorschriften v. 11.12.2018 (BGBl 2018 I S. 2338).
6 Vgl. Gosch/*Förster*, § 8a Rz. 357; *Prinz* in HHR, KStG, Jahresband 2008, § 8a Rz. J 07-09, m. w. N.

Untergang des EBITDA-Vortrags und des Zinsvortrags (§ 4h Abs. 5 EStG) — § 8a KStG

678 Aufgrund der Änderung des § 8c KStG und der damit verbundenen Möglichkeit einen Verlustabzug zu „retten", wenn und soweit die Körperschaft über stille Reserven des inländischen BV verfügt (§ 8c Abs. 1 Satz 5 ff. KStG), bestimmt nunmehr § 8a Abs. 1 Satz 3 KStG für schädliche Beteiligungserwerbe eine Reihenfolge der Nutzung bestehender Verluste und eines Zinsvortrags. Mit dieser Regelung soll eine Doppelverwendung der stillen Reserven vermieden werden. Stille Reserven i. S. d. § 8c Abs. 1 Satz 6 KStG können für die Zwecke der Nutzung eines Zinsvortrags daher nur noch genutzt werden, soweit sie nicht der Nutzung der Verluste zugeordnet wurden.[1]

> **BEISPIEL:** An der ABC-GmbH sind A mit 40 %, B und C mit jeweils 30 % beteiligt. Zum 31.12.17 wurden ein Verlustabzug i. H. v. 6 000 000 €, ein EBITDA-Vortrag i. H. v. 2 000 000 €, und ein Zinsvortrag i. H. v. 4 000 000 €, gesondert festgestellt. Im Jahr 18 tritt B seinen Anteil an D ab. Zum Zeitpunkt der Übertragung verfügt die ABC-GmbH über stille Reserven i. H. v. 9 000 000 €. Ausnahmetatbestände (z. B. des § 4h Abs. 2 EStG oder des § 8c Abs. 1a KStG) greifen nicht.
>
> Ungeachtet des schädlichen Beteiligungserwerbs (§ 8c Abs. 1 Satz 1 KStG) besteht der EBITDA-Vortrag in unveränderter Höhe fort, da § 8a Abs. 1 Satz 3 KStG nur für den Zinsvortrag gilt.
>
> Nach der Verwendungsregelung des § 8a Abs. 1 Satz 3 KStG sind zunächst die anteiligen stillen Reserven dem Verlustabzug zuzuordnen. Demnach fällt nach § 8c Abs. 1 Satz 1 KStG ein Verlustabzug i. H. v. 30 % von 6 000 000 € = 1 800 000 € fort. Von den anteiligen stillen Reserven von 30 % von 9 000 000 € = 2 700 000 € entfallen auf den Verlustabzug 1 800 000 €, so dass der Verlustabzug in vollem Umfang genutzt werden kann (§ 8c Abs. 1 Satz 5 KStG).
>
> Der Zinsvortrag entfällt zunächst i. H. v. 30 % von 4 000 000 € = 1 200 000 €. In Höhe des nicht auf den Verlustabzug entfallenden Differenzbetrags von 900 000 € bleibt der Zinsvortrag jedoch bestehen (§ 8a Abs. 1 Satz 3 KStG). Daher fällt der Zinsvortrag nur i. H. v. 300 000 € fort.

679 Mit Wirkung ab dem 1.1.2016 verweist § 8a Abs. 1 Satz 3 KStG zudem auf § 8d Abs. 2 Satz 1 KStG (→ Rz. 26). Da trotz der Einstellung des Betriebs bei Vorliegen stiller Reserven der zum Schluss des vorangegangenen Veranlagungszeitraums festgestellte Verlustvortrag erhalten bleiben kann (§ 8d Abs. 2 Satz 1 Halbsatz 2 KStG), soll dies nach dem Willen des Gesetzgebers für den Zinsvortrag entsprechend gelten.

680 Bei **Umwandlungsvorgängen** geht der Zinsvortrag regelmäßig unter. Derartige Regelungen existieren für die Verschmelzung einer Körperschaft auf eine Personengesellschaft bzw. eines Formwechsels einer Kapitalgesellschaft in eine Personengesellschaft (§ 4 Abs. 2 Satz 2 UmwStG), eine Verschmelzung oder Vermögensübertragung von einer Körperschaft auf eine andere Körperschaft (§ 12 Abs. 3 UmwStG i. V. m. § 4 Abs. 2 Satz 2 UmwStG), die Abspaltung von einer Körperschaft auf andere Körperschaften (§ 15 Abs. 3 UmwStG: anteiliger Untergang), die Abspaltung von einer Körperschaft auf eine Personengesellschaft (§ 16 UmwStG i. V. m. § 15 Abs. 3 UmwStG: anteiliger Untergang), die Einbringung in eine Kapitalgesellschaft (§ 20 Abs. 9 UmwStG) und die Einbringung in eine Personengesellschaft (§ 24 Abs. 6 UmwStG i. V. m. § 20 Abs. 9 UmwStG). Bei einer Aufspaltung einer Körperschaft auf andere Körperschaften geht der Zinsvortrag bereits nach § 4h Abs. 5 Satz 1 EStG unter.

---

1 Siehe a. BT-Drucks. 17/15, 19; *Melchior*, DStR 2009, 2630, 2631.

§ 8b Beteiligung an anderen Körperschaften und Personenvereinigungen

(1) ¹Bezüge im Sinne des § 20 Abs. 1 Nr. 1, 2, 9 und 10 Buchstabe a des Einkommensteuergesetzes bleiben bei der Ermittlung des Einkommens außer Ansatz. ²Satz 1 gilt nur, soweit die Bezüge das Einkommen der leistenden Körperschaft nicht gemindert haben. ³Sind die Bezüge im Sinne des Satzes 1 nach einem Abkommen zur Vermeidung der Doppelbesteuerung von der Bemessungsgrundlage für die Körperschaftsteuer auszunehmen, gilt Satz 2 ungeachtet des Wortlauts des Abkommens für diese Freistellung entsprechend. ⁴Satz 2 gilt nicht, soweit die verdeckte Gewinnausschüttung das Einkommen einer dem Steuerpflichtigen nahe stehenden Person erhöht hat und § 32a des Körperschaftsteuergesetzes auf die Veranlagung dieser nahe stehenden Person keine Anwendung findet. ⁵Bezüge im Sinne des Satzes 1 sind auch Einnahmen aus der Veräußerung von Dividendenscheinen und sonstigen Ansprüchen im Sinne des § 20 Abs. 2 Satz 1 Nr. 2 Buchstabe a des Einkommensteuergesetzes sowie Einnahmen aus der Abtretung von Dividendenansprüchen oder sonstigen Ansprüchen im Sinne des § 20 Abs. 2 Satz 2 des Einkommensteuergesetzes.

(2) ¹Bei der Ermittlung des Einkommens bleiben Gewinne aus der Veräußerung eines Anteils an einer Körperschaft oder Personenvereinigung, deren Leistungen beim Empfänger zu Einnahmen im Sinne des § 20 Abs. 1 Nr. 1, 2, 9 und 10 Buchstabe a des Einkommensteuergesetzes gehören, oder an einer Organgesellschaft im Sinne des § 14 oder § 17 außer Ansatz. ²Veräußerungsgewinn im Sinne des Satzes 1 ist der Betrag, um den der Veräußerungspreis oder der an dessen Stelle tretende Wert nach Abzug der Veräußerungskosten den Wert übersteigt, der sich nach den Vorschriften über die steuerliche Gewinnermittlung im Zeitpunkt der Veräußerung ergibt (Buchwert). ³Satz 1 gilt entsprechend für Gewinne aus der Auflösung oder der Herabsetzung des Nennkapitals oder aus dem Ansatz des in § 6 Absatz 1 Nummer 2 Satz 3 des Einkommensteuergesetzes bezeichneten Werts. ⁴Die Sätze 1 und 3 gelten nicht, soweit der Anteil in früheren Jahren steuerwirksam auf den niedrigeren Teilwert abgeschrieben und die Gewinnminderung nicht durch den Ansatz eines höheren Werts ausgeglichen worden ist. ⁵Satz 4 gilt außer für Gewinne aus dem Ansatz mit dem Wert, der sich nach § 6 Abs. 1 Nr. 2 Satz 3 des Einkommensteuergesetzes ergibt, auch für steuerwirksam vorgenommene Abzüge nach § 6b des Einkommensteuergesetzes und ähnliche Abzüge. ⁶Veräußerung im vorstehenden Sinne ist auch die verdeckte Einlage.

(3) ¹Von dem jeweiligen Gewinn im Sinne des Absatzes 2 Satz 1, 3 und 6 gelten 5 Prozent als Ausgaben, die nicht als Betriebsausgaben abgezogen werden dürfen. ²§ 3c Abs. 1 des Einkommensteuergesetzes ist nicht anzuwenden. ³Gewinnminderungen, die im Zusammenhang mit dem in Absatz 2 genannten Anteil entstehen, sind bei der Ermittlung des Einkommens nicht zu berücksichtigen. ⁴Zu den Gewinnminderungen im Sinne des Satzes 3 gehören auch Gewinnminderungen im Zusammenhang mit einer Darlehensforderung oder aus der Inanspruchnahme von Sicherheiten, die für ein Darlehen hingegeben wurden, wenn das Darlehen oder die Sicherheit von einem Gesellschafter gewährt wird, der zu mehr als einem Viertel unmittelbar oder mittelbar am Grund- oder Stammkapital der Körperschaft, der das Darlehen gewährt wurde, beteiligt ist oder war. ⁵Dies gilt auch für diesem Gesellschafter nahestehende Personen im Sinne des § 1 Abs. 2 des Außensteuergesetzes oder für Gewinnminderungen aus dem Rückgriff eines Dritten auf den zu mehr als einem Viertel am Grund- oder Stammkapital beteiligten Gesellschafter oder eine diesem nahestehende Person auf Grund eines der Gesellschaft gewährten Darlehens. ⁶Die Sätze 4 und 5 sind nicht anzuwenden, wenn nachgewiesen wird,

dass auch ein fremder Dritter das Darlehen bei sonst gleichen Umständen gewährt oder noch nicht zurückgefordert hätte; dabei sind nur die eigenen Sicherungsmittel der Gesellschaft zu berücksichtigen. [7]Die Sätze 4 bis 6 gelten entsprechend für Forderungen aus Rechtshandlungen, die einer Darlehensgewährung wirtschaftlich vergleichbar sind. [8]Gewinne aus dem Ansatz einer Darlehensforderung mit dem nach § 6 Abs. 1 Nr. 2 Satz 3 des Einkommensteuergesetzes maßgeblichen Wert bleiben bei der Ermittlung des Einkommens außer Ansatz, soweit auf die vorangegangene Teilwertabschreibung Satz 3 angewendet worden ist.

(4) [1]Bezüge im Sinne des Absatzes 1 sind abweichend von Absatz 1 Satz 1 bei der Ermittlung des Einkommens zu berücksichtigen, wenn die Beteiligung zu Beginn des Kalenderjahres unmittelbar weniger als 10 Prozent des Grund- oder Stammkapitals betragen hat; ist ein Grund- oder Stammkapital nicht vorhanden, ist die Beteiligung an dem Vermögen, bei Genossenschaften die Beteiligung an der Summe der Geschäftsguthaben, maßgebend. [2]Für die Bemessung der Höhe der Beteiligung ist § 13 Absatz 2 Satz 2 des Umwandlungssteuergesetzes nicht anzuwenden. [3]Überlässt eine Körperschaft Anteile an einen anderen und hat der andere diese oder gleichartige Anteile zurückzugeben, werden die Anteile für die Ermittlung der Beteiligungsgrenze der überlassenden Körperschaft zugerechnet. [4]Beteiligungen über eine Mitunternehmerschaft sind dem Mitunternehmer anteilig zuzurechnen; § 15 Absatz 1 Satz 1 Nummer 2 Satz 2 des Einkommensteuergesetzes gilt sinngemäß. [5]Eine dem Mitunternehmer nach Satz 4 zugerechnete Beteiligung gilt für die Anwendung dieses Absatzes als unmittelbare Beteiligung. [6]Für Zwecke dieses Absatzes gilt der Erwerb einer Beteiligung von mindestens 10 Prozent als zu Beginn des Kalenderjahres erfolgt. [7]Absatz 5 ist auf Bezüge im Sinne des Satzes 1 nicht anzuwenden. [8]Beteiligungen von Kreditinstituten im Sinne des § 1 Absatz 1 Satz 1 des Kreditwesengesetzes, die Mitglied einer kreditwirtschaftlichen Verbundgruppe im Sinne des § 1 Absatz 10 Nummer 13 des Zahlungsdiensteaufsichtsgesetzes sind, an anderen Unternehmen und Einrichtungen dieser Verbundgruppe sind zusammenzurechnen.

(5) [1]Von den Bezügen im Sinne des Absatzes 1, die bei der Ermittlung des Einkommens außer Ansatz bleiben, gelten 5 Prozent als Ausgaben, die nicht als Betriebsausgaben abgezogen werden dürfen. [2]§ 3c Abs. 1 des Einkommensteuergesetzes ist nicht anzuwenden.

(6) [1]Die Absätze 1 bis 5 gelten auch für die dort genannten Bezüge, Gewinne und Gewinnminderungen, die dem Steuerpflichtigen im Rahmen des Gewinnanteils aus einer Mitunternehmerschaft zugerechnet werden, sowie für Gewinne und Verluste, soweit sie bei der Veräußerung oder Aufgabe eines Mitunternehmeranteils auf Anteile im Sinne des Absatzes 2 entfallen. [2]Die Absätze 1 bis 5 gelten für Bezüge und Gewinne, die einem Betrieb gewerblicher Art einer juristischen Person des öffentlichen Rechts über andere juristische Personen des öffentlichen Rechts zufließen, über die sie mittelbar an der leistenden Körperschaft, Personenvereinigung oder Vermögensmasse beteiligt ist und bei denen die Leistungen nicht im Rahmen eines Betriebs gewerblicher Art erfasst werden, und damit in Zusammenhang stehende Gewinnminderungen entsprechend.

(7) [1]Die Absätze 1 bis 6 sind nicht auf Anteile anzuwenden, die bei Kreditinstituten und Finanzdienstleistungsinstituten dem Handelsbestand im Sinne des § 340e Absatz 3 des Handelsgesetzbuchs zuzuordnen sind. [2]Gleiches gilt für Anteile, die bei Finanzunternehmen im Sinne des Kreditwesengesetzes, an denen Kreditinstitute oder Finanzdienstleistungsinstitute unmittelbar oder mittelbar zu mehr als 50 Prozent beteiligt sind, zum Zeitpunkt des Zugangs zum Betriebsvermögen als Umlaufvermögen auszuweisen sind.

(8) ¹Die Absätze 1 bis 7 sind nicht anzuwenden auf Anteile, die bei Lebens- und Krankenversicherungsunternehmen den Kapitalanlagen zuzurechnen sind. ²Satz 1 gilt nicht für Gewinne im Sinne des Absatzes 2, soweit eine Teilwertabschreibung in früheren Jahren nach Absatz 3 bei der Ermittlung des Einkommens unberücksichtigt geblieben ist und diese Minderung nicht durch den Ansatz eines höheren Werts ausgeglichen worden ist. ³Gewinnminderungen, die im Zusammenhang mit den Anteilen im Sinne des Satzes 1 stehen, sind bei der Ermittlung des Einkommens nicht zu berücksichtigen, wenn das Lebens- oder Krankenversicherungsunternehmen die Anteile von einem verbundenen Unternehmen (§ 15 des Aktiengesetzes) erworben hat, soweit ein Veräußerungsgewinn für das verbundene Unternehmen nach Absatz 2 in der Fassung des Artikels 3 des Gesetzes vom 23. Oktober 2000 (BGBl I S. 1433) bei der Ermittlung des Einkommens außer Ansatz geblieben ist. ⁴Für die Ermittlung des Einkommens sind die Anteile mit den nach handelsrechtlichen Vorschriften ausgewiesenen Werten anzusetzen, die bei der Ermittlung der nach § 21 abziehbaren Beträge zu Grunde gelegt wurden. ⁵Entsprechendes gilt für Pensionsfonds.

(9) Die Absätze 7 und 8 gelten nicht für Bezüge im Sinne des Absatzes 1, auf die die Mitgliedstaaten der Europäischen Union Artikel 4 Abs. 1 der Richtlinie 2011/96/EU des Rates vom 30. November 2011 über das gemeinsame Steuersystem der Mutter- und Tochtergesellschaften verschiedener Mitgliedstaaten (ABl L 345 vom 29. 12. 2011, S. 8) anzuwenden haben.

(10) ¹Überlässt eine Körperschaft (überlassende Körperschaft) Anteile, auf die bei ihr Absatz 4, 7 oder 8 anzuwenden ist oder auf die bei ihr aus anderen Gründen die Steuerfreistellungen der Absätze 1 und 2 oder vergleichbare ausländische Vorschriften nicht anzuwenden sind, an eine Körperschaft (andere Körperschaft), bei der auf die Anteile Absatz 4, 7 oder 8 nicht anzuwenden ist, und hat die andere Körperschaft, der die Anteile zuzurechnen sind, diese oder gleichartige Anteile zurückzugeben, dürfen die für die Überlassung gewährten Entgelte bei der anderen Körperschaft nicht als Betriebsausgabe abgezogen werden. ²Überlässt die andere Körperschaft für die Überlassung der Anteile Wirtschaftsgüter an die überlassende Körperschaft, aus denen diese Einnahmen oder Bezüge erzielt, gelten diese Einnahmen oder Bezüge als von der anderen Körperschaft bezogen und als Entgelt für die Überlassung an die überlassende Körperschaft gewährt. ³Absatz 3 Satz 1 und 2 sowie Absatz 5 sind nicht anzuwenden. ⁴Die Sätze 1 bis 3 gelten auch für Wertpapierpensionsgeschäfte im Sinne des § 340b Absatz 2 des Handelsgesetzbuchs. ⁵Die Sätze 1 bis 4 gelten nicht, wenn die andere Körperschaft keine Einnahmen oder Bezüge aus den ihr überlassenen Anteilen erzielt. ⁶Zu den Einnahmen und Bezügen aus den überlassenen Anteilen im Sinne des Satzes 5 gehören auch Entgelte, die die andere Körperschaft dafür erhält, dass sie die entliehenen Wertpapiere weiterverleiht. ⁷Die Sätze 1 bis 6 gelten entsprechend, wenn die Anteile an eine Personengesellschaft oder von einer Personengesellschaft überlassen werden, an der die überlassende oder die andere Körperschaft unmittelbar oder mittelbar über eine Personengesellschaft oder mehrere Personengesellschaften beteiligt ist. ⁸In diesen Fällen gelten die Anteile als an die Körperschaft oder von der Körperschaft überlassen. ⁹Die Sätze 1 bis 8 gelten entsprechend, wenn Anteile, die die Voraussetzungen des Absatzes 7 erfüllen, von einer Personengesellschaft überlassen werden. ¹⁰Die Sätze 1 bis 8 gelten nicht, soweit § 2 Nummer 2 zweiter Halbsatz oder § 5 Absatz 2 Nummer 1 zweiter Halbsatz auf die überlassende Körperschaft Anwendung findet. ¹¹Als Anteil im Sinne der Sätze 1 bis 10 gilt auch der Anteil im Sinne von § 2 Absatz 4 des Investmentsteuergesetzes vom 19. Juli 2016 (BGBl I S. 1730), das zuletzt durch Artikel 10 des Gesetzes vom 23. Juni 2017 (BGBl I S. 1682) geändert worden ist, in der jeweils geltenden Fassung, soweit daraus Einnahmen erzielt werden, auf die § 8b anzuwenden ist.

(11) Die Absätze 1 bis 10 sind nicht anzuwenden bei Anteilen an Unterstützungskassen.

Inhaltsübersicht

	Rz.
A. Allgemeine Erläuterungen zu § 8b KStG	1 – 25
I. Bedeutung und Gegenstand der Vorschrift des § 8b KStG	1 – 10
II. Regelungsbereich des § 8b KStG	11
III. Gesetzesentwicklung	12 – 25
B. § 8b Abs. 1 KStG	26 – 160
I. Regelungsbereich des § 8b Abs. 1 KStG	27
II. § 8b Abs. 1 Satz 1 KStG	28 – 75
1. Tatbestand	29
2. Körperschaft	30 – 34
3. Bezüge	35 – 50
a) § 20 Abs. 1 Nr. 1 EStG	36 – 37
b) § 20 Abs. 1 Nr. 2 EStG	38
c) § 20 Abs. 1 Nr. 9 EStG	39
d) § 20 Abs. 1 Nr. 10a EStG	40
e) § 20 Abs. 2 Satz 1 Nr. 2a EStG	41
f) § 20 Abs. 2 Satz 2 EStG	42 – 50
4. Rechtsfolge	51 – 59
a) Organschaft	54
b) Kapitalertragsteuer	55 – 56
c) Gewerbesteuer	57 – 59
5. Zeitlicher Anwendungsbereich	60 – 75
III. § 8b Abs. 1 Satz 2 KStG	76 – 100
1. Tatbestand	77
2. Körperschaft	78
3. Erfasste Bezüge	79 – 81
a) Verdeckte Gewinnausschüttungen	80
b) Internationale Sachverhalte (hybride Gestaltungen)	81
4. Minderung des Einkommens	82 – 85
5. Rechtsfolge	86 – 87
6. Zeitlicher Anwendungsbereich	88 – 100
IV. § 8b Abs. 1 Satz 3 KStG	101 – 120
1. Tatbestand	102
2. Regelungsbereich	103
3. Verhältnis internationales und nationales Schachtelprivileg	104 – 106
4. Rechtsfolge	107
5. Zeitlicher Anwendungsbereich	108 – 120
V. § 8b Abs. 1 Satz 4 KStG	121 – 140
1. Tatbestand	122
2. Allgemeine Voraussetzungen	123
3. Nahestehende Person	124
4. Einkommensminderung	125
5. Einkommenserhöhung	126
6. Keine Anwendbarkeit des § 32a KStG	127
7. Rechtsfolge	128
8. Zeitlicher Anwendungsbereich	129 – 140
VI. § 8b Abs. 1 Satz 5 KStG	141
VII. Verstoß gegen höherrangiges Recht	142 – 160
C. § 8b Abs. 2 KStG	161 – 249
I. Regelungsbereich des § 8b Abs. 2 KStG	162
II. § 8b Abs. 2 Satz 1 KStG	163 – 200
1. Tatbestand	164
2. Körperschaften	165

3.	Erfasste Anteile	166
4.	Veräußerung	167 - 169
5.	Veräußerungsgewinn gemäß § 8b Abs. 2 Satz 2 KStG	170 - 182
	a) Veräußerungspreis	171 - 176
	b) Kaufpreisaufteilung	177
	c) Veräußerungskosten	178 - 179
	d) Stichtag	180
	e) Buchwert	181
	f) Veräußerungsverlust	182
6.	Rechtsfolge	183 - 184
7.	Zeitlicher Anwendungsbereich	185 - 200
III.	§ 8b Abs. 2 Satz 3 KStG	201 - 204
1.	Liquidationsgewinn	202
2.	Herabsetzung des Nennkapitals	203
3.	Wertaufholungsgewinn	204
IV.	§ 8b Abs. 2 Satz 4 KStG	205 - 229
1.	Tatbestand	206
2.	Steuerwirksame Teilwertabschreibung	207
3.	Steuerwirksame Wertaufholung	208 - 213
4.	Rechtsfolge	214
5.	Zeitlicher Anwendungsbereich	215 - 229
V.	§ 8b Abs. 2 Satz 5 KStG	230
VI.	§ 8b Abs. 2 Satz 6 KStG	231
VII.	Verstoß gegen höherrangiges Recht	232 - 249
D.	**§ 8b Abs. 3 KStG**	**250 - 369**
I.	Regelungsbereich	251
II.	§ 8b Abs. 3 Satz 1 KStG	252 - 274
1.	Tatbestand	253
2.	Körperschaft	254 - 255
3.	Gewinn	256 - 257
4.	Vereinbarkeit mit Art. 3 GG	258
5.	Rechtsfolge	259 - 261
6.	Zeitlicher Anwendungsbereich	262 - 274
III.	§ 8b Abs. 3 Satz 2 KStG	275
IV.	§ 8b Abs. 3 Satz 3 KStG	276 - 299
1.	Tatbestand	277
2.	Körperschaft	278
3.	Gewinnminderung	279 - 280
4.	Mittelbare Beteiligung	281
5.	Rechtsfolge	282
6.	Zeitliche Anwendung	283 - 299
V.	§ 8b Abs. 3 Satz 4 KStG	300 - 329
1.	Tatbestand	302
2.	Wesentlich beteiligter Gesellschafter	303 - 308
3.	Darlehen und vergleichbare Rechtshandlungen	309
4.	§ 8b Abs. 3 Satz 7 KStG (Wirtschaftlich vergleichbare Forderungen)	310
5.	Sicherheiten	311
6.	Gewinnminderungen in der Form von Darlehen	312
7.	Sicherheiteninanspruchnahme	313 - 314
8.	Rechtsfolge	315
9.	Zeitlicher Anwendungsbereich	316 - 329
VI.	§ 8b Abs. 3 Satz 5 KStG	330 - 349
1.	Tatbestände	331
2.	Nahestehende Person	332
3.	Downstream/Upstream Darlehen	333
4.	Rückgriffsberechtigter Dritter	334

	5. Gewinnminderung	335
	6. Verhältnis zur Verdeckten Gewinnausschüttung	336 - 349
VII.	§ 8b Abs. 3 Satz 6 KStG	350 - 357
	1. Feststellungslast	351
	2. Vergleichskriterien	352 - 353
	3. Darlehensbedingungen	354
	4. Zeitpunkt	355
	5. Sicherheiten	356
	6. Zeitliche Anwendung	357
VIII.	§ 8b Abs. 3 Satz 7 KStG	358 - 363
	1. Vergleichskriterien	359 - 361
	2. Rechtsfolge	362
	3. Zeitlicher Anwendungsbereich	363
IX.	§ 8b Abs. 3 Satz 8 KStG	364 - 366
X.	Verstoß gegen höherrangiges Recht	367 - 369
E.	**§ 8b Abs. 4 KStG**	**370 - 395**
I.	Regelungsbereich des § 8b Abs. 4 KStG	371
II.	§ 8b Abs. 4 Satz 1 KStG	372 - 378a
	1. Tatbestand	372a
	2. Bezüge gem. § 8b Abs. 1 KStG	373
	3. Unmittelbare Beteiligung von weniger als 10 %	374
	4. Maßgeblicher Zeitpunkt der Beteiligung	375 - 377
	5. Rechtsfolgen	378 - 378a
III.	§ 8b Abs. 4 Satz 2 KStG	379 - 381
	1. Regelungsbereich	380
	2. Rechtsfolge	381
IV.	§ 8b Abs. 4 Satz 3 KStG	382
V.	§ 8b Abs. 4 Satz 4 und 5 KStG	383 - 383a
VI.	§ 8b Abs. 4 Satz 6 KStG	384 - 386
VII.	§ 8b Abs. 4 Satz 7 KStG	387
VIII.	§ 8b Abs. 4 Satz 8 KStG	388
IX.	Zeitlicher Anwendungsbereich	389
X.	Verstoß gegen höherrangiges Recht	390 - 449
F.	**§ 8b Abs. 5 KStG**	**450 - 499**
I.	Tatbestand	452
II.	Körperschaft	453
III.	Beteiligungen	454
IV.	Bezüge	455 - 470
V.	Steuerfreiheit der Bezüge	471 - 472
VI.	Rechtsfolge	473 - 475
VII.	Verhältnis zu § 3c Abs. 1 EStG	476
VIII.	Zeitliche Anwendung	477
IX.	Verstöße gegen höherrangiges Recht	478 - 499
G.	**§ 8b Abs. 6 KStG**	**500 - 540**
I.	§ 8b Abs. 6 Satz 1 KStG	502 - 520
	1. Tatbestand	503
	2. Körperschaft	504
	3. Mitunternehmerschaft	505 - 507
	4. Beteiligung an Körperschaft	508
	5. Bezüge, Gewinne und Gewinnminderungen	509 - 510
	6. Rechtsfolge	511
	7. Gewerbesteuer	512 - 520
II.	§ 8b Abs. 6 Satz 2 KStG	521 - 540
H.	**§ 8b Abs. 7 KStG**	**541 - 624**
I.	Regelungsbereich des § 8b Abs. 7 KStG n. F.	542
II.	§ 8b Abs. 7 Satz 1 KStG n. F.	543 - 560

		1. Tatbestand	544
		2. Kreditinstitute/Finanzdienstleistungsinstitute	545 - 548
		3. Anteile/Handelsbestand	549 - 552
		4. Rechtsfolge	553 - 560
	III.	§ 8b Abs. 7 Satz 2 KStG n. F.	561 - 575
		1. Tatbestand	562
		2. Finanzunternehmen	563 - 565
		3. Anteile	566
		4. Gesellschafter	567
		5. Ausweis im Umlaufvermögen	568
		6. Zeitpunkt	569 - 575
	IV.	§ 8b Abs. 7 Satz 1 bis 3 KStG a. F.	576 - 585
		1. Regelungsbereich des § 8b Abs. 7 KStG a. F.	577
		2. § 8b Abs. 7 Satz 1 KStG a. F.	577a - 585
		a) Tatbestand	578
		b) Kreditinstitute/Finanzdienstleistungsinstitute	579 - 582
		c) Anteile/Handelsbuch	583 - 585
	V.	§ 8b Abs. 7 Satz 2 KStG a. F.	586 - 605
		1. Tatbestand	586a
		2. Finanzunternehmen	587 - 589
		3. Anteile	590
		4. Haupttätigkeit	591
		5. Geschäftsführung	592
		6. Kurzfristiger Eigenhandelserfolg	593 - 597
		7. Eigenhandelsabsicht	598
		8. Kurzfristig	599 - 602
		9. Rechtsfolge	603
		10. Feststellungslast	604 - 605
	VI.	§ 8b Abs. 7 Satz 3 KStG a. F.	606 - 607
	VII.	Mutter-Tochter-Richtlinie	608
	VIII.	Zeitlicher Anwendungsbereich	609 - 624
I.	**§ 8b Abs. 8 KStG**		**625 - 695**
	I.	Zweck	626
	II.	Regelungsbereich des § 8b Abs. 8 KStG	627
	III.	§ 8b Abs. 8 Satz 1 KStG	628 - 644
		1. Lebens- oder Krankenversicherungsunternehmen	629
		2. Kapitalanlagen	630
		3. Rechtsfolgen	631 - 644
	IV.	§ 8b Abs. 8 Satz 2 KStG	645 - 659
	V.	§ 8b Abs. 8 Satz 3 KStG	660 - 679
		1. Zweck	661
		2. Tatbestand	662 - 663
		3. Rechtsfolge	664 - 679
	VI.	§ 8b Abs. 8 Satz 4 KStG	680
	VII.	§ 8b Abs. 8 Satz 5 KStG	681
	VIII.	Mutter-Tochter-Richtlinie	682
	IX.	Zeitlicher Anwendungsbereich	683 - 695
J.	**§ 8b Abs. 9 KStG**		**696 - 719**
	I.	Zweck	697
	II.	Tatbestand	698
	III.	Anwendbarkeit des § 8b Abs. 7 oder 8 KStG	699 - 703
	IV.	Rechtsfolgen	704
	V.	Zeitlicher Anwendungsbereich	705 - 719
K.	**§ 8b Abs. 10 KStG**		**720 - 849**
	I.	Zweck	721
	II.	Regelungsbereich des § 8b Abs. 10 KStG	722

III.	§ 8b Abs. 10 Satz 1 KStG	723 - 755
	1. Tatbestand	724
	2. Überlassende Körperschaft	725
	3. Anteile	726
	4. Keine Steuerbefreiung	727 - 729
	5. Überlassung	730
	6. Andere Körperschaft	731
	7. Entgelt	732
	8. Rückgabeverpflichtung	733
	9. Rechtsfolge	734 - 737
	10. Feststellungslast	738
	11. Zeitlicher Anwendungsbereich	739
	12. Natürliche Person	740 - 755
IV.	§ 8b Abs. 10 Satz 2 KStG	756 - 759
	1. Zweck	757
	2. Rechtsfolge	758
	3. Feststellungslast	759
V.	§ 10 Abs. 1 Satz 3 KStG	760 - 769
VI.	§ 10 Abs. 1 Satz 4 KStG	770 - 789
	1. Tatbestand	771 - 774
	2. Rechtsfolgen	775 - 789
VII.	§ 8b Abs. 10 Satz 5 KStG	790 - 800
	1. Tatbestand	791 - 792
	2. Rechtsfolge	793 - 800
VIII.	§ 8b Abs. 10 Satz 6 KStG	801 - 807
IX.	§ 8b Abs. 10 Satz 7, 8 KStG	808 - 827
	1. Tatbestand	809
	2. Personengesellschaft	810
	3. Weitere Voraussetzungen	811
	4. Rechtsfolgen	812
	5. Höhe der Hinzurechnung	813
	6. Einheitliche und gesonderte Gewinnfeststellung	814
	7. Kommunale Wertpapierleihe	815 - 827
X.	§ 8b Abs. 10 Satz 9 KStG	828
XI.	§ 8b Abs. 10 Satz 10 KStG	829
XII.	§ 8b Abs. 10 Satz 11 KStG	830
XIII.	Verstoß gegen höherrangiges Recht	831
L.	§ 8b Abs. 11 KStG	850 - 859

A. Allgemeine Erläuterungen zu § 8b KStG

HINWEIS:

H 8b KStH

LITERATURHINWEISE:

Engel, § 3 Nr. 40 EStG und § 8b KStG sind bereits bei der Einkünfteermittlung der MU-Schaft anwendbar, DB 2003, 1811; *Seitz*, Die Berücksichtigung der St-Befreiungen nach § 8b Abs. 2 und 6 KStG bzw. § 3 Nr. 40 EStG bei der Ermittlung des Gewerbeertrags einer MU-Schaft, GmbHR 2004, 476; *Bindl*, Zur Steuerpflicht von Beteiligungserträgen nach § 8b Abs. 7 KStG bei Industrieholdinggesellschaften, DStR 2006, 1817; *ders.*, Zur Anwendung von § 8b Abs. 7 Satz 2 KStG auf GmbH-Anteile, DStR 2007, 888; *Grube/Behrendt*, GmbH-Anteile sind nicht von § 8b Abs. 7 Satz 2 KStG betroffen, DStR 2007, 886; *Richter*, Kritische Beurteilung der gewerbesteuerlichen Auswirkung von § 8b Abs. 5 KStG durch das Jahressteuergesetz 2007, BB 2007, 751; *Prinz/Hick*, Neue BFH-Rechtsprechung zu Mantelkauf und Beteiligungsertragsbefreiung, NWB 2007 Fach 4, 5151; *Dörfler/Heurung*, Korrespondenzprinzip bei verdeckter Gewinnausschüttung und verdeckter Einlage, DStR 2007, 514; *Häuselmann*, Das Ende des „Steuerschlupfloches" Wertpapierleihe, DStR

2007, 1379; *Dötsch/Pung*, JStG 2007: Die Änderungen des KStG und des GewStG, DB 2007, 11; *Obermann/Füllbier*, Die Neuregelung der ertragsteuerlichen Behandlung von Wertpapierleihgeschäften durch das UntStRefG 2008, BB 2007, 1647; *Schnitger/Rometzki*, Die Anwendung des Korrespondenzprinzips auf vGA und verdeckte Einlagen bei grenzüberschreitenden Sachverhalten nach dem JStG 2007, BB 2008, 1648; *Schnitger/Bildstein*, Wertpapierpensionsgeschäfte und Wertpapierleihe - Wirtschaftliches Eigentum und UntStRefG 2008, IStR 2008, 202; *Neumann/Stimpel*, Wesentliche Änderungen für Kapitalgesellschaften und deren Gesellschafter durch das JStG 2008, GmbHR 2008, 57; *Düll/Knödler*, Ausfall einer Kaufpreisforderung aus der Veräußerung der Beteiligung an einer Kapitalgesellschaft – Das neue BMF-Schreiben zu § 8b Abs. 2 KStG, DStR 2008, 1666; Hahne, Vermeidung des Abzugsverbots für Verluste aus Gesellschafter-Fremdfinanzierungen bei Risikodarlehen, StuB 2008, 229; *Jensen-Nissen*, Droht Holding- und Beteiligungskapitalgesellschaften der Verlust der Steuerfreistellung nach § 8b KStG?, DB 2008, 2273; *Patzner/Frank*, Geplante Abschaffung der Steuerbefreiung nach § 8b KStG für Streubesitzanteile, IStR 2008, 433; *Becker/Kempf/Schwarz*, Neue St-Fallen im internationalen St-Recht, DB 2008, 370; *Neumann/Watermeyer*, Forderungsverluste von Gesellschaftern im BV (§ 8b Abs. 3 Satz 4 ff. KStG und § 3c Abs. 2 EStG), Ubg 2008, 748; *Watermeyer*, Gewinnminderungen im Zusammenhang mit Darlehensforderungen, GmbH-StB 2008, 81; *Kohlepp*, § 8b Abs. 5 KStG und Überlegungen zu einem geänderten dogmatischen Ansatz der vGA bei Konzernstrukturen, DStR 2008, 1859; *Schmidt/Schwind*, Gewinnminderungen aus Gesellschafterdarlehen, NWB 2008 Fach 4, 147; NWB Fach 4, 5223; *Hahne*, I. R. d. Anmerkung zu dem Urteil BFH v. 23. 1. 2008 - I R 101/06, DStR 2008, 864; *Rau*, Strukturierte Wertpapierleihe über Aktien und Beschränkungen des Betriebsausgabenabzugs, DStR 2009, 948; *Jensen-Nissen/Dinkelbach*, Zu den Finanzunternehmen i. S. d. § 8b Abs. 7 Satz 2 KStG gehören auch Holding und Beteiligungsgesellschaften, BB 2009, 1226; *Benzel/Dr. Linzbach*, Auswirkungen des Forderungsverzichtes – Steuerliche Belastung und Beeinflussung der Steuerquote, DStR 2009, 1599; *Hils*, Fragen zu § 8b KStG bei betrieblichen Fondsanlegern, DB 2009, 1151; *Lorenz*, Die Suspendierung von § 8b Abs. 5 KStG durch EG- und DBA-Günstigerprüfung, IStR 2009, 437; *Strunk/Meyer-Sandberg*, Keine Steuerfreistellung nach § 8b KStG für Holding und Beteiligungsgesellschaften, GStB 2009, 193; *Jaccob/Scheifele*, § 8b Abs. 7 Satz 2 KStG auf dem Prüfstand des BFH: Welche Auswirkungen ergeben sich für ausländische Holdinggesellschaften mit Beteiligung an inländischen (Grundstücks-) Kapitalgesellschaften?, IStR 2009, 304; *Löffler/Hansen*, Zur Reichweite von § 8b Abs. 7 Satz 2 KStG nach dem BFH-Urteil vom 14. 1. 2009, I R 36/08, DStR 2009, 635; *Steinmüller*, Die gewerbesteuerliche Hinzurechnung von Streubesitzdividenden aus einem Investmentvermögen, DStR 2009, 1564; *Hageböke*, Zum Konkurrenzverhältnis von DBA-Schachtelprivileg und § 8b KStG, IStR 2009, 473; *Wagner*, Die verwirrende Rechtsprechung des BFH zur steuerlichen Beurteilung der Veräußerung von Bezugsrechten vor dem Hintergrund der Abgeltungsteuer, DStR 2009, 626; *Hagedorn/Matzke*, Steuerpflicht von Veräußerungsgewinnen bei Anteilsverkäufen durch eine Holding, GmbHR, 2009, 970; *Roser/Haupt*, (Außer-)Bilanzieller Korrekturposten als Mittel der teleologischen Gesetzesanwendung des § 8b Abs. 2 KStG, DStR 2009, 1677; *Sinz/Kubaile*, Der Entwurf des Steuerhinterziehungsbekämpfungsgesetzes: Steinbrücks 7. Kavallerie, IStR 2009, 401; *Kessler/Eicke*, Gedanken zur Verfassungs- und Europarechtskonformität des Steuerhinterziehungsbekämpfungsgesetzes, DB 2009, 1314; *Geuenich*, Steuerhinterziehungsbekämpfungsgesetz – Neue Maßnahmen zur Bekämpfung der grenzüberschreitenden Steuerhinterziehung, NWB 2009, 2396; *Hardeck*, Steuerhinterziehungsbekämpfungsgesetz – Regelungsinhalt und Implikation für die Praxis, IWB 2009, 781; *Bauschatz*, Finanzunternehmern nach § 8b Abs. 7 Satz 2 KStG, DStZ 2009, 502; *Schönfeld*, Neues zum DBA-Schachtelprivileg oder: Was bleibt von § 8 Nr. 5 GewStG und § 8 Nr. 5 KStG bei grenzüberschreitenden Dividenden?, IStR 2010, 658; *Bödecker*, Hinzurechnung steuerfreier Dividenden, NWB 2010, 2777; *Intemann*, Endlich mehr Klarheit bei § 8b KStG: BFH klärt wichtige Zweifelsfragen, GStB 2010, 24; *Löffler/Tietjen*, Veräußerung von Anteilen an Immobilien-Objektgesellschaften – schädlicher „Eigenhandel" i. S. v. § 8b Abs. 7 Satz 2 KStG?, DStR 2010, 586; *Heurung/Engel/Seidel*, Das DBA-Schachtelprivileg in Körperschaft und Gewerbesteuer, DB 2010, 1551; *Jahn*, Gewinnausschüttungen einer ausländischen Kapitalgesellschaft, PIStB 2010, 292; *Kessler/Dietrich*, Auf den zweiten Blick: warum § 3c EStG auf DBA-Schachteldividenden nicht anwendbar ist, IStR 2010, 696; *Ott*, Zur Besteuerung von Kapitalgesellschaften und deren Gesellschaftern, StuB 2010, 319; *Prinz*, Neue BFH-Judikate zur Wertaufholung bei Kapitalgesellschaften, StuB 2010, 43; *Schönfeld*, Neues zum DBA-Schachtelprivileg oder: was bleibt von § 8 Nr. 5 GewStG und § 8b Abs. 5 KStG bei grenzüberschreitenden Dividenden, IStR 2010, 658; *Strahl*, Kapitaleinkünfte bei Kapitalgesellschaften, Stbg 2010, 152; *Winhard*, Behandlung ausländischer Forderungsverluste – Praxisprobleme des § 8b Abs. 3 Satz 4 bis 8 KStG i. d. F. des JStG 2008, FR 2010, 686; *Hahne*, Spätere Ausfälle von Kaufpreisforderungen mindern rückwirkend steuerfreie Veräußerungsgewinne gemäß § 8b Abs. 2 KStG, DStR 2011, 955; *Kaminski/Strunk*, § 1 AStG und Wertminderungen auf Darlehen gegenüber ausländischen verbundenen Unternehmen, Stbg 2011, 246; *Kessler/Dietrich*, (Keine) Kapitalertragsteuer auf Streubesitzdividenden beschränkt steuerpflichtiger Kapitalgesellschaften – Klares Votum des EuGH dürfte Diskussion über Abschaffung der Steuerbefreiung neu beleben, DStR 2011, 2131; *Lammers*, Die begrenzte Abziehbarkeit von Aufwendungen im Zusammenhang mit Beteiligungen an Kapitalgesellschaften nach § 8b Abs. 3 und 5 KStG, DStZ 2011, 483; *Löffler/Hansen*, Veräußerung zuvor gekaufter Anteile an einer Vorratsgesellschaft als „Eigenhandel" im Sinne von § 8b Abs. 7 KStG, DStR 2011, 558; *Dietz/Tcherveniachki*, Definition der Veräußerungskosten gemäß § 8b Abs. 2 Satz 2 KStG, DStR 2012, 1161; *Duttine/Stumm*, Europarechtswidrigkeit deutscher Dividendenbesteuerung, BB 2012, 867; *Hahn*, Treaty-Override als Verfassungsverstoß? Erläuterungen und praktische Hinweise zum Vorlagebeschluss des BFH vom 10. 1. 2012, BB 2012, 1955; *Kessler/Girlich/Philipp*, Streichung des § 8b Abs. 7 Satz 2 KStG – Korrektur eines gesetzgeberischen Kunstfehlers?, DStR 2012, 2524; *Kröner/Köth*, Erneute europarechtliche Überprüfung des körperschaftsteuerlichen Anrechnungsverfahrens, BB 2012, 1899; *Helios/Niedrig*, Zur Einbeziehung von Optionsprämien in den Anwendungsbereich von § 8b Abs. 2 KStG, DStR 2012, 1301; *Kosner/Kaiser*, Zweifelsfragen und Praxiserfahrungen im Zusammenhang mit dem Abzugsverbot für Gewinnminderungen i. S. des § 8b Abs. 3 Satz 4 ff. KStG, Fachdienst dstr, Ausgabe 20 vom 18. 5. 2012; *Nitzschke*, Veräußerung direkt gehaltener Beteiligungen an Kapitalgesellschaften durch beschränkt Körperschaftsteuerpflichtige – Führt § 8b Abs. 3 KStG zur partiellen Besteuerung eines Veräußerungsgewinns, IStR 2012, 125; *Patzner/Nagler*, Jahressteuergesetz 2013 – Die Steuerfreiheit von Streubesitzdividenden nach dem EuGH, Urteil v. 20. 10. 2011, C-284/09, Kommission/Deutschland, IStR 2012, 790; *Schnitger*, Anwendung des § 8b Abs. 1 KStG beim Kapitalertragsteuerabzug – Auswirkung der Entscheidung des EuGH, Urteil v. 20. 10. 2011, IStR 2012, 305; *Schönfeld/Häck*, Verfassungsrechtliche Zulässigkeit „unecht" rückwirkender Steuergesetze – Dargestellt anhand der möglichen Steuerpflicht von Beteiligungserträgen aus Streubesitz durch das JStG 2013, DStR 2012, 1725; *Wiese/Strahl*, Quellensteuer auf Dividenden: BFH schwenkt auf Linie des EuGH ein – Anm. zum S.A.S.-Urteil des BFH, DStR 2012, 142; *Hindelang*, Die steuerliche Behandlung drittstaatlicher Dividenden und die europäischen Grundfreiheiten – die teilweise (Wieder-)Eröffnung des Schutzbereiches der Kapitalverkehrsfreiheit für dividenden aus drittstaatlichen Direktinvestitionen – zugleich eine Besprechung des Urteils in der Rechtssache Test Claimants in the FII Group Litigation II, IStR 2013, 77; *Benz*, Die Neuregelung der Steuerpflicht von Streubesitzdividenden, DStR 2013, 489; *Desens*, Kritische Bestandaufnahme zu den geplanten Änderungen in § 8b KStG, Beihefter zu DStR 4/2013, 13; *Hechtner/Schnitger*, Neuerungen zur Besteuerung von Streubesitzdividenden und Reaktion auf das EuGH, Urteil v. 20. 10. 2011 (Rs. C-284/09), Ubg 2013, 269; *Intemann*, Die Neuregelung zur Steuerpflicht von Streubesitzdividenden, BB 2013, 1239; *Lemaitre*, Besteuerung von Streubesitzdividenden und Erstattung von Kapitalertragsteuer Das EuGHDivUmsG aus Sicht der Beratungspraxis, IWB 2013, 269; *Schönfeld*, Die Steuerpflicht von Streubesitzdividenden gemäß § 8b Abs. 4 KStG n. F. – Dargestellt anhand von Fallbeispielen, DStR 2013, 937; *Desens*, Ist die neuen korrespondenzregel in der Mutter-Tochter-Richtlinie mit dem primären Unionsrecht vereinbar?, IStR 2014, 825; *Rathke/Ritter*, Anwendbarkeit des Teileinkünfteverfahrens bei Kapitalgesellschaften auf Erträge aus Streubesitzbeteiligungen, DStR 2014, 1207; *Watrin/Eberhardt*, Ausschüttungen im System der Hinzurechnungsbesteuerung nach der Neufassung von § 8b Abs. 4 KStG, DStR 2013, 2601; *Bolik/Zöller*, Unterjähriger Hinzuerwerb von Beteiligungen im Rahmen des § 8b Abs. 4 KStG, DStR 2014, 782; *Ernst*, Restriktives aus der Verwaltung zur Streubesitzregelung in § 8b Abs. 4 KStG – Anmerkungen zur Verfügung der OFD Frankfurt/M. vom 2. 12. 2013, DB 2014, 449; *Lipp*, Die Rückbeziehung des § 8b Abs. 4 KStG und die Auswirkungen auf die Gewerbesteuer, NWB 2014, 2403; *Mössner*, Auslegung von § 8b Abs. 4 KStG durch OFD Frankfurt, IStR 2014, 497; *Pyszka/Nienhaus*, Gewerbesteuerliche Schachtelprivileg bei Gewinnausschüttungen vororganschaftlicher Mehrabführungen an eine Organgesellschaft zugleich Anmerkungen zum Urteil des FG Münster 14. 5. 2014 – 10 K 1007/13; *Schnitger/Weiss*, Empfehlungen der OECD zu „Hybrid Mismatches" für die nationale Steuergesetzgebung, IStR 2014, 508; *Jochimsen/Zinowski*, DBA-Schachtelprivileg und Gewerbesteuer im Organschaftsfall; *Kofler*, Seminar. Effektivität von „Schachtelbefreiungen", IStR 2015, 603; *Richter/Reeb*, Zur Ausdehnung des Materiellen Korrespondenzprinzips in § 8b Abs. 1 Satz 2 KStG durch das AmtshilfeRLUmsG im Spannungsfeld von Europa- und Völkerrecht, IStR 2015, 40; *Wittenstein*, Eine aktuelle Momentaufnahme zur Steuergestaltung mit hybriden Finanzinstrumenten „Luxemburg Leaks" und neue Gesetze (- s. Vorhaben) in Europa IStR 2015, 160; *Kempf/Nitzschke*, Anwendung des § 8b Abs. 7 KStG auf Finanzunternehmen aus Drittstaaten, IStR 2016, 183; *Weiss*, Hinzurechnung nach § 8b Abs. 5 Satz 1 KStG auch bei abkommensrechtlichem Schachtelprivileg, StuB 2016, 281; *Kahlenberg*, Steuerfreistellung und Betriebsausgabenabzug von Schachteldividenden, IWB 2017, 197; *Hoheisel/Stroh*, Neuregelung des § 8b Abs. 7 KStG Änderungen durch das BEPS-Umsetzungsgesetz 1, StuB 2017, 179; *Ebner*,

Cum/Cum-Geschäfte nach § 36a EStG, Die Neuregelung im Lichte des BMF-Schreibens vom 3.4.2017, NWB 2017, 2110; *Lüdicke*, Subjekt to Tax-Klausel bei Subjekt britischen Schachteldividenden nach dem Brexit, IStR 2017, 936; *Adrian*, Grenzen des pauschalen Betriebsausgabenabzugsverbots des § 8b Abs. 3 Satz 1 KStG, StuB 2018, 64; *Kahlenberg*, Hinzurechnungsbesteuerung und anschließende Gewinnausschüttung, NWB 2018, 630; *Kraft*, Die Abgrenzung der Kapitalverkehrsfreiheit von der Niederlassungsfreiheit, Bedeutung und Standortbestimmung nach der BFH-Entscheidung v. 19.7.2017 - I R 87/15; NWB 2018, 698; *Berger/Tetzlaff*, Keine Anwendung von § 8b Abs. 3 KStG bei beschränkter Steuerpflicht, NWB 2018, 34; *Kraft*, Die Abgrenzung der Kapitalverkehrsfreiheit von der Niederlassungsfreiheit, NWB 2018, 698; *Martini/Oppel/Staats*, Betriebsstättenzurechnung bei Personengesellschaften, IWB 2018, 605; *Trautmann/Dörnhöfer*, Währungsergebnisse im Zusammenhang mit einer Kaufpreisforderung aus der Veräußerung von Anteilen – Steuerlich zu berücksichtigen oder als Teil des Veräußerungsgewinns nach § 8b Abs. 2 S. 2 KStG steuerfrei?, IStR 2018, 182; *Weiss*, Schachtelprivileg unter dem DBA-Frankreich und BA-Abzugsverbot nach § 8b Abs. 5 KStG; *Haase*, Eine Einführung in das Investmentsteuergesetz 2018, Zentrale Punkte des neuen Besteuerungssystems, IWB 2018, 573.

I. Bedeutung und Gegenstand des § 8b KStG

1 § 8b KStG stellt eine zentrale Steuerbefreiungsvorschrift des KStG dar. Steuerfrei sind demzufolge laufende Bezüge sowie Gewinne von Körperschaften.

Ziel der Regelung ist die Vermeidung einer steuerlichen Mehrfachbelastung aufgrund von Erträgen im Rahmen von Beteiligungsverhältnissen: Neben der Besteuerung auf der Ebene der Körperschaft als Anteilseignerin kommt es grundsätzlich zu einer Besteuerung auf der Ebene des Gesellschafters der Anteilseignerin. Bei mehrstufigen Beteiligungsverhältnissen käme es ohne § 8b KStG auf jeder Stufe zu einer entsprechenden steuerliche Belastung (sog. Kaskadeneffekt).

Eine solche wäre aber unter wettbewerbspolitischen Erwägungen nicht hinnehmbar, da inländische Unternehmensstrukturen im internationalen Steuerbelastungsvergleich nicht konkurrenzfähig wären. Darüber hinaus würden Erträge bei entsprechenden Beteiligungsverhältnissen vollständig abgeschöpft, so dass die Gefahr eines Verstoßes gegen das in dem Besteuerungssystem immanente Leistungsfähigkeitsgebot bestünde. Diesen Bedenken trägt § 8b KStG Rechnung.

Ob dieses Ziel umgesetzt werden konnte, darf zwar vor dem Hintergrund der zahlreichen Verfahren und Entscheidungen, welche die verfassungsrechtliche und gemeinschaftsrechtliche Konformität des § 8b KStG zum Gegenstand haben, hinterfragt werden, muss aber dem Grunde nach bejaht werden. § 8b KStG mit seinen zahlreichen Änderungen, Erweiterungen und in seiner Komplexität erweist sich als durchaus langlebig und praxistauglich.

Zweifelsohne bestehen begründete Bedenken gegen die Fiktion nicht abzugsfähiger Betriebsausgaben, gegen die Ausstrahlung des § 8b KStG auf die Gewerbesteuer, die Vergleichbarkeit zwischen einer natürlichen Person als Anteilseigner und einer Körperschaft sowie das Verhältnis zum internationalen Recht. Die Grundkonzeption der Steuerfreiheit von Bezügen und Gewinnen auf der einen und die Nichtabzugsfähigkeit von Verlusten und Gewinnminderungen auf der anderen Seite bleibt davon aber unberührt.

Obwohl § 8b KStG im System der Einkommensermittlung verankert ist, handelt es sich im Ergebnis unzweifelhaft um eine sachliche Steuerbefreiung, deren Ausstrahlung auf die Kapitalertragsteuer durch diese Zuordnung zu den Einkommensermittlungsvorschriften gewährleistet wird.

Persönlicher Regelungsbereich: § 8b KStG erstreckt sich auf unbeschränkt und beschränkt steuerpflichtige in- und ausländische Körperschaften. Gerade im Hinblick auf die Europarechtskonformität wurde der Regelungsbereich der Vorschrift wiederholt angepasst. Im Rahmen von Organschaften ist zu unterscheiden: Während die Organgesellschaft regelmäßig nicht unter den persönlichen Regelungsbereich des § 8b KStG fällt, ist auf der Ebene des Organträgers § 8b KStG zu thematisieren (§ 15 Abs. 1 Nr. 1 Satz 2 2. Halbsatz KStG).

Ausgenommen vom Regelungsbereich des § 8b KStG sind darüber hinaus natürliche Personen und Personengesellschaften als Anteilseigner. Letztere sind jedoch im Rahmen mittelbarer Beteiligungsverhältnisse oder im Zusammenhang mit Mitunternehmerschaften (§ 8b Abs. 6 KStG) von Bedeutung.

Die Parallelvorschrift zu § 8b KStG ist bei natürlichen Personen § 3 Nr. 40 EStG.

Eine Ausnahme von dem persönlichen Anwendungsbereich des § 8b KStG besteht zudem für Kredit-, Finanzdienstleistungsinstituten und Finanzunternehmen (§ 8b Abs. 7 KStG). Weiterhin gelten Sonderregelungen für Lebens-, Krankenversicherungsunternehmen und Pensionsfonds (§ 8b Abs. 8 KStG). Diese beiden Ausnahmeregelungen werden aber wiederum durch die Mutter-Tochter-Richtlinie eingeschränkt, so dass § 8b KStG auch für diese Unternehmen anwendbar bleiben kann (§ 8b Abs. 9 KStG).

Sachlicher Regelungsbereich: Der sachliche Regelungsbereich wird bestimmt durch den Begriff der Bezüge i. S. d. § 8b Abs. 1. i.V. m. § 20 Abs. 1 Nr. 1, 2, 9, 10a, Abs. 2 Satz 1 Nr. 2a und Satz 2 EStG und der diesen zugrunde liegenden Beteiligungsverhältnisse. Gewinne und Verluste im weitesten Sinne, welche aus diesen Anteilen resultieren sind von § 8b KStG erfasst. Während die laufenden Bezüge und Gewinne steuerfrei sind, bleiben die Verluste und Wertminderungen steuerlich unberücksichtigt. Eine deutliche Einschränkung findet die Steuerfreiheit auf Bezüge, welche nach dem 28. 2. 2013 zufließen, soweit sie aus sog. Streubesitzanteilen resultieren (§ 8b Abs. 4 KStG). Dabei handelt es sich um Bezüge aus Beteiligungen von weniger als 10 % an der ausschüttenden Körperschaft. Diese sind von der Steuerfreiheit für Bezüge i. S. d. § 8b Abs. 1 Satz 1 KStG ausgenommen. Konkretisierungen bestehen auch im sachlichen Regelungsbereich für Kredit-, Finanzdienstleistungsinstitute und Finanzunternehmen sowie für Lebens-, Krankenversicherungsunternehmen und Pensionsfonds. Dies erfasst insbesondere auch die Wertpapierleihe und entsprechende Pensionsgeschäfte (§ 8b Abs. 10 KStG). Zudem sind Bezüge und Gewinne, welche aus Anteilen an Unterstützungskassen resultieren, von dem Anwendungsbereich des § 8b KStG ausgenommen (§ 8b Abs. 11 KStG).

(Einstweilen frei)

II. Regelungsbereich des § 8b KStG

§ 8b KStG erfasst in seinen elf Absätzen folgende Regelungsbereiche:

▶ Abs. 1: Steuerbefreiung laufender Bezüge;

▶ Abs. 2: Steuerfreiheit von Gewinnen aus Veräußerungen, Liquidation und Wertaufholung;

▶ Abs. 3: Fiktion nicht abziehbarer Betriebsausgaben und Abzugsverbot für Verluste und Gewinnminderungen im Zusammenhang mit Abs. 2;

▶ Abs. 4 n. F.: Einschränkung der Steuerbefreiung von Bezügen bei Streubesitzdividenden

▶ Abs. 4 a. F.: Altregelung bezüglich einbringungsgeborener Anteile i. S. d. § 21 UmwStG a. F.;

- Abs. 5: Fiktion nicht abziehbarer Betriebsausgaben im Zusammenhang mit Abs. 1;
- Abs. 6: Erfassung mitunternehmerischer Beteiligungen;
- Abs. 7: Ausnahmen für Kredit-, Finanzdienstleistungsinstitute sowie Finanzunternehmen;
- Abs. 8: Ausnahmen für Lebens-, Krankenversicherungsunternehmen sowie Pensionsfonds;
- Abs. 9: Rückausnahmen zu Abs. 7 und Abs. 8 i. S. d. Mutter-Tochter-Richtlinie;
- Abs. 10: Ausnahmen im Rahmen der Wertpapierleihe und des Wertpapierpensionsgeschäfts.
- Abs. 11: Nichtanwendbarkeit bei Anteilen an Unterstützungskassen.

ABB. 1: Übersicht

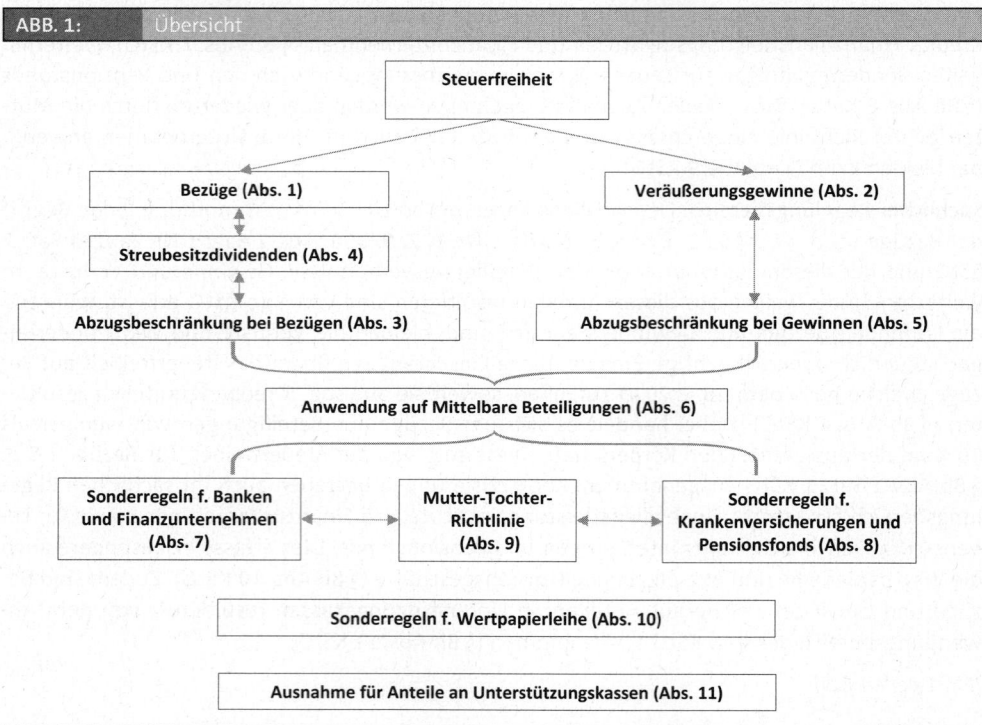

III. Gesetzesentwicklung

12 Die gesetzliche Entwicklung stellt sich wie folgt dar:
- § 8b KStG in seinem heutigen Anwendungsbereich wurde durch das StSenkG vom 23. 10. 2000[1] mit Einführung des Halbeinkünfteverfahrens geschaffen. Auch im Rahmen des zuvor gültigen Anrechnungsverfahrens existierte ein § 8b KStG. Dieser hatte aber nur Bedeutung für Veräußerungsgewinne und Erträge aus ausländischen Kapitalgesellschaften. Er wird hier nicht mehr kommentiert.

---

1 BGBl 2000 I 1433; BStBl 2000 I 1428.

- Die erste Änderung erfolgte bereits durch das Gesetz zur Änderung des InvZulG 1999 vom 20.12.2000.[1] Sie bestand in der Streichung einer einjährigen Behaltefrist in Abs. 2 und der Einführung des heutigen Abs. 7.

- Mit UntStFG vom 20.1.2001[2] erfolgte eine Klarstellungen zu den begünstigten Bezügen und Gewinnen, eine Modifikationen der Ausnahmen zu Abs. 2 und der Abzugsverbote des Abs. 3 sowie technische Änderungen der Abs. 5 und 6.

- Auch die Änderungen durch diese beiden Gesetze greifen bereits mit Einführung des Halbeinkünfteverfahrens (§ 34 Abs. 2a und 4 KStG), also ab VZ 2002 bzw. 2002/2003.[3]

- Weitere Änderungen erfolgten durch das Gesetz zur Umsetzung der Protokollerklärung der Bundesregierung zur Vermittlungsempfehlung zum StVergAbG (Korb-II-Gesetz, z.T. auch ProtErklG) v. 22.12.2003:[4] § 3c EStG wurde durch eine Pauschalregel der Fiktion von 5 % als nicht abziehbare Betriebsausgaben ersetzt. Die Kapitalanlagen der Lebens- und Krankenversicherer wurden durch einen neu geschaffenen § 8b Abs. 8 KStG aus der Anwendung des § 8b KStG herausgenommen. In Abs. 2 wurde der Veräußerungsgewinn definiert und Abs. 6 neu gefasst.

- Durch das Gesetz zur Umsetzung von EU-Richtlinien in nationales Steuerrecht und zur Änderung weiterer Vorschriften (Richtlinien-Umsetzungsgesetz – EURLUmsG) vom 9.12.2004[5] wurde § 8b Abs. 9 KStG eingefügt, der eine Rückausnahme zu § 8b Abs. 7 und 8 KStG enthält.

- Mit dem SEStEG[6] wurde § 8b Abs. 4 KStG und damit korrespondierend der Verweis in § 8b Abs. 2 Satz 3 KStG aufgehoben. Daneben wurde die Einschränkung der Steuerfreiheit von Gewinnen i.S.d. § 8b Abs. 2 Satz 4 durch Einfügung des § 8b Abs. 2 Satz 5 KStG auf Gewinne aus der Übertragung einer Rücklage nach § 6b EStG ausgedehnt.

- Im Rahmen des JStG 2007[7] wurde § 8b Abs. 1 Satz 2 – 4 KStG durch das materielle Korrespondenzprinzip ergänzt, welches die Steuerfreiheit auf der einen Seite mit der Besteuerung auf der anderen Seite verknüpft.

- § 8b Abs. 10 KStG, welcher die Wertpapierleihe und das Wertpapierpensionsgeschäft erfasst, wurden im Rahmen des UntStRefG 2008[8] eingefügt.

- Daneben wurde mit dem JStG 2008[9] eine Erweiterung des Abzugsverbotes von Verlusten im Zusammenhang mit Gesellschafterdarlehen durch § 8b Abs. 3 Satz 4 – 8 KStG angefügt.

- Schließlich wurde die Anwendung des § 8b Abs. 10 KStG durch Satz 8 im Rahmen des JStG 2009[10] auf Investmentanteile ausgedehnt.

---

1 BGBl 2000 I 1850; BStBl 2001 I 23.
2 BGBl 2001 I 3858; BStBl 2002 I 35.
3 Vgl. § 34 Abs. 7 KStG; BMF, Schreiben v. 28.4.2003, BStBl 2003 I 292, Tz. 64 ff.
4 BGBl 2003 I 2840; BStBl 2004 I 14.
5 BGBl 2004 I 3310; BStBl 2004 I 1158.
6 BGBl 2006 I 2782; BStBl 2007 I 4.
7 BGBl 2006 I 2878; BStBl 2007 I 28.
8 BGBl 2007 I 1912; BStBl 2007 I 630.
9 BGBl 2007 I 3150; BStBl 2008 I 218.
10 BGBl 2008 I 2794; BStBl 2009 I 74.

- Durch das Amtshilferichtlinie-Umsetzungsgesetz[1] wurde das materielle Korrespondenzprinzip des § 8b Abs. 1 Satz 2 KStG auf alle Bezüge erweitert. Daneben wurde § 8b Abs. 10 weitergehend auf die Fälle der Zwischenschaltung von Personengesellschaften sowie die Fälle der weiteren Leihe durch den Entleiher erweitert.

- Durch dass EuGHDivUmsG kam es zu einer grundlegenden Neuregelung der Steuerfreiheit von Bezügen aus Beteiligungen von weniger als 10 % am Stamm- oder Grundkapital.[2] Diese wurden von der Steuerfreiheit ausgenommen.

- Das Gesetz zur Anpassung des nationalen Steuerrechts an den Beitritt Kroatiens zur EU und zur Änderung weiterer steuerlicher Vorschriften enthält hinsichtlich des Verweises auf das Handelsbuch eine redaktionelle Änderung des § 8b Abs. 7 Satz 1 KStG.[3]

- Durch das Steueränderungsgesetz 2015 wurde § 8b Abs. 11 KSG angefügt. § 8b Abs. 1 – 10 gilt daher nicht für Anteile an Unterstützungskassen.[4]

- Im Rahmen des „Gesetzes zur Umsetzung der Änderungen der EU-Amtshilferichtlinie und von weiteren Maßnahmen gegen Gewinnkürzungen und -verlagerungen" (BEPS Umsetzungsgesetz) kam es weitreichenden Anpassungen des § 8b Abs. 7 KStG.[5]

13 **Steuerhinterziehungsbekämpfungsgesetz:** Im Rahmen des Gesetzes zur Bekämpfung schädlicher Steuerpraktiken und der Steuerhinterziehung[6] wurde § 33 Abs. 1 Nr. 2e KStG eingefügt. Auf der Grundlage dieser Ermächtigungsnorm wurde am 18.9.2009 die Steuerhinterziehungsbekämpfungsverordnung (SteuerHBekV) erlassen, welche ab dem Veranlagungszeitraum 2010 Anwendung findet.[7]

Gemäß § 4 SteuerHBekV sind § 8b Abs. 1 Satz 1 und Abs. 2 Satz 1 KStG nicht anzuwenden, wenn die besonderen Mitwirkungspflichten i. S. d. § 1 Abs. 2 oder 5 SteuerHBekV nicht erfüllt sind: Diese umfassen

- bei Geschäftsbeziehungen zu einer ausländischen nahe stehenden Person i. S. d. § 1 Abs. 1 AStG die zeitnahe Erstellung der Aufzeichnungen gem. § 90 Abs. 3 Satz 3 AO sowie deren Vorlage auf Anforderung,

- bei Geschäftsbeziehungen zu ausländischen Kreditinstituten die Verpflichtung, auf Anforderung der Finanzverwaltung eine Vollmacht zur Auskunftseinholung bei diesen ausländischen Instituten zu erteilen.

Betroffen von dieser Regelung sind Tochtergesellschaften in Staaten, die im Verhältnis zu Deutschland als nicht kooperativ gelten. Das sind solche, die mit Deutschland kein Verfahren über den Auskunftsaustausch i. S. d. Art. 26 OECD-MA getroffen haben, keine Auskünfte im vergleichbaren Umfang erteilen und von denen keine Bereitschaft zu einer entsprechenden Auskunftserteilung besteht.[8] Die entsprechende Liste der Staaten, welche das BMF führt und ver-

---

1 BGBl 2013 I 1809.
2 EuGHDivUmsG v. 21.3.2013, BGBl 2013 I 561.
3 BGBl 2014 I 1266.
4 BGBl 2015 I 1834.
5 BGBl I 2016, 3000; https://www.bgbl.de/xaver/bgbl/start.xav?start=%2F%2F*[%40attr_id%3D%27bgbl116s3000.pdf%27]#__bgbl__%2F%2F*%5B%40attr_id%3D%27bgbl116s3000.pdf%27%5D__1509553731792.
6 BGBl 2009 I 2303; *Oellerich* in Mössner/Seeger/Oellerich, KStG, § 32a Rz. 2 ff.
7 BGBl 2009 I 3046. BMF, Schreiben v. 5.1.2010, BStBl 2010 I 19, vgl. *Oellerich* in Mössner/Seeger/Oellerich, KStG, § 32a Rz. 2 ff.
8 BMF, Schreiben v. 5.1.2010, BStBl 2010 I 19.

öffentlicht, weist weiterhin keine Staaten aus,[1] so dass sich die bei Erlass der Verordnung deutlich geäußerten Bedenken hinsichtlich Ziel, Verfassungs- und Europarechtskonformität geäußerten Bedenken bestätigen.[2] Die Verordnung ist insoweit ohne Auswirkung auf § 8b KStG.[3]

Streubesitz/Veräußerungsgewinne: In einer gewissen Regelmäßigkeit kommt es zu Bestrebungen, die Streubesitzgrenze von 10 % nicht nur auf Bezüge, sondern auch auf Veräußerungsgewinn im Sinne des § 98b Abs. 2 KStG anzuwenden.[4] Dieser Ansatz wurde bisher jedoch nicht umgesetzt.[5]

14

BERATERHINWEIS:

15

8b KStG ist eine sowohl in der laufenden Steuerberatung als auch in der Gestaltungsberatung überaus bedeutende Norm. Nahezu jeder Berater nimmt Stellung zu Kapitalgesellschafts- und Holdingstrukturen. Die Herausforderung besteht darin, dass § 8b KStG regelmäßig Änderungen erfährt und kontinuierlich Gegenstand von gerichtlichen Entscheidungen ist. Darüber hinaus besteht das Bestreben, Gestaltungsansätze zu entwerfen, die die Nutzung der steuerlichen Vorteile des § 8b KStG ermöglichen. Hier sollte keinesfalls übersehen werden, dass Finanzverwaltung und Rechtsprechung stets aber insbesondere nach den sog. „Cum-Cum-Geschäften" kritisch mit entsprechenden Modellen umgehen. § 8b KStG ist aus Beratersicht eine überaus haftungsrelevante Norm.

(Einstweilen frei)

16–25

B. § 8b Abs. 1 KStG

Gemäß § 8b Abs. 1 Satz 1 KStG bleiben die in § 20 Abs. 1 Nr. 1, 2, 9, 10a, Abs. 2 Satz 1 Nr. 2a EStG genannten Bezüge bei der Ermittlung des Einkommens der Empfängerkörperschaft außer Ansatz. Allerdings gilt dies für die nach dem 28. 2. 2013 zugeflossenen Bezüge nur, wenn die zugrunde liegende Beteiligung an der ausschüttenden Gesellschaft mindestens 10 % beträgt. Wird diese Beteiligungsschwelle dahingegen unterschritten (Streubesitzanteile), ist die Steuerbefreiung des § 8b Abs. 1 KStG nicht anwendbar. Für die Anwendung des § 8b Abs. 1 KStG kommt es weder darauf an, ob die Empfängerkörperschaft beschränkt oder unbeschränkt steuerpflichtig ist,[6] noch ob es sich bei der ausschüttenden Gesellschaft um eine in- oder ausländische Gesellschaft handelt.[7]

26

Weiterhin sind auch verdeckte Gewinnausschüttungen von § 8b Abs. 1 KStG erfasst, soweit es auf Ebene der ausschüttenden Gesellschaft zu einer korrespondierenden Steuerbelastung kommt.[8] Darüber hinaus regelt § 8b Abs. 1 KStG das Verhältnis zwischen dem nationalen und internationalen Schachtelprivileg.[9]

---

1 BMF, Schreiben v. 5.1.2010, BStBl 2010 I 19.
2 BMF, Schreiben v. 14.3.2016 - IV A 2 - O 2000/15/10001, BStBl 2016 I 290, NWB IAAAF-70232.
3 OFD Niedersachsen v. 11.4.2011, Tz. 12, NWB SAAAD-86135.
4 Vgl. Entwürfe z. Jahressteuergesetz 2013, BT-Drucks. 17/10000 v. 19.6.2012, BR-Drucks. 302/12 v. 6.7.2012, BT-Drucks. 17/10604 v. 5.9.2012; Entwurf zum Zollkodex-Anpassungsgesetzes (JStG 2015), BR-Drucks. 432/14 v. 24.10.2014; Bundesregierung, BT-Drucks. 18/3158 v. 12.11.2014.
5 BGBl 2014 I 2417.
6 Vgl. → Rz. 30.
7 Vgl. → Rz. 34.
8 Vgl. → Rz. 76 ff.
9 Vgl. → Rz. 104.

Im Ergebnis führt § 8b Abs. 1 KStG zu der Steuerbefreiung laufender Bezüge. Allerdings gilt dies aufgrund der Fiktion der nicht abziehbaren Betriebsausgaben i. S. d. § 8b Abs. 3 KStG lediglich i. H. v. 95 %.

I. Regelungsbereich des § 8b Abs. 1 KStG

27
- Satz 1: Steuerbefreiung der Bezüge i. S. d. § 20 Abs. 1 Nr. 1, 2, 9, 10a EStG
- Satz 2: Keine Einkommensminderung bei der anderen Gesellschaft
- Satz 3: Steuerbefreiung nach DBA
- Satz 4: Nahe stehenden Personen
- Satz 5: Erweiterung des Bezügebegriffs auf § 20 Abs. 2 Satz 1 Nr. 2a und Satz 2 EStG

ABB. 2: Übersicht

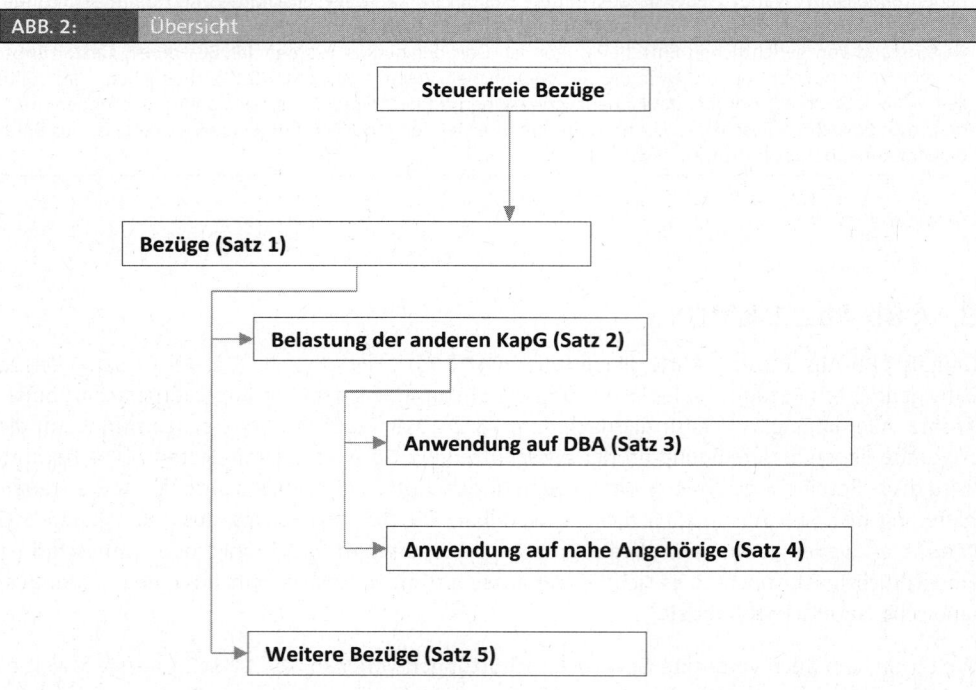

II. § 8b Abs. 1 Satz 1 KStG

28 Gemäß § 8b Abs. 1 Satz 1 KStG bleiben die Bezüge einer Körperschaft aus ihrer Beteiligung an einer anderen Körperschaft bei der Ermittlung des Einkommens außer Ansatz. Diese Steuerbefreiung erstreckt sich aber ausschließlich auf die in § 20 Abs. 1 Nr. 1, 2, 9, 10a, Abs. 2 Satz 1 Nr. 2a EStG aufgezählten Tatbestände.

1. Tatbestand

29
- Körperschaft
- Wesentliche Beteiligung an der ausschüttenden Körperschaft
- Bezüge

2. Körperschaft

Gemäß § 8b Abs. 1 Satz 1 KStG kommen als Anteilseigner sämtliche unbeschränkt und beschränkt steuerpflichtigen Körperschaften i. S. d. §§ 1 und 2 KStG in Betracht. Der persönliche Anwendungsbereich umfasst daher alle in §§ 1 und 2 KStG genannten Körperschaften, Personenvereinigungen und Vermögensmassen, v. a. AG, GmbH, UG, Ltd. Voraussetzung ist allerdings gem. § 8b Abs. 4 KStG eine Mindestbeteiligung an der ausschüttenden Körperschaft i. H. v. 10 % (Streubesitzanteile). Weitergehende Kriterien, wie etwa eine Mindesthaltedauer der Anteile oder eine Mindesthöhe der Bezüge, bestehen dahingegen nicht.[1]

Organschaft: Die Organgesellschaft scheidet als beteiligte Körperschaft i. S. d. § 8b Abs. 1 KStG aus (§ 15 Satz 1 Nr. 2 Satz 1 KStG). Abzustellen ist bei Organschaften vielmehr auf den Organträger (§ 15 Satz 1 Nr. 2 Satz 2 KStG; siehe → Rz. 54). Dies gilt allerdings nicht, falls es sich bei dem Organträger um eine Körperschaft i. S. d. § 8b Abs. 7, 8 oder 10 KStG handelt, da hier weitergehende Ausnahmeregelungen bestehen (s. dort → Rz. 554, → Rz. 633).

Ausländische Gesellschaftsformen sind auf der Grundlage inländischen Rechts zu beurteilen (sog. Typenvergleich). Auf die Qualifizierung der Körperschaft nach ausländischem Recht kommt es nicht an.

Branchenspezifische Sonderfälle: Bezüglich folgender Körperschaften bestehen Sonderregeln:

▶ Kredit- und Finanzdienstleistungsinstituten sowie Finanzunternehmen (§ 8b Abs. 7 KStG),

▶ Lebens- und Krankenversicherungsunternehmen (§ 8b Abs. 8 KStG).

Wesentliche Beteiligung an der ausschüttenden Körperschaft: Bei der ausschüttenden Körperschaft kann es sich um eine in- oder ausländische Körperschaft handeln. Auch diesbezüglich ist nach innerstaatlichen Regelungen zu prüfen, ob die ausschüttende Gesellschaftsform einer Körperschaft i. S. d. § 20 Abs. 1. Nr. 1 EStG entspricht.[2] Gemäß § 8b Abs. 4 Satz 1 KStG setzt die Anwendbarkeit des § 8b Abs. 1 KStG voraus, dass die Beteiligung mindestens 10 % des Grund- oder Stammkapitals beträgt.

3. Bezüge

Erfasst von der Steuerbefreiung des § 8b Abs. 1 Satz 1 KStG sind Bezüge. Eine weitergehende Definition vermisst man allerdings, so dass auf allgemeine Erläuterungen zurückzugreifen ist. Demnach sind unter Bezügen sämtliche Leistungen einer Körperschaft an ihre Anteilseigner zu subsumieren.[3] Vergleichbar den Einnahmen handelt es sich dabei um den ungekürzten Bruttobetrag.[4] Die Bezugnahme auf § 20 Abs. 1 Nr. 1, 2, 9, 10a, Abs. 2 Satz 1 Nr. 2a EStG grenzt diese weite Definition abschließend auf die genannten Tatbestände ein.

a) § 20 Abs. 1 Nr. 1 EStG

Die Bezüge i. S. d. § 20 Abs. 1 Nr. 1 EStG erstrecken sich insbesondere auf Gewinnanteile (Dividenden), Ausbeuten und sonstige Bezüge. Dabei kommt es nicht darauf an, ob es sich dabei

---

[1] BMF, Schreiben v. 28. 4. 2003, BStBl 2003 I 292, Tz. 4; vgl. zu Änderungstendenzen des JStG 2009: *Patzner/Frank*, IStR 2008, 433.
[2] FG Niedersachsen, Urteil v. 29. 3. 2007 - 6 K 514/03, EFG 2007, 1223.
[3] KKB/Kempf, § 20 EStG Rz. 36.
[4] BFH, Urteil v. 10. 1. 2007 - I R 53/06, BStBl 2007 II 585.

um Geld- oder Sachdividenden handelt.[1] Die Bezüge können auf folgenden Grundlagen beruhen:

- **Aktien**[2]
- **Ausgleichszahlungen** im Rahmen der Organschaft i. S. d. § 16 KStG.[3]
- **Besondere Entgelte und Vorteile** i. S. d § 20 Abs. 3 EStG. Obwohl diese nicht in der Aufzählung des § 8b Abs. 1 Satz 1 KStG aufgeführt sind, sind sie von dem Regelungsbereich des § 8b Abs. 1 KStG mit umfasst, da es sich bei § 20 Abs. 3 KStG lediglich um eine Klarstellung zu § 20 Abs. 1 EStG handelt.[4]
- **GmbH-Anteilen**
- **Genussrechten:** Ausschüttungen auf Genussrechte, mit denen das Recht auf Beteiligung am Gewinn und Liquidationserlös der Körperschaft verbunden ist, fallen ebenfalls unter § 20 Abs. 1 Nr. 1 EStG.[5] Das FG Baden-Württemberg stellt darauf ab, ob die Beteiligung am Liquidationserlös auch eine Beteiligung an den stillen Reserven erfasst. Nur wenn das zu bejahen ist, liegt ein Genussrecht mit steuerlichem Eigenkapitalcharakter vor, so dass § 20 Abs. 1 Nr. 1 KStG bejaht werden kann. Ist das zu verneinen, handelt es sich um ein Genussrecht mit Fremdkapitalcharakter, das § 20 Abs. 1 Nr. 7 zuzurechnen ist. Diese Frage ist von Seiten des BFH zu beantworten.[6]
- Erträge i. S. d. § 2 InvStG. Bezüglich der Ausschüttung auf **Investmentanteile** bis einschließlich 31.12.2017 ist zu unterscheiden: Beruhen die Ausschüttungen ihrerseits auf Erträgen, die Kapitalerträge i. S. d. § 20 Abs. 1 Nr. 1 EStG darstellen, so ist § 8b KStG anwendbar (§ 2 Abs. 2 InvStG). Im Übrigen ist § 8b KStG auf Ausschüttungen auf Investmentanteile nicht anwendbar.[7] Der BFH hat die Anwendbarkeit des § 8b Abs. 1 KStG und des § 8 Nr. 5 GewStG bezüglich des Wertpapier-Sondervermögens i. S. d. § 38b Abs. 5 KAGG noch einmal bestätigt.[8] Für Erträge ab dem 1.1.2018 ist § 20 Abs. 1 Nr. 3 EStG i. V. m. § 16 InvStG 2018[9] maßgeblich, so dass § 8b KStG keine Anwendung findet.
- **Kommanditaktien einer KGaA:** Der Gewinnanteil des Komplementärs einer KGaA ist allerdings nicht unter § 20 Abs. 1 Nr. 1 KStG zu subsumieren. Dabei handelt es sich vielmehr um Einkünfte i. S. d. § 15 Abs. 1 Satz 1 Nr. 3 EStG.
- Gewinne aus der **Liquidation**, die nicht in der Rückzahlung von Nennkapital, mit Ausnahme des § 28 Abs. 2 Satz 2 KStG bestehen und nicht aus dem steuerlichen Einlagekonto i. S. d. § 27 KStG stammen.[10]
- Bezüge der Körperschaft, welche ihr aufgrund einer **mitunternehmerischen Beteiligung** im Rahmen der einheitlichen und gesonderten Feststellung zugewiesen werden.[11]

---

1 BMF, Schreiben v. 28. 4. 2003, BStBl 2003 I 292, Tz. 22.
2 BFH, Urteil v. 18. 8. 2015 - I R 88/13, DStR 2016, 168 = NWB AAAAF-41500.
3 Vgl. auch *Müller* in Mössner/Seeger/Oellerich, KStG, § 16 Rz. 46.
4 KKB/Kempf, § 20 EStG Rz. 235; *Gosch/Gosch* § 8b Rz. 104.
5 BMF, Schreiben v. 28.4.2003, BStBl 2003 I 292, Tz. 24; vgl. auch KKB/Kempf, § 20 EStG Rz. 39.
6 Anhängiges BFH-Verfahren, Az: I R 44/17.
7 *Bödeker*, NWB 2010, 2778.
8 BFH, Urteil v. 3.3.2010 - I R 109/08, NWB IAAAD-44130.
9 *Haase*, IWB 2018, 573.
10 BMF, Schreiben v. 28. 4. 2003, BStBl 2003 I 292; vgl. Beispiel Tz. 7.
11 § 8b Abs. 6 KStG; siehe → Rz. 502 ff.

- **Offenen Rücklagen i. S. d. § 7 UmwStG:** Im Rahmen der Verschmelzung von Kapitalgesellschaften auf Personengesellschaften kommt es zu einer Besteuerung der offenen Rücklagen der übergehenden Gesellschaft i. S. d. § 7 UmwStG. Auch dieser Tatbestand ist unter § 8b Abs. 1 KStG zu subsumieren.[1]

- Bei der sog. **REIT-AG** handelt es sich um Immobilienaktiengesellschaften nach dem REITG. Die REIT-AG ist regelmäßig von der Körperschaftsteuer befreit. Auf die Ausschüttungen derselben ist § 8b KStG nicht anwendbar (§ 19 Abs. 3 REITG). Unter bestimmten Voraussetzungen unterliegen aber die Einkünfte der REIT-AG einer Steuerbelastung von 15 %. In diesen Fällen ist § 8b KStG insoweit anwendbar (§ 19a Abs. 1 Satz 2 REITG).

- **Verdeckte Gewinnausschüttungen:** Zu den von § 8b Abs. 1 Satz 1 KStG erfassten Bezügen gehören auch verdeckte Gewinnausschüttungen i. S. d. § 20 Abs. 1 Nr. 1 Satz 2 EStG.[2] Die Steuerfreiheit ist i. S. d. § 8b Abs. 1 Satz 2 KStG allerdings ausgeschlossen, soweit die verdeckte Gewinnausschüttung das Einkommen der leistenden Körperschaft gemindert hat, es sei denn, es kam zu einer Vermögensmehrung bei einer nahe stehenden Person (§ 8b Abs. 1 Satz 4 KStG).[3]

- Einnahmen, die auf der **Veräußerung von Dividendenscheinen** und **sonstigen Ansprüchen** i. S. d. § 20 Abs. 2 Satz 1 Nr. 2a EStG sowie Einnahmen aus der Abtretung von Dividendenansprüchen oder sonstigen Ansprüchen i. S. d. § 20 Abs. 2 Satz 2 EStG beruhen, sind gem. § 8b Abs. 1 Satz 5 KStG Bezüge i. S. d. § 8b Abs. 1 Satz 1 KStG. Voraussetzung im Rahmen des Dividendenverkaufes ist nach Ansicht des FG München, dass der Erwerber das Bonitätsrisiko trägt. Besteht dahingegen, im Fall des Forderungsverkaufs, die rechtliche Möglichkeit eines Zugriffs auf den Veräußerer, liegen keine Einkünfte i. S. d. § 20 Abs. 2 Satz 1 Nr. 2 a EStG vor.[4]

Nicht von § 20 Abs. 1 Nr. 1 EStG und somit von § 8b Abs. 1 KStG erfasst sind:

- Bezüge aus Anteilen, die bei **Kredit- und Finanzdienstleistungsinstituten** dem Handelsbuch zuzurechnen sind oder die von **Finanzunternehmen** im Zeitpunkt des Zugangs zum Betriebsvermögen als Umlaufvermögen zuzuordnen sind, wenn an den Finanzunternehmen Kredit- oder Finanzdienstleistungsunternehmen zu mehr als 50 % beteiligt sind (§ 8b Abs. 7 KStG);[5]

- **Investmenterträge** i. S. d. § 20 Abs. 1 Nr. 3 KStG i. V. m. § 16 InVStG 2018.[6]

- Bezüge auf Anteile, die bei **Lebens- oder Krankenversicherungsunternehmen** den Kapitalanlagen zuzurechnen sind (§ 8b Abs. 8 KStG);[7]

- auf Bezüge der **Organgesellschaft** findet § 8b Abs. 1 KStG gem. § 15 Satz 1 Nr. 2 Satz 1 KStG keine Anwendung. Diese sind gem. § 15 Satz 1 Nr. 2 Satz 2 KStG vielmehr beim Organträger zu berücksichtigen. Gewinnabführungen im Rahmen eines Gewinnabführungsvertrages stellen ebenfalls keine Bezüge dar;[8]

---

1 *Frotscher*/Maas § 8b Rz. 57.
2 KKB/*Kempf*, § 20 EStG Rz. 42.
3 Siehe → Rz. 76 ff.
4 FG München v 16.2.2016 - 6 K 2600/13, Rev. Az. des BFH: I R 80/17.
5 Vgl. → Rz. 541.
6 *Haase*, IWB 2018, 573.
7 Vgl. → Rz. 625.
8 Siehe → Rz. 54.

- Bezüge auf Anteile von **Pensionsfonds**, soweit die Voraussetzungen des § 8b Abs. 8 KStG erfüllt sind;
- **REIT:** Auf Ausschüttungen der REIT-AG ist § 8b KStG regelmäßig nicht anwendbar (§ 19 Abs. 3 REITG);
- Zahlungen aus dem **steuerlichen Einlagekonto** i. S. d. § 27 KStG, welche den Buchwert der Beteiligung übersteigen, stellen nach Ansicht der Finanzverwaltung keine unter § 8b Abs. 1 KStG zu subsumierenden Bezüge dar, sondern begründen vielmehr steuerfreie Gewinne i. S. d. § 8b Abs. 2 KStG.[1]

  Der BFH hat die Ansicht der Finanzverwaltung mit Urteil v. 28. 10. 2008 bestätigt.[2] Diesbezüglich führt der BFH aus, dass es sich aus § 8b Abs. 2 Satz 1 KStG unzweideutig ergäbe, dass § 8b Abs. 1 Satz 1 KStG „Einnahmen" des Empfängers der Kapitalerträge voraussetzt. Den Rückzahlungen aus dem steuerlichen Einlagekonto wird zwar grundsätzlich der Charakter von „Bezügen" belassen; ausgeschlossen wird aber ihre Zugehörigkeit zu den „Einnahmen". Fehlt es aber an „Einnahmen", scheiden damit letztlich auch „Bezüge" im vorgenannten Sinne aus.[3]

  Die Ansicht des BFH erscheint auf der Grundlage der geführten Argumentation vertretbar, insbesondere da Einnahmen „als Minus" zwingende Voraussetzungen für Bezüge sind.[4] Überzeugend ist diese Argumentation allerdings nicht. Sie offenbart insbesondere auch, die zunehmende Tendenz des BFH, § 8b KStG ausschließlich auf der Grundlage des Gesetzeswortlauts auszulegen.[5] Auf den Sinn und den Zweck der Vorschrift braucht auf dieser Grundlage nicht eingegangen zu werden. Darüber hinaus muss sich der BFH die Frage gefallen lassen, weswegen zur Auslegung des § 8b Abs. 1 KStG auf § 8b Abs. 2 KStG zurückgegriffen wird und in diesem Zusammenhang die bewusste unterschiedliche Wortwahl des Gesetzgebers außer Acht gelassen wird.[6] Zudem steht das Urteil im Widerspruch zu einem Urteil des VIII. Senats, welcher Ausschüttungen aus dem EK 04 als Beteiligungserträge qualifiziert hat.[7] Eine Entscheidung des Großen Senats wurde allerdings, wie auch im Rahmen des zitierten Urteils v. 23. 1. 2008, nicht für erforderlich erachtet.

- Einnahmen die der Entleiher im Rahmen einer **Wertpapierleihe** von dem Entleiher erhält;[8] Die Bezüge des Entleihers unterliegen dahingegen § 8b Abs. 1 Satz 1 KStG. Entsprechendes gilt beim **Wertpapierpensionsgeschäft**.

b) § 20 Abs. 1 Nr. 2 EStG

38 Von § 20 Abs. 1 Nr. 2 EStG erfasst[9] sind Bezüge

- die nach der **Auflösung einer Körperschaft** oder Personenvereinigung anfallen. Die Abgrenzung besteht zu § 8b Abs. 2 KStG.[10]

---

1 BMF, Schreiben v. 28. 4. 2003, BStBl 2003 I 292, Tz. 6.
2 BFH, Urteil v. 28. 10. 2009 - I R 116/08, BFH/NV 2010, 549 = NWB JAAAD-37058; *Ott*, StuB 2010, 319.
3 BFH, Urteil v. 28. 10. 2009 - I R 116/08, BFH/NV 2010, 549 = NWB JAAAD-37058.
4 A. A. siehe ausführlich Hinweise in der Begründung zu BFH, Urteil v. 28. 10. 2009 - I R 116/08, BFH/NV 2010, 549 = NWB JAAAD-37058, Tz. 9.
5 Vgl. auch BFH, Urteil v. 23. 1. 2008 - I R 101/06, BStBl 2008 II 719.
6 *Prinz*, Urteilsbesprechung zu BFH, Urteil v. 28. 10. 2009 - I R 116/08, FR 2010, 581 = NWB JAAAD-37058.
7 BFH, Urteil v. 20. 4. 1999 - VIII R 38/96, BStBl 1999 II 647.
8 BMF, Schreiben v. 28. 4. 2003, BStBl 2003 I 292, Tz. 9; siehe → Rz. 721.
9 KKB/Kempf, § 20 EStG Rz. 60.
10 Vgl. Rz. 202 ff.

▶ aufgrund der Herabsetzung des Nennkapitals oder der Auflösung einer unbeschränkten Körperschaft, soweit der **Sonderausweis** i. S. d. § 28 Abs. 2 Satz 2 und 4 KStG gemindert wird.[1]

c) § 20 Abs. 1 Nr. 9 EStG

§ 20 Abs. 1 Nr. 9 EStG erfasst Einnahmen aus Leistungen der in § 1 Abs. 1 Nr. 3 bis 5 KStG bezeichneten Körperschaften, welche nicht von der Körperschaftsteuer befreit sind. Dabei handelt es sich insbesondere um wirtschaftliche Vereine, Versicherungen, Anstalten, Zweckvermögen sowie Betriebe gewerblicher Art. Diese Körperschaften nehmen aufgrund der rechtlichen Qualität ihrer Mitgliedschaft keine Ausschüttungen vor, so dass § 20 Abs. 1 Nr. 1 EStG ausscheidet.[2] Um im Falle von Zuwendungen an die Mitglieder dennoch die Steuerfreistellung i. S. d. § 8b KStG erhalten zu können, müssen die Einnahmen den Gewinnausschüttungen i. S. d. § 20 Abs. 1 Nr. 1 EStG vergleichbar sein und nicht bereits von § 20 Abs. 1 Nr. 1 KStG erfasst werden.[3]

39

d) § 20 Abs. 1 Nr. 10a EStG

Die Vorschrift erstreckt sich auf Leistungen von Betrieben gewerblicher Art i. S. d. § 4 KStG. Voraussetzung ist auch hier die Vergleichbarkeit mit Einnahmen aufgrund von Gewinnausschüttungen i. S. d. § 20 Abs. 1 Nr. 1 EStG. § 20 Nr. 1 Satz 2, 3 sowie Nr. 2 gilt entsprechend.[4]

40

e) § 20 Abs. 2 Satz 1 Nr. 2a EStG

Hierbei handelt es sich um Einnahmen aus der Veräußerung von Dividendenscheinen und sonstigen Ansprüchen, wenn die Anteile nicht mitveräußert werden.[5]

41

f) § 20 Abs. 2 Satz 2 EStG

Dies umfasst Einnahmen aus der Abtretung von Dividendenscheinen und von sonstigen Ansprüchen, wenn die dazugehörigen Anteilsrechte oder Schuldverschreibungen nicht in Anteilsscheinen verbrieft sind.[6]

42

(Einstweilen frei)

43–50

4. Rechtsfolge

Gemäß § 8b Abs. 1 KStG werden die Bezüge i. S. d. § 8b Abs. 1 KStG von der Besteuerung freigestellt. Strittig ist die dogmatische Einordnung dieser Rechtsfolge. Gemäß dem Gesetzeswortlaut bleiben die Bezüge bei der Ermittlung des Einkommens außer Ansatz, steuerfrei sind sie dahingegen nicht. Diese Unterscheidung ist von Bedeutung für die Kapitalertragsteuer.[7] Die Reduzierung des Einkommens um die Bezüge i. S. d. § 8b Abs. 1 Satz 1 KStG erfolgt außerbilanziell.

51

---

1 Vgl. Beispiel in BMF, Schreiben v. 28. 4. 2003, BStBl 2003 I 292, Tz. 7.
2 KKB/Kempf, § 20 EStG Rz. 110.
3 BMF, Schreiben v. 28. 4. 2003, BStBl 2003 I 292, Tz. 10.
4 BMF, Schreiben v. 28. 4. 2003, BStBl 2003 I 292, Tz. 10; KKB/Kempf, § 20 EStG Rz. 130.
5 KKB/Kempf, § 20 EStG Rz. 153.
6 KKB/Kempf, § 20 EStG Rz. 110.
7 Siehe → Rz. 55.

52 Diesbezüglich stehen die Rechtsfolgen des § 8b Abs. 1 KStG in Relation zu der Regelung des § 8b Abs. 5 KStG. Demnach gelten 5 % der Bezüge als nicht abziehbare Betriebsausgaben, so dass sich die Steuerfreistellung im Ergebnis lediglich auf 95 % der Bezüge erstreckt.

53 Im Übrigen führt § 8b Abs. 1 KStG nicht zu einer Umqualifizierung der Einkünfte. Die Körperschaft i. S. d. § 1 KStG erzielt weiterhin Einkünfte aus Gewerbetrieb.

a) Organschaft

54 Die im Rahmen der Organschaft abgeführten Gewinne stellen keine Bezüge i. S. d. § 8b Abs. 1 KStG dar.[1] Bei Organschaften sind vielmehr die Vorschriften der §§ 14 – 16 KStG vorrangig anwendbar, daher gilt Folgendes:

- Der Gewinn einer Organgesellschaft ist grundsätzlich vollständig an den Organträger abzuführen und von diesem zu versteuern (sog. Bruttomethode).
- Die Besteuerung richtet sich sodann allein nach den Verhältnissen des Organträgers, insbesondere können § 3c EStG bzw. § 8b Abs. 5 KStG den Betriebsausgabenabzug im Zusammenhang mit den von der Organgesellschaft erzielten Gewinnen nicht beschränken.
- § 8b KStG findet hinsichtlich der von der Organgesellschaft zugerechneten Bezüge gem. § 15 Satz 1 Nr. 2 Satz 2 KStG vielmehr auf der Ebene des Organträgers Anwendung.

BEISPIEL: Die A-GmbH (Organgesellschaft) überweist auf das Bankkonto der B-GmbH (Organträger) ihren Gewinn. Dieser setzt sich u. a. i. H. v. 10 % aus Bezügen an der C-GmbH zusammen, an welcher die A-GmbH zu 25 % beteiligt ist. Die Frage ist, auf welcher Ebene § 8b KStG zu berücksichtigen ist.

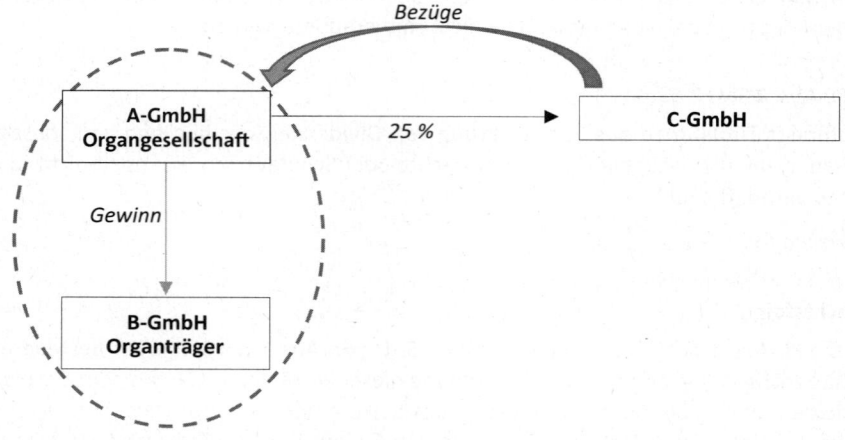

LÖSUNG: Der Gewinn der Organgesellschaft ist ungeschmälert an den Organträger zu übertragen. § 8b Abs. 1 KStG findet auf Ebene der Organgesellschaft keine Anwendung (§ 15 Satz 1 Nr. 2 Satz 2 KStG). Bei der Ermittlung des Einkommens des Organträger bleiben 10 % des von der Organgesellschaft stammenden Gewinns außer Ansatz, da diesen Bezüge der C-GmbH zugrunde liegen.

ABWANDLUNG: Die A-GmbH (Organgesellschaft) ist zu 8 % und die B-GmbH (Organträger) ist ebenfalls zu 8 % an der C-GmbH beteiligt. Findet § 8b Abs. 1 KStG auf Ebene der Organträgerin Anwendung?

---

1 BMF, Schreiben v. 26. 8. 2003, BStBl 2003 I 437, Tz. 24.

LÖSUNG: Nein, da die Organgesellschaft und der Organträger bei der Ermittlung der Beteiligungsquote i. S. d. § 8b Abs. 4 KStG getrennt zu beurteilen sind (§ 15 Satz 1 Nr. 2 Satz 4 KStG). § 8b Abs. 1 KStG ist daher nicht anwendbar, da die Organgesellschaft nicht mindestens zu 10 % an der C-GmbH beteiligt ist (§ 8b Abs. 4 Satz 1 KStG).

Auf Kredit-, Finanzdienstleistungsinstitute, Finanzunternehmen i. R. d. § 8b Abs. 7 KStG und Lebens-, Krankenversicherungsunternehmen i. R. d. § 8b Abs. 8 KStG sowie in Fällen der Wertpapierleihe i. S. d. § 8b Abs. 10 KStG findet § 15 Satz 1 Nr. 2 Satz 2 KStG dahingegen keine Anwendung (vgl. § 15 Satz 1 Nr. 2 Satz 3 KStG).[1]

AStG/Zweistufige Besteuerungsverfahren: Diskutiert wird, ob die Grundsätze der Organschaft gem. § 15 Abs. 1 Nr. 2 Satz 2 KStG auf Sachverhalte des AStG anwendbar seien, da diese mit der Organschaft vergleichbar seien. Dies ist nach der hier vertretenen Ansicht aber ausgeschlossen. Obwohl § 15 Abs. 1 AStG eine Zurechnung von Einkünften und Vermögen einer ausländischen Familienstiftung an den unbeschränkt steuerpflichtigen Stifter und somit eine der Organschaft dem Grund nach ähnliche Gestaltung vorsieht, ist eine entsprechende Anwendung des § 15 Abs. 1 Nr. 2 Satz 2 KStG ausgeschlossen. Hier hat die Rechtsprechung wiederholt und zutreffend klargestellt, dass trotz etwaiger Ähnlichkeiten gerade keine Organschaft begründet wurde.[2]

b) Kapitalertragsteuer

Die Bezüge i. S. d. § 8b Abs. 1 Satz 1 KStG unterliegen i. H. v. 25 % der Kapitalertragsteuer (§ 43 Abs. 1 Satz 1 Nr. 1, § 43a Abs. 1 Satz 1 Nr. 1 KStG. Der Gesetzgeber hat im Rahmen des § 43 Abs. 1 Satz 3 KStG klargestellt, dass es weder auf § 3 Nr. 40 EStG noch auf § 8b KStG, d. h. die auskehrende Körperschaft hat die Kapitalertragsteuer einzubehalten. Wirtschaftlichen Überlegungen dahingehend, dass die maßgeblichen Bezüge aufgrund § 8b KStG steuerfrei seien und ein Steuerabzug daher ins Leere laufe, tritt der Gesetzgeber im Rahmen des § 43 Abs. 1 Satz 3 KStG entgegen: Es kommt weder auf §; 3 Nr. 40 EStG noch auf § 8b KStG an.[3] Die einbehaltene Kapitalertragsteuer ist jedoch im Rahmen der Veranlagung inländischer Körperschaften anzurechnen (§ 36 Abs. 2 Nr. 2 EStG), so dass es im Ergebnis trotz des Steuerabzugs zu keiner steuerlichen Belastung kommt. Dieser scheinbare Widerspruch zu der Rechtsfolge des § 8b Abs. 1 Satz 1 KStG erklärt sich daraus, dass § 8b Abs. 1 KStG zwar im Ergebnis, aber nicht technisch zu einer Steuerfreistellung führt. Die Bezüge bleiben lediglich bei der Ermittlung des Einkommens außer Ansatz. Für die formale Regelung der Erhebung der Steuer durch Steuerabzug ist die Regelung des § 8b Abs. 1 KStG daher nicht von Bedeutung.

BEISPIEL: Die A-GmbH, welche an der B-GmbH in Höhe von 25 % beteiligt ist, erhält von dieser Bezüge i. H. v. 1 Mio. €. Ist auf Seiten der B-GmbH etwas zu veranlassen?

---

1 Wertpapierleihe; s. *Müller* in Mössner/Seeger/Oellerich, KStG, § 15 Rz. 52 ff.
2 FG München, Urteil v. 26.11.2014 - 9 K 2275/14, NWB TAAAE-82518, FG Düsseldorf, Urteil v. 22.1.2015 - 16 K 2858/13 F, EFG 2015, 158 = NWB WAAAF-75761.
3 BMF, Schreiben v. 28. 4. 2003, BStBl 2003 I 292, Tz. 11; weitergehend *Duttine/Stumm*, BB 2012, 867.

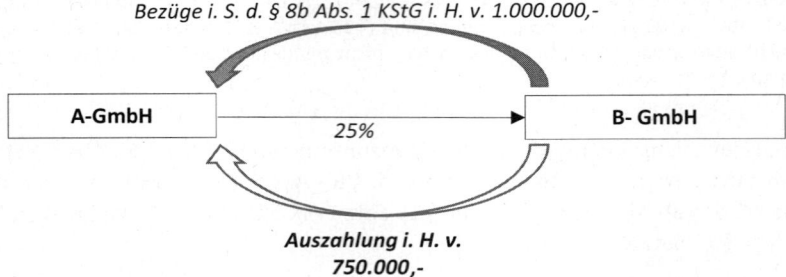

LÖSUNG: Die B-GmbH hat Kapitalertragsteuer i. H. v. 150 000 € einzubehalten. Auf Ebene der A-GmbH können sie verrechnet werden.

56 Beschränkt steuerpflichtige Körperschaften: Bei beschränkt steuerpflichtigen Körperschaften führte die Kapitalertragsteuer dahingegen zu einer definitiven Steuerbelastung,[1] da eine Anrechnung aufgrund der Steuerfreiheit im Inland ausschied. Aufgrund dieser offenkundigen Ungleichbehandlung von in- und ausländischen Körperschaften hat der EUGH[2] einen Verstoß gegen die Kapitalverkehrsfreiheit i. S. d. Art. 63 AEUV bejaht.[3]

Der Gesetzgeber folgte dieser Feststellung und hat im Rahmen des EuGHDivUmsG diese rechtswidrige Situation beseitigt, indem er mit § 8b Abs. 4 KStG eine restriktive Neuregelung für Streubesitzanteile geschaffen hat.[4] Nunmehr sind auch Beteiligungen von weniger als 10 % unbeschränkt steuerpflichtiger Körperschaften vom Anwendungsbereich des § 8b Abs. 1 KStG ausgeschlossen, soweit die nach dem 28. 2. 2013 zufließen. Darüber hinaus regelt die Neuregelung des § 32 Abs. 5 KStG ein Erstattungsverfahren für beschränkt steuerpflichtige Körperschaften.[5]

c) Gewerbesteuer

57 Gemäß § 7 Satz 1 GewStG bemisst sich der Gewerbeertrag auf der Grundlage des nach dem KStG ermittelten Einkommens. Nach § 8 Nr. 5 GewStG werden die nach § 8b Abs. 1 KStG befreiten Bezüge dem Gewerbeertrag wieder hinzugerechnet, soweit sie nicht die Voraussetzungen der Kürzung i. S. d. § 9 Nr. 2a (inländische Kapitalgesellschaft) oder Nr. 7 GewStG (ausländische Kapitalgesellschaft) erfüllen. Die Ausstrahlung der Steuerbefreiung des § 8b KStG auf die Gewerbesteuer unterliegt daher weiteren Voraussetzungen:

Insbesondere muss dafür eine Mindestbeteiligung i. H. v. 15 % zu Beginn des Veranlagungszeitraumes gewahrt sein. Dem Ansatz, dass darüber hinaus auf die Höhe des Gewinnbezugsrechtes abgestellt werden könne, hat der BFH eine Absage erteilt.[6] Im Falle des Unterschreitens der Mindestbeteiligung ist die gewerbesteuerliche Belastung definitiv. Die Neuregelung zu Streubesitzdividenden i. S. d. § 8b Abs. 4 KStG (10 % Mindestbeteiligung) wirkt sich demnach auf die

---

[1] BFH, Urteil v. 22.4.2009 - I R 53/07, BFH/NV 2009, 1543 = NWB EAAAD-24833; BMF, Schreiben v. 28.4.2003, BStBl 2003 I 292, Tz. 11.
[2] EuGH, Urteil v. 20.10.2011 - Rs. C-284/09, DStRE 2011, 2038 = NWB TAAAD-95597.
[3] Ausführlich: *Valta* in Mössner/Seeger/Oellerich, § 32 KStG, Rz. 141 f.
[4] BGBl 2013 I 561.
[5] Siehe *Valta* in Mössner/Seeger/Oellerich, KStG, § 32 Rz. 151 ff.
[6] BFH, Urteil v. 30. 5. 2014 - I R 12/23 (NV), NWB YAAAE-70354.

Gewerbesteuer nicht aus, da die gewerbesteuerliche Mindestbeteiligungsquote ohnehin höher ist. Vor dem BFH ist die Frage anhängig, ob die Neuregelung des § 8b Abs. 4 KStG sowie § 9 Nr. 2a GewStG mit höherrangigem Recht vereinbar ist.[1]

BEISPIEL: Die A-GmbH ist an der B-GmbH zu 12 % beteiligt und erhält Bezüge i. H. v. 10 000 €.

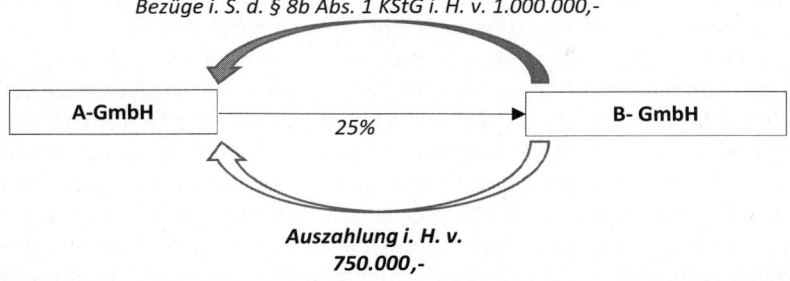

Frage: Sind die Bezüge steuerbegünstigt i. S. d. KStG sowie des GewStG?

LÖSUNG: Da die Mindestbeteiligungsquote von 10 % i. S. d. § 8b Abs. 4 KStG überschritten ist, sind die Bezüge gem. § 8b Abs. 1 Satz 1 GewStG steuerbefreit und bleiben bei der Ermittlung des steuerpflichtigen Einkommens der A-GmbH außer Betracht.
Dem im Rahmen der Gewerbesteuer maßgeblichen Gewerbeertrag liegt der steuerpflichtige Gewinn (§ 7 Satz 1 KStG), d. h. nach Berücksichtigung der Steuerbefreiung des § 8b Abs. 1 Satz 1 KStG zugrunde. Gemäß § 8 Nr. 5, Nr. 7 GewStG sind die im Rahmen des § 8b Abs. 1 Satz 1 KStG gekürzten Bezüge der B-GmbH dem maßgeblichen Gewinn wieder hinzuzurechnen, da die A-GmbH zu weniger als 15 % an der B-GmbH beteiligt ist.
Im Ergebnis sind die Bezüge im Rahmen des KStG begünstigt und im Rahmen des GewStG nicht begünstigt.

Rückwirkung: Hinsichtlich des Jahres 2001 hat das BVerfG klargestellt, dass „das rückwirkende Inkraftsetzen des § 8 Nr. 5 GewStG für den Erhebungszeitraum 2001 durch § 36 Abs. 4 GewStG a. F. verfassungsgemäß" ist, „soweit es den Zeitraum nach dem Vorschlag des Vermittlungsausschlusses vom 11. 12. 2011 betrifft".

Das BVerfG betonte im Rahmen dieser Entscheidung, dass eine unechte Rückwirkung, mithin eine Rückwirkung auf noch nicht abgeschlossene Veranlagungszeiträume nicht unzulässig sei, allerdings erhöhte Anforderungen an den Vertrauensschutz und die Verhältnismäßigkeit zu stellen sind. Das Vertrauen in die bestehende Gesetzeslage trat in dem vorliegenden Gesetzgebungsverfahren ab dem Zeitpunkt des Vorschlages des Vermittlungsausschusses zurück.[2] Maßgeblich ist demnach das jeweilige Gesetzgebungsverfahren.

Bezüglich des **Wertpapier-Sondervermögens** i. S. d. InvG hat der BFH noch einmal bestätigt, dass steuerfreie Erträge i. S. d. § 8b Abs. 1 KStG dem Gewinn gem. § 8 Nr. 5 GewStG wieder hinzuzurechnen sind.[3] Der in der Literatur vertretenen Ansicht, dass es bereits an einer entsprechenden Rechtsgrundverweisung fehle,[4] tritt der BFH mit dem Hinweis entgegen, dass ein solcher auch nicht erforderlich sei, „da die Hinzurechnung bereits unmittelbar aus § 8 Nr. 5

---

1 Vgl. → Rz. 290.
2 BVerfG, Urteil v. 10. 10. 2012 - 1 BvL 6/07, BStBl 2012 II 932 = DStRE 2012, 1477 Nr. 23 = NWB PAAAE-22129.
3 BFH, Urteil v. 3. 3. 2010 - I R 109/08, NWB IAAAD-44130.
4 *Hils*, DB 2009, 1151, 1155; *Steinmüller*, DStR 2009, 1568.

GewStG 2002 folgt". Darüber hinaus ergebe sich aus der „Entstehungsgeschichte beider Vorschriften, dass § 8 Nr. 5 GewStG 2002 eine gegenüber § 40 Abs. 2 KAGG vorrangige Sonderregelung für die Ermittlung des Gewerbeertrags des Anteilsscheininhabers bildet".

59 Eine Hinzurechnung nach § 8 Nr. 5 GewStG scheidet aber nach Ansicht des BFH aus, wenn neben der Steuerbefreiung gem. § 8b Abs. 1 KStG ein **abkommensrechtliches Schachtelprivileg** greift und die Bezüge bei der Ermittlung des Einkommens außer Ansatz bleiben. Dies ergäbe sich aus „*§ 8 Nr. 5 GewStG 2002 selbst: Indem diese Vorschrift mit § 9 Nr. 2a und Nr. 7 GewStG 2002 Hinzurechnungsausschlüsse formuliert, die abkommensrechtliche gewerbesteuerliche Privilegierung des § 9 Nr. 8 GewStG 2002 dabei jedoch ausspart, wird mittelbar deutlich, dass die Hinzurechnung abkommensrechtliche Privilegien durchgängig unberührt lässt; dadurch begünstigte Gewinne sind der gewerbesteuerlichen Hinzurechnung von vornherein entzogen*".[1] Der BFH hat klargestellt, dass das abkommensrechtliche Schachtelprivileg greife, wenn das nationale Schachtelprivileg keine Anwendung findet. Die nationale Regelung, mit ihrem regelmäßig weiteren Anwendungsbereich stehe neben der internationalen Vorschrift. Die Ansicht des BFH entspricht im Ergebnis der in der Literatur weit verbreiteten Ansicht, dass § 8 Nr. 5 GewStG im Rahmen des abkommensrechtlichen Schachtelprivilegs nicht anzuwenden ist.[2] Da das nationale und das internationale Schachtelprivileg nebeneinander stehen, stellt sich die Frage eines Wahlrechtes des Steuerpflichtigen nicht.

5. Zeitlicher Anwendungsbereich

60 Hinsichtlich des zeitlichen Anwendungsbereiches des § 8b Abs. 1 KStG ist zu unterscheiden:[3]

▶ Auf Bezüge i. S. d. § 20 Abs. 1 Nr. 1 und Nr. 2 EStG ist § 8b Abs. 1 Satz 1 KStG gem. § 34 Abs. 7 Satz 1 Nr. 1 KStG erstmals in dem Veranlagungszeitraum anzuwenden, in dem das Anrechnungsverfahren bei der ausschüttenden Gesellschaft nicht mehr anzuwenden ist (§ 34 Abs. 12 Satz 1 KStG). Dies ist im Ergebnis das Kalenderjahr 2002 (offene Gewinnausschüttungen) bzw. 2001 (andere Gewinnausschüttungen) bei abweichenden Wirtschaftsjahren das Wirtschaftsjahr 2002/2003 (offene Gewinnausschüttungen) bzw. 2001/2002 (andere Gewinnausschüttungen).

▶ Auf Bezüge i. S. d. § 20 Abs. 2 Satz 1 Nr. 2a und Abs. 2 EStG ist § 8b KStG gem. § 34 Abs. 4 KStG erstmals im Kalenderjahr 2001 bei abweichendem Wirtschaftsjahr im Wirtschaftsjahr 2001/2002 anzuwenden.

▶ Auf Bezüge i. S. d. § 20 Abs. 1 Nr. 9 und Nr. 10a EStG ist § 8b Abs. 1 Satz 1 KStG erstmals im Jahr 2002, bei abweichenden Wirtschaftsjahren im Jahr 2002/2003 ausgekehrten Leistungen anzuwenden.

▶ Auf Bezüge aus Streubesitzanteilen, d. h. Beteiligungen von weniger als 10 %, welche nach dem 28. 2. 2013 zufließen, findet § 8b Abs. 1 KStG keine Anwendung.

61–75 *(Einstweilen frei)*

---

[1] BFH, Urteil v. 23. 6. 2010 - I R 71/09, BStBl 2011 II 129 = NWB FAAAD-48564; siehe → Rz. 479.
[2] Vgl. exemplarisch: *Heurung/Engel/Seidel*, DB 2010, 1555.
[3] Sehr ausführlich zum zeitlichen Anwendungsbereich siehe *Frotscher*/Maas § 8b Rz. 9.

III. § 8b Abs. 1 Satz 2 KStG

Gemäß § 8b Abs. 1 Satz 2 KStG scheidet die Steuerfreiheit des § 8b Abs. 1 Satz 1 KStG aus, wenn es auf Ebene der ausschüttenden Gesellschaft zu keiner entsprechenden Einkommensminderung kommt (Korrespondenzprinzip). Die Regelung richtet sich ohne Einschränkung gegen alle Gestaltungen, welche im Ergebnis zu einer umfassenden Steuerbefreiung der Bezüge führen. Der Gesetzgeber griff dabei insbesondere hybride Gestaltungen[1] auf und erweiterte die Regelung, welche zuvor auf verdeckte Gewinnausschüttungen ausgerichtet war.

Ein entsprechender Ansatz liegt auch der Änderung der Mutter-Tochter-Richtlinie[2] zugrunde und wird von Seiten der OECD aufgegriffen.[3]

1. Tatbestand

- Leistende Körperschaft
- Empfangende Körperschaft
- Bezüge i. S. d. § 20 Abs. 1 Nr. 1, 2, 9 und 10a EStG
- keine Minderung des Einkommens der leistenden Körperschaft

2. Körperschaft

Bezüglich der Leistenden und empfangenden Körperschaft bestehen im Rahmen des § 8b Abs. 1 Satz 2 KStG keine Besonderheiten, so dass auf die diesbezügliche Kommentierung verwiesen wird.[4]

3. Erfasste Bezüge

§ 8b Abs. 1 Satz 2 KStG erfasst sämtliche Bezüge i. S. d. § 8b Abs. 1 Satz 1 KStG. Die Beschränkung auf verdeckte Gewinnausschüttungen wurde durch das Amtshilferichtlinie-Umsetzungsgesetz[5] ab dem Veranlagungszeitraum 2014[6] aufgehoben. Die Regelung erfasst daher neben der verdeckten Gewinnausschüttung auch internationale Sachverhalte, v. a. so genannte hybride Gestaltungen.

a) Verdeckte Gewinnausschüttungen

Durch den Verweis auf § 20 Abs. 1 Nr. 1 Satz 2 EStG wird klargestellt, dass sämtliche Ausgestaltungen der verdeckten Gewinnausschüttung erfasst sind.[7] Diesbezüglich wird auf die Kommentierung zu § 8 KStG[8] verwiesen.

Im Verhältnis zu **ausländischen Körperschaften** ist zu beachten, dass die rechtliche Qualifikation einer Leistung als verdeckte Gewinnausschüttung ausschließlich nach deutschem Recht er-

---

1 BT-Drucks. 157/1/13 v. 8.3.2013; vgl. auch *Wittenstein*, IStR 2015, 160.
2 Vgl. → Rz. 697.
3 *Richter/Reeb*, IStR 2015, 40, 52.
4 Vgl. → Rz. 30 ff.
5 BGBl 2013 I 1809.
6 Vgl. → Rz. 79 ff.
7 *Dörfler/Heurung/Adrian*, DStR 2007, 514.
8 *Klein/Müller/Döpper* in Mössner/Seeger/Oellerich, KStG, § 8 Rz. 192 ff.

folgt.¹ Es kommt daher weder darauf an, ob nach dem ausländischen Recht eine verdeckte Gewinnausschüttung vorliegt, noch ob sie in gleicher Höhe gegeben ist. Lässt etwa das ausländische Steuerrecht einen Betriebsausgabenabzug zu, ist dies für § 8b KStG ohne Bedeutung.

BEISPIEL: Die ausländische T-GmbH erwirbt von der M-GmbH, welche an der T-GmbH zu 100 % beteiligt ist, ein Grundstück zu einem Preis von 1 500 000 €. Zutreffend wäre ein Preis von 1 000 000 €. Der ausländische Staat erkennt den Kauf auch in Höhe der überschießenden 500 000 € an und lässt die Einkommensminderung ohne Korrektur zu.

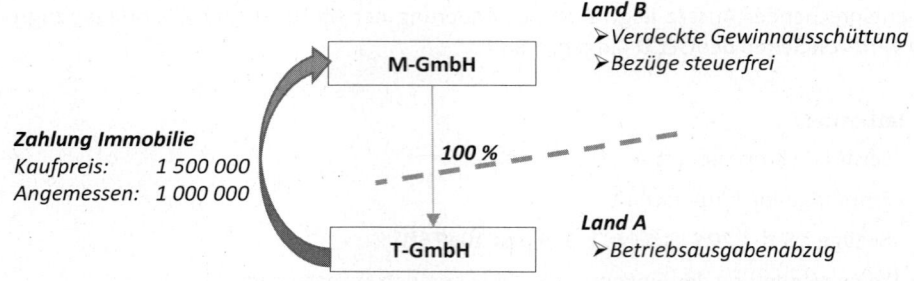

LÖSUNG: Obwohl der überhöhte Kaufpreis nach ausländischem Recht anzuerkennen ist, liegt nach deutschem Recht eine vGA i. H. v. 500 000 € vor. Die Steuerfreiheit i. S. d. § 8b Abs. 1 Satz 1 KStG ist daher nach § 8b Abs. 1 Satz 2 KStG insoweit zu verneinen.

b) Internationale Sachverhalte (hybride Gestaltungen)

81 Eine hybride Gestaltung (Hybrid Mismatch Arrangement) ist eine Gestaltung, die einen Unterschied in der steuerlichen Behandlung eines Rechtsträgers oder Instruments nach den Rechtsvorschriften von zwei oder mehr Staaten ausnutzt, um eine Besteuerungsinkongruenz zu bewirken, die dazu führt, dass die Gesamtsteuerlast der an der Gestaltung beteiligten Parteien sinkt".²

Im Ergebnis werden Finanzprodukte derart gestaltet, dass es aufgrund der unterschiedlichen und nicht aufeinander abgestimmten nationalen Regelungen und DBA zu einem steuerlichen Vorteil regelmäßig auf beiden Ebenen kommt. Auf die Gründe für die unterbliebene Einkommensminderung bei der leistenden Körperschaft kommt es dahingegen nicht an, so dass es in Einzelfällen zu Wertungswidersprüchen kommen kann.³

BEISPIEL (OECD):⁴ Die B-KapG (ein in Land B ansässiger Rechtsträger) gibt ein hybrides Finanzinstrument an die A KapG (einen in Land A ansässigen Rechtsträger) aus. Das Finanzinstrument wird nach den Rechtsvorschriften des Landes B als Fremdkapital behandelt, welches einen Betriebsausgabenabzug ermöglicht. Im Land A unterliegt die Zahlung keiner Besteuerung.

---

1 Vgl. *Becker/Kempf/Schwarz*, DB 2008, 371; *Schnitger/Rometzki*, BB 2008, 1650; *Gosch/Gosch* § 8b Rz. 144; a. A.: *Watermeyer*, H/H/R KStG § 8b Rz. J 06-3, welcher § 8b Abs. 1 Satz 2 KStG bei Auslandssachverhalten nicht anwenden will.
2 Vgl. OECD/G20 Projekt Gewinnkürzung und Gewinnverlagerung, „Neutralisierung der Effekte hybrider Gestaltungen"; http://www.oecd-ilibrary.org; ausführlich *Richter/Reeb*, IStR 2015, 40.
3 Vgl. *Richter/Reeb*, IStR 2015, 40.
4 Vgl. OECD/G20 Projekt Gewinnkürzung und Gewinnverlagerung, „Neutralisierung der Effekte hybrider Gestaltungen"; http://www.oecd-ilibrary.org, mit weiteren Beispielen; auch *Schnitger/Weiss*, IStR 2014, 508.

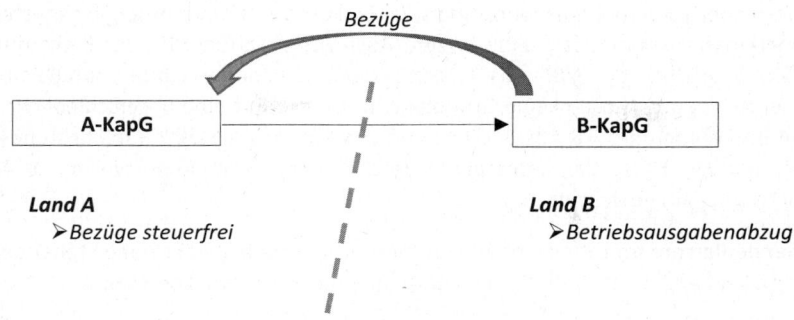

LÖSUNG: Das Finanzinstrument mindert das Einkommen der leistenden Körperschaft B-KapG nicht, da ein Betriebsausgabenabzug möglich ist. Im Land A ist es steuerfrei. Gemäß § 8b Abs. 2 Satz 2 KStG greift die Steuerfreiheit insoweit nicht, als der Betriebsausgabenabzug in dem anderen Staat reicht.

4. Minderung des Einkommens

§ 8b Abs. 1 Satz 1 KStG ist nur insoweit anwendbar, als die befreiten Bezüge auf Ebene der leistenden Körperschaft zu Einkommensminderung geführt haben, d. h., es im Ergebnis zu einer steuerlichen Vorbelastung kommt. In dieser Regelung spiegelt sich die korrespondierende Besteuerung auf der Anteilseignerebene und der Ebene der Kapitalgesellschaft wider.[1]

Das materielle Korrespondenzprinzip i. S. d. § 8b Abs. 1 Satz 2 KStG verhindert daher die umfassende Steuerfreiheit von Einkünften sowohl auf der Ebene der ausschüttenden Körperschaft als auch der empfangenden Körperschaft. Diese ist konsequent, da nach dem Zweck des § 8b Abs. 1 KStG die Steuerfreiheit der Bezüge auf der Ebene der empfangenden Körperschaft dadurch gerechtfertigt ist, dass diese Bezüge auf der Ebene der leistenden Körperschaft bereits zu einer steuerlichen Vorbelastung geführt haben.[2]

Auf der Ebene der ausschüttenden Gesellschaft bleibt die Besteuerung demnach unberührt. Entfiele die Besteuerung aber auch bei der ausschüttenden Körperschaft, würden diese Einkünfte auf keiner Stufe besteuert und es käme zu sog. weißen Einkünften.

Teilminderung: Gemäß dem Wortlaut des § 8b Abs. 1 Satz 2 KStG entfällt die Steuerfreiheit, „soweit" es zu keiner Einkommensminderung auf Seiten der leistenden Körperschaft kommt.

BEISPIEL: (Abwandlung Beispiel → Rz. 81): Das Finanzamt wird auf Ebene der B-GmbH den Steuerabzug nur i. H. v. 50 % verwerfen.

LÖSUNG: Die Beschränkung des § 8b Abs. 1 Satz 2 KStG greift nur „soweit" das Einkommen der B-GmbH gemindert wurde (50 %). Darüber hinaus wird die Steuerbefreiung des § 8b Abs. 1 Satz 1 KStG gewährt.

Verhinderte Vermögensmehrung

Daneben stellt sich die Frage, ob auch als vGA zu qualifizierende unterbliebene Einkommensmehrungen als Minderung des Einkommens anzusehen sind. Dies ist nach der hier vertretenen Ansicht zu bejahen, da im Rahmen der **verdeckten Gewinnausschüttung** i. S. d. § 8 Abs. 3 Satz 2

---

[1] *Dörfler/Heurung/Adrian*, DStR 2007, 514.
[2] *Richter/Reeb*, IStR 2015, 40, kritisch zu der Durchbrechung des Trennungsprinzips.

KStG die verhinderte Vermögensmehrung als der Einkommensminderung gleichgestelltes Tatbestandsmerkmal anerkannt ist.[1] Eine engere Auslegung des Begriffs der Einkommensminderung i.S.d. Wortlauts des § 8b Abs. 1 Satz 2 KStG („Einkommensminderung") findet entgegen dieser Auslegung gerade keine Grundlage im Gesetz. Für eine unterschiedliche Definition der vGA im Rahmen des § 8 Abs. 3 Satz 2 und des § 8b Abs. 1 Satz 2 KStG besteht keine gesetzliche Grundlage. Hätte der Gesetzgeber Beschränkung vornehmen wollen, so wäre dies ausdrücklich zu regeln gewesen.[2]

85 **Nahe stehende Person:** Im Falle einer Einkommenserhöhung bei einer nahe stehenden Person kann es gem. § 8b Abs. 1 Satz 4 KStG zu einer Ausnahme von Satz 2 kommen.

5. Rechtsfolge

86 § 8b Abs. 1 Satz 2 KStG schließt die Steuerfreiheit des § 8b Abs. 1 Satz 1 KStG aus. Die betroffenen Bezüge sind daher steuerpflichtig. Korrespondierend kommt es aber auch nicht zu einem Ansatz der nicht abziehbaren Betriebsausgaben i.H.v. pauschal 5% der Bezüge i.S.d. § 8b Abs. 5 KStG. Der Betriebsausgabenabzug ist unbeschränkt möglich.

87 **Gewerbesteuer:** Die Bezüge fließen daher auch in die Ermittlung des Gewerbeertrages ein. Die Kürzungsvorschriften des § 9 Nr. 2a sowie Nr. 7 GewStG bleiben davon unberührt.

6. Zeitlicher Anwendungsbereich

88 Die Regelung wurde eingeführt mit dem Amtshilferichtlinie-Umsetzungsgesetz[3] und ist ab dem Veranlagungszeitraum 2014 anwendbar. Bei abweichenden Wirtschaftsjahren gilt die Neuregelung erstmals in dem Veranlagungszeitraum, in dem das Wirtschaftsjahr endet, das nach dem 13.12.2013 begonnen hat.[4]

89 **§ 8b Abs. 1 Satz 2 KStG a.F.:** siehe Onlinekommentierung.

90–100 *(Einstweilen frei)*

IV. § 8b Abs. 1 Satz 3 KStG

101 Gemäß § 8b Abs. 1 Satz 3 KStG ist Satz 2 auch auf Bezüge anzuwenden, welche nach einem DBA von der Besteuerung freigestellt werden. Im Ergebnis soll sichergestellt werden, dass die Rechtsfolge des Satzes 2 nicht durch Steuerbefreiungen eines DBA beseitigt wird.

> **BEISPIEL:** Die M-GmbH mit Sitz in Deutschland ist zu 100% an der T-GmbH im Drittland beteiligt. Das entsprechende DBA sieht eine Freistellung der Ausschüttungen der ausländischen Tochtergesellschaft an die deutsche Muttergesellschaft vor.
>
> Die T-GmbH kehrt an die M-GmbH Bezüge aus, die auf Ebene der T-GmbH deren Einkommen gemindert haben.

---

[1] R 36 Abs. 1 KStR; *Klein/Müller/Döpper* in Mössner/Seeger/Oellerich, KStG, § 8 Rz. 306.
[2] Gl. A. im Ergebnis: Gosch/*Gosch* § 8b Rz. 148; *Frotscher*/Maas § 8b Rz. 29i; a. A. *Dörfler/Heurung/Adrian*, DStR 2007, 515.
[3] BGBl 2013 I 1809.
[4] § 34 Abs. 7 KStG.

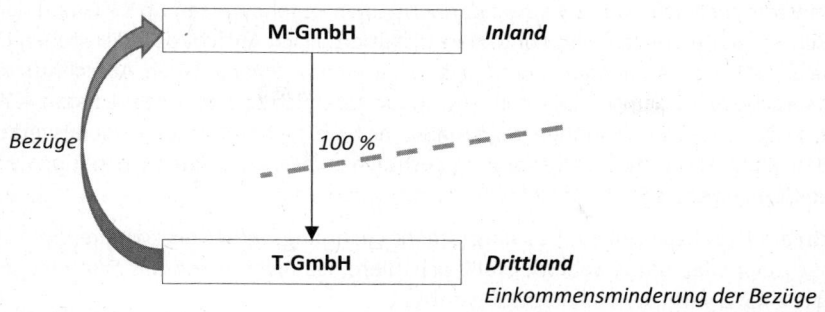

Einkommensminderung der Bezüge

LÖSUNG: Obwohl die Bezüge gemäß dem entsprechenden DBA freizustellen wären, greift § 8b Abs. 1 Satz 3 KStG und versagt die Freistellung, da die Bezüge das Einkommen der T-GmbH gemindert haben.

1. Tatbestand

- Körperschaften
- Bezüge
- Freistellung der Bezüge nach DBA

2. Regelungsbereich

§ 8b Abs. 1 Satz 3 KStG knüpft an Satz 2 an, so dass hinsichtlich des Begriffs der Körperschaften, der Bezüge und der vGA auf die dortigen Ausführungen verwiesen wird. Erfasst werden entgegen der früheren Regelung,[1] welche lediglich auch verdeckte Gewinnausschüttungen umfasste, sämtliche Bezüge einer ausländischen Tochtergesellschaft, welche aufgrund eines DBA von der deutschen Steuer befreit sind (Schachtelprivileg).

3. Verhältnis internationales und nationales Schachtelprivileg

Diesbezüglich stellt sich die Frage nach dem Verhältnis der DBA-Steuerbefreiung und § 8b Abs. 1 KStG. Im Rahmen qualifizierter Beteiligungen sehen deutsche DBA regelmäßig einen geringen Quellensteuerabzug von 5 % und eine Steuerfreistellung im Inland vor (sog. Internationales Schachtelprivileg). Dies setzt eine Beteiligungshöhe von mehr als 25 % an der ausländischen Körperschaft voraus. Im Gegensatz dazu kommt es bei einer geringeren Beteiligungshöhe im Rahmen bloßer Portfoliobeteiligungen bzw. Streubesitz zu einer höheren Quellenbesteuerung und einer Anrechnung in Deutschland. Ziel dieser Regelungen ist die Vermeidung von Doppel- und Mehrfachbesteuerung in internationalen Beteiligungsverhältnissen.[2]

Der Regelungsbereich des § 8b Abs. 1 Satz 1 KStG ist daher im Ergebnis weiter, da er an eine geringere Mindestbeteiligung i. H.v. 10 % geknüpft ist. Die Einschränkung des Satzes 2 gilt gem. Satz 3 aber auch in Fällen, in denen die Steuerfreiheit im Rahmen eines DBA bilateral vereinbart wurde.

---

1 Vgl. → Rz. 78 ff.
2 *Vogel* Vogel/Lehner, DBA/OECD-MA, Art. 23 Rz. 86.

Das grundsätzliche Verhältnis zwischen der nationalen Regelung des § 8b KStG und dem internationalen Schachtelprivileg wird kontrovers diskutiert. Nach Ansicht des BFH stehen DBA und § 8b Abs. 1 KStG nebeneinander, ohne dass es zu einem gegenseitigen Ausschluss kommt.[1] Dies entspräche auch dem praktischen Anwendungsbereich des § 8b Abs. 1 Satz 1 KStG, welcher die engeren DBA-Regelungen regelmäßig nicht einschränkt.[2] Das Bundesverfassungsgericht hat klargestellt, dass es verfassungsrechtlich zulässig ist, wenn der nationale Gesetzgeber die Grenzen eines DBA überschreitet (treaty override).[3]

105 **Vergleichbare DBA-Regelungen:** Das dargestellte Spannungsverhältnis zwischen internationalem Schachtelprivileg und § 8b KStG stellt sich allerdings nicht, wenn das DBA eine dem § 8b Abs. 1 Satz 2 KStG vergleichbare Regelung enthält.

BEISPIEL:[4] Bei der T-GmbH handelt es sich um eine GmbH österreichischen Rechts mit Sitz in Österreich. Gemäß Art. 23 Abs. 1a DBA-Österreich kommt es zu keiner Freistellung in Höhe der vGA, da sie das Einkommen der T-GmbH gemindert haben. Auf die Frage des Verhältnisses zwischen DBA und § 8b Abs. 1 Satz 3 KStG kommt es nicht an.

106 Nicht von § 8b Abs. 1 Satz 3 KStG sind nach allgemeiner Ansicht die Fälle erfasst, in denen die vGA im Ausland aufgrund anderer steuerlicher Regelung unberücksichtigt bleibt. Der Wortlaut des § 8b Abs. 1 Satz 3 KStG verweist lediglich auf § 8b Abs. 1 Satz 2 KStG.[5]

4. Rechtsfolge

107 Gemäß § 8b Abs. 1 Satz 3 KStG sind Bezüge trotz einer DBA-Freistellung nicht steuerfrei, wenn die Voraussetzungen des § 8b Abs. 1 Satz 2 KStG erfüllt sind, d. h., wenn es im Rahmen der vGA zu einer Einkommensminderung auf der Ebene der ausschüttenden Körperschaft gekommen ist.

5. Zeitlicher Anwendungsbereich

108 Gemäß § 34 Abs. 7 Satz 11 KStG findet § 8b Abs. 1 Satz 5 KStG erstmals Anwendung auf Bezüge, die nach dem 18. 12. 2006 zugeflossen sind.

109–120 *(Einstweilen frei)*

V. § 8b Abs. 1 Satz 4 KStG

121 § 8b Abs. 1 Satz 4 KStG schränkt den Anwendungsbereich des § 8b Abs. 1 Satz 2 KStG im Hinblick auf verdeckte Gewinnausschüttungen ein, welche das Einkommen einer nahe stehenden Person erhöht haben und § 32a KStG auf Ebene der nahe stehenden Person keine Anwendung findet. Im Ergebnis ist damit das Korrespondenzprinzip gewahrt, da der Steuerbefreiung eine entsprechende Belastung gegenübersteht.

Grundsätzlich erweitert § 8b Abs. 1 Satz 4 KStG den Anwendungsbereich des Satzes 2 auf Mehrpersonenverhältnisse.

---

1 BFH, Urteile v. 14. 1. 2009 - I R 47/08, BFH/NV 2009, 854 = NWB IAAAD-16013; v. 23. 6. 2010 - I R 71/09, BStBl 2011 II 129 = NWB FAAAD-48564.
2 BFH, Urteil v. 23. 6. 2010 - I R 71/09, BStBl 2011 II 129 = NWB FAAAD-48564.
3 BVerfG, Urteil v. 15. 12. 2015 - 2 BvL 1/12, DStR 2016, 359 = NWB YAAAF-66859; vgl. auch *Wess*, SteuK 2016, 193.
4 Abwandlung zu → Rz. 101.
5 Gl. A. *Dörfler/Heurung/Adrian*, DStR 2007, 515; *Gosch/Gosch* § 8b Rz. 149i; *Frotscher*/Maas § 8b Rz. 29m.

1. Tatbestand

- Körperschaft
- verdeckte Gewinnausschüttung
- Minderung des Einkommens der ausschüttenden Körperschaft
- Erhöhung des Einkommens einer nahe stehenden Person
- Keine Korrektur des Körperschaftsteuerbescheides der nahe stehenden Person i. S. d. § 32a KStG.

2. Allgemeine Voraussetzungen

§ 8b Abs. 1 Satz 4 KStG knüpft unmittelbar an Satz 2 an, so dass bezüglich der Kriterien der Körperschaft, der verdeckten Gewinnausschüttung und der Vermögensminderung bei der ausschüttenden Körperschaft auf die dortigen Ausführungen verwiesen wird.[1]

3. Nahestehende Person

Mangels entsprechender gesetzlicher Verweise kann hinsichtlich des Begriffs der nahe stehenden Person nicht auf § 1 Abs. 2 AStG zurückgegriffen werden. Vielmehr ist auf die im Rahmen der verdeckten Gewinnausschüttung entwickelte weite Definition zurückzugreifen.[2] Demnach kann eine Person aufgrund gesellschaftsrechtlicher, schuldrechtlicher, aber auch tatsächlicher Beziehungen als nahe stehend zu qualifizieren sein.[3]

4. Einkommensminderung

Bei der ausschüttenden Gesellschaft muss es zu einer Einkommensminderung gekommen sein.

5. Einkommenserhöhung

Eine Erhöhung des Einkommens ist anzunehmen, wenn es bei der nahe stehenden Person entweder zu einem Vermögenszufluss oder zu einem verhinderten Vermögensabfluss gekommen ist. § 8b Abs. 1 Satz 4 KStG stellt allein auf die **wirtschaftliche Auswirkung** ab. Weitergehende zeitliche Anforderungen werden nicht gestellt. Vor diesem Hintergrund ist nicht allein der jeweilige Veranlagungszeitraum, sondern vielmehr eine zeitliche Gesamtbetrachtung vorzunehmen.[4]

6. Keine Anwendbarkeit des § 32a KStG

In § 32a KStG kommt wiederum das Korrespondenzprinzip zum Ausdruck.[5] Wird der Steuerbescheid der ausschüttenden Körperschaft geändert, kann auch der Steuerbescheid des Gesellschafters oder der nahe stehenden Person geändert werden. Voraussetzung des § 8b Abs. 1 Satz 4 KStG ist, dass eine Änderung nicht in Betracht kommt. Dies ist aber dann der Fall, wenn

---

1 Siehe → Rz. 77 ff.
2 *Gosch/Gosch* § 8b Rz. 149b.
3 Vgl. H 36 KStH 2008; *Klein/Müller/Döpper* in Mössner/Seeger/Oellerich, KStG, § 8 Rz. 346 ff.
4 *Gosch/Gosch* § 8b Rz. 149e.
5 *Oellerich* in Mössner/Seeger/Oellerich, KStG, § 32a Rz. 2.

die Steuerfestsetzung der ausschüttenden Körperschaft tatsächlich aufgehoben oder geändert wird. Eine abstrakte Änderungsmöglichkeit genügt dahingegen nicht.[1]

BEISPIEL: Die M-GmbH ist an der T1-GmbH und der T2-GmbH zu 100 % beteiligt. Die T1-GmbH vermietet an die T2-GmbH ein Wirtschaftsgut zu einem Mietzins i.H.v. 100 000 €. Angemessen wären 50 000 €. § 32a KStG ist nicht anwendbar.

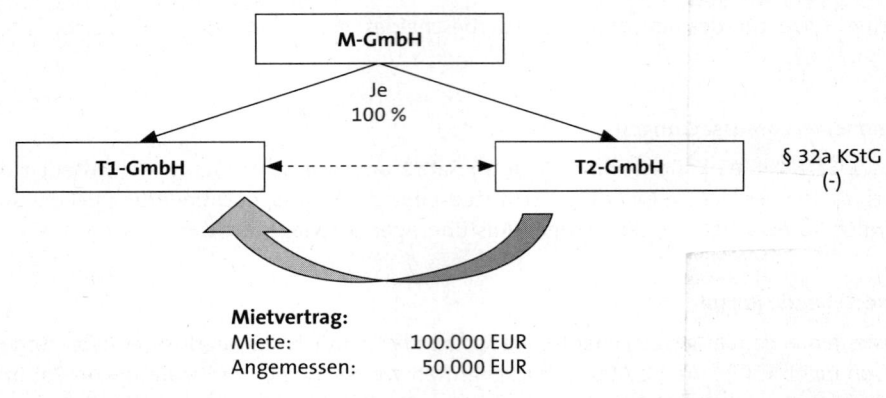

LÖSUNG: Materiell-rechtlich liegt i.H.v. 50 000 € eine vGA der T2 GmbH an die M-GmbH vor.[2] Eine Änderung der Bescheide kommt nicht in Betracht.

Bei der T2-GmbH kam es zu einer Einkommensminderung, so dass § 8b Abs. 2 Satz 2 KStG anzuwenden und die Steuerfreiheit auf Ebene der M-GmbH zu versagen ist.

Da aber das Einkommen der T1-GmbH erhöht wurde und § 32a KStG nicht anwendbar ist, wird über die Rückausnahme des § 8b Abs. 1 Satz 4 KStG die Steuerfreiheit des § 8b Abs. 1 Satz 1 KStG erfüllt. Die vGA auf der Ebene der M-GmbH ist daher steuerfrei.

Mehrstufige vGA:

Auch mehrstufige vGA sind von § 8b Abs. 1 Satz 2 und 4 KStG erfasst.

BEISPIEL: Die M-GmbH ist zu 100 % an der T-GmbH, diese wiederum zu 100 % an der E-GmbH beteiligt. Die E-GmbH zahlt für eine Leistung der M-GmbH 100 000 €. Angemessen wären 50 000 €. Die Steuerfestsetzung der E-GmbH kann nicht mehr geändert werden.

---

[1] Gosch/Gosch § 8b Rz. 149a; Frotscher/Maas § 8b Rz. 128.
[2] Vgl. BFH, Urteil v. 4.2.2014 - I R 32/12, BFH/NV 2014, 1090 = NWB EAAAE-66017; FG Schleswig-Holstein, Urteil v. 22.3.2012 - 1 K 264/08, NWB OAAAE-12094; vgl. Klein/Müller/Döpper in Mössner/Seeger/Oellerich, KStG, § 8 Rz. 348.

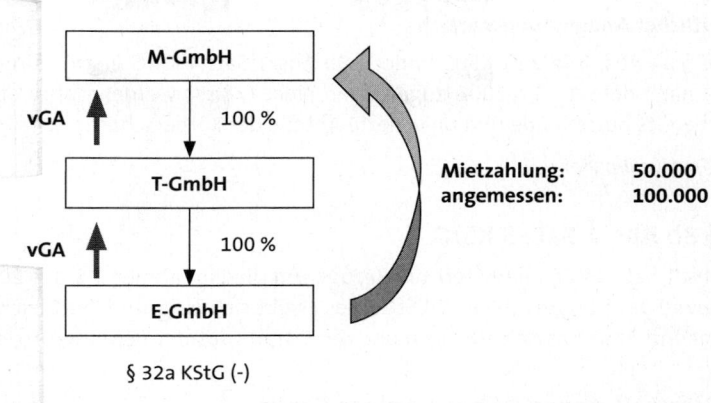

§ 32a KStG (-)

LÖSUNG: Die M- und E-GmbH sind nahestehende Personen. Die vGA und im Ergebnis § 8b Abs. 1 KStG sind auf jeder Beteiligungsstufe zu prüfen.

E-GmbH – T-GmbH: Im Verhältnis der E-GmbH zur T-GmbH liegt eine vGA vor. Diese hat zu einer endgültigen Einkommensminderung bei der E-GmbH geführt. Die vGA ist auf der Ebene der T-GmbH daher gem. § 8b Abs. 1 Satz 2 KStG nicht steuerbefreit. § 8b Abs. 1 Satz 4 KStG ist nicht einschlägig, da Tochter und Enkelgesellschaft keine nahe stehenden Personen sind.

T-GmbH – M-GmbH: Im Verhältnis der T-GmbH zur M-GmbH liegt ebenfalls eine vGA vor. Aufgrund § 8b Abs. 1 Satz 2 KStG kommt es bei der T-GmbH zu keiner Einkommensminderung. Demnach ist die vGA auf Ebene der M-GmbH steuerbefreit.

Alternativlösung:

Im Zusammenhang mit der Prüfung auf jeder Beteiligungsebene wird diskutiert, ob § 8b Abs. 1 Satz 2 KStG auch im Verhältnis T-GmbH zu M-GmbH zu versagen ist, da tatsächlich leistende Körperschaft gegenüber der M-GmbH gerade nicht die T-GmbH, sondern die E-GmbH ist.[1] Bei Letzterer ist die Einkommensminderung allerdings definitiv, so dass § 8b Abs. 1 Satz 1 KStG als auch auf Ebene der M-GmbH zu versagen wäre. Da in diesem Fall aber der Besteuerung auf Ebene der T-GmbH keine korrespondierende Steuerbefreiung gegenübersteht, wird § 8b Abs. 1 Satz 4 KStG bemüht, obwohl die M-GmbH gerade nicht nahe stehende Personen, sondern Gesellschafterin der T-GmbH ist.

Nach der hier vertretenen Ansicht ist für eine analoge Anwendung des § 8b Abs. 1 Satz 4 jedoch kein Raum. Der Gesetzgeber hat die die Regelung trotz zwischenzeitlicher Änderungen des § 8b KStG unverändert gelassen, obwohl auf diesen Aspekt bereits seit langem hingewiesen wird. Da beide Ansätze zu demselben Ergebnis kommen, der Steuerbefreiung auf Ebene der M-GmbH dürfte die Diskussion regelmäßig ohne praktische Bedeutung sein.

7. Rechtsfolge

§ 8b Abs. 1 Satz 4 KStG stellt eine Rückausnahme zu Satz 2 dar, so dass im Ergebnis die Regelung des § 8b Abs. 1 Satz 1 KStG bei dem Anteilseigner doch Anwendung findet. Dies bedeutet, dass die vGA bei der Ermittlung des Einkommens unberücksichtigt bleibt. Die Steuerfreiheit ist daher wiederhergestellt. Unter Berücksichtigung des § 8b Abs. 5 Satz 1 KStG beträgt sie 95 %.

---

1 *Frotscher*/Maas, § 8b Rz. 142; *Gosch*/Gosch § 8b Rz. 149d.

8. Zeitlicher Anwendungsbereich

129 Gemäß § 34 Abs. 7 Satz 11 KStG findet § 8b Abs. 1 Satz 4 KStG erstmals Anwendung auf Bezüge, die nach dem 18. 12. 2006 zugeflossen sind. Erfasst werden daher auch zu diesem Zeitpunkt bereits bestehende und bilanzierte Anteile der Körperschaft.

130–140 *(Einstweilen frei)*

VI. § 8b Abs. 1 Satz 5 KStG

141 § 8b Abs. 1 Satz 5 KStG erweitert die Bezüge um die Einnahmen i. S. d. § 20 Abs. 2 Satz 1 Nr. 2a EStG sowie des § 20 Abs. 2 Satz 2 EStG. Dies ergibt sich aufgrund der Gleichstellung der laufenden Einkünfte aus Kapitalvermögen und der Erträge aus der Veräußerung derselben.

VII. Verstoß gegen höherrangiges Recht

142 Die rein nationale Zielrichtung des § 8b KStG wurde im Rahmen der Gesetzesentwicklung zugunsten einer europaweiten Regelung aufgegeben. Darüber hinaus ist § 8b KStG im Hinblick auf die Kapitalverkehrsfreiheit i. S. d. Art. 68, welche auch in Drittstaatenfällen Anwendung findet, zu prüfen.[1]

Auch der BFH betont in gefestigter Rechtsprechung die Bedeutung der Kapitalverkehrsfreiheit in Drittlandsfällen. Die Abgrenzung zur Niederlassungsfreiheit zieht er dort, wo die nationale Regelung es ermöglichen soll „einen sicheren Einfluss auf die Entscheidungen einer Gesellschaft auszuüben und deren Tätigkeiten zu bestimmen".[2] In diesem Fall ist die vorrangige Niederlassungsfreiheit anwendbar. „Hingegen sind nationale Bestimmungen über Beteiligungen, die in der alleinigen Absicht der Geldanlage erfolgen, ohne dass auf die Verwaltung und Kontrolle des Unternehmens Einfluss genommen werden soll, ausschließlich im Hinblick auf den freien Kapitalverkehr zu prüfen."[3]

Eine fundierte in Abstimmung mit dem EuGH als abschließend anzusehende Abgrenzung besteht dahingegen nicht.[4]

> **BERATERHINWEIS:**
> Sowohl in der Abwehr als auch in der Gestaltungsberatung von internationales Sachverhalten sind die Grundfreiheiten von herausragender Bedeutung. Die maßgebliche Unterscheidung von Niederlassungs- und Kapitalverkehrsfreiheit, welche ihren Kern in der Einflussnahme und damit letztlich in der Beteiligungshöhe hat, ist daher maßgeblich.[5]

143–160 *(Einstweilen frei)*

C. § 8b Abs. 2 KStG

161 Gemäß § 8b Abs. 2 KStG bleiben Gewinne einer Körperschaft, welche aus der Veräußerung von Anteilen an einer Körperschaft stammen, bei der Ermittlung des Einkommens außer Ansatz. Insoweit korrespondiert die Regelung mit § 8b Abs. 1 KStG, welcher die Bezüge aus diesen Anteilen von der Steuer freistellt. Aufgrund der Fiktion der nichtabziehbaren Betriebsausgaben

---

[1] FG Münster, Urteil v. 22.11.2017 - 9 K 1877/10 K, EFG 2018 S. 774 Nr. 9; NWB UAAAG-83542.
[2] BFH, Urteil v. 19.7.2017 - I R 87/15, NWB EAAAG-68033; BFH/NV 2018 S. 298 Nr. 2.
[3] BFH, Urteil v. 19.7.2017 - I R 87/15, NWB EAAAG-68033; BFH/NV 2018 S. 298 Nr. 2.
[4] *Kraft*, NWB 2018, 698; NWB ZAAAG-77257.
[5] Vgl. Zu Beteiligungshöhen: *Kraft*, NWB 2018, 698; NWB ZAAAG-77257.

i.S.d. § 8b Abs. 3 KStG besteht die Steuerfreistellung aber lediglich i.H.v. 95%. Im Ergebnis werden daher die stillen Reserven einer Beteiligung von der Besteuerung ausgenommen. Die Steuerfreiheit greift allerdings nur, soweit der Anteil vorher nicht steuerwirksam auf einen niedrigeren Teilwert abgeschrieben worden ist. § 8b Abs. 2 KStG erfasst nicht allein die Gewinne aus der Veräußerung von Anteilen, sondern vielmehr auch Gewinne, die aus der Auflösung oder Herabsetzung des Nennkapitals oder einer Wertaufholung resultieren.

Der durch die Steuerbefreiung eröffnete Gestaltungsspielraum ist überaus weit. Zweifelsohne wird die Steuerfreiheit des § 8b KStG oftmals das maßgebliche Kriterium für die gewählte Gestaltung bzw. Gesellschaftsstruktur sein. Gerade darin spiegelt sich auch die Intention des Gesetzgebers wieder, welcher mithilfe des § 8b KStG unter anderem Wettbewerbs- und Standortnachteile zu vermeiden suchte. Anhand welcher Kriterien die Grenze zwischen zulässiger Gestaltung und unzulässigem Gestaltungsmissbrauch i.S.d. § 42 AO gezogen werden sollte, ist nicht erkennbar. Dem Anwendungsbereich des § 42 AO sind demnach im Hinblick auf § 8b KStG enge Grenzen gesetzt.[1]

I. Regelungsbereich des § 8b Abs. 2 KStG

- Satz 1: Befreiung von Veräußerungsgewinnen
- Satz 2: Definition von Veräußerungsgewinnen
- Satz 3: Anwendbarkeit bei Auflösung der Gesellschaft, Herabsetzung des Nennkapitals sowie Wertaufholung
- Satz 4: Beschränkung bei steuerwirksamer Teilwertabschreibung
- Satz 5: Anwendbarkeit im Zusammenhang mit § 6b EStG
- Satz 6: Anwendbarkeit bei verdeckter Einlage

---

[1] A.A. FG Hannover v. 1.11.2012 - 6 K 382/11, NWB PAAAE-27372.

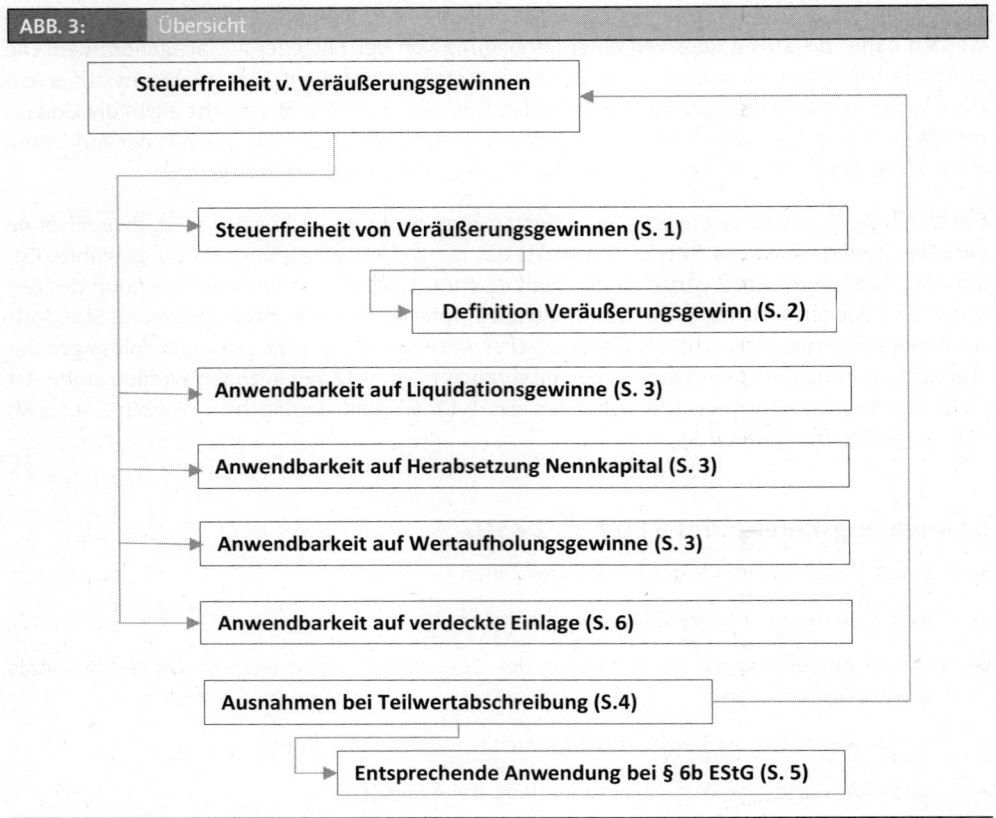

ABB. 3: Übersicht

II. § 8b Abs. 2 Satz 1 KStG

163 Gemäß § 8b Abs. 2 Satz 1 KStG bleiben Gewinne aus der Veräußerung von Anteilen an einer Körperschaft oder Personenvereinigung, deren Leistungen beim Empfänger zu Einnahmen i. S. d. § 20 Abs. 1 Nr. 1, 2, 9, 10a, Abs. 2 Satz 1 Nr. 2a, Satz 2 EStG führen oder Gewinne aus der Veräußerung von Anteilen an einer Organgesellschaft i. S. d. §§ 14, 17 oder 18 KStG außer Ansatz.

1. Tatbestand

164
- Körperschaft
- Anteile an Körperschaft/Organgesellschaft
- Veräußerung
- Veräußerungsgewinn

2. Körperschaften

165 Der Kreis der steuerbegünstigten Körperschaften entspricht § 8b Abs. 1 Satz 1 KStG. Begünstigt sind daher sowohl unbeschränkte als auch beschränkte in- und ausländische Körperschaften

i. S. d. § 1 Abs. 1 und 2 KStG.¹ Auf der Ebene der Organgesellschaft ist § 8b Abs. 2 KStG gem. § 15 Satz 1 Nr. 2 Satz 1 KStG nicht anzuwenden, so dass die Gewinne i. S. d. § 8b Abs. 2 KStG nicht begünstigt sind. § 8b Abs. 2 KStG wird vielmehr gem. § 15 Satz 1 Nr. 2 Satz 2 KStG auf der Ebene des Organträgers berücksichtigt, soweit dort die Voraussetzungen des § 8b Abs. 2 KStG vorliegen.

3. Erfasste Anteile

§ 8b Abs. 2 Satz 1 KStG erstreckt sich auf die Veräußerung von Anteilen an Körperschaften, deren Leistungen bei dem Empfänger zu Einnahmen i. S. d. § 20 Abs. 1 Nr. 1, 2, 9, 10a, Abs. 2 Satz 1 Nr. 2a, Satz 2 EStG gehören. Diesbezüglich besteht daher Deckungsgleichheit mit § 8b Abs. 1 Satz 1, 5 KStG. Eine weitergehende Einschränkung besteht nicht, so dass Anteile an in- oder ausländischen Körperschaften ohne Rücksicht auf eine Mindestbeteiligung oder Mindesthaltedauer erfasst sind.² Im Gegensatz zu der Frage der Steuerfreiheit von Bezügen findet die Einschränkung bei Beteiligungen von weniger als 10 %, d. h. bei Streubesitzdividenden i. S. d. § 8b Abs. 4 KStG vorliegend keine Anwendung. Im Ergebnis bedeutet dies, dass auch im Falle der Veräußerung einer Beteiligung von weniger als 10 % der Gewinn steuerfrei ist.

BERATERHINWEIS:

Regelmäßig wird diskutiert, ob die Streubesitzgrenze auch im Rahmen des § 8b Abs. 2 KStG, somit Bezüge im Rahmen des § Abs. 1 Anwendung finden soll. Obwohl dieser Ansatz, der auch Eingang in die Gesetzesvorhaben gefunden hat,³ nicht umgesetzt wurde, besteht keinesfalls ein Grund, diesen Aspekt außer Acht zu lassen.⁴ Insbesondere im Rahmen der Gestaltungsberatung ist dieser Aspekt zwingend zu beachten und der Mandant entsprechend zu belehren.

4. Veräußerung

Der Begriff der Veräußerung ist gesetzlich nicht näher definiert und wird allgemein weit ausgelegt. Er umfasst zwar den schuldrechtlichen Kauf, geht aber in seinem Anwendungsbereich deutlich darüber hinaus. Wesentliches Element ist die Übertragung des rechtlichen oder wirtschaftlichen Eigentums gegen eine Gegenleistung.⁵

Folgende Tatbestände sind auch als Veräußerung i. S. d. § 8b Abs. 2 Satz 1 KStG zu qualifizieren:

▶ **Anteilstausch:** Gemäß § 21 UmwStG sind im Rahmen einer Einbringung von Anteilen an einer Körperschaft in eine Körperschaft die Anteile mit dem gemeinen Wert anzusetzen, es sei denn, es handelt sich um mehrheitsvermittelnde Anteile und das Wahlrecht wird entsprechend ausgeübt. Wird ein über dem Buchwert liegender Wert angesetzt, werden stille Reserven aufgedeckt. Dieser Gewinn unterliegt ebenfalls der Steuerfreiheit des § 8b Abs. 2 KStG.

▶ Die Veräußerung von **Beteiligungen an Körperschaften**, insbesondere von Anteilen an einer GmbH oder Aktiengesellschaft;

---

1 BFH, Urteil v. 31.5.2017 - I R 37/15, NWB GAAAG-60391.
2 *Dötsch/Pung* Dötsch/Jost/Pung/Witt, KStG, § 8b Rz. 51; kritisch bei § 17 EStG-Beteiligungen beschränkt steuerpflichtiger Körperschaften *Nitzschke*, IStR 2012, 125.
3 Vgl. → Rz. 14. BT-Drucks. 18/8045 v. 7.4.2016.; BT-Drucks. 18/8345 v. 3.5.2016; Hib Nr. 266 v. 10.5.2016; weitergehende Erläuterungen in der Online-Version.
4 Weitergehende Informationen s. Online-Version.
5 BFH, Urteil v. 12. 3. 2014 - I R 55/13, DStR 2013, 80 = NWB ZAAAE-67475; BFH, Urteil v. 22.12.2010 - I R 58/10, BFH/NV 2011, 711 = NWB OAAAD-62350.

- **Bezugsrechte** zum Erwerb neuer Anteile: Nach Ansicht des BFH fallen Gewinne aus der Veräußerung eines Bezugsrechtes zum Erwerb neuer Anteile nicht unter § 8b Abs. 2 KStG.[1]

  Der I. Senat des BFH begründet dies in mittelweile ständiger Rechtsprechung mit dem klaren Wortlaut. Darüber hinaus weist der BFH darauf hin, dass Bezugsrechte keine Einnahmen i. S. d. § 20 Abs. 1 Nr. 1, 2, 9, 10a EStG generieren und daher mit Beteiligungen nicht vergleichbar seien. Die diesbezüglichen Bedenken,[2] welche auf einem systematischen Vergleich zwischen Bezugsrecht und späterer Beteiligung beruhen und auch hier vertreten werden, erklärt der BFH als unbeachtlich, da die tatbestandliche Anknüpfung fehle. Nicht zuletzt aufgrund der gegenteiligen Rechtsprechung des IX. Senates des BFH[3] wäre eine Klarstellung des Gesetzgebers zu begrüßen. Bis dahin ist die Entscheidung des I. Senates als bestehend anzuerkennen und in der Praxis zu berücksichtigen.

> **BERATERHINWEIS:**
> § 8b KStG ist regelmäßig Gegenstand gerichtlicher Entscheidungen. Im Rahmen der Beratung und nicht zuletzt zur Vermeidung von Haftungsrisiken, ist die Rechtsprechung daher regelmäßig zu überprüfen.

- **Mittelbare Beteiligungen:** Gemäß § 8b Abs. 6 KStG ist § 8b Abs. 2 KStG auch anwendbar, wenn die Gewinne der Körperschaft im Rahmen einer Mitunternehmerschaft zugerechnet werden.

- **Einbringung von Anteilen** im Rahmen des § 20 UmwStG sowie des § 24 UmwStG, soweit ein über dem Buchwert liegender Wert angesetzt wird.

- **Einbringungsgeborene Anteile:** Begünstigt sind Gewinne im Zusammenhang mit einbringungsgeborenen Anteilen i. S. d. § 21 UmwStG, welche nicht aus der Veräußerung resultieren.[4] Diesbezüglich sind aber die weitergehenden Regelungen des § 8b Abs. 4 KStG zu beachten.[5] Dies betrifft grundsätzlich nur Altfälle.

- **Eigene Anteile** sind nach allgemeiner Meinung von § 8 Abs. 2 KStG erfasst.[6]

- Dies gilt auch für den Fall des **Einbringungsgewinns I** gem. § 22 Abs. 1 Satz 1 UmwStG, welcher sich dadurch realisiert, dass die einbringende Körperschaft die im Rahmen des Anteilstausches erworbenen Anteile innerhalb von sieben Jahren veräußert.

- Sollte die Zielgesellschaft die unter dem gemeinen Wert eingebrachten Anteile innerhalb der Frist von sieben Jahren veräußern, kann sich der **Einbringungsgewinn II** realisieren (§ 22 Abs. 2 Satz 1 UmwStG).[7] Auch dieser ist von § 8b Abs. 2 KStG erfasst.[8]

---

1 BFH, Urteil v. 23. 1. 2008 - I R 101/06, BStBl 2008 II 719.
2 Gl. A. Vorinstanz: FG Köln v 31. 8. 2006 - 15 K 444/05, EFG 2007, 214; *Hahne* im Rahmen der Anmerkung zu dem Urteil, DStR 2008, 864; a. A. Urteilsbegründung zu o. g. Urteil.
3 BFH, Urteil v. 27. 10. 2005 - IX R 15/05, BStBl 2006 II 171; Vergleich beider Entscheidungen: *Wagner*, DStR 2009, 626 ff.
4 BMF, Schreiben v. 28. 4. 2003, BStBl 2003 I 292, Tz. 19 mit Beispiel.
5 Vgl. → Rz. 391 ff.
6 BMF, Schreiben v. 28. 4. 2003, BStBl 2003 I 292, Tz. 15.
7 BFH, Urteil v. 24.1.2018 - I R 48/15, NWB FAAAG-87338; DStRE 2018 S. 891 Nr. 14.
8 *Gosch/Gosch* § 8b Rz. 72f.

- Die Veräußerung von **Genussrechten** i. S. d. § 8 Abs. 3 Satz 2 KStG:[1] Sonstige Genussrechte, sowie Optionsrechte, Bezugsrechte oder Wandelschuldverschreibungen fallen nicht unter die Steuerbefreiung i. S. d. § 8b Abs. 2 KStG.[2]
- Die Veräußerung einer **Organgesellschaft** in der Rechtsform der AG (§ 14 KStG) und der GmbH (§ 17 KStG) sowie der Organgesellschaft eines ausländischen Organträgers (§ 18 KStG) ist von § 8b Abs. 2 Satz 1 KStG ausdrücklich erfasst. Der Veräußerungsgewinn bezieht neben dem Veräußerungspreis auch den Gewinn aus der Auflösung eines passiven Ausgleichspostens ein.[3]

  > **BEISPIEL:** Die M-GmbH ist Organträger der T-GmbH, an der sie zu 100 % beteiligt ist. Der Buchwert beträgt 50 000 €. Sie veräußert die Beteiligung zu einem Preis von 100 000 €. Die T-GmbH hat einen passiven Ausgleichsposten i. H. v. 10 000 € gebildet.
  >
  > **LÖSUNG:** Der Veräußerungsgewinn von 50 000 € unterliegt der Steuerfreiheit des § 8b Abs. 2 KStG. Der steuerfreie Gewinn erhöht sich um 10 000 € aus der Auflösung des passiven Ausgleichspostens. 5 % des Gewinns gelten als nicht abziehbare Betriebsausgaben i. S. d. § 8b Abs. 3 Satz 1 KStG.

- **Sachdividende:** Soweit sich eine Sachdividende der Gesellschaft an ihre Gesellschafter auf Anteile an einer Kapitalgesellschaft erstreckt, findet § 8b Abs. 2 KStG ebenfalls Anwendung.[4]
- **Anteilstransfer** im Ausland: Die Beendigung des nationalen Besteuerungsrechtes bezüglich des Veräußerungsgewinns gilt gem. § 12 Abs. 1 KStG als Veräußerungsgewinn und unterliegt seinerseits § 8b Abs. 2 KStG.
- **Sitzverlegung in EU-/EWR-Raum:** Gemäß § 12 Abs. 1 KStG gilt der Verlust des Besteuerungsrechts Deutschlands als Veräußerung. Dies gilt auch im Rahmen der Übertragung der Anteile in das Ausland. Auch hier greift die Steuerfreiheit des § 8b Abs. 2 KStG. Diesbezüglich vertritt das FG Rheinland-Pfalz im Rahmen eines AdV-Verfahrens die Ansicht, dass hier ein Verstoß gegen die Niederlassungsfreiheit i. S. d. Art. 48 EUV vorläge.[5]
- Im Rahmen der **Überführung von Anteilen auf eine Mitunternehmerschaft** ist der Teilwert anzusetzen, so dass es zu einem Übertragungsgewinn i. S. d. § 6 Abs. 5 Satz 4 EStG kommt. Da dieser gegen Gewährung von Anteilen erfolgt, liegt ein Tausch vor, so dass der Gewinn i. S. d. § 8b Abs. 2 KStG steuerfrei ist. Eine Gegenleistung kann auch im Falle einer Erhöhung des Kapitalkontos angenommen werden.[6]
- Die auf einer **verdeckten Gewinnausschüttung** beruhenden Einkommenserhöhungen unterliegen ebenfalls § 8b Abs. 2 KStG und begründen daher ebenfalls einen steuerfreien Veräußerungsgewinn.[7]

  > **BEISPIEL:** Die M-GmbH ist zu 100 % an der T-GmbH beteiligt, welche wiederum 100 % der Geschäftsanteile an der E-GmbH hält. Der Buchwert beträgt 50 000 €. Die T-GmbH veräußert die Beteiligung an der E-GmbH zum Preis von 100 000 € an die M-GmbH. Der Teilwert beträgt 100 000 €.

---

[1] BMF, Schreiben v. 28. 4. 2003, BStBl 2003 I 292, Tz. 24; *Frotscher*/Maas § 8b Rz. 178.
[2] BMF, Schreiben v. 28. 4. 2003, BStBl 2003 I 292, Tz. 24; *Frotscher*/Maas § 8b Rz. 192.
[3] BMF, Schreiben v. 28. 4. 2003, BStBl 2003 I 292, Tz. 16.
[4] BMF, Schreiben v. 28. 4. 2003, BStBl 2003 I 292, Tz. 15.
[5] FG Rheinland-Pfalz, Urteil v. 7. 1. 2011 - 1 V 1217/10, NWB LAAAD-79472.
[6] Vgl. hierzu BFH, Urteil v. 17. 7. 2008 - I R 77/06, BStBl 2009 II 464; BMF, Schreiben v. 20. 5. 2009, BStBl 2009 I 671.
[7] BMF, Schreiben v. 28. 4. 2003, BStBl 2003 I 292, Tz. 21; FG Hessen v. 17. 5. 2011 - 4 K 2561/09, EFG 2012, 75 = NWB NAAAD-88189.

LÖSUNG: Die T-GmbH erzielt einen Gewinn i. H. v. 50 000 €, welcher gem. § 8b Abs. 2 KStG steuerfrei ist.

ABWANDLUNG: Der Teilwert beträgt 200 000 €.

LÖSUNG: Die T-GmbH erzielt einen Veräußerungsgewinn von 50 000 €, welcher der Steuerbefreiung des § 8b Abs. 2 Satz 1 EStG unterliegt. Bei der T-GmbH liegt daneben eine verhinderte Vermögensmehrung i. H. v. 100 000 € vor, welche dem Einkommen außerbilanziell i. S. d. § 8b Abs. 3 Satz 2 KStG wieder hinzuzurechnen ist. Dieser „Gewinn" unterliegt ebenfalls § 8b Abs. 2 KStG. § 8b Abs. 3 KStG ist zu beachten.

Bei der M-GmbH liegt eine vGA i. H. v. 100 000 € vor. Diese ist gem. § 8b Abs. 1 Satz 1 KStG, § 20 Abs. 1 Nr. 1 Satz 2 EStG steuerfrei. Die Anschaffungskosten sind mit 200 000 € zu bilanzieren.

- Die **verdeckte Einlage** ist gem. § 8b Abs. 2 Satz 6 KStG als Veräußerung anzusehen.
- Das UmwStG sieht im Falle der **Verschmelzung, Spaltung** und des **Formwechsels** den Ansatzes des Teilwertes vor, erlaubt aber auch den Buch- oder Zwischenwertansatz (§§ 3, 11, 15, 16 UmwStG). Wird ein Wert über dem Buchwert angesetzt, entsteht ein Gewinn in Höhe der aufgedeckten stillen Reserven. Dieser Gewinn unterliegt ebenfalls § 8b Abs. 2 KStG.[1]

169 § 8b Abs. 2 KStG ist **nicht anwendbar** bei Gewinnen aus der Veräußerung

- von **Bezugsrechten**[2] auf junge Aktien;
- von **Dividendenscheinen**, da diese § 8b Abs. 1 KStG, § 20 Abs. 2 Satz 1 Nr. 2a EStG unterfallen;
- von sonstigen **Genussrechte**, sowie **Optionsrechten**;
- von Anteilen, welche bei **Kreditinstituten** und Finanzdienstleistungsinstituten dem Handelsbestand im Sinne des § 340e Abs. 3 HGB zuzuordnen sind oder die bei Finanzunternehmen im Zeitpunkt des Zugangs zum Betriebsvermögen als Umlaufvermögen auszuweisen sind, wenn an dem Finanzunternehmen Kreditinstitute oder Finanzdienstleistungsinstitute zu mehr als 50 % beteiligt sind (§ 8b Abs. 7 KStG).
- von Anteilen, welche bei **Lebens- oder Krankenversicherungsunternehmen** den Kapitalanlagen zuzurechnen sind (§ 8b Abs. 8 KStG);
- von Anteilen von **Pensionsfonds**, soweit die Voraussetzungen des § 8b Abs. 8 KStG erfüllt sind;
- einer **REIT-AG** gem. § 19 Abs. 3 REITG. Gemäß § 19a Abs. 1 Satz 2 REITG kann § 8b Abs. 1 KStG auch auf REITs Anwendung finden. Die Ausnahmeregelung erfasst aber explizit nur Dividenden. § 8b Abs. 2 KStG ist daher bei REITs nicht anzuwenden;
- **Stillhalteprämien** im Zusammenhang mit dem Erwerb und der Veräußerung von Anteilen.[3]

5. Veräußerungsgewinn gemäß § 8b Abs. 2 Satz 2 KStG

170 Der Veräußerungsgewinn ermittelt sich gem. § 8b Abs. 2 Satz 2 KStG aus der Differenz zwischen dem um die Veräußerungskosten reduzierten Verkaufspreis und dem Buchwert der Beteiligung zum Zeitpunkt der Veräußerung.

---

[1] Gosch/*Gosch* § 8b Rz. 72e; BMF, Schreiben v. 28. 4. 2003, BStBl 2003 I 292, Tz. 23, bezüglich des UmwStG vor SEStEG.
[2] Strittig vgl. → Rz. 168.
[3] BFH, Urteil v. 6. 3. 2012 - I R 18/12, BB 2013, 1429 = NWB JAAAE-36861.

a) Veräußerungspreis

Unter dem Veräußerungspreis ist die Gegenleistung für die Veräußerung der Anteile zu verstehen. Hierzu kann nach allgemeiner Ansicht auf die Definition des § 17 Abs. 2 Satz 1 EStG zurückgegriffen werden.[1] Maßgeblich ist die Gegenleistung, welche für die Anteile an der Beteiligung entrichtet wird.[2] Bei der Gegenleistung kann es sich um Geld, geldwerte Vorteile, Gegenstände und wohl auch Leistungen handeln. Besteht die Gegenleistung nicht in Geld ist deren gemeiner Wert in Euro anzusetzen. Währungsumrechnungen haben zum Veräußerungsstichtag zu erfolgen.

Thesaurierte Gewinne: Unbeachtlich ist, dass bei der Kaufpreisberechnung thesaurierte Gewinne berücksichtigt worden sind.

BERATERHINWEIS:

Gerade bei Streubesitzdividenden, welchen die Steuerfreiheit des § 8b Abs. 1 KStG durch § 8b Abs. 4 KStG versagt ist, kann hier eine mögliche Gestaltung im Rahmen des Verkaufs der mit dem thesaurierten Gewinn begünstigen Geschäftsanteile liegen, um die Steuerfreiheit der ausschüttenden Gesellschaft sicherzustellen. Selbstverständlich ist § 42 AO im Blick zu behalten.[3]

Ausfall der Kaufpreisforderung/Änderung des Kaufpreises: Der Ausfall der Kaufpreisforderung bzw. die Veränderung des Kaufpreises in späteren Veranlagungszeiträumen stellt nach Ansicht des BFH ein rückwirkendes Ereignis i. S. d. § 175 Abs. 1 Satz 1 Nr. 2 AO dar, welches zu einer Reduzierung des steuerfreien Gewinns führt.[4] Der BFH weist darauf hin, dass es sich bei der Veräußerung um einen isolierten Vorgang handelt, welcher im Gegensatz zu laufenden Vorgängen eine Rückwirkung erlaubt. Maßgeblich für die Bemessung des steuerfreien Veräußerungsgewinns, sei „jener Betrag, den der Veräußerer im Ergebnis tatsächlich vereinnahmt". Dieser Ansicht ist zuzustimmen, da anderenfalls der in § 8b Abs. 2 KStG normierte einheitliche Veräußerungsvorgang aufgespalten würde.[5] Gerade bei Veräußerungen von Anteilen an Körperschaften kommt es in der Praxis zu langfristigen Verhandlungen und Kaufpreiszahlungen über verschiedene Veranlagungszeiträume. Hätte der BFH die steuerwirksame Berücksichtigung des Kaufpreisausfalls in späteren Jahren bejaht, wäre in der Beratung eine entsprechende Gestaltungsempfehlung zur Verteilung von Ratenzahlungen auf mehrere Jahre mit entsprechend hohen Kaufpreisen und ggf. steuerlichen Verlustnutzungspotenzial naheliegend. Dieser Ansicht hat sich die Finanzverwaltung nunmehr angeschlossen.[6]

BEISPIEL: ▶ Die M-GmbH ist an der T-GmbH beteiligt (Buchwert 100 000 €). Sie veräußert die Beteiligung in 16 für 500 000 € gegen Ratenzahlung. Die letzte Rate, fällig in 18 i. H. v. 100 000 €, ist wegen Insolvenz des Erwerbers uneinbringlich.

---

1 BFH, Urteil v. 12. 3. 2014 - I R 55/13, DStR 2013, 80 = NWB ZAAAE-67475.
2 BFH, Urteil v. 12. 3. 2014 - I R 55/13, DStR 2013, 80 = NWB ZAAAE-67475; v. 22. 12. 2010 - I R 58/10, BFH/NV 2011, 711 = NWB OAAAD-62350.
3 Vgl. → Rz. 174.
4 BFH, Urteile v. 12. 3. 2014 - I R 45/13, DStR 2014, 1219 = NWB DAAAE-67439; v. 9. 4. 2014 - I R 52/12, DStR 2014, 1221 = NWB AAAAE-67440; v. 22. 12. 2010 - I R 58/10, BFH/NV 2011, 711 = NWB OAAAD-62350, m. w. N.
5 A. A. Hahne, DStR 2011, 955.
6 BMF, Schreiben v. 24. 7. 2015, BStBl 2015 I 612, mit ausführlichem Berechnungsbeispiel.

LÖSUNG:

		16	18
Verkaufspreis		500	
Buchwert		-100	
Steuerfreier Gewinn		400	
Nicht abziehbare Betriebsausgabe	5%	20	
Restforderung			100
Ausfall			-100
Gewinnkorrektur in 16		-100	
Korrektur n.a. BA		5	
Korrigiertes Ergebnis			
Steuerfreier Gewinn		300	
Nicht abziehbare Betriebsausgabe		15	

Der steuerfreie Veräußerungsgewinn gem. § 8b Abs. 2 Satz 2 KStG in 16 beträgt 400 000 €. Die nicht abziehbaren Betriebsausgaben i. H. v. 20 000 € sind dem Gewinn in 16 gem. § 8b Abs. 3 Satz 1 KStG hinzuzurechnen. Der Ausfall der Ratenzahlung in 18 stellt ein rückwirkendes Ereignis dar und ist in 16 zu berücksichtigen. Der steuerfreie Gewinn beträgt daher nur 300 000 €, die nichtabziehbaren Betriebsausgaben 15 000 €. Der Ausfall der Rate i. H. v. 100 000 € wirkt sich daher nicht gewinnmindernd in 18 aus.

173 Währungsschwankungen/gestundeter Kaufpreis:

Das FG Schleswig-Holstein hat diese für die Praxis relevanten Fragestellung positiv entschieden.[1] Dieser Entscheidung lag folgender exemplarischer Fall zugrunde: Eine inländische Körperschaft veräußert Anteile an Kapitalgesellschaft. Der Kaufpreis wird in USD vereinbart und für eine Zeitraum von 20 Jahren gestundet. Während dieses Zeitraums macht die veräußernde Körperschaft Währungsverluste geltend.

Das FG Schleswig Holstein subsumierte die Währungsverluste unter § 8b Abs. 2 Satz S KStG:

▶ **Anwendung dem Grunde nach:** Diesbezüglich wird vertreten, dass sich eine Anwendung des § 8b Abs. 2 KStG verbietet, da dem Grunde nach zwei zu trennende Rechtsgeschäfte vorlägen. Einerseits ein Kauf und andererseits ein Darlehen bezüglich des Kaufpreises.[2] Diese Argumentation ist einleuchtend.

Nach der hier vertretenen Ansicht gilt aber auch diesbezüglich, wie auch im Zusammenhang mit der Veränderung des Kaufpreises das Problem, der Abgrenzung. Nach dieser Ansicht wird man stets die Entscheidung zu treffen haben, ob und bis zu welchem Zeitpunkt ein einheitlicher Kaufvorgang vorliegt. Ohne klare Kriterien, ggf. im Rahmen des anhängigen Verfahrens, erscheint dieser Ansatz willkürlich.

---

[1] FG Schleswig-Holstein, Urteil v. 25.5.2016 - 1 K 20/13, Rev. Az. des BFH: I R 43/16 – erledigt durch Zurücknahme der Revision –, NWB XAAAF-77910, DStRE 2016, 1499.
[2] *Trautmann/Dörnhöfer*, IStR 2018, 182.

▶ **Rückwirkung:** Das FG weist darauf hin dass eine Rückwirkung nur für solche Gewinn und Verluste in Betracht kommt, deren Rechtsgrund seine Wurzel in dem grundlegenden Geschäft selbst hat

BERATERHINWEIS:
Aufgrund dieser steuerlichen Unsicherheit und der ggf. hohen finanziellen Auswirkungen sollte der Kaufvertrag eine entsprechende Vereinbarung über die Auswirkungen von Währungsschwankungen vorsehen. Das Haftungsrisiko für den Berater im Falle eines unterbliebenen Hinweises auf diese steuerliche Unsicherheit und die damit einhergehenden wirtschaftlichen Risiken ist beachtlich.

Optionsprämien: Werden für die Einräumung einer Option Zahlungen geleistet, sind diese nach Ansicht des BFH nicht Bestandteil des Veräußerungspreises i. S. d. § 8b Abs. 2 KStG und daher im Ergebnis steuerpflichtig.[1] Die Ansicht des BFH ist auch folgerichtig, da der Zahlung gerade nicht der Verkauf zugrunde liegt, sondern vielmehr die Möglichkeit zum Kauf. 174

Kaufpreis/Ersatzleistungen: Fehlt es an einem Kaufpreis, ist gem. § 8b Abs. 2 Satz 2 KStG der an dessen Stelle tretende Wert der Gegenleistung maßgeblich für die Gewinnermittlung. 175

Aufpreis/Zusatzleistungen: Leistungen, die darüber hinausgehen, beeinflussen nicht den Kaufpreis. Erstreckt sich die Kaufpreiszahlung neben der Beteiligung an der Körperschaft auf weitere Wirtschaftsgüter oder Leistungen ist eine Aufteilung vorzunehmen. 176

b) Kaufpreisaufteilung

In einer Reihe von Entscheidungen hat der BFH zu der Frage der Maßgeblichkeit der von den Vertragsparteien getroffenen Kaufpreisaufteilung entschieden. Im Grundtenor ist festzuhalten, dass die Parteivereinbarung zu beachten ist.[2] 177

BERATERHINWEIS:
Im Rahmen der Beratung könnte dieser Aspekt im Falle der Übertragung von § 8b KStG – Beteiligungen und sonstigen Wirtschaftsgütern von Bedeutung sein. Die Grenze der schuldrechtlichen Gestaltung findet sich aber im Falle einer Scheinvereinbarung oder eines Gestaltungsmissbrauches.

c) Veräußerungskosten

Bei der Ermittlung des Veräußerungsgewinns i. S. d. § 8b Abs. 2 Satz 2 KStG werden die tatsächlichen Veräußerungskosten zum Abzug gebracht. Der Begriff der Veräußerungskosten ist weder gesetzlich definiert noch durch Gerichtsentscheidungen konkretisiert worden. Daraus wird allgemein eine eher weite Auslegung abgeleitet.[3] Maßgeblich ist aber die direkte Veranlassung der Kosten durch ein Veräußerungsgeschäft. Die konkrete Ausgestaltung dieser Veranlassung wartet allerdings weiterhin auf eine gerichtliche Klarstellung.[4] Zu den Veräußerungskosten zählen Notarkosten, Rechtsanwalts- und Steuerberaterhonorare, die im Zusammenhang mit der Veräußerung stehen. 178

---

1 BFH, Urteile v. 9.4.2014 - I R 52/12, BStBl 2014 II 861 = NWB AAAAE-67440; v. 6.3.2013 - I R 18/12, BStBl 2013 II 588 = NWB DAAAE-36623.
2 BFH, Urteile v. 21.8.2007 - I B 26/07, BFH/NV 2007, 2354 = NWB YAAAC-62153; v. 4.12.2008 - IX B 149/08, BFH/NV 2009, 365 = NWB JAAAD-03676.
3 BFH, Urteil v. 12.3.2014 - I R 55/13, DStR 2013, 80 = NWB ZAAAE-67475; kritisch *Ditz/Tcherveniachki*, DStR 2012, 1161.
4 FG Köln, Urteil v. 1.10.2014 - 10 K 3593/12, NWB OAAAE-81246, DStR 2015, 579, Rev. erledigt durch BFH v. 15.6.2016 - I R 64/14, BStBl 2017 II 182.

Dies bedeutet im Ergebnis, dass die Veräußerungskosten zwar abziehbar sind, aber im Rahmen der Steuerfreiheit des § 8b Abs. 2 KStG untergehen. Unter Berücksichtigung der Fiktion der nicht abziehbaren Betriebsausgaben i. S. d. § 8b Abs. 3 Satz 1 KStG, welche den Ansatz tatsächlich niedrigerer Betriebsausgaben nicht zulassen, kommt es zu einer erheblichen Belastung. Diese hat das BVerfG allerdings für verfassungsgemäß erklärt.[1]

179 **Veränderungen der Veräußerungskosten** außerhalb des Jahres der Veräußerung sind im Jahr der Veräußerung zu berücksichtigen und wirken sich auf den Gewinn aus. Dies kann eine Änderung der Steuerbescheide der betreffenden Jahre gem. § 175 Abs. 1 Nr. 2 AO nach sich ziehen.[2]

Im Hinblick auf die Steuerfreiheit des § 8b KStG hat eine Veränderung nur insoweit Auswirkung, als dass der steuerfreie Gewinn wiederum Bemessungsgrundlage für die Höhe der nichtabziehbaren Betriebsausgaben i. S. d. § 8b Abs. 3 KStG bzw. den Verlust ist, welcher i. S. d. § 8b Abs. 3 KStG nicht geltend gemacht werden darf.

d) Stichtag

180 Der Veräußerungsgewinn ist stichtagsbezogen auf den Zeitpunkt der Veräußerung zu ermitteln.[3]

e) Buchwert

181 Aufgrund des dinglichen Übertragungsstichtages als maßgeblichen Zeitpunkt für die Ermittlung des Veräußerungsgewinns, ist auch der Buchwert zu diesem Zeitpunkt zu bestimmen. Ein Rückgriff auf die Werte eines von dem Übertragungsstichtag abweichenden Bilanzstichtages ist nicht möglich. Veränderungen, welche sich zu einem späteren Zeitpunkt auf die Kaufpreishöhe oder die Veräußerungskosten auswirken, wirken sich daher rückwirkend im Jahr der Veräußerung aus.[4] Unabhängig von § 8b Abs. 3 Satz 2 KStG beeinflussen Teilwertabschreibungen den Buchwert, so dass sie sich steuerlich auf die nicht abziehbaren Betriebsausgaben auswirken.

f) Veräußerungsverlust

182 Ein Veräußerungsverlust ist gem. § 8b Abs. 3 Satz 3 KStG steuerlich nicht zu berücksichtigen.

6. Rechtsfolge

183 Gemäß § 8b Abs. 2 Satz 1 KStG bleiben Gewinne aus Veräußerungen bei der Ermittlung des Einkommens der beteiligten Körperschaft außer Ansatz. Die Korrektur erfolgt außerbilanziell.

Im Ergebnis kommt es aber nicht zu einer Steuerbefreiung zu 100 %, da gem. § 8b Abs. 3 Satz 1 KStG 5 % des Gewinns als nicht abziehbare Betriebsausgaben gelten. Die Steuerbefreiung beträgt daher im Ergebnis 95 %.

---

1 BVerfG, Urteil v. 12. 10. 2010 - 1 BvL 12/07, BVerfGE 127, 224; siehe → Rz. 258.
2 BFH, Urteil v. 12. 3. 2014 - I R 55/13, DStR 2013, 80 = NWB ZAAAE-67475; BMF, Schreiben v. 24. 7. 2015, BStBl 2015 I 612, mit ausführlichem Berechnungsbeispiel (BMF, Schreiben v. 13. 3. 2008, BStBl 2008 I 506 ist aufgehoben); a. A. Düll/Knödler, DStR 2008, 1665, 1668.
3 BFH, Urteil v. 22. 10. 2010 - I R 58/10, BFH/NV 2011, 711 = NWB OAAAD-62350.
4 Vgl. → Rz. 171 und → Rz. 176, 177.

Verhältnis zur GewSt: § 8b Abs. 2 KStG wirkt sich unmittelbar auf die Gewerbesteuer aus. Entgegen § 8b Abs. 1 KStG kommt eine Hinzurechnung der Gewinne i. S. d. § 8 Nr. 5 GewStG nicht in Betracht.

7. Zeitlicher Anwendungsbereich

Gemäß § 34 Abs. 7 Satz 1 Nr. 2 KStG ist die Vorschrift erstmals nach Ablauf des ersten Jahres, welches dem letzten Jahr der Anwendbarkeit des KStG in der Fassung v. 14. 7. 2000 folgt, anzuwenden. Abzustellen ist dabei auf die Gesellschaft an der die Anteile bestehen. Auf den Gesellschafter kommt es dahingegen nicht an:

- Dieses ist letztmals im Jahr 2000 anzuwenden. Das erste Jahr nach Ende des Anwendungsbereiches ist damit das Jahr 2001, so dass die erstmalige Anwendung im Jahr 2002 erfolgt.
- Bei abweichenden Wirtschaftsjahren, auf welche die letztmalige Anwendung im Jahr 2000/2001 erfolgt, ist das erste nach der letztmaligen Anwendung maßgebliche Wirtschaftsjahr das Jahr 2001/2002, so dass die Regelung erstmals auf das Wirtschaftsjahr 2003 abzustellen ist.
- Das Abzugsverbot für Teilwertabschreibungen bei Auslandsbeteiligungen gem. § 34 Abs. 7 Sätze 3 und 4 KStG i. d. F. des UntStFG v. 20. 12. 2001 verstößt gegen die Niederlassungs- und Kapitalverkehrsfreiheit" und ist im Veranlagungszeitraum 2001 nicht anwendbar.[1]

(Einstweilen frei)

III. § 8b Abs. 2 Satz 3 KStG

Die Steuerfreiheit des § 8b Abs. 2 Satz 3 KStG erstreckt sich auch auf Gewinne aus

- der Auflösung der Körperschaft,
- der Herabsetzung des Nennkapitals sowie
- der Wertaufholung i. S. d. § 6 Abs. 1 Satz 1 Nr. 2 Satz 3 EStG.

Die Regelung erfasst sowohl in- als auch ausländische Körperschaften.

1. Liquidationsgewinn

Hinsichtlich des Liquidationsgewinns ist entsprechend der Zusammensetzung des Liquidationsgewinns zu unterscheiden.[2] § 8b Abs. 2 Satz 3 KStG erfasst ausschließlich den Gewinn, der nicht bereits unter § 8b Abs. 1 KStG fällt, d. h. Liquidationszahlungen, die das Nennkapital und das steuerliche Einlagekonto erfassen.

2. Herabsetzung des Nennkapitals

Auch der Ertrag aus der Herabsetzung des Nennkapitals ist von der Steuerfreiheit des § 8b Abs. 2 Satz 3 KStG erfasst. Die Einschränkungen bezüglich der Gewinnbestandteile gelten entsprechend.

---

[1] BFH, Urteil v. 6. 3. 2013 - I R 10/11, BStBl 2013 II 707 = NWB HAAAE-40089.
[2] Ausführliches Beispiel: BMF, Schreiben v. 28. 4. 2003, BStBl 2003 I 292, Tz. 7.

3. Wertaufholungsgewinn

204 Kommt es aufgrund einer Wertaufholung zu einer Zuschreibung i. S. d. § 6 Abs. 1 Nr. 2 Satz 3 EStG, unterliegt der daraus resultierenden Gewinn ebenfalls der Steuerfreiheit des § 8b Abs. 2 Satz 3 KStG, soweit es nicht zuvor zu einer steuerwirksamen Teilwertabschreibung gekommen ist.

BEISPIEL: Die M-GmbH ist zu 100% an der T-GmbH beteiligt (Buchwert: 100 000 €). Im Jahr 2014 kommt es zu einer Teilwertabschreibung i. H. v. 30 000 € auf 70 000 €. In 2016 kommt es zu einer Wertaufholung i. H. v. 20 000 €.

LÖSUNG: Die Teilwertabschreibung durfte gem. § 8b Abs. 3 Satz 3 KStG in 2014 steuerlich nicht berücksichtigt werden. Aus diesem Grund ist auch die Wertaufholung steuerfrei i. S. d. § 8b Abs. 2 Satz 3 KStG.

IV. § 8b Abs. 2 Satz 4 KStG

205 Die Steuerfreiheit des § 8b Abs. 2 KStG greift nicht, soweit auf die Beteiligung zuvor eine Abschreibung auf einen niedrigeren Teilwert vorgenommen wurde und sich die Abschreibung auf den Gewinn der Körperschaft ausgewirkt hat (§ 8b Abs. 2 Satz 4 KStG). Da die Teilwertabschreibung mit Einführung des § 8b Abs. 3 Satz 3 KStG a. F. nicht mehr steuerreduzierend möglich ist, handelt es sich dabei um Altfälle.

1. Tatbestand

206
- Teilwertabschreibung
- Steuerliche Auswirkung auf den Gewinn
- Kein späterer Ausgleich
- Zuschreibung

2. Steuerwirksame Teilwertabschreibung

207 Voraussetzung ist, dass die Teilwertabschreibung steuerwirksam vorgenommen wurde und die Gewinnminderung zu einem späteren Zeitpunkt nicht wieder ausgeglichen worden ist. Auf die Rechtmäßigkeit der Teilwertabschreibung kommt es dahingegen nicht an.[1]

3. Steuerwirksame Wertaufholung

208 Vor dem Hintergrund des Regelungszwecks des § 8b Abs. 3 Satz 4 KStG, mithin der steuerwirksamen Abschreibung einerseits und steuerpflichtigen Wertaufholung andererseits ist auch zu fordern, dass die Wertaufholung steuerwirksam erfolgt. Nach der hier vertretenen Ansicht ergibt sich dies auch aus dem Wortlaut des § 8b Abs. 2 Satz 4 KStG.[2]

Darüber hinaus ist eine steuerliche Auswirkung auch im Falle einer Erhöhung eines bereits bestehenden Verlustes anwendbar. Ein positives Einkommen ist gerade nicht Voraussetzung des § 8b Abs. 2 Satz 4 KStG.

209 Die Auswirkungen stellen sich wie folgt dar:

---

[1] FG Düsseldorf, Urteil v. 27. 11. 2007 - 6 K 3380/00 KF, EFG 2008, 980.
[2] Gl. A. Gosch/*Gosch* § 8b Rz. 238.

BEISPIEL (KEINE STEUERLICHE AUSWIRKUNG DER TEILWERTABSCHREIBUNG): Die M-GmbH hat im Jahr 2013 ihren Geschäftsanteil an der T-GmbH von 500 000 € auf 250 000 € abgeschrieben. Die Teilwertabschreibung wurde gem. § 8b Abs. 3 Satz 3 KStG steuerlich nicht berücksichtigt. Der Geschäftsanteil wird in 2015 für 600 000 € verkauft.

LÖSUNG: Da sich die Teilwertabschreibung nicht auf den Gewinn ausgewirkt hat, kommt es nicht zur Beschränkung des § 8b Abs. 2 Satz 4 KStG. Der Veräußerungsgewinn i. H. v. 350 000 € ist daher steuerfrei i. S. d. § 8b Abs. 2 Satz 1 KStG.

ALTERNATIVE 1: (Steuerliche Auswirkung der Teilwertabschreibung): Eine frühere Teilwertabschreibung hat sich auf den Gewinn ausgewirkt.

In diesem Fall findet die Einschränkung des § 8b Abs. 2 Satz 4 KStG Anwendung, so dass der Gewinn in Höhe der Teilwertabschreibung von 250 000 € nicht steuerbefreit und i. H.v. 350 000 € steuerbefreit ist.

Mehrere Teilwertabschreibungen: Diskutiert wird die Frage, wie die Fälle mehrfacher Teilwertabschreibungen die sich sowohl steuerwirksam als auch steuerneutral ausgewirkt haben, zu behandeln sind.[1]

ABWANDLUNG 2 ZU BEISPIEL RZ. 209 (MEHRERE TEILWERTABSCHREIBUNGEN): Auf ein Aktienpaket wurden zwei Teilwertabschreibungen vorgenommen. Die ältere war steuerwirksam und es kam später zu keiner steuerwirksamen Zuschreibung. Die jüngere Teilwertabschreibung war dahingegen steuerunwirksam.

Die Finanzverwaltung ist der Ansicht, dass eine steuerwirksame Zuschreibung solange stattzufinden hat, bis die ältere steuerwirksame Teilwertabschreibung voll erfasst wird.[2] Im Ergebnis spiegelt sich darin die Verrechnungsreihenfolge „First in – First out".

Dahingegen wird die Ansicht vertreten, dass eine quotale Zuordnung, entsprechend dem Verhältnis zwischen steuerwirksamer und nicht steuerwirksamer Teilwertabschreibung vorzunehmen sei.[3] Andererseits wird eine verursachungsgerechte Zuordnung gefordert.[4]

Der BFH vertritt dem gegenüber die Auffassung, dass es zuerst in Höhe der steuerunwirksamen Teilwertabschreibung zu einer nach § 8b Abs. 2 Satz 1 KStG steuerfreien Zuschreibung kommt. Erst dann kommt es zu einer steuerpflichtigen Zuschreibung in Höhe des überschießenden Betrages.[5] Der BFH vertritt daher im Ergebnis anders als die Finanzverwaltung die Verrechnungsreihenfolge „Last in – First out".

Zur Begründung führt der BFH aus, dass diese Reihenfolge dem Gesetzeszweck entspräche, welcher darin liegt, die steuerfreie Realisierung von stillen Reserven zu vermeiden, welche nach früherer Rechtslage, d. h. vor Systemwechsel von Anrechnungs- zu Halbeinkünfteverfahren steuerpflichtig gewesen sei. Dies könne mittels einer zeitlichen Reihenfolge erreicht werden. Der BFH sieht seine Ansicht auch durch den Gesetzeswortlaut bestätigt: Vorrangig sollen Erträge aus Wertaufholungen steuerfrei bleiben und nur in Altfällen soll dies nicht gelten.

---

1 Vgl. Übersicht: *Roser/Haupt*, DStR 2009, 1679 ff.
2 OFD Hannover v. 8. 7. 2009, DStR 2009, 1758 sowie v. 30. 5. 2006, DStR 2006, 1891; OFD Münster v. 23. 2. 2005, DB 2005, 470; OFD Koblenz v. 18. 9. 2006, DStR 2006, 2033.
3 Vgl. Übersicht: *Dötsch/Pung* Dötsch/Jost/Pung/Witt, KStG, § 8b Rz. 158.
4 *Frotscher*/Maas § 8b Rz. 228 ff.
5 BFH, Urteil v. 19. 8. 2009 - I R 2/09, BStBl 2010 II 760; Vorinstanz FG Düsseldorf, Urteil v. 2. 12. 2008 - 6 K 2726/06, NWB DAAAD-26102.

Der Ansicht des BFH ist zuzustimmen, da für die gegenteilige Ansicht keine gesetzliche Grundlage besteht und der Zweck der Steuerfreiheit i. S. d. § 8b Abs. 2 KStG auf der Grundlage dieser gegenteiligen Auslegung unterlaufen würde.[1]

Die Finanzverwaltung hat sich dieser Ansicht zwischenzeitlich angeschlossen.[2]

LÖSUNG ZU BEISPIEL RZ. 209: Im Rahmen des § 8b Abs. 2 KStG wird zuerst die jüngere steuerunwirksame Teilwertabschreibung „aufgebraucht".

4. Rechtsfolge

214 Gemäß § 8b Abs. 2 Satz 4 KStG scheidet die Steuerfreiheit des § 8b Abs. 2 Satz 1 – 3 KStG aus, soweit es zu einer steuerwirksamen Teilwertabschreibung und später nicht zu einem steuerwirksamen Ausgleich gekommen ist. Dies erfasst sämtliche in § 8b Abs. 2 Satz 1 – 3 KStG begünstigten Tatbestände, d. h.

- Veräußerung
- verdeckte Einlage
- Auflösung
- Herabsetzung des Nennkapitals
- Wertaufholung

5. Zeitlicher Anwendungsbereich

215 Siehe → Rz. 182.

216–229 *(Einstweilen frei)*

V. § 8b Abs. 2 Satz 5 KStG

230 Die Beschränkung der Steuerfreiheit bei der Wertaufholung auf eine Beteiligung an einer Körperschaft gilt gem. § 8b Abs. 2 Satz 5 KStG auch dann, wenn der Wert der Beteiligung zuvor aufgrund der Übertragung einer Rücklage nach § 6b EStG reduziert worden war.

Bis zum 31.12.1998 konnten auch Körperschaften Rücklagen aus der Veräußerung von Beteiligungen gem. § 6b EStG bilden und auf andere Anteile an Kapitalgesellschaften übertragen. Die Regelung erfasst daher nur Altfälle. Der Gewinn aus der Veräußerung einer solchen Beteiligung unterliegt nicht der Begünstigung des § 8b Abs. 2 KStG.

VI. § 8b Abs. 2 Satz 6 KStG

231 Einer Veräußerung steht auch die verdeckte Einlage einer Beteiligung an einer Körperschaft gleich. Mangels eines entgeltlichen Vorgangs handelt es sich dabei gerade nicht um eine Veräußerung. Satz 6 schließt diese Lücke. Unter einer verdeckten Einlage versteht man die Zuwendung eines bilanzierbaren Vermögensvorteils aus gesellschaftsrechtlichen Gründen ohne Ent-

---

[1] Im Ergebnis auch *Roser/Haupt*, DStR 2009, 1677, 1685; *Prinz*, StuB 2010, 43.
[2] OFD Münster v. 18.8.2010, NWB CAAAD-49041; OFD Niedersachsen v. 9.8.2010, NWB NAAAD-52383; OFD Niedersachsen v. 11.4.2011 - S 2750a - 18 - St 242, NWB SAAAD-86135.

gelt in Gestalt von Gesellschaftsrechten.[1] Die verdeckte Einlage ist mit dem Teilwert anzusetzen.[2]

BEISPIEL: Die M-GmbH ist Gesellschafterin sowohl der T1-GmbH als auch der T2-GmbH. Sie veräußert die Beteiligung an der T1-GmbH an die T2-GmbH und erzielt einen Gewinn von 100 000 €. In Höhe von 50 000 € liegt eine verdeckte Einlage vor.

LÖSUNG: Sowohl der Veräußerungsgewinn als auch die verdeckte Einlage unterliegen der Steuerbefreiung des § 8b Abs. 2 KStG. 5 % gelten wiederum als nicht abziehbare Betriebsausgabe i. S. d. § 8b Abs. 3 KStG.

VII. Verstoß gegen höherrangiges Recht

Das Abzugsverbot für Teilwertabschreibungen bei Auslandsbeteiligungen gem. § 34 Abs. 7 Sätze 3 und 4 KStG i. d. F. des UntStFG v. 20. 12. 2001 verstößt gegen die Niederlassungs- und Kapitalverkehrsfreiheit und ist im Veranlagungszeitraum 2001 nicht anwendbar.[3]

(Einstweilen frei)

D. § 8b Abs. 3 KStG

§ 8b Abs. 3 KStG ist eine sowohl von seinem Regelungsumfang als auch von seiner Regelungswirkung sehr weitreichende Norm. Zum einen fingiert sie, dass 5 % des steuerfreien Gewinns aus der Veräußerung einer Beteiligung als nicht abziehbare Betriebsausgaben gelten, so dass die Steuerfreiheit des § 8b Abs. 2 KStG wirtschaftlich im Ergebnis nur zu 95 % besteht. Zum anderen verbietet sie den Abzug von Gewinnminderungen die im Zusammenhang mit gerade diesen Beteiligungen stehen. Letzterem liegt der Grundgedanke zugrunde, dass die Steuerfreiheit der Gewinne auf der einen Seite zu einer Nichtabziehbarkeit von Betriebsausgaben auf der anderen Seite führen muss. Ist der Gewinn dahingegen steuerpflichtig, greift auch die Beschränkung nicht.

Darüber hinaus gelten diese Beschränkungen auch für Finanzierungen wesentlich beteiligter Gesellschafter, so dass der Ausfall etwa von Gesellschafterdarlehen steuerlich nicht berücksichtigt werden darf. Diesbezüglich hat der Steuerpflichtige zwar die Möglichkeit eines Entlastungsbeweises, allerdings steht der Praxistest für diese Regelung noch aus. Aufgrund dieser weitreichenden Regelungen und Einschränkungen bestehen sowohl gemeinschaftsrechtliche als auch verfassungsrechtliche Bedenken gegen § 8b Abs. 3 KStG. Zumindest Letzteren ist das BVerfG im Hinblick auf § 8b Abs. 3 Satz 1 KStG entgegen getreten.[4]

I. Regelungsbereich

▶ Satz 1: Nicht abziehbare Betriebsausgaben bei Gewinnen
▶ Satz 2: Nichtanwendbarkeit des § 3c Abs. 1 EStG
▶ Satz 3: Gewinnminderungen im Zusammenhang mit Anteilen i. S. d. Abs. 2
▶ Satz 4: Anwendbarkeit auf Gesellschafterdarlehen und Sicherheiten

---

1 Siehe *Klein/Müller/Döppner* in Mössner/Seeger/Oellerich, KStG, § 8 Rz. 2090.
2 Bezüglich der Altfälle vor 2001 siehe OFD Niedersachsen v. 11. 4. 2011, NWB SAAAD-86135.
3 BFH, Urteil v. 6. 3. 2013 - I R 10/11, BStBl 2013 II 707 = NWB HAAAE-40089.
4 Siehe → Rz. 258.

- Satz 5: Anwendbarkeit auf nahe stehende Personen
- Satz 6: Fremdvergleich
- Satz 7: Anwendbarkeit auf wirtschaftlich ähnliche Rechtshandlungen
- Satz 8: Wertaufholungsgewinne

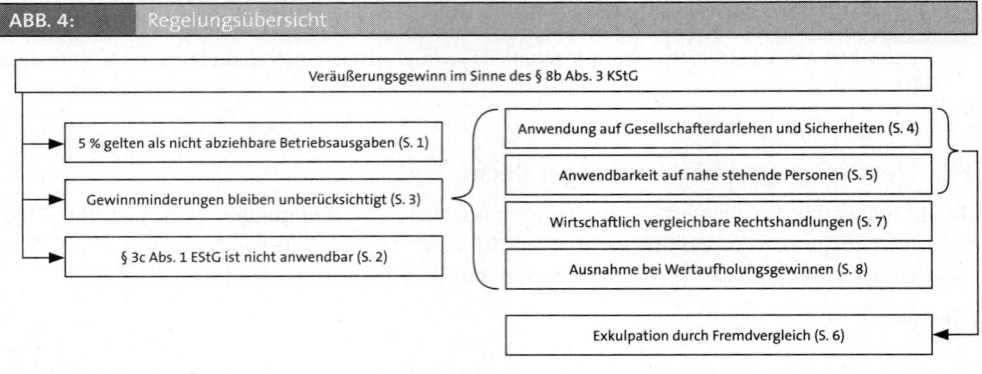

ABB. 4: Regelungsübersicht

II. § 8b Abs. 3 Satz 1 KStG

252 Gemäß § 8b Abs. 3 Satz 1 KStG gelten 5 % des jeweiligen Gewinns i. S. d. § 8b Abs. 2 Satz 1, 3 und 6 KStG als nicht abziehbare Betriebsausgaben.

1. Tatbestand

253
- Körperschaft
- Begünstigte Gewinne i. S. d. § 8b Abs. 2 KStG

2. Körperschaft

254 Der Tatbestand des § 8b Abs. 3 KStG erfasst sowohl in- als auch ausländische unbeschränkt und beschränkt steuerpflichtige Körperschaften gleichermaßen.[1] Zu beachten sind aber die Rechtsfolgen von beschränkt steuerpflichtigen Körperschaften ohne inländische Betriebsstätte oder ständigen Vertreter.[2] Dahingegen erstreckte sich § 8b Abs. 3 Satz 1 KStG a. F. allein auf ausländische Körperschaften. In dieser einseitigen Beschränkung auf ausländische Körperschaften lag jedoch ein Verstoß gegen die Kapitalverkehrsfreiheit i. S. d. Art. 63 AEUV. Die Regelung wurde daher entsprechend auf inländische Körperschaften ausgedehnt, so dass nunmehr keine Diskriminierung mehr vorliegt.

255 Auf der Ebene der **Organgesellschaft** ist § 8b Abs. 2 KStG gem. § 15 Satz 1 Nr. 2 Satz 1 KStG nicht anzuwenden, so dass Gewinnminderungen i. S. d. § 8b Abs. 3 KStG steuerlich zu berücksichtigen sind. Allerdings kommt § 8b Abs. 3 KStG gem. § 15 Satz 1 Nr. 2 Satz 2 KStG auf der Ebene des Organträgers zum Tragen, soweit dort die Voraussetzungen des § 8b Abs. 3 KStG vorliegen.

---

[1] Kritisch bei § 17-EStG-Beteiligungen beschränkt steuerpflichtiger Körperschaften *Nitzschke*, IStR 2012, 125.
[2] Vgl. → Rz. 259.

3. Gewinn

Der Verweis des § 8b Abs. 3 Satz 1 KStG erfasst folgende Gewinnrealisierungstatbestände und vergleichbare Tatbestände: 256

- Veräußerung eines Anteils an einer Körperschaft oder Personenvereinigung, die bei dem Empfänger zu Einkünften i. S. d. § 20 Abs. 1 Nr. 1, 2, 9 und 10a EStG führt.
  Dies umfasst nach Ansicht der Finanzverwaltung auch Gewinne, die i. S. d. § 3 Nr. 41 EStG steuerfrei sind, somit Bezüge und Veräußerungsgewinne aus ausländischen Zwischengesellschaften.[1]
- Veräußerung von Organgesellschaften i. S. d. §§ 14, 17 und 18 KStG. Die Beschränkung des § 15 Satz 1 Nr. 2 Satz 1 KStG greifen gem. § 15 Satz 1 Nr. 2 Satz 2 KStG auf Ebene des Organträgers nicht.
- Liquidation
- Herabsetzung des Nennkapitals
- Verdeckte Einlage

Bezugsgröße für die Ermittlung der nicht abziehbaren Betriebsausgaben ist der **„jeweilige Gewinn"** i. S. d. § 8b Abs. 2 Satz 2 KStG. Die einzelnen Gewinnrealisierungstatbestände sind daher gesondert zu prüfen. Eine Saldierung aller Tatbestände i. S. d. Abs. 2 kann nicht stattfinden.[2]

BEISPIEL: Die M-GmbH realisiert aus der Veräußerung der A-GmbH einen Gewinn von 100 000 € und aus der Veräußerung der B-GmbH einen Verlust von 80 000 €. Im Ergebnis erzielt sie einen Gewinn von 20 000 €.

LÖSUNG: Da der „jeweilige" Tatbestand gesondert zu prüfen ist, stellen 5 % des Gewinns aus der Veräußerung der A-GmbH i. H. v. 100 000 €, mithin 5 000 € und nicht etwa nur 1 000 € (20 000 € x 5 %) nichtabziehbare Betriebsausgaben dar. Der Veräußerungsverlust ist als Gewinnminderung i. S. d. § 8b Abs. 3 Satz 3 KStG steuerlich nicht zu berücksichtigen.

Der **Veräußerungsgewinn** i. S. d. Definition des § 8b Abs. 2 Satz 2 KStG berücksichtigt bereits die **Veräußerungskosten**, so dass es sich dabei um einen Nettowert handelt.[3] Sollte dieser nicht im Jahr der Veräußerung anfallen oder in anderen Veranlagungszeiträumen geändert werden, so ist der Gewinn i. S. d. § 8b Abs. 2 Satz 2 KStG entsprechend zu ändern.[4] Folgendes Berechnungsschema veranschaulicht den Gewinn und die nicht abziehbaren Betriebsausgaben: 257

	Veräußerungspreis
./.	Buchwert
./.	Tatsächliche Veräußerungskosten
=	Gewinn i. S. d. § 8b Abs. 2 KStG
	Davon 5 %
=	Nicht abziehbare BA i. S. d. § 8b Abs. 3 Satz 1 KStG

---

1 OFD Niedersachsen v. 11. 4. 2011 - S 2750a-18-St 242, DStR 2011, 1274, Nr. 27 = NWB SAAAD-86135.
2 Gl. A. *Frotscher*/Maas § 8b Rz. 56c; Gosch/*Gosch* § 8b Rz. 283.
3 BFH, Urteile v. 12. 3. 2014 - I R 45/13, DStR 2014, 1219 = NWB DAAAE-67439; v. 9. 4. 2014 - I R 52/12, DStR 2014, 1221 = NWB AAAAE-67440.
4 Vgl. BMF, Schreiben v. 13. 3. 2008, BStBl 2008 I 506; siehe → Rz. 171.

Auf das Vorliegen tatsächlicher Betriebsausgaben kommt es dahingegen nicht an.

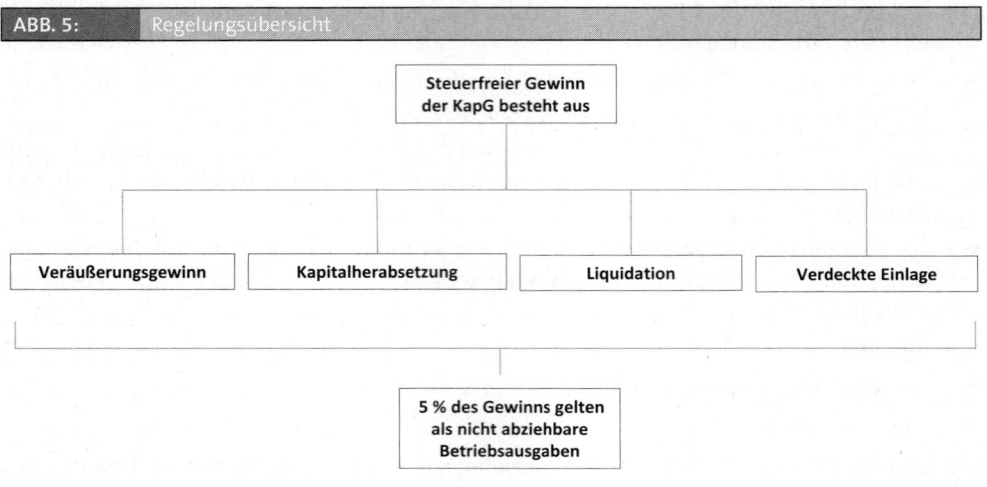

ABB. 5: Regelungsübersicht

4. Vereinbarkeit mit Art. 3 GG

258 Das Bundesverfassungsgericht hat mit Beschluss v. 12.12.2010 bestätigt, dass die Pauschalierung des Betriebsausgabenabzuges i.H.v. 5% des Veräußerungsgewinns und der Bezüge aus Unternehmensbeteiligungen gem. § 8b Abs. 3 Satz 1 und Abs. 5 Satz 1 KStG mit Art. 3 Abs. 1 GG vereinbar ist.[1]

Das BVerfG folgt demnach nicht der Ansicht des FG Hamburg, welches in der Pauschalierung der nicht abzugsfähigen Betriebsausgaben i.S.d. § 8b Abs. 3 Satz 1 und Abs. 5 Satz 1 KStG das Gebot der Gleichmäßigkeit der Besteuerung und der Besteuerung nach der finanziellen Leistungsfähigkeit i.S.d. Art. 3 Abs. 1 GG verletzt sieht, da der Nachweis niedriger Betriebsausgaben nicht möglich ist.[2] Auch der Doppelbelastung mit den tatsächlichen und den fiktiven Betriebsausgaben im Rahmen des § 8b Abs. 2 Satz 2 KStG stünden keine Bedenken entgegen.

Das BVerfG begründet dies mit dem Recht des Gesetzgebers sich bei Vorliegen besonderer sachlich rechtfertigender Gründe einer **generalisierenden, typisierenden und pauschalierenden Regelung** zu bedienen. Die Rechtfertigung läge in dem Wunsch der Verhinderung von rechtsmissbräuchlichen steuerlichen Gestaltungen, wie etwa dem Ballooning oder Finanzpooling im Konzern. Im Ergebnis rechtfertige dies auch einen Verstoß gegen den **Grundsatz der Leistungsfähigkeit** und dem **objektiven Nettoprinzip**.

Diesbezüglich weist das BVerfG darauf hin, dass auch die 5%-Pauschalierung mit steigender Leistungsfähigkeit zu einer höheren Besteuerung führt. Weiterhin stellt es im Vergleich zu § 3c EStG fest, dass der Gesetzgeber auch die Nichtabziehbarkeit aller im Zusammenhang mit den steuerfreien Einkünften stehenden Betriebsausgaben hätte normieren können. Die 5%-Pauschalierung sei daher ein Minus zu § 3c EStG. Grundsätzlich sei die Steuerfreistellung i.S.d. § 8b KStG die freie finanz- und wirtschaftspolitische Entscheidung des Gesetzgebers.

---

[1] BVerfG, Urteil v. 12.10.2010 - 1 BvL 12/07, NWB CAAAD-59902; NWB 2010, 1346.
[2] FG Hamburg, Urteil v. 7.11.2007 - 5 K 153/06, NWB GAAAC-64596.

Gegen die Bezüge i. S. d. § 8b Abs. 1 KStG als **Bemessungsgrundlage** der nicht abziehbaren Betriebsausgaben und deren **Höhe** von 5 % bestünden keine Bedenken. Zwar gäbe es keine entsprechende Gesetzesbegründung und es sei offen, ob sie sich an der Mutter-Tochter-Richtlinie orientiere, allerdings zeige sich bereits aus der relativen geringen Zahl an Rechtsbehelfsverfahren, dass die 5 % nicht zu beanstanden seien. Der Gesetzgeber sei auch insofern in seiner Entscheidung frei. Weiterhin läge eine lediglich **geringe Steuerbelastung** von 1,25 % vor, so dass auch insoweit von einer zulässigen Pauschalierung ausgegangen werden könne. Auch die **steuerliche Doppelbelastung** aufgrund der tatsächlichen und fiktiven Betriebsausgaben erkennt das BVerfG, relativiert dies aber mit dem Hinweis, dass die 5 % von dem bereits um die Veräußerungskosten reduzierten Kaufpreis bemessen werden. Offen gelassen hat das BVerfG ausdrücklich, ob die Vereinbarkeit mit Art. 3 GG auch im Zusammenhang mit Beteiligungsketten (**Kaskadeneffekt**) gelte, da sich der steuerliche Effekt mit zunehmender Zahl an Beteiligungsstufen erhöhe.

Gerade dieser Aspekt offenbart die Schwäche der Argumentation des BVerfG. Diesem ist sicherlich in der Aussage zuzustimmen, dass dem Gesetzgeber ein Pauschalierungs- und Typisierungsrecht zusteht. Durch die Einschränkung bei Beteiligungsketten wird jedoch deutlich, dass das BVerfG seine Entscheidung letztendlich von der Höhe der steuerlichen Belastung abhängig macht ohne eine weitergehende Systematik erkennen zu lassen. Insoweit stellt sich aber die Frage, welche steuerliche Belastung dem Steuerpflichtigen zuzumuten ist und auf welcher Grundlage diese steuerliche Belastung im Vergleich zu einer niedrigeren oder höheren Belastung hinnehmbar ist, um von dem Recht des Gesetzgebers zur Pauschalierung und Generalisierung gedeckt zu sein.[1] Diesen Aspekt lässt das BVerfG unbeantwortet, so dass hier wesentliche Zweifel an der Verfassungskonformität bestehen. Mit zunehmender Steuerbelastung „schlägt das Pendel" in Richtung Verfassungswidrigkeit.

Gemeinschaftsrecht: In der früheren Beschränkung auf ausländische Körperschaften lag ein Verstoß gegen die Kapitalverkehrsfreiheit i. S. d. Art. 63 AEUV. Mit Beseitigung dieser Beschränkung bestehen auch insoweit keine Bedenken mehr.

5. Rechtsfolge

Gemäß § 8b Abs. 3 Satz 1 KStG gelten 5 % des Gewinns als nicht abziehbare Betriebsausgabe, so dass im Ergebnis die Steuerfreiheit i. S. d. § 8b Abs. 2 Satz 1 KStG nur i. H. v. 95 % besteht. Allerdings regelt § 8b Abs. 3 KStG nicht den Abzug der tatsächlich angefallenen Betriebsausgaben. Dieser ist zwar uneingeschränkt möglich, geht aber im Zusammenhang mit der Steuerbefreiung des § 8b Abs. 2 KStG ins Leere. Im Ergebnis ist der Abzug der Veräußerungskosten daher zwar nicht materiell rechtlich aber in seiner tatsächlichen Wirkung ausgeschlossen.

Beschränkt steuerpflichtige Körperschaft: Fraglich sind auch die Auswirkungen der nichtabziehbaren Betriebsausgaben bei beschränkt steuerpflichtigen Körperschaften ohne inländische Betriebsstätte oder ständige Vertreter.

Vertreten wird hier, dass die Steuerbefreiung des § 8b Abs. 2 KStG nur zu 95 % gewährt wird, da dies, wollte man die die Regelung des § 8b KStG wirtschaftlich bewerten, der gesetzgeberischen Intention entspräche.

---

1 Vgl. auch *Lammers*, DStZ 2011, 483.

Auch nach der hier vertretenen Ansicht handelt es sich bei § 8b Abs. 3 Satz 1 KStG (sowie § 8b Abs. 5 Satz 1 KStG) wirtschaftlich um eine Beschränkung der Steuerbefreiung.[1] Allerdings vermag diese wirtschaftliche Betrachtung nicht den Wortlaut des Gesetzes zu relativieren, sondern setzt vielmehr in einem Schritt zuvor die Anwendbarkeit der Norm voraus.

Nach dem Gesetzeswortlaut handelt es sich unzweifelhaft um nichtabziehbare Betriebsausgaben. Betriebsausgaben benötigen jedoch einen entsprechenden Anknüpfungspunkt.[2] Ist dieser nicht gegeben, können die nichtabziehbaren Betriebsausgaben nicht greifen.

Der BFH hat sich im Falle der Veräußerung einer inländischen Beteiligung durch eine Muttergesellschaft in einem Drittland (kein DBA) ohne inländische Betriebsstätte oder ständigen Vertreter klar positioniert.[3] Dieser Entscheidung lag folgender Sachverhalt zugrunde:

Eine Muttergesellschaft im Drittland veräußert ihre Beteiligung an einer inländischen Körperschaft. Die Muttergesellschaft hat im Inland weder eine Betriebsstätte noch einen ständigen Vertreter.

Unstreitig unterliegt der Veräußerungsgewinn der Steuerfreiheit des § 8b Abs. 2 KStG. Streitig war, ob 5 % des Veräußerungsgewinns als nicht abziehbare Betriebsausgabe i. S. d. § 8b Abs. 3 Satz 1 KStG zu berücksichtigen sind.

Laut Ansicht des BFH lägen zwar inländischen Einkünfte vor, allerdings fehle der steuerliche Anknüpfungspunkt für Betriebsausgaben, da weder eine Betriebsstätte noch ein steuerlicher Vertreter vorlägen. Insoweit geht auch die Fiktion pauschalierter Betriebsausgaben ins Leere.

Der BFH wendet sich damit gegen zahlreiche Stimmen in der Literatur.[4] Er weist darauf hin, dass § 8b Abs. 3 KStG als typisierende Pauschalierung zwar unabhängig von den tatsächlichen Betriebsausgaben sei, diese Fiktion erfasse aber nicht „Besteuerungszugriff des deutschen Fiskus".

Voraussetzung sei daher ein steuerlicher Anknüpfungspunkt, wollte man den die Betriebsausgaben unterstellen. Diesen versagt der BFH, da für die Ermittlung des Veräußerungsgewinns im Rahmen des § 17 EStG alleine der Verkaufspreis, die Veräußerungskosten und die Anschaffungskosten maßgeblich seien. Auch wären tatsächliche Betriebsausgaben von der Steuerbefreiung des § 8b Abs. 2 KStG umfasst.

Wirtschaftliche Betrachtungen, welche zutreffend darauf hinweisen, dass die Steuerbefreiung des § 8b Abs. 2 KStG im Ergebnis nur i. H. v. 95 % besteht, verbietet der klare Wortlaut des Gesetzes. Die Steuerbefreiung im Sinne des § 8b Abs. 2 KStG und die Pauschalierung der nichtabziehbaren Betriebsausgaben seien getrennt voneinander zu beurteilen.

Dieses Urteil ist in seiner Klarheit nach der hier vertretenen Ansicht zutreffend. Auch wenn die wirtschaftliche Betrachtung gerade für die Praxis maßgeblich ist, sind der Gesetzeswortlaut und die Systematik des § 8b KStG eindeutig.[5]

---

1 Vgl. →Rz. 250.
2 Vgl. →Rz. 256.
3 BFH v. 31.5.2017 - I R 37/15, NWB GAAAG-6039; *Adrian*, StuB 2018, 64.
4 BFH, Urteil v. 31.5.2017 - I R 37/15, BStBl 2018 II 144, NWB GAAAG-60391, m. w. N.
5 *Berger/Tetzlaff*, NWB 2018, 324.

> **BERATERANSATZ:**
> Selbstverständlich eröffnet die zitierte BFH-Rechtsprechung einen Gestaltungsspielraum bezüglich ausländischer Gesellschafter (siehe Sachverhalt). Es ist jedoch davon auszugehen, dass es diesbezüglich noch zu weiter gehenden Entscheidungen kommen wird, so dass die Rechtsprechung im Blick zu behalten ist.

Zeitpunkt: Maßgeblich für die Bestimmung des Zeitpunktes ist nicht die schuldrechtliche Vereinbarung, sondern allein der Zeitpunkt der Gewinnminderung. Im Ergebnis bedeutet dies, dass die Regelung Darlehen erfasst, die zu einem Zeitpunkt vereinbart worden sind, zu dem die gesetzliche Regelung noch nicht einmal bestand.

6. Zeitlicher Anwendungsbereich

Bezüglich des zeitlichen Anwendungsbereiches des § 8b Abs. 3 KStG ist zu unterscheiden:

- § 8b Abs. 3 Satz 1 – 3 KStG in der jetzigen Fassung ist gem. § 34 Abs. 7 Satz 1 Nr. 2 KStG erstmals für Veräußerungen in dem Wirtschaftsjahr anzuwenden, das dem Jahr folgt, welches dem Jahr der letztmaligen Anwendung des Anrechnungsverfahrens folgt. Dies ist das Jahr 2002. Bei vom Kalenderjahr abweichenden Wirtschaftsjahren, kommt es zu einer entsprechenden Verschiebung. Maßgeblich ist das Wirtschaftsjahr der Gesellschaft an der die Anteile bestehen.

  § 8b Abs. 3 Satz 4 – 8 KStG wurde durch das JStG 2008 eingefügt. Die Regelung findet erstmals Anwendung ab dem Veranlagungszeitraum 2008. Bei abweichenden Wirtschaftsjahren ist auf das Wirtschaftsjahr 2007/2008 abzustellen.

- Eine Rückwirkung der Neuregelungen auf vorangegangene Veranlagungszeiträume kommt nach Ansicht der BFH nicht in Betracht.[1]

(Einstweilen frei)

III. § 8b Abs. 3 Satz 2 KStG

Im Rahmen des § 8b Abs. 3 Satz 2 KStG wird klargestellt, dass § 3c Abs. 1 EStG nicht anzuwenden ist. Ein Ausschluss der Betriebsausgaben, welche im unmittelbaren wirtschaftlichem Zusammenhang mit den steuerfreien Gewinnen stehen, findet daher materiell-rechtlich nicht statt (hinsichtlich des tatsächlichen Abzuges siehe → Rz. 258).

Diesbezüglich wird diskutiert, ob § 3c Abs. 1 EStG wieder auflebt, wenn § 8b Abs. 3 Satz 2 KStG nicht anwendbar sein sollte.[2] Nach der hier vertretenen Ansicht ist die gesetzliche Regelung jedoch unmissverständlich und lässt keine weitergehende Auslegung zu.

IV. § 8b Abs. 3 Satz 3 KStG

Gemäß § 8b Abs. 3 Satz 3 KStG sind Gewinnminderungen, die im Zusammenhang mit einer Beteiligung i. S. d. § 8b Abs. 2 KStG stehen, nicht abziehbar. Im Ergebnis handelt es sich daher um eine umfassende Verlustabzugsbeschränkung. Die Regelung korrespondiert mit der Steuerfreistellung von Beteiligungsgewinnen i. S. d. § 8b Abs. 2 KStG. Allerdings ist die Überschneidung nicht deckungsgleich. Währenddessen § 8b Abs. 2 KStG lediglich 95 % des Gewinns steuerfrei stellt, sind gem. § 8b Abs. 3 Satz 3 KStG 100 % der Verluste nicht abziehbar.

---

[1] BFH, Urteil v. 14.1.2009 - I R 52/08, BStBl 2009 II 674.
[2] Vgl. *Frotscher*/Maas § 8b Rz. 256.

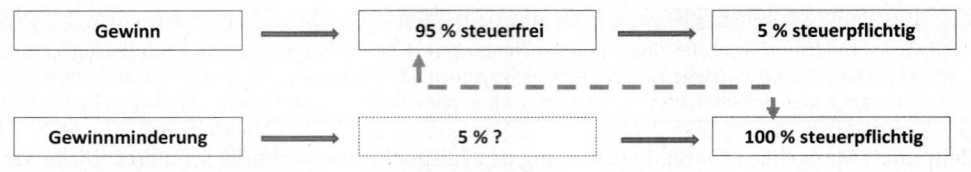

Die diesbezüglichen Bedenken hat das Bundesverfassungsgericht für unbeachtlich erklärt.[1] Der Abzug der laufenden Betriebsausgaben wird durch § 8b Abs. 3 Satz 3 KStG nicht beschränkt.[2]

1. Tatbestand

- Körperschaft
- Beteiligung an einer anderen Körperschaft
- Gewinnminderung, die im Zusammenhang mit diesem Anteil steht

2. Körperschaft

Hinsichtlich des Anteilsinhabers bestehen im Rahmen des § 8b Abs. 3 Satz 3 KStG keine Besonderheiten, so dass auf die Ausführungen zu § 8b Abs. 1 Satz 1 KStG verwiesen werden kann (siehe → Rz. 30 ff.).

3. Gewinnminderung

§ 8b Abs. 3 Satz 3 KStG erfasst ausschließlich Gewinnminderungen, die im Zusammenhang mit einem Anteil i. S. d. § 8b Abs. 2 KStG stehen. Eine Gewinnminderung ist zu bejahen, wenn sich das Betriebsvermögen, mithin der Bilanzansatz ändert.[3]

Folgende Gewinnminderungstatbestände kommen u. a. in Betracht:

- **Veräußerungsverlust:** Verluste aus der Veräußerung eines Anteils an einer Körperschaft i. S. d. § 8b Abs. 2 Satz 1 KStG sind gem. § 8b Abs. 3 Satz 3 KStG nicht abziehbar.[4] Ausgehend von der Definition des Veräußerungsgewinns i. S. d. § 8b Abs. 1 Satz 2 KStG entsteht ein Veräußerungsverlust, wenn der Veräußerungspreis nach Abzug der Veräußerungskosten den Buchwert der Beteiligung unterschreitet.

    BEISPIEL: Die M-GmbH ist Gesellschafterin der T-GmbH. Der Buchwert der Beteiligung beträgt 180 000 €. Die M-GmbH veräußert die Beteiligung an die D-GmbH zu einem Verkaufspreis von 155 000 €. Die Veräußerungskosten belaufen sich auf 5 000 €.

    LÖSUNG: Der Veräußerungsverlust beträgt 30 000 €. Eine Berücksichtigung dieses Verlustes scheidet gem. § 8b Abs. 3 Satz 3 KStG aus.

---

1 Siehe → Rz. 257.
2 Siehe → Rz. 257.
3 BFH, Urteil v. 14. 1. 2009 - I R 52/08, NWB SAAAD-16014.
4 BFH, Urteil v. 12. 3. 2014 - I R 87/12, BStBl 2014 II 859 = NWB KAAAE-67441.

- ▶ **Liquidationsverlust:** Die Verlustabzugsbeschränkung des § 8b Abs. 3 Satz 3 KStG erfasst auch Verluste die einer Körperschaft im Rahmen der Auflösung einer Tochtergesellschaft entstehen, soweit sie nicht bereits von § 8b Abs. 1 KStG erfasst sind.[1]

- ▶ **Herabsetzung des Nennkapitals:** Daneben sind auch Verluste, die einer Körperschaft aufgrund der Herabsetzung des Nennkapitals ihrer Tochtergesellschaft entstehen, von der Verlustabzugsbeschränkung erfasst.

- ▶ **Teilwertabschreibungen auf die Anteile:** Hier ist zu Teilwertabschreibungen auf Gesellschafterdarlehen abzugrenzen.[2]

- ▶ **Negativen Aktiengewinn i. S. v. § 8 Abs. 2 Satz 1 InvStG a. F.**[3]

- ▶ **Verdeckte Gewinnausschüttungen**

Nicht erfasst werden dahingegen nachfolgende Gewinnminderungstatbestände:

- ▶ **Teilwertabschreibungen auf (eigenkapitalersetzende) Darlehen:** Hier liegt kein Fall des § 8b Abs. 3 Satz 3 KStG, sondern vielmehr des § 8b Abs. 3 Satz 4 KStG vor.[4]

- ▶ **Betriebsausgaben:** Fraglich ist, ob auch Betriebsausgaben von § 8b Abs. 3 Satz 3 KStG erfasst sind, da diese im Zusammenhang mit Anteilen stehen und zu einer Gewinnminderung führen. Dies ist jedoch zu verneinen, da es sich aus dem Gesetzeswortlaut ergebenden Intention des Gesetzgebers zuwiderlaufen würde: 5 % des Gewinns gelten als nicht abziehbare Betriebsausgaben, währenddessen der Abzug der tatsächlichen Betriebsausgaben rechtlich nicht ausgeschlossen ist.[5] Davon zu unterscheiden sind allerdings Veräußerungskosten i. S. d. § 8b Abs. 2 Satz 2 KStG, da diese von dem steuerfreien Bereich des § 8b Abs. 2 KStG erfasst sind.[6] Im Ergebnis wirken sich diese nicht ergebnismindernd aus.

- ▶ Gewinnminderungen im Zusammenhang mit Anteilen, welche bei **Kreditinstituten und Finanzdienstleistungsinstituten** dem Handelsbestand im Sinne des § 340e Abs. 3 HGB zuzuordnen sind oder die bei **Finanzunternehmen** im Zeitpunkt des Zugangs zum Betriebsvermögen als Umlaufvermögen auszuweisen sind, wenn an dem Finanzunternehmen Kreditinstitute oder Finanzdienstleistungsinstitute zu mehr als 50 % beteiligt sind (§ 8b Abs. 7 KStG).

- ▶ Gewinnminderungen im Zusammenhang mit Anteilen, welche bei **Lebens- oder Krankenversicherungsunternehmen** den Kapitalanlagen zuzurechnen sind (§ 8b Abs. 8 KStG).

- ▶ Gewinnminderungen im Zusammenhang mit Anteilen von **Pensionsfonds**, soweit die Voraussetzungen des § 8b Abs. 8 KStG erfüllt sind.

---

1 Beispiel: BMF, Schreiben v. 28. 4. 2003, BStBl 2003 I 292, Tz. 7.
2 Siehe → Rz. 280.
3 BFH, Urteil v. 14. 12. 2011 - I R 92/10, BStBl 2013 II 486 = NWB DAAAE-00561.
4 BFH, Urteile v. 12. 3. 2014 - I R 87/12, BStBl 2014 II 859 = NWB KAAAE-67441; v. 14. 1. 2009 - I R 52/08, BStBl 2009 II 674; OFD Münster v. 21. 4. 2011, DStR 2011, 914.
5 Vgl. auch FG München, Urteil v. 28. 9. 2009 - 7 K 558/08, DStRE 2010, 1184 = NWB AAAAD-39822; zu vergeblichen Aufwendungen einer Due-Diligence-Prüfung: BFH, Urteil v. 9. 1. 2013 - I R 72/11, BStBl 2013 II 343 = NWB UAAAE-32297.
6 FG München, Urteil v. 28. 9. 2009 - 7 K 558/08, DStRE 2010, 1184 = NWB AAAAD-39822.

4. Mittelbare Beteiligung

281 Gemäß § 8b Abs. 6 Satz 1 KStG findet § 8b Abs. 3 KStG auch Anwendung, wenn die Körperschaft Mitunternehmer einer Personengesellschaft ist, die wiederum die Anteile an der Körperschaft hält. Im Ergebnis sind daher auch mittelbare Beteiligungsverhältnisse erfasst.

5. Rechtsfolge

282 Der nach § 8b Abs. 3 Satz 3 KStG nicht zu berücksichtigende Gewinn ist außerbilanziell wieder hinzuzurechnen.[1] Handels- und steuerbilanziell ist die Gewinnminderung auszuweisen.

6. Zeitliche Anwendung

283 § 8b Abs. 3 Satz 3 KStG ist ab dem Veranlagungszeitraum 2002 anwendbar.[2]

Diesbezüglich hat der BFH klargestellt, dass § 8b Abs. 3 Satz 3 KStG auf Auslandsbeteiligungen im Jahr 2001 nicht anzuwenden ist, da dies einen Verstoß gegen die Kapitalverkehrsfreiheit i. S. d. Art. 63 AEUV begründet.[3] Auf die Beteiligungshöhe kommt es dabei nicht an.[4]

Die Entscheidungen stützen sich auf das EuGH Urteil in Sachen **STEKO Industriemontage GmbH**.[5] Eine GmbH hielt Anteile an ausländischen (EU und Drittland) Kapitalgesellschaften i. H.v. jeweils weniger als 10 % und nahm diesbezüglich im Jahr 2001 Teilwertabschreibungen auf dieselben i. S. d. § 6 Abs. 1 Nr. 2 Satz 2 KStG vor. Die Finanzverwaltung bejahte das Abzugsverbot des § 8b Abs. 3 KStG. Der EuGH erkannte, dass § 8b Abs. 3 Satz 3 KStG bei Inlandsbeteiligungen erst im Jahr 2002 und bei Auslandsbeteiligungen bereits im Jahr 2001 Anwendung findet. Insoweit lag ein Verstoß gegen die Kapitalverkehrsfreiheit vor.

Die Finanzverwaltung wendet diese Rechtsprechung auf offene Sachverhalte an, welchen bezüglich des Jahres 2001 sowie bei abweichenden Wirtschaftsjahren bezüglich des Wirtschaftsjahres 2001/2002 Gewinnminderungen aufgrund von Teilwertabschreibungen von Anteilen an ausländischen Gesellschaften und Verluste aus der Veräußerung dieser Anteile zugrunde liegen. Entgegen der bisher deutlich restriktiveren Handhabe gilt diese nunmehr für alle Beteiligungen aus EU, EWR und Drittstaaten, unabhängig von deren Beteiligungshöhe.[6]

BERATERHINWEIS:
Diesem BMF-Schreiben liegt eine klare Kehrtwende zugrunde, da der Anwendungsbereich der STEKO-Entscheidung deutlich ausgeweitet wird.
Diese Ansicht stützt auch der BFH.[7]

Die von der Finanzverwaltung geführte Unterscheidung zwischen der Kapital- und Niederlassungsfreiheit ist vor dem Hintergrund der Entscheidung des EuGH in Sachen „Test Claimants in the FII Group Litigation"[8] sowie der jüngsten Rechtsprechung des BFH[9] nicht mehr haltbar.

---

1 FG Niedersachsen, Urteil v. 26. 11. 2015 - 6 K 69/15, EFG 2016, 832 = NWB UAAAF-72879.
2 Ausführlich zur Anwendung: BFH, Urteil v. 22. 4. 2009 - I R 57/06, BStBl 2011 II 66 = NWB BAAAD-25913.
3 BFH, Urteil v. 22. 4. 2009 - I R 57/06, BStBl 2011 II 66 = NWB BAAAD-25913.
4 BFH, Beschluss v. 8. 6. 2010 - I B 199/09, NWB GAAAD-48059; FG Köln, Urteil v. 10. 2. 2010 - 13 K 18/06, EFG 2010, 1163; vgl. zu Drittlandsfällen → Rz. 480.
5 EuGH, Urteil v. 22. 1. 2009 - Rs. C-377/07, DStRE 2009, 225.
6 BMF, Schreiben v. 3. 5. 2016, BStBl 2016 I 478 = NWB XAAAF-73098; nicht mehr anwendbar: BMF, Schreiben v. 16. 4. 2012, BStBl 2012 I 529.
7 BFH, Urteil v. 29. 8. 2012 - I R 7/12, BStBl 2013 II 89 = NWB IAAAE-22192.
8 EuGH, Urteil v. 13. 11. 2012 - Rs. C-35/11, DB 2012, 22, Nr. 46 = NWB RAAAE-23430; vgl. → Rz. 480.
9 BFH, Urteil v. 29. 8. 2012 - I R 7/12, BStBl 2013 II 89 = NWB IAAAE-22192; vgl. → Rz. 480.

Die vorgenannten Grundsätze gelten nach Ansicht des BFH auch bezüglich der Beteiligungen inländischer Investmentvermögen an ausländischen Kapitalgesellschaften.[1] Auch diesbezüglich hat die Finanzverwaltung ausführlich zur Berücksichtigung der Gewinnminderung in den Jahren 2001 und 2002 Stellung genommen.[2]

(Einstweilen frei)

V. § 8b Abs. 3 Satz 4 KStG

Gemäß § 8b Abs. 3 Satz 4 KStG sind Gewinnminderungen, die im Zusammenhang mit Gesellschafterdarlehen eines wesentlich beteiligten Gesellschafters stehen, steuerlich nicht zu berücksichtigen. Dies gilt auch im Fall der Inanspruchnahme von Sicherheiten. Gesellschafterdarlehen werden daher im Ergebnis Eigenkapital gleichgesetzt, so dass die Regelungen des § 8b Abs. 3 Satz 3 KStG nicht durch entsprechende Gestaltungen umgangen werden können. Aufgrund der strengen Regelung des Satzes 3 war es eine beinahe zwingende Konsequenz, dass Gesellschafter ihren Gesellschaften nicht mehr Eigen-, sondern Fremdkapital zur Verfügung stellten. Entsprechend der Gesetzesbegründung zum JStG 2008 war das Ziel der neuen Sätze 4 – 8 auch der Ausschluss von steuerlichen Gestaltungen zur Umgehung des § 8b Abs. 3 Satz 3 KStG.[3]

§ 8b Abs. 3 Satz 4 KStG erfasst auch Altdarlehen, soweit es ab dem Veranlagungszeitraum 2008 zu einer Gewinnminderung kommt. Eine Rückwirkung findet nicht statt.[4]

1. Tatbestand

▶ Wesentlich beteiligter Gesellschafter

▶ Darlehen

▶ Sicherheiten

▶ Gewinnminderung

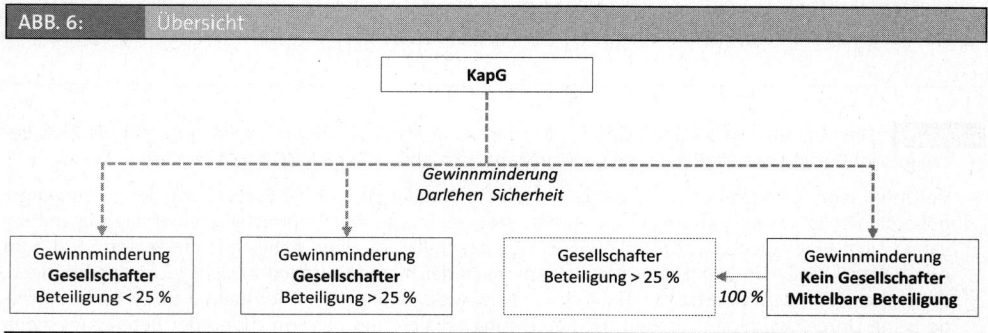

ABB. 6: Übersicht

---

1 BFH, Urteil v. 28. 10. 2009 - I R 27/08, BStBl 2011 II 229.
2 BMF, Schreiben v. 1. 2. 2011, BStBl 2011 I 201 = NWB LAAAD-61019.
3 BT-Drucks. 16/6290 v. 4. 9. 2007.
4 BFH, Urteil v. 14.1.2009 - I R 52/08, BStBl 2009 II 674; FG Baden-Württemberg, Urteil v. 23.11.2017 - 3 K 2804/15, NWB ZAAAG-68386.

2. Wesentlich beteiligter Gesellschafter

303 Bei dem Gesellschafter muss es sich um eine Körperschaft oder Personenvereinigung handeln, die unmittelbar oder mittelbar zu mehr als einem Viertel an der Körperschaft beteiligt ist oder war, welcher das Darlehen gewährt wurde. Maßgeblich ist die Beteiligung am Grund- oder Stammkapital. Erfasst werden unbeschränkt oder beschränkt steuerpflichtige in- und ausländische Körperschaften.

304 **Stimmrechte:** Auf die Verteilung der Stimmrechte kommt es nicht an. Auch Poolvereinbarungen spielen keine Rolle.[1] Weiterhin stellt sich die Frage, ob auch **stimmrechtlose Anteile** bei der Berechnung der qualifizierten Beteiligung mit zu berücksichtigen sind. Dies ist zu bejahen, da das Stimmrecht als maßgebliches Kriterium der Ausübung der Gesellschafterstellung vorliegend keine Anwendung findet. Anknüpfungspunkt ist allein die nominelle Beteiligung. Auch der **beherrschende Einfluss** eines Minderheitsgesellschafters ist ohne Bedeutung.[2]

305 ▶ **Mittelbare Beteiligung:** Erfasst werden auch mittelbare Beteiligungen. Der Gesetzgeber hat daher die früheren Zweifel[3] an der Maßgeblichkeit mittelbarer Beteiligungen beseitigt.

> **BEISPIEL:** ▶ Die M-GmbH ist an der T-GmbH zu 100 % beteiligt. Die T-GmbH hält wiederum 30 % der Anteile an der E-GmbH. Die M-GmbH gewährt der E-GmbH ein Darlehen i. H. v. 100 000 €. Die Darlehensforderung fällt aus. Die M-GmbH möchte den Darlehensausfall gewinnmindernd berücksichtigen.

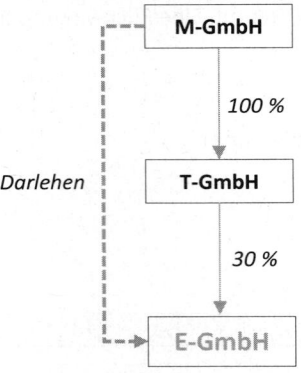

> **LÖSUNG:** ▶ Die M-GmbH ist an der E-GmbH zwar nicht unmittelbar, aber mittelbar zu mehr als 25 % beteiligt. Der Darlehensausfall darf den Gewinn gem. § 8b Abs. 3 Satz 3 KStG nicht mindern.
>
> Vertreten wird auch die Ansicht, dass die mittelbare Beteiligung nur der Berechnung der Beteiligungshöhe dienen kann und § 8b Abs. 3 Satz 4 KStG stets eine (minimale) unmittelbare Beteiligung voraussetzt.[4] Liegt eine solche nicht vor, könne es sich allenfalls um einen nahestehende Person i. S. d. § 8b Abs. 4 Satz 5 KStG handeln. Dieser Ansatz kann nach der hier vertretenen Ansicht nicht durchdringen. Zum einen kann dem Gesetzeswortlaut eine solche Auslegung nicht entnommen werden. Es wird gerade keine Unterscheidung zwischen der Beteiligung an sich und der Ermittlung der Beteiligungshöhe

---

1 *Fuhrmann/Stahl*, DStR 2008, 125.
2 *Schmidt/Schwind*, NWB 2008, 5225.
3 *Schmidt/Schwind*, NWB 2008, 5225; *Watermeyer*, Ubg 2008, 752; *Neumann*, Ubg 2008, 752; *Frotscher*/Maas § 8b Rz. 382a.
4 *Watermayer*, H/H/R § 8b, Rz. 112 m. w. N.

vollzogen. Zum anderen stehen § 8b Abs. 3 Satz 4 KStG und Satz 5 nicht in Konkurrenz zu einander, sondern ergänzen sich, da der Anwendungsbereich des § 8b Abs. 3 Satz 5 KStG deutlich weiter ist.[1]

Mittelbare und unmittelbare Beteiligung: Fraglich ist, ob die Voraussetzungen der Wesentlichkeitsgrenze (> 25 %) erfüllt sind, wenn die Grenze von 25 % durch Zusammenrechnung von mittelbarer und unmittelbarer Beteiligung erreicht wird.

BEISPIEL: Die A-GmbH ist an der T2-GmbH zu 20 % beteiligt. Daneben ist sie an der T1-GmbH zu 100 % beteiligt, welche wiederum eine Beteiligung an der T2-GmbH i. H. v. 10 % hält. Die A-GmbH hat der T2-GmbH ein Darlehen gewährt, welches nicht zurückgezahlt wird. Die A-GmbH macht den Ausfall nicht steuermindernd geltend, da sie mittelbar und unmittelbar zu 30 % an der T2-GmbH beteiligt ist.

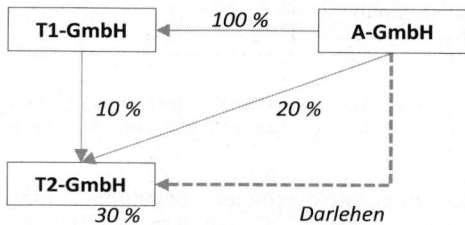

LÖSUNG: Der Darlehensausfall kann gewinnmindernd geltend gemacht werden. Die wesentliche Beteiligung muss gem. § 8b Abs. 3 Satz 5 KStG „unmittelbar oder mittelbar" bestehen. Eine Zusammenrechnung genügt demgegenüber nicht.

Dieser Ansatz ist nach der hier vertretenen Ansicht mit der Intention des Gesetzgebers nicht vertretbar. Maßgeblich ist die Erfassung von Gesellschafterfremdfinanzierungen ab der Wesentlichkeitsgrenze von 25 %. Wenn aber im Zeitpunkt der Darlehensgewährung keine wesentliche Beteiligung bestand, so können die Voraussetzungen einer Gesellschafterfremdfinanzierung nicht vorliegen.

Aus diesem Grund muss auch die gesellschaftsrechtliche Veranlassung, welche maßgeblich für § 8b Abs. 3 KStG ist, versagt werden.[2]

▶ **Mehrere mittelbare Beteiligungen**:

BEISPIEL: Die A-GmbH ist an der T1-GmbH sowie an der T2-GmbH zu 100 % beteiligt. Die T1-GmbH ist wiederum zu 10 %, die T2-GmbH zu 20 % an der E-GmbH beteiligt. Die A-GmbH hat der E-GmbH ein Darlehen gewährt, welches nicht zurückgezahlt wird. Die A-GmbH macht den Ausfall steuermindernd geltend, da sie mittelbar zu 30 % an der E-GmbH beteiligt ist.

---

1 Vgl. → Rz. 333.
2 Gl. A. *Frotscher*/Maas § 8b Rz. 396.

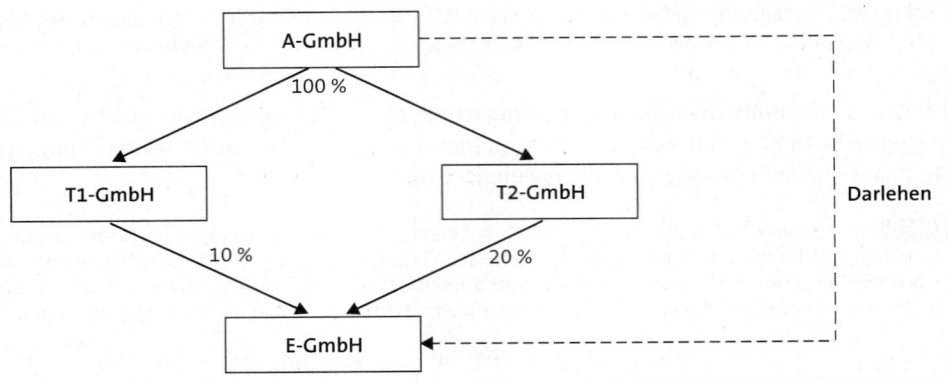

LÖSUNG: Die A-GmbH ist mittelbar zu 30 % an der E-GmbH beteiligt. Mehrere mittelbare Beteiligungen werden bei der Betrachtung des § 8b Abs. 3 Satz 5 KStG zusammengerechnet.[1]

306 **Personengruppen:** Mangels einer entsprechenden Regelung i. S. d. § 8c Satz 3 KStG ist davon auszugehen, dass der Darlehensgeber die Beteiligungsschwelle von 25 % allein überschreiten muss. Eine Personengruppe mit gleichgerichteten Interessen genügt daher nicht.[2]

307 **Zeitpunkt:** Mit Urteil vom 12. 3. 2014 hat der BFH klargestellt, dass es für den Tatbestand des § 8b Abs. 3 Satz 4 KStG ausreicht, wenn die Beteiligung zu irgendeinem Zeitpunkt während der Darlehenslaufzeit bestand.[3] Ob sie im Zeitpunkt der Inanspruchnahme aus dem Darlehen oder der Sicherheit noch fortbesteht, sei dahingegen unbeachtlich.

Der BFH versäumt es in diesem Urteil nicht zu betonen, dass Zweifel an dieser Auslegung berechtigt sind, sieht aber auf der Grundlage des unmissverständlichen Gesetzeswortlautes „ist oder war" und dem Fehlen einer anderweitigen Interpretationsgrundlage etwa in der Gesetzesbegründung keinen Spielraum für eine anderweitige Auslegung.[4]

Dieser Ansatz hat im Ergebnis zur Folge, dass ein Gesellschafter, welcher zum Zeitpunkt der Darlehensgewährung wesentlich an der Gesellschaft beteiligt war, dies aber schon seit Jahren nicht mehr ist, die Gewinnminderungen aus der späteren Inanspruchnahme nicht geltend machen kann. Nach dem Gesetzeswortlaut „war" er beteiligt.

Dieser Ansatz mag vertretbar erscheinen, wenn man sich vor Augen führt, dass der Gesellschafter auch steuerfrei an den Gewinnen partizipiert hat, deren Grundlage ggf. gerade dessen Darlehen war. Bedenken ergeben sich aber, wenn zu keinem Zeitpunkt Gewinne erzielt wurden oder der Gesellschafter nur für einen sehr kurzen Zeitpunkt (z. B. zwischen zwei Ausschüttungen) wesentlich beteiligter Gesellschafter war. Letztlich ist dem BFH allerdings zuzugestehen, dass der Gesetzeswortlaut eindeutig ist. Eine Korrektur vermag somit nur der Gesetzgeber vorzunehmen.

---

1 Dötsch/Jost/Pung/Witt, KStG, § 8b Rz. 227.
2 *Neumann/Stimpel*, GmbHR 2008, 57, 63.
3 BFH, Urteil v. 12. 3. 2014 - I R 87/12, BStBl 2014 II 859 = NWB KAAAE-67441.
4 BFH, Urteil v. 12. 3. 2014 - I R 87/12, BStBl 2014 II 859 = NWB KAAAE-67441, m.w.V. Zum Stand der Diskussion vgl. 1. Aufl. dieser Kommentierung.

> **BERATERHINWEIS:**
> Sollte in der Praxis ein entsprechend deutlicher Widerspruch zwischen den Rechtsfolgen und der Dauer bzw. des Zeitpunktes des Haltens der Beteiligung bestehen, wäre, nach der hier vertretenen Ansicht, im Interesse des Mandanten stets ein Rechtsbehelfsverfahren in Betracht zu ziehen.

Auf eine Mindestdauer der wesentlichen Beteiligung kommt es mangels entsprechender gesetzlicher Regelung nicht an, zumal auch dieses Kriterium wirkungslos zur Vermeidung missbräuchlicher Gestaltungen wäre.

3. Darlehen und vergleichbare Rechtshandlungen

Nach dem Wortlaut des § 8b Abs. 3 Satz 4 KStG erstreckt sich die Beschränkung auf Darlehen und Sicherheiten. Unter einem Darlehen im schuldrechtlichen Sinn ist gem. § 488 BGB die Hingabe von Geld oder einer Sache für einen bestimmten Zeitraum gegen Darlehenszins zu verstehen. Dabei kommt es nicht darauf an, welcher Rechtsgrund dem Darlehen zugrunde liegt. Erfasst werden daher sämtliche Darlehen. Auf die Qualifizierung als eigenkapitalersetzende Darlehen kommt es nicht an.

4. § 8b Abs. 3 Satz 7 KStG (Wirtschaftlich vergleichbare Forderungen)

Der Regelungszweck des § 8b Abs. 3 Satz 4 – 6 KStG ist vor dem Hintergrund von § 8b Abs. 3 Satz 7 KStG weit auszulegen. Dementsprechend ist Satz 4 auch auf Forderungen, welche einer Darlehensgewährung vergleichbar sind, anzuwenden. Die weite Regelung des § 8b Abs. 3 Satz 4 KStG erfasst u. a. folgende Rechtshandlungen:[1]

- Forderungen aus Lieferungen und Leistungen oder Mieten[2]
- Fälligkeitsvereinbarungen die das übliche Zahlungsziel überschreiten
- Gelddarlehen
- Gewinn- und Wandelverschreibungen
- Kontokorrentvereinbarungen, soweit sie der dauerhaften Finanzierung dienen
- Partiarische Darlehen
- Stille Beteiligungen
- Stundung von Forderungen

Entscheidend ist die Vergleichbarkeit mit einem Darlehen, d. h. die Überlassung von Mitteln über einen bestimmten Zeitraum, welcher über die jeweiligen schuldrechtliche Modalitäten hinausgeht. Nicht erfasst werden nach allgemeiner Ansicht Mieten und Pachten. Letztere scheiden bereits deswegen aus, weil die Sache nicht in das Eigentum des Darlehensgebers übergeht.[3]

5. Sicherheiten

Die Regelung des § 8b Abs. 3 Satz 4 KStG erstreckt sich auch auf die Hingabe von Sicherheiten durch den Gesellschafter gegenüber dem Darlehensgeber bzw. Gläubiger. Die Voraussetzungen entsprechen i. Ü. der Darlehensgewährung. Auch diesbezüglich kommt es auf den Rechts-

---

1 *Winhard*, FR 2010, 690; *Frotscher*/Maas § 8b Rz. 399; *Gosch*/*Gosch* § 8b Rz. 278 f.
2 Vgl. Entwurf des JStG 2008, BT-Drucks. 16/6290 v. 4.9.2007.
3 *Frotscher*/Maas § 8b Rz. 399; a. A. Bundesregierung zum Gesetzentwurf JStG 2008, BT-Drucks. 16/6290 v. 4.9.2007.

grund für die Gewährung der Sicherheiten nicht an. Allerdings braucht die Sicherheit nicht an die Gesellschafter gerichtet zu sein, sondern kann auch einem Dritten gegenüber erklärt werden. Der Begriff der Sicherheiten ist nicht definiert, so dass dieser weit auszulegen ist. Er umfasst u. a.:

- Garantien
- Grundschulden
- Patronatserklärungen
- Hypotheken
- Pfandrechte
- Sicherungsabtretung
- Sicherheitsübereignung

6. Gewinnminderungen in der Form von Darlehen

312 Im Zusammenhang mit dem Darlehen muss es zu einer Gewinnminderung gekommen sein. Eine Gewinnminderung ist u. a. in folgenden Konstellationen anzunehmen:[1]

- **(Teil-)Ausfall:** Aufgrund des Ausfalls der Forderung kommt es zu einer teilweisen Minderung des Gewinns. Dies gilt auch für den Fall einer Abtretung der Forderung zu einer nicht werthaltigen Gegenleistung.

    BEISPIEL: Die M-GmbH gewährt der T-GmbH an der sie zu 50 % beteiligt ist, ein Darlehen i. H. v. 100 000 €. Zu einer Rückzahlung des Darlehens kommt es nicht.

    LÖSUNG: Der Ausfall der Darlehensforderung bleibt gem. § 8b Abs. 3 Satz 3 KStG bei der Ermittlung des Einkommens unberücksichtigt.

- **Teilwertabschreibung:** Auch eine Abschreibung auf den niedrigeren Teilwert führt zu einer Gewinnminderung, die mit der Beteiligung in Zusammenhang steht.

    Umstritten war aber die Frage, ob Teilwertabschreibungen auf eigenkapitalersetzende Darlehen von § 8b Abs. 3 Satz 3 KStG erfasst werden. Dabei handelt es sich um solche Darlehen, die ein Gesellschafter der Gesellschaft zu einem Zeitpunkt gewährt, zu dem ordentliche Kaufleute Eigenkapital zugeführt hätten. Dem ist der BFH mit Urteil v. 14. 1. 2009[2] entgegengetreten. Der BFH führt aus, dass es sich bei einem (eigenkapitalersetzenden) Darlehen um ein eigenständiges Wirtschaftsgut handelt, welches von der Beteiligung trotz ihres gesellschaftsrechtlichen Zusammenhangs zu unterscheiden ist. Aus diesem Grund findet § 8b Abs. 3 Satz 3 KStG keine Anwendung, so dass die Teilwertabschreibung steuerlich wirksam ist. Diese Entscheidung ist allerdings nur für Altfälle und Beteiligungen von weniger als 25 % von Bedeutung, da für Gewinnminderungen im Falle einer Beteiligungshöhe von mehr als 25 % ab dem Veranlagungszeitraum 2008 § 8b Abs. 3 Satz 4 KStG greift.

    Die Finanzverwaltung hat sich der Entscheidung zwischenzeitlich angeschlossen und zur Behandlung offener Sachverhalte Stellung genommen.[3]

---

1 Vgl. BMF, Schreiben v. 13. 3. 2008, BStBl 2008 I 506, Tz. 26.
2 I R 52/08, BStBl 2009 II 674.
3 OFD Münster v. 20. 10. 2009, NWB 2009, 3395; OFD Rheinland v. 20. 10. 2009, NWB 2009, 3395; OFD Niedersachsen v. 14. 4. 2011, NWB SAAAD-86135.

Bezüglich der Anwendbarkeit des o. g. Urteils und somit der steuerwirksamen Teilwertabschreibung auf Darlehen an verbundene ausländische Unternehmen hat die Finanzverwaltung ebenfalls ausführlich Stellung genommen.[1]

- Verlust im Rahmen der **Herabsetzung des Nennkapitals**
- Verluste im Rahmen der **Liquidation**
- Bezüglich des **Verzichts auf ein werthaltiges Darlehen** ist zu unterscheiden:
  - Der Verzicht eines Gesellschafters auf ein werthaltiges Darlehen stellt eine verdeckte Einlage dar, welche zu nachträglichen Anschaffungskosten führen.
  - Der Verzicht auf eine nicht werthaltige Forderung stellt dahingegen einen Anwendungsfall des § 8b Abs. 3 Satz 4 KStG dar.[2]
- **§ 21 UmwStG:** Bezüglich der **einbringungsgeborenen Anteile** ist § 8b Abs. 4 KStG zu beachten.[3]
- **Organschaftlicher Ausgleichsposten:** Nach Ansicht der Finanzverwaltung ist auf organschaftliche Ausgleichsposten § 8b Abs. 2 KStG, somit auch § 8b Abs. 3 KStG anzuwenden.[4]

7. Sicherheiteninanspruchnahme

Im Falle der Stellung von Sicherheiten kommt es zu einer Gewinnminderung im Rahmen der Inanspruchnahme aus der Sicherheit. Insoweit erstreckt sich § 8b Abs. 3 Satz 4 KStG auch auf die Fälle der sog. back-to-back-Finanzierungen.[5] Diese sind dadurch gekennzeichnet, dass ein Drittgläubiger zur Befriedigung seiner Forderung auf den Gesellschafter oder eine diesem nachstehende Person zurückzugreifen vermag.

BEISPIEL: Die M-GmbH ist zu 50 % an der T-GmbH beteiligt. Die B-Bank gewährt der T-GmbH ein Darlehen i. H. v. 100 000 €, für das die M-GmbH durch Eintragung einer Hypothek Sicherheit stellt. Aufgrund der Zahlungsschwierigkeiten der T-GmbH kommt es zu einer Verwertung der Hypothek i. H. v. 100 000 €.

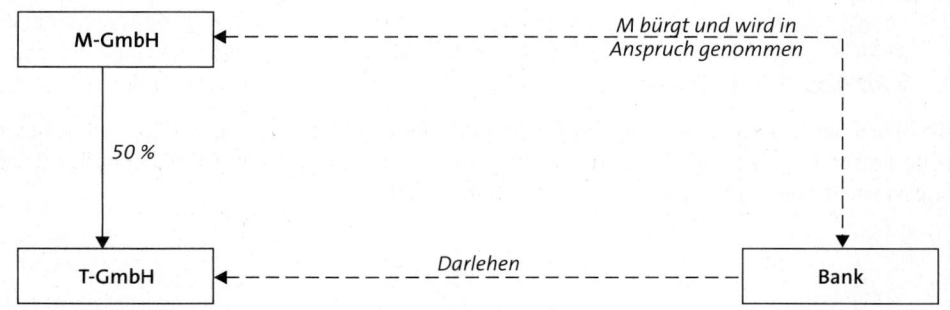

LÖSUNG: Aufgrund der Inanspruchnahme kommt es bei der M-GmbH zu einer Gewinnminderung, welche aber gem. § 8b Abs. 3 Satz 4 KStG steuerlich nicht berücksichtigt werden darf.

---

1 BMF, Schreiben v. 29. 3. 2011, BStBl 2011 I 277; vgl. hierzu *Kaminski/Strunk*, Stbg 2011, 246.
2 *Benzel/Linzbach*, DStR 2009, 1599; *Dötsch/Pung* Dötsch/Jost/Pung/Witt, KStG, § 8b Rz. 225; kritisch auch *Winhard*, FR 2010, 670.
3 Siehe → Rz. 391 ff.
4 OFD Frankfurt/M. v. 8. 11. 2005, NWB EAAAB-70173; BMF, Schreiben v. 28. 4. 2003, BStBl 2003 I 292, Tz. 16 und 26.
5 Gl. A. Gosch/*Gosch* § 8b Rz. 279d.

314 Keine Gewinnminderung stellen gem. der Gesetzesbegründung laufende Aufwendungen wie z. B. Refinanzierungskosten dar.[1]

8. Rechtsfolge

315 Gemäß § 8b Abs. 3 Satz 4 KStG ist die Gewinnminderung außerbilanziell dem Einkommen des Gesellschafters wieder hinzuzurechnen. Die Korrektur erfolgt i. H.v. 100 %. Auf die laufenden Kosten wirkt sich § 8b Abs. 3 Satz 4 KStG dahingegen nicht aus, d. h., diese sind in vollem Umfang als Betriebsausgaben zu berücksichtigen.

In der gestaltenden Beratung wäre abzuwägen, ob Darlehen bzw. Sicherheiten nicht von natürlichen Personen gewährt werden. Der Anwendungsbereich des § 3c Abs. 2 EStG erstreckt sich gerade nicht auf Darlehen und Sicherheiten.[2]

9. Zeitlicher Anwendungsbereich

316 § 8b Abs. 3 Satz 4 KStG ist erstmals anwendbar auf Gewinnminderungen, die ab dem Veranlagungszeitraum 2008 eintreten.

317 Erfasst werden daher auch zu diesem Zeitpunkt bereits bestehende Darlehen. Eine Rückwirkung auf vorangehende Zeiträume findet dahingegen nicht statt. Dies hat der BFH noch einmal bestätigt.[3] Das Gericht begründet dies damit, dass „das Gesetz den Veranlagungszeitraum 2008 als denjenigen der erstmaligen Anwendung benennt"[4] und dadurch klar zum Ausdruck bringt, dass die Neuregelung Veranlagungen für frühere Zeiträume gerade nicht erfassen soll. Dem folgt nunmehr auch die Finanzverwaltung.[5] Bis einschließlich Veranlagungszeitraum 2007 sind Teilwertabschreibungen auf Gesellschafterdarlehen daher nicht von § 8b Abs. 3 KStG erfasst und somit steuerlich zu berücksichtigen.

318–329 *(Einstweilen frei)*

VI. § 8b Abs. 3 Satz 5 KStG

330 § 8b Abs. 3 Satz 5 KStG erweitert den Anwendungsbereich des § 8b Abs. 3 KStG auf nahestehende Personen sowie auf die Inanspruchnahme wesentlich beteiligter Gesellschafter beziehungsweise diesen nahestehender Personen durch Dritte.

---

[1] BT-Drucks. 16/6290 v. 4. 9. 2007; *Fuhrmann/Strahl*, DStR 2008, 126; *Schmidt/Schwind*, NWB F. 4, 5225.
[2] BFH, Urteil v. 18. 4. 2012 - X R 7/10, BStBl 2013 II 791 = NWB WAAAE-12677; FG Niedersachsen, Urteil v. 2. 3. 2010 - 8 K 254/07, DStR 2010, 1161 = NWB TAAAD-42768.
[3] BFH, Urteil v. 14. 1. 2009 - I R 52/08, BStBl 2009 II 674.
[4] Vgl. § 34 Abs. 1 KStG 2002 i. d. F. des JStG 2008.
[5] OFD Münster v. 20. 10. 2009, NWB 2009, 3395; OFD Rheinland v. 20. 10. 2009, NWB 2009, 3395, mit entsprechend zeitlichen Anwendungsvorschriften.

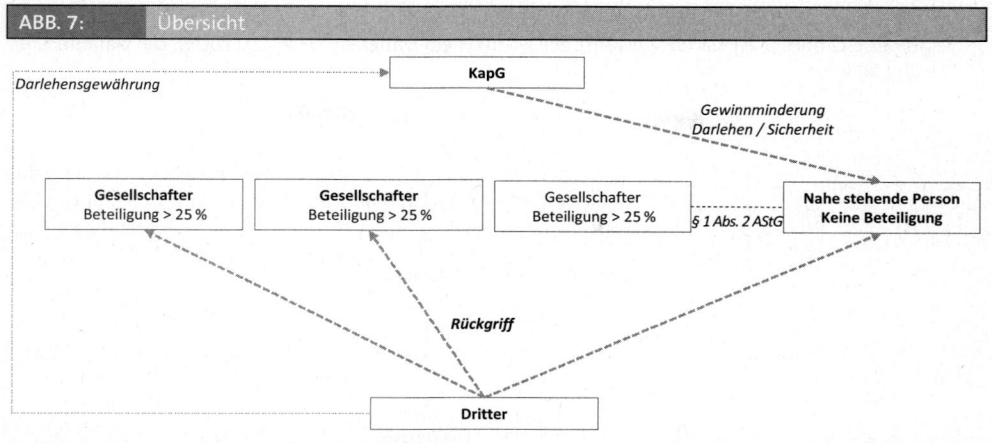

ABB. 7: Übersicht

1. Tatbestände

- Nahestehende Person i. S. d. § 1 Abs. 2 AStG
- wesentlich beteiligter Gesellschafter
- Gewinnminderung oder Inanspruchnahme aus Sicherheiten
- Inanspruchnahme durch Dritten

331

2. Nahestehende Person

Hinsichtlich der nahestehenden Person wird auf die Regelung des § 1 Abs. 2 AStG verwiesen. Dem Gesellschafter nahe stehend ist daher eine Person unter folgenden Alternativen:[1]

332

- wesentliche Beteiligung von mindestens 25 % (§ 1 Abs. 2 Nr. 1 und 2 AStG)
- beherrschender Einfluss (§ 1 Abs. 2 Nr. 1 und 2 AStG)
- wesentliche Beteiligung oder beherrschender Einfluss Dritter auf beide Gesellschaften (§ 1 Abs. 2 Nr. 2 AStG)
- geschäftsfremde Einflussnahmemöglichkeiten (§ 1 Abs. 2 Nr. 3 1. Alt. AStG)
- Interesse an der Einkünfteerzielung der anderen Gesellschaft (§ 1 Abs. 2 Nr. 3 2. Alt. AStG)

§ 8b Abs. 3 Satz 5 KStG erfasst selbstverständlich nur Körperschaften. Natürliche Personen sind von den Beschränkungen nicht erfasst.

3. Downstream/Upstream Darlehen

Der Regelungsbereich des § 8b Abs. 3 Satz 5 KStG erstreckt sich u. a. auf Down- und Upstream Darlehen:

333

- **Upstream-Darlehen:** Erfasst werden u. a. auch Darlehen der Enkel- an die Tochtergesellschaft (Upstream-Darlehen), da die Eigenkapitalfinanzierung durch die Muttergesellschaft fingiert wird. Anderenfalls könnte die Regelung des § 8b Abs. 3 Satz 3 KStG durch einer Darlehensgewährung der Enkelgesellschaft umgangen werden.[2]

---

[1] Vgl. *Lademann*, AStG Kommentar, § 1 Rz. 29 ff.
[2] *Frotscher*/Maas § 8b Rz. 60e; a. A: *Winhard*, FR 2010, 691.

BEISPIEL: Die M-GmbH ist an der T-GmbH zu 100 % beteiligt. Die T-GmbH hält wiederum 30 % der Anteile an der E-GmbH. Die E-GmbH gewährt der T-GmbH ein Darlehen i. H. v. 100 000 €. Die Darlehensforderung fällt aus.

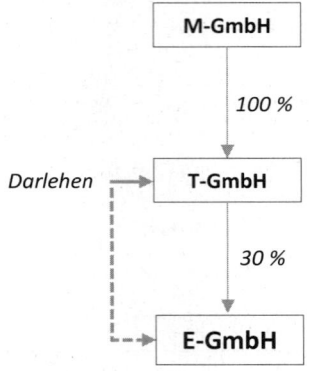

LÖSUNG: § 8b Abs. 3 Satz 4 KStG ist nicht anwendbar, da die darlehensgewährende E-GmbH nicht wesentlich beteiligter Gesellschafter der T-GmbH ist. Die E-GmbH ist aber nahe stehende Person der M-GmbH, da die M-GmbH beherrschenden Einfluss auf beide Gesellschaften ausübt. Das Darlehen wird daher von einer dem Gesellschafter (M-GmbH) nahe stehenden Person gewährt. Die Gewinnminderung aufgrund der Darlehensausfalls ist daher gem. § 8b Abs. 3 Satz 5 KStG steuerlich nicht zu berücksichtigen. Zum Verhältnis zur verdeckten Gewinnausschüttung siehe → Rz. 336.

▶ Sidestream-Darlehen: Daneben werden auch Konstellationen zwischen Schwestergesellschaften erfasst:

BEISPIEL: Die T1-GmbH ist an der E-GmbH zu 100 % beteiligt. An der T1-GmbH und zugleich an der T2-GmbH ist die M-GmbH zu 100 % beteiligt. Die T2-GmbH gewährt der E-GmbH ein Darlehen. Dieses wird nicht zurückgezahlt. Die T2-GmbH möchte den Ausfall der Darlehensforderung steuerwirksam berücksichtigen.

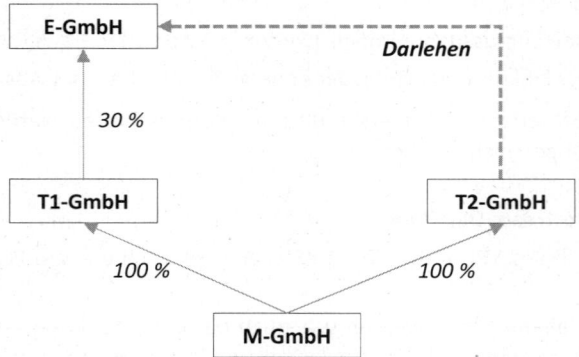

LÖSUNG: Da sowohl an der T1-GmbH als auch an der T2-GmbH die M-GmbH mehrheitlich beteiligt ist (Schwestergesellschaften), handelt es sich bei der T2-GmbH um eine nahestehende Person. Gemäß § 8b Abs. 3 Satz 5 KStG i. V. m. § 8b Abs. 4 Satz 4 KStG ist diese Gewinnminderung nicht zu berücksichtigen.

4. Rückgriffsberechtigter Dritter

§ 8b Abs. 3 Satz 5 KStG erfasst auch die Fälle des rückgriffsberechtigten Dritten. In Abgrenzung zu § 8b Abs. 3 Satz 4 KStG scheiden wohl die Fälle des Rückgriffs aufgrund einer gewährten Sicherheit aus. Insoweit ist die sog. back-to-back-Finanzierungen dort erfasst.[1]

Vor diesem Hintergrund werden der Zweck und die Notwendigkeit der Regelung in Frage gestellt. Sie wird insoweit als bloße Klarstellung ohne konstitutive Wirkung[2] oder als schlichtweg überflüssig angesehen.[3] Erklärungsversuche mit einem „weiten Rückgriffsbegriff"[4] vermögen nicht zu überzeugen. Nach der hier vertretenen Ansicht ist ein eigener Regelungscharakter in Satz 5 in diesen Fällen nicht zu erkennen.

5. Gewinnminderung

Die Gewinnminderung muss auf der Ebene des Gesellschafters oder der ihm nahe stehenden Dritten auftreten. Hierzu ist ein konkreter Anspruch ausreichend, zu einer Inanspruchnahme braucht es noch nicht zu kommen. Darüber hinaus ist eine solche zu verneinen, wenn dem Inanspruchgenommenen im Zuge der Inanspruchnahme der Anspruch des Dritten gegenüber dem Schuldner abgetreten wird und er somit einen bilanziellen Gegenwert erwirbt.

6. Verhältnis zur Verdeckten Gewinnausschüttung

In Dreiecksfällen kann ein Konkurrenzverhältnis zwischen den Rechtsfolgenden der vGA i. S. d. § 8 Abs. 3 Satz 2 KStG sowie § 8b Abs. 3 Satz 4 KStG bestehen. Nach allgemeiner Ansicht geht die vGA dem § 8b Abs. 3 Satz 4 KStG vor.[5]

(Einstweilen frei)

VII. § 8b Abs. 3 Satz 6 KStG

Gemäß § 8b Abs. 3 Satz 6 KStG bleiben Gewinnminderungen i. S. d. § 8b Abs. 3 Satz 4 und 5 KStG steuerlich beachtlich, wenn nachgewiesen wird, dass auch ein fremder Dritter das Darlehen unter den gleichen Bedingungen gewährt oder noch nicht zurückgefordert hätte. Auf Sicherheiten ist diese Regelung dahingegen nicht anwendbar.

1. Feststellungslast

Diesbezüglich liegt die Feststellungslast allein bei dem Gesellschafter oder dem nahe stehenden Dritten.[6] Eine bestimmte Form des Entlastungsbeweises ist nicht vorgesehen, allerdings sollten bereits im Vorfeld der Darlehensgewährung entsprechende Vorkehrungen und Dokumentationen, z. B. von Bankangeboten vorgenommen werden, da ohne eine solche Dokumen-

---

1 Siehe → Rz. 224.
2 *Gosch/Gosch* § 8b Rz. 279d.
3 *Frotscher*/Maas § 8b Rz. 407; *Watermeyer*, GmbH-StB 2008, 82.
4 *Dötsch/Pung* Dötsch/Jost/Pung/Witt, KStG, § 8b Rz. 134.
5 *Gosch/Gosch* § 8b Rz. 279h; ausführlich zur vGA bei Schwestergesellschaften s. *Klein/Müller/Döppner* in Mössner/Seeger/Oellerich, KStG, § 8 Rz. 726 ff.
6 *Dötsch/Pung* Dötsch/Jost/Pung/Witt, KStG, § 8b Rz. 231; *Gosch/Gosch* § 8b Rz. 279e; kritisch: *Janssen*, GmbHR 2008, 700; *Schmidt/Schwind*, NWB 2008, 150.

tation ein Gegenbeweis nur schwer zu führen sein dürfte.[1] Auch diesbezüglich ist die Beratung besonders gefordert.

2. Vergleichskriterien

352 Im Rahmen des Drittvergleiches ist im Ergebnis die Fremdüblichkeit des Darlehens darzulegen. Diesbezüglich sind die im Rahmen der Gesetzesbegründung zum JStG 2008 festgelegten gegenteiligen Vermutungen zu widerlegen.[2] Demnach werden Darlehen unter folgenden Kriterien als nicht fremdüblich angesehen:

- Das Darlehen ist unverzinslich.
- Für ein verzinsliches Darlehen wurden keine Sicherheiten gewährt.
- Ein verzinsliches und besichertes Darlehen wird bei Eintritt der Krise nicht zurückgefordert.

353 Kritisch kommentiert wird, dass gerade der **Zins** bzw. der **Zinssatz** nicht als Vergleichskriterium herangezogen werden können soll, da § 8b Abs. 3 Satz 4 und 5 KStG das Risiko des Substanzverlustes erfasst.[3] Dies spiegelt sich aber gerade nicht im Zins wieder.[4] Dieser Feststellung ist dem Grunde nach zuzustimmen.

Da aber die Gesetzesbegründung zu der Einfügung der Sätze 4 – 8 sowohl die dargestellte Intention (Substanzverlust) als auch die gesetzliche Vermutung zur Sprache bringt, wäre eine Klarstellung wünschenswert. Bis dahin ist der Zins nach der hier vertretenen Ansicht als Vergleichskriterium heranzuziehen. Zweifelsohne kann auch ein im Geschäftsvergleich niedriger Zins im Einzelfall fremdüblich sein.

3. Darlehensbedingungen

354 Dem Drittvergleich sind die Rahmenbedingungen der Darlehensgewährung im Verhältnis Gesellschafter bzw. nahestehende Person und Gesellschaft zugrunde zu legen. Im Ergebnis ist vorzutragen, dass ein Dritter ein Darlehen in derselben Höhe, nach der hier vertretenen Ansicht zu demselben Zins, mit derselben Laufzeit bei vergleichbarer wirtschaftlicher Situation der Gesellschaft, d. h. deren Ertragslage, Zukunftsprognosen und Sicherheiten gewährt hätte. Auf Sicherheiten Dritter kommt es gem. § 8b Abs. 3 Satz 6 2. Halbsatz KStG nicht an. Auch diesem Ansatz wird, nach der hier vertretenen Ansicht zutreffend, mangelndes Verständnis und im Ergebnis Praxistauglichkeit insbesondere in der Konzernpraxis vorgeworfen.[5]

Bei Gesellschafterdarlehen wird darauf abgestellt, ob der Gesellschafter bei Darlehensgewährung noch nicht oder nicht mehr Gesellschafter war. In diesem Fall soll der Drittvergleich möglich sein.[6]

BERATERHINWEIS:
Die Bedeutung des Drittvergleiches kann nicht hoch genug eingeschätzt werden. Aus Beratersicht muss daher zwingend darauf hingewirkt werden, dass im Zuge der Darlehensvergabe entsprechende Ver-

---

[1] *Janssen*, GmbHR 2008, 700.
[2] BT-Drucks. 16/6290 v. 4. 9. 2007.
[3] *Watermayer*, H/H/R, § 8b KStG, Rz. 116; *Frotscher* /Maas § 8b Rz. 426.
[4] *Winhard*, FR 2010, 689; *Neumann/Stimpel*, GmbHR 2008, 63.
[5] *Winhard*, FR 2010, 689.
[6] *Watermayer*, H/H/R, § 8b KStG, Rz. 116.

gleichsangebote und Kriterien, z. B. von Kreditinstituten und/oder Dritten eingeholt und archiviert werden.

4. Zeitpunkt

Maßgeblicher Zeitpunkt für den Drittvergleich ist der Zeitpunkt der Darlehensgewährung,[1] mithin der schuldrechtlichen Vereinbarung. Daneben ist bei stehengelassenen Darlehen trotz der Krise nachzuweisen, dass ein Dritter unter vergleichbaren Bedingungen das Darlehen ebenfalls stehen gelassen hätte.[2] Letzterer Nachweis dürfte nur schwer zu erbringen sein, zumal in dieser Konstellation eine dauerhafte Prüfung bzw. ein Drittvergleich vorzunehmen wäre.

5. Sicherheiten

§ 8b Abs. 3 Satz 6 KStG ermöglicht den Drittvergleich allerdings nur im Zusammenhang mit einer Darlehensgewährung bzw. einer Darlehensgewährung ähnlichen Rechtshandlung[3] und nicht im Fall von Sicherheiten. Diese Einschränkung ist nicht nachvollziehbar. Hier wird scheinbar eine willkürliche Unterscheidung zwischen Fremdkapital aus der Gesellschaftersphäre und Fremdkapital von Dritten vorgenommen. Dabei wird verkannt, dass gerade in Rahmen der Fremdkapitalfinanzierung von Banken Sicherheiten gefordert werden.

6. Zeitliche Anwendung

§ 8b Abs. 3 Satz 4 KStG ist erstmals anwendbar auf Gewinnminderungen, die ab dem Veranlagungszeitraum 2008 eintreten.

VIII. § 8b Abs. 3 Satz 7 KStG

Gemäß § 8b Abs. 3 Satz 7 KStG sind auch Gewinnminderungen aus Rechtshandlungen, die einer Darlehensgewährung wirtschaftlich ähnlich sind, steuerlich nicht zu berücksichtigen. Der Anwendungsbereich des § 8b Abs. 1 Sätze 4 – 6 KStG wird entsprechend um diese Fälle erweitert. Satz 7 ist daher als Auffangvorschrift für die Sachverhalte anzusehen, die nicht unmittelbar unter den Begriff des Darlehens subsumiert werden können.

1. Vergleichskriterien

Maßgeblich für die Rechtshandlung ist die **Überlassung von Geld** für einen bestimmten Zeitraum gegen einen bestimmten Zins. Eine Mindestlaufzeit sieht Satz 7 nicht vor. Teilweise wird eine Mindestlaufzeit von drei Monaten für angemessen erachtet.[4] Da es eine solche aber nicht einmal bei Gelddarlehen gibt, ist nicht ersichtlich, warum bei vergleichbaren Rechtshandlungen strengere Kriterien anzulegen sein sollen. Entscheidend ist allein die jeweilige Rechtshandlung. Insoweit können auch Liquidationsvorteile von wenigen Tagen im Einzelfall einem Darlehen vergleichbar sein.

---

1 *Kriftel*, StuB 2008, 301; *Winhard*, FR 2010, 689.
2 *Kriftel*, StuB 2008, 301; *Winhard*, FR 2010, 689.
3 *Kosner/Kaiser*, DStR 2012, 925.
4 *Fuhrmann/Strahl*, DStR 2008, 127.

360 Allerdings sind die **üblichen Geschäftsabläufe** von dieser Regelung nicht erfasst, sondern es bedarf einer zusätzlichen „Vereinbarung".

> **BEISPIEL:** Die M-GmbH ist an der T-GmbH zu 50 % beteiligt. Im Rahmen von umfangreichen Lieferungen und Leistungen werden übliche Zahlungstermine entsprechend Leistungsstand vereinbart.
>
> **LÖSUNG:** Diese Vereinbarung wird nicht von Satz 7 erfasst, da die M-GmbH gerade keine einer Darlehensgewährung vergleichbare Rechtshandlung vorgenommen hat. Vielmehr handelt es sich um übliche Zahlungsmodalitäten.
>
> **ABWANDLUNG:** Die M-GmbH gestattet der T-GmbH die Zahlung entsprechend ihrer finanziellen Möglichkeit.
>
> **LÖSUNG:** Hier wurde neben der eigentlichen Leistung eine Liquiditätsabrede getroffen, die einer Darlehensgewährung vergleichbar ist, so dass über Satz 7 der Anwendungsbereich der Sätze 4 – 6 eröffnet ist.[1] Nach Ansicht des FG Berlin-Brandenburg „stellen Forderungen aus Lieferungen und Leistung Forderungen aus Rechtshandlungen dar, die i. S. d § 8b Abs. 3 Satz 7 KStG wirtschaftlich mit einer Darlehensgewährung vergleichbar sind, wenn Gläubiger und Schuldner für eine gewisse Mindestdauer einen Zahlungsaufschub, besondere Stundungs- oder Fälligkeitsabreden oder sonstige Absprachen, etwa über das Nichtbetreiben der Forderung seitens des Forderungsinhabers, vereinbart haben, so dass der Gläubiger seine Forderung für eine gewisse Mindestdauer nicht beitreiben oder im Wege der Zwangsvollstreckung durchsetzen darf."[2]

361 **Sicherheiten:** Gemäß § 8b Abs. 3 Satz 7 KStG wird die Anwendung der Sätze 4 – 6 nicht auf Rechtshandlungen erweitert, die einer Sicherheit vergleichbar sind. Dies ist aber insoweit unschädlich, als es sich bei Sicherheiten um einen unbestimmten Rechtsbegriff handelt, welcher entgegen dem Darlehensbegriff keiner Öffnungsvorschrift bedarf, da die verschiedenen Fallgestaltungen erfasst sind.

2. Rechtsfolge

362 § 8b Abs. 3 Satz 7 KStG erweitert den Anwendungsbereich der Sonderregelungen für Gesellschafterdarlehen und Sicherheiten, so dass auch diese den Abzugsbeschränkungen des § 8b Abs. 3 Satz 3 KStG unterliegen. Gewinnminderungen, welche im Zusammenhang mit diesen Rechtshandlungen stehen, sind bei der Ermittlung des Einkommens nicht zu berücksichtigen,[3] es sei denn, ein Drittvergleich ist möglich.[4]

3. Zeitlicher Anwendungsbereich

363 § 8b Abs. 3 Satz 7 KStG ist erstmals anwendbar auf Gewinnminderungen, die ab dem Veranlagungszeitraum 2008 eintreten.

IX. § 8b Abs. 3 Satz 8 KStG

364 Gemäß § 8b Abs. 3 Satz 8 KStG bleiben Gewinne, die im Zuge einer Zuschreibung auf Darlehensforderung (**Wertaufholung**) entstehen, steuerlich außer Ansatz, wenn die Teilwertabschreibung zuvor gem. § 8b Abs. 3 Satz 3 KStG steuerlich unberücksichtigt geblieben ist

---

[1] BFH, Beschluss v. 15.5.2018 - I B 114/17, NWB OAAAG-92052.
[2] FG Berlin-Brandenburg, Urteil v. 29.8.2017 - 11 V 11184/17, NWB YAAAG-59760, DStRE 2018, 733; Rev. Az. des BFH: I B 102/17.
[3] Siehe → Rz. 315.
[4] Siehe → Rz. 350.

(Satz 3 regelt die Teilwertabschreibung auf die Beteiligung; Satz 4 die auf Gesellschafterdarlehen). Die Regelung ist daher als Parallelvorschrift zu § 8b Abs. 3 Satz 4 KStG zu werten.

BEISPIEL: Die M-GmbH gewährt der T-GmbH in 2008 ein Darlehen i. H. v. 100 000 €. Aufgrund schwieriger finanzieller Rahmenbedingungen wird zum 31.12.08 eine Teilwertabschreibung auf 50 000 € vorgenommen. Zum 31.12.10 kommt es zu einer Zuschreibung auf 100 000 €.

LÖSUNG: Die Teilwertabschreibung bleibt in 2008 gem. § 8b Abs. 3 Satz 4 KStG unberücksichtigt. Dementsprechend wirkt sich aber auch die Zuschreibung in 2010 nicht auf das steuerliche Ergebnis aus.

Verschiedene Teilwertabschreibungen: Kam es im Vorfeld der Zuschreibung zu verschiedenen Teilwertabschreibungen und wurden einzelne bei der Ermittlung des Gewinns berücksichtigt, stellt sich die Frage welche Abschreibung mit der Zuschreibung korrespondiert.

Im Rahmen seiner Entscheidung vom 19.8.2009 bezüglich der Teilwertabschreibung und Zuschreibung i. S. d. § 8b Abs. 2 Satz 4 KStG hat der BFH diesen Aspekt nicht thematisiert.[1] Nach der hier vertretenen Ansicht greifen die dort angeführten Argumente auch im Rahmen des § 8b Abs. 3 Satz 8 KStG. Dementsprechend ist die jüngste Teilwertabschreibung vorrangig erfasst.[2]

BEISPIEL: Die M-GmbH gewährt der T-GmbH, an der sie zu 50 % beteiligt ist, in 1999 ein Darlehen i. H. v. 1 000 000 €. Aufgrund schwieriger finanzieller Rahmenbedingungen wird zum 31.12.2000 eine Teilwertabschreibung auf 750 000 € und zum 31.12.2005 auf 500 000 € vorgenommen. Zum 31.12.2010 kommt es zu einer Zuschreibung auf 800 000 €.

LÖSUNG: Die Teilwertabschreibung in 2000 hat den Gewinn gemindert. Die Teilwertabschreibung in 2005 bleibt gem. § 8b Abs. 3 Satz 3 KStG bei der Ermittlung des Einkommens unberücksichtigt, so dass auch die Zuschreibung unberücksichtigt bleibt. Auf der Grundlage des BFH Urteils v. 19.8.2009 korrespondiert die Zuschreibung nach der hier vertretenen Auffassung zuerst mit der Teilwertabschreibung im Jahr 05, so dass die Zuschreibung in einem Teilbetrag von 250 000 € das Einkommen nicht erhöht. Bezüglich des überschießenden Betrages i. H. v. 50 000 € kommt es dahingegen zu einer Einkommenserhöhung, mithin steuerlichen Auswirkung.

Erweiterter Tatbestand: Zum Teil wird gefordert, dass die § 8b Abs. 3 Satz 8 KStG auch auf andere Fälle anwendbar sein soll. Kam es etwa zu einem Darlehensausfall, welcher steuerlich nicht berücksichtigt wurde, so muss auch die überraschende Tilgung dieses Darlehens steuerlich unberücksichtigt bleiben.[3] An dem Sinn und Nutzen dieser Ansicht bestehen keine Zweifel, allerdings lässt der Wortlaut des § 8b Abs. 3 Satz 8 KStG eine entsprechende Anwendung nicht zu. Ohne eine entsprechende Klarstellung des Gesetzgebers kann dieser Ansicht nicht gefolgt werden.

X. Verstoß gegen höherrangiges Recht

§ 8b Abs. 3 KStG steht in zahlreichen Bereichen im Konflikt mit höherrangigem Recht.

Gemeinschaftsrecht:

▶ Der BFH hat mit Urteil vom 22.4.2009[4] bestätigt, dass § 8b Abs. 3 KStG i. d. F. des Gesetzes zur Fortentwicklung der Unternehmensteuerreform v. 20.12.2001 insoweit gegen

---

1 BFH, Urteil v. 19.8.2009 - I R 2/09, BStBl 2010 II 760; siehe → Rz. 212.
2 I. E. *Dötsch/Pung* Dötsch/Jost/Pung/Witt, KStG, § 8b Rz. 241.
3 *Frotscher*/Maas § 8b Rz. 60y.
4 BFH, Urteil v. 22.4.2009 - I R 57/06, BStBl 2011 II 66 = NWB BAAAD-25913.

die Kapitalverkehrsfreiheit verstößt, als das Abzugsverbot im Veranlagungszeitraum 2001 nur auf Auslandbeteiligungen anzuwenden war (siehe → Rz. 283).

▶ Mit Urteil vom 8. 6. 2010 hat der BFH dies noch einmal für Beteiligungen von weniger als 10 % konkretisiert.[1]

▶ Bezüglich § 8b Abs. 3 KStG 2002 a. F. hat der BFH festgestellt, dass keine verfassungs- noch unionsrechtlichen Bedenken gegen den Abzug von Veräußerungsverlusten und Teilwertabschreibungen bestehen.[2]

▶ Das FG München hat entschieden, dass das Abzugsverbot für ausschüttungsbedingte Teilwertabschreibungen i. S. d. § 8b Abs. 6 Nr. 1 KStG 1999 gegen die Kapitalverkehrs- und Niederlassungsfreiheit verstößt.[3] Die Nichtzulassungsbeschwerde der Finanzverwaltung wurde vom BFH zurückgewiesen.[4]

▶ Die Frage der Anwendbarkeit des § 8b Abs. 3 KStG auf Nicht-EU/EWR-Gesellschaften mit einer Beteiligung von mehr als 10 % hat der BFH positiv entschieden.[5]

Grundgesetz: Auf der Grundlage des Vorlagebeschlusses des FG Hamburg[6] hat das BVerfG entschieden, dass die Pauschalierung i. S. d. § 8b Abs. 3 Satz 1 sowie § 8b Abs. 5 Satz 1 KStG mit Art. 3 GG vereinbar sind.[7]

Das Bundesverfassungsgericht hat klargestellt, dass eine rückwirkende Anwendung des § 40a Abs. 1 Satz 2 KAGG, mithin der Verweis auf § 8b Abs. 3 (2001) für die Jahre 2001 und 2002 eine echte Rückwirkung darstellt und demnach verfassungswidrig ist.[8]

E. § 8b Abs. 4 KStG

Im Rahmen des Gesetzes zur Umsetzung des EuGH-Urteils v. 20. 10. 2011 in der Rechtssache C-284/09 (EuGHDivUmsG)[9] wurde sowohl der sachliche als auch der persönliche Anwendungsbereich des § 8b Abs. 4 KStG neu konzipiert.

Die Neuregelung begründet eine tiefgreifende Änderung in der Besteuerungssystematik von Bezügen aus Streubesitzbeteiligungen. Mit der Besteuerung derselben hebt der Gesetzgeber nicht allein die Steuerbefreiung des § 8b Abs. 1 KStG auf, sondern er bricht zugleich mit der bisherigen Zielsetzung der Norm. Wesenskern des § 8b KStG war bisher die Vermeidung einer Mehrfachbelastung aufgrund der Besteuerung auf Gesellschafts- und Gesellschafterebene.[10] Dies wurde u. a. durch die Steuerbefreiung des § 8b Abs. 1 KStG gewährleistet. Für Beteiligungen von weniger als 10 % wird dieser Grundsatz nunmehr aufgegeben, da die Bezüge aus diesen Beteiligungen von der Steuerbefreiung des § 8b Abs. 1 KStG ausgenommen werden. Da die

---

1 BFH, Beschluss v. 8. 6. 2010 - I B 199/09, NWB GAAAD-48059; siehe → Rz. 283.
2 BFH, Urteil v. 13. 10. 2010 - I R 79/09, BFH/NV 2011, 521 = NWB CAAAD-59902; Vorinstanz: FG Düsseldorf, Urteil v. 11. 8. 2009 - 6 K 3742/06 K,G, NWB EAAAD-31828; BFH, Beschluss v. 19. 4. 2011 - I B 166/10, BFH/NV 2011, 1399 = NWB ZAAAD-85233.
3 FG München, Urteil v. 13. 12. 2010 - 7 K 2662/09, EFG 2011, 1016.
4 BFH, Beschluss v. 23. 5. 2011 - I B 11/11, BFH/NV 2011, 1698 = NWB YAAAD-89046.
5 BFH, Urteil v. 12. 3. 2014 - I R 87/12, BStBl 2014 II 859 = NWB KAAAE-67441.
6 FG Hamburg, Urteil v. 7. 11. 2007 - 5 K 153/06, NWB GAAAC-64596.
7 BVerfG, Urteil v. 12. 10. 2010 - 1 BvL 12/07, NWB 2010, 1346 = NWB CAAAD-59902; ausführliche Kommentierung siehe → Rz. 258.
8 BVerfG, Urteil v. 17. 12. 2013 - 1 BvL 5/08, IAAAE-5617.
9 EuGHDivUmsG v. 21. 3. 2013, BGBl 2013 I 561.
10 Vgl. → Rz. 1 ff.

Neuregelung sich bereits auf Ausschüttungen im Jahr 2013 erstreckt, stellt sie unabhängig von den steuerrechtlichen Folgen einen massiven Eingriff in bestehende Beteiligungsstrukturen dar. Vor dem BFH ist die Frage anhängig, ob die Neuregelung gegen höherrangiges Recht verstößt.[1]

Unabhängig davon trägt der Gesetzgeber mittels dieser Regelung dem Urteil des EuGH v. 20. 10. 2011 in der Rechtssache C-284/09 Rechnung.[2] Der EuGH hat klargestellt, dass die Belastung beschränkt steuerpflichtiger Körperschaften mit Kapitalertragsteuer im Rahmen einer Beteiligung von weniger als 10 % gegen die Kapitalverkehrsfreiheit i. S. d. Art. 63 AEUV verstößt. Im Gegensatz zu unbeschränkt steuerpflichtigen Körperschaften käme es zu einer definitiven Steuerbelastung parallel zu der Neukonzeption der Steuerbefreiung von Bezügen wurde daher auch § 32 KStG um einen neuen Absatz 5 erweitert.[3]

§ 8b Abs. 4 KStG konkretisiert und beschränkt ausschließlich den Anwendungsbereich der Steuerfreiheit des § 8b Abs. 1 KStG. Die Steuerfreiheit von Veräußerungsgewinnen i. S. d. § 8b Abs. 2 KStG bleibt dahingegen unabhängig von der Beteiligungshöhe bestehen.[4]

I. Regelungsbereich des § 8b Abs. 4 KStG

▶ Satz 1: Beschränkung des § 8b Abs. 1 Satz 1 KStG auf Streubesitzbezüge

▶ Satz 2: Nichtanwendbarkeit des § 13 Abs. 2 Satz 2 UmwStG

▶ Satz 3: Zurechnung überlassener Beteiligungen

▶ Satz 4: Zurechnung im Rahmen von Mitunternehmerschaften

▶ Satz 5: Fiktion der unmittelbaren Beteiligung bei Mitunternehmerschaften

▶ Satz 6: Zeitliche Fiktion bei Beteiligungserwerb

▶ Satz 7: Nichtanwendbarkeit des § 8b Abs. 5 KStG

▶ Satz 8: Zurechnung der Beteiligung bei kreditwirtschaftlichen Verbundgruppen

---

1 Vgl. → Rz. 390.
2 EuGH, Urteil v. 20. 10. 2011 - Rs. C-284/09, BFH/NV 2011, 2219 = NWB TAAAD-95597.
3 *Valta* in Mössner/Seeger/Oellerich, KStG, § 32 Rz. 141.
4 Vgl. → Rz. 48. Es bestehen wiederholt Tendenzen, die Beschränkungen für Streubesitzanteile auch auf Gewinne i. S. d. § 8b Abs. 2 KStG zu erstrecken.

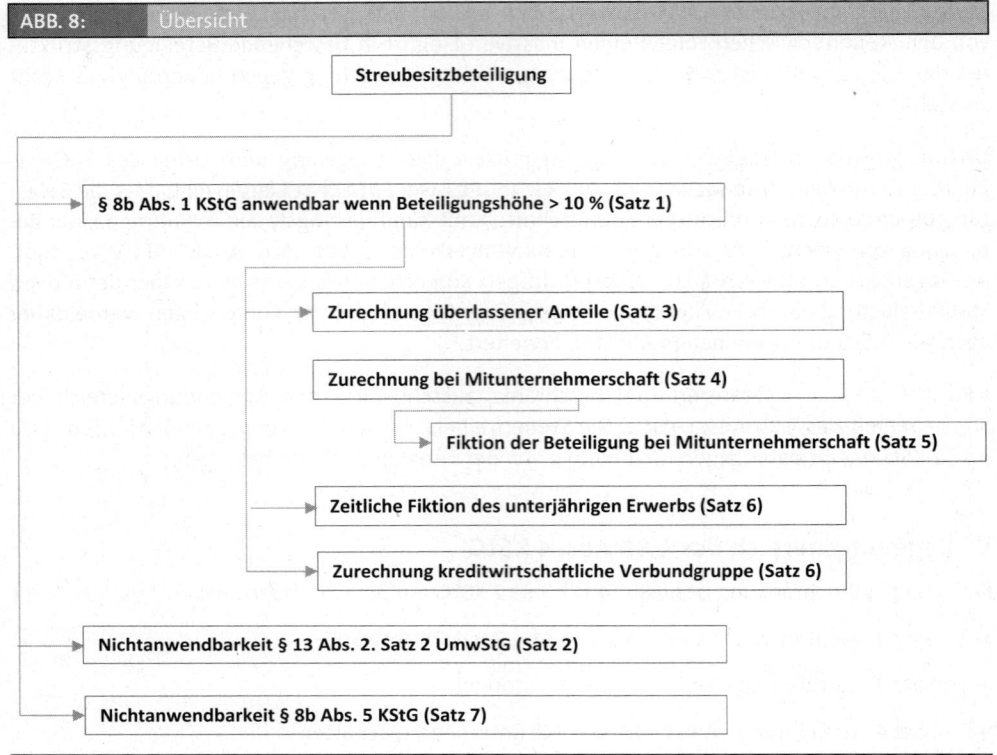

ABB. 8: Übersicht

II. § 8b Abs. 4 Satz 1 KStG

372 Gemäß § 8b Abs. 4 Satz 1 KStG findet die Steuerbefreiung des § 8b Abs. 1 Satz 1 KStG keine Anwendung, wenn die unmittelbare Beteiligung an der Körperschaft zu Beginn des Kalenderjahres weniger als 10 % am Grund- oder Stammkapital beträgt.

1. Tatbestand

372a
- Bezüge gem. § 8b Abs. 1 Satz 1 KStG[1]
- Unmittelbare Beteiligung
- Beteiligungshöhe geringer 10 %
- Am Grund- oder Stammkapital, Vermögen etc.
- Zu Beginn des Kalenderjahres

---

1 Vgl. → Rz. 363.

2. Bezüge gem. § 8b Abs. 1 KStG

Vom sachlichen Anwendungsbereich des § 8b Abs. 4 KStG sind ausschließlich Bezüge i. S. d. § 8b Abs. 1 Satz 1 KStG erfasst. Gewinne i. S. d. § 8b Abs. 2 KStG bleiben dahingegen unberührt.

Der Begriff der Bezüge i. S. d. § 8b Abs. 1 KStG ist wiederum sehr weit.[1] Er umfasst Beteiligungserträge unbeschränkt oder beschränkt steuerpflichtiger Körperschaften an beschränkt oder unbeschränkt steuerpflichtigen in- oder ausländischen Körperschaften.[2] Es bestehen weder Mindestbeteiligungsquoten noch Mindesthaltefristen. § 8b Abs. 4 KStG greift in diesen weiten Anwendungsbereich ein und beschränkt die Steuerfreiheit auf Bezüge, welche auf Beteiligungen mit einer Mindestbeteiligungsquote von 10 % beruhen. § 8b Abs. 4 KStG erfasst demnach **Streubesitzanteile** und **Streubesitzbezüge**. Darüber hinaus bleibt § 8b Abs. 1 Satz 2 – Satz 5 KStG uneingeschränkt anwendbar.

3. Unmittelbare Beteiligung von weniger als 10 %

§ 8b Abs. 4 Satz 1 1. Halbsatz KStG stellt auf Geschäftsanteile am Stammkapital einer GmbH oder auf Aktien am Grundkapital einer AG ab. Dies bedeutet aber nicht, dass die darüber hinaus von § 8b Abs. 1 KStG erfassten Beteiligungen an Körperschaften anderer Rechtsform von dem restriktiven Anwendungsbereich des § 8b Abs. 4 KStG ausgenommen sind. § 8b Abs. 4 Satz 1 2. Halbsatz KStG stellt vielmehr klar, dass auch auf die Beteiligung am Vermögen oder Genossenschaftsguthaben erfasst werden.

Im Rahmen der Beteiligungshöhe ist aber ausschließlich die unmittelbare Beteiligung zu berücksichtigen. Mittelbare Beteiligungen über andere Körperschaften bleiben dahingegen unberücksichtigt.

BEISPIEL: Die A-GmbH hält eine Beteiligung i. H. v. 9 % am Stammkapital der Z-GmbH. Darüber hinaus hält sie eine Beteiligung i. H. v. 75 % an der B-GmbH, welche ihrerseits eine Beteiligung i. H. v. 80 % an der Z-GmbH hält. Die A-GmbH erhält von der Z-GmbH eine Ausschüttung i. H. v. 1 Mio. €.

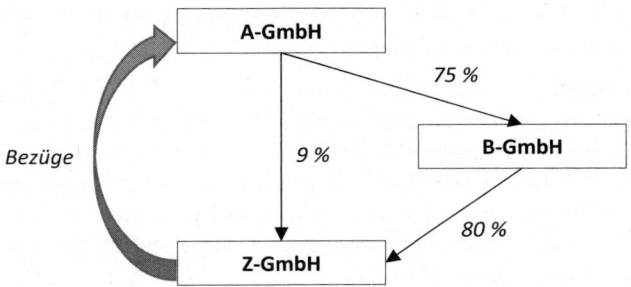

LÖSUNG: Gemäß § 8b Abs. 1 Satz 1 KStG sind Ausschüttungen, welche eine GmbH aus deren Beteiligung an einer anderen GmbH erzielt steuerfrei. Lediglich 5 % derselben unterliegen gem. § 8b Abs. 5 Satz 1 KStG als nicht abziehbare Betriebsausgaben der Besteuerung, so dass 50 000 € von der A-GmbH zu versteuern wären. Da die A-GmbH unmittelbar aber zu weniger als 10 % am Stammkapital der Z-GmbH beteiligt ist, findet die Steuerbefreiung des § 8b Abs. 1 Satz 1 KStG keine Anwendung, so dass die Ausschüttung in voller Höhe von 1 000 000 € der Besteuerung unterliegt.

---

1 Vgl. → Rz. 35 ff.
2 Vgl. → Rz. 30 ff.

Die mittelbare Beteiligung der A-GmbH über ihre Beteiligung an der B-GmbH i. H. v. insgesamt 60 % ändert nichts an diesem Ergebnis, da § 8b Abs. 4 Satz 1 KStG eine unmittelbare Beteiligung fordert.

ALTERNATIVE: Die A-GmbH ist nicht an einer B-GmbH, sondern einer B-OHG beteiligt.

LÖSUNG: Mittelbare Beteiligungen über Personengesellschaften werden gem. § 8b Abs. 4 Satz 4 KStG weiterhin hinzugerechnet, so dass vorliegend die Beteiligungshöhe von 10 % überschritten würde und § 8b Abs. 1 KStG Anwendung findet.

Organschaft: Die Beteiligungen von Organgesellschaft und Organträger sind bei der Ermittlung der Mindestbeteiligungsquote des § 8b Abs. 4 KStG getrennt zu bestimmen.[1] Eine entsprechende Klarstellung wurde durch das EuGHDivUmsG in § 15 Satz 1 Nr. 2 KStG aufgenommen.

4. Maßgeblicher Zeitpunkt der Beteiligung

375 Maßgeblich Zeitpunkt für die Mindestbeteiligungsquote des § 8b Abs. 4 KStG ist der **"Beginn des Kalenderjahres"**.

BEISPIEL: Die A-GmbH ist am Stammkapital der X-GmbH am 1. 1. zu 15 % beteiligt und erhält im Jahr 2013 eine Ausschüttung.

LÖSUNG: Die Beschränkungen des § 8b Abs. 4 KStG greifen nicht, da die A-GmbH zu Beginn des Kalenderjahres i. H. v. mindestens 10 % an der X-GmbH beteiligt war. Die Bezüge aus der Beteiligung an der X-GmbH sind demnach steuerfrei i. S. d. § 8b Abs. 1 KStG.

ALTERNATIVE: Die A-GmbH verkauft und überträgt von ihrer Beteiligungen i. H. v. 15 % am 1. 4. 6 % und erhält am 15. 4. eine Ausschüttung.

LÖSUNG: Obwohl die A-GmbH im Laufe des Jahres 2013 zu weniger als 10 % am Stammkapital beteiligt war, greift die Beschränkung des § 8b Abs. 4 KStG nicht, da zu Beginn des Jahres die Beteiligung mindestens 10 % betrug. Die Bezüge sind daher steuerfrei i. S. d. § 8b Abs. 1 Satz 1 KStG.

Es kommt daher allein auf das Kalenderjahr an. Insbesondere bei abweichenden Wirtschaftsjahren wäre dieser Aspekt zu berücksichtigen.

376 **Beginn des Kalenderjahres:** Maßgeblicher Zeitpunkt für die Bestimmung der Mindestbeteiligungsquote ist der „Beginn des Kalenderjahres". Ob dieses zeitliche Kriterium glücklich gewählt ist, erscheint fraglich, da es einen unbestimmten mehrere Tage umfassenden Zeitraum beschreibt. In dieser Unklarheit wird Raum für eine Vielzahl von Auslegungsmöglichkeiten eröffnet: Kommt es etwa auf ein bestimmtes Datum und eine bestimmte Uhrzeit an, mithin den 1. 1. um 0 Uhr oder auf einen längeren Zeitraum? Letzteren falls stellte sich wiederum die Frage nach der Dauer des Zeitraumes.

Auch die Fiktion des Beteiligungserwerbs gem. § 8b Abs. 4 Satz 6 KStG führt zu keiner weiteren Klarheit, im Gegenteil: Demnach gilt der unterjährige Erwerb einer Beteiligung von mindestens 10 % „als zu Beginn des Kalenderjahres erfolgt". Die Fiktion erstreckt sich aber nur auf den Zeitpunkt, nicht etwa auf das Halten der Mindestbeteiligung. Der fiktive Erwerb setzt doch aber zumindest für eine logische Sekunde einen Zeitpunkt vor Erwerb voraus. Sollte dies wiederum der 1. 1. um 0 Uhr sein, wäre die Haltefrist nicht gewahrt. Es ist davon auszugehen, dass der Gesetzgeber dieses Ergebnis nicht anstrebte und sich die Fiktion nicht auf den Erwerb,

---

[1] Vgl. *Müller* in Mössner/Seeger/Oellerich, KStG, § 15 Rz. 63.

sondern vielmehr auf den Zeitpunkt des Haltens der unterjährig erworbenen Beteiligung erstreckt.

Mangels eines anderweitigen Hinweises muss das zeitliche Tatbestandsmerkmal des § 8b Abs. 4 Satz 1 KStG nach der hier vertretenen Auffassung restriktiv ausgelegt werden: Maßgeblicher Stichtag für die Beteiligung ist demnach der **1.1. um 0 Uhr**.

Dies bedeutet aber auch, dass jede spätere Anteilsübertragung unschädlich ist. Entsprechendes gilt für einen späteren Anteilserwerb von weniger als 10 %, da die Fiktion des § 8b Abs. 4 Satz 6 KStG keine Anwendung findet.[1] Sukzessive Anteilserwerbe zu Beginn des Jahres im allgemeinen Sprachgebrauch haben dahingegen auf die hier maßgebliche Beteiligungshöhe keinen Einfluss.[2]

BEISPIEL: Die A-GmbH ist am Stammkapital der X-GmbH am 1.1. zu 15 % beteiligt und erhält am 1.12.2017 eine Ausschüttung. Bereits am 2.1.2017 tritt sie Geschäftsanteile i. H. v. 10 % auf der Grundlage einer bereits am 31.12.2017 geschlossenen Vereinbarung ab.

LÖSUNG: Da die Beteiligung der A-GmbH am 1.1.2017 um 0 Uhr die Mindestbeteiligungshöhe von mehr als 10 % übersteigt, findet § 8b Abs. 4 KStG keine Anwendung. Die Ausschüttung ist daher steuerfrei i. S. d. § 8b Abs. 1 KStG.

ALTERNATIVE 1: Die A-GmbH ist am Stammkapital der X-GmbH am 1.1. zu 5 % beteiligt und erwirbt am 2.1. Geschäftsanteile i. H. v. 3 % und am 3.1. i. H. v. 12 %, so dass sie im Ergebnis am 3.1. i. H. v. 20 % beteiligt ist. Am 1.2. erhält sie eine Ausschüttung.

LÖSUNG: Die A-GmbH ist am 1.1.2017 um 0 Uhr mit weniger als 10 % an der Gesellschaft beteiligt. Gemäß § 8b Abs. 4 Satz 6 KStG gilt die Fiktion der Mindestbeteiligung zu Beginn des Jahres nur, wenn eine Beteiligung von mindestens 10 % unterjährig erworben worden ist. Sukzessive Erwerbe zum umgangssprachlichen Beginn des Jahres sind unbeachtlich. Vorliegend wurde am 3.1. eine Beteiligung von 12 % erworben, so dass die Rückwirkungsfiktion greift.

ALTERNATIVE 2: Die A-GmbH tritt mit Wirkung zum 31.1.2016 um 24 Uhr Geschäftsanteile an der A-GmbH i. H. v. 10 % ab, da der Zessionar die Abtretung in 2016 wünschte.

LÖSUNG: Die A-GmbH ist am 1.1.2017 um 0 Uhr mit weniger als 10 % an der Gesellschaft beteiligt, so dass gem. § 8b Abs. 4 KStG die Steuerbefreiung des § 8b Abs. 1 KStG keine Anwendung findet.

BERATERHINWEIS:
Zweifelsohne besteht ein verstärktes Bedürfnis nach der Zusammenführung von Streubesitzbeteiligungen, um die 10 %-Grenze zu überschreiten. Im Rahmen der vertraglichen Ausgestaltung von Anteilsübertragungen ist jedoch höchste Sorgfalt bei der Bestimmung des Zeitpunktes anzuwenden. Dies gilt insbesondere auch für die Prüfung der von dritter Seite erstellten Verträge, da die Regelung weiterhin nicht in alle Vertragsvorlagen Eingang gefunden hat und oftmals nicht erkannt wird.

5. Rechtsfolgen

Die Rechtsfolge des § 8b Abs. 4 Satz 1 KStG besteht darin, dass die Steuerbefreiung des § 8b Abs. 1 Satz 1 KStG im Falle von Bezügen aus Beteiligungen von weniger als 10 % keine Anwendung findet. Korrespondierend ist auch die Regelung des § 8b Abs. 5 KStG, mithin die Fiktion der nichtabziehbaren Betriebsausgaben i. H. v. 5 % der Bezüge nicht anzuwenden.

---

1 Vgl. → Rz. 385.
2 Vgl. → Rz. 385.

Im Ergebnis kommt es aber im Zusammenhang mit den erfassten Beteiligungen zu einer deutlichen Verschlechterung der steuerlichen Rahmenbedingungen.

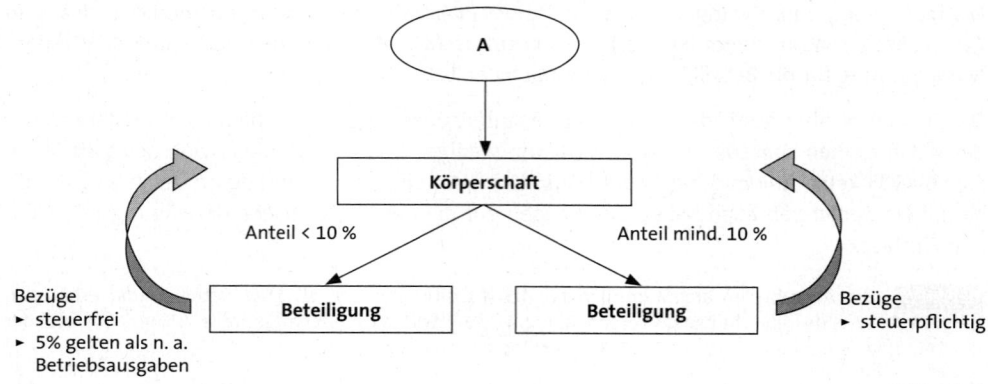

BEISPIEL: Die A-GmbH ist an der Z-GmbH i. H. v. 5 % beteiligt und erhält jährlich eine Ausschüttung i. H. v. ca. 1 Mio. €. Die Ausschüttung fließt ihr am 1.4.2013 zu. Es stellt sich die Frage nach dem steuerlichen Unterschied im Vergleich zu den Vorjahren.

LÖSUNG: Im Vergleich zu den Vorjahren ergibt sich folgende steuerliche Belastung (vereinfacht auf der Grundlage der Körperschaftsteuer):

Beteiligungshöhe	5 %	5 %
Jahr	2012	2013
Ausschüttung	1 000 000	1 000 000
§ 8b Abs. 1 Satz 1	−1 000 000	n. a.
§ 8b Abs. 5 Satz 1	50 000	n. a.
Steuer (15 %)	**7 500**	**150 000**
entspricht	0,75 %	15 %

Unter Berücksichtigung des § 8b Abs. 1 Satz 1 KStG beträgt die effektive Steuerbelastung 0,75 %. Im Jahr 2013 dahingegen 15 %.

Aufgrund dieser steuerlichen Auswirkungen haben klassischen Beteiligungsgesellschaften, die Minderheitsbeteiligungen dauerhaft halten, an Bedeutung verloren.

Zudem kann sich die Steuerbelastung bei mehrstöckigen Beteiligungen vor dem Hintergrund des Kaskadeneffektes dramatisch auswirken.

BEISPIEL: Im Rahmen mehrstöckiger Beteiligungsverhältnisse kommt es zu einer Ausschüttung i. H. v. 1 Mio. €.

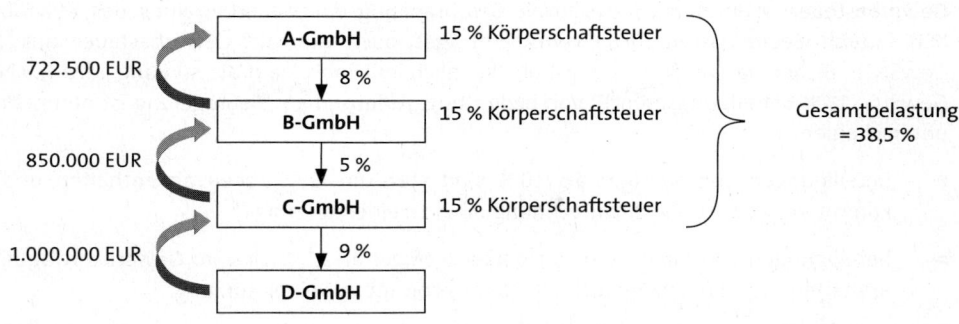

LÖSUNG: Allein die Belastung mit Körperschaftsteuer summiert sich über drei Beteiligungsebenen auf 14,30 %.

Ob die Neuregelung vor dem Hintergrund einer solchen Steuerbelastung einer verfassungsrechtlichen Prüfung standhalten wird bleibt abzuwarten.[1]

Kontrovers diskutiert wir auch die Frage, wie im Falle einer **unterjährigen Gründung** zu verfahren ist. In diesem Fall kann die Beteiligungshöhe zum 1. 1. des Gründungsjahres naturgemäß nicht bestehen. Vertreten wird, dass die Rückwirkungsfiktion auch in diesem Fall Anwendung finden müsse.[2] Diese Ansicht erscheint zwar sachgerecht, findet allerdings keinen Niederschlag im Gesetz. Denkbar wäre, in diesem Fall nicht auf den Beginn des Jahres, sondern auf den Gründungszeitpunkt als frühestmöglichen Anknüpfungspunkt abzustellen. Beide Ansätze führen zu demselben Ergebnis. Nichtsdestotrotz wäre eine Klarstellung des Gesetzgebers wünschenswert.

BERATERHINWEIS:

Aufgrund der weitreichenden steuerlichen Auswirkungen besteht zwingend Beratungs- und Gestaltungsbedarf. Erwogen werden könnten u. a. folgende Gestaltungen:

- „Veräußerungsmodell": Im Hinblick auf Anteilsübertragungen wäre abzuwägen, ob der Erwerber/Mitgesellschafter die Anteile vor Gewinnausschüttung, also das Gewinnbezugsrecht mit erwirbt. Sollte er mit dem Erwerb eine Beteiligung von mehr als 10 % in sich vereinigen, würde er steuerfreie Bezüge i. S. d. § 8b Abs. 1 KStG erwerben und der Veräußerer würde einen steuerfreien Veräußerungsgewinn i. S. d. § 8b Abs. 2 KStG erzielen.
- „Thesaurierungsmodell": In gestaltbaren Strukturen könnte die „schädliche" Ausschüttung bis zu einer entsprechenden steuerlichen Strategie vermieden werden.
- „Erwerbsmodell"[3]
- „Umwandlungsmodell"[4]
- „Rückkaufmodell"[5]
- „Hin und her Übertragung"[6]
- Disquotale Gewinnausschüttung[7]

---

1 Vgl. → Rz. 390.
2 *Frotscher*/Maas § 8b Rz. 476; i. E. auch *Pung* Dötsch/Jost/Pung/Witt, KStG, § 8b Rz. 256.
3 Vgl. → Rz. 380, → Rz. 381.
4 Vgl. → Rz. 381.
5 Vgl. → Rz. 385.
6 Vgl. → Rz. 378.
7 Vgl. → Rz. 383.

378a **Gewerbesteuer:** Weiterhin wirkt sich die Beschränkung der Steuerbefreiung des § 8b Abs. 1 KStG durch Beeinflussung des Gewerbeertrages auch auf die Gewerbesteuer aus (§ 7 GewStG).[1] Bisher war die Beteiligungshöhe lediglich im Hinblick auf die Kürzung i. S. d. § 9 Nr. 7 GewStG (15 % Beteiligungsgrenze) von Bedeutung. Aufgrund der Neuregelung ist nunmehr zu unterscheiden:

▶ Beteiligungen von weniger als 10 % sind stets im Gewerbeertrag enthalten und es kommt weder zu einer Hinzurechnung noch zu einer Kürzung.

▶ Beteiligungen von mindestens 10 % aber weniger als 15 % sind im Gewerbeertrag nicht enthalten, werden hinzugerechnet, aber es kommt zu keiner Kürzung.

▶ Beteiligungen von mindestens 15 % sind im Gewerbeertrag nicht enthalten, werden hinzugerechnet und unterliegen der Kürzung.

III. § 8b Abs. 4 Satz 2 KStG

379 Zur Vermeidung der steuerlich nachteiligen Folgen des § 8b Abs. 4 Satz 1 KStG,[2] kommt eine Erhöhung der Beteiligung in Betracht. Vor dem Hintergrund der unechten Rückwirkung der Neuregelung im Jahr 2013, bietet die Rückwirkung i. S. d. § 2 Abs. 1 Satz 1 UmwStG die Möglichkeit der rückwirkenden Anpassung.

1. Regelungsbereich

380 Gemäß § 8b Abs. 4 Satz 2 KStG ist § 13 Abs. 2 Satz 2 UmwStG[3] nicht anwendbar. Gemäß § 13 Abs. 2 Satz 2 UmwStG treten im Zuge der Verschmelzung beziehungsweise Vermögensübertragung zweier Körperschaften, die Anteile des Gesellschafters an der übernehmenden Gesellschaft an die Stelle der Anteile an der übertragenden Körperschaft (sog. Fußstapfentheorie).[4] Dies kann sich sowohl vor- als auch nachteilig auswirken.[5]

BEISPIEL (§ 13 UMWSTG): ▶ Die A-GmbH hält eine Beteiligung i. H. v. 9 % an der B-GmbH. Diese plant im Jahr 2016 eine Ausschüttung i. H. v. 1 Mio. €. Um die schädliche Mindestbeteiligungsquote des § 8b Abs. 4 Satz 1 KStG zu überschreiten, soll die C-GmbH, an welcher die A-GmbH beteiligt ist, mit steuerlicher Rückwirkung zum 31. 12. 2015 auf die B-GmbH verschmolzen werden. Die A-GmbH verfügt vor der Verschmelzung über eine Beteiligung i. H. v. 9 % an der B-GmbH und nach der Verschmelzung über eine Beteiligung i. H. v. 20 %.

---

1 *Lipp*, NWB 2014, 2403 = NWB-DokID: UAAAE-707377.
2 Vgl. → Rz. 378.
3 § 13 Abs. 2 Satz 2 UmwStG: „Die Anteile an der übernehmenden Körperschaft treten steuerlich an die Stelle der Anteile an der übertragenden Körperschaft."
4 *Reichthalhammer* in Eisgruber, UmwStG, § 13 Rz. 38.
5 *Pung* Dötsch/Jost/Pung/Witt, KStG, § 8b Rz. 259.

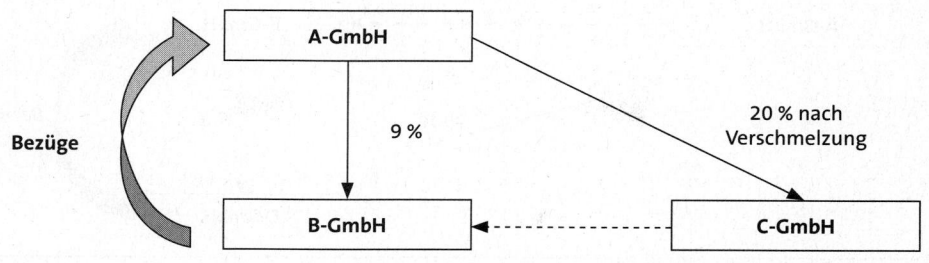

LÖSUNG: Gemäß § 13 Abs. 2 Satz 2 UmwStG treten die Anteile an der übernehmenden B-GmbH an die Stelle der übertragenden C-GmbH, so dass die Beteiligung 9 % beträgt. Die Steuerbefreiung des § 8b Abs. 1 KStG wäre zu versagen. Da aber § 13 Abs. 2 Satz 2 UmwStG gem. § 8b Abs. 4 Satz 2 KStG nicht anwendbar ist, wird auf die Beteiligung der A-GmbH an der B-GmbH nach Verschmelzung abgestellt. Diese beträgt 20 % aufgrund der Rückwirkungsfiktion des § 2 Abs. 1 UmwStG zu Beginn des Jahres.

Die Anwendung der Rückwirkungsfiktion des § 2 UmwStG bleibt von der Neuregelung des § 8b Abs. 4 KStG unberührt. Diesbezüglich bestehen keine Hinweise darauf, dass im Rahmen des § 8b Abs. 4 KStG über den eindeutigen Gesetzeswortlaut hinaus auch die Rückwirkungsfiktion des § 2 UmwStG ausgeschlossen werden soll.[1]

ALTERNATIVE: Vgl. Grundfall, allerdings beträgt die Beteiligung der A-GmbH an der B-GmbH 20 % und an der C-GmbH 9 %.

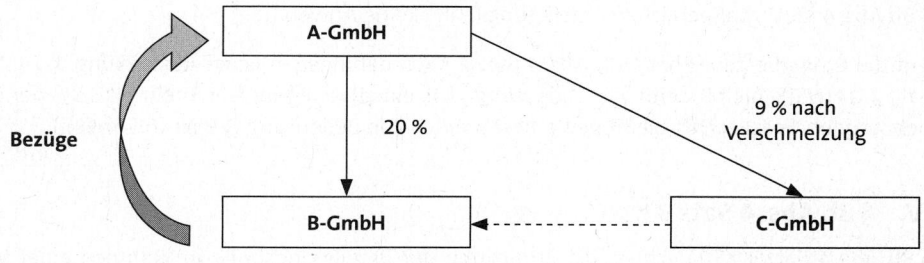

LÖSUNG: Aufgrund der Nichtanwendbarkeit des § 13 Abs. 2 Satz 2 UmwStG beträgt die Beteiligung der A-GmbH an der B-GmbH nach Verschmelzung 9 %, so dass § 8b Abs. 1 Satz 1 KStG keine Anwendung findet.

BEISPIEL (UMWANDLUNGSMODELL): Die B-GmbH hält eine Beteiligung i. H. v. 9 % an der C-GmbH. Die C-GmbH plant im Jahr 2016 eine Ausschüttung i. H. v. 1 Mio. €. Um die schädliche Mindestbeteiligungsquote des § 8b Abs. 4 Satz 1 KStG zu überschreiten, soll die A-GmbH mit steuerlicher Rückwirkung zum 31. 12. 2015 auf die B-GmbH verschmolzen werden. Die B-GmbH verfügt vor der Verschmelzung über eine Beteiligung i. H. v. 9 % an der C-GmbH und nach der Verschmelzung über eine Beteiligung i. H. v. 29 % an der C-GmbH.

---

[1] Vgl. auch *Schönfeld*, DStR 2013, 937.

```
A-GmbH - - - - - - - - - - → B-GmbH
         ╲                      │         ⤹
          ╲ 20%            9%  │        Bezüge
           ╲                    ↓
            → C-GmbH
```

LÖSUNG: Die Rückwirkungsfiktion des § 2 Abs. 1 UmwStG findet auf Anteilseignerebene keine Anwendung, sondern erfasst lediglich den übertragenden und den übernehmenden Rechtsträger.[1] Die Anteile der A-GmbH an der B-GmbH gelten daher als unterjährig erworben, so dass sie gem. § 8b Abs. 4 Satz 6 KStG zu Beginn des Jahres als erworben gelten.

Es besteht zum maßgeblichen Zeitpunkt „Beginn des Kalenderjahres" eine Beteiligung an der C-GmbH i. H. v. 29 %. Eine schädliche steuerlich nachteilige Ausschüttung kann auf diesem Weg vermieden werden. § 13 UmwStG ist auf Anteilseignerebene nicht anwendbar.

2. Rechtsfolge

381 Die Zuweisung der Beteiligungsverhältnisse der Gesellschafter im Falle von Umwandlungen wird in § 13 Abs. 2 Satz 2 UmwStG fingiert. Diese Regelung findet bei der Ermittlung der für § 8b Abs. 4 KStG maßgeblichen Beteiligungshöhe keine Anwendung.

Auf die Gewerbesteuer hat § 8b Abs. 4 Satz 2 KStG dahingegen keine Auswirkung. § 13 Abs. 2 Satz 2 UmwStG bleibt somit von Bedeutung, d. h. eine Beteiligung von mehr als 15 % der übernehmenden Gesellschaft bleibt gewerbesteuerlich von Bedeutung (§ 9 Nr. 7 GewStG).

IV. § 8b Abs. 4 Satz 3 KStG

382 § 8b Abs. 4 Satz 3 KStG erfasst die Ermittlung der Beteiligungshöhe im Rahmen einer Wertpapierleihe. Mit dieser Regelung soll die naheliegende Gestaltung der Aufstockung der Beteiligung durch Wertpapierleihe verhindert werden.[2] Gemäß § 8b Abs. 4 Satz 3 KStG sind bei der Ermittlung der Beteiligungshöhe i. S. d. § 8b Abs. 1 Satz 1 KStG die einer anderen Körperschaft überlassenen Anteile der überlassenden Körperschaft zuzurechnen, soweit die übernehmende Körperschaft diese wieder zurückzugeben hat. Nach § 8b Abs. 4 Satz 3 KStG sind daher auch die Fälle der Wertpapierleihe i. S. d. § 8b Abs. 10 KStG von den Beschränkungen für Streubesitzbezüge erfasst.[3]

BEISPIEL: Die B-GmbH hält eine Beteiligung i. H. v. 9 % an der Z-GmbH. Die Z-GmbH plant eine Ausschüttung i. H. v. 1 Mio. €. Zur Vermeidung der negativen Folgen des § 8b Abs. 4 Satz 1 KStG vereinbart die B-GmbH mit der A-GmbH die Überlassung von Geschäftsanteilen i. H. v. 6 % der A-GmbH an der Z-GmbH im Wege der Wertpapierleihe. Die A-GmbH erhält dafür ein entsprechendes Entgelt und nach einer bestimmten Laufzeit sind ihr die Geschäftsanteile wieder zurück zu übertragen. Die B-GmbH hält im Ergebnis eine Beteiligung an der Z-GmbH i. H. v. 15 %.

---

1 BMF, Schreiben v. 11. 11. 2011 - IV C 2 - S 1978 b/08/10001, BStBl 2011 I 1314, Rz. 2.17 = NWB FAAAD-97991.
2 *Pung* Dötsch/Jost/Pung/Witt, KStG, § 8b Rz. 276; *Frotscher*/Maas § 8b Rz. 499.
3 Vgl. → Rz. 725.

§ 8b Abs. 4 KStG

```
                    Wertpapierleihe
        B-GmbH  ◄ ─ ─ ─ ─ ─ ─ ─ ─   A-GmbH
        Verleiher                    Entleiher
Bezüge         9 %      80 %
        Z-GmbH
```

LÖSUNG: Die Steuerbefreiung des § 8b Abs. 1 Satz 1 KStG setzt eine Mindestbeteiligung der A-GmbH an der Z-GmbH i.H.v. 10 % voraus. Aufgrund der Wertpapierleihe hält die A-GmbH faktisch eine Beteiligung i.H.v. 15 %. Gemäß § 8b Abs. 4 Satz 3 KStG werden aber die im Rahmen einer Wertpapierleihe überlassenen Anteile bei der Ermittlung der Mindestbeteiligungsquote nicht berücksichtigt. Im Ergebnis ist die Mindestbeteiligungsquote i.H.v. 10 % nicht erreicht, so dass die Steuerbefreiung gem. § 8b Abs. 1 Satz 1 KStG keine Anwendung findet.

ALTERNATIVE (RÜCKKAUFMODELL): Die A-GmbH tritt der B-GmbH die Geschäftsanteile i.H.v. 11 % ab. Die Parteien vereinbaren keinen Rückübertragungsanspruch, sondern lediglich ein Erstbezugsrecht im Falle der Übertragung der Geschäftsanteile.

LÖSUNG: Da die A-GmbH keinen Anspruch auf Rückübertragung der übertragenen Anteile hat, liegt keine Wertpapierleihe i.S.d. § 8b Abs. 10 KStG vor. Der unterjährige Erwerb einer Beteiligung von mindestens 10 % gilt gem. § 8b Abs. 4 Satz 6 KStG als zu Beginn des Jahres angeschafft. § 8b Abs. 4 Satz 1, Satz 3 KStG findet daher keine Anwendung. Die Ausschüttung ist demnach steuerfrei i.S.d. § 8b Abs. 1 KStG.

V. § 8b Abs. 4 Satz 4 und 5 KStG

Gemäß § 8b Abs. 4 KStG werden Bezüge aus Beteiligungen von weniger als 10 % von der Steuerbefreiung des § 8b Abs. 1 KStG ausgenommen. Maßgeblich für die Beteiligungshöhe ist die unmittelbare Beteiligung. Mittelbare Beteiligungen über Körperschaften bleiben daher unberücksichtigt. Hinzugerechnet werden allerdings mittelbare Beteiligungen über Mitunternehmerschaften i.S.d. § 15 Abs. 1 Satz 1 Nr. 2 Satz 2 EStG. Solche hinzugerechneten Beteiligungen gelten gem. § 8b Abs. 4 Satz 5 KStG als unmittelbare Beteiligungen i.S.d. § 8b Abs. 4 Satz 1 KStG.

BEISPIEL: Die A-GmbH hält eine Beteiligung i.H.v. 9 % am Stammkapital der Z-GmbH. Darüber hinaus ist sie Mitunternehmerin der B-OHG mit einer Beteiligung am Gesamthandvermögen i.H.v. 75 % beteiligt. Die B-OHG hält ihrerseits eine Beteiligung i.H.v. 80 % an der Z-GmbH hält. Die A-GmbH erhält von der Z-GmbH eine Ausschüttung i.H.v. 1 Mio. €.

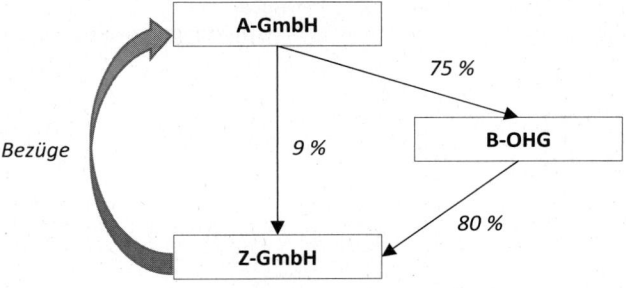

LÖSUNG: Obwohl die A-GmbH unmittelbar lediglich mit 9 % an der Z-GmbH beteiligt ist und somit die maßgebliche 10 %-Grenze unterschreitet, findet § 8b Abs. 4 Satz 1 KStG dennoch keine Anwendung, da die mittelbare Beteiligung an der Z-GmbH über die B-OHG hinzugerechnet wird. Somit ist die A-GmbH im Ergebnis i. H. v. 69 % am Stammkapital der Z-GmbH beteiligt. Die Steuerbefreiung des § 8b Abs. 1 Satz 1 KStG und die Fiktion der nichtabziehbaren Betriebsausgaben i. S. d. § 8b Abs. 3 Satz 1 KStG ist anwendbar.

ALTERNATIVE: Die A-GmbH hält eine Beteiligung i. H. v. 9 % am Stammkapital der Z-GmbH. Darüber hinaus ist sie Mitunternehmerin der B-OHG mit einer Beteiligung am Gesamthandvermögen i. H. v. 75 %. Die B-OHG hält ihrerseits eine Beteiligung i. H. v. 50 % an der C-AG, die i. H. v. 80 % Gesellschafterin der Z-GmbH ist. Die A-GmbH erhält von der Z-GmbH Ausschüttung i. H. v. 1 Mio. €. Die B-OHG von der C-AG eine Dividende i. H. v. 500 000 €.

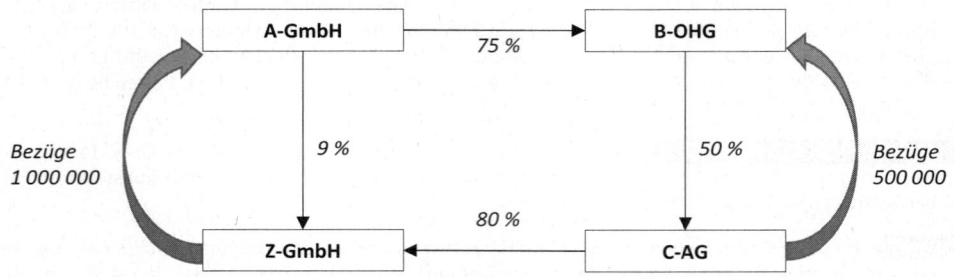

LÖSUNG: Im Gegensatz zum Ausgangsbeispiel kommt eine Zurechnung der mittelbaren Beteiligung an der Z-GmbH über die B-OHG nicht in Betracht, da die mittelbare Beteiligungskette durch die C-AG unterbrochen wird. Eine mittelbare Beteiligung über eine Körperschaft ist von § 8b Abs. 4 Satz 1 KStG aber gerade nicht erfasst. Bezüglich der Ausschüttung der Z-GmbH i. H. v. 1 Mio. € ist die Steuerbefreiung des § 8b Abs. 1 Satz 1 KStG nicht anwendbar.

Hinsichtlich der Zurechnung der Ausschüttung der C-AG ist § 8b Abs. 1 KStG anwendbar, da die A-GmbH über die B-OHG i. H. v. 40 % mittelbar an der C-AG beteiligt ist und eine mittelbare Beteiligung über eine Mitunternehmerschaft i. S. d. § 8b Abs. 4 Satz 4 KStG einer unmittelbaren Beteiligung gleichsteht. Der in der Praxis nahe liegende Ansatz einer disquotalen Gewinnausschüttung der Z-GmbH zugunsten der C-AG wäre sicherlich unter dem Gesichtspunkt des § 42 AO zu würdigen.

Holdinggesellschaften: Aufgrund der Neuregelung sind insbesondere auch von natürlichen Personen oder Personengesellschaften gehalten Holdingkapitalgesellschaften steuerlich nachteilig.

BEISPIEL: Die natürliche Person A hält eine Beteiligung i. H. v. 100 % an der Holding-GmbH. Diese wiederum verwaltet das Beteiligungsportfolio des A, welches überwiegend aus Streubesitzbeteiligungen besteht. Die Holding-GmbH wurde seinerzeit als „Steuerspar- und Sparkassenmodell" von dem Steuerberater des A empfohlen. Im Jahr 2013 kommt es zu Ausschüttungen aller Beteiligungsgesellschaften an die Holding-GmbH.

§ 8b Abs. 4 KStG

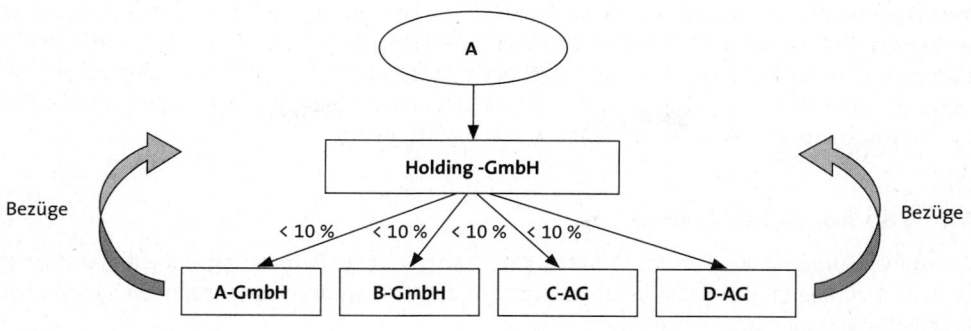

LÖSUNG: Zu Beginn des Kalenderjahres bestehen ausschließlich Beteiligungen von weniger als 10 %. Demnach sind alle Bezüge steuerpflichtig, da die Steuerbefreiung des § 8b Abs. 1 KStG keine Anwendung findet. Die Besteuerung der Beteiligungserträge findet daher auf Ebene der C-GmbH und bei A statt.

BERATERHINWEIS:

In diesem Fall könnte unter Berücksichtigung des § 7 UmwStG eine Umwandlung der GmbH in eine Personengesellschaft in Betracht gezogen werden.

Mehrere Gesellschafter einer Personengesellschaft: Die Zurechnung der Beteiligung an einer über einen Personengesellschaft gehaltenen Beteiligung an einer Kapitalgesellschaft erfolgt auf der Grundlage der Beteiligungsquote.[1]

BEISPIEL: Die A-GmbH ist zu 25 %, die C-GmbH zu 75 % an der X-OHG beteiligt. Diese Wiederum ist zu 30 % an der Z- AG beteiligt. Es kommt zu einer Ausschüttung der Z-AG.

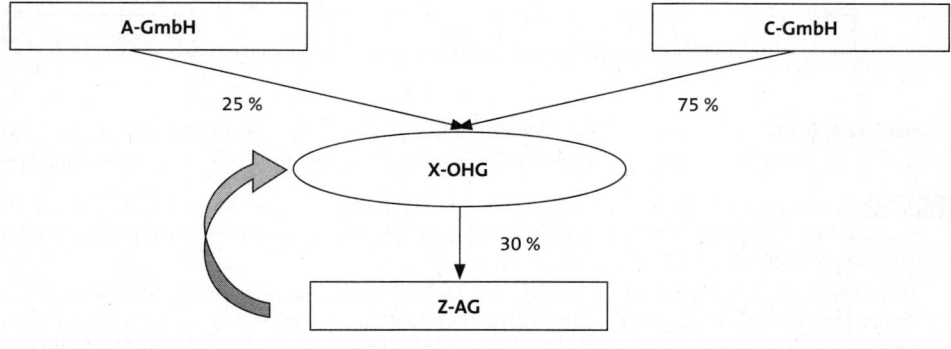

LÖSUNG: Die Beteiligung an der Z-AG ist der A-GmbH, entsprechend ihrer Beteiligungshöhe zu 25 %, mithin 7,5 % zuzurechnen. Gemäß § 8b Abs. 4 Satz 4, Satz 1 KStG findet die Steuerbefreiung keine Anwendung. Die B-GmbH ist dahingegen zu 22,5 % an der Z-AG beteiligt.

---

[1] H/H/R 8b KStG, Rz. 134.

Vermögensverwaltenden Personengesellschaft: Eine Hinzurechnung über eine vermögensverwaltenden Personengesellschaft kommt nicht in Betracht, da es sich gerade nicht um eine Mitunternehmerschaft handelt. Eine weitergehende Auslegung ist nach der hier vertretenen Ansicht mit dem Wortlaut des § 8b Abs. 4 Satz 4 KStG nicht vereinbar.[1] Eine unmittelbare Hinzurechnung gem. § 39 AO steht § 8b Abs. 4 Satz 4 KStG gleich.

VI. § 8b Abs. 4 Satz 6 KStG

384 Die Steuerbefreiung des § 8b Abs. 1 Satz 1 KStG hängt von der Beteiligungshöhe ab. Ist die Körperschaft zu Beginn des Kalenderjahres zu mehr als 10 % an der ausschüttenden Gesellschaft beteiligt, greift die Steuerbefreiung.

Der Gesetzgeber sieht allerdings in § 8b Abs. 4 Satz 6 KStG eine Beteiligungsfiktion vor. Demzufolge ist der unterjährige Erwerb einer Beteiligung von mindestens 10 % so zu behandeln, als ob der Erwerb zu Beginn des Kalenderjahres erfolgte. Im Ergebnis kommt es daher im Falle eines qualifizierten unterjährigen Beteiligungserwerbes nicht auf den Zeitpunkt an.

Der allgemeine Begriff des Erwerbs erfasst sowohl entgeltliche als auch unentgeltliche Rechtsvorgänge.

BEISPIEL: Die A-GmbH hält 0,5 % an der B-GmbH und erwirbt am 1.7. weitere Geschäftsanteile an derselben i. H. v. insgesamt 11 %. Am 1.11. zahlt die B-GmbH der A-GmbH eine Ausschüttung i. H. v. 1 Mio. €.

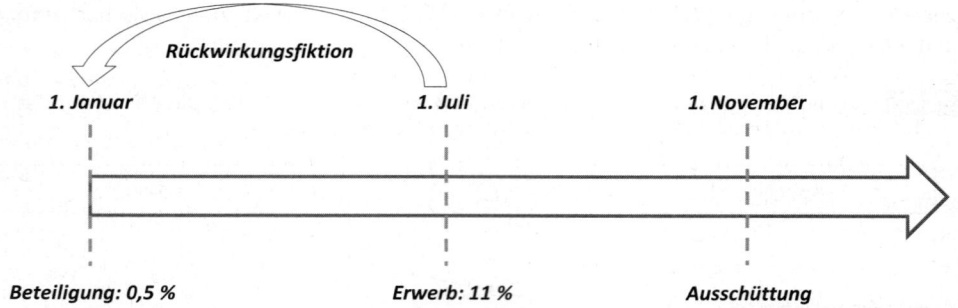

LÖSUNG: Gemäß § 8b Abs. 4 Satz 1 KStG ist die Steuerbefreiung des § 8b Abs. 1 Satz 1 KStG auf diese Ausschüttung nicht anwendbar, da die Beteiligung der A-GmbH an der B-GmbH zu Beginn des Kalenderjahres weniger als 10 % beträgt.

Allerdings führt die Fiktion des § 8b Abs. 4 Satz 6 KStG dazu, dass der Erwerb der Geschäftsanteile von mindestens 10 % als zu Beginn des Kalenderjahres erfolgt gilt. § 8b Abs. 1 Satz 1 KStG ist daher anzuwenden. Die Ausschüttung ist i. H. v. 100 % steuerfrei. 5 % gelten allerdings als nichtabziehbare Betriebsausgaben i. S. d. § 8b Abs. 3 Satz 1 KStG, so dass es im Ergebnis zu einer Besteuerung von 50 000 € kommt.

ALTERNATIVLÖSUNG (I. S. D. FINANZVERWALTUNG): Die Finanzverwaltung vertritt dahingegen die Auffassung, dass die Rückwirkungsfiktion ausschließlich den Hinzuerwerb von mehr als 10 % erfasst. Eine bereits bestehende Beteiligung von weniger als 10 % verliere ihre Qualifikation als Streubesitz dahingegen nicht.

---

[1] Vgl. auch → Rz. 507; FG Köln, Urteil v. 13.9.2017 - 2 K 2933/15, NWB VAAAG-88108.

Die Fiktion des § 8b Abs. 4 Satz 6 KStG erfasst die unterjährige Beteiligung i. H. v. 11 %. Insoweit greift die Restriktion des § 8b Abs. 4 Satz 1 KStG nicht, so dass die Ausschüttung der B-GmbH steuerfrei ist.[1] Auf die bestehende Beteiligung i. H. v. 0,5 % hat die Fiktion dahingegen keine Auswirkung, so dass insoweit die Dividende in voller Höhe der Besteuerung unterliegt. Im Ergebnis muss unterschieden werden:

Ausschüttung		1 000 000,00
davon entfällt auf	0,50 %	11,00 %
	43 478,26	956 521,74
Steuerfrei		908 695,65
zu versteuern	**43 478,26**	**47 826,09**

Die Finanzverwaltung beruft sich bei dieser Auslegung unmittelbar auf den Wortlaut der § 8b Abs. 4 Satz 6 KStG.

Obwohl auch nach der hier vertretenen Ansicht der Wortlaut der Regelung maßgeblich für die Neuregelung des Abs. 4 ist, erscheint dieser Ansatz der Finanzverwaltung, nicht zuletzt unter Berücksichtigung der Regelung nicht nachvollziehbar:[2]

▶ Gemäß § 8b Abs. 4 Satz 1 KStG ist die Beteiligungshöhe zu Beginn des Jahres maßgeblich.
▶ § 8b Abs. 4 Satz 6 KStG fingiert, dass eine Beteiligung zu Beginn des Jahres vorliegt.

Wenn aber im Rahmen des Satzes 6 ein Erwerb als zu Beginn des Kalenderjahres erfolgt gilt und Satz 1 auf die Beteiligungshöhe zu Beginn des Kalenderjahres abstellt, erhöht sich durch diese Fiktion die Beteiligung zu dem im Rahmen des Satzes 1 maßgeblichen Zeitpunkt. Unabhängig von der anderweitig erörterten Unschärfe der zeitlichen Bestimmung des Satzes 6, muss doch festgehalten werden, dass § 8b Abs. 4 KStG stets auf das alleinige zeitliche Kriterium „Beginn des Kalenderjahres" abstellt (vgl. auch Zeitstrahl des Beispiels → Rz. 384). Die Finanzverwaltung scheint dahingegen nicht allein von einer Fiktion des Erwerbes, sondern vielmehr auch von einer Fiktion eines weiteren Zeitpunktes oder aber von unterschiedlichen Beteiligungen zum gleichen Zeitpunkt auszugehen. Letztere vereinigen sich dann im Folgejahr zu einer Beteiligung. Ein solcher Ansatz kann aber weder dem Wortlaut der Norm entnommen werden, noch bestehen Ansatzpunkte für eine entsprechende teleologische Reduktion.[3]

BEISPIEL (ABWANDLUNG): ▶ Die A-GmbH hält 0,5 % an der B-GmbH und erwirbt am 1. 7. weitere Geschäftsanteile an derselben i. H. v. insgesamt 11 %. Am 1. 11. veräußert die A-GmbH ihre Geschäftsanteile.

LÖSUNG: ▶ Der Veräußerungsgewinn ist gem. § 8b Abs. 2 KStG steuerfrei.

BERATERHINWEIS:
Nicht zuletzt die hier vertretene Ansicht verdeutlicht, dass auf Seiten der Berater eine erhöhte Beratungs- und Informationspflicht gegenüber dem Mandanten besteht. Darüber hinaus sind nach der hier vertretenen Ansicht restriktive Entscheidungen der Finanzverwaltung so lange im Rechtsbehelfsverfahren „offen zu halten", bis die Fragen höchstrichterlich entschieden sind. Im Hinblick auf Beteiligungsmodelle und mittelfristig angestrebte Ergebnisse aus Veräußerungen besteht gegebenenfalls bereits zum jetzigen Zeitpunkt Handlungsbedarf.

---

[1] OFD Frankfurt v. 2. 12. 2013 - S 2750a A-19-St 52, DStR 2014, 426 = NWB CAAAE-51928.
[2] Gl. A. Frotscher/Maas § 8b Rz. 484; vgl. auch Pung Dötsch/Jost/Pung/Witt, KStG, § 8b Rz. 288.
[3] Gl. A. H/H/R, § 8b KStG, Rz. 137 Mössner, IStR 2014, 497 ff.; Bolik/Zöller, DStR 2014, 782 ff.

385 Qualifizierte Aufstockung: Fraglich ist aber, ob die Fiktion jeden unterjährigen Beteiligungserwerb erfasst, welcher zu einer Mindestbeteiligung von mindestens 10 % führt. Der Wortlaut des § 8b Abs. 4 Satz 6 KStG ist eindeutig. Die Fiktion erstreckt sich nur auf den Erwerb einer Beteiligung vom mindestens 10 %.[1] Ob der Gesetzgeber einen solch engen Anwendungsbereich dieser Fiktion schaffen wollte oder nicht vielmehr der unterjährige sukzessive Erwerb von Beteiligungen begünstigt werden sollte, ist nicht erkennbar. Diesbezüglich könnte angeführt werden, dass der Gesetzgeber, welcher erst durch den EuGH zu dieser Neuregelung „bewegt" wurde, zumindest eine praxisnahe Vereinfachungsregelung schaffen wollte, indem er alle unterjährigen Beteiligungserwerbe als zu Beginn des Jahres vollzogen ansieht. Vor dem Hintergrund des entscheidenden Tatbestandsmerkmales des § 8b Abs. 4 KStG, mithin der Mindestbeteiligungsquote von 10 % wäre dies zweifelsohne zu begrüßen, da es anderenfalls zu paradoxen Ergebnissen kommen kann [vgl. Alternative 2 (Extremfall)]. Darüber hinaus kommt es zu weiteren Auslegungsschwierigkeiten bezüglich des „Erwerbes einer Beteiligung": Bedeutet dies „von einem Veräußerer" oder „in einer Vereinbarung" oder ggf. „auf Grundlage eines einheitlichen Plans."[2]

Aufgrund des unmissverständlichen Wortlautes des § 8b Abs. 4 Satz 6 KStG ist nach der hier vertretenen Ansicht jedoch für eine weitergehende Auslegung kein Raum.[3] Sollte der Gesetzgeber tatsächlich eine andere Intention mit dieser Vereinfachungsregelung verfolgen wollen, wäre eine entsprechende Wortlautkorrektur wünschenswert.

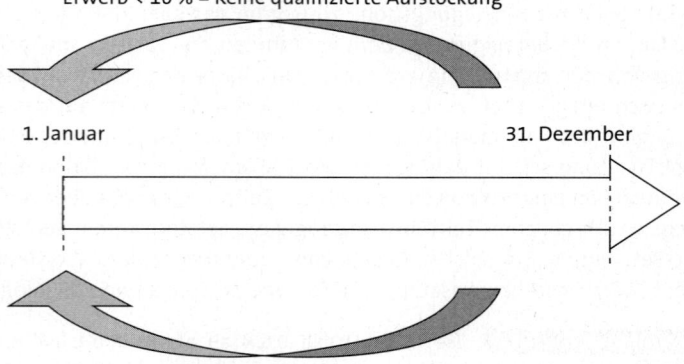

BERATERHINWEIS:

Für die Beratung stellt sich aber aufgrund der der kaum zu übertreffenden Unklarheit der Norm die Frage, ob im Interesse des Mandanten nicht zwangsläufig das Rechtsbehelfsverfahren beschritten werden muss.

BEISPIEL (AUFSTOCKUNG DER BETEILIGUNG): Die A-GmbH ist am 1.1. am Stammkapital der B-GmbH i. H. v. 9 % beteiligt. Am 1. 7. erwirbt sie weitere Geschäftsanteile an der B-GmbH i. H. v. 6 %, so dass sie

---

[1] Gl. A. Finanzverwaltung, OFD Frankfurt v. 2. 12. 2013 - S 2750a A-19-St 52, DStR 2014, 426 = NWB CAAAE-51928.
[2] Vgl. *Mössner*, IStR 2014, 497 ff.; *Bolik/Zöller*, DStR 2014, 782 ff.
[3] Vgl. auch *Benz*, DStR 2013, 489; *Intemann*, BB 2013, 1239; vgl. auch *Pung* Dötsch/Jost/Pung/Witt, KStG, § 8b Rz. 288.

im Ergebnis i. H. v. 15 % an der B-GmbH beteiligt ist. Am 1.11. kommt es zu einer Ausschüttung der B-GmbH i. H. v. 1 Mio. €.

LÖSUNG: Gemäß § 8b Abs. 4 Satz 1 KStG ist die Steuerbefreiung des § 8b Abs. 1 Satz 1 KStG auf diese Ausschüttung nicht anwendbar, da die Beteiligung der A-GmbH an der B-GmbH zu Beginn des Kalenderjahres weniger als 10 % beträgt. Die Fiktion des § 8b Abs. 4 Satz 6 KStG kann nicht herangezogen werden, da es nicht zu einem Erwerb von mindestens 10 %, sondern lediglich von 6 % kam.

Hier wäre eine Ausschüttung im Folgejahr zu erwägen.

ALTERNATIVE 1: Die A-GmbH erwirbt am 1. 7. eine Beteiligung i. H. v. 10 % an der B-GmbH.

LÖSUNG: Die unterjährige Beteiligung gilt als zu Beginn des Kalenderjahres erfolgt und erfasst auch die bestehenden Beteiligung, so dass die Mindestbeteiligungsquote hinsichtlich der Gesamtbeteiligung i. H. v. 19 % gegeben ist. § 8b Abs. 4 Satz 1 KStG findet demnach auf die gesamte Beteiligung i. H. v. 19 % keine Anwendung.

Andere Ansicht: Finanzverwaltung: Die Mindestbeteiligungsquote ist lediglich hinsichtlich der neu erworbenen 10 % erfüllt, so dass nur in dieser Höhe die Steuerbefreiung des § 8b Abs. 1 Satz 1 KStG greift. Die Altbeteiligung i. H. v. 9 % ist isoliert zu betrachten, d. h., § 8b Abs. 1 Satz 1 KStG ist aufgrund § 8b Abs. 4 Satz 1 KStG nicht anzuwenden (nach der hier vertretenen Ansicht nicht vertretbar).

ALTERNATIVE 2 (EXTREMFALL 1): Die A-GmbH (9 %) erwirbt am 1. 7. von neun weiteren Gesellschaftern jeweils eine Beteiligung i. H. v. 9,5 % sowie von einem Gesellschafter eine Beteiligung von 5,5 %, so dass sie am 1. 7. Alleingesellschafter ist. Am 1. 11. kommt es zu einer Ausschüttung.

LÖSUNG: Der unterjährige Erwerb verschiedener Beteiligungen von weniger als 10 % führt zu keiner rückwirkenden Erhöhung zum 1.1., so dass die Steuerbefreiung des § 8b Abs. 1 KStG nicht anwendbar ist, obwohl die A-GmbH im Zeitpunkt der Gewinnausschüttung Alleingesellschafter ist. Dieses Ergebnis muss als überaus fragwürdig angesehen werden.

ALTERNATIVE 3 (EXTREMFALL 2): Die A-GmbH ist am 1. 1. zu 100 % an der B-GmbH beteiligt. Am 1. 2. veräußert sie 99 % der Beteiligung. Am 31. 12. kommt es zu einer Gewinnausschüttung.

LÖSUNG: Die Gewinnausschüttung ist auf Ebene der A-GmbH steuerfrei i. S. d. § 8b Abs. 1 KStG, da Sie am 1.1. mindestens zu 10 % beteiligt war. Auf den Erwerber findet die Rückwirkungsfiktion Anwendung des § 8b Abs. 4 KStG Anwendung, so dass auch er in den Genuss der Steuerbefreiung des § 8b Abs. 1 KStG kommt.

ALTERNATIVE 3 (HIN UND HER ÜBERTRAGUNG): Die A-GmbH überträgt in einem ersten Schritt 4 % ihrer Beteiligung an die B-GmbH. In einem 2. Schritt überträgt die B-GmbH eine Beteiligung i. H. v. 10 % an die A-GmbH.

LÖSUNG: Gemäß § 8b Abs. 4 Satz 6 KStG gilt der unterjährige Erwerb einer Beteiligung von mindestens 10 % als zu Beginn des Jahres erfolgt. Die Mindestbeteiligungsquote ist demnach erfüllt. Ob eine solche zeitnahe Gestaltung der Missbrauchsprüfung des § 42 AO standhalten würde, ist äußerst fraglich, zeigt aber doch deutlich die Schwächen dieser Regelung auf.

Gemäß § 8b Abs. 4 Satz 6 KStG gilt der einmalige unterjährige Erwerb einer Beteiligung von mindestens 10 % als zu Beginn des Kalenderjahres erfolgt, so dass die Mindestbeteiligungsquote vorliegt und die Bezüge steuerfrei vereinnahmt werden können.

VII. § 8b Abs. 4 Satz 7 KStG

Gemäß § 8b Abs. 4 Satz 7 KStG ist § 8b Abs. 5 KStG auf Streubesitzanteile nicht anwendbar.

§ 8b Abs. 5 Satz 1 KStG unterwirft steuerfreie Bezüge i. S. d. § 8b Abs. 1 Satz 1 KStG der sog. Schachtelstrafe. Demnach gelten 5 % derselben als nichtabziehbare Betriebsausgaben, so dass die Steuerfreiheit im Ergebnis lediglich i. H. v. 95 % besteht.

§ 8b Abs. 4 KStG nimmt nunmehr Streubesitzbezüge von weniger als 10 % von der Steuerbefreiung des § 8b Abs. 1 Satz 1 KStG aus, so dass diese in voller Höhe der Besteuerung unterliegen. In Konsequenz dieser Rechtsfolge findet auf diese Bezüge die Fiktion der nichtabziehbaren Betriebsausgaben keine Anwendung.

BEISPIEL: Die A-GmbH hält eine Beteiligung i. H. v. 9 % am Stammkapital der Z-GmbH. Die A-GmbH erhält von der Z-GmbH eine Ausschüttung i. H. v. 1 Mio. €.

LÖSUNG: Gemäß § 8b Abs. 1 Satz 1 KStG sind Ausschüttungen einer GmbH an eine GmbH steuerfrei. Lediglich 5 % derselben unterliegen als nicht abziehbare Betriebsausgaben der Besteuerung, d. h. 50 000 € wären von der A-GmbH zu versteuern.

Da die A-GmbH unmittelbar aber zu weniger als 10 % am Stammkapital der Z-GmbH beteiligt ist, findet die Steuerbefreiung des § 8b Abs. 1 Satz 1 KStG keine Anwendung, d. h., 1 000 000 € unterliegen der Besteuerung.

Gemäß § 8b Abs. 5 KStG gelten darüber hinaus 5 % derselben, mithin 50 000 € als nicht abziehbare Betriebsausgaben und erhöhen das zu versteuernde Einkommen der A-GmbH. Im Ergebnis wären 1 050 000 € zu versteuern, obwohl die Ausschüttung lediglich 1 000 000 € beträgt. Diese Ergebnis wird dadurch vermieden, dass § 8b Abs. 5 KStG gem. § 8b Abs. 4 Satz 7 KStG nicht anwendbar ist.

Des Weiteren findet § 8b Abs. 5 Satz 2 KStG, welcher die Anwendung von § 3c Abs. 1 EStG versagt, keine Anwendung. § 3c Abs. 1 EStG verneint den Betriebsausgabenabzug bei steuerfreien Einnahmen. Ob § 3c EStG in diesem Fall Anwendung findet, wird diskutiert.[1] Da die von § 8b Abs. 4 KStG erfasste Körperschaft steuerpflichtige Bezüge erzielt, findet § 8b Abs. 5 KStG bereits nach dem Wortlaut keine Anwendung. Insoweit kommt § 8b Abs. 4 Satz 7 EStG insoweit nur deklaratorische Bedeutung zu.[2]

VIII. § 8b Abs. 4 Satz 8 KStG

388   § 8b Abs. 4 Satz 8 KStG enthält eine Spezialregelung „für Kreditinstitute i. S. d. § 1 Abs. 1 Satz 1 KWG, die Mitglied einer kreditwirtschaftlichen Verbundgruppe i. S. d. § 1 Abs. 10 Nr. 13 des Zahlungsdiensteaufsichtsgesetzes sind" und „an anderen Unternehmen und Einrichtungen dieser Verbundgruppe" beteiligt sind.

Diese Beteiligungen werden zusammengerechnet. Damit trägt der Gesetzgeber den Bedürfnissen, insbesondere von Sparkassen und Genossenschaftsbanken Rechnung. Eine Erweiterung auf Finanzunternehmen entsprechend § 8b Abs. 7 KStG hat der Gesetzgeber nicht vorgesehen.

IX. Zeitlicher Anwendungsbereich

389   § 8b Abs. 4 KStG tritt gem. Art. 5 EuGHDivUmsG am Tag nach der Verkündung, mithin am 29. 3. 2013 in Kraft.[3] Eine Übergangsregelung für bestehende Streubesitzbeteiligungen besteht nicht. Dies bedeutet, dass die Neuregelung im Jahr 2013 auch bestehende Beteiligungsverhältnisse von weniger als 10 % erfasst.

Im Ergebnis liegt daher eine unechte Rückwirkung vor, da die Neuregelung auch Sachverhalte erfasst, welche vor Inkrafttreten dieser Regelung (teilweise) realisiert sind. Vor diesem Hintergrund stellt sich die Frage nach der Verfassungsmäßigkeit dieser unechten Rückwirkung. Dies-

---

1 Bejahend: *Rahtke/Ritter*, DStR 2014, 207.
2 Vgl. auch *Lemaitre*, IWB 2013, 269.
3 Vgl. BGBl 2013 I 561.

bezüglich betont das Bundesverfassungsgereicht in dauerhafter Rechtsprechung, dass eine solche Rückwirkung „unter Beachtung der Grundsätze des Vertrauensschutzes und der Verhältnismäßigkeit" nicht zu beanstanden sei.[1]

Laut BVerfG muss der Steuerpflichtige darauf vertrauen dürfen, dass sich die Rechtslage zum Zeitpunkt eines steuerrelevanten Geschäftsvorganges nicht nachträglich und rückwirkend ändert. Dieser Vertrauensschutz wird jedoch im Rahmen eines Gesetzgebungsverfahrens sukzessive aufgeweicht. Nach Ansicht des BVerfG stellt bereits die Einbringung eines Gesetzentwurfes im Deutschen Bundestag das Vertrauen in den Fortbestand der bestehenden Rechtslage in Frage, konkrete Vorschläge des Vermittlungsausschusses sowie der Gesetzesbeschluss beseitigen diesen dahingehend gänzlich.

Das BVerfG geht im Rahmen seiner Überlegung von dem umfassend über gesetzliche Vorhaben informierten Steuerpflichtigen aus. Ob dieser Anknüpfungspunkt und somit die Argumentationslinie des Gerichtes trägt, erscheint überaus fraglich. In ihrer rechtlichen Klarheit sind die zeitlichen Abgrenzungskriterien jedoch zu begrüßen.

Ein erster Gesetzesentwurf des Gesetzes zur Umsetzung des EuGH-Urteils v. 20. 10. 2011 in der Rechtssache C-284/09 wurde bereits am 6. 11. 2012 eingebracht.[2] Allerdings sah dieser keine Besteuerung von Streubesitzbezügen vor. Diese Regelung wurde erst durch den Vorschlag des Vermittlungsausschuss am 26. 2. 2013 in das Regelungswerk eingefügt.[3] Vorliegend gilt allerdings die Besonderheit, dass die Steuerpflicht von Streubesitzanteilen bereits im Rahmen des Gesetzgebungsverfahrens zum Jahressteuergesetz 2013 vorgesehen war.[4]

Das Vertrauen des von Seiten des Bundesverfassungsgerichtes zugrunde gelegten gut informierten Steuerpflichtigen dürfte damit erschüttert sein. Im Ergebnis hält die Rückwirkung des EuGHDivUmsG wohl einer rechtlichen Überprüfung stand.[5]

X. Verstoß gegen höherrangiges Recht

Grundgesetz: Die Neuregelung des § 8b Abs. 4 KStG steht in seiner steuersystematischen Auswirkung im Widerspruch zu der von Seiten des Gesetzgebers getroffenen Belastungsentscheidung. Der Gesetzgeber versuchte mit § 8b KStG den Grundsatz der Einmalbesteuerung sicherzustellen. Die Neuregelung kann dahingegen zu einer Mehrfachbesteuerung führen. Die rein fiskalische Motivation dieser Besteuerung von Streubesitzanteile vermag dies nicht zu rechtfertigen.[6] Insoweit kommt ein Verstoß gegen das Folgerichtigkeitsgebot in Betracht.[7] Das gilt umso mehr, als dass das Bundesverfassungsgericht in seiner ausführlichen Entscheidung zu § 8b Abs. 3 und Abs. 5 KStG den Aspekt der Mehrfachbesteuerung als überaus kritisch angesehen hat.

Daneben kann es zu steuerlichen Verwerfungen kommen, da die Bezüge einerseits der vollen Besteuerung unterliegen und andererseits Verluste aus diesen Streubesitzbeteiligungen gem.

---

1 BVerfG v. 7. 7. 2010 - 2 BvL 14/02, 2/04, 13/05, BStBl 2011 II 76; BVerfG, Urteil v. 10. 10. 2012 - 1 BvL 6/07, BStBl 2012 II 932 = NWB PAAAE-22129; BVerfG, Urteil v. 5. 3. 2013 - 1 BvR 2457/08; jüngst BFH, Urteil v. 16. 4. 2013 - IX R 20/12, BStBl 2013 II 691 = NWB DAAAE-36824; vgl. auch *Schönfeld/Häck*, DStR 2012, 1725; *Schönfeld*, DStR 2013, 937.
2 BT-Drucks. 17/11314.
3 BT-Drucks. 17/12465.
4 BR-Drucks. 302/12.
5 Vgl. *Schönfeld*, DStR 2013, 937.
6 BVerfG, Urteil v. 9. 12. 2008 - 2 BvL 1/07, BFH/NV 2009, 338, Nr. 2 = NWB SAAAD-00290.
7 *Intemann*, BB 2013, 1239; *Desens*, DStR 2013, 3.

§ 8b Abs. 3 KStG nicht zu berücksichtigen sind. Hier kann ein Verstoß gegen das in Art. 3 GG normierte Leistungsfähigkeitsprinzip begründet sein.[1]

Vor dem BFH sind folgende Fragen zu § 8b KStG anhängig:[2]

1. Liegt ein Verstoß gegen die gesetzgeberische Intention vor, dass es im Rahmen von Beteiligungsstrukturen nur einmalig auf Ebene der Körperschaft und auf Ebene des Anteilseigners zu einer Besteuerung kommen soll.
2. Genügt § 8b Abs. 4 KStG dem Gebot steuerlicher Lastengleichheit im Sinne einer gleich hohen Besteuerung bei gleicher Leistungsfähigkeit?
3. Sind die vorgenannten Bedenken im Sinne des Mutter-Tochter-Richtlinie, welche eine Mindestbeteiligung in Höhe von 10 % fordert, gerechtfertigt?
4. Bestehen verfassungsrechtliche Bedenken gegen § 9 Nr. 2a GewStG?

Der Frage liegt eine Entscheidung des FG Hamburg zugrunde, welches detailliert die Bedenken gegen die Neuregelung des § 8b Abs. 4 KStG darstellt.[3] Das Gericht schließt sich der weit verbreiteten und auch hier vertretenen Kritik an § 8b Abs. 4 KStG an.

Gemeinschaftsrecht: Die dem EuGHDivUmsG zugrunde liegende Rechtsprechung des EuGH[4] erstreckte sich zwar unmittelbar nur auf innergemeinschaftliche Körperschaften, ist aber auch auf Drittlandsfälle übertragbar.[5] Vor diesem Hintergrund bestehen beachtliche Bedenken gegen die Gemeinschaftsrechtkonformität der Neuregelung in solchen Fällen.

BERATERHINWEIS:
§ 8b Abs. 4 KStG ist aufgrund seiner Auswirkungen eine Herausforderung für die Beratung. Aufgrund der verfassungsrechtlichen Bedenken und vor allem der vor dem BFH anhängige Verfahren[6] ist ein Rechtsbehelf gegen entsprechende Bescheide zwingend in Betracht zu ziehen. Gerade im Hinblick auf das anhängige Verfahren vor dem BFH[7] wäre gegen eine entsprechende Versagung der Anwendung des § 8b Abs. 1 KStG im Falle von Streubesitzdividenden Einspruch in Betracht zu ziehen.

§ 8b Abs. 4 KStG (alt)[8]

391–449 *(Einstweilen frei)*

F. § 8b Abs. 5 KStG

450 Gemäß § 8b Abs. 5 KStG gelten 5 % der Bezüge i. S. d. § 8b Abs. 1 KStG als nicht abziehbare Betriebsausgaben. Die Regelung korrespondiert mit § 8b Abs. 3 Satz 1 KStG. Im Ergebnis kommt es sowohl auf der Ebene der Erträge als auch der Substanz zu der Anwendung der 5-%-Regelung. Auch hier spiegelt sich die Intention des Gesetzgebers wieder, der Steueroptimierung dienende Gestaltungen im Rahmen des § 8b KStG zu verhindern. Insbesondere das Modell der Thesaurierung von Gewinnen i. V. m. der späteren Veräußerung der inländischen Anteile (sog. Ballooning) verlor deutlich an Reiz, da die Belastung mit 5 % nicht abziehbarer Betriebsausga-

---

[1] *Hechtner/Schnitger*, Ubg 2013, 269.
[2] BFH I R 29/17, https://www.bundesfinanzhof.de/anhaengige-verfahren/revisionsverfahren.
[3] FG Hamburg, Urteil v. 6.4.2017 - 1 K 87/15, NWB JAAAG-51091.
[4] EuGHDivUmsG v. 21. 3. 2013, BGBl 2013 I 561.
[5] Vgl. *Valta* in Mössner/Seeger/Oellerich, KStG, § 32 Rz. 142; *Hindelang*, IStR 2013, 77.
[6] BFH I R 29/17.
[7] BFH I R 29/17.
[8] Vgl. Online-Kommentierung.

ben nunmehr stets anfällt. Der Abzug der tatsächlichen Betriebsausgaben bleibt von § 8b Abs. 5 KStG unberührt.

Allerdings kann es im Falle mehrstufiger Beteiligungen zu einer Kumulierung der Steuer und zu einer deutlichen steuerlichen Belastung kommen, da im Ergebnis auf jeder Ebene eine Besteuerung von 5 % erfolgt (sog. Kaskadeneffekt)

In diesem Zusammenhang werden vielfach standort- und wirtschaftspolitische Bedenken gegen § 8b Abs. 5 KStG geäußert.[1] Ob vor dem Hintergrund dieses Kaskadeneffekts § 8b Abs. 5 KStG mit Art. 3 GG vereinbar ist, hat das BVerfG im Rahmen seiner Entscheidung vom 12.10.2010 ausdrücklich offengelassen,[2] so dass eine gerichtliche Klärung zu erwarten bleibt.

Dies gilt um so mehr, als im Rahmen von Streubesitzanteilen, mithin Beteiligungen von weniger als 10 % die Steuerbefreiung von Bezügen gem. § 8b Abs. 4 Satz 1 KStG die Steuerbefreiung des § 8b Abs. 1 Satz 1 KStG keine Anwendung findet, es somit zu einer Abschöpfung der gesamten Dividenden kommt.

BEISPIEL:

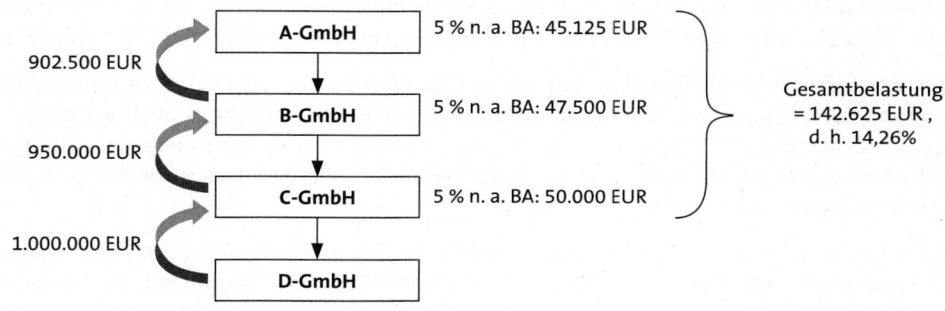

LÖSUNG: Nach bereits drei Ausschüttungsebenen beträgt die Steuerbelastung 142 625 €, mithin 14,26 %. Gerade solche Fälle hat das Bundesverfassungsgericht im Rahmen seiner wegweisenden Entscheidung ausdrücklich offengelassen, so dass hier weiterhin erhebliche verfassungsrechtliche Bedenken gegen § 8b Abs. 5 KStG bestehen.

I. Tatbestand

▶ Körperschaft

▶ Beteiligung

▶ Bezüge i. S. d. § 8b Abs. 1 KStG

▶ die bei der Ermittlung des Einkommens außer Ansatz bleiben

---

1 Frotscher/Maas § 8b Rz. 523; Dötsch/Pung Dötsch/Jost/Pung/Witt, KStG, § 8b Rz. 337; Alternativansatz bei Kohlhepp, DStR 2008, 1859, 1864.
2 Siehe → Rz. 258, → Rz. 478.

II. Körperschaft

453 Bezüglich der Körperschaften gelten die Grundsätze des § 8b Abs. 1 KStG, so dass auf die dortigen Ausführungen verwiesen werden kann.[1] Auf der Ebene der Organgesellschaft ist § 8b Abs. 5 KStG gem. § 15 Abs. 1 Satz 1 Nr. 2 Satz 1 KStG nicht anwendbar. § 8b Abs. 5 KStG wirkt sich vielmehr auf der Ebene des Organträgers aus (§ 15 Abs. 1 Satz 1 Nr. 2 Satz 2 KStG).

III. Beteiligungen

454 Der Anwendungsbereich des § 8b Abs. 5 KStG setzt einen Mindestbeteiligung i. H. v. 10 % am Grund- beziehungsweise Stammkapital oder Vermögen der Körperschaft voraus, von welcher die Bezüge erzielt werden. Dieses Tatbestandsmerkmal ergibt sich aus § 8b Abs. 4 Satz 7 KStG. Gemäß § 8b Abs. 4 Satz 1 KStG findet Steuerbefreiung des § 8b Abs. 4 KStG keine Anwendung auf Streubesitzanteile und dementsprechend ist auch § 8b Abs. 5 KStG nicht anzuwenden.

IV. Bezüge

455 § 8b Abs. 5 KStG gilt seit dem Veranlagungszeitraum 2004 sowohl für Ausschüttungen in- als auch ausländischer Gesellschaften. In der zuvor geltenden Fassung erstreckte sich § 8b Abs. 5 KStG nur auf ausländische Dividenden. Diese Regelung erklärte der BFH für nicht anwendbar.[2]

Mit dem Verweis auf Bezüge i. S. d. § 8b Abs. 1 KStG wird klargestellt, dass nicht allein Dividenden von der Abzugsbeschränkung erfasst sind, sondern darüber hinaus auch verdeckte Gewinnausschüttungen.[3] Maßgeblich sind daher die Voraussetzungen des § 8b Abs. 1 KStG, somit allein das nationale Recht. Auf die Qualifizierung der Bezüge nach ausländischem Recht kommt es dahingegen nicht an.[4]

456 Keine Bezüge sind dahingegen die organschaftlichen Gewinnabführungen.[5] Insoweit wird darin ein Gestaltungsmittel im Konzern gesehen.[6] Dieser Aspekt ist insbesondere von Bedeutung, wenn es sich bei der Organgesellschaft um ein Unternehmen i. S. d. § 8b Abs. 7 KStG handelt.[7] Weiterhin keine Bezüge sind Kapitalrückzahlungen ausländischer Tochtergesellschaften.[8]

457 **Bruttobezüge:** Der Begriff der Bezüge erfasst die Einnahmen der Körperschaft, mithin den nicht um Betriebsausgaben gekürzten Bruttobezug.[9] Insoweit kommt es nicht darauf an,

- ▶ ob tatsächlich niedrigere oder höhere Betriebsausgaben vorliegen,[10]
- ▶ ob diese Betriebsausgaben in unmittelbaren wirtschaftlichem Zusammenhang mit den steuerfreien Bezügen stehen. Eine entsprechende Regelung findet sich zwar in § 3c Abs. 1 EStG, aber gerade nicht in § 8b Abs. 5 sowie Abs. 3 Satz 1 KStG
- ▶ oder ob Kapitalertragsteuer oder ausländische Quellensteuer einbehalten worden ist.

---

1 Siehe → Rz. 30 ff.
2 BFH, Urteil v. 9. 8. 2006 - I R 95/05, BStBl 2007 II 279.
3 Dötsch/Pung Dötsch/Jost/Pung/Witt, KStG, § 8b Rz. 383.
4 Gosch/*Gosch* § 8b Rz. 472.
5 BMF, Schreiben v. 26. 8. 2003, BStBl 2003 I 437, Rz. 24.
6 *Intemann*, GStB 2010, 24.
7 Siehe → Rz. 554.
8 FG Münster, Urteil v. 19. 11. 2015 - 9 K 1900/12 K, EFG 2016, 756 = NWB OAAAF-72414.
9 *Frotscher*/Maas § 8b Rz. 554; Gosch/*Gosch* § 8b Rz. 475.
10 *Watermayer* in HHR, § 8b, Rz. 190.

Das BVerfG hat bezüglich des Anknüpfungspunktes an die Bezüge keine verfassungsrechtlichen Bedenken.[1]

(Einstweilen frei) 458–470

V. Steuerfreiheit der Bezüge

§ 8b Abs. 5 KStG fordert, dass die Bezüge bei der Ermittlung des Einkommens unberücksichtigt bleiben. Auf welcher steuerlichen Grundlage die Steuerfreiheit beruht ist unbeachtlich, da § 8b Abs. 5 KStG gerade keinen entsprechenden Verweis auf § 8b Abs. 1 KStG enthält.[2] Sind Bezüge allerdings nicht steuerfrei, so werden auch nicht 5 % derselben als nicht abziehbare Betriebsausgaben fingiert. Dies hat der BFH betätigt und dabei nicht verkannt, dass die entsprechenden gegenteiligen Ansätze in der Literatur nachvollziehbar sind. Aufgrund des klaren Wortlauts der Norm können sie allerdings keine Beachtung finden.[3] Weiterhin verweist der BFH auf das grundlegende Urteil des BVerfG und betont, dass Sinn und Zweck der Norm keinen Raum für eine weitergehende Auslegung eröffnen.[4]

Neben der nationalen Regelung kann die Steuerfreiheit auch auf Regelungen des DBA beruhen.

Diesbezüglich wird wiederholt die Frage nach dem Verhältnis zwischen der Steuerbefreiung nach DBA und entsprechender nationaler Vorschriften aufgeworfen und zuweilen ein DBA-Vorrang gefordert. Für einen solchen Ansatz ist allerdings nach der hier vertretenen Ansicht kein Raum.[5] Die gesetzliche Regelung begrenzt die Steuerbefreiung gerade nicht auf Fälle des § 8b Abs. 1 KStG.

Kontrovers diskutiert wird, ob in diesem Zusammenhang ein faktisches treaty override zu bejahen ist und wie dies zu behandeln ist.[6] Diese Frage hat allerdings mit der Entscheidung des Bundesverfassungsgerichts zu der grundsätzlichen Zulässigkeit eines treaty override an Bedeutung verloren.[7]

In diesem Zusammenhang wird unter anderem vertreten, dass das nationale Schachtelprivileg neben dem internationalen Schachtelprivileg keine Anwendung findet. Nach der hier vertretenen Ansicht[8] ist dies zu verneinen. Vielmehr stehen nationales und DBA-Schachtelprivileg nebeneinander. Ob das abkommensrechtliche Schachtelprivileg aufgrund engerer Anwendungsvoraussetzungen gegebenenfalls keine Anwendung findet, ist für die Frage der Anwendbarkeit des § 8b Abs. 5 KStG ohne Bedeutung. Dies hat der BFH klarstellend bestätigt.[9]

---

1 BVerfG, Urteil v. 12.10.2010 - 1 BvL 12/07, NWB 2010, 1346 = NWB CAAAD-59902; ausführliche Darstellung des Urteils siehe →Rz. 258.
2 Ausführlich FG Düsseldorf, Urteil v. 15.5.2018 - 6 K 357/15 K, NWB DAAAG-89472.
3 BFH, Urteil v. 26.4.2017 - I R 84/15, NWB MAAAG-56537, DStR 2017, 2035; *Kahlenberg*, NWB 2018, 630.
4 Vgl. zu dem Urteil des BVerfG v.12.10.2010 - 1 BvL 12/07, NWB CAAAD-59902; →Rz. 258.
5 Vgl. *Watermayer* in HHR, § 8b, Rz. 189.
6 Verneinend: *Frotscher*/Maas § 8b Rz. 545; unbedenklich *Gosch*/Gosch § 8b Rz. 483; vgl. auch FG Saarland - 1 K 1162/13, NWB HAAAE-88901.
7 BVerfGE, 2 BvL 1/12, BFH, Urteil v. 10.1.2012 - I R 66/09, NWB RAAAE-09077.
8 Vgl. →Rz. 59.
9 BFH, Urteil v. 22.9.2016 - I R 29/15, BFH/NV 2017 S. 324, NWB FAAAG-36142; *Weiss*, StuB 2016, 182.

VI. Rechtsfolge

473 Gemäß § 8b Abs. 5 Satz 1 KStG gelten 5 % der Bezüge als nicht abziehbare Betriebsausgaben und sind im Rahmen der Ermittlung des Einkommens außerbilanziell wieder hinzuzurechnen. Die Regelung des § 8b Abs. 5 KStG schränkt die Steuerfreiheit des § 8b Abs. 1 KStG dahin gehend ein, dass im Ergebnis nicht 100 %, sondern nur 95 % der Bezüge steuerfrei sind. Der Abzug der tatsächlich angefallenen Betriebsausgaben wird durch Abs. 5 nicht beschränkt.[1] Die Anwendung des § 3c Abs. 1 EStG auf den 5 % überschießenden Betrag der Betriebsausgaben kommt nicht in Betracht, da die Anwendung des § 3c Abs. 1 EStG durch § 8b Abs. 5 Satz 2 KStG ausgeschlossen ist. Ausländische Kapitalertragsteuer stellt weiterhin eine nicht abziehbare Betriebsausgabe i. S. d. § 10 Nr. 1 KStG dar. Allerdings ist auch der Nachweis, dass tatsächlich niedrigere Betriebsausgaben als 5 % angefallen sind, ausgeschlossen.[2] Die Höhe der nicht abziehbaren Betriebsausgaben von 5 % ist nach Ansicht des BVerfG nicht zu beanstanden.[3]

474 **Organschaften:** Bei Organschaften ist § 15 Satz 1 Nr. 2 sowie Satz 2 KStG zu berücksichtigen. Erzielt die Organgesellschaft Bezüge i. S. d. § 8b Abs. 1 KStG, kommt es auf der Grundlage der Bruttomethode nicht bei ihr, sondern auf der Ebene des Organträgers zu den Rechtsfolgen des § 8b Abs. 5 KStG.[4]

475 **Gewerbesteuer:** Da der Gewerbeertrag i. S. d. § 7 GewStG von dem nach den steuerlichen Vorschriften ermittelten Einkommen abhängt, wirkt sich § 8b Abs. 5 KStG unmittelbar auf die Gewerbesteuer aus. Hier ist zu unterscheiden:

Erfüllt die Beteiligung die Voraussetzung einer Schachtelbeteiligung (Beteiligungshöhe mindestens 15 %) kommt es:

▶ In einem ersten Schritt zu einer Hinzurechnung der steuerfreien Gewinnanteile i. S. d. § 8 Nr. 5 GewSt. Diesbezüglich ist der Nettobetrag nach Abzug der 5 % Betriebsausgabenpauschale, mithin im Ergebnis 95 % zu berücksichtigen.

▶ In einem zweiten Schritt zu einer Kürzung des Gewerbeertrages um den steuerfreien Gewinn i. S. d. § 9 Nr. 2a, 7, 8 GewStG. Letztere erfassen aber ausschließlich den Gewinn. Bei den nicht abzugsfähigen Betriebsausgaben, handelt es sich nach § 9 Nr. 2a Satz 4 GewStG aber gerade nicht um Gewinn, sondern vielmehr um Betriebsausgaben.[5] Die Kürzung erfasst daher lediglich 95 %.

▶ Im Ergebnis unterliegen 5 % der Gewerbesteuer.

Sind hingegen die Voraussetzung einer Schachtelbeteiligung nicht erfüllt (Streubesitz), scheidet eine Kürzung i. S. d. § 9 Nr. 2a, 7, 8 GewStG aus. Allerdings ist der Hinzurechnungsbetrag i. S. d. § 8 Nr. 5 GewSt nicht um die tatsächlichen Betriebsausgaben zu kürzen, sondern allein um die nicht abziehbaren Betriebsausgaben i. H. v. 5 % des Gewinns, d. h. die Hinzurechnung erfolgt i. H. v. 95 %.

Im Rahmen der Organschaft besteht eine Besonderheit:

---

[1] Vgl. auch FG München, Urteil v. 28. 9. 2009 - 7 K 558/08, DStRE 2010, 1184 = NWB AAAAD-39822; *Frotscher*/Maas § 8b Rz. 557.
[2] *Frotscher*/Maas § 8b Rz. 550.
[3] Siehe → Rz. 258.
[4] BFH, Urteil v. 17. 12. 2014 - I R 39/14, BStBl 2015 II 1052 = NWB VAAAE-86640, m. w. N.
[5] BFH, Urteil v. 10. 1. 2007 - I R 53/06, BStBl 2007 II 585; *Richter*, BB 2007, 751, 752; *Gosch*/Gosch § 8b Rz. 516, 517; *Dötsch/Pung* Dötsch/Jost/Pung/Witt, KStG, § 8b Rz. 378.

▶ Auf Ebene der Organgesellschaft bleibt § 8b Abs. 5 KStG gänzlich unberührt (§ 15 Satz 1 Nr. 2 Satz 2 KStG). Der Gewinn aus der Beteiligung ist daher vollständig in dem Gewerbeertrag enthalten (§ 7 Abs. 1 GewStG), wird aber im Falle einer Schachtelbeteiligung wiederum gekürzt (§ 9 Nr. 2a, 7, 8 GewStG), so dass der Gewinn aus der Beteiligung gewerbesteuerlich zu 100 % neutralisiert wurde.

▶ Auf Ebene des Organträgers ist § 8b KStG anzuwenden, soweit das von der Organgesellschaft zugerechnete Einkommen Bezüge etc. i. S. d. § 8b KStG enthält (§ 15 Abs. 1 Nr. 2 Satz 1 KStG). Gewerbesteuerlich ist dies jedoch aufgrund der vollständigen Kürzung zu verneinen. Demzufolge kommt es gewerbesteuerlich weder zu einer Hinzurechnung noch zu einer Kürzung i. H. v. jeweils 95 %. Insoweit liegt ein steuerlicher Vorteil i. H. v. 5 % (Schachtelstrafe) gegenüber der unmittelbar beteiligten Gesellschaft vor.[1] Dieses Ergebnis mag verwundern und wirft die Frage nach einer Korrektur dieser Gesetzeslücke auf. Einer solchen hat der BFH aber eine klare Absage erteilt.[2] Zur Begründung weist er darauf hin, dass der Gesetzgeber mit dem Zusammenspiel von KStG und GewStG eine solch komplexe Struktur geschaffen habe, dass davon auszugehen ist, dass das dargestellte unterschiedliche Ergebnis bewusst vollzogen worden ist. Diese Argumentation ist nachvollziehbar, vermag aber nicht zu überzeugen, da sich gerade aufgrund der Komplexität eine ungewollte Gesetzeslücke aufdrängt.

Die Finanzverwaltung hat sich zwischenzeitlich dieser Entscheidung angeschlossen und wendet sie auf alle offenen Fälle an.[3]

VII. Verhältnis zu § 3c Abs. 1 EStG

Gemäß § 8b Abs. 5 Satz 2 KStG ist § 3c Abs. 1 EStG nicht anzuwenden. Dieser Anwendungsausschluss gilt absolut. Findet § 8b Abs. 5 KStG Anwendung, ist für § 3c Abs. 1 EStG kein Raum. Dies gilt unabhängig von der pauschalen Bestimmung der nicht abziehbaren Betriebsausgaben, d. h., § 3c EStG ist auch auf überschießende Betriebsausgaben nicht anwendbar.

VIII. Zeitliche Anwendung

§ 8b Abs. 5 KStG und zuvor § 8b Abs. 7 KStG wurden bereits vielfach modifiziert. In seiner derzeitigen Fassung gilt Abs. 5 für die ab dem Veranlagungszeitraum 2004 erzielten Bezüge, bei abweichenden Wirtschaftsjahren ab dem Wirtschaftsjahr 2003/04.

Die Altregelung erfasste nur Beteiligungen an ausländischen Gesellschaften. Für Beteiligungen an inländischen Gesellschaften greift dahingegen § 3c Abs. 2 EStG ein, soweit die Einkünfte in unmittelbaren wirtschaftlichem Zusammenhang mit steuerfreien Einnahmen stehen. Diese Regelung ist nach Ansicht des BFH nicht weiter anwendbar.

Die Finanzverwaltung hat zu der Behandlung von Betriebsausgaben im Zusammenhang mit Auslandsdividenden in den Veranlagungszeiträumen 1993 – 2003 Stellung genommen und eine entsprechende Übersicht erstellt.[4]

---

1 BFH, Urteil v. 17. 12. 2014 - I R 39/14, BStBl 2015 II 1052; FG Münster, Urteil v. 14. 5. 2014 - 10 K 1007/13 G, BB 2014, 1558, Nr. 26 = NWB NAAAE-68383; *Pyszka/Nienhaus*, DStR 2014, 1585 ff.
2 BFH, Urteil v. 17. 12. 2014 - I R 39/14, BStBl 2015 II 1052 = NWB VAAAE-86640.
3 OFD Karlsruhe v. 17. 2. 2016 - G.142.5/59/2-St 226, NWB JAAAF-73577.
4 BMF, Schreiben v. 30. 9. 2008, BStBl 2008 I 940; ebenso *Lorenz*, IStR 2009, 437.

IX. Verstöße gegen höherrangiges Recht

478 **Grundgesetz:** Das BVerfG hat im Rahmen seiner Entscheidung vom 12.10.2010 festgestellt, dass § 8b Abs. 3 und 5 KStG nicht gegen Art. 3 GG verstoßen, soweit der pauschalierte Abzug von 5 % des Gewinns als Betriebsausgaben keinen Nachweis der tatsächlich niedrigeren Betriebsausgaben zulässt.[1]

Im Hinblick auf den Kaskadeneffekt i. S. d. § 8b Abs. 5 KStG hat es diese Frage ausdrücklich offen gelassen. Diesbezüglich bestehen weiterhin erhebliche Bedenken gegen die Verfassungsmäßigkeit der Beschränkung, zumal das ohnehin schwache Argument des BVerfG, dass die geringe steuerliche Belastung vertretbar sei, entsprechend der Länge der Beteiligungskette gänzlich unzutreffend wird. In der Beratung könnte dieser Aspekt von Bedeutung sein. Im Hinblick auf Streubesitzanteile i. S. d. § 8b Abs. 4 KStG bestehen keine Bedenken, da § 8b Abs. 5 KStG gem. § 8b Abs. 4 Satz 7 KStG keine Anwendung findet.

479 **DBA:** Umstritten ist, ob das internationale Schachtelprivileg[2] § 8b Abs. 5 KStG verdrängt. Grundsätzlich stehen nach ständiger Rechtsprechung des BFH § 8b Abs. 1 KStG und das abkommensrechtliche Schachtelprivileg gleichrangig nebeneinander, wobei die nationale Regelung aufgrund des weiteren Anwendungsbereiches das DBA tatsächlich verdränge.[3]

Im Verhältnis zur Gewerbesteuer hat der BFH[4] zwar bestätigt, dass das DBA-Schachtelprivileg einer gewerbesteuerlichen Hinzurechnung entgegenstehen kann,[5] zu § 8b Abs. 5 KStG hat er sich allerdings nicht geäußert.

Diesbezüglich wird argumentiert, dass § 8b Abs. 5 KStG das Schachtelprivileg unberührt lasse, und es lediglich auf nationaler Ebene zu einer zulässigen Begrenzung des Betriebsausgabenabzuges käme.[6] Darüber hinaus erscheint zweifelhaft, ob § 8b Abs. 5 KStG überhaupt auf DBA-Fälle anwendbar sei, da das DBA als lex specialis Vorrang genieße.[7] Wenn aber das DBA-Schachtelprivileg anzuwenden ist, stellt sich die Frage der Anwendbarkeit des § 3c Abs. 1 KStG.[8] Teilweise wird vertreten, dass ein Wahlrecht der Körperschaft bestehe, ob sie sich auf nationales Recht und somit § 8b Abs. 5 KStG oder das internationale Schachtelprivileg, mithin keine Anwendung des § 8b Abs. 5 KStG, berufe. Als Minimum sei dem Steuerpflichtigen ein Wahlrecht zu gewähren.[9]

Nach der hier vertretenen Ansicht ist dem BFH im Grundsatz zuzustimmen. Beide Regelungen stehen gleichrangig nebeneinander. Soweit aber eine Regelung einen weitergehenden Anwendungsbereich aufzeigt, ist dieser einschlägig. Dieser Ansatz ist zweifelsfrei auch von wirtschaftlichen Erwägungen getragen. Unter Berücksichtigung der nationalen Interessen, welche im Hinblick auf § 8b KStG noch einmal von Seiten des BVerfG im Rahmen seines Beschluss

---

1 BVerfG, Urteil v. 12.10.2010 - 1 BvL 12/07, NWB 2010, 1346 = NWB CAAAD-59902; ausführliche Darstellung des Urteils siehe → Rz. 258.
2 Siehe → Rz. 104.
3 BFH, Urteil v.23.6.2010 - I R 71/09, BStBl 2011 II 129, NWB FAAAD-48564; OFD NRW v 13.3.2018 - S 2750a-2014/0001-St 131, DB 2018, 1117; v.14.1.2009 - I R 47/08, BFH/NV 2009, 854 = NWB IAAAD-16013; *Lorenz*, IStR 2009, 437, 440; *Jahn*, PIStB 2010, 292; *Kessler/Dietrich*, IStR 2010, 696; *Weiss*, GmbH-StB 2018, 181.
4 BFH, Urteil v. 23.6.2010 - I R 71/09, BStBl 2011 II 129 = NWB FAAAD-48564.
5 Siehe → Rz. 59.
6 *Heurung/Engel/Seidel*, DB 2010, 1553; *Frotscher*/Maas § 8b Rz. 545; *Dötsch/Pung* Dötsch/Jost/Pung/Witt, KStG, § 8b Rz. 384.
7 Vgl. *Kessler/Dietrich*, IStR 2010, 696.
8 Vgl. *Hageböke*, IStR 2009, 480.
9 *Schönfeld*, IStR 2010, 660.

vom 12.12.2010 bemüht worden sind,[1] wäre es geradezu nachteilig für inländische Körperschaften, wenn eine nationale Regelung deutlich strengere Kriterien hinsichtlich des Betriebsausgabenabzuges ansetzen würde, als internationale Vereinbarungen vorsehen. Vor diesem Hintergrund muss die überschießende Wirkung der nationalen Regelung beschränkt werden, wenn es anderenfalls im internationalen Vergleich zu nachteiligen Ergebnissen käme. Dies kann aber im Hinblick auf die nicht abziehbaren Betriebsausgaben i.S.d. § 8b Abs. 5 Satz 1 KStG zu einem Vorrang des DBA führen, zumal die nationale Regelung nicht zwangsläufig weiter als die DBA-Schachtelprivileg gefasst ist.[2] Für ein Wahlrecht ist in diesem Fall kein Raum.[3]

Ist § 8b Abs. 5 KStG jedoch nicht anwendbar, greift das DBA-Schachtelprivileg. Hier stellt sich dann aber die Frage der Anwendbarkeit des § 3c Abs. 1 EStG.[4]

Gemeinschaftsrecht: § 8b Abs. 5 KStG a. F. verstößt nach Ansicht des BFH gegen die Niederlassungs- und Kapitalverkehrsfreiheit und ist daher gemeinschaftsrechtswidrig, da davon allein die ausländischen Gesellschaften betroffen waren.[5] Der BFH hat § 8b Abs. 5 KStG a. F. daher für unanwendbar erklärt. Dies erfasst auch den Fall der Dividenden aus Drittstaaten.[6] Bezüglich des Anrechnungsverfahrens in Drittlandsfällen hat das FG Köln dem EuGH die Frage der Abgrenzung zwischen Niederlassungs- und Kapitalverkehrsfreiheit vorgelegt.[7] Der EUGH hat klargestellt, dass eine solche Regelung Art. 63 AEUV nicht berührt.[8] Entsprechende Rechtsbehelfsverfahren betreffend die VZ bis einschließlich 2003 wurden ruhend gestellt, Anträgen auf Aussetzung der Vollziehung wird stattgegeben.[9]

480

Auch in Drittlandsfällen kann ein Verstoß des § 8b Abs. 5 KStG in der Fassung des UntStFG ein Verstoß gegen die Kapitalverkehrsfreiheit vorliegen.[10]

Entscheidende Bedeutung kommt dabei der Frage des Verhältnisses zwischen der Niederlassungsfreiheit (Art. 49 AEUV) und der Kapitalverkehrsfreiheit (Art. 63 AEUV) zu. Im Gegensatz zur Niederlassungsfreiheit erfasst die Kapitalverkehrsfreiheit auch Drittstaaten:

Artikel 63 AEUV

1. Im Rahmen der Bestimmungen dieses Kapitels sind alle Beschränkungen des Kapitalverkehrs zwischen den Mitgliedstaaten sowie zwischen den Mitgliedstaaten und dritten Ländern verboten.

2. Im Rahmen der Bestimmungen dieses Kapitels sind alle Beschränkungen des Zahlungsverkehrs zwischen den Mitgliedstaaten sowie zwischen den Mitgliedstaaten und dritten Ländern verboten.

---

1 Siehe → Rz. 258.
2 Allgemein: *Schönfeld*, IStR 2010, 658.
3 *Frotscher*/Maas § 8b Rz. 545a.
4 Verneinend *Kessler/Dietrich*, IStR 2010, 696; bejahend: *Rathke/Ritter*, DStR 2014, 1207.
5 BFH, Urteil v. 26.11.2008 - I R 7/08, BFH/NV 2009, 849 = NWB CAAAD-16015.
6 FG Baden-Württemberg, Urteil v. 23.7.2012 - 6 K 2522/09, NWB KAAAE-28791; Revision zurückgenommen, Az. BFH: I R 64/12.
7 FG Köln, Urteil v. 6.9.2011 - 13 K 482/07, DB 2012, 15, Nr. 11 = NWB KAAAE-06496; *Kröner/Köth*, BB 2012, 1899.
8 EuGH, Urteil v. 11.9.2014 - Rs. C 47/12, NWB OAAAE-73522.
9 OFD Münster v. 15.5.2012 - Kurzinfo KSt Nr. 010/2008 = NWB EAAAE-10019; ab VZ 2004 vgl. BVerfG, Urteil v. 12.10.2010; siehe → Rz. 258.
10 FG Köln, Urteil v. 24.2.2011 - 13 K 80/06, EFG 2011, 1651; FG Schleswig-Holstein, Urteil v. 11.5.2011 - 1 K 224/07, IStR 2011, 622 = NWB IAAAD-85885; FG München, Urteil v. 21.8.2015 - 7 K 3844/13, NWB EAAAF-06939.

Dies hat auch der BFH wiederholt bekräftigt.[1] Entscheidend sei demnach im Rahmen eines Drittstaatenkontextes, ob die Niederlassungs- oder die Kapitalverkehrsfreiheit einschlägig ist. Der BFH stellt unter Bezugnahme auf die EuGH-Rechtsprechung darauf ab, ob die Beteiligungshöhe dem Gesellschafter einen „sicheren Einfluss" auf die Gesellschaft und ein entsprechend hohes Mitbestimmungsrecht gewährt. In diesem Fall greife die Niederlassungsfreiheit. Liegen dahingegen sog. „Portfolioinvestitionen" vor, sei die Kapitalverkehrsfreiheit vorrangig. Abzustellen sei dabei jedoch nicht auf die tatsächliche Beteiligungshöhe, sondern auf die zu beurteilende Norm. Wirkt sie „ausdrücklich oder nach ihrer Zielsetzung allgemein und vorbehaltlos gegen jedermann" oder verlangt sie „qualifizierte Beteiligungsmerkmale". Letzterenfalls findet die Niederlassungsfreiheit Anwendung und verdrängt die Kapitalverkehrsfreiheit.

Obwohl der Entscheidung des BFH § 8b Abs. 7 KStG (1999) zugrunde lag und der BFH betonte, dass es im Rahmen seiner Entscheidung nicht auf diese Aspekte ankäme, wies er dennoch darauf hin, dass jedenfalls ab einer Beteiligungshöhe von mindestens 10 % ein „sicherer Einfluss" zu bejahen sei, da Sonderrechte eines Gesellschafters greifen.[2]

Der EuGH hat die Frage der Abgrenzung zwischen Niederlassungs- und Kapitalverkehrsfreiheit im Rahmen seiner Entscheidung „Test Claimants in the FII Group Litigation" aufgegriffen und sich um weitergehende Abgrenzungskriterien bemüht.[3] Dabei stellt der EuGH fest, dass bei der Prüfung des Vorranges der Niederlassungs- oder der Kapitalverkehrsfreiheit allein auf die nationale Norm abzustellen ist:[4] Setzt diese einen „sicheren Einfluss" voraus, sei die Niederlassungsfreiheit einschlägig. Kommt es dahingegen auf die bloße Beteiligung an, wäre auf die Kapitalverkehrsfreiheit abzustellen. In Zweifelsfällen, mithin bei der Beurteilung von Normen, die sowohl einen „sicheren Einfluss" als auch Portfoliobeteiligungen erfassen, ist auf den konkreten Fall abzustellen. Verschafft die konkrete Beteiligung an der konkreten Gesellschaft im Drittland einen „sichere Position", dann ist die Niederlassungsfreiheit einschlägig. Anderenfalls wäre die Kapitalverkehrsfreiheit zu beachten. Mangels einer weitergehenden Konkretisierung des EuGH ist diesbezüglich die von Seiten des BFH für maßgeblich erachtete 10-%-Grenze von Bedeutung.[5]

481–499 *(Einstweilen frei)*

G. § 8b Abs. 6 KStG

500 § 8b Abs. 6 KStG erweitert den Anwendungsbereich des § 8b Abs. 1 bis 5 KStG auf die Fälle der mittelbaren Beteiligung an einer Körperschaft über eine Mitunternehmerschaft.

Im Ergebnis kommt es auch in diesem Fall zu einer Steuerfreiheit laufender Bezüge und Gewinne i. H. v. lediglich 95 %, da auch die Fiktion nicht abziehbarer Betriebsausgaben i. S. d. § 8b Abs. 3 und 5 KStG Anwendung findet. Weiterhin bleiben Gewinnminderungen i. S. d. § 8b Abs. 3 KStG unberücksichtigt.

Entsprechendes gilt gem. § 8b Abs. 6 Satz 2 KStG, wenn **Betrieben gewerblicher Art** Bezüge oder Gewinne zufließen, welche diesem wiederum mittelbar über eine Körperschaft des öffentlichen Rechts zufließen.

---

[1] BFH, Urteil v. 29. 8. 2012 - I R 7/12, BStBl 2013 II 89 = NWB IAAAE-22192.
[2] BFH, Urteil v. 29. 8. 2012 - I R 7/12, BStBl 2013 II 89 = NWB IAAAE-22192.
[3] EuGH, Urteil v. 13. 11. 2012 - Rs. C-35/11, DB 2012, 22, Nr. 46 = NWB RAAAE-23430; siehe auch → Rz. 283.
[4] Kritisch: *Hindelang*, IStR 2013, 77.
[5] BFH, Urteil v. 29. 8. 2012 - I R 7/12, BStBl 2013 II 89 = NWB IAAAE-22192.

Zweck: Der Zweck des § 8b Abs. 6 KStG liegt u. a. darin, Umgehungsversuche zu vermeiden, da ohne diese Regelung aufgrund der Zwischenschaltung einer Personengesellschaft die Rechtsfolgen insbesondere des § 8b Abs. 3 und Abs. 5 KStG umgangen werden könnten. Parallel stellt die Regelung aber zugleich sicher, dass die Vorteile des § 8b KStG auch im Rahmen von Personengesellschaftsbeteiligungsstrukturen erhalten bleiben.

I. § 8b Abs. 6 Satz 1 KStG

§ 8b Abs. 6 Satz 1 KStG erfasst die Beteiligung an einer Körperschaft über eine Mitunternehmerschaft.

1. Tatbestand

- Körperschaft
- Mitunternehmereigenschaft
- Beteiligung an einer Körperschaft
- Bezüge, Gewinne, Gewinnminderungen, Veräußerungs- oder Aufgabegewinne

2. Körperschaft

§ 8b Abs. 6 KStG enthält keine Besonderheiten hinsichtlich des persönlichen Anwendungsbereiches und gilt daher sowohl für in- als auch für ausländische Körperschaften.[1]

Auf der Ebene der Organgesellschaft findet § 8b Abs. 6 KStG gem. § 15 Satz 1 Nr. 2 Satz 1 KStG keine Anwendung. Abzustellen ist vielmehr auf den Organträger.[2]

3. Mitunternehmerschaft

Die Körperschaft muss Mitunternehmer i. S. d. § 15 Abs. 1 Satz 1 Nr. 2 Satz 1, § 13 Abs. 7, § 18 Abs. 4 EStG sein und in dieser Eigenschaft an dem Gewinn der Personengesellschaft teilhaben. Darüber hinaus sind keine weiteren Kriterien, etwa eine bestimmte Mindestbeteiligung, besondere Stimmrechts- oder Gewinnverteilungsabreden zu beachten.

Erfasst wird auch der Fall der **gewerblich geprägten Personengesellschaft** i. S. d. § 15 Abs. 3 Nr. 2 EStG sowie die **KGaA** i. S. d. § 15 Abs. 1 Nr. 3 KStG.[3] In diesem Zusammenhang hat der BFH bestätigt, dass eine gewerblich geprägte Personengesellschaft ausländischen Anteilseignern inländische Einkünfte i. S. d. § 49 Abs. 1 Nr. 2 Buchst. a EStG vermitteln kann.[4] Zu der erwarteten Entscheidung, ob damit auch die Anwendung des § 8b KStG einhergeht, mithin die höhere Steuerbelastung durch die Kapitalertragsteuer ausgeschlossen ist, hat sich der BFH nicht positioniert.[5] Nach der hier vertretenen Ansicht, wäre dies zwar klarstellend zu begrüßen gewesen, ist aber nicht erforderlich. Für einen Kapitalertragsteuerabzug ist, unter Zugrundelegung der festgestellten Voraussetzungen kein Raum (§ 32 Abs. 1 Nr. 2 KStG). Vielmehr sind die Bezüge im Rahmen des § 8b Abs. 6 KStG von der Steuerbefreiung des § 8b Abs. 1 KStG erfasst.

---

1 Vgl. → Rz. 30.
2 § 15 Satz 1 Nr. 2 Satz 2 KStG; siehe → Rz. 54.
3 *Frotscher*/Maas § 8b Rz. 562; *Gosch*/Gosch § 8b Rz. 521; *Watermayer* in H/H/R, § 8b, Rz. 203; ausführlich zur KGaA *Dötsch*/Pung Dötsch/Jost/Pung/Witt, KStG, § 8b Rz. 404.
4 BFH, Urteil v. 29.11.2017 - I R 58/15, NWB YAAAG-80016, DStRE 2018, 505.
5 *Kahlenberg*, IStR 2018, 348, *Martini/Oppl/Staats*, IWB 2018, 615.

> **BERATERHINWEIS:**
> Im Rahmen von entsprechenden Gestaltungen ist die weiter gehende Rechtsprechung in diesem Punkt aus Haftungsgründen zwingend zu berücksichtigen.

Der Anwendungsbereich von § 8b Abs. 6 KStG erstreckt sich auch auf mehrstufige Beteiligungsketten über verschiedene Mitunternehmerschaften.[1]

507 Ob die **vermögensverwaltende Personengesellschaft** dem Anwendungsbereich unterliegt, ist umstritten.[2] Dies ist nach der hier vertretenen Ansicht zu verneinen, da die vermögensverwaltende Körperschaft gerade keine Mitunternehmerschaft i. S. d. einer gewerblich tätigen Gesellschaft darstellt. Daneben besteht auch kein Bedürfnis an einer Anwendung des § 8b Abs. 6 KStG auf vermögensverwaltende Gesellschaften, da die Regelungen des § 8b KStG bereits über § 39 Abs. 2 Nr. 2 AO Anwendung finden, da die Einkünfte den Gesellschaftern zugerechnet werden.[3]

4. Beteiligung an Körperschaft

508 Voraussetzung ist die Beteiligung der Personengesellschaft an einer in- oder ausländischen Körperschaft. Hinsichtlich der Beteiligung an einer ausländischen Körperschaft ist der Anwendungsbereich des § 8b Abs. 6 KStG i. d. R. weiter als das entsprechende internationale Schachtelprivileg (siehe → Rz. 104), da dieses eine unmittelbare Beteiligung an der Körperschaft fordert.[4] Die Beteiligung kann sich auch im Sonderbetriebsvermögen der Körperschaft bei der Personengesellschaft befinden.

5. Bezüge, Gewinne und Gewinnminderungen

509 Hinsichtlich des Begriffs der Bezüge verweist § 8b Abs. 1 KStG auf § 20 Abs. 1 Nr. 1, 2, 9, 10a und Abs. 2 Satz 1 Nr. 2a, Satz 2 EStG. Dies erstreckt sich auch auf die verdeckte Gewinnausschüttung.

Erfasst sind auch Sondervergütungen i. S. d. § 15 Abs. 1 Nr. 2 Satz 1 2. Halbsatz EStG.[5]

Darüber hinaus erstreckt sich § 8b Abs. 6 KStG auch auf Veräußerungsgewinne, Auflösungsgewinne sowie auf die Gewinne aus der Herabsetzung des Nennkapitals und die Zuschreibung auf den Gesellschaftsanteil an der Körperschaft.

> **BEISPIEL:** Die M-GmbH ist an der T-GmbH zu 100 % beteiligt und veräußert ihre Beteiligung mit einem Gewinn von 100 000 €.

> **LÖSUNG:** Gemäß § 8b Abs. 2 Satz 1 KStG ist der Gewinn steuerfrei. 5 %, mithin 5 000 €, gelten aber als nichtabziehbare Betriebsausgabe (§ 8b Abs. 3 Satz 1 KStG).

> **ALTERNATIVE:** Die M-GmbH ist zu 90 % an der Z-KG beteiligt, welche ihrerseits die Beteiligung an der T-GmbH im Gesamthandsvermögen hält. Die Z-KG veräußert die Beteiligung mit einem Gewinn von 100 000 €. 90 000 € werden im Rahmen der einheitlichen und gesonderten Gewinnfeststellung der M-GmbH zugewiesen.

---

1 BMF, Schreiben v. 28. 4. 2003, BStBl 2003 I 292, Rz. 54.
2 *Dötsch/Pung* Dötsch/Jost/Pung/Witt, KStG, § 8b Rz. 406; *Watermayer* in H/H/R, § 8b.
3 Gl. A. *Frotscher*/Maas § 8b Rz. 559; *Dötsch/Pung* Dötsch/Jost/Pung/Witt, KStG, § 8b Rz. 406; *Gosch*/Gosch § 8b Rz. 523; BMF, Schreiben v. 28. 4. 2003, BStBl 2003 I 292, Rz. 56.
4 *Gosch*/Gosch § 8b Rz. 531.
5 *Gosch*/Gosch § 8b Rz. 524; differenzierend *Dötsch/Pung* Dötsch/Jost/Pung/Witt, KStG, § 8b Rz. 411.

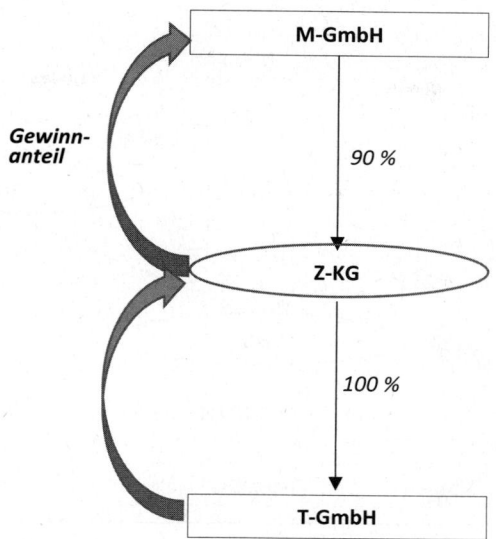

LÖSUNG: Weder § 8b Abs. 2 Satz 1 KStG noch § 8b Abs. 3 Satz 1 KStG sind anwendbar, da die M-GmbH nicht an der T-GmbH beteiligt ist. Diesem Ergebnis tritt aber Abs. 6 entgegen, so dass die Regelungen des § 8b Abs. 2 Satz 1 KStG und § 8b Abs. 3 Satz 3 KStG entsprechend anwendbar sind.[1]

Andererseits ist auch der Abzug von Gewinnminderungen im Zusammenhang mit dem Anteil an der Körperschaft, Darlehen wesentlich beteiligter Gesellschafter und ähnliche Rechtshandlungen i. S. d. § 8b Abs. 3 KStG von der Regelung des § 8b Abs. 6 KStG erfasst.

BEISPIEL: Die M-GmbH ist an der T-GmbH zu 100 % beteiligt und gewährt ihr ein Darlehen i. H. v. 100 000 €. Dieses Darlehen fällt aus.

LÖSUNG: Gemäß § 8b Abs. 3 Satz 3 KStG darf der Ausfall des Darlehens das Einkommen der M-GmbH nicht mindern.

ALTERNATIVE: Die M-GmbH ist zu 90 % an der Z-KG beteiligt, welche ihrerseits die Beteiligung an der T-GmbH im Gesamthandsvermögen hält. Die M-GmbH gewährt der T-GmbH wiederum ein Darlehen das ausfällt.

LÖSUNG: Da die M-GmbH nicht Gesellschafter der T-GmbH ist, greift § 8b Abs. 3 KStG nicht. Die Gewinnminderung aufgrund des Darlehensausfalls könnte daher berücksichtigt werden. Dem tritt aber Abs. 6 entgegen, so dass § 8b Abs. 3 Satz 3 KStG entsprechend anwendbar ist.

---

[1] Vgl. BFH, Urteil v. 9.8.2006 - I R 95/05, BStBl 2007 II 279.

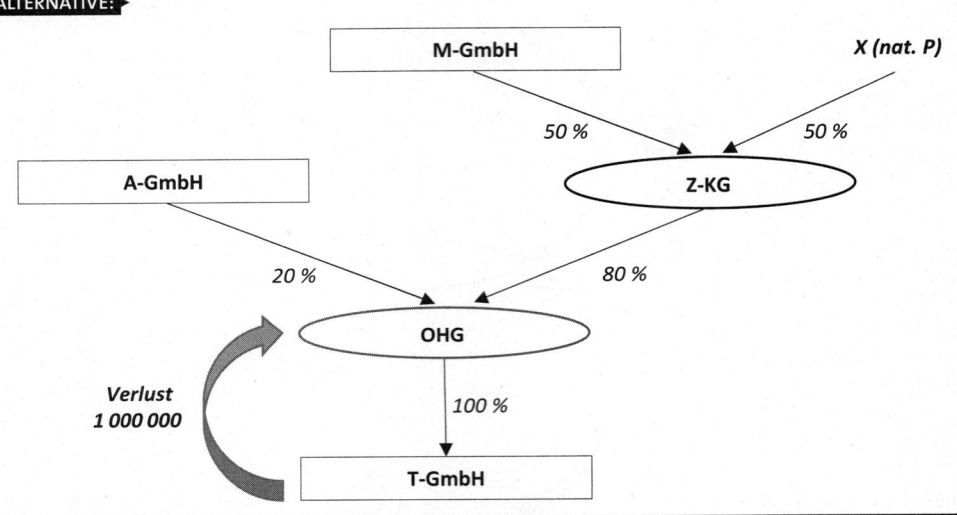

LÖSUNG: Der A-GmbH ist ein Verlust i. H. v. 200 000 € und der M-GmbH i. H. v. 400 000 € zuzuweisen. Trotz der Beteiligung über eine oder mehrere OHG/Mitunternehmerschaften ist § 8b Abs. 3 Satz 3 KStG anzuwenden. Der Verlust darf das Einkommen sowohl der A-GmbH als auch der M-GmbH nicht mindern und ist dem Einkommen außerbilanziell wieder hinzuzurechnen.

6. Rechtsfolge

511 Gemäß § 8b Abs. 6 KStG bleiben die Erträge, welche der Körperschaft im Rahmen der einheitlichen und gesonderten Feststellung zugewiesen werden, steuerfrei i. S. d. § 8b Abs. 1 und 2 KStG. Die Einschränkungen des § 8b Abs. 3 und 5 KStG gelten entsprechend, so dass 5 % der steuerfreien Erträge bzw. des Gewinns als nicht abziehbare Betriebsausgaben dem Gewinn außerbilanziell wieder hinzuzurechnen sind.

Daneben sind Gewinnminderungen, welche im Zusammenhang mit der Beteiligung an der Körperschaft oder an Darlehen wesentlich beteiligter Gesellschafter oder ähnlicher Rechtshandlungen anfallen, steuerlich nicht zu berücksichtigen.

Die Einkünfte der Körperschaft aus der Mitunternehmerschaft werden im Rahmen der einheitlichen und gesonderten Feststellung zugewiesen. Diskutiert wird, ob dabei die nach Anwendung des § 8b KStG korrigierten Werte (Nettomethode) oder die ungekürzten Werte (Bruttomethode) festzustellen sind. Nach der hier vertretenen Ansicht kann es sich dabei aber nur um die Nettowerte handeln, da gem. § 180 Abs. 1 Nr. 2a AO die Einkünfte festzustellen sind. Im Gegensatz zu den Einnahmen berücksichtigen diese aber bereits entsprechende Abzüge.[1] Die Korrekturen i. S. d. § 8b Abs. 1 und 5 KStG erfolgen außerbilanziell.

7. Gewerbesteuer

512 Die dargestellten Rechtsfolgen wirken sich auch bei der Ermittlung des Gewerbeertrages der zwischengeschalteten Personengesellschaft aus. Obwohl Objekt des § 8b Abs. 2 und 3 KStG die Körperschaft ist, ist auch § 8b Abs. 6 KStG bei der Gewinnermittlung zu berücksichtigen. Der

---

[1] *Seitz*, GmbHR 2004, 478; *Engel*, DB 2003, 1811.

Gewinn der Personengesellschaft wird auf der Grundlage von § 8b Abs. 2 und 6 KStG ermittelt.[1] Demgemäß ist gem. § 7 Abs. 1 Satz 4 Halbsatz 2 GewStG § 8b KStG bei der Ermittlung des Gewerbeertrages einer Personengesellschaft zu beachten. Dies gilt nach Ansicht des BFH auch für die Veranlagungszeiträume vor 2004.[2] Dem folgt auch die Finanzverwaltung und stellt zudem klar, dass dies auch in den Fällen der Personengesellschaft als Organträger gilt.[3]

(Einstweilen frei) 513–520

II. § 8b Abs. 6 Satz 2 KStG

§ 8b Abs. 6 Satz 2 KStG erweitert den Anwendungsbereich des § 8b Abs. 1 – 5 KStG auf Gewinne und Bezüge von Betrieben gewerblicher Art, welche diesem von einer Körperschaft, Personenvereinigung oder Vermögensmasse zufließen, an der der Betrieb gewerblicher Art mittelbar über eine andere Körperschaft des öffentlichen Rechts beteiligt ist. Der Anwendungsbereich liegt dabei insbesondere bei öffentlich-rechtlichen Kredit- und Versicherungsunternehmen.[4]

Rechtsfolge: Aufgrund der Verweisung des § 8b Abs. 6 Satz 2 KStG sind die Regelungen des § 8b Abs. 1 – 5 KStG anwendbar. Dies bedeutet im Ergebnis, dass die unter den Tatbestand des Satz 2 zu subsumierenden Bezüge und Gewinne von Körperschaften des öffentlichen Rechts steuerfrei sind. Die außerbilanzielle Hinzurechnung von 5 % der Erträge als nichtabziehbare Betriebsausgaben i. S. d. § 8b Abs. 3 und 5 KStG ist ebenfalls zu beachten.

Zeitlicher Anwendungsbereich: § 8b Abs. 6 Satz 2 KStG ist auf Gewinne und Bezüge ab dem Veranlagungszeitraum 2002 anzuwenden. Auf die früheren Veranlagungszeiträume ist § 8 Abs. 5 Satz 2 KStG 1999 anzuwenden. Auf Vorabausschüttungen im Jahr 2001 findet die Neuregelung bereits Anwendung.[5]

(Einstweilen frei) 524–540

H. § 8b Abs. 7 KStG

Die Regelungen des § 8b Abs. 1 bis 6 KStG sind bei bestimmten Anteilen von Kreditinstituten bzw. Finanzdienstleistungsinstituten nicht anwendbar.

Dies gilt

- gemäß § 8b Abs. 7 Satz 1 KStG für Anteile, welche bei Kreditinstituten und Finanzdienstleistungsinstituten dem Handelsbestand i. S. d. § 340e Abs. 3 HGB zuzuordnen sind;

- gemäß § 8b Abs. 7 Satz 2 KStG für Anteile, die bei Finanzunternehmen im Zeitpunkt des Zugangs zum Betriebsvermögen als Umlaufvermögen auszuweisen sind, wenn an dem Finanzunternehmen Kreditinstitute oder Finanzdienstleistungsinstitute zu mehr als 50 % beteiligt sind.

---

1 BFH, Urteil v. 9. 8. 2006 - I R 95/05, BStBl 2007 II 279; ausführlich zur Historie Gosch/*Gosch* § 8b Rz. 539.
2 BFH, Urteil v. 9. 8. 2006 - I R 95/05, BStBl 2007 II 279.
3 BMF, Schreiben v. 21.3.2007, BStBl 2007 I 302; H 7.1 (3) GewStH.
4 Vgl. *Dötsch/Pung* Dötsch/Jost/Pung/Witt, KStG, § 8b Rz. 417.
5 Vgl. *Dötsch/Pung* Dötsch/Jost/Pung/Witt, KStG, § 8b Rz. 418.

Die Regelung des § 8b Abs. 7 KStG hat mit dem „Gesetz zur Umsetzung der Änderungen der EU-Amtshilferichtlinie und von weiteren Maßnahmen gegen Gewinnkürzungen und -verlagerungen" (BEPS Umsetzungsgesetz) eine weitreichende Änderung erfahren.[1] Dabei wurden insbesondere auch die bisher schwer zu greifenden Kriterien im Zusammenhang mit Finanzunternehmen neu definiert. Damit einhergehend sind auch die steuerlichen Risiken für Holdinggesellschaften reduziert worden. Die Neuregelung des § 8b Abs. 7 Satz 2 KStG gilt für Anteile die dem Betriebsvermögen nach dem 31.12.2016 zugehen. Für die sonstigen (Alt) Anteile gilt dahingegen weiterhin die Altregelung. Dies führt dazu, dass über einen längeren Zeitraum nach Alt- und Neuanteilen zu unterscheiden sein wird.

Vor dem Hintergrund dieser parallelen Struktur wird nachfolgend die Neu- und dann die Altregelung dargestellt.

I. Regelungsbereich des § 8b Abs. 7 KStG n. F.[2]

542
- ▶ Satz 1: Anwendung bei Kreditinstituten und Finanzdienstleistungsinstituten
- ▶ Satz 2: Anwendbarkeit bei Finanzunternehmen

II. § 8b Abs. 7 Satz 1 KStG n. F.

543 Soweit die Anteile bei Kreditinstituten dem Handelsbestand im Sinne des § 340e Abs. 3 HGB zuzuordnen sind, ist § 8b Abs. 1 bis 6 KStG nicht anwendbar.

1. Tatbestand

544
- ▶ Anteile an Körperschaften
- ▶ von Kreditinstituten
- ▶ oder Finanzdienstleistungsinstituten
- ▶ die dem Handelsbestand im Sinne des § 340e Absatz 3 HGB zuzuordnen sind.

2. Kreditinstitute/Finanzdienstleistungsinstitute

545 § 8b Abs. 7 Satz 1 KStG enthält keine Definition des Begriffes Kredit- bzw. Finanzdienstleistungsinstitut. Es besteht auch kein direkter Verweis auf das Kreditwesengesetz. Nach allgemeiner und unstreitiger Ansicht ist aber auch bezüglich des Begriffs Kredit- bzw. Finanzdienstleistungsinstitut das KWG heranzuziehen.[3]

546 Gemäß § 1 Abs. 1 KWG handelt es sich bei Kreditinstituten um Unternehmen, die Bankgeschäfte gewerbsmäßig oder in einem Umfang betreiben, der einen in kaufmännischer Weise eingerichteten Geschäftsbetrieb erfordert.

547 Was unter **Bankgeschäften** zu verstehen ist, regelt § 1 Abs. 1 Satz 2 KWG. Dies umfasst folgende Geschäftsbereiche:
- ▶ Einlagengeschäft

---

[1] Gesetz zur Umsetzung der Änderungen der EU-Amtshilferichtlinie und von weiteren Maßnahmen gegen Gewinnkürzungen und -verlagerungen; BGBl I 2016, 3000; https://www.bgbl.de/xaver/bgbl/start.xav?start=%2F%2F*[%40attr_id%3D%27bgbl116s3000.pdf%27]#__bgbl__%2F%2F*%5B%40attr_id%3D%27bgbl116s3000.pdf%27%5D__1509553731792.

[2] § 8b Abs. 7 KStG a. F. vgl. →Rz. 576 ff.

[3] BFH, Urteil v. 14.1.2009 - I R 36/08, BStBl 2009 II 671; BMF, Schreiben v. 25.7.2002, BStBl 2002 I 712.

- Pfandbriefgeschäft
- Kreditgeschäft
- Diskontgeschäft
- Finanzkommissionsgeschäft
- Depotgeschäft
- Verpflichtung, zuvor veräußerte Darlehensforderungen vor Fälligkeit zurückzuerwerben
- Garantiegeschäft, Scheckeinzugsgeschäft, Wechseleinzugsgeschäft, Reisescheckgeschäft
- Emissionsgeschäft
- Tätigkeit als zentraler Kontrahent

Bei **Finanzdienstleistungsinstituten** handelt es sich i. S. d. § 1 Abs. 1a KWG um Unternehmen, die Finanzdienstleistungen für andere gewerbsmäßig oder in einem Umfang erbringen, der einen in kaufmännischer Weise eingerichteten Geschäftsbetrieb erfordert, und die keine Kreditinstitute sind. Dies erstreckt sich auf folgende Bereiche:

- Anlagevermittlung
- Anlageberatung
- Betrieb eines multilateralen Handelssystems
- Platzierungsgeschäft
- Abschlussvermittlung
- Finanzportfolioverwaltung
- Eigenhandel
- Drittstaateneinlagenvermittlung
- Sortengeschäft
- Factoring, Finanzierungsleasing, Anlageverwaltung, eingeschränktes Verwahrgeschäft

3. Anteile/Handelsbestand

Maßgeblich ist, ob die Anteile bei Kreditinstituten oder Finanzdienstleistungsinstituten dem Handelsbestand im Sinne des § 340e Abs. 3 HGB zuzuordnen sind.

Der Gesetzgeber definiert die Zuordnung zum Handelsbestand wie folgt:

„Dem Handelsbestand sind alle Finanzinstrumente (einschließlich Derivate, Verbindlichkeiten, die kurzfristig ausgegeben und zurückerworben werden und Devisen) und Edelmetalle zuzurechnen, die mit der Absicht einer kurzfristigen Erzielung eines Eigenhandelserfolgs erworben und veräußert werden. Sicherungsgeschäfte sind ebenfalls einzubeziehen, auch wenn mit ihnen nicht unmittelbar ein Eigenhandelserfolg erzielt wird, sondern durch sie nur ein Eigenhandelserfolg gesichert wird."[1]

Im Ergebnis führt die Neuregelung kaum zu Unterschieden zu der bisherigen Regelung des § 8b Abs. 7 Satz 1 KStG a. F. Nach der Altregelung wurde auf die Zuordnung zum Handelsbuch abgestellt.[2] Diese ist aber regelmäßig identisch mit der Zuordnung zum Handelsbestand im Sinne des § 340e HGB, so dass auf die bisherige Kommentierung verwiesen werden kann.[3]

---

[1] BT-Drucks. 16/12407, 92.
[2] Vgl. → Rz. 583 ff.
[3] *Hoheisl/Stroh*, StuB 2017, 179; vgl. → Rz. 583 ff.

Allerdings hat der Gesetzgeber den gestalterischen Handlungsspielraum deutlich eingeschränkt, da gem. § 340e Abs. 3 Satz 2 HGB eine Umgliederung von Finanzinstrumenten in den Handelsbestand nicht möglich ist und eine Umwidmung aus dem Handelsbestand in das Anlagevermögen nur in Ausnahmefällen denkbar ist.[1]

550–552 *(Einstweilen frei)*

4. Rechtsfolge

553 Gemäß § 8b Abs. 7 Satz 1 KStG sind § 8b Abs. 1 – 6 KStG nicht anwendbar. Dies bedeutet im Wesentlichen, dass

- laufende Bezüge und
- Gewinne aus der Veräußerung, der Auflösung, der Herabsetzung des Nennkapitals sowie der Wertaufholung der Besteuerung unterliegen (Abs. 1, 2),
- keine nicht abziehbaren Betriebsausgaben i. H. v. 5 % fingiert werden (Abs. 3, 5),
- Gewinnminderungen, mithin Verluste voll abziehbar bleiben (Abs. 3),
- bei einer Beteiligung an einer Personengesellschaft allein auf deren Eigenschaft als Kredit-, Finanzdienstleistungsinstitut oder Finanzunternehmen abzustellen ist. Das Transparenzprinzip des Abs. 6, demzufolge auf die beteiligte Körperschaft abgestellt wird, findet keine Anwendung.

Die Rechtsfolgen des § 8b Abs. 7 Satz 1 KStG stellen sich i. E. folgendermaßen dar:

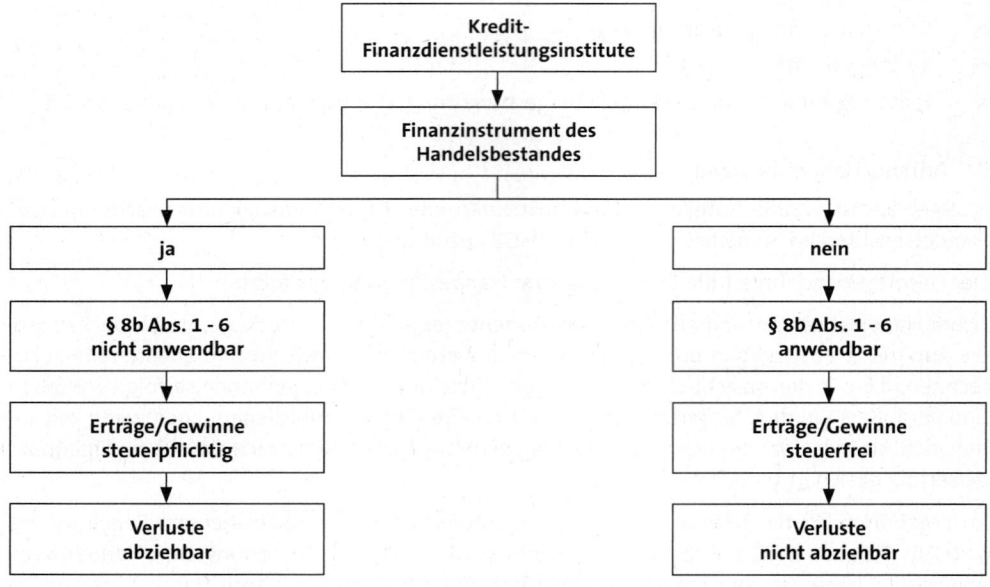

554 **Organschaft:** Bezüglich der Organschaft besteht im Rahmen des § 8b Abs. 7 KStG eine Besonderheit. Grundsätzlich bleiben die Regelungen des § 8b Abs. 1 – 6 KStG auf Ebene der Organge-

---

1 BT-Drucks. 18/9536, S. 55.

sellschaft unanwendbar, so dass auf den Organträger abzustellen ist (vgl. § 15 Satz 1 Nr. 2 Satz 1 und Satz 2 KStG).[1] Ist die Organgesellschaft allerdings unter § 8b Abs. 7 KStG zu subsumieren, finden die vorgenannten Verweisungen gem. § 15 Satz 1 Nr. 2 Satz 3 KStG keine Anwendung. Demzufolge ist § 8b Abs. 7 KStG auf der Ebene der Organgesellschaft zu berücksichtigen.

BEISPIEL: Die T-GmbH ist Organgesellschaft und Finanzunternehmen i. S. d. § 8b Abs. 7 KStG. Sie erzielt Bezüge i. H. v. 100 000 € und Veräußerungsgewinne i. H. v. 300 000 €. Der Organträger M-GmbH unterliegt nicht § 8b Abs. 7 KStG.

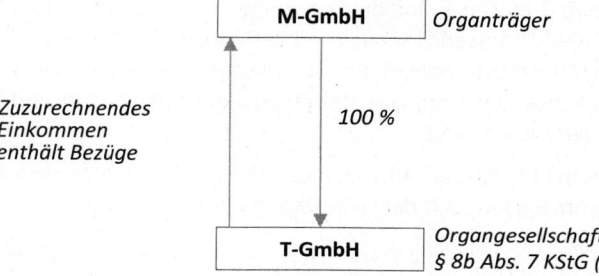

LÖSUNG: Gemäß § 8b Abs. 7 KStG sind § 8b Abs. 1 – 6 KStG auf Ebene der T-GmbH nicht anzuwenden, so dass die Bezüge und Gewinne voll steuerpflichtig sind. Auf Ebene des Organträgers findet § 8b Abs. 1 KStG Anwendung. Die Bezüge sind daher steuerfrei.

Handelt es sich dahingegen bei dem Organträger und nicht bei der Organgesellschaft um ein Unternehmen i. S. d. § 8b Abs. 7 KStG, greift § 15 Satz 1 Nr. 2 Satz 3 KStG nicht, so dass auf den Organträger abzustellen ist. Auf der Ebene der Organgesellschaft greift aber § 8b Abs. 7 KStG, so dass § 8b Abs. 1 – 6 KStG nicht anwendbar ist.[2]

BEISPIEL: Die T-GmbH ist Organgesellschaft und kein Finanzunternehmen i. S. d. § 8b Abs. 7 KStG. Sie erzielt Bezüge i. H. v. 100 000 €. Bei dem Organträger M-GmbH handelt es sich dahingegen um ein Finanzunternehmen i. S. d. § 8b Abs. 7 KStG.

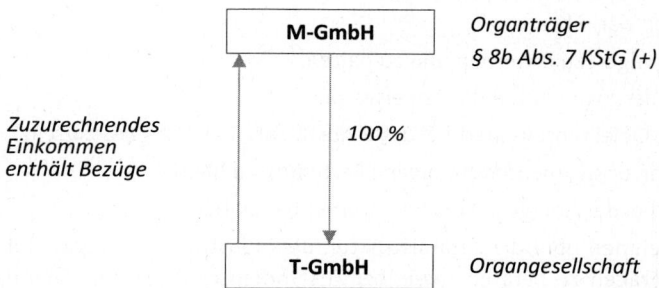

LÖSUNG: Gemäß § 15 Satz 1 Nr. 2 Satz 1 und Satz 2 KStG findet § 8b Abs. 1 – 6 KStG nicht auf Ebene der T-GmbH, sondern der M-GmbH Anwendung. Die M-GmbH wiederum ist ein Finanzunternehmen, so

---

1 Siehe → Rz. 54.
2 *Frotscher*/Maas § 8b Rz. 609.

dass gem. § 8b Abs. 7 KStG § 8b Abs. 1 KStG keine Anwendung findet. Die Bezüge sind daher steuerpflichtig.

555 **Gewerbesteuer:** Mangels Anwendbarkeit des § 8b Abs. 1 – 6 KStG bestehen hinsichtlich der Gewerbesteuer keine Besonderheiten.

556–560 *(Einstweilen frei)*

III. § 8b Abs. 7 Satz 2 KStG n. F.

561 Gemäß § 8b Abs. 7 Satz 2 KStG n. F. sind die Regelungen des § 8b Abs. 1 bis 6 KStG nicht im Zusammenhang mit Anteilen anwendbar, welche bei Finanzinternehmen im Sinne des KWG, an denen wiederum Kreditinstitute oder Finanzdienstleistungsinstitute unmittelbar oder mittelbar zu mehr als 50 % beteiligt sind, zum Zeitpunkt des Zugangs zum Betriebsvermögen als Umlaufvermögen auszuweisen sind.

Die Neuregelung ist anwendbar auf Anteile, die nach dem 31.12.2016 dem Betriebsvermögen zugehen. Für Anteile im Bestand gilt daher weiterhin die Altregelung.[1]

1. Tatbestand

562
- Finanzunternehmen
- Gesellschafter desselben sind zu mehr als 50 % Kreditinstitute oder Finanzdienstleistungsinstitute
- Beteiligung kann mittel- oder unmittelbar erfolgen
- Anteil
- Zuordnung zum Umlaufvermögen
- im Zeitpunkt des Zugangs zum Betriebsvermögen

2. Finanzunternehmen

563 Gemäß § 1 Abs. 3 KWG handelt es sich bei Finanzunternehmen um Unternehmen, die keine Finanzinstitute und keine Kapitalanlage- oder Investmentaktiengesellschaften sind und deren Haupttätigkeit darin besteht,

- Beteiligungen zu erwerben und zu halten,
- Geldforderungen entgeltlich zu erwerben,
- Leasing-Objektgesellschaft i. S. d. § 2 Abs. 6 Satz 1 Nr. 17 KWG zu sein,
- mit Finanzinstrumenten für eigene Rechnung zu handeln,
- andere bei der Anlage in Finanzinstrumenten zu beraten,
- Unternehmen über die Kapitalstruktur, die industrielle Strategie und die damit verbundenen Fragen zu beraten sowie bei Zusammenschlüssen und Übernahmen von Unternehmen diese zu beraten und ihnen Dienstleistungen anzubieten oder
- Darlehen zwischen Kreditinstituten zu vermitteln (Geldmaklergeschäfte).

564 Der BFH betont, dass es hinsichtlich der Frage, ob ein Finanzunternehmen i. S. d. § 1 Abs. 3 Satz 1 KWG vorliegt, nicht darauf ankommt, dass das Unternehmen seinen „Beteiligungsbesitz

---

[1] Vgl. → Rz. 586 ff.

fortwährend am Markt umschlägt oder dass es sich bei jenem Beteiligungsbesitz um seiner Art nach typischerweise handelbaren Aktienbesitz handelt. Beteiligung in diesem Sinne ist jede beabsichtigte Überlassung von Vermögenswerten; auf die Dauerhaftigkeit kommt es nicht an".[1] Die Qualifikation kann nach Ansicht der Rechtsprechung bereits durch das Halten einer Beteiligung begründet werden.[2]

Besteht daher die Haupttätigkeit einer (Familien-)Holding in dem Erwerb von Beteiligungen, so stellt sie ein Finanzunternehmen dar.[3] Eine teleologische Reduktion sei in diesem Zusammenhang abzulehnen.

Vor dem Hintergrund der Neuregelung des § 8b Abs. 7 Satz 2 KStG sind die Auswirkungen dieser Einordnung als Finanzunternehmen für die Praxis von Holdinggesellschaften von wesentlich geringerer Bedeutung, da die weiteren Voraussetzungen des § 8b Abs. 7 Satz 2 KStG regelmäßig nicht vorliegen dürften. Eine Beteiligung von Kredit- oder Finanzdienstleistungsinstituten ist sehr unwahrscheinlich.

Mit der Neuregelung hat er Gesetzgeber, ausweislich der Gesetzesbegründung vielmehr klargestellt, dass „künftig nur Finanzunternehmen aus dem Bankensektor unter die Regelung" fallen.[4]

3. Anteile

Bezüglich des Begriffes der Anteile i. S. d. § 8b Abs. 7 Satz 2 KStG beziehungsweise des einzelnen Anteils[5] könnte, mangels entsprechender Regelung wiederum auf die bankenrechtlichen Regelungen zurückgegriffen werden.

Nach Ansicht des BFH entspricht der Begriff der Anteile in § 8b Abs. 7 KStG aber nicht dem des KWG, sondern ist eigenständig zu bestimmen. Erfasst werden daher sämtliche Anteile an Kapitalgesellschaften i. S. d. § 8b Abs. 1 KStG mit Ausnahme von Beteiligungen von mindestens 10 % an Körperschaften im EU-Ausland, welche § 8b Abs. 9 KStG unterliegen.[6]

Maßgeblich ist demnach die Möglichkeit der Erzielung von Bezügen i. S. d. § 20 Abs. 1 Nr. 1, 2, 9 und 10a EStG. Aus diesem Grund unterliegen auch GmbH-Anteile, unabhängig davon, ob sie an einer in- oder ausländischen Gesellschaft bestehen § 8b Abs. 7 Satz 2 KStG.[7] Der Erwerb und

---

[1] BFH, Urteile v. 14.1.2009 - I R 36/08, BStBl 2009 II 671; v. 15.6.2009 - I B 46/09, BFH/NV 2009, 1843 = NWB DAAAD-28967; v. 12.10.2010 - I B 82/10, BFH/NV 2011, 69 = NWB YAAAD-56594; FG Hamburg, Urteil v. 31.1.2011 - 2 K 6/10, NWB CAAAD-80819; BFH, Urteil v. 26.10.2011 - I R 17/11, GmbHR 2012, 349 = NWB GAAAE-02919; FG München, Urteil v. 23.5.2015 - 7 K 386/13, EFG 2015, 1226 = NWB FAAAE-91212.
[2] FG München, Urteil v. 23.5.2015 - 7 K 386/13, EFG 2015, 1226 = NWB FAAAE-91212.
[3] BFH, Urteil v. 12.10.2011 - I R 4/11, GmbHR 2012, 104 = NWB GAAAE-02919; FG Hamburg, Urteil v. 14.12.2010 - 3 K 40/10, JS 2011, 388 = NWB TAAAD-86246; FG Köln, Urteil v. 1.10.2014 - 10 K 3593/12, NWB OAAAE-81246, Rev. erledigt durch BFH v. 15.6.2016 - I R 64/14, BStBl 2017 II 182.
[4] BT-Drucks. 18/9536, 55.
[5] BFH, Urteil v. 30.11.2011 - I B 105/11, NWB LAAAE-00541.
[6] BFH, Urteile v. 26.10.2011 - I R 17/11, GmbHR 2012, 349 = NWB GAAAE-02919; v. 12.10.2011 - I R 4/11, GmbHR 2012, 104 = NWB GAAAE-02919.
[7] BFH, Urteil v. 14.1.2009 - I R 36/08, BStBl 2009 II 671; bestätigend BFH, Beschluss v. 15.6.2009 - I B 46/09, BFH/NV 2009, 1843 = NWB DAAAD-28967; FG München, Urteil v. 23.5.2015 - 7 K 386/13, EFG 2015, 1226 = NWB FAAAE-91212.

die Weiterveräußerung von Vorratsgesellschaften in der Rechtsform der GmbH kann daher die Voraussetzungen des § 8b Abs. 7 Satz 2 KStG begründen.[1]

Mit diesen Entscheidungen stellte sich der BFH gegen die in der Literatur vertretene Ansicht, dass GmbH-Anteile nicht unter den Begriff der Anteile zu subsumieren seien. Nach der dort geäußerten Ansicht stößt die Vereinheitlichung des Anteilsbegriffs unter Hinweis auf die unterschiedliche Handelbarkeit von Aktien einerseits und GmbH-Anteilen andererseits auf Kritik.[2] Hervorgehoben wird, dass ein Handel mit GmbH-Anteilen nicht vergleichbar sei mit Aktienhandel. Die Übertragung von GmbH-Anteilen unterliegt regelmäßig Vinkulierungsklauseln, insbesondere Vorbehalten der Gesellschafterversammlung. Im Ergebnis seien GmbH-Anteile nicht vergleichbar handelbar. Infragegestellt wird zudem, ob der Gesetzgeber GmbH-Anteile überhaupt von § 8b Abs. 7 KStG erfassen wollte.[3]

Dem BFH ist jedoch zuzustimmen. Allein die Üblichkeit und der größere Umfang des Handels mit Aktien in der Praxis begründen kein Unterscheidungskriterium im Hinblick auf die Handelbarkeit. Vielmehr ist die weitgehend unbeschränkte Übertragungsmöglichkeit von Anteilen an Kapitalgesellschaften deren Wesenskern. Eine Differenzierung zwischen GmbH-Anteilen und Aktien findet keine gesetzliche Grundlage.[4] Vielmehr ist wiederum zwischen der rechtlichen Bestimmung des Begriffes der Anteile und rechtspolitischen Erwägungen zu unterscheiden. Letztere sind vom Gesetzgeber zu berücksichtigen. Zudem kommt § 8b Abs. 7 Satz 2 KStG nur zur Anwendung, wenn die weiteren Tatbestandsvoraussetzungen erfüllt sind. Daher erscheint die eigenständige Auslegung des Begriffes der Anteile durch den BFH konsequent und schafft an diesem Punkt Klarheit im Rahmen des komplexen § 8b Abs. 7 Satz 2 KStG.[5]

4. Gesellschafter

§ 8b Abs. 7 Satz 2 KStG setzt voraus, dass an dem Finanzunternehmen Kreditinstitute der Finanzdienstleistungsinstitute[6] zu mehr als 50 % beteiligt sind.

Die Beteiligung kann mittelbar oder unmittelbar gehalten werden. Auf diese Weise tritt der Gesetzgeber Umgehungsgestaltungen entgegen.

Fraglich ist, ob die mittelbare Beteiligung auf Vermittlungen durch Personengesellschaften beschränkt ist. Ein entsprechender Ansatz findet sich in § 8b Abs. 6 KStG. Da aber der Gesetzgeber gerade keine Einschränkung vorgenommen hat, ist auf der Grundlage des eindeutigen Wortlautes davon auszugehen, dass die Regelung sowohl eine mittelbare Beteiligung über eine Kapital- als auch Personengesellschaft erfasst.

Weiterhin fraglich ist, ob es auf die Gesamtbeteiligung aller Gesellschafter des Finanzunternehmens ankommt oder ob die Beteiligung bei jedem einzelnen Gesellschafter vorliegen

---

[1] BFH, Beschluss v. 12.10.2010 - I B 82/10, BFH/NV 2011, 69 = NWB YAAAD-56594; FG Hamburg, Urteil v. 31.1.2011 - 2 K 6/10, NWB CAAAD-80819; FG Köln, Urteil v. 1.10.2014 - 10 K 3593/12, NWB OAAAE-81246, Rev. erledigt durch BFH v. 15.6.2016 - I R 64/14, BStBl 2017 II 182.

[2] *Grube/Behrendt*, DStR 2007, 887; *Bauschatz*, DStR 2009, 505; auch FG Köln, Urteil v. 7.9.2005 - 13 K 6940/03, DStRE 2006, 1071 = NWB SAAAB-74934; zustimmend: *Jacob/Scheifele*, IStR 2009, 305; *Bindl*, DStR 2006, 1820; *Bindl*, DStR 2007, 890.

[3] *Jensen-Nissen/Dinkelbach*, BB 2009, 1226; *Bauschatz*, DStZ 2009, 502.

[4] Vgl. FG Hamburg, Urteil v. 31.1.2011 - 2 K 6/10, NWB CAAAD-80819.

[5] Vgl. auch *Jacob/Scheifele*, IStR 2009, 304.

[6] Vgl. → Rz. 545.

muss. Nach der hier vertretenen Ansicht, kann nur die Gesamtbeteiligungshöhe maßgeblich sein, da die Regelung sonst ins Leere liefe.

BEISPIEL: An dem Finanzunternehmen F sind die AB-OHG und die X-GmbH beteiligt. Gesellschafter der AB-OHG ist zu 50 % das Kreditinstitut 1. Gesellschafter der X-GmbH ist zu 75 % des Finanzdienstleistungsinstitut 1.

LÖSUNG: Die Voraussetzungen der Beteiligung, dass an F zu mehr als 50 % Kreditinstitute und Finanzdienstleistungsinstitut beteiligt sind, sind erfüllt.

5. Ausweis im Umlaufvermögen

Erfasst werden Anteile, die im Umlaufvermögen ausgewiesen sind. Mit diesem objektiven Kriterium versucht der Gesetzgeber, Unsicherheiten bei der Zuordnung zu begegnen.

Der Gesetzgeber betont, dass es allein auf die objektiven Zuordnungskriterien des § 247 HGB ankommt. Einer Zuordnungsentscheidung bedarf es nicht.[1] Demnach stellt sich auch nicht die Frage nach einem unzutreffenden bilanziellen Ausweis. Dieser ist unbeachtlich. Auf diese Weise sollen bewusst unzutreffende Zuordnungen und somit im Ergebnis Missbrauch ausgeschlossen werden.[2]

Fraglich ist aber, wie mit fehlerhaften Zuordnungen umzugehen ist. Nach dem Wortlaut kommt es darauf nicht an. Allerdings muss nach der hier vertretenen Auffassung eine Korrektur der Zuordnung möglich sein. Dies trägt nicht zuletzt auch den Anforderungen an Prüfungen des Finanzamtes Rechnungen.

6. Zeitpunkt

Maßgeblich Beurteilungszeitpunkt ist der Zugang zum Betriebsvermögen. Der Begriff des Zugangs ist gesetzlich nicht definiert. Der Gesetzesbegründung ist zu entnehmen, dass ein möglichst umfassender Ansatz angestrebt wird. Es ist „sowohl der tatsächliche, entgeltliche oder unentgeltliche Erwerb gemeint. Ebenso bewirkt ein rechtlicher Vorgang, der wie ein Erwerb wirkt, einen Zugang zum Betriebsvermögen".[3]

(Einstweilen frei)

IV. § 8b Abs. 7 Satz 1 bis 3 KStG a. F.

Nach der Altregelung[4] findet § 8b Abs. 1 bis 6 KStG keine Anwendung auf Anteile von Finanzunternehmen, welche zur kurzfristigen Erzielung des Eigenhandelserfolgs erworben werden. § 8b Abs. 7 KStG erfasst auch Finanzunternehmen des EG- sowie EWR-Raums.

Mit dieser Regelung soll dem Geschäftsbetrieb von Banken Rechnung getragen werden. Dieser besteht u. a. in dem Erwerb und der Veräußerung von Beteiligungen und der Nutzung entsprechender Verluste. Gerade Letzteres wäre aber im Rahmen des § 8b Abs. 3 KStG ausgeschlossen. Hier wurde ein erheblicher Nachteil für den Finanzstandort Deutschland gesehen, welchem

---

1 BT-Drucks. 18/9536, 55.
2 BT-Drucks. 18/9536, 55.
3 BT-Drucks. 18/9536, 56.
4 Vgl. zum Anwendungszeitraum → Rz. 609.

mit § 8b Abs. 7 KStG entgegengewirkt wird.[1] Die Regelung hat Bedeutung im Hinblick auf Holdinggesellschaften an Bedeutung, da diese u. U. als Finanzunternehmen i. S. d. § 8b Abs. 7 KStG zu qualifizieren sind.

1. Regelungsbereich des § 8b Abs. 7 KStG a. F.

577
- Satz 1: Anwendung bei Kreditinstituten und Finanzdienstleistungsinstituten,
- Satz 2: Anwendbarkeit bei Finanzunternehmen,
- § 8b Abs. 7 Satz 3 KStG a. F. Anwendbarkeit bei EG- oder EWG-Kreditinstituten, Finanzdienstleistungsinstituten und -Finanzunternehmen

2. § 8b Abs. 7 Satz 1 KStG a. F.

577a In der bis zum 31.12.2016 geltenden Fassung des § 8b Abs. 7 Satz 1 KStG sind die die Regelungen des § 8b Abs. 1 bis 6 KStG gem. § 8b Abs. 7 Satz 1 KStG nicht anwendbar, wenn Anteile dem Handelsbuch eines Kreditinstituts oder Finanzdienstleistungsinstituts zuzurechnen sind.

a) Tatbestand

578
- Anteile an Körperschaften
- von Kreditinstituten
- oder Finanzdienstleistungsinstituten
- die nach § 1a KWG dem Handelsbuch zugerechnet werden

b) Kreditinstitute/Finanzdienstleistungsinstitute

579 § 8b Abs. 7 Satz 1 KStG enthält keine Definition des Begriffes Kredit- bzw. Finanzdienstleistungsinstitut. Es besteht auch kein direkter Verweis auf das Kreditwesengesetz. Der Verweis auf § 1a KWG erstreckt sich vielmehr allein auf den Begriff des Handelsbuchs. Auch der weitere Verweis auf verschiedene EU-Verordnungen ab dem Veranlagungszeitraum 2015 bezieht sich auf den Begriff des Handelsbuches.

Nach allgemeiner und unstreitiger Ansicht ist aber auch bezüglich des Begriffs Kredit- bzw. Finanzdienstleistungsinstitut das KWG heranzuziehen.

580 Gemäß § 1 Abs. 1 KWG handelt es sich bei Kreditinstituten um Unternehmen, die Bankgeschäfte gewerbsmäßig oder in einem Umfang betreiben, der einen in kaufmännischer Weise eingerichteten Geschäftsbetrieb erfordert.

581 Was unter **Bankgeschäften** zu verstehen ist, regelt § 1 Abs. 1 Satz 2 KWG. Dies umfasst folgende Geschäftsbereiche:
- Einlagengeschäft,
- Pfandbriefgeschäft,
- Kreditgeschäft,
- Diskontgeschäft,
- Finanzkommissionsgeschäft,

---

[1] *Ebner/Helios*, FR 2009, 980; *Jensen-Nissen/Dinkelbach*, BB 2009, 1226; *Bindl*, DStR 2006, 1817; *Frotscher/Maas*, § 8b Rz. 108.

- Depotgeschäft,
- Verpflichtung, zuvor veräußerte Darlehensforderungen vor Fälligkeit zurückzuerwerben,
- Garantiegeschäft, Scheckeinzugsgeschäft, Wechseleinzugsgeschäft, Reisescheckgeschäft,
- Emissionsgeschäft,
- Tätigkeit als zentraler Kontrahent.

Bei **Finanzdienstleistungsinstituten** handelt es sich i. S. d. § 1 Abs. 1a KWG um Unternehmen, die Finanzdienstleistungen für andere gewerbsmäßig oder in einem Umfang erbringen, der einen in kaufmännischer Weise eingerichteten Geschäftsbetrieb erfordert, und die keine Kreditinstitute sind. Dies erstreckt sich auf folgende Bereiche:

- Anlagevermittlung,
- Anlageberatung,
- Betrieb eines multilateralen Handelssystems,
- Platzierungsgeschäft,
- Abschlussvermittlung
- Finanzportfolioverwaltung,
- Eigenhandel,
- Drittstaateneinlagenvermittlung,
- Sortengeschäft,
- Factoring, Finanzierungsleasing, Anlageverwaltung, eingeschränktes Verwahrgeschäft.

c) Anteile/Handelsbuch

§ 8b Abs. 7 Satz 1 KStG erfasst Anteile, die gem. § 1a KWG i.V. m. Art. 102 – 104 der Verordnung (EU) Nr. 575/2013 dem Handelsbuch zuzurechnen sind.

- *Artikel 104*
- *Einbeziehung in das Handelsbuch*
- *(1) Institute haben entsprechend den Anforderungen des Artikels 102 und der Definition des Handelsbuchs in Artikel 4 Absatz 1 Nummer 86 sowie unter Berücksichtigung der eigenen Risikomanagement-Fähigkeiten und -Praxis klar definierte Grundsätze und Verfahren zur Ermittlung der Positionen, die für die Berechnung ihrer Eigenmittelanforderungen dem Handelsbuch zuzurechnen sind.*
- *Artikel 4*
- *(86) „**Handelsbuch**" alle Positionen in Finanzinstrumenten und Waren, die ein Institut entweder mit Handelsabsicht oder zur Absicherung anderer mit Handelsabsicht gehaltener Positionen des Handelsbuchs hält;*

Gemäß Art. 4 Abs. 102 obliegt es den Kreditinstituten, klar definierte Regelungen für die Zurechnung zum Handelsbuch aufzustellen.

Nach Art. 4 Abs. 86 wird aber klargestellt, dass das Handelsbuch n. F. die mit Handelsabsicht oder zur Absicherung der mit Handelsabsicht gehaltenen Positionen umfasst. Zur Handelsabsicht führt die Verordnung aus:

- *Artikel 4*
- *(85) „**Positionen, die mit Handelsabsicht gehalten werden**",*

a) *Eigenhandelspositionen und Positionen, die sich aus Kundenbetreuung und Marktpflege ergeben,*

b) *Positionen, die zum kurzfristigen Wiederverkauf gehalten werden,*

c) *Positionen, bei denen die Absicht besteht, aus bestehenden oder erwarteten kurzfristigen Kursunterschieden zwischen Ankaufs- und Verkaufskurs oder aus anderen Kurs- oder Zinsschwankungen Profit zu ziehen.*

Mit Wirkung bis zum 31.12.2014 wurde der Definition des Handelsbuches § 1a KWG a. F. zugrunde gelegt.

584 Die Zuordnung der Anteile zum Handelsbuch erfolgt auf der Grundlage institutsinterner Zuordnungskriterien. Dabei kommt es aber unabhängig von der konkreten Zuordnung allein auf die abstrakten Zuordnungskriterien an.[1] Dies ist in sich konsequent, da § 8b Abs. 7 KStG anderenfalls durch entsprechende Gestaltungen umgangen werden könnte. Darüber hinaus unterliegen die Institute bezüglich der Zuordnung der Aufsicht sowohl der BaFin als auch der Deutschen Bundesbank.[2] Die Finanzverwaltung stellt bezüglich der Anwendbarkeit des § 8b Abs. 7 KStG ausschließlich auf die getroffene Zuordnung ab.[3]

585 **Handelbarkeit:** Dem Handelsbuch wohnt jedoch im Gegensatz zum Anlagenbuch einer Bank das kurzfristige Moment inne. Vor diesem Hintergrund wird auch eine Handelbarkeit der Anteile gefordert.

Diese wird bei GmbH-Geschäftsanteilen kontrovers diskutiert.[4] Der BFH nahm im Rahmen des der Entscheidung v. 14.1.2009,[5] nicht zu dem Anteilsbegriff des § 8b Abs. 7 Satz 1 KStG Stellung, sondern zu § 8b Abs. 7 Satz 2 KStG, so dass die Grundsätze nicht unmittelbar herangezogen werden können. Die dort geführte Diskussion wirft aber ganz deutlich die Frage auf, warum GmbH-Geschäftsanteile anders zu behandeln sein sollen als Aktien.

Nach der hier vertretenen Ansicht, sind GmbH-Anteile von § 8b Abs. 7 Satz 1 KStG erfasst.[6]

Auch die Definition nach der Verordnung ändert an dieser Einschätzung nichts, da auch dort auf die objektive Handelbarkeit und die subjektive Verkaufs- bezugsweise Handelsabsicht abgestellt ist.

---

1 *Dötsch/Pung* Dötsch/Jost/Pung/Witt, KStG, § 8b Rz. 431; *Gosch/Gosch* § 8b Rz. 578.
2 BMF, Schreiben v. 25.7.2002, BStBl 2002 I 712.
3 BMF, Schreiben v. 13.7.2015 - IV C 6 - S 2133/09/10002, NWB GAAAE-97188.
4 Grundsätzlich bejahend FG Köln, Urteil v. 7.9.2005 - 13 K 6940/03, DStRE 2006, 1071 = NWB SAAAB-74934; a. A. FG Hamburg, Urteil v. 26.2.2008 - 2 K 54/07, NWB NAAAC-79632.
5 Vgl. → Rz. 676; BFH, Urteil v. 14.1.2009 - I R 36/08, BStBl 2009 II 671; bestätigend: BFH, Beschluss v. 12.10.2010 - I B 82/10, BFH/NV 2011, 69 = NWB YAAAD-5694.
6 Gl. A. *Gosch/Gosch* § 8b Rz. 577; *Frotscher/Maas* § 8b Rz. 594; kritisch i. E. *Dötsch/Pung* Dötsch/Jost/Pung/Witt, § 8b KStG Rz. 431.

```
                    Kredit-
         Finanzdienstleistungsinstitute
              /                    \
     Handelsbuch              Anlagenbuch
           |                        |
     § 8b Abs. 1-6           § 8b Abs. 1-6
     nicht anwendbar           anwendbar
           |                        |
     Erträge/Gewinne         Erträge/Gewinne
     steuerpflichtig           steuerfrei
           |                        |
       Verluste               Verluste nicht
       abziehbar                abziehbar
```

> **BEISPIEL:** Die A-Bank weist die Anteile an der österreichischen X-GmbH im Anlagebuch (Anschaffungskosten: jeweils 100 000 €) und die Beteiligung an Y-AG (Anschaffungskosten: 200 000 €) im Handelsbuch aus. Die Anteile an der X-GmbH werden zum Preis von 120 000 €, die an der Y-AG zu 250 000 € veräußert.

> **LÖSUNG:** Der Gewinn aus der Veräußerung der Anteile an der X-GmbH von 20 000 € ist gem. § 8b Abs. 2 Satz 1 KStG steuerfrei. 1 000 € gelten pauschal als nichtabzugsfähige Betriebsausgaben gem. § 8b Abs. 3 KStG. Dahingegen ist der Gewinn aus der Veräußerung der Anteile an der Y-AG i. H. v. 50 000 € voll steuerpflichtig. Ein pauschaler Betriebsausgabenabzug findet nicht statt.

V. § 8b Abs. 7 Satz 2 KStG a. F.

Für Anteile die dem Betriebsvermögen nicht nach dem 31.12.2016 zugegangen sind, gilt § 8b Abs. 7 Satz 2 KStG in der alten Fassung

Demgemäß sind die Regelungen des § 8b Abs. 1 – 6 KStG ebenfalls nicht im Zusammenhang mit Anteilen anwendbar, die ein Finanzunternehmen mit dem Ziel der kurzfristigen Erzielung eines Eigenhandelserfolges erworben hat.[1]

1. Tatbestand
- Finanzunternehmen
- Anteil

---

[1] Die Regelung sollte im Rahmen des gescheiterten JStG 2013 aufgehoben werden, vgl. BR-Drucks. 302/12 v. 6.7.2012; vgl. *Kessler/Girlich/Philipp*, DStR 2012, 2524.

- Kurzfristiger Eigenhandelserfolg
- Erfolgserzielungsabsicht

2. Finanzunternehmen

587 Gemäß § 1 Abs. 3 KWG handelt es sich bei Finanzunternehmen um Unternehmen, die keine Finanzinstitute und keine Kapitalanlage- oder Investmentaktiengesellschaften sind und deren Haupttätigkeit darin besteht,

- Beteiligungen zu erwerben und zu halten,
- Geldforderungen entgeltlich zu erwerben,
- Leasing-Objektgesellschaft i. S. d. § 2 Abs. 6 Satz 1 Nr. 17 KWG zu sein,
- mit Finanzinstrumenten für eigene Rechnung zu handeln,
- andere bei der Anlage in Finanzinstrumenten zu beraten,
- Unternehmen über die Kapitalstruktur, die industrielle Strategie und die damit verbundenen Fragen zu beraten sowie bei Zusammenschlüssen und Übernahmen von Unternehmen diese zu beraten und ihnen Dienstleistungen anzubieten oder
- Darlehen zwischen Kreditinstituten zu vermitteln (Geldmaklergeschäfte).

588 Der BFH betont, dass es hinsichtlich der Frage, ob ein Finanzunternehmen i. S. d. § 1 Abs. 3 Satz 1 KWG vorliegt, nicht darauf ankommt, dass das Unternehmen seinen „Beteiligungsbesitz fortwährend am Markt umschlägt oder dass es sich bei jenem Beteiligungsbesitz um seiner Art nach typischerweise handelbaren Aktienbesitz handelt. Beteiligung in diesem Sinne ist jede beabsichtigte Überlassung von Vermögenswerten; auf die Dauerhaftigkeit kommt es nicht an".[1] Die Qualifikation kann nach Ansicht der Rechtsprechung bereits durch das Halten einer Beteiligung begründet werden.[2]

589 Besteht daher die Haupttätigkeit einer (Familien-)Holding in dem Erwerb von Beteiligungen, so stellt sie ein Finanzunternehmen dar.[3] Eine teleologische Reduktion sei in diesem Zusammenhang abzulehnen.

BEISPIEL:[4] Bei der M-GmbH handelt es sich um eine Holdinggesellschaft. Sie ist an der T-GmbH zu 100 % beteiligt und bilanziert die Beteiligung im Umlaufvermögen. Im Zuge der Veräußerung der Anteile an der T-GmbH erzielt sie einen Gewinn von 100 000 €.

---

1 BFH. Urteile v. 14. 1. 2009 - I R 36/08, BStBl 2009 II 671; v. 15. 6. 2009 - I B 46/09, BFH/NV 2009, 1843 = NWB DAAAD-28967; v. 12. 10. 2010 - I B 82/10, BFH/NV 2011, 69 = NWB YAAAD-56594; FG Hamburg, Urteil v. 31. 1. 2011 - 2 K 6/10, NWB CAAAD-80819; BFH, Urteil v. 26. 10. 2011 - I R 17/11, GmbHR 2012, 349 = NWB GAAAE-02919; FG München, Urteil v. 23. 5. 2015 - 7 K 386/13, EFG 2015, 1226 = NWB FAAAE-91212.

2 FG München, Urteil v. 23. 5. 2015 - 7 K 386/13, EFG 2015, 1226 = NWB FAAAE-91212.

3 BFH, Urteil v. 12. 10. 2011 - I R 4/11, GmbHR 2012, 104 = NWB GAAAE-02919; FG Hamburg, Urteil v. 14. 12. 2010 - 3 K 40/10, JS 2011, 388 = NWB TAAAD-86246; FG Köln, Urteil v. 1. 10. 2014 - 10 K 3593/12, NWB OAAAE-81246, Rev. erledigt durch BFH v. 15. 6. 2016 - I R 64/14, BStBl 2017 II 182.

4 Vereinfacht zu BFH, Urteil v. 14. 1. 2009 - I R 36/08, BStBl 2009 II 671; vgl. auch BFH, Urteil v. 12. 10. 2011 - I R 4/11, GmbHR 2012, 104 = NWB GAAAE-02919.

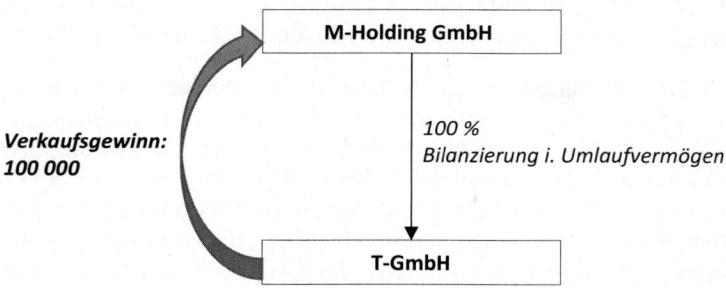

LÖSUNG: Nach Ansicht des BFH handelt es sich bei der M-GmbH um ein Finanzunternehmen, so dass die Steuerbefreiung des § 8b Abs. 2 Satz 1 KStG gem. § 8b Abs. 7 Satz 2 KStG keine Anwendung findet, wenn die übrigen Voraussetzungen des § 8b Abs. 7 KStG erfüllt sind.

Der BFH weist im Rahmen der zitierten Entscheidung vom 14. 1. 2009 ausdrücklich darauf hin, dass § 8b Abs. 7 KStG ggf. „missglückt und irreführend" sei, da die Intention des Gesetzgebers ggf. eine andere war. Ein solcher Einwand sei allerdings bloß rechtspolitischer Natur und könne nicht zu einer einschränkenden Auslegung des § 8b Abs. 7 KStG führen. Mit dieser Entscheidung stimmt der BFH der von der Finanzverwaltung vertretenen Ansicht zu.[1]

Darüber hinaus ist die Entscheidung auf vielfältige Kritik gestoßen.[2] Im Kern geht die Kritik dahin, dass § 8b Abs. 7 KStG als Sonderregel für Kredit-, Finanzdienstleistungsinstitute sowie Finanzunternehmen, mithin den Bankensektor im weitesten Sinn eingeführt wurde. Klassische Holdinggesellschaften sind aber in jedem Geschäftsfeld üblich.[3] Der Anwendungsbereich des § 8b Abs. 7 KStG sei daher nicht eröffnet.

Das drohende steuerliche Risiko für bestehende Holdingstrukturen ist offensichtlich.

Nach der hier vertretenen Ansicht ist die Frage berechtigt, ob eine Beteiligungsholding vom Regelungscharakter des § 8b Abs. 7 KStG erfasst ist, welcher sich an den „Bankensektor" richtete. Allerdings ist dem BFH zuzustimmen. Die erforderliche Korrektur hat der Gesetzgeber vorzunehmen. Solange dies unterbleibt, ist auf der Grundlage der Voraussetzungen des § 8b Abs. 7 Satz 2 KStG zu prüfen, ob ein Finanzunternehmen vorliegt.

3. Anteile

Bezüglich des Begriffes der Anteile i. S. d. § 8b Abs. 7 Satz 2 KStG beziehungsweise des einzelnen Anteils[4] könnte, mangels entsprechender Regelung wiederum auf die bankenrechtlichen Regelungen zurückgegriffen werden.

Nach Ansicht des BFH entspricht der Begriff der Anteile in § 8b Abs. 7 KStG aber nicht dem des KWG, sondern ist eigenständig zu bestimmen. Erfasst werden daher sämtliche Anteile an Ka-

---

[1] BMF, Schreiben v. 25. 7. 2002, BStBl 2002 I 712.
[2] *Jensen-Nissen/Dinkelbach*, BB 2009, 1226; *Strunk/Meyer-Sandberg*, GStB 2009, 19; *Löffler/Hansen*, DStR 2009, 136; *Jacob/Scheifele*, IStR 2009, 304; *Bauschatz*, DStR 2009, 504; *Grube/Behrendt*, DStR 2007, 887; zustimmend *Bindl*, DStR 2006, 1820.
[3] *Bauschatz*, DStR 2009, 504; *Nissen*, DB 2008, 2275.
[4] BFH, Urteil v. 30. 11. 2011 - I B 105/11, NWB LAAAE-00541.

pitalgesellschaften i. S. d. § 8b Abs. 1 KStG mit Ausnahme von Beteiligungen von mindestens 10 % an Körperschaften im EU-Ausland, welche § 8b Abs. 9 KStG unterliegen.[1]

Maßgeblich ist demnach die Möglichkeit der Erzielung von Bezügen i. S. d. § 20 Abs. 1 Nr. 1, 2, 9 und 10a EStG. Aus diesem Grund unterliegen auch GmbH-Anteile, unabhängig davon, ob sie an einer in- oder ausländischen Gesellschaft bestehen § 8b Abs. 7 Satz 2 KStG.[2] Der Erwerb und die Weiterveräußerung von Vorratsgesellschaften in der Rechtsform der GmbH kann daher die Voraussetzungen des § 8b Abs. 7 Satz 2 KStG begründen.[3] Mit diesen Entscheidungen stellte sich der BFH gegen die in der Literatur vertretene Ansicht, dass GmbH-Anteile nicht unter den Begriff der Anteile zu subsumieren seien. Nach der dort geäußerten Ansicht stößt die Vereinheitlichung des Anteilsbegriffs unter Hinweis auf die unterschiedliche Handelbarkeit von Aktien einerseits und GmbH-Anteilen andererseits auf Kritik.[4] Hervorgehoben wird, dass ein Handel mit GmbH-Anteilen nicht vergleichbar sei mit Aktienhandel. Die Übertragung von GmbH-Anteilen unterliegt regelmäßig Vinkulierungsklauseln, insbesondere Vorbehalten der Gesellschafterversammlung. Im Ergebnis seien GmbH-Anteile nicht vergleichbar handelbar. Infragegestellt wird zudem, ob der Gesetzgeber GmbH-Anteile überhaupt von § 8b Abs. 7 KStG erfassen wollte.[5]

Dem BFH ist jedoch zuzustimmen. Allein die Üblichkeit und der größere Umfang des Handels mit Aktien in der Praxis begründen kein Unterscheidungskriterium im Hinblick auf die Handelbarkeit. Vielmehr ist die weitgehend unbeschränkte Übertragungsmöglichkeit von Anteilen an Kapitalgesellschaften deren Wesenskern. Eine Differenzierung zwischen GmbH-Anteilen und Aktien findet keine gesetzliche Grundlage.[6] Vielmehr ist wiederum zwischen der rechtlichen Bestimmung des Begriffes der Anteile und rechtspolitischen Erwägungen zu unterscheiden. Letztere sind vom Gesetzgeber zu berücksichtigen. Zudem kommt § 8b Abs. 7 Satz 2 KStG nur zur Anwendung, wenn die weiteren Tatbestandsvoraussetzungen erfüllt sind. Daher erscheint die eigenständige Auslegung des Begriffes der Anteile durch den BFH konsequent und schafft an diesem Punkt Klarheit im Rahmen des komplexen § 8b Abs. 7 Satz 2 KStG.[7]

4. Haupttätigkeit

Fraglich ist, wann die Haupttätigkeit eines Unternehmens in einer der genannten Tätigkeiten liegt. Dies ist bei nur einem maßgeblichen Geschäftsvorfall leicht zu bejahen oder zu vernei-

---

1 BFH, Urteile v. 26. 10. 2011 - I R 17/11, GmbHR 2012, 349 = NWB GAAAE-02919; v. 12. 10. 2011 - I R 4/11, GmbHR 2012, 104 = NWB GAAAE-02919.
2 BFH, Urteil v. 14. 1. 2009 - I R 36/08, BStBl 2009 II 671; bestätigend BFH, Beschluss v. 15. 6. 2009 - I B 46/09, BFH/NV 2009, 1843, NWB DAAAD-28967; FG München, Urteil v. 23. 5. 2015 - 7 K 386/13, EFG 2015, 1226, NWB FAAAE-91212.
3 BFH, Beschluss v. 12. 10. 2010 - I B 82/10, BFH/NV 2011, 69, NWB YAAAD-56594; FG Hamburg, Urteil v. 31. 1. 2011 - 2 K 6/10, NWB CAAAD-80819; FG Köln, Urteil v. 1. 10. 2014 - 10 K 3593/12, NWB OAAAE-81246, Rev. erledigt durch BFH v. 15. 6. 2016 - I R 64/14, BStBl 2017 II 182.
4 *Grube/Behrendt*, DStR 2007, 887; *Bauschatz*, DStR 2009, 505; auch FG Köln, Urteil v. 7. 9. 2005 - 13 K 6940/03, DStRE 2006, 1071 = NWB SAAAB-74934; zustimmend: *Jacob/Scheifele*, IStR 2009, 305; *Bindl*, DStR 2006, 1820; *Bindl*, DStR 2007, 890.
5 *Jensen-Nissen/Dinkelbach*, BB 2009, 1226; *Bauschatz*, DStZ 2009, 502.
6 Vgl. FG Hamburg, Urteil v. 31. 1. 2011 - 2 K 6/10, NWB CAAAD-80819.
7 Vgl. auch *Jacob/Scheifele*, IStR 2009, 304.

nen.[1] Im Übrigen hat der BFH diese Frage bisher ausdrücklich offen gelassen und betont, dass hier weiterer Klärungsbedarf besteht.[2] Die Finanzverwaltung stellt auf die Kriterien des § 8a KStG ab. Demnach kommt es darauf an, ob die Bruttoerträge der drei vorausgegangenen Jahre i. H. v. mindestens 75 % aus der Tätigkeit i. S. d. § 1 Abs. 3 Satz 1 Nr. 1 KWG erzielt werden.[3] Strittig ist in diesem Zusammenhang, ob die maßgeblichen Erträge aus den Veräußerungsgeschäften bei der Ermittlung der Wertgrenze mit einzubeziehen sind. Das FG Köln hat dies bejaht und ist zutreffend davon ausgegangen, dass bei einem der den Finanzsektor betreffenden Erlöse von 97 % der Gesamterlöse von einer Haupttätigkeit in diesem Bereich auszugehen ist.[4]

Daneben wird auf den Gesamtumsatz, das Eigenkapital oder auf die Bilanzsumme abgestellt.[5] Beträgt die Quote in dem jeweiligen Einzelfall mehr als 50 %, besteht die Haupttätigkeit des Unternehmens im Eigenhandel.[6]

Beiden Ansätzen kann nach der hier vertretenen Auffassung nur indizielle Wirkung zukommen. Maßgeblich muss vielmehr stets der Einzelfall sein,[7] zumal die Bestimmung auf der Grundlage starrer Ertrags- oder Umsatzgrenzen zu keinem Ergebnis führen kann, wenn die steuerpflichtige Körperschaft ihren Geschäftsbetrieb noch nicht mindestens drei Jahre aufrecht erhält. Entscheidend ist im Rahmen einer Gesamtschau, welche Tätigkeit das Unternehmen dominiert.

Das FG Hamburg stellt etwa neben dem Gesellschaftsvertrag auch auf den Gesamtumsatz ab.[8]

BEISPIEL:[9] Die Tätigkeit der T-GmbH bestand darin, Beteiligungen zu erwerben und zu veräußern. Insoweit bestand nach Ansicht des FG Hamburg kein Zweifel daran, dass die Haupttätigkeit im Erwerb und Handel mit Beteiligungen bestand.

ABWANDLUNG 1: Bei der T-GmbH handelt es sich um eine reine Verwaltungsholding, welche die Beteiligungen unstreitig langfristig verwaltet und lediglich im Veranlagungszeitraum 2010 eine Beteiligung kurzfristig erwirbt und weiterverkauft und aus diesem Geschäft 70 % ihres Jahresumsatzes realisiert.

LÖSUNG: Stellt man auf die 50 %-Grenze ab, könnte diese Verwaltungsholding als Finanzunternehmen zu qualifizieren sein. Ob § 8b Abs. 7 Satz 2 KStG anwendbar ist, wäre nach der hier vertretenen Ansicht auf der Grundlage der weiteren Voraussetzungen zu prüfen.

Hier bestehen Zweifel daran, ob allein dieses eine Geschäft zur Qualifikation eines Finanzunternehmens führt.[10] Die Haupttätigkeit der Verwaltungsholding besteht unabhängig von diesem einen Geschäft nicht in dem Erwerb von Beteiligungen,[11] so dass auf weitere Kriterien abgestellt werden muss.

---

1 BFH, Beschluss v. 30. 11. 2011 - I B 105/11, NWB LAAAE-00541; FG München, Urteil v. 23. 5. 2015 - 7 K 386/13, EFG 2015, 1226, NWB FAAAE-91212.
2 BFH, Urteile v. 26. 10. 2011 - I R 17/11, NWB GAAAE-02919; v. 14. 1. 2009 - I R 36/08, BStBl 2009 II 671, NWB GAAAE-02919, Vorinstanz: FG Hamburg, Urteil v. 26. 2. 2008 - 2 K 54/07, NWB NAAAC-79632; BFH, Urteil v. 16. 10. 2012 - I B 63/12, NWB VAAAE-25857.
3 BMF, Schreiben v. 25. 7. 2002, BStBl 2002 I 712 i.V. m. BMF, Schreiben v. 15. 12. 1994, BStBl 1994 I 176, Rz. 25.
4 FG Köln, Urteil v. 22. 3. 2012 - 10 K 2002/10, NWB QAAAE-37441.
5 M. w. N. FG Hamburg, Urteil v. 14. 12. 2010 - 3 K 40/10, JS 2011, 388 = NWB TAAAD-86246.
6 FG Hamburg, Urteil v. 26. 2. 2008 - 2 K 54/07, NWB NAAAC-79632; *Hagedorn/Matzke*, GmbHR 2009, 973; FG München, Urteil v. 23. 5. 2015 - 7 K 386/13, EFG 2015, 1226 = NWB FAAAE-91212.
7 Gl. A. *Kröner* E&Y § 8b Rz. 276.
8 FG Berlin-Brandenburg, Urteil v. 21. 5. 2014 - 12 K 12313/12, NWB XAAAE-69570; FG Hamburg, Urteil v. 31. 1. 2011 - 2 K 6/10, NWB CAAAD-80819.
9 Erweiterung zu → Rz. 589.
10 Abstrakt dieser Frage zustimmend Gosch/*Gosch* § 8b Rz. 561.
11 Jacob/*Scheifele*, IStR 2009, 304.

Allerdings kann auch ein einziges Veräußerungsgeschäft bereits ein Finanzunternehmen begründen, wenn die weiteren Geschäfte von untergeordneter Bedeutung sind.

ABWANDLUNG 2:[1] ▶ Die T-GmbH wird Anfang des Jahres 2010 gegründet. Gegenstand der T-GmbH ist die Verwaltung, der Erwerb und die Veräußerung von Beteiligungen aller Art. Im Jahr 2010 erwirbt die Gesellschaft Beteiligungen und veräußert diese sechs Monate später im Jahr 2010. Das Geschäft stellt den wesentlichen Geschäftsvorfall des Jahres 2010 dar. Hinweise darauf, dass die Beteiligungen eigentlich langfristig gehalten werden sollten, bestehen nicht.

LÖSUNG: ▶ Auf die Erträge der letzten drei Jahre kann nicht zurückgegriffen werden, da die T-GmbH erst im Jahr 2010 gegründet worden ist. Unter Berücksichtigung der Umsätze stellt der Erwerb und die Veräußerung von Beteiligungen unzweifelhaft die Haupttätigkeit der T-GmbH dar. Aber auch unter Berücksichtigung aller sonstigen Indizien besteht die Haupttätigkeit der T-GmbH in dem Erwerb und der Veräußerung von Beteiligungen. Entscheidend für die Beurteilung eines Finanzunternehmens ist daher das weitere Kriterium der Absicht eines kurzfristigen Eigenhandelserfolgs.

5. Geschäftsführung

592 Zweifelhaft ist, ob die Haupttätigkeit zwingend eine Tätigkeit in eigenem Namen und auf eigene Rechnung voraussetzt oder ob bereits die Geschäftsführung für solche Unternehmen eine entsprechende infizierende Wirkung hat.

Letzteres ist zu verneinen. Die Geschäftsführungstätigkeit einer Komplementär-GmbH beschränkt sich, soweit kein weitergehender Gesellschaftszweck vorliegt, auf eben diese Tätigkeit. Neben einer etwaigen Haftungsvergütung kommt es zu einer entsprechenden Vergütung. Es ist aber weder (gesellschaftsvertraglicher) Zweck der Gesellschaft einen kurzfristigen Eigenhandelserfolg im Sinne eines Finanzunternehmens zu erzielen, noch liegt die Haupttätigkeit, auf der Grundlage der dargestellten Kriterien, auf dieser Tätigkeit.[2]

6. Kurzfristiger Eigenhandelserfolg

593 Finanzunternehmen unterliegen dem Anwendungsbereich des § 8b Abs. 7 KStG, wenn Anteile mit dem Ziel der kurzfristigen Erzielung eines Eigenhandelserfolges erworben werden. Bezüglich der Begriffe Eigenhandel, Eigenhandelserfolg sowie Kurzfristigkeit enthält § 8b Abs. 7 Satz 2 KStG keine weitere Definition, so dass sich die Frage stellt, was darunter zu verstehen ist.

594 **Eigenhandel:** Nach der Definition des § 1 Abs. 1a Nr. 4 KWG ist der Eigenhandel die Anschaffung und die Veräußerung von Finanzinstrumenten für eigene Rechnung als Dienstleistung für andere anzusehen.

Nach Ansicht des BFH ist der Begriff jedoch eigenständig und unabhängig von den Regelungen des KWG zu ermitteln.[3] Es kommt daher allein auf den Verkauf aus dem Eigenbestand des Institutes an, welchem die entsprechende Eigenhandelsabsicht zugrunde liegen muss. Diesbezüglich bedarf es weder eines „Handels im Rahmen eines organisierten, staatlich geregelten und überwachten Marktes" noch erfordert die Ausschlussvorschrift das Vorliegen eines Eigenhandels als Finanzdienstleistung für Dritte".

---

1 Vereinfacht nach FG Hamburg, Urteil v. 31. 1. 2011 - 2 K 6/10, NWB CAAAD-80819.
2 Vgl. auch FG Berlin-Brandenburg, Urteil v. 21. 5. 2014 - 12 K 12313/12, NWB XAAAE-69570.
3 BFH, Urteile v. 14. 1. 2009 - I R 36/08, BStBl 2009 II 671; v. 26. 10. 2011 - I R 17/11, NWB GAAAE-02919; v. 12. 10. 2011 - I R 4/11, GmbHR 2012, 104 = NWB GAAAE-02919.

Erwerb: Nicht unter den Begriff des Eigenhandels fällt dahingegen die Neugründung und spätere Veräußerung von Unternehmen.[1]

BEISPIEL:[2] Unterliegt der Gewinn aus der Veräußerung der Vorratsgesellschaften § 8b Abs. 2 KStG?

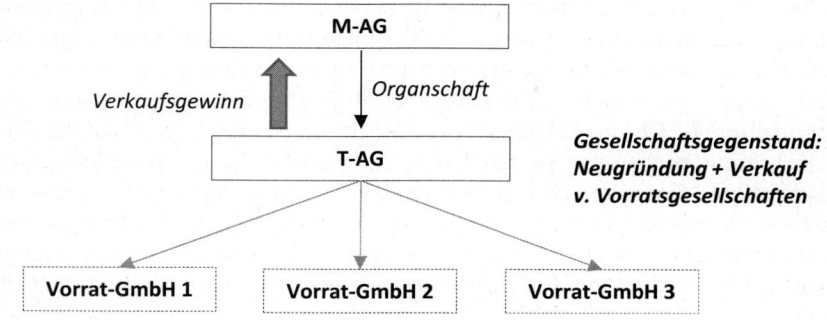

LÖSUNG (BFH): § 8b Abs. 7 Satz 2 KStG ist nicht anwendbar, da mangels Erwerb der Vorrat-GmbH kein Eigenhandel vorliegt. Der Veräußerungsgewinn ist daher gem. § 8b Abs. 2 KStG steuerfrei. Da eine Organschaft vorliegt, ist er gem. § 15 Satz 1 Nr. 2 KStG bei der M-AG zu berücksichtigen.

Der Handel mit erworbenen Vorratsgesellschaften kann dahingegen unter Berücksichtigung der sonstigen Voraussetzungen des § 8b Abs. 7 KStG ein Finanzunternehmen begründen.[3]

Ob auch Immobilien-Objektgesellschaften, also Gesellschaften deren Zweck allein in dem Erwerb der Errichtung oder Sanierung liegt unter Abs. 7 zu subsumieren sind, wird infragegestellt, da die „leere" erworbene Gesellschaft mit der späteren Gesellschaft nicht vergleichbar sei und im Ergebnis kein Eigenhandel, sondern eine unschädliche Produktion vorläge.[4]

7. Eigenhandelsabsicht

Die Absicht eines entsprechenden Eigenhandels setzt voraus, dass die Anteile zur Erzielung eines kurzfristigen Eigenhandelserfolges erworben wurden.[5] Dies ist gegeben, wenn Anteile aus dem Bestand des Finanzunternehmens veräußert werden, um aus der Differenz von Kauf- und Verkaufspreis einen Gewinn, mithin einen Eigenhandelserfolg, zu erzielen.[6] Die Finanzverwaltung schließt bereits aus der Zuordnung zum Umlaufvermögen auf eine entsprechende Absicht.[7] Dem kann sicherlich nicht gefolgt werden, da dieser Ansatz jede Trennung von objektiven und subjektiven Tatbestandsmerkmalen vermissen lässt und eine Zuordnung zum Umlaufvermögen gerade nicht Tatbestandmerkmal des § 8b Abs. 7 Satz 2 KStG ist.[8] Auch kann aus

---

1 BFH, Urteile v. 15. 6. 2016 - I R 64/14, NWB CAAAF-83204; v. 3. 5. 2006 - X R 55/97, BStBl 2001 II 810; FG Köln, Urteil v. 7. 9. 2005 - 13 K 6940/03, NWB SAAAB-74934.
2 Vgl. BFH, Urteil v. 15. 6. 2016 - I R 64/14, NWB CAAAF-83204.
3 FG München, Urteil v. 18. 5. 2010 - I B 82/10, EFG 2010, 795; nachfolgend BFH, Beschluss v. 12. 10. 2010 - I B 82/10, BFH/NV 2011, 69 = NWB YAAAD-56594; kritisch *Löffler/Hansen*, DStR 2011, 558.
4 *Löffler/Tietjen*, DStR 2010, 586.
5 Hessisches FG v. 17.8.2018 - 4 V 1131/17, NWB YAAAG-93722.
6 BFH, Urteile v. 15. 6. 2009 - I B 46/09, NWB DAAAD-28967; v. 12. 10. 2010 - I B 82/10, BFH/NV 2011, 69 = NWB YAAAD-56594; FG München, Urteil v. 23. 5. 2015 - 7 K 386/13, EFG 2015, 1226 = NWB FAAAE-91212.
7 BMF, Schreiben v. 25. 7. 2002, BStBl 2002 I 712.
8 Gl. A. *Jacob/Scheifele*, IStR 2009, 304; Gosch/*Gosch* § 8b Rz. 586; FG Hamburg, Urteil v. 31. 1. 2011 - 2 K 6/10, NWB CAAAD-80819.

der Art des Wertpapiers, etwa einer Aktie, nicht geschlossen werden, dass dieses wiederum kurzfristig veräußert werden soll, da dem Erwerb auch eine langfristige Anlagestrategie zugrunde liegen kann.[1]

Der BFH hat sich diesbezüglich nicht abschließend positioniert. Er hat allerdings klargestellt, dass eine zeitnahe Zuordnung zum Anlage- oder Umlaufvermögen ein gewichtiges Indiz darstelle, dessen Grundsatzwirkung durch objektive Umstände widerlegt werden könne.[2] Maßgeblich sei der Erwerbszeitpunkt, so dass eine nachträgliche Änderung der Zuordnung nicht beachtlich sein könne.[3] Ob eine entsprechende Absicht vorliegt, muss somit auf der Grundlage des Einzelfalls ermittelt werden.[4] Weitere Indizien können Protokolle etc. bei Erwerb, entsprechend kurzfristige Refinanzierungsmaßnahmen, die Beauftragung von Wertpapierhändlern oder der Veräußerungszeitpunkt sein.[5] Auf der Ebene der Körperschaft kommt einer entsprechenden Dokumentation somit eine beachtliche Bedeutung zu, da sie als Indiz herangezogen werden kann.[6] Für die Beratung dürfte sich hier eine erhöhte Beratungs- und Hinweispflicht ergeben.

8. Kurzfristig

599 Bezüglich des Kriteriums der Kurzfristigkeit kann sowohl auf ein zeitliches als auch ein subjektives Merkmal abgestellt werden.

600 Die Finanzverwaltung bejaht die Absicht einer kurzfristigen Erzielung eines Eigenhandelserfolges dann, wenn die Anteile dem Umlaufvermögen zugeordnet wurden, da die Zuordnung die entsprechende Nutzungsabsicht des Finanzunternehmens widerspiegelt.[7]

Die Zuordnungsentscheidung zum Anlage- oder Umlaufvermögen wird auch von der herrschenden Meinung als maßgebliches Indiz angesehen, wobei eine Korrektur dieser Zuordnung entgegen der Ansicht der Finanzverwaltung möglich bleiben soll.[8] Dahingegen wird aber auch die Ansicht vertreten, dass allein auf einen zeitlichen Aspekt abzustellen ist. Maßgeblich für die Kurzfristigkeit sei demnach unter Hinweis auf § 23, § 6 Abs. 1 Nr. 3 Satz 2 EStG, § 8 Nr. 1 GewStG ein Zeitraum von zwölf Monaten. Sollte dieser Zeitraum überschritten werden, kann nicht mehr von Kurzfristigkeit ausgegangen werden.

Diesbezüglich wird verkannt, dass § 8b Abs. 7 KStG im Gegensatz zu den zitierten Vorschriften keine zeitliche Begrenzung enthält. Für eine starre zeitliche Grenze ist daher kein Raum. Eine abschließende Entscheidung des BFH in dieser Frage steht weiterhin aus.[9]

---

1 FG Münster, Urteil v. 31.8.2015 - 9 K 27/12 K, G, F, EFG 2016, 19 = NWB LAAAF-18605.
2 BFH, Urteile v. 26.10.2011 - I R 17/11, GmbHR 2012, 349 = NWB GAAAE-02919; v. 12.10.2011 - I R 4/11, GmbHR 2012, 104 = NWB PAAAE-00544; Vorinstanz FG Hamburg, Urteil v. 14.12.2010 - 3 K 40/10, JS 2011, 388 = NWB TAAAD-86246.
3 FG Münster, Urteil v. 11.2.2015 - 9 K 806/13, DStZ 2015, 728 = NWB CAAAE-91226.
4 FG Hamburg, Urteil v. 31.1.2011 - 2 K 6/10, NWB CAAAD-80819.
5 FG Hamburg, Urteil v. 31.1.2011 - 2 K 6/10, NWB CAAAD-80819; *Jacob/Scheifele*, IStR 2009, 304; *Gosch/Gosch* § 8b Rz. 586.
6 *Hagedorn/Matzke*, GmbHR 2009, 976.
7 BMF, Schreiben v. 25.7.2002, BStBl 2002 I 712.
8 *Löffler/Hansen*, DStR 2009, 136; *Frotscher*/Maas § 8b Rz. 111b.
9 BFH, Urteil v. 26.10.2011 - I R 17/11, NWB KAAAD-81486; 1. Instanz: FG Hamburg, Urteil v. 31.1.2011 - 2 K 6/10, NWB CAAAD-80819; siehe → Rz. 583 ; BFH, Urteil v. 12.10.2011- I R 4/11, NWB GAAAE-02919; 1. Instanz: FG Hamburg, Urteil v. 14.12.2010 - 3 K 40/10, JS 2011, 388 = NWB TAAAD-86246.

Nach der hier vertretenen Ansicht muss auch hier das subjektive Element berücksichtigt werden, ob der Steuerpflichtige bei Erwerb der Anteile ein lang- oder kurzfristiges Engagement eingehen wollte. Dabei ist die zeitliche Vorstellung zweifelsohne ein dehnbares Kriterium, so dass auf die Indizien abzustellen ist. Vor diesem Hintergrund kommt der Zuordnung zum Anlage- oder Umlaufvermögen weiterhin beachtliche Bedeutung zu,[1] allerdings sind sämtliche Aspekte in die Betrachtung mit einzubeziehen. Die herausragende Bedeutung dieses Indizes erfordert jedoch eine entsprechende Dokumentation, einerseits zur Bestätigung und andererseits zur Entkräftigung desselben.[2] Weiterhin sind zeitliche Aspekte zu beachten, so dass die Zwölfmonatsfrist als zusätzliches Indiz von Bedeutung sein kann.

Aufgrund der Tragweite der Zuordnung zum Anlage- oder Umlaufvermögen ist damit zu rechnen, dass auch die Frage der zutreffenden Bilanzierung entscheidende Bedeutung gewinnt. Dies ist aber in erster Linie eine Frage der Feststellungslast.[3]

Zeitpunkt: Gemäß dem Gesetzeswortlaut muss die Absicht zum Zeitpunkt des Erwerbs der Anteile vorliegen.[4] Stellt man aber auf die Zuordnung ab und macht die Eigenhandelsabsicht an dieser Entscheidung fest, stellt sich die Frage, ob diese korrigiert werden kann bzw. nach dem maßgeblichen Zeitpunkt der Zuordnung. Dies muss nach der hier vertretenen Ansicht verneint werden, da der Gesetzeswortlaut keinen Raum für Interpretationen lässt. Von dieser Frage zu unterscheiden sind die Indizien, welche für die Kurzfristigkeit als subjektive Komponente sprechen. Diese können sich selbstverständlich ändern. Entscheidende Bedeutung kommt daher der Dokumentation der subjektiven Komponente zu.

---

1 FG Hamburg, Urteil v. 14. 12. 2010 - 3 K 40/10, JS 2011, 388 = NWB TAAAD-86246; bestätigt BFH, Urteil v. 12. 10. 2011 - I R 4/11, GmbHR 2012, 104 = NWB GAAAE-02919.
2 *Jacob/Scheifele*, IStR 2009, 308; *Bauschatz*, DStZ 2009, 506.
3 Siehe → Rz. 604.
4 BFH, Urteil v. 12. 10. 2010 - I B 82/10, BFH/NV 2011, 69 = NWB YAAAD-56594.

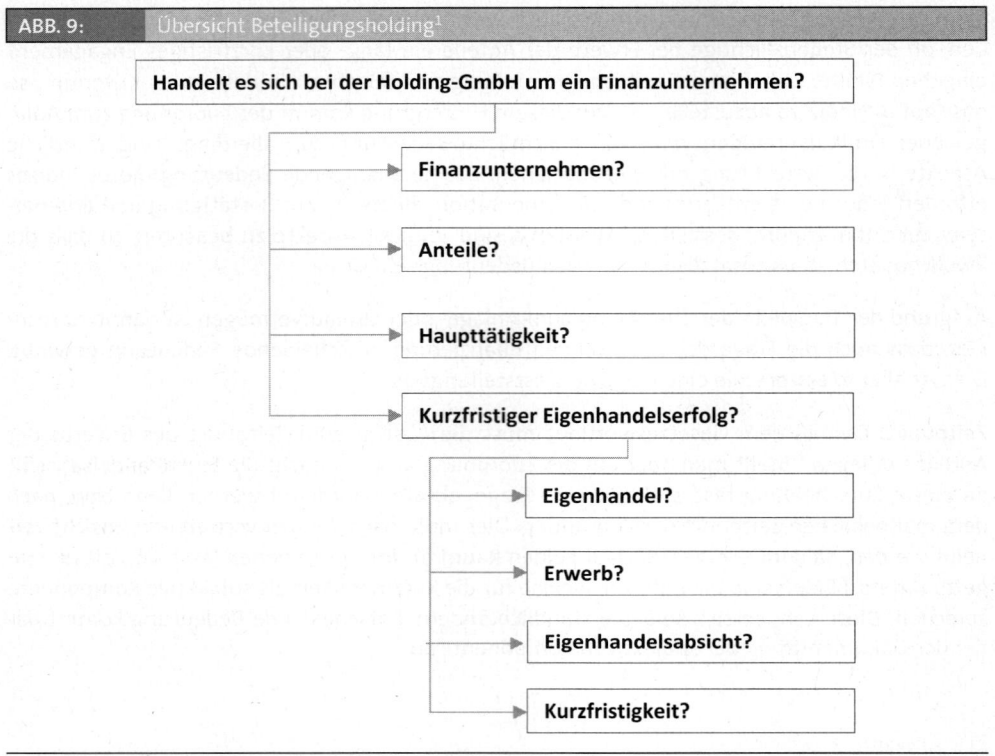

ABB. 9: Übersicht Beteiligungsholding[1]

9. Rechtsfolge

603 § 8b Abs. 7 Satz 2 KStG verweist hinsichtlich der Rechtsfolgen auf § 8b Abs. 7 Satz 1 KStG.[2]

10. Feststellungslast

604 Nach den allgemeinen Grundsätzen, trägt derjenige die Feststellungslast für das Vorliegen der Voraussetzungen des § 8b Abs. 7 Satz 2 KStG, der sich darauf beruft. Fallen Verluste an, wird dies regelmäßig der Steuerpflichtige sein, der diese zu nutzen wünscht. Fallen dahingegen Gewinne an, welche die Finanzverwaltung zu besteuern „wünscht", trägt sie die Beweislast dafür, dass Abs. 7 nicht erfüllt ist.[3]

BERATERHINWEIS:

Die Regelung ist auf der Grundlage der zahlreichen offenen Fragen eine Herausforderung für die Beratung. Vor dem Hintergrund der infrage stehenden Steuerfreiheit von Bezügen und Gewinnen einerseits sowie der Nichtabziehbarkeit von Verlusten andererseits ist sie überaus haftungsrelevant. Dies gilt umso mehr, als dass diese Regelung im Lichte der Neuregelung leicht übersehen werden kann. Es empfiehlt

---

1 Die für die Praxis bedeutsame Frage, ob zur Beteiligungsholding ein Finanzunternehmen darstellt, kann nur auf der Grundlage einer Einzelfallprüfung beurteilt werden.
2 Siehe → Rz. 553.
3 FG Hamburg, Urteil v. 14.12.2010 - 3 K 40/10, JS 2011, 388 = NWB TAAAD-86246; BFH, Urteil v. 26.10.2011 - I R 17/11, GmbHR 2012, 349 = NWB GAAAE-02919; *Jacob/Scheifele*, IStR 2009, 308; *Löffler/Hansen*, DStR 2009, 1137; *Dötsch/Pung* Dötsch/Jost/Pung/Witt, KStG, § 8b Rz. 273.

sich eine klare Unterscheidung anhand der Herkunft der einzelnen Bezüge, um nicht den Überblick zu verlieren.

(Einstweilen frei)

VI. § 8b Abs. 7 Satz 3 KStG a. F.

Gemäß § 8b Abs. 7 Satz 3 KStG finden die Beschränkungen des § 8b Abs. 7 Satz 2 KStG auch auf Kreditinstitute, Finanzdienstleistungsinstitute und Finanzunternehmen mit Sitz in einem anderen EU- oder EWR -Staat Anwendung.

Vor diesem Hintergrund greifen die vorgenannten Aspekte zu Finanzunternehmen auch im Zusammenhang mit einer Sitzverlagerung in das EU-Ausland. Für die Beratung könnten Beteiligungen von mehr als 10 % an Körperschaften im EU-Ausland von Bedeutung sein.[1]

Mangels eines entsprechenden Hinweises im Gesetz kann die Ausnahmeregelung des § 8b Abs. 7 KStG nach der hier vertretenen Ansicht nicht auf Drittstaatsinstitute ausgedehnt werden. Wäre dies von Seiten des Gesetzgebers gewünscht worden, hätte es sich in einer entsprechenden Regelung niederschlagen müssen. Insoweit bleiben die Abs. 1 – 6 bei Drittstaatsinstituten anwendbar.[2]

Davon zu unterscheiden sind Drittstaatsinstitute, die z. B. aufgrund einer inländischen Zweigniederlassung unter das KWG fallen und ein Handelsbuch zu führen haben. Diese unterliegen § 8b Abs. 7 Satz 1 KWG.[3]

Die Anwendbarkeit des § 8b Abs. 7 KStG auf ausländische Kreditinstitute kann wie folgt dargestellt werden:

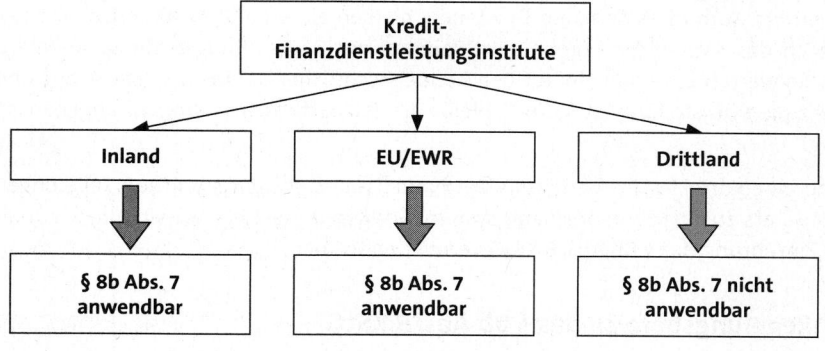

Im Rahmen der Beratung kann der Sitz in einem Drittland von Bedeutung sein, soweit die dortigen körperschaftsteuerlichen Rahmenbedingungen eine (Teil-)Steuerbefreiung gewährleisten.

---

[1] Siehe → Rz. 608.
[2] Gl. A. Gosch/*Gosch* § 8b Rz. 561.
[3] BMF, Schreiben v. 25. 7. 2002, BStBl 2002 I 712; *Kröner* E&Y § 8b Rz. 286; *Frotscher*/Maas § 8b Rz. 112; *Dötsch*/Pung Dötsch/Jost/Pung/Witt, KStG, § 8b Rz. 278; *Jacob*/Scheifele, IStR 2009, 304, 309; *Kempf*/Nitzschke, IStR 2016, 183.

VII. Mutter-Tochter-Richtlinie

608 § 8b Abs. 7 KStG findet gem. § 8b Abs. 9 KStG keine Anwendung, wenn die Mutter-Tochter-Richtlinie anzuwenden ist, d. h., wenn eine Beteiligung von mindestens 10 % an einer Körperschaft im EU-Ausland besteht.[1]

VIII. Zeitlicher Anwendungsbereich

609 § 8b Abs. 7 KStG ist erstmals ab dem Veranlagungszeitraum 2002, bei abweichendem Wirtschaftsjahr ab dem Veranlagungszeitraum 2002/2003, anzuwenden.

610–624 *(Einstweilen frei)*

I. § 8b Abs. 8 KStG

625 Gemäß § 8b Abs. 8 KStG findet § 8b Abs. 1 – 7 KStG keine Anwendung auf Anteile, die bei Lebens- oder Kranversicherungsunternehmen den Kapitalanlagen zuzurechnen sind. Entsprechendes gilt bei Pensionsfonds.

I. Zweck

626 Mit der Einführung des § 8b Abs. 8 KStG sollten doppelte begünstigende oder auch benachteiligende Effekte vermieden werden. Gemäß § 21 KStG sind Beitragsrückerstattungen an Versicherungsnehmer bei Lebens- und Krankenversicherungsunternehmen steuerlich abzugsfähig. Darüber hinaus haben diese Unternehmen Rückstellungen für Beitragsrückerstattungen zu bilden (§§ 81c und 81d VAG). Die abziehbaren Beitragsrückerstattungen werden auf der Grundlage des handelsrechtlichen Jahresergebnisses ermittelt.[2] Dieses bleibt aber von den Steuerbefreiungen des § 8b Abs. 2 KStG oder den Abzugsbeschränkungen des § 8b Abs. 3 KStG unberührt. Kommt es daher zu Gewinnen, bleiben diese zu 95 % steuerfrei und reduzieren zusätzlich das steuerliche Ergebnis im Rahmen der Rückstellungsbildung. Andererseits wirken sich Teilwertabschreibungen auf den handelsrechtlichen Jahresüberschuss aus und verringern damit die Rückstellung. Steuerlich bleibt die Teilwertabschreibung dahingegen ohne Auswirkung.

Ohne eine Korrektur im Verhältnis der handels- und steuerrechtlichen Regelungen kommt es daher stets zu einer entsprechend systemwidrigen doppelten Auswirkung. Gerade diese sollte mit Einführung des § 8b Abs. 8 KStG vermieden werden.[3]

II. Regelungsbereich des § 8b Abs. 8 KStG

627 ▶ Satz 1: Nichtanwendung des § 8b Abs. 1 – 7 KStG bei Anteilen, die bei Lebens- und Krankenversicherungen den Kapitalanlagen zugerechnet werden

▶ Satz 2: Ausnahme für Gewinn i. S. d. § 8b Abs. 2 KStG sowie bei Teilwertabschreibungen in den Vorjahren

▶ Satz 3: Ausnahme bei verbundenen Unternehmen

---

[1] Siehe → Rz. 510.
[2] Siehe *Schnabel* in Mössner/Seeger/Oellerich, KStG, § 21 Rz. 24.
[3] BT-Drucks. 15/1684, 9.

- Satz 4: Bewertung der Anteile
- Satz 5: Entsprechende Regelung für Pensionsfonds

III. § 8b Abs. 8 Satz 1 KStG

Gemäß § 8b Abs. 8 Satz 1 KStG ist § 8b Abs. 1 – 7 KStG auf Anteile, welche bei Lebens- oder Krankenversicherungsunternehmen den Kapitalanlagen zugeordnet werden, nicht anwendbar.

1. Lebens- oder Krankenversicherungsunternehmen

Der Begriff der Lebens- oder Krankenversicherungsunternehmen ist in § 8 Abs. 8 KStG nicht näher definiert. Im Sinne der § 1 Abs. 1 Nr. 1, § 7 Nr. 33 VAG handelt es ich dabei um solche Unternehmen, die den Betrieb von Lebens- und Krankenversicherungsgeschäften zum Gegenstand haben und nicht Träger der Sozialversicherung sind.

2. Kapitalanlagen

Unter Anteilen i. S. d. § 8b KStG sind Anteile an Körperschaften zu subsumieren. Diesbezüglich bestehen keine Besonderheiten, so dass es sich insbesondere um GmbH-Geschäftsanteile und Aktien handelt. Deren Zuordnung zu den Kapitalanlagen wird nach allgemeiner Ansicht auf der Grundlage der Verordnung über die Rechnungslegung von Versicherungsunternehmen (RechVersV) v. 8. 11. 1994[1] vorgenommen.[2] Bei Beteiligungen an Körperschaften im EU-Ausland ist § 8b Abs. 8 KStG gem. § 8b Abs. 9 KStG jedoch nur anzuwenden, wenn die Beteiligung geringer als 10 % ist.

3. Rechtsfolgen

Gemäß § 8b Abs. 8 Satz 1 KStG sind § 8b Abs. 1 – 7 KStG nicht anwendbar. Dies bedeutet im Wesentlichen, dass

- laufende Bezüge (§ 8b Abs. 1 KStG) und
- Gewinne aus der Veräußerung, der Auflösung, der Herabsetzung des Nennkapitals sowie der Wertaufholung der Besteuerung unterliegen (§ 8b Abs. 1, 2 KStG),
- keine nicht abziehbaren Betriebsausgaben fingiert werden (§ 8b Abs. 3, 5 KStG),
- Gewinnminderungen, vor allem Verluste und Teilwertabschreibungen voll abziehbar bleiben (§ 8b Abs. 3 KStG),
- bei einer Beteiligung an einer Personengesellschaft allein auf deren Eigenschaft als Kredit-, Finanzdienstleistungsinstitut oder Finanzunternehmen abzustellen ist,
- die Sonderregelungen für Kredit-, Finanzdienstleistungsinstitute sowie Finanzunternehmen nicht anzuwenden sind (§ 8b Abs. 7 KStG).

Gewerbesteuer: § 8b Abs. 8 KStG wirkt sich gem. § 7 Satz 1 GewStG auf den Gewerbeertrag aus. Der Hinzurechnung i. S. d. § 8 Nr. 5 GewStG steht keine Kürzung gegenüber, da eine solche gem. § 9 Nr. 2a Satz 5, Nr. 7 Satz 8 und Nr. 8 Satz 4 GewStG ausgeschlossen ist.

Organschaft: Gemäß § 15 Satz 1 Nr. 2 Satz 1 und Satz 2 KStG bleibt § 8b Abs. 1 – 6 KStG auf der Ebene der Organgesellschaft unberücksichtigt und ist auf der Ebene des Organträgers anzu-

---

[1] BGBl 1994 I 3378 = NWB FAAAC-83773.
[2] *Dötsch/Pung* Dötsch/Jost/Pung/Witt, KStG, § 8b Rz. 461; Gosch/*Gosch* § 8b Rz. 613.

wenden. Bezüglich des § 8b Abs. 8 KStG gilt dies gemäß § 15 Satz 1 Nr. 2, Satz 3 KStG nicht.[1] Im Ergebnis wirken sich die Bezüge, Gewinne und Gewinnminderungen steuerlich aus. Dementsprechend findet § 15 Satz 1 Nr. 2 Satz 2 KStG hier keine Anwendung.[2]

634–644 *(Einstweilen frei)*

IV. § 8b Abs. 8 Satz 2 KStG

645 Gemäß § 8b Abs. 8 Satz 2 KStG besteht eine Ausnahme von der Nichtanwendbarkeit des § 8b Abs. 2 KStG für den Fall,

- ▶ dass aus der Veräußerung von Anteilen Gewinne i. S. d. § 8b Abs. 2 KStG entstehen und
- ▶ hinsichtlich dieser Anteile in früheren Jahren eine Teilwertabschreibung stattfand, welche
- ▶ bei der Ermittlung des Einkommens i. S. d. § 8b Abs. 3 KStG unberücksichtigt blieb und
- ▶ es in späteren Jahren zu keiner steuerwirksamen Zuschreibung gekommen ist.

646 **Rechtsfolge:** Die Rückausnahme bedeutet, dass der Veräußerungsgewinn gem. § 8b Abs. 2 Satz 1 KStG steuerfrei ist. Da § 8b Abs. 1 – 7 KStG uneingeschränkt zur Anwendung kommt, sind auch 5 % des Gewinns als nichtabzugsfähige Betriebsausgaben i. S. d. § 8b Abs. 3 Satz 1 KStG zu berücksichtigen.

Dieses Ergebnis ist in sich stimmig. Da die Teilwertabschreibung steuerlich bisher nicht berücksichtigt wurde, müssen die Erträge aus einer Wertaufholung steuerfrei bleiben. Anderenfalls würde dieser Vorgang doppelt steuerlich erfasst.

647–659 *(Einstweilen frei)*

V. § 8b Abs. 8 Satz 3 KStG

660 § 8b Abs. 8 Satz 3 KStG stellt eine Ausnahme zu § 8b Abs. 8 Satz 1 KStG dar. Gemäß § 8b Abs. 8 Satz 3 KStG sind Gewinnminderungen, die im Zusammenhang mit Anteilen von Lebens- oder Krankenversicherungsunternehmen stehen, welche von einem verbundenen Unternehmen i. S. d. § 15 AktG erworben wurden, nicht zu berücksichtigen, wenn der Gewinn aus der Veräußerung bei dem verbundenen Unternehmen i. S. d. Abs. 2 steuerfrei war.

1. Zweck

661 Im Rahmen des § 8b Abs. 8 Satz 3 KStG sollen Gestaltungen verbundener Unternehmen vermieden werden, welche auf die Ausnutzung von Steuerbefreiungen des § 8b KStG gerichtet sind.

> **BEISPIEL:** ▶ Die M-GmbH, welche nicht § 8b Abs. 8 KStG zuzuordnen ist, hält u. a. 100 % der Anteile an der B-GmbH und 100 % der Anteile an der C-GmbH (§ 8b KStG anwendbar). Es handelt sich um verbundene Unternehmen i. S. d. §§ 15, 18 AktG. Die Anteile an der B-GmbH werden an die C-GmbH verkauft. Es folgen beachtliche Teilwertabschreibungen auf die Beteiligung an der B-GmbH.

---

[1] Vgl. ausführlich *Müller* in Mössner/Seeger/Oellerich, § 15 KStG Rz. 15.
[2] § 15 Satz 1 Nr. 2 Satz 3 KStG; Beispiel siehe → Rz. 554.

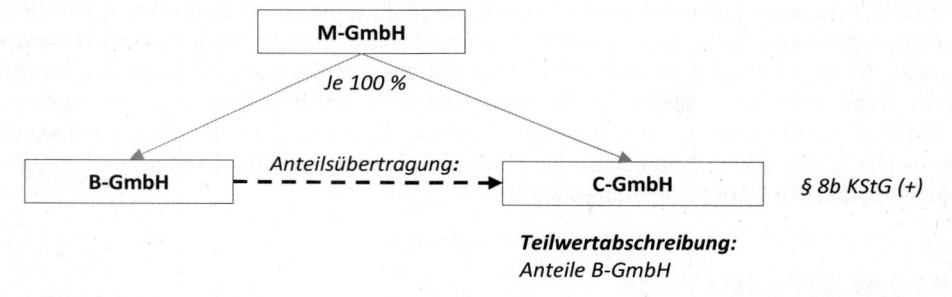

> **LÖSUNG:** Die Teilwertabschreibung auf die Anteile der B-GmbH bei der C-GmbH würde gem. § 8b Abs. 8 Satz 1 KStG nicht den Beschränkungen des § 8b Abs. 3 KStG unterliegen, da § 8b Abs. 1 – 6 KStG nicht anzuwenden ist. Der Veräußerungsgewinn auf Ebene der M-GmbH wäre zudem steuerfrei. Gemäß § 8b Abs. 8 Satz 3 KStG sind diese Gewinnminderungen auf Ebene der C-GmbH nicht zu berücksichtigen.

2. Tatbestand

- Anteile
- Lebens- und Krankenversicherungsunternehmen
- Gewinnminderung
- Verbundene Unternehmen i. S. d. § 15 AktG
- Steuerfreie Veräußerung

Verbundene Unternehmen i. S. d. § 15 AktG sind

- rechtlich selbständige Unternehmen,
- die im Verhältnis zueinander im Mehrheitsbesitz stehende Unternehmen und
- mit Mehrheit beteiligte Unternehmen,
- abhängige und herrschende Unternehmen,
- Konzernunternehmen,
- wechselseitige Unternehmen oder
- Vertragsteile eines Unternehmensvertrags.

3. Rechtsfolge

Sämtliche Gewinnminderungen, die im Zusammenhang mit Anteilen stehen, die von einem verbunden Unternehmen erworben wurden, bleiben steuerlich unberücksichtigt.

(Einstweilen frei)

VI. § 8b Abs. 8 Satz 4 KStG

Gemäß § 8b Abs. 8 Satz 4 KStG sind die Anteile im Rahmen der Ermittlung des Einkommens mit den handelsrechtlichen Werten anzusetzen.

Grundsätzliche wären gem. § 8 Abs. 1 KStG i.V.m. § 6 EStG die steuerlichen Werte zu berücksichtigen. Aber auch § 8b Abs. 8 Satz 4 KStG ist im Zusammenhang mit § 21 KStG zu sehen.[1] Da hinsichtlich der Bildung der Rückstellung für Beitragsrückerstattung die handelsrechtlichen Werte anzusetzen sind, erscheint es zur Vermeidung steuerlich unterschiedlicher Ergebnisse stimmig, einheitliche Werte heranzuziehen. Alternativ wären im Steuerrecht sowohl handels- als auch steuerrechtliche Werte zugrunde zu legen, was zu entsprechend unterschiedlichen Ergebnissen und Schwierigkeiten führen würde.[2]

VII. § 8b Abs. 8 Satz 5 KStG

681 Gemäß § 8b Abs. 8 Satz 5 KStG ist Abs. 8 auch auf Pensionsfonds anwendbar. Die zu § 8b Abs. 8 Satz 1 – 4 KStG getroffenen Ausführungen gelten entsprechend, da § 21 KStG auch auf Pensionsfonds Anwendung findet.

VIII. Mutter-Tochter-Richtlinie

682 § 8b Abs. 8 KStG findet gem. § 8b Abs. 9 KStG keine Anwendung, wenn die Mutter-Tochter-Richtlinie anzuwenden ist, d.h., wenn eine Beteiligung von mindestens 10 % an einer Körperschaft im EU-Ausland besteht.[3]

IX. Zeitlicher Anwendungsbereich

683 § 8b Abs. 8 ist gem. § 34 Abs. 7 Satz 8 Nr. 1 KStG erstmals für den Veranlagungszeitraum 2004, bei abweichendem Wirtschaftsjahr für den Veranlagungszeitraum 2005, anwendbar.

Mittels Antrag bis zum 30. 6. 2004 konnte § 8b Abs. 8 KStG auch rückwirkend für die Veranlagungszeiträume 2001 – 2003 in Anspruch genommen werden. In diesem Zeitraum gilt § 8b Abs. 8 KStG aber in der Version des § 34 Abs. 7 Satz 8 Nr. 2 KStG.[4]

684–695 *(Einstweilen frei)*

J. § 8b Abs. 9 KStG

696 § 8b Abs. 9 KStG enthält eine teilweise Beschränkung des Anwendungsbereiches des § 8b Abs. 7 und 8 KStG für Gesellschaften, welche der **Mutter-Tochter-Richtlinie** unterliegen. Die Beschränkung gilt allein für den Anwendungsbereich des § 8b Abs. 1 KStG. In diesen Fällen ist entgegen § 8b Abs. 7 und 8 KStG die Steuerfreiheit i. S. d. § 8b Abs. 1 KStG, d. h. der laufenden Bezüge, gegeben. Als Rückausnahme zu Abs. 7 und Abs. 8 kann Abs. 9 für weitergehende Gestaltungen von Bedeutung sein, da die entsprechende Zwischenschaltung einer EU-Körperschaft aufgrund § 8b Abs. 9 KStG nicht rechtsmissbräuchlich sein kann.

---

1 Siehe → Rz. 626.
2 Gl. A. Gosch/*Gosch* § 8b Rz. 614; *Frotscher*/Maas § 8b Rz. 119.
3 Vgl. → Rz. 696.
4 Ausführlich zur Rückwirkung *Dötsch/Pung* Dötsch/Jost/Pung/Witt, KStG, § 8b Rz. 290.

I. Zweck

§ 8b Abs. 9 KStG gewährleistet die in Art. 4 Abs. 1 der Mutter-Tochter-Richtlinie[1] festgelegte Steuerfreiheit der Bezüge einer ausländischen Tochtergesellschaft:

Artikel 4 Absatz 1: *(1) Fließen einer Muttergesellschaft... aufgrund einer Beteiligung... Gewinne zu...*

a) besteuern der Mitgliedstaat der Muttergesellschaft und der Mitgliedstaat der Betriebsstätte diese Gewinne insoweit nicht, als sie von der Tochtergesellschaft nicht abgezogen werden können, und besteuern sie diese Gewinne insoweit, als sie von der Tochtergesellschaft abgezogen werden können, oder

b) lassen der Mitgliedstaat der Muttergesellschaft und der Staat der Betriebstätte im Falle einer Besteuerung zu, dass die Muttergesellschaft und die Betriebstätte auf die geschuldete Steuer den Steuerteilbetrag, den die Tochtergesellschaft und jegliche Enkelgesellschaft für diesen Gewinn entrichten, bis zur Höhe der entsprechenden Steuerschuld anrechnen können, vorausgesetzt, dass die Gesellschaft und die ihr nach geordnete Gesellschaft im Sinne von Artikel 2 auf jeder Stufe die Bedingungen gemäß Artikel 3 erfüllen.

Ohne die Regelung des § 8b Abs. 9 KStG würde im Rahmen des § 8b Abs. 7 und 8 KStG gegen diese Richtlinie verstoßen werden.

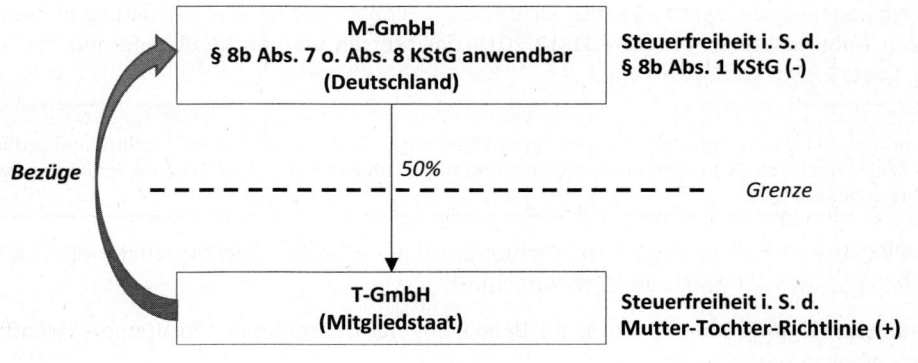

II. Tatbestand

▶ Anwendbarkeit des § 8b Abs. 7 oder 8 KStG
▶ Bezüge i. S. d. § 8b Abs. 1 KStG
▶ Anwendung der Mutter-Tochter-Richtlinie
▶ Mindestbeteiligungsdauer: 12 Monate[2]

III. Anwendbarkeit des § 8b Abs. 7 oder 8 KStG

Gemäß § 8b Abs. 7 KStG ist § 8b Abs. 1 – 6 KStG bei Kredit-, Finanzdienstleistungsinstituten und Finanzunternehmen unter bestimmten Voraussetzungen nicht anwendbar. Dies gilt nach

---

[1] Richtlinie 2011/96/EU des Rates v. 30. 11. 2011, ABl. EU 2011 Nr. L 345; Richtlinie 2014/85/EU des Rates v. 8. 7. 2014. Umsetzung in deutsches Recht gemäß § 43b EStG.
[2] Vgl. § 43b Abs. 2 Satz 4 EStG (strittig).

§ 8b Abs. 8 KStG auch für Lebens- oder Krankenversicherungsunternehmen sowie Pensionsfonds. Im Ergebnis tritt einerseits keine Steuerfreiheit der Erträge und Gewinne ein und andererseits sind Verluste etc. steuerlich zu berücksichtigen.

700 Die **Mutter-Tochter-Richtlinie** ist gem. Art. 1 Abs. 1 derselben anwendbar

- auf Gewinnausschüttungen, die inländischen Gesellschaften von Tochtergesellschaften in einem anderen Mitgliedstaat zufließen;
- auf Gewinnausschüttungen von inländischen Tochtergesellschaften an Gesellschaften in anderen Mitgliedstaaten;
- auf Gewinnausschüttungen, die im Inland gelegenen Betriebsstätten EU-ausländischer Gesellschaften von deren Tochtergesellschaften zufließen, welche in einem anderen Mitgliedstaates als dem der Betriebsstätte ihren Sitz haben;
- auf Gewinnausschüttungen von inländischen Gesellschaften an in einem anderen Mitgliedstaat gelegene Betriebsstätten EU-ausländischer Gesellschaften, deren Tochtergesellschaften sie sind.

701 **Anwendungsbereich § 8b Abs. 9 KStG:** § 8b Abs. 9 KStG erstreckt sich auf inländische Beteiligungserträge von Tochtergesellschaften im EU-Ausland. Drittlandsbeteiligungen führen somit zur Nichtanwendbarkeit der Mutter-Tochter-Richtlinie.

Die Neuregelung der Mutter-Tochter Richtlinie im Hinblick auf hybride Gestaltungen, welche in den Mitgliedstaaten bis zum 31.12.2015 umzusetzen war, entfaltet aufgrund des § 8b Abs. 1 Satz 2 KStG wenig Wirkung.[1]

BERATUNGSHINWEIS:
Zu prüfen sind also entsprechende Regelungen der jeweiligen DBA. Im Hinblick auf Großbritannien dürfte maßgeblich sein, ob es zu einem harten Brexit kommt.[2] Für diesen Fall sind bestehende Strukturen zwingend zu hinterfragen.

702 **Gesellschaften:**[3] Die von der Mutter-Tochter-Richtlinie erfassten Gesellschaftsformen sind in der Anlage 2 zu § 43b EStG zum EStG aufgeführt.

703 **Mindestbeteiligung:** Daneben muss die Beteiligung der Mutter an der Tochtergesellschaft ab dem Veranlagungszeitraum

- 2009 mindestens 10 %
- 2007 mindestens 15 %
- 2005 mindestens 20 %

betragen.[4]

IV. Rechtsfolgen

704 Liegen die Voraussetzungen der Mutter-Tochter-Richtlinie vor, finden die Beschränkungen für Kredit-, Finanzdienstleistungsinstitute sowie Finanzunternehmen i. S. d. § 8b Abs. 7 KStG sowie

---

1 Weitergehend zu der Neuregelung der MTR Desens, IStR 2014, 825.
2 Vgl. Lüdicke, IStR 2017, 936.
3 Bezüglich der Société par actions simplifiée französischen Rechts vgl. BFH v 11.1.2012 - I R 25/10, NWB PAAAE-06584; Vorinstanz: FG Köln, Urteil v. 28.1.2010 - 2 K 4220/03, NWB UAAAD-42010.
4 Vgl. Art. 3 Abs. 1a Mutter-Tochter-Richtlinie.

für Lebens- und Krankenversicherungsunternehmen sowie Pensionsfonds i. S. d. § 8b Abs. 8 KStG im Hinblick auf Bezüge i. S. d. § 8b Abs. 1 KStG keine Anwendung.

Damit korrespondierend werden aber auch 5 % der Bezüge als nichtabziehbare Betriebsausgaben behandelt. Ein Widerspruch zur Mutter-Tochter-Richtlinie besteht insoweit nicht, da gem. Art. 4 Abs. 2 derselben aufgrund nationaler Regelungen nichtabziehbare Verwaltungskosten i. H. v. maximal 5 % pauschal festgesetzt werden können. Im Übrigen bleiben die Beschränkungen des § 8b Abs. 7 und 8 KStG bestehen.

V. Zeitlicher Anwendungsbereich

§ 8b Abs. 9 KStG ist gem. § 34 Abs. 7a KStG ab dem Veranlagungszeitraum 2005 anwendbar. Im Veranlagungszeitraum 2004 gilt § 8b Abs. 9 KStG in der in § 34 Abs. 7 Satz 10 KStG aufgeführten Fassung.

(Einstweilen frei)

K. § 8b Abs. 10 KStG

Gemäß § 8b Abs. 10 KStG bleiben Zahlungen einer Körperschaft, welche sie an eine andere Körperschaft für die Leihe von Wertpapieren zahlt, bei der entleihenden Körperschaft steuerlich unberücksichtigt.

I. Zweck

Die Regelungen des § 8b Abs. 10 KStG[1] dient der Vermeidung von missbräuchlichen Gestaltungen im Zusammenhang mit den Steuerbefreiungstatbeständen des § 8b Abs. 1 und 2 KStG.[2] Grundlage der gesetzgeberischen Überlegung ist die sog. **Wertpapierleihe**:

Der Verleiher, welcher nicht den Steuerbefreiungstatbeständen des § 8b Abs. 1 und Abs. 2 KStG unterliegt, überlässt diese Anteile an einen Entleiher, der die Steuerbefreiung i. S. d. Abs. 1 und 2 in Anspruch nehmen kann. Im Gegenzug erhält der Verleiher ein Entgelt. Bei dem Entleiher sind die Erträge aus den Anteilen zu 95 % steuerfrei und die „Leihgebühren" als Betriebsausgaben voll abziehbar. Im Ergebnis führt die Ebene des Entleihers zu einem Überhang aus Betriebsausgaben, welche mit sonstigen Einkünften verrechnet werden können und daher unmittelbar zu einer Steuerminderung führen.

Auf der Ebene des Verleihers kommt es zwar zu steuerpflichtigen Einnahmen, aber dieser erzielt ohnehin steuerpflichtige Einnahmen.

BEISPIEL:[3] Die V-GmbH verleiht an die E-GmbH Anteile an der A-AG und erhält im Gegenzug eine Vergütung i. H. v. 120 000 €. Die E-GmbH erzielt aus der Beteiligung an der A-AG Bezüge i. H. v. 100 000 €.

---

1 Die Regelung sollte im Rahmen des gescheiterten JStG 2013 umfassend geändert werden, vgl. BT-Drucks. 17/11844 v. 13.12.2012.
2 BFH, Urteil v. 18.8.2015 - I R 88/13, BFH/NV 2016, 341 = NWB AAAAF-41500
3 Vgl. auch BT-Drucks. 16/4841, 75.

```
              A-AG
                │
                │ Bezüge
                ▼
V-GmbH  ── Wertpapierleihe ──▶  E-GmbH
Verleiher                       (Entleiher)
        ◀──── Entgelt ────
```

Auswirkung auf der Ebene der entleihenden E-GmbH (ohne § 8b Abs. 10 KStG):

Bezüge	100 000 €
§ 8b Abs. 1 KStG	./. 100 000 €
§ 8b Abs. 5 Satz 1 KStG	5 000 €
Entgelt	./. 120 000 €
Zu versteuerndes Ergebnis	./. 115 000 €

(Ergebnis unter Berücksichtigung von § 8b Abs. 10 KStG: siehe → Rz. 734)

Dieser Praxis trat der Gesetzgeber entgegen und führte einen Betriebsausgabenabzugsverbot für die von dem Entleiher entrichteten Entgelte ein.[1] Die Finanzverwaltung stellt klar, dass sie auch weiterhin missbräuchlichen Steuergestaltungen entgegentreten wird.[2]

BERATERHINWEIS:
An dieser Aussage der Finanzverwaltung sollte vor dem Hintergrund der „Cum-Cum-Verfahren" kein Zweifels bestehen. Entsprechende Gestaltungen sollten überaus kritisch abgewogen werden, da hier nicht nur Haftungsfragen im Raum stehen.

II. Regelungsbereich des § 8b Abs. 10 KStG

- Satz 1: Grundfall der Wertpapierleihe
- Satz 2: Entgeltsurrogat als „Leihgebühr"
- Satz 3: Nichtanwendbarkeit von Abs. 3 Satz 1, 2 und Abs. 5
- Satz 4: Anwendbarkeit auf Wertpapierpensionsgeschäfte
- Satz 5: Rückausnahme bei fehlenden Einnahmen
- Satz 6: Entgelte aus der Weiterverleihung
- Satz 7: Zwischenschaltung einer Personengesellschaft
- Satz 8: Rechtsfolgen von Satz 7
- Satz 9: Besondere Anwendbarkeit auf Anteile i. S. d. § 8b Abs. 7 KStG

---

[1] Siehe Lösung Beispiel → Rz. 734.
[2] Vgl. OFD Niedersachsen v. 11. 4. 2011, Tz. 11, NWB SAAAD-86135.

- Satz 10: Kommunale Wertpapierleihe
- Satz 11: Investmentanteile

ABB. 10: Übersicht

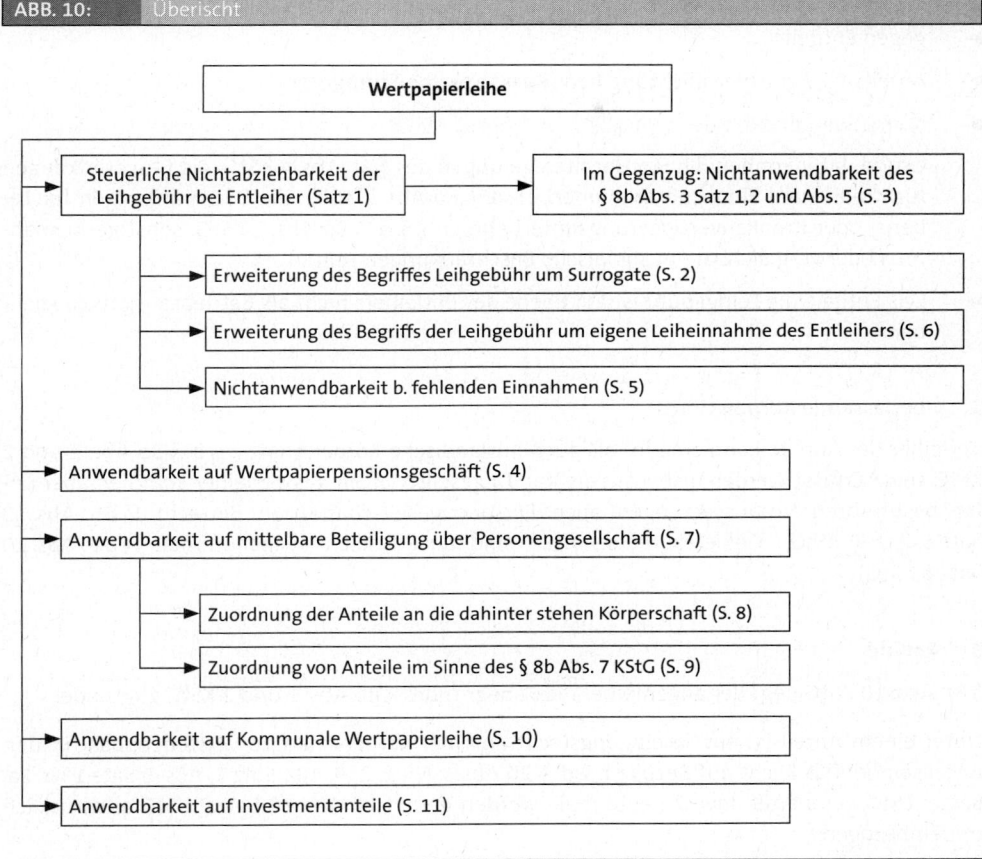

III. § 8b Abs. 10 Satz 1 KStG

§ 8b Abs. 10 Satz 1 KStG regelt den Tatbestand der Wertpapierleihe und die Rechtsfolge bei der entleihenden Körperschaft, welcher der Betriebsausgabenabzug für die Leihgebühr versagt wird.

1. Tatbestand

§ 8b Abs. 10 Satz 1 KStG liegen folgende Tatbestandsmerkmale und Rechtsfolgen zugrunde:

Grundkonstellation des § 8b Abs. 10 KStG ist, dass eine

- Körperschaft (überlassende Körperschaft = Verleiher)[1]

---

1 Vgl. → Rz. 725.

- einer anderen Körperschaft (= Entleiher)[1]
- Anteile[2]
- Überlassung der Anteile[3]
- gegen Entgelt[4]
- Anteils-Rückgabeverpflichtung bzw. Rückgabe von Surragoten[5]
- Nichanwendbarkeit der § 8b Abs. 1 und Abs. 2 KStG[6]

  Grund dafür können die Streubesitzregelungen des § 8b Abs. 4 KStG, die Beschränkungen für Kredit- und Finanzunternehmen i. S. d. § 8b Abs. 7 KStG, die Beschränkungen für Lebens- oder Krankenversicherungsunternehmen i. S. d. § 8b Abs. 8 KStG, sonstige Ausnahmen oder vergleichbare ausländische Beschränkungen sein.

- Das Entgelt/die Leihgebühr ist auf Ebene des Entleihers nicht als Betriebsausgabe abziehbar.[7]

2. Überlassende Körperschaft

725 Verleiher der Anteile kann eine in- als auch ausländische Körperschaft i. S. d. § 8b Abs. 1 und 2 KStG sein.[8] Erfasst werden insbesondere Kapitalgesellschaften. Als Verleiher kommen aber unter bestimmten Voraussetzungen auch Personengesellschaften in Betracht (§ 8b Abs. 10 Satz 6, 7, 8, 9 KStG). Gebietskörperschaften sind ausdrücklich ausgenommen (§ 8b Abs. 10 Satz 8 KStG).

3. Anteile

726 § 8b Abs. 10 KStG liegt der allgemeine Anteilsbegriff des § 8b Abs. 1 und 2 KStG zugrunde.

Unter einem Anteil ist ein Beteiligungsrecht an einer Körperschaft zu verstehen, das für den Anteilseigner das Recht auf Bezüge i. S. d. § 20 Abs. 1 Nr. 1, 2, 9, 10a Satz 2, Abs. 2 Satz 1 Nr. 2a, Satz 2 EStG beinhaltet. Investmentanteile werden gem. § 8b Abs. 10 Satz 9 KStG ausdrücklich mit einbezogen.

4. Keine Steuerbefreiung

727 Weiterhin dürfen die Regelungen des § 8b Abs. 1 und 2 KStG auf der Ebene des Verleihers nicht anwendbar sein. Dies kann darauf beruhen, dass

- es sich um Streubesitzanteile i. S. d. § 8b Abs. 4 Satz 1 KStG handelt, d. h., die Beteiligung beträgt weniger als 10 %,[9]

---

1 Vgl. → Rz. 731.
2 Vgl. → Rz. 726.
3 Vgl. → Rz. 730.
4 Vgl. → Rz. 732.
5 Vgl. → Rz. 733.
6 Vgl. → Rz. 427.
7 Vgl. → Rz. 734.
8 *Schnitger/Bildstein*, IStR 2008, 205; *Häuselmann*, DStR 2007, 1381.
9 Vgl. → Rz. 374.

- es sich bei dem Entleiher um Kreditinstitute, Finanzdienstleistungsinstitute oder Finanzunternehmen (§ 8b Abs. 7 KStG) bzw. um Lebens-, Krankenversicherungen, oder Pensionsfonds (§ 8b Abs. 8 KStG) handelt,[1]
- § 8b Abs. 1 und 2 KStG aus einem anderen Grund nicht anwendbar ist;
    - In Betracht kommen hier sowohl sachliche als auch persönliche Befreiungsgründe. Erzielt etwa eine gemeinnützige Körperschaft i. S. d. § 9 Abs. 1 Nr. 9 KStG Dividendeneinkünfte im Rahmen ihrer Vermögensverwaltung sind diese steuerbefreit; oder
    - vergleichbare ausländische steuerbefreiende Regelungen nicht anwendbar sind.

Nach überwiegender Ansicht kommt es nicht auf die konkrete Beschränkung, sondern auf die abstrakte Beschränkbarkeit an.[2]

Neben den gesetzesimmanenten Beschränkungen des § 8b Abs. 4, 7 und 8 KStG hat der Gesetzgeber ausdrücklich eine **Auffangregelung** in § 8b Abs. 10 Satz 1 KStG aufgenommen. Mit der Klarstellung, dass der Ausschluss der Steuerbefreiung auch auf einem (ggf. zum Zeitpunkt der Gesetzgebung nicht erfassten) Grund beruhen kann, behält die Regelung seine Flexibilität und letztlich Praxistauglichkeit. Dass für die Beratung damit entsprechende Unsicherheiten in der Steuergestaltung und Planung einhergehen, ist offenkundig.[3]

So sind § 8b Abs. 1 und Abs. 2 KStG u. a. nicht anwendbar, wenn es sich um eine **steuerbefreite Körperschaft im Rahmen ihres gemeinnützigen Bereiches** sowie ihres Zweckbetriebes i. S. d. § 5 KStG handelt.[4]

Bezüglich des Ausschlusses der Befreiung aufgrund **ausländischer Regelungen**, stellt sich die Frage, ob sie dem Regelungsbereich des § 8b KStG entsprechen müssen, oder ob allein das Ergebnis, die Beschränkung der Steuerfreiheit maßgeblich ist. Beschränkungen können im Zusammenhang mit DBA oder unilateralen Regelungen stehen. Unter Zugrundelegung der gesetzgeberischen Intention, welche § 8b Abs. 10 KStG zugrunde liegt, mithin der Verhinderung von Umgehungsstrukturen, kann nach der hier vertretenen Ansicht kein Zweifel daran bestehen, dass es allein darauf ankommt, ob die ausländische Regelung abstrakt zu einer Beschränkung der Steuerbefreiung führen kann.[5] Würde man eine Vergleichbarkeit zu den nationalen Regelungen suchen, würde § 8b Abs. 10 KStG entgegen der gesetzlichen Intention zu einem stumpfen Schwert werden.

5. Überlassung

Der Wertpapierleihe liegt zivilrechtlich ein Sachdarlehen i. S. d. § 607 BGB zugrunde. Der Entleiher wird sowohl zivil- als auch wirtschaftlicher Eigentümer.[6] Im Rahmen des § 8b Abs. 10 KStG kommt es aber gerade nicht auf ein bestimmtes schuldrechtliche Rechtsgeschäft an. Hier kommen u. a. Sachdarlehen, Pacht, Leihe oder Nießbrauch in Betracht.[7] Maßgeblich ist, dass die An-

---

1 Vgl. → Rz. 629.
2 *Schnitger/Bildstein*, IStR 2008, 207; Gosch/*Gosch* § 8b Rz. 649.
3 *Rau*, DStR 2009, 949.
4 *Schnitger/Bildstein*, IStR 2008, 205.
5 *Dötsch/Pung* Dötsch/Jost/Pung/Witt, KStG, § 8b Rz. 482, a. A. *Watermeyer* in HHR, KStG § 8b, Rz. 254; *M. Frotscher* in Frotscher/Drüen, KStG § 8b Rz. 625.
6 *Häuselmann*, FR 2010, 200.
7 *Frotscher*/Maas § 8b Rz. 129a.

teile dem Entleiher zuzurechnen sind, also er wirtschaftlicher Eigentümer i. S. d. § 39 Abs. 2 Nr. 1 Satz 2 AO wird und die Erträge zu erzielen vermag.[1] Diesbezüglich besteht laut BFH die widerlegbare Vermutung, dass die Wertpapiere dem Entleiher zuzurechnen sind.[2]

6. Andere Körperschaft

731 Bei der „anderen Körperschaft" handelt es sich um den Entleiher. Unter Zugrundelegung des Modells der Wertpapierleihe, welchem § 8b Abs. 10 KStG entgegentreten soll, ist entscheidend, dass bei dieser Körperschaft § 8b Abs. 1 und 2 KStG anwendbar ist, sie also steuerfreie Erträge aus den Anteilen bezieht. Insoweit kann es sich um eine unbeschränkte oder beschränkte Körperschaft handeln.[3] Unter Berücksichtigung des § 8b Abs. 4 Satz 1 KStG muss die Beteiligung der entleihenden Körperschaft an der ausschüttenden Gesellschaft mindestens 10 % betragen, da Bezüge aus Streubesitzbeteiligungen, welche nach dem 29. 3. 2013 ausgekehrt werden, vom Anwendungsbereich des § 8b Abs. 1 KStG ausgenommen sind.[4] Bei der Bestimmung der Mindestbeteiligungshöhe werden gem. § 8b Abs. 4 Satz 3 KStG die dem Entleiher überlassenen Anteile nicht als eigene Anteile mitgezählt.[5]

Weiterhin darf auf die entleihende Körperschaft § 8b Abs. 7 und 8 KStG nicht anwendbar sein. Im Ergebnis scheiden daher Kreditinstitute, Finanzdienstleistungsinstitute, Finanzunternehmen, Lebens- und Krankenversicherungen sowie Pensionsfonds aus.

7. Entgelt

732 Der Entleiher hat dem Verleiher eine Gegenleistung in Geld zu erbringen. Auf die Bezeichnung als Leihgebühr, Kompensationszahlung etc. kommt es nicht an. Weiterhin kann es nicht von Bedeutung sein, ob das Entgelt in Geld oder einer sonstigen werthaltigen Kompensation besteht. Die Überlassung von Wirtschaftsgütern, welche zu Einnahmen auf Ebene des Verleihers führen, wird in § 8b Abs. 10 Satz 2 KStG erfasst.

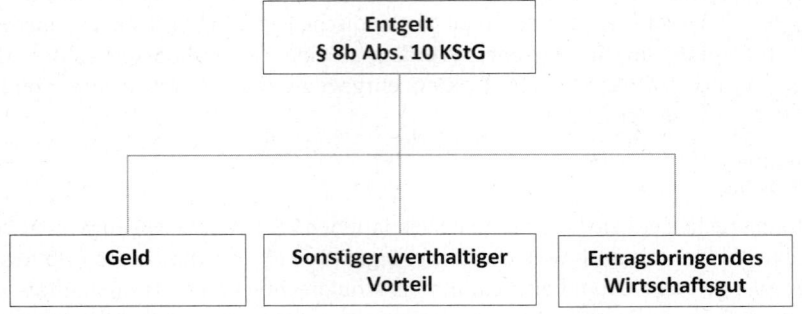

---

1 *Rau*, DStR 2009, 950; *Häuselmann*, FR 2010, 201; *Schnitger/Bildstein*, IStR 2008, 207.
2 BFH, Urteil v. 18. 8. 2015 - I R 88/13, BFH/NV 2016, 341 = NWB AAAAF-41500; Ausnahme: BMF, Schreiben v. 11.11.2016 - IV C 6 - S 2134/10/10003-02, BStBl 2016 I S. 1324.
3 *Schnitger/Bildstein*, IStR 2008, 207.
4 Vgl. → Rz. 372.
5 Vgl. Beispiel mit Schaubild → Rz. 382.

8. Rückgabeverpflichtung

Grundgedanke der Wertpapierleihe ist, dass die entleihende Körperschaft die erhaltenen oder gleichartige Anteile wieder an die überlassende Körperschaft zurückgeben muss. Gleichartigkeit bedeutet, dass es sich um Anteile mittlerer Art und Güte handelt.[1]

Hinsichtlich des Begriffes der Gleichartigkeit bestehen verschiedene Ansätze. Einerseits wird gefordert, dass die ausgebende Kapitalgesellschaft, die Art und der Wert der Wertpapiere identisch sein müssen.[2] Andererseits soll darüber hinaus insbesondere die Gattung der Wertpapiere vergleichbar sein.[3] Nach der hier vertretenen Ansicht verbietet sich eine zu restriktive Auslegung, da § 8b Abs. 10 KStG gerade nicht die Rückgabe der überlassenen Anteile fordert, sondern deren Gleichartigkeit ausreichen lässt. Insoweit ergibt sich bereits aus dem Wortlaut die Unterschiedlichkeit der Anteile.

9. Rechtsfolge

Die Rechtsfolge des § 8b Abs. 10 Satz 1 KStG besteht darin, dass die von der entleihenden Körperschaft an die überlassende Körperschaft gezahlten Entgelte nicht als Betriebsausgaben abziehbar sind und außerbilanziell wieder hinzuzurechnen sind. Die überlassende Körperschaft ist von § 8b Abs. 10 KStG dahingegen nicht unmittelbar betroffen. Zu einem Abzug der nicht abziehbaren Betriebsausgaben i. S. d. § 8b Abs. 3 und 5 KStG kommt es gem. § 8b Abs. 10 Satz 5 KStG nicht.

LÖSUNG ZU BEISPIEL → RZ. 721 (ANWENDUNG DES § 8B ABS. 10 KSTG):

Bezüge	100 000 €
§ 8b Abs. 1 KStG	./. 100 000 €
§ 8b Abs. 5 Satz 1 KStG	5 000 €
Entgelt	./. 120 000 €
§ 8b Abs. 10 Satz 1 KStG	120 000 €
zu versteuern	**5 000 €**

Im Vergleich zu dem Ergebnis der Wertpapierleihe ohne § 8b Abs. 10 KStG[4] wird deutlich, dass der Verlust neutralisiert wird. Die Gestaltung über eine Wertpapierleihe verliert daher deutlich an Attraktivität.

Ob diese Rechtsfolge auf der Ebene der entleihenden Körperschaft rechtssystematisch zutreffend gelöst ist,[5] mag für die Praxis dahingestellt bleiben, im Ergebnis bestehen an dem Anwendungsbereich keine Zweifel.

Organschaft auf Seiten des Entleihers: Gemäß § 15 Satz 1 Nr. 2 Satz 1 und Satz 2 KStG bleibt § 8b Abs. 1 – 6 KStG auf der Ebene der Organgesellschaft unberücksichtigt und ist grundsätzlich auf der Ebene des Organträgers anzuwenden (Bruttomethode). Dies gilt gem. § 15 Satz 1

---

1 *Häuselmann*, FR 2010, 200.
2 *Dötsch/Pung* Dötsch/Jost/Pung/Witt, KStG, § 8b Rz. 487.
3 Wohl i. E. Gosch/*Gosch* § 8b Rz. 652.
4 Vgl. → Rz. 721.
5 Gosch/*Gosch* § 8b Rz. 661.

Nr. 2 Satz 3 KStG allerdings nicht, wenn es sich bei der Organgesellschaft um ein Unternehmen i. S. d. § 8b Abs. 10 KStG handelt.[1]

737 **Gewerbesteuer:** Auf der Ebene des Entleihers sind die Bezüge, soweit nicht § 9 Nr. 2a und Nr. 7 GewStG anwendbar sind, dem Gewerbeertrag gem. § 8 Nr. 5 GewStG hinzuzurechnen. Abzuziehen sind die nicht abziehbaren Betriebsausgaben/Leihgebühren.

10. Feststellungslast

738 Im Rahmen des § 8b Abs. 10 KStG ist nicht geregelt, wer die Feststellungslast für die Eigenschaft der überlassenden Körperschaft i. S. d. § 8b Abs. 10 KStG trägt. Der Entleiher wird oftmals nicht in der Lage sein zu überprüfen, ob der Verleiher von dem Regelungsbereich des § 8b Abs. 1 und 2 KStG erfasst ist. Mangels einer entsprechenden Regelung geht die überwiegende Meinung davon aus, dass die Feststellungslast bei der Finanzverwaltung liegt.[2] Diesem Ansatz ist im Ergebnis zu folgen, da sich regelmäßig die Finanzverwaltung auf die Anwendung des § 8b Abs. 10 KStG berufen wollen wird.

11. Zeitlicher Anwendungsbereich

739 § 8b Abs. 10 Satz 1 – 8 KStG wurde durch das Unternehmensteuerreformgesetz 2008 eingefügt und ist gem. § 34 Abs. 7 Satz 9 KStG erstmals ab dem Veranlagungszeitraum 2007, bei abweichendem Wirtschaftsjahr ab dem Wirtschaftsjahr 2006/2007, anzuwenden. § 8b Abs. 10 Satz 9 KStG wurde durch das JStG 2009 eingefügt und ist gem. § 34 Abs. 1 KStG erstmals ab dem Veranlagungszeitraum 2009 anzuwenden.

12. Natürliche Person

740 Die Regelungen des § 8b Abs. 10 KStG gelten bei natürlichen Personen als Entleiher gem. § 3c Abs. 2 Satz 3 EStG sinngemäß. Das bedeutet, dass die Entgelte, welche eine natürliche Person an den Verleiher zahlt, vollumfänglich und nur i. H. v. 60 % vom Betriebsausgabenabzug ausgeschlossen sind.

741 **§ 42 AO.** Gestaltungen im Zusammenhang mit der Wertpapierleihe werden, wie zum Beispiel die so genannten Cum/Cum-Gestaltungen an § 42 AO gemessen.[3]

742–755 *(Einstweilen frei)*

IV. § 8b Abs. 10 Satz 2 KStG

756 § 8b Abs. 10 Satz 2 KStG erfasst den Fall, dass die entleihende Körperschaft an die überlassende Körperschaft kein Entgelt entrichtet, sondern ihrerseits Wirtschaftsgüter überlässt und die überlassende Körperschaft aus diesen Wirtschaftsgütern Bezüge oder Einnahmen erzielt.

1. Zweck

757 Gemäß § 8b Abs. 10 Satz 2 KStG wird die Fiktion aufgestellt, dass die entleihende Körperschaft der überlassenden Körperschaft anstatt eines Entgelts Wirtschaftsgüter überlässt, mithilfe de-

---

[1] Beispiel siehe → Rz. 554.
[2] *Dötsch/Pung* Dötsch/Jost/Pung/Witt, KStG, § 8b Rz. 483; Gosch/*Gosch* § 8b Rz. 649a.
[3] Vgl. → Rz. 869.

rer die überlassende Körperschaft das Entgelt realisiert. Die Zahlung in Geld wird durch ein Surrogat ersetzt, welches seinerseits die Erzielung von Geld ermöglicht. Darin besteht im Ergebnis kein Unterschied, so dass diese Gestaltung mit erfasst wurde.

BEISPIEL: Die V-GmbH überlässt der E-GmbH Anteile an der A-AG. Im Gegenzug überlässt die E-GmbH der V-GmbH Anteile an der B-GmbH (sog. wechselseitiges Wertpapiergeschäft):

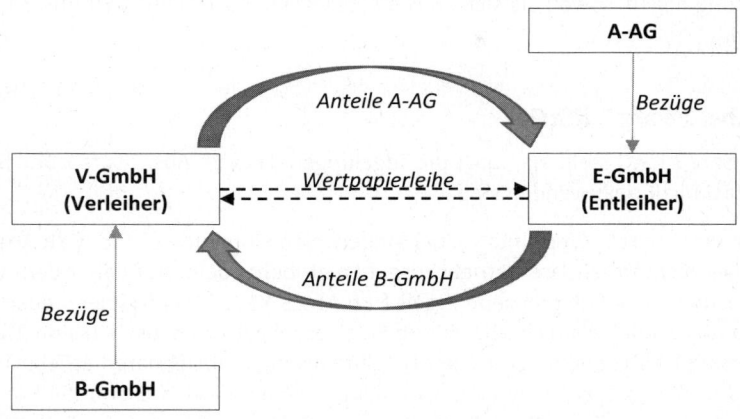

LÖSUNG: Die Bezüge, welche der V-GmbH aus der Beteiligung an der B-GmbH zufließen, gelten gem. § 8b Abs. 10 Satz 2 KStG bei der E-GmbH als Entgelt, welches nicht als Betriebsausgabe abgezogen werden darf. Im Ergebnis ist es dem Einkommen der E-GmbH wieder hinzuzurechnen.[1]

Die V-GmbH erzielt dahingegen Einkünfte aus den Bezügen.

2. Rechtsfolge

Die Rechtsfolgen des § 8b Abs. 10 Satz 2 KStG werden kontrovers diskutiert. Ausgangspunkt dabei ist stets die Grundannahme des § 8b Abs. 10 Satz 1, dass das Entgelt, welches der Verleiher erhält, dem Entleiher hinzuzurechnen sind, um auf diese Weise den Grundsatz der Nichtabziehbarkeit des Entgelts als Betriebsausgaben zu erzielen. Diesbezüglich werden zwei Ansätze vertreten.

- Der Verleiher erzielt Einkünfte. Daneben wird fingiert, dass diese Einkünfte durch den Entleiher erzielt werden, um die Nachabziehbarkeit der Betriebsausgaben darzustellen.[2]

- Die Einkünfte werden umfänglich dem Entleiher zugerechnet und sind entsprechend zu versteuern. Bei dem Entleiher werden in Höhe dieser Einkünfte Entgelte fingiert. Diese Entgelte stellen bei dem Entleiher nichtabziehbare Betriebsausgaben dar.[3]

Nach der hier vertretenen Ansicht eröffnet der Gesetzeswortlaut keine Möglichkeit für eine veränderte Zurechnung der Einkünfte, sondern lediglich für eine Fiktion der Nichtabziehbarkeit des Entgelts des Entleihers an den Verleiher, welches sich an den Einkünften des Verleihers bemisst.

---

[1] Weitere Berechnungsbeispiele finden sich bei *Rau*, DStR 2009, 951.
[2] *Watermeyer* in H/H/R § 8b Rz. 257; *Gosch/Gosch* KStG § 8b Rz. 663.
[3] *Blümich/Rengers* KStG § 8b Rz. 516.

3. Feststellungslast

759 Fraglich ist, wer die Feststellungslast für das Vorliegen der Einnahmen bei der überlassenden Körperschaft trägt. Oftmals wird es der entleihenden Körperschaft nicht möglich sein nachzuprüfen, ob die überlassende Körperschaft Einnahmen aus diesen Wirtschaftsgütern erzielt. Nach der hier vertretenen Ansicht muss auch in diesem Fall die Feststellungslast bei der Finanzverwaltung liegen, soweit sie sich (was die Regel sein dürfte) auf § 8b Abs. 10 Satz 2 KStG berufen wird.[1]

V. § 10 Abs. 1 Satz 3 KStG

760 § 8b Abs. 10 Satz 3 KStG stellt klar, dass die Regelungen des § 8b Abs. 3 Satz 1 und Satz 2 sowie des Abs. 5 KStG nicht anzuwenden sind.

Gemäß § 8b Abs. 3 Satz 1 KStG sind 5 % der steuerfreien Einnahmen i. S. d. § 8b Abs. 2 Satz 1, 3 und 6 KStG als nichtabziehbare Betriebsausgaben zu behandeln und daher dem Einkommen wieder hinzuzurechnen. Entsprechend regelt § 8b Abs. 5 KStG, dass 5 % der steuerfreien Bezüge i. S. d § 8b Abs. 1 KStG als nichtabziehbare Betriebsausgaben anzusehen sind. Da aber gem. § 8b Abs. 10 Satz 1 KStG bereits 100 % der Entgelte als nicht abziehbare Betriebsausgaben anzusehen sind und dem Einkommen wieder hinzugerechnet werden, bleibt die Hinzurechnung von 5 % derselben ohne Bedeutung. Dass der Gesetzgeber im Rahmen des § 8b Abs. 10 Satz 3 KStG eine weitergehende Regelung treffen wollte, ist nicht erkennbar.[2]

761–769 *(Einstweilen frei)*

VI. § 10 Abs. 1 Satz 4 KStG

770 § 8b Abs. 10 Satz 4 KStG erklärt § 8b Abs. 10 Satz 1 und 2 KStG auch für die Fälle des echten **Wertpapierpensionsgeschäftes** i. S. d. § 340b Abs. 2 HGB für anwendbar.

1. Tatbestand

771 **Pensionsgeschäft:** Das Pensionsgeschäft ist in § 340b Abs. 1 HGB definiert. Dabei handelt es sich um einen Vertrag, durch den ein Kreditinstitut oder der Kunde eines Kreditinstituts (Pensionsgeber) ihm gehörende Vermögensgegenstände einem anderen Kreditinstitut oder einem seiner Kunden gegen Zahlung eines Betrages überträgt und gleichzeitig vereinbart wird, dass die Vermögensgegenstände gegen Entrichtung des empfangenen oder eines im Voraus vereinbarten Betrages an den Pensionsgeber zurückübertragen werden.[3]

772 Das **echte Pensionsgeschäft** unterscheidet sich von dem unechten Pensionsgeschäft. Dem echten Pensionsgeschäft i. S. d. § 340b Abs. 2 HGB liegt die verbindliche Verpflichtung zur Übertragung zugrunde, währenddessen beim unechten Pensionsgeschäft gem. § 340b Abs. 5 HGB lediglich ein Wahlrecht des Pensionsnehmers zur Rückgabe vorgesehen ist. Der Tatbestand des § 8b Abs. 10 Satz 4 KStG ist auf echte Wertpapierpensionsgeschäfte beschränkt. Eine entsprechende Anwendung auf unechte Wertpapierpensionsgeschäfte kommt aufgrund des eindeuti-

---

[1] Siehe auch → Rz. 738.
[2] *Rau*, DStR 2009, 951.
[3] *Häuselmann*, FR 2010, 200.

gen Verweises auf § 340b Abs. 2 KStG und der klaren Definition des echten Wertpapierpensionsgeschäftes in § 340b Abs. 2 KStG nicht in Betracht.[1]

Im Unterschied zur Wertpapierleihe handelt es sich bei dem Pensionsgeschäft zivilrechtlich nicht um ein Darlehen, sondern um einen Kauf.[2]

§ 8b Abs. 10 KStG trifft keine weitere Einschränkung bezüglich der Pensionsgeschäfte, so dass es nicht darauf ankommt, ob laufend eine Vergütung entrichtet wird oder die Vergütung bei der Bemessung des Rückkaufpreises einberechnet wurde.[3]

2. Rechtsfolgen

Da § 8b Abs. 10 Satz 1 – 3 KStG entsprechend gilt, sind die Entgelte, welche der Pensionsnehmer an den Pensionsgeber entrichtet, nicht als Betriebsausgaben bei dem Pensionsnehmer abziehbar. Sie sind dem Einkommen außerbilanziell wieder hinzuzurechnen.

(Einstweilen frei)

VII. § 8b Abs. 10 Satz 5 KStG

§ 8b Abs. 10 Satz 5 KStG schränkt den Anwendungsbereich des § 8b Abs. 10 Satz 1 – 4 KStG ein. Erzielt die entleihende Körperschaft weder Einnahmen noch Bezüge aus den überlassenen Anteilen, finden die Sätze 1 – 4 keine Anwendung. Da es in diesem Fall zu keiner Verschiebung der Einkünfte i. S. einer Wertpapierleihe kommt, besteht auch keine Veranlassung für eine Hinzurechnung. Eine missbräuchliche Gestaltung liegt gerade nicht vor.

1. Tatbestand

Die Voraussetzungen des § 8b Abs. 10 Satz 1, Satz 2 bzw. Satz 4 KStG müssen vorliegen. Die verleihende Körperschaft überlässt der entleihenden Körperschaft gegen Entgelt (Satz 1) oder ertragsbringende Wirtschaftsgüter (Satz 2) Anteile. Die entleihende Körperschaft erzielt aus den überlassenen Anteilen aber weder Einnahmen noch Bezüge. Dabei kommt es nicht darauf an, weswegen diese nicht erzielt werden. Dies kann aus unterschiedlichen Gründen der Fall sein:[4]

- Die Anteile sind nicht ertragsbringend.
- Die Anteile sind zwar ertragsbringend, wurden aber der überlassenden Körperschaft vor Zurechnung der Einnahmen oder Bezüge wieder zurückgewährt.

Der Gesetzgeber stellte auf Einnahmen und Bezüge ab, so dass sowohl die laufenden Bezüge i. S. d. § 8b Abs. 1 KStG als auch die Veräußerungsgewinne i. S. d. § 8b Abs. 2 KStG erfasst sind. Darüber hinaus lässt der Wortlaut keine Einschränkung auf eine bestimmte Höhe der Bezüge zu, so dass der Anwendungsbereich des § 8b Abs. 10 KStG bereits ab einer geringen Höhe eröffnet ist.[5] Für eine anderweitige Auslegung lässt der Wortlaut des § 8b Abs. 10 Satz 5 KStG keinen Raum.

---

[1] *Schnitger/Bildstein*, IStR 2008, 209.
[2] *Häuselmann*, FR 2010, 200.
[3] Repo-Geschäfte; *Schnitger/Bildstein*, IStR 2008, 209; allgemein *Häuselmann*, FR 2010, 200; *Frotscher/Maas* § 8b Rz. 135; a. A. wohl *Rau*, DStR 2009, 952.
[4] *Obermann/Brill/Füllbier*, BB 2007, 1650; *Schnitger/Bildstein*, IStR 2008, 209.
[5] Gl. A. *Gosch/Gosch* § 8b Rz. 654; *Dötsch/Pung* Dötsch/Jost/Pung/Witt, KStG, § 8b Rz. 500.

792 Zeitraum: Darüber hinaus ist fraglich, ob bei der Bestimmung der Bezüge und Einnahmen auf den einzelnen Veranlagungszeitraum oder auf die Dauer der Überlassung abzustellen ist. Im Sinne des § 8b Abs. 10 KStG liegt in der Wertpapierleihe eine zeitraumbezogenen Gestaltung zugrunde. Diese umfasst gem. § 8b Abs. 10 Satz 1 KStG den Zeitraum ab der Überlassung bis zur Rückgabe der Anteile. Würde man auf den Veranlagungszeitraum abstellen, würde der klar definierte Tatbestand, welcher sich regelmäßig auch über einen Zeitraum von mehr als einem Veranlagungszeitraum erstreckt, aufgespalten. Für eine solche Betrachtung besteht aber kein Hinweis im Gesetz, so dass nach der hier vertretenen Ansicht der gesamte Zeitraum der Wertpapierleihe zu betrachten ist.[1] Nach anderer Ansicht besteht keine Veranlassung von der Abschnittsbesteuerung abzuweichen.[2]

2. Rechtsfolge

793 Die Abzugsbeschränkung der Entgelte auf der Ebene der entleihenden Körperschaft greifen nicht. Auch hier stellt sich die Frage, ob der Gesetzgeber lediglich eine Klarstellung treffen wollte[3] oder § 8b Abs. 10 Satz 5 KStG ein weitergehender Regelungsgehalt zugrunde liegen soll.

794–800 *(Einstweilen frei)*

VIII. § 8b Abs. 10 Satz 6 KStG

801 Gemäß § 8b Abs. 10 Satz 6 KStG[4] werden von der Wertpapierleihe auch Einnahmen und Bezüge erfasst, welche der Entleiher dadurch erzielt, dass er die Anteile seinerseits weiter verleiht.

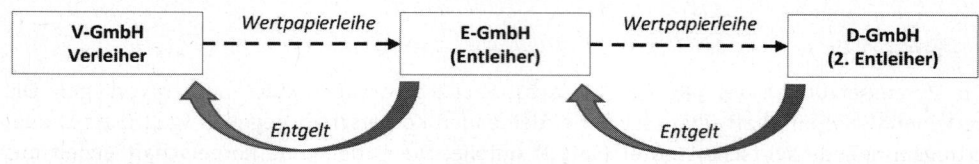

BEISPIEL: Die V-GmbH verleiht Beteiligungen an die E-GmbH, welche im Gegensatz zu der V-GmbH die Steuerbefreiung des § 8b Abs. 1 und 2 KStG nutzen kann. Die E-GmbH verleiht die Anteile nunmehr ihrerseits an die D-GmbH, welche ebenfalls die Steuerbefreiung des § 8b KStG geltend machen kann.

LÖSUNG: Im Verhältnis der V-GmbH zur E-GmbH liegt eine schädliche Wertpapierleihe vor, da die V-GmbH von der Steuerbefreiung des § 8b KStG ausgeschlossen ist. Im Verhältnis der E-GmbH zur D-GmbH gilt dies dahingegen nicht, da beide Gesellschaften die Steuerfreiheit des §8b KStG geltend machen können. Ohne die Klarstellung des § 8b Abs. 10 Satz 6 KStG, käme die Beschränkung des § 8b Abs. 10 Satz 5 KStG zur Anwendung, da die E-GmbH gerade keine Einnahmen und Bezüge aus den Anteilen erzielt.

802 Im Ergebnis dient die Regelung der umfassenden Einbeziehung sämtlicher Entgelte und hat in erster Linie klarstellende Wirkung.[5]

803–807 *(Einstweilen frei)*

---

1 Gl. A. Gosch/*Gosch* § 8b Rz. 654.
2 *Dötsch/Pung* in Dötsch/Jost/Pung/Witt, KStG, § 8b Rz. 5009.
3 *Rau*, DStR 2009, 952.
4 Amtshilferichtlinie-Umsetzungsgesetz v. 26. 6. 2013, BGBl 2013 I 1809.
5 Kritisch: *Watermeyer* in HHR, KStG, § 8b Rz. 256.

IX. § 8b Abs. 10 Satz 7, 8 KStG

Gemäß § 8b Abs. 10 Satz 7 KStG sind die Sätze 1 – 6 auch anwendbar, wenn die Anteile an eine Personengesellschaft überlassen werden, oder von einer Personengesellschaft überlassen werden an der die überlassende Körperschaft oder die übernehmende Körperschaft unmittelbar oder mittelbar über eine oder mehrere Personengesellschaften beteiligt ist. § 8b Abs. 10 Satz 6 KStG erfasst demnach die Fälle der Zwischenschaltung von Personengesellschaften. Gemäß § 8b Abs. 10 Satz 8 KStG gelten die Anteile als zwischen den Körperschaften überlassen.

1. Tatbestand

Folgende Fallgruppen sind erfasst:

▶ Die überlassende Gesellschaft ist eine Personengesellschaft an der mittelbar oder unmittelbar eine Körperschaft beteiligt ist.

▶ Die entleihende Gesellschaft ist eine Personengesellschaft an der mittelbar oder unmittelbar eine Körperschaft beteiligt ist.

▶ Sowohl die überlassende als auch die entleihende Gesellschaft sind Personengesellschaften an der Körperschaften beteiligt sind.

2. Personengesellschaft

Unter den Begriff der Personengesellschaft ist jede inländische Personengesellschaft (GbR, OHG, KG) zu erfassen. Auch die Zwischenschaltung einer ausländischen Personengesellschaft ist denkbar. § 8b Abs. 10 Satz 7 KStG stellt nicht auf eine bestimmte Beteiligungsquote ab, so dass auch eine Minimalbeteiligung zur Tatbestandsverwirklichung ausreichend ist.

3. Weitere Voraussetzungen

Daneben müssen aber auf der Ebene der an der Personengesellschaft beteiligten Körperschaft die weiteren Tatbestandsvoraussetzungen i. S. d. § 8b Abs. 10 Satz 1, 2 und 3 KStG erfüllt sein:

▶ § 8b Abs. 1 und 2 KStG sind bei der überlassenden Gesellschaft nicht anwendbar.

▶ Bei der entleihenden Gesellschaft ist § 8b Abs. 1 und 2 KStG dahingegen anwendbar.

▶ Als Gegenleistung für die Überlassung wird ein Entgelt oder Surrogat entrichtet.

Der Hintergrund dieser Regelung ergibt sich nicht zuletzt aus der in § 8b Abs. 10 Satz 7 KStG niedergelegten Transparenz. Der Gesetzgeber wollte eine Regelung allein bezüglich der Körperschaften treffen. Auf die Personengesellschaft kommt es nicht an.[1]

4. Rechtsfolgen

Die Rechtsfolge des § 8b Abs. 10 Satz 1 KStG besteht darin, dass das Entgelt der entleihenden Körperschaft an die verleihende Körperschaft bei der entleihenden Körperschaft nicht als Betriebsausgaben zu berücksichtigen ist. Gemäß § 8b Abs. 10 Satz 8 KStG gelten die Anteile als von oder an die Körperschaft überlassen. Es wird daher fingiert, dass die Wertpapierleihe unmittelbar zwischen den beiden Körperschaften stattfindet. Im Rahmen der Gewinnermittlung und Verteilung der Personengesellschaft ergeben sich dahingegen keine Besonderheiten.

---

[1] Gl. A. *Frotscher*/Drüen § 8b Rz. 669.

BEISPIEL: Die E-GmbH ist Gesellschafterin der E-OHG, welche von der V-GmbH Anteile an einer GmbH leiht und ein Entgelt i. H. v. 100 000 € entrichtet.

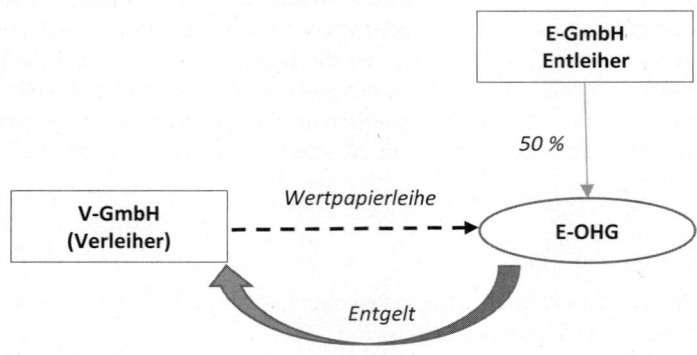

LÖSUNG: Das Entgelt i. H. v. 100 000 € ist bei der E-GmbH nicht als Betriebsausgabe abziehbar.

5. Höhe der Hinzurechnung

Gemäß § 8b Abs. 10 KStG besteht keine Mindestbeteiligungsquote der Körperschaft an der Personengesellschaft. Fraglich ist aber, ob es bei mehreren Gesellschaftern der Personengesellschaft zu einer anteiligen oder zu einer vollen Hinzurechnung der von der Personengesellschaft gezahlten Entgelte kommt.

Diesbezüglich wird die Ansicht vertreten, dass es mangels einer gegensätzlichen gesetzlichen Regelung, welche eine quotale Hinzurechnung (Formulierung „soweit") anordnet, zu einer Hinzurechnung des gesamten Entgelts kommt, auch wenn davon Gesellschafter betroffen sind, die nicht unter den Tatbestand des § 8b Abs. 10 KStG fallen.[1]

Dem ist jedoch nicht zuzustimmen. Insbesondere kann dem Gesetz die getroffene Schlussfolgerung i. S. einer „Alles- oder Nichts-Regelung" nicht entnommen werden.

Gemäß § 8b Abs. 10 Satz 1 KStG kommt es zu einer Hinzurechnung des Entgelts bei der entleihenden Körperschaft, wenn bei der überlassenden Körperschaft die Steuerbefreiung des Abs. 1 und Abs. 2 aufgrund spezieller Regelungen ausgeschossen ist. Das bedeutet im Umkehrschluss, dass eine Hinzurechnung nicht erfolgt, wenn die Steuerbefreiung der Abs. 1 und Abs. 2 eröffnet ist. Sind nun an der überlassenden Personengesellschaft mehrere Körperschaften beteiligt, ist jeweils zu prüfen, ob § 8b Abs. 10 Satz 1 KStG erfüllt ist. § 8b Abs. 10 KStG dient der Verhinderung missbräuchlicher Gestaltungen. Daher ist der Missbrauch auch bezüglich jeder beteiligten Körperschaft zu prüfen. Ist das bei einzelnen Körperschaften nicht der Fall, ergibt sich bereits aus dem Tatbestand des Satzes 1 eine quotale Aufteilung.[2]

BEISPIEL: Die E1-GmbH und die E2-GmbH sind zu je 50 % Gesellschafter der H-OHG, welche der V-GmbH eine Beteiligung leiht und 100 000 € Entgelt entrichtet.

---

[1] Gosch/*Gosch* § 8b Rz. 665; *Frotscher*/Drüen § 8b Rz. 674.
[2] Gl. A. im Ergebnis *Dötsch/Pung* in Dötsch/Jost/Pung/Witt, KStG, § 8b Rz. 515.

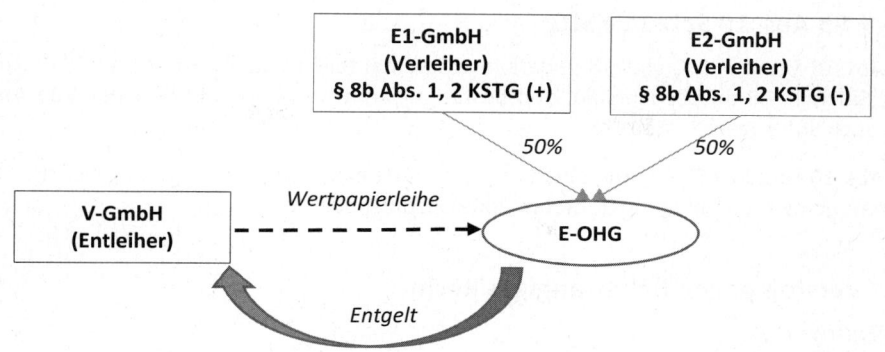

LÖSUNG: Gemäß § 8b Abs. 10 Satz 7 i.V. m. § 8b Abs. 10 Satz 1 KStG ist das Entgelt für die Wertpapierleihe nicht als Betriebsausgabe abziehbar. Allerdings sind die Voraussetzungen des § 8b Abs. 10 KStG lediglich auf Ebene der E2-GmbH erfüllt, da § 8b Abs. 1, 2 KStG nicht anwendbar sind. Nach der hier vertretenen Ansicht sind lediglich bei der E2-GmbH 50.000 € nicht als Betriebsausgaben zu berücksichtigen.

6. Einheitliche und gesonderte Gewinnfeststellung

Die Rechtsfolgen des § 8b Abs. 10 KStG sind im Rahmen der einheitlich und gesonderten Gewinnfeststellung der entleihenden Personengesellschaft zu erfassen.[1]

7. Kommunale Wertpapierleihe

§ 8b Abs. 10 Satz 8 KStG erfasst die kommunale Wertpapierleihe: Die Kommunen konnten in ihrer Eigenschaft als Verleiher durch eine Verlagerung ihrer Einkünfte von Dividenden zu Entgeltzahlungen eine Besteuerung vermeiden.[2]

(Einstweilen frei)

X. § 8b Abs. 10 Satz 9 KStG

Gemäß § 8b Abs. 10 Satz 9 KStG[3] erstreckt sich die Regelung des § 8b Abs. 10 Satz 1 bis Satz 8 KStG auch auf Personengesellschaften, welche Anteile i. S. d. § 8b Abs. 7 KStG überlässt. Die Regelung stellt eine weitergehende Missbrauchsvermeidungsvorschrift dar.

XI. § 8b Abs. 10 Satz 10 KStG

Gemäß § 8b Abs. 10 Satz 10 KStG ist § 8b Abs. 10 Satz 1 – 8 KStG nicht anwendbar, wenn auf die überlassende Körperschaft § 2 Nr. 2 2. Halbsatz KStG oder § 5 Abs. 2 Nr. 1 2. Halbsatz KStG Anwendung finden.

Da aber im Rahmen der § 2 Nr. 2 2. Halbsatz KStG oder § 5 Abs. 2 Nr. 1 KStG die Besteuerung sichergestellt ist, besteht für eine Anwendung des § 8b Abs. 10 Satz 1 – 7 KStG keine Notwendigkeit. § 8b Abs. 10 Satz 7 KStG ist in diesem Fall nicht anwendbar.

---

1 Auch Gosch/*Gosch* § 8b Rz. 664; umfassend *Dötsch/Pung* Dötsch/Jost/Pung/Witt, KStG, § 8b Rz. 512.
2 *Obermann/Brill/Füllbier*, BB 2007, 165.
3 Amtshilferichtlinie-Umsetzungsgesetz v. 26. 6. 2013, BGBl 2013 I 1809.

XII. § 8b Abs. 10 Satz 11 KStG[1]

830 § 8b Abs. 10 Satz 11 KStG stellt klar, dass Investmentanteile i. S. d. § 1 Abs. 1 InvStG als Anteile i. S. d. Sätze 1 – 8 anzusehen sind, und bestätigt damit die Anwendbarkeit des § 8b Abs. 10 KStG auch auf Investmentanteile.

§ 8b Abs. 10 Satz 11 KStG wurde durch das JStG 2009 eingefügt und ist gem. § 34 Abs. 1 KStG erstmals ab dem Veranlagungszeitraum 2009 anzuwenden.

XIII. Verstoß gegen höherrangiges Recht

831–849 *(Einstweilen frei)*

L. § 8b Abs. 11 KStG

850 Gemäß § 8b Abs. 11 KStG sind die Abs. 1 – 10 bei Anteilen an Unterstützungskassen nicht anwendbar. Die Regelung wurde durch das Steueränderungsgesetz 2015 mit Wirkung ab dem Veranlagungszeitraum 2016 eingefügt.[2]

Dieser Neuregelung liegt der Gedanke zugrunde, dass Zuwendungen an Unterstützungskassen als Betriebsausgaben abziehbar wären.[3] Zur Vermeidung einer doppelten steuerlichen Begünstigung muss sichergestellt werden, dass die Einnahmen und Bezüge der Besteuerung unterliegen (Korrespondenzprinzip). § 8b Abs. 1 – 10 KStG ist daher nicht anwendbar.

§ 8c Verlustabzug bei Körperschaften

(1) [1]Werden innerhalb von fünf Jahren mittelbar oder unmittelbar mehr als 50 Prozent des gezeichneten Kapitals, der Mitgliedschaftsrechte, der Beteiligungsrechte oder der Stimmrechte an einer Körperschaft an einen Erwerber oder diesem nahe stehende Personen übertragen oder liegt ein vergleichbarer Sachverhalt vor (schädlicher Beteiligungserwerb), sind bis zum schädlichen Beteiligungserwerb nicht genutzte Verluste vollständig nicht mehr abziehbar. [2]Als ein Erwerber im Sinne des Satzes 1 gilt auch eine Gruppe von Erwerbern mit gleichgerichteten Interessen. [3]Eine Kapitalerhöhung steht der Übertragung des gezeichneten Kapitals gleich, soweit sie zu einer Veränderung der Beteiligungsquoten am Kapital der Körperschaft führt. [4]Ein schädlicher Beteiligungserwerb liegt nicht vor, wenn

1. an dem übertragenden Rechtsträger der Erwerber zu 100 Prozent mittelbar oder unmittelbar beteiligt ist und der Erwerber eine natürliche oder juristische Person oder eine Personenhandelsgesellschaft ist,

2. an dem übernehmenden Rechtsträger der Veräußerer zu 100 Prozent mittelbar oder unmittelbar beteiligt ist und der Veräußerer eine natürliche oder juristische Person oder eine Personenhandelsgesellschaft ist oder

---

1 § 8b Abs. 10 Satz 11 KStG soll durch das Gesetz zur Vermeidung von Umsatzsteuerausfällen beim Handel mit Waren im Internet und zur Änderung weiterer steuerlicher Vorschriften (JStG 2018) redaktionell geändert werden; vgl. BT-Drucks 19/4455.
2 BGBl 2015 I 1838.
3 Gesetzentwurf Zollkodexanpassungsgesetz, BT-Drucks 18/4902.

3. an dem übertragenden und an dem übernehmenden Rechtsträger dieselbe natürliche oder juristische Person oder dieselbe Personenhandelsgesellschaft zu jeweils 100 Prozent mittelbar oder unmittelbar beteiligt ist.

⁵Ein nicht abziehbarer nicht genutzter Verlust kann abweichend von Satz 1 abgezogen werden, soweit er die gesamten zum Zeitpunkt des schädlichen Beteiligungserwerbs vorhandenen im Inland steuerpflichtigen stillen Reserven des Betriebsvermögens der Körperschaft nicht übersteigt. ⁶Stille Reserven im Sinne des Satzes 5 sind der Unterschiedsbetrag zwischen dem in der steuerlichen Gewinnermittlung ausgewiesenen Eigenkapital und dem auf dieses Eigenkapital jeweils entfallenden gemeinen Wert der Anteile an der Körperschaft, soweit diese im Inland steuerpflichtig sind. ⁷Ist das Eigenkapital der Körperschaft negativ, sind stille Reserven im Sinne des Satzes 5 der Unterschiedsbetrag zwischen dem in der steuerlichen Gewinnermittlung ausgewiesenen Eigenkapital und dem diesem Anteil entsprechenden gemeinen Wert des Betriebsvermögens der Körperschaft. ⁸Bei der Ermittlung der stillen Reserven ist nur das Betriebsvermögen zu berücksichtigen, das der Körperschaft ohne steuerrechtliche Rückwirkung, insbesondere ohne Anwendung des § 2 Absatz 1 des Umwandlungssteuergesetzes, zuzurechnen ist.

(1a) ¹Für die Anwendung des Absatzes 1 ist ein Beteiligungserwerb zum Zweck der Sanierung des Geschäftsbetriebs der Körperschaft unbeachtlich. ²Sanierung ist eine Maßnahme, die darauf gerichtet ist, die Zahlungsunfähigkeit oder Überschuldung zu verhindern oder zu beseitigen und zugleich die wesentlichen Betriebsstrukturen zu erhalten.

³Die Erhaltung der wesentlichen Betriebsstrukturen setzt voraus, dass

1. die Körperschaft eine geschlossene Betriebsvereinbarung mit einer Arbeitsplatzregelung befolgt oder

2. die Summe der maßgebenden jährlichen Lohnsummen der Körperschaft innerhalb von fünf Jahren nach dem Beteiligungserwerb 400 Prozent der Ausgangslohnsumme nicht unterschreitet; § 13a Absatz 1 Satz 3 und 4 und Absatz 4 des Erbschaftsteuer- und Schenkungsteuergesetzes gilt sinngemäß; oder

3. der Körperschaft durch Einlagen wesentliches Betriebsvermögen zugeführt wird. ²Eine wesentliche Betriebsvermögenszuführung liegt vor, wenn der Körperschaft innerhalb von zwölf Monaten nach dem Beteiligungserwerb neues Betriebsvermögen zugeführt wird, das mindestens 25 Prozent des in der Steuerbilanz zum Schluss des vorangehenden Wirtschaftsjahrs enthaltenen Aktivvermögens entspricht. ³Wird nur ein Anteil an der Körperschaft erworben, ist nur der entsprechende Anteil des Aktivvermögens zuzuführen. ⁴Der Erlass von Verbindlichkeiten durch den Erwerber oder eine diesem nahestehende Person steht der Zuführung neuen Betriebsvermögens gleich, soweit die Verbindlichkeiten werthaltig sind. ⁵Leistungen der Kapitalgesellschaft, die innerhalb von drei Jahren nach der Zuführung des neuen Betriebsvermögens erfolgen, mindern den Wert des zugeführten Betriebsvermögens. ⁶Wird dadurch die erforderliche Zuführung nicht mehr erreicht, ist Satz 1 nicht mehr anzuwenden.

⁴Keine Sanierung liegt vor, wenn die Körperschaft ihren Geschäftsbetrieb im Zeitpunkt des Beteiligungserwerbs im Wesentlichen eingestellt hat oder nach dem Beteiligungserwerb ein Branchenwechsel innerhalb eines Zeitraums von fünf Jahren erfolgt.

(2) § 3a Absatz 3 des Einkommensteuergesetzes ist auf verbleibende nicht genutzte Verluste anzuwenden, die sich nach einer Anwendung des Absatzes 1 ergeben.

Inhaltsübersicht

	Rz.
A. Allgemeine Erläuterungen zu § 8c KStG	1 – 139
I. Gesetzesentwicklung des § 8c KStG	1 – 15
II. Regelung und Zweck des § 8c KStG	16 – 41
1. Regelungsinhalt des § 8c KStG	16 – 21
2. Zweck des § 8c KStG	22 – 41
III. Verhältnis des § 8c KStG zu anderen Vorschriften	42 – 60
1. Verhältnis zu § 3a Abs. 3 EStG	42
2. Verhältnis zu § 4 Abs. 1, § 5 Abs. 1 EStG	43
3. Verhältnis zu § 8 Abs. 4 KStG	44
4. Verhältnis zu § 10d EStG	45
5. Verhältnis zu anderen Verlustbeschränkungen	46
6. Verhältnis zu § 4h EStG und § 8a KStG	47
7. Verhältnis zu § 7 und § 10a GewStG	48
8. Verhältnis zu § 12 Abs. 3 Satz 2, § 15 Abs. 3 UmwStG	49 – 50
9. Verhältnis zu § 2 Abs. 1 und 4, § 20 Abs. 6 Satz 4 UmwStG	51
10. Verhältnis zu § 42 AO	52
11. Verhältnis zur Hinzurechnungsbesteuerung nach dem AStG	53
12. Verhältnis zu § 8d KStG	54 – 60
IV. Verfassungsmäßigkeit des § 8c KStG	61 – 75
1. Verfassungswidrigkeit des quotalen Verlustuntergangs und Aufhebung der Regelung	61
2. Anhängiges Normenkontrollverfahren zur Verfassungsmäßigkeit des vollständigen Verlustuntergangs	62 – 75
V. Verhältnis des § 8c KStG zum Unionsrecht	76 – 92
1. Entscheidung der EU-Kommission zur Sanierungsklausel	76
2. Weitere unionsrechtliche Problembereiche	77 – 92
VI. Zeitlicher Anwendungsbereich des § 8c KStG	93 – 105
VII. Sachlicher Anwendungsbereich des § 8c KStG	106 – 119
VIII. Aufbau des § 8c KStG	120
IX. Objektive Beweislast für Tatbestandsmerkmale des § 8c KStG und Mitwirkungspflichten	121 – 139
B. Tatbestandsvoraussetzungen des § 8c Abs. 1 KStG	140 – 380
I. Tatbestand des § 8c Abs. 1 KStG	140 – 146
II. Übertragungsgegenstand nach § 8c Abs. 1 KStG	147 – 173
1. Anteil am gezeichneten Kapital	147 – 151
a) Maßgeblichkeit des Haftkapitals bei der AG und GmbH	147
b) Besonderheiten bei der KGaA	148
c) Stimmrechtslose Vorzugsaktien	149
d) Stimmrechtsloser Anteil bei der GmbH	150
e) Eigene Anteile	151
2. Mitgliedschaftsrechte	152 – 155
a) Mitgliedschaftsrechte bei Nicht-Kapitalgesellschaften	152
b) Mitgliedschaftsrechte bei Kapitalgesellschaften	153 – 155
3. Beteiligungsrechte	156
4. Stimmrechte	157 – 173
a) Übertragung von Stimmrechten	157 – 158
b) Stimmbindungsverträge	159 – 161
c) Übertragung und Schaffung von Mehrstimmrechten oder stimmrechtslosen Anteilen	162
d) Zurechnung von Stimmrechten	163 – 173
III. Übertragungsvorgang	174 – 215
1. Übertragung durch Rechtsgeschäft	174 – 175
2. Erbrechtlich veranlasste Übertragungsvorgänge	176 – 181
a) Erbfall	176

	b) Erbauseinandersetzung	177 - 179
	c) Vorweggenommene Erbfolge	180 - 181
3.	Umwandlung als Übertragung	182
4.	Einräumung von Optionen als Übertragungsvorgang	183 - 184
5.	Aktienerwerb an der Börse und Börsengänge	185 - 188
	a) Aktienerwerb an der Börse	185
	b) Börsengang	186 - 187
	c) Pflichtangebote	188
6.	Weiter- und Rückübertragung derselben Anteile	189 - 194
	a) Weiterübertragung desselben Anteils	189 - 191
	b) Rückübertragung desselben Anteils	192 - 194
7.	Übertragung durch Anwachsung	195 - 203
8.	Disquotale Kapitalerhöhung als Übertragung nach § 8c Abs. 1 Satz 3 KStG	204 - 215
	a) Disquotale Kapitalerhöhung als Übertragung dem Grunde nach	204
	b) Veränderung der Beteiligungsquote um mehr als 50 Prozentpunkte	205 - 206
	c) Disquotale Kapitalerhöhung bei mittelbarer Beteiligung	207
	d) Beteiligungserwerb und disquotale Kapitalerhöhung	208
	e) Durchführung der Kapitalerhöhung über Emissionsbank	209 - 215
IV. Zeitpunkt des Erwerbs		216 - 224
V. Unmittelbare Übertragungen		225 - 231
1.	Unmittelbare Übertragungsvorgänge	225
2.	Umwandlungsvorgänge	226 - 231
VI. Mittelbare Übertragungen		232 - 263
1.	Mittelbare Beteiligungen	232 - 236
2.	Uneingeschränkte Erfassung mittelbarer Beteiligungen durch § 8c Abs. 1 KStG	237
3.	Kritik an der Erfassung mittelbarer Beteiligungen und am Fehlen einer Konzernklausel bis Ende 2009	238 - 246
4.	Mittelbare Übertragungsvorgänge	247 - 251
	a) Mittelbare Übertragung innerhalb und außerhalb eines Konzerns	247 - 248
	b) Mittelbare Übertragung durch Verschmelzung oder Einbringung außerhalb der Beteiligungskette	249 - 251
5.	Verkürzung der Beteiligungskette	252 - 254
6.	Verlängerung der Beteiligungskette	255
7.	Umwandlung der Verlustgesellschaft	256 - 263
VII. Konzernklausel (§ 8c Abs. 1 Satz 4 KStG)		264 - 280
1.	Regelungsinhalt und Zweck der Konzernklausel	264
2.	Zeitlicher Anwendungsbereich	265 - 266
3.	Persönlicher und sachlicher Anwendungsbereich	267 - 280
VIII. Erwerber		281 - 314
1.	Erwerberbezogene Betrachtungsweise	281 - 282
2.	Erwerb durch natürliche oder juristische Person oder durch Personengesellschaft	283 - 285
3.	Erwerb durch eine dem Erwerber nahestehende Person	286 - 298
	a) Inhalt und Zweck der Regelung	286
	b) Definition der nahestehenden Person	287 - 291
	c) Beispiele für nahestehende Personen	292 - 298
4.	Übertragung an Erwerber mit gleichgerichteten Interessen (§ 8c Abs. 1 Satz 2 KStG)	299 - 314
	a) Inhalt und Zweck der Regelung	299 - 300
	b) Definition der gleichgerichteten Interessen	301 - 305
	c) Indizien für gleichgerichtete Interessen	306 - 307
	d) Gleichgerichtete Interessen bei mittelbarem Anteilserwerb	308 - 314
IX. Vergleichbarer Sachverhalt		315 - 339
1.	Begriff des vergleichbaren Sachverhalts	315 - 317

2. Beispiele für vergleichbare Sachverhalte		318 - 319
a) Veränderung der Beteiligungsquote ohne Übertragung		318
b) Ausübung von Stimmrechten ohne vorherige Übertragung		319
3. Fehlende Vergleichbarkeit		320 - 339
a) Schuldrechtliche Beteiligungen		320 - 326
aa) Gesellschaftsrechtliche Beteiligung erforderlich		320
bb) Genussrechte		321
cc) Atypisch stille Gesellschaften		322
dd) Typisch stille Gesellschaften		323
ee) Darlehensgewährungen und Mezzanine-Kapital		324 - 325
ff) Forderungsabtretung durch Gläubiger an Gesellschafter		326
b) Vorstufen des Anteilserwerbs		327
c) Tracking Stocks		328
d) Gewinnrealisierung vor Übertragung		329
e) Beteiligung an Tochter- oder Schwestergesellschaft der Kapitalgesellschaft		330 - 331
f) Abschluss eines Beherrschungsvertrags		332
g) Fusion von Anstalten des öffentlichen Rechts		333
h) Wechsel der Geschäftsführung		334 - 339
X. Übertragung innerhalb des Fünf-Jahres-Zeitraums		340 - 359
1. Retrospektive Ermittlung		340 - 341
2. Taggenaue Ermittlung des Fünf-Jahres-Zeitraums		342 - 359
XI. Überschreiten der Schädlichkeitsgrenze		360 - 380
1. Übertragungsquote von mehr als 50 %		360 - 361
2. Nicht genutzter Verlust erst bei Überschreiten der Schädlichkeitsgrenze erforderlich		362 - 369
3. Berechnung der Übertragungsquote in Sonderfällen		370 - 380
a) Berechnung bei stimmrechtslosen Vorzugsaktien		370 - 372
aa) Übertragung stimmrechtsloser Vorzugsaktien		370
bb) Übertragung stimmrechtsbehafteter Aktien bei Existenz stimmrechtsloser Aktien		371
cc) Übertragung stimmrechtsloser und stimmrechtsbehafteter Aktien		372
b) Berechnung bei eigenen Anteilen der Kapitalgesellschaft		373
c) Berechnung bei kombinierter Übertragung von Anteilen und Stimmrechten		374 - 380
C. Rechtsfolgen des § 8c Abs. 1 KStG		381 - 512
I. Rechtsfolgen des Satzes 1		381 - 388
II. Vollständiger Verlustuntergang nach § 8c Abs. 1 Satz 1 KStG		389 - 399
III. Kein Verlustuntergang in Höhe der stillen Reserven (§ 8c Abs. 1 Satz 5 bis 8)		400 - 430
1. Regelungsinhalt und Zweck der Stille-Reserven-Klausel		400 - 407
2. Erhalt der Abziehbarkeit der Verluste in Höhe der stillen Reserven (§ 8c Abs. 1 Satz 5 und 6 KStG)		408 - 417
3. Abweichende Ermittlung bei negativem Eigenkapital (§ 8c Abs. 1 Satz 7 KStG)		418 - 420
4. Nichteinbeziehung von rückwirkend zugeführten stillen Reserven (§ 8c Abs. 1 Satz 8 KStG)		421 - 430
IV. Umfang des Verlustuntergangs		431 - 472
1. Einschränkung der Verwertbarkeit nicht genutzter Verluste		431 - 432
2. Einschränkung der Abziehbarkeit des Verlustvortrags gem. § 10d EStG		433
3. Einschränkung der Abziehbarkeit weiterer Verlustvorträge		434
4. Einschränkung der Ausgleichsfähigkeit des laufenden Verlustes des Übertragungsjahres		435 - 448
a) Ermittlung des laufenden Verlustes bis zum Übertragungsstichtag		435 - 436
b) Laufender Verlust vor dem Übertragungsstichtag		437 - 438
c) Laufender Gewinn vor dem Übertragungsstichtag		439

	d) Mindestbesteuerung	440
	e) Nachgeschaltete Personengesellschaft	441 - 448
5.	Untergang des Zinsvortrags nach § 4h EStG	449 - 452
6.	Auswirkung auf gewerbesteuerliche Verluste	453 - 455
	a) Untergang des vortragsfähigen Gewerbeverlustes gem. § 10a GewStG	453 - 454
	b) Kein Untergang des laufenden Gewerbeverlustes	455
7.	Verlustuntergang bei Organschaften	456 - 463
	a) Vororganschaftlich entstandene Verluste	456
	b) Während der Organschaft entstandene Verluste	457 - 463
8.	Verlustuntergang bei Rückbezug von Umwandlungen nach § 2 UmwStG	464 - 472
	a) Maßgeblichkeit des Eintragungszeitpunkts im Handelsregister	464 - 465
	b) Verrechenbarkeit des Übertragungsgewinns bei Rückbezug von Umwandlungen nach § 2 Abs. 1 u. Abs. 4 UmwStG	466 - 468
	c) Weitere Zweifelsfragen bei steuerlicher Rückbeziehung nach § 2 Abs. 1 UmwStG	469 - 472
V. Von § 8c Abs. 1 KStG nicht erfasste Verluste		473 - 485
1.	Kein Verlustuntergang bei Forderungsverzicht gegen Besserungsschein	473 - 474
2.	Kein Ausschluss des Verlustrücktrags	475 - 485
VI. Kein Ausgleichsanspruch der Mitgesellschafter		486 - 496
VII. Verfahrensrechtliche Umsetzung des Verlustuntergangs nach § 8c Abs. 1 KStG		497 - 512
1.	Umsetzung im Verlustfeststellungsbescheid	497 - 498
2.	Umsetzung im Körperschaftsteuerbescheid	499
3.	Umsetzung im Bescheid über die gesonderte Feststellung bei nachgeschalteten Personengesellschaften	500
4.	Rechtsbehelfsmöglichkeiten	501 - 512
D. Tatbestandsvoraussetzungen des § 8c Abs. 1a KStG		513 - 614
I. Überblick		513 - 519
II. Sanierungszweck		520 - 584
1.	Verhinderung oder Beseitigung der Zahlungsunfähigkeit oder Überschuldung	520 - 530
	a) Überschuldung	520
	b) Zahlungsunfähigkeit	521
	c) Maßnahmen zur Verhinderung oder Beseitigung der Überschuldung oder Zahlungsunfähigkeit	522
	d) Beweislast	523 - 530
2.	Erhalt der wesentlichen Betriebsstrukturen	531 - 584
	a) Überblick	531
	b) Befolgung einer Betriebsvereinbarung mit Arbeitsplatzregelung (§ 8c Abs. 1a Satz 3 Nr. 1 KStG)	532 - 538
	aa) Begriff der Betriebsvereinbarung	532
	bb) Inhalt der Betriebsvereinbarung	533 - 535
	cc) Zeitpunkt der Vereinbarung	536 - 538
	c) Erhalt der Lohnsumme (§ 8c Abs. 1a Satz 3 Nr. 2 KStG)	539 - 545
	aa) Überblick	539
	bb) Ermittlung der Ausgangslohnsumme	540 - 541
	cc) Ermittlung der Vergleichssumme	542
	dd) Erhalt der Lohnsumme	543 - 545
	d) Zuführung neuen Betriebsvermögens (§ 8c Abs. 1a Satz 3 Nr. 3 KStG)	546 - 584
	aa) Überblick	546
	bb) Zuführung von Betriebsvermögen durch Einlagen	547 - 550
	cc) Erlass von Verbindlichkeiten	551 - 553
	dd) Zuführungsquote	554 - 559

		ee) Zuführungszeitraum	560 - 562
		ff) Minderung des Zuführungswertes durch Rückgewähr von Leistungen	563 - 568
		gg) Rechtsfolgen bei Rückgewähr von Leistungen	569 - 570
		hh) Zeitlich gestreckter Anteilserwerb	571 - 573
		ii) Anteilserwerb durch mehrere Personen	574 - 584
	III.	Beteiligungserwerb	585 - 599
		1. Zeitpunkt des Beteiligungserwerbs	585 - 586
		2. Arten des Beteiligungserwerbs	587 - 599
		a) Unmittelbarer Beteiligungserwerb	587 - 588
		b) Mittelbarer Beteiligungserwerb	589 - 599
	IV.	Ausschluss des Sanierungsprivilegs (§ 8c Abs. 1a Satz 4 KStG)	600 - 614
E.	**Rechtsfolgen des § 8c Abs. 1a KStG**		615 - 634
	I.	Unbeachtlichkeit des Beteiligungserwerbs	615 - 621
	II.	Verfahrensrechtliche Umsetzung	622 - 634
F.	**Sanierungsklausel des § 8c Abs. 1a KStG und unionsrechtliches Beihilfenrecht**		635 - 639
	I.	Beschluss der Kommission vom 26.1.2011 und Nichtigkeitserklärung durch den EuGH mit Urteilen v. 28.6.2018	635 - 636
	II.	Die beihilferechtliche Thematik	637 - 638
	III.	Folgerungen für die Praxis	639
G.	**§ 8c Abs. 2 KStG und §§ 3a, 3c Abs. 4 EStG**		640 - 641

A. Allgemeine Erläuterungen zu § 8c KStG

HINWEIS:

OFD Magdeburg, Verfügung v. 14.10.2005 - G 1498 - 3 - St 213, GewSt-Kartei ST § 16 GewStG Karte 1; BMF, Schreiben v. 2.8.2007, BStBl 2007 I S. 624; BMF, Schreiben v. 28.11.2017 - IV C 2 – S 2745-a/09/10002:004, BStBl 2017 I S. 1645; Gleich lautende Erlasse der obersten Finanzbehörden der Länder zur Anwendung des § 8c KStG auf gewerbesteuerliche Fehlbeträge; § 10a S. 10 GewStG v. 29.11.2017, BStBl 2017 I S. 1643; OFD Rheinland, Verfügung v. 30.3.2010, DStR 2010, 929 (weitgehend aufgehoben durch OFD Nordrhein-Westfalen, Verfügung v. 20.12.2018, DB 2019, 26); BMF, Schreiben v. 30.4.2010, BStBl 2010 I, 482; OFD Magdeburg, Verfügung v. 5.7.2011, DStR 2011, 1195; BMF, Schreiben v. 19.10.2011, BStBl 2011 I S. 974; MdF Schleswig-Holstein v. 16.7.2012 - VI 3011 - S 2745 - 069, NWB IAAAE-14053; MdF Schleswig-Holstein v. 12.12.2012 - VI 3011 - S 2745 - 075, NWB MAAAE-25874]; FinBeh Hamburg, Erl. v. 12.8.2014 - 53 - S 2745 a - 015/12, DStR 2015, 759; Senatsverwaltung für Finanzen, Runderlass KSt-Nr. 149, AStG -DBA-Nr. 48, v. 6.1.2016 - III A - S 2745a - 3/2013; OFD Nordrhein-Westfalen, Verfügung v. 20.12.2018, NWB DAAAH-04745; Bayerisches Landesamt für Steuern, Verfügung v. 11.2.2019, NWB BAAAH-07958.

LITERATURHINWEISE:

Balmes/Graessner, Steuerrechtliche Behandlung von tracking stocks, DStR 2002, 838; *Rätke*, Anwendbarkeit des § 5 Abs. 2a EStG auf Rangrücktrittsvereinbarungen, StuB 2005, 497; *Eckert*, Berichtigung der Umsatzsteuer bei Uneinbringlichkeit von Forderungen, BBK F. 6, 1345; *Beußer*, Die Verlustabzugsbeschränkung gem. § 8c KStG im Unternehmensteuerreformgesetz 2008, DB 2007, 1549; *A. Dieterlen/Winkler*, Konzernsachverhalte im Rahmen der neuen „Mantelkauf"-Regelung des § 8c KStG, GmbHR 2007, 815; *Dörfler/Wittkowski*, Verschärfung der Verlustnutzung bei Kapitalgesellschaften: Wie § 8c KStG-E das Kinde mit dem Bade ausschüttet, GmbHR 2007, 513; *Dörr*, Neuausrichtung der Mantelkaufregelung – Änderungen beim Verlustabzug für Körperschaften nach Anteilseignerwechsel, NWB F. 4, 5181; *Groß/Klein*, Kein Untergang von Verlusten nach § 8c KStG beim Börsengang, AG 2007, 896; *Grützner*, Verschärfung der bisherigen Einschränkungen beim Verlustabzug nach § 8 Abs. 4 KStG durch § 8c KStG-E, StuB 2007, 339; *Hans*, Unternehmensteuerreform 2008: Kritik der Neuregelung über die Nutzung körperschaftsteuerlicher Verluste (§ 8c KStG), FR 2007, 775; *Korn*, Steuerliche Charakterisierung von Rückflüssen aus Besserungsscheinen nach Übertragung der Geschäftsanteile, GmbHR 2007, 624; *B. Lang*, Die Neuregelung der Verlustabzugsbeschränkung gem. § 8c KStG durch das Unternehmensteuerreformgesetz 2008, DStZ 2007, 652; *Neu/Schiffers/Watermeyer*, Centrale für GmbH Dr. Otto Schmidt – Stellungnahme vom

26.3.2007 zum Gesetzentwurf der Bundesregierung eines Unternehmensteuerreformgesetzes 2008 vom 14.3.2007, GmbHR 2007, 421; *Neumann,* Die neue Mantelkaufregelung in § 8c KStG GmbH, StB 2007, 249; *Neumann/Stimpel,* Ausgewählte Zweifelsfragen zur neuen Verlustabzugsbeschränkung nach § 8c KStG, GmbHR 2007, 1194; *Neyer,* Verlustnutzung nach Anteilsübertragung: Die Neuregelung des Mantelkaufs durch § 8c KStG n. F., BB 2007, 1415; *Pflüger,* Die Neuerungen beim Mantelkauf in der Praxis optimal umsetzen, GStB 2007, 318; *Rödder,* Unternehmensteuerreformgesetz 2008, Beihefter zu DStR 40/2007, 12; *Rund,* Umwandlung: Steuerliche Berücksichtigung von Verlusten nach rückwirkender Verschmelzung, GmbHR 2007, 817; *T. Schneider,* Verlustabzug bei Körperschaften nach § 8c KStG, ErbBStg 2007, 287; *Suchanek/Herbst,* Unternehmensteuerreform 2008: fatale Wirkungen des neuen § 8c KStG zur Verlustnutzung bei Körperschaften und der Auslaufvorschrift zu § 8 Abs. 4 KStG, FR 2007, 863; *Viskorf/Michel,* Stimmrechtsübertragungen und vergleichbare Sachverhalte im Rahmen des § 8c KStG, DB 2007, 2561; *Wiese,* Der Untergang des Verlust- und Zinsvortrags bei Körperschaften – Zu § 8c KStG i. d. F. des Regierungsentwurfs eines Unternehmensteuerreformgesetzes 2008, DStR 2007, 741; *Zerwas/Fröhlich,* § 8c KStG – Auslegung der neuen Verlustabzugsbeschränkung, DStR 2007, 1933; *Behrendt/Arjes/Nogens,* § 8c KStG – Struktur zum Erhalt gewerbesteuerlicher Verlustvorträge, BB 2008, 367; *Breuninger/Schade,* Entwurf eines BMF-Schreibens zu § 8c KStG – „Verlustvernichtung" ohne Ende?, Ubg 2008, 261; *Centrale für GmbH,* Stellungnahme der Centrale für GmbH Dr. Otto Schmidt vom 14.3.2008 zum Entwurf eines BMF-Schreibens vom 20.2.2008 zur Verlustnutzungsbeschränkung bei Körperschaften aufgrund § 8c KStG, GmbHR 2008, 421; *Dörr,* Verlustabzugsbeschränkung für Körperschaften nach § 8c KStG, NWB F. 4, 5339; *Dötsch/Pung,* § 8c KStG: Verlustabzugsbeschränkung für Körperschaften, DB 2008, 1703; *Fachausschuss Sanierung und Insolvenz des IDW,* Überschuldungsbgriff i. d. F. des Finanzmarktstabilisierungsgesetzes Wpg 2008, 1053; *Franz/Schick,* Verlustnutzung bei Umwandlungen trotz § 8c KStG?, DB 2008, 1987; *Fuhrmann,* Auswirkungen des MoMiG auf die steuerliche Beratungspraxis – Bestandsaufnahme und Handlungsempfehlungen, NWB F.4. 3745; *Grützner,* Die Einschränkungen des Verlustabzugs durch § 8c KStG – Anmerkungen zum BMF-Schreiben vom 4.7.2008, StuB 2008, 617; *Hannes/von Freeden,* Der Abschluss eines erbschaftsteuerlich motivierten Poolvertrags unter Berücksichtigung von § 8c KStG, Ubg 2008, 624; *Klemt,* Keine Auswirkungen des § 8c KStG auf Venture-Capital-Investitionen durch vermögensverwaltende Fonds?, DB 2008, 2100; *Klingebiel,* Neuregelung zum Mantelkauf Voraussetzungen und Rechtsfolgen, SteuerStud 2008, 276; *Kussmaul/Richter/Tcherveniachki,* Ausgewählte praktische Problemfelder im Kontext des § 8c KStG – Zugleich Anmerkungen zum BMF-Schreiben vom 4.7.2008, GmbHR 2008, 1009; *Lang,* Das BMF-Schreiben zur Verlustabzugsbeschränkung für Körperschaften (§ 8c KStG) vom 4.7.2008, DStZ 2008, 549; *Lenz,* Der neue § 8c KStG aus Unternehmenssicht, Ubg 2008, 24; *van Lishaut,* Grenzfragen zum „Mantelkauf" (§ 8c KStG), FR 2008, 789; *Meisel/Bokeloh,* Anmerkungen zum Entwurf eines BMF-Schreibens zu § 8c KStG, BB 2008, 808; *Neyer,* Der Mantelkauf, Herne 2008; *Pohl,* Die Auswirkung eines Forderungsverzichts mit Besserungsschein im Rahmen des § 8c KStG, DB 2008, 1531; *Rödder/Möhlenbrock,* Die Neuregelung des § 8c KStG betr. Verluste von Kapitalgesellschaften bei Beteiligungserwerben, Ubg 2008, 595; *Rodewald/Pohl,* Unternehmensteuerreform 2008: Auswirkungen auf Gesellschafterbeziehungen und Gesellschaftsverträge, DStR 2008,724; *Rolf/Pankoke,* Gewinnrealisierung und Aufwandsentlastung als Gegenmaßnahmen zur Verlustabzugsbeschränkung innerhalb von Konzernstrukturen, BB 2008, 2274; *Roser,* Verlust- (und Zins-)Nutzung nach § 8c KStG, DStR 2008, 77; *ders.,* Verlustabzüge nach § 8c KStG – ein ernüchterndes Anwendungsschreiben, DStR 2008, 1561; *Schick/Franz,* Verlustnutzung bei Umwandlungen trotz § 8c KStG ? – Zugleich allgemeine Überlegungen zur teleologischen Reduktion der Norm, DB 2008, 1987; *Schumacher/Hageböke,* Umwandlungssteuerrechtliche Rückwirkungsfiktion und Übertragung von Anteilen im Rahmen des § 8c KStG, DB 2008, 493; *Sistermann/Brinkmann,* Verlustuntergang aufgrund konzerninterner Umstrukturierungen – § 8c KStG als Umstrukturierungshindernis?, DStR 2008, 897; *Sistermann/Brinkmann,* Verlustabzugsbeschränkungen nach § 8c KStG – Anmerkungen zum BMF-Schreiben vom 4.7.2008, BB 2008, 1928; *Sistermann/Brinkmann,* Rückwirkende Verlustnutzung nach dem JStG 2009, DStR 2008, 2455; *Suchanek,* Verlustabzugsbeschränkung für Körperschaften – Anmerkungen zum Entwurf eines BMF-Schreibens vom 20.2.2008 zu § 8c KStG, GmbHR 2008, 292; *Suchanek,* Verlustabzugsbeschränkung für Körperschaften (§ 8c Abs. 1 KStG): Das BMF, Schreiben v. 4.7.2008 aus Beratersicht, FR 2008, 904; *Suchanek/Herbst,* Erweiterte Verlustabzugsmöglichkeiten für Investitionen in „junge" Unternehmen – § 8c Abs. 2 KStG i. d. F. des Gesetzes zur Modernisierung der Rahmenbedingungen für Kapitalbeteiligungen (MoRaKG), GmbHR 2008, 862; *Thonemann,* Verlustbeschränkung und Zinsschranke in der Unternehmensnachfolgeplanung, DB 2008, 2156; *Wild/Sustmann/Papke,* Gefährdet § 8c KStG bei einem Börsengang die steuerlichen Verlustvorträge der emittierenden Gesellschaft?, DStR 2008, 851; *Altrichter-Herzberg,* Die mögliche Einführung eines Sanierungsprivilegs in

§ 8c KStG, GmbHR 2009, 466; *Ballwieser/Frase,* Zur (Un-)Anwendbarkeit von § 8c KStG bei konzerninternen Umstrukturierungen oder: Die Jurisprudenz als „verstehende Wissenschaft", BB 2009, 1502; *Beinert/ Benecke,* Änderungen der Unternehmensbesteuerung im Jahressteuergesetz 2009, Ubg 2009, 169; *Bildstein/Dallwitz,* Das Schicksal von Verpflichtungen aus Besserungsscheinen in Umwandlungsfällen, DStR 2009, 1177; *Bracksiek,* Die Neuregelung des steuerlichen Querverbunds durch das JStG 2009, FR 2009, 15; *Dörr,* § 8c KStG wird saniert! – Ausnahme von der Verlustabzugsbeschränkung für Körperschaften, NWB 2009, 2050; *Fey/Neyer,* Entschärfung der Mantelkaufregelung für Sanierungsfälle, DB 2009, 1368; *Frotscher,* Verlustabzugsbeschränkung, § 8c KStG, und Organschaft, Der Konzern 2009, 548; Fuhrmann, Darlehensausfall weiterhin nachträgliche Anschaffungskosten?, NWB 2009 F.4, 5391; *Groß,* Sanierungskonzept, Erstellung, IDW ES 6 Wpg 2009, 231; *Hecker/Glozbach,* Offene Fragen zur Anwendung des gegenwärtigen Überschuldungsbegriffs, BB 2009, 1544; *Imschweiler/Geimer,* Einführung einer Sanierungsklausel in § 8c KStG, EStB 2009, 324; *Kollruss/Weißert/Ilin,* Die KGaA im Lichte der Verlustabzugsbeschränkung des § 8c KStG und der Zinsschranke, DStR 2009, 88; *Kutt/Möllmann,* Verlustnutzung bei unterjährigem Beteiligungserwerb, DB 2009, 2564; *Lahme/Zikesch,* Erbschaftsteuerliche Begünstigung von Kapitalgesellschaftsanteilen mittels Poolvereinbarungen, DB 2009, 527; *Mückl/Remplik,* Die neue Sanierungsklausel gem. § 8c Abs. 1a KStG n. F., FR 2009, 689; *Neyer,* Verlustnutzung nach Anteilsübertragung – Zum Umfang des Verlustverwertungsverbots gem. § 8c KStG, BB 2009, 415; *Ortmann-Babel/Zipfel,* Umsetzung des Sofortprogramms der Bundesregierung – das Wachstumsbeschleunigungsgesetz, Ubg 2009, 813; *Scheunemann/Dennisen,* Unternehmensbesteuerung 2010 – Überblick über die im Wachstumsbeschleunigungsgesetz vorgesehenen Änderungen, BB 2009, 2564; *Schildknecht/Riehl,* Untergang von Verlust- und Zinsvorträgen beim Gesellschafterwechsel in der Kapitalgesellschaft – Ausgestaltung und Quantifizierung des Ausgleichsanspruchs, DStR 2009, 117; *Schmidt/Schwind,* Das neue Begünstigungssystem für Betriebsvermögen, NWB 2009, 2410; *Sistermann/Brinkmann,* Die neue Sanierungsklausel in § 8c KStG – Vorübergehende Entschärfung der Mantelkaufregelung für Unternehmen in der Krise, DStR 2009, 1453; *Sistermann/Brinkmann,*Wachstumsbeschleunigungsgesetz: Die Änderungen bei der Mantelkaufregelung Entschärfung der Verlustabzugsbeschränkungen durch Konzernklausel und Verschonung in Höhe der stillen Reserven DStR 2009, 2633; *Suchanek,* Ertragsteuerliche Änderungen im Jahressteuergesetz 2009 zur Verhinderung von Gestaltungen im Zusammenhang mit § 8c KStG – Die „Verlustvernichtung" geht weiter, Ubg 2009, 178; *Suchanek/Herbst,* Die neue Sanierungsklausel gemäß § 8c Abs. 1a KStG n. F., Ubg 2009, 525; *Suchanek/Jansen,* Umfang und Grenzen der Mitwirkungspflicht bei der Sachverhaltsaufklärung im Rahmen von § 8c KStG, GmbHR 2009, 412; *von Brocke,* Zur Diskussion: Europarechtliche Gedanken zu § 14 FMStG, SAM 2009, 90; *Breuninger/Ernst,* Der Beitritt eines rettenden Investors als (stiller) Gesellschafter und der „neue" § 8c KStG, GmbHR 2010, 561; *Bien/Wagner,* Die Konzernklausel bei § 8c KStG, BB 2010, 923; *Eisolt,* Erstellung von Sanierungskonzepten nach dem neuen IDW S 6, BB 2010, 427; *Franz,* Enge oder weite Auslegung der „Konzernklausel" in § 8c Abs. 1 Satz 5 KStG?, BB 2010, 991; *Frey/Mückl,* Konzeption und Systematik der Änderungen beim Verlustabzug (§ 8c KStG) – Chancen und Risiken für die Gestaltungspraxis, GmbHR 2010, 71; *Gröger,* Verlustnutzung in Folge eines Sanierungserwerbs in 2010, BB 2010, 2926; *ders.,* Die Konzernklausel für den Verlustabzug – Problembereiche der Verschonungsregel des § 8c Abs. 1 Satz 5 KStG, GmbHR 2010, 1132; *Schneider/Roderburg,* Beratungsrelevante Änderungen durch das WachstumsBG, FR 2010, 58; *Stümper,* Das Schicksal steuerlicher Verlustvorträge in Anwachsungsfällen, GmbHR 2010, 129; *Dörr,* Wachstumsbeschleunigung durch den neuen § 8c KStG, NWB 2010, 184; *Eisgruber/Schaden,* Vom Sinn und Zweck des § 8c KStG – Ein Beitrag zur Auslegung der Norm, Ubg 2010, 73; *Brinkmann,* Die Stille Reserven-Klausel des § 8c KStG – bisherige gesetzliche Regelung und Änderung durch das Jahressteuergesetz 2010, Ubg 2011, 94; *Drüen/Schmitz,* Verfassungskonforme Auslegung des § 8c KStG in Altfällen, Ubg 2011, 921; *Hackemann/Fiedler,* Voraussetzungen einer Nichtigkeitsklage gegen den Beschluss der Europäischen Kommission vom 26.1.2011 zur Sanierungsklausel, BB 2011, 2972; *Kessler/Hinz,* Kernbereiche der Verlustverrechnung – Verfassungswidrigkeit von § 8c KStG, DB 2011, 1771; *Neumann,* Die Kapitalgesellschaft im Würgegriff des § 8c KStG?, FS Streck 2011, 103; *Ropohl/Buschmann,* Steuerliche Verlustnutzung zwischen Missbrauchsvorschrift und Verschonungsregelung, DStR 2011, 1407; *Schnitger,* Hat § 2 Abs. 4 UmwStG einen Anwendungsbereich?, DB 2011, 1718; *Suchanek/Jansen,* Änderungen bei der Stille-Reserven-Klausel des § 8c KStG durch das Jahressteuergesetz 2010, GmbHR 2011, 174; *Blumenberg/Haisch,* Die unionsrechtliche Beihilfeproblematik der Sanierungsklausel nach § 8c Abs. 1a KStG – Überlegungen zur Klage gegen die Kommissionsentscheidung vom 26.1.2011, FR 2012, 12; *Drüen/Schmitz,* Zur Unionsrechtskonformität des Verlustuntergangs bei Körperschaften, GmbHR 2012, 485; *Heuermann,* System- und Prinzipienfragen beim Verlustabzug, FR 2012, 435; *Hoffmann,* Anmerkung zu BFH, Urteil v. 12.7.2012 – I R 23/11, GmbHR 2012, 1192; *Karl,* Verfassungswidrigkeit oder teleologische Reduktion des § 8c KStG bei mittelbarer Anteilsübertragung von Verlustgesellschaften, BB 2012, 92; *Kessler/Heinz*, BMF reduziert Kernbereich der Verlustverrechnung durch homöopathisch dosierte AdV, BB 2012, 555; *Lang*, Verfassungswidrigkeit des § 8c KStG – eine Bestandsaufnahme, GmbHR 2012, 57; *Neyer*, § 8c KStG: Abwehrberatung mit Blick auf konzerninterne Anteilsübertragungen in den Jahren 2008 und 2009, BB 2012, 615; *Prinz*, Sonderwirkungen des § 8c KStG beim „Zinsvortrag", DB 2012, 2367; *Roth*, Teleologische Reduktion des § 8c KStG bei mittelbaren Anteilsübertragungen?, DB 2012, 1768; *Schmid/Mertgen*, Organschaft, Zinsschranke und § 8c KStG bei unterjährigem Beteiligungserwerb – eine Steuerfalle, DB 2012, 1830; *Wehner*, Der Sanierungserlass des BMF vom 27.3.2003 – Ein Verstoß gegen EU-Beihilferecht?, NZI 2012, 537; *Dörr/Eggert*, Gestaltungsmodell Mantelkauf mit Abtretung einer Besserungsanwartschaft gegen die GmbH, NWB 2013, 22; *Eisolt*, Kaufpreisanpassungsklausel bei Anteilsverkäufen aufgrund aktuell strittiger Verlustvortragsregelung in § 8c Abs. 1 KStG, NWB 2013, 1919; *Goldacker/Heerdt*, Die teleologische Auslegung des § 8c KStG als Missbrauchsvorschrift, Ubg 2013, 170; *Schnitger/Rometzki*, Das Verschonungspotential des § 8c Abs. 1 Sätze 6 bis 9 KStG – Fallstricke aus der Praxis, Ubg 2013, 1; *Suchanek*, Die Rechtsfolgen des § 8c KStG in der Organschaft, FR 2013, 349; *Adrian/Weiler*, Unterjähriger Beteiligungserwerb, Konzernklausel und Stille-Reserven-Klausel, BB 2014, 1303; *Deppe*, Umgehung des § 8c KStG durch Darlehensverzicht mit Besserungsschein oder Rangrücktritt, NWB 2014, Beilage 2/2014, 5; *Fuhrmann/Hoffmann*, Anpassungsbedarf des BMF-Schreibens zu § 8c KStG, DB 2014, 738; *Neumann*, Überlegungen zum aktuellen Entwurf des BMF-Schreibens zu § 8c KStG, GmbHR 2014, 673; *Neyer*, Verlustnutzung nach konzerninterner Anteilsübertragung – Was bringt das neue BMF-Schreiben zu § 8c KStG?, GmbHR 2014, 734; *Schneider/Sommer*, Der Entwurf des neuen BMF-Schreibens zu § 8c KStG, FR 2014, 537; *Suchanek/Hesse*, Verlustabzugsbeschränkung für Körperschaften, DStZ 2014, 27; *Suchanek/Trinkaus*, Nochmals: Zu den Rechtsfolgen des § 8c KStG bei unterjährigem schädlichen Beteiligungserwerb, FR 2014, 889; *Adrian*, Die neue Konzernklausel des § 8c Absatz 1 Satz 5 KStG, Ubg 2015, 288; *Dörr/Eggert*, Verlustabzug bei Körperschaften – § 8c KStG, Grundlagen Stand 23.9.2015, NWB QAAAE-69367; *Gläser/Zöller*, Bundesregierung beschließt Nachtrag zum ZollkodexAnpG – Neue Konzernklausel in § 8c KStG und Verschärfungen im Umwandlungssteuergesetz, BB 2015, 1117; *Graw*, Anmerkung zu FG Düsseldorf, Urteil v. 9.2.2015 – 6 K 3339/12 K, F, EFG 2015, 770; *Hinder/Hentschel*, Der Erwerberkreis des § 8c KStG – Grundlagen, unbestimmte Rechtsbegriffe und offene Auslegungsfragen –, GmbHR 2015, 16; *dies.*, Aktuelle Entwicklungen zum steuerlichen Verlustuntergang in Konzernsachverhalten, GmbHR 2015, 742; *Kimpel/Weppner*, Anm. zu FG Münster, Urteil v. 4.11.2015 – 9 K 3478/13 F, GWR 2015, 198; *Lüdicke*, Anmerkung zu FG Düsseldorf, Urteil v. 9.2.2015 – 6 K 3339/12 K, F, DStR 2015, 746; *Mühlhausen*, Anwendbarkeit des § 8c KStG auf verrechenbare Verluste gemäß § 15a EStG, Ubg 2015, 207; *Neyer*, Verlustnutzung nach schädlichem Erwerb: Sonderprobleme bei unterjähriger Anteilsübertragung, DStR 2015, 1777; *Roth*, Entwurf eines Gesetzes zur Umsetzung der Protokollerklärung zum Gesetz zur Anpassung der AO an den Zollkodex der Union und zur Änderung weiterer steuerlicher Vorschriften – PEZollkodexG, SteuK 2015; 221; *Seer*, Unterjähriger Beteiligungswechsel bei der Organschaft und Verlustabzugsbeschränkung nach § 8c Abs. 1 KStG, § 10a S. 10 GewStG, FR 2015, 729; *Chuchra/Dorn/Schwarz*, Untergang von Verlusten bei Anteilsübertragungen: Greift § 8c KStG bei Übertragungen im Rahmen der vorweggenommenen Erbfolge?, DStR 2016, 1404; *de Weerth*, EuG zur Sanierungsklausel des § 8c KStG: die Rückausnahme zur Ausnahme ist eine staatliche Beihilfe i. S. d. EU-Beihilferechts!, DB 2016, 682; *Gohr/Richter*, Rückwirkende Erweiterung der Konzernklausel des § 8c KStG durch das StÄndG 2015, DB 2016, 127; *Hackemann/Fiedler*, Anmerkung zu EuG, Urteil v. 4.2.2016 – T-620/11, GFKL Financial Services AG/Kommission, IStR 2016, 249; *Hinder/Hentschel*, Luxemburger Bestätigung für Beihilfewidrigkeit der Sanierungsklausel, GmbHR 2016, 345; *Holtmann*, Staatliche Beihilfen: EuG bestätigt Beihilfenqualität der Sanierungsklausel, EWS 2016, 61; *Klönne/Sauer/Schroer*, Ermittlung von stillen Reserven nach § 8c KStG bei negativem Eigenkapital, DB 2016, 1393; *Königer*, Anmerkung zu FG Münster, Urteil v. 4.11.2015 – 9 K 3478/13 F, BB 2016, 995; *Moser*, Zur (Nicht-)Anwendung von § 8c KStG bei der Ermittlung des Hinzurechnungsbetrages gemäß § 10 Abs. 3 AStG – Anm. zum Runderlass der SenFin Berlin v. 6.1.2016 – III A – S 2745a – 3/2013, IStR 2016, 462; *Seer*, Die Suche nach dem Rechtsgedanken des § 8c KStG (Verlustabzug), GmbHR 2016, 394; *Suchanek/Hesse*, Die Konzernklausel nach § 8c Abs. 1 Satz 5 KStG in der Fassung des StÄndG 2015, DStZ 2016, 27; *Suchanek/Rüsch*, § 8c KStG bei aufeinanderfolgenden Beteiligungserwerben, FR 2016, 260; *dies.*, Die „nahestehende Person" bei § 8c KStG, Wpg 2016, 173; *Blumenberg/Crezelius*, § 8c KStG nach der Entscheidung des BVerfG, DB 2017, 1405; *Crezelius*, Aktuelle Steuerrechtsfragen in Krise und Insolvenz, NZI 2017, 923; *Denisen/Frankus*, Kein Untergang von § 15a EStG-Verlusten durch Vorgänge i. S. d. § 8c KStG und § 8d KStG ?, DB 2017, 443; *Dreßler*, § 8c ist potentiell verfassungswidrig, DB 2017, 2629; *Ernst/Roth*, Der Vorhang zu und alles Fragen offen – zur (Un-)Vereinbarkeit von § 8C KStG mit Verfassungsrecht nach der „Paukenschlag"-Entscheidung des BVerfG, UBG 2017, 366; *Görgen/Rüschoff*, Die Verlustnutzung im Rahmen der atypisch stillen Beteiligung – Eine Analyse der Rechtslage zu § 15a EStG, § 10A GewStG sowie § 8c KStG mit Beispielen, Ubg 2017, 453; *Gosch*, Nur ein paar Worte zu den Verlustabzugsbeschränkungen des § 8C KStG nach dem BVerfG-Verdikt, GmbHR 2017, 695; *Hinder/Hentschel*, Die Einführung des „Veräußerers" in die Konzernklausel des § 8c Abs. 1 S. 5 Nr. 2 KStG – offene Auslegungsfragen, GmbHR 2017, 217; *Förster/Hechtner*, Steuerbefreiung von Sanierungsgewinnen gem. §§ 3a, 3c Abs. 4 EStG, DB 2017, 1536; *Kenk/Uhl-Ludäscher*, BVerfG zur Einschränkung des Verlustabzugs: Wegfall eines Verlustvortrags bei schädlichem Beteiligungserwerb verfassungswidrig, BB 2017, 1623; *Kessler/Egelhohoff/Probst*, Auswirkungen des BVerfG-Beschlusses v. 29.3.2017 auf § 8c Abs. 1 S. 1 KStG i.V. m § 8d KStG und § 8c Abs. 1 S. 2 KStG, DStR 2017, 1289; *dies.*, Anmerkung zu FG Hamburg, Schl. v. 29.8.2017 – 2 K 245/17, DStR 2017, 2377, 2385; *Laasch*, Nachweis stiller Reserven für Zwecke des § 8c KStG : Gutachtenwert oder tatsächlicher Kaufpreis?, GStB 2017, 110; *L'habitant*, Die Anwendung von § 8c Abs 1 S. 1 KStG bei Verwaltungssitzverlagerungen (Zuzugsfälle), BB 2017, 1250; *Milatz/Sax*, Transparenz der vermögensverwaltenden Personengesellschaft, DStR 2017, 141; *Neumann/Heuser*, § 8d KStG – Weiterentwicklung der körperschaftsteuerlichen Verlustverrechnung für eng begrenzte Sonderfällen, GmbHR 2017, 281; *Niemeyer/Lemmen*, Umbruch der Verlustnutzung durch den fortführungsgebundenen Verlustvortrag? DStZ 2017, 679; *Pauli*, Verfassungswidrigkeit des § 8c Abs. 1 Satz 1 KStG nach Einführung des § 8d KStG ? Offene Fragen nach der Entscheidung des BVerfG, Urteil v. 29.3.2017, FR 2017, 663; *Suchanek*, Anm. zu FG Hamburg, Beschl. v. 29.8.2017 – 2 K 245/17, FR 2017, 1134, 1141; *ders.*, Ungleichbehandlung von Kapitalgesellschaften beim Verlustabzug infolge eines schädlichen Beteiligungserwerbs nach § 8c Satz 1 KStG (jetzt § 8c Abs. 1 Satz 1 KStG), FR 2017, 577; *Thees/Zajons*, Unternehmensbewertungen im Kontext der Neuregelung des § 8d KStG, BB 2017, 1259; *Uhländer*, Die Besteuerung von Sanierungsgewinnen in laufenden Verfahren – Vertrauensschutz durch BT-Beschluss vom 27.04.2017 und BMF-Schreiben vom 27.04.2017, DB 2017, 996, DB 2017, 1224; *Weiss*, Ermittlung stiller Reserven im Rahmen der Verschonungsregelung gemäß § 8c Abs. 1 S. 6 KStG, Anm. zu FG Köln v. 31.8.2016 10 K 85/15, DStRK 2017, 38; *Fertig*, Verlustabzug bei Körperschaften (§§ 8c, 8d KStG) – viel Lärm um nichts?, Ubg 2018, 521; *Gläser/Zöller*, Neues BMF-Schreiben zu § 8c KStG – Was lange währt wird endlich gut?, BB 2018, 87; *Neumann/Heuser*, Neues BMF-Schreiben zu § 8c KStG, GmbHR 2018, 21; *Olbing*, Endlich da: BMF-Schreiben zu §8c KStG – Was nun?, AG 2018, 27; *Rödder/Schumacher*, Auch der Begriff des schädlichen Beteiligungserwers muss nachb dem Beschluss des BVerfG in § 8c KStG neu geregelt werden, Ubg 2018, 5; *Schneider/Bleifeld/Butler*, Verlustabzugsbeschränkung für Körperschaften: Das neue BMF-Schreiben vom 28.11.2017, DB 2018 S. 464; *Suchanek/Rüsch*, Verlustabzugsbeschränkungen für Körperschaften: Das neue BMF-Schreiben zu § 8c KStG und die gleichlautenden Erlasse zu § 10a Satz 10 GewStG, UBG 2018, 10; *Weiss/Brühl*, Neues BMF-Schreiben zu § 8c KStG, DStZ 2018, 451; *Suchanek/Herbst*, Die Sanierungsklausel des § 8c Abs. 1a KStG, Ubg 2019, 146

I. Gesetzesentwicklung des § 8c KStG

1 § 8c KStG wurde durch das **UntStRefG 2008** v. 14.8.2007[1] mit erstmaliger Anwendung für den VZ 2008 und auf Beteiligungserwerbe nach dem 31.12.2007 eingeführt. Die Vorschrift löst zwar § 8 Abs. 4 KStG ab, gleichwohl konnte es aber noch bis 31.12.2012 zu einer parallelen Anwendung von § 8 Abs. 4 KStG und § 8c KStG kommen (→ Rz. 44). Die Regelung hat eine bewegte Historie.

Ursprünglich sollte § 8c KStG nur aus drei Sätzen (dem ersten sowie dem vierten Satz des heutigen Abs. 1 und dem nunmehr weggefallenen zweiten Satz) bestehen. Im Verlauf des Gesetzgebungsverfahrens wurde – auch auf Anregung des Bundesrats – § 8c Satz 3 KStG (jetzt: § 8c Abs. 1 Satz 2 KStG) eingeführt, der eine Gruppe von Erwerbern mit gleichgerichteten Interessen als einen Erwerber behandelt.[2] Eine weitere Anregung des Bundesrats, die Neuregelung

---

[1] BGBl 2007 I S. 1912.
[2] BT-Drucks. 16/5452 S. 45, und BT-Drucks. 16/5491S. 22.

durch § 8c KStG „zielsicherer" zu begrenzen und insbesondere mittelbare Beteiligungserwerbe, bei denen der Handel mit einem Verlustmantel nicht im Vordergrund steht, von der Regelung auszunehmen, wurde nicht aufgenommen.[1]

Durch das **Gesetz zur Förderung von Wagniskapitalbeteiligungen** v. 12.8.2008[2] (WKBG) wurde § 8c KStG um einen zweiten Absatz ergänzt; der bisherige § 8c KStG wurde zu § 8c Abs. 1 KStG. Der **neue Abs. 2** enthielt eine Ausnahme für Wagniskapitalbeteiligungsgesellschaften und sah eine zeitliche Streckung des Verlustabzugs vor, wenn eine Wagniskapitalbeteiligungsgesellschaft die Anteile an der Verlustgesellschaft erwirbt oder veräußert. § 8c Abs. 2 KStG sollte nach § 34 Abs. 7b KStG i. d. F. des WKBG erstmals für den VZ 2008 und für Anteilsübertragungen nach dem 31.12.2007 gelten. Dies galt auch für den gewerbesteuerlichen Verlustvortrag nach § 36 Abs. 9 letzter Satz GewStG i. d. F. des WKBG. **§ 8c Abs. 2 KStG trat jedoch nicht in Kraft**, da die Bundesregierung ein förmliches Notifizierungsverfahren bei der EU-Kommission gem. Art. 88 Abs. 3 EGV (jetzt: Art. 108 Abs. 3 AEUV) eingeleitet hatte[3] und die EU-Kommission die Vereinbarkeit des § 8c Abs. 2 KStG mit dem EGV aus beihilferechtlichen Gründen mit Entscheidung vom 30.9.2009[4] endgültig verneinte. Da Abs. 2 von vornherein nicht in Kraft trat, bestand § 8c KStG weiterhin nur aus den ersten vier Sätzen und war nicht in Absätze unterteilt.

2

Eine weitere Änderung des § 8c KStG wurde im **JStG 2009** vorgeschlagen, ist aber **nicht in dieser Regelung umgesetzt** worden: Es sollte ein Abs. 2 eingeführt werden, der die Verlustnutzung im kommunalen Querverbund betraf.[5] Die entsprechende Neuregelung ist dann in § 8 Abs. 9 KStG übernommen worden.[6]

3

Durch das **Bürgerentlastungsgesetz Krankenversicherung** v. 16.7.2009[7] wurde § 8c Abs. 1a KStG eingefügt, der **in Sanierungsfällen** eine zunächst befristete Ausnahme vom Verlustuntergang bestimmte. Die Befristung ergab sich aus § 34 Abs. 7c KStG i. d. F. des Bürgerentlastungsgesetzes Krankenversicherung, wonach Abs. 1a nur für Anteilsübertragungen nach dem 31.12.2007 und vor dem 1.1.2010 gelten sollte. Die Regelung galt erstmals für den VZ 2008 (§ 34 Abs. 7c Satz 1 KStG i. d. F. des Bürgerentlastungsgesetzes Krankenversicherung) und damit rückwirkend für bereits verwirklichte Beteiligungserwerbe, die die Voraussetzungen des neuen Abs. 1a erfüllten.

4

Bereits im Gesetzgebungsverfahren zum JStG 2009 hatte der Bundesrat eine „zielgenauere" Ausgestaltung des § 8c Abs. 1 KStG gefordert, um „Kollateralschäden", insbesondere bei Unternehmenssanierungen, zu vermeiden.[8] Nach Vorstellung des Bundesrats sollte der Verlustvortrag so weit erhalten bleiben, als er mit den stillen Reserven verrechnet werden konnte. Dieser Forderung kam der Gesetzgeber im JStG 2009 nicht nach. Im Gesetzgebungsverfahren zum Bürgerentlastungsgesetz Krankenversicherung kam es auf Anregung des Finanzausschusses[9] zu einem erneuten Vorschlag des Bundesrats, eine Ausnahme für Sanierungsfälle zu schaffen:

---

1 BT-Drucks. 16/5377 S. 18 f.; s. → Rz. 239.
2 BGBl 2008 I S. 1672.
3 Az.: C-2/2009.
4 K (2009) 7387.
5 Siehe BT-Drucks. 16/10189, Art. 3 Nr. 6.
6 BT-Drucks. 16/11055 S. 80; zu § 8 Abs. 9 KStG *Bracksiek*, FR 2009 S. 15.
7 BGBl 2009 I S. 1959.
8 BR-Drucks. 545/08(B) S. 49.
9 BR-Drucks. 168/1/09 S. 31.

Der Bundesrat schlug die Einführung eines § 8c Abs. 1a KStG vor, der ein bis zum 31.12.2010 zeitlich befristetes Sanierungsprivileg vorsah, das unabhängig von den stillen Reserven gelten sollte. Dieser Vorschlag setzte sich zwar inhaltlich weitgehend durch, allerdings wurde die ursprünglich vorgesehene Befristung bis zum 31.12.2010 im § 34 Abs. 7b Satz 2 KStG-E[1] durch die Neufassung des § 34 Abs. 7c KStG auf den 31.12.2009 vorgezogen.[2]

5 Durch das **Wachstumsbeschleunigungsgesetz** v. 22.12.2009[3] kam es zu weiteren Änderungen des § 8c Abs. 1 u. Abs. 1a KStG:

▶ In § 8c Abs. 1 Satz 5 (jetzt: Satz 4) KStG wurde eine **Konzernklausel** eingefügt, nach der Beteiligungserwerbe unschädlich sind, wenn dieselbe Person zu jeweils 100 % sowohl an dem übernehmenden als auch an dem übertragenden Rechtsträger mittelbar oder unmittelbar beteiligt ist.

▶ Nach § 8c Abs. 1 Satz 6 – 8 KStG (jetzt: Satz 5, 6 u. 8), der so genannten **Stille-Reserven-Klausel**, bleiben die von § 8c Abs. 1 Satz 1 KStG betroffenen Verluste erhalten, soweit sie die anteilig auf sie entfallenden stillen Reserven nicht übersteigen. Satz 7 (jetzt: Satz 6) enthält eine Regelung zur Ermittlung der stillen Reserven: Dabei soll es sich um den Unterschiedsbetrag zwischen dem anteiligen bzw. vollständigen steuerlichen Eigenkapital und dem gemeinen Wert der Anteile handeln. § 8c Abs. 1 Satz 8 KStG schließt eine Erhöhung der stillen Reserven durch eine Umwandlung mit steuerlicher Rückwirkung aus.

▶ Die Neuregelungen in § 8c Abs. 1 Satz 5, 6 u. 8 KStG gelten erstmals für schädliche Beteiligungserwerbe nach dem 31.12.2009 (§ 34 Abs. 7b Satz 2 KStG i. d. F. des Wachstumsbeschleunigungsgesetzes).

▶ § 8c Abs. 1a Satz 3 Nr. 3 Satz 5 KStG wurde neu gefasst, indem nur noch solche Leistungen der Kapitalgesellschaft den Wert des zugeführten Betriebsvermögens mindern, die innerhalb von drei Jahren nach der Zuführung neuen Betriebsvermögens erfolgen (und nicht mehr zwischen dem 1.1.2009 und 31.12.2011). Der schädliche Rückgewährzeitraum beginnt somit erst nach der Zuführung von Betriebsvermögen. Die Neuregelung in Satz 5 ist rückwirkend für den VZ 2008 und auf Anteilsübertragungen nach dem 31.12.2007 anwendbar (§ 34 Abs. 7c Satz 1 KStG i. d. F. des Wachstumsbeschleunigungsgesetzes).

▶ Die nur befristete Anwendung der Sanierungsklausel des § 8c Abs. 1a KStG wurde aufgehoben (§ 34 Abs. 7c KStG i. d. F. des Wachstumsbeschleunigungsgesetzes).

6 Durch das **JStG 2010** v. 8.12.2010[4] wurde die **Stille-Reserven-Klausel** modifiziert. Nach der Neuregelung tritt ein Verlustuntergang auch insoweit nicht ein, als stille Reserven im ausländischen Betriebsvermögen bestehen, sofern es im Inland steuerpflichtig ist, vgl. → Rz. 81. Ferner wurde ein neuer Satz 8 (jetzt: Satz 7) für die Ermittlung der stillen Reserven im Fall eines negativen Eigenkapitals der Körperschaft eingefügt. Die Regelungen finden ab dem VZ 2010 Anwendung (§ 34 Abs. 1 KStG i. d. F. des JStG 2010).

7 Als Reaktion auf den Kommissionsbeschluss vom 26. 1. 2011 (→ Rz. 76) erfolgte durch das **EU-Beitreibungsgesetz** v. 13.12.2011[5] eine **Suspendierung der Sanierungsklausel** (§ 8c Abs. 1a

---

1 BR-Drucks. 168/09.
2 BT-Drucks. 16/13429 S. 41.
3 BGBl 2009 I S. 3950.
4 BGBl 2010 I S. 176.
5 BGBl 2011 I S. 2592.

KStG) durch § 34 Abs. 7c Satz 3 und 4 KStG. i. d. F. des EU-Beitreibungsgesetzes. Zur Aufhebung der Suspendierung vgl. → Rz. 9 u. → 635 ff.

Das **Steueränderungsgesetz 2015**[1] **korrigierte** den ursprünglichen Wortlaut der **Konzernklausel** rückwirkend auf den Zeitpunkt der erstmaligen Anwendung der Konzernklausel, d. h. mit Rückwirkung auf schädliche Beteiligungserwerbe nach dem 31.12.2009, vgl. § 34 Abs. 6 Satz 1 KStG i. d. F. des Steueränderungsgesetzes 2015. Durch den neuen Gesetzeswortlaut werden auch Fälle erfasst, bei denen es zu Übertragungen von und auf die Konzernspitze kommt. Darüber hinaus werden nunmehr auch solche Fallgestaltungen begünstigt, bei denen sämtliche Anteile direkt oder indirekt von einem Einzelunternehmen oder einer Personenhandelsgesellschaft gehalten werden, s. hierzu → Rz. 264.

8

Mit dem **Gesetz gegen schädliche Steuerpraktiken im Zusammenhang mit Rechteüberlassungen**[2] wurde als Folge des Beschlusses des Großen Senats v. 28.11.2016 über die Rechtswidrigkeit des Sanierungserlasses[3] die Steuerfreiheit von Sanierungsgewinnen gesetzlich geregelt (§ 3a EStG u. § 3c Abs. 4 EStG sowie § 8 Abs. 8 Satz 6 und Abs. 9 Satz 9 und § 15 Satz 1 Nr. 1 Satz 2 und Nr. 1a KStG). Das Gesetz regelt ferner durch **§ 8c Abs. 2** die nachrangige Anwendung des § 3a Abs. 3 EStG gegenüber § 8c KStG, d. h. § 3a Abs. 3 EStG findet nur auf die nach Anwendung des § 8c KStG verbleibenden nicht genutzten Verluste Anwendung.[4] Gemäß § 52 Abs. 4a EStG gilt die Steuerbefreiung des § 3a EStG ab dem 8.2.2017, d. h. dem Tag, an dem der Beschluss des Großen Senats veröffentlicht wurde. Für Altfälle gilt ein Antragswahlrecht auf Anwendung der Neuregelung, vgl. § 52 Abs. 4a und Abs. 5 Satz 3 EStG u. § 34 Abs. 3b KStG.

9

Die Steuerfreiheit von Sanierungsgewinnen sollte nach Art. 6 des Gesetzes erst an dem Tag in Kraft treten, an dem die Europäische Kommission durch Beschluss feststellt, dass die Regelungen der Art. 2, 3 Nr. 1 bis 4 und des Art. 4 Nr. 1 bis 3 Buchst. a entweder keine staatliche Beihilfen i. S. d. Art. 107 Abs. 1 AEUV oder mit dem Binnenmarkt vereinbare Beihilfen darstellen. Da die Kommission lediglich mit einem sog. *comfort letter* an das BMF ihr Einverständnis zu der gesetzlichen Regelung gegeben hatte,[5] der rechtlich nicht die Wirksamkeit eines Beschlusses hat, wurde die aufschiebende Wirkung mit dem **Gesetz zur Vermeidung von Umsatzsteuerausfällen beim Handel mit Waren im Internet und zur Änderung weiterer steuerlicher Vorschriften (UStAVermG)**[6] rückwirkend aufgehoben.

Mit dem **UStAVermG** wurde der **quotale Verlustuntergang** des § 8c (Abs. 1) Satz 1 KStG, d. h. der ursprünglich schädliche Beteiligungserwerb von mehr als 25 % bis zu 50 %, **rückwirkend seit des Inkrafttretens des § 8c KStG ersatzlos gestrichen**. Hintergrund der Streichung war der Beschluss des BVerfG v. 29.3.2017,[7] mit dem die Regelung des § 8c (Abs. 1) Satz 1 KStG i. d. F. v. 1.1.2008 bis zum 31.12.2015 für mit dem Grundgesetz nicht vereinbar erklärt wurde. Der Gesetzgeber war durch das BVerfG aufgefordert worden, bis Ende 2018 eine verfassungskonforme Regelung zu schaffen (→ Rz. 61).

10

---

1 Steueränderungsgesetz v. 2.11.2015, BGBl 2015 I S. 1834.
2 BGBl 2017 I S. 2074 = BStBl 2017 I S. 1202.
3 BFH, Beschluss v. 28.11.2016 - GrS 1/15, NWB OAAAG-37082.
4 Zum Regelungsinhalt *Uhländer*, DB 2017 S. 1224; *Förster/Hechtner*, DB 2017 S. 1536.
5 Vgl. BR-Drucks. 372/1/18 v. 11.9.2018.
6 BGBl 2018 I S. 2338 = BStBl 2018 I S. 1377.
7 BVerfG, Beschluss v. 29.3.2017 - 2 BvL 6/1, BStBl 2017 II S. 1082.

Die Beteiligungserwerbe bleiben aber weiterhin Zählerwerbe für Zwecke des § 8c Abs. 1 Satz 1 KStG.[1] Durch den Wegfall des quotalen Verlustuntergangs wurde Satz 2 entsprechend inhaltlich angepasst und zu Satz 1 des § 8c Abs. 1 KStG i. d. F. des UStAVermG. Dabei fällt auf, dass der Gesetzgeber die Definition der nicht genutzten Verluste als „nicht ausgeglichene oder abgezogene negative Einkünfte" nicht übernommen hat, sondern lediglich von nicht genutzten Verlusten spricht. Aus der Gesetzeshistorie und -begründung ergeben sich aber keine Anhaltspunkte dafür, dass damit eine inhaltliche Änderung der Regelung bezweckt war.

Die Stille-Reserven-Regelung in den Sätzen 6-8 musste ebenfalls angepasst werden, weil diese Sätze Aussagen zum quotalen Verlustuntergang beinhalteten. Die Sätze 2 bis 9 des Abs. 1 rückten wegen des Wegfalls des Satzes 1 jeweils einen Satz vor. § 8c Abs. 1 KStG blieb damit inhaltlich bis auf den Wegfall des quotalen Verlustuntergangs unverändert.

Eine weitere wesentliche Änderung erfolgte durch § 34 Abs. 6 Satz 2 KStG, wonach die **Sanierungsklausel des § 8c Abs. 1 a KStG** nunmehr wieder **auf Beteiligungserwerbe nach dem 31.12.2007 anwendbar** ist, d. h., erfüllt ein nach dem 31.12.2017 erfolgter Beteiligungserwerb die Voraussetzungen des § 8c Abs. 1a KStG, bleibt er bei der Anwendung des § 8c Abs. 1 Satz 1 unberücksichtigt. Damit einhergehend wurde § 34 Abs. 6 Satz 2 bis 4 KStG aufgehoben. Mit dieser Gesetzesänderung wurde die Konsequenz aus mehreren von dem EuGH am 28.6.2018 ergangenen Entscheidungen zu der Frage, ob die Sanierungsklausel eine Beihilfe i. S. d. Art. 107 Abs. 1 AEUV darstellt,[2] gezogen. Der EuGH hatte in diesen Entscheidungen den Kommissionsbeschluss vom 26.1.2011 (→ Rz. 7) für nichtig erklärt.

11–12   *(Einstweilen frei)*

13   Weiterhin kam es außerhalb des § 8c KStG zu Gesetzesänderungen, die sich auf § 8c KStG auswirken:

▶ Mit dem **UntStRefG 2008** v. 14.8.2007[3] wurde die entsprechende Anwendung des § 8c KStG auf den Zinsvortrag nach § 4h Abs. 1 Satz 2 EStG geregelt. Zur zeitlichen Anwendung s. § 34 Abs. 6a Satz 3 KStG i. d. F. des UntStRefG 2008.

▶ Durch das **JStG 2009** v. 19.12.2008[4] wurde der Verweis auf § 8c KStG sowohl in § 10a Satz 10 2. Halbsatz GewStG (→ Rz. 454) als auch in § 4h Abs. 5 Satz 3 EStG (→ Rz. 451) geändert, wodurch die Anwendung des § 8c KStG auf den gewerbesteuerlichen Fehlbetrag und den Zinsvortrag der einer Körperschaft nachgeschalteten Personengesellschaft für schädliche Beteiligungserwerbe nach dem 28.11.2008 ermöglicht wurde.[5]

▶ Durch das **JStG 2009** wurde ferner § 2 Abs. 4 UmwStG eingeführt, der sich bei der rückwirkenden Umwandlung auswirkt (→ Rz. 466).

▶ § 14 Abs. 3 **des Gesetzes zur Errichtung eines Finanzmarktstabilisierungsfonds** v. 17.10.2008[6] (FMStFG) schränkt § 8c Abs. 1 KStG bei Beteiligungserwerben durch den

---

[1] Vgl. Referentenentwurf des BMF, Entwurf eines Jahressteuergesetzes 2018 v. 21.6.2018 S. 54.
[2] EuGH, Urteil v. 28.6.2018 in den Rs. C-203/16 P, NWB JAAAG-87474, *Andres*, Insolvenzverwalter über das Vermögen der Heitkamp Bauholding GmbH/Europäische Kommission; C-208/16 P, NWB CAAAG-88496, Bundesrepublik Deutschland/Europäische Kommission; C-209/16 P, NWB MAAAG-88497, Bundesrepublik Deutschland/Europäische Kommission; und C-219/16 P, NWB WAAAG-88498, Lowell Financial Services (GFKL Financial Services)/Europäische Kommission.
[3] BGBl 2007 I S. 1912.
[4] BGBl 2008 I S. 2794.
[5] Siehe § 36 Abs. 9 Satz 10 GewStG und § 52 Abs. 12d Satz 2 EStG.
[6] BGBl 2008 I S. 1982.

SoFFin ein. § 14 Abs. 3 FMStFG wurde durch das **Bürgerentlastungsgesetz Krankenversicherung** v. 16.7.2009[1] erneut geändert und auf Stabilisierungsmaßnahmen der Bundesländer sowie auf Enteignungen nach dem Rettungsübernahmegesetz erweitert.

▶ Durch das **JStG 2010** v. 8.12.2010[2] wurde § 8a Satz 3 neu gefasst. In Zusammenhang mit der Einführung der Stille-Reserven-Klausel wurde eine gegenüber Verlustvorträgen und laufenden Verlusten nachrangige Anwendung der Stille-Reserven-Klausel auf den Zinsvortrag geregelt. Die Regelung ist gem. § 34 Abs. 6a Satz 6 KStG erstmals auf schädliche Beteiligungserwerbe nach dem 31.12.2009 anzuwenden.

▶ Mit dem **Gesetz zur Weiterentwicklung der Verlustverrechnung bei Körperschaften** v. 20.12.2016 ergänzte bzw. korrigierte der Gesetzgeber mit dem in das KStG eingefügten § 8d KStG die Regelung des § 8c KStG. Durch § 8d KStG, der gemäß § 34 Abs. 6a Satz 1 KStG erstmals auf schädliche Beteiligungserwerbe Anwendung findet, die nach dem 31.12.2015 erfolgen, ändert der Gesetzgeber zwar nicht den Wortlaut des § 8c KStG, allerdings stellt die Regelung einen fundamentalen Eingriff in den Regelungsbereich des § 8c KStG dar, was sich bereits aus dem Wortlaut des § 8d Abs. 1 Satz 1 KStG ergibt, weil § 8c KStG unter den in § 8d KStG geregelten Voraussetzungen auf Antrag nicht anzuwenden ist. Der Gesetzgeber will damit steuerliche Hemmnisse bei der Unternehmensfinanzierung durch Neueintritt oder Wechsel von Anteilseignern beseitigen. Die Körperschaft soll trotz eines schädlichen Beteiligungserwerbs ihre nicht genutzten Verluste weiterhin nutzen können, wenn der Geschäftsbetrieb der Körperschaft u. a. auch nach einem schädlichen Beteiligungserwerb erhalten bleibt und eine anderweitige Verlustnutzung ausgeschlossen ist.

Die FinVerw nahm zur Anwendung des § 8c KStG zunächst in dem BMF, Schreiben v. 4.7.2008[3] Stellung. Nach einem veröffentlichten Entwurf eines neuen BMF-Schreibens (Fassung Verbandsanhörung) v. 15.4.2014[4] wurde das BMF, Schreiben v. 4.7.2008 nunmehr durch das **BMF, Schreiben v. 28.11.2017** ersetzt.[5] Ferner nahm die OFD Nordrhein-Westfalen mit **Verfügung v. 20.12.2018** zur **Anwendung der Sanierungsklausel** Stellung.[6] Zur Anwendung des § 8c KStG auf die **gewerbesteuerlichen Fehlbeträge** s. die gleich lautenden Erlasse der obersten Finanzbehörden v. 29.11.2017.[7] Daneben ist für die **gewerbesteuerliche Behandlung von Sanierungsgewinnen** auf eine Verfügung des Bayerischen Landesamts für Steuern v. 11.2.2019 hinzuweisen.[8]

(Einstweilen frei)

---

1 BGBl 2009 I S. 1959.
2 BGBl 2010 I S. 1768.
3 BMF, Schreiben v. 4.7.2008, BStBl 2008 I S. 736.
4 BMF, Entwurf (Fassung Verbandsanhörung) v. 15.4.2014 - IV C 2 - S 2745-a/09/10002:004, NWB CAAAE-63041.
5 BMF, Schreiben v. 28.11.2017, BStBl 2017 I S. 1645; vgl. hierzu *Neumann/Heuser*, GmbHR 2018 S. 21; *Suchanek/Rüsch*, Ubg 2018 S. 10; *Gläser/Zöller*, BB 2018 S. 87; *Olbing*, AG 2018 S. 27.
6 BMF, Schreiben v. 28.11.2017, BStBl 2017 I S. 1645; vgl. hierzu *Neumann/Heuser*, GmbHR 2018, 21; *Suchanek/Rüsch*, Ubg 2018 S. 10; *Gläser/Zöller*, BB 2018 S. 87; *Olbing*, AG 2018 S. 27. OFD Nordrhein-Westfalen v. 20.12.2018 - S 2745 a-2015/0011-St 135, Verfügung betr. Anwendung der Sanierungsklausel nach § 8c Abs. 1a KStG; Änderung des § 8c KStG durch das Gesetz zur Vermeidung von Umsatzsteuerausfällen beim Handel mit Waren im Internet und zur Änderung weiterer steuerlicher Vorschriften (UStAVermG) vom 11.12.2018 (BGBl 2018 I S. 2338), DB 2019 S. 26.
7 Gleich lautenden Erlasse der obersten Finanzbehörden der Länder zur Anwendung des § 8c KStG auf gewerbesteuerliche Fehlbeträge; § 10a Satz 10 GewStG v. 29.11.2017, BStBl 2017 I S. 1643.
8 Bayerisches Landesamt für Steuern v. 11.2.2019 – G 1413.1.1-2/8 St32, Verfügung zu Steuerstundung und Steuererlass aus sachlichen Billigkeitsgründen durch die Gemeinde, NWB BAAAH-07958.

II. Regelung und Zweck des § 8c KStG

1. Regelungsinhalt des § 8c KStG

16 § 8c Abs. 1 KStG schränkt den Verlustabzug und -ausgleich bei Körperschaften ein und ersetzt § 8 Abs. 4 KStG. Bei Vorliegen der Voraussetzungen des § 8c Abs. 1 KStG geht der bisher von der Körperschaft nicht genutzte Verlust vollständig unter und kann mit zukünftigen Gewinnen nicht verrechnet werden.

17 Im Unterschied zu § 8 Abs. 4 KStG führt die Vorschrift nicht lediglich beispielhaft auf, wann die wirtschaftliche Identität verloren geht. Anknüpfungspunkt für die Beschränkung des Verlustabzugs ist **allein der Beteiligungserwerb** von mehr als 50 %, wobei der Gesetzgeber hiervon aufgrund der vorgenannten Gesetzesänderungen wesentliche Ausnahmen einräumt. Grund für die Versagung des Verlustabzugs ist der Wegfall der wirtschaftlichen Identität der Körperschaft. Nach Auffassung des Gesetzgebers ändert sich die wirtschaftliche Identität einer Gesellschaft durch das wirtschaftliche Engagement eines anderen Anteilseigners oder Anteilseignerkreises.[1]

18 In seiner ursprünglichen Fassung verschärfte § 8c KStG **die bisherige Mantelkauf-Regelung** des § 8 Abs. 4 KStG erheblich, indem verschiedene Tatbestandsvoraussetzungen des § 8 Abs. 4 KStG entfielen oder die Anforderungen an die Beschränkung des Verlustabzugs herabgesetzt wurden. Außerdem wurde ein zwischenzeitlich wieder aufgehobener quotal schädlicher Beteiligungserwerb (über 25 % bis 50 %) eingeführt.

Eine Verbesserung gegenüber § 8 Abs. 4 KStG ergab sich zunächst lediglich durch die Einführung einer erwerberbezogenen Betrachtung in § 8c Abs. 1 KStG anstelle der übertragungsbezogenen Betrachtung des § 8 Abs. 4 KStG (→ Rz. 281).

19 Durch mehrmalige Gesetzeskorrekturen versuchte der Gesetzgeber, der berechtigten Kritik an dem einerseits extensiven und andererseits unsystematischen Anknüpfungspunkt der Regelung zu begegnen. Die Wiedereinführung eines Sanierungsprivilegs, die Einführung der Konzernklausel, der Stille-Reserven-Klausel und des fortführungsgebundenen Verlustvortrags des § 8d KStG sowie die Streichung des quotalen Verlustuntergangs als Reaktion auf den Beschluss des BVerfG v. 29.3.2017[2] sind vor diesem Hintergrund zu sehen.

20 Die Regelung der Sanierungsklausel in **Absatz 1a** enthält eine Ausnahme vom Verlustuntergang bei **Sanierungsfällen**. Die Neuregelung knüpft an das insolvenzrechtliche Sanierungsprivileg des § 39 Abs. 4 Satz 2 InsO an, der für Darlehen eines Neugesellschafters, der Anteile zum Zweck der Sanierung erworben hat, keinen Nachrang i. S. v. § 39 Abs. 1 Nr. 5 InsO vorsieht. Im Übrigen werden Tatbestandsmerkmale des § 8 Abs. 4 KStG a. F. im neuen Abs. 1a wieder aufgegriffen, so z. B. die Zuführung wesentlichen Betriebsvermögens in Abs. 1a Satz 3 Nr. 3 (vgl. § 8 Abs. 4 Satz 2 KStG a. F., der auf überwiegend neues Betriebsvermögen abstellt) und die Einstellung des Geschäftsbetriebs in Abs. 1a Satz 4.[3] Satz 4 des neuen Abs. 1a stellt eine typische Mantelkauf-Regelung dar,[4] weil er auf eine „unternehmenslose", d. h. nicht mehr tätige Körperschaft gerichtet ist.

---

1 BT-Drucks. 16/4841 S. 34 f., 74 u. 76.
2 BVerfG, Beschluss v. 29.3.2017 - 2 BvL 6/11, BStBl 2017 II S. 1082.
3 Vgl. § 8 Abs. 4 Satz 2 KStG i. d. F. des StRefG 1990, der eine Wiederaufnahme des Geschäftsbetriebs und damit eine vorherige Einstellung verlangte.
4 BT-Drucks. 168/09 S. 32.

§ 8c Abs. 2 KStG bestimmt, dass **§ 8c KStG vorrangig vor § 3a Abs. 3 EStG** anzuwenden ist.

2. Zweck des § 8c KStG

§ 8c Abs. 1 KStG ersetzt § 8 Abs. 4 KStG, der den Zweck verfolgte, den **Handel mit GmbH-Mänteln** und vortragsfähigen Verlusten zu unterbinden und eine typisierende Missbrauchsabwehrvorschrift darstellte.[1] Ob § 8c Abs. 1 KStG in seiner ursprünglichen Fassung durch das UntStRefG 2008 **eine Missbrauchsregelung** i. S. v. § 42 Abs. 1 Satz 2 AO darstellt, ist umstritten, weil sich ein derartiger Zweck weder aus dem Gesetzeswortlaut noch aus der ursprünglichen Gesetzesbegründung eindeutig ableiten lässt.[2]

Nach Auffassung des BFH stellte der Handel mit GmbH-Verlustmänteln ursprünglich gerade keinen Missbrauch dar,[3] allerdings gilt dies m. E. nur für die Gesetzeslage vor Einführung des § 8 Abs. 4 KStG, d. h. vor Verknüpfung des Erhalts der Verluste an die **wirtschaftliche Identität der Körperschaft**.[4] Dies ergibt sich z. B. aus der Stellungnahme des Bundesrats zum JStG 2009. Darin wird ausgeführt, dass eine Neuformulierung des § 8c KStG verhindern müsse, dass der Verlustvortrag von einem anderen Unternehmensregime missbräuchlich genutzt werden könne. Nur der echte Mantelkauf solle zu einem Untergang der Verlustvorträge führen.[5]

Eine **spezielle Missbrauchsregelung** ist dem Grunde nach in **§ 8c Abs. 1 Satz 2 KStG** angelegt, der nach der Gesetzesbegründung insbesondere den Erwerb durch ein sog. Erwerberquartett (→ Rz. 299) erfassen will.[6] Jedoch geht auch hier der Wortlaut über typische Missbrauchsfälle hinaus. Weitere spezielle Missbrauchsregelungen enthält die Vorschrift in **Abs. 1 Satz 8 u. Abs. 1a Satz 4**.

M. E. wird man § 8c Abs. 1 KStG als eine Vorschrift verstehen müssen, deren Existenz sich ursprünglich nur aus mehreren Zwecken ableiten ließ.

Die Vorschrift diente zunächst durch den Abbau von Verlustnutzungspotenzial auch fiskalischen Zwecken. § 8c Abs. 1 KStG in der ersten Gesetzesfassung ist im Zusammenhang mit der **Gegenfinanzierung** der Unternehmensteuerreform 2008 zu sehen. Angesichts eines körperschaftsteuerlichen Bestands von Verlustvorträgen von 605 Mrd. € per Ende 2006 und eines gewerbesteuerlichen Bestands von 569 Mrd. € per Ende 2004[7] erwartete der Gesetzgeber jährliche Mehreinnahmen von 1,475 Mrd. € (KSt, SolZ, GewSt).[8] Dieses gesetzgeberische Ziel war von vornherein unrealistisch und wurde zudem aufgrund von Gesetzeskorrekturen eindeutig verfehlt,[9] da die Einführung der Sanierungsklausel, Konzernklausel und Stille-Reserven-Klausel allein im Jahr 2010 zu steuerlichen Mindereinnahmen von 1,34 Mrd. € führen sollten.[10]

---

1 BFH, Urteil v. 27.8.2008 - I R 78/01, BFH/NV 2009 S. 97 = NWB QAAAD-03289.
2 Dagegen: *Frotscher*/*Drüen* KStG § 8c Rz. 4; *Dörr*, NWB F. 4, 5339, 5340; *Sistermann/Brinkmann*, BB 2008, 1928, 1934; *Lademann/Wernicke*, KStG, § 8c Rz. 1; *Brinkmann* in Lüdicke/Sistermann, UntStR 2. Aufl. 2018, § 17 Rz. 35; dafür: *Suchanek/Herbst*, FR 2007 S. 863, 864; *Roser*, DStR 2008 S. 1561, 1565; *Suchanek*, FR 2008 S. 904, 908; *Suchanek* in HHR KStG § 8c Rz. 15; s. auch FG Berlin-Brandenburg, Urteil v. 18.10.2011 - 8 K 8311/10, NWB AAAAE-08533, das Revisionsverfahren I R 79/11 (NWB JAAAE-05575) ist erledigt durch Aussetzen des Verfahrens lt. Beschluss v. 16. 1. 2019. Das Verfahren wurde durch Beschluss v. 25.10.2017 bis zur Wirksamkeit einer rückwirkenden gesetzlichen Neuregelung des § 8c KStG (längstens bis zum 31.12.2018) ausgesetzt.
3 Vgl. BFH, Urteil v. 29.10.1986 - I R 202/82, BStBl 1987 II S. 308 u. I R 318-319/83, BStBl 1987 II S. 310.
4 Vgl. BFH, Urteil v. 27.8.2008 - I R 78/02, BFH/NV 2009 S. 97 = NWB PAAAC-22229.
5 BR-Drucks. 545/08(B) S. 49.
6 *Sistermann/Brinkmann*, BB 2008 S. 1928, 1934.
7 Vgl. BT-Drucks. 17/4653, 40, 41.
8 BT-Drucks. 16/4841 S. 43; vgl. *Dörr*, NWB F. 4 S. 5181.
9 Vgl. hierzu BT-Drucks. 17/15 S. 12.
10 Vgl. *Suchanek* in HHR KStG § 8c Rz. 4.

27 Daneben sollte die Regelung vergleichbar mit § 10a Satz 4 GewStG den Erhalt des nicht genutzten Verlustes auch an die sog. **gewerbesteuerliche Unternehmeridentität** (im Rahmen des § 8c Abs. 1 KStG: Anteilseigneridentität) **bei Personengesellschaften** anknüpfen.[1] Von der Unternehmeridentität spricht auch der Bundestag im Rahmen der Änderung des Verweises in § 10a GewStG auf § 8c KStG durch das JStG 2009.[2] Der Vergleich mit der gewerbesteuerlichen Unternehmeridentität bei Personengesellschaften ist m. E. verfehlt. Denn die Übertragung von Mitunternehmeranteilen wirkt sich nicht auf die KSt oder ESt aus. Zudem würde die Unternehmeridentität bei § 8c KStG erst bei einem Beteiligungserwerb von über 50 % eingreifen. Daneben lässt sich die Einbeziehung von nahestehenden Personen und Erwerbergruppen mit gleichgerichteten Interessen bei dem schädlichen Beteiligungserwerb nicht mit einer Unternehmeridentität begründen. Schließlich zeigen auch die Korrekturen durch das Sanierungsprivileg, die Konzernklausel und die Stille-Reserven-Klausel exemplarisch, dass eine Unternehmeridentität nicht der tragende Gedanke der Regelung war und ist.

28 § 8c Abs. 1 KStG sollte weiterhin die **Rechtsanwendung vereinfachen**. Der Grund für die Abschaffung des § 8 Abs. 4 KStG und die Ersetzung durch § 8c KStG lag nach dem Gesetzgeber auch in der Gestaltungsanfälligkeit und Kompliziertheit des § 8 Abs. 4 KStG:[3] Durch Zwischenschaltung einer Kapitalgesellschaft konnte z. B. eine von § 8 Abs. 4 KStG nicht erfasste mittelbare Anteilsveräußerung ermöglicht werden. Zudem war insbesondere das Tatbestandsmerkmal der „Zuführung überwiegend neuen Betriebsvermögens" kaum handhabbar (das allerdings im neuen Abs. 1a wieder enthalten ist, → Rz. 547). Das gesetzgeberische Ziel der Rechtsvereinfachung ist offensichtlich verfehlt worden.

29 Am Überzeugendsten ist, dass die Regelung weiterhin den Handel mit Verlustmänteln unterbinden soll.[4] Dabei sieht der Gesetzgeber in einem Erwerb von über 50 % der Beteiligung durch einen Erwerber innerhalb eines zusammenhängenden Zeitraums die wirtschaftliche Identität der Körperschaft als grds. nicht mehr gegeben an.[5] Bei dieser Typisierung ist jedoch in Betracht zu ziehen, dass die verlusttragende Körperschaft mit der Erleidung steuerlicher Verluste eine **eigentumsrechtliche Vermögensposition** erlangt, die **verfassungsrechtlichen Schutz** genießt.[6] Daher muss sich jeder Eingriff an dem verfassungsrechtlichen Verhältnismäßigkeitsgrundsatz orientieren.

Würde man die Norm lediglich als technische Verlustbeschränkungsvorschrift verstehen, ließe sich eine teleologische Reduktion, die vielfach geboten ist, nicht begründen. § 8c KStG ist somit wie § 8 Abs. 4 KStG eine spezialgesetzliche Missbrauchsvorschrift.[7] Dieser Zweck wird z. B. durch die Einführung diverser Ausnahmen und zuletzt des § 8d KStG bestätigt. Diese Rege-

---

1 Vgl. *van Lishaut*, FR 2008 S. 789, 790.
2 BT-Drucks. 16/11108 S. 37.
3 BT-Drucks. 220/07 S. 123, zu Nr. 4.
4 Vgl. BVerfG, Beschluss v. 29.3.2017 - 2 BvL 6/11, NWB JAAAG-44861, Rz. 121 ff.
5 Zur Kritik an diesem Ansatz *Fertig*, Ubg 2018 S. 521.
6 Zur Ableitung des intertemporalen objektiven Nettoprinzips aus Art. 3 Abs. 1 und Art. 14 GG *Heuermann*, FR 2012 S. 435.
7 Gl. A. BMF, Schreiben v. 19.10.2011, BStBl 2011 I S. 974, Rz. 19; (zumindest ab 2010) *Suchanek* in HHR KStG § 8c Rz. 3; unter Hinweis auf die Rechtsprechung *von Goldacker/Heerdt*, Ubg 2013 S. 170, 177; a. A. zu § 8 Abs. 4 KStG BFH, Urteil v. 12.7.2012 - I R 23/11, NWB IAAAE-19325 Zu weiteren Reformüberlegungen *Seer*, GmbHR 2016 S. 394, 396 ff., der sich kritisch zu den bisherigen gesetzgeberischen Korrekturen äußert und eine Beschränkung der Regelung auf die Fälle fordert, die zu einer substanziellen Veränderung des von der Kapitalgesellschaft betriebenen Unternehmens führen. Dazu empfiehlt er eine Beschränkung auf die Übertragung von Mehrheitsbeteiligungen und die Einführung einer Gegenbeweismöglichkeit gegen das Vorliegen eines Missbrauchs (Mantelkauf).

lungstechnik mag man kritisieren und z. B. angelehnt an die Rspr. des EuGH bei typisierenden Missbrauchsregeln generell eine Gegenbeweismöglichkeit fordern,[1] allerdings ist die Typisierung im deutschen Steuerrecht eine anerkannte Gesetzestechnik und die unionsrechtlich zu fordernde Gegenbeweismöglichkeit hat ihre Wurzeln in der Schaffung eines einheitlichen und diskriminierungsfreien Binnenmarktes in der EU, ist also nicht vergleichbar.

Die Ausnahme vom Verlustuntergang bei **Sanierungsfällen** gem. Abs. 1a ist eine Reaktion auf die durch die Finanzmarkt- und Wirtschaftskrise offensichtlich gewordene Unverhältnismäßigkeit der Vorschrift und sollte die Suche der Unternehmen nach sanierungswilligen Investoren erleichtern und damit die Sanierungsphase verkürzen.[2] Ohne Sanierungsprivileg hätte eine erfolgreiche Sanierung zur Folge, dass auf die nun entstehenden Gewinne wegen des Untergangs der Verluste unmittelbar Steuern zu zahlen wären. Damit würde der Sanierungserfolg sogleich wieder in Gefahr geraten und die Körperschaft wäre einer Übermaßbesteuerung ausgesetzt. Zugleich ist die Neuregelung auch eine Reaktion auf die allgemeine Kritik am Fehlen einer Sanierungsklausel und die als unzureichend empfundene Bezugnahme auf die Billigkeitsregelung im sog. Sanierungserlass.[3] Weiterhin dient das Sanierungsprivileg der **Gleichstellung von sanierungswilligen Neugesellschaftern mit dem Staat**, der in Gestalt des SoFFin oder von Abwicklungsanstalten nach § 14 Abs. 3 FMStFG steuerlich unschädlich Beteiligungen erwerben bzw. Unternehmen verstaatlichen kann.[4] § 8c Abs. 1a KStG trat rückwirkend zum 1.1.2008 in Kraft (→ Rz. 4, 5). 30

Die **Konzernklausel** ist ein Novum im Anwendungsbereich der Verlustabzugsregeln. Sie ist zeitgleich mit § 6a GrEStG eingeführt worden, der eine Grunderwerbsteuerbefreiung von Umstrukturierungen innerhalb eines Konzerns vorsieht. Die Regelungen unterscheiden sich unter anderem dadurch, dass § 6a GrEStG an Rechtsvorgänge des UmwG oder sonstigen Erwerbsvorgängen auf gesellschaftsvertraglicher Grundlage anknüpft, während § 8c Abs. 1 Satz 4 KStG grundsätzlich jeden Beteiligungserwerb betrifft. Für beide Konzernklauseln ist inhaltlich der Begriff „Konzernklausel" vollkommen verfehlt; der Konzerntatbestand ist für die Anwendung der Regelungen unerheblich und gibt zudem nicht den eng begrenzten Anwendungsbereich der Ausnahmevorschriften wieder. Die Einführung der Konzernklausel ist vor dem Hintergrund des durch die Finanzkrise bedingten Restrukturierungsbedarfs von Unternehmen zu sehen. Entgegen der bereits einige Monate zuvor mit dem Bürgerentlastungsgesetz Krankenversicherung zeitlich begrenzt, aber mit Rückwirkung eingeführten Sanierungsklausel gilt die Konzernklausel erstmals für schädliche Beteiligungserwerbe ab 1.1.2010. 31

Die **Stille-Reserven-Klausel** ist ebenfalls ein Novum im Anwendungsbereich der Verlustabzugsregeln. Dadurch, dass Verluste nicht untergehen, soweit ihnen im Inland steuerpflichtige stille Reserven gegenüberstehen, werden die Folgen eines schädlichen Beteiligungserwerbs in ganz wesentlichem Umfang reduziert. Der Gesetzgeber geht davon aus, dass in Höhe der vorhandenen, im Inland steuerpflichtigen stillen Reserven ein missbräuchlicher Handel mit Anteilen an Verlustgesellschaften ausgeschlossen ist. Dem steuerlichen Vorteil durch die Verlustnutzungsmöglichkeit steht die **latente Steuerbelastung der stillen Reserven** gegenüber. Wie die Konzernklausel gilt die zeitgleich eingeführte Stille-Reserven-Klausel erstmals für schädliche Beteiligungserwerbe ab 1.1.2010, was bedeutet, dass der Gesetzgeber insofern eine rückwirkende 32

---

1 Vgl. *Fertig*, Ubg 2018 S. 521 unter Nr. 6.2.
2 BT-Drucks. 168/09 S. 29, und 16/13429 S. 76.
3 BT-Drucks. 168/09 S. 30.
4 BR-Drucks. 168/09 S. 30 zu § 14 Abs. 3 FMStFG.

Korrektur des § 8c i. d. F. d. UntRefG 2008, anders als bei der Sanierungsklausel, für nicht erforderlich hielt.

33 Umstritten ist das Verhältnis der Ausnahmeregelungen (Konzernklausel, Stille-Reserven-Klausel, Sanierungsklausel) zueinander.[1] Die Gesetzesformulierung legt es nahe, dass die Konzernklausel gegenüber der Stille-Reserven-Klausel und beide gegenüber der Sanierungsklausel vorrangig sind. Auch die Voraussetzungen und Rechtsfolgen sprechen dafür.[2] In der Praxis sollte dem Steuerpflichtigen ein Wahlrecht eingeräumt werden.[3]

34 **Die gesetzestechnische Umsetzung ist in mehrfacher Hinsicht zu kritisieren:**

- So verwendet der Gesetzgeber Begriffe wie „nahestehend" oder „gleichgerichtete Interessen", ohne sie zu definieren.
- Das „gezeichnete Kapital" kann nicht übertragen werden, sondern nur der Anteil an der Kapitalgesellschaft.
- Die isolierte Übertragung von Stimm- oder Mitgliedschaftsrechten ist gesellschaftsrechtlich nicht möglich (→ Rz. 155 u. → Rz. 157).
- Das Tatbestandsmerkmal „vergleichbarer Sachverhalt" ist zu unbestimmt und bedarf der verfassungskonformen Auslegung (→ Rz. 316).
- Die disquotale Kapitalerhöhung wird zwar ausdrücklich geregelt, nicht aber die disquotale Kapitalherabsetzung.
- Der Gesetzgeber dehnt den Anwendungsbereich der Vorschrift über den Gesetzeszweck hinaus aus und „vertraut" auf eine einschränkende Anwendung der Regelung durch die FinVerw.
    - So heißt es etwa im Bericht des Finanzausschusses des Bundestags zur Anwendbarkeit des § 8c KStG auf Erbfälle und Erbauseinandersetzungen, dass die Koalitionsfraktionen von CDU und SPD davon ausgingen, dass die bisherige einschränkende Verwaltungsauffassung im BMF, Schreiben v. 16.4.1999[4] auch weiterhin zur Anwendung komme.[5] Das BMF hat daraufhin in seinem Schreiben vom 4.7.2008[6] diese „Anregung" aufgegriffen (→ Rz. 176 ff.).
    - Bezüglich Unternehmenssanierungen, die nach der ursprünglichen Fassung des § 8c KStG nicht mehr begünstigt waren, nimmt der Bundestag ebenfalls ausdrücklich auf ein BMF-Schreiben[7] Bezug.[8]
    - Nach dem Gesetzeswortlaut können auch Börsengänge, die über eine Emissionsbank erfolgen, von § 8c Abs. 1 KStG erfasst werden; erst durch das BMF, Schreiben v. 4.7.2008[9] wird diese Zwischenübertragung ausgenommen (→ Rz. 187).

Diese Form der Gesetzestechnik ist mit dem Grundsatz der Gewaltenteilung nicht vereinbar, da der **Gesetzgeber selbst den Anwendungsbereich der Vorschrift bestimmen muss**

---

1 Vgl. *Sistermann/Brinkmann*, DStR 2009 S. 2633, 2635.
2 Gl. A. *Neumann* FS Streck S. 103, 114 f; *Dötsch/Leibner* in DPM KStG § 8c Rz. 162.
3 So *Sistermann/Brinkmann*, DStR 2009 S. 2633, 2635; *Suchanek/Herbst*, Ubg 2019 S. 146, 147, gehen von einem Vorrang der Stille-Reserven-Klausel und Konzernklausel gegenüber der Sanierungsklausel aus.
4 BStBl 1999 I S. 455, Rz. 4.
5 BT-Drucks. 16/5491 S. 16.
6 BMF, Schreiben v. 28.11.2017, BStBl 2017 I S. 1645, Rz. 4.
7 Vom 27.3.2003, BStBl 2003 I S. 240.
8 BT-Drucks. 220/07 S. 126.
9 BMF, Schreiben v. 28.11.2017, BStBl 2017 I S. 1645, Rz. 6.

- § 8c Abs. 1 KStG spricht vom schädlichen Beteiligungserwerb, der auch die Übertragung von Mitgliedschafts-, Beteiligungs- und Stimmrechten umfasst, während § 34 Abs. 7b und 7c KStG a. F. sowie § 36 Abs. 9 Satz 4 GewStG a. F. hinsichtlich des zeitlichen Anwendungsbereichs lediglich den Begriff der Anteilsübertragung verwenden.

- Der zeitliche Anwendungsbereich der Norm ist in mehrfacher Hinsicht nur schwer zu ermitteln: So bereitet die Abgrenzung zu § 8 Abs. 4 KStG erhebliche Mühe, da dieser weitergalt und es zu Überschneidungen beider Vorschriften kommen konnte (→ Rz. 94). Die Regelung des Abs. 1a galt im Zeitpunkt ihres Inkrafttretens am 23.7.2009 nur noch für ca. fünf Monate, nämlich bis zum 31.12.2009, und wurde erst am 22.12.2009 als unbefristete Regelung ausgestaltet (→ Rz. 5).

- Das Sanierungsprivileg des Abs. 1a erfordert Spezialkenntnisse in völlig unterschiedlichen Rechtsgebieten, die von einem nicht entsprechend spezialisierten Berater kaum erwartet werden können: So nimmt Abs. 1a Bezug auf insolvenzrechtliche Begriffe wie Überschuldung und Zahlungsunfähigkeit, verweist auf erbschaftsteuerliche Regelungen und greift bereits bisher im Rahmen des § 8 Abs. 4 KStG umstrittene Rechtsbegriffe wie „Zuführung neuen Betriebsvermögens", „Branchenwechsel" und „Einstellung des Geschäftsbetriebs" wieder auf. Zudem wirft die rückwirkende Anwendung der Sanierungsklausel die Frage auf, welche gesetzliche Regelung des ErbStG maßgeblich sein soll (→ Rz. 540).

- Der Verweis in § 8c Abs. 1a Satz 3 Nr. 2 Satz 2 KStG auf § 13a Abs. 1 Satz 4 ErbStG bezüglich der Lohnsummenregelung für Kleinbetriebe ist nicht verständlich und lässt zwei völlig entgegengesetzte Interpretationen zu (→ Rz. 541).

- § 8c Abs. 1 KStG spricht von Körperschaften und bezieht damit nicht die in § 1 KStG genannten unbeschränkt steuerpflichtigen Personenvereinigungen und Vermögensmassen ein (→ Rz. 106). § 8c Abs. 1a Satz 3 Nr. 3 Satz 5 KStG erfasst wiederum nur Leistungen einer Kapitalgesellschaft, nicht aber die einer Körperschaft.

- Schließlich zeigen die gesetzgeberischen Korrekturmaßnahmen, dass die ursprüngliche Regelung vollkommen verfehlt war. Dabei überzeugt auch die gesetzestechnische Umsetzung der Korrekturmaßnahmen nicht. So besagt z. B. Abs. 1 Satz 5, dass ein nicht genutzter Verlust abgezogen werden kann. Zu einem Abzug kann es aber nur dann kommen, wenn die Voraussetzungen für den Verlustabzug im konkreten Fall tatsächlich vorliegen, vgl. z. B. § 10d EStG. Zutreffenderweise bleibt lediglich die Möglichkeit des Verlustabzugs erhalten. Vollkommen verunglückt war auch die **Sanierungsklausel**, deren Anwendung erst durch die Urteile des EuGH v. 28.6.2018[1] geklärt werden konnte (→ Rz. 635 u. zur zwischenzeitlichen Suspendierung § 34 Abs. 6 KStG).

(Einstweilen frei) 35–41

---

[1] Zum Beispiel C-203/16 P, NWB JAAAG-87474 u. C-208/16 P, NWB CAAAG-88496.

III. Verhältnis des § 8c KStG zu anderen Vorschriften

1. Verhältnis zu § 3a Abs. 3 EStG

42 Das Verhältnis von § 8c KStG zu § 3a Abs. 3 EStG ist gesetzlich in § 8c Abs. 2 KStG geregelt. Danach ist § 3a Abs. 3 EStG nur auf verbleibende nicht genutzte Verluste anzuwenden, die sich nach der Anwendung des § 8c Abs. 1 KStG ergeben (→ Rz. 641).

2. Verhältnis zu § 4 Abs. 1, § 5 Abs. 1 EStG

43 Der von § 8c Abs. 1 KStG erfasste Verlust bleibt in der Handels- und Steuerbilanz unverändert und wird dort weiterhin als Verlustvortrag ausgewiesen bzw. kann mit zukünftigen Gewinnen verrechnet werden. Die Rechtsfolgen des § 8c Abs. 1 KStG sind **außerhalb der Bilanz** zu ziehen, und zwar entweder dadurch, dass der Verlustvortrag in der Steuererklärung nicht geltend gemacht werden darf, oder durch die außerbilanzielle Hinzurechnung des laufenden, vor dem Übertragungsstichtag entstandenen Verlustes, der in der Gewinnermittlung mit dem laufenden, nach dem Übertragungsstichtag entstandenen Gewinn verrechnet worden ist (→ Rz. 499).

3. Verhältnis zu § 8 Abs. 4 KStG

44 § 8c Abs. 1 KStG löst § 8 Abs. 4 KStG ab und verschärft die Regelung des § 8 Abs. 4 KStG in zahlreichen Punkten (→ Rz. 18). Da § 8 Abs. 4 KStG aber nach § 34 Abs. 6 Satz 3 KStG i. d. F. des UntStRefG 2008 auch noch nach dem 31.12.2007 anwendbar war, konnte es zu einer parallelen Anwendung von § 8c Abs. 1 KStG und § 8 Abs. 4 KStG und damit zu einer Doppelberücksichtigung von Anteilsübertragungen sowohl im Rahmen des weitergeltenden § 8 Abs. 4 KStG als auch im Rahmen des § 8c KStG kommen.[1] § 8c Abs. 1a KStG begünstigt nur Übertragungen i. S.v. § 8c Abs. 1 KStG, nicht hingegen Übertragungen nach § 8 Abs. 4 KStG. Trotz Anwendbarkeit des Sanierungsprivilegs gem. § 8c Abs. 1a KStG konnte es daher zu einem Verlustuntergang nach § 8 Abs. 4 KStG kommen, wenn dieser zeitlich noch anwendbar war und dessen Sanierungsvoraussetzungen nach § 8 Abs. 4 Satz 3 KStG nicht griffen. Dabei ist bedenklich, dass sich das Merkmal der Zuführung neuen Betriebsvermögens nach § 8 Abs. 4 KStG steuerschädlich, nach § 8c Abs. 1a Satz 3 Nr. 3 KStG jedoch steuerlich vorteilhaft für die Verlustgesellschaft auswirkt.[2]

4. Verhältnis zu § 10d EStG

45 § 8c Abs. 1 KStG hat **Vorrang vor § 10d EStG** und schränkt die sich aus § 10d Abs. 2 EStG ergebende Möglichkeit des Verlustvortrags ein; dies geschieht durch eine Kürzung des gesondert festzustellenden verbleibenden Verlustvortrags i. S.v. § 10d Abs. 4 Satz 1 EStG. Demgegenüber wird der Verlustrücktrag nach § 10d Abs. 1 Satz 1 EStG durch § 8c Abs. 1 KStG nicht berührt.[3]

---

1 → Rz. 94 und BMF, Schreiben v. 28.11.2017, BStBl 2017 I S. 1645, Rz. 2, 31; dagegen aber FG Münster, Urteil v. 21.7.2016 - 9 K 2794/15 K, F, NWB TAAAF-81772, Rev. erledigt durch BFH v. 28. 11. 2018 - I R 61/16, NWB JAAAH-24024.

2 Siehe Kritik → Rz. 547.

3 → Rz. 475; a. A. BMF, Schreiben v. 28.11.2017, BStBl 2017 I S. 736, Rz. 45.

5. Verhältnis zu anderen Verlustbeschränkungen

§ 8c Abs. 1 KStG erfasst auch andere Verlustbeschränkungen wie § 2a, § 15 Abs. 4, § 15a und § 15b EStG, indem die sich aus diesen Vorschriften ergebende Verrechenbarkeit mit zukünftigen positiven Einkünften derselben Einkunftsart ausgeschlossen wird.[1]

6. Verhältnis zu § 4h EStG und § 8a KStG

§ 8a Abs. 1 Satz 3 KStG verweist auf § 8c KStG, so dass es parallel zum Verlustuntergang auch zum Untergang des Zinsvortrags bei Kapitalgesellschaften kommt (→ Rz. 449 ff.). Gleiches gilt bei nachgeschalteten Personengesellschaften nach § 4h Abs. 5 Satz 3 EStG i. d. F. des JStG 2009 (→ Rz. 451). Die parallele Anwendung der Zinsschranke und des Verlustuntergangs führt damit zu einer erheblichen Erschwerung der Zuführung neuen Kapitals bei Kapitalgesellschaften, die sich in Liquiditätsschwierigkeiten befinden: Bei einer Zuführung von verzinslichem Fremdkapital droht eine Beschränkung des Abzugs der Zinsaufwendungen durch die Zinsschranke, bei einem schädlichen Beteiligungserwerb und anschließender Zuführung von neuem Gesellschafterkapital droht aufgrund des Beteiligungserwerbs ein Untergang der nicht genutzten Verluste nach § 8c Abs. 1 KStG sowie des Zinsvortrags nach § 4h EStG.

7. Verhältnis zu § 7 und § 10a GewStG

§ 8c KStG findet über § 10a Satz 10 1. Halbsatz GewStG i. d. F. des JStG 2009 bei der gesonderten Feststellung des vortragsfähigen Gewerbeverlusts Anwendung, so dass der vortragsfähige Gewerbeverlust bei Vorliegen der Voraussetzungen des § 8c Abs. 1 Satz 1 KStG untergeht (→ Rz. 453). Gleiches gilt nach § 10a Satz 10 2. Halbsatz GewStG i. d. F. des JStG 2009 auch für den Gewerbeverlust nachgeschalteter Personengesellschaften (→ Rz. 454). Soweit § 8c Abs. 1 KStG auch den Verlustausgleich einschränkt, d. h. die Verrechnung des laufenden Verlustes des Übertragungsjahres, gilt § 8c KStG m. E. nicht für die Ermittlung des Gewerbeertrags des Übertragungsjahres (→ Rz. 455).

8. Verhältnis zu § 12 Abs. 3 Satz 2, § 15 Abs. 3 UmwStG

§ 12 Abs. 3 Satz 2 i. V. m. § 4 Abs. 2 Satz 2 UmwStG bestimmt, dass bei einer **Verschmelzung** der Verlustgesellschaft auf eine andere (übernehmende) Gesellschaft die übernehmende Gesellschaft den nicht genutzten Verlust der Verlustgesellschaft nicht übernehmen kann. Damit kommt es bei Verschmelzung der Verlustgesellschaft auf eine andere Gesellschaft bereits nach § 12 Abs. 3 Satz 2 i. V. m. § 4 Abs. 2 Satz 2 UmwStG zu einem vollständigen Verlustuntergang, unabhängig davon, wie sich die Anteilsverhältnisse an der übernehmenden Gesellschaft nach der Verschmelzung darstellen. Zu einer Prüfung des § 8c Abs. 1 KStG kommt es nicht, weil die Verlustgesellschaft aufgrund der Verschmelzung untergeht (→ Rz. 226). Allerdings erfasst § 12 Abs. 3 Satz 2 UmwStG nicht den Verlust einer der Verlustgesellschaft nachgeordneten Gesellschaft.[2]

Bei einer **Abspaltung** von der Verlustgesellschaft auf eine andere Kapitalgesellschaft oder Personengesellschaft kommt es zu einem anteiligen Verlustuntergang nach § 15 Abs. 3 bzw. § 16 UmwStG in dem Umfang, in dem bei Zugrundelegung des gemeinen Wertes Vermögen auf die andere Kapitalgesellschaft übergeht. § 8c Abs. 1 KStG ist daneben nicht anwendbar, da die

---

[1] BMF, Schreiben v. 28.11.2017, BStBl 2017 I S. 1645, Rz. 2; str., → Rz. 434.
[2] *Schick/Franz*, DB 2008 S. 1987, 1988.

Anteilsverhältnisse bei der Verlustgesellschaft unverändert bleiben (→ Rz. 256); § 15 Abs. 3 UmwStG ist insoweit vorrangig.[1] § 15 Abs. 3 UmwStG erfasst wie § 12 Abs. 3 UmwStG nur den Verlust beim übertragenden Rechtsträger, nicht aber den Verlust bei einer nachgeschalteten unmittelbaren oder mittelbaren Beteiligung des übertragenden Rechtsträgers.[2]

50 Wird hingegen eine **andere (übertragende) Gesellschaft auf die (übernehmende) Verlustgesellschaft verschmolzen** oder ein Teil von jener auf die Verlustgesellschaft abgespalten, wirken sich weder § 12 Abs. 3 Satz 2 noch § 15 Abs. 3 UmwStG aus, wenn die Verluste nur bei der übernehmenden Verlustgesellschaft, nicht aber bei der übertragenden Gesellschaft vorhanden sind. Ändern sich aber aufgrund der Verschmelzung die Anteilsverhältnisse, kann § 8c Abs. 1 KStG zur Anwendung kommen, wenn der Gesellschafter der übertragenden Gesellschaft mit mehr als 50 % an der übernehmenden Verlustgesellschaft beteiligt wird (→ Rz. 182).

9. Verhältnis zu § 2 Abs. 1 und 4, § 20 Abs. 6 Satz 4 UmwStG

51 Eine Umwandlung auf die Verlustgesellschaft kann zwar nach § 2 Abs. 1 UmwStG mit steuerlicher Rückwirkung erfolgen. Die Rückwirkung, die bei der Verlustgesellschaft eintritt, erfasst aber nicht den Anteilseigner, auf den § 8c Abs. 1 KStG abstellt, so dass sich § 2 Abs. 1 UmwStG in diesem Fall nicht auswirkt (str. → Rz. 464). Wird hingegen die Anteilseignerin der Verlustgesellschaft mit steuerlicher Rückwirkung nach § 2 Abs. 1 UmwStG umgewandelt, ist die Rückwirkung m. E. im Rahmen des § 8c Abs. 1 KStG zu beachten.[3] Der sich bei einer Umwandlung ergebende Übertragungsgewinn kann nach der Neuregelung des § 2 Abs. 4 UmwStG nicht aufgrund einer rückwirkenden Umwandlung mit den nicht genutzten Verlusten verrechnet werden (→ Rz. 466 ff.). Zur Auswirkung des § 2 Abs. 1 UmwStG auf die Konzernklausel vgl. → Rz. 266 und auf die Stille-Reserven-Klausel vgl. → Rz. 421 ff.

10. Verhältnis zu § 42 AO

52 § 8c KStG ist m. E. ebenso wie § 8 Abs. 4 KStG **eine spezielle, dem § 42 AO vorgehende Missbrauchsregelung** i. S. v. § 42 Abs. 1 Satz 2 AO. Ein Rückgriff auf § 42 AO ist ausgeschlossen.[4]

11. Verhältnis zur Hinzurechnungsbesteuerung nach dem AStG

53 Nach Auffassung der FinVerw findet § 8c KStG im Rahmen der Ermittlung des Hinzurechnungsbetrags nach dem AStG sowohl auf einen laufenden Verlust als auch auf einen festgestellten verbleibenden Verlustvortrag i. S. d. § 10 Abs. 3 Satz 5 AStG Anwendung.[5] M. E. spricht gegen diese Auffassung, dass in § 10 Abs. 3 Satz 5 AStG lediglich die entsprechende Anwendung von § 10d EStG angeordnet wird (→ Rz. 434).

12. Verhältnis zu § 8d KStG

54 Die Anwendung von § 8d KStG setzt voraus, dass § 8c KStG tatbestandlich erfüllt ist.

55–60 *(Einstweilen frei)*

---

[1] *Schick/Franz*, DB 2008 S. 1987, 1989.
[2] *Schick/Franz*, DB 2008 S. 1987, 1988.
[3] → Rz. 469; a. A. BMF, Schreiben v. 28.11.2017, BStBl 2017 I S. 1645, Rz. 15.
[4] Gl. A. *Suchanek* in HHR KStG § 8c Rz. 15.
[5] BMF, Schreiben v. 28.11.2017, BStBl 2017 I S. 1645, Rz. 2; s. bereits SenFin, Runderlass KSt-Nr. 149, AStG DBA-Nr. 48, v. 6.1.2016 - III A - S 2745a - 3/2013.

IV. Verfassungsmäßigkeit des § 8c KStG

1. Verfassungswidrigkeit des quotalen Verlustuntergangs und Aufhebung der Regelung

Das FG Hamburg hatte dem BVerfG mit Beschluss vom 4.4.2011[1] die Frage zur Entscheidung vorgelegt, ob § 8c KStG insbesondere wegen Verstoßes gegen das sog. Trennungsprinzip zwischen den Sphären der Anteilseigner und der Körperschaft und damit wegen Verstoßes gegen das Prinzip der Besteuerung nach der Leistungsfähigkeit verfassungswidrig sei. Dem Beschluss des FG Hamburg lag ein schädlicher Anteilserwerb von **bis zu 50 %** (im Streitfall 48 %) zugrunde. Das Gericht hielt die Vorschrift des § 8c Satz 1 KStG bzw. § 8c Abs. 1 Satz 1 KStG a. F. insoweit für verfassungswidrig, als bei der unmittelbaren Übertragung innerhalb von fünf Jahren von mehr als 25 % bis 50 % des gezeichneten Kapitals an einer Körperschaft an einen Erwerber die bis zum schädlichen Beteiligungserwerb nicht ausgeglichenen oder abgezogenen negativen Einkünfte nicht mehr abziehbar waren.

Über die Verfassungsbeschwerde wurde am 29.3.2017[2] entschieden. Das BVerfG erklärte § 8c Satz 1 KStG i. d. F. des UntStRefG 2008 und § 8c Abs. 1 Satz 1 KStG i. d. F. des WKBG sowie den nachfolgenden Fassungen bis zum Zeitpunkt des Inkrafttretens des Gesetzes zur Weiterentwicklung der steuerlichen Verlustverrechnung bei Körperschaften v. 20.12.2016 (Einführung des § 8d KStG) für unvereinbar mit Art. 3 Abs. 1 GG, soweit bei der unmittelbaren Übertragung innerhalb von fünf Jahren von mehr als 25 % bis 50 % des gezeichneten Kapitals an einer Kapitalgesellschaft an einen Erwerber die bis zum schädlichen Beteiligungserwerb nicht genutzten Verluste nicht mehr abziehbar sind. Es verpflichtete ferner den Gesetzgeber, bis zum 31.12.2018 rückwirkend zum 1.1.2008 eine Neuregelung zu schaffen und bestimmte, dass andernfalls zum 1.1.2019 im Umfang der festgestellten Unvereinbarkeit die Nichtigkeit von § 8 Satz 1 bzw. § 8c Abs. 1 Satz 1 KStG auf den Zeitpunkt ihres Inkrafttretens eintreten sollte.

Begründet wird die Verfassungswidrigkeit mit einem Verstoß gegen Art. 3 Abs. 1 GG, da das körperschaftsteuerliche Trennungsprinzip zwischen der Ebene der Körperschaft und dem Anteilseigner nicht beachtet wurde und die Voraussetzungen der Regelung sich nicht realitätsgerecht an einem typischen Missbrauchsfall orientieren, so dass die Regelung einen Verstoß gegen das Willkürverbot darstellt.[3] Der Gesetzgeber ist seiner Verpflichtung mit dem UStAVermG (→ Rz. 10) nachgekommen und hat die Regelung über den quotalen Verlustuntergang ersatzlos gestrichen.

2. Anhängiges Normenkontrollverfahren zur Verfassungsmäßigkeit des vollständigen Verlustuntergangs

Auf die Regelung über den schädlichen Beteiligungserwerb von mehr als 50 % (§ 8c Satz 2 KStG bzw. § 8c Abs. 1 Satz 2 KStG bzw. jetzt: § 8c Abs. 1 Satz 1) hat der Beschluss des BVerfG keine Auswirkungen.[4] Insofern ist aber auf den **Vorlagebeschluss des FG Hamburg v. 29.8.2017** zu § 8c Abs. 1 Satz 2 i. d. F. des UntStRefG hinzuweisen,[5] dessen Erfolgschancen nach dem Be-

---

1 2 K 33/10, EFG 2011 S. 1460.
2 BVerfG, Beschluss v. 29.3.2017 - 2 BvL 6/11, NWB JAAAG-44861, Rz. 121 ff.
3 Vgl. BVerfG, Beschluss v. 29.3.2017 - 2 BvL 6/11, NWB JAAAG-44861, Rz. 110 ff. u. 121 ff.
4 Vgl. BVerfG, Beschluss v. 29.3.2017 - 2 BvL 6/11, NWB JAAAG-44861, Rz. 141.
5 FG Hamburg, Beschluss v. 29.8.2017 - 2 K 245/17, NWB MAAAG-60376, m. Anm. *Suchanek* DStR 2017 S. 2377, m. Anm. *Egelhof/Probst*; Az. des BVerfG: 2 BvL 19/17; zustimmend *Crezelius*, NZI 2017 S. 923, 925; *Brandis* in Blümich KStG § 8c Rz. 22; weitere Literatur s. → Rz. 63. Die beim BFH unter den Az. I R 31/11 NWB JAAAE-02328 u. I R 79/11 (NWB JAAAE-05575) anhängigen Verfahren sind mittlerweile erledigt.

schluss des BVerfG v. 29.3.2017 als hoch eingeschätzt werden, weil sich das FG Hamburg weitgehend auf die von dem BVerfG dargelegten Gesichtspunkte für die Verfassungswidrigkeit des quotal schädlichen Beteiligungserwerbs stützt (→ Rz. 61).[1]

Das FG Sachsen vertritt in seinem Urteil vom 16.3.2011[2] allerdings die Auffassung, dass § 8c KStG im Fall eines schädlichen Beteiligungserwerbs von **mehr als 50 %** nicht verfassungswidrig sei. Das FG Sachsen begründet seine Auffassung insbesondere damit, dass der Gesetzgeber typisierend annehmen dürfe, dass eine Körperschaft durch die Übertragung von mehr als 50 % der Anteile eine neue wirtschaftliche Identität erhalten könne. Daher erscheine es sachgerecht und nicht verfassungswidrig, wenn dieser Identitätswechsel dazu führe, dass die „neue" Gesellschaft die „alten" Verluste nicht mit „neuen" Gewinnen verrechnen könne. Das Gericht verweist hierzu auch auf den Beschluss des Großen Senats vom 17.12.2007 zu den Verlustvorträgen eines Erblassers.[3]

Mit der durch § 8c KStG angestrebten wirtschaftlichen Betrachtung soll nach Ansicht des FG Sachsen außerdem eine Angleichung der Verlustabzugsbeschränkung für Körperschaften an die Rechtslage bei natürlichen Personen und Mitunternehmerschaften erreicht werden, so dass im Hinblick auf Verluste bei Körperschaften eine Art Teiltransparenz erzielt werde. Dies wird aber zu Recht als systemfremd kritisiert, weil eine Teiltransparenz dem Grundgedanken des KStG, dem Trennungsprinzip, widerspricht.[4]

Der BFH hatte mit Beschluss vom 28.10.2011 (I R 31/11) das Revisionsverfahren gegen das Urteil des FG Sachsen nach § 74, § 121 Satz 1 FGO zunächst bis zur Entscheidung des BVerfG über die Vorlage des FG Hamburg (→ Rz. 61) ausgesetzt. Das Verfahren wurde sodann durch Beschluss v. 25.10.2017 bis zur Wirksamkeit einer rückwirkenden gesetzlichen Neuregelung des § 8c KStG (längstens bis zum 31.12.2018) ausgesetzt. Aufgrund des am 29.8.2017 ergangenen Vorlagebeschlusses des FG Hamburg zur möglichen Verfassungswidrigkeit des ursprünglichen § 8c Abs. 1 Satz 2 KStG ist mit einer weiteren Aussetzung des Verfahrens zu rechnen.

63 Durch das Wachstumsbeschleunigungsgesetz (→ Rz. 5) ist die Regelung des § 8c KStG wesentlich entschärft worden. Nach der Intention des Gesetzes werden der Körperschaft nicht genutzte steuerliche Verluste nach einem schädlichen Beteiligungserwerb nur insoweit entzogen, als ihr eigenes Verlustnutzungspotential ausgeschöpft ist. Die Regelung dient der Wahrung des verfassungsrechtlichen Verhältnismäßigkeitsgebots („Übermaßverbot").[5]

Problematisch ist nach wie vor, dass durch den Entzug der Verlustnutzungsmöglichkeit alle Anteilseigner der Körperschaft wirtschaftlich betroffen sind. § 8c KStG unterscheidet sich gegenüber § 8 Abs. 4 KStG auch dadurch, dass sich der bloße Beteiligungserwerb steuerlich nachteilig zulasten der „Altgesellschafter" und der Verlustgesellschaft auswirkt, während nach § 8 Abs. 4 KStG diese negativen Auswirkungen Folge der Zuführung von überwiegend neuem Betriebsvermögen war, d. h. mit einer Stärkung der Verlustgesellschaft einherging.

---

1 Zu den möglichen Auswirkungen des BVerfG-Beschlusses auf § 8c KStG vgl. *Kessler/Probst*, DStR 2017 S. 1289; *Suchanek*, FR 2017 S. 577, 587; *Blumenberg/Crezelius*, DB 2017 S. 1405, 1408 unter IV.; *Dreßler*, DB 2017 S. 2629; *Ernst/Roth*, Ubg 2017 S. 366; *Pauli*, FR 2017, 663; *Kenk/Uhl-Ludäscher*, BB 2017, 1623; *Gosch*, GmbHR 2017, 695; *Niemeyer/Lemmen*, DStZ 2017, 679; *Olbing*, AG 2018 S. 27; *Rödder/Schumacher*, Ubg 2018 S. 5; *Fertig*, Ubg 2018 S. 521.
2 2 K 1869/10, NWB OAAAD-83861, EFG 2011 S. 1457.
3 GrS 2/04, BStBl 2008 II S. 608.
4 *Kessler/Hinz*, DB 2011 S. 1773.
5 Nach *Kessler/Heinz*, BB 2012 S. 555, ändern die Erleichterungen in § 8c Abs. 1 Sätze 4 ff. KStG nichts an der Schärfe des verfassungswidrigen Regelungskerns.

Der Kritikpunkt bleibt auch nach der Änderung des § 8c (Abs. 1) Satz 1 durch das UStAVermG (→ Rz. 10) bei Erwerb einer Mehrheitsbeteiligung bestehen. Problematisch bleibt die Regelung auch insofern, als mittelbare schädliche Beteiligungserwerbe im Ausland erfolgen, weil diese Sachverhalte für die FinVerw und die verlusttragende Körperschaft im Rahmen der gesetzlichen Möglichkeiten oftmals nicht aufklärbar sein dürften. Insoweit ist ein strukturelles Vollzugsdefizit gegeben, was einen Verstoß gegen Art. 3 Abs. 1 GG begründen kann.[1] Daneben dürfte es auch zumindest teilweise bei mittelbaren Beteiligungserwerben an einem ausreichenden Bezug zu der Verlustkörperschaft fehlen.

Ob diese Defizite der Regelung für die hohen Hürden einer Verfassungswidrigkeit ausreichend sind, bleibt abzuwarten. Entscheidungen des Gesetzgebers sind nur daraufhin zu überprüfen, ob sie auf sachwidrigen, willkürlichen Erwägungen beruhen.[2] Das BVerfG hat bei seiner Betrachtung über die mögliche Rechtfertigung der Ungleichbehandlung von Körperschaften im Hinblick auf einen Verlust der wirtschaftlichen Identität durch den Erwerb von Minderheitsbeteiligung die Korrekturen des Gesetzgebers durch die Stille-Reserven-Klausel und die Konzernklausel als nicht relevant angesehen.[3]

In dem vorliegenden Normenkontrollverfahren geht es jedoch um den Erwerb von Mehrheitsbeteiligungen, so dass in der Ursprungsfassung des § 8c KStG die Sanierungsklausel und ab 1.1.2010 zusätzlich die Konzernklausel und die Stille-Reserven-Klausel eine andere Wirkung entfalten könnten als in der Entscheidung v. 29.3.2017. Ferner sind ab dem 1.1.2017 die Regelungen über den fortführungsgebundenen Verlustvortrag zu berücksichtigen. Zudem fällt auf, dass sich durch den Wegfall des quotal schädlichen Beteiligungserwerbs die Problembereiche des § 8c KStG insgesamt nochmals erheblich reduziert haben. Im Ergebnis wird sich das BVerfG mit der Abgrenzung zwischen nicht unüblichen Gesetzesmängeln und willkürlichen Erwägungen bei der Steuergesetzgebung auseinandersetzen müssen.

Steuerpflichtige, deren Verluste aufgrund eines schädlichen Beteiligungserwerbs nicht mehr zur Verrechnung zugelassen werden, sollten im Hinblick auf die ungeklärte Rechtslage ihre **Veranlagungen offenhalten**, um von einer für sie günstigen Entscheidung des BVerfG profitieren zu können. Entsprechendes gilt auch für den Untergang von gewerbesteuerlichen Verlustvorträgen sowie für den Untergang eines Zinsvortrages im Rahmen der Zinsschranke bzw. weiterer von § 8c KStG erfasste Verluste.

Empfehlenswert dürfte sein, gegen alle Steuerbescheide, in denen Verluste oder Zinsvorträge aufgrund eines schädlichen Beteiligungserwerbs auf der Grundlage des § 8c untergehen und die nicht gem. § 165 Abs. 1 Satz 2 Nr. 3 oder Nr. 4 AO vorläufig ergehen, Einspruch einzulegen.

Bei Anteilskaufverträgen empfiehlt es sich – je nach Einfluss der nicht genutzten Verluste auf den Kaufpreis –, Kaufpreisanpassungen für den Wegfall der steuerlichen Nutzungsfähigkeit von Verlusten oder der fortbestehenden Nutzung vorzusehen.[4]

---

[1] BVerfG, Beschluss v. 9.3.2004 - 2 BvL 17/02, BStBl 2005 II S. 56; gl. A. *Suchanek* in HHR KStG § 8c Rz. 5.
[2] BVerfG, Beschluss v. 29.3.2017 - 2 BvL 6/11, NWB JAAAG-44861, Rz. 102.
[3] BVerfG, Beschluss v. 29.3.2017 - 2 BvL 6/11, NWB JAAAG-44861, Rz. 159.
[4] Zu Einzelheiten einer Kaufpreisanpassungsklausel bei unklarer Verlustnutzung wg. § 8c KStG *Eisolt*, NWB 2013 S. 1919; *Dreßler*, DB 2017 S. 2629; *Ernst/Roth*, Ubg 2017 S. 366; *Pauli*, FR 2017 S. 663; *Kenk/Uhl-Ludäscher*, BB 2017 S. 1623; *Gosch*, GmbHR 2017 S. 695; *Niemeyer/Lemmen*, DStZ 2017 S. 679; *Olbing*, AG 2018 S. 27; *Rödder/Schumacher*, Ubg 2018 S. 5.

65 Im Hinblick auf das beim BVerfG geführte Verfahren lässt die FinVerw Einspruchsverfahren wegen schädlicher Beteiligungserwerbe von mehr als 50 % unter den weiteren Voraussetzungen des § 363 Abs. 2 Satz 2 AO ruhen.

Bei einem **Antrag auf AdV** gem. § 361 Abs. 2 AO bzw. § 69 Abs. 3 FGO ist das sich aus §§ 237, 238 AO ergebende Zinsrisiko zu berücksichtigen.[1] AdV wird gewährt, wenn der Antragsteller ein berechtigtes Interesse darlegt und glaubhaft macht. Ein berechtigtes Interesse liegt insbesondere vor, soweit die Vollziehung des angefochtenen Verwaltungsakts zu irreparablen Nachteilen für den Antragsteller führt, z. B. zu einem unmittelbaren Insolvenzrisiko.[2]

Ob allein wegen des anhängigen Normenkontrollverfahrens und der erheblichen verfassungsrechtlichen Bedenken gegen § 8c Abs. 1 Satz 2 KStG (jetzt: § 8c Abs. 1 Satz 1) AdV zu gewähren ist, wird von den Finanzgerichten bisher nicht einheitlich entschieden.[3]

66–75 *(Einstweilen frei)*

V. Verhältnis des § 8c KStG zum Unionsrecht

1. Entscheidung der EU-Kommission zur Sanierungsklausel

76 Die Europäische Kommission hatte gegen die Bundesrepublik Deutschland wegen der Sanierungsklausel des § 8c Abs. 1a KStG mit Schreiben vom 24.2.2010 ein förmliches Beihilfeverfahren gem. Art. 108 Abs. 2 AEUV eingeleitet,[4] und am 26.1.2011 entschieden, dass die in § 8c Abs. 1a KStG enthaltene und ab dem 1.1.2008 anwendbare Sanierungsklausel eine unionsrechtswidrige staatliche Beihilfe darstellt.[5] Die Kommission begründete ihre Entscheidung im Wesentlichen damit, dass das deutsche Unternehmenssteuerrecht im Normalfall keine generelle Möglichkeit der Verlustverrechnung zulasse, sobald ein maßgeblicher Wechsel in der Eigentümerstruktur vollzogen werde. Da die Sanierungsklausel wirtschaftlich „angeschlagenen" Unternehmen trotz eines Eigentümerwechsels ermögliche, Verluste gegen zukünftige Gewinne zu verrechnen, würden diesen und ggf. auch den Käufern solcher Unternehmen finanzielle Vorteile in Form von Steuervorteilen gewährt werden. Da das mit der Sanierungsklausel verfolgte Ziel der Unterstützung notleidender Unternehmen in der Wirtschaftskrise nach Ansicht der Kommission außerhalb des Steuersystems liegt, könne diese Maßnahme nicht gerechtfertigt werden und sei im Ergebnis als **unionsrechtswidrige staatliche Beihilfe** zu qualifizieren.

Der Beschluss der Kommission ist jedoch mit den Urteilen des EuGH v. 28.6.2018 (→ Rz. 635 ff.) für **nichtig** erklärt worden. Ferner hob der Gesetzgeber die zwischenzeitliche Suspendierung

---

1 Nach BFH, Urteil v. 25.4.2018 – IX B 21/18, BStBl 2018 II S. 415, u. BFH, Beschuss v. 3.9.2018, VIII B 15/18, NWB CAAAG-97782, BFH/NV 2018 S. 1279, bestehen Zweifel an der Verfassungskonformität des Zinssatzes nach § 238 Abs. 1 Satz 1 AO.

2 FM Schleswig-Holstein, Urteil v. 12.12.2012 - VI 3011 - S 2745 - 075, NWB MAAAE-25847; s. auch die Beschlüsse des FG Hamburg v. 9.5.2012 - 6 V 87/12, NWB EAAAE-13107; v. 17.4.2012 - 2 V 86/12, NWB SAAAE-16413, und FG Thüringen, Urteil v. 19.1.2012 - 3 V 1001/11, NWB ZAAAE-10200.

3 FG Hamburg, Urteil v. 11.4.2018 - 2 V 20/18, rkr, NWB FAAAG-81979 = DStRE 2019 S. 251, gewährt mit Rücksicht auf die Vorlage an das BVerfG AdV, da dem Interesse des Stgfl. an der Gewährung vorläufigen Rechtsschutzes der Vorrang vor dem öffentlichen, vornehmlich haushalterischen Interesse einzuräumen sei. Im Rahmen der für die Aussetzungsentscheidung maßgeblichen summarischen Prüfung sei eher zu erwarten, dass § 8c Abs. 1 Satz 2 (jetzt Satz 1) KStG nicht nur für die Zukunft, sondern auch rückwirkend für nichtig erklärt werde. Demgegenüber sieht das FG Düsseldorf, Urteil v. 15.10.2018 - 12 V 1531/18A (G, F), NWB SAAAH-09247= EFG 2019 S. 379, in den finanziellen Auswirkungen ein hoch zu bewertendes öffentliches Interesse am Vollzug der Regelung und lehnt AdV ab.

4 ABl. EU Nr. C 90/8, 8.4.2010, s. auch BStBl 2010 I S. 482 und zu den Folgen BMF, Schreiben v. 30.4.2010, BStBl 2010 I S. 488; s. hierzu auch *von Brocke* in Mössner/Seeger/Oellerich, KStG, EU-steuerpolitischer Hintergrund, Rz. 483 ff.

5 K(2011) 275, berichtigt durch Beschluss v. 15.4.2011, K(2011) 2608, ABl. EU Nr. L 235/26, 10.9.2011; DB 2011 S. 2069.

der Sanierungsklausel mit dem UStAVermG wieder auf (→ Rz. 10), so dass die Sanierungsklausel in vollem Umfang und mit Rückwirkung wieder Anwendung findet.

2. Weitere unionsrechtliche Problembereiche

Erwerber aus dem Unionsgebiet können sich im Anwendungsbereich des § 8c KStG auf den **Schutz der Niederlassungsfreiheit** (Art. 49 AEUV [ex- Art. 43 EGV]) berufen. Die Niederlassungsfreiheit schützt unter anderem auch vor mittelbaren oder versteckten Diskriminierungen, das heißt dann, wenn die nationale Maßnahme zwar keine Differenzierung nach der Staatsangehörigkeit beinhaltet und somit formal auf alle Bürger bzw. Gesellschaften der EU unterschiedslos anwendbar ist, wenn aber in Wirklichkeit von der Regelung faktisch (und zahlenmäßig) überwiegend Angehörige anderer Mitgliedstaaten betroffen sind oder behindert werden.[1] Eine derartige Maßnahme kann nur zulässig sein, wenn mit ihr ein berechtigtes und mit dem Unionsrecht zu vereinbarendes Ziel verfolgt wird und wenn sie durch zwingende Gründe des Allgemeininteresses gerechtfertigt ist. In einem solchen Fall muss allerdings ihre Anwendung zur Erreichung des damit verfolgten Ziels geeignet sein und darf nicht darüber hinausgehen, was hierzu erforderlich ist.[2]

§ 8c Abs. 1 KStG gilt gleichermaßen für unbeschränkt und beschränkt steuerpflichtige Körperschaften und erfasst mittelbare und unmittelbare Erwerbe unabhängig von der unbeschränkten oder beschränkten Steuerpflicht der Erwerber. In der Literatur wird jedoch mit beachtlichen Argumenten die Auffassung vertreten, die Regelung könne eine Beschränkung der Niederlassungsfreiheit darstellen, sofern sie ein **Marktzugangshindernis** begründe, das nicht durch das Ziel einer steuerrechtlichen Missbrauchsabwehr gerechtfertigt werde.[3] Diese Auffassung kann sich darauf stützen, dass bei Beteiligungserwerben von ausländischen Gesellschaften mittelbare Steuerfolgen in Deutschland schwer begründbar und erkennbar sein dürften. Eine derartige Unionsrechtswidrigkeit wäre jedoch nur in bestimmten Konstellationen von Relevanz.

Daneben kann die Vorschrift beschränkt steuerpflichtige Erwerber von Körperschaften faktisch in höherem Maße belasten als inländische Erwerber von Körperschaften. Die Stille-Reserven-Klausel führt zu einer **Benachteiligung grenzüberschreitender Investitionen in Inbound- und Outbound-Fällen**. Gründet z. B. eine ausländische EU-Gesellschaft in Deutschland eine Betriebsstätte, unterliegt der nicht genutzte körperschaftsteuerliche Betriebsstättenverlust der Regelung des § 8c KStG. Die Stille-Reserven-Klausel schützt diesen Verlust bei schädlichen Beteiligungserwerben jedoch nur insoweit, als im Inland steuerpflichtige stille Reserven des Betriebsvermögens vorhanden sind. Die Regelung beschränkt somit die Niederlassungsfreiheit, jedoch stellt sich die Frage, ob diese Beschränkung durch **zwingende Gründe des Allgemeininteresses**, wozu nach der Rechtsprechung des EuGH auch die Wahrung der Aufteilung der Besteuerungsbefugnis zwischen den Mitgliedstaaten gehört,[4] gerechtfertigt ist. Im Ergebnis dürfte man die Beschränkung der durch die Stille-Reserven-Klausel gewährten Begünstigung auf die Höhe des im Inland steuerpflichtigen Betriebsvermögens regelmäßig noch als gerechtfertigt bzw. verhältnismäßig ansehen können.[5]

---

1 Vgl. EuGH, Urteil v. 8.5.1990 - C-175/88, *Biehl*, DStR 1991 S. 454, Rz. 14.
2 Vgl. z. B. EuGH, Urteil v. 13.12.2005 - C-446/03, Marks & Spencer, NWB ZAAAB-79456, Rz. 35.
3 *Drüen/Schmitz*, GmbHR 2012 S. 485.
4 Vgl. z. B. EuGH, Urteil v. 21.1.2010 - C-311/08, SGI, Rz. 60.
5 A. A. *Scheunemann/Dennisen*, BB 2009 S. 2564.

80 § 14 Abs. 3 des FMStFG vom 17.10.2008 regelt, dass § 8c KStG und § 10a GewStG beim Erwerb von Stabilisierungselementen durch den (deutschen) Stabilisierungsfonds oder durch die Rückübertragung durch den Fonds nicht anzuwenden ist. Die Instrumente des FMStG dürften von der Europäischen Kommission als staatliche Beihilfen ausdrücklich genehmigt worden sein.[1] Da jedoch vergleichbare Maßnahmen entsprechender ausländischer Fonds nicht von dem Anwendungsbereich des § 8c KStG ausgenommen sind, kann darin ein Verstoß gegen Unionsrecht gesehen werden, da die Genehmigung einer Beihilfe einen Verstoß gegen die Grundfreiheiten nicht ausschließt.[2]

81 Mit dem JStG 2010 hat der Gesetzgeber rückwirkend § 8c Abs. 1 Satz 6 insofern geändert, als für die Stille-Reserven-Klausel nicht mehr auf die steuerpflichtigen stillen Reserven des Inlandsvermögens (so Formulierung i. d. F. des Wachstumsbeschleunigungsgesetzes vom 22.12.2009), sondern auf die im Inland steuerpflichtigen stillen Reserven abgestellt wird. Die ursprüngliche Formulierung stellte mit der Ausgrenzung des im Inland steuerpflichtigen Auslandsvermögens (Bsp.: ausländische Betriebsstätte bei Anwendung der DBA-Anrechnungsmethode) einen offensichtlichen Verstoß gegen Unionsrecht dar.[3]

82–92 *(Einstweilen frei)*

VI. Zeitlicher Anwendungsbereich des § 8c KStG

93 § 8c Abs. 1 KStG gilt nach § 34 Abs. 7b KStG i. d. F. des UntStRefG 2008 **erstmals für den VZ 2008** und für Beteiligungserwerbe nach dem 31.12.2007 (zum maßgeblichen Übertragungszeitpunkt → Rz. 216). Bei einem abweichenden Wirtschaftsjahr 2007/2008 greift § 8c Abs. 1 KStG nur, wenn die Übertragung von Anteilen oder Stimmrechten nach dem 31.12.2007 erfolgt.[4] § 8c Abs. 1 KStG kann sich somit auf einen Verlustfeststellungsbescheid zum 31.12.2007 nicht auswirken.[5] Anteilsübertragungen nach dem 31.12.2007 können trotz des in § 8c Abs. 1 Satz 1 KStG genannten Fünf-Jahres-Zeitraums und der retrospektiven Betrachtungsweise (→ Rz. 340 f.) nicht mit Anteilsübertragungen, die vor dem 1.1.2008 getätigt wurden, zusammengerechnet werden.[6]

> **BEISPIEL:** A veräußert im Jahr 2006 20 % der Anteile an der Verlust-GmbH an E. Im Jahr 2008 veräußert A weitere 31 % an E. § 8c Abs. 1 KStG erfasst nach § 34 Abs. 7b KStG nur die im Jahr 2008 getätigte Veräußerung von 31 %, die jedoch unter der Schädlichkeitsgrenze des § 8c Abs. 1 Satz 1 KStG bleibt. Der Fünf-Jahres-Zeitraum des § 8c Abs. 1 Satz 1 KStG beginnt erst am 1.1.2008, so dass die im Jahr 2006 erfolgte Übertragung nicht berücksichtigt werden kann.

94 Da **§ 8 Abs. 4 KStG** nach § 34 Abs. 6 Satz 3 KStG i. d. F. des UntStRefG 2008 über den 31.12.2007 hinaus anwendbar sein kann,[7] kann es zu einer parallelen Anwendung von § 8 Abs. 4 KStG und

---

[1] Siehe Europäische Kommission K(2008) 6422 und K(2008) 8629.
[2] Vgl. EuGH, Urteil v. 17.11.2009 - C-169/08, Regione Sardegna, Slg. 2009, I-10821. In dem Urteil prüft der EuGH sowohl einen Verstoß gegen die Dienstleistungsfreiheit als auch einen Verstoß gegen das unionsrechtliche Beihilfenrecht; s. auch *von Brocke*, SAM 2009 S. 90; *Gosch/Roser* § 8c Rz. 11a.
[3] Vgl. *Frey/Mückl*, GmbHR 2010 S. 71.
[4] So auch BMF, Schreiben v. 28.11.2017, BStBl 2017 I S. 1645, Rz. 64.
[5] Siehe FG Berlin-Brandenburg, Urteil v. 18.10.2011 - 8 K 8311/10, NWB AAAAE-08533, das Revisionsverfahren I R 79/11 (NWB JAAAE-05575) ist erledigt durch Aussetzen des Verfahrens lt. Beschluss v. 16. 1. 2019. → Rz. 254.
[6] Vgl. *Lang*, DStZ 2007 S. 652, 661.
[7] Vgl. BMF, Schreiben v. 28.11.2017, BStBl 2017 I S. 1645, Rz. 68, DStR 2017, 2670, mit dem Hinweis, dass die für die Sanierungsklausel des § 8 Abs. 4 Satz 3 KStG erforderliche fünfjährige Fortführung des den Verlust verursachenden Betriebs zu einer Anwendung der Vorschrift bis längstens Ende 2017 führen kann.

§ 8c Abs. 1 KStG kommen. Soweit sich dabei einzelne Anteilsübertragungen entweder nur nach § 8 Abs. 4 KStG oder nur nach § 8c Abs. 1 KStG auswirken, ist dies noch hinzunehmen, zumal der Anwendungsbereich des § 8 Abs. 4 KStG aufgrund des Erfordernisses eines zeitlichen und sachlichen Zusammenhangs bei zeitlich gestreckten Anteilsübertragungen und der anschließenden Zuführung überwiegend neuen Betriebsvermögens deutlich eingeschränkt wird. Denkbar ist aber auch, dass sich ein und dieselbe Anteilsübertragung bei beiden Vorschriften auswirkt und damit zweimal zu einem Verlustuntergang beiträgt. Entgegen der Auffassung der FinVerw[1] bedarf es einer einschränkenden Auslegung dergestalt, dass eine Anteilsübertragung, die bereits bei einer der beiden Vorschriften zu einem Verlustuntergang beigetragen hat, nicht noch einmal bei der anderen Vorschrift berücksichtigt werden darf.

BEISPIEL: Im Dezember 2007 veräußert A 30 % der Anteile an der Verlust-GmbH an E. Im Januar 2008 veräußert A weitere 26 % der Anteile an der Verlust-GmbH an E. E führt im Februar 2008 überwiegend neues Betriebsvermögen zu. Im Januar 2010 überträgt A weitere 25 % an E. Nach § 8 Abs. 4 KStG kommt es im Februar 2008 zum vollständigen Verlustuntergang, da A mehr als 50 % der Anteile (nämlich 30 % im Dezember 2007 und 26 % im Januar 2008) an E übertragen und E neues Betriebsvermögen zugeführt hat. § 8 Abs. 4 KStG ist nach § 34 Abs. 6 Satz 3 KStG zeitlich anwendbar, weil die erste Anteilsübertragung vor dem 1.1.2008 stattfand; auch ist der zeitliche Zusammenhang bei beiden Anteilsübertragungen, die innerhalb eines Zeitraums von zwei Monaten stattfanden, ebenso zu bejahen wie der sachliche Zusammenhang zwischen der Anteilsübertragung, die im Januar 2008 erfolgte, und der Zuführung neuen Betriebsvermögens nur einen Monat später.
Die Anteilsübertragung von 26 % im Januar 2008 führt zu keinem Verlustuntergang nach § 8c Abs. 1 Satz 1 KStG. Jedoch sind nach § 8c Abs. 1 Satz 1 KStG die Anteilsübertragungen vom Januar 2008 (26 %) und Januar 2010 (25 %) zusammen zu rechnen und führen im Jahr 2010 zu einem vollständigen Verlustuntergang. Dabei würde sich aber die Anteilsübertragung vom Januar 2008 (26 %) im Ergebnis zweimal ausgewirkt haben: zunächst beim vollständigen Verlustuntergang nach § 8 Abs. 4 KStG im Jahr 2008 und erneut beim vollständigen Verlustuntergang nach § 8c Abs. 1 Satz 1 KStG im Jahr 2010. Um die Doppelberücksichtigung zu vermeiden, darf die Anteilsübertragung vom Januar 2008 nicht noch einmal im Rahmen des § 8c Abs. 1 Satz 1 KStG angesetzt werden; sie ist m. E. durch die Berücksichtigung im Rahmen des § 8 Abs. 4 KStG „verbraucht". Es bleibt damit hinsichtlich des § 8c Abs. 1 KStG bei der Übertragung von 25 % im Januar 2010, die nach § 8c Abs. 1 Satz 1 KStG unterhalb der Schädlichkeitsgrenze liegt.

Zur zeitlichen Anwendung der **Konzernklausel** vgl. → Rz. 265 und zur zeitlichen Anwendung der **Stille-Reserven-Klausel** vgl. → Rz. 401 f.

Das **Sanierungsprivileg des Abs. 1a** gilt nach § 34 Abs. 7c Satz 1 KStG i. d. F. des Wachstumsbeschleunigungsgesetzes vom 22.12.2009[2] erstmals ab dem VZ 2008 und sieht Beteiligungserwerbe als unschädlich an, die nach dem 31.12.2007 erfolgen; die nach dem EU-Beitreibungsgesetz erfolgte Suspendierung entfiel durch das UStVermG (→ Rz. 10). Im Ergebnis gilt Abs. 1a damit rückwirkend ab dem VZ 2008. Die Rückwirkung des Abs. 1a bezweckte einen Gleichlauf mit Abs. 1,[3] löste aber verfahrensrechtliche Probleme aus (→ Rz. 624).

Gewerbesteuerlich gilt § 8c Abs. 1 KStG erstmals für den EZ 2008 und für Beteiligungserwerbe nach dem 31.12.2007. Dies ergibt sich aus § 36 Abs. 9 Satz 6 GewStG i. d. F. des JStG 2009 v. 20.12.2008,[4] der auf § 10a Satz 9 GewStG i. d. F. des MoRaKG v. 12.8.2008[5] verweist; § 10a

---

1 BMF, Schreiben v. 28.11.2017, BStBl 2017 I S. 1645, Rz. 67.
2 BGBl 2009 I S. 3950.
3 BR-Drucks. 168/09 S. 32.
4 BGBl 2008 I S. 2794.
5 BGBl 2008 I S. 1672.

Satz 9 GewStG in der genannten Fassung ist durch das JStG 2009 v. 20.12.2008[1] in § 10a Satz 10 GewStG geändert worden. Ursprünglich fand sich der Verweis auf § 8c KStG in § 10a Satz 8 GewStG i. d. F. des UntStRefG v. 14.8.2007.[2] Für **§ 8c Abs. 1a KStG** ist keine korrespondierende gewerbesteuerliche Regelung vorhanden. Die Regelung gilt aber über § 10a Satz 10 1. Halbsatz GewStG auch für den gewerbesteuerlichen Verlust.

98–105 *(Einstweilen frei)*

VII. Sachlicher Anwendungsbereich des § 8c KStG

106 § 8c Abs. 1 KStG gilt nach seinem Wortlaut nur für Körperschaften. Er erfasst daher zum einen **unbeschränkt steuerpflichtige Körperschaften**, zu denen neben der GmbH und AG auch Vereine sowie Genossenschaften (→ Rz. 152) zählen; zur Anwendbarkeit auf die KGaA vgl. → Rz. 148. Hingegen ist § 8c Abs. 1 KStG nicht auf Anstalten und Stiftungen anwendbar, da sie keine Körperschaften sind, wie dies nach dem Wortlaut des § 8c Abs. 1 KStG erforderlich ist, sondern Vermögensmassen.[3] Auch ein Betrieb gewerblicher Art ist keine Körperschaft, sondern ein rechtlich unselbständiger Teil der dahinterstehenden Körperschaft, so dass die Veräußerung des Betriebs m. E. keine Rechtsfolgen nach § 8c Abs. 1 KStG auslöst.[4]

107 Zum anderen erfasst § 8c Abs. 1 KStG auch **beschränkt steuerpflichtige Körperschaften**, die im Inland Einkünfte i. S. v. § 2 Nr. 1 KStG erzielen, die nicht nach § 32 Abs. 1 Nr. 2 KStG mit dem Steuerabzug abgegolten sind. Betroffen von § 8c Abs. 1 KStG sind damit insbesondere **Betriebsstätten** in Deutschland, die zu ausländischen Kapitalgesellschaften gehören,[5] sowie inländische Mitunternehmerschaften, an denen ausländische Kapitalgesellschaften beteiligt sind. Voraussetzung ist jedoch, dass die ausländische Gesellschaft eine Körperschaft i. S. v. § 1 KStG darstellt; dies bestimmt sich nach den zu § 1 Abs. 1 KStG entwickelten Grundsätzen.[6] Der für die inländische Betriebsstätte festgestellte verbleibende Verlustvortrag geht somit nach § 8c Abs. 1 KStG vollständig unter, wenn ein Beteiligungserwerb von mehr als 50 % der Anteile an der ausländischen Kapitalgesellschaft erfolgt; die Veräußerung der inländischen Betriebsstätte durch die ausländische Kapitalgesellschaft wird hingegen mangels Vorliegens eines Beteiligungserwerbs nicht von § 8c Abs. 1 KStG erfasst.

108 Für die Anwendbarkeit des § 8c KStG kommt es **nicht darauf an, ob die Anteilseigner unbeschränkt oder beschränkt steuerpflichtig sind** oder ob der Beteiligungserwerb im Inland stattfindet, sondern allein auf die – unbeschränkte oder beschränkte – Steuerpflicht der Verlustgesellschaft. Dies gilt auch bei mittelbaren Beteiligungserwerben; bei ihnen ist unbeachtlich, ob die zwischengeschalteten Gesellschaften unbeschränkt oder beschränkt steuerpflichtig sind.[7]

> **BEISPIEL:** An der Verlust-GmbH mit Sitz in Deutschland ist die britische X-Ltd. zu 100 % beteiligt. Alleingesellschafterin der X-Ltd. ist die in den USA sitzende Y-Inc. Die Y-Inc. veräußert ihre Beteiligung an der britischen X-Ltd. an die kanadische Z-Corp. § 8c Abs. 1 Satz 1 KStG ist anwendbar, da mehr als 50 % der

---

1 BGBl 2008 I S. 2794, dort Art. 4 Nr. 4 Buchst. A.
2 BGBl 2007 I S. 1912.
3 *Suchanek*, GmbHR 2008 S. 292; *Frotscher/Drüen* KStG § 8c Rz. 18; *Dötsch/Leibner* in DPM KStG § 8c Rz. 38; *Lademann/Wernicke*, KStG, § 8c Rz. 23; a. A. BMF, Schreiben v. 28.11.2017, BStBl 2017 I S. 1645, Rz. 1. Nach Rz. 7, soll die Fusion von Anstalten des öffentlichen Rechts einen vergleichbaren Sachverhalt darstellen können.
4 A. A. *Frotscher/Drüen* KStG § 8c Rz. 64, der von einem vergleichbaren Sachverhalt i. S. d. § 8c Abs. 1 Satz 1 ausgeht.
5 *Dörr*, NWB F. 4 S. 5181, 5185; *Grützner*, StuB 2007 S. 339, 340.
6 Siehe *Oellerich* in Mössner/Seeger/Oellerich, KStG, § 1 Rz. 37.
7 *Neyer*, BB 2007 S. 1415, 1416.

Anteile an einer inländischen Körperschaft (Verlust-GmbH) mittelbar von der Z-Corp. erworben worden sind. Auf eine Steuerpflicht der zwischengeschalteten X-Ltd. und der veräußernden Y-Inc. sowie der erwerbenden Z-Corp in Deutschland kommt es nicht an.

Die Sanierungsklausel des **Absatz 1a** setzt einen Beteiligungserwerb nach Abs. 1 voraus. Es kommt daher nicht auf die Rechtsform oder Steuerpflicht des sanierungswilligen Erwerbers an, sondern allein auf die unbeschränkte oder beschränkte Steuerpflicht der Verlustgesellschaft. Die Regelung in Abs. 1a Satz 3 Nr. 3 Satz 5 über die Minderung des Zuführungswertes bei Rückgewähr von Leistungen gilt hingegen nur für Kapitalgesellschaften i. S. v. § 1 Abs. 1 Nr. 1 KStG, nicht für Genossenschaften, Vereine oder sonstige juristische Personen des Privatrechts gem. § 1 Abs. 1 Nr. 2 – 4 KStG (→ Rz. 564).

(Einstweilen frei)

VIII. Aufbau des § 8c KStG

§ 8c Abs. 1 Satz 1 regelt den Tatbestand (schädlicher Beteiligungserwerb) sowie die Rechtsfolge. Die Sätze 2 u. 3 erweitern den Tatbestand hinsichtlich des Erwerbers (Satz 2) und des Übertragungsgegenstands (Satz 3). Satz 4 schränkt mit der Konzernklausel den Tatbestand ein, die Sätze 5 – 8 mit der Stillen-Reserven-Klausel die Rechtsfolge.

Abs. 1a regelt die Sanierungsklausel. Die Sanierungsklausel ist eine Ausnahmeregelung zum Tatbestand, da ein von der Sanierungsklausel erfasster Beteiligungserwerb für die Anwendung des Abs. 1 unbeachtlich ist und somit keinen sogenannten Zählerwerb für die Ermittlung eines schädlichen Beteiligungserwerbs darstellt.

§ 8c Abs. 2 KStG regelt den Vorrang des § 8c KStG vor § 3a Abs. 3 EStG.

IX. Objektive Beweislast für Tatbestandsmerkmale des § 8c KStG und Mitwirkungspflichten

Für die in § 8c Abs. 1 Sätze 1 – 3 geregelten Tatbestandsmerkmale trägt die FinVerw die objektive Beweislast, da es sich um steuerbegründende Tatsachen handelt.[1] Für die in § 8c Abs. 1 Sätze 4 bis 8 KStG geregelten Ausnahmetatbestände trägt die Körperschaft die objektive Beweislast, da es sich um Tatsachen handelt, die steuerentlastend (Konzernklausel) oder zumindest steuermindernd (Stille-Reserven-Klausel) sind. Für die Anwendung der Sanierungsklausel nach Abs. 1a trägt die Körperschaft ebenfalls die objektive Beweislast, weil die Regelung steuerentlastend ist.

Mitwirkungspflichten der Körperschaft gem. § 90 Abs. 1 AO können sich insbesondere im Zusammenhang mit der Ermittlung des mittelbaren oder unmittelbaren schädlichen Beteiligungserwerbs ergeben. § 8c Abs. 1 KStG enthält **keine spezielle Regelung** hinsichtlich der Mitwirkung und Sachverhaltsaufklärung bei einem mittelbaren Beteiligungserwerb. Eine Anzeigepflicht, wie sie z. B. bei der mittelbaren Anteilsvereinigung im Grunderwerbsteuerrecht für den Steuerschuldner nach § 19 GrEStG besteht, gibt es nach § 8c Abs. 1 KStG nicht.

Zwar besteht nach § 54 EStDV eine notarielle Übersendungspflicht bei Anteilsübertragungen und Umwandlungen; zum einen gilt diese aber nicht bei der Übertragung von Anteilen an ausländischen Kapitalgesellschaften, zum anderen ist durch die Übersendung eines Anteilsver-

---

[1] Vgl. *Lang*, DStZ 2007 S. 652.

äußerungsvertrags an das für die Besteuerung der unmittelbaren Anteilseignerin zuständige Finanzamt nicht sichergestellt, dass von dieser Veräußerung auch die für die Tochter- und (Groß-)Enkelgesellschaften zuständigen Finanzämter erfahren. Die Gesellschafterliste nach § 40 Abs. 1 und 2 GmbHG bzw. das Aktienregister gem. § 67 Abs. 1 AktG bei Namensaktien enthält nur die unmittelbaren Gesellschafter, nicht aber die mittelbar beteiligten Gesellschafter. Sobald eine ausländische Gesellschaft unmittelbar beteiligt ist, sind deren Gesellschafter über die Gesellschafterliste nicht mehr ermittelbar.

123 Gerade bei internationalen Konzernen oder Holding-Gesellschaften wird **oftmals kaum oder nur unter unverhältnismäßigem Aufwand feststellbar sein**, ob und ggf. in welchem Umfang es zu einem mittelbaren Beteiligungserwerb gekommen ist. Dementsprechend hat auch bereits der BFH im Bereich des § 8 Abs. 4 KStG auf die Schwierigkeiten bei der Einbeziehung mittelbarer Anteilsveräußerungen hinsichtlich der Ermittlung der übertragenen Quote hingewiesen.[1] § 8c Abs. 1 KStG erweist sich damit im Hinblick auf mittelbare Beteiligungserwerbe als für die Praxis wenig geeignet.

> **BEISPIEL:** Die japanische X-AG ist über die südkoreanische Y-Ltd. und die thailändische Z-Inc. sowie weitere fünf zwischengeschaltete Kapitalgesellschaften an der deutschen Verlust-GmbH beteiligt. Veräußert die japanische X-AG ihren Anteil an der südkoreanischen Y-Ltd., kommt es zugleich zu einem schädlichen Beteiligungserwerb der inländischen Verlust-GmbH, der für die FinVerw nicht ohne weiteres feststellbar ist.

124 Mangels ausdrücklicher Regelung in § 8c Abs. 1 KStG gelten die **allgemeinen verfahrensrechtlichen Regelungen**. Danach liegt die Beweislast für das Vorliegen der Voraussetzungen des § 8c KStG grundsätzlich beim Finanzamt, weil das Finanzamt nach §§ 88, 90 AO die Beweislast für steuererhöhende Tatsachen – hierzu gehören die Voraussetzungen des § 8c Abs. 1 KStG – trägt; insbesondere ist das Finanzamt nach § 88 AO zur Aufklärung des Sachverhalts von Amts wegen verpflichtet.

Dieser Aufklärungspflicht des Finanzamtes steht eine **Mitwirkungspflicht der Verlustgesellschaft** nach § 90 AO gegenüber, die sich jedoch auf die eigene Sphäre beschränkt, d. h. auf die Beteiligungsverhältnisse an ihr, nicht jedoch die steuerlichen Verhältnisse ihrer mittelbaren Anteilseigner erfasst.[2] Die unmittelbaren sowie die mittelbaren Anteilseigner sind nicht Beteiligte im Verfahren der Verlustgesellschaft, sondern können nur als „andere Personen" gem. § 93 AO befragt werden.

125 Zwar kann eine **erhöhte Mitwirkungspflicht** der Verlustgesellschaft nach § 90 Abs. 2 AO bestehen, wenn an ihr ausländische Gesellschaften beteiligt sind. Voraussetzung für die Anwendbarkeit des § 90 Abs. 2 AO ist aber, dass die Beteiligung ausländischer Gesellschaften feststeht bzw. zumindest aber eine gewisse Wahrscheinlichkeit hierfür spricht.[3] Ist dies nicht der Fall oder kann die Verlustgesellschaft die mittelbaren Beteiligungsverhältnisse nicht aufklären, ohne dass ihr dies nach § 90 Abs. 2 Satz 4 AO i. d. F. des Steuerhinterziehungsbekämpfungsgesetzes v. 29.7.2009[4] zu einem früheren Zeitpunkt möglich gewesen wäre, geht die erhöhte Mitwirkungspflicht ins Leere.

---

[1] Vom 20.8.2003 - I R 61/01, BStBl 2004 II S. 616.
[2] Vgl. *Suchanek/Herbst*, FR 2007 S. 863, 870; *Suchanek/Jansen*, GmbHR 2009 S. 412, 414.
[3] BFH, Beschluss v. 17.3.1997 - I B 123/95, BStBl 1996 II S. 619.
[4] BGBl 2009 I S. 2302.

Auch die verschärfte Mitwirkungspflicht nach § 90 Abs. 2 Satz 3 AO i. d. F. des Steuerhinterziehungsbekämpfungsgesetzes (a. a. O.) gilt nur, wenn Geschäftsbeziehungen zu Finanzinstituten in sog. Steueroasen bestehen, nicht aber, wenn Anteilseigner ihren Sitz in einer Steueroase haben. Die Nichtaufklärbarkeit des Sachverhalts geht dann im Regelfall nach allgemeinen Beweislastgrundsätzen zu Lasten des Finanzamtes. Es ist keinesfalls zulässig, den Verlust nach § 8c Abs. 1 KStG nicht anzuerkennen, ohne dass ein schädlicher mittelbarer Beteiligungserwerb feststeht, um die Verlustgesellschaft unter (Mitwirkungs-)Druck zu setzen.

Das Gesellschaftsverhältnis begründet auch keine Geschäftsbeziehung i. S. d. § 90 Abs. 3 AO, so dass keine besonderen Aufzeichnungspflichten der Körperschaft bestehen.[1]

Unterliegen natürliche und juristische Personen nicht der deutschen Staatsgewalt, besteht keine Auskunftspflicht.[2] Die FinVerw kann zur Klärung des Sachverhalts nach § 117 Abs. 1 AO zwischenstaatliche Rechts- und Amtshilfe in Anspruch nehmen.

Zu beachten ist jedoch Anhang IV, Teil 2, Buchst. b Nr. 1 der Richtlinie des Rates zur Änderung der Richtlinie 2011/16/EU bezüglich des verpflichtenden automatischen Informationsaustauschs im Bereich der Besteuerung über **meldepflichtige grenzüberschreitende Gestaltungen** vom 3.5.2018, die bis spätestens Ende 2019 in deutsches Recht umzusetzen ist (vgl. Art. 2 der Änderungsrichtlinie).[3] Danach besteht i. V. m. dem „Main benefit"-Test (vgl. Anhang IV, Teil 1) u. a. auch eine Verpflichtung zur Meldung grenzüberschreitender Gestaltungen, „bei der ein an der Gestaltung Beteiligter künstliche Schritte unternimmt, um **ein verlustbringendes Unternehmen zu erwerben**, die Haupttätigkeit dieses Unternehmens zu beenden und dessen Verluste dafür zu nutzen, seine Steuerbelastung zu verringern, einschließlich der Übertragung dieser Verluste in ein anderes Hoheitsgebiet oder der rascheren Nutzung dieser Verluste" (Anhang IV, Teil II, Buchst. B, Nr. 1). Sofern die Verluste aufgrund von Verlustnutzungsbeschränkungen wie den §§ 8c KStG, 8d KStG nicht genutzt werden können, sind die Erwerbe jedoch nicht mitteilungspflichtig.

Betroffen sind meldepflichtige grenzüberschreitende Gestaltungen, deren erster Schritt der Umsetzung nach dem 25.6.2018 erfolgt (vgl. Art. 8ab Abs. 12). Die erstmalige Meldung hat bis zum 31.10.2020 zu erfolgen (vgl. Art. 8ab Abs. 18).[4]

(Einstweilen frei)

B. Tatbestandsvoraussetzungen des § 8c Abs. 1 KStG

I. Tatbestand des § 8c Abs. 1 KStG

§ 8c Abs. 1 Satz 1 enthält eine Legaldefinition für den schädlichen Beteiligungserwerb. Ein schädlicher Beteiligungserwerb liegt danach vor, wenn innerhalb von fünf Jahren mittelbar oder unmittelbar mehr als 50 % des gezeichneten Kapitals, der Mitgliedschaftsrechte, Betei-

---

1 Siehe aber die Verpflichtung zur Erstellung länderbezogener Berichte multinationaler Unternehmensgruppen nach § 138a AO i. d. F. des Gesetzes zur Umsetzung der Änderungen der EU-Amtshilferichtlinie und von weiteren Maßnahmen gegen Gewinnkürzungen und -verlagerungen v. 13.7.2016, BGBl 2016 I S. S. 3000; siehe auch Gesetz zur Umsetzung der Vierten EU-Geldwäscherichtlinie, zur Ausführung der EU-Geldtransferverordnung und zur Neuorganisation der Zentralstelle für Finanztransaktionsuntersuchungen v. 23.6.2017, BGBl 2017 I S. 1822.
2 Vgl. *Seer* in Tipke/Kruse, § 93 AO Rz. 10.
3 Richtlinie (EU) 2018/822 des Rates v. 25.5.2018 zur Änderung der Richtlinie 2011/16/EU bezüglich des verpflichtenden automatischen Informationsaustauschs im Bereich der Besteuerung über meldepflichtige grenzüberschreitende Gestaltungen, ABl. L 139 v. 5.6.2018, 1-13, in Kraft getreten am 25.6.2018.
4 Siehe dazu auch *von Brocke* in Mössner/Seeger/Oellerich, KStG, EU-steuerpolitischer Hintergrund, Rz. 174m ff.

ligungsrechte oder der Stimmrechte an einer Körperschaft an einen Erwerber oder diesem nahestehende Personen übertragen werden oder ein vergleichbarer Sachverhalt vorliegt.

141–146   *(Einstweilen frei)*

II. Übertragungsgegenstand nach § 8c Abs. 1 KStG

1. Anteil am gezeichneten Kapital

a) Maßgeblichkeit des Haftkapitals bei der AG und GmbH

147 Übertragungsgegenstand ist nach dem Gesetzeswortlaut das „gezeichnete Kapital", von dem nach § 8c Abs. 1 Satz 1 KStG mehr als 50 % übertragen werden müssen. Da das gezeichnete Kapital nicht übertragen werden kann, ist der Anteil an der Kapitalgesellschaft gemeint.

Unter dem gezeichneten Kapital ist bei Kapitalgesellschaften das **Haftkapital** gem. § 272 Abs. 1 HGB zu verstehen.[1] Dies ist bei der **GmbH das Stammkapital** gem. § 5 GmbHG und bei der **AG das Nennkapital** gem. § 7 AktG. Unerheblich ist, ob das Kapital vollständig eingezahlt ist. Bei Körperschaften, die keine Kapitalgesellschaften sind, gibt es kein gezeichnetes Kapital, so dass auf die Übertragung von Mitgliedschafts- oder Beteiligungsrechten abzustellen ist (→ Rz. 152 u. → Rz. 156). Werden zugleich mehrere Anteile und Rechte übertragen, ist nach Auffassung der FinVerw diejenige Übertragung maßgebend, die die weitestgehende Anwendung des § 8c KStG erlaubt.[2]

b) Besonderheiten bei der KGaA

148 Bei der KGaA bestimmt sich das gezeichnete Kapital – wie bei der AG – ebenfalls nach dem Nennkapital gem. § 7 i.V.m. § 278 AktG.[3] Von § 8c Abs. 1 KStG erfasst wird **nur die Übertragung der Aktien** durch die Kommanditaktionäre, **nicht jedoch die Vermögenseinlage** des persönlich haftenden Gesellschafters i.S.v. § 281 Abs. 2 AktG.[4] Zum gezeichneten Kapital gehören nämlich nur die Aktien; hingegen ist der Kapitalanteil des persönlich haftenden Gesellschafters erst nach dem Posten „gezeichnetes Kapital" gesondert auszuweisen (§ 286 Abs. 2 Satz 1 AktG).

Zudem ist der persönlich haftende Gesellschafter grundsätzlich nicht stimmberechtigt, es sei denn, es geht um Grundlagenbeschlüsse i.S.v. § 285 Abs. 2 AktG oder er ist zugleich Kommanditaktionär. Damit bestimmt sich die Bezugsgröße für die Prüfung der übertragenen Quote m. E. nur nach dem Nennkapital ohne Vermögenseinlage. Da die Vermögenseinlage des persönlich haftenden Gesellschafters nicht von § 8c Abs. 1 KStG erfasst wird, kann folgerichtig auch die Stellung des persönlich haftenden Gesellschafters einer KGaA nicht als vergleichbarer Sachverhalt angesehen werden. Die mittelbare Übertragung des Komplementäranteils an der KGaA kann auch nicht unter § 10a Satz 10 GewStG (→ Rz. 454) fallen, da keine Beteiligung an einer Mitunternehmerschaft vorliegt.[5]

---

1 *Dörr*, NWB F. 4, 5181, 5185.
2 BMF, Schreiben v. 28.11.2017, BStBl 2017 I S. 1645, Rz. 5; s. hierzu → Rz. 370 ff.
3 Vgl. Grigoleit/*Servatius*, AktG, § 278 Rz. 3.
4 Str., gl. A. *Dötsch/Leibner* in DPM KStG § 8c Rz. 67; *Kollruss/Weißert/Ilin*, DStR 2009 S. 88, 90; *Frotscher*/Drüen KStG § 8c Rz. 25; a. A. *Brendt* in Erle/Sauter KStG § 8 Abs. 4 a. F./Anh. § 8c Rz. 45 f.
5 *Kollruss/Weißert/Ilin*, DStR 2009 S. 88, 90; *Frotscher*/Drüen KStG § 8c Rz. 25a.

c) Stimmrechtslose Vorzugsaktien

Stimmrechtslose Vorzugsaktien i. S. d. §§ 12 Abs. 1 Satz 2, 139 AktG **gehören zum gezeichneten Kapital**.[1] Aus der Nennung von Stimmrechten als Übertragungsgegenstand in § 8c Abs. 1 Satz 1 KStG kann nicht geschlossen werden, dass der Gesetzgeber die Gewährung von Stimmrechten für bedeutsam hält und deshalb stimmrechtslose Anteile aus dem Anwendungsbereich des § 8c KStG herausnehmen wollte.[2] Vielmehr wollte der Gesetzgeber den Anwendungsbereich des § 8 Abs. 4 KStG erweitern und nicht einschränken. Zwar wird das wirtschaftliche Engagement, auf das der Gesetzgeber bei § 8c Abs. 1 KStG abstellt, u. a. auch durch das Stimmrecht bestimmt; gleichwohl nimmt der stimmrechtslose Aktionär ebenso – sogar bevorzugt nach § 139 Abs. 1 AktG – am Gewinn teil wie der stimmberechtigte und profitiert damit in gleicher Weise von den steuerlichen Verlusten.

149

Im Übrigen ist zu berücksichtigen, dass bei der Berechnung der Eigenkapitalquote nach § 4h Abs. 2 Satz 1 Buchst. c Satz 5 EStG stimmrechtslose Vorzugsaktien ausdrücklich nicht vom bilanziellen Eigenkapital abgezogen werden, also als Kapital behandelt werden. Insofern wäre es inkonsequent, stimmrechtslose Vorzugsaktien aus dem Anwendungsbereich des § 8c Abs. 1 KStG herauszunehmen. Zur **Berechnung der Übertragungsquote** bei stimmrechtslosen Anteilen s. → Rz. 370 ff.

d) Stimmrechtsloser Anteil bei der GmbH

Bei einer GmbH kommen stimmrechtslose Anteile in der Praxis selten vor, sind aber rechtlich möglich. Es gelten dann grundsätzlich **die gleichen Grundsätze** wie bei den stimmrechtslosen Vorzugsaktien (→ Rz. 149). Allerdings kann die Einbeziehung stimmrechtsloser Geschäftsanteile nicht mit der Regelung in § 4h EStG begründet werden; denn nach § 4h Abs. 2 Satz 5 EStG sind stimmrechtslose GmbH-Geschäftsanteile – anders als stimmrechtslose Vorzugsaktien (→ Rz. 149) – bei der Berechnung der Eigenkapitalquote nicht zu erfassen.

150

Ausnahmsweise gehört der stimmrechtslose GmbH-Anteil nicht zum gezeichneten Kapital i. S. v. § 8c Abs. 1 KStG, wenn gem. § 29 Abs. 3 Satz 2 GmbHG zugleich das Gewinnrecht oder das Recht auf einen Liquidationsanteil fehlt;[3] denn dann nimmt der stimmrechtslose Gesellschafter nicht am Gewinn teil und profitiert damit auch nicht vom bislang nicht genutzten Verlust.

e) Eigene Anteile

Der **Erwerb eigener Anteile** durch eine Kapitalgesellschaft gem. § 33 GmbHG bzw. § 71 AktG stellt zwar keinen Beteiligungserwerb i. S. v. § 8c Abs. 1 KStG dar, da Erwerber und Körperschaft, deren Anteile erworben werden, personenverschieden sein müssen. Kommt es aufgrund des Erwerbs eigener Anteile aber zu einer Veränderung der Beteiligungsquoten um mehr als 50 %, liegt ein vergleichbarer Sachverhalt nach Satz 1 vor (→ Rz. 318).

151

Die **Veräußerung eigener Anteile** durch die Kapitalgesellschaft fällt hingegen unter die Regelung des § 8c KStG, wenn der Erwerber anschließend erstmalig mit mehr als 50 % an der Kapi-

---

[1] So auch *Dötsch/Leibner* in DPM KStG § 8c Rz. 63; *Lademann/Wernicke*, KStG § 8c Rz. 52; wohl auch *Rödder*, Beihefter zu DStR 2007, Heft 40, 13; a. A. *Beußer*, DB 2007 S. 1549, 1551; *Lang*, DStZ 2007, 652, 653; *Neumann*, GmbH-StB 2007 S. 249, 253.

[2] So aber *Beußer*, DB 2017 S. 1549, 1551.

[3] Siehe hierzu *Zöllner/Noack* in Baumbach/Hueck, GmbHG, 21. Aufl. 2017, § 47 Rz. 70.

talgesellschaft beteiligt ist oder seine Beteiligung sich in schädlicher Weise erhöht. Zur Berechnung der Übertragungsquote, wenn die Kapitalgesellschaft eigene Anteile hält und ein Anteilseigner seinen Anteil überträgt, vgl. → Rz. 373.

2. Mitgliedschaftsrechte

a) Mitgliedschaftsrechte bei Nicht-Kapitalgesellschaften

152 Der Übertragungsgegenstand „Mitgliedschaftsrechte" betrifft **vorrangig die Nicht-Kapitalgesellschaften** unter den Körperschaften, die kein gezeichnetes Kapital aufweisen.[1] Dies entspricht der Rechtsauffassung des BMF in seinem Schreiben v. 16.4.1999 zu § 8 Abs. 4 KStG,[2] das die Übertragung von Mitgliedschafts- und Beteiligungsrechten bei anderen Körperschaften als Kapitalgesellschaften als steuerschädlich i.S.v. § 8 Abs. 4 KStG ansah. Das Mitgliedschaftsrecht ersetzt bei Nicht-Kapitalgesellschaften den Geschäftsanteil bzw. die Aktie. Erfasst werden damit Mitgliedschaftsrechte bei wirtschaftlichen Vereinen i.S.v. § 22 BGB,[3] Erwerbs- und Genossenschaften, bei denen nicht das gezeichnete Kapital, sondern der Betrag der Geschäftsguthaben der Genossen nach § 337 HGB in der Bilanz auszuweisen ist, oder europäischen Genossenschaften (SCE) i.S.d. SCE-Ausführungsgesetzes v. 14.8.2006.[4]

Werden Mitgliedschaftsrechte übertragen, kommt es für die Anwendbarkeit des § 8c Abs. 1 KStG nicht darauf an, ob zugleich auch Stimmrechte übertragen werden.[5] Relevant wird § 8c Abs. 1 KStG insbesondere, wenn ein wirtschaftlicher Verein Beteiligungen an Verlustgesellschaften hält und die Mitgliedschaftsrechte am Verein übertragen werden: Hier droht ein Verlustuntergang bei der Verlustgesellschaft, da es sich um eine mittelbare Übertragung handelt.

Zu den Nicht-Kapitalgesellschaften i.S.v. § 8c Abs. 1 KStG zählen nur Körperschaften, wie sich aus dem Wortlaut des § 8c Abs. 1 KStG ergibt, entgegen der Auffassung der FinVerw nicht jedoch Personenvereinigungen und Vermögensmassen i.S.v. § 1 Abs. 1 Nr. 5 KStG (→ Rz. 106). Daher wird die Übertragung von Mitgliedschaftsrechten an nichtrechtsfähigen Vereinen (Personenvereinigung), Anstalten oder Stiftungen nicht von § 8c Abs. 1 KStG erfasst; ebenso wenig kann eine Fusion von Anstalten unter dem Gesichtspunkt eines vergleichbaren Sachverhalts unter § 8c Abs. 1 KStG fallen.[6]

b) Mitgliedschaftsrechte bei Kapitalgesellschaften

153 § 8c Abs. 1 KStG erfasst nach seinem Wortlaut **auch die Mitgliedschaftsrechte bei Kapitalgesellschaften**. Soweit in der Literatur hiergegen eingewendet wird, dass aufgrund der gesonderten Erwähnung der Stimmrechte in § 8c KStG, die zu den Mitgliedschaftsrechten gehören, weitere Mitgliedschaftsrechte an Kapitalgesellschaften nicht von § 8c Abs. 1 KStG erfasst würden,[7] steht dem der eindeutige Wortlaut entgegen. Dass der Gesetzgeber die Übertragung von Stimmrechten gesondert geregelt hat, folgt aus der praktischen Bedeutung, die Stimmrechtsübertragungen bzw. -vereinbarungen bei Kapitalgesellschaften zukommt (→ Rz. 158).

---

1 Vgl. *van Lishaut*, FR 2008 S. 789, 792.
2 BStBl 1999 I S. 45, Rz. 24.
3 Hiergegen *Suchanek* in HHR KStG § 8c Rz. 27, mit dem zutreffenden Hinweis, dass mit der Mitgliedschaft kein Anteil am Vereinsvermögen verbunden ist.
4 BGBl 2006 I S. 1911.
5 BMF, Schreiben v. 28.11.2017, BStBl 2017 I S. 1645, Rz. 5.
6 A. A. BMF, Schreiben v. 28.11.2017, BStBl 2017 I S. 1645, Rz. 7; s. → Rz. 333.
7 Vgl. *Meiisel/Bokeloh*, BB 2008 S. 808, 809; zweifelnd *Neyer*, BB 2007 S. 1415, 1418.

Zu den Mitgliedschaftsrechten gehören insbesondere 154

- die Vermögensrechte wie z. B. die Gewinnbeteiligung (§ 29 GmbHG) und die Beteiligung am Liquidationsergebnis (§ 72 GmbHG),
- die Mitverwaltungsrechte wie z. B. das Anfechtungsrecht (§ 47 GmbHG bzw. § 245 AktG) oder das Teilnahme- und Stimmrecht (§ 47 GmbHG) sowie
- sonstige Rechte wie das Einsichts- und Auskunftsrecht (§ 51a GmbHG) oder das Recht zur Erhebung von Gesellschafterklagen (actio pro socio).

Zwar ist die isolierte Übertragung eines Mitgliedschaftsrechts – d. h. ohne den dazugehörenden Geschäftsanteil bzw. Aktie – aufgrund des Abspaltungsverbots **gesellschaftsrechtlich unzulässig**.[1] Gleichwohl kann steuerrechtlich eine isolierte Übertragung nach § 41 Satz 1 AO wirksam sein, wenn sie von den Beteiligten tatsächlich durchgeführt wird. Zutreffend kann nicht jede Übertragung eines Mitgliedschaftsrechts die Rechtfolge des § 8c Abs. 1 Satz 1 auslösen. Einschränkend ist zu fordern, dass durch die Übertragung eines Mitgliedschaftsrechts eine Rechtsposition übergeht, die der Übertragung eines Anteils am gezeichneten Kapital vergleichbar ist. Maßgeblich hierfür ist der Zweck der Regelung.[2] 155

3. Beteiligungsrechte

Das Tatbestandsmerkmal „Beteiligungsrechte" betrifft ebenso wie das Merkmal „Mitgliedschaftsrechte" vorrangig die Nicht-Kapitalgesellschaften unter den Körperschaften (→ Rz. 152), kommt allerdings angesichts des eindeutigen Wortlauts auch bei Kapitalgesellschaften zur Anwendung,[3] wobei auch hier das Abspaltungsverbot zu beachten ist (→ Rz. 155). Das Tatbestandsmerkmal „Beteiligungsrechte" ist m. E. **überflüssig und zudem unklar**, weil bereits das Mitgliedschaftsrecht etwaige Beteiligungsrechte des Gesellschafters wie z. B. das Teilnahme-, Informations- oder Kontrollrechte umfasst.[4] Zudem ist bei Beteiligungsrechten völlig unklar, wie die nach § 8c Abs. 1 KStG maßgebliche Bezugsgröße von mehr als 50 % ermittelt werden soll, wenn etwa nur die Kontrollrechte übertragen werden. 156

4. Stimmrechte

a) Übertragung von Stimmrechten

Stimmrechte sind **ausdrücklich in § 8c Abs. 1 Satz 1 KStG erwähnt**, werden aber bereits vom Begriff „Mitgliedschaftsrechte" (→ Rz. 153) erfasst. Zwar ist die isolierte Übertragung von Stimmrechten ohne das zugrunde liegende Stammrecht (Geschäftsanteil oder Aktie) gesellschaftsrechtlich unzulässig, weil dies gegen den Grundsatz der Einheitlichkeit der Mitgliedschaft verstoßen würde.[5] Steuerrechtlich kann die Stimmrechtsabspaltung aber nach § 41 Abs. 1 Satz 1 AO wirksam sein, wenn sie von den Beteiligten tatsächlich durchgeführt wird; sie wird dann von § 8c Abs. 1 KStG erfasst. Dabei kann die Stimmrechtsabspaltung isoliert – also ohne Übertragung weiterer Geschäftsanteile oder Aktien – oder zusammen mit Geschäftsanteilen bzw. Aktien erfolgen. 157

---

1 Vgl. *K. Schmidt*, Gesellschaftsrecht, 4. Aufl. 2002, 560.
2 → Rz. 22 ff.; vgl. auch *Dötsch/Leibner* in DPM KStG § 8c Rz. 62.
3 BMF, Schreiben v. 28.11.2017, BStBl 2017 I S. 1645, Rz. 5.
4 Vgl. *Roser*, DStR 2008 S. 77, 78.
5 Vgl. *K. Schmidt* in Scholz, GmbHG, 11. Aufl. 2014, § 47 Rz. 20, wonach auch die Abspaltung auf einen Mitgesellschafter unzulässig ist; s. auch BGH, Urteil v. 17.11.1986 - II ZR 96/86, DB 1987 S. 424, zur AG.

> **BEISPIEL:** Alleiniger Anteilseigner A überträgt an Erwerber E eine Beteiligung von 50% sowie weitere Stimmrechte im Umfang von 10%. E erhält damit insgesamt 60% der Stimmrechte, so dass es zu einem vollständigen Verlustuntergang nach § 8c Abs. 1 Satz 1 KStG kommt.

158 Nach der **Gegenauffassung** soll die Übertragung von Stimmrechten nur dann von § 8c KStG erfasst werden, wenn ein gezeichnetes Kapital nicht vorhanden ist.[1] Dem ist nicht zuzustimmen, weil der Wortlaut eine entsprechende Einschränkung nicht hergibt und der Gesetzgeber insbesondere solche Fallgestaltungen erfassen wollte, in denen die Stimmberechtigung des neuen Anteilseigners über seinen Anteil am gezeichneten Kapital hinausgeht und der Stimmberechtigte Einfluss auf die Gesellschaft nimmt.[2] Zur **Berechnung der Schädlichkeitsgrenze** bei kombinierter Anteils- und Stimmrechtsübertragung vgl. → Rz. 374.

b) Stimmbindungsverträge

159 Der Stimmbindungsvertrag ist gesellschaftsrechtlich zulässig[3] und lediglich bei Stimmbindungen gegenüber der Kapitalgesellschaft, ihrem Vorstand, ihrem Aufsichtsrat oder einem abhängigen Unternehmen nach § 136 Abs. 2 AktG unzulässig; die Regelung des § 136 Abs. 2 AktG gilt bei der GmbH entsprechend.[4]

Der Stimmbindungsvertrag stellt zwar **keine Übertragung von Stimmrechten** dar, weil das Stimmrecht bei dem stimmbindungsverpflichtenden Gesellschafter verbleibt. Dennoch kann der Stimmbindungsvertrag von § 8c Abs. 1 KStG unter dem Gesichtspunkt **eines vergleichbaren Sachverhalts** erfasst werden,[5] wenn sich ein Anteilseigner gegenüber einem anderen Anteilseigner umfassend und dauerhaft zur Stimmbindung verpflichtet; eine derartige Stimmbindung ermöglicht nämlich dem Stimmberechtigten die uneingeschränkte und dauerhafte Ausübung des Stimmrechts. Betrifft die Stimmbindung hingegen nur einzelne Punkte und ist sie befristet, spricht dies gegen einen vergleichbaren Sachverhalt; zur gegenseitigen Stimmbindung im Rahmen eines sog. Poolvertrags vgl. → Rz. 161.

160 Nach der **Gegenauffassung**[6] liegt kein vergleichbarer Sachverhalt vor, weil der Stimmbindungsvertrag grundsätzlich kündbar sei und der Stimmbindungsverpflichtete aus zwingenden Gesellschafterinteressen zu einer vereinbarungswidrigen Stimmabgabe gezwungen sein könne. Dem ist jedoch entgegenzuhalten, dass allein die Möglichkeit einer Kündigung oder einer vertragswidrigen Ausübung des Stimmrechts der tatsächlichen Stimmrechtsausübung durch den Stimmbindungsberechtigten nicht entgegensteht. Zu beachten ist, dass die Kündigung eines Stimmbindungsvertrags mit einer Rückübertragung von Stimmrechten verglichen werden und daher erneut die Rechtsfolgen des § 8c Abs. 1 KStG auslösen kann.

161 Keine Stimmbindung i. S. d. § 8c Abs. 1 KStG ist **die Stimmrechtsbündelung bzw. der Poolvertrag** nach § 13b Abs. 1 Nr. 3 Satz 2 ErbStG.[7] Die Stimmrechtsbündelung ermöglicht Anteilseig-

---

1 *Hans*, FR 2007 S. 775, 776; *Neyer*, Der Mantelkauf, Herne 2008, S. 48; *Dötsch/Leibner* in DPM KStG § 8c Rz. 62, die die Stimmrechtsübertragung nur als Ergänzungsmerkmal ansehen; a. A. BMF, Schreiben v. 28.11.2017, BStBl 2017 I S. 1645, Rz. 5, 8.
2 So auch *Dötsch/Pung*, DB 2008 S. 1703, 1705.
3 *K. Schmidt* in Scholz, GmbHG, 11. Aufl. 2014, § 47 Rz. 38 f.; BGH, Urteil v. 24.11.2008 - II ZR 116/08, GmbHR 2009 S. 306, m. w. N.
4 *Zöllner/Noack* in Baumbach/Hueck, GmbHG, 21. Aufl., 2017, § 47 Rz. 115.
5 → Rz. 319, BMF, Schreiben v. 28.11.2017, BStBl 2017 I S. 1645, Rz. 7.
6 *Viskorf/Michel*, DB 2007 S. 2561, 2564.
7 So auch *Hannes/von Freeden*, Ubg 2008 S. 624, 627 ff.

nern, deren Beteiligung nicht zum erbschaftsteuerlich begünstigten Vermögen gehört, weil sie nicht mehr als 25 % halten, die erbschaftsteuerliche Begünstigung für Betriebsvermögen in Anspruch zu nehmen. Voraussetzung ist, dass sich mehrere (mindestens zwei) Anteilseigner untereinander verpflichten, das Stimmrecht gegenüber den übrigen Gesellschaftern einheitlich auszuüben und über die Anteile nur einheitlich zu verfügen oder ausschließlich untereinander zu übertragen.[1]

Bei der Stimmrechtsbündelung bzw. beim Poolvertrag liegt kein vergleichbarer Sachverhalt i.S.v. § 8c Abs. 1 KStG vor, weil keiner der Beteiligten allein über die Stimmrechte verfügen kann. Jeder Stimmrechtsberechtigte ist zugleich auch Stimmrechtsverpflichteter, so dass aufgrund der Stimmrechtsbündelung keinem Anteilseigner mehr Stimmrechte zustehen als vor Abschluss des Poolvertrags. Dies unterscheidet die Stimmrechtsbündelung von der typischen Stimmrechtsbindung, bei der es einen Stimmrechtsverpflichteten und einen Stimmrechtsberechtigten gibt.

Auch Poolverträge, die nicht die Voraussetzungen des § 13b Abs. 1 Nr. 3 Satz 2 ErbStG erfüllen, führen aus den vorstehend genannten Gründen weder zu einer Übertragung von Stimmrechten noch stellen sie einen vergleichbaren Sachverhalt i.S.v. § 8c Abs. 1 Satz 1 KStG dar.[2]

c) Übertragung und Schaffung von Mehrstimmrechten oder stimmrechtslosen Anteilen

Mehrstimmrechte sowie stimmrechtslose Anteile können bei der **GmbH** durch Satzung geschaffen werden.[3] Bei der AG sind Mehrstimmrechte hingegen seit dem 1.5.1998 nach § 12 Abs. 2 AktG unzulässig, während sich stimmrechtslose Anteile bei Vorzugsaktien nach § 12 Abs. 1 Satz 2 AktG ergeben (→ Rz. 149).

Weder die Einführung von Mehrstimmrechten noch die Schaffung stimmrechtsloser Anteile stellt zwar eine Übertragung von Stimmrechten dar; denn es verändert sich lediglich der Zählwert der bisher bestehenden Stimmrechte. Jedoch handelt es sich um einen Sachverhalt, der mit der Übertragung von Stimmrechten gem. § 8c Abs. 1 Satz 1 KStG vergleichbar ist (→ Rz. 319). Gleiches gilt für die Einziehung von Mehrstimmrechten (→ Rz. 319) sowie für den dauerhaften Verzicht auf das Stimmrecht.[4]

Werden Anteile mit Mehrstimmrechten übertragen, liegt eine Übertragung i.S.v. § 8c Abs. 1 KStG vor; die Übertragungsquote bestimmt sich nach der Höhe der übertragenen Mehrstimmrechte (→ Rz. 374).

d) Zurechnung von Stimmrechten

Zu einer Zurechnung von Stimmrechten kann es nach § 22 Abs. 1 Nr. 6 WpHG kommen, wenn ein gegenüber der Bundesanstalt für Finanzdienstleistungen Meldepflichtiger Stimmrechte als Bevollmächtigter nach eigenem Ermessen ausüben kann. Nach der Gesetzesbegründung zum Transparenz-Richtlinie-Umsetzungsgesetz v. 5.1.2007[5] soll jedoch die Ausübung des Stimmrechts durch Kreditinstitute gem. § 135 AktG nicht erfasst sein.[6]

---

1 Zu den Einzelheiten *Lahme/Zikesch*, DB 2009 S. 527.
2 So auch *Brandis* in Blümich KStG § 8c Rz. 45.
3 *Zöllner/Noack* in Baumbach/Hueck, GmbHG, 21. Aufl. 2017, § 47 Rz. 70.
4 → Rz. 319; BMF, Schreiben v. 28.11.2017, BStBl 2017 I S. 1645, Rz. 7.
5 BGBl 2007 I S. 10.
6 BT-Drucks. 16/2498 S. 35.

Eine Zurechnung von Stimmrechten stellt **keine Übertragung** oder einen vergleichbaren Sachverhalt i. S.v. § 8c Abs. 1 KStG dar. Denn die Stimmrechte verbleiben trotz der Zurechnung bei den Aktionären und werden durch den Meldepflichtigen ausgeübt. Es liegt auch **kein vergleichbarer Sachverhalt** vor, da die Stimmrechtsausübung durch Einzelvollmacht nicht mit einer vollständigen und dauerhaften Übertragung von Stimmrechten oder Anteilen vergleichbar ist.[1]

164–173 *(Einstweilen frei)*

III. Übertragungsvorgang

1. Übertragung durch Rechtsgeschäft

174 § 8c Abs. 1 KStG regelt die „Übertragung" der in Satz 1 genannten Anteile, Mitgliedschafts-, Beteiligungs- oder Stimmrechte und verwendet damit denselben Begriff wie § 8 Abs. 4 KStG. Dementsprechend ist wie bei § 8 Abs. 4 KStG unter einer Übertragung die **rechtsgeschäftliche Abtretung** gem. §§ 413, 398 BGB als bewusster, nicht notwendigerweise gewollter Übertragungsakt zu verstehen.[2] Erfasst werden damit

- sowohl die **entgeltliche, teilentgeltliche** als auch die **unentgeltliche** Übertragung durch Kauf, Schenkung oder Tausch, insbesondere auch der Anteilstausch i. S.v. § 21 Abs. 1 Satz 1 UmwStG,[3]

- die **freiwillige** oder **erzwungene** Übertragung (z. B. bei Einziehung von Anteilen oder bei Abgabe von Pflichtangeboten nach § 35 WpÜG, vgl. → Rz. 188),[4]

- der entgeltliche oder teilentgeltliche Erwerb im Rahmen der vorweggenommenen Erbfolge (→ Rz. 181) oder die Erbauseinandersetzung,[5]

- **Übertragungsvorgänge i. S.v. § 6 Abs. 5 Satz 3 EStG**, d. h. die Übertragung der Anteile aus dem Einzelunternehmen oder Sonderbetriebsvermögen des Anteilseigners in das Gesamthandsvermögen einer Mitunternehmerschaft und umgekehrt (§ 6 Abs. 5 Satz 3 Nr. 1 u. Nr. 2 EStG) sowie Übertragungen zwischen den jeweiligen Sonderbetriebsvermögen verschiedener Anteilseigner.[6]

BEISPIEL: Die A-KG ist Anteilseignerin der Verlust-GmbH, Kommanditisten der A-KG sind A und B. Die Beteiligung wird vom Gesamthandsvermögen der A-KG in das Sonderbetriebsvermögen des A übertragen. Diese Übertragung wird von § 8c Abs. 1 KStG erfasst (zur str. Quote vgl. → Rz. 195). Der spätere Einstieg eines neuen Gesellschafters in die KG führt nicht zu einem mittelbaren Erwerb, wenn sich die Beteiligung im Sonderbetriebsvermögen des A befindet, vgl. → Rz. 233.

175 **Nicht als Übertragung** anzusehen sind hingegen:

- der **Erbfall** (→ Rz. 176) und die unentgeltliche Übertragung im Rahmen der Erbauseinandersetzung (→ Rz. 177) sowie der unentgeltlichen vorweggenommenen Erbfolge zwischen Angehörigen i. S. d. § 15 AO (→ Rz. 180),

---

[1] *Dörr*, NWB F. 4, 5181 S. 5195; *Sistermann/Brinkmann*, DStR 2008 S. 1928, 1929.
[2] Siehe *Klein/Müller/Döpper* in Mössner/Seeger/Oellerich, KStG, § 8 Rz. 2478 f.
[3] *van Lishaut*, FR 2008 S. 789, 793; a. A. *Roser*, DStR 2008 S. 1561, 1563.
[4] Kritisch zu erzwungenen Übertragungen Gosch/*Roser* KStG § 8c Rz. 56 „Ausschluss von Gesellschaftern".
[5] BMF, Schreiben v. 28.11.2017, BStBl 2017 I S. 1645, Rz. 4; s. → Rz. 178.
[6] § 6 Abs. 5 Satz 3 Nr. 3 EStG, s. auch BMF, Schreiben v. 28.11.2017, BStBl 2017 I S. 1645, Rz. 11.

- die **Überführung** von einem Betriebsvermögen oder Sonderbetriebsvermögen des Anteilseigners in ein anderes Betriebsvermögen oder Sonderbetriebsvermögen desselben Anteilseigners gem. § 6 Abs. 5 Sätze 1 und 2 EStG, weil der Rechtsträger identisch bleibt.[1]

- der **Formwechsel** der Verlustgesellschaft in eine andere Kapitalgesellschaft sowie der Formwechsel der unmittelbaren oder mittelbaren Anteilseignerin in eine andere Körperschaft nach §§ 190, 226, 238 ff. UmwG, da der Rechtsträger aufgrund des Prinzips der Identität des formwechselnden Rechtsträgers und der Kontinuität der Mitgliedschaft (§ 202 Abs. 1 Nr. 2 Satz 1 UmwG) nicht wechselt.[2] Dies gilt auch bei einem grenzüberschreitenden Formwechsel.

- die **Bestellung eines Pfandrechts** an den Anteilen oder Rechten, da der Pfandgläubiger noch keine gesellschaftsrechtliche Stellung an der Körperschaft erlangt; erst die Verwertung des Pfandrechts wird von § 8c Abs. 1 KStG erfasst.[3]

2. Erbrechtlich veranlasste Übertragungsvorgänge

a) Erbfall

Der **Erbfall** stellt keine Übertragung i. S. v. § 8c Abs. 1 KStG dar. Beim Erbfall handelt es sich nicht um einen bewussten Übertragungsvorgang.[4] Dies gilt auch dann, wenn der Erbe Verbindlichkeiten erbt oder mit einem Vermächtnis, einem Pflichtteilsanspruch oder einer Auflage belastet wird.[5] Das BMF folgt damit an sich der Auffassung der Koalitionsfraktionen von SPD und CDU, die im Gesetzgebungsverfahren davon ausgingen, dass es bei der bisherigen Verwaltungsregelung gem. Rz. 4 des BMF, Schreiben v. 16.4.1999 zu § 8 Abs. 4 KStG[6] bleibt, wonach der Erbfall steuerlich unschädlich ist.[7]

Allerdings sieht das BMF den Erbfall nur dann als steuerlich unschädlich an, wenn der Erbe eine **natürliche Person** ist.[8] Insoweit ist das BMF-Schreiben zu § 8c KStG enger als das frühere BMF-Schreiben zu § 8 Abs. 4 KStG,[9] das nicht zwischen natürlichen und juristischen Personen differenzierte. Die Vererbung an eine juristische Person, etwa an einen gemeinnützigen Verein, wird damit als schädlich i. S. v. § 8c Abs. 1 KStG angesehen. Dieser Einschränkung durch das BMF ist m. E. nicht zu folgen. Denn auch die Vererbung der Beteiligung an eine juristische Person stellt keinen bewussten Übertragungsvorgang dar. Eine Differenzierung zwischen natürlichen und juristischen Personen ist daher nicht gerechtfertigt.

---

1 Hans, FR 2007 S. 775, 776.
2 So auch BMF, Schreiben v. 28.11.2017, BStBl 2017 I S. 1645, Rz. 11.
3 Hans, FR 2007 S. 775, 777; Dötsch/Leibner in DPM KStG § 8c Rz. 65.
4 So auch BMF, Schreiben v. 28.11.2017, BStBl 2017 I S. 1645, Rz. 4.
5 Thonemann, DB 2008 S. 2156.
6 BStBl 1999 I S. 455; BMF-Entwurf (Fassung Verbandsanhörung) v. 15.4.2014 - IV C 2 - S 2745-a/09/10002:004, Rz. 4, NWB CAAAE-63041.
7 BT-Drucks. 16/5491 S. 16.
8 BMF, Schreiben v. 28.11.2017, BStBl 2017 I S. 1645, Rz. 4.
9 BStBl 1999 I S. 455, Rz. 4.

b) Erbauseinandersetzung

177 Die **Erbauseinandersetzung** zwischen Angehörigen i. S. d. § 15 AO[1] stellt keinen schädlichen Übertragungsvorgang i. S. v. § 8c Abs. 1 KStG dar, wenn sie **unentgeltlich** erfolgt.[2] Das BMF folgt damit auch in diesem Punkt der Auffassung der Koalitionsfraktionen von SPD und CDU[3] und hält an der bereits zu § 8 Abs. 4 KStG vertretenen Auffassung fest.[4] Dem BMF ist zu folgen, weil die Erbauseinandersetzung lediglich Folge des Erbfalls ist und deshalb nötig wird, weil mehrere Erben vorhanden sind und die hierdurch entstandene Erbengemeinschaft gem. § 2042 BGB beendet werden muss. Unentgeltlich ist die Erbauseinandersetzung, wenn

- die vorhandenen Wirtschaftsgüter **ohne Ausgleichszahlung** dem jeweiligen Erben zugewiesen werden oder
- wenn ein Erbe **Verbindlichkeiten übernimmt**.[5]

178 Hingegen sieht das BMF die Erbauseinandersetzung als schädlichen Übertragungsvorgang an, wenn sie „in auch nur geringem Umfang **entgeltlich** erfolgt".[6] Eine entgeltliche Erbauseinandersetzung liegt nach allgemeinen Grundsätzen in folgenden Fällen vor:

- bei Ausgleichszahlungen des Miterben, der die Beteiligung übernimmt, an die Miterben,[7]
- bei Erwerb der Beteiligung im Rahmen der Zwangsversteigerung, durch die die Erbengemeinschaft aufgehoben wird,[8]
- bei Verkauf des Erbanteils eines Miterben an einen Miterben,[9]
- beim Ausscheiden eines Miterben aus der Erbengemeinschaft.[10]

Das BMF-Schreiben zu § 8c KStG ist damit enger als das frühere Schreiben zu § 8 Abs. 4 KStG, das die Erbauseinandersetzung grundsätzlich als steuerlich unschädlich ansah.[11] Liegt eine entgeltliche Erbauseinandersetzung vor, kommt es zu einer schädlichen Übertragung i. S. v. § 8c Abs. 1 KStG aber nur, soweit der die Ausgleichszahlung leistende Miterbe noch nicht an dem Anteil beteiligt war.

> **BEISPIEL:** E1 und E2 sind Miterben zu je 1/2. Zum Nachlass gehört eine Beteiligung sowie ein Bankdepot. E1 übernimmt die Beteiligung und leistet an E2 eine Ausgleichszahlung. Nach dem BMF handelt es sich zwar um eine schädliche Übertragung. E1 erwirbt die Beteiligung aber m. E. nur zu 50 % und damit in unschädlichem Umfang, da er als Miterbe und damit Mitglied einer fiktiven Bruchteilsgemeinschaft[12] i. S. d. § 39 Abs. 2 Nr. 2 AO bereits zu 50 % Inhaber der Beteiligung war (→ Rz. 285).

179 Meines Erachtens sollten Ausgleichszahlungen – entgegen der Auffassung des BMF – unschädlich sein, soweit sie für die gerechte Aufteilung des Nachlasses erforderlich sind.[13] Anderenfalls

---

1 Kritisch *Olbing*, AG 2018 S. 27; *Gläser/Zöller*, BB 2018 S. 87.
2 So auch BMF, Schreiben v. 28.11.2017, BStBl 2017 I S. 1645, Rz. 4.
3 BT-Drucks. 16/5491 S. 16.
4 BMF, Schreiben v. 16.4.1999 zu § 8 Abs. 4 KStG, BStBl 1999 I S. 455, Rz. 4.
5 BMF, Schreiben v. 14.3.2006 zur Erbauseinandersetzung, BStBl 2006 I S. 253, Rz. 23.
6 BMF, Schreiben v. 28.11.2017, BStBl 2017 I S. 1645, Rz. 4.
7 BMF, Schreiben v. 14.3.2006, BStBl 2006 I S. 253, Rz. 26.
8 BMF, Schreiben v. 14.3.2006, BStBl 2006 I S. 253, Rz. 15.
9 BMF, Schreiben v. 14.3.2006, BStBl 2006 I S. 253, Rz. 39 u. 41.
10 BMF, Schreiben v. 14.3.2006, BStBl 2006 I S. 253, Rz. 48.
11 BStBl 1999 I S. 455, Rz. 4.
12 Vgl. *Drüen* in Tipke/Kruse, AO, § 39 Rz. 86.
13 Siehe auch *Roser*, DStR 2008 S. 1561, 1563; vgl. *Thonemann*, DB 2008 S. 2156, 2157, die geringfügige Ausgleichszahlungen als unschädlich ansieht.

hängt die steuerliche Beurteilung der Erbauseinandersetzung davon ab, ob die hinterlassenen Wirtschaftsgüter in etwa gleich viel wert sind, so dass Ausgleichszahlungen nicht erforderlich sind, oder aber im Wert differieren.

c) Vorweggenommene Erbfolge

Die unentgeltliche Übertragung im Wege der **vorweggenommenen Erbfolge** zwischen Angehörigen i. S. d. § 15 AO ist nach dem BMF unschädlich.[1] Das BMF geht damit über seine zu § 8 Abs. 4 KStG vertretene Auffassung hinaus, da im Rahmen des § 8 Abs. 4 KStG die vorweggenommene Erbfolge nicht begünstigt war.[2] Auch die Koalitionsfraktionen des Bundestags hatten keine Begünstigung der vorweggenommenen Erbfolge – anders als beim Erbfall und der Erbauseinandersetzung (→ Rz. 176 u. → Rz. 177) – gefordert.

Unentgeltlichkeit ist insbesondere anzunehmen, wenn die Versorgungsleistungen keine Gegenleistung für die übertragene Beteiligung darstellen sollen, sondern den Versorgungsbedarf des Übertragenden abdecken sollen[3] oder wenn die Anteilsübertragung unter einem Vorbehaltsnießbrauch erfolgt.[4] Die Voraussetzungen des allerdings mit Wirkung zum VZ 2015 aufgehobenen § 10 Abs. 1 Nr. 1a Buchst. c EStG i. d. F. des JStG 2008, wonach nur die Übertragung einer Beteiligung von mindestens 50 % steuerlich begünstigt ist und sowohl Übergeber als auch Übernehmer Geschäftsführer der Kapitalgesellschaft sein müssen, müssen m. E. nicht vorliegen, weil sie nur den Sonderausgabenabzug betreffen, nicht aber das Wesen der vorweggenommenen Erbfolge berühren.[5]

Dogmatisch ist die Begünstigung der vorweggenommenen Erbfolge **nicht zu rechtfertigen**. Denn anders als beim Erbfall und der sich ggf. daran anschließenden Erbauseinandersetzung ist die vorweggenommene Erbfolge eine bewusste Übertragung, die nicht durch einen Todesfall erzwungen ist[6] und zudem zu einem veränderten wirtschaftlichen Engagement führt.[7]

Demgegenüber stellt die vorweggenommene Erbfolge nach dem BMF dann eine schädliche Übertragung i. S. v. § 8c Abs. 1 KStG dar, wenn „sie in auch nur geringem Umfang **entgeltlich** erfolgt".[8] Dem ist zuzustimmen, weil die vorweggenommene Erbfolge nach der in → Rz. 180 vertretenen Ansicht ohnehin nicht privilegiert sein sollte.[9]

Entgeltlichkeit liegt insbesondere vor, wenn

---

[1] BMF, Schreiben v. 28.11.2017, BStBl 2017 I S. 1645, Rz. 4; kritisch zu dieser Einschränkung *Weiss/Brühl*, DStZ 2018 S. 451, 454 f.
[2] BStBl 1999 I S. 455.
[3] Großer Senat des BFH, Beschluss v. 15.7.1991 - GrS 1/90, BStBl 1992 II S. 78, unter C. II. 4. der Gründe. Gl. A. *Neumann/Heuser*, GmbHR 2018 S. 21, 22.
[4] BFH, Urteil v. 14.6.2005 - VIII R 14/04, BStBl 2006 II S. 15, zu § 17 EStG.
[5] A. A. *Sistermann/Brinkmann*, BB 2008 S. 1928 f.
[6] Zutreffend *Rödder/Möhlenbrock*, Ubg 2008 S. 595, 598; nach *Neumann*, GmbHR 2014 S. 673 soll es sich bei der Behandlung von Erbfall, Erbauseinandersetzung und vorweggenommener Erbfolge um Billigkeitsentscheidungen und nicht um eine norminterpretierende Verwaltungsanweisung handeln. Diese Unterscheidung sei deshalb von Bedeutung, weil die Gerichte an norminterpretierende Verwaltungsanweisungen nicht gebunden seien. Siehe auch *Neumann/Heuser*, GmbHR 2018 S. 21, 22 mit dem Hinweis, dass die Regelung als norminterpretierende Verwaltungsanweisung für die Beratungspraxis ein nicht kalkulierbares Risiko darstellt; *Suchanek/Rüsch*, Ubg 2018 S. 10, 11, empfehlen die Einholung einer verbindlichen Auskunft.
[7] A. A. *Thonemann*, DB 2008 S. 2156, 2157.
[8] BMF, Schreiben v. 28.11.2017, BStBl 2017 I S. 1645, Rz. 4.
[9] FG Münster, Urteil v. 4.11.2015 - 9 K 3478/13 F, NWB TAAAF-49599, Rev. vom BFH mit Beschluss v. 20.7.2016 - I R 6/16, wegen Verfristung als unzulässig verworfen worden. Siehe zu dem FG-Urteil auch BB 2016 S. 955 mit Anm. *Königer* u. *Kimpel/Weppner*, GWR 2015 S. 198; *Chuchra/Dorn/Schwarz*, DStR 2016 S. 1404; *Weiss/Brühl*, DStZ 2018 S. 451, 454.

- der Wert der übertragenen Beteiligung und die Versorgungsleistungen nach kaufmännischen Gesichtspunkten gegeneinander abgewogen sind,[1]
- der Übernehmer Gleichstellungsgelder an potenzielle Miterben leistet oder sonstige Leistungen an diese erbringt[2] oder
- der Übernehmer Verbindlichkeiten des Übertragenden übernimmt;[3] im Gegensatz zur Erbauseinandersetzung (→ Rz. 177) ist die Übernahme von Verbindlichkeiten bei der vorweggenommenen Erbfolge also schädlich.

Dabei gelten nach dem BMF-Schreiben zu § 8c KStG auch geringfügige Gleichstellungsgelder oder übernommene Verbindlichkeiten als schädlich; denn nach dem BMF-Schreiben ist die Übertragung schädlich, „wenn" sie im auch nur geringem Umfang entgeltlich erfolgt und nicht „soweit" sie in geringem Umfang entgeltlich ist. Eine Aufteilung in eine entgeltliche und unentgeltliche Übertragung ist daher nicht möglich.[4]

Eine **Gestaltungsmöglichkeit** bietet sich jedoch an, wenn im Rahmen einer vorweggenommenen Erbfolge mehrere Wirtschaftsgüter übertragen werden und eine Verbindlichkeit übernommen werden soll: Die Verbindlichkeit kann im Übertragungsvertrag ausdrücklich einem anderen Wirtschaftsgut als der Beteiligung zugeordnet werden, so dass die Beteiligung unentgeltlich und das andere Wirtschaftsgut entgeltlich übertragen werden. Eine solche Zuordnung ist steuerlich anzuerkennen, sofern keine Anhaltspunkte für einen Gestaltungsmissbrauch i. S. v. § 42 AO vorliegen.[5]

3. Umwandlung als Übertragung

182 Umwandlungsvorgänge stellen zwar keine Übertragung dar, weil die Anteile nicht vom bisherigen Anteilseigner auf den neuen Anteilseigner übergehen, sondern weil es erst aufgrund der Kapitalerhöhung bei der übernehmenden Gesellschaft zu einer Verschiebung der Beteiligungsverhältnisse kommt. Jedoch sind Umwandlungsvorgänge als **vergleichbarer Sachverhalt** i. S. v. § 8c Abs. 1 KStG anzusehen.[6] § 8c Abs. 1 KStG kann daher relevant werden, wenn es aufgrund des Umwandlungsvorgangs zu einer unmittelbaren oder mittelbaren Anteilsverschiebung von mehr als 50 % kommt;[7] in Betracht kommen folgende Umwandlungsvorgänge:

- Verschmelzungen oder Abspaltungen auf die Verlustgesellschaft sowie Einbringungen in die Verlustgesellschaft (→ Rz. 226),
- Abspaltungen oder Einbringungen der Beteiligung an der Verlustgesellschaft (→ Rz. 226) sowie
- Verschmelzungen, Abspaltungen oder Einbringungen der Anteilseigner (Kapitalgesellschaften) der Verlustgesellschaft (→ Rz. 226).

Bei einer Umwandlung der Verlustgesellschaft auf eine andere Gesellschaft ist hingegen der Verlustuntergang nach umwandlungssteuerlichen Vorschriften (z. B. § 15 Abs. 3 UmwStG) zu

---

1 BMF, Schreiben v. 11.3.2010, BStBl 2010 I S. 227, Rz. 5.
2 BMF, Schreiben v. 11.3.2010, BStBl 2010 I S. 227, Rz. 50.
3 BMF, Schreiben v. 13.1.1993, BStBl 1993 II S. 80, Rz. 9; s. auch Thonemann, DB 2008 S. 2156.
4 Vgl. Grützner, StuB 2008 S. 617, 619.
5 BFH, Urteil v. 27.7.2004 – IX R 54/02, BStBl 2006 II S. 9; BMF, Schreiben v. 26.2.2007, Neufassung der vorweggenommenen Erbfolge, BStBl 2007 I S. 269.
6 Lang, DStZ 2007 S. 652, 654; Neyer, BB 2007 S. 1415, 1416.
7 BMF, Schreiben v. 28.11.2017, BStBl 2017 I S. 1645, Rz. 7.

prüfen, vgl. → Rz. 226. Zur Frage, welche Folgen sich bei einer rückwirkenden Verschmelzung nach § 2 Abs. 1 UmwStG ergeben, vgl. → Rz. 464 ff.

4. Einräumung von Optionen als Übertragungsvorgang

Die Einräumung einer Option, die auf den Erwerb von Anteilen oder Rechten i. S. v. § 8c Abs. 1 KStG gerichtet ist, stellt **grundsätzlich keine Übertragung** dar, da weder das wirtschaftliche noch das zivilrechtliche Eigentum auf den Optionsinhaber übergeht.[1] Nach der vom BFH vorgegebenen sog. Gesamtbildbetrachtung fehlt es bei einer Option im Regelfall insbesondere am Übergang des Wertminderungsrisikos sowie der Wertsteigerungschance.[2]

Anders verhält es sich jedoch bei einer **Doppel-Option** (call-and-put-option), bei der sowohl dem Verkäufer als auch dem Erwerber eine Option auf Kauf bzw. Verkauf zustehen und der spätere Kaufpreis bereits bei Einräumung der zeitgleich auszuübenden Doppel-Option festgelegt wird. In diesem Fall ist hinreichend wahrscheinlich, dass die Option ausgeübt werden wird, nämlich im Fall der Wertsteigerung der Verlustgesellschaft durch den Erwerber und im Fall des Wertverfalls durch den Verkäufer.[3]

5. Aktienerwerb an der Börse und Börsengänge

a) Aktienerwerb an der Börse

Der Erwerb von Aktien an der Börse stellt zwar eine Übertragung i. S. v. § 8c Abs. 1 KStG dar; jedoch wird nur bei einem Aktienerwerb von mehr als 50 % durch **einen** Erwerber die Rechtsfolge des § 8c Abs. 1 KStG ausgelöst. Der Erwerb durch Kleinaktionäre stellt damit keine Gefahr für den nicht genutzten Verlust einer AG dar, da Kleinaktionäre regelmäßig keine gleichgerichteten Interessen i. S. v. § 8c Abs. 1 Satz 3 KStG verfolgen. Einer sog. **Börsenklausel**, die Aktiengesellschaften aus dem Anwendungsbereich des § 8c Abs. 1 KStG herausnimmt, bedarf es daher nicht.[4]

b) Börsengang

Hingegen kann § 8c Abs. 1 KStG zwar bei einem **Börsengang** (IPO = initial public offering) oder bei einer **Kapitalerhöhung** zur Anwendung gelangen, wenn die Aktien von einer Emissionsbank oder von einem Bankenkonsortium kurzfristig übernommen werden, um sie den Neu-Aktionären zuzuteilen. Die Emissionsbank wird im Regelfall – wenn auch für kurze Zeit – rechtlicher und wirtschaftlicher Eigentümer der Aktien, so dass nach der gesetzlichen Regelung des § 8c Abs. 1 KStG eine Übertragung vorliegt und damit der vollständige Verlustuntergang droht.[5]

---

1 *Hans*, FR 2007 S. 775, 777; offen gelassen *Dötsch/Leibner* in DPM KStG § 8c Rz. 64.
2 BFH, Urteil v. 4.7.2007 - VIII R 68/05, BStBl 2007 II S. 937; v. 11.7.2006 - VIII R 32/04, BStBl 2007 II S. 296.
3 Siehe BFH, Urteil v. 11.7.2006, BStBl 2006 I S. 253.
4 A. A. *Dörfler/Wittkowski*, GmbHR 2007 S. 513, 517; Centrale für GmbH, GmbHR 2007 S. 421, 433; vgl. auch *Wiese*, DStR 2007 S. 741, 746, der eine Anbindung an die Mitteilungspflichten des Wertpapierhandelsgesetzes entsprechend § 11 REIT-Gesetz vorschlägt.
5 *Beußer*, DB 2007 S. 1549, 1550, unter Fn. 13; zur Schädlichkeit des Durchgangserwerbs *Möhlnbrock*, Ubg 2008 S. 595, 598; dagegen *Goldacker/Heerdt*, Ubg 2013 S. 170, 176; zur Wertpapierleihe *Dötsch/Leibner* in DPM KStG § 8c Rz. 56.

187 Zu Recht ist jedoch nach dem BMF, Schreiben v. 28.11.2017[1] ein Zwischenerwerb durch eine Emissionsbank im Rahmen eines Börsengangs i.S.v. § 1 Abs. 1 Satz 2 Nr. 10 KWG **unschädlich**. Richtigerweise muss dies auch bei einem von einem Bankenkonsortium begleiteten Börsengang gelten; schließt man die Mitglieder eines Bankenkonsortiums bereits dem Grunde nach als Erwerber aus, scheiden sie damit auch als Erwerber mit gleichgerichteten Interessen gem. § 8c Abs. 1 Satz 3 KStG aus.[2] Dabei wird man nicht nur den Zwischenerwerb durch Übernahmekonsortien, sondern auch durch andere Konsortien wie Garantie-, Begebungs- oder Optionskonsortien als unschädlich ansehen können.[3]

Der Auffassung des BMF ist zu folgen, weil sich die Funktion der Emissionsbank darauf beschränkt, die Aktien nur zum Zweck der Zuteilung weiterzuleiten, ohne selbst Einfluss auf die Geschäfte der AG nehmen zu können oder selbst wirtschaftliches Engagement zu zeigen.[4] § 8c Abs. 1 KStG ist daher insoweit teleologisch zu reduzieren. Jedoch kommt § 8c Abs. 1 KStG zur Anwendung, wenn die Emissionsbank die Aktien behält;[5] dies gilt auch dann, wenn dies unfreiwillig erfolgt, weil die Aktien an der Börse keinen Abnehmer finden; denn auf die Freiwilligkeit kommt es bei der Übertragung nicht an (→ Rz. 174).

Zwar erwähnt das BMF, Schreiben v. 28.11.2017[6] nicht den Zwischenerwerb einer Bank bzw. eines Bankenkonsortiums im Rahmen einer Kapitalerhöhung; gleichwohl ist es auch hier geboten, § 8c Abs. 1 KStG nicht anzuwenden, weil die Bank ebenfalls keinen Einfluss auf die Verlustgesellschaft nimmt.[7]

c) Pflichtangebote

188 Zu einer unfreiwilligen Übertragung kann es bei der **Abgabe von Pflichtangeboten** nach § 35 Abs. 2 WpÜG kommen. Hat ein Investor mehr als 30 % der Anteile übernommen, wird nach § 29 Abs. 2 WpÜG fingiert, dass er die Kontrolle übernommen hat; er ist dann nach § 35 Abs. 2 WpÜG verpflichtet, Pflichtangebote für die anderen Anteilseigner abzugeben. Bei Annahme des Pflichtangebots erhöht sich die Quote der übertragenen Anteile, so dass es zu einem Verlustuntergang nach § 8c Abs. 1 Satz 1 KStG kommen kann.

6. Weiter- und Rückübertragung derselben Anteile

a) Weiterübertragung desselben Anteils

189 Die Weiterübertragung derselben Anteile („nämliche Anteile") stellt ebenfalls eine Übertragung i.S.v. § 8c Abs. 1 KStG dar und löst daher – bei Überschreiten der Schädlichkeitsgrenze von mehr als 50 % – **erneut die Rechtsfolgen** des § 8c Abs. 1 KStG aus.[8] Dies führt dazu, dass bei der mehrfachen Weiterübertragung eines Anteils (Kettenübertragung) im Rahmen des § 8c Abs. 1 Satz 1 KStG der nicht genutzte Verlust jeweils untergeht.

190 *(Einstweilen frei)*

---

[1] BMF, Schreiben v. 28.11.2017, BStBl 2017 I S. 1645, Rz. 6.
[2] Zutreffend *Wild/Sustmann/Papke*, DStR 2008 S. 851, 856.
[3] Zweifelnd *Kussmaul/Richter/Tcherveniachki*, GmbHR 2008 S. 1009, 1015.
[4] So auch *Dörr*, NWB F. 4 S. 5181, 5195; *Groß/Klein*, AG 2007 S. 896; *Wild/Sustmann/Papke*, DStR 2008 S. 851.
[5] *Dörr*, NWB F. 4 S. 5339, 5342.
[6] BStBl 2017 I S. 1645.
[7] *Roser*, DStR 2008 S. 1561, 1563.
[8] Insoweit zutreffend BMF, Schreiben v. 28.11.2017, BStBl 2017 I S. 1645, Rz. 22.

Erfolgt die **Weiterübertragung zwischen nahestehenden Personen** i. S. d. § 8c Abs. 1 Satz 1 oder **innerhalb einer Erwerbergruppe** i. S. d. § 8c Abs. 1 Satz 2 KStG (zusammen mit dem Erwerber auch Erwerberkreis genannt) ergeben sich keine Besonderheiten gegenüber der in → Rz. 189 dargestellten Lösung;[1] d. h., es kann jeweils zu einem erneuten Verlustuntergang kommen.[2] Weder die Annahme einer nahestehenden Person nach Satz 1 noch die Fiktion der Erwerbergruppe als ein Erwerber nach Satz 2 schließen es aus, dass es einen Erwerber nach Satz 1 gibt. Allerdings ist bei jedem Zählerwerb auch zu prüfen, ob er für einen Erwerber nebst nahestehender Person oder Erwerbergruppe innerhalb eines **Fünfjahreszeitraums** fällt.

Sähe man in der Übertragung und Weiterübertragung innerhalb eines Erwerberkreises nur eine einzige Übertragung mit der Begründung, dass der Erwerberkreis als ein einziger Erwerber anzusehen ist, d. h. die Übertragung bei fortbestehenden Erwerberkreises würde als unschädliches Innengeschäft qualifiziert,[3] käme es zu einer Besserbehandlung des Erwerberkreises gegenüber der Weiterübertragung auf einen Dritten. Durch die Einbeziehung nahestehender Personen und das Konstrukt einer Erwerbergruppe soll aber lediglich erreicht werden, dass Übertragungen unterschiedlicher Anteile an verschiedene Personen zusammengerechnet werden können. Eine andere Auffassung würde nicht mit dem Willen des Gesetzgebers in Einklang stehen, da z. B. konzernzugehörige Gesellschaften regelmäßig als nahestehende Personen anzusehen sind → Rz. 292), die Konzernklausel aber erst mit Wirkung zum 1.1.2010 eingeführt wurde und zudem einen restriktiven Anwendungsbereich hat (→ Rz. 264 ff.).

Für die Ermittlung eines schädlichen Beteiligungserwerbs bei einer Erwerbergruppe ist jeweils auf sämtliche Zählerwerbe bis zum Zeitpunkt eines schädlichen Beteiligungserwerbs abzustellen, die dieselbe Gruppe innerhalb des Fünfjahreszeitraums verwirklicht. Dabei sind **Anteilsabgänge** für die konkrete Gruppe unabhängig davon, ob sie an Dritte oder innerhalb der Gruppe erfolgen, gegenzurechnen (→ Rz. 342). Somit ist bei der Gruppenbetrachtung ein **Weitererwerb innerhalb ein und derselben Gruppe grds. dann neutral**, wenn es sich lediglich um Zählerwerbe handelt, die für sich genommen noch nicht die Schädlichkeitsgrenze überschreiten, weil dem Zuerwerb der Gruppe ein gleichzeitiger Abgang in der gleichen Höhe entgegenstehen muss.[4] Einer Annahme eines „unschädlichen Innengeschäfts"[5] bedarf es dafür nicht. Für jeden Zählerwerb ist zu fragen, ob dieser einer Gruppe zugeordnet werden kann und welche Zählerwerbe dieser konkreten Gruppe insgesamt zuzurechnen sind.

Unabhängig von der Gruppenzuordnung kann aber für **den einzelnen Erwerber bei isolierter Betrachtung** ein schädlicher Beteiligungserwerb vorliegen. Bereits lediglich zugerechnete Erwerbe einer Erwerbergruppe können ihm bei Wegfall fortbestehender gleichgerichteter Interessen oder des Nahestehens als solche m. E. nicht mehr zugerechnet werden.[6] Gleiches gilt für solche Erwerbe, denen ein direkter Erwerb nachfolgt (→ Rz. 235).[7] Im Ergebnis ist somit der Er-

---

1 Zutreffend *Neumann/Stimpel*, GmbHR 2007 S. 1194, 1198; a. A. *Frotscher*/Drüen KStG § 8c Rz. 86b.
2 BMF, Schreiben v. 28.11.2017, BStBl 2017 I S. 1645, Rz. 22, Beispiel 3, 4 Rz.; *Neumann/Stimpel*, GmbHR 2007 S. 1194, 1189; *van Lishaut*, FR 2008 S. 789, 795; *Möhlenbrock*, Ubg 2008 S. 595, 597; vgl. auch *Dötsch/Leibner* in DPM KStG § 8c Rz. 91.
3 So *Dieterlen/Winkler*, GmbHR 2007 S. 815; *Sistermann/Brinkmann*, DStR 2008 S. 897; *Frotscher*/Drüen KStG § 8c Rz. 86b; *Gosch/Roser* KStG § 8c Rz. 82; *Hinder/Hentschel*, GmbHR 2015 S. 16, 22; *Dötsch/Leibner* in DPM KStG § 8c Rz. 140, *Schneider/Bleifeld/Butler*, DB 2018 S. 464, 468.
4 Vgl. *Hinder/Hentschel*, GmbHR 2015 S. 16, 22 f.
5 Vgl. *Gosch/Roser* KStG § 8c Rz. 82; *Dötsch/Leibner* in DPM KStG § 8c Rz. 140.
6 Im Ergebnis gl. A. R/H/*Neumann* KStG § 8c Rz. 164, Lösung Nr. (3) und Abwandlung.
7 BMF, Schreiben v. 28.11.2017, BStBl 2017 I S. 1645, Rz. 22.

werb des nämlichen Anteils grundsätzlich schädlich, er kann jedoch innerhalb eines Erwerberkreises nicht als Zählerwerb addiert werden.[1]

BEISPIEL 1: A, B und C bilden einen Erwerberkreis. A erwirbt am 1.1.19 20 % an der Verlust-GmbH. Er veräußert diese Beteiligung am 1.2.19 an B, der die Beteiligung wiederum einen Monat später an C veräußert. C hat damit lediglich 20 % erworben, die Beteiligungserwerbe am 1.1. und 1.2.19 erhöhen seine Beteiligung nicht, d. h., sie sind nicht zu insgesamt 60 % zu addieren. Es liegt also kein schädlicher Beteiligungserwerb vor.

BEISPIEL 2: Derselbe Erwerberkreis wie in Beispiel 1, nur werden jeweils 60 % an der Verlust-GmbH erworben und weiterüberragen. Unabhängig von dem Erwerberkreis liegen am 1.1.19, 1.2.19 und 1.3.19 jeweils schädliche Beteiligungserwerbe i. S. d. § 8c Abs. 1 Satz 1 KStG vor.

BEISPIEL 3: Derselbe Erwerberkreis wie Beispiel 1, nur hat A vor Begründung des Erwerberkreises am 1.1.18 eine Beteiligung von 40 % an der Verlust-GmbH erworben. Erwirbt er am 1.1.19 weitere 20 % an der Verlust-GmbH liegt ein schädlicher Beteiligungserwerb des A von. Überträgt er am 1.2.19 40 % der Anteile an der Verlust-GmbH auf B, verwirklicht B keinen schädlichen Beteiligungserwerb. Der (mittelbare) Zählerwerb von 20 % am 1.1.19 wird nicht berücksichtigt, weil B direkt 40 % erwirbt und der vorhergehende mittelbare Erwerb in die Saldobetrachtung einzubeziehen ist (B hat auch durch den Erwerb am 1.2.19 nie mehr als 40 % der ihm zurechenbaren Anteile besessen). Erwirbt B von dem Dritten D am 1.4.19 weitere 15 %, liegt für B ein schädlicher Beteiligungserwerb vor (40 % am 1.2.19 plus 15 % am 1.4.19).

b) Rückübertragung desselben Anteils

192 Die Rückübertragung **desselben Anteils stellt gleichfalls eine Übertragung** i. S. v. § 8c Abs. 1 KStG dar und kann daher einen vollständigen Verlustuntergang herbeiführen.[2]

193 Nach dem Gesetz **kommt es auf den Grund für die Rückübertragung nicht an**; eine dem § 16 Abs. 2 GrEStG vergleichbare Regelung, der Rückgängigmachungen des Anteilserwerbs vom Anwendungsbereich des § 8c Abs. 1 KStG ausschließen würde, fehlt. Zudem behandelt der BFH auch die Rückabwicklung des Anteilserwerbs im Rahmen des § 17 EStG – anders als bei § 23 EStG – als Veräußerung.[3] Dennoch erscheint es nach dem Sinn und Zweck des § 8c Abs. 1 KStG geboten, die Rückabwicklung einer Anteilsübertragung wegen Rücktritts oder wegen Nichterfüllung der Vertragsbedingungen aus dem Anwendungsbereich des § 8c Abs. 1 KStG herauszunehmen, da sich das wirtschaftliche Engagement bei einer „Hin- und Herübertragung" regelmäßig nicht geändert hat; danach kommt es nicht zu einem Verlustuntergang.[4]

194 Handelt es sich um die Übertragung und Rückübertragung eines Anteils von mehr als 25 % bis zu 50 %, darf m. E. auch keine Addition erfolgen. Dies gilt auch dann, wenn der Veräußerer den Anteil (bis zu 50 %) selbst erst kurz zuvor erworben hatte: Ob die FinVerw diese Auffassung teilt, ist nach der Rz. 23 des BMF-Schreibens v. 28.11.2017 unklar. Einerseits wird aus dem Verweis auf die Rz. 22 der Schluss gezogen, dass die FinVerw Anteilserwerbe innerhalb des Fünf-

---

1 Zumindest missverständlich BMF, Schreiben v. 28.11.2017, BStBl 2017 I S. 1645, Rz. 22.
2 BMF, Schreiben v. 28.11.2017, BStBl 2017 I S. 1645, Rz. 22; FinBeh Hamburg v. 12.8.2014, DStR 2015 S. 759; *Lang*, DStZ 2007 S. 652, 660.
3 BFH, Urteil v. 21.10.1999 - I R 43-44/98, BStBl 2000 II S. 424, zu § 17 EStG; hingegen BFH, Urteil v. 27.6.2006 - IX R 47/04, BStBl 2007 II S. 162, zu § 23 EStG.
4 *Dötsch/Leibner* in DPM KStG § 8c Rz. 52; *Frotscher*/Drüen KStG § 8c Rz. 27a.

jahreszeitraums schlicht addiere,[1] andererseits wird darauf hingewiesen, dass die Rz. 23 als eine Saldierungsbetrachtung verstanden werden könne.[2]

Zutreffend wäre eine Addition nicht mit dem Sinn und Zweck des § 8c KStG in Einklang zu bringen, weil der Erwerber zu keinem Zeitpunkt innerhalb des Fünfjahreszeitraums einen höheren Anteilsbesitz hatte und damit eine Grenze erreicht hat, die die wirtschaftliche Identität der Körperschaft stärker beeinträchtigen konnte (→ Rz. 23). Folgt man dieser Auffassung, kann es auch nicht darauf ankommen, ob es sich um die Rückübertragung des nämlichen Anteils oder die Übertragung eines anderen Anteils handelt.[3]

BEISPIEL: A ist Alleingesellschafter der Verlust-GmbH. Er überträgt in 01 einen Anteil von 30 % auf B. B überträgt diesen Anteil in 02 auf C. In 03 überträgt C den Anteil zurück auf B. Zwar erwirbt B – und damit derselbe Erwerber – in 01 und 03 jeweils 30 % und überschreitet damit rechnerisch gesehen innerhalb des Fünf-Jahres-Zeitraums die Schädlichkeitsgrenze des § 8c Abs. 1 Satz 1 KStG; jedoch ist zu berücksichtigen, dass es sich um die Übertragung desselben Anteils handelt und A während des gesamten Zeitraums mit 70 % mehrheitlich beteiligt bleibt. Ein Verlustuntergang nach § 8c Abs. 1 Satz 1 KStG ist daher abzulehnen.[4]

7. Übertragung durch Anwachsung

Anteilseignerin einer Verlust-Kapitalgesellschaft kann auch eine Personengesellschaft sein. Sind an der Personengesellschaft nur (noch) zwei Gesellschafter beteiligt und scheidet einer der beiden Gesellschafter aus, kommt es in der Person des verbleibenden Gesellschafters zu einer Anwachsung des bisherigen Gesellschaftsvermögens gem. § 738 Abs. 1 Satz 1 BGB, so dass dieser unmittelbarer Anteilseigner der Verlust-Kapitalgesellschaft wird.

Für die Frage, ob in der Anwachsung eine Übertragung bzw. ein vergleichbarer Sachverhalt i. S. v. § 8c Abs. 1 Satz 1 KStG zu sehen ist, **ist zu differenzieren**:

▶ War der verbleibende Gesellschafter an der Personengesellschaft (Mitunternehmerschaft) – wie im Normalfall – **zu weniger als 100 % beteiligt**, kann es in Höhe des Beteiligungszuwachses zu einer Übertragung gem. § 8c Abs. 1 KStG kommen.[5] Wie *Roser* zutreffend ausführt, sind andere Auffassungen mit dem Sinn und Zweck des § 8c Abs. 1 Satz 1 KStG nicht vereinbar, weil insoweit kein anderes wirtschaftliches Engagement des verbleibenden Gesellschafters vorliegt.[6]

BEISPIEL: A und B waren jeweils zu 50 % an der AB-KG beteiligt, die alleinige Gesellschafterin der Verlust-GmbH war. Scheidet B aus der AB-KG aus, wird aus der mittelbaren Beteiligung des A an der Verlust-GmbH i. H. v. 50 % eine unmittelbare Beteiligung i. H. v. 100 %. Damit sind 50 % des Anteils an der Verlust-GmbH übertragen worden und somit die Schädlichkeitsgrenze gem. § 8c

---

1 So interpretieren *Neumann/Heuser*, GmbHR 2018 S. 21, 23 die Rz. 23 des BMF-Schreibens v. 28.11.2017, BStBl 2017 I S. 1645.
2 Darauf weisen *Suchanek/Rüsch*, Ubg 2018 S. 10, 11 f., hin.
3 Ebenso u. a. *Suchanek/Rüsch*, Ubg 2018 S. 10, 11 f.; bei *Neumann/Heuser*, GmbHR 2018 S. 21, 23, bleibt unklar, ob die Saldierungsbetrachtung nur für die Übertragung der nämlichen Anteile gelten soll.
4 Siehe hierzu auch Niedersächsisches FG, Urteil v. 13.9.2012 - 6 K 51/10, NWB MAAAE-23287, u. dazu → Rz. 342.
5 So auch *Frotscher*/Drüen KStG § 8c Rz. 59 mit dem zutreffenden Hinweis, dass sich die Fragestellung nur für Mitunternehmerschaften stellt, weil bei vermögensverwaltenden Personengesellschaften die Beteiligung dem Gesellschafter zugeordnet wird, so dass in der Höhe der Beteiligung kein schädlicher Beteiligungserwerb vorliegen kann, s. → Rz. 285; Gosch/*Roser* KStG § 8c Rz. 56; *Stümper*, GmbHR 2010 S. 129; a. A. (vollständige Übertragung) *Möhlenbrock*, Ubg 2008 S. 595, 598; R/H/*Neumann* KStG § 8c Rz. 95; *Dötsch/Leibner* in DPM KStG § 8c Rz. 77; *Lademann/Wernicke*, KStG, § 8c Rz. 70.
6 Gosch/*Roser* KStG § 8c Rz. 56.

Abs. 1 Satz 1 KStG nicht erreicht. Nach Auffassung der FinVerw liegt in der Anwachsung jedoch eine 100%ige Übertragung der Beteiligung an der Verlust-GmbH auf A. Diese rein zivilrechtliche Betrachtungsweise übersieht, dass kein vollständig anderes wirtschaftliches Engagement vorliegt, u. steht zudem im Wertungswiderspruch zu anderen steuerlichen Regelungen, wie z.B. § 38 Abs. 2 Nr. 2 AO u. § 6 Abs. 2 GrEStG. Offensichtlich wird dies, wenn A bereits zu 99,9 % an der AB-KG beteiligt war.

▶ War hingegen der verbleibende Gesellschafter schon vorher vermögensmäßig **zu 100 % beteiligt**, während der ausscheidende Gesellschafter vermögensmäßig nicht beteiligt war, wird aus der hundertprozentigen mittelbaren Beteiligung des verbleibenden Gesellschafters lediglich eine hundertprozentige unmittelbare Beteiligung. Eine Übertragung i. S. v. § 8c Abs. 1 KStG ist hierin nicht zu sehen,[1] da sich zum einen das wirtschaftliche Engagement des verbleibenden Gesellschafters aufgrund der Anwachsung nicht ändert und die FinVerw jedenfalls im Zusammenhang mit § 6 Abs. 3 EStG beim Ausscheiden eines kapitalmäßig nicht beteiligten Gesellschafters aus einer zweigliedrigen Personengesellschaft keine Übertragung annimmt.[2]

196–203 *(Einstweilen frei)*

8. Disquotale Kapitalerhöhung als Übertragung nach § 8c Abs. 1 Satz 3 KStG

a) Disquotale Kapitalerhöhung als Übertragung dem Grunde nach

204 § 8c Abs. 1 Satz 3 KStG stellt **eine Kapitalerhöhung einer Übertragung des gezeichneten Kapitals gleich**, soweit sie zu einer Veränderung der Beteiligungsquoten am Kapital der Körperschaft führt.[3] Aufgrund der Veränderung der Beteiligungsquote handelt es sich um eine sog. disquotale Kapitalerhöhung, die dadurch entsteht, dass ein oder mehrere der Gesellschafter an der Kapitalerhöhung nicht im Umfang ihrer Beteiligung bzw. gar nicht teilnehmen. Die Kapitalerhöhung ist gesellschaftsrechtlich in §§ 182 ff. AktG und §§ 55 ff. GmbHG geregelt. Erforderlich ist, dass das in § 8c Abs. 1 Satz 1 KStG genannte gezeichnete Kapital erhöht wird; eine Erhöhung der Kapital- oder Gewinnrücklagen i. S. v. § 266 Abs. 3 A. II. und III. HGB oder eigenkapitalersetzende Leistungen i. S. v. § 32a GmbHG a. F. genügt nicht.

§ 8c Abs. 1 Satz 3 KStG hat **deklaratorische Bedeutung**, weil ohne die Regelung ein vergleichbarer Sachverhalt i. S. v. § 8c Abs. 1 Satz 1 KStG anzunehmen wäre; denn es würde – wie bei einer disquotalen Kapitalherabsetzung (→ Rz. 318) – aufgrund der disquotalen Kapitalerhöhung zu einer Veränderung der Beteiligungsquote ohne Übertragungsvorgang kommen. § 8c Abs. 1 Satz 3 KStG entspricht dem BMF-Schreiben zu § 8 Abs. 4 KStG v. 16.4.1999,[4] nach dem eine Kapitalerhöhung einer Übertragung i. S. v. § 8 Abs. 4 KStG gleichzusetzen war, wenn die neu eintretenden Gesellschafter die Einlage ganz oder teilweise leisten und nach der Kapitalerhöhung zu mehr als 50 % beteiligt sind. Die gesonderte Erwähnung der disquotalen Kapitalerhöhung in § 8c KStG war aus Sicht des Gesetzgebers erforderlich, weil die Kapitalerhöhung

---

1 So auch *Dieterlen/Winkler*, GmbHR 2007 S. 815, 817; *van Lishaut*, FR 2008 S. 789, 795.
2 OFD Berlin v. 19.7.2002, NWB OAAAA-83682; anders jedoch Schleswig-Holsteinisches FG, Urteil v. 7.4.2004 - 2 K 40/01, NWB NAAAB-25257 = EFG 2004 S. 1042, zu § 6b EStG, im Ergebnis bestätigt durch BFH, Urteil v. 9.2.2006 - IV R 23/04, BStBl 2006 II S. 538.
3 Nach *Suchanek* in HHR KStG § 8c Rz. 42 u. R/H/*Neumann* KStG § 8c Rz. 120, gilt dies auch für die Erhöhung des Festkapitals einer an der Verlust-Körperschaft beteiligten Personengesellschaft. Dagegen zutreffend *Dötsch/Leibner* in DPM KStG § 8c Rz. 312. Es kann sich nur um einen vergleichbaren Sachverhalt i. S. d. § 8c Abs. 1 Satz 1 KStG handeln.
4 BStBl 1999 I S. 455, Rz. 26.

im Zeitpunkt des Gesetzgebungsvorhabens zu § 8c KStG nach damaliger vorläufiger Einschätzung des BFH keine Übertragung von Anteilen darstellte;[1] erst nach Inkrafttreten des § 8c KStG hatte der BFH zu § 8 Abs. 4 KStG entschieden, dass eine disquotale Kapitalerhöhung einer Anteilsübertragung gleichsteht.[2]

b) Veränderung der Beteiligungsquote um mehr als 50 Prozentpunkte

Allein eine disquotale Kapitalerhöhung führt noch nicht zum teilweisen oder vollständigen Verlustuntergang. Erst wenn sich aufgrund der disquotalen Kapitalerhöhung die Beteiligungsquote eines Alt- oder Neu-Gesellschafters **um mehr als 50 Prozentpunkte erhöht**, treten die Rechtsfolgen des § 8c Abs. 1 KStG ein. Dies ergibt sich aus dem „soweit"-Halbsatz des § 8c Abs. 1 Satz 3 KStG, der auf die Veränderung der Beteiligungsquote abstellt. Dabei werden mehrere Gesellschafter, die zu einer Erwerbergruppe gehören (einander nahestehende Personen oder Gesellschafter mit gleichgerichteten Interessen i. S. v. § 8c Abs. 1 Satz 2 KStG), zusammengefasst. Nehmen mehrere Alt-Gesellschafter an der Kapitalerhöhung teil, ergeben sich hieraus aber noch nicht zwingend gleichgerichtete Interessen i. S. v. § 8c Abs. 1 Satz 2 KStG, vgl. → Rz. 307.[3]

Zu prüfen ist damit, wie hoch die Beteiligungsquote des Anteilseigners bzw. der Erwerbergruppe vor der Kapitalerhöhung und nach der Kapitalerhöhung war; der **Unterschied in Prozentpunkten** ergibt die Veränderung der Beteiligungsquote.[4]

> **BEISPIEL 1:** Vor der Kapitalerhöhung sind A mit 25 % und B mit 75 % an der Verlust-GmbH (Stammkapital 100.000 €) beteiligt. Die Verlust-GmbH erhöht ihr Kapital um 150.000 € auf 250.000 €. A übernimmt bei der Kapitalerhöhung 100.000 €, so dass er nun mit 125.000 € beteiligt ist. Den Rest übernimmt B. Die Beteiligungsquote des A hat sich von 25 % auf 50 % (125/250) erhöht; die Veränderung seiner Beteiligungsquote um 25 Prozentpunkte ist nach § 8c Abs. 1 KStG unschädlich. Dass A an der Kapitalerhöhung mit 75 % teilgenommen hat, ist für die Berechnung nach § 8c Abs. 1 Satz 3 unerheblich.

> **BEISPIEL 2:** Wie Beispiel 1, jedoch nimmt nicht Alt-Gesellschafter A, sondern der bisher an der GmbH nicht beteiligte E mit einer Einlage von 150.000 € an der Kapitalerhöhung teil. Nach der Kapitalerhöhung sind A mit 10 %, B mit 30 % und E mit 60 % beteiligt. Die Beteiligungsquote des E erhöht sich von 0 % auf 60 % (150/250), so dass der Verlust nach § 8c Abs. 1 Satz 1 KStG untergeht. Dass § 8c Abs. 1 KStG nur im Beispiel 2 zur Anwendung kommt, liegt daran, dass sich die Beteiligungsquote umso stärker erhöht, je weniger der Gesellschafter vor der Kapitalerhöhung an der Kapitalgesellschaft beteiligt war.

Da nach § 8c Abs. 1 Satz 3 KStG die Veränderung der Beteiligungsquote maßgeblich ist, können **„kleine" disquotale Kapitalerhöhungen** bereits rechnerisch für sich alleine nicht zu einem Verlustuntergang führen:[5]

▶ Wird das Nenn- oder Stammkapital nur um bis zu 100 % erhöht, kommt es selbst dann nicht zu einem Verlustuntergang nach Satz 1, wenn der gesamte neue Anteil von einem

---

1 BFH-Beschluss zur Beitrittsaufforderung des BMF, Schreiben v. 4.9.2002 - I R 78/01, BFH/NV 2003, 348 = NWB IAAAA-70059, unter II. 2. Buchst. a der Gründe.
2 BFH, Urteil v. 27.8.2008 - I R 78/01, BFH/NV 2009, 497 = NWB IAAAA-70059.
3 Gl. A. *Lang* in Bott/Walter KStG § 8c Rz. 87.
4 BMF, Schreiben v. 28.11.2017, BStBl 2017 I S. 1645, Rz. 9.
5 *Lang*, DStZ 2007 S. 652, 65.

einzigen Erwerber übernommen wird. Denn dann erhöht sich seine bisherige Beteiligungsquote nur um 50 Prozentpunkte, aber nicht um mehr als 50 Prozentpunkte.

> **BEISPIEL:** Wird das Kapital von 300 auf 600 erhöht (also verdoppelt) und nimmt nur ein einziger Erwerber an der Kapitalerhöhung teil, erhöht sich sein Anteil nur um 50 Prozentpunkte (300/600) und überschreitet damit nicht die Schädlichkeitsgrenze des § 8c Abs. 1 Satz 1 KStG.

Entsprechendes gilt auch für den Gesellschafter, der bereits vor der Kapitalerhöhung zu über 50 % an der Kapitalgesellschaft beteiligt war. Nimmt er an der Kapitalerhöhung teil, kann sich seine Beteiligung rein rechnerisch nicht um mehr als 50 Prozentpunkte erhöhen.

c) Disquotale Kapitalerhöhung bei mittelbarer Beteiligung

207 Zu einer disquotalen Kapitalerhöhung kann es auch im Rahmen einer mittelbaren Beteiligung kommen, wenn auf der unmittelbaren Beteiligungsebene eine disquotale Kapitalerhöhung durchgeführt wird und sich hierdurch auf der mittelbaren Beteiligungsebene, auf der ein nicht genutzter Verlust vorhanden ist, **die mittelbare Beteiligungsquote ändert**.[1]

> **BEISPIEL:** A ist zu 10 % an der X-GmbH beteiligt, die an der Verlust-GmbH zu 80 % beteiligt ist; die mittelbare Beteiligungsquote des A beträgt damit 8 % (zur Berechnung bei mittelbaren Beteiligungen → Rz. 234). Bei der X-GmbH wird eine Kapitalerhöhung durchgeführt, aufgrund derer A seine Beteiligung an der X-GmbH auf 90 % erhöht. Durch die disquotale Kapitalerhöhung bei der X-GmbH erhöht sich auch die mittelbare Beteiligungsquote des A bei der Verlust-GmbH von 8 % auf 72 %, so dass die Schädlichkeitsgrenze des § 8c Abs. 1 Satz 1 KStG überschritten wird und der nicht genutzte Verlust der Verlust-GmbH untergeht.

d) Beteiligungserwerb und disquotale Kapitalerhöhung

208 Kommt es zunächst zu einem Beteiligungserwerb (Zählerwerb) und später zu einer disquotalen Kapitalerhöhung, finden insgesamt zwei Übertragungen i. S. v. § 8c Abs. 1 Sätze 1 und 3 KStG statt. Damit kann es sowohl aufgrund des Beteiligungserwerbs als auch aufgrund der disquotalen Kapitalerhöhung zu einem Verlustuntergang kommen; denkbar ist aber auch, dass beide Übertragungsvorgänge zusammenzurechnen sind, wenn es sich um einen Erwerber handelt. Maßgeblich ist dann die Beteiligungsquote nach dem zweiten Übertragungsvorgang.[2] Maßgeblicher Zeitpunkt ist der jeweilige Übertragungsstichtag, bei der disquotalen Kapitalerhöhung die Eintragung im Handelsregister (→ Rz. 217).

e) Durchführung der Kapitalerhöhung über Emissionsbank

209 Zu beachten ist schließlich, dass eine Kapitalerhöhung, die über eine Emissionsbank durchgeführt wird, unabhängig von § 8c Abs. 1 Satz 3 KStG zwar zu einem Verlustuntergang nach § 8c Abs. 1 Satz 1 KStG führen kann, wenn die neuen Anteile zunächst auf die Emissionsbank übertragen werden; nach dem BMF, Schreiben v. 28.11.2017[3] ist ein derartiger Zwischen-

---

1 *Lang* in Bott/Walter KStG § 8c Rz. 97; BMF, Schreiben v. 28.11.2017, BStBl 2017 I S. 1645, Rz. 10. A. A. *Sistermann/Brinkmann*, DStR 2008 S. 897, 901, wegen fehlender Erwähnung mittelbarer Beteiligungen in § 8c Abs. 1 Satz 3 KStG; die Erfassung mittelbarer Beteiligungen ergibt sich jedoch weiterhin aus § 8c Abs. 1 Satz 1 KStG, da Satz 3 lediglich das Tatbestandsmerkmal „Übertragung" des § 8c Abs. 1 Satz 1 KStG erweitert.
2 BMF; Schreiben v. 28.11.2017, BStBl 2017 I S. 164, Rz. 6; *Lang* in Bott/Walter KStG § 8c Rz. 93 ff.
3 BMF, Schreiben v. 28.11.2017, BStBl 2017 I S. 164, Rz. 6.

erwerb jedenfalls bei einem Börsengang aber als unschädlich anzusehen, so dass sich dies auch auf den Zwischenerwerb im Rahmen einer Kapitalerhöhung übertragen lässt (→ Rz. 187).

(Einstweilen frei) 210–215

IV. Zeitpunkt des Erwerbs

Der Übertragungszeitpunkt bestimmt sich nach dem **Übergang des zivilrechtlichen Eigentums** i.S.v. § 39 Abs. 1 AO – im Regelfall ist dies der Zeitpunkt der Abtretung – **oder** nach dem **Übergang des wirtschaftlichen Eigentums** gem. § 39 Abs. 2 Nr. 1 AO, wenn dieser Zeitpunkt 216

▶ vor dem zivilrechtlichen Übergang liegt, z.B. bei Einräumung einer **Doppel-Option** für Verkäufer und Erwerber (→ Rz. 184) oder

▶ das zivilrechtliche Eigentum nicht übertragen wird, wie z.B. bei der **Wertpapierleihe**[1] oder weil z.B. der bisherige Anteilseigner Treuhänder wird, also zivilrechtlich Eigentümer bleibt, aber das wirtschaftliche Eigentum auf den Treugeber übergeht.

In diesen Fällen des Übergangs des wirtschaftlichen Eigentums ist die Übertragung abgeschlossen; es bedarf daher nicht der Annahme eines vergleichbaren Sachverhalts.[2]

Nach dem BMF-Schreiben vom 28.11.2017[3] soll – abweichend von der nach § 39 AO vorgegebenen Reihenfolge, wonach zunächst das zivilrechtliche Eigentum maßgeblich ist – allein der Übergang des wirtschaftlichen Eigentums entscheidend sein.

Bei **Anteilsveränderungen infolge von disquotalen Kapitalerhöhungen** nach § 8c Abs. 1 Satz 3 KStG ist der Zeitpunkt der Eintragung der Kapitalerhöhung im Handelsregister entscheidend.[4] Bei Anteilsveränderungen im Zusammenhang mit **Umwandlungen** ist der Zeitpunkt der Eintragung der Umwandlung im Handelsregister lediglich der späteste Zeitpunkt der Übertragung, da das wirtschaftliche Eigentum regelmäßig früher übergeht.[5] 217

Allerdings ergibt sich bei der Prüfung, wann das wirtschaftliche Eigentum bei einer Umwandlung übergeht, kein klares Ergebnis:[6] Frühestens ist dies der Zeitpunkt der Beschlüsse der Gesellschafterversammlungen, im Regelfall der Zeitpunkt des Antrags auf Eintragung im Handelsregister.[7] Zum Übertragungszeitpunkt bei Umwandlungen mit steuerlicher Rückbeziehung nach § 2 Abs. 1 UmwStG vgl. → Rz. 464.

(Einstweilen frei) 218–224

V. Unmittelbare Übertragungen

1. Unmittelbare Übertragungsvorgänge

Eine unmittelbare Übertragung liegt vor, wenn Anteile oder Mitgliedschafts-, Beteiligungs- oder Stimmrechte an der Verlustgesellschaft übertragen werden. Erfolgt die unmittelbare 225

---

1 Vgl. *van Lishaut*, FR 2008 S. 789, 792.
2 A.A. *Lang* in Bott/Walter KStG § 8c Rz. 35; *Frotscher*/Drüen KStG § 8c Rz. 55; *Sistermann/Brinkmann*, DStR 2008 S. 897, 898.
3 BMF, Schreiben v. 28.11.2017, BStBl 2017 I S. 1645, Rz. 6 u. 13.
4 BFH, Urteil v. 14.3.2006 - VIII R 49/04, BStBl 2006 II S. 746; BMF, Schreiben v. 28.11.2017, BStBl 2017 I S. 1645, Rz. 14.
5 BMF, Schreiben v. 28.11.2017, BStBl 2017 I S. 1645, Rz. 15 Satz 1; ebenso: *Schick/Franz*, DB 2008 S. 1987, 1991; *Lang* in Bott/Walter KStG § 8c Rz. 53.4.
6 *Van Lishaut*, FR 2008 S. 789, 796.
7 Siehe auch Gutachten des IDW, Wpg 1997 S. 235.

Übertragung **innerhalb eines Konzerns**, ist zu beachten, dass die sog. Konzernklausel, § 8c Abs. 1 Satz 4 KStG, erst durch das Wachstumsbeschleunigungsgesetz und lediglich für Beteiligungserwerbe nach dem 31.12.2009 eingeführt worden ist (→ Rz. 264 ff.).

> **BEISPIEL:** Die M-GmbH ist über die T1-GmbH an der Verlust-GmbH beteiligt. Eine weitere Tochtergesellschaft der M-GmbH ist die T2-GmbH, die von der T1-GmbH die Beteiligung an der Verlust-GmbH erwirbt.
>
> Die Übertragung von der T1-GmbH auf die T2-GmbH ist eine unmittelbare Übertragung, die von § 8c Abs. 1 KStG erfasst wird. Vor dem 1.1.2010 ist unerheblich, dass die M-GmbH als Muttergesellschaft unverändert alleinige mittelbare Anteilseignerin der Verlust-GmbH bleibt.

Die Anwendbarkeit des § 8c Abs. 1 KStG wird in derartigen Fällen bei Übertragungen bis zum 31.12.2009 **ausdrücklich in der Gesetzesbegründung bejaht**, wonach **jeder Wechsel eines unmittelbaren Anteilseigners** erfasst werden soll, auch wenn die mittelbaren Beteiligungsverhältnisse unverändert bleiben.[1] Auch der BFH hatte unter dem Geltungsbereich des § 8 Abs. 4 KStG konzerninterne Umstrukturierungen unter § 8 Abs. 4 KStG erfasst.[2] Allerdings ist kritisch anzumerken, dass eine Änderung des wirtschaftlichen Engagements, wie sie in der Gesetzesbegründung als Rechtfertigung für den Verlustuntergang genannt wird (→ Rz. 17), bei einer fortbestehenden mittelbaren Beteiligung kaum gegeben sein dürfte.[3] Zur einschränkenden Auslegung des § 8c Abs. 1 KStG bei Verkürzung der Beteiligungskette vgl. → Rz. 254.

Eine unmittelbare Übertragung kann auch zugleich zu einer mittelbaren Übertragung führen, wenn eine Beteiligungskette besteht.[4]

2. Umwandlungsvorgänge

226 Wie eine Übertragung können auch Umwandlungsvorgänge behandelt werden. Ändern sich aufgrund der Umwandlung die unmittelbaren Beteiligungsverhältnisse an der Verlustgesellschaft, handelt es sich um einen einer unmittelbaren Übertragung vergleichbaren Sachverhalt.[5] Zu diesen (unmittelbaren) Umwandlungsvorgängen gehören:

- die **Verschmelzung der Anteilseignerin** der Verlustgesellschaft auf eine andere Gesellschaft.

> **BEISPIEL 1:** Die A-GmbH ist alleinige Anteilseignerin der Verlust-GmbH und wird auf die E-GmbH verschmolzen. Durch die Verschmelzung geht die unmittelbare Beteiligung an der Verlust-GmbH auf die E-GmbH über, so dass dies als vergleichbarer Sachverhalt zur Tatbestandserfüllung des § 8c Abs. 1 Satz 1 KStG führt.
>
> **BEISPIEL 2:** Wird hingegen die Verlust-GmbH auf die A-GmbH verschmolzen, geht ihr Verlust nach § 12 Abs. 3 i.V. m. § 4 Abs. 2 Satz 2 UmwStG unter.

- die **Verschmelzung einer anderen Kapitalgesellschaft** auf die Verlustgesellschaft, wenn die Anteilseigner der anderen Kapitalgesellschaft nicht mit den Anteilseignern der Verlustgesellschaft identisch sind. Kommt es aufgrund der Verschmelzung auf die Verlustgesellschaft zu einer Kapitalerhöhung, an der sich ein Anteilseigner der übertragenden Ka-

---

1 BR-Drucks. 220/07 S. 126; so auch BMF, Schreiben v. 28.11.2017, BStBl 2017 I S. 1645, Rz. 11.
2 BFH, Urteil v. 20.8.2003 - I R 81/02, BStBl 2004 II S. 614.
3 Zutreffend *Breuninger/Schade*, Ubg 2008 S. 261, 263.
4 Siehe Beispiele in → Rz. 234 f.
5 So auch BStBl 2017 I S. 1645, Rz. 7, 3. Spiegelstrich; s. auch → Rz. 318.

pitalgesellschaft beteiligt, so dass er anschließend zu mehr als 50 % an der Verlustgesellschaft beteiligt ist, ist der Tatbestand des § 8c Abs. 1 Satz 1 KStG erfüllt.

BEISPIEL 1: Anteilseignerin der Verlust-GmbH ist die M-AG. Die D-GmbH wird auf die Verlust-GmbH verschmolzen; Anteilseignerin der D-GmbH ist die E-AG. Nach der Kapitalerhöhung bei der Verlust-GmbH aufgrund der Verschmelzung wird die E-AG zu 51 % an der Verlust-GmbH beteiligt. Die Beteiligung von 51 % erfüllt den Tatbestand des § 8c Abs. 1 Satz 1 KStG.

BEISPIEL 2: Wird im Beispiel 1 die Verlust-GmbH auf die D-GmbH verschmolzen, geht der Verlust nach § 12 Abs. 3 i.V. m. § 4 Abs. 2 Satz 2 UmwStG unter.

BEISPIEL 3: Wie Beispiel 1, jedoch ist die M-AG sowohl alleinige Anteilseignerin der Verlust-GmbH als auch der übertragenden D-GmbH. Eine Kapitalerhöhung bei der Verlust-GmbH unterbleibt nach § 54 Abs. 1 Satz 3 UmwG. § 8c Abs. 1 KStG ist nicht anwendbar, da die Beteiligungsverhältnisse bei der Verlust-GmbH unverändert sind; denn alleinige Anteilseignerin vor der Verschmelzung war die M-AG, die auch nach der Verschmelzung alleinige Anteilseignerin ist. Der Neuregelung des § 8c Abs. 1 Satz 4 KStG bedarf es insoweit nicht. Allerdings würde bei einer Verschmelzung von der Verlust-GmbH auf die D-GmbH der Verlust nach § 12 Abs. 3 UmwStG untergehen.[1]

▶ die **Abspaltung** einer hundertprozentigen Beteiligung durch die Anteilseignerin auf einen Dritten gem. § 123 Abs. 2 Nr. 1 UmwG, § 15 Abs. 1 Satz 3 UmwStG.

BEISPIEL 1: Die A-GmbH ist alleinige Anteilseignerin der Verlust-GmbH und spaltet ihre Beteiligung an der Verlust-GmbH auf die E-GmbH ab. Durch die Abspaltung ist nunmehr die E-GmbH alleinige Anteilseignerin, so dass § 8c Abs. 1 Satz 1 KStG greift.

BEISPIEL 2: Spaltet hingegen die Verlust-GmbH einen Teil ihres Vermögens auf die E-GmbH ab, kommt es zu einem anteiligen Verlustuntergang nach Maßgabe des § 15 Abs. 3 UmwStG.

▶ die **Einbringung** der Beteiligung an der Verlustgesellschaft in eine andere Gesellschaft.

BEISPIEL: Die A-GmbH ist alleinige Anteilseignerin der Verlust-GmbH und bringt ihre Beteiligung an der Verlust-GmbH in die E-GmbH ein. Hierdurch kommt es zu einem Beteiligungserwerb, der den Tatbestand des § 8c Abs. 1 Satz 1 KStG erfüllt.

▶ die Einbringung eines (Teil-)Betriebs oder Mitunternehmeranteils in die Verlustgesellschaft gem. § 20 UmwStG. Erhält der Einbringende hierfür mehr als 50 % der Anteile an der Verlustgesellschaft, greift § 8c Abs. 1 Satz 1 KStG. Unschädlich ist jedoch die Einbringung durch den alleinigen Anteilseigner der Verlustgesellschaft in die Verlustgesellschaft, weil sich hierdurch der Anteilseignerkreis der Verlustgesellschaft nicht ändert.

BEISPIEL: Die M-AG ist alleinige Anteilseignerin der Verlust-GmbH. Die D-GmbH bringt einen Teilbetrieb in die Verlust-GmbH ein und erhält hierfür Anteile im Umfang von 51 %. Der Beteiligungserwerb erfüllt den Tatbestand des § 8c Abs. 1 Satz 1 KStG, da nunmehr die D-GmbH neue Anteilseignerin im Umfang von 51 % ist. Würde jedoch die M-AG einen Teilbetrieb in die Verlust-GmbH einbringen, würde sich der Anteilseignerkreis der Verlust-GmbH nicht ändern, so dass der Verlust nicht nach § 8c Abs. 1 KStG untergeht.

Zu Umwandlungsvorgängen innerhalb der Beteiligungskette vgl. → Rz. 240, zur Anwendung der Konzernklausel vgl. → Rz. 264 ff. u. zur Stille-Reserven-Klausel vgl. → Rz. 400 ff.

(Einstweilen frei)

---

[1] *Franz/Schick*, DB 2008 S. 1987, 1988.

VI. Mittelbare Übertragungen

1. Mittelbare Beteiligungen

232 § 8c Abs. 1 KStG erfasst **ausdrücklich auch mittelbare Beteiligungserwerbe**. Eine solche liegt vor, wenn eine Beteiligung an einer Kapitalgesellschaft oder Personengesellschaft übertragen wird, die ihrerseits an der Verlustgesellschaft beteiligt ist. § 8c Abs. 1 KStG erweitert damit in einem wesentlichen Punkt die Regelung des § 8 Abs. 4 KStG. Der BFH hatte nämlich dem BMF-Schreiben zu § 8 Abs. 4 KStG[1] widersprochen und die mittelbare Anteilsübertragung nicht unter § 8 Abs. 4 KStG subsumiert.[2]

233 Nicht erforderlich ist, dass die Mitglieder der Beteiligungskette der inländischen (unbeschränkten oder beschränkten) Steuerpflicht unterliegen; entscheidend ist, dass die Verlustgesellschaft steuerpflichtig ist (→ Rz. 108). Ist eine Personengesellschaft Teil der Beteiligungskette, kann eine mittelbare Übertragung dadurch erfolgen, dass der Anteil an der Personengesellschaft übertragen wird.[3] Dabei dürfte es grds. auf die vermögensmäßige Beteiligung ankommen.[4]

> **BEISPIEL:** A ist an der T-KG zu 51 % beteiligt, die alleinige Anteilseignerin der Verlust-GmbH ist. Überträgt A seinen KG-Anteil auf E, stellt dies eine mittelbare Übertragung des Anteils an der Verlust-GmbH im Umfang von 51 % dar, so dass deren Verlust gem. § 8c Abs. 1 Satz 1 KStG untergeht.
>
> Keine mittelbare Übertragung liegt jedoch vor, wenn sich die Beteiligung an der Verlustgesellschaft im **Sonderbetriebsvermögen** des Kommanditisten befindet und dieser seinen KG-Anteil ohne dieses Sonderbetriebsvermögen verkauft oder wenn ein neuer Gesellschafter der KG beitritt. Denn die Beteiligung an der Verlustgesellschaft gehört dann nicht zum Gesamthandsvermögen der KG, sondern steht zivilrechtlich allein dem Kommanditisten zu: Sie ist daher weder Gegenstand des Verkaufs des KG-Anteils, noch wird ein neu eintretender Gesellschafter am Sonderbetriebsvermögen beteiligt.[5]

234 Der **Umfang des mittelbaren Beteiligungserwerbs** wird durch eine Durchrechnung ermittelt, indem die einzelnen Beteiligungsquoten innerhalb der Beteiligungskette sowie die Übertragungsquote multipliziert werden.[6]

> **BEISPIEL:** A ist an der X-GmbH zu 80 % und diese zu 80 % an der Verlust-GmbH beteiligt. A überträgt 50 % seiner Beteiligung an der X-GmbH auf E. A war an der Verlust-GmbH mittelbar mit 56 % beteiligt (80 % x 80 %). Durch die unmittelbare Veräußerung von 50 % seines Anteils an der X-GmbH kommt es zu einer mittelbaren Anteilsveräußerung von 28 % (56 % x 50 %), die nicht von § 8c Abs. 1 Satz 1 KStG erfasst wird.

235 **Mittelbare und unmittelbare Beteiligungserwerbe** an einen Erwerber bzw. an eine Erwerbergruppe sind zusammenzurechnen.[7]

> **BEISPIEL:** A ist an der X-GmbH zu 80 % beteiligt, diese wiederum an der Verlust-GmbH zu 80 %; weiterer Gesellschafter der Verlust-GmbH ist B. A veräußert an E 50 % seines Anteils an der X-GmbH. B veräußert seine gesamte Beteiligung an der Verlust-GmbH (also unmittelbar) an E. Insgesamt sind 52 %

---

1 Vom 16.4.1999, BStBl 1999 I S. 455, Rz. 28.
2 Vom 20.8.2003 - I R 61/01, BStBl 2004 II S. 616.
3 *Dötsch/Leibner* in DPM KStG § 8c Rz. 53; *Gohr* in Schnitger/Fehrenbacher KStG § 8c Rz. 134.
4 Gl. A. *Gohr* in Schnitger/Fehrenbacher KStG § 8c Rz. 105; wird das Festkapital einer Personengesellschaft erhöht, kann ein vergleichbarer Sachverhalt i. S. d. Satzes vorliegen, s. → Rz. 204.
5 *Lang*, DStZ 2008 S. 549, 554.
6 BT-Drucks. 220/07 S. 126; *Dötsch/Leibner* in DPM KStG § 8c Rz. 70.
7 BMF, Schreiben v. 28.11.2017, BStBl 2017 I S. 1645, Rz. 11.

(20% unmittelbar durch B + 32% mittelbar durch A) der Anteile an der Verlust-GmbH auf E übertragen worden, so dass der Verlust nach § 8c Abs. 1 Satz 1 KStG untergehen würde.

Führt jedoch eine Umwandlungsmaßnahme dazu, dass der bisherige Anteilseigner zugleich auch Erwerber wird, ist dieser Erwerb wegen Identität von Übertragenden und Erwerber nicht zu berücksichtigen, auch wenn der bisherige Anteilseigner und der neue Anteilseigner eine Erwerbergruppe darstellen.[1] Es findet somit eine Saldierung statt (→ Rz. 191). Der Formwechsel des Anteilseigners i. S. d. § 190 Abs. 1 UmwG oder ein vergleichbarer ausländischer Vorgang bewirkt keine Übertragung der Anteile an einer nachgeordneten Körperschaft.[2]

In gleicher Weise unterbleibt eine Zusammenrechnung eines unmittelbaren und mittelbaren Anteilserwerbs im selben Übertragungsvorgang, da dies zu einer Verdoppelung führen würde.[3] Hier geht dann der unmittelbare dem mittelbaren Erwerb vor.[4] Dies wirkt sich dann aus, wenn der nämliche Anteil anschließend von dem Anteilseigner des Erwerbers erworben wird. Bei diesem anschließenden Erwerb bleibt der erste – mittelbare – Erwerb auf Ebene des Anteilseigners außer Ansatz. Dies ergibt sich auch dadurch, dass Beteiligungsabgänge innerhalb des Fünfjahreszeitraums den maßgeblichen Beteiligungserwerb mindern (→ Rz. 191 u. → Rz. 194).

Bei einer mehrstufigen Beteiligungskette kann es **auf mehreren Ebenen jeweils zu einem Verlustuntergang** kommen, nämlich sowohl auf der Ebene der unmittelbaren Beteiligung als auch auf der Ebene der mittelbaren Beteiligung bzw. mehrerer mittelbarer Beteiligungen.

BEISPIEL: A ist an der X-GmbH zu 80% beteiligt, diese wiederum an der Verlust-GmbH zu 80%. Auch auf der Ebene der X-GmbH ist ein nicht genutzter Verlust vorhanden. A veräußert seine Beteiligung an der X-GmbH an E. Es kommt bei der X-GmbH zu einem vollständigen Verlustuntergang nach § 8c Abs. 1 Satz 1 KStG, weil unmittelbar mehr als 50% (nämlich 80%) der Anteile der X-GmbH übertragen worden sind. Bei der Verlust-GmbH kommt es ebenfalls zu einem Verlustuntergang nach § 8c Abs. 1 Satz 1 KStG, weil mittelbar 56% (80% x 80%) der Anteile übertragen worden sind.

Der Verlustuntergang nach § 8c Abs. 1 Satz 1 KStG kann bei einer mehrstufigen Beteiligungskette auch dann bei einer **nachgelagerten mittelbaren Beteiligungsstufe** eintreten, wenn auf einer vorgelagerten mittelbaren Beteiligungsebene ebenfalls ein nicht genutzter Verlust vorhanden ist und die Veräußerung dieser vorgelagerten Beteiligung für sich gesehen unschädlich ist.[5]

2. Uneingeschränkte Erfassung mittelbarer Beteiligungen durch § 8c Abs. 1 KStG

§ 8c Abs. 1 KStG enthält an sich keine Einschränkung hinsichtlich der Erfassung mittelbarer Beteiligungen, so dass die **Beteiligungskette beliebig lang und beliebig breit gefächert sein** kann. Hierfür spricht auch die Gesetzesbegründung, die für die Ermittlung des Umfangs der mittelbaren Beteiligung – ohne Beschränkung – eine auf die Verlustgesellschaft durchgerechnete Beteiligungsquote vorsieht.[6]

---

1 Im Ergebnis auch *Sistermann/Brinkmann*, DStR 2008 S. 897, 900.
2 BMF, Schreiben v. 28.11.2017, BStBl 2017 I S. 1645, Rz. 11.
3 BMF, Schreiben v. 28.11.2017, BStBl 2017 I S. 1645, Rz. 22, Beispiel 3, zur Folge für den mittelbaren Erwerb bei anschließendem mittelbaren oder unmittelbaren Zuerwerb weiterer Anteile, der die Grenze des § 8c Abs. 1 Satz 1 KStG nicht überschreitet, → Rz. 341.
4 *Dötsch/Leibner* in DPM KStG § 8c Rz. 72; *Sistermann/Brinkmann*, BB 2008 S. 1928.
5 A. A. *Suchanek* in HHR KStG § 8c Rz. 23, der für eine teleologische Reduktion eintritt.
6 BR-Drucks. 220/07 S. 126; *Brandis* in Blümich KStG § 8c Rz. 47.

Insbesondere enthält § 8c Abs. 1 KStG bei Beteiligungserwerben **bis zum 31.12.2009** auch **keine Konzernklausel**, nach der konzerninterne Umstrukturierungen steuerlich unschädlich sein sollen; dies hat zur Folge, dass Umstrukturierungen innerhalb des Konzerns steuerschädlich sein können bzw. zu Zählerwerben führen. Gleiches gilt für Umstrukturierungen innerhalb eines Organkreises.[1]

Während das BMF im Bereich § 8 Abs. 4 KStG erfolgsneutrale Umstrukturierungen mittelbarer in mittelbare Beteiligungen als steuerlich unschädlich angesehen hatte,[2] enthält das BMF-Schreiben zu § 8c KStG[3] keine derartige Einschränkung mehr.[4]

3. Kritik an der Erfassung mittelbarer Beteiligungen und am Fehlen einer Konzernklausel bis Ende 2009

238 Hinsichtlich der uneingeschränkten Erfassung mittelbarer Beteiligungen wird in der Literatur eine Beschränkung im Wege einer teleologischen Reduktion gefordert. So spricht sich *Lang*[5] dafür aus, nur die mittelbaren Anteilsübertragungen zu erfassen, bei denen der erste mittelbare Anteilseigner wechselt, nicht aber ein mittelbarer Anteilseigner der zweiten oder einer weiteren Stufe. Eine einschränkende Auslegung kann jedoch nicht überzeugen, weil ihr neben dem Wortlaut auch die Gesetzeshistorie entgegensteht.[6]

239 Das ursprüngliche **Fehlen einer Konzernklausel** ist bereits während des Gesetzgebungsverfahrens von dem **Bundesrat** kritisiert worden. Dieser hatte darauf hingewiesen, dass durch die Aufnahme jeglicher mittelbarer Anteilseignerwechsel auch solche Fälle betroffen seien, die sich mitunter als „äußerst mittelbar" darstellten und in denen der Handel mit einem Verlustmantel gerade nicht im Vordergrund stehe.[7] Dies sei z. B. der Fall, wenn der gemeine Wert der übertragenen Anteile deutlich höher sei als der gemeine Wert der Verlustgesellschaft. Der Bundesrat äußerte daher die „Bitte", im weiteren Gesetzgebungsverfahren zu prüfen, ob die Neuregelung des Verlustabzugs im Hinblick auf mittelbare Anteilserwerbe „zielsicherer" begrenzt werden könne. Dieser Bitte entsprach der Gesetzgeber jedoch zunächst nicht, weil er eine Konzernklausel für zu verwaltungsaufwändig und gestaltungsanfällig hielt.[8]

240 In der Literatur wird die Auffassung vertreten, dass das Fehlen einer Konzernklausel für Erwerbe in den VZ 2008 und 2009 verfassungswidrig sei, weil es einen Verstoß gegen die verfassungsrechtlichen Grundsätze der folgerichtigen Ausgestaltung von Steuergesetzen, der Belastungsgerechtigkeit und des Übermaßverbots darstelle.[9] Begründet wird dies u. a. damit, dass die mittelbare Anteilsübertragung im Rahmen des § 8 Abs. 4 KStG unschädlich war[10] und für eine Verschärfung lediglich für die VZ 2008 und 2009 jede sachbezogene Begründung fehle.

---

1 *Neumann/Stimpel*, GmbHR 2007 S. 1194, 1198; s. auch → Rz. 457; zur verfassungskonformen Einschränkung des Anwendungsbereichs bei konzerninternen mittelbaren Übertragungen → Rz. 240.
2 BMF, Schreiben v. 16.4.1999, BStBl 1999 I S. 455, Rz. 28 Satz 3.
3 BStBl 2017 I S. 1645, Rz. 11; s. *Neumann/Heuser*, GmbHR 2018 S. 21, 22.
4 Siehe aber → Rz. 254.
5 DStZ 2007 S. 652, 656: nach *Suchanek/Herbst*, FR 2007 S. 863, 865, sollen nur solche mittelbaren Beteiligungen erfasst werden, bei denen in jeder Stufe der Beteiligungskette die Schädlichkeitsgrenze für den quotalen Verlustuntergang nach § 8c Abs. 1 Satz 1 a. F. von mehr als 25 % überschritten wird. Mit dem Wegfall der Regelung stellt sich die Frage, ob die Autoren an ihrer Auffassung noch festhalten.
6 Gl. A. *Dötsch/Leibner* in DPM KStG § 8c Rz. 85.
7 BT-Drucks. 16/5377 S. 18 f., Nr. 27 zu Art. 2 Nr. 7, mit Beispiel.
8 BR-Drucks. 220/07 S. 126.
9 So *Neyer*, BB 2012 S. 615.
10 Vgl. BFH, Urteil v. 20.8.2003 - I R 61/01, BStBl 2004 II S. 616.

In diesem Sinne hat das FG Düsseldorf mit Urteil v. 9.2.2015 entschieden, dass bei der Auslegung des für den vollständigen Verlustuntergang erforderlichen Tatbestandsmerkmales des **mittelbaren Wechsels** von mehr als 50 % der Anteile an einer Körperschaft der Begriff „Erwerber" verfassungskonform dahingehend auszulegen sei, dass nur ein Erwerber gemeint sei, durch den sich die wirtschaftliche Identität einer Gesellschaft ändere. Änderungen innerhalb einer Beteiligungskette rechtfertigen keinen Wegfall des Verlustabzugs, wenn an der Spitze einer Beteiligungskette dieselbe Gesellschaft mit derselben mittelbaren Beteiligungsquote stehe. In dem konkreten Fall blieb eine indirekte Beteiligung von 99,24 % an der Verlustgesellschaft bestehen. Nach dem Sachverhalt wurden vier Gesellschaften verschmolzen, wobei es an den darüber und darunter liegenden Stufen zu keiner Veränderung der Beteiligungskette kam (bloße Verkürzung der Beteiligungskette).[1]

Das FG Berlin-Brandenburg hatte zuvor sogar eine verhältniswahrende Umwandlung **mittelbarer in unmittelbarer Beteiligungen** im Wege einer teleologischen Reduktion des § 8c Abs. 1 Satz 2 KStG (jetzt: § 8c Abs. 1 Satz 1 KStG) als unschädlich angesehen.[2] Zur allgemeinen verfassungsrechtlichen Problematik der Regelung vgl. → Rz. 61 f. Zur Frage, ob auch für die Zeit nach Einführung der Konzernklausel eine teleologische Reduktion bei bloßer Anteilsverkürzung möglich ist, vgl. → Rz. 264.

(Einstweilen frei) 241–246

4. Mittelbare Übertragungsvorgänge

a) Mittelbare Übertragung innerhalb und außerhalb eines Konzerns

Unstreitig wird die Übertragung einer mittelbaren Beteiligung an einen **außerhalb des Konzerns stehenden Erwerber** von § 8c Abs. 1 Satz 1 KStG erfasst, wenn die übertragene mittelbare Beteiligung mehr als 50 % beträgt.[3]

Nach der – kritisierten (→ Rz. 238) – Regelung in § 8c Abs. 1 KStG wird bis zum 31.12.2009 auch die Übertragung einer mittelbaren Beteiligung im Konzern erfasst, sofern der Erwerber vorher noch nicht mittelbar beteiligt war. Dies gilt selbst dann, wenn sich weder der unmittelbare Anteilseigner noch der oberste mittelbare Anteilseigner (Konzernmutter) ändern; damit ist bis zum 31.12.2009 das sog. Umhängen einer Beteiligung steuerlich schädlich.

BEISPIEL: Die M-AG ist über die T1- und T2-GmbH zu 100 % mittelbar an der Verlust-GmbH beteiligt, die über einen nicht genutzten Verlust verfügt. Weiterhin ist die M-AG Alleingesellschafterin der X-GmbH, die von der T1-GmbH deren Beteiligung an der T2-GmbH erwirbt.

---

1 FG Düsseldorf, Urteil v. 9.2.2015 - 6 K 3339/12 K F, NWB TAAAE-87416, und dazu *Graw*, EFG 2015 S. 768, 770; *Hinder/Hentschel*, GmbHR 2015 S. 742; *Lüdicke*, DStR 2015 S. 746, 748, demzufolge bereits nach dem Wortlaut das Kriterium „Erwerber" wegen der unveränderten mittelbaren Beteiligungsquote nicht erfüllt sei. Die gegen das Urteil durch die FinVerw eingelegte Revision wurde vom BFH in dem Verfahren I R 16/15 mit Beschluss v. 31.7.2015, NWB BAAAE-96063 als unzulässig verworfen. Zur einschränkenden Auslegung des § 8c KStG s. bereits *Drüen/Schmitz*, Ubg 2011 S. 921, 925 und *Goldacker/Heerdt*, Ubg 2013 S. 170.
2 FG Berlin-Brandenburg, Urteil v. 18.10.2011 - 8 K 8311/10, NWB AAAAE-08533, das Revisionsverfahren I R 79/11 (NWB JAAAE-05575) ist erledigt durch Aussetzen des Verfahrens lt. Beschluss v. 16.1.2019. Das Verfahren ist gegenwärtig ausgesetzt; → Rz. 254. Wegen des Vorlagebeschlusses des FG Hamburg, Urteil v. 29.8.2017 (→ Rz. 67) ist davon auszugehen, dass das Verfahren weiter ausgesetzt werden wird.
3 Zur Berechnung der Quote → Rz. 234.

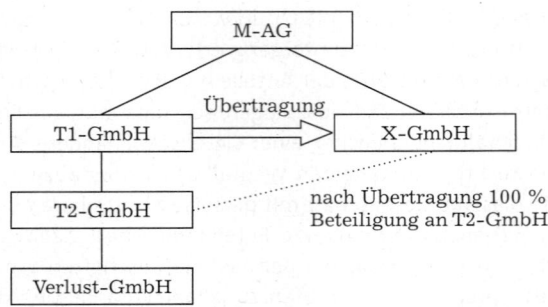

Die T1-GmbH überträgt mittelbar im Jahr 2009 eine 100 %ige Beteiligung an der Verlust-GmbH auf die X-GmbH, so dass der nicht genutzte Verlust der Verlust-GmbH nach § 8c Abs. 1 Satz 1 KStG untergeht. § 8c Abs. 1 Satz 1 KStG greift, obwohl die T2-GmbH unverändert unmittelbare Anteilseignerin der Verlust-GmbH und die M-AG unverändert alleinige mittelbare Anteilseignerin an der Konzernspitze bleiben; der X-GmbH wird lediglich die Beteiligung an der T2-GmbH umgehängt. Eine Einschränkung des § 8c Abs. 1 KStG ist nicht geboten, weil die X-GmbH aufgrund der Übertragung erstmalig mittelbar an der Verlust-GmbH beteiligt wird und nicht schon vorher mittelbar im selben Umfang beteiligt war, also nicht lediglich eine Verkürzung der Beteiligungskette vorliegt. Zur Rechtslage für Beteiligungserwerbe nach dem 31.12.2009 (nach der Einführung der Konzernklausel) vgl. → Rz. 264 ff.

b) Mittelbare Übertragung durch Verschmelzung oder Einbringung außerhalb der Beteiligungskette

249   Umwandlungsvorgänge wie Verschmelzungen oder Einbringungen gelten zwar nicht als Übertragungen, wohl aber als **vergleichbarer Sachverhalt** i. S. v. § 8c Abs. 1 KStG. Wird eine Konzern-Tochtergesellschaft, die mittelbar über eine Enkelgesellschaft eine 100 %ige Beteiligung an der Verlustgesellschaft hält, auf eine Konzern-Schwestergesellschaft außerhalb der Beteiligungskette verschmolzen, liegt ein übertragungsähnlicher Vorgang nach § 8c Abs. 1 Satz 1 KStG vor. Denn nunmehr ist die übernehmende Konzern-Schwestergesellschaft mittelbare Anteilseignerin der Verlustgesellschaft.

BEISPIEL: Wird in dem Beispiel in Rz. 248 die T1-GmbH auf die X-GmbH verschmolzen, ist nunmehr die X-GmbH mittelbare Anteilseignerin der Verlust-GmbH, so dass deren Verlust nach § 8c Abs. 1 Satz 1 KStG untergeht.

250   Gleiches gilt, wenn die Konzern-Tochtergesellschaft, die mittelbar über eine Enkelgesellschaft eine hundertprozentige Beteiligung an der Verlustgesellschaft hält, ihre Beteiligung an der Enkelgesellschaft (unmittelbare Anteilseignerin der Verlustgesellschaft) vor dem 1.1.2010 in die Konzern-Schwestergesellschaft einbringt.

BEISPIEL: Bringt in dem Beispiel in → Rz. 248 die T1-GmbH ihre Beteiligung an der T2-GmbH (und damit ihre mittelbare Beteiligung an der Verlust-GmbH) vor dem 1.1.2010 in die X-GmbH ein, geht der Verlust der Verlust-GmbH nach § 8c Abs. 1 Satz 1 KStG unter.

251   Der jeweils **umgekehrte Umwandlungsvorgang** (s. Beispiel in → Rz. 248: Verschmelzung der X-GmbH auf die T1-GmbH oder Einbringung von der X-GmbH auf die T1-GmbH) wird nicht von § 8c Abs. 1 KStG erfasst, weil in diesen Fällen die mittelbare Beteiligung bei der T1-GmbH verbleibt. Etwas anderes würde nur dann gelten, wenn es infolge der Verschmelzung auf die T1-GmbH zu neuen Beteiligungsverhältnissen bei den Anteilseignern der T1-GmbH und damit

auch bei der mittelbaren Beteiligung käme; da aber hinter der T1-GmbH und der X-GmbH dieselbe Anteilseignerin steht, wird mangels Kapitalerhöhung eine derartige Verschiebung der Beteiligungsverhältnisse nicht stattfinden.

5. Verkürzung der Beteiligungskette

Von § 8c Abs. 1 KStG kann auch die Verkürzung der Beteiligungskette durch einen **Umwandlungsvorgang** – Verschmelzung, Einbringung oder Abspaltung – oder auch durch eine Veräußerung erfasst werden,[1] wenn aufgrund der Verkürzung auf der unmittelbaren oder mittelbaren Anteilseignerebene ein Wechsel stattfindet und – bei mittelbaren Anteilsübertragungen – der neue Anteilseigner nicht schon vorher mittelbar beteiligt war; denn war er vorher schon mittelbar beteiligt, ist m. E. eine mittelbare Beteiligung nicht übertragen worden (→ Rz. 232 ff. u. → Rz. 254). Die Verkürzung führt dazu, dass auf der unmittelbaren oder mittelbaren Anteilseignerebene ein Wechsel stattfindet.

Die Möglichkeiten der Verkürzung der Beteiligungskette soll anhand des folgenden Beispiels aufgezeigt werden:

> **BEISPIEL:** Die M-AG ist über die T1-GmbH und T2-GmbH an der Verlust-GmbH mittelbar zu 100 % beteiligt.

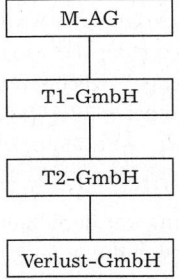

§ 8c Abs. 1 KStG ist in folgenden Fällen der Verkürzung der Beteiligungskette – vorbehaltlich des Eingreifens der Konzernklausel (→ Rz. 264 ff.) – grundsätzlich anwendbar, weil sich der **unmittelbare** Anteilseigner ändert:

- **Verschmelzung nach oben** durch Verschmelzung der T2-GmbH auf die T1-GmbH.[2] Hingegen wird bei einer Verschmelzung der Verlust-GmbH auf die T2-GmbH zwar die T1-GmbH unmittelbare Anteilseignerin, so dass § 8c Abs. 1 KStG anwendbar ist; jedoch geht der Verlust auch nach § 12 Abs. 3 i. V. m. § 4 Abs. 2 Satz 2 UmwStG unter.
- **Verschmelzung nach unten** durch Verschmelzung der T2-GmbH auf die Verlust-GmbH, so dass die T1-GmbH unmittelbare Anteilseignerin der Verlust-GmbH wird.
- **Abspaltung** der 100 %igen Beteiligung der T2-GmbH an der Verlust-GmbH nach oben auf die T1-GmbH gem. § 123 Abs. 2 Nr. 1 UmwG, § 15 Abs. 1 Satz 3 UmwStG, so dass nunmehr die T1-GmbH unmittelbare Anteilseignerin der Verlust-GmbH ist. Bei einer Abspal-

---

[1] Vgl. A. Dieterlen/Winkler, GmbHR 2007 S. 815, 816; Dötsch/Leibner in DPM KStG § 8c Rz. 91; einschränkend Lademann/Wernicke KStG § 8c Rz. 49c bei Verkürzungen innerhalb der Organschaft; Gosch/Roser KStG § 8c Rz. 56 weist bei dem „Down-Stream-Merger" auf die str. Frage hin, ob ein Durchgangserwerb oder ein Direkterwerb erfolgt, u. zudem auf FG Berlin-Brandenburg, Urteil v. 18.10.2011, s. → Rz. 254.

[2] Vgl. auch BMF, Schreiben v. 28.11.2017, BStBl 2017 I S. 1645, Rz. 11; s. hierzu Neumann/Heuser, GmbHR 2018 S. 21, 22.

tung eines Vermögensteils durch die Verlust-GmbH auf die T2-GmbH kommt es hingegen zum anteiligen Verlustuntergang nach § 15 Abs. 3 UmwStG.

- **Einbringung** der 100%ige Beteiligung an der Verlust-GmbH durch die T2-GmbH in die T1-GmbH, so dass die T1-GmbH neue unmittelbare Anteilseignerin der Verlust-GmbH ist.

- **Veräußerung** der Beteiligung an der Verlust-GmbH durch die T2-GmbH an die T1-GmbH oder die M-AG.

254 Nach **Auffassung von Teilen der Literatur** soll die Verkürzung der Beteiligungskette **nicht steuerschädlich** sein.[1] Zur Begründung wird angeführt, dass das vom Gesetzgeber zur Begründung des § 8c KStG angeführte wirtschaftliche Engagement des neuen Anteilseigners bei einer bloßen Verkürzung der Beteiligungskette nicht gegeben sei. Diese Rechtsauffassung wird auch vom FG Berlin-Brandenburg in einem Urteil v. 18.10.2011 geteilt.[2] Meines Erachtens ist zu differenzieren zwischen Verkürzungen, bei denen der unmittelbare Anteilseigner wechselt (→ Rz. 225), und Verkürzungen aufgrund von Umwandlungen, bei denen der unmittelbare Anteilseigner unverändert bleibt und lediglich eine bereits bestehende mittelbare Beteiligung „verstärkt" wird, weil eine Beteiligungsebene wegfällt. Diese Auffassung lässt sich noch mit dem Wortlaut und dem Willen des Gesetzgebers in Einklang bringen.[3] Will man den Anwendungsbereich der Regelung weiter einschränken, wäre das nur möglich, wenn die Regelung ansonsten verfassungswidrig wäre, wovon das FG Düsseldorf ausgeht (→ Rz. 240). Der BFH scheint ebenfalls Grenzen in der einfachgesetzlichen Auslegung des § 8c KStG zu sehen, da er ansonsten die Revision gegen das Urteil des FG Berlin-Brandenburg nicht bis zur Entscheidung in dem Verfahren 2 BvL 6/11 (→ Rz. 61 u. → Rz. 76) bzw. bis zur Wirksamkeit einer rückwirkenden Neuregelung des § 8c KStG (längstens bis zum 31.12.2018) ausgesetzt hätte.

- Kommt es aufgrund der Verkürzung der Beteiligungskette zu einem Wechsel des **unmittelbaren Anteilseigners**, ist die Anwendung des § 8c Abs. 1 KStG gerechtfertigt. Denn der Gesetzgeber hat bis zum 31.12.2009 bewusst auf eine Konzernklausel verzichtet (→ Rz. 237 ff.) und jeden Wechsel eines unmittelbaren Anteilseigners erfassen wollen, auch wenn die mittelbaren Beteiligungsverhältnisse unverändert bleiben.[4]

- Hingegen ist § 8c Abs. 1 KStG nicht anzuwenden, wenn die Umwandlung oder Übertragung **lediglich zur „Verstärkung" einer mittelbaren Beteiligung** führt, weil der aufneh-

---

[1] Zum Beispiel auch A. Dieterlen/Winkler, GmbHR 2007 S. 815, 816, die eine analoge Anwendung der grunderwerbsteuerlichen Grundsätze zu § 1 Abs. 3 GrEStG vorschlagen; Neumann/Stimpel, GmbHR 2007 S. 1194, 1200; Suchanek in HHR KStG § 8c Rz. 22 für den Fall der Beibehaltung der mittelbaren Anteilseignerschaft; Ballwieser/Frase, BB 2009 S. 1502.

[2] FG Berlin-Brandenburg, Urteil v. 18.10.2011 - 8 K 8311/10, NWB AAAAE-08533, das Revisionsverfahren I R 79/11 (NWB JAAAE-05575) ist erledigt durch Aussetzen des Verfahrens lt. Beschluss v. 16.1.2019. Das Verfahren ist mit Beschluss v. 25.10.2017 bis zur Wirksamkeit einer rückwirkenden Neuregelung des § 8c KStG (längstens bis zum 31.12.2018) ausgesetzt; s. hierzu Neyer, GmbHR 2014 S. 734, 737; zu dem Fall des FG Düsseldorf, Urteil v. 9.2.2015 - 6 K 3339/12 K F, NWB TAAAE-87416, → Rz. 240.

[3] Gl. A. Suchanek/Hesse, DStZ 2016 S. 27, 29; Lüdicke, DStR 2015 S. 746.

[4] BR-Drucks. 220/07 S. 126; s. auch Drüen/Schmitz, Ubg 2011 S. 921, 925 mit Hinweis auf den Willen des Gesetzgebers und darauf, dass andernfalls die ab 2010 eingeführte Konzernklausel leerlaufen würde; BMF, Schreiben v. 28.11.2017, BStBl 2017 I S. 1645, Rz. 11.

mende Rechtsträger bzw. Erwerber vorher schon im gleichen Umfang mittelbar beteiligt war.[1] Es fällt also nur eine Beteiligungsebene weg, so dass der bisher bereits mittelbar beteiligte aufnehmende Rechtsträger bzw. Erwerber lediglich eine Beteiligungsstufe an die Verlustgesellschaft näher heranrückt. Eine Einschränkung des § 8c Abs. 1 KStG bei Verkürzung der Beteiligungskette ist hier gerechtfertigt, wenn die Beteiligungskette aus hundertprozentigen Beteiligungen besteht oder die mittelbare Beteiligungsquote unverändert bleibt, wie im Fall des FG Düsseldorf (→ Rz. 240); anderenfalls könnte sich die Verkürzung der Beteiligungskette auf die Beteiligungen der anderen Anteilseigner auswirken und vom Gesetzgeber nicht gewollte Gestaltungen ermöglichen.[2] Bei einer Beteiligungskette wie in dem in → Rz. 253 genannten Beispiel ist damit § 8c Abs. 1 KStG nach der hier vertretenen Auffassung in folgenden Fällen nicht anwendbar:

- **Verschmelzung** der T1-GmbH nach oben auf die M-AG; denn die unmittelbare Beteiligung der T2-GmbH bleibt bestehen (also keiner der in → Rz. 253 genannten Fälle) und die mittelbare Beteiligung der M-AG, die schon vor der Verschmelzung bestand, wird lediglich „verstärkt".
- **Verschmelzung** der T1-GmbH nach unten auf die T2-GmbH, da auch hier die unmittelbare Beteiligung der T2-GmbH bestehen bleibt und die mittelbare Beteiligung der M-AG, die schon vor der Verschmelzung bestand, lediglich „verstärkt" wird.[3]
- Die T1-GmbH **spaltet** ihre Beteiligung an der T2-GmbH auf die M-AG ab, so dass die T2-GmbH weiterhin unmittelbare Anteilseignerin bleibt und sich die bereits bestehende mittelbare Beteiligung der M-AG lediglich verstärkt.
- Die T1-GmbH **veräußert** ihre Beteiligung an der T2-GmbH an die M-AG, so dass die T2-GmbH weiterhin unmittelbare Anteilseignerin der Verlust-GmbH ist und die mittelbare Beteiligung der M-AG, die schon vor der Übertragung bestand, nur „verstärkt" wird.

6. Verlängerung der Beteiligungskette

Wie die Verkürzung der Beteiligungskette kann auch die Verlängerung der Beteiligungskette eine Übertragung i.S.v. § 8c Abs. 1 KStG darstellen. Die Verlängerung kann in der Weise geschehen, dass eine bislang nicht beteiligte Gesellschaft zwischengeschaltet wird, indem auf diese die unmittelbare oder mittelbare Beteiligung an der Verlustgesellschaft abgespalten oder eingebracht wird. Bei einer Verlängerung einer Beteiligungskette scheidet m.E. eine einschränkende Auslegung des § 8c KStG aus.

7. Umwandlung der Verlustgesellschaft

Wird die Verlustgesellschaft umgewandelt, indem sie auf eine andere Gesellschaft verschmolzen oder ein Vermögensteil von ihr auf eine andere Gesellschaft abgespalten wird, geht der

---

1 Vgl. *Schick/Franz*, DB 2008 S. 1987, 1988; *Sistermann/Brinkmann*, BB 2008 S. 1928, 1931. Nach Auffassung des FG Düsseldorf ändert sich durch die Verkürzung der Beteiligungskette die wirtschaftliche Identität einer Gesellschaft nicht in einer Weise, die eine Durchbrechung des Grundsatzes der veranlagungszeitraumübergreifenden Verlustverrechnung rechtfertigt, → Rz. 240.
2 So *van Lishaut*, FR 2008 S. 789, 794.
3 A. A. BMF zu § 8c KStG v. 4.7.2008, BStBl 2008 I S. 736, Rz. 11, Beispiel 2, 1. Punkt; vgl. BMF, Schreiben v. 28.11.2017, BStBl 2017 I S. 1645, Rz. 11; s. hierzu *Neumann/Heuser*, GmbHR 2018 S. 21, 22.

Verlust nach Maßgabe des § 12 Abs. 3 UmwStG i. V. m. § 4 Abs. 2 Satz 2 UmwStG im Fall der Verschmelzung bzw. nach § 15 Abs. 3 UmwStG im Fall der Abspaltung unter (→ Rz. 226).

BEISPIEL A ist alleiniger Gesellschafter der Verlust-GmbH, die einen Vermögensteil auf die X-GmbH abspaltet. § 8c Abs. 1 KStG greift nicht, da A alleiniger Anteilseigner der Verlust-GmbH bleibt. Jedoch ist § 15 Abs. 3 UmwStG anwendbar, wonach sich verrechenbare Verluste, verbleibende Verlustvorträge und nicht ausgeglichene negative Einkünfte sowie der Zinsvortrag nach § 4h Abs. 1 Satz 5 EStG und EBITDA-Vortrag gem. § 4h Abs. 1 Satz 3 EStG in dem Verhältnis mindern, in dem bei Zugrundelegung des gemeinen Wertes das Vermögen auf die X-GmbH übergeht.

257–263 *(Einstweilen frei)*

VII. Konzernklausel (§ 8c Abs. 1 Satz 4 KStG)

1. Regelungsinhalt und Zweck der Konzernklausel

264 Mit der Einführung einer unbefristeten Konzernklausel durch das Wachstumsbeschleunigungsgesetz sollen nicht genutzte Verluste bei bestimmten konzerninternen Umstrukturierungen erhalten bleiben. Durch den neu angefügten Satz 5 (jetzt: Satz 4) in § 8c Abs. 1 KStG bleiben abweichend von § 8c Abs. 1 Satz 1 KStG nicht genutzte Verluste bei konzerninternen Umgliederungen erhalten bzw. diese Umgliederungen bleiben für die Ermittlung eines schädlichen Beteiligungserwerbs unbeachtlich, d. h. sie gelten **nicht als sog. Zählerwerb**.[1] Die Konzernklausel gilt gem. § 10a Satz 10 1. Halbsatz GewStG auch für den vortragsfähigen Verlust zur Gewerbesteuer (zum laufenden Gewerbeverlust → Rz. 455) und gem. § 8a Abs. 1 Satz 3 KStG auch für den Zinsvortrag (zum anteiligen „laufenden" Zinsvortrag → Rz. 450). Die Konzernklausel wurde durch das Steueränderungsgesetz 2015 mit Rückwirkung auf ihre erstmalige Anwendung erweitert. Zur Frage, ob die Konzernklausel eine unionsrechtswidrige staatliche Beihilfe darstellen kann, vgl. → Rz. 638.

Die Konzernklausel hatte in ihrer ursprünglichen Fassung folgenden Wortlaut: „Ein schädlicher Beteiligungserwerb liegt nicht vor, wenn an dem übertragenden und an dem übernehmenden Rechtsträger dieselbe Person zu jeweils 100 % mittelbar oder unmittelbar beteiligt ist." Nach dem Wortlaut waren von der Verlustverrechnungsbeschränkung solche konzerninternen Strukturierungen ausgenommen, bei denen es zu Übertragungen von oder auf die Konzernspitze kam.[2] Des Weiteren wurden selbst Personenhandelsgesellschaften nicht als „dieselbe Person" i. S. d. Regelung angesehen.

Nach dem Wortlaut der Neufassung liegt ein schädlicher Beteiligungserwerb nicht vor, wenn

1. an dem übertragenden Rechtsträger der Erwerber zu 100 % mittelbar oder unmittelbar beteiligt ist und der Erwerber eine natürliche oder juristische Person oder eine Personenhandelsgesellschaft ist,

2. an dem übernehmenden Rechtsträger der Veräußerer zu 100 % mittelbar oder unmittelbar beteiligt ist und der Veräußerer eine natürliche Person oder juristische Person oder eine Personenhandelsgesellschaft ist oder

---

1 BMF, Schreiben v. 28.11.2017, BStBl 2017 I S. 1645, Rz. 48; *Neyer*, GmbHR 2014 S. 734; *Suchanek/Hesse*, DStZ 2016 S. 27, 31; im Ergebnis zustimmend aber zweifelnd wegen des Wortlauts, der nur schädliche Beteiligungserwerbe erfasst, *Gohr/Richter*, DB 2016 S. 127, 132.

2 Vgl. BMF-Entwurf (Fassung Verbandsanhörung) v. 15.4.2014 - IV C 2 - S 2745-a/09/10002:004, Rz. 41, 46, NWB CAAAE-63041.

3. an dem übertragenden und an dem übernehmenden Rechtsträger dieselbe natürliche oder juristische Person oder Personenhandelsgesellschaft zu jeweils 100 % mittelbar oder unmittelbar beteiligt ist.

Die Neuregelung ist grundsätzlich zu begrüßen, da sie einige Unstimmigkeiten der Altregelung zugunsten des Steuerpflichtigen beseitigt. Sie greift aber weiterhin zu kurz, weil nicht ersichtlich ist, weshalb nur eine **Personenhandelsgesellschaft einer juristischen oder natürlichen Person gleichgestellt** wird. Für eine Ausschließung z. B. einer Gesellschaft bürgerlichen Rechts als einer Personeneinheit i. S. d. Regelung fehlt es an einer plausiblen Begründung.[1]

Sofern man, wie hier vertreten, davon ausgeht, dass nach der Altregelung vermögensverwaltende Gesamthandsgemeinschaften oder zumindest gewerblich tätige Personengesellschaften, die keine Personenhandelsgesellschaften i. S. d. HGB sind, als „dieselbe Person" i. S. d. Vorschrift anzusehen waren, führt die Neuregelung zu einer Verschärfung, die wegen ihrer rückwirkenden Anwendbarkeit verfassungsrechtlich bedenklich ist.[2] Die umstrittene Auslegung der Altregelung kann somit weiterhin Bedeutung haben.[3] Kritisiert wird auch, dass die Konzernklausel eine direkte und/oder indirekte Beteiligung von 100 % voraussetzt, während bereits Beteiligungserwerbe bis zu 50 % unschädlich sind.[4] Ferner wird kritisiert, dass die Übertragung von Anteilen bei personenidentischen Beteiligungsverhältnissen durch mehr als eine Person an übertragender und übernehmender Gesellschaft nicht von der Konzernklausel erfasst wird.[5] Die Konzernklausel schließt m. E. eine weitergehende einschränkende Auslegung des Grundtatbestandes nicht aus.[6]

2. Zeitlicher Anwendungsbereich

Gemäß § 34 Abs. 6 Satz 5 KStG findet die Konzernklausel erstmals auf **schädliche Beteiligungserwerbe nach dem 31.12.2009** Anwendung. Maßgeblich ist der Übergang des zivilrechtlichen und wirtschaftlichen Eigentums bzw. der Übergang des wirtschaftlichen Eigentums, wenn dieser früher eintritt oder es nicht zu einem Übergang des zivilrechtlichen Eigentums kommt (→ Rz. 216). Im Fall eines gestreckten Beteiligungserwerbs findet die Konzernklausel Anwendung, wenn und soweit die Schädlichkeitsgrenze nach dem 31.12.2009 erreicht bzw. überschritten wird.

> **BEISPIEL:** Die M-AG ist an der T1-GmbH und an der T2-GmbH zu 100 % beteiligt. Die T1-GmbH hält 100 % der Anteile an der E1-GmbH, die über Verlustvorträge und einen Zinsvortrag verfügt. Sie überträgt im Jahr 2009 30 % der Anteile auf die T2-GmbH und die restlichen 70 % im Jahr 2010. Die Übertragung im Jahr 2009 ist gem. § 8c Abs. 1 Satz 1 KStG, § 10a Abs. 1 Satz 10 GewStG und § 8a Abs. 1

---

1 Vgl. *Gläser/Zöller*, BB 2015 S. 1117, 1118; *Roth*, SteuK 2015 S. 221, 223; *Brinkmann* in Lüdicke/Sistermann, UntStR, 2. Aufl. 2018, § 17 Rz. 42.
2 Vgl. auch *Gläser/Zöller*, BB 2015 S. 117, 1119; *Suchanek/Hesse*, DStZ 2016 S. 27, 36; eingehend hierzu *Hinder/Hentschel*, GmbHR 2017 S. 217, 222 ff. unter V. Für eine Einbeziehung des Erwerberkreises i. S. des. § 8c Abs. 1 Satz 1 und 2 KStG als privilegiertes Vehikel der Konzernklausel aufgrund teleologischer Reduktion *Schneider/Bleifeld/Butler*, DB 2018 S. 464, 465 f.
3 Zu Auslegung der Altregelung *Franz*, BB 2010 S. 991; *Eisgruber/Schaden*, Ubg 2010 S. 73; *Bien/Wagner*, BB 2010 S. 923; *Ortmann-Babel/Zipfel*, Ubg 2009 S. 813.
4 Vgl. *Goldacker/Heerdt*, Ubg 2013 S. 170, 174; s. zur Rechtslage vor Einführung der Konzernklausel → Rz. 240.
5 *Gohr/Richter*, DB 2016 S. 127, 123.
6 → Rz. 240 u. *Dörr/Eggert*, Grundlagen, Stand 23.9.2015, Rz. 18, 94 = NWB QAAAE-69367; *Roth*, DB 2012 S. 1768; *Karl*, BB 2012 S. 92, 98; a. A. *Lang*, GmbHR 2012 S. 57, 59.

Satz 3 KStG unschädlich, stellt jedoch einen Zählerwerb dar. Die Übertragung der restlichen 70 % im Jahr 2010 ist ebenfalls unschädlich, da die Konzernklausel greift.

266 Die **stichtagsbezogene Betrachtung** erlaubt es, dass durch Zuerwerb von Anteilen an der übertragenden und/oder übernehmenden Körperschaft **rechtzeitig eine 100 %-Beteiligung geschaffen** wird. Eine Veräußerung von Anteilen an der übertragenden und/oder übernehmenden Körperschaft nach dem Beteiligungserwerb ist unschädlich. Im Fall einer **steuerlichen Rückwirkung nach § 2 Abs. 1 UmwStG**, die Anteile an der übertragenen und/oder übernehmenden Körperschaft erfasst, ist m. E. für die **Zuordnung der Anteile für die Anwendung der Konzernklausel** der Zeitpunkt des steuerlichen Übertragungsstichtags maßgeblich.[1] Die Fiktion des § 2 UmwStG wird durch § 8c Abs. 1 KStG lediglich für den Anwendungsbereich des Satzes 8 ausgeschlossen. § 2 Abs. 1 UmwStG bezieht sich zwar nur auf die Frage der Ermittlung des Vermögens,[2] aber genau darauf kommt es (auch) bei der Konzernklausel an. Wann eine Beteiligung zivilrechtlich übergeht und damit auch die Frage einer zivilrechtlichen Zuordnung der Beteiligung an die Person i. S. d. § 8c Abs. 4 KStG, dürfte insofern unerheblich sein.

3. Persönlicher und sachlicher Anwendungsbereich

267 Für die Anwendung der Konzernklausel wird zwischen drei Ebenen unterschieden, der Zurechnungsebene, der Handlungsebene und der Ebene der Verlustgesellschaft.[3] Bei der Zurechnungsebene geht es um die Person, die direkt oder indirekt die 100 %-Beteiligung hält, bei der Handlungsebene um den schädlichen Beteiligungserwerb zwischen übertragendem und übernehmendem Rechtsträger und bei der Ebene der Verlustgesellschaft um die Gesellschaft, deren Verluste durch die Übertragung von § 8c KStG betroffen sind. Durch Satz 4 Nr. 1 und Nr. 2 kann die Konzernobergesellschaft nunmehr selbst Erwerber oder Veräußerer sein, d. h. bei ihr können Zurechnungsebene und Handlungsebene zusammenfallen.

Die Neuregelung enthält erstmals drei Alternativen. Ein Rangverhältnis besteht nicht.[4]

268 Die Person auf der **Zurechnungsebene** kann eine natürliche Person, eine juristische Person oder eine Personenhandelsgesellschaft sein, sofern die Beteiligung in das Gesamthandsvermögen der Personenhandelsgesellschaft fällt.[5] Der Begriff des durch die Konzernklausel begünstigten **Erwerbers** ist damit gesetzlich festgelegt, und zwar m. E. in einschränkender Weise gegenüber dem Begriff des Erwerbers i. S. d. § 8c Abs. 1 Satz 1 KStG (→ Rz. 284 f.). Für die Bestimmung der aufgeführten begünstigten Erwerber gilt die zivilrechtliche Betrachtungsweise.

---

[1] Gl. A. *Frotscher/Drüen* KStG § 8c Rz. 117; *Frey/Mückl*, GmbHR 2010 S. 71, 73; *Franz*, BB 2010 S. 991, 996; a. A. BMF zu § 8c KStG v. 4.7.2008, BStBl 2017 I S. 1645, Rz. 15; *Dötsch/Leibner* in DPM KStG § 8c Rz. 81; *Lademann/Wernicke* KStG § 8c Rz. 47a; s. zur Anwendung von § 2 Abs. 1 UmwStG → Rz. 464 ff.

[2] Vgl. *Slabon* in Haritz/Menner, UmwStG, 3. Aufl., § 2 Rz. 27 m. w. N.

[3] Vgl. BMF, Schreiben v. 28.11.2017 - IV C 2 – S 2745-a/09/10002:004, DStR 2017, 2670, Rz. 44.

[4] *Adrian*, Ubg 2015 S. 288, 290.

[5] Kritisch hierzu *Adrian*, Ubg 2015 S. 288, 293 f., der unter Zugrundelegung einer steuerlichen Betrachtungsweise auch das Sonderbetriebsvermögen als ausreichend ansieht. Dem steht jedoch der Wille des Gesetzgebers entgegen, der im Anwendungsbereich der Konzernklausel durch die Privilegierung der Personenhandelsgesellschaft eine zivilrechtliche Betrachtungsweise anwendet, vgl. auch den Regierungsentwurf des Gesetzes zur Umsetzung der Protokollerklärung zum Gesetz zur Anpassung der Abgabenordnung an den Zollkodex der Union und zur Änderung weiterer steuerlicher Vorschriften, BR-Drucks. 121/15, 53. Zur Kritik an der zivilrechtlichen Betrachtungsweise → Rz. 264; zur Gleichstellung des Mitunternehmers mit einer nahestehenden Person des Erwerbers *Hinder/Hentschel*, GmbHR 2015, 16. Gegen die von *Hinder/Hentschel* vertretene Auffassung spricht der Wortlaut des Gesetzes und der Wille des Gesetzgebers.

Entsprechendes gilt für die begünstigten **Veräußerer**.[1] Die Personenhandelsgesellschaft muss folglich keine Mitunternehmerschaft i. S. d. § 15 EStG sein. Ist sie gewerblich tätig, erfordert das Unternehmen aber keinen nach Art und Umfang in kaufmännischer Weise eingerichteten Geschäftsbetrieb (sog. Minderkaufmann nach § 1 Abs. 2 HGB), qualifiziert sich die Gesellschaft als Personenhandelsgesellschaft, wenn sie gem. § 2 Satz 1 HGB im Handelsregister eingetragen ist.[2]

Wegen der ausdrücklichen gesetzlichen Regelung wird man nunmehr die **vermögensverwaltende Personengesellschaft (GbR)** nicht mehr als eine Person i. S. d. Konzernklausel ansehen können, obwohl die Beteiligung zivilrechtlich Gesamthandsvermögen darstellt.[3] Werden alle Anteile an einer Gesellschaft in dem Sonderbetriebsvermögen des Gesellschafters gehalten, handelt es sich um einen 100 %-Anteil des Gesellschafters, d. h. die Qualifizierung als Sonderbetriebsvermögen führt nicht zu einer Zuordnung zur Personenhandelsgesellschaft.

Bei der Person muss es sich um eine **einzelne Person** handeln, d. h. mehrere Personen können die Voraussetzungen z. B. auch dann nicht erfüllen, wenn sie an dem übertragenen und dem übernehmenden Rechtsträger zu gleichen Anteilen beteiligt sind.[4] Eine **nahestehende Person** oder eine **Erwerbergruppe** werden einer Person **nicht zugerechnet**.[5] Dies dürfte nach der Neufassung auch deshalb auszuschließen sein, weil der Gesetzgeber die Konzernklausel dem Wortlaut nach auf eine natürliche oder juristische Person oder eine Personenhandelsgesellschaft beschränkt.[6] Daher kann auch ein **Organkreis** keine Person sein.[7]

Die Frage, ob eine **GmbH & Co. KG** zumindest dann eine Person ist, wenn die Komplementärin nicht vermögensmäßig an dem Kapital der KG beteiligt ist oder wenn sämtliche Anteile an der Komplementärin von dem einzigen Kommanditisten gehalten werden, hat sich durch die Neufassung der Konzernklausel erledigt. Personenhandelsgesellschaften können **auch ausländische Gesellschaften** sein, die mit einer OHG oder KG vergleichbar sind.[8] Darunter kann z. B. die EWIV oder eine französischen SNC fallen.[9]

BEISPIEL 1: An der gewerblich geprägten M-GmbH & Co. KG (M-KG) sind die natürlichen Personen A und B zu jeweils 50 % als Kommanditisten beteiligt. Die M-KG ist alleinige Gesellschafterin der T1-GmbH und der T2-GmbH. Die T1-GmbH ist alleinige Gesellschafterin der E1-GmbH, die über Verlustvorträge

---

1 Die Auslegung der Begriffe hat normspezifisch zu erfolgen, s. BMF, Schreiben v. 28.11.2017 – IV C 2 – S 2745-a/09/10002:004, BStBl 2017 I S. 1645, Rz. 41.
2 *Gläser/Zöller*, BB 2015 S. 1117, 1118.
3 Streitig für die Altregelung, vgl. *Franz* BB 2010 S. 991, 994, 997 und → Rz. 284 f.; um in den Anwendungsbereich der Konzernklausel zu gelangen, schlagen *Hinder/Hentschel*, GmbHR 2017 S. 217, 221 f. unter IV. Nr. 2 vor, dass die Anteile vor dem schädlichen Beteiligungserwerb auf eine vermögensverwaltende OHG übertragen werden, da die FinVerw bei vermögensverwaltenden Personengesellschaften eine anteilige Zurechnung der Beteiligungen an die einzelnen Gesellschafter nach § 39 Abs. 2 Nr. 2 AO vornimmt. Vgl. hierzu aber → Rz. 284 u. das Risiko der Annahme einer Erwerbergruppe i. S. d. § 8c Abs. 1 Satz 2 KStG.
4 *Dötsch/Leibner* in DPM KStG § 8c Rz. 98; a. A. *Eisgruber/Schaden*, Ubg 2010 S. 73; *Bien/Wagner*, BB 2010 S. 923; *Ortmann-Babel/Zipfel*, Ubg 2009 S. 813.
5 Gl. A. FG Düsseldorf, Urteil v. 15.10.2018 - 12 V 1531/18 A (G, F), NWB SAAAH-09247; *Dötsch/Leibner* in DPM KStG § 8c Rz. 111; a. A. *Hinder/Hentschel*, GmbHR 2017 S. 217, 220 f. unter IV Nr. 1, die eine weite Auslegung des Begriffs „Erwerber" fordern. Allerdings steht dem m. E. der Wortlaut der Regelung entgegen.
6 Vgl. auch BMF, Schreiben v. 28.11.2017, BStBl 2017 I S. 1645, Rz. 42; *Suchanek/Hesse*, DStZ 2016 S. 27, 32 mit Hinweis auf die abweichende Auffassung zur Vorgängerregelung, s. zu den verfassungsrechtlichen Bedenken der Rückwirkung der Neuregelung → Rz. 264; a. A. *Adrian*, Ubg 2015 S. 288, 292.
7 A. A. *Franz*, BB 2010 S. 991, 999.
8 Vgl. Regierungsentwurf des Gesetzes zur Umsetzung der Protokollerklärung zum Gesetz zur Anpassung der Abgabenordnung an den Zollkodex der Union und zur Änderung weiterer steuerlicher Vorschriften, BR-Drucks. 121/15 S. 53.
9 Vgl. *Adrian*, Ubg 2015 S. 288, 293; *Gläser/Zöller*, BB 2015 S. 117, 1118 f.

und einen Zinsvortrag verfügt. Die T1-GmbH veräußert ihre Anteile an der E1-GmbH an die T2-GmbH. Die Nr. 3 der Konzernklausel ist anwendbar, da die M-KG als eine Person anzusehen ist.

BEISPIEL 2: Wie Beispiel 1, jedoch werden die Anteile an der T2-GmbH direkt von A und B gehalten. In diesem Fall ist die Konzernklausel bereits deshalb nicht anwendbar, weil an dem übernehmenden Rechtsträger zwei natürliche Personen beteiligt sind.

BEISPIEL 3: Wie Beispiel 1, jedoch gehören die Anteile an der T1-GmbH und der T2-GmbH dem A und sind Sonderbetriebsvermögen der M-KG. Auf die Veräußerung der Anteile an der E1-GmbH findet die Nr. 3 der Konzernklausel Anwendung, da die Anteile an der T1-GmbH und der T2-GmbH dem A zugerechnet werden.

269 Von der Verlustverrechnungsbeschränkung des § 8c KStG sollen nach der Gesetzesbegründung die Umstrukturierungen ausgenommen werden, die ausschließlich innerhalb eines Konzerns vorgenommen werden, an dessen Spitze zu 100 % eine einzelne Person steht. Eine auch nur geringfügig niedrigere direkte und/oder indirekte Beteiligung an einer der Gesellschaften (übertragene und übernehmende Gesellschaft) ist schädlich. Die Konzernklausel ist daher auf Fälle beschränkt, in denen die Verschiebung von Verlusten auf Dritte ausgeschlossen ist.[1] Dies gilt auch bei Umstrukturierungen innerhalb einer Organschaft bei außenstehenden Minderheitsgesellschaftern.[2]

BEISPIEL 1: Die M-AG ist über die T1-GmbH an der E1-GmbH mittelbar zu 100 % beteiligt, die über Verlustvorträge und einen Zinsvortrag verfügt. Die M-AG ist ferner zu 100 % an der T2-GmbH beteiligt. Die T1-GmbH veräußert ihre Anteile an der E1-GmbH an die T2-GmbH. Die Nr. 3 der Konzernklausel ist erfüllt, da die M-AG an der übertragenden T1-GmbH und an der übernehmenden T2-GmbH zu 100 % beteiligt ist.

BEISPIEL 2: Wie Beispiel 1, nur ist an der T2-GmbH neben der M-AG ein konzernfremder Gesellschafter geringfügig beteiligt. Die Konzernklausel ist nicht erfüllt, da die M-AG an der übernehmenden T2-GmbH nicht zu 100 % beteiligt ist. Dies gilt auch dann, wenn die T2-GmbH Organgesellschaft des Organträgers M-AG ist.

270 Vom Wortlaut ist nunmehr auch die **Übertragung oder Übernahme durch die einzige Person, die das Beteiligungserfordernis erfüllt**, erfasst. Dies ist z. B. der Fall, wenn eine konzerninterne Übertragung der Anteile auf die Konzernmutter erfolgt, deren Anteile sich im Streubesitz befinden.[3]

BEISPIEL: Die M-AG ist an der T1-GmbH zu 100% beteiligt. Die Aktien an der M-AG sind im Streubesitz. Die T1-GmbH ist zu 100 % an der E1-GmbH beteiligt, die über Verlustvorträge und einen Zinsvortrag verfügt. Die restlichen Anteile hält ein konzernfremder Dritter. Die T1-GmbH veräußert die 100 %-Beteiligung an der E1-GmbH an die M-AG. Die Übertragung des 100 %-Anteils an der E1-GmbH ist durch die Nr. 1 begünstigt, obwohl die Aktien der übernehmenden M-AG im Streubesitz stehen, d. h. an der Erwerberin/übernehmenden Rechtsträgerin (M-AG) keine Person zu 100 % mittelbar oder unmittelbar beteiligt ist (kein Fall der Nr. 3).[4]

---

[1] BT-Drucks. 17/15 S. 19.
[2] *Dötsch/Leibner* in DPM KStG § 8c Rz. 121.
[3] Zum Diskussionsstand vor der Neufassung des § 8c Abs. 1 Satz 5 KStG *Eisgruber/Schaden*, Ubg 2010 S. 73, 75.
[4] Zur ablehnenden Auffassung der FinVerw vor der Neufassung der Konzernklausel BMF-Entwurf (Fassung Verbandsanhörung) v. 15.4.2014 - IV C 2 - S 2745-a/09/10002:004, Rz. 46, NWB CAAAE-63041.

Für die Konzernklausel wird auf die Beteiligung an einem Rechtsträger abgestellt, wobei es auf das wirtschaftliche Eigentum ankommt.[1] Zwischen dem Gegenstand des Erwerbs gem. § 8c Abs. 1 Satz 1 KStG und dem Gegenstand der Beteiligung für Zwecke der Konzernklausel nach Satz 4 besteht ein wesentlicher Unterschied. Während sich der Gegenstand des schädlichen Beteiligungserwerbs neben dem Erwerb einer Kapitalbeteiligung auch z. B. auf den Erwerb von Stimmrechten erstreckt,[2] ist mit Beteiligung die **kapitalmäßige Beteiligung** an dem übertragenden und/oder übernehmenden Rechtsträger maßgeblich. Ob in die Betrachtung auch ein Genussrecht einzubeziehen ist, sofern es eine Beteiligung am Gewinn und Liquidationserlös einer Kapitalgesellschaft gewährt, ist str. Eine Gleichstellung hätte zur Folge, dass lediglich dann, wenn Gesellschafter und Genussscheininhaber dieselbe Person wären oder eine Zusammenrechnung über eine mittelbare Beteiligung erfolgen würde, die Beteiligungsvoraussetzung der Konzernklausel erfüllt sein könnte. Da Genussrechte lediglich Vermögensrechte auf schuldrechtlicher, nicht aber auf gesellschaftsrechtlicher Grundlage begründen (→ Rz. 321), ist eine Gleichstellung abzulehnen. Dies gilt entsprechend für die atypisch stille Beteiligung.[3]

271

Auf der **Handlungsebene** gilt, dass **sämtliche Übertragungen, die einen schädlichen Beteiligungserwerb auslösen können**, Übertragungen i. S. d. Konzernklausel sein können, da diese auf den schädlichen Beteiligungserwerb des Satz 1 Bezug nimmt. Unerheblich ist, ob der schädliche Beteiligungserwerb durch z. B. Anteilsübertragungen oder Übertragung sonstiger Beteiligungsrechte eintritt. Unbeachtlich ist ebenfalls der Rechtsgrund für den Beteiligungserwerb (Kaufvertrag, Verschmelzung, Kapitalerhöhung etc.). Die Begriffe „Erwerber" und „Veräußerer" in Satz 4 Nr. 1 und 2 lassen nicht den Schluss zu, dass die Konzernklausel nur solche Übertragungen erfasst, die aufgrund eines Kaufvertrages oder eines anderen schuldrechtlichen Vertrages erfolgen, d. h. sie sind vor dem Hintergrund, dass sich die Konzernklausel auf sämtliche schädlichen Beteiligungserwerbe bezieht, auszulegen.[4]

272

BEISPIEL:[5] Die M-AG hält 100 % der Anteile an der T-GmbH, die wiederum zu 100 % an der E-GmbH beteiligt ist, die über Verlustvorträge verfügt. Die T-GmbH wird im Wege eines down-stream-mergers auf die E-GmbH verschmolzen. Ob der down-stream-merger einen schädlichen Beteiligungserwerb auslöst, ist umstritten, vgl. → Rz. 254. Sofern dies der Fall ist, greift die Nr. 1 des § 8c Abs. 1 Satz 4 KStG ein, da die M-AG an dem übertragenden Rechtsträger, der T-GmbH, sowie als Erwerber an der E-GmbH zu 100 % beteiligt ist.

Da an dem übertragenden bzw. dem übernehmenden Rechtsträger nach der Neufassung (Nr. 1 u. Nr. 2) keine Beteiligung mehr bestehen muss, scheidet die Anwendung der Konzernklausel nicht mehr aus, wenn an einem dieser Rechtsträger keine Beteiligung bestehen kann. Dies ist der Fall, wenn die übertragende oder übernehmende Person eine **natürliche Person**, eine **Stiftung**, eine Gebietskörperschaft oder eine sonstige juristische Person ist, an der keine Beteiligung bestehen kann.

273

BEISPIEL 1: Die Stiftung A hält 100 % der Anteile an der T1-GmbH und der T2-GmbH, die über Verlustvorträge verfügt. Die Anteile an der T2-GmbH werden auf die T1-GmbH übertragen. Es liegt ein Fall der Nr. 3 des § 8c Abs. 1 Satz 4 KStG vor.

---

1 Gl. A. *Suchanek/Hesse*, DStZ 2016 S. 27, 33.
2 Vgl. *Dötsch/Leibner* in DPM KStG § 8c Rz. 105.
3 Gl. A. *Suchanek/Hesse*, DStZ 2016 S. 27, 32; a. A. *Frotscher/Drüen* KStG § 8c Rz. 121; R/H/*Neumann* KStG § 8c Rz. 193.
4 Gl. A. *Dötsch/Leibner* in DPM KStG § 8c Rz. 105; *Gohr/Richter*, DB 2016 S. 127, 130; BMF, Schreiben v. 28.11.2017, BStBl 2017 I S. 1645, Rz. 40, 41; vgl. zur Kritik an der ursprünglichen Formulierung der neuen Konzernklausel Gosch/*Roser* KStG § 8c Rz. 137a.
5 Vgl. *Adrian*, Ubg 2015 S. 288, 292.

> **BEISPIEL 2:** Die Stiftung A hält 60 % der Anteile an der T1-GmbH und 100 % der Anteile an der T2-GmbH, die über Verlustvorträge verfügt. Die Anteile an der T2-GmbH werden auf die T1-GmbH übertragen. Die Nr. 3 der Konzernklausel greift nicht ein, weil die Stiftung nicht alleinige Gesellschafterin der T1-GmbH ist.

274 Die **Ebene der Verlustgesellschaft** betrifft die Gesellschaft, bei der sich die Rechtsfolgen des § 8c Abs. 1 KStG auswirken, d. h. bei der ein nicht genutzter Verlust besteht, der durch die Übertragung an sich untergehen würde. Zu beachten ist, dass die Konzernklausel auch **Beteiligungserwerbe** erfasst, **die noch nicht zu einem schädlichen Beteiligungserwerb führen**. Beteiligungserwerbe, die die Konzernklausel erfüllen, werden erst gar nicht bei der Ermittlung der Schädlichkeitsgrenze berücksichtigt (keine Zählerwerbe).[1] Unbeachtlich ist auch, ob zum Zeitpunkt des Beteiligungserwerbs, der unter die Konzernklausel fällt, auf Ebene der Verlustgesellschaft bereits ein Verlust bestand.

275 Die Höhe der Beteiligung an der Verlustgesellschaft ist unerheblich. Daher kann an der Verlustgesellschaft auch ein fremder Dritter beteiligt sein, ohne dass dadurch die Anwendung der Konzernklausel ausgeschlossen wird.[2]

> **BEISPIEL:** Die M-AG ist an der T1-GmbH und der T2-GmbH zu jeweils 100 % beteiligt. Die T1-GmbH ist zu 60 % an der E1-GmbH beteiligt, die über Verlustvorträge und einen Zinsvortrag verfügt. Die restlichen Anteile hält ein konzernfremder Dritter. Die T1-GmbH veräußert die Beteiligung an der E1-GmbH an die T2-GmbH. Auf die Übertragung des 60-%-Anteils an der E1-GmbH findet die Nr. 3 der Konzernklausel Anwendung.

276–280 *(Einstweilen frei)*

VIII. Erwerber

1. Erwerberbezogene Betrachtungsweise

281 § 8c Abs. 1 KStG erfasst nur die Übertragung von Anteilen oder Stimmrechten an eine **einzelne Person**. Der Regelung des § 8c Abs. 1 KStG liegt damit eine **erwerberbezogene Betrachtungsweise** zugrunde,[3] bei der Übertragungen an verschiedene Personen – anders als bei der übertragungsbezogenen Betrachtungsweise des § 8 Abs. 4 KStG – nicht zusammengerechnet werden können. **Ausnahme:** Es handelt sich um nahestehende Personen i. S. v. § 8c Abs. 1 Satz 1 KStG oder um Erwerber mit gleichgerichteten Interessen i. S. v. § 8c Abs. 1 Satz 2 KStG.

> **BEISPIEL:** A überträgt an X, Y und Z jeweils 25 % der Anteile an der Verlust-GmbH. X, Y und Z sind weder nahestehende Personen, noch verfolgen sie gleichgerichtete Interessen. Der Verlust geht trotz einer Übertragung von insgesamt 75 % nicht nach § 8c Abs. 1 Satz 1 KStG unter, da an keinen der drei Erwerber mehr als 50 % übertragen werden. Bei § 8 Abs. 4 KStG wären hingegen die drei Übertragungen zusammengerechnet worden.

282 Nicht erforderlich ist, dass auf der **Veräußererseite** nur eine Person steht. Daher sind Veräußerungen durch mehrere Anteilseigner an eine (einzige) Person zusammenzufassen, weil die Erwerberseite entscheidend ist.

---

1 Gl. A. *Dötsch/Leibner* in DPM KStG § 8c Rz. 105; *Gohr/Richter*, DB 2016 S. 127, 133; *Suchanek/Hesse*, DStZ 2016 S. 27, 31.
2 Vgl. BMF, Schreiben v. 28.11.2017, BStBl 2017 I S. 1645, Rz. 45.
3 *Neumann/Stimpel*, GmbHR 2007 S. 1194, 1197.

BEISPIEL: Die Anteilseigner A und B veräußern jeweils 26 % ihrer Anteile an der Verlust-GmbH an E. Es kommt zu einem Verlustuntergang gem. § 8c Abs. 1 Satz 1 KStG, weil an einen einzigen Erwerber (E) mehr als 50 % der Anteile übertragen werden. Unerheblich ist, dass es sich um mehrere Veräußerer handelt.

§ 8c Abs. 1 KStG greift nicht in den Fällen, in denen Erwerber und Verlustgesellschaft identisch sind (z. B. beim Erwerb eigener Anteile durch die Verlustgesellschaft, vgl. → Rz. 151; jedoch kann ein vergleichbarer Sachverhalt vorliegen, vgl. → Rz. 318).

2. Erwerb durch natürliche oder juristische Person oder durch Personengesellschaft

Der Erwerb kann zum einen durch eine **natürliche oder juristische Person** erfolgen. Der Erwerber kann auch bereits an der Verlustgesellschaft beteiligt sein. Nicht erforderlich ist, dass der Erwerber unbeschränkt oder beschränkt steuerpflichtig ist; § 8c Abs. 1 KStG stellt allein auf die Steuerpflicht der Verlustgesellschaft ab.

Zum anderen kann auch eine **Personengesellschaft** Erwerberin sein. Zwar wird sie einkommensteuerlich als transparent behandelt, so dass nur ihre Gesellschafter mit ihren Einkünften gem. § 15 Abs. 1 Nr. 2 EStG der Einkommensteuer unterliegen. Da die Personengesellschaft aber zivilrechtlich Anteilseignerin sein kann,[1] ist dies m. E. auch steuerrechtlich zu beachten. Dementsprechend hat der BFH im Bereich des § 8 Abs. 4 KStG die Personengesellschaft als Erwerberin von Anteilen angesehen.[2] Eine andere Frage ist aber, ob die zivilrechtliche Betrachtungsweise nicht teleologisch einzuschränken ist, wenn die Übertragung aus Sicht des Erwerbers zu keiner Veränderung der Zurechnung nach § 39 Abs. 2 Nr. 2 AO geführt hat.[3]

Die **FinVerw** sieht eine Personengesellschaft nur dann als Erwerber an, wenn sie als **Mitunternehmerschaft** qualifiziert,[4] dürfte aber in den verbleibenden Fällen regelmäßig von Erwerbern mit gleichgerichteten Interessen i. S. d. § 8c Abs. 1 Satz 2 KStG ausgehen.[5] Auch bei einer vermögensverwaltenden Personengesellschaft oder eine Treuhand-KG sollte aber entsprechend der zivilrechtlichen Betrachtungsweise die Personengesellschaft als Erwerberin der Anteile anzusehen sein, so dass eine anteilige Zurechnung der Beteiligung an den Gesellschafter nach § 39 Abs. 2 Nr. 2 AO abzulehnen ist.[6] Erwirbt neben der Personengesellschaft auch noch einer ihrer Gesellschafter Anteile, würde es zu einer Zusammenrechnung der Anteilsübertragungen

---

1 BGH, Urteil v. 29.1.2001 - II ZR 331/00, NWB KAAAB-98013, zur GbR; für die OHG und KG folgt dies aus § 124 HGB bzw. §§ 161 Abs. 2, 124 HGB.
2 BFH, Urteil v. 20.8.2003 - I R 81/02, BStBl 2004 II S. 614.
3 *Milatz/Sax*, DStR 2017 S. 141 wenden sich aus diesem Grunde gegen die zivilrechtliche Betrachtungsweise. M. E. wird den von ihnen angeführten berechtigten Bedenken aber auch dann Rechnung getragen, wenn die Norm teleologisch reduziert wird. Dieses Ergebnis dürfte auch bei Folgefragen eher überzeugen, vgl. z. B. die str. Behandlung des Übergangs von einer nichtgewerblichen in eine gewerbliche Tätigkeit bei einer Gesamthandsgemeinschaft.
4 Vgl. BMF, Schreiben v. 28.11.2017, BStBl 2017 I S. 1645, Rz. 11; *Dötsch/Leibner* in DPM KStG § 8c Rz. 53.
5 Vgl. *Frotscher*/*Drüen* KStG § 8c Rz. 54a.
6 Gl. A. *Franz*, BB 2010 S. 991; *Bien/Wagner*, BB 2010 S. 923; *Suchanek* HHR KStG § 8c Rz. 25; *Suchanek/Hesse*, DStZ 2016 S. 27, 29; a. A. BMF, Schreiben v. 28.11.2017, BStBl 2017 I S. 1645, Rz. 25; *Sistermann/Brinckmann*, BB 2008 S. 1928; *Lademann/Wernicke* KStG, § 8c Rz. 70; *R/H/Neumann* KStG § 8c Rz. 201; Brinkmann in Lüdicke/Sistermann, UntStR, 2. Aufl. 2018, § 17 Rz. 37. *Suchanek* weist zutreffend darauf hin, dass bei Anwendung des § 39 Abs. 2 Nr. 2 AO bei einer anteilshaltenden Gesamthand der Übergang von einer nichtgewerblichen in eine gewerbliche Tätigkeit, d. h. die Begründung einer Mitunternehmerschaft bei fortbestehender Personenidentität der Gesellschafter, eine Übertragung i. S. d. § 8c Abs. 1 KStG darstellen müsste. Diese Rechtsfolge ist aber mit dem Sinn und Zweck der Regelung nicht in Einklang zu bringen. Ferner weist *Suchanek* in Ubg 2018 S. 10, 14 auch auf eine Unstimmigkeit der Konzernklausel mit dem von der FinVerw vertretenen Erwerbsbegriff hin, da die Konzernklausel Personenhandelsgesellschaften unabhängig davon erfasst, ob diese Mitunternehmerschaften darstellen; a. A. hierzu *Dötsch/Leibner* in DPM KStG § 8c Rz. 54; BMF, Schreiben v. 28.11.2017, BStBl 2017 I S. 1645, Rz. 11.

kommen, wenn der Gesellschafter als nahestehende Person der Personengesellschaft anzusehen wäre (→ Rz. 292). Erwirbt der Gesellschafter die Anteile an der Körperschaft von der Personengesellschaft, liegt ein schädlicher Erwerb vor.[1] Zur maßgeblichen Quote des schädlichen Beteiligungserwerbs vgl. → Rz. 195.

285 Keine Erwerberin ist die sonstige **vermögensverwaltende Bruchteilsgemeinschaft** (z. B. Erbengemeinschaft) i. S. d. § 39 Abs. 2 Nr. 2 AO. Die Anteile werden den Gemeinschaftern der steuerlichen Bruchteilsgemeinschaft unmittelbar nach § 39 Abs. 2 Nr. 2 AO zugerechnet.[2] Die „Übertragung" auf eine Bruchteilsgemeinschaft ist daher als Übertragung an jeden einzelnen Gemeinschafter entsprechend seiner Beteiligungsquote anzusehen. Die einzelnen Gemeinschafter könnten aber aufgrund ihrer rechtlichen Beziehung z. B. als nahestehende Personen angesehen werden, so dass es zu einer Zusammenrechnung der einzelnen Übertragungen kommen könnte (→ Rz. 292).

> **BEISPIEL:** A ist Anteilseigner der Verlust-GmbH und überträgt einen Anteil von 60 % auf die Erbengemeinschaft XYZ, deren Gesellschafter X, Y und Z zu gleichen Teilen sind. Nach § 39 Abs. 2 Nr. 2 AO erwerben X, Y und Z jeweils 20 % an der Verlust-GmbH. Die Schädlichkeitsgrenze wird damit pro Erwerber zwar nicht überschritten; aufgrund ihrer Zugehörigkeit zu einer Erbengemeinschaft könnten sie aber als nahestehende Personen anzusehen sein, so dass die drei Übertragungen zusammenzurechnen wären und der Verlust nach § 8c Abs. 1 Satz 1 KStG untergehen würde.

3. Erwerb durch eine dem Erwerber nahestehende Person

a) Inhalt und Zweck der Regelung

286 Aus § 8c Abs. 1 Satz 1 KStG ergibt sich eine **Ausnahme der erwerberbezogenen Betrachtungsweise**. Danach sind Übertragungen an einen Erwerber sowie an eine (oder an mehrere) diesem, d. h. dem Erwerber nahestehende Person zusammenzurechnen.

Durch die Einbeziehung nahestehender Personen soll verhindert werden, dass ein Erwerber und eine (oder mehrere) ihm nahestehende Person jeweils unter 50 % der Anteile erwerben und damit unter der Schädlichkeitsgrenze des § 8c Abs. 1 Satz 1 KStG bleiben. Bei § 8 Abs. 3 KStG bedurfte es der Erfassung nahestehender Personen nicht, da wegen der übertragungsbezogenen Betrachtungsweise ohnehin alle Anteilsübertragungen zusammenzurechnen waren. Entsprechend dem Zweck der Einbeziehung muss es im Ergebnis aber auch möglich sein, in besonderen Einzelfällen die Voraussetzungen für ein Nahestehen entkräften zu können, was z. B. bei einer zerstrittenen Erbengemeinschaft der Fall sein kann.[3] Dagegen dürfte es nicht ausreichend sein, wenn es trotz rechtlich verbindlicher Abreden im Einzelfall zu Auseinandersetzungen kommt, d. h. in Zweifelsfällen sollte entscheiden sein, ob sich aus der Abrede eine gewisse Verpflichtung zu einem Zusammenwirken hinsichtlich der Beteiligung ableiten lässt.

b) Definition der nahestehenden Person

287 § 8c Abs. 1 KStG enthält ebenso wie die Gesetzesbegründung oder die Regelung in § 32a Abs. 1 Satz 1 KStG[4] keine Definition der nahestehenden Person. In Betracht kommt daher entweder

---

1 A. A. BMF, Schreiben v. 28.11.2017, BStBl 2017 I S. 1645, Rz. 25.
2 BFH, Urteil v. 9.5.2000 - VIII R 41/99, BStBl 2000 II S. 686.
3 A. A. BMF, Schreiben v. 28.11.2017, BStBl 2017 I S. 1645, Rz. 25.
4 *Oellerich* in Mössner/Seeger/Oellerich, KStG, § 32a Rz. 79 ff.

die Legaldefinition des § 1 Abs. 2 AStG oder ein Rückgriff auf die zur vGA gem. § 8 Abs. 3 Satz 2 KStG entwickelten Grundsätze. Beide Begriffe sind nicht deckungsgleich,[1] sondern § 8 Abs. 3 Satz 2 KStG geht über die Legaldefinition des § 1 Abs. 2 AStG hinaus.

Zutreffend erscheint zunächst der **Rückgriff auf die zu § 8 Abs. 3 Satz 2 KStG entwickelten Grundsätze**.[2] Zwar handelt es sich bei § 1 Abs. 2 AStG um die einzige Legaldefinition der nahestehenden Person. Jedoch hat der Gesetzgeber immer dann, wenn er auf § 1 Abs. 2 AStG zurückgreifen will, eine ausdrückliche Bezugnahme auf § 1 Abs. 2 AStG vorgenommen, so etwa bei § 8a Abs. 2 und 3 Satz 1 KStG sowie § 8b Abs. 3 Satz 5 KStG.[3]

Überträgt man die Grundsätze des § 8 Abs. 3 Satz 2 KStG auf § 8c Abs. 1 KStG, würde für das „Nahestehen" einer Person jedoch jede **familienrechtliche, gesellschaftsrechtliche, schuldrechtliche oder auch rein tatsächliche Beziehung des Dritten zu dem Erwerber** genügen. § 8c Abs. 1 KStG wäre auch anwendbar, wenn der Anteilsveräußerer, der Erwerber oder die Kapitalgesellschaft von den Umständen, die das „Nahestehen" begründen, keine Kenntnis hätten. Da das Nahestehen nicht immer ohne weiteres erkennbar sein wird, könnte es für die Kapitalgesellschaft und die verbleibenden Anteilseigner zu einem ungewollten Verlustuntergang kommen. Deshalb wird zutreffend eine normspezifische Auslegung des Nahestehens gefordert.[4] Denn § 8 Abs. 3 Satz 2 KStG dient anders als § 8c KStG der Abgrenzung des Bereichs der Einkommenserzielung vom Bereich der Einkommensverwendung.[5] Eine Vorteilszuwendung an eine nahestehende Person hat zudem lediglich eine Indizwirkung für eine vGA.[6] Der Umstand der Vorteilszuwendung aus der Sphäre des Unternehmens und die lediglich Indizwirkung zeigen auf, dass die zu § 8 Abs. 3 Satz 2 KStG entwickelten Grundsätze nur erheblich eingeschränkt übernommen werden können.

§ 8c Abs. 1 KStG ist auch dann anwendbar, wenn die Übertragungen an den Erwerber und an die ihm nahestehenden Personen **nicht durch das Näheverhältnis veranlasst** sind. Insoweit besteht ein Unterschied zu § 8 Abs. 3 Satz 2 KStG, weil dort die gesellschaftsrechtliche Veranlassung der Vermögensminderung nur gegeben ist, wenn die Leistung an den Dritten durch das Näheverhältnis zum Gesellschafter veranlasst ist. Aufgrund der ausdrücklichen Aufnahme des Tatbestandsmerkmals „nahestehen" kommt es nur auf die objektive Verwirklichung des Merkmals an, nicht hingegen auf das subjektive Element beim Erwerb. Aus diesem Grund kann der Stpfl. (die Verlust-Gesellschaft) die Zusammenrechnung von Übertragungen an einen Erwerber sowie an eine diesem nahestehende Person nicht mit dem Argument verhindern, die Übertragungen seien nicht durch das Näheverhältnis veranlasst gewesen. Sofern man fordert, dass der Nahestehende im Interesse des Erwerbers handeln muss,[7] dürfte dies zusätzlich voraussetzen, dass der Erwerb mit Zustimmung des Erwerbers erfolgt.

---

[1] BFH, Urteil v. 19.1.1994 - I R 93/93, BStBl 1994 II S. 725.
[2] So z. B. auch *Dörr*, NWB F. 4 S. 5181, 5186; *Lang*, DStZ 2007 S. 652, 653; *Neumann/Stimpel*, GmbHR 2007 S. 1194, 1197; *Suchanek/Herbst*, FR 2007 S. 863, 868; BMF, Schreiben v. 28.11.2017, BStBl 2017 I S. 1645, Rz. 26; für nur eine eingeschränkte Übernahme sowie die Heranziehung der Grundsätze des § 30 WpÜG: *Frotscher*/Drüen KStG § 8c Rz. 51; a. A. *Zerwas/Fröhlich*, DStR 2007 S. 1933, 1934; *Hans*, FR 2007 S. 775, 777; *Neyer*, BB 2007 S. 1415, 1418; *Pflüger*, GStB 2007 S. 318, 323; *Meiisel/Bokeloh*, BB 2008 S. 808, 812; *Dötsch/Leibner* in DPM KStG § 8c Rz. 143.
[3] A. A. mit Hinweis auf die Gesetzesbegründung *Hinder/Hentschel*, GmbHR 2015 S. 16, 20 f.
[4] *Roser*, DStR 2008 S. 1561 u. *Suchanek* HHR KStG § 8c Rz. 26, der für eine Beschränkung auf eine gesellschaftsrechtliche Verbundenheit eintritt, um den Kreis der nahestehenden Personen vom Kreis des § 8c Abs. 1 Satz 3 KStG abzugrenzen.
[5] *Klein/Müller/Döpper* in Mössner/Seeger/Oellerich, KStG, § 8 Rz. 198.
[6] BFH, Urteil v. 22.2.2005 - VIII R 24/03, BFH/NV 2005, 1266 = NWB MAAAB-53707.
[7] *Frotscher*/Drüen KStG § 8c Rz. 50b.

291 **Maßgeblicher Zeitpunkt** für die Prüfung, ob es sich um eine nahestehende Person handelt, ist der Zeitpunkt des Erwerbs durch die nahestehende Person, d. h. der Zeitpunkt des Erwerbs, der mit dem vorherigen Erwerb zusammengerechnet werden soll.

> **BEISPIEL:** Am 1.1.16 veräußert A 25 % seines Anteils an der Verlust-GmbH an E. Dieser heiratet am 1.1.17 die F, die er erst kurz zuvor kennengelernt hat. Am 1.2.17 erwirbt F 30 % an der Verlust-GmbH. Wenn im Zeitpunkt des zweiten Erwerbs am 1.2.17 F eine dem E, dem ersten Erwerber, nahestehende Person wäre, müssten beide Übertragungen zusammengerechnet werden. Es käme damit zu einem Verlustuntergang gem. § 8c Abs. 1 Satz 1 KStG.

c) Beispiele für nahestehende Personen

292 Ohne eine normspezifische Auslegung des Begriffs würde ein Nahestehen durch eine familienrechtliche, gesellschaftsrechtliche, schuldrechtliche oder auch rein tatsächliche Beziehung des Dritten zu dem Erwerber begründet werden.[1] Da der Begriff einerseits der Vermeidung von Umgehungsgestaltungen dient, andererseits aber objektiv auszulegen ist, muss er m. E. restriktiv ausgelegt werden. Für die Frage, welcher Erwerber zulasten eines anderen Erwerbers als nahestehende Person angesehen werden kann, gilt daher Folgendes:

- **Familienrechtliche Beziehungen:** Hierzu zählen insbesondere Angehörige i. S. v. § 15 AO, u. a. auch Ehegatten. In der Einbeziehung von Angehörigen ist m. E. deshalb ein Verstoß gegen Art. 6 Abs. 1 GG zu sehen, weil das Nahestehen i. S. d. § 8c Abs. 1 Satz 1 nicht lediglich Indizwirkung entfaltet, sondern ein objektives Kriterium für den so genannten Erwerberkreis darstellt und damit faktisch mit schuldrechtlichen Beziehungen gleichgestellt wird.[2] Daher begründen familienrechtliche Beziehungen als solche kein Nahestehen i. S. d. Vorschrift.[3]

- **Gesellschaftsrechtliche Beziehungen:** Derartige Beziehungen bestehen zu Schwester-, Mutter- oder Tochtergesellschaften des ersten Erwerbers, oder zu einer Gesellschaft, an der der erste Erwerber beteiligt ist.[4] Die zu einem Organkreis gehörenden Gesellschaften sind regelmäßig nahestehende Personen. Daneben dürften konzernverbundene Kapitalgesellschaften nahestehende Personen sein.[5] Auch zivilrechtliche Bruchteilsgemeinschaften können ein Nahestehen begründen, wobei sie dann aber eher unter Satz 2 fallen dürften. Gesellschaftsrechtliche Beziehungen begründen m. E. dann kein Nahestehen, wenn die bisherigen Gesellschafter der Verlust-Gesellschaft Anteile von ihren Mitgesellschaftern erwerben. Zwar sind dann die Erwerber gesellschaftsrechtlich miteinander verbunden; diese Verbindung ergibt sich aber lediglich aus der Gesellschafterstellung in der Verlust-Gesellschaft, die von § 8c Abs. 1 KStG erfasst wird. Ansonsten käme man bei einem Erwerb innerhalb des Gesellschafterkreises der Verlust-Gesellschaft stets zu einer Zusammenrechnung der Übertragungen. Bei Erwerb durch die Alt-Gesellschafter ist so-

---

1 So aber BMF, Schreiben v. 28.11.2017, BStBl 2017 I S. 1645, Rz. 26.
2 Vgl. hierzu insbes. BVerfG, Urteil v. 12.3.1985 - 1 BvR 571/81, BStBl 1985 II S. 475; BFH, Urteil v. 2.3.1988 - I R 103/86, BStBl 1988 II S. 786; s. auch *Suchanek/Herbst*, FR 2007 S. 863, 868.
3 So auch BFH, Urteil v. 29.4.2014 - VIII R 9/13, BStBl 2014 II S. 986 zur Auslegung der nahestehenden Person i. S. d. § 32d Abs. 2 Satz 1 Nr. 1 Buchst. a EStG.
4 Kapitalgesellschaft oder Personengesellschaft; vgl. *Frotscher/Drüen* KStG § 8c Rz. 53, der Kapitalgesellschaften nur dann als nahestehende Personen ansieht, wenn der andere Erwerber mehr als 50 % an ihr beteiligt ist; gl. A. *Suchanek/Rüsch*, Wpg 2016 S. 173, 176 ff.; hiergegen spricht jedoch das BFH, Urteil v. 8.10.2008 - I R 61/07, BStBl 2011 II S. 62, wonach auch eine Beteiligung bei der Schwester-Gesellschaft unterhalb der Schwelle eines beherrschenden Gesellschafters den Tatbestand des Nahestehens nicht beseitigt, sondern allenfalls die Indizwirkung abschwächen kann.
5 Vgl. *Dötsch/Leibner* in DPM KStG § 8c Rz. 136.

mit eine Zusammenrechnung der Übertragungen nur gerechtfertigt, wenn die Voraussetzungen des § 8c Abs. 1 Satz 2 KStG (gleichgerichtete Interessen) vorliegen.

BEISPIEL: An der Verlustgesellschaft sind A und B zu je 26 % und C und D zu je 24 % beteiligt. A überträgt seinen Anteil auf C, und später überträgt B seinen Anteil auf D. C und D sind heillos zerstritten. § 8c Abs. 1 KStG greift nicht, da kein Erwerber mehr als 50 % erwirbt. Beide Übertragungen können auch nicht zusammengerechnet werden; denn der D ist keine dem C nahestehende Person, da die Gesellschafterstellung bei der Verlustgesellschaft, die von § 8c Abs. 1 KStG betroffen sein kann, kein Nahestehen begründet. Aufgrund ihrer Zerstrittenheit verfolgen C und D auch keine gleichgerichteten Interessen i. S. v. § 8c Abs. 1 Satz 2 KStG.

▶ **Schuldrechtliche Beziehungen:** Hierunter sind insbesondere arbeitsrechtliche oder langjährige geschäftliche Beziehungen zu verstehen. Derartige rechtsgeschäftliche Beziehungen sollten m. E. aufgrund einer normspezifischen Auslegung des Begriffs „nahestehende Person" nur dann einem Erwerber zuzurechnen sein, wenn sie zu einem gleichgerichteten Interesse nach Satz 2 führen.

▶ **Rein tatsächliche Beziehungen:** Hierzu zählen eheähnliche Lebensgemeinschaften, enge Freunde, Familienmitglieder, die nicht von § 15 AO erfasst werden, sowie eingetragene und nicht eingetragene gleichgeschlechtliche Lebenspartnerschaften.[1] Rein tatsächliche Beziehungen dürften m. E. aufgrund einer normspezifischen Auslegung des Begriffs „nahestehende Person" nicht ausreichend sein, um ein „Nahestehen" zu begründen.

(Einstweilen frei) 293–298

4. Übertragung an Erwerber mit gleichgerichteten Interessen (§ 8c Abs. 1 Satz 2 KStG)

a) Inhalt und Zweck der Regelung

Nach § 8c Abs. 1 Satz 2 KStG gilt als ein Erwerber i. S. d. Satz 1 auch eine Gruppe von Erwerbern mit gleichgerichteten Interessen. Hierdurch werden **mehrere Übertragungen an verschiedene Erwerber zusammengerechnet**, wenn die Erwerber gleichgerichtete Interessen verfolgen. Aufgrund der Zusammenrechnung kann es zu einer Erhöhung der Übertragungsquote und damit zu einem vollständigen Verlustuntergang kommen. Es handelt sich bei Satz 2 neben dem Tatbestandsmerkmal „nahestehen" i. S. d. Satzes 1 um die zweite Ausnahme der erwerberbezogenen Betrachtungsweise (→ Rz. 281).

§ 8c Abs. 1 Satz 2 KStG wurde – zunächst als § 8c Satz 3 KStG – auf **Vorschlag des Finanzausschusses** eingeführt[2] und soll vor allem Gestaltungen vermeiden, in denen vier einander nicht nahestehende Erwerber im Rahmen eines sog. Erwerberquartetts jeweils 25 % einer Verlustgesellschaft erwerben (nach Wegfall des quotal schädlichen Beteiligungserwerbs dementsprechend z. B. zwei Erwerber mit jeweils 50 %) und so eine Anwendbarkeit des § 8c KStG umgehen.[3] § 8c Abs. 1 Satz 2 KStG wird auch als „Angstklausel" bezeichnet,[4] weil der Gesetzgeber jede auch nur irgendwie geartete Gestaltung zur Umgehung des § 8c Abs. 1 KStG verhindern will. § 8c Abs. 1 Satz 2 KStG gilt unabhängig von der Höhe des Anteils und von der Rechtsform des Erwerbers. Sind gleichgerichtete Interessen vorhanden, können somit auch Übertragungen

---
[1] *Lang*, DStZ 2007 S. 652, 653; *Neumann/Stimpel*, GmbHR 2007 S. 1194, 1197.
[2] BT-Drucks. 16/5452 S. 44 f.
[3] BT-Drucks. 16/5491 S. 22.
[4] *Zerwas/Fröhlich*, DStR 2007 S. 1933, 1934.

an 51 verschiedene Erwerber mit jeweils 1 % zusammengefasst werden, so dass es zu einem vollständigen Verlustuntergang nach § 8c Abs. 1 Satz 1 KStG kommt.

300 Das Finanzamt trägt die **Beweislast** für das Vorliegen gleichgerichteter Interessen,[1] da es sich um eine steuererhöhende Tatsache handelt; zu den Indizien, die für gleichgerichtete Interessen sprechen, vgl. → Rz. 306.

b) Definition der gleichgerichteten Interessen

301 Das Gesetz enthält **keine Definition des Tatbestandsmerkmals** „gleichgerichtete Interessen". In der Gesetzesbegründung heißt es, dass ein Indiz für gleichgerichtete Interessen sei, wenn die Kapitalgesellschaft von den Erwerbern gemeinsam beherrscht werde.[2] Die Aufnahme des Merkmals „gleichgerichtete Interessen" im Gesetzestext ohne Definition ist Ausdruck einer unzureichenden Gesetzestechnik (→ Rz. 34). Das Merkmal „gleichgerichtete Interessen" stammt aus dem Bereich der vGA und erweitert dort die Gruppe der beherrschenden Gesellschafter;[3] es ist daher nicht geeignet, um verschiedene Übertragungen im Zusammenhang mit dem nicht genutzten Verlust der Kapitalgesellschaft zusammenzufassen.

302 Nach dem **BMF-Schreiben** v. 28.11.2017 sprechen die folgenden Anzeichen für gleichgerichtete Interessen:

► Zwischen den Erwerbern hat eine Abstimmung stattgefunden, die nicht zwingend vertraglich erfolgt sein muss. Die Abstimmung darf jedoch nicht nur auf Absprachen beschränkt sein, die sich auf den Erwerb als solchen beziehen, z. B. bezüglich der Preisfindung oder eines verhältniswahrenden Anteilsbesitzes.[4]

► Die Erwerber verfolgen einen gemeinsamen Zweck i. S. v. § 705 BGB, wobei dies nicht Voraussetzung sein muss.[5]

► Die Erwerber wirken zur einheitlichen Willensbildung zusammen.

► Die Erwerber beherrschen die Körperschaft gemeinsam.

Die Abstimmung darf jedoch nicht nur auf Absprachen beschränkt sein, die sich auf den Erwerb als solchen beziehen, z. B. bezüglich der Preisfindung oder eines verhältniswahrenden Anteilsbesitzes.[6]

303 Durch das Merkmal „gleichgerichteter Interessen" werden verschiedene Übertragungen zu einer Übertragung zusammengefasst und mehrere Erwerber wie ein Erwerber behandelt. Aus diesem Grund muss sich **das gleichgerichtete Interesse auf den Erwerb der Anteile beziehen**.[7] Dementsprechend ist **maßgeblicher Zeitpunkt** für das Bestehen gleichgerichteter Interessen der Zeitpunkt der jeweiligen Übertragung. Aus einem Verhalten nach der Anteilsübertragung kann nicht auf ein gleichgerichtetes Interesse bei Anteilsübertragung geschlossen werden.

---

1 → Rz. 121; BFH, Urteil v. 22.11.2016 - I R 30/1, NWB FAAAG-47395; *Lang*, DStZ 2007 S. 652, 654.
2 BT-Drucks. 16/5491 S. 22.
3 *Klein/Müller/Döpper* in Mössner/Seeger/Oellerich, KStG, § 8 Rz. 472; vgl. BMF, Schreiben v. 28.11.2017, BStBl 2017 I S. 1645, Rz. 28.
4 Vgl. BFH, Urteil v. 22.11.2016 - I R 30/15, BStBl 2017 II S. 291.
5 Investoren in als vermögensverwaltende KG strukturierte Venture Capital Fonds sollen nach *Dötsch/Leibner* DPM KStG § 8c Rz. 298, gleichgerichtete Interessen haben; a. A. *Klemt*, DB 2008, 2100.
6 BMF, Schreiben v. 28.11.2017, BStBl 2017 I S. 1645, Rz. 28.
7 A. A. *Frotscher/Drüen* KStG § 8c Rz. 87, wonach es darauf ankommt, ob die Erwerber ihre Stimmrechte einheitlich ausüben werden; offen gelassen durch Niedersächsisches FG, Urteil v. 26.2.2015 - 6 K 424/13, NWB WAAAE-96296, Rz. 115.

Daher kann entgegen der Auffassung des BMF und der in der Gesetzesbegründung zum Ausdruck gekommenen Ansicht des Gesetzgebers aus einer **tatsächlichen Beherrschung** der Verlustgesellschaft **nach dem Erwerb der Anteile** nicht auf gleichgerichtete Interessen geschlossen werden.[1] Denn die tatsächliche Beherrschung folgt zeitlich der Übertragung der Anteile nach und lässt keinen Rückschluss auf gleichgerichtete Interessen im (früheren) Zeitpunkt der jeweiligen Übertragung zu. Im Gegensatz zu § 8a Abs. 3 Satz 2 KStG a. F. fehlt eine gesetzliche Regelung zur gemeinsamen Beherrschung durch nicht wesentlich beteiligte Gesellschafter. Ebenso wenig kann auch aus der **Möglichkeit** einer Beherrschung auf gleichgerichtete Interessen geschlossen werden, weil ansonsten bei einer Anteilsübertragung von insgesamt mehr als 50 % stets ein Beherrschungspotenzial gegeben wäre. Dementsprechend fordert das Niedersächsische FG in seinem Urteil v. 26.2.2015 für das Vorliegen einer Gruppe mit gleichgerichtetem Interesse, dass spätestens zum Zeitpunkt des Erwerbs der Anteile Abreden im Hinblick auf das spätere gemeinsame Beherrschen der Gesellschaft (Stimmbindungsvereinbarungen, Konsortialverträge oder andere **verbindliche Abreden**) vorliegen müssen. Das Urteil wurde vom BFH bestätigt.[2]

304

Nicht entscheidend ist weiterhin, ob die Erwerber **ein gleichgerichtetes Interesse bezüglich des Erhalts des Verlustvortrags** oder hinsichtlich der Verlustnutzung[3] oder bezüglich der wirtschaftlichen Entwicklung der Gesellschaft[4] haben. Denn zum einen wird jeder Erwerber ein Interesse an einem vorhandenen Verlustvortrag oder an der wirtschaftlichen Entwicklung der Gesellschaft haben. Zum anderen setzt die Anwendbarkeit des § 8c Abs. 1 KStG nicht voraus, dass der Erwerber überhaupt Kenntnis von einem nicht genutzten Verlust hat; dies ist insbesondere bei mittelbaren Übertragungen (→ Rz. 308) nicht selbstverständlich. Deshalb kann es bei mehreren Erwerbern nicht darauf ankommen, ob diese bestimmte Vorstellungen hinsichtlich des Verlustvortrags oder der Verlustnutzung haben.

305

c) Indizien für gleichgerichtete Interessen

Nach den unter → Rz. 303 dargestellten Grundsätzen sind Indizien für ein gleichgerichtetes Interesse am Erwerb der Anteile:

306

▶ Die Erwerber kaufen zum wiederholten Mal gemeinsam Anteile an einer Verlust-Kapitalgesellschaft.

▶ Die Erwerber treten beim Kauf einheitlich auf oder werden durch einen gemeinsamen Bevollmächtigten vertreten.

▶ Die Erwerber haben ihre Anteilskäufe einheitlich finanziert, oder ein Erwerber unterstützt einen anderen Erwerber finanziell beim Kauf.[5]

▶ Die Erwerber kaufen die Anteile am selben Tag zu gleichen Vertragsbedingungen, insbesondere zum gleichen Preis.

---

1 So auch *Dörr*, NWB F. 4 S. 5181, 5187; *Neyer*, BB 2007 S. 1415, 1417; a. A. *Lang* in Bott/Walter KStG § 8c Rz. 85.
2 BFH, Urteil v. 22.11.2016 - I R 30/15, BStBl 2017 II S. 291, vgl. insbes. Rz. 23; s. dazu *Schneider/Bleifeld/Butler*, DB 2018 S. 464, 468.
3 BMF, Schreiben v. 28.11.2017, BStBl 2017 I S. 1645, Rz. 28; a. A. *Suchanek* in HHR KStG § 8c Rz. 39, der insoweit aber konkrete Vereinbarungen fordert; Brinkmann in *Lüdicke/Sistermann*, UntStR, 2. Aufl. 2018, § 17 Rz. 39; *Dötsch/Leibner* in DPM KStG § 8c Rz. 297 sehen ernsthafte Argumente gegen die Auffassung der FinVerw.
4 So *Hans*, FR 2007 S. 775, 779.
5 *Pflüger*, GStB 2007 S. 318, 323.

▶ Die Erwerber haben sich bereits vor dem Erwerb über die Betriebsführung, Umwandlung oder Weiterveräußerung der Verlustgesellschaft verständigt.

▶ Die Erwerber waren bereits an der Verlustgesellschaft beteiligt und hatten bisher ihr Stimmverhalten i. S. eines „acting in concert" gem. § 30 Abs. 2 WpÜG bzw. § 22 Abs. 2 Satz 2 WpHG abgestimmt.[1]

Inwiefern diese Indizien jedoch ausreichen können, ist Tatfrage. Dabei ist zu berücksichtigen, dass es Gesetzeszweck der Regelung des § 8c Abs. 1 Satz 2 KStG ist, den Anwendungsbereich des § 8c Abs. 1 Satz 1 KStG zur **Verhinderung von Missbräuchen** zu erweitern, so dass der Tatbestand eng auszulegen ist. Nach der vom BFH bestätigten Auffassung des Niedersächsischen FG ist allein der zeitgleiche, in denselben Verträgen und mit gleichen Beteiligungsquoten vereinbarte Hinzuerwerb von Anteilen durch Altgesellschafter kein hinreichendes Indiz für die Annahme der gleichgerichteten Interessen der Erwerber.[2] Auch bei einem Erwerb zur Sanierung einer Körperschaft wird man daher nicht ohne weiteres von gleichgerichteten Interessen ausgehen können, d. h. hier ist ebenfalls der Einzelfall entscheidend.[3] Dagegen soll der Abschluss eines Treuhandvertrags und der gleichzeitige Erwerb der Anteile durch Treuhänder und Treugeber ein Indiz für gleichgerichtete Interessen darstellen.[4]

307 Hingegen liegen **keine gleichgerichteten Interessen** vor, wenn die Erwerber die Anteile zeitlich und inhaltlich unabhängig voneinander erworben haben und sich vor dem Erwerb nicht auf einen gemeinsamen Erwerb der Anteile verständigt haben. Dies ist insbesondere der Fall, wenn sich die Erwerber erst nach der Übertragung kennen gelernt haben. Je weiter die einzelnen Anteilsübertragungen zeitlich oder inhaltlich (d. h. bezüglich der Kaufbedingungen) auseinander liegen, desto eher spricht dies gegen gleichgerichtete Interessen. Interessen, die sich aus privaten Beziehungen der Erwerber zueinander ergeben – Freundschaften, Vereinsmitglieder, Angehörige – sind ebenfalls nicht als gleichgerichtet anzusehen, da sie keinen Bezug zu der Verlustgesellschaft haben. Bei einer Kapitalerhöhung i. S. v. § 8c Abs. 1 Satz 3 KStG führt allein die Zustimmung zur Kapitalerhöhung ebenso wenig wie die Teilnahme an der Kapitalerhöhung zu gleichgerichteten Interessen, weil es sich insoweit um die bloße Ausübung von Gesellschafterrechten handelt.[5] Dementsprechend führt auch die Annahme eines Umtauschangebots durch die Gläubiger einer Gesellschaft zu dem Tausch ihrer Forderungen in gezeichnetes Kapital auch dann nicht zu einem gleichgerichteten Interesse i. S. d. Vorschrift, wenn der Umtausch eine Mindestteilnahmequote voraussetzt.[6]

---

1 Zum sog. acting-in-concert s. BGH, Urteil v. 18.9.2006 - II ZR 137/05, NWB ZAAAC-18683.
2 Vgl. Niedersächsisches FG, Urteil v. 26.2.2015 - 6 K 424/13, NWB WAAAE-96296, Rz. 106, 107, 110; a. A. noch BMF, Schreiben v. 4.7.2008, BStBl 2008 I S. 736, Rz. 27.
3 Vgl. *Dörr/Eggert*, Grundlagen, Stand 23.9.2015, Rz. 34 = NWB QAAAE-69367.
4 Vgl. FG Köln, Urteil v. 31.8.2016 - 10 K 85/15, EFG 2017 S. 57 = NWB LAAAF-87096 = DStRK 2017, 38 m. Anm. *Weiss*, das Revisionsverfahren I R 76/16 (NWB RAAAG-34946) ist erledigt durch Aussetzen des Verfahrens lt. Beschluss v. 23. 8. 2017. Das Verfahren wurde mit Beschluss v. 23.8.2017 bis zur Wirksamkeit einer rückwirkenden gesetzlichen Neuregelung des § 8c KStG (längstens bis zum 31.12.2018) ausgesetzt.
5 A. A. *Lang*, DStZ 2008 S. 549, 552.
6 Gl. A. für den Fall der Verschmelzung von Gesellschaften und Zustimmung der beteiligten Anteilseigner zu dem Verschmelzungsvertrag gem. Beschluss nach § 13 Abs. 1 UmwG *Neumann* FS Streck S. 103, 106 f.

d) Gleichgerichtete Interessen bei mittelbarem Anteilserwerb

Die vorstehend genannten Grundsätze gelten auch im Fall der **mittelbaren Anteilsübertragung**, wenn nur bei der erworbenen mittelbaren Beteiligung, nicht aber bei der unmittelbar erworbenen Beteiligung ein Verlust vorhanden ist.[1]

Für die Annahme gleichgerichteter Interessen genügt es, wenn die Erwerber **gleichgerichtete Interessen hinsichtlich des Erwerbs der unmittelbaren Beteiligung** verfolgen. Es kommt nicht darauf an, ob die Erwerber ein gleichgerichtetes Interesse bezüglich der Verlustnutzung bei der mittelbaren Beteiligung haben.[2] Besteht ein gleichgerichtetes Interesse am Erwerb der unmittelbaren Beteiligung, erfasst dies aufgrund der Gleichstellung von unmittelbarer und mittelbarer Beteiligung in § 8c Abs. 1 KStG auch die mittelbare Beteiligung. Im Übrigen bestünden auch erhebliche Schwierigkeiten bei der Anwendung des § 8c Abs. 1 KStG, wenn den Erwerbern die Existenz eines Verlustes bei der mittelbaren Beteiligung nicht bekannt ist, wie dies bei kleineren mittelbaren Beteiligungen durchaus der Fall sein kann, wenn etwa eine Holdinggesellschaft erworben wird, die über eine Vielzahl von Beteiligungen verfügt.

BEISPIEL: Die X-GmbH ist eine Holdinggesellschaft und hält 80 verschiedene hundertprozentige Beteiligungen an Kapitalgesellschaften, von denen eine, die Z-GmbH über nicht genutzte Verluste i.S.v. § 8c Abs. 1 KStG verfügt. A, B und C erwerben nach vorheriger Abstimmung jeweils einen Anteil von 25 % an der X-GmbH. Sie haben in den Jahren zuvor ebenfalls schon mehrere Holdinggesellschaften gemeinsam erworben, um sie zu restrukturieren u. anschließend gemeinsam an Dritte zu veräußern.

A, B und C haben regelmäßig gleichgerichtete Interessen i. S. v. § 8c Abs. 1 Satz 2 KStG, da sie zum wiederholten Male Anteile an einer Kapitalgesellschaft gemeinsam erwerben (→ Rz. 306). Das gleichgerichtete Interesse erstreckt sich auch auf die mittelbare Beteiligung an der Z-GmbH, so dass deren nicht genutzter Verlust nach § 8c Abs. 1 Satz 1 KStG untergeht. Auf die Kenntnis der drei Erwerber von dem dort vorhandenen Verlust kommt es nicht an.

(Einstweilen frei) 309–314

IX. Vergleichbarer Sachverhalt

1. Begriff des vergleichbaren Sachverhalts

Aus § 8c Abs. 1 Satz 1 KStG ergibt sich, dass auch ein „vergleichbarer Sachverhalt" die Rechtsfolgen des § 8c Abs. 1 KStG auslösen kann. Eine Definition dieses Begriffs enthält § 8c Abs. 1 KStG aber ebenso wenig wie die Gesetzesbegründung. § 8c Abs. 1 KStG stellt den vergleichbaren Sachverhalt den einzeln genannten schädlichen Beteiligungserwerben gleich, ohne dass klar wird, worauf sich die Vergleichbarkeit beziehen muss. § 8c Abs. 1 KStG unterscheidet sich insoweit von der Vorgängerregelung des § 8 Abs. 4 KStG, der in Satz 1 den Verlust der wirtschaftlichen Identität als – nicht näher definierten – Grundtatbestand und in Satz 2 immerhin ein Regelbeispiel für den Verlust der wirtschaftlichen Identität nannte.[3] Insbesondere können Fallgestaltungen, die vom Grundtatbestand des § 8 Abs. 4 Satz 1 KStG aufgefangen worden sind, nicht ohne Weiteres als vergleichbarer Sachverhalt i. S. v. § 8c Abs. 1 KStG angesehen werden, da § 8 Abs. 4 KStG auf den Verlust der wirtschaftlichen Identität abstellt, der für die Prüfung des § 8c Abs. 1 KStG keine unmittelbare Rolle spielt.

---

[1] Siehe jedoch *Hans*, FR 2007 S. 775, 779, der die Anwendbarkeit dieses Merkmals bei mittelbaren Beteiligungen für problematisch hält.
[2] So aber *Suchanek/Herbst*, FR 2007 S. 863, 868.
[3] A. A. *Suchanek* in HHR KStG § 8c Rz. 28, der den Aufbau beider Vorschriften für vergleichbar hält.

316 Wegen der fehlenden Definition wird das Tatbestandsmerkmal als „verfassungsrechtlich bedenklich" angesehen.[1] M. E. ist das Tatbestandsmerkmal trotz seiner Unbestimmtheit **verfassungsrechtlich noch zulässig,**[2] wenn es auf Sachverhalte beschränkt wird, die einer Übertragung von Anteilen, Beteiligungs- oder Mitgliedschaftsrechten oder Stimmrechten tatsächlich wirtschaftlich gleichkommen. Voraussetzung für die Annahme eines vergleichbaren Sachverhalts ist damit, dass aufgrund der gewählten Gestaltung der Erwerber **gesellschaftsrechtlich – und nicht lediglich schuldrechtlich – an der Verlustgesellschaft beteiligt ist oder Stimmrechte wahrnehmen kann.** Hierzu zählen die Fälle, in denen sich

▶ entweder die Beteiligungsquote ändert, ohne dass Anteile übertragen worden sind (→ Rz. 318),

▶ oder der Erwerber Stimmrechte ausüben kann, ohne dass Stimmrechte übertragen worden sind (→ Rz. 319).

Eine derartige Einschränkung des § 8c Abs. 1 KStG ist insbesondere deshalb geboten, weil der Grundtatbestand des § 8c Abs. 1 Satz 1 KStG bereits **zu weit gefasst** ist. Zudem sind offenkundig in Betracht kommende Gestaltungen wie die Übertragung von Genuss- oder Bezugsrechten oder aber atypische und typische stille Beteiligungen dem Gesetzgeber hinlänglich bekannt, wie sich etwa aus § 15a Abs. 5 Nr. 1 (atypisch stille Gesellschaft), § 20 Abs. 1 Nr. 4 (typisch stille Gesellschaft), § 17 Abs. 1 Satz 3 (Genussrecht) oder § 45b Abs. 2 Satz 3 EStG (Bezugsrecht) ergibt. Es gibt daher angesichts des Eingriffscharakters des § 8c Abs. 1 KStG keine Rechtfertigung, von einer ausdrücklichen Benennung dieser Beteiligungsmöglichkeiten abzusehen, sofern es sich um Beteiligungen an der Verlustkörperschaft selbst handelt.[3] Mit dem Wegfall des quotal schädlichen Beteiligungserwerbs sollten sich auch *in praxi* mögliche Anwendungsfälle eines schädlichen vergleichbaren Sachverhalts erheblich verringern.

317 Den hier gestellten Anforderungen an eine einschränkende Auslegung des Tatbestandsmerkmals wird das **BMF, Schreiben v. 28.11.2017**[4] nicht gerecht, weil es in den einschlägigen Randziffern zum einen unsystematisch eine Mehrzahl von einzelnen Fallgestaltungen aufzählt, ohne dass deutlich wird, weshalb eine Vergleichbarkeit mit dem Grundtatbestand des § 8c Abs. 1 KStG gegeben sein soll, und zum anderen **Kombinationen verschiedener Sachverhalte** für potenziell schädlich hält, was grds. zutreffend sein dürfte, aber nicht die näheren Voraussetzungen bezeichnet.

2. Beispiele für vergleichbare Sachverhalte

a) Veränderung der Beteiligungsquote ohne Übertragung

318 Nach den unter → Rz. 316 dargestellten Grundsätzen sind solche Fallgestaltungen mit dem Grundtatbestand des § 8c Abs. 1 Satz 1 KStG vergleichbar, in denen sich die Beteiligungsquote eines (neuen oder alten) Anteilseigners um mehr als 50 % verändert, ohne dass es zu einer rechtsgeschäftlichen Übertragung von Anteilen gekommen ist. Denn in diesen Fällen ändert sich die gesellschaftsrechtliche Beteiligung des Anteilseigners wie im Fall einer Anteilsübertra-

---

1 So z. B. *Viskorf*, DB 2007, 2561, 2562; *Wiese*, DStR 2007 S. 741, 742; *Zerwas/Fröhlich*, DStR 2007 S. 1933, 1935.
2 Gl. A. z. B. *Suchanek/Herbst*, FR 2007 S. 863, 866.
3 Bei einer atypisch stillen Beteiligung an dem Anteilseigner der Verlustgesellschaft soll der Gesellschafterwechsel einen vergleichbaren Sachverhalt darstellen können, vgl. *Dötsch/Leibner* in DPM KStG § 8c Rz. 67; a. A. *Gosch/Roser*, KStG § 8c Rz. 56.
4 BMF, Schreiben v. 28.11.2017, BStBl 2017 I S. 1645, Rz. 7; kritisch z. B. auch *Brinkmann* in Lüdicke/Sistermann, UntStR, 2. Aufl. 2018, § 17 Rz. 35.

gung, so dass die Anwendbarkeit des § 8c Abs. 1 KStG gerechtfertigt ist. Zu diesen Fällen gehören:

▶ Der **Erwerb eigener Anteile** durch die Kapitalgesellschaft, wenn es hierdurch bei mindestens einem Gesellschafter zu einer Veränderung der Beteiligungsquote von mehr als 50 Prozentpunkten kommt.[1]

BEISPIEL: ▶ An der Verlust-GmbH sind A zu 40 % und B zu 60 % beteiligt. Die Verlust-GmbH erwirbt den Anteil des B. Dadurch erhöht sich der Anteil des A von 40 % auf 100 %, so dass es zu einem Verlustuntergang nach § 8c Abs. 1 Satz 1 KStG kommt. Nach zutreffender Ansicht von *Frotscher*[2] findet § 8c Abs. 1 KStG keine Anwendung, wenn die Verlust-GmbH den Anteil des B nur erworben hat, um ihn anschließend an die Neu-Gesellschafter C und D jeweils zur Hälfte zu übertragen: Es wäre dann nur zu zwei Übertragungen im Umfang von jeweils 30 % gekommen, die nicht von § 8c Abs. 1 Satz 1 KStG erfasst werden.

▶ Die **disquotale Kapitalherabsetzung**, wenn sie zu einer Veränderung der Beteiligungsquote von mehr als 50 Prozentpunkten führt;[3] es handelt sich um eine disquotale Kapitalherabsetzung und damit um das Gegenstück zu der in § 8c Abs. 1 Satz 3 KStG ausdrücklichen geregelten disquotalen Kapitalerhöhung. Gleiches gilt für **Einziehung von Anteilen** nach § 34 GmbHG.

▶ Die **Umwandlungsvorgänge** (Verschmelzungen, Einbringungen, Abspaltungen), bei denen

– auf die Verlustgesellschaft umgewandelt wird und hierdurch ein Gesellschafter des übertragenden Rechtsträgers an der Verlustgesellschaft zu mehr als 50 % beteiligt wird bzw. aufgrund einer Einbringung in die Verlustgesellschaft ein neuer Anteilseigner an der Verlustgesellschaft beteiligt wird,[4]

– der Anteilseigner seine Beteiligung an der Verlustgesellschaft in eine andere Gesellschaft einbringt bzw. auf diese abspaltet, so dass die andere Gesellschaft neue Anteilseignerin wird (→ Rz. 226 u. → Rz. 250),

– der Anteilseigner der Verlustgesellschaft auf eine andere Kapitalgesellschaft verschmolzen wird (→ Rz. 226).

▶ Die **Anwachsung** bei Ausscheiden des vorletzten Gesellschafters aus einer Personengesellschaft, die Anteilseignerin der Verlustgesellschaft ist (→ Rz. 195).

▶ Die **Verkürzung einer Beteiligungskette**, wenn sich hierdurch ein neuer unmittelbarer Anteilseigner ergibt und die Konzernklausel des § 8c Abs. 1 Satz 4 KStG nicht greift (→ Rz. 252 u. → Rz. 254).

---

1 BMF, Schreiben v. 28.11.2017, BStBl 2017 I S. 1645; *Lang* in Bott/Wagner KStG § 8c Rz. 22.5; differenzierend: *Frotscher*/*Drüen* KStG § 8c Rz. 58, wonach der Zwischenerwerb durch die Kapitalgesellschaft bis zur Weiterveräußerung an neue Gesellschafter ausgenommen sein soll; ähnlich *Brinkmann* in Lüdicke/Sistermann, UntStR, 2. Aufl. 2018, § 17 Rz. 40; *Gosch*/*Roser* KStG § 8c Rz. 56 „Eigene Anteile", der die Anwendbarkeit des § 8c Abs. 1 KStG nur bei einer Veranlassung durch das Gesellschaftsverhältnis, nicht aber bei einer betrieblichen Veranlassung bejaht.
2 *Frotscher*/*Drüen* KStG § 8c Rz. 58.
3 So auch *Beußer*, DB 2007 S. 1549, 1550; *Dötsch*/*Leibner* in DPM KStG § 8c Rz. 65; *Neyer*, BB 2007, 1415, 1416; BMF, Schreiben v. 28.11.2017, BStBl 2017 I S. 1645, Rz. 7.
4 → Rz. 182; so auch BMF, Schreiben v. 28.11.2017, BStBl 2017 I S. 1645, Rz. 7.

b) Ausübung von Stimmrechten ohne vorherige Übertragung

319 Als vergleichbarer Sachverhalt sind nach den in → Rz. 316 dargestellten Grundsätzen Gestaltungen anzusehen, bei denen eine Person Stimmrechte ausüben kann, ohne dass vorher eine Übertragung von Stimmrechten auf sie stattgefunden hat. Voraussetzung ist jedoch jeweils, dass diese Gestaltungen entweder für sich oder aber in Kombination mit einer Anteilsübertragung zu einer Stimmrechtsverschiebung von mehr als 50 Prozentpunkten führen.[1] Zu den vergleichbaren Sachverhalten gehören danach:

- **Stimmbindungsverträge**, die keine Übertragung von Stimmrechten beinhalten, sondern lediglich zur Ausübung berechtigen, sofern die Stimmbindung umfassend ist, d. h. nicht nur einzelne unbedeutende Punkte betrifft, und dauerhaft vereinbart wird.[2] Kommt es nach einer schädlichen Stimmbindung zu einer Übertragung der Anteil an den Berechtigten, so kann dies nach zutreffender Auffassung nicht erneut einen schädlichen Beteiligungserwerb auslösen, da es sich lediglich um eine Verstärkung einer bestehenden Rechtsstellung handelt.[3]
- Die **Schaffung von Mehrstimmrechten** (→ Rz. 162).
- Die **Einziehung von Mehrstimmrechten** (→ Rz. 162).
- Die Schaffung von **stimmrechtslosen Anteilen bzw. der dauerhafte Verzicht** auf die Stimmrechtsausübung (→ Rz. 162).

Die **Zurechnung von Stimmrechten** nach § 22 WpHG stellt hingegen keinen vergleichbaren Sachverhalt dar (→ Rz. 163).

3. Fehlende Vergleichbarkeit

a) Schuldrechtliche Beteiligungen

aa) Gesellschaftsrechtliche Beteiligung erforderlich

320 Der in Betracht kommende Sachverhalt muss mit einer Übertragung eines Anteils oder Stimmrechts vergleichbar sein, so dass es – abgesehen von den unter → Rz. 318 u. → Rz. 319 genannten Fällen – **einer gesellschaftsrechtlichen Beteiligung bedarf**. Aus diesem Grunde kann in einer lediglich schuldrechtlichen Beteiligung kein vergleichbarer Sachverhalt gesehen werden, zumal die meisten schuldrechtlichen Beteiligungsarten dem Gesetzgeber bekannt sind und deshalb ausdrücklich hätten erwähnt werden können bzw. – unter dem verfassungsrechtlichen Gesichtspunkt des Bestimmtheitsgebotes – sogar hätten erwähnt werden müssen (→ Rz. 316).

---

[1] BMF, Schreiben v. 28.11.2017, BStBl 2017 I S. 1645, Rz. 7; a. A. *Suchanek* in HHR KStG § 8c Rz. 29, der eine Kombination von Grundtatbestand des § 8c KStG und vergleichbaren Sachverhalt für nicht zulässig hält.

[2] Rz. 159 ff.; s. auch BMF, Schreiben v. 28.11.2017, BStBl 2017 I S. S. 1645, → Rz. 7, wonach Stimmrechtsbindungen uneingeschränkt als vergleichbarer Sachverhalt angesehen werden können.

[3] Gosch/*Roser* KStG § 8c Rz. 58; zustimmend *Dötsch/Leibner* in DPM KStG § 8c Rz. 69.

bb) Genussrechte

Nicht von § 8c Abs. 1 KStG erfasst werden Genussrechte i. S. v. § 221 Abs. 3, § 160 Abs. 1 Nr. 6 AktG, da sie **lediglich Vermögensrechte auf schuldrechtlicher**, nicht aber auf gesellschaftsrechtlicher Grundlage darstellen.[1] Der Genussrechtsinhaber hat somit weder Mitgliedschafts- noch Beteiligungsrechte, insbesondere keine Stimmrechte. § 8c Abs. 1 KStG gilt auch dann nicht, wenn das Genussrecht einen Anspruch auf den Liquidationserlös gewährt und damit von § 17 Abs. 1 Satz 3 EStG erfasst wird; denn der Zweck des § 17 EStG unterscheidet sich von dem des § 8c Abs. 1 KStG, da § 17 EStG die Erfassung stiller Reserven sowie die Gleichstellung von Beteiligungen an Kapitalgesellschaften sowie Personengesellschaften bezweckt.

cc) Atypisch stille Gesellschaften

Bei atypisch stillen Gesellschaften handelt es sich nicht um eine gesellschaftsrechtliche Beteiligung an der Verlustgesellschaft, sondern um eine Innengesellschaft und Mitunternehmerschaft i. S. v. § 15 Abs. 1 Nr. 2 Satz 1 EStG, so dass der atypisch stille Gesellschafter **nur Gesellschafter der Innengesellschaft** wird, nicht aber Anteile an der Verlustgesellschaft in einer dem Grundtatbestand des § 8c Abs. 1 KStG vergleichbaren Weise erwirbt. Das BMF-Schreiben zu § 8c KStG nennt in Rz. 7 atypisch stille Beteiligungen zu Recht nicht als vergleichbaren Beteiligungserwerb.[2]

Demgegenüber kann eine atypisch stille Beteiligung an dem Gesellschafter der Verlustgesellschaft je nach vertraglicher Ausgestaltung einen vergleichbaren Sachverhalt begründen, wobei die Anwendung des § 8c KStG regelmäßig u. a. auch von der Höhe der Gewinn- und Verlustbeteiligung des Stillen sowie der Beteiligung an der Verlustkörperschaft abhängig sein dürfte, d. h. bei einer Gewinnbeteiligung von 60 % und einer Beteiligung an der Verlustkörperschaft von 90 % könnte der gesamte nicht genutzte Verlust der Verlustkörperschaft entfallen.[3]

dd) Typisch stille Gesellschaften

Wie bei der atypisch stillen Beteiligung ist auch die typisch stille Beteiligung **rein schuldrechtlich** und kann daher einer Übertragung von Anteilen nicht gleichgestellt werden.[4]

ee) Darlehensgewährungen und Mezzanine-Kapital

Die Gewährung von Darlehen an die Verlustgesellschaft stellt grundsätzlich **keinen vergleichbaren Sachverhalt** i. S. v. § 8c Abs. 1 KStG dar, weil Darlehensgeber und Verlustgesellschaft nur in schuldrechtlicher Beziehung zueinander stehen und der Darlehensgeber an der Substanz der Verlustgesellschaft nicht beteiligt wird. Dies gilt auch im Fall von eigenkapitalersetzenden Darlehen[5] oder Darlehen i. S. v. § 8b Abs. 3 Satz 4 ff. KStG.

Ausnahmsweise kann in der Gewährung von **Mezzanine-Kapital** ein vergleichbarer Sachverhalt i. S. v. § 8c Abs. 1 Satz 1 KStG zu sehen sein. Steuerlich wird Mezzanine-Kapital zwar überwie-

---

1 *Dörr*, NWB F. 4 S. 5151, 5185; *Lang*, DStZ 2007 S. 652, 653; *Lademann/Wernicke* KStG § 8c Rz. 66; *Zerwas/Fröhlich*, DStR 2007 S. 1933; a. A. für Genussscheine i. S. d. § 8 Abs. 3 Satz 2 KStG: BMF, Schreiben v. 28.11.2017, BStBl 2017 I S. 1645, Rz. 7; *Frotscher/Drüen* KStG § 8c Rz. 21; *Dötsch/Leibner* in DPM KStG § 8c Rz. 65.
2 BMF, Schreiben v. 28.11.2017, BStBl 2017 I S. 1645, Rz. 7.
3 Zum Streitstand *Görgen/Rüschoff*, Ubg 2017 S. 453, 458 unter 4.2.
4 *Dörr*, NWB F. 4 S. 5181, 5185; *Dötsch/Leibner* in DPM KStG § 8c Rz. 67.
5 *Beußer*, DB 2007 S. 1549, 1551.

gend als Fremdkapital angesehen, so dass die Annahme eines vergleichbaren Sachverhalts ausscheidet.[1] Sobald der Darlehensgeber aber wie ein Gesellschafter auf das operative Geschäft Einfluss nehmen kann, weil aufgrund der vereinbarten Covenants die Entscheidungsfreiheit der Geschäftsführung beschränkt worden ist, kann dem Grunde nach ein vergleichbarer Sachverhalt angenommen werden. Der Höhe nach ist eine Bestimmung der Übertragungsquote jedoch problematisch, weil sich der Einfluss des Darlehensgebers nicht in eine Anteilsquote i.S.v. § 8c Abs. 1 KStG umrechnen lässt. Hier stellt sich das gleiche Problem wie bei der Übertragung von Beteiligungsrechten.[2]

ff) Forderungsabtretung durch Gläubiger an Gesellschafter

326 Im Rahmen des § 8 Abs. 4 KStG hat der BFH die Forderungsabtretung durch einen Gläubiger der Verlustgesellschaft an einen unterhalb der Schädlichkeitsgrenze beteiligten Neu-Anteilseigner als steuerschädlich angesehen.[3] Anders als § 8 Abs. 4 KStG stellt § 8c Abs. 1 KStG jedoch nicht ausdrücklich auf den Verlust der wirtschaftlichen Identität ab, sondern auf den Erwerb von Anteilen oder Stimmrechten. Deshalb führt die Forderungsabtretung durch einen Gläubiger – auch in Kombination mit einem unterhalb der Schädlichkeitsgrenze liegenden Anteilserwerb – **nicht zu einem Verlustuntergang** nach § 8c Abs. 1 KStG. Gleiches gilt für eine Abtretung der nach dem MoMiG[4] nachrangigen Gesellschafterforderungen gem. § 39 Abs. 1 Nr. 5, Abs. 2, § 44a, § 135 InsO.[5]

b) Vorstufen des Anteilserwerbs

327 Kein vergleichbarer Sachverhalt ist gegeben, wenn das erworbene Recht lediglich eine **Vorstufe zum späteren Anteilserwerb** darstellt:

▶ **Bezugsrechte** i.S.v. § 186 AktG.[6] Zwar ist das Bezugsrecht ein abgespaltenes Mitgliedschaftsrecht;[7] der Bezugsberechtigte hält aber noch keinen Anteil am Vermögen, sondern nur eine Anwartschaft auf den zukünftigen Erwerb von Anteilen. Daher kommt es erst bei Ausübung des Bezugsrechts zu einer Übertragung i.S.v. § 8c Abs. 1 KStG.

▶ **Wandelschuldverschreibungen** i.S.v. § 221 Abs. 1, 1. Var. AktG, da erst mit der Ausübung des Gläubigerrechts, den Rückzahlungsanspruch gegen eine bestimmte Anzahl Aktien zu tauschen, Anteile i.S.v. § 8c Abs. 1 KStG erworben werden.

c) Tracking Stocks

328 Von Tracking Stocks spricht man, wenn sich der Erwerber nur an dem Ergebnis einer von mehreren Sparten der Kapitalgesellschaft beteiligen will.[8] Es kommt damit zu einer inkongruenten Gewinnverteilung. Die inkongruente Gewinnverteilung kann dazu führen, dass ein Erwerber,

---

1 *Dötsch/Leibner* in DPM KStG § 8c Rz. 67; *Suchanek/Herbst*, FR 2007 S. 863, 866 f.
2 → Rz. 156.
3 BFH, Urteil v. 22.10.2003 - I R 18/02, BStBl 2004 II S. 468.
4 BGBl 2008 I S. 2026.
5 *Fuhrmann*, NWB F. 4 S. 5391, 5400.
6 *Dötsch/Leibner* in DPM KStG § 8c Rz. 67; *Lang* in Bott/Wagner KStG § 8c Rz. 19, sowie DStZ 2007 S. 652, 653; a. A. *Beußer*, DB 2007 S. 1549, 1551, wenn das Bezugsrecht eine vergleichbare Rechtsposition wie die Übertragung gezeichneten Kapitals vermittelt.
7 Vgl. BFH, Urteil v. 30.11.2005 - I R 3/04, BFH/NV 2006 S. 426 = NWB AAAAB-74671.
8 *Balmes/Graessner*, DStR 2002 S. 838.

der einen Anteil unterhalb der Schädlichkeitsgrenze des § 8c Abs. 1 KStG erworben hat, in der Folgezeit tatsächlich einen Anteil am Gewinn von mehr als 50 % erhält.

> **BEISPIEL:** E beteiligt sich mit 40 % an der Verlustgesellschaft, die im Film- und Musikbereich tätig ist. E soll zu 100 % am Ergebnis der Filmsparte beteiligt werden, jedoch keinen Anteil am Ergebnis des Musikbereichs erhalten. Dies führt in den Folgejahren dazu, dass er aufgrund des guten Ergebnisses des Filmbereichs mehr als 50 % des Gesamtgewinns erhält.
>
> Das Gewinnbezugsrecht, das ein Mitgliedschaftsrecht i. S. v. § 8c Abs. 1 Satz 1 KStG darstellt, kann zwar aufgrund der späteren Gewinnentwicklung oberhalb der Schädlichkeitsgrenze liegen. Gleichwohl liegt keine steuerschädliche Übertragung i. S. v. § 8c Abs. 1 KStG vor, weil im Übertragungszeitpunkt noch nicht feststeht und hinreichend erkennbar ist, wie hoch der künftige Gewinnanteil des Erwerbers sein wird; denn dies hängt nicht nur von den zukünftigen Ergebnissen der Sparte ab, an der sich der Erwerber beteiligt, sondern auch von den Entwicklungen und Ergebnissen der anderen Sparten.

d) Gewinnrealisierung vor Übertragung

Kein vergleichbarer Sachverhalt ist gegeben, wenn die Kapitalgesellschaft vor der Übertragung Gewinne realisiert, von denen sie ihre bislang nicht genutzten Verluste abziehen kann. Es handelt sich bei der Gewinnrealisierung um einen Vorgang, der gegenüber der Übertragung der Anteile rechtlich selbständig ist. In Betracht kommen insbesondere

- die Veräußerung von Wirtschaftsgütern, in denen stille Reserven enthalten sind (Grundstücke, selbstgeschaffene immaterielle Wirtschaftsgüter) an verbundene Unternehmen,
- ein Forderungsverzicht mit Besserungsschein, der durch einen Gesellschafter erklärt wird (→ Rz. 473),
- die vorzeitige Auflösung einer Ansparrücklage oder die freiwillige Auflösung eines Investitionsabzugsbetrags, wobei sich diese nach § 7g Abs. 3 EStG im Jahr der Bildung des Abzugsbetrags auswirkt,
- eine Sale-and-lease-back-Vereinbarung, so dass mit dem Verkauf ein Gewinn realisiert wird und die späteren Leasing-Raten nach der Übertragung der Anteile als laufende Betriebsausgaben (gewerbesteuerlich unter Beachtung etwaiger Hinzurechnungen nach § 8 Nr. 1 Buchst. d u. e GewStG) verbucht werden können,
- eine fiktive Veräußerung nach § 12 KStG durch Überführung von Wirtschaftsgütern in eine ausländische Betriebsstätte ohne Bildung eines Ausgleichspostens nach § 4g EStG i. V. m. § 12 Abs. 1 2. Halbsatz KStG[1] sowie
- die Hingabe unverzinslicher langfristiger Darlehen durch den Gesellschafter[2] oder die Umwandlung verzinslicher Darlehen in unverzinsliche Darlehen, so dass es vor der Übertragung zu einer gewinnerhöhenden Abzinsung nach § 6 Abs. 1 Nr. 3 EStG und später zu einer gewinnmindernden Zuschreibung kommt.

Die Bedeutung einer Gewinnrealisierung für den Erhalt der verrechenbaren Verluste hat durch die Einführung der Stille-Reserven-Klausel (→ Rz. 400) erheblich an Bedeutung verloren.

Alternativ kann der Verlustgesellschaft auch Ertragspotenzial durch die Gewährung von Nutzungsvorteilen, z. B. durch Personalgestellung oder Leihe von Wirtschaftsgütern, zugeführt

---

[1] *Rolf/Pankoke*, BB 2008 S. 2274, 2276.
[2] BFH, Urteil v. 17.10.2001 - I R 97/00, NWB DAAAA-97110, BFH/NV 2002 S. 240, wonach es sich um keinen Gestaltungsmissbrauch i. S. v. § 42 AO handelt.

werden, um bei ihr Gewinne entstehen zu lassen, die mit den bisherigen Verlusten verrechnet werden können.[1]

e) Beteiligung an Tochter- oder Schwestergesellschaft der Kapitalgesellschaft

330 **Nicht von § 8c Abs. 1 KStG erfasst** wird ferner die Beteiligung des potenziellen Erwerbers an einer Tochter- oder Schwestergesellschaft der Verlust-Kapitalgesellschaft anstatt einer unmittelbaren Beteiligung an der Verlust-Kapitalgesellschaft. Denn die Anteilsverhältnisse an der Verlust-Kapitalgesellschaft bleiben unverändert und der bislang nicht genutzte Verlust verbleibt bei der Verlust-Kapitalgesellschaft.[2]

▶ So können die Verlust-Kapitalgesellschaft und der Erwerber **eine Kapital- oder Personengesellschaft** gründen, in die die Verlust-Kapitalgesellschaft ihren Verlustbetrieb mit dem gemeinen Wert einbringt. Ein eventuell hierdurch entstehender Einbringungsgewinn kann mit Verlusten verrechnet werden. Spätere Gewinne der Tochtergesellschaft können – wenn es sich um eine Personengesellschaft handelt – an die Verlust-Kapitalgesellschaft nach § 15 Abs. 1 Nr. 2 EStG i.V.m. § 8 Abs. 1 KStG weitergeleitet werden. Sollte die Verlust-Kapitalgesellschaft ihre Beteiligung an der Tochtergesellschaft veräußern wollen, wird dies jedenfalls nach Ablauf eines Jahres[3] auch seitens der FinVerw nicht zu beanstanden sein.

▶ Weiterhin kann die **Verlust-Kapitalgesellschaft allein eine Tochtergesellschaft gründen**, ihren Verlustbetrieb einbringen und später ihre Beteiligung an der Tochtergesellschaft an einen Erwerber veräußern.

▶ Die Verlust-Kapitalgesellschaft kann ihren **Verlustbetrieb an eine Schwestergesellschaft veräußern** und einen etwaigen Veräußerungsgewinn mit Verlusten verrechnen. Der Anteilseigner der Verlust-Kapitalgesellschaft kann später seine Beteiligung an der Schwestergesellschaft an einen Erwerber veräußern. Ein vergleichbarer Sachverhalt liegt auch hier nicht vor, weil die nicht genutzten Verluste i.S.v. § 8c Abs. 1 KStG bei der Verlust-Kapitalgesellschaft unter unveränderten Anteilseignerverhältnissen verbleiben.

331 Zu beachten ist, dass – anders als bei einer Einbringung – bei einer **Abspaltung des Verlustbetriebs zur Neugründung** gem. § 123 Abs. 2 Nr. 2 UmwG der Verlust nach § 15 Abs. 3, § 16 UmwStG in dem Verhältnis untergeht, in dem bei Zugrundelegung des gemeinen Werts das Vermögen auf die andere Gesellschaft übergeht.

f) Abschluss eines Beherrschungsvertrags

332 Der Abschluss eines Beherrschungsvertrags gem. § 291 Abs. 1 Satz 1 AktG stellt keinen vergleichbaren Sachverhalt dar, da das beherrschende Unternehmen keine gesellschaftsrechtlich ähnliche Stellung erlangt und die Anteilseigner des beherrschten Unternehmens ihre bisherigen Rechte behalten.[4]

---

[1] *Sistermann/Brinkmann*, DStR 2008 S. 897, 903.
[2] *Beußer*, DB 2007, 1549, 1552; *Neumann/Stimpel*, GmbHR 2007 S. 1194, 1196 f.
[3] Zu diesem Zeitraum vgl. BMF, Schreiben v. 28.11.2017, BStBl 2017 I S. 1645, Rz. 19.
[4] Im Ergebnis auch *Suchanek* in HHR KStG § 8c Rz. 30.

g) Fusion von Anstalten des öffentlichen Rechts

Soweit nach dem BMF, Schreiben v. 28.11.2017[1] die Fusion von Anstalten des öffentlichen Rechts ein vergleichbarer Sachverhalt sein soll, wenn hierdurch bei der aufnehmenden Anstalt mit nicht genutzten Verlusten ein Träger Beteiligungsrechte an der Anstalt hinzu erwirbt, ist dem nicht zu folgen. Denn Anstalten des öffentlichen Rechts sind keine Körperschaften i. S. v. § 8c Abs. 1 KStG, sondern Vermögensmassen (→ Rz. 106).

333

h) Wechsel der Geschäftsführung

Der Wechsel bzw. Austausch der Geschäftsführung in der Verlustgesellschaft ist kein vergleichbarer Sachverhalt, weil er die Anteilseignerstruktur nicht berührt.[2]

334

(Einstweilen frei)

335–339

X. Übertragung innerhalb des Fünf-Jahres-Zeitraums

1. Retrospektive Ermittlung

Steuerschädlich sind nur die Übertragungen an einen Erwerberkreis (Erwerber nebst dem Erwerber nahestehende Person und dem Erwerber zuzurechnende Erwerbe einer Erwerbergruppe),[3] die innerhalb eines Zeitraums von fünf Jahren vorgenommen werden und die Schädlichkeitsgrenze des § 8c Abs. 1 KStG von mehr als 50 % überschreiten. Auch Beteiligungserwerbe, die innerhalb des Fünfjahreszeitraums die nunmehr weggefallene Schädlichkeitsgrenze von über 25 % bis zu 50 % (→ Rz. 10) erfüllt haben, bleiben Zählerwerbe für die Anwendung des § 8c Abs. 1 Satz 1 KStG. Nach der Gesetzesbegründung ist eine retrospektive Ermittlung durchzuführen, d. h. ob **innerhalb der letzten fünf Jahre vor der Übertragung weitere Übertragungen an denselben Erwerberkreis** stattgefunden haben.[4]

340

> **BEISPIEL 1:** ► A veräußert am 1.1.16, 1.1.17 und 1.1.18 jeweils einen Anteil von 20 % der Verlustgesellschaft an E. Nach der retrospektiven Betrachtung ist zu jedem Übertragungszeitpunkt zu prüfen, ob innerhalb der letzten fünf Jahre weitere Übertragungen an denselben Erwerber stattgefunden haben und zusammen mit der jüngsten Übertragung die Schädlichkeitsgrenze des § 8c Abs. 1 KStG überschreiten. Am 1.1.18 kommt es unter Einbeziehung der beiden vorherigen Übertragungen, da diese innerhalb der letzten fünf Jahre erfolgt sind, zu einem erstmaligen Überschreiten der Schädlichkeitsgrenze des § 8c Abs. 1 Satz 1 KStG, so dass der Verlust untergeht.

Für jeden einzelnen Erwerberkreis läuft ein gesonderter Fünjahreszeitraum.

> **BEISPIEL 2:** ► A veräußert am 1.1.16 und 1.1.18 jeweils 30 % an E. Weiterhin veräußert er am 1.1.17 40 % an X und E am 1.7.18 20 % an X. Bei E und X handelt es sich weder um nahestehende Personen noch um Erwerber mit gleichgerichteten Interessen. Hinsichtlich des E beginnt der Fünf-Jahres-Zeitraum am 1.1.16 und endet am 1.1.18, weil an diesem Tag die Schädlichkeitsgrenze des § 8c Abs. 1 Satz 1 KStG erstmals überschritten wird. Der Verlust geht damit am 1.1.18 unter. Bezüglich des X beginnt der Fünf-Jahres-Zeitraum am 1.1.17 und endet am 1.7.18, weil an diesem Tag die Schädlichkeitsgrenze des § 8c Abs. 1 Satz 1 KStG erstmals überschritten wird. Der Verlust geht damit am 1.7.18 unter.

---

[1] BMF, Schreiben v. 28.11.2017, BStBl 2017 I S. 1645 Rz. 7.
[2] *Breuninger/Schade*, Ubg 2008 S. 261, 265.
[3] Den sog. Erwerberkreis bilden der Erwerber, ihm nahestehende Personen und die Erwerbergruppe i. S. v. Personen, die mit dem Erwerber oder der nahestehenden Person gleichgerichtete Interessen i. S. d. § 8c Abs. 1 Satz 2 KStG haben, vgl. BMF, Schreiben v. 28.11.2017, BStBl 2017 I S. 1645, Rz. 3.
[4] BT-Drucks. 16/4841 S. 76; BMF, Schreiben v. 28.11.2017, BStBl 2017 I S. 1645, Rz. 16.

341 Folgende Übertragungen innerhalb der letzten fünf Jahre **bleiben außer Betracht:**

- **Übertragungen vor dem 1.1.2008,** da § 8c Abs. 1 KStG zeitlich erst ab dem 1.1.2008 anwendbar ist (→ Rz. 93).
- Übertragungen, die **bereits den Tatbestand des § 8c Abs. 1 Satz 1 KStG (mehr als 50 %) erfüllt haben** (→ Rz. 389).
- Übertragungen, die zu einem mittelbaren Erwerb geführt haben, wenn es zu einer Übertragung des nämlichen Anteils von dem unmittelbar Beteiligten auf den mittelbar Beteiligten kommt (keine Verdoppelung eines Erwerbs, → Rz. 235). Demgegenüber soll es bei einem mehrfachen Erwerb des nämlichen Anteils nach Auffassung der FinVerw zu einer Addition kommen, d. h. wenn A im Jahr 01 26 % der Anteile an der Verlustgesellschaft erwirbt, diese im Jahr 02 veräußert und sie im Jahr 03 wiedererwirbt, soll ein schädlicher Erwerb i. S. d. § 8c Abs. 1 Satz 1 KStG vorliegen (→ Rz. 191).[1]
- Übertragungen unter Anwendung der **Konzernklausel** (→ Rz. 264 u. → Rz. 274) und der **Sanierungsklausel** (→ Rz. 615).

2. Taggenaue Ermittlung des Fünf-Jahres-Zeitraums

342 Der Fünf-Jahres-Zeitraum ist auf den Tag genau zu ermitteln, d. h. es handelt sich nicht um eine auf den VZ bezogene Berechnung. Deshalb ist bei mehreren Übertragungen innerhalb eines VZ **für jede Übertragung der Fünf-Jahres-Zeitraum zu prüfen.** Die Vorschrift setzt voraus, dass ein Erwerberkreis zu einem bestimmten Zeitpunkt innerhalb des Fünf-Jahres-Zeitraums mehr als 50 % der Anteile hält. Dies bedeutet m. E., dass für die Ermittlung des Überschreitens der Quote zum schädlichen Beteiligungserwerb auch die bis zu diesem Zeitpunkt erfolgten **Anteilsabgänge gegenzurechnen** sind (→ Rz. 191 u. → Rz. 341).[2] Maßgeblicher Zeitpunkt ist der Übergang des zivilrechtlichen und wirtschaftlichen Eigentums oder des wirtschaftlichen Eigentums, falls dieses vorher übergeht (→ Rz. 216 f.).

Ob Beteiligungserwerbe vor Begründung der deutschen Steuerpflicht der Verlustgesellschaft (Zuzugsfall) in die Berechnung mit einbezogen werden dürfen, ist strittig.[3] Eine ähnliche Fragestellung ergibt sich auch im Anwendungsbereich des § 8d KStG für den Beobachtungszeitraum.[4] Sowohl der Nexusgedanke als auch unionsrechtliche Überlegungen sprechen dafür, Anteilserwerbe vor Begründung einer beschränkten oder unbeschränkten Steuerpflicht nicht zu erfassen.

343 Die Berechnung des Fünf-Jahres-Zeitraums bestimmt sich nach § 108 AO i. V. m. § 187 Abs. 1, § 188 Abs. 2 BGB. Es gelten insoweit die gleichen Grundsätze wie bei Übertragungen nach § 8 Abs. 4 KStG und § 17 Abs. 1 Satz 1 EStG,[5] wobei die Sonderregelung des § 108 Abs. 3 AO für Sonn- und Feiertage nicht anwendbar ist. Trotz der retrospektiven Ermittlung (→ Rz. 340) ist

---

[1] BMF, Schreiben v. 28.11.2017, BStBl 2017 I S. 1645, Rz. 23; Beispiel von *Neumann/Heuser*, GmbHR 2018 S. 21, 23, die zutreffend davon ausgehen, dass diese Auffassung nicht vom Wortlaut des § 8c Abs. 1 Satz 1 KStG gedeckt ist. Sie würde im Übrigen auch nicht mit dem Sinn und Zweck der Regelung in Einklang stehen, vgl. → Rz. 17.

[2] Vgl. Niedersächsisches FG, Urteil v. 13.9.2012 - 6 K 51/10, MAAAE-23287, Rev. eingelegt, Az. BFH: I R 75/12. Das Verfahren wurde durch Beschluss v. 25.10.2017 bis zur Wirksamkeit einer rückwirkenden gesetzlichen Neuregelung des § 8c KStG (längstens bis zum 31.12.2018) ausgesetzt; a. A. BMF, Schreiben v. 28.11.2017, BStBl 2017 I S. 1645, Rz. 16; *Dötsch/Leibner* in DPM KStG § 8c Rz. 44, 151.

[3] Vgl. *L'habitant*, BB 2017 S. 1250.

[4] *Hackemann* in Mössner/Seeger/Oellerich, KStG, § 8d Rz. 28 f.

[5] *Weber-Grellet* in Schmidt, EStG, 38. Aufl. 2019, § 17 Rz. 72; KKB/Wargowske/Greil, § 17 EStG Rz. 151.

die Berechnung des Zeitraums von der zeitlich ersten Übertragung aus durchzuführen, da § 108 AO und §§ 187, 188 BGB eine retrospektive Berechnung nicht ermöglichen.

BEISPIEL: A überträgt am 1.7.13 und vor dem 2.7.18 jeweils einen Anteil von 30 % an E. Nach der retrospektiven Betrachtung ist zu prüfen, ob innerhalb der letzten fünf Jahre vor der zweiten Übertragung weitere Übertragungen stattgefunden haben. Hierzu ist vom 1.7.13 auszugehen: Danach beginnt der Fünf-Jahres-Zeitraum am 2.7.13 gem. § 108 Abs. 1 AO i.V.m. § 187 Abs. 1 BGB und endet mit Ablauf des 1.7.18 gem. § 108 Abs. 1 AO i.V.m. § 188 Abs. 2 BGB, so dass innerhalb von fünf Jahren insgesamt über 50 % der Anteile übertragen wurden und der Verlust nach § 8c Abs. 1 Satz 1 KStG untergeht. Würde A die zweite Übertragung auf die Zeit nach dem 1.7.18 verschieben, wären beide Übertragungen steuerlich unschädlich, da jeweils nur 30 % übertragen werden.

(Einstweilen frei) 344–359

XI. Überschreiten der Schädlichkeitsgrenze

1. Übertragungsquote von mehr als 50 %

Bei § 8c Abs. 1 Satz 1 KStG kommt es lediglich auf eine Übertragung von **mehr als 50 %** an. Wegen des rückwirkenden Wegfalls des quotal schädlichen Beteiligungserwerbs durch das UStA-VermG s. → Rz. 10. Es genügt eine noch so geringe Überschreitung von 50 %, z. B. 50,0001 %. Werden exakt 50 % übertragen, führt dies zu keinem Verlustuntergang nach § 8c Abs. 1 Satz 1 KStG.

(Einstweilen frei) 361

2. Nicht genutzter Verlust erst bei Überschreiten der Schädlichkeitsgrenze erforderlich

Die Rechtsfolgen des § 8c Abs. 1 KStG treten bei einer zeitlich gestreckten Übertragung nach dem Wortlaut auch dann ein, wenn im Zeitpunkt der ersten Übertragung(en) **noch kein Verlust vorhanden war** und der Erwerber damit einen Teil des untergehenden Verlustes bereits selbst „erwirtschaftet" hat. Es reicht aus, dass erst im Zeitpunkt der Überschreitung der Schädlichkeitsgrenze des § 8c Abs. 1 Satz 1 KStG ein Verlust vorhanden ist.[1]

BEISPIEL: A überträgt in 16 einen Anteil von 50 % an der V-GmbH auf E. Die V-GmbH hat zu diesem Zeitpunkt einen Gewinnvortrag. Im Jahr 17 erleidet die V-GmbH aufgrund der Insolvenz ihres Hauptkunden einen Verlust von 1 Mio. €. Im Jahr 13 überträgt A einen weiteren Anteil i. H. v. 2 % auf E.

Aufgrund der Übertragung im Jahr 18 kommt es zu einem vollständigen Verlustuntergang nach § 8c Abs. 1 Satz 1 KStG, da A innerhalb von fünf Jahren mehr als 50 % an denselben Erwerber übertragen hat. Unbeachtlich ist, dass

▶ bei der ersten Übertragung im Jahr 16 noch kein Verlust vorhanden war,

▶ E an dem im Jahr 17 erwirtschafteten Verlust bereits mit 50 % beteiligt war und

▶ die Rechtsfolge des § 8c Abs. 1 Satz 1 KStG aufgrund der Übertragung eines Zwerganteils von 2 % eintritt.

Hätte A in 16 einen Anteil von 51 % an E übertragen, wäre ein Verlustuntergang nach § 8c Abs. 1 Satz 1 KStG weder in 09 erfolgt (mangels Vorhandenseins nicht genutzter Verluste) noch im Jahr 18 (da die Übertragung von 1 % lediglich einen neuen Fünf-Jahres-Zeitraum auslöst).

---

[1] BMF, Schreiben v. 28.11.2017, BStBl 2017 I S. 1645, Rz. 17, 24 Beispiel 6.

363 Die deswegen in der Literatur geäußerte **Kritik an der Regelung des § 8c Abs. 1 KStG**[1] ist nachvollziehbar. Der Wortlaut des § 8c Abs. 1 KStG stellt aber nur darauf ab, dass im Zeitpunkt des Überschreitens der Schädlichkeitsgrenze ein Verlust vorhanden ist. Entscheidend ist somit das Erlangen einer Beteiligung, die der Höhe nach einer Mehrheit entspricht und dadurch dem Erwerb **typischerweise eine andere rechtliche Qualität** zukommen lässt. Eine teleologische Reduktion sollte daher nicht möglich sein.[2] **Für die Praxis empfiehlt sich**, zum einen zeitlich gestreckte Übertragungen auch dann steuerlich zu planen, wenn die erste (unter der Schädlichkeitsgrenze des § 8c Abs. 1 KStG liegende) Übertragung während einer Gewinnphase vorgenommen wird (ggf. rechtzeitiges Überschreiten der Schädlichkeitsgrenzen vor Verlustentstehung), und zum anderen die Übertragung eines Zwerganteils, mit dem die Schädlichkeitsgrenze überschritten wird, kurz vor dem Ende des Fünf-Jahres-Zeitraums zu vermeiden, wenn zuvor ein Verlust entstanden ist.

364 Hingegen tritt **kein Verlustuntergang nach § 8c Abs. 1 KStG** ein, wenn bei Überschreiten der Schädlichkeitsgrenze kein Verlust vorhanden war und erst anschließend ein Verlust entsteht und weitere Übertragungen – jedoch unterhalb der Schädlichkeitsgrenze – vorgenommen werden.

365–369 *(Einstweilen frei)*

3. Berechnung der Übertragungsquote in Sonderfällen

a) Berechnung bei stimmrechtslosen Vorzugsaktien

aa) Übertragung stimmrechtsloser Vorzugsaktien

370 Folgt man der Auffassung, wonach auch stimmrechtslose Vorzugsaktien Gegenstand einer Übertragung i. S. v. § 8c Abs. 1 KStG sein können (→ Rz. 149), ist bei der Übertragung stimmrechtsloser Vorzugsaktien für die Berechnung der Übertragungsquote **das gesamte gezeichnete Kapital die Bezugsgröße** (Summe der stimmrechtslosen und stimmrechtsbehafteten Aktien), nicht bloß das sich aus den Vorzugsaktien ergebende Kapital.[3]

> **BEISPIEL:** ▶ Die V-AG hat ein Nennkapital von 100.000 €; hiervon entfallen 30.000 € auf stimmrechtslose Vorzugsaktien. Aktionär A überträgt stimmrechtslose Aktien zum Nennwert von 27.000 € auf E. Es ist zu einer Übertragung von 27 % (27/100) des gezeichneten Kapitals gekommen, so dass § 8c Abs. 1 Satz 1 KStG nicht erfüllt ist.

bb) Übertragung stimmrechtsbehafteter Aktien bei Existenz stimmrechtsloser Aktien

371 Werden bei Vorhandensein stimmrechtsloser Aktien hingegen stimmrechtsbehaftete Aktien übertragen, ist **Bezugsgröße nur die Summe der stimmrechtsbehafteten Aktien**.[4] Zwar wäre hinsichtlich des Übertragungsgegenstands „gezeichnetes Kapital" das gesamte gezeichnete Kapital (stimmrechtslose und stimmrechtsbehaftete Aktien) zugrunde zu legen (→ Rz. 370); da

---

1 *Beußer*, DB 2007 S. 1549, 155; *Dörr*, NWB F. 4 S. 5181, 5188; *Lang*, DStZ 2007 S. 652, 659; *Neyer*, BB 2007 S. 1415, 1419; *Brandis* in Blümich KStG § 8c Rz. 50; *Frotscher*/*Drüen* KStG § 8c Rz. 72c; *Dörr/Eggert*, Grundlagen, Stand 23.9.2015, Rz. 21 m. w. N. = NWB QAAAE-69367.
2 Gl. A. *Rödder/Möhlenbrock*, Ubg 2008 S. 595, 603; a. A. *Frotscher*/*Drüen* KStG § 8c Rz. 72c.
3 BMF, Schreiben v. 28.11.2017, BStBl 2017 I S. 1645, Rz. 8, Beispiel 1 Buchst. a; *Dötsch/Leibner* in DPM KStG § 8c Rz. 146.
4 BMF, Schreiben v. 28.11.2017, BStBl 2017 I S. 1645, Rz. 8, Beispiel 1 Buchst. b; *Dötsch/Leibner* in DPM KStG § 8c Rz. 147; a. A. *Suchanek*, GmbHR 2008 S. 292, 293: Bezugsgröße ist das gesamte Grundkapital einschließlich Vorzugsaktien.

in § 8c Abs. 1 Satz 1 KStG aber neben dem gezeichneten Kapital auch die Stimmrechte als Übertragungsgegenstand genannt sind, kommt es bei der Übertragung stimmrechtsbehafteter Aktien auch zu einer Übertragung von „Stimmrechten", deren Höhe sich nur nach den stimmrechtsbehafteten Aktien richtet.

BEISPIEL: Die V-AG hat ein Nennkapital von 100.000 €; hiervon entfallen 30.000 € auf stimmrechtslose Vorzugsaktien. Aktionär A überträgt stimmrechtsbehaftete Aktien zum Nennwert von 36.000 € auf E. Hinsichtlich des Übertragungsgegenstands „Stimmrechte" beläuft sich die Bezugsgröße nur auf 70.000 €. Mit der Übertragung stimmrechtsbehafteter Aktien zum Nennwert von 36.000 € hat A die Schädlichkeitsgrenze des § 8c Abs. 1 Satz 1 KStG von 50 % überschritten (36/70 = 51,42 %), so dass die nicht genutzten Verluste der V-AG vollständig untergehen.

Würde man hingegen das „gezeichnete Kapital" als Bezugsgröße heranziehen, ergäbe sich eine Bezugsgröße von 100.000 €, so dass nur ein Erwerb i. H. v. 36 % (36/100) vorliegen würde und damit die Schädlichkeitsgrenze gem. § 8c Abs. 1 Satz 1 KStG nicht erreicht wäre.

cc) Übertragung stimmrechtsloser und stimmrechtsbehafteter Aktien

Überträgt der Anteilseigner sowohl stimmrechtslose Vorzugsaktien als auch stimmrechtsbehaftete Stammaktien, ist nach Auffassung der FinVerw für jede Art von Aktien die Übertragungsquote nach den vorstehend genannten Grundsätzen (→ Rz. 370 f.) zu ermitteln, ohne dass beide Übertragungsquoten zu addieren sind.[1]

BEISPIEL: Die V-AG hat ein Nennkapital von 100.000 €; hiervon entfallen 30.000 € auf stimmrechtslose Vorzugsaktien. Aktionär A überträgt an E stimmrechtslose Vorzugsaktien zum Nennwert von 20.000 € sowie stimmrechtsbehaftete Stammaktien zum Nennwert von 35.000. Bezüglich der stimmrechtslosen Vorzugsaktien hat A 20 % (20/100) und hinsichtlich der stimmrechtsbehafteten Stammaktien 50 % (35/70) übertragen.

Die beiden Quoten können nicht addiert werden (20 % + 35 % = 55 %), da es sich um unterschiedliche Übertragungsgegenstände handelt (Stammaktien bzw. Vorzugsaktien) und keiner dieser Übertragungsgegenstände für sich die Schädlichkeitsgrenze überschritten hat. Allerdings erwirbt E 55 % des gezeichneten Kapitals. Die FinVerw sieht dies in Rz. 8 des BMF-Schreibens v. 28.11.2017 als unschädlich an.[2]

b) Berechnung bei eigenen Anteilen der Kapitalgesellschaft

Hält die Kapitalgesellschaft eigene Anteile und überträgt ein Anteilseigner seine Anteile auf einen Erwerber, werden die eigenen Anteile der Kapitalgesellschaft vom gezeichneten Kapital abgezogen, um die Übertragungsquote zu berechnen.[3]

BEISPIEL: A ist Anteilseigner der Verlust-GmbH, deren Stammkapital 100.000 € beträgt. Die Verlust-GmbH hält eigene Anteile i. H. v. 40.000 €. A überträgt auf E einen Anteil i. H. v. 35.000 €. Bezugsgröße für die Ermittlung der übertragenen Quote ist das um die eigenen Anteile geminderte Stammkapital von 60.000 € (100.000 € Stammkapital ./. 40.000 € eigene Anteile). Die Übertragung eines Anteils im Wert von 35.000 € überschreitet die Schädlichkeitsgrenze des § 8c Abs. 1 Satz 1 KStG, so dass der Verlust vollständig untergeht. Dies sollte aber dann nicht gelten, wenn es sich bei dem Erwerb eigener Anteile lediglich um einen sog. „Durchgangserwerb" handelt (→ Rz. 318).

---

[1] BMF, Schreiben v. 28.11.2017, BStBl 2017 I S. 1645, Rz. 8, Beispiel 1 Buchst. c.; *Dötsch/Leibner* in DPM KStG § 8c Rz. 147.
[2] Kritisch hierzu *Dötsch/Leibner* in DPM KStG § 8c Rz. 147, 148; *Frotscher*/Drüen KStG § 8c Rz. 67a weist darauf hin, dass die Aussagen in dem BMF-Schreiben unter Rz. 8 zu den Aussagen des darin enthaltenen Beispiels widersprüchlich sind; vgl. auch *Lademann/Wernicke* KStG § 8c Rz. 17.
[3] *Dörr*, NWB F. 4 S. 5181, 518; BMF-Schreiben zu § 8 Abs. 4 KStG v. 16.4.1999, BStBl 1999 I S. 455, Rz. 3.

c) Berechnung bei kombinierter Übertragung von Anteilen und Stimmrechten

374 Für die Anwendbarkeit des § 8c Abs. 1 KStG ist ausreichend, wenn eine der vier genannten Bezugsgrößen – mehr als 50 % des gezeichneten Kapitals, Mitgliedschaftsrechte, Beteiligungsrechte oder Stimmrechte – überschritten wird. Bei einer **kombinierten Übertragung** von Anteilen und Stimmrechten kommt es auf den kleinsten gemeinsamen Nenner an;[1] dies sind die Stimmrechte, weil diese in den Anteilen als Mitgliedschaftsrecht enthalten sind.[2]

> **BEISPIEL:** A überträgt 25 % der Anteile an der Verlustgesellschaft auf E sowie zusätzlich 26 % seiner Stimmrechte auf E. Es kommt zu einem Verlustuntergang nach § 8c Satz 1 KStG, weil insgesamt Stimmrechte im Umfang von 51 % auf E übertragen worden sind; denn in dem Anteil von 25 % sind auch Stimmrechte im Umfang von 25 % enthalten.

Gleiches gilt, wenn Anteile mit Mehrstimmrechten übertragen werden. Hier bestimmt sich der Umfang des Verlustuntergangs nach den übertragenen Stimmrechten. Werden also Anteile im Umfang von 25 % übertragen, die Stimmrechte im Umfang von über 50 % repräsentieren, geht der Verlust nach § 8c Abs. 1 Satz 1 KStG unter. Ob es damit zu einem Verbrauch bezüglich der ebenfalls erfolgten Übertragung der Anteile kommt, ist str.[3] M. E. ist dies der Fall, weil mit dem Überschreiten der 50 %-Grenze ein vollständiger Verlust eintritt und damit die Beteiligung in vollem Umfang dem Erwerber für Zwecke des § 8c KStG zugerechnet wird, was eine **Zäsur** bedeutet. Dann beginnt für den Erwerber in der Logik des Satzes 1 auch ein insgesamt neuer Fünf-Jahres-Zeitraum.

> **BEISPIEL:** A erwirbt im Januar 2016 25 % der Anteile (einschließlich 25 % der Stimmrechte) an der Verlustgesellschaft. Im April 2017 erwirbt er zusätzlich 30 % der Stimmrechte u. im August 2017 weitere 30 % der Anteile. Es fragt sich, ob nach dem schädlichen Beteiligungserwerb im April 2017 von 55 % der Stimmrechte im August 2017 ein weiterer schädlicher Beteiligungserwerb von 55 % der Anteile eintritt. M. E. beginnt für A nach dem April 2017 für die Anwendung des Satzes 1 auch bezüglich der Anteile ein neuer Fünf-Jahres-Zeitraum.

375–380 *(Einstweilen frei)*

C. Rechtsfolgen des § 8c Abs. 1 KStG

I. Rechtsfolgen des Satzes 1

381 § 8c Abs. 1 Satz 1 bestimmt die Rechtsfolge aus dem schädlichen Beteiligungserwerb damit, dass die bis zum schädlichen Beteiligungserwerb nicht genutzten Verluste nicht mehr abziehbar sind. Die Regelung enthielt bis zur Gesetzesänderung durch das UStAVermG (→ Rz. 10) eine Legaldefinition der nicht genutzten Verluste als die bis zum schädlichen Beteiligungserwerb nicht ausgeglichenen oder abgezogenen negativen Einkünfte.[4] Da unmittelbare und mittelbare Erwerbe schädlich sind, kann es je nach Konstellation zu einem Verlustuntergang auf mehreren Beteiligungsebenen kommen.

382–388 *(Einstweilen frei)*

---

1 BMF, Schreiben v. 28.11.2017, BStBl 2017 I S. 1645, Rz. 8.
2 Gl. A. Lademann/*Wernicke* KStG § 8c Rz. 17.
3 *Frotscher*/Drüen KStG § 8c Rz. 74b geht von unterschiedlichen Fünf-Jahresfristen aus; nach Gosch/*Roser* § 8c Rz. 58 u. *Dötsch/Leibner* in DPM KStG § 8c Rz. 69 löst die Verstärkung der Rechtsstellung des Erwerbers wegen mehrfacher Übertragung der nämlichen Anteile (Übertragung der stimmrechtlosen Anteile in gleichem Umfang wie zuvor Übertragung der Stimmrechte) nicht die Rechtsfolgen des § 8c Abs. 1 KStG aus.
4 Strittig ist, ob auch ein fortführungsgebundener Verlustvortrag ein nicht genutzter Verlust i. S. d. § 8c Abs. 1 Satz 1 ist, vgl. hierzu *Hackemann* in Mössner/Seeger/Oellerich, KStG, § 8d Rz. 88, 91.

II. Vollständiger Verlustuntergang nach § 8c Abs. 1 Satz 1 KStG

Werden mehr als 50 % der Anteile oder Rechte (Mitgliedschafts-, Beteiligungs- oder Stimmrechte) übertragen, kommt es zu einem **vollständigen Verlustuntergang**. Der Fünf-Jahres-Zeitraum des § 8c Abs. 1 Satz 1 KStG endet damit (→ Rz. 344); die Übertragungen, die zur Überschreitung der Schädlichkeitsgrenze des § 8c Abs. 1 Satz 1 KStG geführt haben, können somit zukünftig nicht mehr nach § 8c Abs. 1 KStG berücksichtigt werden. Für den vollständigen Verlustuntergang genügt es, wenn die Schädlichkeitsgrenze des § 8c Abs. 1 Satz 1 KStG nur geringfügig überschritten wird (z. B. 50,01 %).

(Einstweilen frei)

III. Kein Verlustuntergang in Höhe der stillen Reserven (§ 8c Abs. 1 Satz 5 bis 8)

1. Regelungsinhalt und Zweck der Stille-Reserven-Klausel

Mit der Einführung der Sätze 6 – 8 durch das Wachstumsbeschleunigungsgesetz und der Ergänzung um einen neuen Satz 8 durch das JStG 2010, wodurch der ursprüngliche Satz 8 zu Satz 9 wurde, bleiben Verluste, die nach § 8c Abs. 1 Satz 1 KStG entfallen würden, erhalten, soweit sie die stillen Reserven in dem Betriebsvermögen der Körperschaft nicht übersteigen. Mit dem Wegfall des quotalen schädlichen Beteiligungserwerbs des Satzes 1 erfassen nunmehr die Sätze 5 – 8 die Stille-Reserven-Klausel (→ Rz. 10).

Der Gesetzgeber begründet diese Ausnahme damit, dass den Verlusten vorhandene stille Reserven gegenüberstehen und deshalb an sich **kein zusätzliches Verlustverrechnungspotenzial** übergeht.[1] Damit werden aus dem Anwendungsbereich des Satzes 1 Fälle ausgenommen, bei denen die verlusttragende Gesellschaft zur Vermeidung steuerlicher Nachteile ansonsten z. B. gezwungen sein könnte, vor dem schädlichen Beteiligungserwerb ihre stillen Reserven zu realisieren, vgl. → Rz. 329. Zur Frage, ob die Stille-Reserven-Klausel als eine rechtswidrige staatliche Beihilfe qualifizieren kann, vgl. → Rz. 638.

Die Stille-Reserven-Klausel gilt nach § 34 Abs. 7b Satz 2 KStG i. d. F. d. Wachstumsbeschleunigungsgesetzes für schädliche Beteiligungserwerbe nach dem 31.12.2009. Zur erstmaligen zeitlichen Anwendung gilt das zur Konzernklausel Gesagte entsprechend (→ Rz. 265). Die Änderung der Stille-Reserven-Klausel durch Einbeziehung des ausländischen, aber im Inland steuerpflichtigen Betriebsvermögens in die Ermittlung stiller Reserven sowie die Berechnung der stillen Reserven im Fall des negativen Eigenkapitals der Körperschaft (→ Rz. 6) gilt erstmals für den VZ 2010 und damit im Regelfall zeitgleich mit der Einführung der Stille-Reserven-Klausel.[2]

Die Regelung findet gem. § 8a Abs. 1 Satz 3 KStG i. d. F. d. JStG 2010 für den **Zinsvortrag** nach § 4h Abs. 1 Satz 5 EStG mit der Maßgabe entsprechende Anwendung, dass stille Reserven i. S. d. § 8c Abs. 1 Satz 6 KStG nur zu berücksichtigen sind, soweit sie die nach § 8c Abs. 1 Satz 5 KStG abziehbaren, nicht genutzten Verluste übersteigen. Ansonsten gilt sie m. E. für alle Verlustarten ohne Einschränkung bezüglich der Reihenfolge, vgl. → Rz. 409.

---

[1] BT-Drucks. 17/15 S. 19.
[2] Zur erstmaligen zeitlichen Anwendung bei abweichendem Wirtschaftsjahr der Körperschaft und schädlichem Beteiligungserwerb vor dem 1.1.2010 vgl. *Suchanek/Jansen*, GmbHR 2011 S. 174.

403 Die Stille-Reserven-Klausel gilt für sämtliche schädlichen Beteiligungserwerbe und unabhängig davon, ob die Erwerbe unmittelbar oder mittelbar erfolgen.

404 Im Gegensatz zu der Konzernklausel und der Sanierungsklausel bleibt bei Eingreifen der Voraussetzungen der Sätze 5 bis 8 der Beteiligungserwerb schädlich bzw. bleibt ein **Zählerwerb** für die Ermittlung der Schädlichkeitsgrenze des § 8c Abs. 1 Satz 1. Die Konzernklausel ist somit gegenüber der Stille-Reserven-Klausel vorrangig.[1]

> **BEISPIEL:** A überträgt am 1.1.2016 30 % der Anteile an der Verlust-GmbH auf B. Die Verlust-GmbH verfügt über stille Reserven in Höhe ihrer Verluste. Am 31.12.2016 überträgt A weitere 21 % der Anteile an der Verlust-GmbH auf B. Die Verlust-GmbH verfügt zu diesem Zeitpunkt über keine stillen Reserven mehr. Die Übertragung der weiteren 21 % an B führen am 31.12.2016 zum vollständigen Wegfall der Verluste, da B innerhalb von fünf Jahren unmittelbar mehr als 50 % der Anteile an der Verlust-GmbH erworben hat.

405 Bei einem schädlichen Beteiligungserwerb nach Satz 1 ist auf sämtliche im Inland steuerpflichtigen stille Reserven abzustellen, da die Rechtsfolge des Satzes 1 der vollständige Verlustuntergang ist. Im Ergebnis bleiben dann der Körperschaft die steuerlichen Verluste erhalten, soweit sie über stille Reserven verfügt. Bei Körperschaften ohne Betriebsvermögen sind die im Inland steuerpflichtigen stillen Reserven des Vermögens maßgeblich.

Stille Reserven werden nach Satz 6 als der Unterschiedsbetrag zwischen dem gesamten in der steuerlichen Gewinnermittlung ausgewiesenen Eigenkapital und dem auf dieses Eigenkapital jeweils entfallenden gemeinen Wert der Anteile an der Körperschaft definiert, wobei nur diejenigen stillen Reserven erfasst werden, die im Inland steuerpflichtig sind.[2] Das Gesetz meint damit jedoch nicht die stillen Reserven in den Anteilen der Verlustkörperschaft, sondern die stillen Reserven in dem Betriebsvermögen der Verlustkörperschaft.[3] Es handelt sich zudem bei der Regelung um eine **fiktive Ermittlung** der stillen Reserven, was die Anwendung der Regelung vereinfachen soll.

406 Ist das Eigenkapital der Körperschaft negativ, sind die stillen Reserven abweichend von Satz 6 gem. Satz 7 als Differenz zwischen dem maßgeblichen Eigenkapital und dem entsprechenden gemeinen Wert des Betriebsvermögens zu ermitteln. Zweck dieser Regelung ist die Vermeidung von Mantelkäufen. Eine Ermittlung der stillen Reserven nach Satz 6 würde bei Erwerb einer substanzlosen Verlustgesellschaft für z. B. einen Euro dazu führen, dass in Höhe des negativen Eigenkapitals steuerliche Verluste erhalten blieben.

407 Wird der Körperschaft nach dem schädlichen Beteiligungserwerb Betriebsvermögen zugeführt, das aufgrund einer steuerlichen Fiktion (§ 2 Abs. 1 UmwSt) der Körperschaft rückwirkend auf einen Zeitpunkt vor dem schädlichen Beteiligungserwerb zugeordnet wird, scheidet dieses Betriebsvermögen nach Satz 8 bei der Ermittlung der stillen Reserven aus.

2. Erhalt der Abziehbarkeit der Verluste in Höhe der stillen Reserven (§ 8c Abs. 1 Satz 5 und 6 KStG)

408 Die Stille-Reserven-Klausel setzt einen schädlichen Beteiligungserwerb voraus. Durch Vergleich der im Zeitpunkt des schädlichen Beteiligungserwerbs bestehenden Verlustvorträge und lau-

---

1 *Frotscher*/Drüen KStG § 8c Rz. 130; BMF, Schreiben v. 28.11.2017, BStBl 2017 I S. 1645, Rz. 55; s. → Rz. 33.
2 Für den in § 8 Abs. 7 Satz 1 Nr. 2, § 8 Abs. 9 KStG behandelten Sonderfall der Spartenzuordnung BMF, Schreiben v. 28.11.2017, BStBl 2017 I S. 1645, Rz. 55.
3 Siehe mit eingehender Begründung *Frotscher*/Drüen KStG § 8c Rz. 131.

fenden Verluste mit den in diesem Zeitpunkt vorhandenen stillen Reserven ist die Höhe der abweichend von Satz 1 steuerlich weiterhin nutzbaren Verluste zu ermitteln. Die stillen Reserven sind durch einen Vergleich des gemeinen Werts der Anteile mit dem steuerlichen Eigenkapital der Körperschaft zu ermitteln.

Das Gesetz differenziert nicht nach der Art der Verluste (z. B. § 2a EStG, § 15a EStG, § 15b EStG) der Körperschaft.[1] Offensichtlich war sich der Gesetzgeber der **unterschiedlichen Verlustarten** nicht bewusst und hat lediglich für das Verhältnis des Verlustabzugs zum Zinsvortrag mit § 8a Abs. 1 Satz 3 KStG eine Rangfolge geregelt. Mangels einer Regelung ist grds. für jede Verlustart eine Unterschiedsbetragsermittlung durchzuführen.[2] Nach Auffassung der FinVerw hat eine Verrechnung der stillen Reserven mit den nicht genutzten Verlusten allerdings in der gleichen Reihenfolge zu erfolgen, die gelten würde, wenn die stillen Reserven realisiert werden würden, so dass sich ein Verbrauch der stillen Reserven für bestimmte Verlustarten ergeben kann.[3] Gegen eine jeweils gesonderte Unterschiedsbetragsermittlung wird angeführt, dass insgesamt keine höheren Verluste gerettet werden könnten, als Reserven vorhanden seien.[4] Dafür spricht zwar eine gewisse Logik, allerdings steht dem der Wortlaut des Gesetzes entgegen, wobei zusätzlich zu beachten ist, dass sich der Gesetzgeber auch im Rahmen der Stille-Reserven-Regelung Vereinfachungen bedient (→ Rz. 405), um aufwändige Ermittlungen zu vermeiden. Da es mehrere mögliche Korrekturansätze gibt, die normkonform wären,[5] obliegt es einzig dem Gesetzgeber, eine Einschränkung der Stille-Reserven-Regelung vorzunehmen, wenn er dies für erforderlich hält.

Bezüglich des Verhältnisses von Verlustvortrag zu laufendem Verlust ist von einem **Vorrang des laufenden Verlustes** auszugehen, da dies der geringere Eingriff in die Rechtsposition der Körperschaft ist.[6]

Das **maßgebliche Eigenkapital** ergibt sich aus der Steuerbilanz im Zeitpunkt des schädlichen Beteiligungserwerbs. Darunter fallen die Bilanzpositionen „Gezeichnetes Kapital", „Kapitalrücklage", „Gewinnrücklagen", „Gewinnvortrag/Verlustvortrag", „Jahresüberschuss/Jahresfehlbetrag".[7] Für die KGaA (→ Rz. 148) gelten insofern keine Besonderheiten. Sieht man entgegen der hier vertretenen Auffassung in der Übertragung von Genussrechten i. S. d. § 20 Abs. 1 Nr. 1 EStG einen vergleichbaren Sachverhalt nach Satz 1 (→ Rz. 321), so ist folgerichtig auch das Genussrechtskapital in die Ermittlung des maßgeblichen Eigenkapitals einzubeziehen.[8] Bei einer Beteiligung an einer **Mitunternehmerschaft** ist gemäß der Spiegelbildtheorie die Summe der Anteile an den Wirtschaftsgütern der Mitunternehmerschaft maßgeblich.

Bei **unterjährigem Erwerb** lässt es die FinVerw aus Vereinfachungsgründen zu, aus der Steuerbilanz des Vorjahres ein fiktives bzw. fortgeführtes Eigenkapital anhand einer zeitanteiligen Aufteilung des steuerlichen Ergebnisses des Jahres, in dem der schädliche Beteiligungserwerb erfolgt, vorzunehmen. Die zeitanteilige Aufteilung erfolgt nach den Grundsätzen, die für die

---

1 Zur Anwendung des § 8c KStG auf andere Verlustarten → Rz. 45 u. → Rz. 434.
2 BMF, Schreiben v. 28.11.2017, BStBl 2017 I S. 1645, Rz. 63; *Dötsch/Leibner* in DPM KStG § 8c Rz. 213.
3 BMF, Schreiben v. 28.11.2017, BStBl 2017 I S. 1645, Rz. 63; *R/H/Neumann* KStG § 8c Rz. 240.
4 *Dötsch/Leibner* in DPM KStG § 8c Rz. 218.
5 (Keine Beschränkung) *Suchanek* in HHR KStG § 8c Rz. 55; (Aufteilung im Verhältnis) *Frotscher*/Drüen KStG § 8c Rz. 156c; *Dötsch/Leibner* in DPM KStG § 8c Rz. 160; (Wahlrecht) *Dörr*, NWB 2010 S. 184, 198; *Schnitger/Rometzki*, Ubg 2013 S. 1, 4.
6 BMF, Schreiben v. 28.11.2017, BStBl 2017 I S. 1645, Rz. 62; *Suchanek* in HHR KStG § 8c Rz. 55.
7 § 266 Abs. 3 HGB.
8 *Frotscher*/Drüen KStG § 8c Rz. 133; *Dötsch/Leibner* in DPM KStG § 8c Rz. 168.

Ermittlung des laufenden Verlustes des Übertragungsjahrs gelten (→ Rz. 436). Wird ein laufender Verlust geschätzt, ist die Ermittlungsmethode auch für die Bestimmung des Eigenkapitals maßgeblich.[1]

411 Der **gemeine Wert** ergibt sich aus § 9 BewG, wobei i. d. R. der Preis maßgeblich ist, der für den Erwerb der Beteiligung aufgewendet wurde. Dabei sind ungewöhnliche oder persönliche Verhältnisse zulasten und zugunsten des Erwerbers nicht zu berücksichtigen. Der Gesetzgeber geht aber davon aus, dass der gemeine Wert in den Fällen des entgeltlichen Erwerbs im Regelfall dem gezahlten Entgelt entspricht. Er soll auch dann aus dem Entgelt hochgerechnet werden, wenn es sich um einen anteiligen Beteiligungserwerb handelt. Für den Fall, dass sich der Wert nicht aus dem Entgelt ableiten lässt, verweist der Gesetzgeber grundsätzlich auf eine Unternehmensbewertung,[2] wobei die FinVerw der Körperschaft bei der Bestimmung der Bewertungsmethoden einen gewissen Spielraum einräumt.[3] Dies ist z. B. bei einem unentgeltlichen Erwerb oder bei einer Verschmelzung der Fall.

412 Da nur die im Inland steuerpflichtigen stillen Reserven des Betriebsvermögens zu berücksichtigen sind, sind diese bei beiden Arten der Ermittlung der stillen Reserven zu bestimmen. Die FinVerw fordert aber regelmäßig nicht die Ermittlung der gesamten stillen Reserven der Körperschaft, sondern lässt eine sachgerechte Zuordnung der inländischen und ausländischen stillen Reserven zu.[4] Die zu erfassenden stillen Reserven i. S. d. Sätze 5 u. 6 sind aus den wertbildenden Faktoren für die Ermittlung des gemeinen Werts der Anteile abzuleiten. Sie erfassen daher auch zukünftige Gewinnerwartungen.[5]

Stille Reserven im ausländischen Betriebsstättenvermögen sind dann zu berücksichtigen, wenn für das **Betriebsstättenvermögen die Anrechnungsmethode** und nicht die Freistellungsmethode gilt. Ob es aufgrund der Steueranrechnung tatsächlich noch zu einer Besteuerung in Deutschland kommt, ist unerheblich. Stille Reserven im Beteiligungsbesitz sind nicht zu berücksichtigen, wenn Gewinne aus der Veräußerung des Beteiligungsbesitzes nach § 8b Abs. 2 KStG steuerbefreit sind. In diesem Fall erfolgt auch keine Berücksichtigung i. H. v. 5 % des Veräußerungsgewinns (= der stillen Reserven in der Beteiligung) nach § 8b Abs. 3 Satz 1 KStG, weil diese Besteuerung lediglich im Zusammenhang mit der Abzugsfähigkeit von Betriebsausgaben steht.[6] Stille Reserven in nach § 22 UmwStG **sperrfristbehafteten Anteilen** sind m. E. in Höhe des zum Zeitpunkt des schädlichen Beteiligungserwerbs gem. § 22 Abs. 1 UmwStG latent steuerverhafteten Einbringungsgewinns I anzusetzen, wobei die Berechnung der stillen Reserven

---

1 BMF, Schreiben v. 28.11.2017, BStBl 2017 I S. 1645, Rz. 57; *Sistermann/Brinkmann*, DStR 2009 S. 2633; zu unterschiedlichen Ergebnissen je nach Ermittlungsart *Adrian/Weiler*, BB 2014 S. 1303, 1310.
2 BT-Drucks. 17/15, 19.
3 BMF, Schreiben v. 28.11.2017, BStBl 2017 I S. 1645, Rz. 56 mit Hinweis auf BMF, Schreiben v. 22.9.2011, BStBl 2011 I S. 859; vgl. *Dötsch/Leibner* in DPM KStG § 8c Rz. 173, 174; *Thees/Zajons*, BB 2017 S. 1259, 1260 unter III.; zur Kritik an der Ermittlung des gemeinen Werts durch eine Einzelbewertung des Betriebsvermögens, wie es das BMF-Schreiben nahelegt, *Klönne/Sauer/Schroer*, DB 2016 S. 1393.
4 BMF, Schreiben v. 28.11.2017, BStBl 2017 I S. 1645, Rz. 51.
5 *Frotscher*/Drüen KStG § 8c Rz. 136.
6 BMF, Schreiben v. 28.11.2017, BStBl 2017 I S. 1645, Rz. 52; *Lademann/Wernicke* KStG § 8c, Rz. 164; s. auch Niedersächsisches FG, Urteil v. 26.2.2015 - 6 K 424/13, NWB WAAAE-96296, Rz. 117, 118, erledigt durch BFH v. 22.11.2016 - I R 30/15, BStBl 2017 II S. 921; a. A. *Ropohl/Buschmann*, DStR 2011 S. 1407, die 5 % der stillen Reserven berücksichtigen wollen; ebenso *Schnitger/Rometzki*, Ubg 2013 S. 1, 2; *Gläser/Zöller*, BB 2018 S. 87, 91 f., die für die Erfassung von Streubesitzbeteiligungen i. S. d. § 8b Abs. 4 KStG die Besteuerung der Dividenden anführen; *Schneider/Bleifeld/Butler*, DB 2018 S. 464, 466 interpretieren das Schweigen des BMF-Schreibens zu der Erfassung von Streubesitzdividenden in die Stille-Reserven-Klausel dahin, dass die FinVerw auf die 95 % Steuerbefreiung des Veräußerungsgewinns verweisen wird.

jedoch im Regelfall kompliziert sein dürfte.[1] Sofern Gewinne aus der Veräußerung des Beteiligungsbesitzes steuerpflichtig sind, sind stille Reserven zu berücksichtigen. Dies gilt z. B. für einbringungsgeborene Anteile, für die § 8b Abs. 4 KStG a. F. Anwendung findet, sowie Anteile i. S. d. § 8b Abs. 7 oder Abs. 8 KStG.[2] Bei der entsprechenden Anwendung des § 8c KStG auf den **Gewerbeverlust** nach § 10a Satz 10 KStG ist auf die stillen Reserven abzustellen, die der Gewerbesteuer unterliegen würden.

Für den Fall eines **mittelbaren Beteiligungserwerbs** sind stille Reserven mehrstufig zu ermitteln, wobei nach dem Wortlaut der Begründung des Gesetzesentwurfs die Summe der in den untergeordneten Unternehmen ermittelten stillen Reserven die im Kaufpreis bzw. im Unternehmenswert der erworbenen Gesellschaft enthaltenen stillen Reserven nicht übersteigen darf.[3] Diese Aussage ist jedoch abzulehnen, weil sich aus dem Gesetzeswortlaut kein Anhaltspunkt dafür ergibt, dass die Ermittlung der stillen Reserven derart eingeschränkt werden kann. Sie ist auch nicht in dem BMF-Schreiben aufgegriffen worden. Dort heißt es, dass für die Ermittlung der Höhe der in der Verlustgesellschaft enthaltenen stillen Reserven grds. das für die Obergesellschaft gezahlte Entgelt zugrunde zu legen sei und abweichend davon eine Unternehmensbewertung durchgeführt werden könne.[4] Damit wird zutreffend anerkannt, dass es für die Ermittlung der stillen Reserven auf der Ebene der nachgelagerten Verlustgesellschaft **keine Obergrenze** geben kann.[5] Eine Obergrenze ist nur insoweit anzuerkennen, als die stillen Reserven die gemeinen Werte der jeweils direkt und indirekt erworbenen Gesellschaften nicht übersteigen dürfen.[6] Bei dem gezahlten Entgelt ist m. E. von dem anteilig auf die Verlustgesellschaft entfallenden Kaufpreis auszugehen.

Ist die Körperschaft an einer **Personengesellschaft (Mitunternehmerschaft)** beteiligt, ist für den Anteil an den stillen Reserven die vermögensmäßige Beteiligung maßgeblich. Die stillen Reserven können nicht für den Erhalt der gewerbesteuerlichen Fehlbeträge der an der Mitunternehmerschaft beteiligten Verlustkörperschaft berücksichtigt werden. Sie wirken sich bei dem Erhalt des gewerbesteuerlichen Verlustvortrags der Mitunternehmerschaft selbst aus.[7]

Problematisch ist die Anwendung der Stille-Reserven-Klausel auf die **Organschaft**. Bei dem schädlichen **Beteiligungserwerb des Organträgers** stellt sich die Frage, ob stille Reserven einer Organgesellschaft dem Organträger zugerechnet werden können. Da die Beteiligung an der Organgesellschaft gem. § 8b Abs. 2 KStG nicht zum inländischen steuerpflichtigen Betriebsvermögen des Organträgers zählt, spricht der Wortlaut des Gesetzes zunächst dafür, stille Reserven der Organgesellschaften bei der Ermittlung der maßgeblichen stillen Reserven des Organträgers außer Acht zu lassen. Dies hätte aber zur Folge, dass dem Organträger ein durch die Organschaft bedingter struktureller Nachteil entstehen würde. Einerseits würden ihm sämtli-

---

1 *Brinkmann*, Ubg 2011 S. 94, 97; *Schneider/Roderburg*, FR 2010 S. 58; *Frotscher*/*Drüen* KStG § 8c Rz. 140; zweifelnd Lademann/*Wernicke* KStG § 8c Rz. 164; ablehnend BMF, Schreiben v. 28.11.2017, BStBl 2017 I S. 1645, Rz. 52.
2 BMF, Schreiben v. 28.11.2017, BStBl 2017 I S. 1645, Rz. 53; und für Kapitalgesellschaften, bei denen § 8 Abs. 9 KStG Anwendung findet, Rz. 55.
3 BT-Drucks. 17/15 S. 19.
4 BMF, Schreiben v. 28.11.2017, BStBl 2017 I S. 1645, 58.
5 Gl. A. *Dötsch/Leibner* in DPM KStG § 8c Rz. 181 ff.; *Frotscher*/*Drüen* KStG § 8c Rz. 153, 153a; *Gosch*/*Roser* KStG § 8c Rz. 169; R/H/*Neumann* KStG § 8c Rz. 271, 272.
6 Vgl. *Dötsch/Leibner* in DPM KStG § 8c Rz. 181 ff. m. w. N. zum Schrifttum. Sofern der Verlustvortrag einer Gesellschaft die eigenen stillen Reserven überschreitet, gehen *Eisgruber/Schaden*, Ubg 2010 S. 73, 83, ebenfalls von einer Gesamtbetrachtung aus, d. h., die Gesamtheit der nicht genutzten Verluste der Körperschaften bleibt bis zur Höhe der insgesamt bestehenden stillen Reserven erhalten; a. A. *Dötsch/Leibner* in DPM KStG § 8c Rz. 184.
7 BMF, Schreiben v. 28.11.2017, BStBl 2017 I S. 1645, Rz. 54; s. → Rz. 454.

che Verluste der Organgesellschaft steuerlich zugerechnet werden, andererseits würde die Nichtberücksichtigung der stillen Reserven der Organgesellschaft dazu führen, dass bei einem schädlichen Beteiligungserwerb die Vergünstigung der Stille-Reserven-Klausel weitgehend ins Leere ginge. M. E. entspricht es dem Zurechnungskonzept der Organschaft, auch die stillen Reserven der Organgesellschaft dem Organträger zuzurechnen. Der Sinn und Zweck des § 8c KStG steht dem nicht entgegen, sondern fordert diese Auslegung geradezu.[1] Die stillen Reserven der Organgesellschaft sind auch dann dem Organträger zuzurechnen, wenn die Organschaft erst nach dem schädlichen Beteiligungserwerb begründet wird, aber dieser Zeitpunkt gem. § 14 Abs. 1 Satz 2 KStG in das erste Wirtschaftsjahr der Organgesellschaft fällt, für das die Organschaft wirksam ist. § 8c Abs. 1 Satz 8 KStG ist insofern nicht anwendbar, da keine steuerliche Rückwirkung vorliegt.[2] Die FinVerw und Teile des Schrifttums ermitteln dagegen die stillen Reserven für jede Verlustgesellschaft gesondert und lehnen eine Berücksichtigung der stillen Reserven im Betriebsvermögen der Organgesellschaft bei dem Organträger ab.[3] Der Rechtsstreit kann dahingestellt bleiben, wenn eine Organgesellschaft mit erheblichen stillen Reserven noch vor dem schädlichen Beteiligungserwerb auf den Organträger verschmolzen wird.[4]

416 Wird die **Beteiligung an einer Organgesellschaft** erworben, stellt sich die Frage der weiteren Verlustnutzung für die vororganschaftlichen Verluste der Organschaft. Für die Anwendung der Stille-Reserven-Klausel sind die stillen Reserven der erworbenen Organgesellschaft zu berücksichtigen.[5]

417 Kann der gemeine Wert nicht aus einem entgeltlichen Erwerb ermittelt werden, ist grds. eine **Unternehmensbewertung** unter Anwendung der Regelungen des BewG durchzuführen. Dies soll auch für den Fall gelten, dass aufgrund gesellschaftsrechtlicher Veranlassung ein unangemessenes Entgelt für den Erwerb der Anteile gewährt wurde.[6] Dem Vereinfachungszweck des Satzes 6 entspricht es aber, dass eine Unternehmensbewertung einer besonderen Begründung bedarf, die erst dann vorliegen wird, wenn der Kaufpreis nicht als Drittvergleichspreis angesehen werden kann und zudem eine nachvollziehbare Korrektur des Kaufpreises nicht zu einem

---

1 Gl. A. u. a. *Bien/Wagner*, BB 2009 S. 2627, 2631; *Sistermann/Brinkmann*, DStR 2009 S. 2633, 2636; *Dörr*, NWB 2010 S. 184, 197; *Eisgruber/Schaden*, Ubg 2010 S. 73, 84; *Breuninger/Ernst*, GmbHR 2010 S. 561; *Schnitger/Rometzki*, Ubg 2013 S. 1, 3; *Suchanek/Rüsch*, DStZ 2014 S. 419, 426; *Adrian/Weiler*, BB 2014 S. 1303, 1311; *Gosch/Roser* KStG § 8c Rz. 175; *Seer*, FR 2015 S. 729; *Gläser/Zöller*, BB 2018 S. 87, 92.
2 Vgl. *Breuninger/Ernst*, GmbHR 2010 S. 561; *Lademann/Wernicke* KStG § 8c Rz. 173.
3 BMF, Schreiben v. 28.11.2017, BStBl 2017 I S. 1645, 59; zustimmend R/H/*Neumann* § 8c Rz. 253; *Neumann/Heuser*, GmbHR 2018 S. 21, 30; *Dötsch/Leibner* in DPM KStG § 8c Rz. 188, 189, 191, die allerdings die Berücksichtigung der stillen Reserven der Organgesellschaft für die bereits zugerechneten Organverluste zulassen wollen; *Frotscher*/Drüen KStG § 8c Rz. 140; *Schneider/Bleifeld/Butler*, DB 2018 S. 464, 467 ist eine Einheitsbetrachtung insbes. auch im gewerbesteuerlichen Organkreis geboten.
4 Vgl. *Schneider/Bleifeld/Butler*, DB 2018 S. 464, 467.
5 BMF, Schreiben v. 28.11.2017, BStBl 2017 I S. 1645, Rz. 60.
6 BMF, Schreiben v. 28.11.2017, BStBl 2017 I S. 1645, Rz. 50.

Drittvergleichspreis führt.[1] Wird ein Kaufpreis zwischen fremden Dritten vereinbart, ist dieser maßgeblich.[2]

Bei der Unternehmensbewertung sind m.E. unter anderem auch die **steuerlichen Verlustvorträge der Körperschaft** zu berücksichtigen, was sich daraus ergibt, dass sie auch in den Kaufpreis der Anteile einfließen können.[3] Zudem ist entsprechend Satz 5 zwischen den im Inland steuerpflichtigen stillen Reserven des Betriebsvermögens und den nicht steuerpflichtigen stillen Reserven zu unterscheiden.

3. Abweichende Ermittlung bei negativem Eigenkapital (§ 8c Abs. 1 Satz 7 KStG)

Die Ermittlung der zu berücksichtigenden stillen Reserven aus der Differenz von gemeinem Wert und steuerlichem Eigenkapital ist gerade dann problematisch, wenn – wie bei typischen Mantelkaufgestaltungen – der Kaufpreis für die Anteile lediglich für das Verlustpotenzial gezahlt wird.

BEISPIEL: A ist Alleingesellschafter der Verlust-GmbH, die ein negatives steuerliches Eigenkapital sowie nicht genutzte Verluste i.H.v. 990.000 € hat. Der gemeine Wert des Betriebsvermögens der Verlust-GmbH beträgt ./. 100.000 €. A veräußert sämtliche Anteile an der Verlust-GmbH an B für einen Kaufpreis von 10.000 €.

Nach Satz 6 würden sich stille Reserven i.H.v. 1 Mio. € ergeben (Unterschiedsbetrag zwischen gemeinem Wert der Anteile und Eigenkapital), obwohl A lediglich das Verlustnutzungspotenzial der Verlust-GmbH an B für 10.000 € veräußert hat. Da der gemeine Wert des Betriebsvermögens ./. 100.000 € beträgt, ergeben sich nach Satz 7 stille Reserven i.H.v. 890.000 € (Unterschiedsbetrag zwischen gemeinem Wert des Betriebsvermögens und Eigenkapital). Damit bleiben nicht genutzte Verluste i.H.v. 890.000 € weiterhin abziehbar.

Aufgrund der Regelung in Satz 7 ist für den Nachweis stiller Reserven bei negativem Eigenkapital **regelmäßig eine Unternehmensbewertung** durchzuführen.[4] Da aber Satz 7 lediglich bei negativem steuerlichem Eigenkapital eingreift, kann es sich in geeigneten Fällen empfehlen, das negative Eigenkapital rechtzeitig vor dem schädlichen Beteiligungserwerb auszugleichen.

Gemäß § 34 Abs. 1 KStG i.d.F.d. JStG 2010 findet der jetzige Satz 7 erstmals auf den VZ 2010 Anwendung.

---

1 Gl. A. *Frotscher*/*Drüen* KStG § 8c Rz. 134. Vgl. hierzu FG Köln, Urteil v. 31.8.2016 - 10 K 85/15, EFG 2017 S. 57 = NWB LAAAF-87096, s. auch DStRK 2017 S. 38 m. Anm. *Weiss*, das Revisionsverfahren I R 76/16 (NWB RAAAG-34946) ist erledigt durch Aussetzen des Verfahrens lt. Beschluss v. 23.8.2017. Nach Auffassung des FG Köln ist vorrangig auf den Kaufpreis abzustellen. Ein Wahlrecht, die stillen Reserven anhand einer Unternehmensbewertung zu ermitteln, bestehe nicht. Eine Ausnahme sei nur anzuerkennen, wenn substantiiert dargelegt werden könne, dass der Kaufpreis vom wahren Wert abweiche. Das Verfahren wurde durch Beschluss vom 23.8.2017 bis zur Wirksamkeit einer rückwirkenden Neuregelung des § 8c KStG (längstens bis zum 31.12.2018) ausgesetzt.
2 Vgl. FG Köln, Urteil v. 31.8.2016 - 10 K 85/15, EFG 2017 S. 57, NWB LAAAF-87096, das Revisionsverfahren I R 76/16 (NWB RAAAG-34946) ist erledigt durch Aussetzen des Verfahrens lt. Beschluss v. 23.8.2017; s. *Weiss*, DStRK 2017 S. 38; *Laasch*, GStB 2017 S. 110; a. A. *Dötsch/Leibner* in DPM KStG § 8c Rz. 76h; *Gosch/Roser* KStG § 8c Rz. 150.
3 Kritisch *Frotscher*/*Drüen* KStG § 8c Rz. 135, der davon ausgeht, dass in der Praxis auf eine Unternehmensbewertung zur Kontrolle nicht verzichtet werden kann. Dies würde aber dem Zweck, im Regelfall eine einfache Ermittlung der stillen Reserven durchführen zu können, entgegenstehen.
4 BMF, Schreiben v. 28.11.2017, BStBl 2017 I S. 1645, Rz. 56; zur Ermittlung der stillen Reserven bei negativem Eigenkapital *Klönne/Sauer/Schroer*, DB 2016 S. 1393.

4. Nichteinbeziehung von rückwirkend zugeführten stillen Reserven (§ 8c Abs. 1 Satz 8 KStG)

421 Bei der Ermittlung der stillen Reserven gem. der Sätze 5 – 7 wird nach Satz 8 nur das **Betriebsvermögen** berücksichtigt, dass der Körperschaft **ohne steuerliche Rückwirkung** zuzurechnen ist. Die Regelung soll eine rückwirkende Zuführung von Betriebsvermögen zur Rettung von Verlusten ausschließen.[1]

422 Der wesentliche Anwendungsbereich der Regelung ist § 2 Abs. 1 UmwStG. Die Regelung kommt dann zur Anwendung, wenn bei rückwirkenden Umwandlungen die Verlustgesellschaft das wirtschaftliche Eigentum oder rechtliche Eigentum an dem Betriebsvermögen, das im Rahmen der Umwandlung auf sie übertragen wird, im Zeitpunkt des schädlichen Beteiligungserwerbs noch nicht erhalten hat. Es wird sich dabei im Regelfall um einen schädlichen Beteiligungserwerb nach dem steuerlichen Übertragungsstichtag und vor der Eintragung der Umwandlung in das Handelsregister bzw. vor einem der Eintragung vorausgehenden Erwerb des wirtschaftlichen Eigentums handeln. Dabei ist unbeachtlich, ob der Erwerber der Beteiligung ebenfalls an der Umwandlung beteiligt ist.[2]

423 Satz 8 gilt sowohl für den Fall, dass der Verlustgesellschaft Betriebsvermögen zugeführt wird als auch dann, wenn das Betriebsvermögen der Verlustgesellschaft durch die Umwandlung gemindert wird, wie z. B. bei der Abspaltung eines Teilbetriebs von der Verlustgesellschaft.

> **BEISPIEL 1:** ▸ A ist alleiniger Gesellschafter der A-GmbH. Er erwirbt am 31.3.16 von B sämtliche Anteile an der Verlust-GmbH. Sodann verschmilzt er die A-GmbH mit steuerlicher Rückwirkung zum 31.12.15 auf die Verlust-GmbH. Die Verschmelzung der A-GmbH auf die Verlust-GmbH kann sich für die Ermittlung der stillen Reserven der Verlust-GmbH gem. Satz 8 nicht auswirken.

> **BEISPIEL 2:** ▸ A erwirbt wie im Ausgangsfall sämtliche Anteile an der Verlust-GmbH. Anschließend spaltet er einen Teilbetrieb von der Verlust-GmbH mit steuerlicher Rückwirkung zum 31.12.15 ab. Die Abspaltung des Teilbetriebs kann sich für die Ermittlung der stillen Reserven der Verlust-GmbH zum 31.3.16 gem. Satz 8 nicht auswirken.

424 Gemäß § 34 Abs. 7b Satz 2 KStG i. d. F. d. Wachstumsbeschleunigungsgesetzes findet Satz 8 erstmals für schädliche Beteiligungserwerbe nach dem 31.12.2009 Anwendung.

425–430 *(Einstweilen frei)*

IV. Umfang des Verlustuntergangs

1. Einschränkung der Verwertbarkeit nicht genutzter Verluste

431 § 8c Abs. 1 Satz 1 KStG versagt die Abziehbarkeit der „nicht genutzten Verluste". Nach der **Legaldefinition des § 8c Abs. 1 Satz 1 KStG** i. d. F. des UntStRefG 2008 (→ Rz. 1) handelt es sich bei den nicht genutzten Verlusten um die „bis zum schädlichen Beteiligungserwerb nicht ausgeglichenen oder abgezogenen negativen Einkünfte". Durch das UStAVermG ist zwar die Legaldefinition entfallen, es bestehen aber keine Anhaltspunkte dafür, dass damit eine inhaltliche Änderung bezweckt war (→ Rz. 10). § 8c Abs. 1 KStG enthält damit

▸ eine **Einschränkung der Abziehbarkeit** nicht abgezogener Verluste aus den Vorjahren i. S. v. § 10d EStG i. V. m. § 8 Abs. 1 KStG (→ Rz. 45) und weiterer gesondert festgestellter Verluste (→ Rz. 434) sowie

---

[1] *Dötsch/Leibner* in DPM KStG § 8c Rz. 201, 202.
[2] *Frotscher*/Drüen KStG § 8c Rz. 143a.

- eine **Einschränkung der Ausgleichsfähigkeit** des laufenden Verlustes, der im Übertragungsjahr entstanden ist (→ Rz. 435 ff.).

Die Rechtsfolge des § 8c Abs. 1 Satz 1 KStG erfasst alle Verluste, die „bis zum schädlichen Beteiligungserwerb" entstanden und weder ausgeglichen noch abgezogen wurden. **Maßgeblicher Zeitpunkt** ist damit der **Tag der Übertragung**, an dem die Schädlichkeitsgrenze des Satzes 1 überschritten wird.

2. Einschränkung der Abziehbarkeit des Verlustvortrags gem. § 10d EStG

Von dem Verlustuntergang des § 8c Abs. 1 KStG betroffen ist der **zum 31.12. des Vorjahres festgestellte Verlustvortrag** i.S.v. **§ 10d EStG** i.V.m. § 8 Abs. 1 KStG. Dies ergibt sich aus der Formulierung „nicht abgezogene Einkünfte"; hierzu gehört der Verlustvortrag, da er in einem Folgejahr abgezogen wird. Soweit der Verlustvortrag nach § 8c Abs. 1 KStG untergeht, kann er nicht mehr mit zukünftigen Gewinnen der Kapitalgesellschaft verrechnet werden. Die Regelung des § 8c Abs. 1 KStG entspricht der Regelung zum Mantelkauf gem. § 8 Abs. 4 Satz 1 KStG.

Für die **konkrete Berechnung** des Umfangs des Verlustuntergangs ist zum einen die sich aus § 8c Abs. 1 KStG ergebende vollständige Kürzung und zum anderen der sich aus dem Feststellungsbescheid zum 31.12. des Vorjahres i.S.v. § 10d Abs. 2 und 4 EStG i.V.m. § 8 Abs. 1 KStG ergebende verbleibende Verlustabzug (Verlustvortrag) heranzuziehen.

> **BEISPIEL:** Zum 31.12.16 wird der verbleibende Verlustabzug auf 1 Mio. € festgestellt. Am 1.1.17 überträgt der Anteilseigner A einen Anteil i.H.v. 60 % auf E. Die Verlustgesellschaft erzielt in 17 ein Ergebnis i.H.v. 0 €. Der zum 31.12.16 festgestellte Verlustvortrag ist nach § 8c Abs. 1 Satz 1 KStG in voller Höhe zu kürzen, so dass zum 31.12.17 kein verbleibender Verlustabzug festzustellen ist.

3. Einschränkung der Abziehbarkeit weiterer Verlustvorträge

§ 8c Abs. 1 Satz 1 KStG gilt für alle bis zum Übertragungsstichtag nicht ausgeglichen und nicht abgezogenen negativen Einkünfte (nicht genutzte Verluste). Anders als nach § 8 Abs. 4 KStG wird daher nicht nur der Verlustabzug nach § 10d EStG beschränkt, **sondern alle Verlustvorträge**, die in einem späteren Veranlagungszeitraum abgezogen werden können.[1] Hierzu gehören:

- Verbleibende negative Einkünfte aus einer in einem Drittstaat belegenen Betriebsstätte i.S.v. **§ 2a Abs. 1 Nr. 2, Abs. 2 Satz 1 EStG**, die gem. § 2a Abs. 1 Satz 5 EStG gesondert festgestellt und in einem der folgenden Veranlagungszeitraum ausgeglichen werden können.[2]

- Verluste i.S.v. **§ 15 Abs. 4 Sätze 1, 3 u. 6 EStG** aus gewerblicher Tierzucht bzw. Tierhaltung, Termingeschäften und stillen Gesellschaften, Unterbeteiligungen und sonstigen Innengesellschaften an Kapitalgesellschaften, die bislang nicht ausgeglichen werden konnten.[3]

---

1 BMF, Schreiben v. 28.11.2017, BStBl 2017 I S. 1645, Rz. 2; *Frotscher/Drüen* KStG § 8c Rz. 76; a.A. *Streck/Olbing*, KStG, 8. Aufl. 2014, § 8c Rz. 72; *Brinkmann* in Lüdicke/Sistermann, UntStR, 2. Aufl. 2018, § 17 Rz. 2.
2 *Suchanek/Herbst*, FR 2007 S. 863, 869; a.A. *Zerwas/Fröhlich*, DStR 2007 S. 1933, 1937.
3 *Rödder*, DStR 2007, Beihefter zu Heft 40 S. 13; a.A. *Zerwas/Fröhlich*, DStR 2007 S. 1933, 1937.

▶ Verrechenbare Verluste aus einer Kommanditbeteiligung i. S. v. **§ 15a Abs. 4 EStG**, da nach § 15a Abs. 4 Satz 1 EStG auch verrechenbare Verluste „nicht abgezogene Einkünfte" i. S. v. § 8c Abs. 1 KStG darstellen.[1] Relevant wird dies, wenn die Verlust-Körperschaft als Kommanditistin an einer KG beteiligt ist (→ Rz. 500).

▶ Nicht abgezogene Verluste aus Steuerstundungsmodellen gem. **§ 15b Abs. 4 EStG**[2]

Ebenfalls erfasst werden sog. **finale Betriebsstättenverluste** i. S. d. Rspr. des EuGH,[3] sofern diese auf den Zeitraum vor dem schädlichen Beteiligungserwerb entfallen.[4]

Entgegen der Auffassung der FinVerw (→ Rz. 53) findet § 8c KStG im Anwendungsbereich des § 10 Abs. 3 Satz 5 AStG keine Anwendung. Es fehlt an einem entsprechenden Verweis in § 10 Abs. 3 AStG.[5] Sofern die Auffassung vertreten wird, dass bei unterjährig entstandenen Verlusten § 8c KStG als Einkünfteermittlungsvorschrift im Rahmen des AStG grds. zur Anwendung gelangen könnte, würde dies zu einer gespaltenen Anwendung des § 8c KStG führen, die m. E. nicht überzeugend begründet werden kann.[6]

Zum Verhältnis von § 8c KStG zu dem fortführungsgebundenen Verlustvortrag des § 8d KStG vgl. *Hackemann* in Mössner/Seeger/Oellerich, KStG, § 8d Rz. 11 ff.

4. Einschränkung der Ausgleichsfähigkeit des laufenden Verlustes des Übertragungsjahres

a) Ermittlung des laufenden Verlustes bis zum Übertragungsstichtag

435 Aus der ursprünglichen Formulierung in § 8c Abs. 1 Satz 1 KStG, wonach auch „**nicht ausgeglichene negative Einkünfte**" nicht mehr abziehbar sind, ergibt sich, dass auch der **laufende Verlust des Jahres, in dem die Schädlichkeitsgrenze überschritten wird, vollständig untergeht**.[7] Dies entspricht der Regelung zum Mantelkauf in § 8 Abs. 4 Satz 4 KStG.

436 Danach ist der bis zum Tag der steuerschädlichen Übertragung entstandene laufende Verlust zu ermitteln. Das Gesetz enthält keine Regelung, wie der bis zum Übertragungstag entstandene Verlust zu ermitteln ist; das BMF sieht in dem Schreiben v. 28.11.2017 für die Ergebnisaufteilung eines Wirtschaftsjahrs **eine wirtschaftlich begründete Aufteilung** vor,[8] wodurch sich für den Steuerpflichtigen ein gewisses Gestaltungspotenzial ergibt. In Betracht kommt neben einem Zwischenabschluss eine Aufteilung des Ergebnisses im Wege einer sachlich und wirtschaftlich begründeten Schätzung auf der Grundlage von z. B. einer betriebswirtschaftlichen Auswertung oder zeitanteiligen Aufteilung.[9] Dabei ist der bis zum schädlichen Beteiligungs-

---

1 *Suchanek/Herbst*, FR 2007 S. 863, 869; *Rödder*, DStR 2007, Beihefter zu Heft 40 S. 13; *Neumann/Heuser*, GmbHR 2017 S. 281, 286 unter IV. Nr. 1; a. A. *Brandis* in Blümich KStG § 8c Rz. 24; *Gosch/Roser* § 8c Rz. 28c; *Mühlhausen*, Ubg 2015 S. 207; *Dötsch/Leibner* in DPM KStG § 8c Rz. 39; IDW-FN 2014 S. 464, 465; *Denisen/Frankus*, DB 2017 S. 443.
2 *Suchanek/Herbst*, FR 2007 S. 863, 869.
3 Vgl. EuGH v. 12.6.2018, Bevola, C-650/16, NWB PAAAG-87352; Zusammenfassung bei *Hackemann* in Bott/Walter, KStG, UnionsR Rz. 20 ff.
4 Gl. A. *Frotscher*/Drüen KStG § 8c Rz. 76.
5 Gl. A. *Luckey* in S/K/K AStG § 10 Rz. 114 für den Verlustvortrag; a. A. *Dötsch/Leibner* in DPM KStG § 8c Rz. 39.
6 Siehe hierzu auch *Moser*, IStR 2016 S. 462, der die Nichtanwendung des § 8c KStG auch auf unterjährig entstandene Verluste schlüssig aus der Systematik der §§ 7 ff. AStG ableitet; s. auch *Suchanek/Rüsch*, Ubg 2018 S. 10, 11.
7 BFH, Urteil v. 30.11.2011 - I R 14/11, BStBl 2012 II S. 360; a. A. R/H/*Neumann* § 8c Rz. 173, demzufolge bei einem unterjährigen Gesellschafterwechsel negative Einkünfte des betreffenden Jahres abziehbar u. vortragsfähig bleiben. Die Auffassung wird damit begründet, dass es sich bei der KSt um eine Jahressteuer handelt u. ein Verlust wie auch ein Gewinn erst mit Ablauf des Wj. entsteht.
8 BMF, Schreiben v. 28.11.2017, BStBl 2017 I S. 1645, Rz. 35.
9 BMF, Schreiben v. 28.11.2017, BStBl 2017 I S. 1645, Rz. 35.

erwerb erwirtschaftete Gesamtbetrag der Einkünfte i. S. d. § 2 Abs. 3 EStG maßgeblich.[1] Da eine Zwischenbilanz gesetzlich nicht vorgeschrieben ist, kann das Finanzamt die Aufstellung einer Zwischenbilanz nicht erzwingen und darf die Schätzung eines Verlustes nicht mit der Nichtabgabe einer Zwischenbilanz gem. § 162 Abs. 2 Satz 2 AO wegen nicht vorgelegter oder unzureichender Buchführung begründen.

> **BEISPIEL:** Am 1.4.17 überträgt A einen Anteil von 60 % an der Verlust-GmbH auf E. Die Verlust-GmbH erzielt in 17 einen laufenden Verlust von 120.000 €. Nach dem Bericht für das I. Quartal belief sich der Verlust auf 10.000 €; der verbleibende Verlust entstand nach den Berichten für das II. – IV. Quartal erst im Zeitraum April bis Dezember, weil ein Großkunde im Herbst 17 in Insolvenz ging. Aufgrund der Quartalsberichte ergibt sich für den Zeitraum bis zum Übertragungsstichtag ein Verlust von 10.000 €, der nach § 8c Abs. 1 Satz 1 KStG untergeht. Bei zeitanteiliger Aufteilung ergäbe sich hingegen ein Verlustuntergang von 30.000 €. Der Steuerpflichtige kann hier eine Schätzung auf der Grundlage der Quartalsberichte vornehmen, sofern dies sachlich und wirtschaftlich begründet werden kann.

b) Laufender Verlust vor dem Übertragungsstichtag

Der vor dem Übertragungsstichtag entstandene unterjährige Verlust geht auch dann nach § 8c Abs. 1 Satz 1 KStG unter, wenn sich nach dem Übertragungsstichtag **in demselben Wirtschaftsjahr ein Gewinn** ergibt. Der Verlustuntergang ergibt sich aus dem ursprünglichen Wortlaut des § 8c Abs. 1 Satz 1 KStG, wonach die bis zum schädlichen Beteiligungserwerb nicht ausgeglichenen oder abgezogenen Verluste untergehen. Anderenfalls hinge der Verlustuntergang davon ab, ob die Verlustgesellschaft nach dem Beteiligungserwerb – und damit nach der Tatbestandsverwirklichung des § 8c Abs. 1 KStG – noch einen laufenden Gewinn erzielt.

> **BEISPIEL:** Am 1.4.17 überträgt A einen Anteil von 60 % an der Verlust-GmbH auf E. Die Verlust-GmbH erzielt in 17 einen Gewinn von 80.000 €, wobei sich dieses Ergebnis aus einem Verlust im I. Quartal von 10.000 € und einem Gewinn in den Quartalen II – IV von 90.000 € zusammensetzt. Der laufende Verlust, der vor dem Übertragungsstichtag i. H. v. 10.000 € entstanden ist, geht nach § 8c Abs. 1 Satz 1 KStG unter. Die Verlustgesellschaft muss für 17 einen Gewinn von 90.000 € versteuern.

Der hier geschilderte Untergang eines laufenden Verlustes bei einem Gesamtgewinn im Übertragungsjahr würde praktisch allerdings nicht relevant, wenn der von § 8c Abs. 1 Satz 1 KStG betroffene Verlust zeitanteilig ermittelt werden könnte. Dies wäre zulässig, wenn die zeitliche Aufteilung sachlich und wirtschaftlich begründet werden könnte. Ob dem Steuerpflichtigen bezüglich der unterschiedlichen Aufteilungsmethoden eine Art Wahlrecht zusteht, ist für den Fall, dass der Steuerpflichtige mittels einer bestehenden Zwischenbilanz eine konkrete Zuordnung vornehmen kann, umstritten.

Die FinVerw sieht die unterschiedlichen Aufteilungsmethoden lediglich als Vereinfachungsregelungen an, d. h. bei einem bestehenden Zwischenabschluss kommt eine andere Aufteilungsmethode nicht in Betracht.[2] Da sie aber nachweisen muss, dass die von dem Steuerpflichtigen gewählte Methode offensichtlich unzutreffend ist, bleibt es bei Nichtaufstellung eines Zwischenabschlusses bei einem – rechtlich zulässigen – erheblichen Spielraum des Steuerpflichtigen. Denn es bedarf für eine Schätzung der FinVerw nach § 162 AO einer besonderen Rechtfertigung.

Umstritten ist auch, ob vor dem Übertragungsstichtag entstandene laufende Verluste in den unmittelbar vorangegangenen VZ in entsprechender Anwendung des § 10d Abs. 1 Satz 1 EStG **zurückgetragen** werden können. Da nach dem Regelungszweck des § 8c die bis zum schädlichen Beteiligungserwerb entstandenen nicht genutzten Verluste lediglich für das neue wirt-

---

[1] BMF, Schreiben v. 28.11.2017, BStBl 2017 I S. 1645, Rz. 33; zu Fragen der Ermittlung *Gläser/Zöller*, BB 2018 S. 87, 89 f.
[2] BMF, Schreiben v. 28.11.2017, BStBl 2017 I S. 164, Rz. 35; s. *Dötsch/Leibner* in DPM KStG § 8c Rz. 231; kritisch *Gläser/Zöller*, BB 2018 S. 87, 90.

schaftliche Engagement unberücksichtigt bleiben sollen, steht die Regelung entgegen der Auffassung der FinVerw dem auf 1 Mio. € beschränkten Verlustrücktrag nicht entgegen.[1] Dieser Verlustrücktrag ist m. E. gegenüber einem nach dem schädlichen Beteiligungserwerb im selben VZ entstandenen Verlust vorrangig.[2]

c) Laufender Gewinn vor dem Übertragungsstichtag

439 Erzielt die Kapitalgesellschaft vor dem Übertragungsstichtag einen laufenden Gewinn, kann hiervon der zum 31. 12. des Vorjahres festgestellte **Verlustvortrag abgezogen werden**.[3] Entgegen der ursprünglichen Auffassung der FinVerw findet auf die Verrechnung des laufenden Gewinns mit dem festgestellten Verlustvortrag weder die Mindestbesteuerung Anwendung,[4] noch kommt eine Verrechnung nur dann in Betracht, wenn das Ergebnis des Wirtschaftsjahres, in dem der schädliche Beteiligungserwerb erfolgt, insgesamt positiv ist.[5]

d) Mindestbesteuerung

440 Nach Auffassung der FinVerw ist die Regelung der **Mindestbesteuerung** jedoch lediglich für die Ermittlung der Höhe des verbleibenden Verlustvortrags unbeachtlich, d. h. dass bis zur Höhe eines laufenden Gewinns der Verlustvortrag nicht untergeht, dann aber auf den **Gewinn des Jahres** die Mindestbesteuerung angewendet wird und ein verbleibender Verlustvortrag zum Jahresende gesondert festzustellen ist.[6]

Im Anwendungsbereich des § 8c geht es lediglich um die Bemessung des nicht genutzten Verlusts i. S. d. § 8c Abs. 1 Satz 1 KStG als Gegenstand der Verlustabzugsbeschränkung. Diese Auslegung entspricht dem Regelungszweck. Der Verlustabzugsbeschränkung liegt nach der Begründung des Gesetzentwurfs[7] der Gedanke zugrunde, dass sich ungeachtet des Trennungsprinzips die wirtschaftliche Identität einer Gesellschaft durch das wirtschaftliche Engagement eines anderen Anteilseigners ändert. Die in früherer Zeit erwirtschafteten Verluste sollten somit nur für das neue, nicht jedoch für das alte wirtschaftliche Engagement unberücksichtigt bleiben. Deshalb ist es im Ergebnis auch unbeachtlich, dass verfahrensrechtlich § 10d Abs. 2

---

1 Gl. A. FG Münster, Urteil v. 21.7.2016 – 9 K 2794/15 K, F, NWB TAAAF-81772, Rev. erledigt durch BFH v. 22. 11. 2018 - I R 41/18, NWB IAAAH-27549; *Roser*, DStR 2008 S. 1561; *Neyer*, BB 2009 S. 415; *Kutt/Möllmann*, DB 2009 S. 2564; *Brandis* in Blümich KStG § 8c Rz. 58; *Suchanek* in HHR KStG § 8c Rz. 32; *Frotscher/Drüen* KStG § 8c Rz. 78c; *Dötsch/Leibner* in DPM KStG § 8c Rz. 226; *Gläser/Zöller*, BB 2018 S. 87, 88; a. A. BMF, Schreiben v. 28.11.2017, BStBl 2017 I S. 1645, Rz. 2 u. Rz. 31; Neumann/*Heuser*, GmbHR 2018 S. 21, 24 f., mit Hinweis auf den Wortlaut des § 10d EStG.

2 Gl. A. *Neyer*, DStR 2015 S. 1777, 1779 f.; a. A. BMF, Schreiben v. 28.11.2017, BStBl 2017 I S. 1645, Rz. 34, Bsp. 6, Lösung B10; *Lang* in Bott/Walter KStG § 8c Rz. 74; offen gelassen *Dötsch/Leibner* in DPM KStG § 8c Rz. 226.

3 BFH, Urteil v. 30.11.2011 - I R 14/11, BStBl 2012 II S. 360; s. hierzu FG Münster, Urteil v. 30.11.2010 - 9 K 1842/10 K, NWB UAAAD-80839, EFG 2011 S. 909; vgl. FG Hamburg, Urteil v. 10.5.2012 - 6 V 156/11, NWB OAAAE-13108; s. auch MF Schleswig-Holstein v. 16.7.2012 - IV 3011 - S 2745 - 069, NWB IAAAE-14053.

4 Gl. A. *Neyer*, BB 2007 S. 1416, 1419; *Suchanek/Trinkaus*, FR 2014 S. 889, 890; *Gosch/Roser* KStG § 8c Rz. 98; *Lang* in Bott/Walter KStG § 8c Rz. 76.5; *Meiisel/Bokeloh*, BB 2008 S. 808, 815; *Kessler/Hinz*, BB 2012 S. 555.

5 Gl. A. *Schneider/Sommer*, FR 2014 S. 537 f.; *Frotscher/Maas* KStG § 8c Rz. 78d; *Brandis* in Blümich KStG § 8c Rz. 56; a. A. noch BMF-Entwurf (Fassung Verbandsanhörung) v. 15.4.2014 - IV C 2 - S 2745-a/09/10002:004, Rz. 31a, NWB CAAAE-63041. Diese Auffassung ist von der FinVerw aufgegeben worden, s. BMF, Schreiben v. 28.11.2017, BStBl 2017 I S. 1645, Rz. 34.

6 BMF, Schreiben v. 28.11.2017, BStBl 2017 I S. 1645, Rz. 34; zustimmend *Gläser/Zöller*, BB 2018 S. 87, 90; *Dötsch/Leibner* in DPM KStG § 8c Rz. 245; vgl. Neumann/Heuser, GmbHR 2018 S. 21, 25; kritisch für den Fall, dass es zu einem Verlustvortrag kommt (Erhalt i. H. d. Gewinns bis zum schädlichen Beteiligungserwerb ist höher als der Verlustabzug unter Anwendung der Mindestbesteuerung) *Lang* in Bott/Walter KStG § 8c Rz. 76.8.

7 BT-Drucks. 16/4841 S. 76. Zur entsprechenden Anwendung bei der GewSt s. die gleich lautenden Erlasse der obersten Finanzbehörden der Länder zur Anwendung des § 8c KStG auf gewerbesteuerliche Fehlbeträge; § 10a Satz 10 GewStG v. 29.11.2017, BStBl 2017 I S. 1643.

EStG den Abzug des zum 31. 12. des Vorjahres festgestellten Verlustes nur zum Ende eines folgenden Veranlagungszeitraums vorsieht und nicht den Abzug von einem unterjährig entstandenen (anteiligen) Gewinn zulässt.

Das Trennungsprinzip spricht auch dagegen, Gewinne vorrangig mit nach dem schädlichen Beteiligungserwerb, aber in demselben Wirtschaftsjahr entstandene Verluste zu verrechnen. Für die **Ermittlung des unterjährigen Gewinns** kommt ein Zwischenabschluss, eine wirtschaftliche Aufteilung oder ggf. eine zeitanteilige Aufteilung in Betracht.[1] In dieses Konzept passt die Anwendung der **Mindestbesteuerung** nicht.[2] Jedenfalls fehlt es insofern an einer eindeutigen gesetzlichen Anordnung, was bereits dadurch deutlich wird, dass in der Rechtsliteratur im Wesentlichen drei „Lösungsmöglichkeiten" angeboten werden.[3] Da § 8c KStG die zukünftige Nutzung der nicht genutzten Verluste beschränkt, bedarf es m. E. aus rechtsstaatlichen Gesichtspunkten einer eindeutigen gesetzlichen Regelung für die Anwendung der Mindestbesteuerung auf den unterjährigen Gewinn, an der es bisher fehlt, da die Mindestbesteuerung sich gesetzlich lediglich auf den VZ bezieht.[4]

BEISPIEL 1: Zum 31.12.16 beläuft sich der Verlustvortrag der Verlust-GmbH auf 100.000 €. Am 1.4.17 veräußert A einen Anteil von 60 % an der Verlust-GmbH an E. Die Verlust-GmbH erzielt im I. Quartal 17 einen Gewinn von 20.000 € und im Zeitraum II. – IV. Quartal 17 einen Verlust von 5.000 €. Der Verlustvortrag i. H.v. 100.000 € geht nach § 8c Abs. 1 Satz 1 KStG nicht vollständig unter. Der laufende Gewinn, der im I. Quartal 17 i. H.v. 20.000 € entstanden ist, kann abgezogen werden. Der nach dem Übertragungsstichtag entstandene Verlust von 5.000 € kann zum 31.12.17 als vortragsfähiger Verlust nach § 10d Abs. 4 EStG i. V. m. § 8 Abs. 1 KStG gesondert festgestellt werden.

Zum selben Ergebnis würde man auch dann kommen, wenn die Verlust-GmbH für den Zeitraum 1.1.17 bis 31.3.17 ein Rumpfwirtschaftsjahr gebildet hätte. Die für die Abweichung vom Kalenderjahr nach § 4a Abs. 1 Satz 2 Nr. 2 Satz 2 EStG erforderliche Zustimmung der FinVerw wäre zu erteilen, da für die Umstellung des Wirtschaftsjahrs aufgrund der erforderlichen Abgrenzung der Einkünfte der Körperschaft gewichtige wirtschaftliche Gründe bestehen würden.

BEISPIEL 2: Wie Beispiel 1, nur beläuft sich der Verlustvortrag der Verlust-GmbH zum 31.12.16 auf 3 Mio. € und die Verlust-GmbH erzielt im I. Quartal 17 einen Gewinn von 3 Mio. €. und im Zeitraum II. – IV. Quartal einen weiteren Gewinn von 1 Mio. €.

Mögliche Lösungen:

1. Anwendung der Mindestbesteuerung auf den unterjährigen Gewinn, d. h. verbleibende Besteuerung von 800.000 € und Nutzung der Verluste i. H.v. 1 Mio. € plus 60 % von 2 Mio. €, insgesamt 2,2 Mio. €. Der verbleibende Verlust i. H.v. 800.000 € geht unter. Zusätzlich ist der weitere Gewinn von 1 Mio. € zu versteuern, d. h. insgesamt 1,8 Mio. €.
2. Volle Verrechnung der Verluste mit dem Gewinn von 3 Mio. €, es verbleibt bei der Besteuerung des weiteren Gewinns von 1 Mio. €.
3. In Höhe des Gewinns von 3 Mio. € bleiben die Verluste nutzbar. Auf den Jahresgewinn von 4 Mio. € findet die Mindestbesteuerung Anwendung, so dass 1,2 Mio. € zu versteuern sind und 2,8 Mio. € Verluste genutzt werden können. 0,2 Mio. € sind vortragsfähig.[5]

Nach der hier vertretenen Auffassung ist dem 2. Lösungsansatz zu folgen.

---

1 Vgl. BMF, Schreiben v. 28.11.2017, BStBl 2017 I S. 1645, 34.
2 *Neyer*, DStR 2015 S. 1777, 1782; *Suchanek/Trinkaus*, FR 2014 S. 889, 890 mit Hinweis auf BFH, Urteil v. 30.11.2011 - I R 14/11, BStBl 2012 II S. 360; vgl. *Dötsch/Leibner* in DPM KStG § 8c Rz. 246.
3 Siehe das nachfolgende Bsp. 2 u. *Dötsch/Leibner* in DPM KStG § 8c Rz. 242 ff.
4 Im Einzelnen gl. A. *Lang* in Bott/Walter KStG § 8c Rz. 76.9.
5 BMF, Schreiben v. 28.11.2017, BStBl 2017 I S. 1645, Rz. 34 Bsp. 6, Lösung B10; *Dötsch/Leibner* in DPM KStG § 8c Rz. 245; *Suchanek/Rüsch*, Ubg 2018 S. 10, 14.

e) Nachgeschaltete Personengesellschaft

441 Ist die Kapitalgesellschaft an einer gewerblichen oder gewerblich geprägten Personengesellschaft beteiligt, stellt sich die Frage, ob das laufende positive oder negative Ergebnis dieser Personengesellschaft bei einem unterjährigen Übertragungsstichtag der Körperschaft für körperschaftsteuerliche Zwecke als Einkünfte i. S. d. § 8c KStG zugewiesen werden kann. Eine solche Zurechnung dürfte bereits deshalb fraglich sein, weil an der Personengesellschaft mehrere Gesellschafter beteiligt sind und eine unterjährige Feststellung von Einkünften aus der Gesellschafterstellung allein rechtlich kaum gefordert werden kann, insbesondere dann nicht, wenn es sich um ein größeres Unternehmen handelt, an dem die Körperschaft lediglich eine Minderheitsbeteiligung hält.

Ein eigenes Interesse der Personengesellschaft an einer stichtagsbezogenen Gewinnermittlung könnte man zwar regelmäßig annehmen, wenn mit dem schädlichen Beteiligungserwerb an der Körperschaft auch ein anteiliger Untergang des laufenden Gewerbeverlustes der Personengesellschaft/Mitunternehmerschaft einherginge, dies ist aber nach zutreffender Auffassung nicht der Fall (→ Rz. 455). Es kann also nicht davon ausgegangen werden, dass der Gesetzgeber von der Körperschaft rechtlich Unmögliches verlangt und damit auf eine Schätzung verweist, deren Grundsätze sich lediglich in einem BMF-Schreiben wiederfinden (→ Rz. 436).

Eine stichtagsbezogene Gewinnermittlung ist somit bei Personengesellschaften nicht nur eine verfahrensrechtliche Frage. Da der Steuerbilanzgewinn oder -verlust der Gesellschaft den Mitunternehmern zudem auch unmittelbar anteilig als **originäre eigene Einkünfte** erst in dem Zeitpunkt zugewiesen wird, zu dem er erzielt ist, und dies erst am Ende des Wirtschaftsjahres der Fall ist,[1] kann das laufende Ergebnis erst am **Ende des Wirtschaftsjahrs** festgestellt und der Körperschaft für Körperschaftsteuerzwecke zugewiesen werden, so dass sich m. E. ein unterjähriger Übertragungsstichtag nicht auf das laufende Ergebnis der Personengesellschaft auswirken darf.[2] Der anteilige „laufende" Verlust der Personengesellschaft wird damit nicht von § 8c Abs. 1 Satz 1 KStG erfasst. Folgt man dieser Auffassung nicht, gilt für die Aufteilung des laufenden Ergebnisses das in → Rz. 436 Gesagte entsprechend.

442–448 *(Einstweilen frei)*

5. Untergang des Zinsvortrags nach § 4h EStG

449 Bei einem schädlichen Beteiligungserwerb geht auch der für die Kapitalgesellschaft festgestellte Zinsvortrag anteilig oder vollständig unter. Dies ergibt sich aus **§ 8a Abs. 1 Satz 3 KStG,** wonach § 8c Abs. 1 KStG für den Zinsvortrag gem. § 4h Abs. 1 Satz 5 EStG entsprechend gilt. Da es sich bei dem Zinsvortrag nicht um einen nicht genutzten Verlust i. S. v. § 8c Abs. 1 KStG handelt, sondern lediglich um nicht abziehbare Aufwendungen, bedarf es der ausdrücklichen Regelung in § 8a Abs. 1 Satz 3 KStG.

---

[1] Vgl. BFH, Urteil v. 29.3.1984 - IV R 271/83, BStBl 1984 II S. 602 zu 2.b.

[2] Gl. A. *Brendt* in Erle/Sauter KStG § 8c Rz. 61; *Suchanek* in HHR KStG § 8c Rz. 32a; *Gröger*, BB 2010 S. 2926, 2931; *Dötsch/Leibner* in DPM KStG § 8c Rz. 241; im Ergebnis ebenso R/H/*Neumann* KStG § 8c Rz. 173, demzufolge negative Einkünfte grds. erst mit Ablauf des VZ entstehen; offen gelassen *Neyer*, DStR 2015 S. 1777, 1780.

Der **anteilige „laufende" Zinsvortrag**, der im Übertragungsjahr vor dem Übertragungsstichtag entstanden ist, wird hingegen nicht von § 8c Abs. 1 KStG erfasst, da § 8a Abs. 1 Satz 3 KStG nur den Zinsvortrag erwähnt; bei dem Zinsvortrag handelt es sich aber um den vorzutragenden Jahresbetrag. Nicht erfasst ist auch der **EBITDA-Vortrag**.[1]

450

Ist die Kapitalgesellschaft, die von § 8c Abs. 1 KStG erfasst wird, an einer Personengesellschaft beteiligt (Fall der **nachgeschalteten Personengesellschaft**), die über einen Zinsvortrag i. S. v. § 4h EStG verfügt, geht dieser Zinsvortrag nach § 4h Abs. 5 Satz 3 EStG i. d. F. des JStG 2009 v. 19.12.2008[2] unter. Danach gilt § 8c KStG auch für den Zinsvortrag einer Personengesellschaft, soweit an dieser eine Körperschaft unmittelbar oder mittelbar beteiligt ist. Mit dieser Gesetzesänderung hat der Gesetzgeber auf Gestaltungsvorschläge reagiert, nach denen der Verlustbetrieb aus der Verlust-Kapitalgesellschaft auf eine Personengesellschaft ausgegliedert werden soll, um so den Untergang des Zinsvortrags zu vermeiden.[3] Allerdings betrifft die Neuregelung des § 4h Abs. 5 Satz 3 EStG nicht nur Personengesellschaften, auf die der Verlustbetrieb im Rahmen des Ausgliederungsmodells übertragen wurde, sondern sämtliche nachgeschalteten Personengesellschaften, also auch solche, die schon seit jeher der Verlustgesellschaft nachgeschaltet waren.

451

Der Zinsvortrag geht bei der nachgeschalteten Personengesellschaft **im Umfang der gesamten mittelbaren Beteiligungsquote** des Veräußerers an der Personengesellschaft unter.[4] Dies gilt auch dann, wenn nicht die gesamte mittelbare Beteiligung veräußert wird. Entscheidend ist, dass mehr als 50 % der Beteiligung an der Verlustgesellschaft veräußert werden, so dass nicht nur der vollständige Verlustuntergang bei der Verlustgesellschaft, sondern auch der gesamte Zinsvortrag bei der Personengesellschaft, soweit die Beteiligung besteht, untergeht. Entscheidend ist, dass auf der Ebene der Verlustgesellschaft ein schädlicher Beteiligungserwerb stattfindet.

Nach § 4h Abs. 5 Satz 3 EStG findet § 8c KStG jedoch lediglich auf den Zinsvortrag Anwendung (→ Rz. 450). Aus dem Wort „soweit" in § 4h Abs. 5 Satz 3 EStG kann nicht darauf geschlossen werden, dass bei einem unterjährigen Übertragungsstichtag für eine Personengesellschaft etwas anderes gelten könnte (→ Rz. 441). Der Verweis bezieht sich lediglich auf die allgemeine Anwendung des § 8c KStG auf den Zinsvortrag.[5]

BEISPIEL 1: A ist alleiniger Gesellschafter der Verlust-GmbH, die zu 20 % an der N-KG beteiligt ist und die über einen Zinsvortrag von 100.000 € verfügt. A veräußert 60 % seiner Beteiligung an der Verlust-GmbH an E. Dies hat – neben einem vollständigen Verlustuntergang bei der Verlust-GmbH gem. § 8c Abs. 1 Satz 1 KStG – bei der N-KG zur Folge, dass ihr Zinsvortrag zu 20 % (100 % x 20 %) untergeht, da die Verlust-GmbH insoweit an der N-KG beteiligt ist. Der Untergang des Zinsvortrags beschränkt sich also nicht nur auf die mittelbare Übertragungsquote von 12 % (60 % x 20 %).

Diese Berechnungsgrundsätze gelten auch **bei mehrstufigen Beteiligungsverhältnissen**, bei denen der Personengesellschaft mehrere Kapitalgesellschaften vorgeschaltet sind. Bei einer Anwendung des § 8c

---

1 FinMin Schleswig-Holstein: Zinsschranke (§ 4h EStG, § 8a KStG); Wegfall des Zins- bzw. des EBITDA-Vortrags nach § 4h Abs. 5 EStG bei unterjährigem schädlichen Ereignis, Kurzinformation v. 27.1.2012, DStR 2012 S. 1555. Anscheinend geht die FinVerw auch davon aus, dass § 8c KStG keine Auswirkung auf den EBITDA-Vortrag hat. Vgl. hierzu *Dötsch/Leibner* in DPM KStG § 8a Rz. 42; *Prinz* DB 2012 S. 2367, 2370; zur Wirkungsweise der Zinsschranke bei einem unterjährigen schädlichen Beteiligungserwerb eines Organträgers oder einer Organgesellschaft *Fuhrmann/Hoffmann*, DB 2014 S. 738, 742.
2 BGBl 2008 I S. 2794.
3 BT-Drucks. 16/11108 S. 15; zum Gestaltungshinweis *Behrendt/Arjes/Nogens*, BB 2008 S. 367.
4 Zutreffend *Suchanek*, Ubg 2009 S. 178, 180.
5 Gl. A *Suchanek* in HHR KStG § 8c Rz. 32a; a. A. *Brendt* in Erle/Sauter KStG § 8c Rz. 61.

Abs. 1 Satz 1 KStG auf der Ebene der vorgeschalteten Kapitalgesellschaft geht der Zinsvortrag im Umfang der mittelbaren Beteiligung unter.

BEISPIEL 2: A ist alleiniger Gesellschafter der A-GmbH, die wiederum zu 60 % an der Verlust-GmbH beteiligt ist, die ihrerseits zu 20 % an der N-KG beteiligt ist. A überträgt 90 % seiner Beteiligung an der A-GmbH auf E. Hinsichtlich der Verlust-GmbH wird damit die Schädlichkeitsgrenze des § 8c Abs. 1 Satz 1 KStG überschritten (90 % x 60 % = 54 %), Damit geht der Zinsvortrag bei der N-KG im Umfang der mittelbaren Beteiligung, also i. H.v. 20 % unter.

Ist der nachgeschalteten Personengesellschaft ihrerseits eine **weitere Personengesellschaft nachgeschaltet**, geht auch deren Zinsvortrag nach den vorstehend genannten Grundsätzen unter. Denn auch in diesem Fall ist mittelbar an ihr eine Körperschaft als Mitunternehmer, nämlich die Verlustgesellschaft, beteiligt, auch wenn sich ihre Mitunternehmerstellung nach § 15 Abs. 1 Satz 1 Nr. 2 Satz 2 EStG nur auf den Sonderbetriebsbereich erstreckt.[1]

Die Neuregelung in § 4h Abs. 5 Satz 3 EStG gilt nach § 52 Abs. 12d Satz 2 EStG i. d. F. des JStG 2009 für Anteilsübertragungen, bei denen sämtliche Rechtsakte – damit sind die Anteilsübertragungen gemeint – **nach dem 28.11.2008** stattgefunden haben. Erforderlich ist somit, dass die Beteiligungserwerbe, die zusammen die Schädlichkeitsgrenze von mehr als 50 % überschritten haben, allesamt nach dem 28.11.2008 erfolgt sind. Fand hingegen bei zeitlich gestreckten Anteilsübertragungen ein Teil der Beteiligungserwerbe vor dem 29.11.2008 statt, gilt § 4h Abs. 5 Satz 3 EStG i. d. F. des JStG 2009 nicht. Der Zinsvortrag der nachgeschalteten Personengesellschaft geht dann nicht unter.[2] Denn § 8a Abs. 1 Satz 3 KStG, der auf § 8c KStG verweist, gilt nur für den Zinsvortrag von Körperschaften. Bezüglich nachgeschalteter Personengesellschaften verweist dementsprechend § 4h Abs. 2 Satz 2 EStG nur auf § 8a Abs. 2 u. 3 KStG, nicht aber auf § 8a Abs. 1 Satz 3 KStG, der § 8c KStG für anwendbar erklärt.

452 *(Einstweilen frei)*

6. Auswirkung auf gewerbesteuerliche Verluste

a) Untergang des vortragsfähigen Gewerbeverlustes gem. § 10a GewStG

453 § 8c KStG gilt nach § 10a Satz 10 1. Halbsatz GewStG auch für den vortragsfähigen Verlust zur Gewerbesteuer. Der zum 31. 12. des Vorjahres gesondert festgestellte vortragsfähige Verlust i. S. v. § 10a GewStG geht damit bei einem schädlichen Beteiligungserwerb vollständig unter.

454 Ist die Kapitalgesellschaft an einer Personengesellschaft beteiligt (Fall der **nachgeschalteten Personengesellschaft**), die über einen gewerbesteuerlichen Verlustvortrag verfügt, geht dieser gewerbesteuerliche Verlustvortrag nach § 10a Satz 10 2. Halbsatz GewStG i. d. F. des JStG 2009 v. 19.12.2008 unter.[3] Danach gilt § 8c KStG auch für den gewerbesteuerlichen Fehlbetrag einer Mitunternehmerschaft, wenn ihr entweder eine Körperschaft unmittelbar (Nr. 1 des 2. Halbsatzes) oder eine Mitunternehmerschaft, soweit an dieser wiederum eine Körperschaft unmittelbar oder mittelbar (über eine oder mehrere Personengesellschaften) beteiligt ist (Nr. 2 des 2. Halbsatzes), vorgeschaltet ist. Im Ergebnis führt damit die Anwendbarkeit des § 8c Abs. 1 KStG auf der Ebene der Körperschaft zum Wegfall des gewerbesteuerlichen Verlustvortrags

---

1 A. A. *Suchanek*, Ubg 2009 S. 178, 181, der eine umfassende Mitunternehmerstellung fordert.
2 *Zerwas/Fröhlich*, DStR 2007 S. 1933, 1939.
3 BGBl 2008 I S. 2794; zur Behandlung des Komplementäranteils an einer KGaA → Rz. 148.

von nachgeschalteten Personengesellschaften, soweit eine unmittelbare oder mittelbare Beteiligung besteht.

BEISPIEL: A veräußert 60 % seiner hundertprozentigen Beteiligung an der Verlust-GmbH. Die Verlust-GmbH ist mit 30 % an der Z-KG beteiligt, die über einen gewerbesteuerlichen Verlustvortrag von 100.000 € verfügt, der im Umfang von 30.000 € auf die Verlust-GmbH entfällt. Da die Schädlichkeitsgrenze des § 8c Abs. 1 Satz 1 KStG angesichts der Übertragung von mehr als 50 % der Anteile an der Verlust-GmbH überschritten ist, geht der anteilig auf die Verlust-GmbH entfallende gewerbesteuerliche Verlustvortrag von 30.000 € nach § 10a Satz 10 2. Halbsatz Nr. 2 GewStG unter.

Hinsichtlich der Höhe des untergehenden Gewerbeverlustes gelten die Grundsätze zum Zinsvortrag entsprechend. Wie bei § 4h Abs. 5 Satz 3 EStG i.d.F. des JStG 2009 (→ Rz. 451) soll auch die Änderung des § 10a GewStG vor allem das sog. Ausgliederungsmodell verhindern;[1] allerdings sind wie bei § 4h Abs. 5 Satz 3 EStG im Rahmen des § 10a GewStG alle nachgeschalteten Personengesellschaften betroffen, nicht nur solche, auf die dort der Verlustbetrieb ausgegliedert worden ist. Die Neuregelung gilt nach § 36 Abs. 9 Satz 10 GewStG i.d.F. des JStG 2009 für schädliche Beteiligungserwerbe nach dem 28.11.2008, deren sämtliche Erwerbe und gleichgestellte Rechtsakte nach dem 28.11.2008 stattgefunden haben. Insoweit gelten die gleichen Grundsätze wie bei § 4h Abs. 5 Satz 3 EStG (→ Rz. 451).

Fand ein Teil der Anteilsübertragungen **vor dem 29.11.2008** statt, gilt § 8c Abs. 1 KStG hingegen nicht für den gewerbesteuerlichen Verlustvortrag der nachgeschalteten Personengesellschaft. Der gewerbesteuerliche Verlustvortrag der Personengesellschaft bleibt somit erhalten, da die Personengesellschaft ein eigenständiges Gewerbesteuersubjekt gem. § 2 Abs. 1 Satz 2, § 5 Abs. 1 Satz 3 GewStG darstellt.[2]

b) Kein Untergang des laufenden Gewerbeverlustes

Ob auch der **laufende, vor dem Übertragungsstichtag entstandene Gewerbeverlust** nach § 8c Abs. 1 KStG untergeht, ist umstritten.[3] Da § 10a Satz 10 1. Halbsatz GewStG nur den Begriff „Fehlbetrag" verwendet, worunter die Jahresbeträge der vorangegangenen Erhebungszeiträume zu verstehen sind, nicht aber der anteilige laufende Gewerbeverlust, sollte der laufende Gewerbeverlust im Jahr des Beteiligungserwerbs nicht von § 8c Abs. 1 KStG betroffen sein. Dagegen kann m. E. nicht eingewendet werden, dass sich nach § 7 Abs. 1 GewStG der Gewerbeertrag von Kapitalgesellschaften nach den Vorschriften des KStG und damit auch nach § 8c Abs. 1 KStG bestimmt. Gegen diese Begründung spricht der spezialgesetzliche Charakter des § 8c KStG sowie der Wortlaut des § 10a Satz 10 1. Halbsatz GewStG. Ferner kann dagegen auch nicht das Urteil des BFH, Urteil v. 30.11.2011[4] angeführt werden, dass von einer Zäsur zum Zeitpunkt des schädlichen Beteiligungserwerbs ausgeht. Denn dieses Urteil beruht auf dem nicht eindeutigen Wortlaut des § 8c KStG für körperschaftsteuerliche Einkünfte.[5]

Auch bei einer **nachgeschalteten Personengesellschaft** scheidet eine unterjährige stichtagsbezogene Betrachtung für Gewerbesteuerzwecke aus.[6] Folgt man dieser Auffassung nicht, gilt

---

[1] BR-Drucks. 545/08 S. 52 f. und BT-Drucks. 16/11108.
[2] *Zerwas/Fröhlich*, DStR 2007, 1933, 1939.
[3] Dafür: Gleich lautende Erlasse der obersten Finanzbehörden der Länder zur Anwendung des § 8c KStG auf gewerbesteuerliche Fehlbeträge; § 10a Satz 10 GewStG v. 29.11.2017, BStBl 2017 I S. 1643; *Schnitter* in Frotscher/Drüen § 10a GewStG Rz. 79; *Neumann/Heuser*, GmbHR 2018 S. 21, 30 f.; dagegen: *Zerwas/Fröhlich*, DStR 2007 S. 1933, 1939; *Kutt/Möllmann*, DB 2009 S. 2567; *Brandis* in Blümich KStG § 8c Rz. 24; *Suchanek* in HHR KStG § 8c Rz. 32a; *Suchanek/Rüsch*, Ubg 2018 S. 10, 15; *Seer*, FR 2015 S. 729, 736; offen gelassen *Neyer*, DStR 2015 S. 1777, 1780.
[4] BFH, Urteil v. 30.11.2011 - I R 14/11, BStBl 2012 II S. 360.
[5] A. A. R/H/*Neumann* KStG § 8c Rz. 168.
[6] A. A. *Brendt* in Erle/Sauter KStG § 8c Rz. 61.

für die Aufteilung des laufenden, vor dem Übertragungsstichtag entstandenen Gewerbeertrags das zu → Rz. 436 Gesagte entsprechend.

7. Verlustuntergang bei Organschaften

a) Vororganschaftlich entstandene Verluste

456 § 8c KStG findet auf den vororganschaftlichen Verlust Anwendung. Zu vororganschaftlichen Verlusten kommt es, wenn die von § 8c Abs. 1 KStG betroffene Kapitalgesellschaft eine Organgesellschaft ist, die über einen Verlustvortrag aus der Zeit vor der Begründung der Organschaft verfügt.[1] Ein derartiger vororganschaftlicher Verlust kann nach § 15 Satz 1 Nr. 1 KStG nicht dem Organträger zugerechnet werden, sondern lebt erst nach Beendigung der Organschaft wieder auf.[2]

Werden die Anteile an der Organgesellschaft zu mehr als 50 % übertragen, greift § 8c Abs. 1 Satz 1 KStG insoweit, als der vororganschaftliche Verlustvortrag der Organgesellschaft vollständig untergeht.[3]

b) Während der Organschaft entstandene Verluste

457 Bei der **unmittelbaren Übertragung von Anteilen an der Organgesellschaft** wird ein schädlicher Beteiligungserwerb regelmäßig dazu führen, dass die Voraussetzungen des § 14 Abs. 1 Satz 1 Nr. 1 KStG entfallen und die Organschaft beendet wird, da dem Organträger die Mehrheit der Stimmrechte aus den Anteilen der Organgesellschaft zustehen müssen. Für die Verluste der Gesellschaft, die nicht unter die Organschaft fallen, gelten die allgemeinen Grundsätze.

Wird das Ergebnis der Organgesellschaft dem Organträger zugerechnet, d. h. unterliegen die Einkünfte der Organgesellschaft (noch) der Organschaft, gilt Folgendes:

Für den Fall, dass der schädliche Beteiligungserwerb zum Ende des Wirtschaftsjahrs der Organgesellschaft erfolgt, soll § 8c KStG auf das negative Einkommen der Organgesellschaft keine Anwendung finden.[4] Die Anwendung des § 8c KStG erfolgt dann erst nach einer Ermittlung des Gesamtertrags der Organschaft und geht damit ins Leere, sofern der Gesamtertrag nicht negativ ist.[5]

Demgegenüber soll bei einem unterjährigen schädlichen Beteiligungserwerb der Anteile der Organgesellschaft § 8c KStG auf Ebene der Organgesellschaft anzuwenden sein, d. h. die bis zu dem Zeitpunkt des schädlichen Beteiligungserwerbs entstandenen Verluste gehen unter und können auch nicht mit vororganschaftlichen Verlusten der Organgesellschaft oder nach dem schädlichen Beteiligungserwerb im selben Wirtschaftsjahr entstandenen Gewinnen der Organgesellschaft verrechnet werden.[6] Zu beachten ist, dass dementsprechend auch z. B. die

---

[1] Vgl. FinBeh Hamburg v. 12.8.2014, DStR 2015 S. 759.
[2] Vgl. BMF, Schreiben v. 28.11.2017, BStBl 2017 I S. 1645, Rz. 38.
[3] BMF, Schreiben v. 28.11.2017, BStBl 2017 I S. 1645, Rz. 2; *Lang*, DStZ 2007 S. 652, 657; *Kussmaul/Richter/Tcherveniachki*, GmbHR 2008 S. 1009, 1016.
[4] BMF, Schreiben v. 28.11.2017, BStBl 2017 I S. 1645, Rz. 32; *Dötsch/Leibner* in DPM KStG § 8c Rz. 267; *Lang* in Bott/Walter KStG § 8c Nr. 77.6.
[5] Vgl. *Dötsch/Leibner* in DPM KStG § 8c Rz. 267; *Lang* in Bott/Walter KStG § 8c Nr. 77.16; *Gläser/Zöller*, BB 2018 S. 87. 89; *Frotscher/*Drüen KStG § 8c Rz. 80e, 80j.,
[6] BMF, Schreiben v. 28.11.2017, BStBl 2017 I S. 1645, Rz. 37; *Dötsch/Leibner* in DPM KStG § 8c Rz. 268; *Lang* in Bott/Walter KStG § 8c Nr. 77.7.

Konzernklausel, Stille-Reserven-Klausel und § 8d KStG auf Ebene der Organgesellschaft Anwendung finden muss. Folgt man hingegen der Auffassung, dass der Organkreis im Zeitpunkt des schädlichen Beteiligungserwerbs zu konsolidieren ist (→ Rz. 459), hat dies konsequenterweise auch dann zu gelten, wenn bei fortbestehender Organschaft lediglich auf Ebene der Organtochter ein schädlicher Beteiligungserwerb erfolgt.

Da § 8c KStG bei **Veräußerung von Anteilen der Organgesellschaft** Anwendung findet, stellt sich die weitere Frage, wie sich der Untergang des laufenden Verlusts auf den **Betriebsausgabenabzug für Zinsaufwendungen** der Organschaft auswirkt. Nach § 15 Satz 1 Nr. 3 KStG ist § 4h EStG auf die Organgesellschaft nicht anzuwenden. Für Zwecke der Zinsschranke wird aber der gesamte Zinsaufwand der Organschaft erfasst, d. h. auch der Zinsaufwand, der aufgrund der Anwendung des § 8c KStG auf den laufenden Verlust der Organgesellschaft in dem zuzurechnenden Einkommen der Organgesellschaft nicht erfasst wurde. Dies kann zu völlig unsachgemäßen Ergebnissen führen.[1]

Bei einer **Übertragung der Anteile an dem Organträger** geht zum einen der bei dem Organträger vorhandene nicht genutzte Verlust nach Maßgabe des § 8c Abs. 1 KStG unter. Zum anderen werden bei einer Übertragung der Anteile an dem Organträger aber mittelbar auch die Anteile an den Organgesellschaften übertragen, so dass **auch das noch nicht zugerechnete negative Organeinkommen** vollständig untergehen kann, soweit es vor dem Übertragungsstichtag entstanden ist.[2] Voraussetzung ist, dass die mittelbare Übertragung bei der Organgesellschaft den Tatbestand des § 8c Abs. 1 Satz 1 KStG erfüllt.[3] Für die Berechnung der Erwerbsquote gelten die allgemeinen Grundsätze, d. h. der Umfang wird durch eine Durchrechnung ermittelt (→ Rz. 234).

Die FinVerw vertritt die Auffassung, dass die Verlustkürzung nach § 8c KStG bei einem schädlichen Beteiligungserwerb zum Ende des Wirtschaftsjahrs nur beim Organträger erfolgt, d. h. nach Zurechnung des gesamten Einkommens der Organgesellschaft.[4]

Bei einem **unterjährigen Beteiligungserwerb** soll hingegen eine getrennte Anwendung auf Ebene von Organträger und Organgesellschaft erfolgen, d. h. auch das laufende negative Einkommen der Organgesellschaft wird gekürzt, und zwar vor Einkommenszurechnung an den Organträger.[5]

---

[1] *Schmid/Mertgen*, DB 2012 S. 1830, zeigen anhand von Fallbeispielen das Vorliegen einer planwidrigen Gesetzeslücke auf. Siehe hierzu auch *Fuhrmann/Hoffmann*, DB 2014 S. 738, 742 sowie *Dötsch/Leibner* in DPM KStG § 8c Rz. 263; a. A. *Frotscher*/Drüen KStG § 8c Rz. 81c f., der darin eine systemimmanente Folge des § 8c KStG sieht.
[2] BMF, Schreiben v. 28.11.2017, BStBl 2017 I S. 1645, Rz. 37 u. dazu Neumann/Heuser, GmbHR 2018 S. 21, 27; *Gohr* in Schnitger/Fehrenbacher KStG § 8c Rz. 236, die aber entgegen der Auffassung der FinVerw u. in Übereinstimmung mit Teilen der Gegenmeinung bei unterjährigem Erwerb der Anteile am Organträger u. positiven Einkünften der Organgesellschaft wegen des Wortlauts des § 8c KStG zunächst eine Verrechnung dieser positiven Einkünfte mit den Verlusten des Organträgers zulassen will, d. h. § 8c KStG in diesem Fall erst auf das zusammengefasste Einkommen der Organschaft anwendet.
[3] BMF, Schreiben v. 28.11.2017, BStBl 2017 I S. 1645, Rz. 37.
[4] BMF, Schreiben v. 28.11.2017, BStBl 2017 I S. 1645, Rz. 32.
[5] BMF, Schreiben v. 28.11.2017, BStBl 2017 I S. 1645, Rz. 38.

Nach einer weit verbreiteten Meinung im Schrifttum und m. E. zutreffender Auffassung gilt eine **Gesamtschau der Organschaft**,[1] d. h. dass eine Verrechnung unterjähriger Verluste des Organträgers mit Gewinnen der Organgesellschaft erfolgt. Ebenfalls können Gewinne des Organträgers mit unterjährigen Verlusten der Organgesellschaft verrechnet werden.[2] Es kommt somit für Zwecke des § 8c KStG zu einer Konsolidierung der Ergebnisse im Zeitpunkt des schädlichen Beteiligungserwerbs.

BEISPIEL 1: Die Organträger-GmbH, deren alleiniger Gesellschafter A ist, erzielt im Jahr 2018 einen Gewinn von 100.000 €. Die Organgesellschaft erleidet einen Verlust im Jahr 2018 von 40.000 €. A veräußert seine gesamte Beteiligung an der Organträger-GmbH am 1.7.2018 an D.

Nach der hier vertretenen Auffassung kann der Verlust der Organgesellschaft aus dem Zeitraum 1.1.2018 - 30.6.2018 i. H. v. 20.000 € mit dem Gewinn der Organträger-GmbH aus dem 1. Halbjahr 2018 verrechnet werden, so dass sich ein Gesamtergebnis von 60.000 € ergibt (100.000 € Gewinn der Organträger-GmbH abzüglich Verlust der Organgesellschaft i. H. v. 40.000 € aus dem Jahr 2018).

Nach der Gegenauffassung geht der zeitanteilig bis zum 1.7.2018 bei der Organgesellschaft entstandene Verlust i. H. v. 20.000 € nach § 8c Abs. 1 Satz 1 KStG unter und kann nicht mit dem Gewinn der Organträger-GmbH verrechnet werden. Das Jahreseinkommen der Organschaft beträgt damit insgesamt 80.000 € (100.000 € Gewinn der Organträger-GmbH abzüglich Verlust der Organgesellschaft i. H. v. 20.000 € aus dem Zeitraum 1.7.2018 bis 31.12.2018).

BEISPIEL 2: Wie Beispiel 1, nur erzielt die Organträger-GmbH einen Verlust von 100.000 € und die Organgesellschaft einen Gewinn von 40.000 €.

Nach der hier vertretenen Auffassung kann der zeitanteilig auf das 1. Halbjahr 2018 entfallende Verlust der Organträger-GmbH von 50.000 € mit dem im 1. Halbjahr erwirtschafteten Gewinn der Organgesellschaft von 20.000 € verrechnet werden, so dass nur der danach verbleibende Verlust des 1. Halbjahrs 2018 von 30.000 € nach § 8c Abs. 1 Satz 1 KStG untergeht. Das Gesamteinkommen beträgt danach ./. 30.000 € (Gewinn der Organgesellschaft aus dem 2. Halbjahr 2018 i. H. v. 20.000 € abzüglich Verlust der Organträger-GmbH aus dem 2. Halbjahr i. H. v. 50.000 €).

Nach der Gegenauffassung der FinVerw geht der zeitanteilig auf das 1. Halbjahr 2018 entfallende Verlust der Organträger-GmbH nach § 8c Abs. 1 Satz 1 KStG vollständig unter und kann nicht mit dem Gewinn der Organgesellschaft aus dem 1. Halbjahr 2018 verrechnet werden. Das Gesamtergebnis der Organschaft beträgt damit ./. 10.000 € (40.000 € Gewinn der Organgesellschaft abzüglich Verlust der Organträger-GmbH aus dem 2. Halbjahr i. H. v. 50.000 €).

460 Da bei einer Veräußerung zum 31. 12. um 24.00 Uhr (bei einem mit dem Kalenderjahr identischen Wirtschaftsjahr der Organgesellschaft, sog. **Mitternachtsgeschäft**) nach der Auffassung der FinVerw der Verlust der Organgesellschaft dem Organträger noch eine logische Sekunde vor dem Beteiligungserwerb zugerechnet wird und somit nicht untergeht,[3] ist es überlegenswert, das Wirtschaftsjahr der Organgesellschaft auf einen Zeitpunkt vor der Übertragung abzukürzen, um so noch eine Verrechnung des bis zu diesem Zeitpunkt (dem Ende des abgekürzten Wirtschaftsjahrs) entstandenen negativen Organeinkommens zu ermöglichen. Jedoch ist zu beachten, dass das Finanzamt der Abkürzung nach § 7 Abs. 4 Satz 3 KStG zustimmen muss.

---

1 Vgl. Gosch/*Roser* KStG § 8c Rz. 101: *Suchanek* in HHR KStG § 8c Rz. 32a; *Gläser/Zöller*, BB 2018 S. 87, 89; *Schneider/Bleifeld/Butler*, DB 2018 S. 464, 469 f.; *Weiss/Brühl*, DStZ 2018 S. 451, 458; *Moritz*, GmbHR 2016 S. 861 ff.; *Seer*, FR 2015 S. 729, *Neyer*, DStR 2010 S. 1600, 1602; *Frotscher/Drüen* KStG § 8c Rz. 80j, der bezüglich der unterjährigen Verrechnung von Verlusten des OT mit Gewinnen der OG auf BFH, Urteil v. 30.11.2011 - I R 14/11, BStBl 2012 II S. 360 hinweist; a. A. *Dötsch/Leibner* in DPM KStG § 8c Rz. 266 ff.; *Lang* in Bott/Walter KStG § 8c Rz. 77.16; *Neumann/Heuser*, GmbHR 2018 S. 21, 28; *Neumann*, GmbHR 2014 S. 673, 675.

2 *Frotscher/Drüen* KStG § 8c Rz. 80j hält die unterjährige Verrechnung von Gewinnen des OT mit Verlusten der OG für systematisch begründbar.

3 BMF, Schreiben v. 28.11.2017, BStBl 2017 I S. 1645, Rz. 32; *Frotscher/Drüen* KStG § 8c Rz.81a.

Haben Organträger und Organgesellschaft ein **abweichendes Wirtschaftsjahr,** kann sich ein schädlicher Beteiligungserwerb, der nach Beendigung des Wirtschaftsjahrs aber vor Ablauf des Kalenderjahrs erfolgt, nicht auf die Verlustnutzung in dem bereits beendeten Wirtschaftsjahr auswirken.[1] Verlustuntergänge sind jedoch bereits in dem Verlustfeststellungsbescheid zum 31.12. des Jahres zu berücksichtigen, in das das schädliche Ereignis fällt (→ Rz. 497). Ein nach Ablauf des Wj. bis zum schädlichen Beteiligungserwerb entstandener laufender Gewinn der Organgesellschaft soll nach m. E. abzulehnender Auffassung der FinVerw nicht mit einem noch nicht genutzten Verlustvortrag des Organträgers verrechnet werden können.[2]

Für den Fall der **gewerbesteuerlichen Organschaft** stellt sich die Frage, in welchem Umfang die FinVerw ihre Auffassung zur körperschaftsteuerlichen Organschaft ebenfalls auf die gewerbesteuerliche Organschaft übertragen will. Denn die Organgesellschaft gilt im Gewerbesteuerrecht gem. § 2 Abs. 2 Satz 2 GewStG als Betriebsstätte des Organträgers. M. E. kann bei der **Übertragung von Anteilen an der Organgesellschaft** die Verlustabzugsbeschränkung des § 8c KStG auf einen laufenden negativen Gewerbeertrag keine Anwendung finden.[3] Bei der **Übertragung von Anteilen an dem Organträger** sollten die Gewerbeerträge von Organträger und Organgesellschaft saldiert werden, wobei auf **das ganze Ergebnis des Erhebungszeitraums abgestellt** werden müsste, da § 10a Satz 10 GewStG lediglich die Anwendung des § 8c KStG auf Fehlbeträge vorsieht. Von einem Gewinn kann der vortragsfähige Fehlbetrag des Vorjahres des Organträgers noch in voller Höhe abgezogen werden.[4]

Sofern § 8c KStG auf den Organträger und/oder die Organgesellschaft Anwendung findet, schließt dies folglich auch die Anwendung der Konzernklausel, der Stille-Reserven-Klausel oder § 8d KStG bei der betroffenen Gesellschaft ein.

8. Verlustuntergang bei Rückbezug von Umwandlungen nach § 2 UmwStG

a) Maßgeblichkeit des Eintragungszeitpunkts im Handelsregister

Bei der steuerlichen Rückbeziehung einer Umwandlung auf die Verlustgesellschaft nach § 2 Abs. 1 UmwStG geht der Verlust, der bis zur **Eintragung der Umwandlung im Handelsregister bzw. einem früheren Übergang des wirtschaftlichen Eigentums** entstanden ist, bei Vorliegen der Voraussetzungen des § 8c Abs. 1 Satz 1 KStG unter.[5]

Es kommt somit **nicht** auf den **steuerlichen Übertragungsstichtag** nach § 2 Abs. 1 UmwStG an.[6]

> **BEISPIEL:** Die X-GmbH wird auf die Verlust-GmbH am 1.5.16 verschmolzen, und zwar rückwirkend zum 1.1.16. Die Verschmelzung wird am 1.7.16 im Handelsregister eingetragen. Durch die Verschmelzung kommt es zu einem Beteiligungserwerb von mehr als 50 %. Die Verlust-GmbH erwirtschaftet in 16 ei-

---

1 *Suchanek*, FR 2013 S. 349, 350, 352; *Frotscher*/Drüen KStG § 8c Rz. 81b.
2 BMF, Schreiben v. 28.11.2017, BStBl 2017 I S. 1645, Rz. 38, 32; *Dötsch*/Leibner in DPM KStG § 8c Rz. 273, 284.
3 Gl. A. *Dötsch*/Leibner in DPM KStG § 8c Rz. 329.
4 Vgl. *Seer*, FR 2015 S. 729, 736 ff.; a. A. Gleich lautenden Erlasse der obersten Finanzbehörden der Länder zur Anwendung des § 8c KStG auf gewerbesteuerliche Fehlbeträge; § 10a Satz 10 GewStG v. 29.11.2017, BStBl 2017 I S. 1643, wonach das BMF, Schreiben v. 28.11.2017 zu § 8c KStG für die GewSt mit Ausnahme der Rz. 38 entsprechend gilt.
5 → Rz. 217; BMF, Schreiben v. 28.11.2017, BStBl 2017 I S. 1645, Rz. 13, wonach der Übergang des wirtschaftlichen Eigentums maßgeblich sei.
6 A. A. *Rund*, GmbHR 2007 S. 817; *Schuhmacher*/Hageböke, DB 2008 S. 493; *Meiisel*/Bokeloh, BB 2008 S. 808, 814; *Sistermann*/Brinkmann, DStR 2008 S. 897, 899; *Frotscher*/Drüen KStG § 8c Rz. 35d.

nen Verlust von 120.000 €. Nach § 8c Abs. 1 Satz 1 KStG geht der Verlust zeitanteilig i. H. v. 60.000 € (6/12 von 120.000 €) unter, weil der schädliche Beteiligungserwerb am 1.7.16 aufgrund der Eintragung im Handelsregister erfolgt ist. Wäre hingegen der 1.1.16 als steuerlicher Übertragungsstichtag i. S. v. § 2 Abs. 1 UmwStG maßgeblich, würde der laufende Verlust des Jahres 16 nicht nach § 8c Abs. 1 Satz 1 KStG untergehen.

Bei Kapitalerhöhungen soll nach Auffassung der FinVerw die Eintragung im Handelsregister maßgeblich sein.[1]

465 Anders ist es hingegen, wenn die **Anteilseignerin der Verlustgesellschaft** rückwirkend verschmolzen wird. Ist die Beteiligung Teil des übergehenden Vermögens, gilt die steuerliche Rückwirkung des § 2 Abs. 1 UmwStG für die Anteilseignerin und ist damit im Rahmen des § 8c Abs. 1 KStG zu beachten. Maßgeblicher Zeitpunkt im Rahmen des § 8c Abs. 1 Satz 1 KStG ist daher der Rückwirkungszeitpunkt i. S. v. § 2 Abs. 1 UmwStG und nicht der Zeitpunkt der Eintragung im Handelsregister.[2]

> **BEISPIEL:** Die M-AG als alleinige Anteilseignerin der Verlust-GmbH wird am 1.7.2016 rückwirkend zum 1.1.2016 auf die E-AG verschmolzen. Im 1. Halbjahr 2016 erzielt die Verlust-GmbH einen Verlust von 10.000 €.
>
> Für die M-AG als Anteilseignerin bestimmt sich der maßgebliche Übertragungszeitpunkt nach § 2 Abs. 1 UmwStG, so dass die Anteile an der Verlust-GmbH aufgrund der steuerlichen Rückwirkung des § 2 Abs. 1 UmwStG bereits am 1.1.2016 als übertragen gelten. Damit geht der laufende Verlust der Verlust-GmbH des 1. Halbjahrs 2016 nicht nach § 8c Abs. 1 Satz 1 KStG unter, da er erst nach dem Übertragungsstichtag 1.1.2016 entstanden ist.

b) Verrechenbarkeit des Übertragungsgewinns bei Rückbezug von Umwandlungen nach § 2 Abs. 1 u. Abs. 4 UmwStG

466 Bei einer Umwandlung kann ein Übertragungsgewinn entstehen, der grundsätzlich mit einem vorhandenen Verlustvortrag verrechnet werden kann. Allerdings schränkt § 2 Abs. 4 Satz 1 UmwStG i. d. F. des JStG 2009 v. 19.12.2008[3] die Verrechenbarkeit dieses Übertragungsgewinns in Fällen der steuerlichen Rückwirkung der Umwandlung nach § 2 Abs. 1 UmwStG ein. Danach darf der Übertragungsgewinn nur dann mit noch nicht genutzten Verlusten verrechnet werden, wenn dem übertragenden Rechtsträger die Verlustnutzung auch ohne Anwendung des § 2 Abs. 1 u. 2 UmwStG möglich gewesen wäre.

Ausgeschlossen ist damit eine Verrechnung, wenn zunächst eine nach § 8c Abs. 1 KStG schädlicher Beteiligungserwerb stattfindet und anschließend eine Umwandlung erfolgt, die auf einen Zeitpunkt vor dem schädlichen Beteiligungserwerb nach § 2 Abs. 1 UmwStG rückbezogen wird; der sich aufgrund dieser Umwandlung ergebende Übertragungsgewinn ist zwar nach § 2 Abs. 1 UmwStG rückwirkend entstanden, d. h. vor dem schädlichen Beteiligungserwerb, kann aber nach § 2 Abs. 4 UmwStG nicht mehr mit den vor dem schädlichen Beteiligungserwerb vorhandenen nicht genutzten Verlusten verrechnet werden. Die Neuregelung in § 2 Abs. 4 UmwStG soll verhindern, dass durch die steuerliche Rückwirkung des § 2 Abs. 1 UmwStG der

---

[1] BMF, Schreiben v. 28.11.2017, BStBl 2017 I S. 1645, Rz. 14.
[2] *Dötsch/Leibner* in DPM KStG § 8c Rz. 81; *Franz/Schick*, DB 2008 S. 1987, 1992; a. A. BMF, Schreiben v. 28.11.2017, BStBl 2017 I S. 1645, Rz. 15; R/H/*Neumann* KStG § 8c Rz. 115.
[3] BGBl 2009 I S. 2794.

nach § 8c Abs. 1 KStG untergegangene Verlust noch für eine Verrechnung mit dem Übertragungsgewinn genutzt werden kann.[1]

BEISPIEL: Die M-AG überträgt am 1.3.2016 ihre 100%ige Beteiligung an der Verlust-GmbH auf die E-GmbH. Am 1.4.2016 wird die Verlust-GmbH auf die E-GmbH verschmolzen, und zwar nach § 2 Abs. 1 UmwStG mit Rückwirkung auf den 1.1.2016. Aufgrund der Verschmelzung entsteht ein Übertragungsgewinn bei der Verlust-GmbH zum 1.1.2016, der nicht mit ihrem Verlustvortrag zum 31.12.2015 verrechnet werden kann. Denn ohne Anwendung des § 2 Abs. 1 UmwStG, also ohne Rückbezug der Umwandlung, wäre der Übertragungsgewinn erst am 1.4.2016 steuerlich entstanden und damit nach der schädlichen Anteilsübertragung am 1.3.2016, die nach § 8c Abs. 1 Satz 1 KStG zum vollständigen Verlustuntergang geführt hatte. Die Regelung hat mit der Einführung der Stille-Reserven-Klausel erheblich an Bedeutung verloren.[2]

Auch ein im **Rückwirkungszeitraum**, d. h. zwischen steuerlichem Übertragungsstichtag und Eintragung der Umwandlung im Handelsregister entstandener Verlust kann mit dem „Übertragungsgewinn" nicht verrechnet werden, sofern der schädliche Beteiligungserwerb vor der Umwandlung erfolgt ist. Dies ergibt sich aus dem kaum verständlichen Wortlaut des § 2 Abs. 4 Satz 2 UmwStG i. d. F. des JStG 2009 v. 19.12.2008.[3] Da negative Einkünfte, d. h. **ein laufender Verlust des übertragenden Rechtsträgers im Rückwirkungszeitraum**, keine Auswirkung auf den Übertragungsgewinn haben können, ist die entsprechende Anwendung des Satzes 1 so zu verstehen, dass dieser Verlust von dem übernehmenden Rechtsträger nicht genutzt werden kann. Obwohl der Verlust des Rückwirkungszeitraums dem übernehmenden Rechtsträger (im Beispiel: der E-GmbH) zuzurechnen ist, kann er vom übernehmenden Rechtsträger nicht mit eigenen Gewinnen verrechnet werden.[4]

§ 2 Abs. 4 UmwStG schränkt entsprechend auch die Verrechenbarkeit eines **gewerbesteuerlichen Verlustvortrags** nach § 10a GewStG, eines EBITDA-Vortrags nach § 4h Abs. 1 Satz 3 EStG sowie eines Zinsvortrags nach § 4h Abs. 1 Satz 5 EStG ein. Über § 20 Abs. 6 UmwStG i. d. F. des JStG 2009 gilt § 2 Abs. 4 UmwStG auch bei **Einbringungen**.

Der **zeitliche Anwendungsbereich** von § 2 Abs. 4, § 20 Abs. 6 UmwStG bestimmt sich nach § 27 Abs. 9 Satz 1 UmwStG i. d. F. des JStG 2009 erstmals für Umwandlungen und Einbringungen, bei denen der schädliche Beteiligungserwerb (d. h. die Anteilsübertragung) nach dem 28.11.2008, dem Zeitpunkt des Bundestagsbeschlusses, erfolgt ist. Ist die schädliche Anteilsübertragung hingegen bis zum 28.11.2008 getätigt worden, gilt § 2 Abs. 4 UmwStG nicht, so dass z. B. der Übertragungsgewinn mit dem Verlustvortrag noch verrechnet werden kann. Außerdem gelten die Neuregelungen des § 2 Abs. 4 UmwStG sowie des § 20 Abs. 6 UmwStG nach § 27 Abs. 9 Satz 2 UmwStG i. d. F. des JStG 2009 nicht, wenn sich

▶ Veräußerer und Erwerber spätestens am 28.11.2008 über den später vollzogenen schädlichen Anteilserwerb oder ein anderes die Verlustnutzung schädliches Ereignis einig waren; hierfür genügt ein Vorvertrag oder die Verwirklichung von Teilschritten wie z. B. ein bereits gestellter Antrag auf eine kartellrechtliche Genehmigung oder eine konkrete öffentliche Ankündigung,[5]

▶ der übernehmende Rechtsträger dies anhand schriftlicher Unterlagen nachweist und

---

[1] BT-Drucks. 16/11108 S. 40.
[2] *Schnitger*, DB 2011 S. 1718, Beispiele 6 u. 7.
[3] BGBl 2009 I S. 2794.
[4] *Beinert/Benecke*, Ubg 2009 S. 169; *Brandis* in Blümich, KStG § 8c Rz. 23b.
[5] BT-Drucks. 16/11108 S. 41 f.

▶ die Anmeldung zur Eintragung der Umwandlung im Handelsregister bis zum 31.12.2009 erfolgt ist; bei Einbringungen muss der Übergang des wirtschaftlichen Eigentums bis zu diesem Zeitpunkt erfolgt sein.

c) Weitere Zweifelsfragen bei steuerlicher Rückbeziehung nach § 2 Abs. 1 UmwStG

469 Soweit man die steuerliche Rückbeziehung des § 2 Abs. 1 UmwStG im Rahmen des § 8c Abs. 1 KStG für unmaßgeblich hält (→ Rz. 464), wirkt sich eine Rückbeziehung **weder bei der Berechnung des Fünf-Jahres-Zeitraums noch beim zeitlichen Geltungsbereich des § 8c Abs. 1 KStG** aus.

▶ So ist eine Umwandlung, die nach Ablauf des Fünf-Jahres-Zeitraums gem. § 2 Abs. 1 UmwStG auf einen Zeitpunkt innerhalb des Fünf-Jahres-Zeitraums steuerlich rückbezogen wird, steuerlich unschädlich.

BEISPIEL: ▶ Am 1.1.09 überträgt A auf E 45 % an der Verlust-GmbH. Am 1.2.14, also nach Ablauf von fünf Jahren, wird die E-GmbH, dessen Anteilseigner der E ist, auf die Verlust-GmbH rückwirkend zum 31.12.13 gem. § 2 Abs. 1 UmwStG verschmolzen, so dass E mit weiteren 10 % an der Verlust-GmbH beteiligt wird. Die Eintragung im Handelsregister erfolgt am 1.6.14. Im Rahmen des § 8c Abs. 1 KStG hat die Rückbeziehung des § 2 Abs. 1 UmwStG keine Bedeutung, so dass innerhalb eines Zeitraums von fünf Jahren lediglich 45 % übertragen worden sind. Nach der Gegenauffassung wäre hingegen der 31.12.13 der maßgebliche Übertragungsstichtag für die Umwandlung, so dass innerhalb von fünf Jahren 55 % übertragen worden wären und der Verlust nach § 8c Abs. 1 Satz 1 KStG in voller Höhe untergehen würde.

▶ Eine Anfang des Jahres 2008 vorgenommene Umwandlung der Verlustgesellschaft kann nicht auf einen Tag des Jahres 2007 steuerlich rückbezogen werden mit der Folge, dass § 8c Abs. 1 KStG zeitlich noch gar nicht anwendbar ist.[1]

▶ Eine konzerninterne Verschmelzung im Jahr 2010, die mit steuerlicher Rückwirkung in das Jahr 2009 vorgenommen wird, ist nach § 8c Abs. 1 Satz 4 KStG begünstigt. § 8c Abs. 1 Satz 4 KStG gilt nur für Beteiligungserwerbe nach dem 31.12.2009 (§ 34 Abs. 7b Satz 2 KStG i. d. F. vom 22.12.2009); dieses Kriterium ist erfüllt, weil die steuerliche Rückwirkung nach § 2 Abs. 1 UmwStG unbeachtlich ist.

470–472 *(Einstweilen frei)*

V. Von § 8c Abs. 1 KStG nicht erfasste Verluste

1. Kein Verlustuntergang bei Forderungsverzicht gegen Besserungsschein

473 § 8c Abs. 1 KStG erfasst nicht den Verlust (Aufwand), der sich aus der gewinnmindernden Wiedereinbuchung einer Verbindlichkeit ergibt, die zuvor vom Gläubiger-Gesellschafter durch einen Forderungsverzicht gegen Besserungsschein erlassen worden war.[2] § 8c Abs. 1 KStG ist nicht anwendbar, weil es nicht um Verluste geht, die vor dem schädlichen Beteiligungserwerb entstanden sind, sondern weil die Wiedereinbuchung der Verbindlichkeit zu Aufwand führt, der **nach** dem schädlichen Beteiligungserwerb entsteht.

---

[1] → Rz. 93 zum zeitlichen Anwendungsbereich.
[2] *Frotscher*/Drüen KStG § 8c Rz. 83a; *Roser*, DStR 2008 S. 77, 81; *Pohl*, DB 2008 S. 1531, 1532; *Bildstein/Dallwitz*, DStR 2009 S. 1177; *Lang* in Bott/Walter KStG § 8c Rz. 103.

Der vom Gesellschafter erklärte Forderungsverzicht gegen Besserungsschein ermöglicht der Kapitalgesellschaft zunächst eine gewinnerhöhende Ausbuchung der Verbindlichkeit, so dass dieser Gewinn mit dem Verlustvortrag verrechnet werden kann; soweit die Forderung des Gesellschafters werthaltig ist, entfällt eine Gewinnkorrektur durch Ansatz einer verdeckten Einlage. Bei einer anschließenden steuerschädlichen Übertragung der Anteile geht der Verlust somit nur in geringerem Umfang unter. Dem Erwerber der Anteile wird zugleich auch die Besserungsanwartschaft an der Forderung abgetreten. Erholt sich die Kapitalgesellschaft später wieder, muss sie die Verbindlichkeit gewinnmindernd zzgl. der während der Krise entstandenen Zinsen[1] einbuchen. Damit wird im Ergebnis der nicht genutzte Verlust in die Zeit nach dem schädlichen Beteiligungserwerb transferiert und eine Anwendung des § 8c Abs. 1 KStG vermieden.

Im Rahmen des § 8 Abs. 4 KStG hatte das BMF den Aufwand aus der Wiedereinbuchung der Verbindlichkeit steuerlich nicht anerkannt.[2] Das BMF-Schreiben zu § 8c KStG greift diesen Gedanken zwar nicht auf, jedoch bestätigte das FG München in einem Urteil v. 22.2.2011 zu § 8 Abs. 4 KStG mit grundsätzlichen Überlegungen, dass ein Gestaltungsmissbrauch vorliegen könne, wenn bei zeitnaher Übertragung der Geschäftsanteile sowie einer Forderung mit Besserungsanwartschaft auf diese Forderung geleistet werde.[3]

Dieses Urteil wurde aber von dem BFH mit der Begründung aufgehoben, dass sich entgegen der Sichtweise des FG München aus der Regelung des § 8 Abs. 4 KStG 1999 keine grundsätzliche Wertentscheidung des Gesetzes entnehmen lasse, die es über § 42 AO a. F. im Fall einer schädlichen Anteilsübertragung ermögliche, neben dem gesetzlich geregelten Ausschluss des Verlustabzugs nach § 10d EStG 1997 auch andere, dort nicht ausgesprochene Formen der Verlustkonservierung als ausgeschlossen anzusehen. Der BFH kommt zu dem Ergebnis, dass ein Forderungsverzicht gegen Besserungsschein im Zusammenhang mit einer Veräußerung eines GmbH-Mantels grundsätzlich nicht missbräuchlich sei.[4] Damit kann der Forderungsverzicht mit Besserungsschein auch im Fall eines schädlichen Beteiligungserwerbs nach § 8c KStG zur Steuergestaltung genutzt werden.[5]

Änderungen ergeben sich beim Forderungsverzicht mit Besserungsschein aber aufgrund des UntStRefG 2008 v. 14.8.2007 beim Erwerber der Anteile und der Besserungsanwartschaft, wenn er die Beteiligung an der Verlustgesellschaft im Privatvermögen hält: Die Rückzahlung der Kapitalforderung durch die Verlustgesellschaft nach Eintritt der Besserung ist nach § 20 Abs. 2 Satz 1 Nr. 7 und Satz 2 EStG i. d. F. des UntStRefG 2008 wie eine **steuerpflichtige Veräußerung einer Kapitalforderung** anzusehen[6] und damit als Einkünfte aus Kapitalvermögen zu versteuern. Ist der Erwerber mit mehr als 10 % an der Verlustgesellschaft beteiligt, kommt zudem die Abgeltungsteuer nach § 32d Abs. 2 Nr. 1 Buchst. b EStG nicht zur Anwendung.[7]

---

[1] BFH, Urteil v. 30.5.1990 - I R 41/87, BStBl 1991 II S. 588.
[2] BMF, Schreiben v. 2.12.2003, BStBl 2003 I S. 648, Rz. 2 Buchst. d.
[3] FG München, Urteil v. 22.2.2011 - 6 K 1451/08, NWB NAAAD-81553.
[4] BFH, Urteil v. 12.7.2012 - I R 23/11, GmbHR 2012 S. 1188, mit Anm. *Hoffmann* = NWB IAAAE-19325.
[5] *Dörr/Eggert*, NWB 2013 S. 22; *Deppe*, NWB 2014, Beilage 2/2014 S. 5; *Dötsch/Leibner* in DPM KStG § 8c Rz. 315.
[6] *Neumann/Stimpel*, GmbHR 2007 S. 1194, 1201; vgl. hingegen *Korn*, GmbHR 2007 S. 624, 628, der § 20 Abs. 1 Nr. 7 EStG bejaht; a. A. *Pohl*, DB 2008 S. 1531, 1533, der im Besserungsschein keine Kapitalforderung, sondern nur eine Anwartschaft sieht, die nicht von § 20 EStG erfasst wird.
[7] *Neumann/Stimpel*, GmbHR 2007 S. 1194, 1201.

2. Kein Ausschluss des Verlustrücktrags

475 § 8c Abs. 1 KStG wirkt sich nicht auf den Verlustrücktrag aus.[1] Daher können Verluste, die nach dem schädlichen Beteiligungserwerb entstehen, nach Maßgabe des § 10d Abs. 1 EStG i.V.m. § 8 Abs. 1 KStG in **Veranlagungszeiträume, die vor der Übertragung liegen, zurückgetragen werden** und mit Gewinnen aus der Zeit vor der Übertragung verrechnet werden.[2]

> **BEISPIEL:** A überträgt einen Anteil von 60% an der Verlust-GmbH am 1.1.16. Bis dahin hat die Verlust-GmbH erfolgreich gewirtschaftet und Gewinne erzielt. Im Jahr 16 erleidet die Verlust-GmbH einen Verlust, der nach § 10d Abs. 1 Satz 1 EStG i.V.m. § 8 Abs. 1 KStG in das Jahr 15 zurückgetragen werden kann.

476 Die Rücktragsmöglichkeit in Veranlagungszeiträume vor dem schädlichen Beteiligungserwerb (→ Rz. 475) sollte bei der **Abfassung von Steuerklauseln** im Rahmen der Anteilsübertragung berücksichtigt werden, da sich durch den Verlustrücktrag die Gewinne aus der Zeit vor dem Anteilseignerwechsel mindern können.

477–485 *(Einstweilen frei)*

VI. Kein Ausgleichsanspruch der Mitgesellschafter

486 Geht aufgrund der Anteilsübertragung durch einen Gesellschafter der Verlust nach § 8c Abs. 1 Satz 1 KStG unter, haben im Regelfall weder die Kapitalgesellschaft noch die verbleibenden Gesellschafter einen zivilrechtlichen Ausgleichsanspruch gegen den übertragenden Mitgesellschafter. Eine Verletzung der Treuepflicht durch Übertragung von Gesellschaftsanteilen ist nicht zu bejahen, da es sich bei dem Recht der Anteilsübertragung nach § 15 GmbHG um ein eigennütziges Recht des Gesellschafters handelt, das gegenüber dem Gesellschaftsinteresse nicht zurückstehen muss. Eine Schadensersatzpflicht kann ausnahmsweise nur dann angenommen werden, wenn der Gesellschafter die Anteilsübertragung vornimmt, um die Mitgesellschafter oder die Kapitalgesellschaft zu schädigen.

487 Eine **Regelung im Gesellschaftsvertrag**, die Schadensersatzansprüche für den Fall des schädlichen Übertragungsvorgangs vorsieht, ist zwar bei der GmbH theoretisch möglich;[3] bei der AG bestehen aber Bedenken gegen Satzungsregelungen, durch die die Verkehrsfähigkeit der Aktien eingeschränkt wird,[4] sowie gegen Kompensationsklauseln, die über § 54 Abs. 1 AktG hinaus gehen, wonach der Aktionär nur zur Leistung der Einlage verpflichtet ist, und im Gegensatz zu § 55 Abs. 1 AktG Geldleistungen vorsehen.[5] Zudem ist zu berücksichtigen, dass auch eine zunächst unschädliche Übertragung durch einen Gesellschafter auf einen Erwerber aufgrund einer späteren Übertragung durch einen anderen Mitgesellschafter auf denselben Erwerber noch schädlich werden kann. Außerdem ist im Übertragungszeitpunkt der spätere Schadenseintritt weder hinreichend sicher, da noch nicht feststeht, ob die Verlustgesellschaft überhaupt wieder Gewinne erzielen wird, noch kann ein etwaiger Schaden genau ermittelt werden; hinsichtlich der Höhe kann ggf. auf die Höhe der aktiv latenten Steuern nach § 274 Abs. 1 Satz 4 HGB abgestellt werden.[6]

---

[1] Zur Rücktragsmöglichkeit des vor dem schädlichen Beteiligungserwerb entstandenen laufenden Verlusts → Rz. 438.
[2] *Lang*, DStZ 2007 S. 652, 659.
[3] *Wiese*, DStR 2007 S. 741, 745.
[4] *Suchanek* in HHR KStG § 8c Rz. 4.
[5] *Rodewald/Pohl*, DStR 2008 S. 724, 729.
[6] *Schildknecht/Riehl*, DStR 2009 S. 117, 118 ff.

Denkbar ist auch eine **Beschränkung der Veräußerbarkeit** von Anteilen durch die Satzung. In Betracht kommt hier die Vinkulierung nach § 15 Abs. 5 GmbHG oder § 68 Abs. 2 Satz 1 AktG, wenn die Anteilseigner zustimmen. Hierdurch wird jedoch die Verkehrsfähigkeit der Anteile erheblich eingeschränkt, und es drohen Rechtsstreitigkeiten, ob die Kapitalgesellschaft der Übertragung zustimmen muss.[1] Da auch eine Kapitalerhöhung die Folgen des § 8c Abs. 1 KStG auslösen kann (→ Rz. 204 ff.), kann hinsichtlich des Zustimmungserfordernisses für eine Kapitalerhöhung Einstimmigkeit anstelle der nach § 182 Abs. 1 Satz 1 AktG vorgesehenen Dreiviertelmehrheit vereinbart werden; dies führt jedoch zu einer größeren finanziellen Unbeweglichkeit der Kapitalgesellschaft hinsichtlich der Ausgestaltung ihres Eigenkapitals.

488

Die Kapitalgesellschaft kann einer drohenden steuerschädlichen Übertragung zuvorkommen, indem sie den **Anteil selbst erwirbt**, sofern der entsprechende Gesellschafter zustimmt und die Kapitalgesellschaft über die erforderlichen finanziellen Mittel zum Kauf verfügt; bei der AG ist zudem § 71 AktG zu beachten. Der Erwerb eigener Anteile stellt zwar keine Übertragung i. S. v. § 8c Abs. 1 KStG dar (→ Rz. 151), kann aber als vergleichbarer Sachverhalt und damit schädlicher Beteiligungserwerb angesehen werden, wenn es hierdurch zu einer Veränderung der Beteiligungsquote von mehr als 50 Prozentpunkten kommt (→ Rz. 318).

489

(Einstweilen frei) 490–496

VII. Verfahrensrechtliche Umsetzung des Verlustuntergangs nach § 8c Abs. 1 KStG

1. Umsetzung im Verlustfeststellungsbescheid

Die Rechtsfolgen nach § 8c Abs. 1 KStG werden in dem Bescheid über die gesonderte Feststellung des verbleibenden Verlustabzugs zur Körperschaftsteuer nach § 10d Abs. 4 EStG **zum 31. 12. des Jahres gezogen, in dem der schädliche Beteiligungserwerb stattgefunden hat**, d. h. in dem die Schädlichkeitsgrenze des § 8c Abs. 1 Satz 1 KStG überschritten worden ist.

497

> **BEISPIEL:** Zum 31.12.15 ist für die Verlust-GmbH ein Verlustvortrag i. H. v. 100.000 € festgestellt worden. Im Jahr 16 erwirtschaftet die Verlust-GmbH einen Verlust von 20.000 €. Am 30.6.16 werden 60 % der Anteile an der Verlust-GmbH an E veräußert. Nach § 8c Abs. 1 Satz 1 KStG geht der Verlustvortrag (= 100.000 €) sowie der laufende Verlust (= 10.000 €) unter. Zum 31.12.16 ist daher der verbleibende Verlustabzug i. H. v. 10.000 € festzustellen.

Strittig ist, wann bei einem **abweichenden Wj.** die Verlustfeststellung zu erfolgen hat, wenn der schädliche Beteiligungserwerb nach Ablauf des Wj., aber vor Ablauf des Kalenderjahrs erfolgt. Aufgrund des Verlustfeststellungszeitpunktes zum 31. 12. sollte der schädliche Beteiligungserwerb bereits in dem Feststellungsbescheid für das betreffende Kalenderjahr zu berücksichtigen sein. Dieser Bescheid erfasst aber nicht den laufenden Verlust, der nach Ablauf des Wj. bis zu dem schädlichen Beteiligungserwerb entstanden ist, d. h., insofern erfolgt die Verlustkürzung erst in dem Feststellungsbescheid des Folgejahres.[2]

Werden in dem Verlustfeststellungsbescheid zum 31. 12. des Übertragungsjahres **die Rechtsfolgen des § 8c Abs. 1 KStG versehentlich nicht umgesetzt**, kann dieser Fehler nicht in dem Ver-

498

---

[1] Kritisch zur Praktikabilität einer Vinkulierungsklausel *Schildknecht/Riehl*, DStR 2009 S. 117, 118.
[2] Vgl. FG Baden-Württemberg, Urteil v. 15.12.2005 - 3 K 284/01, EFG 2006 S. 761 zu § 8 Abs. 4 KStG; BMF, Schreiben v. 28.11.2017, BStBl 2017 I S. 1645, Rz. 36; *Dötsch/Leibner* in DPM KStG § 8c Rz. 251; a. A. zu § 10a GewStG BFH, Urteil v. 3.2.2010 - IV R 59/07, BFH/NV 2010 S. 1492 = NWB EAAAD-44393; FG Düsseldorf, Urteil v. 28.10.2010 - 11 K 3637/09, EFG 2011 S. 477; vgl. *Suchanek*, FR 2013 S. 349.

lustfeststellungsbescheid eines Folgejahres berichtigt werden. Denn der (unrichtige) Verlustfeststellungsbescheid zum 31.12. des Übertragungsjahres ist ein Grundlagenbescheid für jeden folgenden Verlustfeststellungsbescheid und damit bindend.[1] Es bedarf dann einer Änderung des Verlustfeststellungsbescheids des Übertragungsjahres, die jedoch nur möglich ist, wenn eine Änderungsvorschrift gem. §§ 164 f., 172 ff. AO greift. Wird im folgenden Wirtschaftsjahr auf den Zeitpunkt bis zum schädlichen Ereignis ein Gewinn erzielt, bleiben nicht genutzte Verluste aus dem vorangegengenen Wirtschaftsjahr entsprechend abziehbar (→ Rz. 439). Der Verlustfeststellungsbescheid für das betreffende Kalenderjahr ist somit zu ändern. Ist das Ergebnis noch nicht bekannt, ist der Verlust gem. § 165 Abs. 1 Satz 1 AO vorläufig festzustellen.[2]

2. Umsetzung im Körperschaftsteuerbescheid

Weiterhin kann sich § 8c Abs. 1 KStG in folgenden Fällen auch im Körperschaftsteuerbescheid des Übertragungsjahres auswirken:

▶ Im Übertragungsjahr ist vor dem Übertragungsstichtag ein laufender Verlust entstanden, der nach § 8c Abs. 1 KStG untergeht und daher nicht mit dem laufenden Gewinn, der nach der Übertragung im Übertragungsjahr entstanden ist, verrechnet werden darf (→ Rz. 437). Im Körperschaftsteuerbescheid ist dann nur der Gewinn aus dem Zeitraum nach dem Übertragungsstichtag anzusetzen. Der Gewinn laut Steuerbilanz ist somit um den Verlust, der vor dem Übertragungsstichtag entstanden ist, außerbilanziell zu erhöhen.

> **BEISPIEL:** Anteilseigner A überträgt am 1.7.16 seine 100%ige Beteiligung an der Verlust-GmbH auf E. Die Verlust-GmbH erzielt in 16 einen Verlust i. H. v. 20.000 €, der sich aus einem Verlust des 1. Halbjahres von 30.000 € und einem Gewinn des 2. Halbjahres von 10.000 € zusammensetzt. Nach § 8c Abs. 1 Satz 1 KStG geht der laufende Verlust des 1. Halbjahres 16 i. H. v. 30.000 € unter. Der Gesamtjahresverlust von 20.000 € laut Jahresabschluss ist daher außerbilanziell um den Verlust des 1. Halbjahres zu mindern, so dass der Körperschaftsteuerbescheid 2016 ein positiv zu versteuerndes Einkommen der Verlust-GmbH i. H. v. 10.000 € ausweist. Ein Verlustvortrag zum 31.12.16 ist somit nach § 10d Abs. 4 EStG i. V. m. § 8 Abs. 1 KStG nicht gesondert festzustellen.

▶ Zum 31.12. des Vorjahres ist ein Verlustvortrag festgestellt worden, der nach § 8c Abs. 1 KStG untergeht, und **im Übertragungsjahr entsteht ein Gewinn**. Von diesem Gewinn darf der Verlustvortrag abgezogen werden, so dass der Gewinn lediglich geschmälert zu versteuern ist. In der Körperschaftsteuererklärung darf daher ein Verlustvortrag geltend gemacht werden, auf den die Mindestgewinnbesteuerung m. E. keine Anwendung findet (→ Rz. 440).

> **BEISPIEL:** Zum 31.12.15 ergibt sich ein Verlustvortrag für die Verlust-GmbH i. H. v. 10.000 €. Am 1.7.16 überträgt der alleinige Anteilseigner A seine Beteiligung auf E. In 16 erzielt die Verlust-GmbH einen Gewinn von 120.000 €, der i. H. v. 6/12 (= 60.000 €) auf das 1. Halbjahr 16 entfällt. Der zum 31.12.15 festgestellte Verlustvortrag würde zwar nach § 8c Abs. 1 Satz 1 KStG vollständig untergehen. Er kann aber von dem bis zum Übertragungsstichtag entstandenen laufenden Gewinn von 60.000 € abgezogen werden (→ Rz. 439). Die Verlust-GmbH kann daher in ihrer Steuererklärung für 16 einen Verlustabzug aus dem Jahr 15 i. H. v. 10.000 € geltend machen, so dass sie ein Einkommen von 110.000 € versteuern muss.

---

[1] BFH, Urteil v. 22.10.2003 - I R 18/02, BStBl 2004 II S. 468.
[2] BMF, Schreiben v. 28.11.2017, BStBl 2017 I S. 1645, Rz. 36; vgl. *Neumann/Heuser*, GmbHR 2018 S. 21, 27.

3. Umsetzung im Bescheid über die gesonderte Feststellung bei nachgeschalteten Personengesellschaften

Der Verlustuntergang nach § 8c Abs. 1 KStG kann sich verfahrensrechtlich auch im Bescheid über die **gesonderte Feststellung von Verlusten** gem. § 179 Abs. 1 AO auswirken, soweit es um den Untergang gesondert festzustellender Verluste geht (→ Rz. 434). Relevant wird dies, wenn die Verlust-Kapitalgesellschaft an einer Personengesellschaft beteiligt ist und bei dieser verrechenbare Verluste i. S. v. § 15a Abs. 4 Satz 1 EStG vorhanden sind. Bei einer steuerschädlichen Übertragung von Anteilen an der Verlust-Kapitalgesellschaft geht der verrechenbare Verlust, der ein nicht genutzter Verlust i. S. v. § 8c Abs. 1 KStG ist, auf der Ebene der Personengesellschaft nach § 8c Abs. 1 KStG unter. Diese Rechtsfolge ist im Bescheid über die **gesonderte Feststellung des verrechenbaren Verlustes gem. § 15a Abs. 4 Satz 1 EStG** zu ziehen, nicht im Bescheid über die einheitliche und gesonderte Feststellung. Der Verwaltungsakt nach § 15a Abs. 4 Satz 1 EStG wird üblicherweise mit dem Verwaltungsakt über die einheitliche und gesonderte Feststellung zu einem gemeinsamen Bescheid nach § 15a Abs. 4 Satz 5 EStG verbunden; es handelt sich aber um zwei verschiedene Verwaltungsakte, die gesondert angefochten werden können (und müssen).[1]

500

BEISPIEL: ▸ A ist Alleingesellschafter der Verlust-GmbH, die alleinige vermögensmäßig beteiligte Kommanditistin der X-KG ist. Der zum 31.12.15 gesondert festgestellte verrechenbare Verlust i. S. v. § 15a Abs. 4 EStG beläuft sich auf 1 Mio. €. A veräußert am 1.1.16 einen Anteil von 70 % seiner Beteiligung an der Verlust-GmbH an E. Die X-KG erzielt in 16 einen Verlust von 10.000 €; Einlagen leistet die Verlust-GmbH nicht. Der zum 31.12.15 gesondert festgestellte verrechenbare Verlust gem. § 15a Abs. 4 EStG geht nach § 8c Abs. 1 Satz 1 KStG vollständig unter. Der zum 31.12.16 festzustellende Verlust i. S. v. § 15a Abs. 4 EStG ist daher um den Betrag von 1 Mio. € zu kürzen, so dass sich zum 31.12.16 nur ein Verlustvortrag gem. § 15a Abs. 4 EStG i. H. v. 10.000 € ergibt.

Die Kürzung im Feststellungsbescheid nach § 15a Abs. 4 Satz 1 EStG setzt voraus, dass das für die Veranlagung der Kapitalgesellschaft zuständige Finanzamt das für die Personengesellschaft zuständige Feststellungs-Finanzamt von der steuerschädlichen Übertragung nach § 8c Abs. 1 KStG informiert.

4. Rechtsbehelfsmöglichkeiten

Will sich die Kapitalgesellschaft gegen die Anwendung des § 8c Abs. 1 KStG wehren, muss sie die Bescheide, in denen sich § 8c Abs. 1 KStG auswirkt, mit einem **Einspruch anfechten**. Dies wird regelmäßig der Verlustfeststellungsbescheid des Übertragungsjahres sein (→ Rz. 497), kann aber auch der Körperschaftsteuerbescheid sein (→ Rz. 499). Erfolgt die Kürzung im Fall der nachgeschalteten Personengesellschaft im Bescheid über die gesonderte Feststellung nach § 15a Abs. 4 Satz 1 EStG, ist dieser Verwaltungsakt – und nicht der Verwaltungsakt über die einheitliche und gesonderte Feststellung von Einkünften der Personengesellschaft – anzufechten (→ Rz. 500); die Einspruchs- und Klagebefugnis der Verlustgesellschaft als Kommanditistin folgt in diesem Fall aus § 352 Abs. 1 Nr. 5 AO, § 48 Abs. 1 Nr. 5 FGO.[2]

501

Im Hinblick auf die Prüfung des § 8c Abs. 1 KStG durch das BVerfG (→ Rz. 62) sollten die Bescheide, in denen sich der Verlustuntergang auswirkt, in jedem Fall durch Einspruch **offen gehalten** und das Einspruchsverfahren ggf. nach § 363 Abs. 2 AO zum Ruhen gebracht werden.

502

---

[1] BFH, Urteil v. 23.2.1999 - VIII R 29/98, BStBl 1999 II S. 592.

[2] BFH, Urteil v. 20.11.2006 - VIII R 33/05, BStBl 2007 II S. 261.

503 Die rückwirkende Aufhebung des § 8c Satz 1 bzw. § 8c Abs. 1 Satz 1 KStG durch das UStAVermG (→ Rz. 10), d. h. der Wegfall des quotal schädlichen Beteiligungserwerbs, hat keine Auswirkung auf bereits (materiell) bestandskräftige Bescheide, da die rückwirkende Gesetzesänderung kein rückwirkendes Ereignis i. S. d. § 175 Abs. 1 Satz 1 Nr. 2 AO ist. Von der Möglichkeit einer gesetzlich zugelassenen Durchbrechung der Bestandskraft i. S. d. § 172 Abs. 1 Satz 1 Nr. 2 Buchst. d AO hat der Gesetzgeber leider keinen Gebrauch gemacht.[1]

504–512 *(Einstweilen frei)*

D. Tatbestandsvoraussetzungen des § 8c Abs. 1a KStG

I. Überblick

513 § 8c Abs. 1a Satz 1 KStG begünstigt den Beteiligungserwerb zum Zweck der Sanierung des Geschäftsbetriebs der Körperschaft. Beteiligungserwerbe, die unter die Sanierungsklausel fallen, bleiben für die Ermittlung eines schädlichen Beteiligungserwerbs unbeachtlich. Der Begriff der Sanierung ist in Satz 2 definiert und enthält zwei Tatbestandsmerkmale:

▶ Zum einen muss die Maßnahme darauf gerichtet sein, die Zahlungsunfähigkeit oder Überschuldung entweder zu beseitigen oder zu verhindern, und

▶ zum anderen müssen die wesentlichen Betriebsstrukturen erhalten bleiben.

Die Voraussetzungen für den Erhalt der wesentlichen Betriebsstrukturen werden in Satz 3 Nr. 1 bis Nr. 3 erläutert. Einen Ausschluss der Sanierungsklausel enthält Abs. 1a Satz 4, der die Fälle der wirtschaftlichen Neugründung betrifft, nämlich die bereits eingestellte Körperschaft und den Branchenwechsel nach Anteilserwerb. § 8c Abs. 1a KStG sollte zunächst nur für Beteiligungserwerbe vom 1.1.2008 bis 31.12.2009 gelten; durch das Wachstumsbeschleunigungsgesetz wurde die Befristung aber aufgehoben, so dass Abs. 1a unbefristet seit dem 1.1.2008 galt (→ Rz. 5). Mit dem EU-Beitreibungsgesetz vom 13.12.2011 wurde die Sanierungsklausel als Folge des Beschlusses der Kommission vom 26.1.2011 in dem Beihilfeverfahren gegen Deutschland (→ Rz. 635 ff.) suspendiert (→ Rz. 7). Die **Suspendierung** wurde durch das UStAVermG v. 11.12.2018 **rückwirkend aufgehoben** (→ Rz. 10).

514–519 *(Einstweilen frei)*

II. Sanierungszweck

1. Verhinderung oder Beseitigung der Zahlungsunfähigkeit oder Überschuldung

a) Überschuldung

520 Der Sanierungszweck ist nach Abs. 1a Satz 2 gegeben, wenn der Beteiligungserwerb darauf gerichtet ist, die Überschuldung zu verhindern oder zu beseitigen. Aus dem Erfordernis einer (drohenden oder eingetretenen) Überschuldung ergibt sich damit die **Sanierungsbedürftigkeit** der Verlustgesellschaft als Voraussetzung für die Anwendung des § 8c Abs. 1a KStG. Zum Zeitpunkt des Beteiligungserwerbs s. → Rz. 585.

---

[1] Vgl. Förster/Hechtner, DB 2019 S. 10, 12 f.

Absatz 1a Satz 2 lehnt sich an das insolvenzrechtliche Sanierungsprivileg des § 39 Abs. 4 Satz 2, Abs. 1 Nr. 5 InsO i. d. F. des MoMiG v. 23.10.2008[1] an, der den aufgehobenen § 32a Abs. 3 Satz 3 GmbHG a. F. ersetzt:[2] Insolvenzrechtlich wird nach § 39 Abs. 4 Satz 2, Abs. 1 Nr. 5 InsO ein Darlehen des Neugesellschafters bis zur nachhaltigen Sanierung nicht als nachrangig behandelt, wenn der Gesellschaft die Zahlungsunfähigkeit oder Überschuldung droht oder bereits eingetreten ist und der Neugesellschafter (und Darlehensgeber) die Anteile zum Zweck der Sanierung erworben hat.

Der Begriff der **Überschuldung** bestimmt sich nach § 19 Abs. 2 Satz 1 InsO i. d. F. des FMStG v. 17.10.2008, der nur befristet bis zum 31.12.2013 galt.[3] Nach dieser Vorschrift liegt eine Überschuldung vor, wenn das Vermögen des Schuldners die bestehenden Verbindlichkeiten nicht mehr deckt und eine Fortführung des Unternehmens nicht überwiegend wahrscheinlich ist. Erforderlich ist damit eine sog. modifizierte zweistufige Prüfung: Im ersten Schritt ist zu prüfen, ob die Fortführungsprognose positiv ausfällt, d. h. ob nach überwiegender Wahrscheinlichkeit die Finanzkraft des Unternehmens mittelfristig – hier wird man auf das laufende und das folgende Geschäftsjahr abstellen müssen – zur Fortführung ausreicht. Fällt die Fortführungsprognose positiv aus, ist eine Überschuldung zu verneinen; nur wenn die Fortführungsprognose negativ ausfällt, muss ein Überschuldungsstatus erstellt werden, in dem die Aktiva und Passiva mit ihren Veräußerungswerten angesetzt werden. Dabei sind gem. § 19 Abs. 2 Satz 2 InsO i. d. F. des MoMiG v. 23.10.2008[4] u. a. nachrangige Gesellschafterdarlehen nicht zu berücksichtigen.

Die bis zum 31.12.2013 geltende Fassung des § 19 Abs. 2 InsO ist für die Verlustgesellschaft zwar insolvenzrechtlich vorteilhaft, weil bei einer positiven Fortführungsprognose kein Eröffnungsgrund für ein Insolvenzverfahren gegeben ist. Steuerlich hätte dies nach dem Wortlaut des § 8c Abs. 1a KStG aber zur Folge, dass bei einer positiven Fortführungsprognose das Sanierungsprivileg nicht greifen kann, weil keine Überschuldung i. S. v. § 19 Abs. 2 InsO vorliegt. Nach dem Zweck der Regelung des § 8c Abs. 1a KStG, Sanierungen zu erleichtern, wird man aber **trotz positiver Fortführungsprognose eine drohende bzw. eingetretene Überschuldung i. S. v. § 8c Abs. 1a KStG bejahen** können, wenn das Vermögen des Schuldners die bestehenden Verbindlichkeiten nicht mehr deckt.[5]

Mit Wirkung vom 1.1.2014 gilt § 19 Abs. 2 InsO i. d. F. des Art. 5 FMStErgG v. 7.4.2009,[6] der der Gesetzesfassung vor Änderung durch das FMStG v. 17.10.2008 entspricht. Damit ist eine positive Fortführungsprognose nicht mehr geeignet, eine Überschuldung zu verneinen. Vielmehr liegt eine Überschuldung vor, wenn das Vermögen des Schuldners die bestehenden Verbindlichkeiten nicht mehr deckt. Nach dem wieder eingefügten Satz 2 ist lediglich bei der Unternehmensbewertung die Fortführung des Unternehmens zu berücksichtigen, wenn diese nach den Umständen überwiegend wahrscheinlich ist.

---

1 BGBl 2008 I S. 2026.
2 BT-Drucks. 16/13429 S. 76.
3 *Hecker/Glozbach*, BB 2009 S. 1544; Fachausschuss Sanierung und Insolvenz des IDW, Wpg 2008 S. 1053.
4 BGBl 2008 I S. 2026.
5 *Sistermann/Brinkmann*, DStR 2009 S. 1453, 1454; a. A. *Imschweiler/Geimer*, EStB 2009 S. 324, 326.
6 BGBl 2009 I S. 725.

b) Zahlungsunfähigkeit

521 Der Sanierungszweck ist nach § 8c Abs. 1a Satz 2 KStG weiterhin gegeben, wenn die Zahlungsunfähigkeit der Verlustgesellschaft verhindert oder beseitigt werden soll. Zahlungsunfähigkeit ist nach § 17 Abs. 2 Satz 1 InsO anzunehmen, wenn die Verlustgesellschaft nicht in der Lage ist, ihre fälligen Zahlungspflichten zu erfüllen; die Zahlungsunfähigkeit **besteht** nach § 17 Abs. 2 Satz 2 InsO insbesondere dann, wenn die Verlustgesellschaft ihre Zahlungen bereits eingestellt hat.[1] Die Zahlungsunfähigkeit **droht** nach § 18 Abs. 2 InsO, wenn die Verlustgesellschaft voraussichtlich nicht in der Lage sein wird, ihre bestehenden Zahlungspflichten bei Fälligkeit zu erfüllen. Noch keine (drohende) Zahlungsunfähigkeit liegt bei einer **bloßen Zahlungsstockung** vor. Diese besteht im Regelfall, wenn eine Liquiditätslücke auftritt, die innerhalb von drei Wochen nicht beseitigt werden kann, sofern die Liquiditätslücke weniger als 10 % der fälligen Gesamtverbindlichkeiten ausmacht; bei einem Überschreiten der 10 % ist regelmäßig von einer Zahlungsunfähigkeit auszugehen, es sei denn, die Liquiditätslücke kann mit an Sicherheit grenzender Wahrscheinlichkeit demnächst vollständig oder zumindest fast vollständig beseitigt werden und den Gläubigern nach den besonderen Umständen des Einzelfalls ein Zuwarten zugemutet werden.[2]

c) Maßnahmen zur Verhinderung oder Beseitigung der Überschuldung oder Zahlungsunfähigkeit

522 Von einer Verhinderung der Überschuldung oder Zahlungsunfähigkeit spricht man, wenn die Überschuldung oder Zahlungsunfähigkeit droht, d. h. voraussichtlich eintreten wird; eine Beseitigung setzt hingegen voraus, dass die Überschuldung oder Zahlungsunfähigkeit bereits eingetreten ist.

Nach § 8c Abs. 1a KStG ist die Sanierung eine Maßnahme, die darauf „gerichtet" sein muss, die Überschuldung oder Zahlungsunfähigkeit zu verhindern oder zu beseitigen. Hierfür reicht die bloße (subjektive) **Sanierungsabsicht** des Erwerbers nicht aus, da sie unterstellt werden kann.[3] Vielmehr ist nach der Gesetzesbegründung erforderlich, dass die Verlustgesellschaft nach der pflichtgemäßen Einschätzung eines objektiven Dritten im Zeitpunkt des schädlichen Beteiligungserwerbs sanierungsfähig ist (gemeint ist: **sanierbar**) und die zum Zweck der Sanierung ergriffenen Maßnahmen **objektiv geeignet** sind, die Verlustgesellschaft in absehbarer Zeit nachhaltig aus der Krise zu führen.[4] Sowohl die Sanierbarkeit als auch die Sanierungseignung erfordern eine Prognose, die auf der Grundlage eines dokumentierten **Sanierungsplans** zu erstellen ist;[5] zu den Einzelheiten des Sanierungsplans s. IDW-Standard: Anforderungen an die Erstellung von Sanierungskonzepten – IDW ES 6.[6]

Liegt ein solcher ernst gemeinter Sanierungsplan vor, können die Sanierbarkeit und die Sanierungseignung im Regelfall angenommen werden. Ohne Sanierungsplan sind Sanierbarkeit und Sanierungseignung zu prüfen. Dabei ist die **Sanierbarkeit** anzunehmen, wenn die Überschuldung oder Zahlungsunfähigkeit der Verlustgesellschaft noch nicht endgültig sind und eine Insolvenz noch vermieden werden kann. Die **Sanierungseignung** besteht, wenn die Maßnahmen

---

1 Zur Zahlungseinstellung s. BGH, Urteil v. 12.10.2006 - IX ZR 228/03, NWB ZAAAC-27392.
2 BGH, Urteil v. 24.5.2005 - IX ZR 123/04, NWB AAAAB-78851; s. hierzu auch *Eckert*, BBK F. 6 S. 1345.
3 *Mückl/Remplik*, FR 2009 S. 689, 691.
4 BT-Drucks. 16/13429 S. 76.
5 BT-Drucks. 16/13429 S. 76.
6 Vgl. hierzu *Groß*, Wpg 2009 S. 231.

geeignet sind, die Verlustgesellschaft in absehbarer Zeit nachhaltig aus der Krise zu führen; damit reicht es nicht aus, wenn eine nur kurzfristige Erholung der Verlustgesellschaft angestrebt wird. Ein Sanierungserfolg wird aber nicht gefordert.[1] Unschädlich ist es, wenn die Sanierung nicht der einzige Zweck des Erwerbers ist.[2]

Nach der FinVerw soll ein Erwerb zum Zwecke der Sanierung mangels Kausalität grds. nicht mehr vorliegen, wenn die Sanierungsmaßnahme erst ergriffen wird, wenn nach Anteilserwerb **mehr als ein Jahr** vergangen ist.[3] Da es nach dem Gesetz aber lediglich auf die Kausalität ankommt, kann der Auffassung der FinVerw m. E. nicht gefolgt werden.

Als **Maßnahmen** der Sanierung kommen neben der Zuführung von Eigen- oder Fremdkapital auch jegliche andere Maßnahmen in Betracht, die zum Erhalt der Verlustgesellschaft beitragen;[4] hierzu zählen etwa die Akquisition von Kunden oder das Erschließen neuer Geschäftsfelder, wobei jedoch ein Branchenwechsel nach § 8c Abs. 1a Satz 4 KStG vermieden werden muss (→ Rz. 600 ff.).

d) Beweislast

Die Beweislast für den Sanierungszweck trägt die Verlustgesellschaft.[5] Die Verlustgesellschaft muss Unterlagen vorlegen, aus denen sich sowohl die Ursache für die Krise in objektiv nachvollziehbarer Weise ergibt als auch die zur Bewältigung der Krise erforderlichen Maßnahmen. Dabei **indiziert** die Erstellung eines **Sanierungsplans nach IDS ES 6 die Sanierung**, er ist aber keine zwingende Voraussetzung. Kann die Verlustgesellschaft einen dokumentierten Sanierungsplan vorlegen, hat sie ihre Beweislast erfüllt, auch wenn der Sanierungsplan nicht von ihr, sondern von dem Neu-Gesellschafter erstellt worden ist. Die Körperschaft kann den Nachweis durch Darlegung der konkreten Maßnahmen für die Sanierung erbringen.[6]

Während die OFD Rheinland in einer Verfügung v. 30.3.2010 noch ausführte, dass bei rückwirkender Voraussetzung der Sanierungsklausel für die VZ 2008 und 2009 an die Nachweisführung weniger strenge Voraussetzungen zu stellen seien und es in diesen Fällen bereits ausreichend sei, dass die Körperschaft die bereits vorgenommenen Sanierungsmaßnahmen darlege oder die zukünftigen Maßnahmen beschreibe,[7] fehlt diese Aussage in der Verfügung der OFD NRW v. 20.12.2018, die bezüglich der Anwendungsfragen zu § 8c Abs. 1a KStG die Verfügung v. 30.3.2010 ersetzt.[8]

Dies solle m. E. aber nicht bedeuten, dass insofern an der Verfügung v. 30.3.2010 nicht festgehalten wird. Es fehlt auch eine Aussage zu der erforderlichen Nachweispflicht für den Zeitraum zwischen dem Kommissionsbeschluss v. 26.1.2011 bis zu den Endurteilen des EuGH v. 28.6.2018. Obwohl nicht direkt vergleichbar, stellt sich die Frage, ob auch für diesen Zeitraum eine erleichterte Nachweisführung gelten muss. In Anbetracht des Umstandes, dass ein Vorgehen gegen den Kommissionsbeschluss umstritten war, die Bundesrepublik die Verfahrensdauer durch eine unzulässige Klage erheblich verzögert hatte und die Erfolgschancen der

---

1 BT-Drucks. 16/13429 S. 76.
2 *Fey/Neyer*, DB 2009 S. 1371.
3 OFD NRW, Verfg. v. 20.12.2018, NWB DAAAH-04745, Rz. 7.
4 BR-Drucks. 168/1/09 S. 34; vgl. OFD NRW, Verfg. v. 20.12.2018, NWB DAAAH-04745, Rz. 7.
5 BT-Drucks. 12/13429 S. 76.
6 OFD NRW, Verfg. v. 20.12.2018, NWB DAAAH-04745, Rz. 5.
7 OFD Rheinland, Verfg. v. 30.3.2010, NWB GAAAD-41368, Rz. 5.
8 OFD NRW, Verfg. v. 20.12.2018, NWB DAAAH-04745, Rz. 32.

Unternehmensklagen nach den Urteilen des EuG v. 4.2.2016 als gering eingestuft wurden, gibt es ausreichend Gründe dafür, dass die FinVerw auch für diesen Zeitraum weniger strenge Maßstäbe an die Nachweisführung stellen sollte.

524–530 *(Einstweilen frei)*

2. Erhalt der wesentlichen Betriebsstrukturen

a) Überblick

531 Die zweite Voraussetzung für die Anwendbarkeit des Abs. 1a ist nach Satz 2 der Erhalt der wesentlichen Betriebsstrukturen. Hierfür enthält Satz 3 Nr. 1 – Nr. 3 eine **abschließende Regelung**, nach der drei verschiedene Maßnahmen zum Erhalt der wesentlichen Betriebsstrukturen führen:

- ▶ die Befolgung einer Betriebsvereinbarung mit einer Arbeitsplatzregelung gem. Satz 3 Nr. 1 (→ Rz. 532 ff.),
- ▶ der weitgehende Erhalt der Lohnsumme in den folgenden fünf Jahren gem. Satz 3 Nr. 2 (→ Rz. 539 ff.) oder
- ▶ die Zuführung wesentlichen Betriebsvermögens durch Einlagen gem. Satz 3 Nr. 3 (→ Rz. 546 ff.).

Es genügt, wenn **eine der drei Maßnahmen umgesetzt wird**, so dass es nicht erforderlich ist, dass die Voraussetzungen aller drei Maßnahmen erfüllt sein müssen. Bemüht sich z. B. die Verlustgesellschaft, sowohl eine Betriebsvereinbarung mit einer Arbeitsplatzregelung i. S. v. Satz 3 Nr. 1 zu befolgen als auch die nach Satz 3 Nr. 2 erforderliche Lohnsumme zu erhalten, gelingt es ihr aber lediglich, die Betriebsvereinbarung zu befolgen, so bleibt der Verlust nach Abs. 1a erhalten. Nach dem Vorschlag des Finanzausschusses[1] war durch die Verwendung des Wortes „insbesondere" in Satz 3 vorgesehen, dass Nr. 1 – Nr. 3 lediglich Regelbeispiele sein sollten, der Erhalt der wesentlichen Betriebsstrukturen also auch durch andere Maßnahmen erfüllt werden konnte. Hieran hat der Gesetzgeber aber nicht festgehalten, so dass andere Sanierungsmaßnahmen nicht begünstigt sind. Damit ist Abs. 1a nicht anwendbar, wenn keine der drei Maßnahmen des Satzes 3 durchgeführt wird.

b) Befolgung einer Betriebsvereinbarung mit Arbeitsplatzregelung (§ 8c Abs. 1a Satz 3 Nr. 1 KStG)

aa) Begriff der Betriebsvereinbarung

532 Bei der Betriebsvereinbarung handelt es sich um eine kollektivrechtliche Vereinbarung zwischen dem Arbeitgeber (Verlustgesellschaft) und dem Betriebsrat. Der neue Anteilseigner ist also an der Betriebsvereinbarung nicht beteiligt. Die Betriebsvereinbarung ist in § 77 Abs. 2 BetrVG geregelt und erfordert einen gemeinsamen Beschluss von Arbeitgeber und Betriebsrat, der schriftlich niederzulegen und von beiden Seiten zu unterzeichnen ist. Der Unterzeichnung bedarf es nicht, wenn die Betriebsvereinbarung auf einem Spruch der Einigungsstelle beruht. Die Betriebsvereinbarung ist an geeigneter Stelle im Betrieb auszulegen.[2] Zu den Betriebsver-

---

[1] BR-Drucks. 168/1/09.
[2] Zu weiteren Einzelheiten der Betriebsvereinbarung *Schwarz*, NWB F. 26 S. 2567; zur Erfassung von Tarifverträgen vgl. OFD NRW, Verfg. v. 20.12.2018, NWB DAAAH-04745, Rz. 13 u. *Suchanek/Herbst*, Ubg 2019 S. 146, 150.

einbarungen gehören z. B. auch Sozialpläne i. S. v. § 112 Abs. 1 Satz 2 BetrVG.[1] Betriebsvereinbarungen können grds. nur von Verlustgesellschaften abgeschlossen werden, die **über einen Betriebsrat verfügen**. Unternehmen **ohne Betriebsrat** sollen aber auch begünstig sein, wenn die Körperschaft mit ihren Arbeitnehmern individuelle Vereinbarungen trifft, die den Anforderungen des § 8c Abs. 1a Satz 3 Nr. 1 KStG entsprechen, wenn von diesen Vereinbarungen mehr als die Hälfte der sozialversicherungspflichtigen Arbeitnehmer betroffen sind.[2]

bb) Inhalt der Betriebsvereinbarung

Die Betriebsvereinbarung muss eine **Arbeitsplatzregelung** enthalten. Damit muss in der Vereinbarung eine Aussage zum teilweisen Erhalt von Arbeitsplätzen und insoweit ggf. auch zum Umfang und zur Vorgehensweise beim erforderlichen Abbau von Arbeitsplätzen getroffen werden. Einzelheiten der Betriebsvereinbarung können z. B. Beschäftigungs- oder Standortgarantien, Abfindungen oder die Kriterien sein, nach denen sich die Reihenfolge der auszusprechenden Kündigungen richtet. Die Arbeitsplatzregelung muss den gesamten Betrieb der Verlustgesellschaft betreffen, nicht bloße einzelne Teilbetriebe oder Abteilungen.[3] Auf die **arbeitsrechtliche Wirksamkeit** der Betriebsvereinbarung kommt es nicht an, wenn die Betriebsvereinbarung von den Beteiligten umgesetzt wird; dies ergibt sich aus § 41 Abs. 1 Satz 1 AO.[4]

Im Übrigen bestehen **keine inhaltlichen Vorgaben** an die Arbeitsplatzregelung. Es ist daher nicht erforderlich, dass eine bestimmte Mindestanzahl von Arbeitsplätzen oder eine bestimmte Lohnsumme erhalten wird; der Erhalt der Lohnsumme ist nur im Fall des Satzes 3 Nr. 2 von Bedeutung. Im Gesetzesentwurf war noch die Rede davon, dass die Betriebsvereinbarung „zum Erhalt von Arbeitsplätzen" geschlossen worden sein muss;[5] dieser Vorschlag ist nicht umgesetzt worden, so dass in der Betriebsvereinbarung auch ausdrücklich ein Abbau von Arbeitsplätzen geregelt sein kann. Weiterhin ist auch eine bestimmte Mindestdauer der Betriebsvereinbarung nicht erforderlich.[6] Danach sind die inhaltlichen Anforderungen an die Betriebsvereinbarung zwar ausgesprochen gering. Aufgrund der Beteiligung des Betriebsrats an der Betriebsvereinbarung ist jedoch ausreichend sichergestellt, dass die Belange der Arbeitnehmer im Rahmen der Betriebsvereinbarung berücksichtigt werden; zudem steigt der Einfluss des Betriebsrats auf den Inhalt der Betriebsvereinbarung, wenn die Anteilseigner der Verlustgesellschaft den Abschluss einer Betriebsvereinbarung benötigen, um die Voraussetzungen des Abs. 1a erfüllen zu können.

Die Verlustgesellschaft muss weiterhin die Betriebsvereinbarung mit Arbeitsplatzregelung **befolgen**. Abweichungen von der Betriebsvereinbarung sind daher unzulässig, es sei denn, sie beziehen sich nicht auf die Arbeitsplatzregelung, sondern auf andere Teile der Betriebsvereinbarung, oder sind nur marginal. Eine wesentliche Änderung der Betriebsvereinbarung vor Ablauf ihrer Laufzeit ist m. E. schädlich, auch wenn sie der Zustimmung des Betriebsrats bedarf; denn Nr. 1 stellt darauf ab, dass die geschlossene Betriebsvereinbarung befolgt wird. Unschädlich ist es jedoch, wenn die Arbeitsplatzregelung den Beteiligten einen Spielraum eröffnet, in-

---

1 BAG, Urteil v. 26.5.2009 - 1 AZR 198/08, DB 2009 S. 1766.
2 OFD NRW, Vfg. v. 20.12.2018, NWB DAAAH-04745, Rz. 14.
3 A. A. *Dörr*, NWB 2009 S. 2050, 2056, der darauf abstellt, dass die Vereinbarung insgesamt eine ausreichende Anzahl der Arbeitnehmerschaft erfasst.
4 *Suchanek/Herbst*, Ubg 2009 S. 525, 529 f.
5 BR-Drucks. 168/09 S. 28.
6 Vgl. *Dörr*, NWB 2009 S. 2050, 2056, der auf eine übliche Laufzeit von drei bis fünf Jahren hinweist.

dem z. B. eine Mindest- und Höchstzahl von abzubauenden Arbeitsplätzen vereinbart wird, und sich die Verlustgesellschaft innerhalb dieses Rahmens bewegt; unter Gestaltungsgesichtspunkten kann eine solche flexible Vereinbarung vorzugswürdig sein.[1]

cc) Zeitpunkt der Vereinbarung

536 § 8c Abs. 1a Satz 3 Nr. 1 KStG enthält keine Vorgaben zum Zeitpunkt des Abschlusses der Betriebsvereinbarung. Ebenso wenig verlangt die Regelung, dass der neue Anteilseigner im Zeitpunkt des Abschlusses der Vereinbarung bereits an der Verlustgesellschaft beteiligt sein muss (zu beachten ist, dass der neue Anteilseigner in keinem Fall selbst Beteiligter der Betriebsvereinbarung sein muss, vgl. → Rz. 532). Nach Nr. 1 ist auch nicht erforderlich, dass die Betriebsvereinbarung erst nach dem Beteiligungserwerb geschlossen wird. Denn nach dem Wortlaut der Nr. 1 ist ein Beteiligungserwerb unschädlich, wenn die Körperschaft eine „geschlossene Betriebsvereinbarung" befolgt; dies deutet darauf hin, dass der Beteiligungserwerb der Betriebsvereinbarung zeitlich nachfolgen kann.[2] Allerdings wird man verlangen können, dass es zwischen der Betriebsvereinbarung und dem Beteiligungserwerb einen **sachlichen Zusammenhang** gibt. Denn ansonsten wäre der von Abs. 1a geforderte Sanierungszweck, der durch die Befolgung der Betriebsvereinbarung umgesetzt wird, nicht gewahrt. Der sachliche Zusammenhang wird aber regelmäßig gegeben sein.[3] Ein Abschluss der Betriebsvereinbarung unmittelbar im Anschluss an den Beteiligungserwerb wird aufgrund der Beteiligung des Betriebsrats gerade bei größeren Verlustgesellschaften nicht umsetzbar sein.

537 Besonderheiten ergeben sich bei einem **zeitlich gestreckten Anteilserwerb**. Da eine Betriebsvereinbarung mit Arbeitsplatzregelung nur einmal abgeschlossen werden kann, stellt sich die Frage, bei welchem der Anteilserwerbe eine Betriebsvereinbarung vorliegen muss. M. E. gilt eine Betriebsvereinbarung, die in zeitlichem Zusammenhang mit einem der Anteilserwerbe steht (→ Rz. 340), auch für die folgenden Anteilserwerbe innerhalb des Fünf-Jahres-Zeitraums des § 8c Abs. 1 Satz 1 KStG.[4] In der Praxis genügt es daher, wenn die Betriebsvereinbarung erst beim erstmaligen Überschreiten einer Schädlichkeitsgrenze abgeschlossen wird.[5] Zwar werden dann die zuvor erfolgten Anteilserwerbe nicht von § 8c Abs. 1a Satz 3 Nr. 1 KStG erfasst; dies bleibt aber folgenlos, weil die Schädlichkeitsgrenze nicht überschritten worden ist.

BEISPIEL: ▶ E erwirbt am 1.1.2016 20 % der Anteile an der Verlust-GmbH, am 1.1.2017 weitere 10 % und am 31.12.2017 weitere 25 %.

▶ Liegt bereits für den Anteilserwerb am 1.1.2016 eine Betriebsvereinbarung vor, sind alle Anteilserwerbe nach § 8c Abs. 1a Satz 3 Nr. 1 KStG begünstigt.

▶ Liegt die Betriebsvereinbarung erst für den Anteilserwerb am 1.1.2017 vor, sind lediglich die Anteilserwerbe vom 1.1.2017 und 31.12.2017 begünstigt. Der Anteilserwerb vom 1.1.2016 wird damit zwar nicht von § 8c Abs. 1a KStG erfasst;[6] dies ist aber unschädlich, weil die Schädlichkeitsgrenze des § 8c Abs. 1 Satz 1 KStG von mehr als 50 % nicht überschritten wird.

---

1 *Fey/Neyer*, DB 2009 S. 1368, 1372.
2 *Mückl/Remplik*, FR 2009 S. 689, 694; *Suchanek/Herbst*, Ubg 2019 S. 146, 150.
3 Vgl. *Suchanek/Herbst*, Ubg 2019 S. 146, 150; zu eng OFD NRW, Vfg. v. 20.12.2018, NWB DAAAH-04745, Rz. 18.
4 *Mückl/Remplik*, FR 2009 S. 689, 702.
5 Im Einzelnen. *Fey/Neyer*, DB 2009 S. 1368, 1376, Beispiel 5.
6 A. A. *Fey/Neyer*, DB 2009 S. 1368, 1374, Beispiel 5.

▶ Liegt die Betriebsvereinbarung erst für den Anteilserwerb am 31.12.2017 vor, ist lediglich dieser Anteilserwerb begünstigt, nicht aber die beiden vorherigen von 20 % am 1.1.2016 und weiteren 10 % am 1.1.2017, die aber die Schädlichkeitsschwelle des § 8c Abs. 1 Satz 1 KStG nicht überschreiten.[1]

Das gleiche Problem stellt sich, wenn **mehrere Erwerber** Anteile erwerben. Auch hier kann realistischerweise nur einmal eine Betriebsvereinbarung mit Arbeitsplatzregelung abgeschlossen und befolgt werden. Damit ist nicht für jeden Erwerber gesondert zu prüfen, ob sein Anteilserwerb mit der (einzigen) Betriebsvereinbarung in zeitlichem Zusammenhang steht. Ist nur bei einem der Erwerber der zeitliche Zusammenhang zu bejahen, kommt dies auch den nachfolgenden Erwerbern zugute. Gleiches gilt, wenn es sich um eine Erwerbergruppe handelt; deren Erwerbe werden aufgrund des Nahestehens oder wegen gleichgerichteter Interessen zusammengerechnet, so dass es auch geboten ist, das von einem Mitglied der Erwerbergruppe erfüllte Kriterium der Nr. 1 den anderen Mitgliedern zugutekommen zu lassen.

> **BEISPIEL:** ▶ E erwirbt am 1.1.2016 einen Anteil von 30 % an der Verlust-GmbH, F erwirbt am 1.1.2017 einen Anteil von 60 %. Im Januar 2016 wird eine Betriebsvereinbarung mit Arbeitsplatzregelung abgeschlossen, die in der Folgezeit befolgt wird. Der Erwerb des E am 1.1.2016 ist nach § 8c Abs. 1a Satz 3 Nr. 1 KStG begünstigt, da sein Erwerb in zeitlichem Zusammenhang mit der Betriebsvereinbarung steht. Der Erwerb des F ist ebenfalls begünstigt, weil der erste Erwerb durch E die Voraussetzungen des § 8c Abs. 1a KStG erfüllte. Weitere Voraussetzung ist jedoch noch, dass die Verlust-GmbH am 1.1.2017 noch sanierungsbedürftig ist, die Betriebsvereinbarung noch läuft und F zum Zweck der Sanierung erwirbt.

c) Erhalt der Lohnsumme (§ 8c Abs. 1a Satz 3 Nr. 2 KStG)

aa) Überblick

Nach § 8c Abs. 1a Satz 3 Nr. 2 KStG werden die wesentlichen Betriebsstrukturen auch erhalten, wenn die Vergleichssumme (Summe der maßgebenden jährlichen Lohnsummen innerhalb von fünf Jahren nach dem Beteiligungserwerb) mindestens 400 % der Ausgangslohnsumme (die durchschnittliche Lohnsumme der letzten fünf Wirtschaftsjahre vor dem Beteiligungserwerb) beträgt.

> **BEISPIEL:** ▶ A veräußert seine Beteiligung an der V-GmbH am 1.1.2017 an E. Die V-GmbH hatte in den Jahren 2012 – 2016 durchschnittlich eine jährliche Lohnsumme von 100.000 € (Ausgangslohnsumme). Die Voraussetzung des Satzes 3 Nr. 2 ist erfüllt, wenn die V-GmbH in den fünf Jahren nach dem Beteiligungserwerb, also von 2017 – 2021, insgesamt Löhne i. H. v. mindestens 400.000 € aufwendet (= 400 % der Ausgangslohnsumme).
>
> Im Ergebnis läuft dies auf eine durchschnittliche Lohnsumme von 80 % jährlich (400 %: fünf Jahre) hinaus. Wirtschaftlich betrachtet greift damit Satz 3 Nr. 2 nur im Fall eines Sanierungserfolgs, da bei einer nicht geglückten Sanierung die Lohnsumme der folgenden fünf Jahre kaum 400 % erreichen wird.

bb) Ermittlung der Ausgangslohnsumme

Für die Ermittlung der Ausgangslohnsumme verweist Satz 3 Nr. 2 noch auf § 13a Abs. 1 Sätze 3 und 4 sowie Abs. 4 ErbStG a. F. Die Regelungen wurden jedoch mit dem Gesetz zur Anpassung des Erbschaftsteuer- und Schenkungsteuergesetzes an die Rechtsprechung des BVerfG

---

[1] A. A. *Fey/Neyer*, a. a. O.

v. 9.11.2016[1] geändert, was der Gesetzgeber offensichtlich übersehen hatte. Die Ausgangslohnsumme, die Ausnahmen sowie die Ermittlung der Lohnsumme werden nunmehr mit geringfügigen Abweichungen in § 13a Abs. 3 Satz 3-12 ErbStG geregelt. Aus der Gesetzesbegründung zum Bürgerentlastungsgesetz Krankenversicherung (→ Rz. 4) ergibt sich, dass der Verweis auf die Lohnsummenregelung des § 13a ErbStG der Vereinfachung und der einheitlichen Definition mit den Erbschaftsteuerregelungen dienen sollte.[2] Ob sich daraus ein dynamischer Verweis ableiten lässt, ist unklar. Es bedarf somit einer gesetzlichen Anpassung des Verweises.[3]

Die **Ausgangslohnsumme** ist nach § 13a Abs. 1 Satz 3 ErbStG a. F. die durchschnittliche Lohnsumme der letzten fünf Wirtschaftsjahre, die vor dem Beteiligungserwerb geendet haben. Damit wird auch bei einem unterjährigen Erwerb stets die Summe der Löhne aus den letzten fünf vollständigen Wirtschaftsjahren angesetzt.

BEISPIEL: ▶ A veräußert seine Beteiligung an der V-GmbH am 1.7.2017 an E. Die V-GmbH hat in den fünf Wirtschaftsjahren vom 1.1.2012 – 31.12.2016 Löhne i. H. v. insgesamt 5 Mio. € gezahlt. Damit beträgt die Ausgangslohnsumme 1 Mio. €. Die Löhne im Zeitraum vom 1.1.2017 – 30.6.2017 bleiben bei der Ermittlung der Ausgangslohnsumme unberücksichtigt.

Zur Lohnsumme gehören nach § 13a Abs. 4 ErbStG a. F., auf den § 8c Abs. 1a Satz 3 Nr. 2 Satz 2 KStG verweist, alle Löhne und Gehälter sowie andere Bezüge und Vorteile.[4] Als vGA qualifizierte Vergütungen an Gesellschafter sollen bei der Lohnsummenprüfung jedoch nicht berücksichtigt werden.[5]

541 Der **Verweis** in § 8c Abs. 1a Satz 3 Nr. 2 Satz 2 KStG auf § 13a Abs. 1 Satz 4 ErbStG a. F. ist **missglückt und zudem nicht verständlich**, da erbschaftsteuerlich für Kleinbetriebe (Ausgangslohnsumme von 0 € oder geringer maximaler Beschäftigungszahl, die je nach anzuwendender Gesetzesfassung 10 oder 20 Arbeitnehmer beträgt[6]) der Erhalt der Mindestlohnsumme nach § 13a Abs. 1 Satz 4 ErbStG a. F. nicht gefordert wird. Körperschaftsteuerlich ergeben sich aus dem Verweis zwei entgegen gesetzte Interpretationsmöglichkeiten:

▶ Bei Kleinbetrieben ist die Voraussetzung des § 8c Abs. 1a Satz 3 Nr. 2 KStG **stets erfüllt**. Kleinbetriebe werden also nicht nur erbschaftsteuerlich, sondern auch körperschaftsteuerlich begünstigt. Denn die Erfüllung bereits eines der drei Kriterien des § 8c Abs. 1 Satz 3 KStG (hier der Nr. 2) führt zu einem Erhalt der wesentlichen Betriebsstrukturen.

▶ Bei Kleinbetrieben führt die Nichtanwendbarkeit der Lohnsummenregelung des § 13a Abs. 1 Satz 2 ErbStG dazu, dass sie das Merkmal des § 8c Abs. 1a Satz 3 Nr. 2 KStG **nie erfüllen können**. Diese Auffassung wird von der FinVerw vertreten. Die Kleinbetriebe wären dann aber darauf angewiesen, den Erhalt der wesentlichen Betriebsstrukturen durch

---

1 BGBl 2016 I S. 2464.
2 BT-Drucks. 16/13429 S. 51.
3 Vgl. *Dötsch/Leibner* in DPM KStG § 8c Rz. 351; *Suchanek/Herbst*, Ubg 2019, 146, 151; Nach Beck OK KStG *Thonemann-Micker/Pohl* § 8c Rz. 245.2 soll die Anpassung des Verweises auf die begrenzte Anwendbarkeit der Sanierungsklausel zurückzuführen sein.
4 Zu den Einzelheiten s. § 13a Abs. 4 ErbStG sowie Abschn. 8 des gleich lautenden Ländererlasses v. 25.6.2009, BStBl 2009 I S. 713, sowie die Bezugnahme in OFD NRW, Vfg. v. 20.12.2018, NWB DAAAH-04745, Rz. 17 auf den vorgenannten Ländererlass; vgl. auch *Schmidt/Schwind*, NWB 2009 S. 2410.
5 OFD NRW, Vfg. v. 20.12.2018, NWB DAAAH-04745, Rz. 17; *Dötsch/Leibner* in DPM KStG § 8c Rz. 352.
6 Vgl. OFD NRW, Vfg. v. 20.12.2018, NWB DAAAH-04745, 26, Rz. 18.

eine Maßnahme i. S. d. § 8c Abs. 1a Satz 3 Nr. 1 (Betriebsvereinbarung) oder der Nr. 3 (Zuführung neuen Betriebsvermögens) nachzuweisen.[1]

Der Gesetzgeber sollte hier eine Klarstellung veranlassen, da sich auch aus den Gesetzesmaterialien nicht ableiten lässt, welche der beiden – völlig gegensätzlichen – Lösungen gewollt ist. Auch die Regelung der FinVerw in der Verfg. v. 20.12.2018, die auch bei Kleinbetrieben Betriebsvereinbarungen zulässt (→ Rz. 532), aber den Lohnsummenvergleich ausschließt, kann keine befriedigende Lösung darstellen. Der Gesetzgeber sollte somit nicht nur die erforderlichen Anpassungen des Verweises an § 13a Abs. 3 Satz 3 bis 12 ErbStG vornehmen, sondern auch inhaltlich eine Klärung dieser Frage herbeiführen. Bis dahin ist m. E. eine begünstigende Auslegung vorzuziehen,[2] so dass bei Kleinbetrieben i. S. d. § 13a ErbStG **stets von einem Erhalt der wesentlichen Betriebsstrukturen** gem. § 8c Abs. 1a Satz 3 Nr. 2 KStG auszugehen ist.

Insoweit kann es steuerlich ratsam sein, die Zahl der Arbeitnehmer vor dem Beteiligungserwerb herabzusenken. Gegebenenfalls kommt eine Betriebsverpachtung an eine Tochtergesellschaft in Betracht, so dass die Arbeitnehmer nach § 613a BGB übergehen. Die Arbeitnehmer der Tochtergesellschaft wären dann nicht der verpachtenden Verlustgesellschaft zuzurechnen, da § 13a Abs. 4 Satz 5 ErbStG nur eine Zurechnung der Lohnsumme der Tochtergesellschaft vorsieht, nicht aber eine Zurechnung der Arbeitnehmerzahl.[3] Wird durch die Verpachtung eine Betriebsaufspaltung begründet, liegt kein Fall der Einstellung des Geschäftsbetriebs i. S. v. § 8c Abs. 1a Satz 4 KStG vor, vgl. → Rz. 603.

cc) Ermittlung der Vergleichssumme

Die **Vergleichssumme** ergibt sich nach dem Verweis in § 8c Abs. 1a Satz 3 Nr. 2, 2. Halbsatz KStG auf § 13a Abs. 4 ErbStG aus der Summe der jährlichen Lohnsummen innerhalb von fünf Jahren nach dem Beteiligungserwerb. Dieser Fünf-Jahres-Zeitraum ist taggenau zu ermitteln, da der Zeitraum „nach dem Beteiligungserwerb" beginnt und nicht erst mit dem ersten Wirtschaftsjahr, das nach dem Beteiligungserwerb beginnt.[4] Bei einem unterjährigen Beteiligungserwerb z. B. am 30.6.2017 kommt es für die Vergleichssumme also auf die Summe der in dem Zeitraum vom 1.7.2017 bis zum 30.6.2022 gezahlten Löhne und Gehälter an.[5] In der Buchführung sollte daher im Übertragungsjahr 2010 sowie im fünften Jahr (2021) auf eine zeitanteilige Erfassung der Lohnsumme des jeweiligen Halbjahres geachtet werden.

dd) Erhalt der Lohnsumme

Die Vergleichssumme, d. h. die Lohnsumme aus den fünf Jahren nach dem Beteiligungserwerb (→ Rz. 542), muss **mindestens 400 %** der Ausgangslohnsumme, d. h. der durchschnittlichen Jahreslohnsumme aus den letzten fünf Wirtschaftsjahren vor dem Beteiligungserwerb (→ Rz. 540), betragen.

BEISPIEL: Beträgt die Ausgangslohnsumme 100.000 €, muss die Verlustgesellschaft in den fünf Jahren nach dem Beteiligungserwerb zusammen mindestens 400.000 € Löhne und Gehälter zahlen. Dies entspricht einer durchschnittlichen jährlichen Lohnsumme von 80.000 €, wobei nicht erforderlich ist, dass

---

[1] Vgl. OFD NRW, Vfg. v. 20.12.2018, NWB DAAAH-04745, Rz. 18.
[2] *Dörr*, NWB 2009 S. 2050, 2056; *Fey/Neyer*, DB 2009 S. 1368, 1373; *Suchanek/Herbst*, Ubg 2009 S. 525, 530; *dieselben* Ubg 2019 S. 146, 151; offen gelassen von *Mückl/Remplik*, FR 2009 S. 689, 695.
[3] *Imschweiler/Geimer*, EStB 2009 S. 324, 330.
[4] *Dörr*, NWB 2009 S. 2050, 2056.
[5] *Fey/Neyer*, DB 2009 S. 1368, 1374, Beispiel 2.

jedes Jahr eine Lohnsumme von mindestens 80.000 € erreicht wird. Es ist unschädlich, wenn in einzelnen Jahren die Summe unter 80.000 € liegt, sofern die Gesamtsumme aus den fünf Jahren nach dem Beteiligungserwerb mindestens 400.000 € beträgt.

Wird die Mindestlohnsumme nicht erreicht, führt dies körperschaftsteuerlich zur Verneinung der Voraussetzungen des § 8c Abs. 1a Satz 3 Nr. 2 KStG, während erbschaftsteuerlich der Verschonungsabschlag gem. § 13a Abs. 1 Satz 5 ErbStG nur prozentual abgeschmolzen wird.

544 Bei einem **zeitlich gestreckten Anteilserwerb** ist für jeden Teilakt gesondert zu prüfen, ob die Lohnsumme in dem erforderlichen Umfang erhalten bleibt. Es kommt damit zu **verschiedenen Lohnsummenfristen, Ausgangslohnsummen und Vergleichssummen**.

> **BEISPIEL:** E erwirbt am 1.1.2016 einen Anteil von 30 % an der Verlust-GmbH und am 1.1.2017 einen weiteren Anteil von 30 %. Die Ausgangslohnsumme für den Zeitraum 1.1.2011 – 31.12.2015 beträgt 100.000 € p. a.; die Ausgangslohnsumme für den Zeitraum 1.1.2012 – 31.12.2016 beläuft sich auf 120.000 € p. a.
>
> ▶ Hinsichtlich des Erwerbs vom 1.1.2016 ist eine Ausgangslohnsumme von 100.000 € aus dem Zeitraum 1.1.2011 – 31.12.2015 zugrunde zu legen, so dass im Zeitraum 2.1.2016 – 1.1.2021 insgesamt mindestens 400.000 € Löhne und Gehälter gezahlt werden müssen.
>
> ▶ Bezüglich des Erwerbes vom 1.1.2017 ist eine Ausgangslohnsumme von 120.000 € aus dem Zeitraum 1.1.2012 – 31.12.2016 zugrunde zu legen, so dass im Zeitraum 2.1.2017 – 1.1.2022 insgesamt mindestens 480.000 € Löhne und Gehälter gezahlt werden müssen.

545 Werden Anteile von **mehreren Personen** erworben, ist hinsichtlich jedes einzelnen Erwerbs die Lohnsummenprüfung durchzuführen, so dass sich – wie beim zeitlich gestreckten Anteilserwerb – verschiedene Lohnsummenfristen, Ausgangslohnsummen und Vergleichssummen für jeden Erwerb ergeben. Dies gilt auch beim Erwerb durch Mitglieder einer Erwerbergruppe. Zu den verfahrensrechtlichen Fragen ist eine gesonderte Anweisung der FinVerw. angekündigt.[1]

d) Zuführung neuen Betriebsvermögens (§ 8c Abs. 1a Satz 3 Nr. 3 KStG)

aa) Überblick

546 Nach § 8c Abs. 1a Satz 3 Nr. 3 können die wesentlichen Betriebsstrukturen auch dadurch erhalten werden, dass der Verlustgesellschaft wesentliches Betriebsvermögen durch Einlagen zugeführt wird. Dabei legen die Sätze 2 u. 3 der Nr. 3 die Zuführungsquote sowie den Zuführungszeitraum fest: Innerhalb von zwölf Monaten nach dem Beteiligungserwerb müssen bei einem hundertprozentigen Erwerb mindestens 25 % des Aktivvermögens zugeführt werden; bei einem anteiligen Erwerb verringert sich die Quote entsprechend. Nach Nr. 3 Satz 4 steht der Erlass von Verbindlichkeiten unter bestimmten Voraussetzungen der Einlage von neuem Betriebsvermögen gleich und trägt damit zur Erreichung der Zuführungsquote bei. Nach Nr. 3 Satz 5 sind von der Zuführungsquote, die sich nach den Sätzen 2 bis 4 ergibt, Leistungen der Verlustgesellschaft an die Anteilseigner abzuziehen, so dass sich die Zuführungsquote hierdurch mindern kann. Nr. 3 Satz 6 bestimmt die Rechtsfolgen, wenn die Zuführungsquote nicht erreicht wird.

---

[1] Siehe Hinweis in OFD NRW, Vfg. v. 20.12.2018, NWB DAAAH-04745, Rz. 19.

bb) Zuführung von Betriebsvermögen durch Einlagen

Der Verlustgesellschaft muss Betriebsvermögen **durch Einlage** zugeführt werden. Damit ist die Zuführung von fremdfinanziertem Betriebsvermögen nicht begünstigt. Insoweit unterscheidet sich die Rechtslage von § 8 Abs. 4 KStG.[1] Zudem ist die Zuführung wesentlich neuen Betriebsvermögens im Rahmen des § 8 Abs. 4 KStG schädlich, während sie im Rahmen des § 8c Abs. 1a KStG steuerlich günstig ist; dieser **Widerspruch zwischen § 8c Abs. 1a KStG und § 8 Abs. 4 KStG** kann zu einem Dilemma für die Verlustgesellschaft führen, wenn § 8 Abs. 4 KStG noch weiterhin zeitlich anwendbar ist (→ Rz. 94). Es ist nach dem Gesetzeswortlaut nicht erforderlich, dass das zugeführte Betriebsvermögen dauerhaft im Betrieb der Verlustgesellschaft verbleibt.[2] Wird das zugeführte Betriebsvermögen unmittelbar nach der Einlage veräußert, ist dies unschädlich, weil der Verlustgesellschaft nunmehr eine Kaufpreisforderung bzw. das Entgelt zusteht und in das Betriebsvermögen eingeht. Hingegen ist eine Rückgewähr der Einlage an den Gesellschafter nach § 8c Abs. 1a Satz 3 Nr. 3 Satz 5 KStG schädlich (→ Rz. 563). Wird das zugeführte Wirtschaftsgut jedoch unmittelbar nach der Einlage unentgeltlich an Dritte übertragen (z. B. Schwestergesellschaften), kann ein Gestaltungsmissbrauch i. S. v. § 42 AO zu bejahen sein, wenn die Einlage nur dazu diente, die Zuführungsquote zu erreichen.

547

Der **Begriff der Einlagen** bestimmt sich nach allgemeinen Grundsätzen gem. § 8 Abs. 1 KStG i. V. m. § 4 Abs. 1 Satz 7 EStG. Eingelegt werden können somit nur bilanzierbare Wirtschaftsgüter, nicht jedoch Nutzungsvorteile (etwa durch unentgeltliche Überlassung eines Pkw). Es kann sich um offene Einlagen[3] oder verdeckte Einlagen[4] handeln, wobei unerheblich ist, ob die Einlagen in bar oder als Sacheinlage erbracht werden. Zu den Einlagen gehört auch die Begründung des Besteuerungsrechts der Bundesrepublik Deutschland hinsichtlich des Gewinns aus der Veräußerung eines Wirtschaftsguts gem. § 4 Abs. 1 Satz 8, 2. Halbsatz EStG.

548

Zu den offenen Sacheinlagen gehört weiterhin die **Einbringung eines Betriebs, Teilbetriebs oder Mitunternehmeranteils** in die Verlustgesellschaft gem. § 20 Abs. 1 UmwStG,[5] und zwar unabhängig davon, ob die Verlustgesellschaft als übernehmende Gesellschaft die Sacheinlage mit dem gemeinen Wert oder einem geringeren Wert (Buch- oder Zwischenwert) gem. § 20 Abs. 2 Sätze 1 und 2 UmwStG ansetzt. Aus § 20 Abs. 1 UmwStG ergibt sich ausdrücklich, dass die Einbringung nach § 20 Abs. 1 UmwStG eine Sacheinlage darstellt. Ebenfalls zu den (offenen) Einlagen i. S. v. § 8c Abs. 1a Satz 3 Nr. 3 KStG gehören auch der Anteilstausch i. S. v. § 21 UmwStG, weil die Einbringung der Anteile ebenfalls gegen die Gewährung von Gesellschaftsrechten erfolgt,[6] sowie die Kapitalerhöhung gegen (Sach-)Einlagen gem. §§ 55 ff. GmbHG oder §§ 182 ff. AktG.[7] Weiterhin sind auch die Verschmelzung auf die Verlustgesellschaft gem. § 11 UmwStG oder die Abspaltung auf die Verlustgesellschaft gem. § 15 UmwStG als Einlagen anzusehen, auch wenn es sich um tauschähnliche Geschäfte handelt; denn auch hier wird Betriebsvermögen gegen die Gewährung von Gesellschaftsrechten eingebracht.[8]

549

---

1 Vgl. BMF, Schreiben v. 16.4.1999, BStBl 1999 I S. 455, Rz. 9.
2 *Altrichter-Herzberg*, GmbHR 2009 S. 466, 469.
3 Zum Begriff *Klein/Müller/Döpper* in Mössner/Seeger/Oellerich, KStG, § 8 Rz. 164 f.
4 Zum Begriff *Klein/Müller/Döpper* in Mössner/Seeger/Oellerich, KStG, § 8 Rz. 2081.
5 *Dörr*, NWB 2009 S. 2050, 2057.
6 *Mückl/Remplik*, FR 2009 S. 689, 697.
7 *Dörr*, NWB 2009 S. 2050, 2057.
8 *Imschweiler/Geimer*, EStB 2009 S. 324, 329; a. A. *Dörr*, NWB 2009 S. 2050, 2057.

550 Es ist nach dem Wortlaut der Nr. 3 Satz 2 nicht erforderlich, dass die Einlagen durch den Erwerber vorgenommen werden. Daher können m. E. neben dem Erwerber **auch die übrigen Anteilseigner** nach dem Beteiligungserwerb Einlagen vornehmen und so die Voraussetzung der Nr. 3 erfüllen;[1] nur für den Erlass von Verbindlichkeiten ist geregelt, dass dieser durch den Erwerber oder eine ihm nahestehende Person erfolgen muss (→ Rz. 552).

cc) Erlass von Verbindlichkeiten

551 Nach § 8c Abs. 1a Satz 3 Nr. 3 Satz 4 KStG wird der Erlass von Verbindlichkeiten durch den Erwerber oder eine ihm nahestehende Person wie die Zuführung von Betriebsvermögen behandelt, soweit die – erlassenen – Verbindlichkeiten werthaltig sind. Nach Auffassung der FinVerw besteht eine Werthaltigkeit nur insofern, als die sich in der Krise befindliche Gesellschaft diesen Anspruch überhaupt noch hätte erfüllen können. Die Nachweispflicht trifft die Gesellschaft.[2] Begünstigt ist nur der Erlass durch den Erwerber oder ihm nahestehenden Personen. Damit kommt es aufgrund des Erlasses zur Umwandlung von Fremdkapital in Eigenkapital (debt-to-equity-swap). Unschädlich ist es, wenn der Erwerber bereits an der Verlustgesellschaft beteiligt war und aufgrund des Erwerbs nur seine Beteiligungsquote erhöht wird. Die nahestehenden Personen sind wie bei § 8c Abs. 1 KStG (→ Rz. 286 ff.) zu verstehen. Damit unterscheidet sich Satz 4 von Satz 2, da bei der Zuführung von Betriebsvermögen durch Einlagen keine Einschränkung hinsichtlich der Person des Einlegenden besteht (→ Rz. 550).

552 Der Erlass durch Altgesellschafter oder Drittgläubiger, die weder Erwerber noch dem Erwerber nahestehende Personen sind, ist nicht begünstigt. Insoweit ist die Gesetzesbegründung unzutreffend, nach der auch Fälle begünstigt sind, in denen Fremdkapitalgeber ihr Fremdkapital in Eigenkapital umwandeln;[3] diese Aussage ist nur richtig, wenn der Fremdkapitalgeber Erwerber der Verlustgesellschaft geworden ist.

553 Nach Satz 4 der Nr. 3 wird **nur der werthaltige Teil** der erlassenen Verbindlichkeit wie die Zuführung von Betriebsvermögen behandelt und trägt damit zum Erhalt der Zuführungsquote von mindestens 25 % bei (zur Zuführungsquote → Rz. 554 ff.). Zu beachten sind die weiteren steuerlichen Folgen des Erlasses: In Höhe des nicht werthaltigen Teils der Forderung kommt es zu einem Ertrag bei der Verlustgesellschaft, der insoweit den von § 8c Abs. 1 KStG bedrohten Verlustvortrag bis zur Höhe der in § 10d Abs. 2 EStG genannten Beträge aufbraucht,[4] wobei die Mindestbesteuerung des § 10d Abs. 2 EStG zu beachten ist; der Erlass einer weitgehend wertlosen Forderung wirkt damit kontraproduktiv. Befindet sich die Beteiligung an der Verlustgesellschaft im Privatvermögen, erhöht der werthaltige Teil der erlassenen Forderung die Anschaffungskosten des Erwerbers. Gehört die erworbene Beteiligung an der Verlustgesellschaft hingegen zum Betriebsvermögen einer Kapitalgesellschaft, ist der Verlust aus dem Erlass der Forderung, soweit sie wertlos war, nach Maßgabe des § 8b Abs. 3 Satz 4 KStG nicht abziehbar.

---

1 A. A. OFD NRW, Vfg. v. 20.12.2018, NWB DAAAH-04745, Rz. 26; *Suchanek/Herbst*, Ubg 2009 S. 525, 530 u. 531; *dieselben*, Ubg 2019 S. 146, 152; *Mückl/Remplik*, FR 2009 S. 689, 700, wonach nur Erwerber und diesen nahestehende Personen zu berücksichtigende Einlagen erbringen könnten.
2 OFD NRW, Vfg. v. 20.12.2018, NWB DAAAH-04745, Rz. 20.
3 BT-Drucks. 16/13429 S. 76.
4 *Altrichter-Herzberg*, GmbHR 2009 S. 466, 467.

dd) Zuführungsquote

Das zugeführte Betriebsvermögen (→ Rz. 547 ff.) ist nur dann wesentlich und trägt damit zum Erhalt der wesentlichen Betriebsstrukturen bei, wenn es gem. § 8c Abs. 1a Satz 3 Nr. 3 Satz 2 KStG **mindestens 25 % des Aktivvermögens** entspricht, das in der Steuerbilanz am Schluss des vorangehenden Wirtschaftsjahrs enthalten war. Maßgeblich ist damit der letzte Bilanzstichtag vor dem Beteiligungserwerb; bei abweichenden Wirtschaftsjahren i. S. v. § 4a EStG weicht dieser Zeitpunkt vom 31. 12. des Vorjahres ab.

Der Wert des Aktivvermögens am vorigen Bilanzstichtag ergibt sich m. E. aus dem **Buchwert** der bilanzierten Aktiva. Zwar enthält das Gesetz keine Aussage über den Wertansatz der in der letzten Bilanz enthaltenen Aktiva. Maßgeblich ist aber nach zutreffender Ansicht der Buchwert, da Aktiva nur mit dem Buchwert in der Bilanz „enthalten" sind, und nicht mit dem Teilwert oder gemeinen Wert.[1] Dafür spricht zudem auch der Vereinfachungszweck, da andernfalls eine aufwändige Neubewertung vorgenommen werden müsste. Das Aktivvermögen umfasst alle Aktiva, sowohl Umlauf- als auch Anlagevermögen (einschließlich Geldmittel), nicht jedoch z. B. aktive RAP, da sie keine Wirtschaftsgüter darstellen.[2] Beteiligungen an Organgesellschaften sind einzubeziehen, Beteiligungen an Personengesellschaften sind steuerlich nach der sog. Spiegelbildmethode zu bewerten.[3]

Nicht zum Aktivvermögen gehören jedoch ein auf der Aktivseite ausgewiesenes Negativkapital oder nicht bilanzierte immaterielle Wirtschaftsgüter i. S. v. § 5 Abs. 2 EStG. Die Höhe des Passivvermögens spielt für die Wertermittlung nach Nr. 3 keine Rolle. Empfohlen wird, durch gestalterische Maßnahmen die Steuerbilanzsumme zum Schluss des Wj. vor dem schädlichen Beteiligungserwerb noch zu reduzieren.[4]

Das **zugeführte Betriebsvermögen** ist gem. § 6 Abs. 1 Nr. 5 EStG grundsätzlich mit dem Teilwert zu bewerten, im Übrigen mit dem sich nach § 6 Abs. 1 Nr. 5, 2. Halbsatz EStG ergebenden Wert (d. h. höchstens mit den Anschaffungs- oder Herstellungskosten) anzusetzen. Dies folgt daraus, dass § 6 Abs. 1 Nr. 5 EStG die maßgebliche Bewertungsvorschrift für Einlagen ist, auf die § 8c Abs. 1a Satz 3 Nr. 3 Satz 1 KStG abstellt.[5] Bei Einbringungen sowie beim Anteilstausch kommt es auf die konkrete Ausübung des Wahlrechts nach § 20 Abs. 2, § 21 Abs. 1 UmwStG an (gemeiner Wert oder niedrigerer Buch- oder Zwischenwert), so dass es unter dem Gesichtspunkt des Erreichens der Quote geboten sein kann, den höheren gemeinen Wert nach § 20 Abs. 2 Satz 1, § 21 Abs. 1 Satz 2 UmwStG anzusetzen.[6]

Bei einem **Forderungserlass** durch den Erwerber oder durch eine ihm nahestehende Person ist der werthaltige Teil des Nennwerts der erlassenen Verbindlichkeit anzusetzen. Ein bloßer Rangrücktritt ist m. E. nicht als Forderungserlass anzusehen, unabhängig davon, ob der Rang-

---

[1] OFD NRW, Vfg. v. 20.12.2018, NWB DAAAH-04745, Rz. 20; Im Ergebnis auch *Dörr*, NWB 2009 S. 2050, 2057; a. A. *Suchanek/Herbst*, Ubg 2019 S. 146, 152 („Teilwert").

[2] Schmidt/*Weber-Grellet* EStG, 38. Aufl., 2019, § 5 Rz. 241; gl. A. *Mückl/Remplik*, FR 2009 S. 689, 697; *Suchanek/Herbst*, Ubg 2009 S. 525, 530; *dieselben*, Ubg 2019 S. 146, 152.

[3] *Rätke* in HHR EStG § 15 Rz. 643; KKB/*Bäuml/Meyer*, § 15 EStG Rz. 297; s. auch BMF zu § 8 Abs. 4 KStG v. 16.4.1999, BStBl 1999 I S. 455, Rz. 9, zur Einbeziehung des Aktivvermögens der Personengesellschaft im Umfang der Beteiligungsquote; OFD NRW, Vfg. v. 20.12.2018, NWB DAAAH-04745, Rz. 20;*Suchanek/Herbst*, Ubg 2019 S. 146, 152.

[4] Siehe Beispiele bei *Suchanek/Herbst*, Ubg 2019 S. 146, 152.

[5] Vgl. OFD NRW, Vfg. v. 20.12.2018, NWB DAAAH-04745, Rz. 23; a. A. *Suchanek/Herbst*, Ubg 2019 S. 146, 152, die die betragsmäßige Begrenzung des § 6 Abs. 1 Nr, 5 Satz 2 EStG für nicht sachgerecht ansehen.

[6] Wie hier OFD NRW, Vfg. v. 20.12.2018, NWB DAAAH-04745, Rz. 21; *Mückl/Remplik*, FR 2009 S. 689, 699, fordern den Ansatz eines Marktwertes i. S. eines gemeinen Wertes; ebenso *Suchanek/Herbst*, Ubg 2009 S. 525, 530 f., gemeiner Wert.

rücktritt nach der bis zum Inkrafttreten des MoMiG geltenden Rechtslage als qualifiziert oder einfach anzusehen ist oder ob die Verbindlichkeit von § 5 Abs. 2a EStG erfasst wird;[1] denn der Rangrücktritt ist zivilrechtlich mit einem Erlass nicht vergleichbar.[2] Der sich aufgrund des Erlasses ergebende Wert und der Wert des zugeführten Betriebsvermögens sind zu addieren und müssen mindestens 25 % des sich nach → Rz. 555 ergebenden Wertes des Aktivvermögens betragen. Es genügt, wenn exakt 25 % erreicht werden, wie sich aus dem Wort „mindestens" ergibt.

BEISPIEL: A veräußert seine hundertprozentige Beteiligung an der Verlust-GmbH am 1.7.2016 an E. Das Aktivvermögen der Verlust-GmbH war in der Bilanz zum 31.12.2015 mit einem Buchwert von 1 Mio. € ausgewiesen. E legt nach dem Erwerb Wirtschaftsgüter mit einem Teilwert von insgesamt 200.000 € in die Verlust-GmbH ein. Darüber hinaus erlässt er der Verlust-GmbH eine Verbindlichkeit im Nennwert von 100.000 €, die jedoch nur noch zu 50 % werthaltig war. Die Quote von mindestens 25 % ist erreicht worden: Der Wert des Aktivvermögens am letzten Bilanzstichtag betrug 1 Mio. €, so dass ein Zuführungswert von mindestens 250.000 € erreicht werden musste. Der Teilwert der eingelegten Wirtschaftsgüter betrug 200.000 €, und die erlassene Forderung war im Umfang von 50.000 € werthaltig (50 % von 100.000 €). Zusammen ergibt sich damit ein Zuführungswert von exakt 250.000 €, der der erforderlichen Quote von 25 % entspricht.

558 Werden **weniger als 100 %** der Anteile an der Verlustgesellschaft erworben, mindert sich die Zuführungsquote von 25 % entsprechend; dies folgt aus § 8c Abs. 1a Satz 3 Nr. 3 Satz 3 KStG. Bei einem Erwerb von 60 % der Anteile an der Verlustgesellschaft müssen somit nur 15 % (= 60 % von 25 %) des Wertes des Aktivvermögens des letzten Bilanzstichtags an Einlagen zugeführt oder an werthaltigen Verbindlichkeiten erlassen werden. Der Wert des eingelegten Betriebsvermögens bzw. der erlassenen Verbindlichkeiten bleibt aber unverändert, so dass die Zuführungsquote bei einem nur anteiligen Erwerb leichter erreicht werden kann.

BEISPIEL: A veräußert 60 % seiner hundertprozentigen Beteiligung an der Verlust-GmbH an E. Deren Aktivvermögen betrug am letzten Bilanzstichtag 1 Mio. €. E legt anschließend ein Wirtschaftsgut mit einem Teilwert von 150.000 € ein. Die Zuführungsquote ist erreicht worden: Denn diese betrug lediglich 15 % (statt 25 %), weil E nur 60 % der Anteile erworben hat (60 % x 25 % = 15 %). Es genügte damit die Zuführung von Betriebsvermögen im Wert von 150.000 €. Das eingelegte Betriebsvermögen wird mit dem vollen Wert von 150.000 € bewertet – nicht nur mit 60 %.

559 § 8c Abs. 1a Satz 3 Nr. 3 Satz 2 KStG enthält lediglich eine Mindestgrenze für die Zuführung wesentlichen Betriebsvermögens, keine Höchstgrenze. Das Problem einer **Übersanierung**, wie es das BMF in seinem Schreiben zu § 8 Abs. 4 KStG[3] angesprochen hat, besteht damit bei § 8c Abs. 1a Satz 3 Nr. 3 KStG nicht mehr. Damit ist es im Rahmen des Sanierungsprivilegs des § 8c Abs. 1a Satz 3 Nr. 3 KStG unschädlich, wenn das zugeführte Betriebsvermögen den für das Fortbestehen des Geschäftsbetriebs notwendigen Umfang wesentlich überschreitet.

ee) Zuführungszeitraum

560 Die Zuführungsquote von mindestens 25 % muss nach § 8c Abs. 1a Satz 3 Nr. 3 Satz 2 KStG **innerhalb von zwölf Monaten nach dem Beteiligungserwerb** erreicht werden. Es kommt somit zu einer taggenauen Berechnung der Zuführungsquote, bei der der Zuführungszeitraum mit Ablauf des Tags beginnt, an dem die Beteiligung übertragen wurde. Die Frist ist für jeden Zäh-

---

[1] *Fuhrmann*, NWB F. 4 S. 3745.
[2] *Rätke*, StuB 2005 S. 497, 498.
[3] BMF, Schreiben v. 16.4.1999, BStBl 1999 I S. 455, Rz. 14.

lerwerb gesondert zu berechnen (→ Rz. 615).[1] Der Zuführungszeitraum von zwölf Monaten gilt auch für den Erlass von Verbindlichkeiten i. S. v. Satz 4 (→ Rz. 551). Zwar enthält Satz 4 keinen ausdrücklichen Verweis auf den Zuführungszeitraum; allerdings kann der Erlass einer Verbindlichkeit nur dann einer Zuführung neuen Betriebsvermögens gleichstehen, wenn er innerhalb derselben Zeitspanne erfolgt wie die Zuführung neuen Betriebsvermögens. Bei Inkrafttreten des § 8c Abs. 1a KStG am 16.7.2009 war der Zuführungszeitraum für Anteilserwerbe, die in der Zeit vom 1.1.2008 bis 15.7.2008 stattgefunden hatten, bereits abgelaufen, so dass eine gezielte Zuführung von Betriebsvermögen nicht mehr möglich war.

Aus der Formulierung „innerhalb von zwölf Monaten nach dem Beteiligungserwerb" ergibt sich, dass das Betriebsvermögen **nicht schon vor dem Beteiligungserwerb zugeführt** werden darf. Es würde sich im Übrigen mangels Gesellschafterstellung auch nicht um eine Einlage handeln, wenn der Zuführende noch nicht Gesellschafter ist. Gleiches gilt beim Erlass einer Verbindlichkeit, da dieser nur durch den Erwerber und nicht durch einen späteren Erwerber ausgesprochen werden darf: Die Verbindlichkeit darf also nicht schon vor dem Beteiligungserwerb erlassen werden. Diese von § 8c Abs. 1a Satz 3 Nr. 3 KStG vorgegebene zeitliche Reihenfolge ist wirtschaftlich nicht einzusehen, da auch eine Einlage bzw. ein Erlass vor dem Beteiligungserwerb in Zusammenhang mit der bezweckten Sanierung stehen kann.[2] In jedem Fall scheint es bei Sacheinlagen im Rahmen einer Kapitalerhöhung geboten, die nach § 7 Abs. 3 GmbHG vor der Anmeldung zum Handelsregister zu leistenden Sacheinlagen bei der Zuführungsquote zugunsten der Verlustgesellschaft zu berücksichtigen; denn diese Sacheinlagen müssen vor dem Beteiligungserwerb geleistet werden.[3]

561

Entgegen der Auffassung der FinVerw[4] kann bei einer Einbringung i. S. v. § 20 Abs. 1 UmwStG, die eine Einlage darstellt (→ Rz. 549), der Einbringungszeitpunkt nach Maßgabe des § 20 Abs. 6 UmwStG **rückbezogen** werden. Damit kann aufgrund der Rückbeziehung eine erst nach Ablauf des Zwölfmonatszeitraums erfolgte Sacheinlage (Einbringung) zeitlich vorgezogen werden und damit das zeitliche Kriterium der Nr. 3 Satz 2 erfüllen.[5]

562

BEISPIEL: ▶ A veräußert am 1.7.2016 seine Beteiligung an der Verlust-GmbH an E. Am 1.9.2017 bringt E seinen Betrieb zum steuerlichen Übertragungsstichtag 1.6.2017 in die Verlust-GmbH ein. Aufgrund der Rückbeziehung des § 20 Abs. 6 UmwStG ist die Einlage innerhalb von zwölf Monaten nach Beteiligungserwerb vorgenommen worden.

ff) Minderung des Zuführungswertes durch Rückgewähr von Leistungen

Nach § 8c Abs. 1a Satz 3 Nr. 3 Satz 5 KStG wird der sich nach den Sätzen 2 – 4 ergebende Wert der Zuführungen durch Leistungen der Kapitalgesellschaft gemindert, die innerhalb von drei Jahren nach der Zuführung des neuen Betriebsvermögens erfolgen. Diese Minderung tritt auch ein, wenn der Erwerber oder eine ihm nahestehende Person Verbindlichkeiten erlassen hat (→ Rz. 551); denn der Erlass von Verbindlichkeiten steht der Zuführung von Betriebsver-

563

---

[1] Gl. A. *Suchanek/Herbst*, Ubg 2019 S. 146, 152; a. A. OFD NRW, Vfg. v. 20.12.2018, NWB DAAAH-04745, Rz. 27, wonach auf den Zeitpunkt des schädlichen Beteiligungserwerbs abzustellen sei.
[2] *Dörr*, NWB 2009 S. 2050, 2062, der eine Begünstigung von Maßnahmen innerhalb eines Zeitraums von zwölf Monaten vor dem Beteiligungserwerb für geboten hält.
[3] Zutreffend *Mückl/Remplik*, FR 2009 S. 689, 699 f.
[4] OFD NRW, Vfg. v. 20.12.2018, NWB DAAAH-04745, Rz. 25, wonach der Zeitpunkt der zivilrechtlichen Wirksamkeit maßgeblich sei.
[5] Gl. A. *Suchanek/Herbst*, Ubg 2019 S. 146, 152.

mögen gleich, so dass sich im Umkehrschluss auch der Zuführungswert aufgrund eines Erlasses durch eine Leistung der Kapitalgesellschaft gemindert werden kann.

Satz 5 will insbesondere das **Leg-ein-hol-zurück Verfahren** verhindern, bei dem zunächst Einlagen erfolgen oder Verbindlichkeiten erlassen werden, um die Zuführungsquote zu erreichen, und anschließend wieder an die Gesellschafter ausgekehrt werden.[1]

> **BEISPIEL:** A überträgt am 1.1.2016 seine hundertprozentige Beteiligung an der Verlust-GmbH auf E. Das Aktivvermögen der Verlust-GmbH betrug am letzten Bilanzstichtag 1 Mio. €. Bis zum 1.1.2017 werden 250.000 € Einlagen in das Betriebsvermögen der Verlust-GmbH geleistet, so dass an sich die Zuführungsquote von 25 % erreicht ist. Am 1.4.2017 leistet jedoch die Verlust-GmbH eine Zahlung i. H. v. 20.000 € an E (oder an einen anderen Gesellschafter, → Rz. 566). Diese Zahlung mindert die erbrachten Einlagen, so dass per Saldo nur 230.000 € zugeführt wurden und damit die Zuführungsquote nicht erreicht wird.

564 Berücksichtigt werden Leistungen der **Kapitalgesellschaft**; Satz 5 der Nr. 3 gilt damit – abweichend von § 8c Abs. 1 KStG (→ Rz. 106) – nur für Kapitalgesellschaften i. S. v. § 1 Abs. 1 Nr. 1 KStG,[2] nicht aber für Genossenschaften, Vereine auf Gegenseitigkeit oder sonstige juristische Personen des Privatrechts i. S. v. § 1 Abs. 1 Nr. 2 – 4. Bei diesen Körperschaften bleiben also Leistungen an die Mitglieder bzw. Genossen unberücksichtigt.

565 Zu den von Satz 5 erfassten Leistungen gehören die in § 27 Abs. 1 Satz 3 KStG genannten Leistungen, also alle gesellschaftsrechtlich veranlassten Leistungen wie z. B. offene oder verdeckte Gewinnausschüttungen (auch Vorabausschüttungen), die Einlagenrückgewähr nach § 30 Abs. 1 GmbH oder die Auskehrung eines Liquidationserlöses.[3] Es ist nicht erforderlich, dass die Leistungen der Verlustgesellschaft mit den zuvor gewährten Einlagen identisch sind. Satz 5 greift also auch dann, wenn der Gesellschafter eine Maschine einlegt und die Verlustgesellschaft später an einen Gesellschafter Zahlungen leistet.

566 **Empfänger der Leistungen** kann der Gesellschafter (Alt- oder Neugesellschafter) sowie eine ihm nahestehende Person sein (→ Rz. 287 ff.). Leistungen an andere Personen werden von Satz 5 nicht erfasst, da Leistungen an diese Personen nicht durch das Gesellschaftsverhältnis veranlasst sind. Für die Anwendbarkeit des Satzes 5 ist unerheblich, ob der Empfänger der Leistungen zuvor Einlagen geleistet hat. Satz 5 ist also auch dann anwendbar, wenn der Erwerber Einlagen tätigt und später die Verlustgesellschaft Zahlungen an einen anderen Gesellschafter als den Erwerber leistet (s. auch Beispiel in → Rz. 563).

567 Der **Wert der rückgewährten Leistungen** bestimmt sich nach allgemeinen Grundsätzen, bei Rückzahlungen also nach dem Nennwert, bei vGA in Sachform nach dem gemeinen Wert.[4] Bei einem nur anteiligen Beteiligungserwerb von weniger als 100 % der Anteile an der Verlustgesellschaft i. S. v. Nr. 3 Satz 3 werden die von der Kapitalgesellschaft zurückgewährten Leistungen ebenfalls mit dem vollen Wert angesetzt;[5] die Kürzung in Nr. 3 Satz 3 beschränkt nur die Höhe der Zuführungsquote von 25 %, aber weder den Wert der Einlagen (→ Rz. 556) noch den Wert der rückgewährten Leistungen der Kapitalgesellschaft.

---

1 BT-Drucks. 16/13429 S. 76 f.
2 *Dörr*, NWB 2009, 2050 S. 2058.
3 *Fey/Neye*, DB 2009 S. 1368, 1373.
4 *Klein/Müller/Döpper* in Mössner/Seeger/Oellerich, KStG, § 8 Rz. 581.
5 *Fey/Neyer*, DB 2009 S. 1368, 1373.

Satz 5 ist durch das Wachstumsbeschleunigungsgesetz vom 22.12.2009[1] geändert worden. Danach werden alle Leistungen der Kapitalgesellschaft als schädlich angesehen, die innerhalb von **drei Jahren nach der Zuführung neuen Betriebsvermögens** erfolgen. Werden mehrere Einlagen erbracht, ist für den Beginn des Drei-Jahres-Zeitraums m. E. der Zeitpunkt der ersten Einlage maßgeblich, die als Zuführung berücksichtigt wird. Der schädliche Leistungszeitraum knüpft damit nicht an den Zeitpunkt der Anteilsübertragung an. Leistungen, die die Verlustgesellschaft vor der ersten Einlage oder gar vor der Anteilsübertragung an ihre Gesellschafter erbringt, bleiben somit steuerlich unschädlich.

BEISPIEL: A überträgt seine Beteiligung an der Verlust-GmbH auf E am 1.1.2010. E erbringt am 1.7.2010 und am 31.12.2010 jeweils eine Einlage. Der schädliche Leistungszeitraum beginnt mit Ablauf des 1.7.2010, weil an diesem Tag die erste Einlage erfolgt, und endet am 1.7.2013. Leistungen der Verlust-GmbH vor dem 1.7.2010 und nach dem 1.7.2013 bleiben unschädlich.

Die Neuregelung gilt rückwirkend ab dem VZ 2008 (§ 34 Abs. 7c Satz 1 KStG i. d. F. des Wachstumsbeschleunigungsgesetzes vom 22.12.2009). Zuvor galten alle Leistungen der Kapitalgesellschaft als schädlich, die in dem dreijährigen Zeitraum vom 1.1.2009 bis zum 31.12.2011 geleistet wurden. Diese Regelung hatte zur Folge, dass auch Leistungen, die vor der Anteilsübertragung erfolgt sind, steuerlich schädlich gewesen wären. Der Erwerber hätte sich damit die Höhe der von seiner Anteilsübertragung erfolgten Leistungen i. S. v. Satz 5 im Übertragungsvertrag zusichern lassen müssen, um den erforderlichen Zuführungswert verlässlich berechnen zu können.[2]

gg) Rechtsfolgen bei Rückgewähr von Leistungen

Bei den **Rechtsfolgen**, die sich aufgrund von Leistungen der Verlustgesellschaft ergeben, ist verfahrensrechtlich zu differenzieren: Wird die **Zuführungsquote zunächst überschritten**, anschließend aber aufgrund von Leistungen der Verlustgesellschaft an die Gesellschafter wieder unterschritten, greift § 8c Abs. 1a Satz 3 Nr. 3 Satz 6 KStG. Danach ist „Satz 1" nicht mehr anzuwenden. Diese Formulierung ist missverständlich, weil nicht klar ist, ob damit § 8c Abs. 1a Satz 1 KStG gemeint ist, oder der – grammatikalisch unvollständige – Satz 1 der Nr. 3. Richtigerweise ist die Formulierung so zu verstehen, dass bei einem nachträglichen Unterschreiten der Zuführungsquote lediglich der Nachweis nach Nr. 3 als von Anfang an gescheitert anzusehen ist.[3] Anderenfalls – bei einem Verweis auf § 8c Abs. 1a Satz 1 KStG – hätte dies zur Folge, dass der gesamte Absatz 1a nicht anwendbar wäre, so dass der Erhalt der wesentlichen Betriebsstrukturen auch nicht durch eine Betriebsvereinbarung gem. § 8c Abs. 1a Satz 3 Nr. 1 oder durch den Erhalt der Lohnsumme gem. § 8c Abs. 1a Satz 3 Nr. 2 KStG erreicht werden könnte.

Ein solches Verständnis wäre jedoch mit der Gesetzesbegründung und dem Sinn und Zweck des Abs. 1a nicht vereinbar. Denn die Nr. 1 – 3 lassen alternativ den Nachweis des Erhalts der wesentlichen Betriebsstrukturen zu, so dass nicht verständlich wäre, weshalb bei Scheitern der Voraussetzungen der Nr. 3 wegen Leistungen der Verlustgesellschaft auch eine Betriebsvereinbarung mit Arbeitsplatzregelung oder der Erhalt der Lohnsumme nicht mehr möglich sein sollte. Hierfür spricht auch die Gesetzesbegründung (→ Rz. 499), wonach bei einem Unter-

---

[1] BGBl 2009 I S. 3950.
[2] *Fey/Neyer*, DB 2009 S. 1368, 1373.
[3] So auch *Dörr*, NWB 2009 S. 2050, 2058.

schreiten der erforderlichen Betriebsvermögenszuführung „die Voraussetzungen des § 8c Abs. 1a Satz 3 Buchst. c – neu (jetzt Nr. 3) – KStG von Anfang an nicht vor[liegen]" sollen.

Verfahrensrechtlich ist dies wie folgt umzusetzen: Sind die Verluste aufgrund der zunächst erfüllten Zuführungsquote nicht untergegangen, sind nunmehr wegen der rückgewährten Leistungen der entsprechende Verlustfeststellungsbescheid und ggf. auch der Körperschaftsteuerbescheid des Übertragungsjahres wieder rückgängig zu machen. Verfahrensrechtlich kommt eine Änderung der Bescheide nach § 175 Abs. 1 Nr. 2 AO wegen eines rückwirkenden Ereignisses in Betracht, weil sich aus den Sätzen 5 und 6 der Nr. 3 sowie aus der Gesetzesbegründung ergibt, dass Leistungen der Verlustgesellschaft materiell-rechtlich auf die zuvor erreichte Zuführungsquote zurückwirken.

BEISPIEL 1: A überträgt am 1.1.2018 seine hundertprozentige Beteiligung an der Verlust-GmbH auf E. Das Aktivvermögen der Verlust-GmbH betrug am 31.12.2017 1 Mio. €. E leistet noch im Jahr 2018 Einlagen in die Verlust-GmbH i. H. v. 300.000 €, so dass die Zuführungsquote erreicht wird und der bislang nicht genutzte Verlust zum 31.12.2018 fortgeschrieben werden kann. Der Verlustfeststellungsbescheid zum 31.12.2018 wird am 1.6.2019 bestandskräftig. Die Verlust-GmbH hat im Jahr 2018 ein Ergebnis von 0 € erzielt. Am 30.9.2019 tätigt die Verlust-GmbH eine Ausschüttung an E i. H. v. 100.000 €, so dass die Zuführungsquote nur noch 20 % beträgt. Der – bereits bestandskräftige – Verlustfeststellungsbescheid zum 31.12.2018 ist damit nach § 175 Abs. 1 Nr. 2 AO zu ändern und der verbleibende Verlustvortrag auf 0 € festzustellen, es sei denn, die Verlust-GmbH kann den Erhalt der wesentlichen Betriebsstrukturen noch durch eine Betriebsvereinbarung i. S. v. § 8c Abs. 1a Satz 3 Nr. 1 KStG oder durch den Erhalt der Lohnsumme gem. § 8c Abs. 1a Satz 3 Nr. 2 KStG bewirken.

570 Wird hingegen **die Zuführungsquote von vornherein nicht überschritten**, weil aufgrund der zunächst getätigten Leistungen der Verlustgesellschaft die Zuführungsquote nicht erreicht wird, gilt zwar ebenfalls § 8c Abs. 1a Satz 3 Nr. 3 Satz 6 KStG. Die Regelung ist aber insoweit überflüssig, weil zu keinem Zeitpunkt die Voraussetzungen des § 8c Abs. 1a Satz 3 Nr. 3 KStG vorlagen und daher auch kein Grund bestand, den Verlustvortrag zunächst im entsprechenden Feststellungsbescheid fortzuführen.

BEISPIEL 2: Sachverhalt wie Beispiel 1 (→ Rz. 569), jedoch hat die Verlustgesellschaft bereits im Jahr 2018 eine Ausschüttung an E i. H. v. 100.000 € getätigt. Aufgrund dieser Ausschüttung beläuft sich der Zuführungssaldo im Jahr 2018 nur auf 200.000 € (300.000 € Einlagen abzüglich 100.000 € Ausschüttung), so dass die Zuführungsquote im Jahr 2018 nicht erreicht wird und der Verlust nach § 8c Abs. 1 Satz 1 KStG untergeht, es sei denn, die Verlust-GmbH kann noch ein Kriterium i. S. v. § 8c Abs. 1a Satz 3 Nr. 1 oder Nr. 2 KStG erfüllen.

hh) Zeitlich gestreckter Anteilserwerb

571 Bei einem **zeitlich gestreckten Anteilserwerb** sind nach jedem Anteilserwerb Zuführungen zum Betriebsvermögen innerhalb eines Jahres in Höhe der sich jeweils ergebenden Zuführungsquote zu erbringen. Da bei einem zeitlich gestreckten Anteilserwerb nie die gesamte Beteiligung auf einen Schlag veräußert wird, ist die Zuführungsquote nach § 8c Abs. 1a Satz 3 Nr. 3 KStG zu mindern. Entgegen der Auffassung von *Fey/Neyer*[1] sind die einzelnen Erwerbe aber nicht zu addieren, um die zutreffende Zuführungsquote zu ermitteln.

---

1 DB 2009 S. 1368, 1374, Beispiel 5.

BEISPIEL: ► E erwirbt am 1.1.2016 einen Anteil an der Verlust-GmbH von 40 % und am 1.1.2017 einen weiteren Anteil von 20 %. Das Aktivvermögen der Verlust-GmbH beläuft sich am 31.12.2015 auf 100.000 €, am 31.12.2016 auf 150.000 €.

► Die Zuführungsquote für den Erwerb vom 1.1.2016 beträgt 10 % (40 % x 25 %), so dass innerhalb eines Jahres nach dem 1.1.2016 Einlagen im Wert von 10.000 € (10 % von 100.000 € Aktivvermögen zum 31.12.2007) zu erbringen sind.

► Die Zuführungsquote für den Erwerb vom 1.1.2017 beläuft sich auf 5 % (20 % x 25 %), so dass innerhalb eines Jahres nach dem 1.1.2017 Einlagen im Wert von 7.500 € (5 % von 150.000 € Aktivvermögen zum 31.12.2016) zu erbringen sind. Nach *Fey/Neyer* soll die Zuführungsquote hingegen 15 % (60 % x 25 %) betragen, weil insgesamt Anteile im Umfang von 60 % übertragen worden sind. Damit wird die Anteilsübertragung vom 1.1.2016 i. H.v. 40 % aber zweimal berücksichtigt, so dass bereits bei einem Anteilserwerb von 60 % die vollständige Zuführungsquote von 25 % ausgelöst wird, obwohl sie insgesamt nur 15 % (60 % x 25 %) betragen darf. Bei einer Anteilsübertragung von zunächst 40 % und anschließend weiteren 30 % käme man nach der Auffassung von *Fey/Neyer* zunächst zu einer Zuführungsquote von 10 % (40 % x 25 %) und anschließend von 17,5 % (70 % x 25 %), insgesamt also zu einer Zuführungsquote von 27,5 %.

Erfolgt der zweite Anteilserwerb durch denselben Erwerber (zur Anteilsübertragung auf mehrere Erwerber → Rz. 574) innerhalb des Zuführungszeitraums für den ersten Erwerb, kommt es zu einem Überlappungszeitraum: Gleichwohl sind beide Zuführungsquoten selbständig zu erfüllen, so dass eine Einlage im **Überlappungszeitraum** nicht auf beide Zuführungsquoten angerechnet werden kann, sondern nach dem zeitlichen Prioritätsprinzip auf die zeitlich frühere Übertragung anzurechnen ist.

BEISPIEL: ► E erwirbt am 1.1.2016 einen Anteil an der Verlust-GmbH von 40 % und am 1.7.2016 einen weiteren Anteil von 20 %. Das Aktivvermögen der Verlust-GmbH beläuft sich am 31.12.2015 auf 100.000 €.

Der Verlust-GmbH müssen nun im Zuführungszeitraum 2.1.2016 bis 1.1.2017 Einlagen im Wert von 10.000 € (10 % [40 % x 25 %] von 100.000 €) zugeführt werden, damit der Erwerb vom 1.1.2016 unschädlich bleibt. Weiterhin müssen der Verlust-GmbH im Zuführungszeitraum 2.7.2016 – 1.7.2017 Einlagen im Wert von 5.000 € (5 % [20 % x 25 %] von 100.000 €) zugeführt werden, damit der Erwerb vom 1.7.2016 unschädlich bleibt. Leistet ein Gesellschafter am 31.12.2016 eine Einlage im Wert von 12.000 €, wird damit zum einen die Zuführungsquote für den Erwerb vom 1.1.2016 vollständig i. H.v. 10.000 € und zum anderen die Zuführungsquote für den Erwerb vom 1.7.2016 teilweise, nämlich i. H.v. 2.000, erfüllt, so dass noch weitere 3.000 € bis zum 1.7.2017 zu leisten sind.

Kommt es bei einem zeitlich gestreckten Anteilserwerb im **Überlappungszeitraum zur Rückgewähr von Leistungen der Kapitalgesellschaft** i. S.v. § 8c Abs. 1a Satz 3 Nr. 3 Satz 5 KStG, ist nach dem Gesetz unklar, welche Zuführungsquote hierdurch gemindert wird. Eine mehrfache Berücksichtigung der Leistungen würde zu einer Benachteiligung der Verlustgesellschaft führen. Richtigerweise wird man auch hier eine Zuordnung zum zeitlich vorrangigen Anteilserwerb vornehmen müssen.

BEISPIEL: ► E erwirbt am 1.1.2016 einen Anteil an der Verlust-GmbH von 40 % und am 1.7.2016 einen weiteren Anteil von 20 %. Das Aktivvermögen der Verlust-GmbH beläuft sich am 31.12.2015 auf 100.000 €. Der Verlustgesellschaft werden innerhalb des jeweiligen Zuführungszeitraums Einlagen im Wert von 10.000 € am 1.2.2016 (40 % x 25 % x 100.000 €) und 5.000 € (20 % x 25 % x 100.000 €) zugeführt. Die Verlustgesellschaft erbringt aber am 1.9.2016 eine Leistung an die Gesellschafter i. H.v. 8.000 €.

Diese Leistung ist zunächst beim zeitlich ersten Anteilserwerb, nämlich dem Erwerb vom 1.1.2016 und damit dem Zuführungszeitraum vom 2.1.2016 bis 1.1.2017 zuzuordnen, so dass die für diesen Erwerb erforderliche Zuführungsquote von 10 % nicht erreicht wird; denn per Saldo sind Einlagen nur i. H.v. 2.000 € erbracht worden (10.000 €./. 8.000 € Leistungen der Verlust-GmbH). Unzutreffend wäre es hingegen, die Leistung der Verlust-GmbH bei beiden Zuführungsquoten – und damit doppelt – zu berücksichtigen oder die Leistung quotal von beiden Zuführungen abzuziehen; dies hätte zur Folge, dass bei beiden Anteilserwerben die erforderliche Zuführungsquote nicht erreicht wäre.

ii) Anteilserwerb durch mehrere Personen

574 Werden Anteile von **mehreren Personen erworben**, muss für jeden Erwerb die erforderliche Zuführungsquote erfüllt werden. Wird in einem Zuführungszeitraum die Quote überschritten, im anderen Zuführungszeitraum die Quote aber unterschritten, ist ein **Ausgleich nicht möglich**.[1] **Überlappen** sich die Zuführungszeiträume, weil der zweite Erwerber während des Zuführungszeitraums für den ersten Erwerber Anteile erwirbt, ist fraglich, auf welche Zuführungsquote die Einlage angerechnet werden soll; denn die erforderlichen Einlagen können auch durch die übrigen Gesellschafter erbracht werden und müssen nicht zwingend durch die jeweiligen Erwerber geleistet werden (→ Rz. 550). Hier wird man richtigerweise Einlagen, die durch einen Erwerber erfolgen, dem jeweiligen Erwerb dieses Erwerbers und damit der sich aus diesem Erwerb ergebenden Zuführungsquote zuordnen müssen. Bei Einlagen durch die übrigen Gesellschafter ist m. E. eine Bestimmung durch diese Gesellschafter analog § 366 Abs. 1 BGB zulässig, auf welche Zuführungsquote die Einlage anzurechnen ist. Soweit keine Bestimmung erfolgt, ist die Anrechnung auf den zeitlich früheren Erwerb und die sich daraus ergebende Zuführungsquote vorzunehmen, bis die erforderliche Zuführungsquote erreicht ist; bei zeitgleichem Erwerb erfolgt eine quotale Anrechnung im Verhältnis der erworbenen Beteiligungen.

Eine **mehrfache Anrechnung der Einlage** in einem Überlappungszeitraum auf unterschiedliche Zuführungsquoten, die sich aus unterschiedlichen Erwerben ergeben, ist nicht zulässig. Denn nach dem Gesetz soll bei jedem Erwerb eine entsprechende Zuführungsquote von 25 % (bzw. bei anteiligem Erwerber entsprechend weniger) erfolgen; diese Quote würde aber bei mehrfacher Anrechnung unterschritten werden. Dies gilt auch dann, wenn es sich bei den Erwerbern um Mitglieder einer Erwerbergruppe handelt.[2] Eine Begünstigung der Erwerbergruppe ist nicht erforderlich; anders als bei einer Betriebsvereinbarung mit Arbeitsplatzregelung, die nach dem Zweck des Gesetzes nur einmal geschlossen und befolgt werden soll, ist eine Zuführung von Betriebsvermögen durchaus bei jedem Erwerb möglich. Anderenfalls würde die Erwerbergruppe besser stehen als ein einzelner Erwerber, der in mehreren Teilakten erwirbt; denn dieser muss ebenfalls innerhalb jedes Zuführungszeitraums die erforderliche Zuführungsquote leisten.

575–584 *(Einstweilen frei)*

III. Beteiligungserwerb

1. Zeitpunkt des Beteiligungserwerbs

585 Das Sanierungsprivileg des § 8c Abs. 1a KStG setzt einen Beteiligungserwerb zum Zweck der Sanierung voraus. Es bedarf daher eines **zeitlichen Zusammenhangs zwischen dem Beteiligungserwerb und dem Sanierungszweck**, wobei die Sanierung nicht alleiniger Zweck des Er-

---

[1] Wohl auch *Fey/Neyer*, DB 2009 S. 1368, 1374, Beispiel 6, die auf Nr. 3 Satz 6 hinweisen, wonach nur beim Erlass von Verbindlichkeiten eine Anrechnung nur im Fall nahestehender Personen vorgesehen ist.
[2] A. A. *Fey/Neyer*, DB 2009 S. 1368, 1375, Beispiel 10; *Mückl/Remplik*, FR 2009 S. 689, 700.

werbs sein muss.[1] Der Beteiligungserwerb muss zum Zeitpunkt der drohenden oder bereits eingetretenen Zahlungsunfähigkeit oder Überschuldung erfolgen; dieser Zeitpunkt entspricht dem Eintritt der „Krise" nach den Grundsätzen des früheren Eigenkapitalrechts, also vor Inkrafttreten des MoMiG.[2] **Frühestmöglicher Zeitpunkt** ist somit die drohende Zahlungsunfähigkeit oder die drohende Überschuldung.[3] Kann die Kapitalgesellschaft ihren zur Abwendung der Zahlungsunfähigkeit erforderlichen Kreditbedarf am Kapitalmarkt ohne Sicherheiten von dritter Seite nicht mehr finanzieren, ist von einer Krise auszugehen. Die Stellung eines Insolvenzantrags ist nicht erforderlich[4]

Drohen hingegen weder Zahlungsunfähigkeit noch Überschuldung, ist der Beteiligungserwerb nicht nach § 8c Abs. 1a KStG begünstigt. Damit werden Beteiligungserwerbe vor Eintritt der „Krise" nicht von § 8c Abs. 1a KStG erfasst. Dies führt zu Schwierigkeiten in der Praxis, weil sich der Zeitpunkt des Eintritts der Krise selten taggenau bestimmen lässt; im Zweifel müsste daher der sanierungsbedingte Anteilserwerb zeitlich nach hinten geschoben werden, um sicher zu stellen, dass die Krise bereits eingetreten ist.

(Einstweilen frei)

2. Arten des Beteiligungserwerbs

a) Unmittelbarer Beteiligungserwerb

§ 8c Abs. 1a KStG gilt für jeden unmittelbaren Beteiligungserwerb i. S. v. § 8c Abs. 1 KStG, also auch für vergleichbare Sachverhalte und disquotale Kapitalerhöhungen i. S. v. § 8c Abs. 1 Satz 4 KStG.[5] Es ist nicht erforderlich, dass bei dem Beteiligungserwerb die Schädlichkeitsgrenze des § 8c Abs. 1 Satz 1 KStG überschritten worden ist. Dies ergibt sich aus der Formulierung „Beteiligungserwerb" statt „schädlicher Beteiligungserwerb". Daher können auch **Beteiligungserwerbe, die für sich gesehen noch nicht schädlich sind**, nach § 8c Abs. 1a KStG außer Ansatz bleiben, so dass sie nicht mit einem früheren oder weiteren Beteiligungserwerb zusammengerechnet werden können.[6]

BEISPIEL 1: A überträgt am 1.1.2016 eine Beteiligung von 25 % an der Verlust-GmbH auf E. Die Voraussetzungen des § 8c Abs. 1a KStG sollen vorliegen. Am 1.1.2018 überträgt A einen weiteren Anteil von 30 % an der Verlust-GmbH auf E, ohne dass § 8c Abs. 1a KStG anwendbar ist. Der erste Erwerb vom 1.1.2016 bleibt nach § 8c Abs. 1a KStG unberücksichtigt (kein Zählerwerb). Es kommt daher zu keinem Verlustuntergang gem. § 8c Abs. 1 Satz 1 KStG aufgrund der Übertragung vom 1.1.2018, obwohl A insgesamt 55 % auf E übertragen hat.

BEISPIEL 2: A überträgt am 1.1.2016 eine Beteiligung von 30 % an der Verlust-GmbH auf E; die Voraussetzungen des § 8c Abs. 1a KStG sollen nicht erfüllt sein. Am 1.1.2017 überträgt A einen weiteren Anteil von 25 % an der Verlust-GmbH auf E, wobei die Voraussetzungen des § 8c Abs. 1a KStG nunmehr vorliegen.

---

1 OFD NRW, Vfg. v. 20.12.2018, DAAAH-04745, Rz. 5.
2 BT-Drucks. 16/13429 S. 76; OFD NRW v. 20.12.2018, NWB DAAAH-04745, Rz. 4; kritisch hierzu *Suchanek/Herbst*, Ubg 2009 S. 525, 527, die allgemein auf die Sanierungsbedürftigkeit abstellen.
3 BMF, Schreiben v. 8.6.1999, BStBl 1999 I S. 545; Nach *Sistermann/Brinkmann*, DStR 2009 S. 1453, 1454, sollte ein Beteiligungserwerb innerhalb von 12 Monaten vor Eintritt der Krise privilegiert sein.
4 OFD NRW v. 20.12.2018, NWB DAAAH-04745, Rz. 4.
5 Vgl. BMF, Schreiben v. 28.11.2017, BStBl 2017 I S. 1645, Rz. 7; OFD NRW v. 20.12.2018, NWB DAAAH-04745, Rz. 3; Lademann/*Wernicke* KStG § 8c Rz. 182; s. auch → Rz. 588.
6 Vgl. OFD NRW v. 20.12.2018, NWB DAAAH-04745, Rz. 2.

Es kommt am 1.1.2016 zu keinem Verlustuntergang gem. § 8c Abs. 1 Satz 1 KStG. Am 1.1.2017 kommt es auch nicht zu einem Verlustuntergang gem. § 8c Abs. 1 Satz 1 KStG, obwohl A insgesamt 55 % auf E übertragen hat. Denn der zweite Erwerb vom 1.1.2017 bleibt nach § 8c Abs. 1a KStG unberücksichtigt (kein Zählerwerb).

588 § 8c Abs. 1a KStG erfasst auch die **disquotale Kapitalerhöhung** i. S. v. § 8c Abs. 1 Satz 3 KStG, da diese einer Übertragung des gezeichneten Kapitals und damit einem Beteiligungserwerb gleichsteht. Voraussetzung hierfür ist ebenfalls, dass die Kapitalerhöhung einen Sanierungszweck verfolgt. Gegen die Anwendbarkeit des § 8c Abs. 1a KStG spricht nicht die Formulierung in § 34 Abs. 7c Satz 2 KStG i. d. F. des Wachstumsbeschleunigungsgesetzes vom 22.12.2009,[1] wonach ein Beteiligungserwerb, der die Voraussetzungen des § 8c Abs. 1a KStG erfüllt, bei Anwendung des § 8c Abs. 1 Satz 1 und 2 KStG unberücksichtigt bleibt. Die Nichterwähnung des § 8c Abs. 1 Satz 3 KStG beruht darauf, dass sich die Rechtsfolgen des § 8c Abs. 1 KStG nur aus den Sätzen 1 u. 2 ergaben bzw. jetzt lediglich aus dem Satz 1, nicht aber aus Satz 3.

b) Mittelbarer Beteiligungserwerb

589 Bei einer mittelbaren Anteilsübertragung ist § 8c Abs. 1a KStG ebenfalls grundsätzlich anwendbar, da der „Beteiligungserwerb", von dem § 8c Abs. 1a KStG spricht, nach § 8c Abs. 1 KStG ein unmittelbarer oder ein mittelbarer sein kann. Aus dem Gesetz ergibt sich nicht, bei welchen Gesellschaften (unmittelbaren oder mittelbaren) die Voraussetzungen des § 8c Abs. 1a KStG erfüllt sein müssen. Die **Gesetzesbegründung** scheint hingegen **widersprüchlich** zu sein, weil einerseits die Sanierung der (unmittelbaren) Obergesellschaft dazu führen soll, dass auch die mittelbare Anteilsübertragung (bei der Untergesellschaft) steuerlich begünstigt ist, andererseits eine unterbleibende Sanierung der Untergesellschaft dazu führen soll, dass deren Verlust untergehen soll.[2] Richtigerweise kommt es m. E. darauf an, dass die **Gesellschaften, die sanierungsbedürftig sind**, die Voraussetzungen des § 8c Abs. 1a KStG erfüllen. In dieser Weise ist die Gesetzesbegründung zu verstehen, wonach eine sanierungsbedürftige Kapitalgesellschaft nur dann von § 8c Abs. 1a KStG erfasst werden kann, wenn die Voraussetzungen des § 8c Abs. 1a KStG bei ihr erfüllt sind, sie also saniert wird.[3] Im Einzelnen ist danach wie folgt zu unterscheiden, wenn der Erwerber eine Beteiligung an einer Obergesellschaft erwirbt, die ihrerseits an einer Untergesellschaft beteiligt ist:

▶ Ist **nur die Obergesellschaft sanierungsbedürftig**, erfordert § 8c Abs. 1a KStG, dass die Voraussetzungen des § 8c Abs. 1a KStG bei der Obergesellschaft erfüllt werden. Ist dies der Fall, bleibt auch der Erwerb der mittelbaren Beteiligung an der nicht sanierungsbedürftigen Untergesellschaft steuerlich unschädlich;[4] in diesem Sinne ist die Gesetzesbegründung[5] zu verstehen, wonach bei einem Beteiligungserwerb, der zur Sanierung auf der Ebene einer Obergesellschaft erfolgt, auch die dadurch ausgelösten schädlichen mittelbaren Anteilseignerwechsel bei den Untergesellschaften begünstigt sind. Eine Sanierung der Untergesellschaft kann m. E. nicht gefordert werden, da sie nicht sanierungsbedürftig ist.

---

1 BGBl 2009 I S. 3950.

2 BT-Drucks. 16/13429 S. 77; zustimmend *Imschweiler/Geimer*, EStB 2009 S. 324, 325; kritisch zur Gesetzesbegründung *Dörr*, NWB 2009 S. 2050, 2059; *Altrichter-Herzberg*, GmbHR 2009 S. 466, 469.

3 A. A. *Suchanek/Herbst*, Ubg 2009 S. 525, 526, wonach die Tatbestandsmerkmale des § 8c Abs. 1a KStG auf jeder Beteiligungsebene zu prüfen sind. So auch OFD NRW, Vfg. v. 20.12.2018, NWB DAAAH-04745, Rz. 8.

4 So auch *Sistermann/Brinkmann*, DStR 2009 S. 1453, 454; a. A. *Frotscher*/Drüen KStG § 8c Rz. 248.

5 BT-Drucks. 16/13429 S. 77.

Insbesondere bei tiefer gestaffelten Gruppenstrukturen würde ein anderes Ergebnis zu ungewollt nachteiligen Ergebnissen führen. Dass die Untergesellschaft von der Sanierung der Obergesellschaft profitiert, ist spiegelbildliche Folge der Erfassung mittelbarer Beteiligungen in § 8c Abs. 1 KStG. Dies gilt auch bei nachgeschalteten Mitunternehmerschaften, die von § 10a Satz 10, 2. Halbsatz GewStG und § 4h Abs. 5 Satz 3 EStG erfasst werden.[1]

▶ Sind **sowohl Ober- als auch Untergesellschaft sanierungsbedürftig**, ist für die Anwendbarkeit des § 8c Abs. 1a KStG erforderlich, dass bei beiden Gesellschaften die Voraussetzungen des § 8c Abs. 1a KStG erfüllt werden. Wird nur die Obergesellschaft saniert, kommt dies der Untergesellschaft nicht zu Gute, weil sie selbst sanierungsbedürftig ist und daher saniert werden kann.[2]

Ist die Obergesellschaft an einer PersGes beteiligt, muss nach der m. E. abzulehnenden Auffassung der FinVerw nicht nur der Geschäftsbereich der Obergesellschaft saniert werden, sondern auch der der PersGes, wenn auch die PersGes ein Sanierungsfall ist. Dies kann jedoch nur insofern gelten, als es um Gewerbeverluste der sanierungsbedürftigen PersGes geht.[3]

▶ Ist **nur die Untergesellschaft sanierungsbedürftig**, geht der Verlust bei der Obergesellschaft in jedem Fall unter, weil bei ihr die Voraussetzungen des § 8c Abs. 1a KStG nicht vorliegen (können) und eine Sanierung der Untergesellschaft nicht nach oben auf die Obergesellschaft durchschlagen kann. Werden die Voraussetzungen des § 8c Abs. 1a KStG bei der Untergesellschaft erfüllt, geht ihr Verlust nicht unter. Anderenfalls kommt es zum Verlustuntergang.[4] Aus diesem Grund ist es nicht empfehlenswert, eine Holdinggesellschaft zwischen zu schalten, um die wesentlichen Betriebsstrukturen leichter erhalten zu können (etwa aufgrund eines Erhalts der Lohnsumme nach § 8c Abs. 1a Satz 3 Nr. 2 KStG, wenn die Holding nur wenige Arbeitnehmer beschäftigt, vgl. hierzu → Rz. 541); denn für den Verlusterhalt auf der Ebene der nachgeschalteten Untergesellschaft ist deren Sanierung erforderlich, nicht die Sanierung der Holding.[5]

Ist die Obergesellschaft Organträger der nachfolgenden Gesellschaften, soll der gesamte Organkreis als der zu sanierende Geschäftsbetrieb anzusehen sein. Hier gilt dann nach Auffassung der FinVerw eine Einheitsbetrachtung.[6] Diese Betrachtung steht in gewissem Widerspruch zu der Behandlung der Organschaft im Regelungsbereich des § 8c Abs. 1 KStG. Meines Erachtens sollten sich hier keine Besonderheiten gegenüber anderen Fällen des mittelbaren Beteiligungserwerbs ergeben, wobei eine Sanierung des Organträgers nach der hier vertretenen Auffassung immer auch die Untergesellschaften begünstigt.[7]

---

1 *Suchanek/Herbst*, Ubg 2009 S. 525, 528 f.; *dieselben*, Ubg 2019 S. 146, 149; a. A. OFD NRW, Vfg. v. 20.12.2018, NWB DAAAH-04745, Rz. 10.
2 Vgl. OFD NRW, Vfg. v. 20.12.2018, NWB DAAAH-04745, Rz. 8; *Suchanek/Herbst*, Ubg 2019, 146, 148; *Frotscher*/Drüen KStG § 8c Rz. 247; a. A. *Ortmann-Babel/Bolik/Gageur*, DStR 2009, 2173, 2178.
3 Gl.A. *Suchanek/Herbst*, Ubg 2019 S. 146, 149; OFD NRW, Vfg. v. 20.12.2018, NWB DAAAH-04745, Rz. 11, unzutreffend jedoch Rz. 10.
4 G. A. *Frotscher*/Drüen KStG § 8c Rz. 249.
5 *Dörr*, NWB 2009 S. 2050, 2056.
6 Vgl. OFD NRW, Vfg. v. 20.12.2018, NWB DAAAH-04745, Rz. 9, mit Bezug auf BMF, Schreiben v. 16.4.1999, BStBl 1999 I S. 455.
7 Im Einzelnen gl.A. *Suchanek/Herbst*, Ubg 2019 S. 146, 149.

590 Zu Recht stellt der Gesetzgeber hinsichtlich der Anwendbarkeit des § 8c Abs. 1a KStG bei der Untergesellschaft nicht darauf ab, ob die Obergesellschaft im Inland oder im Ausland ansässig ist.[1] Denn insoweit gelten die allgemeinen Grundsätze zum sachlichen Anwendungsbereich der Vorschrift, wonach es auf die – unbeschränkte oder beschränkte – Steuerpflicht der jeweiligen Verlustgesellschaft ankommt (→ Rz. 108). Ist die Obergesellschaft weder unbeschränkt noch beschränkt steuerpflichtig, kann § 8c Abs. 1 KStG nicht zum Verlustuntergang bei ihr führen, so dass auch § 8c Abs. 1a KStG bei ihr keine Rolle spielt (s. aber zu den Folgen der Sanierung der Obergesellschaft auf die Untergesellschaft → Rz. 589).

Aus der Gesetzesbegründung ergibt sich aber, dass auch für den Fall, dass die Obergesellschaft im Ausland ansässig ist, ein durch den Beteiligungserwerb zur Sanierung der Obergesellschaft ausgelöster schädlicher mittelbarer Anteilseignerwechsel begünstigt ist.[2]

591–599 *(Einstweilen frei)*

IV. Ausschluss des Sanierungsprivilegs (§ 8c Abs. 1a Satz 4 KStG)

600 Nach § 8c Abs. 1a Satz 4 KStG liegt keine Sanierung vor, wenn

► die Körperschaft ihren **Geschäftsbetrieb** im Zeitpunkt des Beteiligungserwerbs im Wesentlichen **eingestellt** hat oder

► nach dem Beteiligungserwerb ein **Branchenwechsel** innerhalb von fünf Jahren erfolgt.

In diesen Fällen greift das Sanierungsprivileg des Abs. 1a nicht, so dass es nicht darauf ankommt, ob die wesentlichen Betriebsstrukturen erhalten werden oder ob der Sanierungszweck vorliegt. Es gilt vielmehr allein § 8c Abs. 1 KStG, so dass bei Überschreiten der Schädlichkeitsgrenze der Verlust anteilig oder quotal untergeht. Wegen des Begriffs des Geschäftsbetriebs kann nicht auf § 8d Abs. 1 Satz 3 KStG zurückgegriffen werden, der eine eigenständige Definition des Geschäftsbetriebs beinhaltet.[3]

601 § 8c Abs. 1a Satz 3 KStG soll zum einen Fälle der **wirtschaftlichen Neugründung** erfassen.[4] Dies sind typische Fälle eines sog. Mantelkaufs, bei dem Anteile an einer wirtschaftlich nicht mehr aktiven, sog. unternehmenslosen Gesellschaft erworben werden.[5] Zum anderen werden Anteilserwerbe vom Sanierungsprivileg ausgeschlossen, bei denen die Verlustgesellschaft zwar wirtschaftlich noch aktiv ist, ein Branchenwechsel aber innerhalb von fünf Jahren vollzogen wird. Hier geht das Gesetz davon aus, dass keine Absicht bestand, die Verlustgesellschaft dauerhaft fortzuführen, sondern der Erwerb nur erfolgte, um die nicht genutzten Verluste nach dem Branchenwechsel steuerlich nutzen zu können. Empfohlen wird, strukturelle Änderungen des Betriebs vor dem Beteiligungserwerb vorzunehmen oder nur in nachgelagerte Gesellschaften vorzunehmen.[6]

---

1 BT-Drucks. 16/13429 S. 77.
2 BT-Drucks. 16/13429 S. 51.
3 Gl. A. *Suchanek/Herbst*, Ubg 2019 S. 146, 150.
4 BR-Drucks. 168/09 S. 32.
5 BGH, Urteil v. 7.7.2003 - II ZB 4/02, NWB DAAAB-97655.
6 *Suchanek/Herbst*, Ubg 2019 S. 146, 150.

Der Branchenwechsel konnte im Rahmen des § 8 Abs. 4 KStG hingegen ein Indiz für die Generalklausel des § 8 Abs. 4 KStG sein.[1] Im Übrigen wurde der Branchenwechsel im Rahmen der Sanierungsklausel des § 8 Abs. 4 Satz 3 KStG grundsätzlich als steuerschädlich angesehen.

Eine **Einstellung des Geschäftsbetriebs im Wesentlichen** liegt vor, wenn der ursprüngliche Geschäftsbetrieb entweder nicht mehr oder nur noch in geringfügigem Umfang, insbesondere ohne Personal, Werbung oder Wareneinkäufe bzw. ohne Annahme von Neuaufträgen, betrieben wird. Dies ist einzelfallbezogen zu prüfen.[2] Die Einstellung muss bereits zum Zeitpunkt des Beteiligungserwerbs erfolgt sein. Eine Einstellung erst nach Beteiligungserwerb – etwa nach gescheiterter Sanierung – ist unschädlich und führt nicht zur Anwendung des § 8c Abs. 1a Satz 3 KStG.

Das Merkmal der Einstellung des Geschäftsbetriebs war bereits **nach § 8 Abs. 4 KStG relevant**: So setzte § 8 Abs. 4 KStG i. d. F. des StRefG 1990 v. 25.7.1988[3] u. a. voraus, dass der Betrieb der Verlustgesellschaft wieder aufgenommen wird; erforderlich war damit eine vorherige Einstellung des Betriebs. Auch war ein bereits eingestellter Geschäftsbetrieb nicht mehr sanierbar i. S. v. § 8 Abs. 4 Satz 3 KStG.[4]

Ein **Branchenwechsel** innerhalb von fünf Jahren nach Beteiligungserwerb ist gegeben, wenn die Verlustgesellschaft von einer aktiven Tätigkeit zu einer aktiven Tätigkeit anderer Art wechselt.[5] Unklar war, ob auch der **bloße Strukturwandel** als schädlicher Branchenwechsel anzusehen ist. Nach der Auffassung der FinVerw zum § 8 Abs. 4 KStG war ein Strukturwandel, bei dem sich der Branchenwechsel ohne wesentliche Änderung der personellen und sachlichen Ressourcen vollzieht, im Rahmen des § 8 Abs. 4 Satz 3 KStG nicht schädlich.[6] Diese Auffassung lässt sich auf § 8c Abs. 1a KStG übertragen.[7] Die Verpachtung des Betriebs der Verlustgesellschaft wird man als steuerschädlichen Branchenwechsel einstufen können; dies gilt aber nicht, wenn hierdurch eine **Betriebsaufspaltung** begründet wird.[8]

Der Branchenwechsel muss innerhalb von **fünf Jahren** erfolgen, d. h. abgeschlossen sein, damit das Sanierungsprivileg ausgeschlossen ist. Der Fünf-Jahres-Zeitraum wird taggenau berechnet, d. h. die Frist beginnt mit Ablauf des Tages des Anteilserwerbs. Wird das Sanierungsprivileg in Anspruch genommen und erfolgt in dieser Zeit ein Branchenwechsel, gehen die bis zum schädlichen Ereignis nicht genutzten Verluste nach § 175 Abs. 1 Satz 1 Nr. 2 AO rückwirkend unter.[9]

(Einstweilen frei)

---

[1] BFH, Urteil v. 5.6.2007 - I R 9/06, BStBl 2008 II S. 988; s. aber auch BFH, Urteil v. 28.5.2008 - I R 87/07, BFH/NV 2008 S. 2129 = NWB AAAAC-93285, wonach ein Branchenwechsel ohne Zuführung von neuem Betriebsvermögen nicht ausreicht.
[2] OFD NRW, Vfg. v. 20.12.2018, NWB DAAAH-04745, Rz. 31.
[3] BGBl 1988 I S. 109.
[4] Siehe BMF, Schreiben v. 16.4.1999, BStBl 1999 I S. 455, Rz. 18.
[5] Siehe BMF, Schreiben v. 16.4.1999 zu § 8 Abs. 4 KStG, BStBl 1999 I S. 455, Rz. 18.
[6] BMF, Schreiben v. 16.4.1999 zu § 8 Abs. 4 KStG, BStBl 1999 I S. 455, Rz. 19.
[7] Vgl. OFD NRW, Vfg. v. 20.12.2018, NWB DAAAH-04745; vgl. *Dörr*, NWB 2009 S. 2050, 2054.
[8] Siehe BMF, Schreiben v. 16.4.1999 zu § 8 Abs. 4 KStG, a. a. O., Rz. 20.
[9] OFD NRW, Vfg. v. 20.12.2018, NWB DAAAH-04745, Rz. 32.

E. Rechtsfolgen des § 8c Abs. 1a KStG

I. Unbeachtlichkeit des Beteiligungserwerbs

615 Liegen die Voraussetzungen des § 8c Abs. 1a KStG vor, bleibt der Beteiligungserwerb nach § 8c Abs. 1 KStG „unbeachtlich" (so der Wortlaut in § 8c Abs. 1a Satz 1 KStG). Damit wird der Beteiligungserwerb nicht von § 8c Abs. 1 KStG erfasst, d. h. er ist kein Zählerwerb. Dies gilt nicht nur bei einem schädlichen Beteiligungserwerb, bei dem die Schädlichkeitsgrenze überschritten wird, sondern auch, wenn der Beteiligungserwerb für sich gesehen noch nicht schädlich ist, weil die Schädlichkeitsgrenze noch nicht überschritten wird: Dieser Anteilserwerb wird dann im Rahmen des § 8c Abs. 1 KStG nicht berücksichtigt, so dass dieser Anteilserwerb nicht mit einem späteren weiteren Anteilserwerb zusammengerechnet werden kann (→ Rz. 587).

Greift § 8c Abs. 1a KStG, geht auch der **gewerbesteuerliche Verlust nicht unter**, weil § 10a GewStG auf § 8c KStG und damit auch auf § 8c Abs. 1a KStG verweist. Ebenso wenig geht der Zinsvortrag der Verlustgesellschaft gem. § 8a Abs. 1 Satz 3 KStG oder der Verlust einer nachgeschalteten Mitunternehmerschaft gem. § 4h Abs. 5 Satz 3 EStG bzw. § 10a Satz 10, 2. Halbsatz GewStG unter.[1]

616–621 *(Einstweilen frei)*

II. Verfahrensrechtliche Umsetzung

622 § 8 Abs. 1a KStG hat zur Folge, dass der Verlust erhalten bleibt: Damit unterbleibt eine Kürzung des nicht genutzten Verlustes im Bescheid über die gesonderte Feststellung des verbleibenden Verlustabzugs zur Körperschaftsteuer zum 31. 12. des Übertragungsjahrs bzw. im Körperschaftsteuerbescheid des Übertragungsjahrs, falls der Anteilserwerb unterjährig erfolgt ist und vor dem Übertragungsstichtag ein laufender Verlust entstanden ist.[2] Besonderheiten ergeben sich bei einem **Anteilserwerb unterhalb der Schädlichkeitsgrenze**, da dieser Anteilserwerb ohnehin nicht zu einem Verlustuntergang führt, wenn vorher noch keine Anteilserwerbe stattgefunden haben: Hier wirkt sich § 8c Abs. 1a KStG erst bei einem späteren Erwerb aus. Dies hat zur Folge, dass ein etwaiger Streit über die Anwendbarkeit des § 8c Abs. 1a KStG erst in einem späteren VZ bzw. zu einem späteren Feststellungszeitpunkt zu führen ist.

> **BEISPIEL:** E erwirbt am 31.12.2016 einen Anteil an der Verlust-GmbH von 25 %; die Voraussetzungen des § 8c Abs. 1a KStG sind gegeben. Am 31.12.2018 erwirbt E weitere 30 % an der Verlust-GmbH.
>
> Zum 31.12.2016 kommt es in keinem Fall zu einem Verlustuntergang, weil die Schädlichkeitsgrenze des § 8c Abs. 1 Satz 1 KStG nicht überschritten worden ist. Bei Anwendbarkeit des § 8c Abs. 1a KStG auf den Erwerb vom 31.12.2016 geht der Verlust auch zum 31.12.2018 aufgrund des Erwerbs vom 31.12.2018 i. H. v. 30 % nicht unter.
>
> Verneint das Finanzamt aber die Voraussetzungen des § 8c Abs. 1a KStG bei dem Erwerb vom 31.12.2016, muss es den Verlust zum 31.12.2018 vollständig streichen, weil die Erwerbe vom 31.12.2016 und 31.12.2018 zusammenzurechnen sind und damit mehr als 50 % übertragen worden sind. Die Verlust-GmbH muss dann den Verlustfeststellungsbescheid zum 31.12.2018 anfechten mit der Begründung, der erste Anteilserwerb vom 31.12.2016 bleibe nach § 8c Abs. 1a KStG außer Ansatz, so dass der Verlust zum 31.12.2018 nicht untergehe.

---

1 *Suchanek/Herbst*, Ubg 2009 S. 525, 528 f.
2 Siehe → Rz. 499.

Probleme ergeben sich aber aufgrund des **mehrjährigen Prüfungszeitraums** beim Tatbestandsmerkmal „Erhalt der wesentlichen Betriebsstrukturen" gem. § 8c Abs. 1a Satz 3 KStG. Hier kann erst nach mehreren Jahren abschließend festgestellt werden, ob der Verlust nach § 8c Abs. 1a KStG erhalten bleibt:

- Die in Satz 3 Nr. 1 genannte Betriebsvereinbarung hat üblicherweise eine Laufdauer von drei bis fünf Jahren.

- Die in Satz 3 Nr. 2 genannte Lohnsumme ist über einen Zeitraum von fünf Jahren zu erhalten.

- Die in Satz 3 Nr. 3 genannten Einlagen sind innerhalb eines Jahres nach der Übertragung zu erbringen und können sich damit auf den nachfolgenden Veranlagungszeitraum erstrecken. Zudem sind die Leistungen der Kapitalgesellschaft innerhalb eines Drei-Jahres-Zeitraums zu berücksichtigen.

Verfahrensrechtlich empfiehlt es sich daher, den Verlustfeststellungsbescheid des Übertragungsjahres — ggf. auch den Körperschaftsteuerbescheid, falls sich der Verlustuntergang in diesem Bescheid auswirken könnte — offen zu halten, indem beantragt wird, den Bescheid entweder unter dem Vorbehalt der Nachprüfung gem. § 164 Abs. 1 AO oder vorläufig gem. § 165 Abs. 1 AO ergehen zu lassen. Geschieht dies nicht und geht der Verlust zunächst nach § 8c Abs. 1 KStG unter, ist dieser Bescheid m. E. nach § 175 Abs. 1 Nr. 2 AO wegen eines rückwirkenden Ereignisses zu ändern, sobald die Voraussetzungen des § 8c Abs. 1a Satz 3 KStG erfüllt sind; denn die Kriterien des Satzes 3 wirken materiell-rechtlich zurück.[1] Umgekehrt kann allerdings auch das FA den Bescheid zuungunsten der Verlustgesellschaft ändern, wenn es zunächst die Anwendbarkeit des § 8c Abs. 1a KStG bejaht hat und sich zu einem späteren Zeitpunkt herausstellt, dass die Kriterien des § 8c Abs. 1a Satz 3 KStG nicht erfüllt werden.

Verfahrensrechtlich problematisch ist weiterhin die **rückwirkende Anwendung** des § 8c Abs. 1a KStG, wenn für 2008 bereits ein bestandskräftiger Verlustfeststellungsbescheid vorliegt, der nicht unter dem Vorbehalt der Nachprüfung steht und in dem § 8c Abs. 1a KStG nicht berücksichtigt wurde, weil er noch nicht in Kraft getreten war. Einer rückwirkenden Anwendung des § 8c Abs. 1a KStG steht hier die Bestandskraft des Verlustfeststellungsbescheids entgegen. Eine Änderung nach § 175 Abs. 1 Nr. 2 AO ist m. E. ausgeschlossen, weil das rückwirkende Inkrafttreten des § 8c Abs. 1a KStG kein Ereignis i. S. v. § 175 Abs. 1 Nr. 2 AO ist.[2] Hiervon zu unterscheiden ist das nachträgliche Erfüllen der Erhaltenskriterien des § 8c Abs. 1a Satz 3 KStG, das auf den Zeitpunkt des Anteilserwerbs zurückwirkt.

(Einstweilen frei)

---

[1] Siehe → Rz. 569; so auch *Dörr*, NWB 2009 S. 2050, 2059; *Imschweiler/Geimer*, EStB 2009 S. 324, 327 f.
[2] BFH, Urteil v. 9.8.1990 - X R 5/88, BStBl 1991 II S. 55; a. A. *Fey/Neyer*, DB 2009 S. 1368, 1375, für eine rückwirkende Wiederherstellung des untergegangenen Verlustvortrags.

F. Sanierungsklausel des § 8c Abs. 1a KStG und unionsrechtliches Beihilfenrecht

I. Beschluss der Kommission vom 26.1.2011 und Nichtigkeitserklärung durch den EuGH mit Urteilen v. 28.6.2018

635 Nach dem am 26.1.2011 ergangenen Beschluss der Europäische Kommission sollte die in § 8c Abs. 1a KStG enthaltene Sanierungsklausel eine unionsrechtswidrige staatliche Beihilfe i. S. d. Art. 107 Abs. 1 AEUV darstellen.[1] Gegen diese Entscheidung legten zahlreiche Unternehmen Nichtigkeitsklage ein. Während das EuG in den Verfahren in der Rechtssache T-287/11, Heitkamp BauHolding/Kommission, und T-620/11, GFKL Financial Services/Kommission, in seinen Urteilen v. 4.2.2016 den Kommissionsbeschluss noch bestätigte,[2] folgte der EuGH als Rechtsmittelinstanz mit seinen Urteilen v. 28.6.2018[3] in der Sache den am 20.12.2017 ergangenen Schlussanträgen des Generalanwalts,[4] der die Auffassung vertreten hatte, dass das EuG wie die Kommission in ihrem Beschluss fälschlicherweise allein die Regel des Verfalls von Verlusten als Referenzsystem i. S. d. Rechtsprechung zu Art. 107 Abs. 1 AEUV eingestuft und die allgemeine Regel des Verlustvortrags von diesem Referenzsystem ausgenommen hatte (vgl. → Rz. 637). Da der selektive Charakter der Sanierungsklausel von der Kommission somit anhand eines fehlerhaft bestimmten Referenzsystems beurteilt wurde, erklärte der EuGH den Beschluss v. 26.1.2011 für nichtig.

636 Als Reaktion auf die Entscheidung der Kommission vom 26.1.2011 hatte der Gesetzgeber mit dem EU-Beitreibungsgesetz vom 13.12.2011[5] § 34 Abs. 7c Sätze 3 und 4 KStG eingeführt. Danach war die Sanierungsklausel und ihre Anwendung von dem Erfolg einer der Nichtigkeitsklagen abhängig.[6] Nachdem der EuGH die Entscheidung der Kommission für nichtig erklärt hatte, wurde der Suspensiveffekt die Sanierungsklausel des § 8c Abs. 1a KStG mit dem UStAVermG (→ Rz. 10) rückwirkend für Beteiligungserwerbe ab dem VZ 2008 und auf Anteilsübertragungen nach dem 31.12.2007, d. h. seit Einführung des § 8c KStG, in vollem Umfang aufgehoben.

Diese gesetzliche Regelung war erforderlich geworden, weil für die Aufhebung der **Suspendierung der Sanierungsklausel** gem. § 34 Abs. 7c Satz 3 und 4 KStG. i. d. F. des EU-Beitreibungsgesetzes (→ Rz. 9) nach dem Gesetzeswortlaut neben einer Nichtigkeitserklärung des Kommissionsbeschlusses durch ein rechtskräftiges Urteil des EuG oder EuGH u. a. auch eine Feststellung des Gerichts erforderlich war, dass es sich bei der Sanierungsklausel nicht um eine staatliche Beihilfe handelt. Die Urteile des EuGH enthielten aber gerade eine solche Feststellung nicht, da der Kommissionsbeschluss bereits deshalb aufzuheben war, weil die Kommission das

---

1 Vgl. auch *von Brocke* in Mössner/Seeger/Oellerich, KStG, EU-steuerpolitischer Hintergrund, Rz. 483 ff.
2 EuG v. 4.2.2016 - Rs. T-287/11, Heitkamp BauHolding, NWB EAAAF-66134, und Rs. T-620/11, GFKL Financial Services, NWB OAAAF-66135; bereits kritisch zu den Urteilen: *de Weerth*, DB 2016 S. 682, 683; *Hackemann/Fiedler*, IStR 2016 S. 259; *Hinder/Hentschel*, GmbHR 2016 S. 345; *Seer*, GmbHR 2016 S. 394, 397.
3 EuGH, Urteile v. 28.6.2018 in den Rs. C-203/16 P, Andres, Insolvenzverwalter über das Vermögen der Heitkamp Bauholding GmbH/Europäische Kommission, NWB JAAAG-87474; C-208/16 P, Bundesrepublik Deutschland/Europäische Kommission, NWB CAAAG-88496; C-209/16 P, Bundesrepublik Deutschland/Europäische Kommission, NWB MAAAG-88497, u. C-219/16 P, Lowell Financial Services (GFKL Financial Services)/Europäische Kommission, NWB WAAAG-88498.
4 Vgl. Schlussanträge v. 20.12.2017 in der Rs. C-203/16 P, Dirk Andres (Verwalter Heitkamp BauHolding), vormals Heitkamp Bauholding/Kommission, BeckRS 2017, 136858, Rz. 190.
5 BGBl 2011 I S. 2592.
6 Zu den Voraussetzungen einer Nichtigkeitsklage und den verfahrensrechtlichen Folgen *Blumenberg/Haisch*, FR 2012 S. 12 u. *Hackemann/Fiedler*, BB 2011 S. 2972.

Referenzsystem unzutreffend ermittelt hatte. Zudem wäre eine solche Feststellung auch verfahrensrechtlich nicht möglich gewesen.

II. Die beihilferechtliche Thematik

Gemäß Art. 107 Abs. 1 AEUV sind staatliche oder aus staatlichen Mitteln gewährte Beihilfen gleich welcher Art, die durch die Begünstigung bestimmter Unternehmen oder Produktionszweige den Wettbewerb verfälschen oder zu verfälschen drohen und den Handel zwischen Mitgliedstaaten beeinträchtigen, mit dem Binnenmarkt unvereinbar.

Tatbestandsmerkmale einer staatlichen Beihilfe nach Art. 107 Abs. 1 AEUV sind:

- Die Maßnahme muss einem Staat zuzurechnen sein,
- sie muss durch diesen oder aus staatlichen Mitteln finanziert sein,
- sie muss einen wirtschaftlichen Vorteil gewähren,
- sie muss den Wettbewerb verfälschen oder zu verfälschen drohen und den Handel zwischen den Mitgliedstaaten beeinträchtigen,
- sie muss aufgrund der Begünstigung bestimmter Unternehmen oder Produktionszweige **selektiv** sein.

Der EuGH hat in seiner Rechtsprechung zur Prüfung der (materiellen) Selektivität einer steuerlichen Maßnahme i. S. d. Art. 107 Abs. 1 AEUV das folgende dreistufige Prüfungsschema entwickelt:[1]

- In einem ersten Schritt ist zu bestimmen, wie das geltende Steuersystem den betreffenden steuerlichen Bereich im Allgemeinen bzw. im „Normalfall" regelt („Referenzsystem").
- In einem zweiten Schritt ist zu prüfen und festzustellen, ob ein etwaiger Vorteil, der durch die in Rede stehende Maßnahme gewährt wird, selektiven Charakter hat; dazu ist ggf. nachzuweisen, dass die Maßnahme eine Ausnahme vom Referenzsystem darstellt, da sie zwischen Wirtschaftsteilnehmern differenziert, die sich im Hinblick auf das mit der Regelung verfolgte Ziel in einer vergleichbaren tatsächlichen und rechtlichen Situation befinden.
- Liegt eine solche Ausnahme vor – d. h. hat die Maßnahme prima facie selektiven Charakter –, ist in einem dritten Schritt zu prüfen, ob die Differenzierung durch die Natur oder den inneren Aufbau des Systems, in dessen Rahmen sie erfolgt, bedingt ist und daher gerechtfertigt sein könnte. Dabei muss der Mitgliedstaat nachweisen, dass sich die Differenzierungen aus den Grund- oder Leitprinzipien dieses Systems ergeben.

Gewährt ein Mitgliedstaat ohne Genehmigung der Europäischen Kommission eine staatliche Beihilfe, ist die Gewährung zunächst rechtswidrig.[2] Die Kommission kann dann die Aussetzung oder die einstweilige Rückforderung der Maßnahme verlangen.[3] Ergibt die Prüfung der Kommission, dass die Beihilfe unionsrechtswidrig ist, ist der betroffene Mitgliedstaat verpflichtet, die Beihilfe von den einzelnen Begünstigten zurückzufordern, und zwar einschließlich Zinsen.[4]

---

[1] Vgl. EuGH, Urteil v. 8.11.2001 - C-143/99, Adria-Wien Pipeline und Wietersdorfer & Peggauer Zementwerke, NWB TAAAF-77116, Rz. 42 u. 53.
[2] Vgl. EuGH, Urteil v. 19.9.2000 - C-156/98, Deutschland/Kommission, BStBl 2001 II S. 47, Rz. 14 u. 112 f.
[3] Art. 11 659/1999/EG (BVVO).
[4] Art. 14 659/1999/EG (BVVO).

Der EuGH begründet seine Entscheidungen v. 28.6.2018 damit, dass die Kommission lediglich die Regelung des Verlustverfalls nach § 8c Abs. 1 KStG als Referenzsystem eingestuft habe, nicht jedoch die allgemeine Regel des Verlustvortrags des § 10d Abs. 2 EStG. Damit bestimmt er das Referenzsystem weiter als die Kommission und das EuG, was zur Nichtigkeit des Kommissionsbeschlusses führte. Rein theoretisch ermöglichen es die Urteile der Kommission zwar, erneut einen Unvereinbarkeitsbeschluss herbeizuführen, nach der Begründung des Gerichts dürften aber keine Zweifel bestehen, dass die Sanierungsklausel keinen selektiven Charakter hat, sondern im Ergebnis lediglich den allgemeinen Grundsatz der Verlustnutzung bestätigt. Durch die Einbeziehung der allgemeinen Regeln des Verlustvortrags in das Referenzsystems[1] stellt die Sanierungsklausel keine selektive Ausnahme von diesem Grundsatz dar.

638 Die am 4.2.2016 ergangenen Urteile der Neunten Kammer des EuG,[2] die noch den Kommissionsbeschluss v. 26.1.2011 bestätigten, warfen die Frage auf, ob auch die **Konzernklausel** des § 8c Abs. 1 Satz 5 KStG und die **Stille-Reserven-Klausel** des § 8c Abs. 1 Satz 6 KStG unter Zugrundelegung der Argumentation des Gerichts als rechtswidrige staatliche Beihilfen qualifizieren könnten.[3]

Die Stille-Reserven-Klausel dürfte m. E. auch nach dem Prüfungsmaßstab des EuG einer beihilferechtlichen Überprüfung standhalten, da das Unterscheidungskriterium „stille Reserve" aus dem Sinn und Zweck der Regelung des § 8c Abs. 1 Satz 1 KStG abgeleitet werden kann, denn in der Höhe der stillen Reserven konnte die Körperschaft ihre Verluste bereits vor dem Beteiligungserwerb nutzen.[4]

Ob die Konzernklausel selektiv wirkt, kann nach den Urteilen des EuGH v. 28.6.2018 dahingestellt bleiben. Die Entscheidung des EuGH zu § 6a GrEStG[5] spricht zudem dafür, dass selbst eine selektive Wirkung der Konzernklausel gerechtfertigt wäre und diese somit keine Beihilfe darstellt.

III. Folgerungen für die Praxis

639 Der Gesetzgeber hat mit dem UStAVermG **die Suspendierung des § 8c Abs. 1a KStG aufgehoben** (→ Rz. 9). Wegen der rückwirkenden Geltung der Sanierungsklausel können von der Suspendierung betroffene Steuerpflichtige sich auf § 8c Abs. 1a KStG berufen, sofern sie neben den materiell-rechtlichen Voraussetzungen für die Inanspruchnahme der Sanierungsklausel auch die verfahrensrechtlichen Voraussetzungen für die Gewährung erfüllen. Zur Frage der Nachweispflicht s. → Rz. 523.

G. § 8c Abs. 2 KStG und §§ 3a, 3c Abs. 4 EStG

640 Bis zur Einführung des § 8c Abs. 1a KStG enthielt § 8c Abs. 1 KStG **keine Sanierungsklausel**. Dies war insoweit folgerichtig, als die Sanierungsklausel des § 8 Abs. 4 Satz 3 KStG an die Zuführung neuen Betriebsvermögens anknüpfte und dieses Merkmal in § 8c Abs. 1 KStG wegge-

---

1 Vgl. EuGH, Urteile v. 28.6.2018 - C-203/16 P, Andres, Insolvenzverwalter über das Vermögen der Heitkamp Bauholding GmbH/Europäische Kommission, NWB JAAAG-87474, Rz. 102 f.
2 EuG v. 4.2.2016 - T-287/11, Heitkamp BauHolding, NWB EAAAF-66134, und Rs. T-620/11, GFKL Financial Services, NWB OAAAF-66135.
3 Vgl. EuG v. 4.2.2016 - T-620/11, GFKL Financial Services, IStR 2016 S. 249, Rz. 181; keine Beihilfequalität von Stille-Reserve-Klausel u. Konzernklausel Holtmann, EWS 2016 S. 61.
4 Vgl. EuG v. 4.2.2016 - T-620/1, GFKL Financial Services, IStR 2016 S. 249, Rz. 153 f.
5 EuGH, Urteil v. 19.12.2018 - C-374/17, A-Brauerei, NWB YAAAH-05146.

fallen ist. Jedoch kam bereits vor der Einführung des § 8c Abs. 1a KStG der sog. **Sanierungserlass des BMF** v. 27.3.2003[1] zur Anwendung, der die Regelung des § 3 Nr. 66 EStG a. F. zur Steuerfreiheit von Sanierungsgewinnen weitgehend übernommen hat. Die Anwendbarkeit des Sanierungserlasses ergab sich aus dem BMF, Schreiben v. 4.7.2008.[2]

Nach der Entscheidung des Großen Senats v. 28.11.2016[3] verstößt der Erlass gegen den Grundsatz der Gesetzmäßigkeit der Verwaltung und ist daher unwirksam. Auch kann entgegen der Auffassung der FinVerw kein Vertrauensschutz gewährt werden.[4]

Der Gesetzgeber hat mit dem Gesetz gegen schädliche Steuerpraktiken im Zusammenhang mit Rechteüberlassungen vom 27.6.2017 (→ Rz. 9) die Steuerbegünstigung von Sanierungsgewinnen durch Einfügung der §§ 3a, 3c Abs. 4 EStG gesetzlich geregelt.[5]

641

Mit Einfügung der §§ 3a, 3c Abs. 4 EStG wurde durch Ergänzung des § 8c KStG um einen Abs. 2 ebenfalls geregelt, dass die **Verlustkürzung nach § 8c Abs. 1 KStG** gegenüber einer Verlustkürzung nach § 3a Abs. 3 EStG **vorrangig** ist.[6] Der Anwendungsvorrang gilt unabhängig davon, ob der schädliche Beteiligungserwerb vor oder nach dem Schuldenerlass durchgeführt wird. Für den Gesetzgeber war ausschlaggebend, dass der Regelung des **§ 3a EStG** anders als § 8c KStG eine **Gesamtjahresbetrachtung** des Sanierungsjahrs und keine Stichtagsbetrachtung (bezogen auf den einzelnen qualifizierten Schuldenerlass) zu Grunde liegt, so dass § 3a EStG erst als letzter Schritt anzuwenden ist.

Der Vorrang des § 8c KStG dient auch der Vereinfachung und Rechtsklarheit. Denn es wird in Fällen, in denen mehrere Schuldenerlasse und schädliche Beteiligungserwerbe in einem Jahr kumulieren, auf eine Zuordnung der vor und nach dem Schuldenerlas entstandenen nicht genutzten Verluste verzichtet.[7] Dies bedeutet, dass lediglich ein nach der Anwendung des § 8c KStG (einschließlich des Eingreifens der Konzernklausel und Stillen-Reserven-Klausel) verbleibender nicht genutzter Verlust der Reglung des § 3a Abs. 3 Satz 2 EStG unterliegt.

§ 8d Fortführungsgebundener Verlustvortrag

(1) ¹§ 8c ist nach einem schädlichen Beteiligungserwerb auf Antrag nicht anzuwenden, wenn die Körperschaft seit ihrer Gründung oder zumindest seit dem Beginn des dritten Veranlagungszeitraums, der dem Veranlagungszeitraum nach Satz 5 vorausgeht, ausschließlich denselben Geschäftsbetrieb unterhält und in diesem Zeitraum bis zum Schluss des Veranlagungszeitraums des schädlichen Beteiligungserwerbs kein Ereignis im Sinne von Absatz 2 stattgefunden hat. ²Satz 1 gilt nicht:

1. für Verluste aus der Zeit vor einer Einstellung oder Ruhendstellung des Geschäftsbetriebs oder

---

1 BStBl 2003 I S. 24.
2 BStBl 2008 I S. 736, Rz. 34.
3 BFH, Beschluss v. 28.11.2016 – GrS 1/15, NWB OAAAG-37082.
4 Vgl. hierzu den Nichtanwendungserlass des BMF zu den BFH-Urteilen v. 23.8.2017 (I R 52/14, X R 38715) v. 29.3.2018, BStBl 2018 I S. 588.
5 Zur gesetzlichen Neuregelung der Steuerbefreiung des Sanierungsgewinns → Rz. 12 u. *Förster/Hechtner*, DB 2017 S. 1536.
6 Nach *Suchanek/Herbst*, Ubg 2019 S. 146, 148, wäre es „wünschenswert", wenn der Anwendungsvorrang auch für Anwendungsfälle des § 3a EStG vor dem VZ 2017 gelte würde.
7 BT-Drs. 18/12128 S. 34.

2. wenn die Körperschaft zu Beginn des dritten Veranlagungszeitraums, der dem Veranlagungszeitraum nach Satz 5 vorausgeht, Organträger oder an einer Mitunternehmerschaft beteiligt ist.

³Ein Geschäftsbetrieb umfasst die von einer einheitlichen Gewinnerzielungsabsicht getragenen, nachhaltigen, sich gegenseitig ergänzenden und fördernden Betätigungen der Körperschaft und bestimmt sich nach qualitativen Merkmalen in einer Gesamtbetrachtung. ⁴Qualitative Merkmale sind insbesondere die angebotenen Dienstleistungen oder Produkte, der Kunden- und Lieferantenkreis, die bedienten Märkte und die Qualifikation der Arbeitnehmer. ⁵Der Antrag ist in der Steuererklärung für die Veranlagung des Veranlagungszeitraums zu stellen, in den der schädliche Beteiligungserwerb fällt. ⁶Der Verlustvortrag, der zum Schluss des Veranlagungszeitraums verbleibt, in den der schädliche Beteiligungserwerb fällt, wird zum fortführungsgebundenen Verlust (fortführungsgebundener Verlustvortrag). ⁷Dieser ist gesondert auszuweisen und festzustellen; § 10d Absatz 4 des Einkommensteuergesetzes gilt entsprechend. ⁸Der fortführungsgebundene Verlustvortrag ist vor dem nach § 10d Absatz 4 des Einkommensteuergesetzes festgestellten Verlustvortrag abzuziehen. ⁹Satz 8 gilt bei Anwendung des § 3a Absatz 3 des Einkommensteuergesetzes entsprechend.

(2) ¹Wird der Geschäftsbetrieb im Sinne des Absatzes 1 eingestellt, geht der nach Absatz 1 zuletzt festgestellte fortführungsgebundene Verlustvortrag unter; § 8c Absatz 1 Satz 5 bis 8 gilt bezogen auf die zum Schluss des vorangegangenen Veranlagungszeitraums vorhandenen stillen Reserven entsprechend. ²Gleiches gilt, wenn

1. der Geschäftsbetrieb ruhend gestellt wird,
2. der Geschäftsbetrieb einer andersartigen Zweckbestimmung zugeführt wird,
3. die Körperschaft einen zusätzlichen Geschäftsbetrieb aufnimmt,
4. die Körperschaft sich an einer Mitunternehmerschaft beteiligt,
5. die Körperschaft die Stellung eines Organträgers im Sinne des § 14 Absatz 1 einnimmt oder
6. auf die Körperschaft Wirtschaftsgüter übertragen werden, die sie zu einem geringeren als dem gemeinen Wert ansetzt.

Inhaltsübersicht	Rz.
A. Allgemeines	1 - 50
I. Gesetzesentwicklung	2 - 5
II. Regelung und Zweck der Vorschrift	6 - 10
III. Verhältnis zu anderen Vorschriften	11 - 25
1. § 8c KStG	11 - 14
2. § 10a GewStG	15
3. § 8a KStG	16
4. Sonstige Verluste	17
5. § 4h Abs. 1 Satz 3 EStG	18
6. Verhältnis zu § 12 Abs. 3 Satz 2, § 15 Abs. 3 UmwStG	19
7. Verhältnis zu § 2 Abs. 1 und 4, § 20 Abs. 6 Satz 4 UmwStG	20
8. § 42 AO	21 - 25
IV. Verhältnis zum Unionsrecht	26 - 33
V. Verhältnis zum Verfassungsrecht	34 - 40
VI. Zeitlicher Anwendungsbereich	41
VII. Persönlicher Anwendungsbereich	42 - 50

B. Tatbestandsvoraussetzungen des § 8d Abs. 1 KStG	51 - 85
I. Tatbestand	51 - 52
II. Unterhaltung desselben Geschäftsbetriebs	53 - 65
1. Definition des Geschäftsbetriebs	53 - 57
2. Beobachtungszeitraum	58 - 65
III. Schädliches Ereignis	66 - 85
1. Einstellung des Geschäftsbetriebs	68
2. Ruhendstellung des Geschäftsbetriebs	69
3. Anderweitige Zweckbestimmung des Geschäftsbetriebs	70
4. Aufnahme eines zusätzlichen Geschäftsbetriebs	71
5. Beteiligung an einer Mitunternehmerschaft	72
6. Stellung als Organträger	73 - 77
7. Übertragung von Wirtschaftsgütern unterhalb des gemeinen Werts	78 - 85
C. Tatbestandsvoraussetzungen des § 8d Abs. 2 KStG	86
D. Rechtsfolge	87 - 106
I. Fortführungsgebundener Verlustvortrag	88 - 89
II. Antragsgebundenheit und Wahlrecht	90 - 92
III. Gesonderte Feststellung und Verwendungsreihenfolge	93 - 100
IV. Untergang des fortführungsgebundenen Verlustvortrags	101 - 106
1. Allgemeine Rechtsfolge	101 - 102
2. Stille-Reserven-Klausel	103 - 106

LITERATURHINWEISE:

Bakeberg/Krüger, Gesetzesentwurf zur Weiterentwicklung der steuerlichen Verlustverrechnung von Körperschaften: eine erste Analyse von § 8d KStG-E, BB 2016, 2967; *Bergmann/Süß*, Neues zum Verlustuntergang: Erste Überlegungen zum Entwurf eines § 8d KStG, DStR 2016, 2185; *Demleitner*, Aktuelle Fragen zur Besteuerung von Unternehmen in der Krise und Insolvenz, SteuK 2016, 521; *Dreßler/Rogall*, Regierungsentwurf zur Einführung des § 8d KStG, DB 2016, 2375; *Feldgen*, Der fortführungsgebundene Verlustvortrag nach § 8d KStG-E, StuB 2016, 742; *Frey/Thürmer*, Erste Anmerkungen und Vorschläge zur Konzeption des „fortführungsgebundenen Verlustvortrags", GmbHR 2016, 1083; *Geberth*, RegE eines „Gesetzes zur Weiterentwicklung der steuerlichen Verlustverrechnung bei Körperschaften", DB 2016, M5; *Hackemann/Ergenzinger*, Unionsrechtliche Einflüsse in Strahl, Problemfelder Ertragsteuern, 19. Erg.-Lfg./März 2016; *Keilhoff/Risse*, Unzureichende Umsetzung der Intentionen des Gesetzgebers im neuen § 8d KStG-E, FR 2016, 1085; *Kenk*, Die Neuregelung des § 8d KStG: Lebt die alte Mantelkaufregelung wieder auf?, BB 2016, 2844; *Korn*, Bundesregierung beschließt Gesetz zur Weiterentwicklung der steuerlichen Verlustverrechnung bei Körperschaften, SteuK 2016, 399; *Neyer*, § 8d KStG-E: Neue Verschonungsoption für die Verlustnutzung nach schädlichem Anteilserwerb, FR 2016, 928; *Ortmann-Babel/Bolik*, Verlustrettung durch fortführungsgebundenen Verlustvortrag nach § 8d KStG, DB 2016, 2984; *Ott*, Neues zur Verlustnutzung bei Kapitalgesellschaften, StuB 2016, 791 – NWB OAAAF-84438; *Scholz/Riedel*, Zum fortführungsgebundenen Verlustvortrag gem. § 8d KStG-E bei Umstrukturierungen, DB 2016, 2562; *Suchanek/Rüsch*, Erweiterung der körperschaftsteuerlichen Verlustverrechnung: Der Entwurf zu einem „fortführungsgebundenen Verlustvortrag" (§ 8d KStG-E), Ubg 2016, 576; *Vogel*, Erhalt steuerlicher Verlustvorträge auch bei Änderungen der Eigentümerstruktur – nun doch ein Happy End für eine nahezu unendliche (Gesetzgebungs-) Geschichte?, GmbHR 2016, R305; *von Wilcken*, Rettung der Sanierungsklausel durch einen neuen § 8d KStG?, NZI 2016, 996; Arbeitskreis Steuern und Revision im Bund der Wirtschaftsakademiker (BWA) e.V: A Never-Ending-Story: Der Begriff des(selben) Geschäftsbetirebs im Sinne des § 8d KStG, DStR 2017, 2457; Bericht der Arbeitsgruppe „Weiterentwicklung der Regelungen zur Verlustverrechnung nach Anteilseignerwechsel (§ 8c KStG)", FR 2017, 113; *Blumenberg/Crezelius*, § 8c KStG nach der Entscheidung des BVerfG, DB 2017, 1405;*Bültmann*, Staatscompliance – ein Appell für mehr Recht durch den Staat, DStR 2017, 1; *Dörr/Reisich/Plum*, Fortführungsgebundener Verlustvortrag nach § 8d KStG (Teile 1 und 2), NWB 2017, 496 bzw. 573; *Ernst/Roth*, Der Vorhang zu und alle Fragen offen – Zur (Un-)Vereinbarkeit von §8c KStG mit Verfassungsrecht nach der „Paukenschlag"- Entscheidung des BVerfG, UBG 2017, 366; *Feldgen*, Gesetz zur Weiterentwicklung der steuerlichen Verlustverrechnung bei Körperschaften – Zugleich: Schicksal des fortführungsgebundenen Verlustvortrags bei Umstrukturierungen sowie im Treuhandmodell, StuB 2017, 51; *Ferdinand*, Gesetz zur Weiterentwicklung der steuerlichen Verlustverrechnung bei Körperschaften – Analyse der Auswirkungen auf Start-up-Unternehmen und Organschaften, BB 2017, 87; *Förster/von Cölln*, Die Neuregelung des § 8d KStG beim schädlichen Beteiligungserwerb, DStR 2017, 8; *Kußmaul/Palm/Licht*, § 8d KStG im Lichte der europäischen Beihilferechts, GmbHR 2017, 1009; *Merker*, Neuregelung der steuerlichen Verlustverrechnung bei Körperschaften, SteuerStud 2017, 19 – NWB PAAAF-88768; *Moser/Witt*, Neugeschaffener § 8d KStG – ein gelungenes Korrektiv zur Verlustnutzungsbeschränkung gem. § 8c KStG?, DStZ 2017, 235; *Neumann/Heuser*, § 8d KStG – Weiterentwicklung der körperschaftsteuerlichen Verlustverrechnung für eng begrenzte Sonderfälle, GmbHR 2017, 281; *Neyer*, Der neue § 8d KStG: Verlustretter mit Schwachstellen, BB 2017, 415; *Niemeyer/Lemmen*, Umbruch der Verlustnutzung durch den fortführungsgebundenen Verlustvortrag? Die Würdigung des verfassungswidrigen § 8c Abs. 1 Satz 1 KStG nach Einführung von §8d KStG, DStZ 2017, 679; *Noël*, Der fortführungsgebundene Verlustvortrag gem. § 8d KStG – Ein Überblick und Problemfelder in der Praxis, GmbH-StB 2017, 86; *Pauli*, Verfassungswidrigkeit des § 8c Abs. 1 KStG nach Einführung des § 8d KStG? – Offene Fragen nach der Entscheidung des BVerfG, Urteil v. 29.3.2017, FR 2017, 577; *Pflüger*, Der neue Verlustabzug nach § 8d KStG: Verlustretter oder „Mogelpackung", GStB 2017, 152; *Rätke*, Die neue Verlustübergangsregelung nach § 8d KStG – eine Haftungsfalle für Berater?, BBK 2017, 508; *Röder*, Der neue § 8d KStG und die Fortführung des Geschäftsbetriebs:Verlustnutzung mit unternehmerischer Entwicklung vereinbar – auch in Sanierungsfällen, DStR 2017, 1737; *Suchanek*, Anm. zu BVerfG, Urteil v. 29.3.2017 – 2 2 BvL 6/11, FR 2017, 577, 587; *Suchanek/Rüsch*, Update zu § 8d KStG: Die Änderungen im verabschiedeten Gesetz, Ubg 2017, 7; *Thees/Zajons*, Unternehmensbewertung im Kontext der Neuregelung des § 8d KStG, BB 2017, 1259; *Heerdt*, Die Rücknahme des Antrags nach § 8d Abs. 1 S. 5 KStG, DStR 2018, 653; *Herkens*, Die Form des Antrags auf Anwendung des fortführungsgebundenen Verlustvortrags nach § 8d KStG bei schädlichem Beteiligungserwerb, GmbHR 2018, 405; *Kaminski/Melhem/Hundrieser*, Anwendung von § 8d KStG auf § 2a EStG-Verluste, ISR 2018, 301; *Linn/Pignot*, Anm. zu EuGH, Urteil v. 28.6.2018 – C-203/16 P, Dirk Andres (Insolvenzverwalter Heitkamp BauHolding)/Kommission, IStR 2018, 552, 558; *Pohl*, Zweifelsfragen zu § 8d KStG im Kontext der ORganschaft, BB 2018, 796; *Suchanek/Rüsch*, Zweifelsfragen bei § 8d KStG; GmbHR 2018, 57; *Förster/Hechtner*, Neue gesetzliche Rahmenbedingungen im Sanierungssteuerrecht, DB 2019, 10; *Heerdt/Mühling*, Mittel und Wege aus einem fortführungsgebundenen Verlustvortrag nach Abschaffung des quotalen Verlustuntergangs i. S. d. § 8c Abs. 1 KStG ab 2016 durch das JStG 2018, StB 2019, 81; *Herken*s, Der Antrag nach § 8d KStG, GmbH-StB 2019, 81; *Suchanek/Rüsch*, Anm. zu FG Thüringen v. 5.10.2018 – 1 K 348/18, GMbHR 2019, 36.

A. Allgemeines

1   Mit dem am 20.12.2016 verkündeten **Gesetz zur Weiterentwicklung der Verlustverrechnung bei Körperschaften** ergänzt bzw. korrigiert der Gesetzgeber durch den neu in das KStG eingefügten § 8d die Regelung des § 8c KStG. Der Begriff Korrektur ist an sich zutreffender, weil die Regelung des § 8d KStG zwar an § 8c KStG anknüpft, allerdings bei Inanspruchnahme durch die Körperschaft losgelöst von § 8c KStG zu betrachten ist.

Die Regelung des § 8c KStG wird für den fortführungsgebundenen Verlustvortrag suspendiert und auch verfahrensrechtlich wird der fortführungsgebundene Verlustvortrag von dem Verlustvortrag nach § 10d EStG getrennt (→ Rz. 93). Die Neuregelung erlaubt Körperschaften auf Antrag eine weitere Nutzung der von dem Verlustuntergang nach § 8c KStG betroffenen Verluste, wenn sie den Geschäftsbetrieb nach einem schädlichen Beteiligungserwerb fortführen. Dabei sind die von § 8d KStG erfassten **Verluste nicht deckungsgleich** mit den nicht genutzten Verlusten des § 8c Abs. 1 Satz 1 KStG, denn die Regelung bezieht sich auf die weitere Nutzung eines gesetzlich definierten fortführungsgebundenen Verlustvortrags.

Dieser unterscheidet sich von den nicht genutzten Verlusten bzw. der Rechtsfolge des § 8c KStG dadurch, dass er sich auf die Verluste zum Ende des Veranlagungszeitraums bezieht, in dem der schädliche Beteiligungserwerb erfolgt, während § 8c KStG von einer taggenauen Abgrenzung ausgeht. Entstehen also nach dem schädlichen Ereignis bis zum Ablauf des Veranlagungszeitraums weitere Verluste, werden diese ebenfalls von § 8d KStG erfasst.[1]

I. Gesetzesentwicklung

Ausgangspunkt des § 8d KStG ist der Gesetzentwurf der Bundesregierung vom 17.10.2016 mit dem Titel „Entwurf eines Gesetzes zur Weiterentwicklung der steuerlichen Verlustverrechnung bei Körperschaften".[2] Nach Übernahme von Änderungsempfehlungen des Bundesrats[3] und des Finanzausschusses des Bundestags[4] wurde das Gesetz am 1.12.2016 von dem Bundestag beschlossen.[5] Die Zustimmung des Bundesrats erfolgte am 16.12.2016; das Gesetz wurde am 20.12.2016 verkündet.[6]

Die Gesetzesinitiative ist vor dem Hintergrund des Scheiterns der Einschränkung des § 8c KStG zugunsten von sog. **Wagniskapitalbeteiligungsgesellschaften** durch die Europäischen Kommission zu sehen. Weiterer Beweggrund war die **beihilferechtliche Auseinandersetzung** über die Sanierungsklausel des § 8c Abs. 1a KStG, die mit den Urteilen des EuGH v. 28.6.2018,[7] mit denen das Gericht die Nichtigkeit des Kommissionsbeschlusses festgestellte, abgeschlossen wurde.

Mit dem **Gesetz gegen schädliche Steuerpraktiken im Zusammenhang mit Rechteüberlassungen**[8] wurde die Steuerfreiheit von Sanierungsgewinnen gesetzlich geregelt (§ 3a EStG u. § 3c Abs. 4 EStG sowie § 8 Abs. 8 Satz 6 und Abs. 9 Satz 9 KStG und § 15 Satz 1 Nr. 1 Satz 2 und Nr. 1a KStG). Das Gesetz regelt ferner durch **§ 8d Abs. 1 Satz 9 KStG** für den Anwendungsbereich des § 3a Abs. 3 EStG den Vorrang der fortführungsgebundenen Verlustvorträge vor dem Verlustvortrag nach § 10d Abs. 4 EStG vorgehen.[9] Die Steuerfreiheit von Sanierungsgewinnen sollte nach Art. 6 des Gesetzes erst an dem Tag in Kraft treten, an dem die Europäische Kommission durch Beschluss feststellt, dass die Regelungen entweder keine staatliche Beihilfe i. S. d. Art. 107 Abs. 1 AEUV oder mit dem Binnenmarkt vereinbare Beihilfen darstellen. Daher stand auch die Regelung des § 8d Abs. 1 Satz 9 KStG unter einem entsprechenden Vorbehalt.

Mit dem Gesetz zur Vermeidung von Umsatzsteuerausfällen beim Handel mit Waren im Internet und zur Änderung weiterer steuerlicher Vorschriften v. 11.12.2018 (**UStAVermG**)[10] erfolgte eine **redaktionelle Anpassung** des Verweises in § 8d Abs. 2 Satz 1 KStG. Durch den Wegfall des quotal schädlichen Beteiligungserwerbs in demselben Gesetz und damit einem Wegfall des § 8c Abs. 1 Satz 1 KStG a. F. wird die Stille-Reserven-Regelung nunmehr in § 8c Abs. 1 Satz 5 bis

---

1 Vgl. Beispiele bei *Rätke*, BBK 2017, 508, 513 unter Nr. 3.
2 BT-Drucks. 18/9986; zu dem Gesetzesentwurf s. *Bakeberg/Krüger*, BB 2016, 2967; *Bergmann/Süss*, DStR 2016, 2185; *Demleitner*, Steuk 2016, 521; *Dressler/Rogall*, DStR 2016, 2375; *Feldgen*, StuB 2016, 742; *Frei/Thürmer*, GmbHR 2016, 1083; *Geberth*, DB 2016, M5; *Keilhoff/Risse*, FR 2016, 1085; *Kenk*, BB 2016, 2844; *Korn*, SteuK 2016, 399; *Neyer*, FR 2016, 928; *Ott*, StuB 2016, 791; *Scholz/Riedel*, DB 2016, 2562; *Suchanek/Rüsch*, Ubg 2016, 576, *Vogel*, GmbHR 2016, R305.
3 Vgl. BR-Drucks. 544/16.
4 BT-Drucks. 18/10495; s. hierzu *von Wilcken*, NZI 2016, 996.
5 BR-Drucks. 719/16 (B); zu der finalen Fassung *Dörr/Reisich/Plum*, NWB 2017, 496; *Feldgen*, StuB 2017, 51; *Ferdinand*, BB 2017, 87; *Förster/von Cölln*, DStR 2017, 8; *Merker*, SteuerStud 2016, 19; *Neumann/Heuser*, GmbHR 2017, 281; *Neyer*, BB 2017, 415; *Noël*, GmbH-StB 2017, 86; *Ortmann/Bolik*, DB 2016, 2984; *Suchanek/Rüsch*, Ubg 2017, 7.
6 BGBl 2016 I 2998.
7 Unter anderem C-203/16 P, NWB JAAAG-87474, und C-208/16 P, NWB CAAAG-88496.
8 BGBl 2017 I 2074; BStBl 2017 I 1202.
9 Zu der Neuregelung *Uhländer*, DB 2017, 1224; *Förster/Hechtner*, DB 2017, 1536.
10 BGBl 2018 I 2338 = BStBl 2018 I 1377.

8 geregelt. Ferner wurde die **aufschiebende Wirkung der Anwendung des § 8d Abs. 1 Satz 9 KStG aufgehoben**, da die Kommission im Wege eines sog. *comfort letters* die beihilferechtliche Unbedenklichkeit der Regelung über die Steuerfreiheit der Sanierungsgewinne bestätigt hatte. Die gesetzliche Regelung war erforderlich, weil dem *comfort letter* nicht die Bedeutung eines Beschlusses zukommt (→ Rz. 26). Zur erstmaligen Anwendung von § 3a EStG s. § 52 Abs. 4a EStG.

II. Regelung und Zweck der Vorschrift

6   Nach § 8c KStG führt ein schädlicher Beteiligungserwerb von über 50 % zum Untergang der nicht genutzten Verluste. Die Regelung wird durch die Konzernklausel und die Stille-Reserven-Klausel zwar entschärft, die Konzernklausel greift aber nicht bei der Neuaufnahme oder dem Wechsel von Anteilseignern, und die Stille-Reserven-Klausel nur, wenn und soweit stillen Reserven bestehen. Eine zusätzliche Einschränkung ergibt sich durch die Sanierungsklausel.

Mit dem antragsabhängigen fortführungsgebundenen Verlustvortrag wird eine **weitere Ausnahme** geschaffen, deren Ziel ausweislich der Gesetzesbegründung die Beseitigung steuerlicher Hemmnisse bei der Unternehmensfinanzierung durch Neueintritt oder Wechsel von Anteilseignern ist.[1] Die erkennbare Intention des Gesetzgebers ist es, **Start-up-Unternehmen zu fördern**,[2] er formuliert das Gesetz aber allgemein, um nicht erneut einen Konflikt mit der Europäischen Kommission wegen der Gewährung einer potenziell unionsrechtswidrigen staatlichen Beihilfe zu riskieren.

7   Die Grundzüge der Neuregelung gehen auf eine von der Bundesregierung im April 2016 eingesetzte Arbeitsgruppe aus Vertretern von Verwaltung und Wissenschaft zurück, die versuchte, eine Ausnahmeregelung zu schaffen, die einerseits mittels einer **tätigkeitsbezogenen Betrachtungsweise** und unter Rückgriff auf bestehende Rechtsprechung Auslegungsschwierigkeiten verminderte und andererseits den Regelungsbereich der §§ 8c, 8d KStG wieder erkennbar auf den Zweck der **Vermeidung von Mantelkäufen** legt. Dazu wurde der Schwerpunkt der Regelung auf den Fortbestand des Unternehmens gelegt, wobei der dafür **zentrale Begriff der Geschäftstätigkeit** qualitativ und nicht quantitativ bestimmt wird.

Die Norm bezweckt insbesondere, die durch § 8c KStG verursachte Behinderung der **Finanzierung junger innovativer Unternehmen**, die noch keinen Nachweis über bestehende stille Reserven führen können, sowie **sanierungsbedürftiger Unternehmen** zu beseitigen.[3] Allerdings ist die Zuführung neuen Betriebsvermögens gerade kein Bestandteil der Neuregelung.

8–10   *(Einstweilen frei)*

III. Verhältnis zu anderen Vorschriften

1. § 8c KStG

11   Wie sich bereits aus dem Eingangswortlaut ergibt, ist § 8d KStG zunächst eine Ergänzung zu § 8c KStG. Die **Regelung greift** nur ein, wenn der **Tatbestand des § 8c KStG erfüllt** ist. Dies bedeutet z. B., dass § 8d KStG bei tatbestandlicher Erfüllung der Konzernklausel des § 8c Abs. 1

---

[1] BT-Drucks. 18/9986, 7.
[2] Vgl. BT-Drucks. 18/10495, 11 f.
[3] Siehe hierzu den Bericht „Weiterentwicklung der Regelungen zur Verlustverrechnung nach Anteilseignerwechsel (§ 8c KStG)", FR 2017, 113.

Satz 4 KStG **ins Leere** geht.[1] Die Regelung kann aber Anwendung finden, wenn die Stille-Reserven-Klausel des § 8c Abs. 1 Satz 5 KStG ganz oder teilweise zu einem Erhalt der nicht genutzten Verluste führen würde. Denn die Stille-Reserven-Klausel beschränkt nur die Rechtsfolge des § 8c KStG.

Aufgrund der **Antragsgebundenheit** kann die Körperschaft im Einzelfall entscheiden, ob sie einen Nachweis über ihre der inländischen Besteuerung unterliegenden stillen Reserven i. S. d. § 8c Abs. 1 Satz 5 ff. KStG führt oder § 8d KStG geltend macht. Ihr steht ein **Wahlrecht** zu, wobei die Geltendmachung eines fortführungsgebundenen Verlustvortrags nach der hier vertretenen Auffassung selbst dann vorteilhaft sein kann, wenn nachweisbar ausreichend stille Reserven vorhanden sind (→ Rz. 105). Gegenüber Ausnahmefällen von § 8c KStG wie z. B. der unentgeltlichen Erbauseinandersetzung[2] besteht ein **Ausschlussverhältnis**.[3] Auch gegenüber der Sanierungsklausel des § 8c Abs. 1a KStG besteht *de jure* kein Wahlrecht, da Beteiligungserwerbe, die den Tatbestand des § 8c Abs. 1a KStG erfüllen, keine Zählerwerbe i. S. d. § 8c Abs. 1 Satz 1 sind.[4]

12

Die Regelung geht über eine Ergänzung des § 8c KStG hinaus, weil sie für den einmal festgestellten fortführungsgebundenen Verlustvortrag die Anwendung des § 8c KStG suspendiert. Das heißt, für den **Fortbestand eines einmal festgestellten fortführungsgebundenen Verlustvortrags** ist ein folgender **schädlicher Beteiligungserwerb nach § 8c KStG unbeachtlich** (str., → Rz. 92).

13

Bei einem Erwerb in mehreren Stufen kommt es auf den Beteiligungserwerb i. S. d. § 8c KStG an, mit dem die Schädlichkeitsgrenze überschritten wird. § 8d KStG, der rückwirkend ab 1.1.2016 gilt (→ Rz. 41), findet deshalb auch dann Anwendung, wenn lediglich sog. Zählerwerbe vor dem 1.1.2016 stattgefunden haben, es aber noch nicht zu einem schädlichen Beteiligungserwerb gekommen ist.[5]

14

2. § 10a GewStG

Aus der Neufassung des § 10a Satz 10 GewStG ergibt sich, dass bei gesonderter Feststellung eines fortführungsgebundenen Verlustvortrags nach § 8d KStG diese Regelung auf die gewerbesteuerlichen Fehlbeträge (**gewerbesteuerlicher Verlustvortrag**) entsprechend anzuwenden ist. Dies gilt jedoch ausdrücklich nicht für den Fehlbetrag einer Mitunternehmerschaft, soweit dieser einer Körperschaft unmittelbar oder einer Mitunternehmerschaft zuzurechnen ist, an der eine Körperschaft unmittelbar oder mittelbar über eine oder mehrere Personengesellschaften beteiligt ist.[6]

15

---

1 Siehe auch *Neumann/Heuser*, GmbHR 2017, 281, 282 unter II. Nr. 2. Unzutreffend *Scholz/Riedel*, DB 2016, 2562 unter II.
2 Vgl. *Hackemann* in Mössner/Seeger/Oellerich, KStG, § 8c Rz. 177.
3 Vgl. *Förster/von Cölln*, DStR 2017, 8, 9 unter Nr. 3.1.
4 Vgl. *Hackemann* in Mössner/Seeger/Oellerich, KStG, § 8c Rz. 615.
5 Vgl. *Neyer*, FR 2016, 928, 929 unter Nr. 4.
6 Kritisch zu dieser Ausnahme *Ortmann-Babel/Bolik*, DB 2016, 2984, 2987 unter VIII., die zutreffend darauf hinweisen, dass diese Ausnahme nicht mit der Gefahr einer Verlustnutzung außerhalb des Geschäftsbetriebs der Mitunternehmerschaft begründet werden kann, da insoweit eine Verrechnung von gewerbesteuerlichen Einkünften zwischen Mitunternehmerschaft und Körperschaft nicht erfolgt. Dagegen *Leibner/Dötsch* in DPM KStG § 8d Rz. 87 mit dem m. E. nicht überzeugenden Argument, dass § 8d KStG ausschließlich Verluste der Körperschaft retten solle.

3. § 8a KStG

16 Durch die Neuformulierung des § 8a Abs. 1 Satz 3 KStG durch das Gesetz zur Weiterentwicklung der Verlustverrechnung bei Körperschaften (→ Rz. 1) folgt neben der Anwendung des § 8d KStG auf den **Zinsvortrag**, dass bei der Anwendung der Stille-Reserven-Klausel des § 8d Abs. 2 Satz 1 2. Halbsatz KStG stille Reserven zunächst dem Erhalt des fortführungsgebundenen Verlustvortrags dienen und erst nachrangig dem Erhalt eines Zinsvortrags.

4. Sonstige Verluste

17 Da § 8d KStG nach seinem Wortlaut die Regelung des § 8c KStG in vollem Umfang suspendiert, stellt sich auch die im Regelungsbereich des § 8c KStG umstrittene Frage, welche Verlustarten betroffen sind. Aus dem Wortlaut des § 8d Abs. 1 Satz 6 KStG könnte geschlossen werden, dass der Gesetzgeber nur den Verlustvortrag in § 10d EStG bzw. daneben noch die gewerbesteuerlichen Fehlbeträge und den Zinsvortrag (→ Rz. 15 u. → Rz. 16) im Blick hatte und somit Verluste, die nicht Gegenstand dieses Verlustvortrags sind, nicht erfassen wollte.[1]

Meines Erachtens ergibt sich aus dem Regelungszusammenhang und dem Wortlaut, dass der Gesetzgeber bewusst nicht in die zu § 8c KStG bestehenden offenen Rechtsfragen hatte eingreifen wollen und damit die Klärung der Rechtsprechung überlassen hat. Dies bedeutet wiederum, dass § 8d KStG **alle von § 8c KStG betroffenen Verluste erfasst**.[2] Für das Ergebnis spricht auch, dass ansonsten die Regelung des § 8c KStG für bestimmte Verluste neben § 8d KStG angewendet werden müsste, obwohl Ziel der Gesetzgebers eine (umfassende) Suspendierung des § 8c KStG für die von einem schädlichen Beteiligungserwerb betroffenen Verluste war. Zudem spricht hierfür die Empfehlung des Finanzausschusses des Bundesrats, bei nächster Gelegenheit gesetzlich klarzustellen, dass die Fortführungsvoraussetzungen des § 8d KStG auch für Verluste nach §§ 2a, 15 Abs. 4 EStG und andere von § 8c KStG erfassten Verlustpositionen gelten soll.[3]

5. § 4h Abs. 1 Satz 3 EStG

18 Entsprechend dem Anwendungsbereich des § 8c KStG hat § 8d KStG keine Auswirkungen auf den **EBITDA-Vortrag** des § 4h Abs. 1 Satz 3 EStG.

6. Verhältnis zu § 12 Abs. 3 Satz 2, § 15 Abs. 3 UmwStG

19 Siehe → Rz. 54 u. → Rz. 55.

7. Verhältnis zu § 2 Abs. 1 und 4, § 20 Abs. 6 Satz 4 UmwStG

20 Siehe → Rz. 55, 56 u. → Rz. 103

---

[1] So *Förster/von Cölln*, DStR 2017, 8, 14 unter Nr. 5.2.1; *Schnitger*/Fehrenbacher, KStG, § 8d Rz. 23.

[2] Im Ergebnis ebenso *Suchanek/Rüsch*, Ubg 2017, 7, 11 unter Nr. 2.5; *Leibner/Dötsch* in DPM KStG § 8d Rz. 41; *Neumann/Heuser*, GmbHR 2017, 281, 286 unter IV. Nr. 1, die insofern eine planwidrige Lücke des Gesetzes annehmen, als nach dem Wortlaut des S. 6 lediglich der Verlustvortrag des § 10d Abs. 2 Satz 1 EStG (aber auch der Zinsvortrag nach § 8a Abs. 1 Satz 3 KStG) zum fortführungsgebundenen Verlustvortrag wird; *Pflüger*, GStB 2017, 152, 157 unter Nr. 3.4; zur Anwendung auf § 2a EStG-Verluste (Antrag nach § 8d KStG möglich, aber keine Anwendung des Regimes der fortführungsgebundenen Verluste) *Kaminski/Melhem/Hundrieser*, ISR 2018, 301.

[3] BR-Drucks. 71971/16, 2.

8. § 42 AO

Aus dem Regelungszusammenhang mit § 8c KStG ergibt sich, dass auch bei § 8d KStG ein Rückgriff auf § 42 AO ausgeschlossen ist.

(Einstweilen frei)

IV. Verhältnis zum Unionsrecht

Der Gesetzgeber geht davon aus, dass die Regelung keine **staatliche Beihilfe nach Art. 107 Abs. 1 AEUV** darstellt. Anscheinend teilt die Europäische Kommission diese Auffassung informell, jedoch fehlt es an einer verbindlichen Stellungnahme, da kein Verfahren nach Art. 108 Abs. 3 Satz 1 AEUV durchgeführt wurde.[1] Auch wurde von Seiten der Kommission kein sog. *comfort letter* ausgestellt, den die Kommission in einem informellen Verfahren einen Mitgliedstaat ausstellen kann und der dann für den begünstigten Steuerpflichtigen zumindest einen Vertrauensschutz dahin gehend begründen kann, dass die Maßnahme keine unionsrechtswidrige Beihilfe darstellt. Sollte daher § 8d KStG unter das Beihilfenverbot des Art. 107 AEUV fallen, müsste die Körperschaft die sich daraus ergebenden Konsequenzen tragen.[2] Unter Zugrundelegung eines weiten Beihilfebegriffs lassen sich **Bedenken** gegen die Regelung nicht von der Hand weisen,[3] obwohl erkennbar gerade kein beihilferechtlich relevantes selektives Sonderregime für bestimmte Unternehmen geschaffen werden sollte.

Der Gesetzgeber könnte gerade durch die zahlreichen Einschränkungen der Anwendung der Regelung in dem Beobachtungszeitraum des § 8d Abs. 1 KStG einen selektiven Zustand herbeigeführt haben.[4] Denn durch das Zusammenwirken der §§ 8c, 8d KStG dürfte sich der **faktische Anwendungsbereich im Wesentlichen auf Start-up-Unternehmen und Sanierungsfälle reduzieren**.[5] Und werden die schädlichen Ereignisse des § 8d KStG zu weit ausgelegt, könnte sich das Problem der Selektivität verschärfen. Die angeblichen positiven Signale aus der Kommission lassen darauf schließen, dass diese § 8d KStG unter beihilferechtlichen Gesichtspunkten von sich aus nicht aufgreifen wird.

Da der EuGH in seinen Urteilen vom 28.6.2018[6] den Beschluss der Kommission v. 26.1.2011 zur Qualifizierung der Sanierungsklausel als Beihilfe deshalb für nichtig erklärt hat, weil die Kommission die allgemeine Regel des Verlustvortrags, § 10d EStG i. V. m. § 8 Abs. 1 Satz 1 KStG, nicht in das Referenzsystem einbezogen hat, dürfte es auch zutreffend sein, dass in diesem Regelungszusammenhang § 8d KStG lediglich die Normalbesteuerung wiederherstellt und da-

---

[1] Die BT-Drucks. 18/10495 enthält auf Satz 12 u. 13 die Aussage, dass das Wirtschaftsministerium von der Kommission entsprechende Signale erhalten habe.
[2] Zu den gravierenden rechtlichen Folgen bei der Qualifizierung als Beihilfe (kein Vertrauensschutz, Rückforderung, Verzinsung) von *Brocke* in Mössner/Seeger/Oellerich, KStG, EU-steuerpolitischer Hintergrund Rz. 386 ff.; *Hackemann* in Mössner/Seeger/Oellerich, KStG, § 8c Rz. 636 f. mit Literaturhinweisen.
[3] Siehe hierzu *Förster/von Cölln*, DStR 2017, 8, 17 f. unter Nr. 8; *von Wilcken*, NZI 2016, 996, 998 unter IV; *Kußmaul/Palm/Licht*, GmbHR 2017, 1009; *Suchanek/Rüsch* in HHR KStG § 8d Rz. 7; *Schnitger/Fehrenbacher*, KStG § 8d Rz. 33.
[4] Vgl. hierzu die Beschlüsse des BFH, Urteil v. 25.11.2015 zum möglichen Beihilfecharakter des § 6a GrEStG in den Verfahren II R 36/14, NWB QAAAF-19020, BFH/NV 2016, 239, II R 50/13, NWB AAAAF-19021, BFH/NV 2016, 236, II R 62/14, BStBl 2016 II 167, und II R 63/14, BStBl 2016 II 170.
[5] *Ferdinand*, BB 2017, 87, 88 unter III. Nr. 2 Buchst. b.; kritisch zu dem sehr engen Anwendungsbereich bei Existenzgründungen u. a. *Bültmann*, DStR 2017, 1 unter Nr. 2.1.; *Ortmann-Babel*, DB 2016, 2984, 2987 f. unter X.
[6] Z. B. EuGH, Urteil v. 28.6.2018 - Rs. C-203/16 P, Dirk Andres/Kommission, Rz. 101; vgl. *Hackemann* in Mössner/Seeger/Oellerich KStG § 8c Rz. 77 m. w. N. zur Rspr. u. § 8c Rz. 635 ff.

mit keine Abweichung vom Referenzsystem darstellt. Die Regelung sollte somit keine Beihilfe i. S. d. Art. 107 AEUV darstellen, weil sie nicht selektiv wirkt.[1]

Kritisch gegenüber der jetzt erfolgten gesetzlichen Regelung ist anzumerken, dass der Gesetzgeber nicht den Ausgang der Nichtigkeitsklagen gegen den Beschluss der Kommission v. 20.1.2011 über die angebliche Unvereinbarkeit der Sanierungsklausel mit Art 108 AEUV abgewartet hat.

Auch hätte der Gesetzgeber besser die Entscheidung des BVerfG über die Frage der Verfassungsmäßigkeit des § 8c Satz 1 bzw. § 8c Abs. 1 Satz 1 KStG[2] abwarten sollen.[3] Das BVerfG lässt in seinem Beschluss v. 29.3.2017 ausdrücklich offen, welche Auswirkungen die Einführung des § 8d KStG auf die Beurteilung der Verfassungsmäßigkeit des § 8c KStG hat.[4] Wegen der engen und teilweise nicht nachvollziehbaren Voraussetzungen ist die Regelung m. E. in ihrer gegenwärtigen Fassung zumindest allein nicht geeignet, die Verfassungswidrigkeit des § 8c Abs. 1 Satz 1 KStG zu vermeiden (→ Rz. 34 ff.).

27 Da § 8d KStG auch auf **beschränkt steuerpflichtige Körperschaften** i. S. d. § 2 Nr. 1 KStG Anwendung findet, ergeben sich Folgefragen:

28 Bei einer beschränkten Steuerpflicht, die zu einer Veranlagung führt wie z. B. im Regelungsbereich des § 49 Abs. 1 Satz 1 Nr. 2 Buchst. a, 1. Alt. EStG, kann es für den Beginn des Beobachtungszeitraums m. E. nur auf den Beginn des dritten (inländischen) Veranlagungszeitraums vor dem schädlichen Beteiligungserwerb **oder einer späteren erstmaligen Veranlagung** z. B. wegen der Begründung einer **inländischen Betriebsstätte** ankommen.

Im Gegensatz zu einer unbeschränkt steuerpflichtigen Körperschaft sollte bei einer beschränkt steuerpflichtigen Körperschaft ein schädliches Ereignis nach Gründung aber vor erstmaliger beschränkter Steuerpflicht in Deutschland keine schädlichen Auswirkungen auf die Anwendung des § 8d KStG haben, weil insofern **der steuerliche Nexus zum Inland noch nicht besteht** und dies m. E. der Systematik der Regelung auch entgegenstehen würde. Dafür spricht zudem der Wortlaut, weil der Beobachtungszeitraum in Satz 1 auf die Gründung oder zumindest auf das Unterhalten desselben Geschäftsbetriebs seit dem Beginn des dritten Veranlagungszeitraums vor dem Veranlagungszeitraum des schädlichen Beteiligungserwerbs abstellt. Dabei bezieht sich der Begriff Veranlagungszeitraum auf den Zeitraum nach § 31 Abs. 1 Satz 1 KStG i. V. m § 25 Abs. 1 EStG und damit auf den Veranlagungszeitraum, in dem die inländische Steuerpflicht begründet wird.

29 Dementsprechend wäre der Veranlagungszeitraum auch dann das Kalenderjahr, wenn die Steuerpflicht nicht während des gesamten Kalenderjahrs bestanden hat. Meines Erachtens muss man hier aber auf die **tatsächlichen Begründung der inländischen Steuerpflicht** abstellen, was sich aus dem Sinn und Zweck der Regelung ergibt[5] und im Übrigen auch unionsrechtlich zu fordern wäre, da ein anderes Ergebnis **gegen die Niederlassungsfreiheit (Art. 49 AEUV) verstoßen** dürfte. Denn wegen dem fehlenden Nexus zum deutschen Steuerrecht vor Begrün-

---

1 Gl. A. u. a. *Kußmaul/Palm/Licht*, GmbHR 2017, 1009, 1012 f.; s. auch *Linn/Pignot*, IStR 2018, 552, 560.
2 BVerfG, Urteil v. 29.3.2017 - 2 BvL 6/11 NWB JAAAG-44861.
3 Zu den Folgen des Beschlusses des BVerfG *Hackemann* in Mössner/Seeger/Oellerich, KStG, § 8c Rz. 67; *Suchanek*, FR 2017, 577, 587; *Rätke*, BBK 2017, 508 unter I Nr. 1; *Blumenberg/Crezelius*, DB 2017, 1405, 1408 unter IV.
4 BVerfG, Urteil v. 29.3.2017- 2 BvL 6/11, NWB JAAAG-44861, Rz. 161.
5 Gl. A. *Förster/von Cölln*, DStR 2017, 8, 11 unter Nr. 3.3.2.; *Leibner/Dötsch* in DPM KStG § 8d Rz.10; im Ergebnis möglicherweise a. A. *Suchanek/Rüsch*, Ubg 2017, 7, 9 unter 2.1.4.2.

dung der inländischen Steuerpflicht dürfte von einer verschleierten Diskriminierung auszugehen sein.

Fraglich ist ferner, wie § 8d KStG z. B. auf eine einmal begründete **inländische Betriebsstätte** anzuwenden ist. Insbesondere stellt sich die Frage, wie sich die allgemein gefassten schädlichen Ereignisse auswirken, wenn das deutsche Besteuerungsrecht nicht betroffen ist. Es besteht der Verdacht, dass dem Gesetzgeber mit seinem Blick auf die deutsche Start-up-Szene entgangen ist, dass § 8c KStG auch beschränkt steuerpflichtige Körperschaften erfasst. Es erschließt sich z. B. nicht, weshalb bei einer beschränkt steuerpflichtigen Körperschaft eine steuerneutrale Übertragung von Wirtschaftsgütern im Ausland ein schädliches Ereignis i. S. d. § 8d KStG begründen kann.

Auch sind die schädlichen Ereignisse so allgemein gehalten, dass sie zu einem Untergang des fortführungsgebundenen Verlustvortrags bei inländischen Körperschaften führen können, wenn ein solches Ereignis keine Auswirkung auf die deutsche Besteuerung haben kann, wie etwa die Begründung einer **Betriebsstätte im Ausland** mit einem zusätzlichen Geschäftsbetrieb im Anwendungsbereich der Freistellungsmethode.[1]

Diese Unstimmigkeiten setzen sich damit fort, dass nach § 8d Abs. 2 Satz 1 2. Halbsatz KStG die Stille-Reserven-Klausel des § 8c Abs. 1 Satz 5 bis 8 KStG entsprechend gilt, also nur die im Inland steuerpflichtigen stillen Reserven einen Untergang des fortführungsgebundenen Verlustvortrags bei Vorliegen eines schädlichen Ereignisses verhindern können. Die Einschränkung der Stille-Reserven-Regelung auf im Inland steuerpflichtige stille Reserven entspricht im Anwendungsbereich des § 8c KStG dem Zweck der Regelung,[2] bei § 8d KStG führt sie aber zu Ergebnissen, die **gegen die Niederlassungsfreiheit (Art. 49 AEUV) verstoßen**, wenn man § 8d KStG wörtlich anwendet, d. h. für die inländische Besteuerung unerhebliche Ereignisse als schädlich ansieht.

Unklar ist auch, weshalb die Stille-Reserven-Klausel nur für § 8d Abs. 2 KStG einschlägig ist, d. h. Ereignisse im Ergebnis im Anwendungsbereich des § 8d Abs. 1 KStG die Inanspruchnahme des § 8c KStG verhindern, im Anwendungsbereich des § 8d Abs. 2 KStG aber keine Auswirkungen haben können.

Eine **unionsrechtliche Diskriminierung** kann **auch** bei einer **formalen Gleichbehandlung vorliegen**.[3] Es ist m. E. absehbar, dass dem tätigkeitsbezogenen Ansatz der Regelung noch unionsrechtliche Grenzen aufgezeigt werden.

Der Regelung fehlt somit in Teilbereichen nicht nur die innere Logik, sie ist auch unionsrechtlich bedenklich. Die **unionsrechtliche Problematik** wird noch deutlicher, wenn man berücksichtigt, dass **die schädlichen Ereignisse** lediglich einen **Steuermissbrauch verhindern sollen** und insofern die **Grundfreiheiten** und hier der **Grundsatz der Verhältnismäßigkeit** gebietet, dass dem Steuerpflichtigen eine Gegenbeweismöglichkeit eröffnet wird.[4] Dies könnte bereits die Gerichte veranlassen, die abstrakten Gefährdungstatbestände des § 8d KStG im unionsrechtlich relevanten Bereich teleologisch zu reduzieren, was sich dann aber indirekt auch auf rein

---

1 Nach *Förster/von Cölln*, DStR 2017, 8, 12 unter Nr. 4.5. soll die Aufnahme eines zusätzlichen Geschäftsbetriebs in einer ausländischen Freistellungsbetriebsstätte kein schädliches Ereignis i. S. d. § 8d Abs. 2 Satz 2 Nr. 3 KStG darstellen; a. A. *Kaminski/Melhem/Hundrieser*, ISR 2018, 301, 305, die jedoch einen weiten Begriff des Geschäftsbetriebs annehmen.
2 *Hackemann* in Mössner/Seeger/Oellerich, KStG, § 8c Rz. 32, 81.
3 Vgl. *Hackemann* in EY KStG UnionsR Rz. 2 mit Nachweisen zur Rspr. des EuGH.
4 Vgl. EuGH, Urteil v. 26.2.2019 - Rs. C-135/17, X GmbH, NWB BAAAH-11035, Rz. 87 m. w. N. zur ständigen Rspr. des EuGH.

nationale Fallgestaltungen auswirken müsste. Der Gesetzgeber sollte sich dringend dieser Thematik annehmen und insbesondere bei den schädlichen Ereignissen nachbessern. Betroffene Körperschaften sollten ihre Rechtsposition wahren.[1]

V. Verhältnis zum Verfassungsrecht

34 § 8d KStG selbst unterliegt verfassungsrechtlichen Bedenken, da die Typisierung von Missbrauchstatbeständen zumindest teilweise nur unzureichend gelungen ist. Die Regelung weist erhebliche überschießende Tendenzen aus.[2]

35 Nach dem Beschluss des Zweiten Senats des BVerfG, Urteil v. 29.3.2017[3] geht es bei der verfassungsrechtlichen Diskussion zu § 8d KStG im Kern darum, ob durch diese Regelung die Verfassungswidrigkeit von § 8c Abs. 1 Satz 1 KStG beseitigt werden kann. Das BVerfG hatte in seinem Beschluss § 8c Satz 1 sowie § 8c Abs. 1 Satz 1 KStG a. F. bis zum Zeitpunkt des Inkrafttretens des Gesetzes zur Weiterentwicklung der steuerlichen Verlustverrechnung bei Körperschaften vom 20.12.2016[4] für unvereinbar mit Art. 3 Abs. 1 GG erklärt. Das BVerfG ließ dabei ausdrücklich offen, ob durch die Einführung von § 8d KStG mit Wirkung v. 1.1.2016 der Anwendungsbereich von § 8c Abs. 1 Satz 1 KStG a. F. in einer Weise reduziert worden sei, dass die Norm nunmehr den Anforderungen von Art 3 Abs. 1 GG genügt. Mit dem rückwirkenden Wegfall des quotal schädlichen Beteiligunserwerbs durch das **UStAVermG** hat sich diese Frage erübrigt.

36 Damit ist aber noch nicht geklärt, ob § 8d KStG nebst Sanierungsklausel nicht geeignet ist, einen Verstoß von § 8c Abs. 1 Satz 1 KStG gegen Art. 3 Abs. 1 GG abzuwehren. In diesem Kontext könnten dann auch die Stille-Reserven-Klausel und die Konzernklausel Bedeutung gewinnen, obwohl sie für den Verlust der wirtschaftlichen Identität der Körperschaft oder der Unternehmeridentität als Voraussetzung für den Verlustabzug selbst keine Bedeutung haben.[5] Doch selbst bei einem derartigen Regelungsgeflecht könnten Nachbesserungen erforderlich sein. Ob es ausreichend wäre, den Anwendungsbereich des § 8d KStG lediglich rückwirkend auf den Zeitpunkt des Inkrafttretens des § 8c KStG zu erstrecken, um eine Verfassungswidrigkeit des § 8c Satz 2 bzw. § 8c Abs. 1 Satz 1 KStG i. d. F. d. UStAVermG zu vermeiden, ist fraglich.[6]

37–40 *(Einstweilen frei)*

VI. Zeitlicher Anwendungsbereich

41 § 8d KStG findet gemäß § 34 Abs. 6a Satz 1 KStG erstmals auf schädliche Beteiligungserwerbe i. S. d. § 8c KStG Anwendung, die **nach dem 31.12.2015** erfolgen, wenn der Geschäftsbetrieb der Körperschaft vor dem 1.1.2016 weder eingestellt noch ruhend gestellt war. Entsprechendes gilt gemäß § 36 Abs. 2c GewStG für die Gewerbesteuer. § 8d Abs. 1 Satz 2 Nr. 1 KStG ist gemäß § 34 Abs. 6a Satz 2 KStG erstmals auf Einstellungen und Ruhendstellungen anzuwenden, die nach dem 31.12.2015 erfolgen. Daraus folgt an sich, dass **eine Einstellung oder Ru-**

---

[1] Zum Rechtsschutz *von Brocke* in Mössner/Seeger/Oellerich KStG, EU-steuerpolitischer Hintergrund Rz. 101; *Hackemann/Ergenzinger* in Strahl, Problemfelder Ertragsteuern, Unionsrechtliche Einflüsse, Rz. 40 ff.
[2] Vgl. *Niemeyer/Lemmen*, DStZ 2017, 679, 683.
[3] BVerfG, Urteil v. 29.3.2017 - 2 BvL 6/11, BStBl 2017 II S. 1082, NWB JAAAG-44861, FR 2017, 577 m. Anm. *Suchanek*.
[4] BGBl 2016 I 2998.
[5] BVerfG, Urteil v. 29.3.2017 - 2 BvL 6/11, FR 2017, 577, Rz. 159.
[6] Gl. A. *Ernst/Roth* Ubg 2017, 366, 375 ff. u. wegen der Mindestbeteiligungsquote, (unter Nr. 4.4.3). Siehe zu den möglichen Auswirkungen des BVerfG-Beschlusses auch den Literaturhinweis in *Hackemann* in Mössner/Seeger/Oellerich, KStG, § 8c Rz. 67.

hendstellung des Geschäftsbetriebs **zu irgendeinem Zeitpunkt bis Ende 2015 immer dazu führt,** dass § 8d KStG für die Körperschaft **ausgeschlossen bleibt.**[1]

Der Gesetzgeber bezweckte damit eine zeitliche Zäsur, da Einstellungen und Ruhendstellungen lange zurückliegen und daher Verluste nicht mehr zugeordnet werden könnten.[2] Diese Zäsur lässt sich aber zumindest dann **nicht mit dem Sinn und Zweck der Regelung rechtfertigen,** wenn es im Zeitpunkt der Einstellung oder Ruhendstellung überhaupt keinen steuerlichen Verlustvortrag gab und dann ein neuer Geschäftsbetrieb begründet bzw. der ein- oder ruhendgestellte Geschäftsbetrieb wieder aufgenommen wurde[3] bzw. ein Verlustvortrag nachweislich im vollen Umfang durch stille Reserven kompensiert werden konnte. Deshalb ist eine teleologische Reduktion erforderlich.[4]

Wenn überhaupt, könnte sich nur die Versagung der Stillen-Reserven-Klausel mit einer Verwaltungsvereinfachung rechtfertigen lassen, allerdings wäre für den Nachweis der stillen Reserven ohnehin der Steuerpflichtige beweispflichtig. Bei beschränkt körperschaftsteuerpflichtigen Körperschaften dürfte diese zeitliche Einschränkung zumindest dann leerlaufen, wenn die Körperschaft ihre inländische Steuerpflicht erst nach der Einstellung oder der Ruhendstellung eines Geschäftsbetriebs im Ausland begründet hat, vgl. → Rz. 28 ff. Ab 2016 führt eine erstmalige Einstellung oder Ruhendstellung des Geschäftsbetriebs dazu, dass nur diese Verluste im Rahmen des § 8d KStG nicht mehr geltend gemacht werden können, wenn die Voraussetzungen des § 8d KStG im Übrigen vorliegen.[5] Zur erstmaligen Anwendung auf die Gewerbesteuer s. § 36 Abs. 2c GewStG.

VII. Persönlicher Anwendungsbereich

Der persönliche Anwendungsbereich ergibt sich aus dem Verweis auf § 8c KStG sowie aus dem Begriff der Körperschaft. Wegen des **Begriffs der Körperschaft** und der Erfassung unbeschränkt und beschränkt steuerpflichtiger Körperschaften kann auf die Kommentierung zu § 8c KStG verwiesen werden.

(Einstweilen frei)

B. Tatbestandsvoraussetzungen des § 8d Abs. 1 KStG

I. Tatbestand

Gemäß § 8d Abs. 1 Satz 1 KStG ist § 8c KStG nach einem schädlichen Beteiligungserwerb auf Antrag nicht anzuwenden, wenn die Körperschaft seit ihrer Gründung oder zumindest seit dem Beginn des dritten Veranlagungszeitraums, der dem Veranlagungszeitraum, in dem der schädliche Beteiligungserwerb erfolgt, vorausgeht, ausschließlich denselben Geschäftsbetrieb unterhält und in diesem Zeitraum bis zum Schluss des Veranlagungszeitraums kein Ereignis

---

1 Gl. A. *Neumann/Heuser*, GmbHR 2017, 281, 283 unter II. Nr. 4, die als a. A. *Suchanek/Rüsch*, Ubg 2017, 8, 11 unter Nr. 2.2.1 anführen; *Rätke*, BBK 2017, 507, 511 unter 3.1 mit Fallbeispiel; a. A. für die GewSt *Suchanek/Rüsch*, GmbHR 2018, 57, 61, mit Bezug auf § 36 Abs. 2d GewStG, der für die zeitliche Anwendung lediglich auf schädliche Beteiligungserwerbe nach dem 31.12.2015 abstellt.
2 Vgl. BT-Drucks. 18/10495, 12, 15.
3 Vgl. *Ortmann-Babel/Bolik*, DB 2016, 2984, 2987 unter X; *Suchanek/Rüsch*, GmbHR 2018, 57 f. wollen die Regelung des § 34 Abs. 6a Satz 1 KStG verfassungskonform auf am 31.12.2015 inaktive Gesellschaften beschränken, erheben aber darüber hinaus weitere verfassungsrechtliche Bedenken.
4 A. A. *Leibner/Dötsch* in DPM KStG § 8d Rz. 14a.
5 Zu den Fallvarianten *Förster/von Cölln*, DStR 2017, 8, 9 unter Nr. 2.

i. S. d. § 8d Abs. 2 KStG eingetreten ist. Satz 2 schließt für bestimmte Verluste und Situationen zu Beginn des Beobachtungszeitraums des § 8d Abs. 1 KStG die Anwendung des Satzes 1, d. h. die Anwendung des § 8d KStG, aus. Satz 3 und Satz 6 definieren den Geschäftsbetrieb und den fortführungsgebundenen Verlustvortrag. Satz 4 listet qualitative Merkmale zur Bestimmung eines Geschäftsbetriebs auf, Satz 5 regelt den Antrag, Satz 7 die gesonderte Feststellung des fortführungsgebundenen Verlustvortags, Satz 8 im Fall des Verlustabzugs den Vorrang des fortführungsgebundenen Verlustvortrags vor dem Verlust nach § 10d EStG und Satz 9 die entsprechende Anwendung der Reihenfolge des Satzes 8 auf die Verrechnung nach § 3a Abs. 3 EStG.

52 § 8d Abs. 1 KStG setzt zunächst einen schädlichen Beteiligungserwerb nach § 8c KStG in einem bestimmten Veranlagungszeitraum voraus und enthält eigene Tatbestandsvoraussetzungen, die mit Verweis auf Abs. 2 ergänzt werden. Zu trennen ist zwischen **§ 8d Abs. 1 KStG**, der die **Voraussetzungen für die Anwendung von § 8d KStG** und das Entstehen und die Fortentwicklung des fortführungsgebundenen Verlustvortrags regelt, und **§ 8d Abs. 2 KStG**, der den **Untergang des fortführungsgebundenen Verlustvortrags** in bestimmten Fällen erfasst. Da § 8d Abs. 1 Satz 1 KStG jedoch alle schädlichen Ereignisse des § 8d Abs. 2 KStG auch für den Beobachtungszeitraum des Abs. 1 für schädlich erklärt, und zudem in § 8d Abs. 1 Satz 2 Nr. 1 und 2 KStG wieder auf Begriffe des Abs. 2 zurückgegriffen wird, können diese **Begriffe für beide Absätze einheitlich kommentiert** werden.

II. Unterhaltung desselben Geschäftsbetriebs

1. Definition des Geschäftsbetriebs

53 Kern der Regelung ist der Geschäftsbetrieb, der einen bestimmten Zeitraum bestanden haben und im Rahmen des § 8d Abs. 2 KStG für den Erhalt des fortführungsgebundenen Verlustvortrags fortgeführt werden muss. Der Erhalt von Verlusten trotz eines schädlichen Beteiligungserwerbs nach § 8c KStG soll sich nach der Intention des Gesetzgebers auf die Verluste beziehen, die durch ein und denselben Geschäftsbetrieb entstanden sind und nur insofern gelten, als die Verluste von diesem Geschäftsbetrieb genutzt werden.[1]

§ 8d Abs. 1 Satz 3 KStG enthält dafür eine **eigenständige Definition** des Geschäftsbetriebs. Danach umfasst ein Geschäftsbetrieb die von einer einheitlichen Gewinnerzielungsabsicht getragenen, nachhaltigen, sich gegenseitig ergänzenden und fördernden Betätigungen der Körperschaft und bestimmt sich nach qualitativen Merkmalen in einer Gesamtbetrachtung. Der Ge-

---

[1] Vgl. BT-Drucks. 18/9986, 13; dagegen wird der Zweck der Regelung weiter gefasst von *Förster/von Cölln*, DStR 2017, 8, 11 unter Nr. 3.3.1, die das Innehaben mehrerer Geschäftsbetriebe für unschädlich halten, wenn sie während des gesamten Beobachtungszeitraums bestanden haben; eine diesbezügliche Gesetzesänderung anregend *Suchanek/Rüsch*, Ubg 2016, 576, 577 f. unter Nr. 2.3.1.

schäftsbetrieb ist nicht mit dem Gewerbebetrieb gleichzusetzten und erfasst z. B. auch rein vermögensverwaltende Tätigkeiten.[1]

Allerdings kann wegen der Begriffe Gewinnerzielungsabsicht[2] und Nachhaltigkeit grundsätzlich auf die Definition des Gewerbebetriebs in § 15 Abs. 2 Satz 1 EStG verwiesen werden. Als qualitative Merkmale werden insbesondere die angebotenen Dienstleistungen oder Produkte, der Kunden- und Lieferantenkreis, die bedienten Märkte und die Qualifikation der Arbeitnehmer aufgeführt.

Wie sich bereits aus der Definition, aber auch aus § 8d Abs. 2 Satz 2 Nr. 3 KStG entnehmen lässt, kann eine Körperschaft für Zwecke des § 8d KStG mehrere Geschäftsbetriebe gleichzeitig betreiben. Allerdings **schließt** das Betreiben **mehrerer Geschäftsbetriebe m. E. entweder die Anwendung** der Norm nach **Abs. 1** grundsätzlich **aus oder** ist grundsätzlich ein **schädliches Ereignis i. S. d. Abs. 2**.[3] Diese Einschränkung der gesetzlichen Regelung sollte jedoch durch die normspezifische Auslegung des Begriffs des Geschäftsbetriebs teilweise ausgeglichen werden, vgl. → Rz. 57.

54

Dabei kommt es aber lediglich auf den Geschäftsbetrieb der Körperschaft an. Wird z. B. auf diese Körperschaft eine Körperschaft nach **§ 11 UmwStG verschmolzen**, ist es unerheblich, ob und welche Geschäftsbetriebe die übertragende Körperschaft hatte bzw. ob Geschäftsbetriebe der übertragenden Körperschaft eingestellt oder ruhendgestellt waren. Es ist entscheidend, ob die Verschmelzung für die aufnehmende Körperschaft, die § 8d KStG in Anspruch nehmen will oder bereits in Anspruch genommen hat, d. h. allein aus deren Sicht, schädlich sein kann. **§ 12 Abs. 3 UmwStG**, d. h. die Regelung, dass die übernehmende Körperschaft in die steuerliche Rechtsstellung der überragenden Körperschaft eintritt, wirkt sich nicht aus, weil m. E. ausschließlich die tatsächlichen Verhältnisse bei der aufnehmenden Körperschaft maßgeblich sind.

---

1 Erfasst wird auch eine Finanzholding, im Ergebnis ebenso *Kenk*, BB 2844, 2845 unter III, *Bakeberg/Krüger*, BB 2016, 2967, 2968 unter II Nr. 3. Kritisch wegen des fehlenden Verhältnisses der Bedeutung der qualitativen Merkmale für die Bestimmung des Geschäftsbetriebs sowie im Verhältnis zueinander *Ortmann-Babel/Bolik*, DB 2016, 2984, 2986 untern V. Die Autoren weisen auf Unklarheiten bei der Bestimmung und Abgrenzung des Begriffs Geschäftsbetrieb einer reinen Finanzholding hin, allerdings ist der Begriff Geschäftsbetrieb m. E. so allgemein und umfassend zu verstehen, dass er auch derartige Tätigkeiten regelmäßig erfassen sollte.

2 Das Kriterium der Gewinnerzielungsabsicht soll dem Ausschluss dauerhaft defizitärer Betätigungen dienen, so *Leibner/Dötsch* in DPM, KStG § 8d Rz. 36. Allerdings kann sich eine solche Beschränkung m. E. nur ab dem Beobachtungszeitraum auswirken, weil § 8d Abs. 1 Satz 2 Nr. 1 KStG den Ausschluss von Verlusten lediglich bei Einstellung oder Ruhendstellung des Geschäftsbetriebs vorsieht. Begründet die Tätigkeit keinen Geschäftsbetrieb i. S. d. § 8d KStG und entsteht dieser erst später, geht diese Regelung somit ins Leere, a. A. *Neumann/Heuser*, GmbHR 2017, 281, 283 unter II. Nr. 3, die auch Verluste in der inaktiven oder tätigkeitslosen Zeit als von Nr. 1 erfasst ansehen.

3 Str., gl. A. *Neumann/Heuser*, GmbHR 2017, 281, 283 unter II. Nr. 3; *Brandis* in Blümich KStG § 8d Rz. 38; nach *Leibner/Dötsch* in DPM KStG § 8d Rz. 14b soll der Wortlaut des § 8d Abs 1 Satz 2 Nr. 1 und des § 34 Abs 6a Satz 1 KStG es nicht ausschließen, dass für den Fall, dass mehrere Geschäftsbetriebe in dem Beobachtungszeitraum und auch davor betrieben wurden, § 8d KStG auch auf einen Teilverlust aus einem nicht steuerschädlich veränderten Geschäftsbetrieb Anwendung findet, ebenso *Suchanek/Rüsch*, GmbHR 2018, 57, 59 f. Für vor Beginn des Beobachtungszeitraums entstandene Verluste ergibt sich dies zutreffend bereits aus § 8d Abs 1 Satz 2 Nr. 1 KStG, ansonsten steht die Aussage m. E. im Widerspruch zu dem Gesetzeswortlaut, d. h. bei mehreren Geschäftsbetrieben, die nebeneinander im Beobachtungszeitraum unterhalten werden, kommt für die Körperschaft die Anwendung des § 8d KStG tatbestandlich nicht in Betracht, so dass auch ein Teil-Verlust nicht geltend gemacht werden kann. Vgl. hierzu BT-Drucks. 18/9986, 13, wonach durch das Kriterium ein und desselben Geschäftsbetriebs auch gesichert werden soll, dass die Körperschaft und ihre Anteilseigner nicht in der Lage versetzt werden, Verluste aus nacheinander oder zeitgleich betriebenen verschiedenen Geschäftsbetrieben miteinander zu verrechnen, und BR-Drucks. 54471/16, 2, wonach die Regelung neben der Vermeidung missbräuchlicher Verlustnutzung auch dem Interesse der Verfahrenssicherheit dient. Eine andere Frage ist aber, wie der Begriff des Geschäftsbetriebs im Rahmen des § 8d KStG auszulegen ist. M. E. sind sog. Teil-Geschäftsbetriebe regelmäßig nicht so verselbständigt, dass sie als eigener Geschäftsbetrieb i. S. d. § 8d KStG anzusehen sind. Vgl. hierzu auch *Leibner/Dötsch* in DPM KStG § 8d Rz. 39, 59.

Unschädlich ist, wenn durch die Verschmelzung der Geschäftsbetrieb der aufnehmenden Körperschaft keiner andersartigen Zweckbestimmung zugeführt wird (§ 8d Abs. 1 Satz 1, Abs. 2 Satz 2 Nr. 2 KStG). Auch darf dadurch die Körperschaft keinen zusätzlichen Geschäftsbetrieb aufnehmen (§ 8d Abs. 1 Satz 1 KStG, § 8d Abs. 2 Satz 2 Nr. 3 KStG), sich nicht an einer Mitunternehmerschaft beteiligen (§ 8d Abs. 1 Satz 1 u. Satz 2 Nr. 2, 2. Alt. u. Abs. 2 Satz 2 Nr. 4 KStG), kein Organträger werden (§ 8d Abs. 1 Satz 1 u. Satz 2 Nr. 2, 1. Alt. u. Abs. 2 Satz 2 Nr. 5 KStG) und kein Wirtschaftsgut unterhalb des gemeinen Werts übernehmen (§ 8d Abs. 1 Satz 1, Abs. 2 Satz 2 Nr. 6 KStG).

Problematisch ist das schädliche Ereignis der Übertragung von Wirtschaftsgütern mit einem geringeren als dem gemeinen Wert insofern, als die aufnehmende Körperschaft gem. § 12 Abs. 1 UmwStG die Werte aus der steuerlichen Schlussbilanz der übertragenden Körperschaft übernehmen muss, also die Schädlichkeit der Übertragung von der Bilanzierung bei der übertragenden Körperschaft abhängt.[1]

55 Das zur Verschmelzung Gesagte gilt entsprechend für die Fälle der **Aufspaltung und Abspaltung**. Da der fortführungsgebundene Verlustvortrag gesetzlich nur eine besondere Art des Verlustvortrags darstellt und § 8d KStG lediglich § 8c KStG suspendiert, **gelten für ihn m. E. im Rahmen des UmwStG die allgemeinen Regelungen über Verlustvorträge**,[2] d. h. bei der Aufspaltung einer Körperschaft mit einem fortführungsgebundenem Verlustvortrag kommt es zum Verlustuntergang und bei der Umwandlung zum Verlustuntergang bei der übertragenden Körperschaft, jeweils nach § 12 Abs. 3 i. V. m. § 4 Abs. 2 Satz 2 UmwStG.

Bei der Abspaltung stellt sich die Frage, ob der verbleibende Teil noch als der Geschäftsbetrieb i. S. d. § 8d KStG anzusehen ist. Ist dies der Fall, kommt allein **§ 15 Abs. 3 UmwStG** zur Anwendung, d. h. der Erhalt des fortführungsgebundenen Verlustvortrags richtet sich nach dem Verhältnis der gemeinen Werte.[3] Ist dies nicht der Fall und stellt somit die Abspaltung ein schädliches Ergebnis i. S. d. § 8d Abs. 2 Satz 1 KStG dar, stellt sich die Frage nach dem Verhältnis von § 15 Abs. 3 UmwStG zu der Stillen-Reserven-Klausel des § 8d Abs. 2 Satz 1 2. Halbsatz KStG. Überzeugend ist es insofern, dass der fortführungsgebundene Verlustvortrag in dem Umfang der stillen Reserven, die in der übertragenden Körperschaft verbleiben, erhalten bleibt.[4]

Unschädlich ist der identitätswahrende Rechtsformwechsel zwischen Körperschaften, also z. B. der Rechtsformwechsel von einer GmbH in eine AG.

56 Im Anwendungsbereich des UmwStG ist für den Beobachtungszeitraum mangels anderweitiger gesetzlicher Regelung der steuerliche Übertragungsstichtag i. S. d. § 2 Abs. 1 UmwStG maßgeblich, auf das zivilrechtliche Wirksamwerden kommt es nicht an.[5]

57 Dem Wortlaut lässt sich entnehmen, dass es für die Bestimmung eines Geschäftsbetriebs **nicht auf quantitative Merkmale** (z. B. Umsatzhöhe, Anzahl der Mitarbeiter) ankommt[6] und dass neben den aufgeführten **qualitativen Merkmalen** andere qualitative Merkmale hinzutreten können. Ansonsten gilt, dass ein Geschäftsbetrieb **normspezifisch** zu ermitteln ist und vor

---

1 *Scholz/Riedel*, DB 2016, 2562, 2565 f. unter Nr. 6, Buchst. b.
2 Im Ergebnis ebenso *Scholz/Riedel*, DB 2016, 2562, 2564 unter Nr. 3; *Feldgen*, StuB 2017, 51, 54 unter III. Nr. 1.2; zur Anwendung des § 2 Abs. 4 UmwStG s. *Leibner/Dötsch* in DPM KStG § 8d Rz. 8.
3 *Scholz/Riedel*, DB 2016, 2562, 2564 unter Nr. 5; *Feldgen*, StuB 2017, 51, 54 unter III. Nr. 1.2.
4 So *Scholz/Riedel*, DB 2016, 2562, 2565 unter Nr. 5; offen gelassen *Feldgen*, StuB 2017, 51, 54 unter III Nr. 1.3.
5 Gl. A. *Scholz/Riedel*, DB 2016, 2562, 2563 f., die darauf hinweisen, dass die FinVerw möglicherweise aus fiskalischen Gründen auf das zivilrechtliche Wirksamwerden der Verschmelzung abstellen wird.
6 Zu den Vorteilen dieses Ansatzes für sanierungsbedürftige Unternehmen *Röder*, DStR 2017, 1737.

dem Hintergrund des Gesetzeszwecks insbesondere die typische Situation eines Start-up-Unternehmens erfassen soll.[1]

Der Begriff „ausschließlich derselbe Geschäftsbetrieb" und damit einhergehend die Voraussetzungen für ein schädliches Ereignis i. S. d. § 8d Abs. 2 Satz 1 und Satz 2 Nr. 1, 2 und 3 KStG sind in eigenständiger Weise auszulegen. Nach der Gesetzesformulierung ist das konkrete Gesamtbild der Verhältnisse maßgeblich, wobei den gesetzlich erwähnten Kriterien eine besondere Bedeutung zukommen dürfte. Eine Verlustnutzung soll trotz schädlichen Beteiligungserwerbs begünstigt werden, wenn sie aus Tätigkeiten folgt, die mit der Verlustentstehung in einem **hinreichend engen wirtschaftlichen Zusammenhang** stehen,[2] was der Gesetzgeber in § 8d Abs. 1 Satz 3 KStG dadurch zum Ausdruck bringt, dass der Geschäftsbetrieb i. S. d. § 8d KStG die sich gegenseitig ergänzenden und fördernden Betätigungen der Körperschaft erfasst.

Der Begriff ist dementsprechend weit auszulegen.[3] Er erfasst das nicht betriebsnotwendige Vermögen, sofern daraus kein weiterer Geschäftsbetrieb entsteht.[4] Ferner darf der Geschäftsbetrieb mehrere Teilbetriebe haben.[5] Trotz unterschiedlicher Tätigkeiten liegt lediglich ein Geschäftsbetrieb vor, wenn die Tätigkeiten sich z. B. gegenseitig bedingen oder als Haupt- und Nebentätigkeiten in einem ausreichendem Zusammenhang zu einem Geschäftsbetrieb stehen, wobei es sich auch um ungleichartige Betätigungen handeln kann.[6] Selbst ein Wechsel in der Unternehmens- bzw. Geschäftsstrategie und ein Strukturwandel dürften m. E. noch im Anwendungsbereich des § 8d KStG unter das Unterhalten desselben Geschäftsbetriebs fallen, wenn die Körperschaft z. B. dabei vorangegangene Forschungs- und Entwicklungsergebnisse in erheblichem Umfang weiternutzt bzw. fortentwickelt und damit ihre Kernkompetenz nutzt.[7]

Bloße organisatorische und finanzielle Zusammenhänge genügen jedoch nicht.[8] Aus der Entstehung der Regelung ergibt sich, dass für die Bestimmung des Geschäftsbetriebs grundsätzlich sowohl auf die Rechtsprechung zur gewerbesteuerlichen Unternehmensidentität[9] als auch auf die zur Gewinnerzielungsabsicht bei gesonderten Tätigkeitsbereichen[10] zurückgegriffen werden soll.[11] Der Verweis auf die Rechtsprechung ist m. E. nur insoweit zweckdienlich, als er

---

1 Kritisch zu den Merkmalen vor dem Hintergrund der Entwicklungsphasen von Start-up-Unternehmen *Ferdinand*, BB 2017, 87, 89 unter III Nr. 2 Buchst. b.
2 Vgl. BT-Drucks. 18/9986, 13, 14; s. auch BT-Drucks. 18/10495, 12, wonach das BMF zugesagt habe, dass die Auslegung des Begriffs des „Geschäftsbetriebes" organisches Wachstum ermöglichen soll.
3 *Suchanek/Rüsch*, Ubg 2016, 576, 579 unter Nr. 234, allerdings auf das Merkmal „wesentlich" abstellend; *Dörr/Reisich/Plum*, NWB 2017, 496, 502 f. mit Beispielen; *Förster/von Cölln*, DStR 2017, 8, 11 unter Nr. 3.3.1. mit Beispielen; eingehend mit div. praxisrelevanten Fallbeispielen Arbeitskreis Steuern und Revision im Bund der Wirtschaftsakademiker (BWA) eV, DStR 2017, 2457.
4 Nach *Förster/von Cölln*, DStR 2017, 8, 11 unter Nr. 3.3.1 soll das neben den Geschäftsbetrieben vorhandene nicht betriebsnotwendige Vermögen unschädlich sein, sofern es bei der Gesamtbetrachtung unwesentlich ist oder innerhalb des gesamten Beobachtungszeitraums bestanden hat.
5 *Bergmann/Süß*, DStR 2016, 2185, 2187 unter Nr. 2.2.1.
6 Vgl. etwa FG Baden-Württemberg, Urteil v. 18.3.2008 - 4 K 111/06, NWB DAAAC-77319, EFG 2008, 118, Rz. 29 und die Nachweise zur Rspr. im Bericht „Weiterentwicklung der Regelungen zur Verlustverrechnung nach Anteilseignerwechsel (§ 8c KStG)", FR 2017, 113, 123.
7 Möglicherweise str., vgl. *Dörr/Reisich/Plum*, NWB 2017, 496, 503; vgl. Bericht „Weiterentwicklung der Regelungen zur Verlustverrechnung nach Anteilseignerwechsel (§ 8c KStG)", FR 2017, 113, 125 unter Nr. 7.3.
8 BT-Drucks. 18/10495, 11; vgl. *Dörr/Reisich/Plum*, NWB 2017, 497, 502.
9 Vgl. z. B. BFH, Urteil v. 24.10.2012 - X R 36/10, NWB NAAAE-24088, BFH/NV 2013, 252.
10 Vgl. z. B. BFH, Urteil v. 25.5.1996 - VIII R 28/94, BStBl 1997 II 202.
11 Siehe hierzu den Bericht „Weiterentwicklung der Regelungen zur Verlustverrechnung nach Anteilseignerwechsel (§ 8c KStG)", FR 2017, 113, 122 ff. unter Nr. 7.1 mit umfassenden Nachweisen zur Rspr.; *Förster/von Cölln*, DStR 2017, 8, 10 unter Nr. 3.3.1.

erste Anhaltspunkte für die Auslegung geben kann, da keine der Regelungen vollständig mit dem Sinn und Zweck des § 8d KStG vergleichbar ist.[1]

Diese Norm will eine überschießende Wirkung des § 8c KStG verhindern, versteht sich eindeutig als Missbrauchsvermeidungsnorm und enthält noch eine zusätzliche Komponente: Gemeint ist der Wille des Gesetzgebers, eine selektive Ausnahmeregelung zu vermeiden, d. h. die Norm soll nach dem Willen des Gesetzgebers **beihilferechtlich nicht angreifbar** sein.

2. Beobachtungszeitraum

58 Der maßgebliche Geschäftsbetrieb muss im Veranlagungszeitraum des schädlichen Beteiligungserwerbs sowie seit dem Beginn des dritten vorausgehenden Veranlagungszeitraums unterhalten worden sein.[2] Ist die Körperschaft allerdings erst innerhalb dieses Zeitraums gegründet worden, gilt der Zeitraum seit Gründung, d. h. es kommt im Ergebnis immer auf den kürzeren Zeitraum an. Der maßgebliche Geschäftsbetrieb muss nach dem schädlichen Beteiligungserwerb fortgeführt werden, wobei eine Verlustnutzung des fortführungsgebundenen Verlustvortrags bis zu dem Veranlagungszeitraum möglich bleibt, der dem Veranlagungszeitraum, in dem ein schädliches Ereignis im Sinne des § 8d Abs. 2 KStG eintritt, vorausgeht (→ Rz. 101). Auch bei abweichendem Wirtschaftsjahr bleibt für die Anwendung des § 8d KStG der Veranlagungszeitraum maßgeblich, so dass der maßgebliche Zeitraum z. B. auch über 12 Monate betragen kann.[3] Das eröffnet der Körperschaft mit der Bildung eines Rumpfwirtschaftsjahres einen gewissen zeitlichen Gestaltungsspielraum.

Der **gesamte Anwendungszeitraum** für die Regelung bezieht sich damit **sowohl auf dem Zeitraum vor dem schädlichen Beteiligungserwerb als auch auf den folgenden Zeitraum,** wobei der Anwendungszeitraum für den **§ 8d Abs. 2 KStG** mit dem Veranlagungszeitraum nach erstmaliger Festsetzung des fortführungsgebundenen Verlustvortrags beginnt und **keiner Befristung** unterliegt (sog. **Überwachungszeitraum**).[4] Für die erstmalige Feststellung des fortführungsgebundenen Verlustvortrags, d. h. den **Beobachtungszeitraum** des § 8d Abs. 1 KStG, beträgt er insgesamt **vier volle Veranlagungszeiträume** und kann dann kürzer sein, wenn die Gründung des Geschäftsbetriebes später als zum Beginn des dritten Veranlagungszeitraums erfolgte, und m. E. auch dann, wenn z. B. eine inländischen Betriebsstätte erst später begründet wurde (→ Rz. 28). Im Einzelfall kann es sich empfehlen, den Zeitpunkt des schädlichen Beteiligungserwerbs hinauszuschieben.[5]

Der Beobachtungszeitraum des § 8d Abs. 1 KStG dient auch dazu, dass nicht gesondert ermittelt werden muss, welche Verluste durch einen bestimmten Geschäftsbetrieb entstanden sind. Nach dem Gesetzeswortlaut ist es auch nicht erforderlich, dass ein in dem Beobachtungszeitraum eingetretenes schädliches Ereignis bis zum Ende des Beobachtungszeitraums fortbesteht

---

1 Gl. A. *Neumann/Heuser*, GmbHR 2017, 281, 285 unter III.
2 In den Gesetzesmaterialien wird der Dreijahreszeitraum des Abs. 1 Satz 1 als Beobachtungszeitraum bezeichnet, vgl. BT-Drucks. 18/10495, 14. In der Kommentierung wird der Beobachtungszeitraum demgegenüber als Anwendungszeitraum des Abs. 1 verwendet.
3 Vgl. BFH, Urteil v. 16. 9. 1970 - I R 64/68, BStBl 1970 II 838.
4 Kritisch hierzu u. a. *Vogel*, GmbHR 2016, R305, R306. Der Gesetzgeber hatte z. B. in § 12 Abs. 3 UmwStG a. F. für die Erhaltung der Verluste der übertragenden Körperschaft nach Verschmelzung noch eine Fortführung in einem nach dem Gesamtbild der wirtschaftlichen Verhältnisse vergleichbaren Umfang in den folgenden fünf Jahren genügen lassen.
5 Vgl. *Rätke*, BBK 2017, 508, 510 unter II Nr. 1.

bzw. dass es sich auf den Verlustvortrag ausgewirkt haben muss.[1] Der Gesetzgeber geht davon aus, dass der Beobachtungszeitraum ausreichenden Schutz dagegen bietet, dass Altverluste aus anderen Geschäftsbetrieben der Körperschaft zweckwidrig genutzt werden können.[2]

Genau genommen ist der Beobachtungszeitraum nach der gesetzlichen Regelung in einen Zeitraum bis zu dem schädlichen Beteiligungserwerb und einen Zeitraum von dem schädlichen Beteiligungserwerb bis zum Ende des Veranlagungszeitraums, in dem der schädliche Beteiligungserwerb erfolgte, zu unterscheiden. Denn bis zu dem schädlichen Beteiligungserwerb muss ausschließlich derselbe Geschäftsbetrieb unterhalten werden und es darf kein Ereignis i. S. d. § 8d Abs. 2 KStG bzw. es dürfen die Voraussetzungen des Abs. 1 Satz 2 nicht eingetreten sein. Ab dem schädlichen Beteiligungserwerb bis zum Ende des Veranlagungszeitraums sind lediglich die Einschränkungen des § 8d Abs. 2 KStG und § 8d Abs. 1 Satz 2 KStG zu beachten.

Im Ergebnis führt dies dazu, dass es unschädlich ist, wenn der Geschäftsbetrieb nach dem schädlichen Beteiligungserwerb aber vor Beendigung des betreffenden Veranlagungszeitraums derart verändert wird, dass nicht mehr ausschließlich derselbe Geschäftsbetrieb unterhalten wird, andererseits aber auch kein Ereignis i. S. d. § 8d Abs. 2 u. Abs. 1 Satz 2 KStG eintritt. Angesichts der weiten Fassung der schädlichen Ereignisse fragt es sich jedoch, ob diese unpräzise gesetzliche Formulierung in der Praxis von Relevanz sein kann.[3]

Da der Beobachtungszeitraum gesetzlich bestimmt ist, können Ereignisse vor Beginn des Beobachtungszeitraums keine Auswirkungen auf die Anwendung der Regelung haben.[4] § 8d Abs. 1 Satz 2 Nr. 1 KStG enthält hiervon auch für den Fall, dass Verluste noch aus der Zeit vor einer Einstellung oder Ruhendstellung des Geschäftsbetriebs stammen, an sich nur insofern eine Einschränkung, als diese Verluste nicht zu einem fortführungsgebundenen Verlustvortrag führen können.[5] Insofern ist zukünftig mit **Abgrenzungsschwierigkeiten zwischen den Verlusten aus dem eingestellten oder ruhendgestellten Geschäftsbetrieb und Verlusten**, für die § 8d KStG in Anspruch genommen werden kann, zu rechnen, so dass die Körperschaft in diesen Fällen wegen der ihr obliegenden Nachweispflicht Vorsorge treffen sollte.[6]

Ferner ist § 34 Abs. 6a Satz 1 KStG zu beachten, wonach § 8d KStG dann keine Anwendung findet, wenn der Geschäftsbetrieb der Körperschaft **vor dem 1.1.2016 bereits eingestellt oder ruhendgestellt war**, vgl. → Rz. 41. Stammen die Verluste aus einer Stellung der Körperschaft als Organträger oder aus der Beteiligung an einer Mitunternehmerschaft und sind sie vor dem Beobachtungszeitraum entstanden und die **Organschaft bzw. die Mitunternehmerschaft rechtzeitig beendet**, können sie unter § 8d KStG fallen.[7]

(Einstweilen frei)

III. Schädliches Ereignis

Innerhalb des **Beobachtungszeitraums des § 8d Abs. 1 KStG** und des **Anwendungszeitraums des § 8d Abs. 2 KStG** (Überwachungszeitraum) darf **kein schädliches Ereignis eingetreten** sein.

---

1 Teilweise wird hier eine teleologische Reduktion des Tatbestands gefordert, vgl. *Dörr/Reisich/Plum*, NWB 2017, 573.
2 Vgl. BT-Drucks. 18/9986, 12 u. BR-Drucks. 544/1/16, 2.
3 Vgl. *Suchanek/Rüsch*, Ubg 2017, 7, 9 unter Nr. 2.1.4.2.
4 Gl. A. z. B. *Suchanek/Rüsch*, Ubg 2017, 7, 9 unter Nr. 2.1.5.
5 Kritisch hierzu *Dörr/Reisich/Plum*, NWB 2017, 496, 503 f.
6 Vgl. *Ortmann-Babel/Bolik*, DB 2016, 2984 f. unter III; zur zeitlichen Anwendung des § 8d Abs. 1 Satz 2 → Rz. 41.
7 Gl. A. *Suchanek/Rüsch*, Ubg 2017, 7, 11 unter Nr. 2.2.2.

Bei Abs. 1 geht es um die erstmalige Feststellung des fortführungsgebundenen Verlustvortrags, bei Abs. 2 um den Wegfall eines festgestellten fortführungsgebundenen Verlustvortrags. Im Anwendungsbereich des § 8d Abs. 2 KStG ist damit eine Verlustnutzung bis zu dem Veranlagungszeitraum, der dem Veranlagungszeitraum des schädlichen Ereignisses direkt vorausgeht, möglich[1] und darüber hinaus, wenn die Stille-Reserven-Klausel des § 8d Abs. 2 Satz 1 2. Halbsatz KStG Anwendung findet. Die Regelung der möglichen schädlichen Ereignisse ist abschließend.[2]

Daraus folgt für den Regelungsbereich des § 8d Abs. 2 KStG, dass mehrere schädliche Ereignisse in einem Veranlagungszeitraum sich regelmäßig nicht mehrfach schädlich auswirken dürften, denn durch das erste schädliche Ereignis fällt der fortführungsgebundene Verlustvortrag des vorhergehenden Veranlagungszeitraums weg, oder die Stille-Reserven-Klausel findet Anwendung, für die aber wiederum die Verhältnisse zum Schluss des dem schädlichen Ereignis vorangehenden Veranlagungszeitraums maßgeblich sind.

67 Da mit den schädlichen Tatbeständen ein Gestaltungsmissbrauch verhindert werden soll, sind die Merkmale eng auszulegen. Dabei sind die Begriffe für § 8d Abs. 1 und Abs. 2 KStG gleich auszulegen (→ Rz. 52).

1. Einstellung des Geschäftsbetriebs

68 Die **Einstellung des Geschäftsbetriebs** ist gem. **§ 8d Abs. 1 Satz 1 i. V. m. Abs. 2 Satz 1 KStG** für die Geltendmachung des § 8d KStG schädlich und führt grundsätzlich zu einem **Untergang des fortführungsgebundenen Verlustvortrags nach § 8d Abs. 2 Satz 1 KStG**. Ferner führt sie nach **§ 8d Abs. 1 Satz 2 Nr. 1, 1. Alt. KStG** zu einer **Beschränkung** des fortführungsgebundenen Verlustvortrags für Verluste, die vor dem Beobachtungszeitraum entstanden sind. Damit führen sogenannte Altverluste, d. h. Verluste, die vor Beginn des Beobachtungszeitraums entstanden sind, entweder dazu, dass, wenn man der hier vertretenen einschränkenden Auslegung des § 34 Abs. 6a Satz 2 KStG nicht folgt, § 8d KStG vor dem 1.1.2016 nicht in Anspruch genommen werden kann (→ Rz. 41), oder aber bei einer Einstellung ab dem 1.1.2016 dazu, dass die Verluste, die zeitlich vor der Einstellung oder Ruhendstellung des Geschäftsbetriebs entstanden sind, nicht geltend gemacht werden können.

Ein Geschäftsbetrieb wird eingestellt, wenn er nach den Grundsätzen der Betriebsaufgabe beendet wird.[3] Verhindert werden soll, dass es vor dem schädlichen Beteiligungserwerb und danach zu Gestaltungen kommt, bei denen im Zusammenhang mit einem schädlichen Beteiligungserwerb eine Art Branchenwechsel erfolgt. Ein Geschäftsbetrieb soll dann eingestellt sein, wenn die Körperschaft ihre werbende Tätigkeit zumindest in ihren wesentlichen Teilen eingestellt hat, d. h. nicht mehr wirtschaftlich aktiv ist.[4] Ein Liquidationsbeschluss als solcher ist m. E. noch nicht mit der Einstellung des Geschäftsbetriebs gleichzusetzen.[5] Eine Betriebsaufspaltung stellt keine Einstellung des Geschäftsbetriebs dar.[6] Auch der Abschluss oder die

---

1 Gl. A. *Förster/von Cölln*, DStR 2017, 8, 15 f. unter Nr. 5.3.2.
2 Vgl. aber → Rz. 88, 91 zu der Frage, ob auf den fortführungsgebundenen Verlustvortrag § 8c KStG wieder Anwendung finden kann.
3 Vgl. BT-Drucks. 18/9986, 13.
4 Bericht „Weiterentwicklung der Regelungen zur Verlustverrechnung nach Anteilseignerwechsel (§ 8c KStG)", FR 2017, 113, 125 unter Nr. 7.3 mit Hinweis auf BFH, Urteil v. 29.11.2006 - I R 16/05, BFHE 216, 144; kritisch *Förster/von Cölln*, DStR 2017, 8, 12 unter Nr. 4.2.
5 Gl. A. *Kenk*, BB 2016, 2844, 2846; a. A. *Leibner/Dötsch* in DPM KStG § 8d Rz. 54.
6 Gl. A. *Neumann/Heuser*, GmbHR 2017, 281, 288 unter V. Nr. 1.

Beendigung eines EAV führt nicht zur Einstellung eines Geschäftsbetriebs bzw. stellt kein einstellungsgleiches Ereignis dar.[1]

Es fällt hierbei auf, dass das Gesetz in § 8d Abs. 1 Satz 2 Nr. 1 und Abs. 2 Satz 1 KStG nur von Einstellung spricht und nicht von „im Wesentlichen eingestellt" wie z. B. in § 8c Abs. 1a Satz 4 KStG. Daraus kann m. E. geschlossen werden, dass eine Einstellung im Wesentlichen noch nicht ausreichend sein dürfte, obwohl die Gesetzesbegründung davon ausgeht, dass es ausreichend sein soll, wenn die verbleibende Tätigkeit im Vergleich zur bisherigen nur noch „unwesentlich" ist.[2] Unschädlich ist es, wenn von einem Geschäftsbetrieb lediglich einzelne Geschäftsfelder bzw. Teilgeschäftsbetriebe eingestellt werden. Unter die Einstellung fällt auch die **Verpachtung** des Geschäftsbetriebs.[3] Auch die Veräußerung des (ganzen) Geschäftsbetriebs führt zu seiner Einstellung. Allerdings wird man es u. a. auch in Anlehnung an die Stille-Reserven-Klausel im Wege der teleologischen Auslegung zulassen müssen, dass der Veräußerungsgewinn als letzter Akt der Tätigkeit des Geschäftsbetriebs noch mit dem fortführungsgebundenen Verlustvortrag verrechnet werden kann.[4]

Wie lange der Geschäftsbetrieb eingestellt ist, ist unbeachtlich, sofern tatsächlich eine Einstellung vorliegt. Von der Einstellung ist der Fall zu unterscheiden, dass ein Geschäftsbetrieb in wesentlichem Umfang zurückgeht und anschließend wieder belebt wird, wie z. B. oftmals bei Sanierungen. Gemäß dem Zweck der Regelung und vor dem Hintergrund, dass die Regelung vor einer Art Mantelkauf schützen soll, ist der Begriff der Einstellung m. E. normspezifisch auszulegen. Zur Auslegung des Begriffs kann die Rechtsprechung zu § 8 Abs. 4 KStG a. F. und § 12 Abs. 3 Satz 2 UmwStG a. F. erste Anhaltspunkte geben,[5] es gilt aber das zu → Rz. 57 Gesagte. Ist die Einstellung des Geschäftsbetriebs wegen der Anwendung der Stillen-Reserven-Klausel des § 8d Abs. 2 Satz 1 2. Halbsatz KStG unschädlich, ist zu beachten, dass die Aufnahme einer Geschäftstätigkeit wiederum schädlich sein kann.

2. Ruhendstellung des Geschäftsbetriebs

Für das Ruhendstellen i. S. d. **§ 8d Abs. 1 Satz 1 i. V. m. Abs. 2 Satz 2 Nr. 1 KStG** bzw. **§ 8d Abs. 2 Satz 2 Nr. 1** und **Abs. 1 Satz 2 Nr. 1, 2. Alt. KStG** gilt das zur Einstellung des Geschäftsbetriebs Gesagte entsprechend. Ein **zeitweises Ruhendstellen** soll schädlich sein.[6] Allerdings spricht der Gesetzeswortlaut gerade nicht von einem zeitweisen Ruhendstellen. Daher dürfte eine bloße Betriebsunterbrechung, d. h. vorübergehende Betriebseinstellung, noch nicht schädlich sein.[7] Allerdings wird auch die Auffassung vertreten, dass bereits das vorübergehende Ruhen der betrieblichen Tätigkeit unter Zurückbehaltung der wesentlichen Betriebsgrundlagen sowie mit

---

1 Vgl. *Pohl*, BB 2018 S. 796, 799 f.
2 BT-Drucks. 18/9986, 10 f.
3 Vgl. BT-Drucks. 18/9986, 14.
4 Im Ergebnis ebenso *Leibner/Dötsch* in DPM KStG § 8d Rz. 57.
5 Z. B. BFH, Urteil v. 5.5.2010 - I R 60/09, BFH/NV 2011, 71 zu § 12 Abs. 3 UmwStG 1995, allerdings wird hier stark auf quantitative Merkmale und den fehlenden Missbrauchscharakter der Norm abgestellt, was die Vergleichbarkeit einschränkt, oder BFH, Urteil v. 13.8.1997 - I R 89/96, DStR 1997, 1843 zu § 8 Abs. 4 KStG 1990, allerdings ebenfalls auf quantitative Merkmale abstellend; zutreffend kritisch bezüglich eines Rückgriffs z. B. *Förster/von Cölln*, DStR 2017, 8, 10 f. unter Nr. 3.3.1.
6 Vgl. BT-Drucks. 18/9986, 14.
7 Gl. A. *Frey/Thürmer*, GmbHR 2016, 1083, 1085 f. unter II Nr. 4 Buchst. a; *Ortmann-Babel/Bolik*, DB 2016, 2984, 2985 unter IV.; *Leibner/Dötsch* in DPM, KStG § 8d Rz. 60; kritisch auch *Dörr/Reisich/Plum*, NWB 2017, 573, 574 unter III Nr. 4 Buchst. b; a. A. *Förster/von Cölln*, DStR 2017, 8, 12 unter Nr. 4.3.

der jederzeitigen Möglichkeit der Wiederaufnahme des Betriebs (objektive Möglichkeit) schädlich sei.[1]

3. Anderweitige Zweckbestimmung des Geschäftsbetriebs

70 Der Begriff der anderweitigen Zweckbestimmung des Geschäftsbetriebs soll den nach § 8d Abs. 1 Satz 1 i.V. m. Abs. 2 Satz 2 Nr. 2 KStG bzw. § 8d Abs. 2 Satz 2 Nr. 2 KStG **schädlichen „Branchenwechsel"** erfassen, der von dem **unschädlichen Strukturwandel** abzugrenzen ist.[2] Allerdings wird der Branchenwechsel nicht wie in § 8c Abs. 1a Satz 5 KStG ausdrücklich erwähnt. Dies und der Umstand, dass das schädliche Ereignis nicht zeitlich befristet ist wie der Branchenwechsel bei § 8c KStG lassen darauf schließen, dass der Begriff der andersartigen Zweckbestimmung im Ergebnis enger und nicht etwa weiter als der Branchenwechsel zu verstehen ist.

Verhindert werden soll der Fall, dass der Geschäftsbetrieb **geringfügig fortgeführt** wird **und nach dem schädlichen Beteiligungserwerb zusätzlich ein neuer Geschäftsbetrieb** aufgenommen wird, der die bestehenden Verluste nutzt, da dies eine typische Variante des Mantelkaufs ist. Als Beispiel für eine anderweitige Zweckbestimmung wird auf die Änderung des satzungsmäßigen Unternehmensgegenstands hingewiesen,[3] wobei dies jedoch lediglich ein Indiz sein kann, da es nur auf den tatsächlichen Sachverhalt ankommen kann.[4] Es empfiehlt sich aber, den Satzungszweck möglichst umfassend zu formulieren und auch durch weitere Maßnahmen – wie z. B. Protokolle – Vorsorge dafür zu treffen, dass ein weiterer Geschäftszweck nachgewiesen werden kann. Für die Frage, ob ein Branchewechsel oder lediglich ein Strukturwandel vorliegt, können sich erste Anhaltspunkte wiederum aus der Rechtsprechung ergeben,[5] allerdings sind die in → Rz. 57 dargelegten Einschränkungen zu beachten.

4. Aufnahme eines zusätzlichen Geschäftsbetriebs

71 Die Aufnahme eines zusätzlichen Geschäftsbetriebs in dem Beobachtungszeitraum ist nach **§ 8d Abs. 1 Satz 1 KStG** bereits deshalb schädlich, weil die Körperschaft nur **ausschließlich denselben Geschäftsbetrieb** unterhalten darf (→ Rz. 57). Für den Anwendungsbereich des § 8d Abs. 2 KStG ergibt sich die grundsätzliche Schädlichkeit aus **§ 8d Abs. 2 Satz 2 Nr. 3 KStG**. Das Kriterium ist von dem Bundesrat zutreffend als zu unbestimmt kritisiert worden, weil es problematisch sein dürfte, eindeutige Abgrenzungskriterien zwischen der Aufnahme eines zusätzlichen Geschäftsbetriebs und der Erweiterung eines bestehenden Geschäftsbetriebs zu finden.[6] Im Ergebnis kann hier zur Abgrenzung auf die Kriterien zurückgegriffen werden, nach denen

---

[1] *Neumann/Heuser*, GmbHR 2017, 281, 289 unter V. Nr. 2 Buchst. a mit Hinweis auf H 16 Abs. 2 EStH 2015.
[2] Vgl. BT-Drucks. 18/9986, 13 u. im Bericht „Weiterentwicklung der Regelungen zur Verlustverrechnung nach Anteilseignerwechsel (§ 8c KStG)", FR 2017, 113, 125 unter Nr. 7.3. Nach *Neumann/Heuser*, GmbHR 2017, 281, 290 unter V. Nr. 2 Buchst. b. soll aufgrund der gesetzlich definierten Merkmale des Geschäftsbetriebs bei einem Strukturwandel vielfach ein schädliches Ereignis vorliegen. Dabei wird aber m. E. übersehen, dass die Merkmale nur beispielhaft aufgeführt sind und die Auslegung des Begriffs des Geschäftsbetriebs normspezifisch weit zu erfolgen hat.
[3] Vgl. BT-Drucks. 18/9986, 13.
[4] Im Ergebnis ebenso *Förster/von Cölln*, DStR 2017, 8, 12 unter Nr. 4.4; a. A. *Neumann/Heuser*, GmbHR 2017, 281, 289 unter V. Nr. 2 Buchst. b.
[5] Vgl. z. B. FG Hamburg, Urteil v. 20.4.2010 - 3 K 65/08, NWB ZAAAD-48365, EFG 2010, 1727 zum Branchenwechsel. Der Begriff ist aber bereits nicht deckungsgleich mit der anderweitigen Zweckbestimmung des Geschäftsbetriebs i. S. d. § 8d Abs. 2 Satz 2 Nr. 2 KStG.
[6] BR-Drucks. 544/1/16, 3.

auch bestimmt wird, ob ausschließlich derselben Geschäftsbetrieb i. S. d. § 8d Abs. 1 KStG unterhalten wird (→ Rz. 57).

5. Beteiligung an einer Mitunternehmerschaft

Die Körperschaft kann einen fortführungsgebundenen Verlustvortrag nicht in Anspruch nehmen, wenn sie zu Beginn des Beobachtungszeitraums und in dem Zeitraum bis zum Schluss des Veranlagungszeitraums des schädlichen Beteiligungserwerbs an einer Mitunternehmerschaft beteiligt ist (**§ 8d Abs. 1 Satz 2 Nr. 2, 2. Alt. u. Abs. 1 Satz 1 KStG i.V.m. § 8d Abs. 2 Satz 2 Nr. 4 KStG**). Auch lässt die Beteiligung als Mitunternehmer nach dem Veranlagungszeitraum des schädlichen Beteiligungserwerbs einen fortführungsgebundenen Verlustvortrag grundsätzlich untergehen (**§ 8d Abs. 2 Satz 2 Nr. 4 KStG**), was bereits vom Wortlaut her auch Umwandlungsfälle (Formwechsel einer Tochterkapitalgesellschaft in eine Personengesellschaft) erfasst.

Unerheblich ist die Höhe der Beteiligung.[1] Der Anwendungsbereich der Regelung wird damit erheblich eingeschränkt.[2] Es empfiehlt sich, rechtzeitig vor Beginn des voraussichtlichen Beobachtungszeitraums z. B. Beteiligungen umzuhängen. Die Regelung erfasst **nicht die mittelbare Beteiligung an einer Mitunternehmerschaft** über eine zwischengeschaltete Körperschaft.[3] Sie erfasst auch nicht die Beteiligung an einer vermögensverwaltenden Gesellschaft, sofern diese nicht als mitunternehmerische Beteiligung qualifiziert.[4]

Meines Erachtens wird auch bei der Begründung einer doppelstöckigen Mitunternehmerschaft die Beteiligung an der Untergesellschaft nicht vom Wortlaut der des § 8d Abs. 2 Satz 2 Nr. 4 KStG erfasst, da der Anteil am Gewinn und Verlust der Untergesellschaft (nur) der Obergesellschaft als Mitunternehmerin zuzurechnen ist.[5] Dieser Fall könnte dann relevant sein, wenn die Begründung einer Mitunternehmerschaft wegen bestehender stiller Reserven nicht zum Untergang des (vollständigen) fortführungsgebundenen Verlustvortrags geführt hat.

Zutreffend erfasst sie auch **nicht die Beteiligung als persönlich haftender Gesellschafter einer KGaA**, da der Komplementär dadurch kein Mitunternehmer wird,[6] und Fälle, bei denen trotz zivilrechtlicher Existenz einer Personengesellschaft aus steuerlicher Sicht keine Mitunternehmerschaft besteht, wie z. B. dem **Treuhandmodell**.[7]

---

1 Gl. A. *Dörr/Reisich/Plum*, NWB 2017, 573, 576 unter III Nr. 4 Buchst. e, die für den Fall der Beteiligung an einer ausländischen Mitunternehmerschaft (Freistellungsbetriebsstätte) eine teleologische Reduktion der Norm vorschlagen, ebenso *Suchanek/Rüsch* in HHR, KStG § 8d Rz. 32, s. → Rz. 31.

2 Verfassungsrechtliche Bedenken erheben *Förster/von Cölln*, DStR 2017, 8, 12 unter Nr. 4.6; zu der unsystematischen Schädlichkeit für die Gewerbesteuer s. auch *Neumann/Heuser*, GmbHR 2017, 281, 289 unter V. Nr. 2 Buchst. d., die eine Rechtfertigung der Regelung aus Vereinfachungsgründen annehmen.

3 Siehe z. B. *Bergmann/Süß*, DStR 2016, 2189 unter Nr. 3.3.; *Neyer* FR 2016, 932 unter Nr. 4, *Förster/von Cölln*, DStR 2017, 8, 12 unter Nr. 4.6; *Neumann/Heuser*, GmbHR 2017, 281, 290 unter V. Nr. 2 Buchst. d; vgl. BFH, Urteil v. 20.8.2003 - I R 61/01, BStBl 2004 II 616. Das Eingehen einer Beteiligung kann nur dann schädlich sein, wenn es zu einem schädlichen Ereignis bei der Körperschaft selbst führt, z. B. bei Vollzug eines Branchenwechsels oder der Begründung eines neuen Geschäftsbetriebs, vgl. *Leibner/Dötsch* in DPM KStG § 8d Rz. 71, die als Beispiel die Begründung einer Holdingtätigkeit anführen.

4 Gl. A. *Moser/Witt*, DStZ 2017, 235, 239 unter Nr. 4 mit Fallbeispiel.

5 Vgl. BFH, Urteil v. 26.1.1995 - IV R 23/93, BStBl 1995 II 467 unter IV Nr. 3.

6 Vgl. *Suchanek/Rüsch*, Ubg 2017, 7, 13 unter Nr. 2.8.3; *Rüsch* in HHR KStG § 8d Rz. J 16-24.

7 Zum Treuhandmodell *Feldgen*, StuB 2017, 51, 55 f. unter IV., der auf S. 56 unter Nr. 5 zutreffend darauf hinweist, dass die Begründung des Treuhandverhältnisses bei einer Mitunternehmerschaft wegen der Anwachsung zu Buchwerten einen Fall des § 8d Abs. 2 Satz 2 Nr. 6 KStG darstellen kann.

Aus § 8d Abs. 1 Satz 1 Nr. 2, 2. Alt. KStG ergibt sich, dass die **Stellung als Mitunternehmer vor Beginn des Beobachtungszeitraums unschädlich** ist und auch **nicht die Höhe des fortführungsgebundenen Verlustvortrags beschränkt**.[1]

6. Stellung als Organträger

73 Die Körperschaft kann einen fortführungsgebundenen Verlustvortrag nicht in Anspruch nehmen, wenn sie zu Beginn des Beobachtungszeitraums und in dem Zeitraum bis zum Schluss des Veranlagungszeitraums des schädlichen Beteiligungserwerbs Organträger war (**§ 8d Abs. 1 Satz 2 Nr. 2, 1. Alt. u. Abs. 1 Satz 1 KStG i.V.m. § 8d Abs. 2 Satz 2 Nr. 5 KStG**). Zusätzlich lässt die Stellung als Organträger nach dem Veranlagungszeitraum des schädlichen Beteiligungserwerbs einen fortführungsgebundenen Verlustvortrag grundsätzlich untergehen (**Abs. 2 Satz 2 Nr. 5**). Demgegenüber ist die Stellung als Organgesellschaft unschädlich.[2]

74 Führt die Begründung einer Stellung als Organträger wegen der Stillen-Reserven-Klausel des § 8d Abs. 2 Satz 1 2 HS KStG nicht zum Untergang des fortführungsgebundenen Verlustvortrags, ist zu beachten, dass davon nur das betreffende Organschaftsverhältnis erfasst wird. Eine weitere Stellung als Organträger wäre wiederum ein schädliches Ereignis. Demgegenüber wäre es m.E. aufgrund des Wortlauts unschädlich, wenn eine Organgesellschaft der Körperschaft selbst als Organträger eine Organschaft eingehen würde, d.h. im Fall der Begründung einer mehrstöckigen Organschaft.[3] Dieser Fall könnte dann relevant sein, wenn die Begründung einer Stellung als Organträger wegen bestehender stiller Reserven nicht zum (vollständigen) Untergang des fortführungsgebundenen Verlustvortrags geführt hat.

75 Übt die Organgesellschaft den Antrag nach § 8d KStG aus, bleiben ihr neben den vororganschaftlichen Verlusten auch die laufenden Verluste eines Wirtschaftsjahrs erhalten. Zu der von § 8d KStG vorgesehenen Zuführung der laufenden Verluste in den fortführungsgebundenen Verlustvortrag der Organgesellschaft kann es jedoch bei Anwendung der Auffassung der FinVerw zu § 8c KStG bei einem unterjährigen schädlichen Beteiligungserwerb an der Organgesellschaft nicht kommen. Nach § 8d Abs. 1 Satz 6 KStG wird der Verlustvortrag, der zum Schluss des VZ verbleibt, in dem der schädliche Beteiligungserwerb fällt, zum fortführungsgebundenen Verlustvortrag. Satz 7 sieht lediglich die entsprechend Anwendung von § 10d Abs. 4 EStG vor.

In dem Verlustvortrag der Organgesellschaft fallen jedoch nicht die Einkünfte, die nach § 14 KStG dem Organträger zuzurechnen sind.[4] Folglich geht § 8d KStG ins Leere. Da die Verluste der Organgesellschaft erst nach dem schädlichen Beteiligungserwerb dem Organträger zugerechnet werden, fallen diese Verluste auch nicht in den zuvor erfolgten schädlichen Beteiligungserwerb nach § 8c KStG auf der Ebene des Organträgers.[5]

---

1 Gl. A. *Leibner/Dötsch* in DPM KStG § 8d Rz. 14c.
2 Gl. A. *Förster/von Cölln*, DStR 2017 S. 8, 13 unter Nr. 4.7; *Leibner/Dötsch* in DPM KStG § 8d Rz. 75; *Pohl*, BB 2018 S. 796, 798; *Suchanek/Rüsch*, GmbHR 2018 S. 57, 62; *Neumann/Heuser*, GmbHR 2017 S. 281, 291 unter V. Nr. 2 Buchst. e; a. A. *Brandis* in Blümich, KStG § 8d Rz. 25.
3 Zur mehrstöckigen Organschaft *Dötsch* in DPM, KStG § 14 Rz. 681; zur Anwendung von § 8d KStG auf die Organgesellschaft und möglichen Folgen *Suchanek/Rüsch*, GmbHR 2018, 57, 62 f.; *Pohl*, BB 2018 S. 796, 798 f.
4 Vgl. BMF, Schreiben v. 28.11.2017, BStBl 2017 I S. 1645, Rz. 37.
5 Vgl. *Suchanek/Rüsch*, GmbHR 2018, 57, 62 f.; *Pohl*, BB 2018, 796, 799; *Leibner/Dötsch* in DPM KStG § 8d Rz. 75; a.A. *Frotscher/Drüen* KStG § 8c Rz. 80g, wonach der OT, dem der fortführungsgebundene Verlust der OG zugerechnet wird, auch die Eigenschaft der Fortführungsgebundenheit zu übernehmen habe. Dabei sei § 8d Abs. 2 Satz 2 Nr. 2 KStG nicht anwendbar, d.h. die Organträgereigenschaft sei insoweit unschädlich.

> **BEISPIEL (NACH POHL, BB 2018, 796, 700, BEISPIEL 7):** Die A-GmbH (Organträger) ist alleinige Gesellschafterin der B-GmbH (Organgesellschaft). Das Wirtschaftsjahr der Gesellschaften entspricht dem Kalenderjahr. Die A-GmbH erzielt einen steuerlichen Gewinn von 100, die B-GmbH im ersten Halbjahr einen Verlust von 100 und im zweiten Halbjahr ein ausgeglichenes Ergebnis. Am 1.7.17 werden über 50 % der Anteile an der A-GmbH an einen Dritten veräußert. Die B-GmbH stellt einen Antrag nach § 8d KStG. Nach § 8d KStG findet § 8c Abs. 1 Satz 1 auf Ebene der B-GmbH keine Anwendung. Am Ende des Wirtschaftsjahrs erfolgt eine Verrechnung mit den Gewinnen der A-GmbH, so dass die A-GmbH einen Gewinn von 0 zu versteuern hat. Die B-GmbH hat keinen eigenen Verlustvortrag, der zu einem fortführungsgebundenen Verlustvortrag werden könnte.

Umstritten ist, ob der vororganschaftliche Verlust, der zu einem fortführungsgebundenen Verlustvortrag wird, auf Ebene der Organgesellschaft für folgende Veranlagungszeiträume mit Gewinnen der Organgesellschaft genutzt werden kann.[1]

Die Versagung des § 8d KStG für Organträger bezweckt den Schutz gegen eine missbräuchliche Verlustnutzung[2] und schränkt den Anwendungsbereich der Regelung erheblich ein. **Entfallen die Voraussetzungen der Organschaft** jedoch mit Rückwirkung, liegt m. E. **kein schädliches Ereignis** vor.[3] Aus § 8d Abs. 1 Satz 2 Nr. 2, 1. Alt. KStG ergibt sich, dass die **Stellung als Organträger vor Beginn des Beobachtungszeitraums unschädlich** ist und auch **nicht die Höhe des fortführungsgebundenen Verlustvortrags beschränkt**.

7. Übertragung von Wirtschaftsgütern unterhalb des gemeinen Werts

Der Ansatz eines Wirtschaftsgutes zu einem geringeren als dem gemeinen Wert führt ebenfalls zu einem schädlichen Ereignis i. S. d. **§ 8d Abs. 1 Satz 1 i. V. m. Abs. 2 Satz 2 Nr. 6 KStG** bzw. ist grundsätzlich schädlich nach **§ 8c Abs. 2 Satz 2 Nr. 5 KStG**.[4] M. E. kommt es entscheidend darauf an, ob ein Wirtschaftsgut auch steuerlich zu einem Wert unterhalb des gemeinen Werts angesetzt werden durfte. Denn **die alleinige fehlerhafte Bewertung an sich kann nicht schädlich sein**, wenn sie steuerlich zu korrigieren ist, was regelmäßig zu einer verdeckten Einlage führen dürfte.[5] Wiederum ist zu kritisieren (→ Rz. 72), dass der Wortlaut jede noch so geringfügige Übertragung von Wirtschaftsgütern unterhalb des gemeinen Werts erfasst und damit zu einem schädlichen Ereignis macht.[6]

Eine Einbringung nach § 21 Abs. 1 Satz 2 UmwStG unterhalb des gemeinen Werts ist auch dann schädlich, wenn die Siebenjahresfrist des § 22 Abs. 2 UmwStG nicht eingehalten wird und es rückwirkend zu einer Erhöhung der Anschaffungskosten bei der übernehmenden Kör-

---

1 Vgl. *Suchanek/Rüsch*, GmbHR 2018 S. 57, 62 f.; *Pohl*, BB 2018 S. 796, 798.
2 BR-Drucks. 544/1/16, 2.
3 Gl. A. *Förster/von Cölln*, DStR 2017, 8, 13 unter Nr. 4.7.; *Leibner/Dötsch* in DPM KStG § 8d Rz. 20; *Pohl*, BB 2018 S. 796, 797; offen gelassen *Dörr/Reisich/Plum*, NWB 2017, 573, 578 unter III Nr. 4 Buchst. f.; *Neumann/Heuser*, GmbHR 2017, 281, 284 unter II. Nr. 4 weisen auf das praktische Problem der rechtzeitigen Antragstellung in derartigen Fällen hin, vgl. → Rz. 90.
4 Kritisch *Scholz/Riedel*, DB 2016, 2562, 2565 unter Nr. 6, Buchst. b.; *Leibner/Dötsch* in DPM KStG § 8d Rz. 76; *Ortmann-Babel/Bolik*, DB 2016, 2984, 2985 f. unter Nr. 3, wonach die Missbrauchsvermeidungsregelung nicht sachgerecht konzipiert sei, weil nicht die Zuführung sondern erst die Realisierung der stillen Reserven missbräuchlich sein könne. Allerdings berücksichtigt diese Betrachtung m. E. nicht die Effekte aus der Stillen-Reserven-Klausel des § 8d Abs. 2 Satz 1 2. HS KStG.
5 Gl. A. *Förster/von Cölln*, DStR 2017, 8, 13 f. unter Nr. 4.8.; *Neumann/Heuser*, GmbHR 2017, 281, 291 unter V. Nr. 2 Buchst. f.
6 Zur Kritik → Rz. 33.

perschaft kommt, es sei denn, die Korrektur führt zum Ansatz des gemeinen Werts.[1] Eine sog. Nutzungseinlage[2] wird vom Wortlaut des § 8d Abs. 2 Satz 2 Nr. 6 KStG nicht erfasst und ist damit m. E. unschädlich.

79–85 *(Einstweilen frei)*

C. Tatbestandsvoraussetzungen des § 8d Abs. 2 KStG

86 Zu dem **Anwendungszeitraum des Abs. 2** s. → Rz. 58 ff., zu den **schädlichen Ereignissen i. S. d. § 8d Abs. 2 Satz 1 und Satz 2 Nr. 1 bis 6 KStG** s. → Rz. 66 bis → Rz. 78.

D. Rechtsfolge

87 Rechtsfolge des § 8d Abs. 1 KStG ist neben der **Nichtanwendbarkeit des § 8c KStG** das **Entstehen eines fortführungsgebundenen Verlustvortrags**, s. hierzu → Rz. 88 ff. Rechtsfolge des § 8d Abs. 2 KStG ist der **Untergang des fortführungsgebundenen Verlustvortrags** bzw. (ggf. teilweise) **Erhalt** trotz schädlichen Ereignisses **bei Anwendung der Stillen-Reserven-Klausel**, s. hierzu → Rz. 103 ff.

I. Fortführungsgebundener Verlustvortrag

88 Der fortführungsgebundene Verlustvortrag ist nach der **gesetzlichen Definition** des § 8d Abs. 1 Satz 6 KStG der **Verlustvortrag, der zum Schluss des Veranlagungszeitraums** verbleibt, in den der **schädliche Beteiligungserwerb fällt**. Dies bedeutet, dass die Regelung auch für Verluste, die in einem Veranlagungszeitraum nach einem schädlichen Beteiligungserwerb entstehen, gilt.

Durch das **alternative Verlustnutzungsregime** entsteht für Körperschaften Gestaltungspotenzial, das der Gesetzgeber bewusst in Kauf genommen hat, da er der Körperschaft zwei sich ergänzende, eigenständige Regelungen zur Verfügung stellt.[3] Die Körperschaft kann, wenn sie über ein erhebliches Verlustnutzungspotenzial verfügt, erreichen, dass das gesamte **im Zeitpunkt des schädlichen Beteiligungserwerbs vorhandene Verlustnutzungspotenzial** der Anwendung des § 8c KStG endgültig **entzogen** wird (str. → Rz. 91, 92).

Dabei ist zu berücksichtigen, dass auch negativen Folgen des § 8d KStG durch die Stille-Reserven-Klausel des § 8d Abs. 2 Satz 1 2. Halbsatz KStG erheblich eingeschränkt werden können. Andererseits erhöht die Körperschaft in diesem Fall ihr Risiko, weil von einem schädlichen Ereignis der gesamte fortführungsgebundene Verlustvortrag betroffen ist. Es kommt somit auf den jeweiligen Einzelfall an, ob eine Inanspruchnahme des § 8d KStG vorteilhaft ist.

89 Da durch den fortführungsgebundenen Verlustvortrag lediglich § 8c KStG suspendiert wird und nach § 8d Abs. 1 Satz 6 KStG nur eine Umqualifizierung des Verlustvortrags in einen fort-

---

[1] Vgl. *Keilhoff/Risse*, FR 2016, 1085, 1088 f. unter 4.1.
[2] Vgl. *Klein/Müller/Döpper* in Mössner/Seeger/Oellerich, KStG, § 8 Rz. 2108 f.
[3] Vgl. BT-Drucks. 18/9986, 12.

führungsgebundenen Verlustvortrag erfolgt, ist die **Regelungen über den Verlustrücktrag** und die **Mindestbesteuerung** nach § 10d Abs. 1 und 2 EStG weiterhin auch für den fortführungsgebundenen Verlustvortrag anzuwenden.[1]

II. Antragsgebundenheit und Wahlrecht

Die erstmalige Geltendmachung von § 8d KStG setzt einen **Antrag der Körperschaft** voraus, der damit bei Vorliegen der Voraussetzungen des § 8d KStG ein Wahlrecht zukommt. Gemäß § 8d Abs. 1 Satz 5 KStG ist der Antrag in der Steuererklärung für den **Veranlagungszeitraum zu stellen, in den der schädliche Beteiligungserwerb fällt**. Maßgeblich ist der Veranlagungszeitraum, in dem das Wirtschaftsjahr des schädlichen Beteiligungserwerbs endet.[2] Durch die Formulierung in § 8d Abs. 1 Satz 5 KStG wird klargestellt, dass für den Antrag nach § 8d KStG die Formvorschriften für die Steuererklärung insbesondere auch bei elektronischer Abgabe gelten, wofür ein entsprechendes Antragsfeld geschaffen wurde.

Nach m. E. zutreffender Auffassung kann der Antrag nicht nur in der erstmaligen Steuererklärung ausgeübt werden, sondern bis zur (materiellen) Bestandskraft der Steuerfestsetzung in einer geänderten Steuererklärung, da durch den Gesetzeswortlaut nur die Form der Antragstellung bestimmt wird, und zudem eine andere Auslegung den Regelungsbereich des § 8d KStG ohne erkennbaren Grund in ganz erheblichem Umfang einschränken würde.[3] Nur eine weite Auslegung der zulässigen Antragstellung wird dem Willen des Gesetzgebers gerecht, steuerliche Hemmnisse bei der Kapitalausstattung von Unternehmen zu vermeiden, die bei einem schädlichen Beteiligungserwerb regelmäßig nicht durch die Konzernklausel oder die Stille-Reserven-Klausel in ausreichendem Umfang vor den negativen Folgen des § 8c KStG geschützt werden, und bei denen der Beteiligungserwerb typischerweise dem Ausbau des Geschäftsbetriebs dient bzw. dafür erforderlich ist. Die FinVerw vertritt demgegenüber eine res-

---

1 Vgl. *Förster/von Cölln*, DStR 2017, 8, 15 unter Nr. 5.2.2; a. A. *Leibner/Dötsch* in DPM KStG § 8d Rz. 46 zur Mindestbesteuerung mit der Begründung, dass § 8d Abs. 1 Satz 7 KStG nur auf § 10d Abs. 4 EStG und nicht auf die Regelung zur Mindestbesteuerung in § 10d Abs. 2 EStG verweist; *Brandis* in Blümich KStG § 8d Rz. 42; ebenso *Suchanek/Rüsch*, GmbHR 2018, 57, 59 f. für die KSt, nicht jedoch für die GewSt. Der Verweis soll aber auch nur die Verwendungsreihenfolge regeln und ändert m. E. nichts an der grundsätzlichen Anwendbarkeit der Verlustvortragsregelungen auf den fortführungsgebundenen Verlustvortrag.
2 Vgl. *Leibner/Dötsch* in DPM KStG § 8d Rz. 23.
3 Gl. A. FG Thüringen, Gerichtsbescheid v. 5.10.2018 – 1 K 348/18, NWB PAAAH-11817, Rev. BFH Az. I R 40/18; *Förster/von Cölln*, DStR 2017, 8, 9 f. unter Nr. 3.2; *Dörr/Reisich/Plum*, NWB 2017, 496, 500 f. unter III Nr. 2; *Neyer*, BB 2017, 415, 417 unter III Nr. 1; eine gesetzliche Nachbesserung fordert *Suchanek/Rüsch*, Ubg 2016, 576, 580 unter Nr. 2.4., die m. E. darin liegt, dass entgegen der Ursprungsfassung der Antrag nicht mit der Steuererklärung geltend zu machen ist, sondern nunmehr lediglich in der Steuererklärung, was auch eine geänderte Steuererklärung erfassen sollte; a. A. (Geltendmachung in der erstmaligen Steuererklärung) *Keilhoff/Risse*, FR 2016, 1085, 190 unter Nr. 4.3; *Bakeberg/Krüger*, BB 2016, 2967, 2968 unter Nr. 4, jedoch jeweils zum ursprünglichen Gesetzestext; *Leibner/Dötsch* in DPM KStG § 8d Rz. 24, die auch nach dem Gesetzestext davon ausgehen, dass aufgrund eines eindeutigen Gesetzeswortlauts der Antrag in der erstmaligen Steuererklärung gestellt werden muss; *Brandis* in Blümich KStG § 8d Rz. 41; *Rüsch* in HHR, KStG § 8d Rz. J 16-16; *Herkens*, GmbHR 2018, S. 405, 406 f., *derselbe* GmbH StB 2019, 81. Nach *Frey/Thürmer*, GmbHR 2016, 1083, 1084 unter II Nr. 1 soll der Antrag auch hilfsweise gestellt werden können, was aber dem Charakter als Gestaltungsrecht widerspricht. Ebenfalls str. ist, ob bei einer wesentlichen Änderung der nicht genutzten Verluste aufgrund einer Betriebsprüfung eine erstmalige Antragstellung erfolgen kann; ablehnend *Neumann/Heuser*, GmbHR 2017, 281, 285 unter II. Nr. 5, die allerdings auch auf ein Urteil des FG München hinweisen, das eine andere Auffassung darlegt, s. FG München, Urteil v. 15.6.2016 - 9 K 190/16, NWB IAAAF-80315, Rev. eingelegt, Az. BFH: VIII R 20/16.

triktive Haltung,[1] so dass es sich empfehlen kann, das Antragsrecht bereits bei erstmaliger Abgabe der Steuererklärung auszuüben.

Das Antragsrecht soll nach einer im Schrifttum vertretenen Auffassung ein steuerliches **Gestaltungsrecht** sein, das nicht nachträglich zurückgenommen werden könne.[2] Nach anderer Auffassung ist der Antrag mangels anderweitiger gesetzlicher Regelung frei widerruflich.[3]

Meines Erachtens ist über die Frage des Zeitpunkts der Ausübung des Antragsrechts und eines möglichen Widerrufs einheitlich zu entscheiden. Die besseren Gründe sprechen dafür, auch den Widerruf bis zur (materiellen) Bestandskraft der Steuerfestsetzung zuzulassen. Insbesondere überzeugt nicht der Verweis auf die unwiderrufliche[4] Ausübung eines Wahlrechts bei dem Wertansatz übergehender Wirtschaftsgüter im UmwStG (§ 3 Abs. 2 Satz 2 u. § 13 Abs. 2 UmwStG), da der Wortlaut der Regelungen abweichend ist (vgl. das „spätestens" bei § 3 Abs. 2 Satz 2 UmwStG) und zudem die Bewertungswahlrechte im UmwStG sich auch jeweils auf Dritte auswirken, was bei § 8d KStG gerade nicht der Fall ist.[5]

Auch lässt sich der Gesetzesbegründung nicht entnehmen, dass der Antrag unwiderruflich ist. Vielmehr spricht der Zweck der Regelung, dass unternehmerische Entscheidungen möglichst wenig entzerrt werden sollen,[6] für eine Auslegung i. S. d. Steuerpflichtigen. Im Ergebnis liegt somit eher eine Parallele zu der Regelung des § 10d Abs. 1 Satz 5 EStG nahe.

91 Aus § 10a Satz 10 GewStG ergibt sich, dass von dem Antragsrecht **nur einheitlich für die Körperschaftsteuer und die Gewerbesteuer** sowie für **sonstige von § 8c KStG betroffenen Verluste** Gebrauch gemacht werden kann,[7] was jedoch nur Bedeutung hat, wenn z. B. auch gewerbesteuerlich fortführungsgebundene Fehlbeträge entstehen. Dies dürfte auch für andere von § 8c KStG betroffene Verluste gelten. Umgekehrt kann auch – trotz sprachlicher Ungenauigkeit[8] – für gewerbesteuerliche Fehlbeträge § 8d KStG entsprechend angewendet werden, wenn es an einem fortführungsgebundenen Verlustvortrag fehlt. Gleiches gilt m. E. auch, wenn z. B. nur ein Zinsvortrag oder ein § 2a EStG-Verlust[9] besteht. Entstehen **zukünftig weitere Verluste**, kann für diese wiederum bei einem an sich schädlichen Beteiligungserwerb unter

---

1 Vgl. *Neumann/Heuser*, GmbHR 2017, 281, 284 unter II. Nr. 5; *Herkens*, GmbH-StB 2019, 81; vgl. den Fall des FG Thüringen, Urteil v. 5.10.2018 - 1 K 348/18, Rev. eingelegt, Az. des BFH: I R 40/18, NWB PAAAH-11817. Da der Fall einen quotal schädlichen Beteiligungserwerb betrifft, wird die Streitfrage in diesem Verfahren nicht mehr höchstrichterlich geklärt werden.
2 *Förster/von Cölln*, DStR 2017, 8, 10 unter Nr. 3.2; *Leibner/Dötsch* in DPM KStG § 8d Rz. 26; *Noël*, GmbH-StB 2017, 86 unter III Nr. 2; *Pflüger*, GStB 2017, 152, 154 unter Nr. 3.2.
3 *Neyer*, BB 2017, 415, 417 unter III Nr. 2; *Brandis* in Blümich KStG § 8d Rz. 41; *Heerdt*, DStR 2018, S. 653, 656; *Neumann/Heuser*, GmbHR 2017, 281, 285 unter II. Nr. 5, die allerdings der Auffassung sind, eine Antragstellung sei nur in der erstmaligen Steuererklärung möglich, so dass ein Widerruf deshalb ausgeschlossen sei; ebenso *Herkens* GmbHR 2018 S. 405, 407 ff., der aber einen Erklärungsirrtum nach § 119 BGB für möglich hält. *Drüen* spricht sich auf der 68. Steuerrechtlichen Jahrestagung der Fachanwälte für Steuerrecht am 22.5.2017 ebenfalls für eine freie Widerrufbarkeit aus (vgl. Handbuch, 2. Generalthema, Fall 1, S. 54 ff.).
4 Vgl. BMF, Schreiben v. 11.11.2011 (UmwSt-Erlass), BStBl 2011 I 1314, Rz. 03.29, 13.10; gl. A. *Brandis* in Blümich KStG § 8d Rz. 41.
5 Vgl. *Neyer*, BB 2017, 415, 417 unter III Nr. 2.
6 BR-Drucks. 544/16, 7.
7 Siehe BT-Drucks. 18/9986, 13; *Suchanek/Rüsch*, Ubg 2017, 7, 13 unter 3.1.; *Merker*, SteuerStud 2017, 19 unter I Nr. 1; *Leibner/Dötsch* in DPM KStG § 8d Rz. 28.
8 *Suchanek/Rüsch*, Ubg 2017, 7, 13 unter Nr. 3.1; nach *Neumann/Heuser*, GmbHR 2017, 281, 291 unter VII. wäre eine Versagung des Antragsrechts bei lediglich bestehenden gewerbesteuerlichen Fehlbeträgen der Körperschaft nicht zu rechtfertigen.
9 Vgl. *Kaminski/Melhem/Hundrieser*, ISR 2018, 301, 303.

den bestehenden Voraussetzungen des § 8d KStG ein **erneuter Antrag** gestellt werden.[1] Dieser erfasst jedoch nur die Verluste, die nicht bereits Gegenstand des fortführungsgebundenen Verlustvortrags sind.

Allerdings wird auch vertreten, dass auch der fortführungsgebundene Verlustvortrag ein nicht genutzter Verlust i. S. d. § 8c Abs. 1 KStG sei.[2]

Folgt man dieser Auffassung, bliebe ein fortführungsgebundener Verlustvortrag bei folgenden Beteiligungserwerben den Restriktionen des § 8c KStG ausgesetzt. Eine zusätzliche verfahrensrechtliche Gefährdung würde dadurch bestehen, dass bei jedem schädlichen Beteiligungserwerb die formellen Anforderungen an einen wirksamen Antrag nach § 8d KStG beachtet werden müssten, s. → Rz. 90. Wäre diese Auffassung zutreffend, müsste man sich die Frage stellen, weshalb der Gesetzgeber einen eigenen Paragraphen für den fortführungsgebundenen Verlustvortrag geschaffen hat und die Verlustanknüpfung in den beiden Regelungen sowie der Ermittlungszeitraum der stillen Reserven nicht deckungsgleich sind. Auch fehlte es für die verfahrensrechtliche Verselbständigung des fortführungsgebundenen Verlustvortrags an einer hinreichenden Begründung. Folgefragen wären z. B. die Rangverhältnisse des fortführungsgebundenen Verlustvortrags bei einem schädlichen Beteiligungserwerb i. S. d. § 8c Abs. 1 Satz 1 KStG und bei Anwendung der Stillen-Reserven-Klausel des § 8c KStG.

Neben systematischen Bedenken spricht aber bereits der Wortlaut des § 8d Abs. 2 Satz 1 KStG gegen diese Auffassung. Denn während der erste Halbsatz den Untergang des fortführungsgebundenen Verlustvortrags regelt, schränkt der zweite Halbsatz genau diese Rechtsfolge durch die entsprechende Anwendung der Stille-Reserven-Regelung des § 8c KStG ein. Auch diese Regelung schränkt im Rahmen des § 8c KStG lediglich die Rechtsfolge des schädlichen Beteiligungserwerbs ein und qualifiziert einen schädlichen Beteiligungserwerb nicht um.[3] Mithin gibt der Wortlaut keinen Hinweis darauf, dass neben der Unschädlichkeit eine weitergehende Umqualifizierung des fortführungsgebundenen Verlustvortrags in einen allgemeinen Verlustvortrag erfolgt. Zur Vermeidung von Rechtsunsicherheiten bei der Anwendung der Vorschrift wäre eine Klarstellung der FinVerw wünschenswert.

Aus dem Eingangssatz der Regelung ergibt sich bereits, dass **für einen bereits bestehenden fortführungsgebundenen Verlustvortrag** bei einem erneuten schädlichen Beteiligungserwerb **kein erneuter Antrag** zu stellen ist. Dies entspricht bereits den Vorstellungen der Arbeitsgruppe.[4] Damit kommt der Regelung des § 8d KStG ein gewisser **Bestandsschutz gegenüber folgenden an sich schädlichen Beteiligungserwerben i. S. d. § 8c KStG zu.**[5]

---

1 Vgl. *Förster/von Cölln*, DStR 2017, 8, 10 unter Nr. 3.2.
2 So insbesondere *Neumann/Heuser*, GmbHR 2017, 281, 289 unter V. Nr. 2., allerdings ohne Begründung.
3 Insofern zutreffend *Neumann/Heuser*, GmbHR 2017, 281, 282 unter II. Nr. 2.
4 Bericht „Weiterentwicklung der Regelungen zur Verlustverrechnung nach Anteilseignerwechsel (§ 8c KStG)", FR 2017, 113, 119 unter Nr. 6.1. u. 6.2.
5 Gl. A. im Ergebnis *Leibner/Dötsch* in DPM KStG § 8d Rz. 48; *Suchanek/Rüsch*, Ubg 2016, 576, 582 unter Nr. 2.8.1, jeweils mit Hinweis auf den abschließenden Charakter der schädlichen Ereignisse i. S. d. Abs. 2 (lex specialis); dieselben in HHR KStG § 8d Rz. 15; a. A. *Förster/von Cölln*, DStR 2017, 8, 17 unter Nr. 6; *Neumann/Heuser*, GmbHR 2017, 281, 289 unter V. Nr. 2; *Keilhoff/Risse*, FR 2016, 1085, 1091 unter Nr. 4.5; *Brandis* in Blümich KStG § 8d Rz. 51.

III. Gesonderte Feststellung und Verwendungsreihenfolge

93 Gemäß § 8d Abs. 1 Satz 7 KStG wird der fortführungsgebundene Verlustvortrag **gesondert ausgewiesen und festgestellt**, wobei § 10d Abs. 4 EStG entsprechend gilt. Verfahrensrechtlich ist die Feststellung des fortführungsgebundenen Verlustvortrags selbständig anfechtbar.

94 Nach § 8d Abs. 1 Satz 8 KStG ist **der fortführungsgebundene Verlustvortrag vor** dem nach **§ 10d EStG festgestellten Verlustvortrag** abzuziehen (**Verwendungsreihenfolge**). Das bedeutet, dass ein nach dem schädlichen Beteiligungserwerb in folgenden Veranlagungszeiträumen entstehender Verlustvortrag i. S. d. § 10d EStG erst dann verrechnet wird, wenn der fortführungsgebundene Verlustvortrag aufgebraucht oder untergegangen ist. Es bedeutet ebenfalls, dass zum Schluss jedes Veranlagungszeitraums getrennte Verlustvorträge zu ermitteln sind, die unterschiedlichen Regimen folgen.

95 § 8d Abs. 1 Satz 9 KStG regelt die **entsprechende Anwendung des Satzes 8** im Verhältnis zu § 3a Abs. 3 EStG. Wie § 8c Abs. 2 KStG wurde die Regelung durch das Gesetz gegen schädliche Steuerpraktiken im Zusammenhang mit Rechteüberlassungen eingeführt (→ Rz. 4). Bei der **Verrechnung** i. S. d. § 3a EStG ist der fortführungsgebundene Verlustvortrag vor dem Verlustvortrag nach § 10d Abs. 4 EStG zu verwenden. Zum Inkrafttreten durch das UStAVermG vgl. → Rz. 5.

96 Durch den **Wegfall des quotal schädlichen Beteiligungserwerbs** mit dem UStAVermG stellt sich die Frage der Auswirkung der Gesetzesänderung auf bereits gestellte Anträge und/oder bereits erfolgte Feststellungen.

Ein **bereits gestellter Antrag** ist gegenstandslos geworden und sollte ggf. widerrufen werden. Gegen einen ablehnenden Bescheid kann Einspruch eingelegt werden (→ Rz. 90). Mit wirksamem Widerruf entfällt auch die Voraussetzung für den Feststellungsbescheid.

Da der Feststellungsbescheid aufgrund der Gesetzesänderung rechtswidrig ist, kann er auch selbständig angefochten werden.[1] Bei einem **bestandskräftigen Feststellungsbescheid** wird der Stpfl. allein wegen der Gesetzesänderung keine Aufhebung verlangen können. Die rückwirkende Aufhebung des quotal schädlichen Beteiligungserwerbs ist kein rückwirkendes Ereignis i. S. d. § 175 Abs. 1 Satz 1 Nr. 2 AO.[2] Hier hätte es wegen der offensichtlichen Verfassungswidrigkeit der Regelung auch nach dem 31.12.2015 nahegelegen, dass der Gesetzgeber von der Möglichkeit einer Durchbrechung der Bestandskraft nach § 172 Abs. 1 Satz 1 Nr. 2 Buchst. d AO Gebrauch macht, denn es widerspricht dem Rechtsgedanken des § 79 Abs. 2 Satz 2 BVerfG, dass in diesen Fällen Verluste durch ein zukünftiges Ereignis i. S. d § 8d Abs. 2 KStG noch wegfallen können.[3]

97–100 *(Einstweilen frei)*

---

[1] *Heerdt/Mühling*, FR 2019, 208, 209 f.
[2] *Förster/Hechtner*, DB 2019, 10, 13; *Herkens*, GmbH-StB 2019, 81, 84.
[3] Zum Verbot der Vollstreckung unanfechtbarer Entscheidungen, die auf einer vom BVerfG für verfassungswidrig erklärten Auslegung unbestimmter Rechtsbegriffe beruhen vgl. BVerfG, Urteil v. 6.12.2005 – 1 BvR 1905/02, BVerfGE 115, 51, NWB XAAAC-15655 (Kurzzusammenfassung).

IV. Untergang des fortführungsgebundenen Verlustvortrags

1. Allgemeine Rechtsfolge

Gemäß § 8d Abs. 2 Satz 1 1. Halbsatz KStG führt ein schädliches Ereignis zum **Untergang des zuletzt festgestellten fortführungsgebundenen Verlustvortrags**. In welchem Umfang das schädliche Ereignis Auswirkungen auf den Verlustvortrag hatte bzw. haben konnte, ist nach dem Wortlaut des Gesetzes unerheblich.[1] Ein schädliches Ereignis kann also so lange Auswirkungen auf den fortführungsgebundenen Verlustvortrag haben, als dieser noch nicht vollständig aufgebraucht ist, aber eben **nur in der Höhe**, in der **noch kein Verbrauch** eingetreten ist. Der zuletzt festgestellte fortführungsgebundene Verlustvortrag ist der Verlustvortrag, der zum Schluss des Veranlagungszeitraums verbleibt, der dem schädlichen Ereignis vorausgeht.[2] Bei abweichendem Wirtschaftsjahr kommt es auf das Ende des Kalenderjahrs an, in den das schädliche Ereignis fällt.[3] Hat die Körperschaft daneben einen Verlustvortrag nach § 10d EStG, kann dieser weiterhin genutzt werden.

Entgegen § 8c Abs. 1 Satz 1 KStG, der die nicht genutzten Verluste taggenau mit dem schädlichen Ereignis entfallen lässt, wirkt ein schädliches Ereignis nach § 8d Abs. 2 KStG **rückwirkend auf das Ende des letzten Veranlagungszeitraums zurück** und führt zum Untergang des fortführungsgebundenen Verlustvortrags. Es empfiehlt sich somit in geeigneten Fällen, ein schädliches Ereignis möglichst bis zu dem Anfang eines neuen Veranlagungszeitraums hinauszuzögern.

2. Stille-Reserven-Klausel

Einschränkend auf den Untergang des fortführungsgebundenen Verlustvortrags wirkt die Stille-Reserven-Klausel des § 8c KStG, die nach § 8d Abs. 2 Satz 1 2. Halbsatz KStG auf den fortführungsgebundenen Verlustvortrag **entsprechend Anwendung** findet. Sofern die Stille-Reserven-Klausel eingreift, bleibt der fortführungsgebundene Verlustvortrag erhalten.[4] **Das schädliche Ereignis und die Anwendung der Klausel** haben **nicht** zur Folge, dass **das Regime des fortführungsgebundenen Verlustvortrags beendet wird** und der von der Klausel erfasste Verlust wieder zu einem Verlustvortrag nach § 10d EStG führt. Ein fortführungsgebundener Verlustvortrag kann somit ein oder mehrere schädliche Ereignisse überstehen, so dass in der Folge die Körperschaft z. B. auch mehrere Geschäftsbetriebe unterhalten kann.[5]

Der Anwendung der Stille-Reserven-Klausel liegt derselbe Gedanke zugrunde wie bei § 8c KStG, dass ein Verlustuntergang insofern nicht gerechtfertigt ist, wie die Körperschaft über Verlustverrechnungspotenzial verfügt.[6] Entsprechend § 8c Abs. 1 Satz 5 KStG werden nur die **im Inland steuerpflichtigen stillen Reserven** erfasst. Allerdings ergeben sich **unterschiedliche Effekte** insofern, als die erhaltenen Verluste im Rahmen des § 8d KStG weiterhin den Beschränkungen des Abs. 2 unterliegen und dem Regelungsbereich des § 8c KStG entzogen bleiben, während

---

[1] Zur Kritik → Rz. 33.
[2] Vgl. *Neyer*, BB 2017, 415, 420 unter IV Nr. 2 Buchst. a; *Förster/von Cölln*, DStR 2017, 8, 15 unter Nr. 5.3.2.
[3] Vgl. *Neyer*, BB 2017, 415, 420 unter IV Nr. 2 Buchst. a.
[4] Vgl. BT-Drucks. 18/9986, 14 u. BT-Drucks. 18/10495, 15.
[5] Gl. A. *Neyer*, BB 2017, 415, 417 unter III Nr. 3; *Leibner/Dötsch* in DPM, KStG § 8d Rz. 84.
[6] Vgl. *Hackemann* in Mössner/Seeger/Oellerich, KStG, § 8c Rz. 400 ff. Zur Nichteinbeziehung von rückwirkend zugeführten stillen Reserven gemäß § 8d Abs. 2 Satz 1 i. V. m. § 8c Abs. 1 Satz 9 *Leibner/Dötsch* in DPM KStG § 8d Rz. 83.

bei § 8c KStG die Verluste keinen besonderen Beschränkungen unterliegen und den allgemeinen Regeln folgen.

104 In Übereinstimmung mit dem Zeitpunkt des Untergangs sind **auch die stillen Reserven auf den Schluss** des dem schädlichen Ereignis **vorangehenden Veranlagungszeitraums** zu ermitteln, was verhindern soll, dass sich eine nach § 8d Abs. 2 Satz 2 Nr. 6 KStG schädliche Zuführung von Wirtschaftsgütern unter dem gemeinen Wert noch positiv auf den Erhalt des untergehenden fortführungsgebundenen Verlustvortrags auswirken kann. Zur **Ermittlung der stillen Reserven** gilt **§ 8c KStG** ebenfalls entsprechend. Dies bedeutet, dass die stillen Reserven zwar **grundsätzlich fiktiv** zu ermitteln sind, in der Praxis aber regelmäßig eine Unternehmensbewertung erforderlich sein wird.[1] Ist das **Eigenkapital** der Körperschaft **negativ**, ist eine **Unternehmensbewertung erforderlich**. In geeigneten Fällen sollte überlegt werden, das negative Eigenkapital rechtzeitig vor dem schädlichen Beteiligungserwerb auszugleichen.

105 Verfügt die Körperschaft über einen Verlustvortrag und einen fortführungsgebundenen Verlustvortrag, entfallen entsprechend § 8d Abs. 1 Satz 8 KStG die vorhandenen stille Reserven auf den fortführungsgebundenen Verlustvortrag, d. h., sie sind nicht anteilig auf die Verlustvorträge aufzuteilen.[2]

Davon getrennt zu sehen ist die Frage, wie die stillen Reserven auf unterschiedliche Arten des fortführungsgebundenen Verlustvortrags (→ Rz. 91) aufzuteilen sind. Insofern gilt m. E. das zu § 8c Gesagte entsprechend, d. h. da der Gesetzgeber selbst keine Reihenfolge vorgegeben hat, kann jede Verlustart des fortführungsgebundenen Verlustvortrags die stillen Reserven für sich in vollem Umfang in Anspruch nehmen.

Sofern **nach Entstehung** eines fortführungsgebundenen Verlustvortrags **ein schädlicher Beteiligungserwerb** i. S. d. § 8c KStG eintritt, ist zu klären, ob sich aus der Verwendungsreihenfolge des § 8d Abs. 1 Satz 8 KStG oder des Verweises in § 8d Abs. 2 Satz 1 2. Halbsatz auf § 8c Abs. 1 Sätze 5 bis 8 KStG ableiten lässt, dass die stillen Reserven vorrangig auf den (von § 8c KStG nicht betroffenen) fortführungsgebundenen Verlustvortrag entfallen und erst nachrangig auf die nicht genutzten Verluste des § 8c KStG.

Für eine solche Annahme fehlt es aber an einer gesetzlichen Anordnung, die aber erforderlich wäre, um die Regelung des § 8c KStG einzuschränken, denn aus § 8d Abs. 1 Satz 8 KStG ergibt sich nur eine vorrangige Verlustnutzung als solche. Da § 8d KStG zudem ein eigenes Regime darstellt und § 8d Abs. 2 Satz 1 2 HS KStG ohnehin einen anderen Zeitpunkt der Verrechnung der stillen Reserven regelt, bleibt es somit im Rahmen des § 8c KStG bei der sich aus der Norm selbst ergebenden Regelung, dass **die stillen Reserven** im Rahmen des **§ 8c Abs. 1 Sätze 5 bis 8 KStG in vollem Umfang** mit den nicht genutzten Verlusten des § 8c Abs. 1 Satz 1 KStG **verrechnet werden** können, auch wenn ein **fortführungsgebundener Verlustvortrag** besteht.[3]

Im Ergebnis kann dies zu erheblichen Vorteilen führen, weil die einmal entstandenen stillen Reserven weiterhin für die Zwecke des § 8c KStG genutzt werden können, d. h., der fortführungsgebundene Verlust wird dem Anwendungsbereich des § 8c KStG entzogen und für zukünftige Beteiligungserwerbe i. S. d. § 8c KStG stehen damit die gesamten der inländischen Steuerpflicht unterliegenden stillen Reserven zur Verfügung. Das Ergebnis ist systemgerecht, weil es auch für die Bildung des fortführungsgebundenen Verlustvortrags nicht auf das Vor-

---

[1] Vgl. *Thees/Zajons*, BB 2017, 1259, 1260; *Rätke*, BBK 2017, 508, 514 unter IV. Nr. 4.
[2] Gl. A. *Förster/von Cölln*, DStR 2017, 8, 16 unter Nr. 5.3.3.; *Neyer*, BB 2017, 415, 420 unter VI Nr. 3.
[3] Ob die FinVerw diese Auffassung teilen wird, bleibt abzuwarten.

handensein stiller Reserven ankommt und die beiden Regime unterschiedlichen Regelungen folgen. Ansonsten hätte die Bildung eines fortführungsgebundenen Verlustvortrags auch einen zusätzlichen Nachteil für folgende schädliche Beteiligungserwerbe, was von dem Gesetzgeber nicht gewollt war und wofür sich aus der Gesetzesbegründung auch keine Anhaltspunkte entnehmen lassen.

Für die Körperschaft kann sich daher auch dann, wenn bei einem schädlichen Beteiligungserwerb in ausreichendem Umfang stille Reserven vorhanden sind, die Option für einen fortführungsgebundenen Verlustvortrag als vorteilhaft erweisen. Dies gilt umso mehr, als durch die Stille-Reserven-Regelung z. B. Änderungen der Geschäftätigkeiten im Ergebnis unschädlich werden können. § 8d KStG entzieht damit nicht nur Verluste dem Anwendungsbereich des § 8c KStG, sondern führt auch dazu, dass Unternehmen bei dem Aufbau von Verlusten durch eine Kombination beider Regelungen die jeweiligen Vorteile in Anspruch nehmen können, sofern zumindest in einem bestimmten Umfang stille Reserven bestehen bzw. aufgebaut werden.

Dem Gesetzgeber ist es im Anwendungsbereich des § 8d KStG nicht gelungen, eine hinreichend logische Verbindung zwischen den allgemein geltenden schädlichen Ereignissen und der Stillen-Reserven-Klausel zu schaffen, die sich auf die im Inland steuerpflichtigen stillen Reserven bezieht, was u. a. auch **unionsrechtlich problematisch** ist, s. → Rz. 32. 106

§ 9 Abziehbare Aufwendungen

(1) Abziehbare Aufwendungen sind auch:

1. bei Kommanditgesellschaften auf Aktien und bei vergleichbaren Kapitalgesellschaften der Teil des Gewinns, der an persönlich haftende Gesellschafter auf ihre nicht auf das Grundkapital gemachten Einlagen oder als Vergütung (Tantieme) für die Geschäftsführung verteilt wird;

2. vorbehaltlich des § 8 Absatz 3 Zuwendungen (Spenden und Mitgliedsbeiträge) zur Förderung steuerbegünstigter Zwecke im Sinne der §§ 52 bis 54 der Abgabenordnung bis zur Höhe von insgesamt

    a) 20 Prozent des Einkommens oder

    b) 4 Promille der Summe der gesamten Umsätze und der im Kalenderjahr aufgewendeten Löhne und Gehälter.

    ²Voraussetzung für den Abzug ist, dass diese Zuwendungen

    a) an eine juristische Person des öffentlichen Rechts oder an eine öffentliche Dienststelle, die in einem Mitgliedstaat der Europäischen Union oder in einem Staat belegen ist, auf den das Abkommen über den Europäischen Wirtschaftsraum (EWR-Abkommen) Anwendung findet, oder

    b) an eine nach § 5 Absatz 1 Nummer 9 steuerbefreite Körperschaft, Personenvereinigung oder Vermögensmasse oder

    c) an eine Körperschaft, Personenvereinigung oder Vermögensmasse, die in einem Mitgliedstaat der Europäischen Union oder in einem Staat belegen ist, auf den das Abkommen über den Europäischen Wirtschaftsraum (EWR-Abkommen) Anwendung findet, und die nach § 5 Absatz 1 Nummer 9 in Verbindung mit § 5 Absatz 2

Nummer 2 zweiter Halbsatz steuerbefreit wäre, wenn sie inländische Einkünfte erzielen würde,

geleistet werden (Zuwendungsempfänger). ³Für nicht im Inland ansässige Zuwendungsempfänger nach Satz 2 ist weitere Voraussetzung, dass durch diese Staaten Amtshilfe und Unterstützung bei der Beitreibung geleistet werden. ⁴Amtshilfe ist der Auskunftsaustausch im Sinne oder entsprechend der Amtshilferichtlinie gemäß § 2 Absatz 2 des EU-Amtshilfegesetzes. ⁵Beitreibung ist die gegenseitige Unterstützung bei der Beitreibung von Forderungen im Sinne oder entsprechend der Beitreibungsrichtlinie einschließlich der in diesem Zusammenhang anzuwendenden Durchführungsbestimmungen in den für den jeweiligen Veranlagungszeitraum geltenden Fassungen oder eines entsprechenden Nachfolgerechtsaktes. ⁶Werden die steuerbegünstigten Zwecke des Zuwendungsempfängers im Sinne von Satz 2 Buchstabe a nur im Ausland verwirklicht, ist für die Abziehbarkeit der Zuwendungen Voraussetzung, dass natürliche Personen, die ihren Wohnsitz oder ihren gewöhnlichen Aufenthalt im Geltungsbereich dieses Gesetzes haben, gefördert werden oder dass die Tätigkeit dieses Zuwendungsempfängers neben der Verwirklichung der steuerbegünstigten Zwecke auch zum Ansehen der Bundesrepublik Deutschland beitragen kann. ⁷Abziehbar sind auch Mitgliedsbeiträge an Körperschaften, die Kunst und Kultur gemäß § 52 Absatz 2 Nummer 5 der Abgabenordnung fördern, soweit es sich nicht um Mitgliedsbeiträge nach Satz 8 Nummer 2 handelt, auch wenn den Mitgliedern Vergünstigungen gewährt werden. ⁸Nicht abziehbar sind Mitgliedsbeiträge an Körperschaften, die

1. den Sport (§ 52 Abs. 2 Nr. 21 der Abgabenordnung),
2. kulturelle Betätigungen, die in erster Linie der Freizeitgestaltung dienen,
3. die Heimatpflege und Heimatkunde (§ 52 Abs. 2 Nr. 22 der Abgabenordnung) oder
4. Zwecke im Sinne des § 52 Abs. 2 Nr. 23 der Abgabenordnung

fördern.

⁹Abziehbare Zuwendungen, die die Höchstbeträge nach Satz 1 überschreiten, sind im Rahmen der Höchstbeträge in den folgenden Veranlagungszeiträumen abzuziehen. ¹⁰§ 10d Abs. 4 des Einkommensteuergesetzes gilt entsprechend.

(2) ¹Als Einkommen im Sinne dieser Vorschrift gilt das Einkommen vor Abzug der in Absatz 1 Nr. 2 bezeichneten Zuwendungen und vor dem Verlustabzug nach § 10d des Einkommensteuergesetzes. ²Als Zuwendung im Sinne dieser Vorschrift gilt auch die Zuwendung von Wirtschaftsgütern mit Ausnahme von Nutzungen und Leistungen. ³Der Wert der Zuwendung ist nach § 6 Absatz 1 Nummer 4 Satz 1 und 4 des Einkommensteuergesetzes zu ermitteln. ⁴Aufwendungen zugunsten einer Körperschaft, die zum Empfang steuerlich abziehbarer Zuwendungen berechtigt ist, sind nur abziehbar, wenn ein Anspruch auf die Erstattung der Aufwendungen durch Vertrag oder Satzung eingeräumt und auf die Erstattung verzichtet worden ist. ⁵Der Anspruch darf nicht unter der Bedingung des Verzichts eingeräumt worden sein.

(3) ¹Der Steuerpflichtige darf auf die Richtigkeit der Bestätigung über Spenden und Mitgliedsbeiträge vertrauen, es sei denn, dass er die Bestätigung durch unlautere Mittel oder falsche Angaben erwirkt hat oder dass ihm die Unrichtigkeit der Bestätigung bekannt oder infolge grober Fahrlässigkeit nicht bekannt war. ²Wer vorsätzlich oder grob fahrlässig eine unrichtige Bestätigung ausstellt oder veranlasst, dass Zuwendungen nicht zu den in der Bestätigung angegebenen steuerbegünstigten Zwecken verwendet werden (Veranlasserhaftung), haftet für

die entgangene Steuer; diese ist mit 30 Prozent des zugewendeten Betrags anzusetzen. ³In den Fällen der Veranlasserhaftung ist vorrangig der Zuwendungsempfänger in Anspruch zu nehmen; die natürlichen Personen, die in diesen Fällen für den Zuwendungsempfänger handeln, sind nur in Anspruch zu nehmen, wenn die entgangene Steuer nicht nach § 47 der Abgabenordnung erloschen ist und Vollstreckungsmaßnahmen gegen den Zuwendungsempfänger nicht erfolgreich sind; § 10b Absatz 4 Satz 5 des Einkommensteuergesetzes gilt entsprechend.

Inhaltsübersicht

	Rz.
Zum Inhalt des § 9 KStG	1 - 5
Teil 1: Kommanditgesellschaft auf Aktien (§ 9 Abs. 1 Nr. 1 KStG)	
A. Allgemeines zu § 9 Abs. 1 Nr. 1 KStG	6 - 45
I. Inhalt und Bedeutung des § 9 Abs. 1 Nr. 1 KStG	6 - 15
II. Entwicklung des § 9 Abs. 1 Nr. 1 KStG	16 - 45
B. Gewinnanteil des KGaA-Komplementärs	46 - 129
I. Die Kommanditgesellschaft auf Aktien und vergleichbare Kapitalgesellschaften	46 - 59
1. Enger persönlicher Anwendungsbereich	46
2. Gesellschaftsrechtliche Grundlagen der KGaA	47 - 58
a) Hybride Rechtsform	47 - 50
b) Zweigeteiltes Gesamtkapital	51 - 53
c) Organschaftliche Struktur	54
d) Ein-Mann-KGaA	55 - 58
3. Mit der KGaA vergleichbare Kapitalgesellschaften	59
II. Abziehbarer Gewinnanteil	60 - 109
1. Grundlagen der KGaA-Besteuerung	60 - 69
a) Besteuerung der kapitalistischen Sphäre der KGaA	61 - 64
b) Besteuerung der personalistischen Sphäre der KGaA	65 - 69
2. Konkurrierende Besteuerungskonzepte	70 - 79
a) Intransparente Betrachtung	71 - 72
b) Transparente Betrachtung	73 - 79
3. Bestandteile des abziehbaren Gewinnanteils	80 - 109
a) Gewinnanteil für nicht auf das Grundkapital entfallende Einlagen (§ 9 Abs. 1 Nr. 1, 1. Alt. KStG)	80 - 89
b) Vergütungen für die Geschäftsführung (§ 9 Abs. 1 Nr. 1, 2. Alt. KStG)	90 - 99
c) Unangemessene Sondervergütungen	100 - 104
d) Haftungsvergütungen	105
e) Verlustanteile	106 - 109
III. Verfahrensrechtliche Verknüpfung	110 - 119
IV. Doppelbesteuerungsrecht	120 - 129
1. Abkommensberechtigung	120 - 122
2. Dividendenfreistellung	123 - 129
C. Verhältnis zu anderen Vorschriften	130 - 199
I. Vorschriften des KStG	130 - 144
1. § 8 Abs. 3 Satz 2 KStG	130 - 134
2. § 8a KStG i. V. m. § 4h EStG	135 - 139
3. § 8c KStG	140
4. § 14 KStG	141 - 144
II. Vorschriften des EStG	145 - 159
1. § 4 Abs. 4 EStG	145 - 146
2. § 15 Abs. 1 Satz 1 Nr. 3 EStG	147 - 150
3. § 16 Abs. 1 Satz 1 Nr. 3 EStG	151
4. § 34a EStG	152 - 159
III. Vorschriften des GewStG	160 - 199

1. Allgemeines		160 – 163
2. § 8 Nr. 4 GewStG		164 – 165
3. § 9 Nr. 2b GewStG		166 – 199

Teil 2: Zuwendungen
A. Allgemeines — 200 – 229
- I. Regelungsinhalt Überblick — 200 – 204
- II. Rechtsentwicklung — 205 – 220
- III. Systematische Stellung — 221
- IV. Europarecht — 222 – 226
- V. Verhältnis des § 9 KStG zu anderen Normen — 227 – 229

B. Abzug von Zuwendungen (§ 9 Abs. 1 Nr. 2, Abs. 2 KStG) — 230 – 359
- I. Zuwendungsbegriff — 230 – 269
  1. Spenden — 231 – 239
     - a) Freiwilligkeit — 232
     - b) Unentgeltlichkeit — 233 – 239
  2. Mitgliedsbeiträge (§ 9 Abs. 1 Nr. 2 Satz 1, 7 und 8 KStG) — 240 – 245
  3. Vermögensminderung — 246 – 249
  4. Betriebsausgaben — 250 – 254
  5. Zuwendung als verdeckte Gewinnausschüttung („vorbehaltlich § 8 Abs. 3 KStG") — 255 – 269
- II. Steuerbegünstigte Zwecke — 270 – 289
  1. Allgemeines — 270 – 274
  2. Förderung — 275 – 279
  3. Ausland — 280 – 289
- III. Zuwendungsempfänger — 290 – 329
  1. Europarechtliche Einflüsse — 290 – 294
  2. Körperschaften etc. — 295 – 299
  3. Juristische Personen des öffentlichen Rechts — 300 – 304
  4. Auslandsempfänger — 305 – 329
     - a) Allgemeines — 305 – 314
     - b) Ausländische juristische Personen des öffentlichen Rechts (§ 9 Abs. 2 Nr. 1 Satz 2 Buchst. a KStG) — 315 – 319
     - c) Ausländische Körperschaften (§ 9 Abs. 1 Nr. 2 Satz 2 Buchst. c KStG) — 320 – 329
- IV. Höchstbeträge (§ 9 Abs. 1 Nr. 2 Satz 1 Buchst. a und b KStG) — 330 – 354
  1. Allgemeines — 330 – 334
  2. Begrenzung nach dem Einkommen — 335 – 339
  3. Begrenzung nach Umsatz und Personalaufwand — 340 – 344
  4. Abziehbarkeit — 345 – 349
  5. Organschaft — 350 – 354
- V. Zuwendungsvortrag — 355 – 359

C. § 9 Abs. 2 KStG: Einkommen und Sachspenden — 360 – 384
- I. Einkommensbegriff (Satz 1) — 360 – 364
- II. Sachspenden (Satz 2 und 3) — 365 – 375
  1. Allgemeines — 365 – 369
  2. Bewertung — 370 – 372
  3. Nachweis — 373 – 375
- III. Aufwands- und Auslagenersatz (Satz 4 und 5) — 376 – 384

D. Zuwendungsbestätigung des Empfängers (Spendenbescheinigung) — 385 – 389a

E. Folgen unrichtig ausgestellter Spenden- und Mitgliedsbeitragsbestätigungen (Abs. 3) — 390 – 420
- I. Allgemeines — 390
- II. Vertrauensschutz (§ 9 Abs. 3 Satz 1 KStG) — 391 – 399
- III. Haftung (§ 9 Abs. 3 Satz 2 KStG) — 400 – 419
  1. Allgemeines — 400 – 404
  2. Ausstellerhaftung — 405 – 409
  3. Veranlasserhaftung — 410 – 414

4. Haftungsschuldner	415 - 419
IV. Höhe der Haftungssumme (Satz 2 2. Halbsatz)	420

Zum Inhalt des § 9 KStG

HINWEIS:

R 9 KStR 2015; H 9 KStH 2015; §§ 48 ff. EStDV; R 10b.1 und 10b.3 EStR; §§ 51 ff. AEAO; H 15.8 Abs. 4 EStH; R 8.2 GewStH 2009; H 8.2 GewStH 2009.

Die Norm regelt den Abzug bestimmter Aufwendungen bei der Einkommensermittlung in **Ergänzung** zu § 8 KStG; sie enthält zwei völlig unterschiedliche Tatbestände: 1

▶ Durch Abs. 1 Nr. 1 werden die Gewinnanteile des Komplementärs einer KGaA aus dem körperschaftsteuerrechtlich zu versteuernden Einkommen der KGaA ausgeschieden.

▶ Abs. 1 Nr. 2 ermöglicht den Abzug der Ausgaben zur Förderung steuerbegünstigter Zwecke in Form von Spenden und eingeschränkt von Mitgliedsbeiträgen.

Die Abs. 2 und 3 regeln die verfahrensrechtlichen Regelungen sowie Vertrauensschutz- und   2
Haftungsbestimmungen in Bezug auf den Abzug von Ausgaben zur Förderung steuerbegünstigter Zwecke nach Abs. 1 Nr. 2.

(Einstweilen frei)   3–5

Teil 1: Kommanditgesellschaft auf Aktien (§ 9 Abs. 1 Nr. 1 KStG)

LITERATURHINWEISE:

Menzel, Die Entgelte der Personengesellschaft und der Kommanditgesellschaft auf Aktien (KGaA) an ihre unmittelbar haftenden Gesellschafter (II), DStR 1972, 594; *Bacher*, Die Stellung des persönlich haftenden Gesellschafters einer Kommanditgesellschaft auf Aktien (KGaA) im Steuerrecht, DB 1985, 2117; *Jünger*, Zur Stellung des persönlich haftenden Gesellschafters der KGaA im Steuerrecht, DB 1988, 1969; *Matthiak*, Rechtsprechung zum Bilanzsteuerrecht, DStR 1989, 661; *Theisen*, Die Besteuerung der KGaA, DB 1989, 2191; *Patt/Rasche*, Besteuerung der Pensionszusage an den persönlich haftenden Gesellschafter einer KGaA nach den Grundsätzen der Mitunternehmerschaft?, DB 1993, 2400; *Gocke*, Zur Aktivierung von Pensionsansprüchen in den Ergänzungsbilanzen der persönlich haftenden Gesellschafter bei der KGaA, DB 1994, 2162; *Kallmeyer*, Die Kommanditgesellschaft auf Aktien – eine interessante Rechtsformalternative für den Mittelstand?, DStR 1994, 977; *Biagosch*, Die Kommanditgesellschaft auf Aktien, NWB F. 18, 3453; *Ammenwerth*, Die Kommanditgesellschaft auf Aktien (KGaA) – Eine Rechtsformalternative für personenbezogene Unternehmen, 1997; *Fischer*, Die Besteuerung der KGaA und ihrer Gesellschafter, DStR 1997, 1519; *Schaumburg*, Die KGaA als Rechtsform für den Mittelstand?, DStZ 1998, 525; *Janssen*, Die Besteuerung der Kommanditgesellschaft auf Aktien und ihrer Gesellschafter, NWB F. 18, 3811; *Behrens/Schmitt*, § 7 Satz 2 GewStG n. F. – Neue Gewerbesteuer-Tatbestände für Mitunternehmerschaften und KGaA, BB 2002, 860; *Halasz/Kloster/Kloster*, Die GmbH & Co. KGaA, GmbHR 2002, 77; *Halasz/Kloster/Kloster*, Umwandlungen von GmbH und GmbH & Co. KG in eine GmbH & Co. KGaA, GmbHR 2002, 310 (Teil I) und 359 (Teil II); *Hölzl*, Die Besteuerung der Kommanditgesellschaft auf Aktien (KGaA), 2003; *Kusterer*, Die Kommanditgesellschaft auf Aktien im Wandel – Wechsel von körperschaftlicher zu mitunternehmerischer Sichtweise, FR 2003, 502; *Mahlow*, Die Kommanditgesellschaft auf Aktien und das Vorliegen einer verdeckten Gewinnausschüttung, DB 2003, 1540; *Winkemann*, Die KGaA als Alternative zur Mehrmütterorganschaft?, BB 2003, 1649; *Bock*, Die steuerlichen Folgen des Erwerbs eines KGaA-Komplementäranteils, GmbHR 2004, 554; *Glanegger*, Ergänzungsbilanzen und Gewinnfeststellung für den persönlich haftenden Gesellschafter der KGaA, DStR 2004, 1686; *Heuel*, § 8 Nr. 4 GewStG: Gewerbesteuerfalle bei der Kapitalgesellschaft & Co. KGaA, FR 2004, 861 ff.; *Kusterer*, Ergänzungsbilanz des persönlich haftenden Gesellschafters einer Kommanditgesellschaft auf Aktien, DStR 2004, 77; *Hageböke/Koetz*, Die Gewinnermittlung des persönlich haftenden Gesellschafters einer KGaA durch Betriebsvermögensvergleich, DStR

2007, 293; *Rohrer/Orth*, Anwendung des Halbeinkünfteverfahrens auf Ebene einer KGaA, BB 2007, 1594 ff.; *Hageböke*, Das „KGaA-Modell", 2008; *Kusterer*, Überlegungen zur Besteuerung des persönlich haftenden Gesellschafters einer Kommanditgesellschaft auf Aktien, DStR 2008, 484 ff.; *Falter*, Die einheitliche und gesonderte Feststellung bei der Besteuerungsgrundlagen bei der KGaA, in: FS Spiegelberger, 2009, 113; *Hageböke*, Umwandlung der Beteiligung des Komplementärs einer KGaA in eine atypisch stille Beteiligung, DB 2010, 1610 ff.; *Hageböke*, Zur Anwendung des DBA-Schachtelprivilegs bei der KGaA – Zugleich Anmerkung zum Beitrag von *Kramer*, IStR 2010, 57, IStR 2010, 59; *Kramer*, Das internationale Schachtelprivileg der KGaA – zugleich Anmerkung zum Urteil des Hessischen FG vom 23.6.2009, 12 K 3439/01, IStR 2010, 57; *Wassermeyer*, Die Wurzeltheorie bei der Besteuerung persönlich haftender Gesellschafter einer Kommanditgesellschaft auf Aktien unter Beachtung des BFH, Urteile v. 19.5.2010 - I R 62/09, Ubg 2011, 47 ff; *Wassermeyer*, Die Besteuerung des Gewinnanteils des persönlich haftenden Gesellschafters einer Kommanditgesellschaft auf Aktien, in: FS Streck, 2011, 259; *Drüen/van Heek*, Die Kommanditgesellschaft auf Aktien zwischen Trennungs- und Transparenzprinzip – Eine steuersystematische Bestandsaufnahme, DStR 2012, 541; *Drüen/van Heek*, Sondervergütungen an den Komplementär einer KGaA – (K)eine Frage der Transparenz?, DB 2012, 2184; *Hageböke*, Sondervergütungen des KGaA-Komplementärs und Betriebsausgabenabzug – Anmerkung zur „Subsidiaritätsthese" von Drüen/van Heek, DB 2012 S. 2184, DB 2012, 2709; *Kollruss*, Zur Besteuerungsdogmatik der KGaA: Entwicklung eines grundlegenden Besteuerungskonzepts, DStZ 2012, 650; *Bielinis*, Die Besteuerung der KGaA, 2013; *Deutschländer*, Die Besteuerung des Komplementärs einer Kommanditgesellschaft auf Aktien (KGaA), StBp 2013, 283/307; *Bielinis*, Vorschläge zur Reform der KGaA-Besteuerung, DStR 2014, 769; *Hageböke*, Zum Zeitpunkt der Aktivierung des Tantiemeanspruchs im Sonderbetriebsvermögen des phG einer KGaA – Anmerkungen zum BFH-Beschluss vom 4.12.2012 - I R 42/11, DK 2014, 134; *Hoppe*, Die Besteuerung der Kommanditgesellschaft auf Aktien zwischen Trennungs- und Transparenzprinzip, 2014; *Wissenschaftlicher Beirat Steuern der Ernst&Young GmbH*, Rechtsunsicherheit bei der Besteuerung der KGaA und ihrer persönlich haftenden Gesellschafter, DB 2014, 147; *Kempf*, Ergänzungsbilanzen für den persönlich haftenden Gesellschafter einer KGaA, DStR 2015, 1905; *Fischer*, Die (deutsche) KGaA im internationalen Steuerrecht, in: FS Gosch, 2016, 69; *Hagemann*, Zur Anwendung von § 50d Abs. 10 EStG beim persönlich haftenden Gesellschafter der KGaA, IStR 2016, 608; *Kollruss*, Warum es keine Ergänzungsbilanz des KGaA-Komplementärs gibt, FR 2016, 203; *Kollruss*, KGaA-Besteuerungskonzept: Keine zwingende Betragsidentität zwischen § 9 Abs. 1 Nr. 1 KStG und § 15 Abs. 1 Nr. 3 EStG, StBp 2016, 41; *Kollruss*, Ergänzungsbilanz des KGaA-Komplementärs ist gesetzlich ausgeschlossen, Wpg 2016, 586; *Krebbers-van Heek*, Die mitunternehmerische Besteuerung der Komplementäre der Kommanditgesellschaft auf Aktien, 2016; *Krebbers-van Heek*, Das Sonderbetriebsergebnis des KGaA-Komplementärs als zufälliger Gewerbeertrag, DK 2016, 384; *Kusterer/Graf*, Ertragsteuerliche Behandlung von Geschäftsführungsvergütungen einer KGaA bei Drittanstellung, DStR 2016, 2782; *Lieder/Hoffmann*, Die bunte Welt der KGaA, AG 2016, 704; *Fett/Stütz*, 20 Jahre Kapitalgesellschaft & Co. KGaA, NZG 2017, 1121; *Hageböke*, Einheitliche und gesonderte Feststellung bei der KGaA und ihrem persönlich haftenden Gesellschafter, DK 2017, 28; *Hageböke*, Erstes BFH-Urteil zum sog. „KGaA-Modell", DK 2017, 126; *Kopec/Schade*, Der persönlich haftende Gesellschafter einer KGaA vs. der atypisch stille Gesellschafter, FR 2017, 811; *Kruse/Domning/Frechen*, Die (GmbH & Co.) KGaA als moderne Rechtsform für mittelständische Familienunternehmen, DStR 2017, 2440; *Kollruss*, Terra incognita – DBA-Anwendung bei der KGaA, IStR 2018, 224; *Wölfert*, Die KGaA als Rechtsform für Familienunternehmen im Kontext von Umstrukturierungen, NWB 2019, 1516.

A. Allgemeines zu § 9 Abs. 1 Nr. 1 KStG

I. Inhalt und Bedeutung des § 9 Abs. 1 Nr. 1 KStG

6   Nach § 9 Abs. 1 Nr. 1 KStG ist der Gewinnanteil, der an Komplementäre einer KGaA auf ihre nicht auf das Grundkapital gemachten Einlagen oder als Vergütung für die Geschäftsführung verteilt wird, bei der Ermittlung des zu versteuernden Einkommens der KGaA wie eine Betriebsausgabe abziehbar. Die Regelung ist **lex specialis zu § 8 Abs. 3 Satz 1 KStG**, wonach es für die Ermittlung des Einkommens ohne Bedeutung ist, ob der Gewinn verteilt wird. Wenngleich

§ 9 Abs. 1 Nr. 1 KStG als Gewinnermittlungsvorschrift ausgestaltet ist, handelt es sich im Ergebnis um eine **Gewinnverteilungsvorschrift**.[1]

§ 9 Abs. 1 Nr. 1 KStG steht im unmittelbaren Zusammenhang mit § 15 Abs. 1 Satz 1 Nr. 3 EStG; beide Normen bilden eine Regelungseinheit. Durch das Zusammenspiel beider Normen wird der Gewinnanteil des Komplementärs nach § 9 Abs. 1 Nr. 1 KStG aus dem körperschaftsteuerpflichtigen Einkommen der KGaA ausgeschieden und nach § 15 Abs. 1 Satz 1 Nr. 3 EStG einer **mitunternehmerischen Ein-Ebenen-Besteuerung** nur beim Komplementär unterworfen. 7

Ohne die Regelung des § 9 Abs. 1 Nr. 1 KStG unterläge der Gewinnanteil des Komplementärs sowohl der Körperschaftsteuer der KGaA als auch nach § 15 Abs. 1 Satz 1 Nr. 3 EStG der Ertragsbesteuerung des Komplementärs.[2] § 9 Abs. 1 Nr. 1 KStG **vermeidet somit eine steuerliche Doppelbelastung**. 8

(Einstweilen frei) 9–15

II. Entwicklung des § 9 Abs. 1 Nr. 1 KStG

Bereits das **KStG 1920**[3] enthielt in § 6 Nr. 7 eine Regelung, wonach „bei Kommanditgesellschaften auf Aktien der Teil des Gewinns, der an persönlich haftende Gesellschafter auf ihre nicht auf das Stammkapital gemachten Einlagen oder als Vergütungen (Tantieme) verteilt wird", nicht als „steuerbares Einkommen" der KGaA galt. Diese Gewinnanteile unterwarf das EStG 1920[4] nach § 7 Nr. 2 als Einkünfte aus Gewerbebetrieb der Einkommensteuer des Komplementärs. 16

Mit dem **KStG 1925**[5] wurde die Regelung des § 6 Nr. 7 in § 15 Abs. 1 Nr. 8 verschoben, wobei der Begriff des „Stammkapitals" durch die heutige Formulierung „Grundkapital" ersetzt wurde. 17

Im **KStG 1934**[6] wurde die Norm als § 11 Nr. 3 um den Zusatz „für die Geschäftsführung" ergänzt. Ausweislich der Begründung zum KStG 1934[7] entspricht § 11 Nr. 3 KStG 1934 der Regelung des § 15 Abs. 1 Nr. 8 KStG 1925, so dass eine Änderung der materiellen Rechtslage durch diese Anpassung offenbar nicht herbeigeführt werden sollte. § 11 Nr. 3 KStG 1934 galt auch unter dem Gesetz zur vorläufigen Neuordnung von Steuern der Militärregierung Deutschland[8] im Jahre 1948 fort und wurde in das KStG 1949[9] übernommen. 18

Im **KStG 1977**[10] war die Regelung wörtlich unverändert als § 9 Nr. 2 enthalten. 19

Nachdem die zuvor noch in § 9 Nr. 1 KStG 1977 enthaltene Regelung über den eingeschränkten Abzug der Kosten für die Ausgabe von Gesellschaftsanteilen mit dem **StEntlG 1984**[11] entfallen 20

---

1 *Drüen* HHR KStG § 9 Rz. 20; *Krämer* DPM § 9 Rz. 2; so jüngst nochmals FG München, Urteil v. 25.10.2018 - 13 K 1241/17, EFG 2019, 267 = NWB YAAAH-05386, nrkr.: nicht Aufwands- sondern Zuordnungs- und Aufteilungsnorm.
2 BFH, Urteil v. 21.6.1989 - X R 14/88, BStBl 1989 II 881.
3 Vom 30.4.1920, RGBl 1920, 393.
4 Vom 29.3.1920, RGBl 1920, 359.
5 Vom 10.8.1925, RGBl 1925, 208.
6 Vom 16.10.1934, RGBl 1934, 1031.
7 Vgl. Begründung zum KStG 1934, RStBl 1935, 81, 85.
8 Vom 20.6.1948, Amtliches Mitteilungsblatt der Verwaltung für Finanzen des Vereinigten Wirtschaftsgebietes 1948/1949.
9 Vom 5.9.1949, Gesetzblatt der Verwaltung des Vereinigten Wirtschaftsgebietes 1949, 312.
10 Vom 31.8.1976, BGBl 1976 I 2597.
11 Vom 22.12.1983, BGBl 1983 I 1583.

war, blieb die Nr. 1 zunächst unbesetzt. Erst mit dem Sechsten Gesetz zur Änderung des Parteiengesetzes und anderer Gesetze vom 28. 1. 1994[1] wurde die Regelung zur KGaA an ihre heutige Position in § 9 Nr. 1 KStG verschoben.

21 Durch das **SEStEG v. 7. 12. 2006**[2] wurde der Anwendungsbereich des § 9 Abs. 1 Nr. 1 KStG auf mit der KGaA „vergleichbare Kapitalgesellschaften" erweitert. Nach Maßgabe der Begründung zum Gesetzentwurf der Bundesregierung[3] handelte es sich hierbei um eine redaktionelle Anpassung an die Änderung in § 1 Abs. 1 Nr. 1 KStG. Da das deutsche Gesellschaftsrecht keine mit der KGaA vergleichbaren Rechtsformen kennt, findet die Erweiterung des § 9 Abs. 1 Nr. 1 KStG nur auf Gesellschaften ausländischen Rechts, die mit der KGaA vergleichbar sind, Anwendung (vgl. → Rz. 59).

22 Mit dem Gesetz zur Änderung des Gemeindefinanzreformgesetzes und von steuerlichen Vorschriften vom 8. 5. 2012[4] hat der Gesetzgeber in **§ 50d Abs. 11 EStG** eine Regelung zur DBA-Schachtelfreistellung von Dividenden aufgenommen. Diese Neuregelung steht in unmittelbarem Zusammenhang mit § 9 Abs. 1 Nr. 1 KStG und wurde als Reaktion auf die anderslautende Entscheidung des BFH vom 19. 5. 2010[5] eingeführt (vgl. → Rz. 123 ff.).

23–45 *(Einstweilen frei)*

B. Gewinnanteil des KGaA-Komplementärs

I. Die Kommanditgesellschaft auf Aktien und vergleichbare Kapitalgesellschaften

1. Enger persönlicher Anwendungsbereich

46 § 9 Abs. 1 Nr. 1 KStG ist eine **Sondervorschrift**, die nur auf KGaAs und vergleichbare Kapitalgesellschaften ausländischen Rechts Anwendung findet. Da die Rechtsform der KGaA eher gering verbreitet ist, ist auch der Anwendungsbereich der Norm von vornherein eng. Am 1.1.2018 waren in ganz Deutschland (nur) **324 KGaAs** registriert.[6] Dennoch darf die wirtschaftliche Relevanz der KGaA nicht unterschätzt werden. Bei den eingetragenen KGaAs handelt es sich mehrheitlich um Unternehmen erheblicher Größenordnung. Der durchschnittliche Jahresumsatz einer KGaA war im Jahre 2012 mehr als fünfmal so hoch wie der einer durchschnittlichen AG und fast 140-mal so hoch wie der einer durchschnittlichen GmbH. Dementsprechend finden sich allein vier KGaAs im deutschen Leitindex DAX; außerdem sind eine Vielzahl von Privatbanken sowie die Lizenzspielabteilungen einer ganzen Reihe von Fußball-Bundesligavereinen in der Rechtsform der KGaA organisiert.[7]

Die Rechtsform der KGaA ist aufgrund ihrer erheblichen **strukturellen Vorteile** gegenüber anderen Rechtsformen besonders attraktiv.[8] Sie gewährleistet als einzige Rechtsform die Souve-

---

1 BGBl 1994 I 142.
2 BGBl 2006 I 2782.
3 BR-Drucks. 542/06, 47.
4 BGBl 2012 I 1030.
5 BFH, Urteil v. 19. 5. 2010 - I R 62/09, BFHE 230, 18 = NWB VAAAD-48563.
6 *Kornblum*, GmbHR 2018, 669 zum Vergleich: 1.252.915 GmbHs und 14.823 AGs.
7 Zu Einzelheiten zur wirtschaftlichen Bedeutung der KGaA vgl. *Krebbers-van Heek*, Die mitunternehmerische Besteuerung der Komplementäre der KGaA, 2016, 13 ff., und *Lieder/Hoffmann*, AG 2016, 704.
8 Zu den Vor- und Nachteilen der Rechtsform vgl. *Krebbers-van Heek*, Die mitunternehmerische Besteuerung der Komplementäre der KGaA, 2016, 43 ff.; *Kruse/Domning/Frechen*, DStR 2017, 2440 ff.

ränität der Unternehmensleitung bei völliger Trennung von Führung und Kapital.[1] Die geschäftsleitende Stellung des Komplementärs ist erheblich stärker als die des Vorstands der AG und in weiten Teilen von Kommanditaktionären und Aufsichtsrat unabhängig.[2] Darüber hinaus bietet die KGaA einen großen Vorteil bei der Kapitalakquise, da sie sich an der Börse finanzieren kann,[3] was außer ihr nur der AG möglich ist.[4] In der Form einer kapitalistischen KGaA, also einer KGaA, bei der eine Kapitalgesellschaft oder Kapitalgesellschaft & Co. KG einziger Komplementär ist, kann zudem der Hauptnachteil der KGaA, nämlich die persönliche, unmittelbare und unbeschränkte Haftung des Komplementärs, einfach und effektiv beseitigt werden.[5]

2. Gesellschaftsrechtliche Grundlagen der KGaA

a) Hybride Rechtsform

Die KGaA ist nach § 278 Abs. 1 AktG eine Gesellschaft **mit eigener Rechtspersönlichkeit**, bei der mindestens ein Gesellschafter den Gesellschaftsgläubigern unbeschränkt haftet (persönlich haftender Gesellschafter/**Komplementär**) und die übrigen an dem in Aktien zerlegten Grundkapital beteiligt sind, ohne persönlich für die Verbindlichkeiten der Gesellschaft zu haften (**Kommanditaktionäre**). Die KGaA ist somit zwar eine juristische Person; in ihrer Struktur ist sie jedoch in zwei Sphären geteilt und vereint sowohl personengesellschaftsrechtliche als auch kapitalgesellschaftsrechtliche Wesenselemente. Stark vereinfacht lässt sie sich als „vollrechtsfähige KG mit Aktionären statt Kommanditisten"[6] beschreiben.

Wie die KG kennt die KGaA **zwei Gesellschaftertypen**. Auf der einen Seite stehen die personengesellschaftsrechtlich organisierten Komplementäre: Sie haften persönlich, unbeschränkt und unmittelbar für die Verbindlichkeiten der Gesellschaft. Sie sind „geborene" Geschäftsführungsorgane[7] und haben eine starke, im Wesentlichen unabhängige Stellung. Auf der anderen Seite stehen die Kommanditaktionäre: Sie gleichen im Wesentlichen den Aktionären einer AG und fungieren nahezu ausschließlich als Kapitalgeber.

Komplementär einer KGaA kann eine **natürliche oder juristische Person** oder eine **Personengesellschaft** sein. Insbesondere die Zulassung der juristischen Person als Komplementär einer KGaA war lange Zeit umstritten, ist aber seit der Entscheidung des BGH vom 24. 2. 1997[8] und der Anpassung des § 279 Abs. 2 AktG[9] anerkannt. Auch eine ausländische Kapitalgesellschaft kann Komplementär sein.[10] Ob auch eine GbR als Komplementär einer KGaA in Betracht

---

1 *Sethe*, Die personalistische KGaA mit Börsenzugang, 1996, 195.
2 *Göz* Schütz/Bürgers/Riotte, Die KGaA, 2004, § 2 Rz. 2.
3 *Perlitt* MK-AktG, 4. Aufl., 2015, vor § 278 Rz. 5.
4 *Kessler/Kröner/Köhler*, Konzernsteuerrecht, 2004, § 3 Rz. 90.
5 *Drüen* HHR KStG § 9 Rz. 21; *Schaumburg/Schulte*, Die KGaA, 2000, Rz. 212; zur SE & Co. KGaA vgl. *Mayer-Uellner/Otte*, NZG 2015, 737.
6 Nach *Raiser/Veil*, Recht der Kapitalgesellschaften, 6. Aufl. 2015, § 28 Rz. 2 tritt die Gesamtheit der Kommanditaktionäre an die Stelle des Kommanditisten.
7 *Fett* Schütz/Bürgers/Riotte, Die KGaA, 2004, § 3 Rz. 3 Note 5.
8 BGH, Urteil v. 24. 2. 1997 - II ZB 11/96, BGHZ 134, 392.
9 Gesetz zur Neuregelung des Kaufmanns- und Firmenrechts und zur Änderung anderer handels- und gesellschaftsrechtlicher Vorschriften (Handelsrechtsreformgesetz) v. 22. 7. 1998, BGBl 1998 I 1474, 1479.
10 *Mertens/Cahn* Kölner Kommentar, § 278 AktG Rz. 16; *K. Schmidt* Schmidt/Lutter, AktG, 3. Aufl. 2015, § 278 AktG Rz. 21.

kommt, ist umstritten[1] und wird teilweise davon abhängig gemacht, ob Gesellschafterwechsel ins Handelsregister eingetragen werden.[2]

50 Entsprechend ihrer strukturellen Zweiteilung trifft § 278 AktG für die auf die KGaA anzuwendenden Rechtsvorschriften eine **sphärenorientierte Trennungsanordnung**: Für die Rechtsverhältnisse der persönlich haftenden Gesellschafter untereinander, der persönlich haftenden Gesellschafter gegenüber den Kommanditaktionären und der persönlich haftenden Gesellschafter gegenüber Dritten gelten die Vorschriften des HGB über die KG, §§ 161 ff. HGB (§ 278 Abs. 2 AktG). Im Übrigen erklärt § 278 Abs. 3 AktG das erste Buch des Aktiengesetzes über die Aktiengesellschaft für anwendbar, soweit sich aus den leges speciales der §§ 279 ff. AktG oder aus dem Fehlen eines Vorstandes nichts anderes ergibt.

b) Zweigeteiltes Gesamtkapital

51 Entsprechend ihres zweigeteilten Gesellschafterbestandes hat die KGaA auch ein zweigeteiltes Gesamtkapital.[3] Es setzt sich aus dem Grundkapital der Kommanditaktionäre und den Vermögenseinlagen der Komplementäre zusammen. Das **Grundkapital der Kommanditaktionäre** ist in Aktien zerteilt. Es beträgt, wie bei der AG, mindestens 50.000 € (§ 7 AktG).[4] In Ermangelung entgegenstehender Satzungsregelungen ist es auch den Komplementären unbenommen, über Kommanditaktien am Grundkapital teilzuhaben;[5] sie haben in diesem Falle insoweit die Rechtsstellung von Kommanditaktionären inne.

52 Daneben haben die Komplementäre die Möglichkeit,[6] **besondere Vermögenseinlagen** in das Gesamtkapital der KGaA zu erbringen. Jeder Komplementär kann wegen § 278 Abs. 2 AktG i.V.m. dem Grundsatz der Unteilbarkeit der personengesellschaftsrechtlichen Mitgliedschaft[7] nur eine (ggf. erhöhte) Vermögenseinlage leisten. Anders als bei der KG stehen die Vermögenseinlagen der Komplementäre bei der KGaA zivilrechtlich im Alleineigentum der Gesellschaft und nicht im Gesamthandseigentum der Gesellschafter.[8] Die Vermögenseinlagen der Komplementäre werden als gesonderte Eigenkapitalposten behandelt. Nach § 286 Abs. 2 Satz 1 AktG sind sie in der Jahresbilanz nach dem Posten „Gezeichnetes Kapital" gesondert auszuweisen.

53 Eine über die Haftung hinausgehende finanzielle Beteiligung der Komplementäre an der KGaA ist jedoch nicht zwingend erforderlich.[9] Die Komplementäre müssen weder Kommanditaktien erwerben noch sonstige Vermögenseinlagen erbringen, wenn nicht in der Satzung abweichende Regelungen getroffen wurden. Hat der Komplementär keine Vermögenseinlage erbracht, liegt eine sog. **Nullbeteiligung**[10] vor. Solche Nullbeteiligungen finden sich häufig bei Kapitalgesellschaft & Co. KGaAs.[11]

---

1 Dagegen etwa *Assmann/Sethe* Großkommentar, § 278 AktG Rz. 42; *Fischer*, DStR 1997, 1519, 1523.
2 *Mertens/Cahn* Kölner Kommentar, § 278 AktG Rz. 16.
3 *Drüen/van Heek*, DStR 2012, 541, 542.
4 *Kessler/Kröner/Köhler*, Konzernsteuerrecht, 2004, § 3 Rz. 90.
5 *K. Schmidt* Schmidt/Lutter, AktG, 3. Aufl. 2015, § 278 Rz. 12.
6 *Drüen* HHR KStG § 9 Rz. 22.
7 *K. Schmidt* Schmidt/Lutter, AktG, 3. Aufl. 2015, § 278 Rz. 12.
8 BFH, Urteil v. 27.4.2005 - II B 76/04, BFH/NV 2005, 1627, 1628 = NWB GAAAB-56930.
9 *Ellerbeck* Schnitger/Fehrenbacher § 9 Rz. 47; *Mai* Frotscher/Drüen § 9 Rz. 10.
10 *Drüen/van Heek*, DStR 2012, 541, 542.
11 *Drüen* HHR KStG § 9 Rz. 22.

c) Organschaftliche Struktur

Die KGaA ist als juristische Person organschaftlich strukturiert.[1] Sie hat **drei gesetzliche Pflichtorgane**, nämlich den bzw. die persönlich haftenden Gesellschafter (= Komplementäre), den Aufsichtsrat und die Hauptversammlung.[2] Daneben muss die KGaA zu ihrem Bestand **mindestens einen Kommanditaktionär** haben, der eine Kommanditaktie hält. Mehrere Kommanditaktionäre, die mehrere Kommanditaktien halten, werden zwar der Regelfall sein, sind aber für das Bestehen der KGaA nicht erforderlich.[3]

d) Ein-Mann-KGaA

Da auch die Komplementäre Kommanditaktien erwerben und so gleichzeitig Kommanditaktionäre sein können, ist auch ein einzelner **Komplementär** in der Lage, **alle Kommanditaktien** selbst zu übernehmen.[4] Diese Konstellation wird als „Ein-Mann-KGaA" oder „Ein-Personen-KGaA"[5] bezeichnet. Insoweit zeigt sich die Rechtsnatur der KGaA als juristische Person: Wäre bei einer Personengesellschaft nur noch eine Person an der Gesellschaft beteiligt, würde dieser das Gesellschaftsvermögen automatisch anwachsen (§ 738 Abs. 1 Satz 1 BGB)[6] und die Gesellschaft würde untergehen. Das frühere Problem, wonach die Gründung einer Ein-Mann-KGaA nicht möglich, sondern erst durch späteres Ausscheiden von Gesellschaftern denkbar war, ist mittlerweile entfallen. Seit dem 1.11.2005 enthält § 280 Abs. 1 AktG keine Vorgabe mehr, dass die Satzung von mindestens fünf Personen durch notarielle Beurkundung festgestellt werden muss.[7]

(Einstweilen frei)

3. Mit der KGaA vergleichbare Kapitalgesellschaften

Da das deutsche Gesellschaftsrecht keine mit der KGaA vergleichbaren Rechtsformen kennt, findet die mit dem SEStEG v. 7.12.2006[8] eingeführte Erweiterung des Anwendungsbereichs des § 9 Abs. 1 Nr. 1 KStG auf mit der KGaA „vergleichbare Kapitalgesellschaften" nur auf **Gesellschaften ausländischen Rechts** Anwendung. Hierunter fallen entsprechend Tabellen 1 und 2 zum BMF-Schreiben vom 24.12.1999[9] beispielsweise die société en commandite par actions (Frankreich, Belgien, Luxemburg), die Kommanditselskab (Dänemark), die società a accomandita per azioni (Italien), die Commanditaire Venootschap op Andelen (Niederlande), die Sociedad commanditaria por acciones (Spanien), die Hisseli Komandit Sirket (Türkei) und die Kommanditaktiengesellschaft (Schweiz).

---

[1] *Bayreuther,* JuS 1999, 651.
[2] *Perlitt* MK-AktG, 4. Aufl. 2015, vor § 278 Rz. 44; *Schütz/Reger* Schütz/Bürgers/Riotte, Die KGaA, 2004, § 5 Rz. 1.
[3] *K. Schmidt* Schmidt/Lutter, AktG, 3. Aufl. 2015, § 278 Rz. 2.
[4] *Hüffer,* AktG, 11. Aufl. 2014, § 278 Rz. 5; *Krämer* DPM § 9 Rz. 15.
[5] *Hageböke,* Das KGaA-Modell, 2008, 45; *K. Schmidt* Schmidt/Lutter, AktG, 3. Aufl. 2015, § 278 Rz. 2.
[6] So die wohl absolut herrschende Meinung, vgl. auch *Bauschatz,* DStZ 2007, 39, 42; **a. A.** für den Fall getrennt zu verwaltender Gesellschaftsanteile *Baur/Grunsky,* ZHR 133 (1970), 209, 225.
[7] Entfallen durch das Gesetz zur Unternehmensintegrität und Modernisierung des Anfechtungsrechts (UMAG) v. 22.9.2005, BGBl 2005 I 2802, 2807.
[8] BGBl 2006 I 2782.
[9] BStBl 1999 I 1076.

II. Abziehbarer Gewinnanteil

1. Grundlagen der KGaA-Besteuerung

60 Die Besteuerung der KGaA und ihrer Gesellschafter folgt der im Gesellschaftsrecht angelegten hybriden Struktur.

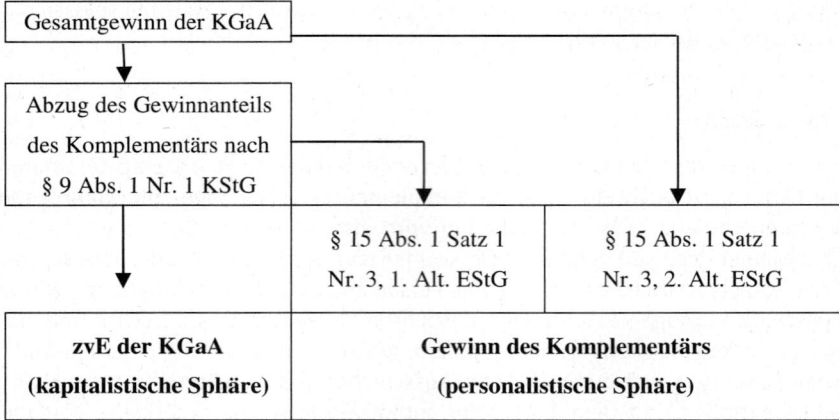

a) Besteuerung der kapitalistischen Sphäre der KGaA

61 Die kapitalistische Sphäre der KGaA unterliegt dem kapitalgesellschaftsrechtlichen **Trennungsprinzip**, d. h., es erfolgt eine Besteuerung sowohl auf Gesellschafts- als auch auf Gesellschafterebene.

62 Die **KGaA selbst** ist nach § 1 Abs. 1 Nr. 1, Abs. 2 KStG mit sämtlichen Einkünften unbeschränkt körperschaftsteuerpflichtig, wenn sie ihre Geschäftsleitung oder ihren Sitz (§§ 10, 11 AO) im Inland hat. Die Körperschaftsteuer bemisst sich nach dem zu versteuernden Einkommen (§ 7 Abs. 1 KStG), welches ausgehend vom Gewinn aus der Steuerbilanz bzw. dem nach § 60 Abs. 2 EStDV i.V. m. § 8 Abs. 1 KStG[1] angepassten handelsrechtlichen Jahresüberschuss ermittelt wird. Als Besonderheit wird bei der KGaA der Gewinnanteil des Komplementärs nach § 9 Abs. 1 Nr. 1 KStG aus dem zu versteuernden Einkommen ausgeschieden, so dass in der Folge als Bemessungsgrundlage für die Körperschaftsteuer **nur das Einkommen aus der kapitalistischen Sphäre** der KGaA zurückbleibt. Durch § 9 Abs. 1 Nr. 1 KStG wird der Gesamtgewinn der KGaA in einen der Körperschafsteuer unterliegenden „KGaA-Anteil" und einen der Ertragsbesteuerung des Komplementärs unterliegenden „Komplementär-Anteil" aufgeteilt. Aus dieser Aufteilung ergibt sich sodann die Folgefrage, ob die übrigen steuerrechtlichen Anpassungen bei der Ermittlung des zu versteuernden Einkommens der KGaA, namentlich die Anpassungen nach § 60 Abs. 2 EStDV, Steuerfreistellungen und nicht abziehbare Betriebsausgaben, insgesamt bei der KGaA zu berücksichtigen sind oder nur insoweit, als die entsprechenden Sachverhalte auch von der KGaA zu versteuern sind. Zu den konkurrierenden Besteuerungskonzepten vgl. → Rz. 70.

---

1 Zur Anwendbarkeit des § 60 EStDV im KStG vgl. R 32 Abs. 1 Nr. 2 KStR 2004.

Die Dividenden an die Kommanditaktionäre mindern das zu versteuernde Einkommen der KGaA nach allgemeinen Grundsätzen (§ 8 Abs. 3 Satz 1 KStG) nicht;[1] dies gilt auch, soweit die Dividende an einen Kommanditaktionär gezahlt wird, der zugleich Komplementär ist. 63

Die Besteuerung der **Kommanditaktionäre** entspricht in vollem Umfang derjenigen der Aktionäre einer Aktiengesellschaft.[2] Soweit die Aktien Privatvermögen darstellen, werden Dividenden als Einkünfte aus Kapitalvermögen nach § 20 Abs. 1 Nr. 1 EStG mit dem Abgeltungssteuersatz[3] besteuert. Werden die Aktien in einem Betriebsvermögen gehalten, so gehören die Einkünfte zu den Einkünften aus Gewerbebetrieb (§ 20 Abs. 1 Nr. 1, Abs. 8 i.V.m. § 15 EStG) und werden nach dem Teileinkünfteverfahren behandelt. Ist der Aktionär eine juristische Person, so sind die Einkünfte nach § 8b Abs. 1 und 5 KStG zu 95 % steuerfrei. Übernimmt der Kommanditaktionär Tätigkeiten für die KGaA oder überlässt er ihr Wirtschaftsgüter oder Darlehen, so sind diese Einkünfte nach § 20 Abs. 8 EStG den jeweiligen Einkunftsarten zuzurechnen.[4] Unangemessen hohe Vergütungen, die durch das Gesellschaftsverhältnis veranlasst sind, stellen als verdeckte Gewinnausschüttungen (§ 8 Abs. 3 Satz 2 KStG) Einkünfte aus Kapitalvermögen nach § 20 Abs. 1 Nr. 1 Satz 2 EStG dar.[5] Zur Abgrenzung bei Aktionären, die zugleich Komplementäre sind, vgl. → Rz. 131 ff. 64

b) Besteuerung der personalistischen Sphäre der KGaA

In der personalistischen Sphäre der KGaA findet nach § 9 Abs. 1 Nr. 1 KStG und § 15 Abs. 1 Satz 1 Nr. 3 EStG eine **mitunternehmergleiche Ein-Ebenen-Besteuerung** des Gewinnanteils des Komplementärs nur bei diesem statt. Zumindest insoweit gilt aufgrund der spezialgesetzlichen Anordnung das personengesellschaftsrechtliche Transparenzprinzip, Einzelheiten sind strittig (zu den konkurrierenden Besteuerungssystemen vgl. → Rz. 70). Die Gewinnanteile des Komplementärs, soweit sie nicht auf Anteile am Grundkapital entfallen, sowie die Vergütungen, die der persönlich haftende Gesellschafter von der Gesellschaft für seine Tätigkeit im Dienst der Gesellschaft oder für die Hingabe von Darlehen oder für die Überlassung von Wirtschaftsgütern bezogen hat, sind nach § 15 Abs. 1 Satz 1 Nr. 3 EStG Einkünfte aus Gewerbebetrieb des Komplementärs und damit unmittelbar beim Gesellschafter zu versteuern. Dort unterliegen die Gewinnanteile – entsprechend der Rechtsform des Komplementärs – der Einkommens- oder Körperschaftsteuer. 65

(Einstweilen frei) 66–69

2. Konkurrierende Besteuerungskonzepte

Während die Besteuerung der kapitalistischen Sphäre der KGaA unstreitig dem körperschaftsteuerrechtlichen Trennungsprinzip folgt, ist die **Reichweite des personengesellschaftsrechtlichen Transparenzprinzips** bei der Besteuerung der KGaA seit jeher in Literatur und Rechtsprechung höchst umstritten. Die vorgeschlagenen Besteuerungskonzepte unterscheiden sich teils 70

---

[1] *Sauter*, Die Gewinnverwendung in der kapitalistischen KGaA, 2008, 37.
[2] *Riotte/Dümichen/Engel* Schütz/Bürgers/Riotte, Die KGaA, 2004, § 9 Rz. 153.
[3] Zu den Ausnahmen vgl. § 32d Abs. 2 Nr. 3, Abs. 6 EStG.
[4] *Renz*, Die Besteuerung der GmbH & Co. KGaA, 2006, 98.
[5] *Hölzl*, Die Besteuerung der KGaA, 2003, 112.

erheblich, teils in Nuancen voneinander, lassen sich aber im Wesentlichen zwei Grundkonzepten zuordnen. Der konzeptionelle Streit wirkt sich in **nahezu allen Teilbereichen der Besteuerung** aus und setzt sich in zahlreichen Einzelfragen fort.[1]

a) Intransparente Betrachtung

71 Die sog. intransparente Betrachtung betont die Eigenschaft der **KGaA als Kapitalgesellschaft**. So soll die Besteuerung der KGaA in vollem Umfang körperschaftsteuerrechtlichen Grundsätzen folgen.[2] Die KGaA erzielt sämtliche Einkünfte allein.[3] Aus diesen Einkünften erhält der Komplementär, wie der Aktionär, Ausschüttungen. § 15 Abs. 1 Satz 1 Nr. 3 EStG erschöpft sich nach dieser Auffassung in der Funktion, Dividendeneinkünfte zu gewerblichen Einkünften umzuqualifizieren.[4] Auf die den Einkünften zugrunde liegenden einzelnen Geschäftsvorfälle bei der KGaA kommt es für die Besteuerung beim Komplementär nicht an.

BEISPIEL: A ist Komplementär der A-KGaA, deren Gesamtkapital 100.000 € beträgt (50.000 € Grundkapital/50.000 € besondere Vermögenseinlage des A). Im Jahr 01 erwirtschaftet die A-KGaA einen Jahresüberschuss i. H. v. 200.000 €, der ausschließlich aus Dividenden einer Tochtergesellschaft besteht.

KGaA		Komplementär	
Jahresüberschuss	200.000 €		
§ 8b Abs. 1, 5 KStG	./. 190.000 €		
§ 9 Abs. 1 Nr. 1 KStG	./. 100.000 €		
zvE der KGaA	./. 90.000 €	§ 15 Abs. 1 Satz 1 Nr. 3 EStG	100.000 €

72 Durch die intransparente Betrachtung kommt es zu einer **einseitigen Steuerverlagerung** zwischen Komplementär und KGaA. Die Gesellschaft allein trägt die durch steuerrechtliche Korrekturen des Jahresüberschusses ausgelöste Steuerlast oder profitiert von steuerrechtlichen Freistellungen. Der Komplementär partizipiert an diesen nicht. Insbesondere bei der Besteuerung von Dividenden kommt es auf Ebene der KGaA zu einer Freistellung von über 100 %, während der Komplementär die in seinem Gewinnanteil enthaltenen Dividenden voll zu versteuern hat.

b) Transparente Betrachtung

73 Die transparente Betrachtung betont hingegen die Anordnung des § 278 Abs. 2 AktG mit seinem Verweis ins Handelsgesetzbuch und die systematische und haftungsrechtliche Parallele zwischen dem Komplementär der KGaA und dem Gesellschafter einer Personengesellschaft. Sie geht davon aus, dass der Komplementär **wie der Mitunternehmer einer Personengesell-**

---

[1] Eine Gegenüberstellung der verschiedenen Besteuerungskonzepte und ihrer Auswirkungen auf die einzelnen Teilbereiche der Besteuerung mit vergleichendem Fallbeispiel findet sich bei *Krebbers-van Heek*, Die mitunternehmerische Besteuerung der Komplementäre der KGaA, 2016, 79 ff., 113 ff.
[2] Statt aller *Ebling* in FS Jakob, 2001, 67, 68.
[3] *Gosch/Märtens* § 9 Rz. 14; *Kopec/Kudert*, IStR 2013, 498, 501; *Wassermeyer*, Ubg 2011, 47, 48.
[4] So noch RFH, Urteil v. 12. 12. 1921 - III A 362/23, RFHE 13, 166, 167 unter Verweis auf PrOVGStSt v. 10. 12. 1923, Bd. 16, S. 33; ebenso FG München, Urteil v. 16. 1. 2003 - 7 K 5340/01, DStRE 692, 693, rkr.; FG Schleswig-Holstein, Urteil v. 12. 4. 2011 - 5 K 136/07, EFG 2011, 2038, rkr.

schaft zu besteuern ist.[1] Die höchstrichterliche Rechtsprechung zur Besteuerung von Gewinnanteilen, Sondervergütungen, Sonderbetriebsvermögen, Sonderbetriebseinnahmen und -ausgaben findet somit auch auf den Komplementär einer KGaA Anwendung. Zudem soll auch das zivilrechtlich im Eigentum der KGaA stehende Vermögen „wie" gesamthänderisches Gesellschaftsvermögen anteilig dem Komplementär zugeordnet werden.[2]

BEISPIEL (S. → RZ. 71):

KGaA		Komplementär	
Jahresüberschuss	200.000 €		
§ 9 Abs. 1 Nr. 1 KStG	./. 100.000 €		100.000 €
(Zwischensumme)	(100.000 €)		
§ 8b Abs. 1, 5 KStG	./. 95.000 €	§ 3 Nr. 40d EStG	./. 40.000 €
zvE der KGaA	5.000 €	§ 15 Abs. 1 Satz 1 Nr. 3 EStG	60.000 €

Die Unterschiedsbeträge nach § 60 Abs. 2 EStDV, die steuerfreien Betriebseinnahmen und die nicht abziehbaren Betriebsausgaben werden bei der transparenten Betrachtung auf Gesellschaft und Komplementär verteilt.[3] Hierdurch ausgelöste steuerrechtliche Korrekturen belasten oder entlasten Komplementär und KGaA entsprechend der Gewinnverteilungsquote in dem Maße, in dem ihnen auch die zugrunde liegenden Sachverhalte steuerrechtlich zuzurechnen sind. Es finden jeweils die der Rechtsform entsprechenden Normen Anwendung.[4] Die transparente Betrachtung trägt dem engen systematischen Zusammenhang zwischen § 15 Abs. 1 Satz 1 Nr. 2 und Nr. 3 EStG Rechnung.[5] Insgesamt ist die transparente Betrachtung wesentlich näher am steuerrechtlichen Leistungsfähigkeitsprinzip orientiert als die originäre intransparente Betrachtung,[6] weil der steuerrechtlichen Zurechnung von Einkünften auch die entsprechende Steuerbe- oder -entlastung gegenübersteht.

Mit seinem sog. **Herstatt-Urteil** vom 21. 6. 1989 hat sich der X. Senat des BFH grundlegend zur Besteuerung der KGaA geäußert und sich zur **transparenten „Wurzel-Theorie"**[7] bekannt. Danach wird jeder Geschäftsvorfall in einen Komplementär- und einen „Rest"-Anteil aufgespalten und den jeweils einschlägigen Besteuerungsfolgen unterworfen. Die KGaA ist somit nicht das alleinige Einkünfteerzielungssubjekt;[8] die Einkünfte werden zum Teil auch unmittelbar vom Komplementär der KGaA erzielt. Der Komplementär der KGaA ist „gleich" einem Mit-

---

1 Statt aller BFH, Urteil v. 21. 6. 1989 - X R 14/88, BStBl 1989 II 881, 883; *Schaumburg/Schulte*, Die KGaA, 2000, Rz. 146.
2 BFH, Urteil v. 13. 4. 1994 - II R 57/90, BStBl 1994 II 505, 507.
3 *Drüen/van Heek*, DStR 2012, 541, 545; *Kollruss/Weißert/Ilin*, DStR 2009, 88, 89.
4 FG München, Urteil v. 25.10.2018 - 13 K 1241/17, EFG 2019, 267 = YAAAH-05386, nrkr., wendet auf Ebene der KGaA § 8b KStG und auf Ebene des Komplementärs § 3 Nr. 40 Buchst. d EStG an.
5 BFH, Urteil v. 21. 6. 1989 - X R 14/88, BStBl 1989 II 881, 883.
6 *Kusterer*, DStR 2008, 484, 487; *Rohrer/Orth*, BB 2007, 1594, 1600.
7 Ursprünglich von *E. Becker*, StuW 1936, 80, 97; BFH, Urteil v. 21. 6. 1989 - X R 14/88, BStBl 1989 II 881, 884.
8 A. A. *Kollruss*, FR 2016, 203, 205.

unternehmer zu besteuern, wobei es kraft gesetzlicher Anordnung nicht darauf ankommt, ob die Voraussetzungen der Mitunternehmerschaft im Einzelfall erfüllt sind.[1]

76–79 *(Einstweilen frei)*

3. Bestandteile des abziehbaren Gewinnanteils

a) Gewinnanteil für nicht auf das Grundkapital entfallende Einlagen (§ 9 Abs. 1 Nr. 1, 1. Alt. KStG)

80 Nach § 9 Abs. 1 Nr. 1 KStG ist der Teil des Gewinns, der an den persönlich haftenden Gesellschafter auf seine nicht auf das Grundkapital gemachte Einlage verteilt wird, abziehbarer Aufwand. Bei solchen nicht auf das Grundkapital gemachten Einlagen handelt es sich um die **besonderen Vermögenseinlagen** des Komplementärs, die dieser neben dem Grundkapital in das Gesamtkapital der KGaA leisten kann. Der Gewinnanteil, den der Komplementär auf diese besonderen Vermögenseinlagen erhält, ist bei der Ermittlung des zu versteuernden Einkommens der KGaA wie Betriebsausgaben abziehbar.

81 Da nach der „Wurzel-Theorie" des BFH (vgl. → Rz. 75) jeder Geschäftsvorfall entsprechend der satzungsmäßig bestimmten Gewinnverteilungsquote (i. d. R. Verhältnis von Grundkapital zu Komplementäreinlage) in einen KGaA- und einen Komplementäranteil aufzuteilen ist, ist der Teil des Gewinns, der an den persönlich haftenden Gesellschafter auf seine nicht auf das Grundkapital gemachte Einlage verteilt wird, die Summe der anteiligen, auf den Komplementäranteil entfallenden Geschäftsvorfälle. Aus Vereinfachungsgründen kann dieser Teil des Abzugsbetrags entsprechend der **Quote aus dem handelsrechtlichen Jahresüberschuss** abgeleitet werden,[2] weil dieser die Summe aller Geschäftsvorfälle des Wirtschaftsjahrs widerspiegelt.

82 In der Literatur herrscht Streit über die Ermittlung des handelsrechtlichen Jahresüberschusses bzw. des Gewinnanteils der Komplementäre: Während die Vertreter einer **monistischen Gewinnermittlung** davon ausgehen, dass handelsrechtlich nur ein Jahresabschluss für die KGaA allein nach aktienrechtlichen Grundsätzen zu erstellen ist,[3] wollen die Vertreter einer **dualistischen Gewinnermittlung** den Gewinn auf zwei Stufen[4] ermitteln: Auf der ersten Stufe soll der Gewinnanteil des Komplementärs aus einem Jahresabschlusses nach Personengesellschaftsrecht abgeleitet werden (§§ 167, 120 HGB). Sodann soll ein zweiter Jahresabschluss zur Ermittlung des Jahresüberschusses der KGaA/des Ausschüttungsanspruchs der Kommanditaktionäre nach den für Kapitalgesellschaften geltenden Grundsätzen erstellt werden, §§ 264 ff. HGB. Bei Lichte betrachtet bestehen zwischen diesen Auffassungen jedoch „mehr sprachliche als sachliche Unterschiede".[5] Die Grundsätze ordnungsmäßiger Buchführung gelten für Personen- und Kapitalgesellschaften gleichermaßen. Auch hinsichtlich der Nichtberücksichtigung der gesetzlichen Rücklagen und etwaiger Verlustvorträge sind beide Auffassungen im Grunde einig, wenngleich bei einer monistischen Gewinnermittlung Korrekturen erforderlich sind.[6] Zudem kann aus Vereinfachungsgründen im Gesellschaftsvertrag eine monistische Gewinnermittlung

---

1 *Krebbers-van Heek*, Die mitunternehmerische Besteuerung der Komplementäre einer Kommanditgesellschaft auf Aktien, 2016, 177 ff.
2 *Witt* HHR EStG § 15 Rz. 905; KKB/Meyer/Bäuml, § 15 EStG Rz. 341.
3 *Bielinis*, Die Besteuerung der KGaA, 2013, 246; *Hoppe*, Die Besteuerung der KGaA, 2014, 19; *Hüffer*, § 288 AktG Rz. 2.
4 *Perlitt* MK-AktG, § 286 AktG Rz. 25; *Assmann/Sethe* Großkommentar, § 288 AktG Rz. 8 ff.
5 *Herfs* Münchener Handbuch des Gesellschaftsrechts, § 80 Rz. 9; *Assmann/Sethe* Großkommentar, § 288 AktG Rz. 26.
6 Vgl. zu den notwendigen Korrekturen: *Grafmüller*, Geeignete Rechtsform für börsenwillige Familienunternehmen, 1994, 173 f.; *Wichert*, Die Finanzen der KGaA, 1999, 143.

geregelt werden, was in der Praxis empfohlen und berücksichtigt wird.[1] Der Streit um Monismus und Dualismus hat daher **kaum praktische Relevanz**.

Soweit im handelsrechtlichen Jahresüberschuss Geschäftsvorfälle enthalten sind, die zu **steuerrechtlichen Korrekturen** führen oder die Ansatzpunkt steuerrechtlicher Freistellungen sind, so sind die entsprechenden Vorschriften **nur anteilig** entsprechend der Gewinnverteilungsquote auf der Ebene der KGaA und im Übrigen im Rahmen der Gewinnermittlung auf der Ebene des Komplementärs anzuwenden (sog. transparente Betrachtung, vgl. → Rz. 73). Soweit KGaA und Komplementär unterschiedlichen Besteuerungsregimen unterliegen, so ist jeweils anteilig auf das einschlägige Regime zurückzugreifen. Die KGaA muss sich die nicht abziehbaren Betriebsausgaben somit nur entsprechend des Gewinnverteilungsschlüssels zurechnen lassen, kann auf der anderen Seite aber auch Steuerbefreiungen nur in dem Umfang für sich beanspruchen, in dem ihr die entsprechenden Einkünfte auch zuzurechnen sind.

In jüngerer Zeit wurde in der Literatur vorgeschlagen, den Gewinnanteil nach § 9 Abs. 1 Nr. 1, 1. Alt. KStG als **Anteil am steuerrechtlichen Gewinn** der KGaA nach Durchführung sämtlicher steuerrechtlichen Korrekturen anzusehen.[2] Zumindest soweit der Gewinnanteil nach § 9 Abs. 1 Nr. 1, 1. Alt. KStG jedoch mit dem Gewinnanteil des Komplementärs nach § 15 Abs. 1 Satz 1 Nr. 3, 1. Alt. als betragsgleich angesehen wird,[3] hätte dies jedoch zur Folge, dass in Bezug auf im Gewinn enthaltene Dividenden von Tochterkapitalgesellschaften die Freistellung nach § 8b KStG auch für solche Dividendenanteile gewährt würde, die aufgrund des Zusammenspiels von § 9 Abs. 1 Nr. 1 KStG und § 15 Abs. 1 Satz 1 Nr. 3 EStG nicht der KSt der KGaA, sondern der Ertragsbesteuerung des Komplementärs unterliegen. Ist dieser eine natürliche Person, so widerspricht dies dem Zweck des § 8b KStG, der eine Kumulation der KSt über mehrere Ausschüttungsstufen verhindern will. Durch die Einführung des § 50d Abs. 11 EStG hat der Gesetzgeber zuletzt den Rechtsgedanken betont, dass er kapitalgesellschaftsspezifische Dividendenfreistellungen nicht auf die Sphäre des Komplementärs übertragen sehen will, wenn dieser nicht selbst eine Kapitalgesellschaft ist.

(Einstweilen frei)

b) Vergütungen für die Geschäftsführung (§ 9 Abs. 1 Nr. 1, 2. Alt. KStG)

Nach bisher wohl herrschender Meinung fallen unter § 9 Abs. 1 Nr. 1, 2. Alt. KStG alle Arten von Vergütungen, die der Komplementär als Gegenleistung für seine gegenwärtige oder frühere Geschäftsführertätigkeit erhält.[4]

Diese weite Auslegung steht jedoch im **Konflikt zur Korrekturfunktion** des § 9 Abs. 1 Nr. 1 KStG, der als systemdurchbrechende Sondervorschrift zu § 8 Abs. 3 KStG nur subsidiär[5] und nur dann zur Anwendung kommt, wenn Besonderheiten der KGaA im Körperschaftsteuerrecht Korrekturen erfordern. Soweit Geschäftsführungsvergütungen bereits nach allgemeinen Grundsätzen

---

1 *Fischer*, DStR 1997, 1519, 1521; *Nagel/Wittkowski*, Die KGaA, 2012, § 2 Rz. 68 ff.
2 *Wassermeyer* FS Streck, 2011, 259, 272; *Kollruss*, DStZ 2012, 650, 652; *ders.*, StBp 2016, 41, 43.
3 *Wassermeyer* FS Streck, 2011, 259, 270; a. A. *Kollruss*, StBp 2016, 41; *ders.* FR 2016, 203.
4 BFH, Urteile v. 8. 2. 1984 - I R 11/80, BStBl 1984 II 381, 382; v. 31. 10. 1990 - I R 32/86, BStBl 1991 II 253; v. 6. 10. 2009 - I R 102/06, BFH/NV 2010, 462, 463 = NWB NAAAD-35172; v. 4. 12. 2012 - I R 42/11, BFH/NV 2013, 589 = NWB MAAAE-30619; FG Münster v. 28.1.2016 - 9 K 2420/14, NWB AAAAG-61767, EFG 2017, 1686, rkr.
5 *Drüen* HHR KStG § 9 Rz. 29; *Drüen/van Heek*, DB 2012, 2184, 2185.

Betriebsausgaben nach § 4 Abs. 4 EStG i. V. m. § 8 Abs. 1 KStG darstellen, ist für die KGaA-spezifische Sonderregelung des § 9 Abs. 1 Nr. 1 KStG kein Raum.[1]

92 Werden Geschäftsführungsvergütungen an den Komplementär als **Sondervergütungen** aufgrund gesonderter schuldrechtlicher Vereinbarung im Leistungsaustauschverhältnis gezahlt, liegen bei der KGaA – wie bei allen anderen Personen- und Kapitalgesellschaften – bereits handelsrechtlich Aufwendungen und in der Folge steuerlich Betriebsausgaben nach § 4 Abs. 4 EStG i. V. m. § 8 Abs. 1 KStG vor; für die KGaA kann insoweit nichts anderes gelten als für alle anderen Unternehmen.

93 In den Anwendungsbereich des § 9 Abs. 1 Nr. 1 KStG fallen daher nur solche Vergütungen für die Geschäftsführung, die als **„Vorab"-Gewinn** gezahlt werden.

94 Ob eine Vergütung als „Vorab" oder als Sondervergütung vereinbart wird, ist vertragsdispositiv.[2] Es ist auf die Ausgestaltung der entsprechenden (Satzungs-/Vertrags-)Regelung im Einzelfall[3] abzustellen. Indizien für das Vorliegen einer Sondervergütung sind

▶ eine innerbilanzielle Aufwandserfassung,

▶ eine gesonderte, vom Gesellschaftsvertrag unabhängige, zivilrechtliche Vereinbarung, sowie

▶ eine Zahlung auch in Verlustjahren.

Entscheidend ist stets eine Gesamtschau. So sind auch im Gesellschaftsvertrag vereinbarte Tätigkeitsvergütungen Sondervergütungen, wenn sie handelsrechtlich nach den Bestimmungen des Gesellschaftsvertrags als Unkosten zu behandeln und auch dann zu zahlen sind, wenn die Gesellschaft keinen Gewinn erwirtschaftet.[4]

95 Keine Vergütungen für die Geschäftsführung i. S. d. § 9 Abs. 1 Nr. 1, 2. Alt. KStG sind Zahlungen, die als **Aufwendungsersatz** geleistet werden.[5]

96–99 *(Einstweilen frei)*

c) Unangemessene Sondervergütungen

100 Angemessene Vergütungen für die **Überlassung von Darlehen und sonstigen Wirtschaftsgütern** an den Komplementär fallen nicht unter § 9 Abs. 1 Nr. 1 KStG.[6] Wenngleich § 15 Abs. 1 Satz 1 Nr. 3, 2. Alt. EStG solche Vergütungen als gewerbliche Einkünfte beim Komplementär erfasst, besteht keine Gefahr einer steuerlichen Doppelbelastung,[7] da diese Vergütungen regelmäßig schuldrechtlich vereinbart sind und in einem Leistungsaustauschverhältnis stehen. Sie sind damit bereits als **originäre Betriebsausgaben** der KGaA nach § 4 Abs. 4 EStG i. V. m. § 8

---

1 Vgl. hierzu ausführlich *Krebbers-van Heek*, Die mitunternehmerische Besteuerung der Komplementäre der Kommanditgesellschaft auf Aktien, 2016, 187 ff.; *Drüen/van Heek*, DB 2012, 2184; *Drüen* HHR KStG § 9 Rz. 29; a. A. *Hageböke*, DB 2012, 2709.
2 BFH, Urteil v. 13. 10. 1998 - VIII R 4/98, BStBl 1999 II 284; *Husmann* Rau/Dürrwächter, § 1 UStG Rz. 340 ff.
3 *Keuk*, StuW 1974, 1, 11.
4 BFH, Urteil v. 14. 11. 1985 - IV R 63/83, BStBl 1986 II 58.
5 BFH, Urteil v. 31. 10. 1990 - I R 32/86, BStBl 1991 II 253; *Brandl* Blümich KStG § 9 Rz. 26.
6 BFH, Urteil v. 28. 11. 2007 - X R 6/05, BFH/NV 2008, 459, 460 = NWB LAAAC-69473; *Brandl* Blümich KStG § 9 Rz. 26.
7 *Drüen/van Heek*, DB 2012, 2184, 2185.

Abs. 1 KStG[1] bei der Ermittlung des Gewinns der KGaA abziehbar. Ein weiterer Abzug nach § 9 Abs. 1 Nr. 1 KStG ist somit nicht erforderlich.

Bei gesellschaftsrechtlich veranlassten, **unangemessenen Vergütungen** konkurrieren bei der KGaA aufgrund ihrer besonderen Struktur das handelsrechtliche Institut der Entnahme und die kapitalgesellschaftsrechtliche vGA.[2] Soweit Vergütungen in unangemessener Höhe **an den Komplementär** gezahlt werden, liegen keine verdeckten Gewinnausschüttungen nach § 8 Abs. 3 Satz 2 KStG vor.[3] Zwischen der KGaA und ihrem Komplementär sind grundsätzlich keine verdeckten Gewinnausschüttungen möglich.[4] Dies ergibt sich zum einen generell daraus, dass es bei der Besteuerung von Personengesellschaften (und damit auch in der personalistischen Sphäre der KGaA) keine verdeckten Gewinnausschüttungen gibt. Zum anderen steht § 9 Abs. 1 Nr. 1 KStG – anders als § 9 Abs. 1 Nr. 2 KStG – gerade nicht unter dem Vorbehalt des § 8 Abs. 3 KStG.[5]

101

Soweit überhöhte Zahlungen durch das Gesellschaftsverhältnis veranlasst sind, wird der unangemessene Teil der Vergütung vielmehr als **verdeckte Entnahme**[6] über das Kapitalkonto des Komplementärs korrigiert und dem Komplementär als Gewinnanteil über § 9 Abs. 1 Nr. 1 KStG zugerechnet.

102

(Einstweilen frei)

103–104

d) Haftungsvergütungen

Erhalten die Komplementäre für die Übernahme der persönlichen Haftung eine Vergütung von der KGaA, so ist diese Vergütung über den Wortlaut der Norm hinaus nach § 9 Abs. 1 Nr. 1 KStG abziehbarer Gewinnanteil.[7] Da die Übernahme der Haftung unabdingbare Rechtsfolge der Gesellschafterstellung ist, werden Haftungsvergütungen nicht im Rahmen eines echten Leistungsaustauschverhältnisses gewährt, denn die Gesellschafter haben letztlich keine Wahl, ob sie die (Haftungs-)Leistung erbringen wollen oder nicht, was dem schuldrechtlichen Grundsatz der Vertragsfreiheit zuwiderläuft. Es handelt sich daher regelmäßig, wobei es aber stets auf Besonderheiten individueller Vereinbarungen ankommt, um Gewinnvorab und damit auf Ebene der KGaA um Gewinnanteile des Komplementärs.

105

e) Verlustanteile

Verlustanteile sind nach § 9 Abs. 1 Nr. 1 KStG **als negative Gewinnanteile hinzuzurechnen**. Sie sind nach § 15 Abs. 1 Satz 1 Nr. 3 EStG unmittelbar beim persönlich haftenden Gesellschafter zu erfassen.[8]

106

---

[1] BFH, Urteile v. 21.6.1989 - X R 14/88, BStBl 1989 II 881, 885; v. 28.11.2007 - X R 6/05, BFH/NV 2008, 459, 460 = NWB LAAAC-69473; deutlicher in der Vorinstanz FG Düsseldorf, Urteil v. 18.2.2005 - 1 K 897/00 E, EFG 2005, 880.

[2] *Drüen* HHR KStG § 9 Rz. 30.

[3] FG Köln, Urteile v. 17.8.2006 - 6 K 6170/03, EFG 2006, 1923, 1925; *Brandl* Blümich KStG § 9 Rz. 26; *Lang* DPM § 8 Abs. 3 Teil C Rz. 18.

[4] Eine Ausnahme gilt nur, wenn der Komplementär zugleich Kommanditaktionär ist und die unangemessenen Vergütungen aufgrund seiner Eigenschaft als Kommanditaktionär erhält, vgl. → Rz. 131.

[5] FG Köln, Urteile v. 17.8.2006 - 6 K 6170/03, EFG 2006, 1923, 1925.

[6] Vgl. hierzu *Keuk*, StuW 1974, 1, 13. Kritisch zum Verhältnis zwischen verdeckter Gewinnausschüttung und verdeckter Einlage vgl. *Hellwig* FS Döllerer, 1988, 205 ff.

[7] FG Münster v. 6.4.2011 - 9 K 1046/09 G, F, EFG 2011, 2000, rkr;. *Brandl* Blümich KStG § 9 Rz. 25; *Ellerbeck* Schnitger/Fehrenbacher § 9 Rz. 48; *Gosch/Märtens* § 9 Rz. 19.

[8] *Krämer* DPM § 9 Rz. 22; *Hageböke* RHN § 9 Rz. 179.

107–109 *(Einstweilen frei)*

III. Verfahrensrechtliche Verknüpfung

110 Ob der Gewinnanteil des Komplementärs einer KGaA gesondert und einheitlich festzustellen ist, ist umstritten.

111 Die Vertreter einer **intransparenten KGaA-Besteuerung** lehnen eine gesonderte und einheitliche Feststellung des Gewinnanteils des Komplementärs einer KGaA ab.[1] Der Komplementär einer KGaA sei nicht Mitunternehmer einer gemeinsamen Einkunftsquelle, was § 180 Abs. 1 Nr. 2a AO aber voraussetze. Der Komplementär würde durch § 15 Abs. 1 Satz 1 Nr. 3 EStG allenfalls ähnlich einem Mitunternehmer besteuert. Es finde gerade keine Verteilung eines gemeinsamen Gewinnes statt, weil der Gewinnanteil des Komplementärs bei der KGaA nach § 9 Abs. 1 Nr. 1 KStG wie eine Betriebsausgabe zu behandeln sei.[2]

112 Die Vertreter einer **transparenten KGaA-Besteuerung** gehen hingegen davon aus, dass eine gesonderte und einheitliche Feststellung nach § 180 Abs. 1 Nr. 2a AO erfolgen muss.[3] Der Komplementär einer KGaA sei wie ein Mitunternehmer zu behandeln. Da der BFH davon ausgehe, dass die Aufspaltung der Einkünfte zwischen der KGaA und dem Komplementär an der Wurzel erfolge,[4] müsse es eine gemeinsame Quelle geben. Die Feststellung soll zwischen dem Komplementär und der KGaA als solcher stattfinden.[5] Eine Feststellung zwischen den Komplementären und der Gesamtheit der Kommanditaktionäre komme hingegen wegen der fehlenden Parteifähigkeit Letzterer nicht in Betracht.[6]

113 Die **Finanzverwaltung** hat eine gesonderte und einheitliche Feststellung im Jahre 2002 in der Form eines Bund-Länder-Beschlusses der AO-Referenten bejaht,[7] diesen Beschluss aber mittlerweile wieder ersatzlos aufgehoben.

114 Der **BFH** konnte die Frage bisher mangels Entscheidungserheblichkeit offenlassen.[8] Einzig in einer nicht veröffentlichten Entscheidung aus dem Jahre 1967 soll der VI. Senat eine gesonderte und einheitliche Feststellung zwischen mehreren Komplementären bejaht haben.[9] Jüngst hat sich der BFH in einem Beschluss über die Aussetzung eines Klageverfahrens[10] dahingehend geäußert, dass ein Feststellungsverfahren bereits dann durchzuführen sei, wenn zweifelhaft ist, ob die erforderlichen Voraussetzungen vorliegen. Solche Zweifel bestünden angesichts der

---

[1] RFH, Urteil v. 4. 12. 1929 - VI A 1843/29, RStBl 1930, 345; FG Hamburg v. 14. 11. 2002 - V 231/99, EFG 2003, 711, rkr.; FG München, Urteil v. 16. 1. 2003 - 7 K 5340/01, DStRE 2003, 692, rkr.; FG Schleswig-Holstein, Urteil v. 12. 4. 2011 - 5 K 136/07, EFG 2011, 2038, rkr.; Gosch/*Märtens* § 9 Rz. 14; *Olgemöller* Streck, KStG, § 9 Rz. 9.
[2] FG Schleswig-Holstein, Urteil v. 12. 4. 2011 - 5 K 136/07, EFG 2011, 2038, rkr.
[3] *Kunz* Gosch, AO, § 180 Rz. 32; *Brandis* Tipke/Kruse, AO, § 180 Rz. 17; *Mai* Frotscher/Drüen § 9 Rz. 12.
[4] BFH, Urteil v. 21. 6. 1989 - X R 14/88, BStBl 1989 II 881, 884.
[5] *Falter* FS Spiegelberger, 2009, 115 ff.; *Kusterer*, DStR 2008, 484, 488.
[6] So aber *Söhn* Hübschmann/Hepp/Spitaler, AO, § 180 Rz. 176.
[7] AO-Referenten Bund/Länder, Sitzung AO III/2002, TOP 19, zitiert nach *Mahlow*, DB 2003, 1540, 1541, Note 8.
[8] BFH, Urteile v. 21. 6. 1989 - X R 14/88, BStBl 1989 II 881, 883; zuletzt v. 7. 12. 2011 - I R 5/11, BFH/NV 2012, 556 = NWB DAAAE-02920.
[9] BFH, Urteil v. 21. 7. 1967 - VI 270/65, n.v. (zitiert in BFH, Urteil v. 21. 6. 1989 - X R 14/88, BStBl 1989 II 881, 883).
[10] BFH, Urteil v. 29.6.2016 - I B 32/16, BFH/NV 2016, 1679 = NWB HAAAF-84222.

unklaren Rechtslage für den KGaA-Komplementär. Ergebnis eines solchen Feststellungsverfahrens könne aber sowohl ein positiver als auch ein negativer Feststellungsbescheid sein.

Nachdem mehrere Finanzgerichte eine gesonderte und einheitliche Feststellung in den vergangenen Jahren wiederholt ablehnten,[1] hat das FG Hamburg[2] eine solche zuletzt für erforderlich gehalten. Die Feststellung soll zwischen dem Komplementär und dem „gesamten Kommanditaktienkapital" erfolgen. Auch das FG München, dessen 7. Senat eine gesonderte und einheitliche Feststellung noch im Jahre 2003 ablehnte,[3] hielt eine gesonderte und einheitliche Feststellung in einer Entscheidung des 13. Senats zuletzt für vertretbar.[4]

§ 180 Abs. 1 Nr. 2 Buchst. a AO erfasst Fälle, in denen Einkünfte aus einer **gemeinsamen Einkunftsquelle** stammen, d. h. Fälle, in denen die Gesellschafter gemeinsam Kapital und/oder Arbeit einsetzen und durch die Gesellschaft gemeinsam am Marktgeschehen oder wirtschaftlichen Verkehr teilnehmen.[5] Diese Voraussetzung ist bei der KGaA erfüllt.[6] Eine gesonderte und einheitliche Feststellung des Gewinnanteils des Komplementärs einer KGaA kann damit grds. unter § 180 Abs. 1 Nr. 2 Buchst. a AO subsumiert werden. Hierdurch würde eine einheitliche rechtliche Würdigung von Sachverhalten auf Ebene des Komplementärs und der KGaA weitestgehend gewährleistet.

Eine Feststellung gestützt auf § 180 Abs. 1 Nr. 2 Buchst. a AO unterliegt jedoch Bedenken im Hinblick auf den **verfassungsrechtlich verbürgten Grundsatz der Feststellungsklarheit**.[7] Um eine gesonderte und einheitliche Feststellung als Ausnahme von § 157 Abs. 2 AO zu legitimieren, bedarf es stets einer klaren und eindeutigen Regelung, die keinen Raum für vernünftige Zweifel lässt. Obwohl der Gesetzgeber partiell Sondervorschriften für die Besteuerung der KGaA eingeführt hat, die unter der Prämisse einer konsequenten Mitunternehmerbesteuerung eher klarstellende Wirkung haben (vgl. etwa § 16 Abs. 1 Satz 1 Nr. 3, § 35 Abs. 1 Nr. 2 EStG), fehlt in § 180 AO eine Sonderregelung zur KGaA. Ob § 180 Abs. 1 Nr. 2 Buchst. a AO angesichts der langanhaltenden Diskussion den strengen Anforderungen genügt, ist zweifelhaft.

(Einstweilen frei)

IV. Doppelbesteuerungsrecht

1. Abkommensberechtigung

Die KGaA ist als Person nach Art. 3 Abs. 1a OECD-MA und als Gesellschaft nach Art. 3 Abs. 1b OECD-MA abkommensberechtigt.[8] Sie erzielt Unternehmensgewinne i. S. d. Art. 7 OECD-MA.

---

1 FG Hamburg v. 14.11.2002 - V 231/99, EFG 2003, 711, rkr.; FG München, Urteil v. 16.1.2003 - 7 K 5340/01, DStRE 2003, 692, rkr.; FG Schleswig-Holstein, Urteil v. 12.4.2011 - 5 K 136/07, EFG 2011, 2038, rkr. Die ablehnende Entscheidung des FG Düsseldorf, Urteil v. 7.12.2010 - 13 K 1214/06 E, EFG 2011, 878, hat der BFH mit Urteil v. 7.12.2011 - I R 5/11, BFH/NV 2012, 556 = NWB DAAAE-02920 aufgehoben, ließ die Frage nach einer gesonderten und einheitlichen Gewinnfeststellung aber offen.
2 FG Hamburg v. 9.7.2015 - 3 K 308/14, EFG 2015, 1682, rkr.
3 FG München, Urteil v. 16.1.2003 - 7 K 5340/01, NWB LAAAB-10500, DStRE 2003, 692, rkr.
4 FG München, Urteil v. 28.1.2016 - 13 K 2396/13, NWB SAAAF-73723, EFG 2016, 869, rkr.
5 *Brandis* Tipke/Kruse, AO, § 180 Rz. 15.
6 Vgl. hierzu *Krebbers-van Heek*, Die mitunternehmerische Besteuerung der Komplementäre der Kommanditgesellschaft auf Aktien, 2016, 262 ff.
7 Zum Grundsatz der Feststellungsklarheit vgl. BFH, Urteil v. 11.4.2005 - GrS 2/02, BStBl 2005 II 679.
8 *Wassermeyer* Wassermeyer, Art. 7 DBA-MA Rz. 142 i. V. m. Rz. 385.

Ob daneben auch eine eigene Abkommensberechtigung des Komplementärs einer KGaA besteht, ist umstritten.

121 Die Vertreter einer **intransparenten Betrachtung** gehen davon aus, dass der Komplementär als solcher nicht abkommensberechtigt sei. Die KGaA sei abkommensrechtlich insgesamt eine Kapitalgesellschaft, auf deren innere (steuer-)rechtliche Struktur es nicht ankomme.[1] Die Einstufung der KGaA als juristische Person schließe eine gleichzeitige Einstufung als Personengesellschaft ebenso aus wie eine daneben bestehende Abkommensberechtigung des Komplementärs.[2]

122 Nach der **transparenten Betrachtung** soll eine Abkommensberechtigung auch dem Komplementär als Person nach Art. 3 Abs. 1a OECD-MA selbst zukommen,[3] da bei transparenten Gesellschaften der Gesellschafter selbst und nicht die Gesellschaft abkommensberechtigt sei.[4] Dies ergebe sich insbesondere daraus, dass es regelmäßig an einer speziellen DBA-Regelung fehle. In einem solchen Fall sei die nationale Qualifikation abkommensrechtlich verbindlich.[5]

2. Dividendenfreistellung

123 Durch die Entscheidung des I. Senats des BFH vom 19.5.2010[6] zum **DBA-Schachtelprivileg** hat die Diskussion um die Anwendung des Abkommensrechts auf die KGaA neuen Auftrieb erhalten. Der BFH hat entschieden, dass das Schachtelprivileg des Art. 20 Abs. 1 Buchst. a Satz 1 i.V.m. Buchst. b Doppelbuchst. aa Satz 1 DBA-Frankreich a.F. auf die gesamte Dividende (einschließlich des Anteils des Komplementärs) anzuwenden sei, die die KGaA von einer Tochtergesellschaft erhalten hat.

124 Allerdings stützt der BFH seine Entscheidung ausschließlich auf spezifisch abkommensrechtliche Überlegungen, insbesondere auch auf den genauen Wortlaut des DBA-Frankreich a.F. Die Entscheidung sei über eine abkommensrechtliche Regelung zu treffen gewesen, die sich über die materielle Zurechnung des Einkommens abkommensspezifisch hinweggesetzt habe und die KGaA als solche begünstige. Ausschlaggebend sei nach dem Wortlaut des DBA allein die Zahlung an eine inländische Kapitalgesellschaft („… gezahlt …").[7] Der BFH hat ausdrücklich offengelassen, ob ein gleichgelagerter Fall nach der (den Nutzungsberechtigten in den Fokus nehmenden) Formulierung des OECD-MA („… bezieht …") ebenso zu entscheiden gewesen wäre. Für die grundsätzliche Diskussion um die Anwendung des Abkommensrechts auf die KGaA hat das Urteil damit letztlich nur wenig Bedeutung.

125 Auf diese Entscheidung des BFH reagierte der Gesetzgeber mit der Einführung des **§ 50d Abs. 11 EStG**.[8] Hiernach wird bei Dividenden, die beim Zahlungsempfänger nach einem DBA von der Bemessungsgrundlage der deutschen Steuer auszunehmen sind, die Freistellung ungeachtet des Abkommens nur insoweit gewährt, als die Dividenden nach deutschem Steuerrecht

---

1 *Ebling* FS Jakob, 2001, 67, 74 f.; *Kramer*, IStR 2010, 57, 58. So auch jüngst *Kollruss*, IStR 2018, 224, 226, der eine eigene Abkommensberechtigung des Komplementärs nur im Verhältnis KGaA/Komplementär annimmt.
2 Hessisches FG, Urteil v. 23.6.2009 - 12 K 3439/01, IStR 2009, 658, 660.
3 *Wassermeyer* Wassermeyer, Art. 7 DBA-MA Rz. 142, 152.
4 BMF, Schreiben v. 26.9.2014 - IV B 5 - S 1300/09/10003, 2014/0599097, BStBl 2014 I 1258, Rz. 2.1.1.
5 BFH, Urteil v. 17.10.1990 - I R 16/89, BStBl 1991 II 211, 212.
6 BFH, Urteil v. 19.5.2010 - I R 62/09, BFHE 230, 18 = NWB VAAAD-48563.
7 Für das DBA Schweiz („… ausschüttet…"), auch FG München, Urteil v. 25.10.2018 - 13 K 1241, EFG 2019, 267 = NWB YAAAH-05386, nrkr.
8 Eingeführt durch Gesetz zur Änderung des Gemeindefinanzreformgesetzes und von steuerlichen Vorschriften v. 8.5.2012, BGBl 2012 I 1030.

nicht einer anderen Person zuzurechnen sind. Die Dividenden werden bei dieser Person freigestellt, wenn sie bei ihr als Zahlungsempfänger nach dem Abkommen freigestellt würden.

§ 50d Abs. 11 EStG setzt sich über § 2 AO und die entsprechenden abkommensrechtlichen Regelungen hinweg; es handelt sich um ein **treaty override**.[1] Verfassungsrechtliche Bedenken gegen treaty overrides sah das BVerfG[2] jüngst nicht: Das Grundgesetz verbiete eine Überschreibung völkervertraglicher Vereinbarungen durch abweichende nationale Regelungen im Regelfall nicht. Ein solches Vorgehen verstoße weder gegen die Völkerrechtsfreundlichkeit des Grundgesetzes noch gegen das Rechtsstaatsprinzip.

Eine eindeutige Entscheidung des Gesetzgebers für ein bestimmtes Besteuerungskonzept lässt sich aus § 50d Abs. 11 EStG indes nicht herleiten und war auch nicht beabsichtigt. In seinem Zustimmungsbeschluss bezeichnet der Bundesrat § 50d Abs. 11 EStG ausdrücklich als „keine Vorabfestlegung eines intransparenten oder teiltransparenten Besteuerungssystems bezüglich der KGaA", sondern als „**Zwischenlösung** auf dem Weg zur grundlegenden Klärung der Besteuerung hybrider Rechtsformen".[3]

(Einstweilen frei)

C. Verhältnis zu anderen Vorschriften

I. Vorschriften des KStG

1. § 8 Abs. 3 Satz 2 KStG

Soweit der Komplementär einer KGaA aufgrund seiner Eigenschaft als solcher überhöhte Vergütungen von der KGaA erhält, ist § 8 Abs. 3 Satz 2 KStG nicht neben § 9 Abs. 1 Nr. 1 KStG anwendbar (vgl. → Rz. 101).

Ist der Komplementär aber zugleich Kommanditaktionär und erhält er überhöhte Vergütungen aufgrund dieser Rechtsstellung, so kann in Bezug auf den überhöhten Teil eine vGA vorliegen, da der Anwendungsbereich der Spezialregelung des § 9 Abs. 1 Nr. 1 KStG nicht eröffnet ist. In seiner Rolle als Aktionär kann er, wie alle anderen Aktionäre auch, vGA erhalten.

Die **Abgrenzung**, in welcher Eigenschaft der Komplementär unangemessene Zahlungen erhalten hat, kann sich in der Praxis schwierig gestalten. Unproblematisch dürfte dies bei überhöhten Geschäftsführungsvergütungen sein, denn insoweit ist ein Zusammenhang zur Aktionärsstellung regelmäßig auszuschließen. Sind die unangemessenen Zahlungen indes gleichermaßen an alle Aktionäre erfolgt, so spricht viel dafür, dass auch der Komplementär die Zahlung aufgrund seiner Eigenschaft als Kommanditaktionär erhalten hat.

Ist eine Zuweisung der Zahlungen zu den einzelnen Sphären nicht möglich, so wird eine **Aufteilung** erfolgen müssen. Maßstab dieser Aufteilung könnte etwa die satzungsmäßige Gewinnverteilungsquote unter Berücksichtigung der vom Komplementär gehaltenen Aktien im Verhältnis zum Nennwert des gesamten Grundkapitals sein.[4]

---

1 *Kollruss*, BB 2013, 157; *Kopec/Kudert*, IStR 2013, 498, 502.
2 BVerfG, Urteil v. 15.12.2015 - 2 BvL 1/12, DStR 2016, 359 zu § 50d Abs. 8 EStG.
3 Empfehlung Finanzausschuss zum Gesetz zur Änderung des Gemeindefinanzreformgesetzes und von steuerlichen Vorschriften, vgl. BR-Drucks. 114/1/12, 2; Beschluss des Bundesrates v. 30.3.2012, vgl. BR-Drucks. 114/12, 2.
4 *Schaumburg/Schulte*, Die KGaA, 2000, Rz. 111 f. Für eine Einzelfallbetrachtung *Ellerbeck* Schnitger/Fehrenbacher § 9 Rz. 64.

134 *(Einstweilen frei)*

2. § 8a KStG i. V. m. § 4h EStG

135 Der Komplementär verfügt – wie der Mitunternehmer einer Personengesellschaft – nicht über einen eigenen **Betrieb für Zwecke der Zinsschranke**.[1]

136 Im **maßgeblichen Einkommen** der KGaA i. S. d. § 8a Abs. 1 Satz 2 KStG ist der Gewinnanteil des Komplementärs nach dem Wortlaut der Norm nicht enthalten;[2] maßgebliches Einkommen ist „das nach den Vorschriften des Einkommensteuergesetzes und dieses Gesetzes ermittelte Einkommen mit der Ausnahme der §§ 4h und 10d EStG des Einkommensteuergesetzes und des § 9 Abs. 1 **Nr. 2** dieses Gesetzes". Durch die wortlautgetreue Rechtsanwendung ergibt sich jedoch eine systematische Schieflage zwischen dem nur anteilig berücksichtigten Gewinn des Gesamtunternehmens und der vollständigen Berücksichtigung des Zinssaldos auf Ebene der KGaA. Mangels gesetzlicher Lücke ist es zwar ausgeschlossen, § 8a Abs. 1 Satz 2 EStG über seinen Wortlaut hinaus auf § 9 Abs. 1 Nr. 1 KStG zu erstrecken.[3] Die Finanzverwaltung hat die Unbilligkeit der Regelung aber bereits erkannt und wendet § 9 Abs. 1 Nr. 1 KStG bei der Ermittlung des maßgeblichen Einkommens nicht an.[4]

137–139 *(Einstweilen frei)*

3. § 8c KStG

140 § 8c KStG findet uneingeschränkt Anwendung, wenn ein schädlicher Beteiligungserwerb in den Reihen der Kommanditaktionäre stattfindet. Ob die **Übertragung eines Komplementäranteils** als „vergleichbarer Sachverhalt" i. S. d. § 8c Abs. 1 Satz 1 KStG anzusehen ist, ist umstritten, wird in der Literatur aber mehrheitlich abgelehnt,[5] wenngleich der Telos der Norm eine solche Auslegung nahelegt.[6] In einem Entwurf des BMF-Schreibens zu § 8c KStG vom Februar 2008 war die Übertragung des KGaA-Komplementäranteils noch als vergleichbarer Sachverhalt vorgesehen.[7] Die entsprechende Passage wurde aber vor dem Inkrafttreten des Schreibens entfernt.

4. § 14 KStG

141 Unter den Voraussetzungen des § 14 KStG kann die KGaA **Organträger** einer körperschaftsteuerrechtlichen Organschaft sein.[8] Handelsrechtlich fließt der von der Organgesellschaft abzuführende Gewinn in den Jahresüberschuss der KGaA ein, aus dem sich sodann der Gewinnanteil des Komplementärs ergibt. In steuerrechtlicher Hinsicht wird das Einkommen, welches dem Organträger von der Organgesellschaft zugerechnet wird, wie eigenes Einkommen des Organträgers behandelt.

---

1 Zu den Besonderheiten bei der Anwendung der Zinsschranke auf die KGaA vgl. *Krebbers-van Heek*, Die mitunternehmerische Besteuerung der Komplementäre der Kommanditgesellschaft auf Aktien, 2016, 249 ff.
2 *Rödder/Hageböke/Stangl*, DB 2009, 1561, 1562 f.; *Witt* HHR EStG § 15 Rz. 905; KKB/Meyer/Bäuml, § 15 EStG Rz. 343 f.
3 Nunmehr auch Gosch/*Märtens* § 9 Rz. 6a.
4 BMF, Schreiben v. 4. 7. 2008 - IV C 7 - S 2742-a/07/10001, BStBl 2008 I 718, Rz. 44.
5 *Dötsch* DPM § 8c Rz. 38; *Frotscher*/Drüen § 8c Rz. 25a; *Suchanek*, GmbHR 2008, 292, 295; *Hageböke* RHN § 9 Rz. 81.
6 Vgl. *Krebbers-van Heek*, Die mitunternehmerische Besteuerung des Komplementärs der Kommanditgesellschaft auf Aktien, 2016, 256 ff.
7 Der Entwurf sah als vergleichbaren Sachverhalt den „Erwerb oder die Stärkung der Stellung des persönlich haftenden Gesellschafters (phG) einer KGaA", vgl. *Suchanek*, GmbHR 2008, 292, 295.
8 *Schaumburg/Schulte*, Die KGaA, 2000, Rz. 114.

§ 14 Abs. 1 Satz 1 KStG nennt die KGaA ausdrücklich als mögliche **Organgesellschaft** im Rahmen einer Organschaft. Die KGaA soll nach h. M. jedenfalls dann Organgesellschaft sein können, wenn der Organträger als **Kommanditaktionär** an der KGaA beteiligt ist.[1] Für die finanzielle Eingliederung nach § 14 Abs. 1 Satz 1 Nr. 1 KStG soll es ausschließlich auf die Mehrheit der Anteile am Grundkapital ankommen.[2] Dem ist jedenfalls für den Fall einer gesetzestypischen KGaA nicht zuzustimmen; eine finanzielle Eingliederung der KGaA in das Unternehmen des Kommanditaktionärs kann bei der gesetzestypischen KGaA nicht vorliegen. § 14 Abs. 1 Satz 1 Nr. 1 KStG soll nach seinem Telos sicherstellen, dass die Rechtsfolgen der Organschaft nur eintreten, wenn der Organträger in Bezug auf die Organgesellschaft bei den Entscheidungen des täglichen Geschäftsverkehrs seinen Willen durchsetzen kann.[3] Aufgrund der herausgehobenen Stellung der Komplementäre in der KGaA und der eingeschränkten und mit Zustimmungsvorbehalten der Komplementäre überlagerten Funktion der Hauptversammlung ist eine Durchsetzung des Willens des Kommanditaktionärs als Organträger jedoch weder im täglichen Geschäft noch bei außergewöhnlichen Geschäften auch nur annähernd gesichert.[4] Etwas anderes muss freilich gelten, wenn die Entscheidungsbefugnisse der Hauptversammlung auf Satzungsebene erweitert und die Befugnisse des Komplementärs auf gleicher Ebene wesentlich beschnitten wurden.

142

Ist der Organträger als **Komplementär** an der KGaA beteiligt, so kann eine körperschaftsteuerliche Organschaft nicht vorliegen. Der Komplementär als „Organ kraft Gesetzes" ist kein „anderes" Unternehmen i. S. d. § 291 AktG,[5] so dass der Abschluss eines Gewinnabführungsvertrags nicht möglich ist. Ebenso ist der Komplementär als Organträger auch kein „anders gewerbliches Unternehmen" i. S. d. § 14 Abs. 1 Satz 1 KStG.

143

(Einstweilen frei)

144

II. Vorschriften des EStG

1. § 4 Abs. 4 EStG

§ 9 Abs. 1 Nr. 1 KStG erweitert den Anwendungsbereich des § 4 Abs. 4 EStG. Soweit Zahlungen an den persönlich haftenden Gesellschafter einer KGaA nicht bereits nach § 4 Abs. 4 EStG i. V. m. § 8 Abs. 1 KStG betrieblich veranlasste Aufwendungen darstellen (vgl. → Rz. 91), werden Gewinnanteile auf nicht zum Grundkapital gehörende Einlagen und Geschäftsführervergütungen **wie Betriebsausgaben** zum Abzug zugelassen.

145

(Einstweilen frei)

146

2. § 15 Abs. 1 Satz 1 Nr. 3 EStG

§ 15 Abs. 1 Satz 1 Nr. 3 EStG korrespondiert mit § 9 Abs. 1 Nr. 1 KStG; beide Vorschriften bilden eine Regelungseinheit. Die nach § 9 Abs. 1 Nr. 1 KStG bei der Einkommensermittlung der KGaA abgezogenen Gewinnanteile und Vergütungen werden beim persönlich haftenden Gesellschafter als **Einkünfte aus Gewerbebetrieb** erfasst. Daneben erfasst § 15 Abs. 1 Satz 1 Nr. 3

147

---

1 *Schaumburg/Schulte*, Die KGaA, 2000, Rz. 116.
2 *Frotscher*, Der Konzern 2005, 139, 142; *Hageböke*, Das KGaA-Modell, 2008, 218; *Hölzl*, Die Besteuerung der KGaA, 2003, 118; *Riotte/Dümichen/Engel* Schütz/Bürgers/Riotte, Die KGaA, 2004, § 9 Rz. 67.
3 *Kolbe* HHR KStG § 14 Rz. 100.
4 A. A. *Hageböke* RHN § 9 Rz. 82.
5 *Hölzl*, Die Besteuerung der KGaA, 2003, 121; *Schaumburg/Schulte*, Die KGaA, 2000, Rz. 123.

EStG – anders als § 9 Abs. 1 Nr. 1 KStG – auch die Vergütungen für die Hingabe von Darlehen oder für die Überlassung von Wirtschaftsgütern als gewerbliche Einkünfte des Komplementärs. Auf Ebene der KGaA liegen insoweit bereits originäre Betriebsausgaben nach § 4 Abs. 4 EStG i.V. m. § 8 Abs. 1 KStG vor,[1] ein Abzug nach § 9 Abs. 1 Nr. 1 KStG auf Gesellschaftsebene ist somit nicht erforderlich, um eine steuerliche Doppelbelastung zu vermeiden.

148 Die gewerblichen Einkünfte des Komplementärs einer KGaA nach § 15 Abs. 1 Satz 1 Nr. 3 KStG setzen sich, entsprechend der **zweistufigen Gewinnermittlung** in der (klassischen) Mitunternehmerschaft, aus dem Gewinnanteil der personalistischen Sphäre der KGaA und dem Sonderbetriebsergebnis zusammen. Die Einkünfte werden durch Betriebsvermögensvergleich nach § 5 Abs. 1 i.V. m. § 4 Abs. 1 EStG ermittelt,[2] wobei die Erstellung der Sonderbilanzen nur auf § 4 Abs. 1 EStG zu stützen ist.[3]

149 Der Gewinnanteil der **ersten Stufe** ist – wie der Abzugsbetrag nach § 9 Abs. 1 Nr. 1, 1. Alt. KStG – ausgehend vom handelsrechtlichen Jahresüberschuss der KGaA zu ermitteln. Da nach der „Wurzel-Theorie" des BFH (vgl. →Rz. 75) jeder Geschäftsvorfall entsprechend der satzungsmäßig bestimmten Gewinnverteilungsquote in einen KGaA- und einen Komplementäranteil aufzuteilen ist, ist der Gewinnanteil des persönlich haftenden Gesellschafters, soweit er nicht auf Anteile am Grundkapital entfällt (§ 15 Abs. 1 Satz 1 Nr. 3, 1. Alt. EStG), die Summe der anteiligen, auf den Komplementäranteil entfallenden Geschäftsvorfälle. Ebenso wie der Abzugsbetrag nach § 9 Abs. 1 Nr. 1, 1. Alt. KStG kann auch die Ausgangsgröße zur Ermittlung des Gewinnanteils des Komplementärs nach § 15 Abs. 1 Satz 1 Nr. 3, 1. Alt. EStG aus Vereinfachungsgründen entsprechend der Quote aus dem handelsrechtlichen Jahresüberschuss abgeleitet werden. Insoweit besteht eine betragsmäßige Identität.[4] Soweit in diesem Gewinnanteil Geschäftsvorfälle enthalten sind, an die steuerrechtliche Korrekturen anknüpfen, so sind diese Korrekturen für den Komplementär auf dieser ersten Gewinnermittlungsstufe umzusetzen.

149a Zum Gewinn der ersten Stufe gehören auch Gewinne aus etwaigen Ergänzungsbilanzen.[5] Während der BFH in seiner Entscheidung vom 7.9.2016[6] noch offenlassen konnte, ob die Bildung von Ergänzungsbilanzen für den Komplementär einer KGaA generell zulässig ist, hat er sich mit Urteil vom 15.3.2017[7] zur Anwendung mitunternehmerischer Grundsätze bekannt und die Bildung von Ergänzungsbilanzen für den Komplementär einer KGaA für zulässig erklärt. Aus der Gleichstellung des Komplementärs einer KGaA mit dem Mitunternehmer folge, dass der Erwerb einer Beteiligung als persönlich haftender Gesellschafter einer KGaA nicht anders zu behandeln sei als der Erwerb eines Mitunternehmeranteils. Dem stehe auch nicht entgegen, dass der Komplementär einer KGaA nicht dinglich an den Wirtschaftsgütern der KGaA

---

[1] BFH, Urteile v. 21.6.1989 - X R 14/88, BStBl 1989 II 881, 885; v. 28.11.2007 - X R 6/05, BFH/NV 2008, 459, 460 = NWB LAAAC-69473, deutlicher in der Vorinstanz FG Düsseldorf, Urteil v. 18.2.2005 - 1 K 897/00 E, EFG 2005, 880.

[2] BFH, Urteile v. 21.6.1989 - X R 14/88, BStBl 1989 II 881, 886; v. 4.12.2012 - I R 42/11, BFH/NV 2013, 589 = NWB MAAAE-30619.

[3] *Prinz*, FR 2010, 917, 919. Gegen die Anwendung von § 5 EStG auch *Keuk*, StuW 1974, 1, 33.

[4] *Kollruss*, StBp 2016, 41, 49 kritisiert die teiltransparente Betrachtung insoweit, als sie eine Betragsgleichheit zwischen dem Abzugsbetrag nach § 9 Abs. 1 Nr. 1, 1. Alt. KStG und dem Gewinnanteil nach § 15 Abs. 1 Satz 1 Nr. 3, 1. Alt. **nach** Durchführung steuerrechtlicher Anpassungen verlangen soll. Eine solche Betragsgleichheit wird indes – soweit ersichtlich – auch nicht vertreten.

[5] *Ellerbeck* Schnitger/Fehrenbacher § 9 Rz. 42; nunmehr auch *Witt* HHR EStG § 15 Rz. 905; KKB/Meyer/Bäuml, § 15 EStG Rz. 346; *Desens/Blischke*, KSM, § 15 Rz. D14; *Kollruss*, FR 2016, 203.

[6] In BFH, Urteil v. 7.9.2016 - I R 57/14, BFHE 255, 427 = NWB ZAAAG-35214, wurde die generelle Frage offengelassen, da im konkreten Fall jedenfalls kein Aufgeld gezahlt worden sei.

[7] BFH, Urteil v. 15.3.2017 - I R 41/16, BFHE 258, 246, NWB SAAAG-56535, unter Aufhebung der ablehnenden Entscheidung des Hessischen FG v. 31.5.2016 - 4 K 1879/13, NWB AAAAF-81547.

beteiligt sei. Denn dies treffe auch für den atypisch stillen Gesellschafter zu, der trotz seiner bloß schuldrechtlichen Beteiligung unstreitig zur Bildung von Ergänzungsbilanzen berechtigt sei.

Die **zweite Stufe** der Gewinnermittlung erfasst das Sonderbetriebsergebnis.[1] Insoweit besteht kein Unterschied zur Besteuerung von Mitunternehmern nach § 15 Abs. 1 Satz 1 Nr. 2 EStG. Die Rechtsfiguren des Sonderbetriebsvermögens, der Sondervergütungen, der Sonderbetriebseinnahmen und der Sonderbetriebsausgaben sind Bestandteile der Besteuerung der KGaA-Komplementäre. Die Kommanditaktien des Komplementärs stellen jedoch ausnahmsweise kein Sonderbetriebsvermögen (II) des Komplementärs dar.[2] Dies ergibt sich aus dem Wortlaut des § 15 Abs. 1 Satz 1 Nr. 3 EStG, wonach zu den Einkünften aus Gewerbebetrieb nur Gewinnanteile gehören, „soweit sie nicht auf Anteile am Grundkapital entfallen".

Pensionszusagen der KGaA an den Komplementär sind im Sonderbereich korrespondierend zu bilanzieren.[3] Durch die Aktivierung wird die Gewinnminderung auf Ebene der KGaA in der Gesamtschau beider Sphären im Ergebnis rückgängig gemacht. Die Pensionszusage wird somit beim Komplementär bereits versteuert, bevor entsprechende Zahlungen zufließen, nämlich im Jahr ihrer wirtschaftlichen Entstehung. Die Auffassung, § 15 Abs. 1 Satz 1 Nr. 3 EStG biete keine ausreichende Rechtsgrundlage für die zeitliche Vorverlagerung des Besteuerungszeitpunkts von Pensionszusagen,[4] steht im Widerspruch zur anerkannten Handhabung bei (klassischen) Mitunternehmerschaften nach § 15 Abs. 1 Satz 1 Nr. 2 EStG.

3. § 16 Abs. 1 Satz 1 Nr. 3 EStG

Zu den Einkünften aus Gewerbebetrieb des Komplementärs gehören auch die Gewinne aus der Veräußerung des Komplementäranteils. Für den Komplementär einer KGaA gelten nach § 16 Abs. 1 Satz 1 Nr. 3 EStG dieselben Grundsätze wie für den Mitunternehmer einer Personengesellschaft nach § 16 Abs. 1 Satz 1 Nr. 2 EStG.[5]

4. § 34a EStG

Der Komplementär einer KGaA kann in gleichem Maße auf § 34a EStG zurückgreifen wie andere Mitunternehmer.[6] Auch er unterliegt einer thesaurierungsunabhängigen Ein-Ebenen-Besteuerung, so dass es dem Telos der Norm entspricht, sie auch auf den Komplementär anzuwenden.[7]

(Einstweilen frei)

---

[1] BFH, Urteil v. 21. 6. 1989 - X R 14/88, BStBl 1989 II 881, 885.
[2] BFH, Urteil v. 21. 6. 1989 - X R 14/88, BStBl 1989 II 881, 886; H 15.8 Abs. 4 EStH „Sonderbetriebsvermögen"; *Reiß* Kirchhof, EStG, § 15 Rz. 408; KKB/Meyer/Bäuml, § 15 EStG Rz. 347; *Krebbers-van Heek*, Die mitunternehmerische Besteuerung der Komplementäre der Kommanditgesellschaft auf Aktien, 2016, 135 ff.
[3] *Bode* Blümich EStG § 15 Rz. 563; *Wacker* Schmidt, EStG, § 15 Rz. 891; KKB/Meyer/Bäuml, § 15 EStG Rz. 348.
[4] *Busch/Thieme*, FR 2008, 1137, 1143.
[5] *Reiß* Kirchhof, EStG, § 16 Rz. 188.
[6] OFD Frankfurt am Main v. 2. 7. 2015 - S 2290a A-1-St 213.
[7] *Krebbers-van Heek*, Die mitunternehmerische Besteuerung der Komplementäre der Kommanditgesellschaft auf Aktien, 2016, S. 260.

III. Vorschriften des GewStG

1. Allgemeines

160 Nach § 2 Abs. 2 Satz 1 GewStG unterliegen die Einkünfte einer KGaA unabhängig vom Vorliegen eines gewerblichen Unternehmens der Gewerbesteuer, sie ist **Gewerbebetrieb kraft Rechtsform**.[1] Die KGaA ist nach § 5 Abs. 1 Satz 1 GewStG Schuldner der Gewerbesteuer.

161 Der Komplementär selbst ist hingegen nicht schon wegen seiner Eigenschaft als solcher gewerbesteuerpflichtig.[2] Das Halten eines Komplementäranteils an einer KGaA vermittelt keinen stehenden Gewerbebetrieb.

162 Besteuerungsgrundlage für die Gewerbesteuer der KGaA ist der **Gewerbeertrag**, § 6 GewStG. Dies ist nach § 7 Satz 1 GewStG der nach den Vorschriften des EStG oder des KStG zu ermittelnde Gewinn aus dem Gewerbebetrieb, der bei der Ermittlung des Einkommens für den dem Erhebungszeitraum (§ 14 GewStG) entsprechenden Veranlagungszeitraum zu berücksichtigen ist, vermehrt und vermindert um die in den §§ 8 und 9 GewStG bezeichneten Beträge.

163 *(Einstweilen frei)*

2. § 8 Nr. 4 GewStG

164 Die Gewinnanteile, die nach § 9 Abs. 1 Nr. 1 KStG aus dem körperschaftsteuerlichen Einkommen der KGaA ausgeschieden werden, werden für die Gewerbesteuer nach **§ 8 Nr. 4 KStG** wieder hinzugerechnet; Geschäftsführungsvergütungen sind nur insoweit hinzuzurechnen, als sie auch dem Abzug nach § 9 Abs. 1 Nr. 1 KStG unterlagen. Den Geschäftsführungsvergütungen entgegenstehende Ausgaben des Komplementärs haben keinen Einfluss auf die Höhe der Hinzurechnung nach § 8 Nr. 4 KStG.[3] § 9 Abs. 1 Nr. 1 KStG und § 8 Nr. 4 GewStG entsprechen sich betragsmäßig.[4] Somit wird der gesamte Gewinn der KGaA auf Gesellschaftsebene der Gewerbesteuer unterworfen. Auf die Kommanditaktien entfallende Gewinnanteile unterfallen nicht § 9 Abs. 1 Nr. 1 KStG, so dass sie auch nicht nach § 8 Nr. 4 GewStG hinzugerechnet werden.

165 Nicht der Gewerbesteuer der KGaA unterliegt das **Sonderbetriebsergebnis** des Komplementärs.[5] Vergütungen für die Hingabe von Darlehen oder die Überlassung von Wirtschaftsgütern fallen nicht unter § 8 Nr. 4 GewStG. Stattdessen kommt nur eine partielle Erfassung über § 8 Nr. 1 Buchst. a, d oder e GewStG in Betracht.[6] Es entspräche zwar sowohl der historischen Entwicklung des Sonderbetriebsvermögens und seinem Telos als auch dem Charakter der Gewerbesteuer als Objektsteuer, das Sonderbetriebsvermögen des Komplementärs in den Gewerbeertrag der KGaA mit einzubeziehen.[7] Da die Einbeziehung des Sonderbetriebsvermögens einer Personengesellschaft auf § 15 Abs. 1 Satz 1 Nr. 2 EStG gestützt wird, ließe sich dies auch für die KGaA nach dem im Wesentlichen wortgleichen § 15 Abs. 1 Satz 1 Nr. 3 EStG vertreten. Dies würde aber zum einen bedeuten, dass § 8 Nr. 4 GewStG leerliefe, da § 15 Abs. 1 Satz 1

---

[1] BFH, Urteil v. 28. 11. 2007 - X R 6/05, BFH/NV 2008, 459, 460 = NWB LAAAC-69473.
[2] BFH, Urteile v. 4. 5. 1965 - I 186/64 U, BStBl 1965 III 418; v. 23. 10. 1985 - I R 235/81, BStBl 1986 II 72.
[3] BFH, Urteil v. 6. 10. 2009 - I R 102/06, BFH/NV 2010, 462 = NWB NAAAD-35172.
[4] BFH, Urteile v. 4. 5. 1965 - I 186/64 U, BStBl 1965 III 418 („Spiegelbild"); v. 28. 11. 2007 - X R 6/05, BFH/NV 2008, 459, 460 = NWB LAAAC-69473; *Hageböke* RHN § 9 Rz. 118.
[5] *Krebbers-van Heek*, DK 2016, 384.
[6] BFH, Urteil v. 28. 11. 2007 - X R 6/05, BFH/NV 2008, 459, 460 = NWB LAAAC-69473; R 8.2 GewStR 2009.
[7] *Krebbers-van Heek*, Die mitunternehmerische Besteuerung der Komplementäre der Kommanditgesellschaft auf Aktien, 2016, 218 ff.

Nr. 3 EStG auch den nach § 9 Abs. 1 Nr. 1 KStG abgezogenen Gewinnanteil enthält. Zum anderen verfügt die KGaA, anders als die klassische Mitunternehmerschaft, die nur Gewinnerzielungs-, nicht aber Einkommensteuersubjekt ist, über einen eigenen, nach den Vorschriften des KStG zu ermittelnden Gewinn aus Gewerbebetrieb i. S. d. § 7 GewStG. De lege ferenda wäre es daher vorzugswürdig, die Hinzurechnung nach § 8 Nr. 4 GewStG nicht mehr an § 9 Abs. 1 Nr. 1 KStG, sondern an § 15 Abs. 1 Satz 1 Nr. 3 EStG zu binden.

3. § 9 Nr. 2b GewStG

Der Komplementär der KGaA unterliegt selbst nicht zwangsläufig der Gewerbesteuer. Allein das Halten des Komplementäranteils vermittelt keinen stehenden Gewerbebetrieb.[1] Ist der Komplementär aber unabhängig davon selbst Gewerbetreibender nach § 2 GewStG, kommt § 9 Nr. 2b GewStG zur Anwendung. Die auf Gesellschaftsebene nach § 8 Nr. 4 GewStG hinzugerechneten Gewinnanteile werden auf Gesellschafterebene gekürzt, so dass sie insgesamt nur einmal der Gewerbesteuer unterliegen. Die Kürzungsvorschrift des § 9 Nr. 2b GewStG wurde mit dem Kultur- und Stiftungsförderungsgesetz v. 13. 12. 1990 ab dem Erhebungszeitraum 1991 eingeführt,[2] nachdem der BFH eine übergesetzliche Kürzung für den Fall einer gewerbesteuerlichen Doppelbelastung mit Urteil v. 23. 10. 1985[3] abgelehnt hatte. Der Kürzungsbetrag nach § 9 Nr. 2b GewStG ist mit dem Hinzurechnungsbetrag nach § 8 Nr. 4 GewStG identisch.[4]

166

Das Zusammenspiel von § 8 Nr. 4 GewStG und § 9 Nr. 2b GewStG kann bei kapitalistischen KGaA dazu führen, dass der Betriebsausgabenabzug von Geschäftsführungsvergütungen gewerbesteuerrechtlich im Ergebnis leerläuft. Die wohl herrschende Meinung geht davon aus, dass sämtliche Geschäftsführungsvergütungen an den Komplementär einer KGaA von § 9 Abs. 1 Nr. 1 KStG und damit auch von § 8 Nr. 4 GewStG erfasst sind (vgl. → Rz. 90). Wird die Geschäftsführung der KGaA von den Organen ihrer Komplementär-Kapitalgesellschaft wahrgenommen und erhält die Komplementär-Kapitalgesellschaft hierfür von der KGaA entsprechende Vergütungen, so sollen diese Vergütungen bei der KGaA stets nach § 8 Nr. 4 GewStG hinzuzurechnen sein. Sämtliche Geschäftsführungsvergütungen unterliegen damit der Gewerbesteuer auf Ebene der KGaA.

167

Dass sie gleichermaßen auf Ebene der Komplementär-Kapitalgesellschaft nach § 9 Nr. 2b GewStG deren Gewerbeertrag mindern, wirkt sich indes nicht aus, wenn die Komplementär-Kapitalgesellschaft – wie regelmäßig – keine eigene Geschäftstätigkeit entfaltet. Tatsächlich angefallene Aufwendungen führen dann nicht zu einer Entlastung bei der Gewerbesteuer, sondern lediglich zu einer Kumulation von Verlustvorträgen auf Ebene der Komplementär-Kapitalgesellschaft. Eine teleologische Reduktion des § 8 Nr. 4 GewStG lehnt die Rechtsprechung dennoch ab.[5]

(Einstweilen frei) 168–199

---

[1] BFH, Urteile v. 4. 5. 1965 - I 186/64 U, BStBl 1965 III 418; v. 23. 10. 1985 - I R 235/81, BStBl 1986 II 72.
[2] Gesetz zur steuerlichen Förderung von Kunst, Kultur und Stiftungen sowie zur Änderung steuerrechtlicher Vorschriften v. 13. 12. 1990, BGBl 1990 I 2775.
[3] I R 235/81, BStBl 1986 II 72, 73.
[4] BFH, Urteile v. 6. 10. 2009 - I R 102/06, BFH/NV 2010, 462, 464 = NWB NAAAD-35172 („gewissermaßen eine Spiegelbildlichkeit"); v. 4. 12. 2012 - I R 42/11, BFH/NV 2013, 589 = NWB MAAAE-30619.
[5] Vgl. zuletzt FG Münster v. 28.1.2016 – 9 K 2420/14, NWB AAAAG-61767, EFG 2017, 1686.

Teil 2: Zuwendungen

LITERATURHINWEISE:

Augsten, Die Neuregelung des Spendenrechts ab 1.1.2000, DStR 2000, 621; *Hüttemann*, Das Gesetz zur weiteren steuerlichen Förderung von Stiftungen, DB 2000, 1584; *Jost*, Spendenrecht 2000, DB 2000, 1248; *Kümpel*, Die Änderung des Spendenrechts ab dem 1.1.2000, FR 2000, 91; *Myßen*, Abzug von Spenden bei der Einkommensteuer, NWB 2000, Fach 3, 10979; *Schneider*, Der Spendenabzug ab dem Jahr 2000, DStZ 2000, 291; *Thiel*, Die Neuordnung des Spendenrechts, DB 2000, 392; *Wolsztynski/Hüsgen*, Kritische Anmerkungen zur Reform des Spenden- und des Stiftungsrechts, BB 2000, 1809; *Janssen*, Spenden aus wirtschaftlichen Geschäftsbetrieben und Betrieben gewerblicher Art, DStZ 2001, 160; *Winter*, Spenden mit erhöhtem Abzugssatz, GmbHR 2001, R 61; *Winter*, Steuerliche Anerkennung von Spenden, GmbHR 2002, R 301; *Jachmann* (Hrsg.), Gemeinnützigkeit, DStjG 26 (2003); *Heger*, Gemeinnützigkeit und Gemeinschaftsrecht, FR 2004, 1154; *Winter*, Steuerpraxis Gemeinnützigkeit und Spendenabzug, GmbHR 2004, R 107; *Koss*, Lohn und Gehalt spenden, DB 2005, 414; *Helios/Schlotter*, Spendenabzug und EU-Recht – Zugleich Anm. zu FG Münster, Urteil v. 28.10.2005, IStR 2006, 497 –, IStR 2006, 483; *Tausch/Plenker*, Steuerliche Änderungen durch das Haushaltsbegleitgesetz 2006, das Gesetz zum Abbau bürokratischer Hemmnisse und das Steueränderungsgesetz 2007, DB 2006, 1512; *Biber*, Was bringt das Gesetz zur weiteren Stärkung des bürgerlichen Engagements?, EStB 2007, 342; *Walz/von Auer/von Hippel*, Spenden- und Gemeinnützigkeitsrecht in Europa, Tübingen, 2007; *Fischer*, Reform des Gemeinnützigkeits- und Spendenrechts, NWB 2007, 765 ff.; *Fritz*, Regierungsentwurf eines Gesetzes zur weiteren Stärkung des bürgerlichen Engagments, BB 2007, 690 ff.; *Fritz*, Gesetz zur weiteren Stärkung des bürgerschaftlichen Engagements – Steuerliche Änderungen für gemeinnützige Körperschaften und deren Förderer, BB 2007, 2546 ff.; *Hüttemann*, Gesetz zur weiteren Stärkung des bürgerschaftlichen Engagements und seine Auswirkungen auf das Gemeinnützigkeits- und Spendenrecht, DB 2007, 2053 ff.; *Drüen/Liedtke*, Die Reform des Gemeinnützigkeits- und Zuwendungsrechts und seine europarechtliche Flanke, FR 2008, 1 ff.; *Hüttemann/Helios*, Abzugsfähigkeit von Direktspenden an gemeinnützige Einrichtungen im EU-Ausland, IStR 2008, 39 ff.; *Krain*, Das Gesetz zur weiteren Stärkung des bürgerlichen Engagements, AO-Steuer-Berater 2008, 14; *Hüttemann*, Die steuerliche Förderung gemeinnütziger Tätigkeiten im Ausland – eine Frage des „Ansehens", DB 2008, 1061; *Neumann*, Steuerliche Verbesserungen für das bürgerschaftliche Engagement und die Folgen aus der Stauffer-Entscheidung des EuGH für den Spendenabruf, FR 2008, 745; *Fischer*, Das EuGH-Urteil Persche zu Auslands-Spenden – die Entstaatlichung des Steuerrechts geht weiter, FR 2009, 249; *Nolte*, Das Spendenabzugsrecht, NWB 2009, 2236; *Geserich*, Die Abzugsfähigkeit von Spenden in anderen EU-Staaten, DStR 2009, 1173; *Hörster*, Gesetz zur Umsetzung steuerlicher EU-Vorgaben, NWB 2010, 1130; *Hüttemann/Helios*, Zum grenzüberschreitenden Spendenabzug in Europa nach dem EuGH-Urteil vom 27.1.2009 – Persche, DB 2009, 701; *Geserich*, Räumliche Ausdehnung des Spendenabzugs, NWB 2010, 1408; *Hüttemann*, Rechtsfragen des grenzüberschreitenden Spendenabzugs, IStR 2010, 118; *Janssen*, Verdeckte Gewinnausschüttung und Spendenabzug, DStZ 2010, 170; *Förster*, Grenzüberschreitende Gemeinnützigkeit – Spenden schwergemacht, BB 2011, 663; *Seer*, Der Einfluss des Europäischen Steuerrechts auf die Beweislast, IWB 2012, 604; *Förster*, Der Nachweis grenzüberschreitender Spenden, DStR 2013, 1516; *Schauhoff/Kirchhain*, Steuer- und zivilrechtliche Neuerungen für gemeinnützige Körperschaften und deren Förderer, FR 2013, 304; *Hüttemann*, Der geänderte Anwendungserlass zur Gemeinnützigkeit, DB 2014, 442; *Kirchhain*, Immer wieder Ärger mit Auslandsspenden, IWB 2014, 421; *Stahl*, Betriebe gewerblicher Art und Gemeinnützigkeit, Festschrift Gosch 2006, 403; *Kahsnitz*, Spendenabzug bei Betriebsübergang gegen bedingte Versorgungszusage, DStR 2016, 2137. *Weitemeyer/Bornemann*, Problemstellungen gemeinnütziger Tätigkeit mit Auslandsbezug, FR 2016, 437; *Pohl*, Zum Standort der Einkommenszurechnung in Organschaftsfällen, DStR 2017, 1687; *Rausch/Meirich*, Spenden durch Verzicht auf einen vertraglichen Anspruch, DStR 2017, 2769; *Hüttemann*, Gemeinnützigkeits- und Spendenrecht, 4. Aufl., Köln 2018.

A. Allgemeines

I. Regelungsinhalt Überblick

200 Der zweite Regelungsbereich von § 9 KStG gilt der Berücksichtigung von Spenden und vergleichbaren Zuwendungen durch Körperschaften. Der Systematik nach sind derartige Zuwen-

dungen eine Einkommensverwendung, die im Einkommensteuerrecht dementsprechend als Sonderausgaben behandelt werden. Da es bei der Ermittlung der Bemessungsgrundlage von **Körperschaften keine Sonderausgaben** gibt, ist § 10b EStG nicht anwendbar. Das Gesetz sieht daher eine andere Regelung des Spendenabzuges gleichsam als Parallelvorschrift zu § 10b EStG vor, der für den Spendenabzug natürlicher Personen gilt. § 9 Abs. 1 Nr. 2 KStG überträgt die Regelung ins Körperschaftrecht und nimmt einige Anpassungen vor. So werden die Spenden als abziehbare Aufwendungen erklärt, die somit bei der Ermittlung des Gewinns der Körperschaft abgezogen werden. In der Systematik der Einkommensermittlung nach § 2 EStG werden die Spenden somit bereits bei der Ermittlung des **Gesamtbetrages der Einkünfte** berücksichtigt und nicht wie im Einkommensteuerrecht erst danach. Dies hat Auswirkungen beim Verlustabzug gem. § 10d EStG: Da nach § 9 KStG abziehbare Spenden **vor** einem möglichen **Verlustabzug** berücksichtigt werden und nicht wie im Einkommensteuerrecht erst danach, können Spenden den Verlust erhöhen.

Im sachlichen Regelungsbereich bestehen zwischen § 9 KStG und § 10b EStG Ähnlichkeiten. Soweit die Regelungen **inhaltlich übereinstimmen,** können die zu § 10b EStG ergangenen Urteile der Rechtsprechung und Verwaltungsanweisungen entsprechend angewendet werden.

Die Definitionen und Tatbestandsvoraussetzungen sind in § 9 Abs. 1 Nr. 2 KStG enthalten. § 9 **Abs. 2** KStG enthält ergänzende Tatbestandselemente. § 9 **Abs. 3** KStG regelt, dass und wann der Steuerpflichtige auf eine Spendenbescheinigung vertrauen darf, und die Frage, wer im Fall der Ausstellung einer falschen Steuerbescheinigungen haftet.

Mit der Abziehbarkeit von Zuwendungen für steuerbegünstigte Zwecke erfolgt eine **indirekte Förderung** von Staatsaufgaben.[1] Idealtypisch sind die steuerbegünstigten Zwecke Aufgaben, die staatliche Stellen erfüllen müssen. Durch die steuerliche Abziehbarkeit von Zuwendungen zur Erledigung solcher Aufgaben wird die Privatinitiative angeregt. Anstatt die vollen Kosten der Erledigung der öffentlichen Aufgabe aus dem staatlichen Haushalt zu decken, erreicht der Staat die Erledigung der Aufgabe durch Tragung eines Teils der Kosten in Höhe der Steuerersparnis. Soweit die Theorie. In der Praxis kommt es aber zur Förderung von Organisationen, die die Aufgaben erfüllen. Diese arbeiten teilweise mit erheblichen Kosten, vor allem für Gehälter ihrer Beschäftigten, so dass die Aufgabenerfüllung ineffizient ist. Um dies zu verhindern, ist eine Kontrolle dieser Organisationen erforderlich, was wiederum Kosten verursacht. Kritik am gesamten Gemeinnützigkeitswesen ist daher durchaus angebracht.

(Einstweilen frei)

II. Rechtsentwicklung

Der Spendenabzug hat die Gesetzgebung immer wieder beschäftigt. Bereits im **KStG 1925**[2] war vorgesehen, dass Beträge zur Förderung gemeinnütziger und mildtätiger Zwecke steuerlich berücksichtigt werden konnten. § 12 Nr. 4 **KStG 1934**[3] sah dann ein generelles Abzugsver-

---

1 Vgl. *Geserich* KSM § 10b EStG A 40 ff.; *Paul Kirchhof,* Gemeinnützigkeit – Erfüllung staatlicher Aufgaben durch selbstlose Einkommensverwendung, in: Jachmann, Gemeinnützigkeit, DStjG 26 (2003), 1 ff.
2 RGBl 1925 I 211 § 14 KStG 1925.
3 RGBl 1934 I 1033.

bot vor, welches 1950[1] aufgehoben wurde. Eine Reform erfolgte mit dem **KStG 1975**[2], die allerdings die Grenzen der abziehbaren Höchstbeträge deutlich geringer zog als heute.

206 Mit der grundlegenden Reform durch das **KStG 1977**[3] wurde in § 9 Nr. 3a KStG die Regelung über den Abzug von Ausgaben zur Förderung steuerbegünstigter Zwecke und in Nr. 3b die Bestimmung über den Parteispendenabzug eingeführt. In den 1980er Jahren erschütterten Skandale um illegale Parteispenden die Bundesrepublik. Nach dem Urteil des BVerfG, Urteil v. 9. 4. 1992,[4] das den steuermindernden Abzug von **Spenden an politische Parteien** für verfassungswidrig erklärte, wurde mit dem Gesetz v. 28. 1. 1994[5] die Möglichkeit des Spendenabzugs an politische Parteien für Körperschaften gestrichen. Durch das StEntlG 1999/2000/2002[6] wurde der Zeitraum für den Abzug von Großspenden auf sechs Jahre verkürzt.

207 Die Verordnung zur Änderung der EStDV[7] brachte zum **1. 1. 2000** eine grundlegende Reform des Spendenrechts durch Übernahme von Regelungen der EStR. Die sog. Durchlaufspenden wurden abgeschafft wie auch die Ermächtigung des § 48 EStDV a. F. Der Katalog der geförderten Zwecke wurde ebenso überarbeitet wie die Abzugsfähigkeit der Mitgliedsbeiträge. Schließlich wurde das Verfahren bereinigt. Es schloss sich mit dem Gesetz zur weiteren steuerlichen **Förderung von Stiftungen**[8] die Einführung des zusätzlichen Abzug von Zuwendungen an Stiftungen in Abs. 1 Nr. 2 Satz 3 der Norm an. Dies galt erstmals für die Zeit nach dem 31. 12. 1999 (§ 54 Abs. 7 KStG i. d. F. des Gesetzes v. 14. 7. 2000).[9]

208 Die nächste Änderung erfolgte mit dem **StÄndG 2007** v. 19. 7. 2006[10], mit dem die Verweisung in § 9 Abs. 2 Satz 3 an die redaktionelle Änderung des § 6 Abs. 1 Nr. 4 EStG zum 1. 1. 2007 angepasst wurde. Versehentlich war bestimmt, dass § 9 Abs. 2 Satz 3 KStG bereits am Tag nach der Verkündung des StÄndG 2007 in Kraft treten sollte (vgl. Art. 10 Satz 1 StÄndG 2007). Mit dem Gesetz zur weiteren **Stärkung des bürgerschaftlichen Engagements** vom 10. 10. 2007[11] – rückwirkend ab dem 1. 1. 2007 in Kraft – wurde das Spendenrecht bereits wieder verändert. Die Abstimmung mit der AO wurde verbessert, die Höchstabzugsbeträge wurden angehoben, die Großspendenregelung durch eine Neuordnung des Zuwendungsvortrages ersetzt und weitere Veränderungen vorgenommen. Vor allem wurde der Katalog der förderungswürdigen Zwecke durch Verweisung auf die §§ 52 – 54 AO synchronisiert. Dadurch entfiel die kaum nachzuvollziehende Unterscheidung zwischen steuerbegünstigten und spendenbegünstigten Zwecken. Absatz 2 wurde redaktionell verändert. Die Neuregelungen galten bereits für den **Veranlagungszeitraum 2007**, wobei § 34 Abs. 8a Satz 2 KStG in dieser Fassung ein begrenztes Wahlrecht auf den Veranlagungszeitraum für 2007 im Hinblick auf die bisherige Gesetzeslage vorsah.

---

1 BGBl 1950, 95.
2 BGBl 1975 I 1933.
3 BGBl 1976 I, 2597.
4 2 BvE 2/89, BStBl 1992 I 766 ff.; vgl. auch BVerfG, Urteil v. 14. 7. 1986 - 2 BvE 2/84, 2 BvR 442/84, BStBl 1986 I 684 ff.
5 Sechstes Gesetz zur Änderung des Parteiengesetzes u. a. Gesetze.
6 Vom 24. 3. 1999, BStBl 1999 I 304.
7 Vom 10. 12. 1999, BStBl 1999 I 1132.
8 Vom 14. 7. 2000, BStBl 2000 I 1192.
9 Zu weiteren Details der Entwicklung vgl. z. B. *Blümich*, § 9 KStG Rz. 2 und DPM § 9 Rz. 81 ff.; *Gosch/Märtens*, § 9 KStG Rz. 3, 4, HHR, § 9 KStG Rz. 2 ff.
10 BStBl 2006 I 432.
11 BT-Drucks. 16/5926; BGBl 2007 I 2332.

Weitere umfangreiche Entwicklung nahm das **Jahressteuergesetz 2009**[1] durch die Veranlasserhaftung in § 9 Abs. 3 KStG. Die Gesetzesbegründung spricht von einer „Folgeänderung zur Veranlasserhaftung bei der Ausstellung von Spendenbescheinigungen in § 10b Abs. 4 EStG". Die Norm regelt nun gesetzlich die Reihenfolge der Inanspruchnahme und führt zu einer besonderen Festsetzungsfrist von Haftungsansprüchen. Satz 4 wurde gelöscht. Durch die Änderung in § 5 Abs. 2 KStG sind auch Körperschaften, Personenvereinigungen und Vermögensmassen i. S. d. § 5 Abs. 1 Nr. 9 von der Körperschaftsteuer befreit, die ihren Sitz und ihre Geschäftsleitung in der EU oder im EWR haben und im Inland nur beschränkt steuerpflichtig sind. Diese Änderungen traten ab dem Veranlagungszeitraum 2009 (vgl. § 34 Abs. 1 KStG) in Kraft. Für das gleiche Jahr trat das Gesetz zur **Modernisierung und Entbürokratisierung** des Steuerverfahrens[2] in Kraft. Das Gesetz enthält zahlreiche Regelungen, mit denen eine Vereinfachung und Entbürokratisierung des Besteuerungsverfahrens beabsichtigt ist. Unter anderem schafft § 50 Abs. 1 EStDV die Möglichkeit, eine Zuwendungsbestätigung für Spenden nach amtlich vorgeschriebenem Datensatz elektronisch zu übermitteln. Ebenfalls für 2009 wurde durch das Gesetz zur **Umsetzung steuerlicher EU-Vorgaben** sowie zur Änderung steuerlicher Vorschriften[3] das EuGH-Urteil v. 27. 1. 2009[4] umgesetzt. Hierdurch wurde der Kreis der Empfänger steuerbegünstigter Zuwendungen auf juristische Personen des öffentlichen Rechts und öffentliche Dienststellen in der EU oder im EWR und Körperschaften, Personenvereinigungen und Vermögensmassen i. S. d. § 5 Abs. 1 Nr. 9 KStG, die ihren Sitz und ihre Geschäftsleitung in der EU oder im EWR haben, ausgeweitet. Dies war mit einigen Voraussetzungen verbunden. Auch erfolgte die Übernahme der EStG-Regeln in § 9 Abs. 1 Nr. 2 Satz 7 KStG n. F. Danach können Mitgliedsbeiträge an Körperschaften, die die Kunst und Kultur fördern und deren Betätigung nicht in erster Linie der Freizeitgestaltung dienen, abgezogen werden, obwohl den Mitgliedern Vergünstigungen gewährt werden.

Seitdem erfolgte Änderungen[5] betreffen die Anpassungen an die Gemeinschaftsrechtslage und Änderungen beim Vertrauensschutz nach Abs. 3 neben redaktionellen Änderungen. Die Einführung von § 51Abs. 2 AO durch das JStG 2009[6] wirkt sich auf § 9 Abs. 1 Nr. 2 KStG aus.

(Einstweilen frei)

III. Systematische Stellung

§ 9 KStG ordnet die Zuwendungen (Spenden und Mitgliedsbeiträge) den abziehbaren Aufwendung zu. Sie gehört somit zu den Gewinnermittlungsvorschriften. Da Körperschaftssteuersubjekte gem. § 1 Nr. 1 bis 3 KStG nur Einkünfte aus Gewerbebetrieb haben (§ 8 Abs. 2 KStG), haben sie nach der st. Rspr. des BFH auch keine außerbetriebliche Sphäre (*Klein/Müller/Döpper* in Mössner/Seeger/Oellerich, KStG, § 8 Rz. 24, 117). Dementsprechend sind ihre Aufwendungen Betriebsausgaben. Somit werden durch § 9 Abs. 1 Nr. 2 KStG die Zuwendungen zu Betriebsausgaben.

---

1 Referentenentwurf v. 18. 6. 2008, v. Deutschen Bundestag am 28. 11. 2008 verabschiedet, v. Bundesrat – BR-Drucks. 896/08 – am 19. 12. 2008 beschlossen.
2 Genannt: Steuerbürokratieabbaugesetz - StBürokratAbG. v. 19. 12. 2008, BGBl 2008 I 2850.
3 Vom 8. 4. 2010, BStBl 2010 I 334 ff.
4 In Sachen Persche – C-318/07, vgl. auch das Anschlussurteil des BFH, Urteil v. 27. 5. 2009.
5 Siehe *Kirchhain* RHN § 9 Rz. 158-165.
6 Vom 19. 12. 2008, BGBl 2008 I 2794.

> **BEISPIEL:** Die X GmbH hat in ihrem ersten Jahr ein Ergebnis von 1.000 erwirtschaftet. Sie hat im Laufe des Jahres Spenden in Höhe von 40.000 geleistet. Aufgrund des Höchstbetrages ihres Umsatzes (→ Rz. 340) kann sie 20.000 als Aufwendung abziehen. Sie erleidet somit einen Verlust in Höhe von 19.000 und kann 21.000 an Spenden vortragen (→ Rz. 200, → Rz. 345).

Anders als bei natürlichen Personen (→ Rz. 200) kann daher die Zuwendung gem. § 9 Abs. 1 Nr. 2 KStG zur Bildung oder Erhöhung eines Verlustrück- oder -vortrages führen. Dies ist nicht unumstritten. Da Betriebsausgaben betrieblich veranlasste Aufwendungen sind (§ 4 Abs. 4 EStG), Spenden jedoch freiwillig (→ Rz. 232) und aus sittlichen u. ä. Gründen gegeben werden – jedenfalls nicht betrieblich veranlasst sind, denn dann würden sie zu Betriebsausgaben (→ Rz. 250) – wollen einige[1] sie lediglich wie Betriebsausgaben behandeln. Daran ist zutreffend, dass die Zuwendungen Elemente der Einkommensverwendung sind. Im Ergebnis kommen auch diese zu den gleichen Ergebnissen.

IV. Europarecht

222 Das Recht des Spendenabzugs ist erheblich durch Entscheidungen des EuGH verändert worden. Da der steuerliche Spendenabzug eine Form der Förderung staatlicher Aufgaben (→Rz. 203) darstellt, liegt es nahe, ihn auf die Förderung der Zwecke jedes einzelnen Mitgliedstaats zu begrenzen. Wenn § 52 AO von der Förderung der Allgemeinheit spricht, dann ist dies die „reale deutsche Gesellschaft".[2] Diese Vorstellung von Gemeinnützigkeit schließt es nicht aus, dass auch **überstaatliche Belange** berücksichtigt werden.[3] Der Verordnungsgeber hatte insofern internationale Unterstützung bei Naturkatastrophen, Entwicklungshilfe, Völkerverständigung und andere Ziele in § 48 EStDV anerkannt, als diese auch der deutschen Allgemeinheit nützten. **Ausländischen Körperschaften** konnte der Gemeinnützigkeitsstatus nicht gewährt werden.[4] Begründet wurde dies mit der mangelnden Kontrollmöglichkeit der tatsächlichen Praxis durch die deutschen Finanzbehörden.

223 Grundlegend für eine Änderung wurde das Urteil des EuGH, Urteil v. 14. 9. 2006:[5]

> **BEISPIEL:** Die italienische Stiftung Centro di Musicoligia Walter **Stauffer** ist eine Stiftung italienischen Rechts, deren Gemeinnützigkeit in Italien anerkannt ist. Sie fördert im Zusammenhang mit dem früheren Geigenbau in Cremona die Ausbildung junger Streicher aus der Schweiz mit Studienbeihilfen für einen Aufenthalt in Cremona. Ebenfalls gehört zum Förderungszweck die Herstellung von Streichinstrumenten in Cremona. Die Stiftung hat in München Grundbesitz und unterhält keinen wirtschaftlichen Geschäftsbetrieb. Ist die Stiftung gem. § 5 Nr. 9 KStG von der Körperschaftsteuer befreit?

In seinem Vorlagebeschluss vom 9. 5. 2007 legt der BFH[6] dar, dass die Stiftung gemeinnützige Zwecke i. S. d. Abgabenordnung verfolge, wenn es sich um eine in Deutschland unbeschränkt steuerpflichtige Stiftung handle. Der EuGH wendet auf die Vermietungseinkünfte die Kapitalverkehrsfreiheit (Art. 63 ff. AEUV) an. In einer ausführlichen Begründung, bei der sich der EuGH auch mit der Reduzierung der Allgemeinheit auf das Inland und der Steueraufsicht über aus-

---

[1] *Schulte* Erle/Sauter § 9 Rz. 47; *Woitschell* in Bott/Walter, KStG § 9 Rz. 33; *Hütemann*, Gemeinnützigkeit und Spendenrecht Rz. 8.65, 8.81.
[2] So *Isensee*, Gemeinnützigkeit und Europäisches Gemeinschaftsrecht, in: Jachmann, Gemeinnützigkeit, DStjG 26 (2003), 93 ff, 111.
[3] *Leisner-Egensperger* HHSp (Lfg. 190, 2006) § 52 Rz. 35
[4] Herrschende Meinung BFH 18. 4. 1975 - III B 24/74, BStBl 1975 II 595; *Leisner-Egensperger* HHSp § 51 Rz. 29
[5] Rs. C-386/04 – sog. *Stauffer*, NWB AAAAC-16451.
[6] XI R 56/05, BStBl 2010 II 260.

ländische Körperschaften intensiv auseinandersetzt, sieht er eine nicht gerechtfertigte Verletzung der Kapitalverkehrsfreiheit in der Begrenzung der Gemeinnützigkeit auf unbeschränkt steuerpflichtige Körperschaften. Die Entscheidung führte zur Änderung des § 5 Abs. 2 KStG durch das JStG 2009. § 5 Abs. 2 Nr. 2 KStG bestimmt i. d. F. des JStG 2009, dass die Vergünstigung des § 5 Abs. 1 Nr. 9 KStG für beschränkt steuerpflichtige Einrichtungen der EU und des EWR gilt, die ihren Sitz oder ihre Geschäftsleitung in der EU oder im EWR haben. Auf diese sind die §§ 51 ff. AO anzuwenden.

In der Entscheidung des EuGH, Urteil v. 27. 1. 2009[1] (**Persche**) ging es um Sachspenden (Rollatoren, Bettwäsche etc.) eines im Inland unbeschränkt Steuerpflichtigen an ein in Portugal als gemeinnützig anerkanntes Seniorenheim. Im Ausgangsverfahren lehnte die Finanzverwaltung die Berücksichtigung als Sonderausgabe unter Verweis auf § 49 EStDV a. F. ab. Der Schlussantrag des Generalanwalts sah in der Beschränkung des Spendenabzugs auf inländische gemeinnützige Körperschaften gem. § 49 EStDV a. F. einen Verstoß gegen die Kapitalverkehrsfreiheit. Im Urteil v. 27. 1. 2009[2] widersprach der EuGH der Ansicht des BFH, dass kein Verstoß gegen die Kapitalverkehrsfreiheit vorliege und bestätigte die Rechtsauffassung des Generalanwalts. Der EuGH erkannte an, dass ein Staat legitimerweise „Steuervergünstigungen Einrichtungen vorbehält, die bestimmte seiner Gemeinwohlziele verfolgen" (Urteil Tz. 44), dass er aber nicht verlangen könne, dass diese Einrichtungen in seinem Staatsgebiet ansässig sind. Ausführlich legt das Gericht dar, wie die Kontrolle durch die Finanzbehörden erfolgen kann und welche Nachweispflichten der Spender selbst zu tragen hat.[3] Das BMF[4] erteilte die Anweisung, diese Urteile des EuGH und des BFH bis zu einer gesetzlichen Neuregelung in allen noch nicht bestandskräftig veranlagten Fällen anzuwenden. Die Reaktion des Gesetzgebers erfolgte durch das „Gesetz zur Umsetzung steuerlicher EU-Vorgaben sowie zur Änderung steuerlicher Vorschriften" v. 8. 4. 2010.[5]

224

Die Änderungen haben Einfluss auf Spenden an inländische Körperschaften, die im Ausland tätig sind (→ Rz. 280), an ausländische Körperschaften, die im Inland steuerbegünstige Zwecke fördern (→ Rz. 305 ff.), und an ausländische Körperschaften, die im Ausland tätig sind (→ Rz. 305 ff.).

225

(Einstweilen frei)

226

V. Verhältnis des § 9 KStG zu anderen Normen

EStG:

227

▶ **§ 4 Abs. 4 EStG, § 9 EStG**: § 9 KStG ist nicht anwendbar, wenn **Betriebsausgaben** oder **Werbungskosten** vorliegen, d. h. durch die Einkunftserzielung veranlasste Ausgaben. Zwar werden Spenden wie Betriebsausgaben gewinnmindernd bei der ESt, KSt und GewSt berücksichtigt, Betriebsausgaben haben aber Vorteile. Sie sind grundsätzlich in vollem Umfang und unbeschränkt abziehbar, das Verfahren ist einfacher und grundsätzlich ist auch der Empfänger unerheblich. Betriebsausgaben sind Aufwendungen, die durch den Betrieb veranlasst sind (§ 4 Abs. 4 EStG), so dass sie objektiv mit dem Betrieb

---

[1] Rs. C-318/07, BStBl 2010 II 440.
[2] Rs. C-318/07, BStBl 2010 II 440.
[3] Dem folgend BFH, Urteil v. 27. 5. 2009 - X R 46/05, BFH/NV 2009, 1633 = NWB FAAAD-26940.
[4] Schreiben v. 6. 4. 2010, BStBl 2010 I 386.
[5] BStBl 2010 I 334 ff.

zusammenhängen und subjektiv zur Förderung des Betriebs gemacht werden.[1] Spenden hingegen sind Zuwendungen, die freiwillig oder aufgrund einer freiwillig eingegangenen Rechtspflicht erbracht werden, kein Entgelt für eine bestimmte Leistung des Empfängers sind und nicht in einem tatsächlichen wirtschaftlichen Zusammenhang mit dessen Leistung stehen.[2] Entscheidend sind die Motive des Leistenden, wie sie sich durch die äußeren Umstände zeigen.[3]

▶ **§ 10b EStG:** Im Gegensatz zu § 9 KStG gilt die Norm für den Spendenabzug durch natürliche Personen und Personengesellschaften. Die Normen sind grundsätzlich identisch. § 10b EStG gewährt jedoch noch eine Abzugsmöglichkeit für Spenden an politische Parteien. Dies wurde für § 9 KStG ab VZ 1994 gestrichen. § 10b Abs. 1a EStG gewährt zusätzlich auch einen Abzug von Zuwendungen an Stiftungen i. H. v. 750.000 € ohne Beschränkung (früher: nur anlässlich der Neugründung von Stiftungen bis zur Höhe von 307.000 €) – sog. Vermögensstockspenden. Der auch im Gegensatz zu § 9 Abs. 1 Nr. 2 KStG von jeher mögliche Verlustrücktrag ist gegenstandslos zugunsten eines zeitlich unbegrenzten Zuwendungsvortrags aufgehoben.

Die Ausführungsnormen der §§ 48 ff. EStDV sind auf § 9 KStG anwendbar.[4]

▶ **§ 50 EStDV:** Durch die Verordnung wird als weitere Voraussetzung für die Abziehbarkeit von Spenden der Nachweis durch eine **Zuwendungsbestätigung** nach amtlichem Vordruck begründet. Da es sich hierbei um eine Verfahrensregelung handelt, bestehen keine Bedenken hinsichtlich der Ermächtigungsgrundlage. Das Erfordernis gilt aber nur für im Inland ansässige Zuwendungsempfänger.

228 AO:

▶ **§§ 51 – 68 AO:** Die Vorschriften der AO regeln einerseits die materiellen Voraussetzungen der steuerbegünstigten Zwecke, für die abziehbare Spenden geleistet werden können. Andererseits stellen sie Voraussetzungen auf, die die Zuwendungsempfänger erfüllen müssen. Dabei soll in einfach nachprüfbarer Weise sichergestellt werden, dass die Spenden nur für die steuerbegünstigten Zwecke verwendet werden.(vgl. → Rz. 385 ff.)

▶ **§ 60a AO:** Mit der 2013 eingeführten Regelung[5] wird ein Verfahren zur Feststellung der satzungsmäßigen Voraussetzungen eingeführt. Ebenfalls geregelt werden Fragen der Fehlerhaftigkeit der Feststellung (s. näher → Rz. 296).

229 GewStG:

▶ **§ 8 Nr. 4 und § 9 Nr. 2b GewStG:** Die Kürzungsvorschrift des § 9 Nr. 2b GewStG wurde mit dem Kultur- und Stiftungsförderungsgesetz vom 13. 12. 1990 ab dem Erhebungszeitraum 1991 eingeführt,[6] nachdem der BFH eine übergesetzliche Kürzung für den Fall einer gewerbesteuerlichen Doppelbelastung mit Urteil v. 23. 10. 1985[7] abgelehnt hatte. Der Kür-

---

1 BFH, Urteil v. 16. 12. 1981 - I R 140/81, BStBl 1982 II 465.
2 BFH, Urteile v. 25. 11. 1987 - I R 126/85, BStBl 1988 II 220; v. 12. 9. 1990 - I R 65/86, BStBl 1991 II 258.
3 BFH, Urteil v. 9. 8. 1989 - I R 4/84, BStBl 1990 II 237; so auch Urteil des FG Berlin-Brandenburg, Urteil v. 2. 9. 2009 - 10 K 1190/06 B, NWB NAAAD-22860.
4 Herrschende Meinung, vgl. BFH, Urteil v. 12. 9. 1990 - I R 65/86, BStBl 1991 II 258 und → Rz. 19 ff.
5 Gesetz v. 21. 3. 2013, BGBl 2013 I S. 556.
6 Gesetz zur steuerlichen Förderung von Kunst, Kultur und Stiftungen sowie zur Änderung steuerrechtlicher Vorschriften v. 13. 12. 1990, BGBl 1990 I 2775.
7 I R 235/81, BStBl 1986 II 72, 73, NWB IAAAA-97626.

zungsbetrag nach § 9 Nr. 2b GewStG ist mit dem Hinzurechnungsbetrag nach § 8 Nr. 4 GewStG identisch.[1]

▶ **§ 8 Nr. 9 und § 9 Nr. 5 GewStG**: Die Normen korrespondieren mit § 9 KStG.

B. Abzug von Zuwendungen (§ 9 Abs. 1 Nr. 2, Abs. 2 KStG)

I. Zuwendungsbegriff

Das Gesetz verwendet den Begriff Zuwendung als **Oberbegriff** für **Spenden und Mitgliedsbeiträgen**. Der Begriff der Zuwendung wurde bereits vor dem KStG 1977 vom Gesetz gebraucht. Üblicherweise verwendet das Steuerrecht die Begriffe „Aufwendung" und „Ausgaben". Auch § 9 KStG spricht von den Zuwendungen als abziehbare Aufwendungen. Auch das EStG benutzt den Begriff der Zuwendung in § 10b EStG. In den Begriffen der Aufwendung und der Ausgabe geht der Blick auf die Seite des Aufwendenden. Mit der Zuwendung ist auch die Seite des Empfängers und somit ein verstärkt finales Element in den Blick genommen. Im Grunde bestehen jedoch keine wesentlichen Unterschiede, im Spendenabzugsrecht ist der Begriff Zuwendung gesetzlich definiert.[2]

230

1. Spenden

Spenden sind Ausgaben (Zuwendungen), die freiwillig und ohne Gegenleistung zur Förderung der gesetzlich festgelegten Zwecke geleistet werden.[3] Damit ist eine Reihe von Kriterien angesprochen:

231

▶ Spenden müssen freiwillig sein (→ Rz. 232)
▶ den Spenden darf in keiner Weise eine Gegenleistung gegenüberstehen (→ Rz. 233)
▶ Spenden müssen zur Förderung bestimmter Zwecke an bestimmte Empfänger erfolgen (→ Rz. 270, → Rz. 290)
▶ Spenden setzen beim Spender eine Minderung seines Vermögens voraus. (→ Rz. 246)

a) Freiwilligkeit

Die **Freiwilligkeit** ist gegeben, wenn der Spender nicht gezwungenermaßen die Aufwendung tätigt. Ein Zwang kann sich nicht nur aus rechtlichen Gründen ergeben.[4] Eine freiwillig eingegangene rechtliche Verpflichtung spricht nicht gegen die Freiwilligkeit. Die Zahlung von Mitgliedsbeiträgen ist freiwillig, wenn man freiwillig beigetreten ist.[5] Eine Freiwilligkeit scheidet aus,[6] wenn einer Stiftung durch das Stiftungsgeschäft vorgegeben ist, ihr Einkommen ausschließlich für eine bestimmte gemeinnützige Körperschaft zu verwenden.

232

BEISPIEL: ▶ In einem Strafprozess wegen Steuerhinterziehung gegen A ist das Verfahren gem. § 153 StPO gegen Zahlung einer Geldbuße an eine gemeinnützige Organisation eingestellt worden. Die Geldbuße ist keine Spende.

---

1 BFH, Urteile v. 6. 10. 2009 - I R 102/06, BFH/NV 2010, 462, 464 = NWB NAAAD-35172 („gewissermaßen eine Spiegelbildlichkeit"); v. 4. 12. 2012 - I R 42/11, BFH/NV 2013, 589 = NWB MAAAE-30619.
2 Siehe auch *König/Oellerich* in Mössner/Seeger/Oellerich, KStG, § 5 Rz. 251 ff.
3 BFH, Urteil v. 12. 9. 1990 - I R 65/86, BStBl 1991 II 258.
4 BFH, Urteile v. 27. 11. 1987 - I R 12/85, BStBl 1988 II 220; v. 12. 9. 1990 - I R 65/86, BStBl 1991 II 258; 19. 12. 1990 - X R 40/86, BStBl 1991 II S. 234; v. 12. 10. 2011 - I R 102/10, BStBl 2014 II 484.
5 Vgl. z. B. BFH, Urteil v. 20. 7. 2006 - XI B 51/05, NWB LAAAB-97178.
6 BFH, Urteil v. 12. 10. 2011 - I R 102/10, BStBl 2014 II 484.

Der Zwang kann auch faktischer Natur sein.[1] Die Abgrenzung ist dann allerdings im Einzelfall schwierig. „Erwartete" Spenden, denen sich die betreffende Körperschaft nicht auf Grund eines sozialen Drucks entziehen kann, sprechen nicht gegen die Freiwilligkeit.

BEISPIEL: Die Musikhandlungs GmbH möchte zum Eintrittskartenhändler für ein Musikfestival werden, das von einem gemeinnützigen Verein veranstaltet wird. Der Verein „erwartet", dass die Kartenhändler das Festival finanziell unterstützen.

Freiwillig ist die Zuwendung, wenn sie „ohne eigennützige, rechtliche Verpflichtung geleistet"[2] wird. Eine Eigennützigkeit ist dann gegeben, wenn auch eigene wirtschaftliche Zwecke verfolgt werden. Im Beispiel kann es sich je nachdem, wie eng die Verbindung zwischen „erwarteter" Spende und Bestellung als Kartenverkäufer ist, auch um eine Betriebsausgabe (→ Rz. 250) handeln. Der BFH zieht die **Motivation des Spendenden** als wichtiges Kriterium in die Beurteilung ein. Letztlich handelt es sich um eine Tatsachenwürdigung, die den Finanzgerichten obliegt. Besondere Aufmerksamkeit der Finanzverwaltung und der Finanzgerichte haben die sog. **Beitrittsspenden** erhalten.

BEISPIEL: Der Golfclub X „erwartet", dass beitrittswillige Personen neben der Aufnahmegebühr eine mindestens gleichhohe „Spende" dem Verein zukommen lassen.

Diese „Erwartung" kann ein faktischer Zwang[3] sein oder wirklich nur eine Erwartung. Die Finanzverwaltung stellt darauf ab, ob mehr als 75 % der neu eingetretenen Mitglieder die Spende leisten.[4] Da nach § 9 Abs. 1 Nr. 2 Satz 8 Nr. 1 KStG Mitgliedsbeiträge an Sportvereine nicht abziehbar sind (→ Rz. 243), ist die Abgrenzung der Spenden von Mitgliedsbeiträgen wichtig, in der Praxis aber kaum überzeugend vorzunehmen. Ein wichtiges Kriterium stellt es dar, ob der Sportverein sich ausreichend aufgrund der Mitgliedsbeiträge mit finanziellen Mitteln versorgen kann.[5] Der Anteil der tatsächlich Zahlenden, die finanzielle Ausstattung des Vereins, die Dringlichkeit der Spendenaufrufe usw. sind allerdings nur Indizien, die für oder gegen einen faktischen Zwang sprechen können. Auch ein „starker Druck"[6] spricht nicht zwangsläufig gegen die Freiwilligkeit.[7]

b) Unentgeltlichkeit

233 Die Unentgeltlichkeit wird verneint, wenn die Zuwendung bei wirtschaftlicher Betrachtung das **Entgelt** für eine Leistung des Empfängers bildet, so dass die Zuwendung des Gebers und die Leistung des Empfängers in einem Leistungsaustauschverhältnis stehen.[8] Ein Spenden-

---

1 Vgl. BFH, Urteil v. 13. 8. 1997 - I R 19/96, BStBl 1997 II 794.
2 So zutreffend *Geserich* KSM § 10b B 37.
3 BFH, Urteil v. 11.6.1997 - X R 242/93, BStBl 1997 II 612.
4 AEAO Tz. 1.3.1.7; s. auch *Drüen/Liedtke*, FR 2008, 8.
5 A. A. *Kirchhain* RHN § 9 Rz. 219.
6 So OFD Berlin, DStR 2003, 1299; *Krämer* in DPM § 9 Rz. 128.
7 Wie hier FG Rheinland-Pfalz 20. 11. 1978 - V 113/78, EFG 1979, 280.
8 Ständige Rspr., vgl. z. B. BFH, Urteile v. 28. 4. 1987 - IX R 9/83, BFH/NV 1988, 151 = NWB MAAAB-29968; v. 11. 6. 1997 - X R 242/93, BStBl 1997 II 612, wobei die Gewährung eines Vorteils durch einen Dritten als Gegenleistung für die Spende auch bereits genügt; BFH, Urteile v. 9. 8. 1989 - I R 4/84, BStBl 1990 II 237 und v. 19. 12. 1990 - X R 40/86, BStBl 1991 II 234.

abzug ist damit ausgeschlossen, wenn die Zuwendung an den Empfänger unmittelbar und ursächlich mit einem von diesem oder einem Dritten gewährten Vorteil zusammenhängt, ohne dass der Vorteil unmittelbar wirtschaftlicher Natur sein muss.[1] Dem FG Düsseldorf ist im Urteil v. 2. 6. 2009 zuzustimmen, dass die Herleitung der unbestimmten Tatbestandsmerkmale der Unentgeltlichkeit und Freiwilligkeit – insbesondere in dem weiten Begriffsverständnis durch die jüngere BFH-Rechtsprechung – bislang „vage" geblieben ist.

Auch **Teilentgeltlichkeit** schadet[2] und wird der Vollentgeltlichkeit gleichgestellt. Eine Spende liegt deshalb nicht beim Kauf einer Wohlfahrtsbriefmarke vor.[3] Auch Ausgaben für Eintrittskarten zu Blindenkonzerten, Wohltätigkeitsveranstaltungen oder zum Erwerb von Wohltätigkeitslosen sind nicht als Spenden zu berücksichtigen. In allen Fällen erhält der Erwerber eine Gegenleistung (Beförderung der Briefsendung, Konzert, Essen, Gewinnchance usw.). 234

Das Merkmal „ohne Gegenleistung" oder auch der **Unentgeltlichkeit** besagt, dass der Spender nichts als wirtschaftlichen Vorteil erwartet. Die Spende ist fremdnützig.[4] Auch hier entscheidet letztlich in der Abgrenzung die **Motivation** des Zuwendenden.[5] Aber einfach ist die Abgrenzung im Einzelfall nicht. 235

BEISPIEL: Die X GmbH unterstützt finanziell ein Kirchenkonzert, das von einem gemeinnützigen Förderverein veranstaltet wird. Auf den Konzertprogrammen wird auf die Unterstützung hingewiesen.

Entscheidend ist, ob der Hinweis auf den Spender Voraussetzung für die Spende ist und wie der Hinweis konkret erfolgt. Wird lediglich auf den Spender und die Tatsache der Spende hingewiesen, so spricht viel für eine freiwillige Spende.

Nimmt jedoch der Hinweise die Form einer Werbung an, so wird der Bereich des **Sponsoring** betreten. Die Finanzverwaltung hat hierzu den sog. Sponsoring-Erlass herausgegeben.[6] Unter Sponsoring versteht man die Gewährung von Geld oder geldwerten Vorteilen, wobei der Sponsor eigene unternehmerische Vorteile verfolgt. Regelmäßig werden die Leistungen in sog. Sponsorenverträgen geregelt. Ausgaben i. S. d. § 9 Abs. 1 Nr. 2 KStG liegen nur vor, wenn der Zuwendungsempfänger keine Gegenleistung erbringt. Sonst handelt es sich regelmäßig um Betriebsausgaben. 236

Weist der Zuwendungsempfänger auf Plakaten, Veranstaltungshinweisen, in Katalogen und Prospekten, auf Fahrzeugen bzw. anderen Gegenständen (z. B. Trikots) auf den Zuwendenden oder auf dessen Produkte werbewirksam hin, ist eine Gegenleistung anzunehmen. Gleiches gilt, wenn irgendwie öffentlichkeitswirksam (z. B. weil der Sponsor in die Öffentlichkeitsarbeit eingebunden wird oder auf Pressekonferenzen mitwirkt) wirtschaftliche Vorteile für den Zuwendenden erreicht werden, indem auf ihn aufmerksam gemacht wird. 237

Ist die **Spende mit einem Vorteil** eng verbunden, scheidet die Abziehbarkeit in vollem Umfange aus. 238

---

1 BFH, Urteil v. 2. 8. 2006 - XI R 6/03, BStBl 2007 II 8; FG Münster v. 13. 12. 2010 - 14 K 1789/08 E, NWB NAAAD-60444, und kritisch FG Düsseldorf, Urteil v. 2. 6. 2009 - 16 V 896/09 A, NWB OAAAD-28839: Im Ergebnis läuft die Ausweitung des ungeschriebenen Merkmals der Unentgeltlichkeit darauf hinaus, dass die Spendenmotivation eine maßgebliche Bedeutung gewinnt.
2 BFH, Urteil v. 25. 8. 1987 - IX R 24/85, BStBl 1987 II 850.
3 BFH, Urteile v. 13. 6. 1969 - VI 12/67, BStBl 1969 II 701 und v. 1. 7. 2004 - IX B 67/04, NWB QAAAB-26254.
4 BFH, Urteil v. 2. 8. 2006 - XI R 6/03, BStBl 2007 II 8, m. w. N.
5 BFH, Urteil v. 25. 11. 1987 - I R 126/85, BStBl 1988 II 220.
6 BMF, Schreiben v. 18. 2. 1998, BStBl I 1998 I 212; zum Sponsoring s. auch *Kirchhain* RHN § 9 Rz. 236 ff.

BEISPIEL: Die gemeinnützige Körperschaft veranstaltet ein Wohltätigkeitsdiner, bei dem die Eintrittskarte sowohl den Preis für das Menu als auch die Spende enthält.

Ähnliche Fälle sind die Wohlfahrtsmarken, Fernsehlotterie, Wohltätigkeitskonzerte usw. Die Ansicht[1], es komme auch auf das Verhältnis zwischen Spende und Vorteil an, so dass ein geringfügiger Vorteil der Abziehbarkeit nicht entgegen stehe, scheint naheliegend, führt aber zu kaum lösbaren Abgrenzungsproblemen.

239 Von der Entgeltlichkeit sind die Fälle abgezogen, in denen mit der Zuwendung verbunden ist, dass die Körperschaft den Zuwendenden eine Leistung abringt.

BEISPIEL: „Schenkt" der Körperschaft seinen Betrieb mit der Verpflichtung, ihm eine Versorgungszusage zu gewähren.

Die Rechtslage ist unklar.[2] Entscheidend ist, ob der Körperschaft noch ein Wert zugewendet wird. Man muss aber auch den Begriff der Unentgeltlichkeit in § 6 Abs. 3 EStG einbeziehen.[3] Die Haltung der Finanzverwaltung[4] scheint eine andere zu sein, da mit der Übernahme des Betriebes eine Erfassung der stillen Reserven u.U. nicht mehr sichergestellt sein könnte.

2. Mitgliedsbeiträge (§ 9 Abs. 1 Nr. 2 Satz 1, 7 und 8 KStG)

240 **Mitgliedsbeiträge** unterscheiden sich von den Spenden dadurch, dass zur Zahlung der Beiträge aufgrund der Satzung eine Rechtspflicht besteht, diese aber mit dem Beitritt freiwillig eingegangen wird. Mitgliedsbeiträge sind somit von Mitgliedern einer Personenvereinigung aufgrund der Satzung und ihrer Eigenschaft als Mitglieder erhobene Zuwendungen. Eine korrespondierende Regelung enthält § 8 Abs. 5 KStG für Personenvereinigungen (s. *Klein/Müller/Döpper* in Mössner/Seeger/Oellerich, KStG, § 8 Rz. 2751 ff.). Nicht kommt es darauf an, ob die Mitgliedsbeiträge regelmäßig, unregelmäßig oder einmalig erhoben werden. Auch wie sie bezeichnet werden, ist gleichgültig. Daher sind auch in der Satzung vorgesehene „Umlagen" Mitgliedsbeiträge. Die Voraussetzungen für Spenden (→ Rz. 231) gelten auch für sie. Dadurch sind frühere Regelungen[5] obsolet.

241 **Abweichend** von Spenden sieht das Gesetz bei den Mitgliedsbeiträgen zum einen eine Abziehbarkeit auch dann vor, wenn in gewissem Umfang Vergünstigungen mit der Spende verbunden sind (→ Rz. 242) und zum anderen die Abziehbarkeit versagt, wenn die Spende für bestimmte Zwecke geleistet wird (→ Rz. 242).

242 § 9 Abs. 1 Nr. 2 **Satz 7** KStG erklärt Mitgliedsbeiträge auch dann für abziehbar, wenn den Mitgliedern **Vergünstigungen** gewährt werden und sie an Körperschaften geleistet werden, die **Kunst und Kultur** fördern (§ 52 Abs. 2 Nr. 5 AO).

BEISPIEL: Der Förderverein B unterstützt das örtliche Museum. Seine Mitglieder erhalten Verbilligungen beim Eintrittsgeld fürs Museum.

---

1 *Krämer* DPM § 9 Rz. 132.
2 Im Einzelnen *Kohsnitz*, DStR 2016, 2137.
3 Schmidt/*Kulosa*, § 6 Rz. 655.
4 Siehe *Kohsnitz*, DStR 2016, 2143 f.
5 Vgl. BMF, Schreiben v. 13.12.2006, NWB MAAAC-33269, unter Bezugnahme auf BMF, Schreiben v. 19.1.2006, NWB HAAAB-77038 nach § 9 Abs. 1 Nr. 2 Satz 2 KStG bzw. § 49 Abs. 4 Satz 2 EStDV a. F. (i.V. m. Anlage 1 A und B).

Eine Einschränkung enthält hierzu das Gesetz, wenn die Mitgliedsbeiträge für kulturellen Betätigungen geleistet werden, die in erster Linie der Freizeitgestaltung i. S. v. § 9 Abs. 1 Nr. 2 Satz 8 Nr. 2 KStG dienen. Somit müssen die Beiträge einerseits die Kultur fördern, aber nicht so, dass die kulturelle Betätigung der Freizeitgestaltung dient. Dies entspricht § 10b Abs. 1 Satz 7 EStG, der durch das JStG 2009 „zielgenauer und klarstellend" eingefügt wurde[1] und dessen entsprechende Regelung durch das „Gesetz zur Umsetzung steuerlicher EU-Vorgaben sowie zur Änderung steuerlicher Vorschriften" v. 8. 4. 2010[2] in das das KStG übernommen wurde. Die Gesetzesbegründung enthält hierzu keine Aussage. Die Regelung ist in allen offenen Fällen anzuwenden, wenn der Mitgliedsbeitrag nach dem 31. 12. 2006 geleistet wurde (vgl. § 34 Abs. 8a Satz 7 KStG a. F.). Während bei § 10b EStG diese Einschränkung noch nachvollziehbar ist, bereitet sie im KStG Probleme.

BEISPIEL: Der X-Verein wird gegründet, um ein Laientheater zu betreiben. Seine Gemeinnützigkeit ist anerkannt. Die Mitglieder, die sich zugleich als Laienschauspieler betätigen, leisten Mitgliedsbeiträge. Da das Theaterspielen für sie eine Freizeitbeschäftigung ist, sind die Mitgliedsbeiträge nicht abziehbar.

Die A-GmbH tritt dem X-Verein bei und zahlt Mitgliedsbeiträge. Die A-GmbH selbst kann nicht Freizeitgestaltung betreiben.[3] Spendet sie regelmäßig an den X-Verein, so sind die Spenden abziehbar. Tritt sie dem Verein bei, so liegt ein Fall des Abzugsverbotes vor. Recht verständlich ist dies nicht.

Nicht abziehbar sind Mitgliedsbeiträge an Körperschaften gem. § 9 Abs. 1 Nr. 2 Satz 8 KStG. Dies betrifft Körperschaften, die die folgenden Zwecke fördern:

▶ den **Sport** – § 52 Abs. 2 Nr. 21 AO, z. B. Sportverein

▶ kulturelle Betätigungen, die in erster Linie der **Freizeitgestaltung** dienen, z. B. Laienorchester

▶ **Heimatpflege** und Heimatkunde – § 52 Abs. 2 Nr. 22 AO, z. B. Vertriebenenverband

▶ Zwecke i. S. d. **§ 52 Abs. 2 Nr. 23** AO, z. B. die Förderung von CB-Funkvereinen, des Hundesports, des Modellflugs, der Tier- und Pflanzenzucht

Der **Zweck des Gesetzes** ist folgender: Diese Mitgliedsbeiträge dienen der Finanzierung von Leistungen, die den Mitgliedern oder deren Angehörigen zugutekommen. Die Körperschaft – z. B. der Sportverein – stellt Leistungen zur Verfügung, die von den Mitgliedern genutzt werden. Weil dies zu einer untrennbaren Verknüpfung von Eigennützigkeit mit der Verfolgung gemeinnütziger Zwecke führt, schließt das Gesetz die Abziehbarkeit aus. Die Mitglieder fördern sich gleichsam selbst. Dabei reicht es, wenn die Körperschaft mindestens einen dieser Zwecke nach ihrer Satzung oder tatsächlich verfolgt.[4] Dies ist eine zulässige gesetzliche Typisierung,[5] durch die im Einzelfall kaum vorzunehmende Abgrenzungen vermieden werden.

BEISPIEL: A ist Mitglied im Sportverein und zahlt seine Beiträge. Er macht geltend, die vom Verein angebotenen sportlichen Betätigungen nicht in Anspruch zu nehmen. Wie kann das Finanzamt diese Behauptung zuverlässig überprüfen?

---

1 So die Gesetzesbegründung: BT-Drucks. 16/11108, 13.
2 BStBl 2010 I 334 ff.
3 Weshalb *Schauhoff/Kirchhain* DStR 2007, 1987 auf die Betätigung der hinter der zuwendenden Körperschaft stehenden Personen abstellen.
4 So BT-Drucks. 16/5200, 16, 19 f.
5 FG Münster 16. 2. 2007 - 9 K 4907/02 S, EFG 2007, 1434; ebenso *Ellerbeck* Schnitger/Fehrenbach § 9 Rz. 79.

So verständlich dies bei natürlichen Personen ist, so bleibt fraglich, ob der Gesetzeszweck bei Körperschaft immer zutrifft (s. → Rz. 242). Man wird daher darauf abstellen müssen, ob die Vorteile einer Mitgliedschaft in der empfangenden Körperschaft den Mitgliedern der spendenden Körperschaft indirekt zukommen.

BEISPIEL: Die A GmbH mit den Gesellschaftern A und B ist Mitglied im Golfclub und zahlt die Beiträge. A und B sind ebenfalls Mitglieder des Golfclubs. Oder Abwandlung: A und B sind nicht Mitglieder des Golfclubs.

Ist die GmbH nicht Mitglied des Golfclub, spendet sie aber die Beiträge, wären die Spenden abziehbar. Dies müsste auch gelten bei der Abwandlung. Anders wäre es im Beispielsfall, wenn A und B Golfclubmitglieder sind. Stellt man auf den Zweck des Gesetzes ab, so ist eine entsprechende teleologische Reduktion vorzunehmen.

245 Mit den Regelungen in Sätzen 7 und 8 privilegiert das Gesetz die Körperschaften zur Förderung von Kunst und Kultur erheblich. Abgesehen von der Nichtförderung der Freizeitgestaltung bleibt die Abziehbarkeit von Mitgliedsbeiträgen auch bei erhaltenen Vergünstigungen, d. h. Gegenleistungen, erhalten. Es fällt schwer, einen rechtfertigenden Grund für diese Ungleichbehandlung zu finden. Nach dem BMF, Schreiben v. 19. 1. 2006[1] reicht jeder geldwerte Vorteil und dabei bereits die Möglichkeit der Inanspruchnahme (und nicht erst die tatsächliche Inanspruchnahme) durch ein Mitglied aus, um die steuerliche Abzugsfähigkeit entfallen zu lassen. Der Gesetzgeber hat 2010 eine Lockerung vorgesehen. Der BFH hatte zur alten Rechtslage entschieden,[2] dass Mitgliedsbeiträge als Entgelt für Dienstleistungen zu qualifizieren sind, auch wenn das Mitglied die Dienstleistungen nicht in Anspruch nimmt.[3]

3. Vermögensminderung

246 Da die „Zuwendungen" abziehbare Aufwendungen sind, liegen diese nur vor, wenn **endgültig** aus dem geldwerten Vermögen der spendenden Körperschaft eine **Wertabgabe** abfließt.[4] Es entscheidet das Abflussprinzip (§ 11 Abs. 2 EStG). Es kommt auf den Verlust der wirtschaftlichen Verfügungsmacht[5] an. Eine endgültige Belastung des Vermögens liegt nicht vor, wenn der Spender einen Vorteil aus der Spende bezieht, ohne dass es sich um eine Gegenleistung (→ Rz. 235) handelt.

BEISPIEL: A wird zusammen mit seiner Ehefrau veranlagt. Diese ist Eigentümerin einer Burg, zu deren Erhaltung Zuschüsse des Landschaftsverbandes gegeben werden. A teilt dem Landschaftsverband mit, welche Erhaltungsmaßnahmen erforderlich sind. Außerdem kündigt er an, entsprechende Spenden an den Landschaftsverband zu leisten.[6]

Zur Zuwendung von Wirtschaftsgütern vgl. → Rz. 365 und Aufwandsspenden → Rz. 376.

---

1 NWB HAAAB-77038; s. aber BMF, Schreiben v. 13. 12. 2006, NWB MAAAC-33269, das die Anwendung aussetzt.
2 Urteil v. 9. 8. 2007 - V R 27/04, BFH/NV 2007, 2213 = NWB GAAAC-58398.
3 Darauf kommt es nicht an, so der BFH: Entspricht dem Urteil des EuGH, Urteil v. 21. 3. 2002 - Rs. C-174/00, BFH/NV Beilage 2002, 95 Rz. 40, 42, NWB CAAAB-72618; und entgegen früherer Rspr.: Soweit die bisherige Rspr. – vgl. BFH-Urteil v. 20. 12. 1984 - V R 25/76, BStBl 1985 II 176 – davon abweicht, hält der BFH daran nicht fest.
4 BFH, Urteile v. 24. 9. 1985 - IX R 8/81, BStBl 1986 II 727; v. 29. 11. 1989 - X R 5/89, BFH/NV 1991, 225 = NWB JAAAB-31397; v. 5. 2. 1992 - I R 63/91, BStBl 1992 II 748 (st. Rspr.).
5 Statt aller Schmidt/*Krüger* EStG § 11 Rz. 35.
6 BFH, Urteil v. 20. 2. 1991 - X R 191/87, BStBl 1991 II 690.

247 Der Verlust der wirtschaftlichen Verfügungsmacht bestimmt auch den **Zeitpunkt**, in dem die Spende abzuziehen ist. Weicht das Wirtschaftsjahr vom Kalenderjahr ab, richtet sich – wie sonst auch – der Abzug nach dem Wirtschafts- und nicht nach dem Kalenderjahr.

248 **Keine endgültige wirtschaftliche Belastung** ist gegeben, wenn eine Gestaltung gewählt wird, bei der die Spende nicht endgültig das Vermögen des Spenders verlässt. Dies ist z. B. dann der Fall, wenn die Spende an den Spender zurückübertragen werden muss[1] oder bei „Spende" eines zinslosen Darlehens.[2] Keine endgültige wirtschaftliche Belastung ist gegeben bei Überführung von Mitteln aus dem wirtschaftlichen Bereich einer Körperschaft in den eigenen steuerbefreiten Bereich.[3] Somit wird eine Zuwendung an eine andere Körperschaft verlangt.

249 *(Einstweilen frei)*

4. Betriebsausgaben

250 Betriebsausgaben sind gem. § 4 Abs. 4 EStG i.V.m. § 7 KStG immer in voller Höhe abziehbar. Eine Einschränkung sieht § 4 Abs. 5 Nr. 4 EStG vor, wenn die Aufwendungen für bestimmte Zwecke getätigt werden. Wenn einer Spende eine Gegenleistung gegenübersteht, sie folglich entgeltlich erfolgt, so wird sie zur Betriebsausgabe, kann aber dann wegen § 4 Abs. 5 Nr. 4 EStG nicht abziehbar sein.

> **BEISPIEL:** Das Unternehmen X unterstützt einen Golfverein finanziell, der ein Golfturnier durchführt. Der Verein ist gemeinnützig. Je nachdem kann es sich um eine abziehbare Spende, eine Betriebsausgabe oder um eine nichtabziehbare Betriebsausgabe handeln.[4]

Um Betriebsausgaben handelt es sich, wenn die Zuwendung **nicht unentgeltlich** erfolgt (vgl. → Rz. 235 ff.) und eine **betriebliche Veranlassung** (§ 4 Abs. 4 EStG) gegeben ist. Es muss nicht nur ein irgendwie gearteter Zusammenhang mit dem Betrieb gegeben sein, die Körperschaft muss auch beabsichtigen, den eigenen Betrieb zu fördern. Die Finanzverwaltung hat im sog. Sponsoren-Erlass[5] (vgl. → Rz. 236) einige Hinweise zur Abgrenzung gegeben. Die Abgrenzung bleibt in der Praxis schwierig. Einerseits kommt es darauf an, ob eine Gegenleistung gewährt wird (hierzu → Rz. 235 ff.). Andererseits muss eine betriebliche Veranlassung vorliegen.

> **BEISPIEL:** Die X GmbH macht eine großzügige Spende an den örtlichen Kulturverein. Daraufhin „bedankt" sich dieser mit mehreren Freikarten für eine von ihm veranstaltete Theateraufführung an den Geschäftsführer der GmbH.

Eine Betriebsausgabe kann die Spende nur dann sein, wenn die Gegenleistung in einem wirtschaftlichen Vorteil für die GmbH besteht.

251 Ganz schwierig wird die Abgrenzung, wenn der Vorteil eher ideeller Natur ist.

> **BEISPIEL:** Die gemeinnützige Stiftung A veröffentlicht jährlich einen Bericht, in dem die Spender in Platin-, Gold- und Silberspende je nach Höhe des gespendeten Beitrages genannt sind. Die AG macht eine Spende, die zur Nennung als Platinspender führt.

---

1 BFH, Urteil v. 5.2.1992 - I R 63/91, BStBl 1992 II 748.
2 *Kirchhain* RHN § 9 Rz. 200.
3 BFH, Urteil v. 27.3.2001 - I R 78/99, BStBl 2001 II 449; *Krämer* DPM § 9 Rz. 360; *Kirchhain* RHN § 9 Rz. 201.
4 Vgl. hierzu die Entscheidungen des BFH, Urteile v. 14.10.2015 - I R 74/13, NWB CAAAF-67283, DStR 2016, 524; v. 16.12.2015 - IV R 24/13, NWB YAAAF-67280, DStR 2016, 521.
5 BMF, Schreiben v. 18.2.1998, BStBl 1998 I 212.

Handelt es sich um eine Spende, so wird diese durch die Höchstbeträge (→ Rz. 305) begrenzt. Ist es eine Betriebsausgabe, so könnte diese wegen § 4 Abs. 5 Nr. 7 EStG – unangemessener Repräsentationsaufwand[1] – nicht abziehbar sein.[2] Wendet man bei der Beurteilung, was angemessen ist, die Höchstgrenzen gem. § 9 KStG an, so kann offenbleiben, ob es eine Spende oder eine Betriebsausgabe ist, da beides zur vollen Abziehbarkeit führt. Allerdings kann dies als Spende zur Ausschöpfung der Höchstbeträge führen, so dass andere Spenden nicht mehr möglich sind.

252–254 *(Einstweilen frei)*

5. Zuwendung als verdeckte Gewinnausschüttung („vorbehaltlich § 8 Abs. 3 KStG")

255 Erfüllt die Zuwendung die Voraussetzungen einer verdeckten Gewinnausschüttung, so handelt es sich nicht um eine nach § 9 Abs. 1 Nr. 2 KStG abziehbare Spende, da § 8 Abs. 3 KStG vorrangig ist (*Klein/Müller/Döpper* in Mössner/Seeger/Oellerich, KStG, § 8 Rz. 3862).[3] Dies bedeutet, dass sowohl die Voraussetzungen für eine Spende gem. § 9 Abs. 1 Nr. 2 KStG als auch einer vGA gem. § 8 Abs. 3 KStG vorliegen müssen. Oder anders gewendet: Die Spende stellt eine (verdeckte) Gewinnausschüttung dar. Nach der Definition der verdeckten Gewinnausschüttung (*Klein/Müller/Döpper* in Mössner/Seeger/Oellerich, KStG, § 8 Rz. 283) ist es u. a. erforderlich, dass es zu einer Gewinnminderung bei der zuwendenden Körperschaft kommt (→ Rz. 246), die keine offene Gewinnausschüttung ist und die durch das **Gesellschaftsverhältnis** veranlasst ist. Damit muss es ein ursächliches Gesellschaftsverhältnis geben. Dies wird für die meisten Fälle eine Situation sein, in der eine **Kapitalgesellschaft ihrem Gesellschafter** einen Vorteil zuwendet, den sie bei Anwendung der Sorgfalt eines ordentlichen und gewissenhaften Geschäftsleiters einem Nichtgesellschafter nicht gewährt hätte.[4] Hierzu kann es kommen, wenn die empfangende gemeinnützige Körperschaft Gesellschafter der zuwendenden Körperschaft ist. Dies ist vor allem bei Spenden von **Sparkassen an ihre Gewährsträger** der Fall (hierzu näher *Klein/Müller/Döpper* in Mössner/Seeger/Oellerich, KStG, § 8 Rz. 3863 ff.). Die Rechtsprechung (näher Mössner/Seeger/Oellerich, KStG, § 8 Rz. 3865) hat hierzu Kriterien entwickelt, um das Problem zu lösen, (denkbare) Spenden von Gewinnausschüttungen zu unterscheiden.

256 Auch eine Zuwendung an eine dem Gesellschafter **nahestehende Person** führt zu einer verdeckten Gewinnausschüttung (*Klein/Müller/Döpper* in Mössner/Seeger/Oellerich, KStG, § 8 Rz. 346 ff.). Als solche kommen gemeinnützige Einrichtungen in Betracht, die dem Gesellschafter der zuwendenden Körperschaft nahestehen.

BEISPIEL: Die Gemeinde X ist Gewährsträger der örtlichen Sparkasse. Zugleich ist sie Gesellschafter einer gemeinnützigen Einrichtung, der die Sparkasse eine „Spende" zuwendet.

257 Über das Merkmal der nahestehenden Person kommt es zu einer Ausweitung auf solche Personen, die der **spendenden Körperschaft** nahestehen.

---

1 Vgl. Schmidt/*Heinicke* EStG § 4 Rz. 601.
2 *Ellerbeck* Schnitger/Fehrenbach § 9 Rz. 82.
3 BT-Drucks. 7/5310, 11 und BFH, Urteil v. 19.6.1974 - I R 94/71, BStBl 1974 II 586, danach ist die Einordnung als vGA vorrangig; vgl. auch BFH, Urteil v. 12.10.1978 - I R 149/75, BStBl 1979 II 192; und klarstellend BFH, Urteile v. 9.8.1989 - I R 4/84, BStBl 1989 II 237, 241; v. 1.2.1989 - I R 325/83, BFH/NV 1989, 668, NWB BAAAB-30889; vGA genießt Anwendungsvorrang, so BFH 19.12.2007 - I R 83/06, NWB VAAAC-78264, BFH/NV 2008, 988.
4 So *Gosch* KStG § 8 Rz. 166.

BEISPIEL: A ist Alleingesellschafter der X-GmbH. Die X „spendet" einen nennenswerten Betrag an eine gemeinnützige Stiftung, die A gegründet hat. Oder: A ist Mitglied eines (gemeinnützigen) Laienorchesters, in dem er mitspielt. Oder: A ist Mitglied einer Religionsgemeinschaft. Oder: A gründet eine gemeinnützige Stiftung, die Kunstwerke dem städtischen Museum als Dauerleihgaben zur Verfügung stellt. Er spendet von ihm erworbene Kunstwerke der Stiftung. Die Stiftung erwirbt ihrerseits ebenfalls Kunstwerke.[1]

In diesen Fällen erfolgt die verdeckte Gewinnausschüttung an den Gesellschafter der „spendenden" Kapitalgesellschaft durch Zuwendung an eine ihm **nahestehende**[2] Person: die gemeinnützige Körperschaft. Gedanklich erfolgt die Ausschüttung des gespendeten Betrages an den Gesellschafter und dieser spendet dann den Betrag. Wäre es so gelaufen, dann wäre die Ausschüttung bei A besteuert worden und er hätte entsprechend weniger spenden können. Er hätte dann seinerseits einen Spendenabzug nach § 10b EStG geltend machen können, aber dazu kommt es nicht. Es wird nur eine vGA angenommen, die auch hinsichtlich der begünstigten Körperschaft wirkt. Ob Rechtsprechung und Verwaltung einen Spendenabzug durch den Gesellschafter, wie vorgeschlagen,[3] akzeptieren, ist fraglich.

Besondere, in der Praxis kaum lösbare Probleme ergeben sich, wenn der Gesellschafter der spendenden Kapitalgesellschaft Mitglied der die Spenden empfangenden Einrichtung ist (vgl. *Klein/Müller/Döpper* in Mössner/Seeger/Oellerich, KStG, § 8 Rz. 3868 ff., 3884).

BEISPIEL: Gesellschafter B der A-GmbH ist Mitglied einer Kirche, eines Vereins, der freiwilligen Feuerwehr usw., der die A-GmbH eine Spende gibt.

Gosch[4] spricht von „nicht unbeträchtlicher Mühe", die es der Praxis bereitet, ordentliches Spendenverhalten von solchem zu unterscheiden, das durch das Gesellschaftsverhältnis bestimmt wird. Er schlägt vor, auf ein **besonderes Näheverhältnis** des Gesellschafters zur geförderten Institution[5] abzustellen. Der BFH[6] steht der Ansicht,[7] auf die Motivation[8] der spendenden Gesellschaft abzustellen, skeptisch gegenüber. Meines Erachtens sind dies alles untaugliche Versuche, die vom Gesetzgeber vorgegebene unlösbare Aufgabe zu lösen, bei gemeinnützigen Körperschaften als nahestehenden Personen Spende von vGA zu unterscheiden.[9] Die gesetzliche Motivation bleibt letztlich unklar, Spenden dann nicht anzuerkennen, wenn ein Gesellschafter der spendenden Körperschaft Beziehungen zum Spendenempfänger hat.

BEISPIEL: Der Gesellschafter einer GmbH, die üblicherweise Spenden an diverse Empfänger tätigt, wird Mitglied des Vorstandes eines Sportvereins. Darauf konzentriert die GmbH alle ihre Spenden auf den Sportverein.

---

1 So Sachverhalt FG Köln, Urteil v. 21.3.2018 - 10 K 2146/16, NWB YAAAG-95689, Rev., Az. BFH: I R 16/18.
2 Siehe hierzu FG Köln, Urteil v. 21.3.2018 - 10 K 2146/16, NWB YAAAG-95689.
3 *Weitemeyer*, FS Reuter S. 1211; *Kirchhain* RHN § 9 Rz. 264.
4 KStG § 9 Rz. 1220.
5 FG Köln, Urteil v. 21.3.2018 - 10 K 2146/16, NWB KAAAG-97587, bejaht ein derartiges Näheverhältnis zwischen dem Mehrheitsgesellschafter einer GmbH und einer von diesem errichteten Stiftung (Rev., Az. BFH: I R 16/18).
6 Vom 19.12.2007 - I R 83/06, BFH/NV 2008, 988 = NWB VAAAC-78264; *Drüen* HHR § 9 Rz. 38.
7 *Schulte* Erle/Sauter § 9 Rz. 61; *Woitschell* in Bott/Walter (EY), KStG § 9 Rz. 35.
8 So aber BFH, Beschluss v. 2.2.2011 - IV B 110/9, BFH/NV 2011, 792, NWB VAAAD-80000; dem folgend FG Köln, Urteil 21.3.2018 - 10 K 2146/16, NWB KAAAG-97587.
9 Ausführlich zur Kritik s. auch *Kirchhain* RHN § 9 Rz. 260 ff.

Insofern kann das allgemeine Spendenverhalten der Körperschaft ein Indiz sein.[1] Werden in erheblichem Umfang n eben den Spenden an die nahestehende, gemeinnützige Organisation auch Fremdsenden Dritten gewährt, so kann dies gegen eine vGA sprechen.

259 *Kirchhain*[2] ist zuzustimmen, dass eine vGA nur in „**absoluten Ausnahmefällen**" in Betracht kommt. Er nennt folgende Fälle:

- Der Gesellschafter hat sein Spendenvolumen nach § 10b EStG erschöpft.
- Der Gesellschafter erhält eine unangemessene Tätigkeitsvergütung bei er gemeinnützigen Institution.
- Der Gesellschafter ist rechtlich oder faktisch zur Zuwendung verpflichtet.[3] An seiner Stelle spendet die GmbH.

Zur Klarstellung sei darauf hingewiesen, dass dies alles nicht gilt, wenn die die Spenden empfangende Körperschaft Gesellschafter der spendenden Körperschaft ist.

260 *(Einstweilen frei)*

261 **Wirtschaftliche Geschäftsbetriebe** einer von der Steuerpflicht befreiten Körperschaften können Zuwendungen an gemeinnützige Körperschaften leisten.[4] Streitig ist, ob dies auch für Zuwendungen aus einem wirtschaftlichen Geschäftsbetrieb an die eigene Trägerkörperschaft gilt.[5] Nach Auffassung des BFH ist ein wirtschaftlicher Geschäftsbetrieb einer wegen Verfolgung steuerbegünstigter Zwecke steuerbefreiten Körperschaft (§ 5 Abs. 1 Nr. 9 KStG) kein selbständiges Rechtssubjekt. Spenden, die der wirtschaftliche Geschäftsbetrieb für die eigene Körperschaft aufwendet, dürfen den Gewinn nicht mindern, weil sie Gewinnverwendungen darstellen.[6] Die Finanzverwaltung lässt den Abzug von Spenden des wirtschaftlichen Geschäftsbetriebes an andere Körperschaften zu.[7]

262 Voraussetzung für einen Spendenabzug ist, dass sie aus dem Einkommen des wirtschaftlichen Geschäftsbetriebes gezahlt werden und dessen Einkommen gemindert haben. Spenden sind jedoch dann nicht abziehbar, wenn die Körperschaft sie aus ihrem ideellen steuerbefreiten Bereich (bei Körperschaften einschließlich der Zweckbetriebe i. S. d. § 5 Abs. 1 Nr. 9 KStG) und nicht aus ihrem wirtschaftlichen Geschäftsbetrieb leistet.[8]

263 *(Einstweilen frei)*

264 **Betriebe gewerblicher Art** hingegen können an ihre Trägerkörperschaften spenden. Notwendig ist jedoch, eine Abgrenzung zur vGA vorzunehmen, die nach Auffassung der Rechtsprechung nicht vorliegt, wenn der Betrieb auch einer fremden Körperschaft eine entsprechende Zuwendung gewährt hätte.[9] Eine vGA ist aber zu bejahen, wenn ein ordentlicher und gewissenhafter

---

[1] BFH, Urteil v. 9.8.1989 - I R 4/84, BStBl 1990 II 237.
[2] RHN § 9 Rz. 263.
[3] BFH, Urteile v. 19. 6. 1974 - I R 94/71, BStBl 1974 II 586; v. 1. 12. 1982 - I R 101/79, BStBl 1983 II 152
[4] *Blümich*, KStG, § 9, Rz. 97; *Krämer* DPM § 9 Rz. 336.
[5] Dagegen FinVerw R 42 Abs. 8 KStR 2004; BFH, Urteil v. 23. 3. 2001 - I R 78/99, BStBl 2001 II 449; *Janssen*, DStZ 2001, 160; dafür *Streck*, KStG, § 9 Rz. 14 – es soll unerheblich sein, dass die Trägerkörperschaft gegenüber dem wirtschaftlichen Geschäftsbetrieb kein selbständiges Rechtssubjekt darstellt, so dass Rechtsbeziehungen für steuerliche Zwecke fingiert werden sollen. Vgl. auch *Janssen*, DStZ 2001, 160.
[6] BFH, Urteil v. 23. 3. 2001 - I R 78/99, BStBl 2001 II 449 : Keine Abzugsfähigkeit - vgl. auch Bayerisches Landesamt für Steuern v. 7. 2. 2006, NWB VAAAB-79079; gleichlautend OFD Frankfurt a. M. v. 10. 1. 2006, NWB EAAAB-75620.
[7] Vgl. H 47 KStH 2004 und BFH, Urteil v. 3. 12. 1963 - I 121/62 U, BStBl 1964 III 81.
[8] BFH, Urteil v. 13. 3. 1991 - I R 117/84, BStBl 1991 II 645.
[9] So BFH, Urteil v. 5. 6. 1962 - I 31/61 S, BStBl 1962 III 355 – zu Stadtwerken.

Geschäftsleiter einer fremden Körperschaft die Zuwendung nicht gegeben hätte.[1] Die h. M.[2] vergleicht die Spende an die Trägerkörperschaft mit dem sonstigen Spendenverhalten gegenüber anderen Körperschaften. Eine **vGA** liegt nicht vor, wenn sich eine Spende an die Trägerkörperschaft im durchschnittlichen Rahmen dessen bewegt, was an Spenden an andere gezahlt wird. Auch Umstände späterer Veranlagungszeiträume zog der BFH zum Vergleich heran.[3] Aber auch bei der Spende an einen Dritten kann eine vGA vorliegen.[4]

(Einstweilen frei) 265–269

II. Steuerbegünstigte Zwecke

1. Allgemeines

Die Spende muss zur „Förderung steuerbegünstigter Zwecke i. S. der §§ 52 bis 54 AO" erfolgen. Dies sind **gemeinnützige** Zwecke (§ 52 AO), **mildtätige** Zwecke (§ 53 AO) und **kirchliche** Zwecke (§ 54 AO). Vgl. hierzu im Einzelnen *König/Oellerich* in Mössner/Seeger/Oellerich, KStG, § 5 Rz. 251 – 390. Mit dieser Verweisung auf die AO ist alles, was nach § 5 Abs. 1 Nr. 9 KStG zur Steuerbefreiung der Körperschaft führt, auch spendenbegünstigt. Anders als früher sind nunmehr die Voraussetzungen für die verschiedenen Begünstigungen miteinander synchronisiert. 270

(Einstweilen frei) 271–274

2. Förderung

§ 9 Abs. 1 Nr. 2 Satz 1 KStG verlangt Ausgaben „zur Förderung" der dort genannten Zwecke. Abs. 3 Satz 2 der Norm bringt den Willen des Gesetzgebers zum Ausdruck, dass die Spende tatsächlich **zweckentsprechend** verwendet worden sein muss. Andernfalls wäre kein Haftungstatbestand gerechtfertigt. Auch aus H 10b.1 EStH folgt, dass die Spende tatsächlich für den begünstigten Zweck verwendet werden muss. 275

Der BFH stellt auf die tatsächliche Förderung des Spendenzwecks ab,[5] so dass es unerheblich ist, wenn zwar der Spender eine zweckwidrige Verwendung der Spende bestimmt, der Empfänger sie aber zu seinen satzungsmäßigen steuerbegünstigten Zwecken verwendet. Folge ist auch hier, dass die Spende abzugsfähig ist. Folge einer zweckwidrigen Verwendung ist, dass der Spendenabzug auch bei bestandskräftiger Veranlagung rückgängig zu machen ist. Dies soll auch dann für die gesamte Spende gelten, wenn nur ein Teil zweckwidrig verwendet wird.[6] 276

(Einstweilen frei) 277–279

---

1 Vgl. z. B. BFH, Urteil v. 21.1.1970 - I R 23/68, BStBl 1970 II 468 – zu Sparkassen; s. a. FG Rheinland-Pfalz, Urteil v. 8.6.1990 - 3 K 130/87, EFG 1991, 44.
2 BFH, Urteile v. 12.10.1978 - I R 149/75, BStBl 1979 II 192 und v. 9.8.1989 - I R 4/84, BStBl 1990 II 237; vgl. auch FG München, Urteil v. 27.1.1981 - VII 182/75, EFG 1981, 414 und *Janssen*, DStZ 2001, 160.
3 BFH, Urteile v. 19.6.1974 - I R 94/71, BStBl 1974 II 586, dass der BFH – v. 9.8.1989 - I R 4/84, BStBl 1990 II 237 – später ausdrücklich aufhob – vgl. unten; a. A. bereits damals *Leingärtner*, FR 1971, 113.
4 Vgl. auch BFH, Urteil v. 17.2.1993 - X R 119/90 = BFH/NV 1994, 154, NWB LAAAB-34402; z. B. BFH, Urteil v. 15.5.1968 - I 158/63, BStBl 1968 II 629 – zur Erfüllung einer Verbindlichkeit der Trägerkörperschaft und bei Erfüllung öffentlicher Aufgaben, wenn diese sich bereits zu einer Rechtspflicht verstärkt haben – BFH, Urteil v. 21.1.1970 - I R 23/68, BStBl 1970 II 468 – bzw. eine Konkretisierung durch Ratsbeschluss oder eine Maßnahme der Aufsichtsbehörde erfolgte – BFH, Urteil v. 19.6.1974 - I R 94/71, BStBl 1974 II 586; vgl. auch R 42 Abs. 6 KStR 2004.
5 BFH, Urteil v. 19.3.1976 - VI R 72/73, BStBl 1976 II 338.
6 BFH, Urteil v. 7.11.1990 - X R 203/87, BStBl 1991 II 547; a. A. FG Köln, Urteile v. 28.1.1998 - 6 V 6026/97, EFG 1998, 755.

3. Ausland

280 Die Verwirklichung steuerbegünstigter Zwecke im Ausland ist generell in § 51 Abs. 2 AO geregelt. Diese Vorschrift beruht auf dem BMF, Schreiben v. 20.9.2005,[1] mit dem Entwicklungshilfe und humanitäre Hilfe bei Katastrophen begünstigt wurde, weil – so der Erlass – diese Hilfe positive Auswirkungen auf das Ansehen Deutschlands habe und die deutsche Bevölkerung dadurch Vorteile habe, weil weniger Steuermittel für diese Zwecke aufgewendet werden müssten. Für **inländische Zuwendungsempfänger** gilt diese Vorschrift unmittelbar. Sie ist eine halbherzige,[2] aber im Ergebnis wohl ausreichende Umsetzung der EuGH-Entscheidungen (→ Rz. 290 f.). Dieser sog. **strukturelle Inlandsbezug**[3] (s. auch → Rz. 309) kann auf zweierlei Weise hergestellt werden:

▶ Natürliche Personen mit Wohnsitz oder gewöhnlichem Aufenthalt im Inland werden gefördert,

oder

▶ die steuerbegünstigte Tätigkeit der Körperschaft trägt auch zum Ansehen der Bundesrepublik Deutschland bei.

281 **Ausland** ist jedes Gebiet außerhalb des Geltungsbereichs des Grundgesetzes. Man wird auch Gebiete dazu rechnen können, die wie die **Hohe See** oder die Antarktis nicht Staatsgebiet eines anderen Staates sind. Der Begriff Ausland ist nicht auf den EU-Raum (vgl. anders für ausländische Zuwendungsempfänger → Rz. 305 ff.) beschränkt.

BEISPIEL: ▶ Die Gesellschaft zur Rettung Schiffbrüchiger wird auf Hoher See tätig.

Gemäß AEAO zu § 51 Abs. 2 AO ist der strukturelle Inlandsbezug nur anzuwenden, wenn die Körperschaft „nur außerhalb" Deutschlands förderungswürdige Zwecke verwirklicht. Diese Ansicht hätte zur Folge, dass dann, wenn eine inländische Körperschaft steuerbegünstigte Zwecke im In- und im Ausland verwirklicht, der strukturelle Inlandsbezug nicht erforderlich wäre. Dann könnte die Körperschaft auch steuerbegünstige Zwecke im Ausland ansässiger Personen fördern ohne Rücksicht auf eine dadurch erfolgende Verbesserung des Ansehens der Bundesrepublik Deutschland. Außerdem würde sich dann die Frage eines Verhältnisses zwischen Auslands- und Inlandsförderung aufdrängen. Daher ist davon auszugehen, dass der Inlandsbezug bei **jeder Tätigkeit im Ausland** gegeben sein muss.

282 Die Förderung der **natürlichen Personen** stellt auf deren unbeschränkte Steuerpflicht in Deutschland, nicht auf deren Staatsangehörigkeit ab. Letzteres hätte eher nahegelegen.

283 Das Erfordernis, dass die Förderung eines steuerbegünstigten Zwecks im Ausland zum **Ansehen Deutschlands** beiträgt, wird als „inhaltsleer"[4] oder sogar „schädlich"[5] angesehen. Seer[6] hält die Vorschrift für nicht vollzugsfähig. Nach AEAO zu § 51 Abs. 2 AO kann der Beitrag darin bestehen, dass sich die inländischen Körperschaften „personell, finanziell, planend, schöpferisch oder anderweitig an der Förderung gemeinnütziger und mildtätiger Zwecke im Ausland

---

[1] BStBl 2005 I 902.
[2] Siehe z. B. *Förster*, DStR 2013, 1516.
[3] Der Begriff stammt aus den Beratungen des Gesetzgebers zum JStG 2009, vgl. BT-Drucks. 16/10189, 125; BT-Drucks. 16/11108, 55 f.
[4] *Hüttemann*, DB 2008, 1063.
[5] *P. Fischer*, FR 2009, 257.
[6] Tipke/Kruse/*Seer*, AO § 51 Rz. 9; ebenso Gosch/*Märtens* § 9 Rz. 34.

beteiligen (Indizwirkung)". Der Gesetzgeber wollte nicht die Weltbevölkerung als „Allgemeinheit" i.S.v. § 52 AO anerkennen. Irgendeinen konkreten Nachweis, dass das Ansehen Deutschlands in der Welt gestärkt wird, verlangt die Finanzverwaltung nicht. Damit ist die Verwirklichung der steuerbegünstigten Zwecke außerhalb Deutschlands begünstigt.

BEISPIEL: Die deutsche Hilfsorganisation M errichtet in der Türkei ein Flüchtlingslager zur Unterbringung syrischer Bürgerkriegsflüchtlinge und versorgt diese.

(Einstweilen frei) 284–289

III. Zuwendungsempfänger

1. Europarechtliche Einflüsse

Grundlegend hat der EuGH das Spendenrecht beeinflusst (→ Rz. 222 ff.). Dies betrifft nicht nur die geförderten Zwecke (→ Rz. 280), sondern das Gesetz zur Umsetzung steuerlicher EU-Vorgaben sowie zur Änderung steuerlicher Vorschriften[1] hat den Kreis der Zuwendungsempfänger deutlich erweitert, der bis dahin auf das Inland begrenzt war. Die Änderung ist zwar ein Schritt zur Öffnung des Gemeinnützigkeits- und Spendenrechts aus dem Inland heraus. Die Neuregelung erscheint aber wenig praktikabel[2] und die Frage nach der Konformität mit den Grundfreiheiten des Europarechts bleibt. 290

Die praktische Anwendung bleibt anhand der Gesetzesbegründung offen. Es soll eine Indizwirkung zur Anwendung kommen, „falls der Bezug zu Deutschland dabei nicht schon durch Förderung der hier lebenden Personen – unabhängig von deren Staatsangehörigkeit – gegeben sein sollte, ist die Alternative der Förderung des Ansehens der Bundesrepublik Deutschland bei im Ausland ansässigen Organisationen – ohne besonderen Nachweis – bereits dadurch erfüllt, dass sie sich personell, finanziell, planend, schöpferisch oder anderweitig an der Förderung gemeinnütziger, mildtätiger oder kirchlicher Zwecke im Ausland beteiligen." 291

Der Gesetzgeber verwendet den sog. strukturellen Inlandsbezug (→ Rz. 316) einerseits in § 51 Abs. 2 AO für die im Ausland verfolgten Zwecke, andererseits in § 9 Abs. 1 Nr. 2 Satz 2 Buchst. a KStG i.V.m. Satz 6 zur Kennzeichnung der juristischen Person. Er verbindet damit unterschiedliche Aspekte mit dem gleichen Kriterium und richtet dadurch ziemliche Verwirrung an. 292

(Einstweilen frei) 293–294

2. Körperschaften etc.

Nach § 9 Abs. 1 Nr. 2 Satz 2 Buchst. b KStG ist Voraussetzung für den Abzug der Zuwendung, dass diese „an eine nach § 5 Abs. 1 Nummer 9 steuerbefreite Körperschaft, Personenvereinigung oder Vermögensmasse" (*Koenig/Oellerich* in Mössner/Seeger/Oellerich, KStG, § 5 Rz. 251 ff.) erfolgt. Dies sind zunächst alle unbeschränkt[3] steuerpflichtigen (*Oellerich* in Mössner/Seeger/Oellerich, KStG, § 1 Rz. 151 ff.) Körperschaften, Personenvereinigungen und Vermögensmassen (im Folgenden kurz Körperschaften), die als steuerbegünstigt anerkannt (→ Rz. 296) sind. 295

---

1 Vom 8.4.2010, BStBl 2010 I 334 ff.
2 Siehe *Förster*, DStR 2013, 1516.
3 Zu den beschränkt steuerpflichtigen Körperschaften s. nachstehend → Rz. 305 ff.

296 Ob die satzungsmäßigen Voraussetzungen der empfangenden Körperschaft vorliegen, wird gem. **§ 60a AO gesondert festgestellt**.[1] Die Anerkennung erfolgt somit durch sog. Freistellungsbescheid. Dieser hat **Bindungswirkung** sowohl für die Steuerbefreiung nach § 5 Abs. 1 Nr. 9 KStG als auch für die zuwendende Körperschaft. Sie erfolgt durch das Betriebsfinanzamt der Empfänger-Körperschaft.[2] Die Anerkennung ist Voraussetzung für die Abziehbarkeit der Spenden. Erst nach der Anerkennung dürfen die Körperschaften Spendenbescheinigungen ausstellen.[3] Unklar ist die Rechtslage bei nachträglicher Ausstellung einer Spendenbescheinigung.

> **BESPIEL:** Am 1. 6. spendet die X GmbH an eine gemeinnützige Organisation Y. Diese erhält ihre Freistellungsbescheinigung am 6. 9. Daraufhin stellt sie der X eine Zuwendungsbestätigung aus.

Weder § 60a AO noch § 63 Abs. 5 AO noch § 50 EStDV geben eine eindeutige Antwort, ob die X die Spende abziehen kann. Es kommt darauf an, ab wann die Feststellung gem. § 60a AO wirkt. Da gem. AEAO zu § 60a Tz. 3 das Feststellungsverfahren ein Annexverfahren zur Körperschaftsteuerveranlagung darstellt, wird es für das Wirtschaftsjahr wirksam, für das die Veranlagung erfolgt. Somit ist die von Y ausgestellte Zuwendungsbescheinigung wirksam.

297–299 *(Einstweilen frei)*

3. Juristische Personen des öffentlichen Rechts

300 Gemäß § 9 Abs. 1 Nr. 2 Satz 2 Buchst. a KStG kann Zuwendungsempfänger auch eine **juristische Person** des öffentlichen Rechts oder eine öffentliche Dienststelle sein. Dies sind die Gebietskörperschaften – Bund, Länder, Kreise, Gemeinden –, andere Körperschaften – Kammern, Universitäten, sofern als Körperschaft konstituiert, Kassenärztliche Vereinigung, Kirchen usw. –, Anstalten – Bundes- und Landesanstalten – sowie Stiftungen des öffentlichen Rechts. **Dienststellen** sind rechtlich nicht selbständige Einrichtungen einer juristischen Person des öffentlichen Rechts wie Schulen, Kindergärten, Museen usw. Diese Institutionen werden per definitionem in öffentlichem Interesse tätig. Sie verfolgen **Gemeinwohlinteressen**.

301 Zuwendungen an diese öffentlichen Rechtssubjekte können nur Spenden sein, da sie im Rechtssinne keine Mitglieder haben. Soweit es sich um Personalkörperschaften handelt, zahlen diese Beiträge, die als Betriebsausgaben oder Werbungskosten abziehbar sind.

302 Auch wenn das Gesetz sie nicht ausdrücklich erwähnt, fallen hierunter **inländische** juristische Personen des öffentlichen Rechts, da diese in der EU ansässig sind.

303 Das Gesetz sagt nicht, an welchen Bereich die Spende erfolgen muss. Die Finanzverwaltung[4] macht keinen Unterschied, ob die Spende an den steuerbefreiten Hoheitsbereich oder an Betriebe gewerblicher Art erfolgt, sofern die Verwendung der Spende zu den steuerbegünstigten Zwecken (→ Rz. 270) gesichert ist. Wie diese Verwendung allerdings festgestellt werden kann, ist offen. Da nach § 4 Abs. 6 Satz 2 KStG ein Betrieb gewerblicher Art nicht mit einem Hoheitsbetrieb zusammengefasst werden kann (*Musil* in Mössner/Seeger/Oellerich, KStG, § 4 Rz. 301), andererseits aber der Betrieb gewerblicher Art selbst keine steuerbegünstigten Zwecke verfolgt, muss der BgA seinerseits eine Spende an einen begünstigten Spendenempfänger

---

1 Im Einzelnen s. *Leopold/Madle/Rader*, AO Kommentar § 60a Rz. 2 ff.
2 *Ellerbeck* Schnitger/Fehrenbach § 9 Rz. 104.
3 BFH, Urteil v. 19. 7. 2011 - X R 32/10, BFH/NV 2012, 180, NWB FAAAD-99011, allerdings zur Rechtslage vor 2013.
4 OFD Frankfurt v. 19. 4. 2005, NWB MAAAB-53866, DStZ 2005, 495; dem folgend *Ellerbeck* Schnitger/Fehrenbach § 9 Rz. 100.

(→ Rz. 264) leisten. Ausnahmsweise kann auch die Verfolgung gemeinnütziger oder mildtätiger Zwecke durch einen BgA erfolgen.

BEISPIEL: Die X-GmbH leistet eine Spende an die örtlichen Wasserwerke, damit diese kostenlos Wasser an Bedürftige liefert.

(Einstweilen frei) 304

4. Auslandsempfänger

a) Allgemeines

Erfolgt eine Spende an eine ausländische Einrichtung, so sind folgende Punkte zu klären: 305

- Handelt es sich um eine geeignete Institution? (→ Rz. 306)
- Ist sie in der EU oder dem EWR „belegen"? (→ Rz. 307)
- Verfolgt die ausländische Einrichtung steuerbegünstigte Zwecke i. S. v. §§ 52 bis 54 AO? (→ Rz. 308)
- Erfüllen die ausländischen Empfänger den strukturellen Inlandsbezug? (→ Rz. 309 f.)
- Liegen die weiteren Voraussetzungen von § 9 Abs. 1 Nr. 2 Satz 3 KStG vor? (→ Rz. 311)

§ 9 Abs. 1 Nr. 2 Satz 2 KStG unterscheidet bei ausländischen Zuwendungsempfängern 306

- die ausländischen juristischen Personen des öffentlichen Rechts und deren Dienststellen (§ 9 Abs. 1 Nr. 2 Satz 2 Buchst. a) und
- die Körperschaften, Personenvereinigungen und Vermögensmassen (→ Rz. 315).

Ausländische juristische Personen sind die ausländischen Staaten und deren Untergliederungen. Dienststellen sind rechtlich unselbständig. Körperschaften, Personenvereinigungen und Vermögensmassen sind solche, die aufgrund des Typenvergleichs Hierzu s. näher *Mössner/ Lampert*, Steuerrecht international tätiger Unternehmen, 5. Aufl., 255 ff. in ihren Grundzügen den vergleichbaren deutschen Gebilden entsprechen.

Handelt es sich um einen nicht im Inland ansässigen Zuwendungsempfänger, so kommen nur solche in Betracht, die in der **EU** oder im **EWR** „belegen" sind. Der vom Gesetz verwendete Begriff „Belegen" ist ungewöhnlich. Damit könnte die gesellschaftsrechtliche Zuordnung zum Staat durch die Gründung oder den Verwaltungssitz gemeint sein. Aber auch die – im Steuerrecht übliche – Anknüpfung an die unbeschränkte Steuerpflicht ist denkbar. Der Begriff „belegen" ist so weit, dass vermutlich eines dieser Kriterien ausreicht. 307

Dass ein ausländischer Zuwendungsempfänger dieselben **steuerbegünstigten Zwecke** fördert wie ein inländischer, versteht sich von selbst und ergibt sich aus dem Aufbau der Norm des § 9 Abs. 1 Nr. 2 KStG. Es findet somit eine Prüfung nach deutschem Steuerrecht statt. Für die inländischen Zuwendungsempfänger sieht § 60a AO ein Feststellungsverfahren vor (→ Rz. 296). Für die ausländischen Zuwendungsempfänger gibt es keine Regelung. Unklar erscheint auch, ob auch die übrigen Vorschriften der AO (§§ 51, 55 bis 68) anzuwenden sind. 308

BEISPIEL: Die X GmbH spendet an eine ausländische Organisation. Diese verfolgt nicht ausschließlich (§ 56 AO) steuerbegünstigte Zwecke. Außerdem ist unklar, ob deren Geschäftsführer eine unverhältnismäßig hohe Vergütung (§ 55 Abs. 1 Nr. 3 AO) erhält.

Während bei inländischen Einrichtungen die Anwendung der genannten Vorschriften außer Frage steht und diese sich bei beschränkt steuerpflichtigen Körperschaftsteuersubjekten innerhalb der EU und des EWR aus § 5 Abs. 2 Nr. 2 KStG ergibt, gibt es keine Norm, die explizit die Anwendung vorschreibt. Gleichwohl wird man die Anwendbarkeit bejahen müssen. Dafür spricht, dass nach § 9 Abs. 1 Nr. 2 Satz 2 Buchst. c KStG hypothetisch eine Steuerbefreiung gem. § 5 Abs. 1 Nr. 9 KStG zu prüfen ist. Diese Steuerbefreiung kommt aber nur bei Beachtung der §§ 51 bis 68 AO in Betracht. Durch diesen versteckten Verweis kommt es somit zur **Anwendung aller** Normen der **§§ 51 bis 68 AO**. Die entsprechende Prüfung ist durch ein Finanzamt vorzunehmen. Wäre dies das jeweilige Finanzamt der Spender, bestünde die Gefahr unterschiedlicher Würdigungen. Kommen dann die §§ 25 ff. AO zur Anwendung? Ein einheitliches Anerkennungsverfahren ist dringend erforderlich.[1]

309 Das Erfordernis des **strukturellen Inlandsbezugs** ist in Satz 6 nur für die Zuwendungen an Empfänger „im Sinne von Satz 2 Buchstabe a)" – juristische Personen des öffentlichen Rechts (→ Rz. 315 ff.) – angeordnet. Dies gilt aber auch für die anderen Zuwendungsempfänger im Ausland (→ Rz. 320 ff.). Soweit die ausländische Körperschaft, Personenvereinigung oder Vermögensmasse beschränkt steuerpflichtig ist, folgt die Anwendung von § 51 Abs. 2 AO unmittelbar aus § 5 Abs. 2 Nr. 2 KStG i.V. m. § 5 Abs. 1 Nr. 9 KStG (*Koenig/Oellerich* in Mössner/Seeger/Oellerich, KStG, § 5 Rz. 252). Dies gilt aber nur für privatrechtlich organisierte Körperschaften, Personenvereinigungen und Vermögensmassen. Ausländische juristische Personen des öffentlichen Rechts sind nicht Körperschaftsteuersubjekte. Deshalb ordnet das Gesetz für sie in § 9 Abs. 1 Nr. 2 Satz 6 KStG den strukturellen Inlandsbezug gesondert an. Satz 6 spricht davon, dass die Zwecke „nur" im Ausland verfolgt werden. Dies provoziert folgende Fragen: Ist der strukturelle Inlandsbezug bei § 9 Abs. 1 Nr. 2 KStG nur bei ausschließlicher Zweckverfolgung im Ausland gefordert?

BEISPIEL 1: Die in Frankreich ansässige Organisation zur Katastrophenhilfe wird in Frankreich, in der ganzen Welt und auch in Deutschland tätig.

Was gilt für ausländische Körperschaften i. S.v. § 9 Abs. 1 Nr. 2 Satz 2 Buchst. c KStG, vor allem da für diese weitere, andere Voraussetzungen (→ Rz. 316) aufgestellt sind?

BEISPIEL 2: Das spanische Rote Kreuz betreibt in Spanien (Argentinien) Altersheime.

Wenn eine deutsche Organisation bei Verfolgung steuerbegünstigter Zwecke im Ausland am strukturellen Inlandsbezug (§ 51 Abs. 2 AO) gemessen wird, muss dies erst recht für eine ausländische Organisation gelten (Beispiel 1). Auch im Beispiel 2 ist kein Argument gegen die Anwendung von § 51 Abs. 2 AO erkennbar, zumal die zusätzlichen Voraussetzungen in Buchstabe c die Körperschaft selbst, nicht aber die Zweckverfolgung betreffen.

310 Der strukturelle Inlandsbezug gilt für das **Ausland** allgemein und ist nicht auf die EU oder den EWR begrenzt. Demgegenüber müssen die Zuwendungsempfänger solche in der EU und dem EWR sein (→ Rz. 307).

311 Generelle Voraussetzung für nicht im Inland ansässige Zuwendungsempfänger ist gem. § 9 Abs. 1 Nr. 2 Satz 3 KStG, dass „durch diese Staaten **Amtshilfe** und Unterstützung bei der **Bei-**

---

1 Zu den vielfältigen Problemen s. auch *Kirchhain* RHN § 9 Rz. 214 f.

treibung" geleistet werden. Die Sätze 4 und 5 verweisen hierfür auf die entsprechenden EU-Richtlinien und nationale Umsetzungsakte in das deutsche Recht.

Mit der Regelung wird sichergestellt, dass die Finanzbehörde auf Amtshilfe der Behörden des Ansässigkeitsstaates zurückgreifen kann, wenn dem Steuerpflichtigen kein Nachweis gelingt, dass eine Zuwendung an einen ausländischen Empfänger in der EU bzw. dem EWR abziehbar ist. Neben der EG-Amtshilferichtlinie sind auch nationale Durchführungsgesetze sowie DBA-Regelungen anwendbar. Den Begriff „Beitreibung" definiert § 9 Abs. 1 Nr. 2 Satz 5 KStG. Darunter ist die Unterstützung der Ansässigkeitsstaaten bei der Beitreibung von Forderungen nach der EG-Beitreibungsrichtlinie zu verstehen. Die Regelung ist wegen der Möglichkeit der Haftungsinanspruchnahme des ausländischen Zuwendungsempfängers nach § 9 Abs. 3 KStG erforderlich. Die nationale Durchführungsgesetze sowie DBA-Regelungen ergänzen die EG-Beitreibungsrichtlinie.

(Einstweilen frei) 312–314

b) Ausländische juristische Personen des öffentlichen Rechts (§ 9 Abs. 2 Nr. 1 Satz 2 Buchst. a KStG)

Spenden können aus dem Inland **an juristische Personen des öffentlichen Rechts** und öffentliche Dienststellen in anderen EU- oder EWR-Staaten geleistet werden und erfüllen dann grundsätzlich die Voraussetzungen zum Spendenabzug nach § 9 Abs. 1 Nr. 2 KStG. Neben den ausländischen Staaten und deren Untergliederungen kommen Spenden insbesondere an ausländische Forschungsinstitute und Universitäten in Betracht, sofern diese hoheitlich verfasst sind. 315

Verwirklichen diese Zuwendungsempfänger die steuerbegünstigen Zwecke **nur im Ausland**, so sind die weiteren Voraussetzungen von § 9 Abs. 1 Nr. 2 Satz 6 KStG zu beachten, damit die Zuwendung abziehbar ist. Dieser sog. **strukturelle Inlandsbezug** entspricht der Regelung in § 51 Abs. 2 AO. 316

BEISPIEL: Die X GmbH tätigt eine Spende an die französische, staatliche Universität in Paris.

Der strukturelle Inlandsbezug ist gegeben unter zwei Voraussetzungen: Zunächst nennt das Gesetz die Förderung **natürlicher Personen** mit Wohnsitz oder gewöhnlichen Aufenthalt **im Inland** (kurz: Inländer). Dies braucht nicht die ausschließliche Förderung zu sein. Es reicht, wenn **auch** Inländer unterstützt werden. Da die Voraussetzung nur bei ausschließlicher Zweckverwirklichung im Ausland anzuwenden ist, andererseits aber auch die Förderung von Inländern den Inlandsbezug herstellt, kann es sich nur um die **Förderung von Inländern im Ausland** handeln.

BEISPIEL: Zur Unterstützung der auch inländischen Kraftfahrer bei Unfällen in Frankreich durch die französischen Behörden ist eine Dienststelle des französischen Staates eingerichtet. Der in Deutschland ansässige A macht eine Spende.

Als weitere Form des strukturellen Inlandsbezuges kennt das Gesetz, dass neben der Verfolgung steuerbegünstigter Zwecke i. S. v. §§ 52 bis 54 AO die Tätigkeit der ausländischen juristischen Person „auch zum **Ansehen** der Bundesrepublik Deutschland" beiträgt (→ Rz. 283). 317

(Einstweilen frei) 318–319

c) Ausländische Körperschaften (§ 9 Abs. 1 Nr. 2 Satz 2 Buchst. c KStG)

320 **Körperschaften, Personenvereinigungen, Vermögensmassen** können Empfänger abziehbarer Zuwendungen sein (§ 9 Abs. 1 Nr. 2, Satz 2 Buchst. c KStG). Dies entscheidet sich nach dem sog. Typenvergleich (→ Rz. 306). Voraussetzung ist gem. § 9 Abs. 1 Nr. 2 Satz 2 Buchst. c KStG, dass sie

1. in der EU oder dem EWR „belegen" sind, d. h. dass sie ihren Sitz oder Geschäftsleitung in der EU oder im EWR haben;
2. dann, wenn sie inländische Einkünfte erzielen würden, mit diesen beschränkt steuerpflichtig und gem. § 5 Abs. 1 Nr. 9 KStG steuerbefreit wären.

§ 54 AO verlangt für eine Förderung **kirchlicher Zwecke**, dass die Religionsgemeinschaft eine Körperschaft des öffentlichen Rechts ist (vgl. dann → Rz. 308 ff.). Da dies bei ausländischen Religionsgemeinschaften in der EU und dem EWR, soweit bekannt, nicht der Fall ist, scheidet eine entsprechende Religionsgemeinschaft als Spendenempfänger aus.[1]

321 Trotz eines Hinweises des Bundesrates,[2] dass die Neuregelung nicht „praxistauglich" sei, weil ein förmliches Anerkennungsverfahren fehle, hat der Gesetzgeber im Gesetz zur Umsetzung steuerlicher EU-Vorgaben sowie zur Änderung steuerlicher Vorschriften" v. 8. 4. 2010[3] nur die materiellen Voraussetzungen für Spenden an ausländische Empfänger geregelt. Ist der Empfänger im EU- oder EWR-Ausland in Deutschland beschränkt körperschaftsteuerpflichtig, so ist das **Feststellungsverfahren nach § 60a AO** anzuwenden (§ 5 Abs. 2 Nr. 2 KStG i.V. m. § 5 Abs. 1 Nr. 9 KStG). Ist die empfangende ausländische Körperschaft **nicht beschränkt steuerpflichtig**, so könnte man sich gleichwohl über die fiktive Betrachtung nach § 9 Abs. 1 Nr. 2 Satz 2 Buchst. c KStG für eine Anwendbarkeit von § 60a AO aussprechen.[4] Der BFH[5] scheint der Ansicht zuzuneigen, dass die ausländische Körperschaft einen Antrag nach § 60a AO stellen kann. Zuständig könnte das Finanzamt der inländischen Spenderin[6] oder das Finanzamt sein, bei dem ein Antrag gestellt wurde.[7] Da es sich um das Verfahren auf Antrag der ausländischen Einrichtung handelt, ist, soweit keine anderen zuständigkeitsbegründenden Merkmale gegeben sind, dieses Finanzamt zuständig.

322 Ist das Verfahren nach § 60a AO nicht durchgeführt, so muss der **Spender** aufgrund der erhöhten Mitwirkungspflichten bei Auslandssachverhalten (§ 90 Abs. 2 AO) die **Nachweise** vorlegen, aufgrund derer sich durch das Finanzamt beurteilen lässt, ob die Voraussetzungen der §§ 51 bis 68 AO erfüllt sind.

BEISPIEL: Die X-GmbH tätigt eine Spende an einen Verein in Rom, der eine russisch-orthodoxe Kirche in Rom errichten will. Die X muss nachweisen, dass der Verein die Voraussetzungen für eine Steuerbefreiung gem. § 5 Nr. 9 KStG erfüllt. Hierzu gehört auch, ob der Grundsatz der Vermögensbindung (§ 55 Abs. 1 Nr. 4 Satz 2 AO) gewahrt ist.[8]

---

1 So auch AEAO zu § 51 Abs. 2 AO.
2 BR-Drucks. 4/10.
3 BStBl 2010 I 334 ff.
4 So *Hüttemann*, DB 2014, 445; *Schauhoff/Kirchhain*, FR 2013, 305; *Förster*, DStR 2013, 1516; *Gosch/Märtens* § 9 Rz. 37.
5 17. 9. 2013 - I R 16/12, BStBl 2014 II 440.
6 So *Förster*, DStR 2013, 1519
7 *Gosch/Märtens* § 9 Rz. 37, der auch noch auf andere die Zuständigkeit begründete Merkmale hinweist, z. B. § 20 Abs. 3 AO.
8 Fall nach BFH, Urteil v. 17. 9. 2013 - I R 16/12, BStBl 2014 II 440.

Dies bürdet dem inländischen Spender erhebliche Pflichten auf, die er nicht immer erfüllen kann. Immerhin dürfte es ihm in aller Regel gelingen, die Satzung oder vergleichbares vorzulegen. Ob aber die tatsächliche Geschäftsführung den strengen Anforderungen von § 63 AO entspricht, kann er kaum nachweisen. Führt auch die Inanspruchnahme von Amtshilfe (→ Rz. 323) nicht zu einem Ergebnis, liegt die Feststellungslast bei ihm. Auch aufgrund der EuGH-Rechtsprechung[1] ist dies hinzunehmen. Die Finanzverwaltung verlangt vom Steuerpflichtigen die Vorlage aller Belege, die erforderlich sind, um die Erfüllung der Voraussetzungen für die Abziehbarkeit der Zuwendung zu überprüfen.[2] Die Anregungen des Bundesrates[3] sind im Gesetzgebungsverfahren nicht weiter verfolgt worden.

Mit Schreiben vom 16.5.2011 hat das BMF[4] die Belege festgelegt, die die Finanzämter zum Nachweis der Gemeinnützigkeit des ausländischen Zuwendungsempfängers durch den inländischen Spender verlangen. Dies sind Satzung, Tätigkeitsbericht, Aufstellung der Einnahmen und Ausgaben, Kassenbericht, Vermögensübersicht mit Nachweisen über Bildung und Entwicklung der Rücklagen, Aufzeichnung über die Vereinnahmung von Zuwendungen und deren zweckgerichtete Verwendung, Vorstandsprotokolle. Dies erscheint überzogen, zumal die Finanzverwaltung im Wege der Amtshilfe entsprechende Dokumente oder Auskünfte selbst erhalten könnte.

(Einstweilen frei)

IV. Höchstbeträge (§ 9 Abs. 1 Nr. 2 Satz 1 Buchst. a und b KStG)

1. Allgemeines

Das Gesetz sieht zwei Grenzen der Abziehbarkeit im Wege von Höchstbeträgen vor.

▶ Dies ist einmal ein **Prozentsatz** vom **Einkommen**, wobei das Einkommen in § 9 Abs. 2 Satz 1 KStG näher bestimmt wird (→ Rz. 336).

▶ Zum zweiten ist ein **Promillesatz** der Summe des **Umsatzes** und der **Löhne und Gehälter** (→ Rz. 340).

Dies entspricht der Regelung in § 10b EStG. Damit hat die Körperschaft zwei Möglichkeiten, den Höchstbetrag zu bestimmen und kann z. B. in ertragsschwachen Jahren ein gleichmäßiges Verhalten bei Zuwendungen erreichen.[5]

Ob die zuwendende Körperschaft ein **Wahlrecht** zwischen beiden Höchstbeträgen hat, ist allerdings umstritten.[6]

> **BEISPIEL:** ▶ Die X-GmbH hat im Jahre 02 ein geringes Einkommen. Ihre abziehbaren Spenden übersteigen den Höchstbetrag nach dem Einkommen, aber nicht nach dem Umsatz. X möchte den niedrigeren Höchstbetrag wählen, da sie im Folgejahr 03 einen höheren Gewinn erwartet, aber nicht spenden will.

---

1 Rs. C-318/07, BStBl 2010 II 440.
2 Vom 6.4.2010, BStBl 2010 I 386.
3 Vgl. BR-Drucks. 4/10, 3: Aufführung der vom Spender zu erbringenden Nachweise; Anerkennungsverfahren für die Steuerbegünstigung ausländischer Zuwendungsempfänger, zentrale Zuständigkeit für Entscheidungen in diesem Sinne, hilfsweise eine gesetzliche Ermächtigungsnorm für den Erlass entsprechender Verfahrensregelungen
4 Schreiben v. 16.5.2011, BStBl 2011 I 559.
5 So die Gesetzesbegründung BT-Drucks. 16/5200, 16 ff.
6 Für Wahlrecht BFH, Urteil v. 4.2.1970 - I R 69/68, BStBl 1970 II 349; *Krämer* DPM § 9 Rz. 202; *Schulte* Erle/Sauer § 9 Rz. 83; *Kirchhain* RHN § 9 Rz. 279; a. A. *Brandl* Blümich § 9 Rz. 106; *Gosch/Märtens* § 9 Rz. 30; *Ellerbeck* Schnitger/Fehrenbach § 9 Rz. 113.

So könnte sie über den Spendenvortrag einen Abzug in 03 vornehmen. Das FA wählt von Amts wegen den umsatzbezogenen Höchstbetrag.

In manchen Fällen mag es gleichgültig sein, ob der Spendenvortrag oder der allgemeine Vortrag[1] gewählt wird. Dies muss aber nicht so sein. Für die Anwendung des jeweils höheren Höchstbetrages wird vorgebracht, dass nach § 9 Abs. 1 Nr. 2 Satz 9 KStG „Zuwendungen, die die Höchstbeträge nach Satz 1 überschreiten" vorgetragen werden. Diese Formulierung ist jedoch nicht eindeutig. Es ist weder vom Überschreiten des höheren Höchstbetrages nach Satz 1 noch vom Überschreiten des von der zuwendenden Körperschaft gewählten Höchstbetrages die Rede. Erst recht heißt es nicht, „die einen Höchstbetrag überschreiten". Da Steuerrecht Eingriffsrecht ist und daher die Voraussetzungen des Eingriffs eindeutig formuliert sein müssen, ist eine Auslegung zu bevorzugen, die den Steuerpflichtigen am wenigsten belastet. Dies spricht entschieden für ein Wahlrecht des Steuerpflichtigen.

332–334 *(Einstweilen frei)*

2. Begrenzung nach dem Einkommen

335 Der Prozentsatz beträgt **20 %** des **Einkommens**. Das **Einkommen** (näher → Rz. 360) wird in Abs. 2 definiert. Während § 10b EStG die Spenden zu den Sonderausgaben rechnet und somit deren Abzug nach der Systematik von § 2 EStG nach Bildung des Gesamtbetrages der Einkünfte (§ 2 Abs. 4 EStG) erfolgt, werden im Körperschaftsteuerrecht Spenden bei der Gewinnermittlung (→ Rz. 200) abgezogen. Der Gesetzgeber musste daher die Reihenfolge, in der Spenden bei der Gewinnermittlung abgezogen werden, gesondert regeln. Dies geschieht in § 9 Abs. 2 Satz 1 KStG. Früher bestehende besondere Bestimmungen[2] sind inzwischen aufgehoben. Gewinnausschüttungen, auch verdeckte (→ Rz. 255), mindern das Einkommen nicht (§ 8 Abs. 3 KStG).[3]

336 Ist die Körperschaft an einer **Mitunternehmerschaft** beteiligt und hat diese eine Spende getätigt, so wird bei der einheitlichen und gesonderten Feststellung auch der gespendete Betrag in die Feststellung einbezogen. Die einzelnen Gesellschafter machen diesen Betrag bei ihrer persönlichen Steuer anteilig geltend. Für eine Körperschaft kommt demnach § 9 Abs. 1 Nr. 2 KStG bei ihrer Steuererklärung zur Anwendung. Da die Spende nicht bei der Ermittlung des Gewinnanteils und des etwaigen Sonderbetriebsgewinns gem. § 180 Abs. 1 Nr. 2 Buchst. a AO einbezogen ist, wird der anteilige Gewinn aus der Mitunternehmerschaft mit dem übrigen Einkommen der Körperschaft zusammengerechnet und ergibt somit das maßgebende Einkommen für § 9 Abs. 1 Nr. 2 KStG.[4]

337 Zur Einkommensberechnung bei Organschaften s. → Rz. 350

338–339 *(Einstweilen frei)*

---

[1] Da ein Verlustvortrag durch den Spendenabzug entstehen oder erhöht werden kann
[2] Siehe *Kirchhain* RHN § 9 Rz. 272.
[3] BFH, Urteile v. 21. 1. 1970 - I R 23/68, BStBl 1970 II 468; v. 12. 10. 1978 - I R 149/75, BStBl 1979 II 192; v. 1. 12. 1982 - I R 101/79, BStBl 1983 II 150; v. 8. 4. 1992 - I R 126/90, BStBl 1992 II 849; v. 27. 3. 1999 - I R 78/99, BStBl 2001 II 449.
[4] Siehe auch *Ellerbeck* Schnitger/Fehrenbach § 9 Rz. 114.

3. Begrenzung nach Umsatz und Personalaufwand

Der Promillesatz von **4** ist auf die Summe von Umsatz und von Löhnen und Gehältern anzuwenden. Anders als beim Prozentsatz des Einkommens enthält das Gesetz keine Definition der Bezugsgrößen Umsatz und Löhne/Gehälter. Es entspricht der h. M.[1], unter dem Umsatz in dieser Norm sämtliche Entgelte i. S. v. § 19 Abs. 1 Satz 2 UStG zu verstehen. Darunter fallen auch nicht umsatzsteuerbare und steuerfreie Umsätze.

Zur Berechnung bei der Organschaft s. → Rz. 350

Der Begriff **Löhne und Gehälter** ist nicht im KStG definiert. Löhne und Gehälter werden in § 275 Abs. 2 Nr. 6 Buchst. a HGB[2] als Teil des Personalaufwands definiert. Als Personalaufwand nennt § 275 Abs. 2 Nr. 6 Buchst. b HGB auch noch Sozialabgaben und Aufwendungen für die Altersversorgung, sowie für Unterstützung. Wegen dieser eindeutigen Trennung und weil § 9 Abs. 1 Nr. 2 Buchst. b KStG nur Löhne und Gehälter nennt, gehören die in § 275 Abs. 2 Nr. 6 Buchst. b HGB genannten Aufwendungen nicht dazu. Dies betrifft vor allem Aufwand für Altersversorgung.[3] Löhne und Gehälter sind alle Formen von Arbeitsentgelten, die vertraglich oder freiwillig als Gegenleistung für die erbrachte Dienstleistung an Arbeitnehmer oder Gesellschafter-Geschäftsführer[4] gezahlt werden.[5] Keine Rolle spielt, ob die Vergütungen lohnsteuerpflichtig sind und in welcher Form – Gratifikationen, Tantiemen o. Ä. – sie gezahlt werden. Maßgebend ist, ob sie für die Tätigkeit im Wirtschaftsjahr geleistet werden. In diesem Fall werden sie als Rückstellung erfasst.

(Einstweilen frei)

4. Abziehbarkeit

Spenden, wenn alle Voraussetzungen erfüllt sind, werden wie Betriebsausgaben bei der Gewinnermittlung berücksichtigt (s. → Rz. 200). Da die Gewinnermittlung der steuerlichen Veranlagung zugrunde zu legen ist und dies bei abweichendem Wirtschaftsjahr der Veranlagungszeitraum ist, in dem das Wirtschaftsjahr endet, erfolgt der Abzug für das Wirtschaftsjahr, in dem die Zuwendung geleistet wird.[6]

§ 9 Abs. 1 Nr. 2 Buchst. b KStG ordnet den Abzug der im **Kalenderjahr** aufgewendeten Löhne und Gehälter an. Nach R 9 Abs. 4 KStR 2015 trifft dies auch für die Umsätze zu. Nicht eindeutig geklärt ist die Rechtslage bei abweichendem Wirtschaftsjahr.

BEISPIEL: Die X-GmbH hat ein abweichendes Wirtschaftsjahr vom 1. 7. bis 30. 6. Am 4. 5. 03 macht sie eine Spende. Ist der Umsatz (Löhne/Gehälter) vom 1. 7. 02 bis 30. 6. 03 oder derjenige vom 1. 1. 03 bis 31. 12. 03 maßgebend?

Die h. M.[7] stellt – entgegen dem Wortlaut – auf das Wirtschaftsjahr ab. Dafür sprechen erhebliche Gründe der Praktikabilität; denn die Werte sind in der Bilanz am Ende des Wirtschafts-

---

1 BFH, Urteile v. 4. 2. 1970 - I R 69/68, BStBl 1970 II 50; v. 4. 12. 1996 - I R 151/93, BStBl 1997 II 328; H 10b.3 EStH; *Kirchhain* RHN § 9 Rz. 277.
2 *Geserich* KSM § 10b Rz. B387.
3 Ebenso Gosch/*Märtens* § 9 Rz. 31a.
4 Wohl ebenso *Kirchhain* RHN § 9 Rz. 278, wenn er von „Gesellschafterbezügen mit Vergütungscharakter" spricht.
5 Beck'scher Bilanz Kommentar § 275 Rz. 285.
6 FG Hessen 28. 4. 1999 - 2 K 5239/96, EFG 1999, 769; *Kirchhain* RHN § 9 Rz. 265.
7 *Krämer* DPM § 9 Rz. 320; *Frotscher*/Drüen § 9 Rz. 61; Blümich § 9 Rz. 106; *Ellerbeck* Schnitger/Fehrenbach § 9 Rz. 112; Gosch/*Märtens* § 9 Rz. 31a.

jahres enthalten. Dies bestimmt auch das Jahr des Veranlagungszeitraums. Erfolgt der Spendenabzug bei Ende des Wirtschaftsjahres, wäre es zumindest merkwürdig, dass dafür noch Umsätze und Löhne/Gehälter zu berücksichtigen wären, die erst danach anfallen.

347 Für die Zuwendungen gilt das Abflussprinzip, da es sich um Aufwendungen handelt. Demgemäß sind sie in dem **Veranlagungszeitraum** zu berücksichtigen, in dem sie abgeflossen sind. Sie sind nicht auf mehrere Wirtschaftsjahre zu verteilen. Der Spender kann aber mehrere „Raten" erbringen. Eine Rückstellung für künftige Spenden ist nicht zu bilden. Eine Spende kann aber eine Forderung sein, welche zu passivieren ist und entsprechend der gesetzlichen Regelung in Nr. 2 abgezogen werden kann.

348–349 *(Einstweilen frei)*

5. Organschaft

350 Da Organträger und Organgesellschaft nach den jeweils für sie geltenden Vorschriften ihr Einkommen getrennt ermitteln (vgl. *Müller* in Mössner/Seeger/Oellerich, KStG, § 14 Rz. 611 ff.; *Müller* in Mössner/Seeger/Oellerich, KStG, § 15 Rz. 17), haben diese auch die Höchstbeträge getrennt voneinander zu ermitteln.[1]

> **BEISPIEL:** X-GmbH als Organträgerin der Y GmbH tätigt eine Spende. Maßgebend für den Höchstbetrag des Abzugs sind ihr Einkommen oder ihre Summe von Umsatz/Löhnen/Gehältern. Die entsprechenden der Organgesellschaft werden ihr nicht zugerechnet.

Selbstverständlich trifft dies auch auf Innenumsätze[2] und eine umsatzsteuerliche Organschaft[3] zu.

351 Daraus ergeben sich Friktionen mit der Bruttomethode (s. im Einzelnen *Müller* in Mössner/Seeger/Oellerich, KStG, § 15 Rz. 17, 53).[4]

352–354 *(Einstweilen frei)*

V. Zuwendungsvortrag

355 Mit dem Gesetz zur weiteren Stärkung des bürgerschaftlichen Engagements gilt – ab dem VZ 2007 für den Höchstbetrag übersteigende Zuwendungen (ohne Unterscheidung, ob Klein- oder Großspenden) – ein unbegrenzter Vortrag. Ein Rücktrag ist dagegen nicht gesetzlich geregelt. Der Vortrag ist ohne zeitliche Grenze zulässig, so dass eine Aufgliederung der Zuwendungen nach dem jeweiligen Jahr der Leistung entfällt. Unerheblich ist auch, ob eine Großspende den gesetzlichen Höchstbetrag übersteigt oder mehrere kleinere Spenden, die in Summe den Jahreshöchstbetrag übersteigen. Ein Übertrag nicht abgezogener Zuwendungen auf Dritte Personen ist nicht vorgesehen und nur im Falle der Rechtsnachfolge (z. B. Verschmelzung oder Erbfolge) zulässig. Im Gegensatz zum Vortrag für Verluste und Zinsen ist die Übertragung vom Gesetzgeber nicht ausgeschlossen worden. Durch Verweisung auf § 10d Abs. 4 EStG gilt: Der

---

1 BFH, Urteil v. 23. 1. 2002 - XI R 95/97, BStBl 2003 II 9; R 9 KStR 2015; *Ellerbeck* Schnitger/Fehrenbach § 9 Rz. 115; *Brandl* Blümich § 9 Rz. 107; *Drüen* HHR § 9 Rz. 50; *Krämer* DPM § 9 Rz. 330; *Kirchhain* RHN § 9 Rz. 277; *Gosch/Märtens* § 9 Rz. 31b; über eine möglicherweise andere Sichtweise des BFH vgl. *Pohl* DStR 2017, 1689 f.; s. überzeugende Gegenargumente *Müller* in Mössner/Seeger/Oellerich, KStG, § 15 Rz. 17.
2 Wie hier *Ellerbeck* Schnitger/Fehrenbach § 9 Rz. 115; a. A. *Gerlach*, DB 1986, 2357.
3 Vgl. BFH, Urteil v. 23. 1. 2002 - XI R 95/97, BStBl 2003 II 9 und R 47 Abs. 5 Satz 4 und 5 KStR 2004.
4 Vgl. auch *Ellerbeck* Schnitger/Fehrenbach § 9 Rz. 115.

Vortrag in den folgenden VZ ist zwingend. In jedem Jahr ist der Höchstbetrag auszuschöpfen. Ein diesen Höchstbetrag übersteigender Betrag ist vorzutragen. Nach § 10d Abs. 4 EStG ist Voraussetzung, dass die Spende in dem vorangegangenen Veranlagungszeitraum nicht wegen Überschreitung des Höchstbetrages abgezogen werden konnte.

Nicht abgezogene, vortragsfähige Zuwendungen sind nach § 10d Abs. 4 EStG gesondert festzustellen. Der Feststellungsbescheid ist Grundlagenbescheid. **356**

(Einstweilen frei) **357–359**

C. § 9 Abs. 2 KStG: Einkommen und Sachspenden

I. Einkommensbegriff (Satz 1)

§ 9 Abs. 1 Satz 1 KStG enthält eine Definition des **Einkommens** zur Bestimmung der maßgebenden Größe nach § 9 Abs. 1 Nr. 2 Buchst. a KStG. Diese Definition weicht vom Einkommensbegriff i. S. v. §§ 7, 8 KStG ab. Damit soll der Zuwendungsabzug bei den Körperschaftsteuersubjekten dem Spendenabzug nach § 10b EStG angeglichen werden. Dies ist notwendig, da es im KStG keine Sonderausgaben (§ 10 EStG) gibt. Entscheidend ist, dass als Einkommen eine Größe vor Abzug der Verlustvor- und -rückträge bestimmt ist. Dass die Zuwendungen (Spenden- und Mitgliedsbeiträge) ebenfalls nicht berücksichtigt werden, ist eine Klarstellung, versteht sich aber eigentlich von selbst. Um die Höchstgrenze des Einkommens zu ermitteln, ist vom Einkommen nach §§ 7, 8 KStG auszugehen und sodann sind Verlustabzüge und etwa berücksichtigte Zuwendungen hinzuzurechnen. Zuwendungen sind dann in Höhe von 20 % von diesem Betrag abziehbar. Eine weitere Funktion hat der Betrag nicht. **360**

Dieses „Einkommen" ist das Einkommen des **Veranlagungszeitraums** (R 9 Abs. 3 KStR 2015, vgl. → Rz. 346). Bei abweichendem Wirtschaftsjahr ist es also dasjenige Einkommen, das der Besteuerung im Veranlagungszeitraum zugrunde gelegt (§ 7 Abs. 4 Satz 2 KStG, vgl. *von Brocke* in Mössner/Seeger/Oellerich, KStG, § 7 Rz. 59 ff.) wird.[1] **361**

(Einstweilen frei) **362–364**

II. Sachspenden (Satz 2 und 3)

1. Allgemeines

Nach § 9 Abs. 2 Satz 2 KStG gilt auch die Zuwendung von **Wirtschaftsgütern** (kurz: Sachspenden) als eine Zuwendung i. S. v. § 9 Abs. 1 Nr. 2 KStG. **365**

BEISPIEL: Die X-GmbH, die orthopädische Hilfsmittel herstellt, spendet einer gemeinnützigen Behindertenwerkstätte Rollstühle, Krücken und weitere Hilfsmittel.

Das Gesetz nimmt **Nutzungen und Leistungen** dabei aus. Insbesondere unentgeltliche Mithilfen und freiwillig geleistete Mitarbeit führen nicht zu einer Sachspende.[2] In der Praxis wird oft an Stelle einer an sich zu vergütenden Arbeit statt des Entgeltes eine Zuwendungsbestätigung angeboten. Dies reicht den gesetzlichen Voraussetzungen nicht (hierzu → Rz. 376). **366**

---

[1] Allg. Ans. Gosch/*Märtens* § 9 Rz. 31; *Krämer* DPM § 9 Rz. 314.
[2] *Geserich* KSM § 10b D 15, allg M.; s. auch BMF, Schreiben v. 25.11. 2014 - IV C – S 222/07/0010 BStBl 2014 I 2460; BStBl 2016 I 994.

BEISPIEL: Die X-GmbH stellt einem gemeinnützigen Theaterverein für die Vorbereitung einer Aufführung einen LKW zum Transport von Kulissen und einige eigene Arbeiter, die beim Aufbau mithelfen, für 2 Monate zur Verfügung (s. auch → Rz. 376).

§ 9 Abs. 2 Satz 2 KStG entspricht § 10b Abs. 3 Satz 1 EStG. Bei natürlichen Personen führt das Zur-Verfügung-Stellen der eigenen Arbeitskraft nicht zu einer abziehbaren Zuwendung, da es keinen endgültigen Abfluss von Vermögen (→ Rz. 246 ff.) gibt.

BEISPIEL[1]: Ein Arzt begleitet ehrenamtlich eine von einer Organisation veranstaltete Pilgerreise und betreut die Teilnehmer ärztlich.

Derartige Zeitspenden können jedoch bei der Person Kosten verursachen – Fahrtkosten, Unterbringung, Verpflegung –, die dann aber als Spende abziehbar sind.[2] Solche persönlich erbrachten Leistungen sind bei Körperschaften eher schwer vorstellbar. Die Körperschaft kann in der Regel nur eigene Beschäftigte abstellen. Die Frage ist dann, ob die der Körperschaft entstehenden Gehaltskosten als Betriebsausgaben oder Spenden abgesetzt werden können. Da es sich entweder um Spenden oder um Betriebsausgaben handelt, ist die Abziehbarkeit sichergestellt. Ähnliches gilt auch für die Nutzungsüberlassung.

BEISPIEL: Der dem Theaterverein überlassene LKW ist von der X-GmbH geleast. Die Leasingraten sind abziehbar.

367 War eine Leistung ursprünglich gegen Entgelt vereinbart und verzichtet der Leistende auf ein Entgelt, so ist dies abziehbar.[3]

368–369 *(Einstweilen frei)*

2. Bewertung

370 Sachzuwendungen erfolgen in natura und nicht Geld. Folglich muss ihr Wert ermittelt werden. § 9 Abs. 2 Satz 3 KStG verweist hierfür auf § 6 Abs. 1 Nr. 4 Satz 1 und 4 EStG. Dies bedeutet, dass in der Regel gem. § 6 Abs. 1 Nr. 4 Satz 1 EStG der **Teilwert** anzusetzen ist. Die Frage ist, ob dies eine Rechtsgrund- oder eine Rechtsfolgenverweisung ist. Da es keine Privatsphäre bei Körperschaftsteuersubjekten gem. § 1 Abs. 1 Nr. 1 bis 3 gibt, kann es bei diesen keine Entnahme im eigentlichen Sinne geben. Auch ist eine Parallelwertung zu § 10b Abs. 3 EStG erfolgt, ohne dass hinreichend die Besonderheiten der Körperschaften bedacht sind. Da bei der Zuwendung das Wirtschaftsgut aus dem Betriebsvermögen der spendenden Körperschaft ausscheidet, muss eine Bewertung erfolgen. Auch hierfür muss der Teilwert angesetzt werden. So handelt es sich um eine Rechtsgrundverweisung. Nach dem gleichen Betrag richtet sich dann auch der Wert der Zuwendung, so dass der Vorgang für die Körperschaft ergebnisneutral ist. Dies ist aber dann nicht der Fall, wenn der Teilwert der Sachspende die Höchstgrenzen (→ Rz. 330 ff.) überschreitet.

BEISPIEL: Die X-GmbH tätigt eine erhebliche Sachspende aus ihrem Betriebsvermögen zu einem Teilwert von 500.000. Als Höchstbetrag sind bei ihr aber nur 100.000 abziehbar. Es kommt zu einem „Entnahmegewinn" von (angenommen) 150.000. Nach Abzug der Spende erzielt sie einen Gewinn von 50.000, der bei ihr zu einem Zuwendungsvortrag führt.

---

1 Beispiel nach BFH, Urteil v. 24. 2. 1972 - IV R 2/68, BStBl 1972 II 613.
2 BFH, Urteil v. 24. 2. 1972 - IV R 2/68, BStBl 1972 II 613.
3 Vgl. KKB/Eckardt, § 10b EStG Rz. 104.

Erwirbt die spendende Körperschaft das Wirtschaftsgut, das sie dann spendet, so gelten die gleichen Grundsätze, denn durch den Erwerb wird das Wirtschaftsgut Betriebsvermögen. Der Teilwert entspricht dann den Anschaffungskosten.

Durch den Verweis auf § 6 Abs. 1 Nr. 4 Satz 4 EStG kann durch den Ansatz des **Buchwertes** die Sachspende ergebnisneutral erfolgen. Wenn § 6 Abs. 1 Nr. 4 Satz 4 EStG verlangt, dass das „Wirtschaftsgut unmittelbar nach seiner Entnahme einer nach § 5 Abs. 1 Nr. 9 KStG befreiten Körperschaft" unentgeltlich für steuerbegünstigte Zwecke nach § 9 Abs. 1 Nr. 2 KStG überlassen wird, dann beschreibt dies den Vorgang eine Sachspende aus dem Betriebsvermögen. Die spendende Körperschaft hat ein **Wahlrecht**, ob sie den Buchwert oder den Teilwert ansetzt. Dadurch können Abzugshöchstbeträge optimal genutzt werden.

(Einstweilen frei)

3. Nachweis

Gemäß § 50 Abs. 4 Satz 2 EStDV müssen sich aus den Aufzeichnungen der steuerbefreiten Körperschaft nach § 5 Abs. 1 Nr. 9 KStG „die Grundlagen für den vom Empfänger bestätigten Wert der Zuwendung ergeben". An diesen Nachweis werden hohe **Anforderungen** gestellt.[1] An den in der Spendenquittung angegebenen Wert ist das zuständige FA nicht gebunden.[2] Bei neuen Wirtschaftsgütern ist der Nachweis am leichtesten durch eine Einkaufsrechnung oder Quittung zu führen. Bei gebrauchten Wirtschaftsgütern kann eine Wertabgabe fraglich sein. Gegebenenfalls ist der Wert zu schätzen. Die objektive Beweislast liegt beim Spender, so dass er die Rechnung aufbewahren und vorsorglich alle zur Verfügung stehenden Beweise sichern sollte (sog. Beweisvorsorgepflicht).

> **BEISPIEL:** Die Y-AG hat im Laufe der Zeit eine bedeutende Fachbibliothek aufgebaut. Sie spendet diese der in der Nähe befindlichen, vor kurzem gegründeten Universität. Zur Wertermittlung können dann z. B. Antiquariatskataloge herangezogen werden.

Behält sich der Zuwendende am Wirtschaftsgut ein Nutzungsrecht vor, so muss die Wertminderung durch das Nutzungsrecht berücksichtigt werden.

> **BEISPIEL:** Die X-GmbH „spendet" der gemeinnützigen Organisation ein Grundstück mit Gebäude, behält sich aber für fünf Jahre ein Nießbrauchsrecht vor.

(Einstweilen frei)

III. Aufwands- und Auslagenersatz (Satz 4 und 5)

Tätigt die spendende Körperschaft Aufwendungen, die der zum Empfang abziehbarer Zuwendungen berechtigten Körperschaft zugutekommen, so enthält § 9 Abs. 2 Satz 4 KStG eine § 10b Abs. 3 Satz 4 EStG entsprechende Regelung.

> **BEISPIEL:** Die X-GmbH, die einen Autohandel betreibt, stellt für die regionalen Sommerfestspiele, die von einer gemeinnützigen Organisation veranstaltet werden, mehrere Autos für den Transport von Musikern und Instrumenten zur Verfügung.

---

1 Vgl. BFH, Urteil v. 22. 10. 1971 - VI R 310/69, BStBl 1972 II 55.
2 BFH, Urteil v. 23. 5. 1989 - X R 17/85, BStBl 1989 II 879.

Im Beispiel handelt es sich um nichts anderes als um eine Nutzungsüberlassung[1] (→ Rz. 366), die nicht zu einer abziehbaren Zuwendung berechtigt. Ein Aufwandsersatz kann dann in Betracht kommen, wenn die Organisation bei einem Dritten die Autos für den Zeitraum der Festspiele least und die X-GmbH die Leasingraten übernimmt. **Aufwand** liegt daher dann vor, wenn

► der Spender eine endgültige **Vermögensminderung** erleidet (s. auch → Rz. 246) und

► er die Zuwendung nicht an den Zuwendungsempfänger, sondern **an einen Dritten** leistet und die empfangende Körperschaft wirtschaftlich davon profitiert.[2]

Nach § 9 Abs. 2 Satz 4 KStG ist eine Abziehbarkeit nur gegeben, wenn einerseits ein **Anspruch auf Erstattung** der Auswendungen durch Vertrag oder Satzung eingeräumt und auf die Erstattung **verzichtet** worden ist. Somit handelt es sich um einen Verzicht auf einen **Aufwendungs- und Auslagenersatzanspruch**,[3] der zivilrechtlicher gegeben ist (§ 56, § 670 BGB). Der BFH[4] sah allein einen Anspruch aus § 670 BGB nicht für ausreichend an, obwohl eine als ehrenamtlich bezeichnete Tätigkeit nicht stets unentgeltlich sei. Danach ist auch zu prüfen, ob ein solcher Aufwendungsersatzanspruch als satzungskonform anzusehen ist. Eine Spende liegt erst im anschließenden Verzicht auf diesen Anspruch vor. Ob es sich letztlich dabei um eine Geld- oder um eine Sachspende handelt, ist umstritten, aber ohne Auswirkung.[5] § 9 Abs. 2 Satz 5 KStG schließt die Abzugsfähigkeit dann aus, wenn der „Anspruch unter der Bedingung des Verzichts eingeräumt worden" ist.

377 **Gesetzliche Aufwandsersatzansprüche**, z. B. aus Geschäftsführung ohne Auftrag (§§ 677 ff. BGB) führen nicht zur einer Aufwandsspende, sondern nur solche, die durch Vertrag oder Satzung begründet werden.

378 Der **Verzicht** muss zivilrechtlich wirksam erfolgen. Es handelt sich um einen formfreien Erlassvertrag nach § 397 BGB. Zivilrechtlich wirksam wird die Verzichtserklärung im Zeitpunkt des Zugangs des Auftraggebers bzw. Spendenempfängers.[6] Die zeitliche Komponente ist oft problematisch. Grundsätzlich ist erforderlich, dass auf den Aufwendungsersatzanspruch **zeitnah** verzichtet wird. Allgemein üblich ist es aber,[7] wenn ein solcher Verzicht einmal jährlich (z. B. am Jahresende) erklärt wird. Der Zeitpunkt der Spende wird auch erst im Zeitpunkt des Verzichts und nicht bereits in der Tätigung des Aufwandes gesehen.

379 Beispiele für Aufwandsersatz sind vor allem die Fälle, in denen Mitglieder für den Verein tätig werden, einen vertraglichen Aufwendungsersatzanspruch haben und auf diesen dann verzichten. Dies können sein Fahrtkosten[8] (der BFH[9] erkennt die steuerlich anzuerkennenden Pauschbeträge für Dienstreisen an), Unterkunft/Verpflegung (pauschal nach SachbezVO[10]), Kosten ei-

---

[1] Vgl. auch BFH, Urteil v. 17. 2. 1993 - X R 119/90, BFH/NV 1994, 154.
[2] *Geserich* KSM § 10b D 51.
[3] Vgl. z. B. FG München, Urteil v. 7. 3. 2006 - 6 K 838/04, EFG 2006, 1050 Nr. 14, NWB IAAAB-83804.
[4] Vom 8. 8. 2001 - I B 40/01, BFH/NV 2001, 1356.
[5] Geldspende: BMF 7. 6. 1999, BStBl 1999 I 591; *Ellerbeck* Schnitger/Fehrenbach § 9 Rz. 132; *Krämer* DPM § 9 Rz. 309; *Drüen* HHR § 9 Rz. 54; Sachspende: Gosch/*Märtens* § 9 Rz. 55; *Hüttemann*, Gemeinnützigkeits- und Spendenrecht Rz. 8.33; s. auch FG München, Urteil v. 7. 7. 2009 - 6 K 3583/07, EFG 2009, 1823.
[6] FG München, Urteil v. 7. 7. 2009 - 6 K 3583/07, EFG 2009, 1823.
[7] So OFD Koblenz v. 15. 4. 2005, NWB MAAAB-53049.
[8] FG Thüringen v. 2. 9. 1998 - III 130/98, EFG 1998, 1640, rkr. – ersatzfähig sollen nur die Betriebskosten und nicht auch anteilig AfA, Kfz-Steuer, Versicherung sein.
[9] Vom 3. 12. 1996 - I R 67/95, BStBl 1997 II 327.
[10] Vgl. OFD Kiel v. 14. 10. 1998, FR 1998, 1099 und SachbezV v. 23. 10. 2003, BStBl 2003 I 563.

nes Arbeitszimmers für ehrenamtliche Tätigkeit,[1] Büromaterial, Telefon- und Portokosten, **nicht** aber: AfA, Verschleiß, Wartungskosten.

Da die Finanzverwaltung in Aufwandsspenden **abgekürzte Geldspenden** (Rückspende) sieht, verlangt sie eine Bestätigung auf dem Muster für Geldzuwendungen.[2]

380

(Einstweilen frei) 381–384

D. Zuwendungsbestätigung des Empfängers (Spendenbescheinigung)

§ 50 Abs. 1 EStDV knüpft die Abziehbarkeit einer Zuwendung an die Vorlage einer **Zuwendungsbestätigung**. Dies gilt jedoch nur unmittelbar für Zuwendungen nach § 10b EStG. Die Geltung auch für das Körperschaftsteuerrecht leitet der BFH[3] aus der Verweisung auf das Einkommensteuerrecht in § 8 Abs. 1 KStG ab. Dem haben sich die Finanzverwaltung[4] und die Literatur[5] angeschlossen. Die Bestätigung ist somit materielle Voraussetzung[6] des Zuwendungsabzugs nach § 9 Abs. 1 Nr. 2 KStG. Die Zuwendungsbestätigung hat nach amtlich vorgeschriebenem Muster zu erfolgen. Das BMF, Schreiben v. 7.11.2013[7] erläutert die formalen Voraussetzungen des amtlichen Vordruckmusters.[8] Besonderheiten gelten formal für eine sog. Sammelspende. Es ist u.a. jede einzelne Aufwendung mit Datum, Betrag und Art (Mitgliedsbeitrag oder Geldspende) anzugeben. Das **verbindliche Muster** wird redaktionell regelmäßig an gesetzliche Änderungen (z.B. die Änderungen durch das Gesetz zur weiteren Stärkung des bürgerschaftlichen Engagements) angepasst.[9]

385

Anzugeben sind:

386

▶ Name,

▶ Wohnort,

▶ Tag der Zuwendung,

▶ bei Sachspenden: Bezeichnung und Wert – Bewertungsfaktoren: ggf. Neupreis/Zeitraum zwischen Anschaffung u. Spende/Zustand,

▶ Zugehörigkeitsmerkmale des Zuwendungsempfängers (FA und Steuernummer, Ausstellungsdatum der Freistellungsbescheinigung und Grund der Freistellung),

▶ Hinweis, falls auf einen Aufwendungsersatzanspruch (§ 50 Abs. 4 Satz 2 AO) verzichtet wird,

▶ Verwendung im Ausland.

Zuwendungen an **Empfänger im EU- und EWR-Raum** bedürfen keiner Zuwendungsbestätigung des Empfängers (§ 50 Abs. 1 Satz 2 EStDV). Da nach Ansicht der Finanzverwaltung das Freistel-

387

---

1 BFH, Urteil v. 17.2.1993 - X R 119/90, BFH/NV 1994, 154.
2 OFD Koblenz v. 15.4.2005, NWB MAAAB-53049; s. *Rausch/Meirich*, DStR 2017, 2771 ff. zum vierstufigen Verfahren.
3 Vom 12.9.1990 - I R 65/86, BStBl 1991 II 258.
4 R 8.1 Abs. 1 Nr. 2 KStR 2015.
5 *Krämer* DPM § 9 Rz. 96; *Hüttemann*, Gemeinnützigkeits- und Spendenrecht Rz. 8.100; *Kirchhain* RHN § 9 Rz. 130; *Schulte* Erle/Sauter § 9 Rz. 51.
6 Vgl. BFH, Urteil v. 6.3.2003 - XI R 13/02, BStBl 2003 II 554.
7 BStBl 2013 I 1333.
8 Vgl. BMF, Schreiben v. 13.12.2007, BStBl 2008 I 4.
9 Vgl. BMF, Schreiben v. 30.8.2012, BStBl 2012 I 884 und vormals BMF, Schreiben v. 13.12.2007, BStBl 2008 I 4 sowie BMF, Schreiben v. 18.11.1999, BStBl 1999 I 979.

lungsverfahren gem. § 60a AO nicht auf ausländische Zuwendungsempfänger anzuwenden ist (vgl. → Rz. 321), können sie in einer Zuwendungsbescheinigung nicht ihre Freistellungsbescheinigung angeben. Es ist dann folgerichtig, bei Auslandszuwendungen auf eine Zuwendungsbescheinigung zu verzichten. Zum Nachweis der Gemeinnützigkeit des ausländischen Zuwendungsempfängers nimmt das BMF im Schreiben v. 16. 5. 2011 Stellung.[1] Die Verlagerung des Nachweises der Berechtigung der ausländischen Institution, abziehbare Zuwendungen zu erhalten, auf den Zuwendenden (vgl. → Rz. 323) ist europarechtlich nicht unbedenklich.

388 § 50 Abs. 4 EStDV enthält weitere Vorschriften, die die empfangende Körperschaft beachten muss. Neben den sich aus § 63 Abs. 3 AO ergebenden **Aufzeichnungspflichten** muss sie die Vereinnahmung der Zuwendung und deren entsprechende Verwendung durch Aufzeichnungen dokumentieren und ein Doppel der Zuwendungsbestätigung aufbewahren. Bei Sachspenden und Aufwandsspenden gelten nach § 50 Abs. 4 Satz 2 EStDV weitere Aufzeichnungspflichten.

389 Gemäß § 63 Abs. 5 AO dürfen die empfangenden Körperschaften die Zuwendungsbestätigungen nur ausstellen, wenn das Datum

- entweder der Anlage zum Körperschaftsteuerbescheid oder des Freistellungsbescheides nicht länger als **fünf Jahre** zurückliegt oder

- die Feststellung nach § 60a Abs. 1 AO nicht länger als **drei Jahre** zurückliegt und noch kein Freistellungsbescheid ergangen oder im Rahmen der Körperschaftsteuerveranlage als Anlage erteilt ist.

Vorbehaltlich des Vertrauensschutzes (vgl. → Rz. 391) können bei **Überschreiten der genannten Fristen** für die Ausstellung einer Zuwendungsbescheinigung durch die Körperschaft die Zuwendungen nicht abgezogen werden. Dies gilt auch, wenn die Zuwendungsbescheinigung ausgestellt wird, bevor die Feststellung nach § 60a Abs. 1 AO oder eine Freistellung erfolgt. Dem Urteil des BFH vom 5. 4. 2006[2] kann als obiter dictum entnommen werden, dass eine auf das Jahr der Zuwendung rückwirkende Feststellung der Gemeinnützigkeit oder Freistellung die Zuwendungsbescheinigung wirksam werden lässt. Erfolgt die Freistellung erst für das Folgejahr, ist sie unwirksam. Erteilt die Körperschaft zunächst keine Zuwendungsbestätigung, weil ihre Anerkennung noch nicht erfolgt ist, erteilt sie die Bestätigung dann nach der Anerkennung rückwirkend, so kommt es darauf an, ob die spendende Körperschaft bereits bestandskräftig veranlagt ist. Ist dies der Fall, so kann die Veranlagung wegen § 175 Abs. 2 Satz 2 AO – Vorlage einer Bescheinigung ist kein rückwirkendes Ereignis – nicht geändert werden. Ist eine Veranlagung noch nicht bestandskräftig, so kann eine ordnungsgemäße Bescheinigung bis zum Ende der Tatsacheninstanz vor dem FG nachgereicht werden.[3]

389a Zum **vereinfachten Zuwendungsnachweis** (§ 50 Abs. 2 EStDV) genügt ein Bareinzahlungs- oder Buchungsbeleg eines Kreditinstituts in den in der Vorschrift genannten Fällen, vor allem bei Hilfe in Katastrophenfällen. Die elektronische Zuwendungsbestätigung ist in § 50 Abs. 1a EStDV geregelt.

---

1 BStBl 2011 I 559
2 I R 20/05, BStBl 2007 II 450.
3 BFH, Urteile v. 25. 8. 1987 – IX R 24/85, BStBl 1987 II 850; v. 17. 2. 1993 - X R 119/90, BFH/NV 1994, 154; v. 19. 7. 2011 - X R 32/10, BFH/NV 2012, 179, NWB FAAAD-99011.

E. Folgen unrichtig ausgestellter Spenden- und Mitgliedsbeitragsbestätigungen (Abs. 3)

LITERATURHINWEISE:

Gierlich, Vertrauensschutz und Haftung bei Spenden, FR 1991, 518; *Wallenhorst*, Die neue Haftung bei der Fehlverwendung von Spenden, DB 1991, 1410; *Teufel*, Zur Haftung bei falsch ausgestellter Spendenbescheinigung bzw. zweckwidriger Mittelverwendung, FR 1993, 772; *Oppermann*, Die strafrechtliche Haftung für rechtswidrig ausgestellte Spendenbescheinigungen, DStZ 1998, 424; *Thiel*, Die Neuordnung des Spendenrechts, DB 2000, 392; *Wallenhorst*, Spendenhaftung: Beantwortete und offene Fragen, DStZ 2003, 531; *Fischer*, Reform des Gemeinnützigkeits- und Spendenrechts, NWB 2007, 765 ff.; *Fritz*, Regierungsentwurf eines Gesetzes zur weiteren Stärkung des bürgerlichen Engagements, BB 2007, 690 ff.; *Fritz*, Gesetz zur weiteren Stärkung des bürgerschaftlichen Engagements – Steuerliche Änderungen für gemeinnützige Körperschaften und deren Förderer, BB 2007, 2546 ff.; *Hüttemann*, Gesetz zur weiteren Stärkung des bürgerschaftlichen Engagements und seine Auswirkungen auf das Gemeinnützigkeits- und Spendenrecht, DB 2007, 2053 ff.; *Krain*, Das Gesetz zur weiteren Stärkung des bürgerlichen Engagements, AO-Steuer-Berater 2008, 14; *Hörster*, Gesetz zur Umsetzung steuerlicher EU-Vorgaben, NWB 2010, 1130, s. auch vor → Rz. 200.

I. Allgemeines

Nach Vorkommnissen vor allem im Zusammenhang mit Durchlaufspenden wurde das Problem virulent, wann und unter welchen Voraussetzungen der Steuerpflichtige auf die Richtigkeit einer ihm erteilten Spendenquittung angesichts des recht komplizierten Spendenrechts vertrauen darf. Mit dem Vereinsförderungsgesetz v. 18.12.1989[1] wurde § 9 Abs. 3 KStG eingeführt. Die Norm entspricht § 10b Abs. 4 EStG. Die Vorschrift gewährt der gutgläubigen zuwendenden Körperschaft einen Vertrauensschutz und verbindet diesen mit einer Haftung bei einer Falschausstellung. Das Gesetz verfolgt dabei so etwas wie eine Sphärentheorie.

II. Vertrauensschutz (§ 9 Abs. 3 Satz 1 KStG)

Satz 1 enthält den Grundsatz, dass der Steuerpflichtige auf die Richtigkeit der Bestätigung über Spenden und Mitgliedsbeiträgen **vertrauen** darf. Während man vor der Gesetzesergänzung verlangte, dass das Finanzamt einen Vertrauenstatbestand selbst gesetzt hatte,[2] kommt es darauf nach der Gesetzesfassung nicht an. Daher besteht der Vertrauensschutz auch, wenn die empfangende Körperschaft die Mittel fehl verwendet.[3] Es ist Angelegenheit der Finanzbehörden, das Einhalten der Voraussetzungen für die Begünstigung zu überwachen. Die Beweislast für einen Ausnahmetatbestand trägt das FA.

Ist der Steuerpflichtige, d. h. die zuwendende Körperschaft, **nicht gutgläubig**, so entfaltet die unzutreffende Zuwendungsbescheinigung auch keine Wirkung. Das Gesetz kennt drei Fälle der Bösgläubigkeit.

▶ Der Steuerpflichtige seinerseits erwirkt die Bescheinigung durch unlautere Mittel oder durch falsche Angaben. **Unlautere Mittel** sind arglistige Täuschung, Bestechung, Drohung mit einem empfindlichen Übel (§ 130 Abs. 2 Nr. 2 AO) oder ähnliche Mittel. Die **falschen Angaben** beziehen sich auf Tatsachen, nicht auf Rechtswertungen.[4] Ob dem Spender die

---

1 BStBl 1989 I 2212.
2 Zum Beispiel BFH, Urteil v. 9.8.1989 - I R 181/85, BStBl 1989 II 990.
3 Zutreffend so *Kirchhain* RHN § 9 Rz. 288.
4 *Kirchhain* RHN § 9 Rz. 297.

Unrichtigkeit bekannt war, ist unerheblich. Es kommt nur auf die objektive Unrichtigkeit an.[1]

- Die Unrichtigkeit ist dem Steuerpflichtigen bekannt (positives Wissen).
- Die Unrichtigkeit ist dem Steuerpflichtigen in Folge grober Fahrlässigkeit nicht bekannt. Dies ist dann der Fall, wenn der Steuerpflichtige bei Anwendung der verkehrsüblichen Sorgfalt nach seinen Fähigkeiten die Unrichtigkeit hätte erkennen können, zu dieser Erkenntnis aber in besonders leichtfertiger Weise nicht gelangt ist.

Es kommt auf die **Kenntnis des Spenders** (oder seines Vertreters/Bevollmächtigten[2]) im **Zeitpunkt** der Ausstellung der Spendenbestätigung an. Ohne eigenes Verschulden sind dem Spender Handlungen seines Erfüllungsgehilfen (vgl. § 278 BGB) zuzurechnen.[3]

393 Der **Vertrauensschutz** umfasst den gesamten Inhalt der Spendenbestätigung. Dazu zählen insbesondere die Bestätigung der Körperschaftsteuerbefreiung (§ 5 Abs. 1 Nr. 9 KStG) und die zweckentsprechende Verwendung der Spende.

394–399 *(Einstweilen frei)*

III. Haftung (§ 9 Abs. 3 Satz 2 KStG)

1. Allgemeines

400 Die Haftung in Bezug auf die Steuer des Spenders kommt nur in Betracht, wenn die Spende unkorrigierbar zum Abzug zugelassen ist. Es ist deshalb stets zuerst zu fragen, ob die Spende abzugsfähig ist oder nicht. Das **Verfahren** richtet sich nach den §§ 191 ff. AO. Das zuständige FA muss eine Ermessensentscheidung treffen. Dem Haftenden ist rechtliches Gehör zu gewähren. Die Haftung ist nach ihrem Zweck auf die Höhe der Steuerschuld begrenzt, für die gehaftet wird. Die Haftung gilt aber nicht für die Steuern des Spendenempfängers.

401 Eine Haftung kommt nicht in Betracht, wenn

- der Spender seinerseits die Bestätigung durch unlautere Mittel oder falsche Angaben erwirkt hat; der Grundgedanke ist hierbei[4], dass der dem Zuwendenden gewährte Vertrauensschutz mit der Haftung des Empfängers korrespondiert. Es läge daher nahe, die Haftung entfallen zu lassen, wenn der Zuwendende nicht gutgläubig ist (→ Rz. 392). Ob eine derartige Verknüpfung besteht, ist umstritten.[5]
- dem Spender eine unrichtige Bestätigung ausgehändigt wurde;
- dem Spender die Unrichtigkeit der Bestätigung bekannt oder durch grobe Fahrlässigkeit nicht bekannt war;
- die unrichtige Bestätigung keine steuerlichen Auswirkungen hat (z. B. mangels Steuerfestsetzung, wg. Nichtanerkennung der Bestätigung usw.).

---

1 *Geserich* KSM § 10b E 11.
2 BFH, Urteil v. 7.11.1991 – X R 203/87, BStBl 1991 II 547.
3 BFH, Urteil v. 7.11.1991 – X R 43/88, BStBl 1991 II 325.
4 Vgl. BT-Drucks. 11/5582, 25.
5 Dafür *Krämer* DPM § 9 Rz. 372, dagegen Gosch/*Märtens* § 9 Rz. 57; s. auch *Kirchhain* RHN § 9 Rz. 303.

Nach der Neufassung durch das Ehrenamtsstärkungsgesetz[1] tritt die Haftung nur bei **Vorsatz** 402
oder **grober Fahrlässigkeit** ein. Damit ist die frühere Unterscheidung zwischen der Ausstellerhaftung = Verschuldenshaftung und der Veranlasserhaftung = Gefährdungshaftung entfallen.

Die Anwendung der Haftungsvorschrift auf ausländische Zuwendungsempfänger ist problematisch, da die deutschen Finanzbehörden kaum in der Lage sind, den Haftungsanspruch 403
durchzusetzen. Ob dies durch eine Reduzierung des Vertrauensschutzes kompensiert wird,[2] erscheint zumindest problematisch.

(Einstweilen frei) 404

2. Ausstellerhaftung

Zur Haftung wird herangezogen, wer vorsätzlich oder grob fahrlässig eine unrichtige Spendenbescheinigung **ausstellt**. Die Zuwendungsbestätigung muss nach objektiven Gesichtspunkten 405
nicht der Sach- und Rechtslage entsprechen.[3]

Es haftet, wer die Bescheinigung ausstellt. Dies ist grundsätzlich die ausstellende Körperschaft[4], der die Handlungen ihrer Organe und Angestellten zugerechnet werden. Überschreitet 406
allerdings die handelnde Person ihren zugewiesenen Aufgabenbereich, so haftet sie.[5]

Der Haftungstatbestand setzt ein vorsätzliches oder grob fahrlässiges Verschulden des Ausstellers voraus. Die Rechtsprechung legt bei der Beurteilung den Maßstab des § 173 Abs. 1 407
Nr. 2 AO an. Der Verschuldensbegriff in § 10b EStG, § 9 Abs. 3 KStG und § 173 Abs. 1 Nr. 2 AO
ist inhaltsgleich. Im Ergebnis sind dieselben Grundsätze anzuwenden.[6]

Grob fahrlässig handelt, wer die nach seinen persönlichen Kenntnissen und Fähigkeiten gebotene und zumutbare Sorgfalt in ungewöhnlichem Maße und in nicht entschuldbarer Weise 408
verletzt.[7] Davon ist stets auszugehen, wenn der Haftende unbeachtet ließ, was im gegebenen
Fall jedem hätte einleuchten müssen, oder wenn er die einfachsten, ganz nahe liegenden
Überlegungen nicht anstellt. Die Haftung der Körperschaft setzt voraus, dass sie sich das Verhalten der handelnden Personen (§ 31 BGB) zurechnen lassen muss.[8]

(Einstweilen frei) 409

3. Veranlasserhaftung

Die Veranlasserhaftung kommt in den Fällen zum Tragen, in denen die Ausstellung der Bescheinigung zwar richtig war, aber anschließen eine Verwendung nicht zu den in der Beschei- 410
nigung angegebenen Zwecken veranlasst wird (sog. Fehlverwendung[9]). Dies ist beispielsweise
der Fall, wenn der Vorstand beschließt, Mittel anders als für steuerbegünstigte Zwecke zu verwenden etwa durch Verwendung im wirtschaftlichen Bereich der Körperschaft, wenn dort ein

---

1 Vom 21.3.2013, BGBl 2013 I 556.
2 So *Krämer* DPM § 9 Rz. 374; Gosch/*Märtens* § 9 Rz. 58.
3 Vgl. BFH, Urteil v. 12.8.1999 - XI R 65/98, BStBl 2000 II 65.
4 BFH 24.4.2002 - XI R 123/96, BStBl 2003 II 128.
5 Herrschende Meinung Gosch/*Märtens* § 9 Rz. 57; *Hüttemann*, Gemeinnützigkeits- und Spendenrecht, Rz. 8.128; *Krämer* DPM § 9 Rz. 374; Vgl. H 10b.1 EStH; OFD Koblenz v. 15.4.2005, NWB MAAAB-53049.
6 Vgl. BFH, Urteil v. 24.4.2002 - XI R 123/96, BStBl 2003 II 128.
7 St. Rspr., vgl. OFD Koblenz v. 15.4.2005, NWB MAAAB-53049.
8 Vgl. FG München, Urteil v. 7.3.2006 - 6 K 838/04, EFG 2006, 1050 Nr. 14 = NWB IAAAB-83804.
9 Vgl. BFH, Urteil v. 24.4.2002 - XI R 123/96, BStBl 2003 II 128.

Liquiditätsengpass besteht oder wenn die Mittel einer unzulässigen Rücklage zugeführt werden.[1]

411 Erhält eine nicht als gemeinnützig anerkannte Körperschaft eine Zuwendung, verwendet diese aber für den bescheinigten begünstigten Zweck, so scheidet eine Haftung aus.[2]

412–414 *(Einstweilen frei)*

4. Haftungsschuldner

415 **Haftungsschuldner** ist stets der Handelnde. Für die entgangene Steuer haftet der Aussteller der Zuwendungsbestätigung bzw. der Veranlasser der Fehlverwendung. Es ist deshalb die empfangende Körperschaft selbst grundsätzlich in Haftung zu nehmen.[3]

416 Die ältere Rechtsprechung hatte sich der Auffassung der FinVerw angeschlossen, dass auch die für die Körperschaft handelnden natürlichen Personen gleichrangig daneben haften können.[4] Mit dem JStG 2009 hat das Gesetz nunmehr für die Veranlasserhaftung die Regelung getroffen, dass der Zuwendungsempfänger, d. h. die Körperschaft, vorrangig haftet. Die handelnden Personen, die für die Körperschaft handeln, sind nur in Anspruch zu nehmen, wenn die entgangene Steuer nicht nach § 47 AO erloschen ist **und** Vollstreckungsmaßnahmen gegen die Körperschaft erfolglos sind. Es gilt eine besondere Verjährungsregelung (§ 10b Abs. 4 Satz 5 EStG). § 191 Abs. 5 AO findet keine Anwendung. Eine Haftungsinanspruchnahme ist deshalb möglich, solange die Festsetzungsfrist für die vom Zuwendungsempfänger geschuldete Körperschaftsteuer nicht abgelaufen ist. Abzustellen ist auf den Veranlagungszeitraum, in dem die unrichtige Bestätigung ausgestellt oder veranlasst wurde, dass die Zuwendung nicht zu den in der Bestätigung angegebenen steuerbegünstigten Zwecken verwendet worden ist (vgl. § 10b Abs. 4 Satz 5 EStG i. d. F. des JStG 2009). Mit der Regelung soll ein Haftungsausfall verhindert werden.[5]

417–419 *(Einstweilen frei)*

IV. Höhe der Haftungssumme (Satz 2 2. Halbsatz)

420 Als Haftungssumme werden nach § 9 Abs. 3 Satz 2 KStG einheitlich **30 % des zugewendeten Betrages** festgesetzt. Daneben kann aber noch die Haftung gem. § 9 Nr. 5 Satz 6 GewStG für die entgangene **Gewerbesteuer** treten. Sie wird mit 15 % des zugewendeten Betrages angesetzt. Unerheblich ist, ob und wie sich der Spendenabzug beim Spender überhaupt steuerlich ausgewirkt hat. Eine – anhand aller Umstände des Einzelfalles – Ermittlung des Steuerfalles erfolgt nicht für die Haftungsfrage. Bemessungsgrundlage für die Ermittlung der Höhe der Haftung sind die Zuwendungen bei der Ausstellerhaftung, für die eine unrichtige Spendenbescheinigung ausgestellt wurde, die fehlverwendeten Zuwendungen im Fall der Veranlasserhaftung.

---

[1] BFH, Urteil v. 18. 3. 1999 - I B 128/98, BFH/NV 1999, 1055, NWB QAAAA-62970
[2] Vgl. OFD Koblenz v. 15. 4. 2005, NWB MAAAB-53049, unter Berufung auf die neuere Rspr.: BFH, Urteile v. 10. 9. 2003 - XI R 58/01, BStBl 2004 II 352 und v. 28. 7. 2004 - XI R 40/03, NWB XAAAB-41954 und IX R 41/03, NWB HAAAB-41955, beide n. v.
[3] BFH, Urteile v. 10. 9. 2003 - XI R 58/01, BStBl 2004 II 352 und v. 28. 7. 2004 - XI R 40/03, NWB XAAAB-41954.
[4] Vgl. FG Köln, Urteile v. 14. 1. 1998 - 6 V 6026/97 und 6 V 6028/97, EFG 1998, 753; FG Baden-Württemberg, Urteil v. 14. 7. 1998 - 3 K 58/964, DStRE 1999, 295; BFH, Urteil v. 23. 2. 1999 - XI B 130/98, DStRE 1999, 624 – im Falle der Veranlasserhaftung.
[5] Über die zeitliche Anwendung der Neuregelung s. Vorauflage § 9 Rz. 512.

§ 10 Nichtabziehbare Aufwendungen

Nichtabziehbar sind auch:

1. die Aufwendungen für die Erfüllung von Zwecken des Steuerpflichtigen, die durch Stiftungsgeschäft, Satzung oder sonstige Verfassung vorgeschrieben sind. ²§ 9 Abs. 1 Nr. 2 bleibt unberührt,
2. die Steuern vom Einkommen und sonstige Personensteuern sowie die Umsatzsteuer für Umsätze, die Entnahmen oder verdeckte Gewinnausschüttungen sind, und die Vorsteuerbeträge auf Aufwendungen, für die das Abzugsverbot des § 4 Abs. 5 Satz 1 Nr. 1 bis 4 und 7 oder Abs. 7 des Einkommensteuergesetzes gilt; das gilt auch für die auf diese Steuern entfallenden Nebenleistungen,
3. in einem Strafverfahren festgesetzte Geldstrafen, sonstige Rechtsfolgen vermögensrechtlicher Art, bei denen der Strafcharakter überwiegt, und Leistungen zur Erfüllung von Auflagen oder Weisungen, soweit die Auflagen oder Weisungen nicht lediglich der Wiedergutmachung des durch die Tat verursachten Schadens dienen,
4. die Hälfte der Vergütungen jeder Art, die an Mitglieder des Aufsichtsrats, Verwaltungsrats, Grubenvorstands oder andere mit der Überwachung der Geschäftsführung beauftragte Personen gewährt werden.

Inhaltsübersicht

	Rz.
A. Allgemeine Erläuterungen zu	1 – 30
I. Regelungsinhalt und Bedeutung des § 10 KStG	1 – 10
II. Rechtsentwicklung	11 – 20
III. Verhältnis zu anderen Vorschriften	21 – 30
B. Aufwendungen für die Erfüllung von Zwecken der Körperschaft (§ 10 Nr. 1 KStG)	31 – 70
I. Anwendungsbereich	31 – 40
II. Satzungsgemäße Zwecke	41 – 50
III. Aufwendungen	51 – 60
IV. Verhältnis zum Spendenabzug (§ 10 Nr. 1 Satz 2 KStG)	61 – 70
C. Steuern vom Einkommen, sonstige Personensteuern sowie Umsatzsteuer (§ 10 Nr. 2 KStG)	71 – 130
I. Anwendungsbereich	71 – 75
II. Steuern vom Einkommen	76 – 80
III. Sonstige Personensteuern	81 – 85
IV. Ausländische Steuern	86 – 90
V. Umsatzsteuer, Vorsteuer	91 – 100
VI. Steuerliche Nebenleistungen	101 – 115
VII. Erstattungen	116 – 130
D. Geldstrafen (§ 10 Nr. 3 KStG)	131 – 160
I. Allgemeines	131 – 140
II. Maßnahmen mit Strafcharakter	141 – 145
III. Abzugsverbot für Geldbußen, § 8 Abs. 1 KStG i.V.m. § 4 Abs. 5 Satz 1 Nr. 8 EStG	146 – 160
E. Aufsichtsratsvergütungen (§ 10 Nr. 4 KStG)	161 – 201
I. Allgemeines	161 – 170
II. Aufsichtsorgane	171 – 175
III. Überwachungstätigkeit	176 – 185
IV. Vergütungen	186 – 200
V. Rückzahlungen	201

A. Allgemeine Erläuterungen zu § 10 KStG

HINWEIS:

R 10.1 – 10.3 KStR 2015.

LITERATURHINWEISE:

Rose, Aufsichtsratsvergütungen und Körperschaftsteuer, Kritische Überlegungen zur Existenz des § 12 Nr. 3 KStG, GmbHR 1964, 31; *Bordewin*, Gesetz zur Änderung des EStG und des KStG v. 25. 7. 1984 – Ausschluss des BA- und WK-Abzugs für Geldbußen und Geldstrafen, FR 1984, 405; *Dziadkowski*, Zur ertragsteuerlichen Behandlung von Zinsen für nicht abziehbare Steuern, DB 1988, 2069; *Seeger*, Behandlung ausländischer Steuern bei der inländischen Gewinnermittlung, FR 1991, 27; *Rüter/Reinhardt*, Die Belastungswirkung des Solidaritätszuschlags 1995, DStR 1994, 1023; *Ehmcke*, Die nicht abziehbaren Aufwendungen der Gesellschaft, DStJG 20 (1997), 257; *Müller*, Steuernachteile international verbundener Unternehmen durch Definitiv-Körperschaftsteuer auf nicht abziehbare Ausgaben, IStR 1997, 77; *Thiel*, Die gemeinnützige GmbH, DStJG 20 (1997), 103; *Dötsch/Pung*, StEntlG 1999/2000/2002: Änderungen des KStG, DB 1999, 867; *Paus*, Einschränkungen für den steuerlichen Abzug von Steuerzinsen, NWB F. 3, 10881; *Heuel/Felten*, OFD Münster: Ertragsteuerliche Behandlung von Erstattungs- und Nachzahlungszinsen bei der Körperschaftsteuer und Gewerbesteuer ..., BB 2011, 1126; *Korn*, Steuerbarkeit von Steuererstattungszinsen, SteuK 2011, 187; *Markl/Hölzl*, Und (noch) kein Ende – die Steuerpflicht von Erstattungszinsen, BBK 2011, 270; *Gerard*, Steuerliche Behandlung von Geldstrafen, Geldbußen und sonstigen Sanktionen, NWB F. 3, 9647; *Schwan*, Steuerliche Begrenzungsmöglichkeiten der Vergütung von Vorstand und Aufsichtsrat, 2012; *Behrens*, Reformbedarf bei der Vollverzinsung im Steuerverfahrensrecht, FR 2015, 214; *Dziadkowski*, Zur Fortgeltung der totalen Vollverzinsung – Anmerkungen zu einem erfolgreichen Geschäftsmodell, FR 2015, 922; *Haase/Geils*, Die steuerliche Abzugsfähigkeit von Kartellgeldbußen, BB 2015, 2583; *Hey/Hey*, Abzugsverbot für Managergehälter – Untaugliche Symbolpolitik, FR 2017, 309.

I. Regelungsinhalt und Bedeutung des § 10 KStG

1 Die Vorschrift zählt zu den allgemeinen Regelungen des KStG über die **Ermittlung des Einkommens** und ergänzt insoweit § 8 Abs. 1 KStG. § 10 KStG zählt (nicht abschließend) bestimmte Aufwendungen auf, die bei der Ermittlung des Einkommens der Körperschaft nicht oder (nach § 10 Nr. 4 KStG) nur zum Teil abgezogen werden dürfen. Die Regelung steht in engem sachlichen Zusammenhang mit der des § 9 KStG, die eine ebenfalls nicht abschließende Aufzählung bei der Einkommensermittlung abziehbarer Aufwendungen enthält.

2 Die **Entscheidung** über die Nichtabziehbarkeit von Aufwendungen nach § 10 KStG wird im Rahmen der Veranlagung zur KSt getroffen. Diese Entscheidung betrifft die Einkommensteuererermittlung und damit die Besteuerungsgrundlagen, die nach § 157 Abs. 2 AO grundsätzlich nicht selbständig anfechtbar sind. Da jedoch der KSt-Bescheid nach § 47 Abs. 2 KStG a. F. für die dem Anrechnungsverfahren unterliegenden Steuerpflichtigen Grundlagenbescheid für die nach § 47 Abs. 1 KStG a. F. vorzunehmenden Feststellungen ist, ist er auch in Fällen anfechtbar, in denen sich Einwendungen nicht gegen die Höhe der festgesetzten KSt richten, sondern nur gegen die Höhe des Einkommens bzw. des Verlusts.

3 Die Behandlung der nichtabziehbaren Aufwendungen im Rahmen der **Gliederung des verwendbaren EK** (vor Abschaffung des Anrechnungsverfahrens) wird durch § 10 KStG nicht angesprochen, sie ergibt sich – einschließlich der Tarifbelastung der nichtabziehbaren Aufwendungen mit KSt – aus § 31 KStG a. F.: Die Aufwendungen, die tatsächlich abgeflossen sind und die den Jahresüberschuss lt. Bilanz gemindert haben, müssen, nachdem sie wegen § 10 KStG bei der Einkommensermittlung außerhalb der Bilanz dem Einkommen hinzugerechnet worden sind, bei der Berechnung des verwendbaren EK von den sich nach Maßgabe des § 31 KStG a. F. ergebenden EK-Teilbeträgen wieder abgezogen werden, da sie zur Verwendung naturge-

mäß nicht zur Verfügung stehen (s. zur Berücksichtigung des Abzugsverbots nach § 10 KStG im Rahmen der EK-Gliederung im Einzelnen die Anmerkungen zu § 31 KStG a. F.).

§ 10 KStG ist im Rahmen seines Anwendungsbereichs **lex specialis im Verhältnis zu § 8 Abs. 1 KStG** sowie den darin in Bezug genommenen Einkommensermittlungsvorschriften des EStG. Die für den Bereich des ESt entsprechende Regelung des § 12 EStG ist daher bei der Einkommensermittlung der Körperschaften nicht anwendbar. § 4 Abs. 5 EStG wiederum ist neben § 10 KStG anwendbar.

§ 10 KStG schließt vier Gruppen von Aufwendungen ganz oder teilweise vom Abzug bei der Einkommensermittlung aus:

§ 10 Nr. 1 KStG verbietet entsprechend der allgemeinen ertragsteuerlichen Trennung von Einkommenserzielung und Einkommensverwendung den Abzug von Aufwendungen für Zwecke, die dem Steuerpflichtigen durch Stiftungsgeschäft, Satzung oder sonstige Verfassung vorgeschrieben sind. Dabei wird durch § 10 Nr. 1 Satz 2 KStG klargestellt, dass der Abzug von Spenden, soweit er nach § 9 Abs. 1 Nr. 2 KStG zulässig ist, durch § 10 Nr. 1 KStG nicht ausgeschlossen wird. Außerdem ist ein Abzug auch für solche Aufwendungen für die Erfüllung von Zwecken des Stpfl. zulässig, die zugleich die Voraussetzungen für den Abzug von BA/WK erfüllen (s. unten → Rz. 32).

§ 10 Nr. 2 KStG schließt, wie die weitgehend deckungsgleiche Regelung des § 12 Nr. 3 EStG,[1] den Abzug der Steuern vom Einkommen und der sonstigen Personensteuern sowie bestimmter (privat veranlasster) Umsatz- bzw. Vorsteuerbeträge und der mit den vorstehenden Steuern zusammenhängenden Nebenleistungen aus; auch insoweit verwirklicht die Vorschrift die Abgrenzung von Einkommenserzielung und -verwendung.

§ 10 Nr. 3 KStG untersagt, wie für den Bereich der ESt der wörtlich gleiche § 12 Nr. 4 EStG, den Abzug bestimmter Geldbußen und Geldstrafen, um die Wirkung solcher Belastungen nicht steuerlich einzuschränken.

§ 10 Nr. 4 KStG bestimmt, dass Vergütungen an Mitglieder des Aufsichtsrats, Verwaltungsrats, Grubenvorstands oder andere mit der Überwachung der Geschäftsführung betraute Personen bei der Einkommensermittlung des Steuerpflichtigen nur zur Hälfte abgezogen werden können. Die Vorschrift soll das Interesse an überhöhten Aufsichtsratvergütungen verringern und nimmt dafür eine teilweise Doppelbelastung der Vergütungen mit KSt und ESt in Kauf.

(Einstweilen frei) 6–10

II. Rechtsentwicklung

Bereits mit der Einführung einer reichseinheitlichen KSt durch das KStG 1920 vom 30. 3. 1920[2] wurde ein Abzugsverbot für bestimmte Aufwendungen bei der Einkommensermittlung des Steuerpflichtigen bestimmt, das zunächst in § 8 KStG 1920, von 1934 – 1976 in § 12 KStG[3] normiert war. Seither waren die Aufwendungen zur Erfüllung von Zwecken des Steuerpflichtigen sowie für Personensteuern vom Abzug ausgeschlossen, während Aufsichtsratvergütungen zunächst abziehbar waren, weil sie nach dem Reichsstempelgesetz einer Stempelabgabe von 20 % unterlagen. Mit dem Wegfall dieser Stempelabgabe sowie der später erhobenen Auf-

---

1 FG Baden-Württemberg, Urteil v. 3. 12. 2015 - 3 K 982/14, NWB SAAAF-66339; *Dürrschmidt*, HHR KStG § 10 Rz. 8.
2 RGBl 1920 I 393.
3 § 12 KStG 1934 v. 16. 10. 1924, RGBl 1924 I 1031; RStBl 1924, 1287.

sichtsratsteuer wurde nach § 17 Nr. 4 KStG 1925 vom 10. 8. 1925[1] der Abzug der Aufsichtsratvergütung bei der Einkommensermittlung ausgeschlossen.

12 Die Neufassung des KStG nach dem KStReformG vom 31. 8. 1976[2] führte zur Übernahme der Vorschriften über die Nichtabziehbarkeit bestimmter Aufwendungen in § 10 KStG 1977. Die Terminologie in Überschrift und Eingangssatz wurde in Anlehnung an § 9 KStG 1977 von „nichtabzugsfähig" zu „nichtabziehbar" geändert, ohne dass sich hieraus materielle Änderungen ergaben. Weiterhin wurde der Begriff der „Ausgaben" in Anlehnung an § 4 Abs. 4 – 7 EStG durch den der „Aufwendungen" ersetzt. § 10 KStG enthielt danach in seinen Nr. 1 – 3 Regelungen, die bereits den heutigen Vorschriften in § 10 Nr. 1 und 4 KStG sowie weitgehend auch § 10 Nr. 2 KStG entsprachen. Seither stellt § 10 Nr. 1 Satz 2 KStG klar, dass die gem. § 9 KStG abziehbaren Spenden des Steuerpflichtigen auch durch § 10 Nr. 1 Satz 1 KStG nicht vom Abzug ausgeschlossen sind. Die Aufsichtsratvergütungen, die nach früherem Recht völlig vom Abzug ausgeschlossen waren, sind seit 1977 zur Hälfte abziehbar.

13 Eine weitere Änderung brachte das Gesetz zur Änderung des EStG und des KStG vom 25. 7. 1984.[3] Hierdurch wurde in § 10 KStG eine neue Nr. 3 eingefügt. Die bisherige Nr. 3 wurde zu Nr. 4. Durch diese Einfügung wurde entgegen den Beschlüssen des GrS vom 21. 11. 1983,[4] aber entsprechend der bisherigen Verwaltungspraxis der Abzug von Geldstrafen, Nebenstrafen vermögensrechtlicher Art und Leistungen zur Erfüllung von Auflagen oder Weisungen als Betriebsausgaben ausgeschlossen, da nach Ansicht des Gesetzgebers der Sanktionszweck der Strafen nicht durch steuerliche Vorschriften vereitelt oder erschwert werden sollte.

Durch das StReformG 1990 vom 25. 6. 1988[5] wurde das Abzugsverbot für Steuern nach § 10 Nr. 2 KStG erweitert. Seither sind auch die steuerlichen Nebenleistungen zu den nicht abziehbaren Steuern vom Abzug ausgeschlossen. Hiervon ausgenommen waren zunächst noch die Stundungs- und Aussetzungszinsen (§§ 234, 237 AO) sowie die neu eingeführten Nachforderungszinsen (§ 233a AO).

Im Rahmen der Neufassung des KStG durch das KStG 1996 vom 22. 2. 1996[6] wurde § 10 Nr. 1 Satz 2 KStG redaktionell an den bereits zwei Jahre zuvor neu gefassten § 9 KStG angepasst; ohne materielle Änderungen verweist § 10 Nr. 1 Satz 2 KStG seitdem auf § 9 Abs. 1 Nr. 2 KStG.

Mit dem StEntlG 1999/2000/2002 vom 24. 3. 1999[7] fand § 10 KStG seine nunmehr geltende Fassung, die erstmals für den VZ 1999 anzuwenden ist.[8] Die vorstehend bezeichneten Ausnahmen vom Abzugsverbot für steuerliche Nebenleistungen nach § 10 Nr. 2 KStG wurden – entsprechend der Streichung des § 10 Abs. 1 Nr. 5 EStG – aufgehoben. Außerdem wurde die Vorschrift redaktionell an die Neuordnung der Eigenverbrauchsbesteuerung im UStG angepasst.

14 Im Jahr 2017 ist die Einführung einer Beschränkung der Abzugsfähigkeit von Vorstandsvergütungen in der Diskussion. Der Entwurf eines Gesetzes zur Angemessenheit von Vorstandsvergütungen und zur Beschränkung der steuerlichen Absetzbarkeit der SPD-Fraktion vom 21. 2. 2017 sieht vor, den Abzug für Vorstandsvergütungen auf 500 000 € zu deckeln (§ 10

---

1 RGBl 1925 I 208.
2 BGBl 1976 I 2579; BStBl 1976 I 445.
3 BGBl 1984 I 1006; BStBl 1984 I 401.
4 BFH, Beschluss v. 21. 11. 1983 - GrS 2/82, BStBl 1984 II 160, 166.
5 BGBl 1988 I 1093; BStBl 1988 I 224.
6 BGBl 1996 I 340; BStBl 1996 I 166.
7 BGBl 1999 I 402; BStBl 1999 I 304.
8 § 54 Abs. 1 KStG 1999; BGBl 1999 I 818; BStBl 1999 I 462.

Nr. 5 KStG-Entwurf) und für Ruhegehälter auf die Beitragsbemessungsgrenze der Rentenversicherung West (im Jahr 2017 76 200 €; § 10 Nr. 6 KStG-Entwurf).[1] Zur Verfassungsmäßigkeit solcher Beschränkungen siehe unten → Rz. 163.

(Einstweilen frei) 15–20

III. Verhältnis zu anderen Vorschriften

§ 10 KStG enthält **keine erschöpfende Aufzählung** der vom Abzug ausgeschlossenen Aufwendungen. Ebenso wie im ESt-Recht sind auch die in § 4 Abs. 5 EStG genannten Betriebsausgaben bei einer Körperschaft vom Abzug ausgeschlossen, da nach § 8 Abs. 1 KStG die Vorschriften des EStG über die Gewinnermittlung anwendbar sind. Das Gleiche gilt für Zuwendungen an Pensions- und Unterstützungskassen, soweit ihr Abzug nach § 4c oder § 4d EStG ausgeschlossen ist. Durch § 8 Abs. 1 KStG i.V.m. § 3c EStG sind auch Ausgaben vom Abzug ausgeschlossen, soweit sie in unmittelbarem wirtschaftlichen Zusammenhang mit steuerfreien Einnahmen stehen. Weitere Abzugsverbote ergeben sich aus § 8 Abs. 1 KStG i.V.m. § 50 Abs. 1 EStG sowie aus § 160 AO. 21

Insbesondere sind aber auch nach § 8 Abs. 3 KStG solche Ausgaben vom Abzug ausgeschlossen, die eine **Verwendung des Einkommens** darstellen wie z. B. offene und auch verdeckte Gewinnausschüttungen.[2] Die Vorschrift des § 8 Abs. 3 Satz 2 KStG und die des § 10 Nr. 1 KStG stehen gleichwertig nebeneinander und können sich in den Rechtsfolgen überlagern.[3] 22

Dagegen stellt § 10 KStG für der KSt unterliegende Steuerpflichtige eine **Spezialregelung im Verhältnis zu § 12 EStG** dar, der daher auch über die Verweisung des § 8 Abs. 1 KStG nicht auf Körperschaften anwendbar ist. Dies begründet der BFH hinsichtlich § 12 Nr. 1 KStG mit dem Fehlen einer außerbetrieblichen Sphäre bei Kapitalgesellschaften, so dass „Liebhaberei"-Fälle über eine vGA zu lösen sind.[4] Diese Begründung ist auf andere Körperschaften nicht direkt anwendbar, es wird jedoch für eine einheitliche Lösung plädiert.[5] 23

(Einstweilen frei) 24–30

B. Aufwendungen für die Erfüllung von Zwecken der Körperschaft (§ 10 Nr. 1 KStG)

I. Anwendungsbereich

Die Vorschrift verwirklicht für den Bereich der KSt neben § 8 Abs. 3 KStG die ertragsteuerliche **Abgrenzung zwischen Einkommenserzielung und Einkommensverwendung**. Von Bedeutung ist sie vor allem für Vereine, Stiftungen und andere Zweckvermögen, die nach Maßgabe ihrer 31

---

1 Siehe auch KKB/Kanzler, Gesetzesvorhaben = NWB BAAAG-40085; ausführliche Kritik bei *Hey/Hey*, FR 2017, 309 ff.

2 BFH, Urteil v. 20.1.1993 - I R 55/92, BStBl 1993 II 376, Rz. 19; siehe auch Erläuterungen zu *Klein/Müller/Döpper* in Mössner/Seeger/Oellerich, KStG, § 8 Rz. 161 ff. sowie allgemein zum Verhältnis der §§ 8, 10 KStG *Dürrschmidt*, HHR KStG § 10 Rz. 1, 6 f.

3 *Graffe* in Dötsch/Jost/Pung/Witt, § 10 KStG Rz. 8 f.; BFH, Urteil v. 4.12.1996 - I R 54/95, BFH/NV 1997, 190 = NWB YAAAA-96773, zu § 4 Abs. 5 Satz 1 Nr. 4 EStG und § 8 Abs. 3 Satz 2 KStG: Der Rechtsanwender kann wählen, welche Vorschrift er vorrangig prüft, soweit die Rechtsfolgen nicht abweichen. Abweichend davon sieht BFH, Urteil v. 20.1.1993 - I R 55/92, BStBl 1992 II 376, ein Vorrang des § 8 Abs. 3 KStG.

4 BFH, Urteil v. 4.12.1996 - I R 54/95, BFH/NV 1997, 190 = NWB YAAAA-96773; v. 8.7.1998 - I R 123/97, BFH/NV 1999, 269 = NWB HAAAA-97473; v. 8.8.2001 - I R 106/99, BStBl 2003 II 487; siehe auch Niedersächsisches FG, Urteil v. 28.6.2016 - 10 K 285/15 = NWB VAAAF-78806.

5 *Graffe* in Dötsch/Jost/Pung/Witt, § 10 KStG Rz. 6.

Satzung Aufwendungen an ihre Destinatäre oder andere Personen zu erbringen haben. Der BFH weist ihr nur deklaratorische Bedeutung zu, da der Betriebsausgabenabzug schon mangels Veranlassung zur Einkommenserzielung ausgeschlossen sei.[1] Bei KapGes fehlt es hingegen an einer außerbetrieblichen Sphäre,[2] so dass grundsätzlich alle Aufwendungen Betriebsausgaben sind. § 10 Nr. 1 KStG kommt hier konstitutive Wirkung zu, der aber bei der regelmäßig vorliegenden gesellschaftlichen Veranlassung neben der daneben anwendbaren vGA-Regelung des § 8 Abs. 3 Satz 2 KStG keine Bedeutung zukommt.[3] Für die nach § 9 Abs. 1 Nr. 2 KStG abzugsfähigen Spenden stellt § 10 Nr. 1 Satz 2 KStG klar, dass diese auch dann abziehbar bleiben, wenn sie in Erfüllung satzungsmäßiger Zwecke geleistet werden.

32 Da § 10 Nr. 1 KStG sich in seiner Regelungswirkung auf den Bereich der Einkommensverwendung erstreckt, berührt er die allgemeinen Regeln der Einkommensermittlung nicht. Daher bleibt **für Aufwendungen zur Erfüllung des Satzungszwecks, die zugleich als BA/WK anzusehen sind, der BA/WK-Abzug zulässig.**[4] So bejahte der BFH mögliche Betriebsausgaben bei Unterhaltsleistungen an Vereinsmitglieder bzw. Ordensmitglieder, sofern diese ihre Arbeitskraft für einen schlichten Lebensunterhalt dem wirtschaftlichen Geschäftsbetrieb des Vereins zur Verfügung stellen.[5]

33 Die **Rückzahlung von Aufwendungen**, die unter § 10 Nr. 1 KStG fallen, betrifft als actus contrarius zu den entsprechenden Leistungen des Steuerpflichtigen ebenfalls den Bereich der Einkommensverwendung. Demzufolge führen solche Rückzahlungen grundsätzlich nicht zu steuerpflichtigen Einnahmen; anders verhält es sich allerdings entsprechend dem Vorstehenden, wenn die Rückzahlung zugleich als Betriebseinnahme anzusehen ist.

34 Um eine doppelte steuerliche Belastung solcher Zahlungen zu vermeiden, unterliegt die Besteuerung beim **Empfänger** nach § 22 Nr. 1 Satz 2, § 3 Nr. 40i EStG systemgerecht dem Teileinkünfteverfahren.[6] Auf die tatsächliche Anwendung des Teileinkünfteverfahrens kommt es für die Anwendung des § 10 Nr. 1 KStG aber nicht an.

35–40 *(Einstweilen frei)*

II. Satzungsgemäße Zwecke

41 Dies sind alle **Aufgaben, die der Körperschaft durch das sie errichtende Geschäft auferlegt** worden sind. Als konstituierendes Geschäft kommen Satzung, Stiftungsgeschäft oder auch eine sonstige Errichtung, die sich auch aus einem Testament ergeben kann, in Betracht. Nach Ansicht des BFH muss ein testamentarisch begründeter Stiftungszweck i. S. d. § 10 Nr. 1 KStG nicht ausdrücklich als solcher bezeichnet sein, wenn er nur neben dem weiteren Stiftungszweck im Testament festgelegt ist, beide Aufgaben aus den Überschüssen der Stiftung zu erfüllen sind und der weiteren Aufgabe neben den im Testament als Stiftungszweck genannten Aufgaben eine erhebliche wirtschaftliche Bedeutung zukommt.[7]

---

1 BFH, Urteil v. 12. 10. 2011 - I R 102/10, BStBl 2014 II 484 = NWB QAAAE-01828.
2 BFH, Urteile v. 4. 12. 1996 - I R 54/95, BFH/NV 1997, 190 = NWB YAAAA-96773; v. 8. 7. 1998 - I R 123/97, BFH/NV 1999, 269 = NWB HAAAA-97473; v. 8. 8. 2001 - I R 106/99, BStBl 2003 II 487.
3 Vgl. oben → Rz. 22.
4 BFH, Urteil v. 17. 12. 1997 - I R 58/97, BStBl 1998 II 357, m. w. N.; zuletzt bestätigt durch BFH, Urteil v. 22. 12. 2010 - I R 110/09, BFH/NV 2011, 1085 = NWB SAAAD-82156.
5 BFH, Urteil v. 17. 12. 1997 - I R 58/97, BStBl 1998 II 357, Rz. 15 = NWB ZAAAA-96187.
6 Vgl. *Heinicke* Schmidt, EStG, § 22 Rz. 68; KKB/Eckardt, § 22 EStG Rz. 45 ff. = NWB QAAAF-48576.
7 BFH, Urteil v. 24. 3. 1993 - I R 27/92, BStBl 1993 II 637.

Satzungsmäßige Zwecke gem. § 10 Nr. 1 KStG können neben den Zuwendungen der Stiftungen an ihre Destinatäre einschließlich Renten an natürliche Personen[1] auch z. B. die Zuwendungen von Unterstützungskassen an ihre Begünstigten sein, aber auch die Überschüsse eines steuerpflichtigen wirtschaftlichen Geschäftsbetriebs einer gemeinnützigen GmbH, die diese für ihre gemeinnützigen Zwecke verwendet. 42

KapGes werden durch den Abschluss eines Gesellschaftsvertrags errichtet, der jedoch i. d. R. keinen Gesellschaftszweck, sondern nur den **Gegenstand des von der Gesellschaft betriebenen Unternehmens** festlegt. Als Satzungszweck kann bei Kapitalgesellschaften der „shareholder value" angesehen werden;[2] insofern richtet sich jedoch die steuerliche Behandlung von Aufwendungen zur Erfüllung des Gesellschaftszwecks nach § 8 Abs. 3 KStG. 43

Auch Aufwendungen einer KapGes für sog. **Liebhaberei** fallen nicht unter den Anwendungsbereich von § 10 Nr. 1 KStG, weil KapGes steuerlich gesehen keine außerbetriebliche Sphäre haben. Unterhält eine KapGes im Interesse eines oder mehrerer Gesellschafter ein Wirtschaftsgut und entstehen ihr nur aus diesem Anlass Verluste, ist in einem Verzicht auf Aufwendungsersatz gegenüber den Gesellschaftern vielmehr eine vGA gem. § 8 Abs. 3 Satz 2 KStG gegeben.[3] 44

Ergibt sich der Zweck der Einkommensverwendung einer Körperschaft aus **gesetzlichen Bestimmungen**, handelt es sich allein dadurch noch nicht um einen satzungsgemäßen Zweck i. S. d. § 10 Nr. 1 KStG, so dass entsprechende Aufwendungen nicht nach dieser Vorschrift vom Abzug ausgeschlossen werden können. Andererseits verbleibt es beim Abzugsverbot, wenn der gesetzliche Zweck zugleich in die Satzung der Körperschaft aufgenommen ist. 45

(Einstweilen frei) 46–50

III. Aufwendungen

§ 10 Nr. 1 KStG setzt **Abflüsse aus den Einkünften oder dem Vermögen des Steuerpflichtigen** voraus, die unmittelbar oder zumindest mittelbar Satzungszwecken dienen. Der bloße Verzicht auf Einnahmen führt, anders als im Bereich der vGA, grundsätzlich nicht zur Fiktion steuerpflichtiger Einnahmen. Die Einkünftetatbestände können nur durch ein tatsächliches oder rechtliches, nicht aber durch ein vorgestelltes Geschehen verwirklicht werden.[4] Umgekehrt können lediglich fiktive Aufwendungen nicht abgezogen werden. Fraglich ist, ob sich der Verzicht auf Einnahmen im Rahmen des § 10 Nr. 1 KStG dann auswirkt, wenn dadurch **negative Einkünfte** entstehen. So hat der BFH den Ansatz von negativen Einkünften aus VuV in einem Fall versagt, indem ein Verein in Erfüllung seines Satzungszwecks Räume an seine Vereinsmitglieder unter Selbstkosten überließ; die Begründung der Entscheidung dürfte allerdings nach dem Wegfall der Nutzungswertbesteuerung nicht mehr tragfähig sein.[5] 51

Die **Zuwendungen eines Nießbrauchsrechts** in Erfüllung satzungsmäßiger Zwecke führt grundsätzlich zur Zurechnung der Einkunftsquelle zum Nießbrauchsberechtigten. Die Erträge aus dem Nießbrauch sind dann originär dem Nießbrauchsberechtigten zuzurechnen; die Frage 52

---

1 BFH, Urteil v. 24. 3. 1993 - I R 27/92, BStBl 1993 II 637 = NWB EAAAA-94574.
2 Vgl. *Frotscher*/Maas § 10 Rz. 7.
3 BFH, Urteile v. 4. 12. 1996 - I R 54/95, BFH/NV 1997, 190 = NWB YAAAA-96773; v. 8. 7. 1998 - I R 123/97, BFH/NV 1999, 269 = NWB HAAAA-97473; v. 8. 8. 2001 - I R 106/99, BStBl 2003 II 487.
4 BFH, Beschluss v. 20. 8. 1986 - GrS 2/86, BStBl 1988 II 348.
5 BFH, Urteil v. 2. 5. 1974 - I R 225/72, BStBl 1974 II 549; vgl. zur Behandlung negativer Einkünfte auch RFH, Urteil v. 20. 9. 1938 - I 6/38, RStBl 1938, 1134.

nach einem Abzugsverbot beim Zuwendenden stellt sich dann nicht hinsichtlich der Erträge, sondern hinsichtlich des Werts des eingeräumten Nießbrauchsrechts, etwa bei einer unentgeltlichen Übertragung von Wertpapieren, der die steuerliche Anerkennung versagt wird: In diesen Fällen werden die Einkünfte aus dem Kapitalvermögen dem Nießbrauchsbesteller zugerechnet; ihre (fingierte) Weiterleitung an den Nießbrauchsberechtigten fällt unter § 10 Nr. 1 KStG.[1]

53–60 *(Einstweilen frei)*

IV. Verhältnis zum Spendenabzug (§ 10 Nr. 1 Satz 2 KStG)

61 Nach § 10 Nr. 1 Satz 2 KStG erstreckt sich das Abzugsverbot nach Satz 1 nicht auf solche satzungsgemäßen Aufwendungen des Steuerpflichtigen, die zugleich die Voraussetzungen für den Abzug als **Spende nach § 9 Abs. 1 Nr. 2 KStG** erfüllen. Hierdurch soll im Vergleich zu freiwillig spendenden Steuerpflichtigen eine Schlechterstellung von solchen Stiftungen und Körperschaften vermieden werden, denen die Förderung gemeinnütziger Zwecke durch ihre Satzung auferlegt ist.[2] Der Spendenabzug setzt aber voraus, dass der Stiftung oder Körperschaft ein gewisser Entscheidungsspielraum bei der Förderung verbleibt. Ist hingegen die Auskehrung des Gewinns an eine bestimmte andere Stiftung oder Körperschaft durch die Satzung vorgeschrieben (im Fall eine Sparkasse an die sie tragende Privatstiftung), bleibt es beim Abzugsverbot.[3]

62–70 *(Einstweilen frei)*

C. Steuern vom Einkommen, sonstige Personensteuern sowie Umsatzsteuer (§ 10 Nr. 2 KStG)

I. Anwendungsbereich

71 Bei der Ermittlung des Einkommens sind nach § 10 Nr. 2 KStG die in der Vorschrift genannten Steuern, Vorsteuern und Nebenleistungen nichtabziehbar. Entsprechend sind bilanzielle Rückstellungen für Steuern außerbilanziell zu neutralisieren.[4] Die Vorschrift entspricht der Regelung des § 12 Nr. 3 EStG und verwirklicht für den Bereich der Personensteuern bzw. der „privat" veranlassten USt und Vorsteuer die **Abgrenzung von Einkommenserzielung und Einkommensverwendung**.

72 Aus der Einordnung der in § 10 Nr. 2 KStG aufgeführten Steuern als dem Bereich der Einkommensverwendung zugehörig folgt, dass sie, obgleich sie (in Ermangelung einer außerbetrieblichen Sphäre der Körperschaften) als Betriebsausgaben anzusehen sind, vom Abzug ausgeschlossen bleiben sollen. Damit wird zugleich deutlich, dass § 10 Nr. 2 KStG eine Spezialregelung zu § 8 Abs. 1 KStG i.V. m. § 4 Abs. 4 EStG ist.

---

1 Vgl. zur Frage der Zurechnung von Kapitaleinkünften BFH, Urteil v. 26. 11. 1997 - X R 114/94, BStBl 1998 II 190, m.w. N.
2 Vor der Einfügung des § 10 Nr. 1 Satz 2 KStG hat die Rechtsprechung die Abzugsfähigkeit satzungsgemäßer Spenden in solchen Fällen mit dem Argument bejaht, § 9 Abs. 1 Satz 2 KStG sei insoweit lex specialis zu § 10 Nr. 1 KStG; vgl. *Dürrschmidt*, HHR KStG § 10 Rz. 56 m.w. N.
3 BFH, Urteil v. 12. 10. 2011 - I R 102/10, BStBl 2014 II 484 = NWB QAAAE-01828.
4 BFH, Urteil v. 16. 12. 2009 - I R 43/08, BStBl 2012 II 688, Rz. 28.

Steuerberatungs- und Prozesskosten fallen auch dann nicht unter das Abzugsverbot, wenn sie im Zusammenhang mit nabz. Steuern entstanden sind. 73

(Einstweilen frei) 74–75

II. Steuern vom Einkommen

Bei den Steuern vom Einkommen nach § 10 Nr. 2 KStG handelt es sich um die Steuern vom Einkommen des Steuerpflichtigen. Dazu zählt zunächst und vor allem die **KSt**, und zwar sowohl die vom Steuerpflichtigen gezahlte wie auch die auf vom Steuerpflichtigen vereinnahmte Kapitalerträge nach § 20 Abs. 1 Nr. 3 EStG a. F. entfallende anrechenbare KSt. Das Gleiche gilt für den **Solidaritätszuschlag**, § 1 Abs. 2 SolZG. Daneben ist auch die **KapErtrSt**, die von durch den Steuerpflichtigen vereinnahmten Kapitalerträgen einbehalten worden ist, eine Steuer vom Einkommen des Steuerpflichtigen. Dagegen fallen KapErtrSt auf vom Steuerpflichtigen ausgeschüttete Kapitalerträge nicht unter § 10 Nr. 2 KStG, weil sie nicht vom Steuerpflichtigen, sondern vom Empfänger der Ausschüttung geschuldet werden, § 44 Abs. 1 Satz 1 EStG. Gleichwohl sind sie i. d. R. nicht abziehbar, da sie Bestandteil der Gewinnausschüttung sind, § 8 Abs. 3 KStG. 76

Weitere nicht abziehbare Personensteuern i. S. d. § 10 Nr. 2 KStG sind die besondere KSt bei Förderung politischer Parteien durch Berufsverbände nach § 5 Abs. 1 Nr. 5 Satz 4 KStG sowie bei beschränkt Steuerpflichtigen die Abzugssteuern nach § 50a EStG. 77

Soweit eine Körperschaft zur Haftung für von anderen Steuerschuldnern geschuldete Steuern herangezogen wird (z. B. § 73 AO; § 44, § 50a EStG), ist der **Abzug von Haftungsschulden nicht nach § 10 Nr. 2 KStG ausgeschlossen**.[1] Denn die Haftungsschuld ist nicht Personensteuer des Haftenden, sondern wird wegen einer Pflichtverletzung erhoben. Die AO unterscheidet zudem in § 37 Abs. 1 AO ausdrücklich zwischen Steuer- und Haftungsansprüchen.[2] Da die steuerliche Haftung dem Schadensersatz dient und nicht etwa Strafcharakter hat, kommt im Übrigen auch kein Abzugsverbot nach § 10 Nr. 3 KStG in Betracht. Ein zweifelhafter Grenzfall ist die vom Arbeitgeber für den Arbeitnehmer abzuführende aber auch selbst zu tragende zwingende pauschalierte Lohnsteuer nach § 40b Abs. 4, 5 i. V. m. § 40 Abs. 3 Satz 1 EStG, deren Verfassungsmäßigkeit im Zweifel steht.[3] Da wirtschaftlich letztlich der Arbeitnehmer und nicht der Arbeitgeber belastet werden soll, in diesem Spezialfall aber eine Überwälzung auf den Arbeitnehmer regelmäßig scheitert, wird eine Abzugsfähigkeit vereinzelt bejaht,[4] obgleich die wirtschaftliche Steuerinzidenz in allen anderen Fällen keine Rolle spielt. 78

(Einstweilen frei) 79–80

III. Sonstige Personensteuern

Zu den sonstigen Personensteuern nach § 10 Nr. 2 KStG zählt vor allem die **VSt**, die letztmals für den Veranlagungszeitraum 1995 erhoben worden ist. Die VSt ist bei den KapGes begrifflich 81

---

1 Zu § 73 AO: FG Münster, Urteil v. 4. 8. 2016 - 9 K 3999/13 K,G, NWB NAAAG-37373, bestätigt durch BFH, Urteil v. 24.10.2018 - I R 78/16, NWB KAAAH-11888.
2 FG Münster, Urteil v. 4. 8. 2016 - 9 K 3999/13 K,G, NWB NAAAG-37373, bestätigt durch BFH, Urteil v. 24.10.2018 - I R 78/16, NWB KAAAH-11888.
3 Vorlagebeschluss des BFH, Urteil v. 14. 11. 2013 - VI R 49/12, NWB CAAAE-54076.
4 So implizit FG Baden-Württemberg, Urteil v. 16. 7. 2012, 10 K 4094/09, EFG 2012, 2006 = NWB IAAAE-15923 Rz. 23; vgl. *Sonnleitner/Engels/Winkelhog*, BB 2014, 791, 793. Keine Erwähnung im Vorlagebeschluss BFH, Urteil v. 14. 11. 2013 - VI R 49/12, NWB CAAAE-54076.

als Betriebsausgabe anzusehen, deren Abzug lediglich durch § 10 Nr. 2 KStG ausgeschlossen wird.[1] Auch die **ErbSt** zählt zu den sonstigen Personensteuern, da sie an die durch Erbschaft erhöhte wirtschaftliche Leistungsfähigkeit des Erben anknüpft. Dies gilt auch für die nach § 24 ErbStG erhobene Erbersatzsteuer für Familienstiftungen, und zwar auch, soweit darin ein Zinsanteil enthalten ist.[2] Körperschaften können ebenso wie natürliche Personen erbschaftsteuerpflichtig werden, entweder aufgrund eines steuerpflichtigen Erwerbs nach § 1 Abs. 1 Nr. 1 - Nr. 3 ErbStG oder, nach der Sonderregelung in § 1 Abs. 1 Nr. 4 ErbStG, mit dem Vermögen der dort genannten familiennützigen Stiftungen und Vereine.

Bereits aus § 5 Abs. 2 Satz 4 KapErhG ergab sich die Nichtabziehbarkeit der nach § 5 Abs. 2 KapErhG zu erhebenden **Pauschsteuer**.[3]

82 Realsteuern i. S. d. § 3 Abs. 2 AO und Objektsteuern wie die deutsche Gewerbesteuer gehören nicht zu den Personensteuern i. S. d. § 10 Nr. 2 KStG.[4] Für die deutsche Gewerbesteuer ergibt sich ein Abzugsverbot aus § 8 Abs. 1 KStG i. V. m. § 4 Abs. 5b EStG.[5]

83–85 *(Einstweilen frei)*

IV. Ausländische Steuern

86 **Zu den nicht abziehbaren Steuern i. S. d. § 10 Nr. 2 KStG gehören auch ausländische Steuern** vom Einkommen[6] und sonstige ausländische Personensteuern, sofern sie inländischen Steuern entsprechen.[7] Maßgeblich für die Qualifikation als Einkommens- oder sonstige Personensteuer ist der Sachverhalt, an den der ausländische Steuergesetzgeber die Steuerfolgen knüpft.[8] Die Berechtigung am Aufkommen ist unerheblich.[9] Die Feststellung und Auslegung des ausländischen Rechts obliegt dem Finanzgericht als Tatsacheninstanz.[10] Zu den nicht abziehbaren ausländischen Einkommen- und Personensteuern gehören die Schweizer Gemeinde- und Spitalsteuern.[11]

87 Die Hinzurechnung ausländischer Steuern zum Einkommen ist regelmäßig ohne Bedeutung, weil ihr eine steuerliche **Entlastung durch die Anrechnung nach § 26 Abs. 1 KStG** gegenübersteht. Für die Anwendung des § 10 Nr. 2 KStG ist jedoch ohne Bedeutung, ob die ausländische Steuer auf die KSt anrechenbar ist oder nicht. Liegen die Voraussetzungen für die Anrechnung der ausländischen Steuer auf die inländische KSt vor, neutralisieren sich die Rechtsfolgen des § 10 Nr. 2 KStG und der § 26 Abs. 1 KStG i. V. m. § 34c Abs. 1 EStG. Das Gleiche gilt, wenn die ausländische Steuer nach § 26 Abs. 1 KStG i. V. m. § 34c Abs. 2 oder Abs. 3 EStG vom Gesamt-

---

1 BFH, Urteil v. 15. 3. 1995 - I R 14/94, BStBl 1995 II 502 = NWB OAAAA-95265.
2 BFH, Urteil v. 14. 9. 1994 - I R 78/94, BStBl 1995 II 207.
3 Näher dazu *Dürrschmidt* HHR KStG § 10 Rz. 61.
4 FG Baden-Württemberg, Urteil v. 3. 12. 2015 - 3 K 982/14, NWB SAAAF-66339.
5 Das nicht für ausländische Steuern gilt, die der deutschen Gewerbesteuer ähneln, FG Baden-Württemberg, Urteil v. 3. 12. 2015 - 3 K 982/14, NWB SAAAF-66339.
6 BFH, Urteil v. 16. 5. 1990 - I R 80/87, BStBl 1990 II 920 = NWB MAAAA-93449; FG Baden-Württemberg, Urteil v. 3. 12. 2015 - 3 K 982/14, NWB SAAAF-66339.
7 Zu ausländischer Vermögensteuer BFH, Urteil v. 15. 3. 1995 - I R 14/94, BStBl 1995 II 502 = NWB OAAAA-95265; FG Baden-Württemberg, Urteil v. 3. 12. 2015 - 3 K 982/14, NWB SAAAF-66339.
8 FG Baden-Württemberg, Urteil v. 3. 12. 2015 - 3 K 982/14, NWB SAAAF-66339.
9 FG Baden-Württemberg, Urteil v. 3. 12. 2015 - 3 K 982/14, NWB SAAAF-66339.
10 FG Baden-Württemberg, Urteil v. 3. 12. 2015 - 3 K 982/14, NWB SAAAF-66339.
11 FG Baden-Württemberg, Urteil v. 3. 12. 2015 - 3 K 982/14, NWB SAAAF-66339.

betrag der Einkünfte abgezogen wird[1] (beachte für die GewSt jedoch die teilweise Hinzurechnung nach § 8 Nr. 12 GewStG). § 26 KStG soll nicht die Wirkung des § 10 Nr. 2 KStG unterlaufen, sondern dient der Vermeidung einer Doppelbesteuerung der bereits mit ausländischer Steuer belegten ausländischen Einkünfte des Steuerpflichtigen.

(Einstweilen frei) 88–90

V. Umsatzsteuer, Vorsteuer

§ 10 Nr. 2 KStG untersagt den Abzug der Umsatzsteuer für Umsätze, die Entnahmen oder vGA 91
sind, und der Vorsteuerbeträge auf Aufwendungen, für die das Abzugsverbot des § 4 Abs. 5 Satz 1 Nr. 1 – 4 und 7 oder Abs. 7 EStG gilt. Die in dieser Form ab dem VZ 1999 geltende Vorschrift ist durch das StEntlG 1999/2000/2002 neu gefasst worden; dabei handelte es sich um Folgeänderungen zur Neuregelung der Eigenverbrauchsbesteuerung in den §§ 1, 3 und 15 UStG. Umsatzsteuerlich gilt die vGA nunmehr nach § 3 Abs. 1b Nr. 3 UStG als Lieferung bzw. nach § 3 Abs. 9a Nr. 2 UStG als sonstige Leistung. Allerdings entsteht USt danach nur, soweit der Unternehmer wegen der Lieferung oder sonstigen Leistung zum Vorsteuerabzug berechtigt war. § 10 Nr. 2 KStG stellt klar, dass die auf solche steuerbaren Leistungen entfallende USt bei der Ermittlung des Einkommens nicht abgezogen werden darf.

(Einstweilen frei) 92–93

Für die **Bewertung/Bemessung** ist zu unterscheiden: Soweit die Übertragung eines Wirt- 94
schaftsguts, die Überlassung der Nutzung eines Gegenstandes oder die Erbringung einer Dienstleistung als vGA anzusehen ist,[2] und soweit diese vGA zur Entstehung einer USt führt, richtet sich die Höhe der (nicht abziehbaren) USt nach § 10 Abs. 1 i. V. m. Abs. 4, Abs. 5 UStG (Mindestbemessungsgrundlage). Unabhängig davon richtet sich die Bewertung der vGA nach ertragsteuerlichen Grundsätzen.[3] Dabei ist zu beachten, dass, soweit die vGA mit dem gemeinen Wert zu bewerten ist, die USt darin bereits enthalten und folglich dem Einkommen nach § 8 Abs. 3 Satz 2 KStG bereits hinzugerechnet ist.[4] In diesen Fällen kommt eine nochmalige Hinzurechnung der USt nach § 10 Nr. 2 KStG bei der Ermittlung des Einkommens nicht in Betracht.

Das in § 10 Nr. 2 KStG ebenfalls geregelte Abzugsverbot für **USt auf Entnahmen** ist neben der 95
Regelung zur USt auf vGA praktisch bedeutungslos. Nachdem feststeht, dass KapGes steuerlich gesehen keine außerbetriebliche Sphäre haben,[5] ist für die Annahme einer Entnahme hier kein Raum. Dementsprechend kommt, auch soweit die Voraussetzungen einer vGA i. S. d. § 8 Abs. 3 Satz 2 KStG nicht gegeben sind, die Anwendung der Entnahmeregelung nach § 8 Abs. 1 KStG i. V. m. § 4 Abs. 1 Satz 1 EStG bei KapGes nicht in Betracht.

§ 10 Nr. 2 KStG schließt den **BA-Abzug für Vorsteuer**, die umsatzsteuerlich nicht abgezogen 96
werden konnte, nicht grundsätzlich aus. Die ertragsteuerliche Behandlung solcher Vorsteuern aus Vorbezügen, wie z. B. der Teil der ustlich nach § 15 Abs. 1b UStG nicht abziehbaren Vor-

---

1 BFH, Urteil v. 16. 5. 1990 - I R 80/87, BStBl 1990 II 920 = NWB MAAAA-93449.
2 Siehe dazu die Erläuterungen bei *Klein/Müller/Döpper* in Mössner/Seeger/Oellerich, KStG, § 8 Rz. 281 ff.,
3 Vgl. eingehend *Klein/Müller/Döpper* in Mössner/Seeger/Oellerich, KStG, § 8 Rz. 681 ff. zu sowie – zu den Ungereimtheiten der zwischen den Steuerarten verschiedenen Bemessungs- bzw. Bewertungsgrundlagen – *Graffe* in Dötsch/Eversberg/Jost/Witt, Kommentar zum KStG und EStG, § 10 KStG Rz. 22f – 22i.
4 Vgl. R 8.6 KStR 2015.
5 Ständige Rspr. vgl. BFH, Urteil v. 4. 12. 1996 - I R 54/95, BFH/NV 1997, 190 = NWB YAAAA-96773.

steuer aus der Anschaffung eines teilweise zu unternehmensfremden Zwecken genutzten Pkw, richtet sich vielmehr regelmäßig nach § 8 Abs. 1 KStG i. V. m. § 7, § 9b EStG.

Anders verhält es sich mit den Vorsteuern, die nach der Neuregelung des § 15 Abs. 1a Nr. 1 UStG auf die nach § 4 Abs. 5 Nr. 1 – 4, Nr. 7 oder Abs. 7 EStG ertragsteuerlich nicht abziehbaren BA entfallen. Diese Vorsteuern sind nach der Neufassung des § 10 Nr. 2 KStG bei der Einkommensermittlung vom Abzug ausgeschlossen. Bislang war insofern eine Regelung entbehrlich, weil bis zum 1. 4. 1999 umsatzsteuerlich der Vorsteuer auf diese nicht abziehbaren BA nach § 1 Abs. 1 Nr. 2c UStG a. F. ein Aufwendungs-Eigenverbrauchstatbestand gegenüberstand, der eine als USt auf den Eigenverbrauch nach § 10 Nr. 2 KStG a. F. nicht abziehbare USt auslöste.

97–100 *(Einstweilen frei)*

VI. Steuerliche Nebenleistungen

101 Nach der Neufassung des § 10 Nr. 2 KStG durch das StEntG 1999/2000/2002 sind erstmals für den VZ 1999 sämtliche **auf nicht abziehbare Steuern entfallenden Nebenleistungen** (§ 3 Abs. 3 AO), also Verspätungszuschläge (§ 152 AO), Zinsen (§§ 233 – 237 AO), Säumniszuschläge (§ 240 AO),[1] Zwangsgelder (§ 329 AO) und Kosten (§ 178, §§ 337 – 345 AO) ebenfalls vom Abzug ausgeschlossen. Bei der Neufassung handelt es sich um eine Folgeänderung zur Streichung des bisherigen § 10 Abs. 1 Nr. 5 EStG.

Das Abzugsverbot ist auf solche steuerlichen Nebenleistungen beschränkt, die im Zusammenhang mit nicht abziehbaren Steuern stehen. Es erstreckt sich nicht auf Verspätungszuschläge, die eine KapGes wegen der verspäteten Abgabe einer KapErtrSt-Anmeldung für eine Ausschüttung der KapGes zu zahlen hat, weil die KapErtrSt selbst nach § 44 Abs. 1 EStG keine Steuer vom Einkommen der KapGes, sondern der Ausschüttungsempfänger ist,[2] vgl. oben → Rz. 76.

102 **Bis zum VZ 1998** waren Nebenleistungen mit Zinscharakter, also Nachforderungszinsen (§ 233a AO), Stundungszinsen (§ 234 AO) und Aussetzungszinsen (§ 237 AO) nach § 10 Nr. 2 KStG a. F. von dem Abzugsverbot ausgenommen, weil hinsichtlich der Nachforderungszinsen die mit der Einführung der sog. Vollverzinsung verbundene Mehrbelastung der Unternehmen abgemildert werden sollte[3] und weil es nach der älteren Rechtsprechung des BFH für die begrifflichen Unterschiede zwischen Steuern und Nebenleistungen verboten war, die Stundungs- und Aussetzungszinsen den Personensteuern i. S. d. § 10 Nr. 2 KStG gleichzustellen.[4] Dagegen waren auch vor dem VZ 1999 die Nebenleistungen nicht abziehbar, die als „Ungehorsamsfolgen"[5] zu charakterisieren sind, also Verspätungs- und Säumniszuschläge, Zwangsgelder, Kosten der Vollstreckung und Hinterziehungszinsen[6] (§ 235 AO).

103 Für die Frage, ob Nebenleistungen mit Zinscharakter nach altem oder nach neuem Recht zu beurteilen und demgemäß abziehbar sind oder nicht, kommt es darauf an, für welchen Zeitraum die Zinsen entstanden sind. Ohne Bedeutung ist, für welchen VZ die Steuer festgesetzt worden ist, wegen derer die Zinsen entstanden sind. Ebenfalls unerheblich für die Entscheidung über die anzuwendende Gesetzesfassung ist der Zeitpunkt der Zahlung der Zinsen.

---

1 BFH, Urteil v. 7. 12. 1994 - I R 7/94, BStBl 1995 II 477 = NWB VAAAA-95254.
2 BFH, Urteil v. 22. 1. 1997 - I R 64/96, BStBl 1997 II 548.
3 BT-Drucks. 11/2529, 230.
4 BFH, Urteil v. 24. 2. 1988 - I R 180/85, BStBl 1989 II 116.
5 *Frotscher*/Maas, § 10 Rz. 28.
6 BFH, Urteil v. 7. 12. 1994 - I R 7/94, BStBl 1995 II 477 = NWB VAAAA-95254.

Die **Erweiterung des Abzugsverbots auf die bislang abziehbaren Zinsen ab dem VZ 1999** wurde damit begründet, dass die Einführungsphase der Vollverzinsung abgeschlossen sei und dass es widersprüchlich sei, wenn die wegen der verspäteten Entrichtung von Personensteuern an die FinVerw zu zahlenden Zinsen abziehbar seien, die Zinsen für die Aufnahme eines Kredits zur rechtzeitigen Steuerzahlung dagegen zumindest bei der ESt unterliegenden Steuerpflichtigen nicht. Damit werde derjenige benachteiligt, der sich korrekt verhalte. Da bei KapGes in Ermangelung einer außerbetrieblichen Sphäre der Betriebsausgabenabzug auch für Schuldzinsen auf ein zur rechtzeitigen Zahlung der Personensteuern aufgenommenes Darlehen zulässig ist, trägt dieses Argument für die KSt jedoch nur eingeschränkt.

Die Einbeziehung dieser Zinsen in das Abzugsverbot hat jedoch – sowohl nach dem EStG als auch nach dem KStG – zu einer erstaunlichen Situation geführt. Während die vom Steuerpflichtigen gezahlten Zinsen nicht abziehbar sind, begründet eine Zinszahlung durch die FinVerw nach § 233a, § 236 AO steuerpflichtige Betriebseinnahmen[1] bzw. – außerhalb des Anwendungsbereichs des § 8 Abs. 2 KStG – Einnahmen aus Kapitalvermögen nach § 8 Abs. 1 KStG i.V.m. § 20 Abs. 1 Nr. 7 EStG. Hatte bei der Einführung der Vollverzinsung noch eine Aufnahme solcher Zinszahlungen in den Katalog des § 3 EStG zur Diskussion gestanden,[2] hat der Gesetzgeber im StEntlG 1999/2000/2002 auf eine solche Regelung verzichtet. Auf eine zwischenzeitliche Rechtsprechungsänderung des BFH zur Parallelvorschrift des § 12 Nr. 3 EStG aus dem Jahr 2010[3] hat der Gesetzgeber mit der ausdrücklichen Aufnahme der Erstattungszinsen in § 20 Abs. 1 Nr. 7 Satz 3 EStG durch das JStG 2010[4] reagiert. Die Steuerpflicht von Erstattungszinsen wurde jüngst vom BFH bestätigt,[5] unter Ablehnung einer Literaturauffassung, die dafür auch eine Änderung des § 12 Nr. 3 EStG gefordert hatte.[6]

Eine Ausnahme von der Erfassung von Zinszahlungen der FinVerw als Einnahmen kommt daneben nur in den Fällen in Betracht, in denen zunächst vom Steuerpflichtigen gezahlte Zinsen erstattet werden und als actus contrarius zur Zinszahlung durch den Steuerpflichtigen nach dem Gedanken des § 10 Nr. 2 KStG von der Einbeziehung in das Einkommen ausgenommen werden.[7]

Im Übrigen bleibt es bei der dogmatisch begründbaren, jedoch rechtspolitisch fragwürdigen[8] steuerlichen Ungleichbehandlung von „Soll"- und „Habenzinsen". Mit deren Hilfe kann die FinVerw nunmehr eine „Zinsarbitrage"[9] erwirtschaften, wenn sie z.B. anlässlich einer Betriebs-

---

1 Siehe insoweit schon R 10.2 Abs. 2 Satz 2 KStR 2015 und H 48 KStH 2008, mit Hinweis auf das Urteil des BFH, Urteil v. 18.2.1975 - VIII R 104/70, BStBl 1975 II 568.
2 RegE des StReformG 1990, BT-Drucks. 11/2536, 60.
3 BFH, Urteil v. 15.6.2010 - VIII R 33/07, BStBl 2011 II 503, zu § 12 Nr. 3 EStG. Ob es eine generelle Symmetrie zwischen Nichtabzugsfähigkeit und Nichtsteuerbarkeit geben müsse, ließ der Senat offen, er sah aber jedenfalls in § 12 Nr. 3 EStG eine generelle Zuordnungsentscheidung zum nichtsteuerbaren Bereich.
4 JStG 2010 v. 8.12.2010, BGBl 2010 I 1768.
5 BFH, Urteil v. 12.11.2013 - VIII R 36/10, BStBl 2014 II 168 = NWB DAAAE-55052.
6 *Panzer/Gebert*, DStR 2011, 741; *Korn*, SteuK 2011, 187, diese Argumentation wäre nach BFH, Urteil v. 15.2.2012 - I B 97/11, BStBl 2012 II 697 = NWB PAAAE-04403 mangels außerbetrieblicher Sphäre aber nicht auf Kapitalgesellschaften übertragbar gewesen; kritisch: *Heuel/Felten*, BB 2011, 1126, die § 10 Nr. 2 KStG als lex specialis für die Betriebseinnahmenfrage sehen. Für sonstige Körperschaften: *Korn*, SteuK 2011, 187; kritisch *Markl/Hölzl*, BBK 2011, 270 = NWB DAAAD-66564, die zwischen außerbetrieblicher Sphäre und (sonstigem) nichtsteuerbaren Bereich differenzieren, wobei § 10 Nr. 3 KStG jenen gerade auch bei Kapitalgesellschaften eröffne.
7 BFH, Urteil v. 15.2.2012 - I B 97/11, BStBl 2012 II 697 = NWB PAAAE-04403; v. 20.11.2007 - I R 54/05, BFH/NV 2008, 617 = NWB ZAAAC-70808; v. 4.12.1991 - I R 26/91, BStBl 1992 II 686.
8 Siehe auch im Hinblick auf die Differenz zwischen dem typisierenden gesetzlichen Zinssatz von effektiv 6 % und der langfristigen Niedrigzinsphase *Behrens*, FR 2015, 214 und *Dziadkowski*, FR 2015, 927.
9 *Frotscher*/Maas § 10 Rz. 28b.

prüfung Aufwendungen einem anderen VZ zuordnet als es der Steuerpflichtige im Rahmen seiner Buchhaltung und Steuererklärung getan hat. Der Erste Senat des BFH hat in der Entscheidung vom 15.2.2012[1] hingegen keine hinreichenden Zweifel an der Verfassungsmäßigkeit gesehen, die ihn zur Revisionszulassung veranlasst hätten. Er verweist darauf, dass es weder eine verfassungsrechtliche Pflicht zur „folgerichtigen" Symmetrie von Betriebsausgabenabzug und Betriebseinnahmensteuerbarkeit noch eine Pflicht zur rechtsformneutralen Besteuerung gibt. Gegen die Entscheidung wurde Verfassungsbeschwerde eingelegt, die vom BVerfG jedoch ohne Begründung nicht zur Entscheidung angenommen wurde.[2] Der Achte Senat des BFH hat die Verfassungsmäßigkeit jüngst ausdrücklich bejaht, insbesondere seien Nachforderungszinsen (Steuerpflichtige hat zu geringe Vorleistung auf seine Schuld erbracht) nicht mit Erstattungszinsen (Überzahlung) vergleichbar.[3]

107–115 *(Einstweilen frei)*

VII. Erstattungen

116 **Betriebseinnahmen** *erhöhen* grundsätzlich das Einkommen der Körperschaft, auch wenn sie in einem irgendwie gearteten Zusammenhang mit nicht abziehbaren Betriebsausgaben stehen. § 3c EStG erlaubt insoweit keinen Umkehrschluss.[4] Nach dem Rechtsgedanken des § 10 Nr. 2 KStG dürfen sich jedoch Einnahmen nicht einkommenserhöhend auswirken, wenn sie gerade durch die Erstattung von nicht abziehbarer Aufwendungen verursacht worden sind. Die Erstattung nach § 10 Nr. 2 KStG nicht abziehbarer Steuern und steuerlicher Nebenleistungen durch die FinVerw erhöht danach als **actus contrarius** zur ebenfalls nicht abziehbaren Zahlung durch den Steuerpflichtigen das zu versteuernde Einkommen nicht. Dementsprechend sind Steuererstattungsansprüche „entsprechend § 10 Nr. 2 KStG" außerbilanziell steuerlich zu neutralisieren.[5] Erfolgt später stornierungshalber eine Ausbuchung des Erstattungsanspruchs, ist der bilanziell entstandene Aufwand außerbilanziell wieder hinzuzurechnen.[6] In diesem Zusammenhang wird auf die für den Steuerpflichtigen nachteilige bilanzrechtliche Ansicht des BFH hingewiesen, nach der die Stornierungsbuchung auch dann außerbilanziell hinzuzurechnen ist, wenn die – bestandskräftige – ursprüngliche Aktivierung fälschlicherweise steuerlich erfolgswirksam war.[7]

---

[1] BFH, Urteil v. 15.2.2012 - I B 97/11, BStBl 2012 II 697 = NWB PAAAE-04403; so zuvor auch schon die Finanzverwaltung OFD Münster v. 3.12.2010 - Kurzinfo KSt 6/2010, NWB SAAAD-58219, kritisch: *Heuel/Felten*, BB 2011, 1126, die § 10 Nr. 2 KStG als lex specialis für die Betriebseinnahmenfrage sehen.
[2] BVerfG, Urteil v. 12.5.2015 - 2 BvR 1407/12, 2 BvR 1608/12, NWB AAAAE-15687.
[3] BFH, Urteil v. 12.11.2013 - VIII R 36/10, BStBl 2014 II 168 = NWB DAAAE-55052.
[4] BFH, Urteil v. 4.12.1991 - I R 26/91, BStBl 1992 II 686.
[5] BFH, Urteile v. 30.1.2013 - I R 54/11, BStBl 2013 II 1048 = NWB UAAAE-35440; v. 16.12.2009 - I R 43/08, BStBl 2012 II 688, Rz. 26 = NWB XAAAD-37370; v. 15.7.2008 - I B 16/08, BFHE 222, 396 = BStBl 2008 II 886 = NWB OAAAC-89505, zur Auszahlung des KSt-Guthabens nach § 37 Abs. 5 KStG; v. 20.11.2007 - I R 54/05, BFH/NV 2008, 617 = NWB ZAAAC-70808; v. 4.12.1991 - I R 26/91, BStBl 1992 II 686 = NWB HAAAA-94184.
[6] BFH, Urteil v. 30.1.2013 - I R 54/11, BStBl 2013 II 1048 = NWB UAAAE-35440.
[7] BFH, Urteil v. 30.1.2013 - I R 54/11, BStBl 2013 II 1048 = NWB UAAAE-35440; a.A. die Vorinstanz Hessisches FG, Urteil v. 6.7.2011 - 4 K 1358/10, NWB RAAAD-99756; *Bareis*, DStR 2013, 1397; im Fall BFH, Urteil v. 16.12.2009 - I R 43/08, BStBl 2012 II 688, Rz. 26 = NWB XAAAD-37370 entsprach die Erfolgswirksamkeit der Aktivierung der damaligen Rechtslage vor 1999.

Die Anwendung des actus contrarius-Prinzips ist aber auf Fälle beschränkt, in denen die Erstattung auf dasselbe öffentlich-rechtliche Verhältnis gründet, das der Zahlung zugrunde lag. So führt z. B. eine Schadensersatzforderung gegen den Steuerberater einer KapGes wegen einer falschen Beratung hinsichtlich der KSt zu einer einkommenswirksamen Betriebseinnahme.[1] Auch die Erstattung ausländischer Quellensteuer durch den ausländische Vergütungsschuldner ist eine Betriebseinnahme.[2]

(Einstweilen frei) 118–130

D. Geldstrafen (§ 10 Nr. 3 KStG)

I. Allgemeines

Die Vorschrift des § 10 Nr. 3 KStG wurde durch das Gesetz zur Änderung des EStG und des KStG vom 25. 7. 1984[3] neu in das KStG eingefügt, die bisherige Nr. 3 wurde Nr. 4. Ursache für die Einfügung war, dass der BFH mit Beschlüssen des Großen Senats[4] von seiner bisherigen Rechtsprechung abgerückt war, wonach Geldbußen wegen des Präventivzwecks der sie begründenden Normen und unter dem Gesichtspunkt der Einheitlichkeit der Rechtsordnung auch ohne entsprechende gesetzliche Regelung nicht abziehbar waren. Der Große Senat bejahte demgegenüber in den o. a. Beschlüssen den **Charakter solcher Zahlungen als BA** und sah es demnach als Aufgabe des Gesetzgebers an, den Abzug von Geldbußen zu untersagen. Dies führte zum Erlass des nunmehrigen § 10 Nr. 3 KStG sowie der § 4 Abs. 5 Satz 1 Nr. 8 und § 12 Nr. 4 EStG, mit denen der Gesetzgeber sicherstellen wollte, dass Geldstrafen und Geldbußen nicht wegen einer steuerlichen Entlastung des Zahlungsverpflichteten teilweise von der Gesamtheit aller Steuerpflichtigen getragen werden müssen.

Von dem Abzugsverbot unberührt bleiben nach dem Wortlaut der Vorschrift **Rechtsberatungs- und Gerichts- bzw. Verfahrenskosten**, die mit Sanktionen i. S. d. § 10 Nr. 3 KStG oder des § 4 Abs. 5 Nr. 8 EStG im Zusammenhang stehen. Soweit sie betrieblich veranlasst sind (und nicht etwa, weil beispielsweise eine KapGes die Verfahrenskosten eines Gesellschafters übernimmt, durch das Gesellschafterverhältnis), ist ihr Abzug nach § 8 Abs. 1 KStG i.V. m. § 4 Abs. 4 EStG zulässig.

(Einstweilen frei) 133–140

II. Maßnahmen mit Strafcharakter

§ 10 Nr. 3 KStG untersagt den Abzug von in einem Strafverfahren festgesetzten Geldstrafen, von sonstigen Rechtsfolgen vermögensrechtlicher Art, bei denen der Strafcharakter überwiegt, und von Leistungen zur Erfüllung von Auflagen oder Weisungen, soweit die Auflagen oder Weisungen nicht lediglich der Wiedergutmachung des durch die Tat verursachten Schadens dienen. Die Vorschrift ist wortgleich mit § 12 Nr. 4 EStG, dessen Anwendbarkeit wegen der Spezialregelung des § 10 Nr. 3 KStG für den Bereich der Körperschaften ausgeschlossen ist.

---

1 BFH, Urteil v. 4. 12. 1991 - I R 26/91, BStBl 1992 II 686; allerdings offenlassend im Hinblick auf BFH, Urteil v. 16. 8. 1978 - I R 73/76, BStBl 1979 II 120, wonach eine Entschädigung für das nicht rechtzeitige Stellen eines Antrags auf Investitionszulage nicht zum zu versteuernden Einkommen zählt. Bestätigend im Hinblick auf eine Übertragung auf § 4 Abs. 5b EStG FG Baden-Württemberg, Urteil v. 11. 8. 2014 - 6 K 3812/13, NWB BAAAE-73736.
2 BFH, Urteil v. 25. 4. 1990 - I R 70/88, BStBl 1990 II 1086 = NWB YAAAA-93069.
3 BGBl 1984 I 1006.
4 BFH, Urteil v. 21. 11. 1983 - GrS 2/82, BStBl 1984 II 160, 166.

142 **Geldstrafen** sind nach deutschem Recht alle so bezeichneten Rechtsnachteile, die von einem Gericht nach den Strafvorschriften des Bundes- oder Landesrechts im Geltungsbereich des Gesetzes verhängt werden, Art. 5 EGStGB. Da nach deutschem Strafrecht jedoch Geldstrafen sowie Auflagen oder Weisungen gegenüber juristischen Personen nicht zulässig sind, läuft die Vorschrift insoweit leer. Sie umfasst jedoch auch, wie sich aus dem Umkehrschluss zu § 4 Abs. 5 Satz 1 Nr. 8 Satz 1 EStG ergibt, Geldstrafen nach ausländischem Strafrecht, die gegen einen Steuerpflichtigen verhängt werden. Dies gilt allerdings nur, soweit die ausländische Sanktion nicht wesentlichen Grundsätzen der deutschen Rechtsordnung (ordre public) widerspricht (teleologische Reduktion des § 10 Nr. 3 KStG).[1]

143 Auch nach deutschem Strafrecht kommen dagegen **Nebenstrafen vermögensrechtlicher Art**, insbesondere die Einziehung von Gegenständen, gegenüber juristischen Personen in Betracht, vgl. § 75 Satz 1 StGB. Hat die Einziehung von Gegenständen Strafcharakter (§ 74 Abs. 2 Nr. 1 StGB), unterfällt der durch sie verursachte Wertabfluss § 10 Nr. 3 KStG. Dagegen hat die Einziehung zur Sicherheit (§ 74 Abs. 2 Nr. 2 StGB) keinen Strafcharakter, sie begründet eine abziehbare BA.

144–145 *(Einstweilen frei)*

III. Abzugsverbot für Geldbußen, § 8 Abs. 1 KStG i. V. m. § 4 Abs. 5 Satz 1 Nr. 8 EStG

146 Da das Abzugsverbot des § 10 Nr. 3 KStG auf Geldstrafen und andere strafrechtliche Sanktionen beschränkt ist, bleibt daneben **§ 4 Abs. 5 Satz 1 Nr. 8 EStG über § 8 Abs. 1 KStG anwendbar**. Die Vorschrift untersagt den Betriebsausgabenabzug für von einem Gericht oder einer Behörde im Geltungsbereich des EStG oder von Organen der Europäischen Union festgesetzte Geldbußen, Ordnungsgelder und Verwarnungsgelder. Dasselbe gilt für Leistungen zur Erfüllung von Auflagen oder Weisungen, die in einem berufsgerichtlichen Verfahren erteilt werden, soweit diese nicht lediglich der Wiedergutmachung des durch die Tat verursachten Schadens dienen. Die Rückzahlung solcher Ausgaben führt nach der ausdrücklichen gesetzlichen Regelung in § 4 Abs. 5 Nr. 8 Satz 3 EStG nicht zu Betriebseinnahmen.

147 **Geldbußen** sind nach der amtlichen Gesetzesbegründung alle Sanktionen, die durch ihre Rechtsgrundlage als solche bezeichnet werden.[2] Sie sind, anders als Geldstrafen, auch gegen juristische Personen zulässig. In Betracht kommen vor allem Geldbußen nach dem OWiG sowie (i.V. m. § 30 OWiG) nach den berufsgerichtlichen Vorschriften (BRAO, WPO, StBerG). Das Abzugsverbot gilt auch in den Fällen, in denen die Bußgeldbemessung auf die Abschöpfung eines wirtschaftlichen Vorteils gerichtet ist. Insoweit soll aber bei der Festsetzung die auf den Vorteil entfallende Ertragsteuerbelastung miteinbezogen werden. Geschieht dies nicht, bleibt die Geldbuße nach § 4 Abs. 5 Nr. 8 Satz 4 EStG im entsprechenden Umfang abziehbar; § 4 Abs. 5 Nr. 8 Satz 3 EStG ist insoweit nicht anzuwenden.

148 Voraussetzung für das Abzugsverbot ist, anders als nach § 10 Nr. 3 KStG, dass die Geldbuße **von einer der in § 4 Abs. 5 Nr. 8 Satz 1 genannten Stellen festgesetzt** worden ist, so dass von ausländischen Staaten festgesetzte Geldbußen abziehbar sind, wenn sie betrieblich veranlasst sind.

---

[1] Vgl. zu § 12 Nr. 4 EStG BFH, Urteil v. 31. 7. 1991 - VIII R 89/86, BStBl 1992 II 85.
[2] BT-Drucks. 10/1189.

Nebenfolgen vermögensrechtlicher Art sind, anders als nach § 10 Nr. 3 KStG, im Bereich der Geldbußen generell abziehbar, da wegen der Vielfalt der in Betracht kommenden Bußgeldregelungen die Bestimmung des Sanktionscharakters solcher Nebenfolgen im Einzelfall sehr mühsam sein kann.

149

Vom Abzug ausgeschlossen sind dagegen **Ordnungsgelder** nach verfahrensrechtlichen Vorschriften, z. B. nach § 890 ZPO, sowie **Verwarnungsgelder** nach § 56 OWiG. Ebenfalls ausgeschlossen ist der Abzug von **Leistungen zur Erfüllung von Auflagen und Weisungen**, die in einem berufsgerichtlichen Verfahren in entsprechender Anwendung des § 153a Abs. 1 Nr. 1, Nr. 2 StPO (vgl. zur Anwendbarkeit z. B. § 153 Abs. 1 StBerG) auferlegt worden sind und soweit sich die Auflagen und Weisungen nicht auf die Schadenswiedergutmachung beschränken.

150

Das Abzugsverbot gilt nach § 4 Abs. 5 Nr. 8 Satz 4 EStG nicht für die Teile einer Geldbuße, welche der **Brutto-Abschöpfung des wirtschaftliche Vorteils** der geahndeten Tat dienen (z. B. im Kartellrecht).[1] Voraussetzung für die Ausnahme ist, dass bei der Bemessung der Abschöpfungskomponente die Besteuerung unberücksichtigt geblieben ist und die Abschöpfung damit über den Nettogewinn herausging.

151

(Einstweilen frei) 152–160

E. Aufsichtsratsvergütungen (§ 10 Nr. 4 KStG)

I. Allgemeines

Die Vorschrift verbietet zur Hälfte den Abzug von Vergütungen jeder Art, die an Mitglieder des Aufsichtsrats, Verwaltungsrats, Grubenvorstands oder andere mit der Überwachung der Geschäftsführung beauftragte Personen gewährt werden. Da diese Vergütungen zugleich nach § 18 Abs. 1 Nr. 4 EStG voll beim Aufsichtsrat zu versteuern sind,[2] kommt es zu einer partiellen Doppelbelastung mit Körperschaftsteuer und Einkommensteuer. Die Abzugsbeschränkung ist **auf alle KSt-Subjekte anwendbar**, hat aber praktische Bedeutung im Wesentlichen für KapGes. Der Beirat einer GmbH & Co. KG fällt dagegen nicht unter § 10 Nr. 4 KStG, wenn er bei der KG gebildet wird. Anderseits fallen Beiratsvergütungen für den Beirat einer Komplementär-GmbH auch dann unter das Abzugsverbot, wenn sich die Tätigkeit der GmbH auf die Geschäftsführung der KG beschränkt.[3]

161

Der **Ursprung des Abzugsverbots** für Aufsichtsratsvergütungen liegt in der Zeit vor der Einführung des Anrechnungssystems. Die damals systemimmanente Doppelbelastung von KapGes mit KSt und ESt der Gesellschafter sollte nach der Vorstellung des damaligen Gesetzgebers nicht dadurch unterlaufen werden können, dass Gewinne teilweise als Aufsichtsratsvergütung deklariert und an die Geschäftsführung überwachende Gesellschafter weitergeleitet wurden. Mit der Einführung des Anrechnungssystems ist dieser Hintergrund weggefallen; gleichwohl entschied sich der Gesetzgeber, zur Vermeidung überhöhter Aufsichtsratstantiemen das Abzugsverbot zur Hälfte beizubehalten, so dass auch im Anrechnungssystem insoweit eine nicht systemgerechte Mehrfachbelastung mit Ertragsteuern entsteht.[4]

162

---

1 Ausführlich hierzu: *Haase/Geils*, BB 2015, 2583.
2 *Pfirrmann* in Kirchhof, Einkommensteuergesetz, 17. Aufl. 2018, § 18 EStG Rz. 101.
3 Niedersächsisches FG, Urteil v. 17. 4. 1973 - VI Kö 20/68, EFG 1973, 512.
4 Scharfe Kritik bei *Streck*, KStG, § 10 KStG Rz. 30, m. w. N.

163 Das hälftige Abzugsverbot ist rechtspolitisch fragwürdig, aber **verfassungskonform**. Das damals noch vollständige Abzugsverbot wurde vom BVerfG in einer Entscheidung vom 7.11.1972 für verfassungsgemäß befunden.[1] Die Entscheidung ist zwar in der Begründung dogmatisch überholt, da der Folgerichtigkeitsmaßstab schon angewendet, die Existenz einer gesetzgeberischen Grundentscheidung für die Abzugsfähigkeit, das objektive Nettoprinzip, jedoch noch verneint wurde.[2] Jedoch lässt sich die Abzugsbeschränkung auch nach den neueren Maßstäben in Folge der Pendlerpauschalen-Entscheidung[3] als Lenkungszweck rechtfertigen.[4] Die Vermeidung überhöhter Aufsichtsratsvergütungen steht im Einklang mit den aktienrechtlichen Vorschriften. Die zwischenzeitliche aktienrechtliche Stärkung der Befugnisse des Aufsichtsrats steht nicht zwingend im Widerspruch zu Vergütungsbeschränkungen, solange es weiterhin möglich bleibt, hinreichend qualifizierte Aufsichtsräte zu gewinnen. Der hälftigen Begrenzung liegen keine angreifbaren Annahmen zur angemessenen Höhe zu Grunde, sondern sie soll generell die Gewährung der Vergütungen weniger attraktiv machen.[5]

164–170 *(Einstweilen frei)*

II. Aufsichtsorgane

171 Als Aufsichtsorgan i. S. d. § 10 Nr. 4 KStG ist jedes gesetzlich (§§ 95 f. AktG, § 77 BetrVerfG, §§ 36 f. GenG) oder durch Gesellschaftsvertrag/Satzung vorgeschriebene, aber auch jedes frei berufene **Überwachungsorgan** anzusehen, dessen Mitglieder mit der Überwachung der Geschäftsführung betraut sind. Davon kann bei dem auf gesetzlicher Grundlage errichteten Aufsichtsrat ohne weiteres ausgegangen werden. Dazu gehört auch der Aufsichtsrat einer Komplementär-GmbH, dessen Einrichtung aufgrund §§ 6 Abs. 1, 4 MitbestimmungsG im Hinblick auf die Kommanditgesellschaft vorgeschrieben ist.[6] Dagegen fallen zur Wahrnehmung öffentlicher Interessen gesetzlich vorgeschriebene Kontrollorgane, denen es an einer Beauftragung durch die überwachte Körperschaft fehlt, nicht in den Anwendungsbereich des § 10 Nr. 4 KStG.[7] Der Vorstand eines rechtsfähigen Vereins ist auch dann kein Überwachungsorgan, wenn die tatsächliche Geschäftsführung des Vereins einem angestellten Geschäftsführer anvertraut ist.[8]

172 Auf die Bezeichnung des Gremiums kommt es nicht an, selbst Einzelpersonen können zum Kreis der Aufsichtsorgane i. S. d. § 10 Nr. 4 KStG zählen. In welcher Eigenschaft und in wessen Interesse ein AR-Mitglied in das Gremium berufen worden ist, ist für die Anwendbarkeit des Abzugsverbots ohne Bedeutung, so dass es z. B. auch für einen von einer Behörde entsandten Beamten gilt.[9]

173–175 *(Einstweilen frei)*

---

[1] BVerfG, Urteil v. 7.11.1972 - 1 BvR 338/68, BVerfGE 34, 103.
[2] BVerfG, Urteil v. 7.11.1972 - 1 BvR 338/68, BVerfGE 34, 103 (116 f.).
[3] BVerfG, Urteil v. 9.12.2008 - 2 BvL 1/07, BVerfGE 122, 210 = NWB SAAAD-00290.
[4] Ausführlich *Schwan*, Steuerliche Begrenzungsmöglichkeiten der Vergütung von Vorstand und Aufsichtsrat, 2012, S. 231 - 247; siehe auch *Dürrschmidt*, HHR, KStG § 10 Rz. 13.
[5] *Schwan*, Steuerliche Begrenzungsmöglichkeiten der Vergütung von Vorstand und Aufsichtsrat, 2012, S. 239.
[6] FG Münster, Urteil v. 24.5.1993 - 9 K 693/90, rkr.
[7] Vgl. BFH, Urteil v. 12.12.1984 - I R 51/80, BStBl 1985 II 340.
[8] Niedersächsisches FG, Urteil v. 29.3.1990 - VI 303/86, EFG 1991, 421.
[9] BFH, Urteil v. 12.1.1966 - I 185/63, BStBl 1966 III 206.

III. Überwachungstätigkeit

Der Begriff der **Überwachung der Geschäftsführung** ist weit auszulegen. Er umfasst jede Tätigkeit, die innerhalb des möglichen Rahmens der Aufgaben eines Aufsichtsratsmitglieds liegt.[1] Es ist nicht erforderlich, dass die Tätigkeit ausschließlich in der Überwachung besteht oder überhaupt ausgeübt wird, wenn dem Aufsichtsorgan nur eine Tätigkeit obliegt, die im Allgemeinen Aufsichtsgremien wie einem Aufsichtsrat übertragen werden. Überwachung i.S.v. § 10 Nr. 4 KStG setzt jedenfalls voraus, dass das Überwachungsorgan für die Erfüllung seiner Überwachungspflicht nach dem Gesellschaftsrecht (§§ 93, 116 AktG) verantwortlich und ggf. schadensersatzpflichtig ist.

Organe, die überwiegend selbst geschäftsführende oder überwiegend beratende Funktion haben, sind demgegenüber nicht dem Kreis der in § 10 Nr. 4 KStG genannten Gremien zuzurechnen. So kann die Vergütung für einen Vorstand, dem für die laufende Verwaltung ein Geschäftsführer untersteht, voll als BA abziehbar sein, sofern die „nicht laufende" Verwaltung und damit die eigene Geschäftsführung nicht nach den Umständen des Einzelfalls „unwesentlich" ist bzw. die „Überwachungstätigkeit" überwiegt.[2] In Abgrenzung zu einer bloßen Beratungstätigkeit handelt es sich um ein Aufsichtsgremium, wenn die Geschäftsführer für bestimmte Maßnahmen oder Entscheidungen die Zustimmung des Organs einholen müssen;[3] insoweit nimmt das Organ die Rechte einer Gesellschafterversammlung wahr. Berät das Organ die Gesellschafterversammlung bei der Überwachung der Geschäftsführung, genügt dies nach Ansicht des hessischen FG für eine Überwachungsfunktion.[4] Ob die Beratungstätigkeit überwiegt, ist anhand einer Würdigung der tatsächlichen Umstände des konkreten Streitfalls zu bestimmen.[5]

Die **Aufteilung von Vergütungen**, die an Mitglieder von Überwachungsorganen geleistet worden sind, in einen auf die Überwachungsaufgabe entfallenden, nichtabziehbaren und einen weiteren, für etwaige andere, z.B. beratende oder geschäftsführende Tätigkeiten gezahlten, abziehbaren Teil kommt grundsätzlich nicht in Betracht. Lediglich in Fällen, in denen die gesondert vergütete Tätigkeit aufgrund einer gesonderten Vereinbarung außerhalb des Rahmens der Überwachungstätigkeit erbracht und entgolten wird und klar von der Überwachung abzugrenzen ist, ist die Vergütung in vollem Umfang als Betriebsausgabe abziehbar.[6]

Beratungsleistungen früherer AR-Mitglieder sowie bloße Repräsentationstätigkeiten fallen nicht unter § 10 Nr. 4 KStG.[7]

(Einstweilen frei)

IV. Vergütungen

§ 10 Nr. 4 KStG untersagt den Abzug der Hälfte der gewährten Vergütung jeder Art. Nach R 10.3 Abs. 1, Abs. 3 KStR 2015 sollen hierunter Leistungen fallen, die eine Körperschaft als Entgelt für die weit zu verstehende Überwachung der Geschäftsführung gewährt. Dieser weit ge-

---

1 BFH, Urteil v. 30. 9. 1975 - I R 46/74, BStBl 1976 II 155.
2 Niedersächsisches FG, Urteil v. 29. 3. 1990 - VI 303/86, EFG 1991, 421.
3 BFH, Urteil v. 11. 3. 1981 - I R 8/77, BStBl 1981 II 623, Rz. 16.
4 Hessisches FG, Urteil v. 13. 9. 2011 - 4 K 829/07, NWB SAAAD-99760.
5 BFH, Urteil v. 16. 12. 1999 - I B 117/97, BFH/NV 2000, 895 = NWB JAAAA-65278.
6 Vgl. BFH, Urteil v. 20. 9. 1966 - I 265/62, BStBl 1966 II 688.
7 BFH, Urteile v. 16. 10. 1968 - I 85/65, BStBl 1969 II 147 bzw. v. 31. 1. 1978 - VIII R 159/73, BStBl 1978 II 352.

fasste Vergütungsbegriff erfasst Barzahlungen, aber auch geldwerte Vorteile, Beiträge zur Altersversorgung sowie, bei beschränkt steuerpflichtigen Aufsichtsratmitgliedern, die Übernahme der Aufsichtsratsteuer nach § 49 Abs. 1 Nr. 3, § 50a Abs. 1 Nr. 3 EStG. Der Verzicht auf einen angemessenen Kaufpreis gegenüber einem Aufsichtsratmitglied ist mangels eigener Aufwendungen keine BA und keine Aufwendung i. S. d. § 10 Nr. 4 KStG.[1]

187 Grundsätzlich fallen auch Aufwandsentschädigungen wie Tagegelder, Sitzungsgelder oder Reisekostenentschädigungen unter das Abzugsverbot.[2] Rechtsprechung und FinVerw lassen jedoch bei der Anwendung des § 10 Nr. 4 KStG Aufwandsentschädigungen in Form von Erstattungen zum vollen Abzug zu, soweit der ersetzte Aufwand dem Aufsichtsratmitglied in Ausführung seiner Überwachungstätigkeit tatsächlich entstanden und nachgewiesen ist.[3] Die FinVerw verzichtet im Rahmen der Pauschbeträge nach § 4 Abs. 5 Satz 1 Nr. 5 EStG auch bei der Einkommensermittlung der Körperschaft auf den Nachweis der tatsächlichen Aufwendungen des Aufsichtsratmitglieds. Dagegen führt die beamtenrechtliche Verpflichtung eines Beamten, bezogene Aufsichtsratvergütungen an seinen Dienstherrn abzuführen, nicht dazu, dass die Vergütung insoweit als Aufwendungsersatz angesehen werden kann.[4] Die dem beamteten Aufsichtsratmitglied gewährte Vergütung unterliegt daher in vollem Umfang § 10 Nr. 4 KStG.

188 Der BA-Abzug von Aufwendungen der Gesellschaft für die Unterstützung der Überwachungstätigkeit, wie die Bereitstellung von Mitarbeitern oder Räumlichkeiten im Unternehmen oder die Vergütung eines vom Aufsichtsrat beauftragten Sachverständigen, unterliegt keiner Einschränkung. Anders verhält es sich jedoch, wenn und soweit sich die Aufwendungen als Vergütung an die Überwachungsperson darstellen, wie z. B. die Überlassung eines Pkw auch zur privaten Nutzung.

189 Die Tätigkeit des einzelnen Aufsichtsratmitglieds wird nach § 2 Abs. 1 UStG als unternehmerische Tätigkeit angesehen. Aufsichtsratvergütungen unterliegen daher der **USt**, wenn das Aufsichtsratmitglied dem Regelbesteuerungsverfahren unterliegt (oftmals wird man es mit Kleinunternehmern i. S. d. § 19 UStG zu tun haben). Soweit die Körperschaft hinsichtlich der auf der Aufsichtsratvergütung lastenden USt zum Vorsteuerabzug berechtigt ist, ist bei der Anwendung des § 10 Nr. 4 KStG der Hinzurechnungsbetrag nach der Nettovergütung zu berechnen, weil die USt insoweit ergebnisneutral bleiben muss. Anderenfalls ist auch die Vorsteuer hälftig dem Einkommen der Gesellschaft hinzuzurechnen.[5]

190–200 *(Einstweilen frei)*

V. Rückzahlungen

201 Entsprechend dem allgemeinen Gedanken des § 10 KStG und im Hinblick darauf, dass Aufsichtsratvergütungen nach § 10 Nr. 4 KStG zur Hälfte vom Abzug ausgeschlossen sind, darf die Rückzahlung solcher Vergütungen als actus contrarius zu ihrer Zahlung durch die Gesellschaft nur zur Hälfte als Betriebseinnahme erfasst werden.[6]

---

1 BFH, Urteil v. 20. 1. 1993 - I R 55/92, BStBl 1993 II 376; s. aber zum Verhältnis von § 4 Abs. 5 EStG zu § 8 Abs. 3 Satz 2 KStG BFH, Urteil v. 4. 12. 1996 - I R 54/95, BFH/NV 1997, 190 = NWB YAAAA-96773.
2 Vgl. R 10.3 Abs. 1 Satz 2 KStR 2015.
3 R 10.3 Abs. 1 Satz 3 KStR 2015 und BFH, Urteil v. 12. 1. 1966 - I 185/63, BStBl 1966 III 206.
4 BFH, Urteil v. 12. 1. 1966 - I 185/63, BStBl 1966 III 206.
5 Vgl. R 10.3 Abs. 2 KStR 2015.
6 So auch *Graffe* in Dötsch/Eversberg/Jost/Witt, § 10 KStG Rz. 55.

§ 11 Auflösung und Abwicklung (Liquidation)

(1) ¹Wird ein unbeschränkt Steuerpflichtiger im Sinne des § 1 Abs. 1 Nr. 1 bis 3 nach der Auflösung abgewickelt, so ist der im Zeitraum der Abwicklung erzielte Gewinn der Besteuerung zugrunde zu legen. ²Der Besteuerungszeitraum soll drei Jahre nicht übersteigen.

(2) Zur Ermittlung des Gewinns im Sinne des Absatzes 1 ist das Abwicklungs-Endvermögen dem Abwicklungs-Anfangsvermögen gegenüberzustellen.

(3) Abwicklungs-Endvermögen ist das zur Verteilung kommende Vermögen, vermindert um die steuerfreien Vermögensmehrungen, die dem Steuerpflichtigen in dem Abwicklungszeitraum zugeflossen sind.

(4) ¹Abwicklungs-Anfangsvermögen ist das Betriebsvermögen, das am Schluss des der Auflösung vorangegangenen Wirtschaftsjahrs der Veranlagung zur Körperschaftsteuer zugrunde gelegt worden ist. ²Ist für den vorangegangenen Veranlagungszeitraum eine Veranlagung nicht durchgeführt worden, so ist das Betriebsvermögen anzusetzen, das im Fall einer Veranlagung nach den steuerrechtlichen Vorschriften über die Gewinnermittlung auszuweisen gewesen wäre. ³Das Abwicklungs-Anfangsvermögen ist um den Gewinn eines vorangegangenen Wirtschaftsjahrs zu kürzen, der im Abwicklungszeitraum ausgeschüttet worden ist.

(5) War am Schluss des vorangegangenen Veranlagungszeitraums Betriebsvermögen nicht vorhanden, so gilt als Abwicklungs-Anfangsvermögen die Summe der später geleisteten Einlagen.

(6) Auf die Gewinnermittlung sind im Übrigen die sonst geltenden Vorschriften anzuwenden.

(7) Unterbleibt eine Abwicklung, weil über das Vermögen des unbeschränkt Steuerpflichtigen im Sinne des § 1 Abs. 1 Nr. 1 bis 3 das Insolvenzverfahren eröffnet worden ist, sind die Absätze 1 bis 6 sinngemäß anzuwenden.

Inhaltsübersicht	Rz.
A. Allgemeine Erläuterungen zu § 11 KStG	1 - 30
I. Gesetzeszweck des § 11 KStG	1 - 5
II. Rechtsentwicklung des § 11 KStG	6 - 10
III. Systematische Stellung	11 - 20
IV. Besonderheiten der Liquidationsbesteuerung	21 - 30
B. Anwendungsbereich	31 - 80
I. Subjektiver Anwendungsbereich	31 - 40
II. Objektiver Anwendungsbereich	41 - 60
III. Auflösungsgründe	61 - 80
C. Besteuerungszeitraum	81 - 130
I. Funktion des Abwicklungszeitraums	81 - 90
II. Beginn des Abwicklungszeitraums	91 - 100
III. Ende des Abwicklungszeitraums	101 - 105
IV. Dauer des Besteuerungszeitraums	106 - 115
V. Verlustabzug	116 - 120
VI. Auflösung von Organgesellschaften	121 - 130
D. Abwicklungsgewinn und -verlust (§ 11 Abs. 2 KStG)	131 - 140
E. Abwicklungs-Endvermögen (§ 11 Abs. 3 KStG)	141 - 160
F. Abwicklungs-Anfangsvermögen (§ 11 Abs. 4 und 5 KStG)	161 - 180
G. Geltung der allgemeinen Gewinnermittlungsvorschriften (§ 11 Abs. 6 KStG)	181 - 200
H. Insolvenzverfahren (§ 11 Abs. 7 KStG)	201 - 204

A. Allgemeine Erläuterungen zu § 11 KStG

HINWEIS:

R 11 KStR 2015, H 51 Liquidationsbesteuerung, Amtliche Hinweise 2008 zu den KStR.

LITERATURHINWEISE:

Carlé/Bauschatz, Sachauskehrung im Gesellschafts- und Steuerrecht, GmbHR 2001, 615; *Jünger*, Liquidation und Halbeinkünfteverfahren, BB 2002, 1178; *Dötsch/Pung*, Die Auflösung und Abwicklung von Körperschaften: Das Einführungsschreiben des BMF v. 26. 8. 2003, DB 2003, 1922; *Fuhrmann*, Liquidation der GmbH im Zivil- und Steuerrecht, KÖSDI 2005, 14906; *Küster*, Die Nachtragsliquidation von Kapitalgesellschaften unter dem Blickwinkel des § 11 Abs. 1 Satz 2 KStG, DStR 2006, 209; *Lohmann/Bascopé*, Liquidationsbesteuerung von Körperschaften: Ermittlung des Abwicklungsgewinns bei Vornahme von Zwischenveranlagungen, GmbHR 2006, 1313; *Mohr*, Die Liquidation der GmbH – Hinweise zur rechtlichen, bilanziellen und steuerlichen Abwicklung, GmbH-StB 2007, 287; *Frank/Wittmann*, Liquidation und Rechnungslegung einer GmbH – ein Überblick, Stbg 2009, 351; *Hoffmann*, Liquidationsbesteuerung, StuB 2010, 409; *Pflüger*, Der richtige Fahrplan für die Liquidation einer GmbH, GStB 2011, 190; *Wälzholz*, Steuerliche Probleme der GmbH in der Liquidation, GmbH-StB 2011, 117; *Bergmann*, Einheitlicher Besteuerungszeitraum und Zwischenveranlagungen in Liquidation und Insolvenz, GmbHR 2012, 943; *Bareis*, Mindeststeuerung und Liquidationszeitraum, DB 2013, 1265; *Hierstetter*, Liquidation einer buchmäßig überschuldeten GmbH, StB 2013, 391; *Hoffmann*, Die ungeklärte Liquidationsbesteuerung, StuB 2014, 865; *Mayer/Betzinger*, Verbindlichkeiten in der Liquidation, DStR 2014, 1573; *Dißars/Kahl-Hinsch*, Steuerliche Fragestellungen in der Liquidation der Kapitalgesellschaft, StuB 2015, 495; *Rogge*, Ertragsteuerliche Konsequenzen bei Liquidation einer KapGes mit bestehenden Gesellschafterdarlehensverbindlichkeiten, DB 2015, 2837; *Fichtelmann*, Strittige Fragen zum Gewinnermittlungszeitraum in der Abwicklung einer GmbH nach § 11 KStG, GStB 2016, 265; *Arens*, Die Löschung der GmbH: Zivil- und steuerrechtliche Folgen im Lichte aktueller Rechtsprechung, DB 2017, 2913; *Schwarz*, Die Liquidation einer GmbH optimal meistern, GStB 2017, 454.

I. Gesetzeszweck des § 11 KStG

1 Soll eine Gesellschaft nicht mehr als Rechtssubjekt am Rechtsverkehr teilnehmen, muss diese in einem förmlichen Verfahren aufgelöst und ihr Vermögen an die Gesellschafter verteilt werden. Bevor der Rechtsträger erlöschen kann, muss daher regelmäßig eine Abwicklung (Liquidation) stattfinden. Ziel der Liquidation ist es, die laufenden Geschäfte zu beendigen, das Gesellschaftsvermögen zu sammeln und in Geld umzusetzen, die Gläubiger zu befriedigen und das verbleibende Vermögen an die Gesellschafter zu verteilen. Mit dem zivilrechtlichen Erlöschen endet grundsätzlich auch die Körperschaftsteuerpflicht durch Wegfall des Steuersubjekts. Nach derzeit h. M. ist dabei der Erlöschenstatbestand zweiaktig zu verstehen; neben der Schlussverteilung ist dafür die Löschung im Handelsregister notwendig.[1]

2 Sinn und Zweck der Erhebung von KSt während der Liquidation ist es, die bis zur Liquidation erwirtschafteten, bislang aber noch nicht verwirklichten Gewinne (stille Reserven) und die im Verlauf der Liquidation erzielten Gewinne im letzten Augenblick vor der Beendigung der Körperschaftsteuerpflicht steuerlich zu erfassen.[2] Die Aufdeckung der stillen Reserven erfolgt entweder durch Gewinnrealisierung bei einer Veräußerung der Wirtschaftsgüter an Außenstehende oder durch Ansatz des gemeinen Werts im Falle der Übertragung der Wirtschaftsgüter an den oder die Gesellschafter.

---

[1] Sog. Lehre vom „Doppeltatbestand" der Beendigung, vgl. *Altmeppen* Roth/Altmeppen, GmbHG, § 65 Rz. 19; *Gesell* Rowedder/Schmidt-Leithoff, GmbHG, § 60 Rz. 54 f.; OLG Koblenz v. 9. 3. 2007 - 8 U 228/06, DB 2007, 1972; OLG Düsseldorf v. 27. 3. 2014 - I-3 Wx 48/14, DStR 2014, 1245; OLG Thüringen v. 20. 5. 2015 - 6 W 506/14, GmbHR 2015, 1093.

[2] Vgl. BFH, Urteil v. 8. 12. 1971 - I R 164/69, BStBl 1972 II 230.

§ 11 KStG regelt somit einen besonderen Fall der Entstrickungsbesteuerung, nämlich den Fall der Beendigung bestimmter unbeschränkt körperschaftsteuerpflichtiger Rechtsträger nach Auflösung und Abwicklung.[1]

(Einstweilen frei) 4–5

II. Rechtsentwicklung des § 11 KStG

§ 11 KStG blickt auf eine lange Geschichte zurück. Die Vorgänger fanden sich in § 13 KStG 1920, § 12 KStG 1922 und § 18 Abs. 1 KStG 1925. Die heutige Fassung geht zurück auf § 14 KStG 1934, der im Wesentlichen unverändert in den heutigen § 11 überführt wurde. Das KStG 1977 erweiterte den zuvor auf Kapitalgesellschaften beschränkten Anwendungsbereich der Norm auf unbeschränkt steuerpflichtige Genossenschaften und Versicherungsvereine auf Gegenseitigkeit. Im Rahmen des SEStEG wurde in Abs. 1 und Abs. 7 die Aufzählung der betroffenen Körperschaften durch einen Verweis auf § 1 Abs. 1 – 3 KStG ersetzt. Damit gilt § 11 KStG auch für die Europäische Aktiengesellschaft (Societas Europaea – SE), die Europäische Genossenschaft (Societas Cooperativa Europaea – SCE) sowie für ausländische Rechtsformen, die inländischen Kapitalgesellschaften, Genossenschaften und Versicherungsvereinen auf Gegenseitigkeit vergleichbar sind.

Im Zuge des Systemwechsels vom Anrechnungsverfahren zum Halbeinkünfteverfahren wurde § 11 KStG nicht geändert. § 34 Abs. 14 KStG regelt den Übergang vom Anrechnungs- zum Halbeinkünfteverfahren.[2]

(Einstweilen frei) 7–10

III. Systematische Stellung

Die Zielsetzung, steuerverstrickte stille Reserven im Rahmen einer Schlussbesteuerung bei endgültiger Aufgabe des unternehmerischen Engagements zu erfassen, wird im Körperschaftsteuerrecht durch § 11 KStG, im Einkommensteuerrecht durch § 16 EStG geregelt. Über die Generalvorschrift des § 8 Abs. 1 KStG ist § 16 EStG grundsätzlich auch im Rahmen der Körperschaftsbesteuerung anzuwenden. Als lex specialis geht jedoch § 11 KStG in seinem Geltungsbereich § 16 EStG vor. Nur soweit § 11 KStG keine ausdrücklichen Regelungen enthält, sind die allgemeinen Vorschriften des § 16 EStG zu berücksichtigen. Der BFH hat deshalb mit Urteil v. 8.5.1991[3] den bis VZ 1995 geltenden § 16 Abs. 4 EStG im Rahmen der Liquidationsbesteuerung des § 11 KStG entsprechend angewendet. In der Fassung des § 16 Abs. 4 EStG ab VZ 1996 wurde die Anwendung der Freibeträge tatbestandlich auf natürliche Personen beschränkt; deren Gewährung scheitert bei Kapitalgesellschaften an den persönlichen Voraussetzungen „Vollendung des 55. Lebensjahres" bzw. „dauernde Berufsunfähigkeit".

Endet die Körperschaftsteuerpflicht durch Umstrukturierungen nach dem UmwStG (Verschmelzung, Spaltung oder Formwechsel), wird die Besteuerung der stillen Reserven nicht durch § 11 KStG, sondern durch die Vorschriften des UmwStG gewährleistet. § 11 KStG erfasst nur Auflösungsfälle, bei denen das Vermögen im Rahmen einer Abwicklung an die Gesellschaf-

---

1 So auch z. B. *Micker* HHR KStG § 11 Rz. 5.
2 Einzelheiten hierzu vgl. BMF-Schreiben v. 26.8.2003, BStBl 2003 I 434; BFH, Urteil v. 22.2.2006 - I R 67/05, BStBl 2008 II 312; Nichtanwendungserlass BMF v. 4.4.2008, BStBl 2008 I 542; *Gold*, GmbHR 2007, 682.
3 Az. I R 33/90, BStBl 1992 II 437.

ter verteilt wird. Eine Abwicklung findet bei gesellschaftsrechtlich wirksamen Umstrukturierungen jedoch regelmäßig nicht statt.

13 Ein Verlust des Besteuerungsrechts des deutschen Fiskus für die stillen Reserven droht auch durch die Verlegung von Sitz oder Geschäftsleitung ins Ausland. Derartige Entstrickungen werden grundsätzlich durch § 12 KStG geregelt. Für den Fall des Ausscheidens aus der unbeschränkten Steuerpflicht eines EU-/EWR-Staats bzw. des Verlustes der abkommensrechtlichen Ansässigkeit aufgrund der Verlegung von Sitz und/oder Geschäftsleitung ordnet dieser die entsprechende Anwendung des § 11 KStG an. Wegen der Einzelheiten siehe die Kommentierung zu § 12 KStG.

14 Die Körperschaftsteuerpflicht kann schließlich auch ohne Beendigung der Körperschaft enden, indem die Voraussetzungen für die Befreiung von der Körperschaftsteuer nach § 5 KStG erfüllt werden. Die Entstrickung durch Beginn einer Steuerbefreiung wird durch § 13 KStG erfasst.

15–20 *(Einstweilen frei)*

IV. Besonderheiten der Liquidationsbesteuerung

21 Die Liquidationsbesteuerung weist gegenüber der regulären Veranlagung einige Besonderheiten auf. Der wesentliche Unterschied ist der verlängerte Besteuerungs- und Gewinnermittlungszeitraum, der insbesondere der Vereinfachung des Besteuerungsverfahrens dienen soll. Während im Normalfall die Besteuerung für das einzelne Kalenderjahr vorgenommen wird, bestimmt § 11 Abs. 1 Satz 2 KStG den ggf. mehrjährigen Zeitraum von der Auflösung bis zur Beendigung der Abwicklung als maßgeblichen Besteuerungszeitraum. Unabhängig davon hat die Kapitalgesellschaft aufgrund handelsrechtlicher Abschlusserstellungspflichten auch innerhalb des Abwicklungszeitraumes Wirtschaftsjahre, die jedoch für die Besteuerung nach Maßgabe des § 11 KStG keine Bedeutung haben.[1]

22 Nach dem Wortlaut des Gesetzes (§ 11 Abs. 2 KStG) besteht eine besondere liquidationsbezogene Gewinnermittlungsmethode. Das der Schlussbesteuerung zugrunde zu legende Ergebnis des Abwicklungszeitraums stellt sich als Differenz zwischen Abwicklungs-Endvermögen und Abwicklungs-Anfangsvermögen dar.

23 Der Abwicklungsgewinn der Kapitalgesellschaften, Erwerbs- und Wirtschaftsgenossenschaften und Versicherungsvereine auf Gegenseitigkeit unterliegt kraft Rechtsform nach § 2 Abs. 2 GewStG der GewSt, während bei Einzelunternehmen und Mitunternehmerschaften mit unmittelbarer Beteiligung natürlicher Personen der Veräußerungs- oder Aufgabegewinn grundsätzlich nicht steuerbar ist.[2] Die unterschiedliche gewerbesteuerliche Behandlung der Auflösungsgewinne ist für die Rechtsformwahl von Bedeutung. Bei Kapitalgesellschaften ist zunächst die Belastung mit Körperschaftsteuer von 15 % und Gewerbesteuer auf Ebene der Gesellschaft und anschließend die Besteuerung der Liquidationsausschüttungen auf Ebene der Gesellschafter im Rahmen des Teileinkünfteverfahrens bzw. der Abgeltungsteuer zu berücksichtigen. Bei Einzelunternehmen und Mitunternehmerschaften mit natürlichen Personen als Beteiligten fällt auf die Veräußerungs- oder Auflösungsgewinne grundsätzlich nur ESt an. Zu-

---

1 Ständige Rspr. vgl. z. B. BFH, Urteile v. 27. 3. 2007 - VIII R 25/05, BStBl 2008 II 298, 301; v. 10. 6. 2009 - I R 80/08, BFH/NV 2009, 1835 = NWB CAAAD-29306; a. A. BMF-Schreiben v. 26. 8. 2003, BStBl 2003 I 434, mit Auswirkungen auf die Anwendbarkeit von Übergangsregelungen auf das geänderte Körperschaftsteuerrecht ab VZ 2001.

2 Vgl. § 7 Abs. 1 Satz 2 GewStG; BFH, Urteil v. 5. 9. 2001 - I R 27/01, BStBl 2002 II 155, m. w. N.

sätzlich werden ggf. der Freibetrag des § 16 Abs. 4 EStG und die Tarifbegünstigung des § 34 EStG gewährt.

(Einstweilen frei) 24–30

B. Anwendungsbereich

I. Subjektiver Anwendungsbereich

§ 11 KStG ist eine spezielle Vorschrift für die Besteuerung der Gewinne aus der Liquidation unbeschränkt steuerpflichtiger Kapitalgesellschaften, Erwerbs- und Wirtschaftsgenossenschaften und VVaG. Der persönliche Anwendungsbereich des § 11 KStG ist rechtsformspezifisch beschränkt auf die in § 1 Abs. 1 Nr. 1 – 3 KStG genannten Körperschaften. Für die in § 1 Abs. 1 Nr. 4 – 6 KStG genannten Körperschaften, Personenvereinigungen und Vermögensmassen greift im Falle der Auflösung und Abwicklung über die Verweisung in § 8 Abs. 1 KStG die Regelung des § 16 EStG. 31

Unbeschränkte Steuerpflicht besteht nach § 1 Abs. 1 KStG, wenn eine Körperschaft ihre Geschäftsleitung oder ihren Sitz im Inland hat. Wegen der Einzelheiten siehe Kommentierung zu § 1 KStG. 32

Ausländische Körperschaften, deren unversteuerte stille Reserven im Fall der Auflösung und Abwicklung im Inland der beschränkten Steuerpflicht unterliegen, sind nicht von § 11 KStG erfasst. Für diese kommt zur Ermittlung des Aufgabegewinns über § 8 Abs. 1 KStG ebenfalls § 16 EStG zur Anwendung. 33

(Einstweilen frei) 34–40

II. Objektiver Anwendungsbereich

Voraussetzungen für die Liquidationsbesteuerung nach § 11 KStG sind die Auflösung der Körperschaft und ihre anschließende tatsächliche Liquidation. Beide Merkmale müssen kumulativ erfüllt sein.[1] Als Auflösung bezeichnet man die Rechtsfolge eines wirksamen Auflösungsbeschlusses oder das Eintreten eines gesetzlich oder satzungsmäßig festgelegten Auflösungsgrundes. Neben der deklaratorischen Anmeldung zum Handelsregister sind für die Wirksamkeit die einschlägigen Formvorschriften der Einzelgesetze zu beachten, nach denen die betreffenden Körperschaften errichtet wurden.[2] Der tatsächliche Vorgang des Versilberns des Vermögens, der Begleichung der Verbindlichkeiten und Auskehrung des verbleibenden Vermögens wird bei der AG als Abwicklung (§§ 264 ff. AktG) und bei der GmbH als Liquidation (§§ 66 ff. GmbHG) bezeichnet. Beide Begriffe werden hier synonym verwendet. 41

Wird eine Körperschaft ohne vorherige Auflösung still liquidiert, ist § 11 KStG nicht anwendbar. Von einer stillen Liquidation spricht man, wenn der Geschäftsbetrieb ohne Auflösungsbeschluss eingestellt und das Betriebsvermögen veräußert wird. In diesen Fällen fehlt es am Merkmal der Auflösung.[3] Entsprechendes gilt, wenn das Vermögen einer Kapitalgesellschaft 42

---

[1] Ständige Rechtsprechung, vgl. z. B. BFH, Urteil v. 23. 1. 2013 - I R 35/12, BStBl 2013 II 508.
[2] Vgl. Gosch/*Stalbold* § 11 Rz. 26.
[3] Vgl. BFH, Urteil v. 17. 7. 1962 - I R 254/60, StRK § 14 KStG a. F. R 3.

ohne vorherige Auflösung im Wege der Einzelrechtsnachfolge auf den einzigen Gesellschafter übertragen wird.[1]

43 In den Anwendungsbereich des § 11 KStG gehört ebenfalls nicht die Kapitalgesellschaft, deren Auflösung zwar formell beschlossen ist, die aber nicht tatsächlich liquidiert wird.

44 Im Falle der Löschung wegen Vermögenslosigkeit[2] fehlt es an einer Abwicklung, so dass die Kapitalgesellschaft weiterhin nach allgemeinen Regeln zu besteuern ist.[3] Umstritten ist der Fall, dass die aufgelöste Gesellschaft ihr gesamtes Vermögen auf einen Gesellschafter überträgt. Auch wenn es an einer Abwicklung in dem Sinne fehlt, dass die Gesellschaft das Unternehmen zerschlägt und die einzelnen Wirtschaftsgüter versilbert, ist § 11 KStG anwendbar, wenn nach einer Auflösung (insbesondere infolge Auflösungsbeschlusses) durch diese Form der „Express-Liquidation" lediglich das zivilrechtlich langwierige Liquidationsverfahren (Gläubigeraufruf, Sperrjahr) verkürzt werden soll. Entgegen der Auffassung von *Carlé/Bauschatz*[4] kommt es nicht darauf an, dass der gesamte Betrieb übertragen wird (dort als Universal-Sachauskehrung bezeichnet), sondern darauf, dass hier aus Beschleunigungsgründen eine Sonderform der Abwicklung gewählt wird.[5] Die an den Gesellschafter übertragenen Wirtschaftsgüter sind mit dem gemeinen Wert anzusetzen (siehe unten → Rz. 142).

45 Unvollendet bleibt die Liquidation, wenn der Betrieb durch Verpachtung fortgeführt wird, weil Aktivvermögen dauerhaft bei der Gesellschaft verbleibt und zwar unabhängig davon, ob es sich um den ganzen Betrieb oder einzelne Wirtschaftsgüter handelt. Mangels Vollbeendigung liegt keine Abwicklung i. S. d. § 11 KStG vor.[6] Da die Gesellschaft weiterhin eine normale Erwerbsgesellschaft ist, die kraft Gesetzes einen Gewerbebetrieb unterhält (§ 8 Abs. 2 KStG), gelten die allgemeinen Bestimmungen.[7] Es erfolgt eine jährliche Veranlagung mit normaler Gewinnermittlung.[8]

Gleiches gilt, wenn die Liquidation nicht ernsthaft betrieben wird. Im Rahmen der Liquidation ist eine werbende Tätigkeit nur insoweit zulässig, wie sie zur Abwicklung des Geschäftsbetriebes unerlässlich ist. Schwebende Verträge sind noch zu erfüllen. Beteiligt sich die Kapitalgesellschaft darüber hinaus trotz Auflösungsbeschlusses wie vorher am allgemeinen Wirtschaftsleben (Scheinliquidation) und setzt sie ihre Geschäftstätigkeit nachhaltig fort, greift § 11 KStG ebenfalls nicht ein.[9]

46 Im Insolvenzverfahren schließt sich an die Auflösung der Körperschaft zwar keine Abwicklung an. § 11 Abs. 7 KStG ordnet jedoch für diesen Fall die sinngemäße Anwendung der Abs. 1 – 6 des § 11 KStG an. Die Durchführung eines Insolvenzplanverfahrens allein setzt allerdings keine Abwicklung mit Vermögensverwertung in Gang, so dass in diesem Fall § 11 KStG auch nicht sinngemäß zur Anwendung kommt.[10]

---

1 Vgl. *Frotscher*/Drüen, § 11 Rz. 11; ebenso Münch, DPM, § 11 Rz. 17.
2 Vgl. zu den Voraussetzungen z. B. OLG Frankfurt v. 29. 1. 2015 - 20 W 116/12, GmbHR 2015, 713; OLG Thüringen v. 20. 5. 2015 - 6 W 506/14, GmbHR 2015, 1093; OLG Köln v. 5. 11. 2004, DStR 2005, 207, LS.
3 Vgl. *Pfirrmann* in Blümich KStG § 11 Rz. 20; Gosch/*Stalbold*, § 11 Rz. 36.
4 GmbHR 2001, 615, 616.
5 Ebenso *Frotscher*/Drüen, § 11 Rz. 20; Gosch/*Stalbold* § 11 Rz. 35.
6 Vgl. auch *Gosch/Stalbold* § 11 Rz. 31.
7 Vgl. auch *Münch*, DPM § 11 Rz. 26.
8 Vgl. FG Baden-Württemberg, Urteil v. 26. 4. 1990 – III K 228/89, EFG 1990, 540.
9 Vgl. bereits RFH, Urteil v. 28. 8. 1928 - I A 143/28, RStBl 1928, 366.
10 Vgl. FG Köln, Urteil v. 13. 11. 2014 - 10 K 3568/13, EFG 2015, 1502 Rev. Az. des BFH: I R 64/16 ist erledigt durch Zurücknahme, NWB IAAAF-88779.

Geben die Gesellschafter die Absicht zur Auflösung der Gesellschaft auf, beseitigen ggf. den Auflösungsgrund und fassen vor Beginn der Vermögensverteilung einen Fortsetzungsbeschluss,[1] muss die Gesellschaft ab dem Zeitpunkt des Beschlusses zur jährlichen Besteuerung zurückkehren.[2] 47

Nach der zivilrechtlich h. M. sind für das Erlöschen einer GmbH nach der Lehre vom Doppeltatbestand sowohl die Vermögenslosigkeit als auch die Löschung im Handelsregister notwendig. Für steuerliche Zwecke besteht eine Kapitalgesellschaft ungeachtet einer Löschung im Handelsregister jedoch noch solange als Steuersubjekt, wie sie noch steuerliche Pflichten zu erfüllen hat bzw. Beteiligte in einem Steuerrechtsverfahren ist.[3] Sind nach der Löschung im Handelsregister noch steuerrechtliche Abwicklungsmaßnahmen notwendig, wie z. B. die Entgegennahme von Bescheiden oder die Beteiligung an einem Rechtsbehelfsverfahren durch Beiladung, ist die Bestellung eines Nachtragsliquidators notwendig.[4] 48

Stellt sich nach der Schlussverteilung heraus, dass noch verteilbares Aktivvermögen vorhanden ist, besteht noch weiterer Liquidationsbedarf.[5] Dies ist typischerweise dann der Fall, wenn ein illiquider Schuldner der Gesellschaft wider Erwarten doch noch zahlungsfähig ist.[6] Ersatzansprüche gegen die Gesellschaftsorgane genügen.[7] Bedeutung hatte die Nachtragsliquidation auch nach der Wiedervereinigung gewonnen aufgrund von Vermögensansprüchen auf Grundbesitz in den Beitrittsländern, die bereits im Handelsregister gelöschten Kapitalgesellschaften zuzurechnen waren. Jeder Gesellschafter oder Gläubiger hat die Möglichkeit, die Wiedereintragung der Gesellschaft und Bestellung von Nachtragsliquidatoren zu beantragen. Auf die Nachtragsliquidation findet § 11 KStG ebenfalls Anwendung, sobald das zuständige Registergericht die Nachtragsliquidation beschlossen hat.[8] 49

(Einstweilen frei) 50–60

III. Auflösungsgründe

Die zur Beendigung von Gesellschaften und Vereinen führenden Auflösungsgründe sind vielgestaltig und richten sich nach der Rechtsform, für die jeweils ein Numerus clausus der gesetzlichen Auflösungsgründe gilt. Auflösungsgründe sind beispielsweise: 61

AG und GmbH 62

▶ satzungs- oder vertragsgemäßer Zeitablauf (§ 262 Abs. 1 Nr. 1 AktG, § 60 Abs. 1 Nr. 1 GmbHG)

---

1 Vgl. *K. Schmidt*, Gesellschaftsrecht, 4. Aufl. 2002, S. 315 f.
2 Ggf. unter Bildung eines Rumpfwirtschaftsjahres vgl. BFH, Urteil v. 10. 6. 2009 - I R 80/08, BFH/NV 2009, 1835 = NWB CAAAD-29316; RFH, Urteil v. 7. 5. 1929 - 818/28I Aa, RStBl 1929, 512.
3 Vgl. BFH, Entscheidungen v. 28. 1. 2004 - I B 210/03, BFH/NV 2004, 670 = NWB EAAAB-17280; v. 6. 3. 1980 - I R 111/79, BStBl 1980 II 587; so auch OLG Düsseldorf v. 27. 3. 2014 - I 3 Wx 48/14, DStR 2014, 1245; a. A. FG Berlin, Urteil v. 22. 9. 1986 - VIII 496/84, EFG 1987, 313.
4 Vgl. BFH, Urteil v. 1. 7. 2014 - IX R 47/13, BStBl 2014 II 786 mit Hinweis auf die zivilrechtlich h. M.; BFH, Urteil v. 11. 7. 2012 - IV B 1/11, BFH/NV 2012, 1929 = NWB WAAAE-19303.
5 Vgl. OLG Düsseldorf v. 27. 3. 2014 - I-3 Wx 48/14, DStR 2014, 1245, m. w. N.; BGH v. 29. 9. 1967 - V ZR 40/66, BGHZ 48, 303; v. 23. 2. 1970 - II ZB 5/69, BGHZ 53, 264.
6 Vgl. BayObLG v. 30. 10. 1984 - BReg. 3 Z 204/84, ZIP 1985, 33.
7 Vgl. *Scholz/K. Schmidt*, GmbHG, § 74 Rz. 19; BGH v. 23. 2. 1970 - II ZB 5/69, BGHZ 53, 264.
8 Vgl. BFH, Urteile v. 1. 7. 2014 - IX R 47/13, BStBl 2014 II 786; v. 18. 9. 2007 - I R 44/06, BStBl 2008 II 319; *Schießl*, StuB 2015, 39 ff.; *Frotscher*/Drüen, § 11 Rz. 36.

- Mehrheitsbeschluss der Hauptversammlung oder Gesellschafterversammlung (§ 262 Abs. 1 Nr. 2 AktG, § 60 Abs. 1 Nr. 2 GmbHG)
- Eröffnung des Insolvenzverfahrens (§ 262 Abs. 1 Nr. 3 AktG, § 60 Abs. 1 Nr. 4 GmbHG)
- rechtskräftige Ablehnung des Insolvenzverfahrens mangels Masse (§ 262 Abs. 1 Nr. 4 AktG, § 60 Abs. 1 Nr. 5 GmbHG)
- rechtskräftige Verfügung wegen Mängel der Satzung oder des Gesellschaftsvertrags (§ 262 Abs. 1 Nr. 5 AktG, § 60 Abs. 1 Nr. 6 GmbHG)
- Auflösung wegen Feststellung der Nichtigkeit durch Gerichtsbescheid (§§ 275 bis 277 AktG, §§ 75 bis 77 GmbHG)
- Auflösung aufgrund gesellschaftsvertraglicher Regelungen
- Auflösung durch rechtskräftiges Urteil bzw. Verwaltungsanweisung wegen Gefährdung des Gemeinwohls durch gesetzeswidriges Verhalten (§ 396 AktG, § 60 Abs. 1 Nr. 3 i.V. m. § 62 GmbHG)
- Nur bei GmbH: rechtskräftiges Urteil aufgrund einer Auflösungsklage von Gesellschaftern, die über mindestens 10 % des Stammkapitals verfügen (§ 60 Abs. 1 Nr. 3 i.V. m. § 61 GmbHG).

63 **Erwerbs- und Wirtschaftsgenossenschaften**

- Zeitablauf (§ 79 GenG)
- Beschluss der Generalversammlung mit mindestens 75 % Mehrheit (§ 78 GenG)
- Beschluss des Amtsgerichts, wenn die Zahl der Genossen unter drei sinkt (§ 80 GenG)
- Eröffnung des Insolvenzverfahrens (§ 81a GenG)
- Auflösung von Amts wegen bei Wechsel des Prüfungsverbandes (§§ 54, 54a GenG).

64 **VVaG**

- Zeitablauf (§ 42 Nr. 1 VAG)
- Beschluss der obersten Vertretung (§ 42 Nr. 2 VAG)
- Untersagung durch die Aufsichtsbehörde (§ 87 Abs. 5 VAG)
- Eröffnung des Insolvenzverfahrens (§ 42 Nr. 3 VAG)
- Ablehnung des Insolvenzverfahrens mangels Masse (§ 42 Nr. 4 VAG).

65 **KGaA**

Bei der KGaA richtet sich die Auflösung nach den Bestimmungen des Handelsrechts (§ 289 Abs. 1 AktG).

66 Keine Auflösungsgründe sind z. B.

- die Vereinigung aller Aktien und Geschäftsanteile in einer Hand, weil die Einpersonenkapitalgesellschaft anerkannt ist.[1] Etwas anderes gilt, wenn eine GmbH durch Erbfolge, Erwerb eigener Anteile, Kaduzierung oder im Rahmen des § 27 Abs. 3 GmbHG Inhaberin sämtlicher Geschäftsanteile wird (sog. Keinmann-GmbH). In diesem Fall geht die zivilrechtlich h. M. von einer sofortigen Auflösung bei Erwerb des letzten Anteils aus.[2] Ein Li-

---

[1] Vgl. bereits BFH, Urteil v. 14. 12. 1965 - I 246/62 U, BStBl 1966 III 152.
[2] Übersicht zum Streitstand *Altmeppen* Roth/Altmeppen, GmbHG, § 60 Rz. 29f.

quidationserlös soll dann analog § 45 Abs. 3 BGB den im Gesellschaftsvertrag genannten Personen, hilfsweise dem Fiskus, zufallen.[1]

▶ die Verlegung des Verwaltungssitzes einer AG oder GmbH ins Ausland unter Beibehaltung des statutarischen Sitzes im Inland.[2]

(Einstweilen frei) 67–80

C. Besteuerungszeitraum

I. Funktion des Abwicklungszeitraums

Der Besteuerungszeitraum richtet sich – abweichend v. Grundsatz der jährlichen Veranlagung nach § 7 Abs. 3 KStG i. V. m. § 25 EStG – nach dem handelsrechtlichen Abwicklungszeitraum, dessen Gewinn der Besteuerung nach § 11 Abs. 1 Satz 1 KStG zugrunde zu legen ist. Der Besteuerungszeitraum reicht von der Auflösung bis zur Vollbeendigung und soll drei Jahre nicht übersteigen (§ 11 Abs. 1 Satz 2 KStG). Der Abwicklungszeitraum ist zugleich Gewinnermittlungs- und Veranlagungszeitraum für die KSt. Der Liquidationsgewinn ist nur einheitlich und am Schluss des Liquidationszeitraums zu ermitteln und zu besteuern. Während des maximal dreijährigen Abwicklungszeitraums müssen keine Körperschaftsteuererklärungen abgegeben werden. 81

Mangels entgegenstehender Regelungen in § 11 KStG bleibt § 37 EStG über die Verweisung in § 31 Abs. 1 KStG anwendbar, so dass die Finanzämter berechtigt und verpflichtet sind, entsprechende Vorauszahlungen zu erheben.[3] Eine geeignete Schätzungsgrundlage bieten die aus den handelsrechtlichen Liquidationsjahresbilanzen ableitbaren steuerlichen Ergebnisse. Anrechenbare Kapitalertragsteuer, die während des Abwicklungszeitraums entsteht, kann mangels Veranlagung nur bei der Festsetzung der Vorauszahlungen berücksichtigt werden. 82

Die Steuerentstehung wird auch für den Fall der Liquidation durch § 30 KStG geregelt. Liquidationsausschüttungen sind im Rahmen des Kapitalertragsteuerabzugsverfahrens bei Abfluss zu erfassen. KSt-Vorauszahlungen sind zu Beginn des jeweiligen Kalendervierteljahres zu entrichten. Die veranlagte KSt entsteht mit Ablauf des Veranlagungszeitraums, d. h. mit dem Ende des Abwicklungszeitraums. 83

Der Liquidationsgewinn unterliegt der tariflichen KSt, die im Zeitpunkt der Steuerentstehung (d. h. dem Ende des Abwicklungszeitraums) gilt. Übersteigt der Abwicklungszeitraum die Dauer von drei Jahren, ist dies allerdings strittig. Hierzu siehe → Rz. 107 ff. 84

(Einstweilen frei) 85–90

II. Beginn des Abwicklungszeitraums

Der Abwicklungszeitraum beginnt i. d. R. mit dem Tag des Liquidationsbeschlusses, es sei denn in dem Beschluss wird ein anderer Zeitpunkt festgelegt.[4] Der Beschluss setzt eine eindeutige Bekundung des Auflösungswillens voraus. Die Auflösung ist zum Registergericht anzumelden 91

---

1 Vgl. Baumbach/Hueck/*Haas*, GmbHG, § 60 Rz. 81 m. w. N.
2 Nach Streichung der Abs. 2 des § 5 AktG und des § 4a GmbHG durch das MoMiG – Gesetz v. 23. 10. 2008, BGBl 2008 I 2026. Zu den Möglichkeiten einer identitätswahrenden Satzungssitzverlegung innerhalb der EU vgl. EuGH, Urteil v. 25. 10. 2017 – Rs. C-106/16 Polbud, NWB GAAAG-71861; *Kieninger*, NJW 2017, 3624.
3 Vgl. *Micker*, HHR KStG § 11 Rz. 28; Gosch/*Stalbold* § 11 Rz. 34.
4 Vgl. BFH, Urteil v. 9. 3. 1983 - I R 202/79, BStBl 1983 II 433; H 11 KStH 2015 „Beginn der Liquidation".

(§ 65 Abs. 1 Satz 1 GmbHG, § 263 Satz 1 AktG). Die Eintragung ist deklaratorisch. Die Firma führt im Geschäftsverkehr danach den Zusatz „i. L." (in Liquidation) oder „i. A." (in Abwicklung).

92 Die Liquidation kann in Ausnahmefällen auch durch einen konkludenten Auflösungsbeschluss in Gang gesetzt werden, wenn faktisch mit der Abwicklung begonnen wird und sich aus den besonderen Umständen des Einzelfalls ein Liquidationswille ergibt.[1]

93 Fällt die Auflösung der Gesellschaft in ein laufendes Wirtschaftsjahr, ist die Gesellschaft handelsrechtlich nach h. M. verpflichtet, eine Schlussbilanz der werbenden Gesellschaft aufzustellen.[2] Nach dem BFH-Urteil v. 17. 7. 1974[3] entsteht daher ein Rumpfwirtschaftsjahr, das auch für steuerliche Zwecke gilt und nicht in den Liquidationszeitraum einzubeziehen ist. Ob die handelsrechtliche Auffassung, eine Schlussbilanz der werbenden Gesellschaft sei erforderlich, zutrifft oder nicht,[4] kann für steuerliche Zwecke offen bleiben, solange die Finanzverwaltung das Wahlrecht in R 11 Abs. 1 Satz 3 und 5 KStR 2015 beibehält. Danach kann vom Schluss des vorangegangenen Wirtschaftsjahres ein Rumpfwirtschaftsjahr bis zum Auflösungszeitpunkt gebildet werden, das nicht in den Abwicklungszeitraum einzubeziehen ist. Verzichtet die Körperschaft auf die Bildung eines Rumpfwirtschaftsjahres, ist dieser Zeitraum in den Besteuerungszeitraum der Liquidation einzubeziehen. Das bis zur Auflösung erzielte Ergebnis ist dann bei der Ermittlung des Liquidationsgewinnes zu erfassen. Die Bildung eines Rumpfwirtschaftsjahrs ist keine zustimmungspflichtige Umstellung des Wirtschaftsjahrs i. S. d. § 4a Abs. 1 Nr. 2 EStG. Vielmehr enthält R 11 Abs. 1 KStR 2015 eine sachliche Billigkeitsregelung.[5]

94 Die Ausübung des Wahlrechts kann sich insbesondere vor dem Hintergrund der beschränkten Möglichkeiten zum Verlustrücktrag empfehlen (vgl. unten → Rz. 116). Ist mit einem Liquidationsgewinn zu rechnen, ergibt sich vorbehaltlich von Vorauszahlungen ein Stundungseffekt. Zudem ist die Einbeziehung empfehlenswert, wenn die Steuersätze während des Abwicklungszeitraums sinken.[6]

95–100 *(Einstweilen frei)*

III. Ende des Abwicklungszeitraums

101 Der Abwicklungszeitraum endet mit dem rechtsgültigen Abschluss der Liquidation, regelmäßig frühestens mit dem Abschluss des Sperrjahres gem. § 272 AktG bzw. § 73 GmbHG (vgl. R 11 Abs. 2 KStR 2015).[7] Letzter Akt der Liquidation ist die Schlussverteilung des Restvermögens nach Befriedigung aller Gläubiger (Vollbeendigung). Die Löschung im Handelsregister ist für sich allein ungenügend (so auch R 11 Abs. 2 Satz 4 KStR 2015), weil die Vollbeendigung nach zutreffender Ansicht sich aus dem Doppeltatbestand „Vermögenslosigkeit und Löschung" zusammensetzt (siehe oben → Rz. 1).

102–105 *(Einstweilen frei)*

---

1 Vgl. BFH, Urteil v. 17. 2. 1971 - I R 148/68, BStBl 1971 II 411.
2 Vgl. *Deubert* Budde/Förschle/Winkeljohann, Sonderbilanzen, 5. Aufl. 2016, Rz. T 46 ff.
3 Az. I R 233/71, BStBl 1974 II 692.
4 Zur Kritik vgl. *Deubert* Winkeljohann/Förschle/Deubert, Sonderbilanzen, 5. Aufl. 2016, Rz. T 50-53.
5 So auch die h. M., vgl. z. B. *Micker* HHR KStG § 11 Rz. 25; *Münch* DPM § 11 Rz. 35; a. A. *Gosch/Stalbold* § 11 Rz. 47.
6 Vgl. z. B. *Wohltmann*, NWB 2009, 950; *Wälzholz*, GmbH-StB 2011, 117.
7 Zu möglichen Ausnahmen bei Vermögenslosigkeit vgl. OLG Hamm, Beschluss v. 2.9.2016 - I-27 W 63/16, GmbHR 2017, 930 mit Anm. Wachter.

IV. Dauer des Besteuerungszeitraums

Der Besteuerungszeitraum soll nach § 11 Abs. 1 Satz 2 KStG drei Jahre nicht übersteigen. Dabei handelt es sich um Zeitjahre, nicht um Wirtschaftsjahre.[1] Wird bei unterjähriger Auflösung auf die Bildung eines Rumpfwirtschaftsjahres nach R 11 Abs. 1 Satz 3 KStR verzichtet, ist der Zeitraum vom Schluss des vorangegangenen Wirtschaftsjahres bis zur Auflösung konsequenterweise in die Bemessung des Dreijahreszeitraums miteinzubeziehen.[2] Wird der Dreijahreszeitraum bei der Abwicklung überschritten, liegt es im Ermessen des Finanzamts, ob es den Besteuerungszeitraum ausdehnt.[3] Eine Verlängerung ist im Rahmen der Ermessensausübung zu gewähren, wenn die Überschreitung verhältnismäßig kurz ist oder sich die Abwicklung wegen der Schwierigkeiten der Verhältnisse ohne Verschulden der Körperschaft hinauszieht, aber ein Ende absehbar ist. Wird eine Verlängerung nicht gewährt, darf der Besteuerungszeitraum nur auf drei Jahre, nicht aber auf weniger als drei Jahre festgesetzt werden.[4] Die Dauer des Besteuerungs- bzw. Zwischenveranlagungszeitraums ist Gegenstand eines eigenständigen Verwaltungsaktes, der sich vom Veranlagungsbescheid unterscheidet und der ggf. gesondert anfechtbar ist.[5]

Die Rechtsfolgen eines überlangen Abwicklungszeitraums sind strittig. Nach Auffassung der Finanzverwaltung[6] ist nach Ablauf des ersten dreijährigen Besteuerungszeitraums wieder eine jährliche Veranlagung durchzuführen. Als Abschlussstichtag kommt entweder der regelmäßige Abschlusszeitpunkt oder der Zeitpunkt in Betracht, auf den die Körperschaft gem. § 270 AktG bzw. § 71 GmbHG ihre jährliche Liquidationszwischenbilanz aufzustellen hat. Verluste nach Ablauf des Dreijahreszeitraums können nach dieser Auffassung nur noch im Rahmen der steuerlichen Rücktragsmöglichkeiten berücksichtigt werden. Die Finanzverwaltung will zudem die besondere Gewinnermittlung nach § 11 Abs. 2 KStG nur für den letzten Besteuerungszeitraum vornehmen.[7] Der BFH hat bislang in mehreren Urteilen[8] die Rechtmäßigkeit von Zwischenveranlagungen bei einem mehr als dreijährigen Abwicklungszeitraum bestätigt, jedoch ausdrücklich offen gelassen, ob diese Zwischenveranlagungen nur vorläufigen Charakter haben und am Ende des Liquidationszeitraums durch den dann zu erlassenden Steuerbescheid für den gesamten Abwicklungszeitraum zu ersetzen sind. In einem obiter dictum im Revisionsverfahren I R 81/12 tendiert der BFH mit Hinweis auf die in § 11 Abs. 1 Satz 1 KStG vorgeschriebene Ermittlung des Gewinns für den gesamten Abwicklungszeitraum jedoch offensichtlich zur Vorläufigkeit der Zwischenveranlagungen.[9]

Die eingeschränkte Verlustnutzung und der eindeutige Wortlaut des Gesetzes sprechen u. E. dafür, alle Veranlagungen während des Abwicklungszeitraums als vorläufige Zwischenveranlagungen anzusehen, die erst nach der Vollbeendigung durch eine endgültige Veranlagung er-

---

1 Vgl. RFH, Urteil v. 1.6.1937 - I A 50/37, RStBl 1937, 967.
2 So auch Gosch/*Stalbold*, § 11 Rz. 50; a. A. *Frotscher*/Drüen, § 11 Rz. 28.
3 Vgl. BFH, Urteil v. 18.9.2007 - I R 44/06, BStBl 2008 II 319, m.w.N.
4 Vgl. RFH, Urteil v. 1.6.1937 - I A 50/37, RStBl 1937, 967.
5 Vgl. BFH, Urteile v. 22.2.2006 - I R 67/05, BStBl 2008 II 312; v. 7.5.2014 - I R 81/12, BFH/NV 2014, 1593 = NWB AAAAE-71561; FG Brandenburg, Urteil v. 23.1.2002 - 2 K 2272/98 K, U, F, EFG 2002, 432; Gosch/*Stalbold*, § 11 Rz. 50; *Frotscher*/Drüen, § 11 Rz. 46.
6 Vgl. *Münch*, DPM § 11 Rz. 32; R 11 Abs. 1 Satz 7 KStR 2015.
7 R 11 Abs. 3 Satz 1 KStR 2015.
8 Vgl. BFH, Urteile v. 7.5.2014 - I R 81/12, BFH/NV 2014, 1593 = NWB AAAAE-71561; v. 23.1.2013 - I R 35/12, BStBl 2013 II 508; v. 18.9.2007 - I R 44/06, BStBl 2008 II 319.
9 Vgl. BFH, Urteil v. 7.5.2014 - I R 81/12, BFH/NV 2014, 1593 = NWB AAAAE-71561, Rz. 15; hierzu auch mit verfahrensrechtlichen Hinweisen *Hoffmann*, StuB 2014, 865 ff.

setzt werden. Dies entspricht dem Wesen der Liquidation, nämlich der Feststellung und Verteilung des vorhandenen Vermögens, das aufgrund des auf Abwicklung gerichteten Geschäftszwecks grundsätzlich während des Liquidationszeitraums unverändert bleibt. Der Vermögenszuwachs, der als Liquidationseinkommen über das in der letzten Steuerbilanz ausgewiesene Vermögen hinaus zu versteuern ist, kann nur einheitlich und am Ende der Liquidation ermittelt werden.[1] Um das tatsächliche Risiko von Steuerausfällen so gering wie möglich zu halten, können die weiteren Zwischenveranlagungen jährlich erfolgen, mindestens aber im Drei-Jahres-Turnus.[2] Für eine weitergehende, den Wortlaut übersteigende Interpretation im Sinne einer Rückkehr zur normalen jährlichen Veranlagung besteht kein Bedarf. Scheinliquidationen fallen ohnehin nicht unter § 11 KStG. Dieser Meinung hat sich auch das Finanzgericht Düsseldorf angeschlossen.[3] Der BFH wird nun im Rahmen der anhängigen Revision zu dieser Streitfrage Stellung nehmen müssen.

109 Maßgeblich für die Bestimmung des Steuersatzes ist die Rechtslage in dem Jahr, in dem die Abwicklung beendet ist.[4] Dies gilt nach Sinn und Zweck der besonderen Gewinnermittlung nach § 11 KStG auch dann, wenn der Abwicklungszeitraum die Dauer von drei Jahren übersteigt und deshalb Zwischenveranlagungen stattgefunden haben. Diese sind im Jahr nach der Beendigung der Abwicklung durch eine endgültige Veranlagung unter Berücksichtigung der dann gültigen Rechtslage zu ersetzen.[5] Die Rechtsprechung geht dabei davon aus, dass sich die Zwischenveranlagungsbescheide nach § 175 Abs. 1 Satz 1 Nr. 2 AO aufzuheben sind, wenn sie sich nicht – gleich wie auch Vorauszahlungsbescheide – nach § 124 Abs. 2 Alt. 2 AO („auf andere Weise") erledigen.[6]

110–115 *(Einstweilen frei)*

V. Verlustabzug

116 Im Rahmen der Liquidationsbesteuerung sind die allgemeinen Gewinnermittlungsvorschriften zu beachten. Folglich sind auch im Rahmen der Ermittlung des Abwicklungsergebnisses die abziehbaren Verluste nach § 10d EStG zu berücksichtigen; maßgeblich ist dabei die jeweilige Fassung des § 10d EStG zum Ende des Abwicklungszeitraums bzw. eines Zwischenveranlagungszeitraums.[7] Zu beachten ist dabei, dass der gesamte Abwicklungszeitraum – einschließlich et-

---

[1] Systematisch überzeugend bereits RFH, Urteil v. 1.7.1922 - I A 37/22, RFHE 10, 23; zustimmend BFH, Urteil v. 14.12.1965 - I 246/62 U, BStBl 1966 III 152, 153; FG Brandenburg, Urteil v. 23.1.2002 - 2 K 2272/98 K, U, F, EFG 2002, 282, 283, rkr.; gl. A. *Hackemann* Bott/Walter (E&Y) § 11 Rz. 44; *Küster*, DStR 2006, 209; *Bergmann*, GmbHR 2012, 943; *Hoffmann*, StuB 2014, 865 ff.; *Moritz* in Schnitger/Fehrenbacher § 11 Rz. 102; a. A. R 11 Abs. 4 KStR 2015; FG Köln, Urteil v. 27.9.2012 - 10 K 2838/11, EFG 2013, 78; *Münch* DPM § 11 Rz. 34; *Pfirrmann* in Blümich KStG § 11 Rz. 42, 43; *Frotscher*/Drüen, § 11 Rz. 23; *Gosch*/Stalbold, § 11 Rz. 52.

[2] Vgl. FG Brandenburg, Urteil v. 23.1.2002 - 2 K 2272/98 K, U, F, EFG 2002, 282, 283, rkr., Festlegung des Turnus ist Ermessensentscheidung des FA, zustimmend BFH, Urteile v. 7.5.2014 - I R 81/12, BFH/NV 2014, 1593 = NWB AAAAE-71561; v. 18.9.2007 - I R 44/06, BStBl 2008 II 319; *Pfirrmann* Blümich KStG § 11 Rz. 44; *Micker*, HHR KStG § 11 Rz. 37; a. A. R 11 Abs. 1 Satz 7 KStR 2015; *Münch*, DPM § 11 Rz. 33.

[3] Vgl. FG Düsseldorf, Urteil v. 18.9.2018 - 6 K 454/15 K, EFG 2018 2058 = NWB QAAAG-99769, Rev. Az. des BFH: I R 36/18.

[4] Vgl. nur RFH, Urteil v. 17.1.1939 - I 418/38, RStBl 1939, 598 f.; BFH, Urteil v. 7.5.2014 - I R 81/12, BFH/NV 2014, 1593 = NWB AAAAE-71561; *Deubert/Taetzner* in Winkeljohann/Förschle/Deubert, Sonderbilanzen, 5. Aufl., 2016, Rz. 453; *Hoffmann*, StuB 2014, 865 ff.; a. A. z. B. Gosch/Stalbold § 11 Rz. 52.

[5] So auch die h. M., FG Brandenburg, Urteil v. 23.1.2002 - 2 K 2272/98 K, U, F., EFG 2002, 282, 283, rkr.; BFH, Urteil v. 7.5.2014 - I R 81/12, BFH/NV 2014, 1593 = NWB AAAAE-71561, Rz. 15 (obiter dictum); *Hoffmann*, StuB 2014, 865 ff.; *Hackemann*, Bott/Walter (E&Y) § 11 Rz. 44; *Küster*, DStR 2006, 209; *Micker*, HHR KStG § 11 Rz. 37; *Bergmann*, GmbHR 2012, 943; a. A. R 11 Abs. 4 KStR 2015; *Pfirrmann* in Blümich KStG § 11 Rz. 42, 43; *Frotscher*/Drüen, § 11 Rz. 23.

[6] Vgl. BFH, Urteil v. 7.5.2014 - I R 81/12, BFH/NV 2014, 1593 = NWB AAAAE-71561, Rz. 15.

[7] Vgl. für den Fall einer Zwischenveranlagung BFH, Urteil v. 23.1.2012 - I R 35/12, BStBl 2013 II 508, m.w. N.

waiger Zwischenveranlagungen wegen Überschreitens der Dreijahresfrist – ein verlängerter Veranlagungszeitraum ist. Verluste aus früheren VZ können in den Abwicklungszeitraum vorgetragen, Verluste des Abwicklungszeitraums können in den vorhergehenden VZ bis zu einem Betrag von 1 000 000 € [bis VZ 2012 511 500 €] rückgetragen werden. Der Sockelbetrag von 1 Mio. € gem. § 10d Abs. 2 EStG ist dabei nur einmal und nicht mehrfach für jedes Kalenderjahr des verlängerten Besteuerungszeitraums anzusetzen.[1] Die Mindestbesteuerung des § 10d Abs. 2 EStG führt in der Liquidation zu einer Übermaßbesteuerung, wenn feststeht, dass keine zukünftigen Gewinne mehr erzielt werden, mit denen der Verlustvortrag genutzt werden könnte.[2] Der Gesetzgeber wollte die Verlustnutzung aus fiskalischen Gründen zeitlich strecken, nicht aber einen endgültigen Untergang von Verlustvorträgen herbeiführen. Diese Meinung wurde auch vom FG Düsseldorf in seinem Urteil v. 18.9.2018[3] im Zusammenhang mit der Frage der Vorläufigkeit von Zwischenveranlagungen bestätigt. Im Beschluss v. 26. 8. 2010[4] hat sich der BFH der Kritik im Schrifttum[5] angeschlossen und ernstliche Zweifel an der Verfassungsmäßigkeit der Mindestbesteuerung geäußert, wenn eine Verlustverrechnung in einem späteren Veranlagungszeitraum aus rechtlichen Gründen, wie beispielsweise § 8c KStG oder der Beendigung der Körperschaftsteuerpflicht durch Liquidation, ausgeschlossen ist.[6] Die Finanzverwaltung gewährt im Hinblick darauf in Liquidationsfällen Aussetzung der Vollziehung.[7] Billigkeitsmaßnahmen in diesem Bereich werden von der Rechtsprechung allerdings abgelehnt.[8]

(Einstweilen frei) 117–120

VI. Auflösung von Organgesellschaften

Die Auflösung von Organgesellschaften beendet deren Gesellschaftszweck. Nach h. M. endet der Ergebnisabführungsvertrag ohne weiteres Zutun von Rechts wegen.[9] Der im Abwicklungszeitraum erzielte Gewinn der Organgesellschaft unterliegt daher nicht mehr der vertraglichen Gewinnabführungsverpflichtung.[10] Nach H 14.6 KStH 2015 steht der Liquidation auch der Fall gleich, dass eine Organgesellschaft ohne förmlichen Auflösungsbeschluss ihre gewerbliche Tätigkeit nicht nur vorübergehend einstellt und ihr Vermögen veräußert, so dass der Gewinn,

---

1 Vgl. BFH, Urteil v. 23. 1. 2013 - I R 35/12, BStBl 2013 II 508. Kritisch hierzu *Bareis*, DB 2013, 1256.
2 Vor Abschluss der Liquidation ist für eine Nichtanwendung der Mindestbesteuerung aus verfassungsrechtlichen Gründen kein Raum, da eine Unternehmensfortführung theoretisch nicht ausgeschlossen werden kann. Vgl. BFH, Urteil v. 23. 1. 2013 - I R 35/12, BStBl 2013 II 508. Dies würde praktisch die Durchführung einer endgültigen Veranlagung erst am Ende des Liquidationszeitraums erfordern, ggf. unter Ersetzung eventueller Zwischenveranlagungen. Siehe hierzu → Rz. 108 f.
3 Vgl. FG Düsseldorf, Urteil v. 18.9.2018 - 6 K 454/15 K, EFG 2018 2058 = NWB QAAAG-99769, Rev. Az. des BFH: I R 36/18.
4 Az. I B 49/10, BStBl 2011 II 826, m.w.N.
5 Vgl. z.B. auch *Hallerbach* HHR EStG § 10d Rz. 13; KKB/Eckhardt, § 10d EStG Rz. 15 ff.; *Kaminski* in Korn, EStG § 10d Rz. 30.9 und die generelle Kritik bei *Lang/Englisch*, StuW 2005, 3, 22, zum ähnlichen Fall der Projektgesellschaften.
6 Allerdings hält der IV. Senat des BFH die gewerbesteuerliche Mindestbesteuerung auch dann für verfassungsgemäß, wenn sich Definitiveffekte ergeben, da der Charakter der Gewerbesteuer als Objektsteuer insoweit Einschränkungen des objektiven Nettoprinzips rechtfertige. Vgl. BFH, Urteil v. 20. 9. 2012 - IV R 36/10, BStBl 2013 II 498. Für den Bereich der Körperschaftsteuer hat sich der I. Senat des BFH dieser Ansicht nicht angeschlossen (vgl. BFH, Urteil v. 26. 2. 2014 - I R 59/12, BStBl 2014 II 1016) und ein Normenkontrollverfahren beim BVerfG (Az. 2 BvL 19/14) eingeleitet.
7 Vgl. OFD Frankfurt v. 30. 3. 2016, DB 2016, 1048; BMF v. 19. 10. 2011, BStBl 2011 I 974; differenzierend im Hinblick auf das anhängige Revisionsverfahren I R 36/18 OFD Frankfurt v. 27.12.2018 - S 2225 A-013-St 213, NWB NAAAH-07377.
8 Vgl. BFH, Beschluss v 11.7.2018 - XI R 33/16, BStBl II 2019, 258.
9 Vgl. nur *Hüffer* in Hüffer/Koch, AktG, 12. Aufl. 2016, § 297 Rz. 22 f., m.w.N.
10 Vgl. BFH, Urteil v. 18. 10. 1967 - I 262/63, BStBl 1968 II 105; H 14.6 KStH 2015.

den sie während der tatsächlichen Abwicklung erzielt, nicht mehr unter die Gewinnabführungsverpflichtung fällt (stille Liquidation). Die Auffassung der Finanzverwaltung wird gestützt auf das BFH-Urteil vom 17.2.1971,[1] das im Falle einer GmbH einen formlosen Auflösungsbeschluss, der Ausdruck in den Liquidationshandlungen findet, genügen lässt, wenn keine formellen Satzungsänderungen gesellschaftsrechtlich erforderlich sind. Anders als im Recht der GmbH (§ 60 Abs. 1 Nr. 2 i.V. m. § 48 GmbH) ist aktienrechtlich ein formloser Liquidationsbeschluss nach § 262 Abs. 1 Nr. 2 i.V. m. § 130 AktG nicht denkbar, sondern es ist ein formell ordnungsmäßiger, notariell beurkundeter Beschluss der Hauptversammlung erforderlich.

122 Erfolgt die Auflösung im Laufe eines Wirtschaftsjahres, unterliegt bei Bildung eines Rumpfwirtschaftsjahres nur der Gewinn nicht der Abführung, der nach der Auflösung entsteht.[2]

123 Die Liquidation ist nach R 14.5 Abs. 6 Satz 2 KStR 2015 ein wichtiger Grund, der eine steuerunschädliche Beendigung eines GAV innerhalb der Fünf-Jahres-Frist des § 14 Abs. 1 Satz 1 Nr. 3 Satz 1 und 2 KStG rechtfertigen kann.[3]

124–130 *(Einstweilen frei)*

D. Abwicklungsgewinn und -verlust (§ 11 Abs. 2 KStG)

131 Auch in der Liquidation erfolgt die Gewinnermittlung durch Vermögensvergleich. Es handelt sich allerdings um eine besondere Form der Gewinnermittlung. Der Grundsatz der Maßgeblichkeit der Handelsbilanz für die Steuerbilanz (§ 5 Abs. 1 EStG) gilt nicht.[4]

132 Nach § 11 Abs. 2 KStG stellt die Differenz aus Abwicklungs-Endvermögen und Abwicklungs-Anfangsvermögen das Liquidationsergebnis dar, wobei die Korrekturen nach § 11 Abs. 3 und 4 KStG zu berücksichtigen sind. Im Übrigen sind nach § 11 Abs. 6 KStG die allgemeinen Gewinnermittlungsvorschriften anwendbar, d. h. soweit § 11 Abs. 1 – 5 KStG keine Abweichungen enthalten.

133 Der Abwicklungsgewinn erfasst seiner speziellen Zielrichtung entsprechend sowohl die laufenden Erträge des Abwicklungszeitraums, als auch das Ergebnis aus der Auflösung stiller Reserven.[5] Letzteres wird entweder durch den Veräußerungserlös erfasst oder durch den Ansatz des gemeinen Wertes.

134–140 *(Einstweilen frei)*

E. Abwicklungs-Endvermögen (§ 11 Abs. 3 KStG)

141 Das Abwicklungs-Endvermögen ist das an die Anteilseigner zur Verteilung kommende Vermögen. Dabei handelt es sich um das Schlussvermögen, das nach Versilberung des Vermögens und Befriedigung der Gläubiger noch vorhanden ist, und die Vorschüsse auf den Abwicklungsgewinn im Zuge der Abwicklung, sei es durch Liquidationsraten oder verdeckte Zuwendungen.

---

[1] Az. I R 148/68, BStBl 1971 II 411.
[2] Vgl. *Münch*, DPM § 11 Rz. 6; *Frotscher/Drüen*, § 11 Rz. 69.
[3] Vgl. H 14.5 KStH 2015 „Beendigung des Gewinnabführungsvertrags" unter Hinweis auf BFH, Urteil v. 13. 11. 2013 - I R 45/12, BStBl 2014 II 486, nach welchem im Einzelfall zu beurteilen ist, ob eine steuerunschädliche Beendigung des GAV vorliegt. Wird der Vertrag vorzeitig beendet, weil er seinen Zweck zur Konzernverlustverrechnung erfüllt hat, kann nach dem vorstehenden Urteil eine Steuerschädlichkeit gegeben sein.
[4] Vgl. BFH, Urteile v. 14. 12. 1965 - I 246/624, BStBl 1966 III 152; v. 8. 12. 1971 - I R 164/69, BStBl 1972 II 229; z. B. *Pfirrmann* in Blümich KStG § 11 Rz. 45, m. w. N.
[5] Vgl. BFH, Urteil v. 8. 12. 1971 - I R 164/69, BStBl 1972 II 229.

Offene Gewinnausschüttungen sind nicht mehr denkbar, weil im Rahmen der Liquidation keine Gewinnermittlung mit Ausschüttungsbemessungsfunktion erfolgt.

Werden an die Anteilseigner Sachwerte oder Forderungen verteilt, sind diese bei der Ermittlung des Abwicklungs-Endvermögens mit dem gemeinen Wert im Zeitpunkt der Übertragung anzusetzen. Für die Bewertung gelten die allgemeinen Bewertungsvorschriften des Bewertungsgesetzes, nicht § 6 EStG. Das gilt auch, wenn der Anteilseigner die Wirtschaftsgüter zu einem niedrigeren Preis übernommen hat.[1] Der Teilwert kann mangels Fortführung des Betriebs bereits begrifflich keine Rolle spielen. Werterhellende Informationen sind bis zum Zeitpunkt der Veranlagung zu berücksichtigen.[2]

Der selbstgeschaffene Firmen- oder Geschäftswert ist nicht anzusetzen, soweit er mit der Liquidation untergeht.[3] In Ausnahmefällen ist ein Wert anzusetzen, wenn bestimmte geschäftswertbildende Faktoren (z.B. Kundenstamm) gegen Entgelt veräußert werden oder auf Gesellschafter übergehen. Entsprechendes gilt, wenn im Rahmen der Abwicklung der Betrieb oder ein Teilbetrieb veräußert oder im Rahmen einer Sachauskehrung auf einen Gesellschafter übertragen wird. Alle übrigen immateriellen Wirtschaftsgüter und der derivative Firmen- oder Geschäftswert sind ebenfalls mit ihrem gemeinen Wert anzusetzen, wenn sie bei der Liquidation nicht untergehen.[4]

Steuerfreie Vermögensmehrungen, die der Körperschaft im Abwicklungszeitraum zugeflossen sind, sind nach § 11 Abs. 3 KStG aus dem Abwicklungs-Endvermögen auszuscheiden. Die Vorschrift hat lediglich deklaratorische Bedeutung, weil diese Vermögensmehrungen bereits nach den allgemeinen Gewinnermittlungsvorschriften (§ 11 Abs. 6 KStG) steuerfrei sind.[5] Der Begriff der steuerfreien Vermögensmehrung umfasst alle steuerfreien und nicht steuerbaren Zugänge.

In Betracht kommen zunächst die nach § 3 EStG steuerfreien Einkünfte, steuerfreie Investitionszulagen und insbesondere nach den DBA steuerfreie ausländische Einkünfte, sowie steuerfreie Bezüge und Veräußerungsgewinne nach § 8b KStG.

Auch während der Abwicklung können Einlagen erfolgen, die wie alle anderen Vermögensmehrungen auf gesellschaftsrechtlicher Basis zu den steuerfreien Vermögensmehrungen zählen. Sie sind mit dem gemeinen Wert anzusetzen. Dazu zählt auch der Forderungsverzicht eines Gesellschafters, wenn der Verzicht durch das Gesellschaftsverhältnis motiviert ist.[6] Nach dem Beschluss des Großen Senats v. 9.6.1997,[7] kann einen Einlage jedoch nur in Höhe des werthaltigen Teiles der Forderung vorliegen. In Höhe des nicht werthaltigen Teils entsteht durch die verzichtsbedingte Ausbuchung der Verbindlichkeit ein steuerpflichtiger Gewinn.

---

1 Vgl. BFH, Urteile v. 14.12.1965 - I 246/62 U, BStBl 1966 III 152; v. 8.12.1971 - I R 164/64, BStBl 1972 II 229.
2 Vgl. BFH, Urteil v. 14.12.1965 - I 246/62 U, BStBl 1966 III 152.
3 Vgl. BFH, Urteil v. 14.2.1978 - VIII R 158/73, BStBl 1979 II 99; vgl. auch BFH, Urteil v. 27.3.2001 - I R 42/00, BStBl 2001 II 771.
4 Vgl. *Pfirrmann* in Blümich KStG § 11 Rz. 52; *Frotscher*/Drüen, § 11 Rz. 56.
5 Vgl. RFH, Urteil v. 12.3.1929 - I Aa 845/28, RStBl 1929, 280.
6 So schon RFH, Urteil v. 4.10.1938 - I 374/37, RStBl 1938, 1142. Zur Abgrenzung gegenüber einem betrieblich motivierten Forderungsverzicht vgl. Schmidt/*Kulosa*, EStG, § 6 Rz. 759 m.w.N.
7 Az. GrS 1/94, BStBl 1998 II 307.

147 Erträge aus einem Schulderlass sind im Rahmen der Liquidation einer Kapitalgesellschaft nicht als Sanierungserträge steuerfrei, weil es an der Sanierungsabsicht fehlt.[1] Dies gilt u. E. auch nach der gesetzlichen Neuregelung des Sanierungssteuerrechts (§ 3a EStG, § 7b GewStG).[2] Etwas anderes kommt allenfalls dann in Frage, wenn – infolge der Sanierung – die Fortsetzung beschlossen und die normale Geschäftstätigkeit wieder aufgenommen wird.

148 Nach Liquidation des Aktivvermögens nicht befriedigte Verbindlichkeiten sind im Rahmen des Abwicklungsendvermögens mit ihrem gemeinen Wert nach § 12 BewG auszuweisen, solange kein Erlass ausgesprochen wurde. Dies gilt gleichermaßen für Verbindlichkeiten gegenüber Gesellschaftern und Dritten. Die mangelnde Fähigkeit des Schuldners, die Verbindlichkeit zu erfüllen, ist für die Passivierung ohne Bedeutung, da andernfalls das Vermögen unvollständig ausgewiesen würde.[3] Bleiben bei Liquidation einer Kapitalgesellschaft ausschließlich nicht erfüllte (Gesellschafter-)Verbindlichkeiten bestehen, führt dies somit nicht zu einem steuerpflichtigen Gewinn.[4]

149–160 *(Einstweilen frei)*

F. Abwicklungs-Anfangsvermögen (§ 11 Abs. 4 und 5 KStG)

161 Nach der Legaldefinition in § 11 Abs. 4 Satz 1 KStG ist Abwicklungs-Anfangsvermögen das Betriebsvermögen, das zum Schluss des der Auflösung vorangegangenen Wirtschaftsjahres der Veranlagung zur Körperschaftsteuer zugrunde gelegt worden ist.

162 Bei dem vorangegangenen Wirtschaftsjahr kann es sich um das letzte volle Wirtschaftsjahr oder ein Rumpfwirtschaftsjahr handeln, etwa wenn das Wahlrecht aus R 11 Abs. 1 KStR 2015 ausgeübt worden ist. Der Bilanzzusammenhang (§ 4 Abs. 1 EStG) ist zur vollständigen Erfassung der stillen Reserven i. S. einer Bilanzidentität zu wahren.

163 Das Abwicklungs-Anfangsvermögen umfasst grundsätzlich auch die eigenen Anteile der Körperschaft. Eigene Anteile gehen im Zuge der Abwicklung unter. Sie erhöhen daher das Abwicklungs-Endvermögen nicht. Da sie im Abwicklungs-Anfangsvermögen noch enthalten sind, entsteht notwendig insoweit rechnerisch ein Liquidationsverlust. Nach Auffassung des RFH[5] beruht dieser Buchverlust auf einem gesellschaftsrechtlichen Vorgang und muss deswegen neutralisiert werden. Das kann entweder durch Kürzung des Abwicklungs-Anfangsvermögens um den Buchwert der eigenen Anteile geschehen oder durch außerbilanzielle Hinzurechnung des durch den Wegfall der eigenen Anteile entstandenen Verlustes zum steuerlichen Auflösungsergebnis nach § 8b Abs. 3 Satz 3 KStG.

Zur Vereinfachung kann der Ansatz von vornherein unterbleiben.[6] Dies entspricht der handelsrechtlichen Behandlung eigener Anteile nach dem BilMoG als Verrechnungsposten zum Eigen-

---

[1] Vgl. BFH, Urteile v. 7.2.1985 - IV R 177/83, BStBl 1985 II 504; v. 19.3.1991 - VIII R 214/85, BStBl 1991 II 633; v. 22.10.1988 - I R 15/98, BFH/NV 1988, 829 = NWB DAAAA-63031.

[2] Zu den Neuregelungen im Gesetz gegen schädliche Steuerpraktiken im Zusammenhang mit Rechteüberlassungen v. 27.6.2017 (BGBl 2017 I 2074); vgl. z. B. *Kanzler*, NWB 2017, 2260-2275, NWB FAAAG-49793. Die EU-Kommission hat die Neuregelungen als mit dem EU-Beihilferecht vereinbar genehmigt.

[3] Vgl. BFH, Urteil v. 6.4.2000 - IV R 31/99, BStBl 2001 II 536.

[4] Die Finanzverwaltung hat diese Grundsätze bestätigt und sich damit der h. M. in Rechtsprechung und Schrifttum angeschlossen, OFD Frankfurt v. 30.6.2017 - S 2743 A-12-St 525, NWB FAAAG-56548. Vgl. hierzu auch *Mayer/Wagner*, DStR 2017, 2017 m.w. N.

[5] Vgl. RFH, Urteil v. 25.4.1939 - I 389/38, RStBl 1939, 923.

[6] So auch z. B. *Münch*, DPM § 11 Rz. 44.

kapital (§ 272 Abs. 1a HGB), die nach Maßgabe des BMF-Schreibens v. 27. 11. 2013[1] auch steuerlich zur Anwendung kommt.[2]

Bei dem vorangegangenen Veranlagungszeitraum i. S. d. § 11 Abs. 4 Satz 1 KStG handelt es sich regelmäßig um den Veranlagungszeitraum, in den die Auflösung fällt. In Fällen eines vom Kalenderjahr abweichenden Wirtschaftsjahres kann dies jedoch auch ein Veranlagungszeitraum sein, der vor der Auflösung der Körperschaft endet.[3]

164

Ist für den vorausgegangenen Veranlagungszeitraum eine Veranlagung unterblieben, ist nach § 11 Abs. 4 Satz 2 KStG das Betriebsvermögen zu berücksichtigen, das im Falle einer Veranlagung nach den steuerlichen Vorschriften über die Gewinnermittlung auszuweisen wäre. Wenn überhaupt, sind nur kleinere Körperschaften i. S. d. R 31.1 KStR 2015 Kandidaten für eine unterbliebene Veranlagung.[4]

165

Das Abwicklungs-Anfangsvermögen ist um den Gewinn eines vorangegangenen Wirtschaftsjahres zu kürzen, der im Abwicklungszeitraum ausgeschüttet worden ist (§ 11 Abs. 4 Satz 3 KStG). Vom Beginn des Abwicklungszeitraums sind Gewinnausschüttungen begrifflich ausgeschlossen. Auch nach Beginn der Auflösung können aber noch für Wirtschaftsjahre vor dem Abwicklungszeitraum Gewinne auf der Grundlage eines Gewinnverwendungsbeschlusses offen ausgeschüttet werden.[5] Das gilt auch, wenn es sich um ein wegen der Auflösung gebildetes Rumpfwirtschaftsjahr handelt.[6] Auch diese Vorschrift ist überflüssig, weil nach § 11 Abs. 6 i. V. m. § 8 Abs. 3 KStG Gewinnausschüttungen das Einkommen grundsätzlich nicht mindern dürfen.

166

War am Schluss des vorangegangenen Veranlagungszeitraums Betriebsvermögen nicht vorhanden, so gilt nach § 11 Abs. 5 KStG als Abwicklungs-Anfangsvermögen die Summe der später geleisteten Einlagen. Einziger Anwendungsfall dürfte die im Gründungsjahr vor Ablauf des ersten Wirtschaftsjahres aufgelöste Körperschaft sein, die kein liquidationsbedingtes Rumpfwirtschaftsjahr bildet. § 11 Abs. 5 KStG soll sicherstellen, dass die durch Einlagen entstehenden Vermögensmehrungen nicht den Liquidationsgewinn erhöhen. Da diese aber bereits nach § 11 Abs. 4 KStG als steuerfreie Vermögensmehrungen bei der Ermittlung des Liquidationsergebnisses zu neutralisieren sind, läuft auch diese Vorschrift leer.

167

(Einstweilen frei)

168–180

G. Geltung der allgemeinen Gewinnermittlungsvorschriften (§ 11 Abs. 6 KStG)

Nach § 11 Abs. 6 KStG sind für die Ermittlung des Liquidationsgewinnes im Übrigen die sonst geltenden Vorschriften über die steuerliche Gewinnermittlung anzuwenden. Es gelten folglich alle allgemeinen Gewinnermittlungsvorschriften, soweit nicht die Vorschriften der Abs. 1 – 5 speziellere Regelungen enthalten.[7]

181

---

1 BStBl 2013 I 1615.
2 Vgl. z. B. *Blumenberg/Lechner*, DB 2014, 141; *Ott*, StuB 2014, 163.
3 Vgl. *Hackemann*, E&Y § 11 Rz. 50.
4 So auch *Hackemann*, Bott/Walter (E&Y) § 11 Rz. 51; *Münch* DPM § 11 Rz. 51.
5 Vgl. BFH, Urteile v. 17. 7. 2008 - I R 12/08, BStBl 2009 II 160; v. 12. 9. 1973 - I R 9/72, BStBl 1974 II 14.
6 Vgl. BFH, Urteil v. 17. 7. 1974 - I R 233/71, BStBl 1974 II 692.
7 Vgl. BFH, Urteil v. 14. 12. 1965 - I 246/62 U, BStBl 1966 II 152.

182 Zum Verlustabzug nach § 10d EStG siehe oben → Rz. 116. Einlagen sind nach Abs. 3 als steuerfreie Vermögensmehrung aus dem Liquidationsgewinn zu kürzen (siehe oben → Rz. 146). Das Gleiche gilt für Einnahmen, die nicht steuerbar sind oder sachlich steuerbefreit sind (siehe oben → Rz. 144).

183 Zu berücksichtigen sind nach § 11 Abs. 6 KStG insbesondere die Vorschriften der §§ 9 und 10 KStG hinsichtlich der abzugsfähigen und nicht abzugsfähigen Ausgaben.[1] Spenden sind unter Beachtung der Beschränkungen des § 9 Abs. 1 Nr. 2 KStG zu berücksichtigen.

184 Nicht anwendbar ist § 6b EStG auf den Abwicklungsgewinn, weil eine Reinvestition nach der Vollbeendigung der Körperschaft nicht denkbar ist.

185 Danach ergibt sich folgendes **Schema zur Ermittlung des Abwicklungsgewinns**:[2]

1. Abwicklungs-Endvermögen (bewertet mit dem gemeinen Wert)

./. nicht der KSt unterliegende Vermögensmehrungen

\+ verdeckte Vermögensverteilung

\+ geleistete Spenden

= **steuerliches Abwicklungs-Endvermögen**

2. Abwicklungs-Anfangsvermögen (bewertet nach §§ 6 ff. EStG mit dem Buchwert)

./. Gewinnausschüttungen für Wirtschaftsjahre vor der Auflösung

= **steuerliches Abwicklungs-Anfangsvermögen**

3. Steuerliches Abwicklungs-Endvermögen

./. steuerliches Abwicklungs-Anfangsvermögen

= **vorläufiger steuerlicher Abwicklungsgewinn**

\+ Wert eigener Anteile (sofern im Abwicklungsanfangsvermögen enthalten)

\+ nicht abziehbare Aufwendungen

./. höchstens abzugfähige Spenden

./. Verlustabzug

= **steuerlicher Abwicklungsgewinn**

186–200 *(Einstweilen frei)*

H. Insolvenzverfahren (§ 11 Abs. 7 KStG)

201 § 11 Abs. 7 KStG beruht auf der Vorstellung, dass es im Falle der Eröffnung des Insolvenzverfahrens zu einer Auflösung ohne Abwicklung kommt, und ordnet daher die Gleichstellung an. Der RFH hatte bereits zu den Vorgängervorschriften entschieden, dass auch im Falle der Insolvenz eine Liquidationsbesteuerung stattfindet.[3] Nach den Vorstellungen des Gesetzgebers hat dementsprechend § 11 Abs. 7 KStG nur klarstellende Funktion.[4]

---

1 Vgl. BFH, Urteil v. 21. 10. 1981 - I R 149/77, BStBl 1982 II 177.
2 Vgl. z. B. auch *Pfirrmann* in Blümich § 11 Rz. 47.
3 Vgl. RFH, Urteil v. 5. 3. 1940 - I 44/40, RStBl 1940, 715.
4 BT-Drucks. 7/1470, 345.

Der Gewinnermittlungszeitraum beginnt grundsätzlich mit der Eröffnung des Insolvenzverfahrens und endet mit dessen Abschluss. § 155 Abs. 2 Satz 1 InsO sieht vor, dass handelsrechtlich mit der Insolvenzeröffnung ein neues Geschäftsjahr beginnt. Es entsteht somit regelmäßig ein Rumpfgeschäftsjahr, welches handelsrechtlich nicht zum Insolvenzzeitraum gehört und aufgrund des Maßgeblichkeitsgrundsatzes auch steuerlich nicht in den Gewinnermittlungszeitraum des § 11 Abs. 1 KStG einzubeziehen ist. Dementsprechend hat die Finanzverwaltung in R 11 Abs. 1 Satz 4 KStR 2015 das Wahlrecht zur Bildung eines Rumpfgeschäftsjahres für den Fall der Insolvenzeröffnung explizit ausgeschlossen.

202

Da die besondere Gewinnermittlung nach § 11 Abs. 6 KStG auf eine Vollbeendigung der Körperschaft nach Verwertung der Aktivwerte und Befriedigung der Gläubiger ausgerichtet ist, kommt eine sinngemäße Anwendung auf das Insolvenzverfahren nur dann in Frage, wenn tatsächlich Abwicklungsmaßnahmen im Hinblick auf eine Beendigung des Unternehmens vorgenommen werden. Wird das Unternehmen z. B. im Rahmen eines Insolvenzplanverfahrens (§§ 217 – 269 InsO) mit der Zielsetzung der Restschuldbefreiung weitergeführt, ist für eine Anwendung des § 11 Abs. 1 – 6 KStG u. E. (noch) kein Raum.[1] Steuerlich gilt das Insolvenzverfahren als beendet, wenn es nur deshalb nur noch nicht formell abgeschlossen ist, weil die Höhe der Körperschaftsteuerschuld noch nicht bekannt ist.[2]

203

Kommt es aufgrund unvorhergesehener Umstände nach bereits vorgenommenen Abwicklungsmaßnahmen zur Fortführung des Unternehmens (z. B. bei Bestätigung eines neuen Insolvenzplanes zur Sanierung des Unternehmens) können die Gesellschafter die Fortsetzung beschließen (z. B. § 274 Abs. 1 und 2 AktG, § 60 Abs. 1 Nr. 4 GmbHG). Mit dem Fortsetzungsbeschluss kehrt die Gesellschaft ggf. unter Bildung eines Rumpfwirtschaftsjahres wieder zur normalen Besteuerung zurück.[3]

204

§ 12 Verlust oder Beschränkung des Besteuerungsrechts der Bundesrepublik Deutschland

(1) [1]Wird bei der Körperschaft, Personenvereinigung oder Vermögensmasse das Besteuerungsrecht der Bundesrepublik Deutschland hinsichtlich des Gewinns aus der Veräußerung oder der Nutzung eines Wirtschaftsguts ausgeschlossen oder beschränkt, gilt dies als Veräußerung oder Überlassung des Wirtschaftsguts zum gemeinen Wert; § 4 Absatz 1 Satz 5, § 4g und § 15 Abs. 1a des Einkommensteuergesetzes gelten entsprechend. [2]Ein Ausschluss oder eine Beschränkung des Besteuerungsrechts hinsichtlich des Gewinns aus der Veräußerung eines Wirtschaftsguts liegt insbesondere vor, wenn ein bisher einer inländischen Betriebsstätte einer Körperschaft, Personenvereinigung oder Vermögensmasse zuzuordnendes Wirtschaftsgut einer ausländischen Betriebsstätte dieser Körperschaft, Personenvereinigung oder Vermögensmasse zuzuordnen ist.

---

1 Vgl. FG Köln, Urteil v. 13. 11. 2014 - 10 K 3568/13, EFG 2015, 1502, Rev. Az. des BFH: I R 64/16 ist erledigt durch Zurücknahme der Revision, NWB IAAAF-88779. So auch die h. M., z. B. *Münch* DPM § 11 Rz. 69; *Gosch/Stalbold* § 11 Rz. 83; a. A. *Mertzbach*, GmbHR 2013, 75.
2 Vgl. RFH, Urteil v. 5. 3. 1940 - I 44/40, RStBl 1940, 715.
3 Zur Bildung von Rumpfwirtschaftsjahren vgl. BFH, Urteil v. 10. 6. 2009 - I R 80/08, BFH/NV 2009, 1835 = NWB CAAAD-29306.

(2) ¹Wird das Vermögen einer beschränkt steuerpflichtigen Körperschaft, Personenvereinigung oder Vermögensmasse als Ganzes auf eine andere Körperschaft desselben ausländischen Staates durch einen Vorgang übertragen, der einer Verschmelzung im Sinne des § 2 des Umwandlungsgesetzes vom 28. Oktober 1994 (BGBl I S. 3210, 1995 I S. 428), das zuletzt durch Artikel 10 des Gesetzes vom 9. Dezember 2004 (BGBl I S. 3214) geändert worden ist, in der jeweils geltenden Fassung vergleichbar ist, sind die übergehenden Wirtschaftsgüter abweichend von Absatz 1 mit dem Buchwert anzusetzen, soweit

1. sichergestellt ist, dass sie später bei der übernehmenden Körperschaft der Besteuerung mit Körperschaftsteuer unterliegen,
2. das Recht der Bundesrepublik Deutschland hinsichtlich der Besteuerung der übertragenen Wirtschaftsgüter bei der übernehmenden Körperschaft nicht beschränkt wird,
3. eine Gegenleistung nicht gewährt wird oder in Gesellschaftsrechten besteht und
4. wenn der übernehmende und der übertragende Rechtsträger nicht die Voraussetzungen des § 1 Abs. 2 Satz 1 und 2 des Umwandlungssteuergesetzes vom 7. Dezember 2006 (BGBl I S. 2782, 2791) in der jeweils geltenden Fassung erfüllen.

²Wird das Vermögen einer Körperschaft durch einen Vorgang im Sinne des Satzes 1 auf eine andere Körperschaft übertragen, gilt § 13 des Umwandlungssteuergesetzes für die Besteuerung der Anteilseigner der übertragenden Körperschaft entsprechend.

(3) ¹Verlegt eine Körperschaft, Vermögensmasse oder Personenvereinigung ihre Geschäftsleitung oder ihren Sitz und scheidet sie dadurch aus der unbeschränkten Steuerpflicht in einem Mitgliedstaat der Europäischen Union oder einem Staat aus, auf den das Abkommen über den Europäischen Wirtschaftsraum Anwendung findet, gilt sie als aufgelöst, und § 11 ist entsprechend anzuwenden. ²Gleiches gilt, wenn die Körperschaft, Vermögensmasse oder Personenvereinigung auf Grund eines Abkommens zur Vermeidung der Doppelbesteuerung infolge der Verlegung ihres Sitzes oder ihrer Geschäftsleitung als außerhalb des Hoheitsgebietes der in Satz 1 genannten Staaten ansässig anzusehen ist. ³An die Stelle des zur Verteilung kommenden Vermögens tritt der gemeine Wert des vorhandenen Vermögens. ⁴Dieser Absatz ist mit der Maßgabe anzuwenden, dass allein der Austritt des Vereinigten Königreichs Großbritannien und Nordirland aus der Europäischen Union nicht dazu führt, dass eine Körperschaft, Vermögensmasse oder Personenvereinigung dadurch als aus der unbeschränkten Steuerpflicht in einem Mitgliedstaat der Europäischen Union ausgeschieden gilt oder als außerhalb der Europäischen Union ansässig anzusehen ist.

(4) Einer unbeschränkt steuerpflichtigen Körperschaft mit Sitz im Vereinigten Königreich Großbritannien und Nordirland ist nach dem Austritt des Vereinigten Königreichs Großbritannien und Nordirland aus der Europäischen Union das Betriebsvermögen ununterbrochen zuzurechnen, das ihr bereits vor dem Austritt zuzurechnen war.

Inhaltsübersicht	Rz.
A. Allgemeine Erläuterungen zu § 12 KStG	1 - 80
I. Gesetzeszweck des § 12 KStG	1 - 5
II. Rechtsentwicklung des § 12 KStG	6 - 30
1. Gesetzgebung	6 - 15
2. Rechtsprechung und Praxis der Entstrickung	16 - 30
III. Systematische Stellung des § 12 KStG	31 - 35
IV. Europarechtliche Grenzen	36 - 45a

V.	Verhältnis des § 12 KStG zu anderen Normen	46 - 60
VI.	Rückwirkung	61 - 65
VII.	Würdigung	66 - 80

B. Tatbestandsvoraussetzungen – § 12 Abs. 1 KStG — 81 - 290
- I. Überblick — 81 - 85
- II. Subjektiver Anwendungsbereich des § 12 Abs. 1 KStG — 86 - 90
- III. Objektiver Tatbestand — 91 - 290
  1. Deutsches Besteuerungsrecht — 93 - 105
  2. Bestehen eines Besteuerungsrechts — 106 - 110
  3. Wirtschaftsgut — 111 - 120
  4. Gewinn — 121 - 135
     a) Aus der Veräußerung — 122 - 123
     b) Aus der Nutzung — 124 - 135
  5. Ausschluss oder Beschränkung — 136 - 150
     a) Überblick — 136 - 138
     b) Ausschluss — 139
     c) Beschränkung — 140 - 150
  6. Fälle des Ausschlusses oder der Beschränkung — 151 - 265
     a) Rechtsträgerwechsel — 152 - 161
     b) Verlassen der betrieblichen Sphäre — 162 - 164
     c) Beendigung der Steuerpflicht — 165 - 200
        aa) Zivilrecht als Voraussetzung — 171
        bb) Sitz im Ausland, Geschäftsleitung im Inland — 172 - 185
        cc) Sitz und Geschäftsleitung im Inland, Verlegung der Geschäftsleitung — 186 - 187
        dd) Ausländische Gesellschaft mit inländischen Einkünften — 188 - 195
        ee) Wegzug im Ausland — 196 - 200
     d) Überführungsfälle — 201 - 205
     e) Zuordnungsänderung — 206 - 255
        aa) Betroffene Betriebsstätten — 211
        bb) Überführung zwischen ausländischen Betriebsstätten — 212 - 225
        cc) Fälle — 226 - 228
        dd) Umlaufvermögen — 229 - 245
        ee) Anlagevermögen — 246 - 255
     f) Abschluss eines DBA — 256 - 260
     g) Passive Betriebsstätten — 261 - 265
  7. Verstrickung — 266 - 290

C. Rechtsfolge — 291 - 350
- I. Fiktive Veräußerung — 292 - 305
- II. Überlassung — 306 - 310
- III. Gemeiner Wert — 311 - 325
  1. Allgemein — 311 - 316
  2. Nutzungsüberlassung — 317
  3. Laufender Gewinn — 318 - 325
- IV. Verhältnis zur späteren Realisierung — 326 - 350

D. Europäische Gesellschaft (§ 4 Abs. 1 Satz 4, § 15 Abs. 1a EStG) — 351 - 375
- I. Besteuerung der Gesellschaft — 351 - 360
- II. Besteuerung der Gesellschafter — 361 - 375

E. Ausgleichsposten (§ 4g EStG) — 376 - 450
- I. Allgemein — 376 - 380
- II. Anwendungsbereich — 381 - 400
  1. Zeitlicher Anwendungsbereich — 382 - 383
  2. Persönlicher Anwendungsbereich — 384
  3. Sachliche Voraussetzung — 385 - 400
- III. Bildung des Ausgleichpostens — 401 - 405

IV. Auflösung des Ausgleichspostens	406 - 415
V. Rückführung	416 - 450
1. Überblick	416 - 420
2. Voraussetzung	421 - 425
3. Ereignis mit steuerlicher Rückwirkung	426 - 428
4. Anzusetzender Wert	429 - 450
F. Verfahren	451 - 455
G. Besteuerung der Gesellschafter (§ 17 Abs. 5 EStG)	456 - 470
H. Drittstaatsverschmelzungen – § 12 Abs. 2 KStG	471 - 570
I. Überblick	471 - 475
II. Subjektiver Anwendungsbereich § 12 Abs. 2 Satz 1 KStG	476 - 490
1. Übertragende Gesellschaft	476
2. Übernehmende Gesellschaft	477
3. Desselben Staates	478 - 490
III. Sachlicher Anwendungsbereich	491 - 535
1. Beschränkte Körperschaftsteuerpflicht	492
2. Inlandsvermögen	493 - 494
3. Auslandsverschmelzung	495 - 497
4. Besteuerung mit Körperschaftsteuer (§ 12 Abs. 2 Satz 1 Nr. 1 KStG)	498 - 515
5. Keine Beschränkung des deutschen Besteuerungsrechts (§ 12 Abs. 2 Nr. 2 KStG)	516 - 517
6. Keine Gegenleistung (§ 12 Abs. 2 Nr. 3 KStG)	518 - 520
7. Vorrang des UmwStG (§ 12 Abs. 2 Nr. 4 KStG)	521
8. Nicht betroffene Fälle	522 - 535
IV. Rechtsfolge: Buchwertübergang	536 - 545
V. Besteuerung des Anteilseigner – § 12 Abs. 2 Satz 2 KStG	546 - 570
I. Ausscheiden aus der unbeschränkten Steuerpflicht eines EU-/EWR-Staats – § 12 Abs. 3 KStG	571 - 629
I. Überblick	571 - 575
II. Gesellschaftsrechtliche Voraussetzungen	576 - 580
III. Persönlicher Anwendungsbereich	581 - 585
IV. Sachverhalte	586 - 595
1. Unbeschränkt steuerpflichtige Körperschaft	587 - 589
2. Beschränkt steuerpflichtige Körperschaft	590
3. Auswirkung auf Anteilseigner	591 - 595
V. Verlegung	596 - 600
VI. Änderung der DBA-Ansässigkeit – § 12 Abs. 3 Satz 2 KStG	601 - 610
VII. Rechtsfolge: Auflösung und Liquidation	611 - 629
1. Überblick	611
2. Ermittlung des Gewinns	612
3. Verteilungs-Endvermögen	613 - 623
4. Anfangsvermögen	624 - 627
5. Gewinnermittlungsvorschriften	628
6. Besteuerung	629

A. Allgemeine Erläuterungen zu § 12 KStG

HINWEIS

BMF-Schreiben v. 26.10.2018, BStBl 2018 I 1104.

LITERATURHINWEISE:

Mössner, Wegzugsbesteuerung, StbJb 2004/2005, 109; *Kessler/Huck*, Grenzüberschreitender Transfer von Betriebsvermögen: Die Verlagerung von Einzelwirtschaftsgütern, Betriebsstätten und Betrieben ins Ausland, StuW 2005, 201; *Benecke/Schnitger*, Neuregelung des UmwStG und der Entstrickungsnormen durch das SEStEG, IStR 2006, 765; *Blumenberg/Lechner*, Der Regierungsentwurf des SEStEG: Entstrickung und

Sitzverlegung bei Kapitalgesellschaften, BB 2006, Spezial zu Heft 44, 26; *Blumers*, Die Europarechtswidrigkeit der Betriebsstättenzurechnung im Betriebsstättenerlass, DB 2006, 856; *Dötsch/Pung*, SEStEG: Die Änderungen des KStG, DB 2006, 2648; *Drinhausen/Gesell*, Gesellschaftsrechtliche Gestaltungsmöglichkeiten grenzüberschreitender Mobilität von Unternehmen in Europa, BB 2006 Spezial Heft 44, 3; *Frotscher*, Vereinbarkeit der „Betriebsstättenbedingung" bei Sitzverlegung und grenzüberschreitender Umwandlung, IStR 2006, 65; *Hahn*, Kritische Erläuterungen und Überlegungen zum SEStEG, IStR 2006, 797; *IdW*, Stellungnahme, WPg 2006, 749; *Kessler/Huck*, Der (zwangsweise) Weg in den Betriebsstättenkonzern am Beispiel der Hinausverschmelzung von Holdinggesellschaften, IStR 2006, 433; *Körner*, Anmerkungen zum SEStEG-Entwurf, IStR 2006, 469; *Rödder/Schumacher*, Das kommende SEStEG, DStR 2006, 1481, 1525; *Stadler/Elser*, Der Regierungsentwurf zum SEStEG, BB 2006 Spezial Heft 44, 18; *Wassermeyer*, Verliert Deutschland im Fall der Überführung von Wirtschaftsgütern in eine ausländische Betriebsstätte des Besteuerungsrecht?, DB 2006, 1176; *ders.*, Entstrickung durch Beschränkung des deutschen Besteuerungsrechts, DB 2006, 2420; *Benecke*, Internationalisierung des Ertragsteuerrechts durch das SEStEG, StuB 2007, 3; *Benecke/Schnitger*, Letzte Änderungen der Neuregelungen des UmwStG und der Entstrickungsnormen durch das SEStEG, IStR 2007, 22; *Bilitewski*, Gesetz über steuerliche Begleitmaßnahmen zur Einführung der Europäischen Gesellschaft und zur Änderung weiterer steuerlicher Vorschriften (SEStEG), FR 2007, 57; *Eickmann/Stein*, Die Wegzugsbesteuerung von Kapitalgesellschaften nach dem SEStEG, DStZ 2007, 723; *Endres*, Die Neuregelungen des SEStEG zur Ent- und Verstrickung stiller Reserven, PIStR 2007, 95; *Förster*, SEStEG, DB 2007, 72; *Kessler/Winterhalter/Huck*, Überführung und Rückführung von Wirtschaftsgütern: Die Ausgleichspostenmethode des § 4g EStG, DStR 2007, 133; *Korn*, Besteuerung der Kapitalgesellschaften und ihrer Gesellschafter nach dem JStG 2007 und SEStEG, KÖSDI 2007, 15438; *Schneider*, Änderungen im Körperschaftsteuerrecht nach dem SEStEG, NWB 2007, 97 (SEStEG F. 4, 5139); *Franz/Laeger*, Die Mobilität deutscher Kapitalgesellschaften nach Umsetzung des MoMiG, BB 2008, 678; *Wassermeyer*, Entstrickung versus Veräußerung und Nutzungsüberlassung steuerrechtlich gesehen, IStR 2008, 176; *Brakalova/Barth*, Nationale Beschränkungen des Wegzugs von Gesellschaften innerhalb der EU bleiben zulässig, DB 2009, 213; *Prinz*, Gesetzgerberische Wirrungen und Grundsätze der Betriebsstättenbesteuerung, DB 2009, 807; *Beinert/Benecke*, Internationale Aspekte der Umstrukturierung von Unternehmen. Erster Teil: Entstrickung bei Umwandlungen, FR 2010, 1009; *Eisgruber*, Entstrickung und Verstrickung, in: Lüdicke (Hrsg.), Brennpunkte im internationalen Steuerrecht (Forum der Internationalen Besteuerung, 36), Köln 2010, 119; *Ernst & Young Wissenschaftlicher Beirat*, Die Systematik der sog. Entstrickungsbesteuerung, DB 2010, 1776; *Goebel/Jenet/Franke*, Anwendungsfragen beim Ausgleichsposten gemäß § 4g EStG, IStR 2010, 235; *Köhler*, Grenzüberschreitende Outbound-Verschmelzung und Sitzverlegung vor dem Hintergrund der jüngsten BFH-Rechtsprechung, DStR 2010, 337; *Schwarz van Berk*, Die ertragsteuerliche Behandlung des Wegzugs von Kapitalgesellschaften, SteuerStud 2010, 445; *Wassermeyer*, Das Besteuerungsrecht für nachträgliche Einkünfte im internationalen Steuerrecht, IStR 2010, 461; *Blumenberg*, Die Besteuerung der Sitzverlegung einer SE, in: Oestreicher, Unternehmen im Umbruch, 2011, 63 ff.; *Herbst*, Die Entstrickung stiller Reserven, Frankfurt a. M. 2011; *Oestreicher* (Hrsg.), Unternehmen im Umbruch, Herne 2011; *Brinkmann/Reiter*, National Grid Indus: Auswirkungen auf die deutsche Entstrickungsbesteuerung, DB 2012, 16; *Ettinger* (Hrsg.), Wegzugsbesteuerung. Steuerlich motivierter Wegzug natürlicher Personen, Herne 2012; *Gosch*, Über Entstrickungen, IWB 2012, 779; *Hahn*, Überlegungen zum Urteil des EuGH in der Rechtssache National Grid Indus, BB 2012, 601; *Hölscher*, Die grenzüberschreitende Verlegung der Geschäftsleitung, Berlin 2012; *Körner*, Europarechtliches Verbot der Sofortbesteuerung stiller Reserven beim Transfer ins EU-Ausland, IStR 2012, 1; *Mitschke*, National Grid Indus – ein Pyrrhussieg für die Gegner der Sofortversteuerung, IStR 2012, 6; *ders.*, Das EuGH-Urteil „National Grid Indus" vom 29.11.2011 – eine Bestandsaufnahme und eine Bewertung aus Sicht der Finanzverwaltung, DStR 2012, 629; *Möller-Gosoge/Kaiser*, Die deutsche Exit-Besteuerung bei Wegzug von Unternehmen ins Ausland, BB 2012, 803; *Müller, Stefan* Erneutes EuGH-Urteil zur Entstrickungsbesteuerung, ISR 2012, 60; *Müller-George*, Deutsche Exitbesteuerung, BB 2012, 803; *Ruiner*, Überlegungen zur deutschen Wegzugsbesteuerung von Gesellschaften im Lichte des EuGH-Urteils in der Rs. National Grid Indus BV, IStR 2012, 49; *Sieker*, Folgerungen aus „National Grid Indus" für die Besteuerung der Betriebsverlegung ins Ausland nach nationalem Recht, FR 2012, 352; *Thömmes*, Keine Klarstellung des EuGH zur Frage der Verzinsung und Sicherheitsleistung bei aufgeschobener Besteuerung, IWB 2012, 723; *Thömmes/Linn*, Verzinsung und Sicherheitsleistung bei aufgeschobener Fälligkeit, IStR 2012, 282; *Hölscher*, Die grenzüberschreitende Verlegung der Geschäftsleitung, Berlin 2012; *Ettinger* (Hrsg.), Wegzugsbesteuerung, Herne 2012; *Hruschka*, Drittstaatenumwandlung mit Folgen, IStR 2012, 844; *Schnitger*, Die Entstrickung im Steuerrecht (IFSt Nr. 487), Berlin 2013; *Lohmar*, Aktuelle Fragen umwandlungsteuerlicher Entstrickung, FR 2013, 591;

Schaumburg, Grenzüberschreitende Korrektur bei Betriebsstätten, IStR 2013, 197; *Dietz/Quilitzsch*, Die Änderungen im AStG durch das AmtshilfeRLUmsG – Quo Vadis Außensteuergesetz ?, DStR 2013, 1917; *Haase/Steierberg*, Entstrickung ohne Verlust des deutschen Besteuerungsrechts? – und weitere Besonderheiten der überdachenden Besteuerung im DBA-Schweiz, IStR 2013, 537; *Herbort*, Die Auswirkung des authorized oecd approach auf die Entstrickungsbesteuerung, FR 2013, 781; *Herrera Molina*, Exit taxes and community freedoms:contraction or evolution of European Court of Justice's case-law?, RDTI (Rivista di direitto tributario internazionale) 2013, 19; *Linn*, Das EuGH-Urteil in der RS. DMC und der Vorlagebeschluss des FG Düsseldorf – Ende der Diskussionen um die Wegzugsbesteuerung, IStR 2014, 136; *Mitschke*, Nochmals: Das EuGH-Urteil in der RS. DMC – Ende der Diskussionen um die Wegzugsteuer? Eine Erwiderung auf Linn, IStR 2014, 214; *Kahle/Cortez*, Zuzug von Kapitalgesellschaften im Ertragsteuerrecht, FR 2014, 673; *Michael Lang*, Wegzugsbesteuerung durch Änderung oder Abschluss eines Doppelbesteuerungsabkommens?, SWI 2013, 206; *Kahle/Eichholz*, Ausgewählte Aspekte der Bildung und Auflösung eines Ausgleichsposten unter § 4g EStG, FR 2015, 7; *Reichel/von Bredow*, Exit Tax einmal anders? – Die Anwendbarkeit der Regelungen des § 4f EStG auf die Verlagerung verlustbringender Funktionen, IStR 2015, 23; *Berner*, Zur Unionsrechtswidrigkeit der Entstrickungsbesteuerung gemäß § 4 Abs. 1 S. 3 f. EStG, IStR 2015, 274; *Rasch/Wenzel*, Vereinbarkeit der Entstrickungsbesteuerung nach § 4 Abs. 1 Satz 4 EStG mit der Niederlassungsfreiheit, IWB 2015, 579; *Grundke/Feurstein/Holle*, Der eigentlich klare Verweis in § 12 Abs. 2 S. 2 KStG iVm § 13 UmwStG: Drittstaatsverschmelzungen nach dem Entwurf der KStR 2015, DStR 2015, 1653; *Isabella Klepsch*, Zur steuerlichen Behandlung von Drittstaatsverschmelzungen von Körperschaften, IStR 2016, 15; *Kahle/Beinert*, Zur Diskussion um die Europarechtswidrigkeit der Entstrickungstatbestände nach Verder Lab Tec, FR 2015, 585; *Mössner*; EuGH und Entstrickung – Ist alles geklärt?, IStR 2015, 768; *Kudert/Kahlenberg*, § 50d Abs. 10 EStG als „Entsrickungsauslöser"?, IStR 2015, 918; *Jochimsen/Kraft*, Entstrickung und Verstrickung von Sonderbetriebsvermögen außerhalb des § 50i EStG im Outbound-Kontext, FR 2015, 629; *Benz/Böhmer*, Das Anti Tax Avoidance Package (ATA-Paket) der EU-Kommission zur Umsetzung der BEPS-Maßnahmen in der EU; DB 2016, 307; *Förster*, Eine Neuordnung der Entstrickungsbesteuerung ist notwendig, Festschrift Gosch, 2016, S. 83; *Möhlenbrock*, EuGH-Rechtsprechung zu Weg- du Zuzug von Gesellschaften, Festschrift Gosch, 2016, s. 307; *Kahle/Eichholz/Kindich*, Das Verhältnis der allgemeinen Entstrickungstatbestände zu der Einkünftekorrektur nach § 1 Abs. 5 KStG, Ubg 2016, 132; *Kudert/Kahlenberg*, Unionskonformität der Entstrickungsregelung des § 4 Abs. 1 S. 3 f. EStG, DB 2016, 1377; *Herbst/Gebhardt*, Ausgewählte ertragsteuerliche Implikationen eines Staates aus der Europäischen Union, DStR 2016, 1705; *Linn*, Der Brexit – erste Überlegungen zu den Folgen im deutschen Internationalen Steuerrecht, IStR 2016, 557; *Pohl*, Drittstaatsverschmelzungen und § 12 Abs. 2 KStG – Beendigung der Diskussion durch KStR 2015?, DStR 2016, 2498; *Hicks*, Verlust oder Beschränkung des Besteuerungsrechts der Bundesrepublik Deutschland, DB 2016, 2756; *Rinas*, Sitzverlegung in der Europäischen Union, IWB 2016, 834; *Kramer*, Entstrickungsbesteuerung, ISR 2016, 356; *Mechtler/Spies*, Anforderungen der Grundfreiheiten an die Entstrickungsbesteuerung, ISR 2016, 430; 2017, 9; *Oppel*, Offene nationalrechtliche Fragen zur Entstrickung, ISR 2016, 298; *Pohl*, Nochmals: Drittstaatsverschmelzungen und § 12 Abs. 2 KStG, DStR 2016, 2837; *Ditz/Tcherveniachki*; Entstrickungsbesteuerung gem. § 4 Abs. 1 S. 3 f. EStG – Kritische Anmerkungen zu den Urteilen des FG Düsseldorf vom 19.11.2015 sowie des FG Köln vom 16.2.2016, IR 2016, 417; *Weiss*, Neues zur Neutralität von Drittstaatsumwandlungen, IWB 2016, 904; *Schönfeld/Bergmann*, Finanzverwaltung erleichtert steuerneutrale Verschmelzungen von Drittstaatengesellschaften, IStR 2017, 68; *Becker/Schwarz/Mühlhausen*, Steuerfolgen des identitätswahrenden Wegzugs einer Kapitalgesellschaft in einen Drittstaat, IStR 2017, 45;; Polt, Neue Entwicklungen bei der steuerlichen Berücksichtigung von Drittstaatsverschmelzungen auf Ebene des Anteilseigners, Ubg 2017, 237; *Olligs*, Der Entwurf des BREXIT-Steuerbegleitgesetzes aus ertragsteuerlicher Sicht: Wesentliche (Nicht-)Änderungen, DStR 2018, 2237. *Wacker*, Wegzug und Entstrickung, in: Lang, Europäisches Steuerrecht (DStjG 41), Köln 2018, S. 423; *Holle/Weiss*, Betriebliche Entstrickungstatbestände und der Brexit, IWB 2019, 29; *Rennar*, Entstrickung durch Verlegung einer Kapitalgesellschaft in ein Drittland, IWB 2019, 196; *Kessler/Spychalski*, Die Tatbestandsvoraussetzungen einer passiven Entstrickung bei Änderung bilateraler Verträge – Kann rein staatliches Handeln die Aufdeckung stiller Reserven implizieren?, IStR 2019, 193.

I. Gesetzeszweck des § 12 KStG

§ 12 will **stille Reserven** steuerlich erfassen, weil und wenn nach Ansicht des Gesetzgebers ihre weitere steuerliche Verhaftung in Deutschland gefährdet ist. Dies gilt für die Gesetzesfassung vor dem SEStEG[1] ebenso wie für die Neufassung durch das SEStEG.[2] Während früher lediglich zwei Fälle – Ausscheiden aus der unbeschränkten Steuerpflicht und inländische Betriebsstätte eines beschränkt Steuerpflichtigen – geregelt wurden, sieht § 12 KStG nun einen umfassenden Entstrickungstatbestand vor und passt im Übrigen die Regelungen an das europäische Gemeinschaftsrecht an, wobei streitig ist, ob dies gelungen ist (s. u. → Rz. 36 ff.).

Gegenstand von § 12 KStG sind nunmehr drei Situationen

▶ (vor allem) Grenzüberschreitende **Verbringung** von Wirtschaftsgütern (Abs. 1) als Grundtatbestand der sog. Entstrickung

▶ Internationale **Verschmelzungen** (Abs. 2), auf die das UmwStG nicht anwendbar ist

▶ Ausscheiden aus der unbeschränkten Steuerpflicht eines EG/EWR-Staates (Abs. 3)

Abs. 1 bildet einen Teil der allgemeinen Entstrickungsregeln und steht im Zusammenhang mit § 4 Abs. 1 Satz 3 EStG, Abs. 2 knüpft an die Regelung in § 12 Abs. 2 Satz 2 KStG a. F. an und betrifft Verschmelzungsvorgänge im Ausland, Abs. 3 behandelt wie § 12 Abs. 1 KStG a. F. die grenzüberschreitende Verlegung von Körperschaften. Der Gesetzgeber befürchtet jeweils, dass Deutschland in diesen Fällen die Möglichkeit verliert, vorhandene stille Reserven im vollen Umfange weiterhin zu besteuern. Daher sieht er fiktive Realisationsvorgänge als ultima ratio vor.

Dass Staaten beim Wegzug ihrer Bürger und Unternehmen eine Ausgleichszahlung verlangen, hat Tradition. Bereits im Reichsabschied von 1555, der den Bürgern bei abweichender Religionszugehörigkeit beim Grundsatz „cujus regio eius religio" ein Auswanderungsrecht (ius emigrandi) gewährte, wurde bei der Auswanderung eine Steuer verlangt, weil der Herrscher einen Steuern zahlenden Bürger verlor.

Das Problem der Entstrickungsbesteuerung besteht auch darin, dass der Gesetzgeber ein Flickwerk an gesetzlichen Grundlagen bereitet hat, anstatt eine einheitliche Entstrickungsregelung vorzusehen. Zu nennen sind neben § 4 Abs. 1 Satz 3 ff. EStG und § 12 KStG noch § 6 AStG, § 17 Abs. 5 EStG, § 6 Abs. 5 EStG und die diversen Regelungen im UmwStG. Dies führt notwendigerweise zu Abgrenzungsproblemen im Einzelfall.[3]

(Einstweilen frei)

II. Rechtsentwicklung des § 12 KStG

1. Gesetzgebung

Bereits[4] das erste **KStG** von **1920** enthielt in **§ 18** eine Regelung über die Besteuerung stiller Reserven beim Verlassen des Inlandes – sog. Auswanderungsbesteuerung. Sie beschränkte sich darauf, stille Reserven des Vermögens, das das Inland verließ, zu besteuern. Im Inland verbleibende Wirtschaftsgüter wurden nicht erfasst. **§ 19 KStG 1925** erweiterte die Regelung erheblich und wurde von **§ 16 KStG 1934** weitgehend wörtlich übernommen, wobei jedoch die

---

1 Vom 7. 12. 2006, BGBl 2006 I 2782.
2 Allg. Ansicht z. B. *Gosch/Lampert* § 12 Rz. 5.
3 Hierzu vgl. mit Beispielen *Jochimsen/Kraft* FR 2015, 629 – 638; *Förster* Festschrift Gosch S. 83 ff.
4 Detaillierte Übersicht bei *Dötsch* DPM, § 12 Rz. 5 – 15.

Ausnahme hinsichtlich des verbleibenden Vermögens entfiel. Dabei blieb es bis zur Körperschaftsteuerreform 1977. Der Regierungsentwurf[1] verzichtete auf eine entsprechende Vorschrift, da in der geplanten „Großen Steuerreform" eine allgemeine Entstrickungsklausel vorgesehen werden sollte. Nach deren Scheitern wurde dann nach dem Vorbild des § 16 KStG a. F. **§ 12 KStG 1977** geschaffen, wobei der subjektive Anwendungsbereich erweitert wurde. Seitdem hat die Vorschrift wiederholt Änderungen erfahren.

7 Diese betrafen Anpassungen an Änderungen im Umwandlungssteuerrecht. Mit dem **StÄndG 1992**[2] wurde in Abs. 2 § 20 Abs. 8 UmwStG a. F. Vorrang eingeräumt. Im **UmwStGÄG 1994**[3] sollte dieser „redaktionell angepasst" werden,[4] was aber nicht ganz gelang, da nach h. M. wegen einer zu weiten Formulierung alle Vorschriften des UmwStG Vorrang erhielten. Durch das **UntStFG 2001**[5] wurden in Abs. 2 ausländische Umwandlungsvorgänge neu geregelt. Einen allgemeinen Entstrickungstatbestand enthielt das deutsche Steuerrecht entgegen der Auffassung der Finanzverwaltung nicht.[6]

8 Als Reaktion auf die de-Lasteyrie-du-Saillant-Entscheidung des EuGH[7] nahm der Gesetzgeber die Gelegenheit der Umsetzung der steuerlich erforderlichen Maßnahmen zur Einführungen der Europäischen Gesellschaft wahr, um auch einen allgemeinen Entstrickungstatbestand gesetzlich[8] zu verankern. In diesem Rahmen wurde dann auch § 12 KStG grundlegend umgestaltet. Mit BT-Drucks. 16/2710[9] wurde das Gesetzgebungsverfahren eingeleitet, mit dem die bisherigen Einzelregelungen „systematisch zusammengefasst und fortentwickelt"[10] werden sollten. Der Bundesrat lehnte in seiner Stellungnahme[11] den Gesetzentwurf „in wesentlichen Teilen ab, weil Maßnahmen geplant sind, die zu einer höheren Steuerbelastung von Unternehmen führen", da es zu „Scheingewinnbesteuerung von Wirtschaftsgütern" in den Entstrickungsfällen komme. Die Beratungen im Bundestag[12] führten aufgrund der Empfehlungen des Finanzausschusses[13] zu einer Reihe von Änderungen.[14] Vor allem kam es zur Einfügung von § 4g EStG, der wenig durchdacht und in Eile konzipiert „keine Meisterleistung"[15] darstellt, sondern im Gegenteil wegen seines verschwommenen Inhalts die Auslegung vor erhebliche Probleme stellt. Am 12. 12. 2006 wurde das **SEStEG** veröffentlicht,[16] das § 12 Abs. 1 und 3 KStG auf nach dem 31. 12. 2005 endende Wirtschaftsjahre für anwendbar erklärte (§ 34 Abs. 8 Satz 2 KStG). § 12 Abs. 2 KStG führte die frühere Regelung fort und war daher auch früher anwend-

---

1 BT-Drucks. 7/1470.
2 BGBl 1992 I 297.
3 BGBl 1994 I 3267.
4 So BT-Drucks. 12/7945, 66.
5 BGBl 2001 I 3858.
6 Allg. Ansicht vgl. *Stadler/Elser*, BB 2006 Special, 18; *Kolbe* HHR, § 12 Rz. 3; *Hackemann* in Bott/Walter, KStG, § 12 Rz. 1; *Dötsch* DPM, § 12 Rz. 4; *Hofmeister* in Blümich, § 12 Rz. 3; Voraufl. Rz. 6.
7 Vom 11. 3. 2004 – Rs. C-9/02, EuGHE 2004 I 2409.
8 Nach der Gesetzesbegründung „klarstellend" BT-Drucks. 16/2710, 28.
9 BR-Drucks. 542/06.
10 BT-Drucks. 16/2710, 26.
11 BR-Drucks. 542/06.
12 BT-Plenarprotokolle 16/54, 5274C-D, 16/63, 6208D-6215C.
13 BT-Drucks. 16/3315, 16/3369.
14 Näheres s. *Schneider*, NWB 2007, 97.
15 *Heinicke* in Schmidt, EStG, § 4g Rz. 13.
16 BGBl 2006 I 2782.

bar. Da unklar war, ob auch § 4g EStG für Körperschaften gelten sollte, wurde mit dem **JStG 2008**[1] ein ausdrücklicher Verweis auf § 4g EStG in Abs. 1 eingefügt.

Die Überführung eines Wirtschaftsgutes aus dem inländischen Stammhaus in die ausländische Betriebstätte eines Unternehmens stellt den Hauptfall der Entstrickung dar. Da streitig war,[2] ob in Anbetracht der Rechtsprechung des BFH (vgl. → Rz. 21) das gesetzgeberische Ziel erreicht werden konnte, schlug der Bundesrat in seiner Stellungnahme v. 9. 7. 2010 zum JStG 2010[3] eine Ergänzung des Abs. 1 vor, die aufgrund der Beratungen im Finanzausschuss des Bundestages[4] übernommen und ergänzt dahin gehend wurde, dass die Überführung vom Inland ins Ausland geregelt wird (→ Rz. 201 ff.). Das **JStG 2010**[5] sieht zugleich in § 34 Abs. 8 KStG eine umfassende Rückwirkung vor, nach der § 12 Abs. 1 KStG bei Überführung in eine ausländische Betriebstätte auch für alle Wirtschaftsjahre gilt, die vor dem 1. 1. 2006 enden. Zu dieser umfassenden Rückwirkung s. u. → Rz. 61. 9

Am 28.1.2016 hat die EU-Kommission Vorschläge für eine Richtlinie zur Bekämpfung von Steuervermeidungspraktiken[6] vorgelegt. Art. 5 dieses Entwurfs schlägt eine Richtlinie zur Entstrickungsbesteuerung vor.[7] Sie sieht als Entstrickungstatbestand vier Fälle vor: Übertragung von Wirtschaftsgütern in eine Betriebstätte oder aus einer Betriebstätte, Ansässigkeitsverlagerung und Betriebsstättenverlagerung. Für diese Fälle ist der gemeine Wert anzusetzen, der zugleich als Verstrickungswert beim aufnehmenden Staaten gilt. Eine Streckung der Entstrickungssteuer auf fünf Jahre ist ebenso wie eine Verzinsung vorgesehen. Der deutsche Gesetzgeber wird, sobald die Richtlinie in Kraft sein sollte, die deutsche Rechtslage auf Anpassungsbedarf überprüfen müssen. 10

(Einstweilen frei) 11–15

2. Rechtsprechung und Praxis der Entstrickung[8]

Grundlage der sog. Entstrickungslehre war das Urteil des **BFH v. 16. 7. 1969**,[9] dem sich die Finanzverwaltung in Abschn. 13a Abs. 1 Satz 3 EStR 1987 anschloss. Diese Rechtsprechung ist zu Recht in der Literatur nahezu einhellig abgelehnt worden.[10] Sie unterschied bei der Überführung eines Wirtschaftsgutes aus einem inländischen Betrieb in eine ausländische Betriebstätte desselben Unternehmens danach, ob mit dem ausländischen Staat ein DBA vereinbart war, wonach Betriebsstättengewinne in Deutschland freigestellt wurden (kurz: **Freistellungsbetriebstätte**), oder kein DBA bzw. ein solches mit Anrechnungsmethode bestand (kurz: **An-** 16

---

1 BGBl 2007 I 3150.
2 Vgl. *Wassermeyer*, DB 2006, 1180; *Roser*, DStR 2008, 2393.
3 BR-Drucks. 318/10, 7.
4 BT-Drucks. 17/3449.
5 BGBl 2010 I 1768.
6 COM (2016) 26 final.
7 S. näher Benz/Böhmer DB 2016, 309.
8 Vgl. auch *Schnitger*, Entstrickung, S. 16 ff.; zur Begriffsentwicklung vgl. *Wacker*, DStjG 41, S. 424 ff.
9 I 266/65, BStBl 1970 II 175; dem folgend BFH, Urteil v. 30. 5. 1972 – VIII R 111/69, BStBl 1972 II 760; vgl. *Herbst*, a. a. O., 30 ff.
10 *Meilicke/Hohlfeld*, BB 1972, 505; *Baranowski*, Besteuerung von Auslandsbeziehungen, Herne 1978, 102 ff.; 2. Aufl. 1996, Rz. 296 ff.; *Schieber*, Besteuerung von Auslandsbetriebsstätten, Köln 1979, 35 ff.; *Strunk* in Mössner, Besteuerung international tätiger Unternehmen, 4. Aufl., Köln 2012, 4.147 ff.; *Looks* in Löwenstein/Looks, Betriebsstättenbesteuerung, München 2003, Rz. 838 ff.; *Halfar*, FR 1985, 281; *Jacobs*, Internationale Unternehmensbesteuerung, 6. Aufl., München 2010, 636 ff., jeweils m. w. N.; *Kessler/Huck*, StuW 2005, 195: „einhellig als überholt"; *Stadler/Eiser*, BB 2006 Special, 19; *Herbst*, a. a. O., 37 ff.

rechnungsbetriebsstätte). In Verkennung der Rechtslage ging der BFH davon aus, dass bei einer Überführung in eine Freistellungsbetriebsstätte „die in den Wirtschaftsgütern enthaltenen stillen Reserven ... aus dem steuerlichen Bereich ausscheiden". Begründet wurde dies damit, dass der Gewinn aus der späteren Veräußerung „dem Besteuerungsrecht des Belegenheitsstaates der Betriebsstätte" unterliege und „daher bei der inländischen Besteuerung nicht angesetzt werden" dürfe. Das Gericht hat verkannt, dass die Selbständigkeitsfiktion der Betriebsstätte in Art. 7 OECD-MA der Gewinnabgrenzung zwischen Stammhaus und Betriebsstätte dient, indem die Beiträge beider zum realisierten Ergebnis bestimmt werden. Es hat nicht gesehen, dass es internationale Grundsätze der Betriebsstättengewinnermittlung gibt, die das Besteuerungsrecht jedes Staates für die in seinem Staatsgebiet entstandenen stillen Reserven sicherstellen.[1]

17 Die Formulierungen des BFH in den frühen Urteilen sind widersprüchlich, da einerseits von in den Wirtschaftsgütern bei der Überführung vorhandenen stillen Reserven, andererseits vom Gewinn aus der späteren Veräußerung gesprochen wird. Außerdem führt die Anwendung der Vorschriften über die Entnahme dazu, dass der Teilwert anzusetzen war (§ 6 Abs. 1 Nr. 4 EStG), so dass die Wiederherstellungskosten ohne Gewinnaufschlag anzusetzen sind.[2] Daher ist jetzt gem. § 6 Abs. 1 Nr. 4 Satz 1 2. Halbsatz EStG bei der Entstrickung der gemeine Wert anzusetzen.

18 Aus der in Art. 7 Abs. 2 OECD-MA enthaltenen **Selbständigkeitsfiktion** hatten manche[3] abgeleitet, der Gewinn einer ausländischen Betriebsstätte sei so wie der einer ausländischen Tochtergesellschaft zu ermitteln. Art. 7 Abs. 2 begrenzt eine innerstaatlich bestehende Besteuerung, ist aber keine eigene Rechtsgrundlage für eine Realisierung stiller Reserven.

19 Auf der unrichtigen Annahme basierend, dass die im Überführungszeitraum vorhandenen stillen Reserven nicht mehr besteuert werden könnten, suchte das Gericht nach einer Rechtsgrundlage zur Besteuerung der stillen Reserven im Zeitpunkt der Überführung und fand diese in der **Entnahmebestimmung** von § 4 Abs. 1 EStG. Hierzu gab das Gericht der Tatbestandsvoraussetzung der „betriebsfremden Zwecke" die Interpretation, dass das Entfallen der Möglichkeit, stille Reserven zu besteuern, „betriebsfremd" sei, weil es Telos der Entnahme sei, stille Reserven zu besteuern (finale Entnahmetheorie). Trotz der massiven Kritik an dieser Rechtsprechung verfuhr die Praxis[4] entsprechend. Ähnlich entwickelte die Rechtsprechung die sog. Finale Betriebsaufgabe[5] gem. § 16 Abs. 3 EStG. Da bei der Entnahme der Teilwert anzusetzen[6] ist, hatte die finale Entnahmelehre bei Überführung von Umlaufvermögen Schwierigkeiten, die vorhandenen stillen Reserven zu erfassen,[7] weil bei diesem der Teilwert den Herstellungskosten entspricht.[8] Der Betriebsstätten-Erlass ordnete den Ansatz des Fremdvergleichspreises an (Tz. 2.6.1), was ohne Rechtsgrundlage war.[9]

---

1 Vgl. *Werra/Teich*, DB 2006, 1455 f.
2 *Kulosa* in Schmidt, EStG § 6 Rz. 25; KKB/Teschke/C. Kraft, § 8 EStG Rz. 211.
3 *Becker*, DB 1989, 13; vor allem *Kroppen* in Gosch/Kroppen/Grotherr, DBA, Art. 7 Rz. 109.
4 BFH, Urteil v. 16. 12. 1975 – VIII R 3/74, BStBl 1976 II 246.
5 BFH, Urteile v. 28. 4. 1971 – I R 55/66, BStBl 1971 II 630; v. 24. 11. 1982 – I R 123/78, BStBl 1983 II 113; v. 19. 2. 1998 – IV R 38/97, BStBl 1998 II 509; ablehnend *Frotscher*, EStG, § 16 Rz. 144; *Geissler* HHR, § 16 Rz. 17; *Kulosa* HHR, § 16 Rz. 438; *Reiß* KSM, § 16 F 71.
6 *Wassermeyer*, DB 2006, 1178.
7 Vgl. *Hackemann* in Bott/Walter, § 12 Rz. 21.
8 *Kulosa* in Schmidt, EStG, § 6 Rz. 241.
9 Ebenso *Benecke/Staats* DPM, § 12 Rz. 87.

Auf ihrem New Yorker Kongress 1986 hat die **International Fiscal Association**[1] zum Thema der Entstrickung bestätigt, dass die Überführung nicht einer Realisation gleichsteht und dass die vorhandenen stillen Reserven dem Staat zuzuordnen sind, in dem sie entstanden sind. Außerdem hat sie sich für die in der deutschen Literatur entwickelte Ausgleichspostenmethode ausgesprochen. Die Ansicht des BMF war schwankend. Im Schreiben vom 12.2.1990[2] vertritt es die – in der Literatur herrschend vertretene – Ansicht, dass die Überführung eines Wirtschaftsgutes aus dem Inland in eine Freistellungsbetriebsstätte keinen Gewinn oder Verlust verwirkliche, „weil der betriebliche Bereich nicht verlassen wird". Im **Betriebsstättenerlass**[3] wird dann ohne Nennung einer Rechtsgrundlage davon ausgegangen, dass die Überführung zu einer Aufdeckung der stillen Reserven führe. Zugleich wird die Methode der aufgeschobenen Gewinnrealisation als Wahlrecht zugelassen. Danach konnte der Steuerpflichtige wählen, ob er die in den überführten Wirtschaftsgütern enthaltenen stillen Reserven sofort oder erst bei ihrer Realisation, spätestens nach zehn Jahren, besteuern wollte. Bei abnutzbaren Wirtschaftsgütern erfolgte eine Abschreibung über die Restnutzungsdauer. Da das BMF keine Rechtgrundlage nennen konnte, zeigt sich, dass es eine solche nicht gab.[4] Unerklärlich ist insbesondere, dass das BMF noch 1990 eine gegenteilige Ansicht vertreten hatte. Offenbar konnte die Praxis mit dieser Lösung leben. Jedenfalls dauerte es bis 2008, ehe die Frage höchstrichterlich zu entscheiden war.

20

Nachdem *Wassermeyer*[5] die Wirkung der Freistellung auf im Überführungszeitpunkt vorhandene stille Reserven richtiggestellt („fataler Irrtum") hatte, gab der **BFH** seine Rechtsprechung auf. Grundlegend ist die Entscheidung v. 17.7.2008,[6] die jedoch problematisch ist, da es sich um eine Einbringung eines Wirtschaftsgutes aus dem Betriebsvermögen einer Personengesellschaft in eine andere Personengesellschaft handelt. Da somit ein Wechsel von einem Gesamthandsvermögen in anderes erfolgte, wäre auch die Bejahung der Voraussetzungen einer Entnahme möglich gewesen.[7] In der Frage der weiteren steuerlichen Verhaftung der bei der Überführung vorhandenen stillen Reserven folgt der BFH zutreffend der h.M.[8] und dem OECD-Kommentar zum Musterabkommen (Art. 7 Nr. 15). Er hat seine Ansicht inzwischen mehrfach bestätigt und auf die finale Betriebsaufgabe übertragen. Die Finanzverwaltung hat mit Nichtanwendungserlass reagiert.[9] Da diese Urteile zum Rechtszustand vor der Einführung der gesetzlichen Entstrickungsregelung im SEStEG (→ Rz. 8) ergangen sind, ist offen, ob sie auch auf § 4 Abs. 1 Satz 3 EStG und § 12 KStG zutreffen, so dass diese Normen insoweit ins Leere gehen.[10] Zum JStG 2010 s.o. → Rz. 8.

21

---

1 Cahiers de Droit Fiscal International Vol. LXXIa: Transfer von Wirtschaftsgütern in eine und aus einer Steuerhoheit, deutscher Landesbericht *Mössner*, S. 119 ff.
2 BStBl 1990 I 72.
3 Vom 24.12.1999, BStBl 1999 I 1076 Tz. 2.6.
4 *Wassermeyer*, DB 2006, 1179.
5 GmbHR 2004, 616; DB 2006, 1176; DB 2006, 2242.
6 I R 77/06, BStBl 2009 II 464; vgl. hierzu *Herbst*, a.a.O., S. 65 ff.; *Prinz*, DB 2009, 807; *Roser*, DStR 2008, 2389; Nichtanwendungserlass BMF 20.5.2009, BStBl 2009 I 671.
7 So BFH, Urteil v. 25.11.2009 – I R 72/08, BStBl 2010 II 471; a.A. BFH, Urteile v. 15.4.2010 – IV B 105/09, BStBl 2010 II 971.
8 Z.B. *Wassermeyer*, DB 2006, 2242 f.; *Köhler*, DStR 2010, 341 ff.; *Prinz*, DB 2009, 809; a.A. *Weber-Grellet* in Schmidt, EStG, § 5 Rz. 661, und Vertreter der Finanzverwaltung z.B. *Mitschke*, Ubg 2010, 355.
9 Vom 20.5.2009, BStBl 2009 I 671.
10 So zutreffend *Wassermeyer*, DB 2006, 2240, passim; *Herbst*, a.a.O., S. 111; a.A. *Mitschke*, DB 2009, 1376; vgl. auch *Wassermeyer*, IStR 2008, 176; *Roser*, DStR 2008, 2389; *Ditz*, IStR 2009, 115; *Prinz*, DB 2009, 807; *Schönfeld*, IStR 2010, 133.

22–30 *(Einstweilen frei)*

III. Systematische Stellung des § 12 KStG

31 § 12 KStG steht im Kapitel der allgemeinen Vorschriften der Einkommensermittlung.[1] Als Entstrickungsnorm (§ 12 Abs. 1 und 3 KStG) steht er in engem sachlichem Zusammenhang mit § 8 KStG, so dass es sich um eine **Gewinnermittlungsvorschrift**[2] handelt. Wegen des Verweises auf § 11 KStG in Abs. 3 ist die Platzierung hinter § 11 KStG insoweit zutreffend.

32 Da gem. § 8 Abs. 1 Satz 1 KStG das „Einkommen" einer Körperschaft grundlegend nach den Vorschriften des EStG, soweit nicht das KStG Sondervorschriften enthält, ermittelt wird, ist auch § 4 Abs. 1 Satz 3 – 4, 7 EStG anzuwenden; ob dies auch für § 4g EStG zutrifft, war ursprünglich fraglich, da diese Vorschrift auf unbeschränkt Einkommensteuerpflichtige abstellt. Durch die Klarstellung in § 12 Abs. 1 KStG mit dem JStG 2008 wurden insoweit bestehende Zweifel beseitigt.

33–35 *(Einstweilen frei)*

IV. Europarechtliche Grenzen[3]

36 Überführt innerhalb eines Staatsgebietes ein Unternehmen ein Wirtschaftsgut von einer Betriebsstätte in eine andere, z. B. von München nach Hamburg, oder verlegt es seine Geschäftsführung innerhalb eines Staatsgebietes, so bleiben bestehende stille Reserven unbesteuert. Geschieht dasselbe grenzüberschreitend **innerhalb der Europäischen Union**, z. B. von Freiburg nach Straßburg und nehmen dies die Staaten zum Anlass, die stillen Reserven zu besteuern, so steht außer Frage, dass es dadurch zu einer Beeinträchtigung der **Niederlassungsfreiheit** (Art. 49 AEUV) kommt. So ist es nur natürlich, dass der EuGH sich mehrfach mit der Frage der Europarechtskonformität der Exit-Tax zu befassen hatte. Da dies nur innerhalb der Europäischen Union oder mit Staaten, mit denen Niederlassungsfreiheit vereinbart ist, gilt, führt der **Brexit** dazu, dass Großbritannien zum Drittland wird und die europarechtlichen Regeln der Entstrickung nicht mehr im Verhältnis zu Großbritannien gelten. Der Entwurf des Brexit-Steuerbegleitgesetzes enthält Vorschläge zur Lösung der Übergangprobleme.[4]

Folgende Urteile hat der EuGH gefällt

- 11. 3. 2004 – C-9/02 (De Lasteyrie du Saillant)
- 7. 9. 2006 – C-470/04 (N)
- 29. 11. 2011 – C-371/10 (National Grid Indus)
- 12.7.2012 – C-269/09 (Komm./Spanien)
- 6. 9. 2012 – C-38/10 (Komm./Portugal)
- 6. 9. 2012 – C-380/11 (Finanziaria de Diego della Valle)
- 3. 1. 2013 – C-301/11 (Komm./Niederlande)
- 18. 7. 2013 – C-261/11 (Komm/Dänemark)

---

1 Vgl. *Hofmeister* in Blümich, § 12 Rz. 11.
2 Allg. Ansicht vgl. *Benecke/Staats* DPM § 12 Rz. 17.
3 Siehe auch *Schnitger*, Entstrickung, S. 64 ff.; *von Brocke* in Mössner/Seeger/Oellerich, KStG, Europäischer Binnenmarkt Rz. 361 ff.; *Gosch/Lampert* § 12 Rz. 50 ff.; *Kahle/Beinert* FR 2015, 585 (ausführliche Darstellung der EuGH-Rechtsprechung); *Mechtler/Spies*, ISR 2016, 430; 2017.
4 Vgl. im Detail *Holle/Weiss*, IWB 2019, 32 ff.

- 25. 4. 2013 – C-64/11 (Komm./Spanien)
- EFTA-Gerichtshof 3. 10. 2012, E-15/11 (Arcade Drilling)
- 23. 1. 2014 – C-164/12 (DMC)
- 16. 4. 2015 – C-591/13 (Kommission/Deutschland)
- 21. 5. 2015 - C-657/13 (Verder LabTec)[1]
- 16.4.2015 – C-591/13 (Komm./Deutschland)
- 14.9.2017 – C-646/15 (Trustees Panayi)
- 23.11.2017 – C-292/16 (A Oy)

Außerdem hat die Europäische Kommission folgende Verfahren eingeleitet

- Belgien – IP/10/299(18. 3. 2010) – eingestellt
- Deutschland – Mahnschreiben RefNr. 2011/4043
- Großbritannien – IP/12/285 (22. 3. 2012)
- Irland – IP/11/78 (27. 1. 2011)
- Luxemburg – Mahnschreiben Ref Nr. 2012/4016
- Schweden – IP/08/1362 (18. 9. 2008) – eingestellt.

Inzwischen lassen diese Urteile die Grundsätze des EuGH erkennen. Ausgehend vom Grundsatz der Territorialität der Steuererhebung, die der EuGH auch in anderen Verfahren (Futura, Philips) deutlich in den Vordergrund stellt, erkennt der EuGH das Recht jedes Staates an, die sich auf seinem Staatsgebiet ereignenden wirtschaftlichen Verhältnisse zu besteuern (Territorialitätsprinzip).[2] Daraus folgt das Recht jeden Staates, vom Gericht sog. „latente Wertsteigerungen" in Wirtschaftsgütern steuerlich zu erfassen, wenn diese durch Verbringung ins Ausland oder auf andere Weise dem steuerlichen Zugriff entzogen werden. Die Feststellung, ob (nach deutscher Terminologie) eine Entstrickung stiller Reserven erfolgt, ist Aufgabe des nationalen Gerichts. Ob aber der Gesetzgeber, wie in § 12 Abs. 1 KStG geschehen, eine fiktive Entstrickung anordnen kann, ist noch nicht entschieden, dürfte aber zu verneinen sein. Zumindest wird eine solche Fiktion spätestens nicht der Verhältnismäßigkeitsprüfung standhalten. Eine **Besteuerung** vorzunehmen, auch **wenn** das **nationale Besteuerungsrecht weiterbesteht**, lässt sich nicht rechtfertigen, da die Grundvoraussetzung der Entstrickung nicht erfüllt ist.[3]

Grundlegend war die Entscheidung des EuGH in der Rs. **De Lasteyrie du Saillant**. Es handelte sich um eine Situation, in der ein in Frankreich Ansässiger seinen Wohnsitz ins Ausland verlegte und die von ihm gehaltenen Anteile an Kapitalgesellschaften nicht mehr der französischen Besteuerung unterlagen. Daher erhob Frankreich eine „Wegzugsteuer". Der EuGH nutzte diesen Fall, um einige Grundsätze für die Wegzugsbesteuerung – unabhängig von den Besonderheiten des Falls – aufzustellen. Danach können die Staaten die Besteuerung von „latenten Wertsteigerungen", die ein Wirtschaftsgut erfahren hat, während es dem Besteuerungsrecht dieses Staates unterlag, sicherstellen, wenn das Wirtschaftsgut aus seinem Besteuerungsrecht ausscheidet. Allerdings ist der Staat aufgrund des Verhältnismäßigkeitsgrundsatzes gebunden, nicht den Wegzug als solchen als Ersatzrealisation zu behandeln, sondern bis zur Realisation einen Steueraufschub automatisch zu gewähren und diesen nicht von Sicherheitsleistungen

---

[1] Zum Stand des BFH-Verfahrens vgl. *Wacker*, DStjG 41, S. 428 (Az. BFH nun I R 99/15, ausgesetzt bis zur Entscheidung des BVerfG).
[2] Abschließend bestätigt in EuGH 21. 5. 2015 – C-657/13 (Verder Lab Tec) Tz. 42 ff.
[3] A. A. *Hackemann* in Bott/Walter, KStG § 12 Rz. 10.

abhängig zu machen. In der Rechtssache N hat er diese Grundsätze bestätigt und sich zudem damit beschäftigt, ob der Steuerpflichtige, wenn er Sicherheit leisten muss, bei deren Aufhebung Erstattung von Zinsen verlangen kann. Offen bleibt in beiden Verfahren, ob beim Wegzug lediglich die stillen Reserven festgehalten oder die entstandene Steuer festgesetzt, aber noch nicht erhoben werden darf.

39   Ob die Erkenntnisse dieser Entscheidung auf den **privaten Bereich beschränkt** sind, wie von der Finanzverwaltung vertreten, war von Beginn an umstritten. Die Kommission der Europäischen Union hat Verfahren gegen eine Reihe von Staaten eröffnet, von denen einige zu Verfahren vor den EuGH geführt haben. Gegenstand der Verfahren ist es, dass diese Staaten nicht realisierte Gewinne versteuern, wenn Unternehmen ihren Sitz, ihre Niederlassung oder Vermögenswerte in einen anderen Mitgliedstaat verlagern. Das Kernproblem besteht darin, dass Entstrickungsvorgänge innerbetrieblicher Natur sind und durch sie die Liquidität im Unternehmen nicht zunimmt. Lösen diese Vorgänge grenzüberschreitend, nicht aber bei innerstaatlichen vergleichbaren Vorgängen Steuern aus, so behindert dies die grenzüberschreitende Wirtschaftstätigkeit.

Der EuGH hat mit dem Urteil vom 29.11.2011 in der Rechtssache **National Grid Indus BV,**[1] die das niederländische System der Entstrickung betrifft, erstmals zur Entstrickung im betrieblichen Bereich entschieden. Welche Folgerungen für das deutsche Recht und für insbesondere § 12 KStG aus dieser Entscheidung zu ziehen sind, ist noch immer offen.[2] Einerseits bestätigt der EuGH seine Rechtsprechung, dass der Wegzug keine sofortige Erhebung der Steuern auf die stillen Reserven rechtfertige. Andererseits sieht er eine Festsetzung der Steuern auf die stillen Reserven als möglich an an. Ob die beim Wegzug festgesetzten Steuern automatisch oder auf Antrag gestundet werden müssen, ist nicht eindeutig. Erfolgt die Festsetzung der Steuern beim Wegzug, so können spätere Änderungen im Steuersatz demnach keine Auswirkungen haben.

40   Hinsichtlich **späterer Wertminderungen** (s. u. → Rz. 328) weicht das Gericht von seiner Beurteilung in der Rs. N (s. o. → Rz. 36) ab. Seine Argumentation ist komplex: im betriebliche Bereich würden die Wirtschaftsgüter unmittelbar wirtschaftlichen Tätigkeiten zugewiesen" sein (was nicht zu bestreiten ist). Der Gewinn würde durch die Bewertung der Wirtschaftsgüter beeinflusst. Dadurch und insbesondere durch Abschreibungen würden die Wertschwankungen im Steuersystem des Zuzugsstaats berücksichtigt. Daraus folgert der EuGH, dass bei Berücksichtigung von späteren Wertänderungen auf die im Wegzugszeitpunkt festgesetzte Steuer ein doppelter Verlustabzug möglich werde. Das Gericht erkennt durchaus, dass die Steuersysteme der beteiligten Staaten nicht aufeinander abgestimmt sind und daher seine Annahme in der Praxis scheitern kann. Doch dies sei hinzunehmen. Dieser Betrachtungsweise kann man durchaus zustimmen, wenn es um die Besteuerung der im Wegzugsstaat entstandenen stillen Reserven geht. Diese werden durch die Wertentwicklung im Zuzugsstaat nicht beeinflusst. Zustimmen kann man auch der Sichtweise, dass die stillen Reserven dadurch realisiert werden, dass das Wirtschaftsgut im Zuzugsstaat genutzt wird und der dadurch eintretende Wertverlust gewinnmindernd wirkt. Ob dies jedoch die fiktive Realisation gem. der in § 4g EStG vorgesehenen pauschalen Weise rechtfertigt, erscheint problematisch. Diese könnte allenfalls als Typisierung verstanden werden, müsste dann aber den „Normalfall" erfassen. Auch der Unter-

---

1 C-371/10, IStR 2012, 27; bestätigt durch EuGH, Urteil v. 25.4.2013 – C-64/11, *Komm./Spanien*, NWB PAAAD-82948.
2 *Körner*, IStR 2012, 1; *Mitschke*, IStR 2012, 6; *Brinkmann/Reiter*, DB 2012, 16; *Ruiner*, IStR 2012, 49; *Thömmes/Linn*, IStR 2012, 282; *von Brocke* in Mössner/Seeger/Oellerich, KStG, Europäischer Binnenmarkt Rz. 381 ff.

schied zur Entscheidung in der Rs. N wird nicht ganz klar. Man muss vermuten, was der EuGH womöglich sagen wollte. Bei einem entstrickten Wirtschaftsgut des Privatvermögens treten Wertminderungen im Zuzugsstaat in der Regel erst in Erscheinung, wenn es verkauft wird, dieser Staat beim Zuzug den aktuellen Wert zugrunde legt und den Verkauf besteuert. Unter diesen Voraussetzungen bestünde nicht die Gefahr einer doppelten Verlustberücksichtigung. Es scheint, als habe der EuGH angenommen, dass diese Gefahr in der Regel bei Betriebsvermögen nicht besteht.

Ob die Typisierung in § 4g EStG diesem entspricht, kann bezweifelt werden. Geht der Gegenstand nach der Verbringung ins Ausland unter, ohne dass dies Auswirkung auf die Gewinnermittlung im Zuzugsstaat hat, so fragt sich, ob auch dann der EuGH eine Versteuerung der stillen Reserven bejahen würde.

Auch hinsichtlich der übrigen Grundsätze der Rechtssache N (o. → Rz. 36) enthält das Urteil *National Grid Indus BV* neue Aspekte, deren Auswirkung auf die Entstrickung im privaten Bereich nicht sicher ist. Allerdings kann man nicht wie *Mitschke*[1] davon ausgehen, dass der EuGH nunmehr **Sicherheitsleistung** für und **Verzinsung** der gestundeten Steuern uneingeschränkt als europarechtskonform akzeptiert hat.[2] Das Gericht hat in der Tat beides zugelassen, man muss jedoch den Zusammenhang beachten. Die Generalanwältin hatte auf die Probleme der präzisen Nachverfolgung der einzelnen Wirtschaftsgüter bei komplexen Betriebsverlegungen über die Grenze hingewiesen. Darauf nimmt der Gerichtshof Bezug und erkennt an, dass der Verwaltungsaufwand für den Steuerpflichtigen so groß werden könne, dass die Sofortzahlung der Steuer für ihn günstiger wäre. All' dies erfolgt im Rahmen einer abwägenden Verhältnismäßigkeitsprüfung. Das Gericht diskutiert für den Fall eines überaus großen Verwaltungsaufwandes die Möglichkeit, dem Steuerpflichtigen eine Wahlmöglichkeit einzuräumen. Bei dieser, d. h. auch unter der Voraussetzung des erheblichen Verwaltungsaufwands, erwähnt er dann, dass der Aufschub der Steuerzahlung mit einer Verzinsung verbunden werden könne, wenn dadurch die Niederlassungsfreiheit weniger als durch die Verpflichtung, das Schicksal jedes überführten Wirtschaftsgutes nachweisen zu müssen, beeinträchtigt werde. Ähnlich ist der Zusammenhang mit dem Erfordernis der Stellung einer Sicherheit für die gestundete Steuer. Das Gericht erkennt an, dass das Risiko einer Steuerzahlung in der Zukunft bestehen könne. Dem könne durch das Verlangen einer Sicherheit begegnet werden. Beides bedeutet nun aber nicht, dass jegliche Stundung mit einer Sicherheitsleistung verbunden werden könne und dass jede Stundung zu verzinsen sei.

Die Rechtssache National Grid Indus verwirrt deshalb, weil der EuGH nicht dazu Stellung nimmt – und auch nicht nehmen muss –, ob der Wegzug von Unternehmen bzw. die Überführung von Wirtschaftsgütern einen **Realisationstatbestand** hinsichtlich vorhandener stiller Reserven (in der Terminologie des EuGH: latenter Wertsteigerung) darstellt oder nicht. Offenbar überlässt er es dem nationalen Recht, ob dieser Vorgang lediglich zu einer **Feststellung** der dann vorhandenen stillen Reserven verbunden mit deren Besteuerung im späteren Realisationszeitpunkt oder zu einer Entstehung der Steuer wegen fiktiver Realisation führt. Bei der ersten Alternative entstehen keine europarechtlichen Probleme, da der EuGH das Recht der Staaten, das in ihrem Staatsgebiet Erwirtschaftete zu besteuern, anerkennt, auch wenn es erst dann steuerlich erfasst wird, wenn der Steuerpflichtige nicht mehr im Staatsgebiet anwesend

---

[1] IStR 2012, 6 f.; dagegen *Thömmes/Linn*, IStR 2012, 285; *Sieker*, FR 2012, 353.
[2] Vgl. *Mössner*, IStR 2015, 769; s. auch *Mechtler/Spies* ISR 2017, 10 ff. zur Frage des Standes der EuGH-Rechtsprechung.

oder tätig ist. Aber auch eine vom nationalen Recht vorgesehene Entstehung und Festsetzung der **Steuer** beanstandet er als solche jedenfalls nicht. Dann ist es folgerichtig, dass **spätere Wertminderungen** keinen Einfluss auf die festgesetzte Steuer haben. Dazu hätte es nicht der irreführenden Begründung bedurft, dass die Wirtschaftsgüter der Gewinnerzielung dienen und als solche steuerlich im Zuzugsstaat erfasst werden. Die Wegzugsbesteuerung geht immer davon, dass Wertänderungen eines Wirtschaftsgutes steuerlich erheblich sind, da es sonst keine steuerlich relevanten stillen Reserven geben könnte. Allenfalls könnte man an den Fall denken, dass Wegzugs- und Zuzugsstaat sich insoweit unterscheiden, z. B. wenn der Wegzugsstaat Kapitalgesellschaftsanteile im Privatvermögen bereits ab einer Beteiligungshöhe von 1 % besteuert, der Zuzugsstaat aber erst ab einer solchen von 25 %. Dann blieben spätere Wertminderungen im Zuzugsstaat steuerlich unbeachtlich.

43 Somit geht es nur um

▶ spätere Zeitpunkte, die die Einziehung der Steuer rechtfertigen,
▶ die Verzinsung der festgesetzten Steuer bis zu diesem Zeitpunkt und
▶ die Sicherheitsleistung.

Die weiteren Entscheidungen bestätigen die Entscheidung in der Rechtssache National Grid Indus. Im Verfahren Kommission gegen Portugal[1] stellt das Gericht unter Bezugnahme auf *National Grid Indus* fest (Tz. 31), dass die Niederlassungsfreiheit der „sofortigen Einziehung der Steuer auf die nicht realisierten Wertzuwächse" bei einer Unternehmensverlegung über die Grenze entgegensteht. Entscheidung[2] ist unergiebig, da sie den Widerruf einer früher gewährten Steuervergünstigung bei Wegzug betrifft. In Tz. 34 des Urteils C-38/10 stellt der Gerichtshof klar, dass „die Überführung der Vermögenswerte in einen anderen Mitgliedstaat" nicht der „Aufhebung der Zuordnung der Vermögenswerte einer festen Niederlassung zu einer Wirtschaftstätigkeit" gleichgestellt werden kann. Letzteres stellt vor allem eine Veräußerung oder Entnahme dar, so dass die Gleichstellung der grenzüberschreitenden Verbringung von Wirtschaftsgütern mit einer Entnahme (§ 4 Abs. 1 Satz 3 EStG) bzw. einer Veräußerung (§ 12 Abs. 1 KStG vgl. u. → Rz. 292 ff.) gemeinschaftsrechtlich zumindest bedenklich ist.

Hinsichtlich der **Verzinsung** bestätigt das Urteil nur die Aussagen in *National Grid Indus*. Die Fragen bleiben folglich unbeantwortet. *Thömmes*[3] hält eine Verzinsung nur dann für zulässig, wenn bei einer Verlegung innerhalb des Staates eine solche vorgesehen ist. *Gosch*[4] stellt zu Recht fest, dass die Verzinsung nicht der Preis für den Besteuerungsaufschub sein könne und dass der EuGH sicher nicht an den Strafzins des § 238 AO gedacht habe. Außerdem würde sich der EuGH selbst widersprechen, wenn er die Einziehung der Steuer als Verstoß gegen die Niederlassungsfreiheit qualifiziert, zugleich aber die Verzinsung wie bei einer „einziehbaren" Steuer für gerechtfertigt hielte. Entgegen *Mitschke*[5] wird man die Möglichkeit einer Verzinsung nur in – noch zu klärenden – Ausnahmefällen als zulässig erachten können. Auch im internationalen Schrifttum[6] werden die Ausführungen des EuGH so verstanden, dass nur in bestimmten Ausnahmefällen die Staaten eine Verzinsung verlangen können. Wenn, wie der EuGH im Urteil vom 16. 4. 2015 – C-591/13 feststellt, dass dann, wenn bei einer Reinvestition

---

1 EuGH, Urteil v. 6. 9. 2012 – C-38/10, NWB LAAAE-17273.
2 EuGH, Urteil v. 6. 9. 2012 – C-380/11 – *DIVI Finanziaria di Diego della Valle & C. SapA*.
3 IWB 2012, 727.
4 IWB 2012, 784.
5 IStR 2012, 6.
6 Herrera Molina RDTI 2013, 48.

eines im Inland veräußerten Wirtschaftsgutes im Ausland (§ 6b EStG) eine sofortige Besteuerung erfolgt, eine Liquiditätsnachteil entsteht und dieser eine Verletzung der Niederlassungsfreiheit bewirkt, so kann eine Stundung der Steuer gegen Zinszahlung nicht richtig sein. Bewirkt die sofortige Steuerzahlung eine Einschränkung der Liquidität, so bewirkt eine Stundung mit Zinszahlung ebenfalls eine Einschränkung der Liquidität. Dies heißt, anders gewendet, dass der Liquiditätsvorteil der Stundung wieder abgeschöpft wird. Dies ist widersprüchlich und eine erhebliche Schwäche in der Argumentation des EuGH.

Schließlich ist das Verlangen nach **Sicherheitsleistung** dann unverhältnismäßig, wenn und solange genügend Substanz für einen etwaigen Zugriff im Wegzugsstaat verbleibt. Auch ist noch unklar, wie der genaue Zusammenhang zwischen den Schwierigkeiten der exakten Nachverfolgung der überführten Wirtschaftsgüter und der Sicherheitsleistung besteht. Immerhin bestätigt das Gericht, dass die Ausführungen zu Wertminderungen, Verzinsung und Sicherheitsleistung im Zusammenhang der Verhältnismäßigkeitsprüfung zu sehen sind (vgl. o. → Rz. 41). Angesichts des „trüben Lichts"[1] sind diese Fragen noch weitgehend ungeklärt. Immerhin gilt auch hier, dass der EuGH Fälle im Blick hatte, in denen besondere Umstände eine Gefährdung der künftigen Steuerzahlung möglich erscheinen lassen.[2]

Das Verfahren **DMC**, das einen Einbringungsfall nach UmwStG a. F. betrifft, leidet unter einer misslungenen Vorlage des FGs. Auch wenn die Interpretation dieses Urteiles streitig ist,[3] enthält es dennoch wichtige Hinweise. Der EuGH stellt deutlich heraus, dass der Verlust des Besteuerungsrechts zentrale Voraussetzung für Maßnahmen der Wegzugsbesteuerung ist. Ob ein solcher Verlust vorliegt, muss das nationale Gericht feststellen. Im Streitfall war inländisches Betriebsvermögen in eine inländische Kapitalgesellschaft eingebracht worden. Die darin befindlichen stillen Reserven unterlagen weiterhin der deutschen Besteuerung, weshalb das UmwStG nach SEStEG in diesem Fall keine Entstrickung annimmt (§ 20 Abs. 3 Satz 2 Nr. 3 UmwStG n. F.).

Das Abstellen auf die weitere Verstrickung der stillen Reserven im Betriebsvermögen ist mit europarechtlichen Notwendigkeiten begründet. Nach altem Recht musste es zur Verdoppelung der stillen Reserven auch in den erhaltenen Anteilen kommen. Diese Besonderheit hat der EuGH womöglich verkannt. *Mitschke*[4] sieht in der Einbringung gegen Anteile an der Kapitalgesellschaft mit der h. M. einen Veräußerungsvorgang, der für ihn zur Realisation führt. Dass das Vermögen, in dem die stillen Reserven liegen, weiterhin dem inländischen Besteuerungsrecht unterliegt, ist für ihn nebensächlich. Er widerspricht sich aber selbst, als er einmal im Mitunternehmeranteil nur die Beteiligung am Betriebsvermögen der Gesellschaft sieht, andererseits aber von (eigenen) stillen Reserven in diesen Anteilen spricht. Nach der DMC-Entscheidung ist zweifelhaft, ob auch das Regelbeispiel (→ Rz. 201 ff.) mit seiner Fiktion der Entstrickung mit der Niederlassungsfreiheit vereinbar ist. Das FG Hamburg hat in seiner Entscheidung[5] des Verfahrens der Klage stattgegeben, wobei es wie der EuGH darauf abgestellt hat, dass die stillen Reserven weiterhin im Inland steuerverstrickt sind. Da die Revision nicht zugelassen ist, bleibt abzuwarten, ob Nichtzulassungsbeschwerde erhoben wird.

---

[1] *Gosch*, IWB 2012, 784.
[2] Herrera Molina RDTI 2013, 46.
[3] *Linn*, IStR 2014, 136 und *Mitschke*, IStR 2014, 111 u. 214.
[4] IStR 2014, 112.
[5] FG Hamburg, Urteil v. 15. 4. 2015 – 2 K 66/124, EFG 2015, 1404; bestätigt durch BFH v. 30. 9. 2015 – I B 66/15, NWB WAAAF-06771.

45 In der Entscheidung Verder Lab Tec geht es um die Frage, ob eine **Verteilung der Steuerzahlung** auf zehn Jahre nach der Entstrickung entsprechend der Billigkeitsregelung im Betriebsstättenerlass[1] gemeinschaftsrechtlich gerechtfertigt sei. Dies hat der EuGH bejaht. Offengeblieben ist damit aber, ob dies auch auf die **fünfjährige Frist** des § 4g EStG (vgl. → Rz. 365 ff.) zutrifft.[2] Hier zeigen sich die Vorteile, aber auch die Nachteile der Rechtsprechung des EuGH. Einerseits entscheidet er nur die Situation, die Gegenstand der Vorlage ist. Andererseits bleiben zentrale Fragen – Verzinsung, Wertminderung, Unterschiede zwischen Privat- und Betriebsvermögen – unbeantwortet und zwingen zu neuen Verfahren.[3] Der EuGH hat im Verfahren Verder Lab Tec nicht die Chance zur Klärung der offenen Punkte genutzt und seine Rechtsprechung nicht aus dem „trüben Licht" herausgeführt. Vor allem bleibt offen, ob § 4g EStG europarechtlich zu beanstanden ist, da das Gericht nur über eine zehnjährige Streckung entschieden hat.[4] Allerdings lässt das Urteil des EuGH sich auch dahin deuten, dass ein fünfjähriger Zeitraum möglich ist.

45a In der **Richtlinie (EU) 2016/1164 des Rates vom 12.6.2016 (ATAD)** sind Vorschriften über die Entstrickungsbesteuerung enthalten. Art. Art. 5 Abs. 1 umschreibt die Tatbestände einer Entstrickung und ordnet als Rechtsfolge die Besteuerung des Marktwertes abzüglich des steuerlichen Wertes an. Abs. 2 gibt dem Steuerpflichtigen das Recht, die Zahlung der Steuer auf fünf Jahre zu verteilen, wenn vier näher definierte Übertragungen vorliegen. Abs. 3 erlaubt die Erhebung von Zinsen und das Verlangen einer Sicherheitsleistung, wenn ein „nachweisliches und tatsächliches Risiko" der Steuerzahlung besteht. Überraschend und widersprüchlich ist, dass die Richtlinie keinen Bezug zur Beitreibungsrichtlinie erkennen lässt. Abs. 4 zählt fünf Fälle auf, in denen der Zahlungsaufschub beendet wird. Abs. 5 knüpft den Wert in dem Staat, in den die Überführung erfolgt, an den Wert des Herkunftsstaates.

Die restlichen Absätze enthalten Definitionen und Fälle der Rückübertragung. Deutschland muss die Richtlinie in deutsches Recht **bis zum 31.12.2019 umsetzen.**

Die Richtlinie wirft diverse Fragen auf. Zunächst sieht sie einen Realisationstatbestand in der Entstrickung vor. Der EuGH (→ Rz. 42) hat in seinen Entscheidungen aus dem Primärrecht die Überführung von Wirtschaftsgütern nicht als Realisation gesehen, da er in seinen Entscheidungen durchgehend feststellt, dass dies keine Realisation sei. Er begründet diese dann erst in der Rechtfertigungsstation, was im Grund widersprüchlich ist. Letztlich verlagert daher das Problem der Entstrickung in schwammige Kriterien der Verhältnismäßigkeit. Dies vermeidet die Richtlinie und ist insofern konsequenter als der EuGH. Dann ist offen, ob die Richtlinie Mindestregeln, Höchstregeln oder Regeln enthält, die die Staaten genau einhalten müssen. Können die Staaten beispielsweise statt des fünfjährigen Zahlungszeitraums einen zehn- oder siebenjährigen vorsehen. Auch bleibt offen, welche Zinsen erhoben werden können: Im Steuerrecht übliche oder Marktzinsen?

Dies wird alles im Umsetzungsverfahren vom deutschen Gesetzgeber beantwortet werden müssen.

---

[1] BStBl 1999 I 1076 Tz. 2.6.1; zum Verfahren s. *Kahle/Beinert*, FR 2015, 585, die zum Ergebnis kommen, dass die 5-jährige Frist in § 4g EStG nicht als europarechtswidrig „gelten dürfte" (S. 592).
[2] Verneinend *Berner* IStR 2015, 274; s. auch *Rasch/Wenzel*, IWB 2015, 579, die das Urteil begrüßen und die Frage bejahen; zu weitgehend in den Folgerungen *Kudert/Kahlenberg* DB 2016, 1377.
[3] Kritisch auch *Schaumburg/Englisch*, Europäisches Steuerrecht, 2015, Rz. 2.234 f.
[4] Näheres hierzu vgl. *Holzhäuser* KSM § 4g A18 ff.

V. Verhältnis des § 12 KStG zu anderen Normen

§ 13 KStG

46

Keine Entstrickung liegt vor, wenn ein Körperschaftsteuersubjekt von der Steuer gem. § 5 KStG befreit wird.[1] § 13 KStG regelt diesen Fall.

§ 7 GewStG

47

Der Entstrickungsgewinn ist Bestandteil des Gewerbeertrages gem. § 7 GewStG.[2] Eine eigenständige gewerbesteuerliche Entstrickung gibt es nicht.[3]

§ 4 Abs. 1 EStG

48

§ 4 Abs. 1 Satz 3, 4, 7 EStG enthalten die Ent- und Verstrickungsnormen, die über § 8 Abs. 1 KStG auch für Körperschaften gelten. Des § 12 Abs. 1 KStG hätte es daher nicht notwendigerweise bedurft.[4] Der Gesetzgeber hat jedoch eine Sonderregelung beschlossen, die sich in der Rechtsfolge – fiktiver Verkauf statt fiktiver Einlage – unterscheidet und auch für nicht betriebliche Einkünfte gilt (→ Rz. 292 ff.). Über Geltung von § 12 KStG oder § 4 EStG für Kapitalgesellschaften als Gesellschafter einer KG vgl. → Rz. 88.

§ 6 Abs. 5 EStG

49

Der mit dem Steuerentlastungsgesetz[5] eingeführte § 6 Abs. 5 EStG regelt die Übertragung von Wirtschaftsgütern zwischen verschiedenen Betriebsvermögen desselben Steuerpflichtigen. Diese Vorgänge hatte die Rechtsprechung vorher auf der Basis des finalen Entnahmebegriffs[6] beurteilt. Die Anwendung der Norm auf grenzüberschreitende Entstrickungen hängt davon ab, ob das Betriebsvermögen einer ausländischen Betriebsstätte eines inländischen Unternehmens ein **anderes Betriebsvermögen** darstellt als das inländische Betriebsvermögen. Dies ist str.[7] Dabei ist zu berücksichtigen, dass § 6 Abs. 5 EStG als Ausnahmebestimmung, die den Buchwertansatz vorschreibt, einen **Realisationstatbestand** zur Aufdeckung stiller Reserven **voraussetzt**. Sie selbst enthält diesen nicht.[8] Entgegen *Eisgruber*[9] kann daher eine Entstrickung nicht auf § 6 Abs. 5 EStG gestützt werden. Wird ein Wirtschaftsgut gem. § 6 Abs. 5 EStG zum Buchwert in ein anderes Betriebsvermögen überführt und erfolgt danach eine Entstrickung gem. § 12 KStG, so ist umstritten, ob diese eine Verletzung der Sperrfrist bedeutet.[10] Die Unterschiede zwischen § 6 Abs. 5 EStG und den Entstrickungsnormen sind zu berücksichtigen. Nach § 6 Abs. 5 EStG ist der Buchwert nicht anzusetzen, wenn die Besteuerung der stillen Reserven nicht sichergestellt ist, wenn also ein Ausschluss des deutschen Besteuerungsrechts

---

1 BT-Drucks. 16/2710, 31.
2 *Benecke/Staats* DPM, § 12 Rz. 47, 111; *Hofmeister* in Blümich, § 12 Rz. 26.
3 BFH, Urteil v. 14.6.1988 – VIII R 387/83, BStBl 1989 II 187; *Rödder/Schumacher*, DStR 2006, 1481; *Blumenberg/Lechner*, BB 2006 Spezial, 25; *Förster*, DB 2007, 73; *IdW*, WPg 2006, 750; *Benecke/Staats* DPM, § 12 Rz. 47, 111.
4 Ebenso *Wassermeyer*, DB 2006, 431.
5 BGBl 1999 I 402.
6 → Rz. 16; vgl. *Werndl* KSM, § 6 L.1; *Kulosa* in Schmidt, EStG, § 6 Rz. 681.
7 Dafür *Kulosa* in Schmidt, EStG, § 6 Rz. 684; *Herbst*, a.a.O. 123; dagegen *Fischer* in Kirchhof, EStG, § 6 Rz. 206; *Stadler/Elser*, BB 2006 Special, 20; *Pfaar*, IStR 2000, 46; *Wassermeyer*, DBA Art. 7 MA Rz. 243; vgl. auch *Niehus/Wilke* HHR, § 6 Rz. 1440b, 1449 ff.; *Dötsch* DPM, Rz. 1, 35 ff.; *Kessens* Schnitger/Fehrenbach, § 12 Rz. 39 f.
8 Dies verkennt *Werndl* KSM, § 6 L23; *Jochimsen/Kraft*, FR 2015, 630: § 6 Abs. 5 EStG „verdrängt" den allgemeinen Entstrickungsgrundsatz.
9 In *Lüdicke*, S. 123 f., 129.
10 In diesem Sinne BMF v. 8.12.2011, BStBl 2011 I 1279 Rz. 23; a.A. *Benecke/Staats* DPM § 12 Rz. 362; *Von Freeden* RHN § 12 Rz. 72; a.A. *Kessens* Schnitger/Fehrenbach § 12 Rz. 157.

vorliegt, während § 12 KStG auch schon bei einer Beschränkung des Besteuerungsrechts eingreift.

BEISPIEL: ▸ Die X-GmbH ist an der X-KG beteiligt, die im Staate A eine Betriebsstätte unterhält. Mit A besteht kein DBA. Die X-GmbH überführt aus ihrem Betriebsvermögen ein Wirtschaftsgut in die Betriebsstätte. Dies ist ein Fall von § 6 Abs. 5 EStG, wobei die Besteuerung der stillen Reserven sichergestellt ist. § 12 KStG ist nicht anwendbar.

§ 16 Abs. 3a EStG

50

§ 16 Abs. 3a EStG stellt den Ausschluss oder die Beschränkung des Besteuerungsrechtes Deutschlands hinsichtlich des Gewinns aus der Veräußerung sämtlicher Wirtschaftsgüter des Betriebes oder eines Teilbetriebes einer Betriebsaufgabe (§ 16 Abs. 3 EStG) gleich. Dies betrifft die Verlegung eines inländischen Betriebes oder Teilbetriebes ins Ausland.[1] Mit dieser Vorschrift reagierte der Gesetzgeber auf die Aufgabe der Theorie der „finalen Betriebsaufgabe" seitens des BFH.[2] Das Verhältnis zu § 12 KStG ist nicht klar.[3] § 12 behandelt die „Entstrickung" eines Wirtschaftsgutes, § 16 Abs. 3a EStG diejenige eines gesamten Betriebes (Teilbetriebs) mit all seinen Wirtschaftsgütern. § 12 umfasst auch die Fälle der Betriebsverlegung (→ Rz. 165 ff.). Die Rechtsfolgen von § 16 Abs. 3a EStG sind einmal die Anwendung von § 34 EStG und somit für Körperschaften unerheblich. Zum anderen gilt § 36 Abs. 5 EStG mit einer besonderen Stundungsregelung. *Benecke*[4] hält diese Regelung auch auf Körperschaften für anwendbar (§ 31 Abs. 1).[5] Wäre dies richtig, so könnten Körperschaften zwischen zwei Stundungsregelungen wählen, je nachdem, ob sie alle Wirtschaftsgüter ins Ausland transferieren oder einzelne Wirtschaftsgüter im Inland belassen.

UmwStG

51

Grenzüberschreitende Umwandlungen und Einbringungen sind grundsätzlich Fälle, auf die § 12 Abs. 1 KStG anwendbar sein kann.[6] Dies wären dann Fälle einer Entstrickung mit Rechtsträgerwechsel (→ Rz. 152). Die umwandlungsrechtlichen Sonderregelungen und die Fälle von § 12 Abs. 2 KStG gehen jedoch § 12 Abs. 1 KStG vor, so dass es praktisch nicht zu Überschneidungen kommt.

AStG-Hinzurechnung

52

Die **Funktionsverlagerung** (§ 1 Abs. 3 Satz 9 ff. AStG) hat einen anderen Anwendungsbereich als § 12 KStG. Folgt man der h. M.[7] in der Literatur, so ergeben sich überhaupt keine Probleme: unter einer Verlagerung versteht sie die Übertragung von einem Unternehmen zu einem anderen nahestehenden Unternehmen. Verlagert wird eine Funktion, nicht ein einzelnes Wirtschaftsgut oder mehrere Wirtschaftsgüter. Solch eine Übertragung einer „Funktion" würde unter einander fremden Unternehmen nur gegen eine Ausgleichszahlung erfolgen. Um deren An-

---

1 *Reiß* in Kirchhof, EStG § 16 Rz. 207.
2 BFH 28. 10. 2009 – I R 99/08, BStBl II 2011, 1919; I R 28/08, IStR 2010, 103.
3 *Kessens* in Schnitger/Fehrenbach § 12 Rz. 42: „offenbar übersehen"; s. auch *Körner*, IStR 2009, 741.
4 In *Benecke/Staats* DPM vor § 12 Rz. 19.
5 *Valta* in Mössner/Seeger/Oellerich, KStG, § 31 Rz. 21 spricht gegen die Anwendung aus.
6 *Benecke/Staats*, § 12 Rz. 48; a. A. *Frotscher*/Drüen, § 12 Rz. 18.
7 *Micker* in Fuhrmann, AStG, § 1 Rz. 402; *Wassermeyer/Baumhoff/Greinert* in FWB, AStG, § 1 Anm. V69; *Hofacker* in Haase, AStG, § 1 Rz. 260; ebenso § 1 Abs. 2 FVerlVO; Gosch/*Lampert* § 12 Rz.. 40.

gemessenheit bei Verlagerungen zwischen verbundenen Unternehmen geht es.[1] Dafür spricht die Positionierung in § 1 AStG. Da es um die Übertragung und die Korrektur des Verrechnungspreises geht, hat § 1 Abs. 3 Satz 9 AStG andere Tatbestandsvoraussetzungen und es kommt nicht zur Überschneidung mit § 12 KStG. Im BMF-Schreiben v. 14. 5. 2004[2] wird unter der Verlagerung auch die Übertragung an personenidentische Personengesellschaften verstanden. Da die Betriebsstätte einer Personengesellschaft dem Gesellschafter eine Betriebsstätte vermittelt, würde es sich um die Überführung in eine andere Betriebsstätte desselben Steuerpflichtigen handeln und damit möglicherweise auch um einen Fall von § 4 Abs. 1 Satz 3 EStG.

Mit der Einführung des **AOA** (Authorized OECD Approach) durch das AmtshilfeRLUmsG[3] ergeben sich jedoch neue Fragen.[4] Da der AOA davon ausgeht, dass die Betriebsstätte wie ein selbständiges Unternehmen steuerlich behandelt wird, wäre es folgerichtig, die Überführung von Wirtschaftsgütern auch in den Anwendungsbereich von § 1 AStG fallen zu lassen. Man kann aber auch den AOA als eine Regelung zur Betriebsstättengewinnermittlung ansehen. Dann würde die Überführung unter § 12 KStG fallen und die anschließende Ermittlung des Gewinns unter § 1 AStG. Da die Verankerung des AOA in § 1 AStG anstatt in § 50 EStG systemwidrig und nur durch die Zuständigkeiten im BMF zu erklären ist, spricht vieles für das zweite Verständnis.[5] Nimmt man allerdings das Realisationsprinzip ernst,[6] so ist immer eine Außentransaktion erforderlich, um die Leistungsfähigkeit zu steigern. Führt diese Transaktion zur Liquidität, mit der die Steuer bezahlt werden kann, so kann man die Aufteilung des Gewinns unter den beteiligten Staaten so vernehmen, als wären Stammhaus und Betriebsstätte unabhängige Unternehmen. Fehlt es an der Außentransaktion als Realisierungstatbestand, so würde ein fiktiver Gewinn das Übermaßverbot verletzen.[7]

Der Hinzurechnungsbesteuerung[8] unterliegt nicht der Gewinn der ausländischen Zwischengesellschaft.[9] Entfallen die Voraussetzungen der Hinzurechnung, so ist dies kein Ausschluss des deutschen Besteuerungsrechts.[10]

Zu den verfassungsrechtlichen Aspekten vgl. *Herbst*.[11]

53

Art. 5 ATAD

54

Im Zuge des BEPS-Prozesses der OECD hat der Rat der EU die Richtlinie (EU) 2016/1164 vom 12.7.2016 – Anti-Tax Avoidance Directive I (ATAD I) beschlossen. In ihrem Art. 5 („Übertragung von Vermögenswerten und Wegzugsbesteuerung") enthält sie eine ausführliche Regelung der Entstrickungsbesteuerung.[12] Es ist noch nicht abschließend geklärt, welche Auswirkungen die Richtlinie auf § 12 KStG besitzt.[13]

---

1 Vgl. *Reichl/von Bredow* IStR 2015, 24 ff.
2 IV B4 – S 1340 – 11/04, BStBl I 2004, Sondernummer 1, Tz. 1.4.3.
3 BGBl 2013 I 1809.
4 Vgl. *Herbort*,FR 2013, 781; *Kahle/Eichholz/Kindich*, Ubg 2016, 132 ff.
5 Bedenken auch bei *Schnitger*, Entstrickung, S. 34, 54 f., der darauf hinweist, dass es mangels „Einkünften" auch keine Einkünftekorrektur geben kann.
6 So *Schaumburg*, ISR 2013, 199.
7 Ebenso *Schaumburg*, ISR 2013, 199.
8 Vgl. auch *Schnitger*, Entstrickung, S. 32 ff.
9 Vgl. *Fuhrmann*, AStG, 3. Aufl. vor §§ 7 – 14.
10 Ebenso *Wassermeyer*, DB 2006, 2424; *Förster*, DB 2007, 73. *Gosch/Lampert*, § 12 Rz. 39.
11 *Herbst*, a. a. O., 173 ff.; *Schnitger*, Entstrickung, S. 97 ff.
12 Vgl. hierzu eingehend *Wacker*, DStjG 41, 455 ff.
13 Hierzu *Wacker*, DStjG 41, S. 456 f. m. w. N.

55–60 *(Einstweilen frei)*

VI. Rückwirkung

61 Die mit dem SEStEG (→ Rz. 8) erfolgte Neufassung war auf die nach dem 31.12.2005 endenden Wirtschaftsjahre anzuwenden (§ 34 Abs. 8 Satz 2 KStG). Verfassungsrechtliche Probleme ergaben sich hinsichtlich des zeitlichen Anwendungsbereichs somit nicht.[1] Die Finanzverwaltung ging dabei davon aus, dass der BFH seine Rechtsprechung zur finalen Entnahmetheorie (→ Rz. 6) fortsetzen würde. Nach der Aufgabe dieser Rechtsprechung versucht die Finanzverwaltung ihre Auffassung im Wege eines Nichtanwendungsgesetzes durchzusetzen. Das **JStG 2010** hat in § 34 Abs. 8 KStG n. F. ohne zeitliche Begrenzung rückwirkend die im Jahr 2010 erfolgte gesetzliche Verankerung der Entstrickungstheorie in Kraft gesetzt.

Dies ist eine echte Rückwirkung, die generell unzulässig ist.[2] Das FG Düsseldorf[3] verneint, dass die Steuerpflichtigen vor dem Urteil des BFH vom 17.7.2008[4] überhaupt ein schützenswertes Vertrauen darauf bilden konnten, dass es keine sofortige Versteuerung wegen Entstrickung gebe, und hält daher die echte Rückwirkung für zulässig.[5] Grundlage der Entscheidung ist, dass das Gericht zwischen einer formellen und einer materiellen Rückwirkung unterscheidet. Formell wirkt danach ein Gesetz zurück, wenn es abgeschlossene Sachverhalte anders regelt, als der Rechtszustand vor dem Inkrafttreten dieses Gesetzes war. Eine materielle Rückwirkung soll danach nur dann vorliegen, wenn der Steuerpflichtige auf die frühere (andere) Rechtslage vertrauen durfte. Da die finale Entstrickungslehre von den Gerichten und der Finanzverwaltung bis 2008 praktiziert wurde, habe kein schützenswertes Vertrauen bestanden. Diese Ansicht bewirkt aber, dass eine veränderte Auslegung eines Gesetzes durch die Gerichte nur den entschiedenen und nicht auch die noch anhängigen Fälle erfasst, wenn ein die bisherige Praxis bestätigendes Gesetz „rückwirkend" anwendbar ist. Dies ist rechtsstaatlich äußerst bedenklich. Zumal die Rechtslage keineswegs so eindeutig war (s. o. → Rz. 20), wie sie es nach Darstellung des FG gewesen sein sollte. Die Frage liegt nun dem BVerfG zur Entscheidung vor (Az. BVerfG 2 BvL 8/13).

62–65 *(Einstweilen frei)*

VII. Würdigung

66 Die beabsichtigte Kodifizierung der Entstrickungslehre in § 12 Abs. 1 KStG ist dem Gesetzgeber gründlich misslungen. Wie in anderen Bereichen des internationalen Steuerrechts fehlt ihm bzw. seinen „Helfern" im BMF, zum einen eine zutreffende Einsicht in die dogmatische Struktur dieses Rechtsgebiets, zum anderen ist die Regelung **gesetzestechnisch problematisch**, da nicht auf tatsächliche Vorgänge als Tatbestandsvoraussetzung – etwa Verbringung eines Wirtschaftsgutes – abgestellt wird, sondern die Rechtsfolge an Wertungen – Ausschluss des Besteuerungsrechts, Zuordnung des Wirtschaftsguts – anknüpft, die ihrerseits weder gesetzlich geregelt sind, noch so formuliert sind, dass sie aus dem Gesetzestext erkenntlich sind.[6] Vor

---

[1] A. A. *Herbst*, a. a. O., 183.
[2] Vgl. *Oppel*, ISR 2016, 291.
[3] Urteil v. 19.11.2015 – 8 K 3664/11 F; hierzu vgl. die zutreffende Kritik von *Ditz/Tcherveniachki*, ISR 2016, 417, auch zu FG Köln, Urteil v. 16.2.2016 - 10 K 2335/11, IStR 2016, 384.
[4] I R 77/06, BStBl 2009 II 464.
[5] Vgl. zur Rückwirkung auch *Musil*, HHR § 4 Rz. 208 ff.; *Kroppen* in GKG Art. 7 MA Rz. 149/1 ff. (155).
[6] *Werra/Teiche*, DB 2006, 1455.

allem akzeptiert die Verwaltung nicht die von der Rechtsprechung vorgenommenen Auslegungen und baut nicht auf diesen auf, sondern versucht, andere Konzepte durchzusetzen, so dass keine klaren Prinzipien mehr erkennbar sind.

Auch kann man an der **Notwendigkeit** einer Überführungsbesteuerung zweifeln, da entgegen der Annahme des Gesetzgebers ein deutsches Besteuerungsrecht nicht ausgeschlossen oder beschränkt wird.[1] Eine Notwendigkeit für eine vorgezogene Besteuerung besteht nicht, hingegen ist der Ausschluss der Berücksichtigung des weiteren Schicksals des überführten Wirtschaftsgutes nicht gerechtfertigt. Anzuerkennen ist, dass der Gesetzgeber eine Regelung treffen musste für die Verlegung von Sitz oder Geschäftsleitung ins Ausland, insbesondere bei einer Europäischen Gesellschaft. Doch die Neuregelung geht weit darüber hinaus.

(Einstweilen frei)

B. Tatbestandsvoraussetzungen – § 12 Abs. 1 KStG

I. Überblick

§ 12 Abs. 1 KStG ist die **Parallelvorschrift** für Körperschaften zu § 4 Abs. 1 Satz 3 EStG. Während letztere Vorschrift als Rechtsfolge eine Entnahme fingiert, sieht § 12 Abs. 1 KStG eine (fingierte) „Veräußerung oder Überlassung" vor. Begründet wird dies damit, dass eine Kapitalgesellschaft nach der Rechtsprechung des BFH[2] nicht über eine Privatsphäre verfügt. Wie im EStG – dort für die Entnahme § 6 Abs. 1 Nr. 5a – ist der gemeine Wert anzusetzen. Die Formulierung „Überlassung zum gemeinen Wert" bei der Nutzungsüberlassung ist misslungen. Gemeint ist offenbar, dass für die Überlassung ein übliches Entgelt fiktiv angesetzt werden soll. Auch die These, dass keine Entnahme bei Körperschaften möglich sei, verkennt die Tatsache, dass es sich bei § 4 Abs. 1 Satz 3 EStG nicht um eine Entnahme handelt,[3] sondern nur die Rechtsfolge einer Entnahme eintreten soll.

Der **Wortlaut** von Abs. 1 ist wenig gelungen und lässt mehrere Auslegungen zu. Grundtatbestand ist, dass „bei" dem Körperschaftsteuersubjekt „das Besteuerungsrecht" ... „ausgeschlossen oder beschränkt" wird. Diese Formulierung ist zumindest ungewöhnlich. Durch die Verwendung des Passivs bleibt der Vorgang des Ausschlusses bzw. der Beschränkung ungenannt. Es kommt nur auf das Ergebnis an, so dass alle denkbaren Fälle erfasst sind. Unklar und damit str. ist die Formulierung, dass der Ausschluss bzw. die Beschränkung „bei der" Körperschaft usw. eintreten muss (u. → Rz. 92, → Rz. 152). Das Besteuerungsrecht muss dabei hinsichtlich „des Gewinns aus der Veräußerung oder der Nutzung eines Wirtschaftsguts" zugunsten der Bundesrepublik Deutschland bestehen. Was darunter zu verstehen ist, ist str. (u. → Rz. 106).

(Einstweilen frei)

II. Subjektiver Anwendungsbereich des § 12 Abs. 1 KStG

§ 12 Abs. 1 KStG ist bei Körperschaften, Personenvereinigungen und Vermögensmassen anwendbar. Diese Begriffe verwenden §§ 1 und 2 KStG zur allgemeinen Umschreibung der **Kör-**

---

[1] Wassermeyer, DB 2006, 2421.
[2] St. Rspr. z. B. v. 4. 12. 1996 – I R 54/95, BFHE 182, 123, NWB YAAAA-96773; v. 22. 8. 2007 – I R 32/06, BStBl 2007 II 961.
[3] Vgl. Musil HHR, § 4 Rz. 218.

perschaftsteuersubjekte, so dass alle unbeschränkt und beschränkt steuerpflichtigen Körperschaftsteuersubjekte betroffen sind.[1] In § 11 KStG hingegen sind nur einige (§ 1 Abs. 1 Nr. 1 bis 3 KStG) erwähnt. Hinsichtlich der Betriebe gewerblicher Art der **öffentlichen Hand** sind allenfalls ausländische Betriebsstätten denkbar, aber unwahrscheinlich.[2]

87 **Ausländische Gesellschaften** unterliegen seit der sog. Venezuela-Entscheidung[3] dann der deutschen Körperschaftsteuer, wenn sie im Typenvergleich[4] einer der in § 1 Abs. 1 KStG genannten Form entsprechen. Die Europäische Gesellschaft (SE) und Europäische Genossenschaft (SCE) sind seit dem SEStEG ausdrücklich genannt.

88 Sind an einer inändischen KG **Kapitalgesellschaften beteiligt** und überführt die KG Wirtschaftsgüter ihres Betriebsvermögens in ihre ausländische Betriebsstätte, so kommt zur Feststellung der mitunternehmerschaftlich erzielten Einkünfte § 4 Abs. 1 Satz 3 EStG zur Anwendung, da es sich um die Ermittlung der mitunternehmerischen Einkünfte der KG handelt.[5]

89–90 *(Einstweilen frei)*

III. Objektiver Tatbestand

91 Der objektive Tatbestand wird von folgenden Elementen bestimmt:
- Deutsches Besteuerungsrecht
- dessen Ausschluss oder Beschränkung
- Wirtschaftsgut
- Veräußerungsgewinn.

92 Welche Bedeutung es hat, dass der Ausschluss oder die Beschränkung **bei dem** Körperschaftsteuersubjekt eintreten muss, ist nicht geklärt. Dass Abs. 1 auch alle Fälle erfasst, in denen stille Reserven von einer Körperschaft auf eine andere übergehen (Rechtsträgerwechsel, vgl. → Rz. 152), kann daraus nicht gefolgert werden.

1. Deutsches Besteuerungsrecht

93 Der Tatbestand setzt den Ausschluss (s. → Rz. 139) oder die Beschränkung (s. → Rz. 140) des deutschen Besteuerungsrechts voraus. **Deutsch** ist das Besteuerungsrecht, wenn die deutsche Körperschaftsteuer betroffen ist.

94 Der **Begriff des Besteuerungsrechts** ist neu und nicht definiert. Der Sprachgebrauch von § 12 KStG lehnt sich an denjenigen des UmwStG an. Dieses verwendet (in §§ 3 Abs. 2, 11 Abs. 2, 13 Abs. 2, 20 Abs. 2, 22 Abs. 1, 24 Abs. 2 KStG) die leicht abweichende Formulierung „Recht … hinsichtlich der Besteuerung", wohingegen das EStG (§§ 6 Abs. 5, 16 Abs. 3) die **Sicherstellungsklausel** verwendet, wonach die Besteuerung der stillen Reserven sichergestellt bleiben muss. Ob diese Formulierungen dasselbe oder etwas Verschiedenes meinen, ist strittig.[6] Sicherstellung der Besteuerung stiller Reserven scheint enger als die Fortexistenz des Besteuerungsrechts hinsichtlich eines Veräußerungsgewinns eines Wirtschaftsguts. Bei der Sicherstellungs-

---

[1] *Von Freeden*, RHN § 12 Rz. 14; *Kessens* in Schnitger/Fehrenbach § 12 Rz. 29.
[2] *Hackemann* in Bott/Walter, KStG § 12 Rz. 11.; *Gosch/Lampert* § 12 Rz. 90.
[3] RFH, Urteil v. 12. 2. 1930 – VI A 899/27, RStBl 1930, 444.
[4] Näher *Mössner*, Steuerrecht international tätiger Unternehmen, 5. Aufl., 2012, 2.49 ff.
[5] Ebenso *Wacker*, DStjG 41, S. 430.
[6] *Beinert/Benecke*, FR 2010, 1009 f., werfen die Frage auf, beantworten sie aber nicht.

klausel bezieht sich die Aussage eindeutig auf vorhandene stille Reserven, die nicht dem späteren Veräußerungsgewinn entsprechen müssen. Ein Besteuerungsrecht hinsichtlich des Veräußerungsgewinns könnte auch so verstanden werden, dass das Gesetz darauf abstellt, ob der Außenumsatz in voller Höhe der deutschen Besteuerung unterliegt.

> **BEISPIEL:** Unternehmen U produziert im Inland ein Produkt, das in die ausländische Betriebsstätte überführt wird. Bei der Überführung ruhen in dem Produkt stille Reserven von 50 (gemeiner Wert 100 – Herstellungskosten 50). Die Betriebsstätte veräußert das Produkt zu 150. „Sicherstellung der stillen Reserven" bezieht sich auf die im Überführungszeitpunkt vorhandenen Reserven von 50, „Besteuerungsrecht hinsichtlich des Veräußerungsgewinns" könnte den gesamten Verkaufsgewinn von 100 meinen.

Da jedoch der Ausschluss eines Rechts dessen Existenz voraussetzt (→ Rz. 106), ist auf das Besteuerungsrecht im **Zeitpunkt der Überführung** abzustellen.[1] Ein Unterschied zur Sicherstellungsklausel besteht daher nicht. Außerdem wäre schwer verständlich, dass die fehlende Möglichkeit, den der Betriebsstätte zuzuordnenden Gewinn zu besteuern, als Rechtfertigung dazu dienen könnte, den erst in Zukunft entstehenden, aber ungewissen Gewinn vorzeitig zu erfassen. Dies wäre dann keine Entstrickungsbesteuerung mehr, sondern führte zu einer fiktiven Gewinnermittlung. 95

Die dem Begriff „Besteuerungsrecht" bzw. „Recht hinsichtlich der Besteuerung", zugrunde liegende Vorstellung ist ungenau. Das Recht, Steuern zu erheben, sowie deren Art und Ausgestaltung festzulegen, auch als **Steuerhoheit** bezeichnet,[2] ist untrennbarer Bestandteil der Souveränität eines Staates und wird nicht ausgeschlossen, wenn ein Staat ein DBA schließt, in dem er auf die Besteuerung bestimmter inländischer oder ausländischer Einkünfte „verzichtet" (vgl. → Rz. 99, → Rz. 256). Würde ein Staat das Besteuerungsrecht durch die Verteilung in einem DBA verlieren, so könnte es keinen treaty-override geben, da das Besteuerungsrecht nicht mehr vorhanden wäre. 96

Nähme man den Begriff Besteuerungsrecht **wörtlich**, so wären unter einem Ausschluss nur solche Vorgänge zu verstehen, durch die Deutschland das Recht verliert, Einkünfte zu versteuern, weil sie nicht mehr seiner Steuerhoheit unterworfen sind. 97

> **BEISPIEL:** Die Deutsche A, bisher im Inland ansässig mit Einkünften aus nichtselbständiger Tätigkeit und Kapitalvermögen, verzieht ins Ausland. Nach der Heirat gibt sie die deutsche Staatsangehörigkeit auf. Aus dem Inland bezieht sie keine Einkünfte mehr. Die deutsche Steuerhoheit erstreckt sich nicht mehr auf sie. Ihre Besteuerung durch Deutschland ist ausgeschlossen.

Der **Steueranspruch** stellt eine Geldforderung des Steuergläubigers gegen dem Steuerschuldner dar, wenn dieser die Voraussetzungen eines Steuertatbestandes erfüllt hat (§ 38 AO). Besteuern heißt, aus der Verwirklichung des Steuertatbestands die gesetzlichen Folgerungen ziehen. Dementsprechend besteht kein Besteuerungsrecht hinsichtlich eines Gewinnes, sondern „besteuert" wird der Steuerpflichtige. Einkünfte, die der Steuerpflichtige erzielt, unterliegen der Einkommensteuer (§ 2 Abs. 1 EStG). Die Erzielung eines Gewinns erfüllt den Tatbestand, der zum Entstehen der Steuer führt. 98

---

1 Ebenso *Herbst*, a. a. O., 83 ff.; 85.
2 *Mössner*, Steuerrecht international tätiger Unternehmen, 2.1.

99 Ein Staat umschreibt mit den Tatbeständen seiner Steuergesetze diejenigen Sachverhalte, die er für steuerwürdig erachtet. Dieses Recht wird ihm durch ein DBA weder zugeteilt oder genommen, wie man dies in den Anfängen des Internationalen Steuerrechts gemeint hat.[1] Die innerstaatlich anwendbaren Normen eines DBA ergänzen den Steuertatbestand derart, dass die Freistellung als Ausnahmenorm wirkt. Wenn § 12 Abs. 1 KStG, vergleichbar § 4 Abs. 1 Satz 3 EStG, vom Besteuerungsrecht spricht, so ist darunter zu verstehen, dass der Veräußerungsgewinn hinsichtlich des Wirtschaftsgutes im Tatbestand einer Norm der Körperschaftsteuer enthalten ist.

100–105 *(Einstweilen frei)*

2. Bestehen eines Besteuerungsrechts

106 Ein „Besteuerungsrecht" kann nur ausgeschlossen oder beschränkt werden, wenn es besteht.[2] Entstehen nach der Entstrickung im Wirtschaftsgut neue stille Reserven im Ausland, so besteht daran kein deutsches Besteuerungsrecht,[3] es sei denn, das Wirtschaftsgut unterliegt weiterhin der deutschen Besteuerung (vgl. → Rz. 295). Allerdings scheidet es dann nicht aus der deutschen Besteuerung aus. Da es sich auf einen Veräußerungsgewinn bezieht, kommen nur solche Fälle in Betracht, in denen Deutschland den **Gewinn aus der Veräußerung eines Wirtschaftsgutes** bei der Körperschaftsteuer tatbestandlich (→ Rz. 122) erfasst. Es kommen damit folgende Situationen in Betracht:

- **unbeschränkt** steuerpflichtige Körperschaftssubjekte i. S. v. § 1 **Nr. 1 bis 3** KStG erzielen gem. § 8 Abs. 2 KStG Einkünfte aus Gewerbebetrieb. Alle Wirtschaftsgüter in ihrem wirtschaftlichen Eigentum sind somit Betriebsvermögen und folglich „steuerverstrickt". Dies gilt auch für Betriebe gewerblicher Art i. S. v. § 1 Abs. 1 Nr. 6 KStG.

- **unbeschränkt** Steuerpflichtige i. S. v. § 1 Abs. 1 **Nr. 4 bis 5** KStG können Einkünfte jeder Art erzielen, wenn sie deren Voraussetzungen (§§ 13 – 23 EStG) erfüllen. Erzielen sie Gewinneinkünfte, so gilt das Vorstehende. Bei Überschusseinkünften – Vermietung und Verpachtung, Kapitaleinkünfte – sind Wertänderungen zwar grundsätzlich nicht einbezogen, davon gibt es jedoch weitgehende Ausnahmen:

    – Spekulationsgewinne oder private Veräußerungsgewinne gem. § 23 EStG

    BEISPIEL: Der Sportverein TUS Kleindorf hat ein Grundstück erworben, das nach fünf Jahren verkauft wird.

    – Beteiligungen an Kapitalgesellschaften i. S. v. § 17 EStG

    BEISPIEL: Die Y-Stiftung hält 40 % der Y-GmbH.

    – Anteile an Kapitalgesellschaften gem. § 20 Abs. 2 Nr. 1 EStG

---

[1] Vgl. *Vogel*, DBA, 5. Aufl., Einl. Rz. 69 ff.; *Wassermeyer*, Art. 1 MA Rz. 8 ff. zum Streit, ob DBA Verteilungs-, Verzichts-, Kollisions- oder Schrankennormen enthalten.
[2] H. M. vgl. *Förster*, DB 2007, 72; *Lenz* in Erle/Sauter, § 12 Rz. 33.
[3] H. M. *Von Freeden*, RHN § 12 Rz. 65; *Hackemann*, in Bott/Walter, KStG § 12 Rz. 27.1; *Kolbe*, HHR § 12 Rz. 7, a. A. *Frotscher*/Drüen, § 12 Rz. 24d; *Hoffmeister* in Blümich § 12 Rz. 42.

▶ Bei **beschränkt** Steuerpflichtigen kommt es darauf, welche inländischen Einkünfte (§ 49 Abs. 1 EStG) sie erzielen. Auch für sie gilt die Unterscheidung von Gewinn- und Überschusseinkünften mit der Ausnahme von § 49 Abs. 1 Nr. 2 f. EStG. Nach letzterer Vorschrift ist inländischer Grundbesitz beschränkt steuerpflichtiger Körperschaften immer steuerverstrickt.

Somit bezieht sich das Besteuerungsrecht auf alle der unbeschränkten oder beschränkten Körperschaftsteuerpflicht unterliegenden Wirtschaftsgüter, mögen diese im Inland oder im Ausland belegen sein. 107

(Einstweilen frei) 108–110

3. Wirtschaftsgut

Der allgemeine steuerliche **Begriff** des Wirtschaftsgutes umfasst alle Sachen, Rechte und sonstigen wirtschaftlichen Vorteile als positive Wirtschaftsgüter und Verbindlichkeiten als negative Wirtschaftsgüter. Voraussetzung ist, dass sie greifbar sind, d. h. sich von anderen Wirtschaftsgütern und Vorteilen abgrenzen lassen. Bloße Chancen oder Erwartungen sind keine Wirtschaftsgüter. 111

Abzugrenzen ist § 12 Abs. 1 KStG von der sog. **Funktionsverlagerung**[1] gem. § 1 Abs. 3 AStG. § 1 AStG betrifft nur Geschäftsbeziehungen zu nahe stehenden Personen im Ausland, setzt somit bei Wirtschaftsgütern bei einer Funktionsverlagerung voraus, dass sie auf die nahe stehende Person übertragen werden. Überführungen von Wirtschaftsgütern zwischen verschiedenen Betriebsvermögen eines Steuerpflichtigen werden von § 1 AStG nicht betroffen und sind nur denkbare Fälle von § 12 KStG.[2] 112

Auch wenn das Gesetz vom Wirtschaftsgut im Singular spricht, so ist es auch auf eine **Mehrheit** von Wirtschaftsgütern anwendbar, so dass auch Betriebe, Teilbetriebe und ganze Mitunternehmeranteile betroffen sind.[3] 113

Das Gesetz nimmt keine Einschränkung vor, so dass **materielle und immaterielle** Wirtschaftsgüter des Anlage- und des Umlaufvermögens dazu gehören. Anders als in § 3 Abs. 1 UmwStG sind die immateriellen Wirtschaftsgüter zwar nicht ausdrücklich erwähnt. Nach dem Zweck des Gesetzes, entschwindende stille Reserven zu erfassen, kann es aber nicht auf die Bilanzierungsfähigkeit ankommen, so dass auch selbstgeschaffene immaterielle Wirtschaftsgüter erfasst werden.[4] Gerade wegen der fehlenden Bilanzierung enthalten solche Werte stille Reserven. 114

Ein **Firmen- oder Geschäftswert** ist ein Wirtschaftsgut i. S. v. § 12 Abs. 1 KStG.[5] Da ein selbstgeschaffener Firmenwert wegen § 5 Abs. 2 EStG immer stille Reserven enthält, ist davon auszugehen, dass der Gesetzgeber auch ihn erfassen wollte, wenn er aus der inländischen Besteuerung ausscheidet (hierzu s. → Rz. 206). Bloße Geschäftschancen sind keine Wirtschaftsgüter. Hinsichtlich der Bewertung s. u. → Rz. 311. 115

---

1 Vgl. hierzu *Fuhrmann*, AStG, 3. Aufl., § 1 Rz. 300 ff.
2 Ebenso *Frotscher*/Drüen, § 12 Rz. 13.
3 Ebenso *Dötsch/Benecke/Staats*, DPM, § 12 Rz. 115; zweifelnd *Stadler/Elser*, BB 2006 Special, 21.
4 Ebenso h. M. z. B. *Lenz* in Erle/Sauter, § 12 Rz. 19; *Hackemann* in Bott/Walter, KStG § 12 Rz. 22.
5 H. M. *Hackemann* in Bott/Walter, § 12 Rz. 22; *Frotscher*/Drüen, § 12 Rz. 21.

116 Bei **Verbindlichkeiten** und Rückstellungen stellt sich die Frage, wie es zu einem Gewinn aus ihrer Veräußerung oder Nutzung kommen kann, es also stille Reserven bei ihnen gibt. *Frotscher* (→ Rz. 22) verneint, dass Verbindlichkeiten Wirtschaftsgüter i. S. v. § 12 Abs. 1 KStG seien und will sie daher mit den „allgemeinen steuerlichen Ansatz- und Bewertungsregeln" ansetzen. Dies ist widersprüchlich: wenn es keine Wirtschaftsgüter sind, kommt es auch nicht zur Entstrickung. Der in der Regierungsvorlage enthaltene Zusatz des Satzes 2, dass Pensionsrückstellungen gem. § 6a EStG zu bewerten seien, wurde vom Finanzausschuss gestrichen. Als Begründung wurde angegeben, dass sich die Bewertung der Pensionsrückstellungen aus den allgemeinen Vorschriften ergäbe. Daraus kann gefolgert werden, dass nach Auffassung des Gesetzgebers Pensionsrückstellungen „Wirtschaftsgüter" sind.

117–120 *(Einstweilen frei)*

4. Gewinn

121 Das Besteuerungsrecht (→ Rz. 106) muss „hinsichtlich des Gewinns" bestehen. „Gewinn" ist **nicht** im Sinne der **Gewinneinkünfte** gemeint,[1] da auch § § 17, 23 Abs. 3 EStG vom Gewinn aus der Veräußerung sprechen. Die gegenteilige Auffassung von *Hofmeister*,[2] dass § 12 Abs. 1 KStG nur Wirtschaftsgüter des Betriebsvermögens erfasst, kann sich nicht auf die Gesetzesbegründung oder *Rödder/Schumacher*[3] stützen. Sie findet auch keinen Anhalt im Wortlaut. Entscheidend ist nur, ob eine gedachte Veräußerung des Wirtschaftsgutes tatbestandlich erfasst wäre (→ Rz. 106) Unter Gewinn ist auch ein **Verlust** zu verstehen.[4] Dazu kann es kommen, wenn der gemeine Wert (→ Rz. 311) unterhalb des Buchwertes liegt.

BEISPIEL: Das Unternehmen hat im Inland ein Produkt zu Herstellungskosten von 100 hergestellt. Da die Mode gewechselt hat, erweist es sich im Inland nur zu 90 verkaufbar. Das Unternehmen überführt das Produkt in seine Betriebsstätte im Ausland in der Hoffnung, es dort zu 120 verkaufen zu können.

a) Aus der Veräußerung

122 Ein Besteuerungsrecht hinsichtlich eines „Gewinns aus der Veräußerung" des Wirtschaftsgutes besteht dann, wenn eine – gedachte – Veräußerung des Wirtschaftsgutes den Tatbestand des Einkommens einer Körperschaft erfüllt. Ebenso formuliert der Gesetzgeber in § 4 Abs. 1 Satz 3 EStG und lehnt sich damit an § § 16, 17, 20 Abs. 2 und 23 EStG an. Entscheidend ist damit, ob bei einer im Zeitpunkt des Ausschlusses oder der Beschränkung des Besteuerungsrechts gedachten Veräußerung die Differenz zwischen dem Verkaufspreis und dem Buchwert bzw. Anschaffungskosten der Körperschaftsteuer unterläge (vgl. → Rz. 294 f.).

123 Es ist folglich auf den **im Überführungszeitpunkt**[5] erzielbaren Veräußerungspreis nach der jeweiligen Handelsstufe (→ Rz. 95, → Rz. 230) abzustellen.[6] Den Ausschluss darin zu sehen, dass nach der Überführung Deutschland nicht mehr den vollen tatsächlichen Veräußerungsvorgang

---

1 Ebenso *Benecke/Staats*, DPM, § 12 Rz. 101.
2 *Blümich*, § 12 Rz. 36.
3 DStR 2006, 1481.
4 Ebenso *Dötsch*, DPM, § 12 Rz. 113.
5 Unklar *Rödder/Schumacher*, DStR 2007, 371.
6 Ebenso *Benecke/Staats*, DPM, § 12 Rz. 99.

besteuern kann,[1] wäre widersinnig.[2] Man würde dem Gesetz unterstellen, dass es wegen des ihm entgehenden zusätzlichen Gewinns vorgezogen den ihm verbleibenden besteuern will.

b) Aus der Nutzung

Komplizierter ist es zu bestimmen, was ein Gewinn aus der Nutzung eines Wirtschaftsgutes bedeutet.[3] Denkbar ist, dass ein Wirtschaftsgut genutzt wird, um Gewinn zu erzielen,[4] oder dass das Wirtschaftsgut einem anderen gegen Entgelt überlassen wird. Offenbar[5] hatte der Gesetzgeber[6] den Fall im Auge, dass ein Wirtschaftsgut **zeitlich befristet** in einer ausländischen Betriebsstätte genutzt wird. 124

> **BEISPIEL:** Die inländische Bau-GmbH setzt für sieben Monate einen Kran auf einer ausländischen Baustelle ein.

Mit Hilfe der (zeitlich begrenzt) überlassenen Wirtschaftsgüter – Kran – wird in der Betriebsstätte ein Gewinn erzielt, der als Ergebnis der Betriebsstätte im Inland freigestellt ist oder auf den ausländische Steuer angerechnet wird. Diesen Gewinn bezeichnet das Gesetz als „Gewinn aus der Nutzung des Wirtschaftsgutes".[7] 125

Nach bisheriger Auffassung[8] sind die entsprechenden **Kosten**, z. B. zeitanteilige Abschreibung, der Betriebsstätte und nicht dem Stammhaus **zuzuordnen**. Eine Berechnung der Kosten einschl. eines Gewinns, z. B. in Form einer Miete ist nach bestehender Rechtslage nicht möglich,[9] da die Betriebsstätte ein unselbständiger Teil des Unternehmens ist und Verträge zwischen Stammhaus und Betriebsstätte nicht möglich sind. Dementsprechend wird auch kein Gewinnaufschlag anerkannt, wenn in einer inländischen Betriebsstätte eines ausländischen Unternehmens ein Wirtschaftsgut des ausländischen Stammhauses genutzt wird. 126

Nach den Vorstellungen der **OECD**[10] von der Selbständigkeit der Betriebsstätte[11] soll die Vereinbarung z. B. einer Miete als sog. Dealing möglich sein. Darauf nimmt die Gesetzesbegründung Bezug,[12] so dass die Umsetzung des OECD-Ansatzes erfolgt und eine Kostenzuordnung plus Gewinnaufschlag nunmehr vorgesehen ist.[13] Wenn *Förster*[14] einen Gewinnaufschlag wegen des Vorrangs des DBA ablehnt, so kann dem angesichts der Gesetzesbegründung nicht gefolgt werden. Da die OECD jedoch Art. 7 Abs. 2 MA eine neue Fassung gegeben hat und § 12 Abs. 1 KStG insofern diese im deutschen Recht verankert, bleibt die Frage, inwieweit § 12 Abs. 1 KStG gilt, wenn das DBA mit dem Betriebsstättenstaat noch die alte Fassung des DBA enthält. 127

---

1 So aber *Stadler/Teich*, BB 2006 Special, 19.
2 Ebenso *Herbst*, a. a. O., 85.
3 „Rätsel", *Wassermeyer*, DB 2006, 2421; vgl. *Herbst*, a. a. O., 186.
4 So *Hackemann* in Bott/Walter, KStG § 12 Rz. 24, 29.
5 So auch *Benecke/Staats/Pung*, DB 2006, 2649; *Benecke/Schnitger*, IStR 2006, 766.
6 BT-Drucks. 16/2710, 28, 31.
7 Ebenso *Hackemann* in Bott/Walter, § 12 Rz. 29.
8 *Benecke/Schnitger*, IStR 2006, 766; *Stadler/Elser*, BB 2006 Special, 20 f.
9 BMF, Betriebsstättenerlass v. 24.12.1999, BStBl 1999 I 1076, Tz. 2.4; 3.3.
10 Report on the attribution of profits to permanent establishments, 22. 7. 2010, Paris 2010; s. auch *Herbst*, a. a. O., 57 ff.
11 Die *Wassermeyer*, DB 2006, 2422, noch nicht berücksichtigt.
12 BT-Drucks. 16/2710, 27.
13 *Stadler/Elser*, BB 2006 Special, 21; *Rödder/Schumacher*, DStR 2006, 1484.
14 DB 2007, 74.

Auch die mit dem JStG 2013 geplante Ergänzung des § 1 AStG zur Umsetzung des OECD-Ansatzes ist in ihren Auswirkungen noch offen.[1]

128 Anwendbar ist die Regelung daher auf Fälle, in denen ein Wirtschaftsgut von einer ausländischen Betriebsstätte **desselben** Unternehmens genutzt wird, ohne dass es zu einer Zuordnung dieses Wirtschaftsgutes zu dieser Betriebsstätte kommt.[2]

129 Fälle, in denen ein Wirtschaftsgut einer **anderen** Person zur Nutzung überlassen wird, stellen eine verdeckte Gewinnausschüttung dar oder unterfallen § 1 AStG,[3] wenn es sich um nahe stehende Personen-, Tochter-, Schwester- oder sonstige Konzerngesellschaften handelt. Bei einer Überlassung an unabhängige Dritte gegen Entgelt kann eine Besteuerung des Entgelts entfallen oder eingeschränkt werden, wenn die Nutzung durch eine im Ausland ansässige Person erfolgt und nach einem DBA nicht die Besteuerung durch den ausländischen Staat ausgeschlossen wird.

> **BEISPIEL:** Die X-AG hat der X-GmbH ein Patent gegen Lizenzzahlung überlassen. (a) X-GmbH ist im Ausland ansässig. (b) X-GmbH verlegt Geschäftsleitung ins Ausland. Es besteht kein DBA oder das DBA sieht eine Besteuerung von Lizenzen (nur) im Quellenstaat vor oder es wird ein DBA mit entsprechender Regelung abgeschlossen.

130 Abgesehen von dem Fall, dass das DBA den Quellenstaat von der Besteuerung ausschließt, ist die deutsche Steuer auf die Lizenzeinnahme eingeschränkt. Dennoch ist fraglich, ob dies den Tatbestand von § 12 Abs. 1 KStG erfüllt. Abgesehen davon, dass beispielsweise unklar ist, ob in der Variante (b) „bei" der X-AG die Besteuerung der Lizenzen beschränkt wird, bliebe auch die Wirkung ungewiss. Kann nur der ausländische Staat besteuern und würde deshalb § 12 Abs. 1 KStG zur Anwendung kommen mit der Folge einer Besteuerung im Inland, so käme es zu einem treaty-override, da die Lizenzen entgegen dem DBA besteuert würden. Soweit eine Quellensteuer im Ausland zulässigerweise erhoben wird, wäre diese auch bei Anwendung von § 12 Abs. 1 KStG anzurechnen. Bei Überlassung gegen Entgelt ist daher § 12 Abs. 1 KStG nicht anzuwenden.[4]

131–135 *(Einstweilen frei)*

5. Ausschluss oder Beschränkung

a) Überblick

136 Zentrale Tatbestandsmerkmale sind der Ausschluss und die Beschränkung. Was darunter jeweils zu verstehen ist, ist höchst umstritten.

137 Die **passivische** Formulierung des Tatbestandes – „Wird ... ausgeschlossen" – lässt offen, durch welchen Vorgang der Ausschluss erfolgt. Dadurch wird zwar die Absicht des Gesetzes ausgedrückt, jeden denkbaren Fall zu erfassen. Doch geht der Wortlaut offensichtlich zu weit, denn auch dann, wenn ein Wirtschaftsgut z. B. durch einen Unfall oder Brand zerstört wird, wird die Besteuerung eines Gewinns aus einer Veräußerung – faktisch – ausgeschlossen, da

---

[1] Vgl. *Wassermeyer*, IStR 2012, 277(280).
[2] *Dötsch/Pung*, DB 2006, 2649.
[3] So auch *Frotscher*/Drüen, § 12 Rz. 40.
[4] Ebenso *Frotscher*/Drüen, § 12 Rz. 40.

eine Veräußerung nicht mehr möglich ist. Eine Besteuerung kann vom Gesetz nicht gewollt sein.

§ 12 KStG meint daher einen **rechtlichen** Ausschluss oder eine rechtliche Beschränkung, nicht aber faktische.[1] Auch die mit dem JStG 2010 hinzugefügte Erläuterung stellt auf eine rechtliche Würdigung, die Zuordnung, ab. Insbesondere stellt das Gesetz nicht auf den tatsächlichen Vorgang einer Verbringung von Wirtschaftsgütern über die Grenze ab, sondern darauf, dass sich aus den tatsächlichen Vorgängen Rechtsfolgen ergeben. 138

b) Ausschluss

Das „**Besteuerungsrecht hinsichtlich des Gewinn aus der Veräußerung eines Wirtschaftsgutes**" (im Folgenden kurz: Besteuerung) wird **ausgeschlossen**, wenn eine an sich bestehende Besteuerung (→ Rz. 106) aufgrund einer vorgehenden Norm tatbestandlich (→ Rz. 99) aufgehoben wird. Hier ist zu unterscheiden, ob es sich um inländisches oder ausländisches Vermögen handelt. Inländisches Vermögen bleibt steuerverstrickt, solange es mindestens der beschränkten Steuerpflicht (§ 8 Abs. 1 KStG i.V.m. § 49 EStG) unterliegt und nicht ein DBA die Quellenbesteuerung ausschließt. Ausländisches Vermögen eines unbeschränkt Steuerpflichtigen scheidet aus der inländischen Verstrickung aus, wenn dieser beschränkt steuerpflichtig wird. Dies kann der Fall sein, wenn eine Körperschaft mit Sitz im Ausland und Geschäftsleitung im Inland diese ins Ausland verlegt (→ Rz. 172) oder wenn eine SE Sitz und/oder Geschäftsleitung ins EU-Ausland verlegt (→ Rz. 352). 139

c) Beschränkung

Beschränkt wird die Besteuerung, wenn trotz fortbestehender Besteuerung[2] die deutsche Körperschaftsteuer in ihrem Umfang reduziert wird. Dies betrifft vor allem den Fall der Anrechnung oder des Abzuges einer ausländischen Quellensteuer gem. § 26 i.V.m. § 34c EStG. Ausreichend ist, dass **abstrakt** die Möglichkeit hierzu besteht.[3] Es kommt daher nicht darauf an, ob bei einer Anrechnungsbetriebsstätte tatsächlich im Ausland eine Besteuerung erfolgt. Insoweit handelt es sich um einen Gefährdungstatbestand. 140

Der Tatbestand verlangt nur den Ausschluss oder die Beschränkung, **nicht** aber auch, dass im Ausland eine steuerliche **Verhaftung** erfolgt.[4] Daher ist es unerheblich, wie im Falle einer Veräußerung der ausländische Staat den Gewinn berechnet, etwa unter Einbeziehung auch des im Inland entstandenen Anteils am Gewinn. Weder bei der Freistellung noch bei der Anrechnung würde Deutschland insoweit sein Besteuerungsrecht zurücknehmen, vielmehr käme es zu einer Doppelbesteuerung, die ggf. im Verständigungswege zu beseitigen wäre. 141

(Einstweilen frei) 142–150

---

[1] A. A. möglicherweise *Hofmeister* in Blümich, § 12 Rz. 40.
[2] *Stadler/Elser*, BB 2006 Special, 19 f.
[3] *Hackemann* in Bott/Walter, KStG § 12 Rz. 26; *Benecke/Staats*, DPM, § 12 Rz. 141 ff.; *Förster*, DB 2007, 73; *Benecke/Schnitger*, IStR 2006, 765; *Rödder/Schumacher*, DStR 2006, 1483; *Herbst*, a. a. O., 103; a. A. *Stadler/Elser*, BB 2006 Special, 20.
[4] Ebenso *Hackemann* in Bott/Walter, KStG § 12 Rz. 27.3.

6. Fälle des Ausschlusses oder der Beschränkung

151 Die Gesetzesbegründung[1] bezeichnet es als Ziel der Regelung, die verschiedenen Entstrickungstatbestände systematisch zusammenzufassen und fortzuentwickeln. Sie zählt folgende Fälle auf,[2] in denen die Entstrickungsregelung zur Aufdeckung und Besteuerung der stillen Reserven führt:

- Rechtsträgerwechsel (Einzel- oder Gesamtrechtsnachfolge) findet statt (a)
- Vermögen verlässt die betriebliche Sphäre (b)
- Steuerpflicht endet (c)
- Wirtschaftsgüter werden dem deutschen Besteuerzugriff entzogen (d).[3]

Die Auslegung hat sich an diesen gesetzgeberischen Absichten zu orientieren.

a) Rechtsträgerwechsel

152 Abs. 1 setzt voraus, dass der Ausschluss oder die Beschränkung des deutschen Besteuerungsrechtes **bei der** Körperschaft, Personenvereinigung oder Vermögensmasse eintritt. Die Abs. 2 und 3 verwenden hingegen den unbestimmten Artikel „einer". Ob dies nur eine rechtlich unbedeutende sprachliche Variation darstellt oder ob das Gesetz daran auch unterschiedliche Rechtsfolgen knüpfen will, ist unklar.[4] *Hackemann*[5] will aus dem Singular ableiten, dass auch bei einem Rechtsträgerwechsel **ohne Ausschluss des deutschen Besteuerungsrechts** § 12 Abs. 1 KStG einschlägig sei, so dass folglich auch jeder Rechtsträgerwechsel erfasst werde, da „die Beschränkung der deutschen Steuerhoheit ... für jeden Rechtsträger isoliert beurteilt" werde.

BEISPIEL: Ein Grundstück wird von der X-GmbH auf die Y-GmbH übertragen.

153 Nach der Übertragung (Rechtsträgerwechsel) sei die Besteuerung bei dem ursprünglichen Rechtsträger ausgeschlossen bzw. beschränkt.

154 Dieser Ansicht kann **nicht gefolgt** werden.[6] Aus der Verwendung des Wortes „der" statt „einer" lässt sich dies nicht ableiten, denn auch dann, wenn Abs. 1 „Wird bei einer Körperschaft" formulieren würde, würde sich der Sinn nicht ändern. Selbst die Verwendung des Plurals könnte so verstanden werden, dass ein Rechtsträgerwechsel unter § 12 Abs. 1 KStG fiele. Daher kann man aus der Verwendung des Singulars keine zwingenden Schlüsse ziehen. Entscheidend kommt es vielmehr darauf an, was Sinn und Zweck der Norm ist. Die Gesetzesbegründung[7] sieht in der Norm eine Klarstellung zum geltenden Recht, indem sie einen „allgemeinen Entstrickungsgrundsatz" enthalte. Zugleich wird auf die Parallelvorschrift des § 4 Abs. 1 Satz 3 EStG verwiesen. Entstrickung im bisherigen Verständnis und die Regelung des § 4 Abs. 1 Satz 3 beziehen sich auf grenzüberschreitende Fälle mit Verlust der deutschen Besteuerungsmöglichkeit.

---

1 BT-Drucks. 16/270, 26.
2 BT-Drucks. 16/2710, 26, 31.
3 Über die Eignung von § 4 Abs. 1 Satz 4 EStG als Rechtsgrundlage der Entstrickung bestand Streit. Vgl. nunmehr FG Köln, Urteil v. 16. 2. 1016 -10 K 2335/11, IStR 2016, 384 m. Anm. *Mitschke.*
4 *Hackemann* in Bott/Walter, KStG § 12 Rz. 41; *Dötsch*, DB 2006, 2648; *Benecke/Staats*, DPM, § 12 Rz. 141.
5 in Bott/Walter, KStG § 12 Rz. 23; ähnlich *Dötsch/Pung*, DB 2006, 2649.
6 Ebenso *Frotscher*/Drüen, § 12 Rz. 16; *Kolbe* HHR, Jahresband 2007, § 12 KStG Rz. 306-14; *Wassermeyer*, IStR 2008, 176; *Blumenberg/Lechner*, BB Special 2006, 26; *Rödder/Schumacher*, DStR 2006, 1527; *Benecke/Staats*, DPM, § 12 Rz. 137; *Herbst*, a. a. O., 90 f.; *Kessens* Schnitger/Fehrenbach § 12 Rz. 30.
7 BT-Drucks. 16/2710, 30 f.

Tatbestandsvoraussetzungen

155 Daher muss durch den Rechtsträgerwechsel zugleich **auch** das deutsche **Besteuerungsrecht enden**.[1] Träfe letztere Auffassung zu, so enthielten § 4 Abs. 1 Satz 3 EStG und § 12 KStG nicht einen Ersatzrealisationstatbestand,[2] sondern den Grundtatbestand im Rahmen der Gewinneinkünfte mit der Folge, dass beispielweise im Erbfall es zu einer Aufdeckung aller stillen Reserven käme, sofern nicht eine Ausnahmenorm, z. B. § 6 Abs. 3 EStG, anwendbar wäre. Gegen ein derartiges Verständnis spricht, dass der Gesetzgeber ausdrücklich die grenzüberschreitenden Fälle der Entstrickung regeln wollte. Somit scheiden die Fälle der entgeltlichen Veräußerung, des Tauschs, der Einbringung, verdeckten Gewinnausschüttung und Einlage aus.

156 Der Gesetzgeber muss daher Fälle im Auge gehabt haben, in denen ein Rechtsträgerwechsel ein bestehendes deutsches Besteuerungsrecht ausschließt oder beschränkt, ohne dass ein Realisationstatbestand erfüllt ist.

157 Wenn die Gesetzesbegründung den Rechtsträgerwechsel durch Einzel- oder Gesamtrechtsnachfolge erwähnt,[3] so meint sie nur solche Fälle, bei denen der Rechtsträgerwechsel **zugleich** zu einem Ausschluss oder einer Beschränkung der deutschen Besteuerung führt.

> **BEISPIEL:** Anteile an einer deutschen GmbH werden von der ausländischen Kapitalgesellschaft A, die in einem Nicht-DBA-Staat ansässig ist, auf die Kapitalgesellschaft B in einem DBA-Staat übertragen. Wegen Art. 13 OECD-MA wird das deutsche Besteuerungsrecht beschränkt bzw. ausgeschlossen.

158 Da ein Rechtsträgerwechsel einen Realisierungstatbestand darstellt, bedarf es keiner weiteren Norm. Wäre § 12 Abs. 1 KStG in diesem Fall anwendbar, so käme es zu Konkurrenzen mit § 6 Abs. 5 EStG, UmwStG und vGA.

159 Welche Sachverhaltsgestaltungen die Gesetzesbegründung mit dem **Rechtsträgerwechsel** im Auge hat ist nicht eindeutig. Einzelrechtsnachfolge (Singularsukzession) bedeutet der Übergang eines bestehenden Rechts von einer zu einer anderen Person, vertraglich oder gesetzlich. Der Nachfolger tritt in die Rechtsposition des Vorgängers ein. Gesamtrechtsnachfolge (Universalsukzession) bezeichnet den Übergang der gesamten Rechtsstellung einer Person, etwa durch Erbfall oder Umwandlung auf eine andere. Dies dürften vor allem **Umwandlungsvorgänge** im Ausland sein.

> **BEISPIEL:** Die im Inland ansässige X-GmbH unterhält eine Betriebsstätte im Ausland. Diese bringt sie in die ausländische Y-Kapitalgesellschaft gegen Gewährung von Anteilen an der Y ein.

160 Da die **Einbringung** gegen Anteile ein tauschähnlicher Vorgang ist, führt diese bereits deshalb zur Realisation. *Dötsch/Pung*[4] wollen den Fall einer Hinausverschmelzung auf einen außerhalb der EU/des EWR ansässigen Rechtsträger als durch § 12 Abs. 1 KStG geregelt sehen. *Rödder/Schumacher*[5] hingegen sehen alle Fälle der Entstrickung mit Rechtsträgerwechsel im UmwStG geregelt. Beiden Auffassungen kann nicht zugestimmt werden. Gemäß § 1 UmwStG ist dieses nicht auf Drittstaatsvorgänge anwendbar;[6] dies bedeutet aber nicht das Erfordernis, § 12 Abs. 1 KStG anzuwenden.

---

[1] So *Wassermeyer*, IStR 2008, 176; *Frotscher* in Frotscher/Maas, § 12 Rz. 16; a.A. *Hofmeister* in Blümich, § 12 Rz. 11; *Dötsch/Pung*, DB 2006, 2648; *Dötsch* DPM, § 12 Rz. 137.
[2] So aber *Hofmeister* in Blümich, § 12 Rz. 1.
[3] BT-Drucks. 16/2710, 31.
[4] DB 2006, 2649.
[5] DStR 2006, 1527.
[6] *Trossen* in Rödder u. a., UmwStG, § 1 Rz. 12.

161 Hinsichtlich ausländischer Verschmelzungen s. u. → Rz. 495 ff.

> BEISPIEL: Die US-Corp. wechselt ihre Rechtsform in eine Partnership. Sie unterhält im Inland eine Betriebstätte. Für das deutsche Besteuerungsrecht kommt es dann auf die Ansässigkeit der Gesellschafter an. Dies kann zu einer Verstärkung des deutschen Besteuerungsrechts führen – inländischer Gesellschafter der US-Corp., aber auch zu einer Beschränkung. Ändert sich nichts am deutschen Besteuerungsrecht, so kommt es nicht zur Entstrickung. A. A. möglicherweise Finanzverwaltung.

b) Verlassen der betrieblichen Sphäre

162 Ein Wirtschaftsgut kann die **betriebliche Sphäre** einer Körperschaft nur verlassen, wenn die Körperschaft über eine nichtbetriebliche Sphäre verfügt. Da Kapitalgesellschaften keine Privatsphäre besitzen, ist dies bei ihnen nicht möglich. Denkbar wären Fälle folgender Art:

> BEISPIEL: Ein ausländischer gemeinnütziger Sportverein verwendet einen Teil seines inländischen Grundstückes für einen wirtschaftlichen Geschäftsbetrieb. Das Grundstück ist insoweit Betriebsvermögen. Durch interne Änderungen wird dieser Teil in Zukunft für den Sportbetrieb verwendet und scheidet aus dem Betriebsvermögen aus.

163 Da der Sportverein über steuerlich verschieden zu beurteilende Sphären verfügt, ist die Überführung aus dem betrieblichen Bereich als Entnahme gem. § 4 Abs. 1 EStG i.V.m. § 8 als Entnahme zu erfassen.[1] Allerdings führt die Gesetzesbegründung[2] aus, „dass die Gewährung einer Körperschaftsteuerbefreiung gem. § 5 KStG ... keinen Ausschluss und keine Beschränkung des deutschen Besteuerungsrechts" darstelle, da Gewährung der Steuerfreiheit in Ausübung des Besteuerungsrechts erfolge. Die Gesetzesbegründung kann sich daher nur auf Fälle beziehen, in denen kein Wechsel in die Steuerfreiheit nach § 5 KStG erfolgt. Zu denken wäre an Fälle, in denen Vermögen einer inländischen Betriebsstätte für die Erzielung von Einkünften eingesetzt wird, bei denen Veräußerungsgewinne nicht im Inland besteuert werden. Dies könnten bspw. Anteile an Körperschaften sein, die keine Kapitalgesellschaften sind und daher nicht unter § 17 EStG fallen.

164 Die Überführung eines Wirtschaftsgutes zwischen Betriebsstätten und Stammhaus führt nicht zum Verlassen der betrieblichen Sphäre. Welche Fälle der Gesetzgeber im Auge hatte, ist somit nicht erkennbar. *Benecke*[3] hält daher § 12 KStG insoweit für unanwendbar.

c) Beendigung der Steuerpflicht

165 Steuerpflicht umfasst die unbeschränkte (§ 1 KStG) und beschränkte (§ 2 KStG) Körperschaftsteuerpflicht. Entfallen die Voraussetzungen, so tritt eine Beendigung der jeweiligen Steuerpflicht ein. Da jedoch ein Ausschluss oder eine Beschränkung die Folge sein muss, fällt der **Wechsel** von der **unbeschränkten** zur **beschränkten** Steuerpflicht nur dann unter § 12 Abs. 1 KStG, wenn damit zugleich eine Einschränkung der deutschen Besteuerung einhergeht.

> BEISPIEL: Die im Inland ansässige Körperschaft A verzieht ins Ausland. Sie hat im Inland ein Darlehen vergeben. Die Zinsen unterliegen nicht der inländischen beschränkten Steuerpflicht.

---

1 Vgl. *Langin Bott/Walter*, KStG § 8 Rz. 439 f.
2 BT-Drucks. 16/2710, 31.
3 In *Benecke/Staats* DPM, § 12 Rz. 135.

Der Wechsel von der beschränkten zur unbeschränkten Steuerpflicht führt zu einer Erweiterung der Besteuerung und kann eine Verstrickung auslösen (→ Rz. 266).

Das Ausscheiden aus der unbeschränkten Steuerpflicht durch Verlegung von Geschäftsleitung oder Sitz ist auch in § 12 Abs. 3 KStG Tatbestandsmerkmal, allerdings bezieht sich Abs. 3 auf Fälle des Wegzugs in Drittstaaten aus dem Inland oder dem europäischen Ausland (→ Rz. 571). § 12 Abs. 1 KStG ist hingegen anzuwenden, wenn durch Sitz- oder Geschäftsleitungsverlegung die deutsche unbeschränkte Steuerpflicht durch **Wegzug innerhalb der EU** endet. Entsprechend der FusionsRL kommt dann der Betriebsstättenvorbehalt zum Tragen, d. h. soweit hinsichtlich der Wirtschaftsgüter die beschränkte Steuerpflicht fortbesteht, kommt es nicht zur Entstrickung. Bei Abs. 3 ist diese Einschränkung nicht vorgesehen.

Der Wechsel von der unbeschränkten zur beschränkten Steuerpflicht hat eine Reihe von Rechtsfolgen, auch wenn im Grunde hinsichtlich einer im Inland verbleibenden Besteuerung keine wesentlichen Veränderungen hierdurch eintreten. Aber eine etwaige Hinzurechnung gem. **§§ 7 ff. AStG** entfällt. Eine im Inland bestehende **Organschaft** wird nur dann nicht beendet, wenn die Voraussetzungen des § 18 KStG erfüllt sind. Unklar sind die Folgen des Wegzugs für den **Verlustvortrag** und den **Zinsvortrag** gem. § 4h Abs. 4 EStG.[1] Entscheidend ist, ob sie der im Inland verbleibenden Betriebsstätte zugeordnet werden können.

Unter § 12 Abs. 1 KStG können somit folgende Sachverhalte fallen:

▶ Eine Körperschaft mit Sitz im Ausland und Geschäftsleitung im Inland verlegt die Geschäftsleitung ins Ausland. Sie hat Vermögen im Ausland und im Inland.

▶ Eine Körperschaft mit Sitz und Geschäftsleitung im Inland verlegt die Geschäftsleitung ins Ausland. Sie hat in- und ausländisches Vermögen.

▶ Eine Körperschaft mit Sitz im Inland und Geschäftsleitung im Ausland

▶ Eine Körperschaft mit Sitz und Geschäftsleitung im Ausland und inländischem Vermögen scheidet mit diesem Vermögen aus der inländischen Besteuerung aus.

Kein Fall ist der Wechsel in eine KSt-Befreiung nach § 5 KStG, da die Gewährung von Steuerfreiheit nach dem Willen des Gesetzgebers kein Ausschluss, sondern Ausübung des Besteuerungsrechts ist. Hierfür enthält § 13 KStG Sonderregelungen. (→ Rz. 46).

aa) Zivilrecht als Voraussetzung

Voraussetzung ist immer, dass zivilrechtlich eine Verlegung[2] möglich ist. Mit dem MoMiG[3] wurde für inländische Gesellschaften die Möglichkeit eröffnet, den Verwaltungssitz – steuerlich die Geschäftsleitung – ins Ausland zu verlegen, nicht aber den Satzungssitz (vgl. → Rz. 187). Eine **identitätswahrende Verlegung** einer Kapitalgesellschaft über die Grenze ist **nicht** möglich (Ausnahme Europäische Gesellschaft, vgl. → Rz. 351). Eine Sitzverlegung führt zur Auflösung der Gesellschaft[4] und somit zur Liquidationsbesteuerung gem. § 11 KStG. Insoweit liegt kein Verstoß gegen die Niederlassungsfreiheit vor. In den Verfahren Daily Mail[5] und

---

1 Vgl. *Herbst*, a. a. O., 208.
2 Umfassend *Drinhausen/Gesell*, BB 2006 Special, 3 ff.; *Franz/Laeger*, BB 2008, 678; *Kahle/Cortez*, FR 2014, 673-679; umfassend zur Rechtsprechung des EuGH vgl. *Möhlenbrock*, Festschrift Gosch S. 307 ff.
3 Vom 1. 11. 2008, BGBl 2008 I 2026; s. auch *Benecke/Staats* DPM, § 12 Rz. 130.
4 Z. B. OLG München, DB 2008, 2530; *Hackemann* in Bott/Walter, KStG § 12 Rz. 66; *Eickmann/Mörwald*, DStZ 2009, 425.
5 Vom 27. 9. 1988 – Rs. C-81/87, EuGHE 1988 I 5483.

Cartesio[1] hat der EuGH bestätigt, dass ein Staat, der einer Gesellschaft die Rechtsfähigkeit verliehen hat, dieser diese entziehen kann, wenn sie den Sitz in diesem Staat aufgibt.[2] Es wäre auch schwer zu rechtfertigen, dass eine Gesellschaft Bestand haben könnte, wenn sie keinerlei Verbindungen zu dem Staat hätte, in dessen Register sie eingetragen ist. Erlauben Staaten dies trotzdem, so ist dies nicht europarechtlich geboten.

bb) Sitz im Ausland, Geschäftsleitung im Inland

172 Verlegt eine im Ausland gegründete Gesellschaft ihre Geschäftsleitung ins Inland, so begründet sie damit ihre unbeschränkte Steuerpflicht. Es handelt sich um den Zuzug einer ausländischen Gesellschaft. Die früher vertretene Sitztheorie[3] ist aufgrund des Europarechts beim Zuzug einer Gesellschaft nicht mehr anzuwenden. Die Gesellschaft wird unbeschränkt steuerpflichtig mit ihrem gesamten weltweiten Vermögen. Insoweit kommt es zur Verstrickung (→ Rz. 266). Dies gilt vor allem für alle der Geschäftsleitung zuzuordnenden Wirtschaftsgüter. Auch im Sinne eines DBA wird sie entspr. Art. 4 Abs. 3 OECD-MA in Deutschland ansässig. Eine Ausnahme gilt für Vermögen, dessen Erträge nach einem DBA in Deutschland freigestellt sind. Dies kann der Fall sein bei

- ausländischen Betriebsstätten
- ausländischem Grundbesitz
- sonstigen ausländischen freigestellten Einkünften.

173 Eine Einschränkung auf nur inländische Einkünfte tritt ein, wenn aufgrund der Ansässigkeitsbestimmungen eines DBA keine Ansässigkeit im Inland gegeben ist, etwa weil es mehrere Geschäftsleitungen gibt und diejenige im Inland nicht die „tatsächliche" im Sinne des Abkommens ist.

174 Erfolgt die (Rück-)Verlegung der Geschäftsleitung ins Ausland, so kann Deutschland sämtliche Auslandseinkünfte nicht mehr erfassen. Insoweit kommt es zur Entstrickung. Die inländischen Einkünfte unterliegen weiterhin im Rahmen der beschränkten Steuerpflicht der inländischen Besteuerung, so dass weder ein Ausschluss noch eine Beschränkung erfolgt.

175 Problematisch ist, ob dann, wenn sich die beschränkte Steuerpflicht nicht auf inländische Einkünfte erstreckt, ein Ausschluss gegeben sein kann:

BEISPIEL: Eine ausländische Kapitalgesellschaft mit Sitz in einem Nicht-DBA-Staat und mit inländischer Geschäftsleitung hat an einen deutschen Schuldner ein ungesichertes Darlehen vergeben, das nicht einer inländischen Betriebsstätte zugeordnet werden kann. Nach einer Verlegung der Geschäftsleitung ins Ausland unterliegen die Zinseinkünfte hieraus nicht der beschränkten Stpfl. (§ 49 Abs. 1 Nr. 7 EStG).

176 Die Frage ist, ob in diesem Fall ein Ausschluss des Besteuerungsrechts erfolgt. Dies ist jedoch nicht der Fall, denn Deutschland könnte jederzeit durch Änderung des § 49 Abs. 1 Nr. 7 EStG eine Besteuerung der Zinserträge einführen. Die Steuerfreiheit erfolgt also in Ausübung des deutschen Besteuerungsrechts. Möglich ist aber, dass es sich um einen Fall von § 12 Abs. 3 KStG handelt (→ Rz. 601).

---

[1] Vom 16. 12. 2008 – Rs. C-210/06, DB 2009, 52 = NWB KAAAD-02818.
[2] Siehe auch *Brakalova/Barth*, DB 2009, 213; *Körner*, IStR 2009, 346 f.
[3] *Staudinger/Großfeld*, Internationales Gesellschaftsrecht, Rz. 38, m. w. N.; *Palandt*, Anh., Art. 12 EGBGB Rz. 2.

Mit der Verlegung der Geschäftsleitung „mitziehende" Wirtschaftsgüter werden vom deutschen Besteuerungsrecht ausgenommen. Dabei handelt es sich um solche Wirtschaftsgüter, die aufgrund der Zentralfunktionsthese[1] bei der Geschäftsleitung als angesiedelt behandelt werden. Dazu gehören insbesondere immaterielle Wirtschaftsgüter, der Firmenwert und weitgehend Kapitaleinkünfte.

(Einstweilen frei) 178–185

cc) Sitz und Geschäftsleitung im Inland, Verlegung der Geschäftsleitung

Da der Sitz im Inland verbleibt, besteht die unbeschränkte Steuerpflicht fort. Ein Ausschluss der Besteuerung erfolgt nicht. Wenn allerdings aufgrund eines DBA die Ansässigkeit im Sinne des DBA ins Ausland geht, so kommt hinsichtlich aller Einkünfte, bei denen die Quellenbesteuerung eingeschränkt wird, zum Ausschluss bzw. zur Beschränkung des deutschen Besteuerungsrechts.

Sitzverlegung

Eine Sitzverlegung ist zivilrechtlich von der SE/SCE abgesehen (→ Rz. 351) nicht möglich. Der Beschluss, den Sitz aus dem Inland in das Ausland zu verlegen, wird als Auflösungsbeschluss verstanden (→ Rz. 196), so dass § 11 KStG anzuwenden ist. § 11 KStG setzt aber zusätzlich noch die Abwicklung für die Liquidationsbesteuerung voraus.

dd) Ausländische Gesellschaft mit inländischen Einkünften

Es kann zum Ausschluss des Besteuerungsrechts kommen, wenn die Voraussetzungen der beschränkten Steuerpflicht entfallen.

> **BEISPIEL:** Die ausländische Kapitalgesellschaft unterhält im Inland eine Betriebsstätte gem. § 12 AO und Art. 5 OECD-MA. Durch Umänderungen verliert diese die Eigenschaft einer Betriebsstätte, z. B. werden gem. Art. 5 II nur noch Hilfstätigkeiten abgewickelt oder gem. § 12 AO entfällt die Verfügungsmacht über das bisher für die Betriebsstätte benutzte Gebäude, das vermietet wird.

Im ersten Fall schließt das DBA eine Besteuerung in Deutschland aus, im zweiten Fall bleibt die beschränkte Steuerpflicht erhalten, an die Stelle von § 49 Abs. Nr. 2a EStG tritt § 49 Abs. 1 Nr. 2d EStG.

(Einstweilen frei) 190–195

ee) Wegzug im Ausland

> **BEISPIEL:** Die ausländische X-Kapitalgesellschaft in einem EU-Staat unterhält im Inland eine Betriebsstätte, hält eine Mehrheitsbeteiligung an der inländischen D-GmbH, hat inländischen Immobilienbesitz vermietet und unbesicherte Darlehen an Inländer vergeben. Sie verlegt ihren Sitz in einen anderen EU-Staat.

Zunächst ist entscheidend, ob eine identitätswahrende grenzüberschreitende Sitzverlegung möglich ist.[2] Für die SE ist dies zu bejahen (→ Rz. 351). Führt die Sitzverlegung im Ausland zur Liquidation der alten und zur Gründung einer neuen Gesellschaft, so liegt hinsichtlich des In-

---

[1] BMF v. 24. 12. 1999, BStBl 1999 I 1076, Rz. 2.4; vgl. *Schaumburg*, Int. StR 3 Rz. 17.87, m.w. N.
[2] *Blumenberg/Lechner*, BB Special 2006, 32.

landsvermögens eine realisierende Übertragung vor. Bereits zu § 12 KStG a. F. war vertreten worden,[1] dass bei Übertragungen im Ausland durch eine teleologische Reduktion hinsichtlich des Inlandsvermögens keine Realisation der stillen Reserven angebracht sei, da aus deutscher Sicht hinsichtlich des Inlandsvermögens keine Änderung der steuerlichen Verstrickung erfolge. Mit der damals h. M. hatte sich die Vorauflage dagegen gewandt. Es sind keine Gründe ersichtlich, aus denen bei einer Übertragung inländischen Vermögens von einem ausländischen Rechtssubjekt auf ein anderes im Inland keine Besteuerung erfolgen sollte. Wechselt der Rechtsträger des Inlandsvermögens nicht, so kommt es nicht zu einer Realisation stiller Reserven.[2] Bei einer Sitzverlegung im Ausland, ohne dass die Identität des Rechtsträgers berührt, wird, kommt es jedoch dann zur Entstrickung, wenn die rechtlichen Regelungen der DBA des Wegzugs- und des Zuzugsstaates derart voneinander abweichen, dass die deutsche Besteuerung des Vermögens aufgehoben oder beschränkt wird.

197–200   *(Einstweilen frei)*

d) Überführungsfälle

201   In der Begründung des Bundesrates (→ Rz. 9) wird der Zusatz als **Regelbeispiel** bezeichnet. Dieser Begriff stammt aus dem Strafrecht und wird dort als Hinweis für die Strafzumessung verwendet, um aufzuzeigen, wann ein schwerer Fall vorliegt. Das Gericht kann trotz des Vorliegens eines Regelbeispiels bei besonderen Umständen einen „einfachen" Fall annehmen, da es sich um ein Beispiel für die Regel handelt und Ausnahmen möglich sind. Außerdem setzt ein Regelbeispiel voraus, dass der Grundtatbestand verwirklicht ist. In diesem Sinne handelt es sich offenbar bei § 12 Abs. 1 Satz 2 KStG nicht um ein Regelbeispiel, denn sonst käme es nicht zur Anwendung, wenn die Voraussetzungen des Satzes 1 nicht erfüllt sind. Der Gesetzgeber wollte aber gerade den „Hauptanwendungsfall" der Entstrickung gesetzlich festschreiben. Wegen der gegenteiligen Rechtsprechung des BFH,[3] mit der sich die Gesetzesbegründung ausdrücklich auseinandersetzt, sollte dies ohne Rücksicht auf die Bedingungen von § 12 Abs. 1 KStG festgeschrieben werden. Dann handelt es sich aber nicht um ein Regelbeispiel im technischen Sinn, sondern um ein eigenständiges Tatbestandsmerkmal. Das Gesetz umschreibt dieses jedoch in Art einer Legaldefinition – „ein Ausschluss oder eine Beschränkung ... liegt insbesondere dann vor ...". Dies bedeutet zweierlei:

1. In den Fällen einer Zuordnungsänderung i. S. v. § 12 Abs. 1 Satz 2 KStG wird auch dann, wenn kein Ausschluss oder eine Beschränkung vorliegt, eine solche fingiert, um die Rechtsfolge des Satzes 1 eintreten zu lassen. Damit handelt es sich um eine **Rechtsfolgenverweisung**. Die Voraussetzungen des Satzes 1 sind daher nicht zu prüfen, wenn die Voraussetzungen von Satz 2 vorliegen.

2. Es gibt auch weitere Fälle des Ausschlusses und der Beschränkung, die nicht von Satz 2 umschrieben werden. Dies ergibt sich aus dem Wort „insbesondere". Dies sind Fälle, in denen es zu einem Ausschluss oder einer Beschränkung der Besteuerung kommt, ohne dass eine Zuordnungsänderung vom Inland zum Ausland erfolgt.

202   Bei der Überführung von Wirtschaftsgütern zwischen Betriebsstätten eines Unternehmens über die Grenze erfolgt in der Regel (Ausnahmen s. → Rz. 226 ff.) nach internationalen Grund-

---

[1] *Knobbe-Keuk*, StuW 1972, 376; *dies.*, DB 1991, 302; *Dötsch*, DB 1989, 2300; *Wassermeyer*, Festschrift Widmann, S. 627.
[2] Ebenso *Blumenberg/Lechner*, BB Special 2006, 30.
[3] Vor allem v. 17. 7. 2008 – I R 77/06, BStBl 2009 II 464.

sätzen der Betriebsstättengewinnermittlung kein Ausschluss und keine Beschränkung der Besteuerung von bei der Überführung vorhandenen stillen Reserven, wenn eine spätere Realisation erfolgt.

(Einstweilen frei) 203–205

e) Zuordnungsänderung

§ 12 Abs. 1 Satz 2 KStG setzt voraus, dass die Zuordnung eines Wirtschaftsgutes von einer inländischen zu einer ausländischen Betriebsstätte desselben Körperschaftsteuersubjekts erfolgt.[1] Ein Wirtschaftsgut ist dann einer Betriebsstätte zugeordnet, wenn es **funktional dauernd** der Betriebsstätte dient.[2] Dann ist das Wirtschaftsgut der Betriebsstätte in Gänze zuzuordnen. 206

Dies ist einfach zu entscheiden, wenn ein Wirtschaftsgut ausschließlich in der Betriebsstätte **genutzt** wird. Bei **materiellen** Wirtschaftsgütern kommt es auf die physische Anwesenheit und tatsächliche Nutzung in und für Zwecke der Betriebsstätte an. Somit ist eine Funktionsanalyse einer Betriebsstätte vorausgesetzt. 207

> **BEISPIEL:** Ein deutsches Unternehmen U produziert in Deutschland und hat Tochtergesellschaften in verschiedenen Ländern zum Vertrieb der Produkte. In den Niederlanden unterhält U eine Vertriebsbetriebsstätte. Dieser hat sie formal die Beteiligungen an den Tochtergesellschaften zugeordnet. Da die niederländische Betriebsstätte aber nicht als Holdingbetriebsstätte ausgestaltet ist, sondern lediglich den Vertrieb in den Niederlanden übernimmt, können die Beteiligungen ihr nicht funktional zugeordnet werden.

Besondere Schwierigkeiten bereitet die Zuordnung von **immateriellen** Wirtschaftsgütern. 208

> **BEISPIEL:** Das im Inland ansässige Unternehmen X hat ein Patent entwickelt und weltweit registrieren lassen. Unter Nutzung des Patents werden in Betriebsstätten in Belgien und Kanada Produkte hergestellt.

Im Beispiel kann das Patent dem Stammhaus zugeordnet sein und die Betriebsstätten nutzen es. Dann kommt der Ansatz eines Nutzungsentgeltes im Stammhaus in Betracht (→ Rz. 124, → Rz. 317). Denkbar ist aber auch, dass vor allem wegen der dauernden Verwendung in der Betriebsstätte das Patent einer ausländischen Betriebsstätte zuzuordnen ist. Dann müssten über die bloße Nutzung hinaus Umstände hinzutreten, die eine weitere Zuordnung zum Stammhaus ausschließen. Über die Nutzung in einer weiteren Betriebsstätte → Rz. 210. 209

Die Finanzverwaltung vertritt die These der **Zentralfunktion** des Stammhauses,[3] wonach dem Unternehmen dienende Finanzmittel und Beteiligungen dem Stammhaus zuzuordnen sind.[4] Daraus und aus dem Grundsatz, dass Wirtschaftsgüter nur insgesamt und einheitlich dem Stammhaus oder einer Betriebsstätte zuzuordnen sind, lässt sich ableiten, dass Wirtschaftsgüter, die von mehreren Betriebsteilen genutzt werden, dem Stammhaus zuzuordnen sind. 210

---

1 *Hackemann* in Bott/Walter, KStG § 12 Rz. 21; *Kessens*, Schnitger/Fehrenbach § 12 Rz. 115.
2 H. M. BFH, Urteil v. 30. 8. 1995 – I R 112/94, BStBl 1996 II 563, vgl. *Wassermeyer*, DB 2006, 1178 f.; *Köhler*, DStR 2010, 337 f.
3 Betriebsstättenerlass Tz. 2.4; *Förster*, DB 2007, 73.
4 Kritisch *Strunk* in Mössner, Steuerrecht international tätiger Unternehmen, 4.92; *Blumers*, DB 2006, 857; *ders.*, DB 2007, 312; *Kessler/Jehl*, IWB F. 10/2, 1977; *Wassermeyer u. a.*, Betriebsstätten, Rz. 4.6; *Kinzl*, IStR 2005, 693; *IdW*, WPg 2006, 752; *Köhler*, DStR 2010, 337 f.; *Benecke/Beinert*, FR 2010, 1015.

aa) Betroffene Betriebsstätten

211 Während der Vorschlag des Bundesrates nur auf die Zuordnung zu (irgend)einer ausländischen Betriebsstätte abstellte, betrifft die Gesetz gewordene Fassung nur die **Änderung** der Zuordnung **von einer inländischen** zu einer ausländischen Betriebsstätte. Der Fall einer Überführung von der Betriebsstätte eines Staates in die eines anderen Staates ist folglich nicht von Satz 2 geregelt und ausschließlich nach Satz 1 zu beurteilen.

bb) Überführung zwischen ausländischen Betriebsstätten

212 **BEISPIELE:** Das deutsche Unternehmen U lässt in der Betriebsstätte 1 im Staate X Waren produzieren, die in die Betriebsstätte 2 im Staate Y überführt und dort verkauft werden.

1. beide Betriebsstätten sind Anrechnungsbetriebsstätten, (a) die Steuersätze in X und Y sind identisch (b) Y hat einen höheren Steuersatz
2. Betriebsstätte 1 ist eine Anrechnungsbetriebsstätte, Betriebsstätte 2 eine Freistellungsbetriebsstätte
3. umgekehrt zu (2)

LÖSUNG: Die Lösung der **Fallvariante (1)** ist nicht eindeutig. Grundsätzlich kann in diesem Fall Deutschland den Produktions- und Vertriebsgewinn besteuern, rechnet aber die ausländische Steuer an. De facto ändert sich aus deutscher Sicht bei (a) nichts, wohingegen bei (b) die deutsche Steuer wegen der höheren Anrechnung gemindert wird. Käme es auf die Höhe der deutschen Steuer an, so müsste auch dann, wenn X seinen Steuersatz anhebt, eine Beschränkung des deutschen Besteuerungsrechts bejaht werden. Würde dies zu einer Besteuerung in Deutschland führen, so fragt sich, wie bei dem späteren Verkauf im Ausland die Besteuerung und Anrechnung erfolgen soll. Wie ist zu verfahren, wenn die spätere Realisation zu einem deutlich niedrigeren Verkaufspreis als der (früher angenommene) gemeine Wert geschieht – etwa wenn es sich um modische Kleidung handelt? Wie, wenn die Waren nach Deutschland importiert und dort durch das Stammhaus verkauft werden? Verneint man hingegen das Vorliegen einer Beschränkung, so bestätigt dies die hier vertretene Auffassung (→ Rz. 140), dass die Überführung eines Wirtschaftsgutes vom Inland in eine ausländische Anrechnungsbetriebsstätte keine Beschränkung des deutschen Besteuerungsrechts nach sich zieht.[1]

213 In der **Fallvariante (2)** wird durch die Überführung in die Freistellungsbetriebsstätte die bestehende deutsche Besteuerungsmöglichkeit ausgeschlossen.[2] In diesem Fall wäre der gemeine Wert anzusetzen, d.h. alle stillen Reserven der ausländischen Betriebsstätte sind zu versteuern. Eine anlässlich der Überführung erhobene ausländische Steuer müsste angerechnet werden. (vgl. auch → Rz. 233).

214 Bei **Fallvariante (3)** erfolgt eine Verstrickung (→ Rz. 266).

215–225 *(Einstweilen frei)*

cc) Fälle

226 Es sind folgende Situationen[3] zu unterscheiden:

▶ Umlaufvermögen oder Anlagevermögen

▶ Freistellungs- oder Anrechnungsbetriebsstätte

227 Im Folgenden werden die typischen Fälle eines inländischen Stammhauses mit ausländischen Betriebsstätten behandelt.

---

[1] So wohl auch *Hackemann* in Bott/Walter, KStG § 12 Rz. 30.
[2] *Stadler/Elser*, BB 2006 Special, 20: „ungeklärt".
[3] Vgl. auch *Wassermeyer*, DB 2006, 2420 ff.; *Endres*, PISt 2007, 95; *Beirat Ernst & Young*, DB 2010, 1784 ff.; *Herbst*, a.a.O., 92 ff.

Grundsätzlich gelten die gleichen Überlegungen bei einem **ausländischen Stammhaus** mit einer inländischen Betriebsstätte. Überführungen aus der inländischen Betriebsstätte führen aber immer zur Sofortversteuerung, wenn das Wirtschaftsgut aus der beschränkten Steuerpflicht ausscheidet. Dies ist regelmäßig der Fall. Das Gesetz gewährt keine Möglichkeit der Bildung eines Ausgleichsposten (näher → Rz. 376 ff.).

dd) Umlaufvermögen

▶ **Überführung in eine Anrechnungsbetriebstätte bzw. Nicht-DBA-Staat**
Eine Anrechnungsbetriebsstätte ist in folgenden Fällen gegeben:

- mit dem ausländischen Staat besteht kein DBA, § 26 i.V. m. § 34c EStG kommt unmittelbar zu Anwendung.
- das DBA mit dem Betriebsstättenstaat sieht die Anrechnungsmethode vor
- das DBA sieht für Betriebsstätten die Freistellung vor, aufgrund einer Aktivitätsklausel oder einer switch-over Bestimmung, z. B. § 20 Abs. 2 AStG, wird die Doppelbesteuerung durch Anrechnung beseitigt.

Grundfall:

Die im Inland ansässige (Sitz und Geschäftsleitung) X-GmbH produziert ein Produkt mit Herstellungskosten von 100. Dieses wird zum Verkauf über eine ausländische Betriebsstätte hergestellt. Hierzu wird das Produkt in die Betriebstätte physisch transportiert. Dort entstehen für Lagerung, Werbung und Verkauf Kosten i. H. v. 30. Das Produkt wird zu 200 in der Betriebsstätte verkauft. Der ausländische Staat erhebt eine Steuer von 10.

> **LÖSUNG: VOR SESTEG:**[1] Der Gewinn von 70 unterliegt der deutschen Besteuerung im Rahmen der unbeschränkten Steuerpflicht. Es entsteht Körperschaftsteuer i. H. v. 10.5. Gemäß § 26 KStG i. V. m. § 34c EStG wird die im Ausland erhobene Steuer von 10 im Rahmen des Höchstbetrages angerechnet. Hierzu ist es erforderlich den Betriebsstättengewinn zu separieren und die darauf entfallende deutsche Steuer zu ermitteln. Dazu ist es erforderlich den Gewinn von 70 auf Stammhaus und Betriebsstätte aufzuteilen. Hierzu ist auf die Funktion der Betriebsstätte abzustellen. Als Vertriebsbetriebsstätte steht ihr ein angemessener Gewinnaufschlag auf ihre Kosten zumindest zu, der mit 50 % unterstellt wird. Dann ist Betriebsstättenergebnis 30. Höchstbetrag ist dann 10.5 x 30/70 = 4.5. Die verbleibende inländische Steuer beträgt 10.5 - 4.5 = 6. Erhebt der ausländische Staat keine Steuer – etwa weil er nicht vom Vorliegen einer Betriebsstätte ausgeht, so ist der gesamte Gewinn in Deutschland zu besteuern.

(Einstweilen frei)

> **LÖSUNG:** ▶ Entscheidend ist nun, wann die Zuordnung des Produkts zur Betriebsstätte erfolgt. Dies ist der Zeitpunkt der wirtschaftlichen Verfügungsmacht der Betriebsstätte. Gemeiner Wert ist dann der Überführungswert, im Beispiel 140. Nach Abzug der Herstellungskosten ergibt dies einen Gewinn von 40 und eine Körperschaftsteuer von 6.
>
> Hinsichtlich des Gewinnteils, der bei der Veräußerung tatsächlich entsteht, kommt es darauf an, ob die in § 12 KStG angeordnete „Veräußerung" zu einem Ausscheiden aus dem Betriebsvermögen des Stammhauses führt (vgl. → Rz. 294 f.). Dies ist zu verneinen, vielmehr ist das Produkt mit 140 in der Bilanz auszuweisen (→ Rz. 295). Die Veräußerung unterliegt folglich auch der deutschen Welteinkommensbesteuerung. Unter Berücksichtigung der weiteren Kosten kommt es zu einem Gewinn von 30, dem eine Körperschaftsteuer von 4.5 entsteht. Je nach erhobener ausländischer Steuer und deren Anrechnung ist noch Körperschaftsteuer zu entrichten. Zu Wertänderungen → Rz. 328. Dies ist folgerich-

---

[1] Vgl. *Blumenberg/Lechner*, BB Special 2006, 26; *Wassermeyer*, DB 2006, 2420; *Rödder/Schumacher*, DStR 2006, 1483 ff.; eingehend *Kessler/Huck*, StuW 2005, 195 ff.

tig, da im Überführungszeitpunkt nur die bis dahin entstandenen (inländischen) stillen Reserven erfasst werden und der später (im Ausland) realisierte Gewinn ebenfalls bei der Anrechnungsmethode der deutschen Besteuerung unterliegt.

234 ▶ Überführung in eine Freistellungsbetriebsstätte

Beispiel wie vorstehend.

235–236 *(Einstweilen frei)*

237 **LÖSUNG:** ▶ Aufgrund er Zuordnungsänderung (→ Rz. 206) erfolgt nun zwangsweise die Sofortversteuerung. Die Bildung eines Ausgleichspostens (→ Rz. 392) ist nicht möglich. Der bei der späteren Veräußerung realisierte Gewinn unterliegt hierbei allerdings nicht der deutschen Besteuerung.

238–245 *(Einstweilen frei)*

ee) Anlagevermögen

BEISPIEL: ▶ Im inländischen Stammhaus ist eine Maschine für 1 Mio. angeschafft worden, deren Nutzungsdauer auf fünf Jahre veranschlagt ist. Nach vier Jahren hat sie einen Buchwert von 200 000. Nun wird sie in die ausländische Betriebsstätte verbracht, um dort noch drei Jahre eingesetzt zu werden. Der Zeitwert beträgt 300 000.

246 Kosten für nichtabnutzbares und abnutzbares Anlagevermögen werden bei bilanzierenden Körperschaften erst dann ergebnisrelevant, wenn eine Abschreibung erfolgt oder eine Realisation durch Veräußerung oder anderen Realisationstatbestand erfolgt. Erfolgt eine Überführung und werden die dann vorhandenen stillen Reserven besteuert, so bleiben die Auswirkungen des weiteren Schicksals des überführten Gutes zu betrachten.

247 *(Einstweilen frei)*

▶ Überführung in eine Anrechnungsbetriebsstätte

248 **LÖSUNG:** ▶ Nunmehr folgt aus der Zuordnung des Wirtschaftsgutes zur ausländischen Betriebsstätte (→ Rz. 206), dass beim Stammhaus der gemeine Wert anzusetzen ist. Das Unternehmen kann jedoch einen Ausgleichsposten (→ Rz. 392) ansetzen, vorausgesetzt es handelt sich um eine Überführung in eine EU-Betriebsstätte.

BEISPIEL: ▶ (Fortführung) Im Stammhaus wird die Maschine zum gemeinen Wert von 300 000 bilanziert, so dass ein Gewinn von 100 000 zu versteuern ist. In der Betriebsstättenbilanz wird die Maschine mit 300 000 angesetzt und jährlich mit 100 000 gewinnmindernd abgeschrieben. Im Stammhaus ist die Anschaffung der Maschine mit 200 000 an Kosten berücksichtigt worden, was dem Wertverbrauch während der Nutzung im Stammhaus entspricht. Die restlichen Kosten von 300 000 sind der Betriebsstätte zuzuordnen. Erzielt diese bei Veräußerung noch einen Gewinn, so mindert dieser ihre Kosten. Im Stammhaus muss sich der Wert der Maschine erfolgsneutral widerspiegeln. Dies spricht dagegen, den Wertansatz unverändert zu lassen und nach Ende der Abschreibungsfrist erfolgsneutral auszubuchen. Richtigerweise müsste die Abschreibung in der Betriebsstätte auch beim Stammhaus erfolgen und eine (fiktive) Einnahme in gleicher Höhe gebucht werden.

249–250 *(Einstweilen frei)*

▶ Überführung in eine Freistellungsbetriebsstätte

251 **LÖSUNG:** ▶ § 12 Abs. 1 KStG setzt voraus, dass mit der Verbringung eine Zuordnung zur ausländischen Betriebsstätte erfolgt, was zu bejahen ist, wenn das Wirtschaftsgut dort für die verbleibende Nutzungsdauer genutzt wird. Welche Wirkung Aktivitäts- und Rückfallklauseln haben, ist unklar. M. E. führt es zu einer abstrakten Beschränkung des deutschen Besteuerungsrechts, wenn im Zeitpunkt der Überfüh-

rung sicher ist, dass die Klausel erfüllt ist, so dass es zu einer Anrechnung der ausländischen Steuer kommt. Ist bei der Überführung ungewiss, ob die Voraussetzungen eines Rückfalls vorliegen, so liegt eine abstrakte Gefährdung durch Freistellung vor. In beiden Situationen kommt es daher zu einer Entstrickung.[1]

(Einstweilen frei) 252–255

f) Abschluss eines DBA

BEISPIEL: Das deutsche Unternehmen U hat im Staat X eine Betriebsstätte, in der Waren produziert werden und lagern. Mit X besteht kein DBA. Die Körperschaftsteuer in X hat einen Satz von 25 %. 2011 schließt Deutschland mit X ein DBA mit Freistellungsmethode für Betriebsstätten.

Der Abschluss eines DBA wurde nicht als Tatbestand der Entstrickung behandelt,[2] da es an einem Mitwirken des Steuerpflichtigen fehlt. Gemäß § 12 Abs. 1 KStG soll es anders sein, da dadurch ein Ausschluss des deutschen Besteuerungsrechts einträte, wenn von der Anrechnungs- zur Freistellungsmethode übergegangen werde.[3] Dem kann nicht uneingeschränkt gefolgt werden.[4] Es ist zwar zutreffend, dass Deutschland nicht mehr im Falle einer Veräußerung der in der Betriebsstätte befindlichen Waren den Gewinn besteuern kann, aber wegen der Anrechnung der ausländischen Steuer war die in Deutschland zu entrichtende Steuer bereits reduziert. Dies berücksichtigt der Erlass des BMF vom 26.10.2018 leider nicht. Durch den Abschluss des DBA entsteht im Ausland keine Steuer, die im Inland bei der fiktiven Veräußerung angerechnet werden könnte. Die beim späteren Verkauf zu entrichtende ausländische Steuer kann in Deutschland nicht mehr angerechnet werden, da eine Freistellung erfolgt ist. Würde Deutschland wegen des Abschlusses des DBA den gesamten Gewinn ohne Berücksichtigung der ausländischen Steuern erfassen, würde es über sein **bestehendes Besteuerungsrecht** (→ Rz. 106) hinausgehen. Da das SEStEG die bestehende Entstrickungsregelung systematisch zusammenfassen will, kann der Gesetzesbegründung keine Absicht der Erweiterung entnommen werden.

256

Zumindest muss die (hypothetische) ausländische Steuer berücksichtigt werden. In § 20 Abs. 8 UmwStG hat der Gesetzgeber eine vergleichbare Lösung vorgesehen. Deren Rechtsgedanke ist mindestens anzuwenden, wenn man im Abschluss eines DBA einen fiktiven Realisationsakt sieht. Hierzu schweigt allerdings das Schreiben des BMF vom 26.10.2018 (s. → Rz. 256).

257

(Einstweilen frei) 258–260

g) Passive Betriebsstätten

Auch wenn mit dem ausländischen Staat ein DBA mit Freistellung vereinbart ist, kann dennoch die Anrechnungsmethode zur Anwendung kommen. Dies ist bei sog. Aktivitätsklauseln[5] oder § 20 Abs. 2 AStG der Fall, wenn es sich um Betriebsstätte mit passiven Einkünften han-

261

---

1 Im Ergebnis ebenso *Benecke/Staats* DPM, § 12 Rz. 148 f.
2 BFH, Urteil v. 16.12.1975 – VIII R 3/74, BStBl 1976 II 246.
3 So *Dötsch/Pung*, DB 2006, 2649; *Stadler/Elser*, BB Special 2006, 20; *Rödder/Schumacher*, DStR 2006, 1484; *Lenz* in Erle/Sauter, § 12 Rz. 33; *Reite*, IStR 2012, 357; ebenso BMF 26.10.2018 - IV B 5 - S 1348/07/1002-01, BStBl 2018 I S. 1104.
4 Ebenso *Hackemann* in Bott/Walter, KStG § 12 Rz. 31; *Förster*, DB 2007, 73; für die österreichische Rechtslage, bei der das Gesetz einen anderen, ein geschränkten Wortlaut hat s. *M. Lang*, SWI 2013, 211 ff.; wie hier auch *Von Freeden*, RHN § 12 Rz. 63; vgl. auch die Überlegungen von *Kessler/Spychalksi*, IStR 2019, 196.
5 Vgl. *Vogel/Lehner*, DBA, Art. 23 Rz. 16, 74.

delt. Wandelt sich die Betriebsstätte zu einer aktiven, so findet die Freistellung Anwendung. Darin wird ein Ausschluss i. S.v. § 12 Abs. 1 KStG gesehen.[1] Da sowohl die Aktivitätsklauseln in DBA wie die Hinzurechnung nach dem AStG missbräuchliche Gestaltungen einer „Schein" verlagerung von Einkünften in das Ausland bekämpfen, kommt es bei einem Wechsel von einer passiven zu einer aktiven Betriebsstätte zu einer tatsächlichen Einkommensverlagerung. Dies spricht für die Anwendung des § 12 Abs. 1 KStG. Andererseits würde dann die Beendigung eines „Missbrauchs" mit einer „Strafsteuer" belegt.

262–265 *(Einstweilen frei)*

7. Verstrickung

266 § 12 Abs. 1 KStG enthält keine Regelung für den Fall, dass ein Wirtschaftsgut aus dem Ausland in das Inland überführt wird und dadurch ein deutsches Besteuerungsrecht begründet wird. Es wird auch nicht auf **§ 4 Abs. 1 Satz 7** EStG verwiesen. Die Gesetzesbegründung ist unergiebig. Da § 12 KStG aber eine Einkünfteermittlungsvorschrift (→ Rz. 31) ist, verweist § 8 Abs. 1 KStG auf § 4 Abs. 1 EStG, sofern des KStG keine Sondernormen enthält.[2] Da § 8 Abs. 3 Satz 3 die Folge einer verdeckten Einlage regelt, müssen die EStG-Normen über den Tatbestand einer Einlage anwendbar sein.

267 Gemäß § 4 Abs. 1 Satz 7 2. Halbsatz EStG[3] steht einer Einlage die Begründung des deutschen Besteuerungsrechts hinsichtlich des Veräußerungsgewinns eines Wirtschaftsgutes gleich. Das Gesetz umschreibt somit den spiegelbildlichen Fall zur Entstrickung, so dass die Auslegung entsprechend erfolgt. Die Norm ist jedoch unvollständig, da sowohl die Verstärkung des inländischen Besteuerungsrechts als auch die Nutzungsüberlassung ins Inland fehlt. Dem Gesetzeswortlaut nach werden somit nur die Fälle geregelt, in denen vor der Verbringung ins Inland kein deutsches Besteuerungsrecht bestand. Unzweifelhaft ist dies gegeben, wenn ein im Inland **nicht unbeschränkt steuerpflichtiges Körperschaftsteuersubjekt** ein Wirtschaftsgut in eine zu gründende oder bestehende inländische Betriebsstätte überführt oder wenn die unbeschränkte Steuerpflicht durch Verlegung der Geschäftsleitung ins Inland begründet wird.[4]

268 Problematisch ist die Verstrickung bei einem **unbeschränkt Steuerpflichtigen**, der aus der ausländischen Betriebsstätte ein Wirtschaftsgut ins Inland verbringt. Befindet sich die Betriebsstätte in einem Staat, mit dem die **Anrechnungsmethode** vereinbart ist, so führt die Verbringung lediglich zu einer Verstärkung des Besteuerungsrechts, was aber tatbestandlich nicht erfasst wird. § 6 Abs. 5 EStG trifft nicht zu, da es keine Überführung zwischen unterschiedlichen Betriebsvermögen ist. M. E. ist gleichwohl der gemeine Wert anzusetzen (Analogie zu § 6 Abs. 1 Nr. 5a EStG, § 17 Abs. 2 Satz 3 EStG). Handelt es sich um eine **Freistellungsbetriebsstätte**, so ist eine Abgrenzung zwischen Betriebsstätte und Stammhaus vorzunehmen (→ Rz. 206). Ein Besteuerungsrecht an den in der Betriebsstätte erwirtschafteten stillen Reserven steht Deutschland nicht zu. Diese werden nicht verstrickt.[5] Was der Gesetzgeber wollte,[6] vermochte er nicht

---

[1] *Blumenberg/Lechner*, BB Special 2006, 27.
[2] Vgl. *Klein/Müller/Döpper* in Mössner/Seeger/Oellerich, KStG, § 8 Rz. 51.
[3] Vgl. *Herbst*, a. a. O., 168 ff.
[4] Der frühere Streit, ob mit dem Zuzug einer Kapitalgesellschaft deren Identität wechselt und somit hinsichtlich deren inländischen Betriebsstätte eine Abschlussbesteuerung erfolgt, hat sich aufgrund der EuGH Rechtsprechung erledigt, *Kahle/Cortez*, FR 2014, 682 f.
[5] Ebenso *Musil*, HHR, § 4 Rz. 322, 214.
[6] BT-Drucks. 16/2710, 27.

zutreffend zu formulieren. Dennoch wird man auch dann den gemeinen Wert anzusetzen haben.

Die fehlende Erwähnung der **Nutzungsüberlassung** ins Inland überrascht, weil sich der Gesetzgeber im Übrigen auf den neuen OECD-Ansatz beruft (vgl. → Rz. 127) und dieser den Ansatz von Vergütungen in diesen Fällen vorsieht.[1]

(Einstweilen frei)

C. Rechtsfolge

Das Gesetz ordnet eine fiktive („gilt") Veräußerung oder Überlassung an. Anders als in § 4 Abs. 1 Satz 3 EStG kam nach Ansicht des Gesetzgebers keine Entnahme in Betracht, da eine Körperschaft nach der Rechtsprechung des BFH keine Privatsphäre besitzt.[2]

I. Fiktive Veräußerung

Veräußerung ist die entgeltliche Übertragung eines Gegenstandes auf einen anderen. Dabei tritt der erhaltene Geldanspruch an die Stelle des Wirtschaftsgutes. Dies ist bei einer **Veräußerungsfiktion** nicht der Fall. Das Wirtschaftsgut verlässt nicht den betrieblichen Bereich und der Steuerpflichtige erhält keine Gegenleistung. Daher fragt sich, ob mit der fiktiven Veräußerung ein Ausscheiden aus dem Betriebsvermögen erfolgt oder ob lediglich im Ergebnis die Folgen einer Veräußerung simuliert werden.

> **BEISPIEL:** ▶ Die X-GmbH benötigt in ihrer ausländischen Betriebsstätte eine bisher im Inland eingesetzte Maschine. Auf dem Transport der Maschine kommt es zu einem Unfall, bei dem die Maschine zerstört wird.

Das Beispiel macht die unterschiedlichen Folgen der Möglichkeiten deutlich. Wäre die Maschine mit dem fiktiven Verkauf aus dem Betriebsvermögen des inländischen Stammhauses ausgeschieden, so könnte der Verlust nur die Betriebsstätte treffen.

Vorstellbar[3] sind drei Möglichkeiten der bilanziellen Abbildung des fiktiven Verkaufs:

▶ In der Bilanz des Stammhauses wird das Wirtschaftsgut zum gemeinen Wert gebucht und entsprechend entsteht ein Gewinn.

▶ Der Ansatz in der Bilanz bleibt unverändert und es erfolgt eine außerbilanzielle Hinzurechnung in Höhe der Differenz zwischen gemeinem Wert und Buchwert.

▶ Es erfolgt eine Ausbuchung und außerbilanziell wird der gemeine Wert hinzugerechnet.

In den beiden ersten Fällen bleibt das Wirtschaftsgut Bestandteil des bilanziell abgebildeten Betriebsvermögens. Gegen die dritte Möglichkeit spricht, dass das Wirtschaftsgut Betriebsvermögen des Unternehmens bleibt. Letztlich entscheidet sich die Frage danach, wie das Verhältnis zwischen den Bilanzen von Stammhaus und Betriebsstätte zu sehen ist. Da das Betriebsvermögen des Gesamtunternehmens in der Bilanz des inländischen Stammhauses auszuweisen ist[4] und die Überführung keinen Eigentumsübergang zur Folge hat, kommt die dritte Lösung nicht in Betracht. Bei einer Bilanzierung zum gemeinen Wert erfolgt die zutreffende Ab-

---

1 Vgl. *Musil*, HHR, § 4 Rz. 322.
2 *Schnitger*, Entstrickung, S. 28, m. w. N.
3 Vgl. auch *Herbst*, a. a. O., 45 ff.
4 *Strunk* in Mössner, Steuerrecht international tätiger Unternehmen, Rz. 4.4 ff.

grenzung zwischen Stammhaus und Betriebsstätte, weshalb diese Lösung den Vorzug verdient.[1] Damit bleibt das „entstrickte" Wirtschaftsgut weiterhin Betriebsvermögen.

296 Mit der (fiktiven) Veräußerung treten alle Rechtsfolgen einer Veräußerung ein. Somit ist auch § 8b Abs. 2 KStG anwendbar.

> **BEISPIEL** Die inländische GmbH mit Sitz und Geschäftsleitung hält in ihrem Betriebsvermögen mehrere Beteiligungen an anderen Kapitalgesellschaften. Sie verlegt ihre Geschäftsleitung ins Ausland und gilt damit als im Ausland ansässig i. S. eines DBAs. Damit unterliegen Gewinne aus der Veräußerung der Beteiligungen gem. den Art. 13 Abs. 5 OECD-Muster entsprechenden DBA-Artikeln nicht mehr der deutschen Besteuerung. Gleichwohl – abgesehen von 5 % – bleiben die Gewinne aus der Entstrickung der Anteile außer Ansatz.

297–305 *(Einstweilen frei)*

II. Überlassung

306 Die fiktive Überlassung bedeutet, dass (gedanklich) die inländische Betriebsstätte der ausländischen die Nutzung des Wirtschaftsgutes in Form einer befristeten Überlassung gestattet und dafür ein Entgelt erhält.[2] Somit werden nicht die stillen Reserven in einem Akt[3] besteuert, sondern über die Zeit der Nutzung wird eine angemessene Nutzungsentschädigung (→ Rz. 127, → Rz. 317) im Inland angesetzt.

307–310 *(Einstweilen frei)*

III. Gemeiner Wert

1. Allgemein

311 Die Definition des gemeinen Werts findet sich in **§ 9 BewG**. Es ist der reguläre Einzelveräußerungspreis bzw. die marktübliche Vergütung für eine Überlassung

312 Doch was dies im Falle einer Entstrickung bedeutet, ist nicht klar.

> **BEISPIEL:** Ein deutsches Unternehmen U produziert ein Gerät, dessen Herstellungskosten 500 € betragen. An den deutschen Handel wird dieses Gerät zu 650 € verkauft, der gibt es für 800 € an den Endverbraucher ab. U überführt das Gerät in die ausländische Betriebsstätte. Dort entstehen weitere Kosten für Transport, Lagerung, Werbung und Verkauf. Die Betriebsstätte verkauft (a) an ausländische Händler für 700 € (b) an ausländische Endabnehmer für 850 €.

313 Durch die Verbringung in die ausländische Betriebsstätte wird ein Teil des Ergebnisses des inländischen Unternehmens durch die Betriebsstätte erwirtschaftet. Als Kriterium der Abgrenzung sieht das Gesetz den gemeinen Wert als geeignet an. Dies kann nur der in der konkreten Situation erzielbare Preis sein, im Beispiel demnach der Betrag, zu dem ein Produktionsunternehmen die Waren an den Vertrieb veräußern würde. Im Beispiel kann es nicht der Verkaufs-

---

[1] Ebenso *Benecke/Staats*, DPM, § 12 Rz. 17, 154; *Hofmeister* in Blümich, § 12 Rz. 49; *Hölscher*, S. 158 f.; *Erle/Sauter/Lenz*, § 12 Rz. 54; *Kramer*, DB 2007, 2339; *Wassermeyer*, IStR 2008, 177; *Von Freeden*, RHN § 12 Rz. 72; a. A. *Kolbe* in HHR, § 12 KStG Rz. 36, der Lösung (3) präferiert.
[2] Ebenso *Benecke*, StuB 2007, 4; *Benecke/Staats*, DPM, § 12 Rz. 122; *Hofmeister* in Blümich, § 12 Rz. 55.
[3] Der Wortlaut liegt dies nahe, *Wassermeyer*, DB 2006, 2422; so verstehen es auch *Werra/Teiche*, DB 2006, 1456; dagegen zu Recht *Stadler/Elser*, BB 2006 Special, 21.

preis an den Endabnehmer sein. Es ist somit auf die jeweilige **Handelsstufe** abzustellen. Oft wird sich dies nicht oder nur schwer ermitteln lassen.

Der Gemeiner Wert ist gem. § 9 Abs. 2 BewG ohne Berücksichtigung ungewöhnlicher und persönlicher Verhältnisse zu ermitteln. Wenn der Betriebsstätten-Erlass in Tz. 2.6.1 den Ansatz des Fremdvergleichspreises verlangte, so war dies ohne Rechtsgrundlage, da eine Entnahme mit dem Teilwert anzusetzen ist. Ob zwischen dem **gemeinen Wert und dem Fremdvergleichspreis** ein Unterschied besteht,[1] ist zweifelhaft. BFH[2] und BMF[3] setzen beide in der Regel gleich.[4]

Die Gesetzesbegründung[5] spricht auch den Wert von **Sachgesamtheiten** (Betrieb, Teilbetrieb, Mitunternehmeranteil) an.[6] Der gemeine Wert der Sachgesamtheit enthalte auch die originären immateriellen Wirtschaftsgüter einschl. des **Geschäfts- und Firmenwerts**. Irritierenderweise bezieht sich die Gesetzesbegründung auf die Betriebsaufgabe (§ 16 Abs. 3 EStG), bei der aber der Geschäfts- und Firmenwert gerade nicht erfasst wird.[7] Dennoch werden auch originäre immaterielle Wirtschaftsgüter als Teil des gemeinen Werts bei der Entstrickung erfasst.[8]

Verbindlichkeiten werden ebenfalls mit dem gemeinen Wert erfasst.[9] Das Gesetz enthält auch für Pensionsverpflichtungen keine Einschränkung, so dass § 6a EStG nicht anwendbar ist.

BEISPIEL: Die in Deutschland mit Sitz und Geschäftsleitung ansässige X SE (hierzu → Rz. 351 ff.) verlegt beides nach Frankreich. In Deutschland verbleibt nur eine kleine Verkaufsniederlassung. Gemäß § 6a EStG war eine Pensionsrückstellung i. H. v. 6 Mio. gebildet worden. Durch den Wegzug wird auch diese entstrickt und bei der Ermittlung des Entstrickungsgewinns mit ihrem (angenommenen) gemeinen Wert von 17 Mio. berücksichtigt.

2. Nutzungsüberlassung

Hinsichtlich der Alternative „Gewinn aus der Nutzung" soll der gemeine Wert der Überlassung angesetzt werden. Der Kritik[10] ist zuzugestehen, dass die Formulierung ungewöhnlich ist. Es ist aber erkennbar, dass das Gesetz den Ansatz einer **marktüblichen Nutzungsgebühr** (→ Rz. 124 ff., → Rz. 306) vorschreiben möchte. Diese zu ermitteln, kann im Einzelfall schwer sein.

3. Laufender Gewinn

Durch den Ansatz des gemeinen Wertes entsteht ein Gewinn, der als **laufender Gewinn** der Körperschaft zu versteuern ist. § 8b Abs. 2 KStG findet keine Anwendung, es sei denn, Anteile an Kapitalgesellschaften werden entstrickt. Hat die Körperschaft einen Verlustvortrag, so wird dieser mit dem Gewinn verrechnet. Dies ist vor allem bei wegziehenden Gesellschaften von Bedeutung.[11]

---

1 So *Werra/Teich*, DB 2006, 1457; *Stadler/Elser*, BB 2006 Special, 22; *Wassermeyer*, IStR 2008, 178.
2 Vom 23. 2. 2005 – I R 70/05, BStBl 2005 II 882.
3 Verwaltungsgrundsätze-Verfahren v. 12. 4. 2005, BStBl 2005 I 570, Tz. 5.3.1.
4 So auch *Eisgruber* in Lüdicke, S. 128; zum Fremdvergleich s. *Herbst*, a. a. O., 43.
5 BT-Drucks. 16/2710, 28, r.Sp.
6 Vgl. auch *Rödder/Schumacher*, DStR 2007, 371; *Benecke/Staats*, DPM, § 12 Rz. 162; *Lenz* in Erle/Sauter, § 12 Rz. 52.
7 *Wacker* in Schmidt, EStG, § 16 Rz. 294.
8 Ebenso *Benecke/Staats*, DPM, § 12 Rz. 116 f.; a. A. *Förster*, DB 2007, 74.
9 *IdW*, WPg 2006, 752; h. M.
10 *Wassermeyer*, IStR 2008, 179; *Kolbe* HHR, Jahresband 2007, § 12 Rz. J 06-12.
11 *Blumenberg/Lechner*, BB 2006 Special, 30.

319–325 *(Einstweilen frei)*

IV. Verhältnis zur späteren Realisierung

326 Werden in der Betriebsstätte die ihr zugeordneten (→ Rz. 206) Wirtschaftsgüter des Umlauf- oder Anlagevermögens veräußert oder die stillen Reserven anders realisiert, so ist zwischen Freistellungs- und Anrechnungsbetriebsstätten zu unterscheiden. Ist das Ergebnis der Realisation freigestellt, so kann Deutschland es nicht besteuern. Dies gilt allerdings nur, soweit es sich um das funktional der Betriebsstätte zuzuordnende Ergebnis handelt.

BEISPIEL: Die in die Betriebsstätte mit gemeinem Wert von 100 überführte Maschine wird nach AfA um 40 zwei Jahre später für 110 veräußert. Der Gewinn von 50 ist freigestellter Betriebsstättengewinn.

327 Bei der Anrechnungsbetriebsstätte unterliegt der gesamte Veräußerungsgewinn der inländischen Besteuerung.

BEISPIEL: Das im Inland zu Kosten von 100 hergestellte Produkt wird mit gemeinem Wert von 150 in die ausländische Betriebsstätte überführt. Später wird es nach weiteren Kosten von 10 dort zu 200 verkauft. Der Gewinn von 90 ist aufzuteilen und unterliegt insgesamt der Besteuerung im Inland unter Anrechnung der auf dem Vertriebsgewinn (Beispiel 40) ruhenden ausländischen Steuer. Was geschieht mit der auf den Entstrickungsgewinn von 50 erhobenen Steuer? *Wassermeyer*[1] will die Ersatzrealisierung gem. § 12 Abs. 1 KStG als weitere Anschaffungskosten wirken lassen. Eine Rechtsgrundlage dafür gibt es nicht, es wären auch keine Anschaffungskosten. Wie wirkt es sich aus, wenn sich zwischen der Überführung der Steuersatz der deutschen Körperschaftsteuer geändert hat?

328 Ein weiteres Problem in diesem Zusammenhang, auf das frühzeitig *Wassermeyer*[2] hingewiesen hat, ist, dass nach dem Überführungszeitpunkt eintretende **Wertänderungen** nicht mehr im Inland berücksichtigt werden (s. o. → Rz. 41). Dies kann sich positiv und negativ auswirken.[3]

BEISPIEL: Das inländische Stammhaus produziert Waren zu 100, deren gemeiner Wert bei der Überführung in die Freistellungsbetriebsstätte 150 beträgt. Nach der Überführung ändert sich der gemeine Wert auf (a) 180 (b) 110. Die Waren werden verkauft zu (a) 240 (b) 130. Gemäß § 12 Abs. 1 KStG wird in beiden Fällen ein Entstrickungsgewinn von 50 besteuert. Berücksichtigt der Betriebsstättenstaat die Wertminderung bei (b) geht der Verlust unter. Wie Deutschland an der Wertsteigerung partizipiert, ist offen.

Diese Probleme werden vermieden, wenn man auf den bei Außenakt realisierten Gewinn des Unternehmens abstellt und diesen verursachungsgerecht (Veranlassungsprinzip) auf die Unternehmensteile aufteilt.

329 Erst recht problematisch ist der Untergang des Wirtschaftsgutes in der Betriebsstätte.[4]

Die Nordea-Entscheidung des EuGH[5] lässt in diesem Zusammenhang wie auch im Hinblick auf die Funktionsverlagerung nach § 1 AStG Grenzen der Besteuerung des Staates, aus dem ein Wirtschaftsgut überführt wird, erkennen. Das Gericht – ausgehend vom Grundsatz des Rechtfertigungsgrundes der Wahrung der Besteuerungshoheit reduziert eben diese Hoheit auf die stillen Reserven, die entstanden sind, als das Wirtschaftsgut seiner Steuerhoheit unterlag

---

[1] DB 2006, 2420.
[2] DB 2006, 1180.
[3] Bedenken bei *Benecke/Beinert*, FR 2010, 1011; *Beirat E & Y*, DB 2010, 1776; *Benecke/Staats*, DPM § 12 Rz. 99.
[4] Aufriss der Fragestellungen bei *Eisgruber* in Lüdicke, S. 126 f.
[5] Vom 17. 7. 2014 - C-48/13, NWB RAAAE-71055.

(Tz. 35 ff. des Nordea-Urteils). Wachsen die stillen Reserven nach der Überführung an, so kann der Wegzugsstaat darauf nicht zugreifen.[1] Dies muss umgekehrt auch für nachträgliche Wertverluste gelten.

(Einstweilen frei)   330–350

D. Europäische Gesellschaft (§ 4 Abs. 1 Satz 4, § 15 Abs. 1a EStG)

I. Besteuerung der Gesellschaft

Bei der Europäischen Gesellschaft (SE – Societas europaea) bzw. der Europäischen Genossenschaft (SCE) haben die europäischen **Verordnungen**[2] unmittelbar anwendbare Sonderregeln geschaffen. Diese betreffen zunächst die grenzüberschreitende identitätswahrende Sitzverlegung in gesellschaftsrechtlicher Hinsicht. Sie wurden durch das SEEG[3] im deutschen Recht ergänzt.[4]

Hinsichtlich der **Besteuerung des Wegzuges**[5] einer SE, SCE wurde 2003 die Fusionsrichtlinie[6] um Abschnitt IVb ergänzt.[7] Gemäß Art. 10b darf die grenzüberschreitende Sitzverlegung hinsichtlich des im Wegzugsstaat tatsächlich einer verbleibenden Betriebsstätte zuzuordnenden Vermögens keine Besteuerung erfolgen, vorausgesetzt, es finden keine Neubewertungen des Vermögens (Step-up) statt.[8] Es findet insoweit ein Wechsel von der unbeschränkten zur beschränkten Steuerpflicht statt.

Soweit anlässlich der grenzüberschreitenden Sitzverlegung einer SE/SCE Wirtschaftsgüter „mitziehen" (→ Rz. 165 ff.), findet auf diese § 12 Abs. 1 KStG Anwendung mit der Folge der Entstrickungsbesteuerung. Die Fusionsrichtlinie enthält für diese Konstellation keine Vorschriften. Betroffen ist vor allem im Ausland belegenes Vermögen einer SE, das durch die Sitzverlegung aus der unbeschränkten Steuerpflicht ausscheidet.[9] Die in der ausländischen Betriebsstätte enthaltenen stillen Reserven sind dann sofort und uneingeschränkt zu besteuern. Da aber bereits vorher die Pflicht zur Anrechnung ausländischer Steuern bestanden hat, muss diese Steuerbelastung berücksichtigt werden. Hierzu kann der Rechtsgedanke des § 20 Abs. 8 UmwStG analog herangezogen werden. (→ Rz. 257).

Verlegt die SE/SCE ihren Sitz von einem EU-/EWR-Staat in einen anderen, so findet gem. **§ 12 Abs. 3 KStG** keine Aufdeckung der stillen Reserven im Vermögen ihrer inländischen Betriebsstätte statt. Bezieht eine in einem EU-/EWR-Staat ansässige SE/SCE andere als Betriebsstätteneinkünfte aus dem Inland und verlegt sie ihren Sitz in einen anderen EU-/EWR-Staat und wird dadurch aufgrund eines abweichenden DBAs eine bestehende deutsche Quellenbesteuerung ausgeschlossen, so kommt es jedoch zu einem Ausschluss i. S. v. § 12 Abs. 1 KStG.

---

1 Aus diesem Grunde sind die Vorschriften über die Funktionsverlagerung teilweise europarechtswidrig, soweit auf die Vorteile im Zuzugsstaat erfassen wollen, vgl. ebenso *Englisch* IStR 2014, 562; *Blöchle/Dumser*, IWB 2014, 774.
2 SE – VO EG 2157/2001 v. 8. 10. 2001, ABl. EG L 294, 1; SCE – VO EG 1435/2003 v. 22. 7. 2003, ABl. EG L 207, 1.
3 BGBl 2004 I 3675.
4 Vgl. *Ringe*, Sitzverlegung der Europäischen Aktiengesellschaft, Tübingen 2006; *Blumenberg* in Oesterreicher, S. 66 f.
5 Siehe *Förster*, DB 2007, 75 ff.
6 90/434/EWG v. 23. 7. 1990, ABl. EG L 225, 1.
7 RL 2006/98/EG v. 20. 11. 2006, ABl. EU L 363, 129.
8 Sog. Betriebsstättenvorbehalt, vgl. auch *Köhler*, DStR 2010, 338.
9 → Rz. 169; *Blumenberg/Lechner*, BB 2006 Special, 30.

> **BEISPIEL:** Die in X ansässige SE ist an einer inländischen AG beteiligt. Nach dem DBA mit X kann Deutschland Gewinne aus der Veräußerung der Anteile uneingeschränkt besteuern. SE verlegt ihren Sitz in den Staat Y. Nach dem DBA mit Y ist eine deutsche Besteuerung der Veräußerungsgewinne ausgeschlossen. Dies ist kein Fall von § 12 Abs. 3 Satz 2 KStG, da die SE nicht außerhalb der EU/EWR ansässig wird.

355–360 *(Einstweilen frei)*

II. Besteuerung der Gesellschafter

361 Von der Besteuerung der Gesellschaft ist diejenige der **Gesellschafter** einer SE zu unterscheiden. Für diese sieht Art. 10d Fusionsrichtlinie vor, dass die Sitzverlegung allein keine Besteuerung des Veräußerungserlöses bei ihnen auslösen darf, dass aber eine spätere Besteuerung bei der Realisation möglich ist. Diese Möglichkeit hat der deutsche Gesetzgeber in § 4 Abs. 1 Satz 4 und § 15 Abs. 1a EStG wahrgenommen. § 12 Abs. 1 Satz 1 2. Halbsatz KStG erklärt diese Normen für entsprechend anwendbar. Damit müssen folgende Voraussetzungen erfüllt sein:

- Ein Körperschaftsteuersubjekt ist Anteileigner einer im Inland ansässigen SE.
- Die SE verlegt ihren Sitz in einen anderen EU-Staat.
- Dadurch wird die deutsche Besteuerung einer Veräußerung der Anteile ausgeschlossen.

362 Der Wegzug einer SE ins Ausland führt nicht zu einer Veräußerung beim Anteilseigner. Zu einer Veränderung der deutschen Besteuerung kommt es nur dann, wenn durch den Wegzug zugleich die Besteuerung des Anteilseigners entfällt. Dies ist beispielsweise der Fall bei ausländischen Anteilseignern einer im Inland ansässigen SE, wenn das DBA mit deren Heimatstaat Deutschland die Besteuerung von Veräußerungen von Kapitalgesellschaftsanteilen erlaubt. Dies ist nur ausnahmsweise der Fall,[1] so dass die praktischen Auswirkungen gering sein dürften.[2]

363 Nicht entsprechend gem. § 12 Abs. 1 KStG, sondern unmittelbar sind § 4 Abs. 1 Satz 4 und § 17 Abs. 5 EStG anwendbar, wenn der **Gesellschafter keine Körperschaft** ist. Die Rechtslage ist nicht einfach zu überblicken. Zunächst ist danach zu unterscheiden, um welche Art von Beteiligung es sich handelt, sodann danach, ob die Person unbeschränkt oder beschränkt steuerpflichtig ist.

364
- Beteiligungen in einem **Betriebsvermögen**
- Kommt es zu einem Ausschluss oder einer Beschränkung der Besteuerung von im inländischen Betriebsvermögen gehaltenen Anteilen, so ordnet § 4 Abs. 1 Satz 3 EStG eine Entnahme zum gemeinen Wert an. Hierzu kommt es, wenn die Anteile nicht mehr der inländischen Betriebsstätte zugeordnet werden, weil etwa das Stammhaus des Betriebes ins Ausland verlegt wird und die Anteile „mitziehen", d.h. aus dem inländischen Betriebsvermögen ausscheiden. § 4 Abs. 1 Satz 4 EStG nimmt Anteile an einer SE/SCE aus.

> **BEISPIEL:** Der Einzelunternehmer E führt im Inland ein Unternehmen. Im Betriebsvermögen hält er Anteile an einer SE. E verlegt seinen Firmensitz nach Frankreich unter Beibehaltung der inländischen Betriebsstätte, der die Anteile an der SE nicht zugeordnet werden können. Trotz Ausscheidens aus der inländischen Steuerverstrickung erfolgt keine Besteuerung.

---

[1] Vgl. *Vogel/Lehner*, DBA, Art. 13 Rz. 225 ff.
[2] *Blumenberg/Lechner*, BB 2006 Special, 31.

▶ Beteiligungen gem. § 17 EStG   365

§ 17 Abs. 5 EStG enthält eine eigenständige Entstrickungsregelung für Anteile i. S. v. § 17 EStG. Ebenfalls ist eine Ausnahme von der Sofortversteuerung vorgesehen, wenn es sich um Anteile an einer SE handelt.[1]

▶ Sonstige Beteiligungen im Privatvermögen   366

Im Inland Ansässige unterliegen mit ihren Beteiligungen, die nicht solche i. S. v. § 17 EStG sind, einer Veräußerungsgewinnbesteuerung gem. § 20 Abs. 2 Nr. 1 EStG, sofern es nicht „Alt-Anteile"[2] sind. Hinsichtlich Letzterer kommt § 23 EStG innerhalb der Spekulationsfrist zur Anwendung. Bei beschränkter Steuerpflicht unterliegen Veräußerungsgewinne bei Anteilen an Kapitalgesellschaften nur unter den Voraussetzungen des § 49 Abs. 1 Nr. 5 d i. V. m. § 43 Abs. 1 Nr. 9 EStG der inländischen Besteuerung ab 2009.

Soweit bei Anteilen an einer SE/SCE keine Entstrickung gem. § 4 Abs. 1 Satz 4 EStG erfolgt, ordnet § 15 Abs. 1a EStG im Wege eines treaty-override's[3] ungeachtet der Vorschriften eines DBA eine Versteuerung eines Veräußerungsgewinns bei der **späteren Realisation** an. Dabei bemisst sich der Veräußerungsgewinn unter Berücksichtigung der nach dem Ausscheiden aus der deutschen Besteuerung eintretenden Wertänderungen, was europarechtlich bedenklich ist[4] und zu einer Doppelbesteuerung führt. Dies ist auch für die Anteile gem. § 17 Abs. 5 Satz 3 EStG entsprechend anwendbar. Dies gilt in gleicher Weise (§ 12 Abs. 1 Satz 1 2. Halbsatz KStG) für Anteile im Vermögen einer Körperschaft.   367

(Einstweilen frei)   368–375

E. Ausgleichsposten (§ 4g EStG)

I. Allgemein

In der de Lasteyrie-Entscheidung (→ Rz. 8) hat der EuGH festgestellt, dass einerseits die Staaten die stillen Reserven, die während der Zugehörigkeit eines Wirtschaftsgutes zu ihrer Steuerhoheit entstanden sind, besteuern dürfen, andererseits aber die bloße Verbringung über die Grenze kein hinreichender Grund für eine Besteuerung der stillen Reserven darstellt.[5]   376

Der Gesetzgeber konnte an die früheren Regelungen der aufgeschobenen Gewinnverwirklichung im Betriebsstättenerlass (→ Rz. 20) anknüpfen. Allerdings sieht das Gesetz erhebliche Verschlechterungen[6] vor. So wird der „Entstrickungsgewinn" nur über fünf statt früher zehn (in § 6 AStG sogar generelle Stundung) Jahre verteilt auf Antrag besteuert (zu europarechtlichen Bedenken s. → Rz. 37). Rechtstechnisch wird dies über die Bildung und Auflösung eines Ausgleichspostens verwirklicht. Dabei ist § 4g EStG entsprechend anzuwenden, d. h. auf die Besonderheiten der Körperschaftsteuer anzupassen.   377

(Einstweilen frei)   378–380

---

[1] Vgl. *Weber-Grellet* in Schmidt, EStG, § 17 Rz. 240 ff.
[2] *Weber-Grellet* in Schmidt, EStG, § 20 Rz. 151.
[3] *Blumenberg/Lechner*, BB 2006 Special, 31.
[4] *Werra/Teich*, DB 2006, 1457 f.
[5] Siehe auch *Hoffmann*, DB 2007, 652.
[6] Im Detail *Kessler/Winterhalter/Huck*, DStR 2007, 134.

II. Anwendungsbereich

381 Die Anwendung der Vorschrift ist an verschiedene Voraussetzungen gebunden:

- ▶ Unbeschränkte Körperschaftsteuerpflicht
- ▶ Zuordnungsänderung
- ▶ Eines Wirtschaftsgutes einer Betriebsstätte
- ▶ Zu einer anderen Betriebsstätte desselben Steuerpflichtigen
- ▶ In einem anderen Mitgliedstaat der EU
- ▶ Antrag.

1. Zeitlicher Anwendungsbereich

382 Die erstmalige Anwendung richtet sich nach § 34 KStG.[1] § 4g EStG war ab dem Veranlagungszeitraum 2006 anzuwenden.[2] Der nachträglich durch das JStG 2008 (→ Rz. 5) eingefügte Verweis auf § 4g EStG ist gem. § 34 Abs. 8 Satz 5 KStG rückwirkend ab VZ 2006 anzuwenden. Mit dem **JStG 2010** wurde § 34 Abs. 8 Satz 5 KStG aufgehoben. Statt dessen ordnet § 34 Abs. 8 Satz 2 KStG nunmehr an, dass Abs. 1, d. h. einschließlich des Verweises auf § 4g EStG auch für Wirtschaftsjahre, die **vor dem 1.1.2006** enden, anzuwenden ist, wenn ein Wirtschaftsgut in eine Freistellungsbetriebsstätte überführt wurde oder nicht mehr der Inlandsbetriebsstätte einer ausländischen Körperschaft zuzuordnen war. Zur generellen Problematik dieser Rückwirkung vgl. → Rz. 61.

383 Diese Rückwirkung führt zu erheblichen verfassungsrechtlichen Problemen, wenn ein Unternehmen vor dem Inkrafttreten des SEStEG auf der Grundlage des Betriebsstättenerlasses die Ausgleichspostenmethode in Anspruch genommen hatte und die betreffenden Veranlagungen noch nicht bestandskräftig sind. Obwohl die Ausgleichspostenmethode „nur" eine Billigkeitsregelung ist, schafft sie Vertrauen, das nicht nach Jahren enttäuscht werden darf. Kann man die generelle Rückwirkung noch als Versuch der Finanzverwaltung verstehen, ihre Auffassung von der finalen Entstrickung auch für die Vergangenheit gegen den BFH durchzusetzen (vgl. → Rz. 21), so lässt sich die nachträgliche Verschlechterung der Regeln des Betriebsstättenerlass nicht mit dem Wunsch begründen, den Rechtszustand vor der Änderung der BFH-Rechtsprechung (→ Rz. 20) wiederherzustellen. Eine verfassungskonforme Interpretation gebietet es daher, die Rückwirkung des JStG 2010 nicht auf § 4g EStG zu erstrecken.

2. Persönlicher Anwendungsbereich

384 Nur **unbeschränkt** steuerpflichtige Körperschaftsteuersubjekte können für die Bildung eines Ausgleichspostens optieren. Folglich führt es zur Sofortversteuerung, wenn ein Wirtschaftsgut durch Überführung aus der inländischen Betriebsstätte eines beschränkt Steuerpflichtigen ausscheidet.[3] Bei **Mitunternehmerschaften** erfolgt die Bildung des Ausgleichspostens auf der Ebene der Gesellschaft. Entscheidend ist, dass die Gesellschafter unbeschränkt steuerpflichtig sind. Sind andere, beschränkt steuerpflichtige Gesellschafter beteiligt, so kann nur für den Anteil der unbeschränkt steuerpflichtigen ein Ausgleichsposten gebildet werden.[4] Diese Un-

---

1 *Martini/Valta* in Mössner/Seeger/Oellerich, KStG, § 34 Rz. 1 ff., Überblick.
2 Vgl. *Kessler/Winterhalter/Huck*, DStR 2007, 134.
3 *Schnitger*, Die Entstrickung im Steuerrecht, S. 36
4 So auch *Kahle/Eichholz*, FR 2015, 9

gleichbehandlung beeinträchtigt zweifelsohne die Niederlassungsfreiheit,[1] was nicht mit Schwierigkeiten bei der Nachverfolgung des Schicksals des Wirtschaftsgutes im Stammhaus gerechtfertigt werden kann.

3. Sachliche Voraussetzung

Es muss sich um die Überführung eines Wirtschaftsgutes handeln, die zur **Zuordnung** (→ Rz. 206) des **Wirtschaftsgutes** zu einer Betriebsstätte desselben Steuerpflichtigen in einem anderen EU-Staat führt. Dies trifft unzweifelhaft für die Fälle der Überführung aus einer inländischen in eine ausländische Betriebsstätte zu. Dem Wortlaut nach fallen auch Überführungen zwischen Betriebsstätten in unterschiedlichen EU-Staaten (vgl. → Rz. 212) darunter, sofern diese zur Entstrickung führen. Bei einer Überlassung ohne Zuordnungsänderung kommt § 4g EStG nicht zur Anwendung,[2] da wegen der gestreckten Nutzungsentschädigung (→ Rz. 124) keine Zusammenballung einer Realisation erfolgt und insoweit kein Bedürfnis für eine zeitliche Verteilung besteht. Das Gesetz spricht in § 12 Abs. 1 KStG vom Gewinn aus der Veräußerung eines Wirtschaftsgutes. § 16 Abs. 3a EStG behandelt die **Verlagerung eines Betriebes** oder Teilbetriebes. Für diesen Fall sieht § 36 Abs. 5 EStG eine eigenständige, von § 4g EStG abweichende Stundungsregelung vor. § 12 KStG verweist nur auf § 4g EStG, so dass Körperschaften keinen Ausgleichsposten bei Verlagerung ganzer Betriebseinheiten bilden könnten. Ob dies vom Gesetz so gewollt ist oder ob es sich um eine planwidrige Lücke handelt, ist ebenso unklar wie, auf welche Weise eine derartige Lücke gefüllt werden könnte: durch analoge Anwendung von § 4g EStG oder § 36 Abs. 5 EStG, was z. B. im Hinblick auf den EWR einen Unterschied machen würde. Jedenfalls ist die Gesetzeslage höchst unbefriedigend.[3]

Die Bildung des Ausgleichspostens ist auch möglich, wenn die unbeschränkte Steuerpflicht durch **Wegzug** des Körperschaftsteuersubjekts endet (→ Rz. 165 ff.). Sie erfolgt in der letzten logischen Sekunde, bevor die unbeschränkte Steuerpflicht endet.[4] Erforderlich ist jedoch, dass eine Betriebsstätte im Inland verbleibt, bei der der Ausgleichsposten gebildet werden kann, so dass die mitziehenden Wirtschaftsgüter gestreckt besteuert werden. Dies bedeutet: Endet mit der Sitzverlegung die deutsche Steuerpflicht insgesamt, so kann kein Ausgleichspostgen gebildet werden. Weiterhin ist erforderlich, dass der Ausgleichsposten bei der im Inland verbliebenen Betriebsstätte gebildet werden kann. Unproblematisch ist dies allerdings nicht.[5] Solange aber Deutschland Zugriff auf den Ausgleichsposten hat, wäre es unverhältnismäßig, dessen Bildung zu verweigern.

Räumlich beschränkt gilt die Norm zudem nur für Überführungen in einen **EU-Mitgliedstaat**. Die Nichteinbeziehung des EWR[6] ließe sich mit Problemen der Nachverfolgung des weiteren Schicksals des überführten Wirtschaftsgutes begründen. Dazu hätte es aber ausgereicht, auf das Bestehen von umfassenden Auskunftsabkommen abzustellen. Ähnliches gilt auch für Drittstaaten, die von der Regelung des Betriebsstättenerlasses umfasst waren.

---

1 Vgl. *Hoffmann*, DB 2007, 653.
2 *Kessler/Winterhalter/Huck*, DStR 2007, 134.
3 Ebenso *Holzhäuser* in K/S/M § 4g Anm. A12; *Crezelius* in Kirchhof § 4g Rz. 3; *Gosch*, IWB 2012, 784; *Kahle/Eichholz*, FR 2015, 10
4 *Förster*, DB 2007, 75; a. A. *Schmidt/Heinicke* EStG § 4g Rz. 4; vgl. auch *Kahle/Eichholz*, FR 2015, 7 f.
5 *Kahle/Eichholz*, FR 2015, 8 m. w. N.
6 *Hoffmann*, DB 2007, 653 hält deren Einbeziehung u. U. für möglich trotz des eindeutigen Wortlauts.

388 Weiterhin muss eine Zuordnung zu einer anderen Betriebsstätte **desselben** Steuerpflichtigen erfolgen. Der Betriebsstättenerlass (Tz. 2.6.4) hatte die aufgeschobene Besteuerung versagt, wenn das Wirtschaftsgut in eine ausländische Personengesellschaft übertragen wurde. Dasselbe soll für § 4g EStG gelten.[1] M. E. ist hier zu unterscheiden:

389 ▶ Handelt es sich um die Überführung aus dem Betriebsvermögen eines unbeschränkt Steuerpflichtigen **in das Vermögen** einer ausländischen Betriebsstätte einer in- oder ausländische **Personengesellschaft**, so vermittelt zwar die Personengesellschaft dem Inländer eine Betriebsstätte,[2] zugleich springen aber die stillen Reserven anteilsmäßig auf die anderen Gesellschafter über.[3] Sind diese nicht unbeschränkt im Inland steuerpflichtig, würde Deutschland endgültig die Besteuerung stiller Reserven entgehen. Eine Besteuerung ist daher gerechtfertigt. Dass allerdings keine gestreckte Besteuerung möglich ist, ist nicht recht einsichtig und ist wegen der Geltung von § 6 Abs. 5 EStG im Inlandsfall europarechtlich bedenklich.[4]

390 ▶ Wird das Wirtschaftsgut **Sonderbetriebsvermögen** einer ausländischen Personengesellschaft, so kommt es nicht zum Überspringen stiller Reserven. Nach der Rechtsprechung des BFH kommt es bei einer DBA-Freistellung auch nicht zur Zuordnung zu der ausländischen Betriebsstätte[5] und somit nicht zum Ausschluss eines deutschen Besteuerungsrechts.

> **BEISPIEL:** ▶ Inländer ist an belgischer Personengesellschaft beteiligt. Aus seinem inländischen Betriebsvermögen überlässt er gegen Entgelt ein Wirtschaftsgut (Darlehen, Maschine, Patent) der ausländischen Personengesellschaft.

Vielmehr ist in diesen Fällen entweder gem. DBA das Entgelt im Inland zu besteuern oder bei unentgeltlicher Überlassung kommt die Überlassungsbesteuerung (→ Rz. 124 ff.) zur Anwendung.

391 ▶ Wird das Wirtschaftsgut aus der inländischen Betriebsstätte einer Personengesellschaft in das Betriebsvermögen einer ausländischen Betriebsstätte **derselben Personengesellschaft** verbracht, so ist die Voraussetzung desselben Steuerpflichtigen erfüllt. Handelt es sich um die Übertragung von einer Personengesellschaft auf eine personen- und beteiligungsidentische Personengesellschaft, so kommt es nach der Rechtsprechung des I. Senats[6] auch im Inlandsfall zur Aufdeckung der stillen Reserven. Dies muss dann auch für den Auslandsfall gelten. Nach Ansicht des IV. Senates[7] ist dies ohne Aufdeckung der stillen Reserven im Inland möglich. Bei einer Übertragung ins Ausland kommt es zur Entstrickung. Nicht begründbar ist, aus welchem Grund die Bildung des Ausgleichspostens für die im Inland ansässigen Gesellschafter nicht möglich sein soll.

392 Schließlich kann der Ausgleichsposten nur für **Anlagevermögen** gebildet werden, so dass Umlaufvermögen ausgeschlossen ist und daher sofort versteuert wird. Str. ist die Geltung auch

---

1 Kessler/Winterhalter/Huck, DStR 2007, 134; Dötsch/Pung, DB 2006, 2651; Heinicke in Schmidt, EStG, § 4g Rz. 2.; kritisch auch Kahle/Eichholz, FR 2015, 9.
2 BFH, Urteil v. 16. 10. 2002 – I R 17/01, BStBl 2003 II 631.
3 So zutr. Hoffmann, DB 2007, 653.
4 So auch Kessler/Winterhalter/Huck, DStR 2007, 134.
5 BFH, Urteil v. 17. 7. 2007 – I R 5/06, BStBl 2009 II 356.
6 BFH, Urteil v. 25. 11. 2009 – I R 72/08, BStBl 2010 II 471.
7 BFH, Urteil v. 15. 4. 2010 – IV B 105/09, BStBl 2010 II 971.

für **Sachgesamtheiten**, da der Wortlaut von einem Wirtschaftsgut spricht.[1] Wenn bei der Entstrickung für eine Sachgesamtheit deren gemeine Wert anzusetzen ist (→ Rz. 315), dann schließt dieser Anlage- wie Umlaufvermögen ein. Dann muss konsequenterweise der Ausgleichsposten auch für das eingeschlossene Umlaufvermögen gebildet werden.

Der Betriebsstättenerlass sah auch für das **Umlaufvermögen** (Tz. 2.6.1) die Option zur aufgeschobenen Besteuerung vor. Davon wurde aber in der Praxis wenig Gebrauch gemacht, da die Verweildauer von Umlaufvermögen in der Betriebsstätte in der Regel kurz ist und den Verwaltungsaufwand nicht rechtfertigte.[2]

Die aufgeschobene Besteuerung setzt einen unwiderruflichen **Antrag** des Steuerpflichtigen voraus. Dieser kann nur für sämtliche während eines Wirtschaftsjahres entstrickten Wirtschaftsgüter nach § 4g Abs. 1 Satz 3 EStG einheitlich ausgeübt werden. Offen ist, ob dies jeweils auf eine Betriebsstätte bezogen gilt oder für alle Betriebsstätten eines Steuerpflichtigen. Sowohl § 4 Abs. 1 Satz 4 EStG, § 12 Abs. 1 Satz 2 KStG als auch § 4g Abs. 1 Satz 1 EStG sprechen von der Zuordnung zu einer Betriebsstätte, was für eine Beschränkung des Antrages auf eine Betriebsstätte spricht.[3] Es ist auch nicht ersichtlich, aus welchem Grunde es dem Steuerpflichtigen bei Überführungen in unterschiedliche Betriebsstätten in verschiedenen Staaten verwehrt sein sollte, in einem Fall die Sofortversteuerung, im anderen die aufgeschobene zu wählen.[4]

Das Gesetz sagt nicht, zu welchem **Zeitpunkt** der **Antrag** zu stellen ist. Es wird der Fall diskutiert,[5] dass nachträglich die Voraussetzungen zur Bildung eines Ausgleichspostens erfüllt werden, z. B. weil der zunächst beschränkt Steuerpflichtige unbeschränkt steuerpflichtig wird. Hält man dies für möglich,[6] so ist zu bedenken, dass im Zeitpunkt der Entstrickung die Veräußerung fingiert wird und somit in voller Höhe eine Besteuerung erfolgt. Tritt nun innerhalb des Fünf-Jahres-Zeitraum die Erfüllung der Voraussetzungen des § 4g EStG ein, so müsste zeitanteilig die Zahlung rückgängig gemacht werden und die entsprechende Steuer erstattet werden. Dafür gibt es keine Rechtsgrundlage. M.E. spricht auch der Wortlaut von § 4g EStG dafür, dass im Zeitpunkt der Entstrickung die Voraussetzungen vorliegen müssen. Gestellt werden kann der Antrag aber bis zur bestandkräftigen Veranlagung des entsprechenden Veranlagungszeitraums.

(Einstweilen frei) 396–400

III. Bildung des Ausgleichpostens

Der Ausgleichposten wird in **Höhe** des Unterschiedsbetrages zwischen gemeinem Wert und Buchwert unter Berücksichtigung der auf das Stammhaus entfallenden Überführungskosten gebildet. Da durch ihn eine Neutralisierung des fiktiven Veräußerungsgewinns erfolgen soll und dieser durch Bewertung mit dem gemeinen Wert in der Bilanz vorgenommen wird (→ Rz. 295), ist er auf der Passivseite in der **Steuerbilanz** zu bilden.[7] Die Erstellung einer außer-

---

1 Dafür *Förster*, DB 2007, 72; *Hoffmann*, DB 2007, 653; dagegen *Heinicke* in Schmidt, EStG, § 4g Rz. 4.
2 Ebenso *Kessler/Winterhalter/Huck*, DStR 2007, 134.
3 Vgl. BT-Drucks. 16/2710, 11; ebenso *Kolbe* HHR, § 4g Rz. 24; *Holzhäuser* in Kirchhof/Söhn/Mellinghoff, § 4g B23; *Förster*, DB 2007, 72; offen *Heinicke* in Schmidt, EStG, § 4g Rz. 20.
4 A. A. *Hoffmann*, DB 2007, 653.
5 z B. *Heinicke* in Schmidt, EStG, § 4g Rz. 4
6 So *Kahle/Eichholz*, FR 2015, 10; *Crezelius* in Kirchhof, EStG § 4g Rz. 3.
7 Ebenso *Wassermeyer*, DB 2008, 430; *Hoffmann*, DB 2007, 652; a. A. *Kramer*, DB 2007, 2338.

bilanziellen Nebenrechnung[1] oder einer Gewinnabgrenzungsbilanz[2] erübrigt sich, dürfte aber auch zulässig sein.

402 Gemäß § 4g Abs. 4 EStG findet Abs. 1 entsprechende Anwendung bei der Gewinnermittlung gem. **§ 4 Abs. 3 EStG**. Wegen § 8 Abs. 2 KStG kann dies nur für Steuerpflichtige gem. § 1 Abs. 1 Nr. 4 – 6 in Betracht kommen (vgl. → Rz. 106). Da es mangels einer Bilanz keine Buchwerte gibt, ist die **Höhe** anders zu ermitteln. Bei Wirtschaftsgütern des Anlagevermögens richtet sich dies danach, ob es sich um abnutzbare handelt oder nicht. Entsprechend § 4 Abs. 3 Satz 3 und 4 EStG bestimmt die Differenz zwischen dem gemeinem Wert und den Anschaffungs- bzw. Herstellungskosten abzüglich etwaiger Abschreibungen die Höhe des Ausgleichspostens. Dieser hat jedoch nicht die Funktion, eine sonst erfolgende Gewinnerhöhung zu neutralisieren. Er tritt vielmehr an die Stelle der Veräußerungsfiktion.[3] Die Besteuerung erfolgt dann durch die Auflösung des Ausgleichsposten (→ Rz. 406 ff.). Die betroffenen Wirtschaftsgüter sind in ein gesondertes **Verzeichnis** aufzunehmen. Im Übrigen hat der Steuerpflichtige Aufzeichnungen zu führen und der Steuerklärung beizufügen, aus denen sich Bildung und Auflösung des Postens ergeben.

403–405 *(Einstweilen frei)*

IV. Auflösung des Ausgleichpostens

406 Die Auflösung des Ausgleichspostens erfolgt grundsätzlich nach **Wirtschaftsjahren**. Ein Rumpfwirtschaftsjahr ist Wirtschaftsjahr in diesem Sinne.

407 Die Auflösung erfolgt über **fünf Jahre** jeweils um 1/5 des Ausgleichspostens. Die Auflösung beginnt im Jahr der Bildung, d. h. am Ende des Wirtschaftsjahres der Zuordnungsänderung beträgt der Ausgleichsposten immer 4/5 des Unterschiedsbetrages (→ Rz. 401). In den folgenden vier Wirtschaftsjahren wird der Posten dann jeweils um 1/5 aufgelöst. Die Art der Wirtschaftsgüter spielt dabei keine Rolle. Auch ein für nicht abnutzbare Wirtschaftsgüter gebildeter Posten wird entsprechend aufgelöst, denn es handelt sich dabei nicht um eine Abschreibung, sondern um eine gestreckte Gewinnverteilung, die jeweils zu einer Gewinnerhöhung im Inland führt. Vgl. die detaillierte Darstellung einschl. der Steuerlatenzen bei *Hoffmann*.[4]

408 § 4g Abs. 2 Satz 2 und Abs. 5 EStG ordnen in Sonderfällen die **sofortige** gewinnerhöhende **Auflösung** des (verbliebenen) Ausgleichspostens an. Dies sind:

409 ▶ **§ 4g Abs. 2 Satz 2 Nr. 1 EStG – Ausscheiden:** das als veräußert geltende Wirtschaftsgut **scheidet aus** dem Betriebsvermögen des Steuerpflichtigen aus. Der Wortlaut ist weit gefasst. *Heinicke*[5] fasst darunter nur die Fälle der Veräußerung, des Verschenkens oder der ausdrücklichen Entnahme. Auch Übertragungen im Rahmen von Umwandlungen im Ausland dürften hierunter fallen, was dann aber zur Konkurrenz mit § 12 Abs. 2 KStG führt. Aber auch die Fälle des Untergangs des Wirtschaftsguts – etwa durch Brand – und des Endes durch Ablauf – z. B. bei Patenten – stellen ein Ausscheiden dar.[6] Für eine teleologi-

---

[1] So *Hoffmann*, DB 2008, 433.
[2] So *Kramer*, a. a. O.
[3] So auch *Heinicke* in Schmidt, EStG, § 4g Rz. 6.
[4] DB 2007, 654 f.
[5] In Schmidt, EStG, § 4g Rz. 11.
[6] Ebenso *Holzhäuser* in Kirchhof/Söhn/Mellinghoff, § 4g C8 f.; *Crezelius* in Kirchhof, § 4g Rz. 12; *Hoffmann*, DB 2007, 655.

sche Reduktion[1] besteht kein Anlass, da nach der Konzeption des Gesetzes das weitere Schicksal des Wirtschaftsgutes nach der Überführung unerheblich ist (s. → Rz. 326).

▶ **§ 4g Abs. 2 Satz 2 Nr. 2 EStG – Verlassen:** das betreffende Wirtschaftsgut scheidet aus der Besteuerungshoheit der **EU-Mitgliedstaaten** aus. Dies ist folgerichtig, da die aufgeschobene Besteuerung nur bei Überführungen in einen EU-Staat gewährt wird. Verlässt es den EU-Bereich, so entfällt diese ratio legis. Wird das Wirtschaftsgut innerhalb der EU in einen anderen Staat überführt, so kommt es nicht zur sofortigen Auflösung. 410

▶ **§ 4g Abs. 2 Satz 2 Nr. 3 EStG – Aufdeckung:** im Ausland werden die stillen Reserven aufgedeckt oder sie hätten nach deutschem Recht aufgedeckt werden müssen. Dadurch nimmt das Gesetz unter Außerachtlassung des Prinzips, dass das weitere Schicksal des Wirtschaftsgutes für die inländische Besteuerung irrelevant ist (→ Rz. 326), auf das ausländische Recht Bezug. In Abgrenzung zu Nr. 1 kann es sich nur um Fälle handeln, in denen das Wirtschaftsgut nicht das Betriebsvermögen des Steuerpflichtigen verlässt. Welche Fälle das Gesetz im Auge hat, ist nicht klar. *Heinicke*[2] nennt den Fall der Verlagerung der Betriebsstätte aus Italien in die Schweiz. Dies wäre aber bereits ein Fall von Nr. 2. Denkbar[3] wäre der Fall der Verlagerung des Wirtschaftsguts von einer EU-Betriebsstätte in die in einem anderen EU-Staat, wobei der ausländische Staat die stillen Reserven aufdeckt. Hierfür sieht aber Nr. 2 vor, dass es nicht zur sofortigen Auflösung kommt. Ähnliches gilt auch für die zweite Alternative, dass entsprechend dem deutschen Steuerrecht die stillen Reserven hätten aufgedeckt werden müssen. Auch hier kommt es zur Konkurrenz mit Nr. 2, wenn das Wirtschaftsgut aus der ausländischen Betriebsstätte in eine solche in einem anderen Staat überführt wird und der ausländische Staat keine Entstrickungsregelung kennt. Unklar ist auch, was das Gesetz mit „die stillen Reserven" meint: sind es die im Inland entstandenen und ins Ausland überführten stillen Reserven, weil das Ausland das Wirtschaftsgut nicht mit dem gemeinen Wert in die Betriebsstätte aufnimmt, oder sind es die in der Betriebsstätte neu entstandenen stillen Reserven? 411

▶ **§ 4g Abs. 5 EStG – Verletzung der Mitwirkungspflichten:** Verletzt der Steuerpflichtige die ihm nach § 4g Abs. 5 EStG obliegenden Mitwirkungspflichten, so ordnet das Gesetz die sofortige Auflösung des Ausgleichspostens an. 412

(Einstweilen frei) 413–415

V. Rückführung

1. Überblick

Wird ein Wirtschaftsgut, das bei der Überführung zum dauernden Verbleib in der Betriebsstätte bestimmt war, ins Inland zurückgeführt, so handelt es sich grundsätzlich um eine **Verstrickung** (→ Rz. 266), die als Einlage gem. § 4 Abs. 1 Satz 7 EStG i.V. m. § 6 Abs. 1 Nr. 5a EStG zum gemeinen Wert erfolgt. 416

> **BEISPIEL:** ▶ Bei der Überführung in die Betriebsstätte betragen Buchwert = 100 und gemeiner Wert = 600. Der Entstrickungsgewinn beträgt 500. Im dritten Jahr erfolgt die Rückführung zu einem gemeinen Wert von 400. Von den stillen Reserven von 500 kehren 400 zurück.

---

1 So *Plewka/Staats* in Lademann, § 4g Rz. 29.
2 In Schmidt, EStG, § 4g Rz. 11.
3 *Kolbe*, HHR, § 4g Rz. 31.

417 Im Beispiel ist nur eine Besteuerung von stillen Reserven i. H. v. 100 gerechtfertigt. Die Besteuerung ist daher in dem Maße rückgängig zu machen, in dem die stillen Reserven wieder der deutschen Besteuerung unterliegen. Wird das Wirtschaftsgut in die inländische Bilanz mit dem gemeinen Wert von 400 aufgenommen, so hängen die Auswirkungen davon ab, wie hoch der Buchwert in der Bilanz des Stammhauses ist.

418 ▶ Handelt es sich um ein **nicht abzuschreibendes Wirtschaftsgut**, so steht es mit 600 in der Bilanz (→ Rz. 295), so dass ein Verlust von 200 eintritt. Über dessen Behandlung schweigt das Gesetz. Er ist als erfolgswirksam zu behandeln, im Übrigen macht sich der erhöhte (400 statt 100) Buchwert bei einer Veräußerung oder Teilwertabschreibung gewinnmindernd bemerkbar.

419 ▶ Bei **abzuschreibenden Wirtschaftsgütern** kommt es darauf an, ob der Buchwert im Inland (→ Rz. 295) über oder unter dem (rückkehrenden) gemeinen Wert liegt. Im ersten Fall verringert sich aufgrund des niedrigeren gemeinen Werts das künftige Abschreibungsvolumen, das auf der (versteuerten) Aufstockung des Buchwertes (von 100 auf 600) basiert, so dass der Verlust erfolgswirksam ist. Im zweiten Fall übertrafen die Reduzierungen des Buchwertes den Wertverlust, so dass die künftige höhere Abschreibungsbasis steuerwirksam erfolgt.

420 Insgesamt ist diese Regelung wenig überzeugend. § 4g Abs. 3 EStG sieht daher eine **Sonderregelung** vor, die jedoch wegen der engen Voraussetzungen nicht alle Rückkehrfälle betrifft und zudem recht kompliziert ist. Das Gesetz reagiert mit ihr auf den Umstand, dass die erfolgte Besteuerung der stillen Reserven bei der Entstrickung zu Unrecht geschah, soweit bei der Rückführung stille Reserven wieder ins Inland „zurückkehren". Das Gesetz beschränkt sich nicht darauf, anteilig die bereits versteuerten stillen Reserven zu **neutralisieren,**[1] unter Abkehr von deutschen Besteuerungsprinzipien stellt es auch auf die im Ausland eingetretenen Steuererfolgen ab und versagt im Ergebnis den Ansatz des gemeinen Wertes dann, wenn im Ausland insoweit die Wertsteigerungen unversteuert geblieben sind, um im Inland einen **steuerfreien Step-up zu verhindern.**[2]

2. Voraussetzung

421 Vorausgesetzt wird, dass

▶ die erfolgte Zuordnung zu einer Betriebsstätte in einem Mitgliedstaat der Europäischen Union – → Rz. 387 – aufgehoben wird (u. → Rz. 422) und

▶ die Rückführung innerhalb der tatsächlichen Nutzungsdauer, spätestens jedoch fünf Jahre nach der Zuordnung zur ausländischen Betriebsstätte erfolgt (u. → Rz. 423).

§ 4g Abs. 3 EStG trifft als Rechtsfolge zwei Anordnungen

– Gewinnneutrale Auflösung des Ausgleichspostens

– Ansatz des Wirtschaftsgutes in der inländischen Bilanz mit einem besonderen Wert

422 Das Gesetz spricht nur davon, dass die Zuordnung zur ausländischen Betriebsstätte aufgehoben wird. Es besteht jedoch Übereinstimmung dahin gehend, dass dadurch eine **Zuordnung** zu

---

[1] *Holzhäuser* in Kirchhof/Söhn/Mellinghoff, § 4g D1.
[2] *Kessler/Winterhalter/Huck*, DStR 2007, 135.

einer **inländischen** Betriebsstätte die Folge sein muss.[1] Der Wortlaut ist ungenau, da er nicht auf die Zuordnung zum Inland abstellt.

Die **zeitliche Voraussetzung** der Rückführung wird einerseits vom Fünf-Jahres-Zeitraum der Auflösung des Ausgleichspostens, andererseits von der tatsächlichen Nutzungsdauer begrenzt. Dem Gesetz ist eindeutig zu entnehmen, dass der Fünf-Jahres-Zeitraum taggenau vom Zeitpunkt der Änderung der Zuordnung an berechnet wird.[2]

BEISPIEL:[3] Eine Maschine (Anschaffungskosten von 80 zum 1.1.2001) wird am 15.3.2006 in eine ausländische EU-Betriebsstätte überführt (gemeiner Wert sei 60). Das Wirtschaftsjahr entspricht dem Kalenderjahr. Der Zeitraum gem. § 4g Abs. 3 EStG beginnt am 15.3.2006 und endet am 15.3.2011 (§§ 187, 188 BGB).

Der **Fünf-Jahreszeitraum** darf nicht mit dem Zeitraum der Auflösung des Ausgleichspostens verwechselt werden. Im Beispiel ist dieser bereits zum 31.12.2010 vollständig aufgelöst. Gleichwohl kommt es bei einer Rückführung zwischen dem 1.1.2011 und dem 15.3.2011 zum Ansatz des besonderen Werts, erst danach gilt der gemeine Wert.

Was unter der **tatsächlichen Nutzungsdauer** zu verstehen ist, ist unklar. § 7 Abs. 1 EStG kennt die betriebsgewöhnliche Nutzungsdauer, innerhalb derer eine Abschreibung erfolgt. Diese ist offenbar nicht gemeint,[4] so dass nicht auf die Dauer der Abschreibung in der Betriebsstätte abzustellen ist. Das Gesetz könnte die tatsächliche Nutzung meinen, so dass nicht mehr in der Betriebsstätte genutzte Wirtschaftsgüter vom Ansatz des besonderen Rückführungswerts ausgeschlossen wären. Allerdings endet die tatsächliche Nutzung in der Betriebsstätte immer mit der Rückführung, so dass die Zuordnung zum Inland nicht „innerhalb der tatsächlichen Nutzungsdauer" erfolgt. Da das Gesetz mit der Fünf-Jahres-Frist eine gewöhnliche Nutzungsdauer von fünf Jahren unterstellt, sind die Unklarheiten dahin gehend aufzulösen, dass eine tatsächliche Nutzung während der Frist auch nach Ablauf der betriebsgewöhnlichen Nutzungsdauer gemeint ist. Der Rückführungswert ist daher dann nicht anzusetzen, wenn die faktische Nutzung in der Betriebsstätte vor Ablauf der Frist eingestellt wird.[5]

3. Ereignis mit steuerlicher Rückwirkung

Welche Bedeutung es hat, dass gem. § 4g Abs. 3 Satz 2 EStG die Aufhebung der geänderten Zuordnung, d.h. die Rückführung, ein **Ereignis mit steuerlicher Rückwirkung** (§ 175 Abs. 1 Nr. 2 AO) ist, ist unklar. Wie *Kessler/Winterhalter/Huck*[6] dargelegt haben, kann dies zweierlei bedeuten:

▶ Der Ansatzwert wird rückwirkend auf den Überführungszeitpunkt angesetzt und es kommt dann im Inland für die abgelaufenen Jahre zu Neuveranlagungen unter Berücksichtigung veränderter Abschreibungen oder

▶ der Ansatzwert wird im Zeitpunkt der Rückführung angesetzt und es kommt in den Folgejahren zu erhöhten Abschreibungen.

---

1 *Holzhäuser* in Kirchhof/Söhn/Mellinghoff, § 4g D1 f.; *Kolbe*, HHR, § 4g Rz. 35; *Heinicke* in Schmidt, EStG, § 4g Rz. 13.
2 Allg. Ansicht *Kolbe*, HHR, § 4g Rz. 36.
3 Nach *Kessler/Winterhalter/Huck*, DStR 2007, 135.
4 A.A. *Holzhäuser* in Kirchhof/Söhn/Mellinghoff, § 4g D4, der ohne Erläuterung auf die betriebsgewöhnliche Nutzungsdauer abstellt.
5 Ähnlich *Heinicke* in Schmidt, EStG, § 4g Rz. 17; *Kolbe*, HHR, § 4g Rz. 36; a.A. *Kessler/Winterhalter/Huck*, DStR 2007, 135.
6 DStR 2007, 136 f.

427 Die h. M.[1] ist der Ansicht, dass der Verweis auf § 175 AO „ins Leere" gehe,[2] weil § 4g Abs. 3 EStG nicht die Aufhebung der Entnahmefiktion – hier: Veräußerungsfiktion – anordne, sondern nur die gewinnneutrale Auflösung des Ausgleichspostens. Dies ist zutreffend, beantwortet aber nicht die Frage, für welchen Zeitpunkt der besondere Wert anzusetzen ist. Die Rechtsfolge des § 175 Abs. 1 Nr. 2 AO ist die Aufhebung eines früheren – auch bestandskräftigen – Steuerbescheides. Wenn § 4g Abs. 3 Satz 3 EStG auf § 175 Abs. 1 Nr. 2 AO verweist, bedeutet dies, dass ein oder mehrere frühere Steuerbescheide aufzuheben bzw. zu ändern sind. Die Lösung 2. wäre kein Ereignis mit steuerlicher Rückwirkung, so dass die für den Stpfl. günstigere Lösung 1. anzuwenden ist. Es trifft zwar zu, dass der Gesetzgeber die Tz. 2.6.2 des Betriebsstättenerlasses übernommen hat, die nicht in das System des § 4g Abs. 1 EStG passt. Dies rechtfertigt aber nicht, das Gesetz unbeachtet zu lassen, solang – wie gezeigt – eine sinnvolle Auslegung möglich ist.

428 Wegen § 233a Abs. 3 AO hat die Rückwirkung keine zinsmäßigen Auswirkungen.

4. Anzusetzender Wert

429 Der anzusetzende Wert des rückgeführten Wirtschaftsgutes ergibt sich aus folgender Formel:[3]

Ansatzwert = fortgeführte Anschaffungskosten + gewinnerhöhende Auflösungsbeträge + (Rückführungswert - Buchwert), höchstens gemeiner Wert

> **BEISPIEL:** Die deutsche X-AG produziert im Inland Waren. X gründet in Belgien eine Produktionsbetriebsstätte und überführt eine Produktionsanlage P in die Betriebsstätte. P wurde zu 800 000 angeschafft und linear auf acht Jahre abgeschrieben (Jahres-AfA = 100 000). Im Zeitpunkt der Überführung beträgt der Buchwert 400 000, der gemeine Wert 500 000. P soll fünf Jahre in der Betriebsstätte benutzt werden. Nach zwei Jahren ergibt sich, dass die Auslandsproduktion unrentabel ist. P wird ins inländische Stammhaus zurückgebracht und dort noch einige Jahre verwendet. Der gemeine Wert bei der Rückführung beträgt 350 000.
>
> Der Ausgleichsposten von 100 000 wurde zwischenzeitlich jährlich um 20 000 gewinnerhöhend aufgelöst.
>
> Ansatzwert = fortgeführte Anschaffungskosten (200 000) + Auflösungsbeträge (40 000) + (Rückführungswert 350 000 - Buchwert 300 000) = 290 000
>
> Da der gemeine Wert 350 000 beträgt werden 60 000 stille Reserven zurückgeführt.

430 Was unter dem **Rückführungswert** zu verstehen ist, sagt das Gesetz nicht. Es besteht Übereinstimmung dahin gehend, dass dies derjenige Wert ist, mit dem das ausländische Steuerrecht das Wirtschaftsgut beim Verlassen der ausländischen Betriebsstätte ansetzt.[4] Das Gesetz geht als Regel davon aus, dass das Ausland eine der deutschen vergleichbare Entstrickungsbesteuerung anwendet (dann hat *Kramer* Recht). Ist dies nicht der Fall, dann entspricht der Rückführungswert dem Buchwert in der Betriebsstätte, so dass lediglich die fortgeführten Anschaffungskosten und die Erhöhung durch die Auflösungsbeträge anzusetzen sind. Im Beispiel wären dies 240 000, so dass 110 000 stille Reserven wieder verstrickt werden.

---

1 *Heinicke* in Schmidt, EStG, § 4g Rz. 15; *Kolbe*, HHR, § 4g Rz. 38; *Crezelius* in Kirchhof, § 4g Rz. 16; *Benecke/Schnitger*, IStR 2007, 24; *Kramer*, DB 2007, 2341; *Holzhäuser* KSM, § 4g D25 f.

2 A. A. *Wied* in Blümich, § 4g Rz. 17; *Kessler/Winterhalter/Huck*, DStR 2007, 136.

3 Vgl. *Benecke*, StuB 2007, 4; *Hoffmann*, DB 2007, 656 f.

4 Nach *Kramer*, DB 2007, 2342 soll es immer der gemeine Wert sein.

Die Begrenzung auf den gemeinen Wert ist dann problematisch, wenn dieser unter der Summe von fortgeführtem Buchwert und besteuerten stillen Reserven bzw. dem Buchwert in der Betriebsstätte liegt.

> **BEISPIEL (ABWANDLUNG):** Beträgt der gemeine Wert nur 150 000, so hat es einen außerordentlichen Wertverlust während der Nutzung in der Betriebsstätte gegeben. Wird dieser nicht im Ausland berücksichtigt, so bleiben die Auflösungsbeträge unberücksichtigt.[1]

(Einstweilen frei)

F. Verfahren

Das Gesetz sieht für die Feststellung des Entstrickungsgewinns kein besonderes Verfahren vor. Der Ansatz des gemeinen Wertes erfolgt daher im Rahmen der laufenden Gewinnermittlung. Lediglich für die Bildung des Ausgleichspostens besteht eine Antragsmöglichkeit.

(Einstweilen frei)

G. Besteuerung der Gesellschafter (§ 17 Abs. 5 EStG)

Die Verlegung einer Kapitalgesellschaft (nach § 17 Abs. 7 EStG auch Genossenschaft) von einem Staat in einen anderen Staat, sei es vom Inland ins Ausland oder von einem ausländischen Staat in einen anderen, kann sich auf die Besteuerung der Anteilsinhaber auswirken. Dies ist der Fall, wenn Deutschland Gewinne aus der Veräußerung der Anteile i. S. v. § 17 EStG nicht uneingeschränkt besteuern kann. Hierfür stellt das Gesetz ebenfalls auf einen Ausschluss oder eine Beschränkung des Besteuerungsrechts ab.[2] Dabei handelt es sich um folgende Situationen:[3]

- **Unbeschränkt steuerpflichtige Anteilsinhaber:** Die Kapitalgesellschaft zieht in einen Staat und wird dort ansässig i. S. d. DBA mit diesem Staat, wobei das DBA – entgegen Art. 13 Abs. 4 OECD-MA – dem Ansässigkeitsstaat erlaubt, den Gewinn aus der Veräußerung der Anteile an der Körperschaft zu besteuern.

- **Beschränkt steuerpflichtiger Anteilseigner:** Nach § 49 Abs. 1 Nr. 2e EStG besteht für § 17er-Anteile beschränkte Steuerpflicht, wenn die Kapitalgesellschaft Sitz oder Geschäftsleitung im Inland hat. Eine vergleichbare Vorschrift für andere Körperschaftsteuersubjekte (außer Abs. 7: Genossenschaft) gibt es nicht. Da die Sitzverlegung aus Deutschland heraus zur Auflösung der Kapitalgesellschaft führt (→ Rz. 171), erfolgt die Besteuerung gem. § 17 Abs. 4 EStG. Somit verbleiben die Fälle, dass eine Gesellschaft mit Sitz im Ausland ihre Geschäftsleitung im Inland hat und diese ins Ausland verlegt oder ihren Sitz im Ausland von einem in einen anderen Staat verlegt.

Als Rechtsfolge ordnet § 17 Abs. 5 Satz 1 EStG eine **fiktive Veräußerung** der Anteile zum gemeinen Wert an.

Eine Ausnahme sieht **§ 17 Abs. 5 Satz 2 EStG** einerseits für die Sitzverlegung einer SE (vgl. → Rz. 351), andererseits für die „Sitzverlegung einer anderen Kapitalgesellschaft in einen anderen Mitgliedstaat der Europäischen Union" vor. Da eine Sitzverlegung aus dem Inland ins Aus-

---

1 *Kessler/Winterhalter/Huck*, DStR 2007, 137; *Wassermeyer*, DB 2006, 1180.
2 Kritisch hierzu *Schnitger*, Entstrickung, S. 42.
3 Siehe auch *Förster*, DB 2007, 78.

land für Kapitalgesellschaften (vorstehend) zur Auflösung führt, kann nur der Fall gemeint sein, dass eine Kapitalgesellschaft mit Sitz im EU-Ausland den Sitz ohne Auflösung in einen anderen EU-Staat verlegen kann.[1] Als Folge sieht das Gesetz keine Sofortbesteuerung vor, sondern erfasst bei einer späteren Veräußerung den Gewinn ohne Rücksicht auf entgegenstehende Bestimmungen eines DBA so, als wenn keine Sitzverlegung stattgefunden hätte.

459–470 *(Einstweilen frei)*

H. Drittstaatsverschmelzungen – § 12 Abs. 2 KStG

I. Überblick

471 § 12 Abs. 2 KStG regelt den Fall, dass eine Körperschaft in einem auswärtigen Staat auf eine andere Körperschaft verschmolzen wird. In gewisser Weise wird damit die frühere Regelung des § 12 Abs. 2 KStG fortgeführt. Derartige Verschmelzungen unterliegen dem ausländischen Recht. § 12 Abs. 2 KStG setzt daher einen Inlandsbezug voraus, der in zwei Varianten gegeben ist:

1. entweder **Satz 1**: Die ausländische Gesellschaft unterliegt im Inland der **beschränkten Steuerpflicht**. Die Verschmelzung im Ausland führt dann zur Realisation beim Inlandsvermögen,[2] weil ein Rechtsträgerwechsel vorliegt, so dass Abs. 2 Satz 1 insoweit eine Ausnahmebestimmung zu Abs. 1 darstellt.[3]

2. oder **Satz 2**: An der übertragenden ausländischen Gesellschaft sind **Inländer beteiligt**.

Auf Verschmelzungen innerhalb der EU und des EWR gilt seit dem SEStEG das UmwStG (§ 1 UmwStG). § 12 Abs. 2 KStG trifft Regelungen für **Verschmelzungen außerhalb der EU und des EWR**.

472 Die Vorschrift des § 12 Abs. 2 KStG ist **wenig gelungen**. An sich handelt es sich um Vorgänge des UmwStG, das jedoch wegen dessen Begrenzung auf EU und EWR nicht anwendbar ist. Nur in einem indirekten Sinne handelt es sich um Entstrickungsvorgänge. Außerdem beschränkt sich die Regelung auf Verschmelzungen; Spaltungsvorgänge im Ausland sind ausgenommen. Wird beispielsweise die inländische Betriebsstätte einer ausländischen Kapitalgesellschaft auf eine andere ausländische Kapitalgesellschaft im Wege der Abspaltung übertragen, so ist § 12 Abs. 2 nicht anwendbar (→ Rz. 495 f.). Schließlich ist das Verhältnis von § 12 Abs. 2 Satz 2 zu § 12 Abs. 2 Satz 1 ungeschickt geregelt (→ Rz. 550).

473–475 *(Einstweilen frei)*

II. Subjektiver Anwendungsbereich § 12 Abs. 2 Satz 1 KStG

1. Übertragende Gesellschaft

476 § 12 Abs. 2 KStG betrifft Körperschaften, Personenvereinigungen und Vermögensmassen ohne Sitz oder Geschäftsleitung im Inland als **übertragende Einheit**. Diese unterliegen mit ihren inländischen Einkünften der beschränkten Körperschaftsteuerpflicht. Ob es sich um eines dieser

---

[1] Ebenso *Benecke*, StuB 2007, 5.
[2] → Rz. 159; vgl. auch *Lenz* in Erle/Sauter, § 12 Rz. 71.
[3] Ebenso *Hackemann* in Bott/Walter, KStG § 12 Rz. 44; Gosch/*Lampert*, § 12 Rz. 124.

Rechtsgebilde handelt, entscheidet sich nach deutschem Steuerrecht nach dem Typenvergleich.[1] Nicht anwendbar ist daher Abs. 2, wenn das ausländische Rechtsgebilde zwar nach dem ausländischen Recht steuerlich als Körperschaft behandelt wird, nach inländischen Vorstellungen aber eine Personengesellschaft darstellt. Da eine ausländische Personengesellschaft einem Inländer z. B. eine Betriebsstätte vermittelt, führt eine Verschmelzung auf eine ausländische Körperschaft dazu, dass auch die Betriebsstätte dem Inländer nicht mehr vermittelt wird.

2. Übernehmende Gesellschaft

Als **übernehmende Einheit** nennt das Gesetz nur „eine andere Körperschaft", so dass Personenvereinigungen und Vermögensmassen nicht in Betracht kommen.[2]

3. Desselben Staates

Die übernehmende Körperschaft muss eine solche **desselben ausländischen Staates** sein. Dies kann bedeuten, dass sie nach dem Recht des ausländischen Staates gegründet[3] oder dass sie in diesem Staat steuerlich ansässig[4] sein muss. Dass § 1 Abs. 2 Nr. 1 UmwStG (vgl. u. → Rz. 495) auf die Gründung in einem EU- bzw. EWR -Staat abstellt, spricht dafür, dass es auf das Gründungsstatut der Körperschaft ankommt. Andererseits geht es um die steuerlichen Folgen einer Verschmelzung. Dies spricht dafür, auf das Recht des Staates abzustellen, nach dessen Steuerrecht sich die Folgen der Verschmelzung bestimmen. Von Bedeutung wird dies, wenn Gründungsstatut und steuerliche Ansässigkeit nicht übereinstimmen.

> **BEISPIEL:** Die US-Corp. unterhält in Deutschland eine Betriebsstätte. Die in England gegründete GB-Inc. hat ihre Geschäftsleitung (=Verwaltungssitz) in den USA. Die US-Corp. wird in den USA mit der GB-Inc. verschmolzen.

Wegen § 12 Abs. 2 Satz 2 Nr. 4 KStG i.V. m. § 1 Abs. 2 Nr. 1 UmwStG ist die GB-Inc. eine britische Gesellschaft, da es auf den Ort der Gründung ankommt (→ Rz. 481), so dass ein Ansatz zum Buchwert gem. § 12 Abs. 2 Satz 1 nicht möglich ist. Handelte es sich bei der Inc. um eine kanadische Gesellschaft – d. h. auch eine Drittstaatgesellschaft –, so ist im Grundsatz kein Argument erkennbar, dass § 12 Abs. 2 KStG nicht anwendbar sein sollte. Es handelt sich aber nicht um eine Gesellschaft desselben Staates. Dies alles belegt, dass es sich nicht um eine abgewogene Vorschrift handelt.

Hat die übernehmende Körperschaft ihre Geschäftsleitung im Inland und ihren Sitz im Ausland – im Beispiel die kanadische Corp. –, so ist sie im Inland **unbeschränkt steuerpflichtig**. § 12 Abs. 2 KStG stellt für die Anwendung des UmwStG auf § 1 Abs. 2 Nr. 1 UmwStG ab. Da die kanadische Körperschaft keine „europäische" Gesellschaft ist, ist § 12 Abs. 2 KStG anwendbar.[5]

Die Anwendung von § 12 Abs. 2 KStG ist **ausgeschlossen**, wenn der übertragende oder der übernehmende Rechtsträger zu den in § 1 Abs. 2 Satz 1 und 2 UmwStG genannten zählt. Damit scheiden Verschmelzungen aus dem Anwendungsbereich aus, wenn der übertragende

---

1 Näher vgl. *Mössner*, Steuerrecht international tätiger Unternehmen, 2.50.
2 *Benecke/Staats*, DPM, § 12 Rz. 171.
3 So *Benecke/Staats*, DPM, § 12 Rz. 171.
4 So *Frotscher* /Drüen, § 12 Rz. 137.
5 Ebenso *Benecke/Staats*, DPM, § 12 Rz. 171.

oder der übernehmende Rechtsträger seinen satzungsmäßigen Sitz, die Hauptverwaltung oder die Hauptniederlassung (**Art. 54 AEUV**) innerhalb der EU hat (ähnlich Art. 34 EWR-Abkommen).

481–490 *(Einstweilen frei)*

III. Sachlicher Anwendungsbereich

491 Das Gesetz nennt eine Reihe von Voraussetzungen, die erfüllt sein müssen, damit eine steuerneutrale Verschmelzung im Drittstaat möglich ist. Diese Voraussetzungen sind teils in § 12 Abs. 2 Satz 1 KStG implizit enthalten, teils werden sie in den Nrn. 1 bis 4 aufgezählt.

1. Beschränkte Körperschaftsteuerpflicht

492 Das übertragende Körperschaftsteuersubjekt muss in Deutschland beschränkt steuerpflichtig sein, d. h. weder ihren Sitz noch ihre Geschäftsleitung im Inland besitzen und Inlandseinkünfte i. S. v. § 49 Abs. 1 EStG i. V. m. § 8 Abs. 1 KStG erzielen.[1]

2. Inlandsvermögen

493 In § 12 Abs. 2 KStG ist zu unterscheiden zwischen dem **„Vermögen"** des ausländischen Rechtsträgers und den **„übergehenden Wirtschaftsgütern"**. Das Vermögen ist das gesamte Vermögen des Rechtsträgers, die übergehenden Wirtschaftsgüter sind die, die im Rahmen der beschränkten Steuerpflicht in Deutschland steuerlich erfasst werden. Fehlt es hieran – z. B. eine ausländische Kapitalgesellschaft erbringt im Inland Dienstleistungen oder hat ein unbesichertes Darlehen an einen Inländer gegeben –, so macht § 12 Abs. 2 KStG keinen Sinn, denn das deutsche Steuerrecht kann nicht die Folgen einer Verschmelzung für das Auslandsvermögen regeln. Dies hätte das Gesetz eindeutiger regeln können.

494 Das Gesetz spricht vom Ansatz eines **Buchwerts** für das Inlandsvermögen. Daraus könnte gefolgert werden, dass nur solche Wirtschaftsgüter betroffen sind, die einen Buchwert haben, also in einer inländischen Bilanz erfasst sind. Dies sind zweifelsohne Wirtschaftsgüter einer inländischen **Betriebsstätte**, für die eine Betriebsstättenbuchführung besteht. Wegen § 49 Abs. 1 Nr. 2 f EStG gehört hierzu auch inländischer **Grundbesitz**, der vermietet oder verpachtet ist.

3. Auslandsverschmelzung

495 Abs. 2 ist nur anwendbar, wenn die Vermögensübertragung im Ausland einer **Verschmelzung i. S. v. § 2 UmwG vergleichbar** ist. Damit greift das Gesetz die Regelung in § 1 Abs. 1 UmwStG hinsichtlich vergleichbarer ausländischer Vorgänge auf, beschränkt dies aber auf Verschmelzungen, so dass andere Reorganisationen im Ausland nicht begünstigt werden. Dies gilt insbesondere für die in § 1 Abs. 1 UmwStG genannten Abspaltungen, Aufspaltungen und Formwechsel, aber auch für Einbringungen gem. §§ 20, 24 UmwStG.

496 Mit der Formulierung des **vergleichbaren Vorgangs** will das Gesetz alle denkbaren Rechtsformen umfassen, in denen sich im Ausland eine Verschmelzung vollziehen kann.[2] Während in § 1 Abs. 1 UmwStG auf die Rechtsformen im (überschaubaren) Kreis der EU-/EWR-Mitgliedstaaten verweist, handelt es sich in § 12 Abs. 2 KStG um alle sonstigen Staaten. Dem Willen

---

1 Ebenso *Benecke/Staats*, DPM, § 12 Rz. 171.
2 Ähnlich *Trossen* in Rödder u. a., UmwStG § 1 Rz. 80; *Gosch/Lampert*, § 12 Rz. 128.

des Gesetzes entsprechend ist der Begriff weit auszulegen. Für eine Verschmelzung ist kennzeichnend[1]

- der Übergang des gesamten Aktiv- und Passivvermögens eines Rechtsträgers (übertragender) auf einen anderen Rechtsträger (übernehmender);
- ein Rechtsgeschäft als Grundlage;
- die Gewährung von Beteiligungen am übernehmenden Rechtsträger an die am übertragenden Rechtsträger Beteiligten;
- der Untergang des übertragenden Rechtsträgers ohne Liquidation.

Entscheidend ist, dass das gesamte in- und ausländische Vermögen übergeht. Nicht erforderlich ist, dass dies im Wege der **Gesamtrechtsnachfolge** erfolgt;[2] seine gegenteilige Ansicht stützt *Frotscher*[3] darauf, dass das Vermögen als Ganzes übergehen muss. Darunter versteht er die Gesamtrechtsnachfolge. Dies ist nicht zwingend. Auch eine Übertragung des gesamten Vermögens im Wege der **Einzelrechtsnachfolge** führt im Ergebnis zu einer Übertragung des Vermögens im Ganzen. Das Gesetz stellt nicht auf einen bestimmten rechtlichen Vorgang, sondern auf das Ergebnis ab. Damit kommt es nur darauf an, dass nach den ausländischen Rechtsvorschriften die Vermögensübertragung insgesamt wirksam ist.[4] Demgemäß scheiden Spaltungsvorgänge im Ausland aus dem Anwendungsbereich von § 12 Abs. 2 Satz 1 KStG aus. 497

BEISPIEL: Die US-Inc. A unterhält eine inländische Betriebsstätte. Im Zuge einer Konzernrestrukturierung wird die inländische Betriebsstätte im Wege der Abspaltung auf die US-Inc. B übertragen.

Am deutschen Besteuerungsrecht der Betriebsstätte hat sich nichts geändert; es erfolgt aber ein Rechtsträgerwechsel – statt A nun B –. Da dieser ohne Gegenleistung – also kein Verkauf der Betriebsstätte – oder gegen Gewährung von Anteilen an der B erfolgt, ist nicht recht ersichtlich, aus welchem Grunde es zur Aufdeckung der stillen Reserven im Vermögen der inländischen Betriebsstätte kommt.

4. Besteuerung mit Körperschaftsteuer (§ 12 Abs. 2 Satz 1 Nr. 1 KStG)

Gemäß § 12 Abs. 2 Nr. 1 KStG muss sichergestellt sein, dass die übergegangenen Wirtschaftsgüter später bei der übernehmenden Körperschaft der Besteuerung mit Körperschaftsteuer unterliegen. Die Gesetzesformulierung ist misslungen. Einerseits stellen die „übergehenden Wirtschaftsgüter" das Inlandsvermögen dar (→ Rz. 493), andererseits ist mit „sie" das **Gesamtvermögen** gemeint.[5] Die sprachliche Ungenauigkeit rührt offenbar durch die Übernahme aus § 11 Abs. 2 Nr. 1 UmwStG her. Dort meint das „sie" die „übergehenden Wirtschaftsgüter". 498

Da als übernehmender Rechtsträger nur eine Körperschaft in Betracht kommt (→ Rz. 477), bedeutet dies, dass diese der Steuer für Körperschaften in dem ausländischen Staat unterliegt. Damit sollen **steuerbefreite** Körperschaften ausscheiden.[6] Verständlich ist dies nicht, da es um 499

---

[1] Siehe auch *Polt*, Ubg 2017, 138.
[2] H.M. *Hackemann* in Bott/Walter, KStG § 12 Rz. 48; *Benecke/Staats*, DPM, § 12 Rz. 173; *Hofmeister* in Blümich, § 12 Rz. 38.
[3] In Frotscher/Drüen, § 12 Rz. 140; vgl. auch BMF v. 11.11.2011 - IV C 2 – S 1978b/08/10001, BStBl 2011 I 1314 Tz. 01.31.
[4] *Benecke/Staats*, DPM, § 12 Rz. 174; *Lenz* in Erle/Sauter, § 12 Rz. 73.
[5] BT-Drucks. 16/2710, 37.
[6] Ebenso *Frotscher*/Drüen, § 12 Rz. 142; *Hackemann* in Bott/Walter, KStG § 12 Rz. 51; *Kessens* in Schnitger/Fehrenbach § 12 Rz. 98.

die Besteuerung der inländischen Betriebsstätte geht. Daher ist maßgebend, ob das inländische Vermögen nach der Verschmelzung der inländischen Körperschaftsteuer unterliegt (→ Rz. 498).[1] *Kessens*[2] diskutiert den Fall, dass im Ausland das Einkommen der aufnehmenden Körperschaft einer anderen im Wege einer Gruppenbesteuerung zugerechnet wird. Meines Erachtens ist dies unerheblich, da es auf die Körperschaftsteuerpflicht des inländischen Vermögens ankommt.

500 Dass das Vermögen der Besteuerung mit Körperschaftsteuer unterliegt, muss **sichergestellt** sein. Dies ist sie nicht, wenn die Körperschaft ein Wahlrecht hat, als Körperschaft oder Personengesellschaft – US-check-the-box beispielsweise – behandelt zu werden. Nicht erforderlich ist, dass auch die tatsächliche Besteuerung sichergestellt ist, so dass eine Nichtbesteuerung wegen eines etwaigen Verlustausgleichs oder einer Freistellung von Erträgen § 8b KStG entsprechend unerheblich ist.[3]

501 Die sprachliche Ungereimtheit betrifft auch die Bedeutung des „soweit". Wenn „sie" das Gesamtvermögen meint, so kann es keine Ausnahme geben. Da § 12 Abs. 2 KStG eine Regelung für das inländische Vermögen ist, ist es für dessen Bewertung bedeutungslos, wenn einige im Ausland befindliche Wirtschaftsgüter nach der Verschmelzung nicht der Körperschaftsteuer unterliegen.

502–515 *(Einstweilen frei)*

5. Keine Beschränkung des deutschen Besteuerungsrechts (§ 12 Abs. 2 Nr. 2 KStG)

516 Gemäß § 12 Abs. 2 Nr. 2 KStG muss das deutsche Besteuerungsrecht hinsichtlich der übergegangenen Wirtschaftsgüter unbeschränkt fortbestehen. Es fällt im Vergleich mit § 11 Abs. 2 Nr. 2 UmwStG die verkürzte Formulierung auf. Da es um die Besteuerung des Inlandsvermögens geht, verändert sich dessen steuerliche Erfassung nicht, wenn es im Ausland von einer Körperschaft auf eine andere im selben Staat übertragen wird. Es fällt schwer, sich einen Fall vorzustellen, in dem diese Voraussetzung nicht erfüllt wäre. Allenfalls wäre folgende Konstellation denkbar:

BEISPIEL: ▶ Die im Staate X gegründete und ansässige X-Corp. unterhält eine inländische Betriebsstätte. X-Corp. wird auf die ebenfalls in X gegründete Z-Corp. verschmolzen. Z hat ihre Geschäftsleitung im Staate Y und wird nach dem Recht des Staates X als beschränkt steuerpflichtig behandelt. Nach dem DBA mit X handelt es sich um eine Betriebsstätte in Deutschland nach demjenigen mit Y nicht. Da nach der Verschmelzung das DBA-Y anzuwenden ist, würde Deutschland sein Besteuerungsrecht verlieren.

517 Schwieriger ist es sich vorzustellen, dass die übertragende Körperschaft nach dem DBA abkommensberechtigt ist, die übernehmende aber nicht. Insgesamt ist das Verhältnis der § 12 Abs. 2 Nr. 2 KStG zur Nr. 1 unklar. In der hier vertretenen Interpretation der Nr. 1 hätte es ausgereicht, den Fortbestand des deutschen Besteuerungsrechts mit Körperschaftsteuer vorauszusetzen § 12 Abs. 2 Nr. 1 KStG schließt somit den Wechsel von der Körperschaftsteuer zur Einkommensteuer aus, § 12 Abs. 2 Nr. 2 KStG hat die weitere Verstrickung der stillen Reserven im Auge.[4]

---

1 Ebenso Gosch/*Lampert* § 12 Rz. 131.
2 Schnitger/Fehrenbach § 12 Rz. 198.
3 Vgl. *Rödder* in Rödder u. a., UmwStG, § 11 Rz. 105.
4 Nach *Hackemann* in Bott/Walter, KStG § 12 Rz. 52.

6. Keine Gegenleistung (§ 12 Abs. 2 Nr. 3 KStG)

Den Beteiligten der übertragenden Einheit dürfen keine Gegenleistungen gewährt werden bzw. nur Anteile an der übernehmenden Körperschaft. Ersteres wird bei beteiligungsidentischen Körperschaften und dann, wenn die übernehmende an der übertragenden beteiligt ist (down-stream-merger), vorkommen. In den anderen Fällen erhalten die Beteiligten des übertragenden Körperschaftsteuersubjekts Anteile an der übernehmenden Körperschaft.

Da dies nur gilt, „soweit" keine Gegenleistung oder Gesellschaftsanteile gewährt werden, kommt es zur Aufdeckung stiller Reserven, wenn ein **Spitzenausgleich** gewährt wird, z. B. weil das übertragene Vermögen den Wert der erhaltenen Anteile übersteigt.

> **BEISPIEL:** Die A-GmbH wird auf die B-GmbH verschmolzen. Das Vermögen der A übersteigt wertmäßig dasjenige der B erheblich. Die Gesellschafter von B wollen aber die Mehrheit der Anteile behalten, so dass den Gesellschaftern von A nur 40 % gewährt werden. Im Übrigen werden diese in bar abgefunden.

Da der Spitzenausgleich für das gesamte Vermögen geleistet wird, bedarf es komplizierter und streitanfälliger Bewertungen, um den auf das inländische Vermögen entfallenden Anteil zu ermitteln. In diesem Maße kommt es dann zum Ansatz eines Wertes über dem Buchwert und somit zur Besteuerung im Inland.

7. Vorrang des UmwStG (§ 12 Abs. 2 Nr. 4 KStG)

Soweit der übertragende und der übernehmende Rechtsträger die Voraussetzungen von § 1 Abs. 1 Satz 1 und 2 UmwStG erfüllen, besteht kein Bedürfnis für eine Sonderregelung. Vgl. o. → Rz. 478.

8. Nicht betroffene Fälle

Andere Umstrukturierungen fallen nicht unter § 12 Abs. 2 KStG – für diese ist z. T. auch keine Regelung erforderlich. Bei einem **Anteilstausch im Ausland** bleibt die Körperschaft, die beschränkt steuerpflichtig ist, bestehen.

> **BEISPIEL:** Die US-Corp. X mit einer Betriebsstätte in Deutschland hat drei Anteilseigner. Diese bringen ihre Anteile in die US-Corp. Y gegen Anteile an der Letzteren ein. X erhält lediglich einen neuen Anteilseigner. Hinsichtlich der inländischen Betriebsstätte ergibt sich keine Änderung.

Einbringungen und **Spaltungen** führen zu einem Rechtsträgerwechsel hinsichtlich der inländischen Betriebsstätte.

> **BEISPIEL:** Die US-Corp. X mit inländischer Betriebsstätte bringt ihren Betrieb einschl. der inländischen Betriebsstätte gegen Anteilsgewährung in die US-Corp. Y ein. Neuer Rechtsträger der Betriebsstätte ist Y. Oder: Die US-Corp. X spaltet von sich die Betriebsstätte ab als neue US-Corp. Z.

Da dies keine Verschmelzung (→ Rz. 495 f.) darstellt, scheidet § 12 Abs. 2 Satz 1 KStG aus. In diesen Fällen kommt es zu einem tausch- und damit veräußerungsähnlichen Vorgang (Betrieb gegen Anteile), der zu einer Gewinnrealisation führt.

525 Str. ist, ob auf diese Fälle § 12 Abs. 1 KStG Anwendung findet, d. h. die Aufdeckung der stillen Reserven unterbleibt, weil die inländische Betriebsstätte **weiterhin** uneingeschränkt der **beschränkten Steuerpflicht** unterliegt. Wer § 12 Abs. 1 KStG auch auf den Rechtsträgerwechsel anwendet,[1] kommt hier zu dem Ergebnis, dass die stillen Reserven in der Betriebsstätte unbesteuert bleiben. Ähnliche Fragen stellten sich unter der früheren Fassung. Hier wurde versucht über eine teleologische Reduktion eine Realisation der stillen Reserven zu vermeiden. Dem ist die h. M.[2] nicht gefolgt. Das Argument, dass vor und nach der Veräußerung stille Reserven steuerverhaftet sind, verkennt die personale Struktur der Körperschaftsteuer, die stille Reserven auch bei der Körperschaft besteuern will, bei der sie entstanden sind. Außerdem würde eine solche Auffassung zu einer nicht zu rechtfertigenden Privilegierung der Betriebsstätten von Ausländern führen.

526 Somit scheiden folgende Fälle aus dem Anwendungsbereich aus:

▶ Eine EU-/EWR-Körperschaft wird auf eine Einheit in einem Drittstaat verschmolzen, was allerdings kaum möglich sein dürfte.

▶ Es liegt zwar eine Drittstaatsverschmelzung vor, übertragende und aufnehmende Körperschaft sind nicht solche desselben Staates.

▶ Der Vorgang entspricht nicht einer Verschmelzung.

▶ Es liegt eine EU-/EWR -Verschmelzung vor mit Vorrang des UmwStG.

527–535 *(Einstweilen frei)*

IV. Rechtsfolge: Buchwertübergang

536 § 12 Abs. 2 KStG ordnet **zwingend** an, dass das Inlandsvermögen, d. h. die übergehenden Wirtschaftsgüter, mit dem **Buchwert** zu bewerten sind, so dass eine Fortführung stiller Reserven erfolgt. Dies ist unabhängig davon, wie die Rechtsfolgen der Verschmelzung im Ausland sind, insbesondere ob sie dort zu Buchwerten erfolgt. Ein Wahlrecht zur vollständigen oder teilweisen Aufdeckung stiller Reserven räumt das Gesetz nicht ein.

537 Außer der Anordnung des Buchwertübergangs trifft das Gesetz keine weiteren Anordnungen. Daher ist ungeregelt, ob die **Fußstapfentheorie** analog § 12 Abs. 3 KStG i.V. m. § 4 Abs. 2 UmwStG[3] gilt oder ob hinsichtlich Abschreibungen, Verbleibensvoraussetzungen und anderer Regelungen (z. B. § 6b EStG) ein Neubeginn erfolgt.[4] Da das Gesetz eine steuerneutrale Übertragung ermöglichen will,[5] ist der Rechtsgedanke von § 12 Abs. 3 UmwStG anzuwenden, da sonst das Telos des Gesetzes verfehlt würde.

538 **Verlustvorträge** in der Betriebsstätte (§ 8c KStG) und **Zinsvorträge** (§ 8a KStG) gehen mangels einer Sonderregelung unter.

539–545 *(Einstweilen frei)*

---

[1] *Dötsch/Pung*, DB 2006, 2650, Rz. 152.
[2] Z. B. *Knobbe-Keuk*, StuW 1990, 372 (378); a. A. *Debatin*, GmbHR 1991, 164 (167); *Thiel*, GmbHR 1994, 278.
[3] So *Frotscher* in Frotscher/Drüen, § 12 Rz. 146; *Lenz* in Erle/Sauter, § 12 Rz. 75.
[4] So *Benecke/Staats*, DPM, § 12 Rz. 177.
[5] BT-Drucks. 16/2710, 31.

V. Besteuerung des Anteilseigner – § 12 Abs. 2 Satz 2 KStG

Im Gesetzgebungsverfahren wurde Satz 2 mit dem Verweis auf § 13 UmwStG eingefügt. Dadurch soll[1] die **Steuerneutralität** des Vermögensübergangs **auf der Ebene des Gesellschafters gesichert** werden, wenn Deutschland die erhaltenen Anteile besteuern kann. Dies erfolgt gesetzestechnisch durch Verweis auf § 13 UmwStG. § 13 UmwStG sieht eine Ausnahme – Übertragung zum Buchwert - von der in seinem Abs. 1 angeordneten Veräußerung der Anteile an der übertragenden Körperschaft zum gemeinen Wert unter den Voraussetzungen seines Abs. 2 vor. Dabei kann jedoch die zweite Voraussetzung in § 13 UmwStG – Geltung von Art. 8 Fusionsrichtlinie – nicht in Betracht kommen, da § 12 Abs. 2 KStG Drittstaatsverschmelzungen behandelt – ein Beleg für die „heiße Nadel", mit der das Gesetz gestrickt wurde. Erkennbar ist, dass das Gesetz eine Aufdeckung der stillen Reserven in Anteilen an ausländischen Gesellschaften vermeiden will, wenn die deutsche Besteuerung der Anteile keine Änderung erfährt.

BEISPIEL: Das deutsche Unternehmen D hält Anteile an der US-Corporation UC. UC wird in den USA auf die X Corporation verschmolzen und D erhält im Austausch für die Anteile an der UC solche an der X. Im Ergebnis kommt es zu einem Anteiltausch beim Gesellschafter.

Anteilseigner kann eine natürliche Person oder eine Körperschaft sein.[2] Die Regelung kann aber nur solche Personen betreffen, die in Deutschland mit den Anteilen der Besteuerung unterliegen. Dies sind bei **unbeschränkt** Steuerpflichtigen Anteile im Betriebsvermögen, Anteile i. S. v. § 17 EStG und Anteile gem. § 20 Abs. 2 Nr. 1 EStG. Bei **beschränkt** Steuerpflichtigen kommen nur Anteile an ausländischen Körperschaften in Betracht, die einem inländischen Betriebsvermögen zuzuordnen sind. Anteile von Ausländern an ausländischen Körperschaften unterliegen nicht der deutschen Besteuerung.[3] Eine Parallelvorschrift für Anteile im Privatvermögen findet sich in § 20 Abs. 4a EStG.

Gemäß **§ 13 Abs. 1 UmwStG** – dies ist die Grundregel - gelten die Anteile an der übertragenden Körperschaft als zum gemeinen Wert veräußert und die im Wege des **Tausches**[4] erworbenen Anteile an der übernehmenden Gesellschaft als mit diesem Wert angeschafft. Auf Antrag des Steuerpflichtigen kann ein Ansatz mit dem Buchwert der Anteile an der übertragenden Körperschaft erfolgen, wenn Deutschland zur Besteuerung eines etwaigen Veräußerungsgewinns der neuen Anteile berechtigt ist („nicht ausgeschlossen oder beschränkt" – § 13 Abs. 2 Nr. 1 UmwStG). In der Regel dürfte sich das Besteuerungsrecht für die Anteile an der übertragenden Gesellschaft für die Anteile an der übernehmenden den gleichen Regeln fortsetzen. Bestand ein Besteuerungsrecht, so besteht es unverändert fort. Bestand keins, wird es auch nicht ausgeschlossen. Der Gesellschafter, um dessen Besteuerung es geht, war Anteilseigner an der übertragenden Gesellschaft und wird nunmehr Anteilseigner an der übernehmenden Gesellschaft.

Nach dem Bericht des Finanzausschusses des Bundestages[5] soll § 12 Abs. 2 Satz 2 KStG unabhängig davon anzuwenden sein, ob die „Voraussetzungen für eine steuerneutrale Übertragung auf Gesellschaftsebene gegeben sind"; d. h. auch wenn im Ausland der Vermögensübergang nicht steuerneutral erfolgt. Viele ausländische Staaten lassen z. B. Verschmelzungen ohne

---

[1] BT-Drucks. 16/3369, 8; von *Schnitger*, Entstrickung, S. 46 als „überschießend" kritisiert.
[2] *Benecke/Staats*, DPM, § 12 Rz. 180.
[3] Ebenso *Frotscher*/Drüen, § 12 Rz. 151; *von Freeden*, RHN, KStG § 12 Rz. 108.
[4] *Trossen* in Rödder u. a., § 13 Rz. 18.
[5] BT-Drucks. 16/3369, 8.

Aufdeckung stiller Reserven zu, aber nur bei einer Verschmelzung innerhalb desselben ausländischen Staates. Bei einer **grenzüberschreitenden Drittstaatsverschmelzung** erfolgt eine Aufdeckung stiller Reserven. Dies schließt aber nicht die Anwendung von § 12 Abs. 2 Satz 2 aus.[1] solange Anteile an einer Körperschaft im Staat der aufnehmenden Einheit in Deutschland in gleicher Weise der Besteuerung unterliegen wie solche im Staat der übertragenden. Zwar spricht der Wortlaut von § 12 Abs. 2 Satz 1 KStG davon, dass das Vermögen von einer Körperschaft auf eine andere desselben Staates übergeht, wegen der geschilderten Gesetzesbegründung ist die Vorschrift erweiternd auszulegen.[2]

550   § 12 Abs. 2 Satz 2 KStG spricht von der Übertragung des Vermögens „**durch einen Vorgang im Sinne des Satzes 1**". Was darunter zu verstehen ist, ist nicht eindeutig. In Satz 1 handelt es sich um

- die Übertragung des Vermögens, die einer Verschmelzung i. S. von § 2 UmwG vergleichbar ist („Vorgang")
- einer beschränkt steuerpflichtigen Körperschaft (übertragende Körperschaft)
- auf eine andere Körperschaft (übernehmende Körperschaft).
- Innerhalb desselben ausländischen Staates

Dies sind vier Voraussetzungen für die Anwendbarkeit von § 12 Abs. 2 Satz 1 KStG. Ist nun mit „Vorgang i. S. d. Satzes 1" nur die erste oder auch die drei weiteren Voraussetzungen in Bezug genommen?

Im Entwurf der Körperschaftsteuerrichtlinie 2015 R 12 vertrat die Finanzverwaltung die Auffassung, dass der Verweis in § 12 Abs. 2 Satz 2 KStG auf einen „Vorgang i. S. d. Satzes 1" bedeutet, dass die übertragende Körperschaft beschränkt steuerpflichtig gewesen sein muss. Diese Ansicht findet sich vergleichbar in Tz. 13.04 des UmwStGErlasses.[3]

> **BEISPIEL:** Die im Inland ansässige GmbH ist an der im Ausland (EU-Drittstaat) ansässigen A Ltd. beteiligt. Diese wird mit einer im selben Staat ansässigen B Ltd. verschmolzen. Weder A noch B unterhalten eine Betriebsstätte im Inland oder erzielen andere inländische Einkünfte.

Der **Entwurf der KStR 2015**[4] ist intensiv diskutiert und kritisiert worden. In der endgültigen Fassung[5] ist die Aussage zu § 12 entfallen. Mit Schreiben vom 10.11.2016[6] ist dann Rz. 13.04 des UmwStGErlasses dahingehend geändert worden, dass keine beschränkte Steuerpflicht gefordert ist. Wie das Beispiel zeigt, gibt es auch keinen sachlichen Grund, eine Realisierung der stillen Reserven in den Anteilen an der A anzunehmen. Die A hat keine steuerliche Verbindung mit Deutschland außer, dass ein Anteilseigner im Inland steuerpflichtig ist. Dies trifft auch für B zu. Wäre bei B eine eigene beschränkte Steuerpflicht in Deutschland gegeben, d. h. wäre die Verbindung mit dem Inland intensiver als von A, so wäre die Aufdeckung stiller Reserven erst recht nicht verständlich. Das bedeutet, dass der Verweis in Satz 2 auf „einen Vorgang i. S. d.

---

[1] So auch *Benecke/Staats*, DPM, § 12 Rz. 181; *von Freeden*, RHN § 12 Rz. 111.
[2] Ebenso *Prinz*, DB 2012 mit Beispielen, 825; *Schell*, FR 2012, 103 f.
[3] BMF 11.11.2011, BStBl 2011 I 1314; ebenso *Hruschka* IStR 2012, 845 kritisch, z. B. *Ruoff* in Schneider/Ruoff/Sistermann, UmwStR Tz. 13.7; vgl. *Polt* Ubg 2017, 136.
[4] IV C 2 -2930/08/10006:004: „Demnach ist für die Anwendung des § 12 Abs. 2 Satz 2 KStG eine beschränkte Steuerpflicht der übertragenden Körperschaft notwendig"; s. kritisch hierzu *Grundke/Feuerstein/Holle*, DStR 2015, 1653; *Klepsch*, IStR 2016, 15.
[5] Kabinettsbeschluss v. 2.2.2016.
[6] IV C 2 – S 2761/0-01, DStR 2016, 271.

Satzes 1" so zu verstehen ist, dass „*Vorgang*" eine der *Verschmelzung* i. S. des § 2 UmwStG vergleichbare Vermögensübertragung ist. Die übrigen Voraussetzungen des Satzes 1 brauchen daher nicht vorzuliegen. Vor allem braucht es sich bei § 12 Abs. 2 Satz 2 KStG nicht um eine Verschmelzung in demselben ausländischen Staat zu handeln, so dass auch bei grenzüberschreitenden Drittstaatsverschmelzungen entsprechend § 13 UmwStG für den inländischen Anteilseigner ohne Aufdeckung stiller Reserven erfolgen kann.[1] Satz 2 spricht von „einer" Körperschaft, während Satz 1 von einer „beschränkt steuerpflichtigen Körperschaft" handelt. Sollte darauf Bezug genommen werden, so müsste Satz 2 von „der" Körperschaft sprechen. Somit ist nunmehr geklärt, dass eine beschränkte Steuerpflicht der übertragenden Einheit nicht verlangt ist. Die übrigen Voraussetzungen des Satzes 1 brauchen daher nicht vorzuliegen. Vor allem braucht es sich bei § 12 Abs. 2 Satz 2 KStG nicht um eine Verschmelzung in demselben ausländischen Staat zu handeln, so dass auch bei **grenzüberschreitenden Drittstaatsverschmelzungen** entsprechend § 13 UmwStG für den inländischen Anteilseigner ohne Aufdeckung stiller Reserven erfolgen kann.[2] Satz 2 spricht von „einer" Körperschaft, während Satz 1 von einer „beschränkt steuerpflichtigen Körperschaft" handelt. Sollte darauf Bezug genommen werden, so müsste Satz 2 von „der" Körperschaft sprechen. Somit ist nunmehr geklärt, dass eine beschränkte Steuerpflicht der übertragenden Einheit und die übrigen Voraussetzungen des § 12 Abs. 2 Satz 1 KStG nicht verlangt sind.[3]

(Einstweilen frei) 551–570

I. Ausscheiden aus der unbeschränkten Steuerpflicht eines EU-/EWR-Staats – § 12 Abs. 3 KStG

I. Überblick

In gewisser Weise setzt § 12 Abs. 3 KStG den früheren § 12 Abs. 1 KStG fort,[4] wurde jedoch „europäisiert", indem nunmehr auf die Beendigung der unbeschränkten Steuerpflicht in den EU-/EWR-Staaten abgestellt wird. Trotz des missverständlichen Wortlauts[5] sind die Fälle nicht gemeint, in denen ein Wechsel der unbeschränkten Steuerpflicht von einem zu einem anderen EU-/EWR-Staat stattfindet, sondern nur diejenigen, in denen überhaupt innerhalb dieser Staaten die unbeschränkte Steuerpflicht endet.[6]

EU-Staat in diesem Sinne ist auch die Bundesrepublik Deutschland. Der „Wegzug" aus Deutschland in einen EU-Staat ist in Abs. 1 geregelt (→ Rz. 165 ff.). Unverändert geblieben ist der (misslungene) Verweis auf § 11 KStG als Rechtsfolge. Unausgesprochen bleibt bei der allgemein gehaltenen Formulierung, dass bei unbeschränkter Steuerpflicht der Körperschaft in einem EU-Staat außerhalb von Deutschland der „Wegzug" im Inland steuerliche Effekte haben muss. Nicht erforderlich ist im Gegensatz zu Abs. 1 eine Beeinträchtigung des deutschen Be-

---

[1] *Möhlenbrock*, DPM § 1 Rz. 187, inzwischen h. M. vgl. *Polt*, Ubg 2017, 137 m. w. N.; die gegenteilige Ansicht von *Hruschka*, IStR 2012, 845 und *Frotscher*/Drüen, § 12 Rz. 148a ff. ist inzwischen überholt, *Pohl*, DStR 2016, 2838.

[2] *Möhlenbrock* DPM § 1 Rz. 187, inzwischen h. M. vgl. *Polt*, Ubg 2017, 137 m. w. N.; die gegenteilige Ansicht von *Hruschka*, IStR 2012, 845 und *Frotscher*/Drüen, § 12 Rz. 148a ff. ist inzwischen überholt, *Pohl*, DStR 2016, 2838

[3] Vgl. *Hicks*, DB 2016, 2756; *Pohl* DStR 2016, 2498; 2016, 2837; *Weiss*, IWB 2016, 904; *Schönfeld/Bergmann*, IStR 2017, 68; *Polt*, Ubg 2017, 136 ff.

[4] *Haase*, BB 2009, 1448; *Benecke/Staats*, DPM, § 12 Rz. 184; *Gosch/Lampert* § 12 Rz. 141.

[5] *Hofmeister* in Blümich, § 12 Rz. 94.

[6] Allg. Ansicht: *Rödder/Schumacher*, DStR 2006, 1481; *Benecke/Staats*, DPM, § 12 Rz. 188.

steuerungsrechts. Die Sitzverlegung alleine reicht dem Gesetz für die Annahme einer abstrakten Gefährdung.[1]

573 Durch das *Brexit*-Steuerbegleitgesetz[2] ist § 12 Abs. 3 KStG um einen Satz 4 ergänzt worden, wonach der Austritt Großbritanniens aus der Europäischen Union nicht zu einem Ausscheiden einer Körperschaft, Vermögensmasse oder Personenvereinigung aus der unbeschränkten Steuerpflicht in einem Mitgliedstaat der Europäischen Union führt. Durch den Austritt ist Großbritannien nicht mehr Mitglied der Union und wird zum Drittstaat.

574–575 *(Einstweilen frei)*

II. Gesellschaftsrechtliche Voraussetzungen

576 Eine grenzüberschreitende Sitzverlegung muss überhaupt gesellschaftsrechtlich zulässig sein. Eine Verlegung der **Geschäftsleitung aus dem Inland** ist mit dem MoMiG (→ Rz. 171) ermöglicht worden. Das europäische Gemeinschaftsrecht in Gestalt der Niederlassungsfreiheit verlangt zwar die Anerkennung der Rechtsfähigkeit einer nach Deutschland zuziehenden Kapitalgesellschaft, wenn diese aus einem Staat stammt, der der Gründungtheorie folgt[3] und das den Wegzug erlaubt. Aus der Niederlassungsfreiheit ergibt sich aber nicht ein Recht auf Wegzug unter Fortbestand und ohne steuerliche Folgen. Daher kommt es auf das jeweilige Gesellschaftsrecht der europäischen Staaten an, ob sie einen Wegzug zulassen oder nicht. Ist dieser nicht möglich – wie eine Sitzverlegung in Deutschland (vgl. → Rz. 589) – und führt der Wegzug zur Liquidation und Neugründung, so ist § 11 KStG unmittelbar anzuwenden.[4] Ist der Wegzug gesellschaftsrechtlich möglich, so fingiert § 12 Abs. 3 KStG die Auflösung und Liquidation für steuerliche Zwecke.

577–580 *(Einstweilen frei)*

III. Persönlicher Anwendungsbereich

581 Persönlich anwendbar ist § 12 Abs. 3 KStG auf alle Körperschaftsteuersubjekte i. S. d. § 1 Abs. 1 KStG, die in einem **EU-/EWR-Staat**, einschließlich Deutschland, **unbeschränkt** steuerpflichtig sind. Nicht erfasst ist der Fall der unbeschränkten Steuerpflicht in Drittstaaten.[5] Der Wechsel von einem in einen anderen Drittstaat fällt daher nicht unter § 12 Abs. 3 KStG. Ebenso wenig ist die Begründung der unbeschränkten Steuerpflicht durch Zuzug in einen EU-/EWR-Staat – außer Deutschland (→ Rz. 267) – geregelt.

582–585 *(Einstweilen frei)*

IV. Sachverhalte

586 Abs. 3 regelt drei unterschiedliche Sachverhalte:[6]
- Die Körperschaft ist im Inland unbeschränkt steuerpflichtig.
- Die Körperschaft ist im Inland beschränkt steuerpflichtig.

---

1 Ebenso *Frotscher*/Drüen, § 12 Rz. 155.
2 Vom 15.3.2019, BGBl 2019 I 357.
3 *Mössner*, Steuerrecht international tätiger Unternehmen, Rz. 2.49 ff., m. w. N.
4 *Zuber* in Mössner/Seeger/Oellerich, KStG, § 11 Rz. 13, 67.
5 *Rödder/Schumacher*, DStR 2006, 1489; *Haase*, BB 2009, 1448.
6 Vgl. auch *Haase*, BB 2009, 1448; *Lenz* in Erle/Sauter, § 12 Rz. 100, 105; *Becker/Schwatz/Mühlhausen* IStR 2017, 46.

▶ Die Körperschaft ist im Inland weder unbeschränkt noch beschränkt steuerpflichtig. Anteilseigner sind im Inland steuerpflichtig.

1. Unbeschränkt steuerpflichtige Körperschaft

Hat eine Körperschaft im Inland **Sitz und Geschäftsleitung**, so führt die Verlegung der Geschäftsleitung (→ Rz. 186) nicht zur Beendigung der unbeschränkten Steuerpflicht. § 12 Abs. 3 Satz 1 KStG (s. u. → Rz. 601, hinsichtlich Satz 2) ist deshalb nicht anwendbar. Der Sitz kann zivilrechtlich nicht unter Fortbestand der Gesellschaft verlegt werden.[1]

Möglich ist, dass eine Körperschaft **nur** ihre **Geschäftsleitung** im Inland hat und unbeschränkt steuerpflichtig ist, wenn sie im Ausland gegründet wurde und dort ihren Sitz beibehalten hat, nachdem sie ihre Geschäftsleitung nach Deutschland verlegt hat. Verlegt sie ihre Geschäftsleitung ins Ausland „zurück", so endet ihre unbeschränkte Steuerpflicht in Deutschland. Verbleiben keine Wirtschaftsgüter in Deutschland – etwa eine Betriebsstätte, Grundbesitz – oder andere Einkunftsquellen – etwa Beteiligungen an Gesellschaften – im Inland, so findet auch **kein** Wechsel zur **beschränkten Steuerpflicht** statt. Die vorher bestehenden Besteuerungsmöglichkeiten ausländischer Einkünfte aufgrund des Welteinkommensprinzips entfallen, so dass ein Fall von § 12 Abs. 1 KStG bei Verlegung in einen EU-/EWR-Staat gegeben ist (→ Rz. 165 ff.), hingegen handelt es sich um einen Fall von § 12 Abs. 3 Satz 1 KStG, wenn der Wegzug in einen Nicht-EU- oder EWR-Staat erfolgt. Im Ergebnis kommt es zur Aufdeckung aller stiller Reserven.

Bleibt nach Verlegung der Geschäftsleitung im Inland die **beschränkte** Steuerpflicht **bestehen**, so ist danach zu unterscheiden, ob die Geschäftsleitung in einen EU-/EWR-Staat oder in einen Staat außerhalb dieser verlegt wird. Im ersten Fall kommt es gem. § 12 Abs. 1 KStG nicht zur Aufdeckung der stillen Reserven hinsichtlich der der beschränkten Steuerpflicht unterliegenden Wirtschaftsgüter. Im zweiten Fall wird auch dann, wenn das deutsche Besteuerungsrecht nicht tangiert wird, die Liquidationsbesteuerung gem. § 12 Abs. 3 KStG entsprechend durchgeführt. Dies führt insbesondere im Verhältnis zur Schweiz zu überraschenden Ergebnissen: verlegt eine deutsche GmbH ihre Geschäftsleitung in die Schweiz, wobei ihr übriger Geschäftsbetrieb im Inland verbleibt, so bleibt sie aufgrund der sog. überdachenden Besteuerung (Art. 4 Abs. 9 DBA-Schweiz) im Inland unbeschränkt steuerpflichtig. Gleichwohl sind die Voraussetzungen des § 12 Abs. 3 erfüllt. Hier hilft dann nur eine Billigkeitsmaßnahme.[2]

2. Beschränkt steuerpflichtige Körperschaft

§ 12 Abs. 3 Satz 1 KStG betrifft auch den Fall, dass eine im Ausland mit Sitz und Geschäftsleitung ansässige Körperschaft im Inland beschränkt steuerpflichtig ist, vor allem auch, wenn sie im Inland eine Betriebsstätte unterhält, und in einem **EU-/EWR-Staat** der **unbeschränkten** Steuerpflicht unterliegt. Verlegt diese ihren Sitz oder ihre Geschäftsleitung oder beides nach außerhalb der EU oder des EWR und führt dies zur Aufgabe der unbeschränkten Steuerpflicht innerhalb der EU-/EWR, so werden die stillen Reserven des der beschränkten Steuerpflicht unterliegenden Vermögens aufgedeckt. Dies gilt selbst dann, wenn im DBA mit dem Zuzugsstaat dieselben Regeln wie im DBA mit dem Wegzugsstaat vereinbart sind, aus deutscher Sicht folglich hinsichtlich des der deutschen Besteuerung unterliegenden Vermögens keine Verände-

---

[1] Unklar *Haase*, BB 2009, 1448.
[2] Im Einzelnen *Haase/Steierberg*, IStR 2013, 538

rung eintritt. Für eine teleologische Reduktion[1] in den Fällen, dass das deutsche Besteuerungsrecht nicht tangiert wird, besteht kein Anlass.[2]

3. Auswirkung auf Anteilseigner[3]

591 Handelt es sich bei der Körperschaft um eine Kapitalgesellschaft, so kommt wegen der Auflösungsfiktion des § 12 Abs. 3 KStG (→ Rz. 611) § 17 Abs. 4 EStG zur Anwendung.[4] Die Auflösung gilt als Veräußerung der Anteile zum gemeinen Wert. Soweit Anteilseigner der Besteuerung nach § 17 EStG unterliegen, kommt es daher zur Besteuerung. Bei einer inländischen Kapitalgesellschaft (o. → Rz. 587) sind dies daher unbeschränkt steuerpflichtige Anteilsinhaber und im Rahmen von § 49 Abs. 1 Nr. 2e EStG beschränkt Steuerpflichtige. Handelt es sich um eine ausländische Kapitalgesellschaft (o.→ Rz. 590), so sind unbeschränkt steuerpflichtige Anteilseigner betroffen, es sei denn nach dem DBA stünde Deutschland kein Besteuerungsrecht hinsichtlich der Veräußerungsgewinne zu (entgegen Art. 13 Abs. 4 OECD-MA).

592 Offen ist die Rechtslage, wenn die Anteile an der Körperschaft in einem inländischen Betriebsvermögen gehalten werden. Der Verweis auf § 11 KStG dient nur der Gewinnermittlung auf der Ebene der Körperschaft. Bei § 11 KStG erfolgt nach der Abwicklung üblicherweise die tatsächliche Auskehrung. Diese unterbleibt aber bei § 12 Abs. 3 KStG.

BEISPIEL: Der im Inland wohnhafte X hält in seinem Betriebsvermögen Anteile an der französischen F-SA, mit der er in engen geschäftlichen Beziehungen steht. Diese verlegt ihre Geschäftsleitung nach Algerien.

593 Da deutsches Besteuerungsrecht an den Anteilen nicht tangiert wird (Art. 13 Abs. 4 DBA-Algerien), ist § 12 Abs. 1 KStG nicht anzuwenden. Es liegt aber ein Fall von § 12 Abs. 3 KStG vor. Diese Norm fingiert zwar eine Auflösung der F-SA, aber nicht die Auskehrung an X.[5] Eine andere Norm zur Realisation ist nicht erkennbar. Die stillen Reserven hat X erst bei einer Realisation – Veräußerung, Entnahme – zu versteuern.

594–595 *(Einstweilen frei)*

V. Verlegung

596 Unter einer Verlegung ist eigentlich die Aufgabe und die anderweitige Begründung zu verstehen. Das Gesetz verlangt nicht, dass die unbeschränkte Steuerpflicht außerhalb der EU/EWR begründet wird. Die „Verlegung" ist bereits abgeschlossen, wenn die Merkmale des Sitzes oder der Geschäftsleitung nicht mehr innerhalb der EU/EWR erfüllt sind.

597 Verlegen bedeutet, dass durch ein **aktives Tun**[6] die Geschäftsleitung oder der Sitz aufgegeben wird. Verlässt ein Staat die Europäische Union, so ist zwar die Voraussetzung der unbeschränkten Steuerpflicht in einem Mitgliedsstaat nicht mehr gegeben. Gleichwohl hat die Körper-

---

1 Dafür *Eickmann/Stein*, DStZ 2007, 725.
2 Vgl. auch → Rz. 525, ebenso *Frotscher*/Drüen, § 12 Rz. 173; *Hofmeister* in Blümich, § 12 Rz. 99; *Lenz* in Erle/Sauter, § 12 Rz. 104.
3 Vgl. *Becker/Schwarz/Mühlhausen* IStR 2017, 49 f.
4 So ausdrücklich BT-Drucks. 16/2710, 31; möglicherweise a. A. *Benecke/Staats*, DPM, § 12 Rz. 196.
5 Ebenso *Benecke/Staats*, DPM, § 12 Rz. 197.
6 So auch *Herbst/Gebhardt*, DStR 2016, 1707; *Cloer/Halle*, FR 2016, 927; möglicherweise a. A. *Linn*, IStR 2016, 560.

schaft selbst keine Verlegung vorgenommen.[1] Dementsprechend regelt auch das Brexit-Steuerbegleitgesetz den Brexit (→ Rz. 573)

(Einstweilen frei) 598–600

VI. Änderung der DBA-Ansässigkeit – § 12 Abs. 3 Satz 2 KStG

§ 12 Abs. 3 Satz 2 KStG erweitert den Anwendungsbereich auf die Fälle, dass infolge die Verlegung von Sitz oder Geschäftsleitung die Ansässigkeit i. S. eines DBA außerhalb des Hoheitsgebiets der EU-/EWR-Staaten liegt. Damit nimmt das Gesetz offenbar Bezug auf **Art. 4 Abs. 3 OECD-MA**. Danach bestimmt sich die Ansässigkeit im Falle von Doppelansässigkeit nach dem Ort der **tatsächlichen Geschäftsleitung**. Diese sog. Tie-breaker-rule kommt nur zur Anwendung, wenn die Körperschaft in beiden Vertragsstaaten ansässig ist, was die unbeschränkte Steuerpflicht in beiden Staaten voraussetzt (Art. 4 Abs. 1 OECD-MA). Unklar ist, wie es bei Verlegung des Sitzes zu einer Veränderung der Ansässigkeit kommen kann. 601

Bei einer in Deutschland **unbeschränkt steuerpflichtigen** Körperschaft führt die Verlegung der tatsächlichen Geschäftsleitung unter Beibehaltung des Sitzes zwar nicht zum Ende der unbeschränkten Steuerpflicht, aber zur Verlagerung der Ansässigkeit im Verhältnis zu dem DBA-Staat, in den die Geschäftsleitung verlegt wird. Handelt es sich dabei um einen EU-/EWR-Staat, so handelt es sich um einen Fall von § 12 Abs. 1 KStG (→ Rz. 186). Erfolgt dies in ein Staatgebiet außerhalb von EU und EWR, so ergänzt § 12 Abs. 3 Satz 2 den Abs. 3 Satz 1 KStG, da die unbeschränkte Steuerpflicht – jedoch beschränkt auf das Verhältnis zum Ansässigkeitsstaat – auf die nach dem DBA dem Quellenstaat zugewiesenen Einkünfte beschränkt wird. Das Gesetz geht über dieses verständliche Maß hinaus, indem auch im Verhältnis zu Drittstaaten eine Aufdeckung der stillen Reserven erfolgt. 602

BEISPIEL: Die deutsche D-GmbH verlegt ihre Geschäftsleitung in die USA-Betriebsstätte unter Beibehaltung ihrer inländischen Produktionsanlagen. Im Verhältnis zu den USA gilt die D als in den USA ansässig. Zugleich unterhält die D eine Produktionsbetriebsstätte in Brasilien. Da die D aufgrund ihres inländischen Sitzes weiterhin unbeschränkt steuerpflichtig ist, unterliegt die brasilianische Betriebsstätte weiterhin der deutschen Steuer – kein Fall von Abs. 1, da D im Verhältnis zu Brasilien kein DBA besteht. Würde es sich um Mexico handeln, wäre Deutschland weiterhin Ansässigkeitsstaat. Gleichwohl fingiert § 12 Abs. 3 Satz 2 KStG eine Auflösung mit Liquidation der D.

Ist die Körperschaft in Deutschland **beschränkt steuerpflichtig** und in einem EU-/EWR-Staat unbeschränkt steuerpflichtig und verlegt sie ihre Geschäftsleitung nach außerhalb des Gebiets dieser Staaten in einen DBA-Staat, so ändert sich die Ansässigkeit zwischen dem Wegzugs- und dem Zuzugsstaat, aber nicht im Verhältnis zu Deutschland. Dennoch[2] kommt es zur Aufdeckung der stillen Reserven in Deutschland. 603

Die Änderung der Ansässigkeit alleine reicht nicht aus, vielmehr muss dies „infolge" einer Verlegung der Geschäftsleitung eintreten.[3] Der Abschluss eines DBAs (vgl. auch → Rz. 256) ist keine Verlegung.[4] Dies wird vor allem dann relevant, wenn durch den Abschluss eines DBAs aufgrund der Ansässigkeitsregelungen eine Körperschaft nicht mehr in einem EU-Staat als ansässig gilt. 604

---

1 *Olligs*, DStR 2018, 2238/39.
2 Kritisch auch *Frotscher*/Drüen, § 12 Rz. 170.
3 Ebenso *Frotscher*/Drüen, § 12 Rz. 171.
4 Anders *Rennar*, IWB 2019, 198.

Problematisch ist der Fall, dass in zwei Staaten Geschäftsleitungen bestehen und die tatsächliche verlagert wird. § 12 Abs. 3 KStG stellt aber nur auf die Verlegung der Geschäftsleitung ab. Hier hat der Gesetzgeber übersehen, dass es für die Ansässigkeit bei Doppelansässigkeit auf die tatsächliche Geschäftsleitung ankommt. Dies lässt sich gestalterisch nutzen, indem, zunächst eine zusätzliche Geschäftsleitung in einem Drittstaat begründet wird, die tatsächliche innerhalb der EU zunächst verbleibt und erst später die Merkmale einer tatsächlichen verlagert werden. Es ist jedoch zu erwarten, dass dies als ein Fall von § 42 AO gewertet würde, wenn nicht sogar von einer Analogie zur Verlagerung ausgegangen wird.

605–610 *(Einstweilen frei)*

VII. Rechtsfolge: Auflösung und Liquidation

1. Überblick

611 § 12 Abs. 3 KStG enthält keine eigenen Vorschriften zur Ermittlung des „Wegzugsgewinns", sondern verweist auf die entsprechende Anwendung der Vorschriften über die Liquidation – § 11 KStG. Diese Norm setzt allerdings neben der Auflösung die Abwicklung voraus, was normalerweise einen gewissen Zeitraum in Anspruch nimmt, so dass § 11 KStG zeitraumbezogen ist, wohingegen der Wegzug nach § 12 KStG zeitpunktbezogen ist. Daraus ergeben sich Anpassungen, die insbesondere sich daraus ergeben, dass sich die Abwicklung über mehrere Jahre hinziehen kann, wohingegen die Verlegung nur einen Zeitpunkt beschreibt und es daher kein Verlegungs-Anfangs- und kein Verlegungs-End-Vermögen geben kann. § 11 Abs. 4 KStG bedeutet daher, dass das Verlegungs-Anfangs-Vermögen das am Ende des der Verlegung vorangegangenen Wirtschaftsjahres der Veranlagung zur Körperschaftsteuer zugrunde gelegte Vermögen ist.

Nach **§ 8b Abs. 2 KStG** bleiben Gewinne aus der Veräußerung eines Anteils an einer Körperschaft außer Ansatz.[1] Nach § 12 Abs. 1 KStG wird eine Veräußerung der Wirtschaftsgüter fingiert (vgl. → Rz. 296). § 12 Abs. 3 KStG ordnet als fiktive Rechtsfolge (Rechtsfolgenverweisung) die Auflösung der Körperschaft an. Nach § 8b Abs. 2 Satz 3 KStG ist bei einer „Auflösung" § 8b Abs. 2 Satz 1 KStG entsprechend anzuwenden. Auflösung ist die Beendigung der Gesellschaft und führt zur Anwendung des § 11 KStG (vgl. *Zuber* in Mössner/Seeger/Oellerich, KStG, § 11 Rz. 41), so dass an sich § 11 KStG anwendbar wäre. § 11 KStG setzt jedoch auch die tatsächliche Liquidation voraus, was beim Wegzug nach § 12 Abs. 3 KStG nicht zwingend erfolgt. Daher wird § 11 KStG für entsprechend anwendbar erklärt. Gemäß § 11 Abs. 3 KStG bleiben die steuerfreien Vermögensmehrungen unberücksichtigt, worunter auch § 8b KStG zu verstehen ist.[2] Daraus kann geschlossen werden, dass in den Fällen des § 12 Abs. 3 KStG ebenfalls § 8b Abs. 2 KStG anwendbar ist.[3]

2. Ermittlung des Gewinns

612 Daraus ergibt sich folgendes Ermittlungsschema:[4]

---

[1] Unter Berücksichtigung von 5 % als nichtabziehbare Betriebsausgaben.
[2] Ebenso Gosch/*Stalbold*, KStG § 11 Rz. 69; *Moritz* in Schnitger/Fehrenbacher, KStG § 11 Rz. 149.
[3] Ebenso *Rennar*, IWB 2019, 203.
[4] Siehe auch *Hölscher*, S. 99 ff.

Verlegungs-Endvermögen

= Gemeiner Wert des im Verlegungszeitpunkt vorhandenen Vermögens

./. steuerfreie Vermögensmehrungen (§ 11 Abs. 3 KStG) seit Ende letzten Wirtschaftsjahres

zugrunde zu legendes Verlegungs-Endvermögen

./. **Verlegungsanfangsvermögen**

= Buchwert des Betriebsvermögens am Ende des letzten Wirtschaftsjahres

+ **Gewinnausschüttungen** für frühere Wirtschaftsjahre (§ 11 Abs. 4 Satz 3 KStG)

+/- **Gewinnkorrekturen** nach KStG (§ 11 Abs. 6 KStG)

./. **Kosten** der Verlegung

Verlegungsgewinn

3. Verteilungs-Endvermögen

§ 11 Abs. 2 KStG definiert als Abwicklungsendvermögen „das zur Verteilung kommende Vermögen". Da es an einer Verteilung fehlt, ersetzt § 12 Abs. 3 Satz 3 KStG dies durch den **gemeinen Wert des vorhandenen Vermögens**. Dies ist das Vermögen zum Zeitpunkt der Verlegung (→ Rz. 596), welches der deutschen Besteuerung zu diesem Zeitpunkt unterliegt. Ausländisches Vermögen gehört unter dieser Voraussetzung ebenfalls dazu.[1] Ist es hinsichtlich eines etwaigen Veräußerungserlöses von der inländischen Besteuerung ausgenommen, so scheidet es aus.

BEISPIEL: Die inländische Kapitalgesellschaft verfügt über eine ausländische Betriebsstätte, ausländischen Grundbesitz, sowie über Anteile an ausländischen Kapitalgesellschaften. Solange kein DBA mit den jeweiligen Staaten besteht, wird der deutsche Besteuerungsanspruch nicht eingeschränkt. Aufgrund eines DBA würden die Betriebsstätteneinkünfte und die Vermietungseinkünfte, nicht aber die Anteile ausscheiden.

Vermögen, welches seit Beginn des Wirtschaftsjahres aus der deutschen Besteuerungshoheit **ausgeschieden** ist, gehört daher nicht dazu. Ist dieses durch die Überführung aus dem deutschen Besteuerungszugriff ausgeschieden, so gehört es nicht mehr zum Endvermögen, gleichgültig, ob bei der Überführung die stillen Reserven gem. § 12 Abs. 1 KStG besteuert wurden oder nicht. Es ist deutlich die Verlegungsbesteuerung von der Besteuerung bei Überführung zu unterscheiden.

Vermögen sind die in der Bilanz ausgewiesenen positiven und negativen Wirtschaftsgüter. Es ist also eine „Schlussbilanz" unter Ansatz des gemeinen Werts der Wirtschaftsgüter aufzustellen. Anders als bei § 11 KStG[2] sind auch die selbstgeschaffenen Wirtschaftsgüter, insbesondere der Firmenwert, auszuweisen.[3]

Soweit die Körperschaft ihre Einkünfte nicht durch Vermögensvergleich ermittelt, ist von den sich aus § 4 Abs. 3 EStG bzw. § 9 Abs. 1 Nr. 7 EStG ergebenden Verzeichnissen von Wirtschaftsgütern auszugehen. Bei den nicht unter § 8 Abs. 2 KStG fallenden Körperschaften[4] werden nur

---

[1] Unklar *Benecke/Staats*, DPM, § 12 Rz. 201.
[2] *Zuber* in Mössner/Seeger/Oellerich, KStG, § 11 Rz. 143.
[3] Ebenso *Benecke/Staats*, DPM, § 12 Rz. 202; *Lenz* in Erle/Sauter, § 12 Rz. 113.
[4] *Klein/Müller/Döpper* in Mössner/Seeger/Oellerich, KStG, § 8 Rz. 141.

die Wirtschaftsgüter erfasst, die hinsichtlich ihrer Veräußerungsgewinne der deutschen Besteuerung unterworfen sind.

BEISPIEL: Die ausländische Stiftung S hat ihre Leitung im Inland und ist daher unbeschränkt steuerpflichtig. Sie hat 1990 ein Gebäude erworben, in dem sie ihre Büros unterhält. 2004 verlegt sie ihre Leitung ins Ausland. Das Gebäude ist wegen Ablauf der in § 23 EStG vorgesehenen Haltefrist nicht in das Endvermögen einzubeziehen.

617 Die Einbeziehung von **im Inland verbleibendem Vermögen** ist umstritten. Der Wortlaut des § 12 Abs. 3 KStG spricht von vorhandenem Vermögen ohne jede Differenzierung. Die Finanzverwaltung[1] will daher alle stillen Reserven, auch im verbleibenden Vermögen, besteuern. Die h. M. in der Literatur[2] nimmt mittels einer teleologischen Reduktion das weiterhin der deutschen Besteuerung unterworfene inländische Vermögen aus. Dem ist zuzustimmen. Die Besteuerung einer im Inland verbleibenden Betriebsstätte wird nicht gegenüber der Besteuerung im Rahmen der unbeschränkten Steuerpflicht eingeschränkt. Anders ist es, wenn das verbleibende Vermögen nicht mehr die Voraussetzungen einer Betriebsstätte gem. § 12 AO oder dem DBA erfüllt und kein anderer Tatbestand der beschränkten Steuerpflicht besteht.

BEISPIEL: Die D-GmbH verlegt ihre Geschäftsleitung ins Ausland (DBA-Staat). Das bisher von ihr genutzte Betriebsgebäude vermietet sie.

Das vermietete Gebäude stellt zwar keine Betriebsstätte dar, Veräußerungsgewinn und laufende Mieteinnahmen unterliegen gem. § 49 Abs. 1 Nr. 2 f EStG der beschränkten Steuerpflicht. D vermietet das Gebäude nicht, sondern unterhält darin eine Betriebsstätte. In beiden Fällen wird auch nach dem OECD-MA die deutsche Besteuerung nicht eingeschränkt und daher unterbleibt nach der h. M. eine Aufdeckung der stillen Reserven, nicht aber nach Auffassung der Finanzverwaltung.

ABWANDLUNG: D hat inländische Anleihen gezeichnet, die nicht unter § 20 Abs. 1 Nr. 5 EStG fallen. Hier entfällt die beschränkte Steuerpflicht.

618 Die Einbeziehung **originärer immaterieller Wirtschaftsgüter** ist umstritten.[3] Nimmt man den Verweis auf § 11 KStG wörtlich, so gehören sie nicht zum Verlegungs-Endvermögen, da sie bei § 11 KStG nicht einbezogen werden.[4] Andererseits folgt deren Nichterfassung bei § 11 KStG aus der Erwägung, dass derartige Wirtschaftsgüter mit der Liquidation untergehen und nicht verteilt werden können. Unter Berücksichtigung dieses Arguments kann die entsprechende Anwendung von § 11 KStG nur bedeuten, dass sie dann einzubeziehen sind, wenn sie nicht mit der Verlegung untergehen.

619 Ein weiteres Argument kommt hinzu: durch die Nichtaktivierung selbsthergestellter immaterieller Wirtschaftsgüter im deutschen Recht werden die hierfür aufgewandten Kosten sofort als Betriebsausgaben gewinnmindernd berücksichtigt. Mit der Aufdeckung der stillen Reserven anlässlich Verlegung ins Ausland wird dann dieser **Aufwand rückgängig** gemacht.[5] Allerdings lässt sich damit nicht die Erfassung der stillen Reserven begründen.

---

1 *Debatin*, GmbHR 1991, 161; *R. Thiel*, GmbHR 1994, 278; *Benecke/Staats*, DPM, § 12 Rz. 185; *Hruschka*, StuB 2006, 636; auch *Frotscher/Drüen*, § 12 Rz. 173 *Gosch/Lampert*, § 12 Rz. 93.

2 *Dötsch*, DB 1989, 2296; *Knobbe-Keuk*, DB 1991, 300; *dies.*, StuW 1990, 378; *Hofmeister* in Blümich, § 12 Rz. 100; *IdW*, WPg 2006, 752; *Rödder/Schumacher*, DStR 2006, 1489; *Blumenberg*, BB 2006 Special, 32.

3 *Benecke/Staats*, DPM, § 12 Rz. 202; *Hofmeister* in Blümich, § 12 Rz. 112, 114; *Olgemüller* in Streck, § 12 Rz. 34; *Dieterlein/Schaden*, IStR 1999, 4; *Lenz* in Erle/Sauter, § 12 Rz. 110 ff.

4 *Zuber* in Mössner/Seeger/Oellerich, KStG, § 11 Rz. 143; BFH, Urteil v. 14. 2. 1978 - VIII R 158/73, BStBl 1979 II 99.

5 Vgl. *Hackemann* in Bott/Walter, KStG § 12 Rz. 79.

BEISPIEL: Die X-AG hat mit Kosten von 1 Mio. ein Patent entwickelt. Mit diesem hat sie in der Vergangenheit Gewinne von 5 Mio. erwirtschaftet. Im Zeitpunkt der Verlegung ist zu erwarten, dass sie weitere 5 Mio. mit diesem Patent erwirtschaften kann. Angenommen der gemeine Wert des Patents wäre daher 5 Mio., so ist wirtschaftlich die Hälfte der Kosten amortisiert. Es erscheint vernünftig, dass anlässlich der Verlegung der verbleibende, steuermindernde Aufwand von 500 000 ausgeglichen wird. Eine Erfassung der 4,5 Mio. stellt jedoch eine Vorwegbesteuerung zukünftiger Gewinne dar, die außerhalb des deutschen Steuerzugriffs in der Zukunft erst erwirtschaftet werden.

§ 12 KStG ermöglicht aber nicht derart differenzierte Betrachtungen. Er kennt nur ein Alles oder Nichts. Daher muss aus der Formulierung „vorhandenes Vermögen" auf die Einbeziehung selbstgeschaffener immaterieller Wirtschaftsgüter geschlossen werden.[1]

Die Bewertung des vorhandenen Vermögens erfolgt zum **gemeinen Wert**. Dieser wird in § 9 BewG als der im gewöhnlichen Geschäftsverkehr nach Art der Beschaffenheit des Wirtschaftsgutes erzielbare Veräußerungspreis definiert. Das Gesetz ist insofern unklar, als der „gemeine Wert des vorhandenen Vermögens" anzusetzen ist. Dies wird einerseits als die Summe der Einzelveräußerungspreise,[2] andererseits als der bei einer Veräußerung des Vermögens im Ganzen erzielbare Preis verstanden.[3] Die letztere Auffassung nähert sich dem Teilwert an, da dieser aus dem Gesamtveräußerungspreis zu entwickeln ist. Letzterer Auffassung ist zu folgen. Da § 12 KStG nicht den Fall einer Zerschlagung des Betriebes, sondern dessen Fortführung im Ausland regelt, muss das going-concern-Prinzip beachtet werden. Es ist daher so zu bewerten, dass von der Fortführung des Betriebes ausgegangen wird. Andere stille Reserven, als solche, die bei dieser Annahme bestehen, können nicht erfasst werden.

Zeitpunkt der Bewertung ist die Verlegung, d. h. die Begründung im Ausland (→ Rz. 596).

Das Endvermögen ist um steuerfreie Vermögensmehrungen zu mindern.[4] Damit wird sichergestellt, dass nicht der Entstrickungsbesteuerung unterworfen, was bei Verbleiben im Inland nicht besteuert würde.

4. Anfangsvermögen

Da der Gewinn sich aus dem Vergleich zweier Vermögenswerte ergibt, bedarf es eines Anfangs-Vermögens. Mit der Verlegung endet die unbeschränkte Steuerpflicht, so dass eine Abschlussbesteuerung erfolgt, die sich aus den Wertänderung seit der letzten Besteuerung und der dieser zugrunde liegenden Bilanz ergibt. Theoretisch wäre es auch möglich gewesen, auf den Verlegungszeitpunkt eine Abschlussbilanz nach den steuerlichen Vorschriften über die Gewinnermittlung und eine Verlegungsbilanz nach gemeinen Werten zu erstellen. Da dies nicht erfolgt, werden das Ergebnis der Geschäftstätigkeit seit dem letzten Wirtschaftsjahr und die aufgedeckten stillen Reserven in einem einzigen Gewinn erfasst.[5]

Nach § 11 Abs. 4 Satz 1 KStG[6] ist das der Veranlagung zur Körperschaftssteuer am Schluss des vorangegangenen Wirtschaftsjahres zugrunde gelegte Betriebsvermögen das Anfangsvermögen. Damit wird sichergestellt, dass es eine „nahtlose" Erfassung des Gewinns gibt. Ist eine

---

[1] Wie hier *Benecke/Staats*, DPM, § 12 Rz. 202; *Hofmeister* in Blümich, § 12 Rz. 114; a. A. *Olgemüller* in Streck, § 12 Rz. 34.
[2] So *Frotscher*/Drüen, § 12 Rz. 173.
[3] So Gosch/*Lasmpert*, § 12 Rz. 105; *Hofmeister* in Blümich, § 12 Rz. 112; *Benecke/Staats*, DPM, Rz. 202.
[4] Vgl. hierzu *Zuber* in Mössner/Seeger/Oellerich, KStG, § 11 Rz. 144.
[5] Sog. Mischrechnung *Benecke/Staats*, DPM, Rz. 199; *Hackemann* Bott/Walter, KStG § 12 Rz. 75.
[6] Vgl. hierzu *Zuber* in Mössner/Seeger/Oellerich, KStG, § 11 Rz. 161 ff.

Veranlagung unterblieben, so ist eine fiktive Steuerbilanz zu erstellen. Derartige Fälle sind aber schwer vorstellbar.[1]

626 Erfolgt die Verlegung im Laufe des Jahres, indem die unbeschränkte Steuerpflicht begründet wird, so dass am Ende des vorangegangenen Veranlagungszeitraums kein Betriebsvermögen vorhanden war, so soll nach h. M. gem. § 11 Abs. 5 KStG die Summe der Einlagen das Anfangsvermögen bilden.

> **BEISPIEL:** Die englische Ltd. verlegt im März ihre Geschäftsleitung nach Deutschland und im Oktober verlegt sie diese wieder zurück nach London.

627 Dieser Verweis auf § 11 Abs. 5 KStG ist misslungen. Mit dem Beginn der unbeschränkten Steuerpflicht hat die Ltd. ein Eröffnungsbilanz zu erstellen. Seitdem gehören geleistete Einlagen zu den steuerfreien Vermögensmehrungen, die das Endvermögen mindern (→ Rz. 623). Würden sie das Anfangsvermögen bilden, so käme es zu einem doppelten Abzug.[2] Die Regelung des § 11 Abs. 5 KStG macht nur dann Sinn, wenn am Ende des vorangegangenen Veranlagungszeitraums bereits die unbeschränkte Steuerpflicht bestand, die Körperschaft aber vermögenslos war.

5. Gewinnermittlungsvorschriften

628 Die Ermittlung der Vermögen erfolgt nach deutschen steuerlichen Vorschriften.

6. Besteuerung

629 Der Verlegungsgewinn wird mit dem Steuersatz von 15 % besteuert (§ 23 Abs. 1 KStG).

§ 13 Beginn und Erlöschen einer Steuerbefreiung

(1) Wird eine steuerpflichtige Körperschaft, Personenvereinigung oder Vermögensmasse von der Körperschaftsteuer befreit, so hat sie auf den Zeitpunkt, in dem die Steuerpflicht endet, eine Schlussbilanz aufzustellen.

(2) Wird eine von der Körperschaftsteuer befreite Körperschaft, Personenvereinigung oder Vermögensmasse steuerpflichtig und ermittelt sie ihren Gewinn durch Betriebsvermögensvergleich, so hat sie auf den Zeitpunkt, in dem die Steuerpflicht beginnt, eine Anfangsbilanz aufzustellen.

(3) In der Schlussbilanz im Sinne des Absatzes 1 und in der Anfangsbilanz im Sinne des Absatzes 2 sind die Wirtschaftsgüter vorbehaltlich des Absatzes 4 mit den Teilwerten anzusetzen.

(4) ¹Beginnt die Steuerbefreiung auf Grund des § 5 Abs. 1 Nr. 9, sind die Wirtschaftsgüter, die der Förderung steuerbegünstigter Zwecke im Sinne des § 9 Abs. 1 Nr. 2 dienen, in der Schlussbilanz mit den Buchwerten anzusetzen. ²Erlischt die Steuerbefreiung, so ist in der Anfangsbilanz für die in Satz 1 bezeichneten Wirtschaftsgüter der Wert anzusetzen, der sich bei ununterbrochener Steuerpflicht nach den Vorschriften über die steuerliche Gewinnermittlung ergeben würde.

---

1 *Zuber* in Mössner/Seeger/Oellerich, KStG, § 11 Rz. 165.
2 Vgl. *Zuber* in Mössner/Seeger/Oellerich, KStG, § 11 Rz. 167.

(5) Beginnt oder erlischt die Steuerbefreiung nur teilweise, so gelten die Absätze 1 bis 4 für den entsprechenden Teil des Betriebsvermögens.

(6) ¹Gehören Anteile an einer Kapitalgesellschaft nicht zu dem Betriebsvermögen der Körperschaft, Personenvereinigung oder Vermögensmasse, die von der Körperschaftsteuer befreit wird, so ist § 17 des Einkommensteuergesetzes auch ohne Veräußerung anzuwenden, wenn die übrigen Voraussetzungen dieser Vorschrift in dem Zeitpunkt erfüllt sind, in dem die Steuerpflicht endet. ²Als Veräußerungspreis gilt der gemeine Wert der Anteile. ³Im Falle des Beginns der Steuerpflicht gilt der gemeine Wert der Anteile als Anschaffungskosten der Anteile. ⁴Die Sätze 1 und 2 gelten nicht in den Fällen des Absatzes 4 Satz 1.

Inhaltsübersicht	Rz.
A. Überblick und Rechtsentwicklung des § 13 KStg	1 - 20
B. Wechsel aus der Steuerpflicht in die Steuerbefreiung (§ 13 Abs. 1 KStG)	21 - 70
I. Ursachen für die Steuerbefreiung	22 - 40
II. Gewinn in der Schlussbilanz	41 - 70
C. Wechsel aus der Steuerbefreiung in die Steuerpflicht (§ 13 Abs. 2 KStG)	71 - 100
I. Erlöschen der Steuerbefreiung	72 - 90
II. Aufstellung einer Anfangsbilanz	91 - 100
D. Bewertung mit dem Teilwert (§ 13 Abs. 3 KStG)	101 - 130
E. Besonderheiten bei Steuerbefreiungen nach § 5 Abs. 1 Nr. 9 KStG (§ 13 Abs. 4 KStG)	131 - 170
I. Die Steuerbefreiung beginnt	146 - 155
II. Die Steuerbefreiung erlischt	156 - 170
F. Partielle Steuerbefreiungen (§ 13 Abs. 5 KStG)	171 - 220
I. Beginn einer Steuerbefreiung	172 - 190
II. Ende einer Steuerbefreiung	191 - 220
G. Veräußerungsfiktion bei wesentlichen Beteiligungen (§ 13 Abs. 6 KStG)	221 - 280
I. Wechsel von der Steuerpflicht zur Steuerbefreiung	236 - 250
II. Übergang von der Steuerbefreiung zur Steuerpflicht	251 - 260
III. Besonderheiten bei bestimmten gemeinnützigen Körperschaften	261 - 280

A. Überblick und Rechtsentwicklung des § 13 KStG

HINWEIS:

R 13.1–13.4 KStR 2015.

LITERATURHINWEISE:

Leisner, Steuerentstrickung für gemeinnützige Zwecke (§ 13 Abs. 4 und 5 KStG), FSt, Grüner Brief Nr. 332, 1994; *Dötsch/Jost*, Die KStR 1995, Abschn. XII: Beginn und Erlöschen einer Steuerbefreiung, Beilage 4 zu DB 8/1996; *Schauhoff*, Die Bedeutung des § 13 KStG für gemeinnützige Körperschaften, DStR 1996, 366; *Thiel*, Die gemeinnützige GmbH, GmbHR 1997, 10; *Schmidt/Heinz*, Schlussbesteuerung nach § 13 KStG (k)ein Ausgliederungshindernis bei körperschaftsteuerpflichtigen Genossenschaften?, BB 2006, 1604; *Haritz/Asmus*, Das REIT-Gesetz und das Umwandlungssteuerrecht, AG 2007, 76; *Kirchhain*, Privatnützige Zuwendungen gemeinnütziger Körperschaften, FR 2011, 640; *Roser*, GewSt: Steuerliche Grundsätze der (partiellen) steuerlichen Verhaftung und Entlassung, FR 2011, 1126.

§ 13 KStG regelt die steuerliche Behandlung in Fällen, in denen entweder eine steuerpflichtige Körperschaft, Personenvereinigung oder Vermögensmasse von der Körperschaftsteuer befreit wird oder eine bisher von der Körperschaftsteuer befreite Körperschaft, Personenvereinigung oder Vermögensmasse steuerpflichtig wird.

2   Im Falle des Wechsels zur **Steuerbefreiung** scheiden die im Bereich der steuerpflichtigen Körperschaft, Personenvereinigung oder Vermögensmasse gehaltenen Wirtschaftsgüter aus dem steuerlichen Bereich aus, es findet eine **„Steuerentstrickung"** statt. Daher muss sichergestellt sein, dass zu diesem Zeitpunkt die vorhandenen stillen Reserven aufgedeckt und in uneingeschränktem Maß der Körperschaftsteuer unterworfen werden.

3   Aus diesem Grund muss die Körperschaft, Personenvereinigung oder Vermögensmasse zum Zeitpunkt des Eintritts in die Steuerbefreiung eine Schlussbilanz aufstellen (§ 13 Abs. 1 KStG), in der die Wertansätze grundsätzlich mit den Teilwerten vorzunehmen sind (§ 13 Abs. 3 KStG). Besonderheiten sind in § 13 Abs. 4 KStG für den Fall einer Steuerbefreiung aufgrund des § 5 Abs. 1 Nr. 9 KStG geregelt.

4   Wird hingegen eine von der Körperschaftsteuer befreite Körperschaft, Personenvereinigung oder Vermögensmasse steuerpflichtig und ermittelt sie ihren Gewinn durch Betriebsvermögensvergleich, so hat sie auf den Zeitpunkt, in dem die Steuerpflicht beginnt, eine Anfangsbilanz aufzustellen (§ 13 Abs. 2 KStG).

5   Beginnt oder erlischt die Steuerbefreiung nur teilweise, gelten die Vorschriften des § 13 Abs. 1 – 4 KStG für den entsprechenden Teil des Betriebsvermögens (§ 13 Abs. 5 KStG).

6   § 13 Abs. 6 KStG enthält insofern eine Sondervorschrift, als für Anteile an einer Kapitalgesellschaft, die nicht zum Betriebsvermögen einer von der Körperschaftsteuer befreiten Körperschaft, Personenvereinigung oder Vermögensmasse gehören, § 17 EStG auch ohne Veräußerung anzuwenden ist, wenn dessen übrige Voraussetzungen erfüllt sind. Ohne diese Regelung bestünde bei Körperschaften, Personenvereinigungen und Vermögensmassen i. S. d. § 1 Abs. 1 Nr. 4 und 5 KStG die Gefahr einer Nichtbesteuerung in den Anteilen enthaltener stiller Reserven, da bei diesen Steuersubjekten – anders als bei Steuerpflichtigen, die § 8 Abs. 2 KStG unterliegen – eine Bewertung mit dem Teilwert nicht zwingend sämtliche Wirtschaftgüter erfasst.

7   § 13 ist durch das KStG 1977 eingeführt worden. Die Notwendigkeit wurde insbesondere darin gesehen, dass sich der persönliche Zuschnitt der steuerbefreiten Körperschaften mit Inkrafttreten des KStG 1977 verändert hatte. § 13 KStG ist allerdings nicht als Übergangsvorschrift zu verstehen. Losgelöst von einer Gesetzesänderung kann der Wechsel von der Steuerpflicht zur Steuerbefreiung (und umgekehrt) insbesondere auch durch Umstände eintreten, die ihren Ursprung im Geschäftszweck oder in der Tätigkeit der Körperschaft haben.

8   Durch das StandOG v. 13. 9. 1993[1] wurde § 13 KStG in zweifacher Hinsicht geändert. So wurden zum einen in § 13 Abs. 3 Sätze 2 – 11 KStG Sonderregelungen für den Eintritt von bisher gemeinnützigen Wohnungsunternehmen in die Steuerpflicht geschaffen. Zum anderen wurde § 13 Abs. 4 KStG auf steuerbegünstigte Körperschaften erweitert, die kirchlichen und religiösen sowie als besonders förderungswürdig anerkannten gemeinnützigen Zwecken dienen. Das JStG 2010 v. 8. 12. 2010[2] hob die Sonderregelungen für Wohnungsunternehmen auf und gab § 13 KStG seine jetzige Fassung.

9–20   *(Einstweilen frei)*

---

[1] BGBl 1993 I 774.
[2] BGBl 2010 I 1768.

B. Wechsel aus der Steuerpflicht in die Steuerbefreiung (§ 13 Abs. 1 KStG)

Wird eine steuerpflichtige Körperschaft, Personenvereinigung oder Vermögensmasse von der Körperschaftsteuer befreit, so hat sie auf den Zeitpunkt, in dem die Steuerpflicht endet, eine **Schlussbilanz** aufzustellen (§ 13 Abs. 1 KStG). In der Schlussbilanz sind die Wirtschaftsgüter – vorbehaltlich des § 13 Abs. 4 KStG – mit dem **Teilwert** anzusetzen, was die Aufdeckung der vorhandenen stillen Reserven im Zeitpunkt des Beginns der Steuerbefreiung bedeutet.

I. Ursachen für die Steuerbefreiung

Eine Steuerbefreiung kann sich insbesondere aus § 5 KStG ergeben. Zu beachten ist allerdings, dass Befreiungen nach § 5 Abs. 1 KStG und nach anderen Gesetzen als dem KStG grundsätzlich nicht für beschränkt Steuerpflichtige i. S. d. § 2 Nr. 1 KStG gelten (§ 5 Abs. 2 Nr. 2 KStG). Eine Rückausnahme gilt für die Steuerbefreiung aufgrund gemeinnütziger Tätigkeit (§ 5 Abs. 1 Nr. 9 KStG). Steuerbefreit sind auch beschränkt steuerpflichtige Körperschaftsteuersubjekte, die nach Art. 54 AEUV oder Art. 34 des EWR-Abkommens in den persönlichen Anwendungsbereich der Niederlassungsfreiheit einbezogen werden. Zusätzliche Voraussetzung ist, dass Sitz und Geschäftsleitung sich innerhalb des Hoheitsgebiets eines EU- oder EWR-Mitgliedstaats befinden und mit diesen Staaten Amtshilfeabkommen bestehen.[1]

Demzufolge ist eine Steuerbefreiung insbesondere für Körperschaften, Personenvereinigungen und Vermögensmassen i. S. d. § 2 Nr. 1 KStG ausgeschlossen, die entweder keine gemeinnützigen, mildtätigen oder kirchlichen Zwecke i. S. d. §§ 51 – 68 AO verfolgen oder deren Geschäftsleitung (§ 10 AO) oder Sitz (§ 11 AO) sich außerhalb der EU und des EWR befinden.[2]

Beruht die Steuerbefreiung auf § 5 Abs. 1 Nr. 9 KStG, weil die Körperschaft, Personenvereinigung oder Vermögensmasse ausschließlich und unmittelbar **gemeinnützigen, mildtätigen oder kirchlichen Zwecken** i. S. d. §§ 51 – 68 AO dient, so ist § 13 Abs. 1 KStG grundsätzlich anzuwenden, jedoch mit der Einschränkung des § 13 Abs. 4 KStG.

Neben solchen aus dem KStG kommt auch eine Steuerbefreiung aus § 16 Abs. 1 Satz 1 REITG[3] in Betracht (zu den Besonderheiten siehe unten → Rz. 50, → Rz. 108 f.). Aus dem Völkerrecht sind zunächst Art. 27 Abs. 2 DBA-USA und Art. 21 Abs. 7 Buchst. b DBA-Frankreich zu beachten. Sie erweitern den Anwendungsbereich des § 5 Abs. 1 Nr. 9 KStG auf gemeinnützige, im Ansässigkeitsstaat steuerbefreite Abkommensberechtigte.[4] Daneben besteht die Möglichkeit der Steuerbefreiung aufgrund von sonstigen völkerrechtlichen Verträgen.[5] Dort gewährte steuerrechtliche Privilegien – etwa für internationale Organisationen – haben im Anwendungsbereich des § 13 KStG nur dann Bedeutung, wenn sie nachträglich gewährt werden oder nachträglich entzogen werden. Eine mit Gründung der Organisation gewährte Steuerbefreiung kann schon begrifflich keine Schlussbilanz i. S. d. § 13 Abs. 1 KStG erfordern; stille Reserven konnten mangels steuerpflichtiger Zeit nicht gebildet werden.[6]

---

[1] Siehe näher *Koenig/Oellerich* in Mössner/Seeger/Oellerich, KStG, § 5 Rz. 797.
[2] Siehe zur (Un-)Vereinbarkeit des § 5 Abs. 2 Nr. 2 KStG mit der Kapitalverkehrsfreiheit *Martini*, ISR 2015, S. 97, 100 f.; *ders.*, FR 2017, S. 160, 163
[3] Gesetz v. 28. 5. 2007, BGBl 2007 I 914.
[4] Zum DBA-USA siehe *Horlemann*, RIW 1995, 700 ff.
[5] Siehe zu den derzeit anwendbaren Abkommen BMF, Schreiben v. 18. 3. 2013, BStBl 2013 I 404.
[6] Vgl. BFH, Urteil v. 16. 11. 2011 - I R 31/10, BFH/NV 2012, 786 = NWB QAAAE-03542.

26 § 13 Abs. 1 KStG setzt eine Steuerbefreiung lediglich dem Grunde nach voraus. Sie muss sich nicht auf das gesamte Steuersubjekt zu beziehen. Erfasst sie – etwa bei Vorliegen eines wirtschaftlichen Geschäftsbetriebs i. S. d. § 5 Abs. 1 Nr. 9 Satz 2 KStG – nur Teile der Einkünfte einer Körperschaft, Personenvereinigung oder Vermögensmasse, so ist § 13 KStG lediglich auf diese Teile anzuwenden (§ 13 Abs. 5 KStG, unten → Rz. 171 ff.).

27 Für die Anwendung des § 13 Abs. 1 KStG ist es nach dessen Wortlaut **ohne Bedeutung, aus welchen Gründen** die **Steuerbefreiung** eingetreten ist. So findet § 13 KStG unabhängig davon Anwendung, ob die Steuerbefreiung auf eine Gesetzesänderung zurückzuführen ist oder auf tatsächlichen Umständen beruht, die im Geschäftszweck oder in der Tätigkeit der Körperschaft ihren Ursprung haben.

28 Demnach lässt sich für die Anwendung des § 13 Abs. 1 KStG unterscheiden:
- Eine bisher vollumfänglich steuerpflichtige Körperschaft, Personenvereinigung oder Vermögensmasse wird vollumfänglich von der Körperschaftsteuer befreit.
- Eine bisher vollumfänglich steuerpflichtige Körperschaft, Personenvereinigung oder Vermögensmasse wird nur für bestimmte Teile von der Körperschaftsteuer befreit.
- Die Steuerbefreiung einer bisher teilweise von der Körperschaftsteuer befreiten Körperschaft, Personenvereinigung oder Vermögensmasse wird vom Umfang her ausgeweitet.

BEISPIEL: Eine Krankenhaus-GmbH, die bisher nicht die Voraussetzungen des § 67 AO erfüllte und deshalb steuerpflichtig war, erfüllt nunmehr die Voraussetzungen dieser Vorschrift und ist nach § 5 Abs. 1 Nr. 9 KStG in vollem Umfang von der Körperschaftsteuer befreit.

29 Folgende Fälle unterliegen **nicht** der Vorschrift des § 13 Abs. 1 KStG:
- Für ein in der Vergangenheit zu Unrecht als steuerpflichtig eingestuftes Körperschaftsteuersubjekt wird nunmehr die Steuerbefreiung bejaht: Die Buchwerte werden ohne Aufdeckung der stillen Reserven fortgeführt.[1]
- Eine bisher steuerpflichtige Körperschaft wird unberechtigterweise als von der Körperschaftsteuer befreit behandelt.
- Es kommt lediglich aufgrund eines Freibetrags zu keiner Veranlagung oder die Veranlagung ist nach R 31.1 Abs. 1 Satz 1 KStR 2015 unterblieben.

30–40 *(Einstweilen frei)*

II. Gewinn in der Schlussbilanz

41 § 13 Abs. 1 KStG schreibt vor, dass auf den Zeitpunkt, in dem die Steuerpflicht endet, von der Körperschaft, Personenvereinigung oder Vermögensmasse eine **Schlussbilanz zu erstellen** ist. Die Pflicht zur Aufstellung einer Schlussbilanz besteht nur insoweit, als das betreffende Steuersubjekt Gewinneinkünfte (Gewerbebetrieb, Land- und Forstwirtschaft oder selbständige Arbeit) bezieht (§ 2 Abs. 2 Satz 1 Nr. 1 EStG i.V. m. § 8 Abs. 1 KStG). Die **Bilanzierungspflicht** besteht demnach für Körperschaften i. S. d. § 8 Abs. 2 KStG in vollem Umfang, für andere Steuersubjekte nur hinsichtlich des Bereichs der vorgenannten Einkünfte. Das Vorhandensein von Betriebsvermögen ist demzufolge zwingende Voraussetzung für die Aufstellung einer Schlussbilanz, da anderenfalls schon keine stillen Reserven entstehen können. Wurden neben Gewinn-

---

[1] BFH, Urteil v. 19. 7. 1995 - I R 56/94, BStBl 1996 II 28.

einkünften auch Überschusseinkünfte erzielt, sind nur die den Gewinneinkünften zuzuordnenden Wirtschaftsgüter in der Bilanz auszuweisen (R 13.1 Abs. 2 Satz 2 KStR 2015).

Tritt die Steuerbefreiung an einem bestimmten Tag erstmalig ein, so ist auf den Schluss des Vortages die Schlussbilanz zu erstellen. Dieser Tag der Steuerbefreiung kann sich im Laufe eines Wirtschaftsjahres, zum vom 31. 12. abweichenden Bilanzstichtag oder zum Ende des Veranlagungszeitraumes ergeben.

BEISPIEL: Die Steuerbefreiung für die Körperschaft tritt erstmalig zu Beginn des 3. 2. ein. Die Körperschaft hat, sofern Betriebsvermögen vorhanden ist, zum Ende des 2. 2. eine Schlussbilanz zu erstellen.

Bei der aufzustellenden Schlussbilanz handelt es sich um eine **reine Steuerbilanz**, bei der die einzelnen Wirtschaftsgüter mit dem **Teilwert** bewertet werden (§ 13 Abs. 3 KStG). Der Teilwert eines Wirtschaftsguts ist der Betrag, den ein Erwerber des ganzen Betriebs i. R. d. Gesamtkaufpreises für das einzelne Wirtschaftsgut ansetzen würde, wenn davon ausgegangen wird, dass er den Betrieb fortführt (§ 6 Abs. 1 Nr. 1 Satz 3 EStG i. V. m. § 8 Abs. 1 KStG). Der Grundsatz der Maßgeblichkeit der Handels- für die Steuerbilanz wird somit hinsichtlich der Bewertung durchbrochen.

Handelt es sich bei der Körperschaft um eine solche, die ihren Gewinn durch qualifizierten Betriebsvermögensvergleich i. S. d. § 4 Abs. 1 und § 5 EStG ermittelt, so ergibt sich i. d. R. folgender Zusammenhang zwischen Handels- und Steuerrecht:

Aktiva	laufende Handelsbilanz	Passiva
1) Ansatzpflicht in der Handelsbilanz		
2) Bewertungsvorschriften im Handelsrecht		

Maßgeblichkeitsgrundsatz
(§ 5 Abs. 1 Satz 1 EStG)

Aktiva	laufende Steuerbilanz	Passiva
1) Aufgrund des Maßgeblichkeitsprinzips zunächst unveränderte Übernahme des Ansatzes und der Bewertung aus der Handelsbilanz		
2) Sehen die §§ 4 bis 7k EStG zwingende Abweichungen vor?		
3) Können steuerliche Wahlrechte ausgeübt werden?		

umgekehrtes
Maßgeblichkeitsprinzip
(§ 5 Abs. 1 Satz 2 EStG)

Zusätzlich ist eine **„zweite" Schlussbilanz zu Teilwerten** aufzustellen, die i. d. R. von der „laufenden" Steuerbilanz abweicht. Dabei sind alle steuerlichen Vorschriften zu beachten, z. B.:

▶ Rückstellungen wegen **Verletzung** fremder Patent-, Urheber- oder ähnlicher **Schutzrechte** (§ 5 Abs. 3 Satz 1 EStG).

▶ Rückstellungenen anlässlich eines Dienstjubiläums (§ 5 Abs. 4 EStG).

▶ Verbot der **Bildung** von Rückstellungen für **drohende Verluste** aus schwebenden Geschäften (§ 5 Abs. 4a Satz 1 EStG).

▶ Verbot der Bildung von Rückstellungen für Aufwendungen, die in künftigen Wirtschaftsjahren als Anschaffungs- oder Herstellungskosten eines Wirtschaftsgutes zu aktivieren sind (§ 5 Abs. 4b Satz 1 EStG).

- Ansatzpflicht als aktiver Rechnungsabgrenzungsposten für als Aufwand berücksichtigte **Zölle und Verbrauchsteuern**, soweit sie auf am Abschlussstichtag auszuweisende Wirtschaftsgüter des Vorratsvermögens entfallen (§ 5 Abs. 5 Satz 2 Nr. 1 EStG).
- Ansatzpflicht als aktiver Rechnungsabgrenzungsposten für als Aufwand berücksichtigte **Umsatzsteuer** auf am Abschlussstichtag auszuweisende Anzahlungen (§ 5 Abs. 5 Satz 2 Nr. 2 EStG).
- Verbot **des niedrigeren Teilwertes** im Falle der nur vorübergehenden Wertminderung im Bereich des **Anlagevermögens** (§ 6 Abs. 1 Nr. 1 Satz 2 EStG).
- Verbot des **niedrigeren Teilwertes** im Falle der nur vorübergehenden Wertminderungen im Bereich des **Umlaufvermögens** (§ 6 Abs. 1 Nr. 2 Satz 2 EStG).
- **Pflicht zur Wertaufholung**, wenn die Gründe für den Ansatz eines niedrigeren Teilwerts oder einer AfaA in der Vergangenheit zwischenzeitlich weggefallen sind (§ 6 Abs. 1 Nr. 1 Satz 4, Nr. 2 Satz 3 EStG).

46 Stellt man das Betriebsvermögen aus der zu Teilwerten aufgestellten Schlussbilanz der „laufenden" aus der Handelsbilanz abgeleiteten Steuerbilanz gegenüber, wird die **Höhe des Gewinns** deutlich, der durch den Eintritt in die Steuerbefreiung entstanden ist.

BEISPIEL: Mit Ablauf des 31.12.01 wird die X-GmbH von der Körperschaftsteuer befreit. Die von der X-GmbH aufgestellte Handelsbilanz, die zugleich der Steuerbilanz vor Steuerrückstellungen entspricht, ergibt folgendes Bild:

Aktiva	Steuerbilanz der X-GmbH zum 31.12.01 zu Buchwerten		Passiva
Grund und Boden	112 500 €	gezeichnetes Kapital	195 000 €
Gebäude	414 000 €	Jahresüberschuss	80 000 €
Maschinen	91 800 €	Verbindlichkeiten	385 000 €
Waren	41 700 €		
	660 000 €		660 000 €

Zum gleichen Zeitpunkt erstellt die X-GmbH eine Steuerbilanz zu Teilwerten vor Steuerrückstellungen, die folgendes Bild ergibt:

Aktiva	Steuerbilanz der X-GmbH zum 31.12.01 zu Teilwerten		Passiva
Grund und Boden	135 000 €	gezeichnetes Kapital	195 000 €
Gebäude	480 000 €	Jahresüberschuss	80 000 €
Maschinen	110 000 €	„Entstrickungsgewinn"	100 700 €
Waren	35 700 €	Verbindlichkeiten	385 000 €
	760 700 €		760 700 €

47 Wird der Gewinn nach Maßgabe des § 4 Abs. 3 EStG durch Vergleich der Betriebseinnahmen mit den Betriebsausgaben (**Einnahmen-Überschuss-Rechnung**) ermittelt, ordnet R 13.3 Abs. 1 Satz 4 KStR 2015 die entsprechende Anwendung von R 4.5 Abs. 6 Satz 1 EStR 2012 an. Demzufolge ist der Gewinn so zu ermitteln, als wäre eine logische Sekunde vor Eintritt der Steuerbefreiung zunächst von der Einnahmen-Überschuss-Rechnung zur Gewinnermittlung durch Betriebsvermögensvergleich nach § 4 Abs. 1 Satz 1 EStG (ggf. qualifiziert durch § 5 Abs. 1 Satz 1 EStG) übergegangen worden. Die einzelnen Wirtschaftsgüter sind beim Übergang zum Betriebsvermögensvergleich mit den Werten anzusetzen, mit denen sie zu Buche stehen würden, wenn von Anfang an der Gewinn durch Betriebsvermögensvergleich ermittelt worden wäre.[1]

Die wegen des Übergangs erforderlichen **Hinzurechnungen** und **Abrechnungen** (Anlage zu R 4.6 EStR 2012) sind zusammen mit dem laufenden Gewinn des Wirtschaftsjahrs vorzunehmen, in dem von der Steuerpflicht zur Steuerbefreiung übergegangen wird. Die dem Gewinn hinzuzurechnenden Beträge können nicht auf drei Jahre verteilt werden. 48

Im Ergebnis wird im Jahr, in dem eine steuerpflichtige Körperschaft, Personenvereinigung oder Vermögensmasse von der Körperschaftsteuer befreit wird, eine **Schlussbesteuerung** vorgenommen, die sich wie folgt zusammensetzen kann und in voller Höhe der tariflichen Körperschaftsteuer unterliegt: 49

▶ Laufender Gewinn bis zum Eintritt der Körperschaftsteuerbefreiung

▶ Übergangsgewinn im Falle eines Wechsels von § 4 Abs. 3 EStG zu § 4 Abs. 1 EStG

▶ Gewinn durch die Aufdeckung der vorhandenen stillen Reserven durch Gegenüberstellung des Betriebsvermögens zu Teilwerten mit dem Betriebsvermögen im Rahmen der laufenden Geschäftstätigkeit

Fortsetzung des **Beispiels** in → Rz. 46:

Wird unterstellt, dass beim obigen Beispiel der Jahresüberschuss durch 10 000 € KSt-Vorauszahlungen sowie durch 25 000 € sonstige nichtabzugsfähige Betriebsausgaben i. S. d. § 8 Abs. 1 KStG i. V. m. § 4 Abs. 5 EStG gemindert wurde, ergibt sich folgende steuerliche Belastung für die X-GmbH (die Gewerbesteuer soll aus Vereinfachungsgründen außer Betracht bleiben):

Jahresüberschuss aus der laufenden Bilanz	80 000 €
+ nichtabzugsfähige Betriebsausgaben gem. § 8 Abs. 1 KStG i. V. m. § 4 Abs. 5 EStG	25 000 €
+ KSt-Vorauszahlungen gem. § 10 Nr. 2 KStG	10 000 €
+ „Entstrickungsgewinn"	100 700 €
= zu versteuerndes Einkommen	215 700 €
Tarifbelastung gem. § 23 Abs. 1 KStG (25 %)	53 925 €

Ergibt sich die Steuerbefreiung aufgrund von **§ 16 Abs. 1 Satz 1 REITG**, werden die steuerlichen Folgen der Anwendung des § 13 Abs. 1 KStG auf die im unbeweglichen Vermögen enthaltenen stillen Reserven durch eine partielle Steuerfreistellung gemildert. Nach § 17 Abs. 2 REITG sind auf den sich aus der Anwendung des § 13 Abs. 1 und 3 KStG ergebenden Gewinn § 3 Nr. 70 Satz 1 Buchst. b, Satz 2, 3 EStG entsprechend anzuwenden. Der davon auf Grund und Boden entfallende Teil ist unter bestimmten Voraussetzungen zur Hälfte steuerbefreit. Ähnlich dem Teileinkünfteverfahren ist in einem wirtschaftlichen Zusammenhang stehender Aufwand gem. § 3c Abs. 3 EStG nur zur Hälfte abzugsfähig. 50

(Einstweilen frei) 51–70

---

1 BFH, Urteil v. 23. 11. 1961 - IV 98/60 S, BStBl 1962 III 199.

C. Wechsel aus der Steuerbefreiung in die Steuerpflicht (§ 13 Abs. 2 KStG)

71 Wird eine von der Körperschaftsteuer befreite Körperschaft, Personenvereinigung oder Vermögensmasse steuerpflichtig und ermittelt sie ihren Gewinn durch Betriebsvermögensvergleich, so hat sie gem. § 13 Abs. 2 KStG auf den Zeitpunkt, in dem die Steuerpflicht beginnt, eine **Anfangsbilanz** aufzustellen. Dabei sind die Wirtschaftsgüter mit dem Teilwert zu bewerten. Diese Regelung ist systemgerecht, da sie sicherstellt, dass die stillen Reserven, die während der Steuerbefreiung gebildet worden sind, im Falle des Ausscheidens eines Wirtschaftsguts während der Steuerpflicht nicht in die Bemessungsgrundlage einfließen.

I. Erlöschen der Steuerbefreiung

72 § 13 Abs. 2 KStG ist die spiegelbildliche Vorschrift zu § 13 Abs. 1 KStG. Genau wie die Regelungen des Abs. 1 kommen die des Abs. 2 nur zum Zuge, wenn es sich um eine steuerpflichtige Körperschaft, Personenvereinigung und Vermögensmasse handelt, die Gewinneinkünfte erzielt.

73 Anders als Abs. 1 setzt die Vorschrift des § 13 Abs. 2 KStG allerdings noch voraus, dass die Körperschaft, Personenvereinigung oder Vermögensmasse ihren Gewinn durch **Betriebsvermögensvergleich** ermittelt. Körperschaften i. S. d. § 8 Abs. 2 KStG fallen stets unter den Anwendungsbereich der Vorschrift, andere Körperschaften nur dann, wenn sie zur Buchführung verpflichtet sind oder freiwillig Bücher führen. Bei diesen anderen Körperschaften erstreckt sich die Bilanzierungspflicht nur auf den Bereich der Gewinneinkünfte. Dieses Erfordernis bezieht sich lediglich auf die Zeit nach dem Erlöschen der Steuerbefreiung. Ob sie auch bereits zu (oder vor) Zeiten der Steuerbefreiung eine Gewinnermittlung durch Betriebsvermögensvergleich vornahm, wird in diesem Zusammenhang vom Gesetzeswortlaut nicht abgedeckt und ist ohne Bedeutung.

74 Besteht nach Erlöschen der Steuerbefreiung keine Bilanzierungspflicht und wird der Gewinn zulässigerweise durch **Einnahmen-Überschuss-Rechnung nach § 4 Abs. 3 EStG** ermittelt, ist Abs. 2 nicht anzuwenden.[1] Es steht dem Körperschaftsteuersubjekt jedoch frei, durch einen Wechsel der Gewinnermittlungsart die Anwendung des § 13 Abs. 2 KStG herbeizuführen.[2] Ein erneuter Wechsel innerhalb von drei Jahren bedarf jedoch eines besonderen Grundes.[3]

75 Für die Annahme einer Steuerpflicht ist **Voraussetzung**, dass die bisher steuerbefreite Körperschaft, Personenvereinigung oder Vermögensmasse **steuerpflichtig** wird.

76 Für die Anwendung des § 13 Abs. 2 KStG ist es **ohne Bedeutung, aus welchen Gründen die Steuerbefreiung weggefallen ist**. So findet § 13 Abs. 2 KStG Anwendung unabhängig davon, ob die Steuerpflicht auf eine Gesetzesänderung zurückzuführen ist oder auf Umständen beruht, die im Geschäftszweck oder in der Tätigkeit der Körperschaft ihren Ursprung haben (vgl. → Rz. 27). Fällt eine Steuerbefreiung i. S. d. § 5 Abs. 1 Nr. 9 KStG weg, ist § 13 Abs. 2 KStG ebenfalls zu beachten, jedoch mit den in § 13 Abs. 4 KStG genannten Erleichterungen.

77 Folgende Fälle unterliegen **nicht** der Vorschrift des **§ 13 Abs. 2 KStG**:

---

1 R 13.2 Abs. 2 Satz 2 KStR; *Gosch/Märtens* § 13 Rz. 27; *Pfirrmann* Blümich KStG § 13 Rz. 27; a. A. *Frotscher/Drüen*, § 13 Rz. 25, der die Anwendung des § 13 Abs. 2 KStG auf das Anlageverzeichnis i. S. d. § 4 Abs. 3 Satz 5 EStG befürwortet.
2 *Gosch/Märtens* § 13 Rz. 27; *Bott* E&Y § 13 Rz. 47; *Kruschke* HHR KStG § 13 Rz. 23.
3 BFH, Urteil v. 9. 11. 2000 - IV R 18/00, BStBl 2001 II 102.

▶ Bei einer in der Vergangenheit zu Unrecht als steuerfrei angesehenen Körperschaft wird nunmehr die Steuerpflicht bejaht. In diesem Fall dürfen die Wirtschaftsgüter nicht mit dem Teilwert angesetzt werden.[1]

▶ Eine bisher steuerbefreite Körperschaft wird unberechtigterweise als körperschaftsteuerpflichtig behandelt. Es besteht die Pflicht zur Buchwertfortführung.

▶ Die Veräußerung eines seit Gründung des Steuersubjektes bestehenden wirtschaftlichen Geschäftsbetriebs.[2]

(Einstweilen frei) 78–90

II. Aufstellung einer Anfangsbilanz

Eine bisher von der Körperschaftsteuer befreite Körperschaft, Personenvereinigung oder Vermögensmasse, die zukünftig steuerpflichtig wird und ihren Gewinn durch Betriebsvermögensvergleich ermittelt, hat auf den Zeitpunkt, in dem die Steuerpflicht beginnt, eine Anfangsbilanz aufzustellen. Stichtag der Bilanz ist somit der Tag nach dem Erlöschen der Steuerbefreiung.

Als Anfangsbilanz ist eine Steuerbilanz aufzustellen, die nicht an die Handelsbilanz gebunden ist. In dieser Steuerbilanz hat die Bewertung unabhängig von den Vorschriften in § 6 EStG mit dem Teilwert zu erfolgen. Dabei sind die Vorschriften der §§ 4 – 7k EStG zu beachten.

(Einstweilen frei) 93–100

D. Bewertung mit dem Teilwert (§ 13 Abs. 3 KStG)

Sowohl in der Schlussbilanz i. S. d. § 13 Abs. 1 KStG als auch in der Anfangsbilanz i. S. d. § 13 Abs. 2 KStG sind die Wirtschaftsgüter vorbehaltlich des § 13 Abs. 4 KStG (→ Rz. 131 ff.) und des REITG (→ Rz. 108 f.) mit den **Teilwerten** anzusetzen. 101

Im Falle des **Wechsels von der Steuerpflicht zur Steuerfreiheit** werden durch die Bewertung der Wirtschaftsgüter zu den jeweiligen Teilwerten die bis zum Eintritt in die Steuerbefreiung angesammelten stillen Reserven aufgedeckt und einer Besteuerung unterzogen. Bei einem **Übergang von der Steuerbefreiung zur Steuerpflicht** wird durch den Ansatz zu Teilwerten in der Anfangsbilanz sichergestellt, dass die sich während der Steuerbefreiung angesammelten stillen Reserven auch in Zukunft unversteuert bleiben. 102

Bei § 13 Abs. 3 KStG handelt es sich eine **reine** – von § 6 EStG abweichende – **Bewertungsvorschrift**. Die Regelung, dass die Wirtschaftsgüter mit dem Teilwert anzusetzen sind, ist so auszulegen, dass die Wirtschaftsgüter, die von Beginn an bilanziert werden müssen, für die also von Beginn an eine Steuerpflicht bestanden hätte, nicht zu den fortgeführten Anschaffungs- oder Herstellungskosten, sondern zu den Teilwerten zu bewerten sind. Bezüglich des Bilanzansatzes dem Grunde nach bleibt es bei § 5 EStG. Insbesondere dürfen immaterielle Wirtschaftsgüter des Anlagevermögens als Aktivposten nur angesetzt werden, wenn sie entgeltlich erworben wurden (§ 5 Abs. 2 EStG). Damit scheidet der Ansatz eines selbst geschaffenen Firmenwertes in der Anfangsbilanz aus.[3] 103

---

1 BFH, Urteil v. 19. 7. 1995 - I R 56/94, BStBl 1996 II 28.
2 BFH, Urteil v. 16. 11. 2011 - I R 31/10, BFH/NV 2012, 786 = NWB QAAAE-03542.
3 H 54 KStH 2008; BFH, Urteil v. 9. 8. 2000 - I R 69/98, BStBl 2001 II 71; gl. A. Gosch/*Märtens* § 13 Rz. 31; *Pfirrmann* Blümich KStG § 13 Rz. 36; a. A. *Bott* E&Y § 13 Rz. 49.4; *Frotscher/Drüen* § 13 Rz. 32b f.; *Hommel*, BB 2000, 2516.

104 Der **Teilwert** ist gem. § 6 Abs. 1 Nr. 1 Satz 3 EStG als der Wert definiert, den ein Erwerber des ganzen Betriebs im Rahmen des Gesamtkaufpreises für das einzelne Wirtschaftsgut bezahlen würde, wenn davon ausgegangen wird, dass der Erwerber den Betrieb fortführt.

105 Im **Vergleich der fortgeführten Anschaffungs- oder Herstellungskosten mit dem Teilwert** kann es zu folgenden Konstellationen kommen:

▶ Der Teilwert ist höher als die fortgeführten Anschaffungs- oder Herstellungskosten.

▶ Der Teilwert ist mit den fortgeführten Anschaffungs- oder Herstellungskosten identisch.

▶ Der Teilwert ist niedriger als die fortgeführten Anschaffungs- oder Herstellungskosten.

106 In allen drei Fällen ist die Bewertung mit dem Teilwert zwingend. Der Ansatz eines niedrigeren Teilwertes erfolgt in einer Anfangs- oder Schlussbilanz im Gegensatz zur laufenden Folgebewertung (§ 6 Abs. 1 Nr. 1 Satz 2, Nr. 2 Satz 2 EStG), bei der ein Wahlrecht besteht, auch dann, wenn es sich nicht um eine voraussichtlich dauernde Wertminderung handelt.

107 Die **Teilwerte**, die **in der Anfangsbilanz** im Falle des Wechsels von der Steuerfreiheit in die Steuerpflicht angesetzt worden sind, **gelten als Anschaffungskosten**. Sie sind Bemessungsgrundlage für die zukünftigen Absetzungen für Abnutzungen und Ausgangspunkt für den Ansatz eines niedrigeren Teilwerts in der Folgebewertung.

108 Ergab sich die weggefallene Steuerbefreiung aus dem **REITG** und entfällt sie aus den in § 18 Abs. 1 – 5 REITG aufgezählten Gründen (Verlust der Börsenzulassung, Handel mit unbeweglichem Vermögen in schädlichem Ausmaß, schädlicher Streubesitz der Anteile, zu geringes Eigenkapital, schädliche Tätigkeiten, zu geringe Ausschüttungen), wird § 13 Abs. 3 KStG modifiziert. Abweichend sind nach § 18 Abs. 6 REITG bei dem Ende der Steuerbefreiung einer REIT-AG die Wirtschaftsgüter in der Anfangsbilanz nicht mit dem Teilwert, sondern den fortgeführten Anschaffungs- und Herstellungskosten anzusetzen.

109 Während der Dauer der Steuerbefreiung der REIT-AG entstandene stille Reserven werden also nicht steuerfrei aufgedeckt, sondern in die Steuerpflicht überführt. Gleichzeitig ergibt sich i. d. R. eine gegenüber dem Teilwert niedrigere Bemessungsgrundlage für die Absetzungen für Abnutzung.

110–130 *(Einstweilen frei)*

E. Besonderheiten bei Steuerbefreiungen nach § 5 Abs. 1 Nr. 9 KStG (§ 13 Abs. 4 KStG)

131 Der § 13 Abs. 4 KStG in der derzeitigen Fassung gilt ab dem VZ 1994 und ist durch das StandOG eingeführt worden. Ebenfalls mit Wirkung ab VZ 1994 ist die Vorschrift durch das UmwStG n. F. redaktionell in der Weise an die Neufassung des § 9 KStG angepasst worden.

132 Zweck der Regelung ist es, durch eine Besteuerung der stillen Reserven entstehende Härten zu vermeiden und somit die steuerliche Privilegierung des § 5 Abs. 1 Nr. 9 KStG nicht zu konterkarieren.[1] Sie ändert aber nichts an den grundsätzlichen Erfordernissen der Abs. 1 und 2, sondern modifiziert lediglich die Bewertungsvorschrift des Abs. 3. Bei Beginn und Ende der Steuerbefreiung ist weiterhin eine Schluss- bzw. Anfangsbilanz aufzustellen.

---

[1] BT-Drucks. 7/1470, 346.

133 Beginnt die Steuerbefreiung aufgrund des § 5 Abs. 1 Nr. 9 KStG, sind die Wirtschaftsgüter, die der Förderung steuerbegünstigter Zwecke i. S. d. § 9 Abs. 1 Nr. 2 KStG, der auf die §§ 52 bis 54 AO verweist, dienen, in der Schlussbilanz mit den Buchwerten anzusetzen. Komplementär dazu ist aber bei Erlöschen der Steuerbefreiung in der Anfangsbilanz für diese Wirtschaftsgüter der Wert anzusetzen, der sich bei ununterbrochener Steuerpflicht nach den Vorschriften über die steuerliche Gewinnermittlung ergeben würde.

134 Unter die Steuerbefreiung des § 5 Abs. 1 Nr. 9 KStG fallen Körperschaften, Personenvereinigungen und Vermögensmassen, die nach der Satzung, dem Stiftungsgeschäft oder der sonstigen Verfassung und nach der tatsächlichen Geschäftsführung ausschließlich und unmittelbar **gemeinnützigen, mildtätigen oder kirchlichen Zwecken** dienen (§§ 51 bis 68 AO). Eine Steuerbefreiung für die Unterhaltung eines wirtschaftlichen Geschäftsbetriebs scheidet grundsätzlich aus (§ 5 Abs. 1 Nr. 9 Satz 2 KStG). Eine Rückausnahme gilt für Zweckbetriebe i. S. d. § 65 AO.

135 Spendenbegünstigte Zwecke i. S. d. § 9 Abs. 1 Nr. 2 KStG stellen Ausgaben zur Förderung mildtätiger, kirchlicher, religiöser und wissenschaftlicher Zwecke und der als besonders förderungswürdig anerkannten gemeinnützigen Zwecke dar.

136 Damit wird bei Körperschaften, die solche Zwecke verfolgen, entgegen § 13 Abs. 1 KStG auf die Schlussbesteuerung der in der Zeit der früheren Steuerpflicht gebildeten stillen Reserven verzichtet. Verfolgt eine Körperschaft i. S. d. § 5 Abs. 1 Nr. 9 KStG neben den vorgenannten Zwecken auch andere gemeinnützige Zwecke, so kommt § 13 Abs. 4 Satz 1 KStG nur für diejenigen Wirtschaftsgüter in Betracht, die einem spendenbegünstigten Zweck i. S. d. § 9 Abs. 1 Nr. 2 KStG dienen.

> **BEISPIEL:** Eine nach § 5 Abs. 1 Nr. 9 KStG steuerbefreite Körperschaft verfolgt zum einen kulturelle Zwecke, zum anderen Zwecke i. S. d. § 52 Abs. 2 Nr. 3 AO. Wirtschaftsgüter, die bei der Körperschaft den kulturellen Zwecken dienen, sind nach § 13 Abs. 4 Satz 1 KStG mit dem Buchwert anzusetzen. Dagegen sind diejenigen Wirtschaftsgüter, die den Zwecken i. S. d. § 52 Abs. 2 Nr. 3 AO dienen, nach § 13 Abs. 3 KStG mit dem Teilwert anzusetzen.

137 Spendenbegünstigten Zwecken dienen Wirtschaftsgüter, wenn sie zur Förderung eines solchen Zwecks genutzt werden. Nicht geklärt ist die Frage, ob gemischt genutzte Wirtschaftsgüter, die nicht in vollem Umfang, sondern lediglich überwiegend den spendenbegünstigten Zwecken dienen, ebenfalls mit dem Buchwert angesetzt werden dürfen. In solchen Fällen bietet es sich an, die Regelung des Abs. 4 auf das einzelne Wirtschaftsgut zu übertragen und den Teil, der zwecknützig eingesetzt wird, mit dem Buchwert anzusetzen. Der andere Teil ist mit dem Teilwert in die Schlussbilanz einzustellen.[1]

(Einstweilen frei) 138–145

I. Die Steuerbefreiung beginnt

146 Wechselt eine nach § 5 Abs. 1 Nr. 9 KStG steuerbefreite Körperschaft, Personenvereinigung oder Vermögensmasse im obigen Sinne **von der Steuerpflicht in die Steuerbefreiung**, hat diese ebenfalls eine Schlussbilanz aufzustellen. Die Wertansätze in dieser Schlussbilanz erfolgen für die spendennützigen Zwecken dienenden Wirtschaftsgüter allerdings nicht zum Teilwert, sondern zum Buchwert. Die Folge davon ist, dass eine Schlussbesteuerung durch den Ansatz von über den Buchwerten liegenden Werten für diese Wirtschaftsgüter entfällt und es damit nicht

---

1 Ebenso *Pfirrmann* Blümich KStG § 13 Rz. 63; anders wohl Gosch/*Märtens* § 13 Rz. 55.

147 Entsprechend R 6b.1 Abs. 2 Satz 1 EStR 2012 ist der **Buchwert** der Wert, der sich für das Wirtschaftsgut im Zeitpunkt seiner Veräußerung ergeben würde, wenn für diesen Zeitpunkt eine Bilanz aufzustellen wäre. Das bedeutet, dass bei abnutzbaren Anlagegütern auch noch Absetzungen für Abnutzung nach § 7 EStG, erhöhte Absetzungen sowie etwaige Sonderabschreibungen für den Zeitraum vom letzten Bilanzstichtag bis zum Tag der Steuerbefreiung vorzunehmen sind. Eine **Wertaufholung** nach § 6 Abs. 1 Nr. 1 Satz 4 oder § 7 Abs. 1 Satz 7 EStG muss beachtet werden.

148 Wird der Gewinn statt durch Betriebsvermögensvergleich durch eine **Einnahmen-Überschuss-Rechnung** i. S. d. § 4 Abs. 3 EStG ermittelt, sind die Übergangsvorschriften von § 4 Abs. 3 EStG auf § 4 Abs. 1 EStG zu beachten. Ein sich evtl. ergebender Übergangsgewinn wird dabei zum laufenden Gewinn gerechnet und unterliegt in voller Höhe der Körperschaftsteuer.

149–155 *(Einstweilen frei)*

II. Die Steuerbefreiung erlischt

156 Erlischt bei einer Körperschaft, die mildtätige, kirchliche, religiöse, wissenschaftliche oder als besonders förderungswürdig anerkannte gemeinnützige Zwecke verfolgt, die Steuerbefreiung, so ist für die Wirtschaftsgüter, die in der Anfangsbilanz zu Beginn der Steuerbefreiung nach § 13 Abs. 4 Satz 1 KStG mit dem Buchwert anzusetzen waren, der Wert anzusetzen, der sich bei ununterbrochener Steuerpflicht nach den Vorschriften über die steuerliche Gewinnermittlung ergeben würde. Diese Regelung bezieht sich aber nur auf Wirtschaftsgüter, die bereits vor dem Beginn der Steuerbefreiung angeschafft bzw. hergestellt worden sind. Dadurch wird die steuerliche Erfassung später realisierter stiller Reserven dieser Wirtschaftsgüter aus der Zeit der früheren Steuerpflicht wieder ermöglicht. Im Ergebnis kommt es somit zu einer **Gleichstellung** mit einer Körperschaft, Personenvereinigung oder Vermögensmasse, bei der zu keiner Zeit eine Steuerbefreiung eingetreten ist.

157 Für Wirtschaftsgüter, die erst im Zeitraum der Steuerbefreiung angeschafft oder hergestellt worden sind, gilt § 13 Abs. 4 Satz 2 KStG nicht. Für diese Wirtschaftsgüter ist vielmehr der **Teilwert** nach § 13 Abs. 3 KStG anzusetzen, um eine spätere Besteuerung der während der Steuerfreiheit gebildeten stillen Reserven auszuschließen.

158–170 *(Einstweilen frei)*

F. Partielle Steuerbefreiungen (§ 13 Abs. 5 KStG)

171 Beginnt oder erlischt die Steuerbefreiung nur teilweise, so gilt § 13 Abs. 1 bis 4 KStG für den entsprechenden Teil des Betriebsvermögens. Bedeutung hat die Regelung vor allem für Pensions- und Unterstützungskassen sowie Wohnungsgenossenschaften, bei denen eine Überschreitung des zulässigen Kassenvermögens den Umfang der Steuerbefreiung beeinflusst. Daneben kann sich eine partielle Steuerbefreiung ergeben, wenn ein wirtschaftlicher Geschäftsbetrieb unterhalten wird.

I. Beginn einer Steuerbefreiung

Der teilweise Beginn einer Steuerbefreiung ist in **drei Varianten** denkbar:

- Wechsel von der vollen zu einer nur noch partiellen Steuerpflicht,
- Verringerung einer partiellen Steuerpflicht und
- Wechsel von der partiellen Steuerpflicht zu voller Steuerbefreiung.

Ein **Wechsel von der vollen zu einer nur noch partiellen Steuerpflicht** kann z. B. bei einer **Unterstützungskasse** eintreten, die wegen des Verstoßes gegen die Vermögensbindung in vollem Umfang steuerpflichtig war, für spätere Veranlagungszeiträume wieder als steuerfrei anerkannt wird, aber überdotiert und insoweit partiell steuerpflichtig ist.

> **BEISPIEL:** Eine bisher wegen Überschreitens der 10-%-Grenze in § 5 Abs. 1 Nr. 10 Satz 2 KStG in vollem Umfang steuerpflichtige Wohnungsgenossenschaft verringert die Einnahmen aus den schädlichen Tätigkeiten durch Vermietung frei werdender, bisher an Nichtmitglieder vermieteter Wohnungen an Mitglieder auf weniger als 10 % der Gesamteinnahmen und ist daher nur noch partiell steuerpflichtig.

Eine **Verringerung der partiellen Steuerpflicht** kann eintreten, wenn bspw.

- bei einer Unterstützungskasse oder Pensionskasse die Überdotierung reduziert wird,
- bei einer nach § 5 Abs. 1 Nr. 9 KStG steuerbefreiten Körperschaft einzelne von mehreren wirtschaftlichen Geschäftsbetrieben als Zweckbetriebe anerkannt werden.

> **BEISPIEL:** Bei einer nach § 5 Abs. 1 Nr. 9 KStG wegen Verfolgung gemeinnütziger Zwecke steuerbefreiten GmbH wird eine bisher als steuerpflichtiger wirtschaftlicher Geschäftsbetrieb (§ 64 AO) beurteilte Tätigkeit als steuerfreier Zweckbetrieb (§ 65 AO) anerkannt.

Ein **Wechsel von der partiellen Steuerpflicht zu voller Steuerbefreiung** findet vor allem in folgenden Fällen statt:

- Das auslösende Moment der Überdotierung einer Unterstützungskasse oder anderen steuerbefreiten Kasse fällt weg.
- Anerkennung des bisher einzigen wirtschaftlichen Geschäftsbetriebs einer Körperschaft, die zu § 5 Abs. 1 Nr. 9 KStG gehört, als steuerfreier Zweckbetrieb i. S. d. § 65 AO.

Ist eine Körperschaft i. S. d. § 13 Abs. 4 Satz 1 KStG bisher mit einem wirtschaftlichen Geschäftsbetrieb partiell steuerpflichtig und beendet sie diese steuerpflichtige Tätigkeit durch Veräußerung, Betriebsaufgabe oder Verpachtung des wirtschaftlichen Geschäftsbetriebs, so ist dieser Vorgang nach den allgemeinen Grundsätzen zu beurteilen. Eine Buchwertfortführung nach § 13 Abs. 4 Satz 1 i. V. m. Abs. 5 KStG scheidet aus. Die Veräußerung oder Betriebsaufgabe des wirtschaftlichen Geschäftsbetriebs stellt eine Betriebsveräußerung oder Betriebsaufgabe i. S. d. § 16 EStG dar, die zur Aufdeckung der vorhandenen stillen Reserven führt.

§ 13 Abs. 5 KStG findet nur in den Fällen Anwendung, in denen ein Wechsel von der Steuerpflicht zur Steuerfreiheit unmittelbar dadurch eintritt, dass sich die steuerliche Beurteilung einer von der Körperschaft ausgeübten Tätigkeit verändert, die Tätigkeit als solche aber weiterhin von ihr ausgeübt wird.

Werden im Rahmen der **Betriebsveräußerung** einzelne Wirtschaftsgüter, die nicht wesentliche Betriebsgrundlagen darstellen, von der Körperschaft zurückbehalten und ihrem ideellen Bereich zugeführt, steht dies der Annahme einer Betriebsveräußerung nicht entgegen. Durch das Vorliegen einer Entnahme hinsichtlich der zurückbehaltenen und dem ideellen Bereich zugeführten Wirtschaftsgüter kommt der Teilwert gem. § 6 Abs. 1 Nr. 4 EStG zwingend zum Tragen.

179 Im Ergebnis hat der wirtschaftliche Geschäftsbetrieb eine **Schlussbilanz** i. S. d. § 13 Abs. 1 KStG aufzustellen, in der für die Wirtschaftsgüter der Teilwertansatz zum Tragen kommt. Eine Buchwertfortführung i. S. d. § 13 Abs. 4 KStG, die zur Vermeidung der Aufdeckung vorhandener stiller Reserven führt, ist nur möglich, wenn die Voraussetzungen des Abs. 4 vorliegen, z. B. bei einer Umwandlung eines steuerpflichtigen wirtschaftlichen Geschäftsbetriebs einer nach § 13 Abs. 4 KStG begünstigten Körperschaft in einen Zweckbetrieb.

180 Für die **Verpachtung des wirtschaftlichen Geschäftsbetriebs** finden die für die Betriebsverpachtung im Ganzen geltenden Grundsätze (vgl. R 16 Abs. 2 EStR 2012) Anwendung. Erklärt die Körperschaft, dass sie den Betrieb mit der Verpachtung aufgeben will, so liegt eine Betriebsaufgabe (§ 16 Abs. 3 EStG) vor, die zur Realisierung der stillen Reserven führt. Erklärt die Körperschaft dagegen, dass sie den Betrieb mit der Verpachtung nicht aufgeben will, oder gibt sie keine Erklärung ab, so gilt der wirtschaftliche Geschäftsbetrieb als fortbestehend. Die Körperschaft unterhält in diesem Fall weiterhin einen wirtschaftlichen Geschäftsbetrieb, der über den Rahmen der Vermögensverwaltung hinausgeht und mit dem sie partiell steuerpflichtig ist.

181 Gemäß § 13 Abs. 5 KStG werden die **stillen Reserven** zu dem Zeitpunkt erfasst, in dem die bisherige teilweise Steuerpflicht endet, die sich unterjährig oder erst am Jahresende ergeben kann. Mit dem Teilwert werden allerdings nur die Wirtschaftsgüter in der dann aufzustellenden Bilanz bewertet, die aus der Steuerpflicht ausscheiden.

> **BEISPIEL:** Eine bisher unbeschränkt steuerpflichtige GmbH mit kalendergleichem Wirtschaftsjahr wird ab dem VZ 01 nach § 5 Abs. 1 Nr. 9 KStG wegen Förderung gemeinnütziger Zwecke (Altenhilfe, vgl. § 52 Abs. 2 Nr. 4 AO) steuerfrei anerkannt. Im Betriebsvermögen der GmbH befindet sich u. a. auch ein doppelstöckiges Gebäude. Im Erdgeschoss wird eine Gastwirtschaft betrieben, im Obergeschoss befindet sich eine großräumige Wohnung.
>
> Im Zuge umfangreicher Umgestaltung wird das Gebäude ab dem 1.1.01 im Obergeschoss für die Altenhilfe genutzt. Im Erdgeschoss wird weiterhin die Gastwirtschaft betrieben.
>
> Zum 1.1.02 wird die Gastwirtschaft aufgegeben und sowohl das Erd- als auch das Obergeschoss für die Altenhilfe genutzt.
>
> **LÖSUNG:** Mit Wirkung zum 1.1.01 wird die unbeschränkt steuerpflichtige GmbH hinsichtlich der Altenhilfe gem. § 5 Abs. 1 Nr. 9 KStG von der Körperschaftsteuerpflicht befreit. Steuerpflichtig ist sie weiterhin für den Bereich der Gastwirtschaft, weil es sich bei diesem Teil um einen wirtschaftlichen Geschäftsbetrieb handelt. Das für die Altenhilfe genutzte Obergeschoss scheidet aus dem bisherigen steuerpflichtigen Bereich aus, so dass § 13 Abs. 5 KStG Anwendung findet.
>
> Die Förderung der Altenhilfe stellt einen mildtätigen Zweck i. S. d. § 53 Nr. 1 AO dar, was eine partielle Steuerbefreiung nach § 5 Abs. 1 Nr. 9 KStG zur Folge hat. Es kommt die Ausnahmeregelung des § 13 Abs. 4 KStG zum Tragen. Demzufolge sind in der Schlussbilanz zum 31.12.00 ohne Aufdeckung der stillen Reserven die Buchwerte des Gebäudes weiter zu führen.
>
> Zum 1.1.02 scheidet das Erdgeschoss ebenfalls aus dem steuerpflichtigen Betriebsvermögen aus, da die GmbH nunmehr vollumfänglich nach § 5 Abs. 1 Nr. 9 KStG steuerbefreit ist. In der Schlussbilanz zum 31.12.01 sind gem. § 13 Abs. 4 KStG die restlichen stillen Reserven des Gebäudes weder aufzulösen noch der Körperschaftsteuer zu unterwerfen.

182–190 *(Einstweilen frei)*

II. Ende einer Steuerbefreiung

191 Der **teilweise Wegfall** einer Steuerbefreiung ist in **drei Varianten** denkbar:
- ▶ Wechsel von der vollen Steuerfreiheit zu einer partiellen Steuerpflicht,
- ▶ Vergrößerung einer partiellen Steuerpflicht,
- ▶ Wechsel von der partiellen Steuerpflicht zur vollen Steuerpflicht.

Ein **Wechsel von der vollen Steuerfreiheit zu einer partiellen Steuerpflicht** kann z. B. bei einer bisher in vollem Umfang steuerfreien Unterstützungskasse eintreten, die partiell wegen Überdotierung steuerpflichtig wird. Auch im Falle eines Zweckbetriebs einer bisher in vollem Umfang nach § 5 Abs. 1 Nr. 9 KStG steuerbefreiten Körperschaft, der nunmehr als steuerpflichtiger wirtschaftlicher Geschäftsbetrieb eingestuft wird, ergibt sich eine partielle Steuerpflicht.

Eine **Vergrößerung der partiellen Steuerpflicht** kann eintreten, wenn z. B. bei einer Unterstützungskasse oder Pensionskasse die Überdotierung zunimmt und damit auch die partielle Steuerpflicht ansteigt oder bei einer nach § 5 Abs. 1 Nr. 9 KStG steuerbefreiten Körperschaft einzelne von mehreren steuerfreien Zweckbetrieben als steuerpflichtige wirtschaftliche Geschäftsbetriebe angesehen werden.

Ein Wechsel von einer partiellen Steuerpflicht zu einer vollen Steuerpflicht findet vor allem in folgenden Fällen statt:

▶ das auslösende Moment der Überdotierung einer Unterstützungskasse tritt erstmalig ein,

▶ Aberkennung der gesamten Steuerbefreiung einer bisher steuerbefreiten Körperschaft gem. § 5 Abs. 1 Nr. 9 KStG, die partiell aufgrund eines wirtschaftlichen Geschäftsbetriebs steuerpflichtig war.

Kommt es zu einer Gründung eines steuerpflichtigen wirtschaftlichen Geschäftsbetriebs oder wird ein bisheriger, von der Körperschaftsteuer befreiter Zweckbetrieb i. S. d. § 65 AO steuerpflichtig, muss eine Anfangsbilanz i. S. d. § 13 Abs. 2 KStG erstellt werden. In der Anfangsbilanz sind die Wirtschaftsgüter mit den jeweiligen Teilwerten zu bewerten. Davon betroffen sind allerdings nur die Wirtschaftsgüter, die dem wirtschaftlichen Geschäftsbetrieb gewidmet sind, der von der Körperschaftsteuer befreit wird oder für den eine Körperschaftsteuerbefreiung erlischt.

Die Erfassung der stillen Reserven erfolgt grundsätzlich zu dem Zeitpunkt, in dem die bisherige Steuerfreiheit teilweise wegfällt.

(Einstweilen frei)

G. Veräußerungsfiktion bei wesentlichen Beteiligungen (§ 13 Abs. 6 KStG)

Gehören Anteile an einer Kapitalgesellschaft nicht zu dem Betriebsvermögen der Körperschaft, Personenvereinigung oder Vermögensmasse, die von der Körperschaftsteuer befreit wird, so ist § 17 EStG auch ohne Veräußerung anzuwenden, wenn die übrigen Voraussetzungen dieser Vorschrift in dem Zeitpunkt erfüllt sind, in dem die Steuerpflicht endet. Als **Veräußerungspreis** gilt der gemeine Wert (§ 9 Abs. 2 BewG) der Anteile. Im Falle des Beginns der Steuerpflicht gilt der gemeine Wert der Anteile als Anschaffungskosten der Anteile. Die Veräußerungsfiktion gilt nicht in den Fällen des § 13 Abs. 4 Satz 1 KStG.

Bei zum Betriebsvermögen gehörigen Wirtschaftsgütern einer Körperschaft, Personenvereinigung oder Vermögensmasse sind die Wirtschaftsgüter im Falle eines Beginns oder Endes einer Steuerbefreiung ausschließlich nach den Vorschriften des § 13 Abs. 1 bis 4 KStG zu beurteilen. Wirtschaftsgüter, die nicht zu einem Betriebsvermögen gehören, werden hingegen von diesen Regelungen nicht erfasst; sie sind nicht in die Schluss- oder Anfangsbilanz einzubeziehen. Sind in diesen Wirtschaftsgütern Anteile an einer Kapitalgesellschaft i. S. d. § 17 KStG enthalten, findet § 13 Abs. 6 KStG Anwendung.

223 Ausschließlich sonstige juristische Personen des privaten Rechts i. S. d. § 1 Abs. 1 Nr. 4 KStG sowie nichtrechtsfähige Vereine, Anstalten, Stiftungen und andere Zweckvermögen i. S. d. § 1 Abs. 1 Nr. 5 KStG können Beteiligungen außerhalb ihres Betriebsvermögens halten. Die Veräußerungsfiktion findet auf unbeschränkt Steuerpflichtige i. S. d. § 1 Abs. 1 Nr. 1 bis 3 KStG, die nach § 8 Abs. 2 KStG ausschließlich Einkünfte aus Gewerbebetrieb erzielen, mangels außerbetrieblicher Sphäre keine Anwendung.

224 War im Zeitpunkt des Übergangs von der Steuerpflicht in die Steuerbefreiung eine wesentliche Beteiligung an einer Kapitalgesellschaft vorhanden, die sich nicht im Betriebsvermögen befand, konnte für die Schlussbesteuerung kein Teilwert angesetzt werden, der die stillen Reserven zum Vorschein brachte. Aus diesem Grund wird per Gesetz eine **fiktive Veräußerung zum gemeinen Wert** im Zeitpunkt des Eintritts der Steuerbefreiung angenommen. Handelt es sich jedoch um eine steuerbegünstigte Körperschaft i. S. d. § 5 Abs. 1 Nr. 9 KStG, unterbleibt die Aufdeckung der stillen Reserven gem. § 13 Abs. 6 Satz 4 KStG.

225 Voraussetzung für die Anwendung der Veräußerungsfiktion ist ein **Wechsel von einer vollständigen Körperschaftsteuerpflicht zu einer vollständigen Körperschaftsteuerbefreiung** (oder umgekehrt).[1] § 13 Abs. 5 KStG ordnet die Anwendung des Abs. 6 auf den entsprechenden Teil des Betriebsvermögens gerade nicht an. Mangels eines Realisierungstatbestandes kommt es in diesen Fällen nicht zur Versteuerung in den Kapitalgesellschaftsanteilen enthaltener stiller Reserven.

226 Die Regelung in § 13 Abs. 6 KStG hat ab dem VZ 2002 ihre **wirtschaftliche Bedeutung verloren**. § 8b Abs. 2 KStG stellt Einkünfte aus der Veräußerung von Kapitalgesellschaftsanteilen steuerfrei. Lediglich 5 % des Veräußerungsgewinns sind nach § 8b Abs. 3 Satz 1 KStG als nichtabzugsfähige Betriebsausgaben zu behandeln, was letztlich eine Steuerpflicht in entsprechender Höhe bedeutet. Die Veräußerungsfiktion des § 13 Abs. 6 KStG hat somit lediglich in diesem Umfang Auswirkungen auf die Bemessungsgrundlage.

227 Durch § 13 Abs. 6 KStG wird sichergestellt, dass die stillen Reserven, die in einer außerhalb des Betriebsvermögens gehaltenen wesentlichen Beteiligung enthalten sind, in Fällen des Übergangs von der Steuerpflicht zur Steuerbefreiung zu dem in § 8b Abs. 3 Satz 1 KStG bestimmten Ausmaß der Körperschaftsteuer unterworfen werden und in Fällen des Wechsels von der Steuerbefreiung in die Steuerpflicht ohne die Fiktion nichtabzugsfähiger Betriebsausgaben aus dem steuerfreien in den steuerpflichtigen Bereich überführt werden können.

228–235 *(Einstweilen frei)*

I. Wechsel von der Steuerpflicht zur Steuerbefreiung

236 Die in § 13 Abs. 6 KStG enthaltene **Fiktion** kann mit der des § 6 AStG verglichen werden. Im Falle eines Wegzugs natürlicher Personen in das Ausland kommt es unter bestimmten Bedingungen ebenfalls zu einer fiktiven Veräußerung von Anteilen i. S. d. § 17 EStG zum Zeitpunkt der Beendigung der unbeschränkten Steuerpflicht.

---

[1] *Pfirrmann* Blümich KStG § 13 Rz. 81; *Schauhoff*, DStR 1996, 370.

Im Fall des Wechsels von der Steuerpflicht in die Steuerbefreiung wird der **Veräußerungsgewinn wie folgt ermittelt**: 237

Gemeiner Wert der wesentlichen Beteiligung i. S. d. § 17 EStG

./. Veräußerungskosten

./. Anschaffungskosten der wesentlichen Beteiligung

= Veräußerungsgewinn

Von dem Veräußerungsgewinn kann bei Vorliegen der Voraussetzungen ein Freibetrag nach § 17 Abs. 3 EStG in Abzug gebracht werden. Er fließt nach § 8b Abs. 2 und 3 KStG im Ergebnis zu 5 % in die Bemessungsgrundlage ein.

> **BEISPIEL:** Der gemeine Wert einer 30-%igen Beteiligung an der Y-AG beträgt zum 31.12.01 umgerechnet 300 000 €. Diesem Wert stehen Anschaffungskosten von umgerechnet 140 000 € gegenüber. Veräußerungskosten sind nicht entstanden. Zum 31.12.01 endet die Steuerpflicht, ab dem 1.1.02 beginnt die Steuerbefreiung in vollem Umfang.
>
> Berechnung des Veräußerungsgewinns:
>
> | | |
> |---|---:|
> | Gemeiner Wert | 300 000 € |
> | ./. Veräußerungskosten | 0 € |
> | ./. Anschaffungskosten der wesentlichen Beteiligung | 140 000 € |
> | = Veräußerungsgewinn | 160 000 € |
>
> Aufgrund der Höhe des Veräußerungsgewinns kommt ein anteiliger Freibetrag nach § 17 Abs. 3 EStG nicht in Betracht.

Zur **Veräußerungsfiktion** kommt es auch dann, wenn der gemeine Wert unter den Anschaffungskosten liegt und sich dadurch ein Veräußerungsverlust errechnet. Dieser Veräußerungsverlust kann mit anderen steuerpflichtigen Einkünften ausgeglichen werden. 238

(Einstweilen frei) 239–250

II. Übergang von der Steuerbefreiung zur Steuerpflicht

Erfolgt der Übergang von der Steuerbefreiung in die Steuerpflicht, werden für die wesentliche Beteiligung die Anschaffungskosten festgelegt. Sie gelten § 13 Abs. 6 Satz 3 KStG zufolge als mit dem gemeinen Wert der Anteile angeschafft. 251

Bei Ansatz eines über den ursprünglichen Anschaffungskosten liegenden gemeinen Wertes werden im Zeitpunkt des Verkaufs innerhalb der Steuerpflicht die innerhalb der Steuerbefreiung angesammelten stillen Reserven von der Besteuerung nicht erfasst. Im Ergebnis unterliegen somit nur die Wertänderungen der wesentlichen Beteiligung der Körperschaftsteuer, die in der Zeit der Steuerpflicht der beteiligten Körperschaft, Personenvereinigung oder Vermögensmasse entstanden sind. 252

Auch hier ist § 8b Abs. 2, 3 KStG zu beachten (→ Rz. 226). Die Wirkungen des § 13 Abs. 6 Satz 3 KStG beschränken sich somit im Ergebnis auf 5 % der Bemessungsgrundlage. 253

(Einstweilen frei) 254–260

III. Besonderheiten bei bestimmten gemeinnützigen Körperschaften

261 § 13 Abs. 6 Sätze 1 und 2 KStG gelten nicht in den Fällen des § 13 Abs. 4 Satz 1 KStG. Die Veräußerungsfiktion findet somit keine Anwendung auf nach § 5 Abs. 1 Nr. 9 KStG befreite Steuersubjekte.

262 Sind zuvor steuerpflichtige Körperschaften, Personenvereinigungen oder Vermögensmassen nunmehr nach § 5 Abs. 1 Nr. 9 KStG von der Körperschaftsteuer befreit und halten sie Anteile an einer Kapitalgesellschaft i. S. d. § 17 EStG, die nicht zu ihrem Betriebsvermögen gehören, sind bei Wegfall der Steuerpflicht hinsichtlich der wesentlichen Beteiligung an einer Kapitalgesellschaft keine stillen Reserven aufzudecken.

263 Im Gegensatz dazu findet § 13 Abs. 6 Satz 3 KStG auf Steuerbefreiungen nach § 5 Abs. 1 Nr. 9 KStG Anwendung. Bei Beginn der Steuerpflicht nach einer vorherigen Steuerbefreiung sind die Anschaffungskosten wesentlicher Beteiligungen mit dem gemeinen Wert anzusetzen.

264–280 *(Einstweilen frei)*

Zweites Kapitel: Sondervorschriften für die Organschaft

Vorbemerkungen zu §§ 14 – 19 KStG

Inhaltsübersicht	Rz.
A. Begriff „Organschaft"	1 - 10
B. Rechtsentwicklung	11 - 30
C. Bedeutung der körperschaftsteuerlichen Organschaft	31 - 50
D. Aufbau der gesetzlichen Bestimmungen	51

A. Begriff „Organschaft"

1 Im Wirtschaftsleben kommt es häufig vor, dass ein einzelnes Unternehmen mehr oder weniger wirtschaftlich unselbständig handelt, obwohl es zivilrechtlich selbständig ist und einen eigenen Rechtsträger darstellt. Die Unternehmensbesteuerung richtet sich grds. nach der zivilrechtlichen Beurteilung. Steuersubjekt ist deshalb – von Ausnahmen abgesehen – jeder zivilrechtlich selbständige Rechtsträger. Dies gilt im Allgemeinen auch für wirtschaftlich abhängige Unternehmen, die z. B. in einen Konzern eingegliedert sind. Daraus resultiert u. a., dass ein steuerlicher **Verlustausgleich** zwischen den einzelnen Konzerngesellschaften ausgeschlossen ist. Eine Ausnahme hiervon besteht in den Fällen der „Organschaft".

2 Mit „Organschaft" wird ein bestimmter wirtschaftlicher Abhängigkeitstatbestand gekennzeichnet. Ihr wesentliches Merkmal ist die **rechtliche und faktische Unterordnung eines Unternehmens** in der Rechtsform einer KapGes als sog. Organgesellschaft (OG) unter ein anderes Unternehmen, den sog. Organträger (OrgT). Gleichwohl bleibt – etwa im Gegensatz zur Verschmelzung (Fusion) – die zivilrechtliche und steuerrechtliche Selbständigkeit der beteiligten Rechtssubjekte gewahrt. Die Behandlung des untergeordneten Unternehmens als OG rechtfertigte sich bisher aus seiner finanziellen, wirtschaftlichen und organisatorischen Eingliederung in den OrgT. Die wirtschaftliche Betätigung des abhängigen Unternehmens stellte sich infolge-

dessen als unselbständig dar; die OG hatte wirtschaftlich die Funktion einer Geschäftsabteilung des OrgT.

Im Rahmen des Steuersenkungsgesetzes v. 23.10.2000[1] wurde das Erfordernis der **wirtschaftlichen und organisatorischen Eingliederung** für die körperschaftsteuerrechtliche Organschaft **aufgegeben**. Ferner wurden die Anforderungen an die finanzielle Eingliederung gesenkt, weil nunmehr auch eine Zusammenrechnung von unmittelbaren und mittelbaren Beteiligungen zugelassen wird. Diese Rechtsänderungen gelten für Unternehmen, deren Wj dem Kj entspricht, ab dem VZ 2001. Bei einem vom Kj abweichenden Wj, welches vor dem 1.1.2001 beginnt, gilt das neue Recht erstmals für den VZ 2002 (§ 34 Abs. 1 und 1a KStG). 3

Die **Organtheorie** ist die steuerrechtliche Lehre von der **wirtschaftlichen Einheit mehrerer rechtlich selbständiger Unternehmen**.[2] Sie anerkennt in begrenztem Umfang diese Einheit, die zur weitgehenden Einkommenzusammenfassung und Einmalbesteuerung beim OrgT führt (vgl. § 14 Satz 1 KStG: „... ist das Einkommen der OG, soweit sich aus § 16 nichts anderes ergibt, dem Träger des Unternehmens (OrgT) zuzurechnen ..."). 4

Dem Tatbestand der Organschaft trägt das Steuerrecht aber nicht allgemein, sondern nur für einzelne Steuerarten Rechnung, so bei den Steuern vom Einkommen sowie bei der GewSt und USt. Es gibt also kein generelles Institut der Organschaft in dem Sinne, dass bei einem bestimmten Beteiligungsverhältnis für alle steuerrechtlichen Beziehungen von der Personenverschiedenheit der Organteile abzusehen wäre.[3] Soweit ein Organschaftsverhältnis steuerrechtlich relevant ist, gelten teilweise jedoch unterschiedliche Voraussetzungen. Unterschiede bestehen dabei nur noch zur umsatzsteuerlichen Organschaft, da ab VZ bzw. EZ 2002 die früher zwischen körperschaft- und gewerbesteuerlicher Organschaft bestehenden Unterschiede durch das UntStFG beseitigt worden sind. Die **umsatzsteuerliche Organschaft** kennt bspw. keine zeitlichen Voraussetzungen bezüglich der finanziellen, wirtschaftlichen und organisatorischen Eingliederung; bei ihr durften auch bisher schon unmittelbare mit mittelbaren Beteiligungen zur Begründung der finanziellen Eingliederung zusammengerechnet werden. 5

(Einstweilen frei) 6–10

B. Rechtsentwicklung

Mit dem Gesetz zur Änderung des KStG und anderer Gesetze v. 15.8.1969[4] hat der Gesetzgeber für die KSt die **Kodifikation der Organschaft** nachgeholt, die er für die USt bereits 1934 und für die GewSt 1936 vorgenommen hatte. An die Stelle des 1969 eingeführten § 7a KStG a. F. sind mit Wirkung vom VZ 1977 die §§ 14 – 19 KStG getreten, die die Voraussetzungen und Rechtswirkungen eines Organschaftsverhältnisses regeln; den Besonderheiten des körperschaftsteuerlichen Anrechnungsverfahrens für die Organschaft trugen die §§ 36 und 37 KStG a. F. Rechnung, indem sie sich mit der Gliederung des Eigenkapitals befassten. 11

Aber auch schon vor dieser gesetzlichen Regelung war die körperschaftsteuerliche Organschaft anerkannt. So war der Gesetzgeber bei der Schaffung des KStG 1934 noch davon ausgegangen, dass sie aufgrund der Rechtsprechung des Preußischen Oberverwaltungsgerichts und des RFH 12

---

[1] BGBl 2000 I 1433; BStBl 2000 I 1428.
[2] Vgl. RFH, Urteil v. 30.1.1930 - I A 226/29, RStBl 1930, 148; BFH, Urteil v. 17.7.1952 - V 17/52 S, BStBl 1952 III 234.
[3] BFH, Urteil v. 14.2.1967 - II 170/64, BStBl 1967 III 364.
[4] BGBl 1969 I 1182; BStBl 1969 I 471.

fester Bestandteil des deutschen Steuerrechts sei und es gesetzlicher Bestimmungen insoweit nicht bedürfe. Erst im Laufe der Zeit zeigte sich dann, dass die Rechtsgrundlagen dafür nicht nur hinsichtlich verschiedener Einzelprobleme, sondern auch bezüglich grundsätzlicher Fragen nicht so eindeutig waren, wie man zuvor angenommen hatte.

13 Bis zum Inkrafttreten des § 7a KStG 1969 handelte es sich bei der körperschaftsteuerlichen Organlehre somit um **reines Richterrecht**, die ihre Rechtsgrundlage letztlich in der wirtschaftlichen Betrachtungsweise (§ 1 Abs. 2 StAnpG) fand. Mit Schreiben v. 4.4.1962[1] warf der BFH erstmals die Frage auf, ob ein dermaßen bedeutsames Rechtsinstitut nicht einer ausdrücklichen Gesetzesgrundlage bedürfe. Im Urteil v. 4.3.1965[2] wies der BFH sodann erneut darauf hin, dass das Steuerrecht als Eingriffsrecht klare Rechtssätze erfordere; gleichzeitig erhob er die Forderung, dass der Gesetzgeber in angemessener Zeit für die Organschaft mit Ergebnisabführungsvertrag gesetzliche Regeln aufstellen solle. Ausschlaggebend für das Handeln des Gesetzgebers war schließlich die Tatsache, dass der BFH im Urteil v. 17.11.1966[3] aus grundsätzlichen Erwägungen die körperschaftsteuerliche Organschaft zu Einzel- und Personenunternehmen nicht mehr anerkannt hatte. Insoweit war das Gericht nicht länger gewillt, die Durchbrechung des körperschaftsteuerlichen Prinzips der kumulierten Doppelbelastung mit KSt und ESt, wie sie bis zur Einführung des Anrechnungsverfahrens durch das KStG 1977 dem Besteuerungssystem immanent war, ohne gesetzliche Grundlage hinzunehmen.

14 Für die Übergangszeit bis zum Inkrafttreten der gesetzlichen Regelung des § 7a KStG 1969 hielt die FinVerw an ihrer bisherigen Auffassung, die mit der früheren Rspr. übereinstimmte, fest. Dies galt insbesondere auch für die Fälle der Organschaft zu natürlichen Personen und zu Personenunternehmen.[4] Da es sich hierbei um eine Anpassungsregelung i.S.d. § 131 Abs. 2 RAO handelte, war auch die Rechtsprechung hieran gebunden.[5]

15 Dogmatische Begründungen zur Organschaftslehre gibt es und gab es in großer Zahl. Dabei fällt auf, dass sich im Laufe der Zeit ein erheblicher Wandel in den theoretischen Grundanschauungen ergeben hat. Hierzu sei auf die eingehenden Darstellungen von *Hübl*[6] und *Jurkat*[7] verwiesen. Nach der vom BFH[8] vertretenen sog. **Bilanzierungstheorie** ist dem OrgT der nach den Grundsätzen des Steuerrechts ermittelte Gewinn der OG zuzurechnen, soweit er ohne Verletzung gesetzlicher Vorschriften nach den vertraglichen Vereinbarungen abzuführen wäre, falls er in der Handelsbilanz ausgewiesen würde. Ihr trägt jetzt die gesetzliche Regelung der §§ 14 ff. KStG Rechnung.

16 Zu den einzelnen Änderungen s. die Erläuterungen bei den einzelnen Vorschriften.

17–30 *(Einstweilen frei)*

---

1 BB 1962, 438.
2 I 249/61, BStBl 1965 III 329.
3 I 280/63, BStBl 1967 III 118.
4 Vgl. FinMin NW v. 26.5.1967, BStBl 1967 II 169; v. 30.11.1967, BStBl 1967 II 258.
5 Vgl. BFH, Urteil v. 17.12.1969 - I 252/64, BStBl 1970 II 257.
6 DStZ/A 1965, 17.
7 A.a.O., Rz. 3 ff.
8 Vgl. vor allem Urt. v. 8.3.1955 - I 73/54 U, BStBl 1955 III 187.

C. Bedeutung der körperschaftsteuerlichen Organschaft

Vor Inkrafttreten des durch das Anrechnungsverfahren geprägten KStG 1977 lag die Bedeutung der körperschaftsteuerlichen Organschaft vor allem darin, dass in diesen Fällen das Prinzip der steuerlichen Doppelbelastung der von einer KapGes erwirtschafteten und vor ihr ausgeschütteten Gewinne durchbrochen war und grundsätzlich nur eine **Einmalversteuerung** beim OrgT erfolgte. Da das Einkommen der OG nach § 7a KStG a. F. dem OrgT zuzurechnen war, wurde in diesem Rahmen auf die Mehrfachbesteuerung des von der OG erzielten Gewinns verzichtet. Dies galt insbesondere auch in den Fällen, in denen der OrgT der ESt unterlag. Damit war im Bereich der Organschaft bereits im damaligen Recht das Ziel erreicht, das durch die Einführung des Anrechnungsverfahrens durch das KStG 1977 für ausgeschüttete Gewinne allgemein verwirklicht wurde. Insoweit unterschied sich die Organschaftsregelung von dem Anrechnungsverfahren grds. nur in der Methode.[1] Allerdings hatten die Regelungen der Organschaft als Spezialvorschriften Vorrang vor denen des körperschaftsteuerlichen Anrechnungsverfahrens.[2]

31

Die Bedeutung der körperschaftsteuerlichen Organschaft erschöpft sich indessen nicht in der **Beseitigung der** steuerlichen **Doppelbelastung**. Sie ermöglicht vielmehr außerdem zwischen mehreren rechtlich selbständigen Unternehmen einen **Ausgleich von Gewinnen mit Verlusten**, eine Folge, die dem Anrechnungsverfahren nicht wesensimmanent war. Insbesondere lässt die Organschaft den Ausgleich von Verlusten der OG mit den Gewinnen des OrgT zu, wodurch sich dessen zu versteuerndes Einkommen vermindert. Der Gesetzgeber war deshalb der Auffassung, dass die Organschaft als Bestandteil des Konzernsteuerrechts auch nach Einführung des Anrechnungsverfahrens unentbehrlich sei.

32

Mit der gesetzgeberischen Entscheidung für die Beibehaltung des Rechtsinstituts der Organschaft und ihre rechtliche Ausgestaltung in den Sondervorschriften der §§ 14 – 19 KStG war zugleich der **Vorrang** dieser Bestimmungen **vor den Regelungen des Anrechnungsverfahrens** anerkannt worden.[3] Daraus resultieren vor allem für Organschaftsverhältnisse zu natürlichen Personen oder Personengesellschaften, an denen natürliche Personen beteiligt sind, ggf. Vorteile bezüglich der Höhe des Steuersatzes, der Möglichkeit des Verlustausgleichs bzw. – bei Anpassung der ESt-Vorauszahlungen – hinsichtlich der Liquidität.

33

Die weitere wirtschaftliche Bedeutung der Organschaft liegt darin, dass im Ergebnis der Fusion entsprechende Wirkungen unter Beibehaltung der rechtlichen Selbständigkeit der beteiligten Unternehmen erzielt werden können, was z. B. zur Erhaltung eines bekannten Firmennamens von erheblichem Interesse sein kann. Außerdem lassen sich durch Organschaftsverhältnisse klar überschaubare Konzerngliederungen erreichen und deren Wirtschaftlichkeit überwachen. Letztlich kann die Organschaft auch zu wettbewerbsmäßigen Vorteilen führen.[4] Zur Bedeutung der Organschaft in der Konzernsteuerplanung s. *Grotherr*.[5] Nachteilig wirkt sich die Organschaft insoweit aus, als der OrgT aufgrund des GAV verpflichtet ist, laufende Verluste der OG auszugleichen.[6]

34

---

1 Vgl. a. *Dötsch/Witt*, DB 1996, 1592.
2 BFH, Urteil v. 5. 4. 1995 - I R 156/93, GmbHR 1995, 602 = NWB FAAAA-97533; v. 5. 7. 1990 - I B 38/90, BFH/NV 1991, 121 = NWB QAAAB-31428; v. 13. 9. 1989 - I R 110/88, BStBl 1990 II 24.
3 Vgl. BT-Drucks. 7/1470, 347.
4 Im Einzelnen vgl. *Jurkat*, a. a. O., Rz. 106 f.
5 BB 1993, 1986.
6 Vgl. z. B. *Esch*, BB 1986, 272; *Gutbrod*, BB 1980, 288.

35 Nach Abschaffung des Anrechnungsverfahrens könnte die Organschaft wegen der genannten Vorteile neue Attraktivität erlangen, zumal das Merkmal der wirtschaftlichen Eingliederung entfallen ist. In Fällen der **Betriebsaufspaltung** kann die Betriebskapitalgesellschaft regelmäßig OG des Besitzunternehmens sein, ohne dass es auf dessen Rechtsform ankommt.

36 Da das Einkommen der OG dem Einkommen des OrgT zum Zwecke der Versteuerung nur rechnerisch zugerechnet wird, also **keine Gewinnausschüttung** erfolgt, weist die Organschaft auch unter der Geltung des **Teileinkünfteverfahrens** (§ 3 Nr. 40 i.V. m. § 3c Abs. 2 EStG) bzw. im Rahmen der **Dividendenfreistellung** (§ 8b Abs. 1 KStG i.V. m. Abs. 5) interessante Aspekte auf:

Auf eine **natürliche Person oder eine Personengesellschaft als OrgT** ist hinsichtlich des Einkommens der OG mangels Gewinnausschüttung das Halb-(Teil-)einkünfteverfahren nicht anzuwenden. Die Abzugsbeschränkung des § 3c Abs. 2 EStG für die Hälfte (40 %) der Betriebsausgaben oder Werbungskosten gilt deshalb in diesen Fällen nicht, so dass z. B. Finanzierungskosten für die Beteiligung in vollem Umfang abziehbar bleiben.[1]

37 Als **mögliche Nachteile** der Organschaft sind anzuführen:

38 Eine OG, die Gewinne erzielt, hat aufgrund des nach wie vor zwingend vorgeschriebenen GAV **nicht die Möglichkeit, Gewinne** ohne weiteres mit dem niedrigen Steuersatz von 15 % zu **thesaurieren**. Beträge aus dem Jahresüberschuss dürfen nur insoweit in Gewinnrücklagen (§ 272 Abs. 3 HGB) mit Ausnahme der gesetzlichen Rücklagen eingestellt werden, als dies bei vernünftiger kaufmännischer Beurteilung wirtschaftlich begründet ist (§ 14 Abs. 1 Nr. 4 KStG). Dies verlangt einen konkreten Anlass, der auch aus objektiver unternehmerischer Sicht die Bildung der Rücklage rechtfertigt (z. B. geplante Betriebsverlegung oder Kapazitätserweiterung). Während außerhalb einer Organschaft die Möglichkeit besteht, die Höhe der Ausschüttung und den Besteuerungszeitpunkt durch den Ausschüttungsbeschluss zu steuern und damit das Abzugsverbot für die Schuldzinsen bei der Obergesellschaft durch Gewinnthesaurierung bei der Tochtergesellschaft zu unterlaufen (sog. ballooning), besteht diese Gestaltungsmöglichkeit bei der Organschaft nicht, weil dem OrgT grundsätzlich das gesamte Einkommen der OG jeweils für den Veranlagungszeitraum zuzurechnen ist, in dem die OG das Einkommen bezogen hat. Ist eine natürliche Person oder eine Personengesellschaft OrgT, steigert das zuzurechnende Einkommen der OG die **Progressionswirkung bei der ESt**, es sei denn, das Einkommen der OG ist negativ oder gering bzw. der OrgT erzielt selbst nur ein geringes Einkommen oder Verluste.

39 Der GAV muss auf mindestens fünf Jahre abgeschlossen und während seiner gesamten Geltungsdauer auch durchgeführt werden (§ 14 Abs. 1 Nr. 3 Satz 1 KStG). Abgesehen von dem Sonderfall, dass ein wichtiger Grund für eine unschädliche Kündigung vorliegt (§ 14 Abs. 1 Nr. 3 Satz 2 KStG), besteht damit eine **relativ langfristige Bindung**, die es den Beteiligten grds. unmöglich macht, binnen kurzer Zeit auf unerwartete und missliebige Entwicklungen zu reagieren. Auch darf nicht übersehen werden, dass der „Gewinn"-Abführungsvertrag auch die Verpflichtung des OrgT zum Gegenstand hat, jeden während der Vertragsdauer bei der OG sonst entstehenden Jahresfehlbetrag auszugleichen, soweit dieser nicht dadurch ausgeglichen wird, dass den anderen Gewinnrücklagen Beträge entnommen werden, die während der Vertragsdauer in sie eingestellt worden sind (§ 302 Abs. 1 AktG). Der Abschluss eines **GAV** als Voraussetzung dafür, dass die Ergebnisse mehrerer selbständiger Rechtsträger für Besteuerungszwe-

---

[1] R 14.7 Abs. 1 KStR 2015; *Müller/Stöcker/Lieber*, Die Organschaft, 10. Aufl., Herne 2017, Rz. 563 ff.; a. A. *Thiel*, DB 2002, 1340.

cke zusammengefasst werden, ist dabei ein **deutsches Spezifikum**. In verschiedenen anderen EU-Ländern, die eine Gruppenbesteuerung kennen (z. B. Großbritannien, Niederlande, Finnland) gibt es eine solche Voraussetzung nicht. Deshalb wird gefordert, auch in Deutschland auf den GAV zu verzichten. Diese Reformüberlegungen stehen in Zusammenhang mit den gesamten europarechtlichen Fragestellungen, die das Verbot einer grenzüberschreitenden Organschaft mit sich bringt.

Die OG **haftet** für solche Steuern und Ansprüche auf Erstattung von Steuervergütungen (z. B. Vorsteuer bei der USt) des OrgT, für welche die Organschaft zwischen ihnen steuerlich von Bedeutung ist (§ 73 AO). Derzeit endet die Organschaft an der Grenze. Wegen der Voraussetzung, dass die Organgesellschaft Sitz **und** Geschäftsleitung im Inland haben muss, ist eine **grenzüberschreitende Organschaft** nach nationalem Recht **ausgeschlossen**. Zu den EU-rechtlichen Bedenken hiergegen s. in diesem Kommentar *von Brocke*.[1]   40

(Einstweilen frei)   41–50

D. Aufbau der gesetzlichen Bestimmungen

Während die körperschaftsteuerliche Organschaft im KStG 1969 in einem einzigen Paragraphen zusammengefasst geregelt war, nämlich in § 7a, ist sie jetzt der besseren Übersichtlichkeit halber in mehreren Vorschriften abgehandelt. Dabei enthält § 14 KStG sozusagen den Grundtatbestand mit einer AG oder KGaA als OG. Die dazu korrespondierende Bestimmung ist § 17 KStG, der Voraussetzungen und Wirkungen für jene Fälle regelt, in denen eine „andere" KapGes, insbesondere also eine GmbH, die OG bildet. § 15 KStG enthält Sondervorschriften für die Ermittlung des Einkommens der OG, die bestimmte allgemeine Bestimmungen verdrängen bzw. modifizieren. § 16 KStG befasst sich mit der steuerlichen Behandlung der an außenstehende Gesellschafter gewährten Ausgleichszahlungen. Durch den mittlerweile aufgehobenen § 18 KStG wurde schließlich die Begründung eines Organschaftsverhältnisses mit steuerlicher Wirkung zu einem ausländischen OrgT ermöglicht. Die entsprechenden Regelungen enthält jetzt § 14 Satz 1 Nr. 2 Sätze 4 ff. § 19 KStG regelt die Anwendung besonderer Tarifvorschriften, die Frage der Anrechnung von Steuerabzugsbeträgen in Organschaftsfällen und weitere Einzelfragen des Steuerabzugs beim OrgT. Die §§ 36 und 37 KStG a. F. behandelten die Gliederung des Eigenkapitals bei dem OrgT und der OG und damit die Auswirkungen der Organschaft im Anrechnungsverfahren.   51

§ 14 Aktiengesellschaft oder Kommanditgesellschaft auf Aktien als Organgesellschaft

(1) [1]Verpflichtet sich eine Europäische Gesellschaft, Aktiengesellschaft oder Kommanditgesellschaft auf Aktien mit Geschäftsleitung im Inland und Sitz in einem Mitgliedstaat der Europäischen Union oder in einem Vertragsstaat des EWR-Abkommens (Organgesellschaft) durch einen Gewinnabführungsvertrag im Sinne des § 291 Abs. 1 des Aktiengesetzes, ihren ganzen Gewinn an ein einziges anderes gewerbliches Unternehmen abzuführen, ist das Einkommen der Organgesellschaft, soweit sich aus § 16 nichts anderes ergibt, dem Träger des Unternehmens (Organträger) zuzurechnen, wenn die folgenden Voraussetzungen erfüllt sind:

---

1 *Von Brocke* in *Mössner/Seeger/Oellerich*, KStG, EU-steuerpolitischer Hintergrund für das KStG, Rz. 346 ff. und *Müller* in Mössner/Seeger/Oellerich, KStG, § 14 Rz. 35.

1. ¹Der Organträger muss an der Organgesellschaft vom Beginn ihres Wirtschaftsjahrs an ununterbrochen in einem solchen Maße beteiligt sein, dass ihm die Mehrheit der Stimmrechte aus den Anteilen an der Organgesellschaft zusteht (finanzielle Eingliederung). ²Mittelbare Beteiligungen sind zu berücksichtigen, wenn die Beteiligung an jeder vermittelnden Gesellschaft die Mehrheit der Stimmrechte gewährt.

2. ¹Organträger muss eine natürliche Person oder eine nicht von der Körperschaftsteuer befreite Körperschaft, Personenvereinigung oder Vermögensmasse sein. ²Organträger kann auch eine Personengesellschaft im Sinne des § 15 Absatz 1 Satz 1 Nummer 2 des Einkommensteuergesetzes sein, wenn sie eine Tätigkeit im Sinne des § 15 Absatz 1 Satz 1 Nummer 1 des Einkommensteuergesetzes ausübt. ³Die Voraussetzung der Nummer 1 muss im Verhältnis zur Personengesellschaft selbst erfüllt sein. ⁴Die Beteiligung im Sinne der Nummer 1 an der Organgesellschaft oder, bei mittelbarer Beteiligung an der Organgesellschaft, die Beteiligung im Sinne der Nummer 1 an der vermittelnden Gesellschaft, muss ununterbrochen während der gesamten Dauer der Organschaft einer inländischen Betriebsstätte im Sinne des § 12 der Abgabenordnung des Organträgers zuzuordnen sein. ⁵Ist der Organträger mittelbar über eine oder mehrere Personengesellschaften an der Organgesellschaft beteiligt, gilt Satz 4 sinngemäß. ⁶Das Einkommen der Organgesellschaft ist der inländischen Betriebsstätte des Organträgers zuzurechnen, der die Beteiligung im Sinne der Nummer 1 an der Organgesellschaft oder, bei mittelbarer Beteiligung an der Organgesellschaft, die Beteiligung im Sinne der Nummer 1 an der vermittelnden Gesellschaft zuzuordnen ist. ⁷Eine inländische Betriebsstätte im Sinne der vorstehenden Sätze ist nur gegeben, wenn die dieser Betriebsstätte zuzurechnenden Einkünfte sowohl nach innerstaatlichem Steuerrecht als auch nach einem anzuwendenden Abkommen zur Vermeidung der Doppelbesteuerung der inländischen Besteuerung unterliegen.

3. ¹Der Gewinnabführungsvertrag muss auf mindestens fünf Jahre abgeschlossen und während seiner gesamten Geltungsdauer durchgeführt werden. ²Eine vorzeitige Beendigung des Vertrags durch Kündigung ist unschädlich, wenn ein wichtiger Grund die Kündigung rechtfertigt. ³Die Kündigung oder Aufhebung des Gewinnabführungsvertrags auf einen Zeitpunkt während des Wirtschaftsjahrs der Organgesellschaft wirkt auf den Beginn dieses Wirtschaftsjahrs zurück. ⁴Der Gewinnabführungsvertrag gilt auch als durchgeführt, wenn der abgeführte Gewinn oder ausgeglichene Verlust auf einem Jahresabschluss beruht, der fehlerhafte Bilanzansätze enthält, sofern

    a) der Jahresabschluss wirksam festgestellt ist,

    b) die Fehlerhaftigkeit bei Erstellung des Jahresabschlusses unter Anwendung der Sorgfalt eines ordentlichen Kaufmanns nicht hätte erkannt werden müssen und

    c) ein von der Finanzverwaltung beanstandeter Fehler spätestens in dem nächsten nach dem Zeitpunkt der Beanstandung des Fehlers aufzustellenden Jahresabschluss der Organgesellschaft und des Organträgers korrigiert und das Ergebnis entsprechend abgeführt oder ausgeglichen wird, soweit es sich um einen Fehler handelt, der in der Handelsbilanz zu korrigieren ist.

    ⁵Die Voraussetzung des Satzes 4 Buchstabe b gilt bei Vorliegen eines uneingeschränkten Bestätigungsvermerks nach § 322 Absatz 3 des Handelsgesetzbuchs zum Jahresabschluss, zu einem Konzernabschluss, in den der handelsrechtliche Jahresabschluss einbezogen worden ist, oder über die freiwillige Prüfung des Jahresabschlusses oder der Be-

scheinigung eines Steuerberaters oder Wirtschaftsprüfers über die Erstellung eines Jahresabschlusses mit umfassenden Beurteilungen als erfüllt.

4. Die Organgesellschaft darf Beträge aus dem Jahresüberschuss nur insoweit in die Gewinnrücklagen (§ 272 Abs. 3 des Handelsgesetzbuchs) mit Ausnahme der gesetzlichen Rücklagen einstellen, als dies bei vernünftiger kaufmännischer Beurteilung wirtschaftlich begründet ist.

5. Negative Einkünfte des Organträgers oder der Organgesellschaft bleiben bei der inländischen Besteuerung unberücksichtigt, soweit sie in einem ausländischen Staat im Rahmen der Besteuerung des Organträgers, der Organgesellschaft oder einer anderen Person berücksichtigt werden.

²Das Einkommen der Organgesellschaft ist dem Organträger erstmals für das Kalenderjahr zuzurechnen, in dem das Wirtschaftsjahr der Organgesellschaft endet, in dem der Gewinnabführungsvertrag wirksam wird.

(2) ¹Der ganze Gewinn gilt auch dann als abgeführt im Sinne des Absatzes 1 Satz 1, wenn über den mindestens zugesicherten Betrag im Sinne des § 304 Absatz 2 Satz 1 des Aktiengesetzes hinausgehende Ausgleichszahlungen vereinbart und geleistet werden. ²Dies gilt nur, wenn die Ausgleichszahlungen insgesamt den dem Anteil am gezeichneten Kapital entsprechenden Gewinnanteil des Wirtschaftsjahres nicht überschreiten, der ohne Gewinnabführungsvertrag hätte geleistet werden können. ³Der über den Mindestbetrag nach § 304 Absatz 2 Satz 1 des Aktiengesetzes hinausgehende Betrag muss nach vernünftiger kaufmännischer Beurteilung wirtschaftlich begründet sein.

(3) ¹Mehrabführungen, die ihre Ursache in vororganschaftlicher Zeit haben, gelten als Gewinnausschüttungen der Organgesellschaft an den Organträger. ²Minderabführungen, die ihre Ursache in vororganschaftlicher Zeit haben, sind als Einlage durch den Organträger in die Organgesellschaft zu behandeln. ³Mehrabführungen nach Satz 1 und Minderabführungen nach Satz 2 gelten in dem Zeitpunkt als erfolgt, in dem das Wirtschaftsjahr der Organgesellschaft endet. ⁴Der Teilwertansatz nach § 13 Abs. 3 Satz 1 ist der vororganschaftlichen Zeit zuzurechnen.

(4) ¹Für Minder- und Mehrabführungen, die ihre Ursache in organschaftlicher Zeit haben, ist in der Steuerbilanz des Organträgers ein besonderer aktiver oder passiver Ausgleichsposten in Höhe des Betrags zu bilden, der dem Verhältnis der Beteiligung des Organträgers am Nennkapital der Organgesellschaft entspricht. ²Im Zeitpunkt der Veräußerung der Organbeteiligung sind die besonderen Ausgleichsposten aufzulösen. ³Dadurch erhöht oder verringert sich das Einkommen des Organträgers. ⁴§ 3 Nr. 40, § 3c Abs. 2 des Einkommensteuergesetzes und § 8b dieses Gesetzes sind anzuwenden. ⁵Der Veräußerung gleichgestellt sind insbesondere die Umwandlung der Organgesellschaft auf eine Personengesellschaft oder eine natürliche Person, die verdeckte Einlage der Beteiligung an der Organgesellschaft und die Auflösung der Organgesellschaft. ⁶Minder- oder Mehrabführungen im Sinne des Satzes 1 liegen insbesondere vor, wenn der an den Organträger abgeführte Gewinn von dem Steuerbilanzgewinn der Organgesellschaft abweicht und diese Abweichung in organschaftlicher Zeit verursacht ist.

(5) ¹Das dem Organträger zuzurechnende Einkommen der Organgesellschaft und damit zusammenhängende andere Besteuerungsgrundlagen werden gegenüber dem Organträger und der Organgesellschaft gesondert und einheitlich festgestellt. ²Die Feststellungen nach Satz 1 sind für die Besteuerung des Einkommens des Organträgers und der Organgesellschaft bin-

dend. ³Die Sätze 1 und 2 gelten entsprechend für von der Organgesellschaft geleistete Steuern, die auf die Steuer des Organträgers anzurechnen sind. ⁴Zuständig für diese Feststellungen ist das Finanzamt, das für die Besteuerung nach dem Einkommen der Organgesellschaft zuständig ist. ⁵Die Erklärung zu den gesonderten und einheitlichen Feststellungen nach den Sätzen 1 und 3 soll mit der Körperschaftsteuererklärung der Organgesellschaft verbunden werden.

Inhaltsübersicht	Rz.
A. Entstehungsgeschichte des § 14 KStG	1 - 20
B. Grundkonzeption der Organschaftsbesteuerung nach § 14 KStG	21 - 30
C. Organgesellschaft gemäß § 14 Abs. 1 KStG	31 - 80
I. Rechtsform	31 - 45
II. Geschäftsleitung und Sitz im Inland	46 - 60
III. Gewerbliches Unternehmen	61 - 70
IV. Subjektive Steuerpflicht	71 - 80
D. Organträger gemäß § 14 Abs. 1 KStG	81 - 160
I. Möglicher Personenkreis	81 - 140
1. Natürliche Person als Organträger	91 - 100
2. Körperschaft als Organträger	101 - 120
3. Personengesellschaft als Organträger	121 - 140
II. Gewerbliches Unternehmen	141 - 160
E. Eingliederungsvoraussetzungen gemäß § 14 Abs. 1 Nr. 1 KStG	161 - 280
I. Finanzielle Eingliederung	162 - 245
1. Mehrheit der Stimmrechte	163 - 180
2. Zurechnung der Beteiligung und Stimmrechte	181 - 200
3. Unmittelbare Beteiligung	201 - 210
4. Mittelbare Beteiligung	211 - 230
5. Zusammenrechnung unmittelbarer und mittelbarer Beteiligungen	231 - 245
II. Wirtschaftliche Eingliederung	246 - 255
III. Organisatorische Eingliederung	256 - 265
IV. Gesamtbild der tatsächlichen Verhältnisse	266 - 280
F. Sonderfälle bezüglich der Eingliederung nach § 14 KStG	281 - 360
I. Personengesellschaft (§ 15 Abs. 1 Nr. 2 EStG) als Organträger	281 - 320
II. Holding	321 - 335
III. Betriebsaufspaltung	336 - 345
IV. GmbH & Co. KG	346 - 360
G. Zeitliche Voraussetzungen der Eingliederung gemäß § 14 Abs. 1 Nr. 1 KStG	361 - 480
I. Grundsatz	361 - 370
II. Bildung eines Rumpfwirtschaftsjahres	371 - 380
III. Anwendung der sog. Mitternachtserlasse in Veräußerungsfällen	381 - 390
IV. Umwandlung des Organträgers; Gesamtrechtsnachfolge	391 - 430
1. Verschmelzung	391 - 405
2. Spaltung und Ausgliederung	406 - 415
3. Formwechsel	416 - 420
4. Gesamtrechtsnachfolge	421 - 430
V. Umwandlung der Organgesellschaft	431 - 470
1. Verschmelzung	431 - 440
2. Spaltung und Ausgliederung	441 - 450
3. Formwechsel	451 - 455
4. Rückwirkung	456 - 470
VI. Umwandlung einer anderen Gesellschaft auf die Organgesellschaft	471 - 480
H. Gewinnabführungsvertrag (§ 14 Abs. 1 Nr. 3 KStG)	481 - 610
I. Allgemeines	481 - 490
II. Begriff	491 - 500

III.	Aktienrechtliche Regelungen	501 - 515
IV.	Inhalt des Gewinnabführungsvertrags	516 - 540
V.	Steuerrechtliche Wirksamkeitsvoraussetzungen	541 - 570
	1. Vertragsabschluss vor dem 21.11.2002	541 - 555
	2. Vertragsabschluss nach dem 20.11.2002	556
	3. Zivilrechtliche Wirksamkeit	557 - 570
VI.	Vertragsdauer	571 - 580
VII.	Folgen der Nichtdurchführung des Gewinnabführungsvertrags	581 - 590
VIII.	Auflösung der Organgesellschaft	591 - 600
IX.	Bilanzierung latenter Steuern	601 - 604
X.	Ausgleichszahlungen an außenstehende Gesellschafter	605 - 610
I. Wirkungen der Organschaft gemäß § 14 KStG		**611 - 750**
I.	Prinzip der Zurechnung	611 - 630
II.	Ermittlung des zuzurechnenden Einkommens der Organgesellschaft	631 - 650
III.	Maßgeblicher Zurechnungszeitpunkt für das Organeinkommen	651 - 660
IV.	Besonderheiten der Einkommenszurechnung bei Personengesellschaften als Organträger	661 - 670
V.	Einkommensermittlung beim Organträger	671 - 750
	1. Abziehbarkeit von Zinsen	676 - 680
	2. Übernahme vororganschaftlicher Verluste	681 - 685
	3. Teilwertabschreibung auf die Organbeteiligung	686 - 690
	4. Verdeckte Gewinnausschüttung bei GAV im Interesse eines Gesellschafters des OrgT	691 - 695
	5. Bildung und Auflösung besonderer Ausgleichsposten	696 - 715
	a) Meinungsstand vor der gesetzlichen Regelung in § 14 Abs. 4 KStG	696 - 710
	b) Der neue Absatz 4	711 - 715
	6. Vororganschaftlich verursachte Mehr- und Minderabführungen – Der neue Abs. 3	716 - 730
	7. Negatives Einkommen/Negative Einkünfte gemäß § 14 Abs. 1 Satz 1 Nr. 5 KStG	731 - 735
	8. Thesaurierungsbegünstigung nach § 34a EStG	736 - 740
	9. Veräußerung der Anteile und § 8c KStG	741 - 750
J. Mehrmütter-Organschaft (§ 14 Abs. 2 KStG a. F.)		**751 - 760**
K. Lebens- oder Krankenversicherungsunternehmen als Organgesellschaften		**761 - 764**
L. Feststellungsverfahren (§ 14 Abs. 5 KStG)		**765 - 771**

A. Entstehungsgeschichte des § 14 KStG

HINWEIS:

R 14 – 19 KStR 2015.

LITERATURHINWEISE:

Dötsch/Pung, Organschaftsbesteuerung: Das Einführungsschreiben des BMF, Schreiben v. 26. 8. 2003 und weitere aktuelle Entwicklungen, DB 2003, 1970; *Flutgraf/Fuchs/Stifter*, Organschaftliche Mehrabführungen – Verfassungswidrige Rückwirkung der geplanten Dividendenbesteuerung, DB 2004, 2012; *Haase*, Personengesellschaften als Organträger – Zweifelsfragen bei der Auslegung des § 14 Abs. 1 Nr. 2 KStG n. F., DB 2004, 1580; *Nagel/Thies*, Steuerliche Behandlung der Schlussauflösung von organschaftlichen Ausgleichsposten bei Kapitalgesellschaften, GmbHR 2004, 35; *Wassermeyer*, Widersprüchlichkeiten bei der Organschaft, DStR 2004, 214; *Blumers/Goerg*, Eigengewerblichkeit von doppelstöckigen Personengesellschaften, DStR 2005, 397; *Dötsch*, Organschaft: Das Einführungsschreiben des BMF zu den Änderungen durch das Steuervergünstigungsabbaugesetz und durch das Gesetz zur Änderung des GewStG und anderer Gesetze vom 23.12.2003, DB 2005, 2541; *Dötsch/Pung*, Richtlinien-Umsetzungsgesetz: Die Änderungen des EStG, des KStG und des GewStG, DB 2005, 10; *Herzig/Wagner*, Finnische Gruppenbesteuerung vor dem EuGH – Mögliche Folgen für die Organschaft, DB 2005, 2374; *Kempf/Zipfel*, Offene Fragen der Einkommenszurechnung bei abweichendem Wirtschaftsjahr im Organkreis, DStR 2005, 1301; *Kleinert/*

Nagler/Rehm, Gewinnbesteuerung nach „Art des Hauses" mittels grenzüberschreitender Organschaft, DB 2005, 1869; *Milatz/Schäfers*, Ausgliederung im Gemeinnützigkeitssektor am Beispiel von Krankenhäusern – Können Betriebe gewerblicher Art oder gemeinnützige Körperschaften steuerliche Organschaften nutzen?, DB 2005, 1761; *Plewka/Schienke*, Rückwirkung der Organschaft bei Umwandlungen, DB 2005, 1703; *Rödder*, Vororganschaftlich verursachte Mehrabführungen i. S. des § 14 Abs. 3 KStG n. F., DStR 2005, 217; *Scheidle/Koch*, Zweifelsfragen bei der körperschaftsteuerlichen Organschaft aufgrund mittelbarer Beteiligung, DB 2005, 2656; *Schmidt, Lutz/Hageböke*, Organträgereigenschaft der atypisch stillen Gesellschaft nach § 14 KStG n. F., DStR 2005, 761; *Herzig/Wagner*, EuGH-Urteil „Marks & Spencer" – Begrenzter Zwang zur Öffnung nationaler Gruppenbesteuerungssysteme für grenzüberschreitende Sachverhalte, DStR 2006, 1; *Thiel*, Kann die Korrektur der verdeckten Gewinnausschüttung einer Organgesellschaft zu einem Verlust der Muttergesellschaft führen?, DB 2006, 633; *Schumann/Kempf*, Vororganschaftliche Mehr-/Minderabführungen: Definitionsversuch und Analyse der Rechtsfolgen, FR 2006, 219; *Schumacher*, Umwandlungssteuerrecht und Organschaft zum übernehmenden Rechtsträger, DStR 2006, 124; *Suchanek*, Ergänzendes zur Organträgereigenschaft der atypisch stillen Gesellschaft nach § 14 KStG n. F., DStR 2006, 836; *Walter*, Der Millionenmantel und seine finanzielle Eingliederung bei Organschaft, GmbHR 2006, 243; *Wassermeyer*, Teilwertabschreibung auf eine zinslose Darlehensforderung des Gesellschafters gegen seine Gesellschaft, DB 2006, 296; *Wernicke/Scheunemann*, Verzinsung des Anspruchs auf Verlustübernahme nach § 302 AktG aus gesellschaftsrechtlicher und steuerrechtlicher Sicht, DStR 2006, 1399; *Wernsmann/Nippert*, Gemeinschaftsrechtliche Vorgaben für die grenzüberschreitende Verlustberücksichtigung im Konzern, FR 2006, 153; *Bahns/Graw*, Organschaftliche Einkommenszurechnung bei Auflösung und Umwandlung einer Organgesellschaft, DB 2008, 1645; *Pohl*, Thesaurierungsbegünstigung nach § 34a EStG in Organschaftsfällen, DB 2008, 84; *Rogall*, Thesaurierungsbegünstigung – Regelungslücken bei der Organschaft und der doppelstöckigen Personengesellschaft, DStR 2008, 429; *Schmich*, Rechtliche und steuerliche Fragen bei der mezzaninen Finanzierung einer Organgesellschaft, GmbHR 2008, 464; *Wehrheim/Rupp*, Die Bildung von Gewinnrücklagen nach dem BilMoG und ihre Auswirkungen auf die ertragsteuerliche Organschaft, DStR 2008, 1977; *Breuninger/Ernst*, Abschied vom Abzug endgültig gewordener ausländischer Betriebsstättenverluste im Inland?, DB 2009, 1981; *Dahlke*, Bilanzierung latenter Steuern bei Organschaften nach dem BilMoG, BB 2009, 878; *Haase*, Die grenzüberschreitende Organschaft – eine Bestandsaufnahme, BB 2009, 980; *Heerdt*, Die steuerliche Behandlung von Mehrabführungen im Rahmen eines Upstream-Mergers auf eine Organgesellschaft, DStR 2009, 938; *Kobelt*, Internationale Optionen deutscher Kapitalgesellschaften nach MoMiG, „Cartesio" und „Trabrennbahn" – zur Einschränkung der Sitztheorie, GmbHR 2009, 808; *Meining*, Mehrabführungen anlässlich der Verschmelzung einer Tochterkapitalgesellschaft auf ihre Mutterorgangesellschaft, BB 2009, 1444; *Prinz/Ruberg*, Latente Steuern nach dem BilMoG – Grundkonzept, Bedeutungswandel, erste Anwendungsfragen, Der Konzern 2009, 343; *Süß/Mayer*, BFH: Formal-zivilrechtliche Betrachtungsweise bei Organschaft gilt auch bei Änderung des Ergebnisabführungsvertrags, DStR 2009, 789; *Schmidt/Werner*, Parallele Zulässigkeit von steuerlicher Organschaft und atypisch stiller Beteiligung, GmbHR 2010, 29; *Frey/Mückl*, Konzeption und Systematik der Änderungen beim Verlustabzug (§ 8c KStG) – Chancen und Risiken für die Gestaltungspraxis, GmbHR 2010, 71; *Loitz*, DRS 18 – Bilanzierung latenter Steuern nach dem Bilanzrechtsmodernisierungsgesetz, DB 2010, 2177; *Mitschke*, Keine grenzüberschreitende Organschaft zum europarechtlichen „Nulltarif"!, DStR 2010, 1368; *Sedemund*, Ungelöste Fragen bei vor- und innerorganschaftlichen Mehr- und Minderabführungen, DB 2010, 1255, *Rublack*, Abzug grenzüberschreitender Konzernverluste nur mit Gewinnabführungsvertrag?, FR 2010, 791; *von Brocke*, Abzug definitiver Verluste ausländischer Tochtergesellschaften im Rahmen der körperschaftsteuerlichen Organschaft?, DStR 2010, 964; *Borggräfe/Kutsch,* Heilung von nicht durchgeführten Organschaftsverträgen mittels Bilanz, NWB 2011, 1946; *Elicker/Hartrott*, Angriffspunkte gegen die Haftung im Organkreis, BB 2011, 2775; *Gebert*, Das Zusammenspiel von umwandlungssteuerrechtlicher Rückwirkung und Beginn der Organschaft – Aktuelle Entwicklungen, DStR 2011, 102; *Heurung/Engel*, Fortführung und rückwirkende Begründung von Organschaftsverhältnissen in Umwandlungsfällen, BB 2011, 151; *Melcher/Murer*, Bilanzierung von latenten Steuern bei Organschaften nach dem BilMoG im Fall von Steuerumlageverträgen, DB 2011, 2329; *Neumayer/Imschweiler*, Aktuelle Fragen zur Gestaltung und Durchführung von Gewinnabführungsverträgen, GmbHR 2011, 57; *Zwirner*, Bestimmung des Verlustübernahmebetrags nach § 302 AktG, DStR 2011, 783; *Behrens*, Keine sog. Organschaft über die Grenze aufgrund des DBA-Diskriminierungsverbots, BB 2012, 485; *Behrens*, Konzerninterne Veräußerung der Organbeteiligung kein wichtiger Grund i. S. v. § 14 Abs. 1 Nr. 3 Satz 2 KStG?, BB 2012, 2787; *Heurung/Engel/Müller-Thomczik*, Der „wichtige Grund" zur Beendigung des Gewinnabführungsvertrags, GmbHR 2012, 1227; *Lenz/Adrian/Handwerker*, Geplante Neuregelung der ertragsteuerlichen Organschaft, BB

2012, 2851; *Mische/Recnik*, Bilanzielle Behandlung organschaftlicher Ausgleichsposten bei Auf- und Abstockungen der Organbeteiligung, BB 2012, 1015; *Trautmann/Faller*, Mehr- und Minderabführungen in der Organschaft nur bei einkommenserheblichen Abweichungen zwischen Handels- und Steuerbilanz, DStR 2012, 890; *Taetzner/Protz*, Wenn das Handelsregister Ergebnisabführungsverträge zu spät bearbeitet: abweichende Steuerfestsetzung im Billigkeitsweg, BB 2012, 2797; *Dötsch/Pung*, Gesetz zur Änderung und Vereinfachung der Unternehmensbesteuerung und des steuerlichen Reisekostenrechts: Die Änderungen bei der Organschaft, DB 2013, 305; *Faller*, Organschaftliche Mehr- und Minderabführungen bei einkommenserheblichen Abweichungen zwischen Handels- und Steuerbilanz, DStR 2013, 1977; *Dötsch/Pung*, Organträger-Personengesellschaft mit ausländischen Gesellschaftern: Zur Anwendung des § 14 Abs. 1 Satz 1 Nr. 2 Satz 7 KStG, DB 2014, 1215; *Kahlert*, Beendigung der ertragsteuerlichen Organschaft mit dem vorläufigen Insolvenzverfahren, DStR 2014, 73; *Schmidtmann*, Anteilige Auflösung organschaftlicher Ausgleichsposten bei „up-stream"-Abspaltungen, DStR 2014, 405; *Mangold/Zinowsky*, Ertragsteuerliche Organschaft bei Implementierung eines Personengesellschafts-Treuhandmodells, DStR 2014, 2045; *Ditz/Tcherveniachki*, Zuordnung von Beteiligungen an KapGes. zur Betriebsstätte einer Holding-PersGes., DB 2015, 2897; *Jasper*, Die Konzernklausel in § 2 Abs. 4 Satz 6 UmwStG im Spannungsfeld von objektivem Nettoprinzip und gesetzgeberischer Typisierungsbefugnis, DStR 2015, 321; *Hierstetter*, Übertragung des Geschäftsbetriebs einer Organgesellschaft, BB 2015, 859; *Hölzer*, Nichteinbeziehung des umwandlungs- und umwandlungssteuerrechtlichen Rückbezugszeitraums in die Berechnung der Mindestlaufzeit eines Gewinnabführungsvertrags, DB 2015, 1249; *Wittgens/Fischer*, Unterjährige Aufhebung von Unternehmensverträgen mit abhängiger GmbH, DB 2015, 2315; *Berner*, Die Fortführung organschaftlicher Ausgleichsposten im Rahmen konzerninterner Umstrukturierungen, DStR 2016, 14; *Bünning/Stoll*, Bildung und Auflösung von Kapitalrücklagen bei bestehenden Gewinnabführungsverträgen, BB 2016, 555; *Brühl/Binder*, (Steuerliche) Anwachsung und Organschaft, Ubg 2016, 647; *Brühl/Lange*, § 14 Abs. 1 Satz 2 KStG: Keine Billigkeitsmaßnahme bei verzögerter Handelsregistereintragung eines Gewinnabführungsvertrags?, DK 2016, 542; *von Freeden/Joisten*, Auflösung organschaftlicher Ausgleichsposten bei mittelbarer Organschaft, DB 2016, 1099; *Hruschka*, Die Zuordnung von Beteiligungen zu Betriebsstätten von Personengesellschaften, IStR 2016, 437; *Neumann-Tamm*, Die Einspruchsfalle bei der Hinzurechnungsbesteuerung in Organschaftsfällen, IStR 2016, 889; *Oser/Kropp*, Keine Gewinnrealisierung des Organträgers durch Auflösung latenter Steuern seiner Organgesellschaft, BB 2016, 875; *Adrian/Fey*, Organschaftsrettung durch den BFH, DStR 2017, 2409; *Blumers*, Organträgerpersonengesellschaft und DBA-Betriebsstättenvorbehalt, DB 2017, 2893; *Bolik/Kummer*, Ertragszuschuss in der Organschaft, NWB 2017, 3342; *von Freeden/Lange*, Ertragszuschuss eines Organträgers an seine Organgesellschaft, DB 2017, 2055; *Hageböke/Hennrichs*, Organschaft: Der Gesetzeszweck der Ausschüttungssperre in § 253 Abs. 6 Satz 2 HGB n. F. als Thesaurierungsgrund i. S.v. § 14 Abs. 1 Satz 1 Nr. 4 KStG, DB 2017, 18; *Kessler/Egelhof*, Außerbilanzielle Ausschüttungssperren in der Organschaft, DStR 2017, 998; *Nodoushani*, Die zivil- und steuerrechtlichen Voraussetzungen für die Kündigung eines Ergebnisabführungsvertrages aus wichtigem Grund, DStR 2017, 399; *Pohl*, Zum Standort der Einkommenszurechnung in Organschaftsfällen, DStR 2017, 1687; *Schell/Schrade*, Wiedereinlagevereinbarungen und tatsächliche Durchführung von Gewinnabführungsverträgen iSd § 14 Abs. 1 S. 1 Nr. 3 S. 1 KStG, DStR 2017, 86; *Dötsch/Phung*, Organschaftliche Ausgleichsposten: ein neuer Denkansatz, DB 2018; 1424; *Jauch/Hörhammer*, UStAVermG: Ausgewählte körperschaftsteuerliche Neuregelungen, NWB 2018, 3890; *Nürnberg*, Variable Ausgleichszahlungen gem. § 14 Abs. 2 KStG-E, NWB 2018, 2856; *Pohl*, Zweifelsfragen zu § 8d KStG im Kontext der Organschaft BB 2018, 796; *Wachter*, Verunglückte Organschaft wegen verspäteter Eintragung im Handelsregister, DB 2018, 272, *Altrichter-Herzberg*, Auslegungstendenzen der Finanzverwaltung zu § 4 Abs. 4a EStG – ein Problem für Organschaften, DStR 2019, 31; *Badde*, Die unterbliebene Ausgleichszahlung als Stolperstein der ertragsteuerlichen Organschaft?, DStR 2019, 194; *Hasbach*, Ausgleichszahlungen an außenstehende Gesellschafter – Anmerkungen zu § 14 Abs. 2 nF, DStR 2019, 81.

Zur Rechtsentwicklung der Organschaft allgemein s. *Müller* in Mössner/Seeger/Oellerich, KStG Vorbem. §§ 14 – 19 Rz. 11 ff.,

Die Vorschrift entsprach ursprünglich bis auf den Einschub in § 14 (Abs. 1) Satz 1 „soweit sich aus § 16 nichts anderes ergibt" dem § 7a Abs. 1 KStG in der bis einschl. 1976 geltenden Fassung.

3 § 14 (Abs. 1) Nr. 2 wurde durch das StÄndG 1992 v. 25.2.1992[1] um Satz 3 ergänzt; gleichzeitig wurden Nr. 4 und 5 – ebenfalls mit Wirkung ab dem VZ 1991[2] – geändert.

4 Durch Art. 3 Nr. 6 des Steuersenkungsgesetzes – StSenkG – v. 23.10.2000[3] wurde § 14 (**Abs. 1 Satz 1**) Nr. 1 Satz 2 dahin gehend geändert, dass mittelbare Beteiligungen zu berücksichtigen sind, wenn die Beteiligung an jeder vermittelnden Gesellschaft die Mehrheit der Stimmrechte gewährt. Gleichzeitig wurde § 14 (**Abs. 1 Satz 1**) Nr. 2 KStG aufgehoben. Hierdurch rückten die bisherigen Nr. 3 – 5 zu Nr. 2 – 4 auf. Die Bezugnahme in der neuen Nr. 2 Satz 3 wurde entsprechend angepasst. Die Neuregelungen gelten bei KapGes mit einem dem Kj. entsprechenden Wj. ab dem VZ 2001. Bei einem abweichenden Wj., welches vor dem 1.1.2001 beginnt, sind die neuen Regelungen erstmals mit dem VZ 2002 anzuwenden (§ 34 Abs. 2 KStG).

5 Durch Art. 2 Nr. 6 des Gesetzes zur Fortentwicklung des Unternehmenssteuerrechts (Unternehmenssteuerfortentwicklungsgesetz – UntStFG) v. 20.12.2001[4] ist § 14 KStG in mehrfacher Hinsicht geändert und deshalb neu gefasst worden.

6 Art. 7 Nr. 1 des Gesetzes zur Bekämpfung von Steuerverkürzungen bei der Umsatzsteuer und zur Änderung anderer Steuergesetze (Steuerverkürzungsbekämpfungsgesetz – StVBG) v. 19.12.2001[5] hat § 14 KStG um einen Abs. 3 erweitert, wonach Abs. 1 auf OG die Lebens- oder Krankenversicherungsunternehmen sind, nicht anzuwenden ist.

7 Art. 2 des Gesetzes zum Abbau von Steuervergünstigungen und Ausnahmeregelungen (Steuervergünstigungsabbaugesetz – StVergAbG) v. 16.5.2003[6] hat die Regelungen des § 14 KStG erneut in mehreren Punkten geändert. Insbesondere wurde durch Aufhebung von Abs. 2 die erst durch das UntStFG gesetzlich verankerte Mehrmütterorganschaft (s. → Rz. 5) mit Wirkung ab dem VZ 2003 völlig abgeschafft; zusätzliche Regelungen sollen Ausweichgestaltungen verhindern.

8 Weitere Verschärfungen:

- Die Organschaft kann nicht mehr ein Jahr rückwirkend, sondern erst mit steuerlicher Wirkung ab dem Kj. begründet werden, in dem das Wj. der OG endet, in dem der GAV durch Eintragung in das Handelsregister wirksam wird (§ 14 Abs. 1 Satz 2 KStG).

- Ab 2003 können Personengesellschaften nur noch dann OrgT sein, wenn sie eine eigene gewerbliche Tätigkeit i. S. v. § 15 Abs. 1 Nr. 1 EStG entfalten. Eine lediglich gewerblich geprägte Personengesellschaft kommt als OrgT nicht mehr in Betracht. Außerdem muss die finanzielle Eingliederung im Verhältnis zur PersGes selbst erfüllt sein, d. h., die Beteiligung an der OG muss zum Gesamthandsvermögen der PersGes gehören (§ 14 Abs. 1 Satz 1 Nr. 2 und 3 KStG).

9 Durch Art. 3 Nr. 4 des Gesetzes zur Umsetzung von EU-Richtlinien in nationales Steuerrecht und zur Änderung weiterer Vorschriften (Richtlinien-Umsetzungsgesetz – EURLUmsG) v. 9.12.2004[7] wurde ein neuer Abs. 3 eingefügt. Dieser übernimmt die bisherige Verwaltungsauffassung, wonach vorvertraglich verursachte Mehrabführungen nach Ausschüttungsgrundsät-

---

[1] BGBl 1992 I 297; BStBl 1992 I 146.
[2] Vgl. § 54 Abs. 1 i. d. F. des Gesetzes v. 11.3.1991, BGBl 1991 I 638; BStBl 1991 I Sonder-Nr. 1/91, 135.
[3] BGBl 2000 I 1433; BStBl 2000 I 1428.
[4] BGBl 2001 I 3858 [3863]; BStBl 2002 I 35 [41].
[5] BGBl 2001 I 3922; BStBl 2002 I 32.
[6] BGBl 2003 I 660; BStBl 2003 I 321.
[7] BGBl 2004 I 3310; BStBl 2004 I 1158.

zen zu behandeln sind. Demgegenüber hatte der BFH in mehreren Urteilen v. 18.12.2002[1] entschieden, dass für die Umqualifizierung einer Abführung in eine Ausschüttung eine Rechtsgrundlage fehle.

Mit dem neuen Abs. 3 in Zusammenhang stehen folgende Änderungen:
- Nach § 37 Abs. 2 Satz 2 KStG gilt Satz 1 dieser Vorschrift für Mehrabführungen entsprechend;
- Die Einfügung eines Abs. 7 in § 44 EStG. Danach entsteht in den Fällen des § 14 Abs. 3 KStG die KapErtrSt in dem Zeitpunkt der Feststellung der Handelsbilanz der OG, spätestens aber acht Monate nach Ablauf des Wirtschaftsjahrs der OG;
- Schließlich wurde § 27 Abs. 6 Satz 4 KStG dahin gehend ergänzt, dass Satz 1 (nur) für andere Minderabführungen und Mehrabführungen, die ihre Ursache in organschaftlicher Zeit haben, entsprechend gilt.

Durch Art. 3 Nr. 3a des Jahressteuergesetzes 2008 (JStG 2008) v. 20.12.2007[2] wurde in einem neuen Abs. 4 die bisherige Verwaltungsauffassung zur Bildung von Ausgleichsposten und Behandlung von Mehr- und Minderabführungen gesetzlich verankert.

Durch das Jahressteuergesetz 2009 (JStG 2009) v. 19.12.2008[3] wurde Abs. 2 gestrichen.

Durch das Gesetz zur Änderung und Vereinfachung der Unternehmensbesteuerung und des steuerlichen Reisekostenrechts (Unternehmensbesteuerungsänderungsgesetz) wurden der Inlandsbezug in § 14 Satz 1 Nr. 2 Sätze 4 ff. neu geregelt und § 18 gestrichen.

Durch das Gesetz zur Vermeidung von Umsatzsteuerausfällen beim Handel mit Waren im Internet und zur Änderung weiterer steuerlicher Vorschriften vom 11.12.2018 (UStAVermG)[4] hat der Gesetzgeber einen neuen Abs. 2 eingefügt, in dem er geregelt hat, unter welchen Voraussetzungen auch bei Ausgleichszahlungen an außenstehende Gesellschafter der ganze Gewinn als abgeführt gilt.

(Einstweilen frei)   14–20

B. Grundkonzeption der Organschaftsbesteuerung nach § 14 KStG

Eine körperschaftsteuerliche Organschaft setzt zunächst voraus, dass eine SE, AG oder KGaA mit Geschäftsleitung im Inland und Sitz in einem Mitgliedstaat der EU oder des EWR vom Beginn ihres Wirtschaftsjahrs an (s. →Rz. 361 ff.) finanziell (bis einschl. VZ 2000 bzw. – bei abweichendem Wj. – VZ 2001 außerdem: wirtschaftlich und organisatorisch) als OG (s. →Rz. 31 ff.) in das Unternehmen des OrgT (s. →Rz. 81 ff.) eingegliedert ist (s. →Rz. 161 ff.) und sie sich durch einen GAV (s. →Rz. 481 ff.) zivilrechtlich wirksam verpflichtet hat, ihren ganzen Gewinn an den OrgT abzuführen. Als Konsequenz hieraus bestimmt die Vorschrift, dass das Einkommen der OG dem OrgT zuzurechnen ist, soweit es sich nicht um Ausgleichszahlungen an außenstehende Gesellschafter handelt (s. →Rz. 611 ff.); derartige Ausgleichszahlungen werden stets zu 20/17 als eigenes Einkommen der OG behandelt, und zwar auch dann, wenn

---

[1] Vgl. I R 51/01, BStBl 2005 I 49.
[2] BGBl 2007 I 3150.
[3] BGBl 2008 I 2794.
[4] BGBl 2018 I 2883.

sich der OrgT zur Leistung der Ausgleichszahlungen verpflichtet hat.[1] Unter der Geltung des Anrechnungsverfahrens hatte die OG ihr Einkommen i. H. der Ausgleichszahlungen und die darauf entfallende Ausschüttungsbelastung (§ 27 KStG) selbst zu versteuern.

22 Verpflichtet sich eine **andere inländische KapGes**, insbesondere eine GmbH, zur Gewinnabführung, so verweist § 17 KStG wegen der Anerkennung eines Organschaftsverhältnisses auf § 14 KStG. Diese gespaltene Regelung der Voraussetzungen der Organschaft beruht darauf, dass der in § 14 Abs. 1 Satz 1 KStG geforderte GAV (§ 291 AktG) nur die Gewinnabführung durch eine SE, AG oder KGaA betrifft; für eine GmbH kommt somit nur eine entsprechende Anwendung des § 14 KStG in Betracht, wie sie in § 17 KStG vorgesehen ist.

23–30 *(Einstweilen frei)*

C. Organgesellschaft gemäß § 14 Abs. 1 KStG

I. Rechtsform

31 Nach § 14 Abs. 1 Satz 1 KStG kommt als OG zunächst nur eine **Europäische Gesellschaft (SE), AG oder KGaA** in Betracht. Der Kreis der möglichen OG wird jedoch durch § 17 KStG auf „andere" KapGes erweitert, womit die **GmbH** angesprochen ist.

32 Diese **abschließende Beschränkung auf KapGes** i. S. d. § 1 Abs. 1 Nr. 1 KStG steht der Anerkennung sonstiger juristischer Personen als OG selbst dann entgegen, wenn sie subjektiv körperschaftsteuerpflichtig sind. Erwerbs- und Wirtschaftsgenossenschaften (§ 1 Abs. 1 Nr. 2 KStG), Versicherungsvereine auf Gegenseitigkeit (§ 1 Abs. 1 Nr. 3 KStG) und sonstige juristische Personen des Privatrechts (§ 1 Abs. 1 Nr. 4 KStG), z. B. Stiftungen oder rechtsfähige Vereine, scheiden somit als OG aus.[2]

33 Aufgrund § 14 Abs. 3 KStG, der durch Art. 7 StVBG v. 19.12.2001[3] angefügt und durch Art. 2 Nr. 2 Buchst. c StVergAbG v. 16.5.2003[4] nach Abschaffung der Mehrmütterorganschaft nunmehr Abs. 2 wurde, sind Lebens- und Krankenversicherungsunternehmen ab dem VZ 2002 als OG ausgeschlossen (s. → Rz. 761).

34 Diese Einschränkung wurde allerdings durch das JStG 2009 wieder aufgehoben.

35 Da die GmbH & Co. KG weder gesellschaftsrechtlich noch stlich eine KapGes, sondern eine PersGes ist,[5] kommt sie als OG ebenfalls nicht in Betracht.[6] Die Komplementär-GmbH (AG/SE) kann allerdings OG sein.[7] Umstritten ist, ob die Komplementär-GmbH OG der eigenen KG sein kann.[8] Unstreitig kann sie jedenfalls OG zu einem Kommanditisten der eigenen KG sein.[9] In diesem Fall ist die Beteiligung SonderBV des Kommanditisten bei der GmbH & Co. KG. Wäh-

---

[1] Siehe dazu *Müller* in Mössner/Seeger/Oellerich, KStG, § 16 Rz. 31.
[2] Vgl. a. *Frotscher*/Drüen § 14 Rz. 80; *Müller/Stöcker/Lieber*, Die Organschaft, 10. Auflage 2017, Rz. 32.
[3] BGBl 2001 I 3922; BStBl 2002 I 32.
[4] BGBl 2003 I 660; BStBl 2003 I 321.
[5] Vgl. BFH, Beschluss v. 25.6.1984 - GrS 4/82, BStBl 1984 II 751.
[6] BFH, Urteil v. 26.1.1995 - IV R 73/93, BStBl 1995 II 589; v. 17.4.1986 - IV R 221/84, BFH/NV 1988, 116 = NWB EAAAB-28818; v. 7.3.1973 - I R 119/71, BStBl 1973 II 562.
[7] Siehe Verf. in *Müller/Stöcker/Lieber*, a. a. O., Rz. 442 ff.
[8] Bejahend *Walter* in Bott/Walter, § 14 Rz. 55 und 525 ff.; verneinend *Frotscher*/Drüen § 14 Rz. 69 und *Dötsch* DPM § 14 Rz. 76.
[9] BFH, Urteil v. 24.2.2005 - IV R 12/03, BStBl 2006 II 361; *Dötsch* DPM § 14 Rz. 51.

rend der Organschaftszeit dürfte die Zurechnung von Beteiligungserträgen im SonderBV wegen des Vorrangs der Einkommenszurechnung nach § 14 KStG ausgesetzt sein.[1]

Bei einer **KapGes & Still** kann die KapGes OG sein, wenn es sich um eine typisch stille Gesellschaft handelt. In diesem Fall erzielt nämlich der stille Gesellschafter Einkünfte aus Kapitalvermögen, die bei der KapGes als BA den Gewinn mindern. Insoweit spricht auch der Umstand, dass die OG aufgrund des GAV verpflichtet ist, ihren ganzen Gewinn an den OrgT abzuführen, nicht gegen diese Gesellschaftsform.[2] Bei der **KapGes & Atypisch Still** handelt es sich hingegen um eine Mitunternehmerschaft, in welcher der atypisch stille Gesellschafter Anspruch auf einen Anteil am Gewinn hat. Wegen der vorerwähnten Verpflichtung der OG, ihren „ganzen" Gewinn an den OrgT abzuführen, dürften sich deshalb diese Gesellschaftsform und eine Organschaft gegenseitig ausschließen.[3]

Die **Vorgesellschaft**, d. h., die durch Satzung oder Gesellschaftsvertrag errichtete, aber im Handelsregister noch nicht eingetragene Gesellschaft, ist mit der durch Eintragung im HR entstandenen Gesellschaft wesensgleich;[4] sie kann demnach – im Gegensatz zur **Vorgründungsgesellschaft**, der diese Eigenschaft nicht zukommt – grundsätzlich OG sein.[5] Dies gilt allerdings nur bei einer Vorgesellschaft, die später auch eingetragen wird, also nicht bei einer fehlgeschlagenen Vorgesellschaft.[6] Zu beachten ist jedoch, dass ein körperschaftsteuerliches Organschaftsverhältnis zu einer solchen Vorgesellschaft auch den Abschluss eines GAV (s. → Rz. 481 ff.) erfordert, der erst mit der Eintragung im HR wirksam wird (s. hierzu → Rz. 503 ff.); dessen Eintragung kann wiederum nicht erfolgen, bevor die Gesellschaft selbst im HR eingetragen ist. Nach der durch Art. 2 Nr. 2 Buchst. a Doppelbuchst. bb StVergAbG eingeführten Neuregelung des § 14 Abs. 1 Satz 2 KStG ist das Einkommen der OG dem OrgT erstmals für das Kalenderjahr zuzurechnen, in dem das Wj. der OG endet, in dem der GAV wirksam wird. Dies bedeutet, dass die Folgen der Organschaft nicht vor dem Wj. eintreten können, in dem die Vorgesellschaft und der GAV in das HR eingetragen worden ist.[7] Diese Neuregelung gilt schon im VZ 2002, wenn der GAV nach dem 20.11.2002 (Datum der Beschlussfassung im Bundeskabinett) abgeschlossen worden ist (§ 34 Abs. 9 Nr. 3 KStG). Ist der Vertrag vor dem 21.11.2002 abgeschlossen worden, gilt noch die alte Regelung (s. → Rz. 541).

Zur Anerkennung einer **PersGes** als OG besteht kein sachliches Bedürfnis, da die Gewinne der PersGes ohnehin im Wege der gesonderten Feststellung den einzelnen Gesellschaftern direkt zugerechnet werden.[8]

Verlegt eine **ausländische KapGes** Geschäftsleitung (s. → Rz. 48) und Sitz (s. → Rz. 49) ins Inland (s. → Rz. 55), so kommt sie nach Maßgabe des § 14 KStG als OG in Betracht, sofern ihre

---

1 *Dötsch* DPM § 14 Rz. 165.
2 Ebenso *Frotscher*/Drüen § 14 Rz. 86a; *Dötsch* DPM § 14 Rz. 53.
3 Vgl. *Frotscher*/Drüen a. a. O.; *Dötsch* DPM § 14 Rz. 54; OFD Frankfurt a. M., Vfg. v. 30. 1. 2013, GmbHR 2013, 448; a. A. *Walter* in Bott/Walter, a. a. O., Rz. 61, 586; *Schmich*, GmbHR 2008, 464, 465 f.; *Schmidt/Werner*, GmbHR 2010, 29; *Hageböke*, DK 2013, 334; der BFH hat die Frage bisher offen gelassen und ausdrücklich gerade nicht entschieden, was *Dötsch*, a. a. O., verkennt, vgl. BFH, Beschlüsse v. 31. 3. 2011 – I B 177/10, BFH/NV 2011, 1397 = NWB EAAAD-85749 und v. 11. 8. 2011 – I B 179/10, BFH/NV 2011, 2052 = NWB XAAAD-94362.
4 Vgl. BFH, Urteil v. 12. 12. 2007 - X R 17/05, BStBl 2008 II 579; zu Einzelheiten s. *Oellerich* in Mössner/Seeger/Oellerich, KStG, § 1 Rz. 106.
5 Vgl. BFH, Urteil v. 8. 11. 1989 - I R 174/86, BStBl 1990 II 91.
6 BFH, Urteil v. 18. 3. 2010 - IV R 88/06, BStBl 2010 II 991.
7 Gl. A. *Müller/Stöcker/Lieber*, a. a. O., Rz. 34.
8 Ebenso *Frotscher*/Maas § 14 Rz. 80c.

Rechtsform den strukturbildenden Merkmalen einer KapGes i. S. d. § 1 Abs. 1 Nr. 1 KStG entspricht (s. a. → Rz. 51 m. w. N.).

40–45 *(Einstweilen frei)*

II. Geschäftsleitung und Sitz im Inland

46 Die OG musste ihre Geschäftsleitung **und** ihren Sitz im Inland haben. Zur Neuregelung s. nachfolgend → Rz. 47. Durch diese doppelte Inlandsbindung sollte sichergestellt werden, dass die Organschaftsvoraussetzungen hier auch wirksam überprüft werden können.[1] Insoweit genügte es von Gesetzes wegen nicht, dass die OG unbeschränkt körperschaftsteuerpflichtig war, wofür bereits Geschäftsleitung **oder** Sitz im Inland ausreicht (vgl. § 1 Abs. 1 KStG). Die Europäische Kommission hielt diesen doppelten Inlandsbezug in Bezug auf im EU-/EWR-Ausland gegründete Kapitalgesellschaften, die ihren Ort der Geschäftsleitung im Inland haben und daher unbeschränkt körperschaftsteuerpflichtig sind, für unionsrechtswidrig und hatte deshalb das Vertragsverletzungsverfahren Nr. 2008/4909 gegen Deutschland eingeleitet. In Reaktion hierauf erkannte das BMF mit Schreiben v. 28. 3. 2011[2] ein Organschaftsverhältnis bei Vorliegen der übrigen Voraussetzungen an, wenn die im EU-/EWR-Ausland gegründete Kapitalgesellschaft ihre Geschäftsleitung im Inland hat. Das Organschaftsverhältnis sollte nur die im Inland steuerpflichtigen (positiven und negativen) Einkünfte erfassen, ein Transfer ausländischer Verluste ins Inland würde damit nicht stattfinden. Nach Auffassung der BReg[3] wird diese Änderung nicht praktisch relevant, da ein GAV mit einer solchen Gesellschaft mangels deren Eintragung in das deutsche HR nicht wirksam geschlossen werden kann. Dies entspricht auch der Auffassung des BFH.[4] Deshalb war durch diese Regelung m. E. die Unionsrechtswidrigkeit der Organschaftsregelung nicht beseitigt; es handelte sich um einen (verfassungsrechtlich äußerst fragwürdigen) „Taschenspielertrick", auf den die Kommission nicht hereingefallen ist. Sie hat am 22.3.2012 beschlossen, Deutschland vor dem EuGH zu verklagen.[5]

47 Der Gesetzgeber hat mit dem „Unternehmensbesteuerungsänderungsgesetz"[6] den doppelten Inlandsbezug aufgegeben. Verlangt wird nur noch, dass die OG ihre Geschäftsleitung im Inland hat. Ihren Sitz kann sie in einem EU-Mitgliedstaat oder in einem Vertragsstaat des EWR-Abkommens haben. Die Änderung gilt für alle noch nicht bestandskräftig veranlagten Fälle (§ 34 Abs. 9 Nr. 8 KStG n. F.). Damit könnte z. B. auch eine englische Limited OG gemeint sein, wenn sie ihre Geschäftsleitung im Inland hat. Das Organschaftsverhältnis scheitert aber weiterhin an der nicht vorhandenen Möglichkeit des Abschlusses eines GAV.[7] Die Ungleichbehandlung in- und ausländischer Gesellschaften wird nicht beseitigt, obwohl beide unbeschränkt körperschaftsteuerpflichtig sind. Ein Organschaftsverhältnis zu einer Gesellschaft mit Sitz im Inland und Geschäftsleitung im Ausland ist ebenfalls weiterhin nicht möglich.[8]

---

1 Vgl. *Müller/Stöcker/Lieber*, a. a. O., Rz. 36; krit. dazu *Grotherr*, StuW 1995, 124, 130 f.; zur Frage der Vereinbarkeit mit EU-Recht s. Rz. 35.
2 BStBl 2011 I 300.
3 Plenarprotokoll, BT-Drucks. 17/101, 11585.
4 Vom 7.12.2011 - I R 30/08, BStBl 2012 II 507.
5 Zur grenzüberschreitenden Organschaft s. auch *von Brocke* in Mössner/Seeger/Oellerich, KStG, EU-steuerpolitischer Hintergrund für das KStG, Rz. 441 ff.
6 Siehe *Müller* in Mössner/Seeger/Oellerich, KStG, Vorbem. §§ 14 – 19 Rz. 23.
7 *Dötsch/Pung*, DB 2013, 305, 306.
8 Zu dieser durch MoMiG eingeführten Möglichkeit (§ 4a GmbHG) s. *Hueck/Fastrich* in Baumbach/Hueck, GmbHG, § 4a, Rz. 11.

Nach § 10 AO bezeichnet der Begriff **„Geschäftsleitung"** den Mittelpunkt der geschäftlichen 48
Oberleitung. Der ist dort, wo der für die Geschäftsführung **maßgebende Wille gebildet** wird,[1]
nicht wo die abgegebenen Willenserklärungen wirksam werden.[2] In der Regel wird dies der
Ort sein, wo die Büroräume des oder der für die (kaufmännische) Geschäftsleitung Zuständigen liegen,[3] insbesondere in den Fällen, in denen die entscheidenden Beschlüsse von mehreren
zu treffen sind. Im Falle der Organschaft ist Ort der Geschäftsleitung regelmäßig der Ort, an
dem die gesetzlichen Vertreter der OG regelmäßig tätig werden, es sei denn, die OG hat nur
die Funktion einer Betriebsabteilung des OrgT; dann kann sich auch der Ort der Geschäftsleitung der OG am Ort der Geschäftsführung des OrgT befinden.[4]

Ihren **Sitz** hat eine Körperschaft an dem Ort, der durch Gesetz, **Gesellschaftsvertrag, Satzung**, 49
Stiftungsgeschäft oder dgl. bestimmt ist (§ 11 AO). Der Sitz ist – im Gegensatz zum Ort der
Geschäftsleitung, der sich nach den tatsächlichen Verhältnissen bestimmt,[5] – also rechtlich
fixiert.

Eine dem § 18 KStG entsprechende Erweiterung, die es zuließe, eine im HR eingetragene inlän- 50
dische **Zweigniederlassung eines ausländischen Unternehmens** als OG anzuerkennen, fehlt.[6]

Eine im **Ausland gegründete KapGes**, die ihre Geschäftsleitung und ihren Sitz ins Inland ver- 51
legt, kann ihre ausländische Rechtsform ggf. beibehalten.[7] Sie ist dann als OG geeignet, wenn
ihre Struktur im Übrigen der einer deutschen KapGes entspricht.[8]

Mit Urteil vom 5.11.2002[9] hat der EuGH entschieden: Macht eine Gesellschaft, die nach dem 52
Recht des Mitgliedstaats gegründet worden ist, in dessen Hoheitsgebiet sie ihren satzungsmäßigen Sitz hat, in einem anderen Mitgliedstaat von ihrer Niederlassungsfreiheit Gebrauch,
ist dieser andere Staat nach den Art. 43 und 48 EGV verpflichtet, die Rechtsfähigkeit zu achten,
die diese Gesellschaft nach dem Recht ihres Gründungsstaats besitzt. Dieser Auffassung hat
sich inzwischen auch der BGH[10] angeschlossen. Zu beachten bleibt aber der Grundsatz „Keine
Zuzugsfreiheit ohne Wegzugsfreiheit".[11] Die Wegzugsfreiheit fällt jedoch nach Auffassung des
EuGH[12] nicht unter die Grundfreiheiten. Anders als der Generalanwalt geht der EuGH in seinem Urteil vom 13.12.2005[13] davon aus, dass die Niederlassungsfreiheit **grundsätzlich** einer
Regelung nicht entgegensteht, die es einer Muttergesellschaft verwehrt, von ihrem steuerpflichtigen Gewinn die im Wege des group relief übertragenen Verluste abzuziehen, die einer

---

1 Vgl. RFH v. 23.6.1938 - III 40/38, RStBl 1938, 949; BFH, Urteil v. 16.12.1998 - I R 138/97, BStBl 1999 II 437; zu Einzelheiten s. a. *Kruse* in Tipke/Kruse, AO/FGO, § 10 AO, Tz. 1 ff.
2 RFH v. 3.7.1934 - I A 129/33, RStBl 1934, 1078.
3 BFH, Urteil v. 23.1.1991 - I R 22/90, BStBl 1991 II 554; RFH v. 2.7.1936 - III A 86/36, RStBl 1936, 779; *Müller/Stöcker/Lieber*, a. a. O., Rz. 40.
4 Vgl. BFH, Urteil v. 7.12.1994 - I R 1/93, BStBl 1995 II 175; v. 26.5.1970 - II 29/65, BStBl 1970 II 759; v. 10.6.1964 - II 106/60, HFR 1965, 170.
5 Vgl. RFH v. 23.6.1938 - III 40/38, RStBl 1938, 949.
6 Zur gewstlichen Organschaft vgl. BFH, Urteil v. 28.3.1979 - I R 81/76, BStBl 1979 II 447.
7 OLG Oldenburg v. 4.4.1989 - 12 U 13/89, NJW 1990, 1422; KG v. 13.6.1989 - 6 U 591/89, NJW 1989, 3100.
8 Vgl. *Walter* in Bott/Walter, § 14 Rz. 57 f.
9 Rs. C-208/00 „Überseering", DB 2002, 2425.
10 Vom 13.3.2003 - VII ZR 370/98, MDR 2003, 825.
11 Zu Einzelheiten s. *Kobelt*, GmbHR 2009, 808.
12 Vom 16.12.2008 - Rs. C-210/06 „Cartesio", GmbHR 2009, 86; s. hierzu allerdings nunmehr das EuGH-Urteil v. 12.7.2012 - Rs. C-378/10, VALE, BB 2012, 2069, in dem der EuGH sogar die Verlegung des Satzungssitzes als von Art. 49, 54 AEUV geschützt ansieht.
13 DStR 2005, 2168 = Beilage zu BFH/NV 4/2006, 117; s. hierzu die Besprechungen von *Herzig/Wagner*, DStR 2006, 1 und *Wernsmann/Nippert*, FR 2006, 153.

in einem anderen Mitgliedstaat ansässigen Tochtergesellschaft dort entstanden sind, während sie einen solchen Abzug für Verluste einer gebietsansässigen Tochtergesellschaft zulässt.[1]

Es ist jedoch unzulässig, einer gebietsansässigen Muttergesellschaft die Möglichkeit zum Abzug der Verluste der gebietsfremden Tochtergesellschaft zu verwehren, wenn die Tochtergesellschaft im Ansässigkeitsstaat sämtliche Möglichkeiten zur Verlustnutzung ausgeschöpft hat und wenn dort auch keine Möglichkeit zur Nutzung der Verluste in zukünftigen Zeiträumen besteht (z. B. durch Auflösung der Tochtergesellschaft); ähnlich hat der EuGH[2] in der Rs. **Lidl Belgium** zur Abzugsfähigkeit ausländischer Betriebsstättenverluste entschieden; s. hierzu die Nachfolgeentscheidung des BFH, Urteil v. 17. 7. 2009.[3] **Damit hat der EuGH das Verbot der Verlustverrechnung über die Grenze, wie es der deutschen Organschaftsbesteuerung zugrunde liegt, in eingeschränktem Umfang EG-rechtlich abgesegnet**. Auch hat der EuGH[4] die Begrenzung eines Gruppenbesteuerungssystems auf inlandsansässige Gesellschaften betreffend das finnische Recht[5] für mit EG-Recht vereinbar gehalten. Mit diesem Urteil hat der EuGH die Rechte der Mitgliedstaaten gestärkt, ihre Steuerquellen zu schützen und der grenzüberschreitenden Verschiebung von Verlusten entgegenzuwirken.

Dazu steht das Urteil in der Rs. Philips Electronics UK Ltd[6] m. E. nicht im Widerspruch, da es dort um die Verrechnung von Gewinnen und Verlusten in demselben Staat (Großbritannien) ging.[7] Zur – inzwischen überholten (s. → Rz. 101) – vergleichbaren Regelung für OrgT hat der BFH[8] entschieden, dass eine nach dem Recht des Staates Delaware gegründete US-KapGes mit statuarischem Sitz in den USA, die ihre tatsächliche Geschäftsleitung in die Bundesrepublik verlegt, OrgT einer inländischen KapGes sein kann, weil der entgegenstehende § 14 Nr. 3 Satz 1 KStG 1984 nicht mit dem Diskriminierungsverbot des Art. 24 Abs. 1 und 4 DBA-USA 1989 vereinbar ist.

53 Der BFH erkennt in Ausnahmefällen aus unionsrechtlichen Gründen den Abzug von Verlusten einer in einem anderen Mitgliedstaat der EU/des EWR ansässigen Tochterkapitalgesellschaft an. Ein Verlust ist dann im „Finalitätsjahr" (und nicht im Verlustentstehungsjahr) zu berücksichtigen.[9] Zur gewerbesteuerlichen Organschaft (allerdings vor deren Anpassung an die kstlichen Organschaftsvoraussetzungen) hat der BFH[10] unter Hinweis auf *Mössner*[11] entschieden, dass aufgrund des in Art. XX Abs. 4 DBA-GB enthaltenen Diskriminierungsverbots eine gewerbesteuerliche Organschaft zwischen einem in Großbritannien ansässigen OrgT und einer inlän-

---

1 Ebenso EuGH v. 25. 2. 2010 - Rs. C-337/08 „X-Holding BV", BFH/NV 2010, 1064 = NWB UAAAD-40977, wo der EuGH eine Regelung des niederländischen Rechts für gemeinschaftskonform hält, wonach eine Muttergesellschaft mit ihren gebietsansässigen Tochtergesellschaften, nicht aber mit ihren gebietsfremden Tochtergesellschaften, eine steuerliche Einheit bilden darf.
2 Vom 15.5.2008 - Rs. C-414/06, DB 2008, 1130.
3 I R 84/04, BStBl 2009 II 630; das BMF hat dieses Urteil mit einem Nichtanwendungserlass belegt, BMF, Schreiben v. 13. 7. 2009, BStBl 2009 I 835; hiergegen zutreffend *Breuninger/Ernst*, DStR 2009, 1981.
4 Vom 18.7.2007 - Rs. C-231/05, Oy AA, IStR 2007, 631.
5 Siehe hierzu *Herzig/Wagner*, DB 2005, 2374.
6 EuGH v. 6. 9. 2012 - Rs. C-18/11, NWB HAAAE-17270.
7 Vgl. auch EuGH v. 12. 6. 2014 - Rs. C-39/13 – 41/13, SCA Group Holding BV; zu Einzelheiten s. auch *Haase*, BB 2009, 980.
8 Vom 29.1.2003 - I R 6/99, BStBl 2004 II 1043.
9 Zu den Anforderungen an die Finalität von Verlusten s. FG Köln, Urteil v. 13. 3. 2013 - 10 K 2067/12, EFG 2013, 1430: Keine unerfüllbaren Anforderungen.
10 BFH, Urteil v. 9.2.2011 - I R 54, 55/10, BStBl 2012 II 106; Nichtanwendungserlass v. 27.12.2011, s. hierzu *Behrens*, BB 2012, 485.
11 IStR 2010, 778, 779.

dischen OG möglich sei. Aussagen des BFH zur körperschaftsteuerlichen Organschaft über die Grenze lassen sich m. E. hieraus nicht ziehen. Insbesondere hat der BFH nicht zu der Frage, ob ein GAV notwendig ist und welche Anforderungen ggf. an diesen zu stellen wären, Stellung nehmen müssen.

Verschiedene FG haben den Abzug definitiver Verluste einer im EU-Ausland ansässigen Tochterkapitalgesellschaft bei der inländischen Mutter davon abhängig gemacht, dass die Mutter sich gegenüber der Tochter zur Verlustübernahme vertraglich verpflichtet hatte.[1] M. E. ist die Forderung nach einer vorherigen vertraglichen Verlustübernahmeverpflichtung zutreffend, da andernfalls eine Besserstellung gegenüber Inlandssachverhalten gegeben wäre.[2] 54

Der Begriff „**Inland**" ist im KStG selbst nicht definiert; er wird durch die Regelung des § 1 Abs. 3 KStG nur ergänzt, die besagt, dass dazu „auch" der der Bundesrepublik Deutschland zustehende Anteil am Festlandsockel gehört, soweit dort Naturschätze des Meeresgrundes und des Meeresuntergrundes erforscht oder ausgebeutet werden.[3] 55

Die körperschaftsteuerliche Organschaft einer KapGes mit Sitz und Geschäftsleitung im **Beitrittsgebiet** konnte, weil dieses Gebiet bis zum 31.12.1990 nicht zum steuerlichen Inland rechnete, erstmals mit Wirkung für das am 1.1.1991 begonnene Wirtschaftsjahr anerkannt werden.[4] 56

(Einstweilen frei) 57–60

III. Gewerbliches Unternehmen

Anders als der OrgT braucht die OG selbst **nicht gewerblich tätig** zu sein.[5] Auf die Entfaltung einer ihrem inneren Gehalt nach gewerblichen Tätigkeit seitens der OG kommt es also grds. nicht an. Die Tatsache, dass die OG nur Vermögen verwaltet und Beteiligungen hält, steht der Anerkennung einer KapGes i. S. d. § 1 Abs. 1 Nr. 1 KStG als OG mithin nicht entgegen.[6] Als KapGes erzielt sie aber schon wegen ihrer Rechtsform in jedem Fall gewerbliche Einkünfte.[7] Wegen der Anforderungen an die Tätigkeit der OG unter dem Gesichtspunkt der – seit dem VZ 2001 (bei abweichendem Wj. dem VZ 2002) nicht mehr erheblichen – wirtschaftlichen Eingliederung in das Unternehmen des OrgT, s. → Rz. 141 ff. 61

Auch eine **dauerdefizitäre Tochtergesellschaft** betreibt ein gewerbliches Unternehmen und kann deshalb OG sein.[8] Die Rechtsfolgen hat der Gesetzgeber mit dem JStG abweichend vom BFH in § 8 Abs. 7 ff. und § 15 Satz 1 Nr. 4 und 5 KStG geregelt.[9] 62

(Einstweilen frei) 63–70

---

1 FG Rheinland-Pfalz Urteil v. 17.3.2010 - 1 K 2406/07, EFG 2010, 1632, rkr. Nach Rücknahme der Rev. I R 34/10; FG Niedersachen, Urteil v. 11.2.2010 - 6 K 406/08, EFG 2010, 815, offen gelassen vom BFH in der Revisionsentscheidung v. 9.11.2010 - I R 16/10, BFH/NV 2011, 524 = NWB IAAAD-59900.
2 Ebenso *Mitschke*, DStR 2010, 1368; a. A. *von Brocke*, DStR 2010, 964; *Rublack*, FR 2010, 791.
3 Zum Inlandsbegriff im Einzelnen s. *Oellerich* in Mössner/Seeger/Oellerich, KStG, § 1 Rz. 151 ff.
4 Vgl. BMF, Schreiben v. 30.9.1991, NWB BAAAA-78884, DB 1991, 2162.
5 Vgl. BFH, Urteile v. 8.2.1971 - I R 3/69, BStBl 1972 II 289, betr. gewerbesteuerliche Organschaft; v. 21.1.1970 - I R 90/67, BStBl 1970 II 348, zur Rechtslage vor § 7a KStG a. F.
6 *Danelsing* Blümich KStG § 14 Rz. 45.
7 § 8 Abs. 2 KStG; vgl. a. BFH, Urteil v. 20.10.1976 - I R 139, 140/74, BStBl 1977 II 96.
8 *Dötsch* DPM § 14 Rz. 58.
9 Siehe hierzu die entsprechenden Ausführungen bei *Müller* in Mössner/Seeger/Oellerich, KStG, § 15 Rz. 91 ff.

IV. Subjektive Steuerpflicht

71 Das Bestehen eines Organschaftsverhältnisses ist nicht gleichbedeutend mit dem Erlöschen der subjektiven Steuerpflicht der OG ab dem Zeitpunkt des Vorliegens der maßgeblichen Voraussetzungen. Dies wird besonders deutlich aufgrund der Regelungen des § 16 KStG, wonach die OG ihr Einkommen i. H.v. $20/17$ (bis einschließlich VZ 2007 $4/3$) der an Minderheitsgesellschafter geleisteten **Ausgleichszahlungen** stets selbst zu versteuern hat (unter der Geltung des Anrechnungsverfahrens erhöhte sich der Betrag der Ausgleichszahlungen um die darauf entfallende Ausschüttungsbelastung).

72 Die fortbestehende Rechtsträgerschaft der OG läuft zwar weitgehend leer, weil sie – vom Fall der Ausgleichszahlungen i. S. v. § 16 KStG abgesehen – einkommenslos ist. Der **Fortbestand der subjektiven Steuerpflicht** der OG bedeutet andererseits aber, dass – anders als z. B. bei Auflösung oder Verschmelzung – kein Übergang der Rechtsstellung der OG auf den OrgT erfolgt, z. B. bezüglich der stillen Reserven des BV. Die Weitergeltung der rechtlichen Selbständigkeit und der subjektiven Steuerpflicht der OG lässt außerdem die steuerliche Anerkennung rechtsgeschäftlicher Beziehungen zum OrgT zu, etwa (bis 1996) die Bildung von Rückstellungen zur Abdeckung von Risiken und ungewissen Verbindlichkeiten aus dem gegenseitigen Lieferungs- und Leistungsverkehr innerhalb des Organkreises.[1]

73 Eine persönlich von der KSt **befreite Körperschaft**, z. B. wegen Verfolgung gemeinnütziger Zwecke (§ 5 Abs. 1 Nr. 9 KStG), kommt als OG nicht in Betracht,[2] es sei denn, sie verlöre ihre Steuerbefreiung.[3] Überdies würde ein GAV mit den Grundsätzen der Selbstlosigkeit (§ 55 Abs. 1 Nr. 1 AO) und Vermögensbindung (§ 61 AO) kollidieren, es sei denn, der OrgT selbst wäre ebenfalls gemeinnützig.[4]

74–80 *(Einstweilen frei)*

D. Organträger gemäß § 14 Abs. 1 KStG

I. Möglicher Personenkreis

81 Der OrgT ist in § 14 Abs. 1 Satz 1 KStG lediglich insoweit umschrieben, als es sich bei ihm um ein „gewerbliches Unternehmen" handeln muss. Aus § 14 Abs. 1 Satz 1 Nr. 2 Satz 1 KStG ergab sich des Weiteren, dass OrgT nur eine unbeschränkt steuerpflichtige **natürliche Person** oder eine nicht steuerbefreite **Körperschaft, Personenvereinigung oder Vermögensmasse** i. S. d. § 1 KStG mit Geschäftsleitung im Inland (zur Neuregelung s. unten → Rz. 84) oder eine **PersGes** i. S. d. § 15 Abs. 1 Nr. 2 EStG mit Geschäftsleitung im Inland sein konnte. Bis einschl. VZ 2000 musste der OrgT ein „inländisches" gewerbliches Unternehmen sein und die Körperschaft, Personenvereinigung oder Vermögensmasse bzw. die PersGes außerdem ihren Sitz im Inland haben. Diese Erfordernisse sind seit dem VZ 2001 aufgrund Art. 2 Nr. 6 UntStFG v. 20.12.2001[5] entfallen, so dass seither z. B. auch doppelt ansässige Unternehmen mit Sitz im Ausland OrgT sein können, sofern sie ihre Geschäftsleitung im Inland haben.

---

1 Vgl. *Jurkat*, a. a. O., Rz. 690.
2 A. A. *Frotscher*/Drüen § 14 Rz. 81.
3 Vgl. *Müller/Stöcker/Lieber*, a. a. O., Rz. 37; BFH, Urteil v. 9. 10. 1974 - I R 5/73, BStBl 1975 II 179.
4 Vgl. *Walter* in Bott/Walter § 14 Rz. 97 f.
5 BGBl 2001 I 3858 [3863]; BStBl 2002 I 35 [41].

Art. 2 Nr. 6 UntStFG erlaubt rückwirkend ab dem VZ 2001 (§ 34 Abs. 9 Nr. 2 KStG) nur noch die Gewinnabführung an ein „**einziges**" anderes gewerbliches Unternehmen. Diese Änderung steht im Zusammenhang mit der damaligen Kodifikation der Mehrmütter-Organschaft,[1] die ab dem VZ 2003 durch das StVergAbG abgeschafft worden ist.

§ 18 KStG eröffnete schließlich die Möglichkeit der Organschaft zu einem **ausländischen** gewerblichen **Unternehmen** als OrgT, das im Inland eine im HR eingetragene **Zweigniederlassung** unterhält.[2] Im Gegensatz zu den Voraussetzungen für die OG, die stets eine KapGes sein muss (s. → Rz. 31 ff.), ist für den OrgT also **keine bestimmte Rechtsform** vorgeschrieben. Die Vorschrift ist ab VZ 2012 gestrichen worden.

Durch das Unternehmensbesteuerungsänderungsgesetz wurde der Inlandsbezug des OrgT völlig umgestaltet, im Ergebnis sind die Änderungen aber nicht sehr gravierend. Es[3] ist das Erfordernis „Geschäftsleitung im Inland" weggefallen. Damit kommt es nicht mehr auf die unbeschränkte Steuerpflicht bzw. den Ort von Sitz und/oder Geschäftsleitung des OrgT an. Den notwendigen Inlandsbezug regelt jetzt § 14 Abs. 1 Satz 1 Nr. 2 Satz 4 bis 7 KStG. Die Neuregelung gilt mangels abweichender Anwendungsbestimmung gemäß § 34 Abs. 1 KStG n. F. ab VZ 2012.[4] Nach dem neuen Satz 4 in § 14 Abs. 1 Nr. 2 KStG ist Voraussetzung, dass die Beteiligung an der OG während der gesamten Dauer der Organschaft ununterbrochen einer inländischen Betriebsstätte des OrgT zugeordnet ist. *Eine Zweigniederlassung, wie bisher von § 18 KStG gefordert, ist nicht mehr erforderlich.* Hinsichtlich des Begriffs „Betriebsstätte" wird auf § 12 AO verwiesen. Allerdings verlangt ein neuer Satz 7, dass die Einkünfte dieser Betriebsstätte sowohl nach innerstaatlichem Recht als auch nach einem ggf. anzuwendenden DBA der inländischen Besteuerung unterliegen. Andernfalls liegt keine „inländische Betriebsstätte" vor. *Damit soll vermieden werden, dass Besteuerungslücken dadurch entstehen, dass zwar eine Betriebsstätte i. S. d. Abgabenordnung vorliegt, gleichwohl eine inländische Betriebsstätte wegen eines abweichenden Betriebsstättenbegriffs in einem DBA nicht anzunehmen ist. Satz 4 verlangt nicht, dass der Gewinn an die inländische Betriebsstätte abgeführt wird. Entscheidend ist, dass das Einkommen der OG der inländischen Betriebsstätte zugerechnet wird und damit das deutsche Besteuerungsrecht gesichert ist.*

Im Gegensatz zu Frotscher[5] sind wir der Auffassung, dass die die finanzielle Eingliederung vermittelnde Beteiligung einer (im Sinne von Zahlwort) Betriebsstätte zuzuordnen sein muss. Mehrere Teilbeteiligungen, die unterschiedlichen Betriebsstätten desselben Organträgers zuzuordnen sind, sind nicht zusammenzurechnen, um die finanzielle Eingliederung herzustellen. Dies ergibt sich aus Satz 6, wonach das Einkommen der Organgesellschaft „der" inländischen Betriebsstätte zuzurechnen ist, der die die finanzielle Eingliederung vermittelnde Beteiligung zuzuordnen ist. Frotscher erklärt nicht, wie er das Einkommen der Organgesellschaft bei seiner Lösung aufteilen will. Dies ist zumindest für die Gewerbesteuer von erheblicher Bedeutung.

Bei **mittelbarer Beteiligung** muss die Beteiligung des OrgT an der vermittelnden Gesellschaft der inländischen Betriebsstätte zuzuordnen sein. Die mittelbare Beteiligung kann auch über eine Personengesellschaft erfolgen.

---

[1] Siehe → Rz. 752 ff.
[2] Siehe dazu die Kommentierung von *Müller* in Mössner/Seeger/Oellerich, KStG, § 18 Rz. 11.
[3] Siehe *Müller* in Mössner/Seeger/Oellerich, KStG, Vorbem. §§ 14 – 19 Rz. 23.
[4] Zu Einzelheiten s. auch *Frotscher*/Drüen § 14 Rz. 141a ff.; dieser auch zur möglichen Verfassungswidrigkeit der echten Rückwirkung; vgl. auch *Dötsch/Pung*, DB 2013, 305, 306 ff.
[5] *Frotscher*/Drüen § 14 Rz. 141i.

BEISPIEL: Der OrgT A mit Sitz und Geschäftsleitung im Ausland ist an einer ausländischen Personengesellschaft B beteiligt. Diese verfügt über eine Betriebsstätte in Deutschland. Zum Betriebsvermögen dieser Betriebsstätte gehört die Beteiligung an einer Kapitalgesellschaft C mit Geschäftsleitung im Inland.

C kann OG von A sein.

FORTFÜHRUNG DES BEISPIELS: C ist an der Kapitalgesellschaft D mit Geschäftsleitung im Inland beteiligt.

D kann ebenfalls OG von A sein. Dies ergibt sich aus der Gesetzesbegründung, wonach es auf die Beteiligung der **vermittelnden** Gesellschaft an der Kapitalgesellschaft ankommt.[1]

85 Die Neuregelung eröffnet nicht den Weg zu einer grenzüberschreitenden Organschaft. Es wird weiterhin ein inländischer Anknüpfungspunkt verlangt. Eine Weiterung gegenüber dem bisherigen Zustand wird dadurch erreicht, dass nicht mehr eine inländische Zweigniederlassung gemäß §§ 13d ff. HGB (wie bisher von § 18 gefordert) verlangt wird. Ein ausländischer Rechtsträger mit inländischer (nur) Betriebsstätte kann OrgT sein. Allein das Halten von Beteiligungen an inländischen Gesellschaften durch einen ausländischen Rechtsträger begründet keine Betriebsstätte.[2]

Problematisch könnte sein, dass die Neuregelung auf **zwei verschiedene Betriebsstättenbegriffe** abstellt. Der abkommensrechtliche Betriebsstättenbegriff ist regelmäßig enger als der nationale (Stichworte „Montage" und „Warenlager"). Dies ist m. E. aber hier unbeachtlich. Entscheidend ist, dass die Einkünfte der Betriebsstätte, der das Einkommen der OG zugerechnet wird, im Inland besteuert werden. Dazu ist Voraussetzung, dass die Beteiligung an der OG **funktional** der inländischen Betriebsstätte zuzurechnen ist. Dies kann zum Streitpunkt werden. *Nach Auffassung der Finanzverwaltung*[3] *sind Beteiligungen grds. dem Stammhaus und nicht der Betriebsstätte zuzuordnen (sog. **Zentralfunktion des Stammhauses**). Einer Betriebsstätte sind Beteiligungen nur dann zuzurechnen, wenn sie der in der Betriebsstätte ausgeübten Tätigkeit dienen.* Der BFH[4] verlangt für die Zuordnung einer Beteiligung zu einer Betriebsstätte, dass ein **tatsächlich-funktionaler Zusammenhang** der Beteiligung mit der Betriebsstätte besteht. Danach muss das Einkommen der OG in einem funktionalen Zusammenhang mit der in der Betriebsstätte ausgeübten unmittelbaren unternehmerischen Tätigkeit stehen; es muss sich nach der Verkehrsauffassung um Erträge der Betriebsstätte handeln. In welchem Umfang hierzu Lieferungs- bzw. Leistungsbeziehungen erforderlich sind, ist ungeklärt. Diese Beziehungen dürfen jedenfalls nicht nur von untergeordneter Bedeutung sein, sie müssen für die Betriebsstätte zumindest von einigem Gewicht sein. Der vom BFH verwendete Begriff „Nebenerträge", den er für die Zuordnung von Dividenden nutzt, passt bei der Zurechnung des Einkommens nicht. Das müssen m. E. keine Nebenerträge sein, sondern können sogar der Hauptertrag und die Haupttätigkeit der Betriebsstätte sein.[5] Deshalb kann es, anders als vom BFH für Dividenden entschieden, auch nicht zu einem Auseinanderfallen von Zurechnung der Betei-

---

[1] BT-Drucks. 17/10774, 19; ebenso *Lenz/Adrian/Handwerker*, BB 2012, 2851, 2855 f.
[2] FG Köln, Urteil v. 27. 9. 2012 - 10 K 2898/10, NWB FAAAE-24364.
[3] Betriebsstättenerlass v. 24.12.1999, BStBl 1999 I 1076, unter 2.4; ab 2015 s. § 1 Abs. 4 und 5 AStG und die Vorgaben der Betriebsstätten-Gewinnaufzeichnungs-Verordnung (BsGaV) v. 13.10.2014, BGBl 2014 I 1603; hierzu *Ditz/Tcherveniachki*, DB 2015, 2897.
[4] Vom 19.12.2007 - I R 66/06, BStBl 2008 II 510; die tatsächliche Zugehörigkeit i. S. eines funktionalen Zusammenhangs wird durch BFH, Urteil v. 12. 6. 2013 - I R 47/12, BStBl 2014 II 770, nicht in Frage gestellt, so zutreffend *Dötsch/Pung*, DB 2014, 1215, 1216, Fn. 12; zum funktionalen Zusammenhang s. FG Köln, Urteil v. 29. 3. 2001 - 10 K 4671/04, DStRE 2007, 1320; vgl. auch BMF, Schreiben v. 16. 4. 2010, BStBl 2010 I 354.
[5] A. A. *Dötsch/Pung*, DB 2014, 1215, 1216.

ligung zu der Betriebsstätte und der Zurechnung des Einkommens kommen. Das Einkommen der OG ist stets der Betriebsstätte zuzurechnen, der die Beteiligung zuzuordnen ist. Dies bestimmt ausdrücklich Satz 6.

(Einstweilen frei) 86–90

1. Natürliche Person als Organträger

Unter der Voraussetzung, dass sie ein **gewerbliches Unternehmen** betreibt (s. dazu → Rz. 141 ff.), kann auch eine natürliche Person OrgT sein. Der Gesetzgeber hat insoweit die von der Rspr vor der Kodifikation der kstlichen Organschaft geltend gemachten Bedenken[1] nicht geteilt. Das gewerbliche Unternehmen der natürlichen Person muss **keine Geschäftsleitung im Inland** haben,[2] so dass auch ein ausländisches Unternehmen ausreicht (vgl. unten → Rz. 142). Entscheidend ist nach der Neuregelung (s. hierzu oben → Rz. 84), dass eine inländische Betriebsstätte vorhanden ist, der die Beteiligung zugeordnet ist. Dieser Betriebsstätte ist das Einkommen zuzurechnen. Außerdem muss es in Deutschland der Besteuerung unterliegen.

Die körperschaftsteuerliche Organschaft zum gewerblichen Unternehmen einer natürlichen Person als OrgT hat u. a. zur Folge, dass **Verluste** der OG ihr unmittelbar **zugerechnet** werden und sich somit progressionsmindernd auswirken.[3]

(Einstweilen frei) 93–100

2. Körperschaft als Organträger

Möglicher OrgT ist auch jede **nicht steuerbefreite** Körperschaft, Personenvereinigung oder Vermögensmasse i. S. d. § 1 Abs. 1 KStG, sofern sie ein gewerbliches Unternehmen betreibt (s. wegen letzterer Voraussetzung → Rz. 141 ff.). Im Gegensatz zur OG gibt es insoweit **keine Beschränkung auf KapGes** i. S. d. § 1 Abs. 1 Nr. 1 KStG, d. h. auch Erwerbs- und Wirtschaftsgenossenschaften, Versicherungsvereine auf Gegenseitigkeit und sonstige juristische Personen des privaten Rechts, z. B. ein eingetragener Verein (§§ 21 ff. BGB), können OrgT sein. Aber selbst nichtrechtsfähige Vereine, Anstalten, Stiftungen und andere Zweckvermögen des privaten Rechts sowie Betriebe gewerblicher Art von juristischen Personen des öffentlichen Rechts scheiden nicht von vornherein als OrgT aus, da auch sie zu den nach § 1 Abs. 1 KStG unbeschränkt körperschaftsteuerpflichtigen Rechtssubjekten gehören. Hat eine juristische Person des öffentlichen Rechts mehrere Betriebe gewerblicher Art, so ist sie wegen jedes **einzelnen** von ihnen Subjekt der KSt;[4] jeder ihrer Betriebe gewerblicher Art, der die entsprechenden Voraussetzungen erfüllt, kann deshalb OrgT sein. Eine juristische Person des öffentlichen Rechts, die keinen Betrieb gewerblicher Art unterhält, sondern nur hoheitlich tätig ist, scheidet aber als OrgT aus.[5]

---

1 Vgl. *Müller* in Mössner/Seeger/Oellerich, KStG, Vorbem. §§ 14 – 19 Rz. 13.
2 A. A. *Frotscher*/Drüen § 14 Rz. 34.
3 Wegen der Anwendung der vom VZ 1994 bis einschl. 2000 geltenden Tarifbegrenzung bei gewerblichen Einkünften (§ 32c EStG) s. KKB/Egner/Quinten, § 32c EStG Rz. 2; *Glanegger* in Schmidt, EStG, 21. Aufl., 2002, § 32c Rz. 9, m. w. N. und BFH, Urteile v. 27.9.2006 - IV R 50/98, BFH/NV 2007, 239 = NWB GAAAC-31826 und v. 7.11.2006 - VIII R 18/98, BFH/NV 2007, 667 = NWB AAAAC-38814. Zur Verfassungsmäßigkeit der Vorschrift s. BVerfG, Urteil v. 21.6.2006 - 2 BvL 2/99, BVerfGE 116, 164 = DStRE 2006, 988.
4 BFH, Urteile v. 8.11.1989 - I R 187/85, BStBl 1990 II 242; v. 13.3.1974 - I R 7/71, BStBl 1974 II 391.
5 BFH, Urteil v. 9.10.2002 - V R 64/99, BStBl 2003 II 273.

102 Die **Vorgesellschaft**, die zwischen dem notariellen Beschluss über die Satzung oder den Gesellschaftsvertrag bis zur Eintragung der KapGes im HR besteht,[1] kann ebenfalls OrgT sein.[2]

103 Zu den bis einschl. VZ 2011 geltenden Inlandsbezügen s. die Vorauflage, Rz. 103 ff. Zur Rechtslage ab 2012 s. oben → Rz. 84.

104–107 *(Einstweilen frei)*

108 Die Eigenschaft als OrgT kommt nur solchen Körperschaften usw. i. S. d. § 1 Abs. 1 KStG zu, die **nicht steuerbefreit** sind (§ 14 Abs. 1 Satz 1 Nr. 2 Satz 1 KStG). Dadurch soll erreicht werden, dass das Einkommen der subjektiv steuerpflichtigen OG (s. → Rz. 71) beim OrgT auch tatsächlich der Besteuerung zugrunde gelegt wird. Aus dieser gesetzgeberischen Entscheidung ist indessen zu folgern, dass nicht schon die Zugehörigkeit zu den in § 5 Abs. 1 KStG aufgeführten Körperschaften usw. einer Anerkennung als OrgT entgegensteht; in einer Vielzahl von Regelungen in dieser Vorschrift ist nämlich die Steuerbefreiung wiederum ausgeschlossen, z. B. soweit ein wirtschaftlicher Geschäftsbetrieb unterhalten wird (vgl. z. B. § 5 Abs. 1 Nr. 5, 7 und 9 KStG). Unterhält also bspw. eine gemeinnützige Körperschaft einen wirtschaftlichen Geschäftsbetrieb, so kann in Bezug auf diesen eine Organschaft angenommen werden, wenn das Organeinkommen an diesen steuerpflichtigen Tätigkeitsbereich abgeführt wird.[3] Deshalb ist mit der die Organschaft ausschließenden Steuerbefreiung nur eine persönliche Steuerbefreiung gemeint, die den Rechtsträger als solchen insgesamt von der Steuerpflicht ausschließt.[4] Der Vollständigkeit halber sei daran erinnert, dass die Bestimmungen über die Steuerbefreiung von Körperschaften im KStG keine abschließende Regelung erfahren haben; die Steuerfreiheit kann sich vielmehr auch aus anderen Gesetzen ergeben (vgl. R 5.18 KStR 2015).

109 Soweit die Steuerbefreiung des § 5 Abs. 1 KStG nicht gilt, weil § 5 Abs. 2 KStG eingreift, hat dies allerdings nicht zur Folge, dass die Körperschaft als OrgT in Betracht kommt. Die dort angeführten Voraussetzungen gewährleisten nämlich nicht, dass das dem OrgT zuzurechnende Einkommen der OG auch **tatsächlich versteuert** wird. Insoweit würde die Besteuerung z. B. im Falle des § 5 Abs. 2 Nr. 2 KStG a. F. davon abhängen, dass die als OrgT fungierende Körperschaft das Einkommen der OG ausschüttet und dabei nach § 27 KStG a. F. die Ausschüttungsbelastung herstellt.[5] Mit dem Wechsel vom Anrechnungs- zum Halbeinkünfteverfahren ist § 5 Abs. 2 Nr. 2 KStG a. F. entfallen.

110 Zur **Komplementär-GmbH** einer GmbH & Co. KG als OrgT s. → Rz. 346 ff.

111 Die Vereinbarung eines **Tracking-Stock** am OrgT hindert dessen OrgT-Eigenschaft nicht.[6] Wie die Gewinnverteilung beim OrgT ist, spielt für dessen OrgT-Eigenschaft keine Rolle. Dies gilt zumindest dann, wenn die disquotale Gewinnverteilung steuerlich anzuerkennen ist. Wie die Verwaltung hierzu steht, ist nicht erkennbar. Deshalb könnte das Einholen einer verbindlichen Auskunft sinnvoll sein.

112–120 *(Einstweilen frei)*

---

1 Siehe dazu BFH, Urteil v. 8. 11. 1991 - I R 174/86, BStBl 1990 II 91.
2 Allgemeine Auffassung, vgl. z. B. *Dötsch* DPM § 14 Rz. 90; *Güroff* in Glanegger/Güroff, § 2 GewStG, Anm. 194.
3 Gl. A. *Jurkat*, a. a. O., Rz 176; *Müller/Stöcker/Lieber*, a. a. O., Rz 56; *Milatz/Schäfers*, DB 2005, 1761.
4 Unbeschränkte persönliche Steuerbefreiung, BFH, Urteil v. 18. 3. 2010 - I R 41/09, BStBl 2011 II 181.
5 Vgl. a. *Frotscher*/Drüen a. a. O., Rz. 30.
6 *Beinert/Nees* in Prinz/Witt, Steuerliche Organschaft, 2. Aufl. 2019, Rz. 3.16 m. w. N.

3. Personengesellschaft als Organträger

Der Gesetzgeber hat sich über die grundsätzlichen Bedenken des BFH[1] hinweggesetzt und lässt zu, dass auch eine PersGes i. S. d. § 15 Abs. 1 Nr. 2 EStG OrgT sein kann.

Personengesellschaften i. S. d. § 15 Abs. 1 Nr. 2 EStG sind die OHG, die KG sowie die anderen Gesellschaften, bei denen die Gesellschafter als Unternehmer (Mitunternehmer) anzusehen sind. Dazu gehört also auch die **GmbH & Co. KG** als eine Sonderform der KG, bei der eine GmbH die Funktion der Komplementärin übernommen hat, ferner die GbR und Partenreederei (§ 489 HGB). Diese Gesellschaftsformen sind dadurch geprägt, dass die Gesellschafter i. d. R. **Mitunternehmer** sind, weil sie Mitunternehmerinitiative entfalten können und ein Mitunternehmerrisiko tragen.[2] Nach § 14 Abs. 1 Satz 1 Nr. 2 Satz 2 KStG kann die OrgT-Eigenschaft nur anerkannt werden, wenn es sich um eine der bezeichneten PersGes handelt **und** soweit die Gesellschafter Mitunternehmer sind.[3]

Die **atypisch stille Gesellschaft** – eine Sonderform der in § 335 HGB geregelten stillen Gesellschaft –, bei welcher der stille Gesellschafter auch am Vermögen der Gesellschaft (etwa an den stillen Reserven, am Geschäftswert) im Falle ihrer Auflösung beteiligt ist, rechnete **bis zum VZ 2002** ebenfalls zu den Mitunternehmerschaften, auch wenn es sich bei ihr nur um eine **Innengesellschaft** handelt. Insoweit war fraglich, ob die atypisch stille Gesellschaft selbst oder nur der Inhaber des Handelsgeschäfts OrgT sein kann. Nachdem die neuere Rspr.[4] die atypisch stille Gesellschaft als „Subjekt der Gewinnerzielung, Gewinnermittlung und Einkünftequalifikation" anerkannt hatte, wurden die Zweifel als ausgeräumt gesehen und die atypisch stille Gesellschaft als solche als OrgT anerkannt.[5] Wegen der Rechtslage ab VZ 2003 s. → Rz. 129 ff.

Eine **typische stille Gesellschaft**, bei der z. B. ein Stpfl. mit mehreren (typischen) stillen Gesellschaftern ein Unternehmen betreibt, ist hingegen keine Mitunternehmerschaft i. S. d. § 15 Abs. 1 Nr. 2 EStG und scheidet somit als möglicher OrgT aus. In diesen Fällen ist der stille Gesellschafter nicht Mitunternehmer; er erzielt lediglich Einkünfte aus Kapitalvermögen. Dies bedeutet nicht, dass die Kapitalgesellschaft, an der die stille Beteiligung besteht, nicht OrgT sein könnte.

Eine **Europäische wirtschaftliche Interessenvereinigung**[6] wird wie eine OHG behandelt. Erfüllt sie die begrifflichen Voraussetzungen eines Gewerbebetriebs, was hinsichtlich der Gewinnerzielungsabsicht im Einzelfall fraglich sein kann, kommt sie grds. als OrgT in Betracht.[7]

Damit eine PersGes als OrgT geeignet ist, müssen dieselben Voraussetzungen wie auch für andere OrgT erfüllt sein (s. hierzu oben → Rz. 84). D. h. vor allem, dass die Organbeteiligung einer inländischen Betriebsstätte der PersGes zuzurechnen sein muss und die Gesellschafter damit der inländischen Besteuerung unterliegen. Die inländische Besteuerung darf also bei Personen mit steuerlicher Ansässigkeit im Ausland nicht durch ein DBA beschränkt oder ausgeschlossen

---

1 Vgl. *Müller* in Mössner/Seeger/Oellerich, KStG, Vorbem. §§ 14 – 19 Rz. 13.
2 Vgl. KKB/Bäuml/Meyer, § 15 EStG Rz. 5011; *Wacker* in Schmidt, EStG, § 15 Rz. 257 ff.
3 Vgl. a. *Streck*, a. a. O., Anm. 38.
4 BFH, Urteil v. 26. 11. 1996 - VIII R 42/94, BStBl 1998 II 328, unter Aufgabe von BFH, Urteil v. 12.11.1985 - VIII R 364/83, BStBl 1986 II 311.
5 Vgl. a. *Dötsch* DPM § 14 Rz. 106; *Walter* in Bott/Walter, § 14 Rz. 173 ff.; FG Hamburg, Urteil v. 12. 3. 1984 - II 46/81, EFG 1984, 569, rkr.; a. A. z. B. *Döllerer*, DStR 1985, 295, 301; *Zacharias/Suttmeyer/Rinnewitz*, DStR 1988, 128, 132; nach *Müller/Stöcker*, 6. Aufl. 2003, Rz. 313, „zweifelhaft".
6 Vgl. EWIV-Ausführungsges. v. 14.4.1988, BGBl 1988 I 514.
7 Gl. A. *Walter* in Bott/Walter, § 14 Rz. 161.

werden. Es geht um die Frage, ob der Betriebsstättenvorbehalt des Art. 10 Abs. 4 OECD-MA greift und der Betriebsstättenstaat die Dividenden besteuern darf oder der Wohnsitzstaat des Gesellschafters. Das deutsche Besteuerungsrecht muss für alle Gesellschafter eingreifen, bereits die Beschränkung oder der Ausschluss für einzelne Mitunternehmer führt dazu, dass die PersGes nicht taugliche OrgT sein kann.[1] Unschädlich für die OrgT-Eigenschaft ist es allerdings, wenn der PersGes sachlich oder persönlich steuerbefreite Körperschaften angehören.[2]

127 Wegen der für die OrgT-PersGes geltenden Sonderregelungen bezüglich der Eingliederungsvoraussetzungen s. → Rz. 281 ff.

128 Seit dem VZ 2003 ist weitere Voraussetzung, damit eine PersGes i. S. d. § 15 Abs. 1 Nr. 2 EStG als OrgT anerkannt werden kann, dass sie eine Tätigkeit i. S. d. § 15 Abs. 1 Nr. 1 EStG ausübt (§ 14 Abs. 1 Satz 1 Nr. 2 Satz 2 KStG). Es wird von der PersGes also eine **originäre gewerbliche Tätigkeit** verlangt. Die Erzielung gewerblicher Einkünfte wegen gewerblicher Prägung (§ 15 Abs. 3 Nr. 2 EStG) reicht insoweit nicht aus, da gewerblich geprägte Personengesellschaften gerade dadurch gekennzeichnet sind, dass sie keine eigene Tätigkeit i. S. d. § 15 Abs. 1 Nr. 1 EStG ausüben.[3] Diese Einschränkung erfolgte vor dem Hintergrund der Abschaffung der Mehrmütter-Organschaft.[4]

129 Ab VZ 2003 kann deshalb auch die **atypisch stille Gesellschaft** nicht mehr OrgT sein.[5] OrgT kann jedoch die Kapitalgesellschaft sein.[6] Die Anteile an der OG sind dann SonderBV bei der atypisch stillen Gesellschaft. Das Einkommen der OG ist in einem ersten Schritt der OrgT nach allgemeinen Grundsätzen zuzurechnen und in einem zweiten Schritt in die Gewinnermittlung der atypisch stillen Gesellschaft einzubeziehen.

130 Fraglich ist, ob für die originär gewerbliche Tätigkeit einer vermögensverwaltenden PersGes (Obergesellschaft) die Beteiligung an einer gewerblich tätigen PersGes (Untergesellschaft) ausreicht. Dies wird von der Finanzverwaltung[7] verneint.[8] Demgegenüber steht ein anderer Teil der Literatur auf dem Standpunkt, dass allein das Halten einer Beteiligung an einer gewerblich tätigen PersGes bereits dazu führe, dass die OrgT-PersGes eine originär gewerbliche Tätigkeit ausübe.[9] U. E. ist der Verwaltungsauffassung zuzustimmen. Das Halten einer Beteiligung an einer PersGes ist nicht das „Ausüben eines gewerblichen Unternehmens", wie es das Gesetz ab 2003 verlangt. Für diese Auffassung spricht außerdem, dass zumindest nach Ansicht des IV. BFH-Senats[10] in diesen Fällen nicht die Obergesellschaft, sondern deren Gesellschafter als Mitunternehmer der Untergesellschaft anzusehen sind. Diese Auffassung liegt auch der Ergänzung des § 15 Abs. 3 Nr. 1 EStG durch das JStG 2007 zugrunde.

---

1 So zutreffend *Dötsch/Pung*, DB 2014, 1215, 1216; *Frotscher/*Drüen § 14 Rz. 142d.
2 Gosch/*Neumann*, § 14 KStG, Rz. 84.
3 *Frotscher/*Drüen § 14 Rz. 20, 67 ff.; *Dötsch* DPM § 14 n. F. Rz. 98.
4 Siehe dazu a. *Löwenstein/Maier/Lohrmann*, Beihefter 4 zu DStR Heft 29/2003.
5 BMF, Schreiben v. 20. 8. 2015 - S 2770/12/10001, BStBl 2015 I 649; *Dötsch*, DB 2005, 2541; *Frotscher/*Drüen § 14 Rz. 169 ff.; Gosch/*Neumann* § 14 Rz. 80; zweifelnd *Dötsch* DPM § 14 n. F. Rz. 106; a. A. *Schmidt/Lutz/Hageböke*, DStR 2005, 761; *Suchank*, DStR 2006, 836; s. a. unten → Rz. 311.
6 Zustimmend *Hageböke*, DB 2015, 1993 m. w. N.; a. A. BMF, Schreiben v. 20. 8. 2015 - S 2770/12/10001, BStBl 2015 I 649, Tz. 2.
7 Tz. 20 des BMF-Schreibens, betr. Änderungen bei der Besteuerung steuerlicher Organschaften durch das StVergAbG v. 10.11.2005, BStBl 2005 I 1038; ebenso OFD Frankfurt a. M., Rundvfg. v. 29.6 2015; kritisch hierzu *Wein*, EStB 2015, 407.
8 Ebenso *Dötsch* DPM § 14 n. F. Rz. 98.
9 *Blumers/Goerg*, DStR 2005, 397, mit Nachweisen zu beiden Auffassungen in den Fn. 64 und 67.
10 BFH, Entscheidung v. 6. 11. 2003 - IV ER -S- 3/03, BStBl 2005 II 376.

Eine geringfügige, aber nicht völlig untergeordnete eigene gewerbliche Betätigung der PersGes reicht u. E. aus, um dem vorgenannten Erfordernis zu genügen, da kein **bestimmter Mindestumfang** gesetzlich vorgegeben ist.[1] Danach dürfte genügen, dass die PersGes z. B. eine geschäftsleitende Holding ist[2] oder im Rahmen einer Betriebsaufspaltung die Funktion der Besitzgesellschaft wahrnimmt.[3] Demgegenüber vertritt die Finanzverwaltung[4] die Auffassung, dass die Voraussetzung der „eigenen gewerblichen Tätigkeit" nur erfüllt sei, wenn deren Umfang nicht nur geringfügig ist. Der notwendige Umfang wird nicht definiert. Bei einer Besitzpersonengesellschaft im Rahmen einer Betriebsaufspaltung soll die Voraussetzung erfüllt sein, da der Besitzgesellschaft die gewerbliche Betätigung der Betriebs-GmbH zugerechnet wird (Tz. 16). Zur OrgT-Eigenschaft einer Personengesellschaft als **Holdinggesellschaft** s. unten → Rz. 325.

131

Aus der Vorschrift ergibt sich nicht ohne Weiteres, zu welchem **Zeitpunkt** die PersGes die geforderte gewerbliche Tätigkeit ausüben muss. Im Zusammenhang mit dem – ab VZ 2001 abgeschafften – Erfordernis der wirtschaftlichen Eingliederung hatte der BFH[5] betont, dass dem Organschaftsverhältnis schon wegen der Mindestvertragsdauer des GAV (§ 14 Abs. 1 Satz 1 Nr. 3 KStG) ein gewisses Zeitelement zukommt. Danach dürfte es sachgerecht sein zu verlangen, dass die PersGes in jedem Wj. eine eigene gewerbliche Tätigkeit ausübt. Diese eigene gewerbliche Tätigkeit des OrgT muss bereits vom Beginn des Wj. der OG an erfüllt sein.[6] Demgegenüber hat der BFH entschieden, dass es ausreicht, wenn die OrgT erst im Laufe des Wj. der OG gewerblich tätig wird.[7]

132

§ 14 Abs. 1 Satz 1 Nr. 2 Satz 3 KStG erfordert seit dem VZ 2003 ferner, dass die Voraussetzung der **finanziellen Eingliederung** (s. → Rz. 101 ff.) im Verhältnis **zur Personengesellschaft selbst** erfüllt sind. Das bedeutet, dass die Beteiligung an der OG seither zum Gesamthandsvermögen der OrgT-PersGes gehören muss. Befanden die Anteile sich bisher im Sonderbetriebsvermögen der Mitunternehmer, mussten sie bis zum 31.12.2003 in das Gesamthandsvermögen übertragen werden.[8] Die Übertragung erfolgte nach § 6 Abs. 5 Satz 3 EStG zum Buchwert, wenn an der OrgT-Personengesellschaft nur natürliche Personen beteiligt waren. Bei Beteiligung von Kapitalgesellschaften mussten gemäß § 6 Abs. 5 Satz 5 EStG insoweit die stillen Reserven aufgedeckt werden. *Wegen der fehlenden finanziellen Eingliederung in die Personengesellschaft selbst kann auch aus diesem Grund eine atypisch stille Gesellschaft nicht OrgT sein.*[9]

133

Die Überführung einer OrgT-PersGes in das sog. **Personengesellschafts-Treuhandmodell** muss entgegen *Mangold/Zinowsky*[10] sehr kritisch gesehen werden. Nicht nur, dass zivilrechtlich mit

134

---

1 Gl. A. z. B. *Förster*, DB 2003, 899 [903]; *Rödder/Schumacher*, DStR 2003, 805 [808]; *Dötsch*, DPM 614 Rz. 92a.
2 Siehe dazu BFH, Urteil v. 17.12.1969 - I 252/94, BStBl 1970 II 257 gl. A. *Schroer/Starke*, GmbH 2003, 180; *Korn/Strahl*, KÖSDI 2003, 13714 [13718].
3 So auch BFH, Urteil v. 24.7.2013 - I R 40/12, BStBl 2014 II 272; ebenso BMF, Schreiben v. 10.11.2005, a. a. O., Tz. 16, da die gewerbliche Tätigkeit der Betriebsgesellschaft dem Besitzunternehmen zugerechnet werde.
4 BMF, Schreiben v. 10.11.2005, a. a. O., Tz. 17, 18; s. hierzu *Dötsch*, DB 2005, 2541.
5 Z. B. v. 18.4.1973 - I R 120/70, BStBl 1973 II 740.
6 FG Münster, Urteil v. 23.2.2012 - 9 K 3556/10 K, G, NWB EAAAE-11646; Revsionsentscheidung des BFH, Urteil v. 24.7.2013 - I R 40/12, BStBl 2014 II 272; BMF, Schreiben v. 10.11.2005, a. a. O., Tz. 21; *Blumers/Goerg*, DStR 2005, 397, 404, *Haase*, DB 2004, 1580 [1583]; a. A. *Dötsch*, DPM § 14 Rz. 99, wonach es ausreicht, wenn die gewerbliche Tätigkeit des OrgT zu irgendeinem Zeitpunkt während des Wj. vorliegt.
7 BFH, Urteil v. 24.7.2014 - I R 40/12, BStBl 2014 II 272.
8 BMF, Schreiben v. 10.11.2005, a. a. O., Tz. 22.
9 OFD Frankfurt a. M., Vfg. v. 30.1.2013, GmbHR 2013, 448.
10 DStR 2014, 2045.

dem Wechsel von der Kommanditisten- in die Komplementärstellung die Haftung eine andere wird, sondern auch steuerrechtlich begegnet dieses Modell Bedenken. Die Bedenken beziehen sich auf die finanzielle Eingliederung und die ununterbrochene Durchführung des GAV.

135–140 *(Einstweilen frei)*

II. Gewerbliches Unternehmen

141 Nach § 14 Abs. 1 Satz 1 KStG muss der OrgT (ab VZ 2000) ein „einziges anderes gewerbliches Unternehmen" sein. Die Organschaftsvoraussetzung „gewerbliches Unternehmen" erklärt sich daraus, dass durch die Organschaft und die auf ihr beruhende Abführung des Gewinns von der OG an den OrgT **keine Umqualifizierung der Einkünfte** – die OG muss ja immer eine KapGes i. S. d. § 1 Abs. 1 Nr. 1 KStG sein (s. → Rz. 31 ff.) und hat deshalb kraft Rechtsform stets gewerbliche Einkünfte (§ 2 Abs. 2 Nr. 2 GewStG, § 8 Abs. 2 KStG), auch wenn sie z. B. nur vermögensverwaltend oder als nichtgewerblicher Vermieter tätig ist – erfolgen soll.[1] Es wird damit vermieden, dass das Organschaftsverhältnis zu einer Vermeidung der GewSt führt.[2]

142 Das Erfordernis, dass es sich bei dem OrgT um ein „**inländisches**" gewerbliches Unternehmen handeln muss, ist ab dem VZ 2001 entfallen. Somit kann seither auch ein ausländisches gewerbliches Unternehmen OrgT und Empfänger der Gewinnabführung sein. Dies gilt unabhängig von der Rechtsform des OrgT, also auch für natürliche Personen.[3] Siehe oben → Rz. 92.

143 Ein „gewerbliches Unternehmen" liegt nach Ansicht der FinVerw vor, wenn die Voraussetzungen für einen Gewerbebetrieb i. S. d. § 2 GewStG erfüllt sind.[4] Dies ist zunächst der Fall, wenn eine Betätigung erfolgt, die **selbständig, nachhaltig, mit Gewinnerzielungsabsicht** ausgeübt wird und sich als **Beteiligung am allgemeinen wirtschaftlichen Verkehr** darstellt und die weder als Ausübung von Land- und Forstwirtschaft noch als Ausübung eines freien Berufs noch als eine andere selbständige Arbeit (§ 18 EStG) anzusehen ist (vgl. § 15 Abs. 2 EStG).

144 Die Tätigkeit der **Kapitalgesellschaften** (AG, KGaA, GmbH), der Erwerbs- und Wirtschaftsgenossenschaften und der Versicherungsvereine auf Gegenseitigkeit gilt **kraft Rechtsform** stets und in vollem Umfang als Gewerbebetrieb (§ 2 Abs. 2 Satz 1 GewStG). Deshalb ist bspw. auch eine AG oder GmbH, deren Tätigkeit sich auf Land- und Forstwirtschaft beschränkt oder die nur nichtgewerbliche Vermögensverwaltung betreibt, oder eine Steuerberatungs- und Wirtschaftsprüfungsgesellschaft, deren Betätigung nach § 15 Abs. 2 EStG nichtgewerbliche Tätigkeit wäre, kraft Rechtsform (§ 2 Abs. 2 GewStG) Träger eines gewerblichen Unternehmens.[5] Sie kommen daher als OrgT in Betracht.[6] Organschaft zwischen einer GmbH als OG und einem **Freiberufler**, etwa einem Rechtsanwalt oder Wirtschaftsprüfer, als OrgT scheidet demgegenüber aus, weil dieser Einkünfte aus selbständiger Arbeit (§ 18 EStG) erzielt und kein gewerbliches Unternehmen betreibt. Der Abschluss eines GAV mit einer OG macht den freien Beruf noch nicht zum Gewerbebetrieb.[7]

---

1 BFH, Urteil v. 12. 8. 1965 - IV 322/64 U, BStBl 1965 III 589.
2 Gl. A. *Walter* in Bott/Walter, § 14 Rz. 185.
3 *Müller/Stöcker/Lieber*, a. a. O., Rz. 72, m. w. N.
4 BMF, Schreiben v. 26. 8. 2003, BStBl 2003 I 437, Tz 2.
5 Vgl. a. BFH, Urteil v. 8. 6. 1977 - I R 40/75, BStBl 1977 II 668.
6 Ganz überwiegende Auffassung, vgl. nur *Kolbe* HHR KStG § 14 Rz. 58.
7 Vgl. BFH, Urteil v. 12. 8. 1965 - IV 322/64, BStBl 1965 III 589.

Die Tätigkeit der **sonstigen juristischen Personen des privaten Rechts**, die nicht in § 2 Abs. 2 GewSt aufgezählt sind, und der nichtrechtsfähigen Vereine gilt als Gewerbebetrieb, **soweit** sie einen **wirtschaftlichen Geschäftsbetrieb** (ausgenommen Land- und Forstwirtschaft) unterhalten (§ 2 Abs. 3 GewStG; R 2.1 (5) GewStR). Bei ihnen kommt es auf eine Gewinnerzielungsabsicht nicht an (im Einzelnen vgl. § 8 GewStDV u. R 2.1 (5) Satz 7 GewStR). 145

Damit ein Betrieb gewerblicher Art von **juristischen Personen des öffentlichen Rechts** OrgT sein kann, muss er den Anforderungen des § 2 Abs. 1 GewStDV genügen und als stehender Gewerbebetrieb angesehen werden können. Dazu gehört auch das Vorliegen einer Gewinnerzielungsabsicht – zumindest als Nebenzweck.[1] Daran fehlt es z. B. bei einem als Eigenbetrieb der Körperschaft des öffentlichen Rechts geführten Verkehrsbetrieb, der seit mehr als 20 Jahren – auf die Dauer gesehen und ohne Anzeichen für eine künftige Änderung der Verhältnisse – ohne Gewinn arbeitet.[2] Ein dauerdefizitärer BgA kann somit nicht OrgT sein.[3] Beteiligungserträge des BgA sind bei dieser Prüfung grds. einzubeziehen.[4] Dies gilt nach Auffassung der FinVerw nicht, wenn mit der Beteiligungsgesellschaft ein Organschaftsverhältnis begründet werden soll bzw. ein solches besteht.[5] Auch ein reiner Verpachtungsbetrieb (§ 4 Abs. 4 KStG) ist kein gewerbliches Unternehmen. 146

Zu den Voraussetzungen eines Gewerbebetriebs gehört auch die Beteiligung am allgemeinen wirtschaftlichen Verkehr. An dieser Voraussetzung fehlt es bei **Einrichtungen der öffentlichen Hand**, die nur für die Betriebsangehörigen eingerichtet und zugänglich sind (z. B. Kantinen). Betriebe der öffentlichen Hand, die überwiegend der Ausübung der öffentlichen Gewalt dienen (Hoheitsbetriebe), gehören mit Ausnahme der Versorgungsbetriebe nicht zu den Gewerbebetrieben (vgl. Abschn. 17 Abs. 2 und 3 GewStR; R 2.1 (6) Satz 2 EStR und EStH H 2.1 (6) - Beteiligung am allgemeinen wirtschaftlichen Verkehr). 147

Hat ein Gewerbetreibender **mehrere Betriebe** verschiedener Art, so ist jeder einzelne Betrieb Steuergegenstand (§ 2 Abs. 1 Satz 2 GewStG, Abschn. 16 Abs. 1 GewStR; R 2.4 (1) GewStR 2016). Im Einzelnen erfordert dies bei mehreren Betrieben, die z. B. eine unbeschränkt steuerpflichtige natürliche Person unterhält, dass geprüft wird, ob die Organschaftsvoraussetzungen ggf. bezüglich desselben Betriebs erfüllt sind,[6] der als OrgT in Betracht kommt. Hat ein Gewerbetreibender mehrere Betriebe der gleichen Art oder übt er in derselben Gemeinde verschiedene gewerbliche Tätigkeiten aus, die nach der Verkehrsauffassung und nach den Betriebsverhältnissen als Teil eines Gewerbebetriebs anzusehen sind, so ist zu prüfen, ob insoweit nicht eine Einheit vorliegt (vgl. Abschn. 16 Abs. 1 und 2 GewStR, R 2.4 (1) und (2) GewStR 2016). In diesem Fall ist an sie als OrgT anzuknüpfen. 148

---

[1] Vgl. BFH, Urteile v. 27.5.1964 - I 226/62 U, BStBl 1964 III 485 und v. 2.9.2009 - I R 20/09, BFH/NV 2010, 391 = NWB IAAAD-35580.
[2] BFH, Urteil v. 28.10.1970 - I R 72/69, BStBl 1971 II 247.
[3] BMF, Schreiben v. 26.8.2003, BStBl 2003 I 437, Tz. 5; *Beinert/Nees* in Prinz/Witt, Steuerliche Organschaft, 2. Aufl. 2019, Rz. 3.8 und *Witt*, Rz. 6.10.
[4] BFH, Urteil v. 25.7.2002 - I B 52/02, BFH/NV 2002, 1341 = NWB WAAAA-68071; FG Köln, Urteil v. 19.12.2013 - 10 K 2933/11, EFG 2014, 662 mit Anm. *Hennigfeld*; vgl. *Dötsch* DPM § 14 Rz. 83; a. A. FG Düsseldorf, Urteil v. 29.6.2010 - 6 K 2990/07 K, EFG 2010, 1732, Rev. als unzulässig verworfen durch BFH, Urteile v. 31.3.2011 - I R 74/10, BFH/NV 2011, 1371 = NWB JAAAD-85234, und FG Düsseldorf v. 18.3.2014 - 6 K 3493/11 K, NWB YAAAE-64571 = EFG 2014, 1032, mit Anm. *Hennigfeld*.
[5] Hiergegen zu Recht BFH, Urteil v. 2.9.2009 - I R 20/09, BFH/NV 2010, 391 = NWB IAAAD-35580; zu Einzelheiten mit Beispielen s. OFD Karlsruhe, Vfg. v. 19.7.2018, DB 2018, 1953.
[6] Vgl. BFH, Urteil v. 21.6.1972 - I R 82/70, BStBl 1972 II 722.

149 Die Tätigkeit der Unternehmen i. S. d. § 2 Abs. 2 GewStG (s. → Rz. 144) bildet stets und auch in vollem Umfang einen **einheitlichen Gewerbebetrieb** (vgl. Abschn. 16 Abs. 4 GewStR, R 2.4 (4) GewStR 2016), dem die Eigenschaft als OrgT zukommen kann. Auch die gewerbesteuerpflichtige Tätigkeit der unter § 2 Abs. 3 GewStG fallenden sonstigen juristischen Personen des privaten Rechts und der nichtrechtsfähigen Vereine (s. → Rz. 145) bildet stets einen einheitlichen Gewerbebetrieb. Dies gilt auch dann, wenn von ihnen mehrere wirtschaftliche Geschäftsbetriebe unterhalten werden (vgl. § 8 GewStDV, Abschn. 16 Abs. 4 GewStR).

150–160 *(Einstweilen frei)*

E. Eingliederungsvoraussetzungen gemäß § 14 Abs. 1 Nr. 1 KStG

161 Neben dem Vorhandensein eines OrgT und einer OG verlangt § 14 Abs. 1 Satz 1 Nr. 1 KStG die finanzielle Eingliederung der OG in das Unternehmen des OrgT (s. → Rz. 162 ff.). Die Eingliederung **auf wirtschaftlichem** (s. → Rz. 246 ff.) **und organisatorischem Gebiet** (s. → Rz. 256 ff.) nach dem „Gesamtbild der tatsächlichen Verhältnisse" (s. → Rz. 266) ist aufgrund Art. 3 Nr. 6 Buchst. b StSenkG v. 23.10.2000[1] entfallen. Diese Rechtsänderung gilt grds. ab dem VZ 2001. Bei einem vom Kj. abweichenden Wj. gilt die Änderung ab dem VZ 2002, wenn das erste im VZ 2001 endende Wj. vor dem 1.1.2001 beginnt (§ 34 Abs. 2 KStG).

I. Finanzielle Eingliederung

162 Dem Erfordernis der finanziellen Eingliederung ist nach § 14 Abs. 1 Satz 1 Nr. 1 KStG genügt, wenn der OrgT an der OG unter bestimmten zeitlichen Anforderungen (s. dazu → Rz. 361 ff.) in einem solchen Maße beteiligt ist, dass ihm die **Mehrheit der Stimmrechte** aus den Anteilen an der OG zusteht (s. → Rz. 181 ff.). Dabei unterscheidet das Gesetz zwischen unmittelbarer (s. → Rz. 201) und mittelbarer Beteiligung (s. → Rz. 211 ff.).

1. Mehrheit der Stimmrechte

163 Im Gegensatz zur Rechtslage vor der gesetzlichen Regelung der kstlichen Organschaft, die lediglich an die kapitalmäßige Verflechtung von OrgT und OG anknüpfte und eine prozentual bestimmte Anteilsmehrheit nicht verlangte, entscheidet sich die finanzielle Eingliederung nunmehr am **Anteilsbesitz und** der damit verbundenen **Mehrheit der Stimmrechte**. Der OrgT muss unmittelbar oder mittelbar in einer Weise an der OG beteiligt sein, dass er seinen Willen (durch Mehrheitsbeschlüsse) durchsetzen kann.[2] Die Mehrheit der Stimmrechte aus Anteilen an der OG muss über 50 % der gesamten Stimmrechte betragen, sofern keine höhere qualifizierte Mehrheit für Beschlüsse in der OG erforderlich ist. Maßgebend ist, dass die Stimmenmehrheit allgemein und nicht nur im Einzelfall erreicht werden kann.[3] Dem liegt die gesetzgeberische Einsicht zugrunde, dass der maßgebliche gesellschaftsrechtliche Einfluss auf die OG durch die Ausübung der Stimmrechte erfolgt.[4] Nur wenn der OrgT in einem solchen Umfang über Anteile an der OG verfügt, dass sich eine Mehrheit der Stimmrechte ergibt, hat er die Möglichkeit, seinen Willen in der OG durchzusetzen.[5]

---

1 BGBl 2000 I 1433; BStBl 2000 I 1428.
2 Z. B. BFH, Urteil v. 20. 1. 1999 - XI R 69/97, BFH/NV 1999, 1136 = NWB DAAAA-62944.
3 BFH, Urteil v. 22. 11. 2001 - V R 50/00, BStBl 2002 II 167.
4 Vgl. a. *Jurkat*, a. a. O., Rz. 248 ff.
5 Gl. A. *Walter* in Bott/Walter, § 14 Rz. 273.

Die finanzielle Abhängigkeit der OG von einem anderen Unternehmen, z. B. aufgrund von Verbindlichkeiten aus dem Bezug produktionswichtiger Rohstoffe oder Bankschulden erheblichen Ausmaßes wegen Neuinvestitionen, bedeutet also noch keine finanzielle Eingliederung. Wesentlich ist vielmehr das Vorhandensein eines Beteiligungsverhältnisses, das die Mehrheit der Stimmrechte verkörpert. Fraglich ist, ob die **Stimmrechte** dem OrgT **aus eigenem Recht** zustehen müssen oder ob es ausreicht, dass er Stimmrechtsvollmacht für fremde Anteile besitzt. Nach der auf den Gesetzeswortlaut („... *in einem solchen Maße beteiligt ..., dass ihm die Mehrheit der Stimmrechte aus den Anteilen an der OG zusteht ...*") gestützten h. M. muss die Stimmenmehrheit auf der Beteiligung begründet sein, d. h. sich aus den dem OrgT zuzurechnenden Anteilen ergeben.[1]

164

Zweifel hieran könnten sich aus BFH-Urteil v. 31. 3. 1976[2] ergeben, in dem das Gericht die Organschaft erst daran scheitern ließ, das es an der Durchführung des GAV mangelte, obwohl es bereits an der finanziellen Eingliederung gefehlt hatte. Dies dürfte jedoch damit zusammenhängen, dass der Mangel der finanziellen Eingliederung im Streitfall keine neue Tatsache i. S. d. § 222 Abs. 1 Ziff. 1 RAO war. Eine **Stimmrechtsvollmacht** für fremde Anteile reicht nicht aus, um eine finanzielle Eingliederung zu begründen.[3] Ein **Stimmrechtsbindungsvertrag**,[4] durch den sich ein Minderheitsgesellschafter zu einem gleich gerichteten Stimmverhalten mit dem Mehrheitsgesellschafter verpflichtet, kann jedoch dazu führen, dass die Beteiligung des Minderheitsgesellschafters an der OG zu den Stimmen des Mehrheitsgesellschafters hinzugezählt wird, um ein bestimmtes satzungsmäßiges Quorum zu erreichen.[5] Da dies allerdings ertragsteuerlich noch nicht höchstrichterlich abgesichert und die FG-Rechtsprechung[6] anderer Auffassung ist, kann dieser Weg nicht empfohlen werden. Wegen der Zurechnung von Anteilen einschließlich der Stimmrechte s. → Rz. 181 ff.

Im Normalfall stimmt die Anzahl der Anteile mit der Stimmrechtszahl überein, so dass eine Anteilsmehrheit zugleich die Stimmrechtsmehrheit vermittelt. **Abweichungen** zwischen den **Beteiligungs- und Stimmrechtsverhältnissen** ergeben sich jedoch bei stimmrechtslosen Vorzugsaktien (§§ 12 Abs. 1, 139 AktG), Mehrstimmrechtsaktien (§ 12 Abs. 2 AktG, § 5 EGAktG), bei Stimmrechtsbeschränkungen (§ 134 Abs. 1 Satz 2 ff. AktG) oder aufgrund des Stimmrechtsausschlusses für eigene Aktien (§ 136 AktG). Entsprechende Stimmrechtsbeschränkungen oder -begünstigungen gibt es im Übrigen auch bei Anteilen an anderen KapGes (z. B. Geschäftsanteile mit satzungsmäßig höherem Stimmrecht bei einer GmbH). Insofern kann es also vorkommen, dass eine Mehrheitsbeteiligung zur Begründung der finanziellen Eingliederung nicht ausreicht, andererseits aber eine Beteiligung, die nicht die Mehrheit der Anteile ausmacht, die Mehrheit der Stimmrechte vermittelt und damit die finanzielle Eingliederung der OG bewirkt.

165

---

1 Vgl. *Jurkat*, a. a. O., Rz. 263; *Kolbe* HHR KStG § 14 Rz. 103.
2 I R 123/74, BStBl 1976 II 510.
3 *L. Schmidt*, FR 1976, 361; *Streck*, a. a. O., Anm. 13.
4 Zu solchen Verträgen s. *Birle/Diehl*, Praxishandbuch der GmbH, 2. Aufl., Herne 2009, Rz. 3221.
5 Vgl. BFH, Urteil v. 22. 11. 2001 - V R 50/00, BStBl 2002 II 167, allerdings zur umsatzsteuerlichen Organschaft; a. A. *Walter* in Bott/Walter, § 14 Rz. 276; a. A. FG Niedersachen, Urteil v. 7. 6. 1990 - VI 626/88, rkr., GmbHR 1991, 290.
6 Siehe neben dem vg Urteil des Niedersächsischen FG auch FG Saarland, Urteil v. 16.6.2015 - 1 K 1109/13, NWB JAAAF-08968, EFG 2016, 396, Rz. 32 und FG Bremen, Urteil v. 14.12.2017 - 3 K 12/17, NWB QAAAG-69228, EFG 2018, 228 m. w. N.

BEISPIELE:

1. Die natürliche Person A hält 45 % der Anteile an der O-GmbH. Diese Beteiligung vermittelt 60 % der Stimmrechte, da ein Teil der Anteile satzungsmäßig mit einem höheren Stimmrecht ausgestattet ist.

    Die O-GmbH ist in das Unternehmen des A finanziell eingegliedert.

2. Die O-AG hält 10 % der eigenen Aktien. Die restlichen Aktien werden von A zu 50 % und von B zu 40 % gehalten. Jede Aktie gewährt das Stimmrecht. Da das Stimmrecht für eigene Aktien nach § 16 Abs. 3, § 136 Abs. 2 AktG ruht, besitzt A die Mehrheit der Stimmrechte, obwohl er nur 50 % der Anteile hat.

3. A ist an der O-AG zu 55 % beteiligt. Die Satzung der A-AG sieht vor, dass das Stimmrecht des einzelnen Aktionärs auf 45 % der gesamten Stimmen beschränkt ist.

    Die nach § 134 AktG zulässige Stimmrechtsbeschränkung hindert die Annahme der finanziellen Eingliederung der O-AG in das Einzelunternehmen des A.

166 § 14 KStG enthält keine Bestimmung darüber, ob für die Mehrheit der Stimmrechte die **einfache Mehrheit** ausreicht oder eine qualifizierte Mehrheit erforderlich ist. Eine solche Festlegung ist wohl auch entbehrlich. Nach § 133 Abs. 1 AktG bedürfen die Beschlüsse der Hauptversammlung nämlich regelmäßig der Mehrheit der abgegebenen Stimmen, also der einfachen Stimmenmehrheit, soweit nicht das Gesetz oder die Satzung eine größere Mehrheit oder weitere Erfordernisse bestimmen. Dieser Stimmrechtsmaßstab kann auch für die Beurteilung der finanziellen Eingliederung herangezogen werden; dies gilt auch, wenn kraft Gesetzes oder aufgrund satzungsmäßiger Bestimmung für wenige außergewöhnliche Beschlüsse, z. B. für eine Satzungsänderung, Änderung des Gesellschaftszwecks oder dgl., eine qualifizierte Mehrheit gefordert wird.

Sieht indessen die Satzung **generell** eine größere als die einfache Stimmrechtsmehrheit für Beschlüsse vor, ist dieser Maßstab auch für die Beurteilung der finanziellen Eingliederung verbindlich. Dies ist aus dem Willen des Gesetzgebers zu folgern, der durch das Kriterium dieser Eingliederungsvoraussetzung an die Möglichkeit der Einflussnahme auf die OG anknüpfen wollte; diese ist aber nur gegeben, wenn die satzungsmäßig vorgeschriebene Stimmrechtsmehrheit vorliegt.[1]

Ist im Einzelfall eine qualifizierte Mehrheit zwar nicht generell vorgeschrieben, der Katalog der mit qualifizierter Mehrheit zu fassenden Beschlüsse aber so umfassend, dass nur weniger bedeutsame Maßnahmen mit einfacher Stimmenmehrheit veranlasst werden können, so kann auch in diesem Fall die qualifizierte Mehrheit der Stimmen für die finanzielle Eingliederung erforderlich sein. Entscheidend muss sein, welche Stimmrechtsmehrheit erforderlich ist, damit der OrgT seinen beherrschenden Einfluss in der OG durchsetzen kann.[2]

167 **Stimmrechtsverbote** für einzelne Geschäfte zwischen dem OrgT und der OG stehen der finanziellen Eingliederung nicht entgegen.[3]

168 Das für die wirtschaftliche (s. → Rz. 246) und organisatorische Eingliederung (s. → Rz. 256) maßgebliche „Gesamtbild der tatsächlichen Verhältnisse" (s. → Rz. 266), das es erlaubte, Schwächen der einen Eingliederungsbeziehung durch das stärker ausgeprägte andere Eingliederungsmerkmal zu kompensieren, galt für die finanzielle Eingliederung nicht. Diese musste

---

1 Vgl. *Kolbe* HHR KStG § 14 Rz. 111; *Jurkat*, a. a. O., Rz 255; *Klempt/Winter*, StBp 1970, 49, 51.
2 *Dötsch* DPM § 14 Rz. 122; *Frotscher/Drüen* a. a. O. Rz. 91.
3 H 57 KStH 2004, unter Hinweis auf BFH, Urteil v. 26. 1. 1989 - IV R 151/86, BStBl 1989 II 455.

vielmehr in dem erforderlichen Umfang gegeben sein. Die Kriterien der wirtschaftlichen und organisatorischen Eingliederung sind grds. ab dem VZ 2001 entfallen.

Die Mehrheit der Stimmrechte ist **unerlässliche** Organschaftsvoraussetzung. Das Fehlen selbst nur einer Stimme an der Stimmrechtsmehrheit kann nicht durch Berücksichtigung anderer Aspekte ersetzt werden.[1] 169

(Einstweilen frei) 170–180

2. Zurechnung der Beteiligung und Stimmrechte

Die Stimmrechte müssen dem OrgT aus eigenem Recht zustehen (→ Rz. 164). Das bedeutet jedoch nicht, dass der OrgT zwingend bürgerlich-rechtlich Eigentümer einer so großen Anzahl von Anteilen sein muss, wie die Stimmrechtsmehrheit erfordert. Maßgebend ist vielmehr, dass ihm die Beteiligung und die damit verbundenen Stimmrechte **steuerlich zuzurechnen** sind (vgl. R 14.2 Satz 1 KStR 2015). Insoweit kann u.U. das zivilrechtliche Eigentum nicht einmal ausreichen, um die finanzielle Eingliederung bejahen zu können. 181

Besonders deutlich wird dies im Falle des Treuhandverhältnisses: Nach § 39 Abs. 2 Nr. 1 AO erfolgt hier die Zurechnung beim Treugeber. Das wirtschaftliche Eigentum kann insoweit das bürgerlich-rechtliche in steuerlicher Hinsicht verdrängen. Zu berücksichtigen ist indessen auch, dass letztlich nicht die Zurechnung der Anteile, sondern die Zurechnung der Stimmrechte für die finanzielle Eingliederung ausschlaggebend ist. Dies ist deshalb wichtig, weil das wirtschaftliche Eigentum an der Beteiligung noch keine Stimmrechte verleiht; das Stimmrecht steht originär vielmehr dem bürgerlich-rechtlichen Eigentümer zu. Deshalb wird die Auffassung vertreten, bei einem Treuhandverhältnis komme eine finanzielle Eingliederung weder im Verhältnis zum Treuhänder (keine Beteiligung) noch im Verhältnis zum Treugeber (kein Stimmrecht) in Betracht.[2] Soll also ein Organschaftsverhältnis zu dem **wirtschaftlichen Eigentümer** der Beteiligung in Betracht kommen, z. B. zu dem Treugeber, bedarf es zudem der **Übertragung** bzw. des Vorbehalts der Stimmrechte[3] bzw. deren Zurechenbarkeit beim wirtschaftlichen Eigentümer.

Meines Erachtens ist § 39 Abs. 2 Nr. 2 AO immer dann sinngemäß auf die Stimmrechte aus einer von dieser Zurechnungsvorschrift erfassten Beteiligung anzuwenden, wenn der Treuhänder bei der Ausübung der Stimmrechte zumindest obligatorisch an die Weisungen des Treugebers gebunden ist. Vorstehendes gilt nur dann, wenn das Treuhandverhältnis zivilrechtlich wirksam vereinbart ist, was bei einem GmbH-Anteil die notarielle Beurkundung der Treuhandvereinbarung voraussetzt.[4]

Daraus folgt im Einzelnen:[5] Solange der **Anspruch auf Übereignung** von Aktien oder ähnlichen Anteilen noch nicht dinglich vollzogen ist, ist der Anspruchsberechtigte an dem Unternehmen noch nicht beteiligt. Die Beteiligung und die Stimmrechte daraus stehen noch dem Veräußerer zu.[6] 182

---

[1] Vgl. a. BFH, Urteil v. 18. 1. 1967 - I R 130/66, BStBl 1967 III 259; *Walter* in Bott/Walter, § 14 Rz. 273.
[2] *Dötsch* DPM § 14 n. F. Rz. 121.
[3] Vgl. *Jurkat*, a. a. O., Rz 263; *Frotscher*/Drüen a. a. O. Rz. 93.
[4] So jetzt im Anschluss an BGH auch BFH, Urteile v. 4.12.2007 - VIII R 14/05, BFH/NV 2008, 745 = NWB WAAAC-75287 und v. 22.7.2008 - IX R 61/05, BFH/NV 2008, 2004 = NWB MAAAC-92659.
[5] Vgl. a. *Gassner* in Lademann, a. a. O., Anm. 37 ff.; *Jurkat*, a. a. O., Rz 264 ff.; *Kolbe* HHR KStG § 14 Rz. 113.
[6] Vgl. BFH, Urteil v. 25. 9. 1968 - I 52/64, BStBl 1969 II 18.

183 Im Rahmen eines **Nießbrauchs** an einer Beteiligung wird ein Organschaftsverhältnis kaum möglich sein. Unabhängig von der bereits zivil- und handelsrechtlich str. Frage, wem im Rahmen eines Nießbrauchs an Gesellschaftsanteilen das Stimmrecht zusteht,[1] wird dem Nießbraucher i. d. R. die Beteiligung nicht steuerrechtlich zuzurechnen sein, da er nicht wirtschaftlicher Eigentümer ist. Ist der Nießbraucher ausnahmsweise wirtschaftlicher Eigentümer der Beteiligung,[2] kann die finanzielle Eingliederung bejaht werden, wenn ihm auch die Stimmrechte aus den Anteilen übertragen sind. Der Nießbrauchsbesteller wird als OrgT deshalb nicht in Betracht kommen, da sonst der Gewinn aufgrund des GAV an ihn abzuführen wäre und er damit in Konflikt mit seinen Pflichten aus der Nießbrauchsbestellung, insbesondere zur Überlassung der Früchte aus der Beteiligung, käme.[3]

184 Hat der Eigentümer einem Dritten an seinem Kapitalgesellschaftsanteil eine **Unterbeteiligung** eingeräumt, wird unter bestimmten Umständen der Unterbeteiligte wirtschaftlicher Inhaber der Anteile.[4] Insoweit ist die Beteiligung nicht mehr dem zivilrechtlichen Eigentümer zuzurechnen. Da die wirtschaftliche Inhaberschaft nach BFH u. a. die Verfügung über die Stimmrechte voraussetzt, kann je nach Ausgestaltung des Unterbeteiligungsvertrags die finanzielle Eingliederung in Bezug auf den Hauptbeteiligten wegfallen.

185 Bei Aktien und Geschäftsanteilen, die aufgrund von **Pensionsgeschäften**[5] erworben wurden, hängt die Frage der Zurechnung der Beteiligung und damit die der finanziellen Eingliederung von der Ausgestaltung des Pensionsvertrages ab: Bezweckt das Pensionsgeschäft in erster Linie die Absicherung von Krediten und ist die Ausübung der Gesellschaftsrechte nur nach Absprache mit dem Pensionsgeber oder gar nach dessen Anweisung möglich, so sind die in Pension gegebenen Anteile steuerlich dem Pensionsgeber zuzurechnen.[6] Sind entsprechende Einschränkungen bei der Wahrnehmung der Gesellschaftsrechte nicht vorgesehen und kann der Pensionsnehmer während der Laufzeit des Pensionsvertrages voll über die Erträge der Anteile verfügen, so ist die Beteiligung dem Pensionsnehmer zuzurechnen.[7]

186 Die **Pfändung** einer Beteiligung hat zunächst keinen Einfluss auf die Eigentumsverhältnisse, sondern schränkt nur die Verfügungsbefugnis des Gesellschafters insbesondere bezüglich des Gewinnanteils und Auseinandersetzungsguthabens ein. Der Pfändungspfandgläubiger erlangt hingegen nicht eine Stellung, die es ihm erlaubt, die sonstigen Gesellschaftsrechte einschließlich des Stimmrechts auszuüben; Letzteres ist auch nicht selbständig pfändbar. Der Pfändungspfandgläubiger scheidet somit als möglicher OrgT aus. Andererseits zerstört eine Pfändung nicht die finanzielle Eingliederung im Verhältnis zum Anteilseigner.[8] Die Ausübung der Verwaltungsrechte durch den Gesellschafter, insbesondere das Stimmrecht, wird durch die Pfändung nicht beschränkt.[9]

---

1 Vgl. hierzu *Bassenge* in Palandt, BGB, § 1068 Rz. 3a bb; *Hueck/Fastrich* in Baumbach/Hueck, § 15 GmbHG, Rz. 53.
2 Siehe hierzu BFH, Urteil v. 24. 1. 2012 - IX R 51/10, NWB GAAAE-04753.
3 *Frotscher/Drüen* a. a. O. Rz. 95; *Jurkat*, GmbHR 1972, 50.
4 Siehe hierzu im Einzelnen BFH, Urteil v. 18. 5. 2005 - VIII R 34/01, BStBl 2005 II 857.
5 Siehe dazu z. B. BFH, Beschluss v. 29. 11. 1982 - GrS 1/81, BStBl 1983 II 272.
6 Vgl. a. Erl. der obersten Finanzbehörden der Länder v. 10.10.1969, BStBl 1969 I 652.
7 Vgl. *Jurkat*, BB 1970, 207 und GmbHR 1972, 50.
8 Gl. A. *Gassner* in Lademann, a.a.O., Anm. 41; *Streck*, a.a.O., Anm. 14; a. A *Jurkat*, a.a.O., Rz 267 und BB 1970, 207; *Frotscher/Drüen* a. a. O. Rz. 94, die davon ausgehen, die Pfändung der Anteile bewirke auch eine Beschränkung in der Stimmrechtsausübung.
9 Vgl. zur AG *Zöllner* in Kölner Kommentar zum AktG, § 134 AktG, Anm. 14; zur GmbH: *Hueck/Fastrich* in Baumbach/Hueck, § 15 GmbHG, Rz. 62.

Anders könnte es sich hingegen mit der **Verpfändung** der Beteiligung verhalten, wenn die vertragliche Abrede auch die Übertragung der Stimmrechte auf den Pfändungspfandgläubiger vorsieht. Ob das Stimmrecht wegen des grundsätzlichen Abspaltungsverbots überhaupt dem Gläubiger zur Ausübung im eigenen Namen z. B. im Wege der Legitimationszession übertragen werden kann, ist streitig.[1] Gleichwohl wird eine finanzielle Eingliederung in das Unternehmen des Pfändungspfandgläubigers nur dann angenommen werden können, wenn ihm zugleich die Stellung des wirtschaftlichen Eigentümers zukommt. Eine Verpfändung der Beteiligung unter Übertragung des Stimmrechts auf den Pfändungspfandgläubiger bzw. mit der Verpflichtung des Anteilseigners, die Stimmrechte nach Weisung des Pfandgläubigers auszuüben, führt aber dazu, dass eine bestehende Organschaft zerstört wird.[2]

187

Das für das Treuhandverhältnis Gesagte gilt entsprechend für die **Sicherungsübereignung** von Beteiligungen: Steuerlich ist die Beteiligung dem Sicherungsgeber zuzurechnen (§ 39 Abs. 2 Nr. 1 AO). In den Fällen, in denen die vertragliche Grundlage dem nicht entgegensteht, kann zum Sicherungsgeber die finanzielle Eingliederung bejaht werden.[3]

188

(Einstweilen frei)   189–200

3. Unmittelbare Beteiligung

§ 14 Abs. 1 Nr. 1 Satz 1 KStG geht zunächst von der unmittelbaren Beteiligung des OrgT an der OG aus, beharrt aber nicht auf ihr (s. → Rz. 211 ff.). Das bedeutet, dass die erforderliche Beteiligung dem **OrgT selbst** gehören muss oder ihm zumindest steuerlich zuzurechnen ist.

201

> **BEISPIEL:** Die M-AG hat drei Aktionäre, die jeweils 33 $^1/_3$ % der Aktien halten. Diesen Aktionären gehören außerdem jeweils 33 $^1/_3$ % der Aktien der T-AG.
>
> Eine Organschaft zwischen M-AG und T-AG kommt nicht in Betracht, weil nicht die M-AG selbst, sondern nur ihre AE die Aktien der T-AG halten.

Eine **Ausnahme** hiervon machte das Gesetz bis einschl. VZ 2002 lediglich für den Fall, dass eine **PersGes** OrgT sein sollte, an der ausschließlich unbeschränkt Stpfl. beteiligt waren bzw. Körperschaften, Personenvereinigungen oder Vermögensmassen mit Sitz und Geschäftsleitung im Inland (vgl. § 14 Abs. 1 Nr. 2 Sätze 3 und 4 KStG a. F.). Ab dem **VZ 2003** muss die finanzielle Eingliederung im Verhältnis **zur PersGes selbst** erfüllt sein (§ 14 Abs. 1 Satz 1 Nr. 2 Satz 3 KStG).

202

Schwestergesellschaften können zueinander nicht in einem Organschaftsverhältnis stehen, da eine unmittelbare Beteiligung insofern nicht möglich ist.[4] Ist in den Gesellschaftsverträgen zweier PersGes, an denen dieselben Personen zu gleichen Teilen beteiligt sind, vereinbart, dass bei Entstehung eines Verlusts in der einen Gesellschaft diese Gesellschaft (Verlustgesellschaft) Anspruch auf Deckung des Verlusts aus dem Gewinn der anderen Gesellschaft (Gewinngesellschaft) hat, ist die Verlustdeckung als Entnahme durch die Gesellschafter der Gewinngesellschaft und – mangels betrieblicher Veranlassung (§ 4 Abs. 4 EStG) – nicht als Betriebsausgabe dieser Gesellschafter anzusehen.[5]

203

---

[1] Zu Einzelheiten s. *Hueck/Fastrich* in Baumbach/Hueck, § 15 GmbHG, Rz. 50.
[2] *Frotscher*/Drüen a. a. O. Rz. 94; *Jurkat*, a. a. O., Rz 267.
[3] Gl. A. *Gassner* in Lademann, a. a. O., Anm. 28; *Jurkat*, GmbHR 1972, 50.
[4] Und eine mittelbare Beteiligung ebenfalls nicht vorliegt, FG Niedersachen, Urteil v. 4. 9. 2007 - 6 K 194/07, EFG 2008, 323, rkr.; *Dötsch* DPM § 14 Rz. 126.
[5] BFH, Urteil v. 26. 1. 1995 - IV R 73/93, BStBl 1995 II 589.

204 Ist der OrgT eine **natürliche Person**, so spielt es für die Frage der Unmittelbarkeit keine Rolle, ob die Beteiligung an der OG im Privat- oder Betriebsvermögen gehalten wird. Im Hinblick auf die grds. bis einschl. VZ 2000 erforderliche wirtschaftliche und organisatorische Eingliederung der OG war die Zuordnung der Beteiligung zum Privatvermögen in diesem Fall aber äußerst zweifelhaft.[1] U. E. gehört die Beteiligung zwingend zum notwendigen Betriebsvermögen des gewerblichen Unternehmens der natürlichen Person.[2]

205–210 *(Einstweilen frei)*

4. Mittelbare Beteiligung

211 In § 14 Abs. 1 Satz 1 Nr. 1 Satz 1 KStG wird zunächst die unmittelbare Beteiligung des OrgT an der OG angesprochen (s. → Rz. 201). Nach Satz 2 der genannten Bestimmung sind aber mittelbare Beteiligungen zu berücksichtigen, wenn die **Beteiligung an jeder vermittelnden Gesellschaft** die **Mehrheit der Stimmrechte** gewährt. Diese Regelung beruht auf der Erwägung, dass bei einer derartigen Beteiligungskette die OG ohnehin jeweils in das Unternehmen des sie finanziell beherrschenden Unternehmens eingegliedert ist und insofern letztlich eine Zurechnung beim OrgT erfolgt.[3]

> **BEISPIEL:** Die unbeschränkt steuerpflichtige natürliche Person A, die im Inland ein gewerbliches Unternehmen betreibt, hält sämtliche Aktien der M-AG. Diese ist zu 100 v. H.
>
> AE der OG-AG, die auch im Übrigen die für eine Organschaft erforderlichen Voraussetzungen erfüllt. Graphisch dargestellt bedeutet dies:
>
>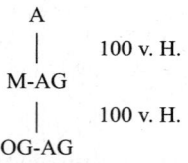
>
> Die OG-AG ist unmittelbare OG zur M-AG. Diese wiederum ist unmittelbare OG bezogen auf A. Die Anerkennung der mittelbaren finanziellen Eingliederung der OG-AG in das Unternehmen des A ist im Ergebnis also gleichbedeutend mit der Berücksichtigung, dass die OG-AG unmittelbar in die M-AG eingegliedert ist und diese ihrerseits unmittelbare OG des A ist.

212 Entscheidend für die Anerkennung der mittelbaren finanziellen Eingliederung ist, dass **in jeder Stufe der Organkette** die Mehrheit der Stimmrechte vermittelt wird.

> **BEISPIEL:** Die OG-AG hält 49 v. H. ihrer eigenen Aktien. Die M-AG hält die restlichen 51 v. H. der Anteile. Jede Aktie gewährt ein Stimmrecht. Die Aktien der M-AG werden zu 51 v. H. von A gehalten; die anderen 49 v. H. gehören B. Auch jede Aktie der M-AG gewährt ein Stimmrecht. Zeichnerisch dargestellt ergibt sich folgendes Bild:

---

[1] Vgl. BFH, Urteil v. 24. 1. 1968 - I 95/65, BStBl 1968 II 315.
[2] *Dötsch* DPM § 14 Rz. 149.
[3] Vgl. Schriftl. Bericht des Finanzausschusses des Deutschen Bundestages zu BT-Drucks. V/3882.

```
            A              B
      51 v. H. |         | 49 v. H.
           ---- M-AG ----
                  |
                     51 v. H.
                OG-AG
```

A kommt als OrgT in Betracht, da er gegenüber der M-AG die Mehrheit der Stimmrechte besitzt und dieser wiederum die Mehrheit der Stimmrechte gegenüber der OG-AG zusteht: Die OG-AG ist mittelbar – über die M-AG – in das Unternehmen des A in einer Weise eingegliedert, dass er durch Ausübung der Stimmrechte beherrschenden Einfluss auf die OG-AG ausüben kann. Etwas anderes würde nur gelten, wenn die Satzung der M-AG oder der OG-AG vorsehen würde, dass eine andere als die einfache Stimmenmehrheit erforderlich ist. B scheidet hingegen als mittelbarer OrgT der OG-AG aus, weil er gegenüber der M-AG nicht über die Mehrheit der Stimmrechte verfügt.

Aber auch im Falle der mittelbaren finanziellen Eingliederung sind **Stimmrechtsbeschränkungen**, Mehrstimmrechtsberechtigungen usw. zu beachten (s. → Rz. 165 ff.). 213

BEISPIEL: A ist zu 55 v. H. an der M-AG beteiligt, deren Satzung vorsieht, dass kein Aktionär mehr als 40 v. H. der Stimmrechte geltend machen kann. Die OG-AG ist zu 100 v. H. Tochtergesellschaft der M-AG.

```
            A
            |      55 v. H. (40 v. H.)
          M-AG
            |      100 v. H.
          OG-AG
```

Die OG-AG ist zwar finanziell mittelbar stark von A abhängig, wegen der Stimmrechtsbeschränkung aber nicht in sein Unternehmen eingegliedert. Aber gerade die Mehrheit der Stimmrechte wäre für eine Organschaft entscheidend.

Es ist gleichgültig, in welcher Stufe evtl. Stimmrechtsbeschränkungen bestehen. 214

BEISPIEL: A hält sämtliche Anteile an der M-AG, die ihrerseits 55 v. H. der Aktie an der OG-AG hält. Die Satzung der OG-AG schreibt vor, dass kein Aktionär mehr als 50 v. H. der Stimmrechte ausüben darf.

```
            A
            |      100 v. H.
          M-AG
            |      55 v. H. (50 v. H.)
          OG-AG
```

Die M-AG ist in das Unternehmen des A finanziell eingegliedert. Eine Organschaft zwischen A und der OG-AG aufgrund mittelbarer finanzieller Eingliederung scheitert jedoch daran, dass die M-AG zwar die Mehrheit der Anteile der OG-AG besitzt, wegen der Stimmrechtsbeschränkung aber nicht die Mehrheit der Stimmrechte.

Da die Berücksichtigung einer Stimmrechtsmehrheit immer voraussetzt, dass sie auf einer entsprechenden Beteiligung beruht (s. → Rz. 181 ff.), kommt eine Organschaft zwischen **Schwestergesellschaften** nicht in Betracht.[1] 215

---

[1] FG Niedersachen, Urteil v. 4. 9. 2007 - 6 K 194/07, EFG 2008, 323, rkr.

BEISPIEL: A hält sowohl sämtliche Aktien der M-AG als auch der S-AG. Die M-AG ihrerseits ist zu 100 v. H. AE der OG-AG:

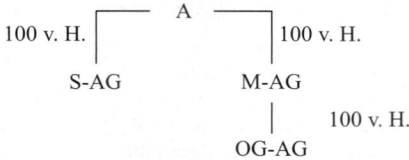

A kann OrgT im Verhältnis zur S-AG, M-AG und – mittelbar – gegenüber der OG-AG sein. Da jedoch die S-AG keine Anteile an der M-AG hält, kann sie nicht OrgT der M-AG oder – mittelbar – der OG-AG sein.

216 Bis zum Ergehen der KStR 1985[1] hat die FinVerw die mittelbare finanzielle Eingliederung über eine PersGes oder eine **ausländische Tochtergesellschaft** abgelehnt.[2] Nach ihrer Meinung war Grund für die Zulassung der mittelbaren Beteiligung als Voraussetzung für die finanzielle Eingliederung in § 14 Abs. 1 Nr. 1 Satz 2 KStG (s. → Rz. 211), dass die jeweilige Mehrheitsbeteiligung jederzeit den Abschluss eines GAV zwischen Mutter- und Tochtergesellschaft einerseits und zwischen Tochter- und Enkelgesellschaft andererseits ermöglicht. Aufgrund der dadurch entstehenden Organschaftskette von der Enkelgesellschaft über die Tochtergesellschaft bis hin zur Muttergesellschaft würde kstlich das Ergebnis der Enkelgesellschaft bei der Muttergesellschaft besteuert. Das Gesetz ziehe somit letztlich nur die Konsequenz aus dieser Möglichkeit der Begründbarkeit einer durchlaufenden Organschaftskette. Der FinVerw genügte daher eine mittelbare Beteiligung für die finanzielle Eingliederung nur in den Fällen, in denen aufgrund der jeweiligen Mehrheitsbeteiligung eine **durchlaufende Organschaftskette** hätte gebildet werden können. Da aber zu einer ausländischen Tochtergesellschaft ein Organschaftsverhältnis nicht begründet werden kann (vgl. → Rz. 46 ff.), reichte für die finanzielle Eingliederung eine mittelbare Beteiligung, die über eine ausländische Tochtergesellschaft an einer inländischen Enkelgesellschaft besteht, nicht aus.

217 In diesem Punkte hat das BFH-Urteil v. 2. 11. 1977[3] zu einer **Änderung der Beurteilung** geführt. In der angeführten Entscheidung hat das Gericht – wenn auch zu § 7a KStG a. F. – ausgeführt, die Zulassung der mittelbaren Beteiligung als Voraussetzung der finanziellen Eingliederung möge zwar auch darauf zurückzuführen sein, dass damit der Umweg einer Organschaftskette erspart werden sollte (s. → Rz. 211), doch habe dieser Gedanke im Gesetz selbst keinen Ausdruck gefunden. Er berechtige daher nicht dazu, die Vorschrift einengend in der Weise auszulegen, dass eine mittelbare Beteiligung nur dann als Voraussetzung der finanziellen Eingliederung ausreiche, wenn die die Beteiligung vermittelnde Gesellschaft auch Zwischenglied einer Organschaftskette sein könne.[4]

218 In H 57 KStH 2008 vertritt die FinVerw nunmehr die Auffassung, dass eine mittelbare Beteiligung auch über eine Gesellschaft bestehen kann, die **selbst nicht OG** sein könnte.

BEISPIEL: A ist Alleingesellschafter einer GmbH, die Komplementärin einer GmbH & Co. KG ist, und alleiniger Kommanditist der KG. Diese hält 80 v. H. der Anteile an der OG-AG.

---

1 BStBl Sonderbeilage 1/86 v. 17.1.1986.
2 Vgl. FinMin NW v. 26.6.1978, BB 1978, 999.
3 I R 143/75, BStBl 1978 II 74.
4 Gl. A. *Kolbe* HHR KStG § 14 Rz. 104; *Winter*, GmbHR 1978, 257; *Streck*, a. a. O., Anm. 16; *Gassner* in Lademann, a. a. O., Anm. 47; *Frotscher*/Drüen a. a. O. Rz. 104.

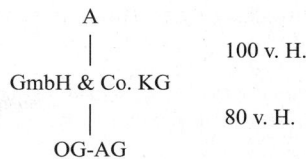

Die OG-AG ist in die GmbH & Co. KG unmittelbar finanziell eingegliedert. Obwohl die GmbH & Co. KG als PersGes nicht OG des A sein kann, ist eine Organschaft aufgrund mittelbarer finanzieller Eingliederung zu bejahen.

Folgt man BFH, Urteil v. 2.11.1977,[1] so kann eine Muttergesellschaft an der Enkelgesellschaft auch dann mittelbar beteiligt sein, wenn die Tochtergesellschaft eine **PersGes** oder ein **ausländisches Unternehmen** ist.[2]

Da mittelbare Beteiligungen nur aufwärts zum OrgT laufen, nie auf- und abwärts über gemeinsame Mutter- oder Großmuttergesellschaften (s. → Rz. 203 und → Rz. 215) können **Schwestergesellschaften** einander auch nicht mittelbar finanziell eingegliedert sein.[3]

Zu den Rechtsfolgen einer Organschaft aufgrund mittelbarer Beteiligung s. unten → Rz. 637.

(Einstweilen frei)

5. Zusammenrechnung unmittelbarer und mittelbarer Beteiligungen

Die Regelung des § 14 (Abs. 1) Nr. 1 KStG a. F., die zunächst (Satz 1) auf die unmittelbare Beteiligung des OrgT an der OG abstellt, es dann (Satz 2) aber auch genügen lässt, wenn eine bestimmte mittelbare Beteiligung vorliegt, trug die in Abschn. 49 Satz 5 KStR 1995 niedergelegte Auffassung der FinVerw, wonach die Zusammenrechnung einer unmittelbaren und einer mittelbaren Beteiligung oder von mehreren mittelbaren Beteiligungen zur Begründung der finanziellen Eingliederung nicht ausreicht.[4]

In der Praxis half man sich in diesen Fällen, in denen die finanzielle Eingliederung weder unmittelbar noch mittelbar gegeben war, in der Weise, dass **Anteilsübertragungen** zwischen den beteiligten Unternehmen erfolgten, um auf dem einen oder anderen Wege dem Erfordernis des § 14 **Abs. 1** Nr. 1 KStG Rechnung zu tragen. Da eine solche Anteilsübertragung aber mit der Aufdeckung stiller Reserven verbunden sein konnte, empfahl sich ggf. auch die Lösung im Wege der sog. **Mehrmütter-Organschaft** (s. dazu → Rz. 752 ff.) oder durch ein **Mehrstimmrecht**.

Aufgrund Art. 3 Nr. 6 Buchst. a StSenkG v. 23.10.2000[5] wurde § 14 (**Abs. 1**) Nr. 1 Satz 2 KStG neu gefasst. Danach sind mittelbare Beteiligungen zu berücksichtigen, wenn die Beteiligung **an jeder vermittelnden Gesellschaft** die **Mehrheit der Stimmrechte** gewährt. Damit ist das vor-

---

[1] I R 143/75, BStBl 1978 II 74.
[2] Gl. A. *Streck*, a.a.O., Anm. 16; *Gassner* in Lademann, a.a.O., Anm. 47.
[3] Gl. A. *Kolbe* HHR KStG § 14 Rz. 104; *Gassner* in Lademann, a.a.O., Anm. 49; *L. Schmidt*, StuW 1969, 441, 446. Vgl. auch BFH, Urteil v. 18.12.1996 - XI R 25/94, BStBl 1997 II 441, zur ust-lichen Organschaft. Dort blieb dahingestellt, ob eine ausschließlich mittelbare Beteiligung einer PersGes an einer KapGes über ihre Gesellschafter für deren finanzielle Eingliederung ausreichend ist.
[4] H. M.; a. A. *Brezing*, DStZ/A 1972, 103; kritisch auch *Haase*, DB 1972, 1249, 1307.
[5] BGBl 2000 I 1433; BStBl 2000 I 1428.

genannte **Additionsverbot** mit grundsätzlicher Wirkung **ab dem VZ 2001 aufgehoben** (vgl. § 34 Abs. 9 Nr. 2 KStG).

> **BEISPIELE:** 1. A hält 50 v. H. der Aktien der OG-AG. Außerdem besitzt er sämtliche Anteile an der M-AG, der ihrerseits die anderen 50 v. H. der Aktien der OG-AG gehören. Die Anzahl der Stimmrechte entspricht der Zahl der Anteile:
>
>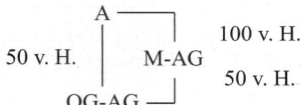
>
> Die OG-AG ist – über die M-AG – mittelbar in der Weise in das Unternehmen des A eingegliedert, so dass diesem die Mehrheit der Stimmrechte zusteht. Da eine Zusammenrechnung der unmittelbaren und der mittelbaren Beteiligung zur Begründung der finanziellen Eingliederung grds. ab dem VZ 2001 zulässig ist, kommt eine Organschaft zwischen A als OrgT und der OG-AG als OG in Betracht.
>
> 2. A hält 100 v. H. der Anteile (= Stimmrechte) an der M-AG und 60 v. H. der Anteile der M-GmbH. Diese beiden Gesellschaften besitzen je 50 v. H. der Anteile an der OG-AG.
>
>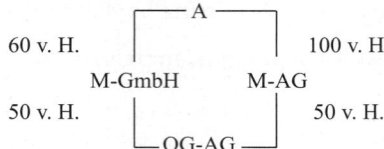
>
> Die OG-AG ist in das Unternehmen des A finanziell eingegliedert, weil beide der mittelbaren Beteiligungen des A an der OG-AG zusammengerechnet die Voraussetzungen des § 14 Abs. 1 Satz 1 Nr. 1 Satz 2 KStG erfüllen.

234 Bei der Zusammenrechnung stellt sich die Frage, ob die mittelbare Beteiligung durchzurechnen ist.[1] Dies ist u. E. zu bejahen.[2]

> **BEISPIEL (NACH *MÜLLER/STÖCKER/LIEBER*, A. A. O., RZ. 94):** Die X-GmbH ist unmittelbar zu 31 v. H. an der Y-GmbH und zu 75 v. H. an der Z-GmbH beteiligt. Die Z-GmbH ist ihrerseits zu 20 v. H. unmittelbar an der Y-GmbH beteiligt.
>
> Die Y-GmbH ist nicht finanziell in die X-GmbH eingegliedert. Die Addition der unmittelbaren und der mittelbaren, aber durchgerechneten Beteiligung ergibt nur 46 v. H. (31 v. H. + 15 v. H. (20 v. H. von 75)). Ohne die Durchrechnung käme man zur finanziellen Eingliederung (31 v. H. + 20 v. H.).

235 Unmittelbare und mittelbare Beteiligung konnten jedoch bisher schon in **zeitlicher Hinsicht** zusammengerechnet werden, d. h. die finanzielle Eingliederung ist auch dann gegeben, wenn die Beteiligung an der OG zunächst mittelbar und anschließend vom OrgT unmittelbar gehalten wird.

> **BEISPIEL:** Die Gesellschaft A ist an der OG-AG mittelbar – über die Gesellschaft M-AG – zu 100 v. H. beteiligt. Im Laufe des Wj. erwirbt die A die Anteile an der OG-AG, z. B. durch Verschmelzung der M-AG auf die Gesellschaft A.
>
> Die Voraussetzungen des § 14 Abs. 1 Satz 1 Nr. 1 KStG bezüglich der finanziellen Eingliederung sind erfüllt.

---

[1] Vgl. *Müller/Stöcker/Lieber*, a. a. O., Rz. 94.
[2] Ebenso R 57 Beispiel 3 KStR 2004; *Herlinghaus*, FR 2000, 1105, 1112; a. A. *Dötsch* DPM § 14 n. F. Rz. 127; *Kolbe* HHR KStG § 14 Rz. 113; *Rödder* in Schaumburg/Rödder, Unternehmensteuerreform 2001, 567.

(Einstweilen frei) 236–245

II. Wirtschaftliche Eingliederung

Das Erfordernis der wirtschaftlichen Eingliederung (§ 14 Abs. 1 Nr. 2 KStG a. F.) ist durch Art. 3 Nr. 6 Buchst. b StSenkG v. 23.10.2000[1] aus Gründen der Steuervereinfachung **aufgegeben** worden. Dies gilt grds. ab dem **VZ 2001**. Bei vom Kj. abweichendem Wj. ist die Neuregelung erstmals für den VZ 2002 anzuwenden, wenn das Erste im VZ 2001 endende Wj. vor dem 1.1.2001 beginnt (§ 34 Abs. 2 KStG). 246

(Einstweilen frei) 247–255

III. Organisatorische Eingliederung

Die organisatorische Eingliederung, die ebenfalls in § 14 Abs. 1 Nr. 2 KStG a. F. geregelt war, ist ebenfalls **entfallen** (s. → Rz. 246). 256

(Einstweilen frei) 257–265

IV. Gesamtbild der tatsächlichen Verhältnisse

Nach § 14 Abs. 1 Nr. 2 KStG a. F. musste die OG „nach dem Gesamtbild der tatsächlichen Verhältnisse" wirtschaftlich und organisatorisch in das Unternehmen des OrgT eingegliedert sein. Mit Streichung der Vorschrift ist diese Regelung **hinfällig** (s. → Rz. 246). 266

(Einstweilen frei) 267–280

F. Sonderfälle bezüglich der Eingliederung nach § 14 KStG

I. Personengesellschaft (§ 15 Abs. 1 Nr. 2 EStG) als Organträger

Auch eine PersGes kann unter bestimmten Voraussetzungen OrgT sein (im Einzelnen s. → Rz. 121 ff.). Bis **einschl. VZ 2002** wurde hinsichtlich der finanziellen Eingliederung (s. → Rz. 162 ff.) jedoch unterschieden zwischen 281

- PersGes mit einem oder mehreren Gesellschaftern, die **beschränkt stpfl.** waren, oder an der eine oder mehrere Körperschaften, Personenvereinigungen oder Vermögensmassen beteiligt waren, die ihre **Geschäftsleitung nicht im Inland** hatten;
- PersGes, deren Gesellschafter mit dem auf sie entfallenden Teil des zuzurechnenden Einkommens im Geltungsbereich des KStG der **ESt oder KSt** unterlagen, und/oder Körperschaften, Personenvereinigungen oder Vermögensmassen mit **Geschäftsleitung im Inland** waren.

Ab dem **VZ 2003** verlangt § 14 Abs. 1 Satz 1 Nr. 2 Satz 3 KStG, dass die finanzielle Eingliederung in jedem Fall **im Verhältnis zur PersGes selbst** erfüllt ist (s. → Rz. 311), so dass ab diesem VZ immer die nachfolgenden Ausführungen gelten. Zur Rechtslage vor VZ 2003 s. die Voraufl. Rz. 286 ff. 282

Die Voraussetzung der finanziellen **Eingliederung muss im Verhältnis zur PersGes selbst** erfüllt sein. 283

---

[1] BGBl 2000 I 1433; BStBl 2000 I 1428.

284 Bezogen auf die Eingliederungsvoraussetzungen bedeutete dies im Einzelnen: Die **Anteile an der OG** müssen vom Beginn ihres Wj. an ununterbrochen der PersGes selbst zuzurechnen sein.

285 Bezogen auf die Voraussetzung der **finanziellen Eingliederung** bedeutete dies, dass die Anteile an der OG in dem für die finanzielle Eingliederung erforderlichen Umfang (§ 14 Abs. 1 Satz 1 Nr. 1 KStG) zum Vermögen der PersGes (**Gesamthandsvermögen**) gehören müssen oder zumindest wirtschaftliches Eigentum der PersGes gegeben sein muss.[1] Es reicht also **nicht** aus, dass die Anteile im Eigentum der Gesellschafter der PersGes stehen, selbst dann nicht, wenn sie zu deren **notwendigen SonderBV** gehören. Die Beteiligung der PersGes an der OG kann auch mittelbar gehalten werden.

286–320 *(Einstweilen frei)*

II. Holding

321 Besondere Fragen stellten sich grds. bis zum VZ 2001 zur OrgT-Eigenschaft der Holding aus dem Gesichtspunkt, dass der OrgT ein **gewerbliches Unternehmen** sein muss (vgl. → Rz. 141 ff.), in das die OG wirtschaftlich eingegliedert (§ 14 [Abs. 1] Nr. 2 KStG a. F.) ist (s. hierzu → Rz. 246 ff.).

322 Als „Holding" bezeichnet man bekanntlich einen Rechtsträger (natürliche Person, PersGes, KapGes), der keinen eigenen Produktions- oder Handelsbetrieb unterhält, sondern nur eine oder mehrere Beteiligungen an anderen Unternehmen, insbesondere KapGes, besitzt und daneben evtl. weiteres Vermögen verwaltet und bestimmte, sich aus diesen Beteiligungen ergebende Rechte wahrnimmt. Herkömmlicherweise unterscheidet man zwischen „**vermögensverwaltender**" und „**geschäftsleitender**" Holding, je nachdem, ob die Holding nur die Beteiligungen in einer Art und Weise, wie dies für Kapitalvermögen üblich ist, verwaltet oder darüber hinaus auch Einfluss auf die Geschäftspolitik der Beteiligungsgesellschaften nimmt.[2]

323 Für die Zeit bis zum VZ 2001 unter der Geltung von § 14 (Abs. 1) Nr. 2 KStG a. F. hatte die FinVerw klar ausgesprochen (Abschn. 50 Abs. 1 Satz 4 KStR 1995), dass sie daran festhält, dass das herrschende Unternehmen ein gewerbliches sein muss und eine betriebliche, geschäftliche Tätigkeit zu entfalten hat, da nur in diesem Fall begrifflich von einer wirtschaftlichen Eingliederung gesprochen werden kann: Es genügte deshalb nicht, dass sich das herrschende Unternehmen auf die Verwaltung der Beteiligung, d. h. auf die Ausübung der aus der Beteiligung fließenden Rechte vermögensrechtlicher Natur (Anspruch auf den Gewinn und das Abwicklungsvermögen) und herrschaftsrechtlicher Natur (Stimmrecht) beschränkte. Unter Bezugnahme auf BFH-Urteil v. 17. 12. 1969[3] wurde insoweit verlangt, dass das herrschende Unternehmen die **einheitliche Leitung über mehrere abhängige KapGes** in einer durch äußere Merkmale erkennbaren Form ausübt (geschäftsleitende Holding), damit die beherrschten KapGes als OG als in das herrschende Unternehmen wirtschaftlich eingegliedert angesehen werden konnten. Dabei konnten (weitere) abhängige KapGes auch inländische Gesellschaften, mit denen kein GAV abgeschlossen wurde, oder ausländische KapGes sein (vgl. Abschn. 50 Abs. 2 Nr. 2 KStR 1995); Gleiches müsste auch für PersGes als weitere abhängige Unternehmen gelten.[4]

---

1 Vgl. BFH, Urteil v. 28. 4. 1983 - IV R 152/80, BStBl 1983 II 690.
2 Vgl. a. *Lettl*, DStR 1996, 2020.
3 I 252/64, BStBl 1970 II 257.
4 Vgl. *Walter* in Bott/Walter, § 14 Rz. 210; *Witt* DPM § 14 a. F. Rz. 64.

Nach der **grds. ab VZ 2001 geltenden Aufhebung von § 14 (Abs. 1) Nr. 2 KStG a. F.** vertritt die 324
Finanzverwaltung[1] die Auffassung, dass nunmehr auch die bloß **Vermögen verwaltende Kapitalgesellschaft**, insbes. die nicht geschäftsleitend tätige Holdinggesellschaft mit nur einer Tochtergesellschaft – ebenso wie die reine **Besitz-GmbH** in einer Betriebsaufspaltung und die **gewerblich geprägte PersGes** (§ 15 Abs. 3 Nr. 2 EStG) – **als OrgT** fungieren kann.[2] Für Letztgenannte ist dies ab dem VZ 2003 wegen § 14 Abs. 1 Satz 1 Nr. 2 Satz 2 KStG ausgeschlossen, weil die PersGes seither selbst gewerblich tätig sein muss (s. → Rz. 77).

Hinsichtlich von Personengesellschaften als Holding ergeben sich zwei Probleme: Zum einen 325
muss es sich um eine geschäftsleitende Holding handeln, die aufgrund ihrer Geschäftsleitung originär gewerbliche Einkünfte erzielt, zum anderen muss die Beteiligung an der Organgesellschaft der inländischen Betriebsstätte der Holding-Personengesellschaft zuzuordnen sein. Diese Fragen sind insbesondere bei Beteiligung von Steuerausländern an der Personengesellschaft von Bedeutung, da nur dann, wenn die Personengesellschaft Unternehmensgewinne i. S. d. Art. 7 Abs. 1 OECD-MA erzielt, eine Zuordnung der Beteiligung zur Personengesellschaft möglich ist.

Eine originär gewerbliche Tätigkeit der Holdinggesellschaft liegt vor, wenn die Holding entgeltliche 326
Dienstleistungen (wie z. B. Erstellen der Buchführung, IT-Unterstützung) gegenüber einer[3] oder mehreren Konzerngesellschaften erbringt, die wie unter fremden Dritten abgerechnet werden.[4] Dies reicht auch für eine Betriebsstätte i. S. d. Art 5 OECD-MA aus.

Die Beteiligung an der Tochtergesellschaft ist nach Rechtsprechung[5] und Verwaltung[6] aller- 327
dings nur dann der Holding zuzuordnen, wenn die Einkünfte aus der Beteiligung als „Nebenerträge" dem gewerblichen Bereich der Holding (Erbringung von Dienstleistungen) zuzurechnen sind.[7] Einkünfte sind nach BFH nur dann „Nebenerträge", wenn sie nach der Verkehrsauffassung zu der Tätigkeit gehören, bei der das Schwergewicht der in der Betriebsstätte ausgeübten Unternehmenstätigkeit liegt. Hierzu hat das FG Münster[8] zutreffend festgestellt, dass die Frage, welche Tätigkeit als „Schwergewicht" anzusehen ist, sehr problematisch ist.

Deshalb ist von entscheidender Bedeutung, unter welchen Voraussetzungen das Halten und Verwalten von Beteiligungen selbst eine originäre gewerbliche Tätigkeit darstellt; dies ist nur gegeben, wenn die Beteiligungsverwaltung die Anforderungen an eine geschäftsleitende Funktion erfüllt.[9] Unstreitig reicht für eine gewerbliche Tätigkeit allein das Halten und Verwalten von Beteiligungen (Ausübung der Gesellschafterrechte) nicht aus.

Das FG Münster[10] verlangt ein aktives, nach außen erkennbares Management der Beteiligungen.[11] 328
Hierzu können gehören Richtlinienvorgaben über die Geschäftspolitik, Weisungsrechte und Handlungsempfehlungen, Koordinierung und Kontrolle von Arbeitsabläufen durch das

---

1 BMF, Schreiben v. 26. 8. 2003, BStBl 2003 I 437.
2 Siehe a. *Dötsch/Pung*, DB 2003, 1970, 1971.
3 BMF, Schreiben v. 10.11.2005 - S 2770, BStBl 2005 I 1038, Tz. 19; *Dötsch* in DPM, § 14 KStG, Tz. 215.
4 *Ditz/Tcherveniachki*, DB 2015, 2897, 2899.
5 BFH, Urteile v. 19.12.2007 - I R 66/06, BStBl 2008 II 510, und v. 24.8.2011 - I R 46/10, BStBl 2014 II 764.
6 BMF, Schreiben v. 26. 9. 2014, BStBl 2014 I 1258, Tz. 2.2.1.
7 Vgl. *Hruschka*, IStR 2016, 437, 438.
8 Vom 15.12.2014 - 13 K 624/11 F, NWB VAAAE-88889, EFG 2015, 704.
9 Zu Einzelheiten s. *Ditz/Tcherveniachki*, DB 2015, 2897, 2899 ff. unter 2.; *Hruschka*, IStR 2016, 437, 439.
10 Vom 15.12.2014 - 13 K 624/11 F, NWB VAAAE-88889, EFG 2015, 704, mit zahlreichen Rechtsprechungsnachweisen.
11 Geschäftsleitungsfunktionen nur gegenüber einer Tochtergesellschaft reichen nicht aus, *Dötsch* in DPM, § 14 KStG, Tz. 216; *Hruschka*, IStR 2016, 437, 439; jeweils m. w. N.

herrschende Unternehmen, wenn dadurch Synergie-Effekte genutzt und beim Wareneinkauf die „Marktmacht" der Tochtergesellschaften „gebündelt" werden.[1]

329 Übt die Holding-Personengesellschaft im vg. Sinne eine gewerbliche Tätigkeit aus, muss des Weiteren die Beteiligung ihrer Betriebsstätte zuzuordnen sein. Dies setzt einen funktionalen Zusammenhang voraus; die Beteiligung muss von der Betriebsstätte tatsächlich genutzt werden und zu deren Betriebsergebnis beitragen.[2] Dazu ist bezogen auf jede Organbeteiligung das Unterhalten von Liefer- oder Leistungsbeziehungen erforderlich.[3]

Liegen die vg. Voraussetzungen vor, ist die Beteiligung der inländischen Betriebsstätte der Holding-Personengesellschaft zuzuordnen und eine Organschaft damit möglich. Diese vg. Grundsätze entsprechen auch dem neuen § 1 Abs. 5 AStG und der hierzu ergangenen Betriebsstättengewinnaufteilungsverordnung – BsGaV.[4]

330 Der BFH[5] sieht in der Begründung einer Organschaft zwischen verschiedenen kommunalen Eigenbetrieben in der Rechtsform einer GmbH als Organgesellschaften und einer kommunalen Holding-GmbH als Organträgerin zum Zweck der sog. kommunalen Querfinanzierung von Gewinn- und Verlustbetrieben (sog. steuerlicher Querverbund) grundsätzlich nicht als missbräuchliche Gestaltung an.

331–335 *(Einstweilen frei)*

III. Betriebsaufspaltung

336 Ähnliche Probleme wie bei der geschäftsleitenden Holding konnten sich unter der Geltung von § 14 **(Abs. 1)** Nr. 2 KStG a. F. in den Fällen der Betriebsaufspaltung ergeben, wenn das Besitzunternehmen keine eigene gewerbliche Tätigkeit entfaltete. Nach Streichung der Vorschrift, die grds. ab dem VZ 2001 gilt, ist unproblematisch, dass auch die reine Besitz-KapGes wegen ihrer Gewerblichkeit kraft Rechtsform als OrgT in Betracht kommt, ohne dass sie noch einer eigenen gewerblichen Tätigkeit nachgehen muss.[6] Dies gilt auch für reine Besitzpersonengesellschaften (s. oben → Rz. 129).

337–345 *(Einstweilen frei)*

IV. GmbH & Co. KG

346 Unter der Geltung von § 14 (Abs. 1) Nr. 2 KStG a. F. war auch fraglich, ob die wirtschaftliche und organisatorische Eingliederung zwischen der Komplementär-GmbH einer GmbH & Co. KG und der KG als OrgT anerkannt werden kann. Steht der **GmbH** die **Geschäftsführung** innerhalb der KG zu, was im Allgemeinen der Fall ist, kann sie im Verhältnis zur KG nicht als untergeordnet angesehen werden: Als Mitunternehmerin der KG und als deren Komplementärin ist die GmbH befähigt, an der Willensbildung innerhalb der KG entscheidend mitzuwirken. Demzufolge kann die GmbH – als geschäftsführende persönlich haftende Gesellschafterin der KG –

---

[1] Zu weiteren Beispielen s. *Ditz/Tcherveniachki*, DB 2015, 2897, 2900.
[2] BFH, Urteil v. 19.12.2007 - I R 66/06, BStBl 2008 II 510; ebenso BMF, Schreiben v. 26.9.2014, BStBl 2014 I 1258, Tz. 2.2.4.1.
[3] *Dötsch* in DPM, § 14 KStG, Tz. 217.
[4] Siehe hierzu BMF, Schreiben v. 22.12.2016 – Verwaltungsgrundsätze Betriebsstättengewinnaufteilung – VWG BsGa, BStBl 2017 I 182, Rz. 102 ff.; vgl. dazu *Hruschka*, IStR 2016, 437, 441.
[5] BFH, Urteil v. 22.8.2007 - I R 32/06, BStBl 2007 II 961.
[6] BFH, Urteil v. 2.9.2009 - I R 20/09, BFH/NV 2010, 391 = NWB IAAAD-35580.

nicht gleichzeitig in diese derart eingegliedert sein, dass die KG den Willen der GmbH bestimmen könnte. Insoweit fehlt es an der erforderlichen wirtschaftlichen und organisatorischen Eingliederung,[1] auf die es grds. ab dem VZ 2001 nicht mehr ankommt (vgl. § 34 Abs. 1 und 1a KStG). Eine Komplementär-GmbH kann unproblematisch zu einem anderen Unternehmen, das nicht an der Personengesellschaft beteiligt ist, in einem Organschaftsverhältnis stehen. Zur „eigenen" KG kann sie nur Organgesellschaft sein, wenn die Anteile zum Gesamthandsvermögen der KG gehören.[2]

(Einstweilen frei)   347–360

G. Zeitliche Voraussetzungen der Eingliederung gemäß § 14 Abs. 1 Nr. 1 KStG

I. Grundsatz

Nach § 14 Abs. 1 Nr. 1 KStG muss die **OG vom Beginn ihres Wj. an ununterbrochen** finanziell in das Unternehmen des OrgT eingegliedert sein, damit die Rechtswirkungen der Organschaft eintreten können. Entspricht nach dem Gesellschaftsvertrag der OG das Geschäftsjahr dem Kj., so bedarf die Bildung zweier Rumpf-Wj. einer **Änderung des Gesellschaftsvertrags** in der nach § 53 Abs. 1 und 2 GmbHG vorgeschriebenen Form. Wegen § 54 Abs. 3 GmbHG wird die Änderung erst mit der Eintragung im HR wirksam.[3]

> **BEISPIEL:** Der unbeschränkt einkommensteuerpflichtige Unternehmer A, der bislang Minderheitsgesellschafter der X-AG war, erwirbt zum 1.7.2014 ein weiteres Aktienpaket, das ihn nun zum Mehrheitsgesellschafter der X-AG macht. Das Wj. der X-AG entspricht dem Kj.
>
> Ein Organschaftsverhältnis für das Jahr 2014 kommt nicht in Betracht, da das Erfordernis der finanziellen Eingliederung nicht bereits zu Beginn des Wj. der X-AG erfüllt war. Auch das nach dem 1.7.2014 von der X-AG erzielte Einkommen ist deshalb von ihr selbst zu versteuern.

Der Überlegung, das gewünschte Ziel der Organschaft durch **vertragliche Rückbeziehung** der erforderlichen Maßnahmen zu erreichen, ist seitens der Rspr Einhalt geboten worden: Betriebliche Vorgänge, die vom Willen des Stpfl. abhängen, kann grds. **keine Rückwirkung** beigelegt werden; das bedeutet, dass z. B. eine vertraglich vereinbarte Rückwirkung der Übertragung von Anteilen der OG auf den OrgT steuerlich nicht anerkannt wird.[4] Dieser Rspr. ist beizupflichten, sie beruht auf dem allgemein im Steuerrecht geltenden Grundsatz, dass ohne steuerrechtliche Grundlage zivilrechtlich vereinbarte Rückwirkungen nicht anerkannt werden. Dabei spielt es keine Rolle, ob es sich bei der finanziellen Eingliederung um ein rechtliches oder tatsächliches Merkmal handelt. Anderes kann u. U. in Umwandlungsfällen gelten, s. hierzu → Rz. 456.

„Ununterbrochen" besagt, dass die Eingliederungsvoraussetzungen **ohne zeitliche Unterbrechung** vom Beginn des Wj. bis zu seiner Beendigung erfüllt sein müssen (s. a. R 14.4 Abs. 1 Satz 2 KStR 2015).

---

[1] Vgl. *Jurkat*, a. a. O., Rz. 247; *Müller/Stöcker/Lieber*, a. a. O., Rz. 442 ff.
[2] Sog. Einheits-KG.
[3] BFH, Beschluss v. 18. 9. 1996 - I B 31/96, BFH/NV 1997, 378 = NWB DAAAB-37831.
[4] Vgl. BFH, Urteile v. 18.9.1996 - I B 31/96, BFH/NV 1997, 378 = NWB DAAAB-37831; v. 18.6.1969 - I R 110/68, BStBl 1969 II 569.

364 Zum Kauf eines **GmbH-Mantels** vertritt *Walter*[1] unter Hinweis auf die BGH-Rechtsprechung die Auffassung, dass die Mantel-GmbH ab Anmeldung zum Handelsregister (die Tatsache der Wiederverwendung eines inzwischen leer gewordenen Gesellschaftsmantels ist gegenüber dem Registergericht offen zu legen) neu gegründet sei und deshalb ein neues Wj. zu laufen beginne. Damit sei die finanzielle Eingliederung von Anfang an gegeben. Demgegenüber vertreten *Dötsch/Witt*[2] zutreffend die Auffassung, dass auf das satzungsmäßige Wj. der Vorratsgesellschaft abzustellen ist.

365 Streitig ist, ob die finanzielle Eingliederung während der gesamten Mindestlaufzeit des GAV von fünf Jahren[3] vorliegen muss und ob andernfalls bei einer sog. **Organschaftsunterbrechung** die Organschaft insgesamt (auch rückwirkend) zu versagen ist. Das FG Saarland[4] vertritt die Auffassung, dass das Gesetz lediglich für den GAV eine Fünf-Jahres-Frist vorsehe, nicht aber für die anderen gesetzlichen Voraussetzungen, so dass eine Organschaftsunterbrechung unschädlich sei.[5] Dieser streng am Gesetz orientierten Auffassung ist zuzustimmen.

366–370 *(Einstweilen frei)*

II. Bildung eines Rumpfwirtschaftsjahres

371 Das Wj. kann ein Normal-Wj., d. h. ein Zeitraum von zwölf Kalendermonaten (vgl. § 8b Satz 1 EStDV), oder ein Rumpf-Wj. sein (vgl. § 8b Satz 2 EStDV). Daraus ergibt sich die Möglichkeit, durch **Umstellung des Wj. der OG** die Wirksamkeit des Organschaftsverhältnisses zu beeinflussen.

> **BEISPIEL:** Sachverhalt wie im vorhergehenden Beispiel.
> Würde die X-AG ihr Wj. auf ein vom Kj. abweichendes Wj., das am 1.7. beginnt, umstellen, ließe sich bereits ab diesem Zeitpunkt ein Organschaftsverhältnis anerkennen.

372 Eine Schwierigkeit könnte in diesem Zusammenhang darin gesehen werden, dass § 7 Abs. 4 Satz 3 KStG die Umstellung des Wj. auf einen vom Kj. abweichenden Zeitraum davon abhängig macht, dass dies im **Einvernehmen mit dem FA** geschieht. Insoweit kann jedoch auf R 14.4 Abs. 3 KStR 2015 verwiesen werden, wonach die Begründung bzw. die Beendigung eines Organschaftsverhältnisses i. d. R. als ausreichender Grund für die Umstellung des Wj. der OG auf einen Zeitraum, der mit der Begründung des Organschaftsverhältnisses beginnt bzw. mit dessen Beendigung endet, angesehen wird. In diesen Fällen sind die FÄ angewiesen, die nach § 7 Abs. 4 Satz 3 KStG erforderliche **Zustimmung** zur Umstellung des Wj. der Organschaft **zu erteilen**. Bei der Begründung eines Organschaftsverhältnisses gilt das auch, wenn das Wj. der OG im selben VZ ein **zweites Mal** umgestellt wird, um den Abschlussstichtag der OG dem im Organkreis üblichen Abschlussstichtag anzupassen. Weicht dabei das neue Wj. vom Kj. ab, ist für die zweite Umstellung ebenfalls die Zustimmung zu erteilen.[6]

373 Das Zustimmungserfordernis gilt nicht nur für den Fall, dass auf ein vom Kj. abweichendes Wj. umgestellt wird, sondern auch, wenn ein abweichendes Wj. **auf ein anderes vom Kj. abwei-**

---

[1] GmbHR 2006, 243.
[2] A. a. O., Tz. 150a.
[3] Siehe dazu weiter unten →Rz. 571 ff.
[4] Vom 16.6.2015 - 1 K 1109/13, EFG 2016, 396, bestätigt durch BFH, Urteil v. 10.5.2017 - I R 51/15, BStBl 2018 II 30; hierzu *Adrian/Fey*, DStR 2017, 2409.
[5] Ebenso z. B. *Rödder/Liekenbrock* RHN § 14 Rz. 202 m. w. N. zu den verschiedenen Auffassungen.
[6] Zu Beispielsfällen s. *Müller/Stöcker/Lieber*, a. a. O., Rz. 175 ff.

chendes Wj. umgestellt werden soll. Wird das Wj. hingegen von einem abweichenden Wj. auf das Kj. umgestellt, bedarf es keines Einvernehmens mit dem FA.

In jedem Fall setzt die steuerliche Anerkennung voraus, dass die Umstellung auch **handelsrechtlich wirksam** erfolgt ist, d. h. der Gesellschaftsvertrag der OG muss notariell geändert und die Änderung muss vor Ablauf des betreffenden Wj. der OG in das HR eingetragen werden.[1]

(Einstweilen frei)

III. Anwendung der sog. Mitternachtserlasse in Veräußerungsfällen

Veräußert der OrgT seine Beteiligung an der OG zum Ende eines Wj. der OG an ein anderes gewerbliches Unternehmen, so stellt sich die Frage, welche Auswirkungen dieser Vorgang auf das bisher bestehende Organschaftsverhältnis hat. Grundsätzlich ist davon auszugehen, dass der OrgT das Organschaftsverhältnis **bis zum Ablauf des Wj. der OG** fortsetzen will und deshalb das Eigentum an der Beteiligung bis zum letzten Tag, 24 Uhr, des Wj. der OG behält; dementsprechend erwirbt das andere Unternehmen dieses Eigentum am ersten Tag, 0 Uhr, des anschließenden Wj. der OG.

Auf der Grundlage der sog. **Mitternachtserlasse** zum Schachtelprivileg (§ 9 KStG a. F.) bejaht die FinVerw – zutreffenderweise – in diesen Fällen die Voraussetzung der finanziellen Eingliederung der OG beim Veräußerer der Anteile bis zum Ende des Wj. der OG und beim Anteilserwerber vom Beginn des anschließenden Wj. der OG an (vgl. R 14.4 Abs. 2 Satz 2 KStR 2015). Dies kann natürlich nur gelten, wenn der Veräußerungsvorgang und damit auch die Gewinnrealisierung dem auslaufenden Wj. zuzurechnen sind.[2]

Veräußert der OrgT seine Beteiligung an der OG **während des Wj. der OG**, und stellt die OG mit Zustimmung des FA ihr Wj. auf den Zeitpunkt der Veräußerung der Beteiligung um, so ist die finanzielle Eingliederung der OG beim Veräußerer der Anteile bis zum Ende des entstandenen Rumpf-Wj. der OG und beim Erwerber der Anteile vom Beginn des anschließenden – umgestellten – Wj. der OG an gegeben (s. R 14.4 Abs. 2 Satz 3 KStR 2015).

(Einstweilen frei)

IV. Umwandlung des Organträgers; Gesamtrechtsnachfolge

1. Verschmelzung

Geht das zum gewerblichen Unternehmen des OrgT gehörende Vermögen im Wege der **Verschmelzung** auf ein anderes gewerbliches Unternehmen (sog. Übernehmerin) über, tritt der übernehmende Rechtsträger in den GAV ein.[3] Für die Mindestlaufzeit des GAV (s. → Rz. 571 ff.) nach § 14 Abs. 1 Nr. 3 KStG ist die Laufzeit gegenüber dem bisherigen und dem neuen OrgT zusammenzurechnen.[4]

> **BEISPIEL:** Die X-AG ist seit drei Jahren OrgT im Verhältnis zur Y-AG, deren Wj. dem Kj. entspricht. Mit Wirkung vom 1.1.2014 wird die X-AG mit der Z-AG verschmolzen.

---

1 BMF, Schreiben v. 18.5.1990, NWB EAAAA-78896, DB 1990, 1164; v. 17.11.1989, DB 1989, 2512.
2 Vgl. BMF, Schreiben v. 8. 1. 1976, DStZ/B 1976, 62.
3 OLG Karlsruhe v. 7. 12. 1990 - 15 U 256/89, ZIP 1991, 104; *Koppensteiner* in Kölner Kommentar zum AktG, § 291 AktG, Rdn. 50.
4 BMF, Schreiben v. 11. 11. 2011, BStBl 2011 I 1314, UmwStErl 2011, Randnr. Org.01 und Org.11; FG Berlin-Brandenburg Urteil v. 7. 5. 2008 - 12 K 8015/05, NWB EAAAC-81640.

Das Organschaftsverhältnis zwischen der X-AG und der Y-AG endet am 31.12.2013. Ab 1.1.2014 besteht zwischen der Z-AG (Übernehmerin) und der Y-AG das Organschaftsverhältnis fort. Die bisherige Laufzeit des GAV von drei Jahren wird bei der Z-AG berücksichtigt.

392 Fällt der Übertragungsstichtag (§ 2 Abs. 1 UmwStG) des OrgT auf den letzten Tag des laufenden Wj. der OG, ist das Organschaftsverhältnis zur Übernehmerin erstmals für das **anschließende Wj.** der OG anzuerkennen. Fällt der Übertragungsstichtag auf einen früheren Tag des laufenden Wj. der OG, so ist das Organschaftsverhältnis zur Übernehmerin erstmals für das **am Übertragungsstichtag laufende Wj.** der OG anzuerkennen.

393 Voraussetzung ist jedoch in beiden Fällen, dass der **GAV** zwischen OrgT und OG **fortbesteht** und die OG ununterbrochen in das Unternehmen des bisherigen und anschließend des künftigen OrgT finanziell **eingegliedert** ist.

394 Hat zum übertragenden Unternehmen **bisher nur** eine **gewerbesteuerliche Organschaft** ohne GAV bestanden, ist Voraussetzung für die Begründung einer körperschaftsteuerlichen Organschaft zur Übernehmerin, dass zusätzlich bis zum Ende des Wj. der OG, für welches das Organschaftsverhältnis erstmals gelten soll, zwischen der OG und der Übernehmerin ein **GAV** abgeschlossen wird.[1]

395 Sofern vor der Verschmelzung zwischen der Übertragerin und der OG ein **GAV nicht bestanden** hat, ist dies unschädlich, wenn nur die finanzielle Eingliederung vom Beginn des Wj. der OG an ununterbrochen bis zum Zeitpunkt des Wirksamwerdens der Verschmelzung im Verhältnis zum verschmolzenen Unternehmen bestanden hat und außerdem zwischen der OG und der Übernehmerin ein GAV i. S. d. § 14 Abs. 1 Nr. 4 bzw. § 17 KStG abgeschlossen wird, der spätestens bis zum Ende des Wj. der OG Wirksamkeit erlangt, für das erstmals das Organschaftsverhältnis zur Übernehmerin anerkannt werden soll.[2]

BEISPIEL: ▸ Wj. der OG Y-AG ist das Kj. Das Unternehmen der X-AG, die Alleingesellschafterin der Y-AG ist, wird mit Wirkung vom 31.3.2014 auf die Z-AG verschmolzen. Ein zwischen der Z-AG und der Y-AG abgeschlossener GAV wird noch im Laufe des Jahres im HR eingetragen.

Das Einkommen der Y-AG für das Kj. 2014 ist mit steuerrechtlicher Wirkung der Z-AG zuzurechnen.

396–405 *(Einstweilen frei)*

2. Spaltung und Ausgliederung

406 Im Falle der **Abspaltung** und der **Ausgliederung** bleibt der OrgT bestehen; der GAV wird von der Umwandlung nicht tangiert. Wird der OrgT **aufgespalten**, treten die Übernehmerinnen nach Maßgabe des Spaltungsplans in den GAV ein (§ 131 Abs. 1 Nr. 1 UmwG); die Laufzeit gegenüber dem bisherigen und den künftigen OrgT ist dann für die Mindestlaufzeit des GAV (s. → Rz. 571) zusammenzurechnen.[3]

407 Verbleibt im Falle der Abspaltung und Ausgliederung die die **Mehrheit der Stimmrechte vermittelnde Beteiligung** (Mehrheitsbeteiligung) an der OG beim bisherigen OrgT, besteht das Organschaftsverhältnis fort, wenn vom OrgT die Eingliederungsvoraussetzungen nach § 14 Abs. 1 Satz 1 Nr. 1 KStG weiterhin erfüllt werden.

---

[1] BMF, a. a. O., Randnr. Org.04.
[2] BMF, a. a. O., Randnr. Org.05 f.
[3] BMF, a. a. O., Randnr. Org.06.

Geht die **Mehrheitsbeteiligung** an der OG im Rahmen der Spaltung oder Ausgliederung auf eine **Übernehmerin** über, gelten die Grundsätze gem. → Rz. 393 ff. entsprechend.   408

(Einstweilen frei)   409–415

3. Formwechsel

Ein Formwechsel von einer KapGes auf eine andere KapGes oder auf eine PersGes hat auf den Fortbestand des GAV **keinen Einfluss** und berührt die steuerliche Anerkennung der Organschaft nicht.[1]   416

(Einstweilen frei)   417–420

4. Gesamtrechtsnachfolge

Im Falle des Vermögensübergangs vom bisherigen OrgT im Wege der **Erbfolge** gelten vorstehende Grundsätze entsprechend. An die Stelle des Übertragungsstichtags tritt der Tag der Erbrechtsnachfolge (vgl. Abschn. 54 Abs. 3 KStR 1995). Entsprechendes gilt in Fällen der **Anwachsung**, da es sich hierbei ebenfalls um einen Fall der Gesamtrechtsnachfolge handelt.[2]   421

(Einstweilen frei)   422–430

V. Umwandlung der Organgesellschaft

1. Verschmelzung

Geht das Vermögen der OG durch Verschmelzung auf einen anderen Rechtsträger über, wird ein bestehender **GAV beendet**. Die Organschaft endet zum Übertragungsstichtag.[3] Wird die OG auf den OrgT zu einem über dem Buchwert liegenden Wert verschmolzen, ist der Übertragungsgewinn von der OG selbst zu versteuern;[4] dabei kann ein vorvertraglicher Verlustvortrag genutzt werden.   431

Eine übernehmende KapGes kann mit körperschaftsteuerlicher Wirkung **ab dem Übertragungsstichtag** (§ 2 Abs. 1 UmwStG) als OG anerkannt werden, wenn die Eingliederungsvoraussetzungen nach § 14 Abs. 1 Satz 1 Nr. 1 KStG (s. → Rz. 161 ff.) ab diesem Zeitpunkt vorliegen und der neu abzuschließende GAV die Voraussetzungen des § 14 Abs. 1 Satz 1 Nr. 3 KStG erfüllt (z. B. Verschmelzung einer OG auf eine Schwestergesellschaft, die bisher nur die Voraussetzungen einer gewerbesteuerlichen Organschaft zum OrgT erfüllt hat).   432

Liegen die Organschaftsvoraussetzungen am Übertragungsstichtag (§ 2 Abs. 1 UmwStG) nicht vor, ist ein Organschaftsverhältnis **erst ab Beginn des Wj.** der OG möglich, für das die Eingliederungsvoraussetzungen i. S. d. § 14 Abs. 1 Satz 1 Nr. 1 KStG während des gesamten Wj. erfüllt sind und ein GAV vorliegt.   433

(Einstweilen frei)   434–440

---

[1] BMF, a. a. O., Randnr. Org.10.
[2] *Orth*, DStR 2005, 1629; *Brühl/Binder*, Ubg 2016, 647.
[3] BMF 11. 11. 2011 UmwStErl 2011, BStBl 2011 I 1314, Randnr. Org.21
[4] BMF 11. 11. 2011 UmwStErl 2011, BStBl 2011 I 1314, Randnr. Org. 27

2. Spaltung und Ausgliederung

441 Die OG bleibt bei der **Abspaltung** und **Ausgliederung** bestehen; der GAV wird durch die Umwandlung nicht berührt.[1] Gliedert die OG einen Betrieb nach § 20 UmwStG zum gemeinen Wert auf eine andere Kapitalgesellschaft aus, ist der Übertragungsgewinn Bestandteil des an den OrgT abzuführenden Gewinns und von diesem zu versteuern.[2]

442 Ein Organschaftsverhältnis besteht fort, wenn von einer übertragenden OG die Eingliederungsvoraussetzungen (s. → Rz. 161 ff.) weiterhin erfüllt werden.[3]

443 Wird die OG **aufgespalten, endet** der **GAV**. Die jeweils übernehmende KapGes kann nach Maßgabe der → Rz. 432 mit steuerlicher Wirkung ab dem Übertragungsstichtag (§ 2 Abs. 1 UmwStG) als OG anerkannt werden.[4]

444–450 *(Einstweilen frei)*

3. Formwechsel

451 Der Formwechsel einer OG **in eine andere KapGes** (z. B. AG in GmbH oder GmbH in AG) berührt die steuerliche Anerkennung der Organschaft nicht. Beim Formwechsel **in eine PersGes** endet das Organschaftsverhältnis wegen der unterschiedlichen Struktur von KapGes und PersGes.[5] Wird eine PersGes formwechselnd in eine KapGes umgewandelt, ist ein Organschaftsverhältnis erstmals ab dem Beginn des Wj. der OG möglich, für das die Eingliederungsvoraussetzungen (s. → Rz. 161 ff.) während des gesamten Wj. erfüllt sind und ein GAV vorliegt.[6]

452–455 *(Einstweilen frei)*

4. Rückwirkung

456 Der BFH[7] hat entgegen der Verwaltungsauffassung beim **Formwechsel** einer PersGes in eine KapGes die rückwirkende Begründung eines Organschaftsverhältnisses anerkannt. Im Streitfall war die zukünftige OG eine GmbH & Co. KG, an der zu 100 v. H. eine AG beteiligt war. Die KG wurde mit Vertrag vom 5.5.1999 rückwirkend zum 1.1.1999 formwechselnd in eine GmbH umgewandelt. Der BFH bejahte ein Organschaftsverhältnis bereits für den VZ/EZ 1999. Die Finanzverwaltung wendet dieses Urteil – nur – bei vergleichbaren Sachverhalten an.[8] Im Übrigen blieben die Tz. Org. 05, Org. 13 und Org. 18 des UmwStErl 1998 und die Tz. 12 des BMF-Schreibens v. 26. 8. 2003[9] wonach das Tatbestandsmerkmal der finanziellen Eingliederung nicht zurückbezogen werden kann, unberührt. Nachdem der BFH[10] unter Berufung auf die Fußstapfentheorie (der übernehmende Rechtsträger tritt in die Fußstapfen des übertragenden Rechtsträgers, vgl. § 4 Abs. 2, § 12 Abs. 3 UmwStG) gegen die FinVerw entschieden hat, folgt

---

[1] UmwStErl 2011, Randnr. Org.22.
[2] BMF, Schreiben v. 11.11.2011 UmwStErl 2011, BStBl 2011 I 1314, Randnr. Org. 27.
[3] BMF, a. a. O.
[4] BMF, Schreiben v. 11.11.2011, UmwStErl 2011, BStBl 2011 I 1314, Randnr. Org. 27.
[5] Zivilrechtlich ist dies nicht zwingend, vgl. OLG Düsseldorf v. 27. 2. 2004 - 19 W 3/00 AktE, DB 2004, 1032.
[6] Vgl. BMF, Schreiben v. 11.11.2011, UmwStErl 2011, BStBl 2011 I 1314, Randnr. Org.25.
[7] Vom 17.9.2003 - I R 55/02, BStBl 2004 II 534.
[8] BMF, Schreiben v. 24. 5. 2004, BStBl 2004 I 549.
[9] BStBl 2003 I 437.
[10] Vom 28.7.2010 - I R 89/09, BStBl 2011 II 528 und I R 111/09, BFH/NV 2011, 67 = NWB KAAAD-56230; vgl. auch FG Köln, Urteil v. 10. 6. 2010 - 13 K 416/10, EFG 2010, 2029, rkr., nachdem der Beklagte die Revision I R 84/10 zurückgenommen hat.

diese nunmehr in Randnr. Org. 02 UmwStErl 2011 dem BFH und der fast geschlossenen Literaturmeinung.

(Einstweilen frei) 457–470

VI. Umwandlung einer anderen Gesellschaft auf die Organgesellschaft

Ein Organschaftsverhältnis **besteht** bei Umwandlung einer anderen Gesellschaft auf die OG **fort**, wenn die Organschaftsvoraussetzungen weiterhin vorliegen.[1] 471

Bisher höchstrichterlich nicht geklärt und auch vom FG Münster[2] offengelassen war, ob bei der Verschmelzung einer Kapitalgesellschaft auf die OG die Steuerbefreiung gemäß § 12 Abs. 2 Satz 1 UmwStG wegen der Bruttomethode eine Hinzurechnung von 5 % des Übernahmegewinns nach § 8b Abs. 3 Satz 1 KStG bei der Ermittlung des Einkommens eines Kapitalgesellschafts-OrgT ausschließt oder ob § 12 Abs. 2 Satz 2 UmwStG auch in Organschaftsfällen die Anwendung des Satzes 1 dahingehend einschränkt, dass, soweit der Gewinn i. S. d. Satzes 1 abzüglich der anteilig darauf entfallenden Kosten dem Anteil der übernehmenden OG an der übertragenden Körperschaft entspricht, die Steuerfreistellung nur nach Maßgabe des § 8b KStG unter Einbezug der Regelung in § 15 Satz 1 Nr. 2 KStG erfolgen soll.[3] Es ist sachgerecht, die Bruttomethode mit der Folge anzuwenden, dass auf der Ebene des OrgT 5 % als nichtabzugsfähige Betriebsausgabe hinzugerechnet werden.[4] Demgegenüber hat der BFH mit Urteil vom 26.9.2018 - I R 16/16 (NWB TAAAH-10780) entschieden, dass die 5 %ige Versteuerung in Organschaftsfällen nicht zum Tragen kommt, wenn eine Kapitalgesellschaft auf ihre Muttergesellschaft verschmolzen wird (Aufwärtsverschmelzung), die ihrerseits Organgesellschaft einer körperschaftsteuerlichen Organschaft mit einer Kapitalgesellschaft als Organträgerin ist. Eine Versteuerung finde weder auf der Ebene der Muttergesellschaft noch auf Ebene des OrgT statt. Die Bruttomethode komme nicht zur Anwendung, da der Übernahmegewinn nicht im Einkommen der OG „enthalten" sei. 471a

Gravierender wird die Fragestellung bei einer Personengesellschaft als Organträgerin mit natürlichen Personen als Mitunternehmer; hier geht um die Versteuerung von 60 % oder von „nichts".

> **BEISPIEL:** An der Organträger-Personengesellschaft X sind die natürlichen Personen A und B beteiligt. X ist zu 100 % an der OG-GmbH beteiligt, die wiederum zu 100 % an der Z-GmbH beteiligt ist. Der Buchwert der Beteiligung beträgt 300.000. Die Z-GmbH wird auf die OG-GmbH verschmolzen und es entsteht ein Übernahmegewinn von 200.000.

> **LÖSUNG:** a) Der Oranträger-Personengesellschaft wird ein Einkommen der OG-GmbH von 0 zugerechnet, wenn die Steuerfreiheit gemäß § 12 Abs. 2 Satz 1 UmwStG bei der OG-GmbH endgültig ist.[5] Folge ist, dass A und B „nichts" versteuern.

---

1 UmwStErl 2011, Randnr. Org. 29.
2 Vom 19.11.2015 - 9 K 3400/13 K, F, EFG 2016, 594, ebenso BFH, Urteil v. 26.9.2018 - I R 16/16, NWB TAAAH-10780.
3 Zu den verschiedenen Auffassungen s. FG Münster 19.11.2015 - 9 K 3400/13 K, F, EFG 2016, 594, und BFH, Urteil v. 26.9.2018 - I R 16/16, NWB TAAAH-10780.
4 Ebenso UmwStErl 2011, Rz. 12.07; a. A. z. B. *Dötsch* in DPM, § 14 KStG Tz. 65; nach *Dallwitz* in Schnitger/Fehrenbacher, § 15 KStG, Rz. 92, kommt es zum vollständigen Außeransatzbleiben des Übernahmegewinns.
5 So *Dallwitz* in Schnitger/Fehrenbacher, § 15 KStG, Rz. 92.

b) Der Organträger-Personengesellschaft werden 200.000 zugerechnet, wenn gemäß § 12 Abs. 2 Satz 2 UmwStG auf Ebene der OG-GmbH die Bruttomethode des § 15 Satz 1 Nr. 2 KStG zur Anwendung kommt.[1] Folge ist, dass A und B jeweils 60 % von 100.000 versteuern.

472 Für die Frage der **Verlustnutzung im Rückwirkungszeitraum** enthält § 2 Abs. 4 Satz 4 UmwStG eine Sonderregelung, wenn übernehmender Rechtsträger eine OG ist. Dann gilt Satz 3 der Vorschrift entsprechend. § 2 Abs. 4 Satz 3 UmwStG will verhindern, dass Gewinne des übertragenden Rechtsträgers im Rückwirkungszeitraum durch rückwirkende Umwandlungen auf Verlustunternehmen genutzt werden können. Da die OG selber kein Verlustunternehmen sein kann (sie hat kein eigenes Einkommen), ordnet Satz 4 die Anwendung des Satzes 3 beim OrgT an.

BEISPIEL: Die X-GmbH ist OG der Y-AG (OrgT). Rückwirkend zum 31.12.2014 wird die Z-GmbH auf die X-GmbH verschmolzen. Die Anmeldung zum Handelsregister erfolgt am 31.8.2015, die Eintragung am 1.12.2015. Die X-GmbH hat in 2015 ein positives Einkommen von 200.000, das sich wie folgt aufteilt: 1.1. bis 31.8. +130.000, 1.9. bis 30.11. +50.000 und 1.12. bis 31. 12. +20.000. Die Y-AG hat in 2015 ein negatives Einkommen von ./. 1.100.000 (1.1. bis 31.8../. 700.000, 1.9. bis 30.11../. 300.000 und 1.12. bis 31.12../. 100.000); außerdem hat sie zum 31.12.2014 einen Verlustvortrag von 500.000. Die Z-GmbH hat vom 1.1. bis 30.11.2015 ein positives Einkommen von 600.000 (1. 1. bis 31. 8. +400.000 und 1. 9. bis 30. 11. +200.000).

LÖSUNG: Ohne § 2 Abs. 4 Satz 4 i.V. m. Satz 3 UmwStG würden das positive Einkommen der Z-GmbH (600.000) und der X-GmbH (200.000) zusammengerechnet (= 800.000) und der Y-AG zugerechnet; dieses Einkommen könnte mit dem negativen Einkommen der Y-AG verrechnet werden, so dass diese in 2015 ein zu versteuerndes Einkommen von 0 (+800.000./. 1.100.000 =./. 300.000) hätte; zum 31.12.2015 verbliebe ein Verlustvortrag von 800.000 (500.000 + 300.000).

Im Beispielsfall kommt allerdings die vorgenannte Vorschrift zur Anwendung, da das Einkommen im Organkreis im Rückwirkungszeitraum – ohne Berücksichtigung des positiven Einkommens der Z-GmbH – negativ ist (+180.000./. 1.000.000). Wäre das Gesamteinkommen im Organkreis positiv (z. B. weil eine andere OG ein positives Einkommen von 1,5 Mio. hat), käme die Vorschrift nicht zur Anwendung, und zwar unabhängig davon, ob das Einkommen des im Rahmen der Umwandlung übernehmenden Rechtsträgers (OG oder OrgT) ggf. negativ ist.[2]

Unter Anwendung der vorgenannten Vorschrift ergibt sich folgendes Ergebnis: Das positive Ergebnis der Z-GmbH ist bei der Y-AG anzusetzen, ohne dass die übrigen – im Ergebnis negativen – Einkommen der X-GmbH und der Y-AG von zusammen ./. 820.000 bis zum 30.11.2015 berücksichtigt werden. Die Y-AG hat in 2015 ein positives Einkommen von 520.000, das sich wie folgt zusammensetzt:

Einkommen Z-GmbH 1.1. bis 30.11.	+ 600.000 €
Einkommen X-GmbH ab 1.12.	+ 20.000 €
Einkommen Y-AG ab 1.12.	./.150.000 €
	+ 520.000 €

Die Y-AG hat zum 31.12.2015 einen Verlustvortrag i. H.v. 1.320.000 (Verlustvortrag 31.12.2014 500.000 zzgl. Einkommen X-GmbH bis 30.11. +180.000./. Einkommen Y-AG bis 30.11../. 1.000.000).

473 § 2 Abs. 4 Sätze 3-5 UmwStG gelten nach Satz 6 nicht, wenn übertragender und übernehmender Rechtsträger vor Ablauf des steuerlichen Übertragungsstichtags verbundene Unternehmen i. S. d. § 271 Abs. 2 HGB sind (sog. Konzernklausel).[3]

---

[1] So FG Münster, Urteil v. 23.9.2015 - 9 K 4074/11 G, NWB OAAAF-67441, EFG 2016, 587, rkr. nach Rücknahme der Revision I R 3/16; Rz. 12.07 UmwStErl 2011; m. E. zutreffend.
[2] FinMin Brandenburg v. 28. 5. 2014, DB 2014, 2135.
[3] Zur Frage, wann ein Konzernverhältnis vorliegt, s. *Frotscher*/Drüen, UmwStG, § 2 Rz. 177; *Jasper*, DStR 2015, 321.

(Einstweilen frei) 474–480

H. Gewinnabführungsvertrag (§ 14 Abs. 1 Nr. 3 KStG)

I. Allgemeines

Anders als bei der umsatzsteuerlichen Organschaft kann im KSt-Recht (und ab Erhebungszeitraum 2003 auch im Gewerbesteuerrecht) ein Organschaftsverhältnis nur anerkannt werden, wenn – neben den im erforderlichen Maße erfüllten Eingliederungsmerkmalen – bis zum Ende des Wj. der OG, für das erstmals die Einkommenszurechnung beim OrgT erfolgen soll (s. → Rz. 571), ein **GAV auf mindestens fünf Jahre abgeschlossen** und **wirksam geworden** ist.[1] Nach § 14 Abs. 1 Satz 2 KStG i. d. F. des StVergAbG ist das Einkommen der OG dem OrgT **erstmals** für das Kalenderjahr zuzurechnen, in dem das Wj. der OG endet, in dem der **GAV wirksam** wird. Wirksam wird der GAV erst mit der **Eintragung in das Handelsregister der OG.** Dies gilt auch schuldhaft verzögerter Eintragung seitens des Amtsgerichts.[2] Hierauf ist bei der Bestimmung der Mindestlaufzeit zu achten. Allerdings hat das FG Düsseldorf[3] zu Recht ein Fehlverhalten des Handelsregisters als sachlichen Billigkeitsgrund angesehen, so dass die Steuer gemäß § 163 AO so festzusetzen ist, wie sie bei ordnungsgemäßem Verhalten des Handelsregisters entstanden wäre. Demgegenüber sieht der BFH[4] keinen sachlichen Billigkeitsgrund. Auch wenn diese Entscheidung für die Praxis problematisch ist, muss sie bei der Bestimmung der Vertragsdauer beachtet werden.

BEISPIELE:

1. Die Y-AG, deren Wj. mit dem Kj. übereinstimmt, ist seit dem 1.1.2013 finanziell in das Unternehmen der X-AG eingegliedert. Am 1.4.2013 wird zwischen beiden Gesellschaften ein GAV abgeschlossen. Damit das Ergebnis der Y-AG des Wj. 2013 der X-AG zugerechnet werden kann, muss der GAV bis spätestens zum 31.12.2013 wirksam werden. Dazu gehört auch seine Eintragung im HR.
2. Das vom Kj. abweichende Wj. der Y-AG läuft vom 1.7. – 30.6. Der GAV wird am 2.6.2013 abgeschlossen und wird am 1.10.2013 wirksam. Die X-AG als Organträger kann erstmals das Ergebnis des Wj. 2013/2014 für den VZ 2014 zugerechnet werden. Nach vormaligem Recht hätte der X-AG bereits das Ergebnis des Wj. 2012/2013 für den VZ 2013 zugerechnet werden können.

Diese Neuregelung gilt im VZ 2002, wenn der GAV nach dem 20.11.2002 abgeschlossen worden ist. Ist der GAV vor dem 21.11.2002 abgeschlossen worden, gilt die bisherige Regelung (§ 34 Abs. 9 Nr. 3 KStG). Der GAV ist dann abgeschlossen, wenn die gesetzlichen Vertreter von OrgT und OG ihn unterzeichnet haben.[5] Das FG Hamburg[6] hält das rückwirkende Inkrafttreten der verschärften Neuregelung bereits für den VZ 2002 für verfassungsgemäß.

---

[1] Vgl. BFH, Urteil v. 18.6.1969 - I R 110/68, BStBl 1969 II 569.
[2] FG Niedersachen, Urteil v. 13.12.2007 - 6 K 411/07, EFG 2008, 885, NZB abgelehnt vom BFH, Beschluss v. 12.6.2008 - I B 20/08, NWB VAAAC-85298.
[3] Vom 17.5.2011 - 6 K 3100/09, K, G, AO, zitiert von *Taetzner/Portz*, BB 2012, 2795, NZB vom BFH als unbegründet zurückgewiesen, Beschluss v. 23.4.2012 - I B 100/11, BFH/NV 2012, 1327 = NWB SAAAE-11222; Billigkeitserlass demgegenüber ablehnend FG Baden-Württemberg v. 21.4.2015 - 6 K 1284/14, EFG 2015, 2156, bestätigt durch BFH, Urteil v.23.8.2017 - I R 80/15, BStBl 2018 II 141 weiteren Einzelheiten s. *Brühl/Lange*, DK 2016, 542.
[4] Urteil v. 23.8.2017 - I R 80/15, BStBl 2018 II 141 = NWB UAAAG-68032 in Bestätigung des vg FG Baden-Württemberg; die Entscheidung ablehnend *Wachter*, DB 2018, 272.
[5] *Dötsch/Pung*, DB 2003, 1970 [1973].
[6] Vom 2.7.2004 - I 178/04, EFG 2005, 225.

482 Ein lediglich mit der **Vorgründungsgesellschaft** abgeschlossener GAV geht nicht automatisch auf die später im Handelsregister eingetragene KapGes über.[1]

483 Zur **Auslegung** von GAV s. BFH-Urteil v. 28.11.2007.[2] Danach ist der GAV nach objektiven Gesichtspunkten auszulegen. Die Entstehungsgeschichte und die Vorstellungen der am Vertragsschluss beteiligten Personen können bei der Vertragsauslegung nicht berücksichtigt werden. Entspricht der Vertrag (z. B. hinsichtlich der Laufzeit) nicht dem Gewollten, kann nur eine rückwirkende Korrektur gem. § 44a BeurkG (Nachtragsvermerk) helfen, wenn die Unrichtigkeit auf einem Notarversehen beruht.

484–490 *(Einstweilen frei)*

II. Begriff

491 Der GAV gehört zu den **Unternehmensverträgen** i. S. d. Ersten Teils im Dritten Buch des AktG.[3] Danach sind Unternehmensverträge u. a. solche Verträge, durch die sich eine SE, AG oder KGaA verpflichtet, ihren ganzen Gewinn an ein anderes Unternehmen, dessen Rechtsform unerheblich ist, abzuführen (GAV). Als ein solcher Vertrag gilt auch ein Vertrag, durch den eine SE, AG oder KGaA es übernimmt, ihr Unternehmen für Rechnung eines anderen Unternehmens zu führen (Geschäftsführungsvertrag; § 291 Abs. 1 Satz 2 AktG). Nach h. M. gilt diese aktienrechtliche Gleichstellung von GAV und Geschäftsführungsvertrag nur für den **unentgeltlichen Geschäftsführungsvertrag**,[4] der nach einer weiteren Ansicht aber tatsächlich nicht vorstellbar sein soll.[5] Dies wiederum würde bedeuten, dass die Fiktion des § 291 Abs. 1 Satz 2 AktG für einen **entgeltlichen Geschäftsführungsvertrag** nicht gilt und dieser als Ersatz für einen GAV ausscheidet.

492 Da § 14 Abs. 1 Satz 1 KStG ausdrücklich auf den GAV i. S. d. § 291 Abs. 1 AktG Bezug nimmt, ist zugleich klargestellt, dass ein **Beherrschungsvertrag**, wonach lediglich die Leitung einer AG oder KGaA einem anderen Unternehmen unterstellt wird, für ein körperschaftsteuerlich anzuerkennendes Organschaftsverhältnis **nicht** ausreicht. Entsprechendes gilt für einen Vertrag über eine Gewinngemeinschaft oder einen Teil-GAV, die zu den anderen Unternehmensverträgen i. S. d. § 292 AktG gehören.

493 Der Begriff „GAV" ist insoweit unpräzise, als ein solcher Vertrag zwingend die Verpflichtung des OrgT enthalten muss, jeden während der Vertragsdauer sonst bei der OG entstehenden **Jahresfehlbetrag** auszugleichen, soweit er nicht dadurch ausgeglichen wird, dass den anderen Gewinnrücklagen Beträge entnommen werden, die während der Vertragsdauer in sie eingestellt worden sind (§ 302 Abs. 1 AktG). Gegenüber einer eingegliederten Gesellschaft bezieht sich die Verpflichtung auf den **Bilanzverlust**, soweit dieser den Betrag der Kapitalrücklagen und Gewinnrücklagen übersteigt (§ 324 Abs. 3 AktG). Zutreffender wäre demgemäß die umfassendere Bezeichnung „**Ergebnisabführungsvertrag**".

494–500 *(Einstweilen frei)*

---

[1] BFH, Urteil v. 8.11.1989 - I R 174/86, BStBl 1990 II 91.
[2] I R 94/06, NWB CAAAC-81444.
[3] Zur Rechtsnatur s. auch *Link* in Prinz/Witt, Steuerliche Organschaft, 2. Aufl. 2019, Rz. 2.20 m.w. N.
[4] Vgl. *Walter* in Bott/Walter, § 14 Rz. 535 f., m.w. N.
[5] So *Emmerich/Sonnenschein*, Konzernrecht, 5. Aufl., 1993, § 9 VI 2.

III. Aktienrechtliche Regelungen

Für den GAV gelten nach Aktienrecht bestimmte **Form- und Wirksamkeitsvoraussetzungen**, die auch zur Wahrung der körperschaftsteuerlichen Anerkennung erfüllt sein müssen: So bedarf der GAV der **Schriftform**, soll er nicht nichtig sein (§ 293 Abs. 3, § 324 Abs. 2 Satz 2 AktG, § 125 BGB). Er wird – vom Fall der eingegliederten AG (§§ 319, 324 Abs. 2 AktG) abgesehen – nur mit **Zustimmung der Hauptversammlung** wirksam. Der Beschluss bedarf einer Mehrheit, die mindestens drei Viertel des bei der Beschlussfassung vertretenen Grundkapitals umfasst; die Satzung kann eine größere Kapitalmehrheit und weitere Erfordernisse bestimmen (§ 293 Abs. 1 AktG). Ist der OrgT ebenfalls eine AG oder KGaA, bedarf es auch ihrerseits der Zustimmung durch die Hauptversammlung (§ 293 Abs. 2 AktG). Die Erfordernisse beim erstmaligen Abschluss des GAV gelten auch für dessen Änderung.[1]

Der Vorstand der OG hat, sofern sie nicht eine eingegliederte Gesellschaft ist, nach § 294 Abs. 1 AktG das Bestehen des GAV sowie den Namen des OrgT **zur Eintragung in das HR anzumelden**. Der Anmeldung sind der Vertrag, ggf. der Zustimmungsbeschluss der Hauptversammlung des OrgT, beizufügen.

Der GAV einer nicht eingegliederten AG oder KGaA wird **erst wirksam**, wenn sein Bestehen in das **Handelsregister des Sitzes der OG eingetragen** worden ist (§ 294 Abs. 2 AktG). Die Eintragung hat insoweit rechtsbegründende (konstitutive) Wirkung.[2] Im Falle einer eingegliederten Gesellschaft als OG gilt dies indessen nicht; hier tritt Rechtswirksamkeit ein, sobald er in **schriftlicher Form** abgeschlossen ist (vgl. § 324 Abs. 2 AktG).

Ein GAV kann nur **zum Ende des Geschäftsjahres** oder des sonst vertraglich bestimmten Abrechnungszeitraums **aufgehoben** werden. Eine rückwirkende Aufhebung ist unzulässig. Verzichtet der OrgT bereits vor Ablauf des Wirtschaftsjahrs auf die Gewinnabführung, ist zunächst eine Forderung auf Gewinnabführung entstanden und der Verzicht als verdeckte Einlage zu werten.[3] Auch die Aufhebung bedarf der Schriftform und der Zustimmung der Hauptversammlung (§§ 296 Abs. 1, 295 AktG). Im Falle der eingegliederten Gesellschaft endet er spätestens zum Ende des Geschäftsjahres, in dem die Eingliederung endet (§ 324 Abs. 2 AktG).

Die **Kündigung** eines GAV kann ohne Einhaltung einer Kündigungsfrist erfolgen, wenn ein **wichtiger Grund** vorliegt, insbesondere zu befürchten ist, dass der andere Vertragsteil voraussichtlich nicht in der Lage sein wird, seine bestehenden Verpflichtungen zu erfüllen. Auch die Kündigung bedarf der **Schriftform** (§ 297 AktG).

Die Beendigung des GAV ist vom Vorstand der OG unter Angabe von Grund und Zeitpunkt der Beendigung **unverzüglich** zur Eintragung ins **HR anzumelden** (§ 298 AktG).

Wegen der Anforderungen an den **GAV einer GmbH** s. die Erläuterungen zu § 17 KStG.

Wird ein GAV mit einer SE als Organgesellschaft abgeschlossen, gelten §§ 291 ff. AktG gem. Art. 9 Abs. 1 Buchst. c Doppelbuchst. ii SEEG entsprechend.[4]

(Einstweilen frei)

---

1 BFH, Urteil v. 22. 10. 2008 - I R 66/07, BStBl 2009 II 972; s. hierzu *Süß/Mayer*, DStR 2009, 789.
2 Vgl. BFH, Urteil v. 26. 8. 1987 - I R 28/84, BStBl 1988 II 76.
3 FG Münster, Urteil v. 20. 8. 2014 – 10 K 2192/13 F, GmbHR 2014, 1326, rkr.
4 Vgl. *Kolbe* HHR KStG § 14 Rz. 66.

IV. Inhalt des Gewinnabführungsvertrags

516 § 301 AktG setzt für die nicht eingegliederte SE, AG und KGaA zwingend einen **Höchstbetrag** fest, der als Gewinn von der OG an den OrgT abgeführt werden darf:

„Eine Gesellschaft kann, gleichgültig welche Vereinbarungen über die Berechnung des abzuführenden Gewinns getroffen worden sind, als ihren Gewinn höchstens den ohne die Gewinnabführung entstehenden Jahresüberschuss, vermindert um einen Verlustvortrag aus dem Vorjahr, um den Betrag, der nach § 300 AktG in die gesetzliche Rücklage einzustellen ist, und den nach § 268 Abs. 8 HGB ausschüttungsgesperrten Betrag, abführen. Sind während der Dauer des Vertrags Beträge in andere Gewinnrücklagen eingestellt worden, so können diese Beträge den anderen Gewinnrücklagen entnommen und als Gewinn abgeführt werden".

Auch nach der Änderung des § 301 AktG durch das BiRiLiG hat eine OG die Möglichkeit, **Zuschüsse** ihrer AE im Wege der Gewinnabführung **an den OrgT weiterzuleiten**. Die Weiterleitung ist dann möglich, wenn die Zuschüsse als Ertragszuschuss behandelt und in die Gewinnrücklage eingestellt worden sind. Zuzahlungen, die in vertraglicher Zeit in die Kapitalrücklage nach § 272 Abs. 2 Nr. 4 HGB eingestellt worden sind, können nicht an den OrgT abgeführt werden. Der BFH[1] hat entgegen der damaligen Auffassung der Finanzverwaltung[2] entschieden, dass der Ertrag aus der Auflösung einer in vertraglicher Zeit in der Bilanz der OG gebildeten Kapitalrücklage nicht die Gewinnabführung erhöht. Er steht vielmehr für Gewinnausschüttungen zur Verfügung. Die Verwaltung wendet das Urteil an.[3] Bei einer **nicht eingegliederten** OG in der Rechtsform der AG oder KGaA verstößt die Auflösung und Abführung einer **vorvertraglich** gebildeten Kapitalrücklage gegen die Regelung des § 301 AktG und führt steuerlich zur Nichtanerkennung des GAV. Entsprechendes gilt für eine GmbH als OG.[4]

517 Das Handelsrecht lässt unter diesem Höchstbetrag den Grundsatz der **Vertragsfreiheit** gelten.[5] Das AktG macht somit keine Aussage darüber, wie viel die OG mindestens abführen muss, damit der Verpflichtung zur Abführung des „ganzen" Gewinns genügt ist. Das KSt-Recht folgt grds. der aktienrechtlichen Regelung und präzisiert diese lediglich in § 14 Abs. 1 Nr. 4 KStG, indem dort bestimmt wird, dass die OG Beträge aus dem Jahresüberschuss nur insoweit in die Gewinnrücklagen (§ 272 Abs. 3 HGB) mit Ausnahme der gesetzlichen Rücklagen einstellen darf, als dies bei vernünftiger kaufmännischer Beurteilung wirtschaftlich begründet ist. Nach R 14.5 Abs. 3 Satz 2 KStR 2015 setzt die Abführung des ganzen Gewinns voraus, dass der **Jahresabschluss keinen Bilanzgewinn** (§ 268 Abs. 1 HGB, § 158 AktG) mehr ausweist. Wegen der nach § 14 Abs. 1 Nr. 4 KStG zulässigen Bildung von Gewinn- oder Kapitalrücklagen s. → Rz. 518 3. Punkt. § 301 AktG bestimmt als Höchstbetrag der Gewinnabführung für eine nicht eingegliederte OG in der Rechtsform der AG oder KGaA:

▶ in seinem Satz 1 den ohne die Gewinnabführung entstehenden Jahresüberschuss, vermindert um den Verlustvortrag aus dem Vorjahr und um den Betrag, der nach § 300 AktG in die gesetzliche Rücklage einzustellen ist;

---

1 Vom 8.8.2001 - I R 25/00, BStBl 2003 II 923.
2 BMF, Schreiben v. 25.7.1994, DB 1994, 1546.
3 BMF, Schreiben v. 27.11.2003, BStBl 2003 I 647; zu weiteren Einzelheiten s. *Dötsch/Pung*, DB 2003, 1970 [1980].
4 BMF, Schreiben v. 11.10.1990, DB 1990, 2142.
5 Vgl. *Walter* in Bott/Walter, § 14 Rz. 584.

- in seinem Satz 2 Entnahmen aus in vertraglicher Zeit gebildeten und wieder aufgelösten Gewinnrücklagen. Entsprechendes gilt für Zuzahlungen, die in vertraglicher Zeit in die Kapitalrücklage nach § 272 Abs. 2 Nr. 4 HGB eingestellt worden sind.

Nach § 275 Abs. 4 HGB dürfen Veränderungen der Gewinnrücklagen in der Gewinn- und Verlustrechnung erst nach dem Posten „Jahresüberschuss/Jahresfehlbetrag" ausgewiesen werden, d. h., sie verändern zwar nicht den Jahresüberschuss, wohl aber den nach § 291 Abs. 1 Satz 2 AktG abzuführenden Gewinn. Bei **Verlustübernahme** (§ 302 AktG) hat der OrgT einen sonst entstehenden Jahresfehlbetrag auszugleichen, soweit dieser nicht dadurch ausgeglichen wird, dass den anderen Gewinnrücklagen Beträge entnommen werden, die während der Vertragsdauer in sie eingestellt worden sind (R 14.5 Abs. 3 Satz 6 KStR 2015).

Im Übrigen stellt R 14.5 Abs. 5 KStR 2015 klar, dass es der **Durchführung** des GAV **nicht entgegensteht**, wenn z. B.

- der an den OrgT abzuführende Gewinn entsprechend dem gesetzlichen Gebot des § 301 AktG durch einen bei Inkrafttreten des GAV vorhandenen Verlustvortrag gemindert wird; dieser bleibt allerdings ohne steuerliche Auswirkung. Der Ausgleich vorvertraglicher Verluste durch den OrgT (s. → Rz. 681) ist steuerrechtlich als Einlage zu werten;

- der ohne die Gewinnabführung entstehende Jahresüberschuss der OG gem. § 301 AktG um den Beitrag gemindert wird, der nach § 300 AktG in die gesetzliche Rücklage einzustellen ist. Zuführungen zur gesetzlichen Rücklage, die die gesetzlich vorgeschriebenen Beträge übersteigen, sind jedoch steuerrechtlich wie die Bildung von Gewinnrücklagen (§ 272 Abs. 3 HGB) zu beurteilen;

- die OG nach § 14 Abs. 1 Nr. 4 KStG Gewinnrücklagen i. S. d. § 272 Abs. 3 und 4 HGB mit Ausnahme der gesetzlichen Rücklagen, aber einschließlich der Rücklage für eigene Anteile (durch BilMoG aufgehoben) und der satzungsmäßigen Rücklagen (§ 266 Abs. 3 A III HGB), bildet, die bei vernünftiger kaufmännischer Beurteilung wirtschaftlich begründet sind.[1] Die Bildung einer Kapitalrücklage i. S. d. § 272 Abs. 2 Nr. 4 HGB beeinflusst die Höhe der Gewinnabführung nicht und stellt daher keinen Verstoß gegen § 14 Abs. 1 Nr. 4 KStG dar.[2] Für die Bildung der Rücklagen muss ein **konkreter Anlass** gegeben sein, der es auch aus objektiver unternehmerischer Sicht rechtfertigt, eine Rücklage zu bilden, wie z. B. eine geplante Betriebsverlegung, Werkserneuerung, Kapazitätsausweitung. Eine Umsatzsteigerung, die zum Anlass genommen werden soll, die Kapitalbasis der OG zu verstärken, rechtfertigt hingegen keine Rücklagenbildung; eine Umsatzausweitung gehört nämlich zum selbstverständlichen Ziel und Streben jedes Unternehmens und ist deshalb mit einer Kapazitätsausweitung nicht vergleichbar.[3] Ein konkreter Anlass kann auch dann vorliegen, wenn die OG besondere Risiken trägt, die sie bei Abführung der in Rücklage gestellten Beträge an den OrgT ohne Gefährdung ihres Unternehmens möglicherweise nicht abdecken könnte.[4] Die Beschränkung nach § 14 Abs. 1 Nr. 4 KStG gilt nicht für die Zuführung zum Sonderposten mit Rücklageanteil i. S. d. §§ 247 Abs. 3, 273 HGB, z. B. Rücklagen für Ersatzbeschaffung, Rücklagen i. S. d. § 6b EStG, und für die Bildung stiller Reserven; durch BilMoG wurde u. a. die Bildung von Aufwandsrückstellungen nach § 249 Abs. 1 Satz 3 und Abs. 2 HGB a. F. abgeschafft. Entscheidet sich der Unternehmer nicht für die

---

1 § 14 Abs. 1 Nr. 4 KStG; s. a. *L. Schmidt*, FR 1982, 139.
2 Vgl. auch *Bünning/Stoll*, BB 2016, 555.
3 FinMin NW v. 24.7.1973, FR 1973, 478.
4 Vgl. BFH, Urteil v. 29. 10. 1980 - I R 61/77, BStBl 1981 II 336.

Beibehaltung bereits gebildeter Rückstellungen, sind diese aufzulösen und die die Beträge unmittelbar in die Gewinnrücklagen einzustellen (Art. 66 Abs. 1 EGHGB). Macht der Unternehmer von dieser Möglichkeit Gebrauch, handelt es sich um eine nach § 14 Abs. 1 Nr. 4 KStG unschädliche Zuführung zu den Gewinnrücklagen.[1] Dies hat das BMF[2] für das Wahlrecht nach Art. 67 Abs. 3 Satz 1 EGHGB anerkannt. Gleiches muss aber, worauf das IDW mit Schreiben vom 10.2.2011 (IDW-Fachnachrichten 2011, 143) zutreffend hinweist, auch für andere Beibehaltungs- bzw. Fortführungswahlrechte gelten.[3] Das IDW hat das BMF mit Schreiben vom 15. 2. 2011 um eine entsprechende Klarstellung gebeten. Diese ist, soweit ersichtlich, nie erfolgt. Beantragen OG und OrgT eine **verbindliche Auskunft**, ob die in Aussicht genommene Einstellung in eine Gewinnrücklage schädliche ist, entsteht die Gebühr nach § 89 Abs. 3 AO nur einmal, alleiniger Gebührenschuldner ist der OrgT.[4]

▶ die OG ständig Verluste erwirtschaftet.

519 Nach BFH steht einer tatsächlichen Durchführung des GAV nicht entgegen, wenn Meinungsverschiedenheiten zwischen der Finanzverwaltung und dem Unternehmen über den Ansatz oder die Bewertung von Bilanzen entstehen und es später zu Mehrergebnissen aufgrund einer Betriebsprüfung kommt.[5]

520 Für die Frage, ob die OG ihren ganzen Gewinn an den OrgT abgeführt hat und damit diese Voraussetzung des § 14 KStG erfüllt ist, ist auf den **Gewinn des Wj.** abzustellen.

520a In der Praxis kommen Vereinbarungen über die Wiedereinlage des abzuführenden Gewinns vor (sog. **Wiedereinlagevereinbarungen**). Die Wiedereinlagevereinbarung erfolgt dabei nicht durch Hin- und Herzahlen, sondern durch Auf- bzw. Verrechnung („Führ-ab-hol-zurück-Verfahren"). Solche Gestaltungen sind u. E. zulässig, der GAV ist tatsächlich durchgeführt.[6]

521 Für die Feststellung, ob der „gesamte Gewinn" der OG abgeführt wird, kommt es auf die Ausgestaltung der nach Maßgabe des § 304 AktG geleisteten **Ausgleichszahlungen** nicht an. Entsprechend der handelsrechtlichen Regelung[7] spielt es auch für die steuerliche Beurteilung grds. keine Rolle, ob die Ausgleichszahlungen für Minderheitsgesellschafter in einem festen Betrag oder mit einem Vomhundertsatz des Ergebnisses des OrgT geleistet werden.[8] Zur gesetzlichen Regelung durch das UStAVermG s. → Rz. 605 ff.

522 Durch BilMoG ist § 301 Abs. 1 AktG dahin gehend ergänzt worden, dass die Ausschüttungssperre in § 268 Abs. 8 HGB (Aktivierung selbst geschaffener immaterieller Vermögensgegenstände des Anlagevermögens) auch zu einer Abführungssperre führt. Der GAV braucht deshalb nicht geändert zu werden; allerdings müssen die Neuregelungen zum Höchstbetrag der Gewinnabführung ungeachtet ggf. abweichender vertraglicher Vereinbarungen zwingend beach-

---

1 Wehrheim/Rupp, DStR 2008, 1977.
2 Schreiben v. 14.1.2010, BStBl 2010 I 65.
3 Ebenso Dötsch DPM § 14 Rz. 209a.
4 FG Köln, Urteil v. 28. 10. 2014 - 8 K 730/12, NWB WAAAE-82010 = EFG 2015, 529, bestätigt durch BFH, Urteil v. 9.3.2016 - I R 81/14, NWB BAAAF-76124, (BFH-Az.: I R 81/14) und 8 K 731/14, EFG 2015, 530 mit Anmerkung Wagner; dagegen BFH, Urteil v. 9.3.2016 - I R 66/14, BStBl 2016 II 706.
5 BFH, Urteil v. 21. 10. 2010 - IV R 21/07, Rz. 36, NWB TAAAD-57533.
6 Schell/Schrade, DStR 2017, 86; a. A. Dötsch DPM, § 14 KStG, Rz. 529.
7 Vgl. Müller in Mössner/Seeger/Oellerich, KStG, § 16 Rz. 20.
8 BMF, Schreiben v. 16. 4. 1991, DB 1991, 1049; a. A. Dötsch DPM § 14 Rz. 175a; vgl. zu dieser Fallgestaltung BFH, Urteil v. 4. 3. 2009 - I R 1/08, BStBl 2010 II 407, der dies als problematisch ansieht.

tet werden.[1] Zu beachten sind auch andere Ausschüttungssperren.[2] Keiner Abführungssperre unterliegt der Unterschiedsbetrag zwischen dem Ansatz der Pensionsrückstellungen bei Abzinsung mit dem neuen durchschnittlichen Marktzins von zehn Jahren und der bisherigen Regelung von sieben Jahren, obwohl er nach § 253 Abs. 6 Satz 2 HGB i. d. F. des Gesetzes zur Umsetzung der Wohnimmobilienkreditrichtlinie einer Ausschüttungssperre unterliegt.[3] Entgegen dem BMF ist jedoch *Hageböke/Hennrichs* zuzustimmen, dass der Abstockungsgewinn in eine Rücklage eingestellt werden kann, die Bildung einer solchen Rücklage ist bei vernünftiger kaufmännischer Beurteilung wirtschaftlich begründet.

Problematisch ist, wie die Abführungssperre und hierfür gebildete (passive) latente Steuern zusammenwirken.[4] Man kann § 301 Satz 1 AktG i. V. m. § 268 Abs. 8 HGB dahin auslegen, dass bei der OG der gesamte Ergebnisbeitrag, der sich aus der Aktivierung z. B. selbst geschaffener immaterieller Vermögensgegenstände des Anlagevermögens ergibt, ohne Berücksichtigung der hierfür beim OrgT gebildeten passiven latenten Steuern einer Abführungssperre unterliegt (sog. **Bruttobetrachtung**). M. E. ist allerdings die sog. **Nettobetrachtung** vorzuziehen, wonach die passiven latenten Steuern die Höhe der Abführungssperre mindern und damit den abzuführenden Betrag erhöhen.[5] Die Frage, wo die latenten Steuern zu bilden sind (in der Bilanz des OrgT oder der OG), ist eine rein formale und dürfte die Höhe des abzuführenden Gewinns nicht beeinflussen.[6]

Anders als § 301 AktG ist § 302 AktG (Verlustübernahme) nicht durch BilMoG geändert worden. Der vom OrgT zu übernehmende Verlust bestimmt sich damit nach dem handelsrechtlich ausgewiesenen Fehlbetrag. Sachverhalte nach § 268 Abs. 8 HGB werden nicht verlustbegründend bzw. -erhöhend herausgerechnet.[7]

Der GAV ist hingegen bei einer nicht eingegliederten OG in der Rechtsform der AG oder KGaA steuerlich als **nicht ordnungsgemäß durchgeführt** anzusehen, wenn bspw. **vorvertragliche Gewinn- oder Kapitalrücklagen** entgegen §§ 301 und 302 Abs. 1 AktG aufgelöst und an den OrgT **abgeführt** werden. In diesem Fall erhält der OrgT mehr als ihm zusteht; Inhalt und Vollzug des GAV decken sich nicht. Der Jahresüberschuss i. S. d. § 301 AktG umfasst nicht einen Gewinnvortrag (vgl. § 158 Abs. 1 Nr. 1 AktG, § 266 Abs. 3 A HGB). Ein vor Inkrafttreten des GAV vorhandener Gewinnvortrag darf deshalb weder an den OrgT abgeführt noch zum Ausgleich eines aufgrund des GAV vom OrgT sonst auszugleichenden Jahresfehlbetrags (Verlustübernahme) verwendet werden. Ein Verstoß gegen das Verbot, Erträge aus der Auflösung vorvertraglicher Rücklagen an den OrgT abzuführen, liegt ferner vor, wenn die OG Aufwand – dazu gehören auch die steuerlich nichtabziehbaren Ausgaben, z. B. KSt, Aufsichtsratsvergütungen zur Hälfte – über eine vorvertragliche Rücklage verrechnet und dadurch den Gewinn erhöht, der an den OrgT abgeführt wird. Insoweit kann § 14 KStG nicht angewandt werden; die Gewinnausschüttung ist regulär zu versteuern. **Nicht** zu den vorvertraglichen Rücklagen gehören **Sonderposten mit Rücklageanteil** i. S. d. § 247 Abs. 3 HGB, § 273 HGB a. F. und **stille Reserven**.

---

1 BMF, Schreiben v. 14. 1. 2010, BStBl 2010 I 65.
2 Z. B. nach § 274 Abs. 2 Satz 3 HGB a. F., vgl. OFD Hannover v. 25. 10. 2004, DB 2004, 2504.
3 BMF, Schreiben v. 23. 12. 2016, BStBl 2017 I 41; s. hierzu *Hageböke/Hennrichs*, DB 2017, 18 und *Kessler/Egelhof*, DStR 2017, 998.
4 Siehe hierzu IDW, Schreiben an das BMF, Schreiben v. 15. 2. 2011.
5 Ebenso *Melcher/Murer*, DB 2011, 2329, mit weiteren Einzelheiten; a. A. z. B. *Dötsch* DPM § 14 Rz. 182a.
6 A. A. *Neumayer/Imschweiler*, GmbHR 2011, 57.
7 Vgl. *Zwirner*, DStR 2011, 783, und *Blumers*, DStR 2017, S. 998, 1003 jeweils m. w. N.

525 Der GAV ist ebenfalls nicht ordnungsgemäß durchgeführt, wenn entgegen § 301 AktG der Jahresüberschuss der OG nicht mit einem **vorvertraglichen Verlustvortrag** verrechnet, sondern an den OrgT abgeführt wird;[1] auf die Höhe des Verlustvortrags kommt es dabei nicht an.[2] Zweifelhaft ist, ob eine Auflösung der Kapitalrücklage gemäß § 274 Abs. 2 Nr. 4 HGB und die Verrechnung des vorvertraglichen Verlustvortrags mit der vorvertraglichen Kapitalrücklage zulässig ist.[3] Unseres Erachtens liegt allerdings ein organschaftsschädlicher Vorgang vor.[4] Für einen schädlichen Vorgang spricht insbesondere, dass der OrgT zulasten von Minderheitsgesellschaftern begünstigt würde, da sich die Gewinnabführung in den Folgejahren mangels Verlustvorträge erhöhen würde.

526 Bei einer nach §§ 319 – 327 AktG **eingegliederten OG** in der Rechtsform der SE, AG oder KGaA sind gem. § 324 Abs. 2 Satz 1 AktG die §§ 298 – 303 AktG nicht anzuwenden. Das bedeutet, dass bspw. die Höchstgrenze des § 301 AktG für die Gewinnabführung nicht gilt. Stattdessen ist § 324 Abs. 2 Satz 3 AktG zu beachten, wonach als Gewinn höchstens der ohne die Gewinnabführung entstehende **Bilanzgewinn** abgeführt werden darf. Es braucht also kein Betrag in die gesetzliche Rücklage eingestellt zu werden und es können auch vorvertragliche Rücklagen aufgelöst und als Gewinn abgeführt werden. Im Falle der eingegliederten Gesellschaft ergibt sich die Verlustausgleichsverpflichtung des OrgT statt aus § 302 AktG aus § 324 Abs. 3 AktG. Danach ist die Hauptgesellschaft verpflichtet, jeden bei der eingegliederten Gesellschaft sonst entstehenden Bilanzverlust auszugleichen, soweit dieser den Betrag der Kapitalrücklagen und der Gewinnrücklagen übersteigt. Unerheblich ist hierbei, ob die Rücklagen vor oder nach Abschluss des GAV gebildet worden sind.

527 Leistet eine OG für ein Geschäftsjahr in vertraglicher Zeit eine **Gewinnausschüttung aus vorvertraglichen Rücklagen**, erhöht oder verringert die mit der Ausschüttung nach § 27 Abs. 1 KStG a. F. verbundene **Minderung oder Erhöhung der KSt** zwar den handelsbilanziellen Jahresüberschuss/Jahresfehlbetrag i. S. d. § 275 Abs. 2 HGB der OG in der vertraglichen Zeit. Sie unterliegt aber ebenso wie die Ausschüttung der aufgelösten vorvertraglichen Rücklagen nicht der Gewinnabführung. Dies ergibt sich aus § 28 Abs. 6 KStG. Danach wirkt sich eine Minderung oder Erhöhung der KSt unmittelbar auf die **Höhe der Gewinnausschüttung** aus. Eine KSt-Minderung gilt als für die Ausschüttung verwendet und erhöht damit die aus der aufgelösten Rücklage höchstmögliche Ausschüttung. Eine KSt-Erhöhung ist mit der aufgelösten Rücklage zu verrechnen und mindert die hieraus mögliche Ausschüttung. Für die Ausschüttung vorvertraglicher Rücklagen bedeutet dies, dass die Änderung der KSt nach § 27 Abs. 1 KStG a. F. der **Dividende** zuzurechnen ist und bei der Gewinnabführung unberücksichtigt bleibt. Dies gilt gleichermaßen für nach §§ 319 – 327 AktG eingegliederte wie nicht eingegliederte OG. Bei nicht eingegliederten OG geht § 28 Abs. 6 KStG a. F. den §§ 301, 302 Abs. 1 AktG vor (Abschn. 55 Abs. 5 KStR 1995).

528 Durch SEStEG wurde das bisherige System der ausschüttungsbedingten Realisierung von KSt-Guthaben durch eine ausschüttungsunabhängige ratierliche Realisierung ersetzt, § 37 Abs. 4 – 6 KStG. Gemäß § 37 Abs. 5 KStG hat die Körperschaft innerhalb des Auszahlungszeitraums von 2008 – 2017 einen Anspruch auf Auszahlung des KSt-Guthabens in zehn gleichen Jahres-

---

[1] R 14.5 Abs. 3 KStR 2015.
[2] Keine Geringfügigkeitsgrenze, BFH, Urteil v. 21. 10. 2010 - IV R 21/07, BFH/NV 2011, 151 = NWB TAAAD-57533.
[3] Diese Gestaltung bejahend *Dötsch* DPM § 14 KStG Rz. 403; *Frotscher/Drüen* § 14 KStG Rz. 399.
[4] Ebenso *Brink* Schnitger/Fehrenbach § 14 KStG Rz. 358; wohl auch R 14.5 Abs. 3 KStR 2015.

raten.[1] Der Anspruch auf Auszahlung des Guthabens steht der OG, und nicht dem OrgT, zu. Dies ergibt sich daraus, dass das Guthaben nur aus vorvertraglicher Zeit stammen kann. Der Ertrag aus dem Guthaben ist allerdings Bestandteil des an den OrgT abzuführenden Gewinns. Die Gewinnabführungsverpflichtung entsteht in voller Höhe der zum 31.12.2006 zu aktivierenden Forderung der OG gegenüber dem FA.[2] Der Ertrag ist beim OrgT steuerfrei.

Die Verpflichtung zur Gewinnabführung bzw. Verlustübernahme bezieht sich auf den Gewinn/Verlust, der sich aus einer **objektiv richtigen Bilanz** ergibt.[3] Das Organschaftsverhältnis ist folglich nicht anzuerkennen, wenn die Bilanz objektiv falsch ist, z. B. weil eine handelsrechtlich erforderliche Rückstellung nicht oder nicht in der richtigen Höhe gebildet worden ist. Zur gesetzlichen Regelung s. nachfolgend → Rz. 530 ff. Dabei muss es sich m. E. aber um einen Fehler handeln, der zur Nichtigkeit der Bilanz nach § 256 AktG führt; kleinere Mängel sind unschädlich.[4] Die zu Unrecht unterlassene Aktivierung des KSt-Guthabens in der Bilanz der OG soll unschädlich sein.[5] Umstritten ist, ob die Nichtanerkennung der steuerlichen Organschaft durch (ggf. rückwirkende) **Korrektur** der unrichtigen Handelsbilanz vermieden werden kann.[6] U. E. ist mit *Dötsch/Witt* eine Heilung für steuerliche Zwecke zuzulassen, wenn der handelsrechtliche Jahresabschluss rückwirkend geändert wird und für das Jahr der Bilanzberichtigung noch keine Festsetzungsverjährung eingetreten ist (s. auch weiter unten → Rz. 581). Die Korrektur in laufender Rechnung dürfte nicht ausreichend sein.[7]

529

Wie die Korrektur einer fehlerhaften Durchführung des GAV vorzunehmen ist, ist umstritten. Der Gesetzgeber hat mit dem Unternehmensbesteuerungsänderungsgesetz[8] erstmalig das Problem gesetzlich geregelt. Nach § 14 Abs. 1 Satz 1 Nr. 3 Satz 4 KStG n. F. gilt ein GAV unter bestimmten Voraussetzungen auch dann als durchgeführt, wenn der abgeführte Gewinn oder ausgeglichene Verlust auf einem Jahresabschluss beruht, der fehlerhafte Bilanzansätze enthält. Voraussetzung ist, dass

530

a) der Jahresabschluss wirksam festgestellt ist (dies ist bei Nichtigkeit nach § 256 AktG nicht gegeben),

b) die Fehlerhaftigkeit bei Erstellung des Jahresabschlusses unter Anwendung der Sorgfalt eines ordentlichen Kaufmanns nicht hätte erkannt werden müssen **und**

c) ein von der Finanzverwaltung beanstandeter Fehler spätestens in dem nächsten nach dem Zeitpunkt der Beanstandung des Fehlers aufzustellenden Jahresabschlusses der Organgesellschaft und des Organträgers korrigiert und das entsprechende Ergebnis abgeführt oder ausgeglichen wird, soweit es sich um einen Fehler handelt, der in der Handelsbilanz zu korrigieren ist.

Die Neuregelung gilt in allen noch nicht bestandskräftig veranlagten Fällen (§ 34 Abs. 9 Nr. 7 KStG n. F.). Nach der Gesetzesbegründung ist die rückwirkende Anwendung verfassungsrecht-

---

1 Zu Einzelheiten s. *Klein* in Mössner/Seeger/Oellerich, KStG, § 37 Rz. 289 ff.
2 Ebenso *Dötsch* DPM § 14 Rz. 183a.
3 BGH v. 11.10.1999 - II ZR 120/98, BGHZ 142, 382 und v. 14.2.2005 - II ZR 361/02, AG 2005, 397, 398.
4 *Dötsch* DPM § 14 Rz. 177; *Rödder/Liekenbrock* RHN § 14 Rz. 328; a. A. *Borggräfe/Kutsch*, NWB 2011, 1946, die allerdings m. E. die Tragweite des BFH-Urteils v. 21.10.2010 - IV R 21/07, BFH/NV 2011, 151 = NWB TAAAD-57533 verkennen.
5 OFD Hannover v. 5.11.2008, DStR 2009, 325; u. E. bedenklich.
6 Bejahend z. B. *Dötsch* DPM § 14 n. F. Rz. 181; *Erle/Heuring* Erle/Sauter § 14 Rz. 176; verneinend z. B. *Frotscher*/Drüen § 14 Rz. 200a; zum Ganzen s. *Meining*, GmbHR 2010, 309, m. w. N.
7 So aber *Meining*, a. a. O., 311 f. und jetzt die gesetzliche Regelung, s. → Rz. 530 ff.
8 Siehe *Müller* in Mössner/Seeger/Oellerich, KStG, Vorbem. §§ 14 – 19 Rz. 23.

lich unbedenklich, da es sich um eine Verfahrenserleichterung handele, die ausschließlich begünstigend wirke.[1] Dies ist bei der Gesetzesauslegung zu beachten.

531 Das Gesetz definiert nicht, wann es sich um einen fehlerhaften Bilanzansatz handelt. Ein Bilanzansatz ist fehlerhaft, wenn er nicht den GoB entspricht. Abzustellen ist auf den **subjektiven Fehlerbegriff des Handelsrechts**.[2] Fehlerhaft sind nur solche Bilanzansätze, die die Höhe der Gewinnabführung oder der Verlustübernahme beeinflusst haben. Aus der Gesetzesbegründung ist zu entnehmen, dass auch die Bilanzierung der Abführungsverpflichtung zu einem fehlerhaften Bilanzansatz führen kann.[3] Diese ist z. B. dann fehlerhaft, wenn der vorherige Ausgleich vororganschaftlicher Verluste vergessen wird[4] oder in schädlicher Höhe Beträge in eine Gewinnrücklage eingestellt werden.[5] Der Gesetzgeber wollte den Begriff „fehlerhafter Bilanzansatz" zugunsten der Steuerpflichtigen großzügig verstehen, so dass auch die Nichtbeachtung handelsrechtlicher Abführungssperren, einer unzulässigen Abführung vororganschaftlicher Gewinn- und Kapitalrücklagen etc. hierunter fallen. Da das Gesetz keine Wesentlichkeitsgrenze formuliert, muss man davon ausgehen, dass auch geringfügige Fehler entgegen → Rz. 529 zu einem „fehlerhaften Bilanzansatz" führen.[6] Die Wesentlichkeit spielt nur noch eine Rolle bei der Frage, ob eine Korrekturpflicht nach Buchst. c besteht.

532 Die Fehlerhaftigkeit hätte nicht erkannt werden müssen. Das Gesetz sieht in Satz 5 verschiedene Möglichkeiten vor, wie der Nachweis des „Nichterkennen-Müssens" geführt werden kann:

▶ Eine Möglichkeit ist, dass ein uneingeschränkter Bestätigungsvermerk nach § 322 Abs. 3 HGB zum Jahresabschluss oder zu einem Konzernabschluss, in den der handelsrechtliche Jahresabschluss einbezogen worden ist, vorliegt. Das verlangt m. E. in den Fällen, in denen nach § 315a HGB Konzernabschlüsse befreiend nach internationalen Rechnungslegungsstandards (IFRS) erstellt werden müssen bzw. können, dass der Bestätigungsvermerk über den Konzernabschluss nur dann ausreicht, wenn die Prüfung sich auch auf den handelsrechtlichen Jahresabschluss erstreckt hat und der **Bestätigungsvermerk dies ausdrücklich vermerkt**.[7]

▶ Eine weitere Möglichkeit ist, dass ein uneingeschränkter Bestätigungsvermerk über die freiwillige Prüfung des Jahresabschlusses vorliegt.

▶ Drittens reicht die Bescheinigung eines Steuerberaters oder Wirtschaftsprüfers über die Erstellung des Jahresabschlusses mit umfassenden Beurteilungen aus. Nicht ausreichend sind eine Bescheinigung über die prüferische Durchsicht oder ein eingeschränktes Testat.[8]

Kann die OG den Sorgfaltsnachweis nicht nach Satz 5 führen, so muss sie anderweitig nachweisen, dass sie die erforderliche Sorgfalt angewandt hat. Wie dieser Nachweis aussehen könnte, ist fraglich. Je genauer die Angaben im Anhang zu den einzelnen Bilanzpositionen sind, desto eher wird man annehmen können, dass der Fehler nicht hätte erkannt werden

---

[1] BT-Drucks. 17/10774, 21.
[2] Gesetzesbegründung, BT-Drucks. 17/10774, 19; FinMin Schleswig-Holstein v. 22. 2. 2016, DB 2016, 502.
[3] BT-Drucks. 17/10774, 20.
[4] OFD Karlsruhe v. 16. 1. 2014, FR 2014, 434.
[5] Widersprüchlich insoweit OFD Karlsruhe, a. a. O., dass hier ein fehlerhafter Bilanzansatz abgelehnt wird mit der Begründung, bei § 14 Abs. 1 Satz 1 Nr. 4 KStG handele es sich um eine rein steuerliche Spezialvorschrift; so aber auch *Dötsch*, DB 2013, 305.
[6] Ebenso *Lenz/Adrian/Handwerker*, BB 2012, 2851, 2852.
[7] Offen gelassen von *Lenz/Adrian/Handwerker*, a. a. O., 2853.
[8] *Dötsch/Pung*, DB 2013, 305, 310.

müssen. Auf der sicheren Seite ist man außerhalb von Konzernen nur, wenn die OG sich einer freiwilligen Prüfung unterwirft oder den Jahresabschluss von einem Steuerberater oder Wirtschaftsprüfer mit umfassenden Beurteilungen erstellen lässt.

Schließlich muss der Fehler korrigiert werden, soweit es sich um einen Fehler handelt, der in der Handelsbilanz zu korrigieren ist. Für die geforderte Abführung bzw. den Ausgleich des Korrekturbetrags reicht, wie im Grundfall, die bilanzielle Einbuchung einer Forderung bzw. Verpflichtung aus. Bei **Verstößen gegen gesellschaftsrechtliche Vorschriften** ist der fehlerhafte Bilanzansatz in der Form zu korrigieren, wie er bestünde, wenn er bei ursprünglich richtiger Bilanzierung ordnungsgemäß weiterentwickelt worden wäre.[1] Wurde z. B. ein vorvertraglicher Verlustvortrag unter Verletzung von § 301 AktG nicht ausgeglichen, so muss die OG den Verlustausgleich dergestalt korrigieren, dass sie einen geringeren Gewinn abführt oder den Verlust in anderer Form (z. B. Auflösung und Gegenrechnung von Rücklagen) abdeckt.

533

Da bei gesellschaftsrechtlich fehlerhaften Abführungen (unzulässige Abführung vororganschaftlicher Gewinnrücklagen oder Kapitalrücklagen) zweifelhaft ist, ob überhaupt eine Korrektur der Folgebilanzen durch Wiedereinlage in Betracht kommt und wie diese zu erfolgen hätte,[2] sollte bei Vorliegen einer Beanstandung durch das Finanzamt eine verbindliche Auskunft eingeholt werden, ob die Korrektur der Folgebilanzen gefordert wird und wie diese aussehen soll. Auch wenn das Gesetz von einem „von der Finanzverwaltung beanstandeter Fehler" spricht, kann dies nicht bedeuten, dass ein vom OrgT oder der OG erkannter und korrigierter Fehler die Organschaft gefährdet.[3]

Die Korrektur muss spätestens in dem nächsten nach dem Zeitpunkt der Beanstandung (oder des Erkennens[4]) des Fehlers aufzustellenden Jahresabschluss der OG und des OrgT erfolgen und das Ergebnis entsprechend abgeführt oder ausgeglichen werden. Ob es sich um einen Fehler handelt, der in der Handelsbilanz zu korrigieren ist, wird auch von der Schwere des Fehlers abhängen. M. E. hat der BFH hier mit Urteil vom 21.9.2011 - I R 89/10[5] eine allgemeine handelsrechtliche Wesentlichkeitsgrenze von 5 % entwickelt. Das bedeutet, dass ein fehlerhafter Bilanzansatz nur dann zu korrigieren ist, wenn der Fehler zu einer Abweichung von mehr als 5 % des bisher zugerechneten Einkommens bzw. des bisher ausgeglichenen Verlusts führt. Dabei ist für die Frage der Wesentlichkeit auf den einzelnen Bilanzposten und nicht auf die Bilanzsumme abzustellen.

Bei **mehrstufigen Organschaftsverhältnissen** ist für die Frage der Wesentlichkeit auf das jeweilige Organschaftsverhältnis (und nicht auf das Verhältnis zum „obersten" Organträger) abzustellen.[6] Nach in der Finanzverwaltung umstrittener Auffassung der OFD Frankfurt/M.[7] soll eine Bestätigung des Abschlussprüfers, dass keine handelsbilanzielle Korrektur des Fehlers erforderlich ist, nicht ausreichend sein. Das kann nicht richtig sein. Hier muss das gelten, was das Gesetz selber vorsieht hinsichtlich des Erkennens eines Fehlers. Wenn in diesem Fall Satz 5 die Bestätigung des Abschlussprüfers ausreichen lässt, muss dies auch hier gelten.

---

1 *Frotscher*/Drüen § 14 Rz. 445r.
2 Siehe hierzu *Frotscher*/Drüen a. a. O.
3 *Frotscher*/Drüen § 14 Rz. 445.
4 A. A. *Dötsch/Pung*, a. a. O. M. E. hat der Gesetzgeber jetzt die Korrektur fehlerhafter Bilanzansätze umfassend geregelt. Hier wieder zu differenzieren, erscheint unangebracht und trüge zur Verkomplizierung bei.
5 BStBl 2014 II 612; ebenso BFH, Urteil v. 21.9.2011 - I R 7/11, BStBl 2014 II 616.
6 Anders bei § 2 Abs. 4 Satz 4 UmwStG, s. hierzu → Rz. 472.
7 Vfg. v. 14.4.2014, DB 2014, 2194; a. A. OFD Karlsruhe, Vfg. v. 16.1.2014, NWB RAAAE-55056.

Müller

Auch wenn es sich nicht aus dem Gesetzestext ergibt, folgt aus Sinn und Zweck der Regelung, dass bei Nichtkorrektur sich der Fehler auch noch in der nach der Beanstandung aufzustellenden Bilanz durch einen fehlerhaften Bilanzansatz auswirken würde. Das bedeutet: Hat sich der Fehler bereits „von selber korrigiert", bedarf es keiner Korrektur mehr.[1]

BEISPIEL: Eine zu hohe AfA im Jahr 2012 hat den abgeführten Gewinn gemindert. Das Wirtschaftsgut ist 2013 veräußert worden. Aufgrund des niedrigeren Buchwerts hat sich ein höherer Veräußerungsgewinn ergeben. Der Fehler wird 2014 entdeckt. Im Jahresabschluss zum 31.12.2014 ist nichts zu veranlassen.

Dies gilt selbstverständlich nur für Fehler, die nicht hätten erkannt werden müssen.

Die Korrektur muss spätestens in dem nächsten nach der **Beanstandung** aufzustellenden Jahresabschluss erfolgen. Die Beanstandung muss durch das zuständige Finanzamt und dessen zuständigen Repräsentanten erfolgen. Dies ist ab 2014 das für die gesonderte und einheitliche Feststellung nach § 14 Abs. 5 Satz 4 KStG zuständige FA, m. a. W. das für die Besteuerung der OG zuständige FA. Eine Beanstandung durch das für die Betriebsprüfung zuständige FA der OG reicht aus. U. E. reicht eine Beanstandung durch das für den OrgT zuständige FA bzw. für eine Betriebsprüfung beim OrgT zuständige FA nicht aus.[2] In Betriebsprüfungsfällen geschieht die Beanstandung durch Bekanntgabe des Prüfungsberichts, da damit erst die Auffassung der Finanzverwaltung „amtlich" wird.[3] Auf einen früheren Zeitpunkt sollte nicht abgestellt werden, um Unklarheiten zu vermeiden. Im Veranlagungsverfahren hat das FA eine vom Steuerpflichtigen vorgenommene Bilanzierung nur dann beanstandet, wenn es dies klar und unmissverständlich zum Ausdruck gebracht hat;[4] weicht es im Steuerbescheid ohne Begründung von der Erklärung ab, liegt hierin keine wirksame Beanstandung. Der **„nächste" aufzustellende Jahresabschluss** ist der Jahresabschluss, der als nächstes nach der Beanstandung aufzustellen ist, und nicht der Jahresabschluss des nächsten Geschäftsjahrs nach Beanstandung.[5]

BEISPIEL: Zeitpunkt der Beanstandung im Februar 2016, der Jahresabschluss 2015 ist noch nicht aufgestellt. Nächster aufzustellender Jahresabschluss ist der zum 31.12.2015 aufzustellende Jahresabschluss.

Besteht Streit über den richtigen Bilanzansatz und korrigiert der Steuerpflichtige den beanstandeten Bilanzansatz deshalb nicht, trägt er das Risiko.[6] Gewinnt die Finanzverwaltung den Rechtsstreit, ist es für eine Korrektur zu spät. **Nach dem eindeutigen Gesetzeswortsinn ist eine rückwirkende Korrektur nicht möglich.**[7] Da die gesetzliche Regelung (Korrektur in laufender Rechnung) der bisherigen h. M. widerspricht (s. oben → Rz. 529), stellt sie entgegen der Intention des Gesetzgebers[8] insoweit eine Verschärfung dar. Verfassungsrechtlich unbedenklich ist deshalb nur eine Auslegung, dass bei Beanstandungen vor Inkrafttreten des Gesetzes eine Korrektur in laufender Rechnung auch möglich ist, wenn bereits ein Jahresabschluss nach der Beanstandung ohne die Korrektur festgestellt wurde.

BEISPIEL: Das Wirtschaftsjahr der OG entspricht dem Kalenderjahr. In 2010 hat das FA einen Bilanzansatz wegen zu hoher AfA beanstandet. Die OG hat keine Korrektur vorgenommen, da über die betriebsgewöhnliche Nutzungsdauer gestritten wird. Im April 2013 gewinnt das FA den Rechtsstreit.

Die OG kann die Korrektur im Jahresabschluss 2013 vornehmen. Entsprechendes gilt für den OrgT.

---

1 *Lenz/Adrian/Handwerker*, BB 2012, 2851, 2853.
2 Nach *Rödder/Liekenbrock* RHN § 14 Rz. 394, soll auch eine Beanstandung durch das für die Betriebsprüfung beim OrgT zuständige FA ausreichen.
3 Bericht des Finanzausschusses, BT-Drucks. 17/11217, 10.
4 OFD Karlsruhe v. 14.1.2014, FR 2014, 434, 438.
5 Großzügiger OFD Karlsruhe, a. a. O., wonach die Regelung geschäftsjahrbezogen auszulegen ist, womit eine Verlängerung der „Heilungsfrist" eintritt.
6 So Finanzausschuss, a. a. O.; ebenso *Dötsch* DPM § 14 n. F. Rz. 209i und 209k; OFD Frankfurt/M., Vfg. v. 14.4.2014, DB 2014, 2194.
7 A. A. OFD Karlsruhe v. 16.1.2014, FR 2014, 434, 438; *Rödder/Liekenbrock* RHN § 14 Rz. 401 m. w. N.
8 Bericht des Finanzausschusses, BT-Drucks. 17/11217, 21.

Ist die **Organschaft** vor Beanstandung des Fehlers durch die Finanzverwaltung bereits **beendet**, was gerade in BP-Fällen gegeben sein kann, muss ausnahmsweise wie bisher der Fehler „an der Quelle" berichtigt werden.[1] Dies folgt m. E. zwingend aus dem Wort „spätestens", wonach eine frühere Fehlerberichtigung gerade nicht ausgeschlossen ist.

534

Die Frage, wann ein GAV auf die Abführung des ganzen Gewinns gerichtet ist, darf nicht damit verwechselt werden, **in welcher Höhe** dem OrgT **Einkommen** der OG **zuzurechnen** ist. In der Regel werden nämlich Gewinnabführung und zuzurechnendes Einkommen betragsmäßig nicht übereinstimmen, da sich das eine im Wesentlichen nach Handelsrecht, das andere nach Steuerrecht bestimmt.

535

> **BEISPIEL:** Die Y-AG hat an den OrgT X-AG abgeführt, was sie nach § 301 AktG maximal als Gewinn abführen darf. Dies sind 500.000 €. An ihre AR-Mitglieder hat die Y-AG insgesamt 100.000 € an Vergütungen gezahlt.
>
> Wegen § 10 Nr. 4 KStG dürfen die AR-Vergütungen, die den Jahresüberschuss der Y-AG i. S. d. § 275 Abs. 2 Nr. 8 HGB in voller Höhe gemindert haben, den steuerlichen Gewinn nur zur Hälfte schmälern. Im Rahmen der Einkommenszurechnung sind also der X-AG weitere 50.000 € zur Versteuerung zuzurechnen.

Der **Anspruch der Organgesellschaft auf Verlustübernahme** nach § 302 AktG **entsteht und wird fällig** bereits mit Ablauf des Geschäftsjahrs[2] und nicht erst mit Feststellung des Jahresabschlusses. Der Anspruch ist ab Fälligkeit zu verzinsen.[3] Auf die Verzinsung kann u. E. wegen § 302 Abs. 3 AktG nicht bereits im GAV verzichtet werden. Wird die Zinszahlung unterlassen oder auf diese unzulässigerweise verzichtet, stellt dies die ordnungsgemäße Durchführung des GAV und damit seine steuerrechtliche Anerkennung **nicht** in Frage. Es liegt eine verdeckte Gewinnausschüttung vor, die den Charakter einer vorweggenommenen Gewinnabführung hat, was die Durchführung des GAV nicht gefährdet.[4]

536

Zur Durchführung des GAV reicht die „bloße" Buchung der Verbindlichkeit auf Gewinnabführung in der Handelsbilanz der OG bzw. auf Verlustübernahme in der Handelsbilanz des OrgT nicht aus. Die Verbindlichkeit bzw. Forderung muss auch erfüllt werden. Fraglich, ob es ausreicht, wenn die Ansprüche spätestens bei Beendigung des GAV ausgeglichen werden,[5] oder ob die Ansprüche innerhalb angemessener Zeit durch Zahlung oder Erfüllungssurrogat (s. dazu nachfolgend → Rz. 538) erfüllt werden müssen.[6] U. E. ist letztere Auffassung zutreffend. Die bloße Buchung, die handelsrechtlich zwingend ist, stellt noch keine Durchführung „während der gesamten Geltungsdauer" dar. Das Gesetz verlangt ausdrücklich eine Durchführung „während" der Geltungsdauer; eine Durchführung erst am Ende der Geltungsdauer reicht nicht aus. Unter „angemessener Zeit" ist u. E. ein Zeitraum von maximal zwölf Monaten (entsprechend dem Zeitraum eines „normalen" Wirtschaftsjahres) zu verstehen, der mit Ablauf des Bilanzstichtags zu laufen beginnt.[7]

537

---

1 Ebenso *Dötsch/Pung*, DB 2013, 305, 311; a. A. *Schneider/Sommer*, GmbHR 2013, 22, 28.
2 BGH v. 11. 10. 1999 - II ZR 120/98, BGHZ 142, 382, DStR 1999, 1998 und v. 14. 2. 2005 - II ZR 361/02, DStR 2005, 750.
3 Zu Einzelheiten s. *Wernicke/Scheunemann*, DStR 2006, 1399.
4 R 61 Abs. 4 KStR 2004; BMF, Schreiben v. 15. 10. 2007, BStBl 2007 I 765; zu Einzelheiten s. *Müller/Stöcker/Lieber*, a. a. O., Rz. 524 ff., 530 f.
5 So z. B. *Frotscher*/Drüen § 14 Rz. 450; *Dötsch* DPM § 14 Rz. 201.
6 So. z. B. *Gosch*/Neumann § 14 Rz. 321 und Praxis der Finanzverwaltung; so ist wohl auch BFH, Urteil v. 5. 4. 1995 - I R 156/93 zu verstehen, bestätigt durch BFH, Beschluss v. 26. 4. 2016 - I B 77/15, BFH/NV 2016, 1177.
7 Wer für die Fälligkeit vom Zeitpunkt der Feststellung des Jahresabschlusses ausgeht, für den würde die Frist auch erst ab diesem Zeitpunkt zu laufen beginnen.

538 Neben der Zahlung reicht auch eine Umwandlung des Anspruchs in ein Darlehen (Novation) aus.[1] Im Zeitpunkt der Novation muss der Darlehensanspruch voll werthaltig sein. Eine erst später eintretende Uneinbringlichkeit berührt die bereits vollzogene Durchführung nicht. Das Darlehen muss nicht fremdüblich sein.[2] Gegebenenfalls sind die Grundsätze der vGA oder verdeckten Einlage anzuwenden. Die Verbuchung auf einem Verrechnungskonto sowie im Rahmen eines Cash-Poolings reichen ebenfalls aus, da sie wie eine Aufrechnung wirken.[3]

539–540 *(Einstweilen frei)*

V. Steuerrechtliche Wirksamkeitsvoraussetzungen

1. Vertragsabschluss vor dem 21.11.2002

541 Neben den handelsrechtlichen Wirksamkeitsvoraussetzungen verlangt § 14 Abs. 1 Satz 1 Nr. 3 KStG für die steuerliche Anerkennung eines Organschaftsverhältnisses, dass der GAV **spätestens bis zum Ende des Wj. der OG abgeschlossen** worden sein muss, **für das** erstmals die steuerrechtliche Folge der **Einkommenszurechnung** (hierzu s. → Rz. 611) eintreten soll. Der vor dem 21.11.2002 abgeschlossene GAV wirkt demnach auf den Beginn des laufenden Wj. zurück, aber auch nicht weiter.[4] Daneben müssen die **Eingliederungsvoraussetzungen** aber bereits **vom Beginn dieses Wj.** an erfüllt sein; eine Rückwirkung insoweit gibt es also nicht (vgl. → Rz. 361 ff.). Außerdem muss der GAV bis zum **Ende des folgenden Wj. wirksam** werden. Diese durch das StÄndG 1992 eingeführte verlängerte Frist für das Wirksamwerden des Vertrags steht in Zusammenhang mit BGH v. 24.10.1988,[5] der die Formerfordernisse an einen GAV verschärft hat. Zur Mindestvertragsdauer vgl. → Rz. 571.

> **BEISPIEL:** Die Y-AG ist seit 1.1.2001 finanziell in das Unternehmen der X-AG eingegliedert. Ihr Wj. ist das Kj. Der am 6.9.2001 zwischen beiden Unternehmen abgeschlossene GAV wird am 5.11.2002 im HR eingetragen.
>
> Die am 5.11.2002 erfolgte, konstitutiv wirkende Eintragung des GAV im HR bewirkt, dass bereits für das Wj. 2001 – die finanzielle Eingliederung ist ja schon am Beginn dieses Wj. gegeben – ein Organschaftsverhältnis anerkannt werden kann.
>
> Würde die Eintragung erst am 2.1.2003 erfolgen, könnte erstmals für das Wj. 2002 ein steuerrechtlich anzuerkennendes Organschaftsverhältnis bestehen.[6]

542 Wegen der Besonderheiten bei **anderen KapGes** als SE, AG und KGaA vgl. § 17 KStG und die dortigen Erläuterungen.

543 Der GAV kann auch **aufschiebend bedingt** abgeschlossen werden, nämlich unter der Bedingung, dass zunächst (vororganschaftliche) Verluste der OG verrechnet sind.[7] Eine derartige Bedingung ist im Zusammenhang mit § 15 Satz 1 Nr. 1 KStG zu sehen, der bestimmt, dass bei der Ermittlung des Einkommens der OG ein Verlustabzug i. S. d. § 10d EStG ausgeschlossen ist.

544 Wird in einem GAV vereinbart, dass der Vertrag erst in Kraft treten soll, wenn der vorhandene **abziehbare Verlust** der OG bei ihrer KSt-Veranlagung für spätere Jahre **voll berücksichtigt** ist,

---

1 Allgemeine Auffassung, vgl. Gosch/*Neumann* § 14 Rz. 321; *Dötsch* DPM § 14 Rz. 210a.
2 *Dötsch* DPM § 14 Rz. 210a.
3 Vgl. *Erle/Heuring* Erle/Sauter § 14 Rz. 171.
4 Vgl. BFH, Urteil v. 26.8.1987 - I R 28/84, BStBl 1988 II 76.
5 II ZB 7/88, BB 1989, 95.
6 Kritisch hierzu z. B. *Streck*, a. a. O., Anm. 68.
7 Gosch/*Neumann* § 14 Rz. 235.

so liegt eine auch steuerrechtlich wirksame aufschiebende Bedingung (§ 158 Abs. 1 BGB) vor. Dementsprechend bestimmte Abschn. 55 Abs. 3 Satz 2 KStR 1990 noch, dass im Zweifelsfall davon auszugehen ist, dass der GAV bei Vorliegen aller Voraussetzungen erstmals für das Wj. der OG steuerrechtlich wirksam sein soll, das dem nachbezeichneten Wj. folgt, nämlich dem Wj. der OG, dessen Ergebnis ihrer KSt-Veranlagung für das Kj. zugrunde gelegt wird, in dem der Verlustabzug **letztmals möglich** ist.[1] Nach *Dötsch*[2] ist die Regelung deshalb nicht in die KStR 1995 übernommen worden, weil sich die Registergerichte zunehmend geweigert hätten, solche GAV mit nicht ohne Weiteres erkennbarem In-Kraft-Tretenszeitpunkt in das HR einzutragen, zumal sich aufgrund von Betriebsprüfungen noch Verschiebungen ergeben konnten. An der steuerrechtlichen Anerkennung hat sich hierdurch aber nichts geändert.[3]

Durchgeführt wird ein GAV i. S. d. § 14 Abs. 1 Satz 1 Nr. 3 Satz 1 KStG, wenn er entsprechend den vertraglichen Vereinbarungen vollzogen wird. **Durchführung** bedeutet daher u. a., dass die nach GoB ermittelten Gewinne tatsächlich durch **Zahlung oder Verrechnung** an den OrgT abgeführt werden.[4] Die Forderung/Verbindlichkeit aus dem GAV muss „zeitnah" zum Fälligkeitszeitpunkt erfüllt werden.[5] Dies kann auch durch eine Umwandlung der Forderung in eine Darlehensverbindlichkeit geschehen. Sollte später auf den Darlehensanspruch verzichtet werden, ist dies u. E. allerdings schädlich.[6]

545

Für derartige Gewinnabführungen ist unter der Geltung des Anrechnungsverfahrens **keine Ausschüttungsbelastung** herzustellen, weil die §§ 14 ff. KStG §§ 36, 37 KStG a. F. als lex specialis den §§ 27 ff. KStG a. F. vorgehen.[7] Dies gilt auch, wenn im Zeitpunkt der tatsächlichen Gewinnabführung die Organschaft mit GAV beendet ist, die Abführung aber einen Zeitraum betrifft, für den noch eine Verpflichtung zur Ergebnisabführung besteht. Mit Beendigung des GAV gehen nämlich Ansprüche des OrgT auf Gewinnabführung und Ansprüche der OG auf Verlustübernahme für die Dauer der Geltung des GAV nicht unter.[8] Eine solche nachträgliche Gewinnabführung ist unter der Geltung des Anrechnungsverfahrens (vgl. § 34 Abs. 1 und 1a KStG) entsprechend § 37 Abs. 2 KStG a. F. mit dem EK 04 zu verrechnen.[9]

(Einstweilen frei)

546–555

2. Vertragsabschluss nach dem 20.11.2002

Das StVergAbG hat die steuerliche Rückwirkung des GAV deutlich eingeschränkt (§ 14 Abs. 1 Satz 2 KStG): Die Wirkungen einer körperschaftsteuerlichen Organschaft, nämlich die Zurechnung des Einkommens der OG beim OrgT (s. → Rz. 611 ff.), treten **erstmals für das Kj.** ein, in dem das Wj. der OG endet, in dem der **GAV wirksam** wird (s. → Rz. 481). Im Übrigen gelten auch hier die → Rz. 542 – → Rz. 545.

556

---

1 Siehe hierzu a. *Müller* in Mössner/Seeger/Oellerich, KStG, § 15 Rz. 31, 32.
2 *Dötsch* DPM § 15 n. F. Rz. 15; zu Einzelheiten s. auch *Herlinghaus* HHR KStG § 15 Rz. 31.
3 Gl. A. *Walter* in Bott/Walter, § 14 Rz. 629.
4 Ob dies einen tatsächlichen Geldfluss voraussetzt, ist streitig. Die Notwendigkeit eines Geldflusses verneinend *Kolbe* in Prinz/Witt, Steuerliche Organschaft, 2. Aufl. 2019, Rz. 13.7 m. w. N.
5 FG Hamburg, Urteil v. 19.5.2015 - 6 K 236/12, NWB NAAAE-95852, bestätigt durch BFH, Beschluss v. 26.4.2016 - I B 77/15, BFH/NV 2016, 1177, NWB CAAAF-76731.
6 A. A. *Kolbe* in Prinz/Witt, Steuerliche Organschaft, 2. Aufl. 2019, Rz. 13.7 m. w. N.
7 Vgl. Gesetzesbegründung in BT-Drucks. 7/1470, 347.
8 Vgl. z. B. BGH v. 5.6.1989 - II ZR 172/88, BB 1989, 1518.
9 BFH, Urteil v. 5.4.1995 - I R 156/93, NWB FAAAA-97533.

3. Zivilrechtliche Wirksamkeit

557 Steuerlich wird nur ein zivilrechtlich wirksamer GAV anerkannt. Ein zivilrechtlich nichtiger GAV, der nur nach den Grundsätzen der fehlerhaften Gesellschaft so lange als wirksam behandelt wird, bis sich einer der Vertragspartner auf die Unwirksamkeit beruft,[1] ist steuerlich unbeachtlich.[2]

558–570 *(Einstweilen frei)*

VI. Vertragsdauer

571 In § 291 AktG ist kein Mindestzeitraum bestimmt, für den ein GAV abgeschlossen werden muss. Ein solches Erfordernis stellt indessen § 14 Abs. 1 Satz 1 Nr. 3 KStG zur Verhinderung steuerrechtlicher Missbräuche auf. Damit soll ausgeschlossen werden, dass der GAV zum Zweck willkürlicher Beeinflussung der Besteuerung und zu Einkommensverlagerungen abgeschlossen wird. Voraussetzung für die steuerrechtliche Anerkennung des Organschaftsverhältnisses ist, dass der GAV auf einen Zeitraum von **mindestens fünf Zeitjahren** abgeschlossen ist[3] und während dieser Zeit auch vertragsgemäß durchgeführt wird (s. dazu → Rz. 516 ff.).

Der GAV als korporationsrechtlicher Vertrag ist nach objektiven Gesichtspunkten einheitlich aus sich heraus auszulegen. Wortlaut, Sinn und Zweck der einzelnen Regelung kommt dabei ebenso maßgebende Bedeutung zu wie der systematische Bezug der Klausel zu anderen Satzungsvorschriften. Die Entstehungsgeschichte und die Vorstellungen der am Vertragsschluss beteiligten Personen können bei der Vertragsauslegung nicht berücksichtigt werden.[4] Die tatsächliche fünfjährige Durchführung eines auf **unbestimmte Zeit** geschlossenen GAV ist nicht ausreichend.[5] Auch eine rückwirkende notarielle Berichtigung der zu kurzen Laufzeit eines GAV ist zumindest nach Ablauf der vereinbarten Mindestlaufzeit unbeachtlich.[6]

Die Voraussetzung der Mindestlaufzeit ist nicht erfüllt, wenn der Vertrag zwar auf fünf Jahre abgeschlossen ist, aber erst in einem auf das Jahr des Abschlusses folgenden Jahr in das Handelsregister eingetragen und damit wirksam wird.[7] Die Verwaltung erkennt eine vertragliche Vereinbarung an, nach der die Laufzeit eines GAV erst mit dem Wj. beginnt, in dem der Vertrag in das Handelsregister eingetragen wird. M.E. wird sich solch ein Inhalt im Regelfall auch ohne ausdrückliche Regelung durch Auslegung ergeben. Es entspricht dem Willen von Vertragsparteien, die Wirkungen eines Vertrags erst ab dessen Wirksamkeit beginnen zu lassen.

Das Wj., für das die Rechtsfolgen des § 14 Abs. 1 Satz 1 KStG erstmals eintreten, zählt dabei als **Erstjahr**.[8] Nach BFH[9] beginnt das erste (Rumpf-)Wirtschaftsjahr einer GmbH bereits mit der Aufnahme der Geschäftstätigkeit der **Vor-GmbH**. Ist der GAV zunächst auf fünf Jahre befristet

---

[1] BGH v. 5.11.2001 - II ZR 119/00, GmbHR 2002, 62.
[2] BFH, Urteil v. 30.7.1997 - I R 7/97, BStBl 1998 II 33; *Dötsch* DPM § 14 Rz. 168.
[3] 5 x 12 Monate; BFH, Urteil v. 12.1.2011 - I R 3/10, BStBl 2011 II 707; *Dötsch* DPM § 14 n. F. Rz. 216.
[4] BFH, Urteile v. 28.11.2007 - I R 94/06, BFH/NV 2008, 1270 = NWB CAAAC-81444; v. 27.7.2009 - IV B 73/08, BFH/NV 2009, 1840 = NWB EAAAD-29648; und v. 2.11.2010 - I B 71/10, BFH/NV 2011, 849 = NWB JAAAD-62784.
[5] FG Berlin-Brandenburg Urteil v. 21.8.2007 - 6 K 39/06, EFG 2007, 1897, bestätigt durch BFH, Urteil v. 22.10.2008 - I R 66/07, BStBl 2009 II 972; *Dötsch* DPM § 14 Rz. 216; *Walter* in Bott/Walter, § 14 Rz. 636.
[6] FG Baden-Württemberg Urteil v. 12.12.2011 - 6 K 3103/09, EFG 2012, 656, bestätigt durch BFH, Urteil v. 23.1.2013 - I R 1/12, BFH/NV 2013, 989 = NWB IAAAE-34673.
[7] BMF, Schreiben v. 10.11.2005, BStBl 2005 I 1038, Tz. 4.
[8] R 14.5 Abs. 2 Satz 2 KStR 2015; FG Berlin-Brandenburg Urteil v. 21.8.2007 - 6 K 39/06, EFG 2007, 1897 bestätigt durch BFH, Urteil v. 22.10.2008 - I R 66/07, BStBl 2009 II 972.
[9] Vom 3.9.2009 - IV R 38/07, BStBl 2010 II 60.

abgeschlossen und durchgeführt worden, genügt es, wenn er jährlich rechtzeitig neu um ein Jahr verlängert wird. Hat der Lauf der Frist von fünf Jahren zulässigerweise (vgl. → Rz. 361) mit einem Rumpf-Wj. begonnen, muss die Laufzeit des GAV das sechste Wj. voll umfassen, weil eine Beendigung während eines Wj. wegen § 14 Abs. 1 Satz 1 Nr. 3 Satz 4 KStG auf den Beginn dieses Jahres zurückwirkt; die Mindestlaufzeit von fünf Zeitjahren wäre dann unterschritten.[1]

In Abgrenzung zu seinem Urteil I R 3/10 hat der BFH[2] entschieden, dass die Verkürzung des Gesamtzeitraums von fünf Zeitjahren durch nachträgliche Bildung eines Rumpfwirtschaftsjahres unschädlich ist. Die Vertragsparteien müssen nur sicherstellen, dass den auf das Wirtschaftsjahr bezogenen steuerrechtlichen Folgerungen der Organschaft Rechnung getragen wird (z. B. durch eine Fortsetzung des Vertrags bis zum Ablauf des Wirtschaftsjahrs der OG). Unabhängig von der Frage, ob eine **Rückwirkung nach § 2 Abs. 1 UmwStG** im Rahmen der Berechnung der Mindestdauer überhaupt in Betracht kommt, setzt die Rückwirkung zumindest voraus, dass der übernehmende Rechtsträger im Rückwirkungszeitraum bereits bestand; eine Rückwirkung auf einen früheren Zeitpunkt scheidet u. E. aus.[3] Demgegenüber hat der BFH[4] entschieden, dass bei Eingreifen einer umwandlungssteuerrechtlichen Rückwirkungsfiktion eine Rückwirkung auch auf einen Zeitpunkt möglich ist, in dem die OG zivilrechtlich noch nicht bestand.

Bei vorzeitiger Beendigung des GAV durch **Kündigung** oder aufgrund einvernehmlicher **Aufhebung** auf einen Zeitpunkt während des Wj. der OG wirkt dieses Ereignis auf den **Beginn des Wj.** zurück. Die entsprechende gesetzliche Klarstellung in § 14 Abs. 1 Satz 1 Nr. 3 Satz 4 KStG durch das StÄndG 1992 diente angesichts der bis zum BGH-Urteil v. 16. 6. 2015 - II ZR 384/13[5] zivilrechtlich nicht abschließend geklärten Rechtslage[6] der Rechtssicherheit auf steuerrechtlichem Gebiet und der Absicherung der bisherigen Verwaltungspraxis. Dabei ist zu unterscheiden, ob die Fünfjahresfrist bereits abgelaufen ist oder nicht.

572

Ist der Vertrag **noch nicht fünf** aufeinander folgende **Jahre durchgeführt** worden, so bleibt er für die abgelaufenen Jahre steuerrechtlich **wirksam**, wenn die Beendigung auf einem **wichtigen Grund** beruht. Ein derartiger wichtiger Grund kann insbesondere in der Veräußerung oder Einbringung[7] der Organbeteiligung durch den OrgT, der Verschmelzung, Spaltung oder Liquidation des OrgT oder der OG gesehen werden (vgl. R 14.5 Abs. 6 Satz 2 KStR 2015). Kein wichtiger Grund liegt vor, wenn die vorzeitige Beendigung des GAV bereits bei dessen Abschluss ge-

573

---

1 FG Köln, Urteil v. 9. 12. 2009 - 13 K 4379/07, EFG 2010, 668, bestätigt durch BFH, Urteil v. 12.1.2011 - I R 3/10, BStBl 2011 II 727; a. A. FG Düsseldorf, Urteil v. 26.1.2010 - 6 K 4601/07 K, G, EFG 2010, 903.
2 Vom 13.11.2013 - I R 45/12, BStBl 2014 II 486, Rz 17.
3 FG Düsseldorf, Urteil v. 3. 3. 2015 - 6 K 4332/12 K, F, EFG 2015, 951 mit zustimmender Anmerkung *Graw*, BFH-Az.: I R 19/15; die Entscheidung ablehnend *Hölzer*, DB 2015, 1249, in Verkennung des Tatbestands, dass die OG im Zeitpunkt der frühest möglichen Kündigung des GAV noch keine fünf Zeitjahre bestehen würde.
4 Urteil v. 10.5.2017 - I R 19/15, BFH/NV 2017, 1596 = NWB XAAAG-58243 im Gegensatz zur vg. Entscheidung des FG Düsseldorf; s. hierzu *Adrian/Fey*, DStR 2017, 2409.
5 DB 2015, 1771; BGH wendet § 296 Abs. 1 Satz 1 AktG analog auf die GmbH an, so dass die Aufhebung eines GAV mit einer abhängigen GmbH nur zum Ende des Geschäftsjahrs oder eines sonst vertraglich bestimmten Abrechnungszeitraums möglich ist. Siehe hierzu *Wittgens/Fischer*, DB 2015, 2315.
6 Siehe dazu a. *Kallmeyer*, GmbHR 1995, 578; *Heurung/Engel/Müller-Thomczik*, GmbHR 2012, 1227.
7 Siehe hierzu Hessisches FG v. 28.5.2015 - 4 K 677/14 (rkr.), EFG 2015, 2100.

plant war; die noch für Umwandlungen in R 60 Abs. 6 Satz 4 KStR 2004 enthaltene Ausnahme ist in R 14.5 Abs. 6 KStR 2015 nicht mehr enthalten. Der wichtige Grund muss objektiv vorliegen; er kann nicht durch Vertragsklauseln mit steuerlicher Wirkung vereinbart werden.[1] Das FG Berlin-Brandenburg[2] sah in der Verschlechterung der wirtschaftlichen Lage der OG keinen wichtigen Grund, denn „Sinn und Zweck der Organschaftsregelungen" sei es, Gewinne und Verluste nicht beliebig verschieben zu können. Ein wichtiger Grund zu einer Kündigung gemäß § 297 Abs. 1 Satz 2 AktG durch die OG liegt z. B. dann vor, wenn sich im Nachhinein herausstellt, dass der OrgT Verluste der OG nicht wird ausgleichen können.[3] Stand bereits im Zeitpunkt des Abschlusses des GAV fest, dass er vor Ablauf der ersten fünf Jahre beendet werden wird, kann ein wichtiger Grund nicht angenommen werden.[4] Dies gilt indessen nicht für die Beendigung des Gewinnabführungsvertrags durch Verschmelzung oder Spaltung oder aufgrund der Liquidation der OG; diese Maßnahmen stellen also stets einen wichtigen Grund dar. Fehlt es an einem wichtigen Grund für die vorzeitige Beendigung des GAV, ist der GAV von Anfang an als steuerrechtlich unwirksam zu behandeln (R 14.5 Abs. 6 Satz 4 KStR 2015). Daraus folgt, dass etwaige bestandskräftige Veranlagungen nach § 175 Abs. 1 Nr. 2 und Abs. 2 AO zu ändern sind, da die mindestens fünfjährige Vertragsdauer des GAV als ein Merkmal anzusehen ist, von dem das Gesetz die Zurechnung des Einkommens der OG beim OrgT abhängig macht.

574 Ist der Gewinnabführungsvertrag bereits mindestens **fünf aufeinander folgende Jahre durchgeführt** worden, so bleibt er für diese Jahre steuerrechtlich **wirksam** (vgl. R 14.5 Abs. 7 KStR 2015). Die Unanwendbarkeit des § 14 KStG tritt in diesem Fall also erst mit Wirkung für die Zukunft ein.

> **BEISPIEL:** Der GAV ist erstmals für das Jahr 2007 wirksam geworden. Anfang 2014 kommen die beteiligten Unternehmen überein, den GAV mit sofortiger Wirkung aufzuheben.
>
> Die Wirkungen der Organschaft entfallen damit ab dem Jahre 2014; für die Jahre 2007 bis 2013 bleiben sie unberührt.

575 Fraglich ist, ob eine **Änderung des GAV nach § 295 AktG** den ursprünglichen Vertrag beendet und den Abschluss eines neuen Vertrags mit den vorstehend erörterten Konsequenzen darstellt. Dies hängt, unabhängig von den Vorstellungen der Vertragsparteien, davon ab, wie umfangreich die Änderungen sind.[5] Bleibt der wesentliche Inhalt des GAV (Ergebnisübernahme, Mindestlaufzeit) unverändert, beendet die Vertragsänderung den GAV **nicht**.[6] Wird ein Beherrschungs- und Gewinnabführungsvertrag (**BGAV**) dergestalt geändert, dass das Beherrschungselement herausgenommen wird (z. B. zur Vermeidung arbeitsrechtlicher Konsequenzen), dürfte dies allerdings eine so gravierende Änderung darstellen, dass der ursprüngliche BGAV insgesamt beendet und ein neuer GAV abgeschlossen wird.

---

1 FG Niedersachen, Urteil v. 10. 5. 2012 - 6 K 140/10, EFG 2012, 1591, Az. des BFH: I R 45/12. Das FG lehnt einen wichtigen Grund generell bei Veräußerungen im Konzern ab, weil ansonsten die Mindestdauer des GAV in das Belieben der beteiligten Konzerngesellschaften gestellt sei. M. E. zu Recht eine Differenzierung danach ablehnend, an wen verkauft wird, *Behrens*, BB 2012, 2787. Auch die Finanzverwaltung differenziert nicht. Der BFH hat in der Revisionsentscheidung v. 13.11.2013 - I R 45/12, BStBl 2014 II 486 das FG zwar im Ergebnis bestätigt, in der Begründung aber offen gelassen, ob Veräußerungen im Konzern generell keinen wichtigen Grund darstellen.
2 Vom 19.10.2011 - 12 K 12078/08, rkr., GmbHR 2012, 413.
3 *Nodoushani*, DStR 2017, 399.
4 BFH, Urteil v. 13. 11. 2013 - I R 45/12, BStBl 2014 II 486, Rz 15.
5 Vgl. *Altmeppen* in MüKo-AktG, § 295 AktG Rz. 4 ff.
6 Ebenso *Dötsch* DPM § 14 Rz. 218a; vgl. auch *Rödder/Liekenbrock* RHN § 14 Rz. 339.

(Einstweilen frei) 576–580

VII. Folgen der Nichtdurchführung des Gewinnabführungsvertrags

Entsprechende Auswirkungen wie die Beendigung des GAV hat auch seine Nichtdurchführung oder nicht ordnungsgemäße Durchführung (s. → Rz. 523): Wird ein GAV in einem Jahr nicht oder nicht ordnungsgemäß durchgeführt, so ist er als **von Anfang** an steuerrechtlich **unwirksam** anzusehen, wenn er **noch nicht fünf aufeinander folgende Jahre durchgeführt** worden ist. Nur ab dem Jahr der Nichtdurchführung ist er als steuerrechtlich unwirksam zu behandeln, wenn der GAV bereits mindestens fünf aufeinander folgende Jahre durchgeführt worden ist; soll die körperschaftsteuerliche Organschaft ab einem späteren Jahr wieder anerkannt werden, bedarf es einer erneuten mindestens fünfjährigen Laufzeit und ununterbrochenen Durchführung des GAV (vgl. R 14.5 Abs. 8 Satz 1 Nr. 2 Satz 2 KStR 2015). Zu einer nicht ordnungsgemäßen Durchführung kommt es in der Praxis häufig dadurch, dass ein **Verlustvortrag aus vororganschaftlicher Zeit** übersehen und der gesamte handelsrechtliche Jahresüberschuss abgeführt wird, obwohl nach § 301 AktG der Jahresüberschuss zunächst zur Abdeckung des Verlustvortrags verwendet werden muss. Der Nichtausgleich führt selbst dann zur Nichtanerkennung der Organschaft, wenn es sich um geringfügige Beträge handelt.[1] Zur Korrektur des Fehlers siehe → Rz. 530 ff. 581

Ist der GAV als steuerrechtlich unwirksam zu betrachten, ist die OG nach den **allgemeinen steuerrechtlichen Vorschriften** zur KSt zu veranlagen (R 14.5 Abs. 8 Satz 2 KStR 2015). 582

Die auf der Grundlage eines steuerrechtlich nicht anzuerkennenden Organschaftsverhältnisses an den OrgT abgeführten Gewinne gelten als **vGA** und teilen deren rechtliches Schicksal.[2] Siehe insoweit § 8 Abs. 3 KStG und die dazugehörige Kommentierung. Darauf, ob der OG ein Rückforderungsanspruch gegen den OrgT wegen überhöhter Abführung zusteht, kommt es nicht an. Die **Rückforderung** einer vGA ist steuerrechtlich als **Einlage** zu behandeln.[3] 583

Diese Rechtswirkungen können allenfalls durch vorsorglich vereinbarte **Satzungsklauseln** vermieden werden. Deren steuerrechtliche Anerkennung ist indessen noch nicht vollends abgesichert. So wurde dieser Komplex im Rahmen der Schaffung der AO 1977 bewusst ausgeklammert, da die fachliche Diskussion noch im Fluss befindlich war und eine zwingende Notwendigkeit zur gesetzlichen Regelung nicht gesehen wurde; gleichwohl dürfte § 175 Abs. 1 Nr. 2 AO als verfahrensrechtlicher Weg in Betracht kommen, den Ansatz von vGA zu verhindern. 584

Ist zwischen einem OrgT und einer OG ein GAV abgeschlossen, ohne dass die übrigen Organschaftsvoraussetzungen erfüllt sind, sind die **vom OrgT übernommenen Verluste** für diesen betrieblich veranlasste Aufwendungen, die i. d. R. als **nachträgliche AK für die Beteiligung** an der OG auf dem sog. Beteiligungskonto zu aktivieren sind. Ist im Zeitpunkt der Verlustübernahme die Beteiligung an der OG bereits veräußert, so führt die Verlustübernahme zu Aufwendungen, die in einem wirtschaftlichen Veranlassungszusammenhang zu der veräußerten Beteiligung stehen und den schon vorher erzielten Veräußerungsgewinn nachträglich mindern.[4] 585

---

[1] *Dötsch* DPM § 14 Rz. 380.
[2] Vgl. BFH, Urteile v. 17.10.2007 – I R 39/06, BFH/NV 2008, 614 = NWB DAAAC-72606; v. 17.12.1969 – I 252/64, BStBl 1970 II 257; v. 30.11.1966 – I 310/62, BStBl 1967 III 152.
[3] Vgl. BFH, Urteile v. 26.4.1989 – I R 152/84, BStBl 1989 II 668; v. 29.4.1987 – I R 176/83, BStBl 1987 II 733.
[4] Vgl. BFH, Urteil v. 16.5.1990 – I R 96/88, BStBl 1990 II 797.

586–590 *(Einstweilen frei)*

VIII. Auflösung der Organgesellschaft

591 Die Auflösung der OG bedeutet handelsrechtlich, dass sie ihren bisherigen Zweck, der auf „Gewinn bringende Tätigkeit" gerichtet war, nicht mehr weiterverfolgt. An seine Stelle tritt der **Abwicklungszweck**. Der Umstand, dass die OG ihre werbende Tätigkeit eingestellt hat und sie ihre Auflösung betreibt, führt nicht notwendigerweise zur Beendigung der wirtschaftlichen Eingliederung der OG.[1] Entgegen der bisher vertretenen Auffassung sind wir unter Berücksichtigung der Weiterentwicklung der zivilrechtlichen Auffassung[2] nunmehr der Ansicht, dass auch ein Abwicklungsgewinn abzuführen ist, es sei denn, der GAV enthält eine eindeutige anderslautende Regelung.[3] Durch Auflösung der OG wird der GAV nicht automatisch beendet.

592 Gleiches gilt, wenn die OG lediglich ihre werbende Tätigkeit einstellt, ohne einen förmlichen Auflösungsbeschluss zu fassen, und ihr Vermögen veräußert.[4] Auch dieser Gewinn ist abzuführen.

593 Umstritten ist, ob die **Eröffnung des Insolvenzverfahrens** über das Vermögen der OG zur Beendigung des GAV führt.[5] U. E. weist *Kahlert*[6] zutreffend darauf hin, dass bereits mit der Bestellung eines vorläufigen Insolvenzverwalters mit Zustimmungsvorbehalt (sog. starker vorläufiger Insolvenzverwalter) eine entscheidende Veränderung eintritt. Vorrangig ist jetzt die Massesicherungspflicht; diese schließt es aus, dass Gewinne der OG noch an den OrgT abgeführt werden dürfen. Damit endet automatisch der GAV. Dies hat Auswirkung auf das laufende Wirtschaftsjahr und für die Zukunft. Für die Vergangenheit bleiben die Wirkungen der Organschaft bestehen, sofern die übrigen Voraussetzungen erfüllt waren (insbesondere die tatsächliche Durchführung des GAV). Vorstehende Ausführungen gelten auch für den Fall, dass bei Insolvenz sowohl des OrgT als auch der OG derselbe Insolvenzverwalter für beide bestellt wird.[7] Auch in diesem Fall hat der Insolvenzverwalter für beide Unternehmen getrennt den Vorrang der Massesicherungspflicht zu beachten.

594–600 *(Einstweilen frei)*

IX. Bilanzierung latenter Steuern

601 Bisher hat die Bilanzierung latenter Steuern bei Organschaften keine besondere Bedeutung. Die Unternehmen machten im Einzelabschluss häufig vom Wahlrecht nach § 274 HGB a. F. Gebrauch und aktivierten latente Steuern nicht. Die durch das BilMoG grundsätzlich mit Wirkung für nach dem 31.12.2009 beginnende Geschäftsjahre (vgl. Art. 66 Abs. 3 EGHGB) eingeführten Neuerungen (z. B. das nur handelsrechtlich bestehende Wahlrecht zur Aktivierung selbst erstellter immaterieller Vermögensgegenstände des Anlagevermögens gem. § 255 Abs. 2a i.V. m.

---

1 BFH, Urteil v. 27. 6. 1990 - I R 62/89, BStBl 1990 II 992.
2 Siehe *Kroppen*, JbFfSt 2010/11, 841; *Hüffer*, § 297 AktG, Rz. 22a; *Altmeppen* in MüKo zum AktG, § 297 Rz. 103.
3 A. A. BFH, Urteil v. 17. 2. 1971 - I R 148/68, BStBl 1971 II 411; *Dötsch* DPM § 14 Rz. 252; *Frotscher*/Drüen § 14 Rz. 462.
4 Vgl. BFH, Urteil v. 17.2.1971 - I R 148/68, BStBl 1971 II 411; H 61 KStH 2004; differenzierend *Hierstetter*, BB 2015, 859: Liquidationsgewinn nach Auflösung nicht zuzurechnen, jedoch Gewinn aus Veräußerung des Geschäftsbetriebs ohne Auflösung.
5 Bejahend *Altmeppen* in MüKo, § 297 AktG, Rz. 122 ff.; *Dötsch* DPM § 14 Rz. 251; verneinend *Priester* in Herzig, Organschaft, 56.
6 DStR 2014, 73; ebenso *Dötsch* DPM § 14 Rz. 251.
7 A. A. insoweit *Dötsch*, a. a. O., Rz. 254.

§ 248 Abs. 2 HGB n. F. sowie die nur (noch) steuerrechtlich zulässige Rücklagenbildung bzw. Übertragung stiller Reserven gem. § 6b EStG oder R 6.6 EStR) können aber dazu führen, dass in Zukunft verstärkt ein Überhang passiver latenter Steuern auftritt,[1] der bei mittelgroßen und großen Kapitalgesellschaften (und denen gleichgestellte Personengesellschaften) zwingend zu bilanzieren ist. Zu beachten ist, dass eine falsche Ermittlung der latenten Steuern zur Ermittlung eines falschen „ganzen" Gewinns führen kann, was zur Nichtdurchführung des GAV und damit zur Nichtanerkennung der organschaftlichen Folgen führt (s. oben → Rz. 528).

Mit dem BilMoG geht der Gesetzgeber auf das international gebräuchliche, bilanzorientierte **temporary concept** über, was zur Einbeziehung bisher nicht abgrenzungspflichtiger Sachverhalte in die Bilanzierung latenter Steuern führt.[2] Außerdem sind zwingend steuerliche Verlust- und Zinsvorträge in die Ermittlung der latenten Steuern einzubeziehen. Auch durch BilMoG wird nicht geregelt, ob die latenten Steuern auf der Ebene des OrgT oder der OG zu bilanzieren sind. Es spricht einiges dafür, wie bisher[3] auch in Zukunft trotz Anpassung an die internationalen Rechnungslegungsstandards die sog. **formale Betrachtungsweise** beizubehalten und Steuerlatenzen beim OrgT als Steuerschuldner zu bilanzieren.[4] Nach der **wirtschaftlichen Betrachtungsweise** sind tatsächliche und latente Steuern verursachungsgerecht zu verteilen, d. h. soweit sie durch die OG verursacht sind, bei dieser nach stand-alone-Grundsätzen zu bilanzieren. Zu einer Bilanzierung von latenten Steuern bei der OG kommt es auch bei der formalen Betrachtungsweise allerdings ab dem Zeitpunkt, ab dem mit einer Beendigung der Organschaft zu rechnen ist. Zu diesem Zeitpunkt sind die Bilanzdifferenzen der OG aufzuspalten in einen Teilbetrag, der sich voraussichtlich in den Wirtschaftsjahren vor Beendigung der Organschaft umkehren wird, und in einen Teilbetrag, der sich erst danach umkehrt.[5]

Unklar ist, wie die latenten Steuern den abzuführenden Gewinn beeinflussen. Nach § 268 Abs. 8 Satz 1 AGB dürfen nach einer Aktivierung selbstgeschaffener immaterieller Vermögensgegenstände des Anlagevermögens Gewinne nur ausgeschüttet werden, wenn die nach der Ausschüttung verbleibenden frei verfügbaren Rücklagen zuzüglich eines Gewinnvortrags und abzüglich eines Verlustvortrags mindestens den insgesamt angesetzten Beträgen „abzüglich der hierfür gebildeten passiven latenten Steuern" entsprechen. Das Problem ergibt sich daraus, dass die der Bildung passiver Steuerlatenzen zugrunde liegenden Sachverhalte in der Handelsbilanz der Organgesellschaft abzubilden sind, wohingegen die korrespondierenden passiven latenten Steuern beim Organträger zu berücksichtigen sind. Nach der sog. Bruttobetrachtung[6] unterliegt bei der Organgesellschaft der gesamte Ergebnisbeitrag, der sich aus der Aktivierung selbstgeschaffener immaterieller Vermögensgegenstände des Anlagevermögens ergibt, einer Abführungssperre, die nicht durch die beim Organträger hierfür berücksichtigten passiven latenten Steuern gemindert wird. Nach der sog. Nettobetrachtung[7] mindern die passiven latenten Steuern die Höhe der Abführungssperre und erhöhen damit den abzuführenden Betrag. Da hinsichtlich der Bilanzierung passiver Steuerlatenzen ein Wahlrecht besteht, kann es u. E. für die Frage des abzuführenden Gewinns nicht darauf ankommen, wo

---

1 Vgl. *Prinz/Ruberg*, Der Konzern 2009, 343, 344.
2 Zu Einzelheiten s. *Prinz/Ruberg*, a. a. O. und *Dahlke*, BB 2009, 878.
3 Siehe *Dahlke*, BB 2009, 878, m. w. N.
4 DRS 18, Tz. 32; s. hierzu *Loitz*, DB 2010, 2177 und *Melcher/Murer*, DB 2011, 2329; IDW, Entwurf ERS HFA 27 v. 29.5.2009 Tz. 21, 27, nach Inkrafttreten von DRS 18 nicht weiterverfolgt; *Prinz/Ruberg*, a. a. O., 350; *Dahlke*, a. a. O.
5 *Dahlke*, BB 2009, 879.
6 *Melcher/Murer*, DB 2011, 2329; *Neumayer/Imschweiler*, GmbHR 2011, 57, 58, jeweils m. w. N.
7 Z. B. *Herzig/Liekenbrock/Vossel*, Ubg 2010, 97.

die Steuerlatenzen bilanziert werden, so dass die Nettobetrachtung zutreffend ist. Dies bedeutet allerdings, dass Handelsbilanz und Steuerbilanz auseinanderfallen mit der Folge, dass in der Steuerbilanz des Organträgers ein passiver Ausgleichsposten gemäß § 14 Abs. 4 KStG gebildet werden muss.[1]

604 Hat die Kapitalgesellschaft in ihrer Bilanz latente Steuern bilanziert, stellt sich die Frage, ob diese nicht im Geschäftsjahr der Begründung einer ertragsteuerlichen Organschaft ergebniswirksam aufzulösen sind. *Oser/Kropp*[2] weisen zutreffend darauf hin, dass mit der Einführung des bilanzorientierten Temporary-Konzepts dies der Fall ist, wenn sich die Wertdifferenzen voraussichtlich innerorganschaftlich ausgleichen werden. Der sich aus der Auflösung ergebende Steuerertrag bzw. Steueraufwand ist im Rahmen des GAV an den OrgT abzuführen bzw. von ihm auszugleichen. Da weder die Laufzeit des GAV feststeht noch klar ist, wann sich die Wertdifferenzen ausgleichen werden, kann dies nur geschätzt werden. Die Erwägungen sollten umfassend dokumentiert werden, damit nicht im Rahmen z. B. einer späteren Betriebsprüfung die Höhe des abgeführten Gewinns beanstandet wird. Liegen der Schätzung sachgemäße Erwägungen zugrunde, greift die Durchführungsfiktion des § 14 Abs. 1 Satz 1 Nr. 3 Satz 4 und 5 KStG ein.[3]

Ist OrgT eine Kapitalgesellschaft, bilanziert sie (regelmäßig in gleicher Höhe wie die OG) latente Steuern, so dass Auflösung und Abführung durch die OG im Ergebnis steuerneutral sind. Ist OrgT hingegen eine Personengesellschaft, darf diese nur latente Gewerbesteuer bilanzieren. Damit erhöht sich das Einkommen der Personengesellschaft z. B. bei passiver latenter KSt-Belastung. Wir stimmen *Oser/Kropp* zu, dass gemäß dem in § 252 Abs. 1 Nr. 4 HGB verankerten GoB der Vorsicht dieser „Mehrgewinn" durch eine Rückstellung zu neutralisieren ist und nicht an die Gesellschafter der OrgT-Personengesellschaft verteilt werden darf.

X. Ausgleichszahlungen an außenstehende Gesellschafter

605 Wegen der Rechtsunsicherheit aufgrund der unterschiedlichen Auffassungen von BFH und Finanzverwaltung zur unschädlichen Ausgestaltung von Ausgleichszahlungen an außenstehende Gesellschafter[4] hat der Gesetzgeber mit dem UStAVermG das Thema in einem neuen § 14 Abs. 2 KStG geregelt. Dieser stellt einen Kompromiss aus den Auffassungen von BFH und Finanzverwaltung dar.

606 Nach § 304 Abs. 2 Satz 1 AktG ist die Vereinbarung eines festen Ausgleichsbetrags zwingend. Die Vereinbarung einer zusätzlichen variablen Ausgleichszahlung ist nach § 14 Abs. 2 Satz 1 KStG unschädlich. Die Ausgleichszahlungen (Kombination aus fester und variabler) dürfen nach Satz 2 jedoch insgesamt den dem Anteil am gezeichneten Kapital entsprechenden Gewinnanteil des Wj. nicht überschreiten, der ohne GAV hätte geleistet werden können. Fraglich ist, ob die Vereinbarung lediglich einer festen Ausgleichszahlung, die im Einzelfall (z. B. bei Verlusten der OG) überquotal ist, schädlich ist. Bisher wurde eine Schädlichkeit verneint. Dies gilt m. E. auch für die gesetzliche Regelung, sie stellt keine Rechtsverschärfung dar.[5] § 14 Abs. 2 Satz 2 KStG regelt nur den Fall kombinierter Ausgleichszahlungen.

---

1 *Dötsch* DPM § 14 n. F. Rz. 182a, m. w. N.
2 BB 2016, 875.
3 Siehe hierzu oben →Rz. 531 ff.
4 Siehe hierzu *Müller* in Mössner/Seeger/Oellerich, § 16 KStG, Rz. 14, 20.
5 *Jauch/Hörhammer*, NWB 2018, 3890, 3893; *Hasbach*, DStR 2019, 81, 83; a. A. *Nürnberg*, NWB 2018, 2856, 2860.

Da der Gesetzgeber auf den dem Anteil am gezeichneten Kapital entsprechenden Gewinnanteil abstellt, sind Vereinbarungen über disquotale Gewinnausschüttungen unbeachtlich. Dies stellt eine Verschärfung der bisherigen Verwaltungsauffassung dar; darauf beruhende Vereinbarungen müssen deshalb angepasst werden. **607**

Eine schwammige Formulierung, die für Streit sorgen kann, enthält § 14 Abs. 2 Satz 3 KStG.[1] Danach muss der über den Mindestbetrag nach § 304 Abs. 2 Satz 1 AktG hinausgehende Betrag *„nach vernünftiger kaufmännischer Beurteilung wirtschaftlich begründet sein"*. Nach der Gesetzesbegründung, die im Gesetzestext aber nicht zum Ausdruck kommt, soll der sog. „Kaufmannstest" bei Vereinbarungen zwischen fremden Dritten keine praktische Bedeutung haben.[2] Dem wird man im Wege der Auslegung zustimmen können, da zwischen fremden Dritten ein natürlicher Interessengegensatz besteht. Da § 304 Abs. 2 Satz 1 AktG zur Ermittlung des Mindestbetrags bereits die wesentlichen Faktoren benennt (bisherige Ertragslage, künftige Ertragsaussichten), ist nicht erkennbar, welche weiteren Faktoren beim Kaufmannstest einbezogen werden sollten. Der Kaufmannstest ist m. E. angesichts der Obergrenze von § 14 Abs. 2 Satz 2 KStG eigentlich überflüssig, da ein Betrag, der dem fiktiven Gewinnanteil entspricht, von Gesetzes wegen unschädlich und damit wirtschaftlich begründet ist. **608**

Wer die Ausgleichszahlungen leistet (OG oder OrgT), ist für § 14 Abs. 2 KStG unerheblich. Über die „reinen" Ausgleichszahlungen hinaus fallen unter § 14 Abs. 2 KStG alle Leistungen, die steuerlich wie Ausgleichszahlungen berücksichtigt werden.[3] **609**

Die Ausgleichszahlung muss tatsächlich geleistet werden. Wird die Vereinbarung nicht durchgeführt, verunglückt die Organschaft. Die von *Badde* vertretene andere Auffassung ist nicht überzeugend.[4] **609a**

Die Neuregelung gilt nach § 34 Abs. 1 KStG rückwirkend ab VZ 2017. Darüber hinaus enthält § 34 Abs. 6b Satz 1 KStG die Regelung, dass die Vorschrift auch für VZ vor 2017 gilt. Die Sätze 2 bis 4 enthalten Übergangsregelungen für die Fälle, in denen die bisherigen Vereinbarungen zwar der Verwaltungsauffassung entsprachen, aber nicht mehr der nunmehrigen gesetzlichen Regelungen entsprechen. **610**

§ 34 Abs. 1 Satz 2 KStG: Ist im Einzelfall eine bereits vor dem 1.8.2018 bestehende Organschaft nach der bisherigen Verwaltungsauffassung gemäß BMF-Schreiben vom 13.9.1991[5] und 20.4.2010[6] anerkannt worden, gelten diese Grundsätze bis VZ 2021 einschließlich fort. Das bedeutet, dass GAV, die eine nicht § 14 Abs. 2 KStG entsprechende Regelung (z. B. zur Gesamthöhe kombinierter Ausgleichszahlungen) enthalten oder „Tracking-Stock-Konstellationen" (Geschäftsbereichsaktien) betreffen, müssen bis zum 31.12.2021 angepasst werden.

§ 34 Abs. 1 Satz 3 KStG: Wird ein nicht § 14 Abs. 2 KStG entsprechender GAV nicht angepasst, sondern vorzeitig gekündigt, unterstellt das Gesetz einen wichtigen Kündigungsgrund, so dass eine vorzeitige Beendigung der Organschaft unschädlich ist.

§ 34 Abs. 1 Satz 4 KStG: Eine Anpassung des GAV an § 14 Abs. 2 KStG gilt für § 14 Abs. 1 Nr. 3 KStG nicht als Neuabschluss. Diese Regelung gilt nicht für Änderungen von GAV, die bisher

---

[1] Äußerst kritisch zu Recht *Nürnberg*, NWB 2018, 2856, 2860.
[2] BT-Drucks. 19/5595, 61; s. hierzu auch *Hasbach*, DStR 2019, 81, 86.
[3] Siehe hierzu *Müller* in Mössner/Seeger/Oellerich, § 16 KStG, Rz. 19.
[4] *Badde*, DStR 2019, 194.
[5] DB 1991, 2110; hierzu *Müller* in Mössner/Seeger/Oellerich, § 16 KStG, Rz. 14.
[6] BStBl 2010 I 372.

aufgrund der BFH-Rechtsprechung nur feste Ausgleichszahlungen vorsahen und jetzt unter Berücksichtigung des § 14 Abs. 2 KStG zusätzlich variable Bestandteile vorsehen. Dies stellt einen Neuabschluss dar.

I. Wirkungen der Organschaft gemäß § 14 KStG

1. Prinzip der Zurechnung

611 Nach § 14 KStG ist, wenn sämtliche Voraussetzungen der Organschaft erfüllt sind, „das Einkommen der OG dem Träger des Unternehmens (OrgT) zuzurechnen". Das bedeutet, dass zunächst die **Einkommen** von OrgT und OG nach den jeweils für sie geltenden Bestimmungen des EStG und/oder KStG **getrennt ermittelt** werden. So können z. B. Spenden und Beiträge bei der OG und beim OrgT nur im Rahmen der jeweiligen Höchstbeträge abgesetzt werden; überschreiten die Spenden der OG den ihr zustehenden Höchstbetrag, kann der Mehrbetrag auch dann nicht beim OrgT berücksichtigt werden, wenn er seinen Höchstbetrag nicht ausgeschöpft hat.[1] Hieran hat sich m. E. auch nichts durch das BFH, Urteil v. 12.10.2016 - I R 92/12[2] geändert. In Organschaftsfällen handelt es sich um Zurechnung fremden Einkommens, die Ermittlung des eigenen Einkommens des OrgT bleibt hiervon unberührt. Die Zurechnung des Einkommens der OG beim OrgT geschieht dann im Wege der **Addition**. Dabei dürfen die Zurechnung des Einkommens der OG gem. § 14 KStG und die Einkommensermittlung beim OrgT nach allgemeinen Gewinnermittlungsgrundsätzen zu **keiner Doppelbesteuerung** des Organeinkommens führen.[3]

612 Die Summe aus den Einkommen des OrgT und der OG wird der Veranlagung des OrgT zugrunde gelegt, als ob das gesamte Einkommen von ihm erzielt worden wäre. Ist das Einkommen eines der beiden Unternehmen negativ, erfolgt insoweit ein **Verlustausgleich**, der als Sinn und Zweck der körperschaftsteuerlichen Organschaft auch nach Einführung des Anrechnungsverfahrens verbleibt.

613 Das vom **OrgT** zu versteuernde Einkommen unterliegt – je nach seiner Rechtsform – der für ihn geltenden **Steuerart** und **Tarifbestimmung**. Ist eine natürliche Person oder eine PersGes OrgT, wird im Ergebnis also das Einkommen einer KapGes – die OG muss ja immer eine solche sein – der ESt unterworfen. Die steuerrechtliche Belastung dieses Einkommens kann somit im Einzelfall höher oder niedriger sein, als sie es bei Anwendung der Tarifvorschriften des KStG wäre.

614 Trotz eines steuerrechtlich anzuerkennenden Organschaftsverhältnisses bleibt die **OG** ein **selbständiger Rechtsträger**. Anders als bei der gewerbesteuerlichen und umsatzsteuerlichen Organschaft wird die OG also nicht unselbständige Betriebsstätte des OrgT oder dessen Bestandteil. Die Begründung eines Organschaftsverhältnisses kommt daher körperschaftsteuerlich auch nicht einer Umwandlung der OG auf den OrgT gleich; die im BV der OG enthaltenen stillen Reserven werden demnach nicht realisiert.

---

1 Vgl. R 9 Abs. 5 KStR 2015; s. a. BFH, Urteile v. 23.1.2002 - XI R 95/97, BStBl 2003 II 9 und v. 23.10.2013 - I R 55/12, BFH/NV 2014, 903 = NWB LAAAE-62147.
2 BFH/NV 2017, 685, NWB LAAAG-39575; s. hierzu *Pohl*, DStR 2017, 1687, dieser allerdings die Frage nicht beantwortend.
3 Vgl. BFH, Urteile v. 24.7.1996 - I R 41/93, BStBl 1996 II 614; v. 2.2.1994 - I R 10/93, BStBl 1994 II 768; v. 20.8.1986 - I R 150/82, BStBl 1987 II 455; v. 29.10.1974 - I R 240/72, BStBl 1975 II 126.

Die OG muss aufgrund ihrer **subjektiven Steuerpflicht** eine KSt-Erklärung abgeben. Der KSt-Bescheid endet im Regelfall mit einer Steuerfestsetzung (Ausnahme s. → Rz. 616) von 0 €. Da die OG durch diesen Bescheid nicht beschwert ist, ist sie nicht rechtsbehelfsbefugt. Einwendungen gegen die Höhe des nach § 14 KStG zuzurechnenden Einkommens kann nur der OrgT geltend machen, in dessen Steuerfestsetzung (bzw. bei PersGes Feststellung) dieses Einkommen als unselbständige Besteuerungsgrundlage enthalten ist.[1] Hieraus folgt, dass die Änderung des dem OrgT zuzurechnenden Einkommens der OG und eines dieser gegenüber ergangenen KSt-Bescheids bezogen auf die dem OrgT gegenüber festgesetzte ESt bzw. KSt weder die Voraussetzungen des § 175 Abs. 1 Satz 1 Nr. 1 (Grundlagenbescheid) noch die der Nr. 2 (rückwirkendes Ereignis) AO erfüllt.[2] **Zur gesetzlichen Neuregelung s. unten** → Rz. 765 ff. Ist die OG an einer PersGes beteiligt, bindet der Gewinnfeststellungsbescheid der PersGes nicht den OrgT.[3] Ist der Mitunternehmer ausnahmsweise (vgl. § 352 Abs. 1 AO bzw. § 48 Abs. 1 FGO) selber neben oder anstelle der PersGes rechtsbehelfsbefugt, nimmt m. E. diese Befugnis die OG im Wege der Prozessstandschaft für den OrgT wahr; der OrgT kann nicht selber gegen den Gewinnfeststellungsbescheid der PersGes, an der er nicht beteiligt ist, Rechtsbehelf einlegen. Zur Anwendbarkeit des § 35b GewStG auf Organschaften s. BFH-Urteil v. 21. 10. 2009.[4]

615

Die eigenständige Rechtsträgerschaft der OG wird besonders deutlich in den Fällen, in denen sie oder der OrgT an außenstehende AE **Ausgleichszahlungen** leistet. In Höhe dieser Ausgleichszahlungen und der darauf entfallenden Ausschüttungsbelastung i. S. d. § 27 KStG hat die OG nämlich ein eigenes Einkommen, das auch von ihr zu versteuern ist.[5]

616

Die **Rechtsfolgen** der Organschaft sind **nicht antragsgebunden**, sondern treten kraft Gesetzes ein. Daraus folgt, dass auf sie auch nicht verzichtet werden kann, wenn die Organschaft z. B. beim OrgT zu einer höheren steuerlichen Belastung führt, als sie eintreten würde, wenn die OG ihr Einkommen selbst versteuern würde. Nur durch Aufhebung von Tatbestandsmerkmalen der Organschaft oder durch die Nichtdurchführung des GAV kann vermieden werden, dass deren steuerrechtliche Wirkungen eintreten.

617

Die OG **haftet** gem. § 73 AO für solche Steuern des OrgT, für welche die Organschaft zwischen ihnen steuerlich von Bedeutung ist. Damit sollen die steuerlichen Risiken ausgeglichen werden, die mit der Verlagerung der steuerlichen Rechtszuständigkeit auf den OrgT verbunden sind. Von der Haftung ist u. E. auch die ESt des Gesellschafters einer PersGes, die OrgT ist, erfasst. Die Haftung erstreckt sich nicht auf steuerliche Nebenleistungen.[6] Nach Auffassung des FG Düsseldorf[7] greift die Haftung auch bei mittelbaren Organschaftsverhältnissen (z. B. im Verhältnis der Enkel- zur Muttergesellschaft) und haftet die OG nicht nur für die Steuern, die in ihrem Betrieb verursacht worden sind, sondern für die gesamten vom OrgT geschuldeten Steuern. Dem ist der BFH in der Revisionsentscheidung v. 31.5.2017 - I R 54/15 **nicht** gefolgt;[8]

618

---

1 R 61 Abs. 7 KStR 2004; FG Münster, Urteil v. 12.3.2004 - 9 K 2134/00 K, F, EFG 2004, 921; zu Einzelheiten und den verschiedenen Fallgestaltungen s. *Müller*, Der Konzern 2009, 167.
2 BFH, Urteile v. 28.1.2004 - I R 84/03, BStBl 2004 II 539 und v. 2.8.2006 - I B 31/06, BFH/NV 2007, 57 = NWB NAAAC-19137; FG Berlin, Urteil v. 9.12.2003 - 7 K 7106/03, EFG 2004, 766; FG Köln, Urteil v. 8.5.2007 - 1 K 1988/06, EFG 2007, 1919, bestätigt durch BFH, Urteil v. 5.11.2009 - IV R 40/07, BStBl 2010 II 720.
3 BFH, Urteil v. 6.3.2008 - IV R 74/05, BStBl 2008 II 663 gegen FG Hamburg, Urteil v. 2.3.2005 - VI 320/03, EFG 2005, 1223.
4 I R 29/09, BStBl 2010 II 644.
5 Vgl. *Müller* in Mössner/Seeger/Oellerich, KStG, § 16 Rz. 31 ff.
6 BFH, Urteil v. 5.10.2004 - VII R 76/03, BStBl 2006 II 3.
7 Urteil v. 19.2.2015 - 16 K 932/12 H(K), CAAAF-04854.
8 Urteil v. 31.5.2017 - I R 54/15, BStBl 2018 II 54 = JAAAG-59318.

nach seiner Auffassung ist der Gegenstand der Haftung auf solche Steueransprüche beschränkt, die gegen den durch das konkrete Organschaftsverhältnis bestimmten OrgT gerichtet sind. Bei der Haftungsinanspruchnahme einer (früheren) OG für KSt-Schulden ihrer (vormaligen) OrgT findet nach FG Münster[1] das Abzugsverbot des § 10 Nr. 2 KStG keine Anwendung; allerdings stellen die Aufwendungen vGA im Sinne des § 8 Abs. 3 Satz 2 KStG mit der Folge ihrer außerbilanziellen Hinzurechnung dar. Zu Einzelheiten s. *Elicker/Hartrott*.[2]

619–630 (Einstweilen frei)

II. Ermittlung des zuzurechnenden Einkommens der Organgesellschaft

631 Als zuzurechnendes Einkommen der OG ist nach R 14.6 Abs. 1 KStR 2015 das Einkommen der OG **vor Berücksichtigung des an den OrgT abgeführten Gewinns** oder des vom OrgT zum Ausgleich eines sonst entstehenden Jahresfehlbetrags (§ 302 Abs. 1 AktG) geleisteten Betrags zu verstehen. Bei der Ermittlung des Einkommens des OrgT bleibt demgemäß der von der OG an den OrgT abgeführte Gewinn außer Ansatz; ein vom OrgT an die OG zum Ausgleich eines sonst entstehenden Jahresfehlbetrags geleisteter Betrag darf nicht abgezogen werden. Da die von der OG durchgeführte Gewinnabführung im Jahresabschluss des OrgT als Ertrag bzw. der vom OrgT zum Verlustausgleich geleistete Betrag dort als Aufwand behandelt ist, bedarf es insoweit entsprechender Korrekturen außerhalb der Bilanz des OrgT.[3] Die Durchführung des GAV wird aus dem Bereich der Gewinnermittlung in den Bereich der **außerbetrieblichen Einkommenszurechnung** verlagert.

632 Dieser Qualifikation entspricht es, zwischen OrgT und OG erfolgende **Vorausleistungen** auf die vertraglichen Verpflichtungen **ohne Auswirkung auf das betriebliche Ergebnis** zu stellen. Damit entfällt also beim OrgT die Möglichkeit der Bildung einer Rückstellung für die Verpflichtung zur Übernahme zukünftiger Verluste der OG in der StB.[4]

633 Gewinne der OG, die aus der Auflösung vorvertraglicher unversteuerter stiller Rücklagen herrühren, sind Teil des Ergebnisses des Wj. der OG, in dem die **Auflösung** der Rücklagen **erfolgt**. Handelsrechtlich unterliegen diese Gewinne deshalb der vertraglichen Abführungsverpflichtung. Steuerrechtlich gehören sie zu dem nach § 14 KStG dem OrgT **zuzurechnenden Einkommen** (vgl. R 14.6 Abs. 2 KStR 2015). Bei einer nach §§ 319 – 327 AktG **eingegliederten** AG oder KGaA als OG verstößt die Auflösung und Abführung vorvertraglicher Kapital- oder Gewinnrücklagen handelsrechtlich nicht gegen das (für nicht eingegliederte Gesellschaften geltende) Abführungsverbot, weil die §§ 293 – 296, 298 – 303 AktG nach § 324 Abs. 2 AktG insoweit nicht anzuwenden sind. Steuerrechtlich fällt die Abführung der Gewinne aus der Auflösung dieser Rücklagen an den OrgT nicht unter § 14 KStG. Vielmehr unterliegt sie den allgemeinen steuerrechtlichen Vorschriften (s. R 14.6 Abs. 3 KStR 2015).

634 Eine vGA an den OrgT ist im Allgemeinen eine **vorweggenommene Gewinnabführung**,[5] die die tatsächliche Durchführung des GAV nicht in Frage (R 14.6 Abs. 4 Satz 1 KStR 2015). Dabei ist es unerheblich, ob der OrgT eine natürliche Person oder eine Körperschaft, Personenvereinigung

---

1 Urteil v. 4.8.2016 - 9 K 3999/13 K, G, NWB NAAAG-37373, EFG 2017, 149, bestätigt durch BFH, Urteil v. 24.10.2018 - I R 78/16, NWB KAAAH-11888.
2 BB 2011, 2775.
3 Vgl. a. BFH, Urteil v. 29. 10. 1974 - I R 240/72, BStBl 1975 II 126.
4 Vgl. BFH, Urteil v. 26. 1. 1977 - I R 101/75, BStBl 1977 II 441; *L. Schmidt*, FR 1975, 72, unter Hinweis auf BFH, Urteil v. 20. 6. 1974 - I B 77/73, n.v.
5 BFH, Urteil v. 13. 9. 1989 - I R 110/88, BStBl 1990 II 24, 27.

oder Vermögensmasse ist und die vGA ihr gegenüber oder gegenüber einer ihr nahe stehenden Person erfolgt. Das gilt auch dann, wenn der OrgT eine PersGes ist und Gewinn verdeckt an einen Gesellschafter der PersGes oder eine ihm nahe stehende Person ausgeschüttet wird. Die wegen § 8 Abs. 3 Satz 2 KStG erforderliche Einkommenskorrektur bei der OG kann allerdings zu einer **doppelten Besteuerung der vGA** beim OrgT führen, da dieser einen eigenen Beteiligungsertrag erzielt und ihm gleichzeitig das erhöhte Einkommen der OG zugerechnet wird. Unstreitig ist, dass die Korrektur auf der Ebene des Gesellschafters, also des OrgT, stattfindet. Umstritten ist, ob die notwendige Korrektur beim Beteiligungsertrag des OrgT[1] oder bei dem zuzurechnenden Einkommen der OG[2] zu erfolgen hat. Die Frage ist von großer praktischer Bedeutung, seitdem die Beteiligungserträge im Konzern nach § 8b KStG bis auf 5 % (§ 8b Abs. 5 KStG) steuerfrei sind. M. E. ist der Verwaltungsauffassung zuzustimmen, da nur sie eine eventuelle Überkompensation vermeidet, worauf *Thiel*[3] zu Recht hinweist.

Eine durch das Gesellschaftsverhältnis veranlasste vGA an einen **Minderheitsgesellschafter**, der in den GAV nicht eingebunden ist, ist wie eine **Ausgleichszahlung** i. S. d. § 16 KStG zu behandeln.[4] 635

Erbringt eine OG gegenüber dem **hinter dem OrgT stehenden Gesellschafter** z. B. Leistungen zu einem unangemessen niedrigen Preis, so handelt es sich im Verhältnis der OG zum OrgT um eine vorweggenommene Gewinnabführung, im Verhältnis vom OrgT zum Gesellschafter aber um eine **vGA**.[5] 636

Ein Problem ergibt sich, wenn zwischen OrgT und OG eine andere Gesellschaft zwischengeschaltet ist, also bei **mittelbarer Beteiligung** des OrgT an der OG. 637

BEISPIEL (MIT KAPITALGESELLSCHAFT ALS ZWISCHENGLIED): Die X-AG ist zu 100 % an der Y-GmbH beteiligt, die wiederum alle Anteile an der Z-GmbH hält. Ein Organschaftsverhältnis besteht nur zwischen X-AG und Z-GmbH.

Zwar hat die Y-GmbH durch ihre Zustimmung (als Gesellschafterin der Z-GmbH) zum GAV zugunsten ihrer Muttergesellschaft auf ihren Gewinnanspruch (vgl. § 29 GmbHG) gegenüber der Z-GmbH verzichtet. Hierin liegt jedoch keine vGA der Y-GmbH an die X-AG,[6] da dies zu einer doppelten Berücksichtigung des Ergebnisses der OG bei dem OrgT führen würde und unklar ist, wie diese Doppelbelastung zu korrigieren ist. Das Ergebnis der OG ist für das Ergebnis und die Besteuerung der Zwischengesellschaft bedeutungslos.

Gleiches gilt bei einer **Personengesellschaft als Zwischenglied**, es liegt keine Entnahme der X-AG aus der Tochterpersonengesellschaft vor.

Veräußert die OG einen **Teilbetrieb**, so wird dadurch das Organschaftsverhältnis nicht berührt, wenn die Eingliederungsvoraussetzungen in wirtschaftlicher und organisatorischer Hinsicht weiter gegeben sind. Der sich ergebende Veräußerungsgewinn unterliegt ebenfalls der vertraglichen **Gewinnabführungsverpflichtung**. Er ist deshalb auch bei der Ermittlung des dem OrgT zuzurechnenden Einkommens der OG zu berücksichtigen. Wegen der weiteren Frage, ob 638

---

1 So R 14.7 Abs. 2 Satz 2 KStR; *Thiel*, DB 2006, 633.
2 So BFH, Urteil v. 20. 8. 1986 - I R 150/82, BStBl 1987 II 455; *Wassermeyer*, DB 2006, 296.
3 DB 2006, 633.
4 Siehe hierzu a. *Winter*, GmbHR 1993, 418 und *Ott*, DB 1978, 1515; R 61 Abs. 4 Satz 4 KStR 2004.
5 FG Hamburg, Urteil v. 4. 9. 1997 - II 82/94, EFG 1998, 392.
6 Ebenso *Scheidle/Koch*, DB 2005, 2656, 2658, m. w. N.; *Dötsch* DPM § 14 n. F. Rz. 131.

dem OrgT ggf. die Tarifermäßigung des § 34 EStG zusteht, wenn er eine natürliche Person oder PersGes ist, s. (verneinend) BFH, Urteil v. 22.1.2004.[1]

639 Bei einem schädlichen Beteiligungserwerb kommt es nach § 8c KStG zu einer Kappung des Verlustabzugs. Nach Auffassung des BMF[2] betrifft dies auch den Fall des unterjährigen schädlichen Beteiligungserwerbs an einer OrgT-Körperschaft.

> **BEISPIEL:**
> ► Am 1.7.10 veräußert der bisherige Alleingesellschafter der OrgT-GmbH 40% seiner Anteile an X. Die OG erleidet in 10 einen steuerlichen Verlust von 100. OrgT und OG haben ein kalendergleiches Wj.
> ► Nach BMF können dem OrgT bei zeitanteiliger Ermittlung des laufenden Verlusts nur 80 zugerechnet werden; 40% des auf die Zeit 1.1. bis 30.6. entfallenden Verlusts i.H.v. 50 (=20) gehen verloren. Dies ist unzutreffend, dem OrgT ist vielmehr das gesamte negative Einkommen des Jahres 10 der OG zuzurechnen.[3]

640 Sofern die nicht eingegliederte (§§ 319 – 327 AktG) OG **keine Ausgleichszahlungen** (§ 16 KStG) geleistet hat, wird ihr Einkommen nach folgendem **Berechnungsschema** ermittelt:[4]

	Jahresüberschuss (handelsrechtlicher Gewinn) (wenn keine Rücklagen gebildet oder aufgelöst werden, 0 €)
+/−	steuerrechtliche Korrekturen
	steuerrechtlicher Gewinn/Verlust (wird eine StB aufgestellt, beginnt die Berechnung mit dem Gewinn/Verlust lt. StB, der nur die stlichen Korrekturen umfasst)
−	nicht der KSt unterliegende Vermögensmehrungen (steuerfreie Einnahmen), ausgenommen nach § 8b Abs. 1 bis 6 KStG, § 4 Abs. 7 UmwStG stfreie Einnahmen und nach DBA stfreie Schachteldividenden aus der Beteiligung an einer ausländischen Gesellschaft (s. § 15 KStG)
+/−	sonstige Korrekturen der Einkünfte (z.B. nach AStG, nach § 15a EStG nabz. Verluste bei Beteiligung der OG an einer PersGes)
	Zwischensumme
+	an den OrgT aufgrund des GAV abgeführter Gewinn
−	vom OT zum Ausgleich eines sonst entstehenden Jahresfehlbetrags geleisteter Betrag
	Zwischensumme
−	bei der Einkommensermittlung abz. Beträge (z.B. Spenden)
	Zwischensumme
−	dem OrgT zuzurechnendes Einkommen der OG (identisch mit der vorstehenden Zwischensumme)
=	Eigenes Einkommen der OG (= 0,00 €)

---
[1] III R 19/02, BStBl 2004 II 515 und *Müller* in Mössner/Seeger/Oellerich, KStG, § 19 Rz. 37.
[2] Schreiben v. 4.7.2008, BStBl 2008 I 736, Tz. 33.
[3] *Dötsch* DPM § 14 Rz. 274; *Roser*, DStR 2008, 1561, 1564; s. auch *Dötsch/Pung*, DB 2008, 1703, 1709.
[4] *Dötsch* DPM § 14 Rz. 271.

(Einstweilen frei) 641–650

III. Maßgeblicher Zurechnungszeitpunkt für das Organeinkommen

Da der Vollzug des GAV außerhalb der Gewinnermittlung liegt (s. → Rz. 632), ist die Abführung des Gewinns an den OrgT bzw. die Verlustübernahme durch den OrgT in zeitlicher Hinsicht unbeachtlich. Das Einkommen der OG ist dem OrgT vielmehr für das Kj. (VZ) zuzurechnen, in dem die OG das Einkommen bezogen hat (vgl. H 62 KStH 2004). Das bedeutet, die Zurechnung hat für das Kj. zu erfolgen, in dem die OG dieses **Einkommen erzielt** hat und es ohne Organschaft **selbst zu versteuern** hätte.[1]

651

Soweit OrgT und OG ein **mit dem Kj. übereinstimmendes Wj.** haben, ergeben sich hinsichtlich des Zeitraums, für den das Einkommen der OG dem OrgT zuzurechnen ist, somit keine Schwierigkeiten: Das Einkommen der OG ist für denselben Zeitraum dem OrgT zuzurechnen, für den sein Einkommen ermittelt wird.

652

BEISPIEL: Die OG Y-AG und der OrgT X-AG haben ein mit dem Kj. übereinstimmendes Wj. Das Einkommen der Y-AG des Wj. 2013 wird dem Einkommen der X-AG aus dem Wj. 2013 zugerechnet.

Hat eines der dem Organkreis zugehörigen Unternehmen ein vom Kj. abweichendes Wj., entscheidet sich die **Zugehörigkeit des Gewinns** nach § 7 Abs. 4 KStG, d. h., er gilt als in dem **Kj.** bezogen, **in dem das Wj. endet.**

653

BEISPIELE: 1. Der OrgT hat ein dem Kj. entsprechendes Wj. Das Wj. der OG dauert vom 1.7. bis zum 30.6. des darauf folgenden Jahres.
Der Gewinn der OG des Wj. 2012/2013 (1.7.2012 – 30.6.2013) rechnet nach § 7 Abs. 4 KStG zum Kj. 2013. Der OrgT hat ihn also mit seinem Gewinn des Wj. 2013 zu versteuern.

2. Das Wj. des OrgT weicht vom Kj. ab und läuft vom 1.4. bis zum 31.3. des darauf folgenden Jahres. Die OG hat ein mit dem Kj. übereinstimmendes Wj..
Der OrgT hat seinen Gewinn des Wj. 2012/2013 steuerrechtlich im Kj. 2013 bezogen. Er hat ihn für 2013 mit dem Gewinn der OG aus deren Wj. 2013 zu versteuern.[2]

Hieraus folgt, dass der Zeitpunkt, für den die **Zurechnung** des nach den Vorschriften des KStG ermittelten Einkommens der OG beim OrgT zu erfolgen hat, und der Zeitpunkt, für den die **Korrektur** des die abgeführten Beträge bereits enthaltenden **Einkommens** des OrgT aufgrund des Organschaftsverhältnisses vorzunehmen ist (s. → Rz. 631), **auseinander fallen** können. Schließen sowohl die OG als auch der OrgT zum gleichen Zeitpunkt ihr Wj. ab, fallen Zurechnung und Korrektur des um die abgeführten Beträge erhöhten Einkommens des OrgT in den gleichen VZ, andernfalls nicht. Denn während der OrgT sein eigenes, um die abgeführten Beträge erhöhtes Einkommen jeweils in dem VZ zu versteuern hat, in dem sein Wj. endet, trifft das für die von ihm vorzunehmende Versteuerung des ihm zuzurechnenden Einkommens der OG nur dann zu, wenn auch deren Wj. im gleichen VZ endet wie das des OrgT.[3]

654

BEISPIELE (VEREINFACHT): 1. OrgT und OG haben ein mit dem Kj. übereinstimmendes Wj. Das dem OrgT zuzurechnende Einkommen der OG für 2013 beträgt 500.000 €. Die StB 2013 des OrgT weist – einschließlich der Gewinnabführung der OG von 500.000 € – einen Gewinn von 800.000 € aus.
Die Einkommensermittlung beim OrgT stellt sich wie folgt dar:

---

1 Vgl. BFH, Urteil v. 29.10.1974 - I R 240/72, BStBl 1975 II 126.
2 *Müller/Stöcker/Lieber*, a. a. O., Rz. 489 ff., mit Nachweisen.
3 Vgl. BFH, Urteil v. 29.10.1974 - I R 240/72, BStBl 1975 II 126.

Steuerbilanzgewinn 2013	800.000 €
./. Gewinnabführung 2013 der OG	500.000 €
eigenes Einkommen des OrgT:	300.000 €
+ zuzurechnendes Einkommen der OG	500.000 €
vom OrgT für 2013 zu versteuern:	800.000 €

2. Der OrgT hat ein mit dem Kj. übereinstimmendes Wj. Die OG hat ein abweichendes Wj. (1.10. – 30.9. des darauf folgenden Jahres).

Die vorstehend dargestellte Einkommensermittlung beim OrgT bleibt für 2013 unverändert, da das Einkommen der OG aus dem Wj. 2012/2013 als in 2013 bezogen gilt und auch tatsächlich 2013 bilanziell erfasst ist.

3. Der OrgT hat ein vom Kj. abweichendes Wj., das vom 1.7. bis zum 30.6. des darauf folgenden Jahres läuft. Das Wj. der OG entspricht dem Kj. Das zuzurechnende Einkommen der OG für 2013 beträgt 100.000 €. Im Wj. 2012 hatte die OG 50.000 € an den OrgT abgeführt. Der Steuerbilanzgewinn des OrgT für 2012/2013 beträgt 500.000 €.

Die Einkommensermittlung 2013 beim OrgT sieht wie folgt aus:

Steuerbilanzgewinn 2012/2013	500.000 €
./. Gewinnabführung 2012 der OG	50.000 €
eigenes Einkommen des OrgT:	450.000 €
+ zuzurechnendes Einkommen der OG für 2013	100.000 €
vom OrgT für 2013 zu versteuern:	550.000 €

655 Zu weiteren Fragen in Sonderfällen s. *Dötsch*.[1]

656–660 *(Einstweilen frei)*

IV. Besonderheiten der Einkommenszurechnung bei Personengesellschaften als Organträger

661 Ist eine Personengesellschaft Organträgerin, ist das Einkommen der OG als eigenständige Besteuerungsgrundlage in dem Gewinnfeststellungsbescheid festzustellen.[2] Demgegenüber sind die Hinzurechnungen und Kürzungen, die zum Ausgleich der im Handelsbilanzgewinn der Personengesellschaft enthaltenen Gewinnabführungen oder Verlustübernahmen erforderlich sind (s. hierzu nachfolgend → Rz. 671 f.), beim gesondert und einheitlich festzustellenden Gewinn der Personengesellschaft vorzunehmen.

662 Das gesondert und einheitlich festgestellte Einkommen der OG ist nach Maßgabe des vertraglichen Gewinnverteilungsschlüssels der Personengesellschaft auf die Gesellschafter zu verteilen.[3]

663 Veräußert ein Gesellschafter seinen Gesellschaftsanteil während des Wirtschaftsjahrs der OG, berührt dies das Organschaftsverhältnis nicht. Die Finanzverwaltung hat bisher nicht dazu Stellung genommen, nach welchem Maßstab das der Personengesellschaft zuzurechnende Einkommen der OG auf den ausscheidenden und auf den neu eintretenden Gesellschafter auf-

---

1 A.a.O., Tz. 307 ff.
2 *Müller/Stöcker/Lieber*, a.a.O., Rz. 501, m.w.N.
3 *Kolbe* HHR KStG § 14 Rz. 85; *Dötsch* DPM § 14 n.F. Rz. 269.

zuteilen ist. M. E. muss die Aufteilung – unabhängig von einer Vereinbarung zwischen dem ausscheidenden und dem neu eintretenden Gesellschafter – zeitanteilig erfolgen.[1] *Nach Auffassung des BFH ist das Einkommen demgegenüber entsprechend dem allgemeinen Gewinnverteilungsschlüssel nur den Gesellschaftern zuzurechnen, die im Zeitpunkt der Einkommenszurechnung an der OrgT beteiligt sind, das Einkommen der OG ist also nicht zeitanteilig aufzuteilen. Die Begründung des BFH überzeugt allerdings nicht, da nach ganz überwiegender Auffassung auch die laufenden Einkünfte einer Mitunternehmerschaft bei unterjähriger Veräußerung eines Mitunternehmeranteils im Schätzungswege zeitanteilig auf den Veräußerer und den Erwerber aufgeteilt werden können und eine Zwischenbilanz auf den Zeitpunkt der Übertragung nicht erstellt werden muss.*

Wenn, wie das Berechnungsschema in → Rz. 672 zeigt, der von der OG an die OrgT-PersGes abgeführte Gewinn im Jahresüberschuss enthalten ist, bedeutet dies auch, dass der abgeführte Gewinn auch im Gewinn i. S. d. § 4 Abs. 1 Satz 1 EStG enthalten ist. Da der Gewinnbegriff des § 4 Abs. 1 Satz 1 EStG für § 4 Abs. 4a EStG maßgeblich ist,[2] kann die Entnahme des abgeführten Gewinns durch die Gesellschafter der OrgT-PersGes allein nicht zu einer Überentnahme i. S. d. § 4 Abs. 4a EStG führen.[3]

(Einstweilen frei) 665–670

V. Einkommensermittlung beim Organträger

Für die **Ermittlung des Einkommens** des OrgT gelten die **allgemeinen Vorschriften**, d. h. je nach Rechtsform sind die einschlägigen Vorschriften des EStG oder ggf. des KStG anzuwenden. Daneben ergeben sich einige spezielle Fragen, die mit dem Rechtsinstitut der Organschaft zusammenhängen:

Für die Ermittlung des Einkommens des OrgT gilt folgendes **Berechnungsschema**:[4]

	Jahresüberschuss (Gewinn)
	Zwischensumme
–	von der OG aufgrund des GAV abgeführter Gewinn
+	an die OG zum Ausgleich eines sonst entstehenden Jahresfehlbetrags geleisteter Betrag
+/–	Neutralisierung des Aufwands oder Ertrags aus der Bildung oder Auflösung von Ausgleichsposten
./.	Anwendung von § 8b KStG, § 4 Abs. 7 UmwStG, § 3 Nr. 40 EStG, § 3c Abs. 2 EStG und DBA-Befreiungen auf Beteiligungserträge der OG (s. § 15 KStG)
	Zwischensumme (eigenes Einkommen des OrgT)
+	zuzurechnendes positives Einkommen der OG
–	zuzurechnendes negatives Einkommen der OG
=	vom OrgT zu versteuerndes Einkommen

---

[1] Ebenso FG Düsseldorf, Urteil v. 21.1.2009 - 9 K 2067/03 F, EFG 2010, 467 aufgehoben durch BFH, Urteil v. 28.2.2013 - IV R 50/09, BStBl 2013 II 494; offen gelassen von *Dötsch*, a. a. O., Rz. 310.
[2] BFH-Utrteil v. 14.3.2018 - X R 17/16, BStBl 2018 II 744.
[3] Zutreffend *Altrichter-Herzberg*, DStR 2019, 31 gegen die anderslautende Auffassung der Finanzverwaltung.
[4] *Dötsch* DPM § 14 n. F. Rz. 320; zur (unberechtigten) Kritik an diesem Schema s. *Wassermeyer*, DStR 2004, 214.

673–675 *(Einstweilen frei)*

1. Abziehbarkeit von Zinsen

676 Hat der OrgT einen Kredit aufgenommen, um die Beteiligung an der OG zu erwerben, stellt sich die Frage, ob mit diesem Kredit in Zusammenhang stehende Schuldzinsen als BA (§ 4 Abs. 4 EStG) abgezogen werden können. Immerhin werden die von der OG an den OrgT abgeführten Gewinne bei diesem aus dem Einkommen ausgeschieden, so dass es nahe liegen könnte, den Schuldzinsenabzug unter Berufung auf § 3c Abs. 1 EStG zu versagen. Eine solche Behandlung würde indessen übersehen, dass hier keine steuerfreien Einnahmen im eigentlichen Sinne vorliegen. Durch die Zurechnung des Einkommens der OG beim OrgT wird dieses nämlich tatsächlich steuerrechtlich noch erfasst. Aufgrund der Besonderheiten der Organschaft ergibt sich zwischen OG und OrgT eine **Einkommenseinheit**, kraft deren das Einkommen der OG einschließlich des in ihm enthaltenen und abgeführten Gewinns unmittelbar in das Einkommen des OrgT eingeht, das dieser zu versteuern hat. Insoweit bejaht R 14.7 Abs. 1 KStR 2015 zu Recht die **Abziehbarkeit der Zinsen** für Schulden, die der OrgT zur Anschaffung der Organbeteiligung aufgenommen hat.

677 Aus der Tatsache, dass das Einkommen der OG dem OrgT nur rechnerisch zugerechnet wird, **also keine Gewinne ausgeschüttet werden**, folgt, dass für den OrgT insoweit das **Teileinkünfteverfahren** (§ 3 Nr. 40 i.V. m. § 3c Abs. 2 EStG) nicht anwendbar ist. Entsprechendes gilt für eine KapGes als OrgT; insoweit gilt die Dividendenfreistellung (§ 8b Abs. 1 KStG i.V. m. § 3c Abs. 1 EStG) nicht. Demzufolge sind die Finanzierungskosten für die Beteiligung an der OG auch unter der Geltung des Teileinkünfteverfahrens und der Dividendenfreistellung uneingeschränkt als **Betriebsausgaben** abziehbar.[1]

678–680 *(Einstweilen frei)*

2. Übernahme vororganschaftlicher Verluste

681 **Handelsrechtlich** bestehen **keine Bedenken** dagegen, dass der OrgT sich über die Verlustübernahmeverpflichtung aus §§ 302, 324 Abs. 3 AktG hinaus verpflichtet, auch vor Abschluss des GAV bei der OG entstandene Verluste zu übernehmen. Geht er eine solche Verpflichtung ein, kann dies jedoch gleichwohl nicht dazu führen, dass ihm derartige vorvertragliche Verluste mit steuerrechtlicher Wirkung zugerechnet werden: Eine unmittelbare Zurechnung scheitert bereits an den zeitlichen Voraussetzungen für ein Organschaftsverhältnis mit GAV; eine mittelbare Zurechnung kommt wegen § 15 Nr. 1 KStG und dem dort statuierten Ausschluss des § 10d EStG nicht in Betracht. Insoweit wird der Verlustausgleich steuerrechtlich als **Einlage** der OrgT in die OG behandelt. Die an die OG zum Ausgleich des vororganschaftlichen Verlustes gezahlten Beträge sind beim OrgT als **nachträgliche Anschaffungskosten** für die Beteiligung an der OG auf dem Beteiligungskonto zu aktivieren.[2] Zur zwingenden Verrechnung des Jahresüberschusses mit Verlustvorträgen s. oben → Rz. 524.

682–685 *(Einstweilen frei)*

---

[1] BMF, Schreiben v. 26.8.2003, BStBl 2003 I 437, Tz. 24; *Orth*, DB 2002, 811, 814; *Dötsch* DPM § 14 Rz. 322; a.A. *Thiel*, DB 2002, 1340.

[2] Vgl. H 64 KStH 2004, unter Hinweis auf BFH, Urteil v. 8.3.1955 - I 73/54 U, BStBl 1955 III 187.

3. Teilwertabschreibung auf die Organbeteiligung

Das Bestehen eines Organschaftsverhältnisses schließt es im Grundsatz nicht aus, dass der OrgT auf die Beteiligung an der OG eine Teilwertabschreibung vornimmt. Entscheidend ist, dass hierfür die **auch sonst maßgeblichen Voraussetzungen** erfüllt sind.[1] 686

Von besonderem Interesse ist in diesem Zusammenhang, ob eine Teilwertabschreibung auf die Beteiligung an der OG auch damit begründet werden kann, dass die **OG ständig mit Verlusten** abschließt. In R 14.7 Abs. 3 Satz 2 KStR 2015 wird hierzu – zutreffend[2] – eine ablehnende Antwort gegeben. Diese rechtfertigt sich aus der tatsächlich erfolgten Verlustübernahme durch den OrgT, die zur Folge hat, dass bei der OG insoweit ein Vermögensverlust nicht eingetreten ist, oder aus einer entsprechenden Forderung der OG, die ihr aufgrund des GAV gegenüber dem OrgT zusteht und den Vermögensverlust ausgleicht.[3] 687

(Einstweilen frei) 688–690

4. Verdeckte Gewinnausschüttung bei GAV im Interesse eines Gesellschafters des OrgT

Das FG Düsseldorf[4] vertritt die Auffassung, dass eine vGA vorliege, wenn eine Kapitalgesellschaft im Interesse eines Gesellschafters ein Organschaftsverhältnis als OrgT eingehe, aus dem auf absehbare Zeit nur Verluste und kein positives Gesamtergebnis zu erzielen sei. Bei Eingehen mehrerer Organschaftsverhältnisse bemesse sich die Höhe der vGA mit dem saldierten Ergebnis aller OG zzgl. eines Gewinnaufschlags. Der BFH ist in der Revisionsentscheidung[5] dem FG nur hinsichtlich des ersten Teils gefolgt. Seiner Auffassung nach muss jedes Organschaftsverhältnis für sich betrachtet werden. Ein ordentlicher und gewissenhafter Geschäftsleiter einer OG darf den Gesellschaftern auch dann keine Vermögensvorteile zuwenden, wenn seine Handlungsweise für den OrgT von Vorteil wäre. Der Vorteilsausgleich muss sich – entgegen der Auffassung des FG – zwischen der OG und ihrem Gesellschafter vollziehen. Die Grundsätze des BFH-Urteils, wonach die Übernahme einer dauerdefizitären Tätigkeit durch eine Eigengesellschaft einer juristischen Person des öffentlichen Rechts ohne schuldrechtlichen Verlustausgleich zumindest in Höhe der laufenden Betriebsverluste zu einer vGA führt, sind nach BMF[6] für die Beurteilung der Zusammenfassung von Tätigkeiten in einer Eigengesellschaft oder in vergleichbaren Gestaltungen, die in einem BgA hätten zusammengefasst werden können, nicht allgemein anzuwenden. Mittlerweile hat der Gesetzgeber die Rechtsprechung durch die neuen § 8 Abs. 7 und 9, § 15 Satz 1 Nr. 4 und 5 KStG obsolet gemacht.[7] 691

(Einstweilen frei) 692–695

---

[1] Vgl. BFH, Urteile v. 2.2.1994 - I R 10/93, BStBl 1994 II 768 und v. 19.11.2003 - I R 88/02, BStBl 2004 II 751, zur gewerbesteuerlichen Organschaft; R 14.7 Abs. 3 Satz 1 KStR 2015; *Jurkat*, a. a. O., Rz. 718.
[2] BFH, Urteil v. 17.9.1969 - I 170/65, BStBl 1970 II 48.
[3] Vgl. a. BFH, Urteil v. 12.10.1972 - IV R 37/68, BStBl 1973 II 76.
[4] Urteil v. 7.2.2006 - 6 K 6095/03 K, G, F, EFG 2006, 1007; Az. des BFH: I R 32/06.
[5] Urteil v. 22.8.2007 - I R 32/06, BStBl 2007 II 961.
[6] Schreiben v. 7.12.2007, BStBl 2007 I 905.
[7] Siehe hierzu *Klein/Döpper/Müller* in Mössner/Seeger/Oellerich, KStG, § 8 Rz. 2781 ff.; und *Müller* in Mössner/Seeger/Oellerich, KStG, § 15 Rz. 91 ff.

5. Bildung und Auflösung besonderer Ausgleichsposten

a) Meinungsstand vor der gesetzlichen Regelung in § 14 Abs. 4 KStG

696 Da regelmäßig der nach handelsrechtlichen Grundsätzen ermittelte „ganze" Gewinn, der an den OrgT abzuführen ist, von dem nach steuerrechtlichen Prinzipien ermittelten Einkommen der OG abweicht, welches dem OrgT zuzurechnen ist, z. B. bei Bildung gesetzlicher oder sonstiger **Rücklagen bei der OG**, kann es vorkommen, dass dem OrgT mehr zugerechnet wird und von ihm zu versteuern ist, als er aufgrund der Gewinnabführung tatsächlich erhält. Insoweit erhöht sich der innere Wert der OG, ohne dass dies im Ansatz der Beteiligung beim OrgT zu Buche schlägt. Würde die Beteiligung an der OG vom OrgT veräußert, führte dies zu einer Realisierung der durch die Rücklagenbildung eingetretenen **Wertsteigerung**. Da diese im Buchansatz der Beteiligung keinen Niederschlag gefunden hat, müsste der OrgT im Ergebnis über den steuerpflichtigen Veräußerungsgewinn etwas versteuern, was er bereits früher über das zuzurechnende Einkommen der OG versteuert hat. Zur Vermeidung dieses unbilligen Ergebnisses lässt R 63 Abs. 1 Satz 3 KStR 2004 (jetzt R 14.8 Abs. 3 KStR 2015) zu, dass in der StB des OrgT, in die der um die Rücklagen verminderte Jahresüberschuss der OG eingegangen ist, ein besonderer **aktiver Ausgleichsposten** i. H. des Teils der versteuerten Rücklagen **steuerneutral**[1] gebildet wird, der dem Verhältnis der Beteiligung am Nennkapital der OG entspricht.[2] Dieser Ausgleichsposten, der wie zusätzliche AK der Beteiligung wirkt,[3] hat die **Funktion eines Korrektivs**[4] zum Beteiligungswert. Löst die OG die Rücklagen in späteren Jahren ganz oder teilweise zugunsten des an den OrgT abzuführenden Gewinns auf, ist der besondere aktive Ausgleichsposten entsprechend **einkommensneutral** aufzulösen (R 63 Abs. 1 Satz 4 KStR 2004 bzw. R 14.8 Abs. 1 Satz 4 KStR 2015). Im Fall einer **Veräußerung der Organbeteiligung** wird der besondere Ausgleichsposten **einkommenswirksam** aufgelöst. Dadurch erhöht oder verringert sich das Einkommen des OrgT (s. a. R 63 Abs. 3 KStR 2004). Diese Aussage dürfte wegen der Steuerfreiheit des Veräußerungsgewinns nach § 8b Abs. 2 KStG bzw. der Berücksichtigung zu 60 % nach § 3 Nr. 40 EStG nicht mehr zutreffend sein.[5]

697 Nach *Dötsch*[6] hat der besondere Ausgleichsposten zwar eine Berechtigung, aber **keine Rechtsgrundlage**. Als geeignetes Instrument, bei organschaftlichen Mehr- oder Minderabführungen eine systemwidrige definitive Doppelbesteuerung des Organeinkommens oder dessen Nichtbesteuerung zu vermeiden, sieht er die verdeckte Einlage an, für die de lege lata aber auch nur in Teilbereichen eine Rechtsgrundlage vorhanden ist. Auch nach BFH-Urteil v. 24. 7. 1996[7] sind die Auswirkungen der Einkommenszurechnung nach § 14 KStG auf die bilanzielle Gewinnermittlung beim OrgT gesetzlich nicht geregelt; diese Lücke müsse aber in einer dem Sinn und Zweck des § 14 KStG entsprechenden Weise geschlossen werden.

698 Weicht der an den OrgT abgeführte Gewinn der OG aus anderen Gründen als infolge der Auflösung einer Rücklage i. S. d. R 63 Abs. 1 KStR 2004/R 14.8 Abs. 1 KStR 2015 von dem Steuerbilanzgewinn ab, z. B. wegen **Änderung des Wertansatzes von Aktiv- oder Passivposten** in der

---

[1] BFH, Urteil v. 29. 10. 2008 - I R 31/08, BFH/NV 2009, 790 = NWB UAAAD-13926.
[2] Vgl. a. BFH, Urteil v. 24. 7. 1996 - I R 41/93, BStBl 1996 II 614.
[3] *Danelsing* Blümich KStG § 14 Rz. 210.
[4] FG Münster, Urteil v. 23. 9. 2015 – 9 K 4074/11 G, EFG 2016, 587, Rz. 57, rkr. nach Rücknahme der Revision I R 3/16; „Bilanzierungshilfe" nach *Walter* in Bott/Walter, § 14 Rz. 891.
[5] *Dötsch* DPM § 14 Rz. 379, 387-391.
[6] DB 1993, 752.
[7] I R 41/93, BStBl 1996 II 614.

Bilanz oder wegen der Verpflichtung zum Ausgleich vorvertraglicher Verluste (§ 301 AktG; § 30 Abs. 1 GmbHG), ist in der StB des OrgT ein besonderer aktiver oder passiver Ausgleichsposten i. H. des Unterschieds zu bilden, der dem Verhältnis der Beteiligung des OrgT am Nennkapital der OG entspricht (vgl. R 63 Abs. 2 KStR 2004/R 14.8 Abs. 2 KStR 2015).

Das FG München[1] hat die Kritik von *Dötsch* (s. → Rz. 697) in Bezug auf die Auflösung von passiven Ausgleichsposten, die zu einer Einkommenserhöhung führt, aufgegriffen. Seiner Auffassung nach fehlt es hierfür an einer gesetzlichen Grundlage. Der BFH ist in seiner Revisionsentscheidung[2] der Auffassung des FG München gefolgt. Der passive Ausgleichsposten ist danach im Falle der Veräußerung der Beteiligung an der OG durch den OrgT erfolgsneutral aufzulösen.[3]

Zur steuerrechtlichen Behandlung von Mehr- und Minderabführungen aufgrund von Geschäftsvorfällen **während der Geltungsdauer des GAV** vgl. a. Abschn. A und B in BMF, Schreiben v. 10. 1. 1981.[4]

Die vorgenannten Regelungen gelten nach dem Systemwechsel vom Anrechnungsverfahren zum Halbeinkünfteverfahren (bzw. der Steuerfreiheit von Veräußerungsgewinnen, soweit nur Körperschaften beteiligt sind) unverändert fort.[5] Unabhängig davon, wie der Gewinn aus der Veräußerung der Organbeteiligung im Einzelfall beim OrgT zu versteuern ist (gar nicht, zur Hälfte oder ganz), ist der **Ausgleichsposten immer in voller Höhe** (ggf. begrenzt durch die Höhe der Beteiligung des OrgT an der OG, s. hierzu → Rz. 704 f.) zu bilden.[6] Nach m. E. zutreffender Auffassung des BMF[7] teilen die Ausgleichsposten in Bezug auf § 8b KStG und § 3 Nr. 40 EStG das steuerliche Schicksal der Organbeteiligung, d. h., bei Ermittlung des Veräußerungsgewinns ist dem Veräußerungserlös der Buchwert der Anteile einschließlich Ausgleichsposten gegenüberzustellen.[8] Die demgegenüber vom BMF im Einführungsschreiben zu § 8b KStG[9] vertretene „**Bruttobetrachtung**" ist abzulehnen.

Den Unterschied verdeutlichen folgende Beispiele (nach *Dötsch/Pung*, a. a. O.):

(1) Aktiver Ausgleichsposten:

Der OrgT bildet im Jahr 03 wegen einer zulässigen Rücklagenbildung einen aktiven AP i. H. v. 200.000 €. Vor Auflösung der Rücklage bei der OG veräußert der OrgT die Beteiligung an der OG für 500.000 €. Der Buchwert der Beteiligung beträgt 100.000 €. Der Veräußerungsgewinn ist nach § 8b Abs. 4 KStG steuerpflichtig.

Bei der „Nettobetrachtung" ergibt sich ein steuerpflichtiger Veräußerungsgewinn von 200.000 € (500.000 ./. 100.000 ./. 200.000). Bei „Bruttobetrachtung" ergibt sich ein steuerpflichtiger Veräußerungsgewinn von 400.000 €, da die Auflösung des aktiven AP von § 8b Abs. 3 KStG erfasst wird.

---

1 Urteil v. 10.12.2004 - 6 K 2436/02, EFG 2005, 628, mit Anm. *Herlinghaus*.
2 Urteil v. 5.2.2007 - I R 5/05, BStBl 2007 II 796.
3 Siehe hierzu Nichtanwendungserlass des BMF, Schreiben v. 5. 10. 2007, BStBl 2007 I 743.
4 BStBl 1981 I 44.
5 BMF, Schreiben v. 26. 8. 2003, BStBl 2003 I 437, Tz. 43 – 45; mittlerweile in R 63 KStR 2004 bzw. R 14.8 Abs. 1 KStR 2015 übernommen.
6 Vgl. auch *Dötsch/Pung*, DB 2003, 1970, 1980 f.
7 BMF, Schreiben v. 26. 8. 2003, BStBl 2003 I 437; R 14.8 Abs. 3 Satz 4 KStR 2015.
8 Sog. Nettobetrachtung; *Dötsch/Pung*, DB 2003, 1970, 1980.
9 Vom 28.4.2003, BStBl 2003 I 292, Tz. 26; diese Methode liegt nach *Breier*, Der Konzern 2011, 11 auch den Rechenprogrammen der Finanzverwaltung zugrunde.

(2) Passiver Ausgleichsposten:

Der OrgT bildet wegen handelsrechtlicher Mehrabführungen im Jahr 03 einen passiven AP i. H. v. 100.000 €. Vor der Bilanzangleichung veräußert er die Beteiligung für 100.000 € (Buchwert 200.000 €). Es handelt sich um eine Beteiligung i. S. v. § 8b Abs. 4 KStG.

Bei „Nettobetrachtung" entsteht ein Veräußerungsgewinn von 0 € (100.000 ./. 200.000 + 100.000). Die „Bruttobetrachtung" kommt zu einem Veräußerungsgewinn von 100.000 €, da die Gewinnminderung aus der Veräußerung nach § 8b Abs. 3 Satz 3 nicht zu erfassen und der Ertrag aus der Auflösung des passiven AP nach § 8b Abs. 4 KStG steuerpflichtig ist.

702 Die „Nettobetrachtung" gilt m. E. auch nach der gesetzlichen Regelung der Ausgleichsposten durch das JStG (s. dazu unten → Rz. 711).[1]

703 Werden die **Steuerbilanzen** der OG **nachträglich berichtigt**, so rechtfertigt dies beim OrgT für alle Jahre, für die die entsprechenden Voraussetzungen gegeben sind, die nachträgliche **Bildung besonderer Ausgleichsposten** oder eine Änderung früher gebildeter besonderer Ausgleichsposten (R 63 Abs. 4 KStR 2004).

704 **Str.** ist die Auffassung der FinVerw, dass die Bildung der Ausgleichsposten der Höhe nach auf das **Verhältnis der Beteiligung des OrgT am Nennkapital der OG** begrenzt ist (R 63 Abs. 1 Satz 3, Abs. 2 KStR 2004).

> **BEISPIELE:** 1. Der OrgT ist Alleingesellschafter der OG. Diese erzielt ein dem OrgT zuzurechnendes Einkommen von 50.000 €. Davon werden 40.000 € an den OrgT abgeführt und (zulässigerweise) 10.000 € in eine Rücklage eingestellt.
>
> Der OrgT muss 50.000 € zugerechnetes Einkommen der OG versteuern, obwohl ihm nur 40.000 € zugeflossen sind. In Höhe der 10.000 € wird ein aktiver Ausgleichsposten gebildet.
>
> 2. Der OrgT ist nur zu 75 % an der OG beteiligt. Im Übrigen ist der Sachverhalt unverändert.
>
> Nach Auffassung der FinVerw ist beim OrgT ein aktiver Ausgleichsposten i. H. v. 75 % von 10.000 € = 7.500 € zu bilden.

705 Kritik erfährt diese Ansicht vor allem deshalb, weil der OrgT im letztgenannten Beispiel die in Rücklage gestellten Beträge u. U. **in vollem Umfang** versteuern muss, aber nur einen seinem **Beteiligungsverhältnis entsprechenden Ausgleichsposten** bilden darf.[2] Das FG München, Urteil v. 8. 2. 1993[3] hat diese Kritik aufgegriffen, der BFH, Urteil v. 24. 7. 1996[4] ist ihr aber nicht gefolgt:

„... *Letztlich wird auch der Verkaufspreis für eine Organbeteiligung anhand einer Unternehmensbewertung, die besonderen, mit der stlichen Gewinnermittlung nicht vergleichbaren Bewertungsregeln folgt, im Verhandlungswege ausgehandelt. Unterstellt man aber, dass sich – typisierend betrachtet – ein die tatsächliche Gewinnabführung übersteigendes Einkommen der OG den Veräußerungserlös erhöht, kann der Veräußerungserlös bei einer Beteiligung von weniger als 100 %, wiederum notwendigerweise typisierend betrachtet, nur entsprechend der Beteiligungsquote durch eine Rücklage bei der OG erhöht sein. Im Übrigen wächst die Rücklage dem Wert der Anteile der Minderheitsgesellschafter zu. Ausgehend vom Grundsatz der Vermeidung einer Doppelbesteuerung im Organkreis ist die Auffassung der FinVerw in Abschn. 59 Abs. 1 Satz 3 KStR*

---

1 Ebenso *von Freeden* in Prinz/Witt, Steuerliche Organschaft, 2. Aufl. 2019, Rz. 14.54.
2 Vgl. *Gassner* in Lademann, a. a. O., Anm. 100; *Frotscher*/Drüen a. a. O. Rz. 316.
3 7 K 3788/90, EFG 1993, 545, m. Anm. *Krebs*, BB 1996, 1301.
4 I R 41/93, BStBl 1996 II 614.

1995 daher konsequent. Das Prinzip der Einmalbesteuerung im Organkreis erlaubt nicht, Einkommenszurechnungen nach § 14 KStG in früheren VZ im Veräußerungsfall (teilweise) rückgängig zu machen. ..."

Eine differenzierende Betrachtung erscheint insoweit in der Tat am Platze: Werden die **Rücklagen aufgelöst** und die entsprechenden Beträge an den OrgT abgeführt, berührt dies lediglich den OrgT, der diesen Betrag aufgrund der Zurechnung bereits versteuert hat. Erfolgt hingegen eine **Veräußerung der Organbeteiligung** durch einen Minderheitsgesellschafter der OG, fließt auch ihm ein wegen der Rücklagenbildung erhöhter Veräußerungserlös zu, d. h., der OrgT könnte bei Veräußerung seiner Mehrheitsbeteiligung keinen um die volle Höhe der Rücklagen gesteigerten Kaufpreis erzielen. Er hätte letztlich also mehr versteuert, als er tatsächlich bezogen hat. Es scheint deshalb legitim, dass der OrgT – auch wenn er nicht Alleingesellschafter der OG ist – im Falle der Rücklagenbildung bei der OG in voller Höhe der Rücklagenbildung einen aktiven Ausgleichsposten bildet, über den bei Veräußerung der Beteiligung vor Auflösung und Abführung der Rücklage die Korrektur der bisherigen steuerlichen Behandlung erfolgt.[1]

(Einstweilen frei)

b) Der neue Absatz 4

Mit dem JStG 2008 hat der Gesetzgeber die oben dargestellten Streitfragen durch einen neuen Abs. 4 entschieden. Er hat die Verwaltungsmeinung in vollem Umfang gesetzlich verankert und damit auch die vom BFH im Urt. v. 5. 2. 2007 vermisste gesetzliche Grundlage geschaffen. Der Finanzausschuss ist trotz Vorschlags seitens der obersten Finanzbehörden des Bundes und der Länder nicht der Einlagenlösung[2] gefolgt. Die Vorschrift ist nach § 34 Abs. 9 Nr. 5 KStG auch für VZ vor 2008 anzuwenden.[3] Für Minder- und Mehrabführungen, die ihre Ursache in organschaftlicher Zeit haben, ist in der Steuerbilanz des OrgT ein besonderer aktiver oder passiver Ausgleichsposten zu bilden. Solche Mehr- und Minderabführungen beruhen darauf, dass die OG ihren gesamten sich aus der Handelsbilanz ergebenden Gewinn an den OrgT abführen muss, dass dem OrgT aber das sich aus der Steuerbilanz der OG ergebende Einkommen zuzurechnen ist.[4] Nach Auffassung des BFH können nicht nur Abweichungen in der Steuerbilanz zu einer Mehr- oder Minderabführung führen, sondern auch außerbilanzielle Korrekturen.[5] Nach der Systematik der Organschaft und ihres tragenden Grundanliegens (Einmalbesteuerung der organschaftlichen Erträge) sei auch dann von einer organschaftlichen Mehrabführung auszugehen, wenn z. B. ein Ertragszuschuss, bei dem es sich um eine verdeckte Einlage des OrgT in die OG handelt, außerbilanziell rückgängig zu machen sein sollte. Die verdeckte Einlage wird nicht durch den Rückfluss des Ertragszuschusses über die Gewinnabführung wieder rückgängig gemacht, da eine vorweggenommene Saldierung beider Vorgänge unzulässig ist. Der in dem Urteil zum Ausdruck kommende Grundgedanke des BFH ist bei allen Mehr- und Min-

---

1 Gl. A. *Frotscher*/Drüen § 14 Rz. 316 ff.
2 Siehe hierzu *Müller/Stöcker/Lieber*, a. a. O., Rz. 654.
3 Zu verfassungsrechtlichen Bedenken gegen die Rückwirkung s. *Sedemund*, DB 2010, 1255, m. w. N.
4 Zu Beispielsfällen s. oben → Rz. 696 und *Mössner* in Mössner/Seeger/Oellerich, KStG, § 27 Rz. 251 ff., dort auch zu den Auswirkungen auf das steuerliche Einlagekonto.
5 Urteil v. 15.3.2017 - I R 67/15, NWB LAAAG-51394; s. hierzu *von Freeden/Lange*, DB 2017, 2055; *Bolik/Kummer*, Ertragszuschuss in der Organschaft, NWB 2017, 3342. Zu den Auswirkungen auf das steuerliche Einlagekonto s. *Mössner* in Mössner/Seeger/Oellerich, KStG, § 27 Rz. 251 ff.

derabführungen, auch solchen in vororganschaftlicher Zeit nach § 14 Abs. 3 KStG, zu berücksichtigen.

Mehr- oder Minderabführungen, die ihre Ursache in vororganschaftlicher Zeit haben, fallen nicht hierunter.[1] Die Abgrenzung vororganschaftlich oder innerorganschaftlich ist mitunter schwierig. Nach u. E. zutreffender Auffassung des FG Hamburg[2] ist ein Ausgleichsposten nur zu bilden, wenn die Abweichung des Handels- vom Steuerbilanzgewinn einkommenserheblich ist.[3] Dies folgt aus Sinn und Zweck der Regelung in § 14 Abs. 4 KStG. So ist nach Auffassung des BFH[4] ein passiver Ausgleichsposten für Mehrabführungen nicht zu bilden, wenn auf die OG entfallende Beteiligungsverluste (hier KG-Anteil) aufgrund außerbilanzieller Hinzurechnung nach § 15a EStG neutralisiert werden und damit das dem OrgT zuzurechnende Einkommen nicht mindern. Aus dem Verweis des BFH in Rz. 19 auf FG Düsseldorf[5] ergibt sich, dass § 15a EStG bereits (was auch zutreffend ist) auf der Ebene der OG zu berücksichtigen ist;[6] es wird nicht das um die verrechenbaren Verluste verringerte Einkommen der OG dem OrgT zugerechnet und erst bei ihm außerbilanziell korrigiert. Es kommt zu keiner handelsrechtlichen Mehrabführung, da im handelsrechtlichen Gewinn der OG der Beteiligungsverlust enthalten ist.

711a Der Ausgleichsposten ist in Höhe des Betrags zu bilden, der dem Verhältnis der Beteiligung des OrgT am Nennkapital der OG entspricht. Im Zeitpunkt der Veräußerung der Organbeteiligung sind die Ausgleichsposten aufzulösen. Dadurch erhöht oder verringert sich das Einkommen des OrgT. § 3 Nr. 40 EStG, § 3c Abs. 2 EStG und § 8b KStG sind anzuwenden. Der Veräußerung werden „veräußerungsähnliche" Vorgänge gleichgestellt. Hierzu gehören z. B. die Umwandlung der OG auf eine Personengesellschaft oder eine natürliche Person, die verdeckte Einlage der Beteiligung an der OG und die Auflösung der OG.[7] Fraglich ist, ob bei einer „upstream"-Abspaltung eines Teilbetriebs zum Buchwert von der OG auf den OrgT ein bei diesem gebildeter organschaftlicher aktiver Ausgleichsposten anteilig aufgelöst werden muss.[8] Dies ist u. E. zu bejahen, da der Buchwert der Beteiligung an der OG nach der Abspaltung im Verhältnis des gemeinen Werts des übergegangenen Vermögens zum gesamten Vermögen der OG zu mindern ist und der Ausgleichsposten das Schicksal des Beteiligungs-„postens" teilt. Dies gilt

---

1 Siehe hierzu → Rz. 716 ff.
2 Vom 1.9.2011 - 2 K 188/09, EFG 2012, 77 insoweit bestätigt durch BFH, Urteil v. 29.8.2012 - I R 65/11, BStBl 2013 I 555; nach BFH handelt es sich bei den Ausgleichsposten lediglich um steuerliche Merkposten ohne Einfluss auf das Eigenkapital des OrgT.; zur Anwendung des BFH-Urteils durch die Finanzverwaltung s. BMF, Schreiben v. 15.7.2013, BStBl 2013 I 921.
3 Siehe hierzu *Trautmann/Faller*, DStR 2012, 890.
4 Vom 29.8.2012 - I R 65/11, BStBl 2013 II 555, NWB YAAAE-22191; hierzu BMF, Schreiben v. 15.7.2013, BStBl 2013 I 921; s. auch *Faller*, DStR 2013, 1977; kritisch hierzu Dötsch/Pung, DB 2018, 1424, die Sinn und Zweck der Ausgleichsposten nicht in der Sicherstellung der Einmalbesteuerung bezogen auf das in der Organschaftszeit erwirtschaftete Einkommen sehen, sondern in der Verhinderung einer Doppel- oder Nichtbesteuerung in nachorganschaftlicher Zeit beim ehemaligen OrgT, d. h. auf Anteilseignerebene.
5 Vom 20.4.2010 - 6 K 7145/02 K, F, EFG 2010, 2106.
6 Und zwar bei der Ermittlung der Einkünfte der OG; vgl. *Wacker* in Schmidt, § 15a EStG Rz. 100. § 15a Abs. 3 EStG betrifft den Sonderfall des negativen Kapitalkontos aufgrund von Entnahmen.
7 Zu Einzelheiten s. BMF, Schreiben v. 11.11.2011 (UmwStErl), BStBl 2011 I 1314, Org. 05: Organschaftliche Ausgleichsposten sind nicht aufzulösen, wenn die Verschmelzung zum Buchwert erfolgt und die Organschaft vom übernehmenden Rechtsträger fortgeführt wird. Gegen letztere Voraussetzung zu Recht *Rödder/Jonas/Montag* in FGS/BDI (Hrsg.), Der Umwandlungssteuererlass 2011, 2012, 558, mit dem Argument, dass Ausgleichsposten Korrekturposten zum Beteiligungsbuchwert sind; zu weiteren Einzelheiten s. *Berner*, DStR 2016, 14.
8 *Schmidtmann*, DStR 2014, 405.

unabhängig davon, ob die Ursache für die Bildung des Ausgleichspostens in dem abgespaltenen Teilbetrieb oder in dem verbleibenden Teilbetrieb lag.[1]

Nicht gesetzlich geregelt ist die Frage, ob der Ausgleichsposten stets zur Gesamtbeteiligung (Lösung 1) oder zu der Beteiligung besteht, die im Zeitpunkt der Bildung des Ausgleichspostens bestand (Lösung 2).[2] Von der Beantwortung der Frage hängt ab, ob ein Ausgleichsposten anteilig aufgelöst werden muss, wenn der OrgT zunächst nur anteilig beteiligt ist, in dieser Zeit ein Ausgleichsposten gebildet wird, er dann einen weiteren Anteil hinzu erwirbt und diesen dann wieder veräußert. Vertritt man Lösung 1, muss der Ausgleichsposten anteilig aufgelöst werden. U. E. ist jedoch Lösung 2 richtig, so dass der Ausgleichsposten nicht aufgelöst wird, solange die Beteiligung nicht unter die Beteiligungshöhe absinkt, die im Zeitpunkt der Bildung des Ausgleichspostens bestand.

BEISPIEL:[3] Die Organträger-KG ist zu 75 % an der Organgesellschaft beteiligt. Die Anschaffungskosten betragen 500. Die OG bringt 2010 einen Teilbetrieb in eine Tochtergesellschaft gegen Gewährung neuer Anteile ein (§ 20 UmwStG). Der Ansatz erfolgt in der Handelsbilanz zu gemeinen Werten und in der Steuerbilanz zu Buchwerten. Aufgrund des in der Handelsbilanz entstandenen Einbringungsgewinns von 150, der zu einer Mehrabführung führt, bildet die OT-KG einen anteiligen passiven Ausgleichsposten i. H. v. 112,5.

Im Jahr 2011 erwirbt die OT-KG von einem außenstehenden Gesellschafter die verbleibenden Gesellschaftsanteile an der OG i. H. v. 25 % zu Anschaffungskosten i. H. v. 100. Der passive Ausgleichsposten bleibt unverändert.

Im Jahr 2013 veräußert die OT-KG die hinzuerworbenen 25 % der Gesellschaftsanteile an einen Dritten zu einem Preis von 100.

LÖSUNG: Zunächst dürfte unstreitig sein, dass der passive Ausgleichsposten durch den Hinzuerwerb nicht verändert wird, es findet keine Aufstockung statt.

Nimmt man an, dass der passive Ausgleichsposten zu der gesamten im Zeitpunkt der Veräußerung bestehenden Organbeteiligung besteht, ist im Beispielsfall der passive Ausgleichsposten i. H. v. 28,125 (25 % von 112,5) erfolgswirksam aufzulösen. Es entsteht ein Veräußerungsgewinn der OT-KG in dieser Höhe, der nach § 3 Nr. 40 EStG zu 60 % der Besteuerung unterliegt. Der passive Ausgleichsposten beläuft sich nunmehr auf 84,375 und ist entsprechend fortzuentwickeln.

Diese Lösung ist u. E. unzutreffend. Satz 2 des § 14 Abs. 4 KStG ist dahin gehend auszulegen, dass die Beteiligung veräußert werden muss, deren Höhe für die Bildung des Ausgleichspostens maßgeblich war. Diese Lösung setzt voraus, dass die Anteile an der Organgesellschaft zivilrechtlich selbständig und identifizierbar sind. Die OT-KG hat es damit in der Hand zu entscheiden, ob der Ausgleichsposten aufgelöst wird; dies hängt davon ab, welche Anteile sie verkauft.

Offen ist, wie hinsichtlich der Bildung organschaftlicher **Ausgleichsposten bei mittelbarer Organschaft** zu verfahren ist.[4]

BEISPIEL: Die M-AG ist zu 100 % an der T-AG beteiligt, die wiederum alle Anteile an der E-GmbH hält. Ein Organschaftsverhältnis besteht nur zwischen M und E.

Ausgleichsposten dürfen nur in der Steuerbilanz der M gebildet werden, für die Bildung bei der T fehlt eine Rechtsgrundlage.[5] Da in der Bilanz des OrgT nicht die Beteiligung an der OG ausgewiesen ist, kann

---

1 Insoweit a. A. *Schmidtmann*, a. a. O.
2 Zu Einzelheiten s. *Mische/Recnik*, BB 2012, 1015 ff.
3 Nach *Mische/Recnik*, BB 2012, 1015.
4 Zu Einzelheiten s. *Dötsch* DPM § 14 Rz. 514 ff.
5 FG Münster, Urteil v. 19. 11. 2015 - 9 K 3400/13 K, F, EFG 2016, 594, insoweit nicht Gegenstand der Revisionsentscheidung vom 26.9.2018 - I R 16/16, NWB TAAAH-10780; *Dötsch* DPM § 14 Rz. 515; *Frotscher*/Maas § 14 Rz. 331.

der Ausgleichsposten nur ergänzend zu der Beteiligung an T gebildet werden, obwohl zu dieser kein Organschaftsverhältnis besteht.

Bei nicht 100%igen Beteiligungen darf der Ausgleichsposten nur in durchgerechneter Höhe der Beteiligung gebildet werden.[1]

BEISPIEL: Die M-AG ist zu 80 % an der T-AG beteiligt, die wiederum zu 80 % an der E-GmbH beteiligt ist. Ein Organschaftsverhältnis besteht nur zwischen M und E. E bildet eine Rücklage i. H. v. 100.

Der Ausgleichsposten ist bei M i. H. v. 64 (80 % von 80 %) zu bilden.

Bei der **Veräußerung der Beteiligungen** ist zu unterscheiden:

- ▶ Veräußert T die Beteiligung an E an einen Dritten, führt dies nach zutreffender Auffassung nicht zu einer erfolgswirksamen Auflösung des Ausgleichspostens.[2] Dies gilt unabhängig davon, ob T auch in einem Organschaftsverhältnis zu M steht.[3] Ist T allerdings eine Personengesellschaft, führt das ertragsteuerliche Transparenzprinzip dazu, dass die Veräußerung der Beteiligung an der OG als Veräußerung durch den OrgT M gilt und zur Auflösung des Ausgleichspostens führt.[4]
- ▶ Veräußert T die Beteiligung an E bei fortbestehender Organschaft an M, wird aus der mittelbaren eine unmittelbare Organschaft. Der Ausgleichsposten wird hiervon nicht berührt. Löst E später die Rücklagen auf und führt sie an M ab, muss M den aus dem Einlagekonto der E stammenden Rückzahlungsbetrag gegen den Buchwert der Beteiligung an E buchen, da sie nicht über einen Ausgleichsposten zu dieser Beteiligung verfügt.
- ▶ Veräußert M die Beteiligung an T, hat M den Buchwert der Beteiligung zuzüglich Ausgleichsposten gegen den Veräußerungserlös zu verrechnen (sog. Nettomethode).[5]

714 Problematisch ist die Behandlung von Ausgleichsposten im Fall der **Umwandlung** des OrgT. Die Finanzverwaltung sieht im UmwSt-Erlass 2011 (Org. 06 Abs. 2, Org. 07 Abs. 2, Org. 08 Abs. 2, Org. 16 Abs. 2) vor, dass die Ausgleichsposten bestehen bleiben und von dem übernehmenden Rechtsträger fortgeführt werden, wenn die Übertragung zum Buchwert erfolgt und der übernehmende Rechtsträger die Organschaft fortführt bzw. wenn im Fall der Abspaltung oder Ausgliederung eine unmittelbare Anschlussorganschaft begründet wird. Im Fall der Verschmelzung bzw. Aufspaltung des OrgT ist die Fortführung durch den übernehmenden Rechtsträger unproblematisch. Was aber geschieht im Fall der Abspaltung oder Ausgliederung, d. h. wenn der übertragende Rechtsträger bestehen bleibt? Hierzu enthält der UmwSt-Erlass 2011 keine ausdrückliche Regelung. Eine Verdoppelung der Ausgleichsposten (Ansatz sowohl beim übertragenden als auch beim übernehmenden Rechtsträger) dürfte ebensowenig wie eine einkommenswirksame oder einkommensneutrale Auflösung in Betracht kommen. Zutreffend dürfte sein, die Posten bei einer Ausgliederung/Abspaltung als Teil des übertragenen Vermögens anzusehen. Daraus folgt, dass sie bei einer Ausgliederung den Wert beeinflussen, mit dem die als Gegenleistung erhaltenen Anteile an dem übernehmenden Rechtsträger beim übertragenden Rechtsträger anzusetzen sind, bzw. bei einer Abspaltung ist der Wert der Ausgleichsposten bei der Bestimmung, wie der Wert der bisherigen Beteiligung auf die neuen und die verbleibenden Anteile aufzuteilen ist, zu berücksichtigen.[6]

715 *(Einstweilen frei)*

---

[1] Von Freeden/Joisten, DB 2016, 1099, 1101.
[2] R 14.8 Abs. 3 Satz 7 KStR; a. A. FG Münster, Urteil v. 19. 11. 2015 - 9 K 3400/13 K, F, EFG 2016, 594, offen gelassen vom BFH in der Revisionsentscheidung vom 26.9.2018 - I R 16/16, NWB TAAAH-10780. Dötsch DPM § 14 KStG Rz. 568a; *von Freeden* in Prinz/Witt, Steuerliche Organschaft, Rz. 14.67.
[3] Diesen Fall offen lassend FG Münster, a. a. O.
[4] Insoweit unklar R 14.8 Abs. 3 Satz 7 KStR; wie hier *Rödder/Joisten* RHN 4 KStG, Rz. 731.
[5] R 14.8 Abs. 3 Satz 4 KStR; Gosch/*Neumann*, § 14 KStG Rz. 461.
[6] Zu Einzelheiten s. *Berner*, DStR 2016, 14.

6. Vororganschaftlich verursachte Mehr- und Minderabführungen – Der neue Abs. 3

Entsprechend dem der Organschaft immanenten Grundsatz, dass die **Verhältnisse aus der Zeit vor Wirksamwerden des GAV außer Betracht** zu bleiben haben, unterbleibt die Bildung besonderer Ausgleichsposten insoweit, als der Unterschied zwischen dem abgeführten Gewinn und dem Steuerbilanzgewinn der OG eine Folgewirkung von Geschäftsvorfällen aus der vorvertraglichen Zeit ist. Voraussetzung hierfür ist, dass besondere Ausgleichsposten zu bilden gewesen wären, wenn bereits in den betreffenden Jahren eine steuerrechtlich anerkannte Organschaft mit GAV bestanden hätte.

716

> **BEISPIEL:** (Abschn. 59 Abs. 4 KStR 1995):
> A erwirbt in 01 sämtliche Anteile an B zu AK von 100 Mio. DM. Mit Wirkung ab 04 wird zwischen A und B ein steuerrechtlich anerkannter GAV abgeschlossen. In 05 findet bei B eine Betriebsprüfung statt, die sich auf die Jahre 01 bis 03 erstreckt. Sie führt bei B aufgrund einer Verlagerung von Abschreibungen in die späteren Jahre 04 bis 12 steuerrechtlich zu Mehrgewinnen von 10 Mio. DM. In diesen Jahren ergeben sich daraus bei B entsprechend höhere steuerbilanzielle als handelsbilanzielle Abschreibungen und dadurch bedingt Mindergewinne i. H. v. ebenfalls 10 Mio. DM. In Höhe dieser Mindergewinne ist ein passiver Ausgleichsposten nicht zu bilden, falls in den Jahren 01 bis 03 ein entsprechender aktiver Ausgleichsposten zu bilden gewesen wäre, wenn bereits damals eine anerkannte Organschaft mit GAV bestanden hätte. Im umgekehrten Fall wäre ein aktiver Ausgleichsposten nicht zu bilden.

Eine **Mehrabführung** ist steuerrechtlich nach Auffassung der Finanzverwaltung als **Gewinnausschüttung** zu behandeln, für welche die Ausschüttungsbelastung nach § 27 KStG herzustellen ist. Eine **Minderabführung** ist steuerrechtlich als **Einlage** durch den OrgT in die OG zu behandeln.[1] Die entgegenstehende Regelung in Abschn. C in BMF, Schreiben v. 10. 1. 1981[2] war ab VZ 1995 aufgehoben. Es bestanden seitens der FinVerw keine Bedenken, die Neuregelung auch in noch nicht bestandskräftigen Fällen für frühere VZ anzuwenden, wenn der OrgT und die OG dies gemeinsam beantragten.[3]

717

Entgegen dieser Verwaltungsauffassung hat der BFH[4] entschieden, dass für eine **Umqualifizierung** einer Abführung in eine Ausschüttung eine Rechtsgrundlage fehle. Die Rechtsfolgen einer Gewinnabführung beurteilten sich nur nach §§ 14 ff. KStG.

718

Die unterschiedlichen Auffassungen hatten insbesondere Konsequenzen bei der Anwendung des § 38 KStG. Da die Mehrabführung nach BFH keine Leistung der OG ist, löst sie nicht die Nachbelastung von $3/7$ aus. Dies war von Bedeutung für Körperschaften mit hohem EK 02, wie z. B. ehemals gemeinnützige Wohnungsunternehmen, die aufgrund des Eintritts in die Steuerpflicht zum 1.1.1990/1.1.1991 und der damit verbundenen Aufstockung der Buchwerte in der steuerlichen Eröffnungsbilanz (§ 13 Abs. 3 Satz 1 KStG) einen hohen Bestand an EK 02 hatten.[5] Mit der Umstellung der ausschüttungsabhängigen Regelung in § 38 KStG auf eine ausschüttungsunabhängige Regelung durch das JStG 2008[6] ist die Bedeutung des Streits entfallen.

719

Der Gesetzgeber hat mit dem EURLUmsG (s. → Rz. 9) die bisherige Verwaltungsauffassung durch die Einfügung eines neuen Abs. 3 in § 14 KStG gesetzlich verankert.[7] Dies ergibt sich ein-

720

---

1 Vgl. BMF, Schreiben v. 26.8.2003, BStBl 2003 I 437, Tz. 40 f.
2 BStBl 1981 I 44.
3 BMF, Schreiben v. 24.6.1996, DStR 1996, 1246.
4 Vom 18.12.2002 - I R 51/01, BStBl 2005 II 49; ebenso in den Urteilen vom selben Tag I R 50/01 und I R 68/01.
5 Vgl. *Dötsch/Pung*, DB 2005, 10. 11.
6 Siehe hierzu *Klein* in Mössner/Seeger/Oellerich, KStG, § 38.
7 *Danelsing* Blümich KStG § 14 Rz. 176a.

deutig aus dessen Satz 4, wonach der Teilwertansatz nach § 13 Abs. 3 Satz 1 KStG der vororganschaftlichen Zeit zuzurechnen ist.

Die Gewinnausschüttungen unterfallen der KapESt (§ 44 Abs. 7 und § 45a Abs. 1 Satz 1 EStG).

721 Die gesetzliche Regelung wirft verschiedene Probleme auf:[1]

- Die Rückwirkung für den VZ 2004 ist verfassungsrechtlich problematisch,[2] aber durch die Übergangsregelung des BMF (s. → Rz. 722) entschärft.

- Das Gesetz definiert nicht, was unter „Mehrabführungen, die ihre Ursache in vorvertraglicher Zeit haben", zu verstehen ist. Aus Satz 4 der Neuregelung und der Gesetzesbegründung kann entnommen werden, dass der Gesetzgeber in Bestätigung der bisherigen Verwaltungsauffassung eine Sonderregelung für in vertraglicher Zeit erfolgte Mehr- und Minderabführungen schaffen wollte, die auf eine abweichende Bewertung von Positionen in der Handels- und der Steuerbilanz in der vorvertraglichen Zeit zurückzuführen sind.[3] Abzustellen ist auf den Zeitpunkt, in dem das Ereignis eintritt, aus welchem die Differenz zwischen Handels- und Steuerbilanz beruht, und nicht auf den Zeitpunkt, in dem die einzelne Wirkung eintritt. Hauptanwendungsfälle sind z. B. unterschiedliche Abschreibungsdauer in Handels- und Steuerbilanz, Aktivierung zusätzlicher Anschaffungskosten oder Herstellungskosten, Bewertungsdifferenzen bei Passivposten (z. B. Rückstellungen), steuerliche Nichtberücksichtigung von Passivposten (z. B. § 5 Abs. 2a und Abs. 4a EStG).

- In vororganschaftlicher Zeit verursachte Mehr- und Minderabführungen dürfen **nicht** mit in organschaftlicher Zeit verursachten Mehr- und Minderabführungen **saldiert** werden. Auch dürfen sie nicht miteinander saldiert werden. Es gilt eine **geschäftsvorfallbezogene Betrachtungsweise**.[4]

- Nach BFH[5] handelt es sich bei den vororganschaftlich verursachten Mehrabführungen um rein rechnerische Differenzbeträge. Sie setzen keinen tatsächlichen Vermögensabfluss voraus. Eine Mehrabführung ist deshalb der Höhe nach nicht auf den Betrag des handelsbilanziellen Jahresüberschusses begrenzt, den die OG tatsächlich an den OrgT abführt. Es genügt eine rechnerische Differenz zwischen dem handelsbilanziellen Jahresüberschuss und der Steuerbilanz.

- Nach Satz 3 gelten die Mehr- und Minderabführungen als in dem Zeitpunkt erfolgt, in dem das Wirtschaftsjahr der OG endet. Dies muss dahin gehend ergänzt werden, dass die Mehr- und Minderabführungen als in dem Zeitpunkt erfolgt gelten, in dem das Wirtschaftsjahr der OG endet, **für das die Mehr- oder Minderabführung erfolgt**.

- Das Gesetz spricht von **vor**organschaftlicher Verursachung. Fraglich ist, ob dieser die **außer**organschaftliche Verursachung gleichsteht.[6] Die Frage ist zu bejahen. „Vororgan-

---

[1] Zu Einzelheiten s. *Dötsch/Pung*, DB 2005, 10, 11 ff.; *Rödder*, DStR 2005, 217; *Herlinghaus*, EFG 2005, 629, 630 f.
[2] Siehe *Flutgraf/Fuchs/Stifter*, DB 2004, 2012; Verfassungsmäßigkeit der Rückwirkung bejaht v. Niedersächsischen FG mit Urteil v. 10.3.2011 - 6 K 338/07; der BFH verneint die Verfassungsmäßigkeit der Rückwirkung und hat die Frage mit Beschlüssen v. 6.6.2013 - I R 38/11, BStBl 2014 II 398 und v. 27.11.2013 - I R 36/13, BStBl 2014 II 651 dem BVerfG vorgelegt (Az. BVerfG: 2 BvL 7/13).
[3] *Dötsch* DPM § 14 Rz. 437 ff.; zu Einzelheiten s. *Sedemund*, DB 2010, 1255, 1257.
[4] BFH, Urteile v. 6.6.2013 - I R 38/11, BStBl 2014 II 398 und v. 27.11.2013 - I R 36/13, BStBl 2014 II 651; *von Freeden* in Prinz/Witt, Steuerliche Organschaft, 2. Aufl. 2019, Rz. 14.21 ff.
[5] Vom 6.6.2013 - I R 38/11, BStBl 2014 II 398 und v. 27.11.2013 - I R 36/13, BStBl 2014 II 651.
[6] Bejahend *Dötsch* DPM § 14 Rz. 409; *Frotscher*/Drüen § 14 Rz. 399.1; so bereits BMF, Schreiben v. 25.3.1998, BStBl 1998 I 268, Tz. Org. 27; verneinend *Meining*, BB 2009, 1444; zweifelnd Gosch/*Neumann* § 14 Rz. 11.

schaftlich" ist nicht nur zeitlich zu verstehen, sondern auch sachlich im Sinne von „außerorganschaftlich". Damit ist „vororganschaftlich" jede Mehr- oder Minderabführung, die ihre Verursachung außerhalb des konkreten Organschaftsverhältnisses hat. Dies ist insbesondere von Bedeutung bei Vermögensübertragungen durch **Umwandlung** auf die OG, da es zumindest seit SEStEG unzweifelhaft keine Maßgeblichkeit der Handelsbilanz für die Steuerbilanz mehr gibt. Damit kann es vermehrt zu einem Abweichen des Handelsbilanzgewinns vom zuzurechnenden steuerlichen Einkommen kommen.[1] Dies gilt z. B. dann, wenn die OG im Fall der Verschmelzung einer Tochterkapitalgesellschaft auf sie gem. § 24 UmwG in ihrer Bilanz Zeitwerte ansetzt, steuerlich die Tochterkapitalgesellschaft nach § 11 Abs. 2 UmwStG in ihrer Schlussbilanz jedoch Buchwerte ansetzt, an die die übernehmende OG gem. § 12 Abs. 1 Satz 1 UmwStG gebunden ist. Der Gewinn aus dem Ansatz der Zeitwerte erhöht den an den OrgT abzuführenden Gewinn, steuerlich ist diesem insoweit aber kein Einkommen zuzurechnen.[2]

▶ Zu Problemen bei der Anwendung in mehrstufigen Konzernen s. *Rödder*.[3]

Die Neuregelung ist erstmals für Mehrabführungen von OG anzuwenden, deren Wj. nach dem 31.12.2003 endet.[4] Für frühere Zeiträume ist in allen noch offenen Fällen die BFH-Rechtsprechung anzuwenden. Die Finanzverwaltung lässt auf gemeinsamen, unwiderruflichen und für alle offenen Veranlagungen geltenden Antrag von OrgT und OG für vor dem 1.1.2004 endende Wirtschaftsjahre zu, dass weiterhin nach den Regelungen in Abschn. 59 Abs. 3 Sätze 3 bis 5 KStR 1995 verfahren wird.[5]

(Einstweilen frei)

7. Negatives Einkommen/Negative Einkünfte gemäß § 14 Abs. 1 Satz 1 Nr. 5 KStG

Ein negatives Einkommen des OrgT blieb **bei der inländischen Besteuerung unberücksichtigt**, soweit es in einem ausländischen Staat im Rahmen einer der deutschen Besteuerung des OrgT entsprechenden Besteuerung berücksichtigt wurde (§ 14 Abs. 1 Satz 1 Nr. 5 KStG). Diese Regelung galt ab dem **VZ 2001** (§ 34 Abs. 9 Nr. 2 KStG). Zur Neuregelung s. nachfolgend → Rz. 732 ff. Sie sollte bei einem doppelt ansässigen OrgT verhindern, dass Verluste im In- und Ausland doppelt oder aufgrund entsprechender nationaler Regelungen ausländischer Staaten (z. B. in den USA) stets zu Lasten der Bundesrepublik berücksichtigt wurden. Zu beachten war, dass die Vorschrift nur griff, „soweit" das negative Einkommen im ausländischen Staat bei der Besteuerung berücksichtigt wurde. Zu den verfassungsrechtlichen Bedenken mangels ausreichender Bestimmtheit und Zweifeln an der Praktikabilität der Vorschrift s. *Dötsch*.[6]

---

1 Vgl. hierzu *Heerdt*, DStR 2009, 938.
2 BMF, Schreiben v. 11.11.2011, BStBl 2011 I 1314, UmwStErl 2011, Randnr. Org. 33 f.; vgl. hierzu auch *Breier*, DK 2011, 84.
3 DStR 2005, 217, 221.
4 § 34 Abs. 9 Nr. 4 KStG; diese Rückwirkung ist nach dem Urt. des FG Niedersachen, Urteil v. 10.3.2011 - 6 K 338/07, EFG 2012, 261, Az. des BFH: I R 38/11 verfassungsgemäß; ebenso FG Düsseldorf, Urt. v. 15.4.2013 - 6 K 4270/10 K, F, EFG 2013, 1262, Az. des BFH: I R 36/13; der BFH verneint die Verfassungsmäßigkeit der Rückwirkung und hat die Frage mit Beschlüssen v. 6.6.2013 - I R 38/11, BStBl 2014 II 398 und v. 27.11.2013 - I R 36/13, BStBl 2014 II 651 dem BVerfG vorgelegt, Az. BVerfG: 2 BvL 7/13.
5 BMF, Schreiben v. 22.12.2004, BStBl 2005 I 65; vgl. auch BMF, Schreiben v. 28.6.2005, BStBl 2005 I 813, wonach der Antrag bis zur materiellen Bestandskraft der Veranlagungen von OrgT und OG gestellt werden kann.
6 *Dötsch* DPM, § 14 Rz. 241.

732 Die Vorschrift ist durch das Unternehmensbesteuerungsänderungsgesetz[1] geändert worden. Sie erfasst jetzt negative Einkünfte[2] des OrgT oder der OG. Die Ausweitung auf OG ist nach der Gesetzesbegründung aufgrund der Aufgabe des doppelten Inlandsbezugs der OG notwendig, da nunmehr auch auf der Ebene der OG eine doppelte Verlustnutzung (double dip) möglich sei.[3] Außerdem wurde die Regelung auf andere Personen als OrgT oder OG ausgedehnt, bei der die negativen Einkünfte im Ausland berücksichtigt werden.[4] Erfasst werden sollen damit insbesondere Fälle, in denen negative Einkünfte einer OG aufgrund der doppelten Ansässigkeit im Ausland mit positiven Einkünften eines Gruppenträgers verrechnet werden.

Die Neuregelung spricht davon, dass die negativen Einkünfte im Ausland berücksichtigt werden. Bisher mussten sie bei „einer der deutschen Besteuerung des Organträgers entsprechenden Besteuerung" berücksichtigt werden. Damit reicht jede Berücksichtigung der negativen Einkünfte bei der Besteuerung im Ausland aus.

732a Damit die Vorschrift zur Anwendung kommt, müssen die Einkünfte negativ sein. Sie ist folglich nicht anzuwenden, wenn die Einkünfte positiv sind, auch wenn diese durch Verluste gemindert werden, die im Ausland ein zweites Mal berücksichtigt werden können.[5] Der horizontale Verlustausgleich wird nicht eingeschränkt. Die ausländischen Einkünfte sind nach den inländischen Gewinnermittlungsvorschriften zu ermitteln, so dass es ggf. nicht zu negativen Einkünften kommt, obwohl im Ausland ein Verlust erzielt wird.[6] Hier kann nichts anderes gelten als zu §§ 34c, 34d EStG. Dagegen sind für der Frage, ob im Ausland negative Einkünfte berücksichtigt werden, die Einkünfte nach den ausländischen Rechtsvorschriften zu ermitteln. Das kann dazu führen, dass die ausländischen Einkünfte im Inland zu einem Verlust, im Ausland jedoch zu einem Gewinn führen; in diesem Fall hindert § 14 Abs. 1 Satz 1 Nr. 5 KStG die Verlustberücksichtigung **nicht**.

732b Mit negativen Einkünften des OrgT sind dessen eigene Verluste, vor der Zurechnung des Ergebnisses der OG, gemeint.[7] Bei der Ermittlung der Einkünfte ist die in § 15 Satz 1 Nr. 2 und 3 KStG angeordnete **Bruttomethode** zu berücksichtigen.[8]

> **BEISPIEL:** Die OG-GmbH ist an der inländischen X-GmbH beteiligt. Aus einer Betriebsstätte in einem Nicht-DBA-Staat hat die OG-GmbH einen Verlust von 50.000 €. Sie nimmt auf die Beteiligung an der X-GmbH zu Recht eine Teilwertabschreibung von 90.000 € vor. Ohne die vg Sachverhalte beträgt der Gewinn der OG-GmbH 60.000 €.
>
> **LÖSUNG:** Wendet man die Bruttomethode nicht an, hat die OG-GmbH positive Einkünfte von 100.000 € (60.000 + 90.000 ./. 50.000), da die TWA nach § 8b Abs. 3 Satz 3 KStG außerbilanziell (aber auf Ebene

---

1 Siehe *Müller* in Mössner/Seeger/Oellerich, KStG, Vorbem. §§ 14 – 19 Rz. 23.
2 Damit ist der Streit hinfällig, ob die bisherige Regelung „negatives Einkommen des Organträgers" dasjenige vor oder nach Zurechnung des Einkommens der OG meinte. Siehe hierzu *Brink* Schnitger/Fehrenbacher KStG, 1. Aufl. 2012, § 14 Rz. 953, m. w. N. Bei den Einkünften kann es sich immer nur um die eigenen Einkünfte handeln.
3 BT-Drucks. 17/10774, 20.
4 Damit hat sich die Frage erledigt, bei wem sich die Verluste im Ausland auswirken müssen, vgl. *Brink*, a. a. O., Rz. 959. Es reicht die Berücksichtigung bei irgendeinem Steuerpflichtigen aus.
5 Gosch/*Neumann* § 14 KStG Rz. 480; *Rödder/Liekenbrock* RHN § 14 KStG Rz. 449.
6 Ebenso *Rödder/Liekenbrock* RHN § 14 KStG Rz. 460 Fn. 2; a. A. Gosch/*Neumann* § 14 KStG Rz. 484.
7 A. A. BFH, Urteil v. 12.10.2016 - I R 92/12, BFH/NV 2017, 685 = NWB LAAAG-39575, Rz. 49, wonach die konsolidierten Einkünfte des OrgT nach der Zurechnung des Einkommens der OG maßgeblich sind; dieses Urteil mit Nachweisen zu beiden Auffassungen; zu diesem Urteil s. *Pohl*, DStR 2017, 1687.
8 Str., vgl. *Benecke/Schnitger*, IStR 2013, 143, 146; *Dötsch* DPM § 14 KStG Rz. 249d; wie hier Gosch/*Neumann* § 14 KStG Rz. 472a, 480.

der Einkünfteermittlung) hinzugerechnet wird. Der ausländische Verlust geht in das dem OrgT zuzurechnende Einkommen der OG-GmbH ein.

Wendet man zutreffenderweise die Bruttomethode an, hat die OG-GmbH negative Einkünfte von 80.000 € (60.000 ./. 90.000 ./. 50.000), so dass der ausländische Verlust nicht zu berücksichtigen ist. Das dem OrgT zuzurechnende Einkommen beträgt ./. 30.000 €.

Soweit in dem negativen Einkommen des OrgT oder der OG **negative passive ausländische Einkünfte i. S. d. § 2a EStG** enthalten sind, geht § 2a EStG aus systematischen Gründen vor. Dies führt dazu, dass diese Verluste in einem späteren Gewinnjahr gegengerechnet werden können mit der Folge, dass sie sich ggf. doch doppelt auswirken. Das kann durch § 14 Abs. 1 Satz 1 Nr. 5 nicht verhindert werden.

732c

Der Finanzausschuss des BT hatte die Neufassung gegenüber dem Gesetzentwurf stark verändert. Er wollte damit eine eventuellen Unionsrechtswidrigkeit der Vorschrift vermeiden.[1] Im Vermittlungsausschuss ist dann die ursprüngliche im Gesetzentwurf enthaltene Fassung wiederhergestellt worden, die dann auch Gesetz geworden ist.[2] Damit bestehen unionsrechtliche Bedenken gegen die Neuregelung zumindest in den Fällen, in denen eine Berücksichtigung der negativen Einkünfte in einem anderen Mitgliedstaat der EU bzw. des EWR erfolgt.[3]

733

Der EuGH hat in der Rs. Philips Electronics UK Ltd[4] entschieden, dass es eine nicht gerechtfertigte Beschränkung der Niederlassungsfreiheit darstellt, wenn ein Mitgliedstaat (hier Großbritannien) die Möglichkeit der Übertragung von Verlusten, die eine in diesem Mitgliedstaat ansässige Betriebsstätte einer gebietsfremden Gesellschaft erlitten hat, auf eine gebietsansässige Gesellschaft im Wege des Konzernabzugs von der Voraussetzung abhängig macht, dass die Verluste nicht für Zwecke einer ausländischen Steuer verwendet werden können, obwohl für die Übertragung von Verlusten, die eine gebietsansässige Gesellschaft in diesem Mitgliedstaat erlitten hat, keine entsprechende Voraussetzung gilt.

Der EuGH sieht die Aufteilung der Besteuerungsbefugnis zwischen den Mitgliedstaaten nicht als Rechtfertigungsgrund, da die Besteuerungsbefugnis der Aufnahmemitgliedstaats (Großbritannien), in dessen Hoheitsgebiet die für die Verluste der Betriebsstätte ursächliche wirtschaftliche Tätigkeit ausgeübt wird, durch die Möglichkeit, die Verluste auf eine gebietsansässige Gesellschaft zu übertragen, nicht berührt wird. Er weist allerdings zu Recht darauf hin (Randnr. 26), dass die Situation von derjenigen zu unterscheiden ist, in der in Frage steht, ob in einem anderen Mitgliedstaat entstandene Verluste berücksichtigt werden können. GA Kokott hat in ihren Schlussanträgen ausdrücklich darauf hingewiesen, dass in bestimmten Fällen eine doppelte Verlustberücksichtigung sogar geboten sein kann.

Die unionsrechtlichen Bedenken werden dadurch verstärkt, dass das Gesetz, anders als vom Finanzausschuss vorgesehen, auf eine unbeschränkte Steuerpflicht des OrgT und damit auf eine **doppelte Ansässigkeit verzichtet**. OrgT im Sinne dieser Vorschrift können also sein: inländische Körperschaften, ausländische Körperschaften mit inländischer Betriebsstätte, doppelt ansässige Körperschaften, natürliche Personen und Personengesellschaften, jeweils mit inländischer Betriebsstätte.

733a

---

[1] Beschluss in BT-Drucks. 17/11180 und Bericht des Finanzausschusses, BT-Drucks. 17/11217, 10.
[2] BT-Drucks. 17/11841.
[3] Hierauf zu Recht hinweisend *Prinz* in Prinz/Witt, Steuerliche Organschaft, 2. Aufl. 2019, Rz. 1.59.
[4] Vom 6.9.2012 – Rs. C-18/11, NWB HAAAE-17270; s. auch so bereits die Schlussanträge der GA Kokott vom 19.4 2012; s. hierzu auch *Hennigfeld*, DB0526808; zu den verschiedenen Meinungen s. auch *Dötsch* DPM § 14 n. F. Rz. 248.

BEISPIEL 1: Ein im EU-/EWR-Ausland ansässiges Unternehmen unterhält in Deutschland eine Betriebsstätte. Zu dieser besteht ein Organschaftsverhältnis mit der A-GmbH. Die A-GmbH hat einen handelsrechtlichen Gewinn von 100, den sie abführt, und ein zuzurechnendes positives Einkommen von 180, die Betriebsstätte erzielt einen Verlust von 250, in dem der Gewinn von 100 noch nicht enthalten ist. Der Verlust kann im Ansässigkeitsstaat des Mutterunternehmens steuerlich berücksichtigt werden.

Nach h. M. betraf die bisherige Regelung nicht OrgT im Sinne des § 18 KStG.[1] Damit ergab sich im Inland kein zu versteuerndes Einkommen des beschränkt steuerpflichtigen OrgT. Nach der Neuregelung muss das ausländische Unternehmen im Inland 30 (180./. 150 (-250 + 100)) versteuern, da die negativen Einkünfte unberücksichtigt bleiben, soweit sie im Ausland berücksichtigt werden.

BEISPIEL 2: Wie vor, aber Verlust der OG 100, Gewinn der Betriebsstätte ohne OG-Verlust 150. Der Verlust der OG kann im Ausland berücksichtigt werden.

Bisher hatte der OrgT im Inland 50 zu versteuern. Nach der Neuregelung muss er 150 versteuern. Dies kann nicht richtig sein, da Deutschland ja auch die Gewinne der OG durch die Zurechnung beim OrgT versteuert.

733b Woher die negativen Einkünfte stammen, ist unbeachtlich. Erfasst werden negative Einkünfte sowohl aus inländischen als auch aus ausländischen Quellen; der Vorschrift kann keine Beschränkung auf ausländische Einkünfte entnommen werden.[2] In Bezug auf inländische Verluste führt dies zur Unionsrechtswidrigkeit (s. oben → Rz. 733). Es ist nicht Sache Deutschlands, die Berücksichtigung inländischer Verluste von deren Nichtberücksichtigung im Ausland abhängig zu machen.

Hat der ausländische Staat für doppelt ansässige Gesellschaften eine Verlustabzugsbeschränkung, kommt ggf. die deutsche Verlustabzugssperre nicht zur Anwendung. So kennen z. B. die USA (Art. 23 Abs. 1 DBA USA sieht die Anrechnungsmethode vor) die **„Dual Consolidated Loss Rule"**, wonach Verluste einer doppelansässigen Kapitalgesellschaft nicht im Rahmen der US-Gruppenbesteuerung mit dem Einkommen einer anderen Gruppengesellschaft verrechnet werden dürfen, sofern die Gesellschaft in einem ausländischen Staat aufgrund ihrer Ansässigkeit unbeschränkt steuerpflichtig ist. Das Verbot der Verlustverrechnung gilt selbst dann, wenn der Verlust im Ausland – wie in Deutschland nach § 14 Abs. 1 Satz 1 Nr. 5 KStG – deswegen nicht berücksichtigt wird, weil er in den USA berücksichtigt werden kann (sog. „Mirror-Rule"). In solch einem Fall greift das Berücksichtigungsverbot der Nr. 5 nicht ein.[3]

733c Nach u. E. zutreffender Auffassung von *Frotscher*[4] greift die Vorschrift nicht ein, wenn ein DBA für negative ausländische Einkünfte deren steuerliche Berücksichtigung in Deutschland regelt. Andernfalls käme es zu einem verfassungswidrigen sog. treaty-override.[5]

733d Unklar ist, was das Gesetz unter „Berücksichtigung im ausländischen Staat" versteht. Der Begriff ist weit auszulegen. Der Verlust muss nicht im Verlustentstehungsjahr mit anderen Einkünften in dem ausländischen Staat verrechnet werden; für die Anwendung der Verlustabzugssperre im Inland reicht die Möglichkeit aus, die inländischen negativen Einkünfte im Rah-

---

1 *Brink* Schnitger/Fehrenbacher a. a. O., § 14 Rz. 949, mit Nachweisen in Fn. 6.
2 *Dötsch* DPM § 14 Rz. 248 m. w. N.
3 Gosch/*Neumann* § 14 Rz. 485.
4 *Frotscher*/Drüen § 14 Rz. 506; a. A. *Dötsch*, a. a. O., Rz. 249.
5 BFH, Urteil v. 10.1.2012 - I R 66/09, NWB HAAAE-96103, DStR 2012, 949, Az. BVerfG: 2 BvL 1/12, und BFH, Urteil v. 11.12.2013 - I R 4/13, BStBl 2014 II 791, Az. BVerfG: 2 BvL 15/14; die Verfassungswidrigkeit eines treaty override überraschend ablehnend BVerfG, Urteil v. 15. 12. 2015 – 2 BvL 1/12, NWB YAAAF-66859.

men eines ausländischen **Verlustvortrags** zu verwerten.[1] Allerdings darf es nicht hinsichtlich künftiger Gewinne im Ausland zu einer Doppelbesteuerung kommen. Künftige ausländische Gewinne müssen, soweit sie im Inland besteuert werden, mit zuvor im Inland „gesperrten" Verlusten verrechnet werden.[2]

BEISPIEL (NACH IDW, SCHREIBEN AN DAS BMF, SCHREIBEN V. 5.3.2014, FALL 1): Eine OG unterhält im Ausland eine Betriebsstätte, deren Einkünfte im Inland unter Anrechnung der ausländischen Steuer der Besteuerung unterliegen (Anrechnungsbetriebsstätte). Die Betriebsstätte erzielt in 01 negative Einkünfte von 100, die vorgetragen werden. In 02 erzielt sie positive Einkünfte von 100. Da diese mit dem Verlustvortrag verrechnet werden, fällt keine ausländische Steuer an. Die OG erzielt im Inland in 01 und 02 (ohne die Betriebsstätteneinkünfte) jeweils Einkünfte von 100, die dem OrgT als Einkommen zugerechnet werden.

LÖSUNG: Ohne Anwendung der Nr. 5 versteuert der OrgT in 01 0 (Einkommen der OG 0) = Steuer 0 und in 02 200 = Steuer 30.[3]

Unter Anwendung der Nr. 5 würde der OrgT in 01 100 (Einkommen der OG ohne Berücksichtigung des ausländischen Verlusts) = Steuer 15 und in 02 200 = Steuer 30, insgesamt also 45, versteuern. Die Einkünfte würden in 02 mehrfach belastet. Dies ist nicht Zweck der Nr. 5. Außerdem würde dieses Ergebnis gegen die Besteuerung nach der Leistungsfähigkeit verstoßen. Deshalb muss in 02 der Gewinn der OG im Ausland mit dem in 01 gesperrten Verlust verrechnet werden, so dass der OrgT in 01 zwar 100, in 02 aber auch nur 100 = insgesamt 200 versteuert.

Auch nach der Gesetzesbegründung findet die Vorschrift keine Anwendung, soweit negative Einkünfte nur bei der Ermittlung des Steuertarifs (**negativer Progressionsvorbehalt**) berücksichtigt werden.[4]

Die Anwendung der Vorschrift ist betragsmäßig („soweit") auf die Höhe der jeweiligen negativen Einkünfte, die doppelt berücksichtigt werden könnten, beschränkt. 733e

BEISPIEL: Die OrgT-AG erzielt aus einer Betriebsstätte in einem Nicht-DBA-Staat einen Verlust von 100.000 €, der nicht unter das Abzugsverbot des § 2a EStG fällt. Aus ihrem übrigen Geschäft hat sie einen Gewinn von 70.000 €.

LÖSUNG: Selbst wenn der Verlust im Wege des Verlustvortrags geltend gemacht werden kann, kommt § 14 Abs. 1 Satz 1 Nr. 5 nur in Höhe von 30.000 € zur Anwendung.

Bei wem die negativen Einkünfte im Ausland berücksichtigt werden, spielt nach der Neuregelung keine Rolle. Dies kann jede Person sein. Eine Eingebundenheit in den „Organschaftskonzern" ist nicht erforderlich. 733f

Schließlich können **verfahrensrechtliche Probleme** dadurch entstehen, dass sich die negativen Einkünfte zeitversetzt im Inland und Ausland auswirken können. Wirkt sich der Verlust im Ausland zeitlich früher aus, entsteht kein Problem. Dies kann bei der nachfolgenden Besteuerung in Deutschland berücksichtigt werden; ggf. ist eine Steuerfestsetzung nach § 173 Abs. 1 Nr. 1 AO zu ändern. Wirkt sich der Verlust im Ausland erst später aus, erfolgt die Steuerfestsetzung in Deutschland zunächst ohne Anwendung der Nr. 5. Diese Steuerfestsetzung ist nach Berück- 733g

---

1 *Brink* Schnitger/Fehrenbacher § 14 KStG Rz. 957; *Dötsch* DPM § 14 KStG Rz. 249c; a.A. Gosch/*Neumann* § 14 KStG Rz. 482, 484: Nichtberücksichtigung des Verlustes erst in dem Jahr, in dem der Verlust sich auswirkt; *Schneider/Schmitz*, GmbHR 2013, 281, 283.
2 Im Ergebnis ebenso *Rödder/Liekenbrock* RHN § 14 KStG Rz. 474; M. *Müller* in Prinz/Witt, Steuerliche Organschaft, Rz. 28.35 ff.
3 So wohl *Rödder/Liekenbrock* RHN § 14 KStG Rz. 474 und Gosch/*Neumann* § 14 KStG Rz. 482, 484.
4 BT-Drucks. 11/10774, 20; Gosch/*Neumann* § 14 KStG Rz. 482.

sichtigung des Verlusts auch im Ausland nach § 175 Abs. 1 Satz 1 Nr. 2 AO (rückwirkendes Ereignis) zu ändern. Möglich ist auch, die Steuer bis zur Klärung nach § 165 AO vorläufig festzusetzen.

734 Die Neuregelung soll in allen noch nicht bestandskräftig veranlagten Fällen angewendet werden, § 34 Abs. 9 Nr. 8 KStG n. F. Dies dürfte zumindest in den Fällen, in denen die Neuregelung zu einer höheren Steuerbelastung führt, für VZ vor 2013 verfassungswidrig sein, da es sich um den Fall einer echten Rückwirkung handelt, ohne dass überwiegende Gründe des Gemeinwohls dafür sprächen.[1]

735 *(Einstweilen frei)*

8. Thesaurierungsbegünstigung nach § 34a EStG

736 § 34a EStG findet auf das von der natürlichen Person als OrgT oder Mitunternehmer der OrgT-Personengesellschaft zu versteuernde Einkommen der OG Anwendung, wenn die allgemeinen Voraussetzungen der Vorschrift erfüllt sind.[2] Dies folgt bereits aus dem Wortlaut *„Sind in dem zu versteuernden Einkommen nicht entnommene Gewinne aus ... Gewerbebetrieb ... enthalten"*. Zu versteuerndes Einkommen des OrgT ist nach dem obigen Ermittlungsschema das eigene Einkommen und das Einkommen der OG. Die Anwendbarkeit der Thesaurierungsbegünstigung ergibt sich insbesondere auch aus dem Zweck der Vorschrift, Personenunternehmen und Kapitalgesellschaften tariflich gleichzustellen.

BEISPIEL: (NACH *ROGALL*, A. A. O., 431) An einer gewerblich tätigen OHG sind die natürlichen Personen A und B zu je 50 % beteiligt. Die OHG erzielt im Wj. 2008 ein Gesamthandsergebnis von 0. Sie ist OrgT einer OG, die einen steuerbilanziellen (=handelsbilanziellen) Gewinn i. H. v. 200 erwirtschaftet, der steuerfreie Einnahmen i. H. v. 100 enthält, das (steuerpflichtige) Einkommen beträgt also 100. A tätigt Entnahmen i. H. v. 50.

LÖSUNG: A kann die Thesaurierungsbegünstigung auf sein Einkommen i. H. v. 50 in Anspruch nehmen. Wenn nämlich die Aufteilung des Gewinns der OG (50 steuerpflichtig und 50 steuerfrei) aufgrund von § 34a Abs. 2 EStG bei der OHG mitberücksichtigt wird, kann der allgemeine Grundsatz des § 34a EStG im Sinne vorrangiger Entnahme der steuerfreien Einnahmen auch auf den Gewinn der OG Anwendung finden. Der nicht entnommene Gewinn der OHG beträgt bezogen auf A 50; das zu versteuernde Einkommen des A beträgt 50.

737–740 *(Einstweilen frei)*

9. Veräußerung der Anteile und § 8c KStG

741 Veräußert ein Anteilseigner innerhalb von fünf Jahren mehr als 50 % seiner Beteiligung an einen Erwerber oder eine Erwerbergruppe, gehen nach § 8c Abs. 1 Satz 1 KStG[3] ein Verlustvortrag und auch der laufende Verlust bis zum Zeitpunkt des schädlichen Beteiligungserwerbs verloren, soweit sie nicht durch im Inland steuerpflichtige stille Reserven gedeckt sind. Verloren gehen auch z. B. nach § 10a Satz 10 GewStG der gewerbesteuerliche Verlustvortrag und gem. § 8a Abs. 1 Satz 3 KStG der Zinsvortrag nach § 4h Abs. 1 Satz 5 EStG. Anteilsübertragungen von bis zu 50 % sind rückwirkend ab 2008 nicht mehr schädlich.

---

[1] *Frotscher*/Drüen § 14 KStG Rz. 529a ff.
[2] Ebenso *Pohl*, DB 2008, 84; *Rogall*, DStR 2008, 429.
[3] In der Fassung des UStAVermG.

Veräußert eine Kapitalgesellschaft Anteile an einer anderen Kapitalgesellschaft, ist der Veräußerungsgewinn nach § 8b Abs. 2 KStG steuerfrei, so dass in der Beteiligung ruhende stille Reserven den Verlust nur zu 5 % „retten".

Unklar ist, wie die maßgeblichen stillen Reserven zu ermitteln sind, wenn die vom Untergang bedrohten nicht abziehbaren Verluste auf der Ebene des Organträgers bestehen, die stillen Reserven jedoch (auch) in den Wirtschaftsgütern der Organgesellschaft liegen. In diesen Fällen sind u. E. die stillen Reserven in den Wirtschaftsgütern der Organgesellschaft einzubeziehen.[1] Eine in diese Richtung gehende Auffassung hat die Finanzverwaltung zur Ermittlung der „Vergleichsgrößen" bei § 8 Abs. 4 KStG a. F. vertreten, wo das maßgebliche Betriebsvermögen eines Organträgers ebenfalls unter Berücksichtigung des Betriebsvermögens der Organgesellschaft ermittelt wurde.[2] Dabei spielt es keine Rolle, ob die Verluste des OrgT ausschließlich aus dem Ausgleich von Jahresfehlbeträgen der OG und/oder auch (teilweise) aus „eigenen" Verlusten des OrgT herrühren. Auch bei einer Beteiligung des OrgT zu weniger als 100 %, sind die gesamten stillen Reserven der OG, und nicht nur der der Beteiligungshöhe entsprechende Teil, maßgeblich. Dies folgt aus der Zurechnung des gesamten (positiven oder negativen) Einkommens der OG. Mit der Beendigung des Organschaftsverhältnisses entfällt die Berücksichtigung der stillen Reserven der (früheren) OG.

Streitig ist, wie die unterjährige Veräußerung von Anteilen an der Organträger-Körperschaft zu behandeln ist.

BEISPIEL (OHNE ANWENDUNG DES § 8D KSTG): Am 1.7.2018 veräußert der bisherige Alleingesellschafter der OrgT-GmbH 60 % seiner Anteile an X. Die OG erleidet in 2018 einen steuerlichen Verlust von 100. Auf die Zeit vom 1.1.2018 bis 30.6.2018 entfällt ein Verlust von 60. Beide Gesellschaften haben ein kalendergleiches Wirtschaftsjahr.

Nach BMF können dem OrgT bei zeitanteiliger Ermittlung des laufenden Verlusts nur 40 zugerechnet werden; der auf die Zeit vom 1. 1. bis 30.6.2018 entfallende Verlust von 60 geht verloren.[3] Diese Lösung ist unzutreffend. Dem OrgT ist vielmehr das gesamte negative Einkommen des Jahres 2018 zuzurechnen.[4] Dem OrgT ist nämlich das volle Organeinkommen zuzurechnen und dieses entsteht erst mit dem Ende des VZ.[5]

Ab VZ 2016 ist § 8d KStG zu beachten. Nach dieser Vorschrift kann ein Verlustuntergang nach § 8c KStG vermieden werden.[6] Die Anwendung des § 8d KStG ist jedoch an eine Reihe von Voraussetzungen gebunden. Hierzu gehört u. a., dass die Verlustgesellschaft weder zu Beginn noch während des „Beobachtungszeitraums" die Stellung eines OrgT eingenommen hat. Hiermit ist nur eine körperschaftsteuerliche Organschaft gemeint, eine umsatzsteuerliche Organschaft spielt keine Rolle.[7] Auch darf sie nach der gesonderten Feststellung des fortführungsgebundenen Verlustvortrags nicht die Stellung eines OrgT einnehmen. Wird sie OrgT, geht der noch vorhandene fortführungsgebundene Verlustvortrag vorbehaltlich der Stille-Reserven-Klausel unter, § 8d Abs. 2 Satz 2 Nr. 5 KStG.

---

1 *Sistermann/Brinkmann*, DStR 2009, 2633, 2636 f.; *Frey/Mückl*, GmbHR 2010, 71, 76; a. A. BMF, Schreiben v. 28.11.2017, BStBl 2017 I 1645, Rz. 59 Satz 2.
2 BMF, Schreiben v. 16.4.1999, BStBl 1999 I 455, Tz. 9.
3 Schreiben v. 28.11.2017, BStBl 2017 I 1645, Rz. 37.
4 *Dötsch* DPM § 14 n. F. Rz. 274.
5 In diese Richtung auch BFH, Urteil v. 28. 2. 2013 - IV R 50/09, BStBl 2013 II 494.
6 Zu Einzelheiten s. *Hackemann* in Mössner/Seeger/Oellerich, KStG, § 8d.
7 Ebenso *Pohl*, BB 2018, 796, 797.

Die Art der Organschaft (unmittelbar, mittelbar, mehrstufig) ist ebenso unbeachtlich wie die Rechtsform der OG. Auch spielt es keine Rolle, ob bzw. in welchem Umfang dem OrgT ein positives Ergebnis der OG zugerechnet wird. Die OrgT-Stellung kann rückwirkend z. B. durch Kündigung aus einem nicht wichtigen Grund beseitigt werden mit der Folge, dass sie als von Anfang an steuerlich nicht anerkannt gilt. Diese Rückwirkungsfiktion gilt auch im Rahmen des § 8d KStG.[1]

746 Da § 8d KStG die OG nicht anspricht, kann die Stellung als OG kein schädliches Ereignis i. S. d. Vorschrift sein, auch wenn der Abschluss eines GAV eine Änderung des Zwecks der Gesellschaft darstellt.[2]

747–750 *(Einstweilen frei)*

J. Mehrmütter-Organschaft (§ 14 Abs. 2 KStG a. F.)

751 Die Mehrmütter-Organschaft wurde durch Aufhebung des § 14 Abs. 2 KStG und das weitere Erfordernis in § 14 Abs. 1 Satz 1 KStG, dass der Gewinn der OG an ein „einziges" anderes Unternehmen abzuführen ist, ab dem VZ 2003 abgeschafft.

752 Art. 2 Nr. 2 Buchst. b StVergAbG v. 16.5.2003[3] hat die Mehrmütter-Organschaft ab dem VZ 2003 abgeschafft. Zur Verfassungsmäßigkeit der (rückwirkenden) Abschaffung s. BFH-Urteil v. 14.3.2006[4] die hiergegen eingelegte Verfassungsbeschwerde[5] wurde mit Beschl. v. 10.7.2009[6] nicht zur Entscheidung angenommen.

753 Zu Zweifelsfragen, die sich aus der Abschaffung der Mehrmütter-Organschaft ergeben, s. *Dötsch/Pung*.[7]

754 Zu Gestaltungsüberlegungen nach Abschaffung der Mehrmütter-Organschaft s. *Raupach/Burwitz*.[8]

755–760 *(Einstweilen frei)*

K. Lebens- oder Krankenversicherungsunternehmen als Organgesellschaften

761 Nach dem durch Art. 7 Nr. 1 StVBG v. 19.12.2001[9] angefügten § 14 Abs. 3 KStG ist Abs. 1 auf OG, die Lebens- oder Krankenversicherungsunternehmen sind, **ab dem VZ 2002** (§ 34 Abs. 6 Nr. 3 KStG n. F.) nicht mehr anzuwenden, d. h. sie können **nicht weiterhin OG** sein. Diese Regelung ist vor dem Hintergrund zu sehen, dass Lebens- und Krankenversicherer wegen der **Spartentrennung** (§ 8 Abs. 1a VAG) ihre Geschäfte nicht in einem Unternehmen betreiben dürfen. Aufgrund von steuerfreien Beteiligungserträgen sowie von Rückstellungen für Beitragsrückerstattungen (§ 21 KStG) erzielen sie häufig steuerliche Verluste, die im Falle einer Organschaft

---

1 *Hackemann* in Mössner/Seeger/Oellerich, KStG, § 8d Rz. 73; *Brandis* Blümich KStG § 8d Rz. 53.
2 *Leibner/Dötsch* DPM § 8d KStG Rz. 75.
3 BGBl 2003 I 660; BStBl 2003 I 321.
4 I R 1/04, BStBl 2006 II 549.
5 BVerfG, Urteil v. 10.7.2009 - 1 BvR 1416/06, NWB TAAAD-26127.
6 HFR 2009, 1030.
7 DB 2003, 1970, 1976 und BMF, Schreiben v. 10.11.2005, BStBl 2005 I 1038, Tz. 6 – 12.
8 DStR 2003, 1901.
9 BGBl 2001 I 3922; BStBl 2002 I 32.

mit Gewinnen von Sachversicherungsunternehmen verrechnet werden könnten. Dies soll mit der Regelung unterbunden werden.

Durch die ab dem VZ 2003 erfolgte Abschaffung der bisher in § 14 Abs. 2 KStG geregelten Mehrmütter-Organschaft wurde der bisherige § 14 Abs. 3 nunmehr Abs. 2.

Zur verfassungsrechtlichen Problematik der Diskriminierung s. Hey,[1] Stadler/Elser[2] und Schnittker/Hartmann.[3]

Die Vorschrift wurde mit Wirkung ab VZ 2009 durch das JStG 2009 aufgehoben.

L. Feststellungsverfahren (§ 14 Abs. 5 KStG)

Neu eingeführt wurde mit § 14 Abs. 5 ein Feststellungsverfahren.[4] Für Feststellungszeiträume, die nach dem 31.12.2013 beginnen (§ 34 Abs. 9 Nr. 9 KStG n. F., s. unten → Rz. 770), werden nach Satz 1 das dem OrgT zuzurechnende Einkommen und damit zusammenhängende andere Besteuerungsgrundlagen der OG gegenüber dem OrgT und der OG gesondert und einheitlich festgestellt. Entgegen Dötsch/Pung[5] handelt es sich nicht um mehrere Feststellungsbescheide, die nur „technisch" zusammengefasst werden, sondern, wie die Gesetzesbegründung[6] zutreffend ausführt, um einen Bescheid. Da es sich um eine gesonderte und einheitliche Feststellung handelt, von der beide betroffen sind, ist der Feststellungsbescheid beiden bekanntzugeben (mit der Möglichkeit, gem. § 183 AO einen gemeinsamen Empfangsbevollmächtigten zu benennen) und können sowohl der OrgT als auch die OG Rechtsbehelf einlegen.[7] Derjenige, der nicht Rechtsbehelf einlegt, ist notwendig hinzuzuziehen (§ 360 Abs. 3 AO) bzw. notwendig beizuladen (§ 60 Abs. 3 FGO). M. E. ist die OG aufgrund ihrer Adressatenstellung unabhängig davon rechtsbehelfsbefugt, ob sie durch den Feststellungsbescheid beschwert ist oder nicht. So auch die Gesetzesbegründung, BT-Drucks. 17/10774, 20. Damit entfallen die bisherigen Fragestellungen.[8] Die Feststellung umfasst auch die grundsätzliche Frage, ob eine steuerlich anzuerkennende Organschaft vorliegt.[9] Lehnt das FA ein Organschaftsverhältnis ab und setzt deshalb z. B. gegenüber der OG Körperschaftsteuer fest oder erlässt einen Bescheid über die Feststellung des vortragsfähigen Verlusts, muss es gleichwohl zusätzlich einen negativen Feststellungsbescheid erlassen. Dieser muss angefochten werden. Hat der Rechtsbehelf Erfolg, ist der Kö-Bescheid nach § 15 Abs. 1 Satz 1 Nr. 1 AO zu ändern. Die Anfechtung z. B. des Körperschaftsteuerbescheids alleine reicht nicht aus. Sie ist u. E. sogar unzulässig, soweit vorgetragen wird, dass aufgrund des Organschaftsverhältnisses die KSt auf 0 € festzusetzen ist.

Die Feststellungen sind nach Satz 2 für die Besteuerung des Einkommens des OrgT und der OG bindend. Es handelt sich also um einen Grundlagenbescheid im Sinne der § 171 Abs. 10, § 175 Abs. 1 Satz 1 Nr. 1 AO. Divergierende Entscheidungen der Finanzämter, die für den OrgT und die OG zuständig sind, kann es in Zukunft nicht mehr geben. Die Bindungswirkung besteht auch für andere Bescheide, in denen sich die Feststellungen auswirken können, z. B. den Be-

---

1 FR 2001, 1279.
2 In Linklaters Oppenhoff & Rädler, DB 2002, Beil. 1 zu Heft 7, 45.
3 BB 2002, 277.
4 Unternehmensbesteuerungsänderungsgesetz, s. Müller in Mössner/Seeger/Oellerich, KStG, Vorbem. §§ 14 – 19 Rz. 23.
5 DB 2013, 305, 313.
6 BT-Drucks. 17/10774, 20.
7 R 14.6 Abs. 6 Satz 2 KStR 2015.
8 Hierzu s. oben → Rz. 615.
9 Gesetzesbegründung, BT-Drucks. 17/10774, 20.

scheid über die gesonderte Feststellung des Einlagekontos der OG hinsichtlich der Mehr- bzw. Minderabführungen mit Verursachung in organschaftlicher Zeit (§ 27 Abs. 6 KStG).

767 In das Feststellungsverfahren werden nach Satz 3 die von der OG geleistete Steuern einbezogen, die auf die Steuer des OrgT anzurechnen sind. Insoweit wird auf die Kommentierung zu § 19 KStG verwiesen.

768 Zuständig für die Feststellung ist nach Satz 4 das FA, das für die Besteuerung nach dem Einkommen der OG zuständig ist. Dies ist nach § 20 Abs. 1 AO das FA, in dessen Bezirk sich die Geschäftsleitung der OG befindet.

769 Die Feststellungserklärung soll nach Satz 5 mit der Körperschaftsteuererklärung der OG verbunden werden. Damit kommt in erster Linie auf die OG eine weitere Erklärungspflicht zu. Der OrgT wird, wenn die OG die Feststellungserklärung (gem. § 31 Abs. 1a KStG elektronisch nach amtlich vorgeschriebenem Datensatz) abgibt, von seiner Erklärungspflicht befreit (§ 181 Abs. 2 Satz 3 AO).

770 Die gesonderte und einheitliche Feststellung wird erstmals für einen Feststellungszeitraum durchgeführt, der nach dem 31.12.2013 beginnt, § 34 Abs. 9 Nr. 9 KStG n. F. Bei kalendergleichem Wj. von OG und OrgT ist das erstmals das zuzurechnende Einkommen des Jahres 2014. Die Feststellungserklärung für 2014 ist zusammen mit der Körperschaftsteuererklärung der OG für 2014 abzugeben. Bei vom Kalenderjahr abweichendem Wj. gilt m. E. Folgendes (s. auch oben → Rz. 651 ff. zum maßgeblichen Zurechnungszeitpunkt für das Organeinkommen):

BEISPIEL 1: Der OrgT hat ein kalendergleiches Wj., dasjenige der OG läuft vom 1. 7. bis 30. 6. Die erstmalige Feststellung betrifft das Einkommen des Wj. 2014/2015, da der Gewinn als in dem Kj. bezogen gilt, in dem das Wj. endet. Die erste Feststellungserklärung ist mit der KöSt-Erklärung für 2015 abzugeben.

BEISPIEL 2: Der OrgT hat ein Wj. vom 1. 7. bis 30. 6., die OG ein kalendergleiches Wj. Die erste Feststellungserklärung ist für 2014 abzugeben. Der OrgT hat das von der OG in 2014 erzielte Einkommen mit seinem Gewinn des Wj. 2013/2014 zu versteuern.

Entsprechendes gilt für alle nachfolgenden Feststellungen.

771 Ist die OG an einer ausländischen Gesellschaft beteiligt und kommt es zur Hinzurechnungsbesteuerung, ist zu beachten: Der Feststellungsbescheid nach § 18 AStG ergeht gegenüber der OG, der OrgT ist nicht Feststellungsbeteiligter. Ab 2014 ist der Bescheid nach § 18 AStG Grundlagenbescheid für den Bescheid nach § 14 Abs. 5 KStG, so dass nur (noch) der AStG-Bescheid angefochten werden muss und nicht (mehr) zusätzlich der Steuerbescheid des OrgT.[1]

§ 15 Ermittlung des Einkommens bei Organschaft

[1]Bei der Ermittlung des Einkommens bei Organschaft gilt abweichend von den allgemeinen Vorschriften Folgendes:

1. [1]Ein Verlustabzug im Sinne des § 10d des Einkommensteuergesetzes ist bei der Organgesellschaft nicht zulässig. [2]Satz 1 steht einer Anwendung von § 3a des Einkommensteuergesetzes nicht entgegen. [3]Der für § 3c Absatz 4 Satz 4 des Einkommensteuergesetzes maßgebende Betrag ist der sich nach Anwendung von Nummer 1a ergebende verminderte Sanierungsertrag.

---

1 Zu Einzelheiten s. *Neumann-Tamm*, IStR 2016, 889, auch zu VZ vor 2014.

Ermittlung des Einkommens bei Organschaft § 15 KStG

1a. ¹Auf einen sich nach § 3a Absatz 3 Satz 4 des Einkommensteuergesetzes ergebenden verbleibenden Sanierungsertrag einer Organgesellschaft ist § 3a Absatz 3 Satz 2, 3 und 5 des Einkommensteuergesetzes beim Organträger anzuwenden. ²Wird der Gewinn des Organträgers gesondert und einheitlich festgestellt, gilt § 3a Absatz 4 des Einkommensteuergesetzes entsprechend. ³Die Sätze 1 und 2 gelten auch, wenn die Voraussetzungen des § 14 Absatz 1 im Sanierungsjahr nicht vorliegen und das Einkommen der Organgesellschaft in einem innerhalb der letzten fünf Jahre vor dem Sanierungsjahr liegenden Veranlagungszeitraum dem Organträger gemäß § 14 Absatz 1 Satz 1 zugerechnet worden ist.

2. ¹§ 8b Abs. 1 bis 6 dieses Gesetzes sowie § 4 Abs. 6 des Umwandlungssteuergesetzes sind bei der Organgesellschaft nicht anzuwenden. ²Sind in dem dem Organträger zugerechneten Einkommen Bezüge, Gewinne oder Gewinnminderungen im Sinne des § 8b Abs. 1 bis 3 dieses Gesetzes oder mit solchen Beträgen zusammenhängende Ausgaben im Sinne des § 3c Abs. 2 des Einkommensteuergesetzes oder ein Übernahmeverlust im Sinne des § 4 Abs. 6 des Umwandlungssteuergesetzes enthalten, sind § 8b dieses Gesetzes, § 4 Abs. 6 des Umwandlungssteuergesetzes sowie § 3 Nr. 40 und § 3c Abs. 2 des Einkommensteuergesetzes bei der Ermittlung des Einkommens des Organträgers anzuwenden. ³Satz 2 gilt nicht, soweit bei der Organgesellschaft § 8b Abs. 7, 8 oder 10 anzuwenden ist. ⁴Für die Anwendung der Beteiligungsgrenze im Sinne des § 8b Absatz 4 in der Fassung des Artikels 1 des Gesetzes vom 21. März 2013 (BGBl I S. 561) werden Beteiligungen der Organgesellschaft und Beteiligungen des Organträgers getrennt betrachtet.

2a. ¹§ 20 Absatz 1 Satz 1 bis 3 und Absatz 2 bis 4, die §§ 21, 30 Absatz 2, die §§ 42 und 43 Absatz 3, § 44 sowie § 49 Absatz 1 des Investmentsteuergesetzes sind bei der Organgesellschaft nicht anzuwenden. ²Sind in dem dem Organträger zugerechneten Einkommen Erträge im Sinne des § 16 oder § 34 des Investmentsteuergesetzes oder mit solchen Erträgen zusammenhängende Betriebsvermögensminderungen, Betriebsausgaben oder Veräußerungskosten im Sinne des § 21 oder des § 44 des Investmentsteuergesetzes enthalten, sind die §§ 20, 21, 30 Absatz 2, die §§ 42, 43 Absatz 3, § 44 sowie § 49 Absatz 1 des Investmentsteuergesetzes bei der Ermittlung des Einkommens des Organträgers anzuwenden. ³Für Zwecke des Satzes 2 gilt der Organträger als Anleger im Sinne des § 2 Absatz 10 des Investmentsteuergesetzes. ⁴Die bloße Begründung oder Beendigung einer Organschaft nach § 14 Absatz 1 Satz 1 führt nicht zu einer Veräußerung nach § 22 Absatz 1 des Investmentsteuergesetzes. ⁵Die Sätze 1 bis 4 gelten nicht, soweit die Organgesellschaft die Voraussetzungen des § 20 Absatz 1 Satz 4 oder des § 30 Absatz 3 des Investmentsteuergesetzes erfüllt. ⁶Für die Anwendung der Beteiligungsgrenze im Sinne des § 30 Absatz 2 Nummer 2 des Investmentsteuergesetzes werden Beteiligungen der Organgesellschaft und Beteiligungen des Organträgers getrennt betrachtet.

3. ¹§ 4h des Einkommensteuergesetzes ist bei der Organgesellschaft nicht anzuwenden. ²Organträger und Organgesellschaften gelten als ein Betrieb im Sinne des § 4h des Einkommensteuergesetzes. ³Sind in dem dem Organträger zugerechneten Einkommen der Organgesellschaften Zinsaufwendungen und Zinserträge im Sinne des § 4h Abs. 3 des Einkommensteuergesetzes enthalten, sind diese bei Anwendung des § 4h Abs. 1 des Einkommensteuergesetzes beim Organträger einzubeziehen.

4. ¹§ 8 Abs. 3 Satz 2 und Abs. 7 ist bei der Organgesellschaft auf Dauerverlustgeschäfte im Sinne des § 8 Abs. 7 Satz 2 nicht anzuwenden. ²Sind in dem dem Organträger zugerech-

neten Einkommen Verluste aus Dauerverlustgeschäften im Sinne des § 8 Abs. 7 Satz 2 enthalten, ist § 8 Abs. 3 Satz 2 und Abs. 7 bei der Ermittlung des Einkommens des Organträgers anzuwenden.

5. ¹§ 8 Abs. 9 ist bei der Organgesellschaft nicht anzuwenden. ²Sind in dem dem Organträger zugerechneten Einkommen Einkommen einer Kapitalgesellschaft enthalten, auf die § 8 Abs. 7 Satz 1 Nr. 2 anzuwenden ist, ist § 8 Abs. 9 bei der Ermittlung des Einkommens des Organträgers anzuwenden.

²Nummer 2 gilt entsprechend für Gewinnanteile aus der Beteiligung an einer ausländischen Gesellschaft, die nach den Vorschriften eines Abkommens zur Vermeidung der Doppelbesteuerung von der Besteuerung auszunehmen sind. ³Bei Anwendung des Satzes 2 finden § 16 Absatz 4 sowie § 43 Absatz 1 Satz 3 des Investmentsteuergesetzes beim Organträger Anwendung. ⁴Für Zwecke des Satzes 3 gilt der Organträger als Anleger im Sinne des § 2 Absatz 10 des Investmentsteuergesetzes.

Inhaltsübersicht	Rz.
A. Entstehungsgeschichte des § 15 KStG	1 - 15
B. Allgemeines zu § 15 KStG	16 - 30
C. Verlustabzug (§ 15 Satz 1 Nr. 1 und 1a KStG)	31 - 50
D. Beteiligung an anderen Körperschaften und Personenvereinigungen (§ 15 Satz 1 Nr. 2 KStG)	51 - 64
E. Anwendung investmentsteuerlicher Regelungen bei Organschaften	65 - 75
F. Zinsschranke (§ 15 Satz 1 Nr. 3 KStG)	76 - 90
G. Dauerverlustgeschäfte im Sinne des § 8 Abs. 7 Satz 2 KStG (§ 15 Satz 1 Nr. 4 KStG)	91 - 100
H. Spartenbezogene Betrachtung bei Eigengesellschaften der öffentlichen Hand als OG (§ 15 Satz 1 Nr. 5 KStG)	101 - 110
I. Gewinnanteile aus der Beteiligung an ausländischen Gesellschaften (§ 15 Satz 2 KStG)	111 - 114

A. Entstehungsgeschichte des § 15 KStG

HINWEIS:
R 15 KStR 2015.

LITERATURHINWEISE:
(siehe auch § 14 KStG): *Altendorf*, Vor- und nachorganschaftliche Verluste, Möglichkeiten der Verlustnutzung bei der Körperschaft- und Gewerbesteuer, GmbH-StB 2003, 137; *Heurung/Wehrheim/Adrian*, Die Bruttomethode des § 15 Satz 1 Nr. 2 KStG in der Fassung des Korb-II-Gesetzes, BB 2004, 465; *Johann/Pott*, Steuerliche Behandlung von ausländischen Schachteldividenden bei inländischer Organschaft mit einer Personengesellschaft als Organträger, DB 2004, 2445; *Herzig/Liekenbrock*, Zinsschranke im Organkreis, DB 2007, 2387; *Köhler/Hahne*, BMF-Schreiben zur Anwendung der steuerlichen Zinsschranke und zur Gesellschafter-Fremdfinanzierung bei Kapitalgesellschaften, DStR 2008, 1505; *Musil/Volmering*, Systematische, verfassungsrechtliche und europarechtliche Probleme der Zinsschranke, DB 2008, 12; *Herzig/Liekenbrock*, Zum Zinsvortrag bei der Organschaft, DB 2009, 1949; *Heurung/Seidel*, Organschaftsbesteuerung der öffentlichen Hand, BB 2009, 1786; *dies.*, Bruttomethode bei Organschaft nach dem JStG 2009, BB 2009, 47; *Hierstetter*, Zinsvortrag und Restrukturierung, DB 2009, 79; *Bohn/Loose*, Besonderheiten des EBITDA-Vortrags bei Organschaftsverhältnissen, DStR 2011, 1009; *Viebrock/Loose*, Erste Gedanken zu § 2 Abs. 4 Sätze 3 bis 6 UmwStG, DStR 2013, 1364; *Adrian*, Gewerbesteuerliche Behandlung von Dividenden bei Organschaft, BB 2015, 1113; *Zinowsky/Jochimsen*, Körperschaftsteuerliche Behandlung von Dividendenerträgen im Fall von Organträgerpersonengesellschaften, DStR 2016, 285; *Pohl*, Zum Standort der Einkommenszurechnung in Organschaftsfällen – Richtungswechsel durch BFH-Urteil v. 12.10.2016 - I R

92/12; DStR 2017, 1687; *Jauch/Hörhammer*, UStAVermG: Ausgewählte körperschaftsteuerliche Neuregelungen, NWB 2018, 3890.

§ 15 KStG 1977 hat den Regelungsgehalt des § 7a Abs. 2 KStG in der bis einschließlich 1976 geltenden Fassung übernommen. 1

§ 15 Nr. 3 KStG wurde durch Art. 8 des Gesetzes zur Bekämpfung des Missbrauchs und zur Bereinigung des Steuerrechts – StMBG – v. 21.12.1993[1] angefügt. 2

Durch Art. 4 Nr. 4 des Gesetzes zur Bereinigung steuerlicher Vorschriften (Steuerbereinigungsgesetz 1999 – StBereinG 1999) v. 22.12.1999[2] wurde § 15 Nr. 2 und 3 KStG dahin gehend ergänzt, dass die genannten Vorschriften der DBA und des § 8b Abs. 2 KStG einer Organgesellschaft auch dann zustehen, wenn der Organträger (vgl. § 18 KStG) eine inländische Betriebsstätte einer ausländischen Gesellschaft i. S. d. § 8b Abs. 4 KStG ist. Die Neufassung gilt in allen noch nicht bestandskräftig entschiedenen Fällen auch für VZ vor 2000 (§ 34 Abs. 8c KStG a. F.). 3

§ 15 KStG ist durch Art. 2 Nr. 7 des Gesetzes zur Fortentwicklung des Unternehmenssteuerrechts (Unternehmenssteuerfortentwicklungsgesetz – UntStFG) v. 20.12.2001[3] neu gefasst worden. Dabei ist § 15 Nr. 2 KStG bei der Ermittlung des Einkommens des OrgT anzuwenden, wenn die Ermittlung des dem OrgT zuzurechnenden Einkommens der OG nach dem KStG i. d. F. des Art. 3 des Gesetzes v. 23.10.2000,[4] zuletzt geändert durch Art. 2 des Gesetzes v. 20.12.2001,[5] vorzunehmen ist (§ 34 Abs. 10 KStG). § 15 Nr. 3 KStG wurde gestrichen. 4

Art. 2 Nr. 3 des Gesetzes zum Abbau von Steuervergünstigungen und Ausnahmeregelungen (Steuervergünstigungsabbaugesetz – StVergAbG) v. 16.5.2003[6] hat § 15 KStG mit Wirkung vom VZ 2003 neu gefasst und einen Satz 2 angefügt. 5

Durch Art. 3 Nr. 3 des Gesetzes zur Umsetzung der Protokollerklärung der Bundesregierung zur Vermittlungsempfehlung zum Steuervergünstigungsabbaugesetz v. 22.12.2003[7] wurde das Zitat „§ 3c des Einkommensteuergesetzes" in § 15 Satz 1 Nr. 2 Satz 2 KStG jeweils in „§ 3c Abs. 2 des Einkommensteuergesetzes" geändert. 6

Das Gesetz über steuerliche Begleitmaßnahmen zur Einführung der Europäischen Gesellschaft und zur Änderung weiterer steuerrechtlicher Vorschriften (SEStEG) v. 7.12.2006[8] hat § 15 Satz 1 Nr. 2 KStG an die veränderte Konzeption der §§ 3 – 10 UmwStG angepasst. 7

Nr. 3 wurde durch das Unternehmensteuerreformgesetz 2008 v. 14.8.2007[9] neu eingeführt. 8

Nr. 2 Satz 3 sowie Nr. 4 und 5 wurden durch das JStG 2009 eingefügt. 9

Durch das Gesetz zur Umsetzung des EuGH-Urteils v. 20.10.2011 in der Rechtssache C-284/09 v. 21.3.2013[10] wurde § 15 Satz 1 Nr. 2 KStG aufgrund des neu eingefügten § 8b Abs. 4 KStG ergänzt. 10

---

1 BGBl 1993 I 2310; BStBl 1994 I 50.
2 BGBl 1999 I 2601; BStBl 2000 I 13.
3 BGBl 2001 I 3858; BStBl 2002 I 35.
4 BGBl 2000 I 1433.
5 BGBl 2001 I 3858.
6 BGBl 2003 I 660; BStBl 2003 I 312.
7 BGBl 2003 I 2840; BStBl 2004 I 14.
8 BGBl 2006 I 2782, bereinigt BGBl 2007 I 68.
9 BGBl 2007 I 1912.
10 BGBl 2013 I 561.

11 Durch das Gesetz gegen schädliche Steuerpraktiken im Zusammenhang mit Rechteüberlassungen vom 27.06.2017 wurden als Konsequenz der Einführung eines neuen § 3a, § 3c Abs. 4 EStG (Sanierungsertrag) in § 15 Satz 1 Nr. 1 die Sätze 2 und 3 sowie ein neuer Abs. 1a eingefügt.

12 Durch das Gesetz zur Vermeidung von Umsatzsteuerausfällen beim Handel mit Waren im Internet und zur Änderung weiterer steuerlicher Vorschriften vom 11.12.2018 (UStAVermG)[1] wurde durch eine neue Nr. 2a und die neuen Sätze 3 und 4 die Einkommensermittlung bei Organschaften an die Folgeänderungen durch das Investmentsteuerreformgesetz angepasst und durch eine neue „Bruttomethode" erweitert (s. → Rz. 65 ff.). Außerdem wurde die Anwendungsregelung betreffend die Sanierungsgewinnbesteuerung angepasst.

13–15 *(Einstweilen frei)*

B. Allgemeines zu § 15 KStG

16 Die körperschaftsteuerliche Organschaft ist dadurch gekennzeichnet, dass sie – ungeachtet der fortbestehenden zivil- und steuerrechtlichen Selbständigkeit von OrgT und OG – zu einer **Einkommenszusammenfassung** beim OrgT führt. Dieser geht die **gesonderte** Einkommensermittlung für das Unternehmen des OrgT und der OG voraus.[2] Da OG nur eine KapGes i. S. d. § 1 Abs. 1 Nr. 1 KStG sein kann,[3] bedeutet dies, dass ihre Einkommensermittlung grds. nach § 8 KStG i. V. m. den einschlägigen Bestimmungen des EStG zu erfolgen hat (s. hierzu die Erläuterungen zu § 8 KStG).

17 Hieraus folgt u. a.:

▶ Rechtsgeschäftliche Beziehungen zwischen OrgT und OG sind prinzipiell auch steuerrechtlich anzuerkennen;[4]

▶ Steuervergünstigungen (z. B. nach § 6b EStG) können nur von dem Rechtssubjekt in Anspruch genommen werden, in dessen Person die Voraussetzungen hierfür erfüllt sind;

▶ Für die Anwendung von Verlustklauseln (z. B. § 7a Abs. 6 EStG a. F.) kommt es – jeweils für sich betrachtet – auf die Verhältnisse von OrgT oder OG an (vgl. R 7a Abs. 8 EStR);

▶ Auch im Verhältnis zwischen OrgT und OG kann es zu vGA kommen, da § 8 Abs. 3 KStG insoweit nicht ausgeschlossen ist. Nach den für vGA geltenden Grundsätzen darf das Einkommen der OG durch den dem OrgT verdeckt zugewendeten Vorteil nicht gemindert werden.[5] Insoweit bedarf es also einer Korrektur, auf die nach einer im Schrifttum vertretenen Auffassung[6] aus Vereinfachungsgründen allerdings verzichtet werden kann, wenn die Gewinnerhöhung bei der OG für ein Wj vorzunehmen wäre, für das die vGA beim OrgT bereits gewinnerhöhend eingegangen ist.

BEISPIEL:[7] Die OG beliefert den OrgT zu Verrechnungspreisen, die eine Gewinnspanne zugunsten der OG nicht enthalten. Der OrgT hat die an ihn gelieferten Gegenstände jedoch bereits an seinem Bilanzstich-

---

1 BGBl I 2018, 2338.
2 Vgl. *Müller* in Mössner/Seeger/Oellerich, KStG, § 14 Rz. 611 ff.
3 Vgl. *Müller* in Mössner/Seeger/Oellerich, KStG, § 14 Rz. 31 ff.
4 Vgl. *Müller* in Mössner/Seeger/Oellerich, KStG, § 14 Rz. 71 f.
5 *Müller* in Mössner/Seeger/Oellerich, KStG, § 14 Rz. 583, 634 f.
6 *Thiel*, Steuerkongress-Report 1971, 179, 203.
7 *Thiel*, a. a. O.

tag restlos veräußert. Die vGA in Höhe der nichtberechneten Gewinnspanne ist danach steuerlich irrelevant, weil der Gewinn des OrgT die nichtberechnete Gewinnspanne schon in sich schließt.

▶ Das „Einkommen" i. S. d. § 9 Abs. 1 Nr. 2 KStG, das Bemessungsgrundlage für die abziehbaren Spenden ist, wird für die OG und den OrgT jeweils gesondert ermittelt. An dieser Auffassung ist trotz der durch das BFH-Urteil vom 12.10.2016 - I R 92/12[1] ausgelösten Debatte, auf welcher Stufe das Einkommen der OG dem OrgT zugerechnet wird, festzuhalten. Andernfalls würde das Einkommen der OG zweimal bei der Berechnung des Spendenhöchstbetrags berücksichtigt, einmal bei den eigenen Spenden der OG und einmal bei den Spenden des OrgT. Außerdem handelt es sich um die Versteuerung von Fremdeinkommen, was das eigene Einkommen nicht beeinflussen kann.

Übersteigen die z. B. von der OG geleisteten Spenden den ihr zustehenden Betragsrahmen, können die darüber hinausgehenden Spenden auch dann nicht beim OrgT berücksichtigt werden, wenn er den nach seinem Einkommen berechneten Betragsrahmen nicht ausgeschöpft hat (vgl. a. R 9 Abs. 5 KStR 2015). Ist ein Stpfl. an einer PersGes beteiligt, die Organträger einer kstlichen Organschaft ist, so bleibt bei der Berechnung des Höchstbetrags der abziehbaren Spenden nach § 10b Abs. 1 EStG aufgrund des Gesamtbetrags der Einkünfte des dem Stpfl. anteilig zuzurechnende Einkommen der OG außer Ansatz.[2]

Abweichungen von den allgemeinen Vorschriften über die Gewinnermittlung ergeben sich für OG vor allem aus **§ 15 KStG** als **lex specialis**. Die in § 15 KStG enthaltene Aufzählung von Vorschriften, die bei der Ermittlung des dem OrgT zuzurechnenden Einkommens der OG nicht anzuwenden sind, ist u. E. erschöpfend.[3]

18

(Einstweilen frei)

19–30

C. Verlustabzug (§ 15 Satz 1 Nr. 1 und 1a KStG)

Die Vorschrift betrifft den über § 8 Abs. 1 KStG auch bei Kapitalgesellschaften anwendbaren Verlustabzug nach § 10d EStG. In dessen Abs. 1 Satz 1 ist vorgesehen, dass negative Einkünfte, die bei der Ermittlung des Gesamtbetrags der Einkünfte nicht ausgeglichen werden, bis zu einem Gesamtbetrag von 511 500 € vom Gesamtbetrag der Einkünfte des unmittelbar vorangegangenen VZ vorrangig vor Sonderausgaben, außergewöhnlichen Belastungen und sonstigen Abzugsbeträgen abzuziehen sind (sog. **Verlustrücktrag**). Dabei ist der unmittelbar vorangegangene VZ immer der dem Verlustjahr unmittelbar vorausgehende VZ, und zwar unabhängig davon, ob zwischenzeitlich ein Organschaftsverhältnis bestanden hatte.[4] Danach verbleibende negative Einkünfte sind in den folgenden VZ in entsprechender Weise vom Gesamtbetrag der Einkünfte abzuziehen (**Verlustvortrag**; § 10d Abs. 2 Satz 1 EStG). Ein Verlustabzug i. S. d. § 10d EStG ist bei der OG **nicht zulässig**. Dies gilt gleichermaßen für den Verlustrücktrag wie auch den Verlustvortrag. Das Abzugsverbot bezieht sich aber nur auf die Einkommensermittlung **bei der OG**. Der OrgT bleibt hingegen abzugsberechtigt. Er kann wegen § 302 AktG

31

---

1 Siehe hierzu *Müller* in Mössner/Seeger/Oellerich, KStG, § 14 Rz. 732b; hierzu auch *Pohl*, DStR 2017, 1687, 1689.
2 BFH, Urteil v. 23.1.2002 - XI R 95/97, BStBl 2003 II 9.
3 Ebenso *Herlinghaus* HHR KStG § 15 Rz. 31.
4 BFH, Urteil v. 12. 12. 2012 - I R 69/11, NWB KAAAE-32296.

übernommene Verluste der OG[1] uneingeschränkt wie eigene Verluste durch Rück- oder Vortrag nach § 10d EStG verrechnen.[2]

Die Regelung hat den **Zweck**, zu verhindern, dass dem OrgT Verluste der OG aus Zeiten, für die der GAV nicht gilt, zugerechnet werden.[3] Sie fand ihre Rechtfertigung ursprünglich darin, dass selbst im Falle der Umwandlung oder Verschmelzung von Unternehmen nach dem UmwStG 1977 – also bei wesentlich weitreichenderen unternehmenspolitischen Maßnahmen als der Organschaft – Verlustabzüge der untergehenden KapGes vom Übernehmer nicht übernommen werden konnten.[4] Gegenüber § 12 Abs. 3 Satz 2 UmwStG 1995, der im Falle der Verschmelzung auch einen verbleibenden Verlustabzug i. S. d. § 10d Abs. 3 (bzw. Abs. 4) Satz 2 EStG unter bestimmten Voraussetzungen auf die übernehmende Gesellschaft übergehen lässt, geht § 15 (Satz 1) Nr. 1 KStG vor. Andernfalls wären außervertragliche Verluste, die von einem anderen, nämlich dem übertragenden Unternehmen stammten, günstiger behandelt worden als eigene außervertragliche Verluste der OG.[5] Nach § 12 Abs. 3 2. Halbsatz i. V. m. § 4 Abs. 2 Satz 2 UmwStG i. d. F. SEStEG geht ein Verlustvortrag nicht mehr über.

32 **Vermeiden** lässt sich diese Auswirkung des § 15 Satz 1 Nr. 1 KStG eventuell durch Abschluss eines **aufschiebend bedingten GAV**[6], sicher aber durch Beseitigung des Verlusts vor Abschluss und Wirksamwerden des GAV durch **gewinnrealisierende Maßnahmen**.

> **BEISPIEL:** Das Unternehmen des A hält neuerdings 100 % der Anteile an der OG-AG und erfüllt auch im Übrigen alle Voraussetzungen, um gegenüber diesem Unternehmen als OrgT zu fungieren. Da sich bei der OG-AG gegen Ende des laufenden Wj abzeichnet, dass es ausnahmsweise mit einem Verlust enden dürfte, veranlasst A – vor Abschluss des GAV zu Beginn des neuen Wj der OG-AG –, dass diese seinem Unternehmen ein inzwischen wertvolles Grundstück, das mit niedrigen AK zu Buche steht, veräußert. Hierdurch wird vermieden, dass das Wj der OG-AG mit einem Verlust endet, und gleichzeitig sichergestellt, dass für das neue Wj der OG-AG erstmals der GAV zum Zuge kommen kann.

32a Eine Verlustnutzung kann auch nicht durch eine **rückwirkende Umwandlung** erreicht werden. Dies hat der Gesetzgeber mit dem durch das Jahressteuergesetz 2009 eingeführten § 2 Abs. 4 UmwStG gesperrt. Anknüpfungspunkt dieser Vorschrift war der übertragende Rechtsträger. Mit dem Amtshilferichtlinie-Umsetzungsgesetz hat der Gesetzgeber den Anwendungsbereich der Vorschrift auf Verluste des übernehmenden Rechtsträgers ausgedehnt. Nach § 2 Abs. 4 Satz 3 UmwStG n. F. ist der Ausgleich oder die Verrechnung von positiven Einkünften des übertragenden Rechtsträgers im Rückwirkungszeitraum mit verrechenbaren Verlusten, verbleibenden Verlustvorträgen, nicht ausgeglichenen negativen Einkünften und einem Zinsvortrag nach § 4h Abs. 1 Satz 5 EStG des übernehmenden Rechtsträgers nicht zulässig. Nach Satz 4 gilt: Ist übernehmende Rechtsträgerin eine Organgesellschaft, gilt Satz 3 auch für einen Ausgleich oder eine Verrechnung beim Organträger entsprechend. Satz 5 dehnt den Anwendungsbereich auf eine Personengesellschaft als übernehmende Rechtsträgerin aus. Die Sätze 3 bis 5 gelten nicht, wenn übertragender Rechtsträger und übernehmender Rechtsträger vor Ablauf der steuerlichen Übertragungsstichtags verbundene Unternehmen i. S. d. § 271 Abs. 2 HGB sind (sog.

---

[1] *Müller* in Mössner/Seeger/Oellerich, KStG, § 14 Rz. 493, 526.
[2] *Herlinghaus* HHR KStG § 15 Rz. 34; *Dötsch* DPM § 15 n. F. Rz. 4.
[3] *Müller* in Mössner/Seeger/Oellerich, KStG, § 14 Rz. 524 ff.
[4] Vgl. BFH, Urteil v. 8. 4. 1964 - VI 205/61 S, BStBl 1964 III 306.
[5] *Danelsing* Blümich KStG § 15 Rz. 8; *Herlinghaus* HHR KStG § 15 Rz. 34.
[6] Fraglich, da in diesen Fällen häufig die Eintragung abgelehnt wird; vgl. *Müller* in Mössner/Seeger/Oellerich, KStG, § 14 Rz. 543; FG Hamburg, Urteil v. 20. 8. 1986 - II 115/84, EFG 1987, 42, rkr.; zu Einzelheiten s. a. *Herlinghaus* HHR KStG § 15 Rz. 39.

Konzernklausel). Die Neuregelung gilt nach § 27 Abs. 12 UmwStG für alle Umwandlungen und Einbringungen, bei denen die Anmeldung zur Eintragung in das maßgebende Handelsregister nach dem Tag des Beschlusses des Deutschen Bundestags über die Beschlussempfehlung des Vermittlungsausschusses erfolgt ist, das war am 6.6.2013. Mithin gilt die Neuregelung für Anmeldungen ab dem 7.6.2013. Ist eine Eintragung für die Wirksamkeit nicht erforderlich, ist maßgebend der Tag des Übergangs des wirtschaftlichen Eigentums an den eingebrachten Wirtschaftsgütern.

Die Neuregelung erfasst (nur) positive Einkünfte des übertragenden Rechtsträgers, die im Rückwirkungszeitraum erzielt wurden.

BEISPIEL ZUR NEUREGELUNG (KEIN KONZERNFALL): Die natürliche Person A ist Organträger der Verlust-GmbH. Im August 2013 wird mit steuerlicher Rückwirkung zum 31.12.2012 die Verschmelzung der Gewinn-GmbH auf die Verlust-GmbH zum Handelsregister angemeldet.

LÖSUNG: Der laufende Verlust der Verlust-GmbH in 2013 (nicht begrenzt auf den Rückwirkungszeitraum!) kann nach Satz 3 nicht mit einem laufenden Gewinn der Gewinn-GmbH im Rückwirkungszeitraum (1.1.2013 bis zur Eintragung in das Handelsregister) verrechnet werden. Dieser Gewinn muss nach handelsrechtlichen Grundsätzen ermittelt werden, was einen hohen Verwaltungsaufwand bedeutet. Satz 4 dehnt die Verlustverrechnungssperre auf den Organträger aus, und zwar auch auf eigene laufende Verluste und Verlustvorträge des Organträgers. Dies bedeutet, dass sogar die Verschmelzung zweier Gewinngesellschaften zur Anwendung der Verlustverrechnungssperre führt, wenn der Organträger des übernehmenden Rechtsträgers über eigene laufende Verluste oder Verlustvorträge verfügt. Im Beispielsfall versteuert A 2013 sein eigenes Einkommen und das positive Einkommen der Gewinn-GmbH, was im ihm zuzurechnenden Einkommen der Verlust-GmbH (seiner Organgesellschaft) enthalten ist. Das negative Einkommen der Verlust-GmbH in 2013 kann A nur als Verlustvortrag nutzen.

Anders als unter der Geltung des § 7a KStG a. F. kann nunmehr ein Verlustabzug auch **nicht mehr dazu benutzt werden, ein bei der OG verbleibendes, von ihr selbst zu versteuerndes Einkommen** (z. B. wegen der Gewährung von Ausgleichszahlungen an Minderheitsgesellschafter) **auszugleichen**. Dies ist in R 15 KStR 2015 ausdrücklich klargestellt: „Ein Verlustabzug aus der Zeit vor dem Abschluss des GAV darf das Einkommen der OG, das sie während der Geltungsdauer des GAV bezieht, nicht mindern (§ 15 Nr. 1 KStG)." Dies entspricht dem Grundsatz, dass die vororganschaftlichen Verhältnisse für die Dauer des Bestehens des Organschaftsverhältnisses „konserviert" werden.[1]

Die Regelung des § 15 Satz 1 Nr. 1 KStG gilt einheitlich für alle Verluste.[2] Sie ist demnach auch für noch nicht ausgeglichene **Betriebsstättenverluste** i. S. d. § 2a Abs. 1 EStG aus **vor** organschaftlicher Zeit anzuwenden. Entstehen der OG **während** des Bestehens der Organschaft ausländische Betriebsstättenverluste, die sie nicht mit positivem Einkommen ausgleichen kann, ist dies bereits bei der Ermittlung des Einkommens der OG zu berücksichtigen. Derartige Verluste mindern nicht das dem OrgT zuzurechnende Einkommen. Vielmehr sind positive Betriebsstättenergebnisse der OG der jeweils selben Art aus demselben Staat in den folgenden VZ um die Verluste zu kürzen, § 2a Abs. 1 Satz 3 EStG. Zur EU-Rechtswidrigkeit des § 2a EStG s. BFH, Urteil v. 29.1.2008.[3]

---

1 Gl. A. *Walter* in Bott/Walter, § 15 Rz. 6f.; *Dötsch* Rz. 5.
2 *Herlinghaus* HHR KStG § 15 Rz. 35; *Dötsch* DPM § 15 Rz. 6.
3 I R 85/06, BStBl 2008 II 671.

35 Die Finanzverwaltung will den Anwendungsbereich des § 15 Satz 1 Nr. 1 KStG auf einen **vororganschaftlichen Zinsvortrag der OG** nach § 4h Abs. 1 Satz 5 EStG ausdehnen,[1] dieser soll also auch eingefroren werden. Diese eindeutig gegen den Wortsinn der Vorschrift verstoßende Auffassung ist abzulehnen.[2] Gleiches gilt für den EBITDA-Vortrag.

36 Wegen der steuerrechtlichen Auswirkungen der **Übernahme vororganschaftlicher Verluste der OG durch den OrgT** s. *Müller*.[3]

37 Die **zivilrechtliche Gewinnabführung** ist der Höhe nach nicht mit der **steuerrechtlichen Ergebniszurechnung** identisch, weil der handelsbilanzielle Verlustvortrag nach § 301 Satz 1 AktG vor der Gewinnabführung vom Jahresüberschuss abgezogen wird. Die Verlustübernahmeverpflichtung (§ 302 Abs. 1 AktG) bezieht sich im Übrigen nur auf den Jahresfehlbetrag, der in der Gewinn- und Verlustrechnung (§ 275 HGB) als Rechnungsposten vor dem Verlustvortrag ausgewiesen wird (vgl. § 158 Abs. 1 Satz 1 AktG). Zivilrechtlich ist damit ein Ausgleich des Überschusses während der Geltung des GAV mit vorvertraglichen Verlusten vorgeschrieben; dabei mindert sich die Gewinnabführung entsprechend. Steuerrechtlich wird hingegen der zivilrechtlich zum Ausgleich des Verlustvortrags benötigte Gewinn als Bestandteil des nach § 15 Satz 1 Nr. 1 KStG ohne Verlustausgleich ermittelten Einkommens der OG dem OrgT zugerechnet. Die tatsächliche Durchführung des GAV wird dadurch nicht in Frage gestellt (vgl. R 14.5 Abs. 5 Nr. 1 KStR 2015). Es kommt zu einer Minderabführung, die beim Organträger zur Bildung eines aktiven Ausgleichspostens in der Steuerbilanz führt.[4] Werden handelsbilanzielle Verlustvorträge der OG nicht abgezogen, ist der GAV nicht tatsächlich durchgeführt mit der Folge, dass die Organschaft nicht anerkannt werden kann.

38 Ein noch nicht verbrauchter vororganschaftlicher Verlustabzug ist während der Dauer der Organschaft nach § 10d Abs. 4 EStG von Jahr zu Jahr in unveränderter Höhe bei der OG **gesondert festzustellen**.

39 Mit Einfügung eines neuen § 10a Satz 3 GewStG werden ab dem Erhebungszeitraum 2004 Verluste aus vororganschaftlicher Zeit körperschaft- und gewerbesteuerlich gleich behandelt.

40 Der Große Senat hat mit Beschluss vom 28.11.2016 - GrS 1/15[5] den Sanierungserlass der Finanzverwaltung vom 27.3.2003 für rechtswidrig erklärt. Der Gesetzgeber hat darauf mit der (Wieder-)Einführung einer **gesetzlichen Steuerbefreiung von Sanierungsgewinnen** in §§ 3a, 3c Abs. 4 EStG reagiert. Zu Einzelheiten der neuen Vorschrift s. KKB/Kanzler, § 3a EStG und KKB/Nacke § 3c Abs. 4 EStG; Klein/Müller, Praxishandbuch der GmbH, 4. Aufl. 2018, Rz. 5394 ff. Die entsprechenden Konsequenzen in Organschaftsfällen hat der Gesetzgeber in einem Satz 2 in § 15 Satz 1 Nr. 1 KStG und einem neuen Abs. 1a gezogen.

Nachdem die EU-Kommission keine beihilferechtlichen Bedenken gegen die Steuerfreiheit von Sanierungsgewinnen hat, kann die Neuregelung nach einer neuen Inkrafttretensregelung wie ursprünglich vorgesehen rückwirkend ab VZ 2017 in Kraft treten.[6] Auf Antrag gilt sie auch für VZ vor 2017.

---

1 BMF, Schreiben v. 4.7.2008, BStBl 2008 I 718, Rz. 48.
2 *Köhler/Hahne*, DStR 2008, 1505, 1512; a. A. *Herzig/Liekenbrock*, DB 2009, 1949, 1950, m. w. N. zu beiden Auffassungen in Fn. 19; *Dötsch* DPM § 15 Rz. 74.
3 In Mössner/Seeger/Oellerich, KStG, § 14 Rz. 681 f.
4 R 14.8 Abs. 2 KStR 2015; *Dötsch* DPM § 15 n. F. Rz. 13.
5 BStBl 2017 II 393.
6 Zu §§ 3a und 3c Abs. 4 EStG s. den Überblick in diesem Kommentar, *Klein/Müller/Döpper* in Mössner/Seeger/Oellerich, KStG, § 8 Rz. 2887 ff. und speziell KKB/Kanzler, § 3a EStG und KKB/Nacke, § 3c Abs. 4 EStG.

Die Vorschriften haben nur Bedeutung für die Sanierung von OG. Sie gelten nicht bei Sanierung des OrgT. **40a**

OrgT und OG ermitteln zunächst ihre Einkommen getrennt. Damit kommen die Regelungen des § 3a EStG (Steuerfreiheit von Sanierungserträgen und entsprechender Untergang von Verlustverrechnungspotential bzw. von Verlustausgleichspotenzial) und § 3c Abs. 4 EStG (Nichtabziehbarkeit von damit im wirtschaftlichen Zusammenhang stehenden Betriebsvermögensminderungen) getrennt zur Anwendung. Das bedeutet u. E, dass die in § 3a Abs. 3 Satz 2, 3 und 5 EStG geregelte Vernichtung von Verlustabzugspotenzial im Umfang eines laufenden Verlusts der OG im Sanierungsjahr und eines vororganschaftlichen Verlustvortrags bereits auf Ebene der OG und nicht erst insgesamt auf Ebene des OrgT erfolgt.[1] **41**

Bei der OG betrifft die neue Regelung im Wesentlichen die durch § 15 Satz 1 Nr. 1 Satz 1 KStG gesperrten vororganschaftlichen Verluste, da sich organschaftliche Verluste beim OrgT auswirken. Die Bedeutung des § 15 Satz 1 Nr. 1 Satz 2 KStG ist, dass er klarstellt, dass die vororganschaftlichen Verluste i. S. d. § 3a Abs. 3 Satz 2 EStG zu verwenden sind, das Verlustabzugsverbot des Satzes 1 der Verrechnung von Verlustvorträgen (Entsprechendes gilt für vororganschaftliche Zinsvorträge und EBITDA-Vorträge) also nicht entgegensteht. Nach § 3a Abs. 3 Nr. 8 EStG ist auch ein laufender Verlust der OG im Sanierungsjahr mit dem Sanierungsertrag zu verrechnen, so dass es nicht mehr zu einer Zurechnung des Verlust beim OrgT kommen kann.[2]

Zwar ist der verbleibende Sanierungsertrag im Sinne des § 3a Abs. 3 Satz 4 EStG bei der OG zu ermitteln, nach § 15 Satz 1 Nr. 1a Satz 1 KStG treten die Rechtsfolgen gemäß § 3a Abs. 3 Satz 2, 3 und 5 EStG aber beim OrgT ein. Hierzu kann es allerdings nur kommen, soweit der Sanierungsertrag der OG höher ist als die Summe aus laufendem Verlust der OG im Sanierungsjahr und ihrem vororganschaftlichen Verlustvortrag, die vorrangig zu verrechnen sind. Hinsichtlich der Reihenfolge der Verrechnung besteht kein Wahlrecht. Der verbleibende Sanierungsertrag wird nach § 14 Abs. 5 KStG gesondert und einheitlich festgestellt und führt dann zu einer entsprechenden Kürzung auf Ebene des OrgT.

Nach Verrechnung des Sanierungsertrags mit dem Steuerminderungspotenzial von OG und OrgT kann es gem. § 3a Abs. 3 Satz 3 EStG auch noch zur Verrechnung mit Steuerminderungspotential von der OG nahestehenden Personen (z. B. anderen Gesellschaften des Organkreises oder den Gesellschaftern des OrgT) kommen. Voraussetzung ist, dass die nahestehenden Personen innerhalb von fünf Jahren vor dem Schuldenerlass die erlassenen Schulden auf die OG übertragen haben. Dieser Sachverhalt kommt insbesondere in Umwandlungsfällen (Abspaltungen, Einbringungen) in Betracht. *Frotscher*[3] weist allerdings zu Recht darauf hin, dass bei einer Abspaltung etwaige Verluste der übertragenden Körperschaft anteilig untergehen. Deshalb kann es nicht zu einer Doppelbegünstigung bei der Übertragung von Verbindlichkeiten kommen. Um eine Überbesteuerung zu vermeiden, schlägt er vor, § 3a Abs. 3 Satz 3 EStG bei Abspaltungen nicht anzuwenden. **42**

In einem weiteren Schritt ist von Bedeutung, wer die sanierte Gesellschaft ist. Ist die OG die sanierte Gesellschaft, schreibt die neue Nr. 1a § 15 Satz 1 KStG vor, dass auch dem OrgT zustehende Steuerminderungspotenziale untergehen, wenn der steuerfreie Sanierungserfolg der OG höher ist als die eigenen Steuerminderungspotenziale der OG. Dabei spielt es keine Rolle, **43**

---

1 *Dötsch* DPM § 15 KStG, Tz. 18 f.
2 *Frotscher* in Frotscher/Drüen, § 15 KStG, Rz. 24.
3 In Frotscher/Drüen, § 15 KStG, Rz. 24c.

woher die Steuerminderungspotenziale des OrgT stammen. Ist OrgT eine Personengesellschaft, ist die Kürzung nach § 3a EStG gem. § 15 Satz 1 Nr. 1a Satz 2 KStG i. V. m. § 3a Abs. 4 EStG bei den Mitunternehmern vorzunehmen.

44 Darüber hinaus verlangt der neue § 15 Satz 1 Nr. 1a KStG, dass der OrgT sogar nach Beendigung der Organschaft seine Steuerminderungspotenziale zur Verfügung stellen muss. Dabei kommt es auf die Steuerminderungspotenziale im Zeitpunkt des Sanierungsgewinns an, und nicht auf den Bestand zum Ende der Organschaft. Diese Nachhaft[1] beträgt fünf Jahre.[2] Die Verlustkappung hat vorrangig auf Ebene der früheren OG zu erfolgen, nur ein danach verbleibender Sanierungsertrag geht auf den früheren OrgT über.[3]

> **BEISPIEL** Die X-GmbH muss in 11 saniert werden. Dabei werden Verbindlichkeiten der Jahre 3 bis 5 und 8 bis 11 erlassen. In den Jahren 6 und 7 bestand eine Organschaft mit der Y-GmbH als OrgT, die aus wichtigem Grund vorzeitig beendet wurde.
>
> Der Sanierungsertrag der früheren OG X erfasst alle erlassenen Verbindlichkeiten der Jahre 3 bis 5 und 8 bis 11. Soweit die X-GmbH kein eigenes Verlustverrechnungspotential hat, mindert der Sanierungsertrag etwaige Verlustvorträge des früheren OrgT Y-GmbH.

45–50 *(Einstweilen frei)*

D. Beteiligung an anderen Körperschaften und Personenvereinigungen (§ 15 Satz 1 Nr. 2 KStG)

51 Die (95 %ige) **Freistellung von Bezügen** i. S. d. § 20 Abs. 1 Nr. 1, 2, 9 und 10 Buchst. a EStG (§ 8b Abs. 1 KStG i. V. m. Abs. 5) und das **Halb-(bzw. ab 2009 Teil-)einkünfteverfahren** (§ 3 Nr. 40 i. V. m. § 3c Abs. 2 EStG) haben es erforderlich gemacht, die Anwendung dieser Vorschriften in Organschaftsfällen zu regeln. Ansonsten käme eine OrgT-PersGes (soweit natürliche Personen als Mitunternehmer beteiligt sind) oder eine natürliche Person als OrgT in den Genuss von Steuervergünstigungen, die ihnen nach ihrer Rechtsform nicht zustehen. Dabei ist § 15 (Satz 1) Nr. 2 KStG bei der Ermittlung des Einkommens des OrgT anzuwenden, wenn die Ermittlung des dem OrgT zuzurechnenden Einkommens der OG nach dem KStG i. d. F. des Art. 3 des Gesetzes v. 23. 10. 2000,[4] zuletzt geändert durch Art. 2 des Gesetzes v. 20. 12. 2001,[5] vorzunehmen ist (§ 34 Abs. 10 KStG).

52 Nach § 15 Satz 1 Nr. 2 Satz 1 KStG sind die Regelungen des **§ 8b Abs. 1 bis 6 KStG** über die Steuerfreiheit von Beteiligungserträgen und Veräußerungsgewinnen sowie § 4 Abs. 6 UmwStG, wonach ein **Übernahmeverlust außer Ansatz** bleibt, soweit er auf eine Körperschaft, Personenvereinigung oder Vermögensmasse als Mitunternehmerin einer Personengesellschaft entfällt, und in den übrigen Fällen 60 % (höchstens jedoch i. H. v. 60 % der Bezüge i. S. d. § 7 UmwStG) anzusetzen ist, bei der Ermittlung des Einkommens der **OG**[6] ungeachtet der Rechtsform des Organträgers **generell nicht anzuwenden**. Das bedeutet, dass z. B. Dividenden (Bezüge i. S. d. § 20 Abs. 1 Nr. 1 EStG) bei der Ermittlung des Einkommens der OG nicht gem. § 8b Abs. 1 KStG

---

1 So *Krumm* in Blümich, § 15 KStG, Rz. 16.
2 Zu verfassungsrechtlichen Bedenken hiergegen wegen Durchbrechung des objektiven Nettoprinzips s. *Desens*, FR 2017, 981, 991 ff.
3 So zu Recht *Dötsch* DPM, § 15 KStG, Tz. 18r, unklar insoweit *Frotscher* in Frotscher/Drüen, § 15 KStG, Rz. 24e.
4 BGBl 2000 I 1433; BStBl 2000 I 1428.
5 BGBl 2001 I 3858; BStBl 2002 I 35, 41.
6 *Müller* in Mössner/Seeger/Oellerich, KStG, § 14 Rz. 631 ff.

außer Ansatz bleiben, sondern steuerlich zu erfassen sind. Das Gleiche gilt bspw. für Gewinne aus der Veräußerung eines Anteils an einer anderen Körperschaft oder Personenvereinigung, deren Leistungen beim Empfänger zu Einnahmen i. S. d. § 20 Abs. 1 Nr. 1, 2, 9, 10 Buchst. a EStG gehören (§ 8b Abs. 2 Satz 1 KStG). Für die Ermittlung des Gewerbeertrags nach § 7 GewStG gilt das Gleiche.[1] **§ 3c Abs. 1 EStG ist bei der Ermittlung des Einkommens der OG nicht anzuwenden, was mittlerweile gesetzlich klargestellt ist.**

Damit gilt für die Ermittlung des Einkommens der OG die sog. **Bruttomethode**, d. h., die hälftige (ab 2009 40%ige) oder vollständige Steuerbefreiung von Dividenden und Veräußerungsgewinnen erfolgt erst auf der Ebene des OrgT, und zwar abhängig von dessen Rechtsform bzw. der seiner Gesellschafter. Durch die Bruttomethode wird u. U. das eigene Einkommen der OG, das Bemessungsgrundlage für den **Spendenabzug** ist (vgl. oben → Rz. 17), erhöht und ermöglicht damit einen höheren Spendenabzug bei der OG.[2] Ändert sich der Veräußerungsgewinn in späteren Jahren (z. B. Erhöhung des Veräußerungspreises oder von Veräußerungskosten), wirkt dies auf den Zeitpunkt der Veräußerung zurück. Die außerbilanziellen Korrekturen sind zwar bei der OG vorzunehmen, wirken sich aber durch eine Veränderung des dem OrgT für das Jahr der Veräußerung zuzurechnende Einkommen der OG aus.[3]

Da in § 15 Satz 1 Nr. 2 Satz 1 KStG nicht erwähnt, gelten § 8b Abs. 7 und 8 KStG bei der Ermittlung des Einkommens der OG,[4] wenn diese ein Finanzunternehmen ist.[5] Für die Anwendung der Bruttomethode ist zwischen VZ bis einschließlich 2008 und ab 2009 zu unterscheiden.

Für VZ bis einschließlich 2008 gilt Folgendes: Ist der OrgT kein Finanzunternehmen, jedoch die OG (Fall 1), sind die im zugerechneten Organeinkommen enthaltenen Dividenden bei ihm gem. § 8b KStG i. H. v. 95 % steuerfrei.[6] Ist der OrgT ein Finanzunternehmen, die OG aber nicht (Fall 2), ist § 8b Abs. 7 KStG hinsichtlich der im zuzurechnenden Einkommen der OG enthaltenen Dividenden nicht anzuwenden. Bei der Ermittlung des Einkommens des OrgT kommt es u. E. ebenfalls nicht zur Anwendung des § 8b Abs. 7 KStG. Dem steht der Regelungszweck des § 15 Satz 1 Nr. 2 KStG entgegen.[7] Dieser besteht darin, steuerliche Vergünstigungen, die nur einer Kapitalgesellschaft zustehen, einem OrgT anderer Rechtsform nicht zu gewähren. Steht die steuerliche Vergünstigung aber der OG zu, soll sie bei einer anderen Körperschaft als OrgT erhalten bleiben.

Für VZ nach 2008 gilt Folgendes: Der Gesetzgeber hat mit dem JStG 2009 einen Satz 3 in § 15 Satz 1 Nr. 2 KStG eingefügt. Danach gilt Satz 2 nicht, soweit bei der OG § 8b Abs. 7, 8 oder 10 KStG anzuwenden ist. Die Änderung soll nur klarstellende Wirkung haben;[8] u. E. hat sie konstitutive Wirkung und gilt deshalb gem. § 34 Abs. 1 KStG erst ab 2009. Nach § 8b Abs. 7 KStG gilt die Steuerbefreiung des § 8b Abs. 1 und 2 KStG nicht für Kreditinstitute und Finanzdienstleistungsinstitute, soweit bei diesen Anteile dem Handelsbuch zuzurechnen sind. Bei Lebens- und

---

1 BFH, Urteil v. 17. 12. 2014 - I R 39/14, BB 2015, 871 = NWB VAAAE-86640; s. hierzu *Adrian*, BB 2015, 1113.
2 *Dötsch* DPM § 15 Rz. 21.
3 BFH, Urteil v. 12. 3. 2014 - I R 55/13, BStBl 2015 II 658.
4 Bericht des FA, BT-Drucks. 16/11108, 35; *Herlinghaus* HHR KStG § 15 Rz. 44; *Heurung/Seidel*, BB 2009, 472, 473; *Dötsch* DPM § 15 Rz. 39.
5 Siehe hierzu BFH, Urt. v. 12. 10. 2011 - I R 4/11, BFH/NV 2012, 453 = NWB PAAAE-00544 und v. 26. 10. 2011 - I R 17/11, NWB GAAAE-02919 zu Einzelheiten s. *Geißer* in Mössner/Seeger/Oellerich, KStG § 8b Rz. 300 ff.,
6 *Dötsch* DPM § 15 n. F. Rz. 20a vor der Neukommentierung 2009; *Müller* in Müller/Stöcker/Lieber, Die Organschaft, 10. Aufl., Herne 2017, Rz. 705 (Fall 1); a. A. *Frotscher/Drüen*, § 8b Rz. 111c; *Rogall*, DB 2006, 2310, 2313.
7 Dazu neigend auch *Dötsch* DPM § 15 Rz. 41.
8 Bericht des FA, BT-Drucks. 16/11108, 35; hieran zweifelnd *Dötsch* DPM § 15 Rz. 39.

Krankenversicherungsunternehmen kommt nach § 8b Abs. 8 KStG die Freistellung nicht zum Tragen, soweit bei diesen Anteile den Kapitalanlagen zuzurechnen sind. Zur Vermeidung der Umgehung der Abs. 7 und 8 ordnet Abs. 10 in § 8b KStG an, dass in Fällen der Wertpapierleihe das hierfür gezahlte Entgelt beim Entleiher nicht als Betriebsausgabe abgezogen werden darf. Im Fall 1 (OrgT kein, OG aber ein Finanzunternehmen) tritt eine Änderung ein, da nunmehr gesetzlich geregelt ist, dass beim OrgT die Steuerfreistellung nach § 8b KStG nicht eingreift.[1]
Im Fall 2 (OrgT Finanzunternehmen, OG aber nicht) tritt keine Änderung ein.

55 Nur soweit in dem **dem OrgT zugerechneten Einkommen** Bezüge, Gewinne oder Gewinnminderungen i. S. d. § 8b Abs. 1 bis 3 KStG oder mit solchen Beträgen zusammenhängende Ausgaben i. S. d. § 3c Abs. 2 EStG oder Verluste i. S. d. § 4 Abs. 6 UmwStG enthalten sind, sind § 8b KStG, § 4 Abs. 6 UmwStG sowie § 3 Nr. 40 und § 3c Abs. 2 EStG **bei der Ermittlung des Einkommens des OrgT** anzuwenden (§ 15 Satz 1 Nr. 2 Satz 2 KStG). Das bedeutet, dass das vom OrgT selbst erwirtschaftete Einkommen und das von der OG selbst zu versteuernde Einkommen (vgl. § 16 KStG) von der Vorschrift nicht erfasst werden. Der missverständliche Wortsinn muss dahin gehend ausgelegt werden, dass das dem OrgT zuzurechnende Organeinkommen in einem zweiten Schritt korrigiert wird, nicht jedoch die v. g. Vorschriften bei der Ermittlung des eigenen Einkommens des OrgT angewendet werden.[2]

56 Hat der OrgT die Rechtsform einer **KapGes**, so gilt Folgendes:[3]

BEISPIEL: Die T-GmbH ist 100%ige Tochtergesellschaft der M-AG. Zwischen beiden Gesellschaften besteht ein Organschaftsverhältnis. Die T-GmbH hat 2009 Dividendeneinnahmen von 10.000 €, auf die Betriebsausgaben von 1.000 € entfallen.

Bei der Ermittlung des der M-AG zuzurechnenden Einkommens werden § 8b Abs. 1 und § 3c Abs. 2 EStG nicht berücksichtigt (§ 15 Satz 1 Nr. 2 KStG). Das zuzurechnende Einkommen beträgt 9.000 €.

In der Steuererklärung macht die T-GmbH als OG folgende Angaben:

Einkommen	9.000 €
Nachrichtlich:	
Bezüge i. S. d. § 8b Abs. 1 KStG	10.000 €

Bei der M-AG als OrgT werden nach § 15 Satz 1 Nr. 2 KStG vom zugerechneten Einkommen i. H. v. 9.000 € die steuerfreien Bezüge nach § 8b Abs. 1 KStG i. H. v. 10.000 € gekürzt und derjenige nach § 8b Abs. 5 Satz 1 KStG (hier: 500 €) hinzugerechnet. Das verbleibende Einkommen beträgt ./. 500 €.

57 Ist der OrgT eine **natürliche Person**, gilt Folgendes:[4]

BEISPIEL: Sachverhalt wie oben, nur gehört die 100%ige Beteiligung an der T-GmbH zum Betriebsvermögen des gewerblichen Einzelunternehmens des A. Auf der Ebene der OG ergeben sich keine Änderungen zum vorhergehenden Beispiel.

Beim Organträger A werden nach § 15 Satz 1 Nr. 2 KStG vom zugerechneten Einkommen von 9.000 € die nach § 3 Nr. 40 Buchst. d Satz 1 EStG steuerfreien Bezüge i. H. v. 4.000 € abgezogen und nach § 3c Abs. 2 Satz 1 EStG 40 % der damit im Zusammenhang stehenden Betriebsausgaben zugerechnet. Das dem A zugerechnete Einkommen beträgt 5.400 €.

---

1 *Dötsch* DPM § 15 Rz. 40; *Heurung/Seidel*, a. a. O., 474.
2 *Dötsch* DPM § 15 Rz. 29.
3 Vgl. BMF, Schreiben v. 26. 8. 2003, BStBl 2003 I 437, Rz. 25, unter Berücksichtigung der Neuregelung in § 8b Abs. 5 KStG ab VZ 2004.
4 Vgl. BMF, Schreiben v. 26. 8. 2003, BStBl 2003 I 437.

Ist der OrgT eine **PersGes**, an der sowohl KapGes als auch natürliche Personen beteiligt sind, erfolgt die Einkommensermittlung nach → Rz. 56 und → Rz. 57.[1]

58

Nach § 15 Satz 1 Nr. 2 KStG i. d. F. des StVergAbG gilt die vorstehende Regelung auch für Übernahmegewinne i. S. d. § 4 Abs. 7 UmwStG i. d. F. vor SEStEG, d. h., wenn die Umwandlung vor dem 13. 12. 2006 zur Eintragung in das Handelsregister des übernehmenden Rechtsträgers angemeldet worden ist. Da die §§ 3 und 4 UmwStG die Verschmelzung einer Kapitalgesellschaft auf eine Personengesellschaft betreffen und eine Personengesellschaft nicht OG sein kann, kann hiermit nur der Fall gemeint sein, dass eine Kapitalgesellschaft auf eine Personengesellschaft verschmolzen wird, an der die OG als Mitunternehmerin beteiligt ist.

59

BEISPIEL: Die X-GmbH und Co. KG, an der die X-GmbH als Komplementärin mit 10 % beteiligt ist, hält alle Anteile an der Z-GmbH. Die X-GmbH steht in einem Organschaftsverhältnis zu dem Einzelkaufmann A. Die Z-GmbH wird auf die KG verschmolzen. Hierbei entsteht ein Übernahmegewinn von 100. Der übrige Gewinn der KG beträgt 200.

LÖSUNG: Nach § 4 Abs. 7 UmwStG bleibt ein Übernahmegewinn außer Ansatz, soweit er auf eine Kapitalgesellschaft als Mitunternehmerin entfällt. Auch in Bezug auf diesen Gewinn gilt die Bruttomethode, d. h., dieser Gewinn ist in dem dem OrgT zuzurechnenden Einkommen enthalten. Damit sind A als OrgT 10 + 20 = 30 als Einkommen der OG zuzurechnen. Da der OrgT im Beispielsfall eine natürliche Person ist, ist der Übernahmegewinn bei A zu 60 % zu erfassen und zu versteuern, d. h. mit 6.

Durch SEStEG wurde § 15 Satz 1 Nr. 2 KStG für Umwandlungsvorgänge, die nach dem 12. 12. 2006 zur Eintragung in das Handelsregister des übernehmenden Rechtsträgers angemeldet werden, geändert. Der Hinweis auf die Anwendung der Vorschrift auf Übernahmegewinne ist entfallen. Das führt allerdings nicht zu einer materiellen Änderung, da nach § 4 Abs. 7 UmwStG auf Übernahmegewinne § 8b KStG bzw. §§ 3 Nr. 40, 3c EStG anzuwenden sind und damit der Bezug zu § 15 Satz 1 Nr. 2 KStG hergestellt ist.[2] Entsprechend ist die Bruttomethode auf Übernahmegewinne nach § 12 Abs. 2 Sätze 1 und 2 UmwStG anzuwenden mit der Folge des Ansatzes nichtabziehbarer Betriebsausgaben i. H. v. 5 %.[3] Neu ist die Erwähnung des § 4 Abs. 6 UmwStG. Diese Vorschrift, die die Berücksichtigung eines Übernahmeverlusts regelt, ist damit gemäß den vorstehenden Erläuterungen zu berücksichtigen.

60

Um die Durchführung der Bruttomethode sicherzustellen, müssen die unter Satz 1 Nr. 2 Satz 1 fallenden Bezüge mit der Anlage MO von der OG an den OrgT hochgemeldet werden.

61

Die Regelungen in § 15 Satz 1 Nr. 2 KStG sollen nach Verwaltungsauffassung[4] bei **mehrstufigen Organschaftsverhältnissen** letztendlich nur bei der Organspitze angewandt werden. Das bedeutet, dass OrgT, die ihrerseits OG weiterer OrgT sind, (nur) als OG zu behandeln sind, d. h. ohne Anwendung des § 15 Satz 1 Nr. 2 Satz 2 KStG bei der Ermittlung ihres Einkommens.[5] Demgegenüber hat der BFH[6] entschieden, dass auf den Verschmelzungsgewinn nach § 12 UmwStG weder auf der Ebene der Muttergesellschaft noch auf der Ebene der OrgT das pau-

62

---

1 Zur Anwendung der Bruttomethode auch bei PersGes s. *Dötsch* DPM § 15 Rz. 32 ff.
2 *Dötsch* DPM § 15 Rz. 62.
3 UmwStErl 2011, Rz. 12.07; *Gosch/Neumann* § 14 Rz. 24; offen gelassen von FG Münster, Münster v. 19. 11. 2015 - 9 K 3400/13 K, F, EFG 2016, 594, erledigt durch BFH v. 26. 9. 2018 - I R 16/16, NWB TAAAH-10780, s. zu den verschiedenen Auffassungen Rz. 81 f. des Urteils; a. A. jetzt BFH in der Revisionsentscheidung vom 26.9.2018 - I R 16/16, NWB TAAAH-10780, 495; s. *Müller* in Mössner/Seeger/Oellerich, KStG, § 14 Rz. 471a.
4 BMF vom 11.11.2011, UmwStErl, BStBl 2011 I 1314, Rz. 12.07.
5 *Herlinghaus* HHR KStG § 15 Rz. 42; *Dötsch* DPM § 15 Rz. 34.
6 Beschluss v. 26.9.2018 - I R 16/16, NWB CAAAF-76731.

schale Betriebsausgaben-Abzugsverbot nach § 8b Abs. 3 Satz 1 KStG anzuwenden ist, wenn eine KapGes auf ihre Muttergesellschaft verschmolzen wird, die ihrerseits OG einer körperschaftsteuerrechtlichen Organschaft mit einer KapGes als OrgT ist. Dies folgt nach BFH daraus, dass der Übertragungsgewinn nach § 12 Abs. 2 Satz 1 UmwStG bei dem aufnehmenden Rechtsträger (der OG) außer Ansatz bleibt und demnach nicht in dem dem OrgT zuzurechnenden Einkommen der OG „enthalten" ist.

63 Durch das „Gesetz zur Umsetzung des EuGH-Urteils v. 20. 10. 2011 in der Rechtssache C-284/09" v. 21. 3. 2013 (BGBl 2013 I 561) ist in Nr. 2 ein neuer Satz 4 eingefügt worden. Danach werden für die Anwendung der Beteiligungsgrenze i. S. d. neu eingefügten § 8b Abs. 4 KStG[1] Beteiligungen der OG und Beteiligungen des OrgT getrennt betrachtet. Das heißt, für die Frage, ob sog. Streubesitzanteile (unter 10 %) vorliegen, für die die Steuerbefreiung nach § 8b Abs. 1 KStG ausgeschlossen wird, werden Anteile, die die OG an der Kapitalgesellschaft hält, und vom OrgT gehaltene Anteile nicht zusammengerechnet. Ob die Gewinnausschüttung (zu 95 %) steuerfrei ist, wird auf der Ebene des OrgT für die über die OG erhaltene und die eigene getrennt ermittelt.

BEISPIEL: An der X-GmbH sind beteiligt die Y-AG mit 15 % und die Z-GmbH mit 8 %. Die Z-GmbH ist eine OG der Y-AG. Die X-GmbH schüttet nach dem 28. 2. 2013 1 Mio. € aus, wovon auf die Z-GmbH 80.000 und die Y-AG 150.000 entfallen.

Nach § 8b Abs. 4 KStG n. F. unterliegt die Gewinnausschüttung an die Z-GmbH, die in dem der Y-AG zuzurechnenden Einkommen enthalten ist, bei dieser in voller Höhe der KSt, da sie aus einer Beteiligung von unter 10 % herrührt.

64 Problematisch ist der Fall, wenn der OrgT zu weniger als 100 % an der OG beteiligt ist und durchgerechnet zu weniger als 10 % an der ausschüttenden Gesellschaft.

BEISPIEL (FORTSETZUNG): Die Y-AG (OrgT) ist zu 60 % an der Z-GmbH (OG) beteiligt, die wiederum zu 15 % an der X-GmbH beteiligt ist. Die Y-AG ist nicht an der X-GmbH beteiligt.

Obwohl die Y-AG durchgerechnet nur zu 9 % an der X-GmbH beteiligt ist, kommt es zu einer 95 %igen Steuerbefreiung der von der X-GmbH an die Z-GmbH ausgeschütteten Dividenden.[2] Eine Durchrechnung der Beteiligung findet nicht statt. Entscheidend ist, dass die Dividenden empfangende Gesellschaft zu mindestens 10 % an der ausschüttenden Gesellschaft beteiligt ist.

Ist OrgT eine Personengesellschaft, findet ebenfalls keine Durchrechnung statt.[3]

E. Anwendung investmentsteuerlicher Regelungen bei Organschaften

65 Durch das Investmentsteuerreformgesetz vom 19.7.2016 ist die Besteuerung von Investmenterträgen mit Wirkung ab 2018 neu geregelt worden. Insbesondere hängt die Steuerfreistellung von Erträgen von der Art des Investmentfonds (Aktienfonds, Immobilienfonds, Mischfonds oder Spezial-Investmentfonds), der Rechtsform des Anlegers und davon ab, ob die Anteile in einem Betriebsvermögen oder im Privatvermögen gehalten werden.

66 Mit der neuen Nr. 2a und den neuen Sätzen 3 und 4 in § 15 KStG vollzieht der Gesetzgeber die neue Besteuerung von Investmenterträgen für Organschaftsfälle nach. Er bringt auch für diese

---

1 Siehe hierzu *Geißer* in Mössner/Seeger/Oellerich, KStG, § 8b Rz. 370 ff.
2 Ebenso *Zinowsky/Jochimsen*, DStR 2016, 285, 288.
3 *Zinowsky/Jochimsen*, a. a. O.; a. A. wohl *Walter* E&Y § 14 Rz. 49.

Fälle die Bruttomethode zur Anwendung. Die neuen Vorschriften sind ab VZ 2018 anzuwenden.

Nach der neuen Nr. 2a richtet sich die Besteuerung von der OG erzielter Investmenterträge/Spezial-Investmenterträge nach der Rechtsform des OrgT. § 15 Satz 1 Nr. 2a Satz 1 KStG bestimmt, dass folgende Vorschriften des InvStG auf Ebene der OG nicht anzuwenden sind:

- § 20 Abs. 1 Satz 1 bis 3 und Abs. 2 bis 4 InvStG: Dies betrifft die Regelungen zur Teilfreistellung von Investmenterträgen. Anzuwenden bleibt jedoch Satz 4, der OG bestimmter Branchen betrifft (s. hierzu nachfolgend → Rz. 70). Zwar bleibt nach dem Gesetzeswortlaut § 20 Abs. 5 InvStG anwendbar, dieser läuft aber leer, da er auf die nicht anwendbaren Abs. 1 bis 4 verweist;
- § 21 InvStG, der das anteilige Abzugsverbot von Betriebsvermögensminderungen, Betriebsausgaben, Veräußerungskosten oder Werbungskosten regelt, die mit den steuerfreien Einnahmen in wirtschaftlichem Zusammenhang stehen;
- § 30 Abs. 2 InvStG, der die Anwendbarkeit des § 8b KStG bei Spezial-Investmentfonds regelt;
- § 42 InvStG, der die Steuerbefreiung von Beteiligungseinkünften und inländischen Immobilienerträgen regelt;
- § 43 Abs. 3 InvStG, der die Teilfreistellung von Investmenterträgen aus Ziel-Investmentfonds regelt;
- § 44 InvStG, der das entsprechende Teilabzugsverbot bei steuerfreien Erträgen von Spezial-Investmentfonds regelt;
- § 49 Abs. 1 InvStG, der die Rechtsfolgen bei der Veräußerung von Spezial-Investmentfonds-Anteilen und deren Bewertung regelt.

Die Anwendung der suspendierten Normen wird nach § 15 Satz 1 Nr. 2a Satz 2 KStG analog § 15 Satz 1 Nr. 2 KStG auf die Ebene des OrgT verlagert. Außerdem erklärt Satz 2 andere, nicht suspendierte Normen des InvStG auf Ebene des OrgT für anwendbar.

BEISPIEL: OrgT ist eine Kapitalgesellschaft. Im Einkommen der OG sind Investmenterträge im Sinne des § 16 InvStG aus einem Aktienfonds in Höhe von 100.000 € nebst Zinsen in Höhe von 10.000 € für den Erwerb der Investmentanteile enthalten. Es besteht kein weiteres Einkommen der OG.

LÖSUNG: Dem OrgT ist ein Einkommen der OG von 90.000 € zuzurechnen. Davon sind nach § 20 Abs. 1 Satz 3 InvStG 80 % von 100.000 € steuerfrei = 80.000 €. Nach § 21 InvStG sind 80% der Zinsen nicht abziehbar = 8.000 €. Damit hat der OrgT 18.000 € zu versteuern.

Nach § 2 Abs. 10 InvStG ist Anleger derjenige, dem der Investmentanteil/Spezial-Investmentanteil nach § 39 AO zuzurechnen ist. Für Zwecke der Anwendung der Bruttomethode gilt nach § 15 Satz 1 Nr. 2a Satz 3 KStG der OrgT als Anleger i. S. d. § 2 Abs. 10 InvStG. Damit hat der OrgT den Anlegernachweis nach § 20 Abs. 4 InvStG zu erbringen.

Satz 4 des § 15 Satz 1 Nr. 2a KStG regelt, dass die bloße Begründung oder Beendigung einer Organschaft nicht zu einer fiktiven Veräußerung und Anschaffung der Investmentanteile nach § 22 Abs. 1 InvStG führt. Ohne die Regelung würde die Begründung einer Organschaft zu einer fiktiven Veräußerung führen, wenn OrgT eine natürliche Person wird, da sich der Teilfreistellungssatz ändert (§ 22 Abs. 1 Satz 1 InvStG).

Neu eingeführt wurde im InvStG 2018 die Besteuerung einer sog. *Vorabpauschale* nach § 18 InvStG. Vorabpauschale ist der Betrag, um den die Ausschüttung eines Investmentfonds innerhalb eines Kalenderjahrs den Basisertrag für dieses Kalenderjahr unterschreitet. Sie gilt am ersten Werktag des folgenden Kalenderjahrs als zugeflossen. Damit es bei der Veräußerung der Anteile nicht zu einer doppelten Besteuerung kommt, ist der Veräußerungsgewinn um die während der Besitzzeit angesetzten Vorabpauschalen zu vermindern, und zwar ungeachtet einer möglichen Teilfreistellung in voller Höhe (§ 19 Abs. 1 Satz 2 und 3 InvStG). Damit die Vorabpauschalen nicht „verloren" gehen, sind hierfür *steuerbilanzielle Ausgleichsposten* zu bilden.

Die Vorabpauschale ist vom OrgT zu versteuern. Der steuerbilanzielle Ausgleichsposten ist gleichwohl bei der OG zu bilden.[1] Die Vorabpauschale ist ein rein steuerlicher Ertrag und hat keinen Einfluss auf den handelsrechtlich abzuführenden Gewinn. Damit kommt es auf Ebene der OG zu einer Minderabführung i. S. d. § 14 Abs. 4 KStG. Damit steht dem investmentsteuerlichen Ausgleichsposten bei der OG ein Ausgleichsposten nach § 14 Abs. 4 KStG auf Ebene des OrgT gegenüber.

70 Wie bereits oben → Rz. 54 für die „allgemeine" Bruttomethode erwähnt, schließt § 15 Satz 1 Nr. 2a Satz 5 KStG die Anwendung der Bruttomethode bei Investmenterträgen bestimmter OG aus, das heißt, die entsprechenden Vorschriften des InvStG sind bei der OG anzuwenden. Verwiesen wird auf § 20 Abs. 1 Satz 4 (für reguläre Investmenterträge) und § 30 Abs. 3 (für Spezial-Investmentfonds-Erträge) InvStG. Bei den von der Bruttomethode ausgeschlossenen Branchen handelt es sich um Lebens- oder Krankenversicherungsunternehmen bzw. Kredit- oder Finanzdienstleister i. S. d. § 3 Nr. 40 Satz 3 oder 4 EStG oder § 8b Abs. 7 KStG. Bei letzteren ist Voraussetzung, dass der Investmentanteil dem Handelsbuch zuzurechnen ist oder mit dem Ziel der kurzfristigen Erzielung eines Eigenhandelserfolgs erworben wurde.

71 Schließlich bestimmt § 15 Satz 1 Nr. 2a Satz 6 KStG (Parallelvorschrift zu § 15 Satz 1 Nr. 2 Satz 4 KStG), dass für die Bestimmung der Beteiligungsgrenze i. S. d. § 30 Abs. 2 Nr. 2 InvStG Beteiligungen der OG und des OrgT getrennt betrachtet werden. In § 30 InvStG geht es darum, dass ein Spezial-Investmentfonds dazu optieren kann, dass inländische Beteiligungserträge bei ihm nicht der Körperschaftsteuerpflicht unterliegen (**Transparenzoption**). In diesem Fall gelten die Anleger als Gläubiger der inländischen Beteiligungserträge und als Schuldner der Kapitalertragsteuer. Für bestimmte Anleger ist dann § 8b KStG anzuwenden. Voraussetzung ist, dass es sich um Gewinnausschüttungen einer Gesellschaft i. S. d. § 26 Nr. 6 Satz 2 InvStG handelt und der auf den einzelnen Anleger durchgerechnete Anteil des Spezial-Investmentfonds am Kapital der anderen Gesellschaft die Beteiligungsgrenze von 10 % (s. § 8b Abs. 4 KStG) nicht unterschreitet. Zur Ermittlung der Beteiligungsgrenze sind Beteiligungen der OG und des OrgT **nicht** zusammenzurechnen.

72–75 *(Einstweilen frei)*

F. Zinsschranke (§ 15 Satz 1 Nr. 3 KStG)

76 Durch das Unternehmensteuerreformgesetz 2008 hat der Gesetzgeber die bisher gem. § 8a KStG nur bei Kapitalgesellschaften anzuwendenden Regelungen zur Gesellschafter-Fremdfinanzierung durch eine allgemein geltende Zinsschranke (§ 4h EStG) ersetzt. § 8a KStG n. F. beinhaltet (nur noch) ergänzende Regelungen.[2]

---

[1] *Jauch/Hörhammer*, NWB 2018, 3890, 3899.
[2] Zu Einzelheiten s. die Kommentierung von *Oellerich* in Mössner/Seeger/Oellerich, KStG, § 8a.

Durch die Zinsschranke wird der Betriebsausgabenabzug von Zinsaufwendungen für sämtliche Fremdfinanzierungen – unabhängig von einer Beteiligung des Darlehensgebers an der Darlehensnehmerin – eingeschränkt. In Höhe der Zinserträge sind Zinsaufwendungen uneingeschränkt abzugsfähig. Darüber hinaus sind Zinsen nur i. H. v. 30 % des um die Zinsaufwendungen und -erträge bereinigten steuerlichen Gewinns vor Abschreibungen (sog. EBITDA) abzugsfähig. Danach verbleibende nicht abzugsfähige Zinsen werden gesondert festgestellt und vorgetragen.

Die Zinsschranke ist nicht anzuwenden, wenn die die Zinserträge übersteigenden Zinsaufwendungen weniger als 3 Mio. € betragen, der Betrieb nicht oder nur anteilmäßig zu einem Konzern gehört oder der Betrieb zu einem Konzern gehört und seine Eigenkapitalquote am Schluss des vorangegangenen Abschlussstichtags die des Gesamtkonzerns nicht um mehr als 2 % unterschreitet.

Die Neuregelung tritt in Kraft für Wj die nach dem 25. 5. 2007 beginnen und nicht vor dem 1. 1. 2008 enden. Entspricht das Wj dem Kalenderjahr, gilt die Neuregelung somit ab 2008.

Die Zinsschrankenregelung ist unionsrechtlich sehr problematisch, da die Möglichkeit, einen Organkreis zu schaffen und damit die Zinsschranke auszuhebeln, nur für inländische Unternehmen, nicht aber für ausländische besteht.[1]

Zu Einzelheiten der Zinsschranke s. BMF, Schreiben v. 4.7.2008.[2] In diesem Schreiben (→ Rz. 47) vertritt die Verwaltung u. a. die Auffassung, dass das **Ausscheiden einer OG aus dem Organkreis** zum anteiligen Wegfall des Zinsvortrags beim OrgT führt. Hierfür gibt es überhaupt keine gesetzliche Grundlage.[3]

Die Zinsschranke ist nach § 15 Satz 1 Nr. 3 Satz 1 KStG bei der OG nicht anzuwenden. OG(en) und OrgT gelten als ein Betrieb. Sind in dem dem OrgT zugerechneten Einkommen der OGen Zinsaufwendungen und -erträge enthalten, sind diese bei Anwendung des § 4h Abs. 1 EStG beim OrgT einzubeziehen. Erst auf der Ebene des OrgT kann die Frage beantwortet werden, in welcher Höhe Zinsaufwendungen abzugsfähig sind. Dem OrgT sind deshalb jährlich von jeder OG einzeln folgende Besteuerungsgrundlagen mitzuteilen: die Zinsaufwendungen, die Zinserträge, die in § 4h Abs. 1 Satz 1 EStG genannten Korrekturen zur Ermittlung des steuerlichen EBITDA (insbesondere die Abschreibungen).

Durch das Wachstumsbeschleunigungsgesetz wurde in § 4h Abs. 1 Satz 3 EStG ein sog. EBITDA-Vortrag eingeführt. Damit wird die Zinsschranke krisenentschärft, da ein nicht verbrauchtes EBITDA vorgetragen werden kann.[4] Ebenso wie der Zinsvortrag kann auch der EBITDA-Vortrag nur auf der Ebene des OrgT entstehen. Hier werden etwaige EBITDA aller Organkreismitglieder zusammengefasst und festgestellt. Auf Antrag erhöhen (fiktive) EBITDA-Vorträge für Wirtschaftsjahre, die nach dem 31. 12. 2006 beginnen und vor dem 1. 1. 2010 enden, das EBITDA des ersten Wirtschaftsjahrs, das nach dem 31. 12. 2009 endet, § 52 Abs. 12d Satz 5 EStG. Den Antrag kann nur der OrgT stellen, da nur er Feststellungsbegünstigter sein kann. Ein fiktiver EBITDA-Vortrag kann u. E. nur für die Jahre und die Gesellschaften ermittelt (und vom OrgT

---

1 *Musil/Volmering*, a. a. O., DB 2008, 12, 15.
2 BStBl 2008 I 718.
3 *Köhler/Hahne*, DStR 2008, 1505, 1513; *Herzig/Liekenbrock*, DB 2009, 1949, 1952; a. A. nunmehr *Dötsch* DPM § 15 Rz. 74.
4 Zu Einzelheiten s. *Herzig/Liekenbrock*, DB 2010, 690 und *Rödder*, DStR 2010, 529.

geltend gemacht) werden, in denen ein Organschaftsverhältnis vorlag.[1] Ein noch nicht verbrauchter EBITDA-Vortrag einer Gesellschaft, die anschließend OG wird, wird „eingefroren". Im Regelfall geht er allerdings wegen der beschränkten Vortragsfähigkeit (fünf Wirtschaftsjahre) verloren. Die Beendigung eines Organschaftsverhältnisses führt entgegen der Auffassung der Finanzverwaltung nicht, soweit er von der früheren OG stammt, zu einem anteiligen Untergang des EBITDA-Vortrags.

Da die OG(en) und der OrgT als ein Betrieb gelten, kommt die Zinsschranke, sofern keine schädliche Gesellschafter-Fremdfinanzierung gem. § 8a KStG n. F. vorliegt, nicht zur Anwendung. Dies ergibt sich aus § 4h Abs. 2 Satz 1 Buchst. b EStG: Ein (als Zahlwort) Betrieb kann nicht gleichzeitig ein Konzern sein.

Aus der Fiktion „ein Betrieb" folgt nicht, dass Darlehen im Organkreis zu konsolidieren sind. Auch organkreisinterne Darlehen sind gem. § 4h EStG zu behandeln und auf der Stufe des OrgT zusammenzufassen.[2] Von Bedeutung ist das wegen der Abzinsung nach § 6 Abs. 1 Nr. 3 EStG bei einem unverzinslichen Darlehen zwischen OrgT und OG.

81 Findet die Zinsschranke ausnahmsweise Anwendung, kommt es wie bei § 15 Satz 1 Nr. 2 KStG zur Anwendung der Bruttomethode.[3] Für alle Unternehmen des Organkreises zusammen ist die Höhe der abzugsfähigen Zinsaufwendungen (und auch der Freigrenze von 1 Mio. € bzw. 3 Mio. €) zu ermitteln. Verbleiben nichtabzugsfähige Zinsaufwendungen, erhöhen diese den eigenen steuerpflichtigen Gewinn des OrgT (und nicht das zuzurechnende Einkommen), auch wenn sie von einer OG herrühren.

BEISPIEL:[4] Die OG erwirtschaftet ein Einkommen von 11 Mio. €, das sich aus einem operativen Gewinn i. H. v. 15 Mio. € und Zinszahlungen i. H. v. 4 Mio. € zusammensetzt. Der OrgT erzielt kein eigenes Einkommen. Bei einer isolierten Betrachtung der OG würde die Zinsschranke nicht greifen (30 % von 15 Mio. = 4,5 Mio. €, Zinsaufwand 4 Mio. €). Nach *Herzig/Liekenbrock*[5] kommt die Zinsschranke beim OrgT nicht zur Anwendung, da das abgeführte Einkommen in seine Bestandteile Abschreibungen, Zinsergebnis und um diese Werte erhöhtes/vermindertes Einkommen aufgespalten wird.

82 U. E. greift die Zinsschranke auf der Ebene des OrgT. Das abgeführte (Netto-)Einkommen von 11 Mio. € wird mit dem separierten Zinsaufwand von 4 Mio. € abgeglichen. 1,15 Mio. € des Zinsaufwands (4 Mio. € – 30 % von 9,5 Mio. €) sind nicht abziehbar und werden beim OrgT gesondert festgestellt und vorgetragen.

83 Der Zinsvortrag, der nur auf der Ebene des OrgT entstehen kann, kann von diesem nach Beendigung der Organschaft weiter genutzt werden, auch soweit er bei der OG angefallen ist.[6] Die Veräußerung einer Organbeteiligung führt nicht zum teilweisen Wegfall des Zinsvortrags beim OrgT, sondern wirkt sich nur auf einen vororganschaftlichen Zinsvortrag der OG aus.

84–90 *(Einstweilen frei)*

---

1 A. A. wohl *Herzig/Liekenbrock*, a. a. O., 695.
2 *Dötsch* DPM § 15 Rz. 77.
3 Siehe a. *Frotscher*/Drüen § 15 Rz. 46; *Walter* E&Y § 15 Rz. 62.
4 Nach *Herzig/Liekenbrock*, a. a. O., 2391, unter Berücksichtigung der Freigrenze von 3 Mio. €.
5 A. a. O., DB 2007, 2387; ebenso *Dötsch* DPM § 15 Rz. 82.
6 *Herzig/Liekenbrock*, DB 2007, 2390; *Dötsch* DPM § 15 Rz. 87; *Frotscher*/Drüen § 15 Rz. 53; a. A. BMF, Schreiben v. 4. 7. 2008, BStBl 2008 I 718, Rz. 47 Satz 3.

G. Dauerverlustgeschäfte im Sinne des § 8 Abs. 7 Satz 2 KStG (§ 15 Satz 1 Nr. 4 KStG)

Der BFH[1] hat entgegen der Verwaltungsauffassung entschieden, dass bei einer strukturell dauerdefizitären Eigengesellschaft einer juristischen Person des öffentlichen Rechts eine vGA vorliegt. Dieses Urteil hat der Gesetzgeber im JStG 2009 mit einem „Nichtanwendungsgesetz" belegt und in § 8 Abs. 7 KStG entschieden, dass die Rechtsfolgen einer vGA bei einer Kapitalgesellschaft nicht bereits deshalb zu ziehen sind, weil sie ein Dauerverlustgeschäft ausübt, § 8 Abs. 7 Satz 1 Nr. 2 Satz 1 KStG. Die Vorschrift gilt nur bei Kapitalgesellschaften, bei denen die Mehrheit der Stimmrechte unmittelbar oder mittelbar auf juristische Personen des öffentlichen Rechts entfällt und nachweislich ausschließlich diese Gesellschafter die Verluste aus Dauerverlustgeschäften tragen. Außerdem verlangt der BFH[2], dass die Kapitalgesellschaft das Dauerverlustgeschäft selbst ausübt, eine Verpachtungstätigkeit ist nicht begünstigt. Ein Dauerverlustgeschäft liegt nach § 8 Abs. 7 Satz 2 KStG vor, soweit aus verkehrs-, umwelt-, sozial-, kultur-, bildungs- oder gesundheitspolitischen Gründen eine wirtschaftliche Betätigung ohne kostendeckendes Entgelt unterhalten wird oder das Geschäft Ausfluss einer Tätigkeit ist, die bei juristische Personen des öffentlichen Rechts zu einem Hoheitsbetrieb gehört. Die Neuregelung des sog. steuerlichen Querverbunds stellt nach Auffassung des FG Köln[3] keine unionsrechtlich unzulässige „neue" Beihilfe i. S. d. Art. 107 AEUV dar.

Mit der Nr. 4 in § 15 Satz 1, die auch in VZ vor 2009 anzuwenden ist (§ 34 Abs. 10 Satz 4 KStG), erklärt der Gesetzgeber auch für diese Fälle die Bruttomethode für anwendbar.[4] Das bedeutet: Bei der OG sind auf Dauerverlustgeschäfte nicht anzuwenden § 8 Abs. 3 Satz 2 KStG (also keine Einkommensminderung durch vGA) und § 8 Abs. 7 KStG (also keine Annahme einer vGA bei Eigengesellschaften allein wegen der Ausübung eines Dauerverlustgeschäfts). Die v. g. Vorschriften sind allerdings bei der Ermittlung des dem OrgT zuzurechnenden Einkommens anzuwenden (Korrektur in einem zweiten Schritt, s. oben → Rz. 55), wenn in dem dem OrgT zugerechneten Organeinkommen Verluste aus Dauerverlustgeschäften enthalten sind.

(Einstweilen frei)

H. Spartenbezogene Betrachtung bei Eigengesellschaften der öffentlichen Hand als OG (§ 15 Satz 1 Nr. 5 KStG)

Im Zusammenhang mit der Regelung von Dauerverlustgeschäften steht auch die neue Nr. 5, die gem. § 34 Abs. 10 Satz 5 KStG ab VZ 2009 anzuwenden ist.

Dauerverluste führen, da keine vGA anzunehmen ist, zu Verlustvorträgen. Diese Verluste könnten grundsätzlich mit anderen positiven Einkünften der OG verrechnet werden. Um dies zu verhindern, nimmt der Gesetzgeber in § 8 Abs. 9 KStG eine Spartentrennung vor (zu den verschiedenen Sparten s. oben die Kommentierung zu § 8 Abs. 9 KStG). Ein negativer Gesamtbetrag der Einkünfte einer Sparte darf nicht mit einem positiven Gesamtbetrag der Einkünfte einer anderen Sparte ausgeglichen oder zurück- bzw. vorgetragen werden.

---

[1] Vom 22. 8. 2007 - I R 32/06, BStBl 2007 II 961.
[2] Vom 9. 11. 2016 - I R 56/15, NWB VAAAG-38325.
[3] Vom 9. 3. 2010 - 13 K 3181/05, NWB FAAAD-45557.
[4] Zu Einzelheiten s. auch *Krämer* DPM § 15 Rz. 90 ff.; die Vorschrift könnte ersatzlos wegfallen, so *Heurung/Seidel*, BB 2009, 1786, 1789.

102 Nach § 15 Satz 1 Nr. 5 Satz 1 KStG ist § 8 Abs. 9 KStG bei der OG nicht anzuwenden. Das bedeutet:[1] Die OG meldet dem OrgT ein einheitliches und nicht spartenweise gegliedertes Einkommen. Nach Satz 2 kommt es dann auf der Ebene des OrgT zur Anwendung von § 8 Abs. 9 KStG, wenn in dem dem OrgT zugerechneten Einkommen begünstigte Dauerverluste enthalten sind. Diese Regelung ist wenig praktikabel. Deshalb schlägt *Dötsch*[2] zu Recht vor, dass bereits auf der Ebene der OG jeweils für die einzelnen Sparten ein gesonderter Gesamtbetrag der Einkünfte ermittelt wird und dem OrgT die Teilbeträge mitgeteilt werden.

103 § 8 Abs. 9 KStG sieht für OrgT ohne begünstigte Dauerverluste keine spartenweise Trennung ihres eigenen Einkommens vor. Dies gilt auch, wenn eine Spartengliederung des Einkommens der OG vorzunehmen ist. Damit tritt in Bezug auf das gesamte vom OrgT zu versteuernde Einkommen eine spartenübergreifende Ergebnisverrechnung ein.[3]

104–110 *(Einstweilen frei)*

I. Gewinnanteile aus der Beteiligung an ausländischen Gesellschaften (§ 15 Satz 2 KStG)

111 Nach § 15 Satz 2 KStG gilt § 15 Satz 1 Nr. 2 KStG entsprechend für Gewinnanteile aus der Beteiligung an einer ausländischen Gesellschaft, die nach den Vorschriften eines DBA von der inländischen Besteuerung auszunehmen sind. Das bedeutet, dass auch für solche Gewinnanteile die sog. Bruttomethode gilt (s. → Rz. 53).

112 Die ab dem VZ 2003 geltende Regelung schließt eine Gesetzeslücke, die es erlaubte, das DBA-Schachtelprivileg bei der Einkommensermittlung der OG anzuwenden.[4]

113 Die Vorschrift bezieht sich lediglich auf „Gewinnanteile aus der Beteiligung an einer ausländischen Gesellschaft". Einkünfte der OG aus ausländischen Betriebsstätten werden von der Vorschrift also nicht erfasst.

114 Durch das UStAVermG wurden mit Wirkung ab 2018 die Sätze 3 und 4 angefügt. Diese betreffen die Anwendung der Bruttomethode nach § 15 Satz 2 KStG im Fall von Ausschüttungen **ausländischer** Investmentfonds. § 16 Abs. 4 und § 43 Abs. 1 Satz 3 InvStG sehen ergänzende Voraussetzungen zur Anwendung der Freistellungsmethode bei Ausschüttungen ausländischer Investmentfonds vor. Dies gilt insbesondere für die in DBA übliche Regelung zu Schachteldividenden (sog. **Schachtelfreistellung**). § 15 Satz 2 KStG verlagert die Anwendung der Schachtelbefreiung auf die Ebene des OrgT. Satz 3 des § 15 KStG sieht nunmehr vor, dass bei Anwendung des Schachtelprivilegs § 16 Abs. 4 und § 43 Abs. 1 Satz 3 InvStG beim OrgT anzuwenden sind.

Nach § 16 Abs. 4 InvStG setzt die Steuerbefreiung von Ausschüttungen ungeachtet eines DBA (zusätzlich) voraus, dass der Investmentfonds in dem Staat, dem nach dem Abkommen das Besteuerungsrecht zusteht, der allgemeinen Ertragsbesteuerung unterliegt und die Ausschüttung zu mehr als 50 % auf nicht steuerbefreiten Einkünften des Investmentfonds beruht. Von

---

1 Vgl. *Heurung/Seidel*, BB 2009, 1786, 1789; *Dötsch* DPM § 15 Rz. 97 f.
2 A. a. O.
3 *Heurung/Seidel*, a. a. O.
4 Zu Einzelheiten vgl. z. B. *Rödder/Schumacher*, DStR 2003, 805, 809 und *Heurung/Möbus*, BB 2003, 766, 768, jeweils m. w. N.; *Herlinghaus*, EFG 2006, 136; nach BFH, Urteil v. 14. 1. 2009 - I R 47/08, BStBl 2011 II 131, kann die Gesetzeslücke für 2002 nicht durch Gesetzesanalogie bzw. Rechtsfortbildung behoben werden.

einer allgemeinen Ertragsbesteuerung ist auszugehen, wenn der Anleger nachweist, dass der Investmentfonds einer Ertragsbesteuerung in Höhe von mindestens 10% unterliegt und nicht von ihr befreit ist. Im Übrigen kann auf → Rz. 111 und → Rz. 53 verwiesen werden.

Nach Satz 4 gilt der OrgT für Zwecke des Satzes 3 als Anleger i. S. d. § 2 Abs. 10 InvStG.

§ 16 Ausgleichszahlungen

¹Die Organgesellschaft hat ihr Einkommen in Höhe von $^{20}/_{17}$ der geleisteten Ausgleichszahlungen selbst zu versteuern. ²Ist die Verpflichtung zum Ausgleich vom Organträger erfüllt worden, so hat die Organgesellschaft $^{20}/_{17}$ der geleisteten Ausgleichszahlungen anstelle des Organträgers zu versteuern.

Inhaltsübersicht

	Rz.
A. Entstehungsgeschichte des § 16 KStG	1 - 10
B. Schutz von Minderheitsgesellschaftern	11 - 30
C. Steuerrechtliche Behandlung von Ausgleichszahlungen bei der Organgesellschaft gemäß § 16 KStG	31 - 45
D. Steuerrechtliche Behandlung von Ausgleichszahlungen beim Minderheitsgesellschafter	46 - 47

A. Entstehungsgeschichte des § 16 KStG

HINWEIS:
R 16 KStR 2015.

LITERATURHINWEISE:
(s. a. § 14 KStG): *Kamprad*, Ausgleichszahlungen nach § 304 AktG in einem mehrstufigen Konzern, AG 1986, 321; *Krauss*, Der Begriff der außenstehenden Aktionäre i. S. d. § 304 AktG und seine Auswirkungen auf das Steuerrecht, BB 1988, 528; *Scharpf*, Variable Ausgleichszahlungen bei Gewinnabführungsvertrag mit einer GmbH?, DB 1990, 296; *Lutter/Drygala*, Wie fest ist der feste Ausgleich nach § 304 AktG?, AG 1995, 49; *Sauter/Heurung*, Ausgleichszahlungen i. S. d. § 16 KStG i. V. m. § 304 AktG und vororganschaftliche Gewinnausschüttungen nach dem Systemwechsel, GmbHR 2001, 754; *Hubertus/Lüdemann*, „Verunglückte" Organschaft infolge gewinnabhängiger Ausgleichszahlungen an Außenstehende, DStR 2009, 2136; *Lohmann/von Goldacker/Annecke*, Das BFH-Urteil vom 4. 3. 2009 zur Bemessung von Ausgleichszahlungen an Minderheitsgesellschafter – Handlungsmöglichkeiten, BB 2009, 2344; *Meiisel/Bokeloh*, Zulässigkeit variabler Ausgleichszahlungen in Ergebnisabführungsverträgen?, DB 2009, 2067; *Rogall/Dreßler*, Ungereimtheiten betreffend Ausgleichszahlungen an Minderheitsgesellschafter bei Organschaften, DStR 2015, 449; *Hasbach/Brühl*, Steuerliche Anerkennung von Ergebnisabführungsverträgen bei kombinierten Ausgleichszahlungen und fehlendem Verweis auf § 302 Abs. 4 AktG, DStR 2016, 2361; *Wasmann*, Zur (Un-)Maßgeblichkeit der Ausgleichszahlungen gem. § 304 AktG für die Barabfindung bei Squeeze-out, DB 2017, 1433; *Brühl/Weiss*, Körperschaftsteuerliche Organschaft: Variable Ausgleichszahlungen an Außenstehende und Anpassungszwang bei Verlustübernahmeklauseln nach § 17 S. 2 Nr. 2 KStG a. F., BB 2018, 94.

Die Vorschrift ist aus § 7a Abs. 3 KStG in der bis einschließlich VZ 1976 geltenden Fassung hervorgegangen. 1

Der neuerliche Systemwechsel vom Anrechnungs- zum Halbeinkünfteverfahren (§ 3 Nr. 40 i. V. m. § 3c Abs. 2 EStG) bedingte, dass § 16 KStG, wonach die OG ihr Einkommen in Höhe der geleisteten Ausgleichszahlungen „und der darauf entfallenden Ausschüttungsbelastung i. S. d. § 27" selbst zu versteuern hat, der neuen Rechtslage angeglichen werden musste. Nach der 2

Neuregelung aufgrund Art. 3 Nr. 7 StSenkG v. 23.10.2000[1] hat die OG ihr Einkommen i.H.v. „4/3 der geleisteten Ausgleichszahlungen" selbst zu versteuern.

3 Art. 2 Nr. 8 des Gesetzes zur Fortentwicklung des Unternehmenssteuerrechts (Unternehmenssteuerfortentwicklungsgesetz – UntStFG) v. 20.12.2001[2] hat in Satz 2 die Wörter „die Summe" durch die Angabe „4/3" ersetzt.

4 Durch das Unternehmensteuerreformgesetz 2008 v. 14.8.2007[3] wurde der Bruch 4/3 durch den Bruch 20/17 ersetzt.

5–10 *(Einstweilen frei)*

B. Schutz von Minderheitsgesellschaftern

11 Will eine AG, SE[4] oder KGaA einen GAV abschließen, bedarf es hierzu eines Beschlusses ihrer Hauptversammlung. Die Zustimmung muss mit einer Mehrheit von mindestens drei Vierteln des bei der Beschlussfassung vertretenen Grundkapitals erteilt werden, wobei die Satzung eine höhere Mehrheit und weitere Erfordernisse vorsehen kann.[5] Kommt der GAV zustande, ist die OG zur **Abführung** ihres **ganzen Gewinns** an den OrgT verpflichtet, d.h., es verbleiben ihr keine Mittel mehr, Minderheitsgesellschafter, die durch den Abschluss des GAV um ihre Gewinnerwartungen gebracht wurden, zu bedenken. Insoweit hat auch der Gesetzgeber die Minderheitsgesellschafter, soweit sie „außenstehende Aktionäre" (s. → Rz. 13) sind, als schutzwürdig angesehen und für sie **Sicherheitsmaßnahmen** nach Art einer **„Dividendengarantie"** getroffen (s. → Rz. 13 ff.). Zur Frage der Bedeutung von Ausgleichszahlungen für die Barabfindung beim Squeeze-out s. BGH-Urteil v. 12.1.2016[6] – und *Wasmann*.[7]

12 § 304 AktG verlangt nur Ausgleichszahlungen für „**außenstehende Aktionäre**". Solche sind zumindest dann nicht anzunehmen, wenn

▶ an der OG neben dem OrgT noch eine Tochtergesellschaft beteiligt ist, die mit dem OrgT durch einen Beherrschungs- oder GAV verbunden ist oder

▶ die beteiligte Tochtergesellschaft sich im Alleinbesitz des OrgT befindet.[8]

In derartigen Fällen muss der GAV somit keine Ausgleichszahlungen vorsehen.[9]

13 Der GAV muss einen **angemessenen Ausgleich** für die außenstehenden Aktionäre[10] durch eine auf die Aktiennennbeträge bezogene **wiederkehrende Geldleistung** (Ausgleichszahlung) vorsehen. Deren Höhe kann wie folgt bestimmt werden:[11]

---

1 BGBl 2000 I 1433; BStBl 2000 I 1428.
2 BGBl 2001 I 3858; BStBl 2002 I 35, 42.
3 BGBl 2007 I 1912.
4 *Dötsch* DPM § 16 Rz. 1.
5 Siehe *Müller* in Mössner/Seeger/Oellerich, KStG, § 14 Rz. 501 ff.
6 II ZB 25/14, NWB EAAAF-70952.
7 *Wasman*, DB 2017, 1433.
8 Vgl. BFH, Urteil v. 4.3.2009 - I R 1/08, BStBl 2010 II 407; *Müller/Stöcker/Lieber*, Die Organschaft, 10. Aufl. 2017, Rz. 718, m.w.N.
9 BFH, Urteil v. 4.3.2009 - I R 1/08, BStBl 2010 II 407.
10 Hierzu zählen nicht Genussscheininhaber nach BGH, Urteil v. 28.5.2013 - II ZR 67/12, NWB TAAAE-42324; s. dieses Urteil auch zu der Anpassung der Genussscheinbedingungen an die durch den Abschluss eines BGAV veränderten Verhältnisse.
11 Zu Einzelheiten s. *Stephan* K.Schmidt/Lutter, AktG, 2008, § 304 Rz. 75 ff.; *Hüffer/Koch*, AktG, 12. Aufl. 2016, § 304, Rz. 8 ff.

- Als Ausgleichszahlung ist mindestens die jährliche Zahlung des Betrags zuzusichern, der nach der bisherigen Ertragslage der Gesellschaft und ihren künftigen Ertragsaussichten unter Berücksichtigung angemessener Abschreibungen und Wertberichtigungen, jedoch ohne Bildung anderer Gewinnrücklagen, voraussichtlich als **durchschnittlicher Gewinnanteil** auf die **einzelne Aktie** verteilt werden könnte.
- Ist der andere Vertragsteil eine **AG oder KGaA**, so kann als Ausgleichszahlung auch die Zahlung des Betrags zugesichert werden, der auf **Aktien dieser anderen Gesellschaft** (AG, KGaA) mit mindestens dem entsprechenden Nennbetrag jeweils als Gewinnanteil entfällt. Der entsprechende Nennbetrag bestimmt sich nach dem Verhältnis, in dem bei einer Verschmelzung auf eine Aktie der Gesellschaft Aktien der anderen Gesellschaft zu gewähren wären (vgl. § 304 Abs. 2 AktG).

Die Bemessung der Ausgleichszahlungen in einem Prozentsatz des Gewinns der OG ist in § 304 Abs. 2 AktG nicht vorgesehen und damit an sich unzulässig. Anders kann die rechtliche Beurteilung jedoch sein, wenn eine **feste Ausgleichszahlung** garantiert wird, die Zahlung sich jedoch entsprechend den jeweils tatsächlichen Gewinnen der OG **erhöht** oder vermindert. Unterstellt man, dass es sich bei dem garantierten festen Betrag um den Mindestausgleich nach § 304 Abs. 2 Satz 1 AktG handelt, so verstößt ein darüber hinausgehender Zuschlag nach Ansicht der FinVerw nicht gegen § 304 Abs. 2 AktG, auch wenn dieser Zuschlag sich an einem Prozentsatz der tatsächlichen Gewinne der OG orientiert. § 304 AktG sieht den festen Anspruch nämlich ausdrücklich als **Mindestgröße** vor, die nicht unterschritten werden darf, bei der aber ein höherer Ausgleich gewährt werden kann. Demgegenüber dürfte die zweite Variante, bei der sich der garantierte feste Betrag entsprechend den tatsächlichen Gewinnen der OG reduziert, nach § 304 AktG unzulässig sein, da bei dieser Möglichkeit nicht ausgeschlossen ist, dass infolge des Abschlags die gesetzliche Mindestgröße unterschritten wird.[1] Ist im GAV vereinbart, dass die Ausgleichszahlung an gesetzliche **Änderungen des KStG angepasst** werden soll, so widerspricht dies nicht dem Grundsatz der wiederkehrenden Ausgleichszahlungen in bestimmter (fester) Höhe.[2]

Der GAV muss außerdem die – ggf. befristete – Verpflichtung des durch den GAV begünstigten Unternehmens (OrgT) enthalten, auf Verlangen des außenstehenden Aktionärs dessen **Aktien** gegen eine im Vertrag bestimmte angemessene Abfindung **zu erwerben** (vgl. § 305 AktG).

Ein GAV, der, obwohl im Zeitpunkt der Beschlussfassung darüber Minderheitsgesellschafter vorhanden sind, keine Ausgleichszahlungen vorsieht, ist **nichtig** (§ 304 Abs. 3 AktG). Ein Ausgleich, der die Interessen der Minderheitsgesellschafter hingegen nicht angemessen berücksichtigt, ist gleichwohl **wirksam**; jedoch kann auf Antrag durch **gerichtliche Entscheidung** ein angemessener Ausgleich bestimmt werden (§ 304 Abs. 3, § 306 AktG).

Wer die Ausgleichsverpflichtung zugunsten der Minderheitsgesellschafter zu tragen hat, ist aktienrechtlich nicht definitiv geklärt; nach der h. M. ist das herrschende Unternehmen **Schuldner der Ausgleichszahlungen**. Dieser Meinungsstreit ist für die steuerrechtliche Beurteilung jedoch nicht weiter bedeutsam, da **in jedem Fall die OG** i. H. v. $^4/_3$ (bzw. ab VZ 2008 $^{20}/_{17}$) der – von ihr oder dem OrgT geleisteten – Ausgleichszahlungen ein eigenes Einkommen zu versteuern hat. Die Tatsache, dass Ausgleichszahlungen auch aus dem steuerlichen Einlagekonto ge-

---

[1] Vgl. BMF, Schreiben v. 13.9.1991, DB 1991, 2110. Generell kombinierte Ausgleichszahlungen ablehnend FG Niedersachsen, Urteil v. 11.11.2015 - 6 K 386/13, NWB GAAAF-79420, bestätigt durch BFH, Urteil v. 10.5.2017 - I R 93/15, NWB NAAAG-61391, zu diesem Urteil s. u. → Rz. 20; dieses Urteil ablehnend *Hasbach/Brühl*, DStR 2016, 2361.
[2] OLG Celle, Urteil v. 1.7.1980 - 9 Wx 9/79, BB 1981, 8.

leistet werden können und maßgebender Zeitpunkt für die Erfassung auf dem steuerlichen Einlagekonto der tatsächliche Abfluss ist (bilanzrechtliche Grundsätze spielen insoweit keine Rolle),[1] spricht dafür, dass die Rechtsfolgen des § 16 KStG erst in dem Wirtschaftsjahr des tatsächlichen Zu- bzw. Abflusses eintreten.[2]

18 Dem Aktienrecht entsprechende Regelungen zum Schutze von Minderheitsgesellschaftern für den Fall des Abschlusses eines GAV sind dem **GmbH-Recht** fremd. Ob der GAV mit einer GmbH als OG Ausgleichszahlungen vorsehen muss, hängt u. E. davon ab, ob man für den Abschluss die Zustimmung aller Gesellschafter verlangt oder einen Mehrheitsbeschluss ausreichen lässt.[3] In letzterem Fall muss der GAV Ausgleichszahlungen vorsehen.[4] Bezüglich der Höhe der Ausgleichszahlung besteht zwar Vertragsfreiheit, doch empfiehlt sich schon aus steuerrechtlichen Gründen, sich an den aktienrechtlichen Regelungen zu orientieren.[5] Der BFH geht in jedem Fall davon aus, dass § 304 AktG auch im GmbH-Konzern Anwendung findet.[6]

19 Ausgleichszahlungen können auch in **vGA zugunsten von Minderheitsgesellschaftern** bestehen (vgl. R 14.6 Abs. 4 Satz 4 KStR 2015). Sehr weitgehend FG Münster,[7] wonach Ausgleichszahlungen auch außerhalb eines GAV vereinbarte Zahlungen sein können, die wirtschaftlich zum gleichen Ergebnis führen.

20 Erweisen sich die Leistungen der OG in Wirklichkeit als die **Fortsetzung der Beteiligung am Gewinn und Verlust** der Gesellschaft, handelt es sich nicht um Ausgleichszahlungen; der GAV ist dann nicht durchgeführt.[8] Zur gesetzlichen Neuregelung s. → Rz. 21. Deshalb hat der BFH entgegen der großzügigeren Auffassung der Verwaltung (s. oben → Rz. 14) eine Vereinbarung verworfen, nach der durch eine Vereinbarung von Festbetrag und variablem Betrag dem außenstehenden Gesellschafter infolge der Ausgleichszahlung der Gewinn der OG in dem Verhältnis zufließt, in dem er ohne Organschaft mit EAV zu verteilen gewesen wäre.[9] Eine Regelung, nach der neben einem bestimmten Festbetrag ein zusätzlicher Ausgleich in der Höhe vereinbart wird, um die der hypothetische Gewinnanspruch des Außenstehenden ohne die Gewinnabführung den Festbetrag übersteigen würde, führt deshalb dazu, dass ein Organschaftsverhältnis steuerlich nicht anerkannt wird.

Mit dieser Entscheidung hat der BFH allerdings nicht generell eine Kombination von Festbetrag und variablem Betrag verworfen; der gesamte Ausgleichsanspruch darf sich nur nicht am hypothetischen Gewinnanteil des Außenstehenden orientieren.[10] Dabei ist zu beachten, dass u. E. der BFH-Fall insoweit eine Sonderkonstellation darstellt, als nach der Ausgleichsrege-

---

1 *Mössner* in Mössner/Seeger/Oellerich, KStG, § 27 Rz. 96.
2 Str.: wie hier z. B. FG Münster, Urteil v. 21. 9. 2007 - 9 K 4007/06 K, DStRE 2009, 283, aus anderen Gründen vom BFH aufgehoben, BFH, Urteil v. 4. 3. 2009 - I R 1/08, BStBl 2010 II 407; a. A. z. B. *Rätke* HHR EStG § 4 Rz. 1810 Weitere Fundstellen zu den verschiedenen Meinungen *Rogall/Dreßler*, DStR 2015, 449 in Fn. 15 und 16.
3 *Müller* in Mössner/Seeger/Oellerich, KStG, § 17 Rz. 79.
4 *Scholz/Emmerich*, GmbHG, 10. Aufl., Anh. § 13 Rz. 158 ff.; a. A. *Dötsch* DPM § 16 Rz. 9 und *Frotscher/Drüen* § 16 Rz. 6, wonach ein GAV mit einer GmbH als OG sowohl mit als auch ohne Vereinbarung von Ausgleichszahlungen steuerlich anzuerkennen ist.
5 Vgl. *Pache* HHR KStG § 16 Rz. 38.
6 BFH, Urteil v. 10. 5. 2017 - I R 93/15, NWB NAAAG-61391.
7 Vom 21. 9. 2007 - 9 K 4007/06, EFG 2008, 324, aus anderen Gründen vom BFH, Urteil v. 4. 3. 2009 - I R 1/08, BStBl 2010 II 407 aufgehoben.
8 BFH, Urteil v. 31. 3. 1976 - I R 123/74, BStBl 1976 II 510.
9 BFH, Urteil v. 4. 3. 2009 - I R 1/08, BStBl 2010 II 407; sehr eng auch BFH, Urteil v. 10. 5. 2017 - I R 93/15, NWB NAAAG-61391.
10 *Hubertus/Lüdemann*, DStR 2009, 2136; *Lohmann/von Goldacker/Annecke*, BB 2009, 2344; *Meiisel/Bokeloh*, DB 2009, 2067.

lung ausdrücklich neben der festen Ausgleichszahlung ein variabler Ausgleich in der Höhe vereinbart war, wie den außenstehenden Anteilseignern ein Gewinn der OG ohne GAV zustehen würde. Für diesen Fall stellt sich die Ausgleichszahlung tatsächlich als weitere Beteiligung am Gewinn der OG dar und es liegt damit keine Abführung des vollen Gewinns an den OrgT vor. Derzeit kann deshalb nur empfohlen werden, zumindest die vom BFH beanstandete Klausel abzuändern. Auf der sicheren Seite ist man nur, wenn ausschließlich eine feste oder eine am Gewinn des OrgT orientierte Ausgleichszahlung vereinbart ist (wird).

Bei jeder Vereinbarung von festem Mindestbetrag und variabler Aufstockung anhand des Gewinns der OG ist fraglich, in welchem Verhältnis beide zueinander stehen dürfen bzw. müssen. Klar ist, dass der variable Ausgleich den außenstehenden Anteilseignern nicht den ihnen ohne GAV zustehenden Gewinnanteil der OG ausmachen darf. *Dötsch*[1] verneint eine Vollabführung des Gewinns, wenn der prozentuale Anteil der Ausgleichszahlung über mehrere Jahre hinweg mehr als 1/3 der Gesamt-Ausgleichszahlungen ausmacht. *Frotscher*[2] will sogar nur eine geringfügige Erhöhung des festen Betrags (maximal 10 % des Gesamtbetrags) akzeptieren. U. E. spricht viel für die Lösung von *Frotscher*: – Nur, wenn der variable Anteil vernachlässigbar ist, kann von einer Abführung des ganzen Gewinns gesprochen werden, ohne die eine Zurechnung fremden Einkommens steuerlich nicht zu rechtfertigen ist. – Nur eine jährliche prozentuale Anknüpfung der variablen Ausgleichszahlung an den festen Betrag lässt sich klar und einwandfrei regeln und überprüfen; diese Sicherheit hat man bei der „Dötsch'schen Lösung" nicht.

Mittlerweile hat die Finanzverwaltung entschieden, das BFH-Urteil v. 4.3.2009 - I R 1/08[3] nicht über den entschiedenen Einzelfall hinaus anzuwenden.[4] Damit führen die vom BFH beanstandeten Ausgleichszahlungen nach Auffassung der Verwaltung weiterhin nicht zur Verwerfung des GAV. Jedoch hat der BFH seine enge Auffassung im Urteil v. 10.5.2017 - I R 93/15[5] beibehalten und die großzügige Auffassung der Verwaltung verworfen. Deshalb müssen die Klauseln bzgl. der Ausgleichszahlungen an die strenge Rechtsprechung angepasst werden. Sollte die Verwaltung nämlich den GAV aus anderen Gründen verwerfen, könnte es passieren, dass der BFH zwar diesen Grund nicht für durchgreifend hält, den GAV aber an der von ihm beanstandeten Klausel scheitern lässt. Vertrauensschutzgesichtspunkte werden in diesem Fall nicht weiterhelfen, wie die Rechtsprechung zum Sanierungserlass zeigt.

Wegen der unterschiedlichen Auffassung von BFH und Finanzverwaltung hinsichtlich der Bestimmung von Ausgleichszahlungen hat der Gesetzgeber die Frage im Gesetz zur Vermeidung von Umsatzsteuerausfällen beim Handel mit Waren im Internet und zur Änderung weiterer steuerlicher Vorschriften vom 11.12.2018 (UStAVermG)[6] in einem neuen § 14 Abs. 2 KStG geregelt. Zu Einzelheiten, auch der Übergangsregelung, s. *Müller* in Mössner/Seeger/Oellerich, § 14 KStG, Rz. 605 ff.

(Einstweilen frei)

---

1 *Dötsch* DPM § 16 Rz. 17.
2 *Frotscher*/Drüen § 16 Rz. 10.
3 BStBl 2010 II 407.
4 BMF, Schreiben v. 20.4.2010, NWB LAAAD-42185.
5 NWB NAAAG-61391.
6 BGBl 2018 I 2883.

C. Steuerrechtliche Behandlung von Ausgleichszahlungen bei der Organgesellschaft gemäß § 16 KStG

31 Zur steuerrechtlichen Behandlung der Ausgleichszahlungen, die Minderheitsgesellschaftern gewährt werden, bestimmt § 16 KStG, dass die **OG** ihr Einkommen i. H.v. $4/3$ bzw. ab VZ 2008 $20/17$ der geleisteten **Ausgleichszahlungen selbst zu versteuern** hat. Geleistet sind die Ausgleichszahlungen dann, wenn sie aus dem Betriebsvermögen tatsächlich abgeflossen sind; der Ausweis einer Verbindlichkeit bei der OG genügt nicht. Zur Frage, wann die Rechtsfolgen des § 16 KStG zu ziehen sind (s. oben → Rz. 17). Der auch auf die von der OG zu tragende KSt entfallende SolZ gehört nicht zum Einkommen der OG. Er wird vielmehr vom OrgT als nicht-abzugsfähige Betriebsausgabe versteuert.[1] Ist die Verpflichtung zum Ausgleich statt von der OG vom OrgT erfüllt worden, so hat gleichwohl die OG die Summe von $4/3$ ($20/17$) der geleisteten Ausgleichszahlungen anstelle des OrgT zu versteuern.

> **BEISPIEL:** Die OG zahlt den Minderheitsaktionären Ausgleichszahlungen i. H.v. 1 700 €. Die OG hat deshalb ($20/17$ von 1 700 € =) 2 000 € als eigenes Einkommen zu versteuern.
>
> Diesen Betrag müsste die OG auch versteuern, wenn der OrgT die Ausgleichszahlungen an ihrer Stelle erbringen würde.

32 Nach § 4 Abs. 5 Satz 1 Nr. 9 EStG dürfen die Ausgleichszahlungen den Gewinn nicht mindern, d. h. sie können **nicht als BA abgezogen** werden. Damit wird sichergestellt, dass sie das Einkommen des Organkreises nicht mindern.

33 Hat die OG selbst die Zahlungen zu Lasten ihres Gewinns geleistet, so ist demnach dem OrgT ein **entsprechend gemindertes Organeinkommen zuzurechnen**. Wurden die Zahlungen hingegen vom OrgT erbracht, so sind diese aus seinem Einkommen auszuscheiden und bei der OG anzusetzen. Bei steuerlichen Verlusten erhöhen dementsprechend die vom OrgT geleisteten Ausgleichszahlungen dessen steuerlichen Verlust, von der OG geleistete Ausgleichszahlungen erhöhen deren dem OrgT zuzurechnenden steuerlichen Verlust (vgl. R 16 Abs. 2 Satz 2 KStR 2015).

34 Hat die OG nach § 16 KStG ein eigenes Einkommen zu versteuern, kann sich ein evtl. vorhandener **vorvertraglicher Verlust** – anders als unter der Geltung des § 7a KStG a. F. – nicht auswirken, da § 15 Satz 1 Nr. 1 KStG die Anwendung des § 10d EStG bei der Ermittlung des Einkommens der OG ausschließt. Auch ggf. **steuerfreie Schachteldividenden** oder sonstige steuerfreie Einnahmen der OG haben keine Auswirkung auf die Steuerpflicht der Ausgleichszahlungen bei der OG. Die Steuerfreiheit derartiger Einnahmen kommt vielmehr stets dem OrgT zugute (§ 15 Satz 1 Nr. 2 und Satz 2 KStG). Der Steuersatz in Bezug auf die Ausgleichszahlungen soll immer 25 %/15 % betragen. Auch **Steuersatzermäßigungen** (vgl. § 19 KStG) kommen deshalb nur dem OrgT und nicht der OG zugute.[2]

> **BEISPIEL:**[3]
>
> | | |
> |---|---:|
> | Steuerfreie Einnahmen der OG | 100 000 € |
> | ./. Ausgleichszahlungen | 7 500 € |
> | ./. KSt. | 500 € |

---

[1] Pache HHR KStG § 16 Rz. 30.
[2] Ebenso Dötsch DPM § 16 n. F. Rz. 51.
[3] Nach Pache HHR KStG § 15 Rz. 21.

./. SolZ (5,5 %)	137 €
handelsrechtlicher Gewinn der OG	**89 863 €**
Dem OrgT zuzurechnendes Einkommen	
Ausgleichszahlungen (§ 4 Abs. 5 Satz 1 Nr. 9 EStG)	7 500 €
KSt.	2 500 €
SolZ	137 €
./. steuerfreie Einnahmen	100 000 €
./. zvE der OG	10 000 €
dem OrgT zuzurechnendes Einkommen	**./. 10 000 €**

Der Bruch von $^4/_3$ bzw. $^{20}/_{17}$ ergibt sich aus dem KSt-Satz von 25 % bzw. 15 %. Für den VZ 2003 betrug der Steuersatz ausnahmsweise 26,5 %. U. E. muss für diesen VZ der Bruch deshalb entsprechend angepasst werden.[1] Die Berechnungsformel lautet:

Eigenes Einkommen der OG = $^{\text{Ausgleichszahlungen} \times 100}/_{100 - \text{Steuersatz}}$

Die Finanzverwaltung will es demgegenüber bei dem Bruch von $^4/_3$ belassen.[2] Der überschießende Betrag von 1,5 % wird als nichtabzugsfähige Betriebsausgabe bei der OG behandelt. Dadurch wird der Gewinnabführungsbetrag vermindert, aber nicht das dem OrgT zuzurechnende Einkommen.

Die OG ist nur rechtsbehelfsbefugt, soweit sie geltend macht, dass Ausgleichszahlungen dem Grunde und/oder der Höhe nach unzutreffend als eigenes Einkommen angesetzt wurden; im Übrigen ist nur der OrgT rechtsbehelfsbefugt.[3]

(Einstweilen frei)

D. Steuerrechtliche Behandlung von Ausgleichszahlungen beim Minderheitsgesellschafter

Für den unbeschränkt steuerpflichtigen Minderheitsgesellschafter stellen die Ausgleichszahlungen **Einkünfte aus Kapitalvermögen** dar (§ 20 Abs. 1 Nr. 1 EStG). Dies gilt unabhängig davon, ob die OG oder der OrgT die Zahlung leistet.[4] Auf sie ist grds. ab 2002 das Halbeinkünfteverfahren anzuwenden (§ 3 Nr. 40 i.V. m. § 3c Abs. 2 EStG), wenn der Minderheitsgesellschafter eine einkommensteuerpflichtige natürliche Person ist. Das bedeutet, dass die Hälfte der Ausgleichszahlungen steuerfrei bleibt und nur die Hälfte der mit ihnen zusammenhängenden Werbungskosten steuerlich geltend gemacht werden können. Ab 2009 gilt das Teileinkünfteverfahren, wenn die Anteile Betriebsvermögen sind, andernfalls der Abgeltungsteuersatz. Handelt es sich bei dem Minderheitsgesellschafter um ein Rechtsgebilde, das körperschaftsteuerpflichtig ist, kommt die Steuerbefreiung des § 8b Abs. 1 (i.V. m. Abs. 5) KStG zum Zuge.

Wer die KapSt gem. § 43 Abs. 1 Satz 1 Nr. 1 EStG einzubehalten und abzuführen hat, ist zweifelhaft; die früher von uns vertretene Auffassung, dass dies immer die auszahlende Gesell-

---

1 Siehe *Müller/Stöcker/Lieber*, Die Organschaft, 10. Aufl., Herne 2017, Rz. 717.
2 Vgl. OFD Hannover v. 18. 4. 2005, DStR 2005, 1059; dieser folgend *Pache* HHR KStG § 16 Rz. 30.
3 FG Niedersachsen, Urteil v. 22. 4. 2004 - 6 K 303/00, EFG 2004, 1662 = NWB DAAAB-24968, rkr., durch Rücknahme der Revision I R 59/04; *Danelsing* Blümich KStG § 16 Rz. 9.
4 So zu Recht *Rogoll/Dreßler*, DStR 2015, 449, 451 f.

schaft sei, wird aufgegeben. Die besseren Argumente sprechen dafür, dass stets die OG die KapSt auf die Ausgleichszahlungen einzubehalten und abzuführen hat.[1]

§ 17 Andere Kapitalgesellschaften als Organgesellschaft

(1) [1]Die §§ 14 bis 16 gelten entsprechend, wenn eine andere als die in § 14 Absatz 1 Satz 1 bezeichnete Kapitalgesellschaft mit Geschäftsleitung im Inland und Sitz in einem Mitgliedstaat der Europäischen Union oder in einem Vertragsstaat des EWR-Abkommens sich wirksam verpflichtet, ihren ganzen Gewinn an ein anderes Unternehmen im Sinne des § 14 abzuführen. [2]Weitere Voraussetzung ist, dass

1. eine Gewinnabführung den in § 301 des Aktiengesetzes genannten Betrag nicht überschreitet und
2. eine Verlustübernahme durch Verweis auf die Vorschriften des § 302 des Aktiengesetzes in seiner jeweils gültigen Fassung vereinbart wird.

(2) Für die Anwendung des Absatzes 1 Satz 2 Nummer 2 gilt § 34 Absatz 10b in der Fassung des Artikels 12 des Gesetzes vom 18. Dezember 2013 (BGBl I S. 4318) entsprechend fort.

Inhaltsübersicht

	Rz.
A. Entstehungsgeschichte des § 17 KStG	1 - 5
B. Amtliche Begründung der Vorschrift des § 17 KStG	6 - 10
C. Allgemeine Erläuterungen zu § 18 KStG	11 - 15
D. Handelsrechtliche Grundlagen des § 17 KStG	16 - 35
E. Steuerliche Wirksamkeitsanforderungen	36 - 69
I. Rechtswirksame Verpflichtung zur Gewinnabführung	36 - 40
II. Abführung vorvertraglicher Rücklagen	41 - 60
III. Verlustübernahme	61 - 69

A. Entstehungsgeschichte des § 17 KStG

HINWEIS:
R 17 KStR 2015.

LITERATURHINWEISE:
(s. a. § 14 KStG): *Fatouros*, Vereinbarung über die Verlustübernahme nach § 17 Satz 2 Nr. 2 KStG, FR 2006, 163; *Süß/Mayer*, BFH: Formal-zivilrechtliche Betrachtungsweise bei Organschaft gilt auch bei Änderung des Ergebnisabführungsvertrags, DStR 2009, 789; *Khonsari*, Aufhebung von Beherrschungs- und Gewinnabführungsverträgen mit einer abhängigen GmbH, BB 2010, 2714; *Schöneborn*, Aktuelle Formfragen der ertragsteuerlichen Organschaft, DB 2010, 245; *Walter/Speidel*, Steuerliche Organschaft – Auslegung contra legem durch die Finanzverwaltung, GmbHR 2/2010, R17; *Hohage/Willkommen*, Der Gewinnabführungsvertrag und die ertragsteuerliche Organschaft im GmbH-Konzern, BB 2011, 224; *Theiselmann*, Der Stimmrechtsausschluss für GmbH-Gesellschafter nach § 47 Abs. 4 GmbHG in der Konzernpraxis, BB 2011, 2819; *Peters/Hecker*, Die Kündigung von Beherrschungs- und Gewinnabführungsverträgen im GmbH-Konzern, DStR 2012, 86; *Brühl/Weiss*, Körperschaftsteuerliche Organschaft: Variable Ausgleichszahlungen an Außenstehende und Anpassungszwang bei Verlustübernahmeklauseln nach § 17 Satz 2 Nr. 2 KStG a. F., BB 2018, 94.

---

[1] Zu Einzelheiten s. *Rogoll/Dreßler*, DStR 2015, 449, 455, mit Nachweisen zu den verschiedenen Auffassungen.

Die Vorschrift ist aus § 7a Abs. 5 KStG in der bis zum VZ 1976 geltenden Fassung hervorgegangen. 1

Durch das Steueränderungsgesetz – StÄndG – 1992 v. 25. 2. 1992[1] wurde die Vorschrift redaktionell neu gefasst, nachdem BGH im Beschluss v. 24. 10. 1988[2] die zivilrechtlichen Wirksamkeitsvoraussetzungen des GAV einer GmbH verschärft hatte. 2

Durch Art. 7 Nr. 2 des Gesetzes zur Bekämpfung von Steuerverkürzungen bei der Umsatzsteuer und zur Änderung anderer Steuergesetze (Steuerverkürzungsbekämpfungsgesetz – StVBG) v. 19. 12. 2001[3] wurde das Zitat „§ 14 Satz 1" durch die Angabe „§ 14 Abs. 1 Satz 1" redaktionell angepasst. 3

Durch das Unternehmensbesteuerungsänderungsgesetz[4] wurde die Vorschrift in zwei Punkten geändert: In Satz 1 wurde entsprechend der Änderung in § 14 Abs. 1 Satz 1 vor Nr. 1 der doppelte Inlandsbezug gestrichen.[5] In Satz 2 wurde der Text der Verlustübernahmeverpflichtung festgelegt.[6] 4

Durch das Gesetz zur Anpassung des nationalen Steuerrechts an den Beitritt Kroatiens zur EU und zur Änderung weiterer steuerlicher Vorschriften (KroatienAnpG) v. 25. 7. 2014[7] wurde die zeitliche Anwendung des KStG in § 34 KStG komplett neu geregelt. Die Möglichkeit, bis Ende 2014 den GAV an die Neuregelung in § 34 Abs. 1 Satz 2 Nr. 2 KStG anzupassen, wurde in Abs. 2 mit Verweisung auf den alten § 34 Abs. 10b KStG übernommen. 5

B. Amtliche Begründung der Vorschrift des § 17 KStG

Die Vorschrift regelt die körperschaftsteuerliche Organschaft für den Fall, dass eine **GmbH OG** ist. Den ebenfalls erfassten Kolonialgesellschaften und bergrechtlichen Gewerkschaften kommt keine Bedeutung mehr zu.[8] Die Regelung entsprach ursprünglich (abgesehen von den in Satz 1 enthaltenen Verweisungen) wörtlich dem § 7a Abs. 5 KStG 1968. 6

Mit der Neufassung des Satzes 1 durch das StÄndG 1992 (s. → Rz. 2) wird nur noch auf die **rechtswirksame Verpflichtung** zur Gewinnabführung abgestellt. 7

Dadurch sind in Satz 2 die bisherigen Nr. 1 und 2 entbehrlich geworden. Die bisherige Nr. 4 wird durch den neuen Satz 2 miterfasst.[9]

(Einstweilen frei) 8–10

C. Allgemeine Erläuterungen zu § 18 KStG

Die Vorschrift korrespondiert mit dem organschaftsteuerrechtlichen Grundtatbestand des § 14 KStG, indem sie dessen – auf die SE, AG und KGaA beschränkten – Regelungen auf **andere** 11

---

1 BGBl 1992 I 297; BStBl 1992 I 146.
2 II ZB 7/88, NWB DAAAB-03175.
3 BGBl 2001 I 3922; BStBl 2002 I 32.
4 Siehe *Müller* in Mössner/Seeger/Oellerich, KStG, Vorbem. §§ 14 – 19 Rz. 23.
5 Siehe hierzu *Müller* in Mössner/Seeger/Oellerich, KStG, § 14 Rz. 46a f.
6 Siehe hierzu unten → Rz. 66 f.
7 BGBL 2014 I 1266.
8 *Müller* in Mössner/Seeger/Oellerich, KStG, § 14 Rz. 31.
9 BR-Drucks. 522/91, 67.

KapGes i. S. d. § 1 Abs. 1 Nr. 1 KStG mit Geschäftsleitung und Sitz im Inland erweitert.[1] Damit wird insbesondere die GmbH als mögliche Organgesellschaft angesprochen. Hierunter fällt aber auch die Vor-GmbH.[2] Die Europäische Aktiengesellschaft ist mittlerweile in § 14 KStG ausdrücklich erwähnt, so dass sie nicht mehr unter § 17 KStG fällt.[3]

12 Für „andere" KapGes gelten nach § 17 Satz 1 KStG die Bestimmungen der §§ 14 bis 16 KStG entsprechend, wenn die **Gewinnabführungsverpflichtung** gegenüber einem nach § 14 Satz 1 KStG möglichen Organträger[4] **rechtswirksam eingegangen** wird.

13 Ein weitergehender Regelungsgehalt kommt § 17 Abs. 1 Satz 2 KStG zu, der **„weitere Voraussetzungen"** für die kstliche Anerkennung eines GAV der „anderen" KapGes aufstellt. Die ansonsten geltenden Bestimmungen über den GAV bleiben jedoch unberührt.[5]

14–15 *(Einstweilen frei)*

D. Handelsrechtliche Grundlagen des § 17 KStG

16 Dem GmbH-Gesetz fehlt eine den §§ 291 ff. AktG entsprechende Regelung für den Beherrschungs- und GAV, den eine GmbH mit einem Unternehmen anderer Rechtsform abschließt. Gleichwohl ist **allgemein anerkannt**, dass die **GmbH derartige Unternehmensverträge abschließen** kann. Lediglich die Wirksamkeitsvoraussetzungen im Einzelnen sind lange str. gewesen. Einen Teil der hiermit zusammenhängenden Fragen hat der BGH mit Beschluss v. 24. 10. 1988[6] beantwortet und damit erheblich zur Rechtssicherheit beigetragen.

17 Ein Beherrschungs- und Gewinnabführungsvertrag ist kein schuldrechtlicher Vertrag, sondern ein **gesellschaftsrechtlicher Organisationsvertrag**, der satzungsgleich den rechtlichen Status der beherrschten Gesellschaft ändert. Diese Änderung besteht insbesondere darin, dass die **Weisungskompetenz** der Gesellschafterversammlung auf die herrschende Gesellschaft **übertragen**, der **Gesellschaftszweck** unter Aufhebung der unabhängigen erwerbswirtschaftlichen Teilnahme am Wirtschaftsverkehr bei einem i. d. R. gleichbleibenden Unternehmensgegenstand **am Konzerninteresse ausgerichtet** und **in das Gewinnbezugsrecht** der Gesellschafter **eingegriffen** wird.[7] Gesetzliche Regelungen und Bestimmungen des Gesellschaftsvertrages, die den für Unternehmensverträge maßgebenden Vorschriften sowie dem Inhalt des Unternehmensvertrages entgegenstehen, werden für die Dauer seiner Gültigkeit außer Kraft gesetzt.

18 Aufgrund dieser Wirkungen des Unternehmensvertrags ist sein Abschluss von der Vertretungsmacht der Geschäftsführer der GmbH, die sich der Beherrschung und Ergebnisabführung unterwirft, nicht gedeckt. Er bedarf zu seiner Wirksamkeit der **Zustimmung durch Beschluss der Gesellschafterversammlung der beherrschten Gesellschaft**.[8] Die im Einzelnen umstrittene Frage, ob ein derartiger Beschluss der Zustimmung aller Gesellschafter bedarf oder ob dafür eine bestimmte qualifizierte Mehrheit ausreicht, konnte der BGH 1987 dahinstehen lassen, weil im Streitfall die beherrschende Gesellschaft **Alleingesellschafterin** der sich unterwerfen-

---

1 *Müller* in Mössner/Seeger/Oellerich, KStG, § 14 Rz. 31 ff.
2 Siehe hierzu *Müller* in Mössner/Seeger/Oellerich, KStG, § 14 Rz. 37 und *Pache* HHR KStG § 17 Rz. 16.
3 Zur OG-Fähigkeit ausländischer Kapitalgesellschaften s. oben *Müller* in Mössner/Seeger/Oellerich, KStG, § 14 Rz. 51.
4 Siehe *Müller* in Mössner/Seeger/Oellerich, KStG, § 14 Rz. 81 ff.
5 *Müller* in Mössner/Seeger/Oellerich, KStG, § 14 Rz. 501 ff.
6 II ZB 7/88, NWB DAAAB-03175
7 Vgl. BGH v. 14. 12. 1987 - II ZR 170/87, DB 1988, 596.
8 Vgl. BFH, Urteil v. 3. 9. 2009 - IV R 38/07, BFH/NV 2009, 2035 = NWB ZAAAD-31633; BGH, Urteil v. 31. 5. 2011 - II ZR 109/10, NWB CAAAD-88333, zur Kündigung.

den GmbH war. Das Stimmverbot des § 47 Abs. 4 Satz 2 GmbHG greift in diesem Falle auch nicht ein, wenn an der GmbH noch andere Gesellschafter neben dem OrgT beteiligt sind.[1]

Für den Fall der **Mehrheitsbeteiligung** wird im Schrifttum sowohl die Auffassung vertreten, zur Wirksamkeit des Unternehmensvertrags einer GmbH bedürfe es einer satzungsändernden Mehrheit (§ 53 Abs. 2 Satz 1 GmbHG) von 3/4 der abgegebenen Stimmen, als auch die, dass alle oder fast alle Gesellschafter zustimmen müssten.[2] Die letztgenannte Auffassung dürfte sich inzwischen durchgesetzt haben.[3]

Der Beherrschungs- und Gewinnabführungsvertrag bedarf **auch der Zustimmung der Gesellschafterversammlung der herrschenden Gesellschaft**. Der Zustimmungsbeschluss ist dabei – wie im Aktienrecht – Erfordernis für die **Wirksamkeit** des Unternehmensvertrags; er entfaltet also nicht nur Innenwirkung. Obwohl eine GmbH als herrschende Gesellschaft nicht verpflichtet ist, außenstehende Gesellschafter der beherrschten Gesellschaft durch Gewährung von Gesellschaftsanteilen abzufinden, soweit ihr Gesellschaftsvertrag nicht etwas anderes vorschreibt, schließt die nach dem Aktienrecht bestehende Pflicht, außenstehende Gesellschafter in Aktien abzufinden, die Anwendung des in § 293 Abs. 2 AktG normierten Rechtsgedankens im GmbH-Konzernrecht nicht aus. Das Zustimmungserfordernis i. S. d. § 293 Abs. 2 AktG beruht unabhängig von der Verpflichtung zur Abfindung in Aktien auf Umständen, denen eine bei der AG und der GmbH vergleichbare Interessenlage zugrunde liegt. Mit dem Abschluss des Unternehmensvertrags ist unlösbar die Verpflichtung verbunden, bei der beherrschten Gesellschaft eintretende **Verluste auszugleichen**. Da der Unternehmensvertrag i. d. R. über einen längeren Zeitraum abgeschlossen wird, stellt sich die Verlustübernahmepflicht (vgl. § 302 AktG) als eine vertragliche Dauerverpflichtung dar, die den jährlichen Gesellschaftergewinn schmälern, bei hohen Verlusten gefährden oder bei anhaltend schlechter Ertragslage und hohen Verlusten der beherrschten Gesellschaft auch zur Existenzfrage bei der herrschenden Gesellschaft werden kann. Daher bedarf auch im GmbH-Konzernrecht ein Unternehmensvertrag zu seiner Wirksamkeit der Zustimmung der Gesellschafterversammlung der herrschenden Gesellschaft. Entsprechend § 293 Abs. 2 Satz 2, Abs. 1 Satz 2 AktG muss dieser Beschluss mit einer qualifizierten Mehrheit gefasst werden, die mindestens 3/4 der bei der Beschlussfassung abgegebenen Stimmen umfassen muss. Ob dies auch gilt, wenn Organträger eine KG oder eG ist, wird sowohl vom BGH-Beschluss v. 24. 10. 1988[4] als auch von der FinVerw offen gelassen.[5]

Der Zustimmungsbeschluss der Gesellschafterversammlung der beherrschten Gesellschaft bedarf wegen seines satzungsändernden Charakters der **notariellen Beurkundung** (§ 53 Abs. 2 GmbHG),[6] nicht hingegen der Unternehmensvertrag und der Zustimmungsbeschluss der Gesellschafterversammlung der herrschenden Gesellschaft. Ob auch der Beschluss zur Kündigung des GAV der notariellen Beurkundung bedarf, ist umstritten und vom BGH noch nicht entschieden worden.[7] Jedenfalls aus Gründen der Vorsicht empfiehlt sich die notarielle Beurkundung.

---

1 BGH, Urteil v. 31. 5. 2011 - II ZR 109/10, NWB CAAAD-88333, ebenso BGH, Urteil v. 31. 5. 2011 - II ZR 116/10, NWB MAAAD-88334.
2 Zu den einzelnen Meinungen s. *Scholz/Emmerich*, GmbHG, 10. Aufl., Band I, Anhang § 13, Anm. 144 f.
3 Siehe a. *Müller/Stöcker/Lieber*, Die Organschaft, 10. Aufl., Herne 2017, Rz. 238.
4 II ZB 7/88, NWB DAAAB-03175.
5 Vgl. BMF, Schreiben v. 8. 3. 1990 - S 2770, NWB DokSt F. 4 §§ 14 – 19 KStG 3/90.
6 R 17 Abs. 1 Satz 2 KStR 2015.
7 Siehe hierzu *Peters/Hecker*, DStR 2012, 86, 88.

22 Entsprechend § 54 Abs. 1 Satz 1 GmbHG sind Zustimmungsbeschluss und Unternehmensvertrag zur **Eintragung in das HR** anzumelden. Aus der Eintragung sollen sich Abschluss, Abschlussdatum und Art des Unternehmensvertrags sowie die Tatsache der Zustimmung der Gesellschafterversammlung der beherrschten Gesellschaft und das Datum dieses Zustimmungsbeschlusses ergeben. Wegen des weitergehenden Inhalts kann auf den Unternehmensvertrag sowie die zustimmenden Beschlüsse der Gesellschafterversammlungen der beherrschten und der herrschenden Gesellschaft Bezug genommen werden, die sämtlich in Abschrift der Anmeldung zum HR beizufügen sind.[1]

23 Fraglich ist, ob die **Berichts- und Prüfungspflichten gem. §§ 293a bis 293g AktG** bei einer GmbH als OG entsprechend anzuwenden sind. Im Schrifttum sind die Meinungen hierzu völlig uneinheitlich. Angesichts dessen wird man in der Praxis vorsorglich von den in § 293a Abs. 3, § 293b Abs. 2 und § 293e Abs. 2 AktG vorgesehenen Verzichtsmöglichkeiten Gebrauch machen.

24 An die Änderung eines GAV stellt der BFH[2] dieselben Anforderungen wie an den erstmaligen Abschluss.

25 Auch die **Aufhebung** des GAV mit einer abhängigen GmbH bedarf der Zustimmung der Gesellschafterversammlung der OG.[3]

26–35 *(Einstweilen frei)*

E. Steuerliche Wirksamkeitsanforderungen

I. Rechtswirksame Verpflichtung zur Gewinnabführung

36 Der BGH-Beschluss v. 24.10.1988[4] hat die zivilrechtlichen Wirksamkeitsvoraussetzungen für einen GmbH-Gewinnabführungsvertrag verschärft (vgl. → Rz. 2, → Rz. 16 ff.), letztlich aber noch nicht alle sich in diesem Zusammenhang stellenden Fragen beantwortet. So hat z. B. das OLG Düsseldorf v. 4.9.1991[5] in Zweifel gezogen, ob § 293 Abs. 2 AktG auf einen GAV zwischen einer AG als herrschendem Unternehmen und einer GmbH anwendbar ist, und die Auffassung vertreten, der Abschluss eines Unternehmensvertrags zwischen einer AG und einer GmbH sei nicht in das HR einzutragen.

37 Um sich von solchen ungeklärten oder zweifelhaften Vorfragen zu lösen, knüpft § 17 Abs. 1 Satz 1 KStG in der aufgrund des StÄndG 1992 geltenden Neufassung lediglich daran, dass sich eine andere als die in § 14 Satz 1 KStG bezeichnete KapGes mit Geschäftsleitung und Sitz im Inland **„wirksam"** verpflichtet, ihren ganzen Gewinn an ein anderes Unternehmen i. S. d. § 14 KStG abzuführen. Damit wird den organschaftlich verbundenen Unternehmen noch mehr als bisher auferlegt, die zivil- und handelsrechtliche Rspr. und Gesetzgebung in diesen Punkten zu verfolgen, damit die wirksame Gewinnabführungsverpflichtung gewahrt bleibt, die Voraussetzung für die steuerliche Anerkennung des Organschaftsverhältnisses ist. Aufgrund der großzügigen Übergangsregelungen, die die FinVerw im Zusammenhang der Entscheidung des mit

---

1 BGH, Beschluss v. 24.10.1988 - II ZB 7/88, NWB DAAAB-03175.
2 Urteil v. 22.10.2008 - I R 66/07, BStBl 2009 II 972; s. auch oben *Müller* in Mössner/Seeger/Oellerich, KStG, § 14 Rz. 501.
3 BGH, Urteil v. 31.5.2011 - II ZR 109/10, NWB CAAAD-88333.
4 II ZB 7/88, NWB DAAAB-03175.
5 3 Wx 66/91, GmbHR 1991, 526.

BGH-Beschluss v. 24.10.1988[1] getroffen hatte,[2] wird man davon ausgehen können, dass bei ähnlichen Entwicklungen entsprechend verfahren wird.

(Einstweilen frei) 38–40

II. Abführung vorvertraglicher Rücklagen

Weitere Voraussetzung ist nach § 17 Abs. 1 Satz 2 Nr. 1 KStG, dass die Gewinnabführung den in § 301 AktG genannten Betrag nicht überschreitet. Diese Regelung zielt auf die **Angleichung mit dem GAV einer AG oder KGaA**.[3]

41

Der abzuführende Gewinn wird durch einen **Mindestbetrag** und einen **Höchstbetrag** begrenzt. Einerseits dürfen Beträge aus dem Jahresüberschuss gem. § 14 Abs. 1 Satz 1 Nr. 4 KStG nur insoweit in die Gewinnrücklagen (§ 272 Abs. 3 HGB) mit Ausnahme der gesetzlichen Rücklage eingestellt werden, als dies bei vernünftiger kaufmännischer Beurteilung wirtschaftlich begründet ist. Andererseits darf die Gewinnabführung gem. § 17 Satz 2 Nr. 1 KStG den in § 301 AktG genannten Betrag nicht übersteigen. Dies ist der ohne die Gewinnabführung entstehende Jahresüberschuss, vermindert um einen Verlustvortrag aus dem Vorjahr und um den Betrag, der nach § 300 AktG in die gesetzliche Rücklage einzustellen ist (§ 301 Satz 1 AktG). Problematisch ist in diesem Zusammenhang, dass das GmbH-Recht anders als das Aktienrecht in § 300 AktG keine gesetzliche Rücklagen kennt. U. E. verlangt die Gleichbehandlung von OG aller Rechtsformen, dass die Bildung von Rücklagen, so wie sie § 300 AktG verlangt, der Durchführung des GAV nicht entgegensteht. Demgegenüber lehnen *Pache*[4] und *Dötsch*[5] eine Anwendung des § 300 AktG auf GmbHs als OG ab und verlangen, dass die Rücklage bei vernünftiger kaufmännischer Beurteilung wirtschaftlich begründet ist.[6] Beträge, die während der Dauer des GAV in andere Gewinnrücklagen eingestellt worden sind, können diesen Rücklagen entnommen und als Gewinn abgeführt werden (§ 301 Satz 2 AktG).

42

Die Begrenzung auf Höchstbeträge soll verhindern, dass die Interessen der Gesellschaftsgläubiger geschmälert werden. Zugleich geht es um den Schutz außenstehender Gesellschafter; die Substanz der Gesellschaft gehört auch ihnen und soll nicht infolge der Gewinnabführung verloren gehen.[7] Für OG in der Rechtsform der GmbH wird nicht verlangt, dass die Begrenzung der Gewinnabführung in den GAV ausdrücklich aufgenommen wird.[8]

43

Die Frage, ob eine **Kapitalrücklage** (§ 272 Abs. 2 Nr. 4 HGB) einer Gewinnrücklage, die während des Organschaftsverhältnisses gebildet wurde und die deswegen vom organschaftlichen **Abführungsgebot** erfasst wird, gleichzustellen ist, hat der BFH, Urteil v. 8.8.2001[9] – entgegen der Verwaltungspraxis (vgl. Abschn. 55 Abs. 3 Satz 4 Nr. 2, Abs. 4 Satz 1 KStR 1995) und der überwiegenden Meinung im Schrifttum – unter Hinweis auf den eindeutigen Gesetzeswortlaut **verneint** (nunmehr ebenso R 14.5 Abs. 3 Satz 4 Nr. 2 KStR 2015). Er hat entschieden, dass der Jahresüberschuss die Obergrenze der Gewinnabführung in grundsätzlich abschließender

44

---

1 II ZB 7/88, NWB DAAAB-03175.
2 Vgl. BMF, Schreiben v. 31.10.1989, BStBl 1989 I 430.
3 Siehe *Müller* in Mössner/Seeger/Oellerich, KStG, § 14 Rz. 524.
4 *Pache* HHR KStG § 17 Rz. 39.
5 *Dötsch* DPM § 17 n. F. Rz. 21.
6 Siehe hierzu *Müller* in Mössner/Seeger/Oellerich, KStG, § 14 Rz. 518.
7 Zur Neuregelung des § 301 AktG durch BilMoG s. *Müller* in Mössner/Seeger/Oellerich, KStG, § 14 Rz. 522.
8 BMF, Schreiben v. 14.1.2010, BStBl 2010 I 65.
9 I R 25/00, BStBl 2003 II 923.

Weise markiere. Offene Rücklagen gehörten nicht dazu, weil durch sie der Jahresüberschuss nicht erhöht wird. § 275 Abs. 4 HGB bestimme ausdrücklich, dass Rücklagenauflösungen erst nach der Position „Jahresüberschuss" (§ 275 Abs. 2 Nr. 20, Abs. 3 Nr. 19 HGB als Ergebnis der Gewinn- und Verlustrechnung) auszuweisen sind. Trotz des sich hieraus ergebenden **Verbots**, aus aufgelösten Kapitalrücklagen stammende Beträge **an den OrgT abzuführen**, erhöhen die Beträge aus der Rücklagenauflösung den Bilanzgewinn, über den die Gesellschafter im Rahmen der gesetzlichen Vorschriften (§ 57 Abs. 3 AktG, §§ 30, 31 GmbHG) uneingeschränkt verfügen können. Der GAV steht einer **Ausschüttung an die Gesellschafter** nicht entgegen. Gewinnausschüttungen sind nur soweit und solange ausgeschlossen, wie die innerorganschaftlichen Unternehmensergebnisse Gegenstand der Abführungspflicht sind. Darüber hinaus – also auch in Bezug auf zurückgewährte Kapitalrücklagen – kann ausgeschüttet werden. Dies gilt gleichermaßen für die an der Gewinnabführung nicht beteiligten außenstehenden Gesellschafter wie für einen alleinigen Gesellschafter, bei dem es im Ergebnis unerheblich ist, ob die Beträge an ihn ausgeschüttet oder abgeführt werden.

45 Nach dem BMF-Schreiben v. 27. 11. 2003[1] wird es nicht beanstandet, wenn die Gewinne aus der Auflösung von in vertraglicher Zeit gebildeten Kapitalrücklagen noch bis zum 31. 12. 2003 entsprechend der bisherigen Verwaltungsauffassung gem. Abschn. 55 Abs. 3 Satz 4 Nr. 2 Satz 2 KStR 1995 behandelt werden. Die Grundsätze des BFH-Urteils v. 8. 8. 2001[2] sind im Fall einer Verlustübernahme durch den OrgT entsprechend anzuwenden. Danach hat der OrgT einen Jahresfehlbetrag auszugleichen, ohne dass dieser zuvor mit dem Ertrag aus der Auflösung der Kapitalrücklage zu verrechnen ist. Die vorgenannte Nichtbeanstandungsregelung gilt entsprechend.

46 Werden bei der OG **Rücklagen** aufgelöst, die in der Zeit **vor Wirksamwerden des GAV gebildet** wurden, darf der **Ertrag nicht an den OrgT** abgeführt werden, weil insoweit eine Ausschüttungssperre gilt (§ 301 Satz 2 AktG). Ein Verstoß hiergegen ist organschaftsschädlich, weil der OrgT dann mehr erhält, als ihm aufgrund des GAV zusteht. Schädlich ist insoweit auch, wenn der vom OrgT zu übernehmende Jahresfehlbetrag der OG durch Verrechnung mit Erträgen aus der Auflösung vorvertraglicher Rücklagen gemindert wird.

47 Sind bei der Organgesellschaft derartige vorvertragliche Rücklagen nicht vorhanden, z. B. in Fällen der **Neugründung**, ist eine vertragliche Klausel, welche die Auflösung solcher Rücklagen zugunsten des OrgT untersagt, sinnlos und deshalb entbehrlich.

48–60 *(Einstweilen frei)*

III. Verlustübernahme

61 In dem Bestreben, den Gewinnabführungsvertrag der „anderen" KapGes an denjenigen der AG und KGaA anzugleichen[3] bestimmt § 17 Abs. 2 Satz 2 Nr. 2 KStG, dass eine Verlustübernahme durch den OrgT **entsprechend den Vorschriften des § 302 AktG** vereinbart werden muss. Zur gesetzlichen Neuregelung s. unten → Rz. 66. Diese Klausel ist notwendige Voraussetzung für die steuerliche Anerkennung einer Organschaft. Die Gesetzesformulierung ist zwar hinsichtlich des Umfangs der Einbeziehung der aktienrechtlichen Vorschriften in die vertragliche Regelung nicht eindeutig, doch fordert die Rspr. zu Recht auch die Einbeziehung des Regelungs-

---

[1] BStBl 2003 I 647.
[2] I R 25/00, BStBl 2003 II 923.
[3] Vgl. BT-Drucks. V/3017, 9.

gehalts des § 302 Abs. 3 AktG.[1] Ansonsten wäre die Position des außeraktienrechtlichen OrgT günstiger, da er die Möglichkeit hätte, die OG nach Ablauf des Gewinnabführungsvertrag anzuweisen, auf den **Anspruch auf Verlustausgleich** und dessen gerichtliche Durchsetzung zu verzichten. Der BFH hat seine strenge Rechtsprechung u. a. mit Urteilen v. 22. 2. 2006,[2] v. 3. 3. 2010[3] und v. 10.5.2017[4] bestätigt. Das FG Köln hat seine entgegenstehende Rspr. mittlerweile aufgegeben.[5] Nach BFH genügt es nicht, dass die Vereinbarung irgendwann während der vertraglichen Laufzeit des GAV geschlossen wird. Auch für eine solche Vertrags-„Klarstellung" gelten die gesetzlichen Zeiterfordernisse sowie das Erfordernis der Eintragung in das Handelsregister.[6]

„Zu beachten ist, dass eine Vereinbarung, dass ein sonst entstehender Jahresfehlbetrag durch die Auflösung von Kapitalrücklagen ausgeglichen werden kann, keine ausreichende Verlustübernahmevereinbarung i. S. v. § 17 Satz 2 Nr. 2 KStG a. F. i. V. m § 302 AktG darstellt. § 302 AktG erlaubt nur die Minderung der Verlustübernahmeverpflichtung durch die Auflösung von „anderen Gewinnrücklagen", wozu die Kapitalrücklage nicht gehört.[7]

Dem Erfordernis des § 17 Abs. 2 Satz 2 Nr. 2 KStG kann in der Weise entsprochen werden, dass im Gewinnabführungsvertrag **pauschal** auf § 302 AktG **verwiesen** oder der Vertragstext entsprechend dem Inhalt dieser Vorschrift – einschließlich Absatz 3 und 4 – gestaltet wird.[8] Entgegen der Auffassung der OFDen Rheinland und Münster hat der BFH[9] entschieden, dass mit der üblichen Klausel „Die Organträgerin ist entsprechend den Vorschriften des § 302 AktG verpflichtet, jeden während der Vertragsdauer sonst entstehenden Jahresfehlbetrag auszugleichen, soweit dieser nicht dadurch ausgeglichen wird, dass den anderen Gewinnrücklagen Beträge entnommen werden, die während der Vertragsdauer in sie eingestellt worden sind." eine Verlustübernahme entsprechend § 302 AktG vereinbart wird. Nachdem die FinVerw diese Rechtsprechung übernommen und die Auffassung der OFDen Rheinland und Münster verworfen hatte,[10] sah der Gesetzgeber keine Veranlassung mehr, im JStG 2010 § 17 KStG zu ändern. Die pauschale Verweisung auf § 302 AktG darf nicht relativiert bzw. es dürfen nicht bestimmte Absätze von der Einbeziehung ausgeschlossen werden.

---

1 Vgl. BFH, Urteil v. 29. 3. 2000 - I R 43/99, BFH/NV 2000, 1250 = NWB AAAAA-65362; a. A. *Frotscher*/Drüen § 17 Rz. 9.
2 I R 74/05, BFH/NV 2006, 1513 = NWB EAAAB-89183.
3 I R 68/09, BFH/NV 2010, 1132 = NWB HAAAD-41333, die dagegen erhobene Verfassungsbeschwerde wurde vom BVerfG mit Beschluss v. 31. 8. 2010 - 2 BvR 998/10, nicht zur Entscheidung angenommen.
4 I R 93/15, NWB NAAAG-61391; s. hierzu *Brühl/Weiss*, BB 2018, 94, 96 ff. Das BMF hat mit Schreiben vom 3.4.2019 (NWB JAAAH-13332) auf das BFH-Urteil v.10.5.2017 - I R 93/15 (NWB NAAAG-61391) dahingehend reagiert, dass GAV, die keinen Verweis auf die entsprechende Anwendung des § 302 Abs. 4 AktG enthalten, aber von der Billigkeitsregelung des BMF-Schreibens vom 16.12.2005 umfasst waren, der Anerkennung der Organschaft nicht entgegenstehen, wenn diese bis zum Ablauf des 31.12.2019 an die Regelung des § 17 Abs. 1 Satz 2 Nr. 2 KStG (dynamischer Verweis) angepasst werden.
5 Urteil v. 12. 4. 2011 - 13 K 3136/04, EFG 2011, 2014.
6 BFH, Urteile v. 22.10.2008 - I R 66/07, BStBl 2009 II 972 und v. 3. 3. 2010 - I R 68/09, BFH/NV 2010, 1132 = NWB HAAAD-41333; s. hierzu *Süß/Mayer*, DStR 2009, 789.
7 OFD Nordrhein-Westfalen v. 11.7.2018, NWB UAAAG-88733, unter Verweis auf das rkr. Urteil des FG Düsseldorf v. 17.4.2018 - 6 K 2507/17 K, NWB AAAAG-92651, DStR 2018, 1857.
8 Vgl. R 17 Abs. 3 KStR 2015; OFD Rheinland und Münster v. 12. 8. 2009, BB 2010, 101, mit Anm. *Schulze Grotthoff*; vgl. auch *Schöneborn*, DB 2010, 245; die enge BFH-Rechtsprechung und Verwaltungsauffassung ablehnend *Walter/Speidel*, GmbHR 2/2010, R17.
9 Vom 28. 7. 2010/15. 9. 2010 - I B 27/10, BStBl 2010 II 935.
10 BMF, Schreiben v. 19. 10. 2010, BStBl 2010 I 836; zu weiterhin bestehenden Unklarheiten s. *Hohage/Willkommen*, BB 2011, 224.

63 Durch das Gesetz zur Anpassung von Verjährungsvorschriften an das Gesetz zur Modernisierung des Schuldrechts v. 9.12.2005 ist § 302 AktG ein neuer Abs. 4 angefügt worden. Dieser enthält eine spezielle zehnjährige Verjährungsfrist für die in § 302 AktG geregelten Ansprüche auf Verlustübernahme.[1] Die Finanzverwaltung verlangt, dass nach dem 31.12.2005 geschlossene GAV eine dem § 302 Abs. 4 AktG entsprechende Regelung enthalten, wenn nicht allgemein auf § 302 AktG verwiesen wird.[2] Altverträge brauchen keinen entsprechenden Hinweis zu enthalten und auch nicht angepasst zu werden.

64 Unabhängig von der Kritik an der strengen BFH-Rechtsprechung und Verwaltungsauffassung zu § 17 Abs. 1 Satz 2 Nr. 2 KStG muss die Praxis diese beachten, da eine Änderung nicht zu erwarten ist. **Deshalb sollte in dem GAV pauschal auf § 302 AktG in der jeweils geltenden Verfassung verwiesen werden, sog. dynamische Verweisung.** Siehe nunmehr unten → Rz. 66.

65 **Verzichtet** die OG nach Beendigung des Gewinnabführungsvertrags, aber vor Ablauf der in § 302 Abs. 3 AktG gesetzten Dreijahresfrist, **auf ihren Anspruch auf Verlustausgleich**, ist der GAV insoweit **nicht durchgeführt**. Dieser Vertragsverstoß bedeutet nach Auffassung der Literatur,[3] dass damit die Voraussetzungen für die Anwendung der §§ 14 bis 19 KStG **rückwirkend entfallen**, und zwar mit der Maßgabe, dass diese Rechtsfolgen selbst dann eintreten, wenn der GAV bereits fünf Jahre bestanden hat, sofern auch nur in einem dieser Jahre ein Verlust entstanden war, auf dessen Ausgleich nunmehr verzichtet wird. Dem ist zuzustimmen.

66 Aufgrund der weiterhin bestehenden Probleme und der zahlreichen fehlerhaften GAV hat der Gesetzgeber nunmehr im Unternehmensbesteuerungsänderungsgesetz eine klare Regelung getroffen. Der GAV muss einen Verweis auf die Vorschriften des § 302 AktG in seiner jeweils gültigen Fassung enthalten. Die Praxis sollte sich nicht mit theoretischen Fragen aufhalten, welche Formulierungen man alle wählen könnte, sondern in jedem GAV unter Abschreiben der Formulierung in § 17 Abs. 1 Satz 2 Nr. 2 KStG n. F. vereinbaren: „Es wird eine Verlustübernahme gemäß den Vorschriften des § 302 AktG in seiner jeweils gültigen Fassung vereinbart."

67 Die Neuregelung ist gem. § 34 Abs. 10b Satz 1 KStG n. F., der nach § 17 Abs. 2 KStG fortgilt, erstmals auf GAV anzuwenden, die nach dem Inkrafttreten des Unternehmensbesteuerungsänderungsgesetzes (26.2.2013) abgeschlossen oder geändert werden. Das heißt, bei jedem Neuabschluss oder jeder Änderung aus einem anderen Grund als der Aufnahme des dynamischen Verweises muss der dynamische Verweis mit aufgenommen werden. Ob dies auch bei marginalen Änderungen des GAV gilt, mag zweifelhaft sein. Die Praxis sollte jedoch zur Sicherheit bei **jeder** Änderung eines Alt-GAV den dynamischen Verweis aufnehmen.

Satz 2 enthält eine **großzügige Übergangsregelung**: Enthält ein GAV keinen den Anforderungen der bisherigen Vorschrift entsprechenden Verweis auf § 302 AktG (damit ist die bisherige strenge Auslegung durch den BFH gemeint), steht dies der Anerkennung des Organschaftsverhältnisses für VZ, die vor dem 1.1.2015 enden (also bis einschl. 2014), nicht entgegen, wenn eine Verlustübernahme tatsächlich erfolgt ist und eine Verlustübernahme entsprechend der neuen Vorschrift bis zum Ablauf des 31.12.2014 wirksam vereinbart wird (d. h., die Änderung

---

1 Siehe hierzu *Fatouros*, FR 2006, 163.
2 BMF, Schreiben v. 16.12.2005, BStBl 2006 I 12; bestätigt durch BFH, Beschluss v. 22.12.2010 - I B 83/10, NWB ZAAAD-60307; dies gilt für Alt-GAV auch nach der Neuregelung in § 17 Abs. 1 Satz 2 Nr. 2, vgl. OFD Niedersachsen v. 13.9.2013, DStR 2013, 2634; die Verwaltungsauffassung bietet aber keine vollständige Rechtssicherheit, da die Finanzgerichte an die Billigkeitsregelung nicht gebunden sind. Deshalb sollte immer eine Anpassung der Verlustübernahmeverpflichtung an die neue Regelung erfolgen.
3 Vgl. z. B. *Hübl*, DStZ/A 1972, 145; *L. Schmidt*, GmbHR 1971, 9.

muss bis dahin auch im Handelsregister eingetragen sein!). Eine Vereinbarung ist nicht erforderlich, wenn die steuerliche Organschaft vor dem 1.1.2015 beendet wurde. Dann reicht die tatsächliche Verlustübernahme aus.[1] Außerhalb der Fälle des Neuabschlusses und der Änderung aus anderen Gründen besteht keine Verpflichtung zur Anpassung von GAV. Die Unternehmen laufen dann aber Gefahr, ob die Verlustübernahmeverpflichtung ausreichend vereinbart wurde. Deshalb kann nur empfohlen werden, alle GAV, bei denen Zweifel an einem dynamischen Verweis auf § 302 AktG bestehen, anzupassen. Die hierdurch entstehenden Kosten sind gering zu den Folgen, die auftreten, wenn ein Organschaftsverhältnis deswegen nicht anerkannt wird. Die Anpassung eines bestehenden GAV an den neuen Gesetzeswortlaut stellt für die Anwendung des § 14 Abs. 1 Satz 1 Nr. 3 KStG keinen Neuabschluss dar.

Aus der Übergangsregelung und dem Bericht des Finanzausschusses zu der von ihm hieran vorgenommenen Änderung des Gesetzentwurfs kann man nur ableiten, dass der Gesetzgeber alle noch offenen, bisher zweifelhaften oder steuerlich wegen eines nicht ausreichenden Verweises nicht anerkannten Organschaftsverhältnisse „retten" will. Damit kann die Finanzverwaltung die Ablehnung einer ertragsteuerlichen Organschaft in allen noch offenen Fällen, worunter auch Steuerfestsetzungen unter dem Vorbehalt der Nachprüfung fallen, nicht mehr mit diesen Mängeln begründen, 68

▶ wenn eine Verlustübernahme in der zutreffenden Höhe tatsächlich erfolgt ist **und**

▶ die Anpassung des GAV an den neuen § 17 Abs. 1 Satz 2 Nr. 2 KStG n. F. bis Ende 2014 wirksam erfolgt.

§ 34 Abs. 10b Satz 2 KStG n. F. stellt m. E. allerdings keine eigenständige Änderungsnorm dar, wonach auch materiell bestandskräftige Veranlagungen geändert werden könnten.

Die Übergangsregelung wirft ein Problem auf, wenn die OG ein **vom Kalenderjahr abweichendes Wirtschaftsjahr** hat. Das Gesetz sieht eine Anerkennung nur bis einschließlich VZ 2013 vor. In 2014 muss ja der GAV spätestens angepasst werden, so dass bei kalendergleichem Wirtschaftsjahr kein Problem auftritt. 69

BEISPIEL: ▶ Das Wirtschaftsjahr der OG endet zum 30.9.
Wird der GAV bis dahin wirksam angepasst, ist die Organschaft durchgängig anzuerkennen.

Wird der GAV allerdings erst zwischen dem 1.10. und 31.12.2014 einschließlich wirksam angepasst, ist das Gesetz nicht eindeutig. Weder aus der Gesetzesbegründung[2] noch aus dem Bericht des Finanzausschusses[3] ergibt sich, dass der Gesetzgeber das Problem eines abweichenden Wirtschaftsjahrs gesehen hat. Aus der erkennbaren Absicht, Altverträge zu retten, wenn die Anpassung bis zum 31.12.2014 geschieht (s. oben → Rz. 68), muss m. E. abgeleitet werden, dass jede Anpassung bis zum 31.12.2014, unabhängig vom Wirtschaftsjahr, ausreicht.

§ 18 (weggefallen)

Zur Kommentierung s. 3. Auflage 2017 und Online-Version.

---

[1] Bericht des Finanzausschusses, BT-Drucks. 17/11217, 10 f.
[2] BT-Drucks. 17/10774, 21.
[3] Siehe BT-Drucks. 17/11217, 10 f.

§ 19 Steuerabzug bei dem Organträger

(1) Sind bei der Organgesellschaft die Voraussetzungen für die Anwendung besonderer Tarifvorschriften erfüllt, die einen Abzug von der Körperschaftsteuer vorsehen, und unterliegt der Organträger der unbeschränkten Körperschaftsteuerpflicht, sind diese Tarifvorschriften beim Organträger so anzuwenden, als wären die Voraussetzungen für ihre Anwendung bei ihm selbst erfüllt.

(2) Unterliegt der Organträger der unbeschränkten Einkommensteuerpflicht, gilt Absatz 1 entsprechend, soweit für die Einkommensteuer gleichartige Tarifvorschriften wie für die Körperschaftsteuer bestehen.

(3) Unterliegt der Organträger nicht der unbeschränkten Körperschaftsteuer- oder Einkommensteuerpflicht, gelten die Absätze 1 und 2 entsprechend, soweit die besonderen Tarifvorschriften bei beschränkt Steuerpflichtigen anwendbar sind.

(4) ¹Ist der Organträger eine Personengesellschaft, gelten die Absätze 1 bis 3 für die Gesellschafter der Personengesellschaft entsprechend. ²Bei jedem Gesellschafter ist der Teilbetrag abzuziehen, der dem auf den Gesellschafter entfallenden Bruchteil des dem Organträger zuzurechnenden Einkommens der Organgesellschaft entspricht.

(5) Sind in dem Einkommen der Organgesellschaft Betriebseinnahmen enthalten, die einem Steuerabzug unterlegen haben, so ist die einbehaltene Steuer auf die Körperschaftsteuer oder die Einkommensteuer des Organträgers oder, wenn der Organträger eine Personengesellschaft ist, anteilig auf die Körperschaftsteuer oder die Einkommensteuer der Gesellschafter anzurechnen.

Inhaltsübersicht	Rz.
A. Entstehungsgeschichte des § 19 KStG	1 - 5
B. Allgemeine Erläuterungen zu § 19 KStG	6 - 20
C. Weitergabe besonderer Tarifvorschriften (§ 19 Abs. 1 – 4 KStG)	21 - 65
I. Körperschaftsteuerpflichtiger Organträger (§ 19 Abs. 1 KStG)	21 - 35
II. Einkommensteuerpflichtiger Organträger (§ 19 Abs. 2 KStG)	36 - 45
III. Personengesellschaft als Organträger (§ 19 Abs. 3 KStG)	46 - 55
IV. Ausländische Unternehmen als Organträger (§ 19 Abs. 4 KStG)	56 - 65
D. Anrechnung von Steuerabzugsbeträgen (§ 19 Abs. 5 KStG)	66 - 67

A. Entstehungsgeschichte des § 19 KStG

HINWEIS:
R 19 KStR 2015.

LITERATURHINWEISE:
(s. a. § 14 KStG): *Maas*, Steuerabzugsermäßigungen in Fällen der Organschaft mit Ergebnisabführung, BB 1985, 2228; *Pohl*, Thesaurierungsbegünstigung nach § 34a EStG in Organschaftsfällen, DB 2008, 84; *Rogall*, Thesaurierungsbegünstigung – Regelungslücken bei der Organschaft und der doppelstöckigen Personengesellschaft, DStR 2008, 429; *Kamphaus/Nitzschke*, Ermittlung des Anrechnungshöchstbetrags bei Steueranrechnung durch den Organträger, IStR 2017, 96; *Pohl*, Anrechnung und Abzug ausländischer Steuern im Organkreis, BB 2017, 1825.

1 Die Vorschrift wurde neu in das KStG 1977 aufgenommen; § 7a KStG in der bis zum VZ 1976 geltenden Fassung enthielt keine vergleichbare Regelung.

(Einstweilen frei) 2–5

B. Allgemeine Erläuterungen zu § 19 KStG

§ 19 KStG hat einen doppelten Regelungsgehalt: Der in der Überschrift der Bestimmung angesprochene **Steuerabzug beim OrgT** betrifft nur Abs. 5. § 19 Abs. 1 bis 4 KStG regeln demgegenüber die **Weitergabe von Steuerermäßigungen** aufgrund besonderer Tarifvorschriften, die der OG zustehen, an den OrgT. Insoweit ist die Überschrift der Vorschrift unvollständig und irreführend. 6

Die in § 19 Abs. 1 bis 4 KStG gemeinten Tarifvorschriften zielen auf eine Ermäßigung der festzusetzenden Steuer ab (sog. Steuerbetragsermäßigung). Für die OG, auf die derartige Tarifbestimmungen anzuwenden sind, ergibt sich jedoch die Besonderheit, dass sie nur nach Maßgabe des § 16 KStG (s. die dortigen Erläuterungen) ein eigenes Einkommen zu versteuern hat, im Übrigen aber der **OrgT auch ihr Einkommen versteuern** muss.[1] Die angesprochenen besonderen Tarifvorschriften betreffen also nur die Besteuerung thesaurierter Gewinne. In den Fällen, in denen die OG keine Ausgleichszahlungen zu leisten hat, weil z. B. der OrgT von Anfang an alleiniger AE der OG war, liefen die besonderen Tarifvorschriften demnach leer.[2] Zur Vermeidung dieses Ergebnisses sieht § 19 Abs. 1 bis 4 KStG deren **Weitergabe an den OrgT** vor, und zwar auch für die Fälle, in denen § 16 KStG anzuwenden ist, d. h. die OG selbst ein eigenes Einkommen zu versteuern hat.[3] 7

Die Regelungen des § 19 Abs. 1 bis 4 KStG bewirken indessen keine neuen Steuerermäßigungen, sondern dienen lediglich der Erhaltung solcher Ermäßigungen, die **in der Person der OG begründet** waren. Deshalb greifen die Begünstigungen nur ein, wenn entsprechende Vergünstigungen auch im Körperschaftsteuerrecht (und nicht nur wie § 7a FörderG im Einkommensteuerrecht) vorgesehen sind.[4] Weiteres Erfordernis ist aber, dass der **OrgT** selbst **zu den** durch die besonderen Tarifvorschriften **begünstigten Personen** gehört, d. h. für die Steuerart, der der OrgT unterliegt (KSt oder ESt), müssen die gleichen oder entsprechende Regelungen gelten. 8

Kommt es für die Frage der Anwendbarkeit einer besonderen Tarifvorschrift dem Grunde nach somit auf die Verhältnisse bei der OG an, so entscheidet sich die **Höhe der Steuervergünstigung nach den Verhältnissen beim OrgT**. Ergibt sich bspw. bei ihm keine Steuerschuld, weil das positive Ergebnis der OG durch seine Verluste aufgezehrt wird, kann sich die Tarifvorschrift nicht auswirken. Andererseits wirkt sich die Steuerermäßigung beim OrgT auch dann aus, wenn er Gewinne zu versteuern hat, die OG hingegen Verluste erwirtschaftet hat. 9

Sind im Einkommen der OG **Betriebseinnahmen** enthalten, die einem inländischen **Steuerabzug unterlegen** haben (z. B. KapErtrSt), so wirken sich die Steuerabzugsbeträge nach § 19 Abs. 5 KStG stets beim OrgT aus. 10

(Einstweilen frei) 11–20

---

1 Vgl. auch *Müller* in Mössner/Seeger/Oellerich, KStG, § 14 Rz. 611 ff.
2 Vgl. auch BR-Drucks. 700/73, 349.
3 Vgl. *L. Schmidt*, GmbHR 1977, 15.
4 *Müller/Stöcker/Lieber*, Die Organschaft, 10. Aufl., Herne 2017, Rz. 577; zustimmend *Voß* HHR KStG § 19 Rz. 6.

C. Weitergabe besonderer Tarifvorschriften (§ 19 Abs. 1 – 4 KStG)

I. Körperschaftsteuerpflichtiger Organträger (§ 19 Abs. 1 KStG)

21 Für die Fälle, in denen der OrgT der KSt unterliegt, bestimmt, § 19 Abs. 1 KStG, dass besondere Tarifvorschriften, deren Voraussetzungen von der OG erfüllt werden und die zu einem Abzug von der KSt führen, beim OrgT so anzuwenden sind, als wären die Voraussetzungen für ihre Anwendung **bei ihm selbst** erfüllt.

22 Zu den angesprochenen besonderen Tarifvorschriften, die einen Abzug von der KSt vorsehen, gehören:

- die direkte und indirekte Anrechnung der von ausländischen Einkunftsteilen erhobenen ausländischen Steuern nach § 26 Abs. 1 bis 3, 5 KStG;[1]
- die bisherige Anrechnung der Steuergutschrift (avoir fiscal) nach Art. 9 DBA Frankreich;
- die Steueranrechnung nach § 12 AStG.

23 Beim OrgT ebenfalls berücksichtigungsfähig sind:

- § 26 Abs. 6 KStG: Besondere Steuersätze nach dieser Vorschrift i.V. m. § 34c Abs. 1 Satz 2 und 3 bzw. (ab 2003) Satz 2 bis 5, Abs. 2 bis 7 und § 50 Abs. 6 EStG;
- § 4 Wasserkraftwerks-VO v. 26.10.1940.[2] Die Vorschrift sieht für die Dauer von 20 Jahren eine Ermäßigung der KSt vor, die auf die steuerbegünstigten Anlagen entfällt, und zwar auf die Hälfte der gesetzlichen Beträge (vgl. Abschn. 65 Abs. 1 Satz 5 KStR 1995).

24 Die Voraussetzungen der einzelnen in Betracht kommenden besonderen Tarifvorschriften müssen **dem Grunde nach in der Person der OG verwirklicht** sein, d. h., sie muss z. B. ausländische Einkommensteile bezogen haben und dafür im Ausland zu Steuern herangezogen worden sein.

25 Des Weiteren kommt § 19 Abs. 1 KStG nur zum Zuge, wenn der **OrgT unbeschränkt der KSt unterliegt**. Der Fall der beschränkten KSt des OrgT ist in § 19 Abs. 4 KStG (s. → Rz. 56) gesondert geregelt, der Fall der ESt-Pflicht des OrgT in § 19 Abs. 2 und 3 KStG (s. → Rz. 36 ff.).

26 Die Anwendung des § 19 Abs. 1 KStG ist **nicht an einen Antrag gebunden**.

27 Ist die Steuerermäßigung der **Höhe** nach auf einen bestimmten Betrag begrenzt, richtet sich dieser Höchstbetrag **nach den steuerlichen Verhältnissen beim OrgT** (R 19 Abs. 1 Satz 4 KStR 2015). Wegen des Höchstbetrags der nach § 26 KStG anrechenbaren ausländischen Steuer s. a. R 26 KStR 2015 und die Erläuterungen zu § 26 KStG. Nach Auffassung der OFD Frankfurt[3] sind die gesamten ausländischen Steuern des Organkreises von den Einkünften des OrgT abzuziehen, sie mindern nach Auffassung der Verwaltung das Einkommen = die Summe der Einkünfte des OrgT. Diese Auffassung ist unzutreffend. Vielmehr sind die ausländischen Steuern bei der Ermittlung des Einkommens der OG abzuziehen. Steuerschuldner im Sinne des § 34c Abs. 2 EStG ist die jeweilige OG und nicht der OrgT. Auch steht das Wahlrecht nach § 34c Abs. 2 EStG

---

1 Zu Einzelheiten s. *Mössner* in Mössner/Seeger/Oellerich, KStG § 26, Rz. 96, 194; zur Ermittlung des Anrechnungshöchstbetrags auch *Kamphaus/Nitzschke*, IStR 2017, 96.
2 RGBl 1940 I 278; RStBl 1940, 657.
3 RundVfg. v. 21.2.2017, NWB JAAAG-39995; dagegen zu Recht *Pohl*, BB 2017, 1825.

entgegen der Auffassung der OFD Frankfurt der jeweiligen OG zu und muss auch nicht einheitlich von allen OG ausübt werden.[1]

Beträgt die **Steuerschuld des OrgT** bereits aus anderen Gründen, z. B. wegen Verlusten, **0 €,** kann sich die aufgrund § 19 Abs. 1 KStG von der OG an den OrgT vermittelte Steuerermäßigung bei ihm nicht mehr auswirken.

(Einstweilen frei)

II. Einkommensteuerpflichtiger Organträger (§ 19 Abs. 2 KStG)

§ 19 Abs. 2 KStG enthält eine dem § 19 Abs. 1 KStG entsprechende Regelung für jene Fälle, in denen der OrgT unbeschränkt einkommensteuerpflichtig ist. Es handelt sich hier um die Fälle einer **natürlichen Person als OrgT.** Anzuwenden ist die Bestimmung, wenn das ESt-Recht entsprechende Tarifvorschriften kennt. Dies gilt für die in →Rz. 21 erwähnten Vorschriften **mit Ausnahme von § 26 Abs. 2 bis 5 KStG,** die auf KapGes und andere körperschaftsteuerpflichtige Rechtsgebilde abstellen.

Entscheidend ist auch in diesen Fällen des § 19 Abs. 2 KStG, dass dem OrgT nur solche Ermäßigungen weiter vermittelt werden können, die dem Grunde nach in der Person der OG begründet worden sind. Ist in dem dem OrgT zugerechneten Einkommen der OG ein **Veräußerungsgewinn i. S. d. § 16 EStG** enthalten, so kann der OrgT, auch wenn er eine natürliche Person ist, dafür die **Steuervergünstigung des § 34 EStG** deshalb **nicht** in Anspruch nehmen.[2] Ausschlaggebend dafür ist, dass die gesetzliche Regelung der kstlichen Organschaft von der sog. **Zurechnungstheorie** ausgeht.[3] OG und OrgT bleiben also zivilrechtlich und steuerrechtlich verschiedene Rechtsträger. Es wird dem OrgT nur das Einkommen der OG zugerechnet, ohne dass die steuerliche Rechtsstellung der OG insgesamt auf den OrgT übergeht.[4] Daraus folgt, dass der OrgT die Tarifvergünstigung nach § 34 EStG nur in Anspruch nehmen kann, wenn er den Tatbestand dieser Veräußerungsvorschrift **selbst** verwirklicht. Auch Sinn und Zweck der gesetzlich geregelten Organschaft sprechen für diese Lösung. Durch die §§ 14 ff. KStG soll eine Doppel- bzw. Mehrfachbesteuerung des Organeinkommens vermieden und ein Verlustausgleich innerhalb des Organkreises ermöglicht werden.[5] Es ginge darüber hinaus, wenn der OrgT die Tarifbegünstigung des § 34 EStG für eine von der OG vorgenommene Veräußerung i. S. d. § 16 Abs. 1 EStG in Anspruch nehmen könnte, die der OG im Hinblick auf ihre Rechtsform nicht zustände. Die Organschaft würde dann nämlich erst die Anwendbarkeit einer ansonsten nicht eingreifenden Tarifvorschrift ermöglichen, was mit dem Ausnahmecharakter der Regelungen nicht vereinbar wäre.[6]

Unabhängig von der Frage, ob § 34a EStG eine allgemeine oder eine besondere Tarifvorschrift ist,[7] findet § 19 KStG auf die **Thesaurierungsbegünstigung** keine Anwendung. § 34a EStG ist auf das vom OrgT zu versteuernde Einkommen der OG anzuwenden, wenn die Voraussetzungen des § 34a EStG erfüllt sind. Dies ergibt sich bereits daraus, dass mit § 34a EStG bezweckt

---

[1] HL, vgl. z. B. *Mössner* in Mössner/Seeger/Oellerich, KStG, § 26 Rz. 96; *Krumm/Blümich* KStG § 19 Rz. 15; *Rödder/Joisten* R/H/N § 19 Rz. 33; weitere Hinweise bei *Pohl*, BB 2017, 1825, 1826, Fn. 29.
[2] R 19 Abs. 2 KStR 2015; BFH, Urteil v. 22. 1. 2004 - III R 19/02, BStBl 2004 II 515.
[3] BFH, Urteil v. 9. 9. 1986 - VIII R 20/85, BFH/NV 1987, 442 = NWB WAAAA-97147.
[4] BFH, Urteil v. 25. 1. 1984 - I R 32/79, BStBl 1984 II 382.
[5] BFH, Urteil v. 29. 10. 1974 - I R 240/72, BStBl 1975 II 126.
[6] BFH, Urteil v. 14. 4. 1992 - VIII R 149/86, BStBl 1992 II 817.
[7] Siehe hierzu *Pohl*, DB 2008, 84 und *Rogall*, DStR 2008, 429.

wird, Personenunternehmen und Kapitalgesellschaften tariflich gleichzustellen. Dieser Zweck ginge verloren, wenn man § 34a EStG auf das Einkommen der OG für nicht anwendbar erklärte.

39–45 *(Einstweilen frei)*

III. Personengesellschaft als Organträger (§ 19 Abs. 3 KStG)

46 Ist eine PersG OrgT, so gelten vorstehende Ausführungen sinngemäß. Dies gilt auch für die Fälle der – ab dem VZ 2003 – abgeschafften Mehrmütterorganschaft.[1] Abzustellen ist hierbei auf die **Verhältnisse des einzelnen Gesellschafters** der PersGes. Dies bedeutet, dass die in → Rz. 21 genannten besonderen Tarifvorschriften auf an der PersGes beteiligte KapGes uneingeschränkt anwendbar sind, wenn die OG deren Voraussetzungen erfüllt; auf an der PersGes beteiligte natürliche Personen war hingegen § 26 Abs. 2 bis 5 KStG a. F. nicht anwendbar (vgl. → Rz. 36); in den Fällen der GmbH & Co. KG als OrgT kamen diese Bestimmungen somit nur im Verhältnis zur beteiligten GmbH in Betracht.

47 Bei jedem Gesellschafter des OrgT ist der **Teilbetrag** abzuziehen, der dem auf ihn entfallenden Bruchteil des dem OrgT zuzurechnenden Einkommens der OG entspricht. Maßgebend ist also der jeweilige Gewinnverteilungsbeschluss.

48 Sind an der OrgT-PersGes **beschränkt steuerpflichtige Gesellschafter** beteiligt, so gelten § 19 Abs. 1 bis 3 KStG bei diesen entsprechend, soweit die besonderen Tarifvorschriften bei beschränkt Stpfl. anwendbar sind. Nicht anwendbar ist insoweit § 26 Abs. 2 bis 5 KStG a. F.

49–55 *(Einstweilen frei)*

IV. Ausländische Unternehmen als Organträger (§ 19 Abs. 4 KStG)

56 Ausländische Unternehmen i. S. d. § 18 KStG als OrgT können die besonderen Tarifvorschriften nur in Anspruch nehmen, soweit diese auch **für beschränkt Stpfl.** gelten. Bei § 26 Abs. 2 bis 5 KStG a. F. ist dies nicht der Fall, d. h. insoweit ging die der OG zustehende Steuerermäßigung verloren.

57 Nach Aufhebung des § 18 KStG ab VZ 2012 macht die Vorschrift nur noch dann Sinn, wenn man die Verweisung als auf § 14 Abs. 1 Satz 1 Nr. 2 Sätze 4 bis 7 KStG bezogen ansieht. Das heißt, sie gilt für ausländische OrgT mit inländischer Betriebsstätte, wenn dieser die Beteiligung an der OG sowie deren Einkommen zuzurechnen sind.

58–65 *(Einstweilen frei)*

D. Anrechnung von Steuerabzugsbeträgen (§ 19 Abs. 5 KStG)

66 Sind in dem Einkommen der OG Betriebseinnahmen enthalten, die einem Steuerabzug unterlegen haben (z. B. KapErtrSt), so ist die **einbehaltene Steuer** auf die KSt oder die ESt des **OrgT** oder, wenn dieser eine PersGes ist, anteilig auf die KSt oder ESt der Gesellschafter anzurechnen. Für die Anrechnung der KSt nach § 36 Abs. 2 Nr. 3 EStG galt § 19 Abs. 5 KStG entsprechend (Abschn. 65 Abs. 4 KStR 1995).

---

[1] § 14 Abs. 2 KStG a. F.; vgl. *Müller* in Mössner/Seeger/Oellerich, KStG, § 14 Rz. 751 ff.

Voraussetzung ist auch hier, dass die Steuer grds. anrechenbar ist, weil § 19 Abs. 5 KStG die 67
Anrechenbarkeit nur weitergibt, aber nicht neu begründet.

Drittes Kapitel: Sondervorschriften für Versicherungsunternehmen, Pensionsfonds und Bausparkassen

§ 20 Schwankungsrückstellungen, Schadenrückstellungen

(1) ¹Für die Bildung der Rückstellungen zum Ausgleich des schwankenden Jahresbedarfs sind insbesondere folgende Voraussetzungen erforderlich:

1. Es muss nach den Erfahrungen in dem betreffenden Versicherungszweig mit erheblichen Schwankungen des Jahresbedarfs zu rechnen sein.

2. ¹Die Schwankungen des Jahresbedarfs dürfen nicht durch die Prämien ausgeglichen werden. ²Sie müssen aus den am Bilanzstichtag bestehenden Versicherungsverträgen herrühren und dürfen nicht durch Rückversicherungen gedeckt sein.

²Auf Schwankungsrückstellungen und ähnliche Rückstellungen im Sinne des § 341h des Handelsgesetzbuchs ist § 6 Absatz 1 Nummer 3a Buchstabe e des Einkommensteuergesetzes nicht anzuwenden.

(2) ¹Bei den Rückstellungen für noch nicht abgewickelte Versicherungsfälle (§ 341g des Handelsgesetzbuchs) sind die Erfahrungen im Sinne des § 6 Abs. 1 Nr. 3a Buchstabe a des Einkommensteuergesetzes für jeden Versicherungszweig zu berücksichtigen, für den nach aufsichtsrechtlichen Vorschriften eine gesonderte Gewinn- und Verlustrechnung aufzustellen ist. ²Die Summe der einzelbewerteten Schäden des Versicherungszweiges ist um den Betrag zu mindern (Minderungsbetrag), der wahrscheinlich insgesamt nicht zur Befriedigung der Ansprüche für die Schäden benötigt wird. ³Für Zwecke der Sätze 1 und 2 haben die Niederlassungen der Versicherungsunternehmen im Sinne des § 341 Absatz 2 Satz 2 des Handelsgesetzbuchs die auf Grund des § 55a des Versicherungsaufsichtsgesetzes in der am 31. Dezember 2015 geltenden Fassung erlassene Verordnung über die Berichterstattung von Versicherungsunternehmen gegenüber der Bundesanstalt für Finanzdienstleistungsaufsicht entsprechend anzuwenden.

Inhaltsübersicht	Rz.
A. Entstehungsgeschichte der Vorschrift	1 - 10
B. Begriff der versicherungstechnischen Rückstellungen	11 - 30
C. Versicherungstechnische Rückstellungen im Einzelnen	31 - 231
I. Schwankungsrückstellung und ähnliche Rückstellungen	31 - 90
1. Definition der Schwankungsrückstellung	31 - 35
2. Ansatz der Schwankungsrückstellung	36 - 45
3. Bewertung der Schwankungsrückstellung	46 - 53
4. Betriebsstätten im In- und Ausland	54 - 80
5. Der Schwankungsrückstellung ähnliche Rückstellung	81 - 90
II. Rückstellung für noch nicht abgewickelte Versicherungsfälle – Schadenrückstellung	91 - 195

Schnabel

1.	Allgemeines zur Rückstellung für noch nicht abgewickelte Versicherungsfälle/Schadenrückstellung	91 - 93
2.	Ansatz und Bewertung der Teilrückstellung für bekannte Versicherungsfälle	94 - 155
	a) Schaden- und Unfallversicherung	94 - 129
	aa) Berücksichtigung der Erfahrungen in der Vergangenheit aus der Abwicklung der Schadenrückstellungen (§ 6 Abs. 1 Nr. 3a Buchst. a EStG)	98 - 116
	bb) Abzinsung der Schadenrückstellungen (§ 6 Abs. 1 Nr. 3a EStG)	117 - 129
	b) Spezialregelungen für andere Versicherungszweige	130 - 155
	aa) Versicherungszweige, die nach Zeichnungsjahren abgerechnet werden	131 - 135
	bb) Rückversicherungsunternehmen	136 - 140
	cc) Krankenversicherungsunternehmen	141 - 145
	dd) Lebensversicherungsunternehmen	146 - 147
	ee) Renten-Deckungsrückstellung	148 - 155
3.	Teilrückstellung für Schadenregulierungskosten	156 - 170
4.	Die Teilrückstellung für Spätschäden	171 - 195
III.	Sonstige, nur durch das Handelsrecht geregelte versicherungstechnische Rückstellungen	196 - 210
IV.	Versicherungstechnische Rückstellungen bei beschränkt steuerpflichtigen Versicherungsunternehmen	211 - 231

A. Entstehungsgeschichte der Vorschrift

LITERATURHINWEISE:

Saggau, Kürzung nicht gezillmerter Abschlusskosten bei den Beitragsüberträgen der Lebensversicherungsunternehmen, WPg 1968, 490; *Nies*, Die Verpflichtung aus dem Versicherungsvertrag, WPg 1971, 503; *Weiße*, Schwankungsrückstellung und Großrisikenrückstellung nach versicherungsmathematischen Grundsätzen, WPg 1974, 470; *Prüßmann/Uhrmann*, Rückstellungen für Schadenregulierungskosten in den Bilanzen der Versicherungsunternehmen aus steuerlicher Sicht, VersR 1975, 389, *Nies*, Zur Neuordnung der Rückstellung zum Ausgleich des schwankenden Jahresbedarfs, VersWi 1979, 156; *Uhrmann*, Aktuelle Fragen aus der Praxis der Außenprüfung – die Schwankungsrückstellung in der Schaden- und Unfallversicherung, StBp 1988, 188; *Donondt/Richter*, Die versicherungstechnischen Posten des Jahresabschlusses der Schaden- und Unfallversicherungsunternehmen, in *IdW* (Hrsg.), Rechnungslegung und Prüfung der Versicherungsunternehmen, 3. Aufl. 1989, S. 135; *Lührsen*, Ablösung von Long-Trail-Schadenreserven, VersWi 1990, 18; *Eberstein/Braunewell*, Einführung in die Grundlagen der Produkthaftung, Schriften des BB 1991 Band 75; *Dr. Luttermann*, Zu Inhalt und Auswirkungen des VersBiRiLiG, BB 1995, 191; *Heep-Altiner/Klemmstein*, Spätschadenreserve in Haftpflicht. Ein praktisches Verfahren zu ihrer Schätzung, VersWi 1998, 182; *Busch*, Die Bestimmung des Dotationskapitals bei Versicherungsbetriebsstätten gemäß BsGaV, IStR 2014, 757.

1 Bis 1994 galt § 20 KStG i. d. F. der Bekanntmachung v. 11. 3. 1991[1] unverändert. Insbesondere enthielt der Abs. 1 eine für die Besteuerung von Versicherungsunternehmen bedeutende Sonderregelung über die Bildung versicherungstechnischer Rückstellungen. Die zwischenzeitlich von 1995 – 1998 vorgenommene Einschränkung der Vorschrift auf die Bildung einer Rückstellung zum Ausgleich des schwankenden Jahresbedarfs (Schwankungsrückstellung) ist ab 1999 in einem Abs. 2 ergänzt durch Aussagen über die Bildung von Rückstellungen für noch nicht abgewickelte Versicherungsfälle (Schadenrückstellungen). In dieser Form ist nunmehr § 20

---

1 BGBl 1991 I 638; BStBl 1991 I Sonder-Nr. 1/91, 135.

KStG i. d. F. des Art. 5 Nr. 5 des Steuerentlastungsgesetzes 1999/2000/2002 v. 24. 3. 1999[1] auf Schwankungs- und Schadenrückstellungen anzuwenden.

Die durch das Versicherungsbilanzrichtlinien-Gesetz (VersBiRiLiG) v. 24. 6. 1994[2] eingeführten handelsrechtlichen Vorschriften des § 341e bis § 341h HGB behalten für die Bildung versicherungstechnischer Rückstellungen weiterhin ihre wesentliche Bedeutung soweit nicht steuerrechtliche Sondervorschriften zu beachten sind.

2

In diesem Zusammenhang ist besonders hervorzuheben, dass die Einfügung des Abs. 2 in die Vorschrift des § 20 KStG eine erhebliche Einschränkung der bisherigen Bewertungsmöglichkeiten der Schadenrückstellungen auf der Grundlage des § 341g HGB mit sich bringt.

3

Zusammen mit der gleichzeitigen neuen Regelung des § 6 EStG (Neufassung der Nr. 3 und Einfügung von Nr. 3a) liegen seitdem für die Schadenrückstellungen gesonderte steuerliche Bewertungsgrundsätze vor, die insbesondere bei der Erstanwendung bei den Versicherungsunternehmen zu erheblichen Mehrsteuern führten.

Mit dem Jahressteuergesetz 2010 (JStG 2010) v. 8. 12. 2010[3] wurde an Abs. 2 Satz 3 angefügt. Der Satz 3 betrifft inländische Niederlassungen von ausländischen Versicherungsunternehmen. Anzuwenden ab 1. 1. 2010.

4

Durch Einfügung eines Satzes 2 an Abs. 1 durch das Steueränderungsgesetz 2015 wird klargestellt, dass Schwankungsrückstellungen und ähnliche Rückstellungen i. S. d. § 341h HGB steuerlich nicht abzuzinsen sind. Diese Regelung gilt auch für zurückliegende Veranlagungszeiträume (§ 34 Abs. 7a Satz 1 KStG).[4]

5

(Einstweilen frei) 6–10

B. Begriff der versicherungstechnischen Rückstellungen

Der Begriff der versicherungstechnischen Rückstellungen ist grundsätzlich im Handelsrecht geregelt (§§ 341e bis 341h HGB). Ferner sind die steuerlichen Vorschriften der §§ 20, 21 und 21a KStG, § 5 Abs. 4a und 5 EStG sowie die dazu ergangene BFH-Rechtsprechung zu beachten (Hinweis auf das ABC der Rechtsprechung zu der Kommentierung der einzelnen Rückstellungen).

11

Die versicherungstechnischen Rückstellungen müssen nach vernünftiger kaufmännischer Beurteilung insoweit gebildet werden, als sie notwendig sind, um die dauernde Erfüllbarkeit der Verpflichtungen aus den Versicherungsverträgen sicherzustellen (§ 341e Abs. 1 Satz 1 HGB).

12

Die wichtigsten Rückstellungen dieser Art sind:

13

Rückstellung	Handelsrechtliche Vorschrift	Steuerrechtliche Vorschrift
Schwankungsrückstellung	§ 341h Abs. 1 HGB	§ 20 Abs. 1 KStG
Großrisikenrückstellung	§ 341h Abs. 2 HGB	keine
Schadenrückstellung	§ 341g HGB	§ 20 Abs. 2 KStG
Rückstellung für Beitragsrückerstattung	§ 341e Abs. 2 Nr. 2 HGB	§ 21 Abs. 2 KStG

---

1 BGBl 1999 I 402; BStBl 1999 I 304.
2 BGBl 1994 I 1377; BStBl 1994 I 466.
3 BStBl 2010 I 1394.
4 BGBl 2015 I 1834.

Deckungsrückstellung	§ 341f HGB	§ 21a KStG
Rückstellung für Beitragsüberträge	§ 341e Abs. 2 Nr. 1 HGB	§ 5 Abs. 5 EStG
Rückstellung für drohende Verluste aus dem Versicherungsgeschäft	§ 341e Abs. 2 Nr. 3 HGB	§ 5 Abs. 4a EStG (Rückstellung steuerlich nicht mehr möglich)

14 Soweit die steuerlichen Sondervorschriften nicht entgegenstehen, ist bei allen versicherungstechnischen Rückstellungen der § 330 Abs. 3 Satz 4 HGB beachtlich. Danach können durch eine Rechtsverordnung der Ansatz und die Bewertung dieser Rückstellungen vor allem auch durch Näherungsverfahren geregelt werden. Die entsprechende Rechtsverordnung wurde am 8.11.1994 erlassen. Die Verordnung über die Rechnungslegung von Versicherungsunternehmen (RechVersV)[1] regelt insbesondere auch das Berechnungsschema der Schwankungsrückstellung.

15–30 *(Einstweilen frei)*

C. Versicherungstechnische Rückstellungen im Einzelnen

I. Schwankungsrückstellung und ähnliche Rückstellungen

1. Definition der Schwankungsrückstellung

31 Die Schwankungsrückstellung ist durch § 20 Abs. 1 geregelt. Sie stellt zwar keine klassische Rückstellung aufgrund ungewisser Verbindlichkeiten dar, da eine konkrete Außenverpflichtung fehlt. Trotzdem ist der gesetzlich geforderte Ausweis als Rückstellung für ungewisse Verbindlichkeiten bzw. als versicherungstechnische Rückstellung, die den Besonderheiten der Versicherungsgeschäfte Rechnung trägt, auch sachlich gerechtfertigt. Die Prämienkalkulation eines Versicherungsunternehmens beruht auf Annahmen für einen durchschnittlichen Verlauf von Risiken. Tatsächliche Schadenzahlungen in einzelnen Jahren können jedoch erheblich schwanken und in einzelnen Jahren die Prämien auch um ein Mehrfaches übersteigen. Dieser Umstand wird über die Schwankungsrückstellung abgedeckt. Die Schwankungsrückstellung deckt die Risiken ab, die sich aus zukünftigen Schadensfällen bestehender Versicherungsverträge aufgrund von Erfahrungen aus der Vergangenheit erwartungsgemäß ergeben können (§ 20 Abs. 1 Nr. 1 KStG). Dabei dürfen die Risiken aus den Schadensfällen weder durch die jährlichen Prämien ausgeglichen werden noch durch Rückversicherungen gedeckt sein (§ 20 Abs. 1 Nr. 2 KStG). Die Rückstellung ist in der Schaden- und Unfallversicherung sowohl für das selbst abgeschlossene als auch für das in Rückdeckung genommene Geschäft zu bilden. Für das Lebens- und Krankenversicherungsgeschäft ist keine Schwankungsrückstellung zu bilden.

32 Die Schwankungsrückstellung soll über den Zeitablauf einen Ausgleich schaffen zwischen Geschäftsjahren, in denen aufgrund des Schadensaufkommens in der Schaden- und Unfallversicherung Beiträge nicht für Schadensfälle aufgebraucht werden (Unterschaden), und Geschäftsjahren, in denen die Beiträge des laufenden Jahres nicht ausreichen, um die Schadensfälle zu regulieren (Überschaden). Durch die Rückstellung erfolgt eine Glättung ansonsten volatiler Jahresergebnisse aufgrund des nicht vorhersehbaren schwankenden Jahresbedarfs.

---

1 BGBl 1994 I 3378, zuletzt geändert durch Art. 8 Abs. 14 des Gesetzes v. 17.7.2015, BGBl 2015 I 1245.

Die handelsrechtlichen Voraussetzungen zur Bildung von Schwankungsrückstellungen in § 341h HGB entsprechenden Tatbestandsvoraussetzungen des § 20 Abs. 1 KStG. Da sich § 341h HGB und § 20 Abs. 1 KStG in den Tatbestandsvoraussetzungen entsprechen, kommt es in der Praxis regelmäßig nicht zu unterschiedlichen Bewertungsansätzen in Handels- und Steuerbilanz. Der gleichlautende Ansatz in der Steuerbilanz ist jedoch nicht auf die Maßgeblichkeit der Handels- für die Steuerbilanz zurückzuführen. § 20 Abs. 1 KStG enthält keinen Verweis auf die handelsrechtlichen Vorschriften, sondern ist vielmehr als eigene steuerliche Bewertungsvorschrift zu sehen.[1]

Eine Konsequenz der eigenständigen steuerlichen Bewertungsvorschrift sei am folgenden Beispiel erläutert: Ein Versicherungsunternehmen schließt einen Rückversicherungsvertrag mit einem verbundenen Unternehmen. Es muss die Schwankungsrückstellung insoweit auflösen bzw. darf diese nicht bilden, als seine gezeichneten Risiken durch die Rückversicherung gedeckt sind. In der späteren Betriebsprüfung wird der Rückversicherungsvertrag nicht anerkannt, weil er nach Ansicht der Finanzverwaltung dem Fremdvergleich nicht standhält. Die bisher retrozedierten Prämien erhöhen rückwirkend für den Prüfungszeitraum das Einkommen beim Erstversicherer. Geht man von der Maßgeblichkeit der Handels- für die Steuerbilanz aus und davon, dass der handelsbilanzielle Ansatz durch die Feststellung der Betriebsprüfung nicht tangiert wird, ergibt sich ein nicht sachgerechtes Bild. Der nachträglich weggefallene Rückversicherungsvertrag muss folgerichtig die Bildung einer Schwankungsrückstellung in der Steuerbilanz nach sich ziehen, da dann die Voraussetzungen des § 20 Abs. 1 KStG mit Wegfall der Retrozession gegeben sind.

Bei der Ermittlung der Schwankungsrückstellung ist die Spartentrennung zu beachten. Da der Schadensverlauf je nach Versicherungszweig unterschiedlichen Erfahrungswerten unterliegt und die Schwankungen aus den Prämien der betroffenen Zweige getragen werden sollen, ist die Schwankungsrückstellung je Versicherungszweig gesondert zu ermitteln. Ein eigener Versicherungszweig liegt vor, wenn für diesen eine gesonderte Gewinn- und Verlustrechnung aufgestellt und bei der BaFin eingereicht wird. Dabei ist unerheblich, ob die gesonderte Aufstellung der Gewinn- und Verlustrechnung aufgrund gesetzlicher Vorschrift (§§ 4 bis 6 der BerVersV[2]) oder freiwillig erfolgt. Daneben gibt es Versicherungen, die per se als Versicherungszweige gelten. Diese sind abschließend in den betreffenden Vorschriften benannt.[3]

(Einstweilen frei)

2. Ansatz der Schwankungsrückstellung

§ 20 Abs. 1 KStG nennt für die Bildung der Rückstellung folgende Voraussetzungen:

▶ Nach den Erfahrungen muss in dem betreffenden Versicherungszweig mit **erheblichen** Schwankungen des Jahresbedarfs (Versicherungsleistungen) zu rechnen sein.

---

1 Ebenfalls von einer Durchbrechung des Maßgeblichkeitsprinzips ausgehend *Goverts* in E&Y, § 20 Rz. 18-20.
2 Verordnung über die Berichterstattung von Versicherungsunternehmen gegenüber der Bundesanstalt für Finanzdienstleistungsaufsicht (Versicherungsberichterstattungs-Verordnung v. 29.3.2006 (BGBl 2006 I 622), die zuletzt durch Art. 1 der Verordnung v. 16.12.2013 (BGBl 2013 I 4353) geändert worden ist).
3 BAV Anordnung R4/78 v. 21.9.1978, BStBl 1979 I 61, Anlage 1, Abschn. II Nr. 1, Anlage (zu § 29) zur RechVersV, BStBl 2015 I 1245, Abschn. II, Nr. 1.

▶ Die Schwankungen müssen aus den am Bilanzstichtag bestehenden Versicherungsverträgen stammen und dürfen nicht mit Prämien ausgeglichen werden und nicht durch Rückversicherungen gedeckt sein.

37 Das Bundesaufsichtsamt für das Versicherungswesen (BAV) hat in einem Rundschreiben vom 21.9.1978 die Berechnungsmethodik für die Ermittlung der Schwankungsrückstellung festgelegt.[1] Das BMF erklärte diese Methodik mit Schreiben vom 2.1.1979 als relevant für die steuerliche Gewinnermittlung.[2] Dieses Rundschreiben wurde durch die Anlage zu § 29 RechVersV[3] nahezu inhaltsgleich ersetzt. Laut der gemeinsamen Positivliste der BMF-Schreiben und der gleich lautenden Ländererlasse vom 21.3.2017[4] ist das BMF-Schreiben vom 2.1.1979 weiterhin anwendbar, insbesondere in Bezug auf die auf Versicherungsunternehmen mit geringerer wirtschaftlicher Bedeutung anzuwendende Methodik.[5]

38 Eine Schwankungsrückstellung ist zu bilden, wenn in einem Versicherungszweig der Schaden- und Unfallversicherung folgende Voraussetzungen erfüllt sind:

▶ Die verdienten Beiträge übersteigen im Durchschnitt der letzten drei Geschäftsjahre einschließlich des Bilanzjahres 125 000 €,

▶ die Standardabweichung der Schadenquoten des Beobachtungszeitraums von der durchschnittlichen Schadenquote beträgt mindestens 5 % und

▶ die Combined Ratio (Summe aus Schaden- und Kostenquote) hat mindestens einmal im Beobachtungszeitraum 100 % der verdienten Beiträge überschritten.

39 Alle Voraussetzungen müssen kumulativ erfüllt sein.[6]

40 Das Regelungsziel der Schwankungsrückstellung zur Glättung der erheblichen Schwankungen der Versicherungsleistungen wird an der statistischen Größe der **Standardabweichung** der Schadenquoten festgemacht. Eine erhebliche Schwankung liegt vor, wenn die Standardabweichung der Schadenquoten des Beobachtungszeitraums mindestens 5 % beträgt. Die Standardabweichung der Schadenquoten ist die Quadratwurzel aus dem Summenwert der quadrierten Abweichungen im Beobachtungszeitraum, der durch die um 1 verminderte Zahl der Geschäftsjahre des Beobachtungszeitraums dividiert wurde. Abweichung ist die Differenz zwischen der Schadenquote eines Geschäftsjahres des Beobachtungszeitraums und der durchschnittlichen Schadenquote des Beobachtungszeitraums.[7] Die durchschnittliche Schadenquote ist das arithmetische Mittel der Schadenquoten im Beobachtungszeitraum.

41 **Beobachtungszeitraum** sind jeweils die 15 dem Bilanzjahr vorausgehenden Jahre. In der Hagel-, Kredit- sowie laut Anlage 1 zu § 29 RechVersV auch in der Kautions- und Vertrauensschadenversicherung beträgt der Zeitraum 30 Jahre. Dabei bleiben Geschäftsjahre mit verdienten Beiträgen bis zu 125 000 € außer Betracht. Betreibt ein Versicherungsunternehmen einen Versicherungszweig noch nicht während des gesamten Beobachtungszeitraums (15 resp. 30 Jah-

---

1 BAV Anordnung R4/78 v. 21.9.1978, BStBl 1979 I 61, Anlage 1.
2 BStBl 1979 I 58.
3 Anlage (zu § 29) zur RechVersV, a.a.O.
4 BMF, Schreiben v. 21.3.2017, BStBl 2017 I 486, Anlage 1, Nr. 1103.
5 *Schick* in Erle/Sauter, § 20 Rz. 42.
6 Abschn. I Nr. 1 der Anlage zu § 29 RechVersV, a.a.O.
7 Abschn. II Nr. 2 der Anlage zu § 29 RechVersV, a.a.O.

re), mindestens aber zehn Jahre vor dem Bilanzjahr, so gelten jeweils sämtliche Geschäftsjahre als Beobachtungszeitraum.[1]

Sind in einem Versicherungszweig, der aufgrund gesetzlicher Vorschrift eine gesonderte Gewinn- und Verlustrechnung erstellt, die für den mindestens zehnjährigen Beobachtungszeitraum erforderlichen Schadensquoten aus den eigenen Geschäftsunterlagen nicht zu ermitteln, z. B. wegen Neuaufnahme des Versicherungszweiges, so sind für die fehlenden Geschäftsjahre die Schadenquoten aus den Geschäftsberichten der BaFin bzw. des früheren BAV zu verwenden. Dies gilt nicht für Versicherungszweige, für die die gesonderte Gewinn- und Verlustrechnung freiwillig erstellt wird. Für diese Versicherungszweige darf erst dann eine Schwankungsrückstellung gebildet werden, wenn die erforderlichen Daten für mindestens zehn Jahre aus den eigenen Erfahrungswerten hervorgehen.[2]

Die rein vergangenheitsorientierte Definition des Beobachtungszeitraums kann dann nicht zu einem sachgerechten Ergebnis führen, wenn im betreffenden Geschäftsjahr bereits bezweifelt werden muss, dass die Erfahrungswerte insbesondere länger zurückliegender Jahre z. B. aufgrund technischer Entwicklungen oder Klimaveränderung nicht mehr den tatsächlichen Gegebenheiten entsprechen. Um diese Fälle realistischer darstellen zu können, wären ein kürzerer Beobachtungszeitraum und/oder Zukunftsprognosen zugrunde zu legen.[3]

Die Combined Ratio ist die Summe aus Schaden- und Kostenquote. Die **Schadenquote** ist das Verhältnis der Aufwendungen für Versicherungsfälle (einschl. u. a. Aufwendungen der Schadenregulierung und Beitragsrückerstattung) für eigene Rechnung zu den verdienten Beiträgen. Die **Kostenquote** berechnet sich aus dem Verhältnis der Aufwendungen des Versicherungsbetriebs zu den verdienten Beiträgen ohne Abzug des Anteils der Rückversicherer. Die **verdienten Beiträge** sind die im Geschäftsjahr gebuchten Beiträge einschl. Nebenleistungen und Veränderungen der Beitragsüberträge sowie im Rückversicherungsgeschäft einschl. Portfeuille-Beiträge jeweils für eigene Rechnung.[4]

Voraussetzung zum Ansatz einer Schwankungsrückstellung ist, dass das Verhältnis aus Combined Ratio und verdienten Beiträgen mindestens einmal im Beobachtungszeitraum zu einem versicherungstechnischen Verlust geführt hat. Der Ansatz ist insoweit nicht gegeben, als bereits die Prämien eine Risikovorsorge in Form eines Sicherheitszuschlags tragen, wenn diese Überschäden vermieden oder versicherungstechnische Verluste durch Umlagen oder Nachschüsse gedeckt werden können.[5]

3. Bewertung der Schwankungsrückstellung

Der **Höchstbetrag (Sollbetrag)** der Schwankungsrückstellung beträgt grundsätzlich das Viereinhalbfache der Standardabweichung der Schadenquoten des Beobachtungszeitraums von der durchschnittlichen Schadenquote multipliziert mit den verdienten Beiträgen des Geschäftsjahres. In der Hagel-, Kredit- und laut RechVersV auch für die Kautions- und Vertrauensschadenversicherung berechnet sich der Höchstbetrag mit dem Sechsfachen der Standardabweichung. Von dem so ermittelten Sollbetrag ist noch ein Betrag zu kürzen, der als Sicher-

---

[1] Abschn. II Nr. 3 der Anlage zu § 29 RechVersV, a. a. O.
[2] Abschn. III Nr. 1, 2 der Anlage zu § 29 RechVersV, a. a. O.
[3] Gosch/*Roser*, § 20 Rz. 18; *Behnisch* in Schnitger/Fehrenbacher, § 20 Rz. 52.
[4] Detailliert s. Abschn. II Nr. 4, 6, 9 der Anlage zu § 29 RechVersV. Zur Definition verdienter Beiträge bei VVaG s. Abschn. II Nr. 9.
[5] *Groß* in DPM, § 20 Rz. 12.

heitszuschlag im Versicherungsbeitrag bereits zu einer erhöhten Risikovorsorge führt. Dieser Betrag darf nicht angesetzt werden, weil nach § 20 Abs. 1 Nr. 2 Satz 1 KStG eine Schwankungsrückstellung nur insoweit gebildet werden darf, als die Schäden nicht durch Versicherungsbeiträge gedeckt werden. Schematisch ermittelt sich dieser Sicherheitszuschlag aus der dreifachen Differenz zwischen Grenzschadenquote und durchschnittlicher Schadenquote multipliziert mit den verdienten Beiträgen des Geschäftsjahres.[1] Falls diese Differenz positiv ist, ist der Sollbetrag zu kürzen, weil der Versicherungsbeitrag dann einen versicherungsmathematisch nicht erforderlichen Sicherheitszuschlag beinhaltet.[2] Der Abzug ist nicht vorzunehmen für die Hagelversicherung.

47 Die **Grenzschadenquote** ergibt sich für das selbstabgeschlossene Geschäft aus der Differenz zwischen 95 %, für das selbst abgeschlossene Rechtsschutzgeschäft 98 % und das in Rückdeckung genommene Geschäft 99 % und der mittleren Kostenquote.[3]

48 Ungeachtet dessen, ob im betreffenden Bilanzjahr ein Über- oder Unterschaden vorliegt, sind der Schwankungsrückstellung 3,5 % des Sollbetrags als **Zinszuführung** mindestens zuzuführen, bis die Rückstellung ihren Sollbetrag erreicht bzw. nach Entnahmen wieder erreicht.[4]

Bei einem Versicherungsverein auf Gegenseitigkeit führt die Buchung der Zinszuführung zu Lasten des finanztechnischen Geschäfts nicht zur Annahme einer vGA.[5]

49 Neben der Zinszuführung ergibt sich die Entwicklung der Rückstellung aus dem jeweils im Bilanzjahr vorliegenden Schadenaufkommen. Sofern es sich um einen **Unterschaden** handelt, ergibt sich eine zusätzliche Zuführung zur Rückstellung, bis deren Sollbetrag (wieder) erreicht ist. Ein Unterschaden liegt dann vor, wenn die Schadenquote des Bilanzjahres die durchschnittliche Schadenquote des Beobachtungszeitraums unterschreitet. Der absolute Betrag des Unterschadens ergibt sich als Differenz beider Quoten multipliziert mit den verdienten Beiträgen des Geschäftsjahres. Dieser Betrag ist der Rückstellung zuzuführen.

50 Liegt hingegen ein **Überschaden** vor (d. h., die Schadenquote des Bilanzjahres überschreitet die durchschnittliche Schadenquote des Beobachtungszeitraums), sind Beträge aus der Rückstellung zu entnehmen. Der absolute Betrag ergibt sich analog dem Unterschaden, ist aber noch um einen etwaigen Sicherheitszuschlag im Versicherungsbeitrag zu mindern. Unterschreitet nämlich die durchschnittliche Schadenquote die Grenzschadenquote, so vermindert sich der zu entnehmende Betrag um 60 % der mit den verdienten Beiträgen des Bilanzjahres multiplizierten Differenz aus beiden Quoten.[6]

51 Sind die Voraussetzungen für die Bildung der Schwankungsrückstellung nicht mehr gegeben, so ist diese aufzulösen. Für die **Auflösung** besteht ein Wahlrecht, dass diese auf das Bilanzjahr und die folgenden vier Geschäftsjahre gleichmäßig verteilt werden kann. Eine Auflösung darf dann nicht vorgenommen werden, wenn das Versicherungsunternehmen unter Einbeziehung des Jahresabschlusses des Geschäftsjahres verpflichtet wäre, im Folgejahr wieder eine Schwankungsrückstellung zu bilden.

---

1 Abschn. I Nr. 2 der Anlage zu § 29 RechVersV.
2 *Goverts* in E&Y, § 20 Rz. 63.
3 Abschn. II Nr. 5 der Anlage zu § 29 RechVersV.
4 Abschn. I Nr. 3 der Anlage zu § 29 RechVersV.
5 BMF, Schreiben v. 2. 1. 1979, BStBl 1979 I 58, Tz. 1.
6 Abschn. I Nr. 4, Abschn. II Nr. 7, 8 der Anlage zu § 29 RechVersV.

Ist lediglich der Sollbetrag niedriger als die vorhandene Schwankungsrückstellung, so ist sie um den übersteigenden Betrag aufzulösen.[1]

Die Schwankungsrückstellung ist steuerlich wie handelsrechtlich nicht abzuzinsen. § 20 Abs. 1 Satz 2 KStG erklärt explizit § 6 Abs. 1 Nr. 3a Buchst. e EStG für nicht anwendbar auf Schwankungsrückstellungen. Handelsrechtlich ergibt sich das **Abzinsung**sverbot aus § 341e Abs. 1 Satz 3 HGB. 52

Unternehmen mit einer Brutto-Beitragseinnahme im Durchschnitt der letzten drei Jahre von unter 1 Mio. DM[2] (**Versicherungsunternehmen mit geringer wirtschaftlicher Bedeutung**) können eine Schwankungsrückstellung im o. a. Sinne nicht bilden. Für sie lässt die Finanzverwaltung ein vereinfachtes Verfahren zu.[3] 53

4. Betriebsstätten im In- und Ausland

Betreibt ein Versicherungsunternehmen **Betriebsstätten im Ausland**, so ist bei der Ermittlung einer Schwankungsrückstellung vom Gesamtergebnis für Stammhaus und Betriebsstätten je Versicherungszweig auszugehen. Das bedeutet, dass der Ansatz und die Bewertung der Schwankungsrückstellung eines Versicherungszweiges auch für steuerliche Zwecke ausgehend zunächst von den Quoten und verdienten Beiträgen ohne Differenzierung nach In- und Ausland beurteilt werden. Der auf das inländische Stammhaus bzw. die ausländische Betriebsstätte entfallende Teil der Schwankungsrückstellung ist anschließend indirekt nach dem Verhältnis der verdienten Beiträge für eigene Rechnung des In- bzw. Auslandes aufzuteilen.[4] 54

Sofern mit dem betreffenden Ausland ein Doppelbesteuerungsabkommen besteht, das die Freistellungsmethode vorsieht, unterliegt nur der inländische Anteil der Schwankungsrückstellung bzw. deren Zuführungen und Auflösungen der deutschen Besteuerung. Bei der Anrechnungsmethode sowie bei Nichtvorliegen eines DBA wird das steuerliche Ergebnis der ausländischen Betriebsstätte, das nach deutschen Vorschriften zu ermitteln ist und somit eine Schwankungsrückstellung erfordert, ggf. unter Anrechnung der ausländischen Steuern in Deutschland besteuert. 55

In den meisten Fällen weicht das im Ausland steuerpflichtige Einkommen der Betriebsstätte im Belegenheitsstaat schon allein deshalb von dem in Deutschland freigestellten oder nach der Anrechnungsmethode in Deutschland besteuerten Einkommen ab, da im Ausland entweder keine Verpflichtung zur Bildung einer Schwankungsrückstellung besteht oder die Schwankungsrückstellung anderen steuerlichen Bewertungsgrundsätzen unterliegt. 56

Für eine **Betriebsstätte eines ausländischen Versicherungsunternehmens, die im Inland betrieben** wird, ist gem. § 341 Abs. 2 Satz 2 HGB sowie § 20 Abs. 2 Satz 3 KStG eine Handels- und Steuerbilanz nach deutschem Recht aufzustellen, die auch eine Schwankungsrückstellung zu beinhalten hat. Die Bildung einer Schwankungsrückstellung ist den meisten anderen Jurisdiktionen fremd, sodass sich aufgrund der zusätzlichen versicherungstechnischen Rückstellung nach deutschem Recht auch Auswirkungen auf das der Betriebsstätte nach der Betriebsstättengewinnaufteilungsverordnung (BsGaV)[5] zuzuordnende Dotationskapital ergeben können.[6] 57

---

1 Abschn. I Nr. 6, 7 der Anlage zu § 29 RechVersV.
2 Abschn. IV der BAV Anordnung R4/78, a. a. O.
3 BMF, Schreiben v. 2. 1. 1979, BStBl 1979 I 58, Tz. 4.
4 BMF, Schreiben v. 2. 1. 1979, BStBl 1979 I 58, Tz. 2.
5 BsGaV v. 13. 10. 2014, BGBl 2014 I 1603 ff., §§ 23 ff. Zu den Grundsätzen der Finanzverwaltung in Bezug auf die Betriebsstättengewinnaufteilungsverordnung (VWG BsGa) siehe BMF, Schreiben v. 22. 12. 2016, BStBl 2017 I 182.
6 Gosch/*Roser*, § 20 Rz. 35.

58 Im Falle beispielsweise eines Versicherungsunternehmens mit Sitz in Großbritannien, das nach IFRS Rechnung legt und eine Betriebsstätte in Deutschland unterhält, ergeben sich unter Berücksichtigung der deutschen Schwankungsrückstellung nachfolgende Auswirkungen auf das Dotationskapital der deutschen Betriebsstätte. Die UK Versicherung weist in ihrer Gesamt-IFRS-Bilanz versicherungstechnische Rückstellungen i. H. v. 400 aus, wobei hierin keine Schwankungsrückstellung enthalten ist. Nach IFRS kann eine Schwankungsrückstellung mangels bestehender Verpflichtung nicht gebildet werden. Dem UK-Stammhaus sollen von den gesamten versicherungstechnischen Rückstellungen nach den Grundsätzen des § 24 BsGaV (d. h., Aufteilungsmaßstab sind die jeweils gezeichneten Risiken aus den Versicherungsverträgen) 300 zugeordnet werden, der Betriebsstätte 100. Nach der sich daraus ergebenden Quote (100/400) werden die in der Gesamtbilanz vorhandenen Vermögenswerte i. H. v. 460 aufgeteilt (§ 25 Abs. 1 BsGaV). Auf die Betriebsstätte entfallen dann 115 Vermögenswerte. In einem weiteren Schritt werden von den der Betriebsstätte zugeordneten Vermögenswerten u. a. die nach deutschem Handelsrecht ermittelten versicherungstechnischen Rückstellungen (annahmegemäß entsprechend IFRS i. H. v. 100) zzgl. einer nach § 29 RechVersV gebildeten Schwankungsrückstellung für deutsche Risiken i. H. v. 20 abgezogen. Die sich ergebende Differenz i. H. v. -5 stellt das Dotationskapital dar (§ 25 Abs. 2 BsGaV, sog. modifizierte Kapitalaufteilungsmethode für Versicherungsbetriebsstätten).[1] Obwohl es sich um ein negatives Eigenkapital handelt, ist dieses steuerlich anzuerkennen, da es nach der Regelmethode des § 25 Abs. 2 BsGaV ermittelt wurde.[2] Diese Kapitalallokation führt dazu, dass der Betriebsstätte Kapital in Höhe der Konzern-Solvabilitätsquote des britischen Versicherungsunternehmens zugeführt wird und damit den aufsichtsrechtlichen Vorschriften eines EU-Landes entspricht. Sowohl unter Solvency I als auch Solvency II gilt, dass innerhalb der EU die Solvabilitätsquote einer Betriebsstätte der Konzern-Quote entsprechen muss. Eine (zusätzliche) Bedeckung der deutschen Schwankungsrückstellung würde dazu führen, dass die Solvabilitätsquote der deutschen Betriebsstätte höher ist als die des britischen Konzerns und damit auf Kosten der ausländischen Fisci nach Deutschland mehr Kapital(-erträge) allokiert würde(n).

59 Auch die Regelung des § 25 Abs. 3 Satz 2 BsGaV steht der steuerlichen und handelsrechtlichen Anerkennung eines negativen Eigenkapitals in der Betriebsstätte nicht entgegen, da das Erfordernis einer Mindestkapitalausstattung wie bei einem rechtlich selbständigen Versicherungsunternehmen nur anwendbar ist, wenn für die Kapitalallokation nicht die Regelmethode nach § 25 Abs. 2 BsGaV angewendet wurde, sondern ein anderer Allokationsschlüssel nach der Öffnungsklausel des § 25 Abs. 3 Satz 1 BsGaV.[3]

60–80 *(Einstweilen frei)*

5. Der Schwankungsrückstellung ähnliche Rückstellung

81 Neben der Schwankungsrückstellung sind nach § 341h Abs. 2 HGB noch weitere Rückstellungen zu bilden. Diesen Großrisikenrückstellungen ist gemeinsam, dass sie das Versicherungs-

---

[1] BMF, Schreiben v. 22.12.2016, BStBl 2017 I 182, Rz. 318.
[2] *Busch*, Die Bestimmung des Dotationskapitals bei Versicherungsbetriebsstätten gemäß BsGaV, IStR 2014, 757, Tz. 2.2.
[3] *Busch*, (a. a. O.), Tz. 2.3.

unternehmen für bestimmte Einzelrisiken mit erheblichem Schadensaufkommen mit finanziellen Mitteln ausstattet, um für den Schadensfall dessen Fortführung nicht zu gefährden. Die Bildung der Rückstellung wird in § 30 RechVersV für drei Fälle detailliert geregelt und ist allerdings nur zulässig, soweit für gleichartige Risiken keine Schwankungsrückstellung nach den Grundsätzen des § 341h Abs. 1 HGB bzw. § 29 RechVersV gebildet wurde. Steuerlich gibt es keine gesonderten Regelungen zu den Großrisikenrückstellungen.

Während die Schwankungsrückstellung den Ausgleich des jährlich schwankenden Bedarfs bewirken soll, soweit dieser nicht durch Beiträge ausgeglichen werden kann und die Schwankungen nicht durch Rückversicherungen gedeckt sind, hat ein Versicherungsunternehmen für Risiken gleicher Art, bei denen der Ausgleich von Schadenaufkommen und Prämieneinnahmen wegen des hohen Schadenrisikos im Einzelfall nach versicherungsmathematischen Grundsätzen nicht im gleichen Geschäftsjahr, sondern nur in einem am Abschlussstichtag nicht bestimmbaren Zeitraum gefunden werden kann, eine Rückstellung zu bilden und in der Bilanz als „ähnliche Rückstellung" unter der Schwankungsrückstellung auszuweisen. Die zu erwartenden Schäden der Großrisikenrückstellung treten nicht jährlich auf, sondern eher vereinzelt.

§ 20 Abs. 1 KStG erwähnt die Großrisikenrückstellung zwar nicht explizit; die Regelung des § 20 Abs. 1 KStG und insbesondere die Klarstellung in § 20 Abs. 1 Satz 2 KStG, dass keine steuerliche Abzinsung vorzunehmen ist, greift ihrem Sinn und Zweck nach aber sowohl für die Schwankungsrückstellung wie für der Schwankungsrückstellung ähnliche Großrisikenrückstellungen. § 30 RechVersV benennt bestimmte Sachverhalte, für die Großrisikenrückstellungen gebildet werden dürfen. Hierbei handelt es sich um die Rückstellung für Atomanlagen-Risiken, die Rückstellung für Terror-Risiken und die Rückstellung für Pharma-Risiken aus der Produkthaftpflichtversicherung. Dieser Katalog ist aber nicht abschließend. Weitere Großrisiken, für die eine Rückstellung gebildet werden kann, sind beispielsweise Risiken aus Raumfahrt und Satelliten, Trägerraketen, Ölplattformen, langen Eisenbahn- und Autotunneln sowie Umwelthaftpflicht.[1]

Für das selbst abgeschlossene und in Rückdeckung übernommene Geschäft sind die Rückstellungen in folgender Höhe zu bilden:

- Der Höchstbetrag der Pharmarückstellung beträgt nach § 30 Abs. 1 Nr. 1 RechVersV das Fünfzehnfache der verdienten Beiträge des Geschäftsjahres für eigene Rechnung.
  Nach § 30 Abs. 1 Nr. 2 RechVersV sind der Rückstellung, bis die Höhe nach Nummer 1 erreicht oder nach Auflösung wieder erreicht ist, jährlich 75 % des Saldos aus verdienten Beiträgen und Aufwendungen für erfolgsabhängige Beitragsrückerstattung zuzuführen.
  Die Aufwendungen für Versicherungsfälle und für die erfolgsunabhängige Beitragsrückerstattung mindern die Zuführung. Maßgebend sind die Beträge für eigene Rechnung. Sofern die Berechnungen nach Nummer 2 einen negativen Betrag ergeben, ist die Pharmarückstellung insoweit aufzulösen (§ 30 Abs. 1 Nr. 3 RechVersV).
  Die Rückstellung ist nur zulässig für das inländische Versicherungsgeschäft aus der Produkthaftung nach dem Arzneimittelgesetz.[2]
- Der Höchstbetrag der Atomanlagenrückstellung beträgt gem. § 30 Abs. 2 Nr. 1 RechVersV entweder 100 % der Sach- und Haftpflichtversicherungssumme für Kernenergieschäden, die das Versicherungsunternehmen für die von ihm summenmäßig am höchsten ver-

---

[1] Gosch/Roser, § 20 Rz. 21.
[2] BMF, Schreiben v. 8. 5. 1991, BStBl 1991 I 535.

sicherte Anlage übernommen hat, oder 25 % des Gesamtbetrages der Versicherungssumme für Kernenergieschäden, die das Versicherungsunternehmen zur Versicherung solcher Anlagen übernommen hat.

Die Höchstbetragsberechnung der Atomanlagenrückstellung ist nach dem BFH-Urteil vom 7.9.2016[1] anlagen- und nicht spartenbezogen vorzunehmen. Damit schloss sich der BFH der Vorinstanz (FG Düsseldorf)[2] an, wonach die Kernenergieschäden betreffende Sach- und Haftpflichtversicherungssumme für die summenmäßig am höchsten versicherte Einzelanlage anzusetzen ist. Eine Trennung nach den Sparten Schadens- und Haftpflichtversicherung ist demzufolge nicht zulässig.

Maßgebend ist der niedrigere Betrag.

Nach Nummer 2 sind, bis die Höhe nach Nummer 1 erreicht oder nach einer Entnahme wieder erreicht ist, jährlich 20 % des Betrages nach Nummer 1 zuzuführen, jedoch nicht mehr als 75 % der verdienten Beiträge.

Aufwendungen für Versicherungsfälle mindern die Zuführung. Maßgebend sind die Beträge für eigene Rechnung.

Sofern die Aufwendungen für Versicherungsfälle 75 % der verdienten Beiträge, jeweils für eigene Rechnung, übersteigen, ist die Atomanlagenrückstellung nach Nummer 3 der Vorschrift insoweit aufzulösen.

▶ Der Höchstbetrag der Terrorrisikenrückstellung entspricht gem. § 30 Abs. 2a Nr. 1 RechVersV für das in Rückdeckung übernommene Geschäft der jeweiligen Haftungshöchstsumme der für eigene Rechnung übernommenen Risiken. Im selbst abgeschlossenen Geschäft beträgt der Höchstbetrag das Fünfzehnfache der verdienten Beiträge des Geschäftsjahres für eigene Rechnung.

Bis die Höhe nach Nummer 1 erreicht ist oder nach einer Auflösung wieder erreicht ist, sind nach § 30 Abs. 2a Nr. 2 Satz 1 RechVersV der Rückstellung jährlich 90 % des Saldos aus verdienten Beiträgen und Aufwendungen für erfolgsabhängige Beitragsrückerstattung zuzuführen, vermindert um die Aufwendungen für Versicherungsfälle und die Aufwendungen für erfolgsunabhängige Beitragsrückerstattung, jeweils für eigene Rechnung. Sofern das Versicherungsunternehmen im Einzelfall niedrigere oder höhere sonstige Aufwendungen für das Versicherungsgeschäft als die in Satz 1 angenommenen 10 % nachweist, erhöht oder verringert sich der Betrag von 90 %.

Ergeben die Berechnungen nach Nr. 2 einen negativen Betrag, ist die Rückstellung nach Nr. 3 der Vorschrift insoweit aufzulösen.

85–90 *(Einstweilen frei)*

II. Rückstellung für noch nicht abgewickelte Versicherungsfälle – Schadenrückstellung

1. Allgemeines zur Rückstellung für noch nicht abgewickelte Versicherungsfälle/Schadenrückstellung

91 Rückstellungen für noch nicht abgewickelte Versicherungsfälle werden von den Versicherungsunternehmen für die voraussichtlich nach dem Bilanzstichtag entstehenden Aufwendungen

---

1 BFH, Urteil v. 7.9.2016 - I R 23/15, BStBl 2017 II 472.
2 FG Düsseldorf, Urteil v. 9.2.2015 - 6 K 2167/12 K, NWB MAAAE-96295.

zur Regulierung der Verpflichtungen bzw. Schäden gebildet, die bis zum Bilanzstichtag zwar eingetreten oder verursacht, aber noch nicht abgewickelt sind. Es handelt sich um Rückstellungen für ungewisse Verbindlichkeiten nach § 249 HGB.

Nach § 341g HGB setzt sich die Bilanzposition Rückstellung für noch nicht abgewickelte Versicherungsfälle bzw. Schadenrückstellung aus mehreren Teilrückstellungen bzw. Komponenten zusammen, für die jeweils bestimmte Ansatz- und Bewertungsgrundsätze gelten:

1. Teilrückstellung für bekannte Versicherungsfälle
2. Teilrückstellung für unbekannte Spätschäden
3. Teilrückstellung für Schadenregulierungsaufwendungen
4. Teilrückstellung für Versicherungsfälle für Krankenversicherungsunternehmen
5. Teilrückstellung für Rentenversicherungsfälle

Für die Beurteilung, in welche Teilrückstellung die Beträge zur Regulierung eines Versicherungsfalls einzustellen sind, ist der Kenntnisstand der Versicherungsgesellschaft über den jeweiligen Schadensfall zum Bilanzstichtag ausschlaggebend. Ist der Schaden vor dem Bilanzstichtag eingetreten und auch bereits gemeldet, so handelt es sich um einen bekannten Versicherungsfall. Ist der Zeitpunkt der Schadensverursachung und des Schadenseintritts vor, jedoch die Schadensmeldung nach dem Bilanzstichtag eingetreten, so handelt es sich für den betreffenden Bilanzstichtag um unbekannte Spätschäden.

Nach § 341e Abs. 1 Satz 1 HGB sind die Rückstellungen insoweit zu bilden, als sie nach vernünftiger kaufmännischer Beurteilung notwendig sind, um die Verpflichtungen aus den Versicherungsverträgen dauernd erfüllen zu können. Darüber hinaus sind für die Steuerbilanz die Erfahrungen der Vergangenheit nach Maßgabe des § 20 Abs. 2 KStG i.V.m. § 6 Abs. 1 Nr. 3a Buchst. a EStG zu berücksichtigen, da die Rückstellung nur in der Höhe gebildet werden darf, für die eine Inanspruchnahme wahrscheinlich ist (realitätsnähere Bewertung). Überdies ist die Rückstellung noch nach § 6 Abs. 1 Nr. 3a Buchst. e EStG abzuzinsen. Aufgrund der vom Handelsrecht abweichenden Regelungen zur realitätsnäheren Bewertung und zur Abzinsung kommt es regelmäßig zu Abweichungen zwischen der Handels- und Steuerbilanz.

2. Ansatz und Bewertung der Teilrückstellung für bekannte Versicherungsfälle

a) Schaden- und Unfallversicherung

In der Schaden- und Unfallversicherung ist grundsätzlich jede durch einen Schaden verursachte ungewisse Verbindlichkeit einzeln inventurmäßig festzustellen und zu bewerten. Für die Bewertung enthält § 341g HGB besondere Regelungen, auf die in § 20 Abs. 2 KStG verwiesen wird und die demnach auch für die Steuerbilanz gelten.

Bei der Einzelbewertung muss das objektive Risiko des einzelnen Schadenfalles vorausschauend auf die tatsächliche Inanspruchnahme möglichst zutreffend geschätzt werden. Es gelten sowohl die Preisverhältnisse des Bilanzstichtags als auch das Vorsichtsprinzip. Künftige Preis- und Kostensteigerungen dürfen lt. § 6 Abs. 1 Nr. 3a Buchst. f EStG nicht berücksichtigt werden. In der Handelsbilanz sind seit Einführung des Bilanzrechtsmodernisierungsgesetzes (BilMoG)[1] künftige Preissteigerungen bei der Bewertung von Rückstellungen grundsätzlich zu berück-

---

[1] BGBl 2009 I 1102.

sichtigen. Davon ausgenommen sind gem. § 341e Abs. 1 Satz 3 HGB die versicherungstechnischen Rückstellungen.

96 Bei der Bewertung des einzelnen Schadens sind für diesen zweifelsfrei zu erwartende Erträge aus Provenues, Regressforderungen und Teilungsabkommen mit anderen Leistungsträgern rückstellungsmindernd zu berücksichtigen. Die rückstellungsmindernd zu berücksichtigenden Erträge müssen dabei so hinreichend konkret sein, dass nach allgemeinen Bilanzierungsgrundsätzen eine Forderung aktiviert werden könnte. Für gleichartige oder annähernd gleichwertige Schadenfälle darf gem. § 256 Satz 2 i.V.m. § 240 Abs. 4 HGB ausnahmsweise eine Gruppenbewertung vorgenommen werden. Falls die Einzel- oder Gruppenbewertung nicht möglich oder der damit verbundene Aufwand unverhältnismäßig hoch ist, kann eine Bewertung durch Näherungs- und Vereinfachungsverfahren (§ 341e Abs. 3 HGB) erfolgen, wenn anzunehmen ist, dass diese zu annähernd gleichen Ergebnissen führen.[1] Das genaue Vorgehen zu Näherungs- und Vereinfachungsverfahren regelt § 27 RechVersV.

97 Daneben sind gem. § 20 Abs. 2 KStG i.V.m. § 6 Abs. 1 Nr. 3a Buchst. a EStG die Erfahrungen in der Vergangenheit maßgeblich und die Teilrückstellung ist gem. § 6 Abs. 1 Nr. 3 EStG abzuzinsen.

aa) Berücksichtigung der Erfahrungen in der Vergangenheit aus der Abwicklung der Schadenrückstellungen (§ 6 Abs. 1 Nr. 3a Buchst. a EStG)

98 Die Teilrückstellung für bekannte Versicherungsfälle besteht aus einer Summe einzelbewerteter Schadensfälle, die im Rahmen der Schadenabwicklung noch zu regulieren sind. Aus den Erfahrungen der Vergangenheit über bereits erfolgte Schadenabwicklungen, die in jedem Versicherungszweig verschieden sein können, ergeben sich Erkenntnisse über die wahrscheinliche Inanspruchnahme über die Gesamtheit der zurückgestellten Versicherungsfälle. Der voraussichtlich nicht für die Schadensregulierung aller Versicherungsfälle benötigte Betrag ist gem. § 20 Abs. 2 Satz 2 KStG pauschal von dem Rückstellungsbetrag zu kürzen, da das Unternehmen insoweit wirtschaftlich und rechtlich nicht belastet wird.[2]

99 Bei diesem Minderungsbetrag handelt es sich um einen rechnerisch ermittelten und auf empirischen Daten der Vergangenheit zur Abwicklung von Schadenrückstellungen beruhenden pauschalen Berichtigungsposten je Versicherungszweig, der zur sog. realitätsnäheren Bewertung der Schadenrückstellung oder Besserregulierung führt. Gründe für diesen Korrekturbetrag auf den Gesamtbetrag der Teilrückstellung für die im Grundsatz einzeln möglichst zutreffend bewerteten Schadensfälle können z. B. wieder aufgetauchte Gegenstände sein, die als Diebstahl gemeldet waren, oder Abwehrbemühungen der Versicherungsgesellschaft. Der Minderungsbetrag stellt für die Finanzverwaltung dabei keinen Verstoß gegen den Grundsatz der Einzelbewertung der Schadenfälle dar. Vielmehr könne das ihnen immanente Risiko nur über ihre Gesamtheit korrekt bestimmt werden. Der Pauschalabschlag auf die Summe der einzelbewerteten Verpflichtungen ist dennoch nicht als Gruppenbewertung zu betrachten.

100 Das Berechnungsschema zur Ermittlung des pauschalen Minderungsbetrags wird im BMF Schreiben vom 5. 5. 2000[3] beschrieben. Diese sog. Ablaufverprobung wird gesondert für jeden Versicherungszweig, für den nach aufsichtsrechtlichen Vorschriften eine Gewinn- und Verlust-

---

1 *Rockel/Helten/Ott/Sauer*, Versicherungsbilanzen, 3. Aufl., S. 202.
2 BFH, Urteil v. 17. 2. 1993 - X R 60/89, BStBl 1993 II 437.
3 BMF, Schreiben v. 5. 5. 2000, BStBl 2000 I 487 ff.

rechnung aufzustellen ist, durchgeführt. Es wird nur das selbst abgeschlossene Geschäft betrachtet. Der Minderungsbetrag führt – neben der Abzinsung – zu einer Abweichung zwischen der Handels- und Steuerbilanz.

Grundlage der Berechnung sind die vom Schaden- und Unfallversicherungsunternehmen der Bundesanstalt für Finanzdienstleistungsaufsicht vorzulegenden Unterlagen, im Wesentlichen die Gewinn- und Verlustrechnungen je Versicherungszweig. Die Rückstellungen für unbekannte Spätschäden und die Schadenregulierungsaufwendungen sind jedoch auszusondern.[1]

Das prozentuale Abwicklungsergebnis (Minderungsbetrag i. S. v. § 20 Abs. 2 KStG) kommt durch folgende Rechenschritte zustande:

Die Verprobung wird anhand der Schadenrückstellungen für eigene Rechnung, also ohne Rückversicherungsanteil, durchgeführt. Drei Rechengrößen sind zunächst zu ermitteln.

▶ Schadenrückstellung am Anfang des Wirtschaftsjahres.

Diese ergibt sich aus der Brutto-Schadenrückstellung am Anfang des Wj. abzüglich Anteil der Rückversicherung abzüglich Rückstellung für Schadenregulierungsaufwendungen zuzüglich Anteil der Rückversicherung an der Rückstellung für Schadenregulierungsaufwendungen

= Rückstellung für eigene Rechnung am Anfang des Wj.

▶ Rückstellung für Versicherungsfälle der Vorjahre am Ende des Wirtschaftsjahres.

Diese ergibt sich aus der Brutto-Schadenrückstellung für Vorjahres-Versicherungsfälle – also ohne Versicherungsfälle des laufenden Jahres am Ende des Wj. – abzüglich Anteil der Rückversicherung an dieser Rückstellung abzüglich Rückstellung für Schadenregulierungsaufwendungen für Vorjahres-Versicherungsfälle zuzüglich Anteil der Rückversicherung an der Rückstellung für Schadenregulierungsaufwendungen für Vorjahres-Versicherungsfälle

= Rückstellung für Versicherungsfälle der Vorjahre für eigene Rechnung am Ende des Wj.

▶ Zahlungen im Wirtschaftsjahr für Versicherungsfälle der Vorjahre für eigene Rechnung.

Diese ergeben sich aus Zahlungen im laufenden Wj. für Vorjahres-Versicherungsfälle abzüglich Anteil der Rückversicherung daran abzüglich im laufenden Jahr gezahlte Schadenregulierungsaufwendungen für Vorjahres-Versicherungsfälle zuzüglich Anteil der Rückversicherung an den Zahlungen für Schadenregulierungsaufwendungen im laufenden Wj. für Vorjahres-Versicherungsfälle

= Zahlungen im laufenden Wj. für Versicherungsfälle der Vorjahre für eigene Rechnung.

Die jeweiligen Zu- und Absetzungen bei den Bruttowerten sind erforderlich, um die Rückversicherungsanteile und Anteile an den Schadenregulierungskosten zu bereinigen.

Anhand der o. a. Rechengrößen lässt sich das prozentuale Abwicklungsergebnis für das selbst abgeschlossene Geschäft durch drei Rechenschritte ermitteln.

1. Rechenschritt:

Zu berechnen ist das Abwicklungsvolumen der Schadenrückstellung, d. h., es ist festzustellen, um welche Größenordnung sich die Rückstellung für die Vorjahre am Anfang des Wj. bis zum Ende des Wj. verändert. Dabei ist aus der Gesamtrückstellung am Ende

---

[1] Näheres regelt BMF, Schreiben v. 5.5.2000 (a. a. O.), Tz. III.1. und die Verordnung über die Berichterstattung von Versicherungsunternehmen gegenüber dem Bundesaufsichtsamt für das Versicherungswesen (BerVersV).

des Wj. der Anteil der Rückstellungen für Versicherungsfälle des laufenden Wj. wie folgt zu eliminieren:

Rückstellung für eigene Rechnung am Anfang des Wj. (siehe oben → Rz. 98) abzüglich Rückstellung für Versicherungsfälle ausschließlich für Vorjahre für eigene Rechnung am Ende des Wj. (siehe oben → Rz. 98)

= Abwicklungsvolumen

2. Rechenschritt:

Zu berechnen ist das Abwicklungsergebnis in absoluter Höhe. Hierzu werden dem Abwicklungsvolumen die Zahlungen im laufenden Wj. für Versicherungsfälle der Vorjahre für eigene Rechnung gegenübergestellt. Abwicklungsvolumen abzüglich Zahlungen

= Abwicklungsergebnis in absoluter Höhe

3. Rechenschritt:

Aus dem Abwicklungsergebnis und dem Abwicklungsvolumen in absoluter Höhe ist das prozentuale Abwicklungsergebnis zu berechnen.

$\text{Abwicklungsergebnis} \times 100 / \text{Abwicklungsvolumen}$ = Prozentuales Abwicklungsergebnis

105 Setzt man die tatsächlich bilanzierte Rückstellung gleich 100, so ergibt sich der Rückstellungsbedarf aufgrund des Verprobungsverfahrens aus 100 minus dem prozentualen Abwicklungsergebnis.

Ziel des Verfahrens ist jedoch nicht nur das Abwicklungsergebnis für ein Jahr des Beobachtungszeitraums, sondern das arithmetische Mittel aller Beobachtungsjahre. Mithin der Durchschnitt der prozentualen Abwicklungsergebnisse aller Jahre. Dieser Wert entspricht der durchschnittlichen prozentualen Besserregulierung der vergangenen Jahre.

106 Der Beobachtungszeitraum, d. h. die Anzahl der Vorjahre einschließlich des laufenden Geschäftsjahres, die für die Ermittlung der Rechengrößen relevant sind, soll laut dem BMF-Schreiben v. 5. 5. 2000, Abschn. III, Tz. 1.1.4 mindestens fünf Jahre betragen. Für neue Versicherungszweige ist allerdings ein kürzerer Beobachtungszeitraum möglich. Eine Höchstgrenze wird hingegen nicht vorgegeben. Zudem muss der Beobachtungszeitraum nicht einheitlich über alle Versicherungszweige gewählt werden. Im Hinblick auf die Verschiedenartigkeit der einzelnen Versicherungszweige reflektieren unterschiedlich lange Beobachtungszeiträume insoweit sachgerecht die tatsächlichen Gegebenheiten.

107 Das BMF sieht vor, dass jährliche Ablaufverprobungen vorgenommen werden. Dem Wortlaut des BMF-Schreibens nach gibt es lediglich eine zeitliche Mindestvorgabe zur Bestimmung des Beobachtungszeitraums. Demnach sollte das Versicherungsunternehmen jedes Jahr pro Versicherungszweig einen neuen, optimalen Beobachtungszeitraum festlegen können. Nur dadurch kann eine Versicherungsgesellschaft alle Erfahrungen aus der Vergangenheit sowohl positiver als auch negativer Natur zutreffend erfassen. Durch die Verlängerung des Zeitraums werden insbesondere sehr volatile Abwicklungsergebnisse aus der Vergangenheit geglättet. Zudem stellt die Ablaufverprobung des BMF eine Pauschalregelung dar, die, würde sie nicht an die tatsächlichen Verhältnisse angepasst, zu nicht sachgerechten Ergebnissen führt.

108 In der Praxis postuliert die Finanzverwaltung teilweise Voraussetzungen für die Anerkennung optimierter Beobachtungszeiträume, die sich in der Form nicht unmittelbar aus dem BMF-Schreiben zur Ablaufverprobung ergeben:

- Es sollte erkennbar sein, dass das Versicherungsunternehmen keine willkürliche und ergebnisgesteuerte Festlegung des Beobachtungszeitraums vornimmt. Eine wirtschaftliche Begründung ist in jedem Fall beizubringen.
- Bei der Bestimmung der Dauer des Beobachtungszeitraums kann die voraussichtliche durchschnittliche Abwicklungsdauer der Schäden herangezogen werden, so auch die Gesetzesbegründung des § 20 KStG. Bei Personenschäden kann sich die Abwicklung eines Versicherungsfalls auch über Jahrzehnte hinziehen. In einem solchen Fall, der beispielsweise in den Versicherungszweigen Unfall-, Haftpflicht- und Krafthaftpflichtversicherung auftreten kann, sind Beobachtungszeiträume auch von über zehn Jahren denkbar.
- Findet die Betriebsprüfung über einen bestimmten Zeitraum statt, annahmegemäß über vier Veranlagungszeiträume, so lässt die Finanzverwaltung i. d. R. nur einen einheitlichen Beobachtungszeitraum pro Versicherungszweig über alle Jahre zu. Das bedeutet, die Versicherungsgesellschaft kann die Dauer des Beobachtungszeitraums nicht jedes Jahr neu festlegen, sondern pro Versicherungszweig einen über die vier Jahre konstanten Beobachtungszeitraum.

Die Ablaufverprobung ist ein Pauschalverfahren, das ggf. die tatsächlichen Verhältnisse im jeweiligen Versicherungszweig nicht ausreichend berücksichtigt. Das Verfahren unterstellt, dass alle wesentlichen Faktoren wie z. B. Rückversicherungsstrukturen, Bestand der Rückstellung pro Versicherungszweig etc. konstant bleiben. Dadurch ist allein mit dem in der Ablaufverprobung ermittelten Rückstellungsbedarf ggf. nicht gewährleistet, dass durch die Schadenrückstellung die dauernde Erfüllbarkeit der Verpflichtungen aus den Versicherungsverträgen sichergestellt ist. Das BMF erlaubt deshalb einen Sicherheitszuschlag von pauschal 15 % des Rückstellungsbedarfs. Er kann sogar höher bemessen werden, wenn er durch Besonderheiten, die durch die Ablaufverprobung nicht erfasst sind, gerechtfertigt ist und das Versicherungsunternehmen dies nachweisen kann.[1] Der Nachweispflicht kommt hier besondere Bedeutung zu, da eine reine Glaubhaftmachung gegenüber der Betriebsprüfung nicht ausreicht. Belege hierfür können beispielsweise Schadenstatistiken der Vergangenheit sein. Sofern keine allgemein zugänglichen Belege wie Statistiken verfügbar sind, so sollten zeitnah entsprechende Unterlagen durch die Gesellschaft erstellt und für die Betriebsprüfung vorgehalten werden.

Denkbar sind folgende Sachverhalte, die einen höheren Sicherheitszuschlag rechtfertigen können:

- hohe Volatilität der prozentualen Abwicklungsergebnisse pro Bilanzstichtag,
- Veränderungen im Versicherungsbestand, in den Schadenstrukturen und der Schadenentwicklung (z. B. hoher Anteil an Großschäden im Bestand oder Verschiebungen zwischen Klein-, Mittel- und Großschäden),
- Schätzunsicherheiten (z. B. aufgrund Gesetzesänderungen wie verstärkter Verbraucherschutz, Haftungsverschärfung, Risiken der Pharmaindustrie),
- Spätschadenentwicklung (z. B. Anstieg von Spätschaden-Fällen, die in der Praxis nur äußerst schwierig zu bewerten sind),
- Long-Trail-Branchen mit langem und damit sehr schwer abschätzbarem Schadenbedarf (z. B. Allg. Unfall, Allg. Haftpflicht, Kraft-Haftpflicht), hoher Anteil an dauerhaften lebenslänglichen Personenschäden,

---

[1] BMF, Schreiben v. 5. 5. 2000 (a. a. O.), Abschn. III, Tz. 1.2.

- Anwendung des prozentualen Kürzungsbetrags auch auf die Schadenrückstellung des Geschäftsjahres, obwohl dieser sich nur aus der Vergangenheit ableitet; dies unterstellt einen konstanten Schadensverlauf in der Verprobung,
- voraussichtlich höhere Schadenaufwendungen (Klimawandel, Kostenexplosion im Gesundheitswesen etc.).
- Die Schadenrückstellung in der Steuerbilanz soll die dauernde tatsächliche Erfüllbarkeit der Verpflichtungen des Versicherungsunternehmens gegenüber den Versicherungsnehmern sicherstellen, also die vertragliche Verpflichtung zwischen Marktteilnehmern widerspiegeln. Die steuerliche Bewertung ist demnach eine Marktwertbewertung. Das Konzept der Marktwertbewertung bzw. realitätsnahen Bewertung wird auch durch IFRS (IAS 37, „best estimate") verfolgt. Sofern der Rückstellungsbedarf nach der Ablaufverprobung und dem Standard-Sicherheitszuschlag von 15 % kleiner ist als die Schadenrückstellung nach IFRS, so kann der Steuerbilanzansatz nicht marktkonform sein. Es sollte dann ein Sicherheitszuschlag gewählt werden, der zu einer Schadenrückstellung in der Steuerbilanz führt, der mindestens der Rückstellung nach IFRS entspricht.

111 Nachfolgend werden ausgehend von einem Grundfall verschiedene Varianten der Ablaufverprobungen und der Einfluss einiger Faktoren auf den Minderungsbetrag bzw. den Rückstellungsbedarf erläutert.

Grundfall: Ablaufverprobung über einen Beobachtungszeitraum von fünf Jahren mit Sicherheitszuschlag 15 %

(Abkürzungen: „SchadenR netto" bedeutet „Schadenrückstellung für eigene Rechnung", d. h. der Teil der Rückstellung, der nicht durch eine Rückversicherung gedeckt ist; „GjA" = Geschäftsjahresanfang, „GjE" = Geschäftsjahresende)

Beträge in Tsd. Euro	2012	2013	2014	2015	2016
SchadenR netto für Vorjahre zum GjA	1 000	1 000	1 000	1 000	1 000
SchadenR netto für Vorjahre zum GjE	800	800	800	800	800
Zahlungen für Vorjahre netto	150	150	150	150	150
Abgewickeltes Volumen absolut	200	200	200	200	200
Abgewickeltes Volumen in Prozent	20 %	20 %	20 %	20 %	20 %
Abwicklungsergebnis absolut	50	50	50	50	50
Abwicklungsergebnis in Prozent	25 %	25 %	25 %	25 %	25 %
SchadenR netto für Vorjahre und Geschäftsjahr zum GjE	1 000	1 000	1 000	1 000	1 000

Versicherungstechnische Rückstellungen im Einzelnen § 20 KStG

Arithmetisches Mittel der Abwicklungsergebnisse für den Beobachtungszeitraum (125 %: 5 Jahre)			= 25,00 %
Schadenrückstellung	31.12.2016	1 000	= 100,00 %
Rückstellungsbedarf in Prozent			75,00 %
Sicherheitszuschlag auf den Rückstellungsbedarf 15 % von 75 %			11,25 %
Rückstellungsbedarf einschließlich Sicherheitszuschlag			86,25 %
Auflösung der Schadenrückstellung des lfd. Jahres 2016 in Prozent			13,75 %
Auflösung absolut (Minderungsbetrag)	31.12.2016	137,5	
Verbleibende Rückstellung	31.12.2016	862,5	

ABWANDLUNG 1: Verlängerung des Beobachtungszeitraums von fünf auf sechs Jahre 112

Durch die Optimierung des Beobachtungszeitraums kann ein geringerer Minderungsbetrag resultieren:

Beträge in Tsd. Euro	2011	2012	2013	2014	2015	2016
SchadenR netto für Vorjahre zum GjA	900	1 000	1 000	850	1 000	900
SchadenR netto für Vorjahre zum GjE	800	800	650	800	700	600
Zahlungen für Vorjahre netto	150	140	250	50	150	150
Abgewickeltes Volumen absolut	100	200	350	50	300	300
Abgewickeltes Volumen in Prozent	11,11 %	20 %	35 %	5,88 %	30 %	33,33 %
Abwicklungsergebnis absolut	-50 (1)	60	100	0	150	150
Abwicklungsergebnis in Prozent	-50 %	30 %	28,57 %	0 %	50 %	50 %
SchadenR netto für Vorjahre und Geschäftsjahr zum GjE	1 000	1 000	850	1 000	900	800

Erläuterung zum negativen Abwicklungsergebnis im Jahr 2011: ein negatives Abwicklungsergebnis entsteht dann, wenn wegen unerwartetem Schadenverlauf die Zahlungen für Schäden der Vorjahre höher sind als die dafür gebildeten SchadenR für Vorjahre am GjA.

Arithmetisches Mittel der Abwicklungsergebnisse über den Beobachtungszeitraum (BOZ) von

a) **fünf Jahren** (2012 bis 2016): 158,57 % : 5 Jahre = 31,74 %
Rückstellungsbedarf in Prozent 68,29 %
zzgl. Sicherheitszuschlag 15 % 10,24 %
Rückstellungsbedarf einschließlich Sicherheitszuschlag 78,53 %
Auflösung der Schadenrückstellung des lfd. Jahres 2016 in Prozent 21,47 %
Minderungsbetrag absolut 800 x 21,47 % **171,76**
Verbleibende Rückstellung 628,24

b) **sechs Jahren** (2011 bis 2016): 108,57 % : 6 Jahre = 18,1 %
Rückstellungsbedarf in Prozent 81,9 %
zzgl. Sicherheitszuschlag 15 % 12,29 %
Rückstellungsbedarf einschließlich Sicherheitszuschlag 94,19 %
Auflösung der Schadenrückstellung des lfd. Jahres 2016 in Prozent 5,81 %
Minderungsbetrag absolut 800 x 5,81 % **46,48**
Verbleibende Rückstellung 753,52

Der optimierte Beobachtungszeitraum von sechs Jahren anstelle von fünf Jahren führt in diesem Beispielsfall zu einer Reduktion des Minderungsbetrags von 171,76 auf 46,48 für die Rückstellung zum 31. 12. 2016.

ABWANDLUNG 2: Paarung „negatives Schadenvolumen" und „negative Schadenzahlungen"

Ausgangslage:

Im Jahr 2015 erfolgt eine Nachreservierung der Schadenrückstellung für Vorjahresschäden von 800 auf 1100. Im gleichen Jahr erhält die Versicherungsgesellschaft höhere Erstattungen für Schäden von dritter Seite, so dass insgesamt negative Schadenzahlungen vorliegen (-150). Rein mathematisch errechnen sich für das Jahr 2015 und Folgejahre sogar höhere Minderungsbeträge als ohne die Nachreservierung (s. u.). Aufgrund der Entscheidung der Versicherungsgesellschaft für eine Höherreservierung der Schadenrückstellung für Vorjahre ist jedoch aus materieller Sicht kein Raum für eine Besserregulierung laut dem BMF-Schreiben. Die höherreservierte Schadenrückstellung stellt den Betrag dar, den die Versicherungsgesellschaft voraussichtlich für die Schadenabwicklung benötigt.

Die Grenzen der Ablaufverprobung sollen hier für die Jahre 2015 und 2016 betrachtet werden:

Beträge in Tsd. Euro	2011	2012	2013	2014	2015	2016
SchadenR netto für Vorjahre zum GjA	1 000	1 000	1 000	1 000	1 000	1 300
SchadenR netto für Vorjahre zum GjE	800	800	800	800	**1 100**	800
Zahlungen für Vorjahre netto	150	150	150	150	**-150**	150
Abgewickeltes Volumen absolut	200	200	200	200	-100	500

Abgewickeltes Volumen in Prozent	20 %	20 %	20 %	20 %	-10 %	38,46 %
Abwicklungsergebnis absolut	50	50	50	50	50	350
Abwicklungsergebnis in Prozent	25 %	25 %	25 %	25 %	**50 %**	**70 %**
SchadenR netto für Vorjahre und Geschäftsjahr zum GjE	1 000	1 000	1 000	1 000	1 300	1 000

a) Minderungsbetrag für 2015:

Arithmetisches Mittel der Abwicklungsergebnisse (BOZ 5 Jahre): 150 % : 5 Jahre =	30 %
Rückstellungsbedarf in Prozent	70 %
zzgl. Sicherheitszuschlag 15 %	10,5 %
Rückstellungsbedarf einschließlich Sicherheitszuschlag	80,5 %
Auflösung der Schadenrückstellung des lfd. Jahres 2015 in Prozent	19,5 %
Minderungsbetrag absolut 1 300 x 19,5 %	**253,5**
Verbleibende Rückstellung	1 046,5

b) Minderungsbetrag für 2016:

Arithmetisches Mittel der Abwicklungsergebnisse (BOZ 5 Jahre): 195 % : 5 Jahre =	39 %
Rückstellungsbedarf in Prozent	61 %
zzgl. Sicherheitszuschlag 15 %	9,15 %
Rückstellungsbedarf einschließlich Sicherheitszuschlag	70,15 %
Auflösung der Schadenrückstellung des lfd. Jahres 2016 in Prozent	29,85 %
Minderungsbetrag absolut 1 000 x 29,85 %	**298,5**
Verbleibende Rückstellung	701,5

Das Ergebnis der Ablaufverprobungen mit jeweils deutlich erhöhten Minderungsbeträgen gegenüber dem Grundfall ergibt aus wirtschaftlicher Sicht ein unbefriedigendes Ergebnis, da das Ziel der Versicherungsgesellschaft einer marktkonformen Abbildung seiner Verpflichtungen nicht erreicht wird.

In einem derartigen Fall ist die Ablaufverprobung des Jahres der Höherreservierung wie folgt anzupassen:

Das Vorzeichen des Abwicklungsergebnisses im Jahr 2015, also dem Jahr des Zusammentreffens zweier negativer Größen (negatives Abwicklungsvolumen und negative Schadenzahlungen), ist umzukehren.

Beträge in Tsd. Euro	2011	2012	2013	2014	2015	2016
SchadenR netto für Vorjahre zum GjA	1 000	1 000	1 000	1 000	1 000	1 300

SchadenR netto für Vorjahre zum GjE	800	800	800	800	**1 100**	800
Zahlungen für Vorjahre netto	150	150	150	150	**-150**	150
Abgewickeltes Volumen absolut	200	200	200	200	-100	500
Abgewickeltes Volumen in Prozent	20 %	20 %	20 %	20 %	-10 %	38,46 %
Abwicklungsergebnis absolut	50	50	50	50	50	350
Abwicklungsergebnis in Prozent	25 %	25 %	25 %	25 %	**-50 %**	**70 %**
SchadenR netto für Vorjahre und Geschäftsjahr zum GjE	1 000	1 000	1 000	1 000	1 300	1 000

a) Minderungsbetrag für 2015:

Arithmetisches Mittel der Abwicklungsergebnisse (BOZ 5 Jahre): 50 % : 5 Jahre =	10 %
Rückstellungsbedarf in Prozent	90 %
zzgl. Sicherheitszuschlag 15 %	13,5 %
Rückstellungsbedarf einschließlich Sicherheitszuschlag	103,5 %
Auflösung der Schadenrückstellung des lfd. Jahres 2015 in Prozent	0 %
Minderungsbetrag absolut 1 300 x 0 %	**0**
Verbleibende Rückstellung	1 300

b) Minderungsbetrag für 2016:

Arithmetisches Mittel der Abwicklungsergebnisse (BOZ 5 Jahre): 95 % : 5 Jahre =	19 %
Rückstellungsbedarf in Prozent	81 %
zzgl. Sicherheitszuschlag 15 %	12,15 %
Rückstellungsbedarf einschließlich Sicherheitszuschlag	93,15 %
Auflösung der Schadenrückstellung des lfd. Jahres 2016 in Prozent	6,85 %
Minderungsbetrag absolut 1 000 x 6,85 %	**68,5**
Verbleibende Rückstellung	931,5

> Dieses Ergebnis ist sachgerecht. Im Jahr 2015 kommt es zu keiner Kürzung der höherreservierten Rückstellung. Für das Jahr 2016 ergibt sich folgerichtig ein geringerer Minderungsbetrag gegenüber dem Grundfall.
>
> Die Finanzverwaltung ist in der Praxis oft nicht bereit, die entsprechend sinnvolle Korrektur beim Abwicklungsergebnis wie die mathematisch richtige Umkehr des Vorzeichens zu

akzeptieren. Beobachtet wird alternativ eine Begrenzung der Berechnung durch Einsetzen eines Abwicklungsergebnisses i. H. v. 0 %.

Anmerkung

Eine Verrechnung von Abwicklungsgewinnen und -verlusten zwischen Versicherungszweigen ist wegen den jeweils separaten Ablaufverprobungen nicht möglich.

ABWANDLUNG 3: Abschmelzung

Ausgangslage:

Das Management der Versicherungsgesellschaft stellt fest, dass die Schadenrückstellung für Vorjahre überreserviert ist, und löst diese im Jahr 2015 und 2016 jeweils um 50 auf. Das niedrigere Niveau der Rückstellung führt ceteris paribus zu einem höheren Abwicklungsergebnis, so dass auch der Minderungsbetrag erhöht wird. Damit hätte eine Abschmelzung der Schadenrückstellung einen zweifach mindernden Effekt. Für diesen Fall ist es regelmäßig sachgerecht, die Bemessungsgrundlage zur Berechnung der Abwicklungsgewinne in 2015 und 2016 anzupassen. Bemessungsgrundlage sollte die Höhe der Rückstellung vor Abschmelzung der Schadenrückstellung für Vorjahre sein. Der außerordentliche Abwicklungsgewinn aus dem Managemententscheidung soll die Ermittlung des steuerlichen Minderungsbetrages nicht verzerren.

Ablaufverprobung **ohne** Anpassung der Bemessungsgrundlage:

Beträge in Tsd. Euro	2011	2012	2013	2014	2015	2016
SchadenR netto für Vorjahre zum GjA	1 000	1 000	1 000	1 000	1 000	950
SchadenR netto für Vorjahre zum GjE	800	800	800	800	750	700
Zahlungen für Vorjahre netto	150	150	150	150	150	150
Abgewickeltes Volumen absolut	200	200	200	200	250	250
Abgewickeltes Volumen in Prozent	20 %	20 %	20 %	20 %	25 %	26,32 %
Abwicklungsergebnis absolut	50	50	50	50	100	100
Abwicklungsergebnis in Prozent	25 %	25 %	25 %	25 %	40 %	40 %
SchadenR netto für Vorjahre und Geschäftsjahr zum GjE	1 000	1 000	1 000	1 000	950	900

a) Minderungsbetrag für 2015:

Arithmetisches Mittel der Abwicklungsergebnisse (BOZ 5 Jahre): 140 % : 5 Jahre = 28 %

Rückstellungsbedarf in Prozent 72 %

zzgl. Sicherheitszuschlag 15 % ... 10,8 %

Rückstellungsbedarf einschließlich Sicherheitszuschlag ... 82,8 %

Auflösung der Schadenrückstellung des lfd. Jahres 2015 in Prozent ... 17,2 %

Minderungsbetrag absolut 950 x 17,2 % ... **163,4**

Verbleibende Rückstellung ... 736,6

b) Minderungsbetrag für 2016:

Arithmetisches Mittel der Abwicklungsergebnisse (BOZ 5 Jahre): 155 % : 5 Jahre = ... 31 %

Rückstellungsbedarf in Prozent ... 69 %

zzgl. Sicherheitszuschlag 15 % ... 10,35 %

Rückstellungsbedarf einschließlich Sicherheitszuschlag ... 79,35 %

Auflösung der Schadenrückstellung des lfd. Jahres 2016 in Prozent ... 20,65 %

Minderungsbetrag absolut 900 x 20,65 % ... **185,85**

Verbleibende Rückstellung ... 714,15

Ablaufverprobung **mit** Anpassung der Bemessungsgrundlage:

Beträge in Tsd. Euro	2011	2012	2013	2014	2015	2016
SchadenR netto für Vorjahre zum GjA	1 000	1 000	1 000	1 000	1 000	950 + 50 = 1 000
SchadenR netto für Vorjahre zum GjE	800	800	800	800	750 + 50 = 800	700 + 100 = 800
Zahlungen für Vorjahre netto	150	150	150	150	150	150
Abgewickeltes Volumen absolut	200	200	200	200	**200**	**200**
Abgewickeltes Volumen in Prozent	20 %	20 %	20 %	20 %	**20 %**	**20 %**
Abwicklungsergebnis absolut	50	50	50	50	50	50
Abwicklungsergebnis in Prozent	25 %	25 %	25 %	25 %	**25 %**	**25 %**
SchadenR netto für Vorjahre und Geschäftsjahr zum GjE	1 000	1 000	1 000	1 000	950 + 50 = 1 000	900 + 100 = 1 000

a) Minderungsbetrag für 2015:

Arithmetisches Mittel der Abwicklungsergebnisse (BOZ 5 Jahre): 125 % : 5 Jahre = ... 25 %

Rückstellungsbedarf in Prozent ... 75 %

zzgl. Sicherheitszuschlag 15 % ... 11,25 %

Rückstellungsbedarf einschließlich Sicherheitszuschlag	86,25 %
Auflösung der Schadenrückstellung des lfd. Jahres 2015 in Prozent	13,75 %
Minderungsbetrag absolut 1 000 x 13,75 %	**137,5**
Verbleibende Rückstellung	862,5

b) Minderungsbetrag für 2016:

Arithmetisches Mittel der Abwicklungsergebnisse (BOZ 5 Jahre): 125 % : 5 Jahre =	25 %
Rückstellungsbedarf in Prozent	75 %
zzgl. Sicherheitszuschlag 15 %	11,25 %
Rückstellungsbedarf einschließlich Sicherheitszuschlag	86,25 %
Auflösung der Schadenrückstellung des lfd. Jahres 2016 in Prozent	13,75 %
Minderungsbetrag absolut 1 000 x 13,75 %	**137,5**
Verbleibende Rückstellung	862,5

Durch die Anpassung der Bemessungsgrundlagen ergibt sich für beide betrachteten Jahre ein jeweils geringerer und auch im Vergleich zum Grundfall sachgerechterer Minderungsbetrag.

Wechselwirkung der Schaden- und Schwankungsrückstellung:

Die Anwendung der Rechtsgrundsätze nach § 20 Abs. 2 KStG führt zu keiner Änderung der für die Berechnung der Schwankungsrückstellung maßgebenden Schadenquoten.[1]

bb) Abzinsung der Schadenrückstellungen (§ 6 Abs. 1 Nr. 3a EStG)

Für die Schadenrückstellungen gilt der Grundsatz der Abzinsungspflicht nach § 6 Abs. 1 Nr. 3a Buchst. e i.V. m. § 6 Abs. 1 Nr. 3 Satz 2 EStG für Verpflichtungen, deren Laufzeit am Bilanzstichtag mehr als zwölf Monate beträgt. Handelsrechtlich besteht für Schadenrückstellungen gem. § 341e Abs. 1 Satz 3 HGB keine Abzinsungspflicht. Prinzipiell ist steuerrechtlich der Grundsatz der Einzelbewertung zu beachten. Das würde bedeuten, dass für jeden Schaden ein Abwicklungszeitraum zu bestimmen und die voraussichtliche Schadensleistung über diesen Zeitraum mit 5,5 % abzuzinsen ist. Das BMF hat jedoch aus Vereinfachungsgründen mit Schreiben vom 16. 8. 2000[2] eine Pauschalregelung für die Abzinsung zugelassen. Das Verfahren war laut dem BMF-Schreiben auf das erste nach dem 31. 12. 1998 endende Wirtschaftsjahr und die vier folgenden Wirtschaftsjahre befristet. Die zeitliche Anwendbarkeit der Pauschalregelung wurde in mehreren BMF-Schreiben[3] immer wieder verlängert. Letztmalig wurde die Anwendbarkeit mit Schreiben v. 8. 12. 2015[4] auf Wirtschaftsjahre verlängert, die vor dem 1. 1. 2017 enden.

Am 20.10.2016 erließ das BMF ein Schreiben,[5] mit dem das bisherige Verfahren durch ein neues pauschaliertes Verfahren ersetzt wird. Dieses Pauschalverfahren kann für Wirtschaftsjahre in Anspruch genommen werden, die nach dem 31.12.2016 enden. Voraussetzung für die Anwendung ist, dass das Versicherungsunternehmen **anstelle** der Einzelbewertung **für alle**

---

[1] BMF, Schreiben v. 5. 5. 2000 (a. a. O.), Abschn. III Tz. 7.
[2] BStBl 2000 I 1218.
[3] BStBl 2005 I 819; BStBl 2009 I 930; BStBl 2013 I 1332.
[4] BStBl 2015 I 1027.
[5] BMF, Schreiben v. 20.10.2016, BStBl 2016 I 1145.

von ihm betriebenen Versicherungszweige des selbst abgeschlossenen und des übernommenen Versicherungsgeschäfts diese Pauschalregelung anwendet.

118 Wendet ein Versicherungsunternehmen für die Abzinsung die Grundsätze der Einzelbewertung anstelle des Pauschalverfahrens an, so wäre dies mit hohem Aufwand verbunden, da für jeden einzelnen Schaden der Abwicklungszeitraum geschätzt werden müsste. Sowohl das bisherige als auch das neue Verfahren laut BMF pauschalieren folgende Größen, die für die Ermittlung der Abzinsung relevant sind:

- Bemessungsgrundlage für die Abzinsung
- Extrahierung kurzfristiger, verzinslicher sowie auf einer Anzahlung oder Vorausleistung beruhender Verpflichtungen, die nicht der Abzinsungspflicht unterliegen
- Vereinheitlichung von Abzinsungszeiträumen für Gruppen von Versicherungszweigen durch Anwendung von einheitlichen Vervielfältigern.

119 Die Hauptunterschiede zwischen der bisherigen und der neuen Pauschalmethode des BMF sind:

- Bisher waren Rückstellungen für verzinsliche Verpflichtungen sowie Rückstellungsbeträge in der Krankenversicherung direkt aus dem Ausgangswert der handelsbilanziell gebildeten Schadenrückstellungen auszuscheiden. Die verzinslichen Rückstellungen werden künftig im pauschalen Abschlagssatz von 35 % berücksichtigt. Die Krankenversicherungsrückstellung wird einer Gruppe von Versicherungszweigen zugeordnet, die nicht abgezinst werden.
- Anstelle der abgestuften Abschlagssätze für Haftpflicht 30 %, Lebensversicherung 83 % und sonstige Versicherungszweige 60 % gilt künftig für alle Versicherungszweige ein einheitlicher Abschlagssatz in Höhe von 35 %.
- Die Einteilung der Versicherungszweige in Gruppen wird detaillierter: Anstelle von drei Gruppen werden diese ab 2017 in fünf Gruppen eingestuft, für die jeweils unterschiedliche Abzinsungsfaktoren gelten.
- Die Berücksichtigung von kurzfristigen Verpflichtungen (Laufzeit am Bilanzstichtag weniger als 12 Monate) geschieht bei der neuen Methode über angepasste Abzinsungsfaktoren und nicht über einen Abschlagssatz.

120 Ausgangswert für das ab 2017 gültige Verfahren sind die Schadenrückstellungen für das selbst abgeschlossene und das übernommene Versicherungsgeschäft lt. HB/StB. Daraus sind folgende Beträge auszuscheiden:

- Rückstellungsbeträge von ausländischen DBA-Betriebsstätten mit Freistellungsmethode,
- Renten-Deckungsrückstellungen,
- vom Ausgangswert noch nicht abgesetzte Minderungsbeträge nach § 20 Abs. 2 KStG und sonstige in der Steuerbilanz vorgenommene Kürzungen der handelsbilanziellen Schadenrückstellungen (s. → Rz. 98 ff.).

121 Die verbleibenden Rückstellungsbeträge sind um einen Pauschalabschlag in Höhe von 35 % zu kürzen. Damit wird pauschal berücksichtigt, dass Rückstellungen für verzinsliche Verpflichtungen und Sachleistungsverpflichtungen nicht abzuzinsen sind.

122 Anschließend sind die so korrigierten Schadenrückstellungen nach ihrer Zugehörigkeit zu Versicherungszweigen in fünf Gruppen (anteilige einheitliche Bemessungsgrundlagen) wie folgt aufzuteilen:

- Gruppe 1: Haftpflichtversicherung (Vz 04), Kraftfahrthaftpflichtversicherung (Vz 051), Luft- und Raumfahrzeug-Haftpflichtversicherung (Vz 25)
- Gruppe 2: Unfallversicherung (Vz 03), Rechtsschutzversicherung (Vz 07), Kredit- und Kautionsversicherung (Vz 20)
- Gruppe 3: Lebensversicherung (Vz 01)
- Gruppe 4: Krankenversicherung (Vz 02), verbundene Hausratversicherung (Vz 13), Beistandsleistungsversicherung (Vz 24)
- Gruppe 5: Übrige Versicherungszweige

Die steuerlich zulässigen Beträge der Schadenrückstellungen ermitteln sich durch Multiplikation der Gruppen-Bemessungsgrundlagen (s. → Rz. 122) mit den folgenden Vervielfältigern: 123

- Gruppe 1: 0,8062
- Gruppe 2: 0,9030
- Gruppe 3: 0,9755
- Gruppe 5: 0,9511
- Gruppe 4: wird nicht abgezinst.

Verpflichtungen mit einer Restlaufzeit zwischen Abschlusszeitpunkt und Fälligkeit von weniger als zwölf Monaten sind nach § 6 Abs. 1 Nr. 3a Buchst. e i.V.m. Nr. 3 EStG nicht abzuzinsen. Die Vervielfältiger berücksichtigen pauschalisiert den Anteil der kurzfristigen Verpflichtungen. 124

Die Pauschalregelungen über die Abzinsung bei Schadenrückstellungen gelten unabhängig davon, ob es sich bei dem Versicherungsunternehmen um ein Erst- oder Rückversicherungsunternehmen handelt. 125

Übergangsregelung 126

Der bei der Erstanwendung des neuen Pauschalverfahrens ab 2017 entstehende Gewinn kann in Höhe von höchstens 9/10 in eine gewinnmindernde Rücklage eingestellt werden, die in den folgenden neun Wirtschaftsjahren jeweils mit mindestens 1/9 gewinnerhöhend aufzulösen ist.

Der Gewinn ermittelt sich wie folgt:

Summe der Schadenrückstellungen nach dem bisherigen Pauschalverfahren abzgl. Summe der Schadenrückstellungen nach dem neuen Pauschalverfahren ergibt den maßgeblichen Gewinn. Davon können maximal 9/10 in eine Rücklage eingestellt werden.

(Einstweilen frei) 127–129

b) Spezialregelungen für andere Versicherungszweige

Die vorstehenden Ausführungen gelten grundsätzlich für alle Versicherungsunternehmen, demnach auch für Personen- und Lebensversicherungsunternehmen. Es gibt aber versicherungszweigspezifische Sonderregelungen. 130

aa) Versicherungszweige, die nach Zeichnungsjahren abgerechnet werden

Für diese Versicherungszweige, z. B. für die Transportversicherung, enthält § 27 Abs. 2 RechVersV für die versicherungstechnische Rückstellung besondere Bewertungsvorschriften. Hierbei gehen in die zu bildende Schadenrückstellung Elemente aus der Schadenregulierung, 131 als auch aus den Beitragsüberträgen ein. Deshalb ist die oben unter → Rz. 98 ff. dargestellte Ablaufverprobung zu modifizieren. Es sind zusätzlich die Beitragsüberträge und die Nachverrechnungsbeiträge (Beitragseingänge im Geschäftsjahr für in Vorjahren begonnene Zeichnungsjahre) zu berücksichtigen. Auf die Möglichkeit der Nullstellung im Zeichnungsjahr wird hingewiesen (→ Rz. 231 ABC der Rechtsprechung).

132–135 *(Einstweilen frei)*

bb) Rückversicherungsunternehmen

136 Übernimmt ein Versicherungsunternehmen Versicherungen in Rückdeckung, so ist es bei der Bilanzierung der eigenen Schadenrückstellung auf Angaben durch den Vorversicherer angewiesen. Die Gewinn- und Verlustrechnung regelt sich nach § 2 und § 6 BerVersV. Zusätzliche formgebundene Erläuterungen sind nach § 14 BerVersV zu erstellen. Nach § 341g HGB wird die eigene Rückstellung der Höhe nach anteilig mindestens derjenigen entsprechen, die der führende Versicherer bildet. Zumindest im EU-Raum sind daher auch anteilig Schadenrückstellungen zu übernehmen, die nach den Vorschriften oder der Übung im Land des führenden Versicherers gebildet werden müssen. Die Finanzverwaltung verlangt allerdings auch hier die Beachtung des § 20 Abs. 2 KStG in der StB. Die erforderlichen Angaben zur Ermittlung des Minderungsbetrages anhand einer Ablaufverprobung ergeben sich aus dem Vordruck Fb 200 zur Gewinn- und Verlustrechnung.

137–140 *(Einstweilen frei)*

cc) Krankenversicherungsunternehmen

141 Nach der BFH-Rechtsprechung (siehe → Rz. 231 ABC der Rechtsprechung) ist eine Schadenrückstellung bei Krankenversicherungsunternehmen nur dann möglich, wenn der besonders definierte **Eintritt des Versicherungsfalles** vor dem Abschlusszeitpunkt liegt und der Fall noch nicht endgültig reguliert ist. Als Beginn des Versicherungsfalles gilt die Inanspruchnahme des Arztes, der Erwerb von Medikamenten oder die Aufnahme in ein Krankenhaus.

142 Für die Berechnung der Rückstellung bestimmt § 341g Abs. 3 HGB die Anwendung eines statistischen Näherungsverfahrens. Ferner enthält § 26 Abs. 1 Satz 2 ff. RechVersV weitere Angaben zum Umfang der Schadenrückstellung.

143 Eine zusätzliche Ablaufverprobung, wie unter → Rz. 98 ff. dargestellt, ist entbehrlich. Ein Minderungsbetrag nach § 20 Abs. 2 KStG braucht nicht errechnet zu werden.

144–145 *(Einstweilen frei)*

dd) Lebensversicherungsunternehmen

146 Die Bedeutung der Schadenrückstellung für die HB und StB bei Lebensversicherungsunternehmen ist gering. Der Abwicklungszeitraum für die einzelnen Versicherungsfälle beträgt i. d. R. nur wenige Tage oder Monate. Grundlage für eine Rückstellung sind die gegenüber der berechtigten Person bestehenden Verpflichtungen (§ 26 Abs. 1 Satz 1 RechVersV). Dazu gehören auch noch nicht abgewickelte Rückkäufe, Rückgewährbeträge und Austrittsvergütungen.

147 Eine zusätzliche Ablaufverprobung ist in der Regel entbehrlich. Bei größeren Abwicklungsgewinnen (in Ablehnungsfällen bei der Berufsunfähigkeitsversicherung oder Wegfall des Berufsunfähigkeitsgrundes) sind die Grundsätze des § 20 Abs. 2 KStG (Erfahrungen aus der Ab-

wicklung in der Vergangenheit/Sicherheitszuschlag analog Schaden- und Unfallversicherung) zu beachten.

ee) Renten-Deckungsrückstellung

Die Teilrückstellung wird lt. § 341g Abs. 5 HGB für die am Bilanzstichtag bekannten Rentenversicherungsfälle gebildet, wenn für diese durch rechtskräftiges Urteil, Vergleich oder Anerkenntnis feststeht, dass das Versicherungsunternehmen zur Rentenzahlung verpflichtet ist. Die Höhe der Rückstellung ermittelt sich pro Versicherungsfall nach anerkannten versicherungsmathematischen Methoden. 148

Wird die Rentenleistungspflicht festgestellt, so müssen Schaden- und Unfallversicherungsunternehmen sowie Rückversicherer diese Versicherungsfälle ggf. aus den Teilrückstellungen für bekannte Versicherungsfälle oder Spätschadenrückstellung umgliedern in die Renten-Deckungsrückstellung. Lebensversicherungsunternehmen weisen diese Rückstellungen in der Deckungsrückstellung nach § 21a KStG aus.[1] 149

(Einstweilen frei) 150–155

3. Teilrückstellung für Schadenregulierungskosten

Bei der Regulierung eines Schadens fallen neben der vertragsgemäßen Versicherungsleistung für den entstandenen Schaden an den Versicherungsnehmer auch sog. Schadenregulierungskosten an. Diese werden in zwei Kategorien aufgeteilt: 156

- die **Schadenermittlungskosten**
- und die **Schadenbearbeitungskosten**.

Zu den Schadenermittlungskosten gehören z. B. Kosten für Gutachten und Sachverständige, Einzel- und Gemeinkosten für das Schadenpersonal im Innen- und Außendienst, Kosten für Auskünfte von Behörden, Schadenbearbeitungskosten (→ Rz. 157). In der Praxis gibt es Abgrenzungsschwierigkeiten zwischen Schadenermittlungs- und Schadenbearbeitungskosten.

Der BFH entschied mit Urteil v. 28. 11. 1969, dass Schadenermittlungskosten rückstellungsfähig sind.[2] Mit Urteil v. 19. 1. 1972[3] entschied er hingegen, dass Schadenbearbeitungskosten als nicht rückstellungsfähig anzusehen sind. Dem folgt auch das BMF und erklärt bestimmte Kostenarten als nicht der Schadenermittlung zuordenbar. 157

Folgende Kosten zählen demnach zu den Schadenbearbeitungskosten:

Anteilige persönliche und sächliche Kosten für:

- Prüfung des Versicherungsverhältnisses und daraus entstehende Deckungsprozesse,
- registraturmäßige Behandlung der Schadenakten,
- Kartei und Listenführung, Statistik, Verkehr mit anderen Ressorts,
- Abrechnung mit Rück- und Mitversicherern,
- Bearbeitung von Regressen und Ausgleichsansprüchen gegen Dritte bzw. deren Versicherer,

---

[1] *Koch/Krause* in Beck'scher Versicherungsbilanz-Kommentar, § 341g HGB Rz. 25.
[2] BFH, Urteil v. 28. 11. 1969 - III 95/64, BStBl 1970 II 236.
[3] BFH, I 114/65, BStBl 1972 II 392.

▶ Bearbeitung von Teilungsabkommen mit anderen Versicherern und Verwaltung von Renten.

Eine Rückstellung dieser Kosten würde einer Aufwandsrückstellung gleichkommen. Diese Kosten stehen zwar im Zusammenhang mit der vertraglichen Verpflichtung zum Schadensausgleich, jedoch liegt die rechtliche und wirtschaftliche Ursache dieser Kosten nicht im einzelnen Versicherungsvertrag, sondern in der Tatsache, dass ein Unternehmen besteht und die Schadenversicherung betreibt.

158 Die Bilanzierung der Schadenregulierungskosten wird durch ein BMF-Schreiben v. 2.2.1973[1] geregelt. Nach diesem Schreiben kann die Rückstellung für Schadenregulierungskosten grundsätzlich aufgrund Einzelnachweis oder pauschal gebildet werden. Die Rückstellung für Schadenregulierungskosten wird hierbei getrennt nach Geschäftsjahr und Vorjahre für sämtliche Versicherungszweige und Untersparten berechnet.

159 Die Gesamtkostenrechnung des Versicherungsunternehmens ist nach Kostenbereichen aufzugliedern. Aus dem Kostenbereich Schadenregulierung (Schadenermittlung und Schadenbearbeitung) bilden die den Herstellungskosten entsprechenden Kosten die Bemessungsgrundlage für die Schadenermittlungskosten. Ob diese Kosten intern (durch eigene Mitarbeiter) oder extern (z. B. durch Sachverständige) bzw. direkt (Einzelkosten) oder indirekt (Gemeinkosten) entstanden sind, ist irrelevant. Zu den Herstellungskosten zählen auch die anteiligen Verwaltungsaufwendungen der Schadenermittlung und Schadenbearbeitung.[2]

160 Handelsrechtlich sind gem. § 341g Abs. 1 Satz 2 HGB sämtliche Schadenregulierungsaufwendungen bei der Ermittlung der Schadenrückstellung zu berücksichtigen. Dazu gehören auch die Schadenbearbeitungskosten, die zur Erfüllung von versicherungsvertraglichen Verpflichtungen erforderlich seien.[3] Die für die Steuerbilanz nach wie vor geltende Auffassung des BFH besagt hingegen, dass Schadenbearbeitungskosten bereits ihrem Wesen nach keine Schadenregulierungsaufwendungen sind und deshalb nicht in die Schadenrückstellung eingehen dürfen. Sofern ein Versicherungsunternehmen die Rückstellung mit Einzelnachweis bildet, sollte aufgrund des Maßgeblichkeitsprinzips bei der Betriebsprüfung darauf hingewirkt werden, dass auch diese Kosten zurückgestellt werden können.

161 *(Einstweilen frei)*

162 In der Praxis kommt es dennoch meist nicht zu einem Auseinanderfallen der Rückstellung der Schadenregulierungskosten zwischen Handels- und Steuerbilanz, da wegen der Schwierigkeit einer Abgrenzung zwischen Schadenermittlungs- und Schadenbearbeitungskosten in den wenigsten Fällen die Rückstellungsermittlung nach Einzelnachweis erfolgen wird. Anstelle dessen wird aus Praktikabilitätsgründen eher auf das Pauschalverfahren zurückgegriffen.

163 Laut dem BMF Schreiben v. 2.2.1973 ist in der Schaden- und Unfallversicherung ein **Einzelnachweis entbehrlich**, wenn nicht mehr als 80% der Bemessungsgrundlage (→ Rz. 159) den Schadenermittlungskosten zugeordnet werden. Bei der Bilanzierung der Verpflichtung zur Schadenermittlung ist davon auszugehen, dass bis zum Bilanzstichtag im Durchschnitt 25% der Schadenermittlung bereits durchgeführt sind. Erfolgt die **Berechnung** der Rückstellung für

---

[1] BMF, Schreiben v. 2.2.1973, DB 1973, 549, lt. Positivliste des BMF, Schreiben v. 21.3.2017, BStBl 2017 I 486, Anlage 1, Nr. 1074, weiterhin anwendbar.
[2] *Prüßmann/Uhrmann*, Rückstellungen für Schadenregulierungskosten in den Bilanzen der Versicherungsunternehmen aus steuerlicher Sicht, VersR 1975, 389.
[3] *Schubert* in Beck'scher Bilanzkommentar, § 249 Rz. 27.

Schadenermittlungskosten **unter Zugrundelegung des durchschnittlichen Stückkostensatzes**, der aus der Gesamtheit der im Geschäftsjahr abgewickelten Schadenfälle abgeleitet wurde, so ist der sich ergebende Betrag in dem Verhältnis zu erhöhen, in dem der durchschnittliche bilanzierte Schaden zum durchschnittlichen Schaden der Schadenfälle steht, die der Berechnung des Stückkostensatzes zugrunde liegen, und wegen der zum Schaden nicht proportional steigenden fixen Kosten um 20 % zu kürzen.

In der **Krankenversicherung** ist ein **Einzelnachweis** entbehrlich, wenn die Rückstellung für Schadenermittlungskosten nicht mehr beträgt als 70 % der Schadenrückstellung, multipliziert mit dem Verhältnis der Schadenregulierungskosten zu den Schadenleistungen, die für im Geschäftsjahr abgewickelte Schadenfälle aufgewendet worden sind.

In der **Lebensversicherung** ist ein Einzelnachweis entbehrlich, wenn die Rückstellung für Schadenermittlungskosten nicht mehr beträgt als 1 % der Schadenrückstellung, welche die Versicherungssumme für abgelaufene Versicherungen nicht mehr enthält.

Aus den im BMF-Schreiben beschriebenen Kürzungen der Bemessungsgrundlage lässt sich eine Berechnungsmethode ableiten, die sog. „Formel 48". Diese Formel ermittelt die rückstellungsfähigen Schadenregulierungskosten unter der Annahme, dass die Anzahl der zu Beginn und zum Ende des Geschäftsjahres reservierten Schäden gleich hoch ist, wie folgt:

▶ Ausgangsdaten: Schadenregulierungsaufwendungen (SRK)
▶ Schadenrückstellung zum 31.12. des Geschäftsjahres ohne Schadenregulierungsaufwendungen (SchR)
▶ Schadenzahlungen im Geschäftsjahr ohne Schadenregulierungsaufwendungen (Z)
=> Die Rückstellung für Schadenregulierungskosten (SRK-RS) ergibt sich dann aus:

SRK-RS = SRK x SchR/Z x 48 %

Durch Multiplikation mit dem Faktor 48 % wird den verschiedenen im BMF genannten Kürzungen Rechnung getragen. Der Faktor ermittelt sich also wie folgt:

Schadenregulierungskosten	100
20 % Abschlag (= Teil der Schadenbearbeitungskosten)	-20
⇨ Schadenermittlungskosten	80
25 % Abschlag (bis 31.12. sind ca. 25 % der Schadenermittlungen erledigt)	-20
Zwischensumme	60
20 % Abschlag (wegen unterproportionalem Fixkostenanstieg)	-12
⇨ **Faktor**	**48**

Bei der Anwendung der Formel 48 ist eine Maßgröße im Zähler die Höhe der Schadenrückstellung. Hier stellt sich die Frage, welche Schadenrückstellung zur Anwendung kommt. Wegen der Maßgeblichkeit sollte dies die Schadenrückstellung der Handelsbilanz sein und nicht die i. d. R. niedrigere Schadenrückstellung laut Steuerbilanz. Die Regelung der Formel 48 stammt zudem aus einem BMF-Schreiben aus dem Jahre 1973, also lange vor der Einführung des § 20 Abs. 2 KStG. Das bedeutet, dass die Regelung noch keine Vorschriften zur realitätsnäheren Bewertung der Schadenrückstellungen berücksichtigen konnte. Dies spricht dafür, dass der Ausgangspunkt der Berechnung den HGB-Wert der Schadenrückstellung darstellt.

(Einstweilen frei)

4. Die Teilrückstellung für Spätschäden

171 Von einem Spätschaden spricht man, wenn zwischen Verursachung des Versicherungsfalles und dem Zeitpunkt des vom Versicherer zu ersetzenden Vermögensschadens eine erhebliche Zeitspanne liegt. Grundsätzlich können solche Spätschäden in allen Versicherungszweigen vorkommen. Laut § 341g Abs. 2 HGB sind die zum Bilanzstichtag noch nicht gemeldeten, aber bereits eingetretenen Versicherungsfälle pauschal zu bewerten. Dabei sind die Erfahrungen zu Anzahl und Aufwendungen für nach dem Bilanzstichtag noch gemeldete Versicherungsfälle zu berücksichtigen. Für die Teilrückstellungen für Spätschäden muss keine Ablaufverprobung zur Ermittlung des Minderungsbetrags nach § 20 Abs. 2 KStG durchgeführt werden.[1]

172–195 *(Einstweilen frei)*

III. Sonstige, nur durch das Handelsrecht geregelte versicherungstechnische Rückstellungen

196 Im Zusammenhang mit den durch die steuerlichen Vorschriften des §§ 20, 21 und 21a KStG geregelten versicherungstechnischen Rückstellungen bestehen noch die nur im Handelsrecht vorhandenen Vorschriften zur Bilanzierung der Rückstellung für Beitragsüberträge (§ 341e Abs. 2 Nr. 1 HGB) und der Rückstellung für drohende Verluste im Versicherungsgeschäft (§ 341e Abs. 2 Nr. 3 HGB).

197 Das Steuerrecht sieht in der Rückstellung für Beitragsüberträge einen **passiven Rechnungsabgrenzungsposten**. Es handelt sich um Versicherungsbeiträge, die im laufenden Geschäftsjahr gezahlt und vereinnahmt wurden, aber künftige Perioden betreffen.[2] Die handelsrechtliche Bewertung wird in § 24 RechVersV geregelt. Die anzuwendende steuerliche Vorschrift ist § 5 Abs. 5 Satz 1 Nr. 2 EStG. Die steuerliche Ermittlung der zu berücksichtigenden Beitragsüberträge wird entsprechend einem koordinierten Ländererlass vorgenommen.[3]

198 Die Rückstellung für drohende Verluste aus schwebenden Versicherungsgeschäften wird für Risiken gebildet, die sich aus Sicht des Bilanzstichtags für bestehende Verträge ergeben können, bei denen den voraussichtlich noch durch das Versicherungsunternehmen zu erbringenden Leistungen für Versicherungsfälle nicht ausreichende Gegenleistungen gegenüberstehen. Die Gegenleistungen bestehen in den für die Verträge angesetzten Beitragsüberträgen und Beitragsforderungen.[4] Im Gegensatz dazu gleicht die Schwankungsrückstellung zufallsbedingte Über- und Unterschäden über den Zeitablauf aus.[5] Drohverlustrückstellungen werden steuerlich gem. § 5 Abs. 4a EStG nicht mehr anerkannt.

199–210 *(Einstweilen frei)*

---

[1] BMF, Schreiben v. 5.5.2000, BStBl 2000 I 487, Tz. III Nr. 1.
[2] *Freiling* in Beck'scher Versicherungsbilanz-Kommentar, § 341e HGB Rz. 40.
[3] BMF, Schreiben v. 30.4.1974, DB 1974, 1504; *Groß* in DPM, Vor §§ 20-21a Rz. 16f.
[4] *Stuirbrink/Schuster* in Beck'scher Versicherungsbilanz-Kommentar, § 341e HGB Rz. 133.
[5] *Stuirbrink/Schuster* in Beck'scher Versicherungsbilanz-Kommentar, § 341e HGB Rz. 137.

IV. Versicherungstechnische Rückstellungen bei beschränkt steuerpflichtigen Versicherungsunternehmen

Die kstliche Behandlung der beschränkt stpfl. Versicherungsunternehmen ist im BMF-Schreiben v. 31. 5. 1979[1] geregelt. Nach Tz. 2.3.1. gelten bei Anwendung der direkten Gewinnermittlungsmethode für die abziehbaren versicherungstechnischen Rückstellungen und die Zuführungen hierzu die Grundsätze des deutschen Steuerrechts.

(Einstweilen frei)

ABC der Rechtsprechung

▶ **Beitragsübertrag: Transportversicherung**

Zulässigkeit der Zusammenfassung von Beitragsübertrag und Schadenrückstellung nach dem sog. „Standardsystem". Hierbei wird im ersten Vertragsjahr der Überschuss der Beiträge über die Kosten und bezahlten Schäden zurückgestellt (Nullstellung). Die Realisierung eines Ergebnisses kann in spätere Geschäftsjahre verlegt werden (BFH, Urteil v. 30. 9. 1970 - I 124/65, BStBl 1971 II 66).

▶ Schwankungsrückstellung als **Dauerschuld** bei der GewSt (BFH, Urteil v. 12. 6. 1968 - I 278/63, BStBl 1968 II 715).

▶ **Großrisiken**: Höchstbetragsberechnung der Atomanlagenrückstellung (BFH, Urteil v. 7.9.2016 - I R 23/15, BStBl 2017 II 472).

▶ **Krankenversicherungsunternehmen**

Möglichkeit der Bildung einer Schadenrückstellung (BFH, Urteil v. 19. 1. 1972 - I 114/65, BStBl 1972 II 392).

▶ **Rückstellungen zum Ausgleich des schwankenden Jahresbedarfs**

▶ **Schadenbearbeitungskosten/Schadenermittlungskosten**

Nicht rückstellungsfähig als interne Aufwendungen des Versicherers (BFH, Urteil v. 19. 1. 1972 - I 114/65, BStBl 1972 II 392); Hinweis auf Gesetzesänderung § 341g Abs. 1 HGB ab 1995.

▶ **Minderungsbetrag** aufgrund der zusammengefassten Bewertung eines Gesamtbestandes (BFH, Urteil v. 22. 11. 1988 - VIII R 62/85, BStBl 1989 II 359).

▶ **Nullstellung bei** der Transportversicherung im Zeichnungsjahr (BFH, Urteil v. 30. 9. 1970 - I 124/65, BStBl 1971 II 66).

▶ **Pauschal- oder Sammelrückstellungen**

Vereinfachung durch Gruppenbewertung (BFH, Urteil v. 26. 3. 1968 - IV R 94/67, BStBl 1968 II 533; v. 12. 3. 1964, BStBl 1964 III 404; v. 15. 1. 1963 - I 238/60 U, BStBl 1963 III 237; v. 9. 5. 1961 - I 128/60 S, BStBl 1961 III 336; v. 21. 5. 1957 - I 56/57 U, BStBl 1957 III 237).

▶ **Rentendeckungsrückstellung**: Einbezug der Rentendeckungsrückstellung bei der Ermittlung des Minderungsbetrags i. S. d. § 20 Abs. 2 Satz 2 KStG und Eignung der Ablaufverprobung als Ermittlungsverfahren (anhängiges Verfahren beim BFH, Az. I R 40/17).

▶ **Rentenverpflichtungen**

Im Rahmen der Spätschadenrückstellung gebildete Rückstellungen für das sich aus der Dynamisierung ergebende Risiko; keine Abzinsung bei Geldwertschulden, Vergleich mit Rechtsauf-

---

[1] BStBl 1979 I 306.

fassung bei der Rückstellung für Rekultivierungskosten (BFH, Urteil v. 19. 2. 1975 - I R 28/73, BStBl 1975 II 480).

► Rückstellung für noch nicht abgewickelte Versicherungsfälle – Schadenrückstellung
► **Wahrscheinlichkeit der Inanspruchnahme**, Einbeziehung der Erfahrungen aus der Vergangenheit in die Bewertung (BFH, Urteil v. 17. 2. 1993 - X R 60/89, BStBl 1993 II 437).

§ 21 Beitragsrückerstattungen

(1) ¹Aufwendungen für Beitragsrückerstattungen und Direktgutschriften, die für das selbst abgeschlossene Geschäft gewährt werden, sind abziehbar

1. in dem nach Art der Lebensversicherung betriebenen Geschäft bis zu einem Höchstbetrag, der sich auf Grundlage des nach handelsrechtlichen Vorschriften ermittelten Jahresergebnisses für das selbst abgeschlossene Geschäft ohne Berücksichtigung eines Gewinnabführungsvertrages ermittelt. ²Diese Grundlage erhöht sich um die für Beitragsrückerstattungen und Direktgutschriften aufgewendeten Beträge, soweit die Beträge das Jahresergebnis gemindert haben. ³Sie mindert sich um den Nettoertrag des Eigenkapitals am Beginn des Wirtschaftsjahrs. ⁴Als Eigenkapital gilt das nach den Vorschriften der auf Grund des § 39 des Versicherungsaufsichtsgesetzes erlassenen Verordnungen über die Berichterstattung von Versicherungsunternehmen zu ermittelnde Eigenkapital zuzüglich 10 Prozent des ungebundenen Teils der Rückstellung für Beitragsrückerstattung. ⁵Als Nettoertrag gilt 70 Prozent der Differenz zwischen Erträgen und Aufwendungen aus Kapitalanlagen, die anteilig auf das Eigenkapital entfallen. ⁶Dabei sind die Kapitalanlagen auszusondern, bei denen das Anlagerisiko nicht vom Versicherungsunternehmen getragen wird. ⁷Als Höchstbetrag mindestens abziehbar sind die Aufwendungen, die auf Grund gesetzlicher Vorschriften zu gewähren sind. ⁸Die Sätze 1 bis 7 sind für Pensionsfonds entsprechend anzuwenden,

2. in den übrigen Versicherungsgeschäften auf Grund des versicherungstechnischen Überschusses bis zur Höhe des Überschusses, der sich aus den Beitragseinnahmen nach Abzug aller anteiligen abziehbaren und nichtabziehbaren Betriebsausgaben einschließlich der Versicherungsleistungen, Rückstellungen und Rechnungsabgrenzungsposten ergibt. ²Der Berechnung des Überschusses sind die auf das Wirtschaftsjahr entfallenden Beitragseinnahmen und Betriebsausgaben des einzelnen Versicherungszweiges aus dem selbst abgeschlossenen Geschäft für eigene Rechnung zugrunde zu legen.

²Der nach Satz 1 Nummer 1 für den Abzug maßgebliche Betrag ist in dem Verhältnis abziehbar, wie die für die Beitragsrückerstattung maßgeblichen Überschüsse am Kapitalanlageergebnis im Geltungsbereich dieses Gesetzes dem Grunde nach steuerpflichtig und nicht steuerbefreit sind. ³Ist maßgeblicher Betrag der sich nach Satz 1 Nummer 1 Satz 7 ergebende Betrag, ist Satz 2 nur für Aufwendungen aus dem Kapitalanlageergebnis anzuwenden.

(2) § 6 Absatz 1 Nummer 3a des Einkommensteuergesetzes ist nicht anzuwenden.

Inhaltsübersicht

	Rz.
A. Allgemeine Erläuterungen zu § 21 KStG	1 - 55
I. Rechtsentwicklung des § 21 KStG	1 - 20
II. Hintergrund und grundlegende Begrifflichkeiten	21 - 34
III. Inhalt und Bedeutung des § 21 KStG	35 - 50

IV.	Anwendungsbereich des § 21 KStG	51 - 55
	1. Persönlicher Anwendungsbereich	51
	2. Sachlicher Anwendungsbereich	52
	3. Zeitlicher Anwendungsbereich	53 - 55
B. Steuerliche Abziehbarkeit von Beitragsrückerstattungen (§ 21 Abs. 1 KStG)		56 - 180
I.	Allgemeines zu § 21 Abs. 1 KStG	56 - 65
II.	Die Beitragsrückerstattung im nach der Art der Lebensversicherung betriebenen Geschäft (§ 21 Abs. 1 (Satz 1 n. F.) Nr. 1 KStG)	66 - 145
	1. Neuregelung ab VZ 2019	66 - 130
	a) Vorgehen und Berechnungsschema	66 - 80
	b) Berechnungsbeispiel	81 - 100
	c) Jahresergebnis aus dem selbst abgeschlossenen Geschäft (§ 21 Abs. 1 Satz 1 Nr. 1 Satz 1 KStG n. F.)	101 - 110
	d) Erhöhung um die für Beitragsrückerstattung aufgewendeten Beträge (§ 21 Abs. 1 Satz 1 Nr. 1 Satz 2 KStG n. F.)	111 - 114
	e) Minderung um den Nettoertrag des Eigenkapitals (§ 21 Abs. 1 Satz 1 Nr. 1 Sätze 3–6 KStG n. F.)	115 - 124
	f) Kürzung um steuerfreie Erträge (§ 21 Abs. 1 Sätze 2-3 KStG n. F.)	125 - 130
	2. Altregelung bis einschließlich VZ 2018	131 - 145
III.	Die Beitragsrückerstattung beim übrigen Versicherungsgeschäft (§ 21 Abs. 1 (Satz 1 n. F.) Nr. 2 KStG)	146 - 180
C. Keine Anwendung von § 6 Abs. 1 Nr. 3a EStG, insbesondere keine Abzinsung (§ 21 Abs. 2 KStG n. F./ Abs. 3 KStG a. F.)		181 - 190
D. Rückstellung für Beitragsrückerstattung (§ 21 Abs. 2 KStG a. F.)		191 - 220
I.	Wegfall ab VZ 2019	191
II.	Altregelung bis einschließlich VZ 2018	192 - 220
	1. Allgemein	192
	2. Zuführung zur Rückstellung (§ 21 Abs. 2 Satz 1 KStG a. F.)	193 - 200
	3. Auflösung der Rückstellung – Höchstbetragsrechnung (§ 21 Abs. 2 KStG a. F.)	201 - 220
	a) Vorgehen und Berechnungsschema	201 - 202
	b) Verwendungsfrist (§ 21 Abs. 2 Satz 2 Nr. 1 KStG a. F.)	203 - 208
	c) Verbindliche Festlegung der Ausschüttung (§ 21 Abs. 2 Satz 2 Nr. 2 KStG a. F.)	209 - 212
	d) Sonderfall KV – Ermäßigung der Beitragserhöhungen (§ 21 Abs. 2 Satz 2 Nr. 3 KStG a. F.)	213 - 214
	e) Sonderfall LV – Schlussgewinnanteile (§ 21 Abs. 2 Satz 2 Nr. 4 KStG a. F.)	215
	f) Kleinbetragsregelung (§ 21 Abs. 2 Satz 3 KStG a. F.)	216
	g) Rechtsfolgen	217 - 220
ABC der Rechtsprechung: Beitragsrückerstattungen (§ 21 KStG)		221

A. Allgemeine Erläuterungen zu § 21 KStG

LITERATURHINWEISE:

Prölss/v. d. Thüsen/Ziegler, Die versicherungstechnische Rückstellung im Steuerrecht, 3. Aufl., Karlsruhe 1973 S. 153; *v. d. Thüsen*, Die Beitragsermäßigung aus technischem Überschuss nebst ihrer Rückstellung in der Kraftfahrtversicherung, in Prölss/v. d. Thüsen/Ziegler, a. a. O.; *Seyfert*, Die Rückstellungen in der privaten Krankenversicherung, in Prölss/v. d. Thüsen/Ziegler, a. a. O.; *Nies*, Die besonderen Bestimmungen des KStG 1977 für Lebensversicherungsunternehmen, VersWi 1977 S. 113; *Nies*, Sondervorschriften für Versicherungsunternehmen, in Kleine/Laube/Schöberle, Handbuch des KSt-Rechts 1977; *Angerer*, Rechnungslegung und Prüfung von Versicherungsunternehmen, Düsseldorf 1978; *Sievers*, Das Zinsproblem in der Kraftfahrtversicherung, VersWi 1979 S. 173; *BAV*, Überführung in die Alterungsrückstellung vorgesehener Entnahmen aus der RfB, VerBAV 1991 S. 227; *Uhrmann*, Die ertragsteuerliche Behandlung von Beitragsrückerstattungen in der Schaden- und Unfallversicherung, StBp 1991 S. 112; *BAV*, Allg. Fragen der

Versicherungsaufsicht, geschäftsplanmäßige Erklärungen ab 30.6.1994, VerBAV 1994 S. 287; *Haehnel*, Abzugsfähigkeit und Bilanzierung von Beitragsrückerstattungen bei Versicherungsunternehmen, StuB 2000 S. 67; *Hoffmann/Kunz*, Wie weiter mit der Abziehbarkeit von Beitragsrückerstattungen?, VersWi 2009 S. 1838 (Teil 1) und S. 1915 (Teil 2); *Friesenhahn*, Die ertragsteuerliche Behandlung von Beitragsrückerstattungen bei Lebens- und Krankenversicherungsunternehmen gemäß § 21 KStG, Aachen 2009; *Hannig/Hoffmann*, Die geplante Änderung des § 21 KStG, DStR 2018 S. 1846.

I. Rechtsentwicklung des § 21 KStG

1 Die Vorschrift des § 21 KStG in ihrer heutigen Form geht auf das **KStRefG** (Körperschaftsteuerreformgesetz) vom 31.8.1976[1] zurück. Die Ursprünge der Regelung reichen jedoch in das Jahr 1935 zurück.[2] Die erste wesentliche inhaltliche Ergänzung seit dem KStRefG erfolgte mit der Einfügung des Abs. 3 durch das **StEntlG** 1999/2000/2002 (Steuerentlastungsgesetz) vom 4.3.1999,[3] demzufolge die allgemeine Abzinsungsregelung des § 6 Abs. 1 Nr. 3a EStG auf die Rückstellung für Beitragsrückerstattung nicht anzuwenden ist.

2 Mit dem **AVmG** (Altersvermögensgesetz) vom 26.6.2001[4] wurde der Anwendungsbereich des § 21 KStG auf Pensionsfonds ausgedehnt.

3 Mit dem **Korb II Gesetz** (auch Protokollerklärungsgesetz, kurz ProtErklG genannt) vom 22.12.2003[5] wurde § 21 Abs. 1 Nr. 1 KStG geändert. Ausschüttungen einer ausländischen Körperschaft, die nach einem Doppelbesteuerungsabkommen steuerfrei sind, dürfen bei der Ermittlung der steuerlich abziehbaren Beitragsrückerstattungen nicht berücksichtigt werden.

4 Mit dem **EURLUmsG** (Richtlinien-Umsetzungsgesetz) vom 9.12.2004[6] wurde die Regelung zur Kürzung steuerfreier Ausschüttungen um die in § 8b Abs. 9 KStG genannten Beträge erweitert.

5 Mit dem **JStG 2009** (Jahressteuergesetz 2009) vom 19.12.2008[7] wurde § 21 Abs. 1 Nr. 1 KStG erneut geändert und eine umfangreichere Beschränkung für die Abzugsfähigkeit von Beitragsrückerstattungen im Lebens- und Krankenversicherungsgeschäft eingefügt. Die bisherige Regelung zur Behandlung von steuerbefreiten Ausschüttungen wurde durch die allgemeinere Formulierung „dem Grunde nach steuerpflichtig und nicht steuerbefreit" ersetzt. Die Änderung ist erstmals für den VZ 2009 anzuwenden, im Fall einer Organschaft bereits im VZ 2008 (§ 34 Abs. 10b Satz 2 KStG i. d. F. VZ 2008).

6 Mit dem **JStG 2010** (Jahressteuergesetz 2010) vom 8.12.2010[8] wurde § 21 Abs. 2 Satz 2 Nr. 1 KStG für den Zeitraum 2010-2013 geändert. Als Reaktion auf die anhaltende Niedrigzinsphase und um einen übermäßigen Abbau der Rückstellung für Beitragsrückerstattung aufgrund dieser veränderten wirtschaftlichen Rahmenbedingungen zu verhindern, wird der steuerliche Höchstbetrag nicht mehr aus der Summe der Zuführungen zur Rückstellung für Beitragsrückerstattung der letzten drei Jahre bestimmt, sondern auf die Zuführungen der letzten fünf Jahre erhöht. Der Anwendungszeitraum dieser Maßnahme wurde zunächst auf die VZ 2010-2013

---

1 BStBl 1976 I S. 445.
2 § 25 Erste KStDV v. 6.2.1935, RGBl 1935 I S. 163.
3 BGBl 1999 I S. 402.
4 BGBl 2001 I S. 1310.
5 BGBl 2003 I S. 2840.
6 BGBl 2004 I S. 3310.
7 BGBl 2008 I S. 2794.
8 BGBl 2010 I S. 1768.

begrenzt (§ 34 Abs. 10b Satz 3 KStG i. d. F. VZ 2010), in den Folgejahren jedoch mehrfach verlängert.

Durch das **AmtshilfeRLUmsG** (Amtshilferichtlinie-Umsetzungsgesetz) vom 26.6.2013[1] wurde der Anwendungszeitraum der mit dem JStG 2010 umgesetzten Erhöhung des Höchstbetrags nach § 21 Abs. 2 Satz 2 Nr. 1 KStG bis einschließlich VZ 2015 verlängert (§ 34 Abs. 8 KStG i. d. F. VZ 2015).

Mit dem **StÄndG** (Steueränderungsgesetz) vom 2.11.2015[2] wurde der Anwendungszeitraum des § 21 Abs. 2 Satz 2 Nr. 1 KStG in modifizierter Form um weitere zwei Jahre für den VZ 2016 und den VZ 2017 verlängert (§ 34 Abs. 8 KStG).

Im Zuge des **BEPS-UmsG** (BEPS-Umsetzungsgesetz) vom 20.12.2016[3] wurde § 34 Abs. 8 KStG angepasst und damit die Erhöhung des Höchstbetrags nach § 21 Abs. 2 Satz 2 Nr. 1 KStG um ein weiteres Jahr verlängert (VZ 2018).

Mit dem **UStAVermG** vom 11.12.2018[4] wurde der mit dem KStG 1977 eingeführte und im Kern unveränderte § 21 KStG an die geänderten rechtlichen und wirtschaftlichen Rahmenbedingungen angepasst. Denn mit der Einführung eines aufsichtsrechtlichen Höchstbetrags in § 13 MindZV besteht keine Notwendigkeit mehr für eine steuerrechtliche Sonderregelung. Zudem erschwert die andauernde Niedrigzinsphase die Finanzierung der Beitragsrückerstattungen durch Renditeerzielung aus der Kapitalanlage festverzinslicher Wertpapiere.

Der andauernden Niedrigzinsphase begegnete der Gesetzgeber in der Vergangenheit bereits mit der mehrfachen Verlängerung der Erhöhung des Höchstbetrags nach § 21 Abs. 2 Satz 2 Nr. 1 KStG. Da die Verlängerung zum 31.12.2018 auszulaufen drohte, bestand Handlungsbedarf für den Gesetzgeber.[5] Der Gesetzgeber entschied sich dabei gegen eine weitere Verlängerung der Übergangsregelung und damit für eine Neuregelung des § 21 KStG.

Mit der Neuregelung des § 21 KStG reagierte der Gesetzgeber auf die zunehmende und mittlerweile ganz überwiegende – auch von Seiten der Finanzverwaltung – vertretene Kritik, wonach die Regelung als nicht mehr zeitgemäß und demzufolge als stark reformbedürftig angesehen wurde.[6] Die Neuregelung des § 21 KStG wird von der Praxis grundsätzlich positiv beurteilt, wobei der Nachbesserungsbedarf bezüglich der Behandlung sog. steuerfreier Erträge[7] und des systemfremden Eigenkapitalzuschlags i. H. v. 10 %[8] kritisch hervorgehoben wird.[9]

Durch die Neuregelung des § 21 KStG kommt es zu einer – teilweisen – Harmonisierung von Steuer-, Aufsichts- und Handelsrecht und dadurch zu einer rechtssicheren und vereinfachten Handhabung der Regelung.[10] Die Grundstruktur des § 21 Abs. 1 KStG bezüglich der steuerli-

---

1 BGBl 2013 I S. 1809.
2 BGBl 2015 I S. 1834.
3 BGBl 2016 I S. 3000.
4 BGBl 2018 I S. 2338, ausführliche Bezeichnung des Gesetzes: Gesetz zur Vermeidung von Umsatzsteuerausfällen beim Handel mit Waren im Internet und zur Änderung weiterer steuerlicher Vorschriften.
5 BR-Drucks. 372/18 S. 56-57.
6 BGBl 2003 I S. 2840.
7 Zur Kürzung um die steuerfreien Erträge im Detail siehe → Rz. 125 bis 130.
8 Zur Berücksichtigung des Eigenkapitalzuschlags bei der Kürzung um den Nettoertrag des Eigenkapitals im Detail siehe → Rz. 116-117.
9 Zur Kritik siehe u. a. *Hannig/Hoffmann*, DStR 2018 S. 1846; Stellungnahme der acht Spitzenorganisationen der deutschen Wirtschaft zum Referentenentwurf des JStG 2018, S. 28 bis 30.
10 Vgl. BR-Drucks. 372/18 S. 56; so auch *Rüsch* in Frotscher/Drüen (Hrsg.), § 21 KStG Rz. 21, Stand Januar 2019; im Detail *Hannig/Hoffmann*, DStR 2018 S. 1846.

chen Abziehbarkeit von Beitragsrückerstattungen wurde im Grundsatz beibehalten. Abweichend zur Vorgängerregelung werden nunmehr handels- und versicherungsaufsichtsrechtliche Größen bei der Ermittlung der Abzugsbeschränkung herangezogen. Die bisherige steuerliche Sonderregelung zur Bildung und Bewertung von Rückstellungen für Beitragsrückerstattungen in § 21 Abs. 2 KStG wurde ersatzlos gestrichen und so ein Gleichklang von Handels- und Steuerrecht geschaffen. Infolgedessen wurde das Abzinsungsverbot des § 21 Abs. 3 KStG unverändert in Abs. 2 verankert. Der neugefasste § 21 KStG ist erstmals ab VZ 2019 anzuwenden (§ 34 Abs. 8 Satz 2 KStG). Eine vorgezogene Anwendung ab VZ 2018 ist auf Antrag unter bestimmten Voraussetzungen möglich.

11–20 *(Einstweilen frei)*

II. Hintergrund und grundlegende Begrifflichkeiten

21 Versicherungsunternehmen erhalten von den Versicherungsnehmern Beiträge (Versicherungsprämien) als Gegenleistung für die zugesagte Versicherungsleistung. Die Beiträge und Leistungen werden regelmäßig bereits bei Vertragsbeginn für die gesamte Laufzeit festgelegt. Damit verbunden ist ein zeitlicher Auseinanderfall des Zeitpunkts der Beitragszahlung von dem der Schadenzahlung, welcher kennzeichnend für das Versicherungsgeschäft ist. Dieser Vorleistungscharakter ermöglicht den Versicherungsunternehmen, die vereinnahmten Versicherungsbeiträge gewinnbringend am Kapitalmarkt zu investieren.[1]

22 Auf der anderen Seite zwingt der Vorleistungscharakter die Versicherungsunternehmen dazu, vorsichtig zu kalkulieren, um die spätere Erfüllbarkeit der Verpflichtungen dauerhaft sicherzustellen. Es liegt im Wesen des Versicherungsgeschäfts begründet, dass die Versicherungsbeiträge grundsätzlich nach den Erfahrungen über den Schadensverlauf in der Vergangenheit für die Zukunft kalkuliert werden. Da die zukünftigen Schadensverläufe jedoch von denen der Vergangenheit abweichen können, wird dieser Extrapolationsunsicherheit mit Sicherheitszuschlägen begegnet. Diese Sicherheitszuschläge sollen jene Belastungen abdecken, die sich während der Laufzeit aufgrund nicht vorhersehbarer negativer Entwicklungen beim Risiko-, Zins- und Kostenverlauf ergeben können.[2] Die Gefahr der Abweichung von erwartetem und tatsächlichem Schadenaufwand wird auch als **versicherungstechnisches Risiko** bezeichnet.[3]

23 Die Versicherungsunternehmen kalkulieren i. d. R. konservativ. Danach werden die Versicherungsbeiträge so bemessen, dass sie auch beim ungünstigsten Schadensverlauf zum Erhalt der Leistungsfähigkeit des Versicherungsunternehmens ausreichen.[4] Kalkuliert ein Versicherungsunternehmen jedoch zu konservativ, gerät es schnell in Wettbewerbsnachteile gegenüber anderen am Markt agierenden Versicherungsunternehmen. Ist der tatsächliche Schadensbzw. Leistungsumfang im Versicherungsjahr geringer als der kalkulierte, erzielt das Versicherungsunternehmen sog. **versicherungstechnische Überschüsse**. Dieser versicherungstechnische Überschuss, d. h. der überschießende Teil der Beitragseinnahmen, wird als **überhobener Beitrag** bezeichnet und bildet aufgrund der konservativen Beitragskalkulation der Versicherungsunternehmen den Regelfall.

---

1 Vgl. *Rockel/Helten/Ott u. a.*, Versicherungsbilanzen, 3. Aufl. 2012, S. 7.
2 Vgl. BFH, Urteil v. 9.6.1999 - I R 17/97, BStBl 1999 II S. 739 m. w. N.
3 Zu den verschiedenen Komponenten des versicherungstechnischen Risikos siehe u. a. *Rockel/Helten/Ott u. a.*, Versicherungsbilanzen, 3. Aufl. 2012, S. 2-3.
4 Vgl. FG Nürnberg, Urteil v. 31.1.1995 - I 117/90, EFG 1995 S. 589.

Die Verwendung der überhobenen Beiträge wird vom Versicherungsaufsichtsrecht (VAG) vorgegeben. Häufig werden die überhobenen Beiträge an den Versicherungsnehmer zurückgewährt. Dieser Vorgang wird als **Beitragsrückerstattung** bezeichnet (§ 341e Abs. 2 Nr. 1 HGB).

24

Beitragsrückerstattungen sind in verschiedenen Formen möglich. Zum einen kann nach dem Zuwendungszeitpunkt differenziert werden. Denn die Beitragsrückerstattung kann als **Direktgutschrift** unmittelbar oder erst zu einem späteren Zeitpunkt an den Versicherungsnehmer zugewendet werden. Für diese künftigen Auszahlungen hat das Versicherungsunternehmen eine **Rückstellung für Beitragsrückerstattung** (kurz RfB) zu bilden. Stehen die Höhe und der Zuwendungszeitpunkt fest, liegt eine **gebundene RfB** vor. Sind Höhe und/oder Zeitpunkt der Zuwendung an den Versicherungsnehmer noch unbestimmt, liegt eine **ungebundene** bzw. **freie RfB** vor.

25

Die RfB ist zugunsten der Versicherten zu nutzen, begründet aber nur eine Verbindlichkeit gegenüber der Gesamtheit der Versicherten, jedoch keinen konkreten Anspruch des einzelnen Versicherungsnehmers.

Zum anderen kann bei der Beitragsrückerstattung nach der Erfolgsabhängigkeit unterschieden werden. **Erfolgsabhängige Beitragsrückerstattungen** liegen vor, wenn und soweit die Beitragsrückerstattung auf Basis des nach handelsrechtlichen Vorschriften ermittelten Jahresergebnisses und in dessen Höhe gewährt werden. Demzufolge werden keine erfolgsabhängigen Beitragsrückerstattungen gewährt, wenn das handelsrechtliche Jahresergebnis negativ ist.

26

Erfolgsunabhängige Beitragsrückerstattungen werden der Bezeichnung entsprechend unabhängig von der Ertragslage des Versicherungsunternehmens gewährt. Sie liegen somit auch im Verlustfall vor. Die Rückerstattung wird hier auf Basis einer rechtlichen Verpflichtung – Gesetz, Versicherungsvertrag oder Satzung – vorgeschrieben bzw. vereinbart.[1]

(Einstweilen frei)

27–34

III. Inhalt und Bedeutung des § 21 KStG

Die §§ 20 bis 21a KStG enthalten besondere, nur für Versicherungsunternehmen und Pensionsfonds geltende Vorschriften, mit denen die Eigenart des Versicherungsgeschäfts bei der Ermittlung des zu versteuernden Einkommens berücksichtigt wird. § 21 KStG umfasst die steuerliche Behandlung der Beitragsrückerstattungen und die Bewertung der Rückstellung für Beitragsrückerstattung. Die Sondervorschriften zur Rückstellungsbewertung wurden mit der Neuregelung des § 21 KStG für die Veranlagungszeiträume ab 2019 auf die Nichtanwendung des § 6 Abs. 1 Nr. 3a EStG (insbesondere Abzinsungsverbot) begrenzt.

35

Die vom Versicherungsnehmer gezahlten Beiträge sind bei den Versicherungsunternehmen als Betriebseinnahmen gewinnwirksam zu erfassen. Insoweit ist es nur konsequent, dass Beitragsrückerstattungen, soweit sie aus dem Überschuss des versicherungstechnischen Geschäfts stammen und danach auch wirtschaftlich als zurückgewährte Beiträge angesehen werden können, als Betriebsausgaben erfolgswirksam abziehbar sind.[2] Das Handelsrecht lässt den Betriebsausgabenabzug deshalb uneingeschränkt zu. Das Steuerrecht enthält mit § 21 KStG jedoch eine steuerrechtliche Sondervorschrift, die den steuerlich zulässigen Betriebsausgabenabzug der Beitragsrückerstattungen auf einen Höchstbetrag begrenzt. Gesetzessystema-

36

---

[1] Vgl. BFH, Beschluss v. 7.3.2007 - I R 61/05, BStBl 2007 II S. 589.
[2] Vgl. BFH, Urteil v. 13.11.1991 - I R 45/90, BStBl 1992 II S. 429.

tisch handelt es sich bei dem in § 21 KStG positiv formulierten Betriebsausgabenabzugsverbot demzufolge um eine **Einschränkung des Maßgeblichkeitsprinzips** des § 5 Abs. 1 Satz 1 EStG i.V. m. § 8 Abs. 1 Satz 1 KStG.

37 **§ 21 Abs. 1 KStG** umfasst die steuerliche Abziehbarkeit der Beitragsrückerstattungen. Die gewinnmindernd gebuchten Beitragsrückerstattungen werden mit dem nach Abs. 1 zu ermittelnden steuerlichen Höchstbetrag verglichen, dessen Ermittlung sich in Abhängigkeit vom Versicherungsgeschäft (dem nach der Art der Lebensversicherung betriebenen Geschäft und dem übrigen Versicherungsgeschäft)[1] ergibt. Die handelsrechtlich gewinnmindernd gebuchten Beitragsrückerstattungen (und Direktgutschriften) sind steuerlich nur bis zu diesem Höchstbetrag abziehbar.

Übersteigen die gebuchten Beitragsrückerstattungen den steuerlichen Höchstbetrag, liegen nicht abziehbare Betriebsausgaben i. H. d. übersteigenden Teils vor. Bei Unterschreitung des steuerlichen Höchstbetrags sind die gebuchten Beitragsrückerstattungen auch für steuerliche Zwecke voll abziehbar.

§ 21 Abs. 2 KStG regelt die steuerliche Bewertung der Rückstellung für Beitragsrückerstattung und enthält dabei insbesondere eine Ausnahme der Abzinsungspflicht nach § 6 Abs. 1 Nr. 3a EStG, die bis zur Neuregelung in Abs. 3 regelt war. Auch die übrigen in § 6 Abs. 1 Nr. 3a EStG enthaltenen Vorschriften (Anwendung der Abwicklungserfahrungen in der Vergangenheit auf die Bewertung usw.) sind auf Rückstellungen für Beitragsrückerstattungen nicht anzuwenden. Mit der Neuregelung des § 21 KStG wurden jedoch die weiteren steuerbilanziellen Besonderheiten zur Zuführung und Auflösung der Rückstellung für Beitragsrückerstattung für die Veranlagungszeiträume ab 2019 ersatzlos aufgehoben.

38 Die Regelung des § 21 KStG ist rechtsformneutral ausgestaltet und bezweckt eine steuerliche Gleichbehandlung von Versicherungsunternehmen in der Rechtsform eines Versicherungsvereins auf Gegenseitigkeit (VVaG) und Versicherungsunternehmen anderer Rechtsformen. Da bei einem VVaG die Kunden gleichzeitig auch Mitglieder sind, hat der RFH die Problematik aufgeworfen, dass Beitragsrückerstattungen eines VVaG, die aufgrund des Geschäftsergebnisses gewährt werden, grundsätzlich eine Verwendung des Einkommens und damit eine verdeckte Gewinnausschüttung sein können.[2] § 21 KStG legt fest, dass Beitragsrückerstattungen grundsätzlich und rechtsformunabhängig Betriebsausgaben darstellen.

Neben der Rechtsformneutralität soll durch § 21 KStG zudem sichergestellt werden, dass den Versicherten nur solche Beträge unversteuert zugewendet werden, die sie vorher in Form von Versicherungsbeiträgen an das Versicherungsunternehmen geleistet hatten. Insbesondere soll § 21 KStG verhindern, dass Erträge aus der Anlage des Eigenkapitals und dem nicht-versicherungstechnischen Bereich eines Versicherungsunternehmens unversteuert an Versicherungsnehmer gewährt werden.[3]

39–50 *(Einstweilen frei)*

---

1 Die bisherige Unterscheidung nach Lebens- bzw. Krankenversicherung einerseits und Schaden- bzw. Unfallversicherung andererseits wurde mit der Neufassung für VZ 2019 ff. aufgehoben.
2 Vgl. RFH, Urteil v. 21.5.1940 - I 112/39, RStBl 1940 S. 747; in dem Urteilsfall wurde allerdings der Abzug der Beitragsrückerstattung zugelassen.
3 So auch *Goverts* in E&Y (Bott/Walter), § 21 KStG Rz. 7, Stand April 2019.

IV. Anwendungsbereich des § 21 KStG

1. Persönlicher Anwendungsbereich

§ 21 KStG ist rechtsformneutral ausgestaltet und gilt grundsätzlich für alle unbeschränkt und beschränkt steuerpflichtigen Versicherungsunternehmen. Seit dem 1.1.2002 greift § 21 KStG auch bei **Pensionsfonds**, die regelmäßig als VVaG oder AG betrieben werden. **Pensionskassen** werden ebenfalls in den Anwendungsbereich des § 21 KStG einbezogen, sofern sie nicht nach § 5 Abs. 1 Nr. 3 KStG steuerbefreit sind.

51

Auch bei der **Unterstützungskasse** wird die betriebliche Altersversorgung von einer rechtsfähigen Versorgungseinrichtung durchgeführt. Die Unterstützungskasse unterscheidet sich jedoch von Pensionsfonds und der Pensionskasse dadurch, dass auf die Leistungen der Unterstützungskasse kein Rechtsanspruch besteht (§ 1b Abs. 4 BetrAVG). Wegen des fehlenden Rechtsanspruchs unterliegen die Unterstützungskassen nicht der Versicherungsaufsicht.[1] § 21 KStG findet deshalb auf Unterstützungskassen keine Anwendung.[2] **Rückversicherer** fallen ebenfalls nicht in den Anwendungsbereich des § 21 KStG, da es bei ihnen keine Beitragsrückerstattungen aus dem selbst abgeschlossenen Geschäft geben kann.[3]

2. Sachlicher Anwendungsbereich

Der sachliche Anwendungsbereich der Regelung wird gleich zu Beginn in § 21 Abs. 1 Satz 1 KStG bestimmt. Demnach ist § 21 KStG auf Betragsrückerstattungen und Direktgutschriften anzuwenden, die aus dem selbst abgeschlossenen Geschäft gewährt werden.[4] Das selbst abgeschlossene Geschäft wird auch als Erst- bzw. Direktversicherungsgeschäft bezeichnet. Es liegt vor, wenn eine unmittelbare versicherungsvertragliche Beziehung zwischen Versicherungsnehmer und Versicherungsunternehmen besteht.[5] Direktgutschriften werden erst seit der Neufassung des § 21 KStG ausdrücklich genannt. Die Benennung hat jedoch nur eine klarstellende Funktion. Mittels Auslegung wurden Direktgutschriften bereits in der Vergangenheit unter den sachlichen Anwendungsbereich des § 21 KStG gefasst.[6]

52

§ 21 KStG a. F. galt bislang nur für erfolgsabhängige Beitragsrückerstattungen, nicht jedoch für erfolgsunabhängige Beitragsrückerstattungen.[7] Für erfolgsunabhängige Beitragsrückerstattungen gelangte bislang keine steuerrechtliche Sondervorschrift zur Anwendung, weshalb jene nach den allgemeinen Grundsätzen abzuzinsen waren. Die Unterscheidung nach der Erfolgswirksamkeit wurde in der Praxis jedoch zunehmend schwieriger, weshalb § 21 KStG n. F. beide Varianten erfasst und ab VZ 2019 gleich behandelt.[8]

3. Zeitlicher Anwendungsbereich

In seiner Neufassung ist § 21 KStG grundsätzlich ab VZ 2019 anwendbar (§ 34 Abs. 8 Satz 2 Nr. 1 KStG n. F.). Auf Antrag ist eine frühere Anwendung des neu gefassten § 21 KStG bereits

53

---

1 Vgl. *Höfer/de Groot/Küpper* u. a., BetrAVG, Band 1, Januar 2019, Allgemeiner Teil Kapitel 3 Rz. 66.
2 Vgl. *Koblenzer/Klaas/Frank* in Herrmann/Heuer/Raupach (Hrsg.), § 21 KStG Rz. 8, Stand Januar 2019.
3 Vgl. *Schick* in Erle/Sauter (Hrsg.), 3. Aufl. 2010, § 21 KStG Rz. 9.
4 Zur Begriffsbestimmung siehe → Rz. 24-26.
5 Vgl. BMF, Schreiben v. 7.3.1978 - IV B 7 - S 2775 - 10/78, BStBl 1978 I S. 160, Tz. 1.
6 Vgl. *Hannig/Hoffmann*, DStR 2018 S. 1846.
7 Zur Begriffsbestimmung siehe → Rz. 26.
8 Vgl. BR-Drucks. 372/18 S. 56.

ab VZ 2018 möglich (§ 34 Abs. 8 Satz 2 Nr. 2 KStG n. F.). Die Möglichkeit einer vorzeitigen Anwendung der Neuregelung wurde bereits von der Praxis im Rahmen des Gesetzgebungsverfahrens gefordert und nun vom Gesetzgeber entsprechend umgesetzt.[1]

Der Antrag auf vorzeitige Anwendung muss bis zum 30.6.2019 gestellt werden und ist dann unwiderruflich. Formvorgaben bestehen nicht. Die Antragstellung setzt jedoch voraus, dass es ohne vorzeitige Anwendung der Neuregelung zu einer – von Gesetzgeber und Praxis ungewollten – Auflösung der RfB im VZ 2018 käme. Durch die Möglichkeit der vorzeitigen Anwendung der Neufassung möchte der Gesetzgeber dem ungewünschten Effekt entgegenwirken, dass es im letzten Jahr der Übergangsregelung des § 21 Abs. 2 Satz 2 Nr. 1 KStG a. F. zu einer rein steuerlich bedingten Rückstellungsauflösung kommt. Es entspricht dem Sinn und Zweck der Übergangsregelung, genau solche Auflösungen zu vermeiden.[2]

54–55 *(Einstweilen frei)*

B. Steuerliche Abziehbarkeit von Beitragsrückerstattungen (§ 21 Abs. 1 KStG)

I. Allgemeines zu § 21 Abs. 1 KStG

56 Abs. 1 des neugefassten § 21 KStG enthält eine steuerliche Sonderregelung für die aufwandsmäßige Berücksichtigung von Beitragsrückerstattungen und Direktgutschriften. Mit der Neufassung des § 21 KStG wurde die Grundstruktur des Abs. 1 grundsätzlich beibehalten. Danach wird die Höhe der vom Versicherungsunternehmen gewinnmindernd gebuchten Beitragsrückerstattungen und Direktgutschriften mit einem steuerlichen Höchstbetrag verglichen, der sich für das nach dem Art der Lebensversicherung betriebenen Geschäft nach Nr. 1 und für die übrigen Versicherungsgeschäfte nach Nr. 2 ermittelt. Die frühere Unterscheidung zwischen Lebens- und Krankenversicherern (Nr. 1) und Sach- bzw. Unfallversicherern (Nr. 2) wurde aufgegeben, weil diese in der Praxis nicht mehr sachgerecht handhabbar und demzufolge nicht mehr zeitgemäß war.[3] Die Höchstbetragsberechnung nach § 21 Abs. 1 (Satz 1 n. F.) Nr. 1 KStG wurde in Teilen modernisiert, auch in Bezug auf die darin enthaltene Grundkonzeption. Bei der Höchstbetragsberechnung nach § 21 Abs. 1 (Satz 1 n. F.) Nr. 2 KStG wurden nur redaktionelle Anpassungen vorgenommen.

57 Zum nach der Art der Lebensversicherung betriebenen Geschäft (§ 21 Abs. 1 (Satz 1 n. F.) Nr. 1 KStG) gehören auch weiterhin die Lebens- und Krankenversicherung, die Pensionskassen und nunmehr rechtssicher auch die Unfallversicherung mit Beitragsrückgewähr.[4] Für Pensionsfonds wird die Anwendung des Nr. 1 ausdrücklich in § 21 Abs. 1 Satz 1 Nr. 1 Satz 8 KStG n. F. festgeschrieben. Das übrige Versicherungsgeschäft des § 21 Abs. 1 (Satz 1 n. F.) Nr. 2 KStG formuliert einen Auffangtatbestand für alle Unternehmen, die in den Anwendungsbereich des § 1 Abs. 1 VAG bzw. § 341 Abs. 1 HGB fallen, jedoch kein Versicherungsgeschäft i. S. d. § 21

---

1 Siehe u. a. *Hannig/Hoffmann*, DStR 2018 S. 1846; Stellungnahme der acht Spitzenorganisationen der deutschen Wirtschaft zum Referentenentwurf des JStG 2018, S. 29–30.
2 Vgl. BT-Drucks. 19/5595 S. 78. Die in § 21 Abs. 2 Nr. 1 KStG a. F. i. V. m. § 34 Abs. 8 KStG normierte Begrenzung der Rückstellungshöhe auf die Zuführung der letzten fünf Wirtschaftsjahre könnten eine solche Auflösung bedingen.
3 Vgl. BR-Drucks. 372/18 S. 57.
4 Vgl. BR-Drucks. 372/18 S. 57. Zum persönlichen Anwendungsbereich des § 21 KStG im Detail siehe → Rz. 51.

Abs. 1 Satz 1 Nr. 1 KStG n. F. betreiben.[1] Anwendung findet § 21 Abs. 1 (Satz 1 n. F.) Nr. 2 KStG demnach vor allem bei Schadenversicherungen.

Bedient ein Versicherungsunternehmen mehrere Versicherungszweige, muss eine Aufteilung der Versicherungszweige in das Lebensversicherungsgeschäft (§ 21 Abs. 1 (Satz 1 n. F.) Nr. 1 KStG) und das übrige Versicherungsgeschäft (§ 21 Abs. 1 (Satz 1 n. F.) Nr. 2 KStG) für Zwecke der Höchstbetragsberechnung vorgenommen werden. Auch innerhalb der beiden Nummern muss eine Aufteilung vorgenommen werden, sofern verschiedene Versicherungszweige vorliegen. Denn es würde dem Sinn und Zweck der Höchstbetragsrechnung widersprechen, wenn positive und negative Ergebnisse einzelner Versicherungszweige zu Lasten der Versicherungsnehmer ausgeglichen werden.

58

Mit der Neufassung des § 21 KStG wurde der Anwendungsbereich auf erfolgsunabhängige Beitragsrückerstattungen ausgeweitet. Die in § 21 Abs. 1 KStG n. F. definierten Höchstbeträge greifen demnach für erfolgsabhängige und erfolgsunabhängige Beitragsrückerstattungen. Klarstellend werden im neugefassten Abs. 1 auch Direktgutschriften genannt. Direktgutschriften wurden bei der Altregelung jedoch bereits im Wege der Auslegung erfasst.[2]

59

Soweit der zulässige Höchstbetrag nach § 21 Abs. 1 KStG überschritten wird, erfolgt eine außerbilanzielle Korrektur als nicht abziehbare Betriebsausgaben. Die grundsätzliche Qualifikation der Beitragsrückerstattungen als Betriebsausgaben wird dadurch nicht geändert. Es erfolgt lediglich eine betragsmäßige Begrenzung des steuerlichen Betriebsausgabenabzugs.

60

(Einstweilen frei)   61–65

II. Die Beitragsrückerstattung im nach der Art der Lebensversicherung betriebenen Geschäft (§ 21 Abs. 1 (Satz 1 n. F.) Nr. 1 KStG)

1. Neuregelung ab VZ 2019

a) Vorgehen und Berechnungsschema

§ 21 Abs. 1 Satz 1 Nr. 1 KStG n. F. enthält weiterhin eine Zweckrechnung, mithilfe derer der Höchstbetrag der für steuerliche Zwecke abziehbaren Beitragsrückerstattungen für das nach der Art der Lebensversicherung betriebene Geschäft ermittelt wird. Mit der Neuregelung des § 21 KStG wurde die Höchstbetragsrechnung nach Nr. 1 jedoch strukturell und auch inhaltlich angepasst. Insbesondere wurde die Höchstbetragsrechnung in der Hinsicht vereinfacht, dass nur noch handelsrechtliche Größen zur Berechnung herangezogen werden. Damit wird die Anwendung der Vorschrift vereinfacht und ein Mehr an Planungssicherheit für die Anwender bewirkt.[3] Der ständige Wechsel zwischen steuerlichen und handelsrechtlichen Bezugsgrößen nach der Altregelung entfällt somit ab VZ 2019.

66

Die nachfolgende Abbildung zeigt die **neue Vorgehensweise**, die sich nach unserer Auffassung aus dem Gesetzeswortlaut und dem Sinn und Zweck der Regelung ergibt.[4] Danach ermittelt sich der Anteil der nicht abziehbaren Beitragsrückerstattungen und Direktgutschriften in fünf Berechnungsschritten.

67

---

1 Vgl. *Rüsch* in Frotscher/Drüen (Hrsg.), § 21 KStG Rz. 30, Stand Januar 2019.
2 Vgl. BR-Drucks. 372/18 S. 57. Zum sachlichen Anwendungsbereich im Detail siehe → Rz. 52.
3 Vgl. *Hannig/Hoffmann*, DStR 2018 S. 1846.
4 Im Detail erläutert beim Berechnungsbeispiel, siehe → Rz. 81-100.

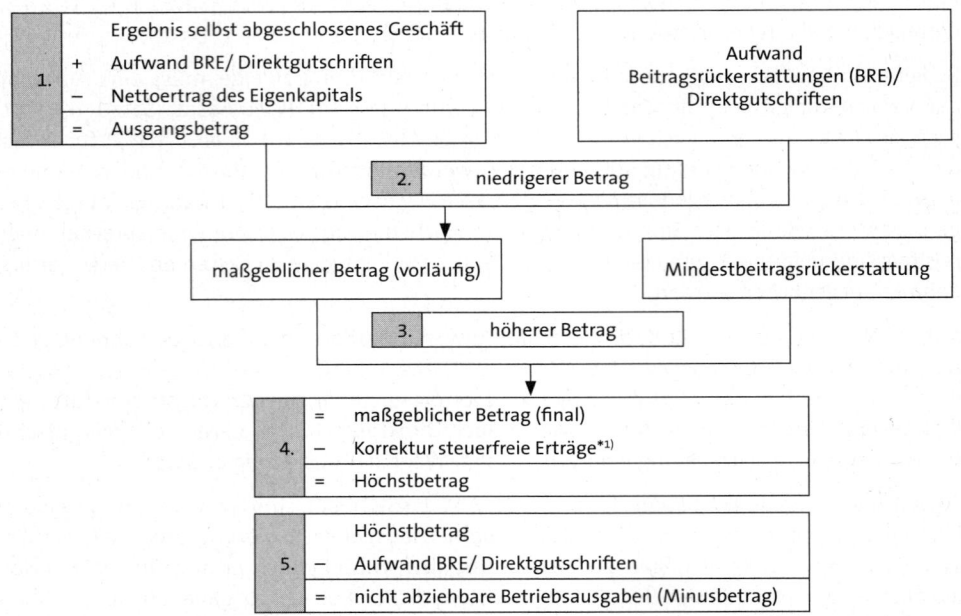

*[1]) Der Kürzungsfaktor berechnet sich wie folgt: 1 – (Nettokapitalerträge – steuerfreie Erträge) / Nettokapitalerträge
Der Kürzungsfaktor ist anzuwenden auf den maßgeblichen Betrag (final), soweit dieser aus Kapitalanlagen finanziert ist.

68 **1. Berechnungsschritt**: Das handelsrechtliche Jahresergebnis für das selbst abgeschlossene Geschäft ist zunächst um die aufwandswirksam gebuchten Beitragsrückerstattungen (abgekürzt BRE) und Direktgutschriften zu erhöhen und dann um den Nettoertrag des handelsrechtlichen Eigenkapitals zu Beginn des Wirtschaftsjahres zu kürzen. Das Ergebnis des ersten Berechnungsschritts bildet den Ausgangsbetrag.

69 **2. Berechnungsschritt**: Der Ausgangsbetrag (Schritt 1) wird nun mit den tatsächlich aufwandswirksam gebuchten Beitragsrückerstattungen und Direktgutschriften verglichen. Entscheidend ist der niedrigere Betrag. Dieser wird dann als maßgeblicher Betrag (vorläufig) für den nächsten Berechnungsschritt herangezogen.

70 **3. Berechnungsschritt**: Mindestens steuerlich abzugsfähig sollen jene Aufwendungen für Beitragsrückerstattungen sein, die aufgrund aufsichtsrechtlicher Vorschriften an den Versicherungsnehmer gewährt werden müssen (sog. Mindestbeitragsrückerstattung). Deshalb wird der im zweiten Berechnungsschritt ermittelte maßgebliche Betrag (vorläufig) mit der Mindestbeitragsrückerstattung verglichen. Der höhere der beiden Beträge bildet den maßgeblichen Betrag (final), der dann zur Ermittlung des Höchstbetrags im nächsten Schritt herangezogen wird.

71 **4. Berechnungsschritt**: Der in Schritt 3 ermittelte maßgebliche Betrag (final) ist dann um die steuerfreien Erträge zu kürzen. Der Kürzungsbetrag ermittelt sich durch eine Verhältnisrechnung, bei der die steuerfreien Erträge zu den Nettokapitalerträgen ins Verhältnis gesetzt werden und dieser Kürzungsfaktor dann auf den maßgeblichen Betrag angewandt wird, soweit dieser aus Kapitalanlagen finanziert ist. Sofern die Mindestbeitragsrückerstattung den Höchstbetrag bildet, ist die Einschränkung „nur für Aufwendungen aus dem Kapitalanlageergebnis" explizit in § 21 Abs. 1 Satz 3 KStG n. F. aufgeführt. Nach dem Sinn und Zweck der Vorschrift muss diese Einschränkung jedoch generell für den „maßgeblichen Beitrag" nach § 21 Abs. 1 Satz 1 Nr. 1 KStG n. F. gelten und somit auch für den Kürzungsmechanismus nach § 21 Abs. 1 Satz 2 KStG n. F.[1]

5. Berechnungsschritt: Der Höchstbetrag aus Schritt 4 ist dann mit den tatsächlich aufwandswirksam gebuchten Beitragsrückerstattungen und Direktgutschriften zu vergleichen. Liegen die gebuchten Beträge unter dem Höchstbetrag, bleiben sie auch für steuerliche Zwecke voll abziehbar. Übersteigen die gebuchten Beträge den Höchstbetrag, liegen in Höhe des übersteigenden Teils nicht abziehbare Betriebsausgaben vor.

(Einstweilen frei) 73–80

b) Berechnungsbeispiel

Nachfolgend wird ausgehend von einem Beispielsfall die Höchstbetragsberechnung der steuerlich abziehbaren Beitragsrückerstattungen aufgezeigt.[2] Der Beispielsfall stellt sich wie folgt dar:

BEISPIEL

Ausgangsgrößen	
	T €
handelsrechtliches Jahresergebnis	150,00
handelsrechtliches Eigenkapital zu Beginn des WJ	5.000,00
freie RfB zu Beginn des WJ	10.000,00
Nettorendite	3,00 %
Nettokapitalerträge (= Kapitalanlageergebnis)	700,00
steuerfreie und dem Grunde nach nicht besteuerte Erträge (= steuerfreie Erträge)	100,00
Mindestzuführung	500,00
Mindestzuführung bezogen aus Kapitalanlagen	400,00
Aufwendungen für Beitragsrückerstattungen / Direktgutschrift (= Aufwendungen BRE)	800,00
Beitragsrückerstattungen bezogen aus Kapitalanlagen	650,00

---

1 Zur Herleitung und Begründung der Bezugsgröße ausführlich siehe Rz. → 81-87.
2 Zur Vorgehensweise allgemein siehe → Rz. 66–80.

KStG § 21 81 — Beitragsrückerstattungen

Berechnungsschritt 1: Ermittlung des Ausgangsbetrags gem. § 21 Abs. 1 Satz 1 Nr. Sätze 1-6 KStG		
	HGB-Jahresüberschuss	150,00
+/–	Korrektur aus Ergebnisabführungsvertrag	0,00
+/–	Ergebnis aus versicherungsfremden Geschäft	0,00
+/–	Ergebnis aus dem übernommenen Versicherungsgeschäft (aktive Rückversicherung)	0,00
=	**Ergebnis aus dem selbst abgeschlossenen Geschäft (s. a. Geschäft)**	150,00
+	Aufwendungen für BRE	800,00
=	**Ergebnis aus dem modifizierten s. a. Geschäft (§ 21 Abs. 1 Nr. 1 Sätze 1-2 KStG)**	950,00
–	Kürzung um Nettoertrag des EK (§ 21 Abs. 1 Satz 1 Nr. 1 Sätze 3-6 KStG)	-126,00
	70 % des Nettoertrags des EK = 70 % x maßgebliches EK x Nettoverzinsung = 70 % x (HGB-EK zu WJ-Beginn + 10 % der freien RfB) x Nettoverzinsung = 126,00	
=	**Ausgangsbetrag**	**824,00**

Berechnungsschritt 2: Ermittlung des maßgeblichen Betrags (vorläufig) gem. § 21 Abs. 1 Satz 1 Nr. 1-6 KStG

Aufwendungen BRE	Ausgangsbetrag
800,00	824,00

niedrigerer Betrag

= maßgeblicher Betrag (vorläufig) — **800,00**

Berechnungsschritt 3: Ermittlung des maßgeblichen Betrags (final) gem. § 21 Abs. 1 Satz 1 Nr. 1 Sätze 1-7 KStG

maßgeblicher Betrag (vorläufig)	Mindestzuführung
800,00	500,00

höherer Betrag

= maßgeblicher Betrag (final) — **800,00**

Berechnungsschritt 4: Ermittlung des Höchstbetrags gem. § 21 Abs. 1 Sätze 2-3 i. V.m. Satz 1 Nr. 1 KStG		
	maßgeblicher Betrag (final)	800,00
–	Kürzung um steuerfreie Erträge (§ 21 Abs. 1 Sätze 2-3 KStG)	-92,89
	Kürzungsfaktor = 1 – (Nettokapitalerträge – steuerfreie Erträge) / Nettokapitalerträge	
	= 14,29 %	
	Kürzungsbetrag = Kürzungsfaktor x maßgeblicher Betrag, soweit durch Kapitalanlagen finanziert	
	= 14,29 % x 650,00 = 92,89 (max. i. H. d. steuerfreien Erträge)	
=	Höchstbetrag	707,11

Berechnungsschritt 5: Ermittlung der nicht abziehbaren Betriebsausgaben		
	Höchstbetrag	707,11
–	Aufwendungen für Beitragsrückerstattungen / Direktgutschriften	-800,00
=	nicht abziehbare Betriebsausgaben (sofern Minusbetrag)	-92,89

Der Höchstbetrag der abziehbaren Beitragsrückerstattungen ermittelt sich dadurch, dass der maßgebliche Betrag nach § 21 Abs. 1 Satz 1 Nr. 1 KStG n. F. um den Kürzungsfaktor für steuerfreie Erträge nach § 21 Abs. 1 Sätze 2 bis 3 KStG n. F. gekürzt wird. Der maßgebliche Betrag kann eine der drei Größen sein: Ausgangsbetrag (Schritt 1), aufwandswirksam gebuchte Beitragsrückerstattungen (Schritt 2) oder die Mindestbeitragsrückerstattung (Schritt 3).[1] Im Beispielsfall bilden die tatsächlichen Aufwendungen für Beitragsrückerstattungen (und Direktgutschriften) den vorläufigen maßgeblichen Betrag (800 T €). Zudem übersteigen die aufwandswirksamen Beitragsrückerstattungen die Mindestbeitragsrückerstattung (500 T €) und ergeben somit den maßgeblichen Betrag (final). Der maßgebliche Betrag (final) ist im nächsten Schritt 4 um den Kürzungsfaktor für steuerfreie Erträge nach § 21 Abs. 1 Sätze 2 bis 3 KStG n. F. zu kürzen.

Der Kürzungsmechanismus nach § 21 Abs. 1 Satz 2 KStG n. F. greift dann, wenn der Ausgangsbetrag oder die aufwandwirksam gebuchten Beitragsrückerstattungen den maßgeblichen Betrag bilden. Ergibt die Mindestbeitragsrückerstattung den maßgeblichen Betrag, greift stattdessen § 21 Abs. 1 Satz 3 KStG n. F.. Beim Beispielsfall greift der Kürzungsmechanismus nach § 21 Abs. 1 Satz 2 KStG n. F., da der maßgebliche Betrag in Form der aufwandswirksam gebuchten Beitragsrückerstattungen vorliegt. Nach § 21 Abs. 1 Satz 2 KStG n. F. ist der maßgebliche Betrag nur in dem Verhältnis abziehbar, in dem die für die Beitragsrückerstattung maßgeblichen Überschüsse am Kapitalanlageergebnis im Geltungsbereich dieses Gesetzes dem Grunde nach steuerpflichtig und nicht steuerbefreit sind.

Der Gesetzgeber möchte mit der Kürzung nach § 21 Abs. 1 Sätze 2 bis 3 KStG n. F. eine doppelte Begünstigung der steuerfreien Erträge verhindern. Diese würde sich ergeben, wenn die Erträge steuerfrei vereinnahmt und zugleich die Beitragsrückerstattungen bezogen auf diese Erträge

---

1 Vgl. BR-Drucks. 372/18 S. 58.

aufwandswirksam und somit steuermindernd erfasst werden.[1] Diesem Gesetzeszweck wird im Beispielsfall dadurch Rechnung getragen, dass der Kürzungsfaktor nur auf den aus Kapitalanlagen finanzierten Teil des „maßgeblichen Betrags" angewandt wird. Der Gesetzeswortlaut postuliert diese Einschränkung explizit nur in Satz 3 für den Fall, dass die Mindestbeitragsrückerstattung den „maßgeblichen Betrag" nach § 21 Abs. 1 Satz 1 Nr. 1 KStG n. F. bildet (Schritt 3, siehe → Rz. 70). Würde jedoch der Kürzungsfaktor außerhalb der Mindestbeitragsrückerstattung stets auf den vollen „maßgeblichen Betrag" (Ausgangsbetrag oder Aufwendungen für Beitragsrückerstattungen, siehe Schritte 1 und 2, → Rz. 68 – 69) angewandt werden, kann sich eine klar überschießende und dem Sinn und Zweck der Regelung widersprechende Wirkung ergeben. Im Folgenden soll die überschießende Wirkung anhand der Übersicht aufgezeigt und erläutert werden.

85 Die nachfolgende Übersicht enthält zwei Varianten, wie der Kürzungsbetrag nach § 21 Abs. 1 Satz 2 KStG n. F. ermittelt werden kann. Der Unterschied besteht in der Bezugsgröße, auf die der Kürzungsfaktor angewandt wird. Bezogen auf den Beispielsfall ergeben die beiden Varianten demnach unterschiedliche Kürzungsbeträge.

Variante	Berechnung		Betrag
1	Kürzungsfaktor x **maßgeblicher** Betrag	= 14,29 % x **800** T € =	114,00 T €
2	Kürzungsfaktor x **maßgeblicher** Betrag, soweit durch Kapitalanlagen finanziert	= 14,29 % x **650** T € =	92,89 T €

86 Im dargestellten Beispielsfall liegen steuerfreie Erträge i. H. v. 100 T € vor. Wird der Kürzungsbetrag gem. Variante 1 ermittelt, ergibt sich ein Kürzungsbetrag i. H. v. 114 T €. Der Kürzungsbetrag würde somit die steuerfreien Erträge um 14 T € übersteigen. Vom reinen Wortlaut der Vorschrift wäre Variante 1 und somit diese überschießende Wirkung gedeckt. Der Grund für die überschießende Wirkung ist, dass neben dem Kapitalanlageergebnis regelmäßig auch Überschüsse aus anderen Ergebnisquellen (Risikoergebnis und übriges Ergebnis) in den „maßgeblichen Betrag" einfließen. Steuerfreie Erträge ergeben sich allerdings nur im Kapitalanlageergebnis. Die Bezugsgröße „maßgeblicher Betrag" kann daher zu weit greifen.

87 Ein solches Ergebnis kann vom Gesetzgeber nicht gewollt sein. Nach der hier vertretenen Auffassung bedarf es bei der Ermittlung des Kürzungsbetrags einer ergänzenden Auslegung der Vorschrift, die sich am Sinn und Zweck der Regelung orientiert. Als Bezugsgröße kann deshalb nur der jeweils maßgebliche Betrag herangezogen werden, soweit dieser aus Kapitalanlagen finanziert ist (Variante 2). Eine entsprechende Vorgehensweise sieht § 21 Abs. 1 Satz 3 KStG n. F. explizit für den Fall der Mindestbeitragsrückerstattung vor. Überschüsse aus anderen Ergebnisquellen bleiben auch hier ausdrücklich unberücksichtigt. Die Gesetzesbegründung bezieht die Einschränkung auf beide Sätze und lässt damit den Schluss zu, dass allgemein die Anwendung des Kürzungsmechanismus nur auf jene Beträge zu beziehen ist, soweit diese aus Kapitalanlagen finanziert wurden.[2]

88-100 *(Einstweilen frei)*

---

[1] Vgl. BR-Drucks. 372/18 S. 58.
[2] Vgl. BR-Drucks. 372/18 S. 58.

c) Jahresergebnis aus dem selbst abgeschlossenen Geschäft (§ 21 Abs. 1 Satz 1 Nr. 1 Satz 1 KStG n. F.)

Ausgangsgrundlage für die Berechnung der steuerlich absetzbaren Beitragsrückerstattungen im Geschäftsjahr ist das **Jahresergebnis** für das selbst abgeschlossene Geschäft. Das Gesetz bezieht sich auf den handelsrechtlichen Jahresüberschuss bzw. Jahresfehlbetrag gem. § 275 HGB.

101

Für die Höchstbetragsrechnung relevant ist nur jener Teil des handelsrechtlichen Jahresergebnisses, der sich auf das **selbst abgeschlossene Geschäft** bezieht. Beschränkt sich die Tätigkeit des Versicherungsunternehmens auf das selbst abgeschlossene Geschäft, ist das gesamte handelsrechtliche Jahresergebnis für die Höchstbetragsrechnung heranzuziehen. Ist das Versicherungsunternehmen jedoch in anderen – versicherungsfremden – Geschäftsfeldern tätig, ist das Jahresergebnis um diese Ergebnisse zu korrigieren. Die Ermittlung des Jahresergebnisses für das selbst abgeschlossene Geschäft erfolgt dann mithilfe einer gesonderten Gewinn- und Verlust-Rechnung (§ 2 RechVersV).

102

Dem selbst abgeschlossenen Geschäft[1] sind alle Ergebnisse zuzuordnen, die sich aus dem Erst- bzw. Direktversicherungsgeschäft ergeben. Das passive Rückversicherungsgeschäft zählt zum selbst abgeschlossenen Geschäft, so dass keine Ergebniskorrektur hier vorzunehmen ist.[2] Beim passiven Rückversicherungsgeschäft ist es der Erstversicherer, der einen Rückversicherungsschutz am Markt nachfragt.[3] Die Ergebnisse aus Vermittlungsleistungen und sonstigen Dienstleistungen fließen nicht in das Ergebnis für das selbst abgeschlossene Geschäft ein, sofern sie nicht im Zusammenhang mit dem Erst- bzw. Direktversicherungsgeschäft stehen.[4] Gleiches gilt für Versicherungsgeschäfte aus anderen Versicherungszweigen, wie beispielsweise das aktive Rückversicherungsgeschäft.[5] Beim aktiven Rückversicherungsgeschäft ist es der Erstversicherer, der am Markt Rückversicherungsschutz anbietet.[6]

Sofern Lebens- oder Krankenversicherungsunternehmen einer Ergebnisabführungsverpflichtung aufgrund eines **Ergebnisabführungsvertrags** unterliegen, ist bei formeller Betrachtung ihr Jahresergebnis regelmäßig „null". Bereits vor Neuregelung des § 21 KStG sah die herrschende Meinung den Sinn und Zweck der Regelung nur dann als erfüllt an, wenn bei Organgesellschaften auf das Jahresergebnis vor Ergebnisabführung Bezug genommen wird.[7] In § 21 Abs. 1 Satz 1 Nr. 1 Satz 1 KStG n. F. ist nunmehr klarstellend geregelt, dass bei Versicherungsunternehmen, die zugleich Organgesellschaften sind, auf das Ergebnis vor Ergebnisabführung abzustellen ist.

103

Außerordentliche Erträge, die im Jahresergebnis enthalten sind, beispielsweise Veräußerungs-, Verschmelzungs- oder Einbringungsgewinne, sind nicht zu bereinigen. Eine entsprechende Korrektur sieht § 21 Abs. 1 KStG nicht vor.[8]

104

---

1 Zum abstrakten Begriff siehe auch → Rz. 52.
2 Vgl. BFH, Urteil v. 12.1.1977 - I R 157/74, BStBl 1977 II S. 439.
3 Vgl. *Rockel/Helten/Ott u. a.*, Versicherungsbilanzen, 3. Aufl. 2012, S. 275.
4 Vgl. *Koblenzer/Klaas/Frank* in Herrmann/Heuer/Raupach (Hrsg.), § 21 KStG Rz. 8, Stand Januar 2019.
5 Vgl. BMF, Schreiben v. 7.3.1978 - IV B 7 - S 2775 - 10/78, BStBl 1978 I S. 160, Tz. 1.
6 Vgl. *Rockel/Helten/Ott u. a.*, Versicherungsbilanzen, 3. Aufl. 2012, S. 275.
7 So auch *Schick* in Erle/Sauter (Hrsg.), 3. Aufl. 2010, § 21 KStG Rz. 28; *Goverts* in E&Y (Bott/Walter), § 21 KStG Rz. 44, Stand April 2019; *Gosch/Roser*, 3. Aufl. 2015, § 21 KStG Rz. 23d; *Koblenzer/Klaas/Frank* in Herrmann/Heuer/Raupach, § 21 KStG Rz. 12, Stand Januar 2019.
8 Siehe hierzu ausführlich *Koblenzer/Klaas/Frank* in Herrmann/Heuer/Raupach, § 21 KStG Rz. 12 m.w.N, Stand Januar 2019.

105–110 *(Einstweilen frei)*

d) Erhöhung um die für Beitragsrückerstattung aufgewendeten Beträge (§ 21 Abs. 1 Satz 1 Nr. 1 Satz 2 KStG n. F.)

111 Nach § 21 Abs. 1 Satz 1 Nr. 1 Satz 2 KStG n. F. ist die nach Satz 1 ermittelte Ausgangsgröße um die für Beitragsrückerstattungen und Direktgutschriften aufgewendeten Beträge zu erhöhen, soweit die Beträge das Jahresergebnis gemindert haben. Dies gilt für sämtliche Beitragsrückerstattungen, d. h. sowohl für erfolgsabhängige und seit der Neufassung des § 21 KStG nunmehr auch für erfolgsunabhängige Beitragsrückerstattungen.

Entscheidend ist dabei nicht die tatsächliche Auszahlung der Beiträge, sondern deren Aufwandswirkung, weshalb die die Vorschrift auch für Direktgutschriften gilt.[1] Die wörtliche Aufnahme der Direktgutschriften im neu gefassten § 21 Abs. 1 Satz 1 Nr. 1 Satz 2 KStG besitzt demnach nur eine klarstellende Funktion. Aus dem gleichen Grund (Aufwandswirkung) sind auch Zuführungen zur Rückstellung für Beitragsrückerstattung hinzuzurechnen.[2]

112–114 *(Einstweilen frei)*

e) Minderung um den Nettoertrag des Eigenkapitals (§ 21 Abs. 1 Satz 1 Nr. 1 Sätze 3–6 KStG n. F.)

115 Das um die aufgewendeten Beträge für Beitragsrückerstattungen und Direktgutschriften erhöhte Jahresergebnis aus dem selbst abgeschlossenen Geschäft ist im nächsten Schritt um den Nettoertrag des Eigenkapitals zu Beginn des Wirtschaftsjahres zu mindern (§ 21 Abs. 1 Satz 1 Nr. 1 Sätze 3-6 KStG n. F.). Ziel der Regelung ist es, dass solche Erträge von der Höchstbetragsrechnung ausgeschlossen werden, die dem Eigenkapital und den Rücklagen zuzuordnen sind und demnach nicht (unmittelbar) aus Versicherungsbeiträgen stammen.[3] Zur Ermittlung des Nettoertrags des Eigenkapitals werden ab VZ 2019 nur noch handelsrechtliche Bezugsgrößen herangezogen.

116 Das maßgebliche **Eigenkapital** wird in § 21 Abs. 1 Satz 1 Nr. 1 Satz 4 KStG n. F. näher bestimmt. Als Eigenkapital gilt das Eigenkapital, das nach den Vorschriften der aufgrund von § 39 VAG erlassenen Verordnungen über die Berichterstattung von Versicherungsunternehmen zu ermitteln ist, zuzüglich 10 % des ungebundenen Teils der Rückstellung für Beitragsrückerstattung (sog. Eigenkapitalzuschlag).

117 Der **Eigenkapitalzuschlag** beträgt 10 % der ungebundenen bzw. freien Rückstellung für Beitragsrückerstattung. Der Gesetzgeber hat die Einführung des Eigenkapitalzuschlags mit dem Wegfall der steuerlichen Höchstgrenze für Rückstellungen für Beitragsrückerstattungen nach § 21 Abs. 2 KStG a. F. begründet. Der Eigenkapitalzuschlag berücksichtigt, dass Lebens- und Krankenversicherungsunternehmen aufsichtsrechtlich verpflichtet sind, bestimmte Mindestzuführungen vorzunehmen. Demzufolge sind Lebensversicherungsunternehmen gem. § 6 MindZV angehalten, 90 % des Kapitalanlageergebnisses abzüglich der rechnungsmäßigen Erträge an Beitragsrückerstattungen zu gewähren. Bei Krankenversicherungsunternehmen gilt

---

[1] Vgl. *Mau* in Dötsch/Pung/Möhlenbrock (Hrsg.), § 21 KStG Tz. 28, Stand Februar 2019; *Koblenzer/Klaas/Frank* in Herrmann/Heuer/Raupach (Hrsg.), § 21 KStG Rz. 13, Stand Januar 2019.

[2] Vgl. *Mau* in Dötsch/Pung/Möhlenbrock (Hrsg.), § 21 KStG Tz. 28, Stand Februar 2019; *Koblenzer/Klaas/Frank* in Herrmann/Heuer/Raupach, § 21 KStG Rz. 13, Stand Januar 2019.

[3] Vgl. *Rüsch* in Frotscher/Drüen, § 21 KStG Rz. 51, Stand Januar 2019.

insbesondere § 150 VAG. Der Eigenkapitalzuschlag unterstellt pauschal, dass 10 % der freien Rückstellungen für Beitragsrückerstattungen aus der freiwilligen Verwendung von Erträgen aus dem Kapitalanlageergebnis stammen.[1] Der Eigenkapitalzuschlag wird von der Praxis mehrheitlich dem Grunde und auch der Höhe nach kritisiert.[2]

Als **Nettoertrag** gelten 70 % der Differenz zwischen Erträgen und Aufwendungen aus Kapitalanlagen, die anteilig auf das Eigenkapital entfallen (§ 21 Abs. 1 Satz 1 Nr. 1 Satz 5 KStG n. F.). Um Abgrenzungsprobleme bezüglich der Art der Kapitalanlage zu vermeiden, stellt der Gesetzgeber im neu gefassten § 21 KStG allgemein auf Kapitalanlagen ab.[3] Dabei sind nach § 21 Abs. 1 Nr. 1 Satz 6 KStG n. F. jene Kapitalanlagen auszusondern, bei denen das Anlagerisiko nicht vom Versicherungsunternehmen getragen wird. Kapitalanlagen aus fondsgebundenen Lebensversicherungen werden damit nicht einbezogen, da diese nicht zu Beitragsrückerstattungen führen und das Anlagerisiko unmittelbar vom Versicherungsnehmer getragen wird.[4]

Bei der Ermittlung des **Nettoertrags** wurde die Steuerbelastung bei der Altregelung durch eine komplizierte Verhältnisrechnung berücksichtigt. Mit der Neuregelung wird eine pauschale Berücksichtigung der Steuerbelastung i. H. v. 30 % vorgenommen. Das Pauschalverfahren wird vom Gesetzgeber mit den zunehmenden Praxisproblemen begründet, die bezüglich der Zuordnung der nicht abziehbaren Aufwendungen zu den Kapitalerträgen bestehen.[5]

(Einstweilen frei)

f) Kürzung um steuerfreie Erträge (§ 21 Abs. 1 Sätze 2-3 KStG n. F.)

Bislang wurden Beitragsrückerstattungen, die auf steuerfreien Erträgen beruhen, nur im Rahmen der Höchstbetragsrechnung mindernd berücksichtigt. Soweit die gebuchten Beitragsrückerstattungen unter dem Höchstbetrag lagen, kam es nach der Altregelung dennoch zum vollen Betriebsausgabenabzug, auch wenn die Beitragsrückerstattungen (teilweise) auf steuerfreien Erträgen beruhten.

Mit der Neufassung des § 21 KStG erfolgt bezüglich der Berücksichtigung dieser steuerfreien Erträge ein Systemwechsel. Der nach § 21 Abs. 1 Satz 1 Nr. 1 KStG n. F. maßgebliche Betrag an Beitragsrückerstattungen wird nach § 21 Abs. 1 Sätze 2 bis 3 KStG n. F. nur noch im Verhältnis zum Abzug zugelassen, wie er nicht auf steuerfreien Erträgen beruht. Zur genauen Ermittlung des Kürzungsbetrags und den einzubeziehenden Größen wird auf die Ausführungen zum Berechnungsbeispiel (Punkt II.1.b) →Rz. 81 ff.) verwiesen.[6]

Der Gesetzgeber möchte damit sicherstellen, dass im Inland steuerfreie Erträge bei der Ermittlung der steuerlich anerkannten Beitragsrückerstattungen nicht berücksichtigt werden. Dies wäre der Fall, wenn die steuerfreien Überschüsse die Bemessungsgrundlage der steuerlich abzugsfähigen Beitragsrückerstattungen erhöhen würden. Die Erträge würden sich dann bezogen auf die Behandlung im Inland doppelt steuermindernd auswirken. Der neue Kürzungs-

---

[1] Vgl. BR-Drucks. 372/18 S. 58-59.
[2] Vgl. *Hannig/Hoffmann*, DStR 2018 S. 1846.
[3] Vgl. BR-Drucks. 372/18 S. 58; Stellungnahme der acht Spitzenorganisationen der deutschen Wirtschaft zum Referentenentwurf des JStG 2018, S. 29.
[4] Vgl. BR-Drucks. 372/18 S. 58. Das Beispiel ebenfalls aufgreifend und die Klarstellung begrüßend *Hannig/Hoffmann*, DStR 2018 S. 1846
[5] Vgl. BR-Drucks. 372/18 S. 58.
[6] Siehe hierzu → Rz. 81-87.

mechanismus stößt jedoch aufgrund seiner überschießenden Wirkung und den daraus folgenden europarechtlichen Bedenken auf berechtigte Kritik.[1]

126 Aufgrund von § 8b Abs. 8 KStG ergeben sich die relevanten steuerfreien Überschüsse bei Versicherungsunternehmen meist aufgrund von Auslandsinvestments. Diese Erträge aus ausländischen Kapitalanlagen wie beispielsweise ausländische Immobilieninvestments, die im Inland zwar steuerfrei sind, aber im Ausland der regulären Besteuerung unterliegen, werden wegen des Kürzungsmechanismus jedoch benachteiligt. Um die steuerliche Vorbelastung im Ausland auszugleichen, enthalten die bestehenden Doppelbesteuerungsabkommen eine Steuerbefreiung dieser Erträge im Inland. *Hannig/Hoffmann* sehen im Kürzungsmechanismus des § 21 KStG n. F. eine Überschreibung der Doppelbesteuerungsabkommen. Als Folge ergibt sich eine doppelte Besteuerung (Ausland und Inland) dieser ausländischen Erträge.[2]

Diese negative Steuerwirkung kann wirtschaftliche Fehllenkungen bewirken. Zudem wird eine breite Diversifikation der für ein (Lebens-)Versicherungsunternehmen essenziellen Kapitalanlagen erschwert. Denn durch das Ausscheiden von im Ausland zwar besteuerten, im Inland aber steuerbefreiten Kapitalanlageerträgen droht die Nichtabziehbarkeit der Beitragsrückerstattung, soweit sie sich aus diesen Erträgen speist. Bei Nichtabziehbarkeit der Beitragsrückerstattung werden jedoch in einer Nachsteuerbetrachtung selbst hochrentable und aus Sicht des Kapitalanlagenmanagements sinnvolle Investments im Ausland unrentabel für die Versicherungsunternehmen und werden insoweit unterbleiben.

127 Aus europarechtlicher Sicht ist insbesondere bedenklich, dass durch diese Regelung regelmäßig inländische Investitionen gegenüber Alternativinvestitionen im europäischen Ausland begünstigt werden. Ein möglicher Verstoß gegen die Kapitalverkehrsfreiheit drängt sich geradezu auf.[3] Dadurch, dass der Kürzungsmechanismus nunmehr eine unmittelbare Wirkung auf den Höchstbetrag entfaltet, hat sich die europarechtliche Problematik durch die Neuregelung im Vergleich zur Altregelung verschärft.

128–130 *(Einstweilen frei)*

2. Altregelung bis einschließlich VZ 2018

131 Ausgehend vom handelsrechtlichen Jahresergebnis gab der Gesetzgeber für den steuerlich zulässigen Höchstbetrag für die Beitragsrückerstattung in der Lebens- und Krankenversicherung in § 21 Abs. 1 Nr. 1 KStG a. F. ein Berechnungsschema vor. Die Finanzverwaltung hat im Jahr 1978 die Rechenlogik in einem ausführlichen Beispiel[4] näher erläutert. Nachdem die Regelung des § 21 KStG über die Jahre einige Änderungen erfahren hat, ist diese Beispielsrechnung der Finanzverwaltung zwar an die geänderte Gesetzeslage anzupassen, aber in ihren Grundzügen immer relevant für die Veranlagungszeiträume bis 2018 geblieben.

132 Gemäß letzter Gesetzesfassung lautet das Rechenschema für den Höchstbetrag bei Lebens- und Krankenversicherern wie folgt:

---

[1] Vgl. *Hannig/Hoffmann*, DStR 2018 S. 1846.
[2] Vgl. *Hannig/Hoffmann*, DStR 2018 S. 1846.
[3] Vgl. *Hannig/Hoffmann*, DStR 2018 S. 1846.
[4] Vgl. BMF, Schreiben v. 7.3.1978 - IV B 7 - S 2775 - 10/78, BStBl 1978 I S. 160.

	handelsrechtliches Jahresergebnis
+	Aufwand für Beitragsrückerstattungen
−	dem Grunde nach steuerfreie Erträge, soweit diese für Beitragsrückerstattungen verwendet wurden
−	Ertrag aus der Auflösung der Rückstellung für Beitragsrückerstattung nach Abs. 2
−	Nettoertrag des steuerlichen Betriebsvermögens
=	Höchstbetrag der steuerlich abziehbaren erfolgsabhängigen Beitragsrückerstattungen

133 Ausgangsgrundlage für die Berechnung der steuerlich absetzbaren Beitragsrückerstattungen im Geschäftsjahr ist hier das handelsrechtliche Jahresergebnis für das selbst abgeschlossene Geschäft.[1]

134 **Steuerfreie Erträge** sind abzuziehen, soweit diese für die Beitragsrückerstattungen verwendet wurden.[2]

135 Beträge, bei denen die handels- und steuerbilanzielle Erfassung zeitlich in verschiedenen Geschäfts- bzw. Wirtschaftsjahren anfallen, sind nicht betroffen. Die Regelung gilt nur „für dem Grunde nach steuerfreie" Beträge. Reine Phasenverschiebungen, wie sie sich etwa aus temporären Abweichungen zwischen Steuerbilanz und Handelsbilanz ergeben, werden nicht erfasst.

136 Der **Auflösungsbetrag nach § 21 Abs. 2 KStG a. F.** ist nach dem Wortlaut des § 21 Abs. 1 Nr. 1 KStG a. F. in die Berechnung des Höchstbetrags der Beitragsrückerstattungen einzubeziehen. Mittels dieser Höchstbetragsberechnung soll der nicht abziehbare Teil der Beitragsrückerstattungen ermittelt werden. Nicht abziehbare Betriebsausgaben können denknotwendigerweise aber nur entstehen, wenn die zugrundeliegende Ausgabe auch eine Betriebsausgabe darstellt. Bei einer Auflösung der Rückstellung nach Abs. 2 mindern sich jedoch die steuerlich anzusetzenden Betriebsausgaben. Nach dem Sinn und Zweck der Regelung des § 21 Abs. 1 KStG a. F. kann nur dann ein Abzug vom Volumen der Rückstellung für Beitragsrückerstattung vorgenommen werden, wenn die Auflösung in der Handelsbilanz erfolgt. Der lediglich steuerbilanzielle Auflösungsbetrag aus § 21 Abs. 2 KStG a. F. darf sich daher nicht auf die Höchstbetragsrechnung des § 21 Abs. 1 KStG a. F. auswirken.[3] Technisch muss dies durch entsprechende Kürzung an anderer Stelle der Höchstbetragsberechnung erfolgen.

137 Der **Nettoertrag des steuerlichen Betriebsvermögens** ist zu kürzen, da dieser nicht mit Beitragseinnahmen im Zusammenhang steht und die Erträge aus der Bewirtschaftung des Eigenkapitals nicht unversteuert an die Versicherten ausgekehrt werden sollen.[4] Der Nettoertrag wird definiert als Ertrag aus langfristigen Kapitalanlagen, der anteilig auf das Betriebsvermögen entfällt, nach Abzug der entsprechenden abziehbaren und nicht abziehbaren Betriebsausgaben. Für die Ermittlung sind also folgende vier Größen notwendig:

▶ Betrag des steuerlichen Betriebsvermögens,
▶ Summe der langfristigen Kapitalanlagen,

---

1 Zur Ermittlung des handelsrechtlichen Jahresergebnisses für das selbst abgeschlossene Geschäft wird auf die Ausführungen zur Kommentierung der Neufassung (→ Rz. 101-110) verwiesen.
2 Zu den damit verbundenen europarechtlichen Bedenken wird auf die Ausführungen zur Neufassung verwiesen, siehe hierzu → Rz. 127.
3 Siehe hierzu auch *von Rönn/Behnisch* in Schnitger/Fehrenbacher (Hrsg.), 1. Aufl. 2012, § 21 KStG Rz. 147.
4 Vgl. BMF, Schreiben v. 7.3.1978 - IV B 7 - S 2775 - 10/78, BStBl 1978 I S. 160, Tz. 2.3.

- aus diesen Kapitalanlagen erwirtschaftete Erträge und
- damit zusammenhängende abziehbare und nicht abziehbare Betriebsausgaben.

138 Der Gesetzgeber stellt ausdrücklich auf das steuerliche Betriebsvermögen ab. Dies ist in gewisser Weise inkonsistent, da die übrigen Elemente der Höchstbetragsberechnung regelmäßig auf handelsrechtliche Werte abstellen. Das steuerliche Betriebsvermögen entspricht dem handelsrechtlichen Eigenkapital, korrigiert um ein steuerliches Mehr- oder Minderkapital aus von der Handelsbilanz abweichenden steuerlichen Bilanzansätzen. Rücklagen nach § 6b EStG gehören nicht dazu.[1] Auch die Regelung des § 8b Abs. 8 Satz 4 KStG ist in diesem Zusammenhang zu beachten, wonach für Beteiligungen an anderen Körperschaften, die von Lebens- und Krankenversicherungsunternehmen gehalten werden, die handelsbilanziellen Werte auch steuerbilanziell zu übernehmen sind.

139 Der Begriff der langfristigen Kapitalanlagen ist in mehrfacher Hinsicht unbestimmt, sowohl bezüglich der notwendigen Länge der Laufzeit als auch bezüglich der Art der Kapitalanlagen. Regelmäßig werden hierunter aber Anlagen mit einer Laufzeit von mehr als vier Jahren verstanden.[2] Anlageerträge, die im Rahmen der fondsgebundenen Lebensversicherung erzielt werden, sind nicht als langfristige Kapitalanlageerträge im Sinne dieser Regelung anzusehen. Aus dem Mittelwert der langfristigen Kapitalanlagen zum Anfang und zum Ende des Wirtschaftsjahres sowie den daraus erwirtschafteten Erträgen und darauf entfallenden Kosten errechnet sich der Prozentsatz, der zur Ermittlung des Nettoertrags auf das steuerliche Betriebsvermögen anzuwenden ist.

140–145 *(Einstweilen frei)*

III. Die Beitragsrückerstattung beim übrigen Versicherungsgeschäft (§ 21 Abs. 1 (Satz 1 n. F.) Nr. 2 KStG)

146 § 21 Abs. 1 Satz 1 Nr. 2 KStG n. F. wurde mit dem UStAVermG nur in formeller Hinsicht (sprachliche Anpassungen bzw. Konkretisierungen) angepasst.[3] Neu ab VZ 2019 ist nur der Einbezug der erfolgsunabhängigen Beitragsrückerstattungen bei der Höchstbetragsrechnung.[4] Weitere inhaltliche Änderungen wurden nicht vorgenommen, so dass sich der steuerliche Höchstbetrag der abziehbaren Beitragsrückerstattungen für das übrige Versicherungsgeschäft weiterhin nach folgendem Schema ermittelt:

	Beitragseinnahmen der einzelnen Versicherungszweige aus dem selbst abgeschlossenen Geschäft für eigene Rechnung (vgl. → Rz. 147 ff.)
−	abziehbare und nicht abziehbare Betriebsausgaben einschließlich Versicherungsleistungen, Rückstellungen und Rechnungsabgrenzungsposten (vgl. → Rz. 150 ff.)
=	Höchstbetrag der abziehbaren Beitragsrückerstattungen

147 **Beitragseinnahmen** sind Entgelte, die die Versicherungsunternehmen von den Versicherungsnehmern aus Versicherungsverträgen für das Versprechen der vereinbarten Leistung im Versicherungsfall erhalten. Hierzu gehören auch vertragliche Nebenleistungen wie etwa Gebüh-

---

[1] Vgl. *Koblenzer/Klaas/Frank* in Herrmann/Heuer/Raupach(Hrsg.), § 21 KStG Rz. 17, Stand Januar 2019.
[2] Vgl. RFH v. 2.7.1940 - I 4/49, RStBl 1940 S. 939.
[3] Vgl. BR-Drucks. 372/18 S. 59.
[4] Zur Begriffsdefinition der erfolgs(un)abhängigen Beitragsrückerstattungen siehe → Rz. 26. Zur Erweiterung des sachlichen Anwendungsbereichs ab VZ 2019 siehe → Rz. 52.

ren für die Ausstellung des Versicherungsscheins.[1] Auch Beitragsüberträge sind einzubeziehen, da diese zu den Beitragseinnahmen des jeweiligen Geschäftsjahres gehören. Nicht zu den Beitragseinnahmen gehören Überschüsse aus dem nicht selbst abgeschlossenen Geschäft. Werden Teile aus dem Versicherungsvertrag an einen Rückversicherer abgegeben, so sind die diesen Teilen zuzuordnenden Betriebseinnahmen und Betriebsausgaben auszusondern.

Überschüsse aus dem finanztechnischen Geschäft, wie z. B. Erträge aus dem angelegten Vermögen, dürfen grundsätzlich nicht in die Berechnung der abziehbaren Beitragsrückerstattungen einbezogen werden. Gleiches gilt für Zinserträge aus der Anlage von vorausgezahlten Beiträgen. Diese gehören zwar grundsätzlich zum versicherungstechnischen Ergebnis. In seinem Urteil zu Rein-Zinserträgen aus der Anlage von Beiträgen zur Kraftfahrzeughaftpflichtversicherung hat der BFH jedoch entschieden, dass entsprechende Zinserträge nicht zu den Beitragseinnahmen i. S. v. § 21 Abs. 1 Nr. 2 KStG a. F. gehören. Denn würden diese **Kapitalerträge** in die Berechnung des abziehbaren Höchstbetrags einbezogen werden, könnten Versicherungsunternehmen die Kapitalerträge unversteuert an die Versicherungsnehmer zuwenden.[2] Gleiches muss auch für die Neufassung gelten. 148

Die **Trennung** der versicherungstechnischen Überschussrechnung **nach Versicherungszweigen** (Sparten) ist vorgeschrieben, um positive und negative Ergebnisse einzelner Versicherungszweige nicht zu Lasten der Versicherungsnehmer auszugleichen. Werden vom Versicherungsunternehmen verschiedene Zweige des Versicherungsgeschäfts betrieben, sind die abziehbaren Beitragsrückerstattungen für jeden Versicherungszweig gesondert zu ermitteln.[3] Als Versicherungszweig gilt jede Sparte, für die nach den aufsichtsrechtlichen Vorschriften eine gesonderte Gewinn- und Verlust-Rechnung aufgestellt wird. 149

Zu den abziehbaren **Betriebsausgaben** gehören alle nach dem Verursachungsprinzip versicherungstechnisch begründete Aufwendungen.[4] Hierzu gehören aufgrund der ausdrücklichen gesetzlichen Nennung auch Versicherungsleistungen, Zuführungen zu Rückstellungen und Rechnungsabgrenzungsposten. 150

Maßgebend für die Verursachung ist der **Zusammenhang der Betriebsausgabe mit den Beitragseinnahmen** des einzelnen Versicherungszweiges. In der Regel kann die in der Gewinn- und Verlust-Rechnung vorgenommene Zuordnung zum finanztechnischen Geschäft einerseits und den Versicherungszweigen des versicherungstechnischen Geschäfts andererseits unverändert übernommen werden. Für Aufwand, der nicht einem Geschäftszweig unmittelbar zugeordnet werden kann, muss eine angemessene Schlüsselung durchgeführt werden, die der wirtschaftlichen Verursachung Rechnung trägt. 151

Die übrigen steuerlich nicht abziehbaren Betriebsausgaben müssen in der Überschussrechnung für die Beitragsrückerstattung ebenfalls berücksichtigt werden. Hierzu gehören u. a. die nichtabzugsfähigen Spenden und 50 % der Aufsichtsratsvergütungen. 152

(Einstweilen frei) 153–180

---

1 Vgl. BFH, Urteil v. 21.10.1999 - I R 36/95, BStBl 2000 II S. 238.
2 Vgl. BFH, Urteil v. 21.10.1999 - I R 36/95, BStBl 2000 II S. 238.
3 Vgl. BFH, Urteil v. 6.8.1962 - I 197/60 U, BStBl 1962 III S. 483.
4 Vgl. BMF, Schreiben v. 7.3.1978 - IV B 7 - S 2775 - 10/78, BStBl 1978 I S. 160, Tz. 3.

C. Keine Anwendung von § 6 Abs. 1 Nr. 3a EStG, insbesondere keine Abzinsung (§ 21 Abs. 2 KStG n. F./ Abs. 3 KStG a. F.)

181 Mit der Neuregelung des § 21 KStG wurde der Abs. 3 unverändert in Abs. 2 übernommen. Bei § 21 Abs. 2 KStG n. F. handelt es sich um eine steuerrechtliche Sonderregelung zur Bewertung von Rückstellungen für Beitragsrückerstattungen von Versicherungsunternehmen. § 21 Abs. 2 KStG n. F. sieht vor, dass die allgemeine steuerrechtliche Sonderregelung zur Rückstellungsbewertung gem. § 6 Abs. 1 Nr. 3a KStG bei Rückstellungen für Beitragsrückerstattungen keine Anwendung findet. In der Gesetzesbegründung zur Einführung des Abzinsungsverbots (§ 21 Abs. 3 KStG a. F.) wird darauf verwiesen, dass § 21 KStG eine vom Handelsrecht abweichende steuerrechtliche Bewertungsvorschrift für Rückstellungen für Beitragsrückerstattungen enthält und diese den Höchstbetrag der steuerlich anzuerkennenden Rückstellung festlegt. Der Gesetzgeber sieht deshalb keinen Anwendungsbedarf für die allgemeinen Vorschriften zur Rückstellungsbewertung des § 6 Abs. 1 Nr. 3a EStG.[1]

Bei der Berechnung der Rückstellung für Beitragsrückerstattung ist ohnehin regelmäßig eine Zinskomponente enthalten. So wird die Rückstellung für Beitragsrückerstattung insbesondere auch aus der Verzinsung der Kapitalanlagen im Deckungsstock gespeist, die in das versicherungstechnische Ergebnis einfließen. Aufgrund der im Rahmen der Rückstellungsberechnung implizit enthaltenen Zinskomponente kann daher bei Rückstellungen für Beitragsrückerstattungen von verzinslichen Rückstellungen ausgegangen werden, die schon nach den allgemeinen Regeln in der Steuerbilanz nicht abzuzinsen sind.[2]

182 Der BFH hat in seinem Urteil vom 25.11.2009 entschieden, dass § 21 Abs. 3 KStG a. F. nur auf Rückstellungen für erfolgsabhängige Beitragsrückerstattungen anzuwenden ist.[3] Der BFH begründete seine Auffassung mit dem systematischen Zusammenhang von § 21 Abs. 3 KStG a. F. zu den Absätzen 1 und 2, welche sich dem Wortlaut nach ausschließlich auf erfolgsabhängige Beitragsrückerstattungen beziehen. Nach der Altregelung fand § 21 KStG a. F. bei erfolgsunabhängigen Beitragsrückerstattungen keine Anwendung, weshalb Rückstellungen für diese erfolgsunabhängigen Beitragsrückerstattungen dem allgemeinen Abzinsungsgebot des § 6 Abs. 1 Nr. 3a EStG unterlagen. Die Finanzverwaltung sah hierin auch keine Gesetzeslücke, so dass sie eine analoge Anwendung des § 21 Abs. 3 KStG a. F. für erfolgsunabhängige Beitragsrückerstattungen ausgeschlossen hatte.[4]

183 Der sachliche Anwendungsbereich des § 21 KStG wurde mit dem UStAVermG u. a. auf erfolgsunabhängige Beitragsrückerstattungen ausgeweitet.[5] Wird die vom BFH im Urteil vom 25.11.2009 angebrachte Argumentation auf den neugefassten § 21 KStG übertragen, greift das nunmehr in § 21 Abs. 2 KStG n. F. (Abs. 3 a. F.) geregelte Abzinsungsverbot aufgrund des systematischen Zusammenhangs zum neugefassten Abs. 1 nun auch bei Rückstellungen für erfolgsunabhängige Beitragsrückerstattungen. Der neugefasste § 21 Abs. 2 KStG und demzufolge das Abzinsungsverbot gilt für Rückstellungen für erfolgsabhängige und erfolgsunabhängige Beitragsrückerstattungen ab VZ 2019 gleichermaßen.

---

1 Vgl. BT-Drucks. 14/443 S. 36.
2 So auch Gosch/*Roser*, 3. Aufl. 2015, § 21 KStG Rz. 42.
3 Vgl. BFH, Urteil v. 25.11.2009 - I R 9/09, BStBl 2010 II S. 304.
4 Vgl. FinMin Schleswig-Holstein, Erlass v. 18.2.2008 - VI 324 - S 2775 - 077, NWB DAAAC-75318.
5 Zur Begriffsdefinition der erfolgs(un)abhängigen Beitragsrückerstattungen siehe → Rz. 26. Zur Erweiterung des sachlichen Anwendungsbereichs ab VZ 2019 siehe → Rz. 52.

(Einstweilen frei)

D. Rückstellung für Beitragsrückerstattung (§ 21 Abs. 2 KStG a. F.)

I. Wegfall ab VZ 2019

Mit dem UStAVermG wird die Regelung zum steuerlichen Höchstbetrag für Rückstellungen für Beitragsrückerstattungen in § 21 KStG ersatzlos aufgehoben. Der Wegfall dieser steuerrechtlichen Sonderregelung zur Rückstellungsbildung und -bewertung gilt ab VZ 2019, wobei auf Antrag unter bestimmten Voraussetzungen eine vorzeitige Anwendung ab VZ 2018 möglich ist.[1] Da mittlerweile aufsichtsrechtliche Regelungen sowohl für den Altbestand als auch für den Neubestand von Versicherungen existieren, besteht für eine steuerrechtliche Sondervorschrift keine Notwendigkeit mehr.[2] Künftig sollen auch für steuerliche Zwecke die aufsichtsrechtlichen und damit die handelsrechtlichen Höchstbeträge maßgeblich sein.[3] Damit verbunden ist eine sehr sinnvolle Harmonisierung der aufsichtsrechtlichen und steuerrechtlichen Anforderungen.[4]

II. Altregelung bis einschließlich VZ 2018

1. Allgemein

§ 21 Abs. 2 KStG a. F. regelt bis zum VZ 2018 die Rückstellungsbildung und steuerliche Abziehbarkeit von Rückstellungen für erfolgsabhängige Beitragsrückerstattungen, indem die Voraussetzungen für die Zuführungen genannt werden und bestimmt wird, wann Auflösungen vorzunehmen sind. Erfolgsunabhängige Beitragsrückerstattungen werden aufgrund des systematischen Zusammenhangs zu Abs. 1 a. F. nicht von § 21 Abs. 2 KStG a. F. erfasst.[5] Die Rückstellung für Beitragsrückerstattung (sog. RfB) setzt sich zusammen aus der gebundenen RfB und der freien RfB. Die gebundene RfB unterscheidet sich von der freien RfB dadurch, dass bei ihr die Verwendung bereits festgelegt ist, während bei der freien RfB noch keine konkrete Verwendungsentscheidung vorliegt.[6]

2. Zuführung zur Rückstellung (§ 21 Abs. 2 Satz 1 KStG a. F.)

Die steuerliche Abziehbarkeit der Zuführungen zu einer Rückstellung für Beitragsrückerstattung erfordert die sog. Verwendungssicherung der Rückstellungsmittel für Zwecke der Beitragsrückerstattung alternativ

- durch Satzungsbestimmungen oder
- durch geschäftsplanmäßige Erklärungen.

Die geschäftsplanmäßigen Erklärungen erfolgen grundsätzlich gegenüber der Aufsichtsbehörde (Bundesanstalt für Finanzdienstleistungsaufsicht, BaFin) und verpflichteten das Versiche-

---

1 Zum zeitlichen Anwendungsbereich im Detail siehe → Rz. 53.
2 Vgl. *Hannig/Hoffmann*, DStR 2018 S. 1846.
3 Vgl. BR-Drucks. 372/18 S. 58.
4 Vgl. *Hannig/Hoffmann*, DStR 2018 S. 1846; Stellungnahme der acht Spitzenorganisationen der deutschen Wirtschaft zum Referentenentwurf des JStG 2018, S. 28.
5 Vgl. BFH, Urteil v. 9.6.1999 - I R 17/97, BStBl 1999 II S. 739.
6 Vgl. hierzu auch § 28 Abs. 8 RechVersV i. V. m. § 13 MindZV.

rungsunternehmen öffentlich-rechtlich bindend, die in der Rückstellung enthaltenen Beträge, wie erklärt, nur zur Beitragsrückerstattung zu verwenden. Eine Erklärung gegenüber den einzelnen Versicherungsnehmern ist dann nicht erforderlich.

195 Es ist unschädlich, wenn trotz der Verwendungssicherung in den von § 140 Abs. 1 Satz 2 VAG normierten Ausnahmefällen mit Zustimmung der Aufsichtsbehörde die Rückstellung für Beitragsrückerstattung zur Verlustdeckung oder Abwendung eines Notstandes bzw. eines drohenden Notstandes herangezogen wird. Bereits die Rechtsprechung des RFH[1] sah in der Verwendungsmöglichkeit zur Abwendung eines Notstandes keinen Verstoß gegen das Erfordernis der Verwendungssicherheit. Diese Auffassung wird auch von der Finanzverwaltung geteilt.[2]

Von der Verwendungssicherung zu unterscheiden ist die verbindliche Festlegung von Beträgen aus der Rückstellung für Beitragsrückerstattung, wie sie in § 21 Abs. 2 Satz 1 Nr. 2 KStG a. F. gefordert wird (vgl. → Rz. 209 ff.).

196–200 *(Einstweilen frei)*

3. Auflösung der Rückstellung – Höchstbetragsrechnung (§ 21 Abs. 2 Satz 2 KStG a. F.)

a) Vorgehen und Berechnungsschema

201 Durch die Vorschriften zu Rückstellungsauflösungen wird gleichzeitig die Höchstgrenze bestimmt, bis zu der eine Rückstellung für Beitragsrückerstattung steuerlich gebildet werden kann. § 21 Abs. 2 KStG a. F. nennt hierzu fünf Sachverhalte:

Für **alle Versicherungszweige** ergibt sich die zulässige Höchstgrenze zunächst aus der Summe

- der Zuführungen zur Rückstellung für Beitragsrückerstattung zum letzten Bilanzstichtag und den zwei (bzw. vier) vorangegangenen Wirtschaftsjahren (vgl. → Rz. 203 ff.) sowie
- dem Betrag, dessen Ausschüttung an Versicherte vor dem Bilanzstichtag verbindlich festgelegt wurde (vgl. → Rz. 209 ff.).

Für **Krankenversicherungsunternehmen** werden in § 21 Abs. 2 Satz 2 Nr. 3 KStG a. F. (vgl. → Rz. 213 f.) und für **Lebensversicherungsunternehmen** in Nr. 4 (vgl. → Rz. 215) zusätzliche Sachverhalte als Erhöhung des Maximalbetrags der Rückstellung normiert.

Bei Überschreiten des zulässigen Höchstbetrags ist die Rückstellung insoweit in der Steuerbilanz aufzulösen. Nach § 21 Abs. 2 Satz 3 KStG a. F. kann diese Auflösung für Kleinbeträge unterbleiben. Diese Kleinbetragsregelung gilt wiederum für alle Versicherungszweige (vgl. → Rz. 216).

---

[1] Vgl. RFH, Urteil v. 4.4.1939 - I 388/37, RStBl 1939 S. 892.
[2] Vgl. BMF, Schreiben v. 7.3.1978 - IV B 7 - S 2775 - 10/78, BStBl 1978 I S. 160, Tz. 4.1; im BMF-Schreiben von 1978 wird von der „Abwendung eines Notstandes" gesprochen. Konsequenterweise muss dies aber auch gelten für die „Abwendung eines drohenden Notstandes" entsprechend der Formulierung in § 140 VAG in der am 1.1.2016 in Kraft getretenen Fassung des VAG v. 1.4.2015 (BGBl 2015 I S. 434; entspricht § 56b VAG in der vorherigen bis 2015 geltenden Gesetzesfassung).

Schematisch lässt sich die Höchstbetragsregelung wie folgt zusammenfassen: 202

Höchstbetrag der Rückstellung für Beitragsrückerstattung gem. § 21 Abs. 2 KStG a. F.:			
Komponenten des Höchstbetrags	anwendbar in der Schaden- und Unfallversicherung	anwendbar in der Krankenversicherung	anwendbar in der Lebensversicherung
Zuführungen der letzten drei (bzw. fünf) Jahre (Satz 2 Nr. 1)	+	+	+
verbindlich festgelegte Beträge (Satz 2 Nr. 2)	+	+	+
Sonderregelung Krankenversicherer (Satz 2 Nr. 3)	o	+	o
Sonderregelung Lebensversicherer (Satz 2 Nr. 4)	o	o	+
Kleinbetragsregelung (Satz 3)	+	+	+

b) Verwendungsfrist (§ 21 Abs. 2 Satz 2 Nr. 1 KStG a. F.)

Zunächst will der Gesetzgeber beachtet wissen, dass die tatsächliche Verwendung der Rückstellung für Beitragsrückerstattung zeitlich in naher Zukunft vorgenommen wird. Deshalb ist in § 21 Abs. 2 Nr. 1 KStG a. F. bestimmt, dass in der Rückstellung für Beitragsrückerstattung nur drei Jahreszuführungen enthalten sein dürfen. Dabei zählt die Zuführung aus dem am Bilanzstichtag endenden Wirtschaftsjahr mit. Ist dieser Höchstbetrag überschritten, muss bis auf die nachstehenden Ausnahmen (vgl. → Rz. 209 bis → Rz. 215) eine erfolgswirksame Auflösung durchgeführt werden. Diese Regelung gilt für die Veranlagungszeiträume bis 2009. 203

Die Beschränkung auf drei Jahreszuführungen kann bewirken, dass in Zeiten niedriger Zinsen auf den Kapitalmärkten die Rückstellung abgebaut werden muss. Aufgrund des dauerhaft niedrigen Zinsniveaus wurde § 21 Abs. 2 Satz 2 Nr. 1 KStG a. F. mit dem Jahressteuergesetz 2010 für einen befristeten Zeitraum[1] geändert und der Höchstbetrag auf fünf Jahreszuführungen erhöht (vgl. § 34 Abs. 8 KStG). Hierbei handelt es sich um die Zuführungen des laufenden und der vier vorangegangenen Wirtschaftsjahre. Diese befristete Änderung gilt seit der letzten Verlängerung bis einschließlich VZ 2018.[2] 204

Aufgrund des anhaltend niedrigen Zinsniveaus werden weniger Kapitalerträge erzielt, die der Rückstellung zugeführt werden können. Gleichzeitig ist die Rückstellung aufzulösen, weil Teilbeträge an die Versicherten auszuschütten sind. Sofern die Höhe der Zuführung rückläufig ist und der Auflösungsbetrag den Zuführungsbetrag übersteigt, kann dies zu einer dauerhaften Verringerung der Rückstellung und der Eigenmittelquote führen und die Solvenz der Unternehmen gefährden. Mit der befristeten Übergangsregelung sollte der Abbau der Rückstellung verhindert werden. 205

In der für die Jahre 2010 bis 2015 geltenden Fassung war die befristete Erhöhung des Maximalbetrags durch eine zusätzliche Höchstgrenze flankiert. Der im ersten Schritt als Summe 206

---

1 Zunächst war die Regelung auf die Jahre 2010 bis 2013 beschränkt; sie wurde nachfolgend zweimal um jeweils zwei Jahre verlängert.
2 StÄndG 2015, BGBl 2015 I S. 1834.

von fünf Jahreszuführungen ermittelte Höchstbetrag durfte nicht höher sein als das 1,2-fache der Summe der drei Zuführungen, die zum Schluss des im VZ 2009 endenden Wirtschaftsjahres zulässigerweise ermittelt wurden.

207 Diese zusätzliche Begrenzung auf das 1,2-fache des am Ende des Wirtschaftsjahres 2009 ausgewiesenen Betrags ist in der für die Veranlagungszeiträume ab 2016 anwendbaren Gesetzesfassung nicht mehr enthalten. Für die Veranlagungszeiträume 2010 bis 2015 ist die Begrenzung auf das 1,2-fache des Rückstellungsbetrages am Ende des Wirtschaftsjahres 2009 jedoch zu berücksichtigen.

208 Um zu verhindern, dass sich die befristete Übergangsregelung negativ für das Versicherungsunternehmen auswirkt, enthält sie eine Untergrenze. Bei der Untergrenze handelt es sich um jenen Zuführungsbetrag, der sich nach der ursprünglichen Regelung des § 21 Abs. 2 Satz 2 Nr. 1 KStG a. F. (also der Summe der Zuführungen der drei letzten Jahre) ergeben würde (→ Rz. 203). Seit dem Wegfall der Begrenzung des Höchstbetrags auf das 1,2-fache des Rückstellungsstandes zum Ende des Wirtschaftsjahres 2009 sollten sich keine Anwendungsfelder für diese Untergrenze mehr ergeben. Trotzdem wurde diese Untergrenze auch in der für die Veranlagungszeiträume 2016 bis 2018 anwendbaren Gesetzesfassung nicht gestrichen.

c) Verbindliche Festlegung der Ausschüttung (§ 21 Abs. 2 Satz 2 Nr. 2 KStG a. F.)

209 Von der nach → Rz. 203 vorgeschriebenen Auflösung ist nach § 21 Abs. 2 Nr. 2 KStG a. F. der Betrag ausgenommen, dessen Ausschüttung als Beitragsrückerstattung vom Versicherungsunternehmen vor dem Bilanzstichtag verbindlich festgelegt worden ist. Der Begriff der verbindlichen Festlegung geht über den Begriff der Verwendungssicherung (→ Rz 193) hinaus. Danach müssen detailliertere Angaben gemacht werden als im Zusammenhang mit dem Kriterium „Verwendungssicherheit" notwendig sind. Nach Tz. 4.2 des BMF-Schreibens vom 7.3.1978[1] soll die Festlegung dem Grunde und der Höhe nach vorgenommen werden. Es werden hingegen keine Vorgaben gemacht, wann die tatsächliche Auszahlung der verbindlich festgelegten Beträge zu erfolgen hat. Diese müssen nicht zwingend bereits im auf die Festlegung folgenden Geschäftsjahr ausgezahlt werden. Auch eine mehrjährige Bindung ist zulässig.

210 Eine verbindliche Festlegung dem Grunde nach kann angenommen werden, wenn sie durch geschäftsplanmäßige Erklärung erfolgt oder dadurch, dass die zuständigen Organe der Versicherungsgesellschaft einen entsprechenden Beschluss fassen. Dieser Beschluss muss den berechtigten Personen bekannt gegeben werden. Die Veröffentlichung im Geschäftsbericht oder Bundesanzeiger soll nach dem BMF-Schreiben vom 7.3.1978 genügen.

211 Bei der Festlegung der Höhe nach müssen hinsichtlich des Erstattungsbetrages der Personenkreis, der Zahlungszeitpunkt und die Höhe der Beitragsrückerstattung selbst bestimmbar sein.

212 Grundsätzlich müssen sämtliche Merkmale der verbindlichen Festlegung vor dem Bilanzstichtag erfüllt sein. Ungeklärt ist aber, ob auch die Bekanntgabe und damit die Außenbindung zwingend vor dem Bilanzstichtag zu erfolgen hat. Nachdem laut dem BMF-Schreiben vom 7.3.1978[2] eine Veröffentlichung im Geschäftsbericht oder Bundesanzeiger genügt, scheint nach Auffassung der Finanzverwaltung auch die Bekanntgabe nach dem Bilanzstichtag auszureichen.

---

1 Vgl. BMF, Schreiben v. 7.3.1978 - IV B 7 - S 2775 - 10/78, BStBl 1978 I S. 160.
2 Vgl. BMF, Schreiben v. 7.3.1978 - IV B 7 - S 2775 - 10/78, BStBl 1978 I S. 160.

d) Sonderfall KV – Ermäßigung der Beitragserhöhungen (§ 21 Abs. 2 Satz 2 Nr. 3 KStG a. F.)

Nach § 21 Abs. 2 Nr. 3 KStG a. F. ist in der Krankenversicherung von der Auflösung nach → Rz. 203 der Betrag ausgenommen, dessen Verwendung zur Ermäßigung von Beitragserhöhungen im folgenden Geschäftsjahr vor dem Bilanzstichtag verbindlich festgelegt worden ist. Die Ermäßigung einer im nächsten Geschäftsjahr erforderlichen Beitragserhöhung wird vom Gesetzgeber einer Beitragsrückerstattung gleichgestellt. Der hierzu notwendige Teilbetrag der Rückstellung für Beitragsrückerstattung gilt durch die verbindliche Festlegung vor dem Bilanzstichtag als bereits verwendet und braucht deshalb nicht aufgelöst zu werden, falls die Grenze (vgl. → Rz. 203) überschritten ist. Für die Festlegung gelten im Allgemeinen die Kriterien in → Rz. 209. Eine verbindliche Festlegung dem Grunde nach liegt nur vor, wenn sie in einer vom Gesetzgeber geforderten Form erfolgt. Eine bloße Absichtserklärung gegenüber der Aufsichtsbehörde genügt nicht.

Eine verbindliche Festlegung der Höhe nach ist schon dann gegeben, wenn der zur Verwendung im folgenden Wirtschaftsjahr bereitgestellte Betrag aus der Rückstellung für Beitragsrückerstattung in einer Summe angegeben wird.

e) Sonderfall LV – Schlussgewinnanteile (§ 21 Abs. 2 Satz 2 Nr. 4 KStG a. F.)

Nach § 21 Abs. 2 Nr. 4 KStG a. F. ist bei der Lebensversicherung (und Pensionsfonds) aus der Auflösung nach → Rz. 203 der Betrag auszusondern, der für die Finanzierung der auf die abgelaufenen Versicherungsjahre entfallenden Schlussgewinnanteile erforderlich ist. Unter der Voraussetzung, dass der Vertrag bis zum vereinbarten Ende läuft, besteht in der Lebensversicherung ein Rechtsanspruch auf Zahlung eines Schlussgewinnanteils. Schlussgewinnanteile werden in der Lebensversicherung als Anreiz zur Erfüllung der Vertragslaufzeit gewährt, da die Kündigung von Lebensversicherungsverträgen grundsätzlich jederzeit möglich ist.[1] Die Schlussgewinnanteile werden versicherungsmathematisch ermittelt und über die Vertragslaufzeit über die Rückstellung für Beitragsrückerstattung zur Finanzierung angesammelt (Schlussüberschussanteilsfonds als Teilrückstellung innerhalb der Rückstellung für Beitragsrückerstattung – vgl. auch § 28 Abs. 7 RechVersV). Dies allein genügt, um solche Schlussgewinnanteile von der Auflösungspflicht nach → Rz. 203 auszunehmen. Eine verbindliche Festlegung, wie sie in → Rz. 209 und → Rz. 213 gefordert wird, entfällt.

f) Kleinbetragsregelung (§ 21 Abs. 2 Satz 3 KStG a. F.)

Eine Auflösung (→ Rz. 203 bis → Rz. 215) ist nach § 21 Abs. 2 Satz 3 KStG a. F. nicht erforderlich, soweit an den Versicherungsnehmer Kleinbeträge auszubezahlen wären und die Auszahlung dieser Beträge mit einem unverhältnismäßig hohen Verwaltungsaufwand für das Versicherungsunternehmen verbunden wäre. Die Finanzverwaltung hätte über die Ermächtigungsvorschrift des § 33 Abs. 1 Nr. 2 Buchst. a KStG durch Rechtsverordnung den Kleinbetrag bestimmen können. Sie hat keine formelle Rechtsverordnung erlassen, aber die Kleinbetragsregelung in Tz. 5 Nr. 1 des BMF-Schreibens vom 7.3.1978[2] definiert. Ein Kleinbetrag liegt danach vor, wenn auf den einzelnen begünstigten Versicherungsvertrag bzw. Versicherten im Durchschnitt weniger als 20 DM (heute ca. 10,23 €) entfallen oder wenn die Beitragsrückerstattung weniger als 1 % der Brutto-Jahresbeiträge des betreffenden Versicherungszweigs beträgt.

---

[1] Vgl. *Goverts* in E&Y (Bott/Walter), § 21 KStG Rz. 80, Stand April 2019.
[2] Vgl. BMF, Schreiben v. 7.3.1978 - IV B 7 - S 2775 - 10/78, BStBl 1978 I S. 160.

g) Rechtsfolgen

217 Ein Überschreiten des Höchstbetrags des § 21 Abs. 2 KStG a. F. führt zu einer gewinnerhöhenden Auflösung des überschießenden Betrags in der Steuerbilanz. Insoweit wird durch diese Regelung die Maßgeblichkeit der Handelsbilanz für die Steuerbilanz durchbrochen und es entsteht eine temporäre Differenz zwischen Handelsbilanz und Steuerbilanz. Der steuerliche Mindergewinn, der sich bei Verwendung der steuerbilanziell gekürzten Beträge in der Handelsbilanz ergibt, ist nach allgemeinen Grundsätzen steuerlich zu berücksichtigen. Die Kürzung nach § 21 Abs. 2 KStG a. F. hat demnach nur temporäre Wirkung.[1]

218 Von Teilen der Literatur wird jedoch angenommen, dass die handelsbilanziellen Beitragsrückerstattungen, die zur Umkehr dieser temporären Differenz führen, steuerlich als nicht abziehbare Betriebsausgaben zu werten sind.[2] Damit würde sich aus der Regelung des § 21 Abs. 2 KStG a. F. nicht nur eine Phasenverschiebung der Gewinnauswirkungen ergeben, sondern auch permanente Belastungen. Der Wortlaut des § 21 Abs. 2 KStG a. F. bietet jedoch keinerlei Anknüpfungspunkte, aus denen die steuerliche Behandlung als nicht abziehbare Betriebsausgabe abgeleitet werden könnte. Daher ist diese Auffassung abzulehnen.

219–220 *(Einstweilen frei)*

ABC der Rechtsprechung: Beitragsrückerstattungen (§ 21 KStG)

221 ▶ **Abgrenzung erfolgsabhängige und erfolgsunabhängige Beitragsrückerstattung**; Rückerstattung aufgrund einer versicherungsvertraglichen oder geschäftsplanmäßigen Erklärung (BFH, Urteil v. 7.3.2007 - I R 61/05, BStBl 2007 II S. 589; BFH, Beschluss v. 19.5.2010 - I R 64/08, BFH/NV 2010 S. 1860 = NWB IAAAD-48550)

▶ **Abwendung eines Notstands**; Rückstellung für Beitragsrückerstattung möglich als Ausnahme (RFH, Urteil v. 4.4.1939 - I 388/37, RStBl 1939 S. 892)

▶ **Erfolgsunabhängige Beitragsrückerstattungen** sind abzuzinsen (§ 6 Abs. 1 Nr. 3a Buchst. e EStG), § 21 Abs. 3 KStG a. F. ist nur auf die erfolgsabhängigen Beitragsrückerstattungen anzuwenden (BFH, Urteil v. 25.11.2009 - I R 9/09, BStBl 2010 II S. 304)

▶ **Geschäftsergebnis in der Lebensversicherung** (BFH, Urteil v. 3.2.1959 - I 145/57 U, BStBl 1959 III S. 138)

▶ **Geschäftsergebnis in der Sachversicherung** (BFH, Urteil v. 6.8.1962 - I 197/60 U, BStBl 1962 III S. 483)

▶ **Lebensversicherung**; Beitragsrückerstattung aufgrund einer durch das BAV geforderten geschäftsmäßigen Erklärung, Mindest-Beitragsrückerstattung, Beitragsrückerstattung bei neu gegründeten Lebensversicherungsunternehmen (BFH, Urteil v. 9.6.1999 - I R 17/97, BStBl 1999 II S. 739)

▶ **Pool-Rückstellung für Beitragsrückerstattung in der Krankenversicherung**; Abzinsungspflicht (BFH, Urteil v. 6.5.2015 - I R 7/14, BFH/NV 2016 S. 69 = NWB PAAAF-07177)

▶ **Rein-Zinserträge in der Kraftfahrzeug-Haftpflichtversicherung** (BFH, Urteil v. 21.10.1999 - I R 36/95, BStBl 2000 II S. 238)

---

1 Ähnlich auch *Schick* in Erle/Sauter (Hrsg.), 3. Aufl. 2010, § 21 KStG Rz. 62; *Hoffmann/Kunz*, VersWi 2009 S. 1838; *von Rönn/Behnisch* in Schnitger/Fehrenbacher (Hrsg.), 1. Aufl. 2012, § 21 KStG Rz. 145-146.
2 So z. B. *Rüsch* in Frotscher/Drüen (Hrsg.), § 21 KStG Rz. 127, Stand Januar 2019.

Deckungsrückstellungen § 21a KStG

▶ **Sachversicherung**; Rückzahlung überhobener Beiträge; Begriff der Beitragseinnahme; Primärumsatz des Versicherungsunternehmens; Aufzählung von Erträgen, die keine Beitragseinnahmen sind (BFH, Urteil v. 6.12.1960 - I 44/60 U, BStBl 1961 III S. 81)

▶ **Schlüsselung der Körperschaftsteuer** nach dem Verhältnis der Überschüsse des finanztechnischen und des versicherungstechnischen Geschäfts sowie nach Versicherungszweigen (RFH, Urteil v. 9.1.1940, RStBl 1940 S. 436)

§ 21a Deckungsrückstellungen

(1) ¹§ 6 Abs. 1 Nr. 3a Buchstabe e des Einkommensteuergesetzes ist von Versicherungsunternehmen und Pensionsfonds mit der Maßgabe anzuwenden, dass Deckungsrückstellungen im Sinne des § 341f des Handelsgesetzbuchs mit dem sich für die zugrunde liegenden Verträge aus der Bestimmung in Verbindung mit § 25 der Verordnung über die Rechnungslegung von Versicherungsunternehmen oder in Verbindung mit der auf Grund des § 240 Satz 1 Nummer 10 des Versicherungsaufsichtsgesetzes erlassenen Rechtsverordnung ergebenden Höchstzinssatz oder einem niedrigeren zulässigerweise verwendeten Zinssatz abgezinst werden können. ²Für die von Schaden- und Unfallversicherungsunternehmen gebildeten Renten-Deckungsrückstellungen kann der Höchstzinssatz, der sich auf Grund der nach § 217 Satz 1 Nummer 7 des Versicherungsaufsichtsgesetzes erlassenen Rechtsverordnung ergibt, oder ein niedriger zulässigerweise verwendeter Zinssatz zugrunde gelegt werden.

(2) Soweit die in Absatz 1 genannten versicherungsrechtlichen Bestimmungen auf Versicherungsunternehmen mit Sitz in einem anderen Mitgliedstaat der Europäischen Union oder in einem anderen Vertragsstaat des EWR-Abkommens keine Anwendung finden, können diese entsprechend verfahren.

Inhaltsübersicht

	Rz.
A. Entstehungsgeschichte der Vorschrift	1 - 5
B. Regelungsinhalt	6 - 10
I. Allgemeines	6
II. Wahlrecht zur Anwendung des Abzinsungssatzes des § 6 Abs. 1 Nr. 3a EStG (Abs. 1)	7 - 8
III. Anwendbarkeit auf Versicherungsunternehmen mit Sitz in anderen Staaten der Europäischen Union (Abs. 2)	9 - 10
C. Die abziehbare Deckungsrückstellung in den verschiedenen Versicherungszweigen	11 - 41
I. Arten und Begriff der Deckungsrückstellung	11 - 12
II. Versicherungsmathematischer Aufbau der Deckungsrückstellung in der Lebensversicherung	13 - 25
III. Deckungsrückstellung in der Schaden- und Unfallversicherung sowie in der Krankenversicherung	26 - 41

A. Entstehungsgeschichte der Vorschrift

§ 21a KStG wurde durch das StEntlG 1999/2000/2002 vom 4.3.1999[1] eingefügt. Der bisherige § 21a KStG (Zuteilungsrücklage bei Bausparkassen) hat die Bezeichnung § 21b KStG erhalten,

---

[1] BStBl 1990 I 304.

wurde jedoch durch das BEPS-Umsetzungsgesetz (BEPS-UmsG) vom 20.12.2016 mit Wirkung für den Veranlagungszeitraum 2016 aufgehoben.[1] Die Einfügung erfolgte im Zusammenhang mit der gleichzeitigen Einführung der Abzinsungsreglung in § 6 Abs. 1 Nr. 3a Buchst. e EStG durch das StEntlG 1999/2000/2002 vom 4.3.1999. § 21a KStG enthält für die Abzinsung der Deckungsrückstellung eine besondere Anwendungsbestimmung.

2   Mit dem Altersvermögensgesetz (AVmG) vom 26.6.2001[2] erfolgte die Ausdehnung der Regelung mit Wirkung ab 1.1.2002 auf Pensionsfonds. Über das Amtshilferichtlinieumsetzungsgesetz v. 26.6.2013[3] erfolgte eine redaktionelle Anpassung in Abs. 2 der Vorschrift.

3   Die Verweise auf das Versicherungsaufsichtsgesetz (VAG) und dessen ergänzende Verordnungen in Abs. 1 der Vorschrift wurden im Rahmen des Gesetzes zur Modernisierung der Finanzaufsicht über Versicherungen[4] mit Wirkung ab dem Veranlagungszeitraum 2016 angepasst. Die Änderung war bedingt durch die Neufassung des VAG.

4–5   *(Einstweilen frei)*

B. Regelungsinhalt

I. Allgemeines

6   § 341f HGB gibt den gesetzlichen Rahmen für den Ansatz und die Bewertung von Deckungsrückstellungen in der Handelsbilanz. Über den allgemeinen Maßgeblichkeitsgrundsatz in § 5 Abs. 1 Satz 1 EStG ist der handelsrechtliche Ansatz auch steuerbilanziell zu übernehmen.

II. Wahlrecht zur Anwendung des Abzinsungssatzes des § 6 Abs. 1 Nr. 3a EStG (Abs. 1)

7   § 21a Abs. 1 KStG stellt eine Sondervorschrift für Deckungsrückstellungen gegenüber der allgemeinen Abzinsungsregelung des § 6 Abs. 1 Nr. 3a EStG dar. Nach dem Wortlaut der Vorschrift „können" Versicherungsunternehmen zwar den allgemeinen Abzinsungssatz von 5,5 % aus § 6 Abs. 1 Nr. 3a EStG auch auf Deckungsrückstellungen anwenden. Insoweit besteht ein steuerbilanzielles Wahlrecht für den Steuerpflichtigen. Um eine Durchbrechung der Maßgeblichkeit zu vermeiden und den Gleichlauf zwischen Steuerbilanz und Handelsbilanz für die Bewertung von Deckungsrückstellungen zu gewährleisten, dürfen jedoch für die handelsbilanzielle Bewertung der Deckungsrückstellung zulässigerweise verwendete Zinssätze auch steuerbilanziell übernommen werden. Insbesondere sind Zinssätze, die sich aus Verordnungen der Aufsichtsbehörde ergeben oder aufgrund eines von der Aufsichtsbehörde genehmigten Geschäftsplans anzuwenden sind, auch für die steuerliche Bewertung der Deckungsrückstellung gem. § 21a KStG anzuerkennen.

Gleichzeitig wird auch klargestellt, keine zusätzliche steuerbilanzielle Abzinsung der gemäß den handelsrechtlichen Vorgaben ermittelten Deckungsrückstellung entsprechend § 6 Abs. 1 Nr. 3a EStG zu erfolgen hat. Da es sich bei der Deckungsrückstellung ohnehin um eine verzinsliche Rückstellung handelt (vgl. § 341f HGB), greift bereits über § 6 Abs. 1 Nr. 3a Buchst. e EStG

---

[1] BGBl 2016 I 3000.
[2] BStBl 2001 I 420, 449.
[3] BGBl 2013 I 1809 – Ersatz der Formulierung „Europäische Gemeinschaft" durch „Europäische Union".
[4] Gesetz v. 1.4.2015, BGBl 2015 I 434; nochmals geändert durch Gesetz v. 2.11.2015, BGBl 2015 I 1834.

i.V.m. § 6 Abs. 1 Nr. 3 Satz 2 EStG die Ausnahme von der Abzinsungspflicht für verzinsliche Rückstellungen. Daher wäre eine entsprechende gesetzliche Klarstellung streng genommen nicht notwendig.

Zur Anwendbarkeit der sonstigen Regelungen des § 6 Abs. 1 Nr. 3a EStG (Buchst. a bis d) auf Deckungsrückstellungen enthält § 21a KStG keine gesonderten Vorgaben. Allerdings geht die wohl einhellige Meinung in der Literatur zutreffend davon aus, dass insbesondere für eine realitätsnahe Bewertung auf Basis der Erfahrungen der Vergangenheit gem. § 6 Abs. 1 Nr. 3a Buchst. a EStG bei der Deckungsrückstellung kein Anwendungsspielraum besteht. Im Rahmen der versicherungsmathematischen Ermittlung der Deckungsrückstellung werden Wahrscheinlichkeiten für die Inanspruchnahme ohnehin bereits ausreichend berücksichtigt.[1]

III. Anwendbarkeit auf Versicherungsunternehmen mit Sitz in anderen Staaten der Europäischen Union (Abs. 2)

Versicherungsunternehmen aus anderen Mitgliedstaaten der Europäischen Union, die in Deutschland über eine Betriebsstätte tätig sind, unterliegen grundsätzlich den aufsichtsrechtlichen Regeln im Sitzstaat ihres Stammhauses. Deutsche handels- und aufsichtsrechtliche Vorschriften sind nicht notwendigerweise auf sie anwendbar. Daher greift auch die Regelung des § 21a Abs. 1 KStG hier nicht. Um eine Gleichstellung mit inländischen Versicherungsunternehmen zu gewährleisten, gestattet § 21a Abs. 2 KStG die entsprechende Anwendung von Abs. 1 für Versicherungsunternehmen mit Sitz in einem anderen Mitgliedstaat der Europäischen Union oder des EWR-Vertrages.

(Einstweilen frei)

C. Die abziehbare Deckungsrückstellung in den verschiedenen Versicherungszweigen

I. Arten und Begriff der Deckungsrückstellung

Die Deckungsrückstellung wird im Wesentlichen in den Bilanzen der **Lebensversicherungsunternehmen** gebildet. Sie kommt daneben auch als versicherungstechnische Bilanzposition bei der nach Art der Lebensversicherung betriebenen allgemeinen Unfall- und Haftpflichtversicherung sowie Kraftfahrzeughaftpflicht- und Kraftfahrzeugunfallversicherung vor. Ebenso weisen die meist in der Rechtsform des VVaG oder e.V. betriebenen Pensions- und Sterbekassen derartige Bilanzpositionen aus. Auch die Alterungsrückstellung bei den Krankenversicherungen ist eine Art der Deckungsrückstellung.

Für die Bildung von Deckungsrückstellungen ist allen Versicherungszweigen gemeinsam, dass sie **versicherungsmathematisch** betrieben werden, d. h., dass Elemente der Wahrscheinlichkeits- und Zinseszinsrechnung in die Beitragskalkulation einerseits und die zu erbringenden Leistungen andererseits eingehen. Vom Grundgedanken her ist jede Deckungsrückstellung für einen bestimmten Bilanzstichtag der Unterschied zwischen dem versicherungsmathematischen Barwert der künftigen Versicherungsleistungen und dem Barwert der im gleichen Zeitpunkt noch ausstehenden Versicherungsbeiträge.

---

[1] So auch *Schick* in Erle/Sauter, § 21a Rz. 14; *Troost* in Schnitger/Fehrenbacher, § 21a Rz. 31.

II. Versicherungsmathematischer Aufbau der Deckungsrückstellung in der Lebensversicherung

13   Die Bewertung von Beitrag und Versicherungsleistung am Bilanzstichtag hängt von den Rechnungsgrundlagen „Sterblichkeit und Rechnungszins" ab.

14   Die Rechnungsgrundlagen sind Teil des Versicherungsvertrages. Der danach zu erhebende Brutto-Beitrag gliedert sich wie folgt:

Nettobeitrag	Bruttobeitrag	Kostenteile
a) Sparbeitrag	a) Abschlusskosten	b) lfd. Kosten des Versicherungsbetriebs
b) Risikobeitrag	aa) rechnungsmäßige Abschlusskosten	
	bb) überrechnungsmäßige Abschlusskosten = Aufwand des ersten Vertragsjahres.	

15   Bei deutschen Lebensversicherungsunternehmen wird fast ausschließlich die sog. **„gezillmerte Deckungsrückstellung"** berechnet (Zillmerung hier abgeleitet von dem Eigennamen des Versicherungsmathematikers Zillmer). Das bedeutet, dass bei Berechnung des Barwertes der künftigen Nettobeiträge nach dem Zillmerverfahren die rechnungsmäßigen Abschlusskosten versicherungsmathematisch verrechnet und zu Beginn des Versicherungsvertrages in Höhe ihres Barwertes der Deckungsrückstellung belastet werden. Zum besseren Verständnis dieses Vorgangs dient folgende Überlegung:

16   Die Deckungsrückstellung ist der Unterschied zwischen dem Barwert der künftigen Versicherungsleistungen und dem Barwert der noch ausstehenden Versicherungsbeiträge. Bei der ungezillmerten Deckungsrückstellung ist dieser Unterschied wegen der Ausgeglichenheit beider Elemente zu Beginn des Versicherungsvertrages gleich null. Hierbei steht zur Berechnung nur der Nettobeitrag zur Verfügung. Nach dem Zillmerverfahren sollen jedoch die rechnungsmäßigen Abschlusskosten im Laufe der Beitragszahlungsdauer mit den in die Beiträge eingerechneten Zillmerzuschlägen vom Versicherungsnehmer getragen werden. Der Zillmerzuschlag ist eine Rate aus der Verrentung dieser Abschlusskosten und wird dem Nettobeitrag hinzugerechnet. Damit ist der gezillmerte Nettobeitrag stets höher als der ungezillmerte.

17   Errechnet man aus dem so erhöhten Nettobeitrag den Barwert der Beiträge zum Vertragsbeginn, dann übersteigt dieser Wert den Barwert der ausstehenden Versicherungsleistungen. Im Ergebnis entsteht statt des Wertes null oder eines Passivpostens ein Aktivum. Dieser Aktivposten entspricht einer negativen Deckungsrückstellung. Bei Zahlung der Beiträge in den ersten Jahren nach Vertragsbeginn wird zunächst diese negative Deckungsrückstellung getilgt; d. h., die Forderung aus dem Barwert der verrenteten rechnungsmäßigen Abschlusskosten ist vorab auch aus Sparbeiträgen befriedigt. Danach ist bilanzmäßig die gezillmerte Deckungsrückstellung als Passivposten auszuweisen. Rechnerisch stehen anschließend zur Aufstockung der Deckungsrückstellung neben den zu zahlenden Sparbeiträgen auch die Zillmerzuschläge zur Verfügung, so dass am Ende der Vertragsdauer die gezillmerte Deckungsrückstellung wieder die gleiche Höhe erreicht, wie die ungezillmerte Deckungsrückstellung.

Demgegenüber steht die **Bewertung der Versicherungsleistungen**. Bei Errechnung des Barwertes der künftigen Versicherungsleistungen sind Erlebensfall- und Todesfallleistung zu unterscheiden. Der Barwert besteht in beiden Fällen aus der oder den über die Vertragsdauer abgezinsten und unter Berücksichtigung der Sterbenswahrscheinlichkeit berechneten Versicherungsleistung oder -leistungen.

(Einstweilen frei) 19–25

III. Deckungsrückstellung in der Schaden- und Unfallversicherung sowie in der Krankenversicherung

In der allgemeinen Haftpflicht-, in der Kraftfahrzeughaftpflicht- und in der Unfallversicherung kommt es durch Personenschäden auch zu Rentenzahlungsverpflichtungen, die zur Bildung einer Deckungsrückstellung führen. Hierbei wird nicht zu Beginn des Versicherungsvertrages, sondern erst bei Eintritt des Versicherungsfalles (Eintritt des Schadenereignisses) die versicherungsmathematische Errechnung einer Deckungsrückstellung erforderlich.

Bei der Alterungsrückstellung in der Krankenversicherung handelt es sich um eine besondere Form der Deckungsrückstellung. Die Krankenversicherung kennt gezillmerte und ungezillmerte Deckungsrückstellungen. Der Grundgedanke für die Bildung von Deckungsrückstellungen in diesem Versicherungszweig ist, dass mit fortschreitendem Alter der versicherten Person das Krankheitskostenwagnis steigt und diesem Risiko ein über die Vertragsdauer gleichbleibender Beitrag gegenübersteht (Kostenerhöhungen der einzelnen Leistungen ausgenommen).

(Einstweilen frei) 28–40

ABC der Rechtsprechung: Deckungsrückstellung 41

▶ **Alterungsrückstellung** in der Krankenversicherung

Grundsätze zur Bildung der Rückstellung (BFH, Urteil v. 19. 1. 1972 - I 114/65, BStBl 1972 II 393; BFH, Urteil v. 25. 9. 1956 - I 122/56 U, BStBl 1956 II 333)

▶ **Rechnungsgrundlagen**

Einhaltung von steuerlichen Grundsätzen (BFH, Urteil v. 26. 1. 1960 - I D 1/58 S, BStBl 1960 II 191)

§ 21b (weggefallen)

HINWEIS:

BauSpKG v. 16. 11. 1972 (BGBl 1972 I 2097) i.d.F. des Gesetzes v. 13. 12. 1990 (BGBl 1990 I 2770, BStBl 1991 I 43); BauSpKVO v. 19. 12. 1990 (BStBl 1991 I 375).

LITERATURHINWEIS:

Koch, Der Fonds zur bausparttechnischen Absicherung, VersWi 1991, 1146.

Zeitliche Anwendung: § 21b KStG war erstmals auf Mehrbeträge anwendbar, die nach dem 31.12.1990 anfielen. Die Sätze 1 und 2 sind letztmals auf Wirtschaftsjahre anzuwenden, die vor dem 31.12.1999 endeten, Satz 3 auf solche, die vor dem 31.12.2002 endeten. Die Vorschrift ist mit Wirkung zum 1.1.2017 weggefallen.[1]

Zur Kommentierung s. Online-Version.

Viertes Kapitel: Sondervorschriften für Genossenschaften

§ 22 Genossenschaftliche Rückvergütung

(1) ¹Rückvergütungen der Erwerbs- und Wirtschaftsgenossenschaften an ihre Mitglieder sind nur insoweit als Betriebsausgaben abziehbar, als die dafür verwendeten Beträge im Mitgliedergeschäft erwirtschaftet worden sind. ²Zur Feststellung dieser Beträge ist der Überschuss

1. bei Absatz- und Produktionsgenossenschaften im Verhältnis des Wareneinkaufs bei Mitgliedern zum gesamten Wareneinkauf,
2. bei den übrigen Erwerbs- und Wirtschaftsgenossenschaften im Verhältnis des Mitgliederumsatzes zum Gesamtumsatz

aufzuteilen. ³Der hiernach sich ergebende Gewinn aus dem Mitgliedergeschäft bildet die obere Grenze für den Abzug. ⁴Überschuss im Sinne des Satzes 2 ist das um den Gewinn aus Nebengeschäften geminderte Einkommen vor Abzug der genossenschaftlichen Rückvergütungen und des Verlustabzugs.

(2) ¹Voraussetzung für den Abzug nach Absatz 1 ist, dass die genossenschaftliche Rückvergütung unter Bemessung nach der Höhe des Umsatzes zwischen den Mitgliedern und der Genossenschaft bezahlt ist und dass sie

1. auf einem durch die Satzung der Genossenschaft eingeräumten Anspruch des Mitglieds beruht oder
2. durch Beschluss der Verwaltungsorgane der Genossenschaft festgelegt und der Beschluss den Mitgliedern bekannt gegeben worden ist oder
3. in der Generalversammlung beschlossen worden ist, die den Gewinn verteilt.

²Nachzahlungen der Genossenschaft für Lieferungen oder Leistungen und Rückzahlungen von Unkostenbeiträgen sind wie genossenschaftliche Rückvergütungen zu behandeln.

Inhaltsübersicht	Rz.
A. Allgemeines zu § 22 KStG	1 - 20
I. Regelungsinhalt des § 22 KStG	1 - 5
II. Rechtsentwicklung des § 22 KStG	6 - 15
III. Verfassungsmäßigkeit des § 22 KStG	16 - 20
B. Begünstigte Genossenschaften – persönlicher Anwendungsbereich	21 - 35
C. Begriff und Rechtsnatur der Rückvergütung	36 - 80
I. Begriff	36 - 40
II. Rechtsnatur	41 - 45
III. Rückvergütung und verdeckte Gewinnausschüttung	46 - 60

---

1 Gemäß Gesetz vom 20.12.2016, BGBl 2016 I S. 3000.

IV.	Abgrenzung von Rückvergütungen zu Preisnachlässen	61 - 65
V.	Gleichbehandlung von Nachzahlungen und Rückzahlungen	66 - 80
	1. Nachzahlungen	67 - 75
	2. Rückzahlungen	76 - 80
D.	Voraussetzungen für die Abzugsfähigkeit von Rückvergütungen	81 - 290
I.	Erwirtschaftung im Mitgliedergeschäft	81 - 140
	1. Begriff des Mitgliedes	82 - 85
	2. Abgrenzung der Geschäftsarten	86 - 120
	a) Zweckgeschäfte	87 - 95
	b) Gegengeschäfte	96 - 100
	c) Hilfsgeschäfte	101 - 110
	d) Nebengeschäfte	111 - 120
	3. Begriff des Mitgliedergeschäfts	121 - 140
II.	Anspruch auf Rückvergütung	141 - 155
III.	Bezahlung der Rückvergütung	156 - 180
	1. Tatsächlicher Abfluss	156 - 170
	2. Angemessene Frist	171 - 175
	3. Unmittelbare Zahlung; wirtschaftlicher Vorteil	176 - 180
IV.	Berechnung der abziehbaren Rückvergütung	181 - 250
	1. Ermittlung des Überschusses i. S. d. § 22 Abs. 1 Satz 4 KStG	182 - 190
	2. Ermittlung des Gewinns aus Nebengeschäften	191 - 200
	3. Verluste aus Nebengeschäften	201 - 205
	4. Maßstab für die Aufteilung des Überschusses	206 - 250
	a) Absatz- und Produktionsgenossenschaften	216 - 219
	b) Einkaufs- und Bezugsgenossenschaften	220 - 225
	c) Genossenschaften mit Bezugs- und Absatzgeschäften	226 - 230
	d) Kreditgenossenschaften	231 - 235
	e) Arbeitsbeschaffungsgenossenschaften	236 - 240
	f) Sonstige Genossenschaften	241 - 250
V.	Bemessung nach der Höhe der Umsätze	251 - 270
	1. Ausnahme: Umsätze mit Tabakwaren	253 - 260
	2. Ausnahme: unterschiedliche Geschäftssparten	261 - 270
VI.	Nachträgliche Rückvergütungen bei Mehrgewinnen durch Betriebsprüfung	271 - 290
E.	Bilanzielle und einkommensteuerrechtliche Behandlung der Rückvergütung	291 - 306
I.	Genossenschaft	291 - 300
II.	Mitglieder	301 - 306

A. Allgemeines zu § 22 KStG

HINWEIS:

R 22 KStR 2015.

LITERATURHINWEISE:

Zülow/Schubert/Rosiny, Besteuerung der Genossenschaft, 7. Aufl., München 1985; *Bordewin*, Anmerkung zum Urteil des BFH vom 9. 3. 1988, RWP 0001–0003–2576 und 2581; *Behrle*, Verdeckte Gewinnausschüttungen bei Genossenschaften, KFR F. 4 KStG § 22, 1/88, S. 285; *Großfeld/Hannöver*, Die Subventionierung landwirtschaftlicher Genossenschaften und ihre steuerliche Behandlung, BB 1990, 1597; *Herzig*, Verdeckte Gewinnausschüttungen bei Mitgliedergeschäften von Genossenschaften, BB 1990, 603; *Turner*, Finanzielle Aspekte bei der Wahl von GmbH oder Genossenschaft, DB 1993, 363; *Schöberle/Hofmeister*, Körperschaftsteuergesetz, 2001; *Herlinghaus*, Das Verhältnis des § 22 KStG zur vGA, DStZ 2003, 865; *Beuthien*, Sind Vorzugskonditionen für Genossenschaftsmitglieder eine vGA?, DStR 2007, 1847; *Helios/Strieder*, Beck'sches Handbuch der Genossenschaften, München 2009.

I. Regelungsinhalt des § 22 KStG

1 Nach § 1 Abs. 1 GenG ist Zweck von Genossenschaften die Förderung des Erwerbs oder der Wirtschaft ihrer Mitglieder mittels gemeinschaftlichem Geschäftsbetriebs. Dies ist der grundsätzliche Unterschied zu Kapitalgesellschaften, deren Zweck auf die Erzielung eigener Gewinne gerichtet ist, den Anteilsinhabern nur mittelbar, über eine Gewinnausschüttung zu nutzen. Deshalb sollte die Genossenschaft auch im Geschäft mit ihren Mitgliedern keinen Überschuss erzielen, andernfalls ist von den Genossen zu viel verlangt bzw. ihnen zu wenig für die gelieferten Erzeugnisse bezahlt worden. Der von der Genossenschaft über die von ihr zur Erfüllung ihrer Aufgaben benötigten Erträge hinausgehende Überschuss soll den Mitgliedern in Gestalt der Rückvergütung (wieder) zugeführt werden.[1]

Dieser genossenschaftlichen Besonderheit trägt § 22 KStG Rechnung, indem er regelt, dass die genossenschaftlichen Rückvergütungen – unter bestimmten Voraussetzungen – als Betriebsausgabe abgezogen werden können. Die Rückvergütung führt daher nicht wie die Auszahlungen anderer Körperschaften an ihre Anteilseigner zu Gewinnausschüttungen, sondern wird von der Bemessungsgrundlage für die Körperschaftsteuer ausgenommen.

2 Die steuerliche Begünstigung des § 22 KStG greift auch für die Gewerbesteuer. Der nach § 7 Satz 1 GewStG nach den Vorschriften des KStG zu ermittelnde Gewinn ist unter Berücksichtigung von § 22 KStG zu berechnen.

3–5 *(Einstweilen frei)*

II. Rechtsentwicklung des § 22 KStG

6 Genossenschaften wurden erst durch das KStG 1934 vom 16. 10. 1934[2] unbeschränkt steuerpflichtig. Gleichzeitig ermächtigte das Gesetz aber in § 23 KStG 1934 den Reichsminister der Finanzen, für bestimmte Gruppen von Erwerbs- und Wirtschaftsgenossenschaften eine Befreiung von der Körperschaftsteuer oder die Anwendung eines ermäßigten Steuersatzes vorzuschreiben oder die Ermittlung des Einkommens der Genossenschaften besonders zu regeln. Letzteres geschah durch § 5 der Verordnung über die Körperschaftsteuer der Erwerbs- und Wirtschaftsgenossenschaften vom 8. 12. 1939.[3] Dieser besagte, dass die den Mitgliedern gewährten Warenrückvergütungen bei der Ermittlung des steuerpflichtigen Gewinns im Verhältnis der Mitgliederumsätze zum Gesamtumsatz abgezogen werden dürfen. Der Abzug sollte aber insoweit unterbleiben, als der Gesamtbetrag der ausgeschütteten Gewinnanteile hinter dem Betrag einer angemessenen Verzinsung (seinerzeit 5 %) des Eigenkapitals zurückbleibt.

7 Diese Regelungen wurden durch § 36 KStDV 1949[4] über die steuerliche Begünstigung von Warenrückvergütungen abgelöst, der vorsah, dass Warenrückvergütungen an Nichtmitglieder immer Betriebsausgaben sind, Warenrückvergütungen an Mitglieder aber nur insoweit als Betriebsausgaben gelten, als die dafür verwendeten Beträge im Mitgliedergeschäft erwirtschaftet sind. Den Inhalt dieser Vorschrift übernahm § 35 KStDV 1955[5] weitgehend. Am 23. 12. 1968 wurde § 35 KStDV[6] dann um einen Abs. 3 ergänzt, der Kreditgenossenschaften und Zentralkas-

---

[1] BFH, Urteil v. 10. 12. 1975 - I R 192/73, BStBl 1976 II 351.
[2] RGBl 1934 I 1031.
[3] RStBl 1939 I 1189.
[4] WiGBl. 1949, 183.
[5] BStBl 1955 I 739.
[6] BStBl 1969 I 20.

sen von der Nutzung dieser Möglichkeit ausschloss, wenn diese eine besonders für sie geltende Steuerermäßigung in Anspruch nahmen.

§ 22 KStG 1977 übernahm die Regelung des § 35 KStDV dann ins KStG selbst. Inhaltlich sollte sich hierdurch nichts ändern. Lediglich der Wortlaut wurde redaktionell überarbeitet, insbesondere ersetzte das Wort „Rückvergütung" den bisher verwendeten Ausdruck „Warenrückvergütung". 8

Auch die Sonderregelung für Kreditgenossenschaften und Zentralkassen war ursprünglich als Abs. 3 mit aufgenommen worden. Als aber das SubvAbG v. 26. 6. 1981[1] die bis dahin für Kreditgenossenschaften und Zentralkassen geltende Steuervergünstigung abschaffte, wurde gleichzeitig der Abs. 3 des § 22 KStG gestrichen, so dass nun auch bei diesen die Rückvergütungen als Betriebsausgaben abgezogen werden können. 9

Das KSt-Gesetz der ehemaligen DDR enthielt keine Regelungen über die steuerliche Behandlung der Rückvergütungen von Genossenschaften. § 22 KStG der Bundesrepublik Deutschland ist in den neuen Bundesländern erst ab dem VZ 1991 anzuwenden. Eine sinngemäße Anwendung des § 22 KStG für die Zeit v. 1. 7. bis 31. 12. 1990 kann nach Ausfassung der Finanzverwaltung[2] nicht – auch nicht aus Billigkeitsgründen – in Erwägung gezogen werden. Es bleibt daher nur, in diesen Fällen aus Billigkeitsgründen keine verdeckte Gewinnausschüttung i. S. d. § 6 Satz 2 KStG der ehemaligen DDR anzunehmen. Dabei bestehen keine Bedenken, die Rückvergütung an die Mitglieder der Konsumgenossenschaften für die Zeit v. 1. 7. bis 31. 12. 1990 nicht als verdeckte Gewinnausschüttungen anzusehen, soweit sie den Prozentsatz nicht übersteigen, der in den vergangenen drei Jahren durchschnittlich als Rückvergütung für die Mitglieder zugelassen worden ist. 10

(Einstweilen frei) 11–15

III. Verfassungsmäßigkeit des § 22 KStG

Der BFH hat im Urteil v. 10. 12. 1975[3] die Verfassungsmäßigkeit von § 23 Nr. 2 KStG a. F. i. V. m. § 35 KStDV 1968 bestätigt. Danach war der Gesetzgeber berechtigt, zu berücksichtigen, dass die Genossenschaften wirtschaftlich gesehen eine Hilfsfunktion für die gewerbliche Betätigung ihrer Mitglieder ausüben und sich ihrer Struktur und ihrem Wesen nach wesentlich von Kapitalgesellschaften unterscheiden. Die gesetzliche Regelung verstoße daher nicht gegen den Gleichheitsgrundsatz, den Grundsatz der Freiheit der Berufswahl oder gegen das Sozialstaatsprinzip. 16

Da § 22 KStG in der heute geltenden Fassung in seinem materiellen Gehalt den früheren Vorschriften entspricht, ist auch von dessen Verfassungsmäßigkeit auszugehen. 17

(Einstweilen frei) 18–20

---

[1] BStBl 1981 I 523.
[2] BMF, Schreiben v. 20. 3. 1991, DB 1991, 993.
[3] BFH, Urteil v. 10.12.1975 - I R 192/73, BStBl 1976 II 351.

B. Begünstigte Genossenschaften – persönlicher Anwendungsbereich

21 Nur Erwerbs- und Wirtschaftsgenossenschaften i. S. d. § 1 GenG, also Gesellschaften von nicht geschlossener Mitgliederzahl, welche die Förderung des Erwerbs oder der Wirtschaft ihrer Mitglieder mittels gemeinschaftlichem Geschäftsbetriebs bezwecken und nach § 1 Abs. 1 Nr. 2 KStG der Körperschaftsteuer unterliegen, fallen in den Anwendungsbereich des § 22 KStG. Hierzu zählt auch die SCE (Societas Cooperativa Europaea).[1]

22 Bei den in § 3 Abs. 2 KStG genannten Genossenschaften, wie Hauberg-, Wald-, Forst- und Laubgenossenschaften und ähnliche Realgemeinden, die zu den in § 1 KStG bezeichneten Steuerpflichtigen gehören, handelt es sich nicht um Erwerbs- und Wirtschaftsgenossenschaften nach § 22 KStG. Sie sind nur insoweit körperschaftsteuerpflichtig, als sie einen Gewerbebetrieb unterhalten oder verpachten, der über den Rahmen eines Nebenbetriebs hinausgehen. Ebenso wenig gehören zu den Genossenschaften i. S. v. § 1 Abs. 1 GenG öffentlich-rechtliche Genossenschaften, wie Deich-, Wasser-, Fischerei- oder Berufsgenossenschaften, auch für sie ist § 22 KStG nicht anwendbar.

23 Arbeitnehmerproduktionsgenossenschaften fallen nicht unter § 22 KStG. Nach der BFH-Rechtsprechung[2] sind Mitgliedergeschäfte i. S. d. § 22 Abs. 1 Satz 1 KStG nur solche Geschäfte, bei denen die Mitglieder der Genossenschaft als Unternehmer gegenübertreten. Ein Mitgliedergeschäft liegt daher nicht vor, wenn die Genossen ausschließlich im Rahmen von Arbeitsverhältnissen für die Genossenschaft tätig sind. Die Verfassungsbeschwerde gegen diese Entscheidung wurde nicht zur Entscheidung angenommen.[3]

24 Nach Verwaltungsauffassung können auch steuerbefreite Genossenschaften ihren Genossen nach den Grundsätzen des § 22 KStG Rückvergütungen gewähren.[4] Für Genossenschaften, die nach § 5 Abs. 1 Nr. 10 und 14 KStG von der Körperschaftsteuer befreit sind[5] bringt § 22 KStG aber lediglich einen Vorteil, soweit diese mit nicht begünstigten Tätigkeiten der partiellen Steuerpflicht unterliegen.

25 Nach R 22 Abs. 1 KStR ist vom Vorliegen einer Erwerbs- und Wirtschaftsgenossenschaft vom Zeitpunkt der Eintragung bis zur Löschung im Handelsregister auszugehen. Die Judikatur hat dazu eine Einschränkung vorgenommen. Nach einem älteren Urteil des BFH verlässt der Geschäftsbetrieb einer Genossenschaft den Rahmen des § 1 GenG erst, wenn die Genossenschaft sich nicht auf nur ergänzende Mitgliedergeschäfte beschränkt, sondern wenn insbesondere die Zahl der Nichtmitglieder außer Verhältnis zur Zahl der Mitglieder steht oder der Umfang der Zweckgeschäfte mit Nichtmitgliedern außer Verhältnis zum Umfang der Zweckgeschäfte mit Mitgliedern steht und die Genossenschaft damit ihren Charakter als Genossenschaft selbst in Frage stellt oder negiert.[6] Die Finanzverwaltung folgt dieser Rechtsprechung nicht und vertritt hierzu die noch weitergehende und m. E. zutreffende Auffassung, dass eine Genos-

---

1 Siehe *Oellerich* in Mössner/Seeger/Oellerich, KStG, § 1 Rz. 52.
2 BFH, Urteil v. 24. 4. 2007 - I R 37/06, BStBl 2015 II 1056.
3 BVerfG, Beschluss v. 2. 7. 2008, StEd 2008, 533.
4 OFD Hannover v. 7. 5. 1991 - S 2730 - 48 - StO 231, S 2730a - 5 - STH 232, StEK KStG § 22 Nr. 4.
5 Vgl. *Koenig/Oellerich* in Mössner/Seeger/Oellerich, KStG, § 5 Rz. 631 ff.
6 So BFH, Urteil v. 15. 4. 1970 - I R 125/68, BStBl 1970 II 532, im Streitfall hatte der BFH es als nicht schädlich angesehen, dass 10 % der Umsätze mit Nichtmitgliedern getätigt wurden.

senschaft ihren Charakter als solche grundsätzlich nicht verliert, solange sie im Genossenschaftsregister eingetragen ist.[1]

(Einstweilen frei)

C. Begriff und Rechtsnatur der Rückvergütung

I. Begriff

Die genossenschaftliche Rückvergütung wird nach Ablauf des Wirtschaftsjahres von der Genossenschaft an ihre Mitglieder gewährt, sie ist vom Umsatz abhängig und im GenG nicht geregelt.

Sie stellt eine der Genossenschaft eigentümliche, nur bei dieser anzutreffende Form der Überschussbeteiligung dar, die außerhalb der Gewinnverteilung nach § 19 GenG erfolgt. Lt. BFH[2] ist sie ihrem Wesen nach eine Folge der der Genossenschaft obliegenden Förderungsaufgabe, auf deren Erfüllung die Genossen einen Rechtsanspruch haben. Sie hat ihre Wurzel nicht im einzelnen Umsatzgeschäft, sondern im Mitgliedsverhältnis. Die genossenschaftliche Rückvergütung wird z.T. auch als betriebsbedingte Ersparnis aus den Umsatzgeschäften mit den Mitgliedern beschrieben.[3]

(Einstweilen frei)

II. Rechtsnatur

Durch die Neufassung des § 22 KStG ist der ursprünglich bestehende Streit, ob genossenschaftliche Rückvergütungen Gewinnausschüttung[4] oder Betriebsausgaben[5] darstellen, dahin gehend gelöst, dass nach dem Gesetz Betriebsausgaben anzunehmen sind, wenn die erforderlichen Voraussetzungen vorliegen. Der BFH geht seit seiner Entscheidung v. 2.2.1994 davon aus, dass Rückvergütungen vom Grundsatz her zwar als Gewinnausschüttungen zu werten wären, diese aber wegen der Ausnahmevorschrift des § 22 KStG aus dem Bereich der vGA ausgeklammert sind.[6]

(Einstweilen frei)

III. Rückvergütung und verdeckte Gewinnausschüttung

Nur wenn die genossenschaftlichen Rückvergütungen die Voraussetzungen des § 22 KStG nicht erfüllen, können vGA vorliegen.[7] Dafür können verschiedene Gründe ursächlich sein:
- ▶ die Rückvergütungen wurden unzulässigerweise nach verschiedenen Prozentsätzen gewährt;
- ▶ zwischen den Mitgliedern wurde nach anderen Kriterien differenziert;

---

1 OFD Frankfurt v. 18.7.1984 - S 2780 A - 2 - ST II 12, StEK KStG § 22 Nr. 3; gl. A. Gosch/*Gosch*, § 22 Rz. 8.
2 Urteil v. 10.12.1975 - I R 192/73, BStBl 1976 II 351.
3 *Hesse* in Schöberle/Hofmeister, § 22 Rz. 25.
4 So z.B. BFH, Urteil v. 25.8.1953 - I 38/53 U, BStBl 1954 III 36 und v. 18.12.1963 - I 187/62, BStBl 1964 III 211.
5 So z.B. BFH, Urteile v. 25.9.1956 - I 226/55 U, BStBl 1956 III 367; v. 8.3.1972 - I R 183/70, BStBl 1972 II 498 und v. 10.12.1975 - I R 192/73, BStBl 1976 II 351.
6 BFH, Urteil v. 2.2.1994 - I R 78/92, BStBl 1994 II 479.
7 R 22 Abs. 13 KStR.

▶ die Rückvergütungen wurden verspätet ausgezahlt.

In diesen Fällen stellt die gezahlte Rückvergütung in voller Höhe eine vGA dar.

Insoweit sind auch für Genossenschaften die für Kapitalgesellschaften entwickelten Grundsätze zu den vGA anzuwenden.[1]

47 Vor allem wird die streitige Abgrenzung[2] der Rückzahlung zur vGA hinsichtlich eines Teils einer Zahlung im Rahmen einer Angemessenheitsprüfung bzw. der Prüfung hinsichtlich des Handelns eines ordentlichen und gewissenhaften Geschäftsführers leer laufen.[3] Eine Rückzahlung im Rahmen des § 22 KStG ist die Ausgestaltung des Zwecks gem. § 1 Abs. 1 GenG und ist daher die Pflicht eines ordentlichen und gewissenhaften Geschäftsleiters einer Genossenschaft. Für eine Angemessenheitsprüfung ist dann kein Raum mehr.

48 Die Tatsache, dass Nichtmitglieder im Einzelfall keine Rückvergütung erhalten steht aber der Abziehbarkeit der an Mitglieder gewährten Rückvergütung nicht entgegen; vGA liegen alleine aus diesem Grund keinesfalls vor. Wie Rückvergütungen geleistete Zahlungen an Nichtmitglieder sind ohnehin stets als BA abzuziehen, da Gewinnausschüttungen an Nichtmitglieder kraft Natur der Sache ausgeschlossen sind.

49 Zur steuerlichen Behandlung von Fahrtkosten, Sitzungsgeldern, Verpflegungs- und Übernachtungskosten anlässlich einer General- bzw. einer Vertreterversammlung gelten allgemeine Grundsätze. Sofern sie im Eigeninteresse der Genossenschaft liegen und sich in angemessener Höhe bewegen, handelt es sich um Betriebsausgaben.

50–60 *(Einstweilen frei)*

IV. Abgrenzung von Rückvergütungen zu Preisnachlässen

61 Rückvergütungen sind ausschließlich umsatzabhängige, nachträglich von der Genossenschaft beschlossene Rückzahlungen. Preisnachlässe (Rabatte, Boni usw.) gehören grundsätzlich nicht zu den genossenschaftlichen Rückvergütungen; sie sind abziehbare BA, auch wenn sie an Mitglieder gewährt werden. Preisnachlässe und genossenschaftliche Rückvergütungen unterscheiden sich durch die für ihre Gewährung maßgeblichen Interessen. Während Rabatte und Boni als Preisnachlass den Abnehmer dazu veranlassen sollen z. B. höhere Mengen einer Ware oder Waren wiederholt beim gleichen Händler abzunehmen, dient die genossenschaftliche Rückvergütung der im GenG postulierten Förderung der Mitglieder. Dieser Unterschied lässt sich auch daran festmachen, dass der Preisnachlass bereits vor oder bei Abschluss des Rechtsgeschäftes vereinbart wird, während die genossenschaftliche Rückvergütung erst nach Ablauf des Wirtschaftsjahres beschlossen wird (vgl. R 22 Abs. 2 KStR). Werden Preisnachlässe nur an Mitglieder im Nachhinein gewährt, kann es sich um Rückvergütungen in der Gestalt einer vGA handeln. So sind Zahlungen eines Kreditinstituts in der Rechtsform einer eingetragenen Genossenschaft aus einem Bonusprogramm für Genossenschaftsmitglieder Einkommensverwendungen und damit verdeckte Gewinnausschüttungen an die Genossen, wenn das Programm die Vorteile entgeltunabhängig gewährt.[4]

---

[1] Vgl. BFH, Urteil v. 9. 3. 1988 - I R 262/83, BStBl 1988 II 592, zur Angemessenheitsprüfung.
[2] Siehe dazu ausführlich *Krämer* in DPM, § 22 Rz. 67.
[3] Siehe auch *Herzig*, BB 1990, 603; *Herlinghaus*, DStZ 2003, 865.
[4] BFH, Urteil v. 28. 10. 2015 - I R 10/13, BStBl 2016 II 298.

Rabatte sind z. B. die handelsüblichen Barzahlungs- und Mengenrabatte, die eine Einkaufsgenossenschaft bei den einzelnen Geschäftsabschlüssen gewährt; sie sind BA. Umsatzboni werden dagegen am Schluss einer bestimmten Abrechnungsperiode gewährt, sie sind nur dann BA, wenn sie handelsüblich sind, im Voraus zugesagt wurden, Mitgliedern und Nichtmitgliedern nach den gleichen Grundsätzen ohne Rücksicht auf das Jahresergebnis gewährt und mindestens jährlich abgerechnet werden. 62

(Einstweilen frei) 63–65

V. Gleichbehandlung von Nachzahlungen und Rückzahlungen

Nachzahlungen der Genossenschaft für Lieferungen und Leistungen und Rückzahlungen von Unkostenbeiträgen werden durch § 22 Abs. 2 Satz 2 KStG den genossenschaftlichen Rückvergütungen gleichgestellt. 66

1. Nachzahlungen

Nachzahlungen liegen vor, wenn die Genossen für die von ihnen an die Genossenschaft gelieferten Erzeugnisse bzw. erbrachten Leistungen zunächst einen geringeren Preis erhalten, der später im Wege der Nachzahlung erhöht wird. Der BA-Abzug für solche Nachzahlungen ist aber nur dann den erhöhten Anforderungen des § 22 KStG unterworfen, wenn die Nachzahlung der Überschussverteilung nach der Höhe des Warenbezugs dient. 67

Soweit dagegen durch die Nachzahlung der tatsächlich angemessene Kaufpreis erbracht werden soll, sind diese Nachzahlungen, auch soweit sie an Mitglieder geleistet werden, in vollem Umfang BA, ohne dass die zusätzlichen Bedingungen des § 22 erfüllt sein müssten, denn solche Kaufpreisnachzahlungen sind auch bei nichtgenossenschaftlichen Unternehmen i. d. R. als BA abzugsfähig. Nach dem BFH-Urteil v. 18.12.1963[1] kann für die Abgrenzung von den Grundsätzen ausgegangen werden, wie sie für vGA gelten. Im Streitfall stellte der BFH darauf ab, ob die Nachzahlungen an Nichtmitglieder und Mitglieder zu denselben Bedingungen geleistet wurden. Wenn bei der (Milchgeld-)Nachzahlung nicht so sehr der Gedanke der Überschussgewährung als vielmehr das Interesse, einen angemessenen Kaufpreis zu zahlen den Ausschlag gebe, läge eine Rückvergütung vor. Im Urteil v. 8.3.1972[2] stellte er darauf ab, ob nach den tatsächlichen vertraglichen Vereinbarungen ein Vertragswille dahin gehend vorhanden sei, dass eine Rückvergütung vorliegen soll oder nicht. 68

(Einstweilen frei) 69–75

2. Rückzahlungen

Rückzahlungen von Unkostenbeiträgen kommen z. B. bei Nutzungsgenossenschaften vor. Für sie gelten die gleichen Grundsätze wie für Nachzahlungen. Auch sie müssen, um als BA abzugsfähig zu sein, die höheren Anforderungen des § 22 KStG nur erfüllen, wenn sie ihre Ursache im Mitgliederverhältnis haben. Dabei kommt es nicht auf die förmliche Bezeichnung, sondern auf den materiellen Gehalt der genossenschaftlichen Leistung an. Für diese Beurteilung ist auf die hierüber getroffenen vertraglichen Vereinbarungen abzustellen. 76

(Einstweilen frei) 77–80

---

1 BFH, Urteil v. 18.12.1963 - I R 187/62 U, BStBl 1964 III 211.
2 BFH, Urteil v. 8.3.1972 - I R 183/70, BStBl 1972 II 498.

D. Voraussetzungen für die Abzugsfähigkeit von Rückvergütungen

I. Erwirtschaftung im Mitgliedergeschäft

81 Die Rückvergütungen sind nach § 22 Abs. 1 Satz 1 KStG nur insoweit abziehbar, als die verwendeten Beträge im Mitgliedergeschäft erwirtschaftet worden sind. Darüber hinausgehende Rückvergütungen an Mitglieder sind vGA, die das steuerpflichtige Einkommen der Genossenschaft nicht mindern dürfen (§ 8 Abs. 3 KStG). Nur soweit Rückvergütungen aus Erträgen stammen, die im satzungsmäßigen Geschäftsverkehr mit den Genossen entstanden sind, sollen sie steuerlich begünstigt ausgekehrt werden können.

1. Begriff des Mitgliedes

82 Ob eine Person ein Mitglied = Genosse ist, bestimmt sich nach dem GenG. Nach § 15 GenG wird die Mitgliedschaft durch eine schriftliche, unbedingte Beitrittserklärung und die Zulassung durch die Genossenschaft erworben. Der Genosse ist unverzüglich in die Mitgliederliste einzutragen und hiervon zu unterrichten.

83 Bei der Beurteilung der Frage inwieweit Mitgliedergeschäfte vorliegen, rechnet eine Person bereits dann als Mitglied, wenn zurzeit des Geschäftsabschlusses die Beitrittserklärung vorliegt.[1]

Wird Mitgliedern, die der Genossenschaft im Laufe eines Geschäftsjahres beigetreten sind, eine genossenschaftliche Rückvergütung auch auf die Umsätze gewährt, die mit ihnen vom Beginn des Geschäftsjahres an bis zum Eintritt getätigt worden sind, so sind nach Auffassung der Verwaltung auch diese Umsätze als Mitgliederumsätze anzusehen.[2]

84–85 *(Einstweilen frei)*

2. Abgrenzung der Geschäftsarten

86 Die für die Frage der Steuerfreiheit der Erwerbs- und Wirtschaftsgenossenschaften (§ 5 Abs. 1 Nr. 14 KStG) maßgebliche Unterteilung von Geschäften einer Genossenschaft in Zweckgeschäfte, Gegengeschäfte, Hilfsgeschäfte und Nebengeschäfte[3] ist auch für die Berechnung der nach § 22 KStG höchstzulässigen Rückvergütung ausschlaggebend. Die einzelnen Arten lassen sich dabei wie folgt abgrenzen:

a) Zweckgeschäfte

87 Zweckgeschäfte sind alle Geschäfte, die der Erfüllung des satzungsmäßigen Zwecks der Genossenschaft dienen[4] und die die Förderung des Erwerbs und der Wirtschaft ihrer Mitglieder bezwecken.[5] Zweckgeschäfte sind gleichermaßen mit Mitgliedern und Nichtmitgliedern denkbar. Für die Berechnung der höchstmöglichen Rückvergütung ist ihre Unterscheidung jedoch von ausschlaggebender Bedeutung, da nur Zweckgeschäfte mit Genossen Mitgliedergeschäfte i. S. d. § 22 KStG darstellen.

---

[1] Siehe R 5.11 Abs. 6 Nr. 1a Satz 3 KStR.
[2] R 22 Abs. 11 KStR.
[3] Vgl. *Koenig/Oellerich* in Mössner/Seeger/Oellerich, KStG, § 5 Rz. 640.
[4] BFH, Urteil v. 9. 3. 1988 - I R 262/83, BStBl 1988 II 592.
[5] R 5.11 Abs. 6 Nr. 1 KStR.

Beim Zukauf von Magermilch durch eine Molkereigenossenschaft von einer anderen Molkerei ist z. B. von einem solchen Zweckgeschäft mit Nichtmitgliedern auszugehen.[1]

Für die Frage, zu welcher Geschäftsart Zinserträge zu rechnen sind, kommt es darauf an, aus welchem Geschäft die Zinserträge stammen. Handelt es sich um Erträge aus Forderungen für Lieferungen der Genossenschaft oder um Zinsen aus Bankguthaben, so sind diese Erträge ebenso wie die Forderung selbst aus der zweckgeschäftlichen Betätigung der Genossenschaft entstanden und somit den Zweckgeschäften zuzurechnen.[2]

(Einstweilen frei) 90–95

b) Gegengeschäfte

Gegengeschäfte sind Geschäfte, die zur Durchführung der Zweckgeschäfte erforderlich sind.[3] Es handelt sich dabei i. d. R. um Geschäfte mit Nichtmitgliedern.

Solche Gegengeschäfte sind z. B. der Einkauf von Waren durch eine Bezugsgenossenschaft, der Ankauf einer Dreschmaschine durch eine Nutzungsgenossenschaft oder der Verkauf von Waren durch eine Absatzgenossenschaft.[4]

(Einstweilen frei) 97–100

c) Hilfsgeschäfte

Hilfsgeschäfte sind Geschäfte, die zur Abwicklung der Zweckgeschäfte und Gegengeschäfte notwendig sind,[5] und die der Geschäftsbetrieb der Genossenschaft mit sich bringt.[6] Nach der Rechtsprechung des BFH gehören zu den Mitgliedergeschäften auch die Geschäfte, die zur Abwicklung der Zweck – und Gegengeschäfte notwendig sind.[7] Allerdings ist diese Rechtsprechung nicht einheitlich. In einem weiteren Urteil judiziert der BFH, dass Umsätze aus Hilfs- (und Neben-)Geschäften bei der Ermittlung und Bemessung der Rückvergütung wegen Beträge regelmäßig nicht einbezogen werden dürfen.[8]

R 5.11 Abs. 6 Nr. 3 KStR führt mehrere Beispiele steuerunschädlicher Geschäfte auf. Danach ist u. a. der Einkauf von Büromaterial, der Verkauf von überflüssig gewordenem Inventar oder Verpackungsmaterial und die Lieferung von Molkereibedarfsartikeln an die Mitglieder ein solches Hilfsgeschäft. Nach einem Urteil des BFH[9] stellt jedoch die Lieferung von Gummistiefeln an die Mitglieder einer Molkereigenossenschaft kein solches Hilfsgeschäft dar.

Auch die Vermietung von Wohnräumen an Betriebsangehörige ist nach R 5.11. Abs. 6 Nr. 3 KStR ein Hilfsgeschäft, wenn es aus betrieblichen Gründen (im eigenen betrieblichen Interesse der Genossenschaft) veranlasst ist. Für diese Beurteilung ist zu unterscheiden, was Gegenstand des zugrunde liegenden Mietvertrages ist. Werden nicht (mehr) benötigte Betriebsräume vermietet, so sind die Mietverträge als Hilfsgeschäfte anzusehen, die aus Gründen einer

---

1 BFH v. 15. 4. 1970 - I R 125/68, BStBl 1970 II 532.
2 *Zülow/Schubert/Rosiny*, a. a. O., S. 165.
3 BFH v. 9. 3. 1988 - I R 262/83, BStBl 1988 II 592.
4 R 5.11 Abs. 6 Nr. 2 KStR.
5 BFH v. 9. 3. 1988 - I R 262/83, BStBl 1988 II 592.
6 R 5.11 Abs. 6 Nr. 3 KStR.
7 BFH v. 9. 3. 1988 - I R 262/83, BStBl 1988 II 592.
8 BFH v. 10. 7. 1996 - I R 84/95, BStBl 1997 II 38.
9 Vom 16. 7. 1959 - I 132/59, HFR 1963, 75.

ordnungsgemäßen Vermögensverwaltung notwendig werden. Kein Hilfsgeschäft, sondern ein Nebengeschäft liegt dagegen vor, wenn Betriebsräume allein zu dem Zweck errichtet werden, diese durch Vermietung oder Verpachtung zu nutzen.[1] Die Führung von Mitgliederkonten für Anzahlungen und Guthaben, die als reine Geldanlagekonten anzusehen sind, ist als Hilfsgeschäft anzusehen, wenn die Guthaben auf die Gesamthöhe des Warenbezugs des betreffenden Mitglieds im vorangegangenen Jahr begrenzt werden.

104 Von Hilfsgeschäften ist auch immer dann auszugehen, wenn das Geschäft (häufig Veräußerung von Anlagevermögen) zur Finanzierung neuer Betriebsanlagen verwendet wird.[2] Dies ist aber nicht zwingend erforderliche Voraussetzung für das Vorliegen eines Hilfsgeschäftes. Ein solches kann u.U. selbst dann angenommen werden, wenn der Erlös der betrieblichen Maßnahme an die Mitglieder ausgeschüttet wird.[3]

105 Die Vornahme der geschäftlichen Maßnahme darf aber nicht hauptsächlich in der Absicht erfolgt sein, die hierdurch entstehenden Gewinne den Mitgliedern zuzuwenden.[4] A. A. hierzu sind *Zülow/Schubert/Rosiny*[5] für die Veräußerung von Anlagevermögen, mit dem überzeugenden Hinweis auf die Kausalität zwischen ursprünglicher Verwendung des Wirtschaftsgutes für die satzungsmäßigen Zweck- und Gegengeschäfte und der späteren Veräußerung dieser Wirtschaftsgüter. Da die mit dem Anlagevermögen verbundenen Aufwendungen z. B. Abschreibungen, den im Mitgliedergeschäft erwirtschafteten Überschuss gemindert hätten, müsse auch ein Gewinn aus der Veräußerung dieses Anlagevermögens konsequenterweise den im Mitgliedergeschäft erwirtschafteten Überschuss erhöhen.

106–110 *(Einstweilen frei)*

d) Nebengeschäfte

111 Nebengeschäfte sind alle Geschäfte, die nicht Zweckgeschäft, Gegengeschäft oder Hilfsgeschäft sind (sog. „Sonstige Geschäfte").[6] Sie stehen mit dem Satzungszweck in keinem Zusammenhang und gehören daher zu den Gelegenheitsgeschäften.[7]

112 Die Vermietung bzw. Verpachtung von Anlagevermögen ist regelmäßig als solches Nebengeschäft zu werten.[8] Dies gilt selbst dann, wenn der Pächter die verpachteten Anlagen auch zur Verarbeitung der von der Molkereigenossenschaft gelieferten Milch nutzt oder die Genossenschaft an der pachtenden Gesellschaft beteiligt ist.[9]

113 Erträge aus dem Verkauf von Handelswaren sind Erträge aus Nebengeschäften, so z. B. der Verkauf von Gummistiefeln an Mitglieder einer Molkereigenossenschaft (s. → Rz. 102) oder der Zukauf von Butter und Käse zur Weiterlieferung an die Kunden.[10]

---

[1] *Zülow/Schubert/Rosiny*, a. a. O., S. 165.
[2] BFH v. 8.3.1972 - I R 183/70, BStBl 1972 II 498 und v. 9.3.1988 - I R 262/83, BStBl 1988 II 592.
[3] R 5.11 Abs. 6 Nr. 3 KStR, für Verkaufserlöse.
[4] BFH v. 12.12.1975 - I R 192/73, BStBl 1976 II 351.
[5] A. a. O., S. 155 und 166.
[6] R 5.11 Abs. 6 Nr. 4 KStR.
[7] BFH v. 10.12.1975 - I R 192/93, BStBl 1976 II 351.
[8] Siehe aber → Rz. 102.
[9] BFH v. 25.9.1956 - I 226/55 U, BStBl 1956 III 367.
[10] *Zülow/Schubert/Rosiny*, a. a. O., S. 165.

Beteiligungserträge sind i. d. R. als Nebengeschäfte anzusehen. Dies soll nach Auffassung des BFH[1] auch gelten, wenn die Gesellschaft, an der die Genossenschaft beteiligt ist, genossenschaftliche Produkte verwertet.

M. E. müssten Beteiligungserträge aber dann als Hilfsgeschäfte und nicht als Nebengeschäfte beurteilt werden, wenn die Beteiligung der wirtschaftlichen Zusammenarbeit oder Förderung der Zweckgeschäfte dient und die Beteiligung sich nur unwesentlich auf den Geschäftsbetrieb auswirkt.

Die Auflösung einer Rücklage nach § 6b EStG ist im Jahr der Auflösung nicht als steuerschädliches Nebengeschäft anzusehen.[2]

(Einstweilen frei)

3. Begriff des Mitgliedergeschäfts

Mit dem Begriff des Mitgliedergeschäfts sind nicht alle Geschäfte mit Mitgliedern gemeint, sondern nur Geschäfte, die zur Erfüllung des satzungsmäßigen Zwecks der Genossenschaft dienen (Zweckgeschäfte), die Geschäfte, die zur Durchführung der Zweckgeschäfte erforderlich sind (Gegengeschäfte) und die Geschäfte, die zur Abwicklung der Zweck- und Gegengeschäfte notwendig sind (Hilfsgeschäfte).[3]

Zu den Mitgliedergeschäften rechnen auch die – mit Nichtmitgliedern abgeschlossenen – Gegengeschäfte, da sie in einem engen und unabdingbaren notwendigen Zusammenhang mit den Zweckgeschäften stehen.[4]

Auch die Gewinne aus „Hilfsgeschäften" mit Genossen stellen im Mitgliedergeschäft erwirtschaftete Beträge dar. Es erfolgt daher keine Ausgliederung etwaiger Gewinne aus „Hilfsgeschäften" aus dem für die Rückvergütung zu ermittelnden Überschuss.[5]

Soweit die Genossenschaft mit ihren Mitgliedern „Nebengeschäfte" tätigt, dienen diese nicht dem Satzungszweck. § 22 KStG sieht die Möglichkeit einer begünstigten Rückvergütung aber nur für die dem Satzungszweck entsprechenden Geschäfte vor.

Nach § 22 Abs. 1 Satz 4 KStG ist daher der für die Rückvergütung maßgebliche Überschuss das um den Gewinn aus Nebengeschäften geminderte Einkommen vor Abzug der genossenschaftlichen Rückvergütungen und des Verlustabzugs.

Die Verwaltung[6] lässt es aber zu, dass der Gewinn aus Nebengeschäften dann nicht abgezogen wird, wenn der Umsatz aus den Nebengeschäften weder 2 % des gesamten Umsatzes der Genossenschaft noch 5 200 € im Jahr übersteigt („**Bagatellregelung**"). Hierbei ist gleichgültig, ob der Reingewinnsatz bei Nebengeschäften von dem Reingewinnsatz bei den übrigen Geschäften wesentlich abweicht. In diesen Fällen sind die Nebengeschäfte als Zweckgeschäfte mit Nichtmitgliedern zu behandeln.

Zuschüsse aus Bundesmitteln zur Förderung der Stilllegung oder Zusammenlegung unwirtschaftlicher Molkereibetriebe, die als Zuschüsse für die Entschädigung von Eigentümern (Pri-

---

1 BFH v. 25. 9. 1956 - I 226/55 U, BStBl 1956 III 367.
2 BFH v. 11. 6. 1980 - I R 253/78, BStBl 1980 II 577.
3 Vgl. BFH v. 9. 3. 1988 - I R 262/83, BStBl 1988 II 592.
4 R 11.1 Abs. 6 Nr. 1 Buchst. b KStR.
5 BFH v. 10. 12. 1976 - I R 192/73, BStBl 1976 II 351.
6 Vgl. R 22 Abs. 12 KStR.

vatbesitzern und Genossenschaften) gegeben werden, die der Stilllegung zustimmen, sind Betriebseinnahmen der Genossenschaft und unterliegen der vollen Steuerpflicht. Diese Zuschüsse können nicht als im Mitgliedergeschäft erwirtschaftet angesehen werden und somit auch nicht als steuerbegünstigte Rückvergütung an die Genossen ausgeschüttet werden.[1] Gleiches gilt für die Gewährung vom Finanzierungsbeihilfen nach den Richtlinien für die Gewährung von Finanzierungsbeihilfen für die Strukturverbesserung der Molkereiwirtschaft v. 17.7.1969,[2] auch sie sind Betriebseinnahmen, die nicht begünstigt an die Genossen ausgekehrt werden können.

128–140 *(Einstweilen frei)*

II. Anspruch auf Rückvergütung

141 Es steht einer Genossenschaft grundsätzlich frei, ob sie einen Überschuss verteilen oder den Rücklagen zuführen will. Eine nach § 22 KStG begünstigte Rückvergütung setzt aber voraus, dass den Mitgliedern ein rechtlich durchsetzbarer Anspruch auf die Rückvergütung zusteht.

Die Rückvergütungen müssen hierfür nach § 22 Abs. 2 KStG entweder

▶ auf einem durch die Satzung eingeräumten Anspruch des Mitglieds beruhen oder

▶ durch Beschluss der Verwaltungsorgane der Genossenschaft, der den Mitgliedern bekannt gegeben ist, festgelegt worden sein oder

▶ in der Generalversammlung (§ 43 GenG), die den Gewinn verteilt, beschlossen worden sein.

142 Die dem jeweiligen Anspruch zugrunde liegende Regelung muss zivilrechtlich wirksam sein. Zur Prüfung, ob z. B. ein Beschluss wirksam zustande gekommen ist, sind insbesondere die Vorschriften des GenG heranzuziehen.

143 Es ist nicht erforderlich, dass die Rückvergütung von vornherein fest zugesagt wird. Es reicht aus, wenn sie nach Ablauf des Geschäftsjahres bewilligt wird, so dass es möglich ist, ihre Höhe unter Berücksichtigung des Jahresergebnisses zu bemessen, ohne dadurch eine nicht steuerbegünstigte Gewinnausschüttung zu verursachen. Über die Vornahme von genossenschaftlichen Rückvergütungen muss aber spätestens in der Mitgliederversammlung entschieden werden, die über den Gewinn des Wirtschaftsjahres beschließt, für das die Rückvergütungen gewährt werden sollen. In der Bilanz für das abgelaufene Wirtschaftsjahr kann dann insoweit eine Rückstellung gebildet werden.

144 Gewinne, die in vorangegangenen Wirtschaftsjahren erzielt wurden, damals aber nicht an die Mitglieder ausgekehrt, sondern als Rücklagen in der Bilanz ausgewiesen wurden, können nicht nachträglich nach § 22 KStG steuerbegünstigt an die Genossen weitergegeben werden.[3] Mit der Wahl der Rücklagenbildung (statt einer sofortigen Auskehrung an die Genossen) entfällt die Möglichkeit der späteren steuerbegünstigten Verteilung. Der Beschluss, die Überschüsse den Rücklagen zuzuführen, kann – unabhängig von den ursprünglichen Motiven – nicht rückgängig gemacht werden.[4]

---

[1] BFH v. 25.9.1956 - I 226/55 U, BStBl 1956 III 357 und OFD Hannover v. 10.8.1982 - S 2741 - 473 - StH 233/S 2741 -178 - StO 231, KStK Hannover § 8 Karte A 17.
[2] BFH v. 9.3.1988 - I R 262/83, BStBl 1988 II 592.
[3] R 22 Abs. 4 Sätze 2 und 3 KStR; s. auch → Rz. 291.
[4] Vgl. BFH, Urteil v. 21.7.1976 - I R 147/74, BStBl 1977 II 46.

Die Gewährung von genossenschaftlichen Rückvergütungen darf nicht von bestimmten, durch die Genossen zu erfüllende Voraussetzungen abhängig gemacht werden, z. B. davon, dass das Mitglied seinen Zahlungsverpflichtungen gegenüber der Genossenschaft stets pünktlich nachkommt oder keinen Kredit in Anspruch nimmt.[1] Die Aufrechnung von genossenschaftlichen Rückvergütungen, die die Genossenschaft an ein Mitglied auszahlen müsste, mit Schulden die dieses gegenüber der Genossenschaft hat, ist aber möglich.[2] 145

Die genossenschaftliche Rückvergütung verliert ihre steuerliche Abzugsfähigkeit nicht dadurch, dass ihre Gewährung gegen gesetzliche Verbote verstößt, wie z. B. § 24 Abs. 1 TabStG.[3] 146

(Einstweilen frei) 147–155

III. Bezahlung der Rückvergütung

1. Tatsächlicher Abfluss

Weitere Voraussetzung für die Abziehbarkeit der Rückvergütungen als Betriebsausgabe ist nach § 22 Abs. 2 KStG, dass diese **tatsächlich** „bezahlt" sind. Hierfür kommt es darauf an, dass der geschuldete Betrag bei der Genossenschaft abfließt und in den Herrschaftsbereich des Mitgliedes gelangt.[4] Diese Voraussetzung ist nicht nur erfüllt im Falle der Barauszahlung, sondern auch bei Gutschrift auf dem laufenden Konto des Genossen, wenn dieser über den gutgeschriebenen Betrag nach eigenem Ermessen verfügen, also die jederzeitige Auszahlung erreichen kann. 156

Eine „Bezahlung" ist auch anzunehmen, wenn die Genossenschaft die Rückvergütung mit Schulden des Mitgliedes aufrechnet, denn durch den hierdurch veranlassten Wegfall der bis dahin bestehenden Forderung gegen das Mitglied ist die Genossenschaft entreichert.[5] Die Voraussetzungen für eine wirksame Aufrechnung nach §§ 387 ff. BGB müssen aber erfüllt sein. 157

Anders liegt der Fall, wenn der Genosse auf eine ihm zustehende Rückvergütung verzichtet. Dann ist die Rückvergütung nicht „bezahlt", da bei der Genossenschaft nichts ab- und bei dem Mitglied nichts zugeflossen ist. 158

Eine Rückvergütung ist z. B. auch dann nicht „bezahlt" und deshalb nicht abziehbar, wenn die Genossenschaft eine Rückvergütung an die Mitglieder beschließt, die diese gleichzeitig der Genossenschaft wieder als verlorenen Baukostenzuschuss zur Verfügung stellen.[6] Der BFH führt insoweit aus, dieser Fall sei zwar zivilrechtlich nicht einem Verzicht auf die Rückvergütung gleichzustellen; die Belassung des Geldes bei der Genossenschaft habe aber wirtschaftlich mit dem Verzicht gemeinsam, dass bei der Genossenschaft nichts abfließe. Von einem „Bezahlen", also einer Entreicherung, könne keine Rede sein, weil die Genossenschaft denselben Betrag als verlorenen Zuschuss erhalte. 159

---

1 R 22 Abs. 4 Satz 5 KStR.
2 R 22 Abs. 4 Satz 6 KStR.
3 Siehe hierzu auch → Rz. 253.
4 R 22 Abs. 4 Satz 2 KStR.
5 BFH, Urteil v. 1. 2. 1966 - I 275/62, BStBl 1966 III 321.
6 BFH, Urteil v. 1. 6. 1966 - I 275/62, BStBl 1966 III 321.

160 Bei Gutschriften auf den nicht voll eingezahlten Geschäftsanteil liegt eine „Bezahlung" nur dann vor, wenn das Mitglied hierdurch von einer sonst bestehenden Verpflichtung befreit wird.[1]

161 Belassen die Mitglieder die zur Ausschüttung gelangende Rückvergütung der Genossenschaft als Darlehen, so kann die Rückvergütung nur dann als „bezahlt" i. S. d. § 22 KStG angesehen werden, wenn für jede für ein Wirtschaftsjahr beschlossene Rückvergütung ein besonderer Darlehensvertrag abgeschlossen wird, dieser jeweils über eine bestimmte Summe lautet – die bloße Bezugnahme auf die Rückvergütung des betroffenen Jahres genügt nicht – und jeder einzelne Genosse frei entscheiden kann, ob er den Darlehensvertrag abschließen will oder nicht. Voraussetzung ist immer, dass der einzelne Genosse zunächst einen Rechtsanspruch gegenüber der Genossenschaft erlangt hat, über den er frei verfügen kann.[2]

162–170 *(Einstweilen frei)*

2. Angemessene Frist

171 Die Bezahlung muss **innerhalb einer angemessenen Frist** erfolgen, da ein Rückvergütungsbeschluss nur dann als ernsthaft gewollt und damit steuerlich als rechtswirksam angesehen werden kann, wenn er in einer angemessenen, nicht zu langen Frist verwirklicht wird. Gefordert wird, dass die Rückvergütung spätestens bis zum Ablauf von zwölf Monaten nach dem Ende des Wirtschaftsjahres gezahlt oder gutgeschrieben werden muss, für das die Rückvergütung gewährt wird.[3] Das Finanzamt kann aber in besonders begründeten Einzelfällen nach Anhörung des Prüfungsverbandes diese Frist verlängern.[4] Werden die genossenschaftlichen Rückvergütungen nicht innerhalb dieser Frist bezahlt, so können sie auch nicht im Wirtschaftsjahr der Zahlung abgezogen werden.

172–175 *(Einstweilen frei)*

3. Unmittelbare Zahlung; wirtschaftlicher Vorteil

176 Entscheidend ist, dass der Genosse über seinen Rückvergütungsanspruch frei entscheiden kann. Der Zahlungsweg muss nicht unmittelbar zwischen der Genossenschaft und ihrem Mitglied erfolgen. Erlaubt sind Wege der Leistungsverkürzung. So kann die Zahlung selbst an einen Dritten erfolgen, wenn der Genosse dies veranlasst hat und durch diese Handlung zum Beispiel einen wirtschaftlichen Vorteil erlangt.

177–180 *(Einstweilen frei)*

IV. Berechnung der abziehbaren Rückvergütung

181 Für die Ermittlung der im Mitgliedergeschäft erwirtschafteten Beträge nach § 22 Abs. 1 Satz 1 KStG bildet der Überschuss nach § 22 Abs. 1 Satz 4 KStG die Bemessungsgrundlage. Er bildet nach einer vorgegebenen Verhältnisrechnung gem. § 22 Abs. 1 Satz 2 KStG den Gewinn nach § 22 Abs. 1 Satz 3 KStG aus dem Mitgliedergeschäft als die obere Grenze für den Abzug.

---

[1] BFH, Urteil v. 21. 7. 1976 - I R 147/74, BStBl 1977 II 46.
[2] BFH, Urteil v. 28. 2. 1968 - I 260/64, BStBl 1968 II 458.
[3] R 22 Abs. 4 Satz 2 KStR.
[4] R 22 Abs. 4 Satz 3 KStR.

1. Ermittlung des Überschusses i. S. d. § 22 Abs. 1 Satz 4 KStG

Überschuss i. S. d. § 22 Abs. 1 Satz 2 KStG ist nach § 22 Abs. 1 Satz 3 KStG das um den Gewinn aus Nebengeschäften geminderte Einkommen vor Abzug der genossenschaftlichen Rückvergütungen und des Verlustabzugs. Einkommen ist hierbei das nach den Vorschriften des EStG und KStG zu ermittelnde Einkommen i. S. d. § 8 Abs. 1 KStG. Bei der Ermittlung dieses Einkommens sind daher steuerfreie Einnahmen (wie z. B. steuerfreie Zinsen oder Investitionshilfen) abzuziehen und nicht abzugsfähige Betriebsausgaben sowie nicht abziehbare Aufwendungen zuzurechnen. **182**

Die Bemessungsgrundlage für die Rückvergütung ist daher wie folgt zu ermitteln: **183**

	Bilanzergebnis
./.	steuerfreie Vermögensmehrungen
+	nicht abzugsfähige Betriebsausgaben z. B. gem. § 10 KStG
./.	Verlustabzug
=	Einkommen § 8 Abs. 1 KStG
./.	Gewinn aus Nebengeschäften
+	als Betriebsausgaben behandelte Rückvergütungen gem. § 22 KStG
+	Verlustabzug
=	Überschuss gem. § 22 Abs. 1 Satz 4 KStG (Bemessungsgrundlage für die Rückvergütungen)

Soweit der Genossenschaft aufgrund von Ergebnisabführungsverträgen Einkommen (positiv oder negativ) von Organschaften zuzurechnen ist, darf dieses nicht in die Bemessungsgrundlage einfließen, da es nicht im Rahmen von Mitgliedergeschäften erwirtschaftet wurde. **184**

> **BEISPIEL** (anhand einer Absatz- und Produktionsgenossenschaft nach § 22 Abs. 1 Satz 2 Nr. 2 KStG): Der Wareneinkauf einer Absatzgenossenschaft im Rahmen von Zweckgeschäften entfällt zu 60 % auf Einkäufe bei Mitgliedern:
>
> | | € |
> |---|---:|
> | Einkommen vor Abzug aller genossenschaftlichen Rückvergütungen an Mitglieder und Nichtmitglieder und vor Berücksichtigung des Verlustabzugs sowie des zuzurechnenden Einkommens der Organgesellschaften | 55.000 |
> | Davon ab: Gewinn aus Nebengeschäften | - 7.000 |
> | Überschuss i. S. d. § 22 Abs. 1 KStG | 48.000 |
>
> Als Rückvergütung an Mitglieder kann ein Betrag bis zu 60 % von 48.000 € = 28.800 € vom Gewinn abgezogen werden. Wird z. B. in der Generalversammlung, die den Jahresüberschuss verteilt, beschlossen, über eine bereits im abgelaufenen Wirtschaftsjahr gewährte Rückvergütung an Mitglieder von 12.000 € hinaus den Mitgliedern einen weiteren Betrag von 18.000 € als Rückvergütung zuzuwenden, so ist das Einkommen wie folgt zu berechnen:
>
> | | € |
> |---|---:|
> | Einkommen vor Abzug aller Rückvergütungen an Mitglieder und an Nichtmitglieder und vor Berücksichtigung des Verlustabzugs sowie des zuzurechnenden Einkommens der Organgesellschaften | 55.000 |
> | Davon ab: Rückvergütungen an Nichtmitglieder | - 3.000 |

Rückvergütungen an Mitglieder (12.000 € + 18.000 € = 30.000 €) nur mit dem nach der obigen Berechnung zulässigen Höchstbetrag von	− 28.000
Es verbleiben	23.200
Verlustabzug nach § 10d EStG	10.000
Einkommen (evtl. zzgl. des zuzurechnenden Einkommens der Organgesellschaften)	13.200

Die Rückvergütungen an Mitglieder sind in diesem Fall bis zur Höhe von 60 % des Überschusses abzuziehen.

185–190 *(Einstweilen frei)*

2. Ermittlung des Gewinns aus Nebengeschäften

191 Als Gewinn aus Nebengeschäften ist der sich aus der Buchführung der Genossenschaft ergebende Betrag abzuziehen.

192 Für den Fall, dass der Gewinn aus Nebengeschäften buchmäßig nicht nachgewiesen werden kann, geht die Finanzverwaltung nach folgendem Verfahren vor:[1]

Zunächst ist der um die anteiligen Gemeinkosten geminderte Rohgewinn anzusetzen. Welche Kosten den Gemeinkosten und welche Kosten den mit den Nebengeschäften zusammenhängenden Einzelkosten zuzurechnen sind, ist nach den im Einzelfall gegebenen Verhältnissen zu entscheiden. Die anteiligen Gemeinkosten können aus Vereinfachungsgründen mit dem Teilbetrag berücksichtigt werden, der sich bei Aufteilung der gesamten Gemeinkosten nach dem Verhältnis der Roheinnahmen aus Nebengeschäften zu den gesamten Roheinnahmen ergibt. Unter den als Aufteilungsmaßstab für die gesamten Gemeinkosten dienenden Roheinnahmen ist der Umsatz zu verstehen. In Einzelfällen, z. B. bei Warengenossenschaften, können die gesamten Gemeinkosten statt nach den Roheinnahmen (Umsätzen) aus Nebengeschäften nach den entsprechenden Rohgewinnen aufgeteilt werden, wenn dadurch ein genaueres Ergebnis erzielt wird. Soweit Verluste aus einzelnen Nebengeschäften erzielt worden sind, sind sie bei der Ermittlung des gesamten Gewinns aus Nebengeschäften mindernd zu berücksichtigen.

193 Aus Gründen der Vereinfachung wendet die Finanzverwaltung für Nebengeschäfte von untergeordneter Bedeutung folgende **Bagatellregelung** an:[2] Wenn der Umsatz aus Nebengeschäften weder 2 % des gesamten Umsatzes der Genossenschaft noch 5.200 € übersteigt, ist bei der Ermittlung der Höchstgrenze für die an Mitglieder ausschüttbaren steuerlich abziehbaren genossenschaftlichen Rückvergütungen der Gewinn aus Nebengeschäften nicht abzusetzen. Hierbei ist gleichgültig, ob der Reingewinnsatz bei Nebengeschäften von dem Reingewinnsatz bei den übrigen Geschäften wesentlich abweicht. Die Nebengeschäfte sind dann als Zweckgeschäfte mit Nichtmitgliedern zu behandeln.

194–200 *(Einstweilen frei)*

3. Verluste aus Nebengeschäften

201 Aus dem Umkehrschluss von § 22 Abs. 1 Satz 4 KStG ergibt sich, dass etwaige Verluste aus Nebengeschäften dem Einkommen der Genossenschaft zur Ermittlung des Überschusses hin-

---

[1] R 22 Abs. 7 Satz 2 ff. KStR.
[2] Vgl. R 22 Abs. 12 KStR.

zuzurechnen sind. Dabei sind Verluste aus einzelnen Nebengeschäften bei der Ermittlung des gesamten Gewinns aus Nebengeschäften mindernd zu berücksichtigen.[1] Aber auch für den Fall, dass aus den Nebengeschäften insgesamt ein Verlust verbleibt, ist dieser zur Ermittlung der Bemessungsgrundlage für die Rückvergütung zuzurechnen.[2]

(Einstweilen frei) 202–205

4. Maßstab für die Aufteilung des Überschusses

Der Überschuss im Gesamtbetrieb der Genossenschaft ist zunächst im Verhältnis der Mitgliedergeschäfte zu den Nichtmitgliedergeschäften aufzuteilen. Hilfs- und Nebengeschäfte bleiben bei der Verhältnisrechnung zur Ermittlung des Aufteilungsmaßstabes außer Ansatz,[3] während bei der Ermittlung des Überschusses lediglich Nebengeschäfte nicht aber Hilfsgeschäfte ausgeschieden werden.[4] Kommt die Bagatellregelung zur Anwendung, so sind Nebengeschäfte als Zweckgeschäfte mit Nichtmitgliedern zu behandeln.[5]

Der aufgrund der Verhältnisaufteilung errechnete Anteil des Überschusses, der auf das Mitgliedergeschäft entfällt, ist die Höchstgrenze für alle an Mitglieder ausschüttbaren steuerlich abziehbaren Rückvergütungen. Bis zu dieser oberen Grenze kann die Genossenschaft Rückvergütungen gewähren, selbst wenn dieser Höchstbetrag höher sein sollte als der in der Handelsbilanz der Genossenschaft ausgewiesene Gewinn. Dies würde aber in Höhe der den Handelsbilanzgewinn übersteigenden Rückvergütung zu einer Inanspruchnahme der Rücklagen und damit zur Verminderung des Eigenkapitals führen, so dass dies i. d. R. nicht empfehlenswert ist.

Der Gesetzgeber unterscheidet für die Aufteilung des Überschusses zwischen Absatz- und Produktionsgenossenschaften – bei denen auf das Verhältnis des Wareneinkaufs bei Mitgliedern zum gesamten Wareneinkauf abzustellen ist – und den übrigen Erwerbs- und Wirtschaftsgenossenschaften – bei denen das Verhältnis des Mitgliederumsatzes zum Gesamtumsatz ausschlaggebend ist. Verfolgt die Genossenschaft mehrere Zwecke, ohne dass besondere Geschäftssparten anerkannt werden können, wie z. B. bei Bezugs- und Absatzgenossenschaften, so muss eine etwa gewährte Rückvergütung gleichmäßig nach den gesamten in den Geschäftszweigen erzielten Umsätzen errechnet werden.[6] Sind die Geschäftszweige – was regelmäßig der Fall sein dürfte – als gesonderte Geschäftssparten zu behandeln, so können die Rückvergütungen nach den in den einzelnen Geschäftssparten erzielten Umsätzen (getätigten Einkäufen), d. h. für die einzelnen Geschäftssparten in verschiedener Höhe, innerhalb einer Geschäftssparte aber in gleicher Höhe verteilt werden.[7]

Wird Mitgliedern, die der Genossenschaft im Laufe des Geschäftsjahres beigetreten sind, eine genossenschaftliche Rückvergütung auch auf die Umsätze (Einkäufe) gewährt, die mit ihnen von Beginn des Geschäftsjahres bis zu ihrem Eintritt getätigt worden sind, so sind aus Grün-

---

1 R 22 Abs. 7 Satz 7 KStR.
2 So z. B. *Krämer* in DPM, § 22 Rz. 43.
3 Prinzip gem. R 22 Abs. 8 u. 9 Satz 7 KStR.
4 Siehe → Rz. 182.
5 Siehe → Rz. 253.
6 Vgl. R 22 Abs. 10 KStR.
7 Siehe unten → Rz. 261 und → Rz. 262.

den der Vereinfachung auch diese Umsätze (Einkäufe) als Mitgliederumsätze (-Einkäufe) anzusehen.[1]

210–215 *(Einstweilen frei)*

a) Absatz- und Produktionsgenossenschaften

216 Absatz- und Produktionsgenossenschaften haben die Zielsetzung, ihre Genossen beim Absatz oder der Verarbeitung ihrer Waren zu unterstützen. Dementsprechend erwerben solche Genossenschaften Waren von ihren Mitgliedern, um diese weiterzuveräußern (Absatzgenossenschaften) oder um diese als Rohstoffe zu verarbeiten und die so entstandenen Produkte abzusetzen (Produktionsgenossenschaften). Zweckgeschäft dieser Genossenschaften ist somit der Einkauf bei den Mitgliedern, während der Verkauf an Nichtmitglieder das Gegengeschäft darstellt. § 22 Abs. 1 Satz 2 Nr. 1 KStG bestimmt daher, dass der Überschuss im Verhältnis des Wareneinkaufs bei Mitgliedern zum gesamten Wareneinkauf aufzuteilen ist.

217 Zum gesamten Wareneinkauf gehören dabei:

Die Einkäufe bei Mitgliedern

Einkäufe bei Nichtmitgliedern

im Rahmen von Zweckgeschäften[2]

Bei dieser Verhältnisrechnung bleiben Hilfs- und Nebengeschäfte – sofern sie die Bagatellgrenze[3] übersteigen – außer Ansatz. Das Ergebnis der Hilfsgeschäfte erhöht aber den rückvergütungsfähigen Überschuss. Gleiches gilt, soweit Nebengeschäfte im Rahmen der Bagatellgrenze vorliegen.

BEISPIEL:

Einkommen (vor Abzug der Rückvergütung)	100.000 €
Gewinn aus Nebengeschäften	./. 10.000 €
Verlustvortrag	+ 30.000 €
Rückvergütungsfähiger Überschuss	120.000 €
Wareneinkauf gesamt (ohne Hilfs- und Nebengeschäfte)	1 000.000 €
Wareneinkauf bei Mitgliedern	800.000 €
Wareneinkauf bei Nichtmitgliedern	200.000 €

Verhältnisrechnung:

800.000 € : 200.000 € = 8 : 2 oder 4 : 1 (80 % : 20 %). Der Überschuss von 120.000 € ist daher im Verhältnis 4 : 1 aufzuteilen. Die Rückvergütung darf also die Obergrenze von 80 % von 120.000 € = 96.000 € nicht übersteigen.

218–219 *(Einstweilen frei)*

---

[1] Vgl. R 22 Abs. 11 KStR.
[2] R 22 Abs. 8 KStR.
[3] Siehe oben → Rz. 206.

b) Einkaufs- und Bezugsgenossenschaften

Einkaufs- und Bezugsgenossenschaften haben den Zweck, gemeinsam Waren bei Nichtmitgliedern zu erwerben und diese Waren im Einzelnen an ihre Mitglieder abzugeben. Zweckgeschäft solcher Genossenschaften ist demzufolge der Verkauf, Gegengeschäft der Einkauf. Der rückvergütungsfähige Überschuss berechnet sich daher im Verhältnis der Mitgliederzweckgeschäfte (= Verkauf an Mitglieder) zum gesamten Umsatz (= Verkauf an Mitglieder und Nichtmitglieder).

BEISPIEL:[1] Eine Bezugs- und Einkaufs-Genossenschaft erzielt ein Einkommen nach § 8 Abs. 1 KStG i. H. v. 100.000 €. In diesem Einkommen ist ein Gewinn aus einem geringfügigen Nebengeschäft[2] i. H. v. 2.000 € und ein Gewinn aus Hilfsgeschäften mit Nichtmitgliedern i. H. v. 5.000 € enthalten. Der Umsatz aus Zweckgeschäften mit Mitgliedern beträgt 500.000 €, der Umsatz aus Zweckgeschäften mit Nichtmitgliedern 100.000 €, der Umsatz aus Hilfsgeschäften mit Nichtmitgliedern 20.000 € und der Umsatz aus dem geringfügigen Nebengeschäft 5.000 €.

LÖSUNG: Aufzuteilender Überschuss i. S. d. § 22 Abs. 1 Satz 4 KStG:

Einkommen i. S. d. § 8 Abs. 1 KStG
(einschl. Gewinn aus dem geringfügigen Nebengeschäft) = 100.000 €

Hiervon gelten nach § 22 Abs. 1 Satz 2 Nr. 2 KStG als im Mitgliedergeschäft erwirtschaftet:

100.000 € (Überschuss) x 500.000 € (Mitgliederumsatz im Zweckgeschäft) : (Gesamtumsatz 500.000 Mitglieder- zzgl. 100.000 € Nichtmitgliederumsatz im Zweckgeschäft zzgl. 5.000 geringfügiges Nebengeschäft =) 605.000 € = 82.645 €

Dieser Gewinn aus dem Mitgliedergeschäft bildet gem. § 22 Abs. 1 Satz 3 KStG die obere Grenze für die abziehbare Rückvergütung.

(Einstweilen frei)

c) Genossenschaften mit Bezugs- und Absatzgeschäften

Es kommt auch – insbesondere im landwirtschaftlichen Bereich – vor, dass Genossenschaften sowohl darauf ausgerichtet sind, gemeinsam Waren zu beziehen (Gegengeschäft) und diese dann an ihre Mitglieder weiterzugeben (Zweckgeschäft) als auch Erzeugnisse der Mitglieder zu erwerben (Zweckgeschäft) und dann ggf. nach erfolgter Be- oder Verarbeitung zu veräußern (Gegengeschäft). Für diese Mischform der Bezugs- und Absatzgenossenschaft ist nach Auffassung der Finanzverwaltung der Überschuss im Verhältnis der Summe aus dem Umsatz mit Mitgliedern im Bezugsgeschäft und dem Wareneinkauf bei Mitgliedern im Absatzgeschäft zur Summe aus dem Gesamtumsatz im Bezugsgeschäft und dem gesamten Wareneinkauf im Absatzgeschäft aufzuteilen.[3]

BEISPIEL:[4] Eine Bezugs- und Absatz-Genossenschaft erzielt ein Einkommen nach § 8 Abs. 1 KStG i. H. v. 100.000 €. Der Umsatz mit Mitgliedern im Bezugsgeschäft beträgt 500.000 €, der Wareneinkauf bei Mitgliedern im Absatzgeschäft 200.000 €. Der Gesamtumsatz im Bezugsgeschäft beträgt 600.000 €, der Gesamtwareneinkauf im Absatzgeschäft 300.000 €.

LÖSUNG:

---

[1] Entsprechend *Krämer* in DPM, § 22 Rz. 49.
[2] Im Sinne der R 22 Abs. 12 KStR.
[3] R 22 Abs. 10 KStR.
[4] Entsprechend *Krämer* in Dötsch/Jost/Pung/Witt, § 22 Rz. 50.

Aufzuteilender Überschuss i. S. d. § 22 Abs. 1 Satz 4 KStG =
Einkommen i. S. d. § 8 Abs. 1 KStG = 100.000 €

Hiervon gelten nach § 22 Abs. 1 Satz 2 Nr. 2 KStG i. V. m. R 70 Abs. 10 KStR 2004 als im Mitgliedergeschäft erwirtschaftet:

100.000 € (Überschuss) x (Mitgliederumsatz im Zweckgeschäft 500.000 € zzgl. Wareneinkauf im Mitgliederabsatzgeschäft 200.000 € =) 700.000 €: (Gesamtumsatz Bezugsgeschäft 600.000 zzgl. Gesamtwareneinkauf im Absatzgeschäft 300.000 € =) 900.000 € = 77.777 €

Der Gewinn von 77.777 € aus dem Mitgliedergeschäft bildet gem. § 22 Abs. 1 Satz 3 KStG die obere Grenze für die abziehbare Rückvergütung.

227–230 *(Einstweilen frei)*

d) Kreditgenossenschaften

231 Auch Kreditgenossenschaften können die Steuervergünstigung für Rückvergütungen ebenso wie andere Genossenschaften in Anspruch nehmen.[1] Dabei ist zu unterscheiden zwischen reinen Kreditgenossenschaften, die ausschließlich das Geld- und Kreditgeschäft betreiben und gemischten Kreditgenossenschaften, die neben dem Geld- und Kreditgeschäft auch bankenfremde Geschäfte, z. B. Warengeschäfte, betreiben.[2]

232 Die daneben bestehenden genossenschaftlichen Teilzahlungsbanken haben die Besonderheit, dass ihr Zweck nicht in der Gewährung von Darlehen an die Genossen besteht, sondern sie sind Dienstleistungsgenossenschaften, die den Zweck verfolgen, den Umsatz ihrer Mitglieder (z. B. Einzelhändler und Handwerker) dadurch zu erhöhen, dass sie den Kunden der Mitglieder Kredite zum Zwecke des Einkaufs bei den Genossen bzw. zum Zwecke der Beauftragung von Genossen gewähren. Bei diesen Genossenschaften ist der Rahmenfinanzierungsvertrag, den die Genossenschaft mit ihren Mitgliedern abschließt, als Zweckgeschäft der genossenschaftlichen Teilzahlungsbank anzusehen, die Darlehensgewährung an die Kunden der Genossen ist das Gegengeschäft.[3] Bei diesen genossenschaftlichen Teilzahlungsbanken können nur Rückzahlungen von Unkostenbeiträgen nach § 22 Abs. 2 Satz 2 KStG als Rückvergütungen in Betracht kommen.[4]

233 Demnach ist lediglich die Rückzahlung eines tatsächlich von den Mitgliedern erhobenen Unkostenbeitrags wie eine Rückvergütung zu behandeln. Ausschüttungen der genossenschaftlichen Teilzahlungsbank, die aus Zinseinnahmen aus der Kreditgewährung an Kunden der Mitglieder stammen, können nicht als Rückvergütung i. S. d. § 22 KStG behandelt werden.

234–235 *(Einstweilen frei)*

e) Arbeitsbeschaffungsgenossenschaften

236 Seit der Entscheidung des BFH[5] wonach Arbeitnehmerproduktionsgenossenschaften nicht unter § 22 KStG fallen, dürften auch Arbeitsbeschaffungsgenossenschaften nicht mehr die Vo-

---

1 Siehe oben → Rz. 6.
2 Zur Berechnung des abzugsfähigen Teils der Rückvergütung s. ausführlichen Ländererlass v. 24. 2. 1961, BStBl 1961 II 65.
3 Vgl. FinMin NRW v. 25. 7. 1960, BStBl 1960 II 161.
4 Vgl. FinMin NRW v. 16. 4. 1962, BStBl 1962 II 103.
5 BFH, Urteil v. 24. 4. 2007 - I R 37/06, BStBl 2015 II 1056.

raussetzung von Mitgliedergeschäften erfüllen, wenn die Genossen ausschließlich im Rahmen von Arbeitsverhältnissen für die Genossenschaft tätig sind.[1]

(Einstweilen frei)

f) Sonstige Genossenschaften

Bei allen übrigen Erwerbs- und Wirtschaftsgenossenschaften, die nicht Absatz- und Produktionsgenossenschaften sind, ist der Überschuss im Verhältnis des Mitgliederumsatzes zum Nichtmitgliederumsatz aufzuteilen (§ 22 Abs. 1 Satz 2 KStG). Es ist somit jeweils erforderlich, den satzungsmäßig zweckgeschäftlichen Umsatz zu ermitteln.

Bei Nutzungsgenossenschaften (wie z. B. Maschinengenossenschaften, Besamungsgenossenschaften, Kühlhausgenossenschaften, Weidegenossenschaften u. Ä.) sind Umsätze aus dem Zweckgeschäft die für die Benutzung der Einrichtung an die Genossenschaft entrichteten Nutzungsentgelte.

Bei Dienst- und Werkleistungsgenossenschaften (wie z. B. landwirtschaftliche Betriebshilfsdienste, Tierhaltungsgenossenschaften oder Trocknungsgenossenschaften) sind die für die Inanspruchnahme der Dienst- und Werkleistungen vereinnahmten Entgelte Zweckgeschäftsumsätze.

Zweckgeschäftsumsätze bei Genossenschaften des Beförderungsgewerbes sind die insgesamt vereinnahmten Beförderungsentgelte.

Sind Genossenschaften darauf ausgerichtet, Vermittlungsumsätze auszuführen (z. B. Einkaufsgenossenschaften, die lediglich zwischen dem Lieferer und den einkaufenden Genossen vermitteln) sind die vereinnahmten Provisionen als Zweckgeschäftsumsätze anzusehen.[2] Zu den im Mitgliedergeschäft erzielten Provisionen gehören aber nicht solche, die von dritte Seite gezahlt werden (z. B. bei Einkaufsgenossenschaften vom Lieferanten).

Auch bei den sonstigen Genossenschaften, die zwar keine Rückvergütungen, sondern Nachzahlungen leisten, sind diese Nachzahlungen der Genossenschaft für Lieferungen und Leistungen oder die Rückzahlungen von Unkostenbeiträgen nach § 22 Abs. 2 Satz 2 KStG wie genossenschaftliche Rückvergütungen zu behandeln.[3] Hierfür müssen aber die gleichen Voraussetzungen erfüllt sein. Die Nachzahlungen bzw. Rückzahlungen sind also nur insoweit als Betriebsausgaben abziehbar, als die dafür verwendeten Beträge im Mitgliedergeschäft erwirtschaftet worden sind.

(Einstweilen frei)

V. Bemessung nach der Höhe der Umsätze

§ 22 Abs. 2 Satz 1 KStG setzt voraus, dass die genossenschaftliche Rückvergütung nach der Höhe des Umsatzes zwischen den Mitgliedern und der Genossenschaft bemessen wird. Nach Auffassung der Finanzverwaltung ist hierin grundsätzlich ein striktes **„Gleichbehandlungsgebot"** zu sehen.[4] Eine Abstufung nach Art der umgesetzten Waren (Warengruppen) oder nach der Höhe der Umsätze (Umsatzgruppen) soll daher genauso unzulässig sein, wie eine

---
1 Siehe oben → Rz. 21.
2 Vgl. KStK OFD Hannover § 22 Karte 1.
3 Siehe oben → Rz. 66 – → Rz. 76.
4 R 22 Abs. 5 Satz 1 KStR.

Differenzierung in zeitlicher Hinsicht, also unterschiedliche Prozentsätze im Laufe des Wirtschaftsjahres.[1] Es ist daher auch nicht möglich, auf Teilbereiche der Mitgliederumsätze überhaupt keine Rückvergütung zu gewähren, wenn im Übrigen eine solche erfolgt. Um in den Genuss der Steuerbegünstigung zu kommen, muss die Genossenschaft also sämtlichen Mitgliedern Rückvergütungen mit dem gleichen Prozentsatz der Mitgliederumsätze gewähren.

252 Von diesem „Gleichbehandlungsgebot" bzw. „Differenzierungsverbot" lässt die Finanzverwaltung zwei Ausnahmen zu, nämlich für Umsätze der Konsumgenossenschaften mit Tabakwaren und in Fällen, in denen eine Genossenschaft mehrere Geschäftssparten hat, die als Betriebsabteilungen im Rahmen des Gesamtbetriebs der Genossenschaft eine gewisse Bedeutung haben.[2]

1. Ausnahme: Umsätze mit Tabakwaren

253 Die Ausnahme für Umsätze mit Tabakwaren begründet sich in § 24 Abs. 1 TabStG, der Rabatte und Rückvergütungen auf Tabakwaren an Verbraucher verbietet. Aufgrund der vom Richtliniengeber vorgesehenen Ausnahme dürfen die Genossenschaften insoweit – allerdings nur für Tabakwaren als besondere Umsatzgruppe – einen Rückvergütungssatz von 0 % anwenden. Nach Auffassung des BFH ergibt sich aus der Regelung der R 22 Abs. 5 Satz 3 KStR kein Zwang, sondern lediglich die Möglichkeit für die Genossenschaft dem Verbot des § 24 Abs. 1 TabStG bei der Gewährung von Rückvergütungen Rechnung zu tragen.[3]

254–260 *(Einstweilen frei)*

2. Ausnahme: unterschiedliche Geschäftssparten

261 Geschäftssparten, die als Betriebsabteilungen im Rahmen des Gesamtbetriebes der Genossenschaft eine gewisse Bedeutung haben und für die die Finanzverwaltung daher eine Ausnahme vom „Gleichbehandlungsgebot" zulässt, liegen z. B. vor beim Bezugsgeschäft, Absatzgeschäft, Kreditgeschäft, Produktions- oder Leistungsgeschäft.[4] Bei diesen Geschäftssparten muss es sich um einen im Aufbau der Genossenschaft klar abgegrenzten und nach außen als besondere Abteilung in Erscheinung tretenden Geschäftszweig handeln. Liegen bei einer Genossenschaft mehrere Geschäftssparten vor, so ist diese berechtigt – aber nicht verpflichtet – die genossenschaftliche Rückvergütung für diese Geschäftssparten nach unterschiedlichen Prozentsätzen zu bemessen. Innerhalb einer Geschäftssparte gilt aber wieder das „Gleichbehandlungsgebot".

262 Wenn die Genossenschaft aufgrund verschiedener Geschäftssparten unterschiedliche Prozentsätze anwenden will, ist nach R 22 Abs. 5 Sätze 7 ff. KStR zuerst für die gesamte Genossenschaft – ohne Unterteilung in verschiedene Geschäftssparten – die höchstzulässige Rückvergütung zu berechnen. Diese ist dann nach einem angemessenen Verhältnis auf die einzelnen Geschäftssparten zu verteilen.

Ein angemessenes Verhältnis bedeutet, dass die Verteilung nicht willkürlich und ohne Rücksicht auf das jeweilige Verhältnis von Umsatz und Überschuss in der Sparte erfolgen darf.[5] An-

---

[1] R 22 Abs. 5 Sätze 2 und 4 KStR.
[2] R 22 Abs. 5 Sätze 3 und 6 KStR.
[3] BFH, Urteil v. 28. 11. 1968 - I 47/65, BStBl 1969 II 245.
[4] R 22 Abs. 5 Satz 6 KStR.
[5] So *Zülow/Schubert/Rosiny*, a. a. O., S. 159 ff.

dererseits ist aber eine rechnerisch genaue Ermittlung dieser Verhältnisse nicht erforderlich. Der in der jeweiligen Geschäftssparte ausgeschüttete Anteil darf nur nicht völlig aus dem Rahmen des im Mitgliedergeschäft erwirtschafteten Überschusses fallen. Für jede einzelne Geschäftssparte die höchstzulässige abziehbare Rückvergütung an Mitglieder unter Zugrundelegung des in den einzelnen Geschäftssparten erwirtschafteten Überschusses zu errechnen, soll nur zulässig sein, wenn verschiedenartige Umsätze z. B. Provisionen und Warenumsätze zusammentreffen, mit der Folge, dass in den einzelnen Geschäftssparten sowohl das Verhältnis des in der Geschäftssparte erwirtschafteten Überschusses zu dem in der Geschäftssparte erzielten Umsatz als auch das Verhältnis des in der Geschäftssparte erzielten Mitgliederumsatzes zu dem in der Geschäftssparte insgesamt erzielten Umsatz Unterschiede aufweist.

> **BEISPIEL:**[1] Das Bezugs- und das Absatzgeschäft bilden jeweils Betriebsabteilungen von gewisser Bedeutung. Der einheitlich ermittelte Überschuss aus dem Mitgliedergeschäft (77.777 €) ist nach einem angemessenen Verhältnis auf das Bezugs- und das Absatzgeschäft zu verteilen. Dieses Verhältnis soll hier 80 % (Bezugsgeschäft) zu 20 % (Absatzgeschäft) betragen.
>
> Der auf das Bezugsgeschäft entfallende Überschuss-Anteil (80 % von 77.777 € gleich 62.221 €) stellt 12,44 % des Umsatzes mit Mitgliedern im Bezugsgeschäft (500.000 €) dar. Dies ist der maßgebliche Prozentsatz für die Rückvergütung im Bezugsgeschäft.
>
> Der auf das Absatzgeschäft entfallende Überschuss-Anteil (20 % von 77.777 € gleich 15.556 €) stellt 7,78 % des Wareneinkaufs bei den Mitgliedern im Absatzgeschäft (200.000 €) dar. Dies ist der maßgebliche Prozentsatz für die Rückvergütung im Absatzgeschäft.
>
> Aufteilungsmaßstab kann beispielsweise auch das Verhältnis der Rohgewinne sein.[2]

(Einstweilen frei) 263–270

VI. Nachträgliche Rückvergütungen bei Mehrgewinnen durch Betriebsprüfung

Grundsätzlich ist es nicht möglich, nachträglich nach § 22 KStG steuerbegünstigte Rückvergütungen an die Genossen auszukehren.[3] Wird aber der Gewinn einer Genossenschaft nachträglich durch eine Betriebsprüfung erhöht, so kann die nachträgliche Ausschüttung dieses Mehrgewinns – soweit die übrigen Erfordernisse des § 22 KStG erfüllt sind – als genossenschaftliche Rückvergütung steuerlich als BA behandelt werden.[4] Weitere Voraussetzungen sind, dass der Mehrgewinn in einer nach den Vorschriften des GenG geänderten Handelsbilanz ausgewiesen ist, ein entsprechender Gewinnverteilungsbeschluss der Generalversammlung vorliegt und die nachträglich gewährte genossenschaftlichen Rückvergütungen innerhalb von drei Monaten, vom Zeitpunkt des Ausschüttungsbeschlusses an gerechnet, bezahlt werden, wobei das Finanzamt diese Frist nach Anhörung des Prüfungsverbandes angemessen verlängern kann.[5] Die Genossenschaft wird auf diese Weise so gestellt, wie wenn sie den Gewinn bereits in der Steuererklärung zutreffend angegeben hätte. Bei der Neuberechnung kommt es darauf an, dass der Gesamtbetrag der Rückvergütung (einschließlich der nachträglichen Rückvergütung) die Grenze des Prozentsatzes vom Gesamtüberschuss nicht überschreitet, der dem

---

1 Fortführung des Beispiels unter → Rz. 226.
2 *Grieger*, DStZ/A 1954, 361.
3 Siehe → Rz. 144.
4 R 22 Abs. 6 KStR.
5 R 22 Abs. 6 Satz 5 u. 6 KStR.

Anteil des Mitgliedergeschäfts am gesamten Geschäft (Umsatz bzw. Wareneinkauf gem. § 22 Abs. 1 Satz 1 Nr. 1 und 2 KStG) entspricht.

272 Eine durch Berichtigungsveranlagung veranlasste nachträgliche Ausschüttung ist steuerlich aber nur begünstigt, wenn dem nicht der Grundsatz von Treu und Glauben entgegensteht.[1] Eine steuerlich anzuerkennende nachträgliche Rückvergütung ist daher ausgeschlossen, da die Genossenschaft ihr Recht zur steuerbegünstigten Ausschüttung verwirkt hat, wenn:

- die Gewinnanteile bisher schon in der Handelsbilanz ausgewiesen, aber in die stillen Reserven gestellt war[2] oder
- es sich bei den Mehrgewinnen um absichtlich geschaffene stille Reserven handelt[3] oder
- die Mehrgewinne entstanden sind, weil die Genossenschaft in ihrer Bilanz Reserven angelegt hat, über deren steuerliche Beurteilung sie bei Anwendung eines nicht zu strengen Maßstabes erhebliche Zweifel hätte haben müssen.[4]

BEISPIEL (zur Rückvergütung eines Mehrbetrages aufgrund einer Betriebsprüfung):

Überschuss vor Betriebsprüfung	130.000 €
Überschuss nach Betriebsprüfung	170.000 €
Dieser Mehrbetrag beruht	
a) auf einer ursprünglich stillen Reserve (offenen Rücklage in HB)	30.000 €
b) auf anderen Änderungen	10.000 €

Nur der letzte Mehrbetrag von 10.000 €, der nicht bereits von der Genossenschaft als stille Reserve vorgesehen war, kann für eine steuerbegünstigte Rückvergütung verwendet werden, und zwar bis zu der Höhe, die dem Anteil des Umsatzes aus dem Zweckgeschäft mit Mitgliedern am Gesamtumsatz entspricht.

273 Die Finanzverwaltung lässt es aber zu, dass eine bisher nach § 5 Abs. 1 Nr. 14 KStG steuerbefreite land- und forstwirtschaftliche Nutzungs- und Verwertungsgenossenschaft,[5] die später z. B. aufgrund der Feststellungen einer Betriebsprüfung steuerpflichtig wird, auch bisher als stille Reserven ausgewiesene frühere Gewinne nachträglich mit steuermindernder Wirkung als genossenschaftliche Rückvergütung ausschüttet;[6] hier hatte die Genossenschaft nämlich vorher gar nicht die Möglichkeit solche Rückvergütungen zu beschließen.

274–290 *(Einstweilen frei)*

E. Bilanzielle und einkommensteuerrechtliche Behandlung der Rückvergütung

I. Genossenschaft

291 Wenn alle Voraussetzungen für die Abziehbarkeit einer Rückvergütung i. S. d. § 22 KStG erfüllt sind, ist diese bei der Ermittlung des Gewinns des Wirtschaftsjahres, für das sie gewährt wird,

---

[1] BFH, Urteil v. 28. 2. 1968 - I 260/64, BStBl 1968 II 458.
[2] R 22 Abs. 6 Sätze 2 und 3 KStR; vgl. BFH, Urteil v. 30. 4. 1957 - I 145/56 U, BStBl 1957 III 218.
[3] BFH, Urteil v. 28. 2. 1968 - I 260/64, BStBl 1968 II 458.
[4] BFH, Urteil v. 28. 2. 1968 - I 260/64, BStBl 1968 II 458.
[5] Siehe *Koenig/Oellerich* in Mössner/Seeger/Oellerich, KStG, § 5 Rz. 631 bis 681.
[6] R 22 Abs. 6 Satz 4 KStR.

zu berücksichtigen – i. d. R. durch Bildung einer Rückstellung –, wenn sie nach Ablauf des Wirtschaftsjahres – spätestens bei Genehmigung der Bilanz durch die Generalversammlung – dem Grunde nach beschlossen wird.[1] Wenn nicht alle Voraussetzungen des § 22 KStG gegeben sind, liegen dagegen vGA vor.[2] Der Abzugsfähigkeit der Rückvergütungen steht nicht entgegen, dass die erforderlichen Voraussetzungen regelmäßig erst nach Ablauf des Wirtschaftsjahres, für das sie gewährt werden sollen, vorliegen.

Allerdings ist (s. → Rz. 46) weitere Voraussetzung der Abzugsfähigkeit, dass die Rückvergütung innerhalb einer angemessenen Frist – i. d. R. innerhalb von zwölf Monaten – bezahlt wird. Wenn eine in der Bilanz zurückgestellte und noch nicht bezahlte Rückvergütung nicht innerhalb dieser angemessenen Frist ausgezahlt wird, muss die Rückstellung gewinnerhöhend aufgelöst werden. Wird der vorgesehene Betrag dann doch noch – verspätet – ausgezahlt, so liegt insoweit keine abziehbare Rückvergütung, sondern eine Gewinnausschüttung vor. Das Gleiche gilt, wenn „Rückvergütungen" aus Rücklagen ausgeschüttet werden, da mit der Wahl der Genossenschaft, den Überschuss den Rücklagen zuzuführen, die Möglichkeit einer späteren steuerbegünstigten Auskehrung entfällt.[3] 292

(Einstweilen frei) 293–300

II. Mitglieder

Bei den Empfängern stellen die Rückvergütungen je nach Art der Genossenschaft meistens Einkünfte aus Land- und Forstwirtschaft, aus Gewerbebetrieb oder aus selbständiger Arbeit dar, da die Geschäftsanteile i. d. R. zum Betriebsvermögen gehören. 301

Für die Frage der Aktivierung des Anspruchs auf die Rückvergütung ist nach Auffassung der BFH Rechtsprechung[4] danach zu unterscheiden, ob den Genossen bereits in der Satzung der Genossenschaft dem Grunde nach ein Anspruch auf die Rückvergütung eingeräumt ist oder ob die Satzung keine Bestimmung über die Rückvergütungen enthält und die Genossenschaft daher im Wesentlichen frei darüber entscheiden kann, ob und inwieweit sie den Überschuss aus dem Mitgliedergeschäft zur Bildung von Reserven verwendet, als Gewinn an die Genossen ausschüttet oder als Rückvergütung auskehrt. 302

Bei einer bereits in der Satzung festgelegten Rückvergütung entsteht der Anspruch dem Grunde nach bereits mit Ablauf der Rechnungsperiode, für die der Überschuss aus dem Mitgliedergeschäft zu ermitteln ist. Der einzelne Genosse hat diesen Anspruch in seiner Steuerbilanz zu aktivieren, und zwar mit dem Betrag, mit dessen Ausschüttung er nach den bis zur Aufstellung der Bilanz erlangten Erkenntnissen fest rechnen kann. 303

Enthält die Satzung dagegen keine konkrete Bestimmung zu Rückvergütungen entsteht ein schuldrechtlicher Anspruch der Genossen auf die Rückvergütung erst zu dem Zeitpunkt, zu dem die zuständigen Organe der Genossenschaft die Auskehrung einer Rückvergütung beschließen. Eine vorherige Aktivierung scheidet damit aus. 304

---

1 Vgl. BFH, Urteil v. 8. 11. 1960 - I 152/59, BStBl 1960 III 523 und R 70 Abs. 4 KStR.
2 Siehe → Rz. 46.
3 Siehe → Rz. 144.
4 BFH, Urteil v. 12. 4. 1984 - IV R 112/81, BStBl 1984 II 554.

305 Gehört der Genossenschaftsanteil nicht zum Betriebsvermögen des jeweiligen Genossen, sondern zu dessen Privatvermögen, liegen aufgrund der BFH-Rechtsprechung zur Arbeitnehmerproduktionsgenossenschaft keine Rückvergütungen vor.[1]

306 Erfüllt die Rückvergütung aber nicht alle nach § 22 KStG erforderlichen Voraussetzungen und ist die Auszahlung daher als Gewinnausschüttung anzusehen, liegen bei den Genossen immer steuerbare Einkünfte vor. Sofern der Genossenschaftsanteil nicht zum Betriebsvermögen gehört, sind insoweit Kapitaleinkünfte nach § 20 Abs. 2 Nr. 1 EStG gegeben.

Dritter Teil: Tarif; Besteuerung bei ausländischen Einkunftsteilen

§ 23 Steuersatz

(1) Die Körperschaftsteuer beträgt 15 Prozent des zu versteuernden Einkommens.

(2) Wird die Einkommensteuer auf Grund der Ermächtigung des § 51 Abs. 3 des Einkommensteuergesetzes herabgesetzt oder erhöht, so ermäßigt oder erhöht sich die Körperschaftsteuer entsprechend.

Inhaltsübersicht	Rz.
A. Allgemeines und Rechtsentwicklung des § 23 KStG	1 - 9
B. Regelungsinhalt	10 - 15
C. Anwendungsfragen	16 - 24
D. Teileinkünfteverfahren	25 - 42
E. Tarifänderung – § 23 Abs. 2 KStG	43 - 44

A. Allgemeines und Rechtsentwicklung des § 23 KStG[2]

HINWEIS:
R 23 KStR.

ARBEITSHILFEN UND GRUNDLAGEN ONLINE:
Gemballa, Unternehmenssteuern – Kapitalgesellschaften, NWB RAAAC-47257; Gemballa, Körperschaft-/Gewerbesteuer – Rechtsformvergleich, NWB YAAAB-05527; Vergleich der Besteuerung eines Personenunternehmens mit einer Kapitalgesellschaft, NWB SAAAB-04638.

1 Ursprünglich (bis 1919) wurde das Einkommen der Körperschaften nach dem Einkommensteuergesetz besteuert.[3] Das erste Körperschaftsteuergesetz erging 1920; der Steuersatz betrug anfangs 10 %. Nach dem 2. Weltkrieg stieg der Steuersatz unter dem Einfluss der Siegermächte in Westdeutschland und Westberlin auf 65 %, in der DDR auf 95 % des Einkommens, wobei Ausschüttungen zusätzlich besteuert wurden. Um die übermäßige, teilweise erdrosselnde Wirkung der hohen Steuersätze zu mildern, wurden von den Finanzämtern seinerzeit den an die Steuerpflichtigen versandten Steuererklärungsvordrucken auch Vordrucke für einen (teilwei-

---

[1] BFH, Urteil v. 24. 4. 2007 - I R 37/06, BStBl 2015 II 1056.
[2] Wegen der einzelnen Änderungsgesetze s. 1. Aufl. 2013, § 23 Rz. 1 bis 14, 29 bis 34.
[3] Zum Beispiel Preußisches EStG von 1891.

sen) Steuererlass beigefügt. 1953 sank der Steuersatz für nicht ausgeschüttete Gewinne auf 60 % und für ausgeschüttete Gewinne auf 30 %, 1958 weiter auf 51 % für thesaurierte Gewinne und 15 % für ausgeschüttete Gewinne. Mit der Einführung des **Anrechnungsverfahrens** ab 1977 wurde der Regelsteuersatz auf 56 % (50 % für Ausschüttungen) angehoben; der Regelsteuersatz entsprach damit dem Spitzensatz der Einkommensteuer. Infolge des sich verschärfenden internationalen Steuerwettbewerbs sank der Steuersatz des § 23 KStG zunächst 1990 auf 50 %, 1994 auf 45 % und 1999 auf 40 %. Seit der Geltung des **Halbeinkünfteverfahrens** ab 2001 wurde der Regelsteuersatz 2001 auf 25 % und ab 2008 auf 15 % gesenkt.

1977 trat an die Stelle des (klassischen) Systems mit unterschiedlichen Steuersätzen für thesaurierte und ausgeschüttete Gewinne das **Anrechnungsverfahren**. Der allgemeine Körperschaftsteuersatz (Regelsteuersatz) entsprach bei der Einführung des Anrechnungsverfahrens[1] dem Einkommensteuer-Spitzensteuersatz.[2] Die Körperschaftsteuer wurde zwar auf ein an die Körperschaft gerichtetes Leistungsgebot bezahlt, sie hatte aber abrechnungstechnisch die Funktion einer Einkommensteuervorauszahlung des Anteilseigners. Auf ausgeschüttete Gewinne gezahlte Körperschaftsteuer wurde auf die (deutsche) Einkommensteuer des Anteilseigners angerechnet. Die Regelungen des Anrechnungsverfahrens waren kompliziert, vermieden aber bei ihrer Anwendung auf unbeschränkt steuerpflichtige Anteilseigner vollständig eine Doppelbelastung der erwirtschafteten Erträge mit Körperschaftsteuer und Einkommensteuer. Die Steueranrechnung zwischen verschiedenen Steuersubjekten (Kapitalgesellschaft und Anteilseigner) bedeutete freilich eine Lockerung des sog. Trennungsprinzips.

Aus Gründen des internationalen Steuerwettbewerbs, wegen Problemen der Gleichbehandlung inländischer Betriebstätten ausländischer Gesellschaften mit inländischen Gesellschaften und damit zusammenhängender Fragen der Kapitalertragsteuererhebung sowie gemeinschaftsrechtlicher/unionsrechtlicher Fragen[3] wurde der Regelsteuersatz wiederholt gesenkt.

Die Anrechnung der gezahlten Körperschaftsteuer wurde Anteilseignern nicht gewährt, die in Deutschland nicht ansässig waren. Darin wurde zunehmend eine nach Gemeinschaftsrecht unzulässige **Ausländerdiskriminierung** gesehen. Zur Beseitigung dieser Wirkung wurde das Anrechnungsverfahren ab 2001 wieder aufgegeben[4] und durch das **Halbeinkünfteverfahren**[5] ersetzt.[6] Der Körperschaftsteuersatz wurde zunächst auf 25 % festgesetzt und ab VZ 2008 auf 15 % gesenkt.[7]

An die Stelle des Halbeinkünfteverfahrens trat ab 2009 das **Teileinkünfteverfahren**,[8] wenn die Beteiligung in einem **Betriebsvermögen** des Anteilseigners gehalten wird. Die Körperschaftsteuer (25 % seit 2001; 15 % seit 2008) ist mit keinerlei Anrechnung auf die Einkommensteuer des Anteilseigners verbunden; s. → Rz. 8. Gewinnausschüttungen werden mit 60 % (statt zuvor 50 %) besteuert (§ 3 Nr. 40 EStG); 60 % der Werbungskosten sind abzugsfähig (§ 3c Abs. 2 EStG). Gehören die Anteile zum **Privatvermögen**, wird die Einkommenbesteuerung des Anteils-

---

1 Körperschaftsteuerreformgesetz v. 31.8.1976, BGBl 1976 I 2597; BStBl 1976 I 445.
2 Vgl. § 32a Abs. 1 EStG in der bis 31.12.1989 gültigen Fassung, z. B. EStG 1986; BT-Drucks. 7/1470, 330.
3 BFH, Urteil v. 9.8.2006 - I R 31/01, BStBl 2007 II 838; EuGH, Urteil v. 23.2.2006 - Rs. C-253/03, NWB DAAAB-83178; s. a. BMF, Schreiben v. 17.10.2007, BStBl 2007 I 766. Vgl. hierzu außerdem EuGH, Urteil v. 6.3.2007 - Rs. C-292/04, Meilicke, NWB FAAAC-39375; BFH; Urteil v. 5.3.2008 - I B 171/07, BFH/NV 2008, 1060 = NWB FAAAC-77617.
4 Durch das Steuersenkungsgesetz (= StSenkG) v. 23.10.2000, BGBl 2000 I 1433; BStBl 2000 I 1428.
5 Ab 2009 trat das sog. Teileinkünfteverfahren hinzu; s. → Rz. 25 ff.
6 Siehe Steuersenkungsgesetz (= StSenkG) v. 23.10.2000, BGBl 2000 I 1433; BStBl 2000 I 1428.
7 Unternehmensteuerreformgesetz 2008 v. 14.8.2007, BGBl 2007 I 1912; BStBl 2007 I 630.
8 Unternehmensteuerreformgesetz 2008 v. 14.8.2007, BGBl 2007 I 1912; BStBl 2007 I 630.

eigners durch einen Kapitalertragsteuerabzug mit grundsätzlich abgeltender Wirkung vorgenommen (§ 43 Abs. 5, § 32d Abs. 1, Abs. 3, Abs. 6 EStG).

5 Nach der Abschaffung des Anrechnungsverfahrens sank das Körperschaftsteueraufkommen zunächst erheblich, weil noch nachlaufend in Anspruch genommene Anrechnungsguthaben vorhanden waren.[1] Inzwischen hat sich das Körperschaftsteueraufkommen wieder stabilisiert; es lag 2012 bei 4% des Gesamtsteueraufkommens von rd. 426 Mrd. Euro. Das System der Körperschaftbesteuerung ist seit 2001 nicht mehr grundlegend geändert worden; s. zu den Steuersätzen Rz. 4. Ab VZ 2009 wurde die steuerliche Gewinnübertragung auf den Anteilseigner neu gestaltet; es findet nunmehr anknüpfend bei Zugehörigkeit der Anteile zum Privatvermögen ein Kapitalertragsteuerabzug statt, der regelmäßig Abgeltungswirkung hat,[2] und bei zu einem Betriebsvermögen gehörenden Anteilen ein Halbeinkünfteverfahren.[3]

6 Das Gesetz v. 20.12.2001[4] hat § 23 Abs. 3 KStG ab VZ 2001 aufgehoben und in § 8 Abs. 1 Satz 3 KStG eine Sonderregelung für die Besteuerung von Werbeeinnahmen des inländischen öffentlich-rechtlichen Rundfunkanstalten geschaffen.[5]

7 Durch das Flutopferhilfegesetz v. 19.9.2002[6] wurde der Körperschaftsteuersatz für den VZ 2003 auf 26,5 % erhöht (§ 34 Abs. 11a KStG). Diese befristete Anhebung des Steuersatzes beruhte nicht auf einer Verordnung (§ 23 Abs. 2 KStG), sondern auf einer Gesetzesänderung.

8 Das Unternehmensteuerreformgesetz 2008 vom 14.8.2007[7] hat den Körperschaftsteuersatz des § 23 Abs. 1 KStG von 25 % auf 15 % ab VZ 2008 (§ 34 Abs. 11a KStG) abgesenkt, um die nominale Belastung der Kapitalgesellschaften – unter Berücksichtigung der nicht mehr abzugsfähigen Gewerbesteuer – auf (typisiert) unter 30 % zu senken.

9 *(Einstweilen frei)*

B. Regelungsinhalt

10 § 23 Abs. 1 KStG bestimmt den Steuersatz, mit dem das Einkommen (§§ 8 bis 13 KStG) der Rechtsträger, die der Körperschaftsteuer unterliegen (§§ 1 bis 6 KStG), zur Körperschaftsteuer herangezogen wird.

11 § 23 Abs. 3 KStG a.F. fand letztmals für den VZ 2000 Anwendung. Seit VZ 2001 werden die Werbeeinnahmen (§ 10 Abs. 1 UStG) der inländischen öffentlich-rechtlichen **Rundfunkanstalten** als Einkommen mit 16 % besteuert (§ 8 Abs. 1 Satz 3 KStG).[8]

12 § 23 Abs. 2 KStG enthält eine Rechtsfolgeanordnung (Erhöhung des Steuersatzes) für den Fall, dass von der entsprechenden Ermächtigung des § 51 Abs. 3 EStG Gebrauch gemacht wird. Von der Ermächtigung des § 51 Abs. 3 EStG ist noch nie Gebrauch gemacht worden.

13–15 *(Einstweilen frei)*

---

1 Vgl. Sechsten Teil des KStG: §§ 36 ff.
2 Vgl. → Rz. 35 ff.
3 Vgl. → Rz. 26 ff.
4 Gesetz zur Fortführung des Solidarpaktes, zur Neuordnung des bundesstaatlichen Finanzausgleichs und zur Abwicklung des Fonds „Deutsche Einheit" v. 20.12.2001, BGBl 2001 I 3955; BStBl 2002 I 60.
5 *Klein/Müller/Döpper* in Mössner/Seeger/Oellerich, KStG, § 8 Rz. 91.
6 Das Flutopfersolidaritätsgesetz v. 19.9.2002, BGBl 2002 I 3651; BStBl 2002 I 865.
7 Unternehmensteuerreformgesetzes 2008 v. 14.8.2007, BGBl 2007 I 1912; BStBl 2007 I 630.
8 *Klein/Müller/Döpper* in Mössner/Seeger/Oellerich, KStG, § 8 Rz. 91.

C. Anwendungsfragen

Nach § 23 Abs. 1 KStG beträgt die Körperschaftsteuer 15 % des zu versteuernden Einkommens (§ 8 KStG), sofern keine gesetzliche Befreiung eingreift, z. B. nach § 5 KStG. Es handelt sich um einen **Proportionalsteuersatz** (flat rate), der unmittelbar (ohne Grundfreibetrag) einsetzt. Er gilt unterschiedslos für *ausgeschüttete* und *thesaurierte* Gewinne und für *unbeschränkt* und *beschränkt* körperschaftsteuerpflichtige Rechtsträger (§§ 1 bis 6 KStG). 16

Das „zu versteuernde Einkommen" ist nach der Legaldefinition des § 7 Abs. 2 KStG das Einkommen i. S. d. § 8 Abs. 1 KStG, vermindert um die Freibeträge nach §§ 24 und 25 KStG. Die Freibeträge finden auf Kapitalgesellschaften keine Anwendung (§ 24 Satz 2 Nr 1 KStG). Zur Ermittlung des Einkommens s. R 7.1 KStR; zur Ermittlung der *festzusetzenden* und *verbleibenden* Körperschaftsteuer s. R 7.2 KStR. Ist das Einkommen geringfügig, wird von der Festsetzung der Körperschaftsteuer abgesehen.[1] 17

Nach R 23 KStR kann die Körperschaftsteuer, soweit sie auf Kalamitätsnutzungen i. S. d. § 34b Abs. 1 Nr. 2 EStG entfällt, auf die Hälfte ermäßigt werden, wenn die volle Besteuerung zu Härten führen würde; R 34 b.2 bis R 34b. 7 EStR sind sinngemäß anzuwenden. § 34b Abs. 1 Nr. 2 EStG kommt bei **außerordentlichen Holznutzungen** einer Körperschaft mit Forstbesitz m. E. nicht über R 23 KStR hinaus zur Anwendung; strittig.[2] 18

Nach §§ 2, 4 der Verordnung über die steuerliche Begünstigung von Wasserkraftwerken,[3] die Gesetzesrang hat,[4] wird bei der Erzeugung von Strom aus Wasserkraft der regelmäßige Steuersatz für 20 Jahre ab Betriebsbeginn auf die Hälfte vermindert, also seit VZ 2008 auf 7,5 %. 19

Nach den Regelungen betreffend den Übergang vom Anrechnungsverfahren zum Halbeinkünfteverfahren kann sich eine Minderung oder Erhöhung der Körperschaftsteuer für Ausschüttungen nach Maßgabe des § 37 Abs. 2 und 2a KStG ergeben.[5] 20

Zusätzlich zur tariflichen Körperschaftsteuer des § 23 Abs. 1 KStG wird ein **Solidaritätszuschlag** (Ergänzungsabgabe) von 5,5 % (§ 4 SolZG)[6] der festgesetzten Körperschaftsteuer (§ 3 SolZG) erhoben. Der **Kirchensteuer** unterliegen Körperschaften nicht. 21

(Einstweilen frei) 22–24

D. Teileinkünfteverfahren

Das **Halbeinkünfteverfahren** wurde durch das StSenkG 2000 eingeführt[7] und galt bis VZ 2007. Der Besteuerung der Körperschaften wird seither ein einheitlicher mit keiner Steueranrechnung verbundener Körperschaftsteuersatz (25 % bis VZ 2007; 15 % seit VZ 2008) auf der Ebene der Körperschaft zu Grunde gelegt, der ohne Grundfreibetrag einsetzt (sog. Definitivsteuer). Beim Halbeinkünfteverfahren wurden 50 % der Gewinnausschüttungen beim Anteilseigner zur Einkommensteuer herangezogen. 25

---

[1] Siehe *Valta* in Mössner/Seeger/Oellerich, KStG, § 31 Rz. 83; R 32.1 KStR; *Seeger* in Mössner/Seeger/Oellerich, KStG, § 24 Rz. 2.
[2] Wie hier *Kulosa* in Schmidt, EStG, 35. Aufl. 2016, § 34b Rz. 1; a. A. *Frotscher*/Maas, § 23 Rz. 23.
[3] I. d. F. v. 1. 1. 1964 – WasserkraftwerkVO v. 26. 10. 1944, RStBl 1944, 657 i. d. F. v. 26. 7. 1957, BStBl 1957 I 528.
[4] Vgl. BFH, Urteil v. 23. 4. 1975 - I R 70/73, BStBl 1975 II 618.
[5] Vgl. *Klein* in Mössner/Seeger/Oellerich, KStG, § 37 Rz. 1 bis 6.
[6] In der Fassung der Bekanntmachung v. 15. 10. 2002, BGBl 2002 I 4130.
[7] Vom 23. 10. 2000, BGBl 2000 I 1433; BStBl 2000 I 1428.

26 Ab **VZ 2009** wurde das Halbeinkünfteverfahren zu einem **Teileinkünfteverfahren** umgestaltet, das zur Anwendung kommt, wenn der Anteilseigner die Anteile an der Körperschaft in einem **Betriebsvermögen** hält. Gehören die Anteile an der Kapitalgesellschaft zum **Privatvermögen** des Anteilseigners, ist an die Stelle des von VZ 2001 bis 2008 geltenden Halbeinkünfteverfahrens ein **Quellensteuerabzug** mit grundsätzlich abgeltender Wirkung getreten.

27 **Betriebsvermögen:** Gehören die Anteile an der Kapitalgesellschaft zu einem Betriebsvermögen des Anteilseigners (§ 13, §§ 15 bis 17, § 18 EStG) oder zu den Einkünften i. S. d. § 21 EStG (i. V. m. § 20 Abs. 8 EStG[1]) findet seit VZ 2009 ein **Teileinkünfteverfahren** Anwendung; danach sind 60 % (statt früher 50 %) der Ausschüttungen zu versteuern (§ 3 Nr. 40 EStG) und dementsprechend auch 60 % der Werbungskosten abziehbar (§ 3c Abs. 2 EStG).

28 Gehören die Ausschüttungen zu den **gewerblichen Einkünften** (§ 15 EStG), werden sie auch in vollem Umfang zur Gewerbesteuer herangezogen (§ 7 Abs. 1 Satz 1 GewStG); die Gewerbesteuer wird aber, wenn es sich um Betriebsvermögen eines Personenunternehmens (Unternehmen einer natürlichen Person oder Personengesellschaft) handelt und das **gewerbesteuerrechtliche Schachtelprivileg** nicht eingreift (Beteiligungsquote unter 15 %; § 8 Nr. 5, § 9 Nr. 2a GewStG), ggf. nach Maßgabe § 35 EStG auf die Einkommensteuer angerechnet; bei einer **Personengesellschaft** kommt die Anrechnung nur für die beteiligten natürlichen Personen gemäß ihrer Beteiligungsquote in Betracht.

29 Erreicht die Beteiligung **15 %** (oder mehr), gehören Dividenden nicht zum Gewerbeertrag (§ 9 Nr. 2a GewStG); der nach dem Teileinkünfteverfahren zu ermittelnde Gewinn wird also für Zwecke der Gewerbesteuer um den Dividendenertrag gekürzt (§ 7 Abs. 4 GewStG).

30 Gehören wenigstens 10 % der Anteile an der **Kapitalgesellschaft** einer anderen Kapitalgesellschaft (körperschaftsteuerliche **Schachtelbeteiligung**; § 8b Abs. 4 KStG)[2] sind Gewinnausschüttungen nach § 8b Abs. 1 KStG i. V. m. § 8b Abs. 5 Satz 1 KStG zu 95 % von der Körperschaftsteuer befreit. **Kapitalertragsteuer** wird gem. § 43 Abs. 1 Satz 3 EStG gleichwohl erhoben, aber im Rahmen der Veranlagung wieder angerechnet (§ 31 Abs. 1 KStG, § 36 Abs. 2 Nr. 2 Satz 1 EStG). Erreicht die Beteiligung nicht 10 % (sog. **Streubesitz**), sind Dividenden von der Steuerbefreiung gemäß § 8b Abs. 1 KStG seit 1. 3. 2013[3] ausgenommen (§ 8b Abs. 4 KStG). Streubesitzdividenden werden also steuerlich benachteiligt.[4]

31 Die Einbeziehung der Einkünfte aus **Vermietung und Verpachtung** (§ 21 EStG) in die Subsidiaritätsklausel (Einkünftezurechnung) des § 20 Abs. 8 EStG erscheint problematisch. Anders als bei den betrieblichen Einkunftsarten (§ 2 Abs. 1 Nr. 1 bis 3, Abs. 2 Nr. 1 EStG) kennt das Gesetz für die Überschusseinkunftsarten (§ 2 Abs. 1 Nr. 3 bis 7, Abs. 2 Nr. 2, Abs. 1 Nr. 3 bis 7 EStG) **kein Betriebsvermögen**. Soweit z. B. Zinsen aus dem Guthaben eines Mietkontos (§ 20 Abs. 1 Nr. 7 EStG) vereinnahmt werden, unterliegen sie der Kapitalertragsteuer (§ 43 Abs. 1 Nr. 7, Abs. 4 EStG). Der Kapitalertragsteuerabzug hat aber keine abgeltende Wirkung (§ 43 Abs. 5 Satz 2 EStG). Die Zinserträge sind (brutto) in die Einnahmenüberschussrechnung (§ 2 Abs. 2 Nr. 2 EStG) einzubeziehen. Die Kapitalertragsteuer ist auf die festzusetzende Einkommensteuer anzurechnen (§ 36 Abs. 2 Nr. 2 EStG).

---

[1] *Siegmund/Kleene*, DStZ 2009, 366.
[2] § 8b Abs. 4 KStG mit Wirkung ab 1. 3. 2013 (§ 34 Abs. 7a Satz 2 KStG) neu gefasst durch Gesetz v. 21. 3. 2013, BGBl 2013 I 561.
[3] *Salomon/Riegler*, IStR 1993, 557.
[4] *Birk/Desens/Tappe*, Steuerrecht, 16. Aufl. 2013, Rz 1237.

(Einstweilen frei) 32–34

Privatvermögen: Gehören die Anteile an einer (inländischen oder ausländischen) Kapitalgesellschaft zum Privatvermögen einer (unbeschränkt oder beschränkt steuerpflichtigen) **natürlichen Person**, sind Dividenden (und andere Gewinnübertragungen, vgl. den Katalog des § 3 Nr. 40 EStG) **Einkünfte aus Kapitalvermögen** i. S. d. § 20 Abs. 1 EStG des Anteilseigners. Auf 100 % der ausgeschütteten Gewinne (Dividenden; § 20 Abs. 1 Nr. 1 EStG) wird eine 25%ige Kapitalertragsteuer (Abgeltungsteuer; § 32d Abs. 1 EStG) als Quellensteuer erhoben; der Abzug der tatsächlichen Werbungskosten ist insofern ausgeschlossen; statt dessen wird lediglich ein **Sparer-Pauschbetrag** von 801 €, für zusammenveranlagte Steuerpflichtige von 1602 € abgezogen (§ 20 Abs. 9 Satz 1 EStG, § 26 EStG, § 2 Abs. 8 EStG). 35

Ferner werden 5,5 % der Kapitalertragsteuer als **Solidaritätszuschlag** (Ergänzungsabgabe gem. § 3 Abs. 1 Nr. 5 SolZG) und ggf. **Kirchensteuer** ebenfalls als Quellensteuer abgezogen. Für die Bemessungsgrundlage der Zuschlagsteuern gilt die Abzugsbeschränkung des § 3c Abs. 2 EStG nicht (§ 51a Abs. 2 bis 2c EStG). 36

Der Steuerpflichtige kann durch einen **Antrag** nach § 32d Abs. 6 EStG die Abgeltungswirkung vermeiden, falls die Einbeziehung der Dividenden in die Einkommensteuerveranlagung zu einer insgesamt niedrigeren Steuerbelastung führt; dabei bleibt die Beschränkung des Werbungskostenabzugs auf den Sparerpauschbetrag bestehen (§ 20 Abs. 9, 2. Halbsatz EStG).[1] 37

Beträgt die **Beteiligung** wenigstens **25 %** der Anteile an der Kapitalgesellschaft oder wenigstens **1 %** *und* ist der Anteilseigner zugleich beruflich für die Kapitalgesellschaft tätig, wird **auf Antrag das Teileinkünfteverfahren** angewendet (§ 32d Abs. 2 Nr. 3 EStG). Wird ein entsprechender Antrag gestellt, entfällt gem. § 32d Abs. 2 Nr. 3 Satz 2 EStG das Werbungskostenabzugsverbot des § 20 Abs. 9 EStG, so dass Aufwendungen, die durch die Beteiligung an der Kapitalgesellschaft veranlasst sind, zu 60 % abgezogen werden können (§ 3c Abs. 2 EStG). 38

(Einstweilen frei) 39

Die volle **Belastungswirkung** ausgeschütteter Gewinne wird auf der Ebene des Anteilseigners, wenn dieser eine natürliche Person ist und die Beteiligung im Privatvermögen hält, durch Abgeltungswirkung der Kapitalertragsteuer, ggf. durch die (antragsabhängige) Einbeziehung in die Einkommensteuerveranlagung erreicht (Körperschaftsteuer zzgl. Kapitalertragsteuer oder Einkommensteuer unter Anrechnung der Kapitalertragsteuer nebst Zuschlagsteuern). 40

Wird der Gewinn nicht vollständig ausgeschüttet, was der Regel entspricht, tritt die Steuerbelastung (Körperschaftsteuer zzgl. Soli) auf die erwirtschaftete, aber nicht ausgeschüttete Vermögensmehrung hinzu.[2]

(Einstweilen frei) 41–42

E. Tarifänderung – § 23 Abs. 2 KStG

§ 23 Abs. 2 KStG hat ab VZ 2008[3] wörtlich die Regelung des § 19c KStG 1975 übernommen,[4] die durch § 27 des Gesetzes zur Förderung der Stabilität und des Wachstums der Wirtschaft 43

---

1 FG Rheinland-Pfalz, EFG 2013, 932, rkr.
2 Wegen des Umfangs und der Unterschiede der Kapitalertragsteuerbelastung für steuerbefreite Körperschaften, für beschränkt steuerpflichtige Anteilseigner in der EU oder in DBA-Staaten vgl. *Frotscher*/Maas, § 23 Rz. 9–18.
3 § 34 Abs. 11a KStG.
4 Gesetz v. 14. 8. 2007, BGBl 2007 I 1912.

(Stabilitätsgesetz) vom 8.6.1967[1] in das KStG eingefügt worden war und sich bis zum 31.12.2000 in § 23 Abs. 4 KStG befand.

44 Nach § 51 Abs. 3 EStG kann die Bundesregierung durch Rechtsverordnung mit Zustimmung des Bundesrates Vorschriften erlassen, nach denen die Einkommensteuer längstens für die Dauer eines Jahres aus volkswirtschaftlichen Gründen um bis zu 10 % herabgesetzt oder erhöht werden kann. In einem derartigen Falle ermäßigt oder erhöht sich die Körperschaftsteuer entsprechend. Diese Regelung des § 23 KStG wird durch § 33 Abs. 1 Nr. 2b KStG ergänzt.

§ 24 Freibetrag für bestimmte Körperschaften

[1]Vom Einkommen der steuerpflichtigen Körperschaften, Personenvereinigungen oder Vermögensmassen ist ein Freibetrag von 5 000 Euro, höchstens jedoch in Höhe des Einkommens, abzuziehen. [2]Satz 1 gilt nicht

1. für Körperschaften und Personenvereinigungen, deren Leistungen bei den Empfängern zu den Einnahmen im Sinne des § 20 Abs. 1 Nr. 1 oder 2 des Einkommensteuergesetzes gehören,

2. für Vereine im Sinne des § 25.

Inhaltsübersicht	Rz.
A. Rechtsentwicklung des § 24 KStG	1
B. Regelungsinhalt des § 24 KStG	2 - 7
C. Verhältnis des § 24 KStG zu anderen Vorschriften	8 - 11
D. Freibetragsberechtigte Körperschaften	12 - 15
E. Nicht freibetragsberechtigte Körperschaften und Personenvereinigungen	16 - 17
F. Anwendung der Freibetragsregelung	18 - 24
G. Vergünstigungen nach der Abgabenordnung	25 - 30

A. Rechtsentwicklung des § 24 KStG

HINWEIS:

R 24 KStR; H 24 KStH.

1 Die aktuelle Fassung des § 24 KStG gilt seit VZ 2009;[2] in Satz 1 wurde das Wort *unbeschränkt* gestrichen. Die Vorschrift dient der Verfahrensvereinfachung und der Senkung der Kosten kleiner Körperschaften und bei der Steuererhebung. Sie hat frühere Verwaltungsregelungen (Abschn. 52 KStR 1962, Abschn. 64 Abs. 1 KStR 1969) fortentwickelt und Gesetzesrang verliehen.[3,4,5]

---

[1] BGBl 1967 I 582; BStBl 1967 I 266.
[2] § 34 Abs. 1 KStG; Art. 6 Nr. 1 des Dritten Gesetzes zum Abbau bürokratischer Hemmnisse insbesondere in der mittelständischen Wirtschaft (Drittes Mittelstandsentlastungsgesetz) vom 17.3.2009, BGBl 2009 I 550; BStBl 2009 I 470.
[3] Art. 1 des Körperschaftsteuerreformgesetzes vom 31.8.1976 fand erstmals für den am 1.1.1977 beginnenden Veranlagungszeitraum Anwendung (§ 54 Abs. 1, § 49 KStG 1977 i.V.m. § 25 KStG), BGBl 1976 I 2597; BStBl 1976 I 445.
[4] Art. 9 Nr. 3 des Gesetzes zur Verbesserung und Vereinfachung der Vereinsbesteuerung (Vereinsförderungsgesetz) vom 18.12.1989, BGBl 1989 I 2212; BStBl 1989 I 499.
[5] Art. 4 Nr. 2 des Gesetzes zur Umrechnung und Glättung steuerlicher Euro-Beträge (Steuer-Euroglättungsgesetz) vom 19.2.2000, BGBl 2000 I 1790; BStBl 2001 I 3.

Praktische Bedeutung hat die Freibetragsregelung vor allem für Idealvereine, Betriebe gewerblicher Art, Stiftungen und Zweckvermögen.

B. Regelungsinhalt des § 24 KStG

Die Freibetragsregelung des § 24 KStG verfolgt zwei Ziele: (1.) Härten, die bei Anwendung des Proportionalsteuersatzes des § 23 KStG[1] bei geringem Einkommen auftreten, sollen vermieden werden. (2.) Sowohl bei den steuerpflichtigen Körperschaften als auch in der Finanzverwaltung sollen Kosten vermieden werden, die oberhalb der möglichen Steuern liegen. § 24 KStG ist deshalb auch im Zusammenhang mit R 31 KStR zu sehen (→ Rz. 9; *Seeger* in Mössner/Seeger/Oellerich, KStG, § 23 Rz. 17).

Der Freibetrag des § 24 KStG ist vom Einkommen (§ 7 Abs. 2 KStG; R 7.1 KStR) abzuziehen (vgl. *Seeger* in Mössner/Seeger/Oellerich, KStG, § 23 Rz. 17). Die Freibetragsregelung ist zufolge § 24 Satz 2 Nr. 1 KStG nicht anwendbar auf Körperschaften und Personanvereinigungen, deren Leistungen beim Empfänger zu Einkünften aus Kapitalvermögen (§ 20 Abs. 1 und 2 EStG) gehören. Dies sind vor allem Kapitalgesellschaften, auch wenn ihre Anteile zu einem Betriebsvermögen gehören und die Ausschüttungen deshalb aufgrund der Artzurechnung als Einkünfte aus Gewerbebetrieb behandelt werden.[2]

Vereinen i. S. d. § 25 KStG steht der Freibetrag nicht zu (§ 24 Satz 2 Nr. 2 KStG).

Die Freibetragsregelung des § 23 KStG und ihre Einschränkung in Satz 2 haben nach dem Übergang vom Anrechnungsverfahren zum Halb-/Teileinkünfteverfahren ihre Berechtigung nicht verloren. Die Anwendung auch auf Kapitalgesellschaften, wie sie von *Roser*[3] und *Burwitz*[4] befürwortet wird, würde die Tarifgestaltung bei der Körperschaftsteuer und der Einkommensteuer verschieben und Manipulationsmöglichkeiten, z. B. durch Wahl des Ausschüttungszeitpunktes, eröffnen.

(Einstweilen frei)

C. Verhältnis des § 24 KStG zu anderen Vorschriften

Die Freibetragsregelung des § 25 KStG geht als die speziellere Vorschrift dem § 24 KStG vor.

Bei kleineren Körperschaften, die nicht in den Genuss der Freibetragsregelungen nach § 24 oder § 25 KStG kommen können, ist die Vereinfachungsvorschrift der R 31 Abs. 1 KStR 2004 zu beachten, d. h. es wird von einer Steuerfestsetzung abgesehen, wenn das Einkommen im Einzelfall 500 € nicht übersteigt und die Körperschaft eine Veranlagung nicht beantragt.

Zu den Vergünstigungen nach der AO vgl. → Rz. 25 ff.

(Einstweilen frei)

---

1 Siehe *Seeger* in Mössner/Seeger/Oellerich, KStG, § 23 Rz. 16.
2 Vgl. § 20 Abs. 8 EStG; BFH, Urteil v. 5. 6. 1985 - I R 163/81, BStBl 1985 II 634 oder wenn die Vornahme von Ausschüttungen lediglich durch die Satzung oder sonstige gesellschaftsvertragliche Regelung untersagt ist, BFH, Urteil v. 24. 1. 1990 - I R 33/86, BStBl 1990 II 470.
3 *Gosch/Roser*, § 24 Rz. 7.
4 In HHR, KStG, § 24 Rz. 12.

D. Freibetragsberechtigte Körperschaften

12 Der Freibetrag nach § 24 KStG kann seit VZ 2009 infolge Streichung des Wortes *unbeschränkt* auch beschränkt steuerpflichtigen Körperschaften i. S. d. § 1 Abs. 1 KStG gewährt werden.[1] Beschränkt steuerpflichtige Körperschaften können den Freibetrag unter den gesetzlichen Voraussetzungen in Anspruch nehmen, wenn sie nach dem gesetzlichen Regelungstypus ihres Heimatlandes einer inländischen Körperschaft, Personenvereinigung oder Vermögensmasse vergleichbar sind.

13 Durch § 24 Satz 2 KStG wird der Kreis derjenigen Steuerpflichtigen, die den Freibetrag in Anspruch nehmen können, negativ abgegrenzt. Nicht alle Körperschaften, die der Körperschaftsteuer unterliegen, sind nach dem für sie geltenden gesetzlichen Regelstatut in der Lage, Ausschüttungen vorzunehmen, die bei ihren Empfängern Einnahmen i. S. v. § 20 Abs. 1 Nr. 1 oder Nr. 2 EStG sind. Die negative Abgrenzung betrifft alle Körperschaften, die von Gesetzes wegen befugt sind, Ausschüttungen vorzunehmen. Nicht in Anspruch nehmen können den Freibetrag danach insbesondere **Kapitalgesellschaften** i. S. § 1 Abs. 1 Nr. 1 KStG, auch wenn sie gemeinnützig sind.

14 Den Freibetrag in Anspruch nehmen können u. a. folgende Steuersubjekte, sofern sie die Einkommensgrenze des § 24 KStG nicht überschreiten:[2]

- ▶ Juristische Personen des öffentlichen Rechts mit Betrieben gewerblicher Art;
- ▶ Versicherungsvereine auf Gegenseitigkeit;
- ▶ Stiftungen;
- ▶ Sonstige rechtsfähige und nichtrechtsfähige Gebilde des Zivilrechts, z. B. gemeinnützige Vereine mit wirtschaftlichem Geschäftsbetrieb;[3]
- ▶ Gemeinnützige Körperschaften i. S. d. § 5 Abs. 1 Nr. 9 KStG mit wirtschaftlichem Geschäftsbetrieb, es sei denn, sie besitzen die Rechtsform einer Kapitalgesellschaft nach § 1 Abs. 1 Nr. 1 KStG, einer Erwerbs- und Wirtschaftsgenossenschaft nach § 1 Abs. 1 Nr. 2 KStG oder eines wirtschaftlichen Vereins nach § 1 Abs. 1 Nr. 4 KStG, der Mitgliedschaftsrechte gewährt, die einer kapitalmäßigen Beteiligung gleichstehen (vgl. § 45 BGB[4]);
- ▶ Steuerbefreite Pensions- oder Unterstützungskassen, die die Rechtsform eines Vereins oder einer Stiftung haben und wegen Überdotierung teilweise zu besteuern sind – § 5 Abs. 1 Nr. 3 i. V. m. § 6 KStG.

15 *(Einstweilen frei)*

E. Nicht freibetragsberechtigte Körperschaften und Personenvereinigungen

16 Von der Anwendung des § 24 KStG sind diejenigen Körperschaften und Personenvereinigungen ausgeschlossen, deren Leistungen bei den Empfängern zu den Einnahmen i. S. d. § 20 Abs. 1 Nr. 1 und 2 EStG gehören,[5] z. B.:

---

[1] *Frotscher*/Maas, § 24 Rz. 2.
[2] H 24 KStH.
[3] BFH, Urteil v. 27. 3. 2001 - I R 78/99, BStBl 2001 II 449: Die Beteiligung einer steuerbefreiten Körperschaft an einer gewerblich tätigen Personengesellschaft begründet einen wirtschaftlichen Geschäftsbetrieb.
[4] BFH, Urteil v. 23. 9. 1970 - I R 22/67, BStBl 1971 II 47.
[5] H 24 KStH.

- Unbeschränkt steuerpflichtige Kapitalgesellschaften sowie unbeschränkt steuerpflichtige Genossenschaften i. S. d. § 1 Abs. 1 Nr. 1 und 2 KStG;
- Das gilt auch für eine **Komplementär-GmbH**, deren Ausschüttungen zu den Einnahmen i. S. d. § 20 Abs. 1 Nr. 1 und 2 EStG gehören und die Zuordnung zu den Einkünften aus Gewerbebetrieb lediglich auf § 20 Abs. 8 EStG beruht (vgl. → Rz. 3),[1]
- Vor-GmbH und Vor-Genossenschaft;[2]
- Beschränkt steuerpflichtige Körperschaften und Personenvereinigungen, z. B. ausländische Kapitalgesellschaften;
- Realgemeinden und sonstige korporationsähnliche Gebilde – § 1 Abs. 1 Nr. 4, 5 i. V. m. § 3 KStG;
- Gemeinnützige Körperschaften i. S. d. § 5 Abs. 1 Nr. 9 KStG mit wirtschaftlichem Geschäftsbetrieb, wenn sie in der Rechtsform einer Kapitalgesellschaft, Erwerbs- und Wirtschaftsgenossenschaft oder des wirtschaftlichen Vereins, der Mitgliedschaftsrechte gewährt, die einer kapitalmäßigen Beteiligung gleichstehen, organisiert sind;
- Steuerbefreite Pensions- oder Unterstützungskassen, die die Rechtsform einer Kapitalgesellschaft haben und wegen Überdotierung teilweise zu besteuern sind – § 5 Abs. 1 Nr. 3 i. V. m. § 6 KStG;
- Gemeinnützige Wohnungs- und Siedlungsgemeinschaften mit Auflagen abgabenrechtlicher Art nach § 5 Abs. 1 Nr. 10, 12 KStG;
- Vereine i. S. d. § 25 KStG.

(Einstweilen frei) 17

F. Anwendung der Freibetragsregelung

Der Freibetrag ist von dem nach § 8 KStG ermittelten Einkommen abzuziehen. Vor Anwendung des § 24 KStG ist ggf. ein Verlustabzug vorzunehmen. Steuerfreie Einnahmen mindern nicht den Freibetrag und sind nicht mit ihm zu verrechnen. Bei der Ermittlung des Einkommens sind ggf. der Werbungskostenpauschbetrag gemäß § 9a Nr. 2 EStG sowie bis einschließlich Veranlagungszeitraum 2008 der Sparerfreibetrag gemäß § 20 Abs. 4 Satz 1 EStG abzuziehen. Durch die Anwendung der Freibetragsregelung darf kein Verlust entstehen, so dass demgemäß höchstens der Freibetrag in Höhe des Einkommens abzuziehen ist. 18

Nach R 24 Abs. 2 KStR wird in den Fällen, in denen das Einkommen den Freibetrag von 5.000 € nicht übersteigt, eine Veranlagung nicht durchgeführt (= Nichtveranlagungs[NV]-Fall). Die Körperschaft hat Anspruch auf die Erteilung einer NV-Bescheinigung. 19

Diejenigen **unbeschränkt** steuerpflichtigen Körperschaften, Personenvereinigungen und Vermögensmassen, deren Kapitalerträge zwar den Freibetrag nach § 20 Abs. 4 EStG (bis einschließlich VZ 2008) bzw. den Sparer-Pauschbetrag nach § 20 Abs. 9 EStG (ab VZ 2009) übersteigen, denen aber der Freibetrag nach § 24 KStG zusteht und deren Einkommen diesen Freibetrag nicht übersteigt, haben ebenfalls Anspruch auf Erteilung einer NV-Bescheinigung. 20

---

1 FG Düsseldorf, Urteil v. 7. 6. 1979 - V 457/77 K, EFG 1979, 571; FG Münster, Urteil v. 2. 10. 1979 - VI 4941/78 K, EFG 1980, 146; FG Bremen, Urteil v. 15. 5. 1981 - I 33/81 K, EFG 1981, 269; BFH, Urteile v. 5. 6. 1985 - I R 163/81, BStBl 1985 II 634; v. 24. 1. 1990 - I R 33/86, BStBl 1990 II 470.
2 BFH, Urteil v. 14. 10. 1992 - I R 17/92, BStBl 1993 II 352.

21 Zu beachten ist, dass bei **verschiedenen Betrieben** gewerblicher Art ein und derselben juristischen Person die Anwendung des § 24 KStG für jeden einzelnen BgA gesondert geprüft werden muss. D. h., der Freibetrag ist bei derselben juristischen Person ggf. mehrfach zu berücksichtigen.

22 Gleiches gilt für sog. **Rechtlergemeinschaften** in der Rechtsform des nichtrechtsfähigen Vereins.[1]

23–24 *(Einstweilen frei)*

G. Vergünstigungen nach der Abgabenordnung

25 Die AO sieht nach dem Stand vom 1.1.2012 folgende Vergünstigungen für Körperschaften vor:

26 Zweckbetriebe (§ 65 AO) sind steuerbefreit.

27 In § 64 Abs. 3 AO ist für den wirtschaftlichen Geschäftsbetrieb – § 14 AO – einer gemeinnützigen Körperschaft eine Besteuerungsgrenze von 35.000 € (bis VZ 2006: 30.678 €; bis einschließlich 31.12.2001: 60.000 DM) vorgesehen. Das heißt, bis zu einem Bruttobetrag der Einnahmen[2] einschl. Umsatzsteuer in Höhe des vorgenannten Freibetrages ist weder Körperschaftsteuer noch Gewerbesteuer zu entrichten.

28 Für Überschüsse aus der Verwertung unentgeltlich erworbenen Altmaterials finden sich hinsichtlich der Gewinnermittlung Regelungen in Nr. 25 bis 27 der AEAO zu § 64 Abs. 5 AO.

29 Ferner gehen nach § 64 Abs. 6 AO[3] 15 % der Einnahmen bei den dort genannten besonderen wirtschaftlichen Geschäftsbetrieben (Nr. 1: Werbung für Unternehmen, die im Zusammenhang mit der steuerbegünstigten Tätigkeit einschließlich Zweckbetrieben stattfindet, Nr. 2: Totalisatorbetriebe; Nr. 3: Zweite Fraktionierungsstufe der Blutspendedienste) als Gewinn in die Besteuerung ein. Es gilt der Körperschaftsteuersatz des § 23 KStG.

30 Sportliche Veranstaltungen eines Sportvereins gelten gemäß § 67a Abs. 1 AO grundsätzlich als Zweckbetrieb, wenn die Einnahmen (Bruttobetrag einschl. Umsatzsteuer) insgesamt 35.000 € (ab VZ 2007; für die Veranlagungszeiträume 2002 bis 2006: 30.678 €) im Jahr nicht übersteigen; der Verkauf von Speisen und Getränken sowie Werbeeinnahmen zählen nicht zu den begünstigten Einnahmen.

§ 25 Freibetrag für Erwerbs- und Wirtschaftsgenossenschaften sowie Vereine, die Land- und Forstwirtschaft betreiben

(1) ¹Vom Einkommen der steuerpflichtigen Genossenschaften sowie der steuerpflichtigen Vereine, deren Tätigkeit sich auf den Betrieb der Land- und Forstwirtschaft beschränkt, ist ein Freibetrag in Höhe von 15.000 Euro, höchstens jedoch in Höhe des Einkommens, im Veranlagungszeitraum der Gründung und in den folgenden neun Veranlagungszeiträumen abzuziehen. ²Voraussetzung ist, dass

---

1 OFD München v. 7.7.1993, DB 1993, 1851.
2 BFH, Urteil v. 27.3.2001 - I R 78/99, BStBl 2001 II 449.
3 § 64 Abs. 6 AO gilt seit 1.1.2000, s. § 97 AO § 1b EGAO.

1. die Mitglieder der Genossenschaft oder dem Verein Flächen zur Nutzung oder für die Bewirtschaftung der Flächen erforderliche Gebäude überlassen und
2. a) bei Genossenschaften das Verhältnis der Summe der Werte der Geschäftsanteile des einzelnen Mitglieds zu der Summe der Werte aller Geschäftsanteile,
   b) bei Vereinen das Verhältnis des Werts des Anteils an dem Vereinsvermögen, der im Fall der Auflösung des Vereins an das einzelne Mitglied fallen würde, zu dem Wert des Vereinsvermögens

   nicht wesentlich von dem Verhältnis abweicht, in dem der Wert der von dem einzelnen Mitglied zur Nutzung überlassenen Flächen und Gebäude zu dem Wert der insgesamt zur Nutzung überlassenen Flächen und Gebäude steht.

(2) Absatz 1 Satz 1 gilt auch für steuerpflichtige Genossenschaften sowie für steuerpflichtige Vereine, die eine gemeinschaftliche Tierhaltung im Sinne des § 51a des Bewertungsgesetzes betreiben.

Inhaltsübersicht

	Rz.
A. Geschichte des § 25 KStG	1 - 4
B. Regelungsinhalt des § 25 KStG	5 - 9
C. Verhältnis des § 25 KStG zu anderen Vorschriften	10 - 14
D. Freibetragsberechtigte Körperschaften	15 - 25
I. Land- und forstwirtschaftliche Genossenschaften und Vereine	15 - 24
II. Gemeinschaftliche Tierhaltung	25
E. Anwendung der Freibetragsregelung	26 - 30

A. Geschichte des § 25 KStG

HINWEIS:
R 25 KStR; H 25 KStH.

§ 25 KStG[1] war seit VZ 1977 anwendbar (§ 54 Abs. 1, § 49 KStG 1977 i.V. m. § 25 KStG) und entsprach wörtlich § 19d KStG 1975.[2]   1

Der Freibetrag von ursprünglich 30.000 DM galt bis 31. 12. 2001, wurde ab VZ 2002 im Rahmen der Euro-Einführung auf 15.339 € umgerechnet,[3] ab VZ 2004 auf 13.498 € herabgesetzt[4] und ab VZ 2009 wieder auf 15.000 € erhöht.[5]   2

Ab VZ 2009 erhielt § 25 KStG die jetzige Fassung. Dabei wurden die Worte „Erwerbs- und Wirtschaftsgenossenschaft" durch das Wort „Genossenschaft" ersetzt und das Wort „unbeschränkt" in Abs. 1 und Abs. 2 ersatzlos gestrichen. Die Änderung diente der Anpassung an das „Gesetz zur Einführung der europäischen Genossenschaft und zur Änderung des Genossenschaftsrechts" vom 14. 8. 2006.[6]   3

---

1 Siehe Art. 1 Körperschaftsteuerreformgesetz v. 31. 8. 1976, BGBl 1976 I 2597; BStBl 1976 I 445.
2 Art. 2 Nr. 5 des 2. Steueränderungsgesetzes 1973 v. 18. 7. 1974, BGBl 1974 I 1489; BStBl 1974 I 521.
3 Gesetz zur Umrechnung und Glättung steuerlicher Eurobeträge v. 19. 12. 2000, BGBl 2000 I 1790; BStBl 2001 I 3.
4 Art. 11 Nr. 1 Haushaltsbegleitgesetz 2004 (HBeglG 2004) v. 29. 12. 2003, BGBl 2003 I 3076; BStBl 2004 I 120.
5 Art. 6 Nr. 2 Drittes Gesetz zum Abbau bürokratischer Hemmnisse insbesondere in der mittelständischen Wirtschaft (Drittes Mittelstandsentlastungsgesetz) v. 17. 3. 2009, BGBl 2009 I 550; BStBl 2009 I 470.
6 BGBl 2006 I 1911.

4 *(Einstweilen frei)*

B. Regelungsinhalt des § 25 KStG

5 Der Kostendruck in der Landwirtschaft nötigt insbesondere kleinere und mittelgroße Betriebe zu intensiverer Zusammenarbeit (gemeinsame Nutzung von Stallungen oder großen Maschinen wie z. B. Mähdrescher oder Rübenroder) oder gemeinsamer Feldbestellung (vg. § 5 Abs. 1 Nr. 14 KStG). Um den Einstieg landwirtschaftlicher Betriebe in die Zusammenarbeit auch in Form von Genossenschaften oder Vereinen zu erleichtern, wurde die Freibetragsregelung eingeführt.[1]

6 Unbeschränkt steuerpflichtigen Genossenschaften sowie Vereinen, deren Tätigkeit sich auf den Betrieb der Land- und Forstwirtschaft beschränkt, wird im Veranlagungszeitraum der Gründung und in den folgenden neun Veranlagungszeiträumen ein Freibetrag von jährlich 15.000 €, – höchstens jedoch in Höhe des Einkommens gewährt. Voraussetzung ist, dass die Mitglieder dem Zusammenschluss unbewegliche Wirtschaftsgüter überlassen und kapitalmäßig entsprechend dem Wert der überlassenen Wirtschaftsgüter an dem Zusammenschluss beteiligt sind (s. → Rz. 15, → Rz. 18, → Rz. 22, → Rz. 23, → Rz. 26).

7–9 *(Einstweilen frei)*

C. Verhältnis des § 25 KStG zu anderen Vorschriften

10 Die Steuerbefreiung der land- und forstwirtschaftlichen Genossenschaften sowie der entsprechenden Vereine nach § 5 Abs. 1 Nr. 14 KStG geht § 25 KStG vor. Soweit die Genossenschaft oder der Verein teilweise nicht nach § 5 Abs. 1 Nr. 14 KStG begünstigte Tätigkeiten ausübt und diese die 10-%-Grenze des § 5 Abs. 1 Nr. 14 Satz 2 KStG überschreiten, wird der Freibetrag nicht gewährt (§ 5 Abs. 1 Nr. 14 Satz 2) eine Abweichung gilt insoweit für Milchproduktions- und Milchqualitätskontrollen (§ 5 Abs. 1 Nr. 14 Satz 3 KStG).[2] Verliert die Genossenschaft oder der Verein die Steuerbefreiung nach § 5 Abs. 1 Nr. 14 KStG, kommt der Freibetrag nach § 25 KStG nur dann in Betracht, wenn die Tätigkeit sich auf den Betrieb der Land- und Forstwirtschaft beschränkt und der Begünstigungszeitraum des § 25 Abs. 1 Satz 1 noch nicht überschritten ist.

11 Ein Freibetrag gemäß § 24 Satz 1 KStG scheidet für eine Genossenschaft nach § 24 Satz 2 Nr. 1 KStG aus, da „Ausschüttungen" einer Genossenschaft zu den Einnahmen i. S. d. § 20 Abs. 1 Nr. 1 EStG gehören. Vereine i. S. d. § 25 KStG sind nach § 24 Satz 2 Nr. 2 KStG ausdrücklich aus der Freibetragsregelung ausgeschlossen.

12 Die Freibetragsregelung nach § 25 KStG geht als Sonderregelung der des § 24 KStG vor.

13 Kann ein Freibetrag weder nach § 25 KStG noch nach § 24 KStG beansprucht werden, kann die Steuerfestsetzung aber nach der Vereinfachungsregelung des R 31 KStR unterbleiben, sofern das Einkommen im Einzelfall 500 € offensichtlich nicht übersteigt.

14 § 3 Nr. 14 GewStG enthält eine § 25 KStG entsprechende Steuerbefreiung für die Gewerbesteuer.

---

1 BT-Drucks. 7/1470, 361.
2 R 5-11 Abs. 1 Satz 3 bis 6 KStR.

D. Freibetragsberechtigte Körperschaften

I. Land- und forstwirtschaftliche Genossenschaften und Vereine

Der Freibetrag kann – in den zeitlichen Grenzen des § 25 Abs. 1 Satz 1 KStG – unbeschränkt steuerpflichtigen Genossenschaften (§ 1 Abs. 1 Nr. 2 KStG) sowie unbeschränkt steuerpflichtigen rechtsfähigen und nichtrechtsfähigen Vereinen (§ 1 Abs. 1 Nr. 4, 5 KStG) gewährt werden, deren Tätigkeit sich auf den Betrieb der Land- und Forstwirtschaft beschränkt. Der Begriff Land- und Forstwirtschaft ergibt sich aus § 13 EStG; zur Abgrenzung zur gewerblichen Tätigkeit vgl. R 13.2 und 15.5 EStR; zu Hilfs- und Nebengeschäften s. R 5.11 KStR. Über Hilfs- und Nebengeschäfte hinausgehende anderweitige Tätigkeit ist schädlich, d. h. führt zur Versagung des Freibetrags. 15

Nicht begünstigt sind Kapitalgesellschaften i. S. d. § 1 Abs. 1 Nr. 1 KStG, selbst wenn sie ausschließlich einen Betrieb der Land- und Forstwirtschaft unterhalten, und Realgemeinden.[1] 16

Es ist nicht erforderlich, dass die Mitglieder des Zusammenschlusses selbst Land- und Forstwirte i. S. d. § 13 EStG sind.[2] 17

Die Mitglieder des Zusammenschlusses müssen der Genossenschaft oder dem Verein Flächen zur Nutzung oder die für die Bewirtschaftung der Flächen erforderlichen Gebäude überlassen (§ 25 Abs. 1 Nr. 1 KStG). Wie die Überlassung im Einzelnen ausgestaltet ist (entgeltlich, unentgeltlich; Miete, Leihe, Pacht), ist für § 25 KStG unerheblich. Die überlassenen Flächen bzw. Gebäude müssen nicht notwendigerweise zum Betriebsvermögen eines land- und forstwirtschaftlichen Betriebes gehören. Werden die Flächen bzw. die Gebäude zivilrechtlich wirksam übereignet, so ist die Freibetragsregelung nur anwendbar, wenn im Falle der Auflösung ein Rückübertragungsrecht besteht. 18

Weitere Voraussetzung für die Gewährung des Freibetrages ist, dass das Beteiligungsverhältnis an der Genossenschaft oder dem Verein nicht lediglich kapitalmäßig ist; denn nach § 25 Abs. 1 Nr. 2 KStG darf die kapitalmäßige Beteiligung nicht wesentlich von der Beteiligung aufgrund der überlassenen Wirtschaftsgüter abweichen. 19

Bei **Genossenschaften** darf das Verhältnis der Summe der Werte der Geschäftsanteile des einzelnen Mitglieds zu der Summe der Werte aller Geschäftsanteile nicht wesentlich von dem Verhältnis abweichen, in dem der Wert der von dem Mitglied überlassenen unbeweglichen Wirtschaftsgüter zu dem Wert aller von allen Mitgliedern überlassenen unbeweglichen Wirtschaftsgütern steht. Für diese Vergleichsberechnung sind die Geschäftsanteile mit ihren Nominalwerten anzusetzen. 20

Handelt es sich bei dem Zusammenschluss um einen **Verein**, scheidet eine kapitalmäßige Beteiligung am Vereinsvermögen nach BGB aus. Daher sieht § 25 Abs. 1 Nr. 2b KStG vor, dass in diesem Falle für den Wertvergleich vom Anteil am Liquidationsvermögen des Vereins gemäß § 45 Abs. 3, §§ 46 ff. BGB auszugehen ist. 21

Unterschiedliche Auffassungen werden zur Wertbestimmung der überlassenen Flächen und Gebäude vertreten. Eine bestimmte Bewertungsart (Einheitswert, Teilwert, Verkehrswert) schreibt das Gesetz nicht vor. Solange sichergestellt ist, dass alle der Genossenschaft überlassenen Wirtschaftsgüter nach demselben Bewertungsmaßstab bewertet werden, ist m. E. die 22

---

[1] § 3 KStG sowie OFD Magdeburg v. 6. 4. 1993, DB 1993, 1010.
[2] DPM, § 25 Rz. 3; *Söffing/Gérard*, INF 1974, 273.

Frage nach dem „richtigen" Bewertungsmaßstab ohne Bedeutung, sofern die gewählte Bewertungsart nicht zu sachwidrigen Ergebnissen führt.

23 Im Gesetz ist nicht geregelt, was unter „nicht wesentlich ... abweicht" zu verstehen ist. Hierzu werden im Schrifttum[1] Prozentsätze zwischen 5 % und 25 % als nicht wesentlich angesehen. Der Zweck der Regelung ist m. E., dass jedes Mitglied, an dem Liquidationserlös in dem Verhältnis beteiligt wird, das dem Verhältnis entspricht, in dem die von ihm überlassenen Flächen und Gebäude zum Wert des Vereinsvermögens bei Beginn der Überlassung standen. „Nicht wesentlich" ist also eine Abweichung, die für das „benachteiligte" (ehemalige) Mitglied keinen wirtschaftlich ins Gewicht fallenden Nachteil bedeutet. Unwesentlich sind daher m. E. nur Rundungsdifferenzen und ähnlich unbedeutende Abweichungen.

24 *(Einstweilen frei)*

II. Gemeinschaftliche Tierhaltung

25 Nach § 25 Abs. 2 KStG wird die Freibetragsregelung auch denjenigen unbeschränkt steuerpflichtigen Genossenschaften und Vereinen gewährt, die eine gemeinschaftliche Tierhaltung i. S. d. § 51a BewG betreiben, sofern im Übrigen die Voraussetzungen des § 25 Abs. 1 Satz 1 KStG erfüllt sind. Allerdings müssen im Gegensatz zu § 25 Abs. 1 KStG die Mitglieder notwendigerweise Land- und Forstwirte oder landwirtschaftliche Unternehmer sein (§ 51a Abs. 1 Nr. 1a bis c BewG).

E. Anwendung der Freibetragsregelung

26 Der Freibetrag ist von dem nach § 8 KStG ermittelten Einkommen, also ggf. nach Verlustabzug abzuziehen (vgl. R 7.1 KStR). Von dem so ermittelten Einkommen ist der Freibetrag i. H. v. 15.000 €, höchstens in Höhe des Einkommens, von Amts wegen abzuziehen, d. h., ein Antrag ist nicht erforderlich.

27 Steuerfreie Einnahmen mindern den Freibetrag nicht und sind nicht mit ihm zu verrechnen.

28 Der Freibetrag kann für den Veranlagungszeitraum der Gründung des Zusammenschlusses und die folgenden neun Veranlagungszeiträume beansprucht werden.

29 In den Fällen, in denen das Einkommen den Freibetrag von 15.000 € nicht übersteigt, wird eine Veranlagung nicht durchgeführt (Nichtveranlagungs-[NV]-Fall). Die Körperschaft hat Anspruch auf Erteilung einer NV-Bescheinigung.[2]

30 Bei Genossenschaften ergibt sich folgende **Gestaltungsmöglichkeit** im Zusammenhang mit § 22 KStG. Durch die steuerlich berücksichtigungsfähigen Rückvergütungen, die nach § 22 Abs. 1 Satz 1 KStG als Betriebsausgaben abzugsfähig sind, kann das Einkommen der Genossenschaft i. S. d. § 25 KStG auf bzw. unter den Freibetrag von 15.000 € absinken.

§ 26 Steuerermäßigung bei ausländischen Einkünften

(1) ¹Für die Anrechnung einer der deutschen Körperschaftsteuer entsprechenden ausländischen Steuer auf die deutsche Körperschaftsteuer und für die Berücksichtigung anderer

---

1 Nachweise bei DPM, § 25 Rz. 6.
2 R 25 KStR.

Steuerermäßigungen bei ausländischen Einkünften gelten vorbehaltlich des Satzes 2 und des Absatzes 2 die folgenden Bestimmungen entsprechend:

1. bei unbeschränkt Steuerpflichtigen § 34c Absatz 1 bis 3 und 5 bis 7 und § 50d Absatz 10 des Einkommensteuergesetzes sowie

2. bei beschränkt Steuerpflichtigen § 50 Absatz 3 und § 50d Absatz 10 des Einkommensteuergesetzes.

²Dabei ist auf Bezüge im Sinne des § 8b Absatz 1 Satz 1, die auf Grund des § 8b Absatz 1 Satz 2 und 3 bei der Ermittlung des Einkommens nicht außer Ansatz bleiben, vorbehaltlich des Absatzes 2 § 34c Absatz 1 bis 3 und 6 Satz 6 des Einkommensteuergesetzes entsprechend anzuwenden.

(2) ¹Abweichend von § 34c Absatz 1 Satz 2 des Einkommensteuergesetzes ist die auf die ausländischen Einkünfte entfallende deutsche Körperschaftsteuer in der Weise zu ermitteln, dass die sich bei der Veranlagung des zu versteuernden Einkommens, einschließlich der ausländischen Einkünfte, ohne Anwendung der §§ 37 und 38 ergebende deutsche Körperschaftsteuer im Verhältnis dieser ausländischen Einkünfte zur Summe der Einkünfte aufgeteilt wird. ²Bei der entsprechenden Anwendung von § 34c Absatz 2 des Einkommensteuergesetzes ist die ausländische Steuer abzuziehen, soweit sie auf ausländische Einkünfte entfällt, die bei der Ermittlung der Einkünfte nicht außer Ansatz bleiben. ³§ 34c Absatz 6 Satz 3 des Einkommensteuergesetzes ist auch auf Einkünfte entsprechend anzuwenden, die auf Grund einer Verordnung oder Richtlinie der Europäischen Union in einem anderen Mitgliedstaat der Europäischen Union nicht besteuert werden.

Inhaltsübersicht

	Rz.
A. Einführung zu § 26 KStG	1 – 20
B. Rechtsentwicklung	21 – 45
C. Verhältnis zu anderen Vorschriften	46 – 55
D. Europarechtliche Aspekte	56 – 70
E. Tatbestandsvoraussetzungen – § 26 Abs. 1 KStG	71 – 340
I. Persönlicher Anwendungsbereich	72 – 110
1. Unbeschränkt Steuerpflichtige	72 – 80
2. Beschränkt Steuerpflichtige	81 – 85
3. Unterjähriger Wechsel der Steuerpflicht	86 – 90
4. Subjektidentität	91 – 110
II. Sachliche Voraussetzung – § 26 Abs. 1 KStG i.V. m. § 34c Abs. 1 EStG	111 – 240
1. Ausländische Einkünfte (§ 34c Abs. 1 Satz 1 EStG: „die mit ausländischen Einkünften")	111 – 210
a) Allgemein	111 – 125
b) Ausländische Einkünfte i. S. des KStG	126 – 140
c) Korrespondenzprinzip – § 26 Abs. 1 Satz 2 KStG (Dabei ist auf Bezüge im Sinne des § 8b Abs. 1 Satz 1, die aufgrund § 8b Abs. 1 Satz 2 und 3 bei der Ermittlung des Einkommens nicht außer Ansatz bleiben, vorbehaltlich des Abs. 2 § 34c Abs. 1 bis 3 und Abs. 6 Satz 6 EStG entsprechend anzuwenden)	141 – 145
d) Herkunftsland § 34d EStG (§ 34c Abs. 1 EStG: „in dem Staat, aus dem die Einkünfte stammen")	146 – 155

	e) Besteuerung im Ausland (§ 34c Abs. 1 Satz 3 2. Halbsatz EStG: „die in dem Staat, aus dem sie stammen, nach dessen Recht nicht besteuert werden")	156 - 180
	f) Ermittlung der ausländischen Einkünfte	181 - 210
	2. Umfang der Besteuerung im Ausland (§ 34c Abs. 1 Satz 1 KStG – festgesetzte, gezahlte und um einen Ermäßigungsanspruch gekürzte ausländische Steuer)	211 - 225
	3. Identität der Periode (§ 34c Abs. 1 Satz 5 EStG – die ausländischen Steuern sind nur insoweit anzurechnen, als sie auf die im Veranlagungszeitraum bezogenen Einkünfte entfallen)	226 - 240
III.	Rechtsfolgeseite: § 34c Abs. 1 Satz 1 – „ist die ... ausländische Steuer auf die deutsche Körperschaftsteuer anzurechnen, die auf die Einkünfte aus diesem Staat entfällt"	241 - 340
	1. Anrechnung auf deutsche Steuer	241 - 255
	2. Verluste im System der Anrechnung	256 - 275
	a) Auslandsverluste	256 - 265
	b) Inlandsverluste	266 - 275
	3. § 26 Abs. 2 Satz 2 KStG (ohne Anwendung der §§ 37 und 38 KStG)	276 - 280
	4. Anrechnungshöchstbetrag (§ 26 Abs. 2 Satz 1 – Abweichend von § 34c Abs. 1 Satz 2 EStG ist die auf die ausländischen Einkünfte entfallende deutsche Körperschaftsteuer in der Weise zu ermitteln, dass die sich bei der Veranlagung des zu versteuernden Einkommens, einschl. der ausländischen Einkünfte ergebende deutsche Körperschaftsteuer, im Verhältnis dieser ausländischen Einkünfte zur Summe der Einkünfte aufgeteilt wird)	281 - 325
	a) Allgemein	281 - 290
	b) Formel	291 - 295
	c) Summe der Einkünfte	296 - 305
	d) Ausländische Einkünfte	306 - 315
	e) Beschränkung auf Land	316 - 325
	5. Verfahrensaspekte	326 - 340
F. Anwendung bei Doppelbesteuerungsabkommen		341 - 390
I. Allgemein		341 - 355
II. Anrechnung nach DBA		356 - 370
III. Einzelheiten der Anrechnung		371 - 376
IV. Anwendung von § 50d Abs. 10 EStG		377 - 390
G. Abzug der ausländischen Steuer		391 - 430
H. Tonnagebesteuerung und Pauschalierung		431 - 450
I. Gewinnermittlung bei Handelsschiffen im internationalen Verkehr		431 - 440
II. Pauschalierung der Körperschaftsteuer		441 - 450
I. Ausländische Einkünfte beschränkt steuerpflichtiger Körperschaften		451 - 470
K. Übergangsregelung für bestimmte EU-Staaten		471 - 473

A. Einführung zu § 26 KStG

HINWEIS:

R 26 KStR 2015, H 74 KStH 2008.

LITERATURHINWEISE:

Schön, Europäische Kapitalverkehrsfreiheit und nationales Steuerrecht, in: Gedächtnisschrift Knobbe-Keuk, Köln, 1998, s. S. 743; *Müller-Dott*, Zur Rechtsänderung des § 34c EStG zur Anrechnung ausländischer Steuern durch das StVergAbG, DB 2003, 1468; *Bullinger*, Änderung der Mutter-Tochter-Richtlinie ab 2005: Erweiterung des Anwendungsbereiches und verbleibende Probleme, IStR 2004, 406; *Menhorm*, Ausländische Quellensteuer auf im Inland steuerfreie Dividenden als Betriebsausgabe nach § 26 Abs. 6 KStG abziehbar, DStR 2005, 1885; *Grotherr*, Zweifelsfragen zur Ausgabenberücksichtigung bei der Ermittlung ausländischer Einkünfte, in: Festschrift Wassermeyer, München 2005, S. 303; *Schönfeld*, Doppelbesteuerung und EG-Recht, StuW 2006, 79; *Roser*, Anrechnung und Abzug ausländischer Steuern, EStB 2007, 227; *Haase*, Unilaterale Methoden zur Vermeidung der Doppelbesteuerung bei der beschränkten Steuerpflicht, StuB 2008, 435; *Kollruss*, Abzug ausländischer Gewerbesteuer als Betriebsausgabe in Deutschland trotz Nichtabzugsfähigkeit deutscher Gewerbesteuer nach § 4 Abs. 5b EStG, BB 2008, 1373; *Heurung/Seidel*, Anrechnung ausländischer Steuern auf Gewerbesteuer und Solidaritätszuschlag, IWB 2009, 687; *Pfaar/Jüngling*, Fiktive Anrechnung von Quellensteuer auf Lizenzgebühren, IStR 2009, 610; *Haase*, Steueranrechnung bei divergierender Einkünftezurechnung und Qualifikationskonflikten, IStR 2010, 45; *Morlock*, Anrechnung ausländischer Steuern nach § 34c EStG bei Lizenzeinnahmen aus dem Ausland, JbFfSt 2009/2010, 815; *Kessler/Dietrich*, Den Worten sollen Taten folgen: die Umsetzung eines Doppelbesteuerungsabkommens, IStR 2011, 108; *Becker/Loose*, Zur Anrechnung ausländischer Quellensteuern auf die Gewerbesteuer, IStR 2012, 57; *Kessler/Dietrich*, Praxis- und Zweifelsfragen bei der Anrechnung ausländischer Steuern, IWB 2012, 544; *Wassermeyer*, Betriebliche Veranlassung und der bei der Einnahmeerzielung maßgebliche wirtschaftliche Zusammenhang, in: Lüdicke/Mössner/Hummel, Das Steuerrecht der Unternehmen, Festschrift Frotscher, 2013, S. 685; *Ismer*, Die Berücksichtigung der persönlichen Verhältnisse bei Anrechnungshöchstbetrag und Progressionsvorbehalt, IStR 2013, 297; *ders.*, Verwirrung beim Anrechnungshöchstbetrag: Unionsrechtliche Probleme der geplanten Neufassung des § 34c EStG, IStR 2014, 925; *Desens*, Der neue Anrechnungshöchstbetrag in § 34c Abs. 1 Satz 2 EStG – ein unionsrechts- und verfassungswidriges, fiskalisches Eigentor, IStR 2015, 77; *Ditz/Quilitzsch*, Internationale Aspekte des Zollkodex-Anpassungsgesetzes, DStR 2015, 545; *Beck/Moser*, Die Anrechnungsmethode in der konzeptionellen Kritik, StuW 2014, 258; *Siegle*, Die Anrechnungsmethode des § 34c Abs. 1 EStG – ein mathematischer Irrgarten, DStR 2015, 508; *Sülflow-Schworck*, Die neue Berechnung des Anrechnungshöchstbetrages nach § 34c EStG, IStR 2015, 802; *Ebel*, Anrechnungsbegrenzung des § 34c Abs. 1 S. 4 EStG – Regelungsreichweite eines fiskalisch motivierten Systembruchs, FR 2016, 241; *Wassermeyer*, Der wirtschaftliche Zusammenhang i. S. des § 34c Abs. 1 S. 4 EStG, Festschrift Gosch, 2016, S. 439; *Wassermeyer*, Anrechnung nach Abzug ausländischer Steuern gemäß § 34e EStG in Missbrauchsfällen, IStR 2016, 825; *Jochen Lüdicke*, Begriff „wirtschaftlicher Zusammenhang" in § 34c Abs. Satz 4 EStG, ISR 2016, 326; *Schulze-Trieglaff*, Kampf gegen Steuergestaltungen in der Praxis: kein Abzug ausländischer Steuern bei missbräuchlicher Gestaltung, IStR 2016, 865; *Pohl*, Abzug ausländischer Steuern in Missbrauchsfällen, ISR 2016, 352; *Kamphaus/Nitzschke*, Ermittlung des Anrechnungshöchstbetrages bei Steueranrechnung durch den Organträger, IStR 2017, 96; *Prinz/Otto*, Fortentwickelte Anrechnung ausländischer Quellensteuern auf die GewSt, DB 2017, 1988.

§ 26 KStG steht im Dritten Teil des KStG und behandelt nach seiner Überschrift die Steuermäßigung bei ausländischen Einkünften. Inhaltlich geschieht dies weitgehend durch einen umfassenden Verweis auf die Normen des EStG: § 34c EStG, § 50 Abs. 3 EStG und § 50d Abs. 10 EStG. Diese regelt die Anrechnung und den Abzug der ausländischen Steuern sowie Pauschalierungsmöglichkeiten. Anrechnung und Abzug stellen Methoden dar, um eine **Doppelbesteuerung zu vermeiden oder zu mindern**. Eine Doppelbesteuerung[1] ist gegeben bei

▶ Steuersubjektidentität

▶ Periodenidentität

▶ Steuerobjektidentität

▶ Gleichartigkeit der Steuern

▶ Mehrheit originärer Steuergewalten.

Oder zusammengefasst gesagt: Doppelbesteuerung liegt vor, wenn ein und dieselbe Person in verschiedenen Staaten mit ihren Einkünften besteuert wird. Bereits daraus folgt, dass dann, wenn eine Person mehrere Einkünfte bezieht, eine Ausgleichsmaßnahme wegen Doppelbesteuerung nur für die Einkünfte und die auf diesen ruhenden Steuern geben kann, die einer

---

[1] Grundlegend *Mössner*, Die Methoden zur Vermeidung der Doppelbesteuerung, in Vogel (Hrsg.), Grundfragen des Internationalen Steuerrechtrechts (DStJG), Köln 1985, S. 139 f.

mehrfachen Besteuerung unterliegen. Daraus ergeben sich die verschiedenen Begrenzungen (→ Rz. 5).

2 Die Besteuerung ausländischer Einkünfte folgt aus § 1 KStG für die unbeschränkt Steuerpflichtigen aufgrund des **Welteinkommensprinzips**.[1] Werden Einkünfte aus dem Ausland im Inland besteuert, so kann es zu einer mehrfachen Besteuerung der nämlichen Einkünfte einer Person mit vergleichbaren ausländischen und inländischen Steuern (**rechtliche Doppelbesteuerung**[2]) kommen. Ebenfalls zu einer doppelten Besteuerung führt es, wenn Deutschland und das Ausland die betreffenden Einkünfte jeweils als inländische betrachten. Es kann aber auch sein, dass die Steuern nicht in ihren Grundzügen vergleichbar sind oder die Einkünfte unterschiedlichen Personen zugerechnet werden. Auch die Besteuerung von Kapitalgesellschaften und ihrer Anteilseigner bei Ausschüttungen gehören hierzu. In diesen Fällen werden die Einkünfte ebenso belastet (sog. **wirtschaftliche Doppelbesteuerung**[3]). In der internationalen Vertragspraxis der Staaten haben sich zwei Methoden herausgebildet, um die rechtliche Doppelbesteuerung zu vermeiden:[4] Die Freistellungs- und die Anrechnungsmethode. Beide Methoden haben Vor- und Nachteile. Ergänzt werden diese bilateral vereinbarten Methoden durch die einseitigen (unilateralen) Maßnahmen der einzelnen Staaten, Doppelbesteuerungen zu vermeiden oder zumindest abzuschwächen.

3 § 26 KStG i.V.m. § 34c EStG enthält die deutsche Norm zur sog. **unilateralen Vermeidung** der Doppelbesteuerung von ausländischen Einkünften bei Körperschaften. Besteht ein **Doppelbesteuerungsabkommen**, so scheidet die unilaterale Form der Beseitigung der Doppelbesteuerung aus und es kommen die im Abkommen vorgesehenen Methoden zur Anwendung. § 34c Abs. 6 Satz 1 EStG i.V.m. § 26 Abs. 1 KStG erklärt die unilaterale Anrechnungsmethode (vgl. → Rz. 241 ff.) und die Abzugsmethode (vgl. → Rz. 391 ff.) für **unanwendbar**. Sieht das Abkommen jedoch die Anrechnungsmethode vor, so kommen nach Maßgabe von § 34c Abs. 6 Satz 2 bis 6 EStG gewisse Regeln zur Anwendung (vgl. → Rz. 341 ff.).

4 Mit der Anrechnung erkennt der Gesetzgeber die **Gleichwertigkeit** der ausländischen Steuer mit der deutschen Körperschaftsteuer an. Dabei enthält nunmehr § 26 anders als vorher nicht mehr eine eigenständige, grundlegende Anrechnungsregel, sondern erklärt durch **Verweis auf § 34c EStG** die einkommensteuerlichen Regeln für entsprechend anwendbar. Außerdem enthält § 26 KStG einige Besonderheiten. Diese Verweisungstechnik[5] macht die Vorschrift unübersichtlich und komplex. Zugleich bedeutet dies aber auch, dass Änderungen im EStG sich unmittelbar auch auf das KStG auswirken. Dies hat den Vorteil, dass in beiden Gesetzen nach gleichen Vorschriften die Doppelbesteuerung vermieden wird. Dies sichert einen Gleichlauf bei Personenunternehmen und Kapitalgesellschaften. Dieser Vorteil wird allerdings mit erheblichen Schwierigkeiten bei der Gesetzesanwendung erkauft, zumal es dann doch Abweichungen gibt (s. → Rz. 13, → Rz. 62). Anders als vorgeschlagen hat der Gesetzgeber sich nicht für eine Verankerung durch eigenständige Normen im KStG[6] entschieden, sondern sich für eine komplette Verweisung entschieden. Der **Abzug** der ausländischen Steuern behandelt diese als Kostenfaktor wie eine Betriebsausgabe.

---

1 Vgl. *Oellerich* in Mössner/Seeger/Oellerich, KStG § 1 Rz. 191, und u.U. für beschränkt Steuerpflichtige aus § 49 Abs. 1 Nr. 2 EStG i.V.m. §§ 7, 8 KStG.
2 Hinzu kommt noch das Erfordernis der Besteuerung innerhalb derselben Periode, vgl. *Mössner*, a.a.O., S. 139.
3 *Siegers* in DPM, § 26 Rz. 4 ff.
4 Vgl. *Mössner*, a.a.O., S. 142 ff., (146, 159).
5 Rechtsgrundverweisungen, vgl. *Gosch/Roser*, § 26 Rz. 13; *Siegers* in DPM, § 26 Rz. 137c.
6 Ebenso *Siegers* in DPM, § 26 Rz. 14.

§ 26 Abs. 1 KStG i. V. m. § 34c EStG enthält die Grundregel der Anrechnung. § 34c Abs. 1 EStG enthält die Grundsätze der Anrechnung, Abs. 2 und Abs. 3 sehen den Abzug der Steuer vor, Abs. 5 ermächtigt zur pauschalen Besteuerung oder zum Erlass, Abs. 6 behandelt das Verhältnis zu Doppelbesteuerungsabkommen und Abs. 7 ist eine Verordnungsermächtigung. § 50d Abs. 10 EStG betrifft Sondervergütungen in internationalen Beziehungen. Bei beschränkt Steuerpflichtigen erfolgt durch § 50 Abs. 3 EStG die Anwendung der Anrechnung bei Gewinneinkünften.

5

Grundsätzlich setzt die Anrechnung voraus:

- Es muss sich um **unbeschränkt** steuerpflichtige Körperschaften handeln (u. → Rz. 72). Bei Gewinneinkünften (vgl. → Rz. 6, → Rz. 81, → Rz. 451 ff.) kann auch bei **beschränkt** Steuerpflichtigen eine Anrechnung erfolgen.
- Es muss sich um **ausländische Einkünfte** handeln (vgl. → Rz. 111 ff.),
- die aus einem ausländischen **Staat stammen** (vgl. → Rz. 146 ff.).
- Diese müssen in diesem Staat mit einer der deutschen Körperschaftsteuer **entsprechenden Steuer** besteuert werden (s. → Rz. 156 ff.).
- Die ausländische Steuer muss für den **gleichen Zeitraum** erhoben werden wie die deutsche (s. → Rz. 226).
- Diese Steuer muss **festgesetzt, gezahlt** sein und **keinem** Ermäßigungsanspruch unterliegen (s. → Rz. 211).
- Dann wird die ausländische Steuer auf die deutsche Steuer **angerechnet**, „die auf die Einkünfte aus diesem Staat entfällt" (s. → Rz. 241 ff.).
- Außerdem ist die Anrechnung auf den Betrag begrenzt, der an deutscher Steuer entsteht, sog. **Anrechnungshöchstbetrag** (s. → Rz. 281).
- Schließlich ist die Feststellung der anrechenbaren Steuer für jeden ausländischen Staat, aus dem Einkünfte stammen, getrennt durchzuführen – **per-country-limitation** (s. → Rz. 316).

Der Verweis auf § 34c EStG hat weitere Folgen: es erfolgt eine Anpassung an die **Abgeltungsteuer** (→ Rz. 188), es wird eine Art **per-item-limitation** (→ Rz. 160) vorgesehen und **Betriebsausgaben** werden zugeordnet. Außerdem wird ergänzend die **Abzugsmethode** (s. → Rz. 391 ff.) ermöglicht. Schließlich wird die Anwendung bei **Doppelbesteuerungsabkommen** (s. → Rz. 341) geregelt. Durch den Verweis in § 26 Abs. 1 Nr. 1 KStG auf § 34c Abs. 6 Satz 2 EStG wird der Anwendungsbereich eingeschränkt und zugleich erweitert. Danach kommt § 26 KStG zunächst nicht zur Anwendung in den Fällen, dass ein Doppelbesteuerungsabkommen mit dem ausländischen Staat abgeschlossen ist. Sieht dieses jedoch als bilateral vereinbarte Methode die Anrechnung der ausländischen Steuern vor, so kommt es zur entsprechenden Anwendung einiger Vorschriften des § 34c EStG und damit auch von § 26 KStG. (s. → Rz. 345).

6

Die Anrechnungsmethode hat ihren Ursprung im **anglo-amerikanischen Steuerrecht**.[1] Sie beruht auf dem Gedanken, dass zur Sicherstellung einer gleichmäßigen Besteuerung von Steuerpflichtigen mit ausländischen Einkünften und solchen mit inländischen Einkünften, die ausländischen Einkünfte im Inland uneingeschränkt der Steuer unterworfen werden, die auslän-

7

---

[1] Dort credit-method genannt; Vgl. *Doernberg*, International taxation, St. Paul, chap. 7; *Gustafson/Peroni/Pugh*, Taxation of international transactions, St. Paul, chap. 5.

dische Steuer aber angerechnet wird (**Kapitalexportneutralität**[1]). Dies ist aber nur dann gerechtfertigt, wenn die inländischen Steuern höher als die ausländischen Steuern sind. Dann bewirkt die Anrechnungsmethode, dass auf die ausländischen Einkünfte deutsche Steuer so anfällt wie auf inländische Einkünfte. Gerechtfertigt wird dies damit, dass es keinen Unterschied für den Zuwachs der **Leistungsfähigkeit** mache, ob die Einkünfte aus dem Inland oder dem Ausland stammen. Dieser Gedanke ist aber nicht folgerichtig umgesetzt. Insbesondere, wenn im Inland die Körperschaft einen Verlust erleidet, aber ausländische positive Einkünfte bezieht, die im Ausland besteuert sind, macht sich diese Inkonsequenz bemerkbar (vgl. → Rz. 266).

8 Der Gedanke der Kapitalexportneutralität stellt im Ergebnis die Steuerbelastung in Höhe des deutschen Steuerniveaus her.[2] Es erlaubt aber nicht die Erstattung einer über dem deutschen Niveau liegenden ausländischen Steuer. Dann soll es gerechtfertigt sein, dass sich das höhere ausländische Steuerniveau durchsetzt (**Kapitalimportneutralität**). Dies geschieht dadurch, dass die Anrechnung höchstens in Höhe der deutschen Steuer erfolgt, sog. **ordinary credit**.

9 Wenn an Stelle der Anrechnung der ausländischen Steuer der **Abzug der ausländischen Steuer** von den ausländischen Einkünften in Betracht kommt, wird der Nettobetrag (ausländische Einkünfte minus ausländische Steuer) der deutschen Besteuerung zugrunde gelegt. Dies ist vor allem dann von Bedeutung, wenn nicht genügend inländische Steuer für eine Anrechnung entsteht, etwa bei inländischen Verlusten (vgl. u. → Rz. 396).

10 **Beschränkt steuerpflichtige** Körperschaften können hinsichtlich bestimmter Einkunftsarten ausländische Steuern anrechnen, wenn ausländische Einkünfte einer inländischen Betriebsstätte zugerechnet und im Inland besteuert werden. Dies ergibt aus dem Verweis auf § 50 Abs. 3 EStG.

11 Mit der Einführung der Steuerfreiheit der von ausländischen Kapitalgesellschaften empfangenen Dividenden durch das JStG 1999/2000/2002 in § 8b Abs. 1 KStG ging der Gesetzgeber davon aus, dass die Notwendigkeit der **indirekten Anrechnung**, die in § 26 Abs. 2 bis 5 KStG geregelt war, entfallen sei. Mit der Einführung einer Steuerpflicht für Portfolio-Dividenden in § 8b Abs. 4 KStG durch das EuGHDivUmsG 2013 stellt sich die Frage, ob diese – hochkomplizierte – Regelung wieder eingeführt werden soll. Auch im Übrigen lässt sich bezweifeln, ob die Annahme des Gesetzgebers berechtigt war.[3] § 8b KStG hat nicht in allen Fällen Steuerfreiheit vorgesehen, so z. B. nicht in § 8b Abs. 7 KStG.

12 § 26 Abs. 6 Sätze 4 bis 10 KStG regelten die Einzelheiten der bei der Anwendung der **Zins- und Lizenzgebühren-Richtlinie** der EU entstehenden Fragen. Diese Sonderregelungen für einige Beitrittsstaaten haben sich inzwischen erledigt.

13 Der Verweis auf § 34c Abs. 1 EStG gilt nicht für die sog. Anrechnungsformel für den **Anrechnungshöchstbetrag**, der die Anrechnung auf die Höhe der entsprechenden deutschen Steuer beschränkt (sog ordinary credit; näher → Rz. 281). Nach der Neuregelung durch das Zollkodexanpassungsgesetz (vgl. → Rz. 37) wird der Anrechnungshöchstbetrag in § 26 Abs. 2 KStG abweichend von § 34c Abs. 1 Satz 2 EStG bestimmt.

---

[1] *Staats* in RHN, § 26 Rz. 5.
[2] *Rieser* in DPM, § 26 Rz. 11.
[3] Ebenso *Geurts* in Bott/Walter, § 26 Rz. 2.1.

Neu ist durch das Kroatien-Gesetz der Verweis auf § 50d Abs. 10 EStG für unbeschränkt und beschränkt Steuerpflichtige. Diese Vorschrift ordnet Sondervergütungen den Unternehmensgewinnen im Sinne eines Abkommens zu (vgl. → Rz. 377).

Sowohl § 26 KStG als auch § 34c EStG verwenden die Formulierung von einer **deutschen Steuer, die auf die ausländischen Einkünfte entfällt,** um das Anrechnungsvolumen zu bestimmen (vgl. → Rz. 281 ff.). Diese Formulierung suggeriert, dass sich in- und ausländische Einkünfte sauber trennen lassen und sich die jeweils auf diesen Teilen ruhende deutsche Steuer bestimmen lässt. In dieser Klarheit erfolgt die Besteuerung beim Welteinkommensprinzip aber nicht. Vielmehr werden die in- und ausländischen Einkünfte zusammengefasst ermittelt und besteuert.[1] Die „Summe der Einkünfte" ist eine aggregierte Größe; es gibt im eigentlichen Sinne keine deutsche Körperschaftsteuer, die auf die ausländischen Einkünfte entfällt, sondern nur eine Steuer, die auf das zu versteuernde Einkommen entfällt. Dennoch „fingiert" das Gesetz, dass es eine separate Größe „ausländische Einkünfte" und „darauf entfallende Steuer" gäbe. Als Folge müssen dann die ausländischen Einkünfte aus der Gesamtgröße herausgelöst und getrennt ermittelt werden. Sodann ist die darauf (gedanklich) entfallende Steuer zu bestimmen. Da sich die Körperschaftsteuer nach dem zu versteuernden Einkommen bemisst (§ 7 Abs. 1 KStG), also der Anteil der ausländischen Einkünfte daran zu bestimmen ist, ist ein Abstellen auf die Summe der Einkünfte ein logischer Bruch.

(Einstweilen frei) 16–20

B. Rechtsentwicklung

Durch das Gesetz zur Änderung des Einkommensteuergesetzes und Körperschaftsteuergesetzes v. 5.10.1956[2] wurde die Anrechnungsmethode in Deutschland ab VZ 1957 eingeführt (§ 34c EStG, § 19a KStG).

Im Zuge der Einführung des körperschaftsteuerlichen Anrechnungsverfahrens mit dem **Körperschaftsteuerreformgesetzes v. 31.8.1976**[3] wurde ab dem am 1.1.1977 beginnenden Veranlagungszeitraum (§ 54 Abs. 1, § 49 Abs. 1 KStG i.V.m. § 25 EStG) § 26 in das KStG eingefügt. Die Bestimmung übernahm nahezu wörtlich die Regelung des § 19a KStG 1975;[4] lediglich die komplizierte Besteuerung, betreffend die Einkünfte aus dem Betrieb von Handelsschiffen im internationalen Verkehr in § 19a Abs. 6 bis 8 KStG 1975, wurde durch einen Verweis in § 26 Abs. 6 Satz 1 KStG auf § 34c Abs. 4 EStG a. F. ersetzt.

Durch Art. 1 Nr. 2 des Gesetzes zur Änderung des Einkommensteuergesetzes, des Körperschaftsteuergesetzes und anderer Gesetze v. 20.8.1980[5] wurden Abs. 1, Abs. 2 Satz 1 und Abs. 6 Satz 1 und 2 geändert und der gleichzeitig durchgeführten Reform der §§ 34c, 50 EStG angepasst. Diese Fassung des § 26 KStG gilt ab VZ 1980.

Das Gesetz zur Stärkung der Wettbewerbsfähigkeit der Wirtschaft und zur Einschränkung von steuerlichen Vorteilen (**Steuerentlastungsgesetz 1984** – StEntlG 1984) vom 22.12.1983[6] setzte mit Art. 6 Nr. 1 die Mindestbeteiligungsquote an ausländischen Tochter- und Enkelgesell-

---

1 Vgl. *Geurts* in Bott/Walter § 26 Rz. 75; *Ebel*, FR 2016, 242.
2 BGBl 1956 I 433.
3 BGBl 1976 I 2597; BStBl 1976 I 445.
4 BGBl 1975 I 1933; BStBl 1975 I 770.
5 BGBl 1980 I 1545; BStBl 1980 I 589.
6 BGBl 1983 I 1583; BStBl 1984 I 14.

schaften (Abs. 2 und 5) von 25 v. H. auf 10 v. H. herab. Ferner wurde Abs. 7 angefügt, nach dem die Schachtelvergünstigung bei Tochtergesellschaften in DBA-Ländern abweichend vom jeweiligen Abkommen bereits bei einer Beteiligung von mindestens einem Zehntel gewährt wird. Diese Fassung des § 26 KStG gilt ab VZ 1984.

25 Durch Art. 2 Nr. 6 **Steuerreformgesetz 1990** (StRefG 1990) v. 25. 7. 1988[1] wurde § 26 KStG um Abs. 8 ergänzt, der sich mit der steuerlichen Behandlung ausschüttungsbedingter Teilwertabschreibung befasst, soweit die Gewinnausschüttung nach dem 23. 6. 1988 erfolgt. Ferner wurde der Steuertarif für Einkünfte aus dem Betrieb von Handelsschiffen im internationalen Verkehr als Folge der Senkung des Körperschaftsteuersatzes (vgl. § 23 KStG) auf 25 v. H. herabgesetzt (§ 26 Abs. 6 Satz 4 KStG). Diese Änderung trat ab VZ 1990 in Kraft.

26 Mit Art. 8 Nr. 6 des Gesetzes zur Entlastung der Familien und zur Verbesserung der Rahmenbedingungen für Investitionen und Arbeitsplätze (**Steueränderungsgesetz 1992** – StÄndG 1992) v. 25. 2. 1992[2] wurde Abs. 2a – indirekte Steueranrechnung bei Tochtergesellschaften in EU-Mitgliedstaaten, Umsetzung der sog. Mutter-Tochter-Richtlinie v. 23. 7. 1990, Richtlinie 90/435/EWG, ABl. 1990 L 225 S. 6 – in das Gesetz eingefügt sowie Abs. 8 sprachlich an diese Neuregelung angeglichen. Diese Fassung des Gesetzes ist ab VZ 1992 anzuwenden.

27 Durch Art. 2 Nr. 3 und 6 des Gesetzes zur Verbesserung der steuerlichen Bedingungen zur Sicherung des Wirtschaftsstandorts Deutschland im Europäischen Binnenmarkt – **StandOG** – v. 13. 9. 1993[3] wurden die bisherigen Abs. 7 und 8 nach § 8b Abs. 5 und 6 KStG übernommen, die Absätze 3 und 6 neu gefasst und ein neuer Abs. 7, betreffend die ausländischen Einkünfte einer inländischen Betriebsstätte einer beschränkt steuerpflichtigen Körperschaft, angefügt; der Körperschaftsteuersatz für den Betrieb von Handelsschiffen im internationalen Verkehr wurde auf 22,5 v. H. gesenkt. Diese Fassung des § 26 KStG ist erstmals für den VZ 1994 anzuwenden.

28 Durch Art. 9 Nr. 1 des Gesetzes zur Anpassung der technischen und steuerlichen Bedingungen in der Seeschifffahrt an den internationalen Standard (**Seeschifffahrtsanpassungsgesetz**) v. 9. 9. 1998[4] wurde § 26 Abs. 6 Satz 1 KStG an die Streichung des Satzes 4 sprachlich angepasst und Satz 4 wegen der Streichung des § 34c Abs. 4 EStG aufgehoben.

29 Mit Art. 5 Nr. 10 des **Steuerentlastungsgesetzes 1999/2000/2002** (StEntlG) v. 24. 3. 1999[5] musste § 26 Abs. 6 Satz 3 KStG aufgrund der Änderung des § 23 Abs. 2 KStG neu gefasst werden.

30 Erhebliche Veränderungen erfolgten durch Art. 3 Nr. 9 des Gesetzes zur Senkung der Steuersätze und zur Reform der Unternehmensbesteuerung (**Steuersenkungsgesetz** – StSenkG) v. 23. 10. 2000.[6] Es wurden die Absätze 2, 2a, 3, 4, 5 und 7 ersatzlos aufgehoben sowie Abs. 6 an die Reform des Körperschaftsteuergesetzes angeglichen. Diese Fassung des § 26 KStG gilt ab dem VZ 2001 (vgl. § 34 Abs. 1 KStG).

31 Das Gesetz zum Abbau von Steuervergünstigungen und Ausnahmeregelungen (**Steuervergünstigungsabbaugesetz** – StVergAbG) v. 16. 5. 2003[7] hat in § 26 Abs. 6 Satz 1 KStG wegen der

---

[1] BGBl 1988 I 1093; BStBl 1988 I 224.
[2] BGBl 1992 I 297; BStBl 1992 I 146.
[3] BGBl 1993 I 1569; BStBl 1993 I 774.
[4] BGBl 1998 I 2860; BStBl 1998 I 1158.
[5] BGBl 1999 I 402; BStBl 1999 I 304.
[6] BGBl 2000 I 1433; BStBl 2000 I 1428.
[7] BGBl 2003 I 660; BStBl 2003 I 321.

Änderungen der in Bezug genommenen Vorschrift des § 34c EStG die Vorschriften redaktionell geändert; diese Fassung gilt ab dem VZ 2003.

Durch Art. 2 Nr. 1 des Gesetzes zur Anpassung der Vorschriften über die Amtshilfe im Bereich der Europäischen Union sowie zur Umsetzung der Richtlinie 2003/49/EG des Rates v. 3. 6. 2003 über eine gemeinsame Steuerregelung für Zahlungen von Zinsen und Lizenzgebühren zwischen verbundenen Unternehmen verschiedener Mitgliedstaaten (**EG-Amtshilfe-Anpassungsgesetz**)[1] wurden die Sätze 3 – 8 in Abs. 6 angefügt. Diese Fassung des § 26 Abs. 6 KStG gilt nach § 34 Abs. 11c KStG ab dem VZ 2004. 32

Mit Art. 2 Nr. 2 des **Steueränderungsgesetzes 2007** vom 19. 7. 2006[2] wurde Satz 9 in § 26 Abs. 6 KStG angefügt. Nach § 34 Abs. 11c Satz 2 KStG ist § 26 Abs. 6 KStG erstmals ab dem VZ 2005 anzuwenden. 33

Durch Art. 4 Nr. 5 des **Jahressteuergesetzes 2007** vom 13. 12. 2006[3] wurde in Absatz 1 eine redaktionelle Änderung vorgenommen (Anpassung an die sprachliche Fassung des § 34c Abs. 1 EStG) und in Abs. 6 der Satz 1 neu gefasst; hier war eine Anpassung an die ebenfalls durch das JStG 2007 erfolgte Änderung des § 8b Abs. 1 Satz 2 und 3 KStG erforderlich, um in den Fällen, in denen im Sitzstaat des leistenden Unternehmens eine Quellensteuer erhoben wird und § 8b Abs. 1 Satz 1 KStG nicht greift, eine Doppelbesteuerung zu vermeiden. Der bisherige Satz 3 wurde durch einen neuen Satz 3 ersetzt. Die neue Fassung des § 26 Abs. 1 KStG ist erstmals für den VZ 2007 anzuwenden (§ 34 Abs. 1 KStG); § 26 Abs. 6 Satz 1 1. Halbsatz i.V. m. Satz 3 in der Fassung des Artikels 4 des Gesetzes vom 13. 12. 2006[4] ist für alle Veranlagungszeiträume anzuwenden, soweit Steuerbescheide (bei Inkrafttreten des Jahressteuergesetzes 2007) noch nicht bestandskräftig sind. § 26 Abs. 6 Satz 1 2. Halbsatz KStG ist erstmals auf ausländische Quellensteuern anzuwenden, die von Bezügen i. S. d. § 8b Abs. 1 Satz 1 KStG erhoben wurden, die nach dem 18. 12. 2007 zugeflossen sind (§ 34 Abs. 11c Satz 3 und 4 KStG). 34

Die Anwendung der sog. **Tonnagebesteuerung** (§ 5a EStG) für den Betrieb von Handelsschiffen im internationalen Verkehr ergibt sich bereits aus § 8 Abs. 1 KStG. 35

Mit dem sog. **Kroatiengesetz**[5] wurde § 26 KStG grundlegend umgestaltet. Nunmehr ist ein genereller Verweis auf § 34c EStG an die Stelle einer eigenen Regelung getreten. Außerdem enthält die Vorschrift einige Besonderheiten des Körperschaftsteuerrechts (→ Rz. 276). Im Ergebnis hat sich aber nichts gegenüber dem früheren Rechtszustand geändert abgesehen davon, dass nunmehr ausdrücklich auf § 50d Abs. 10 EStG und auf eine Freistellung durch eine EU-Verordnung verwiesen wird. Die Neuregelung gilt für Einkünfte, die nach dem 31. 12. 2014 zufließen – § 34 Abs. 8 KStG n. F. 36

Mit dem sog. **Zollkodexanpassungsgesetz**[6] wird die Höchstbetragsformel wieder eigenständig in § 26 KStG im alten Sinne definiert, weil sie in § 34c EStG an die Beker-Entscheidung (→ Rz. 62) angepasst wird. Inhaltlich hat sich nichts gegenüber dem vorigen Rechtszustand geändert. Gem. § 34 Abs. 9 KStG n. F. findet die Neufassung auf Einkünfte Anwendung, die nach dem 31. 12. 2013 zufließen, so dass das Kroatiengesetzes insoweit überholt ist und nicht zur 37

---

1 BGBl 2004 I 3112; BStBl 2004 I 1148.
2 BGBl 2006 I 1652; BStBl 2006 I 432.
3 BGBl 2006 I 2878; BStBl 2007 I 28.
4 BGBl 2006 I 2878.
5 BGBl I 2014, 1266.
6 Vom 22. 12. 2014, BGBl I 2014, 2417; vgl. *Ditz/Quilitzsch*, DStR 2015, 548.

Anwendung kommt. Zusätzlich ordnet § 34 Abs. 9 KStG n. F. auch an, dass die Neufassung auf alle noch nicht bestandskräftigen Fälle anzuwenden sei. Dies war deshalb erforderlich, weil die veränderte Formel in § 34c Abs. 1 Satz 2 EStG in allen noch nicht bestandskräftigen Fällen anzuwenden ist, so dass klarzustellen war, dass dies nicht für die Körperschaftsteuer gilt. Insgesamt wird somit der bestehende Rechtszustand bestätigt. Zugleich wird die Überschrift von § 26 KStG geändert, sowie in Absatz 1 eine Ergänzung vorgenommen, um sicherzustellen, dass nicht nur die Anrechnung ausländischer Steuern, sondern auch deren Abzug nach § 34c Abs. 2 und 3 EStG bei Körperschaften möglich ist. Auch dies ist nur eine redaktionelle Anpassung. (Zur Problematik der Neuregelung vgl. → Rz. 292).

38–45   (Einstweilen frei)

C. Verhältnis zu anderen Vorschriften

46 **§ 8b KStG:** Die Regelung des § 26 KStG ist nur anwendbar, soweit es sich nicht um aus dem Ausland stammende Beteiligungserträge i. S. d. § 8b Abs. 1 Satz 1 KStG i.V. m. § 20 Abs. 1 Nr. 1, 2, 9 und 10 Buchst. a EStG handelt; d. h., die Regelungen des § 8b Abs. 1 Satz 1 KStG und des § 26 KStG schließen sich insofern gegenseitig aus. Soweit auf die vorgenannten Beteiligungserträge im Ausland eine Steuer erhoben worden ist, ist diese nicht anrechnungsfähig und verbleibt der empfangenden Körperschaft als definitive Steuerbelastung; denn mangels im Inland entstandener Körperschaftsteuer kann auch eine ausländische Körperschaftsteuer nicht angerechnet werden.[1] Soweit aufgrund des Korrespondenzprinzips[2] die ausländischen Einkünfte nicht außer Ansatz bleiben, ordnet § 26 Abs. 1 Satz 2 KStG die Anwendung von § 34c Abs. 1 bis 3 und Abs. 6 Satz 6 EStG an (näher → Rz. 141 ff.).

47 Handelt es sich um sonstige Bezüge i. S. d. § 20 Abs. 1 Nr. 1 Satz 2 EStG oder um Einnahmen i. S. d. § 20 Abs. 1 Nr. 9 2. Halbsatz sowie des § 20 Abs. 1 Nr. 10 Buchst. a 2. Halbsatz EStG und haben sie das Einkommen der leistenden, im Ausland ansässigen Körperschaft gemindert (§ 8 Abs. 3 Satz 2 KStG) und ist im Sitzstaat des leistenden Unternehmens eine Steuer erhoben worden, so erfolgt eine Anrechnung der ausländischen Steuer nach § 26 Abs. 1 und 6 KStG. Sind die Bezüge i. S. d. § 20 Abs. 1 Nr. 1, 2, 9 und 10 Buchst. a EStG nach einem Abkommen zur Vermeidung der Doppelbesteuerung von der Bemessungsgrundlage für die Körperschaftsteuer auszunehmen, gilt diese Regelung entsprechend (§ 8b Abs. 1 Satz 3, § 26 Abs. 6 Satz 1 2. Halbsatz KStG).

48 In § 12 AStG ist für die Hinzurechnungsbesteuerung eine eigenständige Regelung vorgesehen, die aber hinsichtlich Systematik und Durchführung auf § 26 Abs. 1 und 6 KStG verweist (§ 12 Abs. 2 AStG).[3]

49 **§ 4 Abs. 2 InvStG** regelt die Besteuerung ausländischer Investment-Erträge. Sind in den auf Investmentanteile ausgeschütteten sowie den ausschüttungsgleichen Erträgen aus einem ausländischen Staat stammende Einkünfte enthalten, die in diesem Staat zu einer nach § 26 Abs. 1 KStG entsprechenden Steuer herangezogen wurden, so ist die ausländische Steuer entsprechend den Grundsätzen des § 26 KStG anrechenbar. Im Hinblick auf die seit 1. 1. 2009 geltende Abgeltungsteuer ist aber in § 4 Abs. 2 Satz 8 InvStG geregelt, dass die Anrechnung dann

---

[1] *Staats*, RHN § 26 Rz. 60.
[2] Vgl. *Geißer* in Mössner/Seeger/Oellerich, KStG, § 8b Rz. 121.
[3] *Staats*, RHN § 26 Rz. 18.

ausscheidet, wenn es sich um Erträge handelt, die Einkünfte i. S. d. § 20 Abs. 1 Satz 1 Nr. 1 EStG sind. In diesem Fall sind § 32d Abs. 5 und § 43a Abs. 3 Satz 1 EStG sinngemäß anzuwenden.

(*Einstweilen frei*) 50–55

D. Europarechtliche Aspekte

Auch wenn die Mitgliedstaaten im Bereich der direkten Steuern zuständig sind, müssen diese nach der ständigen Rechtsprechung des EuGH[1] bei der Ausübung ihrer Kompetenz die Grundfreiheiten achten. In Betracht kommen die **Niederlassungsfreiheit**[2] und die **Freiheit des Kapitalverkehrs**.[3] Die Abgrenzung beider Freiheiten erfolgt nach dem Gegenstand der zu beurteilenden Norm.[4] Ist die Norm nur anwendbar, wenn die Beteiligung einen sicheren Einfluss auf die Geschäftsführung der Gesellschaft erlaubt,[5] so ist nur die Niederlassungsfreiheit einschlägig. Ist hingegen die Norm auf jede Art von Beteiligung anwendbar, so ist an sich die Kapitalverkehrsfreiheit die maßgebende Norm und zwar unabhängig davon, ob die Beteiligung im Einzelfall einen sicheren Einfluss auf die Geschäftsführung ermöglicht oder nicht. Erlaubt die Höhe der Beteiligung jedoch einen sicheren Einfluss auf die Geschäftsleitung, z. B. 51 %, so kommt es darauf an, ob es sich um einen Drittstaatenfall oder einen solchen innerhalb von EU/EWR handelt. Bei Letzterem geht die Niederlassungsfreiheit vor.

Eine **Doppelbesteuerung** stellt nach der Rechtsprechung des EuGH[6] für sich keinen Verstoß gegen eine Grundfreiheit dar. In den früheren Versionen des Vertrages enthielt Art. 293 EGV eine ausdrückliche Regelung, mit der den Mitgliedstaaten aufgetragen wurde, Verhandlungen zur Vermeidung der Doppelbesteuerung einzuleiten. AEUV enthält eine derartige Bestimmung nicht mehr. Dass die Doppelbesteuerung im Rahmen eines einheitlichen Binnenmarktes ein ernsthaftes Hindernis darstellt, ist nicht zu bezweifeln. Der EuGH erkennt hier aber die primäre Verantwortung der Mitgliedstaaten an. Mangels einer Harmonisierung sieht er keine Möglichkeit für das Gemeinschaftsrecht.

Der EuGH erkennt zwar durchaus Unterschiede in den Methoden zur Vermeidung der Doppelbesteuerung, es ist aber folgerichtig, dass er die verschiedenen Methoden als gleichwertig anerkennt.[7] Im Rahmen der grenzüberschreitenden Dividendenbesteuerung allerdings folgt der EuGH[8] der Linie, dass die Mitgliedstaaten den Dividendenbezug durch Ausländer im Quellenstaat und den Bezug von Auslandsdividenden im Ansässigkeitsstaat nicht benachteiligen dürfen, wenn sie zur Vermeidung der wirtschaftlichen Doppelbesteuerung Maßnahmen für Ausschüttungen innerhalb ihres Staatsgebietes vorsehen. So kann sich der Quellenstaat nicht darauf berufen, dass eine Doppelbesteuerung unterbleibe, da der Ansässigkeitsstaat die Quellen-

---

1 EuGH, Urteil v. 23. 1. 2014 - C-296/12 (Komm./Belgien), NWB HAAAE-56562, Tz. 27, mit Nachweisen zur st. Rspr.
2 Art. 49 AEUV.
3 Art. 63 AEUV.
4 EuGH, Urteil v. 23. 1. 2014 - C-164/12 (DMC), NWB NAAAE-54684, Tz. 29, mit Nachweisen zur st. Rspr.
5 Der EuGH scheint in der neueren Rechtsprechung keine starre Prozentgrenze mehr anzunehmen: EuGH, Urteil v. 3. 10. 2013 - C-282/12 (Itelcar), NWB EAAAE-46535, Tz. 22.
6 EuGH, Urteilev. 14. 11. 2006 - C-513/04 (Kerckhaert/Morres), NWB JAAAC-19455, Tz. 20 ff.; v. 12. 2. 2009 - C-67/08 (Block), NWB KAAAD-10610, Tz. 29 ff.
7 EuGH, Urteile v. 10. 2. 2011 - C-436/08, C-437/08 (Haribo, Salinen), Tz. 89; v. 23. 10. 2008 - C-157/07 (Krankenheim Ruhesitz am Wannsee), BStBl 2009 II 566.
8 Vom 7. 9. 2004 - C-319/02 (Manninen), NWB UAAAB-79423.

steuer anrechne. Dieses Argument lässt er nur gelten, wenn der Quellenstaat mit dem Ansässigkeitsstaat ein Abkommen geschlossen hat, dass Letzteren zum Ausgleich verpflichtet.[1] Andererseits muss der Ansässigkeitsstaat auch die Anrechnung der Körperschaftsteuer der ausschüttenden Gesellschaft bei Auslandsdividenden gewähren, wenn er dies bei Inlandsdividenden vorsieht.[2]

59 Gleichwohl werden in der Literatur **Bedenken gegen die Anrechnungsmethode** geäußert.[3] Diese können jedoch nicht überzeugen.[4] Dies gilt insbesondere dafür, dass gem. dem „ordinary-credit" eine Anrechnung nur in Höhe der inländischen, auf die ausländischen Einkünfte entfallenden Steuer (vgl. → Rz. 281) erfolgt.[5] Der Ansässigkeitsstaat ist nicht verpflichtet, ein höheres Niveau im Quellensteuerstaat so auszugleichen, dass die Gesamtbelastung der in seinem Gebiet entstehenden Belastung entspricht.[6] Wer in einem Staat investiert oder tätig wird, in dem das Steuerniveau ungünstiger ist als in seinem Heimatstaat, unterwirft sich den fremden Regeln.[7] Wäre es anders, so führte dies zu einer Exportsubvention und würde gegen die Kapitalexportneutralität verstoßen.

60 In der Entscheidung AMID[8] ging es um einen Fall, in dem im Ausland erzielte und dort besteuerte Gewinne bei einer Verlustsituation im Inland derart berücksichtigt wurden, dass der Verlustvortrag um die ausländischen Gewinne gemindert wurde, die ausländische Steuer jedoch nicht angerechnet, was mangels positiver Einkünfte nicht möglich war, oder zur späteren Anrechnung nicht vorgetragen wurde. Diesen doppelten Nachteil hat der EuGH als nicht zu rechtfertigenden Verstoß gegen die Niederlassungsfreiheit angesehen. Da exakt dieselbe Situation auch im deutschen Steuerrecht besteht (vgl. → Rz. 269), ist der Gesetzgeber gehalten, eine Lösung vorzusehen, etwa einen Anrechnungsvortrag einzuführen.[9]

61 *Schön*[10] hat **die „per-country-limitation"** (vgl. → Rz. 316 ff.) als „europarechtlich zweifelhaft" gebrandmarkt und sich für eine „per-community-limitation" ausgesprochen. Eine Zusammenfassung aller ausländischen Gemeinschaftseinkünfte würde im Ergebnis jedenfalls für die Steueranrechnung zu einem Ausgleich unterschiedlicher Steuerniveaus innerhalb der Gemeinschaft führen. So richtig es ist, dass damit die Freiheit der Auswahl des Staates, in dem investiert wird, gewahrt bleibe, so würde dies doch zu einer Benachteiligung desjenigen führen, der nur in einem Staat tätig wird. Solange die Steuersätze in den Staaten nicht harmonisiert sind, obliegt die Festlegung des Steuerniveaus jedem Mitgliedstaat.[11] Außerdem würde es gegen eine in einem Doppelbesteuerungsabkommen vereinbarte Anrechnungsmethode verstoßen, wenn diese nicht auf den Vertragspartner beschränkt wäre.[12]

---

1 EuGH, Urteile v. 20.10.2011 - C-284/09 (Komm./Deutschland), NWB TAAAD-95597, Tz. 63; v. 16.7.2009 - C-128/08 (Damseaux), NWB VAAAD-27292, Tz. 25 ff. (34).
2 EuGH, Urteile v. 6.6.2000 - C-35/98 (Verkooijen); v. 6.3.2007 - C-292/04 (Meilicke), NWB FAAAC-39375; Manninnen, FN 33.
3 *Lehner*, StuW 1998, 171; *Vogel*, BIFD 2002, H. 4, S. 9; *Wassermeyer*, IStR 2001, 117.
4 Ebenso *Jochimsen/Schnitger* Schnitger/Fehrenbach, § 26 Rz. 52; *Gosch/Roser*, § 26 Rz. 1a; *Siegers* in DPM, § 26 Rz. 57.
5 EuGH, Urteil v. 12.5.1998 - C-336/96 (Gilly), NWB RAAAA-96946, Tz. 34, 42, 45 ff.
6 Siehe *Schön*, Gedächtnisschrift Knobbe-Keuk, S. 773: „die Grundfreiheiten verlangen keine Planierung des Steuerniveaus in den Mitgliedstaaten".
7 EuGH, Urteil v. 23.10.2008 - C-157/07 (Krankenheim Ruhesitz am Wannsee), BStBl 2009 II 566, Tz. 50 f.
8 EuGH, Urteil v. 14.12.2000 - C-141/99 (AMID), NWB MAAAB-72577.
9 Siehe auch *Jochimsen/Schnitger* in Schnitger/Fehrenbach, § 26 Rz. 54.
10 In Gedächtnisschrift Knobbe-Keuk, S. 774.
11 So jetzt auch BFH, Urteil v. 18.12.2013 - I R 71/10, NWB EAAAE-60953.
12 So BFH, Urteil v. 18.12.2013 - I R 71/10, BStBl 2015 II 361.

In der Entscheidung Beker[1] hat der EuGH die logische Folgerung aus seiner ständigen Rechtsprechung[2] gezogen, dass der Ansässigkeitsstaat für die volle Berücksichtigung der „persönlichen Lasten" zuständig ist, es sei denn, der Steuerpflichtige beziehe seine Einkünfte im Wesentlichen aus dem Quellenstaat. Stellt die Anrechnungsformel wie in § 34c EStG, § 26 Abs. 6 KStG auf das Verhältnis der ausländischen zu den Gesamteinkünften ab, so bleibt der Teil der Kosten für die „persönlichen Lasten", der auf die ausländischen Einkünfte entfällt, im Inland unberücksichtigt.[3] Im Körperschaftsteuerrecht gibt es jedoch nicht die in § 2 EStG vorgesehene Unterscheidung zwischen der Summe der Einkünfte und dem Gesamtbetrag der Einkünfte (vgl. → Rz. 296). Somit ist diese Entscheidung für § 26 KStG unerheblich.[4] Die Höchstbetragsberechnung wird daher in § 26 geregelt werden (vgl. → Rz. 37). 62

Obwohl nach der Rechtsprechung des EuGH,[5] unbeschränkt und beschränkte Steuerpflichtige sich grundsätzlich nicht in einer vergleichbaren Situation befinden, wird dieses aber der Fall, wenn ein Staat beide steuerlich gleich behandelt, insbesondere, wenn er ihre Einkünfte in vergleichbarer Weise besteuert. Daraus folgt, dass dann, wenn auch ausländische Einkünfte eines beschränkt Steuerpflichtigen der inländischen Besteuerung unterliegen, eine Anrechnung einer etwaigen Auslandssteuer wie beim unbeschränkt Steuerpflichtigen zu erfolgen hat. Dies sieht § 50 Abs. 6 EStG vor. 63

(Einstweilen frei) 64–70

E. Tatbestandsvoraussetzungen – § 26 Abs. 1 KStG

Der Tatbestand des § 26 KStG ist hochkomplex (vgl. → Rz. 5), was allgemein[6] bemängelt wird. Es empfiehlt sich, ihn in Voraussetzungen und Folge zu trennen. Die Rechtsfolgeseite ist relativ kurz gehalten: es ist die ausländische Steuer auf die deutsche Steuer anzurechnen, wobei die Begrenzung aus der Formel des Anrechnungshöchstbetrages zu beachten ist. Im Zentrum steht dabei die Ermittlung des Anteils der deutschen Steuer, die auf die ausländischen Einkünfte entfällt. (vgl. → Rz. 281) Die **Tatbestandsvoraussetzungen** sind demgegenüber vielfältig. Sie bestehen aus dem subjektiven Anwendungsbereich und betreffen im objektiven Anwendungsbereich das Vorliegen ausländischer Einkünfte, die Bestimmung des Staates, aus dem die Einkünfte stammen, die Ermittlung der ausländischen Steuern auf diese Einkünfte und die Zahlung der ausländischen Steuer. Dies wird ergänzt und teilweise modifiziert in § 26 Abs. 2 KStG. Durch Verweis auf § 34c Abs. 1 EStG werden die wesentlichen Tatbestandsvoraussetzungen übernommen, lediglich die Berechnung der Höchstbetragsformel in § 34c Abs. 1 Satz 2 EStG folgt eigenständig aus § 26 Abs. 1 KStG. 71

---

1 EuGH, Urteil v. 28.2.2013 - C-168/11; ebenso schon *Mössner*, Grundfragen, S. 135, 162; *ders.*, Steuerrecht internat. tätiger Unternehmen, Rz. 2.291; *Menhorn*, IStR 2012, 15; ebenso jetzt BFH, Urteil v. 18.12.2013 - I R 71/10, BStBl 2015 II 361.
2 Grundlegend EuGH, Urteil v. 14.2.1995 - C-279/03 (Schumacker), Slg 1995 I-225, seitdem st. Rspr.
3 Die Reaktion des Gesetzgebers ist im Zollkodexanpassungsgesetz erfolgt (Rz. 37); die Finanzverwaltung hat Aussetzung in diesen Fällen angeordnet, BMF, Schreiben v. 30.9.2013, BStBl 2013 I 1612.
4 Ebenso *Jochimsen/Schnitger* in Schnitger/Fehrenbach, § 26 Rz. 58.
5 EuGH, Urteil v. 12.6.2003 - C-234/01 (Gerritse), NWB XAAAB-72663, Tz. 43, 49; st. Rspr. z.B. EuGH, Urteil v. 31.3.2011 - C-450/09 (Schröder), NWB VAAAD-80843, Tz. 37.
6 Siehe z.B. *Jochimsen/Schnitger* in Schnitger/Fehrenbach, § 26 Rz. 1; *Staats*, RHN § 26 Rz. 3 mit einer tabellarischen Übersicht über die komplexe Struktur von § 26.

I. Persönlicher Anwendungsbereich

1. Unbeschränkt Steuerpflichtige

72 Der Gesetzeswortlaut von § 34c Abs. 1 Satz 1 EStG nennt in persönlicher Hinsicht ausdrücklich nur die **unbeschränkt Steuerpflichtigen**. Dies bezieht sich entsprechend auf alle Körperschaftsteuersubjekte i. S. d. § 1 Abs. 1 KStG,[1] also auch Betriebe gewerblicher Art. Daneben kommen auch beschränkt steuerpflichtige Körperschaften durch den Verweis auf § 50 Abs. 3 EStG in Betracht. Dies ist nun durch die Formulierung in § 26 Abs. 1 klar ausgedrückt.

73 Für die unbeschränkte Steuerpflicht ist nach § 1 KStG erforderlich, dass sich Geschäftsleitung **oder** Sitz im Inland befinden. Auch im Fall der **Doppelansässigkeit** handelt es sich um eine unbeschränkt steuerpflichtige Körperschaft. Denkbar sind die Fälle, dass sich

- der Sitz im Inland und Geschäftsleitung im Ausland oder
- der Sitz im Ausland und Geschäftsleitung im Inland befinden.

Nicht denkbar ist, dass eine in Deutschland gegründete Gesellschaft ihren Sitz unter Beibehaltung der Geschäftsleitung im Inland ins Ausland verlegt.[2] Da § 26 KStG nicht Anwendung findet, wenn ein DBA mit dem ausländischen Staat besteht, ergeben sich keine Probleme durch die Ansässigkeitsregeln **in Art. 4 OECD-MA**. Besteht ein DBA und beseitigt es die Doppelbesteuerung durch Anrechnung, so ist Deutschland nur dann der Ansässigkeitsstaat, wenn sich die Geschäftsleitung im Inland befindet. Ist nur der Sitz im Inland, so ist die Körperschaft zwar unbeschränkt steuerpflichtig, Deutschland ist aber als Nichtansässigkeitsstaat nicht zur Beseitigung der Doppelbesteuerung verpflichtet. Es ist dann Quellenstaat.

74 Ob es sich um eine **Körperschaft** handelt, ergibt sich, wenn sich der Sitz im Inland befindet unmittelbar aus § 1 KStG und den dort aufgeführten Rechtssubjekten. Bei ausländischen Rechtsgebilden, d. h. solchen, bei denen der Sitz im Ausland ist, entscheidet nach deutscher Rechtstradition der sog. **Typenvergleich**, ob es sich um eine Körperschaft i. S. des KStG handelt. Dadurch folgt das deutsche Steuerrecht nicht der steuerlichen Behandlung der Subjekte im ausländischen Staat, was zu sog. Qualifikationskonflikten (vgl. → Rz. 94) führt.

75–80 *(Einstweilen frei)*

2. Beschränkt Steuerpflichtige

81 Aufgrund der Verweisungen in § 26 Abs. 1 Nr. 2 KStG auf die Bestimmungen des § 50 Abs. 3 EStG gilt die Regelung über die Anrechnung der ausländischen Steuer **auch für beschränkt steuerpflichtige** Körperschaftsteuersubjekte i. S. d. § 2 Nr. 1 KStG, wenn sie über eine Betriebsstätte im Inland verfügen (näher → Rz. 451 ff.).

82–85 *(Einstweilen frei)*

3. Unterjähriger Wechsel der Steuerpflicht

86 Beim **Wechsel** von unbeschränkter zu beschränkter Steuerpflicht bzw. umgekehrt während eines Veranlagungszeitraums, kommt es anders als gem. § 2 Abs. 7 EStG zur getrennten Betrach-

---

[1] *Staats*, RHN § 26 Rz. 37.
[2] Siehe *Mössner* in Mössner/Seeger/Oellerich, KStG, § 12 Rz. 171.

tung der Zeiträume der unbeschränkten und beschränkten Steuerpflicht. Dies ist notwendig, da jeweils andere Voraussetzungen für die Anrechenbarkeit gelten.[1]

(Einstweilen frei) 87–90

4. Subjektidentität

Eine Doppelbesteuerung im rechtlichen Sinne liegt nur dann vor, wenn diejenige Körperschaft, die im Inland die Anrechnung begehrt, auch diejenige sei, die im Ausland der dortigen Körperschaftbesteuerung mit ihren ausländischen Einkünften unterlegen ist (sog. Subjektidentität[2]). Dies bedeutet, dass **dieselbe Person** im In- wie im Ausland besteuert wird, was voraussetzt, dass die Körperschaft auch im Ausland als Steuersubjekt behandelt wird. Dies wird im Allgemeinen der Fall sein, da beim Typenvergleich (s. → Rz. 74) u. a. auch die steuerliche Behandlung eines der Vergleichskriterien ist. Maßgebend ist die Steuerschuldnerschaft, nicht wer die Steuer im Ausland tatsächlich zahlt oder einbehält. Nach deutschen steuerrechtlichen Vorstellungen muss es die inländische Körperschaft sein, die die ausländische Steuer schuldet. 91

§ 39 Abs. 2 Nr. 1 Satz 2 AO regelt die Zurechnung bei Treuhandverhältnissen, Sicherungsinstrumenten und Eigenbesitz.[3] Das ausländische Steuerrecht kann andere Zurechnungskriterien vorsehen. 92

> **BEISPIEL:** ► Die deutsche GmbH schließt mit der ausländischen Gesellschaft einen Treuhandvertrag, aufgrund dessen die ausländische Gesellschaft für die inländischen Vermögensgegenstände erwirbt und verwaltet. Nach § 39 AO werden die hieraus resultierenden Einkünfte der inländischen GmbH als Treugeber zugerechnet, der auch die Steuer im Ausland entrichtet.

In derartigen Fällen ist strenggenommen keine Subjektidentität gegeben. Gleichwohl wird zu Recht die Anrechnung der vom Treuhänder entrichteten Steuer befürwortet.[4] Dafür spricht, dass der Treugeber im Inland letztlich die Steuer trägt.

Hinsichtlich ausländischer Trusts vgl. § 15 AStG.[5] 93

Zu einem **Qualifikationskonflikt** kommt es, wenn **im Ausland die deutsche Körperschaft transparent** wie eine Personengesellschaft besteuert wird.[6] Das US-amerikanische check-the-box-Verfahren kann zu solchen Situationen führen. Häufiger tritt der umgekehrte Fall ein, dass im Ausland eine deutsche Personengesellschaft als Kapitalgesellschaft, wie z. B. in Spanien, Ungarn, Tschechien, besteuert wird.[7] Dies ist aber eine Frage von § 34c EStG.[8] Die Behandlung einer Körperschaft als transparent im Ausland würde dazu führen, dass die ausländische Steuer zu Lasten ihrer Gesellschafter erhoben würde. Die Frage ist dann, ob die Körperschaft im Inland die von den Gesellschaftern erhobene Steuer auf ihre eigene Steuerschuld anrechnen kann. 94

---

1 *Siegers* in DPM, § 26 Rz. 68; *Geurts* in Bott/Walter, § 26 Rz. 34.1.; *Staats*, RHN, § 26 Rz. 40.
2 BFH, Urteil v. 4.6.1991 - X R 35/88, BStBl 1992 II 187.
3 *Geurts* in Bott/Walter, § 26 Rz. 42.
4 *Geurts* in Bott/Walter, § 26 Rz. 42; HHR, § 26 Rz. 17; a. A. *Siegers* in DPM, DJM § 26 Rz. 122.
5 *Kirchhain*Fuhrmann, AStG, § 15 Rdnr. 47, 71, 95, 144 ff.; *Geurts* in Bott/Walter, § 26 Rz. 43.
6 *Jochimsen/Schnitger* in Schnitger/Fehrenbach, § 26 Rz. 70.
7 BFH, Urteil v. 4.4.2007 - I R 110/05, BStBl 2007 II 521; ausführlich zu diesem Problem BFH, Urteil v. 25.5.2011 - I R 95/10, BFH/NV 2011, 1602 = NWB UAAAD-88272.
8 Vgl. *Prokisch* in KSM, § 34c B26 ff.; vgl. auch KKB/C. Kraft, § 34c EStG Rz. 17.

BEISPIEL: Die deutsche AG unterhält im Ausland, mit dem kein DBA besteht, eine produzierende Betriebsstätte. Sie wird dort als Personengesellschaft behandelt und der Gewinn der Betriebsstätte wird bei ihren Gesellschaftern besteuert, die teils in Deutschland, teils im Land der Betriebsstätte, teils in Drittstaaten ansässig sind. Deutschland besteuert den Betriebsstättengewinn und rechnet an sich die ausländische Steuer auf die inländische Steuer an. Beträgt z. B. der Gewinn im Ausland, der auf die inländische Gesellschafter-GmbH entfällt, 100 und die ausländische Steuer 25, so entsteht im Inland eine Körperschaftsteuer von 15. Im Falle der Anrechnung würde es nicht zur Besteuerung im Inland kommen und 75 stünden der Körperschaft zur Investition oder zur Ausschüttung zur Verfügung. Ohne Anrechnung wären es nur 60.

Für die Lösung kommt es darauf an, wer tatsächlich die Steuer getragen hat. Die inländische GmbH ist im Ausland nicht zur Steuer herangezogen worden, sondern ihre Gesellschafter, die vom ausländischen Staat der Besteuerung unterworfen werden. In Deutschland hat die GmbH jedoch den gesamten Betriebsstättengewinn zu versteuern, nicht nur den Teil, der auf die in Deutschland ansässigen Gesellschafter entfällt. Soweit die Gesellschafter im Ausland, Betriebsstättenstaat oder Drittstaat, ansässig sind, sind sie vom ausländischen Staat zur Steuer herangezogen worden; im Zweifel hat die GmbH die Steuerzahlung für sie übernommen. Schüttet die GmbH ihren Gewinn aus der Betriebsstätte aus, so beziehen aus deutscher Sicht die Gesellschafter Dividenden, die gem. § 20 Abs. 1 Nr. 1 EStG besteuert werden, wobei sich die Steuerpflicht der ausländischen Gesellschafter aus § 49 Abs. 1 Nr. 7 EStG ergibt. Aus Sicht des ausländischen Staates handelt es sich bei den Ausschüttungen um steuerlich irrelevante Entnahmen bereits versteuerter Beträge. Aus deutscher Sicht handelt es sich aber um Einkünfte der GmbH selbst, die erst nach einem Beschluss zur Ausschüttung den Gesellschaftern zur Verfügung stehen. Gewährt man nun der GmbH das Recht, die auf die Betriebsstätteneinkünfte (ihrer Gesellschafter) erhobene Steuer anzurechnen,[1] so ist dies zwar keine perfekte Lösung, aber eine praktikablere, als wenn man bei der Ausschüttung durch die GmbH über eine Anrechnung nachdenken würde. Dann lehnt die Verwaltung[2] die Anrechnung der zuvor gezahlten Steuer ab.[3]

95 Ein weiterer Fall ist Beteiligung eines **im Inland Ansässigen** an einer **ausländischen Gesellschaft**, die nach deutschem Recht als Kapitalgesellschaft, nach ausländischem Recht als Personengesellschaft behandelt wird.[4] Dann wird aus deutscher Sicht der inländische Gesellschafter erst im Fall der Ausschüttung besteuert. Nach ausländischem Recht hat er aber bereits der Besteuerung bei Entstehung des Gewinns unterlegen. Es ist daher zutreffend,[5] ihm die Anrechnung bei der Ausschüttung auf die Dividende zu gewähren, obwohl dann die Periodenidentität (→ Rz. 226) nicht gewahrt ist.

96 **Organschaft:** Erzielt eine Organgesellschaft ausländische Einkünfte, die im ausländischen Staat einer der Körperschaftsteuer entsprechenden Steuer unterworfen wurden, so ist für die Anrechnung ungeklärt, wie die diese erfolgt. Dass die Einkünfte des Organs dem Organträger zugerechnet werden, ergibt sich aus § 14 unmittelbar, d. h. diese Einkünfte werden bei der Ermittlung des Anrechnungshöchstbetrages (→ Rz. 291) im Zähler berücksichtigt. Ob sie auch im Nenner (→ Rz. 296) zu berücksichtigen sind, wir unterschiedlich beantwortet.

---

1 So Siegers in DPM, § 26 Rz. 118; Blümich/Pohl, § 26 Rz. 25; Lüdicke in FWB, § 34c Rz. 41.
2 BMF, Schreiben v. 16. 4. 2010, BStBl 2010 I 354, Tz. 4.1.4.2.
3 Zum umgekehrten Fall, dass eine deutsche Personengesellschaft im Ausland als Körperschaft qualifiziert wird, vgl. Siegers in DPM, § 26 Rz. 120; Mössner, Steuerrecht internat. Tätiger Unternehmen, Rz. 1.188.
4 Hierzu vgl. auch Siegers, DPM, § 26 Rz. 121.
5 Ebenso Siegers in DPM, § 26 Rz. 118; Blümich/Pohl, § 26 Rz. 25; Frotscher/Drüen, § 26 Rz. 13.

BEISPIEL:[1] (1) Der Organträger hat eigene inländische Einkünfte von 100, die Organgesellschaft erzielt 200 ausländische Einkünfte, die im Ausland mit 30% besteuert werden (= 60).

(2) Die inländischen Einkünfte des Organträgers betragen -100.

Lösungsmöglichkeiten **Fall (1)**: tarifliche Körperschaftseuer beträgt 45 (300 x15 %). Werden die ausländischen Einkünfte nicht im Nenner berücksichtigt, ergibt: 45 x 200/100. Die ausländische Steuer ist uneingeschränkt anrechenbar. Werden die ausländischen Einkünfte im Nenner mit berücksichtigt, ergibt sich: 45 x 200/300 = 30 als anrechenbare ausländische Steuer.

Fall (2): tarifliche Körperschaftsteuer ist 15 (200 − 100). Bei Nichteinbeziehung im Nenner: 15 x 200/-100 = keine Anrechnung möglich; bei Einbeziehung: 15 x 200/100 = 15 Anrechnung ist möglich.

Die Lösungen in der Literatur sind vielfältig. Es wird vertreten: Einerseits das Organeinkommen wird bei der Ermittlung des Anrechnungshöchstbetrages weder im Zähler noch im Nenner berücksichtigt,[2] anderseits unter Bezugnahme auf § 19 Abs. 1 KStG i.V. m. § 26 KStG soll die ausländische Steuer anzurechnen sein,[3] obwohl der Organträger im Ausland nicht derjenige gewesen ist, der dort der Besteuerung unterworfen wurde (fehlende Subjektidentität). Dem BFH-Urteil von 2005[4] kann keine eindeutige Antwort, vielleicht eine Tendenz zur zweiten Lösungsmöglichkeit entnommen werden. Aus dem systematischen Ansatz des Zurechnungsmodells der Organschaft ist abzuleiten, dass das Organeinkommen wie eigenes dem Organträger zugerechnet wird, so dass für die Zwecke des Ermittlung des Anrechnungshöchstbetrages die ausländischen Einkünfte der Organgesellschaft im Zähler wie im Nenner zu berücksichtigen sind.[5] Dafür spricht vor allem die Lösung im Fall (2), da nur dann auf die auf die im Inland versteuerten ausländischen Einkünfte erhobene ausländische Steuer angerechnet werden kann.

Missbräuchliche Gestaltungen: Verneint das deutsche Steuerrecht die rechtliche Selbständigkeit einer ausländischen Kapitalgesellschaft, weil es diese als missbräuchlich etwa wegen Substanzlosigkeit beurteilt, und rechnet es daher deren Einkünfte unmittelbar der inländischen Körperschaft zu, so kommt es ebenfalls zu einem Auseinanderfallen der Steuerschuldnerschaft, da das Ausland der deutschen Beurteilung als Missbrauch nicht folgen wird. Die Verwaltung[6] vertritt in derartigen Fällen die Auffassung, dass die Einkünfte nicht aus dem Ausland stammen und dass gleichsam als „Strafe" eine Anrechnung der ausländischen Steuer unterbleiben müsse. Hierfür gibt es aber keine Rechtsgrundlage.[7] Aus deutscher Sicht ist es wegen der missbräuchlichen Gestaltung, die nicht anerkannt wird, die inländische Körperschaft,

---

1 Nach *Kamphaus/Nitzschke*, IStR 2017, 96.
2 KStR R 29; Gosch/*Roser*, § 26 Rz. 116; ähnlich Schnitger/*Jochimsen*, § 26 Rz. 237; Lademann/*Boochs*, § 26 Rz. 56.
3 *Lieber* in HHR, § 26 Rz. 270; *Geurts* in Bott/Walter (EY), KStG § 26 Rz. 124; *Endert* in Frotscher/Drüen, § 26 Rz. 128; *Staats* in RHN, § 26 Rz. 44.
4 BFH, Urteil v. 31. 5. 2005 - I R 68/03, BStBl 2006 II 380; Nichtanwendung BMF BStBl I 2006, 344 vgl. *Müller* in Mössner/Seeger/Oellerich, KStG, → § 19 Rz. 22.; *Siegers* in DPM, § 26 Rz. 54 folgt zwar den KStR, hält dies aber für sinnwidrig.
5 Ebenso *Kamphaus/Nitzschke*, IStR 2017, 98 ff.
6 FinMin NRW, BB 1970, 1203; *Staats* in RHN, § 26 Rz. 45; aber auch BFH, Urteil v. 1. 4. 2003 - I R 39/12, BStBl 2003 II 869.
7 So auch *Siegers* in DPM, § 26 Rz. 115; *Kuhn* in HHR, EStG § 34c Rz. 61; s. aber BFH, Urteil v. 2. 3. 2106 - I R 73/14, NWB GAAAF-77664: das Niedersächsische FG hat die Subjektidentität verneint (Urteil v. 21. 5. 2014 - 2 K 216/12, NWB BAAAE-81716); ebenso BFH, Urteil v. 2. 3. 2016 - I R 73/14, BStBl 2016 II 887, in dem er ebenfalls von inländischen Einkünften ausgeht, die missverständlich ins Ausland verlagert werden. Die Nichtanerkennung des ausländischen Subjekts durch das deutsche Recht muss auch bei der Subjektidentität durchschlagen.

die besteuert wird.[1] Allerdings ist die Anrechnung auf diejenige Steuer begrenzt, die bei einer angemessenen Gestaltung angefallen wäre.

> **BEISPIEL:** Die inländische GmbH hat im Ausland X eine Kapitalgesellschaft gegründet, die substanzlos ist und Einkünfte aus diesem und anderen ausländischen Staaten bezieht. Diese Gesellschaft wird in X mit Körperschaftsteuer von 20% besteuert. In Deutschland wird diese Kapitalgesellschaft nicht wegen § 42 AO anerkannt (Briefkastengesellschaft) und deren Einkünfte der GmbH zugerechnet. Bei einer angemessenen Gestaltung hätte die GmbH die Einkünfte unmittelbar bezogen. Angerechnet wird in Deutschland nur die Steuer, die auf diese Einkünfte im Ausland erhoben worden wäre, wenn die GmbH dort der beschränkten Steuerpflicht unterlegen hätte.

98–110 *(Einstweilen frei)*

II. Sachliche Voraussetzung – § 26 Abs. 1 KStG i. V. m. § 34c Abs. 1 EStG

1. Ausländische Einkünfte (§ 34c Abs. 1 Satz 1 EStG: „die mit ausländischen Einkünften")

a) Allgemein

111 Die Tatbestandvoraussetzungen sind zum einen in § 34c Abs. 1 EStG enthalten, werden aber durch Sonderregelungen in Abs. 2 ergänzt. Zentral ist zunächst der Begriff der ausländischen Einkünfte. Damit ist zweierlei gesagt: erstens muss es sich nach inländischem Steuerrecht um Einkünfte (→ Rz. 113) handeln und zweitens muss es sich nach deutschem Steuerrecht um ausländische Einkünfte (→ Rz. 114) handeln.

112 Das **Gesetz erwähnt** ausländische Einkünfte direkt oder indirekt **mehrfach**. Die unbeschränkt Steuerpflichtigen müssen diese bezogen haben (vgl. → Rz. 156). Auf diese muss ausländische, vergleichbare Steuer erhoben worden sein (s. → Rz. 158). Deutsche Körperschaftsteuer muss auf sie entfallen (s. → Rz. 129). Sie dürfen nicht außer Ansatz bleiben (s. → Rz. 133). Sie müssen nach dem Recht des ausländischen Staates besteuert werden (s. → Rz. 160). Ihnen sind Betriebsausgaben zuzuordnen, die mit den ihnen zugrunde liegenden Einnahmen in einem wirtschaftlichen Zusammenhang stehen (s. → Rz. 194). Sie bilden den Zähler in der Formel für den Anrechnungshöchstbetrag (vgl. → Rz. 284, → Rz. 306). Auch wenn der Begriff „ausländische Einkünfte" jeweils dieselbe Bedeutung hat, dient er doch unterschiedlichen **Funktionen**. Wichtig ist es danach zu unterscheiden, ob er die Basis für die **ausländischen Steuer** abgibt, um den anzurechnenden Betrag zu ermitteln, oder ob er die ausländischen Einkünfte meint, auf die **deutsche Steuer** erhoben wird.

113 Der Begriff in § 34c EStG besitzt an sich jeweils eine identische Bedeutung.[2] Je nach dem Zusammenhang werden jedoch unterschiedliche Aspekte betont. Wenn das Gesetz in § 34c Abs. 1 EStG von „ausländischen Einkünften" spricht, so meint dies bei entsprechender Anwendung Einkünfte i. S. d. KStG, die aus einem ausländischen Staat stammen. Dies hat zur Folge, dass nur solche Vorgänge überhaupt berücksichtigt werden, die nach dem KStG zu **Einkünften** führen. Ist dies nicht der Fall, so bleiben die Vorgänge außen vor.

> **BEISPIEL:** Im Staat X werden Lottogewinne als steuerbare Einkünfte gewertet. Der Sportverein TuS Hintertupfing beteiligt sich an einer ausländischen Lotterie und gewinnt. Da der Lottogewinn nach deut-

---

[1] Vgl. auch die Kritik *Wassermeyer* an dem BFH-Urteil: IStR 2016, 825: „offensichtlich falsch" 827.
[2] *Siegers* in DPM, § 26 Rz. 69.

schen Vorstellungen bei einem Sportverein (§ 1 Abs. 1 Nr. 4, § 8 Abs. 2 KStG) außerhalb des steuerlichen Nexus liegt, liegen keine „Einkünfte" vor.

Die Anrechnung gem. § 26 KStG setzt voraus, dass **ausländische** Einkünfte, d. h. Einkünfte, die aus dem Ausland stammen,[1] gegeben sind und dass diese im Ausland besteuert werden. Ist diese Voraussetzung nicht erfüllt, scheidet eine Anrechnung nach § 26 Abs. 1 KStG aus;[2] in Betracht kommt u. U. ein Abzug der ausländischen Steuer nach § 34c Abs. 3 3. Alt. EStG i. V. m. § 26 Abs. 6 Satz 1 KStG, z. B. dann, wenn es sich um inländische Einkünfte handelt, auf die im Ausland eine Ertragsteuer, die der Körperschaftsteuer entspricht, entrichtet wurde.[3] 114

Was **ausländische Einkünfte** sind, ist in § 34c EStG nicht geregelt, sondern in **§ 34d EStG**. Durch den Verweis in § 26 KStG, der sich zwar nicht direkt auf diese Vorschrift bezieht, wird jedoch nach allgemeiner Ansicht auch **§ 34d EStG** in Bezug genommen.[4] Behandelt das deutsche Steuerrecht Einkünfte als inländische und das ausländische Steuerrecht sie ebenfalls als inländisch, so scheitert eine Anrechnung. 115

Der Begriff der ausländischen Einkünfte in § 34d EStG ist nicht spiegelbildlich zu den **inländischen Einkünften** des § 49 EStG.[5] Dies erklärt sich aus den unterschiedlichen Zwecken beider Normen. § 49 EStG bestimmt, unter welchen Voraussetzungen nicht im Inland Ansässige mit ihren Einkünften der deutschen Besteuerung unterliegen, regelt also die Anwendung des deutschen Steuerrechts auf Nichtansässige. Diese Inlandskriterien, die die deutsche Besteuerung begründen, führen somit zur Anwendung des deutschen Steuerrechts. Bei § 34d EStG handelt es sich um unbeschränkt Steuerpflichtige und bei diesen unterliegen die Einkünfte aufgrund des Welteinkommens der deutschen Besteuerung. Aufgabe dieser Norm ist es zu bestimmten, ob es ausländische Einkünfte sind und den Staat zu bestimmen, dessen Steuer angerechnet werden kann. Wenn es gem. § 34d EStG keine ausländische Einkünfte sind, sind es inländische. 116

BEISPIEL: GmbH A erhält Zahlungen aus dem Ausland, die im Rahmen der unbeschränkten Steuerpflicht steuerpflichtig sind. Gemäß § 34d EStG handelt es sich um Einkünfte aus dem Staat X. X betrachtet diese Einkünfte aber als solche, die aus Y stammen und besteuert sie daher nicht. Die in Y erhobene Steuer kann nicht in Deutschland angerechnet werden, weil sie aus X und nicht aus Y stammen.

ABWANDLUNG: Auch X besteuert die Einkünfte, rechnet aber die in Y erhobene Steuer an. In Deutschland kann dann nur die von X erhobene Steuer angerechnet werden.

Ob und welche Art von Einkünften gegeben ist, richtet sich nach deutschem Steuerrecht. Dabei soll[6] eine **umgekehrt isolierende Betrachtungsweise** zur Anwendung kommen, wonach allein die im Inland verwirklichten Tatbestandselemente für die Einordnung maßgebend sein sollen. 117

BEISPIEL: Die inländische GmbH ist an einer ausländischen Kapitalgesellschaft beteiligt und erhält von dieser Dividenden. Außerdem hat sie der Kapitalgesellschaft ein Darlehen gewährt, aus dem sie Zins-

---

1 BFH, Urteile v. 24. 3. 1998 - I R 38/97, BStBl 1998 II 471; v. 1. 4. 2003 - I R 39/02, BStBl 2003 II 869.
2 BFH, Urteil v. 1. 4. 2003 - I R 39/02, BStBl 2003 II 869.
3 BFH, Urteile v. 24. 3. 1998 - I R 38/97, BStBl 1998 II 471; v. 2. 3. 2010 - I R 75/08, BFH/NV 2010, 1820 = NWB SAAAD-48551.
4 BFH, Urteil v. 9. 4. 1997 - I R 178/94, BStBl 1997 II 657; *Geurts* in Bott/Walter, § 26 Rz. 51, 55 ff.; *Siegers* in DPM, § 26 Rz. 69; *Staats* in RHN, § 26 Rz. 51; *Gosch/Roser*, § 26 Rz. 56.
5 *Siegers* in DPM, § 26 Rz. 70.
6 Vgl. BFH, Urteil v. 9. 4. 1997 - I R 178/94, BStBl 1997 II 657; *Siegers* in DPM, § 26 Rz. 72; s. auch *Jochimsen/Schnitger* in Schnitger/Fehrenbach, § 26 Rz. 92; *Staats* in RHN, § 26 Rz. 55.

einkünfte bezieht. Gem. § 34d Abs. 1 Nr. 6 EStG handelt es sich um ausländische Kapitaleinkünfte, die im Ausland mit Quellensteuern belegt sind. Da aber die GmbH wegen § 8 Abs. 2 KStG gewerbliche Einkünfte bezieht, hat sie nur gewerbliche Einkünfte, für die, um ausländische Einkünfte zu sein, eine Erzielung durch eine ausländische Betriebsstätte notwendig sein könnte, so dass mangels einer solchen es sich um nicht ausländische Einkünfte handeln würde. § 34d Abs. 1 Nr. 2a EStG erklärt auch Einkünfte aus Kapitalvermögen gem. Nr. 6 für gewerblich, wenn sie zu einem inländischen Gewerbebetrieb gehören.[1]

118　Außerhalb dieser gesetzlichen Regelung, die eine Reaktion auf die Subsidiaritätsregeln darstellt, ist kein Raum für eine umgekehrte isolierende Betrachtungsweise.

BEISPIEL: ▸ Der inländische Verein unterhält eine Pferdezucht, die aufgrund ihrer Anlage als Liebhaberei anzusehen ist. Eines der Pferde gewinnt ein Rennen im Ausland mit einem Preisgeld von 15 000 €.

In diesem Fall kann nicht so argumentiert werden, dass von der fehlenden Gewerblichkeit im Inland zu „isolieren" sei, so dass die Siegprämie zu steuerbaren Einkünften führe und eine etwa darauf erhobene ausländische Steuer anzurechnen sei. Auch insofern bleibt es bei der Liebhaberei. Die Verwendung solcher Schlagwörter wie isolierende Betrachtungsweise ist gefährlich, da sie an die Stelle strenger Beachtung des Gesetzes wolkige Ausdrücke setzt.

119　Für die Hinzurechnungsbesteuerung gem. §§ 7 ff. AStG hinzugerechneter Einkünfte gibt es eigenständige Anrechnungsregeln.[2]

120–125　*(Einstweilen frei)*

b)　Ausländische Einkünfte i. S. des KStG

126　§ 26 Abs. 1 KStG i.V. m. § 34c Abs. 1 EStG formuliert so, dass die ausländische Steuer auf die deutsche „Steuer anzurechnen ist, die auf die Einkünfte aus diesem Staat entfällt", d. h. von der gesamten deutschen Körperschaftsteuer muss **der Teil** ermittelt werden, **der auf die Auslandseinkünfte** entfällt (vgl. → Rz. 1). Dies ist die Funktion des Anrechnungshöchstbetrages (vgl. hierzu → Rz. 281). Dabei gliedert das Gesetz diese Einkünfte nicht weiter auf, sondern spricht undifferenziert von „Einkünften aus diesem Staat" und der „ausländischen Steuer".

BEISPIEL: ▸ Die deutsche GmbH bezieht aus dem ausländischen Staat Einkünfte aus einer gewerblichen Betriebsstätte, Lizenzeinnahmen und Dividenden aus einer Beteiligung. Der Staat wendet ein Schedulensystem an und besteuert jede diese Einkunftsarten mit einem anderen Steuersatz, z. B. Gewerbe 30 %, Lizenzen 15 %, Dividenden 5 %.

127　Entscheidend ist für die Anrechnung, welche deutsche Steuer auf diese ausländischen Einkünfte entfällt. Dies bestimmt sich nach deutschem Recht, das keine derartige Schedulisierung kennt. Es findet also keine Anrechnung getrennt nach den Einkünften statt (**keine per-item-limitation**, s. aber → Rz. 160). Angerechnet wird dann die ausländische Steuer, die auf die ausländischen Einkünfte im Ausland insgesamt erhoben wird. Es werden alle Steuern zusammengefasst, so dass ein **Durchschnittssteuersatz** entsteht. Es wird also der Gesamtbetrag der im Ausland gezahlten Steuern auf die deutsche Körperschaftsteuer angerechnet. Dies hat zur Folge, dass der „überschießende" Teil der auf die gewerblichen Einkünfte entfallenden auslän-

---

[1] *Peter/Spohn* HHR, § 34d EStG Rz. 5, 36 f.
[2] *Fuhrmann* in Mössner/Fuhrmann, AStG, § 12 Rz. 3, 17 ff.

dische Steuer angerechnet werden kann, da die Dividenden geringer als der deutsche Körperschaftsteuersatz besteuert werden.

Voraussetzung der Anrechnung ist es, dass es nach deutschem Steuerrecht ausländische Einkünfte sind. Auf die inländische **Bemessungsgrundlage** kommt es nicht an. Ist die inländische Bemessungsgrundlage für die ausländischen Einkünfte höher oder niedriger als die im Ausland zugrunde gelegte Bemessungsgrundlage, so ist dies unerheblich.[1] Daher war die Entscheidung des X. Senates[2] unzutreffend, der bei einer niedrigeren inländischen Bemessungsgrundlage auch die ausländische Bemessungsgrundlage entsprechend verringern wollte und dementsprechend im Verhältnis der inländischen zur ausländischen Bemessungsgrundlage auch die ausländische Steuer herabgesetzt wird. Diese Entscheidung hat einhelligen Widerspruch[3] gefunden. Dass diese Entscheidung nicht richtig sein kann, zeigt auch der umgekehrte Fall, wenn die inländische Bemessungsgrundlage höher als die ausländische ist. Dann hätte wohl auch der X. Senat nicht eine Erhöhung der ausländischen Bemessungsgrundlage und somit eine höhere Steuer angenommen. Auch der I. Senat[4] ist dieser Rechtsprechung nicht gefolgt.

128

> **BEISPIEL:** Die deutsche GmbH unterhält im Ausland eine Betriebsstätte, deren Ergebnis nach dortigem Steuerrecht 1 000 beträgt. Darauf erhebt der ausländische Staat 10 % Steuern (100). Im Inland wird die Bemessungsgrundlage mit 700 ermittelt und darauf entfällt eine inländische Steuer von 105. Anrechenbar sind dann 100 ausländische Steuern. Der X. Senat wollte die ausländische Bemessungsgrundlage ebenfalls auf 700 verringern, so dass nur 70 angerechnet werden könnten.

Ob im **Inland steuerfreie ausländische Einkünfte** bei der Ermittlung des zu versteuernden Einkommens außer Betracht bleiben, ist umstritten.[5] Soweit im Ausland hierauf eine ausländische, der inländischen Körperschaftsteuer vergleichbare Steuer erhoben wird, käme es zu einer definitiven Steuerbelastung, da mangels im Inland entstandener Körperschaftsteuer die Anrechnung ausscheidet.

129

> **BEISPIEL:** Die deutsche GmbH bezieht aus X folgende Einkünfte: Betriebsstätte 100, Dividenden 100, die beide im Ausland mit 20 % besteuert werden (= 40). Im Inland bleiben die Dividenden nach § 8b Abs. 1 KStG „außer Ansatz". Übrige inländische Einkünfte hat die GmbH 200. Die inländische Steuer berechnet sich nach der Bemessungsgrundlage von 300 (= 45). Nach der Anrechnungsformel ergeben sich zwei Möglichkeiten: entweder werden die außer Ansatz bleibenden Dividenden berücksichtigt (45 x 200/400 = 22,5) oder sie werden nicht berücksichtigt (45 x 100/300 = 15).

Welche Betrachtung zutreffend ist, ist unklar. Es muss sich um „ausländische Einkünfte" handeln. Dass diese auch im Inland der Steuer unterliegen, könnte aus der Formulierung „auf die deutsche Körperschaftsteuer anzurechnen, die auf die Einkünfte aus diesem Staat entfällt" zu schließen sein. Allerdings heißt es nicht „auf diese Einkünfte". Keine Seite hat jedoch zwingende Argumente. *Gosch* und *Siegers* verweisen auf BFH-Urteile, die das Gegenteil besagen. § 26 Abs. 6 Satz 3 KStG betrifft den Abzug von Steuern und nicht die Anrechnung. Das Gesetz regelt

130

---

1 Missverständlich insofern *Gosch/Roser*, § 26 Rz. 14: die ausländische Bemessungsgrundlage werde bei niedriger inländischer Bemessungsgrundlage „herabgesetzt"; gemeint ist wohl, dass von der inländischen für die Ermittlung der deutschen Steuer auszugehen ist.
2 BFH, Urteil v. 4.6.1991 - X R 35/88, BStBl 1992 II 187.
3 *Siegers* in DPM § 26 Rz. 127; *Lüdicke* in FWB, § 34c Rz. 76; *Mössner*, IWB 1992, 1001 (§ 3a Rspr, 1 S. 315); *Gosch/Roser*, § 26 Rz. 109.
4 BFH, Urteil v. 2.2.1994 - I R 66/92, BStBl 1994 II 727; bestätigt BFH, Urteil v. 30.7.1998 - I R 71/96, BStBl 1998 II 77.
5 BFH, Urteil v. 20.12.1995 - I R 54/97, BStBl 1996 II 271; Blümich/*Pohl*, § 26 Rz. 92c, anders Rz. 59; *Frotscher/Drüen*, § 26 Rndr. 37; Kirchhof/*Gosch*, § 34c Rz. 10; *Staats* in RHN, § 26 Rz. 60; a. A. *Wassermeyer*, FR 1991, 681; *Schnitger*, IStR 2003, 74, 298; Gosch/*Roser*, KStG, § 26 Rz. 109; Kirchhof/*Gosch*, § 34c Rz. 10.

nur den Fall der Steuerfreiheit im Ausland. Dem Wortlaut des Gesetzes nach muss es sich um ausländische Einkünfte handeln, die im Ausland besteuert werden, was nicht zu bezweifeln ist. Darauf stellt § 26 Abs. 1 KStG ab. Dies betrifft den Tatbestand als Voraussetzungen. Es sind also ausländische Einkünfte. Allerdings im Rahmen der **Höchstbetragsrechnung** (näher hierzu vgl. → Rz. 310 ff.) werden diese Einkünfte ausgenommen. Es lässt sich nicht so argumentieren,[1] dass nicht im Inland steuerpflichtige Einkünfte keine Einkünfte seien und daher auch keine ausländischen sein könnten, denn dann liefe § 8b Abs. 5 KStG ins Leere.

131　Gibt es außer den im Inland steuerfreien, ausländischen Einkünften **keine weiteren Einkünfte** aus diesem Staat, so gibt es keine deutsche Körperschaftsteuer, die auf die ausländischen Einkünfte entfällt. Insofern fehlt es dann an Einkünften aus diesem Staat.

132　Eine noch so **geringe inländische Steuer** auf diese Einkünfte, führt dazu, dass sie nicht steuerfrei sind.[2] Theoretisch lässt sich der Fall vorstellen, dass im Ausland mehrere Einkunftsarten gegeben sind, die einheitlich besteuert werden. Im Inland hingegen wird bei einer Art eine Steuervergünstigung gewährt und nur eine minimale Steuer erhoben. Dann ist die gesamte ausländische Steuer auf die deutsche Steuer anrechenbar. Anders wäre es nur, wenn es eine Anrechnung nach Einkunftsarten getrennt gäbe (per-item-limitation).

133　Damit sind ausländische Einkünfte jedenfalls dann nicht zu berücksichtigen, wenn es sich nur um Einkünfte handelt, die im Inland steuerfrei oder außer Ansatz bleiben. Folgende Fälle sind denkbar:

▶ Einkünfte nach **§ 8b Abs. 1 und Abs. 2 KStG**: die dort genannten Bezüge und Veräußerungsgewinne bleiben auch außer Ansatz, wenn sie im Ausland anfallen. Anders ist es bei Portfoliodividenden gem. § 8b Abs. 4 KStG n. F. Das „Außer-Ansatz-Bleiben" bewirkt bereits auf der Ebene des Tatbestandes, nicht erst bei der Höchstbetragsberechnung, dass diese Bezüge keine Einkünfte sind (s. auch → Rz. 134).[3]

▶ Von der Körperschaftsteuer befreite Körperschaften (§ 5 KStG) sind gem. § 2 Nr. 2 KStG nur mit ihren inländischen Einkünften beschränkt steuerpflichtig. Erhalten sie Zahlungen aus dem Ausland, so sind es keine Einkünfte.

▶ Soweit hinsichtlich ausländischer Einkünfte objektive Steuerbefreiungen gegeben sind, entfällt auf diese keine inländische Steuer. Sie sind dann keine Einkünfte i. S. d. § 26 Abs. 1 KStG. Bereits aus diesem Grunde scheidet eine Anrechnung aus, wenn die Einkünfte in einem Doppelbesteuerungsabkommen freigestellt sind.[4]

▶ Problematisch ist es, wenn aufgrund von Freibeträgen oder Freigrenzen im Inland eine Besteuerung unterbleibt, im Ausland aber eine Quellensteuer erhoben wird. Da dann keine Steuer im Inland auf Einkünfte aus diesem Staat entsteht, geht eine Anrechnung auch ins Leere.

▶ Bei **Einkünften i. S. d. § 20 Abs. 1 EStG** (Einkünften aus Kapitalvermögen) ist zu beachten, dass nur die unter § 1 Abs. 1 Nr. 1 bis 3 KStG fallenden Körperschaftsteuersubjekte ausschließlich Einkünfte aus Gewerbebetrieb (§ 8 Abs. 2 KStG) haben, so dass insoweit § 20 Abs. 8 EStG anzuwenden ist und die Anwendung des § 32d EStG ausscheidet. Bei den an-

---

[1] Blümich/*Pohl*, a. a. O., Rz. 92c.
[2] Ebenso *Lüdicke*, IStR 2003, 434.
[3] Ebenso *Siegers* in DPM, § 26 Rz. 104.
[4] Dass die Freistellung nach Ansicht des BFH zu einer objektiven Steuerbefreiung führt s. *Mössner*, Steuerrecht international tätiger Unternehmen, Rz. 2.466; wie hier *Geurts* in Bott/Walter, § 26 Rz. 119.

deren Körperschaftsteuersubjekten ist es durchaus möglich, dass sie ausländische Einkünfte aus Kapitalvermögen erzielen, die der Abgeltungsteuer nach § 32d EStG unterliegen. Ist dies der Fall, so hat die inländische Körperschaft die Abgeltungsteuer zu entrichten und kann hierauf die im Ausland erhobene Steuer anrechnen (vgl. § 8 Abs. 10 Satz 2 KStG).

Die ganz h. M.[1] verneint die Anrechnung ausländischer Steuern, wenn die ausländischen Bezüge zwar im Inland gem. **§ 8b Abs. 1 KStG** „außer Ansatz" bleiben, aber dennoch über die pauschalierten nicht abziehbaren Betriebsausgaben nach **§ 8b Abs. 5 KStG** eine inländische Steuer erhoben wird. Das Hauptargument besteht darin, dass die Nichtabziehbarkeit von Betriebsausgaben die Steuerfreiheit der Bezüge nicht tangiert. Dem kann und muss man zustimmen. Dies ändert aber nichts daran, dass eine inländische Steuer erhoben wird. Im Ergebnis führt das „Außer-Ansatz-Lassen" dazu, dass 95% der Bezüge steuerfrei sind. 5% werden besteuert. Es ist spitzfindig, dies nicht als Erhebung einer inländischen Steuer zu bezeichnen, denn für eine Steuer bedarf es einer Bemessungsgrundlage. 134

(Einstweilen frei) 135–140

c) Korrespondenzprinzip – § 26 Abs. 1 Satz 2 KStG (Dabei ist auf Bezüge im Sinne des § 8b Abs. 1 Satz 1, die aufgrund § 8b Abs. 1 Satz 2 und 3 bei der Ermittlung des Einkommens nicht außer Ansatz bleiben, vorbehaltlich des Abs. 2 § 34c Abs. 1 bis 3 und Abs. 6 Satz 6 EStG entsprechend anzuwenden)

Der Sinn von § 26 Abs. 1 Satz 2 KStG ist an sich **kaum verständlich**. Die Grundregel besagt, dass Bezüge gem. § 20 Abs. 1 Nr. 1 EStG aus dem Ausland nach **§ 8b Abs. 1 Satz 1 KStG** außer Ansatz bleiben. Da sie bei der Ermittlung des Einkommens außer Ansatz bleiben, entfällt auf sie auch keine inländische Körperschaftsteuer, so dass auch keine ausländische angerechnet werden kann.[2] 141

Aufgrund des **Korrespondenzprinzips** (§ 8b Abs. 1 Satz 2 KStG) werden verdeckte Gewinnausschüttungen und andere, dort genannte Bezüge im Inland besteuert, wenn sie im Ausland von der Bemessungsgrundlage abgezogen werden.[3] Dies gilt auch im Wege des treaty-overright bei bestehendem Doppelbesteuerungsabkommen (§ 8b Abs. 1 Satz 3 KStG). Dann können etwaige ausländische Steuern hierauf angerechnet werden. Dies dürfte aber i. d. R. nicht der Fall sein, da Voraussetzung ist, dass diese Bezüge im Ausland die Bemessungsgrundlage gemindert haben, also nicht besteuert wurden. Dies soll der zweite Halbsatz besagen. 142

(Einstweilen frei) 143–145

d) Herkunftsland § 34d EStG (§ 34c Abs. 1 EStG: „in dem Staat, aus dem die Einkünfte stammen")

Ausland ist das Gebiet außerhalb des Geltungsbereichs des KStG, soweit es unter der Hoheit eines fremden Staates steht. Hierzu zählen auch die Luftsäule oberhalb des Staatsgebietes und Zonen, in denen ein ausländischer Staat Hoheitsrechte beansprucht wie z. B. Meereszonen 146

---

1 RHN, § 8b Rz. 480; *Pung* in DPM, § 8b Rz. 384; *Schnitger/Fehrenbach*, § 8b Rz. 626, unter Aufgabe einer gegenteiligen früheren Ansicht: *Schnitger*, IStR 2003, 303; *Gosch*, § 8b Rz. 475; *Staats* in RHN, § 26 Rz. 60.
2 *Staats* in RHN, § 26 Rz. 60.
3 *Jochimsen/Schnitger* in Schnitger/Fehrenbach, § 26 Rz. 82; *Siegers* in DPM, § 26 Rz. 137c.

zur Ausbeutung von Bodenschätzen. Nicht hierzu gehören die Hohe See und Gebiete ohne anerkannte Hoheit wie z. B. die Antarktis.

147 Mit der Festlegung, dass sie aus einem ausländischen Staat stammen, ergibt sich aus § 34d EStG auch **der** Staat, aus dem sie stammen.[1] Dies muss nicht immer der Staat sein, der die Einkünfte besteuert.

148 Die Kriterien in § 34d EStG sind:
- Ein ausländischer Betrieb bzw. eine **Betriebsstätte** bei den Einkünften aus Land- und Forstwirtschaft, sowie aus Gewerbebetrieb.
- Ein ständiger Vertreter im Ausland bei Gewerbebetrieb.
- Wohnsitz, Geschäftsleitung oder Sitz des Schuldners im Ausland bei gewerblichen Einkünften aus Bürgschafts- und Avalprovisionen.
- Betrieb von Seeschiffen zwischen ausländischen Häfen oder von ausländischen zu inländischen Häfen.
- Belegenheit von Wirtschaftsgütern im Ausland oder Anteile an Kapitalgesellschaften mit Sitz oder Geschäftsleitung im Ausland bei Veräußerungsgewinnen.
- Wohnsitz, Geschäftsleitung oder Sitz des Schuldners, bzw. Besicherung durch ausländischen Grundbesitz bei Einkünften aus Kapitalvermögen oder wiederkehrenden Leistungen oder sonstigen Leistungen und Lizenzzahlungen.
- Belegenheit oder Einräumung von Nutzungsrechten an Grundstücken oder Sachinbegriffen im Ausland.

149 Die in § 34d EStG außerdem genannten Einkünfte aus der Ausübung oder Verwertung im Ausland bei selbständiger Tätigkeit, der Ausübung oder Verwertung, ohne Ausübung im Inland, bei nicht-selbständiger Tätigkeit und der Zahlung aus ausländischen öffentlichen Kassen bei einem Dienstverhältnis scheiden bei Körperschaften aus.

150 Zu den Einkünften aus Gewerbebetrieb zählen auch gem. § 34d Nr. 2a EStG Einkünfte aus selbständiger Tätigkeit, gewisse Veräußerungsgewinne, Einkünfte aus Kapitalvermögen und Einkünfte aus Leistungen i. S. d. § 49 Abs. 1 Nr. 9 EStG in entsprechender Anwendung, wenn der zur Vergütung Verpflichtete im Ausland Wohnsitz, Geschäftsleitung oder Sitz hat. Dadurch werden die jeweiligen Subsidiaritätsregeln auf die ausländischen Einkünfte erstreckt.

BEISPIEL: Die deutsche GmbH hat im Staate X eine Betriebsstätte. Diese erzielt Zinseinnahmen aus der Anlage ihrer Geldmittel in X. Die Zinsen sind Teil der ausländischen Betriebsstätteneinkünfte. Legt die Betriebsstätte die Geldmittel allerdings im Staat Y an, so handelt es sich um Einnahmen aus Y und nicht X.

151 Erfolgt bei einer **Überführung eines Wirtschaftsgutes**[2] ins Ausland oder beim Wegzug eines Unternehmens ins Ausland[3] eine Besteuerung, so handelt es sich um inländische Einkünfte. Dies gilt auch, wenn es durch die Überführung nicht zur Entstrickung kommt,[4] und die Besteuerung der überführten stillen Reserven später bei Realisation oder Ersatzrealisation im

---

[1] *Siegers* in DPM, § 26 Rz. 79.
[2] Vgl. *Mössner* in Mössner/Seeger/Oellerich, KStG, § 12 Rz. 201.
[3] *Mössner* in Mössner/Seeger/Oellerich, KStG, § 12 Rz. 165.
[4] Nachdem der BFH die sog. finale Entnahmetheorie mit Urteil v. 17. 7. 2008 - I R 77/06, BStBl 2009 II 464, aufgegeben hat, führt die Überführung nicht ohne weiteres zur Entstrickung.

Inland erfolgt. Es bleiben insoweit inländische Einkünfte.[1] Daran ändert sich nichts dadurch, dass der Zuzugsstaat zum Buchwert statt gemeinen Wert „verstrickt" und im Falle einer späteren Realisation die in Deutschland gebildeten stillen Reserven ebenfalls besteuert. Dies ist dann eine abkommenswidrige Besteuerung im Ausland, die nicht zur Anrechnung berechtigt (vgl. → Rz. 341).

(Einstweilen frei) 152–155

e) Besteuerung im Ausland (§ 34c Abs. 1 Satz 3 2. Halbsatz EStG: „die in dem Staat, aus dem sie stammen, nach dessen Recht nicht besteuert werden")

▶ Identität des Steuergegenstandes

Die Anrechnungsmethode will die rechtliche Doppelbesteuerung beseitigen. Diese setzt **Steuerobjektidentität** (→ Rz. 1) voraus.[2] Dieses Erfordernis ist jedoch relativ unscharf.[3] Gemeint ist, dass der **Steuergegenstand identisch** sein muss. So sind z. B. die Besteuerung einer Körperschaft mit ihrem Gewinn und diejenige der Ausschüttung beim Gesellschafter nicht im Gegenstand identisch. Da die einzelnen Steuerrechte der Staaten nicht aufeinander abgestimmt sind, kann die Objektidentität nicht bedeuten, dass beide Staaten Einkünfte identisch qualifizieren und besteuern. Sind beispielsweise bei einer Kapitalgesellschaft alle ihre Einkünfte gem. § 8 Abs. 2 KStG gewerbliche, auch wenn sie solche aus Kapitalvermögen oder Vermietung bezieht, so ist die Objektidentität auch dann gewahrt, wenn der ausländische Staat diese als Einkünfte aus Kapitalvermögen oder Vermietung besteuert. Nach traditionellem Verständnis war die Objektidentität auch dann gewahrt, wenn im ausländischen Staat Einkünfte aus verschiedenen Quellen erzielt wurden, diese jedoch teils besteuert, teils unbesteuert waren, z. B. weil bei Kapitaleinkünften ein Freibetrag nicht überschritten wurde. Vielmehr wurden alle Einkünfte aus einem Staat (per-country-limitation, s. näher → Rz. 316) zusammengefasst und die insgesamt erhobene Steuer berücksichtigt. Dieses Verfahren erkannte die Besonderheiten ausländischen Steuerrechts an, verzichtete auf Analysen im Detail des ausländischen Steuerrechts und war einfach in der Anwendung. Mit der Gesetzesänderung hat sich dies geändert (→ Rz. 31, → Rz. 160). 156

Entscheidend ist, dass die im Ausland erhobene Steuer der deutschen **Körperschaftsteuer vergleichbar** ist.[4] Das ist der Fall, wenn es sich um eine Zwangsabgabe handelt, die nach dem Gewinn oder Ertrag bemessen wird und die keinen Beitrag oder eine Gebühr darstellt. Zur praktischen Vereinfachung werden in der Anlage 6 zu R 34c EStR von der Finanzverwaltung Listen mit vergleichbaren Steuern veröffentlicht. Dies ist aber keine abschließende Aufzählung. Im Einzelfall muss daher die Vergleichbarkeit geprüft werden, wenn die Steuer nicht in der Liste aufgeführt wird.[5] Eine freiwillige Zahlung ist keine Steuer. Erhebung bei Selbstveranlagung ist hingegen eine Steuer.[6] 157

---

1 So auch Gosch/*Roser*, § 26 Rz. 51a.
2 Grundlegend *Mössner* in Vogel, Grundfragen des Internationalen Steuerrechts, S. 140; *Siegers* in DPM, § 26 Rz. 102.
3 *Mössner*, ebenda; *Jochimsen/Schnitger* in Schnitger/Fehrenbach, § 26 Rz. 102.
4 *Jochimsen/Schnitger* in Schnitger/Fehrenbach, § 26 Rz. 129 ff.
5 BFH, Urteil v. 5. 2. 1992 - I R 9/90, BStBl 1992 II 607.
6 BFH, Urteil v. 3. 5. 2006 - I R 124/04, BStBl 2011 II 547.

▶ **Besteuerung im Ausland**

158 Weitere Voraussetzung ist, dass die Einkünfte in dem Staat, aus dem sie stammen, zu einer (der deutschen Körperschaftsteuer entsprechenden, hierzu → Rz. 157) Steuer herangezogen werden. Dies besagt zunächst, dass im ausländischen Staat, aus dem die Einkünfte stammen (§ 34d EStG), **überhaupt** eine Steuer erhoben wird. Ist dies nicht der Fall, entfällt auch die Anrechnung. Ob dies der Fall ist, ist nicht immer einfach zu beurteilen. Keine Probleme ergeben sich, wenn es sich nur um eine Einkunftsart aus einer Quelle handelt, z. B. bei Kapitalvermögen Dividenden einer Kapitalgesellschaft. Wird hierauf eine Steuer erhoben und sei sie noch so gering, so sind diese Einkünfte zu einer „Steuer herangezogen" worden. Sind innerhalb derselben Einkunftsart mehrere Quellen, von denen eine oder mehrere unbesteuert bleiben, so handelt es sich um ausländische Einkünfte, die besteuert sind. Lediglich die Steuer, die angerechnet werden kann, ist geringer. Insofern spielt die Nichtbesteuerung einzelner Einkunftsteile keine Rolle. Anders ist es jedoch bei der Berechnung des Anrechnungshöchstbetrages (vgl. → Rz. 307).

159 Wendet der ausländische Staat einen **synthetischen Einkommensbegriff** an und rechnet alle Arten von Einkünften zu einer einheitlichen Bemessungsgrundlage zusammen, auf deren Basis die Steuer berechnet wird, so gilt nichts anderes. Auch hier ist die entscheidende Frage, wie sie im Anrechnungshöchstbetrag berücksichtigt werden.

BEISPIEL: ▶ Die GmbH unterhält eine Betriebsstätte im Staat X. Sie legt einen Teil ihres Gewinns in Kommunalobligationen für ein Jahr an. Diese sind in diesem Staat von der Besteuerung ausgenommen.

Die Finanzverwaltung[1] vertritt für diesen Fall die Auffassung, dass die Einkünfte nicht besteuert werden. Allerdings äußert sie diese Ansicht im Zusammenhang mit den subject-to-tax-Klauseln der Doppelbesteuerungsabkommen. Abgesehen von der hieran geäußerten berechtigten Kritik[2] ist dies im Rahmen des § 26 Abs. 1 KStG unerheblich. Man kann die Ansicht vertreten, dass im Beispiel die Zinsen aus der Kommunalobligation im ausländischen Staat als Teil der Betriebsstätteneinkünfte besteuert werden. Durch die Steuerbefreiung der Zinsen wird eine geringere ausländische Steuer erhoben. Etwas anderes ist es jedoch, ob diese Zinseinkünfte auch bei der Formel für den Anrechnungshöchstbetrag berücksichtigt werden können.

▶ **Steuerfreiheit im Ausland (§ 34c Abs. 1 Satz 3 EStG – bei der Ermittlung der ausländischen Einkünfte sind die ausländischen Einkünfte nicht zu berücksichtigen, die in dem Staat, aus dem sie stammen, nach dessen Recht nicht besteuert werden)**

160 Mit dem StVergAbG[3] hat der Gesetzgeber eine wesentliche Einschränkung vorgenommen. Gemäß § 34c Abs. 1 Satz 3 EStG werden nunmehr ab VZ 2003 als ausländische Einkünfte nicht mehr solche bei der Ermittlung des zu versteuernden Einkommens, der Summe der Einkünfte und der ausländischen Einkünfte berücksichtigt, die im ausländischen Staat „**nach dessen Recht nicht besteuert werden.**" Dies ist nicht im eigentlichen Sinne eine **per item limitation**, da die Anrechnung nicht je nach Einkunftsart getrennt erfolgt, sondern es werden nur im Ausland nicht besteuerte Einkünfte ausgeschieden. Diese Einschränkung betrifft sowohl die Tatbestandsvoraussetzungen, da das zu versteuernde Einkommen für die inländische Steuer maßgebend ist, als auch die Formel für den Anrechnungshöchstbetrag, bei dem die ausländischen Einkünfte und die Summe der Einkünfte maßgebend sind.

---

1 BMF, Schreiben v. 20. 6. 2013 BStBL 2013 I 980.
2 *Lüdicke*, IStR 2013, 433; *Müller-Dott*, DB 2003, 1468.
3 BGBl 2003 I 660.

Diese Einschränkung ist gem. § 26 Abs. 1 KStG, vor allem aber bei der Formel des Anrechnungshöchstbetrages auf den ersten Blick sinnwidrig. Der **Anrechnungshöchstbetrag** ist derjenige Betrag, der von der deutschen Steuer auf die ausländischen Einkünfte entfällt. Die ausländische Steuer ist auf die deutsche Steuer auf die ausländischen Einkünfte anzurechnen. Zur Ermittlung dieses (deutschen) Steuerbetrages ist gleichgültig, ob und wie das Ausland diese Einkünfte besteuert.

Die Bedeutung dieser Einschränkung macht aber folgendes Beispiel deutlich:

> **BEISPIEL:** Die deutsche GmbH erzielt nach deutschem Steuerrecht aus dem Ausland X Einkünfte von 100, die dort mit 20 % besteuert werden, allerdings werden 50 nicht besteuert, so dass die ausländische Steuer 10 beträgt. Im Inland erzielt die GmbH Einkünfte von 100, so dass die Summe der Einkünfte 200 ist und die deutsche Steuer 30. Ohne die Einschränkung von § 34c Abs. 1 Satz 3, 2. Halbsatz EStG wären anrechenbar 30 x 100/200 = 15, was exakt dem Anteil der deutschen Körperschaftsteuer auf die ausländischen Einkünfte entspricht. Nach der Anrechnung von 15 verbliebe eine deutsche Steuer von 15. Mit der Einschränkung lautet die Formel 30 x 50/200 = 7,5, d. h. es bleibt eine deutsche Steuer von 22,5.
>
> Die Argumentation ist die, dass wegen der Steuerfreiheit im Ausland insoweit keine Doppelbesteuerung besteht und dass nach der alten Formel ein zu großes Anrechnungsvolumen bestand.[1] Ganz deutlich wird dies, wenn man unterstellt, dass die ausländischen Einkünfte die einzigen der GmbH sind und der ausländische Steuersatz 30 % beträgt, also 15 bei Einkünften von 50. Dann würde auf die gesamten Einkünfte eine deutsche Steuer von 15 entfallen. Die anrechenbare Steuer würde nach der alten Formel betragen 15 x 100/100 = 15, so dass eine deutsche Steuer von 0 erhoben würde. Nach der neuen Formel ergibt sich 15 x 50/100 = 7,5, so dass die anrechenbare Steuer lediglich 7,5 beträgt.

Die große Frage ist jedoch, wann die Einkünfte im Ausland nach dessen Steuerrecht „nicht besteuert sind". Nach § 38 AO entsteht die Steuer mit der **Tatbestandsverwirklichung**. Für die Erhebung der entstandenen Steuer ist gem. § 218 AO die Steuerfestsetzung maßgebend. Daraus folgt, dass die Entstehung der Steuer und die Verwirklichung des Steueranspruches zu trennen sind. Angerechnet werden kann nur die tatsächlich gezahlte Steuer. In der Formel kommt es hingegen darauf an, ob ausländische Einkünfte besteuert sind. Dies ist offenbar nicht dasselbe. Dies kann nur bedeuten, dass diese Einkünfte den Tatbestand erfüllt haben. Nach *Geurts*[2] bedeutet dies, dass sie dem Grunde nach in die ausländische Bemessungsgrundlage eingehen. Dies leitet er bereits aus der Formulierung ab, dass der Steuerpflichtige mit den ausländischen Einkünften im Ausland zu einer Steuer „herangezogen" worden sein muss. Nimmt man dies ernst, so fragt sich, wie sich das Heranziehen zur Steuer vom „besteuert werden" unterscheidet. Auch dies zeigt, wie ungenau die Vorschrift gefasst ist.

Zunächst ist der Fall zu betrachten, dass die im Ausland entstandene Steuer **nicht gezahlt** wird, z. B. die GmbH hat sie im Ausland hinterzogen. Dass diese geschuldete, aber nicht gezahlte Steuer (vgl. → Rz. 213) nicht angerechnet werden kann, ist keine Frage. Die Einbeziehung in den Zähler der Formel würde aber insgesamt das Anrechnungsvolumen erhöhen.

> **BEISPIEL:** Die deutsche GmbH bezieht aus dem Staate X Einkünfte von 1 000 und weitere Einkünfte von 1 000, die sie in X hinterzieht. Auf die versteuerten 1 000 zahlt sie 250 an Körperschaftsteuer. Ihre inländischen Einkünfte betragen 2 000, so dass alle Einkünfte 4 000 sind. Die deutsche Körperschaftsteuer macht somit 600. Anrechenbar könnten sein 150 (600 x 1 000/4 000) oder 300 (600 x 2 000/4 000).

---

1 *Siegers* in DPM, § 26 Rz. 162.
2 Bott/Walter, § 26 Rz. 55.

Gemäß § 34c Abs. 1 Satz 3 2. Halbsatz EStG werden bei der Formel solche Einkünfte nicht berücksichtigt, die „nach dem Recht" des ausländischen Staates nicht besteuert werden. Dies ist bei hinterzogenen oder sonst nicht gezahlten Steuern nicht der Fall. Folglich sind sie im Zähler der Formel zu berücksichtigen.[1] Für die Ermittlung des Anrechnungsvolumens muss der Steuerpflichtige jedoch nachweisen, dass er die Steuer gezahlt hat. (vgl. → Rz. 213). Es ist deutlich zu unterscheiden:

- Der Betrag der (tatsächlich) gezahlten **ausländischen Steuer**, der im Inland angerechnet werden kann.
- Der Betrag bis zu dem diese Anrechnung möglich ist und der sich aus der **deutschen Steuer** auf die ausländischen Einkünfte ergibt.

165 Rechtlich nicht besteuert sind Einkünfte, wenn sie im Ausland nicht einen Steuertatbestand erfüllen.

> **BEISPIEL:** GmbH A veräußert Anteile an der in X ansässigen Aktiengesellschaft. Derartige Veräußerungsgewinne werden in X nicht besteuert. Es sind ausländische Einkünfte, die aber nicht im Zähler berücksichtigt werden.

166 Ebenso werden im Falle **objektiver Steuerbefreiungen** die Einkünfte nicht rechtlich besteuert, denn sie werden dadurch aus dem Tatbestand ausgeschieden. Auch derartige Einkünfte sind nicht in der Formel zu berücksichtigen.

167 Umstritten[2] ist die Behandlung von **Freibeträgen** und **Freigrenzen**. Fraglich ist, ob es diesem Fall gleichsteht, wenn Zinseinkünfte an sich besteuert werden, jedoch ein **Zinsfreibetrag** bzw. ein allgemeiner **Abzugsbetrag** existiert und die Zinsen unterhalb dieses Betrages bleiben. Fraglich ist weiterhin, ob dies anders zu beurteilen ist, wenn der Freibetrag geringfügig überschritten wird. In beiden Fällen haben die Zinsen der steuerlichen Würdigung unterlegen, es wird aber keine Steuer bzw. eine geringfügige erhoben. Soweit eine Steuer – und sei sie noch so gering – erhoben wird, sind die Einkünfte besteuert worden.[3]

168 Eine Besteuerung kann auch deshalb unterbleiben, weil aufgrund eines **Verlustvortrages** oder anderen Verlustausgleichsregelung keine Steuer erhoben wird. Sind die Einkünfte gleichwohl als ausländische Einkünfte bei der Formel für den Anrechnungshöchstbetrag zu berücksichtigen?

> **BEISPIEL:** Die deutsche GmbH unterhält im Staat X eine Betriebsstätte, die jahrelang Verluste erwirtschaftet hat. Im ersten Gewinnjahr erzielt sie einen Gewinn von 1 000, zahlt aber keine Steuern aufgrund eines möglichen Verlustvortrages. Zugleich bezieht die GmbH aus diesem Staat Einkünfte aus Kapitalanlagen von 1 000, die zu 25 % besteuert sind, so dass eine ausländische Steuer von 250 erhoben wird. Die im Inland erzielten Einkünfte betragen ebenfalls 1 000.

Es geht darum, ob der Betriebsstättengewinn bei der Berechnung des Anrechnungshöchstbetrages als im ausländischen Staat besteuert eingeht. Das Gesamteinkommen beträgt im Beispiel 3 000 und die deutsche Körperschaftsteuer 450. Die ausländischen Einkünfte könnten 1 000 oder 2 000 betragen. Je nachdem wären 1/3 = 150 oder 2/3 = 300 der deutschen Steuer der Anrechnungshöchstbetrag. Da die Betriebsstätteneinkünfte im Ausland berücksichtigt, we-

---

[1] A.A. *Siegers* in DPM, § 26 Rz. 86, möglicherweise anders Rz. 162; vgl. auch *Jochimsen/Schnitger* in Schnitger/Fehrenbach, § 26 Rz. 104.
[2] *Jochimsen/Schnitger* in Schnitger/Fehrenbach. § 26 Rz. 103.
[3] *Lüdicke*, IStR 2003, 434.

gen des Verlustvortrages aber keine Steuer erhoben wurde, haben sie der Besteuerung unterlegen und sind zu berücksichtigen.[1]

Eine vergleichbare Situation ist gegeben, wenn im Ausland Einkünfte deshalb nicht besteuert werden, weil auf die ausländische Steuer die Steuer aus einem **Drittstaat** angerechnet wird.

> **BEISPIEL:** Die deutsche GmbH ist an einer Personengesellschaft im Staate X mit 40 % beteiligt. Die Personengesellschaft unterhält eine Betriebsstätte im Staat Y oder bezieht Dividenden aus Y aus einer Beteiligung, die funktional zur Betriebsstätte in X gehört. Deren Gewinn wird in Y und in X, unter Anrechnung der in Y gezahlten Steuer, besteuert.

Die Lösung dieses Falles ist unbefriedigend. Es ist davon auszugehen, dass die ausländischen Einkünfte im Inland der Steuer unterliegen und die ausländische Steuer angerechnet wird. Handelt es sich um Betriebsstätteneinkünfte aus X, so ist die dort gezahlte Steuer maßgebend. Rechnet X die in Y gezahlten Steuern an (entspr. § 50 Abs. 3 EStG), so verringert diese die in X erhobene Steuer, die in Deutschland angerechnet werden kann. Es kann sogar sein, dass wegen der Anrechnung in X keine Steuer erhoben wird. Dann wird die deutsche Steuer ungeschmälert erhoben.

> **BEISPIEL:** Die Betriebsstätte erzielt Einkünfte aus Y, die in X besteuert werden. Y erhebt 20 % und X 10 %. In Deutschland werden die Einkünfte mit 15 % besteuert. Rechnet X nicht die Steuer von Y an und erhebt 10 %, so beträgt die deutsche Steuer nur 5 %, die Gesamtsteuerbelastung 35 (20 + 10 + 5). Rechnet hingegen X die Steuer an, so ergibt sich eine Gesamtbelastung von ebenfalls 35 (20 + 0 + 15). Die Anrechnung in X hat nur den Effekt, dass in Deutschland eine Besteuerung „nachgeholt" wird.

Dann stellt sich die Frage, ob die betreffenden Einkünfte gem. § 34d EStG nicht aus X, sondern aus Y stammen, denn dann würde die jeweilige ausländische Steuer in Deutschland angerechnet. Nach der ursprünglichen Bedeutung der subject-to-tax-Klausel[2] „stammen" Einkünfte aus einem Staat, wenn sie dort besteuert werden. Dies ist aber in § 26 KStG nicht vorgesehen. Die Situation bleibt unbefriedigend. So könnte z. B. Deutschland ein DBA mit Y abgeschlossen haben, das diese Einkünfte aus Y in Deutschland freistellt, während im Verhältnis X und Y die Anrechnungsmethode gilt.

(Einstweilen frei)

f) Ermittlung der ausländischen Einkünfte

▶ Höhe der Einkünfte

Die Höhe der ausländischen Einkünfte ist im Rahmen der Tatbestandsvoraussetzungen ohne Bedeutung, wird aber im Zusammenhang hier behandelt. Auf sie kommt es entscheidend erst im Rahmen der Berechnung des **Anrechnungshöchstbetrages** an (vgl. → Rz. 281). Gleichwohl werden die Probleme hier zusammenhängend erörtert.

---

1 Ebenso *Jochimsen/Schnitger* in Schnitger/Fehrenbach, § 26 Rz. 104.
2 Vgl. *Klaus Vogel*, Die Mär von den Rückfallklauseln, IStR 1997, Beihefter zu H 24.

182 Da die ausländischen Einkünfte für Zwecke der inländischen Besteuerung zu ermitteln sind, erfolgt dies nach den Vorschriften des **deutschen Körperschaftsteuerrechts** (vgl. § 8 KStG[1]). Ein Gewinn oder Verlust ist entsprechend § 4 Abs. 1, § 4 Abs. 3 oder § 5 Abs. 1 EStG i.V. m. § 8 KStG zu ermitteln.[2] Soweit es sich um Körperschaftsteuersubjekte gem. § 1 Abs. 1 Nr. 4 bis 6 handelt, ist § 8 Abs. 2 KStG nicht anwendbar. Diese können auch andere als gewerbliche Einkünfte haben. Die ausländischen Einkünfte werden nach denselben Regeln wie die inländischen ermittelt. Ist § 8 Abs. 2 KStG (vgl. *Klein/Müller/Döpper* in Mössner/Seeger/Oellerich, KStG, § 8 Rz. 101) anzuwenden, so sind die Einkünfte als gewerbliche Einkünfte durch Betriebsvermögensvergleich zu ermitteln. Dies bedeutet, dass das Realisationsprinzip und nicht Zufluss-/Abflussprinzip gilt, Teilwertabschreibungen möglich sind usw. Denkbar ist, dass ausländische Überschusseinkünfte bezogen werden. Wegen der umgekehrt isolierenden Betrachtungsweise (vgl. → Rz. 117) kommt dann eine andere Gewinnermittlung zur Anwendung.[3]

183 Wie die Einkünfte **im Ausland ermittelt** werden, ist nicht entscheidend.[4] Beide Ermittlungen stehen selbständig nebeneinander. Die Bemessungsgrundlagen beeinflussen sich nicht gegenseitig. Für die Anrechnung in Deutschland kommt es nur auf den ausländischen Steuerbetrag an. Wie dieser ermittelt wurde, ist gleichgültig. In der Praxis allerdings nimmt man die ausländische Ermittlung als Ausgangspunkt und nimmt Anpassungen an die deutschen Ermittlungsvorschriften vor. Vor allem ergeben sich Unterschiede, wenn das Ausland die Einkünfte auf Bruttobasis und das Inland auf Nettobasis besteuert.

184 Da die ausländischen Einkünfte nach den Vorschriften des deutschen Steuerrechts unabhängig von der Ermittlung im Ausland ermittelt werden, kann der Fall eintreten, dass die ausländischen Einkünfte nach ausländischem Steuerrecht positiv, nach deutschem Steuerrecht aber negativ sind bzw. umgekehrt oder dass sich die Ergebnisse stark voneinander unterscheiden.

> **BEISPIEL:** (1) Inländische Einkünfte i.H.v. 100 000 €; die Einkünfte der ausländischen Betriebsstätte betragen nach dem Steuerrecht des Belegenheitsstaates 20 000 € (ausländische Steuer 4 000 €); nach deutschem Steuerrecht ergibt sich ein Verlust von./. 10 000 €. Anrechnung ausgeschlossen, in Betracht kommt ggf. ein Abzug nach § 26 Abs. 6 Satz 1 KStG i.V. m. § 34c Abs. 2, 3 EStG.
>
> (2) Inländische Einkünfte i.H.v. 100 000 €; die Einkünfte der ausländischen Betriebsstätte betragen nach dem Steuerrecht des Belegenheitsstaates./. 20 000; nach deutschem Steuerrecht ergibt sich ein Gewinn von + 10 000 €.

185 Einnahmen und Ausgaben führen zum Ergebnis der ausländischen Einkünfte, soweit sie durch den Tatbestand der Einkünfteerzielung **veranlasst** sind. Bei ausländischen Betriebsstätteneinkünften ist ab 1. 1. 2014 § 1 AStG zu beachten (AOA). Somit ist z. B. für den Abzug von Betriebsausgaben oder Werbungskosten § 4 Abs. 4[5] oder § 9 EStG maßgebend. dabei sind alle Betriebsausgaben und Werbungskosten zu berücksichtigen, die mit den im Ausland erzielten Einnah-

---

1 BFH, Urteile v. 11. 7. 1979 - I R 149/78, BFHE 128, 248; v. 24. 9. 1985 - IX R 143/83, BStBl 1986 II 287; v. 9. 11. 1988 - I R 335/83, BStBl 1989 II 514; v. 13. 9. 1989 - I R 117/87, BStBl 1990 II 57; v. 9. 8. 1989 - I B 118/88, BStBl 1990 II 175; v. 24. 3. 1992 - VIII R 59/81, BStBl 1992 II 941; v. 1. 10. 1992 - I B 42, 43/92, BFH/NV 1993, 156; v. 16. 2. 1996 - I R 43/95, BStBl 1997 II 128; v. 9. 2. 2011 - I R 71/10, BStBl II 2011, 500; v. 22. 8. 2011 - I B 169/10, BFH/NV 2011, 2119 = NWB HAAAD-94189.

2 BFH, Urteile v. 22. 5. 1991 - I R 32/90, BStBl 1992 II 94; v. 24. 3. 1999 - I R 114/97, BStBl 2000 II 399; v. 4. 4. 2007 - I R 110/05, BStBl 2007 II 521; *Geurts* in Bott/Walter, § 26 Rz. 75 ff.

3 BFH, Urteile v. 16. 3. 1994 - I R 42/93, BStBl 1994 II, 799; v. 9. 4. 1997 - I R 178/94, BStBl 1997 II 657; v. 29. 3. 2000 - I R 15/99, BStBl 2000 II 577; *Gosch/Roser*, § 26 Rz. 59; *Grotherr*, FS Wassermeyer, S. 307 ff.; a. A. *Siegers* DPM, § 26 Rz. 85.

4 *Gosch/Roser*, § 26 Rz. 53.

5 BFH, Urteil v. 29. 3. 2000 - I R 15/99, BStBl 2000 II 577.

men in wirtschaftlichem Zusammenhang stehen, unabhängig davon, ob sie im Ausland oder im Inland angefallen sind.

Umrechnung der in ausländischer Währung ermittelten Gewinne/Währungsschwankungen:[1] 186
Bei einer Bilanzierung nach § 4 Abs. 1 EStG ist von dem für jeden einzelnen Geschäftsvorfall maßgebenden Kurswert auszugehen. Einnahmen sind mit den Kurswerten umzurechnen, die im Zeitpunkt ihrer bilanzrechtlichen Entstehung gelten. Für Betriebsausgaben gilt Entsprechendes. Wird in tatsächlicher Hinsicht festgestellt, dass die Einkünfte in einer im Wesentlichen gleichmäßigen Höhe verteilt über alle Monate eines Wirtschaftsjahres erzielt wurden, so bestehen nach BFH keine Bedenken, den Jahresdurchschnittskurs zu Umrechnungszwecken heranzuziehen, der aufgrund der für die Umsatzsteuer maßgeblichen amtlichen Monatsdurchschnittswerte ermittelt wurde. Nach Auffassung des BFH ist es i. d. R. rechtsfehlerhaft, den Gewinn ausschließlich nach dem Kurswert umzurechnen, der für den Bilanzstichtag gilt. Bei der Gewinnermittlung einer inländischen Betriebsstätte eines ausländischen Unternehmens, die ihre Bücher in einer Fremdwährung führt, müssen wechselkursbedingte Wertverluste oder Wertsteigerungen bei der Umrechnung der Geschäftsvorfälle in DM/€ berücksichtigt werden.[2] Zur Berechnung des Gewinns einer in ausländischer Währung angeschafften und veräußerten Beteiligung an einer Kapitalgesellschaft hat der BFH Stellung genommen und es abgelehnt nur den Saldo umzurechnen.[3]

Die Körperschaft hat eine Forderung im Zeitpunkt der Entstehung der Forderung zu aktivieren. 187
Lautet sie auf eine ausländische Währung, so ist sie unter Zugrundelegung des maßgeblichen **Wechselkurses** am Tag der Entstehung der Forderung in die inländische Währung umzurechnen.[4] Ist diese Forderung zum Bilanzstichtag auf einen niedrigeren Wert abzuschreiben, weil sich der Wechselkurs verschlechtert hat, dann ergibt sich ein Verlust, der nach Auffassung des BFH auf die Verwaltung der Forderung, nicht aber auf die Erzielung der ausländischen Einnahmen zurückzuführen ist. Dieser Kursverlust mindert den inländischen Gewinn bzw. erhöht ihn, wenn ein Kursgewinn zwischen dem Zeitpunkt der Entstehung der Forderung und der Zahlung entsteht.[5] Entstehen zwischen der Aktivierung der Forderung und der Zahlung durch Veränderung des Wechselkurses Währungsgewinne, so unterliegen auch diese Gewinne der deutschen Ertragsbesteuerung.[6] Allerdings ist bei Fremdwährungsverbindlichkeiten mit langer Laufzeit davon auszugehen, dass sich Kursschwankungen in der Regel auf die Laufzeit bezogen ausgleichen.[7] Der EuGH hat in der Rechtssache C-293/06 – Deutsche Shell GmbH[8] – entschieden, dass es gegen die Niederlassungsfreiheit des Art. 43 EGV verstößt, wenn ein Währungsverlust nicht als Betriebsausgabe aus der Rückführung des Dotationskapitals, das einer in einem anderen Mitgliedstaat belegenen Betriebsstätte gewährt wurde, behandelt wird. Demgegenüber

---

1 BFH, Urteile v. 9. 8. 1989 - I B 118/88, BStBl 1990 II 175; v. 13. 9. 1989 - I R 117/87, BStBl 1990 II 57; v. 16. 2. 1996 - I R 43/95, BStBl 1997 II 128.
2 BFH, Urteil v. 16. 12. 2008 - I B 44/08, BFH/NV 2009, 940 = NWB JAAAD-18480.
3 BFH, Urteil v. 24. 1. 2012 - IX R 62/10, BStBl 2012 II 564.
4 BFH, Urteil v. 7. 11. 2001 - I R 3/01, BStBl 2002 II 865, zum DBA-Indien 1959/1984.
5 BFH, Urteil v. 7. 11. 2001 - I R 3/01, BStBl 2002 II 865, unter 2.b der Entscheidungsgründe.
6 BFH, Urteil v. 31. 5. 1995 - I R 74/93, BStBl 1995 II 683.
7 BFH, Urteil v. 23. 4. 2009 - IV R 62/06, BStBl 2009 II 778; a. A. FG Schleswig-Holstein, Urteil v. 7. 6. 2012 - 1 K 130/09, QAAAE-15929, aufgehoben durch BFH, Urteil v. 4. 2. 1014 - I R 53/12, BFH/NV 2014, 1016 = NWB KAAAE-64995.
8 ABl. 2008 C 107 S. 4; hierzu BMF-Schreiben v. 23. 11. 2009, BStBl 2009 I 1332.

hat sich der BFH bisher im Wesentlichen für seine Rechtsprechung auf Art. 7 OECD-MA bezogen.[1]

▶ **§ 34c Abs. 1 Satz 3 EStG (Abgeltungsteuer – Bei der Ermittlung des zu versteuernden Einkommens, der Summe der Einkünfte und der ausländischen Einkünfte sind die Einkünfte nach Satz 1 2. Halbsatz nicht zu berücksichtigen – Einkünfte aus Kapitalvermögen, auf die § 32d EStG anzuwenden ist.)**

188 Ein besonderes Problem stellen die mit der Abgeltungsteuer besteuerten Einkünfte dar. Gemäß § 32d Abs. 5 EStG werden auf die **Abgeltungsteuer** ausländische Steuern **angerechnet**. Im Rahmen des § 26 KStG muss es sich dabei um ausländische Dividenden handeln, die der Abgeltungsteuer unterliegen.

189 Zunächst ist Voraussetzung, dass die **ausländischen Dividenden** der Abgeltungsteuer überhaupt unterliegen. Nach § 43 Abs. 1 Satz 1 EStG wird bei ausländischen Kapitalerträgen abgeltende Kapitalertragsteuer in den dort genannten Fällen (§ 43 Abs. 1 Nr. 6, 7a, 8, 9, 10, 11, 12 und Satz 2 EStG) erhoben. Dies betrifft

▶ Gewinnanteile und diverse sonstige Bezüge einschl. vGA), soweit nicht inländische Sammelverwahrung besteht und Liquidationsgewinne (§ 20 Abs. 1 Nr. 1 und 2 EStG),

▶ Zinsen und Forderung, soweit sie in einem ausländischen öffentlichen Register eingetragen sind (gem. § 20 Abs. 1 Nr. 7a EStG i. V. m. § 43 Abs. 1 Nr. 7a EStG),

▶ Stillhalterprämien (§ 20 Abs. 1 Nr. 11 EStG),

▶ Veräußerung von Anteilen und Genussscheinen (§ 20 Abs. 2 Nr. 1 Satz 1 und 2 EStG),

▶ Veräußerung von Zinsscheinen und anderen Kapitalforderungen (§ 20 Abs. 2 Nr. 2b und Nr. 7 EStG),

▶ Termingeschäfte (§ 20 Abs. 2 Nr. 3 EStG),

▶ wirtschaftlich Dividenden vergleichbare Zahlungen (§ 20 Abs. 2 Nr. 8 EStG), sowie Ersatztatbestände (§ 43 Abs. 1 Satz 2 EStG).

Die Abgeltungsteuer wird gem. § 44 EStG entrichtet. Schuldner ist im Prinzip der Gläubiger der Kapitalerträge. Wer allerdings die Steuer zu entrichten hat, ergibt sich je nach Art der Erträge aus § 44 EStG.

190 Nach § 43b EStG wird die Abgeltungsteuer bei den unter die MTRL[2] fallen den Gesellschaften nicht erhoben.

191 Die Steuer wirkt abgeltend § 32 Abs. 1 KStG.

▶ **Betriebsausgaben und Aufwendungen**

192 Aufwendungen (Betriebsausgaben und Werbungskosten) sind bei der Höhe der ausländischen Einkünfte zu berücksichtigen. Dies ergibt sich aus der Verwendung des Begriffs der **Einkünfte**, der in § 2 Abs. 2 EStG definiert wird. Welche Ausgaben diesen Einkünften zuzuordnen sind, richtet sich nach einem direkten wirtschaftlichen Zusammenhang.[3] Der **unmittelbare wirtschaftliche Zusammenhang** ist auch in § 3c Abs. 1 EStG maßgeblich, so dass auf die hierzu er-

---

[1] BFH, Urteile v. 16. 2. 1996 - I R 43/95, BStBl 1997 II 128; v. 16. 2. 1996 - I R 46/95, BStBl 1996 II 588; v. 11. 6. 1996 - I B 33/95, BFH/NV 1997, 23, NWB NAAAB-37832; v. 18. 9. 1996 - I R 69/95, BFH/NV 1997, 408 = NWB XAAAA-97352.
[2] Mutter-Tochter-Richtlinie, ABl. 1990, L225/6 - 9.
[3] BFH, Urteile v. 16. 3. 1994 - I R 42/93, BStBl 1994 II 799; v. 9. 4. 1997 - R 178/94, BStBl 1997 II 657; v. 29. 3. 2000 - I R 15/99, BStBl 2000 II 577; Gosch/*Roser*, § 26 Rz. 59; *Grotherr*, FS Wassermeyer, S. 307 ff.; a. A. *Siegers* in DPM, § 26 Rz. 85.

gangene Rechtsprechung[1] zurückgegriffen werden kann. Zusammenhang bedeutet Kausalität[2] in dem Sinne, dass die Aufwendungen kausal-final für die Einnahmen und die Ausgaben sind, d. h., dass sie als Betriebsausgaben durch die ausländischen Einnahmen veranlasst sind. Unmittelbar ist der Zusammenhang, wenn es sich um ein und dieselbe Ursache handelt, wenn also die Einnahmen und Ausgaben auf dasselbe Ereignis zurückzuführen sind. Dabei hat die Betrachtung nicht formal naturwissenschaftlich, sondern wertend wirtschaftlich zu erfolgen.

Haben Ausgaben keine andere Ursache als die Erzielung der ausländischen Einkünfte, so sind sie diesen zuzuordnen. Dies ist leichter gesagt, als im Einzelfall festgestellt.

BEISPIEL: Grundstückskosten für eine ausländische Betriebsstätte sind unmittelbar durch diese verursacht. Zinsen für ein aufgenommenes Darlehen, um ein ins Ausland vergebenes Darlehen teilweise zu refinanzieren, sind nicht unmittelbar verursacht, da die Zinsen durch aufgenommene Darlehen unmittelbar und nur mittelbar durch das hingegebene Darlehen verursacht sind.

Als Begründung kann man darauf hinweisen, dass die Darlehensaufnahme zur Schonung eigener Mittel gedient hat. Hätte man Eigenmittel verwendet, so hätte das Darlehen für inländische Zwecke aufgenommen werden müssen.

▶ § 34c Abs. 1 Satz 4 EStG: Gehören die Einkünfte der in § 34d Nr. 3, 4, 6, 7 und 8 Buchst. c EStG genannten Art zum Gewinn eines inländischen Betriebs, sind bei ihrer Ermittlung Betriebsausgaben und Betriebsvermögensminderungen abzuziehen, die den mit diesen Einkünften zugrunde liegenden Einnahmen in wirtschaftlichen Zusammenhang stehen.

Mit dem StVergAbG[3] hat der Gesetzgeber sich aus fiskalischen Gründen gegen die Rechtsprechung (→ Rz. 292 f.) gewandt und mit „einem kühnen Griff in die Begriffskiste ein Chaos"[4] angerichtet. Seit dem VZ 2003 reicht nunmehr für einige ausländische Einkünfte hinsichtlich der Zuordnung von Aufwand ein **wirtschaftlicher Zusammenhang** aus. Der Umfang der den ausländischen Einkünften zuzuordnenden Ausgaben bestimmt deren Höhe und damit auch das Anrechnungsvolumen. Mit der Zuordnung weiterer Aufwendungen verringert sich die auf die ausländischen Einkünfte entfallende deutsche Körperschaftsteuer.

BEISPIEL: Die inländische GmbH tätigt Portfolioanlagen in ausländischen Wertpapieren, die durch einen Kredit im Inland refinanziert werden. Nach der früheren Rechtsprechung waren diese Refinanzierungszinsen nicht den ausländischen Einkünften zuzuordnen, so dass die inländischen Einkünfte kleiner und die ausländischen größer wurden. Wegen der Höchstbetragsformel (s. → Rz. 291) führt dies zu einem höheren Anrechnungsbetrag. Nach der Neuregelung verringern sich die ausländischen Einkünfte und der Anrechnungsbetrag folgt dem entsprechend.

Was unter einem wirtschaftlichen Zusammenhang zu verstehen ist, ist nicht hinreichend geklärt.[5] Das FG Münster[6] hatte den Begriff des wirtschaftlichen Zusammenhangs denkbar weit ausgelegt. Mit Wassermeyer[7] kann man feststellen, dass die Unterscheidung zwischen einen unmittelbaren, einem mittelbaren oder einem (allgemeinen) wirtschaftlichen Zusammenhang

---

1 BFH, Urteile v. 9.11.1976 - VI R 139/74, BStBl 1977 II 207; v. 27.4.1993 - IX R 26/92, BStBl 1993 II 784.
2 BFH, Urteile v. 20.7.1988 - I R 49/84, BStBl 1989 II 140; v. 18.9.1996 - I R 69/95, BFH/NV 1997, 408.
3 BGBl 2003 I 660.
4 *Müller-Dott*, DB 2003, 1469; s. auch kritisch *Grotherr*, FS Wassermeyer, S. 313; zum Ganzen *Wassermeyer*, FS Frotscher, S. 690 mit umfangreichen Nachweisen.
5 Vgl. die Darstellung bei *Ebel*, FR 2016, 251 ff.
6 Urteil v. 17.9.2014 - 10 K 1310/12 K, NWB EAAAE-82632, EFG 2015, 303.
7 Festschrift Gosch S. 447.

"wenig aussagekräftig" ist. Aus dem Sinn der Vorschrift lässt sich herleiten, dass ein Zusammenhang besteht, soweit Aufwendungen zwecks Einkunftserzielung getätigt werden. Dies ist aber wenig genau und beschreibt nur einen irgendwie gearteten Zusammenhang. Ursprünglich hat der BFH für die Zuordnung von Ausgaben zu den ausländischen Einkünften einen strengen Maßstab angelegt.[1] Dieser entsprach ungefähr demjenigen für die Zuordnung von Ausgaben bei Kapitaleinkünften, so dass nur in einem direkten wirtschaftlichen Zusammenhang (→ vgl. Rz. 192 f.) stehende Ausgaben berücksichtigt werden konnten. Dagegen richtet sich das StVergAbG. Man hat in Anknüpfung an die alte Rechtsprechung versucht, den Begriff einengend zu konkretisieren.[2] Dem ist der BFH nicht gefolgt und hat nunmehr den Begriff des wirtschaftlichen Zusammenhangs im Sinne des **allgemeinen Veranlassungsprinzips** ausgelegt.[3] Dieser entscheidet sich nach einer "wertenden Beurteilung des auslösenden Moments". Somit können dann auch Gemeinkosten den ausländischen Einkünften zugeordnet werden, obwohl diese für die Gemeinkosten in keiner Weise kausal sein können, wenn sie unabhängig von der Erzielung ausländischer Einkünfte in gleicher Höhe entstehen. Sind die Ausgaben sowohl durch die ausländischen Einkünfte als auch durch die inländischen Einkünfte veranlasst, so ist eine Aufteilung vorzunehmen, bzw. sind sie den Einkünften zuzuordnen, zu denen sie vorwiegend gehören.

Dieser Zusammenhang betrifft nur ausländische Einkünfte aus selbständiger Tätigkeit, Veräußerungen, Kapitalvermögen und Vermietung und Verpachtung, sowie sonstiger Leistungen (Darbietungen, Nutzung beweglicher Sachen, Lizenzvergabe). Außerdem müssen diese Einkünfte "zum Gewinn eines inländischen Betriebes" gehören. Der Gesetzgeber[4] wollte dadurch "sachlich nicht gerechtfertigte Erhöhungen der ausländischen Einkünfte bei der Berechnung des Höchstbetrages" vermeiden, indem er auch indirekt verursachte Aufwendungen den ausländischen Einkünften zuordnet. Daraus wird geschlossen, dass diese Regelung nur im Rahmen des **Höchstbetrages** anzuwenden ist.[5]

195 Ob die Neuregelung auch für § 34d EStG gilt, lässt der BFH offen. In § 34d Nr. 1, 2 und 3 EStG werden dieselben Einkünfte den **ausländischen Betriebsstätteneinkünften** zugeordnet (vgl. → Rz. 115 ff.). Diese Zuordnung entscheidet aber nur, um welche Art von Einkünften und aus welchem Staat sie stammen. Deren Höhe ist lediglich im Rahmen der Höchstbetragsberechnung wichtig. Wie sich ein unmittelbarer von einem (normalen? mittelbaren?) Zusammenhang unterscheidet, kann nur erahnt, aber nicht präzise umrissen werden. Reicht es aus, dass die Aufwendung irgendwie mit den Einnahmen zusammenhängt? Am Beispiel der Refinanzierungsaufwendungen bei Kapitaleinkünften zeigen sich die Probleme deutlich.

BEISPIEL: Die GmbH nimmt am 1. 2. ein Bankdarlehen von 1 Mio. auf. Am 3. 2. (3. 3. oder 3. 8.) gewährt sie ein Darlehen i. H.v. 500 000 an eine ausländische Gesellschaft. Kommt es auf einen zeitlichen Zusammenhang an? Wie lang ist dann der Zeitraum: 1, 2 oder 6 Monate? Wie sähe ein sachlicher Zusammenhang aus?

---

1 So auch *Wacker* IStR 2016, 666 unter Bezugnahme auf die frühere Rechtsprechung.
2 Kirchhof/*Gosch* EStG § 34c Rz. 15; Schmidt/Heinicke § 34c Rz. 11.
3 BFH 6.4.2016 – I R 61/14, IStR 2016, 666 mit Anm. *Wacker*; s. auch *Jochen Lüdicke* ISR 216, 326; vgl. BFH 15.6.2016 – I R 64/124, DStR 2016, 2335. In diesem Urteil behandelt der BFH die Veranlassung für Veräußerungskosten gem. § 8b Abs. 2 KStG und ordnet bei einer ausschließlichen Tätigkeit dieser auch die Gemeinkosten zu; BFH 18.4.2018 - I R 37/16, TAAAG-87919, Bestätigung des allgemeinen Veranlassungsprinzips.
4 BT-Drucks. 15/119, 40.
5 *Grotherr*, IWB F. 3 Deutschland Gr. 1, S. 1941; *Prokisch* in K/S/M, § 34c B125.

Beabsichtigt hat der Gesetzgeber vermutlich **Allgemeinkosten** den ausländischen Einkünften zuzuordnen. Dazu gehören allgemeine Verwaltungskosten, Kosten der Geschäftsführung, Refinanzierungskosten, Kosten der Betriebsbereitschaft, Teilwertabschreibungen.[1] Diese Kosten sind jedoch kaum einzeln gemäß ihrer Veranlassung erfassbar. Wenn sie den ausländischen Einkünften zugeordnet werden sollen, müsste es auch einen Maßstab hierfür geben. *Grotherr*[2] schlägt die Zuordnung nach einem indirekten (globalen) Aufteilungsschlüssel vor. Die Probleme macht eine Entscheidung des FG Münsters[3] mehr als überdeutlich: 196

Eine deutsche Krankenversicherung auf Gegenseitigkeit bildet diverse Rückstellungen nach HGB und VAG, die nach §§ 21 und 21a als Betriebsausgaben abziehbar sind. Zugleich bezieht sie ausländische Kapitalerträge, auf die ausländische Quellensteuern anrechenbar sind (§ 4 Abs. 2 Satz 4 InvStG i.V.m. § 34c EStG). Zugleich hat sie im Inland Kosten für die Verwaltung der Kapitalanlagen. Das FG Münster versteht den wirtschaftlichen Zusammenhang so, dass Ausgaben „bei wirtschaftlicher Betrachtung zuordenbar" seien. Dem FG ist insoweit zuzustimmen, dass der Gesetzgeber mit der Neufassung erreichen wollte, dass „ein zweckgerichteter Bezug zu den ausländischen Einnahmen und ein unmittelbarer Veranlassungszusammenhang" nicht mehr erforderlich seien. Immerhin spricht das FG auch von einem mittelbaren Zusammenhang. Auf diesen wird man nicht verzichten können, da der Begriff des Zusammenhangs eine irgendwie geartete kausale Beziehung verlangt. Wegen der versicherungsrechtlichen Besonderheiten hält das FG die Rückstellungen (für künftige Aufwendungen) als mit vom Gesetzgeber erwähnten Refinanzierungskosten vergleichbar, obgleich es sich nur um kalkulatorische Beträge handelt. Es bleibt die Revisionsentscheidung abzuwarten.

Bei steuerlich **nicht abziehbaren Betriebsausgaben** und Gewinnminderungen scheidet eine Berücksichtigung auch bei den ausländischen Einkünften aus.[4] Damit erhöhen[5] sich die Einkünfte und die entsprechende deutsche Steuer, auf die angerechnet wird. 197

Zur Zuordnung von Aufwendungen bei beschränkter Steuerpflicht s. → Rz. 456. 198

(Einstweilen frei) 199–210

2. Umfang der Besteuerung im Ausland (§ 34c Abs. 1 Satz 1 KStG – festgesetzte, gezahlte und um einen Ermäßigungsanspruch gekürzte ausländische Steuer)

Es wird diejenige ausländische Steuer angerechnet, die festgesetzt, gezahlt ist und keinen Ermäßigungsanspruch unterliegt. Dadurch soll sichergestellt werden, dass **keine „fiktive"** Steuer angerechnet wird, wie dies in einigen DBA[6] vorgesehen ist. 211

Das Merkmal der **Festsetzung** setzt im Grunde voraus, dass im Ausland die Steuererhebung wie im Inland (§§ 155, 218 AO) erfolgt. Entscheidend soll[7] sein, ob ein hoheitlicher Anspruch des ausländischen Staats auf Zahlung der Steuer entstanden ist. Dies kann durch eine Anmel- 212

---

1 Vgl. auch *Mössner*, Steuerrecht international tätiger Unternehmen, 2.369.
2 FS Wassermeyer, S. 304.
3 FG Münster, Urteil v. 17.9.2014 - 10 K 1310/12 K, NWB EAAAE-82632, EFG 2015, 303; einschränkend Revisionsurteil BFH, Urteil v. 6.4.2016 – I R 61/14, BStBl 2017 II 48.
4 *Gosch/Roser*, § 26 Rz. 72; BFH, Urteile v. 11.10.1989 - I R 77/88, BStBl 1990 II 166; v. 13.9.1989 – I R 117/87, BStBl 1990 II 57.
5 Missverständlich *Grotherr*, FS Wassermeyer, S. 315.
6 Z. B. *Ismer* in Vogel/Lehner, DBA Art. 23 Rz. 191; *Geurts* in Bott/Walter, § 26 Rz. 188.
7 *Siegers* in DPM, § 26 Rz. 82; *Müller-Dott*, FWB § 26 Rz. 63; *Frotscher/Drüen*, § 26 Rz. 64.

dung erfolgen, die entsprechend deutschen Verständnis (§§ 167, 168) einer Festsetzung gleichsteht.[1] Im Zweifel sollte eine Bescheinigung des Ausländers über die Verpflichtung zur Abführung der Steuer als Nachweis der Festsetzung ausreichen. Entscheidend kommt es auf die Zahlung an, so dass man sich fragt, welche Bedeutung der Festsetzung zukommt und was dieses Tatbestandsmerkmal soll.

213 Der Begriff der **Zahlung** verlangt, dass die ausländische Steuerschuld durch den Steuerpflichtigen bzw. auf seine Rechnung getilgt wurde.[2] Dies ist die Zahlung aus eigenen Mitteln oder durch Aufrechnung mit Steuererstattungsansprüchen im Ausland. Dies hat die Körperschaft **nachzuweisen**. Hier gilt § 68b EStDV entsprechend. Auch wenn der ausländische Vergütungsschuldner zum Einbehalt und zur **Abführung** der Steuer verpflichtet ist, ist dies eine Zahlung durch die steuerpflichtige Körperschaft. Hat dieser die Steuer einbehalten, aber nicht abgeführt, so soll nach BFH[3] die Steuer nicht gezahlt sein. Dieses Urteil betrifft jedoch einen Sonderfall nach altem Recht. Es fragt sich, wie die inländische Körperschaft nachweisen soll, dass der Ausländer die Steuer auch tatsächlich abgeführt hat. Im Zweifel erhält die Körperschaft von ihrem ausländischen Partner eine Bescheinigung über den Einbehalt und die Abführung der Steuer. Ob dies den Tatsachen entspricht, kann sie nicht prüfen. Die Körperschaft weiß, wie viel sie erhalten sollte und was ihr tatsächlich überwiesen wurde. Dies und die Bescheinigung des ausländischen Vergütungsschuldners sollten i.d.R. ausreichen. Wäre es anders, würde man das Risiko der Steuerunehrlichkeit des Ausländers auf die inländische Körperschaft verlagern.

Das FG Berlin-Brandenburg[4] hat die Vorlage einer Honorarvereinbarung, die den Einbehalt der nach ausländischem Recht abzuführenden Steuern vorsieht, hingegen nicht als ausreichenden Nachweis der Zahlung angesehen.

214 Für die Einkünfte müssen im ausländischen Staat (Quellenstaat) **nicht nur** Steuern festgesetzt und gezahlt worden sein. Es ist auch – sofern nicht bereits erfolgt – für Zwecke der Anrechnung ein entstandener Ermäßigungsanspruch im Ausland zu berücksichtigen und die Steuer ggf. zu kürzen. Dies muss die Körperschaft nachweisen (vgl. § 68b EStDV; § 90 Abs. 2 AO).[5] Soweit nicht eindeutig geklärt werden kann, ob und wenn ja, in welchem Umfang Ermäßigungen im Ausland gewährt werden können bzw. entstanden sind, ist die Anrechnung gem. § 165 AO vorläufig durchzuführen. Das Gesetz lässt einen „entstandenen" Ermäßigungsanspruch ausreichen. Dadurch soll der Steuerpflichtige im Ausland alle Rechtsmittel anwenden. Der Steuerpflichtige kann nicht entscheiden, welchem Fiskus er die Steuer zahlt. Dies kann aber nicht bedeuten, dass die deutschen Behörden eigenständig entscheiden, ob ein solcher Ermäßigungsanspruch rechtlich im Ausland besteht. Es kommt entscheidend auf die ausländische Rechtspraxis an.[6] Dass die deutsche Behörde meint, die Steuer sei im Ausland zu Unrecht erhoben worden, kann nicht entscheidend sein.[7]

---

1 BFH, Urteil v. 5.2.1992 - I R 9/90, BStBl 1992 II 607.
2 *Siegers* in DPM, § 26 Rz. 85 ff.; *Jochimsen/Schnitger* in Schnitger/Fehrenbach, § 26 Rz. 141: weit auszulegen.
3 Vom 19.3.1996 - VIII R 15/94, BStBl 1996 II 312; offen v. 5.2.1992 - I R 9/90, BStBl 1992 II 607.
4 Urteil v. 18.5.2017 – 13 K 13280/14, NWB XAAAG-99758, Rev., Az. des BFH: I R 10/18.
5 BFH, Urteile v. 5.2.1992 - I R 9/90, BStBl 1992 II 607; v. 26.8.1993 - I B 87/93, BFH/NV 1994, 175 = NWB WAAAB-33662; v. 19.3.1996 - VIII R 15/94, BStBl 1996 II 312.
6 Über die Ermäßigung durch Anrechnung von Drittstaatensteuern vgl. *Jochimsen/Schnitger* in Schnitger/Fehrenbach, Rz. 155.
7 Ähnlich *Siegers* in DPM, § 26 Rz. 98.

Hinsichtlich der **Umrechnung der Steuerzahlung** gilt: Die Umrechnung erfolgt auf der Grundlage der von der Europäischen Zentralbank täglich veröffentlichten Euro-Referenzkurse – R 34c Abs. 1 EStR.

Sofern die inländische Körperschaftsteuer keiner Ermäßigung unterliegt und auch kein Verlustabzug zu berücksichtigen ist, kann die auf die ausländischen Einkünfte entfallende inländische Körperschaftsteuer auch einfacher berechnet werden, indem die **ausländischen Einkünfte** mit dem Steuersatz gem. § 23 Abs. 1 KStG **multipliziert** werden.

Der **Betrag der anrechenbaren ausländischen Steuer** ergibt sich nicht immer aus der im Ausland festgesetzten und gezahlten Steuer.

> **BEISPIEL:** Die im ausländischen Staat X gegründete Fo-Corporation hat ihre Geschäftsleitung im Inland. Sie wird in X und Deutschland als unbeschränkt steuerpflichtig besteuert. In X und Deutschland erzielt sie Einkünfte je von 2 000. Steuersatz ist in X 20 %, in Deutschland 15 %. Beide Länder rechnen die im andern Staat erhobene Steuer an.

X ermittelt wie Deutschland die auf die deutschen Einkünfte entfallende Steuer. Dies sind Einkünfte von 2 000 und eine Steuer von 300, so dass Fo-Corp. auf die deutschen Einkünfte nur eine ausländische Steuer von 100 (400 – 300) zahlt. Im Übrigen zahlt sie auf die Einkünfte aus X 400. Aus deutscher Sicht sind es ebenfalls 2 000 ausländische Einkünfte, für die die ausländische Steuer zu ermitteln ist, die angerechnet wird. Fo-Corp. zahlt insgesamt eine Steuer von 500, die sich gleichmäßig auf die Einkünfte aus X und Deutschland verteilen, so dass nur 250 auf die deutschen Einkünfte entfallen. So zu rechnen, würde jedoch nicht berücksichtigen, dass die Steuer in X wegen der Anrechnung der deutschen Steuer gemindert wurde.[1] Auf die Einkünfte in X zahlt Fo-Corp. die volle Steuer von 400, so dass nach Ermittlung des Höchstbetrages (AHB = 600 x 2 000/4 000 = 300) die ausländische mit 300 zu berücksichtigen ist. Damit wird sichergestellt, dass die ausländische Steuer der Höchstbetragsberechnung zugrunde gelegt wird, die auf die im Ausland bezogenen Einkünfte erhoben wird.

(Einstweilen frei)

3. Identität der Periode (§ 34c Abs. 1 Satz 5 EStG – die ausländischen Steuern sind nur insoweit anzurechnen, als sie auf die im Veranlagungszeitraum bezogenen Einkünfte entfallen)

Gemäß § 34c Abs. 1 Satz 5 EStG i.V. m. § 26 Abs. 1 KStG sind die ausländischen Steuern „nur insoweit anzurechnen, als sie sich auf die im Veranlagungszeitraum bezogenen Einkünfte beziehen. **Anrechnungszeitraum** ist somit der deutsche Veranlagungszeitraum.[2] Anrechenbar ist nur die ausländische Steuer, die im Ausland für diesen Zeitraum festgesetzt wurde.[3] Veranlagungszeitraum ist somit immer das Kalenderjahr (§ 7 Abs. 3 KStG).

Entscheidend ist der Bezug der Einkünfte innerhalb eines **Kalenderjahres** entsprechend deutschem Steuerrecht. Ausländische Staaten können davon abweichen, weil nicht das Kalenderjahr der Veranlagungszeitraum ist, wie z. B. in Großbritannien vom 5. 4. bis 4. 4.

> **BEISPIEL:** Die deutsche GmbH bezieht im Mai 01 Einkünfte aus dem Staate X, der den Veranlagungszeitraum vom 1. 4. bis 31. 3. bestimmt.

---

1 Ähnlich auch BFH, Urteil v. 21. 5. 1986 - I R 37/83, BStBl 1986 II 739.
2 *Siegers* in DPM, § 26 Rz. 109 ff.; *Staats* in RHN, § 26 Rz. 68 f.
3 BFH, Urteil v. 31. 7. 1991 - I R 51/87, BStBl 1991 II 922.

Nach deutschem Steuerrecht sind die Einkünfte in 01 bezogen und steuerlich zu erfassen, in X jedoch werden sie erst in 02 erfasst. Anzurechnen ist dann die Steuer, die für den Zeitraum 01/02 im Ausland festgesetzt wird.

228 Auch können die Regeln über den **Zeitpunkt des Bezuges** voneinander abweichen.

> **BEISPIEL:** Die deutsche GmbH liefert im Jahr 01 über ihre Vertriebsbetriebsstätte in X eine Maschine an ihren Kunden in X. Nach deutschen Gewinnermittlungsregeln ist die Forderung mit der Lieferung zu aktivieren, so dass ein Bezug in 01 erfolgt. Das ausländische Steuerrecht geht aber davon aus, dass der Bezug erst mit der in 02 getätigten Begleichung des Kaufpreises erfolgt.

Gleichwohl ist die in 02 im Ausland erhobene Steuer in Deutschland anzurechnen, da sie auf die in 01 bezogenen Einkünfte entfällt. Dies gilt in allen Fällen, in denen Einkünfte, die in Deutschland als in einem Jahr bezogen gelten, im Ausland aber in anderen Jahren besteuert werden.[1] Das gilt insbesondere für die bis 1998 in der Schweiz geltende Pränumerandobesteuerung.[2] Danach wurden die in einem Veranlagungszeitraum bezogenen Einkünfte nach den Verhältnissen des Vorjahres bemessen, während Deutschland die in diesem Jahr bezogenen Einkünfte zugrunde legte. Diese wurden in der Schweiz auf der Basis des Vorjahres besteuert, was aber nichts daran änderte, dass es Steuern für die in diesem Jahr bezogenen Einkünfte waren.

229 Die Periodenidentität folgt aus dem Begriff der rechtlichen Doppelbesteuerung (s. → Rz. 1) und wird in § 34c Abs. 1 EStG ausdrücklich genannt. Diese bedeutet aber nicht, dass die Festsetzung und Zahlung (s. → Rz. 212 ff.) der ausländischen Steuer und der inländischen Steuer zeitraummäßig identisch sein müssen. Entscheidend ist vielmehr, dass die ausländische Steuer auf die „im Veranlagungszeitraum bezogenen Einkünfte" entfällt.[3] Dabei ist zu unterscheiden zwischen dem Veranlagungs-, Berechnungs- und Zahlungszeitraum. Das Gesetz stellt dabei auf den **Veranlagungszeitraum nach deutschem Steuerrecht** ab.

> **BEISPIEL:** Die GmbH unterhält im Ausland eine Betriebsstätte in Form einer Bauausführung in den Jahren 01 – 04. Nach deutschem Steuerrecht entsteht der Gewinn mit Abnahme des fertigen Werks im Jahre 04. Nach ausländischem Recht hingegen werden je nach Baufortschritt Teilgewinnrealisierungen angenommen, die in den Jahren 01 bis 03 besteuert werden. Bei diesen handelt es sich um Steuern auf die im Jahre 04 bezogenen Einkünfte und sind demgemäß anrechenbar.

Ähnlich ist es bei Arbeitnehmern gewährten Aktienoptionen, wenn die beteiligten Staaten unterschiedliche Realisationszeitpunkte annehmen.[4]

230 Liegt die Realisation im Ausland vor derjenigen im Inland, steht die ausländische Steuer bereits fest. Liegt sie nach der deutschen, so ist die spätere Festsetzung und Zahlung der ausländischen Steuer ein Ereignis mit steuerlicher Rückwirkung (§ 175 AO), so dass eine frühere Veranlagung zu ändern ist.

231–240 *(Einstweilen frei)*

---

[1] BFH, Urteil v. 4. 6. 1991 - X R 35/88, BStBl 1992 II 187.
[2] BFH, Urteil v. 31. 7. 1991 - I R 51/89, BStBl 1991 II 922; FG Köln, Urteil v. 22. 9. 1999 - 6 K 2225/96, NWB TAAAB-13432.
[3] So schon FinMin NRW 29. 1. 1963 – S 2106 – V B1.
[4] Siehe *Mössner*, Cahiers de droit fiscal international Vol. LXXXVb, S. 37; zur früheren schweizerischen Praenumerando-Besteuerung vgl. BFH, Urteil v. 31. 7. 1991 - I R 51/89, BStBl 1991 II 922; FG Köln, Urteil v. 22. 9. 1999 - 6 K 2225/96, NWB TAAAB-13432.

III. Rechtsfolgeseite: § 34c Abs. 1 Satz 1 – „ist die ... ausländische Steuer auf die deutsche Körperschaftsteuer anzurechnen, die auf die Einkünfte aus diesem Staat entfällt"

1. Anrechnung auf deutsche Steuer

Nach § 34c Abs. 1 Satz 1 EStG i.V.m. § 26 Abs. 1 KStG ist bei unbeschränkt steuerpflichtigen Körperschaften, Personenvereinigungen oder Vermögensmassen, die mit ihren aus einem ausländischen Staat stammenden Einkünften dort zu einer der deutschen Körperschaftsteuer entsprechenden Steuer herangezogen werden, die festgesetzte und gezahlte und um einen entstandenen Ermäßigungsanspruch gekürzte ausländische Steuer auf die deutsche Körperschaftsteuer anzurechnen, die auf die Einkünfte aus diesem Staat entfällt[1] – sog. **direkte Anrechnung**.[2]

§ 26 KStG schreibt nur die Anrechnung für die Körperschaftsteuer vor. **Gewerbesteuer und Solidaritätszuschlag** sind nicht einbezogen.[3]

Anrechnen bedeutet, dass die entstandene deutsche Steuer um den Betrag der anrechenbaren ausländischen Steuer gekürzt wird. Daher ist zunächst die deutsche Steuer ohne Rücksicht auf die Anrechnung zu ermitteln.

Dabei sind die ausländischen Einkünfte nach den **Vorschriften des deutschen Steuerrechts** zu ermitteln.[4] Ergibt sich bei der Ermittlung der ausländischen Einkünfte für Zwecke der inländischen Besteuerung, dass nach ausländischem Steuerrecht positive Einkünfte im Inland nach den Vorschriften des deutschen Steuerrechts negative Einkünfte darstellen, so scheidet eine Anrechnung aus,[5] eine deutsche Steuer entfällt nicht auf diese Einkünfte. In derartigen Fällen kommt ein Abzug der ausländischen Steuer gem. § 34c Abs. 2 EStG in Betracht (vgl. → Rz. 391).

Die Anrechnung erfolgt **von Amts wegen**, d.h. es ist kein Antrag seitens der Körperschaft erforderlich. Daraus folgt zugleich, dass die Körperschaft nicht auf die Anrechnung verzichten kann.[6] Bei **Personengesellschaften** erfolgt die Anrechnung nicht im Feststellungsverfahren, sondern bei der Veranlagung der einzelnen Gesellschafter.

Gemäß **§ 2a Abs. 1 EStG** werden gewisse **negative Einkünfte** aus nicht EU-/EWR-Staaten im Inland nicht zum Abzug zugelassen, sondern im Inland bei der Bemessungsgrundlage hinzugerechnet. In der Regel sind auf diese auch keine ausländischen Steuern erhoben. Anders ist es jedoch, wenn nach ausländischem Recht keine Verluste, sondern Gewinne ermittelt werden. Dann erhebt der ausländische Staat entsprechende Steuern.

> **BEISPIEL:** Die deutsche GmbH A erzielt in einem Drittstaat negative Betriebsstätteneinkünfte von 1 000, die unter § 2a Abs. 1 EStG fallen und auf die § 2a Abs. 2 EStG nicht zutrifft. Der ausländische Staat ermittelt für diese Einkünfte jedoch einen Gewinn von 500, den er mit 20% besteuert (= 100), da er die Sonderabschreibung, die nach deutschem Steuerrecht in diesem Jahr zulässig ist, nicht kennt. Die übrigen Einkünfte A's betragen 3 000. Macht die Betriebsstätte im folgenden Jahr einen Gewinn von 500,

---

1 BFH, Urteil v. 22.6.2011 - I R 103/10, BStBl 2012 II 115.
2 BFH, Urteil v. 27.3.1996 - I R 49/95, BStBl 1997 II 91.
3 *Siegers* in DPM, § 26 Rz. 139.
4 Vgl. oben → Rz. 181.
5 BFH, Urteile v. 26.10.1972 - I R 125/70, BStBl 1973 II 271; v. 25.4.1990 - I R 70/88, BStBl 1990 II 1086; v. 16.5.1990 - I R 80/87, BStBl 1990 II 920.
6 BFH, Urteil v. 8.3.1995 - II R 10/92, BFHE 177, 132, zu dem Unterschied zwischen antragsbedingten und von Amts wegen zu berücksichtigenden Steuervergünstigungen; v. 19.3.1996 - VIII R 15/94, BStBl 1996 II 312.

so bleiben diese nach § 2a Abs. 1 Satz 3 EStG im Inland unbesteuert, da der ausländische Staat die Abschreibung im Folgejahr vornimmt. Im Ausland ist das Ergebnis Null.

Die Verluste aus dem Drittstaat kann A nicht geltend machen, so dass die inländischen Einkünfte von 3 000 anstatt von 2 000 mit Körperschaftsteuer besteuert werden (= 450). Können die 100 an ausländischer Steuer angerechnet werden? Im strengen Sinn entfällt auf diese Einkünfte aus deutscher Sicht keine inländische Steuer, da es sich ja um einen Verlust handelt. Dieser wird aber im Inland hinzugerechnet, mit der Folge, dass insoweit inländische Steuer entsteht. Dies spricht dafür, die Anrechnung im ersten Jahr zuzulassen: 450 X 1 000/3 000 = 150, was der durch die Nichtberücksichtigung des Verlusts entstandenen deutschen Steuer entspricht.[1]

247 Stammen die Verluste i. S. d. § 2a Abs. 1 Satz 1 EStG aus **EU- und/oder EWR-Staaten**, so ist § 2a EStG nicht anwendbar, da seit der Änderung durch das Gesetz[2] § 2a EStG nur für Verluste aus Drittstaaten gilt. Die Regelung des § 32b Abs. 1 Satz 2 EStG, die den positiven wie negativen Progressionsvorbehalt bei Einkünften gem. § 2a Abs. 1 EStG ausschließt, ist für Körperschaften nicht anwendbar.[3]

248 Da auf die deutsche Körperschaftsteuer angerechnet wird, setzt dies voraus, **dass überhaupt deutsche Körperschaftsteuer** entsteht. Dass keine Körperschaftsteuerschuld existiert, kann verschiedene Ursachen haben. So kann es sich um ein befreites Subjekt handeln.[4] Oder die Bemessungsgrundlage ist etwa aufgrund einer Sonderabschreibung im Inland gleich Null. Dann würden nur die ausländischen Einkünfte Körperschaftsteuer auslösen. Es könnte aber auch sein, dass die inländische Bemessungsgrundlage negativ wird (vgl. → Rz. 268). Generell können Verluste im Inland die Anrechnung unmöglich machen (vgl. → Rz. 266). Aber auch dann, wenn die Körperschaft Einkünfte aus mehreren Staaten erzielt, können erhebliche Verluste in einem Staat die deutsche Bemessungsgrundlage insgesamt negativ werden lassen. Dies gilt aber nur, wenn mit allen Staaten kein DBA vereinbart ist oder die Anrechnungsmethode anzuwenden ist.

249 Eine Anrechnung ausländischer Körperschaftsteuer auf die deutsche **Gewerbesteuer** ist daher nicht möglich. Mit der Absenkung des KSt-Satzes auf 15 % ist die Gewerbesteuer zu einer spürbaren Unternehmenssteuer geworden. Ist der Körperschaftsatz im Ausland höher als 15 %, so kommt es zu Anrechnungsüberhängen. Es läge durchaus nahe, diese Überhänge auf die Gewerbesteuer anrechenbar zu machen.[5] Dann müsste eine Gleichartigkeit (→ Rz. 157) der Steuern zwischen der ausländischen Steuer und der Gewerbesteuer bestehen. Dies im Analogiewege zu erreichen,[6] ist nicht möglich. In das GewStG eine Anrechnungsregelung durch Analogie zu „implantieren", ginge zu weit, würde aber zumindest voraussetzen, dass die ausländischen Einkünfte der Gewerbesteuer unterliegen. Das GewStG sieht in seinen Kürzungen (§ 9 GewStG) jedoch ein eigenes System der Vermeidung der Doppelbesteuerung vor.

250–255 *(Einstweilen frei)*

---

1 Siehe im Einzelnen *Mössner* in K/S/M, § 2a A37 – A40.
2 JStG 20089, BGBl 2008 I 2794.
3 FG Rheinland-Pfalz, EFG 1974, 226; s. auch *Mössner*, Steuerrecht internat. tätiger Unternehmen, Rz. 2.508.
4 *Koenig/Oellerich* in Mössner/Seeger/Oellerich, KStG, § 5 Rz. 5, 6.
5 *Prinz/Otto*, DB 2017, 1988.
6 So *Prinz/Otto*, DB 2017, 1989.

2. Verluste im System der Anrechnung

a) Auslandsverluste

Erzielt die unbeschränkt steuerpflichtige Körperschaft in dem ausländischen Staat aus ihrer dortigen Tätigkeit Verluste, so vermindern die ausländischen Verluste das zu versteuernde Einkommen der inländischen Körperschaft (Prinzip des **Welteinkommens**).

> **BEISPIEL:** Die deutsche GmbH erzielt im Inland einen Gewinn von 2 000. Ihre ausländische Betriebsstätte erleidet einen Verlust von 500, so dass ihr Welteinkommen 1 500 beträgt. Dies ist die Bemessungsgrundlage der deutschen Steuer. Im Ausland beträgt der Verlust ebenfalls 500. Im folgenden Jahr (bzw. Jahre) erwirtschaftet die Betriebsstätte einen Gewinn von 500. Im Ausland und im Inland wir dieser Gewinn besteuert. Kennt das ausländische Recht einen Verlustvortrag, wird keine Steuer erhoben, die in Deutschland anrechenbar wäre. In Deutschland kommt es daher zu einer „Nachversteuerung". Kennt das Ausland keinen Verlustvortrag und besteuert im Gewinnjahr, so wird diese Steuer in Deutschland angerechnet, so dass die Verlustberücksichtigung in Deutschland endgültig wird.

Durch dieses systematische Verhältnis kommt es zu einer zutreffenden Besteuerung im In- und Ausland. Das ausländische Ergebnis beider Jahre ist Null. Es wird insgesamt keine Steuer erhoben. Im Prinzip trifft dies auch zu, wenn sich Verlust und Gewinn über mehrere Jahre ausgleichen.

Weitere Voraussetzung ist, dass überhaupt eine Bemessungsgrundlage im Inland ermittelt wird. Dies ist nicht der Fall, wenn **inländische Verluste** (nachstehend → Rz. 261) oder **ausländische Verluste aus einem anderen Staat** die Bemessungsgrundlage aufzehren.

> **BEISPIEL:** Die GmbH erwirtschaftet im Inland einen Verlust von 500 bei positiven ausländischen Betriebsstätteneinkünften von 500. Da die Bemessungsgrundlage Null ist, entsteht keine deutsche Steuer, so dass auch keine Anrechnung darauf stattfinden kann. Beträgt der inländische Verlust nur 300, die ausländische Steuer (Steuersatz 10 %) 50, so kann die ausländische Steuer in voller Höhe angerechnet werden (s. vorstehend → Rz. 256).

Zu dem Ergebnis des Ausgleichs über mehrere Jahre kommt es nicht, wenn die in- und ausländische Ergebnisermittlung auch über mehrere Jahre nicht **zu gleichen Ergebnissen** führt. Da Abweichungen oft auf unterschiedlichen Periodenzuordnungen zurückzuführen sind, sind die Unterschiede auch oft nur temporär. Nur wenn endgültige z. B. Abzugsbeschränkungen gegeben sind, kommt es zu permanenten Unterschieden.

Die Generalanwältin Kokott hat in ihren Anträgen im Verfahren Nordea Bank[1] darauf hingewiesen, dass es bei einer Berücksichtigung ausländischer Verluste bei der Anrechnungsmethode nicht notwendigerweise zu einem Ausgleich mit Gewinnen in künftigen Jahren kommen muss. Verluste werden im Inland in voller Höhe steuerlich berücksichtigt (Welteinkommensprinzip). Künftige Gewinne werden u. U. jedoch nicht oder nicht in vollem Umfang im Inland besteuert, wenn der ausländische Staat eine Steuer erhebt. Dies trifft für den Fall zu, dass der ausländische Staat keinen Verlustvortrag kennt. Kennt er einen solchen, dann kommt es zur Rückgängigmachung der Verlustberücksichtigung im Inland. Lässt der ausländische Staat den Verlustvortrag nicht zu, so bleibt es aufgrund des Welteinkommensprinzips bei der zutreffenden Besteuerung nach der Leistungsfähigkeit. Der inländische Staat muss den ausländischen Verlust auch dann endgültig tragen, worauf die Generalanwältin zutreffend hinweist, wenn die wirtschaftliche Tätigkeit im Ausland scheitert oder durch Sitzverlegung die Besteuerungs-

---

1 EuGH, Urteil v. 17. 7. 2014 - RS. C-48/13, NWB RAAAE-71055.

befugnis endet. Im Fall der Nordea Bank hält die Generalanwältin eine Nachbesteuerung von ausländischen, bei der Anrechnungsmethode berücksichtigten Verlusten im Falle der Einbringung der Betriebsstätte in ein ausländisches Unternehmen für mit dem Gemeinschaftsrecht nicht vereinbar.

260–265 *(Einstweilen frei)*

b) Inlandsverluste

266 Zu einem Ausgleich kommt es jedoch nicht, wenn im Inland ein ausländischer Verlust, für das Ausland jedoch ein Gewinn ermittelt wird, so dass eine ausländische Steuer im Ausland zu entrichten ist. Dann scheidet eine Anrechnung der ausländischen Steuer nach § 26 KStG aus, da keine im Inland steuerpflichtigen ausländischen Einkünfte vorliegen, auf die deutsche Körperschaftsteuer entfällt, auf die die ausländische Steuer angerechnet werden könnte. Es kommt zu einem **Anrechnungsüberhang**. Dieser gleicht sich auch nicht über die Jahre aus. In diesen Fällen kommt nur der Abzug der ausländischen Steuer entsprechend § 34c Abs. 2 EStG in Betracht (s. u. → Rz. 391).

267 Übersteigen die ausländischen Verluste die positiven, im Inland steuerpflichtigen Einkunftsteile, so ergibt sich insgesamt ein im Rahmen des § 10d EStG berücksichtigungsfähiger Verlust. Ebenso erhöht der ausländische Verlust den **Verlustvortrag**, wenn bereits im Inland negative Einkünfte vorliegen.

268 Ist das zu **versteuernde Einkommen negativ**, scheidet eine Anrechnung mangels deutscher Körperschaftsteuer aus; ggf. kommt ein Abzug nach § 34c Abs. 2 EStG in Betracht;[1] allerdings ist in diesem Zusammenhang § 26 Abs. 6 Satz 3 EStG zu beachten.

269 Europarechtswidrig ist die gegenwärtige Regelung der Situation, in der im Inland ein Verlust und im Ausland ein Gewinn erzielt wird.

> **BEISPIEL:** Die GmbH A unterhält eine ertragreiche Betriebsstätte in X, die im Jahr 01 einen Gewinn von 1 000 erzielt, auf den sie ausländische Körperschaftsteuer von 200 zahlt. Das Stammhaus macht in 01 einen Verlust von 2 000.

Die an sich nach § 10d EStG vortragsfähigen Verluste von 2 000 mindern sich wegen des ausländischen Gewinns auf 1 000, ohne dass eine Möglichkeit besteht, die 200 an Steuern anzurechnen. Macht der inländische Betrieb im Jahre 02 einen Gewinn von 2 000, so sind nur 1 000 an Verlustvortrag zu berücksichtigen. Auch dann können die ausländischen Steuern nicht angerechnet werden. Somit erleidet die GmbH einen doppelten Nachteil: die ausländischen positiven Einkünfte werden im Inland berücksichtigt, die ausländischen Steuern aber nicht. Im vergleichbaren **AMID-Fall** hat der EuGH dies als **europarechtswidrig** erkannt. Als Lösung bietet sich an, entweder die ausländischen Gewinne nicht beim Verlustvortrag zu berücksichtigen oder Vortrag des Anrechnungsüberhangs zu gewähren.

270 Bezieht die Körperschaft bei inländischen Verlusten aus **mehreren Staaten** positive Einkünfte, die in ihrer Gesamtheit die inländischen Verluste übersteigen,[2] so ergeben sich komplexe Situationen.

---

[1] BFH, Urteil v. 25. 4. 1990 - I R 70/88, BStBl 1990 II 1086.
[2] Ist die nicht der Fall, gilt → Rz. 266.

BEISPIEL: Die deutsche GmbH erwirtschaftet im Inland einen Verlust von 2 000. Aus dem Staat X bezieht sie Einkünfte i. H. v. 1 000, aus dem Staat Y von 4 000, so dass ihr Einkommen in Deutschland 3 000 beträgt und 450 Körperschaftsteuer zu zahlen ist. In X wird 200 (20 %) und in Y 1 200 (30 %) an Steuern erhoben. Was ist anrechenbar?

Betrachtet man den Fall ohne die inländischen Verluste, so entfallen deutsche Steuern auf die Einkünfte aus X von 150 und auf Y von 600. Diese wären bei Fehlen der inländischen Verluste im Inland anrechenbar, die überschießenden 50 in X und 600 in Y wären steuerlich nicht zu berücksichtigen. Dieses an sich bestehende Anrechnungsvolumen wird durch die inländischen Verluste vernichtet. Aber wie? Die deutsche Steuer beträgt 450, anrechenbar aus X sind 150 und aus Y 300, so dass ein der Anrechnungsüberhang von 300 verbleibt. Es wäre (s. u. → Rz. 393) möglich, das sich die GmbH für einen Staat für Anrechnung, für den anderen für Abzug entscheidet. Rechnet sie X an, so ergibt sich eine Anrechnung von 150. Es verbleiben 300 deutsche Steuer. Zieht sie nun 600 von den Einkünften ab, so verbleiben 2 400 und eine Steuer von 360. Im umgekehrten Fall (Abzug für X, Anrechnung für Y) sind von den 600 450 anrechenbar und es verbleibt ein Überhang von 150. Der Abzug bewirkt eine Minderung der Einkünfte von 3 000 auf 2 850. Dadurch verringert sich auch die deutsche Steuer auf 427,50 und der Überhang erhöht sich auf 172,50. Optimal ist diese Kombination von Anrechnung und Abzug, wenn ein Verlustvortrag erhöht wird.

(Einstweilen frei) 271–275

3. § 26 Abs. 2 Satz 2 KStG (ohne Anwendung der §§ 37 und 38 KStG)

Durch den Übergang vom Anrechnungsverfahren zum Halb- (heute: Teil-)einkünfteverfahren entstand das Problem der Behandlung der Körperschaftsteuerguthaben nach altem Recht. Dies ist in §§ 36 ff. EStG geregelt worden. Im Ergebnis hat man eine Lösung gefunden, die die geschuldete Steuer mindert bzw. erhöht, so dass entsprechend mehr oder weniger zur Ausschüttung zur Verfügung steht. Die Anrechnung erfolgt vor der Minderung nach §§ 37, 38 KStG.

(Einstweilen frei) 277–280

4. Anrechnungshöchstbetrag (§ 26 Abs. 2 Satz 1 – Abweichend von § 34c Abs. 1 Satz 2 EStG ist die auf die ausländischen Einkünfte entfallende deutsche Körperschaftsteuer in der Weise zu ermitteln, dass die sich bei der Veranlagung des zu versteuernden Einkommens, einschl. der ausländischen Einkünfte ergebende deutsche Körperschaftsteuer, im Verhältnis dieser ausländischen Einkünfte zur Summe der Einkünfte aufgeteilt wird)

a) Allgemein

Nach der **Grundregel** des § 34c Abs. 1 KStG wird die ausländische Steuer auf diejenige (deutsche) Körperschaftsteuer angerechnet, soweit diese auf die ausländischen Einkünfte entfällt.[1] Damit wird die Anrechnung begrenzt,[2] so dass ein höheres Steuerniveau im Ausland nicht auf ein etwas niedrigeres Inlandssteuerniveau herabgeschleust wird. Dieser sog. **Ordinary-credit** ist gemeinschaftsrechtskonform, wie der EuGH in der Rechtssache Gilly bestätigt hat.

---

[1] BFH, Urteil v. 31. 5. 2005 - I R 68/03, BStBl 2005 II 380.
[2] BFH, Urteil v. 22. 6. 2011 - I R 103/10, BStBl 2012 II 115.

282 Mit dem **Anrechnungshöchstbetrag** wird die Frage beantwortet, in welchem Umfang deutsche Steuer auf die ausländischen Einkünfte entfällt. Wegen des proportionalen[1] Körperschaftsteuertarifs entspricht dies unproblematisch dem **inländischen Steuersatz**. Beim progressiven Einkommensteuertarif ist dies anders. Dort bedeutet die Formel, dass der Durchschnittssteuersatz und nicht ein marginaler zugrunde gelegt wird.

283 Zur Ermittlung der anteiligen deutschen Körperschaftsteuer benötigt man **folgende Rechengrößen:**[2]
- ausländische Einkünfte = Summe der nach deutschem Steuerrecht steuerpflichtigen ausländischen Einkünfte aus einem ausländischen Staat;
- Summe der Einkünfte (einschließlich ausländischer Einkünfte);
- deutsche tarifliche Körperschaftsteuer auf das zu versteuernde Einkommen.

284 Auszugehen ist von der **deutschen Körperschaftsteuer**. Diese ergibt sich aus der Anwendung des Steuersatzes auf die **Bemessungsgrundlage** (§ 7 Abs. 2 KStG). Im nächsten Schritt ist zu ermitteln, welcher Anteil von dieser Steuer auf die ausländischen Einkünfte entfällt. Dies geschieht in der Weise, dass die ausländischen Einkünfte als Zähler der Summe der Einkünfte als Nenner gegenüber gestellt werden.[3] Dabei ist zu beachten, dass bei der Berechnung der auf die ausländischen Einkünfte entfallenden inländischen Körperschaftsteuer Körperschaftsteuerminderungen nach § 37 KStG und Körperschaftsteuererhöhungen nach § 38 KStG außer Betracht bleiben (§ 26 Abs. 26 Satz 2 KStG), d. h., der Regelsteuersatz gem. § 23 Abs. 1 KStG ist der Berechnung zugrunde zu legen.[4]

285–290 *(Einstweilen frei)*

b) Formel

291 Die gesetzliche Formulierung lässt sich in folgender Formel darstellen:

Anrechnungshöchstbetrag = tarifliche Körperschaftsteuer x ausländische Einkünfte/Summe der Einkünfte

> **BEISPIEL:** Inländische Einkünfte 500 000 €, ausländische Einkünfte 80 000 €, Summe der Einkünfte 580 000 €, tarifliche Körperschaftsteuer 87 000 €, Anrechnungshöchstbetrag 87 000 x 80 000/580 000 = 12 000 €.

Beträgt die ausländische Körperschaftsteuer beispielsweise 14 000 €, so kann sie nur bis zu einem Betrag von 12 000 € angerechnet werden; i. H.v. 2 000 € verbleibt ein Anrechnungsüberhang. Die höhere Steuer im Quellenstaat setzt sich durch (**Kapitalimportneutralität**). Beträgt in dem Beispiel die ausländische Steuer nur 10 000, so wird eine inländische Steuer von 4 000 € noch erhoben, die Steuerbelastung also auf das inländische Niveau heraufgeschleust. Dies verwirklicht die **Kapitalexportneutralität**.

292 Die Änderung durch das Zollkodexanpassungsgesetz (s. → Rz. 37) wäre an sich überflüssig gewesen, weil mangels persönlicher Lasten bei Körperschaften es nicht zum Abzug gekommen

---

[1] Abgesehen vom Freibetrag des § 24 KStG.
[2] Die Entscheidung des EuGH, Urteil v. 28. 2. 2013 - C-35/11 (Beker) (Vorlage BFH, Urteil v. 9. 2. 2011 - I R 71/10, BStBl 2011 II 500) ist wegen der Besonderheiten bei der Einkommensteuer (Sonderausgaben, außergewöhnliche Belastungen) grundsätzlich für das Anrechnungsverfahren nach § 26 KStG ohne Bedeutung.
[3] BFH, Urteile v. 20. 12. 1995 - I R 57/94, BStBl 1996 II 261; v. 31. 5. 2005 - I R 68/03, BStBl 2006 II 380.
[4] BFH, Urteil v. 31. 5. 2005 - I R 68/03, BFH/NV 2005, 1462 = NWB RAAAB-56105.

wäre. Aus dem Vergleich mit § 34c EStG n. F. ergibt sich aber ein ganz anderes Problem. Da das Gesetz in § 34c EStG im Nenner nicht die Summe der Einkünfte minus der persönlichen Lasten, wie vom BFH[1] in geltungserhaltender Reduktion vorgesehen, sondern den Durchschnittssteuersatz und damit das zu versteuernde Einkommen vorsieht, führen auch alle sonstigen Abzüge nach Bildung der Summe der Einkünfte zu einer Erhöhung des Anrechnungshöchstbetrages.[2] Dies betrifft u. a. auch den Verlustabzug oder zugerechnetes negatives Einkommen beim Organträger. Diese können bei der Formel für die Körperschaften nicht berücksichtigt werden. Für diese unterschiedliche Behandlung ist kein rechtfertigender Grund ersichtlich, so dass eine Verletzung des Gleichheitssatzes (Art. 3 GG) vorliegt. Es bleibt abzuwarten, ob der Gesetzgeber die Formel in § 26 KStG kurzfristig ändert.

(Einstweilen frei) 293–295

c) Summe der Einkünfte

Zugrunde zu legen ist **die Summe der Einkünfte** im Nenner. Diese ist nicht mit der Bemessungsgrundlage der Körperschaftsteuer zu verwechseln. Nur in § 2 EStG wird die Summe der in § 2 Abs. 1 EStG genannten Einkünfte definiert. Die Terminologie im KStG ist eine andere.[3] § 7 Abs. 1 KStG nennt das zu versteuernde Einkommen, was gem. § 7 Abs. 2 KStG das Einkommen gem. § 8 Abs. 1 KStG vermindert um die Freibeträge der §§ 24 und 25 KStG ist. Daraus ergibt sich, dass die Summe der Einkünfte und die Bemessungsgrundlage der Körperschaftsteuer nicht übereinstimmen (müssen). Folglich wird der Verteilung nicht die Basis der Steuerberechnung zugrunde gelegt. Die deutsche Körperschaftsteuer wird somit nicht nach dem im Nenner stehenden Betrag bestimmt. Vielmehr ist der Ausgangsbetrag zugrunde zu legen, von dem es dann noch Abzüge geben kann. Daraus kann aber nicht gefolgert werden (s. → Rz. 306), dass auch im Zähler nicht der Betrag steht, der zu der Steuer führt. 296

Die Summe der Einkünfte bestimmt sich nach § 2 EStG. Bei unbeschränkt Steuerpflichtigen gem. § 1 Abs. 1 Nr. 1 bis 3 KStG entspricht die Summe der Einkünfte den gewerblichen Einkünften (§ 8 Abs. 2 KStG). Die übrigen Körperschaften können sämtliche Einkunftsarten des § 2 Abs. 1 EStG haben. Diese dann zusammengerechnet, ergeben die Summe der Einkünfte. 297

Verdeckte Gewinnausschüttungen mindern das Einkommen nicht (§ 8 Abs. 3 Satz 2 KStG). Das Gesetz ist sprachlich ungenau, indem nicht deutlich zwischen Einkünften und Einkommen unterschieden wird. Zwar wird eine vGA erst auf der zweiten Stufe der Gewinnermittlung hinzugerechnet, aber dies geschieht im Rahmen der Einkünfteermittlung. Folglich enthält die Summe der Einkünfte auch vGAen. 298

Mitgliedsbeiträge bleiben gem. § 8 Abs. 5 KStG für die „Ermittlung des Einkommens" außer Ansatz. Auch meint das Gesetz bei der Ermittlung der Einkünfte und damit auch für die Ermittlung der Summe der Einkünfte. 299

Offen ist, wie der **Spendenabzug** zu behandeln ist.[4] Nach einer Ansicht soll er bereits bei der Ermittlung der Summe der Einkünfte erfolgen, so dass sich das Anrechnungsvolumen vergrößert. Nach anderer Ansicht sollen die Spenden erst bei einem „Gesamtbetrag der Einkünfte" 300

---

1 Vom 18. 12. 2013 - I R 71/10, BFHE 244, 331.
2 *Ismer*, IStR 2014, 297; *Desens*, IStR 2015.
3 Siehe auch *Geurts* in Bott/Walter, § 26 Rz. 120; *Staats* in RHN, § 26 Rz. 82.
4 *Geurts* in Bott/Walter, § 26 Rz. 121 f.; *Pohl*, § 26 Rz. 94; a. A. *Siegers* in DPM, § 26 Rz. 173; wie hier kann man das BFH-Urteil v. 21. 10. 1981 - I R 149/77, BStBl 1982 II 177 verstehen.

301 Der **Verlustabzug** gem. § 10d EStG ist nicht bei der Summe der Einkünfte zu berücksichtigen.[2] Er mindert aber die deutsche Steuer.[3]

302–305 *(Einstweilen frei)*

d) Ausländische Einkünfte

306 Während die Summe der Einkünfte keine unmittelbare Beziehung zur deutschen Körperschaftsteuer besitzt – dies trifft nur für die Bemessungsgrundlage zu –, wird ein derartiger Bezug für die ausländischen Einkünfte hergestellt. Der Wortlaut der Norm spricht von der bei der **Veranlagung des zu versteuernden Einkommens**, einschl. der ausländischen Einkünfte, sich ergebenden deutschen Steuer. Dadurch werden die ausländischen Einkünfte so definiert, dass sie Bestandteil der Bemessungsgrundlage sind. Dies bedeutet, dass Zähler und Nenner der Formel für den Anrechnungshöchstbetrag inkommensurable Größen sind. Logisch wäre es, das zu versteuernde Einkommen statt der Summe der Einkünfte als Nenner zu nehmen.

307 Bezieht die Körperschaft **außer den** im Inland **steuerfreien Einkünften** aus dem ausländischen Staat auch solche, die im Inland der Besteuerung unterliegen, so vertritt die eine Ansicht,[4] dass auch dann die ausländische Steuer auf die im Inland steuerfreien Einkünfte nicht auf die inländische Steuer anzurechnen sei, die auf die im Inland steuerpflichtigen, ausländischen Einkünfte entfällt. Die Gegenansicht[5] lässt die Anrechnung zu. Auch der I. Senat neigt wohl zu dieser Auffassung.[6] § 26 KStG will die Doppelbesteuerung von Einkünften vermeiden. Besteuert nur ein Staat die Einkünfte, so kommt es nicht zur Doppelbesteuerung. Würde eine Steuer des Quellenstaates für derartige im Wohnsitzstaat unbesteuerte Einkünfte auf andere Einkünfte angerechnet, so handelte es sich nicht mehr um eine Methode zur Vermeidung der (tatsächlich nicht gegebenen) Doppelbesteuerung. Daher ist auch in derartigen Fällen die **Anrechnung der auf die im Inland steuerfreien Einkünfte in Ausland erhobene Steuer ausgeschlossen**. Dies stimmt mit dem Wortlaut überein.

308 In der **Praxis** jedoch erweist sich die Anwendung dieser Grundsätze als schwierig. Da es keinen systematischen Gleichlauf des ausländischen und inländischen Steuerrechts gibt, sind die Feststellungen, ob in den ausländischen Einkünften im Inland steuerfreie enthalten sind und ob darauf ausländische Steuer erhoben wurde, schwierig. Zunächst ist es erforderlich festzustellen, dass und wie hoch die ausländischen Einkünfte besteuert wurden.

> **BEISPIEL:** Die GmbH unterhält im Ausland eine Betriebsstätte. Diese bezieht Erträge aus einer Finanzanlage, die im Ausland als Teil des Betriebsstättengewinns erfasst werden, während sie in Deutschland steuerfrei sind. Es muss nun geprüft werden, ob sie möglicherweise auch im Ausland steuerfrei oder niedrig besteuert sind. Welcher Teil der ausländischen Steuer entfällt ggf. auf sie?

---

1 Siehe *Mössner* in Mössner/Seeger/Oellerich, KStG, § 9 Rz. 200 f.
2 Allg. M., vgl. *Geurts* in Bott/Walter, § 26 Rz. 123; *Pohl*, § 26 Rz. 94; *Gosch/Roser*, § 26 Rz. 116.
3 Allg. M., *Siegers* in DPM, § 26 Rz. 170 ff.
4 *Geurts* in Bott/Walter, § 26 Rz. 67; *Siegers* in DPM, § 26 Rz. 103, 152; nicht eindeutig Gosch/Roser, § 26 Rz. 109.
5 *Jochimsen/Schnitger* in Schnitger/Fehrenbach, § 26 Rz. 106; *Wassermeyer*, FR 1991, 681.
6 BFH, Urteil v. 1. 7. 1992 - I R 66/92, BStBl 1993 II 222.

309 In den meisten Fällen dürfte der Streit von geringer Bedeutung sein, da im Rahmen der Höchstbetragsberechnung (s. → Rz. 281) die niedrigere deutsche Steuer anzusetzen ist.

BEISPIEL: Die GmbH hat 1 000 normal besteuerte Einkünfte. Ihre Einkünfte aus dem Staat X setzen sich aus 200 normal besteuerten und 200 im Inland steuerfreien Einkünften (z. B. § 8b Abs. 1 KStG) zusammen. In beiden Staaten beträgt der Steuersatz 15 %. Die deutsche Bemessungsgrundlage beträgt 1 200 und die Körperschaftsteuer 180. Im Ausland sind die Einkünfte 400 und die Steuer 60. Anrechenbar sind 180 x 200/1 200 = 30, Das Ergebnis wäre nur ein anderes, wenn der ausländische Steuersatz niedriger als der deutsche wäre, z. B. 10 %, so dass die ausländische Steuer 40 betrüge. Es wären dann ebenfalls 30 anrechenbar, obwohl die ausländische Steuer auf die im Inland steuerfreie Einkünfte von 200 nur 20 beträgt.

310 Im Inland **nicht besteuerte ausländische Einkünfte** wirken sich aus einmal bei der Höhe der inländischen Steuer, auf die die ausländische Steuer angerechnet wird, und zum anderen bei der Formel für den Anrechnungshöchstbetrag aus.

BEISPIEL: Die deutsche GmbH A bezieht aus dem Staat X Zinseinnahmen i. H. v. 1 000 und Dividenden i. H. v. ebenfalls 1 000. Der Steuersatz in X beträgt 25 % (= 300). In Deutschland hat A weitere Einkünfte von 2 000.

In Deutschland werden 3 000 besteuert und wegen § 8b KStG werden die Dividenden außer Ansatz gelassen, so dass eine Steuer von 450 entsteht. Was kann nun auf die 450 angerechnet werden? Es gibt theoretisch vier Möglichkeiten: entweder scheiden die § 8b-KStG-Einkünfte

(1) im Nenner aus: 450 x 2 000/3 000 = 300 oder
(2) im Zähler und Nenner aus : 450 x 1 000/3 000 = 150 oder
(3) nur im Zähler aus: 450 x 1 000/4 000 = 112.5 oder
(4) sie werden bei beiden berücksichtigt: 450 x 2 000/4 000 = 225.

In **§ 26 Abs. 2 Satz 2 KStG** hat der Gesetzgeber ausdrücklich angeordnet, dass der Abzug der ausländischen Steuer nach § 34c Abs. 2 EStG nur insoweit erfolgt, als die ausländische Steuer auf Einkünfte entfällt, die bei der Ermittlung der Einkünfte (im Inland) nicht außer Ansatz bleiben.[1] Eine vergleichbare Regelung fehlt bei der Anrechnung. Wassermeyer spricht sich für die letzte Möglichkeit aus.[2] Allgemein ist jedenfalls anerkannt, dass auf die 5 % gem. § 8 Abs. 5 KStG keine Anrechnung erfolgt. Dass die im Inland steuerfreien Einkünfte im Zähler ausscheiden, ist aus den bereits dargelegten Gründen (s. → Rz. 307) zwingend.

311 Da (s. → Rz. 306) die ausländischen Einkünfte im Zähler Teil der Bemessungsgrundlage sind, nicht aber im Nenner, ist es m. E. unausweichlich, dass jedenfalls **im Nenner** ausländische Einkünfte **nicht berücksichtigt** werden, die im Inland steuerfrei sind, da sonst, wie das obige Beispiel zeigt, die auf die versteuerten ausländischen Einkünfte ruhenden Steuern in unberechtigter Weise gekürzt würden. Daher verdient die Lösung (2) den Vorzug.

312 Ist die **Bemessungsgrundlage der ausländischen Einkünfte** im Inland niedriger als im Ausland, so ist die anzurechnende ausländische Steuer dennoch ungekürzt bei der Höchstbetragsberechnung gem. § 34c Abs. 1 Satz 2 EStG anzusetzen (s. o. → Rz. 83).[3]

313 Da die anrechenbare ausländische Steuer auf die deutsche Steuer, die auf die ausländischen Einkünfte entfällt, angerechnet wird, scheidet eine **Anrechnung auf die Gewerbesteuer** wegen

---

[1] *Staats* in RHN, § 26 Rz. 96.
[2] *Wassermeyer*, FR 1991, 681.
[3] H 34c Anrechnung bei „abweichender ausländischer Bemessungsgrundlage" EStH – BFH, Urteil v. 2. 2. 1994 - I R 66/92, BStBl 1994 II 727.

der Kürzung nach § 9 GewStG aus.[1] Dies überzeugt aber nur, soweit die Kürzung reicht. Wegen der Bedeutung der Gewerbesteuer als Unternehmenssteuer im Vergleich mit der Körperschaftsteuer besteht eine nicht zu rechtfertigende Doppelbesteuerung.[2] Zur Anrechnung der Gewerbesteuer bei Bestehen eines Doppelbesteuerungsabkommens s. → Rz. 362

314–315 *(Einstweilen frei)*

e) Beschränkung auf Land

316 Die Umschreibung der Anrechnung in § 34c Abs. 1 EStG spricht von **dem** Staat, aus dem die Einkünfte stammen, und von der deutschen Steuer, die auf Einkünfte aus **diesem** Staat entfällt. Daraus ergibt sich, dass die Anrechnung länderbezogen erfolgt (sog. **per-country-limitation**).[3] Bezieht der Steuerpflichtige aus mehreren Staaten Einkünfte, so sind für jedes Land einzeln der Höchstbetrag der Anrechnung und die anrechenbare Steuer zu ermitteln. Es sind nicht alle ausländischen Einkünfte zusammenzufassen; dies wäre eine **over-all-limitation**. Bei Letzterer würden die unterschiedlichen Steuersätze in den einzelnen Ländern zu einem Durchschnittssteuersatz zusammengefasst, was von Vorteil wäre, wenn in einem Staat der Steuersatz höher, im anderen niedriger als in Deutschland wäre. Die länderweise Ermittlung (vgl. § 68a EStDV) ist unter dem Gesichtspunkt der Kapitalexportneutralität nicht gerechtfertigt. Daher lassen Länder wie die USA, die diesen Grundsatz ernst nehmen, die over-all-limitation zu.[4]

317 Die länderweise Ermittlung des jeweils anrechenbaren Betrages wird für **europarechtswidrig** gehalten (→ Rz. 61); dem ist aber nicht zu folgen.

318 Aus dieser Beschränkung folgt, dass **Steuern auf Einkünfte aus Drittstaaten** nicht angerechnet werden können.

> **BEISPIEL:** Die Betriebsstätte erzielt im Staat X grenzüberschreitende Einkünfte, auf die Staat Y eine Steuer erhebt. Unabhängig davon, ob Y diese Steuern berücksichtigt oder nicht, können diese Steuern bei der Anrechnung der Steuern aus X nicht einbezogen werden. Rechnet X an, so ist die Steuer aus X um den angerechneten Betrag gemindert, obwohl eigentlich die Steuerbelastung in X eine höhere wäre. Die Beziehung zu Y ist gesondert zu betrachten. Hier kommt es auf das Verhältnis Deutschlands zu Y an. So könnte z. B. X mit Y eine Quellenbesteuerung in Y von 20 % vereinbart haben, Deutschland hat mit Y aber eine Quellensteuer auf 10 % reduziert. Erhebt Y non 20 %, weil den Vertrag mit X anwendet, so käme in Deutschland nur eine Anrechnung von 10 % überhaupt in Betracht. Dann aber müsste es sich nach dem Vertrag um einen Bezug des deutschen Stammhauses aus Y handeln. Hierzu könnte es kommen, wenn für die Zuordnung von beispielsweise Zinszahlungen aus Y Deutschland und X unterschiedliche Kriterien für die Betriebsstätte in X anwenden.

319–325 *(Einstweilen frei)*

---

[1] *Kessler/Dietrich*, IStR 2011, 109; *Heurung/Seidl*, IWB 2009, 688.
[2] So auch *Eberhardt*, IStR 2019, 181.
[3] *Siegers* in DPM, § 26 Rz. 140; *Staats* in RHN § 26 Rz. 102 f.
[4] Kritisch zur deutschen Regelung *Schaumburg*, Internationales Steuerrecht, Rz. 15.115.

5. Verfahrensaspekte

Die Anrechnung nach § 26 Abs. 1 KStG ist **Teil des Festsetzungsverfahrens**;[1] daraus folgt, dass eine Änderung der Anrechnung nur bis zum Ablauf der Festsetzungsfrist gem. §§ 169 ff. AO möglich ist.

Nachträgliche Änderungen der ausländischen Steuerfestsetzung oder erstmalige Festsetzungen der ausländischen Steuer (Erlass, Herabsetzung oder Erhöhung der ausländischen Steuerschuld) sind zu berücksichtigen. Etwaige bestandkräftige Bescheide können innerhalb der Festsetzungsfrist nach § 175 AO (Ereignis mit steuerlicher Rückwirkung) geändert werden. Sofern sich aus der Änderung eine höhere Steuer ergibt, ist der Steuerpflichtige gem. § 153 Abs. 2 AO zur Anzeige verpflichtet.

Änderungsbescheide, d. h. Körperschaftsteuerbescheide, in denen eine Änderung hinsichtlich der Anrechnung der ausländischen Steuer vorgenommen wurde, sind auch nur in diesem Umfang anfechtbar (vgl. § 351 AO).

Werden die ausländischen Einkünfte über eine **Personengesellschaft** bezogen, so sind die Einkünfte gem. § 180 Abs. 1 Nr. 2a AO einheitlich und gesondert festzustellen. Aber auch die mit den Einkünften „im Zusammenhang stehenden anderen Besteuerungsgrundlagen" sind Gegenstand des Feststellungsbescheids. Gem. § 180 Abs. 5 AO gilt dies auch, soweit „Steuerabzugsbeträge und Körperschaftsteuer auf die festgesetzte Steuer anzurechnen sind". Dies betrifft unmittelbar nur die gem. § 31 i.V.m. § 36 EStG anzurechnende Steuer[2] und könnte höchstens analog auf die nach § 26 KStG anzurechnende Steuer angewendet werden. Nach R 34c (4, 5) EStR ist über den Antrag auf Steuerabzug im Feststellungsverfahren zu entscheiden. Jeder Beteiligte kann den Antrag stellen. Hat der Steuerpflichtige aus demselben Staat weitere Einkünfte, so ist der in der Feststellungserklärung gestellte Antrag maßgebend. Daraus folgt, dass nach Auffassung der **Finanzverwaltung** die Anrechnung zu den anderen Besteuerungsgrundlagen gehört, so dass die Voraussetzungen auf der Ebene des Feststellungsverfahrens zu klären sind.[3]

Das **Wahlrecht** (Anrechnung oder Abzug) kann von jedem Gesellschafter unterschiedlich ausgeübt werden.[4] Es ist aber im Feststellungsverfahren auszuüben (s. vorstehend). Aber auch alle Tatsachen für die Anrechnung der ausländischen Steuer stellen einheitlich und gesondert festzustellende Besteuerungsgrundlagen dar.[5] Dies kann sich aber nicht auf die Höchstbetragsberechnung erstrecken, da diese die Kenntnis der erst im individuellen Veranlagungsverfahren ermittelten, individuellen deutschen Körperschaftsteuer voraussetzt.[6]

Somit **sind einheitlich und gesondert festzustellen**: die ausländischen Einkünfte, dass diese im Ausland der Steuer unterlegen haben und die ausländische Steuer. Geschieht dies, muss sich ein Rechtsmittel gegen diese Feststellungen als eigenständige Verwaltungsakte richten. In der

---

1 BFH, Urteile v. 7.12.1962 - VI 83/61 S, BStBl 1963 III 123; v. 14.11.1984 - I R 232/80, BStBl 1985 II 216; v. 19.3.1996 - VIII R 15/94, BStBl 1996 II 312, m.w.N. der Rspr.; v. 28 4.2010 - I R 81/09, BStBl 2014 II 754; *Siegers* in DPM, § 26 Rz. 43, 123.
2 *Brandis* in T/K, § 180 AO Rz. 104.
3 *Siegers* in DPM, § 26 Rz. 45 f.
4 H. M. *Siegers* in DPM, § 26 Rz. 47.
5 BFH, Urteile v. 13.2.1980 - I R 181/76, BStBl 1980 II 190; v. 4.6.1991 - X R 35/88, BStBl 1992 II 187; *Siegers* in DPM, § 26 Rz. 48.
6 Ebenso *Siegers* in DPM, § 26 Rz. 48.

Praxis kommt es jedoch vor, dass diese Umstände nur „nachrichtlich" erwähnt werden. Dann können sie auf der Veranlagungsebene nachgeholt werden.[1]

332–340 *(Einstweilen frei)*

F. Anwendung bei Doppelbesteuerungsabkommen

I. Allgemein

341 Soweit mit dem ausländischen Staat, aus dem die Einkünfte stammen, ein DBA abgeschlossen ist, sind nach § 34c Abs. 6 Satz 1 EStG die Regelungen **des § 34c Abs. 1 bis 3 KStG nicht anwendbar**.[2] Dies gilt auch für die Körperschaftsteuer. Es besteht ein Vorrang des Abkommens (§ 2 AO). Dies gilt, wenn das Abkommen die Freistellungsmethode vorsieht, aber auch wenn es die Anrechnungsmethode anordnet.[3] Vor allem scheidet dann auch die Abzugsmethode aus, selbst wenn der Abzug günstiger als die im DBA vorgesehene Regelung wäre.

342 § 34c Abs. 1 EStG spricht nur von der Existenz „eines" DBA, dieses muss sich jedoch auf die Körperschaftsteuer beziehen.[4] Sind im DBA nur Körperschaftsteuern auf Bundesebene eines ausländischen Staates behandelt und erheben die einzelnen Bundesstaaten ebenfalls eine Körperschaftsteuer, so ist Letztere anrechenbar.[5]

343 Bezieht die steuerpflichtige Körperschaft aus **mehreren Staaten** Einkünfte und bestehen mit den einzelnen Staaten jeweils DBA, so ist für jedes Land gesondert die zutreffende Methode zu prüfen.

344 Bei bestehendem DBA kommt es nach **§ 34c Abs. 6 Satz 4 EStG** zur entsprechenden Anwendung der Anrechnung oder des Abzuges nach § 34c Abs. 2 EStG, wenn sich das DBA nicht auf eine Steuer vom Einkommen dieses Staates bezieht. Diese Formulierung ist nicht gelungen. Gemeint ist, dass in dem Staat eine Einkommen (Körperschaft)steuer erhoben wird, die im Abkommen nicht behandelt wird. Dies können insbesondere Gliedstaatensteuern sein.[6]

345 Wenn das **DBA** als Methode zur Vermeidung der Doppelbesteuerung die **Anrechnung** der ausländischen Steuer vorsieht und **auf das nationale Recht verweist**, sind die Regelungen des § 34c Abs. 1 Satz 2 bis 5 und Abs. 2 EStG entsprechend anzuwenden (§ 26 Abs. 6 Satz 1 KStG, § 34c Abs. 6 Satz 2 EStG). Hinzu kommen Sonderregelungen in § 34c Abs. 6 Satz 3 bis 6 EStG. Dies bedeutet die entsprechende Anwendung von

▶ § 34c Abs. 1 Satz 2 EStG: Höchstbetragsrechnung (s. → Rz. 281 ff.).

▶ § 34c Abs. 1 Satz 3 EStG: nicht besteuerte Auslandseinkünfte (s. → Rz. 158 ff.).

▶ § 34c Abs. 1 Satz 4 EStG: Zuordnung von Betriebsausgaben (s. → Rz. 192 ff.).

▶ § 34c Abs. 1 Satz 5 EStG: Periodenidentität (s. → Rz. 226 ff.).

▶ § 34c Abs. 2 EStG: Abzugsmethode (s. → Rz. 391 ff.).

---

1 *Siegers* in DPM, § 26 Rz. 48.
2 Zur Anwendung des § 34c Abs. 3 EStG vgl. BFH, Urteil v. 24. 3. 1998 - I R 38/97, BStBl 1998 II 471.
3 Ebenso Blümich/*Pohl*, § 26 Rz. 120; *Frotscher/Drüen*, § 26 Rz. 50.
4 Blümich/*Pohl*, § 26 Rz. 120a.
5 Ebenso Gosch/*Roser*, § 26 Rz. 150; *Siegers* in DPM, § 26 Rz. 35; Blümich/*Pohl*, § 25 Rz. 120c.
6 *Jochimsen/Schnitger* in Schnitger/Fehrenbach, § 26 Rz. 83.

- § 34c Abs. 6 Satz 3 EStG: § 34c Abs. 1 Satz 3 EStG gilt entsprechend, wenn die Einkünfte gem. DBA nicht im Ausland besteuert werden können, betrifft vor allem Drittstaatenfälle und Qualifikationskonflikte (s. → Rz. 160 ff.).
- § 34c Abs. 6 Satz 4 EStG: DBA bezieht sich nicht auf eine Steuer vom Einkommen (s. → Rz. 342).
- § 34c Abs. 6 Satz 5 EStG: Fall des § 50d Abs. 9 EStG – switch-over (s. → Rz. 359).
- § 34c Abs. 6 Satz 6 EStG: Anwendung von § 34c Abs. 3 EStG bei Besteuerung durch Staat, aus dem die Einkünfte nicht stammen, es sei denn Missbrauch liegt vor oder DBA erlaubt Besteuerung (s. → Rz. 411).

Ermöglicht das DBA die **Anrechnung einer fiktiven Steuer**, so schließt § 34c Abs. 6 Satz 2 letzter Halbsatz EStG den Abzug gem. § 34c Abs. 2 EStG aus.[1] Auch ist § 34c Abs. 1 Satz 3 EStG nicht anzuwenden, so dass die Nichtbesteuerung von Einkünften im Ausland unbeachtlich ist; denn es ist ja gerade der Sinn der fiktiven Anrechnung, aus entwicklungspolitischen Gründen die Anrechnung auch zu gewähren, wenn die Einkünfte im Ausland unbesteuert bleiben.

346

Soweit in einem DBA bezüglich bestimmter ausländischer Einkünfte die Freistellung mit **Progressionsvorbehalt** im Methodenartikel vereinbart ist, ist zu beachten, dass der Progressionsvorbehalt nach § 32b Abs. 1 Nr. 3 EStG – unabhängig von den Änderungen durch das JStG 2009 – bei dem körperschaftsteuerrechtlichen Proportionalsteuersatz nicht zum Tragen kommt (vgl. auch R 32 KStR 2004).

347

(Einstweilen frei)

348–355

II. Anrechnung nach DBA

Bei einem bestehenden DBA kann es zur Anrechnung kommen, weil das Abkommen es selbst so vorsieht oder weil es entgegen der Freistellung, die im Abkommen vereinbart ist, im Wege des treaty-override's national angeordnet wird.[2]

356

Im DBA kann die Anrechnungsmethode **grundsätzlich** vorgesehen sein. Nach dem OECD-MA ist die Anrechnungsmethode vorgesehen bei Dividenden und Zinsen, sowie Lizenzeinnahmen und Veräußerungsgewinnen.

357

Ausnahmsweise gilt die Anrechnungsmethode bei Aktivitätsklauseln[3] im DBA, wenn eine Betriebsstätte „aktiv" tätig sein muss, damit die Freistellung des Betriebsstättenergebnisses erfolgt. Die Definition der erforderlichen Aktivität in den einzelnen DBA ist nicht einheitlich. Ebenso können DBA **switch-over**-Klauseln, Rückfallklauseln usw.[4] beinhalten, von denen die Freistellung von Bedingungen, z. B. tatsächlicher Besteuerung im Quellenstaat, abhängig gemacht wird, andernfalls kommt die Anrechnungsmethode zur Anwendung.

358

Schließlich kann es aufgrund eines **nationalen Treaty override** (§ 50d Abs. 9 EStG) an Stelle der Freistellung zur Anrechnung kommen.[5]

359

---

[1] BMF, Schreiben v. 12. 5. 1998, BStBl 1998 I 554, zur Anrechnung fiktiver Quellensteuer bei ausländischen Zinseinkünften.; vgl. auch Blümich/*Pohl*, § 26 Rz. 125 ff.
[2] Vgl. auch *Staats* in RHN, § 26 Rz. 137.
[3] Vgl. *Ismer* in Vogel/Lehner, DBA, Art. 23 Rz. 74 ff.; *Siegers* in DPM, § 26 Rz. 31.
[4] *Siegers* in DPM, § 26 Rz. 31.
[5] Vgl. *Jochimsen/Schnitger* in Schnitger/Fehrenbach, § 26 Rz. 81; *Siegers* in DPM, § 26 Rz. 137a.

360 Sieht der Methodenartikel des DBA mit dem ausländischem Staat, aus dem die Einkünfte stammen, hinsichtlich der Besteuerung der betreffenden Einkünfte das Anrechnungsverfahren vor, so kann von der unbeschränkt steuerpflichtigen Körperschaft dennoch. § 34c Abs. 6 Satz 2, Abs. 2 EStG auf Antrag der nach innerstaatlichem Recht wahlweise eingeräumte **Abzug** der ausländischen Steuern bei der Ermittlung der Einkünfte beansprucht werden (vgl. R 34c Abs. 5 EStR).[1]

361 Schließlich ist zu beachten, dass nur die tatsächlich gezahlte Steuer abgezogen werden kann, nicht etwa die Steuer, die aufgrund eines DBA als **fiktive Steuer** angerechnet werden könnte (vgl. § 34c Abs. 6 Satz 2 letzter Halbsatz EStG).

362 Ob bei einer Anrechnung nach Doppelbesteuerungsabkommen die ausländische Steuer auf die **Gewerbesteuer** bereits de lege lata anzurechnen ist, wird kontrovers gesehen.[2] Einerseits fehlt im GewStG eine entsprechende Vorschrift zur Anrechnung ausländischer Steuern, andererseits bedeutet der Verweis auf das nationale Recht (→ Rz. 345) nur, dass sich das „Wie" der Anrechnung nach den nationalen Vorschriften richtet, nicht aber das „Ob" (allg. M.). Der BFH[3] erwähnt die Anrechnung auf die Gewerbesteuer obiter dictum. Trotz der massiven Befürwortungen in der Literatur muss die Frage als offen bezeichnet werden.[4]

363–370 *(Einstweilen frei)*

III. Einzelheiten der Anrechnung

371 Auch bei der Anrechnung nach DBA ist die **Höchstbetragsrechnung** durchzuführen. Dies ist folgerichtig, wenn nicht mehr angerechnet werden kann, als nach deutschem Steuerrecht an Steuern entsteht. Im Einzelnen s. → Rz. 281 ff. Sieht das Abkommen nicht für alle Einkunftsarten die Anrechnungsmethode, sondern für einige die Freistellung vor, was meist der Fall ist, so ist die Anrechnung auf die jeweiligen Einkünfte zu begrenzen.

372 Auch bei der Anrechnung nach DBA sind die nicht im ausländischen Staat besteuerten Einkünfte unberücksichtigt zu lassen (s. → Rz. 160 ff.). Dem stellt § 34c Abs. 6 Satz 3 EStG den Fall gleich, dass die Einkünfte im ausländischen Vertragsstaat nach dem Abkommen nicht besteuert werden können.

373 Wenn das DBA nicht die ausländische Steuer vom Einkommen erfasst (§ 34c Abs. 6 Satz 4 EStG), so erfolgt eine entsprechende Anwendung der Regelungen in § 34c Abs. 1 und 2 EStG.

374 Besteuert der ausländische Staat trotz Bestehens eines DBA Einkünfte, die nicht aus diesem Staat stammen (§ 34c Abs. 6 Satz 5 EStG) erfolgt eine entsprechende Anwendung des § 34c Abs. 3 EStG, es sei denn, die Besteuerung hat ihre Ursache in einer Gestaltung, für die wirtschaftliche oder sonstige beachtliche Gründe fehlen,[5] oder das Abkommen gestattet dem ausländischen Staat ausdrücklich die Besteuerung.

---

1 Ebenso *Staats* in RHN, § 26 Rz. 138.
2 Bejahend *Ismer* in Vogel/Lehner, DBA 6. Aufl., Art. 23 Rz. 138; jüngst *Eberhardt*, IStR 2019, 182 ff. m. w. N.; verneinend *Wassermeyer*, DBA Art. 23B Rn. 51.
3 Urteil v. 20.12.2017 - I R 98/15, Tz. 42, NWB BAAAG-77119, BFHE 260, 169; BFH/NV 2018, 534.
4 Zurückhaltend auch *Schnitger*, Seminar I: Länder und Gemeindessteuern und internationale Besteuerung, IStR 2013, 626 (628).
5 Beispiel: ausländische Domizilgesellschaft: BFH, Urteil v. 1. 4. 2003 - I R 39/02, BStBl 2003 II 869; zur missbräuchlichen Benutzung einer schweizerischen Briefkastengesellschaft; BFH, Urteil v. 24. 3. 1998 - I R 38/97, BStBl 1998 II 471.

Häufig liegt der **innerstaatliche Quellensteuersatz** z. B. für Zinsen oder Lizenzen über dem nach dem jeweiligen Abkommen zulässigen Höchstsatz, weil die Kapitalertragsteuerermäßigung nach DBA grundsätzlich nicht das Recht der Abkommensstaaten berührt, Steuern nach nationalem Recht an der Quelle zu erheben; eine Ermäßigung auf den nach dem Abkommen zulässigen Höchstsatz erfolgt durch Antrag an die Finanzverwaltung des Staates, in dem die ausschüttende Gesellschaft ihren Sitz hat. In diesen Fällen kann nur die nach dem Abkommen höchst zulässige Steuer angerechnet werden. Dies gilt auch, wenn die steuerpflichtige Körperschaft sich **gegen die abkommenswidrige Besteuerung im Quellenstaat** erfolglos zur Wehr gesetzt hat.[1]

Durch das JStG 2007 wurde in § 34c Abs. 6 EStG der nachfolgende Satz als Satz 5 eingefügt: In den Fällen des § 50d Abs. 9 EStG sind die Absätze 1 bis 3 und Satz 6 entsprechend anzuwenden. Durch diesen Satz wird festgelegt, dass in den Fällen, in denen Einkünfte aufgrund des § 50d Abs. 9 EStG[2] nicht von der Bemessungsgrundlage auszunehmen sind, die ausländische Steuer nach § 34c Abs. 1 bis 3 und Abs. 6 Satz 6 (neue Zählung) EStG angerechnet oder abgezogen werden kann.

IV. Anwendung von § 50d Abs. 10 EStG

Mit dem Kroatiengesetz (→ Rz. 36) wurde bei der Anrechnung für unbeschränkt und beschränkt Steuerpflichtige ausdrücklich § 50d Abs. 10 EStG für anwendbar erklärt. Diese Vorschrift fingiert im Wege des treaty overrides[3] Sondervergütungen entgegen der Rechtsprechung des BFHs[4] bei der Anwendung eines DBAs als Unternehmensgewinne i. S. von Art. 7 OECD-MA. Es fragt sich, welche Bedeutung diese Vorschrift im Rahmen der Anrechnung haben kann; der Gesetzentwurf enthält keinen Hinweis insoweit. Existiert kein DBA, so bilden Sondervergütungen einen Teil der Einkünfte einer Mitunternehmerschaft. Erst bei Geltung eines DBAs kann § 50d Abs. 10 EStG Bedeutung erhalten. Bei der Anrechnung geht es um ausländische Einkünfte. Mit der Anwendung von § 50d Abs. 10 EStG werden die Sondervergütungen zum Gewinn der ausländischen Betriebsstätte erklärt.[5] Damit würde die Freistellung nach dem DBA im Regelfall eingreifen. Gemeint ist offensichtlich der Fall, dass § 50d Abs. 9 Satz 1 Nr. 1 EStG, auf den wiederum § 50d Abs. 10 EStG als „unberührt" verweist, anwendbar ist, weil der ausländische Staat die Sondervergütung nicht als Teil des Gewinns der Mitunternehmerschaft, sondern als Zins, Lizenz oder ähnlich behandelt. Unter dieser Voraussetzung versagt § 50d Abs. 9 EStG die Freistellung, so dass die Anrechnung der ausländischen Steuer erfolgt.[6] Dies alles hätte auch ohne Erwähnung in § 26 KStG gegolten, so dass es sich um eine Klarstellung handelt.

---

1 BFH, Urteil v. 2. 3. 2010 - I R 75/08, BFH/NV 2010, 1820 = NWB SAAAD-48551; *Siegers* in DPM, § 26 Rz. 34: „eine fehlerhafte Rechtsanwendung des ausl. Staates grds. nicht zu Lasten des deutschen Fiscus gehen soll", ergänze: aber zu Lasten des Stpfl.!
2 Zur Frage der Rechtmäßigkeit des § 50d Abs. 9 EStG BFH, Urteil v. 19. 5. 2010 - I B 191/09, BStBl 2011 II 156; v. 16. 8. 2010 - I B 119/09, BFH/NV 2010, 2055; v. 9. 12. 2010 - I R 49/09, BStBl 2011 II 482.
3 Vgl. *Schwenke*, Steuerliche Zulässigkeit nationaler Treaty-overriding-Regelungen in Baumhoff/Schönfeld, Doppelbesteuerungsabkommen (Forum der internat. Besteuerung), Köln 2012, S. 23 ff.; vgl. BVerfG, Urteil v. 15. 12. 2015 - 2 BvL 1/12, NWB YAAAF-66859
4 BFH, Urteil v. 11. 12. 2013 - I R 4/13, BStBl 2014 II 791.
5 Auf die Frage der Zurechnung der Einnahme kommt es nach § 50d Abs. 10 EStG darauf an, welche Betriebsstätte die entsprechende Angabe trägt.
6 Vgl. *Gosch* in Kirchof, EStG, § 50d Rz. 40: *Staats* in RHN, § 26 Rz. 127 ff.; zu dem Problem der Anrechnung vgl. *Mössner*, IStR 2015, 204.

378–390 *(Einstweilen frei)*

G. Abzug der ausländischen Steuer

Abzug statt Anrechnung – § 34c Abs. 2 EStG

391 Wie die Ergänzung durch das Zollkodexanpassungsgesetz (s. → Rz. 37) klarstellt, sind auch die übrigen, in § 34c EStG vorgesehenen „Steuerermäßigungen" für Körperschaften anwendbar. So können diese statt der Anrechnung beantragen, dass die – festgesetzte und gezahlte und um einen entstandenen Ermäßigungsanspruch gekürzte – **ausländische Steuer** bei der **Ermittlung** der **Einkünfte abgezogen** wird. Da die Wahl des Abzugs an Stelle der Anrechnung erfolgt, setzt dies voraus, dass alle Voraussetzungen des § 26 i.V. m. § 34c EStG erfüllt sind.[1] Soweit in DBA besteht, scheidet die Abzugsmethode aus (s. → Rz. 341). Der Abzug der Steuern bewirkt eine Ausnahme von § 10 Nr. 2 KStG, dessen Abzugsverbot auch für ausländische Steuern vom Einkommen gilt.[2] Der Abzug der ausländischen Steuer bei der Ermittlung der Einkünfte bewirkt, dass die ausländische Steuer **wie** eine **Betriebsausgabe** behandelt wird. Sie verringert die inländische Bemessungsgrundlage.

392 Da der Abzug die Bemessungsgrundlage verringert, wirkt der Abzug anders als die Anrechnung auch für die **Gewerbesteuer**.[3] Gemäß § 8 Nr. 12 GewStG werden aber ausländische Steuern, die bei der Ermittlung der Einkünfte abgezogen wurden, hinzugerechnet, „soweit sie auf Gewinne oder Gewinnanteile entfallen, die bei der Ermittlung des Gewerbeertrages außer Ansatz gelassen oder nach § 9 GewStG gekürzt werden." Mit dieser Vorschrift soll verhindert werden, dass ein Abzug ausländischer Steuer erfolgt, wenn die Gewinne nicht Teil des Gewerbeertrages – z. B. ausländische Betriebsstättengewinne sind – oder nach § 9 Nr. 7 oder 8 GewStG eine Kürzung erfolgt.

393 Das **Wahlrecht** ist einheitlich[4] für alle ausländischen Einkünfte aus ein und demselben ausländischen Staat auszuüben; für Einkünfte aus einem anderen ausländischen Staat kann die Anrechnung gewählt werden.[5] In diesem Fall verringert der Abzug die deutsche Steuer, auf die die Steuer des anderen Staates angerechnet werden kann. Systematisch müsste der Abzug vor der Anrechnung erfolgen. Die umgekehrte Reihenfolge wäre für den Steuerpflichtigen günstiger.

BEISPIEL: Die GmbH erzielt im Staat X einen Gewinn von 1 000, der in X mit 200 besteuert wird, und in Y einen Gewinn von 100, der in Y mit 20 besteuert wird. Im Inland gibt es Einkünfte von -200. Das Gesamteinkommen beträgt somit 900, die deutsche Steuer 135. Wird zuerst die Steuer aus X abgezogen, so beträgt die Bemessungsgrundlage 700 (Steuer 105). Die anrechenbare Steuer bemisst sich wie folgt: 105 x 100/900 = 11,6. Rechnet man erst an und zieht dann ab, so beträgt der Anrechnungshöchstbetrag 135 x 100/900 = 15. Dies entspricht der deutschen Körperschaftsteuerbelastung auf die Einkünfte aus Y.

394 Die **Stellung** des **Antrages** auf Abzug statt Anrechnung ist bis zur Bestandskraft des Körperschaftsteuerbescheides möglich. Dies ist besonders dann von Bedeutung, wenn es in einer Betriebsprüfung zu wesentlichen Änderungen der Grundlagen kommt. Im Rechtsbehelfsverfah-

---

1 *Geurts* in Bott/Walter, § 26 Rz. 142.
2 BFH, Urteile v. 16. 5. 1990 - I R 80/87, BStBl 1990 II 920; v. 25. 4. 1990 – I R 70/88, BStBl 1990 II 1086.
3 *Jochimsen/Schnitger* in Schnitger/Fehrenbach, § 26 Rz. 303.
4 Blümich/*Pohl*, § 26 Rz. 106.
5 *Siegers* in DPM, § 26 Rz. 274.

ren kann der Antrag bis zur mündlichen Verhandlung beim FG gestellt oder zurückgenommen werden.[1]

Ein Abzug scheidet aus, wenn es sich um **steuerfreie Einkünfte** handelt. Werden die Einkünfte im **Ausland** nicht besteuert (§ 34c Abs. 1 Satz 3 2. Halbsatz EStG), so gibt es schon keine ausländische Steuer, die abgezogen werden könnte. § 26 Abs. 6 Satz 3 KStG ergänzt dies dahin gehend, dass nur ausländische Steuer abgezogen werden kann, „soweit sie auf ausländische Einkünfte entfällt, die bei der Ermittlung der Einkünfte nicht außer Ansatz bleiben". Damit ist die Besteuerung im **Inland** gemeint. Dies betrifft aber nur die Fälle, in denen die Einkünfte außer Ansatz bleiben wie bei § 8b Abs. 1 KStG oder objektiven Steuerbefreiungen der entsprechenden ausländischen Einkünfte.

> **BEISPIEL:** Die deutsche GmbH ist an einer Kapitalgesellschaft in X zu 30 % beteiligt. Sie erhält von dort eine Dividendenzahlung, die mit 25 % Quellensteuer besteuert wird. Wegen § 8b KStG kommt keine Anrechnung in Betracht. Aber auch die Quellensteuer kann im Inland nicht abgezogen werden.

Steuerlich ist der **Abzug** dann **günstiger**[2] als eine Anrechnung, wenn der Vorteil aus dem Abzug höher ist als die anrechenbare Steuer. Dies kann mehrere Ursachen haben.

- Die **Bemessungsgrundlagen** im In- und Ausland weichen stark voneinander ab. Zum Beispiel nach inländischem Steuerrecht betragen die Einkünfte 100 und die darauf entfallende Steuer 15. Nach ausländischem Recht werden die Einkünfte mit 1 000 errechnet und die Steuer beträgt bei ebenfalls 15 % 150. Angerechnet werden können nur 15, beim Abzug entstehen negative Einkünfte von 50. Auch wenn die ausländischen Einkünfte, auf die eine ausländische Steuer erhoben wurde, aufgrund der deutschen Gewinnermittlungsvorschriften negativ sind, ist die Wahl der Abzugsmethode anzuraten.

- Die **inländische Steuer** ist **zu gering**. Zum Beispiel die GmbH erzielt ausländische Einkünfte i. H. v. 1 000, die mit ausländischer Quellensteuer von 250 belegt sind. Im Inland werden Verluste verrechnet, sei es aufgrund eines Verlustvortrages, sei es wegen Verlusten im inländischen Betrieb, so dass insgesamt die Einkünfte Null betragen. Eine Anrechnung ist nicht möglich, durch einen Abzug entsteht oder erhöht sich ein Verlustvortrag. Führt die Verlustverrechnung nicht zu Einkünften von Null, so muss im Einzelfall eine genaue Berechnung der Vorteilhaftigkeit erfolgen. Z. B. der inländische Verlust führt dazu, dass insgesamt von den ausländischen Einkünften nur 500 besteuert werden. Auf die deutsche Steuer von 75 sind dann 75 anrechenbar (AHB = 75 x 500/500). Der Abzug würde zu einer inländischen Bemessungsgrundlage von 250 führen, auf die 37,50 Körperschaftsteuer erhoben werden. Ein Abzug „lohnt" sich nur dann, wenn die ausländische Steuer gleich oder größer ist als die Bemessungsgrundlage.

Der Abzug kann zur Erhöhung oder Entstehung eines **Verlustvortrages** gem. § 10d EStG führen. Dies führt dann zu geringeren deutschen Steuern in späteren Gewinnjahren. Dies bedeutet aber immer nur eine Milderung und keine Beseitigung der Doppelbesteuerung.

Ordnet § 50d Abs. 9 EStG trotz vereinbarter Freistellung in einem DBA die Anwendung der Anrechnungsmethode (**switch-over**) an, so ist gem. § 34c Abs. 6 Satz 5 EStG der Abzug der Steuern möglich (vgl. → Rz. 359).

---

[1] *Geurts* in Bott/Walter, § 26 Rz. 143; *Jochimsen/Schnitger* in Schnitger/Fehrenbach, § 26 Rz. 284.
[2] Vgl. *Scheffler*, DB 1993, 845; die Formeln sind aber inzwischen überholt und bedürfen der Anpassung; zur Vorteilhaftigkeit vgl. auch *Geurts* in Bott/Walter, § 26 Rz. 148 ff.

399–410 *(Einstweilen frei)*

Abzug ohne Anrechnungsmöglichkeit – § 34c Abs. 3 EStG

411 § 26 Abs. 1 KStG i. V. m. § 34c Abs. 3 EStG eröffnet die Möglichkeit, eine ausländische Steuer dann abzuziehen, wenn die Voraussetzungen der Anrechnung nicht vorliegen. Dadurch wird eine **Auffangklausel**[1] geschaffen, die eingreift, wenn die Anrechnung aufgrund der „engen tatbestandlichen Voraussetzungen"[2] nicht erfolgen kann. Allerdings kann auf diese Möglichkeit nicht zurückgegriffen werden, wenn mit dem ausländischen Staat ein **DBA** besteht und die Einkünfte nach deutschem Steuerrecht aus diesem Staate stammen (§ 26 Abs. 6 Satz 1 KStG i. V. m. § 34c Abs. 6 Satz 1 EStG; vgl. → Rz. 341). Dabei ist es gleichgültig, ob nach dem DBA die Freistellungs- oder Anrechnungsmethode anzuwenden ist.

412 Das Gesetz erlaubt (**§ 34c Abs. 6 Satz 6 EStG**) jedoch, bei bestehendem Abkommen den Abzug gem. § 34c Abs. 3 EStG dann vorzunehmen, wenn die Einkünfte nicht (nach deutschem Verständnis – § 34d EStG) aus diesem Staate stammen, dieser sie jedoch besteuert. Der Abzug ist davon abhängig, dass keine missbräuchliche Gestaltung vorliegt oder wenn das Abkommen dem ausländischen Staat die Besteuerung dieser Einkünfte gestattet.

413 In persönlicher Hinsicht wird die **unbeschränkte Steuerpflicht** im Gesetz als Voraussetzung genannt. Gemäß § 50 Abs. 3 EStG ist § 34c Abs. 3 EStG auch bei **beschränkt Steuerpflichtigen** unter den dort genannten Voraussetzungen anwendbar. Auch hier muss Subjektidentität (s. → Rz. 91) bestehen.[3] Nicht erforderlich ist die Periodenidentität.[4]

414 § 34c Abs. 3 EStG nennt drei Alternativen, in denen der Abzug möglich ist. Die zuerst erwähnte Möglichkeit, dass die ausländische Steuer **nicht der deutschen Körperschaftsteuer** (§ 34c Abs. 3 1. Alt. EStG) entspricht, dürfte in der Praxis kaum relevant werden.[5] Für die Anrechnung nach § 26 Abs. 1 KStG reicht es nämlich aus, dass die ausländische Steuer der Körperschaftsteuer entspricht.

415 Umstritten[6] ist die Auslegung der zweiten Alternative, dass die Steuer nicht in dem Staat erhoben wird, aus dem die Einkünfte stammen. Damit ist der Fall gemeint, dass es sich um ausländische Einkünfte aus einem Staat gem. § 34d EStG handelt, ein anderer Staat (**Drittstaat**) jedoch eine Steuer auf diese Einkünfte erhebt. Eine Einschränkung dahin gehend, dass der Drittstaat sich nicht „schlicht" ein international unübliches Besteuerungsrecht angemaßt haben darf,[7] ist dem Gesetz nicht zu entnehmen. Vor allem sind es in der Praxis Fälle ausländischer Betriebsstätten, die Drittstaatseinkünfte beziehen, die nach deutschem Recht der Betriebsstätte zuzuordnen sind, die aber auch der Drittstaat besteuert. Ermöglicht der Betriebsstättenstaat – wie § 50 Abs. 3 EStG – die Anrechnung der Drittstaatssteuern, so verringert sich die Steuer im Betriebsstättenstaat, die in Deutschland anrechenbar ist. Es ist daher angebracht, die Drittstaatssteuer wenigstens zum Abzug zuzulassen.[8] Eine andere Anwendungsmöglich-

---

1 Ebenso *Staats* in RHN, § 26 Rz. 108.
2 *Jochimsen/Schnitger* in Schnitger/Fehrenbach, § 26 Rz. 306.
3 *Geurts* in Bott/Walter, § 26 Rz. 162; *Jochimsen/Schnitger* in Schnitger/Fehrenbach, § 26 Rz. 313.
4 *Jochimsen/Schnitger* in Schnitger/Fehrenbach, § 26 Rz. 315.
5 Ebenso *Geurts* in Bott/Walter, § 26 Rz. 162: *Jochimsen/Schnitger* in Schnitger/Fehrenbach, § 26 Rz. 320; Blümich/*Pohl*, § 26 Rz. 116.
6 Vgl. *Jochimsen/Schnitger* in Schnitger/Fehrenbach, § 26 Rz. 321; *Siegers* in DPM, § 26 Rz. 290; Blümich/*Pohl*, § 26 Rz. 117.
7 So *Siegers* in DPM, ebenda.
8 A. A. *Siegers* in DPM, § 26 Rz. 291.

keit des Abzuges ergibt sich in dem Fall, dass Deutschland die Drittstaatseinkünfte dem Drittstaat zuordnet und dessen Steuer anrechnet, ein ausländischer Staat (z. B. Betriebsstättenstaat) diese Einkünfte der beschränkten Steuerpflicht unterwirft. Dann kann diese Steuer wenigstens abgezogen werden.[1]

Die dritte Alternative betrifft den Fall, dass im einem ausländischen Staat ausländische Steuer erhoben wird, obwohl aus der Sicht des deutschen Einkommensteuerrechts **keine ausländischen Einkünfte** i. S. d. § 34d EStG vorliegen. Dies betrifft insbesondere Staaten, die eine Liefergewinnbesteuerung kennen.[2]

Für den Abzug gibt es keine weiteren Einschränkungen wie Höchstbetragsberechnung, per-country-limitation. Hinsichtlich der Subjektidentität (→ Rz. 91) hat der BFH entschieden,[3] dass bei einer missbräuchlichen Gestaltung, bei der gem. § 42 AO die Einkünfte einer ausländischen, zwischengeschalteten Gesellschaft dem inländischer Steuerpflichtigen zugerechnet werden, mangels Subjektidentität kein Abzug erfolgen kann, wenn der ausländische Staat die ausländische Gesellschaft besteuert. Der Entscheidung liegt allerdings eine verwickelte Konstruktion von ausländischen Gesellschaften zugrunde. Das Gericht betont, dass seine Entscheidung für die „Gegebenheiten des Streitfalles" gilt. Der Streit in der Literatur[4] ist damit nicht generell entschieden.

Der Abzug „ist" in allen Fällen vorzunehmen, d. h. **von Amts wegen**.[5]

(Einstweilen frei)

H. Tonnagebesteuerung und Pauschalierung

I. Gewinnermittlung bei Handelsschiffen im internationalen Verkehr

Durch Art. 9 Nr. 1 Seeschifffahrtsanpassungsgesetz wurde die sog. Tonnagebesteuerung gem. § 5a EStG eingeführt.[6]

Betreibt die Körperschaft Handelsschiffe im internationalen Verkehr, so kann auf unwiderruflichen Antrag hin auf die Dauer von zehn Jahren der Gewinn nach der in ihrem Betrieb geführten Tonnage ermittelt werden, wenn die Bereederung dieser Schiffe im Inland erfolgt (§ 5a Abs. 1 EStG; vgl. dort auch wegen der Voraussetzungen und der weiteren Einzelheiten der Tonnagebesteuerung). Die Vergünstigung wird auf Antrag gewährt (§ 5a Abs. 3 EStG), der im Wirtschaftsjahr der Anschaffung oder Herstellung mit Wirkung ab Beginn dieses Wirtschaftsjahrs zu stellen ist; der Steuerpflichtige ist zehn Jahre an die einmal gewählte Gewinnermittlung gebunden. Bei der Tonnagebesteuerung scheidet eine Steuerermäßigung für die im Ausland bezahlten Steuern nach § 26 Abs. 1 KStG i.V. m. § 34c Abs. 1 bis 3 EStG aus (§ 5a Abs. 5 Satz 2

---

1 Ebenso Blümich/*Pohl*, § 26 Rz. 117.
2 Vgl. BFH, Urteile v. 19. 3. 2002 - I R 15/01, BFH/NV 2002, 1411 = NWB BAAAA-68107; v. 1. 4. 2003 - I R 39/02, BStBl 2003 II 869.
3 BFH, Urteil v. 2. 3. 2016 - I R 73/14; BStBl 2016 II 887; kritisch *Wassermeyer*, IStR 2016, 825.
4 Für Abzug z. B. Kirchhof/*Gosch* EStG § 34c Rz. 2, gegen Abzug z. B. *Nieland* in Bordewin/Brandt § 34c EStG Rz. 28; s. auch *Riehl/Wagemann* IWB 2016, 651.
5 *Staats* in RHN, § 26 Rz. 118.
6 BMF, Schreiben v. 24. 6. 1999, BStBl 1999 I 669; v. 24. 3. 2000, BStBl 2000 I 453; v. 25. 5. 2000, BStBl 2000 I 809; v. 15. 5. 2002, BStBl 2002 I 533, Rz. 9; v. 12. 6. 2002, BStBl I 2002, 614, und v. 31. 10. 2008, BStBl 2008 I 956; BFH, Urteile v. 6. 7. 2005 - VIII R 74/02, BStBl 2008 II 180; v. 20. 11. 2006 - VIII R 33/05, BStBl 2007 II 261; v. 13. 12. 2007 - IV R 92/05, BStBl 2008 II 583; v. 21. 10. 2010 - IV R 23/08, BStBl 2011 II 277; v. 19. 7. 2011 - IV R 42/10, BFH/NV 2011, 1770; v. 31. 5. 2012 - IV R 14/09, BFH/NV 2012, 1533.

EStG). Zur zeitlichen Anwendung der Vorschrift des § 5a EStG vgl. § 52 Abs. 15 EStG; ferner zur Betriebsausgabenbeschränkung § 4 Abs. 5 Satz 1 Nr. 11 EStG mit Wirkung ab dem Veranlagungszeitraum 2004.

433 Diese Gewinnermittlung gilt nach § 8 Abs. 1 KStG auch für das Körperschaftsteuerrecht.

434–440 *(Einstweilen frei)*

II. Pauschalierung der Körperschaftsteuer

441 Der sog. **Pauschalierungserlass**[1] betr. die Pauschalierung der Einkommensteuer und Körperschaftsteuer für ausländische Einkünfte nach § 34c Abs. 5 EStG ist, soweit der Erlass Vergünstigungen auch für die Körperschaftsteuer vorgesehen hat, mit Wirkung ab Veranlagungszeitraum 2004 aufgehoben worden.[2] Im **Einzelfall** können die obersten Finanzbehörden der Länder mit Zustimmung des BMF jedoch die auf die ausländischen Einkünften entfallende inländische Körperschaftsteuer erlassen oder pauschalieren, wenn dies volkswirtschaftlich zweckmäßig ist oder die Anrechnung besondere Schwierigkeiten bereitet. Dies kommt allerdings äußerst selten vor.

442–450 *(Einstweilen frei)*

I. Ausländische Einkünfte beschränkt steuerpflichtiger Körperschaften

451 Beschränkt steuerpflichtige Körperschaft können für ihre ausländischen Einkünfte gem. § 26 Abs. 1 KStG i. V. m. **§ 50 Abs. 3 EStG** in Anspruch nehmen:

- ▶ direkte Steueranrechnung (§ 26 Abs. 1 Satz 1 KStG; § 34c Abs. 1 EStG),
- ▶ Abzug der ausländischen Steuer bei der Ermittlung der Einkünfte (§ 26 Abs. 1 KStG, § 34c Abs. 2 und 3 EStG).

BEISPIEL: ▶ Eine chilenische AG unterhält in der Bundesrepublik eine rechtlich unselbständige Betriebsstätte, die im Libanon gewerbliche Gewinne erzielt, für die vor Ort Ertragsteuern entrichtet werden müssen. In diesem Fall ist über § 26 Abs. 6 KStG, § 50 Abs. 6 i. V. m. § 34c Abs. 1 EStG auf die deutsche Körperschaftsteuer die libanesische Steuer anzurechnen.

452 § 50 Abs. 3 EStG zieht die Folgen daraus, dass ausländische Einkünfte von beschränkt Steuerpflichtigen auch der deutschen Besteuerung unterliegen können. Um eine **Diskriminierung** zu vermeiden, werden diese wie unbeschränkt Steuerpflichtige hinsichtlich der Anrechnung und des Abzuges behandelt. Im Sinne eines bestehenden Abkommens gelten die beschränkt Steuerpflichtigen nicht als Ansässige i. S. d. Abkommens und können sich daher nicht auf das Abkommen berufen. Ist die Körperschaft jedoch in dem anderen Staat unbeschränkt steuerpflichtig, so scheidet diese Möglichkeit aus.

453 Beschränkt steuerpflichtig sind **ausländische Körperschaften** i. S. v. § 2 Nr. 1 KStG. Nicht gemeint[3] sind hingegen doppelt ansässige Körperschaft und sonstige Körperschaften gem. § 2 Nr. 2 KStG. Somit scheiden juristische Personen des öffentlichen Rechts und steuerbefreite Körperschaften aus.

---

[1] BMF, Schreiben v. 10. 4. 1984, BStBl 1984 I 252.
[2] BMF, Schreiben v. 24. 11. 2003, BStBl 2003 I 747.
[3] Ebenso *Jochimsen/Schnitger* in Schnitger/Fehrenbach, § 26 Rz. 349; *Siegers* in DPM, § 26 Rz. 308 f.

Die Körperschaft muss im Inland einen **Betrieb** unterhalten. Darunter ist eine Betriebsstätte i. S. v. **§ 12 AO** zu verstehen.[1] Daraus folgt, dass „im Inland ein Betrieb unterhalten" werden muss. Dies knüpft an die Voraussetzungen der beschränkten Steuerpflicht in § 49 Abs. 1 Nr. 1, Nr. 2a und 3 EStG an. Darauf nimmt § 50 Abs. 3 EStG ausdrücklich Bezug.[2]

454

Ist mit dem Staat, in dem die beschränkt steuerpflichtige Körperschaft ihre ausländischen Einkünfte erzielt und in dem sie nicht unbeschränkt steuerpflichtig ist, ein **DBA** abgeschlossen, so gilt folgendes

455

> **BEISPIEL:** In der Bundesrepublik unterhält eine chilenische Aktiengesellschaft eine Betriebsstätte, die Montagegewinne aus einer Tätigkeit in der Schweiz erzielt, die in der Schweiz besteuert werden.

Nach Art. 1 i. V. m. Art. 4 Abs. 1 DBA-Schweiz ist die beschränkt steuerpflichtige chilenische AG nicht abkommensberechtigt, weil sie in der Bundesrepublik und in der Schweiz nicht unbeschränkt steuerpflichtig und damit i. S. d. Abkommens nicht ansässig ist.[3] Sie kann aber die schweizerische Steuer auf ihre inländische Körperschaftsteuer anrechnen oder bei der Ermittlung der Einkünfte abziehen (vgl. § 34c Abs. 6 Satz 4 EStG analog).

Nach § 50 Abs. 3 EStG ist eine Anrechnung auf die inländischen, der beschränkten Steuerpflicht unterliegenden Einkünfte vorzunehmen. Das Gesetz schweigt darüber, wie diese Einkünfte und die ausländischen Einkünfte zu ermitteln sind. Dies betrifft insbesondere die Zuordnung von Aufwendungen. Nach § 50 Abs. 1 EStG entscheidet sich dies nach dem „wirtschaftlichen Zusammenhang". § 50a Abs. 3 EStG stellt – für den Steuerabzug – allerdings auf den „unmittelbaren wirtschaftlichen Zusammenhang" ab.

456

> **BEISPIEL:** Die im Staat A ansässige Kapitalgesellschaft unterhält im Inland eine Betriebsstätte, die Einkünfte aus einer Tätigkeit im Staat B erzielt. Neben den in der Betriebsstätte unmittelbar anfallenden Kosten hat das Stammhaus erhebliche allgemeine Verwaltungskosten. Sind diese – anteilig – bei den inländischen Betriebsstätteneinkünften zu berücksichtigen? Verringern diese auch die Einkünfte aus B?

Da die allgemeine Zuordnungsregelung in § 50 Abs. 1 EStG enthalten ist und diese auf den allgemeinen wirtschaftlichen Zusammenhang[4] abstellt, ist auch dieser maßgebend.

(Einstweilen frei)

457–470

K. Übergangsregelung für bestimmte EU-Staaten

§ 26 Abs. 2 Satz 3: § 34c Abs. 6 Satz 3 des EStG ist auch auf Einkünfte entsprechend anzuwenden, die aufgrund einer Verordnung oder Richtlinie der Europäischen Union in einem anderen Mitgliedstaat der Europäischen Union nicht besteuert werden.

Wie oben → Rz. 32 bereits ausgeführt wurden durch Art. 2 Nr. 1 des EG-Amtshilfe-Anpassungsgesetz die Sätze 3 bis 8 in § 26 Abs. 6 a. F. angefügt – in der Zählung seit dem Jahressteuergesetz 2007: Abs. 4 bis 9 – geht es um Folgendes: Für einige Beitrittsstaaten waren für eine Über-

471

---

[1] *Jochimsen/Schnitger* in Schnitger/Fehrenbach, § 26 Rz. 350; *Siegers* in DPM, § 26 Rz. 312; *Frotscher/Drüen*, § 26 Rz. 159; a. A. *Geurts* in Bott/Walter, § 26 Rz. 31.
[2] Siehe *Jochimsen/Schnitger* in Schnitger/Fehrenbach, § 26 Rz. 351.
[3] Vgl. BFH, Urteile v. 29. 1. 1986 - I R 109/85, BStBl 1986 II 442; v. 29. 1. 1986 - I R 296/82, BStBl 1986 II 513.
[4] Schmidt/*Loschelder* § 50 Rz. 7

gangszeit bis Juli 2013 Sonderregelungen vorgesehen (im Detail vgl. Vorauflage)[1] Einzig mit Bulgarien hat noch eine Sonderreglung bis 31.12.2014, die aber zu keinen Abweichungen vom Normalfall führen. Daher wurden die gesamten Bestimmungen aufgehoben.

472 Neu ist nun die Erweiterung auf die EU-Verordnung. § 34c Abs. 6 Satz 3 EStG erklärt § 34c Abs. 1 Satz 3 EStG für Einkünfte anwendbar, die nach einem DBA mit diesem Staat im anderen Staat nicht besteuert werden können (s. o. → Rz. 156 ff.), so dass diese Einkünfte, weil sie im anderen Staat nach dessen Recht nicht besteuert werden, bei deren Berechnungen nicht zu berücksichtigen sind. Dies wird auf Einkünfte erweitert, die nach einer EU-Verordnung im Quellenstaat nicht besteuert werden.

473 Durch die Anfügung des Satzes 9 durch Art. 2 Nr. 2 des Steueränderungsgesetzes 2007 – jetzige Zählung: Satz 10 – wird bestimmt, dass die Sätze 1 bis 8 im Fall der Besteuerung nach Art. 15 Abs. 2 Satz 2 des Abkommens zwischen der Europäischen Gemeinschaft und der Schweizerischen Eidgenossenschaft über Regelungen, die den in der Richtlinie 2003/48/EG des Rates im Bereich der Besteuerung von Zinserträgen festgelegten Regelungen gleichwertig sind,[2] entsprechend anzuwenden sind. Auch dies ist inzwischen Vergangenheit.

Vierter Teil: Nicht in das Nennkapital geleistete Einlagen und Entstehung und Veranlagung

§ 27 Nicht in das Nennkapital geleistete Einlagen

(1) ¹Die unbeschränkt steuerpflichtige Kapitalgesellschaft hat die nicht in das Nennkapital geleisteten Einlagen am Schluss jedes Wirtschaftsjahrs auf einem besonderen Konto (steuerliches Einlagekonto) auszuweisen. ²Das steuerliche Einlagekonto ist ausgehend von dem Bestand am Ende des vorangegangenen Wirtschaftsjahrs um die jeweiligen Zu- und Abgänge des Wirtschaftsjahrs fortzuschreiben. ³Leistungen der Kapitalgesellschaft mit Ausnahme der Rückzahlung von Nennkapital im Sinne des § 28 Abs. 2 Satz 2 und 3 mindern das steuerliche Einlagekonto unabhängig von ihrer handelsrechtlichen Einordnung nur, soweit sie den auf den Schluss des vorangegangenen Wirtschaftsjahrs ermittelten ausschüttbaren Gewinn übersteigen (Einlagenrückgewähr). ⁴Der Bestand des steuerlichen Einlagekontos kann durch Leistungen nicht negativ werden; Absatz 6 bleibt unberührt. ⁵Als ausschüttbarer Gewinn gilt das um das gezeichnete Kapital geminderte in der Steuerbilanz ausgewiesene Eigenkapital abzüglich des Bestands des steuerlichen Einlagekontos.

(2) ¹Der unter Berücksichtigung der Zu- und Abgänge des Wirtschaftsjahrs ermittelte Bestand des steuerlichen Einlagekontos wird gesondert festgestellt. ²Der Bescheid über die gesonderte Feststellung ist Grundlagenbescheid für den Bescheid über die gesonderte Feststellung zum folgenden Feststellungszeitpunkt. ³Bei Eintritt in die unbeschränkte Steuerpflicht ist der zum Zeitpunkt des Eintritts in die Steuerpflicht vorhandene Bestand der nicht in das Nennkapital geleisteten Einlagen gesondert festzustellen; der gesondert festgestellte Bestand gilt als Bestand des steuerlichen Einlagekontos am Ende des vorangegangenen Wirtschaftsjahrs. ⁴Kapitalgesellschaften haben auf den Schluss jedes Wirtschaftsjahrs Erklärungen zur gesonderten

---

[1] Einzelheiten auch BT-Drucks. 18/1529, 68.
[2] ABl. 2004 L 385 S. 30.

Feststellung von Besteuerungsgrundlagen abzugeben. ⁵Die Erklärungen sind von den in § 34 der Abgabenordnung bezeichneten Personen eigenhändig zu unterschreiben.

(3) ¹Erbringt eine Kapitalgesellschaft für eigene Rechnung Leistungen, die nach Absatz 1 Satz 3 als Abgang auf dem steuerlichen Einlagekonto zu berücksichtigen sind, so ist sie verpflichtet, ihren Anteilseignern die folgenden Angaben nach amtlich vorgeschriebenem Muster zu bescheinigen:

1. den Namen und die Anschrift des Anteilseigners,
2. die Höhe der Leistungen, soweit das steuerliche Einlagekonto gemindert wurde,
3. den Zahlungstag.

²Die Bescheinigung braucht nicht unterschrieben zu werden, wenn sie in einem maschinellen Verfahren ausgedruckt worden ist und den Aussteller erkennen lässt.

(4) ¹Ist die in Absatz 1 bezeichnete Leistung einer Kapitalgesellschaft von der Vorlage eines Dividendenscheins abhängig und wird sie für Rechnung der Kapitalgesellschaft durch ein inländisches Kreditinstitut erbracht, so hat das Institut dem Anteilseigner eine Bescheinigung mit den in Absatz 3 Satz 1 bezeichneten Angaben nach amtlich vorgeschriebenem Muster zu erteilen. ²Aus der Bescheinigung muss ferner hervorgehen, für welche Kapitalgesellschaft die Leistung erbracht wird. ³Die Sätze 1 und 2 gelten entsprechend, wenn anstelle eines inländischen Kreditinstituts eine inländische Zweigniederlassung eines der in § 53b Absatz 1 oder 7 des Kreditwesengesetzes genannten Unternehmen die Leistung erbringt.

(5) ¹Ist für eine Leistung der Kapitalgesellschaft die Minderung des Einlagekontos zu niedrig bescheinigt worden, bleibt die der Bescheinigung zugrunde gelegte Verwendung unverändert. ²Ist für eine Leistung bis zum Tag der Bekanntgabe der erstmaligen Feststellung im Sinne des Absatzes 2 zum Schluss des Wirtschaftsjahrs der Leistung eine Steuerbescheinigung im Sinne des Absatzes 3 nicht erteilt worden, gilt der Betrag der Einlagenrückgewähr als mit 0 Euro bescheinigt. ³In den Fällen der Sätze 1 und 2 ist eine Berichtigung oder erstmalige Erteilung von Steuerbescheinigungen im Sinne des Absatzes 3 nicht zulässig. ⁴In anderen Fällen ist die auf den überhöht ausgewiesenen Betrag der Einlagenrückgewähr entfallende Kapitalertragsteuer durch Haftungsbescheid geltend zu machen; § 44 Abs. 5 Satz 1 zweiter Halbsatz des Einkommensteuergesetzes gilt insoweit nicht. ⁵Die Steuerbescheinigungen können berichtigt werden. ⁶Die Feststellung im Sinne des Absatzes 2 für das Wirtschaftsjahr, in dem die entsprechende Leistung erfolgt ist, ist an die der Kapitalertragsteuerhaftung nach Satz 4 zugrunde gelegte Einlagenrückgewähr anzupassen.

(6) Minderabführungen erhöhen und Mehrabführungen mindern das Einlagekonto einer Organgesellschaft, wenn sie ihre Ursache in organschaftlicher Zeit haben.

(7) Die vorstehenden Absätze gelten sinngemäß für andere unbeschränkt steuerpflichtige Körperschaften und Personenvereinigungen, die Leistungen im Sinne des § 20 Abs. 1 Nr. 1, 9 oder Nr. 10 des Einkommensteuergesetzes gewähren können.

(8) ¹Eine Einlagenrückgewähr können auch Körperschaften oder Personenvereinigungen erbringen, die in einem anderen Mitgliedstaat der Europäischen Union der unbeschränkten Steuerpflicht unterliegen, wenn sie Leistungen im Sinne des § 20 Abs. 1 Nr. 1 oder 9 des Einkommensteuergesetzes gewähren können. ²Die Einlagenrückgewähr ist in entsprechender Anwendung der Absätze 1 bis 6 und der §§ 28 und 29 zu ermitteln. ³Der als Leistung im Sinne des Satzes 1 zu berücksichtigende Betrag wird auf Antrag der Körperschaft oder Personenver-

einigung für den jeweiligen Veranlagungszeitraum gesondert festgestellt. ⁴Der Antrag ist nach amtlich vorgeschriebenem Vordruck bis zum Ende des Kalenderjahrs zu stellen, das auf das Kalenderjahr folgt, in dem die Leistung erfolgt ist. ⁵Zuständig für die gesonderte Feststellung ist die Finanzbehörde, die im Zeitpunkt der Abgabe des Antrags nach § 20 der Abgabenordnung für die Besteuerung nach dem Einkommen örtlich zuständig ist. ⁶Bei Körperschaften oder Personenvereinigungen, für die im Zeitpunkt der Antragstellung nach § 20 der Abgabenordnung keine Finanzbehörde zuständig ist, ist abweichend von Satz 5 das Bundeszentralamt für Steuern zuständig. ⁷Im Antrag sind die für die Berechnung der Einlagenrückgewähr erforderlichen Umstände darzulegen. ⁸In die Bescheinigung nach Absatz 3 ist das Aktenzeichen der nach Satz 5 oder 6 zuständigen Behörde aufzunehmen. ⁹Soweit Leistungen nach Satz 1 nicht gesondert festgestellt worden sind, gelten sie als Gewinnausschüttung, die beim Anteilseigner zu Einnahmen im Sinne des § 20 Abs. 1 Nr. 1 oder 9 des Einkommensteuergesetzes führen.

Inhaltsübersicht

	Rz.
A. Überblick über § 27 KStG	1 - 20
B. Rechtsentwicklung des § 27 KStG	21 - 30
C. Verhältnis des § 27 KStG zu anderen Vorschriften	31 - 40
D. Grundtatbestand (§ 27 Abs. 1 KStG)	41 - 144
I. Persönlicher Anwendungsbereich	41 - 50
II. Das steuerliche Einlagekonto	51 - 69
1. Grundlagen	51
2. „Nicht in das Nennkapital"	52
3. Einlage	53 - 58
4. Auf ein besonderes Konto	59 - 60
5. Am Schluss jedes Wirtschaftsjahres	61 - 69
III. Laufende Fortschreibung des Einlagekontos	70 - 100
1. Erstmalige Ermittlung des Bestandes des Einlagekontos	71 - 90
a) Alt-Körperschaften mit Gliederungsrechnung	72 - 73
b) Alt-Körperschaften ohne Gliederungsrechnung	74 - 76
c) Beginn der unbeschränkten Steuerpflicht (§ 27 Abs. 2 Satz 3 KStG)	77 - 90
2. Fortschreibung während des Wirtschaftsjahres	91 - 100
IV. § 27 Abs. 1 Satz 3 und Satz 5 KStG – Einlagenrückgewähr	101 - 120
V. Kein negatives Einlagekonto	121 - 130
VI. Problemfelder des § 27 Abs. 1 Sätze 3 und 4 KStG	131 - 144
1. Zurechnung der verwendeten Leistungen an die Anteilseigner	131 - 135
2. „zu frühe" Verwendung	136 - 140
3. Ausnahmen von der Verwendungsreihenfolge	141 - 144
E. Gesonderte Feststellung (§ 27 Abs. 2 KStG)	145 - 180
I. Überblick	145 - 150
II. Feststellungsverfahren	151 - 154
III. Feststellungsbescheid als Grundlagenbescheid	155 - 160
IV. Eintritt in die unbeschränkte Steuerpflicht	161 - 170
V. Steuererklärungspflicht	171 - 175
VI. Entsprechende Anwendung des § 27 Abs. 2 KStG	176 - 180
F. Bescheinigung der leistenden Körperschaft	181 - 225
I. Allgemeines	181 - 190
II. Verpflichtung, dem Anteileigner eine Bescheinigung zu erteilen	191 - 200
III. Inhalt der Bescheinigung	201 - 210
IV. Form der Bescheinigung	211 - 215
V. Berichtigung fehlerhafter Bescheinigungen	216 - 220
VI. Zeitpunkt der Erteilung der Bescheinigung	221 - 225
G. Bescheinigung eines Kreditinstituts	226 - 235

H. Fehlerhafte Bescheinigung und Haftung	236 - 245
I. Mehr- und Minderabführungen in Organschaftsfällen	246 - 257
I. Überblick	246 - 250
II. Minder- und Mehrabführungen aus organschaftlicher Zeit	251 - 257
K. Erweiterung des persönlichen Anwendungsbereiches	258 - 260
L. Einlagenrückgewähr bei Körperschaften in der Europäischen Union	261 - 274

A. Überblick über § 27 KStG

LITERATURHINWEISE:

Dötsch/Pung, StSenkG, Die Änderung bei der KSt und bei der Anteilseigner-Besteuerung, DB 2000, Beilage 10; *Schaumburg/Rödder (Hrsg.)*, Unternehmensteuerreform 2001, 2000; *Semmler*, Die KSt-Minderung und -erhöhung sowie die Einlagenrückgewähr nach dem StSenkG, DStR 2001, 1337; *Linklaters, Oppenhoff & Rädler*, Steueränderungen zum 1.1.2002 im Unternehmensbereich, DB 2002, Beilage 1; *Ackermann/Strand*, GA als „steuerfreie" Einlagerückzahlung, GmbHR 2002, 584; *Förster/van Lishaut*, Das körperschaftsteuerliche Eigenkapital i. Süd. §§ 27- 29 KStG 2001 (Teil 1), FR 2002, 1205 sowie (Teil 2), FR 2002, 1257; *Binnewies*, Das steuerliche Einlagekonto im Halbeinkünfteverfahren, GmbHStB 2003, 129 ff.; *Dötsch/Pung*, Steuerliches Einlagekonto, Kapitalerhöhung aus Rücklagen und Kapitalherabsetzung: Das Einführungsschreiben des BMF v. 4.6.2003, DB 2003, 1345; *Franz*, Das steuerliche Einlagekonto – Anmerkungen zum BMF-Schreiben v. 4.6.2003 zur Anwendung von § 27, § 28 KStG 2002, GmbHR 2003, 818; *Pfaar/Hanisch/Welke*, Steuerliche Auswirkungen der ergebnisneutralen Auskehrung einer KapRücklage, GmbHR 2003, 150; *Voß*, Aktuelle Probleme des neuen EK-Ausweises nach den §§ 27-29 KStG, BB 2003, 880; *Semmler/Zimmermann*, Ausgewählte Fragen zur Führung des Einlagekontos bei Betrieben gewerblicher Art, DB 2005, 2153; *Blumenberg/Lechner*, Der Regierungsentwurf des SEStEG: Entstrickung und Sitzverlegung, Neuerungen beim Einlagekonto, Körperschaftsteuerminderung und -Erhöhung sowie sonstige Änderungen im Körperschaftsteuerrecht, BB Beilage 8 zu Heft 44/2006, 25 ff.; *Dötsch/Pung*, SEStEG: Die Änderungen des KStG, DB 2006, 2648 ff.; *Schneider*, Änderungen im Körperschaftsteuerrecht nach dem SEStEG, NWB F. 4, 5139; *Schönherr/Lemaitre*, Der Entwurf des SEStEG: Geplante Änderungen im Einkommen-, Körperschaft- und Gewerbesteuergesetz, GmbHR 2006, 561 ff.; *Winkeljohann/Fuhrmann*, SEStEG: Einlagekonto, Körperschaftsteuer-Guthaben und Nachversteuerung von EK 02-Beträgen auf dem Weg nach Europa, DB 2006, 1862; *Bauerschmitt/Blöchle*, SEStEG: Umwandlung unerwünscht!, BB 2007, 743 ff.; *Lornsen-Veit/Behrendt*, Forderungsverzicht mit Besserungsschein nach dem SEStEG – weiterhin Direktzugriff auf das Einlagekonto, FR 2007, 179 ff.; *Nagel*, Die Europäisierung im Umwandlungsteuerrecht – Ein Überblick Neue Rahmenbedingungen durch das SEStEG (I), EStB 2007, 53 ff.; *Schiffers*, Systemänderung bei KSt-Guthaben und steuerlichem Einlagekonto – Praktische Folgen aus den Neuerungen des SEStEG, GmbHStB 2007, 76 ff.; *Dötsch/Pung*, JStG 2008: Die Änderungen des KStG, des UmwStG und des GewStG, DB 2007, 2669 ff.; *Pohl*, Forderungsverzicht, DB 2007, 1553; *Fischenich/Sedemund*, Auslandsgesellschaft, BB 2008, 1656; *Jetter/Stadler*, Grenzüberschreitende Verschmelzungen von Kapitalgesellschaften und steuerliches Einlagekonto, IStR 2009, 336; *Heerdt*, Die steuerliche Behandlung von Mehrabführungen im Rahmen eines upstream-mergers auf eine Organgesellschaft, DStR 2009, 938; *Sedemund*, Zweifelsfragen im Rahmen von § 28 Abs. 8 KStG, IStR 2009, 579; *ders.*, Zuständigkeits- und Verfahrensfragen bei Leistungen ausländischer Kapitalgesellschaften an inländische Anteilseigner, IStR 2010, 270; *Hakeböke*, Zur Zuständigkeit des Bundeszentralamtes für Steuern bei grenzüberschreitenden Kapitalherabsetzungen von EU-Kapitalgesellschaften nach § 27 Abs. 8 KStG, IStR 2010, 715; *Lohmann/Heerdt*, Außerorganschaftlich verursachte Mehrabführungen nach formwechselnder Umwandlung, DB 2010, 1937; *Klemke/Voßkuhel*, Unterjährige Zugänge bei Ausschüttungen aus dem steuerlichen Einlagekonto, DB 2010, 2696; *Köhler*, DB 2011, 15; *Graf*, Zu den Auswirkungen ausländischen Gesellschaftsrechts auf das deutsche Steuerrecht, NZG 2011, 379; *Kraft*, Führung eines steuerlichen Einlagekontos durch privatnützige Stiftungen, DStR 2011, 1837; *Peitsmeyer/Klett*, Gesellschafts- und haftungsrechtliche Konsequenzen der fehlerhaften steuerlichen Behandlung von Ausschüttungen bei Kapitalgesellschaften, BB 2011, 2121; *Sedemund/Seufert/Sievert*, Steuerneutrale Kapitalrückzahlungen von in Drittstaaten ansässigen Kapitalgesellschaften an inländische Anteilseigner, DB 2011, 1606; *Spilker/Peschke*, Erfordernis der Steuerneutralität der Einlagenrückgewähr aus ausländischen Gesellschaften, DStR 2011, 385; *Klemke/Voßkuhle*, Vorrang des Veranlagungsverfahrens vor dem Abzugsverfahren, DB 2012, 2248; *Bareis*, Magische Gewinnerschaffung durch § 27 KStG?, DB 2013, 2231; *Binnewies*, Haftungsfalle Einlagekonto nach

§ 27 KStG, GmbH-StB 2013, 22; *Steinhäuser*, Einlagenrückgewähr nach § 27 Abs. 8 KStG in der Praxis, in: Lüdicke/Mössner/Hummel, Festschrift Frotscher (Das Steuerrecht der Unternehmen, 2013, S. 597; *Roser* GmbH-StB 2014, 238; *Hermann/Peschke*, Steuerliche Behandlung der Einlagenrückgewähr bei Gesellschaften aus Drittstaaten jetzt vor dem BFH, IStR 2014, 371; *Ott*, Probleme beim steuerlichen Einlagekonto und der Einlagenrückgewähr, DStR 2014, 673; *Schüttler/Spielmann*, Ausschüttungsfiktion und steuerliches Einlagekonto bei Regiebetrieben, DStR 2014, 1365; *Ott*, Einlagerückgewähr, GmbHR 2014, 971; *Schulz*, Rückgewährung der verdeckten Gewinnausschüttung bei späterer Rückgewähr, DStR 2014, 2165; *Burwitz*, Aktuelles zur internationalen Konzernbesteuerung, NZG 2014, 1334; *Schüttler*, Das neue BMF-Schreiben zur Ausschüttungsfiktion – Auslegungsfragen zu § 20 Abs. 1 Nr. 10 EStG bei Betrieben gewerblicher Art als Schuldner der Kapitalerträge, DStR 2015, 983; *Binnewies*, Praxisprobleme mit dem Einlagekonto, GmbHR 2015, 1065; *Ott*, Neues zur Haftungsfalle steuerliches Einlagekonto i. S. des § 27 KStG, StuB 2015, 796; *Rzepa/Titz*, Einlagenrückzahlung von Körperschaften, SWK 2015, 51; *Pohl*, Fallstricke des steuerlichen Einlagekontos, in: Lüdicke/Mellinghoff/Rödder, Nationale und internationale Unternehmensbesteuerung in der Rechtsordnung (Festschrift Gosch), München, 2016, S. 329; *Klepsch*, Gesonderte Feststellung nach § 27 Abs. 8 KStG auf Nennkapitalrückzahlungen bei EU-/EWR-Körperschaften, IStR 2016, 381; *Teiche*, Steuerliche Risiken bei (grenzüberschreitenden) Eigenkapitalmaßnahmen, DStR 2016, 712; *Endert*, Direktzugriff auf das Einlagekonto bei Wiederaufleben von Verbindlichkeiten?, DStR 2016, 1009; *Neyer*, Einlagenrückgewähr: Strafsteuer auf nachträglich der Besteuerung zugrunde gelegte vGA?, DStR 2016, 1841; *Benecke/Staats*, Einlagenrückgewähr bei Sachausschüttung („Spin-off") einer Drittstaatsgesellschaft, IStR 2016, 893; *Pohl*, Rückgewähr von Einlagen durch Drittstaatsgesellschaften, IWB 2016, 841; *Behrens/Renner*, Nennkapitalrückzahlungen durch EU/EWR-Kapitalgesellschaften, BB 2016, 1180; *Ott*, Einlagen und Einlagenrückgewähr bei Kapitalgesellschaften – Praktische Probleme im Zusammenhang mit dem steuerlichen Einlagekonto nach § 27 KStG, DStZ 2016, 227; *Söffing/Bron*, Ausschüttungen aus dem steuerlichen Einlagekonto innerhalb der erbschaft- und schenkungsteuerlichen Behaltensfrist, DStR 2016, 1913; *Moritz*, Die Reichweite der Verwendungsfestschreibung nach § 27 Abs. 1 S. 1 KStG, FR 2017, 84; *Meyer-Theobald/Süß*, Steuerneutrale Einlagenrückgewähr bei Gesellschaften aus Drittstaaten, DStR 2017, 137; *Arjes/Foddanu*, Neue Entwicklungen bei der Einlagenrückgewähr aus Drittstaaten, DB 2017, 688; *Mayer-Theobald/Süß*, Steuerneutrale Einlagenrückgewähr bei Gesellschaften aus Drittstaaten, DStR 2017, 137; *Schröder*, Berichtigung des fehlerhaft festgestellten steuerlichen Einlagekontos und Auswirkungen in der Liquidation, DStR 2017, 835; *Niedermaier*, Die Rechtsprechung des BFH zur Einlagenrückgewähr von Drittstaatsgesellschaften – Auswirkungen für die Beratungspraxis, DStR 2017, 1009; *Brühl*, Anfechtung des Feststellungsbescheides nach § 27 Abs. 2 S. 1 KStG durch den Anteilseigner?, DStR 2017, 1129; *Gaßmann/Welling*, Steuerliche Risiken und Besonderheiten bei (grenzüberschreitenden) Kapitalrückzahlungen. PiStB 2017, 249; *Moritz*, Die Reichweite der Verwendungsfestschreibung nach § 27 Abs. 5 S. 1 KStG, FR 2017, 84; ders., Zur Anwendbarkeit der Verwendungsfestschreibung gem. § 27 Abs. 5 S. 1 und 2 bei nachträglichen Änderungen an den Bestandteilen der Differenzrechnung, GmbHR 2017, 511; *Orth*, Nicht einkommensteuerpflichtige Leistungen einer Familienstiftung an ihre Destinatäre wegen Einlagenrückgewähr, DB 2017, 1410, 1472; *Ott*, Aktuelle Entwicklungen und Gestaltungsüberlegungen zum steuerlichen Einlagekonto, DStR 2017, 1505; *Boorberg*, Die formwechselnde Umwandlung einer Personengesellschaft in eine Kapitalgesellschaft oder Genossenschaft und das steuerliche Einlagenkonto, DStR 2017, 1801; *Ott*, Aktuelle Entwicklungen beim steuerlichen Einlagekonto nach § 27 KStG, StuB 2018, 273, NWB IAAAG-77588; *Karcher*, Veränderungen im steuerlichen Einlagekonto im Rückwirkungszeitraum der Verschmelzung und Spaltung von Kapitalgesellschaften, DStR 2018, 2173; *Micker/L'habitant*, Rückgewähr von Nennkapital und Einlagen bei EU/EWR-Körperschaften, Aktuelle Rechtsprechung zu § 27 Abs. 8 KStG, NWB 2018, 3901; *Wionzeck*, Jüngste Rechtsprechung zu den Antragsverfahren für die Rückgewähr von Einlagen von Körperschaften aus dem EU-Ausland gem. § 27 Abs. 8 KStG, Ubg 2018, 516.

ARBEITSHILFEN UND GRUNDLAGEN ONLINE:
Besteuerung juristischer Personen des öffentlichen Rechts, NWB SAAAE-85241.

1 Nach § 20 Abs. 1 Nr. 1 Satz 3 EStG gehören nicht zu den steuerbaren Einkünften aus Kapitalvermögen **Rückzahlungen von Einlagen** in Kapitalgesellschaften. Hat ein Gesellschafter Kapital in eine Kapitalgesellschaft investiert, so wird dieses bei der Gesellschaft Eigenkapital, sei es als Nennkapital oder sonstiges Eigenkapital. Erhält er es zurück, so ist es sein hingegebenes Geld. Eine Erhebung von Steuern auf die Rückzahlung würde Grundprinzipien des Steuerrechts ver-

letzten. Die Steuerfreiheit setzt voraus, dass bei Auszahlungen einer Kapitalgesellschaft an ihre Anteilseigner eindeutig erkennbar ist, ob es sich um die Rückzahlung einer Einlage oder um einen Gewinnanteil handelt. Diesem Zweck dient das in § 27 KStG geregelte steuerliche Einlagenkonto. § 20 Abs. 1 Nr. 1 Satz 3 EStG verknüpft das EStG mit dem KStG und lautet:

Die Bezüge gehören nicht zu den Einnahmen, soweit sie aus Ausschüttungen einer Körperschaft stammen, für die Beträge aus dem steuerlichen Einlagekonto i. S. des § 27 KStG verwendet gelten.

Das steuerliche Einlagekonto erfasst das nicht zum Nennkapital gehörende Eigenkapital, das eine Körperschaft ihren Anteilseigener bei Vorliegen der Voraussetzungen des § 20 Abs. 1 Nr. 1 Satz 3 EStG steuerfrei zurückgewähren kann.[1] § 20 EStG setzt voraus, dass der Anteilseigner eine **nicht wesentlich** i. S. d. § 17 EStG **beteiligte natürliche Person**en ist und die **Anteile im Privatvermögen** hält. Kapitalgesellschaften und wesentlich beteiligte Gesellschafter scheiden aus dem Anwendungsbereich des § 20 EStG aus. Für Letztere enthält § 17 Abs. 4 EStG die Spezialregelung, dass Leistungen aus dem Einlagekonto als Veräußerungen gelten.

Die Ausstattung einer Kapitalgesellschaft mit Eigenkapital ist ein **gesellschaftsrechtlicher Vorgang**, der die Gewinnermittlung der Gesellschaft nicht berührt, da die Mehrung des Gesellschaftskapitals nicht auf die wirtschaftliche Tätigkeit der Gesellschaft zurückgeht. Dabei ist es unerheblich, ob die Gesellschafter die Einlagen in das Nennkapital (§ 272 Abs. 1 HGB) oder in die Rücklagen (z. B. § 272 Abs. 2 HGB – Kapitalrücklage) leisten. § 4 Abs. 1 EStG (i. V. m. § 8 Abs. 1 KStG) nimmt folgerichtig Vermögensmehrungen durch Einlagen bei der Ermittlung des Gewinns durch Vermögensvergleich ausdrücklich aus. Bei den Gesellschaftern erhöhen sich dadurch die Anschaffungskosten ihrer Beteiligung. Das gilt unabhängig davon, ob den Gesellschaftern aus diesem Anlass weitere Anteile gewährt werden oder die Beteiligungsverhältnisse – wie bei einer Leistung in die Rücklagen oder zum Ausgleich eines Verlustvortrags – unverändert bleiben.

Die **Rückgewähr der Einlagen** stellt keine Zahlung einer Vergütung an den Anteilseigner für das der Gesellschaft zur Verfügung gestellte Kapital dar, da er die hingegebene Vermögenssubstanz zurückerhält. Um bei der Besteuerung des Anteilseigner sachgerecht zwischen zurückgezahlter Vermögenssubstanz (den Einlagen) einerseits und Kapitalerträgen andererseits unterscheiden zu können, bedarf es nach Ansicht des Gesetzgebers auf Seiten der Kapitalgesellschaft Aufzeichnungen, aus denen auch Jahre später erkennbar ist, dass den Anteilseigner Einlagen zurückgezahlt werden und keine Vergütung für die hingegebene Kapital erfolgt. Dabei kann die **Rückzahlung von Nennkapital** (insgesamt im Rahmen der Liquidation oder teilweise aus Anlass einer Kapitalherabsetzung) grundsätzlich außer Betracht bleiben. Diese lässt sich aufgrund der gesellschaftsrechtlichen Anforderungen an die Bildung und die Eintragung des Nennkapitals in das Handelsregister leicht von Gewinnausschüttungen unterscheiden. Eine Ausnahme gilt nur insofern, wenn zurückgezahltes Nennkapital nicht aus Einlagen der Gesellschafter stammt, sondern im Rahmen einer Kapitalerhöhung aus Gesellschaftsmitteln – im Zweifel aus Gewinnen – gebildet wurde. Daher bedarf es auch in diesen Fällen besonderer Aufzeichnungen der Körperschaft (vgl. *Mössner* in Mössner/Seeger/Oellerich, KStG § 28 Rz. 70 ff.).

Dies gilt jedoch nur für einkommensteuerpflichtige Personen als Empfänger von Bezügen aus dem steuerlichen Einlagekonto, die die Anteile an der Kapitalgesellschaft in ihrem Privatvermögen halten. Für **Kapitalgesellschaften** als Empfänger einer Einlagenrückgewähr vgl. *Geißer* in Mössner/Seeger/Oellerich, KStG, § 8b Rz. 37. Ähnlich ist es, wenn natürliche Personen die

---
[1] BFH, Urteil v. 19. 5. 2010 - I R 51/09, BFH/NV 2010, 1886 = NWB IAAAD-51326.

Anteile in einem **Betriebsvermögen** halten oder wesentlich beteiligt sind.[1] Eine Einlagenrückgewähr mindert in diesen Fällen die Anschaffungskosten. Eine übersteigende Einlagenrückgewähr wird bei Kapitalgesellschaften umstritten behandelt, bei natürlichen Personen kommt § 20 Abs. 1 Nr. 1 Satz 3 EStG zur Anwendung.[2]

Der Anteilseigner ist eine natürliche Person und hält

▶ eine nicht nach § 17 EStG steuerverstrickte **Beteiligung im Privatvermögen**:

– Die Bezüge von Eigenkapital i. S. d. § 27 KStG gehören gemäß § 20 Abs. 1 Nr. 1 Satz 3 EStG nicht zu den Kapitaleinkünften und sind damit steuerfrei.

▶ eine nach **§ 17 EStG** steuerverstrickte **Beteiligung im Privatvermögen**:

– Die Einlagenrückzahlung führt – zunächst – zu einer Verringerung der AK der Beteiligung.[3] Soweit die Rückzahlung die Anschaffungskosten übersteigt, sind die Bezüge als veräußerungsgleicher Gewinn i. S. d. § 17 Abs. 4 EStG – nach § 3 Nr. 40 Buchst. c EStG mit der Hälfte bzw. unter dem Teileinkünfteverfahren mit 60 % – steuerpflichtig.

▶ die Beteiligung **im Betriebsvermögen**:

– Die Einlagenrückgewähr führt zu einer Verringerung des Buchwertes der Kapitalbeteiligung.[4] Der Betrag, der den Buchwert der Beteiligung übersteigt, ist steuerpflichtig und sollte nach § 3 Nr. 40 Buchst. a EStG der Halbeinkünfte-/Teileinkünftebesteuerung unterliegen. Allerdings erfasst der Wortlaut der Vorschrift die Rückgewähr von Einlagen aus dem steuerlichen Einlagekonto nicht. Da die Vorschrift aber die Veräußerung und die Entnahme der Beteiligung ebenso erfasst wie die Rückgewähr von Nennkapital, dürfte diese planwidrige Regelungslücke im Wege einer Analogie geschlossen werden können.[5]

Der Anteilseigner ist eine Körperschaft

Die Einlagenrückzahlung mindert zunächst den Buchwert der Beteiligung.[6] Zweifelhaft ist, ob der übersteigende Betrag nach § 8b Abs. 1 KStG steuerfrei ist. Die Vorschrift gewährt die Steuerfreiheit für Bezüge i. S. d. § 20 Abs. 1 Nr. 1, 2, 9 und 10 Buchst. a EStG. Fraglich ist, ob die Vorschrift die Rückgewähr von Einlagen mit umfasst, die nach § 20 Abs. 1 Nr. 1 Satz 3 EStG ausdrücklich von diesen Bezügen ausgenommen ist.[7] Die Finanzverwaltung wendet § 8b Abs. 2 KStG darauf an.[8] Dies ist zwar im Ergebnis systematisch richtig, erfolgt aber ohne Rechtsgrundlage, da § 8b Abs. 2 KStG den Tatbestand einer Veräußerung voraussetzt.

---

1 BFH, Urteil v. 19. 7. 1994 – VIII R 58/92, BStBl 1995 II 362
2 Siehe auch die Übersicht bei *Niedermaier* DStR 2017, 1009 - 1011.
3 BFH, Urteil v. 19. 7. 1994 – VIII R 58/92, BStBl 1995 II 362.
4 BFH, Urteil v. 20. 4. 1999 – VIII R 38/96, BStBl 1999 II 647.
5 Str., ebenso: *Nacke/Intemann*, DB 2002, 756, m. w. N.; *Intemann* in HHR, Steuerreform, § 3 Nr. 40 EStG Rz. 129; a. A. *Dörner*, INF 2000, 545, 548, der die Einlagenrückzahlung wegen § 20 Abs. 1 Nr. 1 Satz 3 EStG steuerfrei belassen will.
6 BFH, Urteil v. 19. 5. 2010 – I R 51/09, BStBl 2014 II 937.
7 Dafür: *Dötsch* in DPM, § 8b KStG n. F. Rz. 12; dagegen: *Frotscher/Maas*, KStG, § 8b Rz. 20e, der stpfl. Einnahmen annimmt; für eine Anwendung von § 8b Abs. 2 KStG: *Menck* in Blümich, KStG, § 8b Rz. 36; *Eilers/Wienands*, GmbHR 2000, 1229; unklar BFH, Urteil v. 19. 5. 2010 – I R 51/09, BStBl II 2014, 937 insofern, als das Gericht die Anwendung von § 8 Abs. 1 KStG in Höhe der Anschaffungskosten ablehnt. Der darüber hinausgehende Betrag einer Einlagenrückgewähr war nicht Verfahrensgegenstand.
8 BMF 28. 4. 2003, BStBl I 2003, 292 Tz. 6; a. A. *Gosch/Bauschatz*, § 27 Rz. 20: voll steuerpflichtig.

Der Anteilseigner hat gegenüber der Körperschaft – wie immer bei der Verwendung von Beträgen aus dem steuerlichen Einlagekonto – **Anspruch auf** Erteilung einer **Steuerbescheinigung** nach § 27 Abs. 3 KStG.

Mit der Einführung der generellen **Steuerbarkeit von Anteilsveräußerungsgewinnen in § 20 Abs. 2 Nr. 1 EStG** ergibt sich folgendes Problem: § 20 Abs. 2 Nr. 1 EStG unterwirft den Veräußerungsgewinn der Einkommensteuer. Der Gewinn ergibt sich aus dem Erlös abzüglich der Veräußerungskosten und der Anschaffungskosten (§ 20 Abs. 4 EStG). Nach § 20 Abs. 1 Nr. 1 Satz 3 EStG ist die Einlagenrückgewähr steuerfrei. Mindert die Einlagenrückgewähr aber auch die Anschaffungskosten?

BEISPIEL: ▶ A erwirbt Anteile an einer AG für 100. Danach kommt es zu einer Einlagenrückgewähr von 30, die steuerfrei bleibt: A veräußert die Anteile für 150. Beträgt der Gewinn aus der Veräußerung 50 oder 70?

Gesetzestechnisch hätte es ausgereicht, die Regelung wie bei Anteilen im Betriebsvermögen oder § 17 EStG auszugestalten. Man hätte in § 20 Abs. 4 EStG eine Regelung über Anschaffungskosten und nachträgliche Anschaffungskosten bei im Privatvermögen gehaltenen Anteilen vorsehen können. Dann wäre § 20 Abs. 1 Satz 3 EStG überflüssig. Dies ist nicht erfolgt. Gleichwohl muss man analog zu im Betriebsvermögen gehaltenen Anteilen so vorgehen, dass die Einlagenrückgewähr die Anschaffungskosten entsprechend mindert.[1] Dies hat Bedeutung für den Veräußerungsfall, von dem § 20 Abs. 4 EStG handelt. Da der private Gesellschafter nicht das Einkommen durch Vermögensvergleich ermittelt, bleibt die Abschreibung der Anschaffungskosten ohne Wirkung für sein Einkommen, so dass es für ihn der Norm des § 20 Abs. 1 Nr. 1 Satz 3 EStG weiterhin bedarf. Übersteigt die Einlagenrückgewähr die Anschaffungskosten, so kann es daher zu negativen Anschaffungskosten kommen. Dies zeigt sich auch im Beispiel: A hat mit den 100 auch die vom früheren Anteilseigner getätigte Einlage abgegolten. Über die Einlagenrückgewähr erhält er die Einlage zurück, so dass sich seine Anschaffungskosten verringern und er einen Veräußerungsgewinn von 70 erzielt.[2]

§ 27 KStG enthält neben den materiell-rechtlichen Regelungen auch die erforderlichen Verfahrensvorschriften und deckt damit den Regelungsumfang des steuerlichen Einlagekontos bis auf die Sonderregelungen der §§ 28 und 29 KStG ab. Ergänzend zu § 27 KStG normiert **§ 28 KStG** die Auswirkungen von Kapitalerhöhungen aus Gesellschaftsmitteln sowie von Kapitalherabsetzungen bzw. der Liquidation auf das steuerliche Einlagekonto und **§ 29 KStG** die Auswirkungen von Umwandlungen auf die steuerlichen Einlagekonten der an der Umwandlung beteiligten Körperschaften.

Für eine **18-jährige Übergangszeit** (bis 2019) bestehen daneben Übergangsregelungen zur Anpassung an den **Systemwechsel** vom Anrechnungs- zum Halbeinkünfte-/Teileinkünfteverfahren (§§ 37, 38, 40 KStG). Diese Vorschriften dienen der nachträglichen Herstellung der Ausschüttungsbelastung für Altgewinne. Im Detail s. dort.

In der **Übergangszeit** kommt es damit zu einem **komplizierten Nebeneinander** von „fortgeführtem" Anrechnungsverfahren (Feststellung des KSt-Guthabens und des EK 02) und den Regelungen zum steuerlichen Einlagekonto. Da nach neuem Recht nicht alle Eigenkapitalpositionen fortgeschrieben werden, kann nur mit Hilfe einer komplizierten Differenzrechnung er-

---

[1] So wohl auch BMF 18. 1. 2016, BStBl I 2016, 85 Tz. 92.
[2] Vgl. KKB/Kempf, § 20 EStG Rz. 43.

mittelt werden, ob für die Leistungen der Körperschaft an ihre Anteilseigner (auch) EK 02 als verwendet gilt. Das gesetzgeberische Ziel einer Steuervereinfachung durch den Wegfall des als zu kompliziert empfundenen Anrechnungsverfahrens ist damit zumindest für die Übergangszeit nicht erreicht.

9 *(Einstweilen frei)*

10 § 27 Abs. 1 KStG enthält den Grundtatbestand. Danach sind nicht in das Nennkapital geleistete Einlagen am Schluss eines jeden Wirtschaftsjahr auf dem sog. steuerlichen Einlagekonto auszuweisen. Daneben enthält Abs. 1 Regelungen über die Fortschreibung des steuerlichen Einlagekontos, die Verwendungsreihenfolge von Leistungen der Körperschaft. Die Festschreibung bescheinigter Leistungen aus dem steuerlichen Einlagekonto nach Satz 5 ist aufgehoben.

§ 27 Abs. 2 KStG regelt die gesonderte Feststellung (§ 179 AO) des Bestandes des steuerlichen Einlagekontos zum Ende jedes Wirtschaftsjahr und die damit verbundene Steuererklärungspflicht.

§ 27 Abs. 3 und 4 KStG enthalten die Einzelheiten des Bescheinigungsverfahrens, wenn die Gesellschaft selbst ausschüttet (Abs. 3) oder ein Kreditinstitut die Ausschüttung gegen Vorlage eines Dividendenscheins vornimmt (Abs. 4).

§ 27 Abs. 5 **KStG** normiert den Fall der fehlerhaften oder fehlenden Bescheinigung über das Einlagekonto.

§ 27 Abs. 6 KStG regelt bei Organschaften die Auswirkungen von Mehr- und Minderabführungen auf das steuerliche Einlagekonto.

§ 27 Abs. 7 KStG erweitert den persönlichen Anwendungsbereich der § 27 Abs. 1 bis 6 KStG, die unmittelbar nur für unbeschränkt steuerpflichtige Kapitalgesellschaften gelten, auf andere Körperschaften und Personenvereinigungen, die Leistungen i. S. d. § 20 Abs. 1 Nrn. 1, 9 oder 10 EStG gewähren können.

§ 27 Abs. 8 KStG normiert die Einlagenrückgewähr einer in einem anderen Mitgliedstaat der EU oder des EWR unbeschränkt steuerpflichtigen Gesellschaft.

11 Insgesamt **überzeugen** die gesetzlichen Regelungen in § 27 KStG **nicht**. Vor allem ist die Nichtanbindung an das Gesellschaftsrecht zu kritisieren. Dadurch können sich gesellschaftsrechtliche Einlagenrückzahlungen und deren steuerliche Berücksichtigung völlig unabhängig voneinander entwickeln. Das steuerliche System ist kompliziert und verwaltungsaufwendig. Die Feststellung gem. § 27 Abs. 2 KStG seitens der Behörde und die Bescheinigung gem. § 27 Abs. 3 KStG seitens des Unternehmens sind nicht aufeinander abgestimmt. Die Ersetzung des Direktzugriffs durch eine Verwendungsreihenfolge ist unverständlich. Die Verwendungsreihenfolge, die im früheren Körperschaftsteuersystem sinnvoll war, ist ohne Grund übernommen wurde. Die Ungereimtheiten der gesamten Regelung führen z.T. zu unlösbaren Problemen, vgl. vGA Rz. 136, Besserungsschein Rz. 123, die das Ausmaß der fehlerhaften Grundkonstruktion unter Beweis stellen.

12 Neben dem BMF-Schreiben vom 4.6.2003 (BStBl I 2003, 366) gibt das Bundeszentral für Steuern auf seiner Webseite viele Informationen: www.bzst.de.

13–20 *(Einstweilen frei)*

B. Rechtsentwicklung des § 27 KStG

Mit dem **StSenkG** v. 23.10.2000[1] wurde das seit 1977 geltende körperschaftsteuerliche Anrechnungsverfahren durch das **Halbeinkünfteverfahren** abgelöst, das im Wesentlichen auf den Empfehlungen der Kommission zur Reform der Unternehmensbesteuerung[2] beruht. Auf der Ebene der Körperschaft werden seitdem einbehaltene und ausgeschüttete Gewinne gleichbehandelt. Einer Gliederung des Eigenkapitals zur Herstellung der Ausschüttungsbelastung bedarf es nach dem Systemwechsel nicht mehr. Auch nach Abschaffung des körperschaftsteuerlichen Anrechnungsverfahrens musste die Rückgewähr von Einlagen an die Anteilseigner nicht zu Einnahmen i. S. d. § 20 Abs. 1 Nr. 1 oder 2 EStG führen.[3] Diesem Ziel dient **§ 27 KStG**. Im Grunde wurde die Idee des EK04 weitergeführt, insbesondere auch die Verwendungsreihenfolge (→ Rz. 101) des alten Systems wurde beibehalten. Im System des körperschaftsteuerlichen Anrechnungsverfahrens wirkte die Verwendungsreihenfolge zugunsten der Steuerpflichtigen, da zuerst bei einer Ausschüttung das Körperschaftsteuerguthaben aktiviert wurde, wirkt sie nun zu Lasten des Steuerpflichtigen.

21

Alsbald wurde jedoch klar, dass die Regelungen des StSenkG unzureichend waren. Bereits durch Art. 2 Nr. 11 **UntStFG** v. 20.12.2001[4] wurde § 27 KStG geändert. Neben der Überarbeitung der Absätze 1 – 6 wurde ein neuer Abs. 7 eingeführt, der die Vorschrift auf andere Körperschaften ausdehnt. Die bisherigen Absätze 6 und 7 wurden § 29 Abs. 2 und 3 KStG. Vor allem wurde die Verwendung des steuerlichen Einlagekontos bei Mehr- und Minderabführungen einer Organgesellschaft in § 27 Abs. 6 KStG neu geregelt. § 27 KStG i. d. F. des UntStFG ist nach § 34 Abs. 2a KStG i. d. F. des UntStFG i. V. m. § 34 Abs. 1 KStG i. d. F. des StSenkG **grds. erstmals im VZ 2001 anwendbar**. Dabei gilt die Vorschrift von Anfang an i. d. F. des UntStFG, § 34 Abs. 2a KStG i. d. F. des UntStFG. Bei einem vom Kalenderjahr abweichendem Wirtschaftsjahr ist § 27 KStG nach § 34 Abs. 2 KStG i. d. F. des UntStFG erstmals im VZ 2002 anzuwenden, wenn das erste im VZ 2002 endende Wirtschaftsjahr vor dem 1.1.2002 beginnt. Dies bedeutet, dass die Fassung des StSenkG nie zur Anwendung gekommen ist.

22

§ 27 Abs. 6 Satz 4 KStG wurde durch das **EURLUmsG** v. 9.12.2004[5] klargestellt, dass es sich um Vorgänge in organschaftlicher Zeit handelt.[6]

23

Das **SEStEG**[7] verfolgte das Ziel einer Internationalisierung, war aber auch Gelegenheit zu weiteren Änderungen, die Abs. 1 und 2 betrafen und die Abs. 5 und 7 neufassten. Ein Abs. 8 wurde angefügt. In den parlamentarischen Beratungen wurde die nicht im Regierungsentwurf enthaltene Verwendungsfestschreibung eingefügt, so dass ein direkter Zugriff auf das steuerliche Einlagekonto durch den neuen § 27 Abs. 1 Satz 3 KStG ausgeschlossen wird. Nunmehr kommt es zunächst zur Verwendung des ausschüttbaren Gewinns und damit zu steuerpflichtigen Gewinnausschüttungen. Der neugefasste Abs. 5 unterscheidet danach, ob der Betrag der Einlagenrückgewähr zu hoch oder zu niedrig bescheinigt wurde. Mit der „Europäisierung" des Umwandlungssteuerrechts durch das SEStEG kam es zu weiteren Ergänzungen, die auch das

24

---

1 BGBl 2000 I 1493; BStBl 2000 I 1428.
2 „Brühler Empfehlungen", Schriftenreihe des BMF, Heft 66, 1999. Die Unterschiede in der Besteuerung des Anteilseigner zwischen Anrechnungs- und Halbeinkünfte-/Teileinkünfteverfahren sind in den Vorauflagen dargestellt.
3 BT-Drucks. 14/2683, 125.
4 BGBl 2001 I 3858; BStBl 2002 I 35.
5 BStBl 2004 I 1158.
6 Vgl. *Dötsch/Pung*, DB 2005, 10, 13; EURLUmsG, BStBl 2004 I 1158, 1164.
7 Vom 7.12.2006, BGBl 2006 I 2789 sowie die Berichtigung v. 24.1.2007, BGBl 2007 I 68.

Einlagenkonto an die Europäisierung anpassten: Bei Zuzug einer ausländischen Kapitalgesellschaft können die im Ausland geleisteten Einlagen als Bestand des steuerlichen Einlagekontos berücksichtigt werden (§ 27 Abs. 2 Satz 3 KStG). § 27 Abs. 8 KStG n. F. gilt für die Einlagenrückgewähr von Körperschaften, die in einem anderen Mitgliedstaat der Europäischen Union unbeschränkt steuerpflichtig sind und hat ein eigenes Antragsverfahren geschaffen. Nach § 34 Abs. 1 KStG i. d. F. des SEStEG ist § 27 KStG **grds. ab dem VZ 2006** anzuwenden. Mit dem **Berichtigungsgesetz zum SEStEG**[1] wurde § 27 Abs. 7 KStG dahingehend geändert, dass „unbeschränkt steuerpflichtige" Körperschaften genannt werden.

25 Das JStG 2008[2] nahm erneut Änderungen von § 27 KStG vor. Abs. 1 Satz 3 wurde um die Angabe „§ 28 Abs. 2 Satz 2 und 3" ergänzt und die Sätze 2 – 4 in Abs. 6 wurden gestrichen, § 27 Abs. 1 Satz 3 KStG lediglich redaktionell geändert. Die durch das JStG 2008 in Abs. 6 der Norm gestrichenen Sätze 2 – 4 werden durch den neu eingefügten § 14 Abs. 4 KStG i. d. F. des JStG 2008 ersetzt, der die Grundsätze für die Bildung und Auflösung aktiver und passiver organschaftlicher Ausgleichsposten gesetzlich regelt, wobei § 34 Abs. 9 KStG i. d. F. des JStG 2008 bestimmt, dass § 14 Abs. 4 KStG i. d. F. des JStG 2008 auch für Veranlagungszeiträume vor 2008 anzuwenden ist. Die für § 14 Abs. 4 KStG angeordnete Rückwirkung hat auch Wirkung für § 27 Abs. 6 KStG.[3] Die Rückwirkung ist verfassungsrechtlich unbedenklich, da sie weitgehend der Rechtsprechung des BFH entspricht. Im Übrigen gelten die Änderungen ab Veranlagungszeitraum 2008.

26 Kleinere redaktionelle Änderungen nimmt das **Kroatien-AnpG**[4] **vor.**

27–30 *(Einstweilen frei)*

C. Verhältnis des § 27 KStG zu anderen Vorschriften

EStG

31 **§ 17 EStG:** Nach § 17 Abs. 4 Satz 1 EStG unterliegen Leistungen aus dem steuerlichen Einlagekonto bei Vorliegen der weiteren Voraussetzungen des § 17 EStG der Besteuerung.[5] Daher ist die Rückzahlung bzw. Ausschüttung an einen i. S. d. § 17 EStG wesentlich Beteiligten dann steuerpflichtig, wenn diese Beträge die Anschaffungskosten der Beteiligung übersteigen. Einlagen erhöhen nachträglich die Anschaffungskosten.[6] **§ 20 EStG:** Nach § 20 Abs. 1 Nr. 1 Satz 3 EStG gehören Leistungen der Körperschaft nicht zu den Einnahmen aus Kapitalvermögen, wenn für die Ausschüttungen Bezüge aus dem steuerlichen Einlagekonto als verwendet gelten. Entsprechendes gilt für Zuflüsse i. S. d. § 20 Abs. 1 Nr. 2 Satz 1 2. Halbsatz Nr. 9 Satz 1 2. Halbsatz und Nr. 10 Buchst. a Satz 1 2. Halbsatz bzw. Buchst. b Satz 5 EStG.

KStG

32 **§ 28 KStG:** Die Vorschrift enthält Sonderregelungen für das steuerliche Einlagekonto bei Umwandlung von Rücklagen in Nennkapital und bei Herabsetzung des Nennkapitals bzw. Liquidation. Dabei setzt § 28 KStG das steuerliche Einlagekonto nach § 27 KStG voraus. **§ 29 KStG:** Die

---

1 BGBl 2007 I 68.
2 BGBl 2007 I 3150 ff.
3 FG München, Urteil v. 13. 8. 2015 - 6 K 39/113 (n.v.), NWB QAAAF-06935, Rev. erledigt durch BFH v. 15. 3. 2017 - I R 67/15, NWB LAAAG-51394.
4 Vom 25. 7. 2014, BGBl 2014 I 1266.
5 *Gosch* in Kirchhof, EStG, § 17 Rz. 134.
6 *Gosch* in Kirchhof, EStG, § 17 Rz. 91.

Vorschrift regelt die Auswirkungen von Umwandlungen (i. S. d. § 1 UmwG) auf die steuerlichen Einlagekonten der beteiligten Körperschaften. Körperschaften, die zurzeit des Anrechnungsverfahrens zur Gliederung ihres vEK verpflichtet waren, führen im Ergebnis den Teilbetrag i. S. d. § 30 Abs. 2 Nr. 4 KStG 1999 (EK 04) als steuerliches Einlagekonto fort. Nach der Umgliederung des vEK infolge des Systemwechsels ist ein nach **§ 36 Abs. 7 KStG** für das EK 04 festgestellter positiver Endbestand gemäß **§ 39 Abs. 1 KStG** i. d. F. des UntStFG als Anfangsbestand des steuerlichen Einlagekontos zu erfassen.

UmwStG

§§ 3 ff. UmwStG betreffen die Umwandlung einer Körperschaft in eine PersGes. Nach § 7 UmwStG hat ein Anteilseigner das anteilige Eigenkapital laut Steuerbilanz abzüglich des Nennkapitals und des steuerlichen Einlagekontos entsprechend seiner Beteiligungsquote als Einkünfte aus Kapitalvermögen zu versteuern. Damit werden im Ergebnis nur die Gewinnrücklagen der Besteuerung unterworfen. **§ 12 UmwStG:** § 12 Abs. 5 UmwStG i. d. F. des SEStEG ist redaktionell an die Änderungen des Abs. 3 angepasst. Er regelt die Vermögensübertragung von einer Körperschaft auf eine „nicht steuerpflichtige oder steuerbefreite" Körperschaft. Bei einer solchen Vermögensübertragung wird eine Vollausschüttung unterstellt. Bemessungsgrundlage für die Besteuerung ist das Eigenkapital laut Steuerbilanz abzüglich des Bestandes des steuerlichen Einlagekontos.

ErbStG

Neben dem BMF-Schreiben vom 4.6.2003 (BStBl I 2003, 366) gibt das Bundeszentralamt für Steuern auf seiner Webseite viele Informationen: www.bzst.de.

(Einstweilen frei) 35–40

D. Grundtatbestand (§ 27 Abs. 1 KStG)

I. Persönlicher Anwendungsbereich

Gem. § 27 Abs. 1 KStG gilt die Norm für **unbeschränkt steuerpflichtige Kapitalgesellschaften**. Nach § 1 Abs. 1 Nr. 1 KStG gehören hierzu die AG, die KGaA, und die GmbH mit Geschäftsleitung (§ 10 AO) oder Sitz (§ 11 AO) im Inland. Die europäische Gesellschaft (SE bzw. Societas Europea) gilt insoweit als AG.[1] Zu den Steuersubjekten i. S. d. § 27 Abs. 1 KStG zählen aber auch Kapitalgesellschaften, die nach dem Recht eines anderen Staates mit statuarischem Sitz im Ausland gegründet wurden, wenn sich der **Ort ihrer Geschäftsleitung** i. S. v. § 10 AO in der Bundesrepublik Deutschland befindet. Voraussetzung ist, dass die Gesellschaft nach Aufbau und wirtschaftlicher Stellung einer deutschen Kapitalgesellschaft entspricht.[2] Ob dies der Fall ist, ist nach dem sog. Typenvergleich zu beurteilen.[3]

§ 27 KStG ist nicht nur auf unbeschränkt steuerpflichtige Kapitalgesellschaften (Abs. 1), sondern auf alle **Körperschaften** anzuwenden, die Leistungen i. S. d. § 20 Abs. 1 Nr. 1, 9 und 10 EStG gewähren können (Abs. 7). Näheres s. → Rz. 256.

---

[1] Art. 3 Abs. 1 Verordnung v. 8.10.2001, ABl.v. 10.11.2001, L 294.
[2] Vgl. BFH v 23.6.1992 - IX R 182/87, BStBl 1992 II 972.
[3] H 2 „Unbeschränkte Steuerpflicht – Ausländische Gesellschaften, Typenvergleich" KStH, Tabellen 1 und 2, BMF, Schreiben v. 24.12.1999, BStBl 1999 I 1076 ff.; vgl. auch *Mössner*, Steuerrecht international tätiger Gesellschaften, Rz. 2.55.

43 In **Organkreisen** sind neben dem Organträger auch die Organgesellschaften verpflichtet, ein eigenes steuerliches Einlagekonto zu führen, da in beide Einlagen getätigt werden können.

44 Zur Erweiterung des persönlichen Anwendungsbereichs auf EU-Körperschaften vgl. → Rz. 261 ff.

45 Die gesetzliche Verpflichtung zur Führung des Einlagekontos trifft alle unbeschränkt steuerpflichtigen Kapitalgesellschaften, auch wenn bei ihnen **Ausschüttungen ausgeschlossen** sind.[1] Das Gesetz macht in Abs. 1 keine Ausnahmen. Bei den übrigen Körperschaften und Personenvereinigungen gem. Abs. 7 kommt es darauf an, ob sie Leistungen i. S. v. § 20 Abs. 1 Nr. 9 und 10 EStG erbringen können.

46–50 *(Einstweilen frei)*

II. Das steuerliche Einlagekonto

1. Grundlagen

51 Nach § 27 Abs. 1 Satz 1 KStG hat eine unbeschränkt steuerpflichtige Kapitalgesellschaft die **nicht in das Nennkapital geleisteten Einlagen** am Schluss eines jeden Wirtschaftsjahr auf einem besonderen Konto (dem steuerlichen Einlagekonto) auszuweisen. Die Vorschrift enthält damit zugleich die Legaldefinition des steuerlichen Einlagekontos. Nach dem eindeutigen Wortlaut des § 27 Abs. 1 Satz 1 KStG sind nach Ansicht des BFH Differenzen zwischen dem Eigenkapital nach Handels- und Steuerbilanz weder bei der erstmaligen Bildung noch der jährlichen Fortschreibung des steuerlichen Einlagekontos zu erfassen, so dass das steuerliche Einlagekonto gerade kein (allgemeines) Auffangkonto für Vermögensvermehrungen und Vermögensverminderungen, die nicht aus den Steuerbilanzen resultieren, darstellt.[2] Es dient nur dem beschriebenen (s. → Rz. 1) Zweck. Vor allem ist es nicht mit der Kapitalrücklage identisch. Es ist ein rein steuerliches Konto der Gesellschaft. Wer die Einlagen geleistet hat, kann ihm nicht entnommen werden. Die Bezeichnung Konto ist irreführend, denn es handelt sich um eine **steuerliche Sonderrechnung**[3] und nicht um ein Konto innerhalb der Buchführung (s. → Rz. 59).

2. „Nicht in das Nennkapital"

52 Das **Nennkapital** ist in der Bilanz nach § 266 Abs. 3 HGB als gezeichnetes Kapital auszuweisen. Im Gegensatz zum übrigen Eigenkapital darf das Nennkapital – abgesehen von Leistungen aufgrund einer ordentlichen Kapitalherabsetzung sowie im Rahmen der Liquidation – nicht an die Anteileigner ausgeschüttet werden. Nennkapital ist:

- bei der **AG** das Grundkapital (§ 6 AktG),
- bei der **KGaA** das in Aktien zerlegte Grundkapital (§ 278 AktG); nicht zum Nennkapital gehört der Kapitalanteil des persönlich haftenden Gesellschafters),
- bei der **GmbH** das Stammkapital (§ 5 GmbHG),
- bei **Erwerbs- und** Wirtschaftsgenossenschaften die Summe der Geschäftsguthaben der Genossen, die wie Nennkapital behandelt wird.

---

[1] *Dötsch* in DPM, § 27 Rz. 29; BMF 4. 6. 2003, BStBl I 2003, 366, Tz. 3.
[2] BFH, Urteil v. 6. 10. 2009 – I R 24/08, BFH/NV 2010, 248 = NWB GAAAD-34039.
[3] *Dötsch* in DPM, § 27 Rz. 28.

3. Einlage

Eine **Einlage** liegt vor, wenn ein **Gesellschafter oder** eine **nahe stehende Person** der Körperschaft einen einlagefähigen Vermögensvorteil zuwendet und diese Zuwendung durch das Gesellschaftsverhältnis veranlasst ist.[1] **Einlagefähig** ist jedes bilanzierbare Wirtschaftsgut, das in der Bilanz der Körperschaft zu einer **Vermögensmehrung** führt,

▶ sei es durch die Entstehung oder die Vermehrung eines Aktivpostens,

▶ sei es durch den Wegfall oder die Minderung eines Passivpostens.

BEISPIEL: ▶ Der Gesellschafter einer GmbH gewährt dieser ein zinsloses Darlehen. Die Zuführung von Nutzungen führt nicht zu einer Einlage des Nutzungswertes.[2]

Eine Vermögensmehrung ist **durch das Gesellschaftsverhältnis veranlasst**, wenn ein Nichtgesellschafter bei Anwendung der Sorgfalt eines ordentlichen Kaufmannes den Vermögensvorteil der Gesellschaft nicht eingeräumt hätte (*Klein/Müller/Döpper* in Mössner/Seeger/Oellerich, KStG, § 8 Rz. 331 ff.). Dementsprechend nimmt § 4 Abs. 1 EStG (i. V. m. § 8 Abs. 1 KStG) Vermögensmehrungen durch Einlagen bei der Gewinnermittlung ausdrücklich aus, weil sie nicht betrieblich veranlasst sind.

Der Begriff der Einlage beurteilt sich **allein nach steuerrechtlichen Maßstäben**. Der Gesetzgeber hat sich bewusst von der Terminologie des § 272 HGB zur Gliederung des Eigenkapitals in der Bilanz gelöst. Würde man sich an diesen handelsrechtlichen Regelungen orientieren, wäre die vollständige Erfassung der nicht in das Nennkapital geleisteten Einlagen nicht gewährleistet. Deshalb ist im Laufe des Gesetzgebungsverfahrens eine Regelung getroffen worden, die allein an die steuerrechtliche Beurteilung anknüpft.[3] (vgl. auch → Rz. 101) Es wird allerdings die Ansicht vertreten, dass eine handelsrechtliche Einlage immer auch eine steuerrechtliche sei.[4] Dies sei dahingestellt, da bei § 27 KStG nur die steuerrechtliche Betrachtung maßgebend ist.

Zu unterscheiden sind offene und verdeckte Einlagen:

▶ **Offene Einlagen** sind alle Einlagen, die den gesellschaftsrechtlichen Vorschriften entsprechen. Sie werden geleistet in das Nennkapital (§ 272 Abs. 1 HGB) oder in die Kapitalrücklage (§ 272 Abs. 2 HGB). Gemeinsam ist ihnen, dass sie offen in der Handelsbilanz ausgewiesen werden.

▶ **Eine verdeckte Einlage** liegt vor, wenn ein Gesellschafter der Kapitalgesellschaft außerhalb der gesellschaftsrechtlichen **Einlagen** Vermögensgegenstände zuwendet und diese Zuwendung ihre Ursache im Gesellschaftsverhältnis hat.[5]

Einlagen im steuerlichen Sinne sind:

▶ die in § 272 Abs. 2 HGB genannten, in der **Kapitalrücklage** auszuweisenden Beträge – Nr. 1 Agio, Nr. 2 – offene und verdeckte Aufgelder, die bei Ausgabe von Wandelschuldver-

---

1 Vgl. BFH, Urteil v. 26. 10. 1987 - GrS 2/86, BStBl 1988 II 348; st. Rspr. zuletzt BFH, Urteil v. 11. 11. 2014 - I R 53/13, Tz. 25, NWB EAAAE-86099.
2 BFH, Beschluss v. 26. 10. 1987 - GrS 2/86, BStBl 1988 II 348.
3 Vgl. *Schaumburg/Rödder*, Unternehmensteuerreform 2001, 592.
4 *Wassermeyer*, StBJb 1985/1986, 221.
5 Ständige Rechtsprechung, vgl. BFH, Urteil v. 18. 12. 2001 - VIII R 10/01, BStBl 2002 II 463, m. w. N.

schreibung und Optionsanleihen erzielt werden,[1] Nr. 3[2] – Zuzahlungen bei Vorzugsaktien, Nr. 4 – andere Zuzahlungen der Gesellschafter, z. B. Nachschüsse
- organschaftliche oder vororganschaftliche **Minderabführungen** – § 27 Abs. 6, § 14 Abs. 3 Satz 2 KStG
- Verzicht auf **Gesellschafterdarlehen**, die werthaltig sind[3]
- **Eintrittsgelder** bei Genossenschaften[4]
- Zuführung von **Genussrechtskapital**, wenn dieses Eigenkapital gleichgestellt ist (§ 20 Abs. 1 Nr. 1 EStG), d. h. bei Beteiligung am Gewinn und Liquidationserlös
- handelsrechtliche **Ertragszuschüsse** (sie werden nicht in die Kapitalrücklage eingestellt, sondern bilden einen o. a. Ertrag)
- **Rückzahlung** einer vGA
- **Vermögensmehrungen** bei Umwandlungen gem. § 29 KStG[5]
- Bei Betrieben gewerblicher Art, die als Regiebetrieb geführt werden, automatischer Verlustausgleich durch die Trägerkörperschaft.[6]

58   Einlagen sind nach § 6 Abs. 1 Nr. 5 EStG grundsätzlich mit dem **Teilwert** zu **bewerten**.[7] Beim **Tausch** ist der gemeine Wert des hingegebenen Gegenstandes anzusetzen (§ 6 Abs. 6 EStG). Eine offene Sacheinlage ist ebenfalls mit dem gemeinen Wert zu bewerten, weil insofern ein tauschähnlicher Vorgang vorliegt.[8] In Einbringungsfällen ist § 20 UmwStG als Sonderregelung zu beachten, wonach Buchwert, Teilwert oder Zwischenwert anzusetzen sind.[9]

4. Auf ein besonderes Konto

59   Das Gesetz schreibt nicht vor, dass es sich bei dem **Konto** um ein Konto innerhalb der Buchführung handeln muss (s. → Rz. 51). Damit ist das Einlagekonto als ein steuerliches Konto zu definieren, das nicht Teil der handelsrechtlichen Buchführung ist. Es reicht aus, dass die Einlagen (und zwar die Bestände ebenso wie die Zu- und Abgänge) in einer Nebenrechnung innerhalb des Rechnungswesens in nachvollziehbarer Weise aufgezeichnet werden.

60   *(Einstweilen frei)*

5. Am Schluss jedes Wirtschaftsjahres

61   Der Ausweis auf dem steuerlichen Einlagekonto hat zum Ende jedes **Wirtschaftsjahrs zu erfolgen** (Stichtagsprinzip). Nach § 4a Abs. 1 Satz 1 Nr. 2 EStG i.V. m. § 8 Abs. 1 und § 7 Abs. 4 KStG

---

1 Vgl. BFH, Urteile v. 30. 11. 2005 - I R 3/04, BStBl 2008 II 809; v. 30. 11. 2005 - I R 26/04, BFH/NV 2006, 616 = NWB HAAAB-76202; v. 11. 11. 2014 - I R 53/13, BFH/NV 2015, 686 = NWB EAAAE-86099; zu den hiermit verbundenen Problemen vgl. *Mössner* in Festschrift Endres, München 2016.
2 Vgl. BFH, Urteile v. 30. 11. 2005 - I R 3/04, BStBl 2008 II 809; v. 11. 11. 2014 - I R 53/13, NWB EAAAE-86099.
3 BFH, Beschluss v. 23. 8. 1998 - GrS 1/97, BStBl 1998 II 307.
4 *Erle/Sauter*, KStG, § 27 Rz. 35; *Dötsch* in DPM, § 27 Rz. 35.
5 Auch bei formwechselnder Umwandlung einer Personengesellschaft in eine Kapitalgesellschaft kommt es zu Einlagen, vgl. näher Boorberg, DStR 2017, 1801.
6 Vgl. BFH, Urteile v. 23. 1. 2008 - I R 18/07, BStBl 2008 II 573; BMF, Schreiben v. 9. 1. 2015, BStBl 2015 I 111; *Schüttler*, DStR 2015, 986.
7 BFH, Beschluss v. 9. 6. 1997 - GrS 1/94, BStBl 1998 II 307 und v. 11. 2. 1998 - I R 89/97, BStBl 1998 II 691.
8 Vgl. BFH, Urteil v. 19. 10. 1998 - VIII R 69/95, BStBl 2000 II 230.
9 Wegen der weiteren Einzelheiten des Tatbestandsmerkmals „Einlage" s. *Klein/Müller/Döpper* in Mössner/Seeger/Oellerich, KStG, § 8 Rz. 2081 ff.

ist Wirtschaftsjahr der Zeitraum, für den eine Körperschaft regelmäßig Abschlüsse macht, deren Firma im Handelsregister eingetragen ist. Dies ist das Kalenderjahr, sofern kein abweichendes Wirtschaftsjahr besteht. Die Feststellung auf den Jahresschluss ist erforderlich, da zur Ermittlung der Abgänge der ausschüttbare Gewinn (s. → Rz. 102) bekannt sein muss und dieses jeweils zum Jahresende ermittelt wird.

(Einstweilen frei) 62–69

III. Laufende Fortschreibung des Einlagekontos

Das Einlagekonto wird bestimmt durch (ggf. erstmaligen) Anfangsbestand, Zuführungen, Abgängen und Endbestand. Es ist somit fortzuschreiben – **§ 27 Abs. 1 Satz 2 KStG**. Entscheidend sind die **Feststellungen** des jeweiligen **Endbestandes**, da § 20 Abs. 1 Nr. 1 Satz 3 EStG voraussetzt, dass das Einlagekonto als für die Ausschüttung als verwendet gilt. Damit ist das **zum Schluss des vorigen Wirtschaftsjahres** festgestellte Einlagekonto gemeint. Danach erfolgte Zuführungen können erst nach ihrer Feststellung zum folgenden Ende des Wirtschaftsjahres steuerfrei ausgeschüttet werden.[1] Dies folgt aus § 27 Abs. 1 Satz 3 KStG, wonach nur Leistungen als aus dem Einlagekonto erbracht gelten, die den auf den Schluss des vorangegangenen Wirtschaftsjahres ermittelten ausschüttbaren Gewinn übersteigen. Nur dann handelt es sich um Einlagenrückgewähr (s. u. → Rz. 101 f.). **Unterjährige Zugänge** zum Einlagekonto können nicht während des laufenden Jahres folglich für Ausschüttungen aus dem Einlagekonto verwendet werden. 70

BEISPIEL: ▶ A ist alleine an der X-GmbH beteiligt, deren steuerliches Einlagekonto mit Null festgestellt wurde. Da X sich in wirtschaftlichen Schwierigkeiten befindet, leistet A eine Einlage von 1 Mio. Gegen Jahresende haben sich die Schwierigkeiten verzogen und A lässt sich die Einlage zurücküberweisen. Sie ist nicht nach § 20 Abs. 1 Nr. 1 Satz 3 EStG steuerfrei, da nicht das Einlagekonto als verwendet gilt. Hätte er jedoch erst im Folgejahr, z. B. Januar statt Dezember, die Ausschüttung vorgenommen, so hätte sie steuerfrei aus dem Einlagekonto erfolgen können.

1. Erstmalige Ermittlung des Bestandes des Einlagekontos

Ausgangspunkt ist der Bestand des steuerlichen Einlagekontos am **Ende des vorangegangenen Wirtschaftsjahres**. Dieser Anfangsbestand kann sich aus verschiedenen Situationen ergeben. 71

a) Alt-Körperschaften mit Gliederungsrechnung

Für Körperschaften, die vor dem Systemwechsel bereits existierten und ihr vEK nach den §§ 27 ff. KStG a. F. zu gliedern hatten, sind gemäß **§ 36 Abs. 7 KStG** die Endbestände des vEK getrennt auszuweisen und gesondert festzustellen.[2] Dabei ist das vEK nach den Regelungen des KStG 1999 zu entwickeln und nach Maßgabe des § 36 KStG umzugliedern. Feststellungszeitpunkt ist der Schluss des letzten vor dem 1. 1. 2001 beginnenden Wirtschaftsjahr. Entspricht das Wirtschaftsjahr dem Kalenderjahr ist es der 31. 12. 2001. 72

Ein für das **EK 04 festgestellter positiver Teilbetrag** ist gemäß § 39 Abs. 1 KStG i. d. F. des UntStFG als **Anfangsbestand** des steuerlichen Einlagekontos zu übertragen. Damit wird sichergestellt, dass auch die Rückgewähr von in der Vergangenheit geleisteten Einlagen nicht zu Ein- 73

---

1 BFH, Urteile v. 30. 1. 2013 - I R 35/11, BStBl 2013 II 560; v. 19.7.2017- I R 96/15, NWB FAAAG-64220.
2 BFH, Urteil v. 19. 5. 2010 - I R 51/09, BStBl 2014 II 937.

nahmen i. S. d. § 20 Abs. 1 Nr. 1 EStG führt. Ein **negativer Endbestand des EK 04** wird beim steuerlichen Einlagekonto nicht berücksichtigt und geht damit in das nicht festgestellte neutrale Vermögen ein.[1]

b) Alt-Körperschaften ohne Gliederungsrechnung

74 Probleme bereitet die erstmalige Bildung des Anfangsbestandes des steuerlichen Einlagekontos bei bereits beim Systemwechsel bestehenden Körperschaftsteuersubjekten, die bisher nicht zur Gliederung ihres vEK verpflichtet waren. Hierzu zählen diejenigen, die bisher nicht zur Gliederung ihres vEK verpflichtet waren, **nach neuem Recht** aber **ein steuerliches Einlagekonto zu führen** haben, weil der persönliche Anwendungsbereich des § 27 KStG n. F. gem. Abs. 7 größer ist als der der §§ 27 ff. KStG a. F. (vgl. → Rz. 258). Beispielsweise sind das Betriebe gewerblicher Art (BgA; vgl. → Rz. 76, → Rz. 259). Ausdrückliche Regelungen, wie diese Körperschaftsteuersubjekte den erstmaligen Anfangsbestand ihres steuerlichen Einlagekontos zu bilden haben, fehlen in § 27 KStG und § 39 KStG. Dabei geht es darum, ob sie Alteinlagen, die sie unter dem alten Körperschaftsteuersystem erhalten haben, als Anfangsbestand berücksichtigen dürfen.

75 Das Problem ergibt daraus, dass nach § 27 Abs. 1 Satz 2 KStG am Ende eines Wirtschaftsjahres der Bestand des Einlagekontos ausgehend vom Bestand am Ende des Vorjahres **auszuweisen** ist, nach § 27 Abs. 2 Satz 1 KStG aber nur am Ende eines Wirtschaftsjahres der Bestand unter Berücksichtigung der Zu- und Abgänge **festzustellen** ist. Eine Feststellung des Bestandes am Ende des Vorjahres ist nicht vorgesehen. Finanzverwaltung[2] und Literatur[3] hatten sich dafür ausgesprochen, dass dann der Bestand mit Null € auszuweisen sei. Die Gegenansicht[4] ist vom BFH[5] als ohne Stütze im Gesetzeswortlaut zurückgewiesen worden. Aus § 27 Abs. 1 Satz 2 und Abs. 2 Satz 1 KStG sei abzuleiten, dass in die Feststellung nur Zu- und Abgänge während eines Wirtschaftsjahres, nicht aber solche aus früheren Wirtschaftsjahren berücksichtigt werden. Diese Argumentation ist zwar richtig, beantwortet aber nicht die Frage, was der Bestand am Ende des vorangegangenen Jahres ist. Sie bestätigt lediglich, dass für diesen keine Feststellung vorgesehen ist.

76 Das Urteil des BFH betrifft einen **Betrieb gewerblicher Art**. Für diese hat die Finanzverwaltung[6] eine Ausnahme vorgesehen, wonach das im Zeitpunkt des Systemwechsels vorhandene Eigenkapital zugrunde zu legen sei, soweit es das Nennkapital oder eine vergleichbare Größe übersteigt. Wenn dies nicht feststellbar sei, soll das gesamte Eigenkapital in das steuerliche Einlagekonto eingestellt werden. Der BFH hat dies jedoch insoweit eingeschränkt, als frühere Einlagen, die durch Verluste aufgebraucht worden sind, nicht aufzunehmen sind.

---

1 Anders *Antweiler* in Bott/Walter, § 27 Rz. 77.
2 BMF 4. 6. 2003, BStBl 2003 I 366.
3 *Dötsch*/JPW, § 27 Rz. 82.
4 *Teichgräber* Kommunale Steuerzeitschrift 2005, 164; FG Baden-Württemberg, Urteile v. 24. 7. 2006 - 6 K 178/03, EFG 2006, 1697; v. 24. 7. 2006 - 6 K 176/03, EFG 2006, 1701.
5 21. 8. 2007 - I R 78/06, BStBl 2008 II 317.
6 BMF, Schreiben v. 11. 9. 2002, BStBl 2002 I 935 Tz. 13, 25; v. 10. 11. 2005 BStBl 2005 I 1029; ebenso *Dötsch*/JPW, § 27 Rz. 12; *Semmler/Zimmerman*, DB 2005, 1208 u. a.

c) Beginn der unbeschränkten Steuerpflicht (§ 27 Abs. 2 Satz 3 KStG)

Da § 27 Abs. 2 Satz 3 KStG ein eigenes Feststellungsverfahren (→ Rz. 161) vorsieht, wenn eine Körperschaft in die unbeschränkte Steuerpflicht eintritt, befindet sich die Regelung im Abs. 2, sachlich ist aber auch Abs. 1 betroffen, da der Anfangsbestand geregelt wird. Zum **Eintritt** in die unbeschränkte Steuerpflicht kommt es bei

▶ Neugründung einer Körperschaft
▶ Verschmelzungsvorgängen, bei denen eine neue Körperschaft entsteht, d.h. Verschmelzung und Spaltung durch Neugründung
▶ Hereinverschmelzung einer EU-/EWR-Kapitalgesellschaft zur Neugründung
▶ Zuzug einer ausländischen Kapitalgesellschaft durch Verlegung ihrer Geschäftsleitung ins Inland
▶ Wechsel von beschränkter zu unbeschränkter Steuerpflicht.

Für Körperschaften, die **nach Einführung des Halbeinkünfteverfahrens neu gegründet** wurden, gilt Folgendes: Bar- oder Sacheinlagen, die im Rahmen der Gründung geleistet wurden und die nicht zum Nennkapital gehörten, stellen den Anfangsbestand des steuerlichen Einlagekontos dar. Dazu gehören z.B. Aufgelder, die bei der ersten Ausgabe von Gesellschaftsanteilen über deren Nennbetrag hinaus geleistet werden (§ 272 Abs. 2 Nr. 1 HGB).

§ 27 Abs. 2 Satz 3 enthält zugleich die Regelung, dass die Feststellung des beim Eintritt in die unbeschränkte Steuerpflicht vorhandenen Bestandes der nicht in das Nennkapital geleisteten Einlagen als Anfangsbestand am Ende des vorangegangenen Wirtschaftsjahres gilt (Fiktion). Dies bedeutet, dass **Einlagen vor oder bei Beginn** der unbeschränkten Steuerpflicht bereits für steuerfreie Ausschüttungen zur Verfügung stehen (s. → Rz. 136).[1]

BEISPIEL: ▶ Bei der Gründung der GmbH erfüllen die Gesellschafter ihre Einlageverpflichtungen durch Einbringung diverser Wirtschaftsgüter und Beteiligungen, deren Werte das Nennkapital übersteigen und bei denen die übersteigenden Werte in die Kapitalrücklage eingestellt werden. Diese Einlagen werden als Bestandteil des Anfangsbestandes des Einlagekontos festgestellt.

(Einstweilen frei)

Eine vergleichbare Problematik ergibt sich, wenn **bestehende Körperschaften** seit Geltung des neuen Halb-/Teileinkünfteverfahrens in die Verpflichtung zur Führung eines Einlagekontos hineinwachsen. Dies kann der Fall sein, wenn eine Körperschaft erstmals die Voraussetzungen gem. Abs. 7 erfüllt (vgl. → Rz. 258). Dies ist kein Eintritt in die unbeschränkte Steuerpflicht und daher ungeregelt. Denkbar ist dann der Ausweis des Einlagekontos mit Null € oder die analoge Anwendung von § 27 Abs. 2 Satz 3 KStG.

Fallen bei einer nach § 5 Abs. 1 KStG **steuerbefreiten Körperschaft** die Voraussetzungen für die Steuerbefreiung weg, so kommt es darauf an, ob die Körperschaft während der Zeit ihrer Steuerbefreiung zur Führung eines Einlagekontos verpflichtet war oder nicht. Dies entscheidet sich gem. Abs. 7. Bestand bereits während der Zeit der Steuerbefreiung die Verpflichtung zur Gliederung des Eigenkapitals, so kann das EK04 in das Einlagekonto überführt werden. Ist dies nicht der Fall, was die Regel sein dürfte, dann findet nach § 27 Abs. 7 KStG findet § 27 Abs. 1 KStG „sinngemäß" nunmehr Anwendung, wenn er Leistungen i. S. von § 20 Abs. 1 Nr. 1, 9 oder 10 EStG gewähren kann (vgl. → Rz. 258). Lässt sich ermitteln, dass diese Leistungen auf Ein-

---

1 Ebenso *Nordmeyer* in Schnitger/Fehrenbach, § 27 Rz. 44.

lagen der Mitglieder zurückzuführen sind, so sind diese m. E. steuerfrei zu lassen und daher in den Anfangsbestand des Einlagekontos zu übernehmen.

BEISPIEL: ▶ Der gemeinnützige Sportverein verwendet Gelder für nicht gemeinnützige Zwecke, z. B. Ausgleich eines Fehlbetrages in der Sportlerkantine. Daraufhin verliert er seine Gemeinnützigkeit. Der Verein hatte im Jahr zuvor eine außerordentliche Umlage zur Abwendung einer Krise für die Mitglieder beschlossen. Nach Abwendung der Krise und Erholung soll die Umlage zurückgewährt werden.

83 Wechselt eine ausländische Kapitalgesellschaft durch **Zuzug**, z. B. sie verlegt den Ort ihrer Geschäftsleitung im Ausland in die inländische Produktionsbetriebsstätte, von der nach § 2 Nr. 1 KStG beschränkten Steuerpflicht in die unbeschränkte, so soll der Anfangsbestand des Einlagekontos mit Null angesetzt werden.[1] § 27 KStG enthält **keine Folgevorschriften** zu § 30 Abs. 3 und § 38b KStG a. F. Ohne solche Regelungen besteht die Gefahr, dass es bei der Rückgewähr von Einlagen, die zu Beginn der Körperschaftsteuerpflicht bereits vorhanden waren, zu einer ungerechtfertigten Steuerbelastung kommt. Im Schrifttum wird deshalb eine Nachbesserung für erforderlich gehalten.[2] Im Interesse der Rechtssicherheit wären solche Regelungen wünschenswert. Diese **Problematik** lässt sich allerdings auch mit Hilfe des geltenden Rechts **sachgerecht lösen**:

Eine Bindung durch einen Feststellungsbescheid – wie die Feststellung des Endbestandes des EK 04 nach § 36 Abs. 7 i. V. m. § 39 Abs. 1 KStG – besteht im Rahmen der erstmaligen Bildung des steuerlichen Einlagekontos nicht. Da § 27 Abs. 1 KStG die Berücksichtigung von Alteinlagen im Rahmen der erstmaligen Feststellung des Bestandes des steuerlichen Einlagekontos nach § 27 Abs. 2 KStG nicht ausschließt, können noch vorhandene Alteinlagen im Rahmen der Feststellung auf den Schluss des ersten Wirtschaftsjahr, für das eine Feststellung zu erfolgen hat, Berücksichtigung finden. Hierfür spricht auch Abschn. 104 Abs. 4 KStR 1995: Soweit die Finanzverwaltung für das alte Körperschaftsteuerrecht nach Abschn. 104 der KStR 1995 bei kleineren Körperschaften auf die Besteuerung verzichtete, ließ sie es nach Abs. 4 unter den dort genannten Voraussetzungen zu, dass diese Körperschaften im Rahmen ihrer erstmaligen Feststellung des vEK auch EK 04 bildeten.[3] Dafür, dass die Finanzverwaltung dies ebenso sieht, findet sich in Tz. 13 des BMF-Schreibens v. 13. 8. 2002[4] das Argument, dass sie im Rahmen der erstmaligen Feststellung des steuerlichen Einlagekontos von BgA die Berücksichtigung von Altrücklagen zulässt.

84 Der **erstmalige Anfangsbestand** des steuerlichen Einlagekontos ist nicht Gegenstand eines eigenen Feststellungsbescheides, weil § 27 Abs. 2 Satz 1 i. V. m. Abs. 1 Satz 1 KStG nur eine Feststellung zum Schluss des Wirtschaftsjahr vorsieht. Der erstmalige Anfangsbestand ist daher **nur eine Rechengröße**, um unter Berücksichtigung der Zu- und Abgänge den Endbestand des ersten Wirtschaftsjahrs, für das ein steuerliches Einlagekonto zu führen ist, zu ermitteln.

85–90 *(Einstweilen frei)*

---

1 So BMF, Schreiben v. 4. 6. 2003, BStBl 2003 I 366 Tz. 5.
2 Vgl. *Dötsch/Pung*, DB 2000, Beilage 10, 22; *Schaumburg/Rödder*, Unternehmensteuerreform 2001, 590.
3 Ebenso: *Antweiler* in Bott/Walter § 27 Rz. 36; dieser Lösung scheint nunmehr auch *Dötsch* in DPM, zuzuneigen, § 27 KStG n. F. Rz. 12; s. aber auch Rz. 8.
4 Auslegungsfragen zu § 20 Abs. 1 Nr. 10 EStG – Betriebe gewerblicher Art als Schuldner der Kapitalerträge, DB 2002, 1687.

2. Fortschreibung während des Wirtschaftsjahres

Nach § 27 Abs. 1 Satz 2 KStG ist das steuerliche Einlagekonto – ausgehend von dem Bestand am Ende des vorangegangenen Wirtschaftsjahr – um die jeweiligen **Zu- und Abgänge** des Wirtschaftsjahr fortzuschreiben. **Anfangsbestand** für die jährliche Fortschreibung ist jeweils der **Endbestand des vorangegangenen Wj** (vgl. → Rz. 71 ff.). Dieser ist unter Berücksichtigung der Zu- und Abgänge des laufenden Wirtschaftsjahrs **fortzuschreiben**. 91

Als **Zugänge** sind in erster Linie die **Einlagen** der Anteilseigner im laufenden Wirtschaftsjahr zu erfassen (zum Begriff „der Einlage": s. → Rz. 53 ff.). Außerdem kann sich der Bestand des steuerlichen Einlagekontos auch erhöhen: 92

- durch eine **Minderabführung im Rahmen einer Organschaft** nach § 27 Abs. 6 KStG (vgl. hierzu → Rz. 253),
- durch die **Herabsetzung von Nennkapital** nach § 28 Abs. 2 KStG, soweit der herabgesetzte Betrag nicht einen Sonderausweis mindert (vgl. *Mössner* in Mössner/Seeger/Oellerich, KStG, § 28 Rz. 95 ff.). Im Sonderausweis ist der Teil des Nennkapitals zu erfassen, um den das Nennkapital bei einer Kapitalerhöhung aus Gesellschaftsmitteln erhöht wurde und der nicht aus dem steuerlichen Einlagekonto finanziert werden konnte.
- durch die fingierte Herabsetzung des Nennkapitals der übertragenden Körperschaft nach § 29 Abs. 1 i. V. m. § 28 Abs. 2 KStG in **Umwandlungsfällen** (vgl. hierzu *Mössner* in Mössner/Seeger/Oellerich, KStG, § 29 Rz. 61 ff.),
- durch Zugänge aufgrund einer **Verschmelzung oder Spaltung** nach § 29 Abs. 2 bzw. 3 KStG (vgl. unten → Rz. 98 und *Mössner* in Mössner/Seeger/Oellerich, KStG, § 29 Rz. 95 ff., 136).

Als **Abgänge** sind die im laufenden Wirtschaftsjahr erbrachten **Leistungen der Gesellschaft** zu berücksichtigen. Als Leistungen der Körperschaft kommen Gewinnausschüttungen (offene Gewinnausschüttungen, verdeckte Gewinnausschüttungen (s. aber → Rz. 119, → Rz. 136), Vorabausschüttungen) sowie alle sonstigen Leistungen in Betracht. Eine Minderung des Bestandes erfolgt allerdings nur unter den einschränkenden Voraussetzungen der in § 27 Abs. 1 Sätze 3 und 4 KStG bestimmten Verwendungsreihenfolge (Näheres s. → Rz. 101). 93

Der Bestand des steuerlichen Einlagekontos kann sich auch mindern: 94

- durch eine **Mehrabführung im Rahmen einer Organschaft** nach § 27 Abs. 6 KStG (vgl. hierzu → Rz. 254).
- durch **Umwandlung von Rücklagen** nach § 28 Abs. 1 KStG bei Erhöhung des Nennkapitals, soweit die Kapitalerhöhung aus dem steuerlichen Einlagekonto finanziert wurde (vgl. *Mössner* in Mössner/Seeger/Oellerich, KStG, § 28 Rz. 71 ff.).
- durch **Auszahlung von Nennkapital** nach § 28 Abs. 2 Satz 2 2. Halbsatz KStG im Anschluss an eine Kapitalherabsetzung oder im Rahmen der Liquidation, soweit nicht ein Sonderausweis zu mindern ist.
- durch **Vermögensabgänge aufgrund einer Verschmelzung oder Spaltung** nach § 29 Abs. 2 und 3 KStG (vgl. *Mössner* in Mössner/Seeger/Oellerich, KStG, § 29 Rz. 61 ff., 100 ff.).

Rechtsprechung und Verwaltung haben bisher die Frage nicht aufgeklärt, ob und welche Auswirkungen in **Einbringungsfällen** sog. **aktive Ausgleichsposten** (früher sog. **Luftposten**) auf das 95 steuerliche Einlagekonto haben.[1] Dieser Posten weist die Unterschiede der Steuerbilanz zur Handelsbilanz im Falle von Einbringungen aus, um die Unterschiede beim ausgewiesenen Eigenkapital herbeizuführen. Dieser Posten ist kein Bestandteil des Vermögensvergleichs. Seine Veränderungen haben daher keine Auswirkung auf das Einlagekonto, da dies rechnerische Änderungen ohne Vermögensauswirkung sind.[2]

96 **Maßgebender Zeitpunkt** für die Erfassung auf dem steuerlichen Einlagekonto ist der **tatsächliche Zufluss der Einlage** bei der Körperschaft[3] oder der **tatsächliche Abfluss der Leistung** bei der Körperschaft.[4] Es kommt nicht darauf an, für welches Wirtschaftsjahr die Leistung erbracht wurde. Auf die bilanzrechtlichen Grundsätze kommt es nicht an.

> **BEISPIEL:** Im Jahr 02 beschließt die Gesellschafterversammlung der X-GmbH eine Ausschüttung für das abgelaufene Jahr 01. Soweit für diese Ausschüttung das Einlage als verwendet gilt, handelt es sich um einen Abgang in 02. Im Dezember 01 beschließt die Gesellschafterversammlung der Y-GmbH, dass die Gesellschafter Nachschüsse leisten müssen. In der Bilanz werden entsprechende Forderungen aktiviert. Aber erst mit der Zahlung im Januar 02 erfolgt der Zugang zum Einlagekonto. Dies bewirkt, dass eine Einlagenforderung das Betriebsvermögen bereits erhöht hat, andererseits die Einlage mangels Zufluss noch nicht auf dem Einlagekonto zu erfassen ist.

97 Bei der Einlage von **Sachwerten** der Anteilseigner, bzw. bei der Leistung von Sachwerten durch die Körperschaft, ist der maßgebliche Zeitpunkt für die Erfassung auf dem steuerlichen Einlagekonto der Zeitpunkt der **Übertragung des wirtschaftlichen Eigentums**.

98 Zur Behandlung von Zugängen zum Einlagekonto während des **steuerlichen Rückwirkungszeitraums** gem. § 2 UmwStG bei Verschmelzungen und Spaltungen s. *Mössner* in Mössner/Seeger/Oellerich, § 29 Rz. 95 ff.

99–100 *(Einstweilen frei)*

IV. § 27 Abs. 1 Satz 3 und Satz 5 KStG – Einlagenrückgewähr

101 § 27 Abs. 1 Satz 3 KStG korrespondiert unmittelbar mit § 20 Abs. 1 Nr. 1 Satz 3 EStG, indem er festlegt, unter welchen Voraussetzungen für eine Leistung der Kapitalgesellschaft an ihre Gesellschafter das Einlagekonto als verwendet gilt. Zu diesem Zweck definiert die Norm im Wege einer **Verwendungsreihenfolge** die „Einlagenrückgewähr" als Leistungen einer Kapitalgesellschaft, „soweit sie den auf den Schluss des vorangegangenen Wirtschaftsjahres ermittelten ausschüttbaren Gewinn übersteigen". Als Sonderfall – mit einer umgekehrten Verwendungsreihenfolge – behandelt das Gesetz die Rückzahlung nach Herabsetzung des Nennkapitals (vgl. *Mössner* in Mössner/Seeger/Oellerich, KStG, § 28 Rz. 79 ff.). Ausdrücklich sagt das Gesetz, dass es nicht auf die **handelsrechtliche** Einordnung ankommt. Dadurch soll es vermieden werden, dass nach der Ausdehnung der gesetzlichen Regelung auf Auslandssachverhalte, vor allem § 27 Abs. 8 KStG (vgl. → Rz. 261 ff.) eine Überprüfung der ausländischen Rechtsordnungen, ob nach dortigem Handelsrecht ein Direktzugriff vorliegt oder ob er eventuell unzulässig ist, notwendig wird. Dadurch ist die frühere Möglichkeit eines Direktzugriffs auf das Einlagekonto dann, wenn handels- und gesellschaftsrechtlich eine Rückzahlung von Einlagen gegeben war,

---

1 Vgl. BMF, Schreiben v. 11.11.2011, UmwSt Erl 2011, BStBl 2011 I 1314 Tz. 20.20.
2 So zutreffend *Nordmeyer* in Schnitger/Fehrenbach, § 27 Rz. 50; *Dötsch* in DPM, § 27 Rz. 40.
3 BFH, Urteil v. 29.5.1996 - I R 118/93, BStBl 1997 II 92; *Dötsch* in DPM, § 27 Rz. 41.
4 BFH, Urteile v. 18.7.1990 - I R 173/87, BFH/NV 1991, 190 = NWB IAAAB-31581; v. 5.9.2001 - I R 60/00, I R 61/00, BFH/NV 2002, 222 = NWB RAAAD-42264 und v. 31.3.2004 - I R 72/03, BFH/NV 2004, 1423 = NWB AAAAB-24794.

nicht mehr möglich. Vielleicht spielte auch die Befürchtung eine Rolle, das beim Abstellen auf das Handelsrecht Gestaltungen möglich sein könnten, die fiskalisch unerwünscht sind.

Das Einlagekonto gilt nur dann als verwendet, wenn die **Leistung** der Kapitalgesellschaft den **ausschüttbaren Gewinn** am Ende des vorangegangenen Wirtschaftsjahres übersteigt[1] und wenn insoweit das Einlagekonto einen Bestand ausweist. Diese Verwendungsreihenfolge ist zwingend.[2] Ist die Ausschüttung geringer als der ausschüttbare Gewinn, handelt es sich immer um eine Gewinnausschüttung. Was **ausschüttbarer Gewinn** ist, definiert § 27 Abs. 1 Satz 5 KStG als den Betrag, um den das in der am Schluss des vorangegangenen Wirtschaftsjahres aufgestellten Steuerbilanz ausgewiesene Eigenkapital das gezeichnete Kapital und das Einlagekonto übersteigt.[3] Aufgrund dieser Definition stehen ausschüttbarer Gewinn, Nennkapital und Einlagekonto in einer Wechselbeziehung. 102

Dies bedeutet, dass die Inanspruchnahme des steuerlichen Einlagekontos von der Höhe des Gewinns abhängt entsprechend der Formel, sog. Differenzrechnung:

Inanspruchnahme = Ausschüttung − ausschüttbarer Gewinn.

BEISPIEL: die X GmbH ermittelt für das Jahr 01 einen Gewinn von 1,5 Mio. € Sie nimmt 02 eine Ausschüttung von 2 Mio. € vor. Das Einlagekonto (mit 1 Mio. € vorausgesetzt) wird folglich zu 500 000 € in Anspruch genommen. Nach einer im Jahre 04 stattfindenden Außenprüfung erhöht sich der Gewinn 01 auf 2 Mio. €.

Voraussetzung ist, dass es sich um eine **Leistung** der Kapitalgesellschaft handelt. Darunter sind Zuwendungen der Gesellschaft an ihre Gesellschafter zu verstehen, die ihre Ursache im Gesellschaftsverhältnis haben.[4] Damit umfasst dieser Begriff alle Gewinnausschüttungen einschl. der vGA und Vorabausschüttungen, Auskehrungen bei Liquidationen und auf beteiligungsähnliche Genussrechte, organschaftliche Ausgleichszahlungen an Minderheitsgesellschafter, organschaftliche Mehrabführungen aus vororganschaftlicher Zeit sowie alles, was bei umgekehrter Richtung eine Einlage wäre. Wegen der Definition der Inanspruchnahme (→Rz. 102) führen Leistungen der Gesellschaft bei fehlendem ausschüttbaren Gewinn zur Inanspruchnahme des Einlagekontos. Wird beispielsweise nachträglich eine vGA bei einer Außenprüfung angenommen und verfügt die Gesellschaft über keinen ausschüttbaren Gewinn, so erfolgt die Leistung aus dem Einlagekonto. Da die Gesellschaft keine Bescheinigung über die Inanspruchnahme des Einlagekontos gem. § 27 Abs. 3 (vgl. →Rz. 181 ff.) ausgestellt hat, gilt diese gem. § 27 Abs. 5 Satz 3 als mit 0 bescheinigt (→Rz. 238) mit der Folge, dass dies verbindlich ist (→Rz. 239).[5] 103

Der Gesetzgeber hat neu geregelt, in welchen Fällen ein **Direktzugriff** auf das steuerliche Einlagekonto möglich ist und damit klargestellt, dass der Rechtsprechung des BFH nicht zu folgen ist.[6] Der BFH ging davon aus, dass bei ausländischen Kapitalgesellschaften das ausländische Handelsrecht maßgeblich für die Frage ist, ob eine an den inländischen Anteilseigner erbrachte Leistung steuerlich als Einlagerückzahlung zu beurteilen ist.[7] Die in das Gesetz eingefügte Ein- 104

---

1 Vgl. *Dötsch* in DPM, § 27 Rz. 44 ff. mit Rechenbeispielen zur Differenzrechnung, Rz. 49 ff.
2 BFH, Urteil v. 24. 2. 2015 - VIII R 50/11, NWB FAAAF-01953.
3 *Dötsch* in DPM, § 27 Rz. 70 ff.
4 BMF, Schreiben v. 4. 6. 2003, BStBl 2003 I 366 Tz. 11.
5 Ebenso Sächsisches FG, Urteil v. 8. 6. 2016 - 2 K 1860/15; NWB QAAAF-89945, DStRK 2017, 93; Az. BFH I R 45/16.
6 Z. B. BFH, Urteile v. 14. 10. 1992 - I R 1/91, BStBl 1993 II 189; v. 27. 4. 2000 - I R 58/99, BStBl 2001 II 168.
7 Vgl. auch OFD Frankfurt v. 17. 4. 2000, BB 2000, 1460.

schränkung, dass die Verwendungsfiktion des § 27 Abs. 1 KStG „unabhängig von der handelsrechtlichen Einordnung" zielt insbesondere hierauf ab (vgl. → Rz. 263).[1]

105 Für die Ermittlung des **Eigenkapitals** ist die Steuerbilanz maßgeblich. Alle Abweichungen von der Handelsbilanz sind zu beachten, wie z. B. die nichtabziehbaren Betriebsausgaben gem. § 4 Abs. 5 EStG oder Rückstellungsverbote wie § 5 Abs. 4a und 4b EStG.[2] Stellt die Körperschaft keine Steuerbilanz auf, so unter Anwendung der der Vorschrift von § 60 EStDV das Eigenkapital zu ermitteln. Eigenkapital ist zunächst das **Nennkapital**, das auch umgewandelte Gewinne und Rücklagen umfasst. Es ergibt sich aus der Eintragung im Handelsregister oder durch Satzung. Es steht für Ausschüttungen nicht zur Verfügung, es sei denn im Falle der Liquidation der Körperschaft. Der **Gewinn** besteht aus dem Gewinn des Vorjahres, dem Gewinnvortrag und den Gewinnrücklagen. Hinzu kommen als sog. **neutrales Vermögen** die aus dem früheren körperschaftsteuerlichen Anrechnungssystem stammenden Teile des Eigenkapitals, §§ 36 f. KStG. Erst wenn diese Posten aufgebraucht sind, erfolgt die Leitung aus dem Einlagekonto. Mit der redaktionellen Ergänzung des Abs. 1 Satz durch das JStG 2008 (→ Rz. 24) ist ein Direktzugriff auf das steuerliche Einlagekonto begrenzt.

106 Ein **zulässiger Direktzugriff** ist gleichwohl noch in folgenden Fällen zulässig:

▶ Rückzahlung von Nennkapital § 28 Abs. 2 Satz 2 KStG (vgl. *Mössner* in Mössner/Seeger/Oellerich, KStG, § 28 Rz. 105 ff.)

▶ bei in organschaftlicher Zeit verursachten Mehr- oder Minderabführungen i. S. d. § 27 Abs. 6 KStG (vgl. → Rz. 251 ff.)

▶ Forderungsverzicht nach Besserungsschein (vgl. → Rz. 108).

107 Mit der redaktionellen Ergänzung des § 27 Abs. 1 Satz 3 KStG um den Verweis auf § 28 Abs. 2 Satz 3 KStG ist die Verringerung des steuerlichen Einlagekontos im Falle eines **Direktzugriffes** nach § 28 Abs. 2 Satz 2 KStG auf **Null** begrenzt. Negativ kann es nur in Ausnahmefällen werden (→ Rz. 121). Eine den positiven Bestand des steuerlichen Einlagekontos übersteigende Kapitalrückzahlung führt nach § 28 Abs. 2 Satz 4 KStG zu einer Gewinnausschüttung. Der Anteilseigner hat daraus Bezüge i. S. d. § 20 Abs. 1 Satz 1 Nr. 2 EStG zu versteuern.

108 Ein besonderes Problem stellt der **Forderungsverzicht mit Besserungsschein** dar:

BEISPIEL: ▶ Eine GmbH in wirtschaftlichen Schwierigkeiten ist zur Vermeidung einer Überschuldung darauf angewiesen, dass ihr Alleingesellschafter auf sein früher gewährtes Darlehen verzichtet. Der Alleingesellschafter erklärt den Verzicht nur gegen Besserungsschein.

Im Zeitpunkt des Verzichts gilt der werthaltige Darlehensbetrag als verdeckte Einlage und erhöht entsprechend das Einlagekonto. Tritt der Besserungsfall ein, lebt die Darlehensforderung auf. Die Rückzahlung der verdeckten Einlage an den Alleingesellschafter führt bei Vorhandensein eines ausschüttbaren Gewinns bei ihm zu Einkünften aus Kapitalvermögen. Diese Rechtsfolge wird regelmäßig eintreten, da Voraussetzung für das Eintreten des Besserungsfalles grundsätzlich ein mehrjähriger Gewinn ist. Diese Folge wird überwiegend als nicht gerechtfer-

---

[1] So auch *Dötsch* in DPM, Vor § 27 KStG Rz. 3.
[2] *Endert* in Frotscher/Drüen § 27 Rz. 22a, 72 f.

tigt empfunden.[1] Manche[2] nehmen ein Wiederaufleben der Forderung an verbunden mit einem Direktzugriff auf das Einlagekonto. Begründet wird dies, wenn nicht einfach auf die frühere Rechtslage[3] verwiesen wird, damit, dass die Darlehensrückzahlung keine Leistung sei, da ihre Grundlage nicht das Gesellschaftsverhältnis (vgl. → Rz. 103), sondern der Darlehensvertrag ist. *Dötsch*[4] berichtet von einem Beschluss der Abteilungsleiter in diesem Sinne, so dass auch die Finanzverwaltung nicht mehr die Erfüllung des Besserungsversprechens als Leistung der Gesellschaft behandelt. Dem könnte man zustimmen, wenn das Problem des Direktzugriffs auf das Einlagekonto (z. B. dass dieses negativ werden kann, s. → Rz. 123) gelöst wäre. Während der Zugang zum Einlagekonto eindeutig ist, gibt es keine Rechtsgrundlage für einen gesonderten Direktzugriff.

BEISPIEL: ▶ Die A GmbH gerät in wirtschaftliche Schwierigkeiten. Ihr Hauptgesellschafter, der ein Darlehen gegeben hat, spricht einen Forderungsverzicht mit Besserungsschein aus. Das Darlehen ist zur Hälfte werthaltig. Dies führt zu einem Zugang zum Einlagekonto. Daraufhin erholt sich die Gesellschaft und die Forderung lebt wieder insgesamt auf. Der Zugang müsste rückgängig gemacht werden, da die Einlage nicht mehr existiert. Ist inzwischen aber eine Ausschüttung erfolgt und für diese mangels Gewinns das Einlagekonto verwendet worden, so ist die Einlage verwendet worden.

Gleichgültig sollte sein, ob der Besserungsschein als bedingter Verzicht oder als bedingte Neuentstehung der Darlehensforderung ausgestaltet ist.

Die außerbilanziellen Zurechnungen unterliegen der Körperschaftsteuer, da sie das steuerliche Einkommen erhöhen. Sie sind aber nicht Bestandteil des Eigenkapitals, das in der Steuerbilanz ermittelt wird. Es sind eben außerbilanzielle Hinzurechnungen. Zu diesen gehört, was nach § 8b KStG hinzugerechnet wird, verdeckte Gewinnausschüttungen,[5] Korrekturen nach § 1 AStG, der Hinzurechnungsbetrag nach §§ 7 ff. AStG. Der BMF[6] hat für verdeckte Gewinnausschüttungen ausgeführt, dass diese nicht zu steuerlichem Eigenkapital führen.

109

BEISPIEL: ▶ Der Gesellschafter-Geschäftsführer der A GmbH erhält ein überhöhtes Gehalt. Als vGA erfolgt eine Hinzurechnung außerhalb der Bilanz. Entsprechend erhöht sich das körperschaftsteuerpflichtige Einkommen der A GmbH. Da das Gehalt an den Gesellschafter ausgezahlt ist, führt dies bei ihm ebenfalls zu einer vGA gem. § 20 Abs. 1 Nr. 1 EStG. Innerhalb der Buchführung der GmbH wird die Zahlung als Betriebsausgabe (Gehalt) behandelt.

Behandelt man die vGA als außerhalb des (ausschüttbaren) Gewinns stehend, nimmt aber zugleich, dass eine Leistung i. S. v. § 27 Abs. 1 Satz 3 KStG vorliegt, so würde ggf. das Einlagekonto gemindert.[7] Zur Lösung bieten sich zwei Wege an: entweder erhöht man den ausschüttbaren Gewinn um die vGA[8] oder man behandelt sie als keine „Leistung" (§ 27 Abs. 1 Satz 3 KStG). Bei

---

1 *Nordmeyer* in Schnitger/Fehrenbach § 27 Rz. 73; *Antweiler* Bott/Walter § 27 Rz. 113; *Dötsch* in DPM, § 27 Rz. 62 f.; *Pohl* DB 2007, 1553; *Heger* in Gosch § 27 Rz. 26; a. A. *Berninghaus*/HHR, § 27 R. 41; *Endert* in Frotscher/Drüen § 27 Rz. 53 ff.; *Winkeljohann/Fuhrmann*, DB 2006, 1863; *Korn*, GmbHR 2007, 624; *Pohl*, DB 2007, 1553.
2 *Pohl*, DB 2007, 1555; *Crezelius* in Schmidt/Uhlenbruck, Die GmbH in der Krise, 5. Aufl., 2016, Rz. 2662; *Förster*, Ubg 2010, 761; dagegen *Endert* DStR 2016, 1012 ff.
3 Hierzu s. BFH, Urteil v. 30.5.1990 - I R 41/87, BStBl 1991 II 588.
4 DPM § 27 Rz. 63.
5 Vgl. → Rz. 136; vgl. auch *Lornsen-Veit* in Erle/Sauter, § 27 Rz. 53 ff.; *Moritz* GmbHR 2017, 513, auch zur Bilanzberichtigung.
6 4. 6. 2003 BStBl I 2003, 366 Tz. 16.
7 Vgl. *Dötsch* in DPM § 27 Rz. 74.
8 So *Frotscher*/Drüen § 27 Rz. 39 f.

den übrigen außerbilanziellen Hinzurechnungen kommt es darauf an, ob diese zu Ausschüttungen führen können (vgl. aber → Rz. 136).

BEISPIEL: Die deutsche D-GmbH hat eine niederländische Tochtergesellschaft, der sie die Benutzung einer Lizenz in den Niederlanden gestattet. Das FA setzt hierfür eine Lizenzgebühr gem. § 1 AStG an. Diese Hinzurechnung führt nicht bei D zu einer Ausschüttung.

110–120 *(Einstweilen frei)*

V. Kein negatives Einlagekonto

121 Gemäß § 27 Abs. 1 Satz 4 KStG kann das steuerliche Einlagekonto durch **Leistungen** der Gesellschaft **nicht negativ** werden.[1] Es weist damit mindestens einen Betrag von 0 € aus. Etwas anderes gilt nur für den Fall, dass die Verringerung des steuerlichen Einlagekontos auf eine sog. in organschaftlicher Zeit verursachte Mehrabführung i. S. d. § 27 Abs. 6 KStG (vgl. → Rz. 256) zurückzuführen ist. Im Fall dieser Ausnahme kann das steuerliche Einlagekonto daher negativ werden.

122 Die Auffassung der Finanzverwaltung[2] nach dem Rechtszustand vor SEStEG, dass bei der **Rückzahlung von Nachschüssen** der Anteilseigner, die nicht zur Deckung des Verlustes am Stammkapital erforderlich sind (vgl. § 30 Abs. 2 GmbHG) und nach § 26 GmbHG zurückgezahlt werden konnten, ein Direktzugriff auf das steuerliche Einlagekonto erfolgt, ist mit der Gesetzesänderung überholt.[3] Nunmehr ist die Verwendungsreihenfolge zu beachten.[4]

123 Strittig ist, ob für den **Besserungsfall nach dem Forderungsverzicht** (vgl. → Rz. 108) ein Direktzugriff das Einlagekonto negativ werden kann. Für diejenigen, die entsprechend der Gesetzesbegründung vertreten, dass der Direktzugriff ausgeschlossen ist,[5] kann das Einlagekonto nicht negativ werden. Nach anderer Auffassung[6] soll der Besserungsfall weder handels- noch steuerrechtlich als Ausschüttung bzw. Rückzahlung aus der Kapitalrücklage keine Leistung i. S. d. § 27 KStG vorliegen,[7] weshalb der Besserungsfall nicht vom Wortlaut der Sätze 3 und 4 des § 27 KStG erfasst sei. Vor diesem Hintergrund habe sich auch nichts an der vor dem Inkrafttreten des SEStEG herrschenden Rechtslage geändert. Für diese hatte BFH[8] entschieden, dass keine Ausschüttung und damit keine Leistung nach § 27 KStG vorliege, weshalb der von *Dötsch*[9] vertretenen Auffassung nicht folgen ist. Meines Erachtens ist die Rückbuchung der Einlage vorzuziehen (vgl. → Rz. 108).

124 Satz 4 bewirkt, dass das steuerliche Einlagekonto grundsätzlich nicht negativ wird. Die **Einlagenrückgewähr** ist nur **bis zur Höhe des positiven Bestandes** des Einlagekontos vorzunehmen. Nimmt die Körperschaft darüber hinaus Auszahlungen vor, so handelt es sich nicht um

---

[1] BFH, Urteile v. 9. 6. 2010 - I R 43/09, BFH/NV 2010, 2117 = NWB CAAAD-52754; v. 6. 10. 2009 - I R 24/08, BFH/NV 2010, 248 = NWB GAAAD-34039.
[2] Vgl. BMF, Schreiben v. 4. 6. 2003, BStBl 2003 I 366, Rz. 29.
[3] BFH, Urteil v. 9. 6. 2010 - I R 43/09, BFH/NV 2010, 2117 = NWB CAAAD-52754; a. A. *Pfaar/Hanisch/Welke*, GmbHR 2003, 150.
[4] Ebenso *Nordmeyer* in Schnitger/Fehrenbach § 27 Rz. 74.
[5] *Winkeljohann/Fuhrmann*, DB 2006, 1862.
[6] *Lornsen-Veit/Behrendt*, FR 2007, 179 ff.
[7] So auch *Dötsch* in DPM, Vor § 27 KStG Rz. 3.
[8] BFH, Urteil v. 30. 5. 1990 - I R 41/87, BStBl 1991 II 588.
[9] In *Dötsch* in DPM, Vor § 27 KStG Rz. 3 ff.

Verwendung des Einlagekontos i. S. v. § 20 Abs. 1 Nr. 1 Satz 3 EStG und ist folglich ein nicht steuerfreier Bezug beim Anteilseigner.

Nach dem Gesetzentwurf der Bundesregierung[1] war auch für den Fall der Verringerung des steuerlichen Einlagekontos aufgrund von Festschreibungen nach § 27 Abs. 1 Satz 5 KStG a. F. vorgesehen, dass das Einlagekonto negativ werden kann. Aufgrund des Änderungsvorschlages des Finanzausschusses des Deutschen Bundestages[2] wird die Festschreibung bescheinigter Verwendungen von Beträgen aus dem Einlagekonto in § 27 Abs. 5 KStG geregelt, was die Streichung des § 27 Abs. 1 Satz 5 KStG a. F. zur Folge hat (und nicht etwa die Aufhebung des Satzes 6; ein solcher war nicht existent, so dass von einem redaktionellen Fehler auszugehen ist[3]).

125

Eine Ausnahme sieht § 27 Abs. 1 Satz 4 für Abs. 6 vor. Dies betrifft organschaftliche Mehrabführung (Näheres s. → Rz. 254, → Rz. 256).

126

(Einstweilen frei)

127–130

VI. Problemfelder des § 27 Abs. 1 Sätze 3 und 4 KStG

1. Zurechnung der verwendeten Leistungen an die Anteilseigner

Leistungen der Körperschaft haben abhängig von den hierfür verwendeten „Töpfen" für die Anteilseigner **unterschiedliche steuerliche Folgen**. So ist z. B. die Rückgewähr von Einlagen unter den Voraussetzungen des § 20 Abs. 1 Nr. 1 Satz 3 EStG steuerfrei, Gewinnausschüttungen aus dem neutralen Vermögen hingegen nicht. Daher bedarf es einer Festlegung, welche Mittel für die Leistung an die Anteilseigner verwandt wurden. Eine Leistung an mehrere Anteilseigner, die aus mehreren „Töpfen" finanziert wurde, ist den Anteilseigner entsprechend ihrem Anteil an der Leistung anteilig zuzurechnen.[4]

131

Endert[5] hält eine Vermeidung der anteiligen Zurechnung im Wege einer **disproportionalen Gewinnausschüttung** für möglich. In diesem Fall wird eine Gewinnausschüttung an einen Teil der Anteilseigner zu einem Zeitpunkt vorgenommen, zu dem eine Verwendung aus dem steuerlichen Einlagekonto erfolgt. Der andere Teil der Anteilseigner soll zu einem anderen Zeitpunkt eine Gewinnausschüttung erhalten. Soweit die Leistungen in verschiedenen Wirtschaftsjahren abfließen und kein Verstoß gegen handelsrechtliche Vorschriften vorliegt (denkbar bei Vorabausschüttungen[6] an einzelne Anteilseigner), bestehen gegen diese Auffassung keine Bedenken.

132

Erfolgen **mehrere Leistungen in einem Wirtschaftsjahr**, ist während der 18-jährigen Übergangszeit zunächst zwischen Gewinnausschüttungen, die auf einem den gesellschaftsrechtlichen Bestimmungen entsprechenden Gewinnverteilungsbeschluss beruhen, und anderen Leistungen zu unterscheiden. Denn nur für die ordentlichen Gewinnausschüttungen kommt eine Verwendung des KSt-Guthabens nach § 37 KStG in Betracht. Nach der vorrangigen Verwendung des KSt-Guthabens (und den damit verbundenen Gewinnrücklagen aus dem neutra-

133

---

1 Vom 25. 9. 2006 - BT-Drucks. 16/2710.
2 Vom 9. 11. 2006 - BT-Drucks. 16/3369.
3 Vgl. *Dötsch/Pung*, DB 2006, 2648.
4 Ebenso: *Endert* in Frotscher/Drüen, § 27 Rz. 106; *Dötsch* in DPM, § 27 KStG n. F. Rn 23.
5 *Endert* in Frotscher/Drüen, § 27 Rz. 106.; Gestaltungsbeispiel bei *Ott*, DStR 2017, 1508.
6 Siehe *Ott* DStR 2017, 1508.

len Vermögen) für die ordentlichen Gewinnausschüttungen ist eine Summe der verbleibenden Leistungen zu bilden. Die Summe dieser Leistungen ist – mangels ausdrücklicher gesetzlicher Anordnung – anteilig aus den zur Verfügung stehenden „Töpfen" zu finanzieren. Insofern verbleibt es sinngemäß bei der in Abschn. 78 Abs. 3 KStR 1995 dargestellten Regelung. Auf der Grundlage dieser Aufteilung erfolgt die Zurechnung gegenüber den Anteilseigner entsprechend ihrem Anteil an den Leistungen, u.U. differenziert nach ordentlichen Gewinnausschüttungen und anderen Leistungen.

134–135 *(Einstweilen frei)*

2. „zu frühe" Verwendung

136 Das für den Umfang des ausschüttbaren Gewinns maßgebliche Eigenkapital laut Steuerbilanz ist nach Bilanzierungsgrundsätzen zu ermitteln, die Minderung oder Mehrung des Einlagekontos durch Leistungen erfolgt dagegen nach dem Abflussprinzip (vgl. → Rz. 95). Das führt insbesondere bei **vGA** und Vorabausschüttungen zu Problemen. Bei **verdeckten Ausschüttungen** ist zu unterscheiden, ob sie mit einem Vermögensabfluss, z. B. überhöhtes Gehalt des Gesellschafter-Geschäftsführers, oder keinem Abfluss, z. B. überhöhte Pensionsrückstellung verbunden sind. In beiden Fällen erfolgt eine Hinzurechnung außerhalb der Bilanz (vgl. → Rz. 109) und zwar bei der Bilanzierung am Ende des betreffenden Wirtschaftsjahres. Damit wird das nach der vGA ermittelte Einkommen[1] erhöht. Andererseits erfolgt der Abfluss nicht zu diesem Zeitpunkt, sondern früher oder später (z. B. bei Auszahlung der Pension). Die beiden Zeitpunkte sind nicht synchronisiert. Die Folge ist, dass der Abfluss erfolgen kann, wenn keine Gewinne am Ende des vorangegangenen Wirtschaftsjahres ermittelt wurden und somit ggf. das Einlagekonto gemindert würde. Weist auch das Einlagekonto zum Zeitpunkt des Abflusses keinen Bestand aus, so wird es auch nicht negativ.[2]

Folgt man der oben vertreten Ansicht (vgl. → Rz. 109), dass die vGA weder den Gewinn erhöht, noch der Abfluss eine Leistung im Sinne der Einlagenrückgewähr ist, so stellen sich die Probleme nicht. Könnte das Einlagekonto negativ werden, so würden Leistungen der Körperschaft an ihre Anteilseigner nach § 20 Abs. 1 Nr. 1 Satz 3 EStG steuerfrei bleiben, obwohl die Körperschaft nachweislich über keine Einlagen auf dem steuerlichen Einlagekonto verfügt, die für eine Rückgewähr an die Anteilseigner zur Verfügung stehen.[3]

Folgt man nicht der hier vertretenen Ansicht, dass eine verdeckte Gewinnausschüttung weder im Gewinn erfasst wird, noch eine Leistung i. S. von § 27 KStG darstellt, so ergibt sich folgende Situation: die vGA erhöht den ausschüttbaren Gewinn am Ende des Wirtschaftsjahres, in dem sie erfolgt. Der Abgang liegt aber früher. Es ist denkbar, dass dann das Einlagekonto durch die vGA gemindert würde. Dies darf aber nicht sein, da diese nach § 20 Abs. 1 Nr. 1 EStG zu steuerpflichtigen Einkünften führt. Als Lösung bleibt nur, den ausschüttbaren Gewinn des Vorjahres um die vGA zu erhöhen. Dies widerspricht aber Grundprinzipien von § 27 KStG. Eleganter ist es daher, eine vGA als außerhalb des Gewinns stehend anzusehen, so dass sie selbst keine Leis-

---

[1] § 8 Abs. 3 KStG: mindern nicht das Einkommen.
[2] In *Endert* in Frotscher/Drüen § 27 Rz. 89, m.w. N.
[3] Ebenso *Dötsch* in DPM, § 27 Rn 28; *Antweiler* in Bott/Walter, § 27 Rz. 67.

tung i. S. d. § 27 KStG ist (vgl. → Rz. 109). Das FG Sachsen hat die Verwendungsfestschreibung gem. § 27 Abs. 5 KStG bei einer vGA betätigt.[1]

Vorabausschüttungen sind mit dem Eigenkapital des vorangegangenen Wirtschaftsjahrs zu verrechnen. Es erfolgt keine Verrechnung mit dem ausschüttbaren Gewinn im Zeitpunkt der Vorabausschüttung, der erst zum Ende des Wirtschaftsjahrs festgestellt wird, in dem die Ausschüttung erfolgte.[2] Auch hier wäre es sachgerechter, die Vorabausschüttung mit dem Gewinn am Ende des betreffenden Jahres zu verrechnen und erst dann zu entscheiden, ob das Einlagekonto betroffen ist. Ohne Gesetzesänderung lässt sich dies m. E. nicht durch Auslegung erreichen. 137

Umgekehrt ist umstritten, wie sich **unterjährige Zugänge** auf den Bestand des steuerlichen Einlagekontos auswirken.[3] Nach einer Ansicht in der Literatur sollen auch bei § 27 KStG unterjährige Zugänge für Ausschüttungen im selben Jahr verwendet werden können, da beide Vorschriften eine Begrenzung auf den Bestand des letzten Feststellungsstichtages vorsehen. Andernfalls hätten Gesellschafter Ertragssteuern auf „Phantasiegewinne" zu leisten.[4] Die gegenteilige Ansicht[5] geht davon aus, dass nur der im Feststellungsbescheid zum vorangegangenen Stichtag festgestellte Bestand des steuerlichen Einlagekontos für Leistungen verwendet werden kann. Begründet wird dies vom BFH damit, dass § 27 KStG die Annahme einer Vorjahresbetrachtung zugrunde liegen solle. Unterjährige Zugänge zum steuerlichen Einlagekonto können folglich nicht für Leistungen aus dem steuerlichen Einlagekonto im Jahr des Zugangs verwendet werden. Auch entspricht dies der Ansicht, dass in einem Wirtschaftsjahr geleistete Zugänge und Abgänge nicht miteinander verrechnet werden können.[6] Dieser Ansicht ist zuzustimmen. Man muss § 27 Abs. 1 Satz 3 KStG wie folgt lesen: Leistungen mindern das (ergänze:) *am Ende des vorangegangenen Wirtschaftsjahres festgestellte* steuerliche Einlagenkonto, soweit sie den zu diesem Zeitpunkt ermittelten Gewinn übersteigen. Auch wenn die Kritik von *Bareis*[7] an der BFH-Entscheidung verständlich ist, muss diese Entscheidung in der Gestaltungspraxis beachtet werden, auch weil sie die Verwaltungsansicht abgesegnet hat. Der Vorschlag der Nichtanwendung verkennt, dass sich der BFH generell zur Verwendung von unterjährigen Zuführungen für im selben Jahr erfolgte Ausschüttungen geäußert. Um die Leistung von Ertragssteuern auf „Phantasiegewinnen" wie im zu entscheidenden Streitfall[8] in Millionenhöhe zu vermeiden, ist dringend zu empfehlen geplante Ausschüttungen erst nach dem Ende des Wirtschaftsjahres vorzunehmen, da dann die unterjährige Zuführung zum steuerlichen Einlagekonto berücksichtigt wird. Ersatzweise könnten die Gesellschafter – wie der BFH selbst in den Entscheidungsgründen ausführt – die Gesellschaftermittel im Wege eines Darlehens zur Verfügung stellen. 138

---

1 FG Sachsen, Urteil v. 8.6.2016 - 2 K 1860/15, EFG 2017, 156 NWB QAAAF-89945. Die Revision (Az. BFH I R 45/16) gegen dieses Urteil ist zurückgenommen worden. Damit erübrigen sich vorerst auch die Argumente von *Moritz*, GmbHR 2017, 511 ff.
2 BFH, Urteil v. 19. 5. 2010 - I R 51/09, BStBl 2014 II 937.
3 Gerichtsbescheid v. 30. 3. 2011 - 4 K 2353/10.
4 Insbesondere, *Dötsch* in DPM, § 27 KStG Rz. 44; *Bareis*, DB 2013, 2231 ff.
5 BFH, Urteile v. 30. 1. 2013 - I R 35/11, BStBl 2013 II 560; v. 19.7.2017 - I R 96/15, NWB FAAAG-64220; FG Hessen, Urteil v. 30. 3. 2011 - 4 K 2353/10, NWB ZAAAD-84582; *Berninghaus*/HHR, § 27 KStG Rz. 53; *Endert* in Frotscher/Drüen, § 27 KStG Rz. 67; *Binnewies*, GmbHR 2010, 1101, 1103.
6 *Bauschatz*/Gosch, KStG, 3. A., § 27 Rz. 52.
7 *Bareis*, DB 2013, 2231 ff.
8 Der BFH bestätigte im zu entscheidenden Sachverhalt des Urteils v. 30. 1. 2013 die Ertragsteuerpflicht von zwei Ausschüttungen über 56 266 187,70 € und 56 000 000,00 €.

139 Die gleiche Problematik kann sich bei **Ausgleichszahlungen** im Rahmen einer Organschaft ergeben. Leistet die Organgesellschaft Ausgleichszahlungen an außenstehende Minderheitsgesellschafter, sind diese ebenfalls mit dem Anfangskapital zu verrechnen.[1]

140 *(Einstweilen frei)*

3. Ausnahmen von der Verwendungsreihenfolge

141 Folgende Vorgänge führten nach altem Recht vorrangig zu einer Verrechnung mit dem EK 04:
- Der Erwerb und die Einziehung eigener Anteile (Abschn. 83 Abs. 4 Satz 1 KStR 1995),
- die Rückzahlung von Nachschüssen an die Gesellschafter einer GmbH (Abschn. 95 Abs. 3 KStR 1995) und
- das Wiederaufleben einer Forderung aufgrund Besserungsscheins nach Forderungsverzicht durch den Gesellschafter.[2] (vgl. → Rz. 123)

Diese Grundsätze sollten auf die Verwendung des steuerlichen Einlagekontos übertragen werden können.[3]

142–144 *(Einstweilen frei)*

E. Gesonderte Feststellung (§ 27 Abs. 2 KStG)

I. Überblick

145 § 27 Abs. 2 KStG schreibt ein gesondertes Feststellungsverfahren vor. Dieses soll der **Rechtssicherheit** dienen, damit die einkommensteuerlichen Folge der Steuerfreiheit (vgl. → Rz. 1) eindeutig feststeht. Wegen der Verwendungsreihenfolge (vgl. → Rz. 101 ff.), die bewirkt, dass vorrangig andere Teile des Eigenkapitals als ausgeschüttet gelten, erfolgt der Zugriff auf das Einlagenkonto in der Regel erst nach langen Zeiträumen. Es ist daher wichtig, die zwischenzeitlichen Zu- und Abgänge festzustellen. Die Feststellung erfolgt jährlich am **Ende des Wirtschaftsjahres** der Körperschaft, selbst wenn es keine unterjährige Veränderung gegeben hat. Die Notwendigkeit der Feststellung nach Wirtschaftsjahren ergibt sich unmittelbar aus § 27 Abs. 1 Satz 1 KStG (s. → Rz. 61).

146 Das Gesetz enthält in Abs. 2 folgende Regelungen
- Anordnung eines Feststellungsverfahrens – Satz 1 (s. → Rz. 151)
- Wirkung des Feststellungsbescheides – Satz 2 (s. → Rz. 155)
- Feststellung bei Eintritt in die unbeschränkte Steuerpflicht – Satz 3 (s. → Rz. 101)
- Erklärungspflicht – Satz 4 (s. → Rz. 171)
- Eigenhändige Unterschrift unter Erklärung – Satz 4 (s. → Rz. 172)

147 Ob auch **Nullbestände** durch Bescheid festzustellen sind, ist umstritten.[4] Wegen der Fortschreibung (s. → Rz. 91 ff.) und der materiellen Bindungswirkung (s. → Rz. 157) ist eine jähr-

---

1 Krit. hierzu auch *Endert* in Frotscher/Drüen, KStG § 27 Rz. 96.
2 BFH, Urteil v. 30.5.1990 - I R 41/87, BStBl 1991 II 588.
3 Ebenso: *Dötsch* in DPM, § 27 KStG n.F. Rz. 6, *Danelsing* in Blümich, KStG, § 27 Rz. 36; zustimmend zur Rückzahlung von Nachschüssen und Wiederaufleben einer Forderung aufgrund Besserungsscheins: *Antweiler* in Bott/Walter, § 27 Rz. 47 f.; *Köster* in HHR, Steuerreform, § 27 KStG Rz. 11.
4 Dafür *Antweiler* in Bott/Walter, § 27 Rz. 94; *Lornsen-Veit* in Erle/Sauter, § 27 Rz. 75; *Nordmeyer* in Schnitger/Fehrenbach, § 27 Rz. 82; dagegen *Dötsch* in DPM, § 27 Rz. 110.

liche Feststellung auch bei Nullbeständen erforderlich. Nicht geregelt ist, was die Folgen einer unterbliebenen Feststellung sind. Zuerst ist zu klären, wie weit zurück eine Feststellung erfolgen kann (§ 169 AO). Sodann sind die Feststellungen fortzuschreiben. Soweit dürfte die Lage unproblematisch ein. Ist ein Zugang zum Einlagekonto vor der ersten möglichen, nachgeholten Feststellung erfolgt, so kann dies in der Feststellung nicht berücksichtigt werden, da gem. § 27 Abs. 2 Satz 1 KStG nur Zugänge des Wirtschaftsjahres zum Ende des Wirtschaftsjahres in die Feststellung einbezogen werden können. Eine Korrektur an der Quelle ist nicht möglich.[1]

BEISPIEL: Die X-GmbH wird in 01 gegründet. Dabei leisten die Gesellschafter erhebliche Einlagen, um die Startprobleme zu bewältigen. In 07 geht es der X gut und die Gesellschafter möchten ihre Einlagen zurück erhalten. Dadurch fällt auf, dass es weder Erklärungen noch Feststellungen gem. § 27 Abs. 2 KStG gegeben hat. Daraufhin erfolgt eine noch mögliche Feststellung auf das Ende des Jahres 02. Diese muss einen Nullbestand feststellen.

(Einstweilen frei) 148–150

II. Feststellungsverfahren

Nach § 27 Abs. 2 **Satz 1** KStG ist der unter Berücksichtigung der Zu- und Abgänge des ermittelte **Bestand des steuerlichen Einlagekontos gesondert festzustellen**. Damit ist im Ergebnis die unter dem körperschaftsteuerlichen Anrechnungssystem durch § 47 Abs. 1 Nr. 1 KStG a. F. vorgeschriebene gesonderte Feststellung der nach § 30 KStG a. F. ermittelten Teilbeträge des vEK beschränkt auf das bisherige EK 04 fortzuführen.[2] Während die frühere Feststellung vor allem der Herstellung der sog. Ausschüttungsbelastung diente und daher differenziert erfolgen musste, geht es jetzt nur noch um die Steuerfreiheit des Bezugs gem. § 20 Abs. 1 Nr. 1 Satz 3 EStG.

Die **Verfahrensregeln** für gesonderte Feststellungen ergeben sich aus den **§§ 179 bis 182 AO**. Der Feststellungsbescheid ergeht gegen die Kapitalgesellschaft. Diese kann ihn anfechten (zur Anfechtung durch den Gesellschafter vgl. → Rz. 159).[3] Die Klage einer Kapitalgesellschaft gegen einen Bescheid über die Feststellung des steuerlichen Einlagekontos ist nicht deshalb unzulässig, weil ihr eine eigene Beschwer fehle. Die Feststellung von Besteuerungsgrundlagen in einem eigenständigen Verwaltungsakt kann eine Beschwer enthalten, wenn sie falsch ist. Die Feststellung des Einlagekontos entfaltet zwar ihre eigentliche materielle Wirkung für den Anteilseigner, berührt aber auch die Kapitalgesellschaft in ihren Verpflichtungen zum Abzug und zur Abführung gem. § 27 Abs. 5 Satz 4 KStG (→ Rz. 242).

Der **Feststellungszeitpunkt** ist der **Schluss eines jeden Wirtschaftsjahres**. In einem Kalenderjahr mit einem **Rumpfwirtschaftsjahr** kann damit der Fall eintreten, dass zwei Feststellungen durchzuführen sind. Eine Feststellung des steuerlichen Einlagekontos hat auch bei einem Bestand von 0 € zu erfolgen.[4] Im Falle der Liquidation hat die Feststellung regelmäßig zum Ende des Drei-Jahres-Zeitraums (§ 11 Abs. 1 Satz 2 KStG, vgl. *Zuber* in Mössner/Seeger/Oellerich, KStG, § 11 Rz. 81 ff.) zu erfolgen.

Bei **nachträglichen Änderungen** ist zu unterscheiden, ob ein Feststellungsbescheid ergangen ist oder nicht. Kann der ursprüngliche Bescheid nicht mehr geändert werden, so stellt sich die

---

1 So auch *Pohl*, Festschrift Gosch, S. 332.
2 BMF, Schreiben v. 4.6.2003, BStBl 2003 I 366, Tz. 4.
3 BFH, Urteile v. 30.1.2013 - I R 35/11, BStBl 2013 II 560; v. 19.7.2017 - I R 96/15, NWB FAAAG-64220.
4 Vgl. hierzu *Antweiler* in Bott/Walter, § 27 Rz. 92 ff.

Frage, ob ein unterbliebener Zugang zum Einlagekonto in einem folgenden Jahr nachgeholt werden kann. Das FG Baden-Württemberg[1] verneint dies mit dem m. E. zutreffenden Hinweis darauf, dass nach § 27 Abs. 1 Satz 2 KStG nur Zu- und Abgänge „des Wirtschaftsjahres" den Bestand zu ändern vermögen (vgl. → Rz. 96) und der Feststellungsbescheid des Vorjahres Grundlagenbescheid für das Folgejahr ist (vgl. → Rz. 145 ff., → Rz.155). Ergeht der Feststellungsbescheid unter dem **Vorbehalt der Nachprüfung (§ 164 Abs. 2 AO)** so kann der Bescheid zwar geändert werden. Dies hat aber keine Auswirkung auf die Fiktionen des § 27 Abs. 5 KStG (vgl. → Rz. 187, → Rz. 216 ff.) hinsichtlich der Verwendung des Einlagekontos bei unterlassener Bescheinigung.[2] Eine Änderung gem. **§ 129 AO** kommt vor allem dann in Betracht, wenn bereits in der Erklärung kein oder ein falscher Bestand des Einlagekontos angegeben ist, sich aus den übrigen Unterlagen jedoch ein Zugang im betreffenden Jahr zur Kapitalrücklage ergibt. Dann müsste ein Übernahmefehler[3] seitens des Finanzamtes vorliegen. Abgesehen von ganz besonderen Situationen[4] dürfte eine „offenbare Unrichtigkeit" in der Regel nicht vorliegen.

III. Feststellungsbescheid als Grundlagenbescheid

155 Nach § 27 Abs. 2 **Satz 2** KStG ist der Bescheid über die gesonderte Feststellung **Grundlagenbescheid** für den Bescheid über die gesonderte Feststellung zum folgenden Feststellungszeitpunkt. Damit entfaltet der Feststellungsbescheid auf den vorangegangenen Feststellungszeitpunkt **Bindungswirkung** für die gesonderte Feststellung des Bestandes des steuerlichen Einlagekontos zum Schluss des folgenden Wirtschaftsjahres für die Kapitalgesellschaft. Die Bindungswirkung für die Folgebescheide gilt nach **§ 182 Abs. 1 AO** in dem Umfang der getroffenen Feststellung, d. h. positiv wie negativ (vgl. § 171 Abs. 10 AO). Daher ist der Anfangsbestand zu Beginn des Wirtschaftsjahrs der festgestellte (End-)Bestand auf den Schluss des vorangegangenen Wirtschaftsjahr. Dementsprechend kann beispielsweise in dem Feststellungsverfahren auf den 31. 12. 2014 nicht eingewandt werden, der auf den Feststellungszeitpunkt 31. 12. 2013 festgestellte Bestand sei unzutreffend.

156 Soweit eine Korrektur des Grundlagenbescheides wegen eingetretener Bestands- bzw. Rechtskraft und mangels Einschlägigkeit einer verfahrensrechtlichen Korrekturvorschrift (vgl. §§ 129, 164, 165, 172 bis 175 AO) unterbleiben muss, ist ein **fehlerhaft festgestellter** Endbestand im Folgebescheid fortzuführen. Das Gesetz sieht nur die Fortschreibung, nicht aber die Berichtigung durch erneute Ermittlung des Bestandes vor.[5]

157 Der festgestellte Bestand des steuerlichen Einlagekontos entfaltet auch **materielle Bindungswirkung für** die Steuerbescheide der **Anteilseigner**. Diese Bindungswirkung ergibt sich zwar nicht aufgrund der Anwendung des § 182 Abs. 1 AO, da Gegenstand des Feststellungsbescheids nur Besteuerungsgrundlagen der Kapitalgesellschaft sind und sich der Feststellungsbescheid daher nur gegen die Körperschaft[6] und nicht an die Anteilseigner richtet (vgl. § 179

---

1 Urteil v. 4. 2. 2015 - 6 K 3095/14, EFG 2015, 954.
2 FG Rheinland-Pfalz, Urteil v. 18. 7. 2014 - 1 K 1338/12, FG Münster, Urteil v. 25.2.2014 - 9 K 840/12, NWB NAAAE-67051, EFG 2014, 1155; NZB abgelehnt durch BFH, Urteil v. 9.12.2014 - I R 48/14, BFH/NV 2015, 472; zur Frage einer Änderung gem. § 129 AO s. folgende Urteile: FG München, Urteil 14.12.2015 - 7 K 1250/14 und 7 K 2772/14; FG Köln, Urteil 7.4.2016 - 13 K 37/15, EFG 2016, 980, NWB PAAAF-74226; s. auch *Ott*, DStR 2017, 12505.
3 BFH 4.7.1984 - VIII R 304/81, BStBl 1984 II 785 st. Rspr.
4 Wie in den Urteilen FG Köln, Urteile 7.4.2016 - 13 K 37/15, EFG 2016, 980; 6.3.2012 - 13 K 1250/10, EFG 2014, 417; FG Brandenburg, Urteil 13.10.2016 - 10 K 10320/15, EFG 2017, 231; s. auch *Schröder* DStR 2017, 835; zu weitgehend *Ott* GmbHR 2014, 674; DStR 2017, 1505; zurückhaltend wie hier *Stimpel* RHN § 27 Rz. 117.
5 *Antweiler* in Bott/Walter, § 27 Rz. 195.
6 BFH, Urteil v. 19. 5. 2010 - I R 51/09, BStBl 2014 II 937.

Abs. 2 AO).[1] Aber zwischen dem festgestellten Bestand des steuerlichen Einlagekontos der Körperschaft und deren Auswirkungen auf die Besteuerung der Anteilseigner besteht eine **materiell-rechtliche Bindungswirkung**.[2] Diese ergibt sich durch das Tatbestandsmerkmal des § 20 Abs. 1 Nr. 1 Satz 3 EStG „aus dem steuerlichen Einlagekonto i. S. d. § 27 KStG".[3] Gilt demnach das steuerliche Einlagekonto für Leistungen der Körperschaft als verwendet, gilt diese Verwendungsfiktion auch auf Ebene der Gesellschafter. Folglich kann sich ein Gesellschafter bei seiner Veranlagung nicht darauf berufen, das steuerliche Einlagekonto sei im **Bescheid über die Feststellung** des steuerlichen Einlagekontos unzutreffend ausgewiesen.[4]

BEISPIEL:[5] Die GmbH nimmt handelsrechtlich eine Auszahlung aus ihrer Kapitalrücklage an die Gesellschafter vor. Sie behält keine Kapitalertragsteuer ein. Aufgrund ihrer Erklärungen wird das steuerliche Einlagekonto ohne Berücksichtigung dieser Ausschüttung bestandskräftig festgestellt. Die GmbH wird im Haftungswege in Anspruch genommen. Die materielle Bindung des Anteilseigners an die Feststellungen des Einlagekontos bedeutet, dass es nur im Rahmen seiner Minderung zu steuerfreien Einnahmen i. S. v. § 20 Abs. 1 Nr. 1 Satz 3 EStG kommen kann. Wird nachträglich die Feststellung des Einlagekontos geändert, so ist dies ein Ereignis mit steuerlicher Rückwirkung (§ 175 Abs. 1 Nr. 2 AO) für die Veranlagung des Anteilseigners.

Siehe → Rz. 217, 236 über die Folgen einer unrichtigen Bescheinigung bei der Ausschüttung.

So hat der BFH[6] zum **Anrechnungsverfahren** entschieden, dass sich ausschließlich nach der Gliederungsrechnung bestimme, ob Einlagen als solche bei der Körperschaft – im EK 04 – erfasst worden seien und ob bzw. inwieweit bei Ausschüttungen an den Gesellschafter auf Seiten der Körperschaft eine Rückzahlung von Einlagen aus dem EK 04 angenommen werde. Die Gliederungsrechnung entfalte insoweit eine materiell-rechtliche Bindungswirkung.

BEISPIEL: Zum 31. 12. 01 ist das Einlagekonto mit 100 festgestellt worden. Aus der Steuerbilanz auf den 31.12.01 ergibt sich ein Gewinn von 50. Im Mai 02 wird eine Ausschüttung von 80 beschlossen. Die materiell-rechtliche Bindung besagt, dass in Höhe von 30 das Einlagekonto in Anspruch genommen werden kann.

Obwohl die Feststellung materielle **Auswirkungen auf die Anteilseigner** besitzt, sind diese **nicht zur Anfechtung** befugt. Sie sind nicht Beteiligte des Feststellungsverfahrens. Ist die Feststellung fehlerhaft, so muss die Gesellschaft gegen diese vorgehen.[7] Obwohl die Anteilseigner materiell betroffen sind, sind sie nicht in diesem Verfahren beizuladen,[8] was auch bei vielen Anteilseignern höchst unpraktisch sein könnte. *Brühl*[9] ist anderer Ansicht und will dem Anteilseigner die Möglichkeit zur Drittanfechtung geben. Hierzu beruft er sich auf ein obiter dictum in einer Entscheidung des Hessischen FG.[10] Dabei soll jeder einzelne Anteilseigner die

---

1 BFH, Urteil v. 19. 5. 2010 - I R 51/09, BStBl 2014 II 937.
2 BFH, Urteile v. 19. 5. 2010 - I R 51/09, BStBl 2014 II 937, m. w. N. zur früheren Rechtslage; v. 28.1.2015 - I R 70/13, BStBl 2017 II 101; v. 11.2.2015 - I R 3/14, BStBl 2015 II 816; 24.2.2015 - VIII R 50/11, NWB FAAAF-01953.
3 BFH, Urteil v. 19. 5. 2010 - I R 51/09, BFH/NV 2010, 1886 = NWB IAAAD-51326.
4 BFH, Urteil v. 19. 5. 2010 - I R 51/09, BFH/NV 2010, 1886 = NWB IAAAD-51326, m. w. N. zur früheren Rechtslage; FG Baden-Württemberg, Urteil v. 18. 11. 2011 - 11 K 1481/09, Az. des BFH: VIII R 50/11.
5 Nach BFH, Urteil v. 28. 1. 2015 - I R 70/13, NWB CAAAE-91560.
6 Urteil v. 19. 7. 1994 - VIII R 58/92, BStBl 1995 II 362, unter II 1b; zuletzt BFH, Urteil v. 20. 4. 1999 - VIII R 38/96, BStBl 1999 II 647.
7 *Nordmeyer* in Schnitger/Fehrenbach, § 27 Rz. 86.
8 BFH, Urteil v. 25.9.2018 - I B 49/16, BStBl 2018 II 621.
9 DStR 2017, 1129.
10 Urteil v. 1. 12. 2015 - 4 K 1355/13, EFG 2016, 637, NWB GAAAF-68715, Az. BFH I R 12/16.

gesamte Feststellung anfechten können. Wären dann alle Anteilseigner beizuladen? Zutreffend ist, dass die Regelung der Anfechtungsmöglichkeiten unbefriedigend ist. Ob der BFH (Az. I R 12/16) sich dieser Ansicht anschließt, dürfte eher zweifelhaft sein. Offen ist derzeit die Rechtsfrage allemal. Zur Anfechtungsbefugnis des Anteilseigners im Verfahren nach § 27 Abs. 8 KStG s. → Rz. 274.

160 Von dem Vorstehenden ist der Fall zu unterscheiden, dass **keine Feststellung** des Einlagekontos erfolgt und eine Ausschüttung erfolgt. Kann nun der Anteilseigner bei seiner Veranlagung nachweisen, dass die erhaltene Ausschüttung aus dem Einlagekonto erfolgte und daher steuerfrei sei? Wo keine Feststellung vorliegt, kann keine Bindung entstehen. Daraus folgert dem Vernehmen nach die Finanzverwaltung, dass bei fehlender Feststellung eine Verwendung des Einlagekontos nicht erfolgen könne. Wo es kein Konto gibt, kann es auch nicht verwendet werden. Die eigentlichen Probleme zeigen sich, wenn es nachträglich zur Feststellung des Einlagekontos kommt.

> **BEISPIEL:** Die X-GmbH hat keine Erklärung zur Feststellung des Einlagekontos abgegeben. Sie nimmt eine Ausschüttung bei den Anteilseignern vor. Diese versteuern die Ausschüttung. Einige Zeit später wird aufgrund einer Überprüfung die Erklärung abgegeben und dementsprechend ein Einlagekonto festgestellt.

Wäre der Feststellungbescheid ein Grundlagenbescheid für den Steuerbescheid des Anteilseigners, so müsste letzterer gem. § 175 Abs. 1 Nr. 1 AO geändert werden. Da dies nicht der Fall ist, kommt es darauf an, ob es andere Änderungsvorschriften gibt. In Betracht kommen § 173 und § 175 Abs. 1 Nr. 2 AO. Dann müsste die Feststellung des Bestandes des Einlagekontos bzw. dessen Verwendung für die Ausschüttung eine Tatsache oder ein Beweismittel sein. Ist die Nicht-Feststellung auf die Nichtabgabe der Erklärung (§ 27 Abs. 3 KStG) zurückzuführen, so hat die Kapitalgesellschaft schuldhaft gehandelt, aber nicht der Anteilseigner.

IV. Eintritt in die unbeschränkte Steuerpflicht

161 § 27 Abs. 2 Satz 3 KStG sieht vor, dass **bei** Eintritt in die unbeschränkte Steuerpflicht eine gesonderte Feststellung der nicht in das Nennkapital geleisteten Einlagen zu erfolgen habe. Diese Feststellung gilt dann als Feststellung auf den Schluss des vorangegangen Wirtschaftsjahres i. S. v. § 27 Abs. 1 Satz 3 KStG (vgl. → Rz. 101). Diese Verfahrensvorschrift soll nach der amtlichen Gesetzesbegründung[1] für die Fälle, in denen am Ende des vorangegangenen Wirtschaftsjahres **kein Einlagekonto** festzustellen war, weil die unbeschränkte Körperschaftsteuerpflicht (vgl. → Rz. 41) noch nicht bestand, auf den Tag der Begründung der unbeschränkten Körperschaftsteuerpflicht eine gesonderte Feststellung des Einlagekontos vornehmen.[2]

162 Die Regelung ist auf **Neugründungen** ebenso anzuwenden wie auf Fälle, in denen der Eintritt in die unbeschränkte Körperschaftsteuerpflicht auf eine **Sitzverlegung** aus dem Ausland ins Inland zurückzuführen ist sowie auch in **Einbringungsfällen** nach § 20 UmwStG (vgl. → Rz. 33). Eine entsprechende Regelung enthält § 29 Abs. 6 KStG für die grenzüberschreitende Verschmelzung einer ausländischen Körperschaft auf eine inländische.

---

1 Gesetzentwurf des Deutschen Bundestages v. 25. 9. 2006 - BT-Drucks. 16/2710.
2 BFH, Urteil v. 19. 5. 2010 - I R 51/09, BFH/NV 2010, 1886 = NWB IAAAD-51326.

Satz 3 bedeutet **nicht**, dass die erstmalige gesonderte Feststellung bereits auf den Schluss des dem Eintritt in die unbeschränkte Körperschaftsteuerpflicht **vorangehenden Wirtschaftsjahres** erfolgt.[1] Zu diesem Zeitpunkt ist die Körperschaft noch nicht körperschaftsteuerpflichtig. Die erstmalige, regelmäßige Feststellung des Einlagekontos gem. § 27 Abs. 2 Satz 1 KStG erfolgt dann erst zum Schluss des Wirtschaftsjahres des Eintritts in die unbeschränkte Körperschaftsteuerpflicht. Durch die Feststellung nach § 27 Abs. 2 Satz 3 KStG steht das Einlagekonto ab Beginn der unbeschränkten Steuerpflicht zur Finanzierung von Ausschüttungen zur Verfügung.[2] Vorteilhaft wirkt sich dieser Effekt auch bei einer Neugründung aus. Die bei der Neugründung erbrachten Einlagen (→ Rz. 78) können bereits im Gründungsjahr zur Finanzierung von in diesem Jahr erfolgten Ausschüttungen benutzt werden,[3] da es insoweit noch keinen „auf den Schluss des vorangegangen Wirtschaftsjahres ermittelten ausschüttbaren Gewinn" (§ 27 Abs. 1 Satz 3 KStG) gibt.

163

Bei dieser erstmaligen Feststellung des steuerlichen Einlagekontos wird der Bestand so festgestellt, wie er sich ergibt, wenn die Gesellschaft **von Anfang an** unbeschränkt körperschaftsteuerpflichtig gewesen wäre. Aufgrund der Gesetzesbegründung[4] sollen sowohl die Zugänge, als auch Rückzahlungen von Einlagen zu berücksichtigen sein. Die praktische Durchführung ist aufgrund der unterschiedlichen Rechtsordnungen sehr problematisch. Die Führung eines Einlagekontos ist weltweit bisher überwiegend unbekannt, wohingegen im deutschen Körperschaftsteuerrecht dagegen seit 1977 eine Feststellung von Eigenkapital besteht. Außerdem dürfte es praktische Probleme bei der Rückverfolgung geben. Mangels einer zeitlichen Begrenzung der gesetzlichen Regelungen zum steuerlichen Einlagekonto könnten die Gewährung und Rückführung von verdeckten bzw. offenen Einlagen bis über 30 Jahre zurück zu verfolgen sein. Da die Aufbewahrungspflichten selbst in Deutschland ursprünglich nur für sieben Jahre bestanden und erst 1999 auf zehn Jahre ausgedehnt wurden, dürfte eine über diese Zeiträume hinausgehende Ermittlung schon an mangelnden Unterlagen scheitern können.

164

(Einstweilen frei) 165–170

V. Steuererklärungspflicht

Nach § 27 Abs. 2 Satz 3 KStG haben unbeschränkt steuerpflichtige[5] Kapitalgesellschaften und gemäß § 27 Abs. 7 KStG alle Körperschaften und Personenvereinigungen, die Leistungen i. S. d. § 20 Abs. 1 Nr. 1, 9 und 10 EStG gewähren können, auf den Schluss eines jeden Wirtschaftsjahr **Erklärungen zur gesonderten Feststellung von Besteuerungsgrundlagen** abzugeben. Bei den Feststellungserklärungen handelt es sich um Steuererklärungen i. S. d. §§ 149 bis 153 AO. Nach § 152 AO können deshalb Verspätungszuschläge für den Fall der Nichtabgabe festgesetzt werden.

171

Die Erklärungen sind gemäß **§ 27 Abs. 2 Satz 4 KStG** von den in § 34 AO bezeichneten Personen **eigenhändig zu unterschreiben. Zu diesen Personen zählen** die gesetzlichen Vertreter juristischer Personen, die Geschäftsführer nicht rechtsfähiger Personenvereinigungen und Vermögensmassen sowie im Einzelfall auch deren Mitglieder oder Gesellschafter sowie Vermögensverwalter.

172

---

1 In *Dötsch* in DPM, Vor § 27 KStG Rz. 4 ff.
2 *Dötsch* in DPM, Vor § 27 KStG Rz. 6 und *Danelsing* in Blümich, § 27 KStG Rz. 49.
3 So auch *Dötsch* in DPM, Vor § 27 KStG Rz. 7.
4 Gesetzentwurf des Deutschen Bundestages v. 25. 9. 2006 - BT-Drucks. 16/2710.
5 *Dötsch* in DPM, § 27 Rz. 132.

173 In der Praxis kommt es dazu, dass zwar die **Kapitalrücklage** in der Bilanz erhöht wird, aber der Erklärung zum steuerlichen Einlagekonto zu wenig Aufmerksamkeit geschenkt wird und die Vordrucke nicht, unvollständig oder falsch ausgefüllt werden. Kapitalrücklage und steuerliches Einlagekonto müssen keineswegs übereinstimmen. Vor allem ist das Einlagekonto nicht aus der Kapitalrücklage zu entwickeln. Gibt die Körperschaft in ihrer Erklärung einen falschen Bestand an, z. B. erklärt sie keinen Bestand, fügt aber eine testierte Bilanz und einen Prüfbericht bei, aus denen sich eindeutig ein Zugang zum steuerlichen Einlagekonto ergibt, so bejaht das FG Köln[1] das Vorliegen von § 129 AO (offenbare Unrichtigkeit). Dies setzt aber voraus, dass der Sachbearbeiter aus der Feststellungserklärung selbst oder ohne Weiteres aus den beigefügten Unterlagen erkennen muss, dass die Erklärung unrichtig ist.[2] Vor allem ein Fehlen einer Bescheinigung und die sich daraus ergebenden Wirkungen auf das steuerliche Einlagekonto (vgl. → Rz. 236 ff.) stehen einer Korrektur entgegen.

174–175 *(Einstweilen frei)*

VI. Entsprechende Anwendung des § 27 Abs. 2 KStG

176 § 27 Abs. 2 KStG ist in folgenden Fällen **entsprechend anzuwenden**:

- Feststellung des Sonderausweises (§ 28 Abs. 1 Satz 4 KStG)
- Feststellung des KSt-Guthabens (§ 37 Abs. 2 Satz 4 KStG) und
- Feststellung der Altrücklagen aus dem EK 02 (§ 38 Abs. 1 Satz 2 KStG).

177–180 *(Einstweilen frei)*

F. Bescheinigung der leistenden Körperschaft

I. Allgemeines

181 Das in § 27 Abs. 3 bis 5 KStG geregelte Bescheinigungsverfahren dient der Durchführung der **Besteuerung der Anteilseigner**. Die Bescheinigung soll sicherstellen, dass nur Leistungen i. S. d. § 27 KStG nach § 20 Abs. 1 Nr. 1 Satz 3 EStG steuerfrei belassen werden. Ist der Anteilseigner **keine natürliche Person** oder hält eine solche die Anteile in einem **Betriebsvermögen** oder sind die Voraussetzungen des § 17 EStG erfüllt, so ist § 20 EStG nicht anwendbar(vgl. → Rz. 4). Bescheinigungen dürfen nur erstellt werden, wenn es sich bei der Leistung der Kapitalgesellschaft nicht um eine Rückzahlung von Nennkapital[3] oder des neutralen Vermögens handelt. Eine Bescheinigung entfällt daher im Falle des § 28 Abs. 2 Satz 2 KStG.[4] Erbringt eine Kapitalgesellschaft (vgl. → Rz. 257 für andere Körperschaften) für eigene Rechnung Leistungen aus dem steuerlichen Einlagekonto, so ist sie nach § 27 Abs. 3 KStG verpflichtet (vgl. → Rz. 191) ihren Anteilseignern eine **Bescheinigung** nach amtlich vorgeschriebenem **Muster** zu erteilen.

---

1 Urteil v. 6. 3. 2012 - 13 K 1250/10, EFG 2014, 417.
2 BFH, Urteil v. 9. 12. 2014 - I B 48/14, BFH/NV 2015, 472 = NWB SAAAE-83686; FG Münster, Urteil v. 25. 2. 2014 - 9 K 840/12, EFG 2014, 1155; FG Münster, Urteil v. 2. 4. 2014 - 9 K 2089/13, n.v., NWB RAAAE-71752; s. *Dötsch* in DPM, § 27 Rz. 33a ff. über Versuche, fehlerhafte Erklärungen zu korrigieren.
3 Ebenso BMF, Schreiben v. 4. 6. 2003, BStBl 2003 I 366 Tz. 23.
4 BMF-Schreiben v. 4. 6. 2003, BStBl 2003 I 366, Tz. 23.

182 Die Bescheinigung nach § 27 Abs. 3 KStG ist keine materielle Voraussetzung für die Behandlung einer Ausschüttung als nicht steuerbare Kapitalrückzahlung beim Anteilseigner. Nicht die **Bescheinigung** entfaltet **Bindungswirkung** für die Besteuerung der Anteilseigner,[1] sondern nur die gesonderte Feststellung (vgl. → Rz. 157) des steuerlichen Einlagekontos gemäß § 27 Abs. 2 KStG.[2] Die Bescheinigung ist lediglich ein Beweismittel.[3] Vor allem kann sie kein Grundlagenbescheid für die Besteuerung des Anteilseigners oder die Fortschreibung des Einlagekontos sein, da sie nicht von einer Behörde erlassen ist. Es ist selbstverständlich, dass eine Bescheinigung einer (privaten) Gesellschaft nicht die Steuerbehörden rechtlich binden kann. § 20 Abs. 1 Nr. 1 Satz 3 EStG setzt für die Steuerfreiheit voraus, dass für die Bezüge das steuerlichen Einlagekonto i. S. d. § 27 KStG als verwendet gilt, und nicht, dass dies durch eine Bescheinigung gem. § 27 Abs. 3 KStG nachgewiesen ist. Im Ergebnis müssen für die Annahme, dass eine Steuerbarkeit nicht vorliegt, nur die materiellen Voraussetzungen des § 27 KStG vorliegen. Dies hat der Anteileigner nachzuweisen, etwa durch Vorlage der Bescheinigung.

183 **Ohne Bescheinigung** kann der **Nachweis** für das Vorliegen der Voraussetzungen des § 27 KStG auf andere Art und Weise geführt werden unter Beachtung von Abs. 5 (vgl. → Rz. 216). Da die Bescheinigung Beweismittel ist, kommt § 92 AO zur Anwendung. Danach kann sich das Finanzamt der dort aufgeführten Mittel bedienen. So kann sie die Akten der Kapitalgesellschaft beiziehen. Sie kann aber gem. § 112 AO eine Stellungnahme des zuständigen Finanzamtes einholen.[4]

184 Das Verhältnis zwischen der Feststellung gem. Abs. 2 und der Bescheinigung gem. Abs. 3 ist nicht gesetzlich geregelt. Hier ist zu unterscheiden, ob die **Feststellung** bereits erfolgt und **bestandskräftig** ist. Dann muss zwingend[5] die Bescheinigung der festgestellten Minderung des Einlagekontos durch die Ausschüttung entsprechen. Ist dies **nicht** der Fall, weil keine Feststellung irrtümlich erfolgt oder später erfolgt oder angefochten ist, so kann keine Bindungswirkung gegeben sein. Die einzige Frage bleibt dann, ob die Bescheinigung geändert werden kann, wenn die Feststellung nachträglich erfolgt oder bestandskräftig wird und die Minderung des Einlagekontos nicht dem Bescheinigten entspricht (vgl. → Rz. 216).

185 Zu beachten ist der **Unterschied im Inhalt** der Feststellung durch das Finanzamt und der Bescheinigung durch die Kapitalgesellschaft. Die Feststellung hat den Bestand des Einlagekontos zum Inhalt. Die Bescheinigung enthält eine Aussage, ob und in welchem Umfang des Einlagekonto gem. § 27 Abs. 1 Satz 3 KStG für eine Ausschüttung verwendet wurde. Dabei sind auch die **unterschiedlichen Zeitpunkte** zu berücksichtigen. Die Feststellung bezieht sich auf den Bestand am Ende des vorangegangenen Wirtschaftsjahres, die Bescheinigung betrifft Ausschüttungen des laufenden Jahres. Diese stellt dann einen Abgang (vgl. → Rz. 93) aus dem Einlagekonto dar, was am Ende des laufenden Jahres festgestellt wird.

186 Das Verhältnis zwischen Abs. 3 und Abs. 5 ist folgendes: § 27 Abs. 3 KStG betrifft den Anteilseigner, § 27 Abs. 5 KStG die Kapitalgesellschaft. Die Steuerfreiheit der Einlagenrückgewähr ist nach § 20 Abs. 1 Satz 3 EStG daran geknüpft, dass der Bezug von der Kapitalgesellschaft

---

1 *Lornsen-Veit* in Erle/Sauer, § 27 Rz. 75, 77; Endert in Frotscher/Drüen § 27 Rz. 149; *Berninghaus*/HHR, § 27 Rz. 81; *Dötsch* in DPM, § 27 Rz. 172.
2 FG Baden-Württemberg, Urteil v. 18. 11. 2011 - 11 K 1481/09, Revisionsurteil BFH, Urteil v. 24. 2. 2015 - VIII R 50/11, NWB FAAAF 01953.
3 FG Baden-Württemberg, Urteil v. 15. 12. 2008 - 10 K 169/06, EFG 2009, 875; *Dötsch* in DPM, § 27 Rz. 172; *Endert* in Frotscher/Drüen, § 27 Rz. 148; *Nordmeyer* in Schnitger/Fehrenbach, § 27 Rz. 92; *Berninghaus*/HHR, § 27 Rz. 100.
4 *Berninghaus*/HHR, § 27 Rz. 100.
5 So zu Recht *Dötsch* in DPM, § 27 Rz. 164.

stammt und deren Einlagekonto als verwendet gilt. Die Bescheinigung nach Abs. 3 ist lediglich ein Beweismittel[1] dafür, dass und in welchem Umfang das Einlagekonto verwendet wurde.

Von der Wirkung der Bescheinigung auf § 20 Abs. 1 Nr. 1 Satz 3 EStG ist die **materielle Praeklusionswirkung** auf die Verwendung des steuerlichen Einlagekontos zu unterscheiden, die aus § 27 Abs. 5 Satz 1 und 2 ergibt (→ Rz. 236 ff.). Weicht die Bescheinigung von der sich aus der Feststellung gem. Abs. 2 (→ Rz. 151) ergebende Verwendung des Einlagekontos ab, so regelt Abs. 5 die Wirkung der fehlerhaften oder fehlenden Bescheinigung für die Kapitalgesellschaft. Dies hat z. B. zur Folge, dass dann, wenn die Gesellschaft keine Bescheinigung ausstellt, die Minderung des Einlagekontos als mit Null festgestellt gilt (→Rz. 238). Im Ergebnis – gleichsam durch die Hintertüre – hat dadurch die Bescheinigung Auswirkungen auf den Bestand des Einlagekontos und dementsprechend auch auf dessen Verwendung für Leistungen der Kapitalgesellschaft an ihre Anteilseigner gem. § 20 Abs. 1 Satz 3 EStG (vgl. → Rz. 237). Dass dies eine wohlüberlegte Regelung sei, wird man nicht behaupten mögen.

187 Über die Folgen abweichender Bescheinigungen s. → Rz. 244.

188–190 *(Einstweilen frei)*

II. Verpflichtung, dem Anteileigner eine Bescheinigung zu erteilen

191 Abs. 3 begründet eine Verpflichtung zur Ausstellung der Bescheinigung.[2] Voraussetzung hierfür ist,

▶ dass es sich bei der Leistung um eine solche **aus** dem steuerlichen Einlagekonto i. S. d. § 27 KStG handelt und

▶ dass die Körperschaft die Leistung auf **eigene Rechnung** erbracht hat. Auf eigene Rechnung wird die Leistung erbracht, wenn die Körperschaft selbst leistet und damit ihr eigenes Einlagekonto mindert.[3]

▶ dass die **Leistung aus dem steuerlichen Einlagekonto** erfolgt.

Eine Verpflichtung zur Erteilung einer **Null-Bescheinigung** besteht nicht, weil die Vorschrift eine Leistung aus dem steuerlichen Einlagekonto voraussetzt.[4] Die Verpflichtung der Körperschaft ihren Anteilseigner gegenüber beruht auf dem Gesellschaftsverhältnis und ist deshalb – jedenfalls bei Körperschaften des Privatrechts – eine **zivilrechtliche Verpflichtung**. Wegen des zivilrechtlichen Charakters der Verpflichtung kann die Finanzverwaltung den Anspruch auf Erteilung der Bescheinigung mangels öffentlich-rechtlichem Charakter nicht, vor allem nicht durch Verwaltungszwang – z. B. Zwangsgeldfestsetzung, durchsetzen, da das Finanzamt nicht die zivilrechtlichen Ansprüche des Steuerpflichtigem durchsetzen kann.

192 Eine Verpflichtung der Kapitalgesellschaft besteht nicht, solange beim **Anteilseigner** (s. → Rz. 193 ff.) kein **Zufluss** (s. → Rz. 92) der Leistung erfolgt. Zweckmäßigerweise wird die Bescheinigung mit der Ausschüttung verbunden.

193 **Anteilseigner** ist nach **§ 20 Abs. 2a EStG** derjenige, dem nach § 39 AO die Kapitalbeteiligung im Zeitpunkt des Gewinnverteilungsbeschlusses (§§ 20 Abs. 5, 44 Abs. 2 EStG) zuzurechnen ist.

---

[1] BFH, Urteil v. 3.2.1010 - I B 32/09, BFH/NV 2010, 1128 = NWB GAAAD 41329; allg. Meinung, s. *Bauschatz*/*Gosch* § 27 Rz. 81; s. →Rz. 182.
[2] *Antweiler* in Bott/Walter, § 27 Rz. 227; *Nordmeyer* in Schnitger/Fehrenbach, § 27 Rz. 93.
[3] *Nordmeyer* in Schnitger/Fehrenbach, § 27 Rz. 96.
[4] *Nordmeyer* in Schnitger/Fehrenbach, § 278 Rz. 95.

Abzustellen ist auf das wirtschaftliche Eigentum der Anteile im **Zeitpunkt des Gewinnausschüttungsbeschlusses**. Als Anteilseigner gilt deshalb:[1]

- bei Abtretung der Abtretende,
- bei entgeltlichem Zuwendungsnießbrauch regelmäßig der Nießbraucher,
- bei Sicherungsübereignung der Sicherungsgeber,
- bei Treuhandverhältnissen der Treugeber,
- bei Verpfändung der Pfandschuldner,
- bei Vorbehaltsnießbrauch der Nießbraucher,
- bei unentgeltlichem Zuwendungsnießbrauch der Nießbrauchsbesteller.

In den Fällen **verdeckter Gewinnausschüttungen** (s. → Rz. 109, → Rz. 136) ist auf den Zeitpunkt des Vertragsabschlusses bzw. des Abflusses abzustellen. Bei verdeckten Gewinnausschüttungen an nahe stehende Personen ist die Bescheinigung auf den Namen des Anteilseigner auszustellen, weil in seiner Person die Rechtsfolgen der verdeckten Gewinnausschüttung eintreten. 194

Soweit die Anteile zum **Gesamthandsvermögen einer Personengesellschaft**[2] gehören, muss die Bescheinigung auf den **Firmennamen** der Personengesellschaft ausgestellt werden. Ist aber ein Gesellschafter der Personengesellschaft alleiniger Inhaber aller Anteile, muss die Bescheinigung auf seinen Namen ausgestellt werden, auch wenn seine Anteile zum Sonderbetriebsvermögen gehören. Für einen Nießbraucher oder einen Pfandgläubiger gilt § 20 Abs. 2a Satz 3 EStG. 195

In Fällen der **Rechtsnachfolge** auf Seiten der Kapitalgesellschaft ist zu prüfen, wer zur Ausstellung verpflichtet ist. Die **Abspaltung** hat zur Folge, dass der leistende Rechtsträger bestehen bleibt. Er hat die Bescheinigung demzufolge auch auszustellen. Etwas anderes gilt in den Fällen der **Aufspaltung**. Aufgrund der Rechtsnatur der Aufspaltung, erlischt der übertragende Rechtsträger vollständig. Ab seinem Erlöschen kann der übertragende Rechtsträger somit keine Bescheinigung mehr ausstellen. Die Verpflichtung geht auf den übernehmenden Rechtsträger über. Bei mehreren Übernehmern liegt eine Haftung nach den Grundsätzen der Gesamtschuld (§ 421 BGB) vor. Dabei ist zu garantieren, dass nur eine Bescheinigung erteilt wird. Im Rahmen der **Verschmelzung, Formwechsel** oder **Einbringung** des Betriebes einer Kapitalgesellschaft mit den Folgen der Gesamt- oder auch nur Teilrechtsnachfolge erfolgt ein Übergang auf den übernehmenden Rechtsträger. Ist der übernehmende Rechtsträger eine Personengesellschaft sein, in die der Betrieb etc. einer Kapitalgesellschaft eingebracht wird, so besteht die Kapitalgesellschaft als Mitunternehmerin weiterhin.

Zu beachten ist, dass es zeitlich für den Übergang der Verpflichtung nicht auf den steuerlichen Übertragungsstichtag ankommt, da die übertragende Gesellschaft solange Bescheinigungen ausstellen kann, wie sie handelsrechtlich als Rechtssubjekt existent ist. **Entscheidender Zeitpunkt** für den Übergang der Verpflichtung ist deshalb die Eintragung des **Erlöschens der übertragenden Gesellschaft** im handelsrechtlichen Sinne im Handelsregister. 196

(Einstweilen frei) 197–200

---

1 Siehe die ausführliche Zusammenstellung bei *Dötsch* in DPM, § 27 Rz. 153 ff.
2 *Nordmeyer* in Schnitger/Fehrenbach, § 27 Rz. 98 zum Verfahren der einheitlichen und gesonderten Feststellung, auch *Dötsch* in DPM, § 27 Rz. 157.

III. Inhalt der Bescheinigung

201 Die Bescheinigung muss nach § 27 Abs. 3 KStG **zwingend**[1] **folgende Angaben** enthalten:

- den Namen und die Anschrift des Anteilseigner – nach § 27 Abs. 3 Nr. 1 KStG
- die Höhe der Leistungen, soweit das steuerliche Einlagekonto gemindert – § 27 Abs. 3 Nr. 2 KStG und
- den Zahlungstag – nach § 27 Abs. 3 Nr. 3 KStG.

202 Die Angabe des **Namens** und der **Anschrift** des Anteilseigners sollen der Feststellung der Identität der Anteilseigner dienen, denen Leistungen aus dem Bestand des steuerlichen Einlagekontos der Körperschaft zugeflossen sind. Dabei kann die Körperschaft die Bescheinigung nur der Person erteilen, die ihr gegenüber als Anteilseigner auftritt. Über die Zurechnung der zurückgewährten Einlagen wird – soweit für steuerliche Zwecke erforderlich – im Besteuerungsverfahren des Anteilseigners entschieden. Zur Bestimmung, wer als Anteilseigner gilt – vgl. → Rz. 193 ff. Die Anschrift bestimmt sich bei natürlichen Personen nach dem Wohnsitz i. S. d. § 8 AO und bei Körperschaften nach dem Ort ihrer Geschäftsleitung (§ 10 AO) oder ihrem Sitz (§ 11 AO).

203 Als **Leistungen**, die zu bescheinigen sind, kommen in Betracht:

Offene Gewinnausschüttungen einschließlich Vorabausschüttungen, vGA (vgl. → Rz. 109, → Rz. 136) und alle sonstigen Leistungen i. S. d. § 27 KStG (s. → Rz. 92).

204 Die **Höhe der Leistungen**, die zu bescheinigen sind, richtet sich

- bei Geldbeträgen nach der Höhe des zugeflossenen Betrages und einschließlich Kapitalertragsteuer (z. B. bei offener Ausschüttung) und
- in den übrigen Fällen nach dem gemeinen Wert des dem Anteileigner zugeflossenen geldwerten Vorteils In einer Summe sind mehrere Leistungen zu bescheinigen, vorausgesetzt, sie sind im gleichen Jahr abgeflossen, da § 27 Abs. 1 Satz 3 KStG sich nur auf eine Summe bezieht.

205 **Zahlungstag** ist der Tag, an dem die Körperschaft die Leistungen erbracht hat, also der Tag des Abflusses. (§§ 20 Abs. 5, 44 Abs. 2 EStG). Daraus folgt, dass die Bescheinigung erst nach erfolgter Zahlung und nicht bereits im Vorhinein erteilt werden kann.

206–210 *(Einstweilen frei)*

IV. Form der Bescheinigung

211 **Für die Form der** zu erteilenden **Bescheinigung** gilt:

Die Bescheinigung ist auf **amtlich vorgeschriebenem Muster** zu erteilen. Durch § 33 Abs. 2 Nr. 1 KStG i. d. F. des UntStFG ist das BMF ermächtigt, im Einvernehmen mit den obersten Finanzbehörden der Länder ein Muster der Bescheinigung zu bestimmen. Das derzeit geltende Muster „VE 8-Halbeinkünfteverfahren 2001" ist im BStBl veröffentlicht.[2]

212 Das amtliche Muster der Steuerbescheinigung sieht eine **Verbindung** der nach § 27 Abs. 3 bzw. 4 KStG zu erteilenden Bescheinigungen **mit** der Steuerbescheinigung des Kapitalertragsteuer-Abzuges nach § 45a EStG und des KSt-Guthabens i. S. d. § 37 KStG vor:

---

[1] BFH, Urteil v. 24. 2. 2015 - VIII R 50/11, NWB FAAAF-01953.
[2] BStBl 2001 I 235.

- Sofern und soweit sich eine Ausschüttung nicht auf die Rückgewähr von Einlagen beschränkt, beziehen die Ausschüttungsempfänger im Übrigen Einnahmen i. S. d. § 20 Abs. 1 Nr. 1 EStG, die gemäß § 43 Abs. 1 Satz 1 Nr. 1 EStG dem KapErtSt-Abzug unterliegen. Insoweit besteht dann eine Verpflichtung zur Erteilung einer Steuerbescheinigung nach § 45a Abs. 2 EStG.

- Während der 18-jährigen Übergangszeit ist eine Bescheinigung über ein etwaiges KSt-Guthaben nach § 37 KStG zu erteilen. Hierfür gelten § 27 Abs. 3 Satz 2, Abs. 4 und 5 KStG entsprechend (§ 37 Abs. 3 Satz 5 KStG).

Grundsätzlich ist die Bescheinigung von den zur Vertretung der Gesellschaft berechtigten Personen **eigenhändig zu unterschreiben.** Nach Satz 2 ist die **Unterschrift entbehrlich,** wenn die Bescheinigung im maschinellen Verfahren ausgedruckt worden ist und den Aussteller erkennen lässt.

(Einstweilen frei)

V. Berichtigung fehlerhafter Bescheinigungen

Solange noch **keinem Anteilseigner** eine **Bescheinigung** ausgehändigt wurde, ist sie noch nicht existent. Hat die Gesellschaft das Muster (vgl. → Rz. 211) ausgefüllt und enthält die Spalte „Leistungen aus dem steuerlichen Einlagekonto" keinen Eintrag, so hat der BFH[1] für die Zeit vor dem Inkrafttreten des SEStEG (vgl. → Rz. 24) keine Festschreibung der Verwendung des Einlagekontos angenommen und hat folglich eine nachträgliche Ausstellung der Bescheinigung mit der Folge der Steuerfreiheit der Bezüge bei den Anteilseignern anerkannt. Mit dem SEStEG wurde dann Abs. 5 eingeführt (vgl. → Rz. 236 ff.), der Berichtigungen der Bescheinigung bei zu niedriger Bescheinigung ausschließt.

Ist eine **Bescheinigung falsch** (vgl. → Rz. 236 ff.), ist die Finanzverwaltung nicht an sie gebunden, da ihr die Eigenschaft als materielle Voraussetzung für die steuerfreie Behandlung fehlt. Gleiches gilt, wenn die Bescheinigung gravierende Mängel aufweist.[2] Beweismittel entfalten eben gerade keine Bindungswirkung. Die Behauptung, dass die Bescheinigung unrichtig ist, muss von dem bewiesen werden, der sich auf die Unrichtigkeit beruft. § 27 Abs. 3 sieht **keine Verpflichtung zur Rückforderung und Berichtung** einer fehlerhaften Bescheinigung vor (s. → Rz. 241). Im Gegenteil: § 27 Abs. 1 Satz 1 ordnet die Festschreibung einer einmal bescheinigten Leistung aus dem Einlagekonto an. Damit schließt das Gesetz auch eine freiwillige Korrektur der Bescheinigung aus. Etwas anderes gilt auch dann nicht, wenn in der Bescheinigung auf dem amtlichen Muster neben einer Leistung aus dem steuerlichen Einlagekonto **auch KapErtSt** nach § 45a EStG **bescheinigt** wird. Zwar enthält § 45a Abs. 6 EStG die Verpflichtung, eine fehlerhafte Bescheinigung zurückzufordern und durch eine berichtigte Bescheinigung zu ersetzen. Da § 45a Abs. 6 EStG aber nur in dem Anwendungsbereich einer KapErtSt-Bescheinigung gilt, berechtigt diese Vorschrift nicht zur Rückforderung und Korrektur der Bescheinigung, soweit sie sich auf eine Leistung aus dem steuerlichen Einlagekonto i. S. v. § 27 KStG bezieht.

Der **Aussteller einer unrichtigen Bescheinigung** muss die Folgen von § 27 Abs. 5 KStG beachten (vgl. → Rz. 236 ff.), vor allem wird er Wege suchen, der Haftung zu entgehen.

---
1 BFH, Urteil v. 10. 6. 2009 - I R 10/09, BStBl 2009 II 1715.
2 FG Baden-Württemberg, Urteil v. 18. 11. 2011 - 11 K 1481/09, s. auch BFH, Urteil v. 24. 2. 2015 - VIII R 50/11, NWB FAAAF-01953.

219–220 *(Einstweilen frei)*

VI. Zeitpunkt der Erteilung der Bescheinigung

221 Der einzige zeitliche Anknüpfungspunkt, der sich aus § 27 Abs. 3 KStG ergibt, ist die Angabe des **Zahlungstages in der Steuerbescheinigung**: Da der Zahlungstag der Tag ist, an dem die Körperschaft die Leistungen erbracht hat, kann die Bescheinigung frühestens nach erfolgter Zahlung erteilt werden (vgl. → Rz. 205).

222 Im Zeitpunkt des Ausstellens der Bescheinigung muss weiterhin die Verwendung von Beträgen aus dem steuerlichen Einlagekonto – unter Berücksichtigung der gesetzlichen Verwendungsreihenfolge (§ 27 Abs. 1 Satz 3 und 4 KStG) – feststehen. Es empfiehlt sich im Hinblick darauf, dass fehlerhafte Steuerbescheinigungen nach § 27 Abs. 5 KStG einen Haftungstatbestand begründen können, grundsätzlich eine Steuerbescheinigung **erst nach Ablauf** des Wirtschaftsjahrs zu erteilen, wenn die Leistungen aus dem steuerlichen Einlagekonto unwiderruflich feststehen. Dies entspricht dem normalen Ablauf, da Ausschüttungen in der Regel beschlossen werden, nachdem das Jahresergebnis ermittelt worden ist.

223 Bei **Streit zwischen Körperschaft und Finanzbehörde**, ob und ggf. in welcher Höhe die Körperschaft ihren Anteileignern Leistungen i. S. d. § 27 KStG gewährt hat, sollte zunächst keine Steuerbescheinigung über eine Leistung aus dem steuerlichen Einlagekonto erteilt werden (beachte aber → Rz. 238). Denn § 27 Abs. 3 KStG sieht nicht die Möglichkeit vor, eine fehlerhafte Bescheinigung zurückzufordern und zu berichtigen (s. → Rz. 217). Es ist allerdings das Ausstellen einer weiteren Bescheinigung möglich, soweit sich im Nachhinein herausstellt, dass die Leistungen aus dem steuerlichen Einlagekonto höher sind, als in der bisherigen Bescheinigung. In diesem Fall sollte dies aber von der Rückgabe der zuerst ausgestellten Bescheinigung abhängig gemacht und ggf. auch das zuständige Wohnsitzfinanzamt informiert werden, um eine Haftungsinanspruchnahme zu vermeiden.

224–225 *(Einstweilen frei)*

G. Bescheinigung eines Kreditinstituts

226 Ist die Leistung einer Kapitalgesellschaft von der Vorlage eines Dividendenscheins abhängig und wird sie für Rechnung der Kapitalgesellschaft durch ein inländisches Kreditinstitut erbracht, so hat das Institut dem Anteilseigner nach **§ 27 Abs. 4 KStG** eine Bescheinigung mit den in § 27 Abs. 3 Satz 1 KStG bezeichneten Angaben nach amtlich vorgeschriebenem Muster zu erteilen. Aus der Bescheinigung muss ferner hervorgehen, für welche Kapitalgesellschaft die Leistungen erbracht werden.

227 Erbringt ein **inländisches Kreditinstitut** die Leistung für Rechnung der Kapitalgesellschaft, so ist es zum Ausstellen der Bescheinigung verpflichtet. Die Körperschaft selbst ist dann – mangels eigener Leistungserbringung – nicht berechtigt, eine Bescheinigung nach § 27 Abs. 3 KStG auszustellen.

228 § 27 Abs. 4 KStG setzt voraus, dass die Leistung von der **Vorlage eines Dividendenscheins** abhängt. Aktien ist teilweise ein Dividendenscheinbogen beigegeben, der aus mehreren **Dividendenscheinen** (auch Kupons genannt) besteht. Bei Fälligkeit wird der in Betracht kommende Dividendenschein abgetrennt und zur Einlösung vorgelegt. Der Inhaber kann die Auszahlung der Dividende beanspruchen, sofern seine Nichtberechtigung nicht nachgewiesen wird.

Eine Anwendung der Vorschrift kommt damit grundsätzlich nur für Leistungen in Betracht, die auf einem den gesellschaftsrechtlichen Vorschriften entsprechenden Gewinnverteilungsbeschluss beruhen.

Die Definition eines **inländischen Kreditinstituts** erfolgt nach dem Kreditwesengesetzes (KWG). Nach **§ 1 KWG** sind Kreditinstitute Unternehmen, die Bankgeschäfte gewerbsmäßig oder in einem Umfang betreiben, der einen in kaufmännischer Weise eingerichteten Geschäftsbetrieb erfordert. Nach **§ 27 Abs. 4 Satz 3 KStG** sind den inländischen Kreditinstituten – wie bisher durch § 45 KStG a. F. – **die inländischen Zweigniederlassungen** der in **§ 53b Abs. 1 oder 7 KWG** genannten Institute oder Unternehmen **gleichgestellt**. Eine Übersicht der in Betracht kommenden Institute wird in unregelmäßigen Abständen vom BMF veröffentlicht.[1] Die Beschränkung auf inländische Kreditinstitute bzw. Zweigniederlassungen dient der Sicherung des Steueraufkommens.

Ist die Leistung von der Vorlage eines Dividendenscheins abhängig und wird sie für Rechnung der Körperschaft durch ein inländisches Kreditinstitut – oder einem gleichgestellten Unternehmen – erbracht, so hat dieses Institut dem Anteilseigner die Steuerbescheinigung nach amtlich vorgeschriebenem Muster zu erteilen. Die **Bescheinigung** hat **zwingend folgende Angaben** zu enthalten (Näheres s. → Rz. 306 ff.):

▶ den Namen und die Anschrift des Anteilseigners,

▶ die Höhe der Leistungen, soweit das steuerlichen Einlagekonto gemindert wurde,

▶ den Zahlungstag

▶ und zusätzlich zu den vorstehenden Angaben einer Bescheinigung nach § 27 Abs. 3 KStG,

▶ die Körperschaft, für die die Leistung erbracht wurde.

Das Kreditinstitut ist – anders als nach § 45 Abs. 2 KStG a. F. – nicht mehr verpflichtet, Steuerbescheinigungen zu kennzeichnen, wenn die Dividendenscheine **in Schalterfällen oder im Rahmen von Tafelgeschäften** vorgelegt werden. Für KapErtSt-Bescheinigungen nach § 45a EStG besteht gemäß § 44a Abs. 6 Satz 2 EStG eine solche Verpflichtung nach wie vor.

(Einstweilen frei)

H. Fehlerhafte Bescheinigung und Haftung

§ 27 Abs. 5 KStG regelt die Folgen einer **fehlerhaften Bescheinigung** nach Abs. 3., sei es, dass diese von Beginn an falsch war oder dass die Betriebsprüfung zu einer anderen Verwendungsreihenfolge kommt, etwa dadurch, dass der ausschüttbare Gewinn höher ermittelt wird. In diesem Fall hat die Bescheinigung eine zu hohe Verwendung des Einlagekontos nachgewiesen. § 27 Abs. 5 KStG regelt die Fälle der

▶ zu niedrigen (→ Rz. 237),

▶ zu hohen (→ Rz. 241) oder

---

[1] Stand: 28. 3. 2000: BMF, Schreiben v. 17. 4. 2000, BStBl 2000 I 475; Stand: 28. 1. 1999: BMF, Schreiben v. 10. 3. 1999, BStBl 1999 I 439.

▶ der Null-Bescheinigung (→ Rz. 238). Die falsche Bescheinigung besitzt materielle Praeklusionswirkung für die Verwendung des Einlagekontos (sog. **Verwendungsfestschreibung**). Der BFH sieht in den Nachteilen, die sich daraus für die Steuerpflichtigen ergeben können, keine Verfassungswidrigkeit.[1]

237 Eine Bescheinigung hat fatale Auswirkungen, wenn der Betrag für die Einlagenrückgewähr **zu niedrig** ausgewiesen wurde (§ 27 Abs. 5 Satz 1 KStG). Dann erfolgt eine Festschreibung der Einlagenrückgewähr auf die Höhe des bescheinigten Betrages.[2] Der Gesetzgeber[3] wollte damit verhindern, dass durch bewusst falsche Bescheinigungen eine Verwendung des Einlagekontos erreicht werden kann. Dass eine solche Gefahr besteht, ist aber nicht zu erkennen.

> **BEISPIEL:** Die A GmbH hat zum 31.12.01 einen ausschüttbaren Gewinn von 100, ein Nennkapital von 50 und ein festgestelltes Einlagekonto von 200, d. h. ein Eigenkapital von 350. In 02 wird eine Ausschüttung von 200 beschlossen. Nach § 27 Abs. 1 Satz 3 KStG wird das Einlagekonto i. H.v. 100 (350 – 50 – 100) in Anspruch genommen. A bescheinigt jedoch nur 50.

Die Folgen sind erheblich. Auf den nächsten 31.12.02 wird ein Abgang von 100 und – da im Beispiel keine Zugänge erfolgen – der Bestand mit 100 festgestellt. Die Anteilseigner beziehen jedoch nur 50 steuerfrei. Eine Erstattung der zu viel gezahlten Steuer ist nicht vorgesehen. Das Gesetz sagt, dass die der Bescheinigung zugrunde gelegte Verwendung unverändert bleibe. Dies ist nicht klar ausgedrückt. Gemeint ist, dass für den Anteilseigner der (zu niedrig) bescheinigte Betrag verbindlich ist. Er bezieht somit nur 50 steuerfreie Einlagenrückgewähr. Eine Auswirkung auf die Feststellung (§ 27 Abs. 2 KStG) hat dies nicht (s. u. → Rz. 239). Im Ergebnis sind 50 Potential zur steuerfreien Ausschüttung verloren. Wie dies einen Anreiz zur Ausstellung zu niedriger Bescheinigungen geben soll, bleibt unerfindlich. Eher ist aus Sicht des Gesellschafters zu empfehlen, die Bescheinigung zu hoch auszustellen (zur Berichtigung zu hoch ausgestellter Bescheinigungen vgl. → Rz. 216).

238 Ist **keine** Bescheinigung für die Verwendung des Einlagekontos bis zu dem Tag „der Bekanntgabe der erstmaligen Feststellung i. S. d. Absatzes 2 zum Schluss des Wirtschaftsjahres der Leistung" ausgestellt worden, so gilt nach § 27 Abs. 5 Satz 2 KStG der Betrag der Einlagenrückgewähr als **mit 0 € bescheinigt**. Nach Absatz 2 wird der Bestand des Einlagekontos durch Bescheid festgestellt. Nach Bekanntgabe des Bescheides über die gesonderte Feststellung (§ 27 Abs. 2 KStG) an die Kapitalgesellschaft kann keine Bescheinigung mehr erfolgen. Der Anteilseigner hat die Ausschüttung als steuerpflichtige Dividende zu versteuern (vgl. → Rz. 237).

Dem eindeutigen Wortlaut nach kommt es auf die **Bekanntgabe** des Bescheides an, **nicht** aber auf dessen **Bestandskraft**. Auch ein unter dem Vorbehalt der Nachprüfung bekanntgegebener erstmaliger Bescheid hat daher die Wirkung einer Bescheinigung der Einlagenrückgewähr mit Null.[4] Dies entspricht dem Willen des Gesetzgebers, so dass eine einschränkende Auslegung von § 27 Abs. 5 Satz 2 KStG ausscheidet.

---

[1] BFH, Urteile v. 11.2.2015 - I R 3/14, BStBl 2015 II 816; v. 11.7.2018 - I R 30/16, NWB XAAAH-01432; FG Baden-Württemberg, Urteil 12.4.2016 - 6 K 2703/15, EFG 2016, 1994 = NWB IAAAF-83883. Die Argumente von Moritz GmbHR 2017, 511 gegen eine „überschießende Wirkung" der Verwendungsfestschreibung sind angesichts der klaren Gesetzesregelung wenig überzeugend (vgl. → Rz. 136).

[2] Hat die Gesellschaft Unterlagen eingereicht, aus denen sich eindeutig eine Zuführung zum Einlagekonto ergibt und erfolgt gleichwohl eine Feststellung ohne Berücksichtigung der Zuführung, so soll eine Korrektur gem. § 129 AO in Betracht kommen, vgl. Pohl, Festschrift Gosch, S. 333 f.; dies kann aber nicht auf eine Verwendung des Einlagekontos übertragen werden, so wohl auch BFH, Urteil v. 11.7.2018 - I R 30/16, NWB XAAAH-01432 (→ Rz. 236).

[3] BT-Drucks. 16/3369, 8.

[4] BFH, Urteil vom 11.7.2018 - I R 30/16, NWB XAAAH-01432.

Wegen der eingeschränkten Bindungswirkung (vgl. → Rz. 217 ff.) der Bescheinigung könnte der Anteilseigner nachweisen, dass doch das Einlagekonto verwendet worden sei. Hier greift nun § 27 Abs. 5 Satz 3 KStG ein. Danach ist die **Berichtigung** einer zu niedrigen Bescheinigung (vgl. → Rz. 237) als auch die **nachträgliche Ausstellung** einer Bescheinigung (im Falle von → Rz. 238) nicht zulässig. Was dies bedeutet, ist nicht klar. Man hat den Eindruck, dem Gesetzgeber war selbst nicht bewusst, was er eigentlich regeln will. Sicher ist nur, dass in den Fällen von Satz 1 und 2 eine festgeschriebene oder keine Bescheinigung vorliegt.

239

Welche Auswirkungen dies auf die Feststellung des Einlagekonto gem. § 27 Abs. 2 KStG einerseits und die Besteuerung des Anteilseigners andererseits besitzt, sagt das Gesetz nicht in eindeutiger Weise. Das Einlagekonto wird nach § 27 Abs. 1 KStG durch Leistungen der Gesellschaft verringert.[1] Wird die Verwendung zu gering bescheinigt oder wird keine Bescheinigung rechtzeitig ausgestellt, so gilt der Bestand nach § 27 Abs. 5 Satz 1 KStG als „unverändert".

Eindeutig ist immerhin, dass nur eine Bescheinigung der Gesellschaft zu einer Minderung des Einlagekontos führen kann.[2] Für den **Anteilseigner** könnte die Regelung bedeuten, dass die Ausschüttung von ihm in jedem Fall zu versteuern ist[3] oder dass ihm nur das Beweismittel (vgl. → Rz. 157) der Bescheinigung fehlt, um die Ausschüttung steuerfrei zu beziehen. Die Norm führt m. E. nicht dazu, dass die steuerliche Behandlung der Einlagenrückgewähr bei der Körperschaft und dem Anteilseigner korrespondiert. Dafür spricht, dass der Gesetzgeber keine Bindung in § 20 Abs. 1 Nr. 1 Satz 3 EStG an die Bescheinigung normiert hat und § 27 Abs. 5 Satz 3 KStG eine solche auch nicht enthält.

Dötsch[4] geht davon aus, dass die Regelung zu unangemessenen Ergebnissen führt, wenn **mangels Ausschüttung** und **ausschüttbaren Gewinns** bisher eine Steuerbescheinigung nicht erteilt worden ist und eine steuerliche Außenprüfung später eine verdeckte Gewinnausschüttung feststellt, die bei Anwendung des § 27 Abs. 5 Satz 3 KStG aus dem steuerlichen Einlagekonto zu finanzieren wäre.[5]

240

BEISPIEL: ▶ Bei der Gründung der B-GmbH ist es zu einem Bestand des Einlagekontos gekommen (vgl. → Rz. 57). Dieses wird am Ende des ersten Jahres in gleicher Höhe festgestellt, da es keine Zu- oder Abgänge gegeben hat. Bei einer späteren Außenprüfung wird eine vGA im ersten Jahr ermittelt. Damit gibt es eine Ausschüttung in diesem Jahr. Mangels ausschüttbaren Gewinns hätte hierfür das Einlagekonto verwendet werden können. Da keine Bescheinigung darüber ausgestellt wurde und nach § 27 Abs. 3 Satz 3 KStG auch nicht ausgestellt werden darf, hat der Anteilseigner die vGA zu versteuern. Andererseits wird aber das Einlagekonto vermindert.

Dötsch hält in diesen Fällen eine Billigkeitsmaßnahme[6] für erforderlich. Danach soll die Fortschreibung des Einlagekontos unterbleiben, da nicht vom Gesetzeszweck gedeckt. Zur Behand-

---

1 Die gegenteilige Ansicht der Vorauflage wird aufgegeben; wie hier *Lornsen-Veit* in Erle/Sauter, § 27 Rz. 96, anders für die Zeit vor SEStEG FG Baden-Württemberg, Urteil v. 15. 12. 2008 - 10 K 169/06, EFG 2009, 875; unklar *Nordmeyer* in Schnitger/Fehrenbach, § 27 Rz. 125.
2 FG Rheinland-Pfalz, Urteil v. 18. 7. 2014 - 1 K 1338/12, NWB QAAAE-72759: Körperschaft darf Einlagekonto nur mit einer bescheinigten Einlagerückgewähr verringern.
3 So FG Rheinland-Pfalz, Urteil v. 18. 7. 2014 - 1 K 1338/12, NWB QAAAE-72759.
4 Dötsch in DPM, § 27 KStG Rz. 2014; s. auch *Ott*, DStR 2014, 677; a. A. OFD Münster v. 27. 11. 2009, NWB SAAAD-35623.
5 Ebenso *Danelsing* in Blümich, § 27 KStG Rz. 62.
6 Ebenso Blümich/*Oellerich* § 27 Rz. 62; *Ott* DStR 2017, 1507; DStZ 2016, 234; StBg 2014, 305; a. A. *Stimpel* RHM § 27 Rz. 162; Gosch/Bauschatz § 27 Rz. 105; s. auch FG Sachsen, Urteil 8.6.2016 – 2 K 1860/15, NWB QAAAF-89945, EFG 2017, 156, Az. BFH: I R 45/16 durch Rücknahme Revision erledigt.

lung der vGA im Übrigen s. → Rz. 109, 136. *Neyer*[1] überzeugt in seiner Argumentation wenig. In dem von ihm gebildeten Beispiel wird ähnlich wie im Beispiel nachträglich eine vGA festgestellt, die wegen eines fehlenden Gewinns nur aus dem Einlagekonto „finanziert" werden kann. Er plädiert dafür, die vGA steuerfrei zu lassen und das Einlagekonto zu verwenden. Dies verkennt, dass die vGA bei der Gesellschaft zu einem (fiktiven) Einkommen (vgl. § 8 Abs. 3) führt, das ausgeschüttet wird. Insofern hat er Recht, dass § 27 auf den ausschüttbaren Gewinn, wie sich aus der Steuerbilanz ergibt, abstellt. Die vGA wird jedoch außerhalb der Bilanz hinzugerechnet.[2]

241 Wird die Einlagenrückgewähr **zu hoch** bescheinigt, kann eine **Berichtigung** der Bescheinigung (§ 27 Abs. 5 Satz 5 KStG) vorgenommen werden. Nach der Berichtigung hat die Gesellschaft die Inanspruchnahme des Einlagekontos dann zutreffend bescheinigt, sie hat jedoch zuvor eine Gewinnausschüttung – in Höhe des zu viel bescheinigten Betrages – ohne Abführung der Kapitalertragsteuer vorgenommen. Nach der Begründung des Finanzausschusses des Bundestages[3] kann bei Publikumsgesellschaften zur Verfahrenserleichterung von einer Korrektur abgesehen werden. Daher ist die Berichtigung nicht zwingend vorgeschrieben. Ebenfalls ist nicht vorgeschrieben, dass die alte zu hohe Bescheinigung zurückzufordern ist. Eine nachträgliche Abführung der Kapitalertragsteuer hilft nicht weiter, weil der Gesellschafter bereits die Ausschüttung ohne Abführung der Steuer erhalten hat. Die Gesellschaft müsste folglich den entsprechenden Betrag vom Gesellschafter zurückerstattet erhalten. Verzichtet sie darauf, so liegt eine verdecke Gewinnausschüttung vor.[4]

242 Weist die Bescheinigung einen zu hohen Betrag der Einlagenrückgewähr aus, so wird die auf den überhöht ausgewiesenen Betrag entfallende **Kapitalertragsteuer** durch **Haftungsbescheid** zu Lasten der Körperschaft geltend gemacht. Die Haftung der ausstellenden Gesellschaft ist unabhängig von Vorsatz oder grober Fahrlässigkeit, weil § 27 Abs. 5 Satz 4, 2. Halbsatz KStG die Anwendung des § 44 Abs. 5 Satz 1, 2. Halbsatz EStG ausschließt, obwohl es sich um Haftung für Kapitalertragsteuer handelt. Folglich ist eine **Exkulpation** zur Haftungsvermeidung durch die ausstellende Gesellschaft nicht möglich.[5] Auch bei der Haftungsinanspruchnahme droht der Gesellschaft eine verdeckte Gewinnausschüttung, wenn sie beim Gesellschafter keinen Rückgriff nimmt.

243 Absatz 5 Satz 6 verbindet die Regelungen zur Fortschreibung und Feststellung des Bestandes mit dem Betrag, für den Kapitalertragsteuer gezahlt wird. Danach ist nur dieser Betrag bei der Feststellung des Bestandes zu berücksichtigen.

244 Über die Folgen **abweichender Bescheinigungen**[6] gehen die Meinungen auseinander. Es stehen sich die Meinungen der gesellschafterindividuellen[7] und die gesellschafterübergreifenden[8] Wirkung gegenüber. Das Gesetz schweigt. Wie oben (→ Rz. 186) dargelegt, ist zwischen der Wirkung auf den Anteilseigner und auf das Einlagekonto zu unterscheiden. Da die Wirkung

---

[1] DStR 2016, 1841.
[2] Siehe *Klein/Müller/Döpper* in Mössner/Seeger/Oellerich, KStG, § 8 Rz. 251 ff.
[3] BT-Drucks. 16/3369 v. 9. 11. 2006.
[4] *Dötsch* in DPM, § 27 Rz. 220.
[5] *Pohl*, Festschrift Gosch, S. 335.
[6] Über die Gründe hierfür s. *Moritz* FR 2017, 85.
[7] *Dötsch* DPM § 27 KStG Rz. 207 f.; *Nordmeyer Schnitger*/Fehrenbach § 27 Rz. 133; *Antweiler* in Bott/Walter (EY), KStG, § 27 Rz. 286.
[8] *Stimpel* RHN § 27 KStG Rz. 158; *Bauschatz*/Gosch § 27 KStG Rz. 104; *Berninghaus* HHR §27 Rz. 119; *Moritz* FR 2017, 86.

fehlerhafter Bescheinigungen sich aus § 27 Abs. 5 KStG ergibt, kann die Festschreibung nur einheitlich erfolgen.

BEISPIEL: Die X-GmbH hat zwei Gesellschafter(A und B). Sie verfügt über keinen ausschüttbaren Gewinn (§ 27 Abs. 1 KStG). Ihr Einlagekonto beträgt 200. Sie schüttet an jeden Gesellschafter 100 aus, bescheinigt A korrekt 100 als Leistung, die das Einlagekonto mindert, und B lediglich 50.

Aus der Entscheidung des BFH vom 10.6.2009[1] kann wenig zur Lösung des Falles entnommen werden,[2] da erstens es sich um eine Entscheidung zum alten Rechts handelt und zweitens überhaupt keine Bescheinigung ausgestellt worden war.[3] Als Lösungen kommen in Betracht:

1. Es bleibt bei den bescheinigten Beträgen, und das Einlagekonto wird mit 150 verwendet. A bezieht die 100 steuerfrei, B muss 50 besteuern.
2. Die niedrigere Bescheinigung wirkt auch für A, so dass insgesamt nur 100 als verwendet gelten, A somit eine zu hohe Bescheinigung (→ Rz. 241) erhalten hat.
3. Das Einlagekonto wird mit 150 verwendet, A und B hätte jeweils eine Verwendung i. H. v. 75 bescheinigt werden müssen. Dann wäre A die Verwendung zu hoch und B zu niedrig bescheinigt worden. Da dann B zu niedrig bescheinigt wurde, käme § 27 Abs. 1 Satz 1 KStG zur Anwendung, und es käme zu einer Verwendung des Einlagekontos nur i. H. v. 125 (75 + 50).

Moritz[4] spricht sich für Lösung 2. aus. Meines Erachtens sind keine Gründe ersichtlich, dass Lösung 1. nicht die zutreffende sei.

(Einstweilen frei) 245

I. Mehr- und Minderabführungen in Organschaftsfällen

I. Überblick

Die gesetzlichen Grundlagen hinsichtlich des Einlagekontos bei der Organschaft haben umfangreiche Änderungen seit dem StSenkG erfahren (vgl. hierzu die Vorauflagen). Die jetzige Fassung von § 27 Abs. 6 KStG regelt nur noch **organschaftliche Mehr-oder Minderabführungen**. Der Begriff der Mehr- und Minderabführungen ist mit dem in § 14 Abs. 4 KStG identisch.[5] Davon sind die vororganschaftlichen Mehr- oder Minderabführungen zu unterscheiden (vgl. → Rz. 248). Die Vorschrift regelt die Auswirkungen von § 14 Abs. 4 (*Müller* in Mössner/Seeger/Oellerich, KStG, § 14 Rz. 696 ff.) auf das Einlagekonto. Danach ist für Mehr- oder Minderabführungen in der Steuerbilanz des Organträgers ein passiver oder aktiver Ausgleichsposten zu bilden. Solche Mehr- oder Minderabführungen beruhen darauf, dass die Organgesellschaft ihren gesamten sich aus der **Handelsbilanz** ergebenden Gewinn an den Organträger abführen muss, dass aber steuerlich das sich aus der **Steuerbilanz** ergebende Einkommen zuzurechnen ist. 246

---

[1] I R 10/09, BStBl 2009 II 974.
[2] Anders wohl *Stimpel*, RHN § 27 KStG Rz. 158.
[3] Dies würde nunmehr als Null-Bescheinigung gelten (→ Rz. 238) und eine Berichtung wäre entgegen früherem Recht unzulässig.
[4] FR 2017, 87, dort auch Beispiele für andere Konstellationen.
[5] FG München, Urteil v. 13.8.2015 - 6 K 39/113 (n.v.), BFH, Urteil v. 15.3.2017 - I R 67/15, BFH/NV 2017, 1276 = NWB LAAAG 51394.

247 Führt die Organgesellschaft weniger ab, als dem Organträger zugerechnet wird, so bedeutet dies, dass der Organträger bereits einen Teil des Gewinns des Organträgers versteuert hat, der ihm erst in Zukunft abgeführt wird. Dabei besteht die Annahme, dass sich Handelsbilanz und Steuerbilanz im Endergebnis ausgleichen. Die temporären Unterschiede werden auf Seiten des Organträgers durch die Ausgleichposten erfasst. Diese Posten sind Korrektive zum Beteiligungswert (*Müller* in Mössner/Seeger/Oellerich, KStG, § 14 Rz. 969). Auf Seiten des Organs wirkt eine **Minderabführung** wie eine **Einlage**,[1] so dass § 27 Abs. 6 dementsprechend bei einer Minderabführung eine Erhöhung des Einlagekontos anordnet (vgl. → Rz. 253). Entsprechend muss bei einer **Mehrabführung** das Einlagekonto gemindert, werden, d. h. als Einlagerückgewähr, da sonst das Einlagekonto einen zu hohen Ausweis enthielte. Durch die Regelung des § 27 Abs. 6 KStG soll vermieden werden, dass durch Gestaltungen steuerliche Vorteile erreicht werden.[2]

248 Davon zu unterscheiden sind Minder- oder Mehrabführungen, die ihre Ursache in **vororganschaftlicher**[3] Zeit (*Müller* in Mössner/Seeger/Oellerich, KStG, § 14 Rz. 716 ff.) haben. Diese werden nicht von § 27 Abs. 6 KStG betroffen. Mehrabführungen gelten gem. § 14 Abs. 3 KStG als Gewinnausschüttung der Organgesellschaft an den Organträger. Sie sind somit Leistungen i. S. v. § 27 Abs. 1 Satz 3 KStG und können als solche nach den allgemeinen Regeln auch das Einlagekonto mindern.[4] Dementsprechend sind vororganschaftliche Minderabführung gem. § 14 Abs. 3 KStG als Einlagen zu behandeln, erhöhen somit das Einlagekonto.

249 **Außerorganschaftliche** Mehr- und Minderabführungen,[5] die etwa durch Umwandlungsvorgänge entstehen können, sind nicht vom Gesetz umfasst. Sie stellen daher steuerpflichtige Ausschüttungen dar und berühren nicht das Einlagekonto.

250 *(Einstweilen frei)*

II. Minder- und Mehrabführungen aus organschaftlicher Zeit

251 Nach § 27 Abs. 6 Satz 1 KStG wird das steuerliche Einlagekonto der Organgesellschaft durch Minderabführungen erhöht und durch Mehrabführungen gemindert, wenn sie ihre Ursache in organschaftlicher Zeit haben. Satz 1 gilt nur für Minder- und Mehrabführungen, die **auf die Zeit des Bestehens der Organschaft** entfallen. Eine Definition der Begriffe Minder- und Mehrabführungen enthält die Vorschrift nicht.[6] Satz 1 ordnet nur die Rechtsfolgen von Minder- und Mehrabführungen auf den Bestand des steuerlichen Einlagekontos der Organgesellschaft an. Was Mehr- oder Minderabführungen sind, ergibt aus § 14 Abs. 4 KStG (s. *Müller* in Mössner/Seeger/Oellerich, KStG, § 14 Rz. 696 ff.). Dementsprechend ist auf die Differenz zwischen handelsrechtlicher Gewinnabführung bzw. Verlustübernahme und steuerlicher Einkommenszurechnung abzustellen.

252 Eine **Minderabführung** liegt vor, wenn der tatsächlich an den Organträger abgeführte Handelsbilanzgewinn das dem Organträger zuzurechnende Einkommen unterschreitet. Die Minderabführung ist als Zugang auf dem Einlagekonto der Organgesellschaft zu erfassen. Gedank-

---

[1] Siehe näher *Müller* in Mössner/Seeger/Oellerich, KStG, § 14 Rz. 711; *Brink* in Schnitger/Fehrenbach, § 14 Rz. 975 f.
[2] FG München, Urteil v. 13.8.2015 – 6 K 39/113 (n.v.), BFH I R 67/15, NWB LAAAG 51394.
[3] Was darunter zu verstehen ist s. *Müller* in Mössner/Seeger/Oellerich, KStG, § 14 Rz. 721.
[4] *Nordmeyer* in Schnitger/Fehrenbach, § 27 Rz. 142.
[5] OFD Münster, DStR 2011, 367; *Dötsch* in DPM, § 14 Rz. 436; *Gosch*, § 14 Rz. 418; a. A. *Lohmann/Heerdt*, DB 2010, 1937; *Heerdt*, DStR 2009, 938; *Nordmeyer* in Schnitger/Fehrenbach, § 27 Rz. 143.
[6] Vgl. die Beispiele bei *Dötsch* in DPM, § 27 Rz. 241.

lich wird dies so vom Gesetz gesehen, dass der gegenüber der tatsächlichen Abführung überhöhte Zurechnungsbetrag, den der Organträger zu versteuern hat, von diesem in die Organgesellschaft „eingelegt" wird. Wann eine Minderabführung vorliegt, sagt das Gesetz nicht. Diese können verschiedene Ursachen haben. So darf beispielsweise nach § 14 Abs. 1 Nr. 4 KStG die Organgesellschaft Beträge aus dem Jahresüberschuss insoweit in die Gewinnrücklagen (§ 172 Abs. 3 HGB) abgesehen von der gesetzlichen Rücklagen einstellen, als dies bei vernünftiger kaufmännischer Beurteilung wirtschaftlich begründet ist. Durch Bildung der Gewinnrücklage erhöht sich das Betriebsvermögen der Organgesellschaft. In dieser Höhe ist ein Zugang auf dem steuerlichen Einlagekonto zu erfassen. Daneben sind folgende weitere Minderabführungen denkbar:

- Tilgung eines vorvertraglichen Verlustvortrages zu Lasten der Gewinnabführung,
- Bildung oder Erhöhung eines Aktivpostens nur in der Steuerbilanz,
- Bildung oder Erhöhung eines Passivpostens nur in der Handelsbilanz,
- Auflösung eines Aktivpostens nur in der Handelsbilanz,
- Auflösung eines Passivpostens nur in der Steuerbilanz,
- Abbau vorvertraglicher Bilanzierungsunterschiede zwischen der Handels- und der Steuerbilanz.

In all diesen Fällen erhöht sich das steuerliche Betriebsvermögen der Organgesellschaft mit der Folge, dass der Bestand des steuerlichen Einlagekontos ebenfalls zu erhöhen ist.

Keine Minderabführung liegt vor, wenn der Organträger den Verlust des Organs übernimmt.[1]

Eine **Mehrabführung** liegt vor, wenn der tatsächlich an den Organträger abgeführte Gewinn das dem Organträger zuzurechnende Einkommen überschreitet. Dazu kommt es, wenn das steuerliche Einkommen geringer ist als der handelsrechtliche Gewinn. Dies kann seine Ursache darin haben, dass steuerliche Vergünstigungen nicht in der Handelsbilanz berücksichtigt werden oder dass handelsrechtlich eine lineare, steuerrechtlich eine degressive Abschreibung gewählt wird. Die Mehrabführung mindert den Bestand des Einlagekontos der Organgesellschaft. 253

Außerbilanzielle Hinzurechnungen und Kürzungen führen nicht zum Auseinanderfallen von Handels- und Steuerbilanz.[2] Der Grund ist einfach: Sie erfolgen außerhalb der Bilanz. Dabei handelt es sich um fiktive Einkommensvorgänge, wie vGA, Hinzurechnungen nach AStG, nicht abziehbare Spenden, nicht abziehbare Verluste usw. 254

Während § 27 Abs. 1 Satz 4 KStG ausschließt, dass das **Einlagekonto negativ** werden kann (→ Rz. 121 ff.), gilt dies nicht für Abs. 6. Somit können die Minderungen des Einlagekontos bei Mehrabführungen zu einem negativen Bestand führen. Dies ist sachgerecht, weil sich Unterschiede zwischen Handels- und Steuerbilanz auf die Dauer gesehen ausgleichen. 255

Das **amtliche Formular** zur Ermittlung des steuerlichen Einlagekontos (KSt 1 F – 27/28) enthält unter Buchstabe F eine Zusammenstellung zur Errechnung der Mehr- und Minderabführungen. 256

(Einstweilen frei) 257

---

[1] BFH 15.3.2017 - I R 67/15, NWB LAAAG-51394, DStR 2017, 1650.
[2] *Dötsch* in DPM, § 27 Rz. 240 f.; *Endert* in Frotscher/Drüen § 27 Rz. 222.

K. Erweiterung des persönlichen Anwendungsbereiches

258 Die Absätze 1 bis 6 des § 27 KStG gelten gem. § 27 Abs. 7 KStG auch für andere unbeschränkt körperschaftsteuerpflichtige **Körperschaften und Personenvereinigungen** als Kapitalgesellschaften. Nicht genannt sind Vermögensmassen. Durch diese Erweiterung des persönlichen Anwendungsbereichs der Absätze 1 bis 6 werden diese sinngemäß auf unbeschränkt steuerpflichtige Körperschaften und Personenvereinigungen erstreckt, die **Leistungen i. S.v. § 27 Abs. 1 Satz 3 KStG** erbringen können, d. h. deren Mitglieder steuerpflichtige und steuerfreie Bezüge von ihnen erhalten können. Weitere Voraussetzung ist, dass die Körperschaft **nicht von der Körperschaftsteuer befreit** ist. Damit handelt es sich um folgende Körperschaftsteuersubjekte:[1]

- § 20 Abs. 1 **Nr. 1** EStG: Erwerbs- und Wirtschaftsgenossenschaften, bergbaurechtliche Vereinigungen, die die Rechte einer juristischen Person haben – diese haben Genossen oder Mitglieder, die Einlagen tätigen und Ausschüttungen erhalten können

- § 20 Abs. 1 **Nr. 9** EStG:
    - nicht von der Körperschaftsteuer befreite Körperschaften, Personenvereinigungen oder Vermögensmassen i. S. d. § 1 Abs. 1 Nr. 3 KStG – dies sind Versicherungs- (s. → Rz. 257) und Pensionsvereine auf Gegenseitigkeit
    - sonstige juristische Personen des Privatrechts (§ 1 Abs. 1 Nr. 4 KStG) – dies sind vor allem wirtschaftliche[2] Vereine, rechtsfähige Stiftungen und Realgemeinden
    - nicht rechtsfähige Vereine, Anstalten, Stiftungen[3] und andere Zweckvermögen (§ 1 Abs. 1 Nr. 5 KStG)

- § 20 Abs. 1 **Nr. 10** EStG: nicht von der Körperschaftsteuer befreite Betriebe gewerblicher Art öffentlicher juristischer Personen ohne (Buchst. a) oder mit (Buchst. b) eigener Rechtspersönlichkeit.[4]

Gesetzgebungstechnisch hätte dies zum subjektiven Anwendungsbereich gehört.

259 Die Leistungen, die diese Körperschaften ihren Mitgliedern erbringen, müssen **wirtschaftlich mit Gewinnausschüttungen vergleichbar** sein. Bei Anstalten, Stiftungen oder Zweckvermögen ist dies fraglich,[5] da sie nicht Anteilseignern vergleichbare Mitglieder haben. Bei Versicherungsvereinen auf Gegenseitigkeit gibt es zwar keine einer Kapitalbeteiligung vergleichbare Beteiligung der Versicherten,[6] dies schließt aber nicht aus, dass Leistungen möglich sind.[7] **Steuerbefreite Körperschaften** gem. § 5 Nr. 9 KStG können keine Ausschüttungen vornehmen. Soweit sie einen **wirtschaftlichen Geschäftsbetrieb** unterhalten, ist dies aber möglich.

260 Bei Stiftungen scheiden zunächst solche, die nach § 5 Abs. 1 Nr. 5 steuerbefreit sind, aus (Rz. → 258). Somit kommen vor allem solche Stiftungen, „die dem Wohl der Mitglieder einer oder mehrerer Familien dienen" (Familienstiftung), in Betracht. Leistungen an Mitglieder be-

---

[1] Vgl. im einzelnen KKB/Kempf, § 20 EStG Rz. 109 ff.
[2] Für die Anwendung auf nicht gemeinnützige Idealvereine vgl. FG Köln, Urteil v. 14. 1. 2010 - 13 K 3157/05, EFG 2010, 1066.
[3] Siehe *Kraft* DStR 2011, 1837 (s. ausführlich Rz.→ 260).
[4] Siehe BMF, Schreiben v. 9. 1. 2015, BStBl I 2015, 111; *Schüttler*, DStR 2015, 983.
[5] *Nordmeyer* in Schnitger/Fehrenbach, § 27 Rz. 148; *Dötsch* in DPM, § 27 Rz. 252; *Antweiler* in Bott/Walter, § 27 Rz. 346.
[6] So BFH, Urteil v. 13. 11. 1991 - I R 45/90, BStBl 1992 II 429.
[7] Ebenso *Dötsch* in DPM, § 27 Rz. 252; *Endert* in Frotscher/Drüen § 27 Rz. 256a; a. A. *Antweiler* in Bott/Walter, § 27 Rz. 346.

günstigter Familien können gem. § 20 Abs. 1 Nr. 9 EStG, bzw. im Übertragungsfall gem. § 20 Abs. 2 Satz 1 Nr. 8 EStG zu Einkünften aus Kapitalvermögen bei den Begünstigten führen.

Stiftungen sind entweder als rechtsfähige Stiftungen „sonstige juristische Personen" (§ 1 Abs. 1 **Nr. 4**) oder Körperschaftsteuersubjekte gem. § 1 Abs. 1 **Nr. 5 KStG**. Die Anwendung von § 20 Abs. 1 Nr. 9 EStG ergibt sich eindeutig aus dem Wortlaut des Gesetzes. § 27 Abs. 7 KStG nimmt zwar § 20 Abs. 1 Nr. 9 EStG in Bezug, aber nur hinsichtlich „Körperschaften und Vermögensmassen". Die h. M.[1] sieht darin eine Lücke, die durch Analogie zu füllen ist. Somit gelten bei diesen Familienstiftungen die Abs. 1 bis 6 von § 27 KStG „sinngemäß".[2] Dies müsste auch für das Einlagekonto nach § 27 Abs. 1 KStG gelten.[3]

Nach § 20 Abs. 1 Nr. 9 EStG müssen die Leistungen der Stiftung wirtschaftlich Gewinnausschüttungen vergleichbar sein. Was dies im Zusammenhang mit der sinngemäßen Anwendung bedeutet, ist nicht einfach zu beantworten. Der Entstehungsgeschichte[4] lässt sich entnehmen, dass der Gesetzgeber „Vermögensübertragungen an die hinter diesen Gesellschaften stehenden Personen" wie Gewinnausschüttungen von Kapitalgesellschaften steuerlich belasten wollte,[5] obgleich Stiftungen nicht über Mitglieder oder Gesellschafter verfügen. Unter Bezugnahme auf die Gesetzesentstehung und der h. M. hat der BFH[6] als „ausschlaggebend" darauf abgestellt, ob die Stellung des Destinatärs „wirtschaftlich derjenigen eines Anteilseigners entspricht". Dies macht er im Streitfall daran fest, dass die Destinatäre Einfluss auf die Verwendung der Stiftungsmittel besaßen. Offen gelassen hat er, ob dies auch für alle auf Wiederholung angelegte Leistungen der Stiftung, denen keine Gegenleistung gegenübersteht, gilt.[7] Wäre demnach § 27 Abs. 1 KStG anwendbar, so könnte eine Familienstiftung auch ein Einlagekonto führen.[8] Dabei wäre dann im Grundsatz zwischen Kapital, Einlagen und Gewinn zu unterscheiden.

BEISPIEL: ▶ Großvater A gründet eine Stiftung, die er mit 500.000 ausstattet. Sie soll zur Finanzierung der Studien seiner Enkel dienen. Die Stiftung erzielt jährlich durch Kapitalanlagen 15.000. Der älteste Enkel X wird jährlich mit 12.000 im Studium unterstützt. Er muss diese Summe gem. § 20 Abs. 1 Nr. 9 EStG versteuern. Der zweitälteste Enkel erhält ebenfalls 12.000. Davon müsste er nach der Ansicht von Orth 3.000 versteuern, 9.000 wären Einlagenrückgewähr und für ihn steuerfrei.

Während die Steuerpflicht gem. § 20 EStG eindeutig dem Gesetz zu entnehmen ist, widerspräche die Steuerfreiheit dem Wortlaut von § 27 Abs. 7. Die unterschiedliche Behandlung der Destinatäre je nachdem, ob sie ihre Leistungen aus Überschüssen oder dem Kapital der Familienstiftung erhalten, entbehrt jeglicher Rechtfertigung. Es spricht daher viel dafür, dass **keine durch Analogie zu schließende Lücke** vorliegt. Die Ansicht des BFH im Urteil vom 3.10.2010 betrifft somit eine besondere Situation. Die Gegenansicht eröffnet ein Gestaltungsmodell einer steuerfreien Schenkung an die Destinatäre, indem nur das Stiftungskapital für Leistungen verwendet wird.

---

1 *Kraft* DStR 2011, 1837; Gosch/*Bauschatz* § 27 Rz. 126; *Stimpel* HRN § 27 Rz. 197; *Endert* Frotscher/Drüen § 27 Rz. 257a; *Nordmeyer* Schnitger/Fehrenbach § 27 Rz. 10; a. A. *Antweiler* in Bott/Walter (EY), KStG § 27 Rz. 365; *Lornsen/Veit* Erle/Sauter § 27 Rz. 19.
2 Gosch/*Bauschatz* § 27 Rz. 133.
3 Offen BFH 14.7.2010 - X R 62/08, BStBl 2014 II 320, bejahend *Orth* DB 2017, 1474.
4 BT-Drucks. 14/2683 S. 114, 14/3366 S. 118, 14/6882 S. 35.
5 dies gelingt jedoch nicht uneingeschränkt, vgl. *Orth* BB 2017, 1414.
6 3.11.2010 - I R 98/09, BStBl 2011 II 417.
7 In diesem Sinne *Gosch* BFH/PR 2011, 216, ebenso BMF BStBl I 2006, 417; EStH 20.2 Stiftung.
8 Zu den Einzelheiten s. die ausführliche Darstellung *Orths* DB 2017, 1475.

L. Einlagenrückgewähr bei Körperschaften in der Europäischen Union

261 Beteiligt sich ein Inländer an einer ausländischen Kapitalgesellschaft, indem er beispielsweise deren Aktien erwirbt, und leistet er dann Einlagen, so waren nach der ursprünglichen Gesetzesfassung nicht unbeschränkt steuerpflichtige Körperschaften von einer Einlagenrückgewähr ausgeschlossen.[1] Ihre Ausschüttungen führten beim inländischen Anteilseigner immer zu steuerpflichtigen Gewinnausschüttungen. Dadurch wurde die Investition in ausländische Körperschaften gegenüber derjenigen in inländische diskriminiert, so dass ein **Verstoß gegen die Kapitalverkehrsfreiheit** innerhalb[2] der EU gegeben war. Der vielfältig hieran geäußerten Kritik hat sich der Gesetzgeber im SEStEG (vgl. → Rz. 24) angeschlossen und mit Abs. 8 ausländische Körperschaften in die Regelung des § 27 KStG einbezogen. Allerdings sah sich der Gesetzgeber dabei dem Problem gegenüber, dass er ausländischen Körperschaften nicht die Führung eines Einlagekontos vorschreiben konnte. Daher ist an dessen Stelle eine Bescheinigung der Einlagenrückgewähr getreten, obgleich eine **Art fiktives Einlagekonto** und dessen Entwicklung wohl nötig ist. In der Praxis dürfte vor allem die Ermittlung des ausschüttbaren Gewinns i. S. v. § 27 Abs. 1 Satz 3 KStG Schwierigkeiten bereiten. Wie sich aus § 27 Abs. 8 Satz 3 KStG ergibt, erfolgt die **Bescheinigung** über die Einlagenrückgewähr in einem **auf Antrag** der ausländischen Körperschaft oder Personenvereinigung eingeleiteten **Feststellungsverfahren** (→ Rz. 267).

262 § 27 Abs. 8 Satz 1 KStG stellt fest, dass auch Körperschaften und Personenvereinigungen, die in einem **anderen EU-Staat unbeschränkt steuerpflichtig**[3] sind, eine Einlagenrückgewähr erbringen können, wenn sie Leistungen gem. § 20 Abs. 1 Nr. 1 und 9 EStG gewähren können. Das Gesetz spricht zwar nur von EU-Staat, nach ganz überwiegender Ansicht sind **auch EWR-Staaten** (Island, Liechtenstein und Norwegen) einbezogen.[4] Da ein Verstoß gegen die Kapitalverkehrsfreiheit zur Gesetzesergänzung geführt hat, muss auch eine Erweiterung auf **Drittstaaten** erfolgen.[5] Angesichts des Wortlauts, der nur auf EU-Staaten verweist, wird eine solche Erweiterung von einigen abgelehnt (vgl. → Rz. 273).[6] Entscheidend ist, ob § 20 Abs. 1 Nr. 1 Satz 3 EStG und § 27 Abs. 8 KStG abschließend zu verstehen sind.[7] Wäre dies der Fall, so ist eine geltungserhaltende Reduktion angebracht. Sind die Tatbestände offen, so würde eine Interpretation zur Anwendung auch auf Drittstaaten führen. Bei **Doppelansässigkeit** kommt es darauf, ob im Inland unbeschränkte Steuerpflicht besteht oder ob die Körperschaft noch in einem anderen Staat unbeschränkt steuerpflichtig ist. Bei unbeschränkter Steuerpflicht im Inland ist § 27 Abs. 1 bis 7 unmittelbar anwendbar. Besteht im Ausland eine weitere unbeschränkte Steuerpflicht neben der in einem EU-Staat, so schließt dies nicht die Anwendung von Abs. 8

---

1 BMF, Schreiben v. 4. 3. 2003, BStBl 2003 I 366 Tz. 2.
2 Zu einer Anwendung auf Drittstaaten wegen der Anwendung der Kapitalverkehrsfreiheit auch auf diese Staaten s. *Häberer*, DStZ 2010, 846; *Spilker/Peschke*, DStR 2011, 388; a. A. *Dötsch* in DPM, § 27 Rz. 267.
3 Nicht entscheidend ist, dass der Staat der Gründung ein EU-Mitgliedstaat ist, sondern dass die unbeschränkte Steuerpflicht in einem Mitgliedstaat begründet wird, s. a. *Stimpel* RHN § 27 Rz. 216.
4 *Dötsch/Krämer* in DPM, § 27 Rz. 266; *Häberer* DStZ 2010, 842; *edemund*, IStR 2009, 579; *Nordmeyer* Schnitger/Fehrenbach, Rz. 170; so auch Merkblatt des BZSt; *Endert* in Frotscher/Drüen § 27 Rz. 282; *Pohl*, Festschrift Gosch, S. 337.
5 So jetzt auch BFH, Urteile v. 13. 7. 2016 - VIII R 47/13, NWB XAAAF-83719; v. 13. 7. 2016 - VIII R 73/13, NWB EAAAF-83721, IStR 2016, 897; wie auch schon früher *Sedemund*, IStR 2010, 270; *Gosch/Bauschatz*, § 27 Rz. 136; auch *Mayer-Theobald/Süß*, FR 2017, 138, s. auch zu den beiden Urteilen *Arjes/Foddenu*, DB 2017, 688, *Meyer-Theobald/Süß*, DStR 2017, 137.
6 Dies ist nun überholt: *Dötsch* in DPM, § 27 Rz. 267; *Endert* in Frotscher/Drüen § 27 Rz. 283; *Oellerich* in Blümich, § 27 KStG Rz. 128.
7 Vgl. *Benecke/Staats*, IStR 2016, 893.

aus. Außerdem wird vorausgesetzt, dass die ausländischen Körperschaften **Leistungen im Sinne von § 20 Abs. 1 Nr. 1 und 9** EStG erbringen können.

§ 27 Abs. 8 Satz 2 KStG ordnet an, dass die Einlagenrückgewähr in „**entsprechender Anwendung** der Absätze 1 bis 6 und der §§ 28 und 29" zu ermitteln ist. Dies bedeutet nicht, dass diese Vorschriften anzuwenden sind, also z. B. gesonderte Feststellungen nach Abs. 2 erfolgen oder Bescheinigungen nach Abs. 3 ausgestellt werden. Es geht nur um die Ermittlung der Einlagenrückgewähr. Dazu bedarf es aber der Kenntnis des **Nennkapitals**, des **ausschüttbaren Gewinns** und aller **Einlagen**, die in die Gesellschaft auch vor Existenz des § 27 Abs. 8 KStG geleistet wurden (vgl. § 27 Abs. 1 Satz 3 KStG). Eine Einlagenrückgewähr ergibt sich dann, wenn zunächst das gesamte steuerliche Eigenkapital ermittelt wird und die Ausschüttung dann den Jahresgewinn und thesaurierten Gewinn der Vorjahre sowie das Nennkapital übersteigt. Meistens wird es wirtschaftliche Gründe haben, bei einer Beteiligung an einer ausländischen Gesellschaft Einlagen zu leisten.[1]

Im Urteil v. 10. 12. 1992[2] hatte der BFH unter Beachtung des **ausländischen Rechts** eine **Kapitalherabsetzung** angenommen. Für die Beurteilung, ob eine Kapitalherabsetzung vorliegt, wird das ausländische Gesellschaftsrecht heranzuziehen sein, denn dies ist ein gesellschaftsrechtlicher Vorgang. Ob aber **Einlagen** erfolgen und wie hoch der **ausschüttbare Gewinn** ist, bestimmt sich nach steuerrechtlichen Prinzipien (vgl. → Rz. 102). Insoweit ist **deutsches Steuerrecht** anzuwenden. Vor allem die Überleitungen gem. § 60 EStDV dürften die größten praktischen Schwierigkeiten hervorrufen.[3] Wenn gefordert[4] wird, dass hierfür diese Größe seit Gründung der ausländischen Gesellschaft zu rekonstruieren ist, werden zugleich die praktischen Schwierigkeiten hervorgehoben.

BEISPIEL: X erwirbt Anteile in Höhe von 5 v. H. an der französischen SA. Aufgrund früherer über-pari-Emissionen verfügt die SA über erhebliche Beträge, die nach deutschem Verständnis Einlagen sind. Die SA nimmt Ausschüttungen vor, die den Gewinn überschreiten.

M. E. muss eindeutig erkennbar sein, dass Einlagen zurückgewährt werden. Dabei dürfen die Nachweispflichten nicht übertrieben werden. § 27 Abs. 8 Satz 7 KStG legt die **Beweislast** der Körperschaft auf, die nach dieser Bestimmung die für die Berechnung der Einlagenrückgewähr erforderlichen Umstände darzulegen hat.

Das **Bundeszentralamt für Steuern** hat ausführliche Merkblätter und Muster für die **vorzulegenden Unterlagen** und die Entwicklung des Einlagebestandes veröffentlicht.[5] Von der Bescheinigung der ausländischen Steuerbehörde über die unbeschränkte Steuerpflicht im Ausland über Registerauszüge und Organigramme bis hin zur Entwicklungen des fiktiven Einlagebestandes, den Jahresabschlüssen übergeleitet in deutsches Recht entsprechend § 60 EStDV und sonstigen Wertermittlungsgutachten und Nachweisen über Ausschüttungen und Einlagen werden verlangt. Hierin werden „unüberwindbare" Schwierigkeiten gesehen,[6] die zu

---

1 Näher hierzu *Steinhäuser* in Lüdicke/Mössner/Hummel, FS Frotscher, S. 598 f.
2 BFH, I R 1/91, BStBl II 1993, 189; ebenso BFH, Urteil v. 23. 2. 2011 - I R 117/08, BFHE 232, 15; BFH/NV 2011, 669 für einen Spin-off in den USA.
3 *Steinhäuser* in Lüdicke/Mössner/Hummel, FS Frotscher, S. 609.
4 *Nordmeyer* in Schnitger/Fehrenbach, § 27 Rz. 179; *Rödder/Schumacher*, DStR 2006, 1489; *Wernig* in Blümich, § 27 Rz. 84; a. A. *Berninghaus*/HHR, § 27, 165: keine Fortentwicklungspflicht; ähnlich *Gosch/Bauschatz* § 27 Rz. 146; Frotscher/Drüen/Endert § 27 Rz. 299.
5 Erhältlich über www.bzst.de - Formulare; vgl. auch *Gaßmann/Welling* PiStB 2017, 251 f.
6 *Häberer*, DStZ 2010, 841.

einer faktischen Unmöglichkeit der steuerfreien Einlagerückgewähr aus EU-Gesellschaften führen und daher Union-rechtswidrig seien.[1] In der Tat kommt es auf die Handhabung seitens der Finanzbehörden an, die die Anforderungen nicht zu hoch schrauben dürfen.[2] Dabei ist auch die Beweisvorsorgepflicht nach § 90 Abs. 2 AO zu bedenken, die auf die für den Inländer bestehenden rechtlichen und tatsächlichen Möglichkeiten abstellt.

265 In der Literatur werden **Ausweichgestaltungen** diskutiert.[3] Diese setzen jedoch einen beherrschenden Einfluss auf die ausländische Körperschaft voraus, so wenn die Begründung der unbeschränkten Steuerpflicht in Deutschland vorgeschlagen wird. Solange der Gesetzgeber[4] nicht vereinfachend und realitätsgerecht gestaltend eingreift, bleibt das System des § 27 Abs. 8 KStG problematisch.

266 Bei EU-Körperschaften, die außerhalb des Euro-Währungsraum unbeschränkt steuerpflichtig sind, kommt noch das Problem der **Fremdwährungen** hinzu. Die Feststellung, dass ein Betrag eine Einlagenrückgewähr darstellt (§ 27 Abs. 8 Satz 3 KStG), erfolgt in Euro. Die Unterlagen hierfür sind in ausländischer Währung geführt.

> **BEISPIEL:** A hat Anteile an der dänischen AG erworben. Dies nimmt am 5.5. eine Ausschüttung vor, die sich teilweise als Einlagerückgewähr darstellt.

Um festzustellen, ob und in welcher Höhe eine Einlagenrückgewähr erfolgt, muss der **ausschüttbare Gewinn** vorrangig ermittelt werden. Dieser ist aus der vorangegangenen Bilanz abzuleiten. Im Verhältnis zum Nennkapital ergibt sich dann die Einlagenrückgewähr. Es bieten sich nun zwei Möglichkeiten an: (1) Es folgt die Umrechnung in Euro auf den letzten Bilanzstichtag.[5] Die Ausschüttung wird beim Anteilseigner nach dem Kurs am Ausschüttungstag in Euro umgerechnet. Dementsprechend soll dann auch die Minderung des Einlagekontos zu diesem Kurs erfolgen. (2) Das (fiktive) Einlagekonto wird in der ausländischen Währung geführt. Bei einer Ausschüttung wird dann der Kurs am diesem Tage zugrunde gelegt.

> **BEISPIEL:**[6] Im Jahre 01 wird eine Einlage i. H. v. 50 000 (Fremdwährung und Euro sind gleich) erbracht. Gewinn wird nicht erzielt. Zum 31.12.01 erfolgt eine fiktive Ermittlung des Einlagekontos. Inzwischen hat sich der Kurs so entwickelt, dass die ausländische Währung 0,8 Euro beträgt. Nach Lösung (1) würde dann das Einlagekonto mit 40 000 Euro ermittelt. Nach Lösung (2) wird das Einlagekonto in der Fremdwährung geführt. Es bliebe bis zum Ausschüttungszeitpunkt bei 50 000 Auslandswährung. Eine Umrechnung erfolgt nicht.
>
> Im Mai 02 erfolgt eine Ausschüttung i. H. v. 25 000 Auslandswährung. Inzwischen beträgt der Wechselkurs 0,7 Euro. Der Anteilseigner bezieht somit 17 500 Euro. Um diesen Betrag mindert Lösung (1) den Bestand des Einlagekontos (40 000), so dass 22 500 als Bestand verbleiben, die dann nach dem Wechselkurs am 31.12.02 umgerechnet würden. Nach Lösung (2) wird das Einlagekonto in der Fremdwährung geführt. Es beträgt daher 50 000 am Ausschüttungstag. Davon werden 25 000 ausgeschüttet, die in Euro umgerechnet werden (= 17 500). Das Konto hat dann einen Bestand von 25 000 Fremdwährung.

---

1 *Spilker/Perschke*, DStR 2011, 389; *Nordmeyer* in Schnitger/Fehrenbach, § 27 Rz. 184.
2 Ebenso Gosch/*Bauschatz* § 27 KStG Rz. 147; Kritik auch bei *Mayer-Theobald/Süß*, DStR 2017, 140 f.
3 *Werra/Teiche*, DB 2006, 1458; *Sievert/Sedemund/Seufer*, DB 2011, 1606; *Nordmeyer* in Schnitger/Fehrenbach, § 27 Rz. 186.
4 Ein Verwaltungserlass – so *Dötsch* in DPM, § 27 Rz. 269 – reicht nicht aus.
5 So *Nordmeyer* in Schnitger/Fehrenbach, § 27 Rz. 188; *Frotscher*/Maas, § 27 Rz. 120a.
6 In Anlehnung an *Nordmeyer* in Schnitger/Fehrenbach, § 27 Rz. 188.

Die Unterschiede zeigen sich erst, wenn man annimmt, dass der Wechselkurs zum 31.12.02 gleich bleibt. Lösung (1) würde dann ein Konto von 22 500 Euro feststellen (fiktiv), Lösung (2) von 25 000 Fremdwährung. Wird dieser Restbetrag in 03 ausgeschüttet und beträgt der Wechselkurs dann wieder 1:1, so führt Lösung (1) dazu, dass 25 000 Euro ausgeschüttet werden, das Einlagekonto aber nur 22 500 ausweist, so dass 2 500 steuerpflichtig sind. Nach Lösung (2) gleichen sich Ausschüttung und Bestand aus. Daher ist Lösung (2) richtig.

Nach § 27 Abs. 8 Satz 3 KStG wird an Stelle des Einlagekontos die **Einlagerückgewähr** als solche gesondert **festgestellt**.[1] Hierfür ist ein **Antrag** der ausländischen Körperschaft erforderlich. Ob die ausländische Gesellschaft diesen Antrag stellt, liegt in ihrem Belieben. Für ihre Entscheidung kommt es darauf an, in welchem Umfange inländische Gesellschafter beteiligt sind und ob sich angesichts der Kosten[2] des umständlichen Verfahrens ein Antrag rechnet. Der Antrag ist auf amtlich vorgeschriebenem **Vordruck** und bis zum Ende des **Kalenderjahres**, das auf das Kalenderjahr folgt, in dem die Leistung erbracht wird, zu stellen (§ 27 Abs. 8 Satz 4 KStG). Erfolgt beispielsweise die Ausschüttung in 2015, so ist der Antrag bis Ende 2016 zu stellen. Erfolgen in einem Jahr mehrere Ausschüttungen, so sind sie zusammenzufassen.[3] Bei abweichendem Wirtschaftsjahr der Körperschaft entscheidet wegen der entsprechenden Anwendung von § 27 Abs. 1 Satz 1 KStG gem. § 27 Abs. 8 Satz 2 KStG das Kalenderjahr. Dies kann zu einer Verkürzung der Frist führen.

267

BEISPIEL: Die EU-AG hat ein abweichendes Wirtschaftsjahr vom 1.4. bis 31.3. Im September nimmt sie eine Einlagenrückgewähr vor. Die Frist zur Antragstellung endet dann am 31.12. des Folgejahres und nicht erst das dem Ende des Wirtschaftsjahres nachfolgende Kalenderjahr.

Zuständig für die Feststellung ist nach § 20 Abs. 8 Satz 5 KStG die Finanzbehörde, die im Zeitpunkt der Abgabe des Antrages gem. § 20 AO zuständig ist. § 20 AO setzt aber eine Beziehung zum Inland voraus. Entweder Geschäftsleitung oder Sitz. Dann wäre Die Körperschaft aber unbeschränkt steuerpflichtig, § 27 Abs. 8 KStG folglich nicht anzuwenden. Nach § 20 Abs. 3 AO ist Vermögen im Inland erforderlich und nach § 20 Abs. 4 AO eine Tätigkeit oder deren Verwertung im Inland. Im Zweifel bestünde dann eine beschränkte Steuerpflicht. In der Regel ist daher gem. § 27 Abs. 8 Satz 6 KStG das Bundeszentralamt für Steuern zuständig.

268

Über die gesonderte Feststellung der Einlagenrückgewähr (vgl. → Rz. 267) ist ein **Bescheid** zu erstellen. Dies folgt auch aus § 179 Abs. 1 AO. Merkwürdigerweise verwendet das Gesetz jedoch den Begriff der Bescheinigung wie in § 27 Abs. 3 KStG, obwohl es sich um einen behördlichen Feststellungsbescheid handelt. Dass nach § 27 Abs. 8 Satz 8 KStG das **Aktenzeichen** der ausstellenden Behörde aufzunehmen. Welche Bedeutung dieses Erfordernis hat, erschließt sich nicht. Ohne ein solches Aktenzeichen ist der Bescheid nicht unwirksam,[4] da es um eine Ordnungsvorschrift handelt.

269

Anders als die Feststellung (vgl.→ Rz. 145 ff.) und Bescheinigung (vgl. → Rz. 181 ff.) bei unbeschränkt steuerpflichtigen Körperschaften ist der Feststellungsbescheid **notwendige Voraussetzung für die Steuerfreiheit** beim Anteilseigner. Gemäß § 27 Abs. 8 Satz 9 KStG sind Leistungen ohne gesonderte Feststellung (→ Rz. 267) fiktiv als Gewinnausschüttungen zu behandeln

270

---

1 Vgl. BMF, Schreiben v. 4.4.2016, BStBl 2016 I 268 mit einer Ausnahmeregelung für vor dem 1.1.2014 erbrachten Nennkapitalrückzahlungen; zu diesem Schreiben s. *Klepsch*, IStR 2016, 382.
2 Hierzu s. *Steinhäuser* in Lüdicke/Mössner/Hummel, FS Frotscher, S. 602 ff.
3 *Endert* in Frotscher/Drüen § 27 Rz. 293.
4 *Nordmeyer* in Schnitger/Fehrenbach, § 27 Rz. 196.

("gelten als"). Die Bindungswirkung erstreckt sich auch auf die Höhe der Feststellung ("soweit"). Die Frist gem. § 27 Abs. 8 Satz 4 KStG ist eine Ausschlussfrist, die nicht verlängert werden kann.[1] Da die **ausländische Körperschaft** den **Antrag** (→ Rz. 261) stellen muss, sollte der inländische Anteileigner einen entsprechenden Antrag initiieren.[2]

Das gesamte Verfahren ist gemeinschaftsrechtlich bedenklich.[3] Dass bei ausländischen Gesellschaften ein anderes Feststellungsverfahren als bei inländischen Gesellschaften vorgesehen ist, lässt sich zwar mit den tatsächlichen Besonderheiten rechtfertigen. Dass jedoch anders als bei Inlandsfällen (vgl. → Rz. 182) **keine andere Beweismöglichkeit** eröffnet ist, stellt einen Verstoß gegen die Kapitalverkehrsfreiheit dar.

271 Der Wortlaut von § 27 Abs. 8 KStG spricht von einer „Einlagenrückgewähr". Daraus ist geschlossen worden, dass § 28 KStG über die Nennkapitalrückgewähr nicht anwendbar sei.[4] Wegen des Verweises in Satz 2 von § 27 Abs. 8 KStG gelten die Grundsätze der §§ 28 und 29 KStG für die **Umwandlung von Rücklagen in Nennkapital und die Herabsetzung des Nennkapitals**, sowie die Veränderungen bei **Umwandlungen** entsprechend.[5] Nach der amtlichen Begründung gilt für den Fall der Zurückzahlung von Nennkapital, sofern dieses durch Umwandlung von Rücklagen entstanden ist, bei Stellung eines Antrages auf Feststellung einer Einlagenrückgewähr i. S. d. § 27 Abs. 8 Satz 3 KStG, § 7 Abs. 2 des Gesetzes über steuerrechtliche Maßnahmen bei Erhöhung des Nennkapitals aus Gesellschaftsmitteln (KapErhStG) nicht.[6] § 7 Abs. 2 KapErhStG bestimmt für den Fall der Erhöhung des Nennkapitals aus Gesellschaftsmitteln, dass in den Fällen der Kapitalherabsetzung und nachfolgender Auszahlung des Herabsetzungsbetrages § 27 Abs. 8 KStG vorgeht.[7]

272 Die Auslegung von § 27 Abs. 8 Satz 2 KStG bereitet hinsichtlich **der entsprechenden Anwendung von § 28 KStG Probleme**.[8] Einerseits soll die entsprechende Anwendung für die Ermittlung einer Leistung als Einlagenrückgewähr gelten.[9] Da § 28 Abs. 2 KStG Vorrang vor § 27 Abs. 1 KStG besitzt,[10] wäre § 28 Abs. 2 Satz 3 KStG anzuwenden, so dass eine Minderung des steuerlichen Einlagekontos ohne entsprechenden Antrag und Feststellung nach § 27 Abs. 8 Satz 4 f. KStG erfolgte. Dies entsprach bisheriger Praxis. Zum 16. 12. 2014 hat das BZSt auf seiner Website einen „Hinweis" veröffentlicht, dass das Antrags- und Feststellungsverfahren nach § 27 Abs. 8 KStG auch auf die **Nennkapitalrückzahlungen** nach entsprechender Herabsetzung bei ausländischen Kapitalgesellschaften nach § 28 Abs. 2 KStG anwendbar sei.[11] Dies soll auf einen Beschluss der Körperschaftsteuerreferenten zurückgehen. Für diese Ansicht spricht, dass nach § 28 Abs. 8 Satz 2 KStG eine Ermittlung entsprechend § 28 KStG erfolgt und nach § 27 Abs. 8 Satz 3 KStG der Betrag der Einlagenrückgewähr gesondert festzustellen ist. Damit wäre in die Feststellung einzubeziehen, dass ein Fall von § 28 Abs. 2 KStG gegeben ist. Eine

---

1 BMF, Schreiben v. 4.4.2016, BStBl 2016 I S. 468, Rz. 4.
2 *Steinhäuser*, Festschrift Frotscher S. 601.
3 Ebenso *Wionzek*, Ubg 2018, 519 ff.
4 Vgl. *Teiche*, DStR 2016, 716; *Behrens/Renner*, BB 2016, 1180; *Lepsch*, IStR 2016, 381; wie hier *Pohl*, IWB 2016, 554; *Sedemnund*, IStR 2016, 270; *Hageboke*, IStR 2010, 715; *Micker/L'habitant*, NWB 2018, 3905.
5 Ebenso BMF, Schreiben vom 4.4.2016, BStBl 2016 I 468.
6 Vgl. Art. 10 SEStEG – Gesetzentwurf des Deutschen Bundestages v. 25. 9. 2006 - BT-Drucks. 16/2710.
7 So jetzt auch BMF, Schreiben v. 4. 4. 2016 – IV C 2 – S 2836/08/10002, BStBl I 2016, 468; hierzu s. *Pohl*, IWB 2016, 553.
8 Siehe *Pohl*, IWB 2016, 557 f.
9 Darauf stellen Behrens/Renner BB 2016, 1180 ab.
10 BFH, Urteil v. 21. 10. 2014 - I R 31/13, BStBl 2016 II 411.
11 Ebenso *Hageböke* IStR 2010, 716 f.; Gosch/*Bauschatz* § 27 Rz. 142.

Übergangsregelung ist nicht vorgesehen, so dass auch Altfälle vor 2015 erfasst werden. Als Folge hätte ein entsprechender Antrag bis zum 31.12.2014 gestellt werden müssen. Angesichts der überraschenden und kurzfristigen Änderung der Verwaltungsauffassung haben die Steuerberaterkammer und die Wirtschaftsverbände eine Übergangsregelung angeregt. Diese ist durch Schreiben des BMF vom 4.4.2016[1] erfolgt. Danach kann für Nennkapitalrückzahlungen vor dem 1.1.2014 noch durch das zuständige Finanzamt eine „Qualifizierung" als nicht steuerbare Nennkapitalrückzahlung vorgenommen werden.Voraussetzung ist, dass im Ausland eine Herabsetzung des Nennkapitals erfolgt. Dies richtet sich nach den Vorschriften des betreffenden Staates und dürfte einfach festzustellen sein. Problematisch ist jedoch die Rechtslage, wenn zuvor eine Erhöhung des Nennkapitals aus Gesellschaftsmitteln erfolgt ist.

BEISPIEL: A ist an der italienischen Kapitalgesellschaft zu 100% beteiligt. Diese nimmt 2010 eine Erhöhung ihres Nennkapitals aus Gesellschaftsmitteln vor. 2017 wird das Nennkapital entsprechend formell herabgesetzt und der Betrag an A ausgeschüttet.[2]

§ 20 Abs. 1 Nr. 1 EStG erfasst nicht Nennkapitalrückzahlungen. § 20 Abs. 1 Nr. 2 Satz 2 EStG betrifft nur Bezüge aus einer Kapitalherabsetzung unbeschränkt steuerpflichtiger Körperschaften. § 7 Abs. 2 KapErhStG ist wegen Fristablaufs nicht einschlägig. Damit kommt es auf § 27 Abs. 8 Satz 9 KStG entscheidend an, ob eine Feststellung gem. § 27 Abs. 8 Satz 1 KStG erfolgt. Unterbleibt die Feststellung, so bezieht A steuerpflichtige Einnahmen nach § 20 Abs. 1 Nr. 1 EStG. Bei einer Feststellung muss geklärt werden, woraus die Kapitalerhöhung 2010 gespeist wurde.

Die Anwendung von § 27 Abs. 8 KStG auf Kapitalgesellschaften in sog. **Drittstaaten** war stittig und ist nun vom BFH geklärt (vgl. auch → Rz. 262), nachdem zunächst die Finanzgerichte hierzu entschieden haben.[3] Das FG Münster entschied in einem Fall, in dem eine deutsche Kapitalgesellschaft an einer US-amerikanischen Kapitalgesellschaft beteiligt ist und erhebliche Einlagen geleistet hatte. Es kam zu einer Ausschüttung, die als Kapitalrückgewähr gegenüber den US-Steuerbehörden erklärt wurde. Die deutsche Gesellschaft verrechnete die Ausschüttung gegen den Buchwert der Anteile. Das FG hat diese Handhabung bestätigt, wobei es offenlässt, ob dies bereits aus nationalem Recht oder aus einer geltungserhaltenden Reduktion wegen der Kapitalverkehrsfreiheit folgt. Unter Anwendung der Grundsätze des BFH-Urteils vom 20.10.2010[4], der unklaren Gesetzgebungsgeschichte und nach ausführlicher Auseinandersetzung mit den unterschiedlichen Meinungen in der Literatur kommt das FG zu dem Ergebnis, dass dann, wenn die ausländische Kapitalgesellschaft nachweislich über keine ausschüttungsfähigen Gewinne verfügt, eine Verrechnung einer Ausschüttung mit dem Buchwert der Anteile vorzunehmen ist. Für diese besondere Situation wird man dem FG Münster zustimmen müssen. Allerdings bleibt das Bedenken, auf das das FG hinweist, bestehen, dass eine Nicht-Anwendung von § 27 Abs. 8 KStG **Ausschüttungen** von Gesellschaften in **Drittstaaten günstiger** behandeln würde, weil es dann **keine Verwendungsreihenfolge**[5] gäbe. Das FG lässt aber erken-

---

1 IV C 2 – S 2836/08/10002 Rz. 4, BStBl 2016 I 468.
2 Beispiel nach *Pohl*, IWB 2016, 558.
3 FG Münster, Urteil v. 19.11.2015 - 9 K 1900/12 K, NWB OAAAF-72414 – keine Revision eingelegt; FG Nürnberg, Urteil v. 12.6.2013 - 5 K 1552/11, NWB OAAAE-44057, EFG 2014, 188; BFH 13.7.2016 - VIII R 47/13, NWB XAAAF-83719, DStR 2016, 2395; VIII R 73/13, NWB EAAAF-83721, IStR 2016, 897; s. auch *Niedermaier*, DStR 2017, 1011 ff.
4 I R 117/08, BFH/NV 2011, 669 = NWB QAAAD-61762.
5 Hierzu und zu weiteren günstigeren Folgen vgl. *Niedermaier*, DStR 2017, 1013.

nen, dass aus Gründen der Kapitalverkehrsfrage für diesen Fall eine Anpassung des § 27 Abs. 8 KStG gefordert ist.

Die BFH-Entscheidung ist doppelt interessant, weil es sich um einen sog. „Spin-off" nach amerikanischem Recht handelt.Dies sind Fälle, in denen eine Kapitalgesellschaft Anteile an einer weiteren Kapitalgesellschaft hält und diese im Wege der Sachausschüttung an ihre eigenen Anteilseigner ausschüttet. Damit handelt es sich um einen Fall des § 20 Abs. 4a Satz 7 EStG. Auch ist § 7 Abs. 2 KapErhG betroffen.[1] Eine Einlagenrückgewähr kann darin liegen, wenn die angesammelten Jahresüberschüsse (earnings and profits) nicht für die Ausschüttung ausreichen. Dabei kommt es nicht auf die Behandlung des spin-offs im amerikanischen Steuerrecht (sec. 355 IRC) an, sondern „auf eine rechtsvergleichend Qualifizierung der ausländischen Einkünfte nach deutschem Recht" (VIII R 73/13). Diese Zuteilung der Anteile kann auch Kapitaleinkünfte gem. § 20 Abs. 1 Nr. 1 Satz 1 EStG in Form einer Sachausschüttung darstellen.

274 Mehrere Finanzgerichte[2] hatten über Sachverhalte zu entscheiden, in denen Inländer an EU-Körperschaften beteiligt waren und diese die Stellung des Antrages → Rz. 261) versäumt oder verspätet gestellt hatten. In der **Schlechterstellung von EU-Tochtergesellschaften** gegenüber Tochtergesellschaften in Drittländern sahen die inländischen Beteiligten eine Rechtswidrigkeit. Die Gerichte sind ihnen nicht gefolgt, da es ausreichende Rechtfertigungsgründe für das (umständliche) Verfahren bei EU-Tochtergesellschaften und für die Nichtanwendung dieses Verfahrens gegenüber Drittstaaten gäbe.

Ungeklärt ist noch, ob abweichend von der Rechtslage bei Einlagenrückgewähr seitens inländischer Körperschaften bei ausländischen Körperschaften der inländische Anteilseigner durch die Ablehnung eines Antrages gem. § 27 Abs. 8 Satz 4 KStG beschwert ist und folglich eigenständig den Rechtsweg beschreiten kann.[3] Der Inländer ist zwar betroffen, aber nicht rechtlich beschwert. Würde er und nicht die ausländische Körperschaft den Rechtsweg beschreiten, würde dies zu prozessualen Problemen führen, da ihm gegenüber kein Bescheid ergangen ist. Wenn die Finanzverwaltung[4] es zulässt, dass der Inländer im Verfahren Nachweise von den Anteilseignern erbringen, so ist dies eine Sondersituation. Zum Kläger wird er dadurch nicht.

§ 28 Umwandlung von Rücklagen in Nennkapital und Herabsetzung des Nennkapitals

(1) [1]Wird das Nennkapital durch Umwandlung von Rücklagen erhöht, so gilt der positive Bestand des steuerlichen Einlagekontos als vor den sonstigen Rücklagen umgewandelt. [2]Maßgeblich ist dabei der sich vor Anwendung des Satzes 1 ergebende Bestand des steuerlichen Einlagekontos zum Schluss des Wirtschaftsjahrs der Rücklagenumwandlung. [3]Enthält das Nennkapital auch Beträge, die ihm durch Umwandlung von sonstigen Rücklagen mit Ausnahme von aus Einlagen der Anteilseigner stammenden Beträgen zugeführt worden sind, so sind diese Teile des Nennkapitals getrennt auszuweisen und gesondert festzustellen (Sonderausweis). [4]§ 27 Abs. 2 gilt entsprechend.

---

1 Vgl. *Pohl*, IWB 2016, 844 f.
2 FG München, Urteil vom 22.11.2016 - 6 K 2548/14, NWB XAAAG-35955; FG Köln, Urteil v. 15.2.2017 - 2 K 803/13, NWB XAAAG-43854; FG Köln, Urteil v. 17.5.2017 - 2 K 2310/13, NWB ZAAAG-53556; Hessisches FG, Urteil v. 25.9.2017 - 3 K 737/15, NWB AAAAG-69229; hierzu s. die Darstellung von *Micker/L'habitant*, NWB 2018, 3091.
3 Bejahend *Micker/L'habitant*, NWB 2018, 3111; *Steinhäuser*, Festschrift Frotscher S. 610.
4 BMF, Schreiben vom 4.4.2016, BStBl 2016 I S. 468.

Umwandlung von Rücklagen in Nennkapital und Herabsetzung des Nennkapitals § 28 KStG

(2) ¹Im Fall der Herabsetzung des Nennkapitals oder der Auflösung der Körperschaft wird zunächst der Sonderausweis zum Schluss des vorangegangenen Wirtschaftsjahrs gemindert; ein übersteigender Betrag ist dem steuerlichen Einlagekonto gutzuschreiben, soweit die Einlage in das Nennkapital geleistet ist. ²Die Rückzahlung des Nennkapitals gilt, soweit der Sonderausweis zu mindern ist, als Gewinnausschüttung, die beim Anteilseigner zu Bezügen im Sinne des § 20 Abs. 1 Nr. 2 des Einkommensteuergesetzes führt. ³Ein den Sonderausweis übersteigender Betrag ist vom positiven Bestand des steuerlichen Einlagekontos abzuziehen. ⁴Soweit der positive Bestand des steuerlichen Einlagekontos für den Abzug nach Satz 3 nicht ausreicht, gilt die Rückzahlung des Nennkapitals ebenfalls als Gewinnausschüttung, die beim Anteilseigner zu Bezügen im Sinne des § 20 Abs. 1 Nr. 2 des Einkommensteuergesetzes führt.

(3) Ein Sonderausweis zum Schluss des Wirtschaftsjahrs vermindert sich um den positiven Bestand des steuerlichen Einlagekontos zu diesem Stichtag; der Bestand des steuerlichen Einlagekontos vermindert sich entsprechend.

Inhaltsübersicht

	Rz.
A. Allgemeines zu § 28 KStG	1 - 35
I. Gesetzeszweck des § 28 KStG	1 - 10
II. Rechtsentwicklung des § 28 KStG	11 - 20
III. Verhältnis des § 28 KStG zu anderen Vorschriften	21 - 35
B. Erhöhung des Nennkapitals durch Umwandlung von Rücklagen (§ 28 Abs. 1 KStG)	36 - 78
I. Gesellschaftsrechtliche Voraussetzungen	36 - 44
II. Vorrangige Verwendung des steuerlichen Einlagekontos für die Kapitalerhöhung aus Rücklagen – (§ 28 Abs. 1 Satz 1 KStG)	45 - 54
1. Anwendungsbereich	45 - 46
2. Verwendungsreihenfolge	47 - 50
3. Verwendungsreihenfolge bis 31. 12. 2018	51 - 54
III. Maßgeblicher Bestand des steuerlichen Einlagekontos (§ 28 Abs. 1 Satz 2 KStG)	55 - 59
IV. Sonderausweis bei Kapitalerhöhung aus sonstigen Rücklagen (§ 28 Abs. 1 Satz 3 KStG)	60 - 69
V. Gesonderte Feststellung des Sonderausweises, Erklärungspflicht (§ 28 Abs. 1 Satz 4 KStG)	70 - 78
C. Herabsetzung des Nennkapitals; Auflösung der Körperschaft (§ 28 Abs. 2 KStG)	79 - 119
I. Gesellschaftsrechtliche Grundlagen	80 - 94
1. Kapitalherabsetzung	80 - 89
2. Liquidation	90
3. Anwendung auf ausländische Körperschaften	91 - 94
II. Auswirkungen der Kapitalherabsetzung	95 - 104
III. Die Rückzahlung des Nennkapitals	105 - 119
1. Verwendung des Sonderausweis (§ 28 Abs. 2 Satz 2 KStG)	105 - 109
2. Verwendung des Einlagekontos (§ 28 Abs. 2 Satz 3 KStG)	110 - 114
3. Ausschüttung, die das Einlagekonto übersteigt (§ 28 Abs. 2 Satz 4 KStG)	115 - 116
4. Bindungswirkung	117 - 119
D. Verringerung des Sonderausweises durch positive Bestände des steuerlichen Einlagekontos (§ 28 Abs. 3 KStG)	120 - 129

A. Allgemeines zu § 28 KStG

LITERATURHINWEISE:

siehe auch Literaturhinweise zu § 27; *Förster/van Lishaut*, Das körperschaftsteuerliche Eigenkapital i. S. d. §§ 27 – 29 KStG, FR 2002, 1205; *Franz*, Das steuerliche Einlagekonto- Anmerkungen zum BMF-Schreiben v. 4.6.2003 zur Anwendung von § 27, § 28 KStG 2002, GmbHR 2003, 818; *Ott*, Einlagenrückgewähr GmbHR 2014, 673; *Ursprung-Steindl*, Die Kapitalerhöhung im Ertragsteuerrecht (Schriften zum österreichischen Abgabenrecht, 76), Wien 2016.

I. Gesetzeszweck des § 28 KStG

1 § 28 KStG enthält zwei Regelungsbereiche. Zum einen geht es um die Fragen, die sich bei einer **Erhöhung des Nennkapitals** durch Umwandlung von Rücklagen stellen, und zum anderen geht es um die steuerlichen Folgen einer **Herabsetzung** des Nennkapitals oder um die Folgen einen **Auflösung** der Körperschaft. Eine Erhöhung des Nennkapitals kann

- ▶ durch **Einlagen** der Gesellschafter erfolgen (§§ 182 bis 191 AktG, §§ 55 bis 57b GmbHG) oder

- ▶ aus **Gesellschaftsmitteln** (§§ 207 bis 220 AktG, §§ 57c bis 57o GmbHG) durch Umwandlung von Rücklagen. Als Rücklagen können hierbei die Kapitalrücklage (§ 272 HGB) und Gewinnrücklagen (§ § 266 Abs. 3 HGB) oder sonstige Rücklagen verwendet werden. Aufgabe von **§ 28 Abs. 1** KStG ist es, eine „Umqualifikation" zu verhindern, bei der eine Gewinnrücklage zur Umwandlung in Nennkapital verwendet wird und durch Herabsetzung des Nennkapitals zu einer Ausschüttung führt, die nach § 20 Abs. 1 Nr. 1 Satz 3 EStG beim Gesellschafter zu steuerfreien Einnahmen führt (vgl. Beispiel → Rz. 110). Insgesamt dient § 28 KStG der zutreffenden steuerlichen Behandlung einer Rückzahlung von Nennkapital nach dessen Herabsetzung.

§ 28 KStG regelt ausschließlich die **Nennkapitalerhöhung aus Gesellschaftsmitteln**.

2 Mit den beiden Regelungsbereichen hat das Gesetz vor allem die Absicht, die Lage vor der Umwandlung der Rücklagen „festzuhalten" und nach einer Kapitalherabsetzung „wiederherzustellen". Da nur Ausschüttungen, für die das steuerliche Einlagekonto als verwendet gilt, beim Empfänger steuerfrei sind oder zur Minderung der Anschaffungskosten führen (vgl. *Mössner* in Mössner/Seeger/Oellerich, KStG, § 27 Rz. 4), will das Gesetz sicherstellen, dass nach einer Kapitalherabsetzung **dieselben Rechtsfolgen** bei einer Ausschüttung eintreten wie vor der Kapitalherabsetzung.[1] Um eine „Umqualifkation" durch Umwandlung und abschließender Kapitalherabsetzung zu verhindern, sieht § 28 Abs. 1 Satz 3 KStG vor, dass, soweit nicht das Einlagekonto zur Nennkapitalerhöhung verwendet wird, ein **Sonderausweis** erfolgt und festgestellt wird. Somit gilt die **prinzipielle Regel**: Aus dem Einlagekonto in (normales) Nennkapital, aus anderen Gesellschaftsmitteln in den Sonderausweis.

3 Wird das **Nennkapital herabgesetzt**, wird nach § 28 Abs. 2 KStG zunächst ein etwaiger Sonderausweis gemindert und ein den Sonderausweis übersteigender Betrag dem steuerlichen Einlagekonto gutgeschrieben. Die Minderung des Sonderausweises führt zu ausschüttbarem Gewinn (§ 27 Abs. 1 Satz 5 KStG). Erfolgt eine Rückzahlung des Nennkapitals nach der Herabsetzung, so gilt zunächst der aus dem Sonderausweis stammende Betrag als verwendet (**Verwendungsreihefolge**), der zu einer Gewinnausschüttung führt. Satz 3 ordnet an, dass ein den Son-

---

[1] So auch *Endert* in Frotscher/Drüen, § 28 Rz. 1; *Dötsch* in DPM, § 28 Rz. 3.

derausweis übersteigender Betrag einer Ausschüttung vom positiven Bestand des Einlagekontos abzuziehen ist. Das Gesetz verfährt demnach so, dass die sonstigen Rücklagen nach dem steuerlichen Einlagekonto bei einer Kapitalerhöhung als verwendet gelten und somit nachrangig zum Sonderausweis führen, dass andererseits bei einer Herabsetzung der Sonderausweis vorrangig benutzt wird. Im Ergebnis strebt das Gesetz damit an, dass eine Kapitalerhöhung primär aus Gesellschaftereinlagen gespeist wird. Von diesem Gedanken ist auch § 28 Abs. 3 KStG getragen. Wird hingegen bei einer Kapitalherabsetzung das steuerliche Einlagekonto „gefüllt" und danach eine Ausschüttung vorgenommen (Rückzahlung der Kapitalherabsetzung) (vgl. → Rz. 110), so schreibt § 27 Abs. 1 Satz 3 KStG für diesen Fall einen **Direktzugriff** auf das Einlagekonto unter Ausnahme von § 27 Abs. 1 Satz 3 KStG (vgl. *Mössner* in Mössner/Seeger/Oellerich, KStG, § 27 Rz. 101 ff.) vor. Dies kann zu Gestaltungen verwendet werden (vgl. → Rz. 110).

Schließlich sieht **§ 28 Abs. 3 KStG** vor, dass der Sonderausweis zum Schluss des Wirtschaftsjahres sich um den positiven Bestand des steuerlichen Einlagekontos mindert. Dadurch wird erreicht, dass das Nennkapital soweit wie möglich aus Eigenkapital besteht.

Im Einzelnen enthält § 28 KStG folgende Regelungen:

Abs. 1 behandelt die Nennkapitalerhöhung aus Gesellschaftsmitteln durch Umwandlung von Rücklagen. **Satz 1** schreibt die Verwendungsreihenfolge vor, dass hierfür vorrangig der positive Bestand des steuerlichen Einlagekontos zu verwenden ist. Nach **Satz 2** ist der Bestand zum Schluss des vorangegangenen Wirtschaftsjahres maßgebend. **Satz 3** betrifft die Umwandlung sonstiger Rücklagen in Nennkapital und die Bildung des Sonderausweises, für den **Satz 4** ein Feststellungsverfahren vorschreibt.

Abs. 2 legt das steuerliche Verfahren der Herabsetzung von Nennkapital fest. **Satz 1** enthält seinerseits eine Verwendungsreihenfolge, dass vorrangig der Sonderausweis gemindert wird und ein übersteigender Betrag dem steuerlichen Einlagekonto gutzuschreiben ist. **Satz 2** und **Satz 3** regeln eine Ausschüttung der Gesellschaft nach der Nennkapitalherabsetzung. Nach **Satz 4** führt eine Ausschüttung, die den positiven Bestandes des Einlagekontos übersteigt, zu einer Gewinnausschüttung.

Abs. 3 ordnet eine Umgliederung des Sonderausweises zum Schluss eines jeden Wirtschaftsjahres an, soweit ein positiver Bestand auf dem steuerlichen Einlagekonto vorhanden ist.

(Einstweilen frei)

II. Rechtsentwicklung des § 28 KStG

Mit dem Übergang vom seit 1977 geltenden Anrechnungsverfahren zum Halbeinkünfteverfahren durch das **StSenkG** vom 23. 10. 2000[1] bedurfte es einer Gliederung des verwendbaren Eigenkapitals nicht mehr, so dass die bisherigen Vorschriften des Vierten Teils des KStG (§§ 27 bis 47 KStG a. F.) ersatzlos gestrichen wurden. Zur Regelung des Problems der Einlagenrückgewähr schuf der Gesetzgeber die §§ 27 bis 29 KStG. **§ 28 KStG** wurde in das Gesetz mit einem vollständig neuen Regelungsinhalt ohne Vorgängerregelung **eingefügt**. Allerdings war die Gesetzesfassung misslungen.[2]

---

[1] BGBl 2001 I 3858; BStBl I 2002 35.
[2] *Endert* in Frotscher/Drüen § 28 Rz. 5: „nicht praktikabel"; Dötsch DPM, § 28 Rz. 1: Unzulänglichkeiten.

12 § 28 KStG wurde durch das **UntStFG** vom 20. 12. 2001 völlig neu gefasst, um auf die Kritik an der Gesetzesfassung zu reagieren.[1] Diese Fassung ist nach § 34 Abs. 2a KStG i. d. F. des UntStFG i. V. m. § 34 Abs. 1 KStG i. d. F. des StSenkG rückwirkend erstmals im VZ 2001 anwendbar. Bei abweichendem Wirtschaftsjahr ist § 28 KStG gem. § 34 Abs. 2 i. d. F. des UntStFG erstmals im VZ 2002 anzuwenden, wenn das erste im VZ 2002 endende Wirtschaftsjahr vor dem 1. 1. 2002 beginnt. Der § 28 KStG i. d. F. des StSenkG ist somit niemals zur Anwendung gekommen.

13 Im **EURLUmsG** blieb die Vorschrift unverändert.[2]

14 Das **SEStEG** führt zu einer Änderung des § 28 Abs. 2 KStG, mit der vor allem verhindert wird, dass das steuerliche Einlagekonto negativ wird.[3] Außerdem wurde Satz 4 angefügt. Im Übrigen erfolgten sprachliche Änderungen.

15 Im **JStG 2008**[4] blieb § 28 KStG unverändert, nur in § 27 Abs. 1 Satz 3 KStG erfolgte eine redaktionelle Ergänzung um den Verweis auf „§ 28 Abs. 2 Satz 2 und 3".

16–20 *(Einstweilen frei)*

III. Verhältnis des § 28 KStG zu anderen Vorschriften

21 § 28 KStG steht im Zusammenhang mit den §§ 27 und 29 KStG.

- § 27 KStG enthält die Grundregeln für das steuerliche Einlagekonto und ist für § 28 KStG von Bedeutung:
  - Für das **Verfahren** zur Feststellung des Sonderausweises ist § 27 Abs. 2 KStG entsprechend anwendbar (§ 28 Abs. 1 Satz 4 KStG).
  - § 28 KStG gilt bei der Einlagenrückgewähr durch Körperschaften oder Personenvereinigungen entsprechend, die in einem anderen **Mitgliedstaat** der **EU** unbeschränkt steuerpflichtig sind (§ 27 Abs. 8 Satz 2 KStG).
  - § 28 Abs. 2 Satz 2 KStG normiert als Ausnahme zu § 27 Abs. 1 Satz 3 KStG einen **Direktzugriff** auf das steuerliche Einlagekonto.
- Nach **§ 29 Abs. 1 KStG** gilt das Nennkapital der übertragenden Körperschaft in Umwandlungsfällen als in vollem Umfang nach § 28 Abs. 2 Satz 1 KStG herabgesetzt.
- Nach **§ 29 Abs. 4 KStG** ist für die umwandlungsbedingte Erhöhung des Nennkapitals § 28 Abs. 1 und Abs. 3 KStG entsprechend anwendbar.

22 **§§ 37 – 39** enthalten Regeln zur Bewältigung des Systemwechsels vom Anrechnungs- zum Halbeinkünfteverfahren für eine 15-jährige Übergangszeit bis 31. 12. 2018. (vgl. die Kommentierung zu §§ 37 bis 39).

23 Nach **§ 39 Abs. 2 KStG** i. d. F. des UntStFG ist der nach § 47 Abs. 1 Satz 1 Nr. 2 KStG 1999 zuletzt festgestellte Betrag als Anfangsbestand in die Feststellung des Sonderausweises nach § 28 Abs. 1 Satz 3 KStG n. F. einzubeziehen.

24 **§ 20 Abs. 1 Nr. 1 Satz 3 und Nr. 2 EStG** korrespondieren zu § 28 Abs. 2 Satz 2 KStG auf der Seite der Anteilseigner, indem Bezüge, die aus einer Kapitalherabsetzung oder Auflösung resultieren, entweder steuerfrei sind, soweit sie aus der Verringerung des Einlagekontos stammen,

---

[1] Vgl. *Dötsch/Pung*, DB 2000, Beilage 10.
[2] Vgl. *Dötsch/Pung*, DB 2005, 10, 13; EURLUmsG, BStBl 2004 I 1158, 1164.
[3] Dies ist eine konstitutive Neuregelung, die erst mit dem SEStEG in Kraft tritt, *Antweiler* in Bott/Walter, § 28 Rz. 21.1.
[4] BGBl 2007 I 3150 ff.

oder steuerpflichtige Einnahmen aus Kapitalvermögen sind, sofern der Sonderausweis (vgl. § 28 Abs. 2 KStG) zu mindern ist.

KapErhStG: Da durch die Erhöhung des Nennkapitals neue Anteile entstehen (vgl. → Rz. 40), ist zu regeln, wie sich dies beim Anteilseigner auswirkt. Diesem Zweck dient das KapErhStG, das den Vorgang als steuerneutral regelt.

(Einstweilen frei)

B. Erhöhung des Nennkapitals durch Umwandlung von Rücklagen (§ 28 Abs. 1 KStG)

I. Gesellschaftsrechtliche Voraussetzungen

Mit dem Begriff der Kapitalerhöhung durch Umwandlung von Rücklagen in Nennkapital knüpft das Steuerrecht an Gesellschaftsrecht an. Dieses spricht von **Kapitalerhöhung aus Gesellschaftsmitteln** (§§ 207 bis 220 AktG, §§ 57c bis 57o GmbHG). Die gesetzlichen Regelungen ähneln einander. Sie behandeln die Kapitalerhöhung von der Verwendung von Gewinn- und Kapitalrücklage bis zur Eintragung ins Handelsregister und der Ausgabe der neuen Anteile/Aktien. Die Kapitalerhöhung bedeutet eine Satzungsänderung mit allen Folgen. Das Vermögen der Gesellschaft erhöht sich durch die Kapitalerhöhung nicht. Grundlage muss eine testierte, nicht älter als acht Monate alte Bilanz sein, die die entsprechenden Rücklagen ausweist. Wirksam wird die Kapitalerhöhung mit der **Registereintragung**, die somit auch Voraussetzung für die Anwendung von § 28 KStG ist. Somit erfolgt steuerlich die Umwandlung in dem Wirtschaftsjahr der Registereintragung.

Umgewandelt werden können die **Kapitalrücklage**, die **Gewinnrücklage und u.U.** das **Jahresergebnis**, soweit es im letzten Beschluss über die Verwendung des Jahresergebnisses als Zuführung zu diesen Rücklagen ausgewiesen ist (§ 57d Abs. 1 GmbHG, § 208 AktG).[1] Die Erhöhung des gezeichneten Kapitals kann erst beschlossen werden, nachdem der Jahresabschluss für das letzte vor der Beschlussfassung über die Kapitalerhöhung abgelaufenen Wj. festgestellt wurde (§ 57c GmbHG, § 207 AktG). **Sonderposten mit Rücklagenanteil** können nicht in Nennkapital umgewandelt werden.[2]

Handelsrechtlich gibt es im Gegensatz zum Steuerrecht (vgl. → Rz. 47) **keine** vorgeschriebene **Verwendungsreihenfolge** zur Inanspruchnahme der Rücklagen. Die Gesellschafterversammlung kann daher bestimmen, welche der Rücklagen und in welcher Höhe zur Umwandlung in Anspruch genommen wird.[3] Dies kann im Ergebnis zu einem erheblichen Auseinanderfallen von Handelsrecht und Steuerrecht führen. § 28 KStG betrifft nur die sog. **nominelle Kapitalerhöhung** (s. → Rz. 1) aus Gesellschaftsmitteln, nicht die sog. effektive Kapitalerhöhung durch Einlagen der Gesellschafter.

Die Kapitalerhöhung muss **unter Beachtung der handelsrechtlichen Vorschriften** wirksam[4] erfolgt sein. Mit der Eintragung des Beschlusses über die Erhöhung des Nennkapitals in das Handelsregister wird die Kapitalerhöhung wirksam (§ 211 AktG, § 57c Abs. 4 i.V.m. § 54 GmbHG).

---

1 Ebenso *Dötsch* in DPM, § 28 Rz. 11.
2 *Dötsch* in DPM, § 28 Rz. 11.
3 *Endert* in Frotscher/Drüen, § 28 Rz. 9.
4 *Endert* in Frotscher/Drüen, § 28 Rz. 4.

Eine Verletzung handelsrechtlicher Vorschriften wird durch die Eintragung in das Handelsregister geheilt.[1]

40 Durch die Nennkapitalerhöhung entstehen **neue Anteile**, die den Gesellschaftern im Verhältnis ihrer Anteile zustehen (vgl. § 212 AktG, § 57j GmbHG). Deren Anschaffungskosten bemessen sich nach § 3 KapErhStG.[2] Danach werden die Anschaffungskosten für die Alt-Anteile nach den Nennwerten auf die Alt- und Neu-Anteile verteilt. Gemäß § 1 KapErhStG führt die Aushändigung der neuen Anteile nicht zu Einkünften i. S. v. § 2 EStG.

> **BEISPIEL:** Aktionär A hält 1 000 Aktien an der X AG. Seine Anschaffungskosten betragen 20 pro Aktie. Die X AG wandelt Rücklagen um und begibt neue Aktien im Verhältnis 1:1. A hält nun 2.000 Aktien zu Anschaffungskosten von 10 pro Aktie.

41 Eine wirksame Umwandlung von Rücklagen in Nennkapital erfolgt **uno actu**, d. h. in einem einheitlichen Vorgang. Erfolgt die Kapitalerhöhung aus Gesellschaftsmitteln durch Verwendung von Gewinnrücklagen, wurde früher die **Doppelakttheorie**[3] vertreten. Es wurde zunächst eine Ausschüttung des Gewinns angenommen, die beim Anteilseigner zu versteuern war, und sodann wurde eine Wiedereinlage unterstellt. Im Ergebnis musste daher die Gesellschaft Kapitalertragsteuer abführen und konnte nur den verbleibenden Nettobetrag für die Umwandlung verwenden. Diese Vorgehensweise wird in Österreich angewandt und dort kritisiert, weil Steuern ohne Ausschüttung bei den Anteilseignern anfallen und deren Anschaffungskosten erhöht werden.[4]

42 Werden die Vorschriften über die Kapitalerhöhung nicht beachtet, so liegt **keine wirksame Kapitalerhöhung** vor.[5] § 28 KStG ist dann nicht anwendbar.[6] An sich wäre dann die **Doppelakttheorie** anzuwenden. Da aber mit der Eintragung die Kapitalerhöhung auch bei Fehlerhaftigkeit ihrer Beschlussfassung wirksam wird,[7] ist dann § 28 KStG anzuwenden. Wird die Kapitalerhöhung aufgrund einer Anfechtungsklage eines Anteilseigners für nichtig erklärt, sind die steuerlichen Feststellung nach § 175 Abs. 1 Nr. 2 AO zu ändern – vorausgesetzt dies ist noch möglich.

43–44 *(Einstweilen frei)*

---

[1] BFH, Urteile v. 10. 10. 1973 - I R 18/72, BStBl 1974 II 32 und v. 27. 3. 1979 - VIII R 147/76, BStBl 1979 II 560.
[2] Gesetz über steuerrechtliche Maßnahmen bei Erhöhung des Nennkapitals aus Gesellschaftsmitteln v. 10. 10. 1967, BStBl 1967 I 977 zuletzt geändert durch SEStEG, BGBl 2006 I 2782.
[3] Vgl. BFH, Urteile v. 17. 9. 1957 - I 165/54 S, BStBl 1957 III 401; v. 10. 10. 1973 - I R 18/72, BStBl 1974 II 32; vgl. auch Gosch/*Bauschatz*, KStG, § 28 Rz. 16; *Dötsch* in DPM, § 28 Rz. 13.
[4] *Ursprung-Steindl*, Kapitalerhöhung, S. 332 ff. (342).
[5] BFH, Urteil 27. 3. 1979 - VIII R 147/76, BStBl 1979 II 560.
[6] *Nitzschke* in Schnitger/Fehrenbach, § 28 Rz. 22; *Endert* in Frotscher/Drüen, § 28 Rz. 2; *Dötsch* in DPM, § 28 Rz. 13.
[7] Gosch/*Bauschatz*, § 28 Rz. 24 m. w. N.

II. Vorrangige Verwendung des steuerlichen Einlagekontos für die Kapitalerhöhung aus Rücklagen – (§ 28 Abs. 1 Satz 1 KStG)

1. Anwendungsbereich

Subjektiver Anwendungsbereich – Wie § 27 (s. *Mössner* in Mössner/Seeger/Oellerich, KStG, § 27 Rz. 41) gilt § 28 KStG nur für **unbeschränkt steuerpflichtige**[1] Körperschaften. § 28 KStG kann aber nur dann zur Anwendung kommen, wenn die Körperschaft über ein Nennkapital verfügt.[2] Dies trifft auf die Kapitalgesellschaften i.S.v. § 1 Nr. 1 KStG zu (vgl. *Oellerich* in Mössner/Seeger/Oellerich, KStG, § 1 Rz. 26 ff.), die über ein Grund- oder Stammkapital verfügen. Genossenschaften haben Geschäftsguthaben, die wie Nennkapital wirken.[3] Bei Betrieben gewerblicher Art von Körperschaften des öffentlichen Rechts kommt es darauf an, ob sie als Regiebetrieb[4] oder Eigenbetrieb geführt werden. Letztere können, wenn dies nach Landesrecht vorgesehen ist, über ein dem Nennkapital vergleichbares Kapital verfügen. Dann ist § 28 KStG anwendbar. Der von *Endert*[5] befürworteten Ausdehnung auf **ausländische** Körperschaften ist nicht zuzustimmen[6], da für diese deutsches Steuerrecht nicht gilt.

45

Objektiver Anwendungsbereich – Der Gesetzeswortlaut ist eindeutig, dass die Vorschrift nur bei der **Umwandlung von Rücklagen** in Nennkapital anzuwenden ist (sog. **nominelle Kapitalerhöhung**).[7] Die Vorschrift ist insgesamt darauf angelegt, die Folgen zu regeln, wenn bei einer Körperschaft („freies") Eigenkapital in („gebundenes") Nennkapital umgegliedert wird. Mit dem KapErhStG, das die Auswirkungen eines solchen Vorganges bei den Anteilseignern regelt, bildet § 28 KStG eine Einheit. Davon zu unterscheiden ist die Nennkapitalerhöhung durch Zuführung von neuem Eigenkapital durch Einlagen der Alt- oder Neugesellschafter (sog. **effektive Kapitalerhöhung**). § 28 KStG ist darauf **nicht anwendbar**. Gemeinsam ist beiden Formen allerdings, dass das Nennkapital erhöht wird, dies mit der Eintragung erst wirksam wird und neue Anteile ausgegeben werden.

46

2. Verwendungsreihenfolge

§ 28 Abs. 1 Satz 1 KStG verwirklicht das Prinzip, dass **vorrangig** eine Nennkapitalerhöhung aus den vorhandenen Einlagen, wie sie sich aus dem **Einlagekonto** nach § 27 KStG ergeben, gespeist werden soll (s. § 28 Abs. 3 KStG, der den gleichen Gedanken verwirklicht → Rz. 120). Deshalb wird im Wege einer **Verwendungsfiktion** angeordnet, dass der positive Bestand des steuerlichen Einlagekontos als vor den sonstigen Rücklagen als umgewandelt gilt. Der Gesetzgeber zielt damit vermutlich auf die Situation bei einer Rückzahlung von Nennkapital bzw. bei einer Liquidation ab. Dann soll die Rückzahlung von Nennkapital möglichst eine Einlagenrückgewähr sein. Notwendig ist dies aber nicht, da über den Sonderausweis (vgl. → Rz. 60) eine

47

---

1 Die Geltung für ausländische Körperschaften ist problematisch, da diese weder deutschem Gesellschaftsrecht, noch deutschem Steuerrecht unterliegen. Anwendbar ist nur § 27 Abs. 8 KStG. In dessen Rahmen kann dann auch eine Rückzahlung von Nennkapital erfolgen. Ein Sonderausweis ist bei diesen Körperschaften nicht festzustellen; a.A. möglicherweise *Endert* in Frotscher/Drüen, § 28 Rz. 24a, der sich für eine weite entsprechende Anwendung ausspricht.
2 Allg. Ansicht s. Gosch/*Bauschatz*, § 28 Rz. 18; *Nitzschke* in Schnitger/Fehrenbach, § 28 Rz. 10; *Endert* in Frotscher/Drüen, § 28 Rz. 8; *Dötsch* in DPM, § 28 Rz. 8.
3 *Oellerich* in Blümich, KStG, § 28 Rz. 3; BMF, Schreiben v. 4.6.2003, BStBl 2003 I 366 Rz. 19.
4 Siehe BMF, Schreiben v. 9.8.2005, NWB DAAAB-58645, DB 2005, 1953, ebenso Gosch/*Bauschatz*, § 28 Rz. 18a.
5 *Endert* in Frotscher/Drüen, § 28 Rz. 8.
6 Ebenso *Dötsch*, in DPM, § 28 Rz. 8a.
7 *Nitzschke* in Schnitger/Fehrenbach, § 28 Rz. 20.

klare Zuordnung von Gewinnausschüttung und Einlagenrückgewähr möglich ist. Weist das steuerliche Einlagekonto (§ 27 KStG) keinen positiven Bestand aus, so kann dieser auch nicht verwendet werden.

48 Während es handelsrechtlich keinen Unterschied macht, welche Rücklage zur Umwandlung verwendet wird, muss steuerlich das Besteuerungssystem, wie es vor der Umwandlung bestanden hat, beibehalten werden, um bei einer Rückzahlung des Nennkapitals – sei es nach dessen Herabsetzung, sei es bei einer Liquidation der Körperschaft – zutreffende Besteuerungsfolgen ziehen zu können. Dem dient die Verwendungsreihenfolge (vgl. → Rz. 47) und der Sonderausweis (vgl. → Rz. 60 ff.). Da nur Ausschüttungen aus dem Einlagekonto beim Anteilseigner nach § 20 Abs. 1 Satz 3 EStG steuerfrei sind bzw. zur Minderung von Anschaffungskosten führen, reicht es, steuerlich darauf abzustellen. § 28 KStG setzt damit das Prinzip des § 27 KStG fort, dass bei Ausschüttungen primär Kapital als verwendet gilt, dass zu steuerbaren Einkünften beim Anteilseigner führt.

49 Nach der **Verwendungsreihenfolge** des § 28 Abs. 1 Satz 1 KStG gilt im Wege einer **Fiktion** der positive Bestand des steuerlichen Einlagekontos als vor den sonstigen Rücklagen (Gewinnrücklagen und sog. neutrales Vermögen) umgewandelt.[1] Der Bestand des steuerlichen Einlagekontos mindert sich dadurch um den Betrag der Nennkapitalerhöhung, soweit das Einlagekonto verwendet wird. Dies ist aber nur höchstens bis zu einem Bestand von Null möglich.[2] Soweit der Bestand des steuerlichen Einlagekontos nicht zur „Finanzierung" der Kapitalerhöhung ausreicht, wird auf die sonstigen Rücklagen zurückgegriffen. Insoweit kommt es dann zum sog. Sonderausweis (vgl. → Rz. 60 ff.).

50 Weist das steuerliche Einlagekonto (KStG, § 27 KStG) einen **negativen Bestand** aus (vgl. *Mössner* in Mössner/Seeger/Oellerich, KStG, § 27 Rz. 121), so wird dieser nicht erhöht.[3]

3. Verwendungsreihenfolge bis 31.12.2018

51 Zu beachten ist, dass als Folge des Übergang vom körperschaftsteuerlichen **Anrechnungsverfahren** zum Halb- und Teileinkünfteverfahren (vgl. → Rz. 11) die Fortführung der **Eigenkapitalgliederung** bis zum 31.12.2018 gem. §§ 36 und 38 KStG zu einer gewissen Veränderung bei Ausschüttungen der Körperschaft führen kann. Hinsichtlich der Einzelheiten v. *Klein* in Mössner/Seeger/Oellerich, KStG, § 38 Rz. 41 ff.

52–54 *(Einstweilen frei)*

III. Maßgeblicher Bestand des steuerlichen Einlagekontos (§ 28 Abs. 1 Satz 2 KStG)

55 § 28 KStG i.d.F. des StSenkG sprach nur vom ausgewiesenen Bestand. Damit konnte entweder der Bestand zum Schluss des letzten Wirtschaftsjahres oder der fortgeschriebene Bestand zum Zeitpunkt der Kapitalerhöhung gemeint sein. Mit der Gesetzesergänzung[4] ist nunmehr mit Wirkung ab Veranlagungszeitraum 2006 der „Bestand **zum Schluss des Wirtschaftsjahres der Rücklagenumwandlung**" als maßgeblich erklärt worden.

---

[1] *Endert* in Frotscher/Drüen, § 28 Rz. 9, 11.
[2] Gosch/*Bauschatz*, § 28 Rz. 20; *Nitzschke* in Schnitger/Fehrenbach, § 28 Rn 28.
[3] Allg. A. vgl. *Dötsch* in DPM, § 28 Rz. 17.
[4] SEStEG v. 7.12.2006, BGBl I 2006, 3001.

Nach § 28 Abs. 1 Satz 2 KStG erfolgt die Rücklagenumwandlung unter Verwendung des Bestandes des Rücklagenkontos am Ende des Wirtschaftsjahres der Rücklagenumwandlung vor „Anwendung des Satzes 1". Die Rücklagenumwandlung erfolgt in dem Wirtschaftsjahr, in dem die wirksame Eintragung[1] der Kapitalerhöhung erfolgt. Das Gesetz spricht vom „Bestand des steuerlichen Einlagekontos". Eine **Feststellung des Bestandes** ist **nicht** erforderlich.[2] Daher können Zugänge zum Einlagekonto im laufenden Jahr für die Umwandlung verwendet werden – auch im ersten Jahr nach der Gründung der Körperschaft. 56

> **BEISPIEL:** Im Jahre 04 leisten die Gesellschafter von Januar bis Juni diverse Einlagen in einer Gesamthöhe von 2 Mio. in ihre GmbH. Zu Ende des Jahres 03 wird der Bestand des Einlagekontos mit 500 000 festgestellt. Im September 04 wird beschlossen, eine Erhöhung des Nennkapitals aus Gesellschaftsmitteln in Höhe von 1 Mio. vorzunehmen. Die Eintragung erfolgt Anfang Dezember 04. Es wird insgesamt 1 Mio. des Einlagekontos verwendet, so dass die Feststellung zum Ende von 04 in Höhe von 1,5 Mio. erfolgt.

Die Vorschrift gibt an, **welcher Bestand als Obergrenze zur „Finanzierung"** einer Kapitalerhöhung aus Rücklagen zur Verfügung steht. 57

(Einstweilen frei) 58–59

IV. Sonderausweis bei Kapitalerhöhung aus sonstigen Rücklagen (§ 28 Abs. 1 Satz 3 KStG)

Erfolgt die Erhöhung des Nennkapitals zu einem Betrag, der über dem maßgeblichen Bestand des Einlagekontos (vgl. → Rz. 96 f.) liegt, so müssen andere Rücklagen zur Kapitalerhöhung verwendet worden sein. § 28 Abs. 1 Satz 3 KStG sieht nun vor, dass diese Beträge im **Sonderausweis** getrennt auszuweisen und **gesondert festzustellen** (zum Feststellungsverfahren s. → Rz. 70 ff.) sind. Das Gesetz spricht von „sonstigen" Rücklagen, ohne diese näher zu kennzeichnen. Dies ist auch entbehrlich, da wichtig nur die Inanspruchnahme des steuerlichen Einlagekontos ist (→ Rz. 1). Ist dieses aufgebraucht, d. h. sein Bestand gleich Null, so ist gleichgültig, woher die Mittel stammen, da im Falle der Herabsetzung des Nennkapitals und der Ausschüttung es zu steuerpflichtigen Einkünften der Anteilseigner kommt (s. § 20 Abs. 1 Nr. 2 EStG, vgl. → Rz. 62, → Rz. 111). 60

Sonstige Rücklagen sind: 61

▶ **Gewinnrücklagen** aus den Vorjahresgewinnen

▶ der **Jahresüberschuss** muss feststehen, sonst kann er nicht für eine Umwandlung verwendet werden;

▶ im **EK 02** ausgewiesene Rücklagen (vgl. § 38 KStG) bis 31. 12. 2018;

▶ sog. **neutrale Vermögen** (Altrücklagen aus dem EK 40, EK 30, dem EK 01 und dem EK 03, vgl. § 36 KStG). Darin enthalten sind auch die dem KSt-Guthaben entsprechenden Rücklagen. Entgegen der bisherigen Gesetzeslage zurzeit des Anrechnungsverfahrens und ver-

---

1 Gosch/*Bauschatz*, § 28 Rz. 29.
2 Ebenso *Nietzschke* in Schnitger/Fehrenbach, § 28 Rz. 31; Endert in Frotscher/Drüen, § 28 Rz. 12; *Ott*, GmbHR 2014, 675; a. A. *Stimpel* in Rödder/Herlinghaus/Neumann, § 28 Rz. 37; Gosch/*Bauschatz*, § 28 Rz. 29; Dötsch DPM, § 28 Rz. 20.

breiteter Kritik an deren Änderung[1] ist das EK 03 – mit den Gewinnrücklagen aus der Zeit vor dem 1.1.1977 – ausdrücklich nicht ausgenommen.[2]

Hiervon ist nur das EK 02 nach § 38 KStG gesondert festzustellen und jährlich fortzuschreiben. Im Übrigen ist weder die Summe der sonstigen Rücklagen noch das darin enthaltene sog. neutrale Vermögen oder einzelne Teilbeträge festzustellen

62 Der Sonderausweis bewirkt, dass im Falle der Nennkapitalherabsetzung **Ausschüttungen** zu steuerpflichtigen Einnahmen führen (Vgl. → Rz. 60, → Rz. 111). Da nur Ausschüttungen aus dem steuerlichen Einlagekonto zu steuerfreien Bezügen führen (§ 20 Abs. 1 Nr. 3 EStG), ist gleichgültig, welche Beträge im Sonderausweis repräsentiert sind. Ob diese zuvor versteuert waren oder z. B. wegen eines DBA steuerfrei[3] sind, kann daher dahinstehen.

63 Der Sonderausweis bezieht sich auf das Nennkapital und zeigt, in welchem Maße dieses aus sonstigen Rücklagen gebildet wurde. Dies bedeutet aber nicht, dass das Nennkapital in der **Steuerbilanz** in seine Herkunftsteile aufzugliedern sei.[4]

64 Erst recht ist es entbehrlich, steuerlich festzuhalten, **welche Rücklagen** für den Sonderausweis verwendet werden. Ob die Rücklage versteuert oder unversteuert war, ist gleichgültig.[5]

65 Die **fehlende Abstimmung von § 28 mit § 38 KStG** kann zu folgendem merkwürdigen Ergebnis führen: Die sonstigen Rücklagen einschl. der darin rechnerisch enthaltenen Teilmenge des EK 02 (s. → Rz. 61) werden im Umfange der Kapitalerhöhung gemindert und im Sonderausweis ausgewiesen, was rechnerisch dazu führen kann, dass auch EK 02 im Sonderausweis enthalten ist. Da das festgestellte EK 02 nach § 38 Abs. 1 Satz 3 KStG (*Klein* in Mössner/Seeger/Oellerich, KStG, § 38 Rz. 40 ff.) durch diesen Vorgang nicht gemindert wird, können künftige Leistungen der Körperschaft – unter Berücksichtigung der Verwendungsreihenfolge des § 27 Abs. 1 Sätze 3 und 4 KStG– zu einer Verwendung des EK 02 führen, das nach wie vor im Sonderausweis enthalten ist.

66–69 *(Einstweilen frei)*

V. Gesonderte Feststellung des Sonderausweises, Erklärungspflicht (§ 28 Abs. 1 Satz 4 KStG)

70 Der Sonderausweis ist gesondert festzustellen. Gemäß § 28 Abs. 1 Satz 4 KStG **gilt** hierfür **§ 27 Abs. 2 KStG entsprechend**. Auch wenn auf § 27 Abs. 2 KStG verwiesen wird, so sind die beiden Feststellungen voneinander zu unterscheiden und beziehen sich nicht aufeinander.[6]

Dies bedeutet Folgendes:

▶ Die gesonderte Feststellung des Bestandes des Sonderausweises hat jährlich zum **Schluss des Wirtschaftsjahres** zu erfolgen. Über die Feststellung ist ein **Bescheid** zu erlassen. Der Feststellungsbescheid (§ 179 AO) ist Grundlagenbescheid[7] für den Feststellungsbescheid zum folgenden Feststellungszeitpunkt. Der Bescheid ergeht gegenüber der Körperschaft,

---

1 Vgl. *Köster* in HHR, Steuerreform, § 28 KStG Rz. 22.
2 BT-Drucks. 14/6882, 38.
3 *Dötsch* in DPM, § 28 Rz. 24.
4 *Gosch/Bauschatz*, § 28 Rz. 35; *Nitzschke* in Schnitger/Fehrenbach, § 28 Rz. 36.
5 *Endert* in Frotscher/Drüen, § 28 Rz. 18.
6 *Endert* in Frotscher/Drüen, § 28 Rz. 30 ff.
7 Ebenso Gosch/*Bauschatz*, § 28 Rz. 37; *Nitzschke* in Schnitger/Fehrenbach, § 28 Rz. 40.

hat aber bei einer nachfolgenden Kapitalherabsetzung mittelbar Wirkung auch für die Anteilseigner, da diese dann Einkünfte gem. § 20 Abs. 1 Nr. 2 EStG versteuern müssen.[1]

▶ Der Bestand des Sonderausweises ist unter Berücksichtigung der Zu- und Abgänge des Wirtschaftsjahres **fortzuschreiben**.

▶ Zum Schluss eines jeden Wirtschaftsjahres sind **Feststellungserklärungen** abzugeben, die von den in § 34 AO bezeichneten Personen eigenhändig zu unterschreiben sind.

▶ Hierzu sind **alle Körperschaften** verpflichtet, auf die § 28 Abs. 1 KStG anzuwenden ist. § 27 Abs. 2 Satz 3 KStG erwähnt für die Erklärungspflicht nur Kapitalgesellschaften. § 27 Abs. 1 bis 6 KStG gelten unmittelbar ohnehin nur für Kapitalgesellschaften. Erst § 27 Abs. 7 KStG erstreckt den Anwendungsbereich der Absätze 1 bis 6 auf alle Körperschaften und Personenvereinigungen, die Leistungen i. S. d. § 20 Abs. 1 Nr. 1, 9 und 10 EStG gewähren können. Ein Sonderausweis hat über die Kapitalgesellschaften hinaus für andere Körperschaften (vgl. → Rz. 45) zu erfolgen. Daher muss die Erklärungspflicht für alle Körperschaften gelten, für die ein Sonderausweis festzustellen ist.[2]

Ist der Bestand auf den Schluss des Wirtschaftsjahres der Rücklagenumwandlung festgestellt, so ist er in der Folge fortzuentwickeln.[3] **Zugänge** folgen aus späteren Rücklagenumwandlungen, bei denen sonstige Rücklagen verwendet werden, und ggf. bei Umwandlungen (vgl. § 29 Abs. 4 KStG, s. *Mössner* in Mössner/Seeger/Oellerich, KStG, § 29 Rz. 2, 55). **Abgänge** ergeben sich bei Kapitalherabsetzungen, soweit Beträge des Sonderausweises verwendet werden (§ 28 Abs. 2 KStG), Umbuchungen bei Zugängen zum steuerliches Einlagekonto gem. § 28 Abs. 3 KStG (s. → Rz. 120), ggf. bei Umwandlungen und bei der Liquidation der Körperschaft. Abgänge sind nur möglich, soweit ein Bestand vorhanden ist. Der Sonderausweis kann nicht negativ werden.[4] Ist der Sonderausweis durch Abgänge erschöpft, so bedarf es nach der gesetzlichen Formulierung keiner weiteren Feststellung mehr,[5] da nur Bestand festzustellen ist.

Nach **§ 39 Abs. i. d. F. des UntStFG** ist der nach § 47 Abs. 1 Satz 1 Nr. 2 KStG 1999 zuletzt festgestellte Betrag als **Anfangsbestand** in die Feststellung des Sonderausweises nach § 28 Abs. 1 Satz 3 KStG n. F. einzubeziehen. Im KStG i. d. F. des StSenkG fehlte eine entsprechende Regelung. (zu den Einzelheiten vgl. *Klein* in Mössner/Seeger/Oellerich, KStG, § 39 Rz. 16 ff.). Dieser Betrag bildet als Anfangsbestand die Ausgangsgröße für die Fortschreibung und die gesonderte Feststellung des Sonderausweises auf den Schluss des ersten Wirtschaftsjahres, für das das KStG n. F. anzuwenden ist.

Der Sonderausweis ist nur eine **steuerliche Nebenrechnung**, die ausweist, inwieweit im Nennkapital sonstige Rücklagen enthalten sind, die für Kapitalerhöhung aus Gesellschaftsmitteln verwendet wurden. Daher bedarf es keiner weiteren Aufzeichnungen oder Berücksichtigungen in der Steuerbilanz oder Buchführung.[6]

---

1 *Dötsch* in DPM, § 28 Rz. 31; *Antweiler* in E&Y, § 28 Rz. 76.
2 Allg. Ansicht *Dötsch* in DPM, § 28 Rz. 34; *Antweiler* in Bott/Walter, § 28 Rz. 90; *Stimpel* RHN, § 28 Rz. 62; *Nitzschke* in Schnitger/Fehrenbach, § 28 Rz. 39; *Endert* in Frotscher/Drüen, § 28 Rz. 34.
3 Siehe auch *Dötsch* in DPM, § 28 Rz. 28.
4 *Nitzschke* in Schnitger/Fehrenbach, § 28 Rz. 38.
5 *Endert* in Frotscher/Drüen § 28, Rz. 24, 31.
6 So zutreffend *Endert* in Frotscher/Drüen, § 28 Rz. 23.

74 ZUSAMMENFASSENDES BEISPIEL: Kapitalerhöhung (§ 28 Abs. 1 KStG)

		Sonstige Rücklage (nicht festg.)	Stl. Einlagekonto festg.	Nennkapital	Sonderausweis festg.
Bestände 31.12.15		1 500 000	300 000	1 000 000	
KapErh. aus Rücklagen in 16	1 200 000				
vorrangig stl. Einlagekonto	- 300 000		- 300 000	+ 300 000	
Rest	900 000				
nachrangig sonst. Rücklagen	- 900 000	- 900 000		+ 900 000	+ 900 000
	0				
Bestände 31.12.16		600 000	0	2 200 000	900 000

75–78 *(Einstweilen frei)*

C. Herabsetzung des Nennkapitals; Auflösung der Körperschaft (§ 28 Abs. 2 KStG)

79 Auch § 28 Abs. 2 KStG verwirklicht die Grundtendenz, soweit möglich für Nennkapitalerhöhungen aus Gesellschaftsmitteln steuerlich das Einlagekonto zu verwenden (vgl. → Rz. 47, → Rz. 120). Daher ordnet die Vorschrift an, dass bei einer Herabsetzung des Nennkapitals zuerst der Sonderausweis zu verringern ist.[1] Die **Herabsetzung** des Nennkapitals bedeutet nicht unbedingt, dass der Betrag der Herabsetzung an die Anteilseigner ausgeschüttet wird. In der Regel dürfte aber mit der Herabsetzung auch eine **Rückzahlung** von Nennkapital verbunden sein.

> BEISPIEL: A und B beschließen, mit der Gründung einer GmbH eine bestimmte Tätigkeit aufzunehmen. Da zunächst hoher Kapitalbedarf besteht, leistet jeder eine Einlage von 2 Mio. in das Stammkapital. Nach einigen erfolgreichen Jahren verfügt die GmbH über reichliche Gewinne. A und B könnten sich diese ausschütten lassen, was bei ihnen zu Einkünften aus Kapitalvermögen führen würde. Sie beschließen daher, eine Herabsetzung des Nennkapitals um 3,50 Mio. und die Ausschüttung dieses Betrages. Dies führt bei ihnen nicht zu Einkünften aus § 20 Abs. 1 Nr. 2 EStG und erfolgt unter Abweichung von der Verwendungsreihenfolge zu einem Direktzugriff auf das Einlagekonto. Wird anschließend das Nennkapital wieder heraufgesetzt, so werden zunächst die Gewinnrücklagen verwendet und ein entsprechender Sonderausweis festgestellt.

I. Gesellschaftsrechtliche Grundlagen

1. Kapitalherabsetzung

80 § 28 Abs. 2 KStG geht in der 1. Alternative von einer „Herabsetzung des Nennkapitals" aus. Wirksame Kapitalherabsetzungen können sein bei

▶ **AG**: §§ 222 bis 228 AktG: ordentliche Kapitalherabsetzung oder §§ 229 bis 236 AktG: vereinfachte Kapitalherabsetzung oder § 237 bis 239 AktG: Einziehung von Anteilen

---

[1] Ebenso Gosch/*Bauschatz*, § 28 Rz. 42.

▶ **GmbH**: § 58 GmbHG: ordentliche Kapitalherabsetzung oder § 58a GmbHG: vereinfachte Kapitalherabsetzung

Die Kapitalherabsetzung erfolgt durch Beschluss der Hauptversammlung bzw. Gesellschafterversammlung und bedarf zu ihrer Wirksamkeit der Eintragung in das Handelsregister (§ 224 AktG, § 58 Abs. 1 Nr. 3 und 4 i.V.m. § 54 GmbHG). Eine Einziehung der Aktien setzt entweder den Erwerb eigener Aktien oder eine entsprechende Satzungsbestimmung zur zwangsweisen Einziehung voraus.

Bei **Umwandlungen** kommt es ebenfalls zur Kapitalherabsetzung. § 29 Abs. 1 KStG ordnet in diesen Fällen die Anwendung von § 28 Abs. 2 KStG an (s. *Mössner* in Mössner/Seeger/Oellerich, KStG, § 29 Rz. 50). 81

Eine **ordentliche Kapitalherabsetzung** kann so erfolgen, dass das herabgesetzte Kapital an die Anteilseigner ausgeschüttet wird (sog. effektive Kapitalherabsetzung). Dies ist der Regelfall. Möglich ist auch (§ 58 Abs. 2 GmbHG), dass die Herabsetzung erfolgt, um die Anteilseigner von ihrer Einlagepflicht zu befreien (über die Herabsetzung bei nicht eingezahltem Nennkapital s. →Rz. 98). Kommt es nicht zur Ausschüttung an die Anteilseigner, so werden die Rücklagen entsprechend erhöht. 82

Bei der **vereinfachten Kapitalherabsetzung** ist eine Ausschüttung an die Anteilseigner ausgeschlossen (§ 230 AktG, § 58b GmbHG). § 28 Abs. 2 Satz 2 bis 4 gilt nicht. Durch die Herabsetzung des Nennkapitals soll verfügbares Kapital bereitgestellt werden, sei es, um Verluste auszugleichen, sei es, um Kapital verfügbar zu haben, oder sei es, um die Kapitalrücklage (§ 272 HGB) zu erhöhen. Handelsrechtlich bestehen jedoch Regelungen, die dafür sorgen, dass Verluste vorrangig durch Gewinnvorträge oder vorhandene Rücklagen zu decken sind (§ 229 AktG, § 58a Abs. 2 GmbHG). 83

Die **Einziehung eigener Anteilen** (§§ 237 bis 239 AktG)[1] dient der Herabsetzung des nominalen Eigenkapitals und damit verbunden der Reduzierung der Anzahl der Anteilseigner. Der **Erwerb eigener Anteile** bedeutet eine Verringerung des verfügbaren Eigenkapitals. Dies kommt nunmehr auch durch die Neuregelung der handelsrechtlichen Regelung des Erwerbs eigener Anteile in § 272 Abs. 1a und 1b HGB, die durch das BilMoG[2] eingeführt worden sind, zum Ausdruck. Anders als früher, wo die eigenen Anteile aktiviert wurden, werden sie nunmehr beim Posten „gezeichnetes Kapital" abgesetzt. Steuerlich wirkt dies wie eine Kapitalherabsetzung.[3] § 28 Abs. 2 KStG kann dann u.U. anzuwenden sein,[4] vorausgesetzt, es hat zuvor eine Erhöhung des Nennkapitals aus Rücklagen stattgefunden. Der Erwerb eigener Anteile stellt in der Regel eine Leistung an den Anteilseigner dar, für die zunächst der ausschüttbare Gewinn und dann das Einlagekonto in Anspruch genommen werden (§ 27 Abs. 1 KStG). Werden die Anteile zu einem Preis unterhalb ihres Nennbetrages erworben, so kommt es in Höhe der Differenz zwischen Nennbetrag und Erwerbspreis zur entsprechenden Anwendung von § 28 Abs. 2 KStG, da in diesem Fall Nennkapital ausgeschüttet wird. Die Weiterveräußerung der Aktien ist für die Gesellschaft keine Veräußerung, sondern eine Vermehrung des Eigenkapitals. Die Veräußerung über dem Nennkapital führt zu einer Einlage der (Neu-)Gesellschafter. Werden die Aktien erworben, 84

---

1 Vgl. Zur Behandlung des Erwerbs eigener Aktien ausführlich *Stimpel* in Rödding/Herlinghaus/Neumann, § 28 Rz. 117 ff.; *Dötsch* in DPM, § 28 Rz. 51 ff.
2 Vom 25. 5. 2009, BGBl 2009 I 1102.
3 Vgl. zum Ganzen BMF, Schreiben v. 27. 11. 2013, BStBl 2013 I 1615.
4 Gosch/*Bauschatz*, § 28 Rz. 43.

um sie in einem Aktienoptionsprogramm für die eigenen Beschäftigten auszugeben, so kommt es auf die Einzelheiten des Programms an. Die Einziehung erworbener Anteile hat dann keine weiteren Auswirkungen mehr. Das Nennkapital wird verringert und der Ausweis eigener Anteile unter dem gezeichneten Kapital entfällt.

85 Bei der **Zwangseinziehung** erhält der betroffene Aktionär grundsätzlich ein sog. Einziehungsgeld, sofern dies nicht durch die Satzung ausdrücklich ausgeschlossen ist. Auf die Einziehung sind die Vorschriften über die ordentliche Kapitalherabsetzung entsprechend anzuwenden (§ 237 Abs. 2 AktG).

86 § 28 Abs. 2 Satz 1 KStG setzt nicht die Auszahlung des Herabsetzungsbetrages an die Anteilseigner voraus. Die Vorschrift ist daher für **alle Arten der Kapitalherabsetzung** anwendbar.

87–89 *(Einstweilen frei)*

2. Liquidation

90 Der zweite Anwendungsfall von § 28 Abs. 2 Satz 1 KStG ist die **Auflösung** der Gesellschaft. Nachdem diese wirksam von der Gesellschafterversammlung beschlossen ist (§ 261 AktG, § 60 GmbHG), kommt es zur Abwicklung der Gesellschaft unter Auskehrung des Gesellschaftsvermögens einschl. des Nennkapitals.

3. Anwendung auf ausländische Körperschaften

91 Mit der Ausdehnung des § 27 KStG auf EU-Körperschaften (vgl. *Mössner* in Mössner/Seeger/Oellerich, KStG, § 27 Rz. 258) wird in § 27 Abs. 8 Satz 2 KStG auch die Anwendbarkeit von § 28 KStG angeordnet.[1] Da § 28 Abs. 2 KStG eine handelsrechtlich wirksame Kapitalherabsetzung voraussetzt (vgl. → Rz. 141), das deutsche Handelsrecht aber nicht auf ausländische Gesellschaften anzuwenden ist, kann nur das **ausländische Recht** maßgebend sein.[2]

92 Dabei ist **§ 7 Abs. 2 KapErhStG** für den Anteilseigner zu beachten.[3]

93–94 *(Einstweilen frei)*

II. Auswirkungen der Kapitalherabsetzung

95 § 28 Abs. 2 Satz 1 KStG ordnet an, dass es bei der Herabsetzung des Nennkapitals oder der Auflösung der Körperschaft zunächst **zur Minderung des Sonderausweises** kommt. Die Herabsetzung verlangt die Eintragung ins Handelsregister (vgl. → Rz. 80). Somit wirkt sich die Minderung bei der Feststellung des Sonderausweises am Ende des Wirtschaftsjahres aus, in dem die Eintragung erfolgt.[4] Diese Minderung ist nach dem Gesetzeswortlaut zunächst beim Sonderausweis „am Schluss des vorangegangenen Wirtschaftsjahres" vorzunehmen. Dies bedeutet jedoch nicht, dass die gesonderte Feststellung zum Ende des vorangegangenen Wirtschaftsjahres zu ändern ist. Vielmehr ist die Minderung als erster Rechenschritt bei der erneuten Feststellung am Ende des Wirtschaftsjahres vorzunehmen, in dem die Herabsetzung eingetragen wird. Dabei ist der zweite Satzteil des Satzes 1 zu beachten: Überschreitet der Betrag der Herabsetzung den festgestellten Betrag des Sonderausweises, so wird das steuerliche Ein-

---

[1] *Nitzschke* in Schnitger/Fehrenbach, § 28 Rz. 11.
[2] BFH, Urteile v. 30. 5. 1990 - I R 97/88, BStBl 1990 II 875; v. 14. 10. 1992 - I R 1/91, BStBl 1993 II 189.
[3] Siehe *Antweiler* in Bott/Walter, § 28 Rz. 16.4.
[4] Allg. Ansicht BMF, Schreiben v. 4. 6. 2003, BStBl 2003 I 366.

lagekonto insoweit vermehrt (vgl. → Rz. 162). Da aber eine Erhöhung des Sonderausweises (vgl. → Rz. 106) nur bei Rücklagenumwandlung in Betracht kommt, dann jedoch zunächst das Einlagekonto zu belasten ist (vgl. → Rz. 96, → Rz. 106), ist dies eigentlich nur für den Fall bedeutsam, dass innerhalb eines Wirtschaftsjahres zunächst eine Kapitalherabsetzung und danach eine Rücklagenumwandlung wirksam werden.[1]

Ist die Nennkapitalherabsetzung höher als der Sonderausweis, so ist ein **übersteigender Betrag** ist dem steuerlichen Einlagekonto gutzuschreiben (§ 28 Abs. 2 Satz 1 2. Halbsatz KStG). Dies gilt allerdings nur, soweit die Einlage in das Nennkapital geleistet ist. Dieser Zusatz überrascht zunächst. Dazu ist die mögliche Zusammensetzung des Nennkapitals zu betrachten. Nennkapital kann beruhen auf Einzahlungen der Gesellschafter bei Gründung oder Kapitalerhöhungen durch Einlagen. Außerdem kann Nennkapital durch Rücklagenumwandlung gebildet werden. Schließlich kann Nennkapital ausgewiesen sein, das nicht eingezahlt ist. Wird das Nennkapital herabgesetzt, so wird als erstes die Rücklagenumwandlung aus Gewinn- und sonstigen Rücklagen durch Minderung des Sonderausweises rückgängig gemacht. Verbleibt danach ein weiterer Betrag, so wird dieser dem Einlagekonto gutgeschrieben, aber nur soweit er aus Einlagen der Gesellschafter stammt. Damit verbleibt, soweit diese Bedingung nicht erfüllt ist, nur ein Herabsetzungsbetrag, der auf nicht eingezahltes Nennkapital entfällt.[2] Steht die Einzahlung der Gesellschafter auf das Nennkapital noch aus, so werden diese von der Einzahlungspflicht befreit. 96

Nach der Vorstellung des Gesetzes vollzieht sich die Herabsetzung des Nennkapitals – unabhängig davon, ob es sich um eine ordentliche oder eine einfache Kapitalherabsetzung oder die Liquidation handelt – somit in mehreren Stufen:[3] 97

▶ Erster Schritt ist die Herabsetzung des Nennkapitals um einen bestimmten Betrag.

▶ Dann erfolgt die Minderung des Sonderausweises, bis dieser erschöpft ist. Diese vorgeschriebene Verwendungsreihenfolge bedeutet, dass vorrangig der aus den Gewinnrücklagen gebildete Teil des gezeichneten Kapitals rückgängig gemacht wird.

▶ Der danach verbleibende Betrag ist dem steuerlichen Einlagekonto gutzuschreiben, welches dadurch erhöht wird.

▶ Die Gutschrift steht unter dem Vorbehalt, dass die Einlage in das Nennkapital in vollem Umfange geleistet ist (vgl. → Rz. 98).

Streitig[4] ist, ob der Sonderausweis gemindert wird, wenn das **Nennkapital nicht eingezahlt** worden ist. 98

BEISPIEL: ▶ Die X AG wird 2014 gegründet mit einem Stammkapital von 2 Mio., von denen 200 000 nicht eingezahlt sind. 2015 wird eine Kapitalerhöhung um 300 000 unter Verwendung sonstiger Rücklagen vorgenommen. Insoweit kommt es zum Sonderausweis. 2016 erfolgt eine Kapitalherabsetzung um 200 000, durch die die Anteilseigner von ihrer Einlageverpflichtung befreit werden.

---

1 So auch *Stimpel* in Rödder/Herlinghaus/Neumann, § 28 Rz. 78.
2 BMF, Schreiben v. 4. 6. 2003, BStBl 2003 I 366; h.M. *Nitzschke* in Schnitger/Fehrenbach, § 28 Rz. 55; *Dötsch* in DPM, § 28 Rz. 50; *Endert* in Frotscher/Drüen, § 28 Rz. 52; *Antweiler* in Bott/Walter, § 28 Rz. 117.2; *Stimpel* in Rödder/Herlinghaus/Neumann, § 28 Rz. 80.
3 Ebenso *Dötsch* in DPM, § 28 Rz. 42.
4 Einerseits BMF, Schreiben v. 4. 6. 2003, BStBl 2003 I 366; *Nitzschke* in Schnitger/Fehrenbach, § 28 Rz. 51; *Endert* in Frotscher/Drüen, § 28 Rz. 43; andererseits *Dötsch* in DMP, § 28 Rz. 50.

Hätten die Anteilseigner das Nennkapital voll eingezahlt, so läge bei der Herabsetzung nur die Befreiung von der Einlageverpflichtung vor. Im Grunde ist ihre Einlageverpflichtung aus der sonstigen Rücklage „finanziert" worden. Das Nennkapital hätte in einem ersten Schritt um 200 000 verringert und in einem zweiten Schritt um 300 000 vermehrt werden müssen. Eine Verringerung des Sonderausweises wäre systemwidrig[1] und unterbleibt daher. Komplexer ist die Rechtslage, wenn die Nennkapitalerhöhung durch Umwandlung von 50 000 aus dem steuerlichen Einlagekonto und zu 250 000 aus sonstigen Rücklagen erfolgt wäre. Übersteigt dann die Herabsetzung den Betrag des nichteingezahlten Nennkapitals (z. B. 250 000), dann ist in Höhe von 50 000 der Sonderausweis zu verringern. Dies zeigt, dass es unterschiedliche Situationen gibt, in denen je nachdem die eine oder die andere Antwort zutreffend ist.

99 **BEISPIEL:** Kapitalherabsetzung (§ 28 Abs. 2 Satz 1 KStG)

		Sonstige Rücklage (nicht festg.)	Stl. Einlagekonto festgestellt	Nennkapital	Sonderausweis festg.
Bestände 31.12.14		600 000	0	2 200 000	700 000
Kapitalherabsetzung 15	1 000 000				
vorrangig Sonderausweis	- 700 000	+ 700 000		- 700 000	- 700 000
Rest	300 000				
nachrangig stl. Einlagekonto	- 300 000		+ 300 000	- 300 000	
	0				
Bestände 31.12.15		1 300 000	300 000	1 200 000	0

War auf das Nennkapital ein Betrag von 200 000 noch nicht eingezahlt, so kann dem steuerlichen Einlagekonto nur ein Betrag von 100 000 gutgeschrieben werden. In der Bilanz wird der Posten des nicht eingezahlten Kapitals um den Betrag von 200 000 verringert.

100 Das Gesetz besagt nur, dass der Sonderausweis gemindert wird, bis er erschöpft ist. Über das weitere Schicksal der entsprechenden Beträge schweigt das Gesetz.[2] Soweit eine Ausschüttung folgt, ist diese beim Anteilseigner nach § 20 Abs. 1 Nr. 2 EStG zu versteuern.

101–104 *(Einstweilen frei)*

III. Die Rückzahlung des Nennkapitals

1. Verwendung des Sonderausweis (§ 28 Abs. 2 Satz 2 KStG)

105 Die Rückzahlung des Nennkapitals nach einer Kapitalherabsetzung (§ 28 Abs. 2 Satz 1 KStG) führt nach § 20 Abs. 1 Nr. 2 EStG zu steuerpflichtigen **Gewinnausschüttungen** bei den Anteilseignern (§ 28 Abs. 2 Satz 2 KStG), soweit der Sonderausweis zu mindern ist. Das Gesetz hat die Herabsetzung mit sofortiger Ausschüttung – in der Regel im Herabsetzungsbeschluss vorgesehen – im Blick. Wird das Nennkapital ohne Ausschüttung herabgesetzt, so wird der Betrag, um den der Sonderausweis gemindert wird, in die Gewinnrücklage oder eine sonstige Rücklage eingestellt und wird somit zum ausschüttbaren Gewinn (§ 27 Abs. 1 KStG). Eine zeitlich nach-

---

[1] So *Dötsch* in DPM, § 28 Rz. 50.
[2] Vgl. *Endert* in Frotscher/Drüen, § 28 Rz. 45.

folgende Ausschüttung führt dann sowieso zu steuerpflichtigen Einkünften (§ 20 Abs. 1 Nr. 1 EStG).

Die Verwendung des Sonderausweises ist eine zwingende **Verwendungsreihenfolge**. Sie entspricht der Regelung in § 27 KStG: erst sonstige Rücklage (ausschüttbarer Gewinn), dann Einlagekonto.

Die Norm gilt nicht im Falle einer **einfachen Kapitalherabsetzung** nach § 229 AktG (s. → Rz. 144), da es bei dieser nicht zur Rückzahlung des herabgesetzten Nennkapitals kommt, sondern zur Einstellung in die Kapitalrücklage, zur Deckung von Verlusten oder zur Verhinderung von Wertminderungen. Die Minderung des Sonderausweises ist die einzige Rechtsfolge. Ein den Sonderausweis übersteigender Betrag wird auch in diesem Fall dem steuerlichen Einlagekonto gutgeschrieben.

(Einstweilen frei)

2. Verwendung des Einlagekontos (§ 28 Abs. 2 Satz 3 KStG)

Die Formulierung von § 28 Abs. 2 Satz 3 KStG ist verkürzt. Es ist zu ergänzen, dass es sich um einen Fall der **Ausschüttung zur Rückzahlung von Nennkapital** handelt. Übersteigt nach einer Kapitalherabsetzung der Ausschüttungsbetrag den Sonderausweis, so ist auf das steuerliche Einlagekonto zuzugreifen. Dies gilt unabhängig von einem vorhandenen ausschüttbaren Gewinn (vgl. *Mössner* in Mössner/Seeger/Oellerich, KStG, § 27 Rz. 101). Dies stellt eine **Ausnahme** zur Verwendungsreihenfolge des § 27 Abs. 1 Satz 3 KStG dar (vgl. *Mössner* in Mössner/Seeger/Oellerich, KStG, § 27 Rz. 101) und ermöglicht einen **Direktzugriff** (s. → Rz. 111) auf das steuerliche Einlagekonto. Zu beachten ist, dass zuvor immer der Sonderausweis verbraucht sein muss. Dies lässt sich für Gestaltungen nutzen.

> **BEISPIEL:** ▸ Bei der Gründung der GmbH haben die Gesellschafter zur Erfüllung ihrer Einlageverpflichtungen Grundstücke, Anteile an anderen Gesellschaften und weiteren Wirtschaftsgütern eingebracht. Dabei übersteigen deren Werte die Einlageverpflichtung ins Nennkapital. Noch vor Ende des ersten Wirtschaftsjahres beschließen die Gesellschafter eine Nennkapitalerhöhung aus Gesellschaftsmittel, für die das Einlagekonto genutzt wird. Nach einigen erfolgreichen Jahren, in denen die Gesellschaft erhebliche Gewinnrücklagen gebildet hat, wollen die Gesellschafter sich die eingebrachten Einlagen auszahlen lassen. Hierzu wird eine entsprechende Kapitalherabsetzung vorgenommen, die zur Rückzahlung an die Gesellschafter verwendet wird. Nach § 28 Abs. 2 Satz 3 KStG gilt hierfür dann im Wege des Direktzugriffs die Einlage als verwendet.

Allerdings sollte dabei beachtet werden, dass dieses Modell nur dann funktioniert, wenn bei der Rücklagenumwandlung keine Gewinn- oder sonstigen Rücklagen vorhanden sind, weil es dann zum Sonderausweis kommt, der bei der Rückzahlung von Nennkapital vorrangig benutzt wird. Sind bei der Rücklagenumwandlung andere als Kapitalrücklagen vorhanden, so muss die Kapitalherabsetzung den Sonderausweis übersteigen. Nicht möglich ist die Umwandlung einer Gewinnrücklage in Nennkapital und anschließende Herabsetzung des Nennkapitals und steuerfreie Ausschüttung.

Der **Direktzugriff** auf das Einlagekonto setzt voraus, dass sichergestellt ist, dass der durch die Kapitalherabsetzung dem Einlagekonto zugeführte Betrag verwendet wird und es sich nicht um eine „normale" Leistung der Kapitalgesellschaft handelt. Zweckmäßigerweise wird dies bereits im Beschluss der Gesellschafterversammlung zur Kapitalherabsetzung festgelegt. Ein zeitlicher Zusammenhang zwischen Kapitalherabsetzung und Ausschüttung kann als Indiz herangezogen werden. Aber auch darüber hinaus kann sich aus dem Zusammenhang ergeben, dass eine Rückzahlung des Nennkapitals erfolgen soll.[1]

Beim **Anteilseigner** haben die Rückzahlungen von Nennkapital demnach folgende Auswirkungen:

Soweit der Sonderausweis als verwendet gilt, erhält der Anteilseigner **Gewinnausschüttungen**. Bei Verwendung des steuerlichen **Einlagekontos** gelten die allgemeinen Regeln (s. *Mössner* in Mössner/Seeger/Oellerich, KStG, § 27 Rz. 4)[2], so dass je nach Position des Empfängers zu unterscheiden ist. Dies setzt voraus, dass das Finanzamt des Anteilseigners bei einer Ausschüttung der Gesellschaft unterscheiden kann, was in Anspruch genommen wird. Im Allgemeinen ist dies einfach, da über die Inanspruchnahme des Einlagekontos eine Bescheinigung (§ 27 Abs. 2 KStG) erteilt wird. Nach h. M.[3] kann das zuständige Finanzamt die Feststellung des Sonderausweises beiziehen.

112 Das steuerliche Einlagekonto kann **nicht negativ** werden, da der positive Bestand zu verwenden ist.

113 Unter besonderen Umständen führt diese Regelung zu einem Ergebnis, das für **Steuergestaltungen** genutzt werden kann, das jedoch systemwidrig ist. Gemäß § 28 Abs. 2 KStG führt die Rückzahlung von Nennkapital nach der Kapitalherabsetzung nur insoweit zu steuerpflichtigen Einnahmen beim Gesellschafter, als der Sonderausweis als verwendet gilt. Kommt es bei der Umwandlung von Rücklagen in Nennkapital nicht zur Bildung des Sonderausweises, so führt die Herabsetzung des Nennkapitals und dessen Rückzahlung an den Gesellschafter zur Steuerfreiheit bei diesem.

> **BEISPIEL** (vereinfacht): Die X GmbH befindet sich in wirtschaftlichen Schwierigkeiten. Die Gesellschafter legen 200.000 ein, die auf dem Einlagekonto erfasst werden. Als nach Besserung der Lage diese 200.000 zurückgezahlt werden, verfügt die X über einen ausschüttbaren Gewinn von 200.000.
>
> Würde X die 200.000 an ihre Gesellschafter ausschütten, so gilt die Verwendungsreihenfolge des § 27 Abs. 1 Satz 3 KStG der Gewinn verwendet. Wandelt jedoch die Gesellschaft Rücklagen in Nennkapital um, so wird gem. § 28 Abs. 1 Satz 1 KStG vorrangig der Bestand des Einlagekontos verwendet. Erhöht die X ihr Nennkapital um 200.000, so gilt nur das Einlagekonto als verwendet. Setzt sie nun anschließend das Nennkapital herab und zahlt 200.000 an die Gesellschafter zurück, so gilt vorrangig entgegen der Verwendungsreihenfolge des § 27 Abs. 1 Satz 3 KStG das Einlagekonto als verwendet (§ 28 Abs. 2 Satz 2 KStG), da es keinen Sonderausweis gibt.

Einige[4] sehen darin keine mißbräuchliche Gestaltung, andere[5] nehmen eine solche bei einer engen zeitlichen Abfolge von Kapitalerhöhung und Kapitalherabsetzung[6]. Da das Gesetz explizit diese Rechtsfolge anordnet, ist die Annahme eines Rechtsmißbrauchs nur sehr ausnahmsweise möglich. Dies ist die Folge der abweichenden Verwendungsreihenfolgen in § 27 KStG und § 28 KStG, deren Rechtfertigung nicht recht einsehbar ist.

114 *(Einstweilen frei)*

---

1 BFH, Urteil 21.10.2014 - I R 31/13, NWB LAAAE-84604, DB 2015, 651.
2 *Endert* in Fortscher/Drüen § 28 Rz. 55 f.
3 *Nitzschke* in Schnitger/Fehrenbach, § 28 Rz. 40; *Dötsch* in DPM, § 28 Rz. 31; *Endert* in Frotscher/Drüen, § 28 Rz. 33.
4 *Dötsch* DPM § 27 Rz. 59; *Stimpel* RHN § 28 Rz. 99.
5 *Antweiler* in Bott/Walter (EY), KStG §27 Rz. 131.
6 Falls gesellschaftsrechtlich möglich.

3. Ausschüttung, die das Einlagekonto übersteigt (§ 28 Abs. 2 Satz 4 KStG)

Nach. § 28 Abs. 2 Satz 4 KStG kann das steuerliche Einlagekonto auch in den Fällen des § 28 KStG nicht negativ werden (s. → Rn 112; vgl. auch *Mössner* in Mössner/Seeger/Oellerich, KStG, § 27 Rz. 121) Reicht der positive Bestand des steuerlichen Einlagekontos nicht aus, ist die Rückzahlung des Nennkapitals als Gewinnausschüttung nach § 20 Abs. 1 Nr. 2 EStG zu behandeln (vgl. § 28 Abs. 2 Satz 4 KStG).

BEISPIEL: Die X AG wird 2014 gegründet. Die Gesellschafter zahlen das Grundkapital pari ein. 2014 erwirtschaftet die X einen Überschuss von 500 000, der zu einer entsprechenden Erhöhung des Nennkapitals verwendet und 2015 eingetragen wird. 2016 wird eine Herabsetzung des Nennkapitals um 600 000 beschlossen, die an die Gesellschafter ausgeschüttet wird. In Höhe von 500 000 ist ein Sonderausweis gebildet worden, dessen Auflösung zu Gewinnausschüttungen führt (§ 20 Abs. 1 Nr. 2 EStG). Die unbefangene Lektüre von § 28 Abs. 2 Satz 4 KStG würde dazu führen, dass auch in Höhe von 100 000 eine Gewinnausschüttung erfolgt. § 28 gilt aber nicht für eine Kapitalerhöhung durch Einlage (→ Rz. 46).

Das Gesetz hat den Fall im Auge, dass zunächst ein steuerliches Einlagekonto bestand, dieses teilweise zur Kapitalerhöhung verwendet wurde und anschließend wegen § 27 Abs. 1 Satz 4 KStG i.V. m. Abs. 6 (s. *Mössner* in Mössner/Seeger/Oellerich, KStG, § 27 Rz. 247) gemindert wurde. Wird das steuerliche Einlagekonto durch **organschaftliche Mehrabführungen negativ** und erfolgt dann eine Kapitalherabsetzung, die vom steuerlichen Einlagekonto „gespeist" wurde, dann sind durch die Mehrabführung die Einlagen verbraucht, so dass es nur eine Gewinnausschüttung sein kann.

4. Bindungswirkung

Die sich aus der Verwendung von Sonderausweis und Einlagekonto ergebenden Folgen entfalten für die Anteilseigner **materielle Bindungswirkung**.[1] (vgl. → Rz. 111)

(Einstweilen frei)

D. Verringerung des Sonderausweises durch positive Bestände des steuerlichen Einlagekontos (§ 28 Abs. 3 KStG)

Das Gesetz verfolgt die Tendenz, dass die Kapitalerhöhungen aus Gesellschaftsmitteln primär durch das steuerliche Einlagekonto „finanziert" werden (s. → Rz. 47). Reicht das Einlagekonto bei der Rücklagenumwandlung nicht aus und kommt es daher zur Bildung des Sonderausweises (s. → Rz. 60), so reagiert § 28 Abs. 3 darauf, wenn in Folgejahren das steuerliche Einlagekonto einen positiven Bestand aufweist, weil es zu neuerlichen Einlagen (vgl. *Mössner* in Mössner/Seeger/Oellerich, KStG, § 29 Rz. 135) gekommen ist. Dann findet eine **Umgliederung** dergestalt statt, dass das Einlagekonto dazu verwendet wird, um die Kapitalerhöhung zu finanzieren, und in diesem Maße den Sonderausweis zu verringern. Dazu ordnet **§ 27 Abs. 3 KStG** an, dass der Sonderausweis um den positiven Bestand des steuerlichen Einlagekontos verringert und zugleich der Bestand des steuerlichen Ausgleichskonto herabgesetzt wird.

---

[1] Gosch/*Bauschatz*, § 28 Rz. 40.

121 Die Bestimmung dient der **Vereinfachung**. Die jährliche Feststellung des Sonderausweises kann zukünftig bei ausreichendem positiven Bestand des Einlagekontos entfallen. Außerdem ist bei einer Kapitalherabsetzung keine Unterscheidung mehr zu treffen, welche Rücklagen für eine Kapitalerhöhung aus Gesellschaftsmitteln verwendet wurden. Allerdings bewirkt dies auch, dass vorrangig bei einer Herabsetzung des Nennkapitals der Direktzugriff bei einer Ausschüttung (vgl. → Rz. 110) unter Abweichung von der Verwendungsreihenfolge des § 27 Abs. 1 Satz 3 KStG erfolgt.

122 § 28 Abs. 3 KStG legt als maßgebenden Zeitpunkt den **Schluss des Wirtschaftsjahres** fest. Hierfür ist zuerst der positive Bestand des steuerlichen Einlagekontos zu ermitteln. Dieser kann dann aber noch nicht festgestellt sein.[1] Dieser Bestand wird sodann zur Verringerung des Sonderausweises verwendet, so dass sich zugleich der positive Bestand des Einlagekontos verringert. Der Umfang, in dem dies geschieht, bestimmt sich nach dem positiven Bestand des Einlagekontos, das dadurch nicht negativ werden kann, da nur der positive Bestand zu verwenden ist. Die Feststellung des steuerlichen Einlagekontos (vgl. *Mössner* in Mössner/Seeger/Oellerich, KStG, § 27 Rz. 145) und eines etwa verbliebenen Sonderausweises (s. → Rz. 70) zum Ende dieses Wirtschaftsjahres erfolgt unter Berücksichtigung der Umgliederung.

123 Im Gesetz fehlt eine Regelung, in welcher **Reihenfolge** Veränderungen des steuerlichen Einlagekontos am Schluss des Wirtschaftsjahres für die Umgliederung vorzunehmen sind. Da der „positive Bestand" am Schluss des Wirtschaftsjahres zu verwenden ist, kann die Umgliederung erst nach Vornahme aller anderen Zu- und Abgänge stattfinden.[2] Würde man zunächst die Zugänge zur Umgliederung nach § 28 Abs. 3 KStG verwenden, so würden ggf. Abgänge im Laufe des Wirtschaftsjahres (s. *Mössner* in Mössner/Seeger/Oellerich, KStG, § 27 Rz. 93) zu einem negativen Bestand des Einlagekontos führen, was jedoch ausgeschlossen ist (vgl. *Mössner* in Mössner/Seeger/Oellerich, KStG, § 27 Rz. 121).

124–128 *(Einstweilen frei)*

129 **BEISPIEL:** Umgliederung (§ 28 Abs. 3 KStG)

	Sonstige Rücklage	Stl. Einlagekonto	Nennkapital	Sonderausweis
	(nicht festg.)	festgestellt		festg.
Bestände 31.12.2014	600 000	0	2 200 000	700 000
Zugänge 2014		700 000		
Abgänge 2014		-200 000		
Umgliederung		-500 000		-500 000
Bestände 31.12.2015	600 000	0	2 200 000	200 000

Komplettes Beispiel zu § 28 KStG

	Sonstige Rücklage	Stl. Einlagekonto	Nennkapital	Sonderausweis
	(nicht festg.)	Festg.		festg.
1. Kapitalerhöhung, § 28 Abs. 1 KStG				
Bestände 31.12.12	150 000	30 000	100 000	

---

[1] Vgl. *Stimpel* Röder/Herlinghaus/Neumann § 28 Rz. 111.
[2] *Dötsch* in DPM, § 28. Rz. 69; *Nitschzke* in Schnitger/Fehrenbach, § 28 Rz. 76.

KapErh. aus Rücklagen in 13	120 000				
vorrangig stl. Einlagekonto	-30 000		-30 000	+ 30 000	
Rest	90 000				
nachrangig sonst. Rücklagen	-90 000	-90 000		+ 90 000	
	0				
Bestände 31. 12. 13		60 000	0	220 000	90 000
2. Umgliederung, § 28 Abs. 3 KStG					
Zugänge 14			20 000		
Umgliederung			-20 000		-20 000
Bestände 31. 12. 14		60 000	0	220 000	70 000
3. Kapitalherabsetzung, § 28 Abs. 2 KStG					
Kapitalherabsetzung 15	100 000				
vorrangig Sonderausweis	-70 000	+ 70 000		-70 000	-70 000
Rest	30 000				
nachrangig stl. Einlagekonto	-30 000		+ 30 000	-30 000	
	0				
Bestände 31. 12. 15		130 000	30 000	120 000	0

§ 29 Kapitalveränderungen bei Umwandlungen

(1) In Umwandlungsfällen im Sinne des § 1 des Umwandlungsgesetzes gilt das Nennkapital der übertragenden Kapitalgesellschaft und bei Anwendung des Absatzes 2 Satz 3 und des Absatzes 3 Satz 3 zusätzlich das Nennkapital der übernehmenden Kapitalgesellschaft als in vollem Umfang nach § 28 Abs. 2 Satz 1 herabgesetzt.

(2) [1]Geht das Vermögen einer Kapitalgesellschaft durch Verschmelzung nach § 2 des Umwandlungsgesetzes auf eine unbeschränkt steuerpflichtige Körperschaft über, so ist der Bestand des steuerlichen Einlagekontos dem steuerlichen Einlagekonto der übernehmenden Körperschaft hinzuzurechnen. [2]Eine Hinzurechnung des Bestands des steuerlichen Einlagekontos nach Satz 1 unterbleibt im Verhältnis des Anteils des Übernehmers an dem übertragenden Rechtsträger. [3]Der Bestand des Einlagekontos des Übernehmers mindert sich anteilig im Verhältnis des Anteils des übertragenden Rechtsträgers am Übernehmer.

(3) [1]Geht Vermögen einer Kapitalgesellschaft durch Aufspaltung oder Abspaltung im Sinne des § 123 Abs. 1 und 2 des Umwandlungsgesetzes auf eine unbeschränkt steuerpflichtige Körperschaft über, so ist der Bestand des steuerlichen Einlagekontos der übertragenden Kapitalgesellschaft einer übernehmenden Körperschaft im Verhältnis der übergehenden Vermögensteile zu dem bei der übertragenden Kapitalgesellschaft vor dem Übergang bestehenden Vermögen zuzuordnen, wie es in der Regel in den Angaben zum Umtauschverhältnis der Anteile im Spaltungs- und Übernahmevertrag oder im Spaltungsplan (§ 126 Abs. 1 Nr. 3, § 136 des Umwandlungsgesetzes) zum Ausdruck kommt. [2]Entspricht das Umtauschverhältnis der Antei-

le nicht dem Verhältnis der übergehenden Vermögensteile zu dem bei der übertragenden Kapitalgesellschaft vor der Spaltung bestehenden Vermögen, ist das Verhältnis der gemeinen Werte der übergehenden Vermögensteile zu dem vor der Spaltung vorhandenen Vermögen maßgebend. ³Für die Entwicklung des steuerlichen Einlagekontos des Übernehmers gilt Absatz 2 Satz 2 und 3 entsprechend. ⁴Soweit das Vermögen durch Abspaltung auf eine Personengesellschaft übergeht, mindert sich das steuerliche Einlagekonto der übertragenden Kapitalgesellschaft in dem Verhältnis der übergehenden Vermögensteile zu dem vor der Spaltung bestehenden Vermögen.

(4) Nach Anwendung der Absätze 2 und 3 ist für die Anpassung des Nennkapitals der umwandlungsbeteiligten Kapitalgesellschaften § 28 Abs. 1 und 3 anzuwenden.

(5) Die vorstehenden Absätze gelten sinngemäß für andere unbeschränkt steuerpflichtige Körperschaften und Personenvereinigungen, die Leistungen im Sinne des § 20 Abs. 1 Nr. 1, 9 und 10 des Einkommensteuergesetzes gewähren können.

(6) ¹War für die übertragende Körperschaft oder Personenvereinigung ein Einlagekonto bisher nicht festzustellen, tritt für die Anwendung der vorstehenden Absätze an die Stelle des Einlagekontos der Bestand der nicht in das Nennkapital geleisteten Einlagen zum Zeitpunkt des Vermögensübergangs. ²§ 27 Abs. 8 gilt entsprechend.

Inhaltsübersicht

	Rz.
A. Allgemeines zu § 29 KStG	1 – 39
I. Gesetzeszweck des § 29 KStG	1 – 9
II. Rechtsentwicklung	10 – 15
III. Verhältnis zu anderen Vorschriften	16 – 24
IV. Zeitlicher Anwendungsbereich	25 – 30
V. Persönlicher Anwendungsbereich	31 – 39
B. Herabsetzung des Nennkapitals (§ 29 Abs. 1 KStG)	40 – 60
I. Umwandlung	40 – 49
1. Umwandlung nach § 1 UmwG	40 – 42
2. Andere Umwandlungen	43 – 49
II. Wirkung der Umwandlung	50 – 54
III. Wirkung der Herabsetzung des Nennkapitals	55 – 60
C. Veränderungen des steuerlichen Einlagekontos bei Verschmelzung (§ 29 Abs. 2 KStG)	61 – 99
I. Anwendungsbereich	61 – 64
II. Hinzurechnung des steuerlichen Einlagekontos (§ 29 Abs. 2 Satz 1 KStG)	65 – 74
III. Unterbleiben der Hinzurechnung (§ 29 Abs. 2 Satz 2 KStG)	75 – 84
IV. Minderung der Hinzurechnung (s. § 29 Abs. 2 Satz 3 KStG)	85 – 94
V. Feststellungszeitpunkt für die Veränderungen des steuerlichen Einlagekontos	95 – 99
D. Veränderungen des steuerlichen Einlagekontos bei Spaltung (§ 29 Abs. 3 KStG)	100 – 130
I. Anwendungsbereich	100 – 105
II. Aufteilung des steuerlichen Einlagekontos der Überträgerin (§ 29 Abs. 3 Satz 1 und 2 KStG)	106 – 114
III. Anwendung des § 29 Abs. 2 Satz 2 und 3 KStG in Spaltungsfällen (§ 29 Abs. 3 Satz 3 KStG)	115 – 119
IV. Übergang des Vermögens durch Abspaltung auf eine Personengesellschaft (§ 29 Abs. 3 Satz 4 KStG)	120 – 124
V. Der Feststellungszeitpunkt für die Veränderungen des steuerlichen Einlagekontos	125 – 130

E. Anpassung des Nennkapitals der umwandlungsbeteiligten Körperschaften (§ 29 Abs. 4 KStG)	131 - 139
F. Erweiterung des persönlichen Anwendungsbereiches der Abs. 1 bis 4 (§ 29 Abs. 5 KStG)	140 - 149
G. Erweiterung des persönlichen Anwendungsbereiches auf ausländische Gesellschaften (§ 29 Abs. 6 KStG)	150 - 157

A. Allgemeines zu § 29 KStG

LITERATURHINWEISE:

Müller/Maiterth, Die Anpassung des steuerlichen EK-Ausweises bei der Verschmelzung von Körperschaften im Steuerrecht, DStR 2001, 1229; *Förster/van Lishaut*, Das körperschaftsteuerliche Eigenkapital i. S. d. §§ 27-29 KStG 2001, FR 2002, 1257; *Müller/Maiterth*, Die Anpassung des gesonderten steuerlichen Eigenkapitalausweises von Körperschaften bei Kapitaländerungen in Umwandlungsfällen, DStR 2002, 746; *Voß*, Aktuelle Probleme des neuen EK-Ausweises nach den §§ 27-29 KStG, BB 2003, 880; *Dötsch/Pung*, UmwStG, §§ 29, 40 Abs. 1 und 2 KStG: Das Einführungsschreiben des BMF, Schreiben v. 16.12.2003, DB 2004, 208, 215; *Mayer*, Umtauschverhältnis und gemeiner Wert als Aufteilungsmaßstab für das steuerliche Einlagekonto bei Auf- und Abspaltungen, DB 2008, 888; *Schießl*, Erstmalige Feststellung eines steuerlichen Einlagekontos von ausländischer Körperschaft im Fall der Hereinverschmelzung (§ 29 Abs. 6 KStG), DStZ 2008, 852; *Stadler/Jetter*,, Grenzüberschreitende Verschmelzung von Kapitalgesellschaften und steuerliches Einlagekonto IStR 2009, 336; Endert, Auswirkungen der Upstream-Abspaltung mit Schuldüberhang auf das steuerliche Einlagekonto, Ubg 2017, 15.

I. Gesetzeszweck des § 29 KStG

Bei Umwandlungen von Körperschaften ergeben sich Auswirkungen auf das Nennkapital, den Sonderausweis und das steuerliche Einlagenkonto der beteiligten Körperschaften. Die Vorschrift will sicherstellen, dass die **steuerlichen Einlagen nach der Umwandlung** in einer Weise fortgeführt werden, dass spätere Rückzahlungen von Einlagen bei den Anteilseignern, die die Einlagen ursprünglich geleistet haben, nicht als Gewinnausschüttung behandelt werden.[1]   1

Um dieses Ziel zu erreichen, wendet § 29 KStG folgendes **Verfahren** in drei Schritten an. Zunächst werden die **Nennkapitale** der beteiligten Körperschaften **aufgelöst** (§ 29 Abs. 1 KStG) und wie eine Herabsetzung des Nennkapitals (§ 28 Abs. 2 KStG) behandelt. Dadurch führt der Sonderausweis in der Regel zu sonstigen Rücklagen (*Mössner* in Mössner/Seeger/Oellerich, KStG, § 28 Rz. 95) und das übrige Nennkapital zur Erhöhung des Einlagekontos (*Mössner* in Mössner/Seeger/Oellerich, KStG, § 28 Rz. 96). Sodann erfolgt eine **Verrechnung der Einlagekonten** (§ 28 Abs. 2 und 3 KStG). Abschließend werden zur **Anpassung an das handelsrechtliche Nennkapital** Einlagekonto und ggf. sonstige Rücklagen umgewandelt (§ 29 Abs. 4 KStG). Durch dieses Verfahren können die Folgen einer Umwandlung vereinfacht durch Verrechnung der Einlagekonten abgewickelt werden. Da eine **Ausgliederung** steuerlich als Einbringung nach §§ 20, 24 UmwStG behandelt wird, gibt es Auswirkungen weder auf das steuerliche Einlagekonto noch auf das Nennkapital der übertragenden Gesellschaft, so dass § 29 KStG nicht angewendet wird.[2]   2

Nach § 29 KStG erfolgt die Anpassung der steuerlichen Einlagekonten und der Sonderausweise bei Umwandlungen unter Körperschaften in drei Stufen:[3]   3

---

[1] So zutreffend Gosch/*Bauschatz*, § 29 Rz. 10.
[2] Vgl. BMF, Schreiben v. 11.11.2011 (UmwStE), BStBl 2011 I 1314, K-02.
[3] Ähnlich *Endert* in Frotscher/Drüen, § 29 Rz. 9; *Dötsch* in DPM, § 29 Rz. 6.

- **1. Stufe:** die Herabsetzung des Nennkapitals wird fingiert (§ 29 Abs. 1 KStG),
- **2. Stufe:** Anpassung der steuerlichen Einlagekonten (§ 29 Abs. 2 bzw. 3 KStG),
- **3. Stufe:** Anpassung an das handelsrechtliche Nennkapital (§ 29 Abs. 4 KStG).

4   Die Unterscheidung des Anwendungsbereichs auf **unbeschränkt körperschaftsteuerpflichtige** Körperschaften und Personenvereinigungen nach § 29 Abs. 5 KStG im Gegensatz zu Abs. 6, der für nicht unbeschränkt körperschaftsteuerpflichtige Körperschaften und Personenvereinigungen gilt, ist zu beachten.

5   § 29 Abs. **1** KStG fingiert bei **allen Umwandlungen**[1] nach § 1 UmwG bei der übertragenden Kapitalgesellschaft und der übernehmenden Körperschaft die vollständige **Herabsetzung** des Nennkapitals mit Wirkung des § 28 Abs. 2 Satz 1 KStG. § 29 Abs. **2** KStG regelt die Auswirkungen einer **Verschmelzung** einer Kapitalgesellschaft auf die steuerlichen Einlagekonten der beteiligten Körperschaften. § 29 Abs. **3** KStG enthält entsprechende Regelungen für das steuerliche Einlagekonto bei Vermögensübertragung durch Auf- oder Abspaltung. § 29 Abs. **4** KStG ordnet an, dass nach Verrechnung der Einlagekonten gem. Abs. 2 und 3 das jeweilige Nennkapital anzupassen ist § 29 Abs. **5** KStG erweitert den persönlichen Anwendungsbereich der Abs. 1 bis 4 auf andere **unbeschränkt körperschaftsteuerpflichtige** Körperschaften. § 29 Abs. **6** KStG regelt die Fälle eines fehlenden Einlagekontos, z. B. bei beschränkter Körperschaftsteuerpflicht. Dann kann nicht auf das Einlagekonto abgestellt werden, sondern es muss vielmehr der Bestand der nicht in das Nennkapital geleisteten Einlagen festgestellt werden

6–9   *(Einstweilen frei)*

II. Rechtsentwicklung

10   Durch das **StSenkG** v. 23. 10. 2000[2] wurde das seit 1977 geltende Anrechnungsverfahren durch das Halbeinkünfteverfahren abgelöst. Einer Gliederung des vEK bedarf es nach dem Systemwechsel nicht mehr. Die bisherigen Vorschriften des Vierten Teils des KStG (§§ 27 bis 47 KStG a. F.) wurden deshalb ersatzlos gestrichen. Durch das **StSenkG** wurde ein **§ 29 KStG** mit neuem Regelungsinhalt in das KStG eingefügt. § 29 KStG i. d. F. des StSenkG bestimmte – entsprechend § 47 Abs. 2 Nr. 2 und 3 KStG a. F. – den KSt-Bescheid in Fällen des Verlustrücktrags sowie der Feststellung des verbleibenden Verlustabzuges zum Grundlagenbescheid. Diese Grundlagefunktion hält der Gesetzgeber inzwischen nicht mehr für erforderlich.[3] § 29 KStG i. d. F. des StSenkG ist **nie** zur Anwendung kommen.

11   Mit dem **EURLUmsG** vom 9. 12. 2004 erfolgte eine klarstellende Ergänzung des Gesetzestextes in Abs. 1 der Norm unter Einbeziehung der bereits gefassten Verwaltungsansicht.[4] Seither ist in § 29 Abs. 1 KStG gesetzlich normiert, dass im Falle der sog. Abwärtsverschmelzung von einer Mutter- auf eine Tochtergesellschaft (vgl. § 29 Abs. 2 Satz 3 bzw. Abs. 3 Satz 3 KStG) auch das Nennkapital der übernehmenden Kapitalgesellschaft als vollumfänglich nach § 28 Abs. 2 Satz 1 KStG herabgesetzt gilt.

12   Durch das **SEStEG** erfolgte eine Änderung des Abs. 5. Wegen der Ergänzung um die Worte „unbeschränkt steuerpflichtige" sind die Abs. 1 bis 4 nur auf solche anzuwenden. Der angefügte

---

[1] Endert in Frotscher/Drüen, § 29 Rz.2.
[2] BGBl 2000 I 1493; BStBl 2000 I 1428.
[3] BT-Drucks. 14/6882, 38.
[4] BMF, Schreiben v. 16. 12. 2003, BStBl 2003 I 786, Rz. 39.

Abs. 6 bestimmt, dass andernfalls (bei beschränkter Steuerpflicht) nicht auf das Einlagekonto, sondern unter entsprechender Anwendung der Norm des § 27 Abs. 8 KStG auf den Bestand der im Zeitpunkt des Vermögensübergangs nicht in das Nennkapital geleisteten Einlagen zuzugreifen ist. § 29 KStG in der Fassung des SEStEG ist nach § 34 Abs. 1 KStG seit dem VZ 2006 anzuwenden.

Das **JStG 2008**[1] führte zu keiner Änderung des § 29 KStG. 13

(Einstweilen frei) 14–15

III. Verhältnis zu anderen Vorschriften

§ 29 KStG steht in engem Zusammenhang mit den §§ 27, 28 KStG und (bis 2007) § 40 KStG: 16

- **§ 27 KStG** enthält die Regeln für das steuerliche Einlagekonto.
- Nach § 29 Abs. 1 und 4 KStG sind die Bestimmungen des **§ 28 KStG** über die Kapitalerhöhung und die Herabsetzung des Kapitals auch bei einer Umwandlung anzuwenden.
- § 29 KStG gilt bei der Einlagenrückgewähr durch Körperschaften oder Personenvereinigungen entsprechend, die in einem anderen Mitgliedstaat der EU unbeschränkt steuerpflichtig sind, vgl. § 27 Abs. 8 Satz 2 KStG.
- **§ 40 KStG** regelt für die 15-jährige Übergangszeit vom Anrechnungsverfahren zum Halbeinkünfteverfahren die Auswirkungen einer Umwandlung auf das KSt-Guthaben (§ 37 KStG) und das EK 02 (§ 38 KStG), während § 29 KStG die Folgen einer Umwandlung für das steuerliche Einlagekonto und den Sonderausweis anordnet. Mit Wirkung ab 2008 ist § 40 KStG weggefallen.

§§ 7 und 10 UmwStG i. d. F. des UntStFG, die die Umwandlung einer KapGes in eine PersGes betreffen, sowie **§ 12 Abs. 5 UmwStG** i. d. F. des UntStFG, der die Auswirkungen einer Verschmelzung auf den Gewinn der übernehmenden Körperschaft regelt, nehmen auf § 29 Abs. 1 KStG Bezug. 17

(Einstweilen frei) 18–24

IV. Zeitlicher Anwendungsbereich

§ 29 KStG i. d. F. des UntStFG ist gemäß § 34 Abs. 2a KStG erstmals für den VZ anzuwenden, in dem das KStG n. F. Anwendung findet. § 29 KStG i. d. F. des UntStFG gilt dementsprechend i. d. R. erstmals im VZ 2001 und bei einem vom Kalenderjahr abweichenden Wj. ausnahmsweise erstmals ab dem VZ 2002, wenn das erste im VZ 2002 endende Wj. vor dem 1. 1. 2002 beginnt (§ 34 Abs. 2 und 2a KStG i. d. F. des UntStFG). Das EURLUmsG vom 9. 12. 2004 ist am 15. 12. 2004 im Bundesgesetzblatt[2] verkündet worden, dass den Wortlaut des Abs. 1 neu fasste. 25

Die Änderung des Abs. 5 und die Anfügung des Abs. 6 durch das SEStEG gelten gemäß § 34 Abs. 1 KStG i. d. F. des SEStEG ab dem VZ 2006. 26

(Einstweilen frei) 27–30

---

1 BGBl 2007 I 3150 ff.
2 BGBl 2004 I 3310.

V. Persönlicher Anwendungsbereich

31 § 29 KStG richtet sich an alle Körperschaften und Personenvereinigungen, die generell drei Voraussetzungen erfüllen:

▶ Sie müssen gem. § 27 KStG ein steuerliches **Einlagekonto führen**.

▶ Wie in § 27 Abs. 1 KStG (vgl. *Mössner* in Mössner/Seeger/Oellerich, KStG, § 27 Rz. 258) wird die Anwendung auf alle Körperschaften und Personenvereinigungen erstreckt, die Leistungen gem. § 20 Abs. 1 Nr. 1, 9 und 10 EStG gewähren können.

▶ Außerdem müssen sie eine **Umwandlung** (s. → Rz. 40) erlauben

Speziell verlangen § 29 Abs. 1 und 4 KStG, dass diese Körperschaften oder Personenvereinigungen über ein **Nennkapital** verfügen.

32 Hinsichtlich der Körperschaftsteuerpflicht gilt Folgendes:

▶ **Unbeschränkt körperschaftsteuerpflichtig**[1] müssen sein
  - Abs. 1 die übertragende Kapitalgesellschaft[2]
  - Abs. 2 die übernehmende Körperschaft
  - Abs. 3 die übernehmende Körperschaft
  - Abs. 5 die anderen Körperschaften und Personenvereinigungen (→ Rz. 31), auf die die Abs. 1 – 4 sinngemäß anzuwenden sind (→ Rz. 150)

▶ **Beschränkt steuerpflichtige EU** Körperschaften oder Personenvereinigungen als übertragende Einheiten sind in § 29 Abs. 6 KStG angesprochen (vgl. → Rz. 150).

Durch Kombination ergeben sich dann die unterschiedlichsten Anwendungsfälle; z. B. Formwechsel einer Kapitalgesellschaft in eine Personengesellschaft = Abs. 1, Verschmelzung einer EU-Kapitalgesellschaft auf eine deutsche AG = Abs. 6 und Abs. 2, Abspaltung einer GmbH von einer GmbH = Abs. 1 und Abs. 2.

33 Nach der **Rechtsform**, die jeweils betroffen ist, unterscheiden sich die einzelnen Absätze. Abs. **1** betrifft nur **Kapitalgesellschaften** als übertragende Einheit. In Abs. **2 und 3** wendet sich die Norm an **Kapitalgesellschaften** als übertragende Einheiten und an **Körperschaften** als übernehmende Einheiten. Abs. **4** regelt die Nennkapitalanpassung von an der Umwandlung beteiligten **Kapitalgesellschaften**. Abs. **5** ordnet die Anwendung der Abs. 1 bis 4 für andere **Körperschaften und Personenvereinigungen** an (s. näher → Rz. 140). Abs. **6** behandelt übertragende **Körperschaften und Personenvereinigungen**, für die bisher kein Einlagekonto festzustellen ist. Wie der Hinweis auf § 27 Abs. 8 KStG zeigt, meint das Gesetz EU-Einheiten, die hineinverschmolzen werden (vgl. → Rz. 150).

34 § 29 KStG ist nicht anwendbar, wenn **Personengesellschaften oder natürliche Personen** an der Umwandlung gem. § 1 UmwG beteiligt sind. Diese geraten indirekt in den Anwendungsbereich von § 29 Abs. 1 KStG, wenn eine Kapitalgesellschaft auf eine Personengesellschaft oder natürliche Person verschmolzen wird (näher → Rz. 63).

35–39 *(Einstweilen frei)*

---

[1] *Endert* in Frotscher/Drüen, § 29 Rz. 20 ff.; *Dötsch* in DPM, § 29 Rz. 8.
[2] Dies ist allg. A.: *Dötsch* in DPM, § 29 Rz. 8; *Endert* in Frotscher/Drüen, § 29 Rz. 22; *Stimpel Rödder/Herlinghaus/Neumann*, § 29 Rz. 20.

B. Herabsetzung des Nennkapitals (§ 29 Abs. 1 KStG)

I. Umwandlung

1. Umwandlung nach § 1 UmwG

§ 29 Abs. 1 KStG setzt voraus, dass eine **Umwandlung i. S. d. § 1 UmwG** erfolgt. Nach dieser Norm können Rechtsträger mit Sitz im Inland umgewandelt werden[1] 40

▶ durch Verschmelzung,

▶ durch Spaltung (Aufspaltung, Abspaltung (vgl. → Rz. 100 ff.), Ausgliederung – hierzu s. → Rz. 41)

▶ durch Vermögensübertragung und

▶ durch Formwechsel.

Die in § 1 UmwG erwähnte **Ausgliederung** ist nach Ansicht der Finanzverwaltung[2] nicht für § 29 Abs. 1 KStG von Bedeutung, da es nicht betragsmäßig zu Auswirkungen beim Nennkapital und Einlagekonto kommt. *Dötsch*[3] macht darauf aufmerksam, dass diese Ansicht zu Problemen führt, wenn es wegen organschaftlicher Mehrabführungen zu einem negativen Einlagekonto gekommen ist. Wegen § 28 Abs. 1 KStG i. V. m. § 29 Abs. 4 KStG könnte es zum Ausgleich des negativen Einlagekontos kommen. 41

Anders als in § 1 UmwG betrifft § 29 Abs. 1 KStG nur den Fall, dass eine Kapitalgesellschaft (s. → Rz. 33) umgewandelt wird. Als solche kommen in Betracht: Aktiengesellschaft, GmbH, KGaA., Europäische Gesellschaft. Das Gesetz beschränkt seinem Wortlaut nach § 29 Abs. 1 KStG nicht darauf, dass eine **unbeschränkt steuerpflichtige** (vgl. *Oellerich* in Mössner/Seeger/Oellerich, KStG, § 1 Rz. 151 ff.) **Kapitalgesellschaft** umgewandelt wird. Nach h. M.[4] ergibt sich dies daraus, dass nur diese Kapitalgesellschaften ein Einlagekonto führen (s. *Mössner* in Mössner/Seeger/Oellerich, KStG, § 27 Rz. 41) und für solche, für die kein Einlagekonto festzustellen ist – also die beschränkt steuerpflichtigen oder EU-Kapitalgesellschaften –, § 29 Abs. 6 KStG anzuwenden ist. 42

2. Andere Umwandlungen

„Umwandlungen" durch **Einzelrechtsnachfolge** wie Einbringungen (§§ 20, 24 UmwStG) lösen nicht die Rechtsfolge des § 29 Abs. 1 KStG aus. Dies gilt auch für den **Anteilstausch**. Dann besteht keine Notwendigkeit der Nennkapitalanpassung.[5] 43

Bei einer **grenzüberschreitenden Umwandlung** ist zu unterscheiden, ob sich um eine solche unter Beteiligung einer Gesellschaft eines anderen EU-Mitgliedstaates handelt. Dann sind §§ 122a ff. UmwG anzuwenden. § 1 UmwG ist anwendbar, wenn die beteiligten Rechtsträger im Inland ihren Sitz haben. Da § 27 KStG nicht für beschränkt steuerpflichtige oder ausländische Kapitalgesellschaft ohne Betriebsstätte im Inland anwendbar ist, entfällt auch die Not- 44

---

[1] Ebenso vgl. *Dötsch* in DPM, § 29 Rz. 10.
[2] BMF, Schreiben v. 11. 11. 2011, BStBl 2011 I 1314 (UmwStE) K.02.
[3] *Dötsch* in DPM, § 29 Rz. 10.
[4] Gosch/*Bauschatz*, § 29 Rz. 22; *Endert* in Frotscher/Drüen, § 29 Rz. 22; *Dötsch* in DPM, § 29 Rz. 8; *Antweiler* in Bott/Walter, § 29 Rz. 13.
[5] So *Frotzscher*/Maas, § 29 Rz. 2 ff.

wendigkeit der Anwendung von § 29 KStG. Eine entsprechende Anwendung wird befürwortet,[1] wenn die übertragende Kapitalgesellschaft unbeschränkt steuerpflichtig ist.

> **BEISPIEL:** Die im Inland ansässige X-GmbH wird im Wege der Hinausverschmelzung[2] auf die französische X-SA verschmolzen. Für die X-GmbH war aufgrund einer früheren Kapitalerhöhung durch Rücklagenumwandlung ein Sonderausweis festgestellt worden. Außerdem war das Einlagekonto verwendet worden. Der Betrieb der X-GmbH verbleibt im Inland und wird zu einer Betriebsstätte der Y-SA.

Die X-GmbH setzt in ihrer Schlussbilanz (§ 11 UmwStG) ihre Wirtschaftsgüter mit dem Buchwert an. Die Anteilseigner der X-GmbH erhalten Aktien der Y-SA (§ 13 UmwStG). Da nach § 27 Abs. 8 Satz 2 KStG eine Einlagenrückgewähr möglich ist und § 29 KStG zu deren Ermittlung gilt, ist es sinnvoll § 29 Abs. 1 KStG auf diesen Fall anzuwenden, um die Feststellung des Betrages einer Einlagenrückgewähr (§ 27 Abs. 8 Satz 3 KStG) vornehmen zu können.

45–49 *(Einstweilen frei)*

II. Wirkung der Umwandlung

50 Nach § 29 Abs. 1 KStG gilt (**Fiktion**)[3] bei der Umwandlung (s. → Rz. 40) das **Nennkapital** der **übertragenden Kapitalgesellschaft** als in vollem Umfang **herabgesetzt**, soweit die Einlage in das Nennkapital geleistet worden ist (§ 28 Abs. 2 Satz 1 KStG). Die Folgen dieser Herabsetzung ergeben sich aus § 28 Abs. 2 Satz 1 KStG. Dies gilt in allen Fällen der Umwandlung, auch bei der Abspaltung, obgleich die Kapitalgesellschaft fortbesteht.[4] Handelsrechtlich kommt es nicht zur Nennkapitalverringerung.

51 Das Gesetz spricht davon, dass die Herabsetzung in **vollem Umfange** fingiert wird. Dies ist selbstverständlich, wenn die übertragende Kapitalgesellschaft nach der Umwandlung aufgelöst ist, also bei der Verschmelzung und dem Formwechsel. Bei der **Abspaltung** ist dies nicht recht verständlich, hier würde eine partielle Herabsetzung ausreichen.

> **BEISPIEL:** Die X-GmbH beschließt die Abspaltung eines Teilbetriebs auf eine neugegründete Y-GmbH mit einem Nennkapital von 100. Die X hat ein Nennkapital von 200. Dieses ist in Höhe von 100 durch eine Rücklagenumwandlung in früheren Jahren erhöht worden, was zu einem Sonderausweis von 50 und einer Inanspruchnahme des steuerlichen Einlagenkontos von 50 führte. Der Teilbetrieb macht 50 % ihres Vermögens aus.

Nach § 123 Abs. 2 UmwG überträgt der übertragende Rechtsträger – hier X-GmbH – einen Teil seins Vermögens – hier den Teilbetrieb – auf einen von ihm gegründeten neuen Rechtsträger – hier Y-GmbH unter Gewährung der Anteile an Y an die Gesellschafter der X-GmbH. Aus Sicht der X kommt es zu einer Verringerung ihres Vermögens durch die Übertragung an Y, wobei letztlich dieses Vermögen an ihre Gesellschafter durch Gewährung der Anteile an Y ausgeschüttet wird. Es würde eigentlich ausreichen, wenn bei der X steuerlich das Nennkapital in Höhe von 100 herabgesetzt wird, was dann in Höhe von 50 (Sonderausweis) zu steuerpflichtigen Einkünften und in Höhe von 50 zu einer Einlagenrückgewähr bei den Gesellschaftern der X führt. Stattdessen ordnet § 29 Abs. 1 KStG an, dass das gesamte Nennkapital als herabgesetzt gilt. Dies bewirkt, dass das steuerliche Einlagekonto in Höhe des nicht ausgeschütteten

---

[1] *Antweiler* in E&Y, § 29 Rz. 13.1.
[2] Hierzu vgl. *Rödder*/Herlinghaus/van Lishaut, UmwStG, § 11 Rz. 122.
[3] *Endert* in Frotscher/Drüen, § 29 Rz. 28; *Dötsch* DPM, § 29 Rz. 11.
[4] So auch *Nitzschke* in Schnitger/Fehrenbach, § 29 Rz. 26; Gosch/*Bauschatz*, § 29 Rz. 50.

Betrags aufgefüllt wird. Damit wird auch in den Fällen der Spaltung die Anpassung zunächst über die Einlagekonten vorgenommen (vgl. → Rz. 2).

Bei einer **Ausgliederung** liegt ein ähnlicher Fall vor, nur dass die neuen Anteile an der Y von der X gehalten werden. Folglich tritt bei der X keine Vermögensverlust ein, da die neuen Anteile an der Y an das Vermögen des Teilbetriebes treten. Erfolgt die Ausgliederung zum Buchwert (§ 20 Abs. 2 f. UmwStG), so ist der Vorgang ergebnisneutral. 52

§ 29 Abs. 1 KStG bezieht auch die Auswirkung auf den Bestand des **Nennkapitals der übernehmenden** Körperschaft ein, wenn diese an der übertragenden Kapitalgesellschaft beteiligt ist. Damit ist der Fall des sog. **downstream mergers** gemeint. § 29 Abs. 2 Satz 3 KStG bzw. Abs. 3 Satz 3 regeln demgegenüber die Auswirkung auf das Einlagekontos (s. → Rz. 85). In Fällen der Abwärtsverschmelzung der Mutter- auf die Tochtergesellschaft ist vor Anwendung der Abs. 2 und 3 das Nennkapital bei der übernehmenden Gesellschaft herabzusetzen.[1] 53

BEISPIEL: An der X-GmbH sind A und B beteiligt. Die X-GmbH hat eine hundertprozentige Tochtergesellschaft Y-GmbH. Die X wird auf die Y verschmolzen.

Die übertragende (Mutter-)Gesellschaft X-GmbH hält alle Anteile an der übernehmenden (Tochter-)Gesellschaft Y-GmbH. Durch die Abwärtsverschmelzung des gesamten Vermögens im Wege der Gesamtrechtsnachfolge verbunden mit der Auflösung der X-GmbH gehen die von der übertragenden X gehaltenen Anteile an Y auf diese als Übernehmerin über. Die (Tochter-)Gesellschaft als Übernehmerin erhält eigentlich somit eigene Anteile übertragen (vgl. *Mössner* in Mössner/Seeger/Oellerich, KStG, § 28 Rz. 84). Und es käme zur Kapitalherabsetzung. Der BFH[2] hat sich jedoch gegen einen Durchgangserwerb der eigenen Anteile ausgesprochen, so dass die Anteilseigner der übertragenden Gesellschaft (X-GmbH) an Stelle der untergehenden Anteile an der X-GmbH im Wege des Direkterwerbs die Anteile an der Y erwerben, die die X gehalten hat.[3] Aus Sicht der Y änderte sich dadurch eigentlich nichts. Trotzdem ordnet § 29 Abs. 1 KStG die vollständige Herabsetzung des Nennkapitals der Y-GmbH für steuerliche Zwecke an. Damit will der Gesetzgeber erreichen, dass das gesamte Nennkapital gleichzeitig in das steuerliche Einlagekonto als eingestellt gilt. Dadurch kann das (entstandene steuerliche Einlagekonto) gemäß der zu eigenen Anteilen bestehenden Beteiligung an der übernehmenden Körperschaft gemindert werden (§ 29 Abs. 2 Satz 3 KStG). Sodann bedarf es einer Neubildung des Nennkapitals der Übernehmerin aus dem verbliebenen steuerlichen Einlagekonto. Ist dies unmöglich (z. B. weil kein steuerliches Einlagekonto verblieben ist), muss das Nennkapital anders gebildet werden. Die Neubildung ist z. B. durch eine Kapitalerhöhung im Rahmen der Verschmelzung denkbar. Andererseits muss es auch möglich sein, dass Nennkapital aus dem der Übernehmerin zuzurechnenden steuerlichen Einlagekonto der Überträgerin zu bilden.

(Einstweilen frei) 54

---

[1] Vgl. amtliche Begründung - BT-Drucks. 15/3677, 37 als Klarstellung und Bestätigung der Verwaltungsauffassung, BMF, Schreiben v. 16. 12. 2003, BStBl 2003 I 786, Tz. 39.
[2] Urteil v. 28. 2. 2011 - I R 4/09, BStBl 2011 II 315.
[3] H.M. BMF, Schreiben v. 11. 11. 2011, BStBl 2011 I 1314, Tz. 11.18 (UmwStE); h. M. vgl. *Rödder*/Herlinghaus/van Lishaut, UmwStG, § 11 Rz. 69 m. w. N.

III. Wirkung der Herabsetzung des Nennkapitals

55 Die Herabsetzung des Nennkapitals führt zur Anwendung von § 28 Abs. 1 KStG, was § 29 Abs. 1 KStG klarstellend ausdrücklich anordnet. Dies bedeutet:

► Zunächst wird der **Sonderausweis** der **Überträgerin** zum Schluss des vorangegangenen Wirtschaftsjahres auf Null gemindert.[1]

► In Höhe dieser Minderung werden die bisher im Nennkapital enthaltenen Rücklagen wieder **zu sonstigen Rücklagen**, die nicht gesondert festgestellt werden. Damit werden frühere Kapitalerhöhungen aus der Umwandlung von sonstigen Rücklagen rückgängig gemacht.

► Soweit das Nennkapital den Sonderausweis übersteigt, wird der übersteigende Betrag dem **steuerlichen Einlagekonto** der Überträgerin gutgeschrieben.

Danach besitzt die Überträgerin weder Nennkapital noch einen Sonderausweis, sondern nur noch ein steuerliches Einlagekonto.[2]

56 Nach § 29 Abs. 1 KStG ist **nur** § 28 Abs. 2 Satz 1 KStG, nicht dagegen § 28 Abs. 2 Satz 2 KStG **anwendbar**. Eine Gewinnausschüttung an die Anteilseigner der Überträgerin ist daher nicht anzunehmen.

57 Bei der Abwärtsverschmelzung (s. → Rz. 48) gilt außerdem auch das Nennkapital der **übernehmenden** Kapitalgesellschaft ebenfalls in vollem Umfang als herabgesetzt mit der Folge des § 28 Abs. 2 Satz 1 KStG (s. → Rz. 51).

58 Die gesetzliche Regelung in § 29 Abs. 1 KStG stellt nur eine **gesetzliche Fiktion** dar und führt nicht zu einer tatsächlichen Kapitalherabsetzung. § 29 Abs. 2 Satz 3 KStG soll verhindern, dass im Falle der Abwärtsverschmelzung „Scheinbestände" im steuerlichen Einlagekonto entstehen.

59 Nicht geregelt ist in § 29 Abs. 1 KStG der **Zeitpunkt**, auf den für den Bestand des Sonderausweises abzustellen ist. Nach § 28 Abs. 2 KStG ist dies der Schluss des vorangegangenen Wirtschaftsjahres (s. *Mössner* in Mössner/Seeger/Oellerich, KStG, § 28 Rz. 70 f.). Die Rechtswirkungen einer Umwandlung treten am **steuerlichen Übertragungsstichtag** (§ 2 UmwStG) ein, so dass die Nennkapitalherabsetzung ebenfalls an diesem Tage vorzunehmen ist.[3] Sollte zwischen dem Schluss des vorangegangen Wirtschaftsjahres und dem steuerlichen Übertragungsstichtag eine Kapitalerhöhung aus Gesellschaftsmitteln erfolgt sein (was wohl eher selten vorkommt), so wird auch der daraus resultierende Teil des Nennkapitals herabgesetzt. Folglich muss abweichend von § 28 Abs. 2 Satz 1 KStG auch dieser Tag für die Auflösung des Sonderausweises und die Zuführung zum Einlagekonto maßgebend sein.[4]

60 *(Einstweilen frei)*

---

[1] *Endert* in Frotscher/Drüen, § 29 Rz. 33; *Dötsch* in DPM, § 29 Rz. 12.
[2] *Dötsch* in DPM, § 29 Rz. 12; *Nitzschke* in Schnitger/Fehrenbach, § 29 Rz. 31.
[3] H.M. *Endert* in Frotscher/Drüen, § 29 Rz. 34 ff.
[4] Ebenso *Endert* in Frotscher/Drüen, § 29 Rz. 36; *Nitzschke* in Schnitger/Fehrenbach, § 29 Rz. 33.

C. Veränderungen des steuerlichen Einlagekontos bei Verschmelzung (§ 29 Abs. 2 KStG)

I. Anwendungsbereich

§ 29 Abs. 2 KStG behandelt den vollständigen Vermögensübergang einer **Kapitalgesellschaft** durch **Verschmelzung** nach § 2 UmwG auf eine **unbeschränkt steuerpflichtige Körperschaft**.[1] § 2 UmwG beschreibt die Verschmelzung so, dass die Kapitalgesellschaft durch Übertragung ihres Vermögens auf eine andere Körperschaft im Wege der **Aufnahme** oder der **Neugründung** ohne Abwicklung aufgelöst wird und ihre Anteilsinhaber an der übernehmenden Körperschaft Anteile oder Mitgliedschaften erhalten. Während nach § 29 Abs. 2 KStG als **übertragende** Rechtsträger nur Kapitalgesellschaften in Betracht kommen, kommen als **übernehmende** Rechtsträger von den in § 3 UmwG genannten Rechtsträgern in Betracht: Kapitalgesellschaften, eingetragenen Genossenschaften, Versicherungsgesellschaft a.G., Vereine, genossenschaftliche Prüfungsverbände, soweit sie ein Einlagekonto führen (*Mössner* in Mössner/Seeger/Oellerich, KStG, § 27 Rz. 41 ff.).

61

Dass die **übertragende** Kapitalgesellschaft **unbeschränkt steuerpflichtig** sein muss, sagt das Gesetz nicht explizit. Die Vorschrift betrifft das Einlagekonto der übertragenden Gesellschaft. Dies setzt voraus, dass sie ein derartiges Konto führt, was nach § 27 Abs. 1 KStG nur für unbeschränkt steuerpflichtige Kapitalgesellschaften der Fall ist (*Mössner* in Mössner/Seeger/Oellerich, KStG, § 27 Rz. 41).[2] Für die **übernehmende** Körperschaft (s. → Rz. 61) ergibt sich dies aus dem Wortlaut von § 29 Abs. 2 Satz 1 KStG.[3]

62

Da das Gesetz von der Vermögensübertragung ausgeht, eine solche beim **Formwechsel** jedoch nicht erfolgt, dürfte die Auflösung des Nennkapitals beim Formwechsel einer Körperschaft in eine andere – z. B. GmbH in eine AG – entbehrlich sein.[4] Ausnahmsweise kann jedoch eine Anpassung des Nennkapitals erforderlich sein, so z. B. wenn eine GmbH nur das Mindestkapital besitzt und in eine AG mit einem höheren Mindestkapital formwechselnd umgewandelt wird.[5] Da steuerlich jedoch beim Formwechsel von einer Kapitalgesellschaft in eine Personengesellschaft ein Vermögensübergang erfolgt, ist § 29 Abs. 2 KStG anwendbar.

63

(Einstweilen frei)

64

II. Hinzurechnung des steuerlichen Einlagekontos (§ 29 Abs. 2 Satz 1 KStG)

Geht das Vermögen einer Kapitalgesellschaft durch Verschmelzung auf eine unbeschränkt körperschaftsteuerpflichtige Körperschaft über, so ist nach § 29 Abs. 2 Satz 1 KStG der **Bestand des steuerlichen Einlagekontos** dem steuerlichen Einlagekonto der übernehmenden Körperschaft **hinzuzurechnen**. Dadurch wird erreicht, dass die Einlagen, die die Anteilseigner in die übertragende Kapitalgesellschaft geleistet haben, nach der Verschmelzung bei Ausschüttungen der übernehmenden Körperschaft weiter zur Verfügung sehen.

65

---

1 *Endert* in Frotscher/Drüen, § 29 Rz. 42 ff.; *Dötsch* in DPM, § 29 Rz. 15.
2 Ebenso *Dötsch* in DPM, § 29 Rz. 15; *Endert* in Frotscher/Drüen, § 29 Rz. 46; *Gosch/Bauschatz*, § 29 Rz. 60.
3 A.A. *Endert* in Frotscher/Drüen, § 29 Rz. 46.
4 H.M. *Stimpel* RHN § 29 Rz. 21; *Antweiler* in Bott/Walter (EY), KStg § 29 Rz. 24; a. A. *Endert* in Frotscher/Drüen, § 29 Rz. 3.
5 Vgl. *Endert* in Frotscher/Drüen, § 29 Rz. 3.

> **BEISPIEL:** Die X-GmbH wird auf die Y-GmbH verschmolzen. Die X hatte ein (festgestelltes) Einlagekonto von 50, die Y ebenfalls. Nach der Verschmelzung verfügt die Y über ein Einlagekonto von 100.

66 Nach § 29 Abs. 1 KStG ist maßgeblicher **Zeitpunkt** der Nennkapitalherabsetzung der steuerliche Übertragungstag (s. → Rz. 59). Zu diesem Zeitpunkt endet die steuerliche Existenz der übertragenden Gesellschaft. Daher ist auf diesen Zeitpunkt der Bestand des steuerlichen Einlagekonto festzustellen (vgl. *Mössner* in Mössner/Seeger/Oellerich, KStG, § 27 Rz. 145).[1] Der **Feststellungsbescheid** ist Grundlagenbescheid für die Feststellung des Einlagekontos des übernehmenden Rechtsträgers, so dass Rechtsbehelfe gegen den Grundlagenbescheid einzulegen sind.

67 Nach § 2 UmwStG ist der Vermögensübergang auf steuerlichen Übertragungsstichtag fiktiv vorzunehmen.[2] Möglich ist aber, dass nach diesem Tag bis zum Wirksamwerden der Verschmelzung (**Rückwirkungszeitraum**) noch Einlagen der Anteileigner erfolgen oder das Einlagekonto durch Ausschüttungen geschmälert wird.

> **BEISPIEL:** Im April nimmt die X GmbH eine Ausschüttung vor, bei der das steuerliche Einlagekonto von 150 um 50 auf 100 gemindert wird. Im Juni wird die Verschmelzung auf die Y GmbH zum 1.1. beschlossen.

§ 29 Abs. 2 Satz 1 KStG spricht vom „Bestand" des Einlagekontos der übertragenden Kapitalgesellschaft. Zur Lösung werden unterschiedliche Möglichkeiten angeboten. *Stimpel*[3] will die Ausschüttung bei der Feststellung des Einlagekontos zum Übertragungsstichtag berücksichtigen. *Nitzschke*[4] ist nicht ganz eindeutig, ob er sich dieser Ansicht anschließt oder ob er auf den tatsächlichen (nicht festgestellten) Bestand beim Wirksamwerden der Verschmelzung abstellen will. Gegen Letzteres spräche jedoch, dass die Feststellung zum Übertragungsstichtag Grundlagenbescheid (→ Rz. 66) für die Feststellung beim Übernehmer ist. *Bauschatz*[5] berücksichtigt die während des Rückwirkungszeitraums erfolgten Veränderungen des Einlagekontos bei der Feststellung des Einlagekontos der übernehmenden Körperschaft am Ende deren Wirtschaftsjahres nach der Verschmelzung. Diese Lösung verdient den Vorzug, weil sie eine nachträgliche Veränderung einer erfolgten Feststellung zum steuerlichen Übertragungsstichtag vermeidet, obwohl kaum vorstellbar ist, dass diese bestandskräftig sein kann, wenn die Verschmelzung mit Rückwirkung beschlossen wird. Systematisch richtiger erscheint diese Lösung, weil § 2 UmwStG den Vermögensübergang auf den Übertragungsstichtag fiktiv festlegt, so dass alles, was danach geschieht, auf Rechnung des übernehmenden Rechtsträgers geht.[6]

68 Der Zugang erfolgt in dem Wirtschaftsjahr der übernehmenden Körperschaft, in das der steuerliche Übertragungsstichtag fällt.[7] Am **Schluss dieses Wirtschaftsjahres** ist dann auch die Feststellung vorzunehmen. Wenn Schluss des Wirtschaftsjahres und Übertragungsstichtag zusammenfallen, kommt es zu einer Doppelfeststellung.[8]

---

1 Allg. M. Gosch/*Bauschatz*, § 29 Rz. 62; *Nitzschke* in Schnitger/Fehrenbach, § 29 Rz. 43; *Dötsch* in DPM, § 29 Rz. 17; BMF, Schreiben v. 11.11.2011, BStBl 2011 I 1314, K.04 (UmwStE).
2 *Nitzschke* in Schnitger/Fehrenbach, § 29 Rz. 40.
3 Rödder/Herlinghaus/Neumann, § 29 Rz. 34.
4 In Schnitger/Fehrenbach, § 29 Rz. 40.
5 In Gosch, § 29 Rz. 62.
6 Vgl. *van Lishaut* Rödder/Herlinghaus/van Lishaut, UmwStG, § 2 Rz. 63.
7 BMF, Schreiben v. 11.11.2011, BStBl 2011 I 1314 K.09 (UmwStE).
8 Vgl. *Stimpel* Rödder/Herlinghaus/Neumann, § 29 Rz. 36.

69 Erfolgt die Verschmelzung zur **Neugründung,** so liegt für die übernehmende Körperschaft der Eintritt in die unbeschränkte Steuerpflicht nach § 27 Abs. 2 Satz 3 KStG (vgl. *Mössner* in Mössner/Seeger/Oellerich, KStG, § 27 Rz. 76) vor. Danach ist der „zum Zeitpunkt des Eintritts in die Steuerpflicht vorhandene Bestand" an Einlagen festzustellen. Fraglich ist, ob der hinzuzurechnende Bestand des Einlagekontos der übertragenden Kapitalgesellschaft bereits zu diesem Zeitpunkt bei der übernehmenden Körperschaft vorhanden ist.[1] Bejaht man dies, so steht der entsprechende Betrag bereits sofort für Ausschüttungen der übernehmenden Körperschaft zur Verfügung. Es ist kein Argument erkennbar, das dagegen spräche.

> **BEISPIEL:** Die X-GmbH mit einem festgestellten Einlagekonto wird zum 1.1. auf die Y-GmbH verschmolzen. Die Y nimmt im April eine Ausschüttung vor. Hätte X die Ausschüttung vorgenommen, so hätte ggf. das Einlagekonto genutzt werden können.

70 Bei der Verschmelzung durch **Aufnahme** erfolgt die Hinzurechnung während eines Wirtschaftsjahres, so dass der hinzugerechnete Betrag erst nach Feststellung am Schluss dieses Wirtschaftsjahres bei Ausschüttungen genutzt werden kann (*Mössner* in Mössner/Seeger/Oellerich, KStG, § 27 Rz. 145).[2]

71 Auch ein **negatives Einlagekonto** (hierzu *Mössner* in Mössner/Seeger/Oellerich, KStG, § 27 Rz. 121) soll hinzuzurechnen sein.[3] Dafür spricht, dass das Gesetz den „Bestand" benennt, dagegen, dass der Bestand „hinzuzurechnen" ist. Im Fall des negativen Bestandes kommt es dann zur Verminderung des Einlagekontos. Dafür spricht, dass andernfalls der negative Betrag wegfallen würde.

(Einstweilen frei) 72–74

III. Unterbleiben der Hinzurechnung (§ 29 Abs. 2 Satz 2 KStG)

75 Die Hinzurechnung des Bestandes des steuerlichen Einlagekontos unterbleibt gem. § 29 Abs. 2 Satz 2 KStG, soweit die übernehmende Körperschaft an dem übertragenden Rechtsträger beteiligt ist. Dies betrifft den Fall der Aufwärtsverschmelzung – sog **upstream merger**.[4]

> **BEISPIEL:** die X-GmbH hält alle Anteile an der Y-GmbH. Die X hatte Einlagen in die Y getätigt, die im Einlagekonto festgestellt sind. Die Y wird auf die X verschmolzen.

Würde in diesem Fall das Einlagekonto der X zugerechnet, so ergäbe sich ein falsches Bild. Die X hat die Einlagen getätigt, nicht aber die Anteilseigner der X. Mit der Verschmelzung geht die Y unter und die X erhält das Vermögen der Y. Dabei sind auch die Einlagen, die X bei Y getätigt hat. Die X kann eine Einlagenrückgewähr an ihre Gesellschafter nur insoweit vornehmen, wie diese Einlagen in die X getätigt haben, und nicht, soweit sie selbst Einlagen in andere Kapitalgesellschaften getätigt hat. Die Einlagen, die sie in die Y getätigt hatte, sind bei ihr wieder vorhanden.

---

[1] Siehe einerseits *Nitzschke* in Schnitger/Fehrenbach, § 29 Rz. 45 (ist vorhanden); andererseits *Dötsch* in DPM, § 29 Rz. 17.
[2] BFH, Urteil v. 19.5.2010 - I R 51/09, BStBl 2014 II 937.
[3] *Van Lishaut* Rödder/Herlinghaus/van Lishaut, UmwStG, Anh. 2 Rz. 21 a. E.
[4] Siehe auch eingehend *Endert* in Frotscher/Drüen, § 29 Rz. 59, 71.

76 | **BEISPIEL ZU § 29 ABS. 2 SATZ 2 KStG: VERSCHMELZUNG DER TOCHTER-GMBH AUF DIE MUTTER-GMBH**

X-GmbH (vorher)				Y-GmbH	
Beteiligung T (100 %)	50 T €	Nennkapital	100 T €	Geld	50 T €	Nennkapital	25 T €
Sonstige Aktiva	75 T €	Einlagekonto	25 T €			Einlagekonto	25 T €
X-GmbH (nachher)					
Geld	50 T €	Nennkapital	100 T €		
Sonstige Aktiva	75 T €	Einlagekonto	25 T €		

Eine Hinzurechnung des steuerlichen Einlagekontos der Tochtergesellschaft zum steuerlichen Einlagekonto der Muttergesellschaft unterbleibt nach § 29 Abs. 2 Satz 2, weil die Muttergesellschaft zu 100 % an der Tochtergesellschaft beteiligt ist. Ohne die Einschränkungen nach Satz 2 hätte die Übernehmerin aufgrund der Addition der steuerlichen Einlagekonten einen Bestand in Höhe von 50.000 €, dem tatsächlich keine entsprechenden Einlagen der Gesellschafter der X gegenüberstehen. Diesen überhöhten Bestand hätte die X dazu verwenden können, an sich steuerpflichtige Gewinnausschüttungen i. H. v. 25.000 € (unter Beachtung der gesetzlichen Verwendungsreihenfolge nach § 27 Abs. 1 KStG) steuerfrei an die Anteilseigner auszuzahlen.

77 Die Hinzurechnung unterbleibt „**im Verhältnis** des Anteils des Übernehmers an dem übertragenden Rechtsträger" (§ 29 Abs. 2 Satz 2 KStG).[1]

BEISPIEL: Die X-GmbH ist an der Y-GmbH nur zu 60 % beteiligt. Die Hinzurechnung unterbleibt in Höhe von 60 % des Einlagekontos. 40 % werden hinzugerechnet.

Dies ist die notwendige Folge, dass die X – angenommen bei der Gründung der Y gemeinsam mit Z – 60 % der Anteile am Kapital von 60 erworben hat und hierfür von X und Z 100 gezahlt wurden, so dass 40 in die Kapitalrücklage § 272 HGB) eingestellt wurden. Die X hat dann Anschaffungskosten der Beteiligung an Y von 60. Wird nun die Y auf die X verschmolzen, erhält X vom Nennkapital die von ihr eingezahlten 36 (60 % von 60) und 24 (60 % von 40) vom Einlagekonto. Im Übrigen (40 % von 60 = 24 und 40 % von 40 = 16, zusammen = 40) erhält sie Einlagen, die Y getätigt hat, für die sie Y entschädigen muss.

78 **BEISPIEL** zu § 29 Abs. 2 Satz 2 KStG: Verschmelzung **der Tochter-GmbH auf die Mutter-GmbH** bei partieller Beteiligung. Aus Vereinfachungsgründen sollen keine stillen Reserven bei der T-GmbH vorhanden sein.

X-GmbH (vorher)				Y-GmbH	
Beteiligung T (50 %)	60 T €	Nennkapital	100 T €	Geld	100 T €	Nennkapital	60 T €
Sonstige Aktiva	40 T €	Einlagekonto	25 T €			Einlagekonto	40 T €
X-GmbH (nachher)					
Geld	100 T €	Nennkapital	100 T €		
Sonstige Aktiva	40 T €	Einlagekonto	49 T €		
		Ausgleichsverpflichtung	40 T €		

---

[1] Zutreffender wäre es, wenn das Gesetz von der übertragenden Kapitalgesellschaft gesprochen hätte, da als übertragende Rechtsträger nur Kapitalgesellschaften (§ 29 Abs. 2 Satz 1 KStG) in Betracht kommen.

Im Beispiel wird unterstellt, dass X und Z in gleichem Maße die Y mit Eigenkapital ausgestaltet haben. In der Praxis kommen aber die Fälle vor, dass dies **disquotal** geschehen ist. Dann führt die Regelung des § 29 Abs. 2 Satz 2 KStG nicht zu einer zutreffenden Rückabwicklung. Die Muttergesellschaft kann zu viel oder zu wenig von den Einlagen erhalten. Als typisierende Regelung liegt § 29 Abs. 2 Satz 1 KStG im Rahmen des gesetzgeberischen Ermessens.[1]

Wie bei **mittelbaren Beteiligungen** zu verfahren ist, ist nicht eindeutig. Die h. M.[2] wendet bei Verschmelzungen der Enkelgesellschaft auf ihre Großmuttergesellschaft § 29 Abs. 2 Satz 2 KStG an, so dass im Maße der mittelbaren Beteiligung das Einlagekonto nicht hinzugerechnet wird. Andere[3] wollen differenzieren. Die h. M. führt zu sachgerechteren Ergebnissen.

(Einstweilen frei)

IV. Minderung der Hinzurechnung (s. § 29 Abs. 2 Satz 3 KStG)

Ähnliche Überlegungen wie beim upstream merger (→ Rz. 75 ff.) gelten auch für die Abwärtsverschmelzung – **downstream merger**. Diesen Vorgang regelt § 29 Abs. 2 Satz 3 KStG bei der Verschmelzung. Übertragende Kapitalgesellschaft ist dann die Muttergesellschaft, die auf die Tochter verschmolzen wird. Die Auswirkungen auf das Nennkapital ergeben sich aus § 29 Abs. 1 KStG (vgl. → Rz. 53). § 29 Abs. 2 Satz 3 KStG regelt die Veränderungen des Einlagekontos. Das Einlagekonto der übertragenden Muttergesellschaft geht auf die Tochtergesellschaft über (§ 29 Abs. 2 Satz 1 KStG) unter Kürzung des Einlagekontos der Tochtergesellschaft (§ 29 Abs. 2 Satz 3 KStG). Dadurch unterscheidet sich Satz 3 – Minderung des Einlagekontos des Übernehmers – von Satz 2 – Nichthinzurechnung des Einlagekontos des Übertragenden.

Damit vollzieht sich der downstream merger in **zwei Schritten**: Zunächst wird das Nennkapital der übernehmenden Tochtergesellschaft herabgesetzt. Sodann wird das Einlagekonto der Muttergesellschaft der Tochter hinzugerechnet.

§ 29 Abs. 2 Satz 3 KStG gilt (ebenso wie Satz 2) **auch für mittelbare Beteiligungen** (s. → Rz. 107).

BEISPIEL: Verschmelzung der Mutter-GmbH auf die Tochter-GmbH

Aus Vereinfachungsgründen sollen keine stillen Reserven bei der T-GmbH vorhanden sein.

M-GmbH (vorher)				T-GmbH	
Beteiligung T	70 €	Nennkapital	50 T €	Nennkapital	70 T €
Sonstige Aktiva	75 T €	Einlagekonto	100 T €		
		Geld	75 T €	Einlagekonto	20 T €
				T-GmbH (nachher)	
		Geld	75 T €	Einlagekonto	150 T €
		Sonstige Aktiva	75 T €		

---

1 *Dötsch* in DPM, § 29 Rz. 31 f. zu problematischen Fällen; *Antweiler* in E&Y, § 29 Rz. 60; *Stimpel* in Rödder/Herlinghaus/Neumann, § 29 Rz. 46.

2 *Dötsch* in DPM, § 29 Rz. 29; *Antweiler* in E&Y, § 29 Rz. 61; *Nitzschke* in Schnitger/Fehrenbach, § 29 Rz. 50, ebenso, BMF, Schreiben v. 11.11.2011, BStBl 2011 I 1314 K.04, K.11 (UmwStE).

3 *Förster/van Lishaut*, FR 2002, 1262; zweifelnd auch *Nitzschke* in Schnitger/Fehrenbach, § 29 Rz. 49.

Zunächst wird gem. § 29 Abs. 1 KStG bei der M das Nennkapital herabgesetzt und dem Einlagekonto gutgeschrieben, so dass dieses auf 150 T festgestellt wird. Bei der T wird nach § 29 Abs. 1 i.V. m. § 29 Abs. 2 Satz 3 KStG das Nennkapital auf Null herabgesetzt und zugleich das Einlagekonto nach § 29 Abs. 2 Satz 3 KStG vollständig gemindert. Das festgestellte Einlagekonto der M wird der T hinzugerechnet.

88 Komplizierter wird es, wenn die Muttergesellschaft **nicht zu 100 %** an der Tochtergesellschaft beteiligt ist. Dann erfolgt die Minderung des Einlagekontos der Tochtergesellschaft nur im Verhältnis, in dem die Muttergesellschaft an der Tochtergesellschaft beteiligt ist.

> **BEISPIEL:** Die M-GmbH ist zu 70 % an der T-GmbH beteiligt. Das Einlagekonto der T wird dann lediglich um 70 % gemindert.

89 Im Falle **wechselseitiger Beteiligungen**[1] werden § 29 Abs. 2 Satz 2 und Satz 3 KStG nebeneinander angewandt, weil dann gleichzeitig eine Aufwärts- und Abwärtsverschmelzung vorliegen (vgl. → Rz. 75 ff. und → Rz. 85 ff.).

> **BEISPIEL:** Die M-GmbH hält alle Anteile an der T-GmbH. Die T hält 10 % der Anteile der G. Die M wird auf die T verschmolzen.

90 **Der Grundgedanke** der Sätze 2 und 3 ist stimmig. In der Praxis kann die Regelung jedoch erhebliche Probleme bereiten.[2]

Die Frage, ob die Sätze 2 und 3 in der Praxis zu sachgerechten Lösungen führen, hängt entscheidend davon ab, ob sie auch bei mittelbaren Beteiligungen Anwendung finden und wie die Beteiligungsquote (Satz 2: „des Anteils des Übernehmers an dem übertragenen Rechtsträger", Satz 3: „des Anteils des übertragenen Rechtsträgers am Übernehmer") zu ermitteln ist.

Problematisch wird die Anwendung dieses Tatbestandsmerkmals in Fällen sein, in denen die in der Bilanz aktivierte Beteiligung der Übernehmerin nicht mit dem anteiligen steuerlichen Einlagekonto der Überträgerin übereinstimmt.[3]

91–94 *(Einstweilen frei)*

V. Feststellungszeitpunkt für die Veränderungen des steuerlichen Einlagekontos

95 **Handelsrechtlich** geht das übertragene Vermögen nach § 20 Abs. 1 UmwG mit der **Eintragung in das Handelsregister** über. **Steuerrechtlich** kommt es auf den **Übertragungsstichtag** (§ 2 UmwStG) an. In diesem Zeitpunkt ist der Bestand des steuerlichen Einlagekontos der Übernehmerin zuzurechnen. Das bedeutet keine Abkehr von dem an sich für die Bestände des steuerlichen Einlagekontos geltenden Zu- und Abflussprinzip (vgl. *Mössner* in Mössner/Seeger/Oellerich, KStG, § 27 Rz. 96). Am steuerlichen Übertragungsstichtag verändert sich die Zurechnung hinsichtlich des durch die Umwandlung übertragenen Vermögens.

---

1 *Nitzschke* in Schnitger/Fehrenbach, § 29 Rz. 55; *Stimpel* in Rödder/Herlinghaus/Neumann, § 29 Rz. 51.
2 Vgl. *Dötsch* in DPM, § 28 KStG n. F. Rz. 21a, 22 und 27; *Rödder/Schumacher*, DStR 2002, 105, 111; *Müller/Maiterth*, DStR 2002, 746.
3 Vgl. *Dötsch* in DPM, § 28 Rz. 27.

Bei der **übertragenden Kapitalgesellschaft** bedeutet dies: Infolge der **Verschmelzung** geht sie unter und es endet ihr (Rumpf-)Wirtschaftsjahr (vgl. § 7 Abs. 3 KStG) am steuerlichen Übertragungsstichtag. Auf diesen Zeitpunkt erfolgt letztmals eine Feststellung des steuerlichen Einlagekontos. In dieser Feststellung wird der Bestand des steuerlichen Einlagekontos vor der Übertragung (also keine Nullfeststellung) unter Berücksichtigung des Bestandes zum Schluss des letzten Wirtschaftsjahres und der Zu- und Abgänge bis zum Übertragungsstichtag fortgeschrieben. Diese Bestände werden der übernehmenden Körperschaft im Rahmen der nächsten Fortschreibung ihrer steuerlichen Einlagekonten anteilig zugerechnet. Da die Feststellung als Grundlagenbescheid Bindungswirkung für Folgebescheide entfaltet, können Einwendungen gegen die Höhe des Schlussbestandes nur in dem Feststellungsverfahren (zur Feststellung des Bestandes des steuerlichen Einlagekontos) der Überträgerin erhoben werden.

Bei der **übernehmenden Körperschaft** ist der Zugang bei der Feststellung auf den Schluss des Wirtschaftsjahres zu erfassen, in dem die Übertragung steuerlich wirksam wurde, d.h. der Übertragungsstichtag liegt. Veränderungen des übernommenen Bestandes zwischen Übertragungsstichtag und Feststellungszeitpunkt sind – wie alle anderen Zu- und Abgänge auch – im Rahmen der Fortschreibung des Bestandes des steuerlichen Einlagekontos der übernehmenden Körperschaft unter Berücksichtigung der allgemeinen Verwendungsreihenfolge des § 27 Abs. 1 KStG zu berücksichtigen.

(Einstweilen frei)

D. Veränderungen des steuerlichen Einlagekontos bei Spaltung (§ 29 Abs. 3 KStG)

I. Anwendungsbereich

§ 29 Abs. 3 Sätze 1 bis 3 KStG regelt die Auswirkungen einer Vermögensübertragung durch Aufspaltung oder Abspaltung einer **Kapitalgesellschaft** auf andere Körperschaften auf das steuerliche Einlagekonto. § 29 Abs. 3 Satz 4 KStG betrifft die Auswirkungen einer Vermögensübertragung durch Abspaltung auf eine Personengesellschaft.

Bei der **Aufspaltung** teilt ein Rechtsträger nach § 123 Abs. 1 UmwG sein Vermögen unter Auflösung ohne Abwicklung auf und überträgt die Teile jeweils als Gesamtheit im Wege der Sonderrechtsnachfolge auf mindestens zwei andere schon bestehende (Aufspaltung **zur Aufnahme**) oder neugegründete (Aufspaltung **zur Neugründung**) Rechtsträger. Die Anteile an dem übernehmenden oder neuen Rechtsträgern gehen an die Anteilseigner des sich aufspaltenden Rechtsträgers.

Bei der **Abspaltung** nach § 123 Abs. 2 UmwG bleibt der übertragende, sich spaltende Rechtsträger als Rumpfunternehmen bestehen. Er überträgt im Wege der Sonderrechtsnachfolge einen oder mehrere Teile seines Vermögens jeweils als Gesamtheit auf einen oder mehrere andere, bereits **bestehende** oder neu **gegründete** Rechtsträger. Die Anteilseigner des abspaltenden Rechtsträgers erhalten Anteile an dem übernehmenden oder neuen Rechtsträger. Erfolgt eine sog. **Upstream-Abspaltung**, d. h. Übertragung von Vermögen auf die Muttergesellschaft, so unterbleibt eine Gewährung von Anteilen.[1]

103 § 29 Abs. 3 KStG trifft nur Regelungen für die Auf- und Abspaltung nach § 123 Abs. 1 und 2 UmwG, nicht aber für die **Ausgliederung** nach § 123 Abs. 3 UmwG.[2] Steuerlich wird die Ausgliederung nicht als Spaltung i. S. d. § 15 UmwStG, sondern als Einbringung nach § 20 UmwStG angesehen. Dementsprechend sind im Rahmen des § 29 KStG keine besonderen Regelungen erforderlich, weil bei der Einbringung die übertragende Körperschaft mit unverändertem Vermögen bestehen bleibt.

104 Hinsichtlich des **subjektiven Anwendungsbereichs** nennt § 29 Abs. 3 KStG als **übertragenden** Rechtsträger die **Kapitalgesellschaft**. Das Gesetz schweigt darüber, ob diese **unbeschränkt steuerpflichtig** sein muss. Da es um die Behandlung ihres Einlagekontos geht und nur unbeschränkt steuerpflichtige Kapitalgesellschaften ein Einlagekonto führen (vgl. *Mössner* in Mössner/Seeger/Oellerich, KStG, § 27 Rz. 41), können nur unbeschränkt steuerpflichtige Kapitalgesellschaften betroffen sein.[3] Als **übernehmende** Rechtsträger sind ausdrücklich nur **unbeschränkt steuerpflichtige Körperschaften** genannt. Vorausgesetzt ist, dass diese an einer Auf- oder Abspaltung beteiligt sein können.

105 *(Einstweilen frei)*

II. Aufteilung des steuerlichen Einlagekontos der Überträgerin (§ 29 Abs. 3 Satz 1 und 2 KStG)

106 Bei der Auf- und Abspaltung liegt es nahe, dass das Einlagekonto erhalten bleibt, nur dass es den neuen Rechtsträgern anteilig zugeordnet wird. Aus Sicht der Anteilseigner müssen ihre Einlagen, die sie in die übertragende Kapitalgesellschaft geleistet haben, für eine spätere Einlagenrückgewähr erhalten bleiben. Diesem Zweck dient § 29 Abs. 3 KStG, indem er den teilweise Übergang als **Grundprinzip** vorsieht. Nach § 29 Abs. 3 Satz 1 KStG richtet sich die Höhe dieses Teilbetrages nach dem Verhältnis zwischen übernommenem Vermögen und dem Gesamtvermögen vor der Übertragung, wie es i. d. R. in den Angaben zum Umtauschverhältnis der Anteile im Spaltungs- und Übernahmevertrag oder im Spaltungsplan (§ 126 Abs. 1 Nr. 3, § 136 UmwG) vereinbart ist.

107 § 29 Abs. 3 Satz 2 KStG sieht eine Ausnahme vom Prinzip vor, wenn das Umtauschverhältnis der Anteile „nicht dem Verhältnis der übergehenden Vermögensteile zu dem bei der übertragenden Körperschaft vor der Spaltung bestehenden Vermögen" entspricht. Dann ist das Verhältnis der gemeinen Werte der übergehenden Vermögensteile zu dem vor der Spaltung vorhandenen Vermögen maßgebend. Grundsätzlich soll der vertraglich fixierte Zuordnungsmaßstab gelten. Entspricht der Aufteilungsmaßstab nicht den tatsächlichen Wertverhältnissen, soll eine willkürliche – möglicherweise aus steuerlichen Gründen getroffene – Gestaltung nicht der Besteuerung zugrunde gelegt werden.

108 Die Durchführung erfolgt so, dass zunächst bei der übertragenden Kapitalgesellschaft auf den steuerlichen **Übertragungsstichtag** das **Einlagekonto** gesondert **festzustellen** ist, wenn es sich um eine **Aufspaltung** (→ Rz. 101) handelt. Die Kapitalgesellschaft gilt zu diesem Zeitpunkt als

---

[1] Z. B. *Hörtnagel*, Schmidt/*Hörtnagel*/Stratz, UmwG/UmwStG, § 123 UmwG Rz. 5.
[2] H.M. *Stimpel* in Rödder/Herlinghaus/Neumann, § 29 Rz. 54.
[3] Gosch/*Bauschatz*, § 29 Rz. 74.

aufgelöst, so dass eine Feststellung erfolgen muss. Bei einer **Abspaltung** besteht die übertragende Kapitalgesellschaft fort (s. → Rz. 102), so dass die übergehenden Beträge während eines laufenden Wirtschaftsjahres übertragen werden und so die Feststellung erst am Ende dieses Wirtschaftsjahres erfolgt.[1]

Aufteilungsmaßstab für das Einlagekonto ist das Verhältnis der übergehenden Vermögensteile zum vor der Umwandlung bestehenden Vermögen. 109

> BEISPIEL: Die X-GmbH mit einem Vermögen von 100 wird zu gleichen Teilen in die Y-GmbH und die Z-GmbH aufgespalten. Ein Einlagekonto der X geht zu gleichen Teilen auf die Y und Z über.

Da die Anteilseigner der X-GmbH gleiche Anteile an Y-GmbH und Z-GmbH erhalten, steht ihnen dann in Zukunft jeweils anteilig das Einlagekonto der X-GmbH für Ausschüttungen der Y-GmbH und der Z-GmbH zur Verfügung. Das Gesetz geht davon aus, dass in dem der Spaltung zugrunde liegenden Spaltungs- und Übernahmevertrag (§ 126 Abs. 1 Nr. 3, § 136 UmwG) das Umtauschverhältnis der Anteile geregelt ist.

Entspricht das Umtauschverhältnis nicht dem Verhältnis der übergehenden Vermögensteile, z. B. bei einer **nicht verhältniswahrenden Spaltung** (§ 128 UmwG), so sieht zur Vermeidung von Gestaltungen § 29 Abs. 3 Satz 2 KStG vor, dass als Maßstab der **gemeine Wert**[2] der übergehenden Vermögensteile angewendet wird. Dies gilt auch, wenn kein Spaltungsvertrag besteht oder die Umtauschverhältnisse darin nicht geregelt sind. Der gemeine Wert (§ 9 BewG) ist aber problematisch, wenn es keinen solchen, sondern nur Teilwerte gibt.[3] 110

(Einstweilen frei) 111–114

III. Anwendung des § 29 Abs. 2 Satz 2 und 3 KStG in Spaltungsfällen (§ 29 Abs. 3 Satz 3 KStG)

§ 29 Abs. 3 Satz 3 KStG lautet schlicht, dass für die Entwicklung des Einlagekontos der übernehmenden Körperschaft § 29 Abs. 2 Satz 2 und 3 KStG entsprechend gelten. Damit gilt auch in Fällen der Auf- und Abspaltung, dass im Fall einer **upstream-Spaltung** eine Hinzurechnung des steuerlichen Einlagekontos unterbleibt, soweit die übernehmende Körperschaft an der übertragenden Kapitalgesellschaft beteiligt ist. Dies bedeutet, dass der Anteil des Einlagekontos, der dem übergehende Vermögen zuzuordnen (→ Rz. 109) ist, untergeht[4] (vgl. insgesamt → Rz. 75 ff.). 115

> BEISPIEL: A-GmbH und B-GmbH beschließen, ihren Vertrieb gemeinsam zu organisieren. Zu diesem Zweck gründen sie die C-GmbH, an der sie jeweils zur Hälfte beteiligt sind. Zum 31.12. des Jahres 10 verfügt die C über ein Einlagekonto von 100. Das Nennkapital der C beträgt ebenfalls 100. Die C hat inzwischen weitere Vertriebstätigkeiten für andere Unternehmen übernommen. A und B beschließen, ihren Vertrieb wieder selbst zu übernehmen. Dieser betrifft 50 % des Vermögens der C, so dass im Wege eines Upstream-Mergers jeweils auf A und B ein Vermögen von 25 % des vorhandenen Vermögens übertragen wird.
>
> Gemäß § 29 Abs. 1 KStG erfolgt im ersten Schritt eine fiktive Kapitalherabsetzung, die zur Erhöhung des Einlagekontos führt: 100 + 100 = 200. Gemäß § 29 Abs. 3 Satz 1 KStG kommt es auf das Verhältnis

---

1 Gosch/*Bauschatz*, § 29 Rz. 78; *Nitzschke* in Schnitger/Fehrenbach, § 29 Rz. 63 f.; *Stimpel* in Rödder/Herlinghaus/Neumann, § 29 Rz. 56 ff.; zum Zeitpunkt s. auch *Dötsch* in DPM, § 29 Rz. 31 f.
2 Kritisch zu diesem Maßstab *Mayer*, DB 2008, 888; diese Kritik überzeugt nicht, wie hier *Dötsch* in DPM, § 29 Rz. 41.
3 Vgl. *Endert* in Frotscher/Drüen, § 29 Rz. 98 ff.; *Mayer*, DB 2008, 888.
4 *Endert*, Ubg 2017, 17.

des übergehenden Vermögens zum Vermögen vor dem Übergang an: hier insgesamt 50 %. Da das Nennkapital nicht verändert wurde, ist das Einlagekonto bei der C um 50 % = 50 zu verringern. Bei A und B erfolgt keine Hinzurechnung.[1] Wird beim Upstream-Merger kein positives Vermögen, sondern ein Schuldüberhang übertragen, kommt es zur Erhöhung des Einlagekontos der übertragenden Gesellschaft.[2]

116 Bei der **downstream-Spaltung** wird im Maße der Beteiligung des Übertragenden am Übernehmenden das steuerliche Einlagekonto der übernehmenden Körperschaft gekürzt (vgl. näher → Rz. 75 ff., → Rz. 85 ff.).

117–119 (Einstweilen frei)

IV. Übergang des Vermögens durch Abspaltung auf eine Personengesellschaft (§ 29 Abs. 3 Satz 4 KStG)

120 § 29 Abs. 3 Satz 4 KStG gilt ausweislich seines Wortlautes nur für **Abspaltungen**, bei denen ein Teil des Vermögens einer Kapitalgesellschaft (vgl. → Rz. 104) auf eine **Personengesellschaft** abgespalten wird. Dies regelt § 16 UmwStG. Hinsichtlich des abgespaltenen Teils geht das Einlagekonto unter, da ein solches bei Personengesellschaften nicht zu führen ist. Maßstab ist auch hier (vgl. → Rz. 109) das Verhältnis des übergehenden Vermögens zum Gesamtvermögen vor der Abspaltung. Die übrigen Folgen ergeben sich aus § 16 UmwStG.

121 Die Abspaltung von einer Kapitalgesellschaft auf eine Personengesellschaft ist in § 124 Abs. 1 UmwG i.V.m. § 3 Abs. 1 UmwG geregelt. Da § 124 Abs. 1 UmwG nur auf § 3 Abs. 1 UmwG Bezug nimmt scheidet eine Abspaltung auf eine natürliche Person aus.[3]

122–124 (Einstweilen frei)

V. Der Feststellungszeitpunkt für die Veränderungen des steuerlichen Einlagekontos

125 Wie bei der Verschmelzung (vgl. → Rz. 95 ff.) gilt auch bei Spaltungen, dass **handelsrechtlich** das im Wege der Auf- oder Abspaltung übertragene Vermögen nach § 130 Abs. 1 UmwG mit der **Eintragung** in das **Handelsregister** übergeht. **Steuerrechtlich** ist der Übertragungsstichtag maßgebend. An diesem Tage verändert sich die Rechtszuständigkeit hinsichtlich des durch die Spaltung übertragenen Vermögens, d.h. von diesem Zeitpunkt an ist das steuerliche Einlagekonto (und ein ggf. vorhandener Sonderausweis) der Übernehmerin zuzurechnen. Daraus ergeben sich folgende Konsequenzen:

126 Bei der **übernehmenden Körperschaft** ist der Zugang in der Feststellung auf den Schluss des Wirtschaftsjahres zu erfassen, in dem der Übertragungsstichtag liegt. Veränderungen des übernommenen Bestandes zwischen Übertragungsstichtag und Feststellungszeitpunkt sind – wie alle anderen Zu- und Abgänge auch – im Rahmen der Fortschreibung des Bestandes des steuerlichen Einlagekontos der übernehmenden Körperschaft unter Berücksichtigung der allgemeinen Verwendungsreihenfolge des § 27 Abs. 1 KStG (vgl. *Mössner* in Mössner/Seeger/Oellerich, KStG, § 27 Rz. 101) zu berücksichtigen.

---

1 Vgl. *Stimpel* in RHN § 29 Rz. 62; *Endert*, Ubg 2017, 17 f.; a. A. *Berninghaus* in HHR, § 29 Rz. 30.

2 Im Einzelnen s. hierzu *Endert*, Ubg 2017, 18 ff.

3 Wie hier Gosch/*Bauschatz*, § 29 Rz. 82; *Stimpel* in Rödder/Herlinghaus/Neumann, § 29 Rz. 64; a.A.; *Endert* in Frotscher/Drüen, § 29 Rz. 92; *Dötsch* DPM, § 29 Rz. 43; Antweiler in Bott/Walter, § 29 Rz. 100.1.

Da **die übertragende Körperschaft** bei der **Aufspaltung** untergeht, endet ihr Rumpfwirtschaftsjahr (vgl. § 7 Abs. 3 KStG) am steuerlichen Übertragungsstichtag. Auf diesen Zeitpunkt erfolgt letztmals eine Feststellung des steuerlichen Einlagekontos. In dieser Feststellung wird der Bestand des steuerlichen Einlagekontos vor der Übertragung (also keine Nullfeststellung) unter Berücksichtigung des Bestandes zum Schluss des letzten Wirtschaftsjahres und der Zu- und Abgänge bis zum Übertragungsstichtag fortgeschrieben. Diese Bestände werden der übernehmenden Körperschaft im Rahmen der nächsten Fortschreibung ihres steuerlichen Einlagekontos anteilig zugerechnet. Da die Feststellung als Grundlagenbescheid Bindungswirkung für Folgebescheide entfaltet, können Einwendungen gegen die Höhe des Schlussbestandes nur in dem Feststellungsverfahren der Überträgerin erhoben werden.

Im Falle einer **Abspaltung** mindert sich der Bestand des steuerlichen Einlagekontos der Überträgerin um den Anteil, der der Übernehmerin zuzuordnen ist (s. → Rz. 106). Diese Minderung ist im Rahmen der nächsten Feststellung des steuerlichen Einlagekontos auf den Schluss des Wirtschaftsjahres zu berücksichtigen.

(Einstweilen frei)

E. Anpassung des Nennkapitals der umwandlungsbeteiligten Körperschaften (§ 29 Abs. 4 KStG)

Da § 29 Abs. 1 KStG die Herabsetzung des Nennkapitals der beteiligten Rechtsträger zur Gänze anordnet und die entsprechenden Beträge nach § 28 Abs. 1 KStG fiktiv in das Einlagekonto überführt werden, verfügen die beteiligten Rechtsträger nicht mehr über ein Nennkapital. Damit wird erreicht, dass alleine über die Anpassung der Einlagekonten die Umwandlungsvorgänge abgewickelt werden. Danach ist dann für jeden Rechtsträger eine Anpassung an das handelsrechtliche Nennkapital vorzunehmen. Dies erfolgt **wie** eine **Nennkapitalerhöhung aus Gesellschaftsmitteln** durch Verwendung des verbliebenen Einlagekontos.[1]

§ 29 Abs. 4 KStG verweist für die „Anpassung des Nennkapitals" auf **§ 28 Abs. 1** und **Abs. 3 KStG**. Aus dieser Vorschrift ergibt sich, dass die Kapitalerhöhung durch Rücklagenumwandlung in einer bestimmten Reihenfolge vorzunehmen ist (vgl. *Mössner* in Mössner/Seeger/Oellerich, KStG, § 28 Rz. 95). Dementsprechend sind dann im Rahmen der Anpassung des Nennkapitals zunächst das steuerliche Einlagenkonto und danach sonstige Rücklagen zu verwenden. Soweit letztere in Betracht kommen, führt dies zu einem Sonderausweis (vgl. *Mössner* in Mössner/Seeger/Oellerich, KStG, § 28 Rz. 60). Erhöht sich danach das Einlagekonto, so kommt es nach § 28 Abs. 3 zur Umgliederung (vgl. *Mössner* in Mössner/Seeger/Oellerich, KStG, § 28 Rz. 120 ff.).

Dies bedeutet für die **unterschiedlichen Umwandlungsfälle** Folgendes:

▶ Soweit die übertragende Kapitalgesellschaft **untergeht** – d.h. bei der Verschmelzung und der Aufspaltung –, betrifft die Anpassung des Nennkapitals nur die übernehmende Körperschaft.

▶ Handelt es sich um eine Verschmelzung oder Spaltung auf eine **neu gegründete Körperschaft**, ist gem. § 28 Abs. 1 KStG erstmalig ein Nennkapital der neu gegründeten Körperschaft durch Rücklagenumwandlung zu bilden.

---

[1] *Endert* in Frotscher/Drüen, § 29 Rz. 111.

- Erfolgt die Verschmelzung oder Spaltung auf eine **bestehende Körperschaft** ist § 28 Abs. 1 KStG nur dann anzuwenden, wenn sich das Nennkapital der bestehenden Körperschaft aufgrund der Umwandlung handelsrechtlich erhöht.

134 Im Einzelnen hat die „Rücklagenumwandlung" (vgl. → Rz. 131 f.) folgende Auswirkungen:

- Für die Erhöhung des Nennkapitals gilt der positive **Bestand des steuerlichen** Einlagekontos als **vorrangig** vor den sonstigen Rücklagen verwendet. In dieser Höhe mindert sich das steuerliche Einlagekonto der Übernehmerin. Maßgeblich ist der Schluss des Wirtschaftsjahres der Rücklagenumwandlung, also der Schluss des Wirtschaftsjahres, in dem die Verschmelzung oder die Spaltung steuerlich durchgeführt worden ist.

- Für einen etwaigen **übersteigenden Betrag** werden die nicht gesondert festgestellten **sonstigen** Rücklagen verwandt. In Höhe dieses Betrages ist ein Sonderausweis zu bilden oder zu erhöhen.

135 Schließlich ordnet § 29 Abs. 4 KStG an, dass Abs. **4 erst nach Abs. 2 bzw. Abs. 3** anzuwenden ist. Entsprechend der vom Gesetz vorgegebenen Reihenfolge sind die Veränderungen der steuerlichen Einlagekonten und ggf. vorhandener Sonderausweise aufgrund einer Umwandlung i. S. d. § 1 UmwG in folgender dreistufiger Prüfung zu ermitteln:

Prüfung bei Verschmelzung:	
1. Stufe:	§ 29 Abs. 1 KStG (i. V. m. § 28 Abs. 2 Satz 1 KStG)
bei der Überträgerin:	Fiktion der Herabsetzung des Nennkapitals (§ 28 Abs. 2 Satz 1 KStG):
	▶ Zunächst wird der Sonderausweis des vorangegangenen Wj. gemindert. In Höhe dieser Minderung werden die sonstigen Rücklagen erhöht.
	▶ Soweit das Nennkapital den Sonderausweis übersteigt, wird der übersteigende Betrag dem steuerlichen Einlagekonto gutgeschrieben.
2. Stufe:	§ 29 Abs. 2 KStG
bei der Überträgerin:	Nach einer letzten Feststellung auf den Übertragungsstichtag:
(verliert ihre Rechtsfähigkeit)	Auflösung des steuerlichen Einlagekontos
bei der Übernehmerin:	**Grds. (Satz 1):** Hinzurechnung des Einlagekontos der Überträgerin.
	Aber (Satz 2): Unterbleiben der Hinzurechnung in Höhe des Anteils, mit dem die Übernehmerin an der Überträgerin beteiligt ist.
	Aber (Satz 3): Minderung der Hinzurechnung in Höhe des Anteils mit dem die Überträgerin an der Übernehmerin beteiligt ist.
3. Stufe	§ 29 Abs. 4 KStG (i. V. m. § 28 Abs. 1 und 3 KStG)

bei der Übernehmerin:	Soweit sich das Nennkapital der Übernehmerin aufgrund der Umwandlung erhöht hat, sind § 28 Abs. 1 und 3 KStG anzuwenden:
	a) **Anwendung des § 28 Abs. 1 KStG**
	▶ Der positive Bestand des steuerlichen Einlagekontos gilt als vorrangig vor den sonstigen Rücklagen umgewandelt.
	▶ Für einen etwaigen übersteigenden Betrag werden die nicht gesondert festgestellten sonstigen Rücklagen verwandt. In Höhe dieses Betrages ist ein Sonderausweis zu bilden oder zu erhöhen.
	b) **Anwendung des § 28 Abs. 3 KStG**
	Verminderung des Sonderausweises aufgrund neuer Einlagen in das steuerliche Einlagekonto.
Prüfung bei Abspaltung:	
1. Stufe:	§ 29 Abs. 1 KStG (i. V. m. § 28 Abs. 2 Satz 1 KStG)
bei der Überträgerin:	Fiktion der Herabsetzung des Nennkapitals (§ 28 Abs. 2 Satz 1 KStG):
	▶ Zunächst wird der Sonderausweis des vorangegangenen Wj. gemindert. In Höhe dieser Minderung werden die sonstigen Rücklagen erhöht.
	▶ Soweit das Nennkapital den Sonderausweis übersteigt, wird der übersteigende Betrag dem steuerlichen Einlagekonto gutgeschrieben.
2. Stufe:	§ 29 Abs. 3 KStG
bei der Überträgerin:	Anteilige Minderung des Einlagekontos (spiegelbildlich wie bei der oder den Übernehmerin(nen)).
bei der Übernehmerin:	**Grds. (Satz 1 + 2):** Anteilige Hinzurechnung des Einlagekontos der Überträgerin entsprechend dem Aufteilungsmaßstab.
	Aber (Satz 3): Unterbleiben der Hinzurechnung in Höhe des Anteils, mit dem die Übernehmerin an der Überträgerin beteiligt ist (entsprechend § 29 Abs. 2 Satz 2 KStG).
	Aber (Satz 3): Minderung der Hinzurechnung in Höhe des Anteils mit dem die Überträgerin an der Übernehmerin beteiligt ist (entsprechend § 29 Abs. 2 Satz 3 KStG).
3. Stufe	§ 29 Abs. 4 KStG (i. V. m. § 28 Abs. 1 und 3 KStG)
bei der Übernehmerin sowie der Überträgerin:	Soweit sich das Nennkapital der Übernehmerin aufgrund der Umwandlung erhöht hat, sind bei beiden § 28 Abs. 1 und 3 KStG anzuwenden:

3. Stufe	§ 29 Abs. 4 KStG (i. V. m. § 28 Abs. 1 und 3 KStG)
	a) **Anwendung des § 28 Abs. 1 KStG**
	▶ Der positive Bestand des steuerlichen Einlagekontos gilt als vorrangig vor den sonstigen Rücklagen umgewandelt.
	▶ Für einen etwaigen übersteigenden Betrag werden die nicht gesondert festgestellten sonstigen Rücklagen verwandt. In Höhe dieses Betrages ist ein Sonderausweis zu bilden oder zu erhöhen.
	b) **Anwendung des § 28 Abs. 3 KStG**
	Verminderung des Sonderausweises aufgrund neuer Einlagen in das steuerliche Einlagekonto.
Prüfung bei Aufspaltung:	
1. Stufe:	§ 29 Abs. 1 KStG (i. V. m. § 28 Abs. 2 Satz 1 KStG)
bei der Überträgerin:	Fiktion der Herabsetzung des Nennkapitals (§ 28 Abs. 2 Satz 1 KStG):
	▶ Zunächst wird der Sonderausweis des vorangegangenen Wj. gemindert. In Höhe dieser Minderung werden die sonstigen Rücklagen erhöht.
	▶ Soweit das Nennkapital den Sonderausweis übersteigt, wird der übersteigende Betrag dem steuerlichen Einlagekonto gutgeschrieben.
2. Stufe:	§ 29 Abs. 3 KStG
bei der Überträgerin:	Nach einer letzten Feststellung auf den Übertragungsstichtag:
(verliert ihre Rechtsfähigkeit)	Auflösung des steuerlichen Einlagekontos
bei der Übernehmerin:	**Grds. (Satz 1 + 2):** Anteilige Hinzurechnung des Einlagekontos der Überträgerin entsprechend dem Aufteilungsmaßstab.
	Aber (Satz 3): Unterbleiben der Hinzurechnung in Höhe des Anteils, mit dem die Übernehmerin an der Überträgerin beteiligt ist (entsprechend § 29 Abs. 2 Satz 2 KStG).
	Aber (Satz 3): Minderung der Hinzurechnung in Höhe des Anteils mit dem die Überträgerin an der Übernehmerin beteiligt ist (entsprechend § 29 Abs. 2 Satz 3 KStG).
3. Stufe	§ 29 Abs. 4 KStG (i. V. m. § 28 Abs. 1 und 3 KStG)
bei der Übernehmerin:	Soweit sich das Nennkapital der Übernehmerin aufgrund der Umwandlung erhöht hat, sind § 28 Abs. 1 und 3 KStG anzuwenden:

3. Stufe	§ 29 Abs. 4 KStG (i. V. m. § 28 Abs. 1 und 3 KStG)	
	a)	Anwendung des § 28 Abs. 1 KStG
	▶	Der positive Bestand des steuerlichen Einlagekontos gilt als vorrangig vor den sonstigen Rücklagen umgewandelt.
	▶	Für einen etwaigen übersteigenden Betrag werden die nicht gesondert festgestellten sonstigen Rücklagen verwandt. In Höhe dieses Betrages ist ein Sonderausweis zu bilden oder zu erhöhen.
	b)	Anwendung des § 28 Abs. 3 KStG
		Verminderung des Sonderausweises aufgrund neuer Einlagen in das steuerliche Einlagekonto.

(Einstweilen frei) 136–139

F. Erweiterung des persönlichen Anwendungsbereiches der Abs. 1 bis 4 (§ 29 Abs. 5 KStG)

§ 29 Abs. 5 KStG erweitert den Anwendungsbereich auf andere Körperschaften, die noch nicht in den Absätzen 1 bis 3 erwähnt sind. Dort sind als übertragende Rechtsträger nur Kapitalgesellschaften und als übernehmende andere Körperschaften genannt. § 29 Abs. 5 KStG erweitert den Anwendungsbereich auf weitere Körperschaften, die noch nicht in den Abs. 1 bis 3 erwähnt sind. Dies sind vor allem **andere Körperschaften** als Kapitalgesellschaften **als übertragende** Rechtsträger.[1]

Vorausgesetzt ist zweierlei: dass diese an Umwandlungen teilnehmen können (vgl. → Rz. 142) und dass sie gewisse Leistungen gewähren können. Dies sind:

▶ § 20 Abs. 1 Nr. 1 EStG:
  − Erwerbs- und Wirtschaftsgenossenschaften, bergbaurechtliche Vereinigungen, die die Rechte einer juristischen Person haben,

▶ § 20 Abs. 1 Nr. 9 EStG:
  − nicht von der Körperschaftsteuer befreite Körperschaften, Personenvereinigungen oder Vermögensmassen i. S. d. § 1 Abs. 1 Nr. 3 bis 5, die Gewinnausschüttungen vornehmen, die denen i. S. d. § 20 Abs. 1 Nr. 1 EStG wirtschaftlich vergleichbar sind,

▶ § 20 Abs. 1 Nr. 10 EStG:
  − nicht von der Körperschaftsteuer befreite Betriebe gewerblicher Art ohne (Buchst. a) oder mit (Buchst. b) eigener Rechtspersönlichkeit.

Darüber hinaus müssen diese an **Umwandlungen** i. S. d. § 1 UmwG, an **Verschmelzungen** i. S. d. § 2 UmwG oder **Aufspaltungen oder Abspaltungen** i. S. d. § 123 Abs. 1 und 2 UmwG beteiligt sein können. Nach § 1 UmwG können nur Rechtsträger mit Sitz im Inland umgewandelt werden. Dabei ist unter Sitz der statuarische Sitz im Zeitpunkt des Umwandlungsbeschlusses zu verstehen. Die verschmelzungsfähigen Rechtsträger sind in § 3 UmwG und die spaltungsfähi-

---

[1] Ebenso *Endert* in Frotscher/Drüen, § 29 Rz. 114 ff.; *Dötsch* in DPM, § 29 Rz. 55 f.

gen Rechtsträger sind in § 124 UmwG im Wesentlichen durch Bezugnahme auf § 3 UmwG aufgeführt. Die Bedeutung für Betriebe gewerblicher Art ist jedoch gering, da diese weder nach § 3 UmwG an Verschmelzungen noch nach § 124 UmwG an Spaltungen teilnehmen können.[1]

143   Außerdem ist der subjektive Anwendungsbereich des § 29 Abs. 5 KStG auf **unbeschränkt körperschaftsteuerpflichtige** Körperschaften und Personenvereinigungen beschränkt.[2] Diese Einschränkung im Wortlaut ist eigentlich entbehrlich, da nicht unbeschränkt körperschaftsteuerliche Rechtsträger seit dem SEStEG (vgl. → Rz. 12) durch § 29 Abs. 6 KStG einbezogen sind.

144–149   *(Einstweilen frei)*

G. Erweiterung des persönlichen Anwendungsbereiches auf ausländische Gesellschaften (§ 29 Abs. 6 KStG)

150   Seinem Wortlaut nach ist § 29 Abs. 6 KStG nicht nur auf ausländische Körperschaft anzuwenden. Da nach § 27 Abs. 7 KStG weitgehend für alle Körperschaften (vgl. *Mössner* in Mössner/Seeger/Oellerich, KStG, § 27 Rz. 258) ein Einlagekonto festzustellen ist und da gem. § 29 Abs. 6 KStG die entsprechende Anwendung von § 29 Abs. 1 bis 5 KStG erfolgt, bleiben für § 29 Abs. 5 KStG nur **ausländische, nicht unbeschränkt steuerpflichtige** Körperschaften übrig.[3] Die Formulierung „Einlagekonto festzustellen war" bedeutet nach h. A.[4], dass eine gesetzliche Verpflichtung zur Feststellung des Kontos besteht. Ob ein Einlagekonto im Einzelfall festgestellt ist, ist demnach unerheblich.

151   Die Neuregelung des § 29 Abs. 6 KStG garantiert, dass zukünftig an den genannten Umwandlungsvorgängen übertragende ausländische Gesellschaften beteiligt sein können, für die kein Einlagekonto festzustellen ist. Nach der Gesetzesbegründung[5] ist es erforderlich, für die Ermittlung der in das Einlagekonto der übernehmenden inländischen Gesellschaft **übergehenden Beträge** den Bestand der noch vorhandenen Beträge aus geleisteten offenen und verdeckten Einlagen bei der übertragenden Gesellschaft zugrunde zu legen. Soweit vorhanden, ist das steuerliche Einlagekonto der übernehmenden inländischen Gesellschaft um die im Ausland geleisteten offenen und verdeckten Einlagen der Anteilseigner in die übertragende ausländische Körperschaft oder Personenvereinigung zu erhöhen.

152   Der **subjektive Anwendungsbereich** ist dem Wortlaut nach auf **EU-Körperschaften** beschränkt. Dies besagt § 29 Abs. 6 KStG nicht ausdrücklich. Es ergibt sich aber durch die in § 29 Abs. 6 Satz 2 KStG angeordnete entsprechende Anwendung von § 27 Abs. 8 KStG (zu dessen Anwendungsbereich s. *Mössner* in Mössner/Seeger/Oellerich, KStG, § 27 Rz. 262). Deshalb kommt es wie bei § 27 Abs. 8 KStG ebenso in Betracht, die Regelung auf Körperschaften in EWR-Staaten oder Drittstaaten auszudehnen.[6]

---

1   *Stimpel* in Rödder/Herlinghaus/Neumann, § 29 Rz. 80 erwähnt die Möglichkeit, dass diese nach Landesrecht an Umwandlungen teilnehmen könnten (§ 1 Abs. 2 UmwG).
2   *Nitzschke* in Schnitger/Fehrenbach, § 29 Rz. 86.
3   Ebenso *Stimpel* in Rödder/Herlinghaus/Neumann, § 29 Rz. 84.
4   *Endert* in Frotscher/Drüen, § 29 Rz. 120a f.; *Stimpel* in Rödder/Herlinghaus/Neumann, § 29 Rz. 84; *Nitzschke* Schnitger/Fehrenbach, § 29 Rz. 90..
5   Vgl. Gesetzentwurf v. 25. 9. 2006, BT-Drucks. 16/2710.
6   Ebenso *Dötsch* in DPM, § 29 Rz.59; Rödder/Herlinghaus/*van Lishaut*, UmwStG Anh. 2 Rz. 8, 35; *Nitzschke* in Schnitger/Fehrenbach, § 29 Rz. 89; a. A. *Stadler/Jetter*, IStR 2009, 339 (für EWR-Staaten), die den Verweis auf § 27 Abs. 8 KStG nur als Rechtsfolgenverweis in verfahrensmäßiger Hinsicht verstehen; weitergehend *Stimpel* in Rödder/Herlinghaus/Neumann, § 29 Rz. 87.

Vor allem kommt § 29 Abs. 6 KStG bei einer **Hereinverschmelzung** zur Anwendung. § 122a UmwG erweitert die Umwandlungsmöglichkeiten auch auf grenzüberschreitende[1] Umwandlungen. Außerdem sind die subjektiven Einschränkungen der § 29 Abs. 1 bis 3 KStG maßgebend. Somit kommen nur **ausländische Kapitalgesellschaften** (§ 29 Abs. 1 bis 3 KStG, vgl. → Rz. 33, → Rz. 42, → Rz. 65, → Rz. 100) als **übertragende** Rechtsträger in Betracht. Ob es sich bei einem ausländischen Gebilde um eine Kapitalgesellschaft handelt, entscheidet sich nicht nach dem Typenvergleich,[2] sondern ist in § 122b UmwG durch Art. 2 Nr. 1 der EU-Fusionsrichtlinie[3] festgelegt. Eine entsprechende Regelung für grenzüberschreitende **Auf- und Abspaltungen** fehlt im UmwG, da § 122a UmwG nur für Verschmelzungen gilt und § 124 UmwG nur auf § 3 Abs. 1 i.V.m. § 2 UmwG (Sitz im Inland) verweist. Bei der **Hinausverschmelzung**, die nach § 122a UmwG möglich ist, kommt § 29 Abs. 6 KStG deshalb nicht zur Anwendung, da für die übertragende Kapitalgesellschaft ein Einlagekonto festzustellen ist (vgl. → Rz. 150) und nach § 29 Abs. 2 KStG die übernehmende Körperschaft unbeschränkt steuerpflichtig sein muss.

153

Als **Rechtsfolge** schreibt § 29 Abs. 6 KStG vor, dass „für die Anwendung der vorstehenden Absätze" der **Bestand** der nicht in das Nennkapital geleisteten Einlagen an die Stelle des Einlagekontos tritt. Dies setzt voraus, dass die Anteilseigner der ausländischen Kapitalgesellschaft Einlagen geleistet haben und diese ermittelt werden können. Im Zweifel werden diese in der ausländischen Bilanz der Kapitalgesellschaft in einem der Kapitalrücklage entsprechenden Posten verbucht sein. Diese sind dann entsprechend der Verfahrensvorschrift des § 27 Abs. 8 KStG (s. *Mössner* in Mössner/Seeger/Oellerich, KStG, § 27 Rz. 261 ff.) gesondert nach entsprechendem Antrag **festzustellen**.

154

Dieser festgestellte Betrag ist dann um den Betrag aus der **fiktiven Kapitalherabsetzung** gem. § 29 Abs. 1 KStG zu vermehren. Anschließend kommt es entsprechend § 29 Abs. 2 KStG zur **Hinzurechnung** zum Einlagekonto der übernehmenden Körperschaft unter Berücksichtigung der Ausnahmen von § 29 Abs. 2 Satz 2 und 3 KStG (vgl. → Rz. 75, → Rz. 85) und abschließend zur **Anpassung** an das Nennkapital der übernehmenden Körperschaft gem. § 29 Abs. 4 KStG.

155

Dies alles erfolgt zum **Zeitpunkt** „des Vermögensübergangs". Damit ist nach h. M.[4] nicht der zivilrechtliche Vermögensübergang bei der Eintragung, sondern der steuerliche Übertragungsstichtag (§ 2 UmwStG) gemeint. Die Feststellung beim übernehmenden inländischen Rechtsträger ist zum Schluss des Wirtschaftsjahres vorzunehmen, in das der Übertragungsstichtag fällt.

156

Durch den Verweis auf § 27 Abs. 8 KStG ist auch das dort geregelte **Verfahren** anzuwenden (hierzu s. im Einzelnen *Mössner* in Mössner/Seeger/Oellerich, KStG, § 27 Rz. 263 f.).

157

§ 30 Entstehung der Körperschaftsteuer

Die Körperschaftsteuer entsteht

1. für Steuerabzugsbeträge in dem Zeitpunkt, in dem die steuerpflichtigen Einkünfte zufließen,

---

1 Allerdings unter Einbeziehung der EWR-Staaten.
2 Einzelheiten s. *Mössner*, Steuerrecht international tätiger Unternehmen, Rz. 2.55 ff.
3 Richtlinie 2005/56 EG, ABl. EU 2005 L 310 S. 1 ff.
4 *Dötsch* in DPM, § 29 Rz. 60; *Stimpel* in RHN, § 29 Rz. 93; *Nitzschke* in Schnitger/Fehrenbach, § 29 Rz. 99; *Stadler/Jetter*, IStR 2009, 339.

2. für Vorauszahlungen mit Beginn des Kalendervierteljahrs, in dem die Vorauszahlungen zu entrichten sind, oder, wenn die Steuerpflicht erst im Laufe des Kalenderjahrs begründet wird, mit Begründung der Steuerpflicht,

3. für die veranlagte Steuer mit Ablauf des Veranlagungszeitraums, soweit nicht die Steuer nach Nummer 1 oder 2 schon früher entstanden ist.

Inhaltsübersicht	Rz.
A. Rechtsentwicklung und Anwendungsbereich des § 30 KStG	1 - 9
B. Bedeutung des § 30 KStG	10 - 19
C. Entstehung von Steuerabzugsbeträgen (§ 30 Nr. 1 KStG)	20 - 29
D. Entstehung der KSt-Vorauszahlungen (§ 30 Nr. 2 KStG)	30 - 39
E. Entstehung der veranlagten KSt (§ 30 Nr. 3 KStG)	40 - 50

A. Rechtsentwicklung und Anwendungsbereich des § 30 KStG

HINWEIS:
R 30 KStR 2015; AEAO zu § 38.

1   Durch Art. 3 Nr. 13 des Steuersenkungsgesetzes vom 23. 10. 2000[1] wurden aus Anlass des Übergangs vom körperschaftsteuerlichen Anrechnungsverfahren zum Halbeinkünfteverfahren die bisherigen, seit dem 1. 1. 1977 lediglich redaktionell angepassten Regelungen des § 48 KStG a. F. wortgleich in § 30 KStG übernommen.

2   Nach der allgemeinen Inkrafttretensregelung des § 34 Abs. 1 EStG i. d. F. des Steuersenkungsgesetzes vom 23. 10. 2000 ist § 30 KStG grundsätzlich erstmals für den Veranlagungszeitraum 2001 anzuwenden. Bei vom Kalenderjahr abweichenden Wirtschaftsjahren ist § 30 KStG gem. § 34 Abs. 1a KStG i. d. F. vom 23. 10. 2000 erstmals für den VZ 2002 anzuwenden, wenn das erste im VZ 2001 endende Wirtschaftsjahr vor dem 1. 1. 2001 beginnt. Demnach ist bei vollständigen vom Kalenderjahr abweichenden Wirtschaftsjahren § 30 KStG in jedem Fall erstmals für den VZ 2002 anzuwenden, nicht aber bei im Jahr 2001 beginnenden Rumpfwirtschaftsjahren.

3   Der persönliche Anwendungsbereich des § 30 KStG ist mit dem des KStG insgesamt identisch. Er regelt die Entstehung der KSt sowohl für unbeschränkt steuerpflichtige (§ 1 Abs. 1 KStG) als auch für beschränkt steuerpflichtige (§ 2 KStG) Körperschaftsteuersubjekte. In sachlicher Hinsicht ist § 30 KStG auf sämtliche nach dem KStG (und über die Verweisungen auch nach dem EStG) entstehenden Ansprüche anzuwenden.

4–9   *(Einstweilen frei)*

B. Bedeutung des § 30 KStG

10   **Ansprüche aus einem Steuerschuldverhältnis** können nur dann und insoweit durchgesetzt werden, als sie zuvor entstanden sind. Sie entstehen nach § 38 AO sobald der Tatbestand verwirklicht wird, an den das Gesetz die Leistungspflicht knüpft. Es handelt sich damit um eine **Blankettnorm**, die weder die materiell-rechtlichen Tatbestandsvoraussetzungen für die Entste-

---

[1] BGBl 2000 I 1433; BStBl 2000 I 1428.

hung noch deren Zeitpunkt enthält. Vielmehr wird sie vollumfänglich durch die Vorschriften der Einzelsteuergesetze ausgefüllt. Für die KSt ergeben sich die Tatbestandsmerkmale, die in ihrer Gesamtheit einen **Steueranspruch** begründen, im Einzelnen aus dem KStG, ggf. unter Einbeziehung der nach § 8 Abs. 1 und § 31 Abs. 1 KStG sinngemäß anzuwendenden Vorschriften des EStG. Dazu gehören insbesondere die Vorschriften über die persönliche Steuerpflicht, die Art und den Umfang der zu besteuernden Einkünfte, die persönlichen und sachlichen Steuerbefreiungen und den Tarif. Beschränkungen des sich danach ergebenden Steueranspruchs können sich aus Vorschriften außerhalb des KStG – insbesondere aus Doppelbesteuerungsabkommen – ergeben. Im Einzelfall kann ferner die allgemeine Missbrauchsvorschrift des § 42 AO eingreifen. Danach entsteht bei unangemessenen rechtlichen Gestaltungen ohne außersteuerliche Gründe der Steueranspruch so, wie er bei einer den wirtschaftlichen Vorgängen angemessenen rechtlichen Gestaltung entsteht.

Bei dem KStG unterliegenden Körperschaften, Personenvereinigungen und Vermögensmassen ergibt sich aufgrund der zeitlich grundsätzlich unbeschränkten persönlichen Steuerpflicht – in noch höherem Maß als bei natürlichen Personen – das Erfordernis einer Abschnittsbesteuerung. Um nicht auf die Liquidationsbesteuerung des § 11 KStG beschränkt zu sein, definiert § 7 Abs. 3 KStG die KSt als Jahressteuer und legt damit den Besteuerungszeitraum fest. Die dafür erforderliche zeitliche Zuordnung von Steueransprüchen zu den jeweiligen Kalenderjahren wird durch § 30 KStG in Form der Bestimmung des **Zeitpunkts der Entstehung des KSt-Anspruches** erfüllt.

11

Von zu veranlagenden Steuerpflichtigen ist die KSt bereits vor Ablauf des Veranlagungszeitraums und damit vor Durchführung der Veranlagung durch KSt-Vorauszahlungen (§ 37 Abs. 1 Satz 1 EStG i.V. m. § 31 Abs. 1 Satz 1 KStG) zu erheben. Für bestimmte Einkünfte hat der Gesetzgeber zur Sicherung des Steueraufkommens die Erhebung der KSt im **Steuerabzugsverfahren** angeordnet. Das Abzugsverfahren ist grundsätzlich unabhängig davon durchzuführen, ob die KSt durch den Steuerabzug abgegolten wird (etwa § 32 Abs. 1 KStG) oder die abzugspflichtigen Einkünfte in die für den Bezieher durchzuführende Veranlagung einzubeziehen und auf die sich danach ergebende KSt-Schuld anzurechnen sind. Dementsprechend werden in § 30 KStG sowohl Bestimmungen zum Entstehungszeitpunkt der in Form von Steuerabzugsbeträgen zu erhebenden KSt und der KSt-Vorauszahlungen als auch zu der zu veranlagenden KSt getroffen. Ist die **Abzugsteuer** auf die zu veranlagende KSt anzurechnen, entsteht sie ebenso wie die KSt-Vorauszahlungen lediglich auflösend bedingt.[1] Der festgesetzte Anspruch tritt an die Stelle der abgezogenen Steuer und der Vorauszahlungen.

12

Der Bestimmung des Entstehungszeitpunktes der Abzugsteuer kommt hingegen abschließende Bedeutung für die Fälle zu, in denen die KSt bereits mit dem Steuerabzug abgegolten wird. In den Fällen, in denen die abzugspflichtigen Einnahmen in die Veranlagung einzubeziehen sind, dient die gesonderte Bestimmung des Entstehungszeitpunkts der Sicherstellung des Steueranspruchs. So wird für die bereits während des Veranlagungszeitraums zu entrichtenden KSt-Vorauszahlungen erreicht, dass die Steuern im Regelfall **zu dem frühesten Zeitpunkt** entrichtet werden.[2]

13

---

[1] Für die Vorauszahlungen siehe BFH, Urteile v. 31. 5. 1978 - I R 105/77, BStBl 1978 II 596; v. 13. 3. 1979 - III R 79/77, BStBl 1979 II 461; v. 5. 8. 1986 - VII R 167/82, BStBl 1987 II 8; *Drüen* in Tipke/Kruse, AO /FGO, § 38 AO Rz. 19, m.w. N.

[2] Vgl. *Valta* in Mössner/Seeger/Oellerich, KStG, § 31 Rz. 171 ff.

14 Verschiedentlich sieht der Gesetzgeber vor, dass die dem Bezieher bestimmter Einnahmen dafür zustehende Steuerbefreiung nur bei **qualifiziertem Nachweis** der diesbezüglichen Voraussetzungen beansprucht werden kann. Diesbezügliche Regelungen finden sich etwa

- in § 44a Abs. 4 Satz 3 EStG zur Abstandnahme vom KapESt-Abzug bei bestimmten Kapitalerträgen durch von der KSt befreite inländische Körperschaften, Personenvereinigungen und Vermögensmassen (§ 44a Abs. 4 Satz 1 Nr. 1 EStG) sowie inländische juristische Personen des öffentlichen Rechts (§ 44a Abs. 4 Satz 1 Nr. 2 EStG) und

- in § 50d Abs. 2 Satz 1 1. Halbsatz EStG zur Abstandnahme vom KapESt-Abzug nach § 50a Abs. 1 EStG bei Bezug von Gewinnausschüttungen inländischer Kapitalgesellschaften durch in anderen EU-Staaten ansässige Muttergesellschaften i. S. d. § 43b EStG, von Zinsen und Lizenzgebühren innerhalb der EU (§ 50g EStG) sowie von Einkünften, die nach Maßgabe eines DBA von der inländischen Besteuerung freizustellen sind.

Soweit die erforderlichen Nachweise nicht erbracht werden, ist der Steuerabzug vorzunehmen; der diesbezügliche Steueranspruch entsteht. Dem Gläubiger der Vergütungen verbleibt die Möglichkeit, den Anspruch auf Steuerbefreiung im Erstattungsverfahren geltend zu machen. Die Steuerabzugsbeträge entstehen in diesen Fällen **auflösend bedingt**.[1]

15 Der jeweilige **Steueranspruch entsteht unabänderlich** mit der Verwirklichung des gesetzlichen Tatbestandes. Auf den Willen oder die Vorstellung des Steuerpflichtigen, dass durch eine bestimmte Sachverhaltsgestaltung die Steuerpflicht nicht oder nur in einem bestimmten Umfang eintritt, kommt es nicht an.[2] Es ist auch unerheblich, ob der Steueranspruch in der abstrakt entstandenen Höhe auch tatsächlich festgesetzt und demzufolge auch eine entsprechende Steuerschuld fällig wird. Diese – im Einzelfall durchaus nur unvollständige – Konkretisierung des Steueranspruchs erfolgt bei der zu veranlagenden KSt und den KSt-Vorauszahlungen durch vom FA zu erlassende Steuerbescheide mit den darin enthaltenen Leistungsgeboten. Die **Steuerabzugsbeträge** werden durch die vom zum Steuerabzug verpflichteten Vergütungsschuldner nach Maßgabe der jeweiligen Einzelvorschriften zu bestimmten Terminen abzugebenden Steueranmeldungen bestimmt; die Abgabetermine der **Steueranmeldungen** sind zugleich Fälligkeitstermin für die angemeldeten Steuern. Der Gesetzgeber unterscheidet dementsprechend von der Entstehung der Steuer

- deren Festsetzung (§§ 155 ff. AO),
- deren Fälligkeit (§ 220 AO) und
- deren Verwirklichung im Erhebungsverfahren (§§ 218 ff. AO).[3]

16 Die **Durchführung des Besteuerungsverfahrens** setzt grundsätzlich einen entstandenen Steueranspruch voraus. Deswegen knüpfen die auf die Durchsetzung dieses Anspruchs gerichteten Vorschriften, wie bspw. über die Festsetzungsverjährung (§§ 169 bis 171 AO), die verschiedenen Regelungen zur Realisierung des Steueranspruchs wie Abtretung (§ 46 Abs. 2 AO), die Pfändung (§ 46 Abs. 6 Satz 1 AO), die Haftung (§§ 69 f. AO) sowie die Verwirklichung von sich daraus ergebenden Nebenansprüchen, wie z. B. die Verzinsung von Steueransprüchen (§ 233a Abs. 2 AO), an dessen Entstehung an.

17–19 *(Einstweilen frei)*

---

[1] Vgl. auch oben → Rz. 12.
[2] BFH, Urteile v. 27. 3. 1990 - VII R 26/89, BStBl 1990 II 939; v. 25. 11. 1992 - X R 148/90, BFH/NV 1993, 586 = NWB ZAAAB-33593; *Drüen* in Tipke/Kruse, AO /FGO, § 38 AO Rz. 4, m.w. N.
[3] Vgl. auch AEAO zu § 38 AO Nr. 2.

C. Entstehung von Steuerabzugsbeträgen (§ 30 Nr. 1 KStG)

Für die Erhebung der KSt im Steuerabzugsverfahren gelten nach § 31 Abs. 1 KStG die Vorschriften des EStG.[1] Mit der Einbehaltung und Abführung der Abzugsteuer nach Maßgabe der unterschiedlichen Vorschriften des EStG von Einnahmen, die von dem KStG unterliegenden Steuersubjekten (vgl. §§ 1 und 2 KStG) bezogen werden, wird dementsprechend keine ESt, sondern KSt erhoben.[2] Die **Durchführung des Steuerabzugsverfahrens** für von Körperschaftsteuersubjekten bezogene Einnahmen kommt in Betracht bei den

- nach §§ 43 bis 45e EStG dem Kapitalertragsteuerabzug unterliegenden inländischen Kapitalerträgen,
- nach §§ 48 bis 48d EStG dem Steuerabzug unterliegenden Gegenleistungen für im Inland erbrachte Bauleistungen,
- nach § 50a Abs. 1 EStG von beschränkt Steuerpflichtigen bezogenen abzugspflichtigen Vergütungen, sowie
- nicht bereits nach Maßgabe der vorbezeichneten Regelungen dem Steuerabzug unterliegenden inländischen Einkünften beschränkt Steuerpflichtiger auf Anordnung des Finanzamts im Einzelfall nach § 50a Abs. 7 Satz 1 EStG.

Nach § 30 Nr. 1 KStG **entsteht die KSt** für Steuerabzugsbeträge **in dem Zeitpunkt, in dem die steuerabzugspflichtigen Einkünfte zufließen.** Weiter gehende Regelungen dazu enthält das KStG nicht. Danach sind auch insoweit die einschlägigen Vorschriften des EStG maßgebend. Für den Regelfall ist auf die zu § 11 EStG entwickelten Grundsätze zum Zufluss von Einnahmen abzustellen.[3]

Abweichend davon sind für den KapESt-Abzug folgende Sonderregelungen getroffen worden:

- Von einer Körperschaft **beschlossene Gewinnausschüttungen** (Kapitalerträge i. S. d. § 20 Abs. 1 Nr. 1 EStG soweit es sich nicht um vGA handelt) fließen dem Gläubiger nach § 44 Abs. 2 Satz 1 EStG an dem Tag zu, der im Beschluss als Tag der Ausschüttung bestimmt ist.[4] Wurde keine diesbezügliche Bestimmung getroffen, gilt nach Satz 2 als Zeitpunkt des Zufließens der Tag nach der Beschlussfassung. Für Gewinnausschüttungen, über die kein Beschluss gefasst wurde (vGA), verbleibt es bei dem Grundsatz des § 11 EStG; es ist auf den tatsächlichen Zufluss abzustellen. Daran ändert auch § 44 Abs. 1 Satz 5 EStG nichts, wonach die innerhalb eines Kalendermonats einbehaltene Steuer jeweils bis zum zehnten des folgenden Monats an das Finanzamt abzuführen ist. Es handelt sich lediglich um die Bestimmung des Zeitpunkts der Abführung der einbehaltenen KapESt.
- Nach § 14 Abs. 3 Satz 1 KStG gelten **Mehrabführungen einer Organgesellschaft** an den Organträger, die ihre Ursache in vororganschaftlicher Zeit haben, als Gewinnausschüttungen der Organgesellschaft an den Organträger. Damit handelt es sich um Einnahmen i. S. d. § 20 Abs. 1 Nr. 1 EStG, von denen nach § 43 Abs. 1 Satz 1 Nr. 1 EStG KapESt einzubehalten ist. Nach § 14 Abs. 3 Satz 3 KStG gelten diese Gewinnausschüttungen in dem Zeit-

---

1 Vgl. *Valta* in Mössner/Seeger/Oellerich, KStG, § 31 Rz. 21 ff.
2 BFH, Urteil v. 27. 7. 1988 - I R 130/84, BStBl 1989 II 101; sinngemäß BFH, Beschluss v. 25. 10. 1995 - VIII B 79/95, BStBl 1996 II 316.
3 Für Einzelheiten siehe H 11 EStH 2012.
4 Nach BFH, Urteil v. 8. 7. 1998 - I R 57/97, BStBl 1998 II 672 reicht für die Anwendung des § 44 Abs. 2 Satz 1 EStG die Bestimmung eines Ausschüttungszeitraums nicht aus.

punkt als erfolgt, in dem das Wirtschaftsjahr der Organgesellschaft endet. Abweichend davon entsteht die KapESt in diesen Fällen gem. § 44 Abs. 7 Satz 1 EStG (erst) in dem Zeitpunkt der Feststellung der Handelsbilanz der Organgesellschaft, spätestens jedoch acht Monate nach Ablauf des Wirtschaftsjahrs der Organgesellschaft.

▶ **Einnahmen** aus der Beteiligung an einem Handelsgewerbe als **stiller Gesellschafter** sowie **Zinsen aus einem partiarischen Darlehen** (§ 43 Abs. 1 Satz 1 Nr. 3 EStG i. V. m. § 20 Abs. 1 Nr. 4 EStG) gelten – vorbehaltlich einer ausdrücklichen Vereinbarung im Beteiligungsvertrag – nach § 44 Abs. 3 EStG am Tag nach Aufstellung der Bilanz oder der sonstigen Feststellung des Anspruchs, spätestens jedoch sechs Monate nach Ablauf des Wirtschaftsjahres, für das der Kapitalertrag ausgeschüttet oder gutgeschrieben werden soll, als zugeflossen.

▶ Bei Kapitalerträgen i. S. d. § 20 Abs. 1 Nr. 10 Buchst. b EStG, d. h. der von den dort genannten nicht von der KSt befreiten **Betrieben gewerblicher Art** i. S. d. § 4 KStG ohne eigene Rechtspersönlichkeit oder einem wirtschaftlichen Geschäftsbetrieb eines steuerbefreiten Körperschaftsteuersubjekts (§ 20 Abs. 1 Nr. 10 Buchst. b Satz 4 EStG) nicht den Rücklagen zugeführte Gewinn und die verdeckten Gewinnausschüttungen, wird als Zeitpunkt des Zuflusses bei der juristischen Person des öffentlichen Rechts oder bei der von der KSt befreiten Körperschaft, Personenvereinigung oder Vermögensmasse als Gläubiger und damit als Zeitpunkt der Entstehung der KapESt in § 44 Abs. 6 Satz 2 EStG für den Regelfall der Zeitpunkt der Bilanzerstellung, spätestens jedoch acht Monate nach Ablauf des Wirtschaftsjahres bestimmt. Besteht der Kapitalertrag in der Auflösung von Rücklagen für Zwecke außerhalb des Betriebes gewerblicher Art, entsteht die KapESt am Tag nach der Beschlussfassung über die Verwendung der Rücklagen. Handelt es sich hingegen um den Gewinn aus der Veräußerung einbringungsgeborener Anteile i. S. d. § 22 Abs. 4 UmwStG, entsteht die KapESt am Tag nach der Veräußerung der Anteile. Für die nach § 20 Abs. 1 Nr. 10 Buchst. b Satz 3 EStG als Gewinnausschüttungen geltenden Teile des Einkommens aus der Veranstaltung von Werbesendungen durch inländische öffentlich rechtliche Rundfunkanstalten wird als Zeitpunkt der Entstehung der KapESt das Ende des Wirtschaftsjahres der Rundfunkanstalt bestimmt (§ 44 Abs. 6 Satz 3 EStG).

In diesen Fällen ist der KapESt-Abzug u. U. zu einem Zeitpunkt vorzunehmen, in dem die Kapitalerträge bei Anwendung der Grundsätze des § 11 EStG noch nicht zugeflossen sind.

23 Der Regelung in § 44 Abs. 4 EStG, wonach bei einer zwischen Gläubiger und Schuldner der Kapitalerträge vereinbarten Stundung wegen vorübergehender Zahlungsunfähigkeit der Steuerabzug erst mit Ablauf der **Stundungsfrist** vorzunehmen ist, bedeutet keine Abweichung von den Grundsätzen des § 11 EStG; der Zuflusszeitpunkt bleibt unverändert. § 44 Abs. 4 EStG kommt lediglich klarstellende Bedeutung zu.

24 Die Abzugsteuer entsteht unabhängig davon, ob mit ihr die KSt nach § 32 Abs. 1 KStG abgegolten wird oder ob die abzugspflichtigen Einkünfte in die für den Bezieher durchzuführende KSt-Veranlagung einzubeziehen sind und die Abzugsteuer dementsprechend auf die sich danach ergebende KSt anzurechnen ist.[1] Damit gibt der Zeitpunkt der Entstehung der Abzugsteuer weder den Zeitpunkt vor, zu dem die abzugspflichtigen Einkünfte vom Gläubiger bezogen werden, noch den Zeitraum, dem Einkünfte für Zwecke der Besteuerung zuzuordnen sind.

---

[1] BFH, Urteile v. 25. 10. 1995 - VIII B 79/95, BStBl 1996 II 316; v. 26. 11. 1997 - I R 110/97, BFH/NV 1998, 581 = NWB ZAAAA-97415.

BEISPIEL: Die X-AG nimmt eine Ausschüttung vor, bei der die KapESt am 15.12.00 entstanden ist. Die Dividenden sind bei der als Minderheitsgesellschafterin beteiligten Y-GmbH Einnahmen des am 31.1.01 endenden Wirtschaftsjahres. Die Dividenden sind damit bei der Y-GmbH Einnahmen des Wirtschaftsjahres 00/01, die nach § 8b Abs. 1 KStG steuerfrei zu belassen sind. Das Ergebnis dieses Wirtschaftsjahres ist Besteuerungsgrundlage für den VZ 01, so dass die KapESt auf die am 15.12.00 vollzogene Ausschüttung erst auf die KSt-Schuld des VZ 01 angerechnet werden kann.[1]

Der Gläubiger der dem Steuerabzug unterliegenden Vergütungen kann unter bestimmten Voraussetzungen die **völlige oder teilweise Freistellung von der Abzugsteuer oder deren Erstattung** beanspruchen. Dies ist insbesondere der Fall

- bei Bezug bestimmter Kapitalerträge durch inländische steuerbefreite Körperschaften sowie bestimmte juristische Personen des öffentlichen Rechts gem. § 44a Abs. 4, 7 und 8 EStG, wobei nach § 44a Abs. 8 EStG lediglich zwei Fünftel freigestellt werden,
- bei Bezug bestimmter Kapitalerträge, wenn die Kapitalerträge Betriebseinnahmen des Gläubigers sind und die Kapitalertragsteuer bei ihm aufgrund der Art seiner Geschäfte auf Dauer höher wäre als die gesamte festzusetzende Einkommensteuer oder Körperschaftsteuer (sog. Dauerüberzahler, § 44a Abs. 5 EStG),
- bei Bezug von Kapitalerträgen i.S.d. § 43 Abs. 1 EStG durch beschränkt steuerpflichtige Körperschaften i.S.d. § 2 Nr. 1 KStG gem. § 44a Abs. 9 EStG, wobei zwei Fünftel der einbehaltenen und abgeführten Kapitalertragsteuer erstattet werden,
- bei Bezug von Gewinnausschüttungen aufgrund einer qualifizierten Beteiligung einer in einem anderen EU-Staat ansässigen Muttergesellschaft von einem inländischen Körperschaftsteuersubjekt (Tochtergesellschaft) nach § 43b EStG,
- bei Bezug von Zinsen und Lizenzgebühren durch in einem anderen EU-Staat ansässige Unternehmen von einem inländischen Unternehmen nach § 50g EStG und
- bei Bezug von Kapitalerträgen i.S.d. § 43 EStG oder dem Steuerabzug nach § 50a Abs. 1 EStG unterliegenden Einkünften, die nach einem DBA nicht oder nur nach einem niedrigeren Steuersatz besteuert werden (§ 50d EStG).

Der inländische Schuldner der Vergütungen darf nur dann vom Steuerabzug absehen, wenn ihm die in § 44a Abs. 5 bis 8 EStG bezeichneten Bescheinigungen vorliegen. In den Fällen des § 50d EStG ist eine Freistellungsbescheinigung des Bundeszentralamts für Steuern oder eine dem Schuldner erteilte Ermächtigung zur Durchführung des Kontrollmeldeverfahrens (§ 50d Abs. 5 Satz 1 KStG) erforderlich. Liegen diese Voraussetzungen nicht vor, entstehen die Steuerabzugsbeträge zunächst ungemildert. Dem Gläubiger der Vergütungen erwächst insoweit ein Erstattungsanspruch, der nach Maßgabe der jeweils in Betracht kommenden Einzelregelungen geltend zu machen ist; vgl. dazu §§ 44b und 45b EStG hinsichtlich der KapEStG bei inländischen Gläubigern, § 48c Abs. 2 EStG hinsichtlich der Bauabzugsteuer und § 50d Abs. 1 Satz 2 ff. EStG hinsichtlich der KapESt sowie der Abzugsteuer nach § 50a Abs. 1 EStG bei im Ausland ansässigen Gläubigern.

(Einstweilen frei)

---

1 Vgl. *Valta* in Mössner/Seeger/Oellerich, KStG, § 31 Rz. 151 ff.

D. Entstehung der KSt-Vorauszahlungen (§ 30 Nr. 2 KStG)

30 Nach § 30 Nr. 2 KStG entstehen die KSt-Vorauszahlungen mit Beginn des Kalendervierteljahres, in dem die Vorauszahlungen zu entrichten sind, oder wenn die Steuerpflicht erst im Laufe des Kalenderjahres begründet wird, mit Begründung der Steuerpflicht. Gemäß § 31 Abs. 1 Satz 1 KStG i.V. m. § 37 Abs. 1 Satz 1 EStG sind **KSt-Vorauszahlungen vierteljährlich** zum 10. 3., 10. 6., 10. 9. und 10. 12. eines jeden Kalenderjahres zu erheben. Der Entstehungszeitpunkt liegt damit zu Beginn des jeweiligen Vierteljahres und somit im Regelfall innerhalb des als VZ geltenden Kalenderjahres.

31 Handelt es sich um eine nach Maßgabe des HGB buchführungspflichtige Körperschaft, die zulässigerweise ein vom Kalenderjahr abweichendes Wirtschaftsjahr gewählt hat, sind die KSt-Vorauszahlungen bereits während des Wirtschaftsjahres zu entrichten, das im Veranlagungszeitraum endet. Dies führt dazu, dass zumindest **einzelne Vorauszahlungsbeträge bereits vor dem Kalenderjahr** entstehen, für das sie erhoben werden.[1]

32 Die Entstehung einer Steuerschuld setzt u. a. die **persönliche Steuerpflicht** voraus. Deswegen können KSt-Vorauszahlungen erst mit deren Begründung entstehen.

> **BEISPIEL:** Die X-GmbH wird am 15. 7. 01 errichtet und begründet damit ihre unbeschränkte Steuerpflicht. Danach kann eine KSt-Vorauszahlung erstmalig zum 10. 9. 01 festgesetzt werden, die am 15. 7. 01 entsteht. Zum 1. 7. 01 bestand die X-GmbH noch nicht als Steuersubjekt, so dass zu diesem Zeitpunkt ihr gegenüber noch kein Steueranspruch entstehen konnte.

33 Wechselt eine Körperschaft im Laufe des Veranlagungszeitraums zwischen beschränkter Steuerpflicht i. S. d. § 2 Nr. 1 KStG und unbeschränkter Steuerpflicht, ergeben sich nach § 7 Abs. 3 Satz 3 KStG **zwei Veranlagungszeiträume**; die Regelung des § 2 Abs. 7 Satz 3 EStG ist nicht anwendbar. Dementsprechend ist für die Entstehung der Vorauszahlungen zwischen diesen beiden Zeiträumen zu unterscheiden.

> **BEISPIEL:** Die nach niederländischem Recht errichtete Y-BV unterhält im Inland eine Betriebsstätte. Sie verlegt am 15. 7. 01 ihren Ort der Geschäftsleitung von Rotterdam (NL) in das Inland. Damit begründet sie ihre unbeschränkte Steuerpflicht.[2]
>
> Bis zum 15. 7. 01 war die Y-AG mit ihren inländischen Einkünften gem. § 2 Nr. 1 KStG beschränkt steuerpflichtig. Für diesen Zeitraum sind die KSt-Vorauszahlungen am 1. 1. 01 und am 1. 4. 01 für das erste und das zweite Kalendervierteljahr und am 1. 7. 01 für den die beschränkte Steuerpflicht umfassenden Zeitraum des dritten Kalendervierteljahres entstanden.
>
> Mit Begründung der unbeschränkten Steuerpflicht am 15. 7. 01 entstehen die KSt-Vorauszahlungen für den die unbeschränkte Steuerpflicht umfassenden Zeitraum des dritten Kalendervierteljahres 01.

34–39 *(Einstweilen frei)*

E. Entstehung der veranlagten KSt (§ 30 Nr. 3 KStG)

40 Die veranlagte KSt entsteht nach § 30 Nr. 3 KStG mit Ablauf des Veranlagungszeitraums, soweit sie nicht bereits in der Form der Steuerabzugsbeträge oder KSt-Vorauszahlungen nach

---

[1] Siehe im Einzelnen *Valta* in Mössner/Seeger/Oellerich, KStG, § 31 Rz. 171 ff.
[2] Zur zivilrechtlichen Anerkennung von Gesellschaften ausländischen Rechts siehe BGH v. 14. 3. 2005 - II ZR 5/03, NWB MAAAB-98154.

§ 30 Nr. 1 und 2 KStG zu einem früheren Zeitpunkt entstanden ist. **Entscheidend** ist danach die **Bestimmung des Veranlagungszeitraumes**.

Die KSt wird für den Regelfall nach § 7 Abs. 3 Satz 1 f. KStG als **Jahressteuer** auf der Grundlage des in dem maßgebenden Kalenderjahr bezogenen zu versteuernden Einkommens erhoben. Veranlagungszeitraum ist danach das Kalenderjahr.[1] Welche **Besteuerungsgrundlagen** für das jeweilige Kalenderjahr zu berücksichtigen sind, richtet sich nach den insoweit maßgebenden Vorschriften des EStG und des KStG. Danach ist es nicht zwingend, dass diese allein in dem Kalenderjahr ihre Ursache haben, das zugleich Veranlagungszeitraum ist.[2] 41

Nach § 7 Abs. 4 Satz 1 f. KStG gilt bei Steuerpflichtigen, die zur Führung von Büchern nach Maßgabe des HGB verpflichtet sind, der Gewinn des Wirtschaftsjahres in dem Kalenderjahr als bezogen, in dem das Wirtschaftsjahr endet. Bei einem **vom Kalenderjahr abweichenden Wirtschaftsjahr** ist danach der Veranlagungszeitraum nicht mit dem Ermittlungszeitraum identisch.[3] Die Körperschaftsteuer entsteht auch in diesen Fällen erst mit Ablauf des Kalenderjahres, in dem das Wirtschaftsjahr endet.[4] 42

Verluste, die mit positiven Einkünften des jeweiligen Veranlagungszeitraums nicht ausgeglichen werden können, sind gem. § 10d EStG vom Gesamtbetrag der Einkünfte anderer Veranlagungszeiträume abziehbar. Soweit danach ein **Verlustrücktrag** zulässig ist, wird damit ein bereits entstandener KSt-Anspruch berührt. Die Steuerschuld entsteht für das Rücktragsjahr (endgültig) erst mit Ablauf des Veranlagungszeitraums, in dem der Verlust entstanden ist.[5] Dementsprechend endet nach § 10d Abs. 1 Satz 4 2. Halbsatz EStG die **Festsetzungsfrist** für den Veranlagungszeitraum, in den ein Verlust zurückzutragen ist, insoweit nicht, bevor die Festsetzungsfrist für den Veranlagungszeitraum abgelaufen ist, in dem die negativen Einkünfte nicht ausgeglichen werden. 43

Endet die Steuerpflicht während des Kalenderjahres, endet damit gem. § 7 Abs. 3 Satz 3 KStG auch der Veranlagungszeitraum, so dass auch zu diesem Zeitpunkt die KSt für den letzten Veranlagungszeitraum entsteht. Besonderheiten ergeben sich für den Fall der Auflösung und Abwicklung von unbeschränkt steuerpflichtigen Körperschaften i. S. d. § 1 Abs. 1 Nr. 1 bis 3 KStG aus § 11 KStG. Der Besteuerung ist der im Zeitraum der Abwicklung erzielte Gewinn zugrunde zu legen. Dieser Besteuerungszeitraum entspricht nicht dem Wirtschaftsjahr und soll drei Jahre nicht übersteigen. Bei länger andauernden Abwicklungen können sich deswegen mehrere Besteuerungszeiträume ergeben.[6] 44

In den Fällen des **Wechsels zwischen unbeschränkter und beschränkter Steuerpflicht** und umgekehrt innerhalb eines Kalenderjahres[7] ergeben sich für dieses Kalenderjahr nach § 7 Abs. 3 Satz 3 KStG zwei Veranlagungszeiträume. Beim Wechsel von unbeschränkter zu beschränkter Steuerpflicht sind die Entstrickungsregelungen des § 12 KStG zu beachten.[8] 45

---

1 Vgl. auch § 2 Abs. 7 Satz 1 f. EStG.
2 Vgl. bspw. → Rz. 24.
3 Zu den sich in diesen Fällen für die KSt-Vorauszahlungen ergebenden Besonderheiten siehe *Valta* in Mössner/Seeger/Oellerich, KStG, § 31 Rz. 171 ff.
4 BFH, Urteil v. 6.3.2013 - I R 10/11, BStBl 2013 II 707.
5 BFH, Urteil v. 6.6.2000 - VII R 104/98, BStBl 2000 II 491.
6 Siehe näher *Zuber* in Mössner/Seeger/Oellerich, KStG, § 11 Rz. 81 ff.
7 Vgl. dazu das Beispiel in → Rz. 33.
8 Zu den Einflüssen auf den Besteuerungszeitraum siehe *Mössner* in Mössner/Seeger/Oellerich, KStG, § 12 Rz. 106 ff.

46 Der Beginn oder das Erlöschen einer Steuerbefreiung nach § 5 KStG berührt nach § 13 KStG lediglich den Umfang der ggf. zu besteuernden Einkünfte.[1] Auf den Regelungsbereich des § 30 KStG hat eine solche Änderung keinen Einfluss.

47–49 *(Einstweilen frei)*

50 **ABC der Rechtsprechung**

▶ Entstehung der KapESt – Gewinnausschüttung aufgrund eines gesellschaftsrechtlichen Beschlusses

BFH, Urteil v. 18. 12. 1985 - I R 222/81, BStBl 1986 II 451

Für die Durchführung des Steuerabzugs vom Kapitalertrag gelten Gewinnanteile (Dividenden) auch dann erst mit dem im Ausschüttungsbeschluss bestimmten Auszahlungstag als zugeflossen, wenn der Empfänger der Gewinnanteile der Alleingesellschafter der Kapitalgesellschaft ist.

BFH, Urteil v. 8. 7. 1998 - I R 57/97, BStBl 1998 II 672

1. Der für die Entrichtung der Kapitalertragsteuer maßgebliche Zeitpunkt der Auszahlung einer Gewinnausschüttung ist nur dann i. S. v. § 44 Abs. 2 Satz 1 EStG im Ausschüttungsbeschluss bestimmt, wenn ein Beschluss über den Tag der Auszahlung gefasst worden ist. Die Angabe eines Auszahlungszeitraumes (Woche, Monat, Jahr) genügt hierfür nicht.
2. Der stattdessen geltende Zeitpunkt der Zuflussfiktion gem. § 44 Abs. 2 Satz 2 EStG findet auch auf Gewinne Anwendung, die eine inländische Kapitalgesellschaft an ihren in der Schweiz ansässigen Gesellschafter ausschüttet. Die Regelung in § 44 Abs. 2 Satz 2 EStG wird durch das DBA-Schweiz nicht verdrängt. Auf den tatsächlichen Zuflusszeitpunkt kommt es deshalb nicht an.

BFH, Urteil v. 17. 11. 1998 - VIII R 24/98, BStBl 1999 II 223

Ausschüttungen an den beherrschenden Gesellschafter einer zahlungsfähigen GmbH sind diesem i. d. R. auch dann zum Zeitpunkt der Beschlussfassung über die Gewinnverwendung i. S. d. § 11 Abs. 1 Satz 1 EStG zugeflossen, wenn die Gesellschafterversammlung eine spätere Fälligkeit des Auszahlungsanspruchs beschlossen hat (Bestätigung der Rechtsprechung in dem Urteil v. 30. 4. 1974 - VIII R 123/73, BFHE 112, 355, BStBl 1974 II 541).

BFH, Urteil v. 20. 12. 2006 - I R 13/06, BStBl 2007 II 616

1. [...]
2. Eine Dividende gilt dem Gesellschafter auch dann gem. § 44 Abs. 2 Satz 2 EStG 1990 als am Tag nach dem Gewinnausschüttungsbeschluss zugeflossen, wenn dieser bestimmt, die Ausschüttung solle nach einem bestimmten Tag (hier: „nach dem 30. 6. 1996") erfolgen.
3. [...]

▶ Entstehung der KapESt – Gewinnausschüttung aufgrund eines gesellschaftsrechtlichen Beschlusses mit nachfolgendem Rückforderungsanspruch

BFH, Urteil v. 30. 7. 1997 - I R 11/96, BFH/NV 1998, 308 = NWB UAAAA-97408

Bei den Gesellschaftern zugeflossenen Gewinnausschüttungen ist Kapitalertragsteuer auch dann zu erheben, wenn der ausschüttenden Gesellschaft gem. §§ 31, 30 GmbHG ein Rück-

---

[1] Siehe näher *Martini* in Mössner/Seeger/Oellerich, KStG, § 13 Rz. 2 ff.

gewähranspruch zur Erhaltung des Stammkapitals der Gesellschaft zusteht. Für das Entstehen der Kapitalertragsteuer ist nicht gesetzliche Voraussetzung, dass die Gesellschafter die zugeflossenen Beträge auch behalten dürfen. Anderes gilt nur dann, wenn die Gewinnausschüttung in einem derartigen Fall den Gesellschaftern von vornherein nicht zufließt und daher auch nicht mit einem Erstattungsanspruch verrechnet werden kann.

► Entstehung der KapESt – Stille Beteiligung

BFH, Urteil v. 28. 11. 1990 - I R 111/88, BStBl 1991 II 313

Der Zeitpunkt des Zuflusses des Gewinnanteils aus einer typischen Unterbeteiligung bestimmt sich für Zwecke der Kapitalertragsteuer nach § 44 Abs. 3 Satz 1 i.V. m. Abs. 2 EStG.

► Entstehung der KapESt – Verdeckte Gewinnausschüttungen

BFH, Urteil v. 19. 5. 1982 - I R 102/79, BStBl 1982 II 631

Verbürgt sich eine inländische Tochtergesellschaft für eine andere inländische Tochtergesellschaft, ohne für die Übernahme dieses Wagnisses ein Entgelt zu verlangen, überträgt ferner die eine Tochtergesellschaft auf ihre Schwestergesellschaft unentgeltlich ihre Exportabteilung, so liegt ein die Kapitalertragsteuerpflicht begründender Zufluss bei der gemeinsamen ausländischen Muttergesellschaft nur insoweit vor, als es durch diese Sachverhalte zu verdeckten Einlagen der ausländischen Muttergesellschaft bei der begünstigten inländischen Tochtergesellschaft gekommen ist.

BFH, Urteil v. 4. 7. 1984 - I R 195/81, BStBl 1984 II 842

Nimmt eine ausländische Muttergesellschaft von ihrer inländischen Tochtergesellschaft Waren zu einem unangemessen niedrigen Kaufpreis zurück oder verkauft eine ausländische Muttergesellschaft ihrer inländischen Tochtergesellschaft Waren zu einem unangemessen hohen Kaufpreis oder übernimmt eine inländische Tochtergesellschaft Aufwendungen, die ausschließlich den Belangen ihrer Muttergesellschaft dienen, so liegen hierin jeweils sonstige Vorteilsgewährungen der Tochtergesellschaft an ihre Muttergesellschaft. Die Vorteilsgewährungen sind tatbestandsmäßig als Bruttobetrag (Roheinnahme) zu verstehen, d. h. sie fallen unabhängig von einem eventuellen Rückgewähranspruch an. Behält die inländische Tochtergesellschaft von den von ihrer ausländischen Muttergesellschaft gewährten Vorteilen keine Kapitalertragsteuer ein, so haftet sie gem. § 44 Abs. 5 Satz 2 EStG 1974/75.

► Entstehung der KapESt – Vorabausschüttungen

BFH, Urteil v. 17. 2. 1993 - I R 21/92, BFH/NV 1994, 83 = NWB XAAAB-33799

Eine Vorabausschüttung auf den Gewinn des laufenden Geschäftsjahrs einer GmbH ist aufgrund ihres Vorschusscharakters dadurch auflösend bedingt, dass nach Ablauf des Wirtschaftsjahrs tatsächlich ein entsprechend hoher ausschüttungsfähiger Gewinn vorhanden ist. Das Entstehen eines aufgrund dessen erwachsenden Rückgewähranspruchs – sofern er tatsächlich eingelöst wird – kann den ursprünglichen Zufluss der Kapitalerträge aus der Vorabausschüttung nicht ungeschehen machen. Dies gilt selbst dann, wenn im Zeitpunkt des Zuflusses bereits feststeht, dass die Vorabausschüttungen teilweise zurückzuzahlen sind.

BFH, Urteil v. 5. 9. 2001 - I R 60, 61/00, BFH/NV 2002, 222 = NWB GAAAA-66734

Auf die Vorabausschüttung ist auch die Kapitalertragsteuer festzusetzen, wobei die Steuerabzugspflicht mit dem Zufluss der Kapitalerträge beim Gläubiger verwirklicht ist (§ 43 Abs. 1 Nr. 1, § 44 Abs. 2 Satz 1 EStG i.V. m. § 8 Abs. 1 KStG). Dies gilt unabhängig davon, ob im Zeitpunkt des Zuflusses bereits feststeht, dass die Ausschüttung ganz oder teilweise zurückzuzahlen ist; das Behaltendürfen ist nicht Voraussetzung des Zuflusses i. S. d. § 11 Abs. 1 EStG und damit auch nicht i. S. d. § 44 Abs. 1 Satz 2 EStG (vgl. Senatsurteile v. 17. 2. 1993 - I R 21/92, BFH/NV 1994, 83; v. 30. 7. 1997 - I R 11/96, BFH/NV 1998, 308 = NWB UAAAA-97408).

▶ Entstehung KSt – abweichendes Wirtschaftsjahr

BFH, Urteil v. 6. 3. 2013 - I R 10/11, BStBl 2013 II 707

Auch bei einem abweichenden Wirtschaftsjahr i. S. d. § 7 Abs. 4 Satz 2 KStG entsteht die Körperschaftsteuer nach § 30 Nr. 3 KStG erst mit Ablauf des Kalenderjahres, in dem das Wirtschaftsjahr endet.

▶ Entstehung KSt – Rückwirkende Ereignisse

BFH, Urteil v. 2. 7. 1997 - I R 25/96, BStBl 1997 II 714,

BFH, Urteil v. 31. 10. 1984 - I R 95/80, BStBl 1985 II 225,

BFH, Urteil v. 18. 5. 1999 - I R 60/98, BStBl 1999 II 634.

Rückwirkende Ereignisse i. S. d. § 175 Abs. 1 Satz 1 Nr. 2 AO berühren die Entstehung des Steueranspruchs unmittelbar auf den Zeitpunkt der Rückwirkung.

BFH, Urteil v. 22. 10. 2003 - I R 15/03, BStBl 2004 II 398

Änderung eines Gewinnverwendungsbeschlusses.

BFH, Urteil v. 20. 9. 2006 - I R 17/04, BFH/NV 2007, 1065 = NWB WAAAC-41506

Erstmalige Beschlüsse über eine offene Gewinnausschüttung sind zwar rückwirkende Ereignisse i. S. d. § 233a Abs. 2a AO 1977, sie lösen gleichwohl keinen abweichenden Zinslauf nach dieser Bestimmung aus (ständige Rechtsprechung, z. B. Senatsurteil v. 22. 10. 2003 - I R 15/03, BFHE 204, 6, BStBl 2004 II 398). Der Begriff des erstmaligen Gewinnverteilungsbeschlusses ist allerdings eng auszulegen; weitere Gewinnausschüttungen zu einem späteren Zeitpunkt sind als Änderungen des ursprünglichen Ausschüttungsbeschlusses nicht erfasst.

▶ Entstehung KSt – Verlustabzug

BFH, Urteil v. 6. 6. 2000 - VII R 104/98, BStBl 2000 II 491

Der auf einem Verlustrücktrag nach § 10d Abs. 1 EStG beruhende Erstattungsanspruch entsteht in den Fällen des Verlustrücktrags nicht schon mit Ablauf des Jahres des Verlustabzugs, sondern erst mit Ablauf des Veranlagungszeitraums, in dem der Verlust entstanden ist.

▶ Entstehung KSt – Vorabausschüttungen

BFH, Urteil v. 1. 4. 2003 - I R 51/02, BStBl 2003 II 779,

BFH, Beschluss v. 10. 9. 2003 - I B 64/02, BFH/NV 2004, 231 = NWB QAAAB-13720.

Auf eine Vorabgewinnausschüttung ist auch dann die Ausschüttungsbelastung nach §§ 27 ff. KStG 1999 herzustellen, wenn diese von dem später festgestellten Jahresgewinn nicht gedeckt wird, dadurch Kapitalerhaltungsvorschriften verletzt werden und der Beschluss deswegen unwirksam ist.

▶ Veranlagungszeitraum

BFH, Urteil v. 18. 7. 1972 - VIII R 50/68, BStBl 1972 II 877

Der Begriff des Veranlagungszeitraums bezeichnet objektiv und abstrakt den Zeitraum, für den eine Steuer festzusetzen wäre, wenn Einkommen bezogen würde.

§ 31 Steuererklärungspflicht, Veranlagung und Erhebung der Körperschaftsteuer

(1) ¹Auf die Durchführung der Besteuerung einschließlich der Anrechnung, Entrichtung und Vergütung der Körperschaftsteuer sowie die Festsetzung und Erhebung von Steuern, die nach der veranlagten Körperschaftsteuer bemessen werden (Zuschlagsteuern), sind die Vorschriften des Einkommensteuergesetzes entsprechend anzuwenden, soweit dieses Gesetz nichts anderes bestimmt. ²Die sich im Zuge der Festsetzung ergebenden einzelnen Körperschaftsteuerbeträge sind jeweils zu Gunsten des Steuerpflichtigen auf volle Euro-Beträge zu runden. ³§ 37b des Einkommensteuergesetzes findet entsprechende Anwendung.

(1a) ¹Die Körperschaftsteuererklärung und die Erklärung zur gesonderten Feststellung von Besteuerungsgrundlagen sind nach amtlich vorgeschriebenem Datensatz durch Datenfernübertragung zu übermitteln. ²Auf Antrag kann die Finanzbehörde zur Vermeidung unbilliger Härten auf eine elektronische Übermittlung verzichten; in diesem Fall sind die Erklärungen nach amtlich vorgeschriebenem Vordruck abzugeben und vom gesetzlichen Vertreter des Steuerpflichtigen eigenhändig zu unterschreiben.

(2) Bei einem vom Kalenderjahr abweichenden Wirtschaftsjahr gilt § 37 Abs. 1 des Einkommensteuergesetzes mit der Maßgabe, dass die Vorauszahlungen auf die Körperschaftsteuer bereits während des Wirtschaftsjahrs zu entrichten sind, das im Veranlagungszeitraum endet.

Inhaltsübersicht	Rz.
A. Allgemeine Erläuterungen zu § 31 KStG	1 - 20
I. Rechtsentwicklung des § 31 KStG	1 - 10
II. Bedeutung der Vorschrift	11 - 20
B. Die entsprechende Anwendung der Vorschriften des EStG	21 - 40
1. Überblick	21 - 23
2. Der ausdrückliche Verweis auf die Pauschalbesteuerung des § 37b EStG	24 - 40
C. Durchführung der Veranlagung	41 - 170
I. Veranlagungszeitraum	41 - 50
II. Steuerabzug und Ausnahmen	51 - 74
1. Steuerabzug (§ 43 EStG)	51 - 53
2. Abstandnahme vom Steuerabzug (§ 44a EStG)	54 - 64
3. Nachträgliche Erstattung oder besondere Freistellung (§§ 43b, 50d, 50g EStG)	65 - 74
III. Ausnahmen von der Veranlagung	75 - 100
1. Abgeltung durch Steuerabzug (§ 32 KStG)	75 - 80
2. Teilveranlagungen bei persönlich steuerbefreiten Steuersubjekten	81 - 82
3. De-minimis-Regelung (§ 156 Abs. 2 AO)	83 - 100
IV. Steuererklärungen	101 - 130
1. Allgemeines	101 - 110
2. Form der Steuerklärung bis einschl. Veranlagungszeitraum 2010	111 - 120
3. Verfahrensweise ab Veranlagungszeitraum 2011 (Datenfernübertragung)	121 - 130
V. Das Veranlagungsverfahren	131 - 150
VI. Die Anrechnung von Vorauszahlungen und Steuerabzugsbeträgen	151 - 170
D. Die Festsetzung von KSt-Vorauszahlungen	171 - 190
E. Abrundungsvorschriften (§ 31 Abs. 1 Satz 3 KStG)	191

A. Allgemeine Erläuterungen zu § 31 KStG

HINWEIS:

R 31 KStR 2015; OFD Karlsruhe v. 14.1.2009, DStR 2009, 484; LfSt Bayern v. 30.7.2014 - S 0321.1.1-3/5 St42; BMF, Schreiben 19.5.2015, BStBl 2015 I 468.

ARBEITSHILFEN UND GRUNDLAGEN ONLINE:

Zustimmung des Mandanten zur elektronischen Übermittlung von Steuererklärungen, NWB VAAAE-21972; Formulare: Körperschaftsteuer 2015, NWB ZAAAF-68003.

I. Rechtsentwicklung des § 31 KStG

1 Die bisherige Vorschrift des § 49 KStG a. F. mit Bestimmungen zur Durchführung des Besteuerungsverfahrens nach Maßgabe des KStG wurde mit der Neufassung des KStG durch Art. 3 des Steuersenkungsgesetzes vom 23.10.2000[1] aus Anlass des Übergangs vom körperschaftsteuerlichen Anrechnungsverfahren zum Halbeinkünfteverfahren unter Anpassung an die Erfordernisse des Halbeinkünfteverfahrens als § 31 KStG fortgeführt. Deswegen wird die bisherige Regelung des § 49 Abs. 2 KStG a. F. zur Abgabe von Erklärungen zur gesonderten Feststellung von Besteuerungsgrundlagen nach § 47 KStG a. F. nicht fortgeführt.

2 Durch das Steueränderungsgesetz 2003 vom 15.12.2003[2] ist § 31 Abs. 1 KStG um einen Satz 2 ergänzt worden, wonach die sich im Zuge der Festsetzung ergebenden einzelnen KSt-Beträge jeweils zugunsten des Steuerpflichtigen auf volle Euro-Beträge zu runden sind.

3 Die Vorschrift des § 31 KStG ist nach § 34 Abs. 1 KStG i. d. F. des Steuersenkungsgesetzes vom 23.10.2000[3] grundsätzlich erstmals für den VZ 2001 anzuwenden. Etwas anderes gilt nach § 34 Abs. 10a KStG (a. a. O.) – inzwischen § 34 Abs. 12 KStG – insoweit, als die Regelungen des Vierten Teils des KStG i. d. F. des Art. 4 des Gesetzes vom 14.7.2000[4] noch anwendbar sind; insoweit ist noch nach § 49 KStG a. F. zu verfahren. Die Regelung des § 31 Abs. 1 Satz 2 KStG ist erstmals ab dem Veranlagungszeitraum 2002 anzuwenden.[5]

4 Durch Art. 4 Nr. 6 des Jahressteuergesetzes 2007 (JStG 2007) vom 13.12.2006[6] ist in § 31 Abs. 1 KStG ein Satz 3 angefügt worden (inzwischen Satz 4). Danach ist die durch dieses Gesetz eingefügte Vorschrift des § 37b EStG bei der Besteuerung nach dem KStG entsprechend anzuwenden.

5 Nach dem durch das Unternehmensteuerreformgesetz 2008 vom 14.8.2007[7] in § 31 Abs. 1 KStG eingefügten Satz 2 sind die KSt-Vorauszahlungen unter Berücksichtigung der Änderungen durch dieses Gesetz bei Körperschaften, die ihren Gewinn durch Bestandsvergleich ermitteln, nur auf der Grundlage der Angaben in dem dafür vorgesehenen amtlichen Vordruck festzusetzen. Diese Übergangsregelung wurde mit dem Gesetz zur Anpassung des nationalen Steuerrechts an den Beitritt Kroatiens zur EU und zur Änderung weiterer steuerlicher Vorschriften vom 31.7.2014[8] wieder gestrichen.

---

1 BGBl 2000 I 1433; BStBl 2000 I 1428.
2 BGBl 2003 I 2645 – StÄndG 2003.
3 BGBl 2000 I 1433; BStBl 2000 I 1428.
4 BGBl 2000 I 1034.
5 § 34 Abs. 13a KStG i. d. F. des StÄndG 2003, a. a. O.
6 BGBl 2006 I 2878.
7 BGBl 2007 I 1912.
8 BGBl 2014 I 1266.

Nach der durch das Steuerbürokratieabbaugesetz vom 20.12.2008[1] eingefügten Vorschrift des § 31 Abs. 1a KStG sind ab Veranlagungszeitraum 2011 die Körperschaftsteuererklärung und die Erklärung zur gesonderten Feststellung von Besteuerungsgrundlagen im Regelfall nach amtlich vorgeschriebenem Datensatz durch Datenfernübertragung zu übermitteln (vgl. → Rz. 121 ff.).

(Einstweilen frei)

II. Bedeutung der Vorschrift

Der Gesetzgeber hat seit jeher darauf verzichtet, das Besteuerungsverfahren nach Maßgabe des KStG durch umfassende Einzelvorschriften zu regeln. Grundsätzlich sind gem. § 31 Abs. 1 KStG – wie bereits nach § 49 Abs. 1 KStG a. F. – für die Durchführung der Besteuerung des KStG einschließlich der Anrechnung von Abzugsteuern und der Entrichtung der KSt sowie die Festsetzung und Erhebung von Zuschlagsteuern zur KSt die diesbezüglichen **Vorschriften des EStG entsprechend anwendbar.** Darüber hinaus sieht das KStG die Folgenden ergänzend zu beachtenden Regelungen vor,

- gesonderte Feststellung der nicht in das Nennkapital geleisteten Einlagen gem. § 27 Abs. 2 KStG,
- gesonderte Feststellung der in Nennkapital umgewandelten Rücklagen gem. § 28 Abs. 1 Satz 4 KStG,
- Bestimmung der Fälligkeit der KSt-Vorauszahlungen bei einem vom Kalenderjahr abweichenden Wirtschaftsjahr (§ 31 Abs. 2 KStG),
- Sondervorschriften für den Steuerabzug vom Kapitalertrag (§ 32 KStG),
- gesonderte Feststellung der Endbestände des verwendbaren Eigenkapitals gem. § 36 Abs. 7 KStG,
- gesonderte Feststellung des Körperschaftsteuerguthabens gem. § 37 Abs. 2 KStG,
- Festsetzung des Körperschaftsteuerguthabens für den 2008 beginnenden Auszahlungszeitraum gem. § 37 Abs. 5 KStG,
- gesonderte Feststellung und Fortschreibung des positiven Endbetrags des Teilbetrags i. S. d. § 30 Abs. 2 Nr. 2 KStG i. d. F. des Art. 4 des Gesetzes vom 14. 7. 2000,[2] des bisherigen EK 02 gem. § 38 Abs. 1 und 4 KStG,
- Festsetzung des beginnend ab 2008 in zehn gleichen Jahresbeträgen zu entrichtenden Körperschaftsteuererhöhungsbetrages gem. § 38 Abs. 6 KStG,
- Inanspruchnahme von Haftungsschuldnern bei schuldhaft fehlerhaften Nachweisen für den Spendenabzug oder schuldhafter Verwendung der Zuwendungen für nicht begünstigte Zwecke nach § 9 Abs. 3 KStG.[3]

Ferner ist in diesem Zusammenhang auf die Ermächtigung in § 33 Abs. 2 Nr. 1 KStG an den Bundesminister der Finanzen zur Bestimmung der Muster der nach §§ 27 und 37 KStG zu erteilenden Steuerbescheinigungen hinzuweisen.

---

[1] BGBl 2008 I 2850.
[2] BGBl 2000 I 1034.
[3] Vgl. die Erläuterungen von *Krebbers-van-Heek/Mössner* in Mössner/Seeger/Oellerich, KStG, § 9 Rz. 400 ff.

13 Besonderheiten sind in den Fällen der Organschaft (§§ 14 bis 19 KStG) bei der Ermittlung des Einkommens der Organschaft nach § 15 KStG, der Besteuerung von Ausgleichszahlungen nach § 16 KStG und hinsichtlich des Steuerabzugs bei dem Organträger nach § 19 KStG zu beachten. Auf die Erläuterungen zu diesen Vorschriften wird hingewiesen.

14–20 *(Einstweilen frei)*

B. Die entsprechende Anwendung der Vorschriften des EStG

1. Überblick

21 Gemäß § 31 Abs. 1 KStG kommt die entsprechende Anwendung nachfolgender Regelungen des EStG in Betracht:[1]

- § 5b EStG – Elektronische Übermittlung von Bilanzen sowie Gewinn- und Verlustrechnungen,
- § 25 Abs. 1 und 3 Satz 1 und Abs. 4 EStG – Veranlagungszeitraum, Steuererklärungspflicht,
- § 34c Abs. 1 Satz 2 bis 5, Abs. 2 bis 7 unter Berücksichtigung von § 26 Abs. 6 Satz 2 KStG – Steuerermäßigung bei ausländischen Einkünften,
- § 34d Nr. 1 bis 4 und 6 bis 8 EStG – ausländische Einkünfte,
- § 36 Abs. 2 Nr. 2, Abs. 3 und 4 EStG – Tilgung der Einkommensteuer,
- § 36a EStG – Beschränkung der Anrechenbarkeit der Kapitalertragsteuer,
- § 37 Abs. 1, Abs. 3 Satz 1 bis 3, 8 bis 11, Abs. 4 und 5 EStG – Einkommensteuervorauszahlung,
- § 37b EStG – Pauschalierung der Einkommensteuer bei Sachzuwendungen,
- § 43 EStG – Kapitalerträge mit Steuerabzug,
- § 43a EStG – Bemessung der Kapitalertragsteuer,
- § 43b EStG – Bemessung der Kapitalertragsteuer bei bestimmten Gesellschaften,
- § 44 EStG – Entrichtung der Kapitalertragsteuer,
- § 44a EStG – Abstandnahme vom Kapitalertragsteuer-Abzug,
- § 44b EStG – Erstattung der Kapitalertragsteuer,
- § 44c EStG – Erstattung von Kapitalertragsteuer an bestimmte Körperschaften, Personenvereinigungen und Vermögensmassen bis einschl. 2003,
- § 45 EStG – Ausschluss der Erstattung von Kapitalertragsteuer,
- § 45a EStG – Anmeldung und Bescheinigung der Kapitalertragsteuer,
- § 45b EStG – Erstattung von Kapitalertragsteuer aufgrund von Sammelanträgen,
- § 45c EStG – Erstattung von Kapitalertragsteuer in Sonderfällen bis einschl. 2008,
- § 45d EStG – Mitteilungen an das Bundeszentralamt für Steuern,
- §§ 48 bis 48d EStG – Steuerabzug bei Bauleistungen,
- § 50 Abs. 1 Satz 1, Abs. 3 und 4 EStG (bis einschl. VZ 2008 § 50 Abs. 1 Satz 1, 2, Abs. 2, Abs. 5 Satz 2 Nr. 3, Abs. 6 und 7 EStG) – Sondervorschriften für beschränkt Steuerpflichtige,

---

[1] Vgl. auch R 8.1 Abs. 1 Nr. 1 KStR 2015.

- § 50a EStG mit Ausnahme von § 50a Abs. 1 Nr. 4 EStG (bis einschl. VZ 2008 § 50a Abs. 4 bis 7 EStG) – Steuerabzug bei beschränkt Steuerpflichtigen,
- § 50b EStG – Prüfungsrecht der Finanzbehörden im Zusammenhang mit Steuerabzugsbeträgen,
- § 50d Abs. 1 bis 6, 9 und 10 EStG – Besonderheiten im Fall von DBA,
- § 50e Abs. 1 EStG – Bußgeldvorschriften bei Verstößen gegen § 45d EStG,
- § 50g EStG – Zahlungen von Zinsen und Lizenzgebühren zwischen verbundenen Unternehmen verschiedener Mitgliedstaaten der EU,
- § 50h EStG – Bestätigung für Zwecke der Entlastung von Quellensteuern in einem anderen Mitgliedstaat der EU,
- § 51 EStG – Ermächtigung,
- § 51a Abs. 1 und 3 bis 5 EStG – Festsetzung und Erhebung von Zuschlagsteuern.

Soweit die Anwendungsvorschriften in §§ 52, 52a EStG zum zeitlichen Anwendungsbereich der vorbezeichneten Vorschriften besondere Regelungen enthalten, sind diese ebenfalls zu beachten.

Die FinVerw geht weiter davon aus, dass auch die Vorschriften der EStDV bei der Besteuerung nach Maßgabe des KStG entsprechend anwendbar sind, soweit dies sachlich geboten ist.[1] Dabei handelt es sich um Regelungen, die aufgrund der in § 51 EStG erteilten Ermächtigungen erlassen wurden. In Betracht kommen die nachfolgend aufgeführten Regelungen,

- § 50 EStDV – Zuwendungsnachweis,
- § 56 Satz 2 EStDV – Steuererklärungspflicht,
- § 60 EStDV – Unterlagen zur Steuererklärung,
- §§ 68a, 68b EStDV – Einzelregelungen zur Berücksichtigung ausländischer Steuern nach § 26 Abs. 6 KStG i. V. m. § 34c EStG,
- §§ 73a, 73c bis 73g EStDV – Einzelregelungen zum Steuerabzug bei beschränkt Steuerpflichtigen gem. § 50a EStG.

Ferner sind die in § 84 EStDV zu diesen Vorschriften getroffenen **Regelungen zum Inkrafttreten** zu beachten.

Durch das Gesetz zur Bekämpfung der Steuerhinterziehung (Steuerhinterziehungsbekämpfungsgesetz) vom 29. 7. 2009[2] ist mit § 51 Abs. 1 Nr. 2 Buchst. f EStG eine weitere Ermächtigungsvorschrift geschaffen worden. Danach können Steuerpflichtigen mit Geschäftsbeziehungen zu ausländischen Staaten und Gebieten, die den deutschen FinBeh keine umfassende Amtshilfe leisten, besondere Aufzeichnungs- und Mitwirkungspflichten auferlegt werden. Dies ist durch die Steuerhinterziehungsbekämpfungsverordnung vom 18. 9. 2009[3] (SteuerHBekV) erfolgt. Nach § 1 SteuerHBekV ist bei Verletzung der besonderen Aufzeichnungs- und Mitwirkungspflichten der Abzug von Betriebsausgaben, die im Zusammenhang mit den in Betracht kommenden Geschäftsbeziehungen stehen, zu versagen. Nach dem BMF-Schreiben vom 5. 1. 2010,[4] erfüllt zum 1. 1. 2010 kein Staat oder Gebiet die Voraussetzungen, die die Anwen-

---

1 Vgl. R 8.1 Abs. 1 Nr. 2 KStR 2015.
2 BGBl 2009 I 2302.
3 BGBl 2009 I 3046.
4 BStBl 2010 I 19.

2. Der ausdrückliche Verweis auf die Pauschalbesteuerung des § 37b EStG

24 Nach § 31 Abs. 1 Satz 4 KStG ist die Vorschrift des § 37b EStG bei der Besteuerung nach dem KStG mit Wirkung ab Veranlagungszeitraum 2007[2] entsprechend anzuwenden. Durch § 37b Abs. 1 EStG wird es ermöglicht, die ESt für betrieblich veranlasste Sachzuwendungen und für Geschenke i. S. d. § 4 Abs. 5 Satz 1 Nr. 1 EStG mit 30 % der Aufwendungen einschl. USt zu pauschalieren, sofern deren Wert je Empfänger und Wirtschaftsjahr insgesamt oder im Einzelfall 10.000 € nicht übersteigt. Damit bleiben diese Zuwendungen bei der Besteuerung des Empfängers außer Ansatz (§ 37b Abs. 3 EStG). Der Empfänger der Zuwendung ist über die Pauschbesteuerung zu unterrichten. In § 37b Abs. 2 EStG sind Bestimmungen zur Pauschalierung von bestimmten Sachzuwendungen an Arbeitnehmer getroffen worden. Für das Verfahren zur Durchführung der Pauschbesteuerung sind die Vorschriften des LSt-Abzugsverfahrens entsprechend anzuwenden. Die Pauschsteuer ist zusammen mit ggf. einzubehaltender LSt abzuführen und gilt (nur) in diesem Zusammenhang als LSt. Wegen weiterer Einzelheiten wird auf das BMF-Schreiben vom 19. 5. 2015[3] hingewiesen.

25 Durch die Regelung in § 31 Abs. 1 Satz 4 KStG soll sichergestellt werden, dass die Pauschalierung für Sachzuwendungen nach § 37b Abs. 1 EStG auch dann möglich ist, wenn der Empfänger der Zuwendungen der KSt unterliegt.[4] Danach ist es z. B. einem Einzelunternehmer oder einer aus natürlichen Personen bestehenden Personengesellschaft möglich, die KSt auf Sachzuwendungen an einen dem KStG unterliegenden Empfänger mit 30 % zu pauschalieren, so dass diese Sachzuwendungen bei der Besteuerung des Einkommens des Empfängers nach Maßgabe des KStG außer Betracht zu lassen sind.

26 Entschließt sich eine Körperschaft, Personenvereinigung oder Vermögensmasse für von ihr gegebene Sachzuwendungen nach § 37b EStG zu verfahren, ist Rechtsgrundlage bei den Zuwendungen an natürliche Personen § 37b EStG, bei Zuwendungen an eine Körperschaft, Personenvereinigung oder Vermögensmasse § 31 Abs. 1 Satz 4 KStG i. V. m. § 37b EStG.

27–40 *(Einstweilen frei)*

C. Durchführung der Veranlagung

I. Veranlagungszeitraum

41 Die KSt wird für den Regelfall nach § 7 Abs. 3 KStG als **Jahressteuer** auf der Grundlage des in dem maßgebenden Kalenderjahr bezogenen zu versteuernden Einkommens erhoben. Veranlagungszeitraum ist danach das Kalenderjahr (vgl. auch § 2 Abs. 7 Satz 1 und 2 EStG).

42 Endet die Steuerpflicht während des Kalenderjahres, endet damit gem. § 7 Abs. 3 Satz 3 KStG auch der **Veranlagungszeitraum**. Besonderheiten ergeben sich für den Fall der Auflösung und

---

1 Siehe dazu näher *Valta* in Mössner/Seeger/Oellerich, KStG, § 33 Rz. 51 f.
2 Vgl. § 34 Abs. 1 KStG i. d. F. des JStG 2007, BGBl 2006 I 2878.
3 BStBl 2015 I 468.
4 BR-Drucks. 622/06, 121.

Abwicklung von unbeschränkt steuerpflichtigen Körperschaften i. S. d. § 1 Abs. 1 Nr. 1 bis 3 KStG aus § 11 KStG. Wegen der Bestimmung der insoweit maßgebenden Veranlagungszeiträume wird auf die Erläuterungen von *Zuber*[1] hingewiesen. Für den Fall, dass die Liquidation im Zeitpunkt des Übergangs vom Anrechnungsverfahren zum Halbeinkünfteverfahren noch nicht abgeschlossen war (vgl. dazu → Rz. 3), sind die sich aus § 34 Abs. 14 KStG ergebenden Besonderheiten zu beachten. Bei über den 31. 12. 2000 hinaus andauernden Abwicklungen konnte danach bis zum 30. 6. 2002 beantragt werden, dass mit dem 31. 12. 2000 ein **Besteuerungszeitraum** endete und dementsprechend mit dem 1. 1. 2001 ein weiterer Besteuerungszeitraum beginnt.

Wird eine Körperschaft formwechselnd umgewandelt und unterliegt sie im Anschluss an die Umwandlung weiterhin der Körperschaftsteuer, wird für das Jahr der Umwandlung eine einheitliche Körperschaftsteuer anhand des gesamten Jahreseinkommens festgesetzt.[2] 42a

Bei dem **Wechsel zwischen unbeschränkter und beschränkter Steuerpflicht** und umgekehrt innerhalb eines Kalenderjahres ergeben sich für dieses Kalenderjahr nach § 7 Abs. 3 KStG zwei Veranlagungszeiträume; bisher war aufgrund dieser ausdrücklichen Regelung die davon abweichende Vorschrift des § 2 Abs. 7 Satz 3 EStG nicht anzuwenden. Wird eine unbeschränkt steuerpflichtige Körperschaft beschränkt steuerpflichtig, sind die Regelungen des § 12 KStG zu beachten. In § 32 Abs. 2 Nr. 1 KStG i. d. F. des JStG 2009 vom 19. 12. 2008[3] wird mit Wirkung ab Veranlagungszeitraum 2009 (§ 34 Abs. 1 KStG) bestimmt, dass die Körperschaftsteuer durch den Steuerabzug dann nicht abgegolten ist, wenn bei dem Steuerpflichtigen während eines Kalenderjahrs sowohl unbeschränkte Steuerpflicht als auch beschränkte Steuerpflicht i. S. d. § 2 Nr. 1 KStG bestanden hat. Für diesen Fall wird angeordnet; dass die während der beschränkten Steuerpflicht erzielten Einkünfte in eine Veranlagung zur unbeschränkten Körperschaftsteuerpflicht einzubeziehen sind (vgl. → Rz. 132). 43

Der Beginn oder das Erlöschen einer **Steuerbefreiung** (vgl. dazu § 13 KStG) bestimmt lediglich den Umfang der ggf. zu besteuernden Einkünfte. Die persönliche Steuerpflicht wird dadurch nicht berührt. Es verbleibt deswegen bei dem Kalenderjahr als Veranlagungszeitraum.[4] 44

(Einstweilen frei) 45–50

II. Steuerabzug und Ausnahmen

1. Steuerabzug (§ 43 EStG)

Die Vorschriften über den Steuerabzug sind entsprechend anwendbar. Kapitalertragsteuer ist vom Vergütungsschuldner einzubehalten und wird dem Vergütungsgläubiger grundsätzlich auf seine Steuerschuld angerechnet und ggf. erstattet. Der Vergütungsschuldner kann sich nicht darauf berufen, dass der Steuerabzug für ihn eine unbillige Härte nach § 222 Abs. 1 AO darstellt, da er für Rechnung des Vergütungsgläubigers erfolgt.[5] Wird der Steuerabzug nicht durchgeführt, kann die Finanzbehörde den Vergütungsschuldner gem. § 167 Abs. 1 Satz 1 AO wahlweise durch Haftungsbescheid oder Steuerbescheid in Anspruch nehmen.[6] 51

---

1 In Mössner/Seeger/Oellerich, KStG, § 11 Rz. 81 ff.
2 BFH, Urteil v. 8. 10. 2008 - I R 3/06, BStBl 2010 II 186.
3 BGBl 2008 I 2794.
4 Vgl. auch *Martini* in Mössner/Seeger/Oellerich, KStG, § 13 Rz. 28 ff.
5 BFH, Urteil v. 23. 8. 2001 - I R 107/98, BStBl 2001 II 742.
6 BFH, Urteil v. 18. 3. 2009 - I B 210/08, BFH/NV 2009, 1237 = NWB WAAAD-23320.

52 Mit Wirkung ab 2009[1] ist gem. **§ 43 Abs. 2 Satz 3 Nr. 1 EStG** bei Kapitalerträgen i. S. d. § 43 Abs. 1 Satz 1 Nr. 6 und 8 bis 12 EStG kein Steuerabzug vorzunehmen, wenn Gläubigerin der Kapitalerträge eine unbeschränkt steuerpflichtige, nicht von der KSt befreite Körperschaft, Personenvereinigung oder Vermögensmasse, die auch kein inländisches Kreditinstitut, inländisches Finanzdienstleistungsinstitut oder inländische Kapitalanlagegesellschaft i. S. d. Satzes 2 dieser Vorschrift ist.[2] Bei unbeschränkt Steuerpflichtigen i. S. d. § 1 Abs. 1 Nr. 4 und 5 KStG ist diese Regelung nur anzuwenden, wenn die Körperschaft, Personenvereinigung oder Vermögensmasse durch eine widerruflich erteilte Bescheinigung des für sie zuständigen Finanzamts ihre Zugehörigkeit zu dieser Gruppe von Steuerpflichtigen nachweist. Bei den danach vom KapESt-Abzug ausgenommenen Einnahmen handelt es sich im Wesentlichen um Gewinnausschüttungen ausländischer Kapitalgesellschaften, Einnahmen aus Optionsgeschäften, Gewinne aus der Veräußerung von Anteilen an Körperschaften und Anwartschaften darauf, Gewinne aus der Veräußerung von Kapitalforderungen, Gewinne aus Termingeschäften und aus der Veräußerung entsprechend ausgestalteter Finanzinstrumente, Gewinne aus der Übertragung oder der Aufgabe der Berechtigung zum Bezug von Leistungen von nicht von der KSt befreiten Körperschaften, Personenvereinigungen oder Vermögensmassen i. S. d. § 1 Abs. 1 Nr. 3 bis 5 KStG.

53 *(Einstweilen frei)*

2. Abstandnahme vom Steuerabzug (§ 44a EStG)

54 Der entsprechend anwendbare **§ 44a EStG** kennt mehrere Fallgruppen der **Abstandnahme vom Steuerabzug.**

55 Wenn der Gläubiger eine **von der KSt befreite Körperschaft, Personenvereinigung oder Vermögensmasse** ist, kann der Schuldner gem. **§ 44a Abs. 4 Nr. 1 EStG** bei Kapitalerträgen i. S. d. § 43 Abs. 1 Satz 1 Nr. 4, 7 und 8 (ab 2009 Nr. 4, 6, 7 und 8 bis 12) sowie Satz 2 EStG unter bestimmten Voraussetzungen vom KapESt-Abzug absehen.[3]

55a Eine Besonderheit ergibt sich bei Gläubigern von Kapitalerträgen i. S. d. § 43 Abs. 1 Satz 1 Nr. 7 und 8 (ab 2009 Nr. 6, 7 und 8 bis 12) sowie Satz 2 EStG, wenn diese Erträge Betriebseinnahmen sind und die KapESt aufgrund der Art ihrer Geschäfte auf Dauer höher wären als die gesamte festzusetzende KSt („**Dauerüberzahler**").[4] Bei Nachweis dieser Voraussetzung durch eine Bescheinigung des zuständigen Finanzamts ist nach **§ 44a Abs. 5 EStG** vom KapESt-Abzug abzusehen. Dabei handelt es sich um eine **Sonderregelung** für Bezieher von Kapitalerträgen, die wie Versicherungen und Verwertungsgesellschaften i. S. d. Urheberrechtswahrnehmungsgesetzes einerseits über große Wertpapierbestände verfügen und andererseits aufgrund der Art ihrer Geschäfte aber ihre Kapitalerträge größtenteils an ihre Kunden weitergeben.[5] Auch Holdinggesellschaften, die weit überwiegend nach § 8b Abs. 1 und 5 KStG zu 95 % steuerbefreite Dividenden beziehen, können ausnahmsweise Dauerüberzahler sein, wenn andere Einkünfte

---

[1] § 52 Abs. 1 EStG i. d. F. des JStG 2009 v. 19. 12. 2008, BGBl 2008 I 2794.
[2] Näher dazu KKB/Quilitzsch, § 43 EStG Rz. 78 ff.
[3] Näher dazu KKB/Anemüller, § 44a EStG Rz. 8 ff.
[4] Näher dazu KKB/Anemüller, § 44a EStG Rz. 76 ff.
[5] BT-Drucks. 12/2501, 20.

aus wirtschaftlichen oder rechtlichen Gründen zwangsläufig die KapESt-Erstattungen nicht überschreiten können.[1]

Die Überbesteuerung beruht nur dann auf der Art der Geschäfte, wenn die „Überbesteuerung der ausgeübten Geschäftstätigkeit wesensimmanent ist, so dass ein wirtschaftlich besseres Ergebnis zwangsläufig nicht erzielt werden kann".[2] Diese Regelung kann daher nicht bei Steuerpflichtigen angewendet werden, die lediglich aufgrund einer veränderlichen Marktsituation Verluste erzielt haben und dementsprechend über einen längeren Zeitraum einen Verlustabzug beanspruchen können oder bei denen sich aufgrund von individualrechtlichen Gestaltungen zeitweise keine Einkommen- oder Körperschaftsteuer ergibt,[3] so z. B. durch Rückvergütungen von Genossenschaften.[4] Eine Wesensimmanenz wurde auch verneint bei der Mietpreisbindung bei öffentlich gefördertem Wohnraum[5] und bei dem Kostendeckungsprinzip sich aus Gebühren finanzierender kommunaler Abwasser-Unternehmen.[6] 55b

Ab 2009 kann gem. § 44a Abs. 5 Satz 4 EStG bei Bezug von Kapitalerträgen i. S. d. § 43 Abs. 1 Satz 1 Nr. 6 und 8 bis 12 EStG dann vom Steuerabzug abgesehen werden, wenn der Gläubiger weder eine steuerbefreite Körperschaft noch eine juristische Person des öffentlichen Rechts ist, also kein Anwendungsfall des § 44a Abs. 4 Satz 1 EStG vorliegt. Durch das JStG 2009 vom 19. 12. 2008[7] wurde der Anwendungsbereich dieser Vorschrift auch auf Versicherungsunternehmen ausgedehnt, die Organgesellschaften i. S. v. § 14 KStG sind, sofern die für den Organkreis anzurechnende KapESt höher als die für den Organkreis festzusetzende KSt ist. 55c

Wenn der Gläubiger eine **gemeinnützigen, mildtätigen oder kirchlichen Zwecken dienende, nach § 5 Abs. 1 Nr. 9 KStG steuerbefreite inländische Körperschaft**, Personenvereinigung oder Vermögensmasse, eine Stiftung des öffentlichen Rechts, die ausschließlich und unmittelbar gemeinnützigen oder mildtätigen Zwecken dient, eine juristische Person des öffentlichen Rechts ist, die ausschließlich und unmittelbar kirchlichen Zwecken dient, bestimmt **§ 44a Abs. 7 EStG** die Abstandnahme vom KapESt-Abzug[8] von 56

▶ Gewinnausschüttungen von GmbH, von nicht börsennotierten AG auf Namensaktien, von Erwerbs- und Wirtschaftsgenossenschaften und auf Genussrechte i. S. d. § 43 Abs. 1 Satz 1 Nr. 1 EStG,

▶ Zinsen aus Wandelanleihen und Gewinnobligationen i. S. d. § 43 Abs. 1 Satz 1 Nr. 2 EStG,

▶ Gewinnanteilen eines stillen Gesellschafters und Zinsen aus partiarischen Darlehen i. S. d. § 43 Abs. 1 Satz 1 Nr. 3 EStG,

▶ Leistungen anderer Körperschaften, die den Gewinnausschüttungen i. S. d. § 20 Abs. 1 Nr. 1 EStG vergleichbar sind i. S. d. § 43 Abs. 1 Satz 1 Nr. 7a i. V. m. § 20 Abs. 1 Nr. 9 EStG,

▶ Leistungen eines Betriebes gewerblicher Art einer juristischen Person des öffentlichen Rechts mit eigener Rechtspersönlichkeit, die den Gewinnausschüttungen i. S. d. § 20

---

1 FG Hessen, Urteil v. 13. 2. 2013 - 4 K 559/12, NWB FAAAE-36683, Rz. 31; BFH, Urteil v. 27. 8. 1997 - I R 22/97, BStBl 1997 II 817.
2 BFH, Urteil v. 10. 7. 1996 - I R 84/95, BStBl 1997 II 38.
3 BFH, Urteil v. 27. 8. 1997 - I R 22/97, BStBl 1997 II 817.
4 BFH, Urteil v. 10. 7. 1996 - I R 84/95, BStBl 1997 II 38.
5 BFH, Urteil v. 8. 4. 1997 - I R 74/96, BFH/NV 1997, 747 = RAAAB-38966.
6 BFH, Urteil v. 29. 3. 2000 - I R 32/99, BStBl 2000 II 496.
7 BGBl 2008 I 2794.
8 Näher dazu KKB/Anemüller, § 44a EStG Rz. 96 ff.

Abs. 1 Nr. 1 EStG vergleichbar sind i. S. d. § 43 Abs. 1 Satz 1 Nr. 7b i. V. m. § 20 Abs. 1 Nr. 10a EStG,

▶ Leistungen eines Betriebes gewerblicher Art einer juristischen Person des öffentlichen Rechts ohne eigene Rechtspersönlichkeit, die den Gewinnausschüttungen i. S. d. § 20 Abs. 1 Nr. 1 EStG vergleichbar sind i. S. d. § 43 Abs. 1 Satz 1 Nr. 7c i. V. m. § 20 Abs. 1 Nr. 10b EStG.

57 Voraussetzung ist, dass der Gläubiger eine Bescheinigung seines zuständigen Finanzamts über die Zugehörigkeit zu dem begünstigten Personenkreis beibringt.

58 Für die **übrigen** (also nicht die in Rz. 56 behandelten gemeinnützigen u. Ä.) nach § 5 Abs. 1 KStG **steuerbefreiten Körperschaften** sieht § 44a Abs. 8 EStG eine **an den KSt-Tarif angepasste teilweise Freistellung vom KapESt-Abzug** vor,[1] wenn sie Gläubiger sind von Gewinnausschüttungen einer GmbH, einer nicht börsennotierten AG auf Namensaktien, einer Erwerbs- und Wirtschaftsgenossenschaft oder auf Genussrechte i. S. d. § 43 Abs. 1 Satz 1 Nr. 1 EStG, oder von Leistungen anderer Körperschaften i. S. d. § 43 Abs. 1 Satz 1 Nr. 7a i. V. m. § 20 Abs. 1 Nr. 9 EStG, die den Gewinnausschüttungen i. S. d. § 20 Abs. 1 Nr. 1 EStG vergleichbar sind. Diese Regelung erstreckt sich ab 2008 auch auf Kapitalerträge i. S. d. § 43 Abs. 1 Satz 1 Nr. 2 und 3 EStG (§ 52a Abs. 16 Satz 1 EStG). Die KapESt ist bei nach 31. 12. 2007 und vor dem 1. 1. 2009 zufließenden Kapitalerträgen i. H. v. 3/4, bei Zufluss nach dem 31. 12. 2008 i. H. v. 3/5, d. h. i. H. v. 15 % einzubehalten; der Gesetzgeber hat die Regelung damit an den nunmehr maßgebenden KSt-Tarif von 15 % angepasst. Voraussetzung ist, dass der Gläubiger eine Bescheinigung seines zuständigen Finanzamts über die Zugehörigkeit zu dem begünstigten Personenkreis beibringt.

59 Der Gesetzgeber gibt damit – wie bereits in den für Ausschüttungen nach dem 31. 12. 2004 anzuwendenden Fassungen von § 44a Abs. 7 und 8 EStG – bei der Entlastung vom KapESt-Abzug dem Freistellungsverfahren den Vorzug. Das in der Vergangenheit stattdessen vorgesehene Erstattungsverfahren, für dessen Durchführung das Bundeszentralamt für Steuern zuständig ist, verliert damit weiter an Bedeutung. Bei Scheitern der rechtzeitigen Freistellung steht es subsidiär noch zur Verfügung (§ 44b Abs. 5 EStG).

60 Bei **beschränkt steuerpflichtigen Körperschaften** i. S. d. § 2 Nr. 1 KStG wird die **Anpassung an den KSt-Tarif** von 15 % nach Durchführung des abgeltenden Steuerabzugs mit 25 % (§ 32 Abs. 1 Nr. 2 KStG) durch eine **Erstattung** nach **§ 44a Abs. 9 EStG** vorgenommen. Für nach dem 31. 12. 2008 zufließende Kapitalerträge i. S. d. § 43 Abs. 1 Satz 1 Nr. 1 bis 4 EStG besteht ein Erstattungsanspruch i. H. v. 2/5 der einbehaltenen und abgeführten KapESt (§ 52a Abs. 16 EStG). Für die Durchführung der Erstattung ist das Bundeszentralamt für Steuern zuständig. Dabei ist grundsätzlich § 50d Abs. 1 Satz 3 bis 9 EStG entsprechend anzuwenden, bei nach dem 31. 12. 2009 zufließenden Kapitalerträgen auch § 50d Abs. 3 und 4 EStG (§ 52 Abs. 16 EStG), bei nach dem 31. 12. 2011 zufließenden Kapitalerträgen § 50d Abs. 1 Satz 11 EStG (§ 52 Abs. 16b EStG).[2]

61 Ausländischen Körperschaften wird die Ermäßigung der KapESt nach dem 31. 12. 2009 gem. § 44 Abs. 9 Satz 2 EStG in entsprechender Anwendung der **unilateralen „limitation-of-benefits"-Klausel des § 50d Abs. 3 EStG**[3] **versagt.** Damit soll verhindert werden, dass natürliche Per-

---

[1] Näher dazu KKB/Anemüller, § 44a EStG Rz. 106 ff.
[2] Näher dazu KKB/Gebhardt, § 50d EStG Rz. 31 ff.
[3] Siehe *von Brocke* in Mössner/Seeger/Oellerich, KStG,EU-steuerpolitischer Hintergrund Rz. 221 f.; KKB/*Gebhardt*, § 50d EStG Rz. 106 ff.

sonen oder Personengesellschaften über die Zwischenschaltung einer substanzarmen Kapitalgesellschaft den niedrigen KSt-Satz erlangen, die Hinzurechnungsbesteuerung (§§ 7 ff. AStG) genüge dafür nicht.[1] Die Fassung des § 50d Abs. 3 EStG bis zum 31.12.2011 verletzte durch die starre Anforderung, dass 10 % der Einkünfte der Gesellschaft aus eigener Wirtschaftstätigkeit stammen müssen, die Niederlassungs- und Kapitalverkehrsfreiheit und führte zu einem Vertragsverletzungsverfahren gegen Deutschland.[2] Die Neufassung nach dem BeitrRLUmsG ab 1.1.2012 gewährt einer beschränkt steuerpflichtigen Körperschaft die Erstattung nach § 31 KStG und § 44 Abs. 9 Satz 2 EStG, soweit deren Gesellschafter nach § 2 Nr. 1 KStG beschränkt körperschaftsteuerpflichtig sind (persönliche Entlastungsberechtigung), andernfalls nur bei sachlicher Entlastungsberechtigung:[3]

▶ soweit die von der ausländischen Körperschaft im betreffenden Wirtschaftsjahr erzielten Bruttoerträge aus eigener Wirtschaftstätigkeit stammen oder

▶ soweit in Bezug auf nicht aus eigener Wirtschaftstätigkeit stammende Erträge für die Einschaltung der ausländischen Körperschaft wirtschaftliche oder sonst beachtliche Gründe bestehen und die ausländische Körperschaft mit einem für ihren Geschäftszweck angemessen eingerichteten Geschäftsbetrieb am allgemeinen wirtschaftlichen Verkehr teilnimmt.

Nach § 50d Abs. 4 EStG ist die Ansässigkeit im Ausland durch eine Bescheinigung der zuständigen ausländischen Finanzbehörde nachzuweisen.

Praktische Bedeutung kommt der Regelung **des § 44a Abs. 9 EStG** für die Fälle zu, in denen die beschränkt steuerpflichtige Körperschaft nicht bereits eine entsprechende oder eine weitergehende Reduzierung der KapESt nach § 43b EStG als eine in einem anderen EU-Staat ansässige Muttergesellschaft oder nach Maßgabe eines DBA beanspruchen kann. Werden nebeneinander bestehende Ansprüche auf Entlastung von der KapESt geltend gemacht, soll das Bundeszentralamt für Steuern diese Verfahren miteinander verbinden. In Folge des EuGH-Urteils vom 20.10.2011[4] kann auch weitergehend eine Erstattung auf das Niveau der 95 % Freistellung des § 8b Abs. 1, 5 KStG nach der vor allem Altfälle betreffenden Erstattungsregelung des § 32 Abs. 5 KStG beantragt werden, bei der Niederlassungsfreiheit unterfallenden wesentlichen Beteiligungen bestehen in Drittstaatssachverhalten noch Unsicherheiten.[5] Bei ausländischen Pensionsfonds (§ 8b Abs. 8 Satz 5 KStG), körperschaftlich organisierten Kreditinstituten und Finanzdienstleistungsinstituten (§ 8b Abs. 7 KStG) und Lebens- und Krankenversicherungen (§ 8b Abs. 8 KStG) ist wegen der grundfreiheitswidrig fehlenden Veranlagungsmöglichkeit ein europarechtlicher, unmittelbar anwendbarer (Teil-)Erstattungsanspruch anzunehmen.[6]

(Einstweilen frei)

---

1 BT-Drucks. 16/10189, 58.
2 Mitteilung der Kommission v. 18.3.2010, IP/10/298.
3 Siehe *Lüdicke*, IStR 2012, 81 und *Frenz/Mück*, DStR 2011, 2125.
4 Rs. C-284/09, Kommission gegen Deutschland, BFH/NV 2011, 2219 = NWB TAAAD-95597.
5 *Frenz/Mück*, DStR 2011, 2125; s. auch *Valta* in Mössner/Seeger/Oellerich, KStG, § 32 Rz. 5, 59, 141 ff.
6 Siehe *Valta* in Mössner/Seeger/Oellerich, KStG, § 32 Rz. 60.

3. Nachträgliche Erstattung oder besondere Freistellung (§§ 43b, 50d, 50g EStG)

65 Steuerabzugsverfahren sind gem. § 50d Abs. 1 Satz 1 EStG ungeachtet des Umstandes durchzuführen, ob und ggf. in welchem Umfang der Gläubiger der Vergütungen die völlige oder teilweise Freistellung von der inländischen Besteuerung erlangen kann. In Betracht kommen die nachfolgend aufgeführten Sachverhalte.

▶ Ist eine in einem EU-Staat ansässige Gesellschaft über einen Zeitraum von mindestens zwölf Monaten an einer deutschen Kapitalgesellschaft nachweislich zu mind. 10 % beteiligt, kann sie für die von dieser Gesellschaft bezogenen Gewinnausschüttungen die Freistellung von der KapESt in Umsetzung der Mutter-Tochter-Richtlinie[1] nach § 43b EStG beanspruchen. Entsprechendes gilt, wenn diese qualifizierte Beteiligung einer Betriebsstätte der EU-Gesellschaft zugeordnet wurde, die in einem anderen EU-Staat unterhalten wird. Die begünstigten Gesellschaftsformen ergeben sich aus Anlage 2 zum EStG. Der Umfang der Mindestbeteiligung betrug bei Zufluss bis 31.12.2003 25 %, bei Zufluss in der Zeit vom 1.1.2004 bis zum 31.12.2006 20 %, bei Zufluss in der Zeit vom 1.1.2007 bis zum 31.12.2008 15 % und ab 1.1.2009 10 %. Nach § 43b Abs. 3 EStG a. F. konnte auch vor dem 31.12.2008 unter bestimmten Voraussetzungen die Freistellung ab 10 % Beteiligung beansprucht werden. Die in den mit Wirkung ab 1.5.2004 der EU beigetretenen Staaten ansässigen Gesellschaften können die Freistellung für nach dem 30.4.2004 zufließende Gewinnausschüttungen beanspruchen.

▶ Nach § 50g EStG ist in Umsetzung der **Zins- und Lizenzgebühren-Richtlinie**[2] auf die Erhebung der KapESt auf Zinsen und der Abzugsteuer auf Lizenzgebühren nach § 50a Abs. 4 EStG zu verzichten, sofern es sich um Zahlungen eines inländischen Unternehmens an ein in einem anderen EU-Staat ansässiges verbundenes Unternehmen handelt (unmittelbar oder mittelbare Beteiligung von mind. 25 %). Dies gilt grundsätzlich für nach dem 31.12.2003, im Verhältnis zu den mit Wirkung ab 1.5.2004 der EU beigetretenen Staaten für nach dem 30.4.2004 geleistete Zahlungen. Begünstigt sind nur Kapitalgesellschaften, die nach dem Recht eines EU-Staates errichtet wurden (Anlagen 3 und 3a zum EStG).

▶ Schließlich sehen die **DBA** völlige oder teilweise Freistellungen vom Steuerabzug insbesondere bei Dividenden, Zinsen und Lizenzgebühren nach Maßgabe der in Anlehnung an Art. 10 bis 12 OECD-MA getroffenen Einzelregelungen der DBA vor.

66 Die danach vorgesehenen Entlastungen vom Steuerabzug haben nach § 50d EStG entweder im Erstattungsverfahren oder im Rahmen eines besonderen Freistellungsverfahrens zu erfolgen. Die unilaterale limitation-on-benefits-Klausel des § 50d Abs. 3 EStG ist zu beachten (vgl. oben → Rz. 61). Für den Fall, dass der Ansässigkeitsstaat der ausländischen Gesellschaft den deutschen FinBeh keine umfassende Amtshilfe leistet, wird durch § 2 SteuerHBekV vom 18.9.2009[3] weiter gefordert, dass die natürlichen Personen, die an der ausländischen Gesellschaft unmittelbar oder mittelbar zu mehr als 10 % beteiligt sind, benannt werden. Momentan

---

[1] RL 2003/123/EG v. 22.12.2003, ABl. EU 2004 Nr. L 7, 41. Wegen weiterer Einzelheiten siehe *von Brocke* in Mössner/Seeger/Oellerich, KStG, EU-steuerpolitischer Hintergrund Rz. 251 ff.
[2] RL 2003/49 EG v. 3.6.2003, ABl. EU Nr. L 157, 49. Wegen weiterer Einzelheiten s. auch *von Brocke* in Mössner/Seeger/Oellerich, KStG, Europäischer Binnenmarkt Rz. 276 ff.
[3] BGBl 2009 I 3046. Siehe dazu auch *Valta* in Mössner/Seeger/Oellerich, KStG, § 33 Rz. 51.

erfüllt kein Staat oder Gebiet die Voraussetzungen für die Anwendung des § 2 SteuerHBekV.[1] Für die Durchführung der Entlastungsverfahren ist jeweils das Bundeszentralamt für Steuern zuständig (§ 50d Abs. 1 Satz 3 2. Halbsatz, Abs. 2 Satz 1 EStG). Der Anwendungszeitraum einer Freistellungsbescheinigung ist regelmäßig so auszulegen, dass auf den jeweiligen kapitalertragsteuerlichen Zuflusszeitpunkt abgestellt wird.[2]

(Einstweilen frei) 67–74

III. Ausnahmen von der Veranlagung

1. Abgeltung durch Steuerabzug (§ 32 KStG)

Eine KSt-Veranlagung ist dann nicht durchzuführen, wenn die KSt mit dem **vorgenommenen Steuerabzug** abgegolten wird. Dies ist regelmäßig der Fall, wenn 75

▶ die Einkünfte nach § 5 Abs. 2 Nr. 1 KStG von der Steuerbefreiung ausgenommen sind (§ 32 Abs. 1 Nr. 1 KStG),

▶ der Bezieher der Einkünfte beschränkt steuerpflichtig ist und die Einkünfte nicht in einem inländischen gewerblichen oder land- und forstwirtschaftlichen Betrieb angefallen sind (§ 32 Abs. 1 Nr. 2 KStG; vgl. *Valta* in Mössner/Seeger/Oellerich, KStG, § 32). Dabei ist zu beachten, dass von beschränkt Steuerpflichtigen i. S. d. § 2 Abs. 2 EStG sowie von steuerbefreiten Körperschaften, Personenvereinigungen und Vermögensmassen nach dem 17. 10. 2007 vereinnahmte Entgelte in den Fällen der sog. Wertpapierleihe nach § 32 Abs. 3 KStG[3] dem Steuerabzug unterliegen.

Nach § 32 Abs. 2 KStG in der ab Veranlagungszeitraum 2009 geltenden Fassung wird abweichend davon die KSt nicht durch den Steuerabzug abgegolten, 76

1) wenn bei dem Steuerpflichtigen während eines Kalenderjahrs sowohl unbeschränkte Steuerpflicht als auch beschränkte Steuerpflicht i. S. d. § 2 Nr. 1 KStG bestanden hat; in diesen Fällen sind die während der beschränkten Steuerpflicht erzielten Einkünfte in eine Veranlagung zur unbeschränkten Körperschaftsteuerpflicht einzubeziehen (vgl. → Rz. 43);

2) für Einkünfte, die dem Steuerabzug nach § 50a Abs. 1 Nr. 1, 2 oder Nr. 4 EStG unterliegen, wenn der Gläubiger der Vergütungen eine Veranlagung zur Körperschaftsteuer beantragt;

3) soweit der Steuerpflichtige wegen der Steuerabzugsbeträge in Anspruch genommen werden kann oder

4) soweit § 38 Abs. 2 KStG anzuwenden ist.

Zuvor galt in den Fällen des § 32 Abs. 2 Nr. 2 KStG die gem. § 31 Abs. 1 entsprechend anwendbare Erstattungsregelung des § 50 Abs. 5 Satz 2 Nr. 3 EStG a. F.[4]

Im Verhältnis zu **beschränkt Steuerpflichtigen i. S. d. § 2 Nr. 1 KStG** ist weiter zu beachten, dass die Abgeltungswirkung nicht eintritt bei der Bauabzugsteuer nach §§ 48 ff. EStG sowie bei dem nach § 50a Abs. 7 EStG angeordneten Steuerabzug. In den Fällen des Steuerabzugs nach § 50a Abs. 4 EStG kann zur Vermeidung einer Übermaßbesteuerung gem. § 50 Abs. 5 Satz 4 Nr. 3 EStG beim Bundeszentralamt für Steuern die völlige oder teilweise Erstattung der ein- 77

---

[1] Vgl. *Valta* in Mössner/Seeger/Oellerich, KStG, § 33 KStG Rz. 52.
[2] BFH, Urteil v. 20. 12. 2006 - I R 13/06, BStBl 2007 II 616.
[3] Vgl. *Valta* in Mössner/Seeger/Oellerich, KStG, § 32 Rz. 131.
[4] Wegen weiterer Einzelheiten siehe *Valta* in Mössner/Seeger/Oellerich, KStG, § 32 Rz. 101 ff.

behaltenen Abzugsteuern beantragt werden; vgl. dazu das BMF-Schreiben vom 19.12.1996.[1] Weiter ist zu beachten, dass der EuGH mit Urteil v. 3.10.2006[2] entschieden hat, dass es mit dem EU-Recht nicht vereinbar ist, wenn im Steuerabzugsverfahren für beschränkt Steuerpflichtige, die im unmittelbaren Zusammenhang mit der inländischen Tätigkeit stehenden Betriebsausgaben des beschränkt Steuerpflichtigen, die er dem Vergütungsschuldner mitgeteilt hat, nicht geltend gemacht werden können.

Im Vorgriff auf eine gesetzliche Neuregelung hat das BMF in seinem Schreiben v. 5.4.2007[3] eine Verfahrensweise vorgegeben, mit der den Anforderungen des EuGH Rechnung getragen werden soll. Diese Neuregelung ist mit der durch das JStG 2009 vom 19.12.2008[4] geschaffenen Neufassung des § 50a EStG getroffen worden, die dadurch gekennzeichnet ist, dass bei Vergütungen i.S.d. § 50a Abs. 1 Nr. 1, 2 und 4 EStG, die von in anderen EU-Staaten oder EWR-Staaten ansässigen Gläubigern bezogen werden, angefallene Betriebsausgaben bereits im Steuerabzugsverfahren berücksichtigt werden können. In diesem Zusammenhang wurde dann weiter die Regelung des § 32 Abs. 2 Nr. 2 KStG eingefügt.[5] Nach dem EuGH-Urteil v. 20.10.2011[6] kann für die Zeit bis zur Neuregelung weitergehend eine Erstattung auf das Niveau der 95%-Freistellung des § 8b Abs. 1, 5 KStG beantragt werden.[7]

78–80 *(Einstweilen frei)*

2. Teilveranlagungen bei persönlich steuerbefreiten Steuersubjekten

81 Aus dem Kreis der nach § 1 Abs. 1 KStG **unbeschränkt steuerpflichtigen Körperschaften und Vermögensmassen**, die mit ihren sämtlichen Einkünften der inländischen Besteuerung unterliegen und damit zu veranlagen sind, scheiden grundsätzlich die nach § 5 Abs. 1 KStG **persönlich steuerbefreiten Steuersubjekte** aus. Bei diesem Personenkreis ist eine KSt-Veranlagung nur durchzuführen für

- überdotierte Pensions-, Sterbe-, Kranken- und Unterstützungskassen i.S.d. § 5 Abs. 1 Nr. 3 KStG nach Maßgabe des § 6 KStG,[8]
- Berufsverbände, soweit sie einen wirtschaftlichen Geschäftsbetrieb unterhalten,[9] oder soweit eine Besteuerung von Zuwendungen zur unmittelbaren oder mittelbaren Unterstützung politischer Parteien in Betracht kommt,[10]
- politische Parteien, soweit sie einen wirtschaftlichen Geschäftsbetrieb unterhalten,[11]
- gemeinnützigen, mildtätigen oder kirchlichen Zwecken dienende Körperschaften, Personenvereinigungen oder Vermögensmassen, soweit sie einen wirtschaftlichen Geschäftsbetrieb unterhalten,[12]

---

1 BStBl 1996 I 1500.
2 Rs. C-290/04, FKP Scorpio Konzertproduktionen GmbH, BStBl 2006 II 353.
3 BStBl 2007 I 449.
4 BGBl 2008 I 2794.
5 Wegen weiterer Einzelheiten s. *Valta* in Mössner/Seeger/Oellerich, KStG, § 32 Rz. 101 ff.
6 Rs. C-284/09, Kommission gegen Deutschland, BFH/NV 2011, 2219 = NWB TAAAD-95597.
7 Wegen weiterer Einzelheiten s. *Valta* in Mössner/Seeger/Oellerich, KStG, § 32 Rz. 5 und 59 f.
8 Vgl. *Koenig/Oellerich* in Mössner/Seeger/Oellerich, KStG, § 5 Rz. 126 ff. sowie die Erläuterungen von *Schnabel* in Mössner/Seeger/Oellerich, KStG, § 6.
9 § 5 Abs. 1 Nr. 5 KStG; vgl. *Koenig/Oellerich* in Mössner/Seeger/Oellerich, KStG, § 5 Rz. 181 ff.
10 Vgl. *Koenig/Oellerich* in Mössner/Seeger/Oellerich, KStG, § 5 Rz. 206.
11 § 5 Abs. 1 Nr. 7 KStG; vgl. *Koenig/Oellerich* in Mössner/Seeger/Oellerich, KStG, § 5 Rz. 226 ff.
12 § 5 Abs. 1 Nr. 9 KStG; vgl. *Koenig/Oellerich* in Mössner/Seeger/Oellerich, KStG, § 5 Rz. 391 ff.

▶ nach § 5 Abs. 1 KStG oder nach anderen Gesetzen steuerbefreite Körperschaften, Personenvereinigungen oder Vermögensmassen, soweit § 34 Abs. 9, § 37 oder § 38 Abs. 2 KStG anzuwenden ist.[1]

(Einstweilen frei) 82

3. De-minimis-Regelung (§ 156 Abs. 2 AO)

Nach § 156 Abs. 2 AO kann die Festsetzung von Steuern und damit eine Veranlagung unterbleiben, wenn feststeht, dass die Kosten der Einziehung einschließlich der Festsetzung außer Verhältnis zu dem festzusetzenden Betrag stehen. Auf der Grundlage dieser Vorschrift wurde es in der Vergangenheit durch Abschn. 104 Abs. 1 KStR 1995 zugelassen, bei kleinen Körperschaften, die einen Freibetrag nach § 24 oder § 25 KStG nicht beanspruchen können,[2] von der KSt-Veranlagung abzusehen, wenn das Einkommen 1.000 DM – ab 2002 bis zu einer ausdrücklichen Neuregelung durch die KStR 510 € – nicht übersteigt. Diese Regelung ist in R 31.1 Abs. 1 KStR 2015 mit der Maßgabe übernommen worden, dass von der Veranlagung abgesehen werden kann, wenn das Einkommen 500 € nicht übersteigt. Der Anwendungsbereich erstreckt sich insbesondere auf kleinere **Erwerbs- und Wirtschaftsgenossenschaften**. Ferner kann dies bei steuerbefreiten Körperschaften der Fall sein, die nur partiell steuerpflichtig sind. Dagegen kann nach R 31.1 Abs. 1 Satz 5 KStR 2015 auf die Durchführung der KSt-Veranlagung von Kapitalgesellschaften, deren Funktion sich auf die des Komplementärs einer KG beschränkt, nicht verzichtet werden. Deren Gewinnanteil ist in jedem Fall im Rahmen der für die KG durchzuführenden gesonderten und einheitlichen Gewinnfeststellung zu ermitteln, so dass insoweit die durch § 156 Abs. 2 AO angestrebte Vereinfachung und Erleichterung nicht erreichbar ist. 83

Beabsichtigt das Finanzamt, von der Veranlagung abzusehen, wird deren Durchführung jedoch beantragt, ist sie ungeachtet der getroffenen Vereinfachungsregelung durchzuführen (R 31.1 Abs. 2 KStR 2015). Ein derartiger Antrag wird insbesondere dann gestellt werden, wenn Steuerabzugsbeträge auf die Steuerschuld angerechnet werden sollen und sich deswegen eine Steuererstattung ergibt. 84

Nach Abschn. 104 Abs. 2 KStR 1995, konnte von der Durchführung der KSt-Veranlagung dann nicht abgesehen werden, wenn die Körperschaft eine **Gewinnausschüttung** vorgenommen hat, für die die Ausschüttungsbelastung nach §§ 27 ff. KStG a. F. herzustellen ist und die bei den Empfängern zu Einnahmen i. S. d. § 20 Abs. 1 Nr. 1 oder 2 EStG führt. Diese Regelung ist mit dem Übergang zum Halb- bzw. Teileinkünfteverfahren gegenstandslos geworden. Nach der bisher maßgebenden Rechtslage können sich in den Fällen der Führung eines steuerlichen Einlagenkontos nach § 27 KStG, der Umwandlung von Rücklagen in Nennkapital gem. § 28 KStG, der Feststellung eines KSt-Guthabens i. S. d. § 37 KStG oder eines positiven Teilbetrags i. S. d. § 30 Abs. 2 Nr. 2 KStG 1999 (EK 02) auch bei den hier in Rede stehenden kleineren Körperschaften Auswirkungen für künftige Veranlagungszeiträume ergeben. Gleichwohl wird es auch in diesen Fällen durch R 31.1. Abs. 1 Satz 4 KStR 2015 zugelassen, sowohl von den KSt-Veranlagungen als auch von den nach den vorbezeichneten Vorschriften an sich durchzuführenden gesonderten Feststellungsverfahren abzusehen. 85

Für den Fall, dass für eine kleine Kapitalgesellschaft von der Durchführung von KSt-Veranlagungen abgesehen wurde, sie jedoch für nachfolgende Veranlagungszeiträume zu veranlagen 86

---

1 Vgl. dazu *Koenig/Oellerich* in Mössner/Seeger/Oellerich, KStG, § 5 Rz. 811.
2 Vgl. dazu *Seeger* in Mössner/Seeger/Oellerich, KStG, § 24 Rz. 16, und § 25 KStG Rz. 10 f.

ist, ist zum Schluss des ersten Veranlagungszeitraums, für den eine Veranlagung durchzuführen ist, gem. § 27 Abs. 2 KStG der Bestand des steuerlichen Einlagekontos festzustellen.[1] Für diesen Fall kann nach R 31.1. Abs. 3 Satz 1 KStR 2015 davon ausgegangen werden, dass das in der Steuerbilanz ausgewiesene Eigenkapital ausschließlich aus ausschüttbarem Gewinn i. S. d. § 27 Abs. 1 Satz 4 KStG und aus gezeichnetem Kapital besteht, so dass sich für das steuerliche Einlagekonto ein Bestand von 0 € ergibt. Sind in der Vergangenheit tatsächlich Einlagen in das nicht als Nennkapital gebundene Eigenkapital geleistet worden, ist danach ein Bestand des steuerlichen Einlagenkontos in dem Umfang festzustellen, in dem die Körperschaft die Leistung dieser Einlagen nachweist.

87 Nachdem Körperschaftsteuerguthaben i. S. d. § 37 KStG und Körperschaftsteuererhöhungsbeträge i. S. d. § 38 KStG jeweils auf der Grundlage des sich zum 31. 12. 2006 ergebenden Bestandes für den Regelfall in zehn gleichen Jahresbeträgen zu realisieren sind, wird dadurch die Höhe der für die einzelnen Veranlagungszeiträume festzusetzenden KSt nicht mehr berührt. Nach § 37 Abs. 5 KStG ist der im Regelfall mit Ablauf des 31. 12. 2006 entstandene Anspruch auf Auszahlung des Körperschaftsteuerguthabens innerhalb eines Auszahlungszeitraums von 2008 bis 2017 in zehn gleichen Jahresbeträgen für den gesamten Auszahlungszeitraum festzusetzen. Der Anspruch ist jeweils am 30. 9. auszuzahlen. Für das Jahr der Bekanntgabe des Bescheids und die vorangegangenen Jahre ist der Anspruch innerhalb eines Monats nach Bekanntgabe des Bescheids auszuzahlen, wenn die Bekanntgabe des Bescheids nach dem 31. 8. 2008 erfolgt. Mit § 38 Abs. 6 KStG wurde eine vergleichbare Regelung für die Festsetzung und Erhebung des Körperschaftsteuererhöhungsbetrages getroffen. Die Festsetzung eines Körperschaftsteuerguthabens nach § 37 Abs. 5 KStG sowie eines Körperschaftsteuererhöhungsbetrags gem. § 38 Abs. 6 KStG hat danach jeweils durch besonderen Bescheid zu erfolgen. Die Regelungen für Steuerbescheide bzw. Steuervergütungsbescheide gelten entsprechend.

88–100 *(Einstweilen frei)*

IV. Steuererklärungen

1. Allgemeines

101 Die KSt-Veranlagung wird regelmäßig auf der Grundlage der von der Körperschaft, Personenvereinigung oder Vermögensmasse abzugebenden Steuererklärung durchgeführt (§ 31 Abs. 1 KStG i. V. m. § 25 Abs. 3 Satz 1 EStG). Zur Abgabe einer KSt-Erklärung sind die nach § 1 Abs. 1 KStG unbeschränkt steuerpflichtigen und die nach § 2 Nr. 1 KStG beschränkt steuerpflichtigen Körperschaften, Personenvereinigungen und Vermögensmassen verpflichtet, die im Rahmen einer Veranlagung zu besteuernde Einkünfte beziehen. Dies gilt nicht nur bei Bezug positiver Einkünfte. Nach § 56 Satz 2 EStDV ist eine Steuererklärung auch dann abzugeben, wenn zum Schluss des vorangegangenen Veranlagungszeitraums ein verbleibender **Verlustabzug** festgestellt worden ist. Keine Steuererklärung ist abzugeben, wenn ausschließlich Einkünfte bezogen werden, für die die KSt durch den vorgenommenen Steuerabzug abgegolten wird; vgl. dazu *Valta* in Mössner/Seeger/Oellerich, KStG, § 32.

102 Nach § 149 Abs. 1 Satz 2 AO hat im Übrigen derjenige eine Steuererklärung abzugeben, der von der FinVerw dazu aufgefordert wird. Die **Zusendung der Steuererklärungsvordrucke** ist bei gesetzlicher Erklärungspflicht im Zweifel nur ein Realakt, der an die gesetzliche Erklärungs-

---

[1] Vgl. *Mössner* in Mössner/Seeger/Oellerich, KStG, § 27 Rz. 145 ff.

pflicht erinnern soll. Wird zusätzlich zur Abgabe der Vordrucke aufgefordert oder besteht keine gesetzliche Erklärungspflicht, liegt ein anfechtbarer Ermessensverwaltungsakt vor, der nach den §§ 328 ff. AO vollstreckt werden kann.[1] Zum Erlass genügen Anhaltspunkte, dass im Einzelfall eine KSt-Veranlagung durchzuführen ist,[2] das Verlangen muss jedoch verhältnismäßig und zumutbar sein.[3]

Über die Frage der **Gemeinnützigkeit einer Körperschaft** und damit die Steuerfreiheit nach § 5 Abs. 1 Nr. 9 KStG wird durch Steuerbescheid, ein Freistellungsbescheid entschieden (vgl. Nr. 3 AEAO zu § 59 AO). Dies setzt die Abgabe einer Steuererklärung voraus. Die danach bestätigte Steuerfreiheit soll nach Nr. 7 AEAO zu § 59 AO spätestens alle drei Jahre überprüft werden. Deswegen werden diese Körperschaften u.U. in entsprechenden Zeitabständen zur Abgabe von Steuererklärungen aufgefordert. Neu gegründeten Körperschaften kann auf Antrag eine vorläufige Bescheinigung über die Gemeinnützigkeit erteilt werden; vgl. dazu Nr. 4 bis 6 AEAO zu § 59 AO. 103

Gegenüber unbeschränkt steuerpflichtigen Körperschaften und Personenvereinigungen, deren Leistungen bei den Empfängern zu Einnahmen i. S. d. § 20 Abs. 1 Nr. 1 oder 2 EStG führen, sind u.U. Besteuerungsgrundlagen nach §§ 27, 28, 37 und 38 KStG festzustellen; vgl. → Rz. 11, beachte → Rz. 87. Die insoweit erforderlichen Angaben sind ebenfalls in den abzugebenden KSt-Erklärungen zu machen. 104

(Einstweilen frei) 105–110

2. Form der Steuererklärung bis einschl. Veranlagungszeitraum 2010

Die Steuererklärungen sind gem. § 31 Abs. 1 KStG i.V. m. § 25 Abs. 3 Satz 1 EStG nach Ablauf des Veranlagungszeitraums (vgl. → Rz. 24) abzugeben. Die **verlängerbare Abgabefrist** endet für den Regelfall am 31. 5. des dem Veranlagungszeitraum folgenden Kalenderjahres (§ 149 Abs. 2 Satz 1 AO). Alljährlich werden von den obersten FinBeh Regelungen erlassen, nach denen bestimmten Gruppen von Steuerpflichtigen allgemeine **Fristverlängerungen** eingeräumt werden; daraus ergeben sich im Übrigen Anweisungen an die nachgeordneten Behörden zur Verfahrensweise im Einzelfall. 111

Nach § 150 Abs. 1 Satz 1 AO sind die Steuererklärungen nach amtlich vorgeschriebenen Mustern abzugeben. Die Bestimmung der **amtlichen Vordruckmuster** obliegt dem BMF, wie sich für die KSt-Erklärung aus § 31 Abs. 1 KStG i.V. m. § 51 Abs. 4 Buchst. c EStG ergibt. Ein fotokopierter oder privat gedruckter Vordruck genügt, wenn er dem amtlichen Muster entspricht.[4] Wegen weiterer Einzelheiten zur Verwendung von Steuererklärungsvordrucken wird auf das BMF-Schreiben v. 27. 12. 1999,[5] zur elektronischen Übermittlung von Steuererklärungen auf die BMF-Schreiben v. 5. 2. 2003[6] und v. 14. 4. 2003[7] hingewiesen. Eine Übermittlung per Telefax 112

---

1 *Rätke* in Klein, § 149 AO Rz. 2.
2 BFH, Urteil v. 11. 10. 1989 - I R 101/87, BStBl 1990 II 280.
3 BFH, Urteil v. 11. 10. 1989 - I R 101/87, BStBl 1990 II 280.
4 BFH, Urteil v. 22. 5. 2006 - VI R 15/02, BStBl 2007 II 2.
5 BStBl 1999 I 1049.
6 BStBl 2003 I 160.
7 BStBl 2003 I 268.

ist zulässig, nach beim BFH anhängiger Verwaltungsauffassung jedoch mit der Ausnahme, dass keine eigenhändige Unterschrift gefordert ist.[1]

113 Die KSt-Erklärung ist von den vertretungsberechtigten Organen (vgl. § 34 AO) **eigenhändig zu unterschreiben** (§ 31 Abs. 1 KStG i.V. m. § 25 Abs. 3 Satz 4 EStG). Die Unterzeichnung durch einen Bevollmächtigten ist nur unter den Voraussetzungen des § 150 Abs. 3 AO zulässig. Nach dem Tod des GmbH-Geschäftsführers und vor der Neubestellung eines Geschäftsführers kann ein Vertreter die Steuererklärungen unterzeichnen.[2]

114 Den Steuerklärungen sind gem. § 150 Abs. 4 AO die Unterlagen beizufügen, die nach den Steuergesetzen vorzulegen sind. Besondere Regelungen dazu enthält § 60 EStDV für die Steuerpflichtigen, die ihren Gewinn nach § 4 Abs. 1, § 5 oder § 5a EStG ermitteln. Dieser Personenkreis hat die Handelsbilanz sowie ggf. die daraus abgeleitete Steuerbilanz und die Gewinn- und Verlustrechnung,[3] bei Eröffnung des Betriebes oder Beginn der Steuerpflicht (vgl. § 13 Abs. 2 KStG) auch die Eröffnungsbilanz, vorzulegen. Im Fall der Gewinnermittlung bei Handelsschiffen im internationalen Verkehr nach § 5a EStG erstreckt sich die Vorlagepflicht auch auf das nach Abs. 4 dieser Vorschrift zu führende besondere Verzeichnis. Umfasst der **Jahresabschluss** auch einen Anhang und einen Lagebericht, sind auch diese vorzulegen. Wurde der Jahresabschluss geprüft, erstreckt sich die Vorlagepflicht auf den vollständigen Prüfungsbericht; bei Kreditinstituten gehört dazu auch der Teil, in dem gem. § 27 KWG zu einzelnen Kreditengagements Stellung genommen wird.[4]

115 Zu den den Steuererklärungen beizufügenden Unterlagen gehören ferner die **Nachweise** zu einzelnen Besteuerungsgrundlagen, wie z. B. Bescheinigungen über das Vorliegen der Voraussetzungen für die Inanspruchnahme von Sonderabschreibungen oder erhöhten Absetzungen, Zuwendungsnachweise (bisher Spendenbescheinigungen) i. S. d. § 50 EStDV, Nachweise i. S. d. § 68b EStDV über nach § 26 KStG ggf. i. V. m. § 34c EStG zu berücksichtigende ausländische Steuern, Steuerbescheinigungen über anzurechnende Steuerabzugsbeträge.

116–120 *(Einstweilen frei)*

3. Verfahrensweise ab Veranlagungszeitraum 2011 (Datenfernübertragung)

121 Nach der gem. § 34 Abs. 13a KStG mit Wirkung ab Veranlagungszeitraum 2011 anzuwendenden Vorschrift des § 31 Abs. 1a KStG sind die Körperschaftsteuererklärung und die Erklärung zur gesonderten Feststellung von Besteuerungsgrundlagen nach amtlich vorgeschriebenem Datensatz durch Datenfernübertragung zu übermitteln. Die Finanzbehörde kann darauf zur Vermeidung unbilliger Härten auf Antrag verzichten. Für diesen Fall sind die Erklärungen nach amtlich vorgeschriebenem Vordruck abzugeben und vom gesetzlichen Vertreter des Steuerpflichtigen eigenhändig zu unterschreiben.

122 Durch Art. 10 des Steuerbürokratieabbaugesetzes vom. 20. 12. 2008[5] ist § 150 AO, in dem zu Form und Inhalt von Steuererklärungen Stellung genommen wird, um die Abs. 7 und 8 ergänzt worden. Die in § 150 Abs. 7 AO getroffenen Regelungen sind gem. Art. 97 § 10a EGAO erstmals

---

[1] BMF, Schreiben 20. 1. 2003, BStBl 2003 I 74, auch bei eigenhändiger Unterschrift FG Schleswig-Holstein, Urteil v. 19. 9. 2013 - 1 K 166/12, EFG 2013, 2017; bestätigt durch BFH, Urteil v. 8. 10. 2014 - VI R 82/13, BStBl 2015 II 359.
[2] FG Hamburg, Urteil v. 22. 3. 2006 - III 86/05, rkr., NWB NAAAB-84608.
[3] FG Berlin-Brandenburg, Urteil v. 9. 1. 2009 - 9 K 8497/05 B, EFG 2009, 714.
[4] Hessisches FG, Urteil v. 8. 3. 1991 - 4 K 4642/90, EFG 1991, 505.
[5] BGBl 2008 I 2850.

auf Besteuerungszeiträume anzuwenden, die nach dem 31.12.2010 beginnen. Danach ist die nach amtlich vorgeschriebenem Datensatz durch Datenfernübertragung zu übermittelnde Steuererklärung mit einer qualifizierten elektronischen Signatur nach dem Signaturgesetz zu versehen. Eine Übermittlung des Datensatzes durch einen Datenträger wie USB-Sticks oder DVDs ist nicht vorgesehen und nicht zulässig.[1] Weitere Einzelheiten finden sich in der Steuerdaten-Übermittlungsverordnung (StDÜV), der Steuerdaten-Abrufverordnung (StDAV) und in einem BMF-Schreiben vom 16.11.2011.[2]

Nach der bereits am 1.1.2009 in Kraft getretenen **Härteklausel** des § 150 Abs. 8 AO hat die FinVerw auf Antrag auf die Übermittlung der Steuererklärung nach amtlich vorgeschriebenem Datensatz durch Datenfernübertragung zu verzichten, wenn dies für den Steuerpflichtigen wirtschaftlich oder persönlich unzumutbar ist. Davon ist insbesondere[3] dann auszugehen, wenn die Schaffung der technischen Möglichkeiten für eine Datenfernübertragung des amtlich vorgeschriebenen Datensatzes nur mit einem nicht unerheblichen finanziellen Aufwand möglich wäre oder wenn alle Geschäftsführer der Steuerpflichtigen nach ihren individuellen Kenntnissen und Fähigkeiten nicht oder nur eingeschränkt in der Lage sind, die Möglichkeiten der Datenfernübertragung zu nutzen. Auf andere Personen darf nicht abgestellt werden, so dass der Geschäftsführer nicht auf Hilfe Dritter zurückgreifen muss.[4] Diese Voraussetzungen dürften bei den nach § 1 Abs. 1 KStG zu besteuernden Körperschaften nur in seltenen Ausnahmefällen vorliegen. Zu solchen Ausnahmefällen gehören insbesondere Kleinstbetriebe, bei denen alle Geschäftsführer keine entsprechenden Fähigkeiten aufweisen und deren Erwerb aufgrund fortgeschrittenen Alters auch nicht zu erwarten ist.[5]

123

Körperschaften, die Einkünfte aus Gewerbebetrieb beziehen, einschließlich Betriebe gewerblicher Art, haben gesetzlich bei **ab 2012** beginnenden Wirtschaftsjahren[6] faktisch ein Wirtschaftsjahr später,[7] aufgrund der insoweit geänderten, entsprechend anzuwendenden Vorschrift des § 25 Abs. 4 EStG die ebenfalls durch das Steuerbürokratieabbaugesetz (a.a.O.) eingefügte Regelung des § 5b EStG zu beachten. Danach ist in den Fällen der Gewinnermittlung nach § 4 Abs. 1, § 5 oder § 5a EStG der Inhalt der Bilanz sowie der Gewinn- und Verlustrechnung nach amtlich vorgeschriebenem Datensatz durch Datenfernübertragung zu übermitteln („**E-Bilanz**"). Enthält die Bilanz Ansätze oder Beträge, die den steuerlichen Vorschriften nicht entsprechen, so sind diese Ansätze oder Beträge durch Zusätze oder Anmerkungen den steuerlichen Vorschriften anzupassen und nach amtlich vorgeschriebenem Datensatz durch Datenfernübertragung zu übermitteln. Der Gesetzgeber geht danach für den Regelfall davon aus, dass die Handelsbilanz mit Gewinn- und Verlustrechnung übermittelt wird. Dem Steuerpflichtigen wird aber auch die Möglichkeit eröffnet, stattdessen die Steuerbilanz nach amtlich vorgeschriebenem Datensatz durch Datenfernübertragung zu übermitteln. Im Fall der Eröffnung des Betriebs gelten diese Grundsätze für die Übermittlung der Eröffnungsbilanz entsprechend. Auf die Übermittlung durch Datenfernübertragung kann in entsprechender Anwendung des

124

---

1 BFH, Urteil v. 17.8.2015 - I B 133/14, NWB OAAAF-08278; FG Baden-Württemberg, Urteil v. 23.3.2016 - 7 K 3192/15, NWB TAAAF-72408.
2 BMF, Schreiben 16.11.2011, BStBl 2011 I 1063.
3 Andere, substanziierte und konkrete Gründe für eine Unzumutbarkeit sind daher auch denkbar, BFH, Urteil v. 15.5. VII 2018 - VII R 14/17, NWB TAAAG-93498; Beispiele bei *Martini* in KSM, § 5b Rz. C14 f.
4 FG Berlin-Brandenburg, Urteil v. 14.2.2018 - 3 K 3249/17, NWB OAAAG-81441.
5 FG Berlin-Brandenburg, Urteil v. 14.2.2018 - 3 K 3249/17, NWB OAAAG-81441.
6 § 1 VO v. 20.12.2010, BGBl 2010 I 2135.
7 Nichtbeanstandungsregelung in BMF, Schreiben 28.9.2011, BStBl 2011 I 855, Rz. 26 f.

§ 150 Abs. 8 AO verzichtet werden. Die auch bei der Abgabe von KSt-Erklärungen zu beachtende Vorschrift des § 60 EStDV wurde den vorstehend bezeichneten Regelungen angepasst.

125 Zuwendungen i. S. d. § 9 Abs. 1 Nr. 2 KStG (Spenden und Mitgliedsbeiträge) können nur dann abgezogen werden, wenn dem Finanzamt im Regelfall zusammen mit der KSt-Erklärung ein nach § 50 EStDV erstellter **Zuwendungsnachweis** (sog. Spendenbescheinigung) vorgelegt wird. Durch Ergänzungen des § 50 EStDV wird den Zuwendungsempfängern die Möglichkeit eröffnet, die Zuwendungsbestätigung im Auftrag des Zuwendenden der Finanzbehörde nach amtlich vorgeschriebenem Datensatz durch Datenfernübertragung nach Maßgabe der Steuerdaten-Übermittlungsverordnung zu übermitteln. Der Zuwendende hat dem Zuwendungsempfänger zu diesem Zweck seine Identifikationsnummer i. S. d. § 139b AO mitzuteilen.

126–130 *(Einstweilen frei)*

V. Das Veranlagungsverfahren

131 Die KSt wird – sofern und soweit sie nicht durch den Steuerabzug abgegolten wird (§ 2 Abs. 1 KStG i. V. m. § 50 Abs. 5 EStG, § 32 Abs. 1 KStG) – für den Veranlagungszeitraum (vgl. → Rz. 24) durch **Steuerbescheid** festgesetzt (§§ 155, 157 AO); Ausnahmen von dem Abgeltungsgrundsatz ergeben sich aus § 32 Abs. 2 KStG. Bemessungsgrundlage für die KSt ist für den Regelfall das zu versteuernde Einkommen (§ 23 Abs. 1 KStG). Dabei handelt es sich gem. § 7 Abs. 2 KStG um das Einkommen i. S. d. § 8 Abs. 1 KStG vermindert um die Freibeträge der §§ 24 und 25 KStG. Angesichts der Verweisungen in § 8 Abs. 1 KStG ist auch für die Ermittlung des Einkommens auf die Vorschriften des EStG zurückzugreifen, soweit das KStG keine abweichenden Regelungen vorsieht. Ein **Schema zur Ermittlung des zu versteuernden Einkommens** ergibt sich aus R 7.1 Abs. 1 KStR 2015.

132 Nach § 7 Abs. 3 Satz 3 KStG ist die KSt in dem Fall, in dem die unbeschränkte oder die beschränkte Steuerpflicht nicht während des gesamten Kalenderjahres bestanden hat, für den Zeitraum der unbeschränkten und der beschränkten Steuerpflicht jeweils gesondert zu ermitteln.[1] Unterhält z. B. eine im Ausland ansässige Kapitalgesellschaft eine inländische Betriebsstätte, unterliegt sie gem. § 2 Nr. 1 KStG mit ihren inländischen Einkünften der KSt. Sie ist mit ihren Betriebsstätteneinkünften zur KSt zu veranlagen. Erzielt sie außerhalb dieser Betriebsstätte noch ausländische Einkünfte, die dem Steuerabzug unterliegen, wird die KSt darauf unter den Voraussetzungen des § 32 KStG abgegolten. Verlegt diese Kapitalgesellschaft Mitte eines Kalenderjahres ihren Ort der Geschäftsleitung in das Inland, wird sie ab diesem Zeitpunkt unbeschränkt steuerpflichtig i. S. d. § 1 Abs. 1 KStG.[2] Danach wären für dieses Kalenderjahr zwei Veranlagungen durchzuführen. Davon abweichend wird nunmehr mit Wirkung ab Veranlagungszeitraum 2009 (§ 34 Abs. 1 KStG) in § 32 Abs. 2 Nr. 1 KStG bestimmt, dass die KSt bei bestehender beschränkter Steuerpflicht mit einem Steuerabzug nicht abgegolten wird, wenn während des in Betracht kommenden Kalenderjahres ein Wechsel zwischen beschränkter und unbeschränkter Steuerpflicht oder umgekehrt eingetreten ist.

133 Auf das danach ermittelte zu versteuernde Einkommen ist der sich aus § 23 Abs. 1 KStG ergebende **Steuersatz** anzuwenden. Danach sind die ggf. in Betracht kommenden **Tarifermäßigungen** zu berücksichtigen. Dabei handelt es sich insbesondere um die Berücksichtigung ausländischer Steuern auf der Besteuerung unterliegende ausländische Einkünfte nach § 26 KStG. Die

---

[1] *Von Brocke* in Mössner/Seeger/Oellerich, KStG, § 7 Rz. 48 ff.
[2] *Oellerich* in Mössner/Seeger/Oellerich, KStG, § 1 Rz. 151 ff.

nach dieser Vorschrift vorgesehene Anrechnung ausländischer Steuern auf die KSt ist danach Bestandteil der Steuerfestsetzung.[1]

Änderungen bei der Festsetzung anrechenbarer Steuern sind rückwirkende Ereignisse i. S. d. § 175 Abs. 1 Nr. 2 AO, so dass bereits durchgeführte Veranlagungen zu ändern sind. Entsprechendes gilt, wenn die erstmalige Heranziehung zu ausländischen Steuern erst nach der KSt-Veranlagung erfolgt.[2] Maßgebend ist der Zeitpunkt der Heranziehung zur ausländischen Steuer, nicht jedoch der Erteilung eines Nachweises i. S. d. § 68b EStDV, so dass der einschränkenden Regelung des § 175 Abs. 2 Satz 2 AO in diesem Zusammenhang keine Bedeutung zukommt.

134

Bei unbeschränkt steuerpflichtigen Körperschaften und Personenvereinigungen, deren Leistungen bei den Empfängern zu Einnahmen i. S. d. § 20 Abs. 1 Nr. 1 oder 2 EStG führen, die bereits dem körperschaftsteuerlichen Anrechnungsverfahren nach §§ 27 ff. KStG i. d. F. des Art. 4 des Gesetzes vom 14. 7. 2000[3] unterlegen haben, sind bis einschl. 2006 die sich aus §§ 37, 38 KStG ergebenden Besonderheiten zu beachten. Das nach dem Stand vom 31. 12. 2006 zu ermittelnde Körperschaftsteuerguthaben, die aus dem Bestand des ehemaligen EK 02 abzuleitende Körperschaftsteuererhöhung sind gem. § 37 Abs. 5 bzw. § 38 Abs. 6 KStG losgelöst von KSt-Veranlagungen in besonderen Verfahren zu realisieren (vgl. → Rz. 87). Die Ausführungen in → Rz. 136, → Rz. 137 beziehen sich danach nur noch auf diesem Zeitpunkt vorangegangene Veranlagungszeiträume.

135

Schüttet eine Körperschaft oder Personenvereinigung, für die ein KSt-Guthaben i. S. d. § 37 Abs. 1 KStG festgestellt worden ist, Gewinne aufgrund eines den gesellschaftsrechtlichen Vorschriften entsprechenden **Gewinnverteilungsbeschlusses** aus, mindert sich innerhalb des achtzehnjährigen Übergangszeitraumes die KSt des Veranlagungszeitraums, in dem das Wirtschaftsjahr endet, in dem die Gewinnausschüttung erfolgt, um $1/6$ der Gewinnausschüttungen bis zur vollständigen Verrechnung des festgestellten KSt-Guthabens. Dies gilt uneingeschränkt bei vor dem 12. 4. 2003 abgeflossenen Gewinnausschüttungen. Bei Gewinnausschüttungen in der Zeit nach dem 11. 4. 2003 und vor dem 1. 1. 2006 ist die KSt-Minderung durch § 37 Abs. 2a Nr. 1 KStG insgesamt ausgesetzt. Bei nach dem 31. 12. 2005 erfolgenden Gewinnausschüttungen wird die KSt-Minderung durch § 37 Abs. 2a Nr. 2 EStG auf den Betrag beschränkt, der bei gleichmäßiger Verteilung des nicht verbrauchten KSt-Guthabens auf den verbleibenden Übergangszeitraum unter Einschluss des Wirtschaftsjahrs der Gewinnausschüttung anteilmäßig auf das Jahr der Ausschüttung entfällt.

136

Bezieht eine derartige Körperschaft oder Personenvereinigung nach § 8b KStG steuerfrei zu belassende Einnahmen, die bei der ausschüttenden Körperschaft oder Personenvereinigung zu einer KSt-Minderung geführt haben, erhöht sich nach § 37 Abs. 3 KStG die KSt und das KSt-Guthaben um den Betrag der Minderung der KSt bei der leistenden Körperschaft, soweit er auf die empfangenen Ausschüttungen entfällt.

Wegen Einzelheiten wird auf die Erläuterungen zu § 37 KStG hingewiesen.

Bei Ausschüttungen von Körperschaften oder Personenvereinigungen, für die ein positiver Endbetrag aus dem Teilbetrag des vEK i. S. d. § 30 Abs. 2 Nr. 2 KStG i. d. F. des Art. 4 des Gesetzes

137

---

[1] BFH, Urteil v. 27. 3. 1996 - I R 49/95, BStBl 1997 II 91, m. w. N.
[2] *Heinicke* in Schmidt, § 34c EStG Rz. 32; KKB/C. Kraft, § 34c EStG Rz. 89.
[3] BGBl 2000 I 1034.

vom 14.7.2000[1] festgestellt wurde, erhöht sich die KSt nach § 38 Abs. 2 KStG des VZ, in dem das Wirtschaftsjahr endet, in dem die Leistungen erfolgen, um $3/7$ des Betrags der Leistungen, für die ein Teilbetrag aus diesem positiven Endbetrag als verwendet gilt. Dies gilt nicht nur bei Ausschüttungen, die auf einem den gesellschaftsrechtlichen Vorschriften entsprechenden Gewinnverteilungsbeschluss beruhen, sondern auch bei anderen Ausschüttungen, bei vGA. Diese Regelungen gelten für den nach § 37 KStG zu bestimmenden achtzehnjährigen Übergangszeitraum. Wegen weiterer Einzelheiten wird auf die Erläuterungen von *Klein* in Mössner/Seeger/Oellerich, KStG, § 38 hingewiesen.

138 Ein Schema zur Ermittlung der festzusetzenden KSt ergibt sich aus R 7.2 KStR 2015.

139–150 *(Einstweilen frei)*

VI. Die Anrechnung von Vorauszahlungen und Steuerabzugsbeträgen

151 Auf die durch Veranlagung festgesetzte KSt sind zu deren Tilgung gem. § 36 Abs. 2 EStG die für den VZ nach § 31 Abs. 2 EStG i.V.m. § 37 EStG entrichteten KSt-Vorauszahlungen (vgl. → Rz. 171 ff.) anzurechnen. Weiter sind gem. § 31 Abs. 1 EStG i.V.m. § 36 Abs. 2 Nr. 2 EStG die nicht erstatteten Steuerabzugsbeträge anzurechnen, die auf Einnahmen und Bezüge entfallen, die bei der Ermittlung der der Veranlagung zugrunde liegenden Einkünfte berücksichtigt oder nach § 8b KStG außer Ansatz gelassen wurden. Danach ist z. B. die von Gewinnausschüttungen inländischer Kapitalgesellschaften einbehaltene KapESt anrechenbar, obwohl die vereinnahmten Ausschüttungen nach § 8b Abs. 1 KStG steuerfrei belassen werden. Dementsprechend ist es bei dem Grunde nach der Besteuerung unterliegenden Erträgen unerheblich, ob nach Abzug von Betriebsausgaben oder Werbungskosten oder nach der Berücksichtigung des Sparerfreibetrags (§ 20 Abs. 4 Satz 1 EStG; vgl. dazu R 32 Abs. 2 KStR) im Ergebnis noch zu besteuernde Einkünfte verbleiben. Bei Kapitalerträgen im Sinne des § 43 Abs. 1 Satz 1 Nr. 1a EStG ist die Beschränkung der Anrechnung bei cum/cum-Transaktionen nach § 36a EStG zu beachten.

152 Die **Anrechnung der Abzugsteuern** hat für den VZ zu erfolgen, in dem die abzugspflichtigen Erträge bezogen worden sind.[2] Sind die Einkünfte nach § 4 Abs. 1, § 5 EStG ermittelt worden, ist danach auf die im Wirtschaftsjahr, bei Bezug von Überschusseinkünften auf die im Kalenderjahr vereinnahmten Erträge abzustellen. Bei **Gewinnausschüttungen**, die **von beherrschten Unternehmen** bezogen werden, ist zu beachten, dass nach der jüngeren Rechtsprechung des BFH[3] im Gegensatz zu der zuvor vertretenen Auffassung der beherrschende Gesellschafter einer Kapitalgesellschaft im Regelfall den Anspruch auf eine am Bilanzstichtag noch nicht beschlossene Gewinnausschüttung nicht aktivieren kann, eine sog. phasengleiche Vereinnahmung von Gewinnausschüttungen also grundsätzlich nicht möglich ist. Durch das BMF-Schreiben v. 1.11.2000[4] wurde es aus **Gründen des Vertrauensschutzes** zugelassen, bei Gewinnausschüttungen, die auf einem den gesellschaftsrechtlichen Vorschriften entsprechenden Gewinnverteilungsbeschluss für ein abgelaufenes Wirtschaftsjahr beruhen, für das letztmals

---

1 BGBl 2000 I 1034.
2 BFH, Urteil v. 3.12.1980 - I R 125/77, BStBl 1981 II 184.
3 Vgl. Beschluss des GrS v. 7.8.2000 - GrS 2/99, BStBl 2000 II 632; Urteile v. 31.10.2000 - VIII R 85/94, BStBl 2001 II 185; v. 31.10.2000 - VIII R 19/94, BFH/NV 2001, 447 = NWB CAAAA-67580; v. 20.12.2000 - I R 50/95, BStBl 2001 II 409; v. 28.2.2001 - I R 48/94, BStBl 2001 II 401; v. 28.2.2001 - I R 48/94, BStBl 2001 II 401; v. 7.2.2007 - I R 15/06, BStBl 2008 II 340.
4 BStBl 2001 I 1510.

§§ 27 ff. KStG i. d. F. des Art. 4 des Gesetzes vom 14. 7. 2000[1] anzuwenden ist, noch nach den zuvor maßgebenden Grundsätzen zur **phasengleichen Aktivierung von Dividendenansprüchen** zu verfahren.[2]

Bei unbeschränkt Steuerpflichtigen kommt regelmäßig nur die Anrechnung von KapESt, bei beschränkt Steuerpflichtigen i. S. d. § 2 Nr. 1 KStG hingegen von der KapESt und von den Steuerabzugsbeträgen i. S. d. § 50a Abs. 4 oder 7 EStG in Betracht, die von den in die Veranlagung einzubeziehenden inländischen Einkünften einbehalten worden sind. Wegen weiterer Einzelheiten zu den Voraussetzungen, unter denen die KSt mit dem Steuerabzug abgegolten wird, vgl. § 32 KStG.

Wurde **Bauabzugsteuer** nach §§ 48 bis 48d EStG einbehalten, kommt nach § 48c Abs. 1 Nr. 3 EStG die Anrechnung auf die KSt-Schuld dann und insoweit in Betracht, als diese Abzugsbeträge nicht bereits nach § 48c Abs. 1 Nr. 1 EStG auf abzuführende LSt und/oder geschuldeten KSt-Vorauszahlungen (§ 48c Abs. 1 Nr. 2 EStG) angerechnet worden sind.

Übersteigen die anzurechnenden Steuerbeträge die KSt-Schuld, ergibt sich eine entsprechende **Erstattung**.

Unterliegt eine Körperschaft nur mit einem bestimmten Prozentsatz ihres Einkommens der Besteuerung (vgl. § 5 Abs. 1 Nr. 3 i. V. m. § 6 KStG), führt dies dazu, dass bezogene Kapitalerträge auch nur in dem diesem Verhältnis entsprechenden Umfang in die Veranlagung einbezogen werden, so dass die einbehaltene KapESt auch nur in dem entsprechenden Umfang nach § 36 Abs. 2 Nr. 2 EStG angerechnet werden kann.[3]

Wegen der sich hinsichtlich der Anrechnung von Steuerabzugsbeträgen in Fällen der **Organschaft** ergebenden Besonderheiten wird auf § 19 Abs. 5 KStG hingewiesen.

Nach § 36 Abs. 2 Nr. 2 Satz 2 EStG darf KapESt nur bei Vorlage der Steuerbescheinigung i. S. d. § 45a Abs. 2 oder 3 EStG angerechnet werden. Damit wird die Anrechnung von KapESt in den Fällen ausgeschlossen, in denen bei Kapitalerträgen i. S. d. § 43 Abs. 1 Satz 1 Nr. 7 und 8 sowie Satz 2 EStG gem. § 44a Abs. 5 EStG auf Antrag vom Steuerabzug abgesehen wurde, weil die Kapitalerträge Betriebseinnahmen sind und die KapESt und die anrechenbare KSt aufgrund der Art der Geschäfte auf Dauer höher als die gesamte festzusetzende KSt ist („Dauerüberzahler").[4] Ferner kommt die **Anrechnung von KapESt** dann nicht in Betracht, wenn sie zuvor bereits erstattet wurde.

Die Einbeziehung der **abzugspflichtigen Kapitalerträge** in die Veranlagung hat unabhängig von der Vorlage der Steuerbescheinigung zu erfolgen.

Die Anrechnung von Steuerabzugsbeträgen ist als Teil des **Steuererhebungsverfahrens** nicht mehr Bestandteil der Steuerfestsetzung, des Veranlagungsverfahrens.[5] Es handelt sich um einen davon getrennten Verwaltungsakt mit Bindungswirkung, der durch einen nach § 218 Abs. 2 Satz 1 AO zu erlassenden Abrechnungsbescheid nur unter den Voraussetzungen der §§ 129 bis 131 AO geändert werden kann.[6]

---

1 BGBl 2000 I 1034.
2 Vgl. dazu auch BFH, Urteil v. 7. 2. 2007 - I R 15/06, BStBl 2008 II 340.
3 BFH, Urteil v. 31. 7. 1991 - I R 4/89, BStBl 1992 II 98.
4 Wegen Einzelheiten vgl. z. B. OFD Kiel v. 30. 6. 1998, FR 1998, 1141 = NWB HAAAA-84584.
5 BFH, Urteil v. 14. 11. 1984 - I R 232/80, BStBl 1985 II 216.
6 BFH, Urteil v. 15. 4. 1997 - VII R 100/96, BStBl 1997 II 787; vgl. ferner Nr. 3 AEAO zu § 218 AO; a. A. BFH, Urteil v. 28. 4. 1993 - I R 123/91, BStBl 1994 II 147.

161–170 *(Einstweilen frei)*

D. Die Festsetzung von KSt-Vorauszahlungen

171 Für die Festsetzung von KSt-Vorauszahlungen gelten die Regelungen des § 37 EStG entsprechend. Ergänzend sind die Vorschriften des § 31 Abs. 2 KStG zu beachten. Danach haben auch die nach Maßgabe des KStG zu veranlagenden Steuerpflichtigen am 10.3., 10.6., 10.9. und 10.12. eines jeden Jahres KSt-Vorauszahlungen nach Festsetzung durch das Finanzamt zu entrichten. Ist Ermittlungszeitraum für das zu versteuernde Einkommen das Kalenderjahr, sind die KSt-Vorauszahlungen nach der KSt-Schuld zu bemessen, die sich für den laufenden Veranlagungszeitraum voraussichtlich ergeben wird. In diesen Fällen besteht insoweit kein Unterschied im Verhältnis zu den nach Maßgabe des EStG zu besteuernden natürlichen Personen. Entsprechend § 37 Abs. 5 EStG sind ab Veranlagungszeitraum 2009 KSt-Vorauszahlungen nur festzusetzen, wenn sie jährlich mindestens 400 € (zuvor mindestens 200 €), für einen Vorauszahlungszeitpunkt mindestens 100 € (zuvor mindestens 50 €) betragen. Eine Erhöhung bereits festgesetzter Vorauszahlungen ist grundsätzlich nur zulässig, wenn sie mindestens 100 € (zuvor mindestens 50 €) für einen Vorauszahlungszeitpunkt ausmacht.

172 Hat eine nach Maßgabe des HGB buchführungspflichtige Körperschaft, die gem. § 8 Abs. 2 KStG insgesamt Einkünfte aus Gewerbebetrieb erzielt, zulässigerweise ein **vom Kalenderjahr abweichendes Wirtschaftsjahr** gewählt, sind die KSt-Vorauszahlungen gem. § 31 Abs. 2 KStG bereits während des Wirtschaftsjahres zu entrichten, das im Veranlagungszeitraum endet. Damit sind zumindest einzelne Vorauszahlungsbeträge bereits zu einem Zeitpunkt zu entrichten, der vor dem Zeitraum liegt, für den sie erhoben werden. Die Anrechnung der Vorauszahlung hat auf die KSt-Schuld des Veranlagungszeitraumes zu erfolgen, für den sie erhoben wurden.[1] Auf den Zeitpunkt der erstmaligen Fälligkeit der Vorauszahlungsbeträge kommt es nicht an.

> **A. BEISPIEL:** Ein Gewerbetreibender hat als Wirtschaftsjahr zulässigerweise den Zeitraum vom 1.2. bis zum 31.1. des nachfolgenden Jahres gewählt.
> a. Es handelt sich um eine natürliche Person, einen Einzelgewerbetreibenden. Der Gewinn des Wirtschaftsjahrs vom 1.2.12 – 31.1.13 wird mit Ablauf des 31.1.13 bezogen (§ 4a Abs. 1 Nr. 2 EStG) und geht damit in Ermittlung des zu versteuernden Einkommens für den VZ 13 ein. Dementsprechend ist dieses Ergebnis auch erst für die Bemessung der ab 10.3.13 fällig werdenden Vorauszahlungen zu berücksichtigen.
> b. Es handelt sich um eine GmbH. Der Gewinn des Wirtschaftsjahres 12/13 ist ebenso wie beim Einzelgewerbetreibenden für den VZ 13 zu besteuern. Die KSt-Vorauszahlungen für den VZ 13 sind jedoch bereits zu den innerhalb des Wirtschaftsjahres 12/13 liegenden Vorauszahlungsterminen (10.3., 10.6., 10.9. und 10.12.12) zu entrichten; diese Vorauszahlungen sind damit auf die KSt-Schuld des Veranlagungszeitraums 13 anzurechnen. Anders als bei einem Einzelunternehmer entsteht den Steuerpflichtigen i.S.d. KStG kein Liquiditätsvorteil, keine sog. Steuerpause.[2]

173 **KSt-Vorauszahlungen** sind nur nach Festsetzung und entsprechender Zahlungsaufforderung durch das FA zu entrichten, ohne dass dem Steuerpflichtigen insoweit eine allgemeine Erklärungspflicht auferlegt worden wäre. Die Entrichtung von Vorauszahlungen in Höhe der voraussichtlichen KSt-Schuld während des maßgebenden Veranlagungszeitraums kann vom Steuerpflichtigen nur verlangt werden, wenn vor Ablauf des letzten Vorauszahlungstermins dieses Zeitraums ein Vorauszahlungsbescheid erlassen wurde. Dies kann im Einzelfall dazu

---

[1] BFH, Urteil v. 13.11.1990 - VII R 27/90, BFH/NV 1991, 775 = NWB GAAAB-31923.
[2] Vgl. dazu z.B. BFH, Urteil v. 18.12.1991 - XI R 40/89, BStBl 1992 II 486.

führen, dass die gesamte voraussichtliche Jahressteuerschuld (erst) zum Vierten, dem letzten Vorauszahlungstermin dieses Zeitraums festgesetzt wird. Ungeachtet dessen ist das FA nach § 37 Abs. 3 Satz 3 EStG berechtigt, bis zum Ablauf des auf den Veranlagungszeitraum folgenden 15. Kalendermonats die Vorauszahlungen der KSt anzupassen, die sich für den Veranlagungszeitraum voraussichtlich ergeben wird, sofern eine Erhöhung um mindestens 5.000 € (bis einschl. Veranlagungszeitraum 2008 mindestens 2.500 €) in Betracht kommt. § 31 Abs. 2 KStG sieht für Gewerbetreibende mit einem vom Kalenderjahr abweichenden Wirtschaftsjahr insoweit keine Sonderregelung vor. Dementsprechend ist es dem FA in der Sachverhaltsvariante b) des Beispiels in → Rz. 172 noch bis zum 31. 3. 15 möglich, die KSt-Vorauszahlungen für den VZ 13 anzupassen; das Ergebnis des am 31. 1. 13 endenden Wirtschaftsjahres 12/13 ist Besteuerungsgrundlage für diesen Veranlagungszeitraum. Es ist unerheblich, dass die laufenden Vorauszahlungen für diesen Veranlagungszeitraum bereits insgesamt in 2012 zu entrichten waren.

(Einstweilen frei) 174–190

E. Abrundungsvorschriften (§ 31 Abs. 1 Satz 3 KStG)

Nach § 31 Abs. 1 Satz 3 KStG werden nach dem 31. 12. 2001 entstehende Steuern auf volle Euro zugunsten des Steuerpflichtigen abgerundet.[1] Der Anwendungsbereich der Vorschrift erstreckt sich auf 191

- die nach § 23 Abs. 1 KStG zu berechnende KSt,
- die nach § 34 Abs. 12 Satz 2 und Satz 6 KSG abweichend von § 23 Abs. 1 KStG zu berechnende KSt,[2]
- die KSt-Minderung und die Fortschreibung des KSt-Guthabens nach § 37 Abs. 2 und 2a KStG,
- die Erhöhung der KSt und des KSt-Guthabens nach § 37 Abs. 3 KStG,
- die KSt-Erhöhung nach § 38 Abs. 2 KStG,
- die KSt-Minderung und/oder KSt-Erhöhung nach § 10 UmwStG i.V. m. §§ 37, 38 KStG.

Danach sind z. B. KSt-Erhöhungsbeträge jeweils abzurunden, während Minderungsbeträge aufzurunden sind.

§ 32 Sondervorschriften für den Steuerabzug

(1) Die Körperschaftsteuer für Einkünfte, die dem Steuerabzug unterliegen, ist durch den Steuerabzug abgegolten,

1. wenn die Einkünfte nach § 5 Abs. 2 Nr. 1 von der Steuerbefreiung ausgenommen sind oder

2. wenn der Bezieher der Einkünfte beschränkt steuerpflichtig ist und die Einkünfte nicht in einem inländischen gewerblichen oder land- oder forstwirtschaftlichen Betrieb angefallen sind.

(2) Die Körperschaftsteuer ist nicht abgegolten,

---

[1] Zuvor inhaltlich identisch § 8 der Kleinbetragsverordnung v. 10. 12. 1980, BGBl 1980 I 2255.
[2] Vgl. *Martini* in Mössner/Seeger/Oellerich, KStG, § 34 Rz. 271 ff.

1. wenn bei dem Steuerpflichtigen während eines Kalenderjahrs sowohl unbeschränkte Steuerpflicht als auch beschränkte Steuerpflicht im Sinne des § 2 Nr. 1 bestanden hat; in diesen Fällen sind die während der beschränkten Steuerpflicht erzielten Einkünfte in eine Veranlagung zur unbeschränkten Körperschaftsteuerpflicht einzubeziehen;
2. für Einkünfte, die dem Steuerabzug nach § 50a Abs. 1 Nr. 1, 2 oder Nr. 4 des Einkommensteuergesetzes unterliegen, wenn der Gläubiger der Vergütungen eine Veranlagung zur Körperschaftsteuer beantragt;
3. soweit der Steuerpflichtige wegen der Steuerabzugsbeträge in Anspruch genommen werden kann oder
4. soweit § 38 Abs. 2 anzuwenden ist.

(3) [1]Von den inländischen Einkünften im Sinne des § 2 Nr. 2 zweiter Halbsatz ist ein Steuerabzug vorzunehmen; Entsprechendes gilt, wenn die inländischen Einkünfte im Sinne des § 2 Nr. 2 zweiter Halbsatz von einer nach § 5 Abs. 1 oder nach anderen Gesetzen als dem Körperschaftsteuergesetz steuerbefreiten Körperschaft, Personenvereinigung oder Vermögensmasse erzielt werden. [2]Der Steuersatz beträgt 15 Prozent des Entgelts. [3]Die für den Steuerabzug von Kapitalerträgen im Sinne des § 43 Abs. 1 Satz 1 Nummer 1 und 1a geltenden Vorschriften des Einkommensteuergesetzes mit Ausnahme des § 44 Abs. 2 und § 44a Abs. 8 des Einkommensteuergesetzes sind entsprechend anzuwenden. [4]Der Steuerabzug ist bei Einnahmen oder Bezügen im Sinne des § 2 Nr. 2 zweiter Halbsatz Buchstabe c von der anderen Körperschaft im Sinne des § 8b Abs. 10 Satz 2 vorzunehmen. [5]In Fällen des Satzes 4 hat die überlassende Körperschaft der anderen Körperschaft den zur Deckung der Kapitalertragsteuer notwendigen Betrag zur Verfügung zu stellen; § 44 Absatz 1 Satz 10 und 11 des Einkommensteuergesetzes gilt entsprechend.

(4) [1]Absatz 2 Nr. 2 gilt nur für beschränkt steuerpflichtige Körperschaften, Personenvereinigungen oder Vermögensmassen im Sinne des § 2 Nr. 1, die nach den Rechtsvorschriften eines Mitgliedstaats der Europäischen Union oder nach den Rechtsvorschriften eines Staates, auf den das Abkommen über den Europäischen Wirtschaftsraum vom 3. Januar 1994 (ABl EG Nr. L 1 S. 3), zuletzt geändert durch den Beschluss des Gemeinsamen EWR-Ausschusses Nr. 91/2007 vom 6. Juli 2007 (ABl EU Nr. L 328 S. 40), in der jeweiligen Fassung Anwendung findet, gegründete Gesellschaften im Sinne des Artikels 54 des Vertrags über die Arbeitsweise der Europäischen Union oder des Artikels 34 des Abkommens über den Europäischen Wirtschaftsraum sind, deren Sitz und Ort der Geschäftsleitung sich innerhalb des Hoheitsgebiets eines dieser Staaten befindet. [2]Europäische Gesellschaften sowie Europäische Genossenschaften gelten für die Anwendung des Satzes 1 als nach den Rechtsvorschriften des Staates gegründete Gesellschaften, in dessen Hoheitsgebiet sich der Sitz der Gesellschaften befindet.

(5) [1]Ist die Körperschaftsteuer des Gläubigers für Kapitalerträge im Sinne des § 20 Absatz 1 Nummer 1 des Einkommensteuergesetzes nach Absatz 1 abgegolten, wird dem Gläubiger der Kapitalerträge auf Antrag die einbehaltene und abgeführte Kapitalertragsteuer nach Maßgabe des § 36 Absatz 2 Nummer 2 des Einkommensteuergesetzes erstattet, wenn

1. der Gläubiger der Kapitalerträge eine nach § 2 Nummer 1 beschränkt steuerpflichtige Gesellschaft ist, die
   a) zugleich eine Gesellschaft im Sinne des Artikels 54 des Vertrags über die Arbeitsweise der Europäischen Union oder des Artikels 34 des Abkommens über den Europäischen Wirtschaftsraum ist,

b) ihren Sitz und Ort der Geschäftsleitung innerhalb des Hoheitsgebiets eines Mitgliedstaates der Europäischen Union oder eines Staates, auf den das Abkommen über den Europäischen Wirtschaftsraum Anwendung findet, hat,

c) im Staat des Orts ihrer Geschäftsleitung ohne Wahlmöglichkeit einer mit § 1 vergleichbaren unbeschränkten Steuerpflicht unterliegt, ohne von dieser befreit zu sein, und

2. der Gläubiger unmittelbar am Grund- oder Stammkapital der Schuldnerin der Kapitalerträge beteiligt ist und die Mindestbeteiligungsvoraussetzung des § 43b Absatz 2 des Einkommensteuergesetzes nicht erfüllt.

²Satz 1 gilt nur, soweit

1. keine Erstattung der betreffenden Kapitalertragsteuer nach anderen Vorschriften vorgesehen ist,

2. die Kapitalerträge nach § 8b Absatz 1 bei der Einkommensermittlung außer Ansatz bleiben würden,

3. die Kapitalerträge aufgrund ausländischer Vorschriften keiner Person zugerechnet werden, die keinen Anspruch auf Erstattung nach Maßgabe dieses Absatzes hätte, wenn sie die Kapitalerträge unmittelbar erzielte,

4. ein Anspruch auf völlige oder teilweise Erstattung der Kapitalertragsteuer bei entsprechender Anwendung des § 50d Absatz 3 des Einkommensteuergesetzes nicht ausgeschlossen wäre und

5. die Kapitalertragsteuer nicht beim Gläubiger oder einem unmittelbar oder mittelbar am Gläubiger beteiligten Anteilseigner angerechnet oder als Betriebsausgabe oder als Werbungskosten abgezogen werden kann; die Möglichkeit eines Anrechnungsvortrags steht der Anrechnung gleich.

³Der Gläubiger der Kapitalerträge hat die Voraussetzungen für die Erstattung nachzuweisen. ⁴Er hat insbesondere durch eine Bescheinigung der Steuerbehörden seines Ansässigkeitsstaates nachzuweisen, dass er in diesem Staat als steuerlich ansässig betrachtet wird, dort unbeschränkt körperschaftsteuerpflichtig und nicht von der Körperschaftsteuer befreit sowie der tatsächliche Empfänger der Kapitalerträge ist. ⁵Aus der Bescheinigung der ausländischen Steuerverwaltung muss hervorgehen, dass die deutsche Kapitalertragsteuer nicht angerechnet, nicht abgezogen oder nicht vorgetragen werden kann und inwieweit eine Anrechnung, ein Abzug oder Vortrag auch tatsächlich nicht erfolgt ist. ⁶Die Erstattung der Kapitalertragsteuer erfolgt für alle in einem Kalenderjahr bezogenen Kapitalerträge im Sinne des Satzes 1 auf der Grundlage eines Freistellungsbescheids nach § 155 Absatz 1 Satz 3 der Abgabenordnung.

Inhaltsübersicht	Rz.
A. Allgemeines zu § 32 KStG	1 - 30
I. Rechtsentwicklung des § 32 KStG	1 - 10
II. Regelungsinhalt und Bedeutung der Vorschrift	11 - 30
B. Die Abgeltung der KSt bei unbeschränkt steuerpflichtigen Körperschaften, Personenvereinigungen und Vermögensmassen (§ 32 Abs. 1 Nr. 1 KStG)	31 - 50
C. Die Abgeltung der KSt bei beschränkt steuerpflichtigen ausländischen Körperschaften, Personenvereinigungen und Vermögensmassen (§ 32 Abs. 1 Nr. 2 KStG)	51 - 90

I.	Ausländische beschränkt Steuerpflichtige i. S. d. § 2 Nr. 1 KStG	51 - 70
II.	Inländische beschränkt Steuerpflichtige i. S. d. § 2 Nr. 2 KStG	71 - 90
D. Ausnahmen vom Abgeltungsgrundsatz (§ 32 Abs. 2 KStG)		91 - 130
I.	Überblick	91 - 95
II.	Wechsel zwischen unbeschränkter und beschränkter Steuerpflicht i. S. d. § 2 Nr. 1 KStG (§ 32 Abs. 2 Nr. 1 KStG)	96 - 100
III.	Antragsveranlagung mit Einkünften i. S. d. § 50a Abs. 1 Nr. 1, 2 oder 4 EStG (§ 32 Abs. 2 Nr. 2, Abs. 4 KStG)	101 - 110
IV.	Inanspruchnahme wegen unterbliebenen Steuerabzugs (§ 32 Abs. 2 Nr. 3 KStG)	111 - 120
V.	Anwendung des § 38 Abs. 2 KStG (§ 32 Abs. 2 Nr. 4 KStG)	121 - 130
E. Steuerabzug bei der Wertpapierleihe (§ 32 Abs. 3 KStG)		131 - 140
F. Beschränkte Erstattungsregelung für EU-/EWR-Streubesitzdividenden (§ 32 Abs. 5 KStG)		141 - 178
I.	Europarechtliche Vorgaben und Ausgangslage	141 - 150
II.	Subjektive Voraussetzungen des Erstattungsanspruchs (§ 32 Abs. 5 Satz 1 KStG)	151 - 160
III.	Materielle Voraussetzungen des Erstattungsanspruchs (§ 32 Abs. 5 Satz 2 KStG)	161 - 170
IV.	Verfahren und Rechtsfolge (§ 32 KStG Abs. 5 Satz 1, 3 bis 6 KStG)	171 - 178

A. Allgemeines zu § 32 KStG

HINWEIS:

BMF, Schreiben v.. 5. 11. 2002, BStBl 2002 I 1346; OFD Karlsruhe v. 14. 1. 2009, DStR 2009, 484.

LITERATURHINWEISE:

Patzner/Nagler, Besteuerung von Ausschüttungen an ausländische Körperschaften als Verstoß gegen die Niederlassungsfreiheit, GmbHR 2011, 1190; *Petersen*, Abgeltungswirkung der Kapitalertragsteuer für beschränkt steuerpflichtige Kapitalgesellschaften bei Investition über Betriebsstätten bzw. Personengesellschaften?, IStR 2012, 238; *Stöber*, Dividendenbesteuerung und Kapitalverkehrsfreiheit, DStZ 2012, 155; *Anissimov/Stöber*, Die Erstattung europarechtswidrig abgezogener Kapitalertragsteuer auf Dividenden nach dem neuen § 32 Abs. 5 KStG, DStZ 2013, 379; *Desens*, Kritische Bestandsaufnahme zu den geplanten Änderungen in § 8b KStG, Beihefter zu DStR 4/2013, 13; *Lemaitre*, Besteuerung von Streubesitzdividenden und Erstattung von Kapitalertragsteuer, IWB 2013, 269 = NWB BAAAE-34324; *Linn*, Das Gesetz zur Umsetzung des EuGH-Urteils vom 20. 10. 2011 in der Rechtssache C-284/09 (Streubesitzdividenden), IStR 2013, 235; *Hackemann/Müller*, Anm. zu EUGH v. 2.06.2016, C-252/14, ISR 2016, 276; *Forchhammer*, Ist die Dividendenbesteurung ausländischer Pensionsfonds unionrechtskonform?, ISR 2017, 117.

I. Rechtsentwicklung des § 32 KStG

1 Mit § 32 KStG wird die Regelung des § 50 KStG i. d. F. des Art. 4 des Gesetzes vom 14. 7. 2000[1] mit Sondervorschriften für den Steuerabzug vom Kapitalertrag für den Regelfall mit Wirkung ab VZ 2001 fortgeführt. Die durch Art. 3 des Steuersenkungsgesetzes vom 23. 10. 2000[2] eingefügte Fassung entsprach der Vorgängerregelung mit der Maßgabe, dass auf in Folge des Übergangs vom Anrechnungsverfahren zum Halbeinkünfteverfahren gegenstandslos gewordene Regelungen verzichtet wurde. Durch Art. 2 des Unternehmenssteuerfortentwicklungsgesetzes (UntStFG) vom 20. 12. 2001[3] ist § 32 Abs. 2 KStG dahin gehend ergänzt worden, dass die KSt

---

[1] BGBl 2000 I 1034.
[2] BGBl 2000 I 1433, 1452.
[3] BGBl 2001 I 3858, 3862; BStBl 2002 I 35.

nicht abgegolten ist, soweit nach § 34 Abs. 12 KStG die Regelungen über das Anrechnungsverfahren i. S. v. §§ 27 ff. KStG i. d. F. des Art. 4 des Gesetzes vom 14. 7. 2000[1] weiterhin, die Regelungen des § 37 KStG über das KSt-Guthaben und die KSt-Minderung oder des § 38 Abs. 2 KStG über die KSt-Erhöhung anzuwenden sind.

Durch Art. 2 des Unternehmensteuerreformgesetzes 2008 vom 14. 8. 2007[2] ist § 32 KStG um den Abs. 3 ergänzt worden. Danach unterliegen die von steuerbefreiten Körperschaften in den Fällen der sog. Wertpapierleihe vereinnahmten Entgelte bei Zufluss nach dem 17. 10. 2007 und vor dem 1. 1. 2008 einem Steuerabzug von 10 %, bei Zufluss nach dem 31. 12. 2007 einem Steuerabzug von 15 %;[3] wegen weiterer Einzelheiten vgl. → Rz. 131, → Rz. 133.

Mit der Neufassung des § 50a EStG durch Art. 1 des JStG 2009 vom 19. 12. 2008[4] wurden die Regelungen zum Steuerabzug bei beschränkt Steuerpflichtigen nach § 50a Abs. 4 EStG a. F. als mit dem EU-Recht vereinbar ausgestaltet. In diesem Zusammenhang wurde den betroffenen Steuerpflichtigen durch den mit Art. 3 dieses Gesetzes eingefügten § 32 Abs. 2 Nr. 2 KStG die Möglichkeit eröffnet, mit diesen Einkünften auf Antrag veranlagt zu werden. Diese Möglichkeit wird durch § 32 Abs. 4 KStG auf Steuerpflichtige beschränkt, die in anderen EU-Staaten oder bestimmten EWR-Staaten ansässig sind. Diese Regelungen sind erstmals für den Veranlagungszeitraum 2009 anzuwenden (§ 34 Abs. 1 KStG); wegen weiterer Einzelheiten vgl. → Rz. 101 ff.

Durch das OGAW-IV-Umsetzungsgesetz vom 22. 6. 2011[5] wurden die Regelungen zur Wertpapierleihe in Abs. 3 Satz 3 um einen Verweis auf den ebenfalls neu eingeführten und ab VZ 2012 anwendbaren § 43 Abs. 1 Nr. 1a EStG ergänzt. Damit sollen so genannte „cum/ex-Transaktionen" unterbunden werden, bei denen nur einmal abgeführte Kapitalertragsteuer mehrfach angerechnet werden; wegen weiterer Einzelheiten vgl. → Rz. 132 f.

Der EuGH hat mit Urteil vom 20. 10. 2011, Kommission gegen Deutschland,[6] festgestellt, dass die Abgeltungswirkung des § 32 Abs. 1 Nr. 2 KStG ein Verstoß gegen die Kapitalverkehrsfreiheit darstellt (Art. 56 EGV bzw. jetzt: Art. 61 AEUV und Art. 40 EWR). Während die Streubesitzdividenden ansässiger Körperschaften durch § 8b Abs. 1 KStG zu 95 % freigestellt waren, verhinderte dies Abgeltungswirkung bei nichtansässigen Körperschaften. Die Erstattung aufgrund der Tochter-Richtlinie in § 43b EStG führte erst ab einer Beteiligungshöhe von 10 % wieder zur Gleichstellung. In der Folge wurde die Kapitalertragsteuer auf Antrag erstattet. Mit dem „Gesetz zur Umsetzung des EuGH-Urteils vom 20. 10. 2011" (EuGHDivUmsG) vom 21. 3. 2013[7] wurde die Diskriminierung ab dem 1. 3. 2013 auf Kosten der Steuerzahler durch Erstreckung der Steuerpflicht auch auf die Streubesitzdividenden ansässiger Körperschaften in § 8b Abs. 4 KStG beseitigt.[8] Als „Vergangenheitslösung" wurde für Dividenden, die nicht mehr dem Anrechnungsverfahren unterfallen sind und im hypothetischen Ansässigkeitsfall (noch) nicht von der neuen Steuerpflicht betroffen wären (regelmäßig nur bei Zufluss bis zum 28. 2. 2013) in § 32 Abs. 5 EStG eine Erstattungsregelung ergänzt (siehe dazu → Rz. 141 ff.). In besonderen

---

1 BGBl 2000 I 1034.
2 BGBl 2007 I 1912.
3 § 34 Abs. 13b KStG.
4 BGBl 2008 I 2794.
5 BGBl 2011 I 1126.
6 EuGH, Urteil v. 20. 10. 2011 - Rs. C-284/09, Kommission gegen Deutschland, BFH/NV 2011, 2219 = NWB TAAAD-95597.
7 BGBl 2013 I 561.
8 Siehe dazu *Geißer* in Mössner/Seeger/Oellerich, KStG, § 8b Rz. 370 ff.

Konstellationen ist aber auch eine Erstattung von Dividenden möglich, die nach dem 28. 2. 2013 zufließen, so dass es sich bei § 32 Abs. 5 KStG um keine reine Vergangenheitslösung handelt (siehe → Rz. 159).[1]

Das Amtshilferichtlinie-Umsetzungsgesetz (AmtshilfeRLUmsG) vom 29. 6. 2013[2] trägt in Artikel 3 Nr. 5 lediglich eine seit 2009 fällige redaktionelle Anpassung des in § 32 Abs. 4 KStG enthaltenen Verweises auf die Niederlassungsfreiheit an den Vertrag über die Arbeitsweise der Europäischen Union nach (Art. 54 AEUV anstatt Art. 48 EGV). Durch das Investmentsteuerreformgesetz (InvStRefG) vom 19. 7. 2016 wurde der Verweis des § 32 Abs. 3 Satz 5 KStG auf den im Zuge der Investmentsteuerreform geänderten § 44 Abs. 1 ab 1. 1. 2018 redaktionell angepasst.

6–10 *(Einstweilen frei)*

II. Regelungsinhalt und Bedeutung der Vorschrift

11 Das Grundmodell des KStG ist die Veranlagung unter Anrechnung vorher erhobener Steuerabzugsbeträge. So werden unbeschränkt Steuerpflichtige i. S. d. § 1 Abs. 1 KStG veranlagt und die für ihre Rechnung einbehaltenen Steuerabzugsbeträge werden auf die sich ergebende KSt-Schuld angerechnet.[3] Eine Ausnahme bildet der in § 32 KStG geregelte **abgeltende Steuerabzug**. Eine Veranlagung wird nicht durchgeführt, der Steuerabzug erstarkt vom Erhebungshilfsmittel zur endgültigen, die Steuerpflicht ohne Rücksicht auf die Umstände des Steuersubjekts abgeltenden Belastung. § 32 Abs. 1 KStG enthält drei Fallgruppen des abgeltenden Steuerabzugs. In allen drei Fällen liegt eine beschränkte Steuerpflicht vor, die der Steuerpflicht einen objektsteuerartigen Charakter gibt und somit die persönliche Zurechnung der Steuer an die Leistungsfähigkeit eines KSt-Subjekts im Rahmen der Veranlagung entbehrlich scheinen lässt (zweifelhaft).

12 Die **erste Fallgruppe**, die in § 32 Abs. 1 Nr. 1 geregelt ist, erfasst die eigentlich unbeschränkt Steuerpflichtigen, aber nach § 5 Abs. 1 weitgehend **persönlich steuerbefreiten KSt-Subjekte**, so insbesondere die gemeinnützigen Körperschaften (§ 5 Nr. 6 KStG). Von dieser Steuerbefreiung sind jedoch nach § 5 Abs. 2 KStG die dem Steuerabzug unterliegenden Einkünfte ausgenommen, so dass die unbeschränkte Steuerpflicht insoweit eine „latente beschränkte Steuerpflicht" mit objektsteuerartigem Charakter[4] enthält, die nach § 32 Abs. 1 Nr. 2 KStG der Abgeltung unterliegt. Diese Regelung ist fragwürdig: auch Einkünfte, die dem Steuerabzug unterliegen, können den Gemeinwohlzweck fördern.

13 Die **zweite Fallgruppe** sind die **ausländischen beschränkt steuerpflichtigen KSt-Subjekte** i. S. d. § 2 Nr. 1 KStG. Diese haben weder ihren Sitz noch ihre Geschäftsleitung im Inland, so dass sie nur mit ihren inländischen Einkünften i. S. d. § 49 EStG steuerpflichtig sind. Der danach bestehende inländische Steueranspruch wird im Einzelfall durch ein DBA mit dem Ansässigkeitsstaat des beschränkt Steuerpflichtigen oder aber durch die auf EU-Recht beruhende Vorschrift des § 43b EStG eingeschränkt.[5]

---

[1] Siehe auch die Darstellung bei *von Brocke* in Mössner/Seeger/Oellerich, KStG, EU-steuerpolitischer Hintergrund Rz. 401 ff.
[2] BGBl 2013 I 1809.
[3] *Valta* in Mössner/Seeger/Oellerich, KStG, § 31 Rz. 151 ff.
[4] BFH, Urteil v. 21. 8. 1974 - I R 183/72, BStBl 1974 II 776.
[5] Siehe unten → Rz. 58.

Der abgeltende Quellensteuerabzug beruht auf dem Gedanken, dass die Steuerbehörden auf den ausländischen Steuerpflichtigen nicht in gleichem Maße zum Zwecke der Festsetzung, Erhebung und Vollstreckung der Steuerschuld zurückgreifen können wie auf den inländischen Steuerschuldner. Die Souveränität des Auslandes verhindert Ermittlungs- und Zwangsmaßnahmen. Die Bestimmung der leistungsfähigkeitsgerechten Steuerlast wird letztendlich dem ausländischen Sitzstaat überlassen, der die deutsche Quellensteuer anrechnet oder die Einkünfte von der Besteuerung freistellt. Eine leistungsfähigkeitsgerechte Endbelastung wird aber auch dann verfehlt, wenn die deutsche Bruttobesteuerung aufgrund der Kostenprogression übermäßig wird. Ausnahmen von der Bruttobesteuerung sind daher im Rahmen des Betriebsstättenprinzips üblich (§ 32 Abs. 1 Nr. 1 KStG).[1] Bei Geltung von DBA mit ihren Informationsaustausch- und Beitreibungshilfeklauseln (Art. 26, 27 OECD-MA) und insbesondere im Europäischen Binnenmarkt der Grundfreiheiten mit der Amtshilfe- und der Beitreibungshilferichtlinie ist die Verhältnismäßigkeit der Abgeltung fraglich (vgl. die Ausnahme für EU-Ausländer in § 32 Abs. 2 Nr. 2 KStG).[2]

14

Die **dritte Fallgruppe** umfasst die **inländischen beschränkt steuerpflichtigen KSt-Subjekte** i. S. d. § 2 Nr. 2 1. Halbsatz KStG. Dies sind die inländischen **juristischen Personen des öffentlichen Rechts**, soweit sie nicht im Rahmen eines BgA (vgl. § 4 KStG) unbeschränkt steuerpflichtig sind. Es besteht eine Parallelität zur ersten Fallgruppe mit den gemeinnützigen KSt-Subjekten, die ebenfalls im Rahmen ihres wirtschaftlichen Geschäftsbetriebes unbeschränkt steuerpflichtig sind, darüber hinaus aber nur beschränkt mit den Einkünften, die dem Steuerabzug unterliegen. Diese Gleichbehandlung ist angesichts des gleichen Gemeinwohlbezugs der Steuerbefreiung sachgerecht, die beschränkte Steuerpflicht unter Ausschluss der Veranlagung aber in gleichem Maße fragwürdig.[3]

15

Nach der gegenwärtigen Rechtslage kommt bei folgenden Einkünften ein Steuerabzug in Betracht:

16

- Kapitalerträgen i. S. d. § 43 Abs. 1 EStG nach Maßgabe der Regelungen in §§ 43 bis 45d EStG über den KapESt-Abzug,
- Bezug von Gegenleistungen für erbrachte Bauleistungen nach §§ 48 bis 48d EStG,
- den in § 50a Abs. 1 Nr. 1 bis 3 EStG (zuvor § 50a Abs. 4 EStG) bezeichneten inländischen Einkünften beschränkt Steuerpflichtiger i. S. d. § 2 Nr. 1 KStG nach Maßgabe der Regelungen in § 50a Abs. 2 bis 6 EStG (zuvor § 50a Abs. 4 bis 6 EStG),
- von beschränkt Steuerpflichtigen i. S. d. § 2 Nr. 2 KStG bezogenen Entgelten in den Fällen der sog. Wertpapierleihe nach § 32 Abs. 3 KStG.

Die entsprechende Anwendung der sich aus dem EStG ergebenden Vorschriften bei der **Besteuerung nach Maßgabe des KStG** folgt aus § 31 Abs. 1 KStG.[4]

Der Steuerabzug nach §§ 48 bis 48d EStG zielt auf die Sicherung unterschiedlicher Steueransprüche ab, wie sich aus § 48c Abs. 1 EStG ergibt; die Frage der Abgeltung der KSt auf die aus den Bauleistungen bezogenen Einkünfte stellt sich deswegen nicht.

17

---

1 Siehe unten → Rz. 53.
2 Siehe unten → Rz. 53.
3 Siehe oben → Rz. 7.
4 Vgl. *Valta* in Mössner/Seeger/Oellerich, KStG, § 31 Rz. 65 ff.

18 Die auf Anordnung des FA im Einzelfall nach § 50a Abs. 7 EStG von bestimmten inländischen Einkünften beschränkt Steuerpflichtigen einzubehaltenden Steuern sind auf die gegenüber dem beschränkt Steuerpflichtigen durch Veranlagung festgesetzte KSt anzurechnen.[1] Die KSt wird damit ebenfalls nicht durch den vorgenommenen Steuerabzug abgegolten.

19 Bereits bisher sah § 32 Abs. 1 Nr. 1 KStG vor, dass die KSt auf die Einkünfte, die nach § 5 Abs. 2 Nr. 1 KStG von der Steuerbefreiung ausgenommen sind, durch den Steuerabzug abgegolten wird. Hinsichtlich der weiteren Bestimmung in § 32 Abs. 1 Nr. 2 KStG, wonach bei beschränkt Steuerpflichtigen für die nicht in einem inländischen gewerblichen oder land- oder forstwirtschaftlichen Betrieb angefallenen steuerabzugspflichtigen inländischen Einkünfte, die KSt mit dem Steuerabzug abgegolten ist, bestand bereits bisher Übereinstimmung mit den Regelungen in § 50 EStG zur Besteuerung natürlicher Personen, die nach § 1 Abs. 4 EStG beschränkt steuerpflichtig sind; eine vergleichbare Regelung ergibt sich aus § 50 Abs. 5 EStG.

20 Die Regelung des § 2 Abs. 7 Satz 3 EStG, wonach in den Fällen des **Wechsels zwischen unbeschränkter und beschränkter Steuerpflicht** natürlicher Personen im Laufe eines Veranlagungszeitraums auch die während der Zeit der beschränkten Steuerpflicht bezogenen Einkünfte in die Veranlagung zur unbeschränkten Steuerpflicht einzubeziehen sind, ist für die Besteuerung nach Maßgabe des KStG nicht anwendbar. Nach § 7 Abs. 3 Satz 3 KStG tritt in dem Fall, in dem die unbeschränkte oder die beschränkte Steuerpflicht nicht während des gesamten Kalenderjahres bestanden hat, für den Zeitraum der Ermittlung der Besteuerungsgrundlagen an die Stelle des Kalenderjahres der Zeitraum der jeweiligen Steuerpflicht. Danach verbleibt es auch in diesen Fällen für die in der Zeit der beschränkten Steuerpflicht bezogenen Einnahmen bei der Abgeltung der KSt durch den vorgenommenen Steuerabzug. Durch § 32 Abs. 2 Nr. 1 KStG i. d. F. des JStG 2009 vom 19. 12. 2008[2] wird davon abweichend mit Wirkung ab Veranlagungszeitraum 2009 (§ 34 Abs. 1 KStG) bestimmt, dass die KSt durch den Steuerabzug nicht abgegolten wird, wenn bei dem Steuerpflichtigen während eines Kalenderjahrs sowohl unbeschränkte Steuerpflicht als auch beschränkte Steuerpflicht i. S. d. § 2 Nr. 1 KStG bestanden hat. In diesen Fällen sind die während der beschränkten Steuerpflicht erzielten Einkünfte in eine Veranlagung zur unbeschränkten Körperschaftsteuerpflicht einzubeziehen.[3]

21 **Grundsätzliche Unterschiede** zwischen der Besteuerung natürlicher Personen nach Maßgabe des EStG und der Besteuerung von Körperschaften, Personenvereinigungen und Vermögensmassen nach Maßgabe des KStG bestehen u. a. aus folgenden Gründen:

▶ Natürliche Personen mit Wohnsitz oder gewöhnlichem Aufenthalt im Inland unterliegen ausnahmslos der unbeschränkten Steuerpflicht. Dagegen sind nur die in § 1 Abs. 1 KStG aufgeführten Körperschaften, Personenvereinigungen und Vermögensmassen mit Geschäftsleitung oder Sitz im Inland unbeschränkt steuerpflichtig.[4] Bei den übrigen inländischen Körperschaften, Personenvereinigungen und Vermögensmassen ist hingegen die Steuerpflicht gem. § 2 Nr. 2 KStG auf die inländischen Einkünfte zu beschränken, die einem Steuerabzug unterliegen.

▶ Anders als das EStG sieht das KStG in § 5 Abs. 1 KStG für die dort genannten Körperschaften, Personenvereinigungen und Vermögensmassen persönliche Steuerbefreiungen vor.

---

1 Vgl. *Valta* in Mössner/Seeger/Oellerich, KStG, § 31 Rz. 64 ff.
2 BGBl 2008 I 2794.
3 Wegen weiterer Einzelheiten vgl. *Valta* in Mössner/Seeger/Oellerich, KStG, § 31 Rz. 43, Rz. 132.
4 Vgl. *Oellerich* in Mössner/Seeger/Oellerich, KStG, § 2 Rz. 51.

Nach § 5 Abs. 2 Nr. 1 KStG erstreckt sich die Steuerbefreiung nicht auf inländische Einkünfte, die dem Steuerabzug unterliegen.

Das EStG enthält deswegen für diese Besonderheiten keine Regelungen, die bei der Besteuerung nach Maßgabe des KStG entsprechend angewendet werden könnten. Aus diesem Grunde besteht angesichts der grundsätzlichen Regelung des § 31 Abs. 1 KStG zur entsprechenden Anwendung der Regelungen des EStG ein besonderer Regelungsbedarf innerhalb des KStG nur für beschränkt Steuerpflichtige i. S. d. § 2 Nr. 2 KStG sowie für nach § 5 Abs. 1 KStG steuerbefreite Körperschaften. 22

(Einstweilen frei) 23–30

B. Die Abgeltung der KSt bei unbeschränkt steuerpflichtigen Körperschaften, Personenvereinigungen und Vermögensmassen (§ 32 Abs. 1 Nr. 1 KStG)

Nach § 32 Abs. 1 Nr. 1 KStG wird die KSt für Einkünfte, die dem Steuerabzug unterliegen, dann durch den Steuerabzug abgegolten, wenn diese nach § 5 Abs. 2 Nr. 1 KStG von der Steuerbefreiung ausgenommen sind. Eine **Steuerbefreiung** nach § 5 KStG wird grundsätzlich nur Körperschaften, Personenvereinigungen und Vermögensmassen eingeräumt, die nach § 1 KStG unbeschränkt steuerpflichtig sind. Nach § 5 Abs. 2 Nr. 2 KStG i. d. F. des JStG 2009 vom 19. 12. 2008[1] kann die Steuerbefreiung nach § 5 Abs. 1 Nr. 9 KStG auch von bestimmten Gesellschaften in Anspruch genommen werden, die nach den Rechtsvorschriften eines Mitgliedstaats der EU oder nach den Rechtsvorschriften eines Staates, auf den das Abkommen über den Europäischen Wirtschaftsraum Anwendung findet, gegründet worden sind und deren Sitz und Ort der Geschäftsleitung sich innerhalb des Hoheitsgebiets eines dieser Staaten befindet, sofern mit diesen Staaten ein Amtshilfeabkommen besteht.[2] Bei diesen Gesellschaften handelt es sich ungeachtet dessen um beschränkt Steuerpflichtige i. S. d. § 2 Nr. 1 KStG, so dass für die Anwendung des § 32 KStG die Regelungen für diesen Personenkreis maßgebend bleiben. 31

Für die Einkünfte, die bei dem nach § 5 Abs. 1 KStG begünstigen Personenkreis anfallen können, wird danach ein Steuerabzug nur von Kapitalerträgen nach §§ 43 ff. EStG erhoben. Der Begriff der inländischen Kapitalerträge ergibt sich aus § 43 Abs. 3 EStG. Für den Regelfall wird vorausgesetzt, dass sie von einem Schuldner bezogen werden, der Wohnsitz, Geschäftsleitung oder Sitz im Inland hat. Die Höhe der einzuhaltenden KapESt ergibt sich aus § 43a EStG. Davon abweichend kann bei bestimmten Kapitalerträgen, die von nach § 5 Abs. 1 KStG begünstigten Steuerpflichtigen bezogen werden, nach § 44a Abs. 4, 7 oder 8 EStG ganz oder teilweise vom KapESt-Abzug abgesehen werden. Die Zugehörigkeit zum begünstigten Personenkreis ist in qualifizierter Weise nachzuweisen. Wurde gleichwohl KapESt einbehalten, kann deren Erstattung nach § 44b Abs. 5 EStG beantragt werden.[3] 32

Ferner wird durch § 32 Abs. 3 Satz 2 KStG der Steuerabzug von den Einnahmen i. S. d. § 2 Nr. 2 2. Halbsatz KStG auch bei Bezug durch von der KSt nach § 5 Abs. 1 KStG oder nach anderen Ge- 33

---

1 BGBl 2008 I 2794.
2 Siehe *Koenig/Oellerich* in Mössner/Seeger/Oellerich, KStG, § 5 Rz. 797 und *von Brocke* in Mössner/Seeger/Oellerich, KStG, EU-steuerpolitischer Hintergrund Rz. 316 f.
3 Siehe *Valta* in Mössner/Seeger/Oellerich, KStG, § 31 Rz. 59.

setzen steuerbefreiten Körperschaften, Personenvereinigungen und Vermögensmassen angeordnet. Wegen weiterer Einzelheiten wird auf → Rz. 131 ff. hingewiesen.

34 Eine Steuerpflicht besteht danach für die inländischen Kapitalerträge, von denen unter Beachtung der Regelungen in §§ 43 ff. EStG, insbesondere des § 44a EStG und der Vorschrift des § 32 Abs. 3 KStG in dem jeweils bestimmten Umfang KapESt einzubehalten ist. Mit der in Übereinstimmung mit diesen Regelungen erhobenen Abzugsteuer wird die KSt gem. § 32 Abs. 1 Nr. 1 KStG abgegolten.

35 Zu beachten ist jedoch, dass die Steuerbefreiung nach § 5 Abs. 1 KStG bei einem Teil der betroffenen Steuerpflichtigen teilweise auf bestimmte Aktivitäten der betreffenden Körperschaften beschränkt wird. Beispielhaft wird auf die Regelung des § 6 KStG zur Einschränkung der sich aus § 5 Abs. 1 Nr. 3 KStG ergebenden Steuerbefreiung für Pensions-, Sterbe-, Kranken- und Unterstützungskassen hingewiesen. Eine ähnliche Einschränkung der Steuerbefreiung ergibt sich daraus, dass sie sich regelmäßig nicht auf den von der grundsätzlich steuerbefreiten Körperschaft unterhaltenen wirtschaftlichen Geschäftsbetrieb erstreckt; vgl. z. B. § 5 Abs. 1 Nr. 5 KStG für Berufsverbände, § 5 Abs. 1 Nr. 7 KStG für politische Parteien, § 5 Abs. 1 Nr. 9 KStG für gemeinnützige Körperschaften, Personenvereinigungen und Vermögensmassen. Ferner sieht § 5 Abs. 1 Nr. 5 KStG für Berufsverbände einen besonderen Besteuerungstatbestand bei der Verwendung von Mitteln für die unmittelbare oder mittelbare Unterstützung oder Förderung politischer Parteien vor. Wegen weiterer Einzelheiten wird auf die Erläuterungen zu den Einzelregelungen des § 5 Abs. 1 KStG hingewiesen.

36 Die KSt wird dementsprechend durch den Steuerabzug insoweit nicht abgegolten, als die Kapitalerträge im Rahmen von nicht von der KSt befreiten Aktivitäten erzielt werden. Dies ist dann der Fall, wenn die die Kapitalerträge begründende Kapitalanlage, z. B. die Beteiligung an einer Kapitalgesellschaft oder die Kapitalforderung einem von der im Übrigen steuerbefreiten Körperschaft, Personenvereinigung oder Vermögensmasse unterhaltenen wirtschaftlichen Geschäftsbetrieb[1] zuzurechnen ist. Unterliegt eine Körperschaft nur mit einem bestimmten Prozentsatz ihres Einkommens der Besteuerung (vgl. § 5 Abs. 1 Nr. 3 i.V.m. § 6 KStG), führt dies dazu, dass bezogene Kapitalerträge auch nur in dem diesem Verhältnis entsprechenden Umfang in die Veranlagung einzubeziehen sind. Soweit der KapESt unterliegende Kapitalerträge danach **anteilsmäßig** nicht in die KSt-Veranlagung einzubeziehen sind, wird die KSt durch den Steuerabzug abgegolten.[2]

37–50 *(Einstweilen frei)*

C. Die Abgeltung der KSt bei beschränkt steuerpflichtigen ausländischen Körperschaften, Personenvereinigungen und Vermögensmassen (§ 32 Abs. 1 Nr. 2 KStG)

I. Ausländische beschränkt Steuerpflichtige i. S. d. § 2 Nr. 1 KStG

51 Körperschaften, Personenvereinigungen und Vermögensmassen, die weder ihre Geschäftsleitung noch ihren Sitz im Inland haben, sind nach § 2 Nr. 1 KStG mit ihren inländischen Einkünf-

---

[1] Vgl. dazu *Koenig/Oellerich* in Mössner/Seeger/Oellerich, KStG, § 5 Rz. 181 ff.
[2] BFH, Urteil v. 31. 7. 1991 - I R 4/89, BStBl 1992 II 98; H 28 KStH.

ten i. S. d. § 49 EStG beschränkt körperschaftsteuerpflichtig.[1] Werden von diesem Personenkreis dem Steuerabzug unterliegende Einkünfte bezogen, wird die KSt gem. § 32 Abs. 1 Nr. 2 KStG mit dem Steuerabzug abgegolten, wenn die steuerabzugspflichtigen Vergütungen nicht in einem inländischen gewerblichen oder land- oder forstwirtschaftlichen Betrieb angefallen sind. Bezieht z. B. eine im Ausland ansässige Kapitalgesellschaft aus dem Inland der KapESt oder dem Steuerabzug nach § 50a Abs. 1 EStG unterliegende Einkünfte, wird mit der Abzugsteuer die KSt für diese Einkünfte dann abgegolten, wenn die ausländische Gläubigerin im Inland keine Betriebsstätte unterhält oder diese Einkünfte außerhalb einer inländischen Betriebsstätte der Gläubigerin erzielt werden. Ausnahmen von diesem Grundsatz sind zu beachten für den Fall des Wechsels zwischen beschränkter und unbeschränkter Steuerpflicht (s. → Rz. 96) sowie bei Bezug von Einkünften i. S. d. § 50a Abs. 1 EStG (s. → Rz. 101).

Einkünfte aus einem **inländischen gewerblichen Betrieb** sind solche aus § 49 Abs. 1 Nr. 2a EStG.[2] Erforderlich sind somit Einkünfte aus Gewerbebetrieb (§ 15 EStG, im Einzelnen zu qualifizieren, § 8 Abs. 2 KStG gilt nicht für beschränkt Steuerpflichtige), die dem Betriebsvermögen einer inländischen Betriebstätte (§ 12 AO) oder einem ständigen Vertreter (§ 13 AO) zugeordnet werden können. Die Zuordnung bemisst sich nach dem Veranlassungsprinzip, der wirtschaftlichen Zugehörigkeit der betreffenden Wirtschaftsgüter.[3] Die i. d. R. enger gefassten Begriffsbestimmungen der DBA (Art. 5, 7 OECD-MA) sind für die Anwendung des § 32 KStG nicht maßgeblich; diese gelten nur für die nachgelagerte Anwendung der DBA selbst.[4] Somit kann u. a. auch eine gewerbliche Prägung oder Abfärbung (§ 15 Abs. 3 EStG) genügen.[5] Die Gegenansicht[6] lässt sowohl eine textliche Fundierung als auch eine überzeugende Begründung missen. Auch fiktive Gewerbebetriebe weisen zumindest nach § 12 Satz 2 Nr. 1 AO eine insoweit fiktive Betriebsstättenqualität qua Geschäftsleitung auf.[7] Die abkommensrechtliche Betriebsstätte soll die Quellenbesteuerung beschränken und die Belastungsgleichheit mit dem Veranlagungsverfahren sicherstellen (Art. 24 Abs. 3 OECD-MA), nicht mittelbar im nationalen Verfahrensrecht genau das Gegenteil bewirken.

§ 32 Abs. 1 Nr. 2 KStG verwirklicht das im internationalen Steuerrecht herrschende **Betriebsstättenprinzip**. Aufgrund der territorialen und zeitlichen Verfestigung der Tätigkeit des beschränkt Steuerpflichtigen kann er in gleichem Maße wie der unbeschränkt Steuerpflichtige veranlagt werden. Ein abgeltender Steuerabzug ist für die Erhebung und Vollstreckung der Steuer nicht notwendig, die Betriebsstätte bietet hinreichende inländische Ermittlungs- und Vollstreckungsmöglichkeiten.[8] Die Gleichbehandlung wird durch den in den DBA enthaltenen Art. 24 Abs. 3 OECD-MA erfordert, sofern die Abgeltung zu einer höheren Steuerbelastung als die Veranlagung führen würde.[9]

---

1 Vgl. *Oellerich* in Mössner/Seeger/Oellerich, KStG, § 2 Rz. 21 ff.
2 FG Bremen, Urteil v. 25. 6. 2015 - 1 K 68/12 (6), EFG 2016, 88.
3 BFH, Urteil v. 29. 11. 2017 - I R 58/15, Rz. 27, NWB YAAAG-80016.
4 *Gosch*/Gosch, § 32 Rz. 21; *Petersen*, IStR 2012, 238, 242.
5 FG Bremen, Urteil v. 25. 6. 2015 - 1 K 68/12 (6), EFG 2016, 88; zu Gestaltungsmöglichkeiten im Hinblick auf § 8b KStG für Drittstaatsgesellschaften siehe *Petersen*, IStR 2012, 238, 243.
6 *Streck*, § 32 KStG Rz. 7; *Kroschel* in Bott/Walter, § 32 Rz. 14.
7 BFH, Urteil v. 29. 11. 2017 - I R 58/15, Rz. 20, NWB YAAAG-80016.
8 BFH, Urteil v. 29. 11. 2017 - I R 58/15, NWB YAAAG-80016; FG Bremen, Urteil v. 25. 6. 2015 - 1 K 68/12 (6), EFG 2016, 88.
9 *Rust* in Vogel/Lehner, DBA, Art. 24 Rz. 104 a. E.

54 Nach Tz. 2.4 des BMF-Schreibens vom 24.12.1999[1] sind einer Betriebsstätte die Wirtschaftsgüter zuzuordnen, die der **Erfüllung der Betriebsstättenfunktion** dienen.[2] Dazu zählen vor allem die Wirtschaftsgüter, die zur ausschließlichen Verwertung und Nutzung durch die Betriebsstätte bestimmt sind. Erfüllen Wirtschaftsgüter die ihnen im Rahmen des Gesamtunternehmens zugewiesene Funktion sowohl für die Betriebsstätte als auch für das Stammhaus, hängt es entscheidend vom erkennbaren Willen der Geschäftsleitung ab, welchem Betriebsvermögen sie zuzuordnen sind,[3] dabei ist die buchmäßige Behandlung als Indiz zu würdigen.[4] Im Übrigen ist bei der Zuordnung von Wirtschaftsgütern die Zentralfunktion des Stammhauses zu beachten. Deswegen sind die dem Gesamtunternehmen dienenden Finanzmittel sowie Beteiligungen an Kapitalgesellschaften, die nicht der in der Betriebsstätte ausgeübten Tätigkeit dienen,[5] regelmäßig dem Stammhaus zuzurechnen.

55 Einkünfte aus einem **inländischen land- und forstwirtschaftlichen Betrieb** sind grundsätzlich solche aus § 49 Abs. 1 Nr. 1 EStG. Dafür genügt die Nutzung land- und forstwirtschaftlicher Flächen im Inland, ohne dass es darüber hinausgehender betrieblicher Einrichtungen im Inland bedarf.[6] Daher wird vertreten, dass die Einkünfte zusätzlich im Inland im Sinne eines „betrieblichen Organismus" verwaltet werden müssen (z. B. Wirtschaftsgebäude mit Maschinenpark und ggf. Viehbestände), damit sie überhaupt einem inländischen Betriebsvermögen zugeordnet werden können.[7] Dieses zusätzliche Erfordernis ist nicht überzeugend. § 49 Abs. 1 Nr. 1 EStG spricht von „betriebener" Landwirtschaft, ohne dass ein – nicht näher definierter – betrieblicher „Organismus" erfordert wird. Eine Erstreckung des Betriebsstättenvorbehalts auf land- und forstwirtschaftliche Einkünfte widerspricht dem für diese Einkünfte im Internationalen Steuerrecht üblichen Belegenheitsprinzip (vgl. Art. 6 OECD-MA). Die Belegenheit des Grundstücks bietet eine hinreichende Substanz, um eindeutiger Bezugspunkt eines Betriebsvermögens zu sein.

56 Ebenfalls strittig ist, ob dem land- und forstwirtschaftlichen Betrieb auch diesem dienende Beteiligungen (z. B. an einer landwirtschaftlichen Genossenschaft) und die für die Nutzung erforderlichen Finanzmittel zuzuordnen sind.[8] Die nicht abschließende Definition des § 98 Nr. 2 BGB bringt dazu keine Klärung, so dass ein Rückgriff auf § 33 BewG befürwortet wird, der in Abs. 3 Nr. 1, 2 Forderungen und Verbindlichkeiten vom Begriff des land- und forstwirtschaftlichen Vermögens ausnimmt.[9] Dies wird wegen der unterschiedlichen einkommensteuerlichen und bewertungsrechtlichen Zwecksetzung abgelehnt.[10] Ein in diesem Zusammenhang vielzitiertes Urteil des FG Nürnberg zum DBA-Österreich stellt schlicht fest, dass solche Beteiligun-

---

1 BStBl 1999 I 1076 - Betriebsstätten-Verwaltungsgrundsätze; geändert durch BMF, Schreiben v.. 25.8.2009, BStBl 2009 I 888.
2 BFH, Urteil v. 29.7.1992 - II R 39/89, BStBl 1993 II 63.
3 BFH, Urteil v. 1.4.1987 - II R 186/80, BStBl 1987 II 550.
4 BFH, Urteil v. 29.7.1992 - II R 39/89, BStBl 1993 II 63.
5 BFH, Urteil v. 30.8.1995 - I R 112/94, BStBl 1996 II 563.
6 BFH, Urteil v. 17.12.1997 - I R 95/96, BStBl 1998 II 260, 261, zu § 49 Abs. 1 Nr. 1 EStG – aufgrund des dortigen Wortlautes „betriebenen" Landwirtschaft aber übertragbar.
7 So *Siegers* in Dötsch/Jost/Pung/Witt, § 32 KStG n. F. Rz. 20.
8 So FG Nürnberg, Urteil v. 17.12.1980, EFG 1981, 331, zum DBA-Österreich 1954; für eine Verallgemeinerung *Ellsel* in Gosch/Kroppen/Grotherr, Art. 6 OECD-MA Rz. 259, 260; a.A. offensichtlich *Wassermeyer* in Debatin/Wassermeyer, Art. 6 OECD-MA Rz. 57 a. E., ferner Art. 11 OECD-MA Rz. 97.
9 Zum DBA-Recht, aber nach Art. 3 Abs. 2 OECD-MA die nationale Definition abstellend: *Wassermeyer* in Debatin/Wassermeyer, Art. 6 OECD-MA Rz. 57 a. E.
10 *Ellsel* in Gosch/Kroppen/Grotherr, Art. 6 OECD-MA Rz. 259, 260; das herangezogene Urteil FG Nürnberg, Urteil v. 17.12.1980, EFG 1981, 331, betrifft allerdings Besonderheiten des DBA-Österreich 1954.

gen und Finanzmittel aufgrund des Veranlassungszusammenhangs ertragsteuerlich zum Betriebsvermögen der Land- und Forstwirtschaft gehören.[1] So ist schwer zu begründen, warum im nationalen Recht von den allgemeinen Veranlassungs- und Betriebsvermögensprinzipien abgewichen werden soll. Können die steuerabzugspflichtigen Einkünfte schon gar nicht dem Betrieb zugeordnet werden, wäre der Veranlagungsvorbehalt sinnlos. Im Übrigen wird auch abkommensrechtlich in Art. 6 Abs. 2 OECD-MA „totes Inventar" erfasst, das wegen der Sperrwirkung des Art. 6 OECD-MA gegenüber dem Betriebsstättenprinzip in Art. 7 und 5 OECD-MA zur Vermeidung von Wertungswidersprüchen in gleicher Weise Forderungen und Verbindlichkeiten umfassen können muss.[2] Nicht nur ist eine Ausschöpfung abkommensrechtlicher Besteuerungsrechte ein Argument für eine solche Auslegung, das systematische Wertungsargument gilt entsprechend zwischen Betriebsstättenvorbehalt und land- und forstwirtschaftlichem Betriebsvorbehalt in § 32 Abs. 1 Nr. 2 EStG. Wieso soll der Land- und Forstwirtschaft verwehrt sein, was dem Gewerbe erlaubt ist? Diese Frage stellt sich in besonderer Schärfe, wenn die Land- und Forstwirtschaft, wie in → Rz. 55 dargestellt, einem Quasi-Betriebsstättenvorbehalt unterworfen wird.

Die inländischen Betriebsstätten bzw. der land- und forstwirtschaftliche Betrieb ist nach § 155 AO zu veranlagen, die im Wege des Steuerabzugs einbehaltenen Steuern sind nach § 36 Abs. 2 Nr. 2 EStG anzurechnen.[3]

Der durch den Steuerabzug begründete deutsche Besteuerungsanspruch wird im Einzelfall durch das mit dem Ansässigkeitsstaat der Gläubigerin der abzugspflichtigen Vergütungen bestehende DBA, bei Gewinnausschüttungen an EU-Muttergesellschaften in Umsetzung der Mutter-Tochter-Richtlinie[4] durch § 43b EStG, bei Zahlung von Zinsen und Lizenzgebühren zwischen verbundenen Unternehmen verschiedener Mitgliedstaaten der EU in Umsetzung der Zins-und-Lizenzgebühren-Richtlinie[5] durch § 50g EStG begrenzt.[6] Diese Begrenzung des Steuerabzugs kann nicht über eine Meistbegünstigungsklausel des DBA mit den USA auf US-amerikanische beschränkt Steuerpflichtige erstreckt werden.[7] Die Regelung des § 32 Abs. 1 Nr. 2 KStG kann sich dementsprechend nur auf die sich unter Berücksichtigung dieser Regelungen verbliebene Abzugsteuer erstrecken. Eine diskutierte Gestaltungsoption führt zum Wegfall der begrenzten Steuerpflicht: bei einer Veräußerung der Dividendenansprüche unterfällt der Erlös nicht § 20 Abs. 1 Nr. 1 EStG, sondern § 20 Abs. 2 Satz 1 Nr. 2a EStG, auf den nicht in § 49 Abs. 1 Nr. 5 EStG verwiesen wird, so dass es bereits an der beschränkten Steuerpflicht fehlt.[8] Das BMF-Schreiben vom 26. 7. 2013[9] will dies verhindern mit einer Auslegung des § 20 Abs. 2 Satz 1 Nr. 2a Satz 2 EStG, nach der es bei Nichtbesteuerung des Erlöses bei § 20 Abs. 1 Nr. 1 EStG blei-

---

1 FG Nürnberg, Urteil v. 17. 12. 1980, EFG 1981, 331; aufgrund Besonderheiten des DBA kommt es aber zu einem anderen Ergebnis.
2 *Reimer* in Vogel/Lehner, Art. 6 OECD-MA Rz. 85; a. A. wegen eines angenommen Vorrangs von Art. 10 zu Art. 6 OECD-MA *Wassermeyer* in Debatin/Wassermeyer, Art. 6 OECD-MA Rz. 57 a. E. Das nationale Recht sieht in Art. 20 Abs. 8 EStG aber gerade ein entgegengesetztes Vorrangverhältnis vor, so dass die Einwände nicht übertragbar sind.
3 Vgl. dazu *Valta* in Mössner/Seeger/Oellerich, KStG, § 31 Rz. 151 f.
4 RL 2003/123/EG v. 22. 12. 2003, ABl. EU 2004 Nr. L 7, 41; s. näher *von Brocke* in Mössner/Seeger/Oellerich, KStG, EU-steuerpolitischer Hintergrund Rz. 255 ff.
5 RL 2003/49 EG v. 3. 6. 2003, ABl. EU Nr. L 157, 49; s. näher *von Brocke* in Mössner/Seeger/Oellerich, KStG, EU-steuerpolitischer Hintergrund Rz. 276 f.
6 Wegen Einzelheiten dazu vgl. *Valta* in Mössner/Seeger/Oellerich, KStG, § 31 Rz. 65 f.
7 BFH, Urteil v. 17. 11. 2004 - I R 20/04, BFH/NV 2005, 892 = NWB IAAAB-51708.
8 *Helios/Klein*, FR 2014, 110 ff.
9 BMF, Schreiben v.. 26. 7. 2013, BStBl 2013 I 939.

be. Diese Auslegung ist jedoch wenig überzeugend und erhöht europarechtlich bedenklich die Gefahr einer wirtschaftlichen Doppelbesteuerung bei beschränkt Steuerpflichtigen.[1]

59 Zur **Erstattung** einbehaltener Quellensteuer bei **Streubesitzdividenden von EU-/EWR-Ausländern** in Folge des EuGH-Urteils vom 20.10.2011 (C-284/09) siehe unten die Erstattungsregelung in § 32 Abs. 5 KStG (vgl. → Rz. 141 ff.) Das Urteil ist auch auf **Investmentfonds** zu übertragen, die den in Deutschland nach § 11 InvStG steuerbefreiten Investmentfonds vergleichbar sind (EuGH-Entscheidung **Santander**).[2]

60 Die Abgeltungswirkung verstößt sowohl bei den jetzt steuerpflichtigen Streubesitzdividenden (§ 8b Abs. 4 KStG)[3] als auch bei **ausländischen Pensionsfonds** (§ 8b Abs. 8 Satz 5 KStG) sowie körperschaftlich organisierten **Kreditinstituten und Finanzdienstleistungsinstituten** (§ 8b Abs. 7 KStG) und **Lebens- und Krankenversicherungen** (§ 8b Abs. 8 KStG) gegen die europarechtlichen Grundfreiheiten.[4] Diese sind zwar auch bei Ansässigkeit in Deutschland aufgrund der entsprechenden Ausnahmen in § 8b KStG zumindest teilweise steuerpflichtig, jedoch mit Veranlagungsmöglichkeit. Das im Hinblick auf Pensionsfonds von der EU-Kommission eingeleitet Vertragsverletzungsverfahren scheiterte zwar überraschend und schwer nachvollziehbar wegen mangelnder Substantiierung der Verletzung durch die Kommission.[5] Eine kurz zuvor ergangene Entscheidung zum finnischen Recht[6] legt aber nahe, dass der EuGH bei einer Entscheidung zur Sache einen Unionsrechtsverstoß annehmen würde.[7] In Folge der **europarechtswidrig fehlenden Veranlagungsmöglichkeit** ist aber nicht zwingend die gesamte KapESt zu erstatten, sondern grundsätzlich nur eine Berücksichtigung der Betriebsausgaben während des Abzugs mit zusätzlichem nachträglichen (auf die Berücksichtigung der Betriebsausgaben eingeschränkten) Veranlagungswahlrecht analog des Modell des § 50a Abs. 3, § 50 Abs. 2 Nr. 5 EStG zu gewähren. Insoweit inländische Pensionsfonds und Versicherungen durch die Kumulation von Veranlagung und steuerbegünstigten Rückstellungen schon bisher de facto einer (annähernden) Nullbesteuerung unterlagen,[8] müssen natürlich auch die ausländischen Körperschaften im Ergebnis entsprechend freigestellt werden.

61-70 *(Einstweilen frei)*

II. Inländische beschränkt Steuerpflichtige i. S. d. § 2 Nr. 2 KStG

71 Nach § 2 Nr. 2 KStG sind sonstige Körperschaften, Personenvereinigungen und Vermögensmassen beschränkt körperschaftsteuerpflichtig, die weder unbeschränkt noch nach § 2 Nr. 1 KStG beschränkt körperschaftsteuerpflichtig sind. Es handelt sich dabei im Wesentlichen um **inländische juristische Personen des öffentlichen Rechts**, soweit sie keine Betriebe gewerblicher Art (§ 1 Abs. 1 Nr. 6, § 4 KStG) unterhalten. Dazu gehören die Gebietskörperschaften, Innungen, Zweckverbände, Religionsgemeinschaften und dgl.

---

1 Überzeugende Kritik und Argumentation bei *Helios/Klein*, FR 2014, 110, 111 ff.
2 EuGH, Urteil v. 10.5.2012 - Rs. C-338/11 bis C-347/11, Santander, NWB WAAAE-10415. Siehe dazu auch *von Brocke* in Mössner/Seeger/Oellerich, KStG, EU-steuerpolitischer Hintergrund Rz. 360, 361; *Linn*, IStR 2012, 455, 457 f.; *Johannemann/Herr*, ISR 2012, 94, 96 f.
3 *Wiese/Lay*, GmbHR 2013, 404, 408.
4 *Lemaitre*, IWB 2013, 269, 276 = NWB BAAAE-34324; *Johannemann/Herr*, ISR 2012, 94, 100; *Forchhammer* ISR 2017, 117.
5 EuGH, Urteil v. 22.11.2012 - C-600/10, BStBl 2013 II 520.
6 EuGH, v. 8.11.2012 - C-342/10, NWB NAAAE-22588.
7 *Hackemann/Müller*, ISR 2016, 276, 278 f; *Forchhammer* ISR 2017, 117.
8 Vgl. *Johannemann/Herr*, ISR 2012, 94, 100; *Linn*, IStR 2010, 275, 277.

Die Steuerpflicht wird durch § 2 Nr. 2 KStG auf die inländischen Einkünfte beschränkt, die ganz oder teilweise dem Steuerabzug unterliegen, insbesondere dem Steuerabzug von Kapitalerträgen nach §§ 43 ff. EStG. Der Begriff der inländischen Kapitalerträge ergibt sich aus § 43 Abs. 3 EStG. Für den Regelfall wird vorausgesetzt, dass sie von einem Schuldner bezogen werden, der Wohnsitz, Geschäftsleitung oder Sitz im Inland hat. Die Höhe der einzubehaltenden KapESt ergibt sich aus § 43a EStG. Davon abweichend kann bei bestimmten Kapitalerträgen, die von dem in § 2 Nr. 2 KStG bezeichneten Personenkreis bezogen werden, nach **§ 44a Abs. 4, 7 oder 8 EStG ganz oder teilweise vom KapESt-Abzug abgesehen werden**. Die Zugehörigkeit zum begünstigten Personenkreis ist in qualifizierter Weise nachzuweisen. Wurde gleichwohl KapESt einbehalten, kann deren Erstattung nach § 44b Abs. 5 EStG beantragt werden.[1] 72

Hinsichtlich der Sonderregelungen zur Wertpapierleihe siehe unten → Rz. 28. 73

Für den Bereich der Körperschaften des öffentlichen Rechts dürfte den Kapitalerträgen i. S. d. § 20 Abs. 1 Nr. 10a und 10b EStG, die gem. § 43 Abs. 1 Nr. 7b und 7c, § 43a Abs. 1 Nr. 2 EStG einem Steuerabzug von 15 % unterliegen, eine besondere Bedeutung zukommen.[2] Dabei handelt es sich um **Leistungen von Betrieben gewerblicher Art** mit eigener oder ohne eigene Rechtspersönlichkeit **an die Trägerkörperschaft**. Die Belastung auf Ebene der Trägerkörperschaft soll die Belastung des BgA mit Körperschaftsteuer nach § 4 KStG um eine Besteuerung auf Ebene des Anteilseigners ergänzen, so dass die Belastungs- und Wettbewerbsgleichheit mit privaten Körperschaften und Anteilseignern hergestellt ist.[3] Wegen weiterer Einzelheiten dazu wird auf das BMF-Schreiben v. 9. 1. 2015[4] hingewiesen. 74

Umstritten ist das **Verhältnis des Betriebsstätten- und Belegenheitsvorbehalts** bei gewerblichen und land- und forstwirtschaftlichen Einkünften in § 32 Abs. 1 Nr. 2 KStG **mit den § 1 Abs. 1 Nr. 6, § 2 Nr. 2 KStG.** Unstreitig ist, dass das Vorliegen eines BgA gem. § 4 KStG die unbeschränkte Steuerpflicht nach § 1 Abs. 1 Nr. 6 KStG auslöst, so dass es auf § 32 Abs. 1 Nr. 2 KStG nicht mehr ankommt. Teilweise wird vertreten, dass die § 1 Abs. 1 Nr. 6, § 2 Nr. 2 KStG abschließend und dem § 32 Abs. 1 Nr. 2 KStG systematisch vorrangig sind. Daraus wird gefolgert, dass die inländischen juristischen Personen des öffentlichen Rechts außerhalb der BgA keine Veranlagungsmöglichkeit haben, sondern der Abgeltung unterliegen.[5] Nach anderer, zu weit gehender Auffassung sind die land- und forstwirtschaftlichen Betriebe juristischer Personen des öffentlichen Rechts in der Folge gänzlich steuerfrei.[6] 75

(Einstweilen frei) 76–90

D. Ausnahmen vom Abgeltungsgrundsatz (§ 32 Abs. 2 KStG)

I. Überblick

Bisher war bei den in § 32 Abs. 1 KStG bezeichneten Fällen die KSt gem. § 32 Abs. 2 KStG a. F. nicht durch den Steuerabzug abgegolten, soweit der Steuerpflichtige wegen der Steuerabzugsbeträge in Anspruch genommen werden kann oder soweit die Vorschriften des § 34 91

---

1 Siehe *Valta* in Mössner/Seeger/Oellerich, KStG, § 31 Rz. 54 ff.
2 Siehe dazu BFH, Urteil v. 25. 3. 2015 - I R 52/13, BStBl 2016 II 172.
3 BFH, Urteil v. 25. 3. 2015 - I R 52/13, BStBl 2016 II 172.
4 BStBl 2015 I 211.
5 *Siegers* in Dötsch/Jost/Pung/Witt, § 32 KStG n. F. Rz. 29. *Becht*/HHR, KStG § 32 Rz. 15.
6 *Streck*, § 32 KStG Rz. 6; *Kroschel* Bott/Walter, § 32 KStG Rz. 20; *Lornsen-Veit* Erle/Sauter, § 32 KStG Rz. 23.

Abs. 9, § 37 und des § 38 Abs. 2 KStG mit ihren Sonderregelungen für bestimmte nach § 5 Abs. 1 KStG steuerbefreite Körperschaften im Zusammenhang mit dem Übergang vom Anrechnungsverfahren zum Halbeinkünfteverfahren, inzwischen Teileinkünfteverfahren, zu beachten sind bzw. waren. Die Neufassung des § 32 Abs. 2 KStG durch das JStG 2009 vom 19. 12. 2008[1] sieht ab VZ 2009 in den nachfolgend ausgeführten Fällen Ausnahmen vom Abgeltungsgrundsatz vor

- Wechsel zwischen unbeschränkter und beschränkter Steuerpflicht i. S. d. § 2 Nr. 1 KStG – § 32 Abs. 2 Nr. 1 KStG,

- Durchführung einer Antragsveranlagung bei Bezug von abzugspflichtigen Einkünften i. S. d. § 50a Abs. 1 Nr. 1, 2 oder Nr. 4 EStG (insb. Künstler, Sportler, Aufsichtsräte) – § 32 Abs. 2 Nr. 2 KStG,

- Inanspruchnahme des Steuerpflichtigen wegen unterbliebenen Steuerabzugs – § 32 Abs. 2 Nr. 3 KStG,

- Anwendung des § 38 Abs. 2 KStG – § 32 Abs. 2 Nr. 4 KStG.

92–95 *(Einstweilen frei)*

II. Wechsel zwischen unbeschränkter und beschränkter Steuerpflicht i. S. d. § 2 Nr. 1 KStG (§ 32 Abs. 2 Nr. 1 KStG)

96 Durch § 32 Abs. 2 Nr. 1 KStG wird nunmehr ab VZ 2009 bestimmt, dass die Körperschaftsteuer durch den Steuerabzug dann nicht abgegolten ist, wenn bei dem Steuerpflichtigen während eines Kalenderjahrs sowohl unbeschränkte Steuerpflicht als auch beschränkte Steuerpflicht i. S. d. § 2 Nr. 1 KStG bestanden hat. Für diesen Fall wird angeordnet, dass die während der beschränkten Steuerpflicht erzielten Einkünfte in eine Veranlagung zur unbeschränkten Körperschaftsteuerpflicht einzubeziehen sind. Erzielt z. B. eine im Ausland ansässige Kapitalgesellschaft inländische Einkünfte aus einer Betriebsstätte und außerhalb dieser Betriebsstätte der KapESt unterliegende Kapitalerträge, für die auch unter Beachtung des in Betracht kommenden DBA ein inländisches Besteuerungsrecht besteht, ist sie mit den Betriebsstätteneinkünften zur KSt zu veranlagen. Für die Kapitalerträge wird die KSt mit der verbliebenen KapESt gem. § 32 Abs. 1 Nr. 2 KStG (s. → Rz. 51) abgegolten. Verlegt diese Kapitalgesellschaft Mitte eines Kalenderjahres ihren Ort der Geschäftsleitung in das Inland, wird sie ab diesem Zeitpunkt unbeschränkt steuerpflichtig i. S. d. § 1 Abs. 1 KStG.[2] Für diesen Fall sind nach § 32 Abs. 2 Nr. 1 KStG die im ersten Halbjahr während des Bestehens der bestehenden beschränkten Steuerpflicht außerhalb der Betriebsstätte bezogene steuerabzugspflichtigen Einkünfte in die für die Dauer der unbeschränkten Steuerpflicht durchzuführende Veranlagung einzubeziehen. Die noch unter dem Vorzeichen der Abgeltung einbehaltene Abzugsteuer ist auf die sich nach der Veranlagung ergebende KSt-Schuld anzurechnen

97–100 *(Einstweilen frei)*

---

1 BGBl 2008 I 2794.
2 Vgl. *Oellerich* in Mössner/Seeger/Oellerich, KStG, § 1 Rz. 151 ff.

III. Antragsveranlagung mit Einkünften i. S. d. § 50a Abs. 1 Nr. 1, 2 oder 4 EStG (§ 32 Abs. 2 Nr. 2, Abs. 4 KStG)

Der abgeltende Steuerabzug bei u. a. Künstlern, Sportlern und Aufsichtsräten berücksichtigte Betriebsausgaben nur typisiert über den Steuersatz und benachteiligt Steuerpflichtige mit hohen Betriebsausgaben. Die frühere Erstattungsregelungen in § 50 Abs. 5 Satz 2 Nr. 3 EStG konnte nur nachträglich und eingeschränkt Abhilfe schaffen. Diese Diskriminierung Nichtansässiger rügte der EuGH[1] in den Entscheidungen Gerritse,[2] Scorpio[3] und Centro Equestre[4]. Gesetzliche Abhilfe wurde erst durch das JStG 2009 vom 19. 12. 2008[5] ab dem VZ 2009 geschaffen, der § 50a EStG neu fasste und in § 32 Abs. 2 Nr. 2 i. V. m. Abs. 4 KStG ein Veranlagungswahlrecht für die betreffende Einkünfte (insbesondere Ausübung und Verwertung von Kunst und Sport) einführte. 101

Die gesetzliche Regelung in § 50a EStG und § 32 Abs. 2 Nr. 2 und Abs. 4 KStG unterscheidet nun zwischen beschränkt Steuerpflichtigen die im EU- und EWR-Ausland ansässig sind (Art. 54 AEUV bzw. Art. 34 EWR-Abkommen) und sonstigen Drittstaatssteuerpflichtigen. Bei **Drittstaatssteuerpflichtigen** bleibt es bei dem ursprünglichen System einer weitgehend typisierten Betriebsausgabenregelung nach § 50a Abs. 2 EStG durch einen Steuersatz von 15 % bzw. 30 % im Rahmen der Aufsichtsratsbesteuerung. **EU-/EWR-Steuerpflichtige** haben hingegen in einem ersten Schritt die Möglichkeit, über den Vergütungsschuldner in unmittelbarem Zusammenhang mit den Einnahmen stehende Betriebsausgaben abzuziehen (§ 50a Abs. 3 EStG, der sich nach § 50a Abs. 3 Satz 3 EStG ausdrücklich auf die beschränkt steuerpflichtige Körperschaften, Personenvereinigungen und Vermögensmassen nach § 32 Abs. 4 KStG erstreckt). Die Betriebsausgaben müssen feststehen und nachweisbar sein, eine Schätzung kommt im Abzugsverfahren nicht in Betracht.[6] Der Abzugssatz beträgt für Körperschaftsteuersubjekte entsprechend des allgemeinen Tarifs 15 % (§ 32 Abs. 4 Satz 4 Nr. 2 KStG). In einem zweiten Schritt gewährt ihnen § 32 Abs. 2 Nr. 2, Abs. 4 KStG ein Veranlagungswahlrecht, um auch Betriebsausgaben berücksichtigen zu können, die zum Zeitpunkt des Steuerabzugs noch nicht angefallen oder nicht hinreichend nachweisbar sind. 102

Den Neuregelungen in § 50a Abs. 3 EStG und in § 32 Abs. 2 Nr. 2 KStG kommen keine Bedeutung zu, wenn der Gläubiger der Vergütung nach Maßgabe eines DBA die völlige Freistellung von der inländischen Besteuerung in einem der nach § 50d EStG vorgesehenen Verfahren beanspruchen kann. 103

Die Zuständigkeit für die Abzugsverfahren nach § 50a EStG und § 32 Abs. 2 Nr. 2 KStG wurde für nach dem 31. 12. 2013 zufließende Dividenden mit Rechtsverordnung vom 24. 6. 2013[7] vereinheitlicht und u. a. auf Grundlage des § 5 Abs. 1 Nr. 12 FVG beim **Bundeszentralamt für Steuern** zentralisiert. Für Altfälle mit Zufluss bis zum 31. 12. 2013 ist für § 50a EStG das für die Besteuerung des inländischen Vergütungsschuldners zuständige Finanzamt zuständig, für Altfäl- 104

---

1 Zur Fortgeltung dieser Rechtsprechung auch nach Erweiterung der EU-sekundärrechtlichen Amtshilfe BFH, Urteil v. 29. 11. 2007 - I B 181/07, BStBl 2008 II 195. Vgl. auch *Valta* in Mössner/Seeger/Oellerich, KStG, § 31 Rz. 77.
2 EuGH, Urteil v. 12. 6. 2003 - Rs. C-234/01, Gerritse, Slg. 2003 I-5933.
3 EuGH, Urteil v. 3. 10. 2006 - Rs. C-290/04, FKP Scorpio Konzertproduktionen GmbH, BStBl 2006 II 353.
4 Rs. C-345/04, Centro Equestre da Leziria Grande Lda., IStR 2007, 212.
5 BGBl 2008 I 2794.
6 BFH, Urteil v. 5. 5. 2010 - I R 105/08 (NV), NWB HAAAD-52401, Vorinstanz: FG Hamburg, Urteil v. 15. 10. 2008 - 2 K 218/07, NWB HAAAD-03078.
7 BGBl 2013 I 1679. Delegationsgrundlage für § 32 Abs. 2 Nr. 2 KStG ist § 5 Abs. 1 Nr. 12 FVG.

le bzgl. § 32 Abs. 2 Nr. 2 KStG nach § 19 Abs. 4 AO das Finanzamt, in dessen Bezirk die in Betracht kommende Tätigkeit vorwiegend ausgeübt oder verwertet worden ist. Der Antrag auf Durchführung der Veranlagung ist innerhalb der sich aus § 169 AO ergebenden Festsetzungsfrist zu stellen. Deren Beginn bestimmt sich nach § 170 Abs. 1 AO; die Regelung des § 170 Abs. 2 Satz 1 Nr. 1 AO ist nicht anwendbar, weil die Veranlagung nur auf Antrag durchzuführen ist, also keine allgemeine Verpflichtung zur Abgabe einer Steuererklärung besteht.

105–110 *(Einstweilen frei)*

IV. Inanspruchnahme wegen unterbliebenen Steuerabzugs (§ 32 Abs. 2 Nr. 3 KStG)

111 Nach § 32 Abs. 2 Nr. 3 KStG gilt die KSt mit dem vorgenommenen Steuerabzug nicht als abgegolten, wenn der Steuerpflichtige, d. h. der Gläubiger der abzugspflichtigen Erträge, wegen der Abzugsbeträge in Anspruch genommen werden kann. Kommt der Schuldner der Kapitalerträge der ihm auferlegten Abzugsverpflichtung nicht oder nicht in vollem Umfang nach, kann der **Vergütungsgläubiger** als Steuerschuldner hinsichtlich der KapESt nach § 44 Abs. 5 Satz 2 EStG, in Anspruch genommen werden, wenn

- der Schuldner oder die die Kapitalerträge auszahlende Stelle die Kapitalerträge nicht vorschriftsmäßig gekürzt hat,

- der Gläubiger weiß, dass der Schuldner oder die die Kapitalerträge auszahlende Stelle die einbehaltene Kapitalertragsteuer nicht vorschriftsmäßig abgeführt hat, und dies dem FA nicht unverzüglich mitteilt oder

- das die Kapitalerträge auszahlende inländische Kreditinstitut oder das inländische Finanzdienstleistungsinstitut die Kapitalerträge zu Unrecht ohne Abzug der Kapitalertragsteuer ausgezahlt hat.

112 Die Inanspruchnahme erfolgt durch **Nachforderungsbescheid**, sofern nicht bereits der Schuldner der Kapitalerträge oder die die Kapitalerträge auszahlende Stelle in Anspruch genommen wurde. Ob der Gläubiger der Kapitalerträge durch Nachforderungsbescheid oder der Schuldner der Kapitalerträge bzw. die diese auszahlende Stelle als Haftungsschuldner in Anspruch genommen werden soll, steht im pflichtgemäßem Ermessen des nach § 44 Abs. 1 Satz 5 EStG zuständigen Finanzamts. Im Ergebnis wird damit der Erfolg des Steuerabzugsverfahrens sichergestellt.[1]

113 Wurde der Steuerabzug nach § 50a EStG vom Vergütungsschuldner nicht ordnungsgemäß durchgeführt, kann gem. § 50a Abs. 5 Satz 5 EStG der Vergütungsgläubiger als Steuerschuldner in Anspruch genommen werden. Im Gegensatz zu der bis einschl. Veranlagungszeitraum 2008 maßgebenden Rechtslage setzt die Inanspruchnahme des Steuerschuldners nicht mehr voraus, dass dieser es versäumt hat, das zuständige Finanzamt über die nichtordnungsgemäße Durchführung des Steuerabzugsverfahrens zu unterrichten.[2]

114–120 *(Einstweilen frei)*

---

[1] Vgl. auch BT-Drucks. 7/1470, 380; 7/5310, 18.
[2] BR-Drucks. 545/08, 96.

V. Anwendung des § 38 Abs. 2 KStG (§ 32 Abs. 2 Nr. 4 KStG)

Bisher wurde in § 32 Abs. 2 Nr. 2 KStG bestimmt, dass die **Abgeltungswirkung des Steuerabzugs** dann nicht eintritt, soweit § 34 Abs. 9, § 37 oder § 38 Abs. 2 KStG anzuwenden ist. Dabei handelt es sich um Sonderregelungen für nach § 5 KStG steuerbefreite Körperschaften, die Gewinne ausschütten, die im Zusammenhang mit dem Übergang vom Anrechnungsverfahren zum Halbeinkünfteverfahren (inzwischen Teileinkünfteverfahren) stehen. Diese Regelungen sind für aktuelle Besteuerungsverfahren durch den Zeitablauf mit Ausnahme des § 38 Abs. 2 KStG weitgehend gegenstandslos geworden.

Die Vorschriften des § 38 KStG beziehen sich auf die Fälle, in denen sich bei einer bereits nach dem KStG i. d. F. des Art. 4 des Gesetzes v. 14. 7. 2000[1] besteuerten Körperschaft nach § 36 KStG ein positiver Endbestand des Teilbetrags des vEK i. S. d. § 30 Abs. 2 Nr. 2 KStG a. F. (EK 02) ergeben hat. In diesen Fällen ist die KSt gem. § 38 Abs. 2 KStG um $3/7$ des Betrags zu erhöhen, der für Ausschüttungen als verwendet gilt. Der Anwendungszeitraum dieser Vorschrift ist noch nicht abgelaufen.[2] Aus diesem Grunde wird nunmehr in § 32 Abs. 2 Nr. 4 KStG weiterhin bestimmt, dass die KSt in den Anwendungsfällen des § 38 Abs. 2 KStG nicht durch den Steuerabzug abgegolten wird.

(Einstweilen frei)

E. Steuerabzug bei der Wertpapierleihe (§ 32 Abs. 3 KStG)

Wertpapierleihgeschäfte boten nach § 5 Abs. 2 oder § 2 Nr. 2 KStG beschränkt steuerpflichtigen Körperschaften Gelegenheit in den Genuss der Freistellung des § 8b Abs. 1, 5 KStG zu kommen.[3] Die Wertpapiere wurden über den Dividendenstichtag an i. S. d. § 8b KStG freistellungsberechtigte Körperschaften verliehen. Der Entleiher profitierte von der Freistellung und zahlte dem Entleiher eine entsprechende Vergütung, die er selbst als Betriebsausgaben absetzen konnte, während sie der Verleiher mangels KapESt-Abzugs im Rahmen der beschränkten Steuerpflicht nicht zu versteuern brauchte. Der Gesetzgeber reagierte auf Seiten des Entleihers mit dem Betriebsausgabenabzugsverbot des § 8b Abs. 10 KStG, auf Seiten des Verleihers indem er durch § 2 Nr. 2 KStG[4] nach dem 17. 8. 2007[5] zufließende Entgelte und Vergütungen in den Fällen der Wertpapierleihe den inländischen Einkünften im Sinne dieser Vorschrift zugeordnet hat,[6] für die durch § 32 Abs. 3 KStG der Steuerabzug mit 15 % des Entgelts angeordnet wird. Bei Zufluss nach dem 17. 8. 2007 und vor dem 1. 1. 2008 war der Steuerabzug mit 10 % vorzunehmen.[7]

Ähnliche Effekte wurden durch sog. **„cum-ex"-Transaktionen** ermöglicht, insbesondere Leerverkäufe girosammelverwahrter Aktien. Aktien wurden über den Dividendenstichtag mit Dividendenanspruch („cum") verkauft, die Erfüllung aber erst nach dem Stichtag und damit ohne originären Dividendenanspruch („ex") vereinbart. Der Dividendenanspruch wird in einem komplexen Regulierungsverfahren der Wertpapiersammelbank durch eine Kompensationszahlung

---

1 BGBl 2000 I 1034.
2 Vgl. *Klein* in Mössner/Seeger/Oellerich, KStG, § 38 Rz. 75 ff., Rz. 155.
3 *Hahne*, FR 2007, 819; *Lornsen-Veit* in Erle/Sauter § 32 Rz. 36.
4 I. d. F. des Unternehmensteuerreformgesetzes 2008 v. 14. 8. 2007, BGBl 2007 I 1912.
5 § 34 Abs. 2a KStG.
6 Vgl. *Oellerich* in Mössner/Seeger/Oellerich, KStG, § 2 Rz. 57 f.
7 § 34 Abs. 13b KStG.

an den Käufer ersetzt. Die KapESt wurde bei der ausschüttenden Gesellschaft einmal abgezogen, aber sowohl dem ursprünglichen Eigentümer als auch dem Empfänger der Kompensationszahlung bescheinigt, weil die depotführende Bank nicht erkennen konnte, ob es sich um die Netto-Dividende oder eine entsprechende Kompensationszahlung handelte.[1] Somit kam es zu einer doppelten Erstattung. Nur unvollständige Abhilfe brachte das JStG 2007 ab **VZ 2007**. Die inländische depotführende Stelle musste nach § 20 Abs. 1 Nr. 1 Satz 4 EStG i.V. m. § 43 Abs. 1 Satz 1 Nr. 1, § 44 Abs. 1 Satz 3 EStG KapESt auf die Dividendenkompensation abführen, für ausländische Depots verblieb es bei der Bescheinigung ohne Abführung.[2] Mit dem OGAW-IV-Umsetzungsgesetz wird diese verbleibende Lücke **ab VZ 2012** nun durch eine **einheitliche Zahlstellen-Regelung** für alle Erträge aus Sammelverwahrung in § 43 Abs. 1 Nr. 1a i.V. m. § 44 Abs. 1 Satz 3, Satz 4 Nr. 3 EStG geschlossen. Auf diese wird durch die Ergänzung des § 32 Abs. 3 Satz 3 KStG Bezug genommen. In Inlandsfällen ist nach § 44 Abs. 1 Satz 3, Satz 4 Nr. 3a EStG die Depotbank als Zahlstelle KapESt-Schuldner, in Auslandsfällen ist nach § 44 Abs. 1 Satz 3, Satz 4 Nr. 3b EStG die Wertpapiersammelbank als Zahlstelle KapESt-Schuldner. Dadurch wird dem Leerverkäufer eine an der Brutto-Dividende bemessene Kompensationszahlung in Rechnung gestellt, so dass diesem kein steuerlicher Vorteil verbleibt.[3] Zugleich wird die Entrichtung und Bescheinigung der KapESt an einer Stelle gebündelt, um Mehrfachbescheinigungen zu vermeiden.[4]

133 Die für den Steuerabzug von Kapitalerträgen i. S. d. § 43 Abs. 1 Satz 1 Nr. 1 und Nr. 1a EStG, d. h. für Ausschüttungen von Kapitalgesellschaften (vgl. § 20 Abs. 1 Nr. 1 EStG) geltenden Vorschriften, mit Ausnahme von § 44 Abs. 2 und § 44a Abs. 8 EStG sind entsprechend anwendbar. Danach ist der Schuldner der Vergütungen zur Vornahme des Steuerabzugs verpflichtet, im Fall der Girosammelverwahrung wie dargestellt die Zahlstelle. Sofern das Entgelt für die Überlassung der Wertpapiere darin besteht, dass im Gegenzug andere Wirtschaftsgüter überlassen werden, aus denen das Entgelt für die Überlassung der Wertpapiere bezogen wird (vgl. § 8b Abs. 10 Satz 2 KStG), wird der Verleiher der Wertpapiere durch § 32 Abs. 3 Satz 5 KStG verpflichtet, dem zum Steuerabzug verpflichteten Entleiher der Wertpapiere den zur Deckung der KapESt erforderlichen Betrag zur Verfügung zu stellen. Für den Fall, dass der Verleiher dieser Verpflichtung nicht nachkommt, hat der Entleiher dies dem zuständigen Finanzamt anzuzeigen, das dann die KapESt vom Verleiher nachfordert (§ 44 Abs. 1 Satz 10 und 11 EStG).

134–140 *(Einstweilen frei)*

F. Beschränkte Erstattungsregelung für EU-/EWR-Streubesitzdividenden (§ 32 Abs. 5 KStG)

I. Europarechtliche Vorgaben und Ausgangslage

141 Der abgeltende Steuerabzug des § 32 Abs. 1 KStG diskriminierte die beschränkt Steuerpflichtigen durch die Verwehrung der 95 %igen Freistellung nach § 8b Abs. 1, 5 KStG bei Streubesitz-Dividendeneinkünften, bevor Letztere mit Wirkung ab dem 1. 1. 2013 in § 8b Abs. 4 KStG der

---

[1] *Bruns*, DStR 2010, 2061.
[2] *Bruns*, DStR 2010, 2061.
[3] *Desens*, DStZ 2012, 142.
[4] *Desens*, DStZ 2012, 142.

Besteuerung unterworfen wurden. Der **EuGH** stellte in der Entscheidung **Kommission gegen Deutschland**[1] einen Verstoß gegen die Kapitalverkehrsfreiheit (Art. 63 AEUV) fest.[2] Eine Rechtfertigung durch die ausgewogene Aufteilung der Besteuerungsbefugnisse, insbesondere das Recht Deutschlands im System des Teileinkünfteverfahrens auch die Anteilseigner besteuern zu dürfen, lehnte der EuGH ab. Der EuGH argumentiert, dass Deutschland sein Besteuerungsrecht schon mit der Besteuerung der ausschüttenden Körperschaft wahrgenommen habe.[3] Dies lässt unberücksichtigt, dass Deutschland nach anerkannten Grundsätzen des internationalen Steuerrechts auch eine Quellensteuer auf die Anteilseigner erheben darf (vgl. Art. 7 Abs. 1 und Art. 10 Abs. 2 OECD-MA). Die Befreiung zwischenunternehmerischer Dividenden soll diesen zweiten Besteuerungsschritt nicht aufheben, sondern nur aufschieben bis zur natürlichen Person als finalem Anteilseigner. Dass nichtansässige Körperschaften damit einen steuerlichen Nachteil bei der Thesaurierung haben, lässt sich nicht vermeiden. Im Ergebnis zutreffend ist das EuGH-Urteil aber im Hinblick auf „Mäander-Strukturen", in denen die Dividenden auf nachgeordneter Ebene wieder nach Deutschland zurückfließen. In diesen Fällen ist das Fehlen einer Erstattungsregelung unverhältnismäßig.

Das Urteil ist grundsätzlich auch auf **Drittstaatskonstellationen** übertragbar (s. u. die dahin gehend strukturgleiche EuGH-Entscheidung **Santander** zu Investmentfonds)[4] und dies aufgrund des bisherigen Fehlens von Beteiligungsgrenzen in § 8b KStG auf Beteiligungen jeglicher Höhe (Bestätigung der BFH-Rechtsprechung[5] durch die EuGH-Entscheidung **FII 2**).[6] Die Einführung der 10%-Grenze in § 8b Abs. 4 EStG schließt die Anwendbarkeit der Kapitalverkehrsfreiheit nach der EuGH-Entscheidung *Itelcar*[7] und *Kronos*.[8] Die Argumentation des abweichenden BFH-Urteils I R 53/07[9] ist in der europarechtlichen Argumentation zweifelhaft,[10] jedenfalls aber durch die besagten Urteile des EuGH überholt. Im Übrigen stützt sich die Argumentation auf eine besondere DBA-rechtliche Neutralisierung der Diskriminierung.[11] Die Anwendbarkeit der Kapitalverkehrsfreiheit ist bei Portfoliodividenden auch nicht durch die „Stand-Still"-Klausel in Art. 64 Abs. 1 AEUV ausgeschlossen, da diese nur auf Direktinvestitionen anwendbar ist.[12] Direktinvestitionen sind solche, die einen beherrschenden Einfluss ermöglichen:[13] dies ist im Einklang mit der Rechtsprechung des EuGH zur Abgrenzung von Niederlassungs- und Kapitalver-

142

---

1 EuGH, Urteil v. 20.10.2011 - Rs. C-284/09, Kommission gegen Deutschland, BFH/NV 2011, 2219 = NWB TAAAD-95597; s. dazu auch *von Brocke* in Mössner/Seeger/Oellerich, KStG, EU-steuerpolitischer Hintergrund Rz. 482.
2 Anders noch BFH, Urteil v. 22.4.2009 - I R 53/07, NWB EAAAD-24833, „acte Claire" (!).
3 Zustimmend *Johannemann/Herr*, ISR 2012, 94, 99.
4 EuGH, Urteil v. 10.5.2012 - Rs. C-338/11 bis C-347/11, Santander, NWB WAAAE-10415. Siehe dazu auch *von Brocke* in Mössner/Seeger/Oellerich, KStG, EU-steuerpolitischer Hintergrund Rz. 483; *Linn*, IStR 2012, 455, 457 f.; *Johannemann/Herr*, ISR 2012, 94, 96 f.
5 BFH, Urteile v. 9.8.2006 - I R 95/05, NWB YAAAC-19168 sowie v. 26.11.2008 - I R 7/08, NWB CAAAD-16015.
6 EuGH, Urteil v. 13.11.2012 - Rs. C-35/11, Test Claimants in the FII Group Litigation, 2, IStR 2012, 924 = NWB RAAAE-23430. Siehe dazu auch *Linn*, IStR 2012, 933, 934 und die Anmerkungen von *Gosch*, NWB 2012, 4043, der die Drittstaatsübertragbarkeit auf Outbound-Konstellationen beschränkt sehen möchte; dazu a.A. *Desens*, DStR-Beihefter 4/2013, 17.
7 EuGH, Urteil v. 3.10.2013 - Rs. C-282/12, Itelcar, NWB EAAAE-46535, Rz. 22.
8 EuGH, Urteil v. 11.9.2014 - Rs. C-47/1, Kronos International, NWB OAAAE-73522.
9 BFH, Urteil v. 22.4.2009 - I R 53/07, NWB EAAAD-24833.
10 Siehe zur Kritik *Schön*, IStR 2009, 555.
11 Deren Möglichkeit offengelassen in EuGH, Urteil v. 8.11.2007 - Rs. C-379/05, Amurta, Rz. 79 ff., NWB JAAAC-78161.
12 *Desens*, DStR-Beihefter 4/2013, 17; *Johannemann/Herr*, ISR 2012, 94, 97; *Rust*, DStR 2009, 2568, 2574; bedenkenswert weist *Hindelang*, IStR 2010, 443, 445 darauf hin, dass die EuGH-Rechtsprechung zur Verdrängung der Kapitalverkehrsfreiheit durch die Niederlassungsfreiheit in Drittstaatskonstellationen mit diesem textlichen Befund schwer zu vereinen ist.
13 *Ress/Ukrow* Grabitz/Hilf/Nettesheim. Das Recht der Europäischen Union, Art. 64 AEUV Rz. 11 f.

kehrsfreiheit und den Beteiligungsgrenzen der Mutter-Tochter-Richtlinie jedenfalls bei Beteiligungen unter 10 % nicht der Fall.[1] Im Übrigen lässt sich erwägen, ob der Schutz der „Stand-Still"-Klausel durch den Wechsel vom Anrechnungs- zum Halbeinkünftesystem entfallen ist.[2] Schließlich kommen in Drittlandskonstellationen mangels Anwendbarkeit der Amtshilferichtlinie zwar die Rechtfertigungsgründe der Bekämpfung von Steuerhinterziehung sowie der Wirksamkeit steuerlicher Überwachung in Betracht, ein genereller Ausschluss der Erstattung ist angesichts zwischenstaatlich bestehender abkommensrechtlicher Amtshilfeklauseln jedoch unverhältnismäßig.[3] Da Deutschland Quellensteuerbefreiungen aufgrund Doppelbesteuerungsabkommen mit Drittstaaten akzeptiert, kann es sich auch nicht auf die Unzulänglichkeit der abkommensrechtlichen Auskunftsmöglichkeiten berufen (Anerkennungsprinzip).[4]

143 Das Urteil ist auch auf **Investmentfonds** zu übertragen, die den in Deutschland nach § 11 InvStG steuerbefreiten Investmentfonds vergleichbar sind (EuGH-Entscheidung **Santander**).[5]

144 Rechtsfolge ist ein **Erstattungsanspruch** EU-rechtswidrig einbehaltener Steuer. Nach Ergehen der Entscheidung Kommission gegen Deutschland[6] wurde dies mit dem „Gesetz zur Umsetzung des EuGH-Urteils vom 20. 10. 2011" (EuGHDivUmsG) vom 21. 3. 2013[7] rückwirkend geregelt – leider nur für den unmittelbaren Sachverhalt des Urteils, nicht jedoch für Drittlandskonstellationen und Investmentfonds (siehe unten → Rz. 155, → Rz. 157).

145–150 *(Einstweilen frei)*

II. Subjektive Voraussetzungen des Erstattungsanspruchs (§ 32 Abs. 5 Satz 1 KStG)

151 In den folgenden Randnummern werden die subjektiven Voraussetzungen des Erstattungsanspruchs gem. § 32 Abs. 5 Satz 1 KStG dargestellt.

152 **Kapitalerträge nach § 20 Abs. 1 Nr. 1 EStG (Satz 1 1. Halbsatz):** insbesondere Dividenden.

153 **Abgeltungswirkung (Satz 1 1. Halbsatz)** der einbehaltenen und abgeführten KapESt nach § 32 Abs. 1 KStG. Einbehalt und Abführung der KapESt ist nach § 32 Abs. 5 Satz 1 KStG, § 36 Abs. 2 Nr. 2 EStG durch Beifügung der Original-Bescheinigungen[8] über den Kapitalertragsteuerabzug nach § 45a Abs. 2 bzw. Abs. 3 EStG nachzuweisen.

154 **Beschränkte Steuerpflicht (Satz 1 Nr. 1 1. Halbsatz)** nach § 2 Nr. 1 KStG.

155 **Grundfreiheitsberechtigung gem. Art. 54 AEUV bzw. Art. 34 EWR (Satz 1 Nr. 1a).** Diese Vorschrift bezieht sich direkt nur auf die Niederlassungsfreiheit, die bei den hier betroffenen

---

1 Johannemann/Herr, ISR 2012, 94, 96 plädieren für eine 25 % Grenze m. w. N.
2 Linn, IStR 2012, 933, 934 und eingehend Desens, Beihefter zu DStR 4/2013, 13, 16, wobei unklar bleibt, warum bei einer absoluten Verringerung der Belastung der Drittstaatsdividende dennoch die Erhöhung des relativen Belastungsunterschieds zwischen Ansässigen und Nichtansässigen im Kontext des Art. 64 Abs. 1 AEUV maßgeblich und im Ergebnis schädlich sein soll.
3 Desens, Beihefter zu DStR 4/2013, 13, 18; Linn, IStR 2012, 455, 458; Johannemann/Herr, ISR 2012, 94, 98.
4 Rust, DStR 2009, 2568, 2574.
5 EuGH, Urteil v. 10. 5. 2012 - Rs. C-338/11 bis C-347/11, Santander, NWB WAAAE-10415. Siehe dazu auch von Brocke in Mössner/Seeger/Oellerich, KStG, Europäischer Binnenmarkt Rz. 318, 321; Linn, IStR 2012, 455, 457f.; Johannemann/Herr, ISR 2012, 94, 96 f.
6 EuGH, Urteil v. 20. 10. 2011 - Rs. C-284/09, Kommission gegen Deutschland, BFH/NV 2011, 2219 = NWB TAAAD-95597.
7 BGBl 2013 I 561.
8 R 36 EStR 2012.

Streubesitzdividenden nicht anwendbar ist. Die einschlägige Kapitalverkehrsfreiheit nach Art. 63 AEUV wird nicht durch Art. 54 AEUV beschränkt, sondern bezieht sich abstrakt auf Kapitalvorgänge und dies auch gegenüber Drittstaaten. Eine Beschränkung auf EU-Gesellschaften lässt sich der Kapitalverkehrsfreiheit nicht entnehmen,[1] so dass diese Einschränkung europarechtswidrig ist.[2] Der EU-rechtliche Erstattungsanspruch muss in der Folge auf den Anwendungsvorrang des EU-Rechts gestützt werden,[3] so dass es in der Folge zu einer durch EU-Recht erzwungene analoge Anwendung des § 32 Abs. 5 KStG bzw. eine unionsrechtskonforme Reduktion der unzulässigen Anforderungen kommt.[4] Zur Zuständigkeit der Landesfinanzbehörden bei analoger Anwendung siehe → Rz. 175.

Kumulativ Sitz und Geschäftsleitung in EU/EWR (Satz 1 Nr. 1b): Das Vorliegen von Sitz und Geschäftsleitung bemisst sich nach § 10 AO bzw. § 11 AO. Während Art. 54 AEUV (bzw. Art. 34 EWR) alternativ Sitz oder Geschäftsleitung ausreichen lässt, erfordert § 32 Abs. 5 KStG kumulativ Sitz und Geschäftsleitung in der EU/EWR. Sitz und Geschäftsleitung müssen nicht im selben Staat, sondern können auch in verschiedenen EU-/EWR-Staaten belegen sein.[5] Ausgeschlossen sind jedoch Doppelansässigkeiten mit Drittstaaten: Gesellschaften, die in einem EU-Staat gegründet wurden und aufgrund von dessen Anwendung der Gründungs(sitz)theorie identitätswahrend ihre Geschäftsleitung in einen Drittstaat verlegt haben. *Lemaitre* hält den Wortlaut für uneindeutig und entnimmt der Gesetzesbegründung, dass das „und" eigentlich ein „oder" sein sollte.[6] Der Gesetzesbegründung ist dies jedoch nicht zu entnehmen, sie stellt vielmehr auch umgekehrt gewendet klar: „Körperschaften, deren Sitz oder Ort der Geschäftsleitung sich außerhalb [der EU/EWR] befinden, sind nicht vom Anwendungsbereich … erfasst]".[7] Durch den Ausschluss der Doppelansässigkeit mit einem Drittland wird Art. 54 AEUV bzw. Art. 34 EWR verletzt.[8] Erstattungsanträge dieser doppelansässigen Körperschaften können sich auf den Anwendungsvorrang des Unionsrechts stützen, der einschränkende Tatbestandsmerkmale durch den Anwendungsvorrang des Unionsrechts verdrängt,[9] der dabei auch contra legem aus einem kumulativem „und" ein alternatives (nicht ausschließendes) „oder" machen kann.[10] Zur Zuständigkeit der Landesfinanzbehörden bei analoger Anwendung siehe → Rz. 175.

Unbeschränkte Steuerpflicht im Staat der Geschäftsleitung (Satz 1 Nr. 1c) ohne Wahlmöglichkeit oder Befreiung. Dadurch werden insbesondere **ausländische Investmentfonds** von der Erstattung ausgenommen, die einer § 11 InvStG vergleichbaren Körperschaftsteuerbefreiung un-

---

1 BFH, Urteil v. 26.6.2013 - I R 48/12, BStBl 2014 II 367, Rz. 27; *Ress/Ukrow* Grabitz/Hilf/Nettesheim, Das Recht der Europäischen Union, Art. 63 AEUV Rz. 102.
2 Tendenziell, wenn auch offen lassend: BFH, Urteil v. 26.6.2013 - I R 48/12, BStBl 2014 II 367, Rz. 27: „Ein solcher Freiheitsverstoß wirkt … prinzipiell auch gegen Drittstaaten (s. EuGH, Urteil v. 13.11.2012 - Rs. C-35/11, Test Claimants in the FII Group Litigation, IStR 2012, 924 = NWB RAAAE-23430) und könnte damit auch die in den USA ansässige Klägerin erfassen."
3 Vgl. entsprechend *Lemaitre*, IWB 2013, 269, 276.
4 Vgl. entsprechend *Linn*, IStR 2013, 235, 238.
5 BT-Drucks. 17/11314, 5 (zum dahin gehend identischen Koalitionsentwurf).
6 *Lemaitre*, IWB 2013, 269, 276.
7 BT-Drucks. 17/11314, 5 (zum dahin gehend identischen Koalitionsentwurf); *Lemaitre*, IWB 2013, 269, 276.
8 *Reimer*, Stellungnahme zu dem Entwurf eines Gesetzes zur Umsetzung des EuGH-Urteils v. 20.10.2011 in der Rs. C-84/07, Streubesitzdividenden, Rz. 17 ff., abrufbar unter: http://www.bundestag.de/bundestag/ausschuesse17/a07/anhoerungen/2012/113/Stellungnahmen/13-Prof__Reimer.pdf.
9 Vgl. entsprechend *Linn*, IStR 2013, 235, 238.
10 Siehe zu dieser europarechtskonformen „Fortbildung" des Rechts z. B. die viel diskutierte Quelle-Entscheidung: BGH v. 26.11.2008 - VIII ZR 200/05, NWB XAAAD-02604.

terliegen.¹ Der Nachweis ist gem. Satz 4 qualifiziert über eine Bescheinigung der Steuerbehörden des Staats der Geschäftsleitung zu führen (siehe → Rz. 171). Der Ausschluss ausländischer steuerbefreiter Investmentfonds ist für Altfälle mit Zufluss vor dem 1. 3. 2013 europarechtswidrig (EuGH-Urteil „Santander").² Der EU-rechtliche Erstattungsanspruch für diese Altfälle muss in der Folge auf den Anwendungsvorrang des EU-Rechts gestützt werden,³ so dass es in der Folge zu einer durch EU-Recht erzwungene analoge Anwendung des § 32 Abs. 5 KStG bzw. eine unionsrechtskonforme Reduktion der unzulässigen Anforderungen kommt.⁴ Zur Zuständigkeit der Landesfinanzbehörden bei analoger Anwendung siehe → Rz. 175. Ab dem 1. 3. 2012 unterliegen auch deutsche Investmentfonds nach Art. 2 Abs. 2 InvStG der KSt-Pflicht, da die Anwendung des § 8b KStG nicht mehr angeordnet ist; insofern ist die Diskriminierung und damit der EU-Rechtsverstoß beseitigt.⁵

158 **Unmittelbare Beteiligung am Grund- oder Stammkapital einer inländischer Gesellschaft (Satz 1 Nr. 2 1. Halbsatz):** Dies soll nach der Gesetzesbegründung insbesondere durch eine oder mehrere zwischengeschaltete Personengesellschaften gehaltene Beteiligungen ausschließen.⁶ Handelt es sich dabei um eine inländische, gewerblich tätige oder gewerblich infizierte bzw. geprägte Personengesellschaft wird die europarechtlich unzulässige Abgeltung unter Umständen bereits durch den Betriebsstättenvorbehalt des § 32 Abs. 1 Nr. 2 KStG verhindert (siehe oben Rz. 52 ff.).⁷ In allen anderen Fällen ist diese Einschränkung europarechtlich zweifelhaft. So bezieht die zur Beseitigung der Diskriminierung neu eingeführte Steuerpflicht auf Streubesitzdividenden in § 8b Abs. 4 Satz 4 f. KStG nicht ohne Grund auch durch Mitunternehmerschaften gehaltene Beteiligungen anteilig zugerechnet mit ein und fingiert sie als „unmittelbar". Im Falle einer Treuhand erfolgt nach § 39 Abs. 2 Nr. 1 Satz 2 1. Alt. AO bereits eine Zurechnung zum Treugeber, der in der Folge selbst unmittelbar beteiligt ist.⁸

159 **Keine vorrangige Erstattungsmöglichkeit aufgrund der Mutter-Tochter-Richtlinie nach § 43b EStG wegen Nichterfüllung der jeweiligen Mindestbeteiligung (Satz 1 Nr. 2 2. Halbsatz)** bei Ausschüttungen nach dem 31. 12. 2008 10 %. § 43b Abs. 2 erfordert neben der Mindestbeteiligung auch eine Mindesthaltedauer von zwölf Monaten, auf die durch den pauschalen Verweis auf den gesamten Abs. 2 mit verwiesen wird.⁹ Ist die Mindesthaltedauer nicht erfüllt, kommt es daher zur Erstattung nach § 32 Abs. 5 KStG (z. B. bei unterjähriger Erhöhung der Beteiligung über die 10 %-Schwelle). Dies ist auch sinnvoll und gegenüber EU-Gesellschaften geboten, da es in diesem Fall zu keiner Erstattung nach § 43b Abs. 2 EStG kommt. Diese Konstellation zeigt, dass § 32 Abs. 5 KStG keine reine Vergangenheitslösung ist, sondern auch auf zukünftige Fälle anwendbar sein kann.¹⁰

---

1 BT-Drucks. 17/11314, 5 (zum dahin gehend identischen Koalitionsentwurf).
2 EuGH, Urteil v. 10. 5. 2012 - Rs. C-338/11 bis C-347/11, Santander, NWB WAAAE-10415. Siehe dazu auch *von Brocke* in Mössner/Seeger/Oellerich, KStG, EU-steuerpolitischer Hintergrund Rz. 482; *Linn*, IStR 2012, 455, *Johannemann/Herr*, ISR 2012, 94, 100 und *Anissimov/Stöber*, DStZ 2013, 380, 384.
3 *Lemaitre*, IWB 2013, 269, 276.
4 *Linn*, IStR 2013, 235, 238.
5 *Anissimov/Stöber*, DStZ 2013, 380, 384.
6 BT-Drucks. 17/11314, 5 (zum dahin gehend identischen Koalitionsentwurf), kritisch im Hinblick auf Familienunternehmen *von Brocke* in Mössner/Seeger/Oellerich, KStG, Europäischer Binnenmarkt Rz. 374.
7 Siehe *Petersen*, IStR 2012, 238, 240.
8 So zur „Unmittelbarkeit" in § 8b Abs. 4 KStG *Wiese/Lay*, GmbHR 2013, 404, 407.
9 *Lemaitre*, IWB 2013, 269, 276.
10 *Anissimov/Stöber*, DStZ 2013, 380, 385.

Gesellschaftsformen, die nicht unter den Katalog der Mutter-Tochter-Richtlinie fallen, haben auch bei Erreichen von Beteiligungshöhe und -dauer keine vorrangige Erstattungsmöglichkeit nach § 43b EStG. In diesem Fall verwies die **BFH-Entscheidung „S. A. S"** auf eine Erstattung analog § 50d Abs. 1 EStG, jedoch aufgrund des dahin gehend abschließenden § 5 Nr. 2 FVG nicht zentral durch das BZSt, sondern durch die Finanzämter.[1] Der neue § 32 Abs. 5 KStG ist auf diese Konstellationen von seinem Wortlaut her nicht direkt anwendbar, da sein Satz 1 Nr. 2 2. Halbsatz nur auf die Mindestbeteiligung nach § 43b Abs. 2 KStG verweist, nicht dagegen auf die generelle Erstattungsberechtigung. Jedoch kommt eine analoge Anwendung des § 32 Abs. 5 KStG in Betracht, der gegenüber der analogen Anwendung des § 50d Abs. 1 EStG neben der größeren Sachnähe auch den Vorzug der in § 5 Nr. 39 FVG verankerten rückwirkenden zentralen BZSt-Zuständigkeit hat. Der damit verbundenen Ausweitung des § 5 Nr. 39 FVG dürfte allerdings die BFH-Rechtsprechung entgegenstehen, nach der die Zuständigkeit des BZSt im Sinne einer „funktionalen Aufgabenteilung auf die positiv-rechtlich angeordneten Anwendungsfälle beschränkt" ist (s. auch unten → Rz. 175).[2] Das gilt auch für andere Fälle fehlender Erstattungsberechtigung aufgrund der in Anlage 2 zum EStG aufgeführten Bedingungen (insbesondere keine abkommensrechtlich vorrangige Ansässigkeit im Drittstaat). Zur Überleitung der Zuständigkeit siehe entsprechend unten → Rz. 172 ff.

(Einstweilen frei) 160

III. Materielle Voraussetzungen des Erstattungsanspruchs (§ 32 Abs. 5 Satz 2 KStG)

Die Erstattung der einbehaltenen Kapitalertragsteuer erfolgt nach § 32 Abs. 5 Satz 2 KStG nur soweit die materiellen Erstattungsvoraussetzungen gegeben sind und im Ergebnis daher regelmäßig nur anteilig (insbesondere verbleibende Anrechnungsüberhänge). In den folgenden Randnummern werden die materiellen Erstattungsvoraussetzungen dargestellt. 161

Keine Erstattung nach anderen Vorschriften (Satz 2 Nr. 1): Erstattungsmöglichkeiten nach anderen Vorschriften verringern den Erstattungsanspruch nach § 32 Abs. 5 KStG und müssen daher parallel in Anspruch genommen werden. Dies gilt insbesondere für die Teilerstattung nach § 44a Abs. 9 EStG,[3] welche die Steuerbelastung der KapESt für beschränkt steuerpflichtige Körperschaften nach § 2 Nr. 1 KStG auf das Niveau des KSt-Tarifs für unbeschränkt Steuerpflichtige absenkt. Bei Doppelbesteuerungsabkommen sind Quellensteuererstattungen in Folge abkommensrechtlicher Quellensteuerhöchstsätze nach § 50d Abs. 1 EStG geltend zu machen. Nach der Gesetzesbegründung soll sich der Anspruch nach § 32 Abs. 5 KStG auch dann verringern, wenn die Quellensteuererstattung aufgrund der „limitation on benefits"-Regel in § 50d Abs. 3 EStG nicht in Anspruch genommen werden kann.[4] Dies ist mit dem Wortlaut unvereinbar, da in diesem Fall im Ergebnis keine Erstattung nach anderen Vorschriften vorgesehen ist. Zudem ist diese Einschränkung nicht notwendig, da eventuelle Missbrauchsgefahren durch „rule shopping" systematisch stimmiger durch den allgemeinen und ausdrücklichen Verweis auf § 50d Abs. 3 EStG in Nr. 4 abgedeckt werden (s. sogleich → Rz. 165). 162

---

1 BFH, Urteil v. 11. 1. 2012 - I R 25/10, NWB PAAAE-06584.
2 BFH, Urteil v. 11. 1. 2012 - I R 25/10, NWB PAAAE-06584, Rz. 28; für eine Erweiterung des § 5 Nr. 39 FVG de lege ferenda BR-Drucks. 119/16, 29 f.
3 BT-Drucks. 17/11314, 5 (zum dahin gehend identischen Koalitionsentwurf).
4 BT-Drucks. 17/11314, 5 (zum dahin gehend identischen Koalitionsentwurf).

163 **Hypothetisches Außer-Ansatz-Bleiben gem. § 8b Abs. 1 KStG (Satz 2 Nr. 2):** Eher unscheinbar ist die Schnittstelle der Vergangenheitslösung zur Zukunftslösung: Nach dem 28. 2. 1013 zugeflossene Dividenden werden gemäß dem ebenfalls geänderten **§ 8b Abs. 4 KStG** von der Freistellung ausgeschlossen und damit steuerpflichtig).[1] Die Abgeltungswirkung ist in der Folge nicht mehr im Vergleich zu einer Freistellung im Ansässigkeitsfall diskriminierend, so dass der europarechtliche Grund für eine volle Erstattung wegfällt. Das Gesetz nimmt dies mit einer hypothetischen Betrachtung auf: nur wenn die Einkünfte bei hypothetischem Vorliegen der Voraussetzungen für eine Veranlagung (als Ansässiger oder mit einer Betriebsstätte) außer Betracht blieben, sind sie den nicht veranlagungsberechtigten Nichtansässigen zu erstatten. Neben der eingeführten Steuerpflicht nach § 8b Abs. 4 KStG betrifft dies auch andere Ausnahmen von § 8b KStG, insbesondere die Ausnahme für den Handelsbestand von Kreditinstituten und Finanzdienstleistungsinstituten (§ 8b Abs. 7 KStG)[2] und Kapitalanlagen von Lebens- und Krankenversicherungsunternehmen (§ 8b Abs. 8 KStG).[3] Die betroffenen Steuerpflichtigen sind nach dem Gesetz von der Erstattung ausgeschlossen. In allen drei Fallgruppen (§ 8b Abs. 4, 7, 8 KStG) bleibt zwar eine andere Diskriminierung bestehen: die Bruttobesteuerung der Abgeltungswirkung durch den Ausschluss von der Veranlagung (s. oben → Rz. 60). Diese führt jedoch nicht zwingend zu einer vollen Erstattung wie in § 32 Abs. 5 KStG, sondern es genügt eine Lösung nach dem Modell des § 50a Abs. 3, § 50 Abs. 2 Nr. 5 EStG (Entlastung im Steuerabzugsverfahren und nachträgliches auf die Berücksichtigung der Betriebsausgaben beschränktes Veranlagungswahlrecht).

164 **Keine abweichende ausländische Zurechnung (Satz 2 Nr. 3):** Die Gesetzesbegründung verweist beispielhaft auf ausländische Gruppenbesteuerungssysteme, welche die Einkünfte einer selbst nicht nach § 32 Abs. 5 KStG berechtigten Person zurechnen.[4]

165 **Entsprechende Anwendung von § 50d Abs. 3 EStG (Satz 2 Nr. 4):** Die entsprechende Anwendung der „limitation on benefits"-Regel des § 50d Abs. 3 EStG soll verhindern, dass die Erstattung durch eigentlich nicht berechtigte Personen über die Zwischenschaltung von Zweckgesellschaften erreicht wird („rule shopping"). Die Gesetzesbegründung hat insbesondere Fälle fehlender subjektiver Erstattungsberechtigung und als materielles Merkmal die fehlende hypothetische Steuerfreiheit nach § 8b KStG beim letztendlichen Anteilseigner im Blick (Satz 2 Nr. 2).[5] Wie oben gesehen, sind die meisten **subjektiven Erstattungsanforderungen** europarechtswidrig (Ausschluss von Drittstaatengesellschaften, Doppelansässigkeiten mit Drittstaaten, steuerbefreite Anteilseigner wie Investmentfonds), so dass diese aus europarechtlicher Sicht nicht schutzwürdig im Hinblick auf „rule shopping" sind. In diesen Fällen ist die Verweigerung der Erstattung aufgrund § 50d Abs. 3 EStG gleichsam „akzessorisch" europarechtswidrig. Unabhängig davon bestehen auch weiterhin Zweifel an der europarechtlichen Zulässigkeit der Ausgestaltung des § 50d Abs. 3 EStG selbst, auch vor dem Hintergrund der (zu) restriktiven „Cadbury Schweppes"-Rechtsprechung die nur „rein künstliche" Gestaltungen ausnehmen will.[6]

---

1 Siehe dazu *Geißer* in Mössner/Seeger/Oellerich, KStG, § 8b Rz. 370 ff.
2 Siehe dazu *Geißer* in Mössner/Seeger/Oellerich, KStG, § 8b Rz. 541 ff.
3 Siehe dazu *Geißer* in Mössner/Seeger/Oellerich, KStG, § 8b Rz. 625 ff.
4 BT-Drucks. 17/11314, 5 (zum dahin gehend identischen Koalitionsentwurf).
5 BT-Drucks. 17/11314, 5 (zum dahin gehend identischen Koalitionsentwurf).
6 Siehe nur EuGH, Urteil v. 12. 9. 2006 - Rs. C-196/04, Cadbury Schweppes, Rz. 64 ff., NWB NAAAC-09456.

Bei den **materiellen Erstattungsanforderungen** ist die Anwendung des § 50d EStG hingegen grundsätzlich gerechtfertigt, soweit durch Zwischenschaltung von Körperschaften das Erfordernis des hypothetischen Außer-Ansatz-Bleibens nach Satz 2 Nr. 2 (oben → Rz. 157) umgangen werden soll: z. B. von Kreditinstituten und Finanzdienstleistern hinsichtlich des Handelsbestandes (§ 8b Abs. 7 KStG) oder von Lebens- und Krankenversicherungsunternehmen hinsichtlich der Kapitalanlage (§ 8b Abs. 8 KStG). Zwar verstößt in diesen Fällen die fehlende Veranlagungsmöglichkeit ausländischer Körperschaften gegen die Grundfreiheiten, in Folge ist aber nicht zwingend die gesamte KapESt zu erstatten, sondern nur eine Berücksichtigung der Betriebsausgaben während des Abzugs mit zusätzlichem nachträglichen Veranlagungswahlrecht samt aller Inländerprivilegien analog des Modell des § 50a Abs. 3, § 50 Abs. 2 Nr. 5 EStG europarechtlich geboten (s. oben → Rz. 60). Eine Zwischenschaltung einer Beteiligungsholding durch mehrere Streubesitzanteilseigner zum Überschreiten der oberen Schwelle der Streubesitzdividendenpflicht (§ 8b Abs. 4 KStG) ist denkbar, allerding ist hier die Erstattungsvorschrift des § 43b EStG vorrangig (s. oben → Rz. 156). 166

Keine Anrechnung oder Abzug der KapESt (Satz 2 Nr. 5): Wird die KapESt vom Ansässigkeitsstaat auf die nationale Steuerbelastung angerechnet, wird die Diskriminierung im Ergebnis ausgeglichen, so dass die Notwendigkeit der Erstattung entfällt. Wenn die Besteuerung im Ansässigkeitsstaat zu wenig Anrechnungsvolumen bietet, kommt es zu Anrechnungsüberhängen. Im Ergebnis **erstattet § 32 Abs. 5 KStG folglich nur Anrechnungsüberhänge**. Das Gesetz will die Erstattung aber auch verwehren, wenn die Anrechnungsüberhänge vorgetragen werden können. Ein Vortrag gleicht die Diskriminierung jedoch nicht umgehend aus,[1] es bleibt zumindest ein zeitlicher Liquiditätsnachteil. Den Anwendungsvorrang des Unionsrechts führt in der Folge dazu, dass auch bei vortragbaren Anrechnungsüberhängen eine Erstattung erfolgen muss. Das Problem einer doppelten Berücksichtigung lässt sich methodisch ohne gesetzgeberische Regelung nicht lösen. Die Erstattung unterbleibt auch insoweit, als keine Anrechnung vorgenommen wird, sondern die Quellensteuer im Ansässigkeitsstaat von der Bemessungsgrundlage abgezogen werden kann. Der Abzug von der Bemessungsgrundlage führt nur zu einer anteiligen Entlastung von der Quellensteuer in Höhe des durchschnittlichen Grenzsteuersatzes,[2] im Übrigen verbleibt es bei der Anrechnung nach § 32 Abs. 5 EStG. Der Nachweis, dass eine Anrechnung/Vortrag/Abzug nicht möglich ist und inwieweit sie auch tatsächlich nicht erfolgt ist, ist gem. Satz 5 über eine Bescheinigung der Steuerbehörden des Staats der Geschäftsleitung zu führen (s. → Rz. 146). Der gewundene Wortlaut soll sinnhafterweise wohl besagen, dass die ausländische Behörde bescheinigen soll, in welchem Umfang Anrechnung/Vortrag/Abzug tatsächlich vorgenommen wurden und dass keine weitere Anrechnung/Vortrag/Abzug mehr möglich ist. 167

(Einstweilen frei) 168–170

IV. Verfahren und Rechtsfolge (§ 32 KStG Abs. 5 Satz 1, 3 bis 6 KStG)

Nachweispflichten (Satz 1, 3 bis 5): Der Steuerpflichtige muss das Vorliegen der Erstattungsvoraussetzungen nachweisen (Satz 3).[3] Satz 4 und 5 stellen qualifizierte Nachweiserfordernisse für von der deutschen Finanzverwaltung nicht direkt überprüfbare Tatbestandsmerkmale auf: 171

---

1 *Linn*, IStR 2013, 235, 236.
2 *Linn*, IStR 2013, 235, 236.
3 Zu wünschenswerten Erleichterungen bei bereits dem BZSt vorliegenden Daten *von Brocke* in Mössner/Seeger/Oellerich, KStG, Europäischer Binnenmarkt Rz. 374.

Satz 4 für die persönliche Erstattungsberechtigung des Satz 1, Satz 5 für die sachliche Erstattungsberechtigung des Satz 2. Siehe dazu oben bei den einzelnen Tatbestandsmerkmalen. Zusätzlich verweist § 32 Abs. 5 Satz 1 KStG über § 36 Abs. 2 Nr. 2 EStG auf die dem Antrag beizufügenden Originalbescheinigungen[1] über den Kapitalertragsteuerabzug nach § 45a Abs. 2 oder 3 EStG.

172 **Zuständigkeit:** Durch das EuGHDivUmsG wurde in § 5 Abs. 1 Nr. 39 FVG eine zentrale Zuständigkeit des Bundeszentralamtes für Steuern eingeführt. Eine ausführliche Regelung zum zeitlichen Anwendungsbereich der Zuständigkeitsänderung fehlt. Da § 5 Abs. 1 Nr. 39 FVG jedoch auf Erstattungsverfahren nach § 32 Abs. 5 KStG verweist und dieser wiederum auch rückwirkend anwendbar ist, ist auch von einer **rückwirkenden Zuständigkeitsänderung** auszugehen.[2]

173 Vor dieser gesetzlichen Regelung erkannte die Finanzverwaltung Anträge beim Bundeszentralamt für Steuern nicht an, sondern verwies auf eine erneute Antragstellung beim nach § 20 Abs. 3 AO für den Anteilseigner zuständigen „Vermögens-Finanzamt".[3] Das Vermögen stelle die Beteiligung dar und befinde sich somit am Ort der Geschäftsleitung der ausschüttenden Gesellschaft, bei mehreren ausschüttenden Gesellschaften bei der wertvollsten Beteiligung.[4] Die Bestimmung des Ortes der Geschäftsleitung der ausschüttenden Gesellschaft ist dem Steuerpflichtigen ohne Mithilfe der Gesellschaft kaum möglich, die Kapitalertragsteuerbescheinigung nach § 45a Abs. 2 und 3 EStG weist diese nicht aus.[5] *Stöber* hält bei fehlender Feststellbarkeit des Orts der Geschäftsleitung eine Zuständigkeit nach § 20 Abs. 2 AO am Sitz der ausschüttenden Gesellschaft für gegeben.[6] Praktische Abhilfe wurde daher in Form des Kontaktierens aller in Betracht kommender Finanzämter empfohlen bzw. nach § 24 AO aller Ausschüttungs-Finanzämter.[7]

174 Wurde vor der Gesetzesänderung fristgerecht vor Eintritt der Festsetzungsverjährung ein Erstattungsantrag bei den Landesfinanzämtern gestellt, ist nach damaliger Rechtslage Ablaufhemmung gem. § 171 Abs. 3 AO eingetreten. Aus der Gesetzesänderung darf sich keine Verschlechterung der Rechtsposition den Antragstellers geben, so dass sie Ablaufhemmung trotz der verwaltungsintern nun notwendigen Weiterleitung an das BZSt erhalten bleibt.[8] Wurde ein Antrag beim BZSt gestellt, wurde dieser mangels Zuständigkeit nicht anerkannt und nicht an die Landesfinanzbehörden weitergegeben. Durch die rückwirkende Einführung der Zuständigkeit gilt der Antrag nun aber nun rückwirkend als bei der zuständigen Behörde und damit fristwahrend und die Ablaufhemmung auslösend gestellt, wenn zum Eingangszeitpunkt noch keine Festsetzungsverjährung eingetreten war.[9] Dies setzt nach den allgemeinen verwaltungsrechtlichen Grundsätzen freilich voraus, dass es das BZSt bei einem bloßen Hinweis auf die Nichtzuständigkeit nach Rechtslage beließ, und nicht durch Verwaltungsakt mit eingetretener Bestandskraft den Antrag zurückwies.

---

[1] Zum Erfordernis der Originalbescheinigung R 36 EStR 2012.
[2] *Linn*, IStR 2013, 235, 237; *Hackemann* in Ernst & Young, KStG, Unionsrecht, Rz. 46.
[3] *Patzner/Nagler*, GmbHR 2012, 1190.
[4] So auch *Stöber*, DStZ 2012, 155, unter Verweis auf AEAO Nr. 5 Satz 1 zu § 19 i.V. m. § 121 Nr. 4 BewG. § 121 Nr. 4 BewG fasst allerdings bewertungsrechtlich nur Beteiligungen ab 10 % unter das Inlandsvermögen.
[5] *Patzner/Nagler*, GmbHR 2012, 1190.
[6] *Stöber*, DStZ 2012, 155.
[7] *Patzner/Nagler*, GmbHR 2012, 1190.
[8] *Linn*, IStR 2013, 235, 238.
[9] *Linn*, IStR 2013, 235, 238; *Intemann*, BB 2013, 1239, 1243.

Zuständigkeit der Länder-Finanzämter bei analoger Anwendung: Bei der analogen Anwendung des § 32 Abs. 5 KStG, insbesondere bei Altfällen im Hinblick auf Fonds (siehe oben → Rz. 159), bleibt es bei der Zuständigkeit der Landesfinanzbehörden wie in → Rz. 173 beschrieben. Grund ist die Rechtsprechung des BFH, nach der die Zuständigkeit des BZSt im Sinne einer „funktionalen Aufgabenteilung auf die positiv-rechtlich angeordneten Anwendungsfälle beschränkt" ist.[1] Nach dieser Auffassung können die Kompetenzen des Bundeszentralamtes nicht durch Analogie über den gesetzlichen Katalog des § 5 FVG ausgedehnt werden. Eine Ausdehnung des Anwendungsbereichs des in § 5 Abs. 1 Nr. 39 FVG verwiesenen § 32 Abs. 5 KStG per Analogie darf daher nicht auf § 5 FVG durchschlagen. Aus unionsrechtlicher Sicht ist eine Länderzuständigkeit beim Erstattungsanspruch grundsätzlich nicht zu beanstanden, solange die Effektivität des Erstattungsanspruchs dadurch nicht gefährdet ist.[2] Selbst wenn man dies entgegen dem BFH[3] mit einigen Literaturstimmen annähme,[4] führt dies zwar zur Unionsrechtswidrigkeit. Das EU-Recht kann aber jedenfalls methodisch nicht automatisch die föderale Kompetenzverteilung in Deutschland anpassen und so zu einer Bundeskompetenz führen.

Form und Frist: Die Benutzung eines bestimmten Erklärungsvordrucks (§ 150 Abs. 1 AO) ist nicht vorgeschrieben.[5] Der Erstattungsantrag ist vor Eintreten der allgemeinen Festsetzungsverjährung von vier Jahren (§ 169 Abs. 2 Satz 1 Nr. 2 AO) zu stellen.[6] Die Frist beginnt mit Ablauf des Kalenderjahres in dem die Dividenden bezogen wurden (§ 170 Abs. 1 AO).[7] Bei fristgemäßer Antragstellung tritt Ablaufhemmung nach § 171 Abs. 3 AO ein.[8]

Rechtsfolge (Satz 6): Rechtsfolge ist die volle Erstattung der einbehaltenen Kapitalertragsteuer. Damit werden ausländische Anteilseigner besser gestellt als inländische, die aufgrund der „Schachtelstrafe" in § 8b Abs. 5 KStG im Ergebnis nur eine 95 %-ige Freistellung beanspruchen können. Damit liegt für die Vergangenheit statt einer Diskriminierung Nichtansässiger eine Diskriminierung Ansässiger vor, die europarechtlich zwar unproblematisch ist, verfassungsrechtlich vor Art. 3 GG aber rechtfertigungsbedürftig. Desens rechtfertigt die volle Freistellung verfassungsrechtlich als folgerichtig, da die Reduktion der Freistellung um 5 % in § 8b Abs. 5 EStG eine Gegenleistung dafür sei, dass Ansässige im Gegensatz zu Nichtansässigen trotz der Freistellung Beteiligungsaufwendungen abziehen können.[9]

Die Erstattung wird verfahrensrechtlich gem. Satz 6 für jedes betroffene Kalenderjahr über einen **Freistellungsbescheid** nach § 155 Abs. 1 Satz 3 AO umgesetzt, der aufgrund der zuvor ergangenen Kapitalertragsteueranmeldung (§ 45a EStG) Voraussetzung für eine Erstattung ist (§§ 37 Abs. 2, 218 AO).[10] Der Freistellungsbescheid erfasst nur die der KapESt unterworfenen Einkünfte und ist damit ein Teilfreistellungsbescheid.[11] Es handelt sich nicht um eine Freistellung im Veranlagungsverfahren, sondern – wie die gesamte Erstattung – im sachlich be-

---

1 BFH, Urteil v. 11. 1. 2012 - I R 25/10, NWB PAAAE-06584, Rz. 28; BFH, Urteil v. 26. 6. 2013 - I R 48/12, BStBl 2014 II 367, Rz. 27.
2 BFH, Urteil v. 11. 1. 2012 - I R 25/10, NWB PAAAE-06584, Rz. 29.
3 BFH, Urteil v. 11. 1. 2012 - I R 25/10, NWB PAAAE-06584, Rz. 29.
4 *Linn*, IStR 2010, 343, 345; kritisch im Hinblick auf das Rechtsstaatsprinzip *Klein/Hagena*, FR 2012, 528, 529.
5 BT-Drucks. 17/11314, 6 (zum dahin gehend identischen Koalitionsentwurf).
6 BT-Drucks. 17/11314, 5 (zum dahin gehend identischen Koalitionsentwurf); *Ott*, StuB 2013, 279, 286.
7 BT-Drucks. 17/11314, 5 (zum dahin gehend identischen Koalitionsentwurf) mit Verweis auf BFH, Urteile v. 11. 1. 2012 - I R 25/10, NWB PAAAE-06584 und I R 30/10, NWB QAAAE-09663.
8 So auch der Hinweis bei BT-Drucks. 17/11314, 6 (zum dahin gehend identischen Koalitionsentwurf).
9 *Desens*, Beihefter zu DStR 4/2013, 13, 16.
10 BFH, Urteil v. 21. 10. 1985 - GrS 2/84, BStBl 1986 II 207.
11 BT-Drucks. 17/11314, 6 (zum dahin gehend identischen Koalitionsentwurf).

schränkten Steuerabzugsverfahren.¹ Die Bündelung alle betreffenden Einkünfte eines Veranlagungszeitraums soll schlicht der Verfahrensvereinfachung dienen.² Erlass und Korrektur der Freistellungsbescheide richten sich nach den allgemeinen Vorschriften zur Korrektur von Steuerbescheiden (insbesondere §§ 155 bis 177 AO).³ Zu einem europäischen Staatshaftungsanspruch aufgrund verzögerter Bearbeitung der Erstattungsanträge: *Thömmes/Linn*.⁴

§ 32a Erlass, Aufhebung oder Änderung von Steuerbescheiden bei verdeckter Gewinnausschüttung oder verdeckter Einlage

(1) ¹Soweit gegenüber einer Körperschaft ein Steuerbescheid hinsichtlich der Berücksichtigung einer verdeckten Gewinnausschüttung erlassen, aufgehoben oder geändert wird, kann ein Steuerbescheid oder ein Feststellungsbescheid gegenüber dem Gesellschafter, dem die verdeckte Gewinnausschüttung zuzurechnen ist, oder einer diesem nahe stehenden Person erlassen, aufgehoben oder geändert werden. ²Die Festsetzungsfrist endet insoweit nicht vor Ablauf eines Jahres nach Unanfechtbarkeit des Steuerbescheides der Körperschaft. ³Die Sätze 1 und 2 gelten auch für verdeckte Gewinnausschüttungen an Empfänger von Bezügen im Sinne des § 20 Abs. 1 Nr. 9 und 10 Buchstabe a des Einkommensteuergesetzes.

(2) ¹Soweit gegenüber dem Gesellschafter ein Steuerbescheid oder ein Feststellungsbescheid hinsichtlich der Berücksichtigung einer verdeckten Einlage erlassen, aufgehoben oder geändert wird, kann ein Steuerbescheid gegenüber der Körperschaft, welcher der Vermögensvorteil zugewendet wurde, aufgehoben, erlassen oder geändert werden. ²Absatz 1 Satz 2 gilt entsprechend.

Inhaltsübersicht

	Rz.
A. Allgemeines	1 - 50
I. Rechtsentwicklung	1
II. Regelungsinhalt	2 - 15
III. Anwendungsbereich	16 - 50
1. Persönlicher Anwendungsbereich	16 - 18
2. Sachlicher Anwendungsbereich	19
3. Zeitlicher Anwendungsbereich	20 - 30
4. Konkurrenzen	31 - 33
a) Zu den Berichtigungsvorschriften der AO	31
b) Zu den Vorschriften der materiellen Korrespondenz	32 - 33
5. Verfahrensrecht	34 - 50
B. Verfahrensrechtliche Korrespondenz bei vGA (§ 32a Abs. 1 KStG)	51 - 120
I. Tatbestandsmerkmale für die Korrespondenz bei vGA	51 - 70
1. Körperschaft	52
2. Steuerbescheid	53 - 57
3. Erlass, Aufhebung oder Änderung hinsichtlich einer vGA	58 - 70
II. Rechtsfolgen der Korrespondenz bei vGA	71 - 120

---

1 BT-Drucks. 17/11314, 6 (zum dahin gehend identischen Koalitionsentwurf).
2 BT-Drucks. 17/11314, 6 (zum dahin gehend identischen Koalitionsentwurf).
3 BT-Drucks. 17/11314, 6 (zum dahin gehend identischen Koalitionsentwurf).
4 IStR 2012, 777.

1.	Überblick	71 - 73a
2.	Änderungsmöglichkeit („kann")	74 - 77
3.	Steuerbescheid oder Feststellungsbescheid	78
4.	Bescheidadressat (Gesellschafter oder nahe stehende Person)	79 - 90
5.	Erlass, Aufhebung oder Änderung	91 - 100
	a) Allgemeines	91
	b) Umfang der Änderung	92 - 96
	aa) Allgemein	92
	bb) Mittelbare Folgen	93 - 94
	cc) Mehrfache Änderung?	95
	dd) Mehrstufige verdeckte Gewinnausschüttung	96
	c) Dreiecksfälle	97 - 98
	d) Zeitlicher Zusammenhang	99 - 100
6.	Ablaufhemmung für die Festsetzungsverjährung gem. § 32a Abs. 1 Satz 2 KStG	101 - 104
7.	Anwendbarkeit bei vGA i. S. d. § 20 Abs. 1 Nr. 9 und 10a EStG	105 - 120

C. Verfahrensrechtliche Korrespondenz bei verdeckten Einlagen (§ 32a Abs. 2 KStG)   121 - 163

I.	Tatbestandsmerkmale für die Korrespondenz bei verdeckten Einlagen	121 - 140
1.	Überblick	121 - 121a
2.	Gesellschafter	122 - 123
3.	Erlass, Aufhebung oder Änderung eines Steuer- oder Feststellungsbescheides	124 - 140
II.	Rechtsfolgen der Korrespondenz bei verdeckter Einlage	141 - 163
1.	Überblick	141 - 143
2.	Änderungsmöglichkeit („kann")	144 - 145
3.	Steuerbescheid	146 - 155
4.	Erlass, Aufhebung oder Änderung	156 - 162
	a) Allgemeines	156
	b) Umfang der Änderungen	157 - 158
	c) Dreiecksfälle	159 - 160
	d) Zeitlicher Zusammenhang	161 - 162
6.	Ablaufhemmung für die Festsetzungsverjährung gem. § 32a Abs. 2 Satz 2 KStG	163

HINWEIS:
H 32a KStH 2015.

LITERATURHINWEISE:

Benecke, Verdeckte Gewinnausschüttung oder verdeckte Einlage, NWB Beratung aktuell, Heft 40 vom 2. 10. 2006, S. 3341; *Briese*, Fragwürdige Korrespondenz bei verdeckten Gewinnausschüttungen und verdeckten Einlagen durch den Gesetzentwurf des Jahressteuergesetzes 2007, BB 2006, 2110; *Harle/Kulemann*, Verfahrensrechtliche Probleme bei der Versteuerung von verdeckten Gewinnausschüttungen: Lösung durch § 32a KStG i. d. F. des Entwurfs eines Jahressteuergesetzes 2007?, GmbHR 2006, 976; *Rödel*, Verfahrensrechtliche Folgen einer verdeckten Gewinnausschüttung auf der Ebene des Gesellschafters, INF 2006, 97; *Schwedhelm/Olbing/Binnewies*, Aktuelles zum Jahreswechsel 2006/2007 rund um die GmbH, GmbHR 2006, 1225; *Trossen*, Die Neuregelung des § 32a KStG zur Berücksichtigung von verdeckten Gewinnausschüttungen und verdeckten Einlagen, DStR 2006, 2295; *Dötsch/Pung*, JStG 2007: Die Änderungen des KStG und des GewStG, DB 2007, 11; *Intemann*, JStG 2007: Die korrespondierende Besteuerung von verdeckten Gewinnausschüttungen, GStB 2007, 341; *Kohlhepp*, Die Korrespondenzprinzipien der verdeckten Gewinnausschüttung, DStR 2007, 1502; *C. Pohl*, Zweifelsfragen bei der Korrektur von Steuerbescheiden nach § 32a Abs. 1 KStG, DStR 2007, 1336; *D. Pohl/Raupach*, Verdeckte Gewinnausschüttungen und verdeckte Einlagen nach dem JStG 2007, FR 2007, 210; *Rödel*, Änderung von Steuerbescheiden nach verdeckten Gewinnausschüttungen oder verdeckten Einlagen gemäß § 32a KStG 2007, INF 2007, 176; *Schulte/Behnes*, Jüngere Entwicklungen zur verdeckten Gewinnausschüttung in der Rechtsprechung, BB-Special 9/2007, 1; *Kempf*, Korrespondenzprinzip bei internationalen verdeckten Gewinnausschüttungen und verdeckten Einlagen, StbJb 2008/2009, 147; *Schlagheck,* Verdeckte Gewinnausschüttung und Änderung gem. § 32a KStG, StBp 2008, 163; *Schnitger/Rometzki,* Die Anwendung des Korrespondenzprinzips auf verdeckte Gewinnausschüttungen und verdeckte Einlagen bei grenzüberschreitenden Sachverhalten nach dem JStG 2007, BB 2008, 1648; *Horst,* Formelle Korrespondenz, NWB 2009, 2954; *Horst,* Materielle Korrespondenz, NWB 2009, 3022; *Kohlhepp,* Tendenzen des BFH zur Auslegung des § 32a KStG, DStR 2009, 1416; *Moritz,* Herabsetzung einer vGA im Insolvenzverfahren: Sinngemäße Anwendung des § 32a KStG, GStB 2009, 229; *Brinkmeier,* Das Korrespondenzprinzip des § 32a KStG, GmbH-StB 2010, 307; *Kohlhaas,* Das Korrespondenzprinzip des § 32a KStG, GmbHR 2010, 748; *Gebel/Merz,* Die Unterhaltung von Wirtschaftsgütern im privaten Interesse des Gesellschafters – Inkongruente Besteuerung der vGA auf Gesellschafts- und Gesellschafterebene?, DStZ 2011, 145; *Kohlhaas,* Änderung festsetzungsverjährter Bescheide durch § 32a KStG?, StBW 2011, 650; *Luft,* Der zeitliche Anwendungsbereich der Korrekturvorschrift § 32a KStG, Steuk 2011, 409; *Köhler,* Korrespondenzprinzip bei vGA und vE, StJB 2012/2013, 265; *Kohlhaas,* Die Änderung von Bescheiden gemäß § 32a KStG, DStR 2013, 122; *Schüppen,* Abschnittsbesteuerung/Widerstreitende Steuerfestsetzung/Korrespondenzprinzip, JbFfSt 2013/2014, 264; *Stöber,* Verdeckte Gewinnausschüttungen/Einlagen: Grenzen der formellen Korrespondenz nach § 32a KStG bei der Besteuerung von Körperschaften und Anteilseignern, FR 2013, 448; *Brühl,* Die jüngste BFH-Rechtsprechung zur Korrespondenz nach § 32a KStG, Gedanken zu BFH v. 16.12.2014 - VIII R 30/12, FR 2015, 901 unter besonderer Berücksichtigung verfahrensrechtlicher Besonderheiten des formellen Korrespondenzprinzips, FR 2015, 871; *Brühl,* Ausgewählte Zweifelsfragen des formellen Korrespondenzprinzips nach § 32a Abs. 1 S. 1 KStG – Zugleich Anmerkungen zur jüngeren Rechtsprechung der Finanzgerichtsbarkeit –, GmbHR 2015, 1303; *Kohlhaas,* Die Änderung von Korrespondenzbescheiden – Erstes Urteil des BFH zu § 32a KStG aus Sicht des GmbH-Gesellschafters –, GmbHR 2015, 1035; *Gröne,* Korrespondierende Besteuerung gemäß § 32a KStG, 2017.

A. Allgemeines

I. Rechtsentwicklung

1 § 32a KStG wurde eingeführt durch das Jahressteuergesetz 2007 vom 13.12.2006.[1] Er wird als eine Vorschrift der formellen Korrespondenz bezeichnet,[2] zugleich wurde eine materielle Korrespondenz in § 8b Abs. 1 Sätze 2 bis 4 KStG (s. dort) und in § 3 Nr. 40 Satz 1 Buchst. d Satz 2 und 3 EStG für vGA und in § 8 Abs. 3 Sätze 3 bis 6 (s. dort) für verdeckte Einlagen eingeführt.

II. Regelungsinhalt

2 § 32a KStG wurde nachträglich in das KStG eingefügt, um eine Lücke im System des Halbeinkünfteverfahrens (heute Teileinkünfteverfahren bzw. der Abgeltungsteuer) zu schließen. Durch die Umstellung auf das Halbeinkünfteverfahren bzw. Teileinkünfteverfahren erfolgt die Abmilderung der wirtschaftlichen Doppelbelastung bei Gewinnausschüttungen durch den abgesenkten Steuersatz gem. § 23 Abs. 1 KStG (auf inzwischen 15 %) auf der Ebene der ausschüttenden Gesellschaft und durch die Steuerfreistellung der Gewinnausschüttungen gem. § 8b KStG bei Körperschaften bzw. durch die teilweise Freistellung der Gewinnausschüttungen bei anderen Steuerpflichtigen gem. § 3 Nr. 40 Buchst. d EStG. Über das Vorliegen der Tatbestandsvoraussetzungen entscheiden die für die Veranlagung der Gesellschaft und der Gesellschafter zuständigen Dienststellen jeweils selbständig. Dies gilt auch für das Vorliegen einer vGA. Eine Bindungswirkung der Veranlagung des Gesellschafters an die Erfassung der vGA bei der Gesell-

---

[1] BGBl 2006 I 2876; Kabinettsbeschluss v. 23.8.2006, Zustimmung des Bundesrates in BR-Drucks. 835/06 v. 24.11.2007.
[2] *D. Pohl/Raupach,* FR 2007, 210.

schaft bestand (vor Einführung der zugleich mit § 32a KStG eingefügten § 8b Abs. 1 Satz 2 KStG und § 3 Nr. 40 Satz 1 Buchst. d Satz 2 EStG) nicht.[1]

Auch das Steuerverfahrensrecht sah keine Möglichkeit vor, divergierende rechtliche Beurteilungen zu vermeiden; insbesondere ist § 175 Abs. 1 Nr. 1 AO nicht einschlägig, weil Einkommensteuer- und Körperschaftsteuerbescheid zueinander nicht im Verhältnis Grundlagen- und Folgebescheid stehen.[2] Vor Einfügung des § 32a KStG bestand daher die Gefahr, dass es aufgrund einer abweichenden rechtlichen Beurteilung in den beiden Bescheiden zu einer wirtschaftlichen Doppelbelastung bzw. zu einer teilweisen ungerechtfertigten Steuerfreistellung kommt.[3] Um ihr zu begegnen, enthält § 32a KStG, untypisch für das KStG, ausschließlich **verfahrensrechtliche Regelungen**[4] um eine korrespondierende Behandlung von vGA auf Gesellschafts- und Gesellschafterebene herbeizuführen.[5] Die Vorschrift begründet keine materielle, sondern eine bloße **formelle Korrespondenz**.[6] Ob die materiellen Voraussetzungen für eine vGA oder eine verdeckte Einlage vorliegen, muss daher stets gesondert geprüft werden.[7]

§ 32a Abs. 1 KStG bestimmt, dass der Steuerbescheid oder Feststellungsbescheid eines Gesellschafters noch geändert werden kann, soweit ein Steuerbescheid der Gesellschaft hinsichtlich der **Berücksichtigung einer vGA** erlassen, aufgehoben oder geändert wurde. Satz 2 bestimmt, dass die Festsetzungsfrist für die Änderung beim Gesellschafter frühestens ein Jahr nach der Unanfechtbarkeit des Körperschaftsteuerbescheids endet. Damit wird garantiert, dass eine bei der Gesellschaft nachträglich entdeckte vGA auch beim Gesellschafter noch ausgewertet werden kann, was zu dessen Gunsten (z. B. wenn bisher eine volle Versteuerung als Arbeitslohn erfolgte, vgl. → Rz. 72) oder Ungunsten ausschlagen kann (z. B. wenn bisher gar keine Versteuerung erfolgte, vgl. → Rz. 72).

3

Auch bei **verdeckten Einlagen** gab es keine Verknüpfung zwischen der Veranlagung der Gesellschaft und der Veranlagung des Gesellschafters.[8] Die praktische Notwendigkeit für eine solche Verknüpfung erhöhte sich hier zwar durch die Einführung des Halbeinkünfteverfahrens nicht.[9] Diese wurde wohl nur aus Gründen systematischer Vollständigkeit in § 32a Abs. 2 KStG einbezogen. Wird beim Gesellschafter nachträglich ein Steuer- oder Feststellungsbescheid hinsichtlich einer verdeckten Einlage erlassen, aufgehoben oder geändert, so kann hiernach der Steuerbescheid gegen die Körperschaft, der der Vermögensvorteil zugewendet wurde, noch er-

4

---

1 BMF, Schreiben v. 29. 9. 2005, BStBl 2005 I 903 = GmbHR 2005, 1581 = DB 2005, 2162; BFH, Entscheidungen v. 24. 3. 1987 - I B 117/86, BStBl 1987 II 508; v. 27. 10. 1992 - VIII R 41/89, BStBl 1993 II 569; v. 12. 3. 2002 - VIII B 2/01, BFH/NV 2002, 1273 = NWB YAAAA-68831; v. 22. 9. 2004 - III R 9/03, BStBl 2005 II 160; v. 14. 10. 2008 - I B 48/08, BFH/NV 2009, 213 = NWB WAAAD-01320; FG Berlin, Urteil v. 23. 7. 2003 - 9 B 9393/02, EFG 2003, 1571; OFD München v. 21. 8. 2002, DStR 2002, 1864; OFD Nürnberg v. 21. 8. 2002, DStZ 2002, 727; OFD Magdeburg v. 10. 9. 2004, DStR 2004, 1922; auch *Dötsch/Pung*, DB 2007, 11, 12; *C. Pohl*, DStR 2007, 1336, 1338.
2 BFH, Entscheidungen v. 20. 3. 2009 - VIII B 170/08, BFHE 224, 439 = NWB AAAAD-19027; v. 6. 9. 2011 - VIII R 55/10, BFH/NV 2012, 269 = NWB NAAAD-97971; v. 18. 9. 2012 - VIII R 9/09, BStBl 2013 II 149; v. 21. 10. 2014 - VIII R 31/12, GmbHR 2015, 772 = NWB NAAAE-91056; *Kohlhaas*, GmbHR 2010, 748, 749; FG Münster, Urteil v. 17.5.2017 - 7 K 1158/14 E, NWB DAAAG-51093, EFG 2017, 1148, mit Anm. *Schober*; hinsichtlich § 32a Abs. 2 KStG BFH, Beschluss v. 31.8.2016 - I B 146/15, BFH/NV 2016, 1756, NWB FAAAF-83696; *Steinhauff*, jurisPR-SteuerR 9/2012 Anm. 2.
3 Vgl. BT-Drucks. 16/2712, 71; *Rengers* in Blümich, KStG, § 32a Rz. 5.
4 BFH, Urteil v. 18. 9. 2012 - VIII R 9/09, BStBl 2013 II 149; vgl. auch FG Hamburg, Urteil v. 12. 6. 2014 - 3 K 189/13, NWB TAAAE-71238, nach dem aufgrund des rein verfahrensrechtlichen Charakters die Klagebefugnis nicht auf § 32a KStG gestützt werden kann.
5 FG Niedersachsen, Urteil v. 10. 2. 2011 - 6 K 241/09, EFG 2011, 947.
6 *Intemann*, GStB 2007, 341, 343; *Kohlhaas*, GmbHR 2010, 748, 749; *Kohlhepp*, DStR 2007, 1502, 1503.
7 BFH, Urteil v. 31.1.2018 - I R 25/16, BFH/NV 2018, 838 = NWB UAAAG-86776.
8 Beispiel dazu bei *Rödel*, INF 2007, 176; *Briese*, BB 2006, 2110, 2111 f.
9 Vgl. auch *Stöber*, FR 2013, 448, 449.

lassen, aufgehoben oder geändert werden. Damit der Bescheid gegen die Körperschaft auf jeden Fall noch ergehen kann, bestimmt Satz 2, dass die Festsetzungsfrist frühestens ein Jahr nach Erlass des Bescheids gegenüber dem Gesellschafter abläuft. Auch diese Regelung kann zum Vorteil der Gesellschaft (wenn bisher ein Ertrag erfasst wurde und nunmehr eine ertragsneutrale verdeckte Einlage) oder zu ihrem Nachteil ausschlagen (wenn bisher eine verdeckte Einlage erfasst wurde und nunmehr ein Ertrag).

5 Ergänzende materiell-rechtliche Regelungen zu der verfahrensrechtlichen Bestimmung des § 32a KStG finden sich in § 8b Abs. 1 Sätze 2 bis 4 KStG (vgl. dort) und § 3 Nr. 40 Satz 1 Buchst. d Satz 2 f. EStG für vGA, sowie § 8 Abs. 3 Sätze 3 bis 6 KStG für verdeckte Einlagen (vgl. dort).

6–15 *(Einstweilen frei)*

III. Anwendungsbereich

1. Persönlicher Anwendungsbereich

16 Ausgehend von dem Zweck des § 32a KStG, eine nach materiellem Recht zutreffende Besteuerung durchzuführen, ist unerheblich, ob es sich bei der die vGA leistenden Gesellschaft und der die verdeckten Einlage empfangenden Gesellschaft um eine **inländische oder** um eine **ausländische Körperschaft** handelt.[1] Gleichgültig ist ferner, ob die erbringende Körperschaft im Inland steuerpflichtig ist.[2] Auch wenn bei einer gebietsfremden Körperschaft nach dem Recht des ausländischen Ansässigkeitsstaates ein Geschäftsvorfall einkommenserhöhend oder -mindernd berücksichtigt wird, der nach den inländischen Maßstäben als vGA i. S. d. § 8 Abs. 3 Satz 2 KStG zu behandeln ist, findet § 32a KStG Anwendung.[3] Ebenso ist nicht von Bedeutung, ob die die Einlage bewirkenden Gesellschafter im Inland steuerpflichtig sind.[4]

17 Dass die Vorschrift im KStG verankert worden ist und im EStG auf sie zudem nicht verwiesen wird, bedeutet nicht, dass sie auf **natürliche Personen** als Anteilseigner bzw. (hinsichtlich des § 32a Abs. 1 KStG) nahe stehende Personen nicht anwendbar ist.[5] § 1 Abs. 1 KStG bestimmt nur, wer unbeschränkt steuerpflichtig ist, enthält aber keine Bestimmung zum persönlichen Anwendungsbereich der Vorschriften des KStG. Aufgrund des Sachzusammenhangs können im KStG auch Regelungen getroffen werden, die natürliche Personen betreffen.[6] Auch andere Bestimmungen des KStG, wie §§ 3 Abs. 2 Satz 2, 14 KStG, betreffen natürliche Personen.[7] Hiervon geht im Ergebnis auch der BFH aus, der § 32a KStG ohne weitere Diskussion auch auf die Änderung von Einkommensteuerbescheiden anwendet.[8] Zutreffend ist jedoch der Hinweis, dass die Vorschrift systematisch besser in der AO angesiedelt worden wäre.[9]

---

1 So auch *Frotscher*/Drüen, § 32a Rz. 16; Bedenken hiergegen bei *D. Pohl/Raupach*, FR 2007, 210.
2 BT-Drucks. 16/2712, 72.
3 Gosch/*Bauschatz* § 32a Rz. 20; *Rengers* in Blümich KStG § 32a Rz. 21.
4 *Rengers* in Blümich, KStG, § 32a Rz. 10.
5 BFH, Beschluss v. 18. 9. 2012 - VIII B 45/12, BStBl 2012 II 839; Gosch/*Bauschatz* § 32a Rz. 23; *Kohlhepp*, DStR 2009, 1416, 1418; *Rengers* in Blümich, KStG, § 32a Rz. 10; *Schulte/Altrichter-Herzberg* in Erle/Sauter, § 32a Rz. 10; *Stöber*, FR 2013, 448, 450; für eine analoge Anwendung bei natürlichen Personen hingegen *C. Pohl*, DStR 2007, 1336, 1337; *D. Pohl/Raupach*, FR 2007, 2010, 210, 211.
6 Zutreffend *Frotscher*/Drüen, § 32a Rz. 18.
7 Zutreffend der Hinweis von *Rengers* in Blümich KStG § 32a Rz. 10.
8 Vgl. BFH, Beschluss v. 20. 3. 2009 - VIII B 170/08, BFHE 224, 439 = NWB AAAAD-19027.
9 *Dötsch/Pung*, DB 2007, 11, 12; *Kohlhepp*, DStR 2007, 1502; ders., DStR 2009, 1416, 1417.

Durch § 32a Abs. 1 Satz 3 KStG wird klargestellt, dass die Grundsätze der Sätze 1 und 2 auch für vGA von Zuwendungen seitens sonstiger juristischer Personen des privaten Rechts wie **gemeinnütziger Vereine, Anstalten, Stiftungen und Betriebe gewerblicher Art** von Personen des öffentlichen Rechts gelten. Bei Letzteren hat die Änderungsmöglichkeit ausschließlich Auswirkung auf den Abzug von Kapitalertragsteuer.[1] Dagegen fehlt in § 32a Abs. 2 KStG eine entsprechende Verweisung. Ein Gesellschafter einer Personenvereinigung oder Vermögensmasse ist nicht betroffen, auch wenn diese gem. § 1 KStG steuerpflichtig ist, da nur Steuerbescheide gegenüber Körperschaften geändert werden können.

2. Sachlicher Anwendungsbereich

§ 32a KStG enthält eine **inhaltlich beschränkte Korrekturbestimmung**. Abs. 1 lässt den Erlass, die Aufhebung oder die Änderung des Bescheides gegenüber dem Gesellschafter nur zu, **soweit** ein Bescheid gegenüber der Körperschaft hinsichtlich der Berücksichtigung einer vGA erlassen, aufgehoben oder geändert wird. Ebenso lässt Abs. 2 eine Änderung des Bescheides gegenüber der Körperschaft nur insoweit zu, als dies zur Anpassung an den aufgrund der verdeckten Einlage gegenüber dem Gesellschafter erlassenen, aufgehobenen oder geänderten Steuerbescheid bzw. Feststellungsbescheid notwendig ist. Eine Berücksichtigung weiterer Fehler ist nur im Rahmen der Saldierung nach § 177 AO möglich.

3. Zeitlicher Anwendungsbereich

Nach § 34 Abs. 13c KStG in der vor dem Gesetz zur Anpassung des nationalen Steuerrechts an den Beitritt Kroatiens zur EU und zur Änderung weiterer steuerlicher Vorschriften v. 25. 7. 2014 (KStG a. F.)[2] ist § 32a KStG erstmals anzuwenden, wenn **nach dem 18. 12. 2006** ein Steuerbescheid erlassen, aufgehoben oder geändert wird. Bei Aufhebung oder Änderung gilt dies auch dann, wenn der aufzuhebende oder zu ändernde Steuerbescheid vor dem 18. 12. 2006 erlassen worden ist. Mit „vor dem 18. 12. 2006" ist wohl tatsächlich „vor dem 19. 12. 2006" gemeint. Anderenfalls wäre der Fall eines am 18. 12. 2006 erlassenen Bescheides ohne erkennbaren Grund gar nicht geregelt worden.[3]

Ergeht der auslösende Bescheid nach dem 18. 12. 2006 ist es hiernach unerheblich, welchen Veranlagungszeitraum er betrifft. Es kann sich auch um einen lange zurückliegenden Zeitraum handeln.[4] Dies ist jedenfalls dann unbedenklich, wenn der aufzuhebende oder zu ändernde Bescheid bestandskräftig geworden, aber im Zeitpunkt des Inkrafttretens des § 32a KStG **noch keine Festsetzungsverjährung eingetreten** war. Verfassungsrechtliche Bedenken bestehen insoweit nicht.[5] Insbesondere ist die unechte Rückwirkung nicht verfassungswidrig.[6] § 32a KStG dient dem legitimen Zweck, die verfahrensrechtlichen Hindernisse die einer zutreffenden materiellen Besteuerung von Körperschaften und Anteilseignern entgegenstehen, zu beseitigen[7] und so eine kongruente Besteuerung auf Gesellschafts- und Anteilseignerebene zu erreichen. Dass durch § 32a KStG der materiell zutreffenden Besteuerung der Vorrang gegenüber dem

---

1 Vgl. auch *Trossen*, DStR 2006, 2295, 2298.
2 BGBl 2014 I 1266.
3 Zutreffend *Frotscher*/Drüen, § 32a Rz. 13.
4 *Dötsch/Pung*, DB 2007, 11, 12, *Intemann*, GStB 2007, 341, 343; *Schlagheck*, StBp 2008, 163.
5 BFH, Urteil v. 12.6.2018 - VIII R 38/14, BFH/NV 2018, 1141 = UAAAG-94179.
6 BFH, Entscheidungen v. 29. 8. 2012 - VIII B 45/12, BStBl 2012 II 839; v. 16. 12. 2014 - VIII R 30/12, BStBl 2015 II 858; *Schnitger*/Fehrenbacher § 32a KStG Rz. 15; kritisch *Behrens*, BB 2012, 2611, 2612.
7 BT-Drucks. 16/2712, 71.

Vertrauen des Steuerpflichtigen eingeräumt wird, ist nicht unverhältnismäßig, zumal die Vorschrift zu Gunsten wie zu Lasten des Steuerpflichtigen gilt.[1] Wegen der Eindeutigkeit der stichtagsbezogenen Anwendungsvorschrift, die auf einer bewussten Entscheidung des Gesetzgebers beruht, kommt auch keine Billigkeitsmaßnahme in Betracht.[2]

22 Nach der hier vertretenen Auffassung ist es indes unzulässig, einen Bescheid gegenüber dem Gesellschafter (§ 32a Abs. 1 KStG) bzw. der Körperschaft (§ 32a Abs. 2 KStG) zu erlassen, aufzuheben oder zu ändern, wenn im Zeitpunkt des Inkrafttretens des § 32a KStG hinsichtlich des zu erlassenden, aufzuhebenden oder zu ändernden Bescheids bereits **Festsetzungsverjährung eingetreten** war.[3] Zwar erscheint es rechtstechnisch nicht ausgeschlossen, rückwirkend eine Ablaufhemmung einzuführen und hierdurch den Ablauf der Festsetzungsfrist hinauszuzögern.[4] § 34 Abs. 13c Satz 2 KStG a. F. ist aber zur Vermeidung einer echten Rückwirkung verfassungskonform dahingehend auszulegen, dass bei einem Eintritt der Festsetzungsverjährung vor Inkrafttreten des § 32a KStG ein Erlass, eine Aufhebung oder Änderung zu Lasten des Gesellschafters bzw. der Körperschaft nicht zulässig ist.[5] Soweit in der Gesetzesbegründung[6] Gegenteiliges zum Ausdruck kommt, ist dies im Rahmen der verfassungskonformen Auslegung unbeachtlich.[7] Der Gesetzgeber kann durch die Materialien nicht eine verbindliche Auslegung des Rechts vornehmen; die verbindliche Auslegung einer Norm ist allein den Gerichten überantwortet.[8]

23 Ist der auslösende Bescheid **am bzw. vor dem 18.12.2006** ergangen, ist § 32a KStG nicht anwendbar. Mangels einer Regelungslücke findet § 32a KStG in diesen Fällen auch keine analoge Anwendung.[9]

24–30 *(Einstweilen frei)*

4. Konkurrenzen

a) Zu den Berichtigungsvorschriften der AO

31 Die Vorschrift schafft eine weitere Berichtigungsmöglichkeit **neben den Berichtigungsmöglichkeiten der AO** (§§ 164 Abs. 2, 172 ff. AO) und unabhängig von diesen.[10] So ist eine Berichtigung zugunsten eines Gesellschafters gem. § 32a KStG z. B. nicht davon abhängig, dass diesen kein grobes Verschulden i. S. v. § 173 Abs. 2 AO trifft, da eine solche Voraussetzung in § 32a KStG

---

1 BFH, Beschluss v. 29. 8. 2012 - VIII B 45/12, BStBl 2012 II 839.
2 BFH, Urteil v. 6. 9. 2011 - VIII R 55/10, BFH/NV 2012, 269 = NWB NAAAD-97971; *Frotscher*/*Drüen*, § 32a Rz. 14, *Werth*, HFR 2012, 1157.
3 BFH, Urteil v. 16. 12. 2014 - VIII R 30/12, BStBl 2015 II 858; *Rengers* in Blümich KStG § 32a Rz. 9; a. A. jedoch BT-Drucks. 16/2712, 71; *Frotscher*/*Drüen*, § 32a Rz. 13; *Kroschel* in Bott/Walter, § 32a Rz. 23; *Rödel*, INF 2007, 176, 178; *Schlagheck*, StBp 2008, 163; *Schnitger*/*Fehrenbacher*, § 32a Rz. 14; *Schulte*/*Altrichter-Herzberg* in Erle/Sauter § 32a Rz. 12.
4 Siehe *Kohlhaas*, DStR 2013, 122, 124, der dies zugunsten des Steuerpflichtigen für möglich hält; a. A. FG Niedersachsen, Urteil v. 10. 2. 2011 - 6 K 241/09, EFG 2011, 947.
5 Wie hier *Kohlhaas*, DStR 2013, 122, 124 f.; *ders.*, GmbHR 2015, 1035, 1039 f.; *Rengers* in Blümich KStG § 32a Rz. 9; *Stöber* in Lademann, § 32a KStG Rz. 49, 51; *Stöber*, FR 2013, 448, 451 f.; gegen die Möglichkeit einer verfassungskonformen Auslegung FG Köln, Urteil v. 20. 4. 2016 - 4 K 2717/09, NWB SAAAF-74815 (Az. beim BVerfG: 2 BvL 7/16).
6 BT-Drucks. 16/2712, 71.
7 A. A. *Kroschel* in Bott/Walter, § 32a Rz. 23.
8 BFH, Urteil v. 11. 12. 2013 - I R 4/13, BStBl 2014 II 791.
9 BFH, Urteil v. 6. 9. 2011 - VIII R 55/10, BFH/NV 2012, 269 = NWB NAAAD-97971.
10 Ebenso *Benecke*, NWB 40/2006, 3341, 3342; *Stöber* in Lademann, § 32a KStG Rz. 176; *Stöber*, FR 2013, 448, 449; *Trossen*, DStR 2006, 2295, 2297; vgl. nunmehr auch BFH, Beschluss v. 20. 5. 2014 - III B 135/13, BFH/NV 2014, 1351 = NWB SAAAE-70356.

nicht vorgesehen ist.¹ Wird z. B. bei einer Gesellschaft eine vGA nachträglich erfasst und kann beim Gesellschafter der Bescheid sowohl nach § 32a KStG als auch nach § 164 Abs. 2 AO geändert werden, so ist es unerheblich, nach welcher Vorschrift das FA die Änderung dann tatsächlich durchführt.² Nach der Rechtsprechung des BFH ist es sogar unerheblich, wenn im Änderungsbescheid eine falsche Berichtigungsvorschrift angegeben ist, solange nur überhaupt die Voraussetzungen einer Berichtigungsvorschrift vorliegen.³ Daher wäre bei Angabe einer Berichtigung nach § 164 Abs. 2 AO, die wegen Ablaufs der Festsetzungsfrist nicht mehr möglich ist, der Änderungsbescheid dennoch rechtmäßig, wenn die Voraussetzungen des § 32a KStG vorliegen und die dort festgesetzte Verlängerung der Festsetzungsfrist noch nicht abgelaufen ist.

b) Zu den Vorschriften der materiellen Korrespondenz

Die Vorschrift des § 3 Nr. 40 Satz 1 Buchst. d Satz 2 f. EStG versagt der natürlichen Person als Gesellschafter einer Körperschaft die teilweise Steuerbefreiung für Ausschüttungen, auch vGA, wenn diese vGA bei der Gesellschaft nicht versteuert wurde. Die Vorschrift des § 8b Abs. 1 Satz 2 KStG versagt einer Kapitalgesellschaft als Gesellschafter einer Körperschaft die vollständige Steuerbefreiung für Ausschüttungen, auch vGA, wenn diese vGA bei der ausschüttenden Gesellschaft nicht versteuert wurde. Diese Vorschriften sind materiell-rechtliche Vorschriften, die zwar denselben Themenkreis berühren, wie § 32a KStG, sich mit diesem aber **nicht überschneiden**. Durch § 32a KStG wird nur eine Änderungsmöglichkeit eröffnet; ob diese Änderung vorgenommen wird, hängt von der materiellen Rechtslage und davon ab, ob sich aufgrund des materiellen Rechts eine steuerliche Auswirkung ergibt. Dies kann aufgrund von § 3 Nr. 40 Satz 1 Buchst. d Satz 2 EStG und § 8b Abs. 1 Satz 2 KStG zu verneinen sein, so dass dann von einer eröffneten Änderungsmöglichkeit kein Gebrauch gemacht wird. Gleiches gilt bei verdeckten Einlagen gem. § 8 Abs. 3 Sätze 3 bis 6 KStG.

Übersicht: Feststellung einer vGA bei einer Körperschaft/verdeckten Einlage beim Gesellschafter (nach *Lang* in DPM, § 32a Rz. 21, 50).

	Beide Veranlagungen offen (§ 164 AO)	Bescheid der Körperschaft offen (§ 164 AO); Bescheid des Gesellschafters bestandskräftig	Bescheid der Körperschaft bestandskräftig; Bescheid des Gesellschafters offen (§ 164 AO)	Beide Veranlagungen nicht mehr änderbar

---

1 *Schnitger*/Fehrenbacher § 32a KStG Rz. 13; *Stöber* in Lademann, § 32a KStG Rz. 176.
2 A. A. *Lang* in DPM, § 32a Rz. 10.
3 BFH, Entscheidungen v. 5. 2. 1992 - V B 60/91, BFH/NV 1992, 579 = NWB ZAAAB-33191; v. 25. 11. 1980 - VIII R 32/77, BStBl 1981 II 419; für den Fall der unzutreffenden Angabe des § 173 Abs. 1 Nr. 1 AO, in dem aber die Voraussetzungen des § 32a Abs. 1 KStG vorliegen: BFH, Urteil v. 12.6.2018 - VIII R 38/14, BFH/NV 2018, 1141 = NWB UAAAG-94179.

Verdeckte Gewinnausschüttung bei einer Körperschaft (§ 32a Abs. 1 KStG)	Beide Bescheide können nach § 164 AO geändert werden.	Änderungen des Bescheids der Körperschaft nach § 164 AO, Änderung des Bescheids des Gesellschafters nach § 32a Abs. 1 KStG	Keine Änderung des Bescheids der Körperschaft, Bescheid des Gesellschafters zwar änderbar, die Vorteile daraus werden aber materiell von § 3 Nr. 40 Satz 1 Buchst. d Satz 2 EStG oder § 8b Abs. 1 Satz 2 KStG versagt. Ergebnis: Keine Änderung	Keine Änderung des Bescheids der Körperschaft; beim Gesellschafter eröffnet auch § 32a Abs. 1 KStG keine Änderungsmöglichkeit.
Verdeckte Einlage beim Gesellschafter (§ 32a Abs. 2 KStG)	Beide Bescheide können nach § 164 AO geändert werden.	Keine Änderung des Bescheids des Gesellschafters, Bescheid der Gesellschaft zwar änderbar, die Vorteile daraus werden aber materiell von § 8 Abs. 3 Satz 4 KStG versagt. Ergebnis: Keine Änderung	Änderung des Bescheids des Gesellschafters gem. § 164 AO, des Bescheids der Körperschaft gem. § 32a Abs. 2 KStG	Keine Änderung des Bescheids des Gesellschafters, bei der Körperschaft eröffnet auch § 32a Abs. 2 KStG keine Änderungsmöglichkeit.

5. Verfahrensrecht

34 Auch nach Einführung des § 32a KStG besteht kein Anlass den Gesellschafter zu einem Verwaltungsverfahren über das Vorliegen einer vGA nach § 360 Abs. 3 AO hinzuzuziehen bzw. zu einem Gerichtsverfahren über das Vorliegen einer vGA bei der Gesellschaft gem. § 60 Abs. 3 FGO beizuladen, da die Vorschrift keine zwingende Verbindung zwischen beiden Ebenen schafft.[1] Aus demselben Grund braucht auch die Gesellschaft nicht bei einem Gerichtsverfahren des Gesellschafters über verdeckte Einlagen beigeladen zu werden. Eine einfache Hinzuziehung nach § 360 Abs. 1 AO bzw. § 60 Abs. 1 FGO ist indes in beiden Fällen möglich.[2]

35 Obsiegt die Körperschaft in einem Gerichtsverfahren, in dem zwischen den Beteiligten das Vorliegen einer vGA streitig war und wird daraufhin nach § 32a Abs. 1 Satz 1 KStG der Einkommensteuerbescheid des Gesellschafters, dem die vGA zugerechnet worden war, geändert, hat

---

[1] BFH, Entscheidungen v. 2.12.2014 - VIII R 45/11, BFH/NV 2015, 683 = LAAAE-86104; v. 25.9.2018 - I B 49/16, BFH/NV 2019, 288 = GAAAH-07926; *Kohlhepp*, DStR 2009, 1416, 1418; *Kroschel* in Bott/Walter, § 32a Rz. 12.
[2] *Kroschel* in Bott/Walter, § 32a Rz. 12; vgl. auch BFH, Beschluss v. 28.7.2014 - I B 21/14, BFH/NV 2014, 1881 = NWB PAAAE-77317.

der Gesellschafter **keinen Anspruch auf Prozesszinsen** gem. § 236 AO. Ein Anspruch nach § 236 Abs. 1 AO scheidet bereits deshalb aus, weil der Einkommensteuerbescheid nicht der streitbefangene Verwaltungsakt war. Ein Anspruch kann auch nicht auf § 236 Abs. 2 Nr. 1 Buchst. a AO gestützt werden, nach dem § 236 Abs. 1 AO entsprechend anzuwenden ist, wenn eine rechtskräftige gerichtliche Entscheidung oder ein unanfechtbarer Verwaltungsakt, durch den sich ein Rechtsstreit erledigt hat, zur Herabsetzung der in einem Folgebescheid festgesetzten Steuer führt. Denn der Körperschaftsteuerbescheid und der Einkommensteuerbescheid stehen nicht im Verhältnis von Grundlagen- und Folgebescheid gem. § 171 Abs. 10, § 175 Abs. 1 Satz 1 Nr. 1 AO (vgl. → Rz. 2). Mangels Regelungslücke kommt auch eine analoge Anwendung des § 236 AO nicht in Betracht.[1] Ein Anspruch des Gesellschafters auf Zahlung von Zinsen im Erstattungsfall kann sich allein aus § 233a AO ergeben.

(Einstweilen frei) 36–50

B. Verfahrensrechtliche Korrespondenz bei vGA (§ 32a Abs. 1 KStG)

I. Tatbestandsmerkmale für die Korrespondenz bei vGA

Die Anwendung des § 32a Abs. 1 KStG setzt voraus, dass 51

- gegenüber einer Körperschaft
- ein Steuerbescheid
- hinsichtlich der Berücksichtigung einer verdeckten Gewinnausschüttung
- erlassen, aufgehoben oder geändert wird.

1. Körperschaft

Die Anwendung des § 32a KStG setzt einen Steuerbescheid gegenüber einer Körperschaft voraus, durch § 32a Abs. 1 Satz 3 KStG werden indes auch alle anderen körperschaftsteuerpflichtigen Subjekte einbezogen. 52

2. Steuerbescheid

Ein Steuerbescheid ist jeder Bescheid, durch den eine Steuer festgesetzt wird, vgl. § 155 Abs. 1 AO. Daher ist ein Steuerbescheid einer Körperschaft der 53

- Körperschaftsteuerbescheid,
- Gewerbesteuerbescheid,
- Umsatzsteuerbescheid,
- Kapitalertragsteuerbescheid und
- Grunderwerbsteuerbescheid.

Geradezu ein **Einfallstor** für § 32a Abs. 1 KStG ist der **Kapitalertragsteuerbescheid**. Da vGA in aller Regel nicht erklärt, sondern im Rahmen einer Betriebsprüfung aufgedeckt werden, wird eine KapESt-Erklärung häufig gar nicht existieren. Damit greift die Anlaufhemmung des § 170 Abs. 2 Nr. 1 AO wegen Nichterklärung einer erklärungspflichtigen Steuer (drei Jahre). Somit ist 54

---

1 BFH, Urteil v. 18. 9. 2012 - VIII R 9/09, BStBl 2013 II 149.

es im Einzelfall möglich, dass alle Bescheide bei der Körperschaft schon festsetzungsverjährt sind, der Kapitalertragsteuerbescheid jedoch wegen dieser Anlaufhemmung noch erlassen werden kann. Grundsätzlich wird der **Anwendungsbereich** der Vorschrift aber nach dem Wortlaut bereits **eröffnet, wenn auch nur ein einziger der genannten Bescheide** im Hinblick auf eine vGA **erlassen, aufgehoben oder geändert wird.** Es ist unerheblich, ob noch einer oder mehrere weitere Bescheide im Hinblick auf die vGA geändert werden oder nicht (z. B. weil sie bestandskräftig oder gar festsetzungsverjährt sind).

55 Sinngemäß anwendbar ist § 32a Abs. 1 KStG nach Auffassung des BFH,[1] wenn zwar ein Steuerbescheid während des anhängigen Insolvenzverfahrens der Gesellschaft nicht geändert wird, sich das Finanzamt aber gleichwohl mit dem Insolvenzverwalter dahin gehend einigt, dass die vGA zu verringern ist und deshalb die zur Insolvenztabelle angemeldete Forderung vermindert. Wenn sich im Insolvenz-Feststellungsverfahren die Beteiligten über eine Verminderung der ursprünglich angesetzten vGA einigen, das Finanzamt seine Anmeldungen zur Insolvenztabelle entsprechend vermindert und die Beteiligten den Rechtsstreit in der Körperschaftsteuersache dann in der Hauptsache für erledigt erklären, spricht das nach Auffassung des BFH dafür, dass die geänderten Körperschaftsteuerberechnungen, die zu einer Verminderung der angemeldeten Körperschaftsteuerforderungen geführt haben, jedenfalls im Ergebnis einer Änderung der Körperschaftsteuerbescheide gleichkommen. Dies führt jedoch nicht zu einer Ermessensreduzierung auf null (→ Rz. 75), aufgrund derer die ggf. zur Insolvenztabelle angemeldeten Forderungen auf Einkommensteuer entsprechend zu mindern wären.[2]

56 Kein Steuerbescheid ist hingegen der

- Feststellungsbescheid gem. §§ 27, 37, 38 KStG,[3]
- Verlustfeststellungsbescheid[4] und der
- Gewerbesteuermessbescheid.[5]

57 Wirkt sich eine vGA wegen bestehender Verlustvorträge bei der Gesellschaft nicht aus, so wird nur der **Verlustfeststellungbescheid** geändert, nicht aber der Körperschaftsteuerbescheid. Nach dem Wortlaut der Vorschrift ist dies für die Anwendung des § 32a KStG nicht ausreichend.[6] § 32a Abs. 1 KStG ist jedoch in diesem Fall **analog anzuwenden**.[7]

3. Erlass, Aufhebung oder Änderung hinsichtlich einer vGA

58 Der Steuerbescheid muss hinsichtlich der Berücksichtigung einer vGA

- erlassen,
- aufgehoben oder

---

[1] BFH, Entscheidungen v. 20. 3. 2009 - VIII B 170/08, BFHE 224, 439 = NWB AAAAD-19027; v. 24. 6. 2014 - VIII R 54/10, BFH/NV 2014, 1501 = NWB RAAAE-72202; a. A. hingegen *Stöber*, FR 2013, 448, 453, der eine analoge Anwendbarkeit nur anerkennen will, wenn sich dies zugunsten des Steuerpflichtigen auswirkt oder die Änderung von diesem beantragt worden ist.
[2] BFH, Urteil v. 24. 6. 2014 - VIII R 54/10, BFH/NV 2014, 1501 = NWB RAAAE-72202.
[3] *Benecke*, NWB 40/2006, 3341, 3343.
[4] *C. Pohl*, DStR 2007, 1336, 1337, a. A. *D. Pohl/Raupach*, FR 2007, 210, 212.
[5] *Stöber* in Lademann, § 32a KStG Rz. 71.
[6] *C. Pohl*, DStR 2007, 1336, 1337; einschränkend *Schulte/Altrichter-Herzberg* in Erle/Sauter, § 32a Rz. 15; a. A. *D. Pohl/Raupach*, FR 2007, 210, 212; *Schnitger*/Fehrenbacher § 32a KStG Rz. 17.
[7] So auch FG Berlin-Brandenburg, Urteil v. 4. 11. 2014 - 6 K 6114/12, EFG 2015, 330; *Frotscher*/Drüen, § 32a Rz. 23; a. A. *Brühl*, GmbHR 2015, 1303 f.

▶ geändert

werden. Ein Steuerbescheid wird erlassen, wenn erstmalig eine Steuerfestsetzung ergeht; aufgehoben oder geändert wird er nach §§ 129, 164 Abs. 2 Satz 1, 172 bis 177 AO.

Der Erlass, die Aufhebung oder Änderung muss hinsichtlich einer vGA erfolgen. Hierfür reicht neben einer **vGA gem. § 8 Abs. 3 Satz 2 KStG** auch eine **vGA nach § 8a KStG a. F.** Die Zinsschranke nach § 8a KStG n. F. löst hingegen keine vGA mehr aus und führt daher nicht zur Anwendung von § 32a KStG. Die Folgen der Umqualifizierung einer bislang als steuerpflichtig behandelten Gewinnausschüttung in eine steuerfreie Einlagenrückgewähr und umgekehrt fallen ebenfalls nicht unter § 32a KStG. Liegt also im Nachhinein aufgrund der Verringerung des ausschüttbaren Gewinns eine steuerfreie Einlagenrückgewähr vor bzw. erhöht sich der ausschüttbare Gewinn und die Leistungen sind insoweit steuerpflichtig, können die entsprechenden Folgerungen beim Gesellschafter nicht mehr gezogen werden, wenn seine Veranlagung bestandskräftig erfolgt ist.[1] Die Prüfung, ob ein ausländischer Steuerbescheid eine vGA enthält, richtet sich danach, ob der Bescheid Besteuerungsgrundlagen enthält, die mit einer vGA nach inländischem Verständnis vergleichbar sind.[2]

59

Da die Änderung hinsichtlich einer vGA erfolgen muss, reicht ein Erlass, eine Änderung oder Aufhebung aus einem anderen Grund nicht. Andererseits ist es unschädlich, wenn ein anderer Anlass zusätzlich in dem Bescheid abgearbeitet wird.[3]

60

Entsprechend der Formulierung des Gesetzes kommt es nur darauf an, dass der Steuerbescheid der Körperschaft **tatsächlich** hinsichtlich einer vGA erlassen, geändert oder aufgehoben wurde. Dies setzt in zeitlicher Hinsicht voraus, dass der die Änderung auslösende Bescheid ergangen sein muss, um eine Korrekturmöglichkeit auszulösen.[4] Es kommt hingegen nicht darauf an, ob dies **zu Recht** geschah.[5] § 32a Abs. 1 KStG stellt keine materielle, sondern lediglich eine formelle Korrespondenz her; ob und inwieweit tatsächlich eine vGA vorliegt, hat das für den Gesellschafter zuständige Finanzamt selbst zu entscheiden. Hierfür spricht schon, dass die vom Referentenentwurf des JStG 2007[6] vorgesehene Bekanntgabe des Körperschaftsteuerbescheides an den Gesellschafter vom Gesetzgeber nicht übernommen worden ist. Ferner muss das für den Gesellschafter zuständige Finanzamt zumindest in die Lage versetzt werden, den Zufluss selbständig zu prüfen.[7]

61

Da es nur darauf ankommt, dass ein Bescheid tatsächlich erlassen, aufgehoben oder geändert wird, ist unerheblich, ob der Bescheid gegen die Körperschaft bestandskräftig geworden ist. Auch wenn über seine Rechtmäßigkeit in einem Einspruchs- oder Klageverfahren noch gestritten wird, ist eine Änderung nach § 32a Abs. 1 KStG möglich.[8]

62

---

1 *Trossen*, DStR 2006, 2295, 2297.
2 Gosch/*Bauschatz* § 32a Rz. 20; a. A. *Stöber* in Lademann, § 32a KStG Rz. 90; *Stöber*, FR 2013, 448, 453 f., der eine Änderung zu Lasten des Steuerpflichtigen nicht für möglich hält.
3 *Lang* in DPM, § 32a Rz. 15.
4 *Rengers* in Blümich KStG § 32a Rz. 38; *Lang* in DPM, § 32a Rz. 43.
5 Gosch/*Bauschatz*, § 32a Rz. 21; *Schulte/Altrichter-Herzberg* in Erle/Sauter, § 32a Rz. 16.
6 BMF, Schreiben v. 18. 7. 2006, BStBl 2006 I 450.
7 *Rengers* in Blümich, KStG, § 32a Rz. 35; *D. Pohl/Raupach*, FR 2007, 210, 212.
8 So auch *Frotscher*/Drüen, § 32a Rz. 27; *Lang* in DPM § 32a Rz. 13.

63 Seinem Wortlaut nach greift § 32a Abs. 1 KStG nicht ein, wenn ein Erlass, eine Aufhebung oder Änderung unterbleibt, obwohl materiell-rechtlich von einer vGA auszugehen ist. Grund hierfür kann sein, dass der Steuerpflichtige nach § 177 AO saldieren kann.[1] Ebenso ist denkbar, dass die Aufdeckung des Sachverhalts zunächst eine Bilanzkorrektur erforderlich macht, die anschließend außerbilanziell durch die Hinzurechnung einer vGA korrigiert wird.[2] Ferner kann der Fall eintreten, dass die vGA aufgrund von Verlusten nicht zu einer Änderung des Steuerbescheides führt. § 32a Abs. 1 KStG kann in diesen Fällen auch nicht analog angewendet werden. Angesichts des klaren Wortlauts, mit dem sich der Gesetzgeber für eine bloß formelle Korrespondenz entschieden hat, fehlt es bereits an einer Regelungslücke.[3]

64–70 *(Einstweilen frei)*

II. Rechtsfolgen der Korrespondenz bei vGA

1. Überblick

71 Sind die o. g. Voraussetzungen erfüllt gegeben, so
- kann
- ein Steuerbescheid oder Feststellungsbescheid
- gegenüber dem Gesellschafter, dem die verdeckte Gewinnausschüttung zuzurechnen ist oder einer diesem nahestehenden Person
- erlassen, aufgehoben oder geändert werden.
- Die Festsetzungsfrist dafür endet nicht vor Ablauf eines Jahres nach Unanfechtbarkeit des Steuerbescheides der Körperschaft.
- Dies gilt ausdrücklich auch für vGA i. S. d. § 20 Abs. 1 Nr. 9 und 10a EStG.

72 Grundsätzlich führt dies also dazu, dass eine vGA, die bei der Gesellschaft erfasst und versteuert wurde, auch beim Gesellschafter noch erfasst werden kann.[4]

BEISPIELE: Bei einer Betriebsprüfung der X-GmbH einigen sich der Prüfer und der Steuerberater darauf, dass das Gehalt des Gesellschafter-Geschäftsführers um 20 000 € überhöht war und insoweit zu einer vGA führt. Der KSt-Bescheid der GmbH wird gem. § 164 Abs. 2 Satz 1 AO entsprechend geändert. Im ESt-Bescheid des Gesellschafter-Geschäftsführers ist der Betrag bereits nach § 19 EStG als Einkünfte aus nichtselbständiger Tätigkeit berücksichtigt worden. Einer Erfassung mit Abgeltungssteuer steht die Bestandskraft des ESt-Bescheides entgegen, die Änderungsvorschriften der AO greifen ebenfalls nicht. Diese Änderung zum Vorteil des Gesellschafter-Geschäftsführers kann nun nach § 32a Abs. 1 KStG erfolgen.

Der Gesellschafter X hat der X-GmbH ein Grundstück verkauft. Der Zufluss des Kaufpreises war steuerlich nicht zu erfassen, da keine Spekulation vorlag. Im Rahmen einer Betriebsprüfung wird festgestellt, dass der Kaufpreis überhöht war. Ein Teil wird als vGA angesehen. Die Änderungen bei der Gesellschaft werden gem. § 164 Abs. 2 Satz 1 AO durchgeführt, bei dem Gesellschafter ergibt sich eine verfahrensrechtliche Lage wie im vorherigen Beispiel. Wiederum ist nun eine Änderung gem. § 32a Abs. 1 KStG möglich, diesmal zum Nachteil des Gesellschafters.

---

[1] Eine Korrekturmöglichkeit dann ebenfalls ablehnend *Schnitger*/Fehrenbacher § 32a Rz. 18; *Schulte*/Altrichter-Herzberg in Erle/Sauter, § 32a Rz. 14.

[2] *Lang* in DPM, § 32a Rz. 14a.

[3] So auch *Lang* in DPM, § 32a Rz. 14a; im Ergebnis auch *Kroschel* in Bott/Walter, § 32a Rz. 19; a. A. FG Baden-Württemberg, Urteil v. 8. 2. 2012 - 4 K 4769/10, DStR 2013, 10; *Stöber*, FR 2013, 448, 452, der eine analoge Anwendung zugunsten oder auf Antrag des Steuerpflichtigen für denkbar hält.

[4] Vgl. auch BFH, Beschluss v. 20. 3. 2009 - VIII B 170/08, BFHE 224, 439 = NWB AAAAD-19027.

Der Umfang der Änderung durch § 32a Abs. 1 KStG umfasst jeweils die gesamte materielle Rechtsfolge, also im ersten Beispiel nicht nur die Erfassung der vGA mit Abgeltungsteuer, sondern auch die Korrektur der Versteuerung nach § 19 EStG, bei Kapitalgesellschaften als Gesellschafter nicht nur die Erfassung der vGA nach § 8b Abs. 1 KStG, sondern auch die Erhöhung der nichtabzugsfähigen Ausgaben i. H. v. 5 % der vGA gem. § 8b Abs. 5 KStG.[1]

73

Nicht unbeachtlich ist jedoch die **verfahrensrechtliche Situation**. Liegt ein aufgrund einer vGA geänderter Körperschaftsteuerbescheid in dem Moment vor, in dem der Einkommensteuerbescheid erlassen wird, muss das FA bei diesem Bescheid die Korrespondenz herstellen. Es kann nicht nach Erlass dieses Bescheides eine Änderung auf § 32a Abs. 1 KStG stützen. Insoweit hat das FA nur „einen Versuch frei".[2] Eine weitere Auffassung mag ggf. durch den Zweck gedeckt sein, eine weitgehende Korrespondenz herzustellen, ist jedoch nicht von der unmittelbar im Wortlaut beschriebenen Situation erfasst und zudem im Hinblick auf die durch die Rechtssicherheit gebotene Bestandskraft, die nur in den gesetzlich geregelten Fällen durchbrochen werden soll und daher nur eingeschränkt einer analogen Anwendung zugänglich sein kann, bedenklich.

73a

2. Änderungsmöglichkeit („kann")

Nach einer in der Literatur vertretenen Auffassung besteht zwischen der Änderung des KSt-Bescheids und der darauf folgenden Änderung des ESt-Bescheids ein **Grundlagenbescheid-Folgebescheid-Verhältnis**. Der Folgebescheid (ESt-Bescheid) ist also zwingend zu ändern, wenn der Grundlagenbescheid geändert wurde. Das „kann" in der Vorschrift diene nur der Differenzierung zwischen den unterschiedlichen Folgen der vGA, räume aber kein Ermessen des Finanzamtes ein.[3] Es stellt nach den Vertretern dieser Auffassung ein bloßes **„Kompetenz-Kann"** dar. Konsequenterweise ist nach dieser Auffassung der ESt-Bescheid auch dann zu ändern, wenn im KSt-Bescheid zu Unrecht eine vGA angenommen wurde.[4]

74

Diese Auffassung vermag nicht zu überzeugen.[5] Allein der Umstand, dass das Vorliegen einer vGA auf Gesellschafts- und Gesellschafterebene wegen des Erfordernisses des Zuflusses bei dem Gesellschafter zeitlich und der Höhe nach auseinanderfallen kann, zeigt, dass der Gesetzgeber eine zwingende Reaktion des für den Gesellschafter zuständigen Finanzamts auf den Erlass, die Aufhebung oder Änderung des Steuerbescheides der Gesellschaft nicht gewollt haben kann. Für einen Ermessensspielraum spricht ferner, dass im Referentenentwurf des JStG 2007[6] noch die Formulierung „ist zu erlassen" enthalten war.[7] Das Ermessen ist aber auf „0" reduziert, wenn die Steuerfestsetzung für den Gesellschafter ohne die Änderung sachlich unrichtig wäre und daher jede andere Entscheidung als die der Änderung der unrichtigen Steuerfestset-

75

---

1 Ebenso *Schlagheck*, StBp 2008, 163, 164 f.
2 *Brühl*, GmbHR 2015, 1303, 1307 f.; tendenziell auch BFH, Beschluss v. 5. 6. 2015 - VIII B 20/15, NWB MAAAE-99383; *Rengers* in Blümich, KStG, § 32a Rz. 38.
3 *Briese*, BB 2006, 2110, 2111; *Rödel*, INF 2007, 176, 179.
4 So *Briese*, BB 2006, 2110, 2111.
5 Wie hier BFH, Entscheidungen v. 20. 3. 2009 - VIII B 170/08, BFHE 224, 439 = NWB AAAAD-19027; v. 18. 9. 2012 - VIII R 9/09, BStBl 2013 II 149; *Benecke*, NWB 40/2006, 3341, 3343; *Dötsch/Pung*, DB 2007, 11, 12; *Intemann*, GStB 2007, 341, 342; *Kohlhepp*, DStR 2007, 1502, 1503; *C. Pohl*, DStR 2007, 1336, 1338; *D. Pohl/Raupach*, FR 2007, 210, 212 f.; *Schlagheck*, StBp 2008, 163, 164.
6 BMF, Schreiben v. 18. 7. 2006, BStBl 2006 I 450.
7 *C. Pohl*, DStR 2007, 1336, 1338.

zung als ermessenswidrig beurteilt werden müsste.[1] In der Praxis führt dies regelmäßig zu einer Ermessensreduzierung auf „0" um eine gleichmäßige Besteuerung durchzusetzen.[2] Dies gilt sowohl zu Gunsten als auch zu Lasten des Steuerpflichtigen.[3] Andererseits eröffnet das Ermessen die Möglichkeit, von einer Änderung der Steuerbescheide des Gesellschafters oder der nahe stehenden Person abzusehen, wenn die Beurteilung auf der Gesellschaftsebene rechtsfehlerhaft war.[4] Im Ergebnis wird sich der Ermessensspielraum grundsätzlich in einer eigenständigen Überprüfung des Vorliegens einer vGA auf Gesellschafterebene bzw. der Ebene der nahe stehenden Person erschöpfen.[5]

76 Das Finanzamt des Gesellschafters hat also die folgende Prüfungsreihenfolge zu beachten:[6]

▶ Ist ein Körperschaftsteuerbescheid unter Berücksichtigung einer vGA erlassen, aufgehoben oder geändert worden?

▶ Geschah dieser Erlass/Aufhebung/Änderung formell und materiell rechtmäßig?

▶ Liegt eine vGA beim Gesellschafter gem. § 20 Abs. 1 Satz 1 Nr. 1 Satz 2 EStG vor?

77 Wenn das FA alle diese Fragen bejaht, muss es die Änderung zwingend vornehmen. Ein Ermessensspielraum besteht dann aufgrund einer Ermessensreduzierung auf „0" nicht. Insbesondere kann es nicht die Gewährung einer Änderung nach § 32a Abs. 1 KStG von zusätzlichen Voraussetzungen abhängig machen,[7] z. B. einem Verschulden an der vGA.[8]

3. Steuerbescheid oder Feststellungsbescheid

78 Nach dem Gesetzeswortlaut kann ein Steuerbescheid geändert werden. Was ein Steuerbescheid ist, ergibt sich aus § 155 Abs. 1 AO (s. o. → Rz. 53). Nach dem Gesetzeswortlaut können auch **Feststellungsbescheide** geändert werden. Das kommt in Betracht, wenn

▶ eine Gemeinschaft oder Personengesellschaft Gesellschafter einer Körperschaft ist und eine vGA erhält,

▶ die Anteile an einer Körperschaft in einem Betriebsvermögen gehalten werden und der Gewinn aus Gewerbebetrieb gem. § 180 Abs. 1 Nr. 2b AO gesondert festgestellt wird, weil das für den Betrieb zuständige FA nicht zugleich das Wohnsitzfinanzamt des Unternehmers ist oder

▶ durch die dem Gesellschafter zuzurechnende vGA ein festgestellter Verlust geringer wird.

---

[1] BFH, Beschluss v. 20. 3. 2009 - VIII B 170/08, BFHE 224, 439 = NWB AAAAD-19027; v. 29. 8. 2012 - VIII B 45/12, BStBl 2012 II 839; FG Münster, Urteil v. 17.5.2017 - 7 K 1158/14 E, NWB DAAAG-51093, EFG 2017, 1148, mit Anm. *Schober*.
[2] *Frotscher/Drüen*, § 32a Rz. 36; *Kroschel* in Bott/Walter, § 32a Rz. 47; *Schulte/Behnes*, BB Special 9/2007, 1.
[3] BFH, Beschluss v. 29. 8. 2012 - VIII B 45/12, BStBl 2012 II 839; a. A. *Stöber*, FR 2013, 448, 451: Ermessensreduktion auf „0" nur bei Änderungen, die für den Steuerpflichtigen günstig oder von ihm beantragt worden sind.
[4] *Gosch/Bauschatz* § 32a Rz. 28.
[5] So auch *C. Pohl*, DStR 2007, 1336, 1338; vgl. auch *Rengers* in Blümich, KStG, § 32a Rz. 34.
[6] Vgl. *D. Pohl/Raupach*, FR 2007, 210, 214; ähnlich auch *Schlagheck*, StBp 2008, 163, 164; *Kohlhepp*, DStR 2009, 1416, 1418.
[7] Z. B. Begleichung der Steuerschuld durch die GmbH, ebenso *D. Pohl/Raupach*, FR 2007, 210, 214.
[8] Ebenso *Kohlhepp*, DStR 2009, 1416, 1418.

4. Bescheidadressat (Gesellschafter oder nahe stehende Person)

Der Steuerbescheid (oder Feststellungsbescheid) muss gegenüber dem **Gesellschafter**,[1] dem die vGA zuzurechnen ist oder gegenüber einer diesem nahe stehenden Person[2] ergangen sein. Wie schon das Wort „ein" vor „Steuerbescheid" nicht als eine Begrenzung der Anzahl der zu ändernden Bescheide verstanden werden darf, so ist auch das Wort „oder" nicht als eine solche Begrenzung zu verstehen. Es können nicht nur entweder die **Bescheide gegenüber dem Gesellschafter** oder die Bescheide gegenüber der **nahe stehenden Person** geändert werden, sondern grundsätzlich beide.[3]

Dies gilt auch bei **mehrstufigen Beteiligungsverhältnissen**:

> **BEISPIEL:** Die M-AG hält alle Anteile an der T-GmbH, die ihrerseits alle Anteile an der E-GmbH hält. Die E-GmbH zahlt der M-AG eine überhöhte Miete für ihre Büroräume. Wird diese vGA bei E erfasst, so können nach § 32a Abs. 1 KStG auch die Bescheide bei T-GmbH und M-AG noch geändert werden.[4]

Es ist aber nicht ausreichend, wenn nur der Bescheid gegenüber der ausschüttenden Gesellschaft noch geändert werden kann.

> **BEISPIEL:**
>
>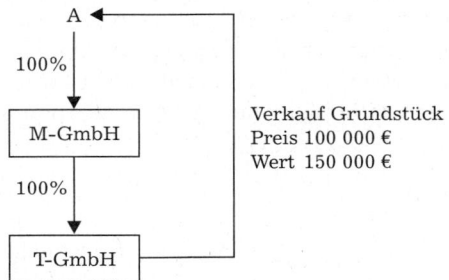
>
> Der natürlichen Person A gehören alle Anteile an der M-GmbH, der alle Anteile an der T-GmbH gehören. Die T-GmbH verkauft A ein Grundstück für 100 000 €, statt 150 000 € Marktpreis. Die Bescheide des A und der T-GmbH sind nicht mehr änderbar, der Bescheid der M-GmbH steht jedoch unter Vorbehalt der Nachprüfung gem. § 164 Abs. 1 AO. Die vGA erfolgt hier von der T-GmbH an die M-GmbH und von dieser an A. Bei der M-GmbH ist die vGA noch zu erfassen und ebenso die Weitergabe an A. Durch § 32a Abs. 1 KStG ergibt sich jedoch keine Handhabe den Bescheid bei T-GmbH zu ändern, da dieser nur beim Empfänger einer vGA wirkt.[5]

Die Formulierung bietet dabei keine eigene **Definition der nahe stehenden Person**. Sie ergibt sich vielmehr anhand der zu § 8 Abs. 3 Satz 2 KStG entwickelten Grundsätze.[6]

(Einstweilen frei) 83–90

---

1 Dazu näher *Klein/Müller/Döpper* in Mössner/Seeger/Oellerich, KStG, § 8 Rz. 336 ff.
2 Dazu näher *Klein/Müller/Döpper* in Mössner/Seeger/Oellerich, KStG, § 8 Rz. 346 ff.
3 *C. Pohl*, DStR 2007, 1336, 1338; *Kohlhepp*, DStR 2007, 1502, 1505; *Intemann*, GStB 2007, 341, 342; *Schlagheck*, StBp 2008, 163, 167.
4 Ebenso *Intemann*, GStB 2007, 341, 346; *Schlagheck*, StBp 2008, 163, 167.
5 *A. A. Benecke*, NWB 40/2006, 3341, 3346, ohne Begründung.
6 Vgl. zur Definition *Klein/Müller/Döpper* in Mössner/Seeger/Oellerich, KStG, § 8 Rz. 346 ff.; wie hier *Dötsch/Pung*, DB 2007, 11, 13; *Schnitger*/Fehrenbacher § 32a Rz. 33; ähnlich *C. Pohl*, DStR 2007, 1336, 1338: Änderung bei jedem, bei dem sich der vGA-Sachverhalt ausgewirkt hat; a. A. ohne Begründung *D. Pohl/Raupach*, FR 2007, 210, 216, § 1 Abs. 2 AStG entscheidend.

5. Erlass, Aufhebung oder Änderung

a) Allgemeines

91 Sind die Tatbestandsvoraussetzungen des § 32a KStG erfüllt, so kann ein Bescheid gegen den Gesellschafter (oder die nahe stehende Person) erlassen, aufgehoben oder geändert werden. Der **erstmalige Erlass eines Bescheides** ist beim Gesellschafter z. B. denkbar, wenn bei diesem bisher keine Einkommensteuerveranlagung notwendig war und die Notwendigkeit einer Veranlagung wegen einer vGA erstmalig entsteht.

> **BEISPIEL:** Der Alleingesellschafter-Geschäftsführer X der X-GmbH verkauft dieser ein privates Grundstück. Eine ESt-Veranlagung wurde bei ihm nicht vorgenommen, da die Einnahmen aus dem Grundstück keine Spekulationseinkünfte sind und ansonsten nur Einkünfte aus nichtselbständiger Arbeit vorliegen. In der Betriebsprüfung kommt der Prüfer zu der Ansicht, dass der Preis für das Grundstück um 20 000 € überhöht war.
>
> Das Finanzamt erlässt daher einen KSt-Bescheid unter Ansatz dieser vGA. Dies eröffnet die verfahrensrechtliche Möglichkeit, erstmals einen Einkommensteuerbescheid gegen X zu erlassen, wenn auch das ESt-Finanzamt von der Existenz der vGA überzeugt ist.

Eine **Aufhebung** kommt im gleichen Fall in Betracht, wenn später das FA davon überzeugt werden kann, dass doch keine vGA vorliegt und nunmehr eine Veranlagung nicht mehr erforderlich ist. Der Hauptfall für die Anwendung des § 32a Abs. 1 KStG wird aber die **Änderung** bereits vorhandener Bescheide wegen nachträglich (durch die Betriebsprüfung) entdeckter vGA sein.

b) Umfang der Änderung

aa) Allgemein

92 Die **Rechtsfolgen der vGA** können durch § 32a Abs. 1 KStG auf der Gesellschafterebene **umfassend** gezogen werden.[1] Die Änderung ist der Höhe nach nicht an die steuerlichen Auswirkungen auf der Ebene der Körperschaft gebunden.[2] Da die Tatbestandsvoraussetzungen auch gegeben sind, wenn bei einer Körperschaft die Versteuerung einer vGA wegen geänderter Rechtsauffassung wieder rückgängig gemacht wird, gilt dies auch für diesen Fall.[3]

> **BEISPIEL:** Bei der Prüfung der X-GmbH nimmt die Betriebsprüfung an, dass das Gehalt des Alleingesellschafter-Geschäftsführers X um 20 000 € überhöht ist. Es ergehen entsprechend geänderte Bescheide für die GmbH gem. § 164 Abs. 2 Satz 1 AO. Das ESt-Finanzamt für X schließt sich der Beurteilung an und ändert gem. § 32a Abs. 1 KStG den entsprechenden Einkommensteuerbescheid, indem es die Einkünfte aus nichtselbständiger Tätigkeit um 20 000 € reduziert und die Einkünfte aus Kapitalvermögen um 20 000 € erhöht und hierauf Abgeltungsteuer erhebt. Die Gesellschaft obsiegt jedoch im Klageverfahren gegen den Körperschaftsteuerbescheid und so wird dieser erneut geändert und die Steuer ohne Annahme einer vGA festgesetzt. Schließt sich das ESt-Finanzamt nun dieser Beurteilung wiederum an, was sicher zu erwarten ist, so kann es nun beim Geschäftsführer nicht nur die Einkünfte aus Kapitalvermögen um 20 000 € reduzieren, sondern auch den voll zu versteuernden Arbeitslohn um 20 000 € erhöhen.

---

1 *Schlagheck*, StBp 2008, 163, 164; vgl. dazu → Rz. 102 ff.
2 *Lang* in DPM, § 32a Rz. 28a.
3 *Dötsch/Pung*, DB 2007, 11, 12; *Lang* in DPM § 32a Rz. 19.

bb) Mittelbare Folgen

Die **Korrekturmöglichkeit** besteht, wie bereits am Arbeitslohn gezeigt, auch für **mittelbare Folgen der vGA**, was auch bei einer Auswirkung zugunsten des Gesellschafters gilt:

> **BEISPIEL:** Der Alleingesellschafter der X-GmbH, hat bei dieser ein zinsloses Darlehen aufgenommen und damit ein vermietetes Mehrfamilienhaus erworben. In der Betriebsprüfung einigt man sich darauf, dass eine Verzinsung von 20 000 €/Jahr angemessen gewesen wäre und berücksichtigt eine vGA in entsprechender Höhe. Gemäß § 32a Abs. 1 KStG wird die vGA in dem ESt-Bescheid des Gesellschafters berücksichtigt. Da die Zinsen in voller Höhe Werbungskosten bei den Einkünften aus Vermietung und Verpachtung sind, kann dies als mittelbare Folge der vGA gleichfalls nach § 32a KStG berücksichtigt werden.

Somit führt die Korrektur beim Gesellschafter zu einer Steuererstattung.[1]

cc) Mehrfache Änderung?

Fraglich bleibt aber, ob gem. § 32a Abs. 1 KStG nur eine einmalige **Änderungsmöglichkeit** besteht, wenn die Tatbestandsvoraussetzungen vorliegen, oder ob **mehrfach** geändert werden kann, bis das richtige Ergebnis erreicht ist.

> **BEISPIEL:** Die X-GmbH hat ihrem Alleingesellschafter-Geschäftsführer in 02 einen Arbeitslohn von 120 000 € bezahlt. Die Betriebsprüfung kommt zu der Auffassung, dass nur 100 000 € angemessen sind und erlässt bei der X-GmbH entsprechende Bescheide gem. § 164 Abs. 2 Satz 1 AO. Da es der GmbH derzeit wirtschaftlich schlecht geht, verfügt sie über hohe Verlustvorträge. Der Geschäftsführer legt gegen den KSt-Bescheid Einspruch ein mit dem Ziel, ein Gehalt von nur 50 000 € als angemessen anzusehen. Die KSt- und GewSt-Erhöhung bei der Gesellschaft ist ihm dabei weniger wichtig, da diese lediglich die Verlustvorträge aufzehren würde. Vor allem beantragt er aber die entsprechende Berücksichtigung bei seiner Einkommensteuerveranlagung in der Hoffnung auf eine hohe Erstattung.

Zweifellos eröffnet die von der Betriebsprüfung vorgenommene Änderung eine Änderungsmöglichkeit gem. § 32a Abs. 1 KStG. Dennoch bleibt das ESt-Finanzamt in seiner Beurteilung selbständig. Es kann also dem Antrag von X folgen und nur 50 000 € Einkünfte aus § 19 EStG und 70 000 € Einkünfte aus vGA mit Abgeltungsteuer erfassen. Danach

- zieht X als Geschäftsführer der X-GmbH den Einspruch gegen den KSt-Bescheid zurück; es ergeht kein weiterer geänderter Bescheid mehr.
- wird der Einspruch der X-GmbH gegen den KSt-Bescheid zurückgewiesen. Die GmbH verzichtet auf Klageerhebung.

Das *ESt*-Finanzamt will nun wieder 100 000 € Einkünfte aus § 19 EStG und nur 20 000 € Einkünfte aus vGA erfassen. Es will sich dazu auf § 32a Satz 1 KStG berufen. Dies wohl auch zu Recht; die Voraussetzungen der Vorschrift liegen vor, und es ist nicht ersichtlich, dass sie lediglich eine einmalige Änderungsmöglichkeit einräumt.[2] Allerdings wird für diese zweite Änderung die besondere Festsetzungsverjährung des § 32a Abs. 1 Satz 2 KStG nicht unbedingt von Nutzen sein, weil diese auch in Beziehung auf den zweiten Änderungsbescheid zeitlich bei Erlass des KSt-Bescheides durch die Betriebsprüfung ansetzt, was zu diesem Zeitpunkt leicht schon mehr als ein Jahr her sein kann.

---

[1] Ebenso *Lang* in DPM, § 32a Rz. 29.
[2] Ähnlich bei § 175 AO; vgl. dazu *Loose* in Tipke/Kruse, AO/FGO, § 175 AO Rz. 11 ff.; BFH, Urteil v. 14. 4. 1988 - IV R 219/85, BStBl 1988 II 711; v. 17. 2. 1993 - II R 15/91, BFH/NV 1994, 1 = NWB BAAAB-33750, obwohl hier kein Grundlagenbescheid-Folgebescheidverhältnis vorliegt, s. → Rz. 2.

dd) Mehrstufige verdeckte Gewinnausschüttung

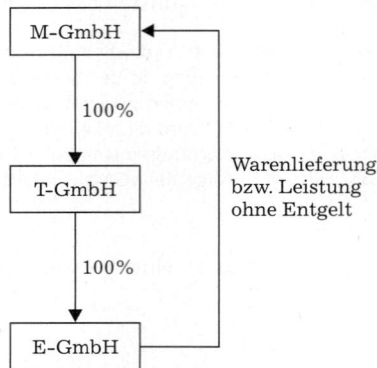

Die M-GmbH ist an der T-GmbH zu 100 % beteiligt, diese wiederum zu 100 % an der E-GmbH. Die E-GmbH

- liefert der M-GmbH Waren im Wert von 100 000 € ohne Entgelt, bzw
- erbringt an M-GmbH eine Dienstleistung im Wert von 100 000 € ohne Entgelt.

Regelmäßig wird hier eine vGA der E-GmbH an die T-GmbH angenommen und ebenso eine vGA der T-GmbH an die M-GmbH.[1] Die vGA der E-GmbH an T-GmbH ist bei dieser zunächst gem. § 8b Abs. 1 KStG körperschaftsteuerfrei, nach § 8b Abs. 5 KStG erfolgt eine Hinzurechnung von 5 000 € bei den nicht abziehbaren Betriebsausgaben. Die Weitergabe der vGA an die M-GmbH ist ebenfalls eine vGA und darf das Einkommen nicht mindern, daher verbleibt es bei der T-GmbH bei lediglich dieser einen Rechtsfolge, egal, ob die vGA sich aus einer unentgeltlichen Warenlieferung oder einer unentgeltlichen Dienstleistung ergibt. Bei der M-GmbH ergeben sich zunächst aus der vGA der T-GmbH ebenfalls nicht abziehbare Ausgaben von 5 000 €. Zudem sind die Waren mit 100 000 € zu bilanzieren, soweit sie noch vorhanden sind. Die Dienstleistung hat sich hingegen bei der M-GmbH verbraucht und führt daher zu einem Aufwand von 100 000 €. Tatsächlich wurde bei der E-GmbH lediglich der Warenbestand aufwandswirksam vermindert und bei M-GmbH ertragswirksam erhöht. Die Dienstleistung wurde in den beiden Buchführungen überhaupt nicht abgebildet. Die Veranlagung der E-GmbH wird in einer BP gem. § 164 Abs. 2 Satz 1 AO geändert. Die Veranlagungen von T-GmbH und M-GmbH sind bestandskräftig und nach der AO nicht zu ändern. Eindeutig kann der Bescheid der T-GmbH gem. § 32a Abs. 1 KStG geändert werden und die nichtabziehbare Ausgabe von 5 000 € erfasst werden. Aber auch die Weitergabe der vGA an M-GmbH ist von der Vorschrift des § 32a Abs. 1 KStG gedeckt, da dieser auch mittelbare Folgen erfasst.[2]

Kann dagegen nur der Bescheid der M-GmbH noch nach § 164 AO geändert werden, während die Bescheide der T- und E-GmbH bestandskräftig geworden sind, kommt eine Änderung dieser Bescheide gem. § 32a Abs. 1 KStG nicht in Betracht.[3] Dieser setzt stets einen geänderten

---

[1] Vgl. z.B. BFH, Urteil v. 23.10.1985 - I R 247/81, BStBl 1986 II 195; FG München, Urteil v. 4.12.2007 - 6 K 1252/07, NWB JAAAC-76220; *Schlagheck*, StBp 2008, 163, 166.
[2] Ebenso *Schlagheck*, StBp 2008, 163, 166.
[3] A. A. *Schlagheck*, StBp 2008, 163, 166.

Bescheid der Gesellschaft, nicht aber des Gesellschafters voraus; gerade die M-GmbH hat in dieser Kette aber ausschließlich die Funktion des Gesellschafters. Gleiches gilt auch, wenn man hier nicht zwei vGA sehen will, sondern eine vGA der E-GmbH an eine ihrem Gesellschafter nahestehende Person. Siehe dazu → Rz. 82.

c) Dreiecksfälle

Da auch Bescheide an nahe stehende Personen des Gesellschafters geändert werden dürfen, kann § 32a KStG auch in Dreiecksfällen anzuwenden sein.

BEISPIEL (zu diesem Beispiel, den grundsätzlichen Rechtsfolgen und ihrer Bewertung vgl. *Klein/Müller/Döpper:*)[1]

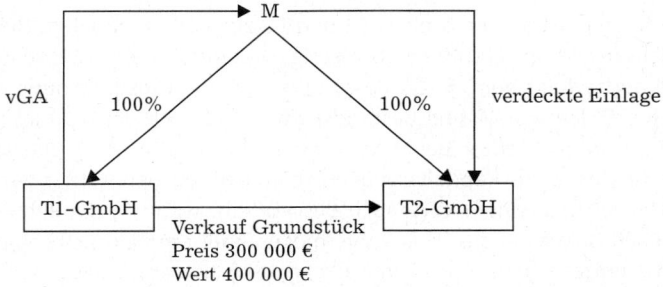

Die natürliche Person M ist an den GmbHs T1 und T2 zu je 100% beteiligt. Die T1 verkauft an T2 ein Grundstück zu 300 000 €, der tatsächliche Verkehrswert beträgt 400 000 €. Bei einer Betriebsprüfung der T1 wird dieser Sachverhalt von der Betriebsprüfung aufgedeckt und bei der T1 die vGA außerbilanziell dem Gewinn hinzugerechnet. Die Bescheide bei M und T2 sind bestandskräftig und nach den Vorschriften der AO nicht mehr änderbar.

Bei M als Gesellschafter wird die vGA mit Abgeltungssteuer versteuert. Dies kann nach § 32a Abs. 1 KStG noch durchgeführt werden. Bei T2 ist das Grundstück aber bisher nur mit dem Kaufpreis von 300 000 € eingebucht worden. Es muss nun der Ansatz um 100 000 € durch die Buchung Grundstück an verdeckte Einlage 100 000 € erhöht werden. Auch dies kann gem. § 32a Abs. 1 KStG geschehen, da T2 jedenfalls eine nahe stehende Person zu M ist und daher die Steuerbescheide ihr gegenüber ausdrücklich in den Anwendungsbereich des § 32a Abs. 1 KStG fallen.[2]

---

[1] In Mössner/Seeger/Oellerich, KStG, § 8 Rz. 761, 763.
[2] Ebenso *D. Pohl/Raupach*, FR 2007, 210, 216.

98 **BEISPIEL** (zu diesem Beispiel, den grundsätzlichen Rechtsfolgen und ihrer Bewertung vgl. *Klein/Müller/Döpper*:)[1]

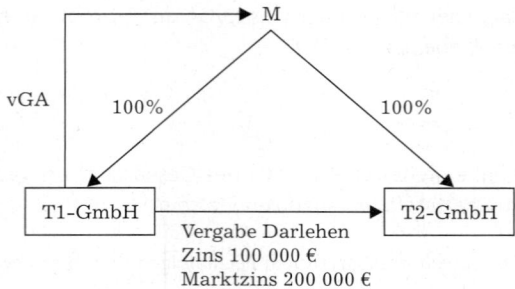

Die natürliche Person M ist an den GmbHs T1 und T2 zu je 100% beteiligt. Die T1 gibt der T2 ein Darlehen, der Zins ist um 100 000 € zu niedrig. Dies wird in einer Betriebsprüfung bei T1 festgestellt und dort erfolgt gem. § 164 Abs. 2 Satz 1 AO die Hinzurechnung einer vGA i.H.v. 100 000 €. Die Bescheide von M sind bestandskräftig und nach der AO nicht zu ändern; die Bescheide der T2 sind noch offen. Bei M kann nunmehr die vGA i.H.v. 100 000 € mit Abgeltungssteuer als Einkünfte aus Kapitalvermögen versteuert werden. Ferner entsteht bei M ein Aufwand von 100 000 € aus dem Verbrauch des Vorteils, wenn M die Beteiligungen im Betriebsvermögen hält. Soweit er sie im Privatvermögen hält, erhöhen sich seine Anschaffungskosten an der T2 entsprechend. Dies kann alles gem. § 32a Abs. 1 KStG noch berücksichtigt werden. Dies ist bezüglich der Anschaffungskosten kein Zugeständnis, da diese ohnehin erst bei einem Verkauf der Anteile wieder zu ermitteln und nachzuweisen sind, es gibt jedoch keinen Bescheid in dem die Anschaffungskosten des M festgehalten würden und wo sich wegen Verfristung oder Bestandskraft Fehler einschleichen könnten. Eine Auswirkung bei der T2 ergibt sich wegen des Verbrauchs des Vorteils auf der Ebene des Gesellschafters nicht.[2]

d) Zeitlicher Zusammenhang

99 Es ist nicht erforderlich, dass der die Änderungsmöglichkeit auslösende Bescheid bei der Körperschaft denselben Veranlagungszeitraum betrifft wie der die Änderung durchführende Bescheid gegenüber dem Gesellschafter.[3] Die steuerlichen Folgen auf der Ebene des Gesellschafters sind erst dann zu ziehen, wenn ihm oder der nahe stehenden Person die vGA zufließt; bei beherrschenden Gesellschaftern genügt bereits die Fälligkeit der gegen die Körperschaft gerichteten Forderung.[4]

Das klassische Beispiel für das zeitliche Auseinanderfallen einer vGA sind Pensionszusagen.

BEISPIEL: Im Jahr 07 findet bei der X-GmbH eine Betriebsprüfung für 02 bis 04 statt. Dabei wird festgestellt, dass die dem (damaligen) Alleingesellschafter-Geschäftsführer X in 02 gewährte Pensionszusage steuerlich eine vGA darstellt, da die Erdienbarkeit nicht gegeben war. X bezieht die Pension seit 05, seine Einkommensteuerbescheide 05 und 06 sind bestandskräftig und können auch nach der AO nicht mehr geändert werden.

---

1 In Mössner/Seeger/Oellerich, KStG, § 8 Rz. 762, 764.
2 Keine Einlage von Nutzungen; ähnlich *Schlagheck*, StBp 2008, 163, 167.
3 *Dötsch/Pung*, DB 2007, 11, 12; *Kohlhepp*, DStR 2007, 1502, 1505; *D. Pohl/Raupach*, FR 2007, 210, 212; ähnlich *Schlagheck*, StBp 2008, 163, 165.
4 *Gosch/Bauschatz*, § 32a Rz. 27.

Die vGA bei der Gesellschaft erfolgt in den Jahren 02 bis 04 mit der Zuführung zu der Pensionsrückstellung. Bei X liegt hingegen eine vGA erst bei Zufluss vor, so dass bei ihm erst in den Jahren ab 05 die Rechtsfolgen der vGA (Abgeltungsteuer) zu ziehen sind. Diese können nach § 32a Abs. 1 KStG umgesetzt werden, unabhängig davon, dass bei der Gesellschaft andere Zeiträume betroffen waren.

Das gilt auch, wenn sich die zeitliche Reihenfolge einmal umdreht. 100

BEISPIEL:[1] Der Gesellschafter-Geschäftsführer einer GmbH verkauft dieser am 31.12.01 einen privaten Pkw für 8 000 €, die GmbH schreibt diesen in 02 und 03 ab. Die Einkommensteuererklärung des Gesellschafter-Geschäftsführers für 01 enthält den Verkauf nicht und ist bestandskräftig, als im Jahr 04 bei der GmbH eine Betriebsprüfung erfolgt. Diese stellt fest, dass der Wert des Pkw nur 5 000 € betrug und vermindert daher die AfA in 02 und 03 um jeweils 1 500 € wegen vGA. Diese vGA kann nach § 32a Abs. 1 KStG noch beim Gesellschafter erfasst werden.

Anders wäre es allerdings, wenn die Gesellschaft von ihrem Gesellschafter ein unbebautes Grundstück zu einem überhöhten Preis gekauft hätte, da dann die vGA erst bei einer Teilwertabschreibung oder einem Verkauf des Grundstücks eintreten könnte. Solange dies nicht geschehen ist, ist jedoch die **latente Auswirkung** des Vorgangs auf einen zukünftigen Körperschaftsteuerbescheid **nicht ausreichend** für die Anwendung von § 32a Abs. 1 KStG.

6. Ablaufhemmung für die Festsetzungsverjährung gem. § 32a Abs. 1 Satz 2 KStG

Im klassischen Fall der Anwendung von § 32a Abs. 1 KStG, der Betriebsprüfung bei einer Körperschaft tritt für die Bescheide aufgrund der Betriebsprüfung gegenüber der Körperschaft eine **Ablaufhemmung** gem. § 171 Abs. 4 AO ein. Daher ist es nur **konsequent**, dass § 32a Abs. 1 Satz 2 KStG bestimmt, dass auch für die nach § 32a Abs. 1 KStG zu ändernden Bescheide beim Gesellschafter eine Ablaufhemmung gelten soll. Die Ablaufhemmung läuft für **ein Jahr** nach der Unanfechtbarkeit der Bescheide gegen die Körperschaft.[2] Damit ist sichergestellt, dass für die Änderungen aufgrund von § 32a Abs. 1 KStG immer ein Jahr nach Erfüllung der Voraussetzungen dieser Vorschrift Zeit bleibt. Gerade in den BP-Fällen wäre die Vorschrift ohne diese Ergänzung wegen der regulären Festsetzungsverjährung anderenfalls häufig ins Leere gegangen. Da die Vorschrift aber nur eine Ablaufhemmung beinhaltet, greift sie nur in dem Fall, in dem nicht bereits Festsetzungsverjährung eingetreten ist; sie setzt keine neue Festsetzungsfrist in Gang.[3] 101

Nach dem Wortlaut **beginnt die Ablaufhemmung** mit der Unanfechtbarkeit des Steuerbescheids der Gesellschaft. Unanfechtbarkeit bezeichnet die formelle Bestandskraft des Bescheides, also den Ablauf der Rechtsbehelfsfrist. Dies gilt selbst dann, wenn der Bescheid noch unter dem Vorbehalt der Nachprüfung steht.[4] Sind **mehrere Bescheide** zu ändern, so ist derjenige ausschlaggebend, der zuletzt unanfechtbar wird, da grundsätzlich die Änderung eines einzigen Bescheides ausreichend ist, um die Anwendbarkeit des § 32a Abs. 1 KStG zu eröffnen. Die Ablaufhemmung wird also bei Unanfechtbarkeit jedes einzelnen Bescheids ausgelöst und endet daher erst ein Jahr nach Unanfechtbarkeit des letzten Bescheids der Gesellschaft. 102

---

1 Nach *D. Pohl/Raupach*, FR 2007, 210, 212.
2 Ursprünglich war eine Ablaufhemmung von zwei Jahren geplant, vgl. *Harle/Kulemann*, GmbHR 2006, 976, 977.
3 FG Niedersachsen, Urteil v. 10.2.2011 - 6 K 241/09, EFG 2011, 947; *Neumann*, DStRE 2011, 689; krit. zu der Entscheidung des Niedersächsischen FG *Kohlhaas*, StBW 2011, 650; *Luft*, SteuK 2011, 409.
4 *Gosch/Bauschatz*, § 32a Rz. 32; *Korn*, KÖSDI 2007, 15428, 15430; *Lang* in DPM, § 32a Rz. 28.

BEISPIEL: Bei der Gesellschaft wurde hinsichtlich einer vGA sowohl der KSt-Bescheid als auch der Gewerbesteuerbescheid am 31.1.01 geändert. Angefochten wurde nur der KSt-Bescheid. Der Gewerbesteuerbescheid wird daher einen Monat nach Erlass unanfechtbar, der KSt-Bescheid erst mit Abschluss des Rechtsbehelfsverfahrens, das nach Klage erst mit Rechtskraft des Urteils am 31.5.07 endet.

Hinsichtlich der Änderung des ESt-Bescheids des Gesellschafters wirkt nun die Ablaufhemmung in der Zeit v. 1.3.01 bis 1.3.02 (ein Jahr nach dem Gewerbesteuerbescheid) und in der Zeit v. 1.6.07 bis 1.6.08 (ein Jahr nach dem Körperschaftsteuerbescheid).

103 Wird in einem **mehrstufigen Konzern** eine verdeckte Gewinnausschüttung zwischen zwei nur mittelbar verbundenen Gesellschaften vorgenommen, so fragt sich, ob die **Ablaufhemmung einmal oder zweimal** ausgelöst wird.

BEISPIEL:

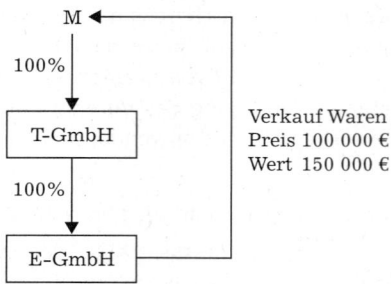

Der M hält alle Anteile an der T-GmbH, diese wiederum alle Anteile an der E-GmbH. Die E-GmbH verkauft der M in 01 Waren zu einem um 50 000 € verbilligten Preis. Die Bescheide bei M- und T-GmbH sind bestandskräftig. Bei der E-GmbH wird diese vGA mit Bescheid vom 30.1.06 gem. § 164 Abs. 2 Satz 1 AO nach einer Betriebsprüfung erfasst. Sieht man in diesem Fall eine vGA der E-GmbH an die T-GmbH und der T-GmbH an M, so bleibt für den Erlass des Bescheids an die T-GmbH jedenfalls Zeit bis zum 30.1.07. Ergeht der Bescheid an die T-GmbH wirklich erst an diesem Tag, so kann der Bescheid gegenüber M noch bis zum 30.1.08 ergehen.[1] Richtigerweise wird man hier aber eine vGA der E-GmbH an eine nahe stehende Person des Gesellschafters zu sehen haben; dann läuft für die Änderung sowohl der Bescheide der T-GmbH als auch des M die Festsetzungsfrist gem. § 32a Abs. 1 Satz 2 KStG am 30.1.07 aus.

104 Verweigert die Finanzverwaltung nach der Betriebsprüfung bei der Gesellschaft die korrespondierende Änderung beim Gesellschafter, was möglich ist, da die Beurteilung beider Seiten voneinander unabhängig erfolgt (s. dazu → Rz. 75), so dürfte zur Wahrung der Jahresfrist für die Ablaufhemmung wie bei § 175 AO ausreichend sein, wenn ein Änderungsantrag nach § 32a Abs. 1 KStG gestellt wird; ein Untätigkeitseinspruch ist nicht erforderlich.[2] Hat jedoch der Gesellschafter **keine Kenntnis** von der Änderung auf der Ebene der Gesellschaft, so wird auch diese Ablaufhemmung nicht hilfreich sein, und die Jahresfrist verstreicht. Es bleibt dann bei einer systemwidrigen **Doppelbesteuerung**.[3]

---

[1] So wohl *Benecke*, NWB 40/2006, 3341, 3345.
[2] Ebenso *Rödel*, INF 2007, 176, 177; *Stöber* in Lademann, § 32a KStG Rz. 114; zu § 175 BFH, Urteil v. 24.5.2006 - I R 9/05, BFH/NV 2006, 2019 = NWB AAAAC-16477.
[3] *Rödel*, INF 2007, 176, 177; *Schwedhelm/Olbing/Binnewies*, GmbHR 2006, 1225, 1235.

7. Anwendbarkeit bei vGA i. S. d. § 20 Abs. 1 Nr. 9 und 10a EStG

Durch § 32a Abs. 1 Satz 3 KStG wird klargestellt, dass die Grundsätze der Sätze 1 und 2 auch für vGA von Zuwendungen seitens sonstiger juristischer Personen des privaten Rechts wie gemeinnütziger Vereine, Anstalten, Stiftungen und Betriebe gewerblicher Art von Personen des öffentlichen Rechts gelten. Bei Letzteren hat die Änderungsmöglichkeit ausschließlich Auswirkung auf den Abzug von Kapitalertragsteuer.[1]

(Einstweilen frei)

C. Verfahrensrechtliche Korrespondenz bei verdeckten Einlagen (§ 32a Abs. 2 KStG)

I. Tatbestandsmerkmale für die Korrespondenz bei verdeckten Einlagen

1. Überblick

Nach § 32a Abs. 2 KStG gilt für verdeckte Einlagen eine ähnliche Verknüpfung wie für vGA gem. § 32a Abs. 1 KStG. Die Anwendung des § 32a Abs. 2 KStG setzt voraus, dass

- gegenüber dem Gesellschafter
- ein Steuerbescheid oder ein Feststellungsbescheid
- hinsichtlich der Berücksichtigung einer verdeckten Einlage
- erlassen, aufgehoben oder geändert wird.

Ebenso wie vGA werden auch verdeckte Einlagen vorwiegend in der Betriebsprüfung festgestellt. Üblicherweise wurde der Vorgang zuvor beim Gesellschafter als Aufwand und bei der Gesellschaft als Ertrag gewertet. Hält der Gesellschafter seine Beteiligung nicht in einem Betriebsvermögen, so gibt es bei ihm keinen Aufwand und meist nicht einmal einen Steuerbescheid, geschweige denn eine Betriebsprüfung.

> **BEISPIEL:** Die X-GmbH hat ihrem Alleingesellschafter ein Darlehen gegeben, welches dieser privat verwendet (Eigenheimbau). Statt eines angemessenen Zinssatzes von 6 % zahlt der Gesellschafter 9 %. Der unangemessene Teil des Zinses (3 %) stellt eine verdeckte Einlage dar, wäre also bei der Gesellschaft ertragsneutral zu erfassen. Hat diese aber den gesamten Zins als Ertrag verbucht und sind ihre Bescheide bestandskräftig, so wird sich daran durch § 32a Abs. 2 KStG nichts ändern, weil beim Gesellschafter kein Steuerbescheid hinsichtlich der Berücksichtigung einer verdeckten Einlage zu erlassen oder zu ändern wäre. Dies wäre nur der Fall, wenn X die Beteiligung an der X-GmbH in einem Unternehmen hielte.

Nach zutreffender Auffassung ist der Tatbestand einer analogen Anwendung nicht zugänglich, wenn nicht verdeckte Einlagen, wohl aber Schwarzeinnahmen festgestellt worden sind und der Einkommensteuerbescheid des Gesellschafters entsprechend geändert worden ist.[2] M. E. gibt es keinen Grund, den ohnehin nicht zwingend gebotenen § 32a Abs. 2 KStG auf diesen Fall zu erstrecken. Er gewinnt seine Legitimation allein aufgrund der systematischen Nähe zu den in § 32a Abs. 1 KStG geregelten Sachverhalten, will aber nicht in jedem Fall eine Korrespondenz zwischen Körperschaftsteuer- und Einkommensteuerbescheid herstellen.

---

1 Vgl. auch *Trossen*, DStR 2006, 2295, 2298.
2 BFH, Urteil v. 11.9.2018 - I R 59/16, BFH/NV 2019, 347 = NWB BAAAH-07355; *Kroschel* in Bott/Walter, § 32a Rz. 52

2. Gesellschafter

122 Die Anwendung des § 32a Abs. 2 KStG setzt einen Steuerbescheid gegenüber einem Gesellschafter voraus. Ebenso wie § 32a Abs. 1 KStG bezieht sich auch Abs. 2 auf Fälle, in denen eine natürliche Person Gesellschafter ist. Allerdings wird die Vorschrift vor allem in Konzernfällen relevant (s. Beispiel → Rz. 81). Als Gesellschafter ist jeder nach dem Gesellschaftsrecht *an* der Körperschaft Beteiligte anzusehen. Ebenso wie bei der vGA kann jedoch auch hier die Stellung als zukünftiger oder ehemaliger Gesellschafter ausreichend sein,[1] wenn die verdeckte Einlage mit der künftigen/ehemaligen Gesellschafterstellung zusammenhängt. Ein Gesellschafter einer Personenvereinigung oder Vermögensmasse ist nicht betroffen, auch wenn diese gem. § 1 KStG steuerpflichtig ist, da in der Rechtsfolge festgehalten ist, dass nur Steuerbescheide gegenüber Körperschaften geändert werden können.

123 § 32a Abs. 1 KStG erfasst auch eine vGA an eine dem Gesellschafter **nahe stehende Person**; § 32a Abs. 2 KStG bezieht hingegen eine verdeckte Einlage nahe stehender Personen nicht in seinen Anwendungsbereich ein. Dies wird in der Literatur mitunter als (unbeabsichtigte) Gesetzeslücke angesehen.[2] Eine Analogie ist jedoch angesichts des klaren Wortlauts nicht möglich, zumal für eine unbeabsichtigte Regelungslücke unterstellt werden müsste, dass der Gesetzgeber in Abs. 1 die nahe stehende Person erfasst, sie in Abs. 2 aber – in sachlich engem Zusammenhang zu Abs. 1 – versehentlich übersehen hat.[3]

3. Erlass, Aufhebung oder Änderung eines Steuer- oder Feststellungsbescheides

124 Der Steuerbescheid bzw. Feststellungsbescheid (dazu → Rz. 78) muss hinsichtlich der Berücksichtigung einer verdeckten Einlage

- erlassen,
- aufgehoben oder
- geändert

werden. Entsprechend der Formulierung des Gesetzes kommt es nur darauf an, dass der Steuerbescheid des Gesellschafters **tatsächlich** hinsichtlich einer verdeckten Einlage erlassen, geändert oder aufgehoben wurde, nicht darauf, ob dies **zu Recht** geschah. Auch § 32a Abs. 2 KStG stellt keine materielle Korrespondenz her. Er eröffnet nur verfahrensrechtlich die Möglichkeit zur Änderung (s. bereits → Rz. 61). Auf der Ebene der Körperschaft ist daher noch einmal eigenständig zu prüfen, ob eine verdeckte Einlage überhaupt vorliegt. Hat das FA dies auf der Ebene des Gesellschafters zu Unrecht bejaht, scheidet eine Korrektur nach § 32a Abs. 2 KStG bei der Körperschaft aus.[4]

125 Fraglich bleibt, wie zu entscheiden ist, wenn die **verdeckte Einlage allein als Anlass zum Erlass, zur Aufhebung oder zur Änderung des Bescheids nicht ausreichen würde**.[5]

---

1 Dazu *Klein/Müller/Döpper* in Mössner/Seeger/Oellerich, KStG, § 8 Abs. 3 Rz. 336 f.
2 Z. B. *Dötsch/Pung*, DB 2007, 11, 14; *Kroschel* in Bott/Walter, § 32a Rz. 61; *Schulte/Altrichter-Herzberg* in Erle/Sauter, § 32a Rz. 23.
3 Eine Analogie ablehnend auch *Gosch/Bauschatz*, § 32a Rz. 42; *Watermeyer* in HHR, KStG, Jahresband 2007, § 32a Rz. J 06-12; trotz Unterstellung einer Gesetzeslücke eine Analogie ablehnend *Lang* in DPM, § 32a Rz. 56; unentschieden *Rengers* in Blümich, KStG, § 32a Rz. 45.
4 BFH, Urteil v. 31.1.2018 - I R 25/16, BFH/NV 2018, 838 = NWB UAAAG-86776.
5 Zu diesem Problemkreis nunmehr FG Rheinland-Pfalz, Urteil v. 6. 7. 2016 - 1 K 1303/16, EFG 2016, 1552, mit Anm. *Tiedchen* (Az. des BFH: I R 59/16).

> **BEISPIEL:** Beim Gesellschafter wird vom Steuerberater eine verdeckte Einlage aufgedeckt, die bei der Gesellschaft als Ertrag erfasst wurde. Die Bescheide der Gesellschaft können nach der AO nicht geändert werden, so dass es darauf ankommt, ob eine Änderung gem. § 32a Abs. 2 KStG möglich ist. Die verdeckte Einlage kann beim Gesellschafter jedoch nicht berücksichtigt werden,
> a) weil der Gesellschafter eine natürliche Person ist und die Anteile an der Körperschaft im Privatvermögen hält und sich die verdeckte Einlage bei ihm in keinem Steuerbescheid auswirkt oder
> b) obwohl dieser die Anteile in einem Betriebsvermögen hält und die Einlage dort als Aufwand buchte, weil alle Bescheide bestandskräftig und nach der AO nicht änderbar sind.
>
> Kurz darauf wird ein Grundlagenbescheid erlassen, der beim Gesellschafter zu einer Steuerminderung führt, dieser Bescheid wird nach § 175 Abs. 1 Nr. 1 AO berücksichtigt, allerdings wird in Fall b die beim Gesellschafter als Aufwand berücksichtigte verdeckte Einlage gem. § 177 AO ertragserhöhend gegengerechnet.
> 1. Da die Minderung die Erhöhung durch die verdeckte Einlage übersteigt, wird ein geänderter Steuerbescheid erlassen.
> 2. Da die verdeckte Einlage höher war als die Minderung, erfolgt nach § 177 AO eine vollständige Gegenrechnung. Es wird also mangels Änderung des Steuerbetrags kein geänderter Steuerbescheid erlassen.

Da der Bescheid ohne Berücksichtigung der verdeckten Einlage in anderer Höhe ergangen wäre, wird man wohl auf jeden Fall im Fall b 1. die Anwendung von § 32a Abs. 2 KStG zu bejahen haben. In Fall b 2. ist sie hingegen nur mit wirtschaftlichen Überlegungen zu rechtfertigen; formal ist jedoch kein Steuerbescheid erlassen, geändert oder aufgehoben worden. Da § 32 Abs. 2 Satz 1 KStG gerade auf diesen formalen Akt abstellt, greift er in diesem Fall nicht ein. Gleiches gilt für Fall a.

(Einstweilen frei)

II. Rechtsfolgen der Korrespondenz bei verdeckter Einlage

1. Überblick

Sind die o. g. Voraussetzungen erfüllt, so

- kann
- ein Steuerbescheid
- gegenüber der Körperschaft, welcher der Vermögensvorteil zugewendet wurde,
- aufgehoben, erlassen oder geändert werden.
- Die Festsetzungsfrist dafür endet nicht vor Ablauf eines Jahres nach Unanfechtbarkeit des Steuerbescheides/Feststellungsbescheids des Gesellschafters.

Grundsätzlich führt dies dazu, dass eine verdeckte Einlage, die beim Gesellschafter erfasst und versteuert wurde, auch bei der Gesellschaft noch berücksichtigt werden kann.

> **BEISPIEL:** Bei einer Betriebsprüfung im Einzelunternehmen des X, der seine Beteiligung an der X-GmbH im Betriebsvermögen seines Einzelunternehmens hält, einigen sich der Prüfer und der Steuerberater darauf, dass die Zinsen, die X für ein Darlehen der X-GmbH zahlt, überhöht sind. Der überhöhte Teil der Zinsen wird nicht mehr als Aufwand anerkannt, sondern ertragsneutral als Erhöhung des Beteiligungsansatzes gebucht. Der ESt-Bescheid des X wird gem. § 164 Abs. 2 Satz 1 AO entsprechend geändert. Im KSt-Bescheid der X-GmbH wurden die Zinseinnahmen in voller Höhe als Erträge erfasst und versteuert. Einer Erfassung des überhöhten Teils als ertragsneutrale Einlage steht die Bestandskraft des KSt-Bescheides entgegen, die Änderungsvorschriften der AO greifen ebenfalls nicht. Diese Änderung **zum Vorteil** der Gesellschaft kann nun nach § 32a Abs. 2 KStG erfolgen.

143 **Zum Nachteil** der Gesellschaft würde eine Änderung gem. § 32a Abs. 2 KStG ausschlagen, wenn z. B. im vorgenannten Fall beim Gesellschafter die Bescheide erneut geändert werden, weil man nun doch nicht von einer verdeckten Einlage ausgeht und dort die Zinsen wieder voll zum Abzug zulässt. Auch in diesem Fall ist ein Bescheid des Gesellschafters hinsichtlich einer verdeckten Einlage geändert worden und folglich die Änderungsmöglichkeit gem. § 32a Abs. 2 KStG eröffnet, diesmal allerdings zum Nachteil der Gesellschaft.

2. Änderungsmöglichkeit („kann")

144 Wie auch bei § 32a Abs. 1 KStG ist davon auszugehen, dass das „Kann" nicht ein „Kompetenz-Kann" darstellt, sondern einen Ermessensspielraum eröffnet. In der Regel wird das Ermessen aber auf „0" reduziert sein, wenn anderenfalls die Steuerfestsetzung unrichtig sein würde.[1] Andererseits muss das Finanzamt eine Änderung des Bescheides bei der Gesellschaft ablehnen, wenn bei dem Gesellschafter zu Unrecht von einer verdeckten Einlage ausgegangen worden ist.[2] Damit erschöpft sich der Ermessensspielraum im Ergebnis grundsätzlich in der eigenständigen Prüfung, ob eine verdeckte Einlage auf Gesellschaftsebene vorliegt.[3]

145 Materiell-rechtliche Vorschriften enthalten hingegen § 8 Abs. 3 Sätze 3 bis 6 KStG, die eine Ertragskorrektur durch eine verdeckte Einlage versagen, wenn der diese Einlage begründende Vorgang das Einkommen des Gesellschafters gemindert hat.[4]

3. Steuerbescheid

146 Nach dem Gesetzeswortlaut kann ein Steuerbescheid geändert werden. Aus dem Wortlaut ergibt sich keine Einschränkung auf bestimmte Steuerbescheide, somit kann nicht nur der Körperschaftsteuerbescheid der Gesellschaft, sondern **jeder Steuerbescheid** geändert werden, in dem sich die verdeckte Einlage auswirkt. Nach dem Gesetzeswortlaut können nur Steuerbescheide, **nicht** also **Feststellungsbescheide** geändert werden. Jedoch soll nach einer verdeckten Einlage auch der **Feststellungsbescheid bezüglich des Einlagekontos** geändert werden können, da dies eine regelmäßige Folge einer verdeckten Einlage ist.[5] Vom Wortlaut des § 32a Abs. 2 Satz 1 mag dies nicht unmittelbar gedeckt sein.[6] Gemäß § 181 Abs. 1 Satz 1 AO gelten aber für die gesonderte Feststellung die Vorschriften über die Durchführung der Besteuerung sinngemäß.[7] Eine Änderung des **Gewerbesteuermessbescheids** kommt dagegen nicht in Betracht.

147–155 *(Einstweilen frei)*

4. Erlass, Aufhebung oder Änderung

a) Allgemeines

156 Sind die Tatbestandsvoraussetzungen des § 32a Abs. 2 KStG erfüllt, so kann ein Bescheid gegenüber der Körperschaft erlassen, geändert oder aufgehoben werden. Der **erstmalige Erlass**

---

[1] So auch Gosch/*Bauschatz* § 32a Rz. 45; *Intemann* in HHR, KStG, § 32a Rz. 22; *Kroschel* in Bott/Walter, § 32a Rz. 63.
[2] *Lang* in Dötsch/Jost/Pung/Witt, § 32a Rz. 54.
[3] Vgl. auch *Rengers* in Blümich, KStG, § 32a Rz. 58.
[4] Vgl. dazu *Klein/Müller/Döpper* in Mössner/Seeger/Oellerich, KStG, § 8 Rz. 2196 ff.
[5] *Dötsch/Pung*, DB 2007, 11, 14; Gosch/*Bauschatz*, § 32a Rz. 44.
[6] Vgl. *Rengers* in Blümich, KStG, § 32a Rz. 55.
[7] *Intemann* in HHR, KStG, § 32a Rz. 21; *Schulte/Altrichter-Herzberg* in Erle/Sauter, § 32a Rz. 25.

eines Bescheides ist beim Gesellschafter z. B. denkbar, wenn erstmals ein Feststellungsbescheid bezüglich des Einlagekontos erlassen werden muss, weil dieses bisher noch keinen Bestand aufweist. Wird die Beurteilung als verdeckte Einlage später wieder rückgängig gemacht, so kann dieser Bescheid aufzuheben sein.

b) Umfang der Änderungen

Eine Änderung darf erfolgen, „soweit" ein Steuer- oder Feststellungsbescheid gegenüber einem Gesellschafter aufgrund einer verdeckten Einlage erlassen, aufgehoben oder geändert wird. Damit gibt § 32a Abs. 2 Satz 1 KStG einen Rahmen vor, außerhalb dessen eine Änderung nicht zulässig ist. Hiermit ist allerdings keine betragsmäßige Begrenzung der Änderung bezeichnet; gemeint ist vielmehr der Sachverhalt, aufgrund dessen der Bescheid gegenüber dem Gesellschafter erlassen, aufgehoben oder geändert wurde.[1]

BEISPIEL: A verkauft der A-GmbH, deren Alleingesellschafter er ist ein Grundstück für 100 000 € statt 150 000 € Marktpreis innerhalb der Spekulationsfrist. Der Bescheid der GmbH ist nach der AO nicht mehr zu ändern, der des A schon. Daher wird nach der AO bei A ein Veräußerungspreis von 150 000 € angesetzt. Nach § 32a Abs. 2 KStG können bei der Gesellschaft nun nicht nur das Einlagekonto und der Bilanzansatz des Grundstücks berichtigt werden; es kann vielmehr auch die erhöhte AfA als **indirekte Folge** dieser Einlage berücksichtigt werden.[2]

Da die Tatbestandsvoraussetzungen auch gegeben sind, wenn beim Gesellschafter die Beurteilung als verdeckte Einlage wegen geänderter Rechtsauffassung wieder rückgängig gemacht wird, gilt dies auch für diesen Fall.[3]

Fraglich bleibt aber, ob § 32a Abs. 2 KStG nur eine **einmalige Änderungsmöglichkeit** einräumt, die dann (ggf. auch bei Nichtgebrauch) verbraucht ist oder ob **mehrfach** geändert werden kann, bis das richtige Ergebnis erreicht ist.

BEISPIEL: Der X ist Alleingesellschafter-Geschäftsführer der X-GmbH. Den Anteil hält er im Betriebsvermögen seines Einzelunternehmens. Er hat gegenüber der X-GmbH auf seine Pensionszusage verzichtet. Die Pensionszusage wurde bei Verzicht als nicht werthaltig angesehen und daher bei der GmbH schlicht ertragserhöhend aufgelöst. Bei einer Betriebsprüfung des X kommt der Prüfer zu der Ansicht, dass die Pensionszusage i. H. v. 20 000 € werthaltig war. In dieser Höhe erfasst er den Zufluss von Arbeitslohn bei X und eine verdeckte Einlage in die X-GmbH (Erhöhung des Beteiligungsansatzes im EU).[4] Der X, der im Einkommensteuerbereich noch über Verlustvorträge verfügt, beantragt 50 000 € als werthaltig anzusehen. Der Zufluss von Arbeitslohn ist ihm dabei weniger wichtig, dieser würde mit seinen Verlustvorträgen verrechnet. Bei der Gesellschaft aber würde der gebuchte Ertrag dann in entsprechender Höhe als verdeckte Einlage außerbilanziell wieder korrigiert und somit eine erhebliche Steuererstattung zu erwarten sein.

Zweifellos eröffnet die von der Betriebsprüfung vorgenommene Änderung bei X eine Änderungsmöglichkeit gem. § 32a Abs. 2 KStG bei der Gesellschaft. Dennoch bleibt das **KSt-Finanzamt in seiner Beurteilung selbständig**. Es kann also dem Antrag der X-GmbH folgen und 50 000 € der Pensionszusage als werthaltig ansehen. Danach

---

1 So auch *Intemann* in HHR, KStG, § 32a Rz. 22; *Schnitger*/*Fehrenbacher*, § 32a Rz. 56; vgl. auch *Rengers* in Blümich, KStG, § 32a Rz. 56.
2 Ebenso *Benecke*, NWB 40/2006, 3341, 3347.
3 *Lang* in DPM, § 32a Rz. 49.
4 Zu den Rechtsfolgen des Verzichts auf eine Pensionszusage vgl. *Klein*/*Müller*/*Döpper* in Mössner/Seeger/Oellerich, KStG, § 8 Rz. 868 ff.

▶ zieht X den Einspruch gegen den ESt-Bescheid zurück, es ergeht kein weiterer geänderter Bescheid mehr.

▶ wird der Einspruch des X gegen den ESt-Bescheid abgewiesen. Er verzichtet auf Klageerhebung.

Das KSt-Finanzamt will nun wieder von einer Werthaltigkeit lediglich i. H. v. 20 000 € ausgehen. Es will sich dazu auf § 32a Abs. 2 KStG berufen. Dies wohl auch zu Recht, die Voraussetzungen der Vorschrift liegen vor. Es ist nicht ersichtlich, dass sie lediglich eine einmalige Änderungsmöglichkeit einräumen würde.[1] Allerdings wird für diese zweite Änderung die **besondere Festsetzungsverjährung** des § 32a Abs. 2 Satz 2 KStG nicht unbedingt von Nutzen sein, weil diese auch in Beziehung auf den zweiten Änderungsbescheid zeitlich bei Erlass des ESt-Bescheides gegen X durch die Betriebsprüfung ansetzt, was zu diesem Zeitpunkt leicht schon mehr als ein Jahr her sein kann.

c) Dreiecksfälle

159 Es ist zwar ein Dreiecksfall denkbar, dieser bedarf zu seiner Lösung jedoch nicht des § 32a Abs. 2 KStG:

BEISPIEL ▶ (zu diesem Beispiel, den grundsätzlichen Rechtsfolgen und ihrer Bewertung vgl. *Klein/Müller/Döpper*)[2]

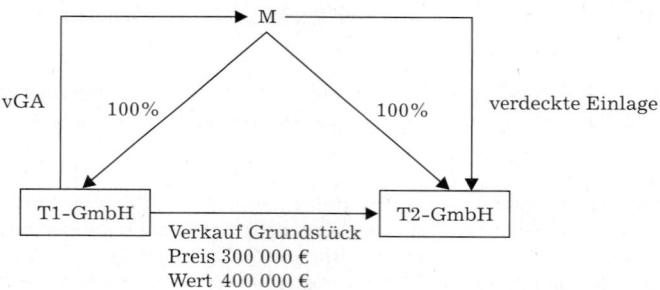

Die natürliche Person M ist an den GmbHs T 1 und T 2 zu je 100 % beteiligt. Die T 1 verkauft an T 2 ein Grundstück zu 300 000 €, der tatsächliche Verkehrswert beträgt 400 000 €. Bei einer Betriebsprüfung der T 1 wird dieser Sachverhalt von der Betriebsprüfung aufgedeckt und bei der T 1 die vGA außerbilanziell dem Gewinn hinzugerechnet. Die Bescheide bei M stehen unter Vorbehalt der Nachprüfung, bei T 2 sind jedoch alle Bescheide bestandskräftig und nach den Vorschriften der AO nicht mehr änderbar.

Bei M als Gesellschafter wird die vGA mit Abgeltungssteuer versteuert. Die verdeckte Einlage von M bei T 2 kann gem. § 32a Abs. 2 KStG noch erfasst werden. Bei T 2 ist das Grundstück bisher nur mit dem Kaufpreis von 300 000 € eingebucht worden. Es muss nun der Ansatz um 100 000 € durch die Buchung Grundstück an verdeckte Einlage 100 000 € erhöht werden. Dies kann allerdings auch schon gem. § 32a Abs. 1 KStG geschehen, da T 2 jedenfalls eine nahe ste-

---

[1] Ähnlich bei § 175 AO vgl. dazu *Loose* in Tipke/Kruse, AO/FGO, § 175 AO Rz. 11 ff.; BFH, Urteile v. 14. 4. 1988 - IV R 219/85, BStBl 1988 II 711; v. 17. 2. 1993 - II R 15/91, BFH/NV 1994, 1 = NWB BAAAB-33750, obwohl hier kein Grundlagenbescheid-Folgebescheidverhältnis vorliegt, s. → Rz. 2.
[2] In Mössner/Seeger/Oellerich, KStG, § 8 Rz. 761, 763.

hende Person zu M ist und daher die Steuerbescheide ihr gegenüber ausdrücklich in den Anwendungsbereich des § 32a KStG fallen.[1]

Der umgekehrte Fall einer verdeckten Einlage durch eine dem Gesellschafter nahe stehende Person ist nicht denkbar, da diese nicht in den Anwendungsbereich des § 32a Abs. 2 Satz 1 KStG einbezogen worden sind.

d) Zeitlicher Zusammenhang

Es ist nicht erforderlich, dass der die Änderungsmöglichkeit auslösende Bescheid beim Gesellschafter denselben Veranlagungszeitraum betrifft wie der die Änderung durchführende Bescheid gegenüber der Gesellschaft.

BEISPIEL: Der X ist Alleingesellschafter-Geschäftsführer der X-GmbH. Den Anteil hält er im Privatvermögen. Er hat gegenüber der X-GmbH in 01 auf seine Pensionszusage verzichtet. Die Pensionszusage wurde bei Verzicht als nicht werthaltig angesehen und daher bei der GmbH schlicht ertragserhöhend aufgelöst. Fünf Jahre später veräußert X seine Anteile an der nun wieder florierenden GmbH. Er kann aber nun belegen, dass die Pensionszusage damals i. H.v. 20 000 € werthaltig war und bei der Berechnung des Veräußerungsgewinns entsprechende nachträgliche Anschaffungskosten auf die Beteiligung zu erfassen sind. Damit ist beim Gesellschafter ein Bescheid bezüglich einer verdeckten Einlage geändert worden, und dementsprechend kann nach § 32a Abs. 2 KStG auch der Bescheid aus 01 gegenüber der Gesellschaft geändert werden, in dem der Ertrag aus dem Verzicht auf die Pensionszusage erfasst wurde. Ob dies materiell-rechtlich möglich ist, richtet sich allerdings gem. § 8 Abs. 3 Sätze 3 und 4 KStG danach, ob die verdeckte Einlage beim Gesellschafter als Arbeitslohn erfasst werden kann oder nicht. Eine Möglichkeit dazu ergibt sich jedenfalls nicht aus § 32a Abs. 2 KStG, da dieser nur die Grundlage für Änderungen gegenüber der Gesellschaft enthält, nicht aber für weitere Änderungen beim Gesellschafter.

Werden **Anteile im Privatvermögen** gehalten können die Zeiträume der Berücksichtigung extrem weit auseinanderliegen.

BEISPIEL: Der Alleingesellschafter-Geschäftsführer X lässt von der X-GmbH sein Einfamilienhaus erbauen. Der Marktpreis dafür wäre 200 000 €. Der X zahlt jedoch 300 000 €, die von der X-GmbH komplett als Einnahme gebucht werden. Die Anteile an der X-GmbH hält X im Privatvermögen.

Da das Einfamilienhaus steuerlich irrelevant ist wird bei Aufdeckung der verdeckten Einlage durch den Steuerberater kein Steuerbescheid des X geändert, selbst wenn diese alle unter Vorbehalt der Nachprüfung stehen sollten. Erst wenn die erhöhten Anschaffungskosten im Rahmen der Veräußerung der Anteile oder der Liquidation der Gesellschaft geltend gemacht werden können, dann kann auch der Bescheid der Gesellschaft geändert werden. Dies ist gem. § 32a Abs. 2 KStG möglich, obwohl zwischen den Bescheiden u.U. Jahrzehnte liegen.

6. Ablaufhemmung für die Festsetzungsverjährung gem. § 32a Abs. 2 Satz 2 KStG

Die besondere Ablaufhemmung des § 32a Abs. 1 Satz 2 KStG gilt gem. § 32a Abs. 2 Satz 2 KStG auch für die Fälle des § 32a Abs. 2 Satz 1 KStG. Die Ausführungen in → Rz. 101 ff. gelten entsprechend.

---

[1] Ebenso *D. Pohl/Raupach*, FR 2007, 210, 216; *Schlagheck*, StBp 2008, 163, 167; dazu → Rz. 97.

Fünfter Teil: Ermächtigungs- und Schlussvorschriften

§ 33 Ermächtigungen

(1) Die Bundesregierung wird ermächtigt, zur Durchführung dieses Gesetzes mit Zustimmung des Bundesrates durch Rechtsverordnung

1. zur Wahrung der Gleichmäßigkeit bei der Besteuerung, zur Beseitigung von Unbilligkeiten in Härtefällen und zur Vereinfachung des Besteuerungsverfahrens den Umfang der Steuerbefreiungen nach § 5 Abs. 1 Nr. 3 und 4 näher zu bestimmen. ²Dabei können

   a) zur Durchführung des § 5 Abs. 1 Nr. 3 Vorschriften erlassen werden, nach denen die Steuerbefreiung nur eintritt,

      aa) wenn die Leistungsempfänger nicht überwiegend aus dem Unternehmer oder seinen Angehörigen, bei Gesellschaften aus den Gesellschaftern und ihren Angehörigen bestehen,

      bb) wenn bei Kassen mit Rechtsanspruch der Leistungsempfänger die Rechtsansprüche und bei Kassen ohne Rechtsanspruch der Leistungsempfänger die laufenden Kassenleistungen und das Sterbegeld bestimmte Beträge nicht übersteigen, die dem Wesen der Kasse als soziale Einrichtung entsprechen,

      cc) wenn bei Auflösung der Kasse ihr Vermögen satzungsmäßig nur für soziale Zwecke verwendet werden darf,

      dd) wenn rechtsfähige Pensions-, Sterbe- und Krankenkassen der Versicherungsaufsicht unterliegen,

      ee) wenn bei rechtsfähigen Unterstützungskassen die Leistungsempfänger zu laufenden Beiträgen oder Zuschüssen nicht verpflichtet sind und die Leistungsempfänger oder die Arbeitnehmervertretungen des Betriebs oder der Dienststelle an der Verwaltung der Beträge, die der Kasse zufließen, beratend mitwirken können;

   b) zur Durchführung des § 5 Abs. 1 Nr. 4 Vorschriften erlassen werden

      aa) über die Höhe der für die Inanspruchnahme der Steuerbefreiung zulässigen Beitragseinnahmen,

      bb) nach denen bei Versicherungsvereinen auf Gegenseitigkeit, deren Geschäftsbetrieb sich auf die Sterbegeldversicherung beschränkt, die Steuerbefreiung unabhängig von der Höhe der Beitragseinnahmen auch eintritt, wenn die Höhe des Sterbegeldes insgesamt die Leistung der nach § 5 Abs. 1 Nr. 3 steuerbefreiten Sterbekassen nicht übersteigt und wenn der Verein auch im Übrigen eine soziale Einrichtung darstellt;

2. Vorschriften zu erlassen

   a) (weggefallen)

   b) über die Herabsetzung oder Erhöhung der Körperschaftsteuer nach § 23 Abs. 2;

   c) nach denen bei Anschaffung oder Herstellung von abnutzbaren beweglichen und bei Herstellung von abnutzbaren unbeweglichen Wirtschaftsgütern des Anlagevermögens auf Antrag ein Abzug von der Körperschaftsteuer für den Veranlagungszeitraum der Anschaffung oder Herstellung bis zur Höhe von 7,5 Prozent der Anschaffungs- oder Herstellungskosten dieser Wirtschaftsgüter vorgenommen werden kann. ²§ 51 Abs. 1 Nr. 2 Buchstabe s des Einkommensteuergesetzes gilt entsprechend;

d) nach denen Versicherungsvereine auf Gegenseitigkeit von geringerer wirtschaftlicher Bedeutung, die eine Schwankungsrückstellung nach § 20 Abs. 1 nicht gebildet haben, zum Ausgleich des schwankenden Jahresbedarfs zu Lasten des steuerlichen Gewinns Beträge der nach § 193 des Versicherungsaufsichtsgesetzes zu bildenden Verlustrücklage zuführen können;

e) die die Steuerbefreiung nach § 8b Absatz 1 Satz 1 und Absatz 2 Satz 1 sowie vergleichbare Vorschriften in Abkommen zur Vermeidung der Doppelbesteuerung von der Erfüllung besonderer Nachweis- und Mitwirkungspflichten abhängig machen, wenn außerhalb des Geltungsbereichs dieses Gesetzes ansässige Beteiligte oder andere Personen nicht wie inländische Beteiligte bei Vorgängen innerhalb des Geltungsbereichs dieses Gesetzes zur Mitwirkung bei der Ermittlung des Sachverhalts herangezogen werden können. ²Die besonderen Nachweis- und Mitwirkungspflichten können sich auf die Angemessenheit der zwischen nahestehenden Personen im Sinne des § 1 Absatz 2 des Außensteuergesetzes in ihren Geschäftsbeziehungen vereinbarten Bedingungen und die Bevollmächtigung der Finanzbehörde, im Namen des Steuerpflichtigen mögliche Auskunftsansprüche gegenüber den von der Finanzbehörde benannten Kreditinstituten außergerichtlich und gerichtlich geltend zu machen, erstrecken. ³Die besonderen Nachweis- und Mitwirkungspflichten auf der Grundlage dieses Buchstabens gelten nicht, wenn die außerhalb des Geltungsbereichs dieses Gesetzes ansässigen Beteiligten oder anderen Personen in einem Staat oder Gebiet ansässig sind, mit dem ein Abkommen besteht, das die Erteilung von Auskünften entsprechend Artikel 26 des Musterabkommens der OECD zur Vermeidung der Doppelbesteuerung auf dem Gebiet der Steuern vom Einkommen und vom Vermögen in der Fassung von 2005 vorsieht oder der Staat oder das Gebiet Auskünfte in einem vergleichbaren Umfang erteilt oder die Bereitschaft zu einer entsprechenden Auskunftserteilung besteht.

(2) Das Bundesministerium der Finanzen wird ermächtigt,

1. im Einvernehmen mit den obersten Finanzbehörden der Länder Muster der in den §§ 27 und 37 vorgeschriebenen Bescheinigungen zu bestimmen;

2. den Wortlaut dieses Gesetzes und der zu diesem Gesetz erlassenen Durchführungsverordnungen in der jeweils geltenden Fassung mit neuem Datum, unter neuer Überschrift und in neuer Paragrafenfolge bekannt zu machen und dabei Unstimmigkeiten des Wortlauts zu beseitigen.

Inhaltsübersicht

	Rz.
A. Allgemeines zu § 33 KStG	1 - 20
I. Rechtsentwicklung des § 33 KStG	1 - 10
II. Regelungsinhalt und Bedeutung des § 33 KStG	11 - 20
B. Ermächtigung zum Erlass von Rechtsverordnungen (§ 33 Abs. 1 KStG)	21 - 60

I.	Umfang der Steuerbefreiung von rechtsfähigen Pensions-, Sterbe-, Kranken- und Unterstützungskassen (§ 33 Abs. 1 Nr. 1 Buchst. a KStG)	21 - 25
II.	Umfang der Steuerbefreiung von kleineren Versicherungsvereinen auf Gegenseitigkeit (§ 33 Abs. 1 Nr. 1 Buchst. b KStG)	26 - 35
III.	Kleinbetragsregelung für Beitragsrückerstattungs-Rückstellungen nach § 21 KStG (§ 33 Abs. 1 Nr. 2 Buchst. a KStG)	36 - 40
IV.	Maßnahmen zur kurzfristigen Konjunktursteuerung durch die Regierung (§ 33 Abs. 1 Nr. 2 Buchst. b und c KStG)	41 - 45
V.	Rücklagen bei Versicherungsvereinigungen auf Gegenseitigkeit von geringerer wirtschaftlicher Bedeutung (§ 33 Abs. 1 Nr. 2 Buchst. d KStG)	46 - 50
VI.	Erweiterte Mitwirkungspflichten bei ausländischen Geschäftsbeziehungen (§ 33 Abs. 1 Nr. 2 Buchst. e KStG)	51 - 60
C. Ermächtigungen für den Bundesminister der Finanzen (§ 33 Abs. 2 KStG)		61 - 66
I.	Muster für Bescheinigungen nach §§ 27 und 37 KStG (§ 33 Abs. 2 Nr. 1 KStG)	61 - 65
II.	Neubekanntmachung des KStG und der Durchführungsverordnungen (§ 33 Abs. 2 Nr. 2 KStG)	66

A. Allgemeines zu § 33 KStG

HINWEIS:

BMF-Schreiben v. 5. 1. 2010, BStBl 2010 I 19.

LITERATURHINWEISE:

Haarmann/Suttrop, Zustimmung des Kabinetts zum Steuerhinterziehungsbekämpfungsgesetz, BB 2009, 1275; *Kessler/Eicke*, Gedanken zur Verfassungs- und Europarechtskonformität des Steuerhinterziehungsbekämpfungsgesetzes, DB 2009, 1314; *Sinz/Kubaile*, Der Entwurf des Steuerhinterziehungsbekämpfungsgesetzes: Steinbrücks 7. Kavallerie, IStR 2009; 401; *Worgulla/Söffing*, Steuerhinterziehungsbekämpfungsgesetz, Kritische Betrachtung von Geschäftsbeziehungen zum europäischen Ausland, FR 2009, 545.

I. Rechtsentwicklung des § 33 KStG

1   Die ursprünglich in § 53 KStG i. d. F. von Art. 4 des Gesetzes v. 14. 7. 2000[1] enthaltenen Ermächtigungsvorschriften wurden durch Art. 3 des Steuersenkungsgesetzes v. 23. 10. 2000[2] zuerst unverändert in das für das Halbeinkünfteverfahren neu konzipierte KStG übernommen. Die erforderlichen Anpassungen erfolgten erst durch Art. 2 des Unternehmenssteuerfortentwicklungsgesetzes (UntStFG) v. 20. 12. 2001,[3] nach § 34 Abs. 2a KStG (a. a. O.) anwendbar erstmals für den Veranlagungszeitraum 2001; bei vom Kalenderjahr abweichendem Wirtschaftsjahr erstmals für den Veranlagungszeitraum 2002.

2   Die noch auf den Ermächtigungen des § 53 Abs. 1 KStG a. F. beruhende KStDV 1994 i. d. F. der Bekanntmachung v. 22. 2. 1996,[4] zuletzt geändert durch Art. 5 des Steuer-Euroglättungsgesetzes (StEuglG) v. 19. 12. 2000,[5] ist in der geänderten Fassung ab 1. 1. 2002 (§ 6 KStDV) anwendbar. Diese Fassung berücksichtigt noch nicht die durch das UntStFG (a. a. O.) geänderte Delegationsgrundlage des § 33 KStG.

---

1   BGBl 2000 I 1034.
2   BGBl 2000 I 1433, 1452.
3   BGBl 2002 I 3858, 3862.
4   BGBl 1996 I 365; BStBl 1996 I 191.
5   BGBl 2000 I 1790, 1799.

Durch Art. 2 des Steueränderungsgesetzes 2007 (StÄndG 2007) v. 19. 7. 2006[1] erfuhr § 33 Abs. 1 Nr. 2 Buchst. c KStG lediglich eine redaktionelle Änderung. Mit der Ergänzung des § 33 Abs. 1 Nr. 2 KStG um den Buchst. e durch Art. 2 des Gesetzes zur Bekämpfung der Steuerhinterziehung (Steuerhinterziehungsbekämpfungsgesetz) v. 29. 7. 2009[2] wurde die Rechtsgrundlage für den Erlass der Regelung in § 4 der Steuerhinterziehungsbekämpfungsverordnung v. 18. 9. 2009[3] zur Versagung der Steuerbefreiung nach § 8b Abs. 1 Satz 1 und Abs. 2 Satz 1 KStG bei Bezug dieser Einkünfte aus dem Ausland geschaffen. Durch das Gesetz zur Modernisierung der Finanzaufsicht über Versicherungen v. 1. 4. 2015[4] wurde in § 33 Abs. 2 Nr. 1d KStG der Verweis auf das geänderte Versicherungsaufsichtsgesetz angepasst.

3

(Einstweilen frei) 4–10

II. Regelungsinhalt und Bedeutung des § 33 KStG

Durch § 33 Abs. 1 KStG wird die Bundesregierung im Hinblick auf Art. 80 GG ermächtigt, mit Zustimmung des Bundesrates durch Rechtsverordnung Bestimmungen zur Durchführung des KStG zu erlassen. Gegenwärtig ist dies die zuletzt durch das UntStFG (a. a. O.) geänderte KStDV[5] und die **Steuerhinterziehungsbekämpfungsverordnung**.[6] Weiter enthält § 33 Abs. 2 KStG Ermächtigungen für den Bundesminister der Finanzen für den Bereich des technischen Vollzugs des KStG.

11

(Einstweilen frei) 12–20

B. Ermächtigung zum Erlass von Rechtsverordnungen (§ 33 Abs. 1 KStG)

I. Umfang der Steuerbefreiung von rechtsfähigen Pensions-, Sterbe-, Kranken- und Unterstützungskassen (§ 33 Abs. 1 Nr. 1 Buchst. a KStG)

Durch § 33 Abs. 1 Nr. 1 Buchst. a KStG ist die Bundesregierung ermächtigt worden, den Umfang der Steuerbefreiung nach § 5 Abs. 1 Nr. 3 KStG näher zu bestimmen, die **rechtsfähige Pensions-, Sterbe- und Krankenkassen sowie rechtsfähige Unterstützungskassen** betrifft. Entsprechende Regelungen finden sich in den §§ 1 bis 3 KStDV, gegliedert in allgemeine Regelungen und solche für Kassen mit und ohne Leistungsempfänger.[7]

21

(Einstweilen frei) 22–25

---

1 BGBl 2006 I 1652.
2 BGBl 2009 I 2302.
3 BGBl 2009 I 3046 – SteuerHBekV.
4 BGBl 2015 I 434.
5 Siehe oben → Rz. 2.
6 Siehe oben → Rz. 3.
7 Siehe dazu *Oellerich/Koenig* in Mössner/Seeger/Oellerich KStG, § 5 Rz. 86 ff.

II. Umfang der Steuerbefreiung von kleineren Versicherungsvereinen auf Gegenseitigkeit (§ 33 Abs. 1 Nr. 1 Buchst. b KStG)

26 Zu der **Befreiungsvorschrift** des § 5 Abs. 1 Nr. 4 KStG für **kleinere Versicherungsvereine auf Gegenseitigkeit** hat die Bundesregierung auf der Grundlage des § 33 Abs. 1 Nr. 1 Buchst. b KStG die Regelungen des § 4 KStDV erlassen.[1]

27–35 *(Einstweilen frei)*

III. Kleinbetragsregelung für Beitragsrückerstattungs-Rückstellungen nach § 21 KStG (§ 33 Abs. 1 Nr. 2 Buchst. a KStG)

36 In § 21 KStG hat der Gesetzgeber Sonderregelungen zur **Bildung von Rückstellungen für Beitragsrückerstattungen durch Versicherungsunternehmen** getroffen. Ergänzend dazu wird die Bundesregierung in § 33 Abs. 1 Nr. 2 Buchst. a KStG ermächtigt, Vereinfachungsvorschriften über die Kleinbeträge zu erlassen, um die eine Rückstellung nach § 21 Abs. 2 KStG nicht aufgelöst zu werden braucht. Eine entsprechende Regelung wurde bisher jedoch nicht im Verordnungswege, sondern als Verwaltungsvorschrift in Tz. 5 des BMF-Schreibens v. 7.3.1978[2] getroffen.[3]

37–40 *(Einstweilen frei)*

IV. Maßnahmen zur kurzfristigen Konjunktursteuerung durch die Regierung (§ 33 Abs. 1 Nr. 2 Buchst. b und c KStG)

41 Nach § 23 Abs. 2 KStG kann die Bundesregierung parallel zu § 51 Abs. 3 EStG bei **Störung des wirtschaftlichen Gleichgewichts** mit Zustimmung des Bundesrates den Steuersatz aus volkswirtschaftlichen Gründen längstens für die Dauer eines Jahres um bis zu 10 % herabsetzen oder erhöhen. Durch § 33 Abs. 1 Nr. 2 Buchst. b KStG wird die Bundesregierung ermächtigt, darüber ergänzende Vorschriften zu erlassen. Gegenwärtig kommt diesen Regelungen keine Bedeutung zu.

42 Als weitere **Maßnahme zur Konjunktursteuerung** sieht § 33 Abs. 1 Nr. 2 Buchst. c KStG parallel zu § 51 Abs. 2 Buchst. c EStG vor, dass die Bundesregierung bei einer Störung des wirtschaftlichen Gleichgewichts im Einvernehmen mit dem Bundesrat zulassen kann, dass die Steuerpflichtigen bis zu 7,5 % der Anschaffungs- oder Herstellungskosten für innerhalb eines bestimmten Zeitraums angeschaffte oder hergestellte Wirtschaftsgüter von der Steuerschuld abziehen können. Bisher wurden keine derartigen Bestimmungen getroffen.

43–45 *(Einstweilen frei)*

V. Rücklagen bei Versicherungsvereinigungen auf Gegenseitigkeit von geringerer wirtschaftlicher Bedeutung (§ 33 Abs. 1 Nr. 2 Buchst. d KStG)

46 Versicherungsvereinigungen auf Gegenseitigkeit von geringerer wirtschaftlicher Bedeutung ist es aufgrund versicherungsrechtlicher Vorschriften verwehrt, Schwankungsrückstellungen

---

[1] Auf die diesbezüglichen Erläuterungen zu *Oellerich/Koenig* in Mössner/Seeger/Oellerich KStG, § 5 Rz. 151 ff. wird Bezug genommen.
[2] BStBl 1978 I 160.
[3] Vgl. dazu *Schnabel/Dietrich* in Mössner/Seeger/Oellerich KStG, § 21 Rz. 131.

i. S. d. § 20 Abs. 1 KStG (bisher § 20 Abs. 2 KStG) zu bilden. Diesen Unternehmen kann gem. § 33 Abs. 1 Nr. 2 Buchst. d KStG die Möglichkeit zugestanden werden, insoweit zu Lasten des steuerlichen Gewinns Beträge in die nach § 193 VAG zu bildende Verlustrücklage einzustellen. Eine entsprechende Regelung wurde jedoch nicht im Verordnungswege, sondern als Verwaltungsvorschrift erlassen in Tz. 4 des BMF-Schreibens v. 2. 1. 1979.[1]

(Einstweilen frei) 47–50

VI. Erweiterte Mitwirkungspflichten bei ausländischen Geschäftsbeziehungen (§ 33 Abs. 1 Nr. 2 Buchst. e KStG)

Ermittlungsmaßnahmen deutscher FinBeh müssen die Souveränität anderer Staaten achten und sind damit im Ausland grundsätzlich unzulässig. Im Ausland ansässige Beteiligte und andere grundsätzlich auskunftspflichtige Personen können daher i. d. R. nicht zur Verifikation der Angaben des Steuerpflichtigen herangezogen werden. Die deutschen FinBeh sind daher auf die Amtshilfe der ausländischen FinBeh angewiesen, die allerdings nur auf der Grundlage besonderer völkerrechtlicher Vereinbarungen (insbesondere Auskunftsklauseln in DBA nach dem Muster von Art. 26 OECD-MA oder isolierte Auskunftsabkommen) oder des Europäischen Unionsrechts[2] erlangt werden. Derartige Regelungen haben bisher insbesondere im Verhältnis zu nicht oder nur niedrig besteuernden Staaten und Gebieten nicht bestanden. Dieses Aufklärungsdefizit soll durch das Gesetz zur Bekämpfung der Steuerhinterziehung (Steuerhinterziehungsbekämpfungsgesetz) v. 29. 7. 2009[3] beseitigt werden. Danach wird die Bundesregierung mit Zustimmung des Bundesrats ermächtigt, den Steuerpflichtigen für bestimmte Geschäftsbeziehungen mit ausländischen Geschäftspartnern weitergehende Mitwirkungspflichten aufzuerlegen, sofern die ausländischen FinBeh nicht zu einer umfassenden Auskunftserteilung gegenüber den deutschen FinBeh verpflichtet sind. Bei Verletzung dieser erweiterten Mitwirkungspflichten kann die Steuerbefreiung für den Bezug von Gewinnausschüttungen aus den in Betracht kommenden Staaten und Gebieten nach Maßgabe des § 8b Abs. 1 Satz 1 KStG oder eines DBA sowie für Gewinne aus der Veräußerung von Anteilen an in diesen Staaten und Gebieten ansässigen Kapitalgesellschaften nach § 8b Abs. 2 Satz 1 KStG oder nach einem DBA nicht beansprucht werden. Dahinter steht eine Typisierung, nach der in Staaten ohne Informationsaustausch keine wesentliche Besteuerung zu erwarten sei, weshalb es dieser Maßnahmen zur Beseitigung der (wirtschaftlichen) Doppelbesteuerung nicht bedürfe. Aufgrund dieser Ermächtigungsvorschrift wurde die **Steuerhinterziehungsbekämpfungsverordnung** v. 18. 9. 2009[4] erlassen, die erstmals für den VZ 2010 und für nach dem 31. 12. 2009 bezogene Gewinnausschüttungen,[5] anzuwenden ist (§ 6 SteuerHBekV). Wegen weiterer Einzelheiten wird auf § 4 SteuerHBekV und die diesbezüglichen Erläuterungen zu § 8b KStG hingewiesen. 51

Die besonderen Nachweis- und Mitwirkungspflichten auf der Grundlage der vorbezeichneten Regelungen gelten nicht, wenn die im Ausland ansässigen Beteiligten oder anderen Personen in einem Staat oder Gebiet ansässig sind, mit dem ein Abkommen besteht, das die Erteilung von Auskünften entsprechend Art. 26 OECD-MA 2005 vorsieht oder der Staat oder das Gebiet 52

---

1 BStBl 1979 I 58.
2 EU-Amtshilferichtlinie 2011/16/EU, zuletzt geändert durch RL 2016/881/EU v. 25. 5. 2016; s. dazu das EU-Amtshilfegesetz.
3 BGBl 2009 I 2302.
4 BGBl 2009 I 3046 – SteuerHBekV.
5 *Geißer* in Mössner/Seeger/Oellerich KStG, § 8b Rz. 13.

Auskünfte in einem vergleichbaren Umfang erteilt oder die Bereitschaft zu einer entsprechenden Auskunftserteilung besteht.[1] die Aktivitäten von OECD und G 20 in den Jahren 2009/10 im Zusammenhang mit der „schwarzen Liste" der „Steueroasen" hat mittlerweile zum Abschluss von isolierten Auskunftsabkommen nach OECD-Muster auch mit klassischen „Steueroasen" geführt. Auch wenn die isolierten Auskunftsabkommen im Detail nicht mit Art. 26 OECD-MA gleichwertig sind, sollen sie nach der Gesetzesbegründung genügen.[2] In der Folge hat die **SteuerHBekV aktuell keinen Anwendungsbereich.** Dies stellt auch das BMF-Schreiben v. 5. 1. 2010[3] zum 1. 1. 2010 fest. Eine Änderung dieser Einschätzung will das BMF ebenfalls als Schreiben bekanntmachen.

53 **Europarechtliche Bedenken** bestehen im Hinblick auf die auch in **Drittstaatsfällen** anwendbare Kapitalverkehrsfreiheit (Art. 62 AEUV). Die Bekämpfung der Steuerhinterziehung rechtfertigt nach der zur Niederlassungsfreiheit ergangenen „Cadbury Schweppes"-Entscheidung des EuGH[4] keine typisierenden Vermutungen, sondern nur Maßnahmen im Hinblick auf „rein künstliche Gestaltungen".[5] Im Hinblick auf die Nichtgewährung von Steuervorteilen (§ 8b KStG) hat der EuGH in der „Skatteverket"-Entscheidung[6] das Nichtbestehen eines hinreichenden Informationsaustausches als Rechtfertigungsgrund genügen lassen.[7] Begründete **verfassungsrechtliche Bedenken** bestehen hinsichtlich der Bestimmtheit der Ermächtigungsgrundlage i. S. d. Art. 80 Abs. 1 Satz 2 GG[8] – darauf weist schon das Bedürfnis auf eine quasi-konstitutive Feststellung des Anwendungsbereichs in einem BMF-Schreiben hin.

54–60 *(Einstweilen frei)*

C. Ermächtigungen für den Bundesminister der Finanzen (§ 33 Abs. 2 KStG)

I. Muster für Bescheinigungen nach §§ 27 und 37 KStG (§ 33 Abs. 2 Nr. 1 KStG)

61 Durch § 33 Abs. 2 Nr. 1 KStG wird der Bundesminister der Finanzen ermächtigt, im Einvernehmen mit den obersten Finanzbehörden der Länder die Muster für die nach §§ 27 und 37 KStG zu erteilenden Bescheinigungen zu bestimmen.

▶ Gelten für Gewinnausschüttungen nicht in das Nennkapital geleistete Einlagen der Gesellschafter als verwendet, handelt es sich um die Rückgewähr von Einlagen, die bei den Ausschüttungsempfängern nicht zu Einnahmen i. S. d. § 20 Abs. 1 Nr. 1 oder 2 EStG führt. Die ausschüttende Gesellschaft ist in diesen Fällen nach § 27 KStG gehalten, den Ausschüttungsempfängern den Umfang der zurückgewährten Einlagen zu bescheinigen.

---

[1] Wegen Einzelheiten zu Art. 26 OECD-MA 2005 wird auf die Erläuterungen von *Höppner* in Gosch/Kroppen/Grotherr, hingewiesen.
[2] BT-Drucks. 16/12852; *Worgulla/Söffing*, FR 2009, 545.
[3] BStBl 2010 I 19.
[4] EuGH, Urteil v. 12. 9. 2006 - Rs. C-196/04, Cadbury Schweppes, NWB NAAAC-09456; berechtigte Kritik bei *Axer*, IStR 2007, 162.
[5] *Sinz/Kubaile*, IStR 2009 401; *Haarmann/Suttorp*, BB 2009, 1266; *Kessler/Eicke*, DB 2009, 1314.
[6] EuGH, Urteil v. 18. 12. 2007 - Rs. C-101/05, Skatteverket, NWB AAAAC-69724.
[7] *Kessler/Eicke*, DB 2009, 1314.
[8] *Sinz/Kubaile*, IStR 2009 401; *Haarmann/Suttorp*, BB 2009, 1266; *Kessler/Eicke*, DB 2009, 1314.

Nach Abschn. III des BMF-Schreibens v. 18.12.2009[1] ist für diese Bescheinigungen das diesem Schreiben beigefügte Muster II zu verwenden.

▶ Bis im Laufe des Jahres 2006 durchgeführte Gewinnausschüttungen konnten zu einer KSt-Minderung nach § 37 KStG führen.[2] In diesen Fällen hatte die ausschüttende Gesellschaft im Hinblick auf die danach beim Ausschüttungsempfänger vorgesehene KSt-Erhöhung die Höhe des in Anspruch genommenen KSt-Minderungsbetrags nach § 37 Abs. 3 KStG zu bescheinigen. Das insoweit zu verwendende Bescheinigungsmuster wurde mit dem BMF-Schreiben v. 20.2.2001[3] veröffentlicht.[4]

Die Ermächtigung für den BMF zur Bestimmung der übrigen für die Durchführung des Besteuerungsverfahrens nach Maßgabe des KStG erforderlichen Vordrucke im Einvernehmen mit den obersten Finanzbehörden des Bundes und der Länder ergibt sich aus § 31 Abs. 1 KStG i.V.m. § 51 Abs. 4 EStG.

(Einstweilen frei) 63–65

II. Neubekanntmachung des KStG und der Durchführungsverordnungen (§ 33 Abs. 2 Nr. 2 KStG)

§ 33 Abs. 2 Nr. 2 KStG ermächtigt das BMF, das KStG und die Durchführungsverordnungen in der jeweils geltenden Fassung unter neuem Datum, neuer Überschrift und neuer Paragrafenfolge bekanntzugeben. Wortlautänderungen zur Beseitigung von Unstimmigkeiten dürfen den Regelungsgehalt nicht ändern,[5] dieser ist dem Gesetz- bzw. Verordnungsgeber vorbehalten. Sie müssen sich daher auf rein sprachliche Glättungen beschränken.

§ 34 Schlussvorschriften

(1) Diese Fassung des Gesetzes gilt, soweit in den folgenden Absätzen nichts anderes bestimmt ist, erstmals für den Veranlagungszeitraum 2017.

(2) ¹Erwerbs- und Wirtschaftsgenossenschaften sowie Vereine können bis zum 31. Dezember 1991, in den Fällen des § 54 Absatz 4 in der Fassung des Artikels 9 des Gesetzes vom 18. Dezember 1989 (BGBl I S. 2212) bis zum 31. Dezember 1992 oder, wenn es sich um Erwerbs- und Wirtschaftsgenossenschaften oder Vereine in dem in Artikel 3 des Einigungsvertrages genannten Gebiet handelt, bis zum 31. Dezember 1993 durch schriftliche Erklärung auf die Steuerbefreiung nach § 5 Absatz 1 Nummer 10 und 14 des Körperschaftsteuergesetzes in der Fassung des Artikels 4 des Gesetzes vom 14. Juli 2000 (BGBl I S. 1034) verzichten, und zwar auch für den Veranlagungszeitraum 1990. ²Die Körperschaft ist mindestens für fünf aufeinander folgende Kalenderjahre an die Erklärung gebunden. ³Die Erklärung kann nur mit Wirkung vom Beginn eines Kalenderjahrs an widerrufen werden. ⁴Der Widerruf ist spätestens bis zur Unanfechtbarkeit der Steuerfestsetzung des Kalenderjahrs zu erklären, für das er gelten soll.

(3) ¹§ 5 Absatz 1 Nummer 2 ist für die Hamburgische Investitions- und Förderbank erstmals für den Veranlagungszeitraum 2013 anzuwenden. ²Die Steuerbefreiung nach § 5 Absatz 1 Num-

---

1 BStBl 2010 I 79.
2 Vgl. dazu *Klein* in Mössner/Seeger/Oellerich KStG, § 37 Rz. 179 ff.
3 BStBl 2001 I 235.
4 Vgl. auch *Klein* in Mössner/Seeger/Oellerich KStG, § 37 Rz. 240 ff.
5 BFH, Urteil v. 17.4.1959 - VI 45/59 U, BStBl 1959 III 235.

mer 2 in der bis zum 30. Juli 2014 geltenden Fassung ist für die Hamburgische Wohnungsbaukreditanstalt letztmals für den Veranlagungszeitraum 2013 anzuwenden. ³§ 5 Absatz 1 Nummer 16 Satz 1 und 2 in der am 1. Januar 2016 geltenden Fassung ist erstmals für den Veranlagungszeitraum 2015 anzuwenden. ⁴§ 5 Absatz 1 Nummer 24 in der am 31. Dezember 2014 geltenden Fassung ist erstmals für den Veranlagungszeitraum 2014 anzuwenden.

(3a) § 5 Absatz 1 Nummer 3 Buchstabe d, Nummer 4 und 16 Satz 3 in der am 1. Januar 2016 geltenden Fassung ist erstmals für den Veranlagungszeitraum 2016 anzuwenden.

(3b) § 8 Absatz 8 Satz 6, § 8 Absatz 9 Satz 9, § 8c Absatz 2, § 8d Absatz 1 Satz 9, § 15 Satz 1 Nummer 1 Satz 2 und 3 und § 15 Satz 1 Nummer 1a in der Fassung des Artikels 3 des Gesetzes vom 27. Juni 2017 (BGBl I S. 2074) sind auch für Veranlagungszeiträume vor 2017 anzuwenden, wenn der Steuerpflichtige einen Antrag nach § 52 Absatz 4a Satz 3 des Einkommensteuergesetzes in der Fassung des Artikels 2 des Gesetzes vom 11. Dezember 2018 (BGBl I S. 2338) stellt.

(4) § 8a Absatz 2 und 3 ist nicht anzuwenden, wenn die Rückgriffsmöglichkeit des Dritten allein auf der Gewährträgerhaftung einer Gebietskörperschaft oder einer anderen Einrichtung des öffentlichen Rechts gegenüber den Gläubigern eines Kreditinstituts für Verbindlichkeiten beruht, die bis zum 18. Juli 2001 vereinbart waren; Gleiches gilt für bis zum 18. Juli 2005 vereinbarte Verbindlichkeiten, wenn deren Laufzeit nicht über den 31. Dezember 2015 hinausgeht.

(5) ¹§ 8b Absatz 4 in der am 12. Dezember 2006 geltenden Fassung ist für Anteile weiter anzuwenden, die einbringungsgeboren im Sinne des § 21 des Umwandlungssteuergesetzes in der am 12. Dezember 2006 geltenden Fassung sind, und für Anteile im Sinne des § 8b Absatz 4 Satz 1 Nummer 2, die auf einer Übertragung bis zum 12. Dezember 2006 beruhen. ²§ 8b Absatz 7 Satz 1 in der am 1. Januar 2017 geltenden Fassung ist erstmals für den Veranlagungszeitraum 2017 anzuwenden; § 8b Absatz 7 Satz 2 in der am 1. Januar 2017 geltenden Fassung ist anzuwenden auf Anteile, die nach dem 31. Dezember 2016 dem Betriebsvermögen zugehen.

(6) ¹§ 8c Absatz 1 Satz 1 bis 3 in der Fassung des Artikels 6 des Gesetzes vom 11. Dezember 2018 (BGBl I S. 2338) findet erstmals für den Veranlagungszeitraum 2008 und auf Anteilsübertragungen nach dem 31. Dezember 2007 Anwendung. ²§ 8c Absatz 1 Satz 4 bis 8 in der Fassung des Artikels 6 des Gesetzes vom 11. Dezember 2018 (BGBl I S. 2338) ist erstmals auf schädliche Beteiligungserwerbe nach dem 31. Dezember 2009 anzuwenden. ³§ 8c Absatz 1a in der Fassung des Artikels 2 des Gesetzes vom 22. Dezember 2009 (BGBl I S. 3950) findet erstmals für den Veranlagungszeitraum 2008 und auf Anteilsübertragungen nach dem 31. Dezember 2007 Anwendung. ⁴Erfüllt ein nach dem 31. Dezember 2007 erfolgter Beteiligungserwerb die Voraussetzungen des § 8c Absatz 1a, bleibt er bei der Anwendung des § 8c Absatz 1 Satz 1 unberücksichtigt.

(6a) ¹§ 8d ist erstmals auf schädliche Beteiligungserwerbe im Sinne des § 8c anzuwenden, die nach dem 31. Dezember 2015 erfolgen, wenn der Geschäftsbetrieb der Körperschaft vor dem 1. Januar 2016 weder eingestellt noch ruhend gestellt war. ²§ 8d Absatz 1 Satz 2 Nummer 1 ist auf Einstellungen oder Ruhendstellungen anzuwenden, die nach dem 31. Dezember 2015 erfolgen.

(6b) ¹§ 14 Absatz 2 in der Fassung des Artikels 6 des Gesetzes vom 11. Dezember 2018 (BGBl I S. 2338) ist auch für Veranlagungszeiträume vor 2017 anzuwenden. ²Ist im Einzelfall eine vor dem 1. August 2018 bestehende Organschaft unter Berücksichtigung von Ausgleichszahlungen nach anderen Grundsätzen als denen des § 14 Absatz 2 in der Fassung des Artikels 6 des Gesetzes vom 11. Dezember 2018 (BGBl I S. 2338) anerkannt worden, so sind diese Grundsätze insoweit letztmals für den Veranlagungszeitraum 2021 maßgebend. ³Wird ein Gewinnabführungsvertrag im Sinne des Satzes 2 vorzeitig nach dem 1. August 2018 durch Kündigung beendet, gilt die Kündigung als durch einen wichtigen Grund im Sinne des § 14 Absatz 1 Satz 1 Nummer 3 Satz 2 gerechtfertigt. ⁴Wird ein Gewinnabführungsvertrag im Sinne des Satzes 2 an die Anforderungen des § 14 Absatz 2 in der Fassung des Artikels 6 des Gesetzes vom 11. Dezember 2018 (BGBl I S. 2338) angepasst, gilt diese Anpassung für die Anwendung des § 14 Absatz 1 Satz 1 Nummer 3 nicht als Neuabschluss.

(6c) § 15 in der Fassung des Artikels 6 des Gesetzes vom 11. Dezember 2018 (BGBl I S. 2338) ist erstmals für den Veranlagungszeitraum 2018 anzuwenden.

(7) § 19 in der am 31. Juli 2014 geltenden Fassung ist erstmals für den Veranlagungszeitraum 2012 anzuwenden.

(7a) ¹§ 20 Absatz 1 in der am 1. Januar 2016 geltenden Fassung ist auch für Veranlagungszeiträume vor 2016 anzuwenden. ²§ 20 Absatz 2 in der am 1. Januar 2016 geltenden Fassung ist erstmals für den Veranlagungszeitraum 2016 anzuwenden.

(8) ¹§ 21 Absatz 2 Satz 2 Nummer 1 ist für die Veranlagungszeiträume 2016 bis 2018 in der folgenden Fassung anzuwenden:

„1. die Zuführungen innerhalb des am Bilanzstichtag endenden Wirtschaftsjahrs und der vier vorangegangenen Wirtschaftsjahre. ²Der Betrag nach Satz 1 darf nicht niedriger sein als der Betrag, der sich ergeben würde, wenn das am 13. Dezember 2010 geltende Recht weiter anzuwenden wäre,".

²§ 21 in der Fassung des Artikels 7 des Gesetzes vom 11. Dezember 2018 (BGBl I S. 2338) ist anzuwenden:

1. erstmals für den Veranlagungszeitraum 2019;
2. auf bis zum 30. Juni 2019 zu stellenden, unwiderruflichen Antrag bereits für den Veranlagungszeitraum 2018. ²Der Antrag nach Satz 1 kann nur gestellt werden, wenn es im Veranlagungszeitraum 2018 sonst zu einer Auflösung der Rückstellung für Beitragsrückerstattung nach § 21 Absatz 2 Satz 2 in der zum 31. Dezember 2017 geltenden Fassung kommen würde.

(8a) § 21a Absatz 1 in der am 1. Januar 2016 geltenden Fassung ist erstmals für den Veranlagungszeitraum 2016 anzuwenden.

(9) ¹§ 26 in der am 31. Dezember 2014 geltenden Fassung ist erstmals auf Einkünfte und Einkunftsteile anzuwenden, die nach dem 31. Dezember 2013 zufließen. ²Auf vor dem 1. Januar 2014 zugeflossene Einkünfte und Einkunftsteile ist § 26 Absatz 2 Satz 1 in der am 31. Dezember 2014 geltenden Fassung in allen Fällen anzuwenden, in denen die Körperschaftsteuer noch nicht bestandskräftig festgesetzt ist.

(10) § 27 Absatz 1 Satz 6 in der Fassung des Artikels 3 Nummer 10 des Gesetzes vom 7. Dezember 2006 (BGBl I S. 2782) gilt letztmals für den Veranlagungszeitraum 2005.

(10a) § 33 Absatz 1 Nummer 2 Buchstabe d in der am 1. Januar 2016 geltenden Fassung ist erstmals für den Veranlagungszeitraum 2016 anzuwenden.

(11) § 36 ist in allen Fällen, in denen die Endbestände im Sinne des § 36 Absatz 7 noch nicht bestandskräftig festgestellt sind, in der folgenden Fassung anzuwenden:

„§ 36 Endbestände

(1) Auf den Schluss des letzten Wirtschaftsjahrs, das in dem Veranlagungszeitraum endet, für den das Körperschaftsteuergesetz in der Fassung der Bekanntmachung vom 22. April 1999 (BGBl I S. 817), das durch Artikel 4 des Gesetzes vom 14. Juli 2000 (BGBl I S. 1034) geändert worden ist, letztmals anzuwenden ist, werden die Endbestände der Teilbeträge des verwendbaren Eigenkapitals ausgehend von den gemäß § 47 Absatz 1 Satz 1 Nummer 1 des Körperschaftsteuergesetzes in der Fassung der Bekanntmachung vom 22. April 1999 (BGBl I S. 817), das zuletzt durch Artikel 4 des Gesetzes vom 14. Juli 2000 (BGBl I S. 1034) geändert worden ist, festgestellten Teilbeträgen gemäß den nachfolgenden Absätzen ermittelt.

(2) ^{1}Die Teilbeträge sind um die Gewinnausschüttungen, die auf einem den gesellschaftsrechtlichen Vorschriften entsprechenden Gewinnverteilungsbeschluss für ein abgelaufenes Wirtschaftsjahr beruhen und die in dem in Absatz 1 genannten Wirtschaftsjahr folgenden Wirtschaftsjahr erfolgen, sowie um andere Ausschüttungen und sonstige Leistungen, die in dem in Absatz 1 genannten Wirtschaftsjahr erfolgen, zu verringern. ^{2}Die Regelungen des Vierten Teils des Körperschaftsteuergesetzes in der Fassung der Bekanntmachung vom 22. April 1999 (BGBl I S. 817), das zuletzt durch Artikel 4 des Gesetzes vom 14. Juli 2000 (BGBl I S. 1034) geändert worden ist, sind anzuwenden. ^{3}Der Teilbetrag im Sinne des § 54 Absatz 11 Satz 1 des Körperschaftsteuergesetzes in der Fassung der Bekanntmachung vom 22. April 1999 (BGBl I S. 817), das zuletzt durch Artikel 4 des Gesetzes vom 14. Juli 2000 (BGBl I S. 1034) geändert worden ist (Teilbetrag, der einer Körperschaftsteuer in Höhe von 45 Prozent unterlegen hat), erhöht sich um die Einkommensteile, die nach § 34 Absatz 12 Satz 2 bis 5 in der am 14. Dezember 2010 geltenden Fassung einer Körperschaftsteuer von 45 Prozent unterlegen haben, und der Teilbetrag, der nach dem 31. Dezember 1998 einer Körperschaftsteuer in Höhe von 40 Prozent ungemildert unterlegen hat, erhöht sich um die Beträge, die nach § 34 Absatz 12 Satz 6 bis 8 in der am 14. Dezember 2010 geltenden Fassung einer Körperschaftsteuer von 40 Prozent unterlegen haben, jeweils nach Abzug der Körperschaftsteuer, der sie unterlegen haben.

(3) (weggefallen)

(4) Ist die Summe der unbelasteten Teilbeträge im Sinne des § 30 Absatz 2 Nummer 1 bis 3 in der Fassung des Artikels 4 des Gesetzes vom 14. Juli 2000 (BGBl I S. 1034) nach Anwendung des Absatzes 2 negativ, sind diese Teilbeträge zunächst untereinander und danach mit den mit Körperschaftsteuer belasteten Teilbeträgen in der Reihenfolge zu verrechnen, in der ihre Belastung zunimmt.

(5) ^{1}Ist die Summe der unbelasteten Teilbeträge im Sinne des § 30 Absatz 2 Nummer 1 bis 3 in der Fassung des Artikels 4 des Gesetzes vom 14. Juli 2000 (BGBl I S. 1034) nach Anwendung des Absatzes 2 nicht negativ, sind zunächst die Teilbeträge im Sinne des § 30 Absatz 2 Nummer 1 und 3 in der Fassung des Artikels 4 des Gesetzes vom 14. Juli 2000 (BGBl I S. 1034) zusammenzufassen. ^{2}Ein sich aus der Zusammenfassung ergebender Negativbetrag ist vorrangig mit einem positiven Teilbetrag im Sinne des § 30 Absatz 2 Nummer 2 in der Fassung des Artikels 4 des Gesetzes vom 14. Juli 2000 (BGBl I S. 1034) zu verrechnen. ^{3}Ein negativer Teilbetrag im Sinne des § 30 Absatz 2 Nummer 2 in der Fassung des Artikels 4 des Gesetzes vom 14. Juli 2000 (BGBl I S. 1034) ist vorrangig mit dem positiven zusammengefassten Teilbetrag im Sinne des Satzes 1 zu verrechnen.

(6) ¹Ist einer der belasteten Teilbeträge negativ, sind diese Teilbeträge zunächst untereinander in der Reihenfolge zu verrechnen, in der ihre Belastung zunimmt. ²Ein sich danach ergebender Negativbetrag mindert vorrangig den nach Anwendung des Absatzes 5 verbleibenden positiven Teilbetrag im Sinne des § 30 Absatz 2 Nummer 2 in der Fassung des Artikels 4 des Gesetzes vom 14. Juli 2000 (BGBl I S. 1034); ein darüber hinausgehender Negativbetrag mindert den positiven zusammengefassten Teilbetrag nach Absatz 5 Satz 1.

(6a) ¹Ein sich nach Anwendung der Absätze 1 bis 6 ergebender positiver Teilbetrag, der einer Körperschaftsteuer von 45 Prozent unterlegen hat, mindert in Höhe von 5/22 seines Bestands einen nach Anwendung der Absätze 1 bis 6 verbleibenden positiven Bestand des Teilbetrags im Sinne des § 30 Absatz 2 Nummer 2 in der Fassung des Artikels 4 des Gesetzes vom 14. Juli 2000 (BGBl I S. 1034) bis zu dessen Verbrauch. ²Ein sich nach Anwendung der Absätze 1 bis 6 ergebender positiver Teilbetrag, der einer Körperschaftsteuer von 45 Prozent unterlegen hat, erhöht in Höhe von 27/5 des Minderungsbetrags nach Satz 1 den nach Anwendung der Absätze 1 bis 6 verbleibenden Bestand des Teilbetrags, der nach dem 31. Dezember 1998 einer Körperschaftsteuer von 40 Prozent ungemildert unterlegen hat. ³Der nach Satz 1 abgezogene Betrag erhöht und der nach Satz 2 hinzugerechnete Betrag vermindert den nach Anwendung der Absätze 1 bis 6 verbleibenden Bestand des Teilbetrags, der einer Körperschaftsteuer von 45 Prozent unterlegen hat.

(7) Die Endbestände sind getrennt auszuweisen und werden gesondert festgestellt; dabei sind die verbleibenden unbelasteten Teilbeträge im Sinne des § 30 Absatz 2 Nummer 1 und 3 des Körperschaftsteuergesetzes in der Fassung der Bekanntmachung vom 22. April 1999 (BGBl I S. 817), das zuletzt durch Artikel 4 des Gesetzes vom 14. Juli 2000 (BGBl I S. 1034) geändert worden ist, in einer Summe auszuweisen."

(12) § 37 Absatz 1 ist in den Fällen des Absatzes 11 in der folgenden Fassung anzuwenden:

„(1) ¹Auf den Schluss des Wirtschaftsjahrs, das dem in § 36 Absatz 1 genannten Wirtschaftsjahr folgt, wird ein Körperschaftsteuerguthaben ermittelt. ²Das Körperschaftsteuerguthaben beträgt 15/55 des Endbestands des mit einer Körperschaftsteuer von 45 Prozent belasteten Teilbetrags zuzüglich 1/6 des Endbestands des mit einer Körperschaftsteuer von 40 Prozent belasteten Teilbetrags."

(13) ¹§ 38 Absatz 1 in der am 19. Dezember 2006 geltenden Fassung gilt nur für Genossenschaften, die zum Zeitpunkt der erstmaligen Anwendung dieses Gesetzes in der Fassung des Artikels 3 des Gesetzes vom 23. Oktober 2000 (BGBl I S. 1433) bereits bestanden haben. ²Die Regelung ist auch für Veranlagungszeiträume vor 2007 anzuwenden. ³Ist in den Fällen des § 40 Absatz 5 und 6 in der am 13. Dezember 2006 geltenden Fassung die Körperschaftsteuerfestsetzung unter Anwendung des § 38 in der am 27. Dezember 2007 geltenden Fassung vor dem 28. Dezember 2007 erfolgt, sind die §§ 38 und 40 Absatz 5 und 6 weiter anzuwenden. ⁴§ 38 Absatz 4 bis 9 in der am 29. Dezember 2007 geltenden Fassung ist insoweit nicht anzuwenden.

(14) ¹Die §§ 38 und 40 in der am 27. Dezember 2007 geltenden Fassung sowie § 10 des Umwandlungssteuergesetzes vom 7. Dezember 2006 (BGBl I S. 2782, 2791) sind auf Antrag weiter anzuwenden für

1. Körperschaften oder deren Rechtsnachfolger, an denen unmittelbar oder mittelbar zu mindestens 50 Prozent

a) juristische Personen des öffentlichen Rechts aus Mitgliedstaaten der Europäischen Union oder aus Staaten, auf die das EWR-Abkommen Anwendung findet, oder

b) Körperschaften, Personenvereinigungen oder Vermögensmassen im Sinne des § 5 Absatz 1 Nummer 9

alleine oder gemeinsam beteiligt sind, und

2. Erwerbs- und Wirtschaftsgenossenschaften,

die ihre Umsatzerlöse überwiegend durch Verwaltung und Nutzung eigenen zu Wohnzwecken dienenden Grundbesitzes, durch Betreuung von Wohnbauten oder durch die Errichtung und Veräußerung von Eigenheimen, Kleinsiedlungen oder Eigentumswohnungen erzielen, sowie für steuerbefreite Körperschaften. ²Der Antrag ist unwiderruflich und kann von der Körperschaft bis zum 30. September 2008 bei dem für die Besteuerung zuständigen Finanzamt gestellt werden. ³Die Körperschaften oder deren Rechtsnachfolger müssen die Voraussetzungen nach Satz 1 ab dem 1. Januar 2007 bis zum Ende des Zeitraums im Sinne des § 38 Absatz 2 Satz 3 erfüllen. ⁴Auf den Schluss des Wirtschaftsjahres, in dem die Voraussetzungen des Satzes 1 nach Antragstellung erstmals nicht mehr vorliegen, wird der Endbetrag nach § 38 Absatz 1 letztmals ermittelt und festgestellt. ⁵Die Festsetzung und Erhebung des Körperschaftsteuererhöhungsbetrags richtet sich nach § 38 Absatz 4 bis 9 in der am 29. Dezember 2007 geltenden Fassung mit der Maßgabe, dass als Zahlungszeitraum im Sinne des § 38 Absatz 6 Satz 1 die verbleibenden Wirtschaftsjahre des Zeitraums im Sinne des § 38 Absatz 2 Satz 3 gelten. ⁶Die Sätze 4 und 5 gelten entsprechend, soweit das Vermögen der Körperschaft oder ihres Rechtsnachfolgers durch Verschmelzung nach § 2 des Umwandlungsgesetzes oder Auf- oder Abspaltung im Sinne des § 123 Absatz 1 und 2 des Umwandlungsgesetzes ganz oder teilweise auf eine andere Körperschaft übergeht und diese keinen Antrag nach Satz 2 gestellt hat. ⁷§ 40 Absatz 6 in der am 27. Dezember 2007 geltenden Fassung ist nicht anzuwenden.

Inhaltsübersicht	Rz.
A. Überblick und Rechtsentwicklung des § 34 KStG	1 - 10
B. Die Regelungen im Einzelnen	11 - 70
I. Allgemeiner Anwendungsbereich (§ 34 Abs. 1 KStG)	11 - 14
II. Verzicht auf persönliche Steuerbefreiung für Erwerbs- und Wirtschaftsgenossenschaften sowie Vereine (§ 34 Abs. 2 KStG)	15 - 17
III. Zeitliche Anwendung von persönlichen Steuerbefreiungen (§ 34 Abs. 3, Abs. 3a KStG)	18 - 22
IV. Anwendung von Verweisen auf § 3a EStG (§ 34 Abs. 3b KStG)	23
V. Ausschluss von § 8a Abs. 2 und 3 KStG bei Gewährträgerhaftung (§ 34 Abs. 4 KStG)	24 - 26
VI. Verlängerte Anwendung von § 8b Abs. 4 KStG a. F. (§ 34 Abs. 5 KStG)	27 - 28
VII. Anwendung von Änderungen des § 8c KStG und von § 8d KStG (§ 34 Abs. 6, Abs. 6a KStG)	29 - 35
VIII. Zeitliche Anwendung der §§ 14 Abs. 2, 15 KStG (§ 34 Abs. 6b, Abs. 6c KStG)	36 - 37
IX. Zeitliche Anwendung von Änderungen des § 19 KStG (§ 34 Abs. 7 KStG)	38 - 39
X. Zeitliche Anwendung von Änderungen des § 20 KStG (§ 34 Abs. 7a KStG)	40 - 42
XI. Anwendung von § 21 KStG (§ 34 Abs. 8 KStG)	43 - 46
XII. Zeitliche Anwendung von § 21a Abs. 1 KStG (§ 34 Abs. 8a KStG)	47 - 48

XIII.	Zeitliche Anwendung von § 26 KStG (§ 34 Abs. 9 KStG)	49 - 51
XIV.	Letztmalige Anwendung von § 27 Abs. 1 Satz 6 KStG (§ 34 Abs. 10 KStG)	52 - 54
XV.	Letztmalige Anwendung von § 33 Abs. 1 Nr. 2 Buchst. d KStG (§ 34 Abs. 10a KStG)	55 - 56
XVI.	Anwendung der §§ 36, 37 KStG in noch nicht bestandskräftigen Fällen (§ 34 Abs. 11, 12 KStG)	57 - 59
XVII.	Weitergeltung des § 38 Abs. 1 KStG i. d. F.v. 19. 12. 2006 für Genossenschaften (§ 34 Abs. 13 KStG)	60 - 64
XVIII.	Weitergeltung der §§ 38, 40 KStG für Genossenschaften (§ 34 Abs. 14 KStG)	65 - 70

A. Überblick und Rechtsentwicklung des § 34 KStG

Der mit „Schlussvorschriften" überschriebene § 34 KStG enthält im Wesentlichen Vorschriften zu dem zeitlichen Anwendungsbereich des KStG. Dabei gliedert sich die Norm in die generelle zeitliche Anwendung der Gesamtfassung des KStG ab dem VZ 2017 (§ 34 Abs. 1 KStG) auf der einen Seite sowie spezielle Regelungen für die erstmalige Anwendung zeitlich nachfolgender Änderungen (§ 34 Abs. 3 Satz 1, 3 und 4, 3a, 6, 6a, 6b Satz 1, 6c,7, 7a, 8, 8a, 9, 10a KStG), für die letztmalige Anwendung bestimmter Regelungen (§ 34 Abs. 3 Satz 2, 6b Satz 2, 10 KStG) und für die Weitergeltung bestimmter Regelungskomplexe unter bestimmten Bedingungen (§ 34 Abs. 5, 11, 12, 14 KStG) auf der anderen Seite. Eine dritte Regelungskategorie stellen Regelungen zum sachlichen oder persönlichen Anwendungsbereich bestimmter Vorschriften des KStG dar (§ 34 Abs. 4, 13 KStG). Im Rahmen dieser Kategorie finden sich ebenfalls zeitliche Aspekte, die jedoch nicht ausschließlich an einen Zeitpunkt anknüpfen, sondern an das (Nicht-)Vorhandensein eines bestimmten Tatbestandes zu einem bestimmten Zeitpunkt. 1

Mit dem Gesetz zur Senkung der Steuersätze und zur Reform der Unternehmensbesteuerung v. 23. 10. 2000 (Steuersenkungsgesetz – StSenkG)[1] ist das mit dem KStG 1977 eingeführte körperschaftsteuerliche Anrechnungsverfahren durch das sog. Halbeinkünfteverfahren abgelöst worden. Diese grundlegende Änderung des Systems der Besteuerung von Körperschaftsteuersubjekten und der hinter ihnen stehenden Personen machte die Regelungen der §§ 27 bis 47 KStG i. d. F. des Art. 4 des Gesetzes v. 14. 7. 2000 (sog. Stiftungsförderungsgesetz)[2] gegenstandslos; sie wurden gestrichen. Das KStG wurde ab § 27 neu gegliedert. Die bisher in § 54 KStG enthaltenen Schlussvorschriften wurden nunmehr in § 34 KStG aufgenommen. Dementsprechend enthielt § 34 KStG i. d. F. des StSenkG neben den Regelungen zur erstmaligen Anwendung der infolge des Übergangs zum Halbeinkünfteverfahren eingefügten Vorschriften Einzelregelungen des bisherigen § 54 KStG, soweit sie weiterhin bedeutsam waren. 2

Nach umfangreichen Änderungen zwischen 2000 und 2014[3] wurde § 34 KStG durch das Gesetz zur Anpassung des nationalen Steuerrechts an den Beitritt Kroatiens zur EU und zur Ände- 3

---

1 BGBl 2000 I 1433.
2 BGBl 2000 I 1034.
3 Siehe für einen Überblick die Kommentierung in der 2. Aufl. (*Martini/Valta* in Mössner/Seeger, KStG, 2. Aufl., § 34 Rz. 2 bis 9).

rung weiterer steuerlicher Vorschriften v. 25. 7. 2014 (KroatAnpG)[1] neu gefasst und dabei erheblich gestrafft. Durch Zeitablauf gegenstandslos gewordene Regelungen wurden gestrichen.[2] Dies betraf insbesondere die Regelungen zum Übergang auf das Halbeinkünfteverfahren.[3] Die nicht in die Neufassung durch das KroatAnpG aufgenommene Übergangsregelung des § 34 Abs. 10b KStG zur Anwendung des § 17 Satz 2 Nr. 2 KStG wurde in § 17 Abs. 2 KStG ausdrücklich für weiterhin anwendbar erklärt. Die verbliebenen Absätze des § 34 KStG wurden neu nummeriert.[4]

4   Mit dem Gesetz zur Anpassung der Abgabenordnung an den Zollkodex der Union und zur Änderung weiterer steuerlicher Vorschriften (ZollkodexAnpG) v. 22. 12. 2014[5] wurde § 34 Abs. 3 KStG um die Regelung zur zeitlichen Anwendung der ebenfalls durch das ZollkodexAnpG in § 5 Abs. 1 Nr. 24 eingefügten persönlichen Steuerbefreiung der Global-Legal-Entity-Identifier-Stiftung ergänzt. Korrespondierend zu der Neufassung des § 26 KStG durch das ZollkodexAnpG wurde auch die diesbezügliche in § 34 Abs. 9 KStG enthaltene zeitliche Anwendung neu gefasst.

5   Mit Wirkung v. 1. 1. 2016 fügte das Gesetz zur Modernisierung der Finanzaufsicht über Versicherungen (ModFinAufsichtG) v. 1. 4. 2015[6] die Abs. 3a, 7a, 8a und 10a in § 34 KStG ein. Diese betreffen die zeitliche Anwendbarkeit von Vorschriften des KStG, deren redaktionelle Anpassung aufgrund der ebenfalls ab dem 1. 1. 2016 geltenden Neufassung des VAG durch das ModFinAufsichtG notwendig wurde.

6   Durch das Steueränderungsgesetz 2015 v. 2. 11. 2015[7] wurde die in der Neufassung des § 34 KStG durch das KroatAnpG v. 25. 7. 2014 vorgesehene allgemeine Inkrafttretensregelung des Abs. 1 für den VZ 2015 auf den VZ 2016 aktualisiert. Damit entfiel im Allgemeinen die Notwendigkeit, das zeitliche Inkrafttreten der weiteren Änderungen des KStG durch das Steueränderungsgesetz 2015 gesondert zu regeln. Hinsichtlich der neu gefassten Vorschrift des § 5 Abs. 1 Nr. 16 KStG (Steuerbefreiung von Einlagensicherungssystemen) wurde durch den eingefügten § 34 Abs. 3 Satz 3 KStG eine rückwirkende Anwendung für den VZ 2015 angeordnet. In § 34 Abs. 6 Satz 2 KStG wurde eine auf den Zeitpunkt des Beteiligungserwerbs abstellende Anwendungsregelung für den gleichzeitig neu gefassten § 8c Abs. 1 Satz 5 KStG getroffen. Eine zeitlich unbegrenzte Rückwirkung wurde in § 34 Abs. 7a Satz 1 KStG für den neu gefassten § 20 Abs. 1 KStG angeordnet. Zudem wurde die Anwendungsregelung zu § 21 Abs. 2 Satz 2 Nr. 1 KStG in § 34 Abs. 8 KStG auf die VZ 2016 und 2017 bezogen und neu gefasst.

7   Durch das Gesetz zur Weiterentwicklung der steuerlichen Verlustverrechnung bei Körperschaften v. 20.12.2016[8] wurden in dem neu eingefügten § 34 Abs. 6a KStG Regelungen zur zeitlichen Anwendung von § 8d KStG (fortführungsgebundener Verlustvortrag) getroffen. Mit dem Gesetz zur Umsetzung der Änderungen der EU-Amtshilferichtlinie und von weiteren Maßnahmen gegen Gewinnkürzungen und -verlagerungen vom 20.12.2016[9] wurde in § 34 Abs. 5

---

1 BGBl 2014 I 1266.
2 Für die Weitergeltung aufgehobener Rechtsanwendungsregelungen siehe unten → Rz. 13. Die Erläuterungen der aufgehobenen Regelungen finden sich in der Vorauflage.
3 Siehe die Kommentierung in der 2. Aufl. (*Martini/Valta* in Mössner/Seeger, KStG, 2. Aufl., § 34 Rz. 150 ff.).
4 Für eine Gegenüberstellung der alten und neuen Regelungen im Einzelnen siehe die Synopse in der 2. Aufl.
5 BGBl 2014 I 2417.
6 BGBl 2015 I S. 434.
7 BGBl 2015 I S. 1834.
8 BGBl 2016 I S. 2998.
9 BGBl 2016 I S. 3000.

Satz 2 KStG eine Anwendungsregelung für die ab dem 1.1.2017 geltende Fassung von § 8b Abs. 7 KStG aufgenommen. Zudem wurde die Anwendungsregelung zu § 21 Abs. 2 Satz 2 Nr. 1 KStG in § 34 Abs. 8 KStG auf die VZ 2016 bis 2018 erstreckt. Mit dem Gesetz gegen schädliche Steuerpraktiken im Zusammenhang mit Rechteüberlassung vom 27.6.2017[1] wurde der allgemeine zeitliche Anwendungsbereich in § 34 Abs. 1 KStG auf den VZ 2017 fortgeschrieben.

Durch das Gesetz zur Vermeidung von Umsatzsteuerausfällen beim Handel mit Waren im Internet und zur Änderung weiterer steuerlicher Vorschriften vom 11.12.2018[2] wurden § 34 Abs. 3b KStG, der eine Folgeänderung zu § 52 Abs. 4a Satz 3 EStG (Antrag auf Anwendung von § 3a EStG) enthält, sowie § 34 Abs. 6a und 6b KStG zur zeitlichen Anwendung von §§ 14 und 15 KStG eingefügt. Zugleich wurde die Regelung des § 34 Abs. 6 KStG zur zeitlichen Anwendung des § 8c KStG neu gefasst.

(Einstweilen frei)

B. Die Regelungen im Einzelnen

I. Allgemeiner Anwendungsbereich (§ 34 Abs. 1 KStG)

Das KStG i. d. F. des Gesetzes gegen schädliche Steuerpraktiken im Zusammenhang mit Rechteüberlassung vom 27.6.2017[3] ist nach seinem § 34 Abs. 1 KStG erstmals für den VZ 2017 anzuwenden. Dieser entspricht nach § 25 Abs. 1 EStG i. V. m. § 31 Abs. 1 Satz 1 KStG dem Kalenderjahr 2017. Diese allgemeine Anordnung der zeitlichen Anwendung gilt jedoch nur, soweit sich aus den Regelungen der nachfolgenden Absätze des § 34 KStG oder aus sonstigen Vorschriften des KStG[4] nichts anderes ergibt.

Eine faktische zeitliche Vorwirkung gilt für buchführungspflichtige Körperschaften, Vermögensmassen und Personenvereinigungen, die ihrer Gewinnermittlung ein vom Kalenderjahr abweichendes Wirtschaftsjahr zu Grunde legen. Nach § 7 Abs. 4 Satz 2 KStG gilt der Gewinn aus Gewerbebetrieb als in dem Kalenderjahr bezogen, in dem das Wirtschaftsjahr endet.[5] Nach § 34 Abs. 1 KStG ist demnach bereits der Gewinnermittlung des im VZ 2017 endenden Wirtschaftsjahres 2016/2017 das KStG i. d. F. des Gesetzes gegen schädliche Steuerpraktiken im Zusammenhang mit Rechteüberlassung vom 27.6.2017[6] zu Grunde zu legen.[7] Gleiches gilt für im Kalenderjahr 2017 endende Rumpfwirtschaftsjahre, auch wenn diese bereits im Jahr 2016 begonnen haben.

Rechtsanwendungsvorschriften, die durch Änderungen – insbesondere durch das KroatAnpG v. 25. 7. 2014[8] – aus dem Text des § 34 KStG herausgelöst werden, bleiben durch die Grundregel des § 34 Abs. 1 KStG unberührt; sie gelten weiterhin. Dass der Gesetzgeber wegen der Vielzahl der Änderungen darauf verzichtet hat, alle Änderungsvorschriften in dem Katalog des § 34 KStG zu belassen, bedeutet nicht, dass die entsprechende gesetzliche Anwendungsrege-

---

1 BGBl 2017 I S. 2074.
2 BGBl 2018 I S. 2338.
3 BGBl 2017 I S. 2074.
4 So etwa § 17 Abs. 2 KStG.
5 Siehe dazu *von Brocke* in Mössner/Seeger/Oellerich, KStG, § 7 Rz. 56 ff.
6 BGBl 2017 I S. 2074.
7 So auch *Hey*/HHR, KStG, § 34 Rz. 4; *Graw* in RHN, § 34 Rz. 10; *Werning* in Blümich KStG § 34 Rz. 30; für eine Maßgeblichkeit des Beginns des abweichenden Wirtschaftsjahres Gosch/*Kögel*, § 34 Rz. 20.
8 BGBl 2014 I 1266; siehe näher → Rz. 3.

lung aufgehoben ist. Dies gilt insbesondere auch dann, wenn die entfernte Regelung durch eine neu aufgenommene Regelung ersetzt worden ist, die keinen sachlichen Zusammenhang zur alten Regelung aufweist.[1] Der Grundsatz des *lex posterior* ist in diesem Fall aufgrund der Verschiedenheit der Regelungsbereiche nicht anwendbar.[2]

14 *(Einstweilen frei)*

II. Verzicht auf persönliche Steuerbefreiung für Erwerbs- und Wirtschaftsgenossenschaften sowie Vereine (§ 34 Abs. 2 KStG)

15 Ungeachtet der grundsätzlichen Frage, ob auf die Steuerbefreiungen des § 5 Abs. 1 KStG verzichtet werden kann,[3] räumt § 34 Abs. 2 KStG Genossenschaften und Vereinen ausdrücklich die Möglichkeit ein, auf bestimmte Steuerbefreiungen des § 5 Abs. 1 KStG zu verzichten. Vermietungsgenossenschaften und -vereine i. S. d. § 5 Abs. 1 Nr. 10 KStG sowie landwirtschaftliche Erwerbs- und Wirtschaftsgenossenschaften und Vereine i. S. d. § 5 Abs. 1 Nr. 14 KStG konnten nach § 54 Abs. 4 KStG i. d. F. des Gesetzes v. 18. 12. 1989[4] ab dem VZ 1990 auf die ihnen zustehende Steuerbefreiung verzichten. Dieser Antrag war grundsätzlich bis zum 31. 12. 1992 zu stellen. Für die im Beitrittsgebiet[5] ansässigen landwirtschaftlichen Erwerbs- und Wirtschaftsgenossenschaften und Vereine lief die Frist nach erst am 31. 12. 1993 ab.

16 Nach § 34 Abs. 2 Satz 2 KStG ist die Körperschaft an die Erklärung über den Verzicht auf die Steuerbefreiung, die unbefristet abgegeben werden kann, über einen Zeitraum von mindestens fünf Kalenderjahren gebunden. Ein Widerruf ist nach § 34 Abs. 2 Satz 3 KStG nur mit Wirkung vom Beginn eines Kalenderjahres an möglich. Er kann damit erstmals zu Beginn des sechsten Kalenderjahres erklärt werden. Nicht erforderlich ist, dass der Antrag bereits zu Beginn des Kalenderjahres widerrufen wird, zu dem die Steuerbefreiung erstmals nicht mehr beansprucht werden soll. Der Widerruf ist gem. § 34 Abs. 2 Satz 4 KStG auch noch im Besteuerungsverfahren für diesen Zeitraum, d. h. bis zur Unanfechtbarkeit des betreffenden KSt-Bescheides möglich.[6]

17 *(Einstweilen frei)*

III. Zeitliche Anwendung von persönlichen Steuerbefreiungen (§ 34 Abs. 3, Abs. 3a KStG)

18 § 34 Abs. 3 Satz 1 f. KStG stellt die nahtlose Steuerbefreiung der Hamburgischen Investitions- und Förderbank sicher. Da diese bis zum 1. 8. 2013 als Hamburgische Wohnungsbaukreditanstalt firmierte, § 5 Abs. 1 Nr. 2 KStG aber erst durch das KroatAnpG v. 25. 7. 2014[7] an die neue Bezeichnung angepasst wurde, wird in § 34 Abs. 3 Satz 1 KStG die rückwirkende Anwendung für den Veranlagungszeitraum 2013 angeordnet. In der Folge genießt die Hamburgische

---

1 Siehe beispielhaft die Synopse zu den Änderungen durch das KroatAnpG in der Vorauflage.
2 BFH v. 25. 7. 1991 - XI R 36/89, BStBl 1992 II 26.
3 Hinsichtlich der Befreiung für gemeinnützige Körperschaften offen gelassen von BFH v. 28. 11. 1961 - I 34/61 U, BStBl 1962 III 73.
4 BGBl 1989 I 2212.
5 Vgl. Art. 3 des Einigungsvertrages, BGBl 1990 II 895, BStBl 1990 I 654.
6 Siehe näher BMF v. 20. 12. 1994, BStBl 1994 I 917; Erlass des FinMin Thüringen v. 17. 7. 1995, FR 1995, 630.
7 BGBl 2014 I 1266.

Investitions- und Förderbank bereits ab dem Zeitpunkt der Umbenennung am 1.8.2013 Steuerfreiheit. Gleichzeitig bestimmt § 34 Abs. 3 Satz 2 KStG, dass die bisherige Fassung des § 5 Abs. 1 Nr. 2 KStG, die noch die Hamburgische Wohnungsbaukreditanstalt aufführte, letztmals für den VZ 2013 anzuwenden ist.

Durch das Steueränderungsgesetz 2015 v. 2.11.2015[1] wurde die Steuerbefreiung des § 5 Abs. 1 Nr. 16 KStG für Körperschaften, Personenvereinigungen und Vermögensmassen, die Funktionen im Rahmen der gesetzlichen Einlagensicherung oder im Rahmen der Institutssicherung wahrnehmen, an die durch das neu eingeführte Einlagensicherungsgesetz[2] geänderten gesetzlichen Rahmenbedingungen angepasst. Der neu gefasste § 5 Abs. 1 Nr. 16 Satz 1 KStG ist rückwirkend erstmals für den Veranlagungszeitraum 2015 anzuwenden. Gleiches gilt für die in § 5 Abs. 1 Nr. 16 Satz 2 KStG enthaltenen Anforderungen an die Vermögensverwendung, die ebenfalls durch das Steueränderungsgesetz 2015 eingeführt wurden. Die Ausnahme für wirtschaftliche Geschäftsbetriebe (§ 5 Abs. 1 Nr. 16 Satz 4 KStG) blieb unverändert; diese Regelungen wird von § 34 Abs. 3 KStG nicht erfasst. 19

Die redaktionelle Anpassung der in § 5 Abs. 1 Nr. 16 Satz 3 KStG geregelten entsprechenden Anwendung des § 5 Abs. 1 Nr. 16 Satz 1 f. KStG für Sicherungsfonds i. S. d. §§ 223 und 224 VAG (bisher §§ 126 und 127 VAG a. F.) wurde aufgrund der Neufassung des VAG durch das ModFinAufsichtG v. 1.4.2015[3] erforderlich. Die Regelung ist – im Gleichlauf mit dem Inkrafttreten des VAG n. F. – nach § 34 Abs. 3a KStG erstmals für den VZ 2016 anzuwenden. Zwar regelt § 34 Abs. 3a KStG das Inkrafttreten des § 5 Abs. 1 Nr. 16 Satz 3 KStG insgesamt. Für die bereits in der vorherigen Fassung enthaltenen Einrichtungen zur Sicherung von Einlagen bei Wohnungsgenossenschaften mit Spareinrichtung hat die Regelung jedoch keine praktische Bedeutung. Auf diese Einrichtungen war bereits nach § 5 Abs. 1 Nr. 16 Satz 3 KStG a. F. die Steuerbefreiung des § 5 Abs. 1 Nr. 16 Satz 1 f. KStG entsprechend anzuwenden. 20

Ebenfalls durch das ModFinAufsichtG wurde die Regelung des § 5 Abs. 1 Nr. 3 Buchst. d KStG über die von Pensions-, Sterbe- und Krankenkassen für eine Steuerbefreiung zu erfüllenden Anforderungen an die Deckungsrückstellung redaktionell geändert. Der bisherige Bezug auf § 5 Abs. 3 Nr. 2 Halbsatz 2 VAG a. F. wurde durch § 219 Abs. 3 Nr. 1 VAG (Bestimmung des Umfangs der einzureichenden fachlichen Geschäftsunterlagen) ersetzt. Diese Neuregelung ist nach § 34 Abs. 3a KStG erstmals für den VZ 2016 anzuwenden. 21

Die Änderung der Steuerbefreiung des § 5 Abs. 1 Nr. 4 KStG für kleinere Versicherungsvereine auf Gegenseitigkeit wurde aufgrund der nunmehr in § 210 VAG (bisher § 53 VAG a. F.) enthaltenen aufsichtsrechtlichen Definition erforderlich. Die Neufassung ist – ebenso wie das VAG n. F. – nach § 34 Abs. 3a KStG erstmals für den VZ 2016 anzuwenden. 22

IV. Anwendung von Verweisen auf § 3a EStG (§ 34 Abs. 3b KStG)

Die Regelung des § 3a KStG (Steuerfreiheit von Sanierungserträgen) in der Fassung des Gesetzes vom 27.6.2017[4] ist erstmals in den Fällen anzuwenden, in denen die Schulden ganz oder teilweise nach dem 8.2.2017 erlassen wurden. Auf Antrag des Steuerpflichtigen ist § 3a EStG 23

---

1 BGBl 2015 I 1834.
2 Art. 1 des Gesetz zur Umsetzung der Richtlinie 2014/49/EU des Europäischen Parlaments und des Rates v. 16.4.2014 über Einlagensicherungssysteme (DGSD-Umsetzungsgesetz) v. 28.5.2015, BGBl 2015 I 786.
3 BGBl 2015 I 434.
4 BGBl 2017 I S. 2074.

auch in den Fällen anzuwenden, in denen die Schulden vor dem 9.2.2017 erlassen wurden (§ 52 Abs. 4a Satz 3 EStG). § 34 Abs. 3b KStG erklärt für die Fälle, in denen der Steuerpflichtige von seinem Antragsrecht Gebrauch gemacht hat, die speziellen Verweise des KStG auf § 3a EStG für anwendbar. Die Regelungen der §§ 8 Abs. 8 Satz 6, 8 Abs. 9 Satz 9, 8c Abs. 2, 8d Abs. 1 Satz 9, 15 Satz 1 Nr. 1 Satz 2 und 3, Nr. 1a sind dann – abweichend von der Grundregel des § 34 Abs. 1 KStG – auch für Veranlagungszeiträume vor 2017 anwendbar.

V. Ausschluss von § 8a Abs. 2 und 3 KStG bei Gewährträgerhaftung (§ 34 Abs. 4 KStG)

24 § 34 Abs. 4 KStG entspricht dem bisherigen § 34 Abs. 6a Satz 4 KStG a. F. Die Vorschrift enthält Ausnahmeregelungen für die Anwendung der Zinsschranke der § 4h EStG und § 8a KStG bei einer Finanzierung durch öffentlich-rechtliche Kreditinstitute. Die körperschaftsteuerlichen Rückausnahmen des § 8a Abs. 2 KStG, der für die Anwendung des § 4h Abs. 2 Satz 1 Buchst. b EStG (fehlende Konzernangehörigkeit) Zinszahlungen an einen qualifiziert beteiligten Anteilseigner erfordert, und § 8a Abs. 3 KStG, der für die Anwendung des § 4h Abs. 2 Satz 1 Buchst. c EStG (Eigenkapitalvergleich bei Konzernzugehörigkeit) Zinszahlungen an einen qualifiziert beteiligten Gesellschafter einer konzernzugehörigen Gesellschaft erfordert, sind nicht anzuwenden,

- ▶ wenn die Rückgriffsmöglichkeit eines Dritten für Verbindlichkeiten der Körperschaft auf den Gesellschafter allein auf der Gewährträgerhaftung einer Gebietskörperschaft oder einer anderen Einrichtung des öffentlichen Rechts gegenüber den Gläubigern eines Kreditinstituts für Verbindlichkeiten beruht, die bis zum 18. 7. 2001 vereinbart waren, oder

- ▶ bei bis zum 18. 7. 2005 vereinbarten Verbindlichkeiten, deren Laufzeit nicht über den 31. 12. 2015 hinausgeht.

25 Diese Fristenregelung entspricht der Übergangsregelung zum Auslaufen der Gewährträgerhaftung bei Landesbanken und Sparkassen.[1] Sind die Voraussetzungen des § 34 Abs. 4 KStG erfüllt, finden § 4h Abs. 2 Satz 1 Buchst. b EStG und § 4h Abs. 2 Satz 1 Buchst. c EStG ohne die Modifikationen des § 8a KStG Anwendung.

26 *(Einstweilen frei)*

VI. Verlängerte Anwendung von § 8b Abs. 4 KStG a. F. (§ 34 Abs. 5 KStG)

27 § 34 Abs. 5 Satz 1 KStG regelt die Fortgeltung des § 8b Abs. 4 KStG a. F. Die Regelung des § 8b Abs. 4 KStG a. F. zum Ausschluss einbringungsgeborener Anteile i. S. d. § 21 UmwStG a. F. und diesen gleichzusetzender Anteile aus dem Anwendungsbereich des § 8b Abs. 2 KStG[2] ist durch das Gesetz über steuerliche Begleitmaßnahmen zur Einführung der Europäischen Gesellschaft und zur Änderung weiterer steuerrechtlicher Vorschriften (SEStEG) v. 7.12.2006[3] gestrichen worden. Sie ist jedoch nach § 34 Abs. 5 Satz 1 KStG weiterhin für Anteile anzuwenden, die aufgrund des § 21 UmwStG in der am 12. 12. 2006 geltenden Fassung erworben wurden. Ebenso ist § 8b Abs. 4 KStG a. F. weiterhin anwendbar für Anteile, die durch eine Körperschaft, Per-

---

[1] Siehe Nr. 4 der Verständigung zwischen der EU-Kommission und der Bundesrepublik Deutschland v. 17.7.2001 - IP/02/343, abrufbar unter www.europa.eu.
[2] Vgl. dazu *Geißer* in Mössner/Seeger/Oellerich, KStG, § 8b Rz. 161 ff.
[3] BGBl 2006 I 2782.

sonenvereinigung oder Vermögensmasse unmittelbar, mittelbar oder mittelbar über eine Mitunternehmerschaft von einem Einbringenden, der nicht zu den von § 8b Abs. 2 KStG a. F. begünstigten Steuerpflichtigen gehört, zu einem den Teilwert unterschreitenden Wert aufgrund einer bis zum 12. 12. 2006 erfolgten Übertragung erworben worden sind.

§ 34 Abs. 5 Satz 2 KStG betrifft die zeitliche Anwendung von § 8b Abs. 7 KStG i. d. F. des Gesetzes zur Umsetzung der Änderungen der EU-Amtshilferichtlinie und von weiteren Maßnahmen gegen Gewinnkürzungen und -verlagerungen v. 20.12.2016.[1] § 8b Abs. 7 Satz 1 KStG, der die Anwendung der Abs. 1 bis 6 des § 8b KStG für Anteile ausschließt, die bei Kreditinstituten und Finanzdienstleistungsinstituten dem Handelsbestand i. S. d. § 340e Abs. 3 HGB zuzuordnen sind, ist erstmals für den VZ 2017 anzuwenden.

28

§ 8b Abs. 7 Satz 2 KStG, nach dem die Ausnahme vom Anwendungsbereich auch für Anteile gilt, die bei Finanzunternehmen i. S. d. KWG, an denen Kreditinstitute oder Finanzdienstleistungsinstitute unmittelbar oder mittelbar zu mehr als 50 % beteiligt sind, zum Zeitpunkt des Zugangs zum Betriebsvermögen als Umlaufvermögen auszuweisen sind, ist auf Anteile anwendbar, die nach dem 31.12.2016 dem Betriebsvermögen zugehen.

VII. Anwendung von Änderungen des § 8c KStG und von § 8d KStG (§ 34 Abs. 6, Abs. 6a KStG)

Das BVerfG hat mit Beschluss vom 29.3.2017[2] entschieden, dass der Verlustabzug bei Kapitalgesellschaften nach § 8c Satz 1 KStG a. F., wonach der Verlustvortrag einer Kapitalgesellschaft anteilig wegfällt, wenn innerhalb von fünf Jahren mehr als 25 % und bis zu 50 % der Anteile übertragen werden, mit dem allgemeinen Gleichheitssatz des Art. 3 Abs. 1 GG unvereinbar ist. Zur Umsetzung dieser Vorgabe wurde § 8c KStG durch das Gesetz zur Vermeidung von Umsatzsteuerausfällen beim Handel mit Waren im Internet und zur Änderung weiterer steuerlicher Vorschriften vom 11.12.2018[3] neu gefasst (Beteiligungsschwelle 50 %). Diese Fassung (§ 8c Abs. 1 Satz 1 bis 3 KStG) findet nach § 34 Abs. 6 Satz 1 KStG erstmals für den VZ 2008 und auf Anteilsübertragungen nach dem 31.12.2007 Anwendung, wodurch § 8c Satz 1 KStG a. F. rückwirkend für unanwendbar erklärt wird. Zugleich ordnet § 34 Abs. 6 Satz 2 KStG an, dass § 8c Abs. 1 Satz 4 bis 8 KStG i. d. F. des Gesetzes vom 11.12.2018 (Ausnahmen vom schädlichen Beteiligungserwerb) erstmals auf schädliche Beteiligungserwerbe nach dem 31.12.2009 anzuwenden ist.

29

Durch Art. 7 des Bürgerentlastungsgesetzes Krankenversicherung v. 16. 7. 2009[4] ist § 8c KStG um den Abs. 1a ergänzt worden. Danach führt ein Beteiligungserwerb zum Zweck der Sanierung der Körperschaft abweichend von § 8c Abs. 1 KStG nicht zum Untergang der Berechtigung zur Verlustnutzung. Die Sanierung wird als eine Maßnahme umschrieben, die darauf gerichtet ist, die Zahlungsfähigkeit oder Überschuldung zu verhindern oder zu beseitigen und zugleich die wesentlichen Betriebsstrukturen zu erhalten. Keine Sanierung liegt vor, wenn die Körperschaft im Zeitpunkt des Beteiligungserwerbs ihren Betrieb im Wesentlichen eingestellt hat oder nach dem Beteiligungserwerb ein Branchenwechsel innerhalb eines Zeitraums von fünf Jahren erfolgt.

30

---

1 BGBl 2016 I S. 3000.
2 2 BvL 6/11, BStBl 2017 II S. 1082.
3 BGBl 2018 I S. 2338
4 BGBl 2009 I 1959.

31 Nach § 34 Abs. 6 Satz 3 KStG findet § 8c Abs. 1a KStG i. d. F. des Gesetzes vom 22.12.2009[1] erstmals für den VZ 2008 und auf Anteilsübertragungen nach dem 31.12.2007 Anwendung. Erfüllt ein nach dem 31.12.2007 erfolgter Beteiligungserwerb die Voraussetzungen des § 8c Abs. 1a KStG, bleibt er – so die Regelung des § 34 Abs. 6 Satz 4 KStG – bei der Anwendung des § 8c Abs. 1 Satz 1 KStG unberücksichtigt.

32 Entgegen der Begründung zum Gesetzesentwurf[2] ist die unionsrechtliche Notifizierung der Sanierungsklausel jedoch noch nicht abgeschlossen. Nachdem die Anwendung der Sanierungsklausel schon während des Notifizierungsverfahrens durch BMF-Schreiben ausgesetzt werden musste,[3] stellte § 34 Abs. 6 Satz 2 ff. KStG die gesetzgeberische Reaktion auf den Beschluss der Kommission vom 26.1.2011[4] dar, in dem die Sanierungsklausel im Verfahren des Art. 108 Abs. 2 AEUV als mit dem Binnenmarkt nach Art. 107 AEUV unvereinbare Beihilfe erklärt wurde. Die Anwendung des § 8 Abs. 1a KStG wird ausgesetzt, sofern nicht einer der drei in § 34 Abs. 6 Satz 2 KStG normierten Ausnahmefälle eingreift.

Nach § 34 Abs. 6 Satz 2 Nr. 1 KStG a. F. war die Sanierungsklausel insbesondere dann anzuwenden, wenn die gegen den Kommissionsbeschluss angestrengten Nichtigkeitsklagen erfolgreich waren. Erforderlich war, dass der Beschluss vom 26.1.2011 rechtskräftig vom EuG oder – in zweiter Instanz – vom EuGH für nichtig erklärt und die Vereinbarkeit des § 8 Abs. 1a KStG mit dem Beihilfeverbot des Art. 107 Abs. 1 AEUV festgestellt wurde.

33 Zwar wurde die nach Art. 263 Abs. 2 AEUV erhobene Nichtigkeitsklage Deutschlands gegen den Kommissionsbeschluss vom EuG wegen Verfristung als unzulässig abgewiesen,[5] jedoch hatten die parallel eingelegten Klagen Privater vor dem EuGH als Rechtsmittelinstanz Erfolg. In den Entscheidungsausspruch der Urteile vom 28.6.2018[6] hat der EuGH den Beschluss der Kommission vom 26.1.2011 ausdrücklich für nichtig erklärt. Damit ist jedoch lediglich das erste Tatbestandsmerkmal des § 34 Abs. 6 Satz 2 Nr. 1 KStG a. F. erfüllt.

Die Vereinbarkeit des § 8 Abs. 1a KStG mit dem Beihilfeverbot des Art. 107 Abs. 1 AEUV lässt sich jedoch – da ein solcher Feststellungstenor in dem Kassationsverfahren des Art. 263 Abs. 1 AEUV nicht vorgesehen ist – den allein maßgeblichen Urteilsgründen[7] der EuGH-Entscheidungen nicht entnehmen.[8] Vielmehr hat der EuGH die Kommissionsentscheidung mit der Begründung aufgehoben, dass die Kommission und das EuG das Referenzsystem fehlerhaft bestimmt haben (keine Berücksichtigung der allgemeinen Regelung des Verlustvortrags, sondern Bestimmung des Referenzsystems ausschließlich anhand der Regel des Verfalls von Verlusten), anhand dessen der selektive Charakter einer Maßnahme zu beurteilen ist. Dies führt – so der EuGH weiter – zwangsläufig dazu, dass die gesamte Prüfung des Tatbestandsmerkmals der Selektivität mit einem Mangel behaftet ist.[9]

---

[1] BGBl 2009 I S. 3950
[2] BT-Drucks. 19/4455 S. 53.
[3] BMF, Schreiben v. 30.4.2010, BStBl 2010 I S. 488 zur Einhaltung des Art. 108 Abs. 3 Satz 3 AEUV.
[4] K(2011)275, ABl. L 235 v. 10.9.2011, 26.
[5] EuG v. 18.12.2012 - T-205/11, mit Anm. *Kippenberg* IStR 2013, 101.
[6] EuGH v. 28.6.2018 - C-203/16 P, NWB JAAAG-87474, v. 28.6.2018 - C-208/16 P (Parallelentscheidung), NWB CAAAG-88496. Daneben sind noch folgende Nichtigkeitsklagen bei dem EuG anhängig (und wohl mit Rücksicht auf die beim EuGH anhängigen Rechtsmittel ausgesetzt): T-585/11, T-613/11, T-621/11, T-626/11, T-627/11, T-628/11, T-629/11.
[7] Ebenso *Werning* Blümich, KStG, § 34 Rz. 56.
[8] Anders *Linn/Pignot*, IStR 2018, 559 f.; s. auch Ellenrieder, IStR 2018, 179, 180.
[9] EuGH v. 28.6.2018 - C-203/16 P, NWB CAAAG-88496, Rz. 107.

Eine Aussage dahingehend, dass § 8c Abs. 1a KStG keine staatliche Beihilfe i. S. d. Art. 107 Abs. 1 AEUV darstellt, kann dem – entgegen der Begründung zum Gesetzesentwurf[1] – schon aufgrund des Umstandes nicht entnommen werden, dass es der EuGH unterlassen hat, das Referenzsystem eigenständig zu bestimmen. Hinzu kommt, dass die Entscheidungen lediglich auf das Tatbestandsmerkmal der Selektivität eingehen; die übrigen Tatbestandsmerkmale des Art. 107 Abs. 1 AEUV – insbesondere die Beeinträchtigung des Handels zwischen Mitgliedstaaten – betreffen sie nicht. Es ist damit eine erneute Kommissionsentscheidung und die darauf folgenden Entscheidungen des EuG (und des EuGH) abzuwarten. Bis dahin ist § 8c Abs. 1a KStG an dem Durchführungsverbot des Art. 108 Abs. 3 Satz 3 AEUV zu messen. 34

§ 34 Abs. 6a KStG regelt den zeitlichen und sachlichen Anwendungsbereich des § 8d KStG (fortführungsgebundener Verlustvortrag). Diese Vorschrift ist erstmals auf schädliche Beteiligungserwerbe i. S. d. § 8c KStG anzuwenden, die nach dem 31.12.2015 erfolgen, wenn der Geschäftsbetrieb der Körperschaft vor dem 1.1.2016 weder eingestellt noch ruhend gestellt war (§ 34 Abs. 6a Satz 1 KStG). Wurde der Geschäftsbetrieb vor dem Stichtag eingestellt oder ruhend gestellt, ist § 8d KStG unanwendbar. 35

Die in § 34 Abs. 6a Satz 1 KStG angeordnete Rückwirkung ist unbedenklich, da § 8d KStG nur auf Antrag anzuwenden ist und damit dessen (rückwirkende) Anwendung durch den Steuerpflichtigen vermieden werden kann. § 8d Abs. 1 Satz 2 Nr. 1 KStG (keine Anwendung des § 8d Abs. 1 Satz 1 KStG auf Verluste, die aus der Zeit vor der Einstellung bzw. Ruhendstellung des Geschäftsbetriebes stammen) ist auf Einstellungen oder Ruhendstellungen anzuwenden, die nach dem 31.12.2015 erfolgen (§ 34 Abs. 6a Satz 2 KStG).

VIII. Zeitliche Anwendung der §§ 14 Abs. 2, 15 KStG (§ 34 Abs. 6b, Abs. 6c KStG)

Durch das Gesetz zur Vermeidung von Umsatzsteuerausfällen beim Handel mit Waren im Internet und zur Änderung weiterer steuerlicher Vorschriften vom 11.12.2018[2] wurde § 14 Abs. 2 KStG (Ausweitung der Regelungen der Organschaft auf Fälle, in denen Ausgleichszahlungen in einem gewissen Umfang über den Mindestschutz des § 304 Abs. 2 Satz 1 AktG hinausgehen) eingefügt. Diese Neuregelung ist nach § 34 Abs. 6b Satz 1 KStG auch für Veranlagungszeiträume vor 2017 anzuwenden. Da es sich um eine begünstigende Regelung handelt,[3] dürfte die damit angeordnete Rückwirkung unproblematisch sein. Dies gilt umso mehr, als § 34 Abs. 6b Satz 2 KStG einen zeitlich begrenzten Bestandsschutz anordnet. 36

Ist im Einzelfall eine vor dem 1.8.2018 bestehende Organschaft unter Berücksichtigung von Ausgleichszahlungen nach anderen Grundsätzen als denen des § 14 Abs. 2 KStG anerkannt worden, so sind diese Grundsätze insoweit letztmals für den Veranlagungszeitraum 2021 maßgebend. Zugleich wird bestehenden Organschaften die Möglichkeit gegeben, den Gewinnabführungsvertrag an § 14 Abs. 2 KStG anzupassen. Wird ein Gewinnabführungsvertrag, der von anderen Grundsätzen als denen des § 14 Abs. 2 KStG ausgeht, vorzeitig nach dem 1.8.2018 durch Kündigung beendet, gilt nach § 34 Abs. 6b Satz 3 KStG die Kündigung als durch einen wichtigen Grund im Sinne des § 14 Abs. 1 Satz 1 Nr. 3 Satz 2 KStG gerechtfertigt. Wird ein solcher Gewinnabführungsvertrag an die Anforderungen des § 14 Abs. 2 KStG angepasst, gilt die-

---

1 BT-Drucks. 19/4455 S. 53.
2 BGBl 2018 I S. 2338.
3 Vgl. hierzu BFH v. 10.5.2017 - I R 93/15, NWB NAAAG-61391.

se Anpassung für die Anwendung des § 14 Abs. 1 Satz 1 Nr. 3 KStG nicht als Neuabschluss (§ 34 Abs. 6b Satz 4 KStG).

37 Durch die mit Gesetz zur Vermeidung von Umsatzsteuerausfällen beim Handel mit Waren im Internet und zur Änderung weiterer steuerlicher Vorschriften vom 11.12.2018[1] erfolgten Änderungen des § 15 KStG soll – u. a. – sichergestellt werden, dass auch rechtsformabhängige Steuerbefreiungen des Kapitels 3 des InvStG (Spezial-Investmentfonds) in die Systematik der ertragsteuerlichen Organschaft eingebunden werden.[2] § 34 Abs. 6c KStG trifft hierzu – abweichend von der allgemeinen Regelung des § 34 Abs. 1 KStG – die zeitliche Anwendungsregelung dahingehend, dass die Neuregelung erstmals für den Veranlagungszeitraum 2018 anzuwenden ist.

IX. Zeitliche Anwendung von Änderungen des § 19 KStG (§ 34 Abs. 7 KStG)

38 Durch das KroatAnpG v. 25. 7. 2014[3] wurden die Regelungen zum Steuerabzug beim Organträger (§ 19 Abs. 1 bis 4 KStG) neu geregelt und an den Wegfall des § 18 KStG angepasst. Die Bestimmung des § 19 Abs. 1 und 2 KStG über die Weitergabe besonderer Tarifvorschriften von der Organgesellschaft an den Organträger gilt nunmehr ausdrücklich nur für Organträger, die unbeschränkt körperschaft- oder einkommensteuerpflichtig sind. Dies ergab sich jedoch bereits nach § 19 Abs. 4 KStG a. F., der noch auf § 18 KStG verwies. Der Neuregelung kommt lediglich ein klarstellender Charakter zu. Die bisherige Sondervorschrift des § 19 Abs. 4 KStG a. F. für beschränkt Steuerpflichtige findet sich nun in § 19 Abs. 3 KStG. § 19 Abs. 4 KStG betrifft die Anwendung auf Personengesellschaften als Organträger; er entspricht der bisherigen Regelung des § 19 Abs. 3 KStG a. F.

39 Nach § 34 Abs. 7 KStG ist die Neufassung des § 19 KStG erstmals für den Veranlagungszeitraum 2012 anzuwenden. Aufgrund des weitgehend klarstellenden Charakters ergeben sich durch die in § 34 Abs. 7 KStG angeordnete Rückwirkung keine nachteiligen Folgen für den Steuerpflichtigen. Eine Besonderheit ergibt sich im Zusammenhang mit der Aufhebung des § 18 KStG mit Wirkung v. 26. 2. 2013 durch das Gesetz zur Änderung und Vereinfachung der Unternehmensbesteuerung und des steuerlichen Reisekostenrechts v. 25. 2. 2013.[4] Für den Veranlagungszeitraum 2012 sind demnach § 18 KStG und die Neufassung des § 19 KStG (insbesondere § 19 Abs. 3 KStG), der nicht auf § 18 KStG verweist, nebeneinander anzuwenden. Praktische Probleme ergeben sich daraus jedoch nicht, weist § 19 Abs. 3 KStG doch einen weiteren Anwendungsbereich als § 18 KStG auf. Eine im Inland im Handelsregister eingetragene Zweigniederlassung eines ausländischen gewerblichen Unternehmens ist nicht erforderlich. Vielmehr ist ausreichend, dass der Organträger nicht der unbeschränkten Körperschaftsteuer- oder Einkommensteuerpflicht unterliegt.

---

1 BGBl 2018 I S. 2338.
2 Vgl. BT-Drucks. 19/5595 S. 77.
3 BGBl 2014 I 1266.
4 BGBl 2013 I 285.

X. Zeitliche Anwendung von Änderungen des § 20 KStG (§ 34 Abs. 7a KStG)

Durch das Steueränderungsgesetz 2015 v. 2.11.2015[1] wurde die Vorschrift des § 20 Abs. 1 Satz 2 KStG angefügt, nach der § 6 Abs. 1 Nr. 3a Buchst. e EStG bei Rückstellungen i. S. d. § 341h HGB keine Anwendung findet. Die damit wegfallende Pflicht zur Abzinsung ist – für den Steuerpflichtigen begünstigend – nach § 34 Abs. 7a Satz 1 KStG zeitlich unbeschränkt rückwirkend, d. h. auch für VZ vor 2016, anzuwenden.

§ 37 Abs. 7a Satz 2 KStG fasst die zeitliche Anwendung der Änderungen des § 20 Abs. 2 KStG durch das Steueränderungsgesetz 2015 v. 2.11.2015[2] (§ 20 Abs. 2 Satz 2 KStG) und durch das ModFinAufsichtG v. 1.4.2015[3] (redaktionelle Anpassung des § 20 Abs. 2 Satz 3 KStG) zusammen. § 20 Abs. 2 KStG in der am 1.1.2016 geltenden Fassung ist insgesamt erstmals für den Veranlagungszeitraum 2016 anzuwenden.

(Einstweilen frei)

XI. Anwendung von § 21 KStG (§ 34 Abs. 8 KStG)

Der Höchstbetrag, ab dem die von Versicherungen zu bildende Rückstellung für Beitragsrückerstattung aufzulösen ist, bestimmt sich gem. § 21 Abs. 2 Satz 2 Nr. 1 KStG a. F. u. a. nach den Zuführungen innerhalb des am Bilanzstichtag endenden Wirtschaftsjahrs und der zwei vorangegangenen Wirtschaftsjahre. § 4 Abs. 8 Satz 1 KStG trifft insoweit eine Sonderregelung zur Anhebung der Auflösungsschwelle. Angesichts der aktuell niedrigen Erträge aus Kapitalanlagen soll dadurch verhindert werden, dass Versicherungsunternehmen die Rückstellungen für Beitragsrückerstattungen allein aus steuerlichen Gründen abbauen müssen.[4] Da die Kapitalerträge bei sinkendem Zinsniveau zunehmend zur Finanzierung der aufsichtsrechtlichen Eigenkapitalanforderungen benötigt werden, nimmt der Teil, welcher der Rückstellung für Beitragsrückerstattung zugeführt werden kann, ab. Gleichzeitig müssen die Versicherungsunternehmen aufgrund der Verpflichtung zur zeitnahen Mittelverwendung Teile der Rückstellung auflösen und an die Versicherten ausschütten. Wenn die Höhe der Zuführung stark rückläufig ist, übersteigt die Höhe der Auflösung die Höhe der Zuführung.

Nach der Regelung des § 34 Abs. 8 Satz 1 KStG werden in die Bemessung der Auflösungsschwelle die Zuführungen des aktuellen Wirtschaftsjahres und die der vier vorangegangenen Wirtschaftsjahre einbezogen. Zugleich ist für die Mindesthöhe die bisher geltende Rechtslage maßgeblich. Der sich aus der Anwendung der Fassung des § 34 Abs. 8 Satz 1 KStG ergebende Betrag darf nicht niedriger sein als der Betrag, der sich ergeben würde, wenn das bis zum 13.12.2010 geltende Recht weiter anzuwenden wäre. Die dafür maßgebliche reguläre Fassung des § 21 Abs. 2 Satz 2 Nr. 1 KStG erfasst die Zuführungen des aktuellen Wirtschaftsjahrs und der zwei vorangegangenen Wirtschaftsjahre.

Nachdem § 34 Abs. 10c Satz 3 KStG a. F. eine gleichlautende Übergangsregelung für die VZ 2010 bis 2015 enthielt, wird deren Gültigkeit durch § 34 Abs. 8 KStG für die VZ 2016 bis 2018 verlängert. Die übrigen Bestandteile des Höchstbetrages (§ 21 Abs. 2 Satz 2 Nr. 2 bis 4 KStG)

---

1 BGBl 2015 I 1834.
2 BGBl 2015 I 1834.
3 BGBl 2015 I 434.
4 Begründung zum Jahressteuergesetz 2010, BT-Drucks. 17/2249, 71.

bleiben durch § 34 Abs. 8 Satz 1 KStG unberührt und sind auch in den VZ 2016 bis 2018 zur Bestimmung des Höchstbetrages maßgeblich.

46 Ab dem VZ 2019 ist nach § 34 Abs. 8 Satz 2 Nr. 1 KStG die Vorschrift des § 21 KStG in der Fassung des Gesetzes zur Vermeidung von Umsatzsteuerausfällen beim Handel mit Waren im Internet und zur Änderung weiterer steuerlicher Vorschriften vom 11.12.2018[1] anzuwenden. Auf bis zum 30.6.2019 zu stellenden, unwiderruflichen Antrag ist § 21 KStG bereits für den VZ 2018 anzuwenden (§ 34 Abs. 8 Satz 2 Nr. 2 KStG). Der Antrag kann nur gestellt werden, wenn es im VZ 2018 sonst zu einer Auflösung der Rückstellung für Beitragsrückerstattung nach § 21 Abs. 2 Satz 2 KStG in der zum 31.12.2017 geltenden Fassung kommen würde.

XII. Zeitliche Anwendung von § 21a Abs. 1 KStG (§ 34 Abs. 8a KStG)

47 Abweichend vom gesetzlichen Satz von 5,5 % (§ 6 Abs. 1 Nr. 3a Buchst. e EStG) sind bei Versicherungsunternehmen und Pensionsfonds für die Abzinsung von Deckungsrückstellungen nach § 21a Abs. 1 KStG die Versicherungsunternehmens-Rechnungslegungsverordnung bzw. die Pensionsfonds-Rechnungslegungsverordnung maßgebend. Durch die Neufassung des VAG wurden redaktionelle Änderungen für die Verweisungen des § 21 Abs. 1 KStG auf die Ermächtigungsgrundlagen für die in Bezug genommenen Verordnungen notwendig, die durch das ModFinAufsichtG v. 1.4.2015[2] und das Steueränderungsgesetz 2015 v. 2.11.2015[3] vorgenommen wurden. Die so geänderte Fassung des § 21a Abs. 1 KStG ist – im Gleichlauf mit dem Inkrafttreten der Neufassung des VAG – erstmals für den Veranlagungszeitraum 2016 anzuwenden.

48 *(Einstweilen frei)*

XIII. Zeitliche Anwendung von § 26 KStG (§ 34 Abs. 9 KStG)

49 § 34 Abs. 9 Satz 1 KStG bestimmt die zeitliche Anwendung der Regelung des § 26 KStG zur unilateralen Vermeidung der Doppelbesteuerung (Anrechnungsmethode). Die Fassung, welche § 26 KStG durch das ZollkodexAnpG v. 22.12.2014[4] mit Wirkung zum 31.12.2014 erhalten hat, ist erstmals auf Einkünfte und Einkunftsteile anzuwenden, die nach dem 31.12.2013 zufließen. Hintergrund der Änderung des § 26 KStG ist die infolge des EuGH-Urteils in der Rs. Beker[5] erforderlich gewordene Anpassung des § 34c Abs. 1 EStG. Während im Rahmen des § 34c EStG der Bezug zu der Summe der Einkünfte aufgegeben wurde und nunmehr auch Sonderausgaben und außergewöhnliche Belastungen bei der Berechnung des Anrechnungshöchstbetrages Berücksichtigung finden, wurde für Zwecke des KStG – mangels Privatsphäre von Körperschaftsteuersubjekten – an der bisherigen Regelung festgehalten.

50 Eine Anwendung der Neufassung des § 26 Abs. 2 Satz 1 KStG für vor dem 1.1.2014 zugeflossene Einkünfte und Einkunftsteile ist nach § 34 Abs. 9 Satz 2 KStG vorgesehen, wenn die Körperschaftsteuer noch nicht bestandskräftig festgesetzt ist. Die dadurch angeordnete Rückwirkung

---

1 BGBl 2018 I S. 2338.
2 BGBl 2015 I 434.
3 BGBl 2015 I 1834.
4 BGBl 2014 I 2417.
5 EuGH v. 28.2.2013 - C-168/11, Beker, BStBl 2015 II 431; siehe auch das nach der Entscheidung über die Vorlage ergangene Urteil des BFH v. 18.12.2013 - I R 71/10, BStBl 2015 II 361.

ist in rechtsstaatlicher Hinsicht unbedenklich.[1] Statt wie in § 26 Abs. 2 Satz 1 KStG a. F. die Regelung des § 34c Abs. 1 Satz 2 EStG hinsichtlich der Anwendung der §§ 37, 38 KStG zu modifizieren, wurde nunmehr – inhaltlich gleichlaufend mit § 34c Abs. 1 Satz 2 EStG a. F.[2] – eine eigenständige körperschaftsteuerliche Regelung getroffen.

(Einstweilen frei) 51

XIV. Letztmalige Anwendung von § 27 Abs. 1 Satz 6 KStG (§ 34 Abs. 10 KStG)

§ 27 Abs. 1 Satz 6 KStG wurde durch das KroatAnpG v. 25. 7. 2014[3] aufgehoben. § 34 Abs. 10 KStG bestimmt, dass die Vorschrift – abweichend vom Inkrafttretenszeitpunkt des KroatAnpG (31. 7. 2014) – letztmals für den VZ 2005 gilt. Hintergrund dieser Wirkung für bereits abgeschlossene VZ ist, dass § 27 Abs. 1 Satz 6 KStG bereits durch das SEStEG v. 7. 12. 2006[4] aufgehoben werde sollte. Durch die Benennung eines in der damaligen Fassung nicht enthaltenen Satzes 6 ging diese Aufhebung jedoch ins Leere. 52

Diese echte Rückwirkung ist unter Vertrauensschutzgesichtspunkten bedenklich.[5] Allein aus dem Umstand, dass der nicht vorhandene § 27 Abs. 1 Satz 6 KStG a. F. gestrichen werden sollte, kann nicht geschlossen werden, dass damit gerade § 27 Abs. 1 Satz 5 KStG a. F. gemeint sein sollte. Auch aus dem Bericht des Finanzausschusses, nach dem die Festschreibung bescheinigter Verwendungen von Beträgen aus dem Einlagekonto nun in Abs. 5 geregelt werde und Satz 6 des § 27 Abs. 1 KStG a. F. daher überholt sei,[6] ist – soweit dieser überhaupt unter dem Gesichtspunkt des Vertrauensschutzes relevant ist – für den Steuerpflichtigen nicht zwingend zu schließen, dass in der späteren Gesetzesfassung § 27 Abs. 1 Satz 5 KStG a. F. aufgehoben werden sollte. Aus diesem Grund kann sich der Steuerpflichtige – soweit tatbestandlich einschlägig – auch nach dem VZ 2005 bis zum Inkrafttreten des KroatAnpG (31. 7. 2014) auf § 27 Abs. 1 Satz 6 KStG berufen. 53

(Einstweilen frei) 54

XV. Letztmalige Anwendung von § 33 Abs. 1 Nr. 2 Buchst. d KStG (§ 34 Abs. 10a KStG)

Die Ermächtigungsgrundlage des § 33 KStG für von der Bundesregierung zu erlassende Rechtsverordnungen wurde hinsichtlich ihres Abs. 1 Nr. 2 Buchst. d durch das ModFinAufsichtG v. 1. 4. 2015[7] redaktionell auf die geänderte Regelung der von Versicherungsvereinen auf Gegenseitigkeit zu bildenden Verlustrücklage im VAG (nunmehr § 193 VAG statt bisher § 37 VAG a. F.) angepasst. Die Neuregelung ist – im Gleichlauf mit dem Inkrafttreten des VAG n. F. – erstmals für den VZ 2016 anzuwenden. 55

---

[1] So auch *Werning* Blümich, KStG, § 34 Rz. 70.
[2] BT-Drucks. 18/3017, 52.
[3] BGBl 2014 I 1266.
[4] BGBl 2006 I 2782.
[5] Für einen fehlenden Vertrauensschutz aufgrund eines offensichtlichen Redaktionsversehens *Werning* Blümich KStG § 34 Rz. 75; siehe auch zur vergleichbaren Situation des § 7 Satz 2 GewStG BFH v. 22. 7. 2010 - IV R 29/07, BStBl 2011 II 511 (Verfassungsbeschwerde anhängig unter 1 BvR 1236/11).
[6] BT-Drucks. 16/3369, 8.
[7] BGBl 2015 I 434.

56 *(Einstweilen frei)*

XVI. Anwendung der §§ 36, 37 KStG in noch nicht bestandskräftigen Fällen (§ 34 Abs. 11, 12 KStG)

57 Nach der Rechtsprechung des BVerfG verstießen die Umgliederungsregelungen des § 36 Abs. 3 und Abs. 4 KStG gegen Art. 3 Abs. 1 GG. Sie konnten zu einem Verlust von KSt-Minderungspotenzial führen.[1] Dem Gesetzgeber wurde aufgegeben, spätestens mit Wirkung zum 1.1.2011 für alle noch nicht abgeschlossenen Verfahren eine verfassungskonforme Neuregelung zu treffen, was durch den mit dem JStG 2010 v. 8.12.2010[2] eingefügten § 34 Abs. 13f KStG a. F. geschah. Durch das KroatAnpG v. 25.7.2014[3] wurde diese Regelung – unter redaktionellen Anpassungen der Binnenverweise innerhalb des § 34 KStG a. F. – in § 34 Abs. 11 KStG übernommen.

58 Die in § 34 Abs. 11 KStG enthaltene Neuregelung des § 36 KStG ist rückwirkend in allen Fällen anzuwenden, in denen die Endbestände nach § 36 Abs. 7 KStG noch nicht bestandskräftig festgestellt sind. Maßgeblicher Zeitpunkt ist das Inkrafttreten des JStG 2010.[4] Da nach der geänderten Fassung von § 36 KStG nunmehr auch ein Endbestand an EK 45 festzustellen sein kann, ist nach § 34 Abs. 12 KStG in Fällen, in denen § 34 Abs. 11 KStG Anwendung findet, auch eine geänderte Fassung von § 37 Abs. 1 KStG anzuwenden. Das Körperschaftsteuerguthaben beträgt $^{15}/_{55}$ des festgestellten Endbestandes an EK 45 zzgl. $^{1}/_{6}$ des EK 40.

59 *(Einstweilen frei)*

XVII. Weitergeltung des § 38 Abs. 1 KStG i. d. F. v. 19.12.2006 für Genossenschaften (§ 34 Abs. 13 KStG)

60 Nach der durch das JStG 2007 v. 13.12.2006[5] eingefügten Regelung des § 38 Abs. 1 Satz 6 KStG, der nach der allgemeinen Regelung in Art. 20 Abs. 1 JStG 2007 am 19.12.2006 in Kraft trat, stellen die Rückzahlungen von Genossenschaftsguthaben, soweit es sich nicht um umgewandelte Gewinnrücklagen handelt, keine Leistungen i. S. d. § 38 Abs. 1 Satz 4 und 5 KStG dar, so dass dadurch keine KSt-Erhöhung ausgelöst wird. Nach § 34 Abs. 13 Satz 1 KStG, welcher § 34 Abs. 13e KStG a. F. entspricht, gilt diese Regelung nur für Genossenschaften, die zum Zeitpunkt der erstmaligen Anwendung des KStG i. d. F. des StSenkG v. 23.10.2000[6] bestanden haben, d. h., die bereits dem körperschaftsteuerlichen Anrechnungsverfahren unterlegen haben.

61 Bei einem dem Kalenderjahr entsprechenden Wirtschaftsjahr muss die Genossenschaft nach § 34 Abs. 1 KStG i. d. F. des StSenkG am 1.1.2001 bestanden haben. Bei einem vom Kalenderjahr abweichenden Wirtschaftsjahr bestimmte § 34 Abs. 1a KStG i. d. F. des StSenkG zwar die erstmalige Anwendung für den VZ 2002, wenn das erste im VZ 2001 endende Wirtschaftsjahr vor dem 1.1.2001 begann. Für Zwecke des § 34 Abs. 13 Satz 1 KStG, der lediglich auf die rechtliche Existenz der Genossenschaft zum Zeitpunkt der erstmaligen Anwendung abstellt, macht dies jedoch keinen Unterschied. Ein abweichendes Wirtschaftsjahr kann nur dann – wie für

---

[1] BVerfG v. 17.11.2009 - 1 BvR 2192/05, BVerfGE 125, 1; s. auch BFH v. 20.4.2011 - I R 65/05, BStBl 2011 II 983.
[2] BGBl 2010 I 1768.
[3] BGBl 2014 I 1266.
[4] BFH v. 30.7.2014 - I R 56/13, BStBl 2014 II 940.
[5] BGBl 2006 I 2878.
[6] BGBl 2000 I 1433.

§ 34 Abs. 1a KStG a. F. erforderlich – vor dem 1.1.2001 begonnen haben, wenn zum 1.1.2001 auch die Genossenschaft bestand.[1]

Erfüllt eine Genossenschaft die zeitliche Anforderung des § 34 Abs. 13 Satz 1 KStG, gilt die Regelung des § 38 Abs. 1 Satz 6 KStG nach § 34 Abs. 13 Satz 2 KStG auch für Veranlagungszeiträume vor 2007. Da durch § 38 Abs. 1 Satz 6 KStG Rückzahlungen aus dem Leistungsbegriff des § 38 Abs. 1 Satz 4 KStG ausgenommen werden und damit die Körperschaftsteuererhöhung des § 38 Abs. 2 Satz 1 KStG um $3/7$ vermieden wird, ist diese Rückwirkung aufgrund ihres begünstigenden Charakters aus rechtsstaatlicher Sicht nicht zu beanstanden.

Mit den durch das JStG 2008 v. 20.12.2007[2] eingefügten Vorschriften des § 38 Abs. 4 bis 10 KStG wird für den Regelfall die Festsetzung und Erhebung des sich aus dem im Zeitpunkt des Übergangs vom Anrechnungsverfahren zum Halbeinkünfteverfahren nach dem Stand v. 31.12.2006 noch vorhandenen Bestand des ehemaligen EK 02 abzuleitenden Körperschaftsteuererhöhungsbetrags angeordnet. Ist in den Entstrickungsfällen des § 40 Abs. 5 und 6 KStG i. d. F. des SEStEG v. 7.12.2006[3] die Körperschaftsteuer vor dem 28.12.2007 unter Anwendung des § 38 KStG i. d. F. vor dem JStG 2008 festgesetzt worden, sind nach § 34 Abs. 13 Satz 3 KStG die Vorschriften des § 38 sowie des § 40 Abs. 5 und 6 KStG weiter – d. h. in der bei Festsetzung maßgeblichen Fassung – anzuwenden. Die aufgrund von § 40 Abs. 5 KStG ergangenen Bescheide sind nicht aufzuheben; die nach § 40 Abs. 6 KStG ausgesprochenen Stundungen sind nicht zu widerrufen. Die durch das JStG 2008 eingeführten Abs. 4 bis 9 des § 38 KStG sind nach § 34 Abs. 13 Satz 4 KStG insoweit ausdrücklich nicht anwendbar. Soweit sich danach Raum für die Anwendung des ebenfalls durch das JStG 2008 eingeführten § 38 Abs. 10 KStG, der auf die entsprechende Anwendung von § 36 Abs. 6 und 7 KStG verweist, zu bleiben scheint, ist ein Konflikt mit der Regelung des § 34 Abs. 13 Satz 3 KStG ausgeschlossen, erfassen die in Bezug genommenen Regelungen des § 36 KStG doch lediglich die Rechtsfolgen einer – durch § 34 Abs. 13 Satz 3 KStG gerade ausgeschlossenen – Aufhebung oder Änderung.

(Einstweilen frei)

XVIII. Weitergeltung der §§ 38, 40 KStG für Genossenschaften (§ 34 Abs. 14 KStG)

Bestimmten Wohnungsunternehmen wird durch § 34 Abs. 14 KStG, welcher § 34 Abs. 16 KStG a. F. entspricht, die Möglichkeit eröffnet, durch unwiderruflichen Antrag abweichend von den allgemeinen Regelungen zum Übergang auf das Halbeinkünfteverfahren für die Anwendung der §§ 38, 40 KStG in der vor der Änderung durch das JStG 2008 v. 20.12.2007[4] maßgebenden Fassung und von § 10 UmwStG i. d. F. des Gesetzes v. 7.12.2006[5] zu optieren.[6]

Antragsberechtigt sind Körperschaften oder deren Rechtsnachfolger, an denen unmittelbar oder mittelbar zu mindestens 50 % juristische Personen des öffentlichen Rechts aus EU- oder EWR-Mitgliedstaaten oder gemeinnützige Körperschaften i. S. d. § 5 Abs. 1 Nr. 9 KStG beteiligt sind. Ebenfalls in den Genuss des Optionsrechts kommen Erwerbs- und Wirtschaftsgenossen-

---

[1] Auf den gesamten Veranlagungszeitraum stellt ab Gosch/*Bauschatz*, § 38 Rz. 57.
[2] BGBl 2007 I 3150.
[3] BGBl 2006 I 2782.
[4] BGBl 2007 I 3150.
[5] BGBl 2006 I 2782, 2791.
[6] Zu Einzelheiten zum Ablauf der Optionsfrist s. OFD Münster v. 23.9.2008, DB 2008, 2280.

schaften. Voraussetzung ist für beide Gruppen von Antragsberechtigten, dass sie ihre Umsatzerlöse überwiegend aus der Verwaltung und Nutzung eigenen zu Wohnzwecken dienenden Grundbesitzes, durch Betreuung von Wohnbauten oder durch die Errichtung und Veräußerung von Eigenheimen, Kleinsiedlungen oder Eigentumswohnungen erzielen. Ohne weitere Voraussetzungen antragsberechtigt sind – insbesondere nach § 5 Abs. 1 KStG – steuerbefreite Körperschaften.

67 Der Umstand, dass § 34 Abs. 14 Satz 1 KStG nicht allen Wohnungsbauunternehmen, bei denen der Bestand des EK 02 auf eine ehemals gemeinnützige und steuerbefreite Vermögensbildung zurückzuführen ist, das Wahlrecht einräumt, das bisherige Recht weiterhin anzuwenden, verstößt nicht gegen den allgemeinen Gleichheitssatz des Art. 3 Abs. 1 GG. Dass Wohnungsunternehmen, an denen juristische Personen des öffentlichen Rechts oder gemeinnützige Körperschaften zu weniger als 50 % beteiligt sind und die nicht in der Rechtsform der Genossenschaft organisiert sind, das Optionsrecht nicht eingeräumt wird, ist sachlich gerechtfertigt. Nach der Gesetzesbegründung dienen die antragsberechtigten Körperschaftsteuersubjekte entweder einem öffentlichen oder einem gesetzlich festgelegten besonderen Zweck.[1] Die Entscheidung des Gesetzgebers, diesen Gruppen, bei denen laut der Gesetzesbegründung der besondere Zweck auch Auswirkungen auf die Möglichkeit zur Ausschüttung und das Ausschüttungsverhalten hat, grundsätzlich durch Eröffnung eines Wahlrechts die Möglichkeit zu geben, sich der gesetzlichen Herbeiführung der Ausschüttungsbelastung zu entziehen, knüpft an besondere Strukturelemente dieser Unternehmen an.[2] Dies schließt erst recht eine verfassungsrechtlich relevante Ungleichbehandlung von nicht wohnungswirtschaftlich tätigen Körperschaftsteuersubjekten aus.[3]

68 Das Wahlrecht war nach § 34 Abs. 14 Satz 2 KStG bis zum 30. 9. 2008 unwiderruflich auszuüben. Die persönlichen Voraussetzungen müssen nach § 34 Abs. 14 Satz 3 KStG ab dem 1. 1. 2007 bis zum VZ vorliegen, in dem das 18. Wirtschaftsjahr endet, das auf das Wirtschaftsjahr folgt, auf dessen Schluss nach § 37 Abs. 1 KStG Körperschaftsteuerguthaben ermittelt wird (§ 38 Abs. 2 Satz 3 KStG). Entfallen in diesem Zeitraum die persönlichen Voraussetzungen, ist der verbleibende Körperschaftsteuererhöhungsbetrag gem. § 34 Abs. 14 Satz 4 KStG letztmals für den Schluss des Wirtschaftsjahres, in dem die Voraussetzungen entfallen sind, zu ermitteln und festzustellen. Dabei sind die durch das JStG 2008 eingefügten Abs. 4 bis 9 des § 38 KStG anzuwenden. Als Zahlungszeitraum gelten die verbleibenden Wirtschaftsjahre des Zeitraums i. S. d. § 38 Abs. 2 Satz 3 KStG.

69 § 34 Abs. 14 Satz 6 KStG ordnet die entsprechende Geltung der Rechtsfolgen bei Verlust der persönlichen Voraussetzungen (§ 34 Abs. 14 Satz 4 bis 5 KStG, s. → Rz. 68) an, soweit das Vermögen der antragsberechtigten Körperschaft (oder ihres Rechtsnachfolgers) durch Verschmelzung (§ 2 UmwG) oder Auf-/Abspaltung (§ 123 Abs. 1 und 2 UmwG) ganz oder teilweise auf eine andere Körperschaft übergeht. Dies gilt nicht, wenn die andere Körperschaft ebenfalls einen Antrag nach § 34 Abs. 14 Satz 2 KStG gestellt hat.

70 § 34 Abs. 14 Satz 7 KStG schließt die Anwendung des § 40 Abs. 6 KStG i. d. F. des SEStEG v. 7. 12. 2006 aus.[4] Für die darin vorgesehene zinslose Stundung des festgesetzten Betrags bis

---

1 Vgl. BT-Drucks. 16/6290, 74; BT-Drucks. 16/7036, 21.
2 BFH v. 28. 10. 2015 - I R 65/13, BStBl 2016 II 414.
3 BFH v. 10. 12. 2014 - I R 76/12, BStBl 2016 II 237.
4 Der Bericht des Finanzausschusses (BT-Drucks. 16/7036, 21 f.) geht offenbar von einer Geltung der Regelungen des § 40 Abs. 4 bis 6 KStG aus.

zum Ablauf des nächsten auf die Bekanntgabe der Körperschaftsteuerfestsetzung folgenden Kalenderjahres bei in einem EU-Mitgliedstaat Steuerpflichtigen als übernehmendem Rechtsträger fehlt es demnach an einer Rechtsgrundlage. Soweit dadurch der grenzüberschreitende Sachverhalt schlechter behandelt wird als der reine Inlandssachverhalt, liegt darin eine unzulässige Einschränkung der Grundfreiheiten.

§ 35 Sondervorschriften für Körperschaften, Personenvereinigungen oder Vermögensmassen in dem in Artikel 3 des Einigungsvertrages genannten Gebiet

Soweit ein Verlust einer Körperschaft, Personenvereinigung oder Vermögensmasse, die am 31. Dezember 1990 ihre Geschäftsleitung oder ihren Sitz in dem in Artikel 3 des Einigungsvertrages genannten Gebiet und im Jahre 1990 keine Geschäftsleitung und keinen Sitz im bisherigen Geltungsbereich des Körperschaftsteuergesetzes hatte, aus dem Veranlagungszeitraum 1990 auf das Einkommen eines Veranlagungszeitraums, für das das Körperschaftsteuergesetz in der Fassung des Artikels 3 des Gesetzes vom 23. Oktober 2000 (BGBl I S. 1433) erstmals anzuwenden ist, oder eines nachfolgenden Veranlagungszeitraums vorgetragen wird, ist das steuerliche Einlagekonto zu erhöhen.

Inhaltsübersicht	Rz.
A. Rechtsentwicklung des § 35 KStG	1 - 10
B. Bedeutung der Vorschrift und Anwendungsbereich des § 35 KStG	11 - 16
C. Regelungsgehalt des § 35 KStG	17 - 18

A. Rechtsentwicklung des § 35 KStG

LITERATURHINWEISE:
Dötsch, Körperschaftsteuerfragen im Zusammenhang mit dem Beitritt der Länder der DDR zur Bundesrepublik, DB DDR-Report 1990, 3126; *Töben*, Ertragsteuerliche Auswirkungen der Auskehrung von Vermögen restitutionsberechtigter Kapitalgesellschaften an Privatpersonen, DStR 1995, 828.

Mit dem Einigungsvertrag vom 31. 8. 1990[1] ist der staatsrechtliche Beitritt der Länder der bisherigen DDR (im Folgenden: Beitrittsgebiet) zur Bundesrepublik Deutschland erfolgt. Steuerlich werden jedoch die bisherige Bundesrepublik Deutschland und das Beitrittsgebiet bis zum 31. 12. 1990 als zwei Gebiete behandelt. Nach Anlage I Teil B Kapitel IV Sachgebiet B Abschn. II Nr. 14 Abs. 1 Nr. 1 zum Einigungsvertrag ist das Recht der Besitz- und Verkehrsteuern der bisherigen Bundesrepublik Deutschland am 1. 1. 1991 im Beitrittsgebiet in Kraft getreten. Dabei wurden zu den einzelnen Steuergesetzen Anpassungs- und Übergangsregelungen getroffen. In § 30 Abs. 3 KStG a. F. wurde bestimmt, dass die im Beitrittsgebiet ansässigen Kapitalgesellschaften, die ihr vEK erstmals zu gliedern hatten, das in ihrer Eröffnungsbilanz auszuweisende EK, soweit es das Nennkapital übersteigt, dem Teilbetrag i. S. d. § 30 Abs. 2 Nr. 4 KStG a. F. – 1

---

[1] BGBl 1990 II 895; BStBl 1990 I 654.

EK 04 – zuzuweisen hatten. Bei den dem Anrechnungsverfahren unterliegenden Körperschaften, die nicht Kapitalgesellschaften sind, war gem. § 43 KStG a. F. entsprechend zu verfahren.

2 Die danach erforderlichen Übergangsregelungen wurden in § 54a KStG a. F. zusammengefasst. Sie bezogen sich im Wesentlichen auf Einzelregelungen zur Durchführung des körperschaftsteuerlichen Anrechnungsverfahrens. Mit der Neufassung des KStG durch Art. 3 des Steuersenkungsgesetzes vom 23. 10. 2000[1] aus Anlass des Übergangs vom körperschaftsteuerlichen Anrechnungsverfahren zum Halbeinkünfteverfahren wurden diese Regelungen unverändert in die damalige Fassung des § 35 KStG übernommen. Die infolge Zeitablaufs gegenstandslos gewordenen Regelungen zum körperschaftsteuerlichen Anrechnungsverfahren wurden durch das Gesetz zur Fortentwicklung des Unternehmenssteuerrechts vom 20. 12. 2001 (UntStFG),[2] das § 35 KStG die heutige Fassung gab, gestrichen.

3–10 *(Einstweilen frei)*

B. Bedeutung der Vorschrift und Anwendungsbereich des § 35 KStG

11 Es handelt sich bei § 35 KStG um eine die §§ 27 und 39 KStG ergänzende Sonderregelung für die Fälle, in denen gem. § 10d EStG noch ein Verlustabzug aus dem Veranlagungszeitraum 1990 zu berücksichtigen ist. Anzuwenden ist die Vorschrift auf Körperschaften, Personenvereinigungen oder Vermögensmassen, die am 31. 12. 1990 ihre Geschäftsleitung oder ihren Sitz im Beitrittsgebiet und während des gesamten Jahres 1990 keine Geschäftsleitung und keinen Sitz im bisherigen Geltungsbereich des KStG hatten. Folglich fallen Steuersubjekte, die im alten Bundesgebiet gegründet wurden, deren Geschäftsleitung oder Sitz aber im Laufe des Jahres 1990 in das Beitrittsgebiet verlegt wurden, nicht in den Anwendungsbereich. Eine zeitlich nachfolgende Verlegung des Sitzes oder der Geschäftsleitung in das alte Bundesgebiet lässt die Anwendung des § 35 KStG jedoch unberührt.

12–16 *(Einstweilen frei)*

C. Regelungsgehalt des § 35 KStG

17 § 35 KStG muss vor dem Hintergrund von § 57 Abs. 4 EStG i. V. m. § 8 Abs. 1 KStG gesehen werden. Danach können im Beitrittsgebiet ansässige Körperschaften, Personenvereinigungen und Vermögensmassen, die am 31. 12. 1990 ihre Geschäftsleitung oder ihren Sitz im Beitrittsgebiet und nicht zugleich die Geschäftsleitung oder ihren Sitz im bisherigen Bundesgebiet hatten, einen im VZ 1990 entstandenen Verlust gem. § 10d EStG abziehen, obwohl sie für diesen Zeitraum noch nicht nach dem für den Bereich des Bundesgebiets geltenden KStG zu besteuern waren. Dazu wurde in § 54a Nr. 3 KStG a. F. bestimmt, dass die in Höhe des später vorgenommenen Verlustabzugs nach § 33 Abs. 2 KStG erforderliche Hinzurechnung bei der Gliederung des vEK nicht bei dem Teilbetrag i. S. d. § 30 Abs. 2 Nr. 2 KStG a. F. (EK 02), sondern bei dem Teilbetrag i. S. d. § 30 Abs. 2 Nr. 4 KStG a. F. (EK 04) zu erfolgen hatte. Diese Regelung ist dadurch gerechtfertigt, dass die in Betracht kommenden Körperschaften, Personenvereinigungen und Vermögensmassen in der **Eröffnungsgliederung des vEK** zum 1. 1. 1991 das in ihrer Eröff-

---

[1] BGBl 2000 I 1433; BStBl 2000 I 1428.
[2] BGBl 2001 I 3858.

nungsbilanz auszuweisende EK, soweit es das Nennkapital übersteigt, dem EK 04 zuzuweisen hatten.

Bei dem geltenden § 35 KStG handelt es sich um die Fortführung dieses Regelungskomplexes in Anpassung an die Systematik des Halbeinkünfteverfahrens. Aus Anlass des Übergangs vom Anrechnungsverfahren zum Halbeinkünfteverfahren ist ein etwaiger Bestand des EK 04 gem. § 39 KStG als **Anfangsbestand des steuerlichen Einlagekontos** i. S. d. § 27 KStG zu erfassen. Dementsprechend wird nunmehr in § 35 KStG bestimmt, dass bei Abzug eines aus dem Veranlagungszeitraum 1990 stammenden Verlustes zugleich ein entsprechender Zugang beim steuerlichen Einlagekonto auszuweisen ist. Ist ein Verlustabzug in einem Veranlagungszeitraum zu berücksichtigen, dessen Einkommen sich aus dem Gewinn von zwei Wirtschaftsjahren zusammensetzt, ist er nach Ansicht der Finanzverwaltung für die Erhöhung des Einlagekontos auf die beiden Wirtschaftsjahre aufzuteilen.[1] Angesichts des Zeitablaufs wird dieser Regelung aber nur noch in einer geringen Zahl von Ausnahmefällen Bedeutung zukommen.

18

Vorbemerkungen zu §§ 36 – 40 KStG

Gesetzestechnisch gehören die §§ 36 – 40 KStG zum „Sechsten Teil". In ihnen ist als Sondervorschrift der Übergang vom Anrechnungsverfahren zum Halbeinkünfteverfahren festgeschrieben worden.

In § 36 KStG sind **Regelungen bezüglich des Übergangs vom Anrechnungs- zum Halbeinkünfteverfahren** enthalten, insbesondere über die Umgliederung des verwendbaren Eigenkapitals, die Handhabung von erfolgten und empfangenen Gewinnausschüttungen im Jahr des Übergangs sowie Vorschriften zum getrennten Ausweis der Endbestände und einer gesonderten Feststellung.

1

Gesetzestechnisch liest man seit dem JStG 2010[2] den § 36 KStG i. V. m. § 34 Abs. 13f KStG. Danach gilt § 36 KStG in allen Fällen, in denen die Endbestände i. S. d. § 36 Abs. 7 noch nicht bestandskräftig festgestellt sind, in der Fassung, wie in dieser Kommentierung unter § 36 KStG der aktuelle Gesetzeswortlaut wiedergegeben wurde. Der Gesetzgeber hat die dort aufgeführte Fassung in der Übergangsvorschrift wiedergegeben.

Für bestandkräftige Fälle gilt die im Gesetz noch wiedergegebene Altfassung des infolge der Rechtsprechung des BVerfG[3] aufgehobenen § 36 Abs. 3 KStG. Dieser lautete:

„(3) ¹Ein positiver belasteter Teilbetrag i. S. d. § 54 Abs. 11 Satz 1 des Körperschaftsteuergesetzes in der Fassung der Bekanntmachung vom 22. April 1999 BGBl I S. 817, das zuletzt durch Artikel 4 des Gesetzes vom 14. Juli 2000 BGBl I S. 1034 geändert worden ist, ist dem Teilbetrag, der nach dem 31. Dezember 1998 einer Körperschaftsteuer in Höhe von 40 Prozent ungemildert unterlegen hat, in Höhe von 27/22 seines Bestands hinzuzurechnen. 2In Höhe von 5/22 dieses Bestands ist der Teilbetrag im Sinne des § 30 Abs. 2 Nr. 2 des Körperschaftssteuergesetzes in der Fassung der Bekanntmachung vom 22. April 1999 BGBl 1999 I S. 817, das zuletzt durch Artikel 4 des Gesetzes vom 14. Juli 2000 BGBl I S. 1034 geändert worden ist, zu verringern."

---

1 R 82 Satz 2 KStR 2008.
2 Jahressteuergesetz 2010 (JStG 2010) v. 8. 12. 2010, BGBl 2010 I 1768.
3 BVerfG, Beschluss v. 17. 11. 2009 - 1 BvR 2192/05, BVerfGE 125, 1; im Übrigen vgl. Kommentierung von *Klein* in Mössner/Seeger/Oellerich, KStG, § 36.

2 § 37 KStG beschäftigt sich mit dem **Körperschaftsteuerguthaben**. So war vorgeschrieben, dass das ehemalige EK 40 im Rahmen des Anrechnungsverfahrens auch während eines 18-jährigen Übergangszeitraumes hinsichtlich der Körperschaftsteuerminderung fortgeführt werden musste, und es bei erfolgten **Gewinnausschüttungen** in bestimmten Zeiträumen zu einer Körperschaftsteuerminderung im Jahr der Ausschüttung kam. Weiterhin sind in § 37 KStG Regelungen für den Fall getroffen worden, dass eine Körperschaft, die eine Gewinnausschüttung von einer anderen Körperschaft erhält, bei der im Fall der Gewinnausschüttung eine Körperschaftsteuerminderung eingetreten ist, diese in bestimmten Fällen zusätzlich zur laufenden Körperschaftsteuer schuldet unter gleichzeitiger Erhöhung des eigenen Körperschaftsteuerguthabens. Hintergrund der Regelungen in § 37 KStG ist, dass das **Körperschaftsteuerminderungspotenzial**, welches aus den ehemaligen, zum Zeitpunkt des Wechsels vom Anrechnungs- zum Halbeinkünfteverfahren bestehenden Teilbeträgen EK 45 und EK 40 herrührt, für Körperschaften während des 18-jährigen Übergangszeitraumes **nicht endgültig verloren ist**. Eine materiell wichtige Änderung brachte das StVerGAbG.[1] Die Möglichkeit, das KSt-Guthaben durch Ausschüttung zu realisieren, hatte zu einer Maximierung der Ausschüttungen durch die Stpfl. geführt. Damit hatte sich ein Trend bestätigt, der bereits eingesetzt hatte, als bekannt geworden war, dass das Anrechnungsverfahren abgelöst werden sollte. Die Ausschüttungen führten zusammen mit der Abschwächung der Konjunktur dazu, dass das KSt-Aufkommen in den Jahren ab 2001 „eingebrochen" ist. Zur Gegensteuerung und zur Verstetigung des KSt-Aufkommens wurde daher durch § 37 Abs. 2a die Realisierung des KSt-Guthabens für Ausschüttungen nach dem 11. 4. 2003 und vor dem 1. 1. 2006 durch ein sog. „Moratorium" ausgeschlossen; für Ausschüttungen nach diesem Zeitraum wurde die Realisierung des KSt-Guthabens gleichmäßig auf den gesamten Realisierungszeitraum verteilt. Außerdem wurde der Realisierungszeitraum von 15 Jahren auf 18 Jahre verlängert. Einen grundlegenden Einschnitt brachte das SEStEG.[2] Wegen der ratierlichen Auszahlung des Körperschaftsteuerguthabens gem. § 37 Abs. 5 KStG konnte die KSt-Minderung entfallen. Das Körperschaftsteuerguthaben wird nach § 37 Abs. 4 Satz 1 KStG letztmalig auf den 31. 12. 2006 ermittelt, aber nicht mehr gesondert festgestellt. Das sog. Moratorium für das Körperschaftsteuerguthaben konnte in der Fassung des SEStEG entfallen, weil die Regelung mit der Systemänderung ausgelaufen war.[3]

Auch hier liest man gesetzestechnisch seit dem JStG 2010[4] den § 37 KStG i.V. m. § 34 Abs. 13f KStG. Danach gilt § 37 KStG in allen Fällen, in denen die Endbestände i. S. d. § 36 Abs. 7 noch nicht bestandskräftig festgestellt sind, in der Fassung, wie in dieser Kommentierung unter § 37 KStG der aktuelle Gesetzeswortlaut wiedergegeben wurde. Der Gesetzgeber hat die dort aufgeführte Fassung in der Übergangsvorschrift wiedergegeben.

Für bestandkräftige Fälle gilt die im Gesetz noch wiedergegebene Altfassung des infolge der Rechtsprechung des BVerfG[5] geänderten § 37 Abs. 1 KStG a. F. Dieser lautete:

"(1) ¹*Auf den Schluss des Wirtschaftsjahrs, das dem in § 36 Abs. 1 genannten Wirtschaftsjahr folgt, wird ein Körperschaftsteuerguthaben ermittelt. ²Das Körperschaftsteuerguthaben beträgt 1/6 des Endbestands des mit einer Körperschaftsteuer von 40 Prozent belasteten Teilbetrags.*"

---

1 Gesetz v. 16. 5. 2003, BGBl 2003 I 660.
2 Gesetz v. 7. 12. 2006, BGBl 2006 I 2782.
3 Weitere Einzelheiten enthält die Kommentierung von *Klein* in Mössner/Seeger/Oellerich, KStG, § 37.
4 Jahressteuergesetz 2010 (JStG 2010) v. 8. 12. 2010, BGBl 2010 I 1768.
5 BVerfG, Beschluss v. 17. 11. 2009 - 1 BvR 2192/05, BVerfGE 125, 1; im Übrigen vgl. Kommentierung von *Klein* in Mössner/Seeger/Oellerich, KStG, § 36.

Nach § 38 Abs. 1 KStG musste das **ehemalige EK 02** auch weiterhin zum Schluss der folgenden Wirtschaftsjahre fortgeschrieben und gesondert festgestellt werden, **längstens jedoch auf einen Zeitraum von 18 Wirtschaftsjahren**. Weiterhin bestimmte § 38 KStG, wie sich das ehemalige EK 02 bei Vorliegen bestimmter Tatbestände fortentwickelt und welche Konsequenzen sich daraus für die Körperschaftsteuer in dem betreffenden Wirtschaftsjahr ergeben. Durch das JStG 2008[1] ist die Vorschrift durch Anfügung der Abs. 4 bis 10 vollständig umgestaltet worden. Der KSt-Erhöhungsbetrag wird pauschal ermittelt und ist in gleichmäßigen Raten über zehn Jahre zu entrichten.[2]

3

§ 39 KStG hat zum Regelungsinhalt, dass im Rahmen des Übergangs vom Anrechnungs- zum Halbeinkünfteverfahren ein ehemals positiver Endbestand an EK 04 in der EK-Gliederung nach dem Übergang zum Halbeinkünfteverfahren als **steuerliches Einlagekonto** fortgeführt wird. Des Weiteren ist der **Übergang des Sonderausweises** vom Anrechnungs- zum Halbeinkünfteverfahren sichergestellt.

4

In § 40 KStG sind Spezialfälle von Vermögensübergängen im Rahmen der Umwandlung, Aufspaltung bzw. Abspaltung sowie der Gesamtrechtsnachfolge und Liquidation innerhalb der 18-jährigen Übergangsfrist vom Anrechnungs- zum Halbeinkünfteverfahren geregelt worden. Durch das SEStEG[3] wurde § 40 Abs. 3 an die Neufassung des UmwStG angepasst. Gleichzeitig wurden in Abs. 1, 2 und 4 die Verweise auf § 37 KStG gestrichen und Folgeänderungen vorgenommen, da die Körperschaftsteuerminderung im Fall der Ausschüttung durch einen unbedingten Anspruch ersetzt wurde und daher keine besonderen Regelungen für Umwandlungen und Liquidationen mehr erforderlich waren. In Abs. 3, 4 wurde eine Regelung für steuerbefreite Körperschaften aufgenommen. Außerdem wurden die Abs. 5 und 6 angefügt. Durch das JStG 2008[4] wurde die Vorschrift aufgehoben. Nach § 34 Abs. 16 KStG ist die Vorschrift jedoch weiter anzuwenden, wenn eine der dort genannten Körperschaften dies beantragt.[5]

5

Sechster Teil: Sondervorschriften für den Übergang vom Anrechnungsverfahren zum Halbeinkünfteverfahren

§ 36 Endbestände

(1) Auf den Schluss des letzten Wirtschaftsjahrs, das in dem Veranlagungszeitraum endet, für den das Körperschaftsteuergesetz in der Fassung der Bekanntmachung vom 22. April 1999 (BGBl I S. 817), zuletzt geändert durch Artikel 4 des Gesetzes vom 14. Juli 2000 (BGBl I S. 1034) letztmals anzuwenden ist, werden die Endbestände der Teilbeträge des verwendbaren Eigenkapitals ausgehend von den gemäß § 47 Abs. 1 Satz 1 Nr. 1 des Körperschaftsteuergesetzes in der Fassung der Bekanntmachung vom 22. April 1999 (BGBl I S. 817), das zuletzt durch Artikel 4 des Gesetzes vom 14. Juli 2000 (BGBl I S. 1034) geändert worden ist, festgestellten Teilbeträgen gemäß den nachfolgenden Absätzen ermittelt.

---

1 Gesetz v. 20. 12. 2007, BStBl 2008 I 218.
2 Weitere Einzelheiten enthält die Kommentierung von *Klein* in Mössner/Seeger/Oellerich, KStG, § 38.
3 Gesetz v. 7. 12. 2006, BGBl 2006 I 2782.
4 Gesetz v. 20. 12. 2007, BStBl 2008 I 218.
5 Zu Einzelheiten für diese Spezialfälle wird auf die Kommentierung z. B. *Frotscher*/Maas, § 40 Rz. 3a verwiesen.

(2) ¹Die Teilbeträge sind um die Gewinnausschüttungen, die auf einem den gesellschaftsrechtlichen Vorschriften entsprechenden Gewinnverteilungsbeschluss für ein abgelaufenes Wirtschaftsjahr beruhen und die in dem in Absatz 1 genannten Wirtschaftsjahr folgenden Wirtschaftsjahr erfolgen, sowie um andere Ausschüttungen und sonstige Leistungen, die in dem in Absatz 1 genannten Wirtschaftsjahr erfolgen, zu verringern. ²Die Regelungen des Vierten Teils des Körperschaftsteuergesetzes in der Fassung der Bekanntmachung vom 22. April 1999 (BGBl I S. 817), das zuletzt durch Artikel 4 des Gesetzes vom 14. Juli 2000 (BGBl I S. 1034) geändert worden ist, sind anzuwenden. ³Der Teilbetrag im Sinne des § 54 Abs. 11 Satz 1 des Körperschaftsteuergesetzes in der Fassung der Bekanntmachung vom 22. April 1999 (BGBl I S. 817), das zuletzt durch Artikel 4 des Gesetzes vom 14. Juli 2000 (BGBl I S. 1034) geändert worden ist, erhöht sich um die Einkommensteile, die nach § 34 Abs. 12 Satz 2 bis 5 einer Körperschaftsteuer von 45 Prozent unterlegen haben, und der Teilbetrag, der nach dem 31. Dezember 1998 einer Körperschaftsteuer in Höhe von 40 Prozent ungemildert unterlegen hat, erhöht sich um die Beträge, die nach § 34 Abs. 12 Satz 6 bis 8 einer Körperschaftsteuer von 40 Prozent unterlegen haben, jeweils nach Abzug der Körperschaftsteuer, der sie unterlegen haben.

(3) ¹Ein positiver belasteter Teilbetrag im Sinne des § 54 Abs. 11 Satz 1 des Körperschaftsteuergesetzes in der Fassung der Bekanntmachung vom 22. April 1999 (BGBl I S. 817), das zuletzt durch Artikel 4 des Gesetzes vom 14. Juli 2000 (BGBl I S. 1034) geändert worden ist, ist dem Teilbetrag, der nach dem 31. Dezember 1998 einer Körperschaftsteuer in Höhe von 40 Prozent ungemildert unterlegen hat, in Höhe von $^{27}/_{22}$ seines Bestands hinzuzurechnen. ²In Höhe von $^{5}/_{22}$ dieses Bestands ist der Teilbetrag im Sinne des § 30 Abs. 2 Nr. 2 des Körperschaftsteuergesetzes in der Fassung der Bekanntmachung vom 22. April 1999 (BGBl I S. 817), das zuletzt durch Artikel 4 des Gesetzes vom 14. Juli 2000 (BGBl I S. 1034) geändert worden ist, zu verringern.

(4) Ist die Summe der unbelasteten Teilbeträge im Sinne des § 30 Abs. 2 Nr. 1 bis 3 in der Fassung des Artikels 4 des Gesetzes vom 14. Juli 2000 (BGBl I S. 1034) nach Anwendung der Absätze 2 und 3 negativ, sind diese Teilbeträge zunächst untereinander und danach mit den mit Körperschaftsteuer belasteten Teilbeträgen in der Reihenfolge zu verrechnen, in der ihre Belastung zunimmt.

(5) ¹Ist die Summe der unbelasteten Teilbeträge im Sinne des § 30 Abs. 2 Nr. 1 bis 3 in der Fassung des Artikels 4 des Gesetzes vom 14. Juli 2000 (BGBl I S. 1034) nach Anwendung der Absätze 2 und 3 nicht negativ, sind zunächst die Teilbeträge im Sinne des § 30 Abs. 2 Nr. 1 und 3 in der Fassung des Artikels 4 des Gesetzes vom 14. Juli 2000 (BGBl I S. 1034) zusammenzufassen. ²Ein sich aus der Zusammenfassung ergebender Negativbetrag ist vorrangig mit einem positiven Teilbetrag im Sinne des § 30 Abs. 2 Nr. 2 in der Fassung des Artikels 4 des Gesetzes vom 14. Juli 2000 (BGBl I S. 1034) zu verrechnen. ³Ein negativer Teilbetrag im Sinne des § 30 Abs. 2 Nr. 2 in der Fassung des Artikels 4 des Gesetzes vom 14. Juli 2000 (BGBl I S. 1034) ist vorrangig mit dem positiven zusammengefassten Teilbetrag im Sinne des Satzes 1 zu verrechnen.

(6) ¹Ist einer der belasteten Teilbeträge negativ, sind diese Teilbeträge zunächst untereinander zu verrechnen. ²Ein sich danach ergebender Negativbetrag mindert vorrangig den nach Anwendung des Absatzes 5 verbleibenden positiven Teilbetrag im Sinne des § 30 Abs. 2 Nr. 2 in der Fassung des Artikels 4 des Gesetzes vom 14. Juli 2000 (BGBl I S. 1034); ein darüber hinausgehender Negativbetrag mindert den positiven zusammengefassten Teilbetrag nach Absatz 5 Satz 1.

(7) Die Endbestände sind getrennt auszuweisen und werden gesondert festgestellt; dabei sind die verbleibenden unbelasteten Teilbeträge im Sinne des § 30 Abs. 2 Nr. 1 und 3 des Körperschaftsteuergesetzes in der Fassung der Bekanntmachung vom 22. April 1999 (BGBl I S. 817), das zuletzt durch Artikel 4 des Gesetzes vom 14. Juli 2000 (BGBl I S. 1034) geändert worden ist, in einer Summe auszuweisen.

Inhaltsübersicht

	Rz.
A. Allgemeiner Überblick über § 36 KStG	1 - 10
B. Endbestandsermittlung des verwendbaren Eigenkapitals	11 - 35
I. Anwendungsbereich des § 36 KStG	11 - 20
II. Ausgangsgröße für die Ermittlung der Endbestände nach § 36 Abs. 1 KStG	21 - 35
C. Berücksichtigung von Gewinnausschüttungen und anderen Ausschüttungen	36 - 104
I. Offene Gewinnausschüttungen	36 - 55
1. Offene Gewinnausschüttungen bei kalendergleichem Wirtschaftsjahr	41 - 44
2. Offene Gewinnausschüttungen bei abweichendem Wirtschaftsjahr	45 - 55
II. Andere Ausschüttungen und sonstige Leistungen	56 - 66
III. Anzuwendende Regelungen des Vierten Teils des KStG a. F. gem. § 36 Abs. 2 Satz 2 KStG	67 - 75
IV. Erhaltene Ausschüttungen gem. § 36 Abs. 2 Satz 3 KStG	76 - 104
1. Empfangene Ausschüttung, die aus EK 45 finanziert wurde	83 - 86
2. Empfangene Ausschüttung, die aus EK 40 finanziert wurde	87 - 90
3. Besonderheiten bei Körperschaften, die im Veranlagungszeitraum 2001 gegründet wurden	91 - 104
D. Umgliederung des ehemaligen EK 45, nach § 36 Abs. 3 KStG entfallen	105 - 112
E. Umgliederung der unbelasteten Eigenkapitalteile	113 - 149
I. Summe der unbelasteten Teilbeträge EK 01 bis EK 03 nach Anwendung des § 36 Abs. 2, Abs. 3 a. F. und 6a KStG ist negativ (§ 36 Abs. 4 KStG)	113 - 132
II. Summe der unbelasteten Teilbeträge EK 01 bis EK 03 nach Anwendung des § 36 Abs. 2, Abs. 3 a. F. und 6a KStG ist nicht negativ (§ 36 Abs. 5 Satz 1 KStG)	133 - 149
F. Umgliederung von negativen, mit Körperschaftsteuer belasteten Teilbeträgen	150 - 195
I. Vorrangige Verrechnung untereinander (§ 36 Abs. 6 Satz 1 KStG)	150 - 160
II. Bei verbleibendem Negativbetrag erfolgt Verrechnung mit positivem ehemaligen EK 02 (§ 36 Abs. 6 Satz 2 1. Halbsatz KStG)	161 - 170
III. Ein darüber hinausgehender Negativbetrag (§ 36 Abs. 6 Satz 2 2. Halbsatz KStG)	171 - 182
IV. Umgliederung eines positiven Teilbetrags EK 45 nach JStG 2010 (§ 36 Abs. 6a KStG)	183 - 195
G. Getrennter Ausweis und gesonderte Feststellung der Endbeträge	196 - 201

A. Allgemeiner Überblick über § 36 KStG

LITERATURHINWEISE:

Frotscher, Die körperschaftsteuerliche Übergangsregelung nach dem StSenkG, BB 2000, 2280; *Röser*, Überlegungen zur Vermeidung nachteiliger Effekte aus der Umgliederung des verwendbaren Eigenkapitals zum 31. 12. 2000, GmbHR 2000, 1189; *Wesselbaum-Neugebauer*, Unternehmenssteuerreform 2001: Auswirkungen der Umstrukturierung der EK-Gliederung auf die Gesamtsteuerbelastung des Anteilseigners und der ausschüttenden Gesellschaft, DStR 2000, 1896; *Dötsch/Pung*, StSenkG: Die Änderungen bei der Körperschaftsteuer und bei der AE-Besteuerung, DB 34/2000, Beil. 10; *dies.*, Ausgewählte Fragen zur letztmaligen Anwendung des Anrechnungsverfahrens sowie zur erstmaligen Anwendung des Halbeinkünfteverfahrens, GmbHR 2001, 641; *Förster/Ott*, Ausgewählte Beispiele zur Zwangsumgliederung des verwendbaren Eigenkapitals, Stbg 2001, 349; *Dötsch/Pung*, Zeitliche Abgrenzung von Anrechnungs- und

Halbeinkünfteverfahren: BMF-Schreiben vom 6.11.2003, DB 2003, 2514; *Schiffers*, Zeitliche Abgrenzung von Anrechnungs- und Halbeinkünfteverfahren, GmbH-StB 2004, 21; *Schlagheck*, Abstimmung des verwendbaren Eigenkapitals, StBp 2004, 302; *Binnewies*, Das Ende des Fiskalspiels mit dem KSt-Guthaben, GmbHR 2010, 408; *Drüen*, Unternehmensbesteuerung und Verfassung im Lichte der jüngeren Rspr. des BVerfG – Anm. zum Beschl. des BVerfG v. 17.11.2009 zur Verfassungswidrigkeit von Umgliederungsverlusten beim KSt-Minderungspotenzial, DStR 2010, 513; *Holst/Nitzschke*, Vernichtung von KSt-Minderungspotenzial trotz der Neuregelung durch das JStG 2010, DStR 2011, 1450; *Kasperczyk/Hübner*, Wie viel vernichtetes KSt-Guthaben kann gerettet werden?, DStR 2011, 1446; *Schönwald*, JStG 2010: Änderungen bei der Umgliederung des VEK, NWB 2011, 1276.

1 Gesetzestechnisch gehört § 36 KStG zum „Sechsten Teil" und damit zu den Sondervorschriften für den Übergang vom Anrechnungsverfahren zum Halbeinkünfteverfahren. Die Regelungen in § 36 KStG betreffen ausschließlich den Übergang vom Anrechnungs- zum Halbeinkünfteverfahren. Im Einzelnen enthält § 36 KStG folgende Regelungen:

- § 36 Abs. 1 KStG: Ausgehend von § 47 Abs. 1 Satz 1 Nr. 1 KStG 1999 sind die **Teilbeträge des verwendbaren Eigenkapitals zu ermitteln**.

- Die nach § 36 Abs. 1 KStG ermittelten Teilbeträge werden nach § 36 Abs. 2 KStG n. F. korrigiert, wenn
  - eine Gewinnausschüttung erfolgt, die noch unter das alte Recht fällt und eine Eigenkapitalverringerung nach sich zieht;
  - eine Dividende vereinnahmt wird, die gem. § 34 Abs. 12 Satz 2 ff. KStG einer Nachsteuer von 45 % oder 40 % unterliegt und bei der empfangenden Kapitalgesellschaft zu einer Eigenkapitalerhöhung führt.

- § 36 Abs. 3 KStG[1] wurde durch das JStG 2010[2] gestrichen. Durch diese Änderung ist § 36 KStG an den Beschluss des BVerfG v. 17.11.2009[3] angepasst worden.

- § 36 Abs. 4 KStG sieht vor, dass im Falle einer negativen Summe des ehemaligen EK 01 bis EK 03 nach Anwendung des Abs. 2 des § 36 KStG zunächst eine Verrechnung der Teilbeträge untereinander und danach erst eine Verrechnung mit den mit Körperschaftsteuer belasteten Teilbeträgen in der Reihenfolge vorzunehmen ist, in der ihre Belastung zunimmt.

- Ist die Summe des ehemaligen EK 01 bis EK 03 nach Anwendung der Abs. 2 des § 36 KStG nicht negativ, schreibt § 36 Abs. 5 KStG vor, dass zunächst die Teilbeträge des ehemaligen EK 01 und des ehemaligen EK 03 zusammenzufassen sind. Anschließend ist ein sich aus der Zusammenfassung ergebender Negativbetrag vorrangig mit einem vorhandenen positiven ehemaligen EK 02 zu verrechnen. Sollte der Teilbetrag des ehemaligen EK 02 negativ sein, ist er vorrangig mit dem positiven zusammengefassten Teilbetrag aus EK 01 und EK 03 zu verrechnen.

- Ist die Summe der mit Körperschaftsteuer belasteten Teilbeträge aus EK 45, EK 40 und EK 30 negativ, enthält § 36 Abs. 6 KStG entsprechende **Umgliederungsvorschriften**.

- § 36 Abs. 6a KStG ist die Ersatzregelung für den gestrichenen § 36 Abs. 3 KStG. In ihr wird nach der Gesetzesbegründung[4] eine einfache Regelung gefunden, die die Forderung des

[1] Sah ursprünglich die **Umgliederung eines noch vorhandenen positiven Endbestandes** von EK 45 vor, der zu + $27/_{22}$ auf EK 40 und zu – $5/_{22}$ auf EK 02 aufgeteilt wurde.
[2] Jahressteuergesetz v. 8.2.2010, BGBl 2010 I 1768.
[3] BGBl 2010 I 326.
[4] BT-Drucks. 17/2249, 33.

BVerfG vollständig umsetzt und gleichzeitig komplizierte Folgeänderungen (insbesondere Veränderungen des EK 02) vermeidet.

Nach § 36 Abs. 7 KStG sind die **Endbestände getrennt auszuweisen und gesondert festzustellen**. Dabei werden die verbleibenden unbelasteten Teilbeträge EK 01 und EK 03 summenmäßig zusammengefasst. Die in § 36 Abs. 7 KStG geregelte Schlussfeststellung wird durch § 27 i. V. m. § 39 K EStG um die Feststellung des steuerlichen Einlagekontos (zuvor EK 04) ergänzt.

Der durch das StSenkG v. 23. 10. 2000[1] in das Gesetz aufgenommene § 36 erfuhr zwischenzeitlich bereits mehrfach eine Änderung. Durch Art. 4 Nr. 4 des StEuglG v. 19. 12. 2000[2] wurde ein Querverweis in § 36 Abs. 2 Satz 3 KStG richtig gestellt, der im Anschluss durch Art. 3 Nr. 2 des StBAG v. 23. 7. 2002[3] redaktionell überarbeitet worden ist. Ebenso wurden die Abs. 4 bis 6 des § 36 KStG durch Art. 2 Nr. 18 des UntStFG v. 20. 12. 2001[4] redaktionell überarbeitet. Durch Art. 3 Nr. 2 des **StBAG** v 23. 7. 2002[5] ist § 36 Abs. 2 Satz 3 KStG redaktionell angepasst worden. Das JStG 2010[6] passte § 36 KStG an den Beschluss des BVerfG v 17. 11. 2009[7] an.

2

(Einstweilen frei) 3–10

B. Endbestandsermittlung des verwendbaren Eigenkapitals

I. Anwendungsbereich des § 36 KStG

Obwohl das Gesetz nicht ausdrücklich vorschreibt, für welche Körperschaften § 36 KStG Anwendung findet, ergibt sich aus dem Sinnzusammenhang, dass die Vorschriften des § 36 KStG nur für solche Körperschaftsteuersubjekte Anwendung findet, bei denen Teilbeträge des verwendbaren Eigenkapitals vorliegen.

11

Neben den nicht steuerbefreiten inländischen Kapitalgesellschaften werden von § 36 KStG auch bestimmte steuerbefreite Körperschaften erfasst, z. B. eine **gemeinnützige GmbH**, die i. d. R. ausschließlich ehemaliges EK 02 bis EK 04 ausweist, es sei denn, sie unterhält zusätzlich einen körperschaftsteuerpflichtigen wirtschaftlichen Geschäftsbetrieb.

12

Obwohl **Organgesellschaften** während der Organschaft (von wenigen Ausnahmen abgesehen, z. B. EK 04 aus Rücklagenbildung) weder Zu- noch Abgänge im Bereich des verwendbaren Eigenkapitals verzeichnen, unterliegen diese ebenfalls den Umgliederungsvorschriften des § 36 KStG.

13

(Einstweilen frei) 14–20

II. Ausgangsgröße für die Ermittlung der Endbestände nach § 36 Abs. 1 KStG

Auf den Schluss des letzten Wirtschaftsjahrs, das in dem Veranlagungszeitraum endet, für den das Körperschaftsteuergesetz in der alten Fassung letztmals anzuwenden ist, werden die **End-**

21

---

[1] BStBl 2000 I 1428.
[2] BStBl 2001 I 3.
[3] BStBl 2002 I 2715.
[4] BStBl 2002 I 35.
[5] BGBl 2002 I 2715.
[6] BGBl 2010 I 1768.
[7] BGBl 2010 I 326.

bestände der Teilbeträge des verwendbaren Eigenkapitals ausgehend von den gemäß § 47 Abs. 1 Satz 1 Nr. 1 KStG a. F. festgestellten Teilbeträgen gem. den nachfolgenden Absätzen ermittelt. Damit stellen diese Teilbeträge die Ausgangsgröße für die Ermittlung, Feststellung und Fortschreibung dar.

22 Letztmalig findet § 47 Abs. 1 Satz 1 Nr. 1 KStG a. F. bei kalendergleichem Wirtschaftsjahr im Veranlagungszeitraum 2000 Anwendung. Das Halbeinkünfteverfahren gilt damit erstmalig für das **kalendergleiche Wirtschaftsjahr** 2001, welches mit dem Veranlagungszeitraum 2001 identisch ist.

23 Bei einem vom Kalenderjahr **abweichenden Wirtschaftsjahr** findet das Anrechnungsverfahren letztmalig Berücksichtigung im letzten Wirtschaftsjahr, welchem im Kalenderjahr 2001 endet, also zum Ende des abweichenden Wirtschaftsjahres 2000/2001. Da im Veranlagungszeitraum 2001 noch das alte KStG zur Anwendung kommt, gelten die neuen Vorschriften im Rahmen des Halbeinkünfteverfahrens erst für das Wirtschaftsjahr 2001/2002 und damit erst im Veranlagungszeitraum 2002.

24 Aus § 36 Abs. 1 KStG ist eindeutig zu entnehmen, dass bei **kalendergleichem Wirtschaftsjahr** zunächst zum 31. 12. 2000 eine Feststellung der Endbeträge des verwendbaren Eigenkapitals nach § 30 KStG a. F. zu erfolgen hat, die anschließend gem. § 47 KStG a. F. gesondert festzustellen sind (... ausgehend von den gem. § 47 Abs. 1 Satz 1 Nr. 1 KStG i. d. F. ... vom 22. 4. 1999 ... festgestellten Teilbeträgen ...). Im Falle eines vom Kalenderjahr abweichenden Wirtschaftsjahres ist die Ermittlung und gesonderte Feststellung auf den Schluss des letzten Wirtschaftsjahres vorzunehmen, das im Kalenderjahr 2001 endet.

25 Weicht das Wirtschaftsjahr nicht vom Kalenderjahr ab, erfolgt damit zeitgleich eine letztmalige Gliederung des verwendbaren Eigenkapitals nach den Vorschriften des KStG a. F. und eine **zweifache gesonderte Feststellung**, zum einen nach § 47 KStG a. F. und zum anderen nach § 36 KStG n. F. Die beiden gesonderten Feststellungen müssen aber nicht immer deckungsgleich sein, weil nach § 47 Abs. 1 Satz 1 Nr. 2 KStG a. F. die zum Nennkapital gehörenden Teilbeträge des verwendbaren Eigenkapitals durch Sonderausweis ebenfalls einer gesonderten Feststellung bedürfen. Der Sonderausweis ist auch nach neuem Recht weiterhin vorzunehmen (§ 39 Abs. 2 i. V. m. § 28 Abs. 1 Satz 3 i. V. m. Abs. 2 Satz 1 KStG), um sicher zu stellen, dass im Falle einer Kapitalherabsetzung, bei der Beträge des Sonderausweises verwendet werden, beim Anteilseigner nicht als „nichtsteuerbare" Kapitalrückzahlung, sondern als eine Gewinnausschüttung eingestuft wird, die beim Anteilseigner zu Bezügen i. S. d. § 20 Abs. 1 Nr. 2 EStG führt.

26 Beachtenswert ist in diesem Zusammenhang jedoch, dass nach § 36 KStG eine **Feststellung** auf den 31. 12. 2000 zu erfolgen hat, obwohl das neue Körperschaftsteuerrecht erst für den Veranlagungszeitraum 2001 Gültigkeit besitzt. Da die Feststellung der Beträge erst zu irgendeinem Zeitpunkt im Kalenderjahr 2001 **rückwirkend auf den 31. 12. 2000** erfolgt, also zu einem Zeitpunkt, wo das neue Körperschaftsteuerrecht bereits in Kraft getreten ist, dürfte der praktischen Handhabung deshalb nichts im Wege stehen.

27 Dem Wortlaut des § 36 Abs. 1 KStG zufolge „*werden die Endbestände der Teilbeträge des verwendbaren Eigenkapitals*" festgestellt. Von dieser Vorschrift sind **sämtliche Teilbeträge** erfasst, unabhängig davon, ob es sich um mit Körperschaftsteuer vorbelastete Teilbeträge, z. B. EK 45, EK 40 oder EK 30, oder um mit Körperschaftsteuer unbelastete Teilbeträge, z. B. EK 01 bis EK 04, handelt. Ebenfalls keine Auswirkung auf die Feststellung hat der bilanzielle Ausweis als Gewinn, Gewinnvortrag oder Rücklage.

Zusammenfassend lässt sich festhalten, dass die Vorschrift des § 36 Abs. 1 KStG an die letzte Gliederungsrechnung gem. KStG a. F. anknüpft und an deren Ansätze gebunden ist. In der Literatur ist umstritten, ob die Gliederungsrechnung den Grundlagenbescheid für die gesonderte Feststellung der Endbeträge darstellt.[1] M. E. führen nachträgliche Änderungen in der Gliederungsrechnung, die sich z. B. aufgrund einer stattgefundenen Außenprüfung ergeben könnten, gem. § 175 Abs. 1 Nr. 1 AO zu einer Änderung der Feststellung nach § 36 KStG.[2]

(Einstweilen frei) 29–35

C. Berücksichtigung von Gewinnausschüttungen und anderen Ausschüttungen

I. Offene Gewinnausschüttungen

Nach § 36 Abs. 2 KStG sind die Teilbeträge um die Gewinnausschüttungen, die auf einem den gesellschaftsrechtlichen Vorschriften entsprechenden Gewinnverteilungsbeschluss für ein abgelaufenes Wirtschaftsjahr beruhen, und die in dem in Abs. 1 genannten Wirtschaftsjahr folgenden Wirtschaftsjahr erfolgen, sowie um andere Ausschüttungen und sonstige Leistungen, die in dem in Abs. 1 genannten Wirtschaftsjahr erfolgen, zu verringern.

Zur Klärung der Frage, wann von einer **Gewinnausschüttung** gesprochen werden kann, die auf einem den **gesellschaftsrechtlichen Vorschriften entsprechenden Gewinnverteilungsbeschluss** für ein abgelaufenes Wirtschaftsjahr beruht, kann an dem Wortlaut des § 27 Abs. 3 Satz 1 KStG a. F. angeknüpft werden, so dass im Zweifel die dazu ergangene Rechtsprechung herangezogen werden kann.

Damit ist sichergestellt, dass Körperschaften ihre Gewinne, die sie während der Zeit des Anrechnungsverfahrens erwirtschaftet haben, auch noch nach diesen Vorschriften an ihre Anteilseigner ausschütten können. Der ausschüttenden Körperschaft ist damit die Möglichkeit eingeräumt worden, im Jahr 2001 (bei kalendergleichem Wirtschaftsjahr) bzw. 2001/2002 (im Falle eines abweichenden Wirtschaftsjahres) eine Ausschüttung unter den gleichen Bedingungen vorzunehmen, wie sie es gehabt hätte, wenn kein Übergang vom Anrechnungs- zum Halbeinkünfteverfahren eingetreten wäre. Diese systemgerechte gesetzliche Regelung erlaubt der Körperschaft damit noch zu einem Zeitpunkt, in dem bereits das KStG in Kraft getreten ist, eine **Herabschleusung auf die 30 %ige Ausschüttungsbelastung** im Falle von Ausschüttungen aus dem ehemaligen EK 40 bzw. ein Heraufschleusen auf 30 % Ausschüttungsbelastung, wenn aus einem unbelasteten EK-Topf EK 02 oder EK 03 ausgeschüttet wird. Wird eine Ausschüttung aus dem ehemaligen EK 01 oder EK 04 vorgenommen, erhöht sich die Körperschaftsteuer nicht (§ 40 Satz 1 Nr. 1 und Nr. 2 KStG a. F.).

Gäbe es diese Möglichkeit nicht, würden die in die Lücke zwischen Anrechnungs- und Halbeinkünfteverfahren fallenden ausschüttbaren Gewinne des Wirtschaftsjahres 2000 bzw. 2000/2001 auf Seiten der Körperschaft mit einer Definitivbelastung von 40 % KStG unterworfen, weil ein **Herabschleusen auf die niedrigere Ausschüttungsbelastung** auf 30 % im Falle einer Ausschüttung nach neuem Recht nicht mehr vorgesehen ist. Auf der anderen Seite entfiele beim Anteilseigner die Möglichkeit der Körperschaftsteueranrechnung.

---

1 Zustimmend *Dötsch* in Dötsch/Pung/Möhlenbrock, KStG, § 36 Rz. 4d; *Thurmayr*/HHR, EStG, KStG, § 36 n. F. R 16.
2 Vgl. auch → Rz. 192 ff.

40 Gemäß § 34 Abs. 9 KStG 2001[1] zufolge sind die Vorschriften des Vierten Teil des KStG a. F. (also die §§ 27 ff. KStG a. F.) **letztmals anzuwenden**

▶ **für Gewinnausschüttungen**, die auf einem den gesellschaftsrechtlichen Vorschriften entsprechenden Gewinnverteilungsbeschluss für ein abgelaufenes Wirtschaftsjahr beruhen und die in dem ersten Wirtschaftsjahr erfolgen, das in dem Veranlagungszeitraum endet, für das das KStG n. F. erstmals anzuwenden ist,

▶ **für andere Ausschüttungen und sonstige Leistungen**, die in dem Wirtschaftsjahr erfolgen, das dem oben genannten Wirtschaftsjahr vorangeht.

1. Offene Gewinnausschüttungen bei kalendergleichem Wirtschaftsjahr

41 Somit unterliegen die im Jahr 2001 vorgenommenen Ausschüttungen, die auf einem den gesellschaftsrechtlichen Vorschriften entsprechenden Gewinnverteilungsbeschluss für ein abgelaufenes Wirtschaftsjahr beruhen, vollumfänglich noch den Vorschriften der §§ 27 ff. KStG a. F. Diese Regelung ist auch systemgerecht, da im Jahr 2001 für offene Gewinnausschüttungen nur Gewinne zur Verfügung stehen können, die bis zu dem am 31. 12. 2000 endenden Wirtschaftsjahr erzielt worden sind. Damit besteht im Jahr 2001 zum letzen Mal die Möglichkeit, **Gewinne auszuschütten, die unter die Vorschriften des Anrechnungsverfahrens fallen.**

42 Daraus ergeben sich folgende **steuerrechtliche Konsequenzen**:

▶ Im Jahr 2001 vorgenommene offene Gewinnausschüttungen führen zu einer Körperschaftsteueränderung (Erhöhung oder Minderung) im Jahr 2000.

▶ Die Höhe der Körperschaftsteueränderung wird aus dem zum 31. 12. 2000 festgestellten verwendbaren Eigenkapital ermittelt.[2]

▶ Die im Jahr 2001 vorgenommenen Abgänge werden vom verwendbaren Eigenkapital zum 31. 12. 2000 in Abzug gebracht.[3]

BEISPIEL: ▶ Für den VZ 2000 beträgt das zu versteuernde Einkommen der X-GmbH 350 000 €. Es unterliegt dem Steuersatz von 40 %. Die nicht abziehbaren Ausgaben belaufen sich ohne die Körperschaftsteuer auf 22 500 €. Für das Wj = Kj 2001 nimmt die X-GmbH eine Gewinnausschüttung von 385 000 € vor. Das verwendbare Eigenkapital zum 31. 12. 1999 setzt sich aus einem ungemildert mit Körperschaftsteuer belasteten Teilbetrag (EK 45) i. H. v. 50 000 € und den nicht belasteten Altrücklagen i. S. d. § 30 Abs. 2 Nr. 3 KStG (EK 03) i. H. v. 290 000 € zusammen.

1. Ermittlung des verwendbaren Eigenkapitals zum 31. 12. 2000:

			EK 45	EK 40	EK 03
			€	€	€
Anfangsbestand 1. 1. 2000			50 000	0	290 000
Zugang aus 2000:					
zu versteuerndes Einkommen		350 000			
./. Tarifbelastung	./.	140 000		+ 210 000	
nicht abzugsfähige Ausgaben				./. 22 500	
verwendbares Eigenkapital zum 31. 12. 2000			50 000	187 500	290 000

---

[1] Gesetz v. 20. 12. 2001, BStBl 2002 I 35.
[2] § 28 KStG a. F.
[3] § 30 KStG a. F.

2. Ermittlung der Beträge, die für die Ausschüttung als verwendet gelten:

das gesamte EK 45	50 000 €
der darauf entfallende Betrag der KSt-Minderung × 50 000 €	13 636 €
das gesamte EK 40	187 500 €
der darauf entfallende Betrag der KSt-Minderung × 187 500 €	31 250 €
EK 03 i. H. der restlichen Gewinnausschüttung	102 614 €
= Gewinnausschüttung	385 000 €

3. Berechnung der festzusetzenden Körperschaftsteuer für 2000:

40 % des zu versteuernden Einkommens (350 000 €)		140 000 €
Minderung der Körperschaftsteuer aufgrund der Verwendung des		
EK 45 (× 50 000 €)	./.	13 636 €
des EK 40 (× 187 500 €)	./.	31 250 €
Erhöhung der Körperschaftsteuer aufgrund der Verwendung eines		
Teilbetrages des EK 03 (× 102 614 €)	+	43 977 €
festzusetzende Körperschaftsteuer 2000		139 091 €

4. Auswirkung der Gewinnausschüttung auf das verwendbare Eigenkapital:

			EK 45 €	EK 40 €	EK 03 €
Bestand 31.12.2000			50 000	187 500	290 000
Für die Gewinnausschüttung	385 000				
gelten als verwendet:					
das gesamte EK 45	./.	50 000	./. 50 000		
die darauf entfallende					
KSt-Minderung	./.	13 636			
das gesamte EK 40	./.	187 500		./. 187 500	
die darauf entfallende					
KSt-Minderung	./.	31 250			
für den Restbetrag gilt EK 03					
als verwendet	./.	102 614			./. 102 614
		0			
auf die Gewinnausschüttung entfallende					
KSt-Erhöhung (× 102 614 €)					./. 43 977
Verringerung durch die in 2001 erfolgte					
Gewinnausschüttung			50 000	187 500	146 591

43 Vorsicht ist geboten, wenn im Kalenderjahr 2001 ein Rumpfwirtschaftsjahr gebildet wird, um im Anschluss daran auf ein abweichendes Wirtschaftsjahr zu wechseln. Nur die Gewinnausschüttungen, die im **ersten Wirtschaftsjahr** erfolgen, das in dem Veranlagungszeitraum endet, für das das **KStG n. F. erstmals anzuwenden** ist, werden noch nach dem Anrechnungsverfahren besteuert. Wird im Kalenderjahr 2001 ein Rumpfwirtschaftsjahr gebildet, ist dieses Rumpfwirtschaftsjahr das erste Wirtschaftsjahr, welches unter die Regelung des KStG fällt.

> **BEISPIEL:** Die X-GmbH hatte bis zum 31.12.2000 ein kalendergleiches Wirtschaftsjahr. Im Jahr 2001 wurde ein Rumpfwirtschaftsjahr vom 1.1.2001 bis 30.9.2001 gebildet, um im Anschluss daran auf ein vom Kalenderjahr abweichendes Wirtschaftsjahr vom 1.10. bis 30.9. zu wechseln.
>
> Damit die Vorschriften über das Anrechnungsverfahren im VZ 2001 noch zum Tragen kommen sollen, muss die Ausschüttung bis spätestens 30.9.2001 erfolgt sein, weil das erste Wirtschaftsjahr, das in dem VZ endet, für das das KStG erstmals anzuwenden ist, am 30.9.2001 endet.

44 Fließen bei kalendergleichem Wirtschaftsjahr rechtzeitig beschlossene Gewinnausschüttungen erst im Kalenderjahr 2002 ab, unterliegen diese Gewinnausschüttungen bereits den Regelungen zum Halbeinkünfteverfahren. „Erfolgt" heißt, dass die Gewinnausschüttung bei der Körperschaft abgeflossen sein muss.

> **BEISPIEL:** Die X-GmbH mit kalendergleichem Wirtschaftsjahr beschließt am 13.12.2001 eine Gewinnausschüttung für das Jahr 2000, die erst am 13.2.2002 ausgezahlt wird. Für diese Gewinnausschüttung kommt das Anrechnungsverfahren nicht mehr in Betracht. Obwohl sie im ersten Wirtschaftsjahr, für das bereits das KStG 2001 Gültigkeit besitzt, beschlossen wurde, erfolgte der Abfluss im Jahr 2002. Für diese Gewinnausschüttung müssen die Vorschriften der §§ 37, 38 KStG n. F. beachtet werden.

2. Offene Gewinnausschüttungen bei abweichendem Wirtschaftsjahr

45 Gemäß § 34 Abs. 2 KStG sind die Vorschriften über das Halbeinkünfteverfahren bei einem vom Kalenderjahr abweichenden Wirtschaftsjahr erstmals für den Veranlagungszeitraum 2002 anzuwenden, wenn das erste im Veranlagungszeitraum 2001 endende Wirtschaftsjahr vor dem 1.1.2001 beginnt. Das Anrechnungsverfahren gilt bei abweichendem Wirtschaftsjahr für das letzte Wirtschaftsjahr, das vor dem 1.1.2001 beginnt und im Veranlagungszeitraum 2001 endet, also für das Wirtschaftsjahr 2000/2001. Gewinnausschüttungen, die auf einem den gesellschaftsrechtlichen Vorschriften entsprechenden Gewinnverteilungsbeschluss für ein abgelaufenes Wirtschaftsjahr beruhen und die in dem ersten Wirtschaftsjahr erfolgen, das in dem Veranlagungszeitraum endet, für das das KStG erstmals anzuwenden ist, fallen nach § 34 Abs. 9 KStG noch unter das **Anrechnungsverfahren**. Das ist für Körperschaften mit abweichendem Wirtschaftsjahr regelmäßig das Wirtschaftsjahr 2001/2002.

46 Vorsicht ist geboten, wenn nach Beendigung des abweichenden Kalenderjahres 2000/2001 im Veranlagungszeitraum 2001 ein **Rumpfwirtschaftsjahr** gebildet wird, um im Anschluss daran auf ein kalendergleiches Wirtschaftsjahr zu wechseln. Nur die Gewinnausschüttungen, die im **ersten Wirtschaftsjahr** erfolgen, das in dem Veranlagungszeitraum endet, für das das KStG erstmals anzuwenden ist, werden noch nach dem Anrechnungsverfahren besteuert. Wird im Veranlagungszeitraum 2001 ein Rumpfwirtschaftsjahr gebildet, ist dieses Rumpfwirtschaftsjahr das erste Wirtschaftsjahr, welches unter die Regelung des KStG n. F. fällt.

> **BEISPIEL:** Die X-GmbH hatte bis zum 30.9.2001 ein vom Kalenderjahr abweichendes Wirtschaftsjahr. Im Veranlagungszeitraum 2001 wird ein Rumpfwirtschaftsjahr vom 1.10.2001 bis 31.12.2001 gebildet, um im Anschluss daran auf ein mit dem Kalenderjahr identisches Wirtschaftsjahr zu wechseln.

Damit die Vorschriften über das Anrechnungsverfahren noch zum Tragen kommen sollen, muss die Ausschüttung im Kalenderjahr 2002 erfolgt sein, weil das erste Wirtschaftsjahr, das in dem Veranlagungszeitraum endet, für das das KStG n. F. erstmals anzuwenden ist, am 31.12.2002 endet. In diesem Zusammenhang spielt es keine Rolle, ob Gewinne ausgeschüttet werden, die im Rumpfwirtschaftsjahr erwirtschaftet worden sind oder früher, da es sich in beiden Fällen um „abgelaufene Wirtschaftsjahre" handelt.

Fließen bei abweichendem Wirtschaftsjahr rechtzeitig beschlossene Gewinnausschüttungen erst im Wirtschaftsjahr 2002/2003 ab, unterliegen diese Gewinnausschüttungen bereits den Regelungen zum **Halbeinkünfteverfahren**. „Erfolgt" heißt, dass die Gewinnausschüttung bei der Körperschaft abgeflossen sein muss.   47

(Einstweilen frei)   48–55

II. Andere Ausschüttungen und sonstige Leistungen

Neben den verdeckten Gewinnausschüttungen werden von „anderen Ausschüttungen und sonstigen Leistungen" auch **Vorabausschüttungen, Liquidationsraten sowie bestimmte Kapitalherabsetzungen** erfasst. Für andere Ausschüttungen und sonstige Leistungen sind gem. § 34 Abs. 9 KStG 2001[1] die Vorschriften des Vierten Teil des KStG a. F. (also die §§ 27 ff. KStG a. F.) letztmals anzuwenden, wenn die Ausschüttung in dem Wirtschaftsjahr erfolgt, das dem Wirtschaftsjahr vorangeht, für das erstmalig das KStG 2001 gilt. Davon betroffen ist das Wirtschaftsjahr 2000, wenn die Körperschaft ein kalendergleiches Wirtschaftsjahr besitzt, andernfalls das Wirtschaftsjahr 2000/2001 bei einem vom Kalenderjahr abweichenden Wirtschaftsjahr.   56

Die zu ermittelnde Änderung der Körperschaftsteuer tritt für das Wirtschaftsjahr 2000 bzw. 2000/2001 ein und ermittelt sich aus den zum Schluss des Wirtschaftsjahres 2000 bzw. 2000/2001 festzustellenden verwendbaren Eigenkapital.   57

BEISPIEL: Die Gliederung des verwendbaren Eigenkapitals der GmbH weist zum 31.12.1999 einen Teilbetrag EK 02 i. H. v. 500 000 € aus. Im Jahr 2000 erzielt die GmbH einen Bilanzgewinn von 560 000 € (nach Körperschaftsteueraufwand von 240 000 €, das sind 30 % von 800 000 €). Aufgrund eines ordnungsgemäßen Gewinnverteilungsbeschlusses im Jahr 2001 schüttet die GmbH im Jahr 2001 für das Jahr 2000 den Bilanzgewinn von 560 000 € an ihre Gesellschafter aus. Bei einer steuerlichen Betriebsprüfung wird festgestellt, dass der Bilanzgewinn des Jahres 2000 um eine als Betriebsausgabe gebuchte verdeckte Gewinnausschüttung von 100 000 € verringert ist.

1. Eigenkapitalgliederung zum 31.12.2000 nach Betriebsprüfung

		EK 40 €	EK 02 €
Anfangsbestand 1.1.2000		0	500.000
Zugang aus 2000:			
zu versteuerndes Einkommen			
Bilanzgewinn	560 000		
KSt-Aufwand	+ 240 000		
VGA in 2000	+ 100 000		

---

[1] Gesetz v. 20.12.2001, BStBl 2002 I 35.

Bemessungsgrundlage für KSt		900 000		
./. Tarifbelastung 40 %	./.	360 000	+ 540 000	
verwendbares Eigenkapital zum 31.12.2000 nachrichtlich:			540 000	500.000
offene Gewinnausschüttung im Jahr 2001		560 000		
verdeckte Gewinnausschüttung im Jahr 2000		100 000		
Summe		660 000		
Dafür gelten als verwendet:				
das gesamte EK 40	./.	540 000	./. 540 000	
die darauf entfallende KSt-Minderung	./.	90 000		
für den Restbetrag gilt EK 02 als verwendet	./.	30 000		./. 30 000
auf die Gewinnausschüttung entfallende KSt-Erhöhung (×30 000 €)				./. 12 857
Verringerung des verwendbaren Eigenkapitals durch Gewinnausschüttung		0	540 000	42 857

2. Berechnung der festzusetzenden Körperschaftsteuer für 2000:

40 % des zu versteuernden Einkommens (900 000 €)		360 000 €
Minderung der Körperschaftsteuer aufgrund der Verwendung des EK 40 (×540 000 €)	./.	90 000 €
Erhöhung der Körperschaftsteuer aufgrund der Verwendung eines Teilbetrages des EK 02 (×30 000 €)	+	12 857 €
festzusetzende Körperschaftsteuer 2000		282 857 €

3. Abstimmung des Eigenkapitals in der Steuerbilanz und der Gliederungsrechnung zum 31.12.2000

Verwendbares Eigenkapital in der Steuerbilanz		
Gewinnrücklage		500 000 €
Jahresüberschuss:		
Gewinn	800 000 €	
abzgl. festzusetzende Körperschaftsteuer	./. 282 857 €	517 143 €
verwendbares Eigenkapital		1 017 143 €
./. KSt-Minderung	./.	90 000 €
+ KSt-Erhöhung	+	12 857 €
Zwischensumme		940 000 €
+ Verdeckte Gewinnausschüttung		100 000 €
Verwendbares Eigenkapital lt. Gliederungsrechnung zum 31.12.2000		1 040 000 €

58–66 *(Einstweilen frei)*

III. Anzuwendende Regelungen des Vierten Teils des KStG a. F. gem. § 36 Abs. 2 Satz 2 KStG

Die Änderungen des verwendbaren Eigenkapitals, die aus Ausschüttungen resultieren, wurden nach altem Recht im sog. **nachrichtlichen Teil der Gliederungsrechnung** festgehalten und als erste Vorgänge in der Gliederungsrechnung des darauf folgenden Wirtschaftsjahres berücksichtigt. Da bei einem kalendergleichen Wirtschaftsjahr ab 1.1.2001 keine Gliederungsrechnung mehr existiert, werden die ausschüttungsbedingten Abgänge in anderer Weise bei der Ermittlung der Endbestände des verwendbaren Eigenkapitals berücksichtigt. Gemäß § 36 Abs. 2 Satz 1 KStG sind die nach § 36 Abs. 1 KStG ermittelten Teilbeträge um die Gewinnausschüttungen, die auf einem den gesellschaftsrechtlichen Vorschriften entsprechenden Gewinnverteilungsbeschluss für ein abgelaufenes Wirtschaftsjahr beruhen, und die in dem in § 36 Abs. 1 KStG genannten Wirtschaftsjahr folgenden Wirtschaftsjahr erfolgen, sowie um andere Ausschüttungen und sonstige Leistungen, die in dem in § 36 Abs. 1 KStG n. F. genannten Wirtschaftsjahr erfolgen, zu verringern. Dabei sind die **Regelungen des Vierten Teils des Körperschaftsteuergesetzes** i. d. F. der Bekanntmachung v. 22.4.1999,[1] das zuletzt durch Art. 4 des Gesetzes v. 14.7.2000[2] geändert worden ist, **anzuwenden**.[3] Im Ergebnis scheiden diese Ausschüttungsbeträge aus der Übergangsregelung aus, um eine **Doppelberücksichtigung** zu **vermeiden**.

Das bedeutet im Einzelnen:

- **Gewinnausschüttungen**, die auf einem den gesellschaftsrechtlichen Vorschriften entsprechenden Gewinnverteilungsbeschluss für ein abgelaufenes Wirtschaftsjahr beruhen, sind mit dem verwendbaren Eigenkapital zum Schluss des letzten vor dem Gewinnverteilungsbeschluss abgelaufenen Wirtschaftsjahrs zu verrechnen. **Andere Ausschüttungen** sind mit dem verwendbaren Eigenkapital zu verrechnen, das sich zum Schluss des Wirtschaftsjahrs ergibt, in dem die Ausschüttung erfolgt (§ 28 Abs. 2 KStG a. F.).

- Die **Teilbeträge des verwendbaren Eigenkapitals** gelten vorbehaltlich der Vorschriften in § 38 Abs. 4, 5 und 7 KStG a. F. in der in § 30 KStG a. F. enthaltenen Reihenfolge als für eine Ausschüttung verwendet. In welcher Höhe ein Teilbetrag als verwendet gilt, ist aus seiner Tarifbelastung abzuleiten (§ 28 Abs. 3 KStG a. F.).

- **Als für die Ausschüttung verwendet** gilt auch der Betrag, um den sich die Körperschaftsteuer mindert (§ 28 Abs. 6 Satz 1 KStG a. F.).

- **Erhöht sich die Körperschaftsteuer**, so gilt ein Teilbetrag des Eigenkapitals höchstens als verwendet, soweit er den nach § 31 Abs. 1 Nr. 1 KStG von ihm abzuziehenden Erhöhungsbetrag übersteigt (§ 28 Abs. 6 Satz 2 KStG a. F.).

- Ist die **Ausschüttung betragsmäßig höher als die zur Verfügung stehenden Teilbeträge des verwendbaren Eigenkapitals**, treten die Rechtsfolgen des § 35 KStG a. F. ein, mit der Folge, dass ein negatives EK 02 entsteht.

(Einstweilen frei)

---

[1] BGBl 1999 I 817.
[2] BGBl 2000 I 1034.
[3] § 36 Abs. 2 Satz 2 KStG.

IV. Erhaltene Ausschüttungen gem. § 36 Abs. 2 Satz 3 KStG

76 Der Teilbetrag i. S. d. § 54 Abs. 11 Satz 1 KStG i. d. F. der Bekanntmachung v. 22. 4. 1999,[1] das zuletzt durch Art. 4 des Gesetzes v. 14. 7. 2000[2] geändert worden ist (= EK 45), erhöht sich um die Einkommensteile, die nach § 34 Abs. 12 Satz 2 bis 5 einer Körperschaftsteuer von 45 % unterlegen haben, und der Teilbetrag, der nach dem 31. 12. 1998 einer Körperschaftsteuer i. H. v. 40 % ungemildert unterlegen hat (= EK 40), erhöht sich um die Beträge, die nach § 34 Abs. 12 Satz 6 bis 8 einer Körperschaftsteuer von 40 % unterlegen haben, jeweils nach Abzug der Körperschaftsteuer, der sie unterlegen haben.[3]

77 § 36 Abs. 2 Satz 1 und 2 KStG n. F. regelt die Verrechnung der nach § 36 Abs. 1 KStG n. F. ermittelten Endbeträge um abfließende Beträge in Form von offenen Gewinnausschüttungen oder anderen Ausschüttungen und sonstigen Leistungen. Es kann aber auch vorkommen, dass eine Körperschaft im Veranlagungszeitraum 2001 eine Gewinnausschüttung erhält. Ist diese empfangene Ausschüttung bei der ausschüttenden Körperschaft aus dem EK 45 oder EK 40 ganz oder teilweise „finanziert" worden, treten bei der **empfangenen Körperschaft** die Regelungen des **§ 36 Abs. 2 Satz 3 KStG n. F.** ein. Hintergrund dieser Regelung sind die Bestimmungen über den Übergang von der Anrechnung der Körperschaftsteuer zum Halbeinkünfteverfahren auf der Ebene des Anteilseigners nach § 52 Abs. 50 b EStG und der damit zusammenhängende besondere Steuersatz für diese Ausschüttungen, der in § 34 Abs. 12 Satz 2 bis 5 KStG geregelt ist.

78 Schüttet eine Körperschaft im Jahr 2001 aufgrund eines auf gesellschaftsrechtlichen Vorschriften entsprechenden Gewinnverteilungsbeschlusses Gewinne aus, die im Jahr 2001 für ein abgelaufenes Wirtschaftsjahr abfließen, unterliegt diese Ausschüttung bei der ausschüttenden Körperschaft noch dem **Anrechnungsverfahren**. Die ausschüttende Körperschaft hat noch die Ausschüttungsbelastung herzustellen. Folgerichtig müsste es dann aber bei der empfangenen Körperschaft zu einer Körperschaftsteueranrechnung kommen, obwohl für die empfangene Körperschaft im Jahr 2001 bereits die Vorschriften für das Halbeinkünfteverfahren gelten. Aus diesem Grund regelt § 52 Abs. 50 b EStG, dass die Anrechnung bei dem Ausschüttungsempfänger noch für Gewinnausschüttungen in Anspruch genommen werden kann, für die das KStG 1999, und damit das Anrechnungsverfahren, nach § 34 Abs. 12 (vgl. Gesetz v. 20. 12. 2001, BStBl 2002 I 35) noch anzuwenden ist.

79 Damit findet sowohl für die ausschüttende Körperschaft als auch für die empfangende Körperschaft bei kalendergleichem Wirtschaftsjahr das Anrechnungsverfahren auch noch in 2001 Anwendung.

80 Im Gegensatz dazu gilt das Anrechnungsverfahren für **andere Ausschüttungen** (z. B. verdeckte Gewinnausschüttungen) gem. § 34 Abs. 12 Satz 1 Nr. 2 KStG im Veranlagungszeitraum 2000 zum letzten Mal (im Falle eines abweichenden Wirtschaftsjahres im Veranlagungszeitraum 2001). In diesen Fällen kommt es nicht zu einem „Übergreifen" des Anrechnungsverfahrens in einen Zeitraum, in dem bereits die Vorschriften für das Halbeinkünfteverfahren gelten.

81 Die in § 36 Abs. 2 Satz 3 KStG n. F. enthaltene Vorschrift bezieht sich ausschließlich auf Gewinnausschüttungen, die auf einem den gesellschaftsrechtlichen Vorschriften entsprechenden Gewinnverteilungsbeschluss für ein abgelaufenes Wirtschaftsjahr beruhen, und im ersten Wirtschaftsjahr erfolgen, für das das KStG 2001 gilt.

---

[1] BGBl 1999 I 817.
[2] BGBl 2000 I 1034.
[3] § 36 Abs. 2 Satz 3 KStG.

Erfolgen **Ausschüttungen zu einem früheren Zeitpunkt**, unterliegen sie vollumfänglich den Vorschriften des Anrechnungsverfahrens, **erfolgen sie zu einem späteren Zeitpunkt**, finden die entsprechenden Vorschriften für das Halbeinkünfteverfahren Anwendung. 82

1. Empfangene Ausschüttung, die aus EK 45 finanziert wurde

Für **unbeschränkt steuerpflichtige Körperschaften und Personenvereinigungen**, deren Leistungen bei den Empfängern zu den Einnahmen i. S. d. § 20 Abs. 1 Nr. 1 oder 2 des Einkommensteuergesetzes i. d. F. des Art. 1 des Gesetzes v. 23. 10. 2000,[1] geändert durch Art. 2 des Gesetzes v. 19. 12. 2000,[2] gehören, beträgt die Körperschaftsteuer 45 % der Einnahmen i. S. d. § 20 Abs. 1 Nr. 1 oder 2 des Einkommensteuergesetzes i. d. F. des Art. 1 des Gesetzes v. 23. 10. 2000,[3] geändert durch Art. 2 des Gesetzes v. 19. 12. 2000,[4] zuzüglich der darauf entfallenden Einnahmen i. S. d. § 20 Abs. 1 Nr. 3 des Einkommensteuergesetzes in der Fassung des Art. 1 des Gesetzes v. 23. 10. 2000,[5] geändert durch Art. 2 des Gesetzes v. 19. 12. 2000,[6] für die der Teilbetrag i. S. d. § 54 Abs. 11 Satz 1 des Körperschaftsteuergesetzes i. d. F. des Art. 4 des Gesetzes v. 14. 7. 2000[7] als verwendet gilt (§ 34 Abs. 12 Satz 2 KStG 2001). 83

Tätigt eine **anrechnungsberechtigte Körperschaft (z. B. GmbH)** eine offene Gewinnausschüttung, die bei ihr aus dem EK 45 finanziert wird, an eine andere anrechnungsberechtigte Körperschaft (**z. B. AG**), beträgt die Körperschaftsteuer auf die Ausschüttung beim Ausschüttungsempfänger 45 %. Als Bemessungsgrundlage für die Berechnung der 45 % wird die **Bruttoausschüttung** herangezogen, also die Einnahme samt Körperschaftsteueranrechnungsguthaben. 84

§ 34 Abs. 12 Satz 4 KStG schreibt vor, dass die Körperschaftsteuer höchstens 45 % des zu versteuernden Einkommens betragen darf. Diese Regelung ist von Nöten, um die besondere Körperschaftsteuer nicht aufkommen zu lassen, wenn die durch EK 45 finanzierten Dividendeneinnahmen um z. B. **selbst erwirtschaftete Verluste** gemindert werden. 85

In diesem Zusammenhang können drei Konstellationen auftreten: 86

> **BEISPIEL 1:** Die X-GmbH ist zu 40 % an der Y-GmbH beteiligt. Die X-GmbH erwirtschaftet für das Wirtschaftsjahr 2001 einen Verlust aus dem operativen Geschäft von 100 000 €. Die X-GmbH erhält in 2001 eine Ausschüttung von der Y-GmbH i. H. v. 280 000 € Die Y-GmbH finanziert ihre Dividendenauszahlung in vollem Umfang aus dem EK 45. Wirtschaftsjahr ist bei beiden Gesellschaften das Kalenderjahr.
>
> Für die Gewinnausschüttung der Y-GmbH ist noch das Anrechnungsverfahren anzuwenden. Das zu versteuernde Einkommen der X-GmbH ermittelt sich wie folgt:

Verlust aus dem operativen Geschäft	−100 000 €
Dividende der Y-GmbH (280 000 € zzgl. 120 000 € anrechenbare KSt)	+400 000 €
zu versteuerndes Einkommen	300 000 €

---

1 BGBl 2000 I 1433.
2 BGBl 2000 I 1812.
3 BGBl 2000 I 1433.
4 BGBl 2000 I 1812.
5 BGBl 2000 I 1433.
6 BGBl 2000 I 1812.
7 BGBl 2000 I 1034.

Die von der Y-GmbH bezogene Dividende unterliegt einem Steuersatz von 45 %, jedoch ist maximal das zu versteuernde Einkommen i. H. v. 300 000 € mit 45 % zu besteuern. Die Körperschaftsteuer beträgt daher 135 000 € (300 000 € × 45 %).

BEISPIEL 2: Die X-GmbH ist zu 40 v. H. an der Y-GmbH beteiligt. Die X-GmbH erwirtschaftet für das Wirtschaftsjahr 2001 einen Gewinn aus dem operativen Geschäft von 100 000 €. Die X-GmbH erhält in 2001 eine Ausschüttung von der Y-GmbH i. H. v. 280 000 €. Die Y-GmbH finanziert ihre Dividendenauszahlung in vollem Umfang aus dem EK 45. Wirtschaftsjahr ist bei beiden Gesellschaften das Kalenderjahr.

Für die Gewinnausschüttung der Y-GmbH ist noch das Anrechnungsverfahren anzuwenden. Das zu versteuernde Einkommen der X-GmbH ermittelt sich wie folgt:

Gewinn aus dem operativen Geschäft	+ 100 000 €
Dividende der Y-GmbH (280 000 € zzgl. 120 000 € anrechenbare KSt)	+ 400 000 €
zu versteuerndes Einkommen	500 000 €

Die von der Y-GmbH bezogene Dividende unterliegt einem Steuersatz von 45 %, der von der X-GmbH selber erwirtschaftete Gewinn unterliegt einem Steuersatz von 25 %. Die Körperschaftsteuer beträgt daher 180 000 € (400 000 € × 45 %) zzgl. 25 000 € (100 000 € × 25 %) und damit insgesamt 205 000 €.

BEISPIEL 3: Die X-GmbH ist zu 40 % an der Y-GmbH beteiligt. Die X-GmbH erwirtschaftet für das Wirtschaftsjahr 2001 aus dem operativen Geschäft ein ausgeglichenes Ergebnis von 0 €. Die X-GmbH erhält in 2001 eine Ausschüttung von der Y-GmbH i. H. v. 280 000 €. Die Y-GmbH finanziert ihre Dividendenauszahlung in vollem Umfang aus dem EK 45. Wirtschaftsjahr ist bei beiden Gesellschaften das Kalenderjahr.

Für die Gewinnausschüttung der Y-GmbH ist noch das Anrechnungsverfahren anzuwenden. Das zu versteuernde Einkommen der X-GmbH ermittelt sich wie folgt:

Ergebnis aus dem operativen Geschäft	0 €
Dividende der Y-GmbH (280 000 € zzgl. 120 000 € anrechenbare KSt)	+ 400 000 €
zu versteuerndes Einkommen	400 000 €

Die von der Y-GmbH bezogene Dividende unterliegt einem Steuersatz von 45 %. Die Körperschaftsteuer beträgt daher 180 000 € (400 000 € × 45 %).

2. Empfangene Ausschüttung, die aus EK 40 finanziert wurde

87 Die Körperschaftsteuer beträgt 40 % der Einnahmen i. S. d. § 20 Abs. 1 Nr. 1 und 2 EStG i. d. F. des Art. 1 des Gesetzes v. 23. 10. 2000,[1] geändert durch Art. 2 des Gesetzes v. 19. 12. 2000,[2] zuzüglich der darauf entfallenden Einnahmen i. S. d. § 20 Abs. 1 Nr. 3 EStG i. d. F. des Art. 1 des Gesetzes v. 23. 10. 2000,[3] geändert durch Art. 2 des Gesetzes v. 19. 12. 2000,[4] für die der Teilbetrag i. S. d. § 30 Abs. 1 Nr. 1 des KStG i. d. F. des Art. 4 des Gesetzes v. 14. 7. 2000,[5] also EK 40, als verwendet gilt.[6]

88 § 34 Abs. 12 Satz 7 KStG schreibt vor, dass die Körperschaftsteuer höchstens 40 % des zu versteuernden Einkommens betragen darf. Diese Regelung ist von Nöten, um die besondere Kör-

---

[1] BGBl 2000 I 1433.
[2] BGBl 2000 I 1812.
[3] BGBl 2000 I 1433.
[4] BGBl 2000 I 1812.
[5] BGBl 2000 I 1034.
[6] § 34 Abs. 12 Satz 6 KStG 2001.

Berücksichtigung von Gewinnausschüttungen und anderen Ausschüttungen 89–90 **§ 36 KStG**

perschaftsteuer nicht aufkommen zu lassen, wenn die durch EK 40 finanzierten Dividendeneinnahmen um z. B. **selbst erwirtschaftete Verluste** gemindert werden.

In diesem Zusammenhang können wiederum drei Konstellationen auftreten: 89

BEISPIEL 1: Die X-GmbH ist zu 40 % an der Y-GmbH beteiligt. Die X-GmbH erwirtschaftet für das Wirtschaftsjahr 2001 einen Verlust aus dem operativen Geschäft von 100 000 €. Die X-GmbH erhält in 2001 eine Ausschüttung von der Y-GmbH i. H. v. 280 000 €. Die Y-GmbH finanziert ihre Dividendenauszahlung in vollem Umfang aus dem EK 40. Wirtschaftsjahr ist bei beiden Gesellschaften das Kalenderjahr.

Für die Gewinnausschüttung der Y-GmbH ist noch das Anrechnungsverfahren anzuwenden. Das zu versteuernde Einkommen der X-GmbH ermittelt sich wie folgt:

Verlust aus dem operativen Geschäft	– 100 000 €
Dividende der Y-GmbH (280 000 € zzgl. 120 000 € anrechenbare KSt)	+ 400 000 €
zu versteuerndes Einkommen	300 000 €

Die von der Y-GmbH bezogene Dividende unterliegt einem Steuersatz von 40 %, jedoch ist maximal das zu versteuernde Einkommen i. H. v. 300 000 € mit 40 % zu besteuern. Die Körperschaftsteuer beträgt daher 120 000 € (300 000 € × 40 %).

BEISPIEL 2: Die X-GmbH ist zu 40 % an der Y-GmbH beteiligt. Die X-GmbH erwirtschaftet für das Wirtschaftsjahr 2001 einen Gewinn aus dem operativen Geschäft von 100 000 €. Die X-GmbH erhält in 2001 eine Ausschüttung von der Y-GmbH i. H. v. 280 000 €. Die Y-GmbH finanziert ihre Dividendenauszahlung in vollem Umfang aus dem EK 40. Wirtschaftsjahr ist bei beiden Gesellschaften das Kalenderjahr.

Für die Gewinnausschüttung der Y-GmbH ist noch das Anrechnungsverfahren anzuwenden. Das zu versteuernde Einkommen der X-GmbH ermittelt sich wie folgt:

Gewinn aus dem operativen Geschäft	+ 100 000 €
Dividende der Y-GmbH (280 000 € zzgl. 120 000 € anrechenbare KSt)	+ 400 000 €
zu versteuerndes Einkommen	500 000 €

Die von der Y-GmbH bezogene Dividende unterliegt einem Steuersatz von 40 v. H., der von der X-GmbH selber erwirtschaftete Gewinn unterliegt einem Steuersatz von 25 v. H. Die Körperschaftsteuer beträgt daher 160 000 € (400 000 € × 40 v. H.) zzgl. 25 000 € (100 000 € × 25 v. H.) und damit insgesamt 185 000 €.

BEISPIEL 3: Die X-GmbH ist zu 40 v. H. an der Y-GmbH beteiligt. Die X-GmbH erwirtschaftet für das Wirtschaftsjahr 2001 aus dem operativen Geschäft ein ausgeglichenes Ergebnis von 0 €. Die X-GmbH erhält in 2001 eine Ausschüttung von der Y-GmbH i. H. v. 280 000 €. Die Y-GmbH finanziert ihre Dividendenauszahlung in vollem Umfang aus dem EK 40. Wirtschaftsjahr ist bei beiden Gesellschaften das Kalenderjahr.

Für die Gewinnausschüttung der Y-GmbH ist noch das Anrechnungsverfahren anzuwenden. Das zu versteuernde Einkommen der X-GmbH ermittelt sich wie folgt:

Ergebnis aus dem operativen Geschäft	0 €
Dividende der Y-GmbH (280 000 € zzgl. 120 000 € anrechenbare KSt)	+ 400 000 €
zu versteuerndes Einkommen	400 000 €

Die von der Y-GmbH bezogene Dividende unterliegt einem Steuersatz von 40 %. Die Körperschaftsteuer beträgt daher 160 000 € (400 000 € × 40 %).

Empfängt eine Körperschaft eine Ausschüttung, die bei ihr mit 45 % bzw. 40 % Körperschaftsteuer belegt wird, entsteht bei ihr insoweit noch Vermögen, das mit 45 % bzw. 40 % vorbelas- 90 tet ist. Aus diesem Grund sind nach § 36 Abs. 2 Satz 3 KStG bei der empfangenden Körperschaft die Bestände des EK 45 bzw. EK 40 um die Beträge, die dem besonderen Steuersatz unterlegen haben, zu erhöhen. Erhöht werden die Bestände jedoch nur i. H. des Nettobetrages, also nach Abzug der darauf lastenden Körperschaftsteuer i. H. v. 45 % bzw. 40 %. Im Falle einer **Organschaft** ist von dieser Regelung der Organträger betroffen.

3. Besonderheiten bei Körperschaften, die im Veranlagungszeitraum 2001 gegründet wurden

91 Wird eine Körperschaft im Veranlagungszeitraum 2001 gegründet, die nach früherer Rechtslage zur sog. Anrechnungskörperschaft gezählt worden wäre (z. B. Kapitalgesellschaft), finden auf diese Körperschaft ebenfalls die Vorschriften der §§ 36 ff. KStG Anwendung. Selbst eine erst im Veranlagungszeitraum 2001 gegründete Kapitalgesellschaft, die Anteile an einer anderen Kapitalgesellschaft hält, kann im Veranlagungszeitraum 2001 Ausschüttungen empfangen, die noch unter das Anrechnungsverfahren fallen, da es für die Frage, ob das Anrechnungsverfahren zum Tragen kommt oder nicht, ausschließlich auf die Gegebenheiten bei der ausschüttenden Kapitalgesellschaft ankommt.

92–104 *(Einstweilen frei)*

D. Umgliederung des ehemaligen EK 45, nach § 36 Abs. 3 KStG entfallen

105 In dem Beschluss vom 17. 11. 2009[1] hat das BVerfG entschieden, dass die Übergangsregelungen des § 36 Abs. 3 und 4 KStG i. d. F. des Steuersenkungsgesetzes vom 23. 10. 2000[2] vom Anrechnungsverfahren zum Halbeinkünfteverfahren nicht mit Art. 3 Abs. 1 GG vereinbar sind, soweit sie zu einem Verlust von KSt-Minderungspotenzial führen.

Beim Systemwechsel vom Anrechnungsverfahren zum Halbeinkünfteverfahren wurde im Rahmen der entsprechenden Übergangsregelungen das noch vorhandene KSt-Minderungspotenzial ermittelt und als Körperschaftsteuerguthaben festgestellt. Das BVerfG beanstandet, dass die Umgliederung des zum Zeitpunkt des Systemwechsels (i. d. R. 31. 12. 2000) mit 45 % belasteten Eigenkapitals (EK 45) in mit 40 % belastetes Eigenkapital (EK 40) und unbelastetes Eigenkapital (EK 02) für diejenigen Unternehmen zu einem Wegfall von KSt-Minderungspotenzial führen konnte, die nur über einen geringen oder keinen Bestand an EK 02 verfügten.

Das BVerfG hat den Gesetzgeber daher verpflichtet, bis zum 1. 1. 2011 für alle noch nicht bestandskräftig abgeschlossenen Verfahren eine Neuregelung zu treffen, die den Erhalt des Körperschaftsteuerguthabens gleichheitsgerecht sicherstellt. Die Feststellungen des BVerfG wirken auf den 1. 1. 2001 zurück.

Der Gesetzgeber hat die Vorgaben des BVerfG im Jahressteuergesetz 2010 umgesetzt.

Nach § 34 Abs. 13f KStG ist die geänderte Umgliederungsregelung auf alle noch nicht bestandskräftigen Feststellungen anzuwenden. Durch die Streichung des § 36 Abs. 3 KStG wird auf die beanstandete Umgliederung generell verzichtet. In dem neuen § 36 Abs. 6a KStG wird statt dessen eine einfache Regelung gefunden, die die Forderung des BVerfG vollständig um-

---

[1] 1 BvR 2192/05.
[2] BGBl 2000 I 1433.

setzt und gleichzeitig komplizierte Folgeänderungen (insbesondere Veränderungen des EK 02) vermeidet.

Durch die geänderte Umgliederung kann es zu einem Endbestand an EK 45 kommen. Durch die Änderung in § 37 Abs. 1 KStG wird dieser Endbestand in die Ermittlung des Körperschaftsteuerguthabens einbezogen.

(Einstweilen frei) 106–112

E. Umgliederung der unbelasteten Eigenkapitalteile

I. Summe der unbelasteten Teilbeträge EK 01 bis EK 03 nach Anwendung des § 36 Abs. 2, Abs. 3 a. F. und 6a KStG ist negativ (§ 36 Abs. 4 KStG)

Ist die Summe der unbelasteten Teilbeträge i. S. d. § 30 Abs. 2 Nr. 1 bis 3 i. d. F. des Art. 4 des Gesetzes v. 14. 7. 2000,[1] also die Summe von ehemaligem EK 01, EK 02 und EK 03, nach Anwendung der Abs. 2 des § 36 KStG negativ, sind diese Teilbeträge zunächst untereinander und danach mit den mit Körperschaftsteuer belasteten Teilbeträgen in der Reihenfolge zu verrechnen, in der ihre Belastung zunimmt.

Der Gesetzgeber bestimmt ausdrücklich, dass eine **Verrechnung nach § 36 Abs. 4 KStG erst nach Anwendung des Abs. 2** zu erfolgen hat. Das bedeutet, dass die unbelasteten EK-Töpfe EK 01 bis einschließlich EK 03 vor der Verrechnung noch eine bestandsmäßige Änderung erfahren haben können durch:

▶ erfolgte offene Gewinnausschüttungen in 2001 für ein abgelaufenes Jahr (bei kalendergleichem Wirtschaftsjahr), für die Beträge aus dem EK 01 bis EK 03 als verwendet gelten;

▶ bei zum 31. 12. 2000 (bei kalendergleichem Wirtschaftsjahr) vorhandenem EK 45, welches durch die Umgliederung nach § 36 Abs. 3 KStG a. F. mit einem negativen Teilbetrag in das EK 02 einfließt.

Vorhandenes ehemalige EK 04 wird nicht nach § 36 Abs. 4 KStG umgegliedert.

Für die Anwendung des § 36 Abs. 4 KStG sind verschiedene Varianten denkbar:

EK 01	EK 02	EK 03	Summe aus EK 01 – EK 03
+ 1 000 €	- 2 000 €	0 €	- 1 000 €
+ 1 000 €	- 1 500 €	+ 300 €	- 200 €
0 €	- 500 €	0 €	- 500 €

In den Zeiten des Anrechnungsverfahrens kam es in der Gliederungsrechnung zu einem **negativen EK 01**, wenn z. B. im Ausland Verluste erwirtschaftet wurden, die nach einem bestehenden Doppelbesteuerungsabkommen nicht abzugsfähig sind. Konnten dagegen z. B. inländische Verluste nicht ausgeglichen werden, führte das zu einem **negativen EK 02**. **Negatives EK 03** konnte nur aus der Zeit bis 31. 12. 1976, also in einer Zeit vor dem Anrechnungsverfahren, entstanden sein.

Im Ergebnis kommt § 36 Abs. 4 KStG nur zur Anwendung, wenn die **Summe** der unbelasteten Teilbeträge **EK 01, EK 02 und EK 03 negativ** ist. In diesem Zusammenhang ist es nicht nötig,

---

[1] BGBl 2000 I 1034.

dass jeder der drei EK-Töpfe auch Bestände aufweist oder dass alle drei EK-Töpfe einen negativen Bestand aufweisen.

118 Selbst wenn einzelne Teilbeträge negativ sein sollten, die **Summe** aus den Teilbeträgen EK 01, EK 02 und EK 03 jedoch **positiv**, ist **§ 36 Abs. 4 KStG nicht** einschlägig.

119 Die Vorschrift über die Verrechnung der Teilbeträge aus EK 01 bis EK 03 ist durch des Gesetz v. 20.12.2001[1] mit Wirkung ab Außer-Kraft-Treten des Anrechnungsverfahrens und In-Kraft-Treten des Halbeinkünfteverfahrens, also rückwirkend,[2] nachträglich in das Gesetz aufgenommen worden.

120 Die Verrechnung der Teilbeträge des EK 01, EK 02 und EK 03 erfolgt dadurch, dass zwei nicht mit Körperschaftsteuer belastete EK-Töpfe in den dritten unbelasteten EK-Topf umgegliedert werden. Dabei spielt es keine Rolle, welcher EK-Topf nach der Umgliederung den gesamten Betrag ausweist.

BEISPIEL: Zum 31.12.2000 weist die X-GmbH folgende Bestände aus:

	EK 01 €	EK 02 €	EK 03 €
Bestand 31.12.2000	1 000	-1 500	300
Die Umgliederung kann z. B. wie folgt vorgenommen werden:			
Umgliederung von EK 01 in EK 02	-1 000	+1 000	
Umgliederung von EK 03 in EK 02		+300	-300
Verwendbares EK nach Umgliederung	0	-200	0

Es ist aber alternativ auch folgende Umgliederung denkbar:

	EK 01 €	EK 02 €	EK 03 €
Bestand 31.12.2000	1 000	-1 500	300
Umgliederung von EK 02 in EK 01	-1 500	+1 500	
Umgliederung von EK 03 in EK 01	+300		-300
Verwendbares EK nach Umgliederung	-200	0	0

121 Die nach Umgliederung verbliebene negative Summe ist in einem zweiten Schritt „*danach mit den mit Körperschaftsteuer belasteten Teilbeträgen in der Reihenfolge zu verrechnen, in der ihre Belastung zunimmt*", d. h. vorrangig mit EK 30 und erst im Anschluss daran mit EK 40. Erfolgt eine Verrechnung des Negativbetrags in Ermangelung von EK 30 mit EK 40, geht Körperschaftsteuerguthaben endgültig verloren.

---

1 BStBl 2002 I 35.
2 Vgl. § 34 Abs. 2a KStG.

BEISPIEL: Das verwendbare Eigenkapital der X-GmbH setzt sich zum 31.12.2000 wie folgt zusammen: EK 40: 118 800 €, EK 01: 1000 €, EK 02: -1600 €.

	EK 40	EK 01	EK 02
	€	€	€
Bestand 31.12.2000	118 800	1 000	-1 600
1. Schritt:			
Umgliederung von EK 01 in EK 02		-1 000	+1 000
Zwischensaldo	118 800	0	-600
2. Schritt:			
Umgliederung von EK 02 in EK 40	-600		+600
Endbestände	118 200	0	0

Vor der Umgliederung stand ein Körperschaftsteuerminderungspotenzial von ×118 800 € = 19 800 € zur Verfügung, nach der Umgliederung beträgt die Körperschaftsteuerminderung nur noch ×118 200 € = 19 700 € und damit 100 € weniger als zuvor.

Für den Fall, dass die negative Summe aus EK 01 bis EK 03 betragsmäßig das positive vorhandene EK 40 übersteigt, ist nach der Umgliederung ein negativer EK 0 Bestand auszuweisen, der im Anschluss daran Bestandteil des sog. neutralen Vermögens wird.

BEISPIEL: Das verwendbare Eigenkapital der X-GmbH setzt sich zum 31.12.2000 wie folgt zusammen:

	EK 40	EK 01	EK 02	EK 04
	€	€	€	€
Bestand 31.12.2000	800	1 000	-2 500	8 000
Umgliederung von EK 01 in EK 02		-1 000	+1 000	
Zwischenergebnis	800	0	-1 500	8 000
Umgliederung von EK 40 in EK 02	-800		+800	
festzustellende Teilbeträge	0	0	-700	8 000

Eine Verrechnung des negativen EK 02 mit positivem EK 04 scheidet nach dem Gesetzeswortlaut des § 36 Abs. 4 KStG aus.

(Einstweilen frei)

II. Summe der unbelasteten Teilbeträge EK 01 bis EK 03 nach Anwendung des § 36 Abs. 2, Abs. 3 a. F. und 6a KStG ist nicht negativ (§ 36 Abs. 5 Satz 1 KStG)

Ist die Summe der unbelasteten Teilbeträge EK 01 bis EK 03 nach Anwendung der Abs. 2 und 3 des § 36 KStG nicht negativ, sind zunächst die Teilbeträge EK 01 und EK 03 zusammenzufassen. Ein sich aus der Zusammenfassung ergebender Negativbetrag ist vorrangig mit einem positiven Teilbetrag des EK 02 zu verrechnen. Ein negativer Teilbetrag des EK 02 ist vorrangig mit dem positiven zusammengefassten Teilbetrag des EK 01 und EK 03 zu verrechnen.

§ 36 Abs. 5 KStG bestimmt das weitere Vorgehen, wenn die Summe des EK 01 – EK 03 insgesamt positiv ist, wobei einzelne Teilbeträge durchaus negativ sein können. Dabei sind zwei Konstellationen zu unterscheiden:

EK 02	Summe EK 01 und EK 03	Summe EK 01 – EK 03
positiv	negativ	positiv oder Null
negativ	positiv	positiv oder Null

135 Die Vorschrift des § 36 Abs. 5 KStG findet sowohl in den Fällen Anwendung, in denen alle Teilbeträge des EK 01 bis EK 03 positiv sind, als auch, wenn einzelne Teilbeträge des EK 01 bis EK 03 negativ sind, deren Summe aber insgesamt positiv ist oder 0 beträgt.

Ursprünglich galt § 36 Abs. 5 KStG nur für den Fall, dass die Summe des EK 0 nicht negativ ist. Damit war der Fall, dass die Summe des EK 0 genau 0 beträgt, nicht geregelt. Diese Gesetzeslücke wurde durch das Gesetz v. 20.12.2001[1] geschlossen.

136 Gemäß § 36 Abs. 5 Satz 1 KStG ist zunächst in einem ersten Schritt die Summe aus EK 01 und EK 03 zu bilden. Bei der Summenbildung spielt es keine Rolle, ob das EK 01 bzw. das EK 03 positive oder negative Beträge aufweisen.

137 Wird ein Negativbetrag aus der Aufsummierung der Teilbeträge EK 01 und EK 03 ermittelt, wird dieser Betrag vom positiven EK 02 in Abzug gebracht.

138 Ein negativer Teilbetrag an EK 02 ist gem. § 36 Abs. 5 Satz 3 KStG vorrangig mit einer positiven Summe aus EK 01 und EK 03 zu verrechnen. Verbleibt danach noch ein positiver Bestand an zusammengefasstem EK 01 und EK 03, so geht dieser in das sog. „neutrale Vermögen" über.

BEISPIEL: Das verwendbare Eigenkapital der X-GmbH setzt sich zum 31.12.2000 wie folgt zusammen:

	EK 01	EK 02	EK 03	EK 01 + EK 03
	€	€	€	€
Bestand 31.12.2000	1 100	-1 800	800	0
Zusammenfassung von EK 01 und EK 03	-1 100	0	-800	+1 900
Zwischenergebnis	0	-1 800	0	+1 900
Abzug des EK 02 von der Summe EK 01 + EK 03		+1 800		-1 800
festzustellende Teilbeträge	0	0	0	100

139 Für den Fall, dass sowohl die Summe aus **EK 01 und EK 03** als auch das **EK 02 positiv** ist, erfolgt zu diesem Zeitpunkt **keine Verrechnung**. Alle positiven Teilbeträge (Summe aus EK 01 und EK 03 als auch das EK 02) sind fortzuführen.

140–149 *(Einstweilen frei)*

F. Umgliederung von negativen, mit Körperschaftsteuer belasteten Teilbeträgen

I. Vorrangige Verrechnung untereinander (§ 36 Abs. 6 Satz 1 KStG)

150 Ist einer der belasteten Teilbeträge EK 45, EK 40 negativ, sind diese Teilbeträge zunächst untereinander EK 45, EK 40 und EK 30 zu verrechnen. Die Umgliederung hat in der Reihenfolge zu erfolgen, in der die Belastung zunimmt. Zuerst ist also der Bestand mit der niedrigeren Steuer

---

1 BStBl 2002 I 35.

der positiven belasteten Teilbeträge zu verringern. Das EK 30 kann nur einen Positiv- oder einen Nullbestand ausweisen.[1] Die Variante, dass das EK 45 ein Negativbestand, das EK 40 aber gleichzeitig ein Positivbestand ausweist, kommt wegen § 54 Abs. 11a Satz 4 KStG 1999 nicht vor. Es gibt aber die Variante, dass das EK 45 einen Null- und das EK 40 einen Negativbestand ausweist. In allen Fällen ist daneben ein positives EK 30 denkbar.[2]

Der § 36 Abs. 6 KStG wurde durch das Gesetz v. 20.12.2001[3] mit Wirkung ab Außer-Kraft-Treten des Anrechnungsverfahrens und In-Kraft-Treten des Halbeinkünfteverfahrens redaktionell in der Weise geändert, dass nach der Änderung nur ein Betrag, also entweder der belastete Teilbetrag EK 40 oder der belastete Teilbetrag EK 30 negativ zu sein braucht, um eine Verrechnung untereinander durchzuführen. Die ursprüngliche gesetzliche Regelung enthielt keine Regelung für den Fall, dass die Summe der belasteten Teilbeträge insgesamt positiv ist, ein Teilbetrag jedoch einen negativen Betrag aufweist.

Nach § 36 Abs. 6 KStG sind die Teilbeträge des EK 40 und des EK 30 zunächst, d. h. vorrangig in einem ersten Schritt, untereinander zu verrechnen, wenn einer der Teilbeträge negativ ist. Der negative Teilbetrag wird in den anderen Teilbetrag umgegliedert. Diese Regelung kommt unabhängig davon zur Anwendung, ob die Summe der beiden Teilbeträge negativ oder positiv ist.

BEISPIEL: Die G-GmbH erwirtschaftete im kalendergleichen Wirtschaftsjahr 2000 einen Jahresfehlbetrag von zutreffend 20 000 €. An nicht abzugsfähigen Ausgaben i. S. d. § 8 Abs. 1 KStG i. V. m. § 4 Abs. 5 EStG entstanden im gleichen Zeitraum 30 000 €. Körperschaftsteuervorauszahlungen wurden im Jahr 2000 nicht geleistet. Das verwendbare Eigenkapital zum 1.1.2000 wies einen Betrag von 24 000 € im EK 30 aus.

Daraus errechnet sich ein zu versteuerndes Einkommen von:

Jahresfehlbetrag	./. 20 000 €
+ nicht abzugsfähige Betriebsausgaben	+ 30 000 €
Zu versteuerndes Einkommen	10 000 €
Tarifbelastung gem. § 23 Abs. 1 KStG a. F. 40 %	4 000 €

Durch die Einbuchung der Körperschaftsteuerrückstellung i. H. v. 4 000 € erhöht sich der Jahresfehlbetrag auf insgesamt 24 000 €, der in der Gliederungsrechnung gem. §§ 30 ff. KStG a. F. wie folgt zu gliedern ist:

		EK 40	EK 30
		€	€
Anfangsbestand 1.1.2000		0	24 000
Zugang aus 2000:			
zu versteuerndes Einkommen	10 000		
./. Tarifbelastung	./. 4 000	+ 6 000	
nicht abzugsfähige Betriebsausgaben		./. 30 000	
verwendbares Eigenkapital zum 31.12.2000		./. 24 000	24 000
Umgliederung gem. § 36 Abs. 6 KStG			
des negativen EK 40 in das EK 30		+ 24 000	./. 24 000
Bestände nach der Umgliederung		0	0

---

[1] So auch *Dötsch* in Dötsch/Pung/Möhlenbrock, KStG, § 36 Tz. 44.
[2] *Dötsch* in Dötsch/Pung/Möhlenbrock, KStG, § 36 Tz. 45.
[3] BStBl 2002 I 35.

153 Für den Fall, dass das EK 40 einen negativen Betrag, das EK 30 einen positiven Betrag aufweist, und die Summe der beiden Teilbeträge insgesamt positiv ist, kommt es ebenfalls zu einer Umgliederung in den Teilbetrag EK 30. Diese Umgliederung hat jedoch keine materielle Bedeutung, da es beim EK 30 schon im Rahmen des Anrechnungsverfahrens zu keiner Körperschaftsteuerminderung für den Fall der Ausschüttung kam und an EK 30 nach der Umgliederung keine weiteren materiellen Wirkungen geknüpft sind.

BEISPIEL: Die G-GmbH erwirtschaftete im kalendergleichen Wirtschaftsjahr 2000 einen Jahresfehlbetrag von zutreffend 20 000 €. An nicht abzugsfähigen Ausgaben i. S. d. § 8 Abs. 1 KStG i.V. m. § 4 Abs. 5 EStG entstanden im gleichen Zeitraum 30 000 €. Körperschaftsteuervorauszahlungen wurden im Jahr 2000 nicht geleistet. Das verwendbare Eigenkapital zum 1.1.2000 wies einen Betrag von 26 000 € im EK 30 aus.

Daraus errechnet sich ein zu versteuerndes Einkommen von:

Jahresfehlbetrag	./. 20 000 €
+ nicht abzugsfähige Betriebsausgaben	+ 30 000 €
Zu versteuerndes Einkommen	10 000 €
Tarifbelastung gem. § 23 Abs. 1 KStG a. F. 40 %	4 000 €

Durch die Einbuchung der Körperschaftsteuerrückstellung i. H.v. 4 000 € erhöht sich der Jahresfehlbetrag auf insgesamt 24 000 €, der in der Gliederungsrechnung gem. §§ 30 ff. KStG a. F. wie folgt zu gliedern ist:

		EK 40	EK 30
		€	€
Anfangsbestand 1.1.2000		0	26 000
Zugang aus 2000:			
zu versteuerndes Einkommen	10 000		
./. Tarifbelastung	./. 4 000	+ 6 000	
nicht abzugsfähige Betriebsausgaben		./. 30 000	
verwendbares Eigenkapital zum 31.12.2000		./. 24 000	26 000
Umgliederung gem. § 36 Abs. 6 KStG des negativen EK 40 in das EK 30		+ 24 000	./. 24 000
Bestände nach der Umgliederung		0	2 000

Der positive verbleibende Betrag von 2 000 € im EK 30 wird Bestandteil des sog. neutralen Vermögens.

154–160 *(Einstweilen frei)*

II. Bei verbleibendem Negativbetrag erfolgt Verrechnung mit positivem ehemaligen EK 02 (§ 36 Abs. 6 Satz 2 1. Halbsatz KStG)

161 Ein sich nach der Verrechnung gem. § 36 Abs. 6 Satz 1 KStG ergebender Negativbetrag mindert vorrangig den nach Anwendung des § 36 Abs. 5 KStG verbleibenden positiven Teilbetrag des EK 02.

Diese für den Stpfl. vorteilhafte Regelung zieht einen vollständigen Wegfall oder eine Verringerung von positivem EK 02 nach sich. Damit vermindert sich das Körperschaftssteuererhöhungspotenzial nach § 38 KStG.

BEISPIEL: Die G-GmbH erwirtschaftete im kalendergleichen Wirtschaftsjahr 2000 einen Jahresfehlbetrag von zutreffend 20 000 €. An nicht abzugsfähigen Ausgaben i. S. d. § 8 Abs. 1 KStG i. V. m. § 4 Abs. 5 EStG entstanden im gleichen Zeitraum 30 000 €. Körperschaftsteuervorauszahlungen wurden im Jahr 2000 nicht geleistet. Das verwendbare Eigenkapital zum 1. 1. 2000 wies einen Betrag von 18 000 € im EK 30 sowie einen Betrag von 60 000 € im EK 02 aus.

Daraus errechnet sich ein zu versteuerndes Einkommen von:

Jahresfehlbetrag	./. 20 000 €
+ nicht abzugsfähige Betriebsausgaben	+ 30 000 €
Zu versteuerndes Einkommen	10 000 €
Tarifbelastung gem. § 23 Abs. 1 KStG a. F. 40 %	4 000 €

Durch die Einbuchung der Körperschaftsteuerrückstellung i. H. v. 4 000 € erhöht sich der Jahresfehlbetrag auf insgesamt 24 000 €, der in der Gliederungsrechnung gem. §§ 30 ff. KStG a. F. wie folgt zu gliedern ist:

	EK 40 €	EK 30 €	EK 02 €
Anfangsbestand 1. 1. 2000		0	18 000	60 000
Zugang aus 2000:			
zu versteuerndes Einkommen	10 000		
./. Tarifbelastung	./. 4 000	+ 6 000	
nicht abzugsfähige Betriebsausgaben		./. 30 000	
verwendbares Eigenkapital zum 31. 12. 2000	./. 24 000	18 000	60 000
Umgliederung gem. § 36 Abs. 6 Satz 1 KStG			
des negativen EK 40 in das EK 30	+ 18 000	./. 18 000	
Bestände nach der Umgliederung	./. 6 000	0	60 000
Umgliederung gem. § 36 Abs. 6 Satz 2 KStG			
des negativen EK 40 in das EK 02	+ 6 000		./. 6 000
Bestände nach der Umgliederung	0	0	54 000

(Einstweilen frei) 163–170

III. Ein darüber hinausgehender Negativbetrag (§ 36 Abs. 6 Satz 2 2. Halbsatz KStG)

Für den Fall, dass das positive EK 02 betragsmäßig nicht ausreiche, den negativen belasteten EK-Betrag vollständig auszugleichen oder dass das EK 02 selber einen Negativbetrag aufweist, schreibt § 36 Abs. 6 Satz 2 2. Halbsatz KStG eine Verrechnung mit dem positiven zusammengefassten Teilbetrag aus EK 01 und EK 03 vor. Das hat eine Verminderung der positiven Summe von EK 01 und EK 03 zur Folge, ggf. sinkt die Summe von EK 01 und EK 03 auf 0.

172 Für den Sonderfall, dass der Negativbestand im belasteten EK 40 und EK 30 höher ist als die positive Summe aus EK 01 und EK 03, erfolgt in keinem Fall eine Verrechnung mit vorhandenem positiven EK 04, da das **EK 04 nicht** in die **Umgliederung** des § 36 KStG einbezogen wird. Im Ergebnis bedeutet dies, dass es zu keiner „Nachversteuerung" der überhängigen nicht abzugsfähigen Ausgaben kommt, weil ein negativer verbleibender Betrag an belastetem EK in das sog. neutrale Vermögen übergeht und es nicht zu einer Versteuerung beim Anteilseigner kommt, wenn die Kapitalgesellschaft Beträge aus ihrem EK 04 auskehrt.

173 Der **Bestand an EK 04 ist von der Umgliederung nicht betroffen**, unabhängig davon, ob ein positiver oder negativer Bestand vorhanden ist. Ein positiver Teilbetrag an EK 04 bildet den Anfangsbestand des steuerlichen Einlagekontos i. S. d. § 27 KStG. Ist das EK 04 negativ, wird dieses nicht weitergeführt. Es wird im neutralen Vermögen mit den Rücklagen verrechnet.

174–182 *(Einstweilen frei)*

IV. Umgliederung eines positiven Teilbetrags EK 45 nach JStG 2010 (§ 36 Abs. 6a KStG)

183 Nach der Rechtsprechung des BVerfG v. 17. 11. 2009[1] ist es mit Art. 3 Abs. 1 GG unvereinbar, dass die Übergangsregelungen vom körperschaftsteuerrechtlichen Anrechnungs- zum Halbeinkünfteverfahren bei einzelnen Unternehmen zu einem Verlust von KSt-Minderungspotenzial führen, der bei einer anderen Ausgestaltung des Übergangs ohne Abstriche an den gesetzgeberischen Zielen vermieden werden könnte.

1. Gerichte und Verwaltungsbehörden dürfen § 36 Abs. 3 und 4 KStG i. d. F. des StSenkG vom 23. 10. 2000 im Umfang der festgestellten Unvereinbarkeit nicht mehr anwenden, laufende Verfahren sind auszusetzen.

2. Der Gesetzgeber ist verpflichtet, spätestens mit Wirkung zum 1.1.2011 für die noch nicht bestandskräftig abgeschlossenen Verfahren eine Neuregelung zu treffen, die den Erhalt des im Zeitpunkt des Systemwechsels in dem Teilbetrag EK 45 enthaltenen und zu diesem Zeitpunkt realisierbaren Körperschaftsteuerminderungspotenzials gleichheitsgerecht sicherstellt.

3. Dem Gesetzgeber stehen Gestaltungsmöglichkeiten zur Verfügung, die einen gleichheitsgerechten Erhalt des Körperschaftsteuerminderungspotenzials bei der von ihm beabsichtigten Abwicklung des Anrechnungsverfahrens gewährleisten. Hierzu kann er etwa die Lösung wählen, das Körperschaftsteuerguthaben nach § 37 KStG unmittelbar aus den zum Stichtag vorhandenen Teilbeträgen belasteten Eigenkapitals, dem EK 45 und dem EK 40, zu bilden, ohne zuvor die Umgliederung nach § 36 Abs. 3 KStG vorzunehmen. Verfassungsgemäß und ebenfalls nicht mit einem unvertretbaren Verwaltungsmehraufwand verbunden wäre aber auch eine Lösung, die die Eigenkapitalgliederung mit den beiden Teilbeträgen belasteten Eigenkapitals, dem EK 45 und dem EK 40, während der vorgesehenen Abwicklungszeit des Anrechnungsverfahrens getrennt, also ohne Zusammenfassung in einem Körperschaftsteuerguthaben, fortführt.

---

[1] Beschluss v. 17. 11. 2009 - 1 BvR 2192/05, DB 2010, 425.

§ 36 Abs. 6a KStG setzt die Vorgaben des BVerfG in folgenden Schritten um: 184

1. § 36 Abs. 6a Satz 1:

    Ein Positivbestand beim Teilbetrag EK 02 verringert sich i. H. v. 5/22 eines nach den Abs. 1 bis 6 des § 36 KStG sich ergebenden Positivbestands beim Teilbetrag EK 45, jedoch höchstens bis auf Null.

2. § 36 Abs. 6a Satz 2:

    Der nach Anwendung der Abs. 1 bis 6 der § 36 KStG verbleibende Teilbetrag EK 40 erhöht sich i. H. v. 27/5 des Verringerungsbetrags nach 1.

3. § 36 Abs. 6a Satz 3:

    Der nach Anwendung der Abs. 1 bis 6 des § 36 KStG verbleibende Teilbetrag EK 45 verringert sich um den Saldo aus 1. und 2., d. h.

    ▶ er erhöht sich um den Betrag aus 1. und

    ▶ er verringert sich um den Betrag aus 2.

    Aus dem danach verbleibenden Bestand beim Teilbetrag EK 45 wird anschließend i. H. v. 15/55 ein KSt-Guthaben ermittelt und mit dem KSt-Guthaben aus dem Teilbetrag EK 40 zusammengefasst.

Im folgenden Beispiel wird die Auswirkung von § 36 Abs. 6a KStG dargestellt. 185

BEISPIEL: ▶ Das EK weist unter Berücksichtigung vor Umgliederung nach § 36 Abs. 1 bis 6 KStG folgende Endbestände auf:

	EK 45	EK 40	EK 01/03	EK 02
	90 000	200 000	./. 20 000	20 000
KSt -Erstattung				
Erstattung ohne Umgliederung				
90.000 x $^{15}/_{55}$ =	24 545			
200.000 x $^{1}/_{6}$ =		33 333		
	57 878			
36 Abs. 2	90 000	200 000	./. 20 000	20 000
36 Abs. 4	20 000	./.20 000		
36 Abs. 6a Satz 1: $^{5}/_{22}$(-)				
36 Abs. 6a Satz 2: $^{27}/_{5}$ v. (-)				
36 Abs. 6a Satz 3	**90 000**	**200 000**	0	0
Erstattung mit Umgliederung 2010				
§ 34 Abs. 13g				
90.000 x $^{15}/_{55}$ =		24 545		
200.000 x $^{1}/_{6}$ =				33 333
		57 878		

Die durch das JStG eingeführte Neuregelung gilt gem. § 34 Abs. 13f KStG nicht für bestandskräftige Fälle. Negative Teilbeträge nach § 36 Abs. 4 bis 6 EStG werden wie bisher verrechnet. 186

In der Literatur wird auch darauf hingewiesen, dass trotz negativem EK 01 bis EK 03 durchaus Ausschüttungspotenzial vorhanden sein kann (bei entsprechenden Beständen im EK 04) oder im Wege des Leg-ein-hol-zurück-Verfahrens geschaffen werden kann.[1]

187–195 *(Einstweilen frei)*

G. Getrennter Ausweis und gesonderte Feststellung der Endbeträge

196 Die Endbestände der nach den Abs. 1 bis 6 ermittelten Teilbeträge des verwendbaren Eigenkapitals sind getrennt auszuweisen und gesondert festzustellen. Bis auf eine summenmäßige Zusammenfassung der Teilbeträge des EK 01 und EK 03 kommt es an dieser Stelle nicht zu einer Verrechnung anderer Teilbeträge, weil der Gesetzgeber einen **getrennten Ausweis** vorschreibt. Die Summe des verwendbaren Eigenkapitals wird weder ermittelt, noch gesondert festgestellt. Stattdessen werden alle noch vorhandenen Teilbeträge des verwendbaren Eigenkapitals festgestellt, **unabhängig** davon, ob sie einen **positiven** oder **negativen** Betrag ausweisen. Dies können EK 40, EK 30, EK 02, die Summe aus EK 01 und EK 03, sowie EK 04 sein, die nach folgendem zusammengefassten Schema ermittelt werden:

	Endbestände nach § 47 Abs. 1 Nr. 1 KStG a. F.
./.	Ausschüttungen, die in der bisherigen Gliederungsrechnung im „nachrichtlichen Teil" aufgeführt waren
+	Erhöhung des EK 45 bzw. EK 40 aufgrund erhaltener Ausschüttungen, bei denen die ausschüttende Gesellschaft vorhandenes EK 45 bzw. EK 40 verwendet hatte
=	Zwischensumme (Endbestand des verwendbaren Eigenkapitals nach dem Anrechnungs-Verfahren)
+–	Umgliederung des positiven EK 45 in positives EK 40 und negatives EK 02 (entfallen wegen BVerfG)
+–	Zusammenfassung der negativen Summe des EK 01 bis EK 03
–	negative Summe des EK 01 bis EK 03 von den belasteten Teilbeträgen EK 30, EK 40, EK 45
+–	Verrechnung einer positiven Summe EK 01 bis EK 03 mit positiven und negativen Teilbeträgen
+–	Verrechnung von negativem belastetem EK mit positivem belastetem EK, anschließend Verrechnung mit unbelastetem EK
+–	Umgliederung positivem Teilbetrag EK 45 entsprechend § 36 Abs. 6a KStG
=	Endbestände von EK 45, EK 40, EK 30, EK 01/03, EK 02

197 Wenn positives EK 40 vorhanden ist, erfolgt eine Umrechnung in ein Körperschaftsteuerguthaben nach den Vorschriften des § 37 KStG. Ein positives EK 02 wird behandelt nach § 38 KStG. Ein vorhandenes EK 04 geht im steuerlichen Einlagekonto gem. § 27 KStG auf.

---

[1] *Holz/Nitzschke*, DStR 2011, 1450, 1454.

Obwohl die Feststellung der Endbestände nach § 36 Abs. 7 KStG auf den gleichen **Zeitpunkt** zu erfolgen hat, auf den auch letztmalig die Gliederungsrechnung nach § 47 KStG a. F. aufzustellen ist, also auf den Schluss des Wirtschaftsjahres 2000 bzw. des abweichenden Wirtschaftsjahres 2000/2001, können durch vorgenommene Gewinnausschüttungen nach § 36 Abs. 2 Satz 1 KStG sowie durch erhaltene Gewinnausschüttungen i. S. d. § 36 Abs. 2 Satz 3 KStG Unterschiede auftreten, da diese Vorgänge in einen zeitlichen Bereich fallen, der dem Feststellungszeitpunkt folgt. Praktisch ist es demzufolge erst nach Ablauf des Wirtschaftsjahres 2001 bzw. 2001/2002 möglich, die gesonderte Feststellung auf den Schluss des Wirtschaftsjahres 2000 bzw. 2000/2001 vorzunehmen.

198

Bei der gesonderten Feststellung der Teilbeträge des verwendbaren Eigenkapitals handelt es sich um einen Feststellungsbescheid i. S. d. § 179 AO. Dieser ergeht an die Anrechnungskörperschaft als Feststellungsbeteiligten. Er kann nach § 164 AO unter dem Vorbehalt der Nachprüfung oder nach § 165 AO vorläufig ergehen. Bei Vorliegen der Voraussetzungen gem. § 162 AO ist auch eine Schätzung der festzustellenden Besteuerungsgrundlagen möglich.

199

Der Feststellungsbescheid ist Grundlagenbescheid:

200

- ▶ hinsichtlich des festgestellten EK 45, EK 40 für das daraus durch Umrechnung abzuleitende Körperschaftsteuerguthaben i. S. d. § 37 KStG;
- ▶ hinsichtlich des festgestellten positiven EK 02 für das in den Folgejahren im Falle einer Gewinnausschüttung realisierte Körperschaftsteuererhöhungspotenzial;
- ▶ hinsichtlich des festgestellten EK 04 für die erstmalige Feststellung des steuerlichen Einlagekontos nach § 27 KStG.

Die Bestände aus dem EK 45, EK 40 werden in ein Körperschaftsteuerguthaben umgerechnet und führt zu einem ratierlichen Auszahlungsanspruch der Körperschaft von 2008 bis 2017. EK 02 führt zu einem Steuererhöhungsbetrag nach Vorgabe des § 38 KStG. Das ehemalige EK 04 geht dauerhaft (d. h. ohne zeitliche Beschränkung) im steuerlichen Einlagekonto auf. Die Bestände bei den übrigen Teilbeträgen werden nicht weitergeführt; die in den übrigen Teilbeträgen noch vorhandenen Beträge werden Bestandteil des nicht gesondert festgestellten sog. neutralen Vermögens.

201

§ 37 Körperschaftsteuerguthaben und Körperschaftsteuerminderung

(1) ¹Auf den Schluss des Wirtschaftsjahrs, das dem in § 36 Abs. 1 genannten Wirtschaftsjahr folgt, wird ein Körperschaftsteuerguthaben ermittelt. ²Das Körperschaftsteuerguthaben beträgt ¹/₆ des Endbestands des mit einer Körperschaftsteuer von 40 Prozent belasteten Teilbetrags.

(2) ¹Das Körperschaftsteuerguthaben mindert sich vorbehaltlich des Absatzes 2a um jeweils ¹/₆ der Gewinnausschüttungen, die in den folgenden Wirtschaftsjahren erfolgen und die auf einem den gesellschaftsrechtlichen Vorschriften entsprechenden Gewinnverteilungsbeschluss beruhen. ²Satz 1 gilt für Mehrabführungen im Sinne des § 14 Abs. 3 entsprechend. ³Die Körperschaftsteuer des Veranlagungszeitraums, in dem das Wirtschaftsjahr endet, in dem die Gewinnausschüttung erfolgt, mindert sich bis zum Verbrauch des Körperschaftsteuerguthabens um diesen Betrag, letztmalig in dem Veranlagungszeitraum, in dem das 18. Wirtschaftsjahr endet, das auf das Wirtschaftsjahr folgt, auf dessen Schluss nach Absatz 1 das Körperschaft-

steuerguthaben ermittelt wird. ⁴Das verbleibende Körperschaftsteuerguthaben ist auf den Schluss der jeweiligen Wirtschaftsjahre, letztmals auf den Schluss des 17. Wirtschaftsjahrs, das auf das Wirtschaftsjahr folgt, auf dessen Schluss nach Absatz 1 das Körperschaftsteuerguthaben ermittelt wird, fortzuschreiben und gesondert festzustellen. ⁵§ 27 Abs. 2 gilt entsprechend.

(2a) Die Minderung ist begrenzt

1. für Gewinnausschüttungen, die nach dem 11. April 2003 und vor dem 1. Januar 2006 erfolgen, jeweils auf 0 Euro;

2. für Gewinnausschüttungen, die nach dem 31. Dezember 2005 erfolgen, auf den Betrag, der auf das Wirtschaftsjahr der Gewinnausschüttung entfällt, wenn das auf den Schluss des vorangegangenen Wirtschaftsjahrs festgestellte Körperschaftsteuerguthaben gleichmäßig auf die einschließlich des Wirtschaftsjahrs der Gewinnausschüttung verbleibenden Wirtschaftsjahre verteilt wird, für die nach Absatz 2 Satz 3 eine Körperschaftsteuerminderung in Betracht kommt.

(3) ¹Erhält eine unbeschränkt steuerpflichtige Körperschaft oder Personenvereinigung, deren Leistungen bei den Empfängern zu den Einnahmen im Sinne des § 20 Abs. 1 Nr. 1 oder 2 des Einkommensteuergesetzes in der Fassung des Artikels 1 des Gesetzes vom 20. Dezember 2001 (BGBl I S. 3858) gehören, Bezüge, die nach § 8b Abs. 1 bei der Einkommensermittlung außer Ansatz bleiben und die bei der leistenden Körperschaft zu einer Minderung der Körperschaftsteuer geführt haben, erhöht sich bei ihr die Körperschaftsteuer und das Körperschaftsteuerguthaben um den Betrag der Minderung der Körperschaftsteuer bei der leistenden Körperschaft. ²Satz 1 gilt auch, wenn der Körperschaft oder Personenvereinigung die entsprechenden Bezüge einer Organgesellschaft zugerechnet werden, weil sie entweder Organträger ist oder an einer Personengesellschaft beteiligt ist, die Organträger ist. ³Im Fall des § 4 des Umwandlungssteuergesetzes sind die Sätze 1 und 2 entsprechend anzuwenden. ⁴Die leistende Körperschaft hat der Empfängerin die folgenden Angaben nach amtlich vorgeschriebenem Muster zu bescheinigen:

1. den Namen und die Anschrift des Anteilseigners,

2. die Höhe des in Anspruch genommenen Körperschaftsteuerminderungsbetrags,

3. den Zahlungstag.

⁵§ 27 Abs. 3 Satz 2, Abs. 4 und 5 gilt entsprechend. ⁶Die Sätze 1 bis 4 gelten nicht für steuerbefreite Körperschaften und Personenvereinigungen im Sinne des § 5 Abs. 1 Nr. 9, soweit die Einnahmen in einem wirtschaftlichen Geschäftsbetrieb anfallen, für den die Steuerbefreiung ausgeschlossen ist.

(4) ¹Das Körperschaftsteuerguthaben wird letztmalig auf den 31. Dezember 2006 ermittelt. ²Geht das Vermögen einer unbeschränkt steuerpflichtigen Körperschaft durch einen der in § 1 Abs. 1 des Umwandlungssteuergesetzes vom 7. Dezember 2006 (BGBl I S. 2782, 2791) in der jeweils geltenden Fassung genannten Vorgänge, bei denen die Anmeldung zur Eintragung in ein öffentliches Register nach dem 12. Dezember 2006 erfolgt, ganz oder teilweise auf einen anderen Rechtsträger über, wird das Körperschaftsteuerguthaben bei der übertragenden Körperschaft letztmalig auf den vor dem 31. Dezember 2006 liegenden steuerlichen Übertragungsstichtag ermittelt. ³Wird das Vermögen einer Körperschaft oder Personenvereinigung im Rahmen einer Liquidation im Sinne des § 11 nach dem 12. Dezember 2006 und vor dem 1. Ja-

nuar 2007 verteilt, wird das Körperschaftsteuerguthaben letztmalig auf den Stichtag ermittelt, auf den die Liquidationsschlussbilanz erstellt wird. ⁴Die Absätze 1 bis 3 sind letztmals auf Gewinnausschüttungen und als ausgeschüttet geltende Beträge anzuwenden, die vor dem 1. Januar 2007 oder bis zu dem nach Satz 2 maßgebenden Zeitpunkt erfolgt sind. ⁵In Fällen der Liquidation sind die Absätze 1 bis 3 auf Abschlagszahlungen anzuwenden, die bis zum Stichtag erfolgt sind, auf den das Körperschaftsteuerguthaben letztmalig ermittelt wird.

(5) ¹Die Körperschaft hat innerhalb eines Auszahlungszeitraums von 2008 bis 2017 einen Anspruch auf Auszahlung des Körperschaftsteuerguthabens in zehn gleichen Jahresbeträgen. ²Der Anspruch entsteht mit Ablauf des 31. Dezember 2006 oder des nach Absatz 4 Satz 2 oder Satz 3 maßgebenden Tages. ³Der Anspruch wird für den gesamten Auszahlungszeitraum festgesetzt. ⁴Der Anspruch ist jeweils am 30. September auszuzahlen. ⁵Für das Jahr der Bekanntgabe des Bescheids und die vorangegangenen Jahre ist der Anspruch innerhalb eines Monats nach Bekanntgabe des Bescheids auszuzahlen, wenn die Bekanntgabe des Bescheids nach dem 31. August 2008 erfolgt. ⁶Abweichend von Satz 1 ist der festgesetzte Anspruch in einem Betrag auszuzahlen, wenn das festgesetzte Körperschaftsteuerguthaben nicht mehr als 1 000 Euro beträgt. ⁷Der Anspruch ist nicht verzinslich. ⁸Die Festsetzungsfrist für die Festsetzung des Anspruchs läuft nicht vor Ablauf des Jahres ab, in dem der letzte Jahresbetrag fällig geworden ist oder ohne Anwendung des Satzes 6 fällig geworden wäre. ⁹§ 10d Abs. 4 Satz 4 und 5 des Einkommensteuergesetzes gilt sinngemäß. ¹⁰Auf die Abtretung oder Verpfändung des Anspruchs ist § 46 Abs. 4 der Abgabenordnung nicht anzuwenden.

(6) ¹Wird der Bescheid über die Festsetzung des Anspruchs nach Absatz 5 aufgehoben oder geändert, wird der Betrag, um den der Anspruch, der sich aus dem geänderten Bescheid ergibt, die Summe der Auszahlungen, die bis zur Bekanntgabe des neuen Bescheids geleistet worden sind, übersteigt, auf die verbleibenden Fälligkeitstermine des Auszahlungszeitraums verteilt. ²Abweichend von Satz 1 ist der übersteigende Betrag in einer Summe auszuzahlen, wenn er nicht mehr als 1 000 Euro beträgt und auf die vorangegangene Festsetzung Absatz 5 Satz 6 oder dieser Satz angewendet worden ist. ³Ist die Summe der Auszahlungen, die bis zur Bekanntgabe des neuen Bescheids geleistet worden sind, größer als der Auszahlungsanspruch, der sich aus dem geänderten Bescheid ergibt, ist der Unterschiedsbetrag innerhalb eines Monats nach Bekanntgabe des Bescheids zu entrichten.

(7) ¹Erträge und Gewinnminderungen der Körperschaft, die sich aus der Anwendung des Absatzes 5 ergeben, gehören nicht zu den Einkünften im Sinne des Einkommensteuergesetzes. ²Die Auszahlung ist aus den Einnahmen an Körperschaftsteuer zu leisten.

Inhaltsübersicht

	Rz.
A. Allgemeiner Überblick über § 37 KStG	1 - 15
B. Ermittlung und Feststellung des Körperschaftsteuerguthabens nach § 37 Abs. 1 KStG	16 - 35
I. Zeitliche Anwendung	16 - 23
II. Ermittlung und Feststellung	24 - 35
C. Das Körperschaftsteuerguthaben nach § 37 Abs. 2 KStG	36 - 139
I. Die Körperschaftsteuerminderung	36 - 47
II. Ermittlung der Höhe der Minderung	48 - 64
III. Beschränkung auf „offene" Gewinnausschüttungen	65 - 80
IV. Mehrabführungen i. S. d. § 14 Abs. 3 KStG	81 - 93
V. In welchem Veranlagungszeitraum mindert sich die Körperschaftsteuer?	94 - 104
VI. Letztmalige Anwendung des § 37 Abs. 2 KStG	105 - 115

VII.	Das Körperschaftsteuerguthaben ist jährlich fortzuschreiben und gesondert festzustellen	116 - 129
VIII.	Zeitpunkt der Aktivierung des Anspruchs auf Minderung der Körperschaftsteuer nach § 37 Abs. 2 KStG	130 - 139
D. Zeitliche und betragsmäßige Begrenzung der Körperschaftsteuerminderung		140 - 178
I.	Verlängerung der Übergangszeit von ursprünglich 15 auf 18 Jahre	140 - 151
II.	Das „Einfrieren" des Körperschaftsteuerguthabens	152 - 178
E. Besonderheiten bei Ausschüttungen zwischen Körperschaften		179 - 263
I.	Allgemeiner Anwendungsbereich	179 - 191
II.	Leistungen, die bei den Empfängern zu den Einnahmen im Sinne des § 20 Abs. 1 Nr. 1 oder Nr. 2 EStG gehören	192 - 208
III.	Erhöhung der Körperschaftsteuer und des Körperschaftsteuerguthabens	209 - 221
IV.	Gleiches gilt auch für Organträger	222 - 229
V.	§ 4 UmwStG findet entsprechende Anwendung	230 - 239
VI.	Die Steuerbescheinigung	240 - 253
VII.	Ausnahmen bei nach § 5 Abs. 1 Nr. 9 KStG körperschaftsteuerbefreiten Körperschaften	254 - 263
F. Letztmalige Feststellung des Körperschaftsteuerguthabens		264 - 288
G. Die ratierliche Auszahlung des Anspruchs		289 - 313
I.	Der Auszahlungsbetrag ändert sich in einem späteren VZ	296 - 307
II.	Ertragsteuerliche Behandlung des Auszahlungsbetrags	308 - 313

A. Allgemeiner Überblick über § 37 KStG

ARBEITSHILFEN UND GRUNDLAGEN ONLINE:

Schmidt/Leyh, Körperschaftsteuerguthaben nach § 37 KStG, NWB UAAAE-67669; *Gemballa*, Körperschaftsteuerguthaben nach § 37 KStG – Bilanzansätze ab 2006, NWB FAAAC-39174.

1 Der § 37 KStG ist ein Teil der Übergangsregelung vom körperschaftsteuerlichen Anrechnungs- zum Halbeinkünfteverfahren. Die Vorschrift hatte ursprünglich eine Übergangszeit von 15 Jahren, die durch das StVergAbG auf 18 Jahre verlängert wurde.

2 Der § 37 KStG enthält neben der Vorschrift in § 37 Abs. 1 KStG, wie ein positiver Endbestand des ehemaligen EK 40 (im Anrechnungsverfahren) während der Übergangszeit fortzuführen ist, in § 37 Abs. 2 KStG Vorschriften hinsichtlich der Körperschaftsteuerminderung im Falle einer Ausschüttung, sowie in § 37 Abs. 2a KStG,[1] die zeitweise Untersagung einer Körperschaftsteuerminderung bzw. zeitliche Verlagerung. § 37 Abs. 3 KStG bestimmt, dass eine Körperschaft, die eine Gewinnausschüttung von einer anderen Körperschaft erhält, bei der im Fall der Gewinnausschüttung eine Körperschaftsteuerminderung eingetreten ist, diese in bestimmten Fällen zusätzlich zur laufenden Körperschaftsteuer schuldet unter gleichzeitiger Erhöhung des Körperschaftsteuerguthabens.

3 Nach § 34 Abs. 4 Satz 1 KStG ist § 37 KStG erstmals für den Veranlagungszeitraum anzuwenden, für den das KStG i. d. F. des Art. 3 des Gesetzes v. 23. 10. 2000[2] erstmals anzuwenden ist. § 37 Abs. 2a KStG i. d. F. des Art. 2 des Gesetzes v. 16. 5. 2003[3] ist gem. § 34 Abs. 13b i. d. F. des Gesetzes v. 23. 10. 2000[4] KStG erstmals für nach dem 20. 11. 2002 beschlossene und nach dem 11. 4. 2003 und vor dem 1. 1. 2006 erfolgte offene Gewinnausschüttungen anzuwenden.

---

1 In das Gesetz durch das StVergAbG eingefügt.
2 BGBl 2000 I 1433.
3 BGBl 2003 I 660.
4 BGBl 2000 I 1433.

Nach Ablauf der 18-jährigen Übergangszeit besteht kein Anspruch mehr auf Auszahlung des evtl. zu diesem Zeitpunkt noch vorhandenen Körperschaftsteuerminderungsbetrages (Körperschaftsteuerguthaben). Er ist nach Ablauf dieser Zeit endgültig verloren.

Hintergrund der Regelungen in § 37 KStG ist, dass das Körperschaftsteuerminderungspotenzial, welches aus den ehemaligen, zum Zeitpunkt des Wechsels vom Anrechnungs- zum Halbeinkünfteverfahren bestehenden Teilbeträgen EK 45 und EK 40 herrührt, für Körperschaften nicht endgültig verloren ist. Der Gesetzgeber sah sich veranlasst, entsprechende Regelungen zu schaffen, damit es nicht vor dem Übergang vom Anrechnungs- zum Halbeinkünfteverfahren zu überhöhten Ausschüttungen bei den Unternehmen kommt, die nur aus der Angst heraus getätigt werden, das Körperschaftsteuerminderungspotenzial noch auszuschöpfen, was zum Teil, trotz steuerlicher Vorteile, zu erheblichen finanziellen Einbußen in den Unternehmen geführt hätte.

Mit Wirkung ab 1.1.2005 wurde durch das Gesetz zur Umsetzung von EU-Richtlinien in nationales Steuerrecht und zur Änderung weiterer Vorschriften (Richtlinien-Umsetzungsgesetz – EURLUmsG) in § 37 Abs. 2 nach Satz 1 ein Satz 2 eingeschoben. Eine Realisierung des KSt-Guthabens ist auch bei vororganschaftlich verursachten Mehrabführungen i. S. d. § 14 Abs. 3 KStG zulässig. Die bisherigen Sätze 2 bis 4 verschieben sich entsprechend um einen Satz nach hinten.

Durch das SEStEG wurden dem § 37 KStG die Abs. 4 bis 7 angefügt. Die Folge ist, dass nicht mehr an der KSt-Minderung nach Abs. 2 Satz 1 um jeweils 1/6 der Gewinnausschüttung im Rahmen der Höchstbetragsrechnung nach Abs. 2a Nr. 2 festgehalten wird, sondern auf eine ausschüttungsunabhägige Auszahlung in zehn gleichen Jahresbeträgen des zum 31.12.2006 festzustellenden KSt-Guthabens umgestellt wurde.

(Einstweilen frei)

B. Ermittlung und Feststellung des Körperschaftsteuerguthabens nach § 37 Abs. 1 KStG

I. Zeitliche Anwendung

Auf den Schluss des Wirtschaftsjahres, das dem in § 36 Abs. 1 KStG genannten Wirtschaftsjahr folgt, wird erstmalig ein sog. Körperschaftsteuerguthaben ermittelt. Eine letztmalige Ermittlung und Feststellung der Teilbeträge des verwendbaren Eigenkapitals findet auf den Schluss des Wirtschaftsjahres statt, das in dem Veranlagungszeitraum endet, für den das körperschaftsteuerliche Anrechnungsverfahren letztmalig anzuwenden ist. Ist das Kalenderjahr mit dem Wirtschaftsjahr identisch, ist der 31.12.2000, bei abweichendem Wirtschaftsjahr 2000/2001 der Schluss des letzten vor dem 1.1.2002 endenden Wirtschaftsjahres (§ 36 Abs. 1 KStG). Hat die Körperschaft ein mit dem Kalenderjahr identisches Wirtschaftsjahr, ist die erstmalige Umgliederung auf den 31.12.2001 vorzunehmen, weicht das Wirtschaftsjahr vom Kalenderjahr ab, ist der Schluss des letzten vor dem 1.1.2003 endenden Wirtschaftsjahres maßgebend. Dieser Stichtag hat auch Bedeutung für die erstmalige Ermittlung des Körperschaftsteuerguthabens.

(Einstweilen frei)

II. Ermittlung und Feststellung

24 Das nach § 37 Abs. 1 KStG zu ermittelnde Körperschaftsteuerguthaben beträgt $^1/_6$ des Endbestandes des mit einer Körperschaftsteuer von 40 % belasteten Teilbetrages für alle bis zum Inkrafttreten des JStG 2010 bestandskräftigen Fällen. Im Ergebnis wird damit erstmalig insgesamt das erst in der Zukunft in Anspruch nehmbare KSt-Minderungspotenzial ermittelt. Systembedingt können Körperschaften, deren Feststellung bestandskräftig ist, nach der Umgliederung i. S. d. § 36 Abs. 3 KStG nur noch ehemaliges EK 40 ausweisen, weil ein zum Zeitpunkt der Umgliederung evtl. noch vorhandener Bestand an EK 45 teilweise in EK 40 und EK 02 umgegliedert wurde. Bezogen auf den Bestand, der mit 40 % Tarifbelastung vorbelastet ist (ehemaliges EK 40), beträgt die maximale Körperschaftsteuerminderung $^{10}/_{60}$ und damit $^1/_6$. Durch die geänderte Umgliederung infolge des JStG 2010[1] kann es zu einem Endbestand an EK 45 kommen. Durch die Änderung in § 37 Abs. 1 KStG wird dieser Endbestand in die Ermittlung des Körperschaftsteuerguthabens einbezogen. Ansonsten bleibt es bei der bis dahin geltenden Rechtslage.

> **BEISPIEL:** Die nach § 36 KStG ermittelten Endbeträge an verwendbarem Eigenkapital nach der Umgliederung sind getrennt auszuweisen und werden wie folgt gesondert festgestellt:
>
> | | |
> |---|---:|
> | mit Körperschaftsteuer belasteter Teilbetrag (aus EK 40) | 120 000 € |
> | nicht mit Körperschaftsteuer belasteter Teilbetrag (EK 01 und EK 03) | 30 000 € |
> | nicht mit Körperschaftsteuer belasteter Teilbetrag (EK 04) | 50 000 € |
>
> Zwecks Durchführung des Halbeinkünfteverfahrens werden daraus abgeleitet und gesondert festgestellt und jährlich fortgeschrieben:
>
> | | |
> |---|---:|
> | KSt-Guthaben von $^1/_6$ aus 120 000 € (§ 37 KStG) | 20 000 € |
> | steuerliches Einlagekonto aus Einlagen der Anteilseigner (§ 27 KStG) | 50 000 € |

25 In besonders gelagerten Fällen kommt es hinsichtlich der erstmaligen gesonderten Feststellung des KSt-Guthabens zu einem Wert von 0 €. Das ist immer dann der Fall, wenn die Kapitalgesellschaft nach dem 31. 12. 2000 gegründet wurde oder eine Kapitalgesellschaft von einer anderen Kapitalgesellschaft eine Gewinnausschüttung bezieht, die bei ihr einer Nachversteuerung unterliegt.

26 Durch die Problematik, dass im Falle eines kalendergleichen Wirtschaftsjahres der Endbestand für das EK 40 zum 31. 12. 2000 festgestellt wird, der wiederum Grundlage für die Ermittlung des KSt-Guthabens ist, welches aber erst am 31. 12. 2001 ermittelt wird, muss in den Fällen, in denen es in 2001 zu einer Änderung des EK 40 kommt, eine Nebenrechnung aufgestellt werden.[2] Das ist z. B. in folgenden Fällen denkbar:

▶ im Falle einer im Jahr 2001 (bei kalendergleichem Wirtschaftsjahr) stattfindenden Abspaltung auf eine unbeschränkt steuerpflichtige, jedoch steuerbefreite Körperschaft, weil dieser Übertragungsvorgang einer abgeflossenen Gewinnausschüttung in 2001 gleichsteht (§ 40 Abs. 3 KStG);

▶ bei Abfluss von Liquidationsraten bei in der Abwicklung befindlichen Körperschaften.

Gemäß § 40 Abs. 4 Satz 4 KStG führt der Abfluss von Liquidationsraten bereits zu einer KSt-Minderung nach neuem Recht.

---

1 Jahressteuergesetz 2010 (JStG 2010) v. 8. 12. 2010, BGBl 2010 I 1768.
2 Gl. A. *Frotscher*/Maas, § 37 Rz. 6.

(Einstweilen frei) 27–35

C. Das Körperschaftsteuerguthaben nach § 37 Abs. 2 KStG

I. Die Körperschaftsteuerminderung

Anders als zur Zeit des Anrechnungsverfahrens existiert in § 37 Abs. 2 KStG keine gleichlautende oder ähnliche Regelung wie in § 28 Abs. 2 Satz 1 KStG a. F., wonach ein auf einem den gesellschaftsrechtlichen Vorschriften beruhender Gewinnverteilungsbeschluss mit dem EK 40 zum Schluss des letzten vor dem Gewinnverteilungsbeschluss abgelaufenen Wirtschaftsjahres zu verrechnen ist und eine entsprechende Körperschaftsteuerminderung auslöst. Vorgeschrieben ist lediglich, dass sich die Körperschaftsteuer des Veranlagungszeitraumes, in dem das Wirtschaftsjahr endet, in dem die Gewinnausschüttung erfolgt, innerhalb eines 18-jährigen Übergangszeitraumes bis zum vollständigen Verbrauch des Körperschaftsteuerguthabens mindert.[1]

36

Nach Meinung der Finanzverwaltung[2] wird die KSt-Minderung bei der ausschüttenden Körperschaft in dem Veranlagungszeitraum berücksichtigt, in dem das Wirtschaftsjahr endet, in dem die Ausschüttung abfließt. Ist die tarifliche Körperschaftsteuer für den Veranlagungszeitraum, für den der Minderungsbetrag zu berücksichtigen ist, geringer als der Minderungsbetrag, ergibt sich eine Körperschaftsteuererstattung. Zu beachten ist, dass eine Körperschaftsteuerminderung erstmals bei ordnungsmäßigen Gewinnausschüttungen vorzunehmen ist, die in dem zweiten Wirtschaftsjahr erfolgen, für das das neue Recht gilt (i. d. R. 2002). Demzufolge kommt es weder bei „verdeckten Gewinnausschüttungen" noch im Falle von ordnungsgemäß beschlossenen Vorabausschüttungen, die im Veranlagungszeitraum 2001 vorgenommen wurden, zu einer KSt-Minderung. Zu einer KSt-Minderung kann es darüber hinaus auch in Fällen des § 40 Abs. 3 und 4 KStG und den §§ 10, 14 und 16 UmwStG kommen.

37

(Einstweilen frei) 38–47

II. Ermittlung der Höhe der Minderung

Das Körperschaftsteuerguthaben mindert sich vorbehaltlich des § 37 Abs. 2a KStG um jeweils $1/6$ der Gewinnausschüttungen, die in den folgenden Wirtschaftsjahren erfolgen und die auf einem den gesellschaftsrechtlichen Vorschriften entsprechenden Gewinnverteilungsbeschluss beruhen.[3] Mit der Minderung des KSt-Guthabens geht eine Minderung der festzusetzenden KSt einher.

48

Erstaunlich ist, dass der Gesetzgeber in § 37 Abs. 2 Satz 1 KStG eine Körperschaftsteuerminderung von $1/6$ der Gewinnausschüttung vorschreibt, obwohl nach altem Recht die Körperschaftsteuerminderung nur $1/7$ der Bardividende betragen hat.

49

BEISPIEL: Eine Kapitalgesellschaft möchte einen Gewinn i. H. v. 140 000 € als Bardividende an die Anteilseigner ausschütten. Es ist ein Betrag von 240 000 € mit 40 % KSt vorbelastetem Eigenkapital vorhanden.

---

1 § 37 Abs. 2 Satz 3 KStG.
2 BMF, Schreiben v. 6. 11. 2003, BStBl 2003 I 575, Tz. 31.
3 § 37 Abs. 2 Satz 1 KStG.

Nach altem Recht (Anrechnungsverfahren):

Zu versteuerndes Einkommen	400 000 €
./. Tarifbelastung von 40 %	./. 160 000 €
Bestand EK 40	240 000 €

Um einen Betrag von 140 000 € als Bardividende auszuschütten, benötigt die Kapitalgesellschaft eigene Mittel von $^6/_7 \times 140\,000\,€ = 120\,000\,€$, weil die KSt-Minderung 20 000 € beträgt, die nach altem Recht als mit für die Ausschüttung verwendet gilt. Stellt man die 20 000 € KSt-Minderung in Beziehung zur Ausschüttungshöhe von 140 000 €, so ergibt das eine Relation von $^1/_7$ der Ausschüttung.

Nach neuem Recht (Halbeinkünfteverfahren):

Schüttet die Kapitalgesellschaft einen Betrag von 140 000 € an ihre Anteilseigner aus, gewährt der Fiskus nach neuem Recht einen Betrag von 23 333 € (= $^1/_6 \times 140\,000\,€$) als KSt-Minderung zurück.

50 Für den Fall, dass die tarifliche KSt niedriger als die im selben Veranlagungszeitraum zu gewährende Körperschaftsteuerminderung ist, ist der übersteigende Betrag als negative Körperschaftsteuer festzusetzen, was im Ergebnis einem KSt-Erstattungsanspruch gleicht.

51 Obwohl es nach neuem Recht keine Gewinnverwendungsreihenfolge in § 37 KStG gibt, führen auf einem gesellschaftsrechtlichen Vorschriften entsprechenden Gewinnverteilungsbeschluss vorgenommene Gewinnausschüttungen vorrangig zur Minderung der KSt und zwar solange, bis das Körperschaftsteuerguthaben einen Bestand von 0 € aufweist.

52 Zu einer Körperschaftsteuerminderung kommt es nach der Verwaltungsauffassung allerdings nur, wenn zum Schluss des der offenen Gewinnausschüttung vorangegangenen Wirtschaftsjahres ein Körperschaftsteuerguthaben festgestellt oder ermittelt worden ist.

53–64 *(Einstweilen frei)*

III. Beschränkung auf „offene" Gewinnausschüttungen

65 Nach § 37 Abs. 2 Satz 1 KStG mindert sich das Körperschaftsteuerguthaben um jeweils $^1/_6$ der Gewinnausschüttung, die in den folgenden Wirtschaftsjahren erfolgen und die auf einem den gesellschaftsrechtlichen Vorschriften entsprechenden Gewinnverteilungsbeschluss beruhen. Besondere Bedeutung kommt in diesem Zusammenhang der Frage zu, ob die Gewinnausschüttung auf einem den gesellschaftsrechtlichen Vorschriften entsprechenden Gewinnverteilungsbeschluss beruht. Nach dem Urteil des BFH v. 7. 11. 2001[1] führt ein Verstoß gegen die Kapitalerhaltungsvorschriften des § 30 GmbHG nicht zur zivilrechtlichen Unwirksamkeit und damit nicht zu einem den gesellschaftsrechtlichen Vorschriften widersprechenden Gewinnverteilungsbeschluss. Im Gegensatz dazu stellen Ausschüttungen, die auf einem als nichtig festgestellten Jahresabschluss beruhen, keinen den gesellschaftsrechtlichen Vorschriften entsprechenden Beschluss dar. Die Nichtigkeit des festgestellten Jahresabschlusses überträgt sich somit auf den Gewinnverteilungsbeschluss. Ein Gewinnverteilungsbeschluss entspricht danach immer dann den gesellschaftsrechtlichen Vorschriften, wenn er zivilrechtlich wirksam zustande gekommen ist.

66 Genau wie § 27 Abs. 3 Satz 1 KStG 1999 wird auch von § 37 Abs. 2 Satz 1 KStG n. F. die offene Gewinnausschüttung für ein abgelaufenes Wirtschaftsjahr erfasst. Anders als noch in § 27 Abs. 3 Satz 2 KStG 1999 für die auch eine Änderung der Körperschaftsteuer für den Veranlagungszeitraum, in dem das Wirtschaftsjahr endet, in dem die Ausschüttung erfolgt, kommt es

---

[1] BFH, Urteil v. 7.11.2001 - I R 11/01, BFH/NV 2002, 540 = NWB DAAAA-68102.

nach dem Wortlaut des § 37 Abs. 2 Satz 1 KStG n. F. bei anderen Ausschüttungen, zu denen u. a. auch die vGA gehört, zu keiner KSt-Minderung mehr, was m. E. abzulehnen ist.[1]

Aus dem Wortlaut " ... *die in den folgenden Wirtschaftsjahren erfolgen* ..." ist zu entnehmen, dass es nur dann zu einer Körperschaftsteuerminderung nach § 37 Abs. 2 Satz 1 KStG kommt, wenn die offene Gewinnausschüttung in einem späteren Wirtschaftsjahr als 2001 (bzw. bei abweichendem Wirtschaftsjahr 2001/2002) erfolgt. Erfolgt ist aber eine Gewinnausschüttung nicht nur durch einen Gesellschafterbeschluss, die Gewinnausschüttung muss auch tatsächlich abgeflossen sein.

67

Da sowohl die offene Gewinnausschüttung als auch eine vor Ablauf des Wirtschaftsjahres vorgenommene Vorabausschüttung eine auf gesellschaftsrechtlichen Vorschriften beruhende Gewinnausschüttung darstellt, wird diese ebenfalls von § 37 Abs. 2 Satz 1 KStG erfasst und führt bei Abfluss zu einer Körperschaftsteuerminderung. Zu beachten ist jedoch, dass sowohl für die offene Gewinnausschüttung als auch für die Vorabausschüttung die 18-jährige Übergangszeit zu beachten ist.

68

Probleme können sich ergeben, wenn die auf einem den gesellschaftsrechtlichen Vorschriften entsprechende Gewinnverteilungsbeschluss beruhende Gewinnausschüttung erst in einem späteren Wirtschaftsjahr als dem des Gewinnverteilungsbeschlusses abfließt. Nach alter Rechtslage verringerte sich das verwendbare Eigenkapital erst zum Schluss des Wirtschaftsjahres, in dem die Ausschüttung abfloss.[2] Auf der anderen Seite galt aber für diese Ausschüttung nach § 28 Abs. 2 Satz 1 KStG a. F. das verwendbare Eigenkapital in seiner Zusammensetzung zum Schluss des dem Gewinnverteilungsbeschluss vorangegangenen Wirtschaftsjahres als verwendet. Die Bestandteile des verwendbaren Eigenkapitals, die zur Finanzierung der genannten Gewinnausschüttung benötigt wurden, standen bis zum Abfließen der Gewinnausschüttung für zwischenzeitliche andere Eigenkapitalverringerungen, z. B. in Form von weiteren Ausschüttungen, nicht mehr zur Verfügung.

69

BEISPIEL: Wurde im Jahr 2000 durch die Gesellschafterversammlung eine ordnungsgemäße Gewinnausschüttung i. H.v. 35 000 € für das Jahr 1999 beschlossen, die erst in einem späteren Jahr an die Gesellschafter ausgezahlt werden soll, und stand genügend ehemaliges EK 45 für die Ausschüttung zur Verfügung, wurde zum Ende des Wirtschaftsjahres 2000 bei der Gliederung des verwendbaren Eigenkapitals im EK 45 ein Betrag von $^{55}/_{70} \times 35\,000 = 27\,500$ € „eingefroren", weil zugleich der restliche Betrag von 7 500 € durch eine entsprechende Körperschaftsteuerminderung finanziert wurde. Fließt die Ausschüttung in einem Wirtschaftsjahr ab, für das bereits das Halbeinkünfteverfahren Anwendung findet, wird die Gewinnausschüttung nach neuem Recht abgewickelt. Dies ist m. E. auch deshalb zu bejahen, weil im Rahmen des Übergangs vom Anrechnungs- zum Halbeinkünfteverfahren nach § 36 KStG auch der „eingefrorene" EK-45-Betrag der Umverteilung zum Opfer fiel.

Da, wie zuvor bereits erwähnt, nur Gewinnausschüttungen, die auf einem den gesellschaftsrechtlichen Vorschriften entsprechenden Gewinnverteilungsbeschluss beruhen, steuerlich begünstigt sind, ist zukünftig noch genauer zu untersuchen, ob den gesellschaftsrechtlichen Vorschriften genüge getan wurde.

70

Voraussetzung für das Zustandekommen eines gesellschaftsrechtlichen Vorschriften entsprechenden Gewinnverteilungsbeschlusses ist ein wirksames Zustandekommen, das von einem ordnungsgemäß festgestellten Jahresabschluss abhängig ist. Im Umkehrschluss bedeutet das,

71

---

1 Gl. A. auch *Hey*/HHR, KStG, Vor § 36 Anm. R 31.
2 Abschn. 78 Abs. 2 Satz 1 KStR 1995.

dass ein Gewinnverteilungsbeschluss den gesellschaftsrechtlichen Vorschriften nicht entspricht, wenn er aufgrund eines nichtigen Jahresabschlusses vorgenommen wurde.

72–80 *(Einstweilen frei)*

IV. Mehrabführungen i. S. d. § 14 Abs. 3 KStG

81 Mit Wirkung ab 1.1.2005 wurde durch das Gesetz zur Umsetzung von EU-Richtlinien in nationales Steuerrecht und zur Änderung weiterer Vorschriften (Richtlinien-Umsetzungsgesetz – EURLUmsG) in § 37 Abs. 2 nach Satz 1 ein Satz 2 eingeschoben. Demnach gelten die vorstehenden Grundsätze zur KSt-Minderung auch in den Fällen der Mehrabführung nach § 14 Abs. 3 KStG. Betroffen davon sind ausschließlich Mehrabführungen, die ihre Ursache in vororganschaftlicher Zeit haben; sie gelten als Gewinnausschüttungen der Organgesellschaft an den Organträger. Diese gelten in dem Zeitpunkt als erfolgt, in dem das Wirtschaftsjahr der Organgesellschaft endet.

82 Aufgrund dieser Regelung können auf vorvertragliche Veranlassung zurückzuführende organschaftliche Mehrabführungen bei der Organgesellschaft zu einer KSt-Minderung führen. Dies ist umso beachtenswerter, als dass Mehrabführungen mit vorvertraglicher Veranlassung nicht zu den offenen Gewinnausschüttungen gehören. Hintergrund dieser Regelung ist die Annäherung der steuerlichen Behandlung von vororganschaftlich verursachten Mehrabführungen, wie sie im Anrechnungsverfahren gegolten haben. Zu beachten ist allerdings auch hier das Moratorium.[1]

83 Fungiert der Organträger als Kapitalgesellschaft, ist die erhaltene Ausschüttung nach § 8b Abs. 1 KStG steuerfrei. § 8b Abs. 5 KStG ist zu beachten. Erhält die Organgesellschaft aus der Mehrabführung eine KSt-Minderung, fällt beim Organträger eine Nachsteuer nach § 37 Abs. 3 KStG an. Ist der Organträger eine natürliche Person, ist die Ausschüttung nach § 3 Nr. 40 EStG zur Hälfte steuerfrei. § 3c Abs. 2 EStG ist zu beachten.

84–93 *(Einstweilen frei)*

V. In welchem Veranlagungszeitraum mindert sich die Körperschaftsteuer?

94 Dem Wortlaut des § 37 Abs. 2 Satz 2 KStG zufolge mindert sich die Körperschaftsteuer des Veranlagungszeitraumes, in dem das Wirtschaftsjahr endet in dem die Gewinnausschüttung erfolgt. Bei einem kalendergleichen Wirtschaftsjahr mindert sich die Körperschaftsteuer im Veranlagungszeitraum 2002, wenn innerhalb des Jahres 2002 eine offene Gewinnausschüttung oder eine Vorabausschüttung erfolgt ist.

95 Aufgrund der Tatsache, dass nach dem alten Anrechnungsverfahren eine Körperschaftsteuerminderung in dem Jahr zu berücksichtigen war, für das ausgeschüttet wurde und nach neuem Recht die Körperschaftsteuerminderung in dem Jahr geltend gemacht werden kann, in der die Ausschüttung erfolgt, kommt für das „Schnittstellenjahr 2001" (wegen des Übergangs vom Anrechnungs- zum Halbeinkünfteverfahren) eine Körperschaftsteuerminderung nicht in Betracht.

96 Ein Sonderproblem ergibt sich, wenn eine Kapitalgesellschaft mit einem kalendergleichen Wirtschaftsjahr im Jahr 2001 eine Vorabausschüttung beschließt und auch im Beschlussjahr

---

1 § 37 Abs. 2a KStG.

vornimmt. Obwohl eine Vorabausschüttung eine ordnungsgemäße Gewinnausschüttung darstellt, kommt es für den Veranlagungszeitraum 2001 in Ermangelung eines noch nicht ermittelten KSt-Guthabens (welches erst am 31.12.2001 ermittelt wird) zu keiner Körperschaftsteuerminderung. Da das ehemalige EK 40 erst zum 31.12.2001 in ein Körperschaftsteuerguthaben umzurechnen ist und eine Minderung erst durch Gewinnausschüttungen ab 2002 vorgesehen ist, bleibt die Körperschaftsteuerminderung für 2001 verwehrt.[1]

(Einstweilen frei) 97–104

VI. Letztmalige Anwendung des § 37 Abs. 2 KStG

Bei einer Kapitalgesellschaft, deren Wirtschaftsjahr mit dem Kalenderjahr übereinstimmt, mindert sich die Körperschaftsteuer letztmalig in dem Veranlagungszeitraum, in dem das 18. Wirtschaftsjahr endet, das auf das Wirtschaftsjahr folgt, auf dessen Schluss das Körperschaftsteuerguthaben erstmalig ermittelt wird. Das bedeutet, dass die Körperschaft letztmalig im Jahr 2019 in den Genuss der Körperschaftsteuerminderung für eine offene Gewinnausschüttung gelangen kann. Bei abweichendem Wirtschaftsjahr ist die Körperschaftsteuerminderung letztmalig im Wirtschaftsjahr 2019/2020 zu gewähren. 105

Bis zum Jahr 2019 bzw. 2019/2020 reicht die Körperschaftsteuerminderung jedoch nur, wenn nicht innerhalb des 18-jährigen Übergangszeitraumes das Körperschaftsteuerguthaben bereits vollständig durch offene Gewinnausschüttung oder Vorabausschüttungen verbraucht worden ist. 106

Ist das Körperschaftsteuerguthaben bis zum Ende des Übergangszeitraumes nicht verbraucht worden, geht das Körperschaftsteuerminderungspotenzial für die Körperschaft endgültig verloren. 107

(Einstweilen frei) 108–115

VII. Das Körperschaftsteuerguthaben ist jährlich fortzuschreiben und gesondert festzustellen

Das verbleibende Körperschaftsteuerguthaben ist auf den Schluss der jeweiligen Wirtschaftsjahre, letztmalig auf den Schluss des 17. Wirtschaftsjahres, das auf das Wirtschaftsjahr folgt, auf dessen Schluss das Körperschaftsteuerguthaben erstmalig ermittelt wird, fortzuschreiben und gesondert festzustellen. 116

> **BEISPIEL:** Bei kalendergleichem Wirtschaftsjahr ist das Körperschaftsteuerguthaben erstmalig zum 31.12.2001 zu ermitteln. Das Körperschaftsteuerguthaben ist dagegen erstmalig zum 31.12.2002 gesondert festzustellen, weil das kalendergleiche Wirtschaftsjahr 2002 auf das Wirtschaftsjahr 2001 folgt, auf dessen Schluss (31.12.2001) das Körperschaftsteuerguthaben erstmalig ermittelt wurde.

Aus dem Wortlaut des § 37 Abs. 2 Satz 3 KStG ist zu entnehmen, dass das verbleibende Körperschaftsteuerguthaben in jedem Jahr des 18-jährigen Übergangszeitraumes fortzuschreiben und gesondert festzustellen ist, unabhängig davon, ob eine Ausschüttung erfolgt oder nicht.[2] 117

Grundsätzlich kann das Körperschaftsteuerguthaben sowohl Zu- als auch Abgänge verzeichnen. Abgänge ergeben sich, wenn offene Gewinnausschüttungen oder Vorabausschüttungen 118

---

1 Dazu siehe auch *Frotscher*, BB 2000, 2280, 2286 sowie *Schiffers*, GmbHR 2000, 901, 904.
2 Gl. A. *Thurmayr*/HHR, KStG, § 37 Anm. R 26.

erfolgt sind, Zugänge können z. B. durch Vermögensübergänge durch Verschmelzung oder Spaltung oder in den Fällen von § 37 Abs. 3 KStG vorliegen.

119 Durch den Verweis in § 37 Abs. 2 Satz 5 KStG auf § 27 Abs. 2 KStG wird das Körperschaftsteuerguthaben unter Berücksichtigung der Zu- und Abgänge des Wirtschaftsjahres gesondert festgestellt. Der Bescheid über die gesonderte Feststellung ist Grundlagenbescheid für den Bescheid über die gesonderte Feststellung zum folgenden Feststellungszeitpunkt. Nach § 37 Abs. 2 Satz 5 i. V. m. § 27 Abs. 2 Satz 3 KStG haben Kapitalgesellschaften auf den Schluss eines jeden Wirtschaftsjahres entsprechende Erklärungen zur gesonderten Feststellung abzugeben, die gem. § 27 Abs. 2 Satz 5 KStG i. V. m. § 34 AO von den gesetzlichen Vertretern eigenhändig zu unterschreiben sind.

120–129 *(Einstweilen frei)*

VIII. Zeitpunkt der Aktivierung des Anspruchs auf Minderung der Körperschaftsteuer nach § 37 Abs. 2 KStG

130 Für ausgeschüttete und einbehaltene Gewinne galten im körperschaftsteuerlichen Anrechnungsverfahren unterschiedliche Steuersätze. Dabei entstand der Anspruch auf die Körperschaftsteuerminderung aufgrund von Ausschüttungen, die den gesellschaftsrechtlichen Bestimmungen entsprachen, bereits für das Jahr, für das ausgeschüttet wurde.[1] Die Körperschaftsteuer für das Jahr, für das ausgeschüttet wurde, war unter Berücksichtigung des Ausschüttungsteuersatzes zu ermitteln, so dass die insoweit i. d. R. niedrigere Körperschaftsteuerbelastung das Ergebnis des Jahres erhöhte, für das ausgeschüttet wurde.[2] Nach dem Übergang vom Anrechnungs- zum Halbeinkünfteverfahren wird nicht mehr zwischen Tarifbelastung und Ausschüttungsbelastung unterschieden. Unabhängig davon, welche Verwendungsabsicht (Thesaurierung oder Ausschüttung) besteht, kommt nur noch ein einheitlicher Körperschaftsteuersatz (§ 23 KStG) zu Anwendung. Die sich aus der Anwendung dieses Steuersatzes ergebende Körperschaftsteuer kann jedoch innerhalb einer Übergangszeit von 18 Wirtschaftsjahren noch zu mindern sein, wenn ausschüttungsbedingt nach § 37 Abs. 2 KStG ein Körperschaftsteuerguthaben zu vergüten ist. Der Anspruch auf Berücksichtigung dieses Guthabens mindert allerdings im Gegensatz zur alten Rechtslage (im Anrechnungsverfahren) erst die Körperschaftsteuer des Jahres, in dem die Ausschüttung erfolgt.[3] Folgerichtig ist die Körperschaftsteuer des Jahres, auf das sich der Ausschüttungsbeschluss bezieht, in der jeweiligen Handels- und Steuerbilanz daher ohne Berücksichtigung des aufgrund der Ausschüttung auszuzahlenden Steuerguthabens auszuweisen.

131–139 *(Einstweilen frei)*

---

[1] § 27 Abs. 3 KStG a. F.
[2] § 278 HGB.
[3] § 37 Abs. 2 Satz 3 KStG.

D. Zeitliche und betragsmäßige Begrenzung der Körperschaftsteuerminderung

I. Verlängerung der Übergangszeit von ursprünglich 15 auf 18 Jahre

Der im Rahmen der Übergangsregelung ursprünglich im Gesetz verankerte Übergangszeitraum von 15 Jahren wurde durch das StVergAbG auf einen Zeitraum von 18 Jahren verlängert, so dass bei Körperschaften, deren Wirtschaftsjahr mit dem Kalenderjahr übereinstimmt, die Körperschaftsteuerminderung letztmalig für eine in 2019 (ursprünglich 2016) vorgenommene offene Gewinnausschüttung in Betracht kommt, mit der Folge, dass das KSt-Guthaben letztmalig auf den 31.12.2018 (ursprünglich 2015) festzustellen ist.

Hat die Körperschaft innerhalb des Übergangszeitraums von einem abweichenden Wirtschaftsjahr auf ein mit dem Kalenderjahr identisches Wirtschaftsjahr umgestellt, umfasst der Übergangszeitraum nicht immer auch volle 18 Kalenderjahre, da der Gesetzgeber in § 37 Abs. 2 Satz 3 KStG von „Wirtschaftsjahr" spricht.

(Einstweilen frei)

II. Das „Einfrieren" des Körperschaftsteuerguthabens

Durch die Formulierung " ... mindert sich vorbehaltlich des Absatzes 2a ..." in § 37 Abs. 2 Satz 1 KStG wird klargestellt, dass von der Prüfungsreihenfolge der § 37 Abs. 2a KStG vorrangig vor § 37 Abs. 2 KStG zu prüfen ist.

Nach § 37 Abs. 2a Nr. 1 KStG beläuft sich die Körperschaftsteuerminderung für Gewinnausschüttungen, die nach dem 11.4.2003 und vor dem 1.1.2006 erfolgen, jeweils auf 0 €. Der 11.4.2003 war der Zustimmungstag des Bundestages zum StVergAbG. Die Begrenzung des Körperschaftsteuerminderungsbetrages auf 0 € tritt in folgenden Fällen nicht ein:

- für Gewinnausschüttungen, die vor dem 12.4.2003 erfolgt sind, gilt unverändert die Regelung des § 37 Abs. 2 KStG mit vollem Körperschaftsteuerminderungspotenzial,
- für eine nach dem 11.4.2003 und vor dem 1.1.2006 erfolgte Gewinnausschüttung, die vor dem Kabinettsbeschluss (21.11.2002) beschlossen wurde[1] sowie
- in Fällen der Liquidation[2]
- beim Vermögensübergang auf eine Personengesellschaft (§ 3 UmwStG) oder wenn das Vermögen der übertragenden Kapitalgesellschaft Betriebsvermögen einer natürlichen Person (§ 9 UmwStG) wird. In diesen Fällen wird über § 10 UmwStG eine Ausschüttung fingiert, für die § 37 Abs. 2a KStG kraft gesetzlicher Regelung keine Anwendung findet (§ 10 Satz 2 UmwStG).

Das „Einfrieren" der Körperschaftsteuerminderung führt dazu, dass offene Gewinnausschüttungen in dem Zeitraum vom 12.4.2003 bis einschließlich 31.12.2005 keine Körperschaftsteuerminderung nach sich ziehen. Durch die gleichzeitige Nichtverringerung des Körperschaftsteuerguthabens führt das „Einfrieren" nicht zu einem definitiven Verlust des Minderungspotenzials, sondern nur zu einem zeitlichen Hinausschieben.

---

1 § 34 Abs. 13a KStG i. d. F. des StVergAbG.
2 § 40 Abs. 4 Satz 7 KStG.

155 Mit Urteil v. 8.11.2006[1] hat der BFH entschieden, dass § 37 Abs. 2a KStG 2002 i. d. F. des StVergAbG v. 16.5.2003, der ausschüttungsbedingte Minderungen der KSt im Hinblick auf nach dem 11.4.2003 und vor dem 1.1.2006 erfolgende Gewinnausschüttungen ausschließt, mit dem Grundgesetz vereinbar ist.

156 Sofern sich der Einspruchsführer auf das beim BVerfG anhängige Verfahren zur Verfassungsmäßigkeit der §§ 36 bis 38 KStG i. d. F. des StSenkG[2] beruft, ruht das Einspruchsverfahren weiterhin nach § 363 Abs. 2 Satz 2 AO.

157 Gemäß § 37 Abs. 2a Nr. 2 KStG ist die Minderung für Gewinnausschüttungen, die nach dem 31.12.2005 erfolgen, auf den Betrag begrenzt, der auf das Wirtschaftsjahr der Gewinnausschüttung entfällt, wenn das auf den Schluss des vorangegangenen Wirtschaftsjahres festgestellte Körperschaftsteuerguthaben gleichmäßig auf die einschließlich des Wirtschaftsjahres der Gewinnausschüttung verbleibenden Wirtschaftsjahre verteilt wird, für die nach § 37 Abs. 2 Satz 2 KStG eine Körperschaftsteuerminderung in Betracht kommt.

158 Ist die Ausschüttung betragsmäßig relativ klein und übersteigt der rechnerische nach der $1/6$-Methode ermittelte Körperschaftsteuerminderungsbetrag nicht den Betrag, der bei gleichmäßiger Verteilung bezüglich der Körperschaftsteuerminderung geltend gemacht werden könnte, führt dies im Ergebnis zu einer gleichmäßigen Verteilung auf den restlichen Übergangszeitraum in den nachfolgenden Jahren.

BEISPIEL: Die A-GmbH mit Sitz und Geschäftsleitung in Aachen hat ein mit dem Kalenderjahr identisches Wirtschaftsjahr. Zum 31.12.2001 verfügt die A-GmbH über ein Körperschaftsteuerguthaben i. H. v. 315 000 €.

Die A-GmbH hat für die folgenden Jahre die nachstehend aufgeführten Gewinnausschüttungen getätigt bzw. geplant, die alle jeweils auf einem den gesellschaftsrechtlichen Vorschriften entsprechenden Gewinnverteilungsbeschluss beruhen:

Beschlusstag	Zahlungstag	Zeitraum	Betrag
vom 18.7.2002	am 11.8.2002	für Wj. 2001	120 000 €
vom 20.11.2002	am 13.4.2003	für Wj. 2002	90 000 €
vom 5.8.2004	am 29.5.2004	für Wj. 2003	110 000 €
vom 11.5.2005	am 19.7.2005	für Wj. 2004	80 000 €
vom 19.4.2006	am 21.4.2006	für Wj. 2005	180 000 €
vom 17.6.2007	am 25.6.2007	für Wj. 2006	48 000 €
vom 3.5.2008	am 16.5.2008	für Wj. 2007	162 000 €

Erfolgen Gewinnausschüttungen vor dem 12.4.2003, findet der § 37 Abs. 2 KStG i. d. F. vom 15.10.2002 Anwendung (§ 34 Abs. 13a Satz 2 KStG i. d. F. des StVergAbG), wonach sich das Körperschaftsteuerguthaben um jeweils $1/6$ der Gewinnausschüttungen mindert, die im folgenden Wirtschaftsjahr erfolgt sind und auf einem den gesellschaftsrechtlichen Vorschriften entsprechenden Gewinnverteilungsbeschluss beruhen.

Körperschaftsteuerguthaben per 31.12.2001	315 000 €
Körperschaftsteuerminderung für die offene Gewinnausschüttung in 2002 $1/6 \times 120\,000$ €	./. 20 000 €
Körperschaftsteuerguthaben per 31.12.2002	295 000 €

---

[1] BFH, Urteil v. 8.11.2006 - I R 69, 70/05, BStBl 2007 II 662.
[2] Az. des BVerfG: BvR 2192/05; vorgehend BFH, Urteil v. 31.5.2005 - I R 107/04, BStBl 2005 II 884.

Erfolgen Gewinnausschüttungen, die jeweils auf einem den gesellschaftsrechtlichen Vorschriften entsprechenden Gewinnverteilungsbeschluss beruhen, nach dem 11.4.2003 und vor dem 1.1.2006, kommt gem. § 37 Abs. 2a Nr. 1 KStG eine Körperschaftsteuerminderung nicht mehr in Betracht (dreijähriges Moratorium).

Zu beachten ist jedoch, dass die Übergangsregelung nach § 37 Abs. 2a Nr. 1 KStG unbeachtlich ist für Gewinnausschüttungen, die vor dem 21.11.2002 beschlossen worden sind.

Für die am 20.11.2002 und damit vor dem 21.11.2002 beschlossene und am 13.4.2003 durchgeführte offene Gewinnausschüttung kommt noch eine Körperschaftsteuerminderung zur Anwendung, weil die offene Gewinnausschüttung zwar innerhalb des dreijährigen Moratoriums durchgeführt wurde, jedoch vor dem Kabinettsbeschluss (21.11.2002) am 20.11.2002 beschlossen wurde.

Körperschaftsteuerguthaben per 31.12.2002	295 000 €
Körperschaftsteuerminderung für die offene Gewinnausschüttung in 2003	
$1/6 \times 90\,000$ €	./. 15 000 €
Körperschaftsteuerguthaben per 31.12.2003	280 000 €

Für die in den Jahren 2004 und 2005 beschlossenen offenen Gewinnausschüttungen ist die Körperschaftsteuerminderung auf jeweils 0 € begrenzt.[1] Das Körperschaftsteuerguthaben wird für die Wirtschaftsjahre = Kalenderjahre jeweils zum Ende des Veranlagungszeitraumes auf jeweils 280 000 € festgesetzt.

Erfolgen Gewinnausschüttungen nach dem 31.12.2005, wird grundsätzlich wieder eine Körperschaftsteuerminderung i. H. v. $1/6$ der Gewinnausschüttung gewährt. Diese ist jedoch gem. § 37 Abs. 2a Nr. 2 KStG auf den Betrag begrenzt, der sich bei gleichmäßiger Verteilung des zum Ende des vorangegangenen Wirtschaftsjahres vorhandenen Körperschaftsteuerguthabens auf den verbleibenden Übergangszeitraum (einschl. des Wirtschaftsjahres der Gewinnausschüttung) ergeben würde.

Von 2006 an gerechnet umfasst dieser Zeitraum noch 14 Jahre (1.1.2006 bis 31.12.2019), im Wirtschaftsjahr 2007 noch 13 Jahre (1.1.2007 bis 31.12.2019) und im Wirtschaftsjahr 2008 noch 12 Jahre (1.1.2008 bis 31.12.2019).

Körperschaftsteuerguthaben per 31.12.2005		280 000 €
Körperschaftsteuerminderung für die offene Gewinnausschüttung in 2006		
$1/6 \times 180\,000$ €	30 000 €	
max. 280 000 € $\times 1/14$	20 000 €	./. 20 000 €
Körperschaftsteuerguthaben per 31.12.2006		260 000 €
Körperschaftsteuerminderung für die offene Gewinnausschüttung in 2007		
$1/6 \times 48\,000$ €		./. 8 000 €
max. 260 000 € $\times 1/13$	20 000 €	
Körperschaftsteuerguthaben		252 000 €
Körperschaftsteuerminderung für die offene Gewinnausschüttung in 2008		
$1/6 \times 162\,000$ €	27 000 €	
max. 252 000 € $\times 1/12$	21 000 €	./. 21 000 €
Körperschaftsteuerguthaben per 31.12.2008		231 000 €

(Einstweilen frei)

---

1 § 37 Abs. 2a Nr. 1 KStG.

E. Besonderheiten bei Ausschüttungen zwischen Körperschaften

I. Allgemeiner Anwendungsbereich

179 Erhält eine unbeschränkt steuerpflichtige Körperschaft Bezüge, die bei ihr nach § 8b Abs. 1 KStG außer Ansatz bleiben und die bei der leistenden Körperschaft zu einer Minderung der Körperschaftsteuer geführt haben, erhöht sich bei ihr die Körperschaftsteuer und das Körperschaftsteuerguthaben um den auf sie entfallenden Betrag der Minderung bei der leistenden Körperschaft. Auf eine Mindestbeteiligungsquote kommt es genau so wenig an wie auf eine bestimmte Beteiligungsdauer.

180 § 37 Abs. 3 KStG stellt sicher, dass Gewinnausschüttungen innerhalb der Ebene von Kapitalgesellschaften zu einer „Steuerneutralität" in der Gestalt führen, dass die sich bei der ausschüttenden Kapitalgesellschaft ergebene Körperschaftsteuerminderung bei der die Dividende empfangenden Kapitalgesellschaft in gleicher Höhe körperschaftsteuererhöhend auswirkt. Gleichzeitig erhöht sich bei der empfangenden Kapitalgesellschaft das Körperschaftsteuerguthaben, damit es im Falle einer Weiterausschüttung, z. B. an die privaten Anteilseigner, wieder zu einer Körperschaftsteuerminderung kommt.

BEISPIEL: Die inländische B-GmbH ist an der inländischen A-GmbH zu 100 % beteiligt. Die A-GmbH schüttet in 2002 an die B-GmbH einen Betrag von 150 000 € aus, der nach Abzug von 20 % Kapitalertragsteuer (= 30 000 €) an die B-GmbH überwiesen wird. Die A-GmbH besaß zu Beginn des Jahres 2002 ein Körperschaftsteuerguthaben i. H. v. 30 000 €.

181 Bei dieser Fallkonstellation erreicht die ausschüttende A-GmbH eine Körperschaftsteuerminderung i. H. v. $^{1}/_{6}$ von 150 000 € = 25 000 €, die sie sich bei der eigenen zu zahlenden Körperschaftsteuer für das Jahr 2002 in Abzug bringen kann. Auf der anderen Seite beeinflusst die Bruttodividende bei der empfangenden GmbH das zu versteuernde Einkommen wegen der Nichtberücksichtigung nach § 8b Abs. 1 KStG nicht. Obwohl die Ausschüttung an die privaten Gesellschafter der B-GmbH erst Jahre später erfolgen kann, wird auf der Ebene der Kapitalgesellschaften bereits eine Körperschaftsteuerminderung erreicht. Um dieses „Herabschleusen" der Körperschaftsteuer innerhalb der Kapitalgesellschaften untereinander zu verhindern, muss die empfangende GmbH eine sog. „Nachversteuerung" genau in derselben Höhe vornehmen, die bei der leistenden GmbH zu einer Körperschaftsteuerminderung führt. Der entsprechende Nachweis wird mittels einer Steuerbescheinigung der ausschüttenden Gesellschaft geführt. Damit die empfangende GmbH bei der Ausschüttung an die privaten Anteilseigner wieder in den Genuss der Körperschaftsteuerminderung kommt, wird bei Vereinnahmung der Dividende bei der empfangenden B-GmbH das Körperschaftsteuerguthaben erhöht.

BEISPIEL: Die inländische B-GmbH ist an der inländischen A-GmbH zu 100 % beteiligt. Die A-GmbH schüttet in 2002 an die B-GmbH einen Betrag von 150 000 € aus, der nach Abzug von 20 % Kapitalertragsteuer (= 30 000 €) an die B-GmbH überwiesen wird. Die A-GmbH besaß zu Beginn des Jahres 2002 ein Körperschaftsteuerguthaben i. H. v. 30 000 €. Das zu versteuernde Einkommen der A-GmbH beträgt im Jahr 2002 insgesamt 1 Mio. €, das der B-GmbH 0 €. Die A-GmbH stellt der B-GmbH eine Steuerbescheinigung aus, in der die Höhe der Körperschaftsteuerminderung bei der A-GmbH in zutreffender Höhe ausgewiesen ist.

Behandlung bei der A-GmbH:

a) Ermittlung des zu versteuernden Einkommens und Berechnung der Körperschaftsteuer:

zu versteuernde Einkommen	1 000 000 €
davon 25 % Tarifbelastung	250 000 €

abzüglich Körperschaftsteuerminderung durch Ausschüttung	25 000 €
festzusetzende Körperschaftsteuer für 2002	225 000 €

b) Entwicklung und Fortschreibung des Körperschaftsteuerguthabens:

Körperschaftsteuerguthaben am 1.1.2002	30 000 €
./. Verbrauch durch Ausschüttung $1/6$ von 150 000 €	−25 000 €
Körperschaftsteuerguthaben am 31.12.2002	5 000 €

Behandlung bei der B-GmbH:

a) Ermittlung des zu versteuernden Einkommens und Berechnung der Körperschaftsteuer:

Dividendenerträge	150 000 €
Kapitalertragsteuer	−30 000 €
Jahresüberschuss der B-GmbH	120 000 €
+ nicht abzugsfähige Kapitalertragsteuer (§ 10 Nr. 2 KStG)	+30 000 €
davon bleibt bei der Ermittlung des zu versteuernden Einkommens außer Ansatz (§ 8b Abs. 1 KStG)	150 000 €
zu versteuerndes Einkommen bei der B-GmbH	0 €
davon 25 % Tarifbelastung	0 €
zuzüglich Körperschaftsteuererhöhung durch Dividendenbezug	25 000 €
festzusetzende Körperschaftsteuer für 2002	25 000 €

b) Entwicklung und Fortschreibung des Körperschaftsteuerguthabens:

Körperschaftsteuerguthaben am 1.1.2002	0 €
+ Zugang durch erhaltene Ausschüttung $1/6$ von 150 000 €	+25 000 €
Körperschaftsteuerguthaben am 31.12.2002	25 000 €

(Einstweilen frei)

II. Leistungen, die bei den Empfängern zu den Einnahmen im Sinne des § 20 Abs. 1 Nr. 1 oder Nr. 2 EStG gehören

Bezüge bleiben nach § 8b Abs. 1 KStG bei der empfangenden Körperschaft nur dann außer Ansatz, wenn deren Leistungen bei den Empfängern zu den Einnahmen i. S. d. § 20 Abs. 1 Nr. 1 oder Nr. 2 EStG gehören.

Unter § 20 Abs. 1 Nr. 1 EStG fallen Gewinnanteile (Dividenden), Ausbeuten und sonstige Bezüge aus Aktien, Genussrechten, mit denen das Recht am Gewinn und Liquidationserlös einer Kapitalgesellschaft verbunden ist, aus Anteilen an Gesellschaften mit beschränkter Haftung, an Erwerbs- und Wirtschaftsgenossenschaften sowie an bergbautreibenden Vereinigungen, die die Rechte einer juristischen Person haben. Zu den sonstigen Bezügen gehören auch verdeckte Gewinnausschüttungen.

Unter § 20 Abs. 1 Nr. 2 EStG fallen Bezüge, die nach der Auflösung einer unbeschränkt steuerpflichtigen Körperschaft oder Personenvereinigung i. S. d. § 20 Abs. 1 Nr. 1 EStG anfallen und nicht in der Rückzahlung von Nennkapital bestehen. Von § 20 Abs. 1 Nr. 2 EStG werden auch Bezüge erfasst, die aufgrund einer Kapitalherabsetzung oder nach Auflösung einer unbeschränkt steuerpflichtigen Körperschaft oder Personenvereinigung i. S. d. § 20 Abs. 1 Nr. 1 EStG anfallen und die als Gewinnausschüttungen i. S. d. § 28 Abs. 2 Satz 2 KStG gelten.

195 Bezüge gehören nicht zu den Einnahmen i. S. d. § 20 Abs. 1 Nr. 1 EStG, soweit sie aus Ausschüttungen einer Körperschaft stammen, für die Beträge aus dem steuerlichen Einlagekonto i. S. d. § 27 KStG als verwendet gelten.

196 Nach § 8b KStG bleiben darüber hinaus Bezüge i. S. d. § 20 Abs. 1 Nr. 9 und Nr. 10 Buchst. a EStG sowie Einnahmen aus der Veräußerung von Dividendenscheinen und sonstigen Ansprüchen i. S. d. § 20 Abs. 2 Satz 1 Nr. 2 Buchst. a EStG sowie Einnahmen aus der Abtretung von Dividendenansprüchen oder sonstigen Ansprüchen i. S. d. § 20 Abs. 2 Satz 2 EStG bei der Ermittlung des Einkommens außer Ansatz.

197 Nachsteuerpflichtig sind demzufolge unbeschränkt steuerpflichtige Körperschaften und Personenvereinigungen, deren Leistungen bei den Empfängern zu den Einnahmen i. S. d. § 20 Abs. 1 Nr. 1 oder 2 EStG gehören. Nicht nachsteuerpflichtig sind damit insbesondere juristische Personen des öffentlichen Rechts, Anstalten, Stiftungen und ausländische Körperschaften, die mit den Einkünften aus einer inländischen Betriebsstätte der beschränkten Körperschaftsteuerpflicht unterliegen. Ebenso sind auch von der Körperschaftsteuer befreite Körperschaften, Personenvereinigungen und Vermögensmassen nicht nachsteuerpflichtig, wenn die Gewinnausschüttungen im steuerfreien Bereich zufließen. Bei gemeinnützigen Körperschaften i. S. d. § 5 Abs. 1 Nr. 9 KStG gilt dies auch, wenn die Einnahmen in einem steuerpflichtigen Geschäftsbetrieb anfallen.[1]

198 Nach *Heinicke*[2] werden von § 20 Abs. 1 Nr. 1 und Nr. 2 EStG nur ausgeschüttete, nicht thesaurierte Gewinnanteile sowie sonstige Bezüge und Vorteile erfasst, nicht dagegen Verlustanteile der Gesellschaft oder Wertveränderungen der Beteiligung. Weiterhin muss es sich um Leistungen aufgrund des Gesellschaftsverhältnisses handeln. So fallen Leistungen, die schuldrechtlichen Charakter haben, nicht unter § 20 Abs. 1 Nr. 1 und Nr. 2 EStG.

199–208 *(Einstweilen frei)*

III. Erhöhung der Körperschaftsteuer und des Körperschaftsteuerguthabens

209 Zu einer Nachversteuerung auf der Ebene der empfangenen Körperschaft kommt es nur bei Erhalt der Bezüge. Die Nachversteuerung ist in dem Veranlagungszeitraum vorzunehmen, in dem die Bezüge bei der empfangenden Körperschaft nach den allgemeinen Vorschriften des EStG bezüglich der Einkommensermittlung als Ertrag gewinnerhöhend auszuweisen sind.

210 Ist Empfänger eine Personengesellschaft, fällt eine Nachsteuer an, soweit eine nachsteuerpflichtige Körperschaft an ihr beteiligt ist. Dabei wird die Nachsteuer nicht auf der Ebene der Personengesellschaft erhoben, sondern bei der nachsteuerpflichtigen Körperschaft.[3]

211 In dem Fall, in dem sich z. B. aufgrund einer stattgefundenen Betriebsprüfung bei der ausschüttenden Körperschaft nachträglich eine Änderung bezüglich der Körperschaftsteuerminderung ergibt, reicht diese Änderung über § 173 AO bis zur empfangenen Körperschaft entsprechend in der Weise, dass bei der empfangenen Körperschaft die Körperschaftsteuer entsprechend niedriger oder höher festgesetzt wird.

---

[1] BMF, Schreiben v. 6. 11. 2003, BStBl 2003 I 575, Tz. 36.
[2] In Schmidt, EStG, § 20 Rz. 52.
[3] BMF, Schreiben v. 6. 11. 2003, BStBl 2003 I 575, Tz. 37.

Während des dreijährigen Moratoriums kommt es im Falle einer Ausschüttung maximal zu einer Körperschaftsteuerminderung, die betragsmäßig auf 0 € begrenzt ist, so dass bei der empfangenen Körperschaft eine Körperschaftsteuererhöhung von 0 € zu berücksichtigen ist.

Erhält eine Körperschaft von einer anderen Körperschaft eine offene Gewinnausschüttung, die bei der ausschüttenden Körperschaft nachweislich zu einer Körperschaftsteuerminderung geführt hat, wird neben der Körperschaftsteuer auch das Körperschaftsteuerguthaben um den Minderungsbetrag bei der empfangenen Körperschaft erhöht. Das Körperschaftsteuerguthaben ist gem. § 37 Abs. 2 Satz 4 i.V. m. § 27 Abs. 2 KStG jedes Jahr gesondert festzustellen. Das aus der Nachsteuer entstehende Körperschaftsteuerguthaben erhöht den Bestand zum Schluss des Wirtschaftsjahres des Zuflusses und kann deshalb erst bei einer Ausschüttung in den Folgejahren realisiert werden.[1]

BEISPIEL: Die inländische B-GmbH ist an der inländischen A-GmbH zu 100 % beteiligt. Die A-GmbH schüttet in 2002 an die B-GmbH einen Betrag von 150 000 € aus, der nach Abzug von 20 % Kapitalertragsteuer (= 30 000 €) an die B-GmbH überwiesen wird. Der eigene Jahresüberschuss ohne Berücksichtigung der Dividende beläuft sich bei der B-GmbH im Jahr 2002 auf 0 €. Die A-GmbH stellt der B-GmbH eine Steuerbescheinigung aus, in der die Höhe der Körperschaftsteuerminderung bei der A-GmbH in zutreffender Höhe von 25 000 € ausgewiesen ist. Im selben Jahr 2002 tätigt die B-GmbH an ihre Anteilseigner (= Privatpersonen) eine ordnungsgemäß beschlossene Gewinnausschüttung i. H. v. 180 000 €. Das Körperschaftsteuerguthaben zum 31. 12. 2001 beläuft sich bei der B-GmbH auf 20 000 €.

a) Ermittlung des zu versteuernden Einkommens und Berechnung der Körperschaftsteuer bei der B-GmbH:

Dividendenerträge	150 000 €
Kapitalertragsteuer	−30 000 €
Jahresüberschuss der B-GmbH	120 000 €
+ nicht abzugsfähige Kapitalertragsteuer (§ 10 Nr. 2 KStG)	+30 000 €
davon bleibt bei der Ermittlung des zu versteuerndes Einkommen außer Ansatz (§ 8b Abs. 1 KStG)	150 000 €
zu versteuerndes Einkommen bei der B-GmbH	0 €
davon 25 % Tarifbelastung	0 €
zuzüglich Körperschaftsteuererhöhung durch Dividendenbezug	+25 000 €
abzüglich Körperschaftsteuerminderung durch offene Gewinnausschüttung	./. 20 000 €
festzusetzende Körperschaftsteuer für 2002	5 000 €

b) Entwicklung und Fortschreibung des Körperschaftsteuerguthabens:

Körperschaftsteuerguthaben am 1. 1. 2002	20 000 €
./. Abgang durch offene Gewinnausschüttung	
¹/₆ von 180 000 € = 30 000 €	
maximal Bestand zum 1. 1. 2002	./. 20 000 €
+ Zugang durch erhaltene Ausschüttung ¹/₆ von 150 000 €	+25 000 €
Körperschaftsteuerguthaben am 31. 12. 2002	25 000 €

---

1 BMF, Schreiben v. 6. 11. 2003, BStBl 2003 I 575, Tz. 40.

214 Hinsichtlich der „Nachsteuer" bei empfangenen Gewinnausschüttungen ist zu beachten, dass es im Gegensatz zur alten Rechtslage keine betragsmäßige Begrenzung mehr gibt. Eine wesentliche Änderung des § 37 Abs. 3 KStG n. F. im Gegensatz zum § 23 Abs. 2 KStG 1999 besteht darin, dass es selbst dann zu einer Körperschaftsteuererhöhung bei der empfangenen Kapitalgesellschaft kommt, wenn diese ein negatives Einkommen erzielt hat.

BEISPIEL: Die A-GmbH ist zu 40 % an der B-GmbH beteiligt. Die A-GmbH erwirtschaftet für das Wirtschaftsjahr 2002 einen Verlust aus dem operativen Geschäft von 200 000 €. Die A-GmbH erhält in 2002 eine offene Gewinnausschüttung von der B-GmbH i. H. v. 240 000 €. Bei der B-GmbH ist es hinsichtlich des gesamten Ausschüttungsbetrages zu einer Körperschaftsteuerminderung i. H. v. 40 000 € gekommen. Beide GmbHs haben ein mit dem Kalenderjahr identisches Wirtschaftsjahr. Kapitalertragsteuer und SolZ bleiben aus Vereinfachungsgründen außer Betracht.

Die Gewinnausschüttung der B-GmbH fällt unter das Halbeinkünfteverfahren. Das zu versteuernde Einkommen der A-GmbH ermittelt sich wie folgt:

Verlust aus dem operativen Geschäft	./. 200 000 €
Dividende der B-GmbH	+ 240 000 €
Jahresüberschuss	40 000 €
davon bleibt bei der Ermittlung des zu versteuernden Einkommens außer Ansatz	./. 240 000 €
zu versteuerndes Einkommen der A-GmbH in 2002	./. 200 000 €
Tarifbelastung gem. § 23 Abs. 1 KStG	0 €
+ KSt-Erhöhung gem. § 37 Abs. 3 KStG	+ 40 000 €
festzusetzende Körperschaftsteuer für 2002	40 000 €

Im Vergleich dazu die Berechnung nach dem Anrechnungsverfahren:

Verlust aus dem operativen Geschäft	./. 200 000 €
Dividende der B-GmbH einschl. 3/7 anrechenbare KSt	+ 342 857 €
Jahresüberschuss = zu versteuerndes Einkommen	142 857 €

Die von der B-GmbH bezogene Dividende unterliegt einem Steuersatz von 40 %, jedoch ist maximal das zu versteuernde Einkommen i. H. v. 142 857 € mit 40 % zu besteuern. Die festzusetzende Körperschaftsteuer beträgt somit 57 142 € (142 857 € × 40 %), wovon die anzurechnende KSt i. H. v. 102 857 € in Abzug zu bringen war, so dass sich ein Körperschaftsteuererstattungsguthaben von 45 715 € ergab.

215–221 *(Einstweilen frei)*

IV. Gleiches gilt auch für Organträger

222 Ist Empfänger der Ausschüttung eine Organgesellschaft, ist die Nachsteuer bei dem Organträger zu erheben, wenn dieser eine nachsteuerpflichtige Körperschaft ist. Ist der Organträger eine Personengesellschaft, wird die Nachsteuer nur insoweit erhoben, als an ihr eine nachsteuerpflichtige Körperschaft oder Personenvereinigung beteiligt ist.[1]

223–229 *(Einstweilen frei)*

V. § 4 UmwStG findet entsprechende Anwendung

230 Im Fall des § 4 UmwStG sind nach § 37 Abs. 3 Satz 3 KStG die Sätze 1 und 2 des § 37 Abs. 3 KStG entsprechend anzuwenden.

---

1 BMF, Schreiben v. 6. 11. 2003, BStBl 2003 I 575, Tz. 38.

Wird das Vermögen einer übertragenden Körperschaft Betriebsvermögen einer übernehmenden Personengesellschaft, zeigt sich infolge des Vermögensübergangs nach § 4 Abs. 4 UmwStG ein Übernahmegewinn oder Übernahmeverlust in Höhe des Unterschiedsbetrages zwischen dem Wert, mit dem die übergegangenen Wirtschaftsgüter zu übernehmen sind und dem Buchwert der Anteile an der übertragenden Körperschaft. Nach § 4 Abs. 7 UmwStG bleibt der Übernahmegewinn außer Ansatz, soweit er auf eine Körperschaft, Personenvereinigung oder Vermögensmasse als Mitunternehmerin der Personengesellschaft entfällt. 231

(Einstweilen frei) 232–239

VI. Die Steuerbescheinigung

Die leistende Körperschaft hat der Empfängerin nach § 37 Abs. 3 Satz 4 KStG eine Bescheinigung nach amtlich vorgeschriebenem Muster auszustellen, in der Folgendes bescheinigt wird: 240

- Name und Anschrift des Anteilseigners,
- die Höhe des in Anspruch genommenen Körperschaftsteuerminderungsbetrages,
- der Zahlungstag.

Da der Satz 4 in die gesamte Thematik der Nachsteuerpflicht i. S. d. § 37 Abs. 3 KStG eingebettet ist, folgt daraus, dass eine Bescheinigung nach § 37 Abs. 3 Satz 4 KStG nur im Falle einer Körperschaftsteuerminderung bei der ausschüttenden Körperschaft ausgestellt werden muss, unabhängig davon, ob es tatsächlich bei den Anteilseignern zu einer entsprechenden Körperschaftsteuererhöhung kommt. Dies ist z. B. in dem Fall denkbar, bei dem von einer Publikums-AG an ihr unbekannte Anteilseigner Gewinne ausgeschüttet werden, die zur Körperschaftsteuerminderung bei der ausschüttenden AG führen. 241

Über § 37 Abs. 3 Satz 5 KStG mit Verweis auf § 27 Abs. 3 Satz 2 KStG ist sichergestellt, dass die Bescheinigung nicht unterschrieben werden muss, wenn sie in einem maschinellen Verfahren ausgedruckt worden ist und den Aussteller erkennen lässt. 242

Nach § 37 Abs. 3 Satz 5 KStG mit Verweis auf § 27 Abs. 5 KStG haftet der Aussteller der Bescheinigung für die aufgrund der Bescheinigung verkürzten Steuern oder zu Unrecht gewährten Steuervorteile. 243

(Einstweilen frei) 244–253

VII. Ausnahmen bei nach § 5 Abs. 1 Nr. 9 KStG körperschaftsteuerbefreiten Körperschaften

§ 37 Abs. 3 KStG findet keine Anwendung für steuerbefreite Körperschaften und Personenvereinigungen i. S. d. § 5 Abs. 1 Nr. 9 KStG, soweit die Einnahmen in einem wirtschaftlichen Geschäftsbetrieb anfallen, für den die Steuerbefreiung ausgeschlossen ist. 254

Unter § 5 Abs. 1 Nr. 9 KStG fallen Körperschaften, Personenvereinigungen und Vermögensmassen, die nach der Satzung, dem Stiftungsgeschäft oder der sonstigen Verfassung und nach der tatsächlichen Geschäftsführung ausschließlich und unmittelbar gemeinnützigen, mildtätigen oder kirchlichen Zwecken dienen (§§ 51 bis 68 AO). 255

(Einstweilen frei) 256–263

F. Letztmalige Feststellung des Körperschaftsteuerguthabens

264 Die im Halbeinkünfteverfahren vorgesehene Übergangszeit von 18 Jahren für eine ausschüttungsbedingte KSt-Minderung bei offenen Gewinnausschüttungen wurde im Rahmen des SEStEG durch eine von Ausschüttungen unabhängige ratierliche Auszahlung des noch vorhandenen KSt-Guthabens abgelöst. Von gesetzgeberischer Seite wurde dieser Schritt damit begründet, dass ansonsten auch ausländischen Körperschaften mit Sitz oder Geschäftsleitung in der EU/EWR im Falle einer Ausschüttung die KSt-Minderung hätten in Anspruch nehmen können. Wie sich aus der amtlichen Gesetzesbegründung entnehmen lässt, hätte das bisherige System der KSt-Minderung grenzüberschreitend jedoch nicht administriert werden können, was m. E. verwunderlich ist, weil sowohl die KSt-Erhöhung (§ 38 KStG) als auch die Steuerbefreiung der Einlagerückzahlung (§ 27 KStG) über die Grenze hinweg als administrierbar angesehen werden. Die Umstellung auf die ratierliche Auszahlung bringt vor allem für die Kapitalgesellschaften Vorteile, die nicht über das für die KSt-Minderung erforderliche Kapital in Form von bilanziellen Gewinn- bzw. Kapitalrücklagen verfügen.

265 Das Körperschaftsteuerguthaben wird gem. § 37 Abs. 4 Satz 1 KStG letztmalig zum 31. 12. 2006 ermittelt. Da der Gesetzgeber keine abweichenden Regelungen im Falle eines vom Kalenderjahr abweichenden Wirtschaftsjahrs vorsieht, ist auch bei abweichendem Wirtschaftsjahr das KSt-Guthaben auf den 31. 12. 2006 zu ermitteln. Einer gesonderten Feststellung bedarf es dazu nicht.

266 Ausgangspunkt für die Ermittlung des KSt-Guthabens zum 31. 12. 2006 ist das zum Schluss des vorangegangenen Wirtschaftsjahres vorhandene KSt-Guthaben. Dieses ist zu mindern um KSt-Minderungen, die unter Berücksichtigung des Abs. 2a Nr. 2 aus erfolgten offenen Gewinnausschüttungen vor dem 31. 12. 2006 resultieren, und zu erhöhen um Nachsteuern aus empfangenen Gewinnausschüttungen nach § 37 Abs. 3 KStG.

BEISPIEL: Die A-GmbH mit Sitz und Geschäftsleitung in Aachen hat ein mit dem Kalenderjahr identisches Wirtschaftsjahr. Zum 31. 12. 2005 verfügt die A-GmbH über ein KSt-Guthaben i. H. v. 280 000 €. Die A-GmbH hat mit Beschluss vom 19. 4. 2006 am 21. 4. 2006 für das Wj. 2005 einen Gewinn i. H. v. 180 000 € ausgeschüttet. In 2007 wurden keine Ausschüttungen getätigt.

267 Erfolgen Gewinnausschüttungen nach dem 31. 12. 2005, tritt grundsätzlich wieder eine KSt-Minderung i. H. v. 1/6 der Gewinnausschüttung in Kraft. Diese ist jedoch gem. § 37 Abs. 2a Nr. 2 KStG auf den Betrag begrenzt, der sich bei gleichmäßiger Verteilung des zum Ende des vorangegangenen Wirtschaftsjahres vorhandenen KSt-Guthabens auf den verbleibenden Übergangszeitraum (einschl. des Wirtschaftsjahres der Gewinnausschüttung) ergeben würde. Von 2006 an gerechnet umfasst dieser Zeitraum noch 14 Jahre (1. 1. 2006 – 31. 12. 2019).

KSt-Guthaben per 31. 12. 2005		280 000 €
KSt-Minderung für die offene Gewinnausschüttung in 2006		
1/6 x 180 000 €	30 000 €	
max. 280 000 € x 1/14	20 000 €	./. 20 000 €
KSt-Guthaben per 31. 12. 2006		260 000 €

Geht das Vermögen einer unbeschränkt steuerpflichtigen Körperschaft durch einen der in § 1 Abs. 1 UmwStG v. 7.12.2006[1] in der jeweils geltenden Fassung genannten Vorgänge, bei denen die Anmeldung zur Eintragung in ein öffentliches Register nach dem 12.12.2006 erfolgt, ganz oder teilweise auf einen anderen Rechtsträger über, wird das Körperschaftsteuerguthaben bei der übertragenden Körperschaft letztmalig auf den vor dem 31.12.2006 liegenden steuerlichen Übertragungsstichtag ermittelt.[2]

268

Der steuerliche Übertragungsstichtag darf höchstens acht Monate vor dem handelsrechtlichen Umwandlungsstichtag liegen. Nach § 2 Abs. 1 UmwStG sind das Einkommen und das Vermögen der übertragenden Körperschaft sowie des übernehmenden Rechtsträgers so zu ermitteln, als ob das Vermögen der Körperschaft mit Ablauf des Stichtags der Bilanz, die dem Vermögensübergang zugrunde liegt (steuerlicher Übertragungsstichtag), ganz oder teilweise auf den übernehmenden Rechtsträger übergegangen wäre.

269

Von § 1 Abs. 1 UmwStG sind im Wesentlichen betroffen:

270

- ▶ die Verschmelzung, Aufspaltung und Abspaltung i. S. d. §§ 2, 123 Abs. 1 und 2 UmwStG von Körperschaften oder vergleichbarer ausländischer Vorgänge sowie des Art. 17 der Verordnung (EG) Nr. 2157/2001 und des Art. 19 der Verordnung (EG) Nr. 1435/2003;
- ▶ der Formwechsel einer Kapitalgesellschaft in eine Personengesellschaft i. S. d. § 190 Abs. 1 UmwStG oder vergleichbarer ausländischer Vorgänge;
- ▶ die Umwandlung i. S. d. § 1 Abs. 2 UmwStG, soweit sie einer Umwandlung i. S. d. § 1 Abs. 1 UmwStG entspricht sowie
- ▶ die Vermögensübertragung i. S. d. § 174 UmwStG v. 28.10.1994,[3] das zuletzt durch Art. 10 des Gesetzes v. 9.12.2004[4] geändert worden ist, in der jeweils geltenden Fassung.

Von der Regelung des § 37 Abs. 4 Satz 2 KStG betroffen sind Umwandlungen, die zwar bereits unter das neue Recht fallen, deren Übertragungsstichtag aufgrund der steuerlichen Rückwirkung jedoch vor dem 31.12.2006 liegt. Diese Regelung ist deshalb sinnvoll, da es ansonsten im Falle einer rückwirkenden Verschmelzung einer Körperschaft z. B. auf eine Personengesellschaft oder auf einen Einzelunternehmer mangels steuerlicher Existenz zum 31.12.2006 zu keiner Ermittlung des KSt-Guthabens und damit zu keiner Festsetzung des Auszahlungsbetrages käme.

271

Unklar ist die Regelung bezüglich der Anmeldung zur Eintragung in ein öffentliches Register. Vom Gesetzgeber gefordert wird „die Anmeldung zur Eintragung in „ein" öffentliches Register ...". In Anlehnung an § 27 Abs. 1 Satz 1 UmwStG, welches von der „für die Wirksamkeit des jeweiligen Vorgangs maßgebende öffentliche Register" spricht, wäre statt des Wortes „ein" der Ausdruck „maßgeblich" zutreffender und genauer gewesen. Bedeutung erlangt diese unklare Gesetzesformulierung dann, wenn eine Umwandlung (z. B. Verschmelzung oder Spaltung) in mehrere Register anzumelden ist. Maßgebend ist im Falle einer Verschmelzung die Eintragung in das Handelsregister des Sitzes der übernehmenden Gesellschaft (§§ 19, 20 und 36 Abs. 1 UmwG), bei einer Spaltung die Eintragung in das Handelsregister des Sitzes der übertragenden Gesellschaft (§§ 130, 131 und 135 Abs. 1 UmwG). Aus diesem Grund ist in § 37 Abs. 4 Satz 2

272

---

1 BGBl 2006 I 2782, 2791.
2 § 37 Abs. 4 Satz 2 KStG.
3 BGBl 1994 I 3210, 1995 I 428.
4 BGBl 2004 I 3214.

KStG auf die Anmeldung zur Eintragung beim maßgebenden öffentlichen Register abzustellen.

273 Für die Frage, ob eine offene Gewinnausschüttung im zeitlichen Zusammenhang mit einer Verschmelzung oder Spaltung noch eine Körperschaftsteuerminderung nach bisherigem Recht nach sich zieht, ist danach zu differenzieren, ob

a) die offene Gewinnausschüttung vor dem steuerlichen Übertragungsstichtag beschlossen wurde und nach dem steuerlichen Übertragungsstichtag abfließt oder

b) die offene Gewinnausschüttung im steuerlichen Rückwirkungszeitraum beschlossen wird und auch abfließt.

274 Ist eine offene Gewinnausschüttung vor dem steuerlichen Übertragungsstichtag beschlossen worden und fließt sie nach dem steuerlichen Übertragungsstichtag ab, gilt sie als zum steuerlichen Übertragungsstichtag als erfolgt[1] und kann demzufolge noch eine KSt-Minderung nach bisherigem Recht nach sich ziehen.

275 Findet im Falle von b. eine Umwandlung einer Kapitalgesellschaft auf eine Personengesellschaft statt, gelten Gewinnausschüttungen an an der Umwandlung teilnehmenden Gesellschafter als Entnahme, so dass es insoweit zu keiner KSt-Minderung kommen kann. Erfolgen Gewinnausschüttungen an nicht an der Umwandlung teilnehmende Gesellschafter, gelten diese im steuerlichen Sinne als offene Gewinnausschüttung, die am steuerlichen Übertragungsstichtag abfließen.

276 Wird das Vermögen einer Körperschaft oder Personenvereinigung im Rahmen einer Liquidation i. S. d. § 11 nach dem 12. 12. 2006 (Tag der Verkündung des SEStEG) und vor dem 1. 1. 2007 verteilt, wird das Körperschaftsteuerguthaben letztmalig auf den Stichtag ermittelt, auf den die Liquidationsschlussbilanz erstellt wird (§ 37 Abs. 4 Satz 3 KStG).

277 § 37 Abs. 4 Satz 4 KStG stellt klar, dass die Abs. 1 bis 3 letztmals auf Gewinnausschüttungen und als ausgeschüttet geltende Beträge anzuwenden sind, die vor dem 1. 1. 2007 oder bis zu dem nach § 37 Abs. 4 Satz 2 KStG maßgebenden Zeitpunkt erfolgt sind. Gewinnausschüttungen sind erfolgt, wenn sie beschlossen wurden und die entsprechenden Beträge abgeflossen sind. In den Fällen der Liquidation sind die Vorschriften des § 37 Abs. 1 bis 3 KStG auf Abschlagszahlungen anzuwenden, die bis zum Stichtag erfolgt sind, auf den das Körperschaftsteuerguthaben letztmalig ermittelt wird.

278–288 *(Einstweilen frei)*

G. Die ratierliche Auszahlung des Anspruchs

289 Gemäß § 37 Abs. 5 Satz 1 KStG hat die Körperschaft innerhalb eines Auszahlungszeitraums von 2008 bis 2017 einen Anspruch auf Auszahlung des Körperschaftsteuerguthabens in zehn gleichen Jahresbeträgen. Der Anspruch entsteht gem. § 37 Abs. 5 Satz 2 KStG mit Ablauf des 31. 12. 2006 oder des nach § 37 Abs. 4 Satz 2 oder Satz 3 maßgebenden Tages, d. h., im Falle einer Umwandlung gem. § 1 Abs. 1 UmwStG mit dem Tag des vor dem 31. 12. 2006 liegenden steuerlichen Übertragungsstichtages bzw. im Falle der Verteilung im Rahmen der Liquidation, die nach dem 12. 12. 2006 und vor 1. 1. 2007 stattfindet, auf den Tag, auf den die Liquidations-

---

[1] UmwSt-Erl 2011, Rz. 02.21, BStBl 2011 I 131.

schlussbilanz erstellt wird. Er wird nach § 37 Abs. 5 Satz 3 KStG für den gesamten Auszahlungszeitraum festgesetzt.

Die ursprüngliche Regelung zur Auszahlung sah vor, dass für das Jahr der Bekanntgabe des Bescheides und die vorangegangenen Jahre der Anspruch innerhalb eines Monats nach Bekanntgabe des Bescheides, für jedes weitere Jahr des Auszahlungszeitraumes jeweils am 30. 9. auszuzahlen ist. Diese Regelung ist mit dem JStG 2008 in der Weise geändert worden, als dass der Anspruch jeweils am 30. 9. auszuzahlen ist (§ 37 Abs. 5 Satz. 4 KStG). Nur für den Fall der Bekanntgabe des Bescheides nach dem 31.8.2008 sieht der Gesetzgeber in § 37 Abs. 5 Satz 5 KStG eine Ausnahme in der Weise vor, dass für das Jahr der Bekanntgabe des Bescheides und die vorangegangen Jahre der Anspruch innerhalb eines Monats nach Bekanntgabe des Bescheides auszuzahlen ist. Es bleibt allerdings dabei, dass die erste Auszahlung frühestens im Jahr 2008 stattfindet. Dadurch, dass sich eine KSt-Minderung i. S. d. § 37 Abs. 2 KStG letztmalig für offene Gewinnausschüttungen ergeben kann, die im Jahr 2006 erfolgten, kommt es im Ergebnis im Jahr 2007 zu einer Sperrung der KSt-Minderung (sog. kleines Moratorium).

§ 37 Abs. 5 Satz 6 KStG stellt klar, dass der Anspruch nicht verzinslich ist. Nach § 37 Abs. 5 Satz 7 KStG läuft die Festsetzungsfrist für die Festsetzung des Anspruchs nicht vor Ablauf des Jahres ab, in dem der letzte Jahresbetrag fällig geworden ist.

Mit dem Jahressteuergesetz 2008 wurden Satz 8 und Satz 9 dem § 37 Abs. 5 KStG angehängt. Demnach ist § 10d Abs. 4 Satz 4 und Satz 5 EStG sinngemäß anzuwenden. Auf die Abtretung und Verpfändung des Anspruchs ist § 46 Abs. 4 AO nicht anzuwenden.

Im Gesetz war bisher keine Aussage zu der Frage getroffen worden, ob der Festsetzungsbescheid zum Feststellungsbescheid des KSt-Guthabens wie ein Folge- zu einem Grundlagenbescheid zu behandeln ist. Durch die sinngemäße Anwendung des § 10d Abs. 4 Satz 4 und Satz 5 EStG ist dies jetzt sichergestellt. *Aufgrund der Feststellungen einer steuerlichen Außenprüfung kann diese Situation eintreten.*

Streitig ist die Frage, ob der Bescheid über die Festsetzung des Anspruchs auf Auszahlung des Körperschaftsteuerguthabens nach § 37 Abs. 5 KStG zu ändern und wegen des materiell-rechtlich zu niedrig angesetzten verwendbaren Eigenkapitals und Körperschaftsteuerguthabens der Auszahlungsanspruch zu erhöhen ist. Das FG Münster hat in einem Musterverfahren diese Frage verneint und die Revision wegen grundsätzlicher Bedeutung zugelassen.[1] Folgender Sachverhalt war der Hintergrund dieser Entscheidung:

Mit Bescheid v. 4.1.2005 über die gesonderte Feststellung der Endbestände gemäß § 36 Abs. 7 KStG und Bescheid zum 31.12.2001 über die gesonderte Feststellung der Besteuerungsgrundlagen gemäß § 27 Abs. 2, § 28 Abs. 1 und § 38 Abs. 1 KStG, wurde der Vorbehalt der Nachprüfung aufgehoben. Weitere Bescheide zum 31.12.2006 über die gesonderte Feststellung von Besteuerungsgrundlagen gemäß § 27 Abs. 2, § 28 Abs. 1 und § 38 Abs. 1 KStG vom 18.10.2007 und 30.1.2008 enthalten u. a. jeweils gleichlautend folgende Angaben. Unter Erläuterungen ist angegeben: „Der Anspruch auf Auszahlung des Körperschaftsteuerguthabens ab 2008 gem. § 37 Abs. 5 KStG wird mit gesondertem Bescheid zu einem späteren Zeitpunkt festgesetzt. Die dargestellte Ermittlung des Körperschaftsteuerguthabens ist unverbindlich und kann daher nicht mit dem Einspruch angefochten werden." Auch diese Bescheide ergingen unter dem Vorbehalt der Nachprüfung. Infolge eines Einspruchs wurde durch den Änderungsbescheid vom

---

[1] FG Münster, Urteil v. 14.11.2012 - 10 K 3207/11 F, NWB WAAAE-27763, EFG 2013, 32.

14.3.2011 das Körperschaftsteuerguthaben erhöht. Der Vorbehalt der Nachprüfung wurde aufgehoben. Die Klägerin vertrat weiterhin die Auffassung, aufgrund der Entscheidung des BVerG v. 17.11.2009 (1 BvR 2192/05) sei die Gliederung des verwendbaren Eigenkapitals beim Übergang vom Anrechnungsverfahren zum Halbeinkünfteverfahren gemäß § 36 Abs. 3 und 4 KStG für verfassungswidrig erklärt und der Gesetzgeber zu einer gesetzlichen Neuregelung verpflichtet worden. Aufgrund des Beschlusses des BVerfG sei das Körperschaftsteuerguthaben unmittelbar aus den vorhandenen Teilbeträgen des belasteten Eigenkapitals zu ermitteln und dem Bescheid über die Festsetzung des Anspruchs auf Auszahlung des Körperschaftsteuerguthabens zugrunde zu legen. Daher begehrte sie mit ihrer Klage eine weitere Änderung.

294 Nach § 46 Abs. 4 AO ist der geschäftsmäßige Erwerb von Erstattungs- oder Vergütungsansprüchen zum Zwecke der Einziehung oder sonstigen Verwertung auf eigene Rechnung unzulässig, mit Ausnahme der Sicherungsabtretung. Zum geschäftsmäßigen Erwerb und zur geschäftsmäßigen Einziehung der zur Sicherung abgetretenen Ansprüche sind gem. § 46 Abs. 4 Satz 3 AO nur Unternehmen befugt, denen das Betreiben von Bankgeschäften erlaubt ist. Diese Regelung gilt für die Abtretung des Auszahlungsanspruchs i. S. d. § 37 KStG nicht (§ 37 Abs. 5 Satz 9 KStG).

295 Neben der Übertragung durch Einzelrechtsnachfolge (z. B. durch Abtretung) kommt auch ein Übergang durch Gesamtrechtsnachfolge (Verschmelzung oder Spaltung) in Betracht.

I. Der Auszahlungsbetrag ändert sich in einem späteren VZ

296 In den Fällen, in denen es aufgrund einer stattgefundenen Betriebsprüfung für VZ vor 2007 aufgrund von Mehr- oder Minderergebnissen zu einer Aufhebung oder Änderung des Bescheides über die Festsetzung des Anspruch nach § 37 Abs. 5 KStG kommt, wird der positive Unterschiedsbetrag, um den der Anspruch, der sich aus dem geänderten Bescheid ergibt, die Summe der Auszahlungen, die bis zur Bekanntgabe des neuen Bescheids geleistet worden sind, übersteigt, auf die verbleibenden Fälligkeitstermine des Auszahlungszeitraums verteilt (§ 37 Abs. 6 Satz 1 KStG). Unklar bleibt in diesem Zusammenhang, ob der Gesetzgeber mit dieser Regelung eine „gleichmäßige" Verteilung auf die verbleibenden Fälligkeitstermine des Auszahlungszeitraumes meinte; aus dem Gesetzeswortlaut ist dies nicht zu entnehmen.

297 Übersteigt im Gegensatz dazu die Summe der Auszahlungen, die bis zur Bekanntgabe des neuen Bescheids geleistet worden sind, den "neuen" Auszahlungsanspruch, der sich aus dem geänderten Bescheid ergibt, ist der Unterschiedsbetrag innerhalb eines Monats nach Bekanntgabe des Bescheids zu entrichten (§ 37 Abs. 6 Satz 2 KStG).

298–307 *(Einstweilen frei)*

II. Ertragsteuerliche Behandlung des Auszahlungsbetrags

308 Gemäß § 37 Abs. 7 Satz 1 KStG gehören Erträge und Gewinnminderungen, die sich aus der Anwendung des Abs. 5 ergeben, nicht zu den Einkünften i. S. d. EStG.

309 Dadurch, dass das Körperschaftsteuerguthaben letztmalig auf den 31.12.2006 zu ermitteln ist, und die Körperschaft innerhalb eines Auszahlungszeitraums von 2008 bis 2017 einen Anspruch auf Auszahlung des Körperschaftsteuerguthabens in zehn gleichen Jahresbeträgen hat, hängt die Realisierung des Guthabens nicht mehr von einem tatsächlichen Ausschüttungsvorgang ab und ist insofern bei der Körperschaft als Forderung gegenüber dem Finanzamt zu aktivieren.

Zu der bisher in der Literatur umstrittenen Frage, ob der Erstattungsanspruch zum 31.12.2006 zum Nennwert zu aktivieren ist oder als unverzinsliche Forderung mit dem Barwert zum Ansatz kommen muss, hat die Finanzverwaltung in dem BMF-Schreiben v. 14.1.2008[1] zwischenzeitlich Stellung bezogen. Demzufolge ist der nicht von einer Antragsstellung abhängige Auszahlungsanspruch entsprechend bei einem mit dem Kalenderjahr übereinstimmenden Wirtschaftsjahr in der Handels- und Steuerbilanz des Anspruchsberechtigten zum 31.12.2006 gewinnerhöhend anzusetzen und mit dem Barwert zu bewerten. Der Barwert ist auf der Grundlage des Marktzinses am Bilanzstichtag zu ermitteln. Als Orientierungshilfe kann z.B. die Verzinsung von Bundesanleihen herangezogen werden.[2] Der Ansatz mit dem Barwert ist zu bejahen, da im Falle einer Bewertung zum Nennwert durch den Ausweis nicht realisierter (zukünftiger) Zinserträge ein Verstoß gegen das handelsrechtliche Realisationsprinzip (§ 252 Abs. 1 HGB) vorläge.[3]

Die handelsrechtliche Gewinnerhöhung aus der Aktivierung des Körperschaftsteuerguthabens ist gem. § 37 Abs. 7 KStG bei der Ermittlung des zu versteuernden Einkommens außerbilanziell zu neutralisieren. Die Vereinnahmung der zehn Jahresraten führt in Höhe des Zinsanteils zu einer Gewinnrealisation, die wie die Aktivierung des Anspruchs bei der Ermittlung des zu versteuernden Einkommens außerbilanziell zu neutralisieren ist. Gewinnminderungen im Zusammenhang mit dem Körperschaftsteuerguthaben (z.B. Zinsverluste, Abzinsung auf den Barwert, Rückzahlungen oder Verluste bei Übertragung des Anspruchs) wirken sich entsprechend ebenfalls nicht auf die Höhe des zu versteuernden Einkommens aus.

BEISPIEL: Das bei der X-GmbH zum 31.12.2006 festgestellte Körperschaftsteuerguthaben beläuft sich auf zutreffend 150 000 €. Bei der Berechnung wird von einem Zins von 4 % für den gesamten Auszahlungszeitraum ausgegangen.

Handelsrechtlich ist die Forderung in der Bilanz der X-GmbH aufgrund der Unverzinslichkeit nicht mit den Anschaffungskosten, sondern mit dem abgezinsten niedrigeren beizulegenden Wert (§ 253 Abs. 3 Satz 2 HGB) zu aktivieren. Für steuerliche Zwecke ist die Forderung aufgrund des Maßgeblichkeitsprinzips (§ 5 Abs. 1 Satz 1 EStG) zwingend mit dem niedrigeren Teilwert (§ 6 Abs. 1 Nr. 2 Satz 2 EStG) zu bewerten. Der ermittelte Barwert der Gesamtforderung beläuft sich auf 118 119,84 €. Rechentechnisch erfolgt eine separate Abzinsung der ab dem Jahr 2008 jährlich auszuzahlenden Beträge von jeweils 15 000 € zum 30.9. eines jeden Jahres. Die Addition der einzelnen Beträge stellt die Gesamthöhe der abgezinsten Forderung zum jeweiligen Bilanzstichtag dar.

Zeitraum	Bilanzstichtag	Zahlbetrag	Bilanzwert	Steuerertrag
30.9.2018	31.12.2017	0,00	0,00	436,89
30.9.2017	31.12.2016	15 000,00	14 563,11	997,02
30.9.2016	31.12.2015	15 000,00	28 566,09	1 535,59
30.9.2015	31.12.2014	15 000,00	42 030,50	2 053,45
30.9.2014	31.12.2013	15 000,00	54 977,05	2 551,39
30.9.2013	31.12.2012	15 000,00	67 425,66	3 030,19

---

1 BStBl 2008 I 2890.
2 So auch *Ortmann-Babel/Bolik*, BB 2007, 73, 75, die unter Berufung auf Beratungsergebnisse des HFA des IDW ausführen, dass als Orientierungshilfe hinsichtlich des Prozentsatzes der Abzinsung z.B. die Verzinsung von Bundesanleihen herangezogen werden kann.
3 So auch *Förster/Felchner*, DStR 2007, 280, m.w.N.

30.9.2012	31.12.2011	15 000,00	79 395,47	3 490,56
30.9.2011	31.12.2010	15 000,00	90 904,91	3 933,24
30.9.2010	31.12.2009	15 000,00	101 971,67	4 358,88
30.9.2009	31.12.2008	15 000,00	112 612,79	4 768,15
30.9.2008	31.12.2007	15 000,00	122 844,64	4 724,80
30.9.2007	1.12.2006	0,00	118 119,84	118 119,84

Buchung am 31.12.2006:

Sonstige Forderung 118 119,84 €

an Erträge aus Steuern 118 119,84 €

Zum 31.12.2007 wird durch eine Neuberechnung (Barwert zum 31.12.2007: 122 844,64 €) eine buchhalterische Anpassung in Höhe der Differenz von 4 724,80 € notwendig. Diese errechnet sich wie folgt: 122 844,64 € - 118 119,84 € = 4 724,80 €.

Die zum 31.12.2007 vorzunehmende Buchung lautet:

Sonstige Forderung 4 724,80 €

an Erträge aus Steuern 4 724,80 €

Kommt es erstmals im Jahr 2008 zu einer Auszahlung i.H.v. 1/10 des zum 31.12.2006 festgestellten Körperschaftsteuerguthabens i.H.v. 15 000 €, vermindert sich der als sonstige Forderung eingebuchte Betrag entsprechend. Allerdings ist zum 31.12.2008 wieder eine Neuberechnung des Barwertes vorzunehmen.

Buchung im lfd. Jahr 2008:

Bank 15 000,00 €

an sonstige Forderung 15 000,00 €

Buchung am 31.12.2008:

Sonstige Forderung 4 768,15 €

an Erträge aus Steuern 4 768,15 €

Die Erhöhung der sonstigen Forderung zum 31.12.2008 errechnet sich wie folgt:

Barwert zum 31.12.2007 i.H.v. 122 844,64 € abzüglich der in 2008 ausgezahlten 15 000 € = 107 844,64 €. Dieser Rechenwert ist mit dem neu berechneten Barwert zum 31.12.2008 i.H.v. 112 612,79 € zu vergleichen. Um die ermittelte Differenz von 4 768,15 € (112 612,79 € - 107 844,64 €) ist die sonstige Forderung erfolgswirksam zu erhöhen.

Die jeweiligen Erträge aus Steuern erhöhen den handelsrechtlichen Jahresüberschuss der GmbH. Dieser Ertrag darf allerdings das zu versteuernde Einkommen nicht erhöhen. Insofern ist eine außerbilanzielle Korrektur durch Abzug im jeweiligen Jahr vorzunehmen.

BEISPIEL: Beispiel für das Vorgehen in den Jahren 2006 bis 2008:

Der handelsrechtliche Jahresüberschuss zum 31.12.2006 beträgt:	118 119,84 €
./. außerbilanzielle Korrektur gem. § 37 Abs. 7 KStG	./. 118 119,84 €
= zu versteuerndes Einkommen der GmbH	0,00 €
Der handelsrechtliche Jahresüberschuss zum 31.12.2007 beträgt:	4 724,80 €
./. außerbilanzielle Korrektur gem. § 37 Abs. 7 KStG	./. 4 724,80 €
= zu versteuerndes Einkommen der GmbH	0,00 €
Der handelsrechtliche Jahresüberschuss zum 31.12.2008 beträgt:	4 768,15 €
./. außerbilanzielle Korrektur gem. § 37 Abs. 7 KStG	./. 4 768,15 €
= zu versteuerndes Einkommen der GmbH	0,00 €

§ 37 Abs. 7 KStG gilt nur für Körperschaften, denen gegenüber der Anspruch nach § 37 Abs. 5 KStG festgesetzt wurde. Die Regelung gilt darüber hinaus auch für Gesamtrechtsnachfolger, wenn der übernehmende Rechtsträger den Regelungen des KStG unterliegt. Nach Umwandlung auf eine Personengesellschaft ist § 37 Abs. 7 KStG auch insoweit nicht anzuwenden, als an der Personengesellschaft Körperschaften beteiligt sind. § 37 Abs. 7 KStG findet des Weiteren keine Anwendung für anderweitig erworbene Auszahlungsansprüche. In diesen Fällen hat der Erwerber den Auszahlungsanspruch mit den Anschaffungskosten zu aktivieren. Die Ratenzahlungen bleiben in Höhe des Tilgungsanteils erfolgsneutral. Der Zinsanteil wirkt sich erhöhend auf den Gewinn aus und darf nicht nach § 37 Abs. 7 KStG bei der Ermittlung des Einkommens neutralisiert werden. 312

In Organschaftsfällen ist der Anspruch einer Organgesellschaft auf Auszahlung ihres Körperschaftsteuerguthabens bei der jeweiligen Organgesellschaft zu erfassen. Ein durch die Aktivierung des abgezinsten Anspruchs erhöhtes handelsrechtliches Ergebnis der Organgesellschaft ist im Rahmen des Ergebnisabführungsvertrags ebenso an den Organträger abzuführen wie Erträge aus einer späteren Aufzinsung und der Auszahlung der jährlichen Raten (Differenz zwischen der tatsächlichen Auszahlung und der Verringerung der abgezinsten Forderung). 313

§ 38 Körperschaftsteuererhöhung

(1) ¹Ein positiver Endbetrag im Sinne des § 36 Abs. 7 aus dem Teilbetrag im Sinne des § 30 Abs. 2 Nr. 2 in der Fassung des Artikels 4 des Gesetzes vom 14. Juli 2000 (BGBl I S. 1034) ist auch zum Schluss der folgenden Wirtschaftsjahre fortzuschreiben und gesondert festzustellen. ²§ 27 Abs. 2 gilt entsprechend. ³Der Betrag verringert sich jeweils, soweit er als für Leistungen verwendet gilt. ⁴Er gilt als für Leistungen verwendet, soweit die Summe der Leistungen, die die Gesellschaft im Wirtschaftsjahr erbracht hat, den um den Bestand des Satzes 1 verminderten ausschüttbaren Gewinn (§ 27) übersteigt. ⁵Maßgeblich sind die Bestände zum Schluss des vorangegangenen Wirtschaftsjahrs. ⁶Die Rückzahlung von Geschäftsguthaben an ausscheidende Mitglieder von Genossenschaften stellt, soweit es sich dabei nicht um Nennkapital im Sinne des § 28 Abs. 2 Satz 2 handelt, keine Leistung im Sinne der Sätze 3 und 4 dar. ⁷Satz 6 gilt nicht, soweit der unbelastete Teilbetrag im Sinne des Satzes 1 nach § 40 Abs. 1 oder Abs. 2 infolge der Umwandlung einer Körperschaft, die nicht Genossenschaft im Sinne des § 34 Absatz 13 ist, übergegangen ist.

(2) ¹Die Körperschaftsteuer des Veranlagungszeitraums, in dem das Wirtschaftsjahr endet, in dem die Leistungen erfolgen, erhöht sich um ³/₇ des Betrags der Leistungen, für die ein Teilbetrag aus dem Endbetrag im Sinne des Absatzes 1 als verwendet gilt. ²Die Körperschaftsteuererhöhung mindert den Endbetrag im Sinne des Absatzes 1 bis zu dessen Verbrauch. ³Satz 1 ist letztmals für den Veranlagungszeitraum anzuwenden, in dem das 18. Wirtschaftsjahr endet, das auf das Wirtschaftsjahr folgt, auf dessen Schluss nach § 37 Abs. 1 Körperschaftsteuerguthaben ermittelt werden.

(3) ¹Die Körperschaftsteuer wird nicht erhöht, soweit eine von der Körperschaftsteuer befreite Körperschaft Leistungen an einen unbeschränkt steuerpflichtigen, von der Körperschaftsteuer befreiten Anteilseigner oder an eine juristische Person des öffentlichen Rechts vornimmt. ²Der Anteilseigner ist verpflichtet, der ausschüttenden Körperschaft seine Befreiung durch eine Bescheinigung des Finanzamts nachzuweisen, es sei denn, er ist eine juristische Person des öffentlichen Rechts. ³Das gilt nicht, soweit die Leistung auf Anteile entfällt, die in einem wirtschaftlichen Geschäftsbetrieb gehalten werden, für den die Befreiung von der Körperschaft-

steuer ausgeschlossen ist, oder in einem nicht von der Körperschaftsteuer befreiten Betrieb gewerblicher Art.

(4) ¹Der Endbetrag nach Absatz 1 wird letztmalig auf den 31. Dezember 2006 ermittelt und festgestellt. ²Wird das Vermögen einer Körperschaft oder Personenvereinigung im Rahmen einer Liquidation im Sinne des § 11 nach dem 31. Dezember 2006 verteilt, wird der Endbetrag im Sinne des Satzes 1 letztmalig auf den Schluss des letzten vor dem 1. Januar 2007 endenden Besteuerungszeitraums festgestellt. ³Bei über den 31. Dezember 2006 hinaus fortdauernden Liquidationen endet der Besteuerungszeitraum nach § 11 auf Antrag der Körperschaft oder Personenvereinigung mit Ablauf des 31. Dezember 2006. ⁴Die Absätze 1 bis 3 sind letztmals auf Leistungen anzuwenden, die vor dem 1. Januar 2007 oder dem nach Satz 2 maßgebenden Zeitpunkt erfolgt sind.

(5) ¹Der Körperschaftsteuererhöhungsbetrag beträgt $3/100$ des nach Absatz 4 Satz 1 festgestellten Endbetrags. ²Er ist begrenzt auf den Betrag, der sich nach den Absätzen 1 bis 3 als Körperschaftsteuererhöhung ergeben würde, wenn die Körperschaft oder Personenvereinigung ihr am 31. Dezember 2006 oder an dem nach Absatz 4 Satz 2 maßgebenden Zeitpunkt bestehendes Eigenkapital laut Steuerbilanz für eine Ausschüttung verwenden würde. ³Ein Körperschaftsteuererhöhungsbetrag ist nur festzusetzen, wenn er 1.000 Euro übersteigt.

(6) ¹Die Körperschaft oder deren Rechtsnachfolger hat den sich nach Absatz 5 ergebenden Körperschaftsteuererhöhungsbetrag innerhalb eines Zeitraums von 2008 bis 2017 in zehn gleichen Jahresbeträgen zu entrichten (Zahlungszeitraum). ²Satz 1 gilt nicht für Körperschaften oder Personenvereinigungen, die sich am 31. Dezember 2006 bereits in Liquidation befanden. ³Der Anspruch entsteht am 1. Januar 2007. ⁴Der Körperschaftsteuererhöhungsbetrag wird für den gesamten Zahlungszeitraum festgesetzt. ⁵Der Jahresbetrag ist jeweils am 30. September fällig. ⁶Für das Jahr der Bekanntgabe des Bescheids und die vorangegangenen Jahre ist der Jahresbetrag innerhalb eines Monats nach Bekanntgabe des Bescheids fällig, wenn die Bekanntgabe des Bescheids nach dem 31. August 2008 erfolgt. ⁷In den Fällen des Satzes 2 ist der gesamte Anspruch innerhalb eines Monats nach Bekanntgabe des Bescheids fällig. ⁸Der Anspruch ist nicht verzinslich. ⁹Die Festsetzungsfrist für die Festsetzung des Körperschaftsteuererhöhungsbetrags läuft nicht vor Ablauf des Jahres ab, in dem der letzte Jahresbetrag fällig geworden ist.

(7) ¹Auf Antrag kann die Körperschaft oder deren Rechtsnachfolger abweichend von Absatz 6 Satz 1 den Körperschaftsteuererhöhungsbetrag in einer Summe entrichten. ²Der Antrag kann letztmals zum 30. September 2015 gestellt werden. ³Anstelle des jeweiligen Jahresbetrags ist zu dem Zahlungstermin, der auf den Zeitpunkt der Antragstellung folgt, der zu diesem Termin nach Absatz 6 Satz 4 fällige Jahresbetrag zuzüglich der noch nicht fälligen Jahresbeträge abgezinst mit einem Zinssatz von 5,5 Prozent zu entrichten. ⁴Mit der Zahlung erlischt der gesamte Anspruch. ⁵Die Sätze 3 und 4 sind in den Fällen des Absatzes 6 Satz 7, des Absatzes 8 und des Absatzes 9 Satz 1 und 2 von Amts wegen anzuwenden.

(8) Bei Liquidationen, die nach dem 31. Dezember 2006 beginnen, werden alle entstandenen und festgesetzten Körperschaftsteuererhöhungsbeträge an dem 30. September fällig, der auf den Zeitpunkt der Erstellung der Liquidationseröffnungsbilanz folgt.

(9) ¹Geht das Vermögen einer unbeschränkt steuerpflichtigen Körperschaft oder Personenvereinigung durch einen der in § 1 Abs. 1 Nr. 1 des Umwandlungssteuergesetzes vom 7. Dezember 2006 (BGBl I S. 2782, 2791) in der jeweils geltenden Fassung genannten Vorgänge ganz oder teilweise auf eine nicht unbeschränkt steuerpflichtige Körperschaft oder Personenvereinigung

über oder verlegt eine unbeschränkt steuerpflichtige Körperschaft oder Personenvereinigung ihren Sitz oder Ort der Geschäftsleitung und endet dadurch ihre unbeschränkte Steuerpflicht, werden alle entstandenen und festgesetzten Körperschaftsteuererhöhungsbeträge an dem 30. September fällig, der auf den Zeitpunkt des Vermögensübergangs oder des Wegzugs folgt. ²Ist eine Festsetzung nach Absatz 6 noch nicht erfolgt, ist der gesamte Anspruch innerhalb eines Monats nach Bekanntgabe des Bescheids fällig. ³Satz 1 gilt nicht, wenn der übernehmende Rechtsträger in einem anderen Mitgliedstaat der Europäischen Union unbeschränkt steuerpflichtig ist oder die Körperschaft oder Personenvereinigung in den Fällen des Wegzugs in einem anderen Mitgliedstaat der Europäischen Union unbeschränkt steuerpflichtig wird.

(10) § 37 Abs. 6 und 7 gilt entsprechend.

Inhaltsübersicht

	Rz.
A. Allgemeiner Überblick über § 38 KStG	1 - 15
B. Ehemaliges EK 02 bleibt weiter erhalten	16 - 69
I. Jährliche Fortschreibung und gesonderte Feststellung	30 - 39
II. Für welche Leistungen gilt EK 02 als verwendet?	40 - 58
III. Die Bestände zum Schluss des vorangegangenen Wirtschaftsjahres sind maßgeblich	59 - 69
C. Körperschaftsteuererhöhung durch Verwendung von EK 02	70 - 84
D. Ausnahmen von der Körperschaftsteuererhöhung	85 - 99
E. Bilanzielle Darstellung der Körperschaftsteuererhöhung nach § 38 Abs. 2 KStG	100 - 114
F. Mehrfachverwendung durch ein Nebeneinander von Körperschaftsteuerminderung, Körperschaftsteuererhöhung und Minderung des steuerlichen Einlagekontos	115 - 129
G. Systemänderung durch ratierliche Fälligkeit der Körperschaftsteuererhöhung	130 - 224
I. Letztmaliges Ermitteln und Feststellen des EK 02 Endbetrages	131 - 144
II. Der Körperschaftsteuererhöhungsbetrag	145 - 154
III. Zahlungszeitraum	155 - 169
IV. Entstehung und Bilanzierung	170 - 184
V. Antrag auf Entrichtung des Erhöhungsbetrags in einer Summe	185 - 204
VI. Liquidationen, die nach dem 31. 12. 2006 beginnen	205 - 211
VII. Beendigung der unbeschränkten Steuerpflicht	212 - 223
VIII. Steuerliche Behandlung des Erhöhungsbetrages	224

A. Allgemeiner Überblick über § 38 KStG

LITERATURHINWEISE:

Frotscher, Die körperschaftsteuerliche Übergangsregelung im Körperschaftsteuerrecht, DStZ 2000, 737; *Dötsch/Pung*, Ausgewählte Fragen zu der letztmaligen Anwendung des Anrechnungsverfahrens sowie zu der erstmaligen Anwendung des Halbeinkünfteverfahrens, GmbHR 2001, 641; *Hoffmann*, Die „EK-02-Falle" von 2001 bis 2015, GmbH-StB 2001, 34; *Lang*, Das System der Ausschüttungen in der fünfzehnjährigen Übergangszeit, DB 2002, 1793; *Rödder/Schumacher*, Der Regierungsentwurf eines Gesetzes zur Fortentwicklung des Unternehmensteuerrechts, DStR 2001, 1685; *Schiffers*, Besteuerungszeitpunkt von Dividenden, GmbH-StB 2001, 14; *Schwedhelm/Olbing/Binnewies*, Gestaltungsüberlegungen zum Jahreswechsel 2001/2002 rund um die GmbH, GmbHR 2001, 1069; *Schwedhelm/Olbing/Binnewies*, Gestaltungsüberlegungen zum Jahreswechsel 2002/2003 rund um die GmbH, GmbHR 2002, 1157; *Semmler*, Körperschaftsteuererhöhung nach dem KStG 2001 für Gewinnausschüttungen, die dem AnrV unterliegen, DStR 2002, 391; *Schnitger*, Verstoßen KSt-Erhöhung und Gesellschafter-Fremdfinanzierung gegen die Mutter-Tochter-Richtlinie ?, GmbHR 2003, 1240; *Semmler*, KSt-Minderung und KSt-Erhöhung nach dem StVergAbG, NWB F. 4, 4725; *Graf zu Solms-Laubach*, § 33 Abs. 2 KStG: KSt-Erhöhung durch Verlustrücktrag?, DStR 2004, 1024; *Kussmaul/Richter/Meyering*, Probleme bei der Ermittlung der KSt-Erhöhung im

Rahmen von § 38 Abs. 2 KStG (EK 02), DB 2004, 1907; *Blumenberg/Lechner*, Der Regierungsentwurf des SEStEG: Entstrickung und Sitzverlegung bei Kapitalgesellschaften, Neuerungen beim Einlagekonto, KSt-Minderung und -Erhöhung sowie sonstige Änderungen im KSt-Recht, BB 44/2006, BB-special, 25; *Dötsch/Pung*, SEStEG: Die Änderungen des KStG, DB 2006, 2648; *Förster/Felchner*, Auszahlung des KSt-Guthabens nach dem Regierungsentwurf des SEStEG, DStR 2006, 1725; *Frotscher*, Zur Europarechtswidrigkeit der »Nachversteuerung« nach § 38 KStG, BB 2006, 861; *Rödder/Schumacher*, Das kommende SEStEG: Die geplanten Änderungen des EStG, KStG und des AStG, DStR 2006, 1481; *Schönherr/Lemaitre*, Der Entwurf des SEStEG: Geplante Änderungen im EStG, KStG und GewStG, GmbHR 2006, 561; *Winkeljohann/Fuhrmann*, SEStEG: Einlagekonto, KSt-Guthaben und Nachversteuerung von EK 02-Beträgen auf dem Weg nach Europa, DB 2006, 1862; *Schneider*, Änderungen im KSt-Recht nach dem SEStEG, NWB 2007, F. 4, 5139; *Dötsch/Pung*, JStG 2008: Die Änderungen des KStG, des UmwStG und des GewStG, DB 2007, 2669; *Brockmann/Hörster*, JStG 2008 – Überblick über die Änderungen im EStG und KStG, NWB 2008, F. 2 9641; *Ott*, Rechtsfolgen der Antragstellung nach § 34 Abs. 16 KStG auf Weitergeltung der §§ 38 und 40 KStG, DStZ 2008, 577; *ders.*, Ges. Zwangsbesteuerung des Alt-EK 02 nach den Änderungen durch das JStG 2008, DStZ 2008, 274; *Frotscher/Maas*, KStG Kommentar, Stand: 21. 12. 2011; *Dötsch/Pung/Möhlenbrock*, Kommentar zum Körperschaftsteuergesetz und Einkommensteuergesetz, Stuttgart 2014; *Klein/Müller/Lieber*, Änderung der Unternehmensform, 11. Aufl., Herne 2017.

1 In § 38 Abs. 1 KStG ist geregelt, dass das **ehemalige EK 02** (§ 30 Abs. 2 Nr. 2 KStG a. F.) auch weiterhin zum Schluss der folgenden Wirtschaftsjahre **fortzuschreiben und gesondert festzustellen** ist, längstens jedoch für einen Zeitraum von 18 Wirtschaftsjahren. Die Höhe einer Verringerung des fortzuführenden Eigenkapitalteilbetrags durch Verwendung ist nach den Sätzen 3 und 4 des § 38 Abs. 1 KStG zu berechnen und vorzunehmen.

2 In § 38 Abs. 2 KStG ist materiell-rechtlich geregelt, wie sich das ehemalige EK 02 bei Vorliegen bestimmter Tatbestände fortentwickelt und welche Konsequenzen daraus für die Körperschaftsteuer in dem betreffenden Wirtschaftsjahr zu ziehen sind.

3 § 38 Abs. 3 KStG bestimmt, dass es zu keiner Körperschaftsteuererhöhung kommt, soweit eine von der Körperschaftsteuer befreite Körperschaft Leistungen an einen unbeschränkt steuerpflichtigen, von der Körperschaftsteuer befreiten Anteilseigner oder an einer **juristischen Person des öffentlichen Rechts** vornimmt.

4 Nach § 34 Abs. 4 Satz 1 KStG ist § 38 KStG erstmals für den Veranlagungszeitraum anzuwenden, für den das KStG i. d. F. des Art. 3 des Gesetzes v. 23. 10. 2000[1] erstmals anzuwenden ist.

5 Zu einer Körperschaftsteuererhöhung nach § 38 KStG kann es – anders als bei der Körperschaftsteuerminderung nach § 37 KStG – erstmals bereits im ersten Jahr kommen, in dem neues Recht gilt. In den Fällen in denen nach § 34 Abs. 12 KStG n. F. die Ausschüttungsbelastung letztmals herzustellen ist, ist die Körperschaftsteuererhöhung nach § 38 KStG ausgeschlossen.[2]

6 Im Rahmen des StVergAbG wurde die ursprünglich in das Gesetz aufgenommene 15-jährige **Übergangsfrist vom Anrechnungs- auf das Halbeinkünfteverfahren** parallel zu § 37 Abs. 2 KStG auf einen Zeitraum von 18 Jahren verlängert.

7 Von § 38 KStG sind alle Körperschaften betroffen, die aus der Zeit des Anrechnungsverfahrens über § 36 Abs. 7 KStG **nach der Umgliederung einen positiven EK-02-Bestand** mit in die Zeit des Halbeinkünfteverfahrens **übernommen** haben. Für im Zeitraum des Halbeinkünfteverfahrens neu gegründete Körperschaften kommt § 38 KStG nur dann zur Anwendung, wenn durch

---

1 BGBl 2000 I 1433.
2 BMF, Schreiben v. 6. 11. 2003, BStBl 2003 I 575, Tz. 42.

Umwandlung ehemaliges EK 02 auf die neu gegründete Körperschaft übergeht, ansonsten sind neu gegründete Körperschaften von § 38 KStG nicht betroffen.

Durch das JStG 2008[1] ist die Vorschrift durch Anfügung der Abs. 4 bis 10 vollständig umgestaltet worden. Der KSt – Erhöhungsbetrag wird pauschal ermittelt und ist in gleichmäßigen Raten über zehn Jahre zu entrichten.

(Einstweilen frei)

B. Ehemaliges EK 02 bleibt weiter erhalten

Bei **Kapitalgesellschaften mit kalendergleichem Wirtschaftsjahr** gilt das neue Recht ab dem Veranlagungszeitraum 2001, weicht das Wirtschaftsjahr vom Kalenderjahr ab, findet das Halbeinkünfteverfahren erst ab 2002 Anwendung. Für eine Übergangszeit von 2001 bis 2018 kann sich weiterhin eine Körperschaftsteuererhöhung ergeben. Das Anrechnungsverfahren ist jedoch letztmals für Gewinnausschüttungen im Laufe des Jahres 2001 anzuwenden, bei abweichendem Wirtschaftsjahr letztmals für Gewinnausschüttungen im Laufe des Wirtschaftsjahres 2001/2002. Nach neuem Recht fällt zwar die im Anrechnungsverfahren erforderliche Gliederungsrechnung weg, jedoch existieren weiterhin „**Töpfe**", aus denen die Gewinnausschüttungen finanziert werden.

Außer dem Bestand an EK 40, aus dem das Körperschaftsteuerguthaben hervorgeht, wird auf die Dauer von 18 Jahren das EK 02 weiterhin ausgewiesen sowie das EK 04, das als **steuerliches Einlagekonto** fortzuführen ist. Die übrigen Teilbeträge werden nicht weitergeführt, die darin ausgewiesenen Rücklagen sind im sog. **neutralen Vermögen** enthalten, welches nicht gesondert festgestellt wird.

BEISPIEL: Die A-GmbH hat ein mit dem Kalenderjahr identisches Wirtschaftsjahr und weist zum 31.12.2000 folgende Bestände an verwendbarem Eigenkapital aus (bereits in € umgerechnet):

EK 40	360.000 €
EK 01	- 30.000 €
EK 02	60.000 €

Das negative EK 01 ist zunächst mit dem positiven EK 02 zu verrechnen (§ 36 Abs. 5 Satz 2 KStG). Anschließend sind das Körperschaftsteuerguthaben, welches aus dem EK 40 hervorgeht sowie das verbleibende EK 02 gesondert festzustellen. Die Umgliederung gestaltet sich wie folgt:

	EK 40	EK 01	EK 02
	€	€	€
Bestand 31.12.2000	360.000	- 30.000	60.000
Umgliederung des negativen EK 01 in EK 02		+ 30.000	./. 30.000
Verwendbares EK nach Umgliederung	360.000	0	30.000

Das Körperschaftsteuerguthaben beträgt $1/6$ von 360.000 € = 60.000 €, der positive Endbestand an ehemaligem EK 02 i. H. v. 30.000 € ist fortzuführen.

Während des 18-jährigen Weiterbestehens des EK 02 können sich, abgesehen von Veränderungen durch eine steuerliche Außenprüfung oder Fälle von Umwandlungen, keine Zugänge

---

[1] Gesetz v. 20.12.2007, BStBl 2008 I 218.

mehr ergeben. Dagegen können Abgänge mit der Folge einer Körperschaftsteuererhöhung durch Gewinnausschüttungen ausgelöst werden.

19 **Nicht nur** die **Altbestände** der ehemaligen EK 30-, EK 01- und EK 03-Töpfe gehen in das „neutrale Vermögen" über, sondern **auch neu entstandene Gewinne** in der Zeit des Halbeinkünfteverfahrens. Sind nach der 18-jährigen Übergangszeit noch Bestände an EK 02 vorhanden, gehen diese ebenfalls in das neutrale Vermögen über, so dass eine Körperschaftsteuererhöhung nach dieser Übergangszeit endgültig entfällt.

20 Dadurch, dass während der 18-jährigen Übergangszeit nicht sämtliche „Töpfe", die für eine Gewinnausschüttung herangezogen werden können, gesondert festgehalten werden, ergibt sich folgende Übersicht:

- ▶ das **Körperschaftsteuerguthaben** (Übergangsregelung mit gesonderter Feststellung bis 2018 bzw. bei abweichendem Wirtschaftsjahr bis 2018/2019),
- ▶ das **ehemalige EK 02** (Übergangsregelung mit gesonderter Feststellung bis 2018 bzw. bei abweichendem Wirtschaftsjahr bis 2018/2019),
- ▶ das **steuerliche Einlagekonto** (hervorgegangen aus dem ehemaligen EK 04 mit gesonderter Feststellung auf unbestimmte Zeit),
- ▶ **ehemaliges EK 01, 03 und 30**, Negativbestände beim EK 02 und 04 sowie neu geschaffenes neutrales Vermögen in Form von steuerpflichtigen und steuerfreien Vermögensmehrungen bzw. -minderungen.

21–29 *(Einstweilen frei)*

I. Jährliche Fortschreibung und gesonderte Feststellung

30 Gemäß § 38 Abs. 1 Satz 1 KStG ist der EK-02-Bestand für einen Übergangszeitraum von 18 Jahren zum Schluss der folgenden Wirtschaftsjahre fortzuschreiben und gesondert festzustellen. Zu einer Körperschaftsteuererhöhung kommt es gem. § 38 Abs. 2 Satz 3 KStG **letztmalig** für den Veranlagungszeitraum, in dem das 18. Wirtschaftsjahr endet, das auf das Wirtschaftsjahr folgt, auf dessen Schluss nach § 37 Abs. 1 KStG Körperschaftsteuerguthaben ermittelt werden. Bei kalendergleichem Wirtschaftsjahr ist spätestens zum 31.12.2018 das EK 02 letztmalig festzustellen, zu einer Körperschaftsteuererhöhung kommt es letztmalig in 2019, wenn für das Jahr 2018 eine offene Gewinnausschüttung vorgenommen wird, für die EK 02 als verwendet gilt.

31 Gilt für eine Leistung EK 02 als verwendet, wird der festgestellte Betrag des EK 02 um den Betrag dieser Leistung und zusätzlich um den Betrag der Körperschaftsteuererhöhung gemindert, höchstens aber bis zum Verbrauch des EK 02.

32–39 *(Einstweilen frei)*

II. Für welche Leistungen gilt EK 02 als verwendet?

40 Nach § 38 Abs. 1 Satz 3 KStG verringert sich der Betrag des EK 02 jeweils, **soweit er als für Leistungen verwendet gilt**. Im Falle einer Verwendung mindert auch der Körperschaftsteuererhöhungsbetrag den Endbetrag bis zu dessen Verbrauch (§ 38 Abs. 2 Satz 2 KStG). Der Gesetzgeber hat in § 38 Abs. 1 Satz 4 KStG eine **Fiktion** aufgestellt, wonach der Betrag als für Leistungen verwendet gilt, soweit die Summe der Leistungen, die die Gesellschaft im Wirtschaftsjahr er-

bracht hat, den um den Bestand des § 38 Abs. 1 Satz 1 KStG verminderten ausschüttbaren Gewinn (§ 27 KStG) übersteigt.

Anders als in § 28 Abs. 3 KStG a. F., wonach eine Verwendungsreihenfolge für Gewinnausschüttungen gesetzlich vorgeschrieben war, lässt sich innerhalb des 18-jährigen Übergangszeitraumes die **Gewinnverwendungsreihenfolge** aus § 27 Abs. 1 i.V. m. §§ 37 Abs. 1, 38 Abs. 1 KStG ableiten. Demzufolge gelten in folgender Reihenfolge als zunächst verwendet:

- Körperschaftsteuerguthaben, welches aus dem ehemaligen EK 40 hervorgegangen ist,
- **Altrücklagen** aus ehemaligen EK 30, EK 01 und EK 03 sowie **neu gebildete Rücklagen**, die nach dem Übergang zum Halbeinkünfteverfahren entstanden sind (sog. neutrales Vermögen, das nicht gesondert festgestellt wird),
- aus dem Anrechnungsverfahren herrührende Rücklagen aus EK 02, die zu einer Körperschaftsteuererhöhung führen,
- Verwendung aus dem **steuerlichen Einlagekonto** (ehemaliges EK 04).

Für die Rechnung nach § 38 Abs. 1 Satz 4 KStG sind **alle Leistungen eines Wirtschaftsjahres zusammenzufassen**. Unter Leistungen werden alle Auskehrungen verstanden, die ihre Ursache im Gesellschaftsverhältnis haben. Darunter fallen z. B. offene Gewinnausschüttungen, Vorabausschüttungen vor Ende des Wirtschaftsjahres, vGA, Auskehrungen im Rahmen einer Liquidation oder Kapitalherabsetzung, Ausgleichszahlungen einschließlich der Rückzahlung von Nennkapital und der Einlagenrückgewähr. Ausgenommen sind Leistungen, die noch unter das Anrechnungsverfahren fallen, z. B. eine offene Gewinnausschüttung in 2001 für 2000 bei einem kalendergleichen Wirtschaftsjahr.

Die Verwendung des Betrages i. S. d. § 36 Abs. 7 KStG bzw. § 38 Abs. 1 KStG ist nach der folgenden Differenzrechnung zu ermitteln:

	Eigenkapital lt. Steuerbilanz
./.	gezeichnetes Kapital
./.	positiver Bestand des steuerlichen Einlagekontos
=	ausschüttbarer Gewinn (i. S. d. § 27 Abs. 1 Satz 4 KStG)
./.	zum Schluss des Wirtschaftsjahres festgestellter Betrag nach § 38 Abs. 1 KStG
=	verminderter ausschüttbarer Gewinn
./.	Leistungen der Körperschaft
=	Differenz

Ist die Differenz positiv, kommt eine Körperschaftsteuererhöhung nicht in Betracht. Ist die Differenz negativ, gilt insoweit EK 02 als für die Leistungen verwendet (§ 38 Abs. 1 Satz 4 KStG), höchstens jedoch bis zur Höhe von $7/_{10}$ seines Bestands.

Dötsch[1] stellt zutreffend fest, dass je nachdem, welche Teile des handelsrechtlichen Bilanzgewinns für eine Ausschüttung verwendet werden oder als verwendet gelten, **unterschiedliche steuerliche Konsequenzen** nicht nur für die Kapitalgesellschaft, sondern mitunter auch für die Anteilseigner zu ziehen sind.

---

[1] In DPM, § 38 Rz. 16.

Wie bereits zuvor erwähnt, ergibt sich aus dem Zusammenwirken der §§ 27, 37 und 38 KStG für Leistungen einer Körperschaft folgende **Verwendungsreihenfolge**:
1. Verwendung von KSt-Guthaben,
2. Zurückgreifen auf das vorhandene neutrale Vermögen,
3. Einsatz von EK 02,
4. Leistungen aus dem steuerlichen Einlagekonto.

46 Genau wie zu Zeiten des Anrechnungsverfahrens wird **auch nach neuem Recht die für Körperschaften günstigere Variante** gewählt, dass bei offenen Gewinnausschüttungen das mit der höchsten Tarifbelastung behaftete Kapital als für die Ausschüttung verwendet gilt, mit der Konsequenz, dass das Körperschaftsteuerminderungspotenzial, welches noch im Rahmen des Anrechnungsverfahrens angesammelt wurde, der Körperschaft vorrangig zugutekommt. Ist kein aus dem ehemaligen EK 40 abgeleitetes Körperschaftsteuerguthaben mehr vorhanden, gilt das vorhandene neutrale Vermögen als für Leistungen der Körperschaft als verwendet. Erst danach kommt es zu einer für die Körperschaft nachteiligen Körperschaftsteuererhöhung durch Verwendung von EK 02. Ganz zum Schluss steht das steuerliche Einlagekonto für Ausschüttungen zur Verfügung.

47 Welche Summe der Leistungen als aus dem EK-02-„Topf" als verwendet gelten und wie dieser Betrag errechnet werden kann, soll folgendes Beispiel verdeutlichen:

BEISPIEL: Die A-GmbH verfügt zum 31.12.2003 neben einem Nennkapital von 50.000 € über Rücklagen i. H. v. 145.000 €. Diese setzen sich wie folgt zusammen:

Körperschaftsteuerguthaben (entspricht einem EK 40 von 45.000 €)	7.500 €
Rücklagen, die ab 2001 gebildet wurden	35.000 €
neutrales Vermögen (ehemaliges EK 30, EK 01, EK 03)	20.000 €
EK 02	25.000 €
steuerliches Einlagekonto (früher EK 04)	20.000 €
Summe des Eigenkapitals inkl. Nennkapital	195.000 €

Es soll am 16.6.2004 eine Gewinnausschüttung i. H. v. 105.000 € (= Summe der Leistungen in 2004) vorgenommen werden.

	Eigenkapital lt. Steuerbilanz	195.000 €
./.	gezeichnetes Kapital (= Nennkapital)	./. 50.000 €
./.	positiver Bestand des steuerlichen Einlagekontos	./. 20.000 €
=	ausschüttbarer Gewinn (i. S. d. § 27 Abs. 1 Satz 4 KStG)	125.000 €
./.	zum Schluss des Wirtschaftsjahres festgestellter Betrag nach § 38 Abs. 1 KStG	./. 25.000 €
=	verminderter ausschüttbarer Gewinn	100.000 €
./.	Leistungen	./. 105.000 €
=	Differenz, für die EK 02 als verwendet gilt	./. 5.000 €

48 Die ursprünglich durch das StSenkG in § 38 KStG enthaltene Regelung, wonach der Unterschiedsbetrag durch eine Gegenüberstellung der Differenz von auf der einen Seite Eigenkapital laut Steuerbilanz abzüglich Stammkapital und auf der anderen Seite der Summe aus steuerlichem Einlagekonto und ehemaligen EK 02 bezogen auf die erbrachten Leistungen, führte im Ergebnis zum gleichen Resultat. Demzufolge galt zunächst das Körperschaftsteuerguthaben

i.H.v. 7.500 € als verwendet, was im Ergebnis einem Verbrauch an ehemaligem EK 40 von 45.000 € gleichkommt. Danach gelten die nach dem Systemwechsel entstandenen neuen Rücklagen (35.000 €) sowie das vor dem Systemwechsel bereits vorhandene neutrale Vermögen (bestehend aus EK 30 und EK 01, EK 03) als für die Ausschüttung als verwendet. Für die Frage, in welcher Höhe EK 02 als verwendet gilt, war folgende Rechnung vorzunehmen:

Eigenkapital			
lt. Steuerbilanz	195.000 €	steuerliches Einlagekonto	20.000 €
./. Stammkapital	./. 50.000 €	+ EK 02	25.000 €
Differenzbetrag I	145.000 €	Differenzbetrag II	45.000 €

Differenzbetrag I	145.000 €
./. Differenzbetrag II	./. 45.000 €
Unterschiedsbetrag	100.000 €
./. Gewinnausschüttung	./. 105.000 €
= Verwendung EK 02	5.000 €

(Einstweilen frei) 49–58

III. Die Bestände zum Schluss des vorangegangenen Wirtschaftsjahres sind maßgeblich

Für die Differenzrechnung sind die **Bestände zum Schluss des vorangegangenen Wirtschaftsjahres** (§ 38 Abs. 1 Satz 5 KStG) **maßgeblich**, was für die ausschüttende Körperschaft insofern zu einer Vereinfachung führt, als dass zum Zeitpunkt der Ausschüttung bestimmt werden kann, ob für die beabsichtigte Leistung EK 02 zur Verwendung gelangt. 59

Problematisch sind die Fälle, die eine **Vorabausschüttung im laufenden Wirtschaftsjahr** in Höhe des voraussichtlichen Jahresüberschusses zum Inhalt haben und der ausschüttbare Gewinn zum Schluss des vorangegangenen Wirtschaftsjahres für die Vorabausschüttung betragsmäßig nicht ausreicht. 60

BEISPIEL: Die A-GmbH verfügt zum 31.12.2003 neben einem Nennkapital von 50.000 € über Rücklagen i.H.v. 130.000 €. Diese setzen sich wie folgt zusammen:

Rücklagen, die ab 2001 gebildet wurden	5.000 €
EK 02	125.000 €
Summe des Eigenkapitals inkl. Nennkapital	180.000 €

Der im Wirtschaftsjahr = Kalenderjahr 2004 erwirtschaftete Jahresüberschuss von 75.000 € wird durch eine Vorabausschüttung Mitte Dezember 2004 an die Anteilseigner ausgeschüttet.
Berechnung des Betrages, der aus dem EK 02 als verwendet gilt:

	Eigenkapital lt. Steuerbilanz	180.000 €
./.	gezeichnetes Kapital (= Nennkapital)	./. 50.000 €
=	ausschüttbarer Gewinn (i. S. d. § 27 Abs. 1 Satz 4 KStG)	130.000 €
./.	zum Schluss des Wirtschaftsjahres festgestellter Betrag nach § 38 Abs. 1 KStG	./. 125.000 €

=	verminderter ausschüttbarer Gewinn	5.000 €
./.	Leistungen	./. 75.000 €
=	Differenz, für die EK 02 als verwendet gilt	./. 70.000 €

61 Obwohl ausreichendes bilanzielles Eigenkapital für die Gewinnausschüttung zur Verfügung steht, ist anhand dieses Beispiels deutlich zu erkennen, dass der Jahresüberschuss 2004 noch keinen Einfluss auf die Bestände zum Schluss des vorangegangenen Wirtschaftsjahres genommen hat, die als Grundlage für die Körperschaftsteuererhöhung nach § 38 KStG herangezogen werden.

62 Als **Folge der Verwendung von EK 02** ergibt sich für die ausschüttende Kapitalgesellschaft in 2004 zum einen eine Körperschaftsteuererhöhung von $3/7 \times 70.000$ € = 30.000 €, die den Bestand an EK 02 neben der Leistung, die aus dem EK 02 als verwendet gilt, zusätzlich mindern. Damit verringert sich im Ergebnis der EK-02-Bestand durch die Vorabausschüttung um insgesamt 100.000 €. Gegenüber dem Anrechnungsverfahren stellt diese Regelung eine Benachteiligung dar, weil vor dem Systemwechsel gem. § 28 Abs. 2 KStG a. F. die Vorabausschüttung mit dem verwendbaren Eigenkapital zum Schluss des Jahres 2004 verrechnet wurde.

63–69 *(Einstweilen frei)*

C. Körperschaftsteuererhöhung durch Verwendung von EK 02

70 Die Körperschaftsteuer des Veranlagungszeitraumes, in dem das Wirtschaftsjahr endet, in dem die Leistungen erfolgen, erhöht sich gem. § 38 Abs. 2 Satz 1 KStG um $3/7$ des Betrags der Leistungen, für die ein Teilbetrag aus dem Endbetrag i. S. d. § 38 Abs. 1 KStG als verwendet gilt. Demzufolge kann sich eine **Körperschaftsteuererhöhung** nach § 38 KStG **nur** ergeben, wenn ein **positiver Endbestand des EK 02** nach § 36 Abs. 7 KStG festgestellt worden ist. Ein negativer Endbestand zieht keine steuerlichen Konsequenzen nach sich.

71 Die Körperschaftsteuererhöhung tritt für den Teil der Leistungen ein, für den EK 02 als verwendet gilt. Maßgebend ist der Bestand des EK 02 zum Schluss des vorangegangenen Wirtschaftsjahrs. So kann es im Falle von **Vorabausschüttungen** zu einer Körperschaftsteuererhöhung selbst dann kommen, auch wenn der Gewinn des Wirtschaftsjahrs, für das ausgeschüttet wird, für die Ausschüttung ausreicht.

72 Sowohl die Verringerung des EK 02 als auch die Körperschaftsteuererhöhung **treten in dem Wirtschaftsjahr ein, in dem die Leistung bei der Körperschaft abfließt**, nicht bereits im Jahr der evtl. Beschlussfassung. Dies kann für Körperschaften, die ein mit dem Kalenderjahr identisches Wirtschaftsjahr haben, erstmals in 2001 der Fall sein, weil sich § 38 Abs. 2 Satz 1 KStG unmittelbar auf die zum 31. 12. 2000 (bei kalendergleichem Wirtschaftsjahr) erfolgte Feststellung des verwendbaren Eigenkapitals bezieht. Im Gegensatz dazu erhöhte sich in den Zeiten des Anrechnungsverfahrens die KSt in dem Veranlagungszeitraum, in dem das Wirtschaftsjahr endet, für das ausgeschüttet wird. In diesem Zusammenhang ist unbeachtlich, ob der abgeflossenen Leistung ein den gesellschaftsrechtlichen Vorschriften entsprechender Beschluss zugrunde liegt oder die Gewinnverwendung zivilrechtlich möglicherweise unwirksam ist.

73 Die Körperschaftsteuererhöhung beträgt $3/7$ des Betrags der Leistungen, für die ein Teilbetrag des EK 02 als verwendet gilt. Die Körperschaftsteuer wird für den Veranlagungszeitraum erhöht, in dem das Wirtschaftsjahr endet, in dem die Leistung abgeflossen ist. Demzufolge stehen für den eigentlichen Ausschüttungsbetrag nur $7/10$ des EK 02 tatsächlich zur Verfügung.

Die **maximal mögliche Körperschaftsteuererhöhung** beläuft sich auf $3/7$ von $7/10$ und beträgt damit im Ergebnis 30 % des ehemaligen EK 02. Der an die Anteilseigner ausgeschüttete Betrag inkl. der Körperschaftsteuererhöhung kann demzufolge betragsmäßig nur so hoch sein wie das festgestellte EK 02.

Grundsätzlich ist der Empfänger der Ausschüttung von der Körperschaftsteuererhöhung nicht berührt. Es kommt auch auf Empfängerseite nicht zu einer Anrechnung der Körperschaftsteuererhöhung, selbst dann nicht, wenn der empfangene Anteilseigner eine Körperschaft ist. Anders als in § 37 Abs. 3 KStG kann es bei einer Gewinnausschüttung, die von einer Körperschaft zur nächsten „weitergereicht" wird, zu einer mehrfachen Körperschaftsteuererhöhung kommen. 74

Zu einer Körperschaftsteuererhöhung kommt es gem. § 38 Abs. 2 Satz 3 KStG letztmalig für den Veranlagungszeitraum, in dem das 18. Wirtschaftsjahr endet, das auf das Wirtschaftsjahr folgt, auf dessen Schluss nach § 37 Abs. 1 KStG Körperschaftsteuerguthaben ermittelt werden. Im Rahmen der zeitlichen Verlängerung der Übergangsfrist für das Körperschaftsteuerguthaben nach § 37 KStG ist auch die Übergangsfrist für die Körperschaftsteuerverhöhung von ursprünglich 15 Jahre auf 18 Jahre verlängert worden. Das bedeutet, dass es bei Körperschaften, die ein mit dem Kalenderjahr identisches Wirtschaftsjahr haben, letztmalig in 2019 zu einer Körperschaftsteuererhöhung kommen kann, wenn in 2019 eine offene Gewinnausschüttung für 2018 erfolgt, so dass das **EK 02 letztmalig auf den 31.12.2018 festzustellen** ist. Sollte das EK 02 durch entsprechende Ausschüttungen vor Ablauf des 18-jährigen Übergangszeitraumes bereits verwendet worden sein, ist bis zum Ende der Übergangsfrist eine gesonderte Feststellung von 0 € vorzunehmen. Auf der anderen Seite ist nach Ablauf des 18-Jahres-Übergangszeitraumes ein evtl. noch vorhandener EK-02-Bestand dem neutralen Vermögen zuzurechnen, so dass es nach dieser Zeit für die Körperschaft zu keiner Körperschaftsteuererhöhung mehr kommen kann. 75

Neben § 38 KStG kommt auch in Fällen des § 40 Abs. 3 und 4 KStG und der §§ 10, 14 und 16 UmwStG eine Körperschaftsteuererhöhung in Betracht.

(Einstweilen frei) 76–84

D. Ausnahmen von der Körperschaftsteuererhöhung

Nach § 38 Abs. 3 Satz 1 KStG erhöht sich die KSt nicht, soweit eine von der Körperschaftsteuer befreite Körperschaft Leistungen an einen unbeschränkt steuerpflichtigen, von der Körperschaftsteuer befreiten Anteilseigner oder an eine juristische Person des öffentlichen Rechts erbringt, es sei denn, die Leistung fällt gem. § 38 Abs. 3 Satz 3 KStG auf Anteile, die in einem wirtschaftlichen Geschäftsbetrieb gehalten werden, für den die Befreiung von der Körperschaftsteuer ausgeschlossen ist, oder in einem nicht von der Körperschaftsteuer befreiten Betrieb gewerblicher Art. Unter „**Leistungen**" i. S. d. § 38 Abs. 3 Satz 1 KStG sind die Leistungen zu verstehen, die im Falle des § 38 Abs. 2 KStG zu einer Körperschaftsteuererhöhung führen. 85

Nach § 38 Abs. 3 Satz 2 KStG besteht für den Anteilseigner die Verpflichtung, der ausschüttenden Körperschaft seine **Befreiung durch eine Bescheinigung** (Vordruck NV 2 A) des Finanzamtes **nachzuweisen**, es sei denn, der Anteilseigner ist eine juristische Person des öffentlichen Rechts. Nach herrschender Meinung[1] erhält die Bescheinigung den Charakter einer vom Ge- 86

---

1 *Ommerborn*/HHR, KStG, § 38, Rz. 5b; *Dötsch* in DPM, § 38 Rz. 55.

setzgeber vorgeschriebenen **Beweisurkunde**, die bei Nichtvorlage bei der ausschüttenden Körperschaft eine Körperschaftsteuererhöhung nach sich zieht.

87 Für die Anwendung des § 38 Abs. 3 KStG kommt es darauf an, dass **im Zeitpunkt des Abflusses** der Leistung die ausschüttende Körperschaft von der Körperschaftsteuer befreit sein muss.[1]

88 Dadurch, dass nach § 38 Abs. 3 KStG nur die Körperschaftsteuer nicht erhöht wird, ist zu schließen, dass die **abfließenden Leistungen** im Falle einer Verwendung von EK 02 bei der ausschüttenden von der Körperschaftsteuer befreiten Körperschaft das EK 02 dennoch vermindern.

89 Als **Rückausnahme** erhöht sich die Körperschaftsteuer bei der ausschüttenden Körperschaft wieder, soweit die Leistung auf Anteile entfällt, die in einem wirtschaftlichen Geschäftsbetrieb gehalten werden, für den die Befreiung von der Körperschaftsteuer ausgeschlossen ist, oder in einem nicht von der Körperschaftsteuer befreiten Betrieb gewerblicher Art.

90 Ob ein **wirtschaftlicher Geschäftsbetrieb** vorliegt, richtet sich nach § 14 AO. Danach ist ein wirtschaftlicher Geschäftsbetrieb eine selbständige nachhaltige Tätigkeit, durch die Einnahmen oder andere wirtschaftliche Vorteile erzielt werden und die über den Rahmen einer Vermögensverwaltung hinausgeht. Eine **Gewinnerzielungsabsicht** ist nach § 14 Satz 2 AO **nicht erforderlich**, wohl aber – da (anders als in § 1 Abs. 1 Nr. 6 i.V. m. § 4 KStG) nicht ausdrücklich ausgeschlossen – eine Beteiligung am allgemeinen wirtschaftlichen Verkehr.

91 Nach § 1 Abs. 1 Nr. 6 KStG ist eine **juristische Person des öffentlichen Rechts** unbeschränkt körperschaftsteuerpflichtig, soweit sie einen **Betrieb gewerblicher Art** unterhält. Als Betrieb gewerblicher Art einer juristischen Person des öffentlichen Rechts gelten gem. § 4 Abs. 1 KStG, mit Ausnahme von Hoheitsbetrieben, alle Einrichtungen, die einer nachhaltigen wirtschaftlichen Tätigkeit zur Erzielung von Einnahmen außerhalb der Land- und Forstwirtschaft dienen und die sich innerhalb der Gesamtbetätigung einer juristischen Person des öffentlichen Rechts wirtschaftlich herausheben. Nach § 4 Abs. 1 Satz 2 KStG ist bei Betrieben gewerblicher Art von juristischen Personen des öffentlichen Rechts eine Gewinnerzielungsabsicht ebenso wenig erforderlich wie die Beteiligung am allgemeinen wirtschaftlichen Verkehr.

92–99 *(Einstweilen frei)*

E. Bilanzielle Darstellung der Körperschaftsteuererhöhung nach § 38 Abs. 2 KStG

100 Die zu § 37 KStG in Rz. 308 ff.[2] vorgestellten Grundsätze hinsichtlich der bilanziellen Behandlung in der Handels- und Steuerbilanz gelten für die Körperschaftsteuererhöhung entsprechend, d. h., die Körperschaftsteuererhöhung betrifft ebenfalls den Veranlagungszeitraum des Wirtschaftsjahres, in dem das Wirtschaftsjahr endet, in dem die Leistung erfolgt.

101–114 *(Einstweilen frei)*

---

[1] BFH, Urteil v. 5. 4. 1995 - I R 29/94, BStBl 1995 II 740.
[2] Vgl. *Klein* in Mössner/Seeger/Oellerich, KStG, § 37 Rz. 308 ff.

F. Mehrfachverwendung durch ein Nebeneinander von Körperschaftsteuerminderung, Körperschaftsteuererhöhung und Minderung des steuerlichen Einlagekontos

Es kann bei Gewinnausschüttungen vorkommen, dass durch diese gleichzeitig eine Körperschaftsteuerminderung, eine Körperschaftsteuererhöhung sowie eine Minderung des steuerlichen Einlagekontos ausgelöst werden.

BEISPIEL: Zum 31.12.2002 sind in der Steuerbilanz der A-GmbH, die ein mit dem Kalenderjahr identisches Wirtschaftsjahr hat, folgende Eigenkapitalbestände ausgewiesen:

Nennkapital	45.000 €
Kapitalrücklage	270.000 €
Gewinnvortrag	105.000 €
Jahresfehlbetrag	./. 30.000 €
Summe des Eigenkapitals inkl. Nennkapital	390.000 €

Zum 31.12.2002 haben folgende Bestände i.S.d. §§ 27, 37 und 38 KStG bestanden:

Körperschaftsteuerguthaben	7 500 €
EK 02	30.000 €
Steuerliches Einlagekonto	270.000 €

Im Wirtschaftsjahr 2003 beschließt die Gesellschafterversammlung am 17.3.2003 eine offene Gewinnausschüttung für das Wirtschaftsjahr 2002 i.H.v. 150.000 €, die am 19.3.2003 erfolgt.

LÖSUNG: Aufgrund der Ausschüttung ergeben sich folgende Auswirkungen auf die Körperschaftsteuerfestsetzung für den Veranlagungszeitraum 2003:

Körperschaftsteuerminderung (§ 37 KStG)

$1/6$ von 150.000 €, höchstens jedoch Bestand des Guthabens		./. 7.500 €

Körperschaftsteuererhöhung (§ 38 KStG)

	Eigenkapital lt. Steuerbilanz	390.000 €
./.	gezeichnetes Kapital (= Nennkapital)	./. 45.000 €
./.	steuerliches Einlagekonto	./. 270.000 €
=	ausschüttbarer Gewinn (i.S.d. § 27 Abs. 1 Satz 4 KStG)	75.000 €
./.	zum Schluss des Wirtschaftsjahres festgestellter Betrag nach § 38 Abs. 1 KStG	./. 30.000 €
=	verminderter ausschüttbarer Gewinn	45.000 €
./.	Leistungen	./. 150.000 €
=	Differenz, für die EK 02 als verwendet gilt	./. 105.000 €

führt zu einer Minderung des EK 02 Bestandes, höchstens jedoch bis zur Höhe von

$7/10$ des EK-02-Bestandes zum 31.12.2002 =	21.000 €	
daraus resultierende Körperschaftsteuererhöhung $3/7$ der Verwendung EK 02 i.H.v. 21.000 €		+ 9.000 €

Änderung der Körperschaftsteuerfestsetzung in 2003		+ 1.500 €
Steuerliches Einlagekonto (§ 27 KStG)		
Bestand des steuerlichen Einlagekontos zum 31. 12. 2002		270.000 €
Verwendung von Beträgen aus dem steuerlichen Einlagekonto (§ 27 KStG):		
Eigenkapital lt. Steuerbilanz	390.000 €	
./. gezeichnetes Kapital (= Nennkapital)	./. 45.000 €	
./. steuerliches Einlagekonto	./. 270.000 €	
= ausschüttbarer Gewinn (i. S. d. § 27 Abs. 1 KStG)	75.000 €	
./. Leistungen	./. 150.000 €	
= Verwendung und Minderung des steuerlichen Einlagekontos	./. 75.000 €	./. 75.000 €
Bestand des steuerlichen Einlagekontos zum 31. 12. 2003		195.000 €

116   Die Anteilseigner haben i. H. v. 75.000 € Einnahmen aus Kapitalvermögen gem. § 20 Abs. 1 Nr. 1 Satz 1 EStG, die gem. § 3 Nr. 40 Satz 1 Buchst. d EStG zur Hälfte einkommensteuerbefreit sind. Die Ausschüttung aus dem steuerlichen Einlagekonto i. H. v. 75.000 € führt bei den Anteilseignern wegen § 20 Abs. 1 Nr. 1 Satz 3 EStG nicht zu Einnahmen aus § 20 EStG. Insoweit liegt eine Minderung der Anschaffungskosten der Beteiligung vor und ggf. Einkünfte nach § 17 Abs. 4 EStG, die jedoch zur Hälfte gem. § 3 Nr. 40 Satz 1 Buchst. c Satz 2 EStG einkommensteuerfrei sind.

117–129   *(Einstweilen frei)*

G. Systemänderung durch ratierliche Fälligkeit der Körperschaftsteuererhöhung

130   Mit dem JStG 2008[1] wird das EK 02 und die damit zusammenhängende ausschüttungsbedingte KSt – Erhöhung geändert in ein System der ratierlichen Zahlung.

I. Letztmaliges Ermitteln und Feststellen des EK 02 Endbetrages

131   Regelmäßig wird der Endbetrag des EK 02 gem. § 38 Abs. 4 auf den 31. 12. 2006 ermittelt und anders als bei § 37 Abs. 4 Satz 1 KStG festgestellt. Das gilt auch bei abweichendem Wirtschaftsjahr. Bei Liquidationen bei denen eine Schlussverteilung nach dem 31. 12. 2006 erfolgt, wird der Endbetrag gem. § 34 Abs. 4 Satz 2 KStG auf den Schluss des letzten vor dem 1. 1. 2007 endenden Besteuerungszeitraum festgestellt. Wegen des mehrjährigen Liquidationszeitraums gem. § 11 KStG besteht das Recht, auf Antrag auch die Feststellung auf den 31. 12. 2006 zu verlegen. Bis zum Feststellungszeitpunkt gelten gem. § 38 Abs. 4 Satz 4 KStG die Abs. 1 bis 3. Insoweit wird auf die Ausführungen unter → Rz. 16 bis → Rz. 116 verwiesen.

132–144   *(Einstweilen frei)*

---

1 Gesetz v. 20. 12. 2007, BStBl 2008 I 218.

II. Der Körperschaftsteuererhöhungsbetrag

Das am 31.12.2006 vorhandene EK 02 wird nach § 38 Abs. 5 KStG in der Weise nachversteuert, dass 3 % dieses EK 02 als Körperschaftsteuererhöhungsbetrag festgesetzt werden. Dabei ist der Körperschaftsteuererhöhungsbetrag gem. § 38 Abs. 4 Satz 2 auf den Betrag zu begrenzen, der sich als Körperschaftsteuererhöhung nach der bisherigen Regelung ergeben hätte, wenn die Kapitalgesellschaft ihr am 31.12.2006 bestehendes Eigenkapital laut Steuerbilanz für eine Ausschüttung verwendet hätte. Damit ist gewährleistet, dass es nur dann zu einer Nachversteuerung kommt, wenn die Kapitalgesellschaft über positives Eigenkapital verfügt. Ein Körperschaftsteuererhöhungsbetrag ist gem. § 38 Abs. 5 Satz 3 KStG nur festzusetzen, wenn er 1.000 € übersteigt. Das führt dazu, dass bis zu einem Endstand 33.333 € (= 1.000 x 100/3) kein Erhöhungsbetrag für ehemaliges EK 02 festgesetzt wird.[1] In rd. 90 % der Fälle sollte es damit nicht zu einer Körperschaftsteuerfestsetzung gekommen sein.[2] Daraus folgt auch, dass KSt nicht zu erheben ist, wenn der Körperschaftsteuererhöhungsbetrag diese Grenze nicht übersteigt. Es handelt sich um eine Kleinbetragsregelung, die der Verwaltungsvereinfachung dient und verhindern soll, dass der Körperschaftsteuererhöhungsbetrag in einer Vielzahl von steuerlich unbedeutenden Fällen festzusetzen und zu erheben ist. Sie stellt eine Freigrenze dar, keinen Freibetrag; wenn der Betrag von 1.000 € überschritten wird, ist daher der ganze Betrag, nicht nur der 1.000 € übersteigende Betrag, festzusetzen und zu erheben. Eine Milderungsregelung zu einem gleitenden Übergang gibt es nicht.[3]

Die Kleinbetragsregelung findet Anwendung auf jede steuerpflichtige Körperschaft. In Fällen der Organschaft auf den Organträger und jede Organgesellschaft, wenn die Organgesellschaften noch ehemaliges EK 02 haben.

Ausgeschlossen wird nur die Festsetzung des Erhöhungsbetrags, nicht die Ermittlung und Feststellung des ehemaligen EK 02 auf den 31.12.2006 bzw. den abweichenden Zeitpunkt nach Abs. 4 Satz 2. Die Feststellung des ehemaligen EK 02 hat also in jedem Fall zu erfolgen, auch wenn offensichtlich ist, dass der Körperschaftsteuererhöhungsbetrag mit 3 % des festzustellenden Betrags an EK 02 den Kleinbetrag von 1.000 € nicht übersteigen wird.

(Einstweilen frei)

III. Zahlungszeitraum

Der festgesetzte Körperschaftsteuererhöhungsbetrag ist gem. § 38 Abs. 6 Satz 1 KStG im Regelfall in zehn gleichen Jahresraten von der Körperschaft oder deren Rechtsnachfolger zu entrichten. Zahlungszeitraum ist wie beim Körperschaftsteuerguthaben der Zeitraum von 2008 bis 2017.

Nach § 38 Abs. 6 Satz 2 KStG gilt der Zehnjahreszeitraum nicht für Körperschaften, die sich am 31.12.2006 in Liquidation befanden. Der gesamte Anspruch ist innerhalb eines Monats nach Bekanntgabe fällig (§ 38 Abs. 6 Satz 7 KStG).

Der Körperschaftsteuererhöhungsbetrag wird gem. § 38 Abs. 6 Satz 4 KStG in einem Bescheid für den gesamten Zahlungszeitraum festgesetzt.

(Einstweilen frei)

---

1 Vgl. a. *Dötsch/Pung*, DB 2007, 2669, 2676; *Fuhrmann/Strahl*, DStR 2008, 125, 229.
2 *Dötsch/Pung*, DB 2007, 2669.
3 *Frotscher*/Maas, § 38 Rz. 57.

IV. Entstehung und Bilanzierung

170 Der Anspruch der Finanzverwaltung entsteht am 1.1.2007 (§ 38 Abs. 6 Satz 3 KStG). Damit ist sichergestellt, dass der Erhöhungsbetrag erstmalig in einer Bilanz ausgewiesen werden muss, die nach dem 31.12.2006 aufgestellt wird. Bei abweichendem Wirtschaftsjahr kann dies bereits eine Bilanz zum 31.1.2007 sein. In der Regel wurde der Körperschaftsteuererhöhungsbetrag bei einem Wirtschaftsjahr = Kalenderjahr erstmals in der Bilanz zum 31.12.2007 als Körperschaftsteuerverbindlichkeit eingestellt.

Der Buchungssatz lautet: „Körperschaftsteueraufwand an Körperschaftsteuerverbindlichkeit".

171 Bei der Ermittlung des zu versteuernden Einkommens ist der Körperschaftsteueraufwand außerhalb der Bilanz dem Steuerbilanzgewinn wieder hinzuzurechnen. Der Jahresbetrag, das sind 1/10 des Körperschaftsteuererhöhungsbetrags, ist jeweils am 30.9. eines Jahres fällig. Für das Jahr der Bekanntgabe des Bescheids und die vorangegangenen Jahre ist der Jahresbetrag innerhalb eines Monats nach Bekanntgabe des Bescheids fällig, wenn die Bekanntgabe nach dem 30.9.2008 erfolgt. Ist der Bescheid vor dem 1.10.2008 ergangen, ist der erste Jahresbetrag am 30.9.2008 fällig (§ 38 Abs. 6 Sätze 5 und 6 KStG).

172 Der Erhöhungsbetrag wird während der „Rückzahlungsphase" gem. § 38 Abs. 6 Satz 8 KStG nicht verzinst. Dies bedeutet für die Steuerbilanz, dass die Körperschaftsteuerverbindlichkeit mit **5,5 %** auf die Laufzeit abzuzinsen ist (§ 6 Abs. 1 Nr. 3 EStG). Der Abzinsungsfaktor für die Bewertung der Verbindlichkeit zum 31.12.2007 beträgt unter Berücksichtigung eines Aufschubzeitraums von neun Monaten – unterstellte Fälligkeit am 30.9.2008 – 7,2429077 bezogen auf die Jahresrate oder 0,72429077 bezogen auf den gesamten Nachzahlungsbetrag.[1]

> **BEISPIEL:**[2] Eine GmbH verfügt zum 31.12.2006 über ein EK 02 von 1.000.000 €. Hieraus errechnet sich ein Körperschaftsteuererhöhungsbetrag von 3 % von 1.000.000 € = 30.000 €. Zum 31.12.2007 wird dieser Körperschaftsteuererhöhungsbetrag mit dem Faktor 0,72429077 multipliziert und ergibt dann einen abgezinsten Wert von 21.728,72 €.
>
> Dieser abgezinste Wert wird durch die Buchung „Körperschaftsteueraufwand 21.728,72 € an Körperschaftsteuerverbindlichkeit 21.728,72 €" in die Steuerbilanz 2007 aufgenommen.
>
> Zu den folgenden Bilanzstichtagen wird die Körperschaftsteuerverbindlichkeit durch die Tilgung jeweils am 30.9. eines Jahres abnehmen, durch die geringere Abzinsung dagegen zunehmen. In dem vorgenannten Beispiel ist bei einer unterstellten Tilgung im Laufe des Wirtschaftsjahres 2008 zum 31.12.2008 eine abgezinste Körperschaftsteuerverbindlichkeit von 6,649427 x 3.000 = 19.948,28 € neu zu bewerten und auszuweisen.

173 § 38 Abs. 6 Satz 9 KStG enthält eine besondere Ablaufhemmung für den Bescheid über die Festsetzung des Erhöhungsbetrags. Er gilt nicht für die Feststellung des ehemaligen EK 02. Die Frist für die Festsetzung des Erhöhungsbetrags läuft danach nicht vor Ablauf des Jahrs ab, in dem die letzte Jahresrate fällig wird. Im Regelfall läuft die Festsetzungsfrist daher nicht vor dem 31.12.2017 ab. Der Sinn dieser Ablaufhemmung erschließt sich nur mittelbar. Da der Bescheid über die Festsetzung des Erhöhungsbetrags Folgebescheid zu dem Feststellungsbescheid über das ehemalige EK 02 ist, der Erhöhungsbetrag also verfahrensrechtlich an die gesonderte Feststellung des ehemaligen EK 02 gebunden ist, setzt die Änderung des Festsetzungsbescheids über die Körperschaftsteuererhöhung eine entsprechende (vorherige) Änderung des Feststellungsbescheids über das ehemalige EK 02 voraus. Von der Ablaufhemmung

---

[1] BMF, Amtl. EStHB, Anhang 9 V. Tabelle 3. mit interpoliertem Wert.
[2] Nach *Klein/Müller/Lieber*, Änderung der Unternehmensform, Rz. 894.

bis zum 31.12.2017 kann also nicht isoliert für den Festsetzungsbescheid, sondern nur für den Feststellungsbescheid Gebrauch gemacht werden. Die Ablaufhemmung für den Festsetzungsbescheid wirkt aber mittelbar auch für den Feststellungsbescheid über das ehemalige EK 02, und zwar über § 181 Abs. 5 AO. Danach läuft die Feststellungsfrist für den Grundlagenbescheid (Bescheid über die Feststellung des ehemaligen EK 02) nicht ab, solange sie für den Folgebescheid (Bescheid über die Festsetzung der Körperschaftsteuererhöhung) noch nicht abgelaufen ist. Gesetzestechnisch einfacher wäre es gewesen, die Ablaufhemmung an den Feststellungsbescheid anzuknüpfen, was nach § 171 Abs. 10 AO zu einer entsprechenden Ablaufhemmung für den Steuerbescheid (Folgebescheid) geführt hätte.[1]

Die Ablaufhemmung des § 38 Abs. 6 Satz 9 KStG gilt auch in den Fällen des Abs. 7, also bei antragsgemäßer Zahlung auf einen früheren Zeitpunkt. Die Festsetzungsfrist für den Bescheid über die Festsetzung des Körperschaftsteuererhöhungsbetrags endet dann nicht vor Ablauf des Jahrs, auf dessen 30. 9. die Zahlung in einer Summe erfolgt. Spätestens endet die Festsetzungsfrist in diesen Fällen am 31.12.2015 (§ 38 Abs. 7 Satz 2 KStG). 174

(Einstweilen frei) 175–184

V. Antrag auf Entrichtung des Erhöhungsbetrags in einer Summe

Nach § 38 Abs. 7 KStG kann die Körperschaft den **Antrag** stellen, den **Körperschaftsteuererhöhungsbetrag in einer Summe zu entrichten**. In diesem Fall wird der Erhöhungsbetrag zu einem abweichenden Stichtag fällig, d. h., die Bestimmung der Fälligkeit in jährlichen Raten wird verdrängt. 185

Der Antrag ist von der Körperschaft oder ihrem Rechtsnachfolger zu stellen. Rechtsnachfolge tritt ein in Fällen der Gesamt- oder Teilrechtsnachfolge, also wenn das Vermögen der Körperschaft, und damit auch die Körperschaftsteuerverbindlichkeit, im Wege der Umwandlung, Verschmelzung oder Spaltung auf einen anderen Rechtsträger übergegangen ist. 186

Der Antrag bezieht sich zwingend auf den gesamten im Zeitpunkt der Antragstellung noch nicht entrichteten Erhöhungsbetrag (arg. Abs. 7 Satz 1: „… in einer Summe"). Anträge auf vorzeitige Zahlung eines Teils des noch ausstehenden Erhöhungsbetrags sind danach nicht zulässig, sondern unwirksam. 187

Der Antrag kann nach § 38 Abs. 7 Satz 2 KStG letztmalig zum 30.9.2015 gestellt werden. Da die regelmäßige Entrichtung des Erhöhungsbetrags letztmalig am 30.9.2017 zu erfolgen hat, wären nach dem 30.9.2015 nur noch zwei Raten zu entrichten; nur für diese beiden Raten kann der Antrag daher nicht gestellt werden. 188

Der Antrags hat die Konsequenz, dass der gesamte noch ausstehende Erhöhungsbetrag an dem 30. 9., der auf den Zeitpunkt der Antragstellung folgt, fällig wird; der Erhöhungsbetrag ist daher zu dem entsprechenden 30. 9. in einer Höhe zu zahlen. Die vorzeitige Zahlung wird jedoch mit einer Abzinsung des Betrags vergütet. Zu zahlen ist der an dem maßgebenden 30. 9. nach der regelmäßigen Fälligkeit zu entrichtende Betrag, und zwar unabgezinst, sowie die zu späteren Zeitpunkten fällig werdenden, abgezinsten Beträge. Da bei diesem Betrag die Fälligkeit nicht vorgezogen wird, sondern er am regelmäßigen Fälligkeitstag gezahlt wird, ist eine Abzinsung nicht gerechtfertigt. 189

---

1 So *Frotscher*/Maas, § 38 Rz. 62.

190 Der Antrag löst folgende Konsequenzen aus. In einer ersten Stufe wird der gesamte abgezinste Betrag zu dem maßgebenden 30. 9. fällig. Diese Rechtsfolge ist nur von dem Antrag abhängig. Die zweite Rechtsfolge ist, dass der gesamte Erhöhungsbetrag mit Zahlung des um 5,5 % abgezinsten Betrags erlischt; diese Rechtsfolge ist von dem Antrag und der Zahlung des abgezinsten Betrags abhängig. Der Finanzverwaltung steht insoweit kein Entscheidungsspielraum zu; die Rechtsfolgen treten ohne weitere Entscheidung der Finanzbehörde kraft Gesetzes ein.

191 Der Antrag ist als verwaltungsrechtliche Willenserklärung bedingungsfeindlich und unwiderruflich, sobald seine Rechtswirkungen eingetreten sind, also ab dem 30. 9. des maßgeblichen Jahres. Vor diesem Zeitpunkt kann der Antrag noch zurückgenommen werden; da der Antrag dann noch keine (konstitutiven) Rechtswirkungen entfaltet hat, stehen der Rücknahme keine Rechtsgründe entgegen.[1] Ab dem 30. 9. des maßgebenden Jahres treten die Rechtswirkungen des Antrags (Abzinsung, Fälligkeit des abgezinsten Betrags) ein, und zwar unabhängig davon, ob der Betrag gezahlt wird oder nicht. Bei völliger oder teilweiser Nichtzahlung ist die Rechtsfolge nicht, dass die Fälligkeit zu den Zeitpunkten nach Abs. 6 Satz 1, 3 wieder auflebt; vielmehr richten sich die Folgen der Nichtzahlung nach § 240 AO. In diesem Fall ist der fällige abgezinste Betrag bei Fälligkeit nicht entrichtet, so dass für jeden angefangenen Monat der Säumnis Säumniszuschläge entstehen.

192–204 *(Einstweilen frei)*

VI. Liquidationen, die nach dem 31. 12. 2006 beginnen

205 Nach § 38 Abs. 8 KStG werden bei Liquidationen, die nach dem 31. 12. 2006 beginnen, alle entstandenen und festgesetzten KSt-Erhöhungsbeträge an dem 30. 9. fällig, der auf den Zeitpunkt der Erstellung der Liquidationseröffnungsbilanz folgt. Bei einer Liquidationseröffnungsbilanz z. B. auf den 1. 7. 2012 betrifft das natürlich nur die ab dem 30. 9. 2012 fällig werdenden Jahresbeträge, weil die Jahresraten für die Vorjahre bereits fällig waren. Nach § 38 Abs. 7 Satz 5 KStG erfolgt auch in diesem Fall die 5,5 %ige Abzinsung des Ablösungsbetrags von Amts wegen.

206–211 *(Einstweilen frei)*

VII. Beendigung der unbeschränkten Steuerpflicht

212 Geht das Vermögen einer unbeschränkt steuerpflichtigen Körperschaft oder Personenvereinigung durch einen der in § 1 Abs. 1 Nr. 1 UmwStG genannten Vorgänge[2] ganz oder teilweise auf eine nicht unbeschränkt steuerpflichtige Körperschaft oder Personenvereinigung über oder verlegt eine unbeschränkt steuerpflichtige Körperschaft oder Personenvereinigung ihren Sitz oder Ort der Geschäftsleitung und endet dadurch ihre unbeschränkte Steuerpflicht, werden alle entstandenen und festgesetzten Körperschaftsteuererhöhungsbeträge gem. § 38 Abs. 9 Satz 1 KStG an dem 30. 9. fällig, der auf den Zeitpunkt des Vermögensübergangs oder des Wegzugs folgt. Ist eine Festsetzung des KSt-Erhöhungsbetrags nach § 36 Abs. 6 KStG noch nicht erfolgt, ist nach § 38 Abs. 9 Satz 2 KStG der gesamte Anspruch innerhalb eines Monats nach Bekanntgabe des (nachzuholenden) Festsetzungsbescheids fällig. Auch in diesem Fall er-

---

[1] Gl. A. Frotscher/Maas, § 38 Rz. 60; Dötsch in DPM, § 38 Rz. 73.
[2] Verschmelzung, Auf- und Abspaltung i. S. d.; Vorgänge; Vorgänge i. S. d. Art. 17 der VO [EG] Nr. 1435/2003, Nr. 2157/2001 und des Art. 19 der VO [EG] Nr. 1435/2003.

folgt die 5,5 %ige Abzinsung des Ablösungsbetrags von Amts wegen gem. § 38 Abs. 7 Satz 5 KStG.

Zur sofortigen Fälligstellung des gesamten KSt-Erhöhungsbetrags kommt es aber nur bei einer Hinausumwandlung sowie bei Verlegung des Sitzes bzw. der Geschäftsleitung in Drittstaaten. Nach § 38 Abs. 9 Satz 3 KStG kommt es nicht zur sofortigen Fälligstellung des gesamten KSt-Erhöhungsbetrags, wenn der übernehmende Rechtsträger in einem anderen Mitgliedstaat der EU unbeschränkt steuerpflichtig ist oder die weggezogene Körperschaft oder Personenvereinigung in einem anderen Mitgliedstaat der EU unbeschränkt steuerpflichtig wird. Obwohl § 38 Abs. 9 KStG nur den EU-Raum erwähnt, müsste diese Ausnahme auch für den **EWR**-Raum gelten.[1]   213

(Einstweilen frei)   214–223

VIII. Steuerliche Behandlung des Erhöhungsbetrages

Gemäß § 38 Abs. 10 KStG gilt § 37 Abs. 6 und 7 entsprechend. So darf die Erhöhung und ihre Abzinsung nicht zu Einkünften i. S. d. EStG führen. Bei der zur Ablösung des KSt-Erhöhungsbetrags verpflichteten Körperschaft ist die Zahlungsverpflichtung in der Bilanz auf den ersten nach dem 1. 1. 2007 liegenden Abschlussstichtag zu passivieren. Die unverzinsliche Zahlungsverpflichtung ist gem. § 6 Abs. 1 Nr. 3 EStG unter Zugrundelegung eines Zinssatzes von 5,5% abzuzinsen. Der sich aus der Passivierung des Auszahlungsanspruchs ergebende Aufwand ist außerbilanziell gem. § 10 Nr. 2 KStG zu neutralisieren. Ebenso ist außerbilanziell zu neutralisieren der Unterschiedsbetrag, der bei Zahlung der zehn Jahresraten zwischen der jährlichen Zahlung und der Verringerung der Gesamtverbindlichkeit (Zinsanteil) anfällt und zu einem bilanziellen Aufwand führt.   224

§ 39 Einlagen der Anteilseigner und Sonderausweis

(1) Ein sich nach § 36 Abs. 7 ergebender positiver Endbetrag des Teilbetrags im Sinne des § 30 Abs. 2 Nr. 4 des Körperschaftsteuergesetzes in der Fassung der Bekanntmachung vom 22. April 1999 (BGBl I S. 817), das zuletzt durch Artikel 4 des Gesetzes vom 14. Juli 2000 (BGBl I S. 1034) geändert worden ist, wird als Anfangsbestand des steuerlichen Einlagekontos im Sinne des § 27 erfasst.

(2) Der nach § 47 Abs. 1 Satz 1 Nr. 2 in der Fassung des Artikels 4 des Gesetzes vom 14. Juli 2000 (BGBl I S. 1034) zuletzt festgestellte Betrag wird als Anfangsbestand in die Feststellung nach § 28 Abs. 1 Satz 3 einbezogen.

Inhaltsübersicht	Rz.
A. Allgemeiner Überblick zu § 39 KStG	1 - 5
B. Der Anfangsbestand des steuerlichen Einlagekontos (§ 39 Abs. 1 KStG)	6 - 15
C. Spezieller Sonderausweis des ehemaligen für Ausschüttungen verwendbaren Teils des Nennkapitals i. S. d. § 29 Abs. 3 KStG a. F. (§ 39 Abs. 2 KStG)	16 - 18

1 So auch *Ott*, DStZ 2008, 274, 277.

A. Allgemeiner Überblick zu § 39 KStG

LITERATURHINWEISE:

Siehe Kommentierung zu § 27 KStG.

1 § 39 Abs. 1 KStG hat zum Regelungsinhalt, dass im Rahmen des Übergangs vom Anrechnungs- zum Halbeinkünfteverfahren ein **ehemals positiver Endbestand an EK 04** in der EK-Gliederung nach dem Übergang zum Halbeinkünfteverfahren **als steuerliches Einlagekonto fortgeführt** wird.

2 Durch § 39 Abs. 2 KStG wird der **Übergang des Sonderausweises** vom Anrechnungs- zum Halbeinkünfteverfahren sichergestellt. Dieser Sonderausweis war bereits zu Zeiten des Anrechnungsverfahrens von Bedeutung, um zu verhindern, dass bei den Anteilseignern eine Steuerumgehung eintritt indem bei der Kapitalgesellschaft zunächst das Nennkapital durch Umwandlung von Rücklagen erhöht wird, um es danach durch eine Kapitalherabsetzung den Anteilseignern als steuerfreie Kapitalrückzahlung zukommen zu lassen.

3 Das Festhalten an dem steuerlichen Einlagekonto sowie am Sonderausweis ist auch im neuen Recht erforderlich, weil Rückzahlungen von Einlagen bei den Anteilseignern nicht zu Einkünften aus Kapitalvermögen zählen, sondern zu einer **Anschaffungskostenminderung** ihrer Beteiligung führen.

4–5 *(Einstweilen frei)*

B. Der Anfangsbestand des steuerlichen Einlagekontos (§ 39 Abs. 1 KStG)

6 Ein sich nach § 36 Abs. 7 KStG ergebener positiver Endbestand des ehemaligen Teilbetrages EK 04 wird als **Anfangsbestand** des steuerlichen Einlagekontos i. S. d. § 27 KStG erfasst.

7 Zu beachten ist, dass das ehemalige EK 04 nach den Vorschriften des § 36 KStG nicht mit den anderen EK-Töpfen verrechnet wird, so dass der Bestand an EK 04 entweder positiv oder negativ sein kann. Weiterhin ist zu beachten, dass **das ehemalige EK 04 im Falle von vorgenommenen Korrekturen nach §§ 38, 38a KStG 1999 nicht immer mit den Einlagen in der Steuerbilanz der Kapitalgesellschaft übereinstimmen muss**.

8 Gemäß dem Wortlaut des Gesetzes wird **nur ein positiver Endbetrag des ehemaligen EK 04** bei Körperschaften, die ein mit dem Kalenderjahr identisches Wirtschaftsjahr besitzen, zum 1. 1. 2001 als Anfangsbestand **fortgeführt**, obwohl den Vorschriften des § 27 KStG zufolge das steuerliche Einlagekonto erst zum Schluss (also erstmals zum 31. 12. 2001) gesondert festgestellt wird.

9 Obwohl es an einer ausdrücklichen gesonderten Feststellung des Anfangsbestandes zum 1. 1. 2001 mangelt, können Leistungen, die in 2001 von der Körperschaft erbracht werden, dennoch aus dem steuerlichen Einlagekonto gespeist werden.

10–15 *(Einstweilen frei)*

C. Spezieller Sonderausweis des ehemaligen für Ausschüttungen verwendbaren Teils des Nennkapitals i. S. d. § 29 Abs. 3 KStG a. F. (§ 39 Abs. 2 KStG)

Der erst durch das UntStFG in das Gesetz aufgenommene Abs. 2 des § 39 KStG hat zum Inhalt, dass der nach § 47 Abs. 1 Satz 1 Nr. 2 KStG 1999 zuletzt festgestellte Betrag als Anfangsbestand in die Feststellung nach § 28 Abs. 1 Satz 2 KStG n. F. einbezogen wird. Der § 39 Abs. 2 KStG ist rückwirkend auf den Zeitpunkt der erstmaligen Anwendung des KStG n. F. anzuwenden. **16**

Nach § 47 Abs. 1 Satz 1 Nr. 2 KStG a. F. wird der für Ausschüttungen verwendbare Teil des Nennkapitals i. S. d. § 29 Abs. 3 KStG a. F. gesondert festgestellt. Nach § 29 Abs. 3 KStG a. F. gehörten auch die Teile des Nennkapitals zu dem **verwendbaren Eigenkapital**, die durch Umwandlung von Rücklagen aus Gewinnen nach dem 31. 12. 1976 in Nennkapital entstanden sind. **17**

Bei einer Körperschaft mit kalendergleichem Wirtschaftsjahr fand die letzte Feststellung eines Sonderbestandsausweises zum 31. 12. 2000 statt. Im Falle eines abweichenden Wirtschaftsjahres ist auf den Bestand zum Schluss des letzten vor dem 1. 1. 2002 endenden Wirtschaftsjahres abzustellen. Die Höhe dieses Bestandes, der sich bei der letzten Feststellung im Rahmen des Anrechnungsverfahrens ergibt, stellt ohne gesonderte Feststellung den Anfangsbestand dar, der in die Feststellung nach § 28 Abs. 1 Satz 2 KStG einzubeziehen ist. **18**

§ 40 (weggefallen)

§ 40 KStG i. d. F. des Art. 3 Nr. 15 SEStEG v. 7. 12. 2006, BGBl 2006 I 2782 – weggefallen gem. Art. 3 Nr. 7 JStG 2008 v. 20. 12. 2007 (BGBl 2007 I 3150).[1]

---

1 Zur Weitergeltung für Sonderfälle s. *Frotscher/Maas*, KStG, § 40 Rz. 3a.

STICHWORTVERZEICHNIS

Die ersten Zahlen hinter den Stichwörtern verweisen auf die §§ des Gesetzes, die Zahlen nach dem Komma auf die Randnummer.

§ 13 UmwStG **8b**, 380
§ 32a KStG **8b**, 80
§ 32a KStG (§ 8b Abs. 1 Satz 4 KStG) **8b**, 127
1 %-Regelung, s. Soziale Leistungen für den Gesellschafter-Geschäftsführer
1-Jahres-Zeitraum 8, 2547
2 UmwStG 8b, 380
2-Jahres-Zeitraum 8, 2548
ABC der Betriebe gewerblicher Art/Hoheitsbetriebe 4, 331
ABC gemeinnütziger Zwecke 5, 270
Abfallberatung, ABC der BgA **4**, 331
Abfallbeseitigung 5, 270
Abfindung, Arbeitnehmer **5**, 99
– Arbeitsverhältnis **8**, 3001
Abfindung Pensionszusage 8, 295, 3759 f., 3780 ff.
– Alternativen **8**, 3800 ff.
– Arbeitsrecht **8**, 3781 ff.
– vorherige Vereinbarung **8**, 3784 f.
– Ernstlichkeit **8**, 3785
– Future service, s. dort
– Unverfallbarkeit **8**, 3786
– Drittvergleich **8**, 3788
– Erdienung **8**, 3789 ff.
– verfallbarer Teil **8**, 3792
– Höhe der Abfindung und vGA **8**, 3793 ff.
– Rechtsfolgen **8**, 3798 f.
– Rumpfwirtschaftsjahr, s. dort
Abgabe von Medikamenten zur Blutgerinnung 5, 270
Abgekürzter Vertragsweg 8, 2107, 4137 ff.
Abgekürzter Zahlungsweg 8, 2107, 4128 ff.
– Kombination mit abgekürztem Vertragsweg **8**, 4138
Abgeltung, Ausnahmen von der - der KSt durch KapESt **32**, 91 ff.
– der KSt durch KapESt bei beschränkt Stpfl. **32**, 51 ff.

– der KSt durch KapESt bei unbeschränkt Stpfl. **32**, 31 ff.
Abgeltungssteuer 26, 188
Abgrenzung 27, 1
abkommensrechtliches Schachtelprivileg 8b, 59
Ablaufhemmung 32a, 163
– Änderungsantrag **32a**, 104
– Beginn und Ende **32a**, 101 ff.
– bei Rückänderung **32a**, 157
Ablösesumme 5, 479 f.
Abmahnverein 5, 270
Abrundung, Steuerbeträge **31**, 191
Abrundungsvorschrift 23, 7 f.
Absatz- und Produktionsgenossenschaften, abziehbare Rückvergütung **22**, 73
Abschmelzen Geschäftsbetrieb, Altfälle **8**, 2661
– Ausgangsgröße des Vergleichs **8**, 2663
– Bedeutung **8**, 2662
– Fristen s. dort
– Kritik **8**, 2651 f., 2661
– Maßstab für Grundtatbestand **8**, 2668
Abspaltung 29, 51, 102, 128
– Personengesellschaft **29**, 120
– Verlustabzug, Vergleichbarer Sachverhalt **8c**, 318
Abstrakte Schuldversprechen 8, 4125
Abtretung 27, 290
Abwasserbeseitigung, ABC der BgA **4**, 331
Abweichendes Wirtschaftsjahr 7, 13 ff.
– KSt-Vorauszahlungen **31**, 172
– s. Wirtschaftsjahr
Abwicklungs-Anfangsvermögen 11, 161 ff.
Abwicklungs-Endvermögen 11, 141 ff.
Abwicklungsgewinn und -verlust 11, 131 ff.
Abwicklungszeitraum, Beginn und Ende **11**, 91 ff.
– Funktion **11**, 81 ff.

VERZEICHNIS Stichwörter

Abziehbare Rückvergütung, Absatz- und Produktionsgenossenschaften 22, 73
- Aufteilung des Überschusses 22, 70 ff.
- Berechnung 22, 66 ff.
- Einkaufs- und Bezugsgenossenschaften 22, 74
- Genossenschaften mit Bezugs- und Absatzgeschäften 22, 75
- Gewinn aus Nebengeschäften 22, 67 f.
- Kreditgenossenschaften 22, 76 f.
- Nutzungsgenossenschaften 22, 79
- Verluste aus Nebengeschäften 22, 69

Abzinsung, 8a, 121, 416
Abzug der ausländischen Steuer, Ermittlung der Einkünfte 26, 391
Abzugsfähigkeit, Rückvergütung 22, 21 ff.
Abzugsteuerentlastung, beschränkt steuerpflichtig 31, 54 ff.
Abzugsverbot 10, 1 ff.
acte clair Doktrin Einf., 80
ADAC-Ortsclub 5, 270
Adoptionsvermittlungsstellen 5, 270
AfA- Bemessungsgrundlage, Beschränkung gem. § 7 Abs. 1 Satz 5 EStG 8, 2161, 2167
AG 27, 71
- anrechnungsberechtigte Körperschaft 36, 48
- Auflösungsgründe 11, 62
- Stimmrechtslose Vorzugsaktien 8, 2430, 2476 f.
- – Verlustuntergang nach § 8c 8c, 149, 370 ff.

Agio, als verdeckte Einlage 8, 2087, 4103
- bei vGA 8, 164 f.

Agrarstrukturverbesserung 5, 621 f.
Aktiengesellschaft 1, 30 f., 3002
- Gehaltsherabsetzung 8, 3054
- Nachzahlungsverbot 8, 3057
- Rückgewähranspruch 8, 656
- Rückwirkung 8, 3002
- Umsatztantieme 8, 3002
- Vorstandsmitglieder 8, 3002
- Zuständigkeit Anstellungsvertrag 8, 3040

Aktivierung 8, 3002
Aktivvermögen, Sanierungsklausel 8c, 555 f.
Akupunktur 5, 270
Alkoholmissbrauchsbekämpfung 5, 270
Alleinstehende Menschen, Selbsthilfegruppen 5, 270
Allgemeinheit, Förderung 5, 256 ff.

Altbestände, Übergang in das neutrale Vermögen 38, 11
Altdarlehen 8b, 300 ff.
Altenhilfe 5, 270
Altersfürsorge 5, 270
Altersversorgung 5, 59
- betriebliche 5, 99; 6, 1

Alterungsrückstellung 21a, 28
Amateurfilmen 5, 270
Amateurfotografieren 5, 270
Amateurfunk 5, 270
Amtlich vorgeschriebenes Muster 27, 316
Amtsermittlungsgrundsatz 8, 921 ff.
Amtshilfe 4, 150
- ABC der BgA 4, 331

Andere Ausschüttungen 36, 21 ff.
- Anrechnungsverfahren 36, 44

Andere Kapiatlgesellschaften, Organgesellschaft 17, 1 ff.
Änderung, Abänderungsverhinderung als vGA 8, 472
- am Auseinandersetzungsguthaben 8, 3425 f.
- Beteiligungsverhältnisse 8, 476, 3419
- keine Kenntnis von Änderung 32a, 104
- mehrfach 32a, 95, 158
- Steuerbescheid 32a, 53
- tatsächliche Änderung 32a, 61, 124
- Umfang bei § 32a 32a, 157
- zu Recht nicht erforderlich 32a, 61, 124

Änderung der Gesetzeslage und Verlustabzug 8, 2450
Anfangsbestand 27, 232
Anfangsbestand 28, 123
Anfangsbilanz 13, 71
Angehörige, eines Geschäftszweigs 5, 162
Angemessenheit Geschäftsführer, Lohnfortzahlung im Krankheitsfall 8, 3068
Angemessenheit Geschäftsführer, Wohnungsüberlassung mit Marktmiete 8, 3093
Angemessenheit Geschäftsführer-Bezüge, Abgrenzung zu Beratervertrag - s. Beratervertrag
- Ausbildung des Geschäftsführers 8, 3024
- Bandbreiten, s. dort
- Beweislast 8, 3033

Stichwörter

- Fremdvergleich, außerbetrieblich **8**, 3005, 3014
- Fremdvergleich, innerbetrieblich **8**, 3005, 3013
- Gehaltsbestandteile **8**, 3007
- Gehaltsgutachten - s. dort
- Gesamtausstattung **8**, 3004
- Gewinnaussichten GmbH **8**, 3010
- Halbteilungsgrundsatz **8**, 3011
- Industriemanager, Vergleich mit **8**, 3015
- Kapitalverzinsung **8**, 3010
- mehrere Geschäftsführer **8**, 3016
- mehrere Tätigkeiten - s. Mehrfachtätigkeit
- Methode Hansmann **8**, 3026
- Missverhältnis, krasses **8**, 3034
- Mittelbarer Gesellschafter **8**, 3004
- Nichtaufgriffsgrenze **8**, 3011
- Programm der Finanzverwaltung **8**, 3026 ff.
- s. Geschäftsführergremium **8**, 3017
- Schätzung **8**, 3004
- Steigerung des Unternehmenswerts **8**, 3005
- Tatsächliche Verständigung **8**, 949
- Überprüfung durch FG und BFH **8**, 3006
- Vergütung - s. Beratervertrag
- Zeitpunkt **8**, 3006
- Zuschlagsverfahren **8**, 3020

Angemessenheit Vergütung, s. Beratervertrag
Angestellter Gesellschafter (nicht Gf)
- SNF-Zuschlägen **8**, 3087

Angemessenheitsprinzip **8**, 184 ff., 242
Anglervereine **5**, 270
Anhängige Verfahren **8b**, 57, 127, 168, 182, 232, 283, 589, 590
Anlagen der Anteilseigner und Sonderausweis **39**, 1 ff.
Anlagevermögen, Umschichtung aus Umlaufvermögen **8**, 2497 f., 2508
Anlaufverluste,, Teilwertabschreibung **8**, 2158
Anpassung, Anstellungsvertrag **8**, 3110
Anrechnungsberechtigte Körperschaft **36**, 48
Anrechnungshöchstbetrag **26**, 281
Anrechnungsmethode, Zeitliche Anwendung von § 26 KStG **34**, 49 ff.
Anrechnungsverfahren **8b**, 12, 60

Anrechnungsverfahren Vorbem. §§ 27–32, 1; **27**, 2, 46, 234; **28**, 22
- Übergangsregelungen zum Halbeinkünfteverfahren **Vorbem. §§ 36–40**, 1 ff.

Anschaffung fiktiv, s. Fiktion
Anschaffungskosten, fortgeführte **13**, 103
- nachträgliche s. dort

Anschaffungskostenminderung, Steuerliches Einlagekonto **39**, 3
Anscheinsbeweis **8**, 928
- bei nahe stehender Person **8**, 352, 928
- bei neuem Unternehmen **8**, 211 ff.
- bei Privatnutzung Pkw **8**, 928, 3069
- bei SNF-Zuschlägen **8**, 3089
- bei Tantiemen **8**, 928, 3975, 3983 f., 3992, 3994 f., 3997 f.
- bei Vermögensminderung **8**, 361
- bei zusätzlicher Tätigkeit **8**, 928
- für Gewinnerzielungsabsicht der GmbH **8**, 3584

Anschlagtafeln, ABC der BgA **4**, 331
Anschlussgenossenschaft **5**, 644
Ansparabschreibung und vGA **8**, 612
Anspruch auf Rückvergütung **22**, 41 ff.
Anstalt öffentlichen Rechts **8**, 3470
- Sparkassen, s. dort
- Verlustabzug **8c**, 106, 152, 333

Anstalten **8b**, 39
- Anwendung von § 32a **32a**, 18, 105

Anstellungsvertrag, bei Ltd. - s. dort
- faktischer Geschäftsführer **8**, 3040, 3042
- Gesellschafterversammlung **8**, 3040
- Kündigungsmöglichkeit **8**, 3098
- nachträgliche Genehmigung **8**, 3040
- Zivilrechtliche Wirksamkeit **8**, 3040

Anteil, Definition **8**, 2476
- Genussscheine **8**, 2476
- Verdecktes Nennkapital **8**, 2476

Anteile, Finanzunternehmen **8b**, 576
Anteilseigner **27**, 289, 306; **28**, 194
- Einlagen **39**, 1 ff.
- wesentlich beteiligt **8a**, 381 ff., 492 f.

Anteilserwerb **8**, 3133
Anteilsübertragung, Höhe, Börsennotierte Gesellschaften **8**, 2484
- Kettenübertragungen **8**, 2482

2157

VERZEICHNIS — Stichwörter

- mehrfache Übertragung gleichen Anteils **8**, 2481
- Rückübertragung **8**, 2481
- Zusammenrechnung **8**, 2483, 2486

Anteilsübertragung, schädliche, Anwachsung **8c**, 195, 318
- Aufspaltung **8**, 2579
- bei börsennotierten Gesellschaften s. dort
- Börsengang **8c**, 185 ff.
- durch Ausgabe neuer Anteile s. auch Kapitalerhöhung
- Einbringung **8**, 2578
- Einlage von Anteilen **8**, 2600 f.
- Einziehung von Anteilen **8**, 2579 f.
- Erweiterung s. Generalklausel
- Erwerb eigener Anteile **8**, 2579 f.
- gestreckte s. mehrfache -
- Kapitalerhöhung und Ausgabe neuer Anteile s.dort
- Kapitalherabsetzung **8**, 2579
- mehrere Erwerber, Betriebsvereinbarung **8c**, 538
- – Gleichgerichtete Interessen **8c**, 299 ff.
- – nahe stehende Person **8c**, 286 ff.
- – Zuführung wesentlichen Betriebsvermögens **8c**, 574
- Mehrfache **8**, 2482, 2561 f.
- Mittelbare Übertragung **8c**, 232 ff.
- – Beweislast **8c**, 121 ff.
- – gleichgerichtete Interessen **8c**, 308
- – Sanierungsklausel **8c**, 589 f.
- – Schädlichkeit **8c**, 232 ff.
- Optionen **8c**, 183 f.
- Pflichtangebote **8c**, 188
- rechtsgeschäftliche **8c**, 174 f.
- Reihenfolge mit BV-Zuführung **8**, 2556 ff.
- Rückübertragung **8c**, 192 ff.
- Sachlicher Zusammenhang mehrerer Anteilsübertragungen **8**, 2487
- Sachlicher Zusammenhang mit BV-Zuführung s. dort
- Sonderbetriebsvermögen **8**, 2596 f., 2600
- Umwandlung **8c**, 182, 226
- Umwandlung der Verlustgesellschaft **8c**, 256
- Unmittelbare Übertragung, Sanierungsklausel **8c**, 587 f.
- – Schädlichkeit **8c**, 225
- Verschmelzung **8**, 2578, 2585
- Weiterübertragung **8c**, 189 ff.
- zeitliche Streckung, Betriebsvereinbarung **8c**, 537
- – Lohnsumme **8c**, 544
- – Zuführung wesentlichen Betriebsvermögens **8c**, 571 ff.
- Zeitlicher Zusammenhang mehrerer Anteilsübertragungen **8**, 2485 ff.
- Zeitpunkt, Beteiligungserwerb **8c**, 216 f.
- – Rückwirkung **8c**, 458 f.
- – Sanierungsklausel **8c**, 585

Anteilswert, Erhöhung **8**, 2131
Anti-Steuervermeidungsrichtlinie Einf., 172 ff.
Antragsgebundenheit **8d**, 90
- Gestaltungsrecht **8d**, 90

Anwachsung **8**, 4104
Anwendungsvorschriften **34**, 1 ff.
Anwendungszeitraum, des § 37 Abs. 2 KStG **37**, 34 ff.
Anwendungszeitraum (§ 8b Abs. 3 KStG) **8b**, 259
Apotheken, ABC der BgA **4**, 331
Apotheken-Verrechnungsstelle **5**, 167
Aquarienkunde **5**, 270
Arbeitgeberanteile Rentenversicherung **8**, 294, 3064
Arbeitgeberverbände **5**, 167
Arbeitnehmer **5**, 73 f.
- ausgeschiedene **5**, 99
Arbeitnehmerüberlassung **8**, 3134
Arbeitsbeschaffungsgenossenschaften, abziehbare Rückvergütung **22**, 78
Arbeitsgemeinschaften, Arge **1**, 181
- Baugewerbe **3**, 21
Arbeitslosenhilfe **5**, 270
Arbeitsmedizinische Zentren **5**, 270
Arbeitsschutz **5**, 270
Arbeitszeitkonten **8**, 3135
- Geschäftsleiter, ordentlicher und gewissenhafter - s. dort
- Insolvenzsicherung **8**, 3137
- Zeitgutschriften als vGA **8**, 3137
Arztkosten **8**, 3139
Ärztliche und zahnärztliche Stellen, ABC der BgA **4**, 331
Astrologieverein **5**, 270

Atomanlagenrückstellung,
 Schwankungsrückstellung, ähnliche
 Rückstellungen **20**, 81 ff.
Atomkraftgegner **5**, 270
Aufbauphase, Dauer **8**, 3976 f.
– Nur-Tantieme **8**, 3981, 3983 f.
– Überschreitung 50 %-Grenze Tantieme
 8, 3995
– Umsatztantieme **8**, 3975
Aufgeld, s. Agio
Aufgriffsgrenze, Jahresumsatz **4**, 172
Aufhebung, Steuerbescheid **32a**, 91
Auflösung, Organgesellschaften **11**, 121
Auflösung, unbeschränkt steuerpflichtige
 Körperschaft oder Personenvereinigung **37**, 64
Auflösung der Körperschaft **28**, 141
Auflösung und Abwicklung **11**, 1 ff.
Auflösung und verdeckte Einlage, s. Liquidation
Auflösungsgründe, Beendigung von
 Gesellschaften und Vereinen **11**, 61 ff.
Aufpreis, s. Agio
Aufsichtsrat **9**, 54
Aufsichtsratsvergütungen **4**, 421
Aufsichtsratsvergütungen **10**, 161 ff.
Aufspaltung **27**, 294; **29**, 40, 101, 127
Aufteilungsverbot **8**, 3140, 3826
Aufwandseinlage **8**, 2107, 2167
Aufwendungen, satzungsgemäße Zwecke
 10, 41 ff.
Aufwendungsersatz **9**, 95
Aufwendungsersatzanspruch **8**, 222 ff.
Aufwertung, s. Darlehen, Aufwertung
Aufzinsung **8a**, 121, 416
Aufzug im Fernsehturm, ABC der BgA **4**, 331
Auktion, s. Verzicht
Auktionator **8**, 3977
AU-Plaketten, ABC der BgA **4**, 331
Ausbeuten **37**, 63 ff.
Ausbildungskosten **8**, 3141
Ausfall, Rückgriffsforderung aus Bürgschaft
 8, 2118
Ausfall, Darlehen s. dort
Ausgabenersparnis **8**, 693
Ausgleichsanspruch, Verlustabzug **8c**, 486 ff.
Ausgleichsposten **12**, 376
– Auflösung **12**, 401
– Rückführung **12**, 416

Ausgleichszahlung, bei Organgesellschaft
 16, 31 ff.
Ausgleichszahlung, steuerrechtliche Behandlung,
 beim Minderheitsgesellschafter **16**, 46
Ausgleichszahlungen **27**, 200
– gem. § 304 AktG **8**, 161
Ausgliederung **29**, 41, 52, 103
Aushilfskräfte **8**, 3142
Auslagenersatz **8**, 413, 3096
Auslagenersatz, aus G.o.A. **8**, 492
Auslagenersatz, bei beherrschendem
 Geschäftsführer **8**, 3097
Auslagenersatz, bei Genossenschaft, s. dort
Auslagenersatz, Reisekosten **8**, 3096
Ausländergleichbehandlung Einf., 11
Ausländische Einkünfte **26**, 112, 182, 306
– beschränkt steuerpflichtiger Körperschaften
 26, 451
Ausländische Gesellschaft **8b**, 32
Ausländische Kapitalgesellschaften **24**, 36;
 27, 138
Ausländische Körperschaften **1**, 36 ff.; **26**, 211;
 37, 67
Ausländische Quellensteuer **10**, 86
Ausländische Steuern, Abziehbarkeit **10**, 86
– Zahlung **26**, 164
Ausländische Unternehmen, als Organträger
 19, 56
Ausländische Verluste Einf., 331 ff.; **26**, 256
Ausländische Vermögensteuer **10**, 86
Ausländischer Organträger, Rechtsform **18**, 11 f.
– Tätigkeit **18**, 21 f.
Auslandsreisen **8**, 3142
Auslandsverschmelzung **12**, 495
Ausschüttung, offene, bei Ltd. - s. dort
– Definition **8**, 164
– Zusammenhang mit **8**, 317
Ausschüttungen, Übergangsregelungen und
 Anwendungsvorschriften zu dem mehrfach
 geänderten § 8b KStG **34**, 192 ff.
– während des dreijährigen Moratoriums **37**, 72
– zwischen Körperschaften **37**, 59 ff.
Ausschüttungsbelastung, Herabschleusung
 36, 23 f.
Ausschüttungszeitpunkt **8b**, 385
Außenstehende Aktionäre **16**, 12

Aussetzung der Vollziehung, wegen Verfassungswidrigkeit Verlustvortragsbeschränkung **8**, 2422
Auszahlungsanspruch, Auszahlungszeitraum **37**, 98 ff.
– ertragsteuerliche Behandlung **37**, 107 ff.
Automodellbau **5**, 270
back-to-back-Finanzierungen **8b**, 311, 313
Badebetrieb, ABC der BgA **4**, 287, 292, 331
Bagatellaufwendungen **8**, 3097
Ballettschule **5**, 270
Ballonsport **5**, 270
Bandbreiten, Angemessenheit Geschäftsführer-Bezüge **8**, 3025, 3033
Bandbreiten, Mieten **8**, 3085
Bankenverband **5**, 167
Bankgeschäfte **8b**, 547
Bardividende, Körperschaftsteuerminderung **37**, 15
Bargelddiebstahl, Mindestverzinsung für GmbH **8**, 3148
Bauabzugsteuer, Entsprechende Anwendung des EStG **31**, 77, 154
Baudenkmäler **5**, 270
Bauernverband **5**, 167
Beamtenbund **5**, 167
Beginn des Kalenderjahres **8b**, 376
Beherrschung, Konzern **8a**, 297 ff.
Beherrschungsvertrag **8c**, 332
Beihilfeverfahren Einf., 461 ff.
Beiladung, bei Verfahren über vGA oder vE **32a**, 34
Beistandsleistungen, ABC der BgA **4**, 331
Beitragsorientierte Pensionszusage, s. Unverfallbarkeit
Beitragsrückerstattungen **6**, 12
– Kleinbetragsregelung **21**, 216
– Lebens-/Krankenversicherung **21**, 66 ff.
– nach der Art der Lebensversicherung betriebenes Geschäft **21**, 66 ff.
– Rückstellungen **21**, 191 ff.
– – Sonderfall Krankenversicherung, Ermäßigung der Beitragserhöhungen **21**, 213 f.
– – Sonderfall Lebensversicherung, Schlussgewinnanteile **21**, 215 f.
– – steuerliche Abzinsung **21**, 181 ff.
– – verbindliche Festlegung **21**, 104 ff.
– Schaden-/Unfallversicherung **21**, 146 ff.
– – abziehbare/nichtabziehbare BA **21**, 150 ff.
– – Beitragseinnahmen **21**, 147 f.
– – Rein-Zinserträge **21**, 148
– – Versicherungszweig **21**, 149
– steuerliche Abziehbarkeit **21**, 56 ff.
– – Anwendungsbereich, Persönlich **21**, 51
– – Anwendungsbereich, Sachlich **21**, 52
– – Anwendungsbereich, Zeitlich **21**, 53
– – Bedeutung **21**, 35 ff.
– – Berechnungsschema **21**, 66 ff.
– – Eigenkapitalzuschlag **21**, 116 f.
– – Hintergrund **21**, 21 ff.
– – Jahresergebnis aus dem selbst abgeschlossenen Geschäft **21**, 101 ff.
– – Kürzung Nettoertrag des Eigenkapitals **21**, 115 ff.
– – Kürzung steuerfreie Erträge **21**, 125 ff.
– – Rechtsentwicklung **21**, 1 ff.
– – Rechtsfolgen **21**, 56 ff.
– Übriges Versicherungsgeschäft **21**, 146 ff.
Beobachtumgszeitraum **8d**, 58
Beobachtungszeitraum, Schwankungsrückstellungen **20**, 57
BEPS Einf., 168 ff.
Berater- bzw. Subunternehmervertrag, Angemessenheit Vergütung **8**, 3173, 3182
– Drittvergleich **8**, 3173, 3175
– neben Geschäftsführer-Vertrag **8**, 3017, 3161 f., 3177 ff.
– Nur-Beratervertrag **8**, 3160
– Rückwirkung auf Geschäftsführer-Gehalt **8**, 3177 ff.
– Schriftlichkeit **8**, 3164
– tatsächliche Durchführung **8**, 3159, 3183 f.
– Übertragbarkeit Tbm der Tantieme **8**, 3174
– Umdeutung in Geschäftsführer-Honorar **8**, 3182
– Wettbewerbsverbot **8**, 3157
– Zusammenrechnung der Vergütung mit Geschäftsführer-Gehalt **8**, 3182
Berichtigungsmöglichkeit **27**, 336
Berufsangehörige **5**, 162
Berufsbildung **5**, 270
Berufsgenossenschaft, ABC der BgA **4**, 331
Berufssport **5**, 270

Berufsständische Pflichtversicherungs- u. Versorgungseinrichtungen **5**, 242
Berufsverbände 1, 181
– Apotheken-Verrechnungsstelle **5**, 167
– Arbeitgeberverbände **5**, 167
– Bankenverband **5**, 167
– Bauernverband **5**, 167
– Beamtenbund **5**, 167
– Begriff **5**, 162
– Erzeuger- und Kontrollringe **5**, 167
– Gewerkschaften **5**, 167
– Handwerkerverband **5**, 167
– Haus- und Grundbesitzerverband **5**, 167
– Industrieclubs **5**, 167
– Lohnsteuerhilfevereine **5**, 167
– Marketingclubs **5**, 167
– Mietervereine **5**, 167
– Milchkontrollverein **5**, 167
– Partielle Steuerpflicht **5**, 196
– Rabattsparverein **5**, 167
– Spenden für politische Parteien **5**, 206
– Steuerberaterverband **5**, 167
– Warenzeichenverband **5**, 167
– Werbeverband **5**, 167
– Wirtschaftlicher Geschäftsbetrieb **5**, 181 ff.
– Wirtschaftsrat der CDU **5**, 167
– Wirtschaftsverbände **5**, 167
Besamungsgenossenschaften 22, 80
Beschäftigungsgesellschaften 5, 270
Bescheid, erstmaliger Erlass **32a**, 91, 156
Bescheinigung 27, 16, 276 ff.
Bescheinigungsverfahren 27, 276 ff.
Beschränkt Steuerpflichtige 8, 2436
– Abgeltung der KSt durch KapESt **32**, 51 ff.
– Abgeltung der KSt durch Steuerabzug **31**, 51 ff., 75 ff.
– Besteuerungsverfahren **31**, 75 ff.
– Entlastung von Abzugsteuern **31**, 54 ff.
– Erstattung für Drittstaats-Dividenden **32**, 142 ff.
– Erstattung für EU-/EWR-Streubesitzdividenden **32**, 141 ff.
– Steuerabzugsverfahren **31**, 51 ff.
Beschränkt steuerpflichtige Körperschaft 2, 21; **29**, 44

Beschränkt steuerpflichtiges Versicherungsunternehmen, versicherungstechnische Rückstellungen **20**, 211
Beschränkte Körperschaftsteuerpflicht, Beginn und Ende **2**, 71 f.
Beschränkte Steuerpflicht 8, 3198
beschränkte Steuerpflicht, Betriebsstätte **8d**, 30 ff.
– EG-Auslandskörperschaften **5**, 796
– Unionsrecht **8d**, 28
Besitzunternehmen, BgA **4**, 222
Bestandskraft 27, 232
– Auswirkung auf vGA **8**, 612 ff.
Besteuerung, ausländische Einkünfte **26**, 129, 160
Besteuerung öffentlicher Unternehmen 4, 16 f.
Besteuerungsgrundlagen 27, 261
Besteuerungsrecht 12, 93
– Ausschluss **12**, 136
– Beschränkung **12**, 136
– Rechtsträgerwechsel **12**, 152
Besteuerungsrecht der BRD, Begründung als verdeckte Einlage **8**, 4105
Besteuerungsverfahren, Entsprechende Anwendung des EStG **31**, 21 ff.
Besteuerungszeitraum, Dauer **11**, 106 ff.
Beteiligung 27, 36
Beteiligung, am wirtschaftlichen Verkehr **4**, 171 ff.
– an anderen Körperschaften und Personenvereinigungen **15**, 51 ff.
– an ausländischen Gesellschaften **15**, 79 ff.
– an Gesellschaften **4**, 135
– Einlage in eine BgA oder Kapitalgesellschaft **4**, 526 f.
– mittelbare **8**, 4122; **8c**, 232 ff.
– Übergangsregelungen und Anwendungsvorschriften zu dem mehrfach geänderten § 8b KStG **34**, 192 ff.
Beteiligung im Betriebsvermögen 28, 193
Beteiligung im Privatvermögen 28, 193
Beteiligungserwerb 8b, 384
Beteiligungskette, Verlustabzug, Verkürzung **8c**, 239; 252 ff.
– – Verlängerung **8c**, 255

Beteiligungsquote, Änderung und Verlustabzug **8**, 2481
Beteiligungsrechte **8c**, 156
Beteiligungsverhältnisse, mehrstufige s. Mehrstufige Beteiligungsverhältnisse
Betrieb **8a**, 97 ff.
Betrieb gewerblicher Art (BgA) **1**, 86; **4**, 1 ff.; **5**, 245; **8b**, 40; **9**, 264; **38**, 40
– Anwendung von § 32a **32a**, 18, 105
– Aufgabe **4**, 411 ff.
– Auslandsbetriebsstätten **12**, 86
– Behandlung wie KapGes **8**, 3460, 3466
– betriebsnotwendige Wirtschaftsgüter **8**, 3473
– Buchführungspflicht **7**, 12
– Darlehen **8**, 3470, 3477 f.
– Definition **8**, 3465
– Einzelfälle **8**, 3470
– Freibeträge **24**, 28
– Kapitalertragsteuer s. dort
– Kapitalherabsetzung **8**, 3472
– Keine Eignung zum Beteiligungsertrag **8**, 533
– Konzessionsabgaben **8**, 3474 f.
– Miet- und Pachtverträge **8**, 3477 f., 3541
– Rechnungsprüfung **8**, 3470
– Sondernutzungsentgelt s. dort
– Spenden von - **8**, 3863
– Umlagezahlung **8**, 3470
– Verlustbetriebe **8**, 3467 f.
– von juristischen Personen des öffentlichen Rechts **4**, 81 ff.
– Widmungskapital **8**, 3471 ff.
– Zinsschranke **8a**, 98
– Zusammenfassung **4**, 261 ff.
– Zusammenfassung von **8**, 3479 ff.
Betriebsangehörige **5**, 98
Betriebsaufgabe und verdeckte Einlage **8**, 4106
Betriebsaufspaltung **8**, 685, 3200 ff., 4107
– Begründung **8**, 4154
– Beherrschender Gesellschafter **8**, 3200
– Bürgschaft **8**, 3216
– Darlehen an Geschäftspartner GmbH **8**, 4112
– Darlehen an Tochtergesellschaft **8**, 4112
– Disquotale Einlage s. dort
– Einzelfälle **8**, 3204 f.
– Erfindungen **8**, 3290
– Geschäftswert **8**, 3205 f.
– Geschäftswert **8**, 4107 ff.
– keine Probezeit für Pensionszusage **8**, 3636, 3641 ff.
– Nur Betriebsgesellschafter **8**, 4108
– Nutzungsüberlassung **8**, 4117
– Pachtzins als vGA **8**, 3201 ff.
– Reiheneinlage s. dort
– Sanierungsklausel **8c**, 603
– umgekehrte **8**, 3206
– und § 8 Abs. 4 KStG **8**, 2657
– Verdeckte Einlage **8**, 4107 ff.
– Verpachtung eines BgA **4**, 222
– Zinsschranke **8a**, 352
Betriebsausgaben **8b**, 280
– Kaskadeneffekt **8b**, 451
– nicht abziehbare **8b**, 252 ff.
– – (§ 8b Abs. 5 KStG) **8b**, 450 ff.
– steuerfreie Bezüge **8b**, 471
– steuerliche Abziehbarkeit, Beitragsrückerstattungen **21**, 56 ff.
Betriebsausgaben, Verstoß gg. höherrangiges Recht (§ 8b Abs. 5 KStG) **8b**, 478 ff.
Betriebsausgabenabzug, Anrechnung **26**, 192
Betriebseinnahmen und -ausgaben **4**, 401 ff.
Betriebsprüfung, nachträgliche Rückvergütungen **22**, 61 ff.
Betriebsprüfung, Nachversteuerung **37**, 71
Betriebsrat **1**, 181; **5**, 92
Betriebssport **5**, 270
Betriebsstätte, ausländische **8a**, 116
– inländische **5**, 80; **8a**, 99
– – Verlustuntergang nach § 8c **8c**, 107
Betriebsstättenübertragung, Überführung **12**, 211
Betriebsstättenverluste **15**, 34
Betriebsveräußerung **8**, 3206; **13**, 178
– BgA **4**, 411
– und verdeckte Einlage **8**, 2107
Betriebsvereinbarung **8c**, 532 ff.
Betriebsvereinbarung, Befolgung **8c**, 535
– Begriff **8c**, 532
– Inhalt **8c**, 533
– Zeitpunkt **8c**, 536 ff.
Betriebsvermögen **5**, 71
– Gesamtrechtsnachfolge von Todes wegen **4**, 376
– notwendiges **4**, 376

Betriebsvermögen i. S. d. § 8 Abs. 4 KStG, AfA 8, 2512 f.
– Aktivvermögen 8, 2491
– Anlagevermögen 8, 2491
– aus Aufwertung 8, 2514
– aus Gewinnen 8, 2511
– Ausschüttungen 8, 2511
– außerbilanzielle Maßnahmen 8, 2506
– bei beschränkt Steuerpflichtigen 8, 2495
– Branchenwechsel 8, 2515 ff.
– Bürgschaften 8, 2506
– Erhöhung Eigen- oder Fremdkapital 8, 2511
– Gegenständliche Betrachtung 8, 2504 ff., 2518 ff.
– Immaterielle Wirtschaftsgüter 8, 2492, 2511
– Kapital 8, 2494, 2521
– Negatives Kapital 8, 2492
– Neuheit 8, 2504 ff.
– Passivtausch 8, 2493
– Personengesellschaften 8, 2511
– Saldobetrachtung 8, 2511 ff., 2520 f.
– Schuldübernahme 8, 2493
– Ständige Prüfung 8, 2518
– Umgehungsmöglichkeiten 8, 2493
– Umschichtung Finanzanlagen 8, 2507
– Umschichtung, Umlauf- in Anlagevermögen 8, 2497 f., 2508
Betriebsvermögensvergleich 9, 148; 13, 73
Beurteilung, materielle des zuständigen Finanzamts entscheidend 32a, 61
Beweiserhebung 8, 3049
Beweislast, Beweiserleichterung Altfälle Sanierung 8, 2441
– Verlustabzug, Gleichgerichtete Interessen 8c, 301
– – Mittelbare Beteiligungen 8c, 121 ff.
– Zuführung neuen BVs 8, 2441
Beweislast bei § 8 Abs. 4 8, 2441 ff.
Beweislast bei § 8 Abs. 4, zeitlichere für sachlichen Zusammenhang 8, 2547, 2560
Beweislast bei vGA 8, 921 ff.
– Angemessenheit Gf-Bezüge s. dort
– Ausschluss einer Vereinbarung 8, 3058
– bei Bargelddiebstahl 8, 3148
– bei BgA 8, 3471
– bei doppelrelevanten Tatsachen 8, 926
– Finanzamt 8, 922 f.

– für Ernstlichkeit 8, 917
– für nahe stehende Personen 8, 928
– Gehälter 8, 926 f.
– Mitwirkungspflicht Gesellschaft oder Gesellschafter 8, 930 f.
– Nachkalkulation 8, 927
– Nachzahlungsverbot 8, 3057 f.
– Normentheorie 8, 922
– Pensionszusage, Höhe 8, 3050
– Schätzung 8, 930
– Schenkungsteuer 8, 784
– Tantieme 8, 928, 3975, 3983 f., 3992
– Umkehr der Beweislast 8, 927 f.
– Umkehr der Beweislast - s. dort 8, 3185
– Vermögenszuflüsse bei Gesellschafter 8, 927
– Vermögenszuflüsse bei Gesellschafter 8, 931
– Verrechnungspreise 8, 927
Beweislastentscheidung 8, 934
Beweismittel 8, 361
Beweisurkunde 38, 35
Bewertung der Einlagen 27, 72
Bezüge 8b, 35
– Aktien 8b, 36
– Auflösung Körperschaft 8b, 38
– Ausgleichszahlungen 8b, 36
– Besondere Entgelte und Vorteile 8b, 36
– Dividendenscheine 8b, 36
– Genussrechte 8b, 36
– GmbH-Anteile 8b, 36
– Investmentanteile 8b, 36
– Kommanditaktien einer KGaA 8b, 36
– offene Rücklagen 8b, 36
– REIT 8b, 36
– Sonderausweis 8b, 38
– Steuerliches Einlagekonto 8b, 37
– Verdeckte Gewinnausschüttung 8b, 36
Bezugsrecht, Verlustabzug 8c, 327
Bibliotheken 5, 270
Bierbrauen 5, 270
Bilanzberichtigung 8, 251
Bilanzberichtigung, bei Buchungsfehler 8, 513
– bei Pensionszusagen 8, 3631 ff., 3737
– bei Rückdeckungsversicherung 8, 3631 ff.
– bei unterlassener Aktivierung 8, 3002
– Rückstellung für Gehalt bei GmbH & Ss 8, 3436

Bilanzielle Behandlung vGA bei der Gesellschaft,
  Außerbilanzielle Hinzurechnung 8, 611
– Nichtausweis Forderung keine vGA 8, 514
– Passivposten 8, 626 ff.
– Überpreiskauf 8, 616 f.
– Unterpreisverkauf 8, 621
Bilanzielle Behandlung vGA beim Gesellschafter,
  Überpreisverkauf 8, 692
– Unterpreiskauf 8, 693
Bilanzierbarer Vermögensvorteil 8, 2101
Bilanzierung Pensionszusage, s. Pensionszusage, Bilanzierung
Bilanzierungswahlrecht 8a, 586, 598
Bilanzstichtag 6, 15
Bilanzsumme, Zinsschranke 8a, 614 ff.
Bildung 5, 270
Billard 5, 270
Bindungswirkung 27, 232
Bindungswirkung, Bewertung verdeckte Einlage Gesellschaft - Gesellschafter 8, 2151
Black List Einf., 216
Blindenfürsorge 5, 270
Blutalkoholuntersuchungen, ABC der BgA 4, 331
Bodenuntersuchungsanstalten, ABC der BgA 4, 331
Bonsaikunst 5, 270
Börsen, ABC der BgA 4, 331
Börsengang 8, 3306
Börsennotierte Gesellschaften und Verlustabzug, sachlicher Zusammenhang 8, 2552
– schädliche Anteilsübertragung 8, 2484
– Übernahmeangebot nach WpÜG und sachlicher Zusammenahng 8, 2553
– Verlustuntergang nach § 8c 8c, 185 ff., 209
Branchenwechsel, ohne Strukturwandel 8, 2657
– Sanierungsklausel 8c, 603
Branntweinmonopol 5, 29
Braubürgschaft 1, 181; 3, 22
Brauchtumspflege 5, 270
Bridge 5, 270
Briefmarkensammeln 5, 270
Bruchteilsgemeinschaft, Verlustabzug, Erwerber 8c, 285
Bruttoausschüttung, Bemessungsgrundlage 36, 48

Bruttomethode, Beteiligung an ausländischen Gesellschaften 15, 79 ff.
Buchführende Körperschaften 7, 9 ff.
Buchführungspflicht 7, 11 ff.
Buchstellen, ABC der BgA, Handwerkskammer 4, 331
– – Handwerksinnung 4, 331
Buchungsfehler 8, 164, 251, 513
Buchwert 13, 146 f.
Bundesanstalt für vereinigungsbedingte Sonderaufgaben 5, 52
Bundeseisenbahnvermögen 5, 26
Bundeswehr, ABC der BgA 4, 331
Bürgerinitiativen 5, 270
Bürgernetzvereine 5, 270
Bürgschaft 8, 3214
– als verdeckte Einlage 8, 2107, 2165 f., 4122 ff.
– Ausfall Rückgriffsforderung 8, 2118
– bei Risikogeschäft 8, 3840
– kapitalersetzende 8, 2107, 3216, 4122
– Übergang der gesicherten Forderung 8, 3217
– von Gesellschaft für Gesellschafter 8, 3214
– von Gesellschafter für Gesellschaft 8, 3216
– von Gesellschafter für Kunde 8, 2107, 4122
Bürgschaftsprovision 8, 3215 f., 3261
Burschenschaften 5, 270
Camping 5, 270
Campingplatz, ABC der BgA 4, 331
CB-Funkverein 5, 270
Chancen, als Gegenstand einer vGA 8, 3357 ff.
– bei materieller Korrespondenz bei verdeckten Einlage 8, 2219
Charterflugverkehr 8, 3218
Checklisten, Anstellungsvertrag 8, 3039
– Geschäftschancenlehre 8, 3357
– Pensionszusage 8, 3624
– Risikogeschäfte 8, 3831
– s. auch Prüfungsreihenfolge
– Tantieme 8, 3933
– Wettbewerbsverbot 8, 3357
Computerprogrammlizenz, Lizenzzahlungen 8, 3503
Control-Konzept 8a, 327
Country- und Westernvereine 5, 270
D & O-Versicherung 8, 3219

Darlehen 4, 422 ff.; **8b**, 300 ff.
- Abtretung, Darlehensanspruch **8**, 3222
- an Gesellschaft **8**, 3235 f., 3253, 3261 ff., 3585
- an Gesellschafter
  8, 164, 3223 ff., 3254, 3257 ff.
- Arbeitgeberdarlehen **8**, 3257 ff.
- Aufwertung **8**, 3238
- Ausfall **8**, 2118
- Besicherung **8**, 3223 ff.
- Darlehenshingabe **8**, 3220
- Darlehensverzinsung **8**, 3256
- durchgereichte Darlehen **8**, 3229, 3258, 3220
- eindeutige und klare Vereinbarung **8**, 3220
- gegenseitige **8**, 3266
- Höhe des Darlehens **8**, 3223 ff.
- kapitalersetzendes Darlehen **8**, 2105, 2107
- keine Gewinnminderung **8**, 293
- keine Rückzahlungsmöglichkeit u. -wille
  8, 3223 ff.
- Kriterien von Angehörigendarlehen
  8, 3223, 3235 f., 3263
- Kündigungsfrist **8**, 3229
- lange Laufzeit **8**, 3229
- Novation **8**, 3586
- partiarisches **8**, 3263; 3282, 3893
- statt Ausschüttung **8**, 3229
- tatsächliche Durchführung **8**, 3236
- Teilwertabschreibung **8**, 3224 ff.
- Tilgung keine vGA **8**, 293
- Verjährung **8**, 3237
- Vermögensverschlechterung beim
  Darlehensnehmer **8**, 3224 f.
- Verrechnung gegenseitiger Darlehen **8**, 3266
- Verrechnungskonten **8**, 3223, 3268 f.
- Verstoß gegen § 30 GmbHG **8**, 3230 ff.
- Verstoß gegen § 43a GmbHG **8**, 3223
- Verzinsung **8**, 3256
- Wertgeminderte Forderung **8**, 3239
- Zeitpunkt der vGA bei Darelehenshingabe
  8, 3226 ff.
- Werthaltigkeit s. Werte

Darlehensgewährung, wirtschaftlich vergleichbar
  8b, 358 ff.
Darlehensvergabe 5, 270
Darlehensverzicht **8**, 3253 ff.

Darlehensverzinsung **8**, 3257 ff.
- bei Verrechnungskonten **8**, 3269
- maßgebende Zinssätze **8**, 3258

Dart-Vereine 5, 270
Datenverarbeitung, ABC der BgA 4, 331
Dauerverlustgeschäft **8**, 2816 ff.
- Begriff **8**, 2816
- Tätigkeitsbereiche **8**, 2823 f.
- Voraussetzungen **8**, 2817 ff.

Dauerverlustgeschäfte bei BgA **8**, 2791 ff.
- Ausschließlichkeit der Verlusttragung
  8, 2806 ff.
- Mehrheit der Stimmrechte **8**, 2797 f.

Dauerverlustgeschäfte bei Eigengesellschaften
  8, 2796 ff.

DBA **8b**, 103 ff.; **9**, 120 ff.
- Vereinbarkeit **8a**, 56

Deckungsrückstellung 6, 13 f.
- Anwendbarkeit, Versicherungsunternehmen,
  Sitz in anderen Staaten der EU **21a**, 9
- Arten und Begriff **21a**, 11 f.
- in der Krankenversicherung **21a**, 26 ff.
- in Schaden- u. Unfallversicherung **21a**, 26 ff.
- Regelungsinhalt **21a**, 6 f.
- versicherungsmathematischer Aufbau
  21a, 13 ff.

Deckungsverhältnis, s. Dreiecksfälle
Definition 27, 66
- der verdeckten Einlage **8**, 2089 ff.
- der vGA **8**, 281
- Scheingeschäft **8**, 231

Demokratieprinzip **8**, 2421
Demokratisches Staatswesen 5, 270
Denkavit-Anträge Einf., 401 ff.
Denkmalpflege 5, 270
Desinfektion, ABC der BgA 4, 331
Deutsche Bundesbank 5, 41
Deutsche Post AG 5, 26
Deutsche Postbank AG 5, 26
Deutsche Telekom AG 5, 26
Dialyse-Verein 5, 270
Dienst- und Werkleistungsgenossenschaften
  22, 80
Dienstverhältnis 5, 75
Digitalsteuer Einf., 218
Direktzugriff 27, 136 ff.; **28**, 21, 55, 172 ff.
Diskriminierungsverbot Einf., 11

Disquotale Einlagen, bei Betriebsaufspaltung **8**, 4154 f.
– bei Rückgängigmachung vGA **8**, 4147
– Über- oder unterproportional disquotal **8**, 4147 ff.
– überproportional disquotal, Teilwertabschreibung **8**, 4150
Disquotale Gewinnverteilung **8b**, 383
Dividenden **37**, 63 ff.
Dividendeneinnahmen **36**, 49, 52
Dividendengarantie, Minderheitsgesellschafter **16**, 11
Dividendenschein **27**, 358
Dividendenschein, Veräußerung **37**, 66
Doppelansässigkeit, Anrechnung **26**, 73
Doppelbesteuerung **32a**, 104
– Begriff **26**, 1
– bei Anwendung von § 8b Abs. 3 Satz 4 **8** beim Forderungsverzicht **8**, 4184, 4190
– bei Viereckfall in materieller Korrespondenz bei verdeckten Einlagen **8**, 2253
– Vermeidung oder Milderung der - **26**, 1
Doppelbesteuerungsabkommen, Anrechnung **26**, 341
down stream merger **29**, 53, 85
Downstream Darlehen **8b**, 333
Drachenfliegen **5**, 270
Dreiecksfälle **8**, 346, 726 ff.; **32a**, 97 f., 159 f.
– bei Abfindung Pensionszusage **8**, 3800
– Deckungsverhältnis **8**, 4130
– Materielle Korrespondenz bei verdeckten Einlagen **8**, 2232 ff.
– s. auch Schwestergesellschaften
– Valutaverhältnis **8**, 4130
– Verdeckte Einlage **8**, 2161
– Verdeckte Einlage **8**, 4128 ff.
Dreistufenlehre, s. Schenkungsteuer und vGA
Drittaufwand bei verdeckter Einlage **8**, 4142
Dritter, rückgriffsberechtigt **8a**, 396 ff., 495
Drittstaaten, Steueranrechnung **26**, 146, 318
– Verluste **Einf.**, 4 ff.
Drittvergleich **8**, 176 ff.; **8b**, 350 ff.
Drittvergleich, Beratervertrag - s. dort
– Aktiengesellschaft **8**, 3002
– als Angemessenheitsprüfung **8**, 362 ff.
– außerbetrieblicher **8**, 381, 3014 ff., 3089
– bei beherrschenden Gesellschaftern **8**, 471

– bei Konzessionsabgaben **8**, 3475 f.
– bei Rückdeckungsversicherung **8**, 532
– bei verdeckten Einlagen **8**, 2119 ff.
– bei Verträgen, die nur mit Gesellschaftern möglich sind **8**, 412 ff.
– durch Nachdenken **8**, 397
– durch Wegdenken des Gesellschaftsverhältnisses **8**, 361
– Errichtung und Erstausstattung einer KapGes **8**, 414 f.
– gemischte Veranlassung **8**, 461
– hypothetischer **8**, 386 ff., 3038, 3089
– innerbetrieblicher **8**, 371, 3013, 3085 ff., 3089
– Mehrheits- u. Minderheitsgesellschafter **8**, 361, 421
– Mietvertrag **8**, 3553 ff.
– Umfang der Veranlassung **8**, 461
– Verdopplung **8**, 421 ff., 3553 ff., 2123
– Zeitpunkt **8**, 372
Drogenmissbrauchsbekämpfung **5**, 270
Drohverlustrückstellungen **20**, 198 ff.
Duales System, ABC der BgA **4**, 331
Due Diligence **8b**, 280
Durchführung, s. Tatsächliche Durchführung
Dynamisierung Pension oder Pensionszusage **8**, 3689 ff., 3720 f.
– Überversorgung **8**, 3738
EBITDA **8a**, 146
Ehe und Familie **5**, 270
Eheähnliche Lebensgemeinschaft **8**, 347
Ehegatten, Ausfall Darlehen **8**, 2118
– Ausfall Rückgriffsforderung aus Bürgschaft **8**, 2118
– Drittaufwand **8**, 4142
Ehemaliges EK 02 **38**, 8
Ehemaliges EK 02, Gewinnverwendungsreihenfolge **38**, 15 ff.
– jährliche Fortschreibung und gesonderte Feststellung **38**, 13 f.
– Übergangsregelung **38**, 12
Ehrenmale für Kriegsopfer **5**, 270
Eigen- oder Selbstversorgungsbetriebe **4**, 171
Eigenbetrieb **4**, 83
Eigene Anteile **8**, 3270 f.
– als Anteile i. S. v. § 8 Abs. 4 KStG **8**, 2476
– Berechnung der Übertragungsquote **8c**, 373
– Teilwertabschreibung - s. dort

– Verlustabzug, Erwerb eigener Anteile 8c, 151
– – Veräußerung eigener Anteile 8c, 151, 373
– – Vergleichbarer Sachverhalt 8c, 318
Eigengesellschaft 4, 481
Eigenhandel 8b, 591, 594
– Erwerb 8b, 591
– Immobilienobjektgesellschaft 8b, 597
– Vorratsgesellschaft 8b, 595 f.
Eigenhandelsabsicht 8b, 598
Eigenhandelserfolg, Finanzunternehmen 8b, 593 ff.
Eigenhändig unterschreiben 27, 263, 326
Eigenjagdbezirke, Verpachtung 4, 331
Eigenkapital 27, 2
eigenkapitalersetzende Darlehen 8b, 309
Eigenkapitalquote 8a, 571
Eigenkapitalvergleich 8a, 566
Eigenkapitalverringerungen 37, 25
Eigenverbrauch, Jahresumsatz 4, 172
Eignung zum Beteiligungsertrag 8, 531 ff., 4034 f.
Ein-Ebenen-Besteuerung, mitunternehmergleiche 9, 65
Ein- und Verkaufsgesellschaft 1, 181
Einbeziehungswahlrecht, Konzern 8a, 299, 587
Einbringung, s. a. Unternehmensumwandlung 8, 3279 ff.
– Verlustabzug, Vergleichbarer Sachverhalt 8c, 318
– Zuführung wesentlichen Betriebsvermögens 8c, 547 ff.
Eingliederung, finanzielle 18, 41
Einheitliche und gesonderte Feststellung 9, 110 ff.
Einigungsvertrag, Sondervorschriften zu Art. 8 35, 1 ff.
Einkaufs- und Bezugsgenossenschaften, abziehbare Rückvergütung 22, 74
Einkommen, Generalverweisung 8, 51 ff.
– steuerpflichtiges 8, 2771
– zu versteuerndes - 7, 1 ff.
Einkommensermittlung 4, 351 ff.; 5, 139; 6, 13
Einkommensermittlung, Buchführungspflicht 4, 366 ff.
Einkommensminderung 8, 316, 3214; 8b, 82
– Teilminderung 8b, 83
Einkommensverwendung 8, 161, 199

Einkommenszusammenfassung, körperschaftsteuerliche Organschaft 15, 16
Einkünfte 5, 7, 274, 392
– inländische 2, 31
Einkünftequalifizierung 8, 111 ff.
Einkunftsart 8, 101 ff.
Einlageforderung 8, 3144
– bei Rückzahlung Nennkapital 8, 867
– Erfüllung durch Umbuchung 8, 3147, 3283
– Mindesteinlage 8, 3144
– nach vGA 8, 2105
– Umbuchung 8, 3147
– Verzinsung 8, 413, 2105, 3144
Einlagekonto 27, 1, 16,36, 66; 28, 1, 11, 21, 26, 55, 96, 142, 161, 172 ff., 192, 206; 29, 1, 65
– Aufteilung 29, 106
– Feststellung 29, 95 f.
– Feststellungszeitpunkt 29, 125
– gem. § 27 KStG 8, 851
– negatives 29, 71
– Sonderregelung zum steuerlichen im Hinblick auf Art. 8 Einigungsvertrag 35, 18
– Verschmelzung 29, 62
Einlagen 4, 388; 8, 161 ff., 3283; 27, 1, 71, 72
– Bewertung verdeckte Einlage und Zufluss 8, 4200
– disquotale s. dort
– durch Rückzahlung vGA 8, 251, 519, 850 ff.
– Einzelunternehmen 8, 3206
– materielle 8, 2196 ff.
– offene 8, 165
– Pflicht- 8, 165
– Sanierungsklausel 8c, 546 ff.
– steuerliche Behandlung bei Gesellschaft und Gesellschafter 8, 2196 ff.
– verdeckte 8, 2081 ff.
– Verlustuntergang nach § 8c 8c, 546 ff.
– zwischen Vermögensminderung und Einkommenserhöhung 8, 2226
Einlagenrückgewähr 8, 3564; 27, 16, 136; 28, 11, 21
Einlagenrückgewähr, Verlustuntergang nach § 8c 8c, 563 ff.
Einlageversprechen 8, 3367

Einmann-GmbH, Befreiung
  Selbstkontrahierunsverbot **8**, 3046
– kein Schadenersatzanspruch **8**, 3845
Ein-Mann-KGaA **9**, 55
Einnahmeerzielungsabsicht **4**, 111 ff.
Einnahmenüberschussrechnung **13**, 74, 148
Einrichtung **4**, 81
Eisenbahnmodellbau **5**, 270
Eisenbahnvereine **5**, 270
Eislaufen **5**, 270
EK 02, Körperschaftsteuererhöhung durch Verwendung von - **38**, 28 ff.
EK 45, Umgliederung nach § 36 Abs. 3 KStG **36**, 61 ff.
Emott'sche Fristenhemmung Einf., 77
Empfangene Ausschüttung, aus EK 40 finanziert **36**, 51 ff.
– aus EK 45 finanziert **36**, 47 ff.
Endbestand **27**, 232; **36**, 1 ff.
– getrennte Ausweisung **36**, 1
Endbestandsermittlung **36**, 116
– abweichendes Wirtschaftsjahr **36**, 11
– kalendergleiches Wirtschaftsjahr **36**, 10, 12
– verwendbares Eigenkapital **36**, 6 ff.
Endbeträge, getrennter Ausweis und gesonderte Feststellung **36**, 116 ff.
Enkelgesellschaft **8**, 3289
Enteignung **1**, 133
Entgelt **5**, 75
Entnahmen **8**, 161 ff.
Entsorgung, ABC der BgA **4**, 331
Entsprechende Anwendung **27**, 271
– § 8c **8a**, 671 ff.
Entstehung, KSt **30**, 1 ff.
– KSt-Vorauszahlungen **30**, 30 ff.
– Steuerabzugsbeträge **30**, 20 ff.
– Veranlagte KSt **30**, 40 ff.
Entstrickung **12**, 1
– Abschluss DBA **12**, 256
– EuGH-Rechtsprechung **12**, 36
– Gesellschafterbesteuerung **12**, 456
– Nutzung **12**, 124
– Realisierung **12**, 326
– Rechtsentwicklung **12**, 16
– Regelbeispiel **12**, 201
– Rückführung **12**, 416

– Übertragung, land- und forstwirtschaftlicher Betrieb **4**, 162
– Veräußerungsgewinn **12**, 121
– Wirtschaftsgut **12**, 111
Entwicklungshilfe **5**, 270
Equity-Methode **8a**, 588
Erbbauzinsen **8a**, 119
Erbfall **8c**, 176 ff.
Erbschaftsteuer **10**, 81
Erdienbarkeit, Arbeitszeitkonten **8**, 3138
– bei Abfindung Pensionszusage **8**, 3789
– Pensionszusage **8**, 3683 ff.
Erdölbevorratungsverband **5**, 30
Erfindungen **8**, 3204, 3290
Ergänzungsbilanz **9**, 149
– Zinsschranke **8a**, 447
Ergebnissaldierung **4**, 486 f.
Erhaltene Ausschüttungen **36**, 40 ff.
Erhöhung, Anteilswert s. dort
Erhöhung der Körperschaftsteuer **37**, 69 ff.
Erhöhung des Nennkapitals **28**, 1, 11
Erholungsheim **5**, 270
– ABC der BgA **4**, 331
Erklärungspflicht **27**, 221 ff.; **28**, 121
Erlass, s. Verzicht
Erlass von Verbindlichkeiten **8c**, 551 ff.
– Sanierungsklausel **8c**, 551 ff.
– werthaltiger Teil **8c**, 557
Ermächtigungen, Steuerhinterziehungbekämpfung **33**, 51 ff.
– Zum Erlass der KStDV und für Muster von Steuerbescheinigungen **33**, 1 ff.
Ermessen, bzgl. Erlass eines Bescheids **32a**, 74 ff., 144
– Reduzierung auf Null **32a**, 75, 77
Ermittlung des Bestandes des Einlagekontos **27**, 86 ff.
Ermittlungszeitraum, Veranlagung **7**, 6 ff.
Ersatzanspruch, Abgrenzung zu Rückabwicklungsanspruch **8**, 847
– als verdeckte Einlage **8**, 2105
– bei Buchungsfehler **8**, 513 f., 847
– bei Diebstahl **8**, 514 f., 3185
– bei Unterschlagung **8**, 514 ff.
– bei Untreue **8**, 514 f.
– bei vGA **8**, 837 f., 2105
– bei Wettbewerbsverbot **8**, 3373, 3378

– der Gesellschaft **8**, 161, 514 f.
– gegenüber Minderheitsgesellschafter **8**, 514
– keine Vermögensminderung **8**, 294
– Korrektur der Korrektur der vGA **8**, 852
– nach §§ 30, 31 GmbHG **8**, 881 ff.
– Nichtgeltendmachung **8**, 852
– Renovierungskosten **8**, 3829
– Zinsen auf Ersatzanspruch **8**, 854
Erschließungskosten **8**, 3291, 3394
Erstattung **10**, 116
– für Drittstaats-Dividenden **32**, 142 ff.
– für EU-/EWR-Streubesitzdividenden **32**, 141
Erstausstattung KapGes, ordentlicher und gewissenhafter Geschäftsleiter kein Maßstab **8**, 415
Ertragreiche GmbH **8**, 3014, 3034
Ertragsschwache GmbH **8**, 3010, 3025, 3038
Erwachsenenbildung **5**, 270
Erwerber, Verlustabzug **8c**, 281 ff.
Erwerberbezogene Betrachtungsweise **8c**, 281 f.
Erwerbergruppe, gleichgerichtete Interessen **8c**, 299 ff.
– nahe stehende Person **8c**, 286 ff.
– Sanierungsklausel **8c**, 574
– Weiterübertragung **8c**, 191
Erwerbs- und Wirtschaftsgenossenschaften **1**, 124, 127; **22**, 6; **24**, 36; **27**, 71
– Auflösungsgründe **11**, 63
– Freibetrag **25**, 11 ff.
– zu versteuerndes Einkommen **7**, 3
Erwerbsfiktion **8b**, 384
Erwerbsgenossenschaft **5**, 631 ff.
Erzeuger- und Kontrollringe **5**, 167
Erziehung **5**, 270
Escape-Klausel **8a**, 461 ff.
Esoterik **5**, 270
EU **27**, 16, 444; **28**, 21
EuGHDivUmsG **8b**, 370 ff.
EU-Recht, Körperschaftsteuer Einf., 1 ff.
EURLUmsG **27**, 50; **28**, 54
Europäische Aktiengesellschaft **1**, 27 ff.
Europäische Genossenschaft **1**, 10, 52
Europäische Gesellschaft, Gesellschafter **12**, 361
– Wegzugsgewinn **12**, 351
Europäische Union **27**, 31, 69, 441
Europäisches Recht, Einfluss **4**, 66 f.

Europäisches Verfahrensrecht Einf., 76 ff.
Europarecht, Körperschaftsteuer Einf., 1 ff.
Europarecht, Zinsschranke **8a**, 46 f.
EU-Staaten, Übergangsregelung für bestimmte - **26**, 471
EWR-Staat **27**, 444
Fachvereinigung **1**, 181
Factoring **8a**, 123 f.
Fahrvereine **5**, 270
Fälligkeit **8**, 3299
Fälligkeitsvereinbarungen die das übliche Zahlungsziel überschreiten **8b**, 310
Familienhotel **5**, 270
Familienstiftungen **1**, 69
Familienstiftungen, ausländische **2**, 23
Fasching/Fastnacht **5**, 270
Fehlerhafte Bescheinigung **27**, 336
Fehlmaßnahmen **8**, 396
Festlandsockel **1**, 153
Festschreibung **27**, 152, 216
Festsetzung, KSt-Vorauszahlungen **31**, 171 ff.
Feststellung **27**, 261
Feststellungsbescheid **27**, 231; **29**, 66; **36**, 120
– Änderung als Grundlage für § 32 a KStG **32a**, 57
– Rechtsbehelfe **5**, 383
Feststellungserklärung **27**, 41
Feststellungsverfahren **27**, 226; **28**, 222
Feststellungszeitpunkt **27**, 226
Feuerbestattungsvereine **5**, 270
Feuerschutz **5**, 270
Feuerwehrvereine **5**, 270
Fiktion **8b**, 384
– Anschaffungsvorgang **8**, 2146
– Entgeltlichkeit s. verdeckte Einlage
Film-, Foto- u. Videovereine **5**, 270
Filmvorführungen durch Kommunale Kinos e.V. **5**, 270
Finale Verluste Einf., 331 ff.
Finanzdienstleistungsinstitut **8b**, 548
Finanzielle Eingliederung b. Organschaft, Ausländische Tochtergesellschaft **14**, 216
– Mehrheit der Stimmrechte **14**, 163 ff.
– Mittelbare Beteiligung **14**, 211 ff.
– Nießbrauch **14**, 183
– Organschaftskette **14**, 212 ff.
– Pensionsgeschäft **14**, 185

- Personengesellschaft **14**, 216
- Pfändung **14**, 186
- Schwestergesellschaften **14**, 203, 215
- Sicherungsübereignung **14**, 188
- Stimmbindungsvertrag **14**, 164
- Stimmrechtsbeschränkungen **14**, 165
- Stimmrechtsverbote **14**, 167
- Stimmrechtsvollmacht **14**, 164
- Treuhandverhältnis **14**, 181
- Übereignungsanspruch **14**, 182
- Unmittelbare Beteiligung **14**, 201 ff.
- Verpfändung **14**, 187
- Wirtschaftliches Eigentum **14**, 181
- Zurechnung von Stimmrechten **14**, 181
- Zusammenrechnung unmittelbarer u. mittelbarer Beteiligungen **14**, 231 ff.

Finanzierungskosten als vGA **8**, 211 ff.
- s. Zinsen

Finanzunternehmen **8b**, 548
- Anteile **8b**, 549
- Eigenhandelserfolg **8b**, 593 ff.
- Geschäftsführung **8b**, 548
- Haupttätigkeit **8b**, 548

Firmenwert **8**, 3300

Firmenwert, Zinsschranke **8a**, 607

Flüchtlingsfürsorge **5**, 270

Flugrettung **5**, 270

Flugsport **5**, 270

Forderung, wertgeminderte s. Darlehen, wertgeminderte Forderung

Förderung, gemeinnütziger, kultureller, wissenschaftl. Zwecke **5**, 256 ff.

Forderungen aus Lieferungen und Leistungen oder Mieten **8b**, 310

Forderungsabtretung **8**, 3301

Forderungsabtretung, Verlustabzug **8c**, 326

Forderungsverkauf **8**, 3302, 3367
- vGA dem Grunde nach **8**, 3220
- vGA der Höhe nach **8**, 3257 ff.

Forderungsverzicht **8**, 3304 f.; **27**, 149
- s. auch Darlehen, Verzicht
- mit Besserungsschein, Verlustuntergang nach § 8c **8c**, 473
- betrieblich veranlasst **8**, 4178
- Bewertung s. Werte
- Doppelbesteuerung s. dort
- durch Arbeitnehmereigenschaft veranlasst **8**, 4178
- gesellschaftsrechtlich veranlasst **8**, 4182 ff.

Fördervereine **5**, 270

Form der Bescheinigung **27**, 316 ff.

Formelle Satzungsmäßigkeit, Feststellung **5**, 382

Forschung **5**, 270

Forschung und Lehre, ABC der BgA **4**, 331

Fortbildungskosten **8**, 3306

Fortführung des steuerlichen Einlagekontos **38**, 9

fortführungsgebundener Verlustvortrag **8c**, 13
- Antragsgebundenheit, einheitliche Ausübung **8d**, 91
- beschränkte Steuerpflicht **8d**, 27 ff.
- Definition **8d**, 88
- Einführung **8d**, 1
- erstmalige Anwendung **8d**, 1, 41
- Feststellungsbescheid, Bestandskraft **8d**, 96
- gesonderte Feststellung **8d**, 93 ff.
- persönlicher Anwendungsbereich **8d**, 42
- schädliches Ereignis **8d**, 66 ff.
- Stille-Reserven-Klausel **8d**, 103 ff.
- Tatbestand **8d**, 51 f.
- Unionsrecht **8d**, 26 ff.
- Untergang **8d**, 101 ff.
- Verfassungsmäßigkeit **8d**, 34 ff.
- Verwendungsreihenfolge **8d**, 94
- zeitlicher Anwendungsbereich **8d**, 41

Fortschreibung **27**, 16

Fortschreibung des Einlagekontos **27**, 111 ff.

Freianteile **8**, 3307

Freibetragsberechtigte Körperschaften **25**, 36 ff.

Freikörperkultur **5**, 270

Freimaurerlogen **5**, 270

Freiwilligkeit **9**, 232

Freizeitgestaltung **5**, 270

Freizeitwinzerverein **5**, 270

Fremdenverkehr **5**, 270

Fremdfinanzierte Zuführung von Aktiva, s. Zuführung überwiegend neuen Betriebsvermögens

Fremdfinanzierung, konzernextern **8a**, 483, 523

Fremdkapital **8a**, 113 f.

Fremdkapitalgeber **8a**, 112, 491 ff.

Fremdkapitalvergütungen **8a**, 416, 516

Freunde **8**, 346

Stichwörter VERZEICHNIS

Friedensförderung 5, 270
Friedhöfe, ABC der BgA 4, 331
Friedhofsgärtnerei, ABC der BgA 4, 331
Friedhofsverein 5, 270
Fristen, Anteilsübertragung 8, 2486 ff.
– für Abschmelzen Geschäftsbetrieb 8, 2661, 2673
– für BV-Zuführung 8, 2547 ff.
– Sanierungsausnahme 8, 2637 ff.
– Überlappende bei mehrfacher Anteilsübertragung 8, 2705 ff.
Fristsetzung, berechtigte Körperschaften 24, 26 ff.
Fuhrpark, ABC der BgA 4, 331
Funktionsverlagerung 12, 52, 112
Fußstapfentheorie 8b, 380
Fußstapfentheorie 12, 537
Future service, s. dort
Future service/past service, Aufspaltung in past und future service 8, 3800
– Bewertung 8, 3792
– Übertragung nur past service in Pensionsfonds 8, 3800
Garantien 8b, 311
Garantieversprechen 8, 4125
Gartenbauvereine 5, 270
Gaststätte 8, 3083
– ABC der BgA 4, 331
Geänderte Beurteilung, s. Rückänderung
Gebäude der Gesellschaft auf GruBo des Gesellschafters 8, 3308
Gebietskörperschaften, öffentlich-rechtliche 2, 24
Gebot sparsamer Mittelverwendung 4, 149
Gebrauchs- und Nutzungsvorteile, aus Verzicht s. dort
– dingliches Nutzungsrecht 8, 2108
– nicht bilanzierbar 8, 2108
– Nutzung ohne Entgelt 8, 2108
– unentgeltliche Dienstleistung 8, 2108
– unverzinsliche Darlehen 8, 2108
Gebrauchtwagen, s. Vorteil vGA
Geburtstagsfeier 8, 3319 ff.
Gedenkstätten f. Katastrophenopfer 5, 270
Gegenbeweis, Zinsschranke 8a, 400
Gegengeschäft 5, 640 f.
– genossenschaftliche Rückvergütung 22, 25

Gegenrechnung gem. § 177 AO 32a, 19
Gehalt, Angemessenheit 8, 3330
– bei Weiterbeschäftigung s. Pension
– neben Pension s. Pension, Weiterbeschäftigung
– Rückwirkung durch Beratervertrag - s. Beratervertrag
– zu hoch - s. Angemessenheit
– zu niedrig 8, 437
Gehaltsauszahlung, durch Umwandlung in Darlehen 8, 3104, 3109
– durch Verrechnung 8, 3105
– Verzögerungen 8, 3108 f.
Gehaltserhöhung 8, 3326 ff.
– Angemessenheit Bezüge Gesellschafter-Geschäftsführer 8, 3330
– darauf bezogene Pensionszusage 8, 3689 ff.
– klare und eindeutige Vereinbarung - s. Vereinbarungen
– Mindestverzinsung für GmbH 8, 3327
Gehaltsgutachten 8, 3014
Gehaltsherabsetzung, bei Aktiengesellschaft s. dort
– bei Mehrfachtätigkeit 8, 1537 f.
– s. a. Leistungsreduzierung
– und Pensionszusage 8, 3736 f.
– und Überversorgung s. dort
Gehaltsnachzahlung 8, 3331
Gehaltsstrukturuntersuchungen 8, 3020 ff.
– Aussagekraft 8, 3022
– Einordnungskriterien 8, 3024
Gehaltsumwandlung 8, 3332 f.
– Besicherung 8, 3332
– Erdienbarkeit 8, 3333
– Probezeit 8, 3333
– Überversorgung s. dort
– Unverfallbarkeit 8, 3333, 3707 ff.
Geldauflage 8, 3335
Geldbeträge 27, 308
Gelddarlehen 8b, 310
Geldstrafen, Abzugsverbot 10, 131 ff.
Gemeiner Wert 13, 224; 27, 308
Gemeinnützige GmbH, Endbestandsermittlung 36, 7
Gemeinnützige Körperschaften 37, 67
– Freibeträge 24, 28
Gemeinnützige Körperschaften und Vermögensmassen, Kapitalertragsteuer 8, 642

Gemeinnützige, mildtätige, kirchliche Zwecke 13, 131 ff.
Gemeinnützigkeit, ABC gemeinnütziger Zwecke 5, 270
– Altmaterialsammlung 5, 395
– Ambivalente Handlungen 5, 266
– Anerkennung 5, 381
– Aufnahmegebühren 5, 263
– Ausschließlichkeit 5, 331
– besonders förderungswürdige Zwecke 5, 257
– Besteuerungsgrenze 5, 416
– Clubhäuser 5, 394
– Essen auf Rädern 5, 272
– Feststellung 5, 381
– Förderung der Allgemeinheit 5, 257 ff.
– Förderung der Altenhilfe 5, 257
– Förderung der Bildung 5, 257
– Förderung der Entwicklungshilfe 5, 257
– Förderung der Erziehung 5, 257
– Förderung der Fastnacht 5, 257
– Förderung der Forschung 5, 257
– Förderung der Jugendhilfe 5, 257
– Förderung der Kleingärtnerei 5, 257
– Förderung der Kultur 5, 257
– Förderung der Kunst 5, 257
– Förderung der Pflanzenzucht 5, 257
– Förderung der Religion 5, 257
– Förderung der Reservistenbetreuung 5, 257
– Förderung der Soldatenbetreuung 5, 257
– Förderung der Tierzucht 5, 257
– Förderung der Völkerverständigung 5, 257
– Förderung der Wissenschaft 5, 257
– Förderung des Amateurfunkens 5, 257
– Förderung des Brauchtums 5, 257
– Förderung des Demokratischen Staatswesens 5, 257
– Förderung des Denkmalschutzes 5, 257
– Förderung des Faschings 5, 257
– Förderung des Heimatgedankens 5, 257
– Förderung des Hundesports 5, 257
– Förderung des Karnevals 5, 257
– Förderung des Landschaftsschutzes 5, 257
– Förderung des Modellflugs 5, 257
– Förderung des öffentlichen Gesundheitswesens 5, 257
– Förderung des Sports 5, 257
– Förderung des Umweltschutzes 5, 257
– Förderung des Wohlfahrtswesens 5, 257
– Freizeitaktivitäten 5, 257
– Gesellige Veranstaltungen 5, 394
– Kirchliche Zwecke 5, 291
– Krankenhäuser 5, 456
– Mildtätige Zwecke 5, 271
– Mitgliedsbeiträge 5, 263
– Satzung 5, 351
– Selbstlosigkeit 5, 301
– Sportliche Veranstaltungen 5, 461
– Tatsächliche Geschäftsführung 5, 371
– Telefonseelsorge 5, 272
– Unmittelbarkeit 5, 341
– Vereinsgaststätten 5, 394
– Verkauf von Speisen u. Getränken 5, 394
– Werbung 5, 394
– Wirtschaftlicher Geschäftsbetrieb 5, 391 ff.
– Wohlfahrtspflege 5, 451
– Zweckbetriebe 5, 441 ff.
Gemeinschaftliche Tierhaltung 25, 51
Gemeinschaftsrecht, KSt **Einf.**, 1 ff.
– Verfahrensrechtliche Durchsetzung **Einf.**, 36 ff.
Gemischtes Interesse 8, 3336
Generalklausel 8, 2576 ff.
– Ausweitung der Anteilsübertragung 8, 2578 ff.
– Ausweitung der Zuführung überwiegend neuen BVs 8, 2611 ff.
Genossenschaften 1, 51 ff.; 8, 3337 ff.
– Anspruch auf Rückvergütung 22, 41 ff.
– Arbeitnehmerproduktuionsgenossenschaft 8, 3341
– Auslagen- und Kostenersatz 8, 3343
– geistliche 5, 359 ff.
– Mitgliedergeschäft 8, 3339
– Mitgliedergeschäft 22, 31 ff.
– Nebengeschäfte 8, 3342
– Rückvergütung 22, 86
– Umsätze mit Tabakwaren 22, 57
– Umsatzrückvergütungen 8, 3339, 4037
– Vertreterversammlung 8, 3343
– Weitergeltung § 38 KStG a. F. 34, 60 ff.
– Weitergeltung §§ 38, 40 KStG a. F. 34, 65 ff.
Genossenschaften des Beförderungsgewerbes 22, 80
Genossenschaften mit Bezugs- und Absatzgeschäften, abziehbare Rückvergütung 22, 75

Genossenschaften und Vereine, Land- und Forstwirtschaft 25, 36 ff.
Genossenschaftliche Rückvergütung 22, 1 ff.
– Betriebsprüfung 22, 61 ff.
– bilanzielle und einkommensteuerrechtliche Behandlung 22, 86
Genossenschaftszentrale 5, 681
Genussrechte 8, 3345
– Verlustabzug 8c, 321
Gerichtsurteil 8, 3354
Gerüstbaubetrieb 8, 3085
Gesamtbetrag der Einkünfte 8, 57
Gesamthandsbilanz, Zinsschranke 8a, 447
Gesamthandsvermögen 27, 290
Gesamtrechtsnachfolge 27, 295
Gesangvereine 5, 270
Geschäftsberichte 8, 3355
Geschäftsbetrieb 8, 3356
– Branchenwechsel 8c, 603
– Definition 8, 2567
– eigenständige Definition 8d, 53
– Einstellung, Sanierungsklausel 8c, 602
– Einstellung und Wiederaufnahme 8, 2402 f.
– Fortführung oder Wiederaufnahme 8, 2566 ff.
– mehrere Geschäftsbetriebe 8d, 54
– qualitative Merkmale 8d, 57
– Vorratsgesellschaft s. dort
Geschäftschancen 8, 3357 ff.
– auf Forderungsverzicht 8, 3302 f., 3368
– bei Erfindungen des Geschäftsführeres 8, 3367
– Einzelfälle 8, 3367
– Ersatzanspruch - s. dort
– Gesellschafter als Subunternehmer 8, 3368
– – s. Beratervertrag
Geschäftsführergremium 8, 3015, 3389
Geschäftsleiter, Ausnahme bei Errichtung KapGes 8, 414
– Ausnahme bei Nachzahlungsverbot 8, 502
– Ausnahme bei Verträgen, die nur mit Gesellschaftern möglich sind 8, 412 ff.
Geschäftsleiter, ordentlicher und gewissenhafter, bei Arbeitszeitkonten 8, 3136
– bei Einkommensverwendung 8, 3884
– Kasuistik 8, 393
– Maßstab § 43 GmbHG 8, 386 ff.

Geschäftsleitung 2, 21
– Steuerbefreiung 5, 796
– Verlegung 12, 1 ff.
Geschäftswert, als verdeckte Einlage bei Anwachsungsmodell 8, 4104
– als verdeckte Einlage bei Betriebsveräußerung 8, 2107
– Verpachtung bei Freiberufler 8, 3300
Gesellschaft, ausländische 2, 22
Gesellschaft mit beschränkter Haftung 1, 33
Gesellschafter, als Empfänger von vGA 8, 196, 336
– Bescheidänderung 32a, 79
– Ehemaliger Gesellschafter 8, 337
– Gründungsstadium 8, 336
– Mehrheitsgesellschafter 8, 336
– Minderheitsgesellschafter 8, 336
– Minderjähriger Gesellschafter 8, 338
– mittelbarer Gesellschafter 8, 336, 2118, 3004
– Treugeber 8, 336
– Vorgesellschaft 8, 336
– Zukünftiger Gesellschafter 8, 336
Gesellschafter, beherrschender, Abgrenzung 8, 472 ff.
– bei verdeckter Einlage 8, 2116
– Gleichgerichtete Interessen 8, 472 ff.
– GmbH & Co. KG 8, 3397
– Kein Missbrauch erforderlich 8, 245
– mittelbare Beteiligung 8, 472
– Zeitpunkt 8, 476
Gesellschafterdarlehen 8b, 300 ff.
Gesellschafter-Fremdfinanzierung 8a, 371 ff., 476 ff.
Gesellschafter-Geschäftsführer, Beratervertrag - s. dort
Gesellschafterkosten 8, 3394
Gesellschafterversammlung, als Organ der Gesellschaft 8, 516 f.
– Bewirtung bei 8, 414
– Zuständigkeit - s. dort
Gesellschaftsmittel 28, 71
Gesetz zur Umsetzung des EuGH-Urteils v. 20.10.2011 in der Rechtssache C-284/09 8b, 14
Gesetz zur Umsetzung des EuGH-Urteils v. 20.10.2011 in der Rechtssache C-284/09 8b, 56

Gesetze, Gesetz zur Fortsetzung der Unternehmensteuerreform **8**, 2402 f., 2421, 2556, 2558 f., 2621
– Jahressteuergesetz 2007 **8**, 2081, 2084, 2199
– Steueränderungsgesetz **8**, 2421
– Steueränderungsgesetz 2001 **8**, 2402 f.
– Steuerreformgesetz 1990 **8**, 2402 f.
– Steuervergünstigungsabbaugesetz **8**, 2402 f.
– Unternehmensteuerreformgesetz **8**, 2404 f.
Gesetzesentwicklung **8**, 2401 ff.; **8b**, 12; **8d**, 1
Gesetzeslage, s. Änderung der Gesetzeslage
Gesetzliche Ansprüche **8**, 492
Gesetzliche Krankenversicherung, ABC der BgA **4**, 331
Gesetzliche Vertreter **27**, 263
Gesonderte Feststellung **27**, 221 ff.
Gestaltungen, s. auch Vorteil vGA
– bei Teilverzicht **8**, 4204 ff.
– kein Anfall von Erträgen bei Forderungsverzicht **8**, 4191 ff.
– verdeckte Einlage wesentlicher Beteiligung aus Privatvermögen **8**, 2156
– Vermeidung Zufluss bei Verzicht auf Pensionszusage **8**, 4197
Gestaltungsmissbrauch **4**, 496 ff.; **8a**, 84; **8b**, 161
Gesundheitswesen **5**, 270
Getreidebörse **1**, 181
Gewährträgerhaftung **8a**, 406
Gewerbesteuer **8b**, 57 ff.; **9**, 160 ff.
Gewerbesteuerumlage **8**, 396
Gewerbeverlust, laufender Gewerbeverlust **8c**, 455
– rückwirkende Umwandlung **8c**, 464
– Sanierungsklausel **8c**, 615
– vortragsfähiger Gewerbeverlust **8c**, 453 f.
Gewerkschaften **5**, 167
Gewinn- und Wandelverschreibungen **8b**, 310
Gewinnabführung **17**, 36
Gewinnabführung, zivilrechtlich **15**, 38
Gewinnabführungsvertrag **18**, 51
Gewinnabführungsvertrag b. Organschaft, Aktienrecht **14**, 501 ff.
– Aufhebung **14**, 572 f.
– Auflösung der Organgesellschaft **14**, 591
– aufschiebend bedingter **14**, 543 f.
– Begriff **14**, 491 ff.

– Inhalt **14**, 516 ff.
– Kündigung **14**, 572 f.
– Nichtdurchführung **14**, 581 ff.
– Satzungsklauseln **14**, 584
– Steuerliche Voraussetzungen **14**, 541 ff.
– Übernommene Verluste **14**, 585
– Verdeckte Gewinnausschüttung **14**, 583
– Verlustübernahme und Verzinsung **14**, 530
– Vertragsdauer **14**, 571 f.
Gewinnanteile **37**, 63 ff.
Gewinnanteile, Beteiligung an ausländischen Gesellschaften **15**, 91 ff.
Gewinnaufschlag **8**, 221, 581
– Auslagenersatz für GmbH bei Co. KG **8**, 3401
– bei vGA **8**, 221, 581,
– bei vGA - s. a. Gesellschafterkosten
– bei Wohnungsüberlassung dopplet **8**, 3545 ff.
Gewinnausschüttungen **27**, 1, 187 ff.; **28**, 11, 143 f.; **Vorbem. §§ 36–40**, 2; **36**, 21 ff.
Gewinnermittlungsvorschrift **11**, 181 ff.
Gewinnerzielungsabsicht **4**, 111 ff.
Gewinnminderung **8b**, 279, 312, 335
Gewinnminderungen **8**, 291
Gewinnrücklage **28**, 71; **28**, 110
Gewinnverteilungsbeschluss **37**, 12
Gewinnverwendungsreihenfolge **37**, 17 ff.
– EK 02 **38**, 15 ff.
Gewinnzuschläge **5**, 89
Gezeichnetes Kapital, Anteilsübertragung **8c**, 147 ff.
– Eigene Anteile **8c**, 151
– Haftkapital **8c**, 147
– KGaA **8c**, 148
– Stimmrechtslose Anteile **8c**, 150
Gezillmerte Deckungsrückstellung **21a**, 15
GKKB, Harmonisierung **Einf.**, 151 ff.
Gleichartigkeit, Zusammenfassung verschiedenartiger Betriebe **4**, 282
Gleichbehandlungsgebot, Rückvergütungsansprüche **22**, 55 f.
Gleichberechtigung **5**, 270
Gleichgerichtete Interessen, Verlustabzug, Begriff **8c**, 299 ff.
– – Indizien **8c**, 302; 306
– – Mittelbare Beteiligungen **8c**, 308
Gleichordnungskonzern **8a**, 342

Gliederung des verwendbaren Eigenkapitals 27, 4
Gliederungsrechnung 27, 234
GmbH 27, 71
– anrechnungsberechtigte Körperschaft 36, 48
– Auflösungsgründe 11, 62
GmbH & Co. KG 1, 35
GmbH & Co. KG 3, 23
– Anwachsung 8, 3419
– Auseinandersetzungsguthaben 8, 3425
– Auslagenersatz 8, 3401, 3433, 3435
– Beiladung 8, 956
– Beteiligungsquote, Änderung 8, 3419
– Betriebsaufspaltung 8, 3443
– Einheitliche Gewinnfeststellung 8, 3444 f.
– Einheits-GmbH & Ss 8, 3396, 3443
– Einzelfälle 8, 3439, 3443
– Gehaltszahlung an Gesellschafter-Geschäftsfüher 8, 3431
– Gewinnverteilung 8, 3398, 3410 ff.
– Gewinnverteilung, rückwirkende Änderung 8, 306, 3414
– Gewinnverteilung, vorzeitige Änderung 8, 3416 ff.
– Haftungsrisiko, Vergütung 8, 3403 ff.
– Kapitaleinlage, Vergütung 8, 3406
– Kapitalerhöhung 8, 3419
– Kauf- usw. Verträge 8, 3441 f.
– Komplementär, Vergütung 8, 3400 ff.
– Mietvertrag 8, 3440
– Pensionszusage 8, 3436
– Realteilung 8, 3419
– Rechtsfolgen 8, 3424 f., 3444 f.
– Sacheinbringung 8, 3419
– Veräußerungsgewinn 8, 3409
– Verzicht 8, 3417
– Zinsschranke 8a, 351, 542
Golfclubbeiträge 8, 3454
Golfsport 5, 270
Gospiel 5, 270
Grenzschadenquote, Schadenrückstellungen 20, 58
Grenzüberschreitende Organschaft Einf., 346 ff.
Grunderwerbsteuer 8, 651
Grundlagenbescheid 27, 231
Grundsatz der Wettbewerbsneutralität 4, 66
Grundschulden 8b, 311

Grundsteuer und vGA 8, 211 ff.
Grundstücksgeschäfte 8, 3456
Grundstücksverkäufe, ABC der BgA 4, 331
Gründungskosten 8, 3455
– bei Ltd. - s. dort 8, 3508
Gutachterausschüsse, ABC der BgA 4, 331
Haftung des Steuerberater 8, 966
– Verschmelzungsberatung zur Vermeidung des § 8 Abs. 4 KStG 8, 2586
Haftungsschulden 10, 77
Haftungsvergütung 9, 105
Halbeinkünfteverfahren, Übergangsregelungen vom Anrechnungsverfahren zum - Vorbem. §§ 36–40, 1 ff.
Halbteilungsgrundsatz, s. Angemessenheit Gf-Bezüge
Hallenbauvereine 5, 270
Handel mit GmbH-Mänteln 8, 2429 f.
Handelbarkeit 8b, 552
Handelsabsicht 8b, 549
Handelsbuch (EU-VO) 8b, 549
Handelsbuch (KWG) 8b, 550
Handelsrechtlicher Wert, Lebensversicherung 8b, 680
Handelsschiffe, internationaler Verkehr 26, 431
Handelsvertreter 5, 77
Handlung der Organe 8, 512 ff.
Handlungswille 8, 513, 516
Handwerkerverband 5, 167
Harmonisierung, Körperschaftsteuer Einf., 131 ff.
Harmonisierung, KSt-Recht Einf., 131 ff.
Hauberggenossenschaft 1, 181
Hauptniederlassung, ausländischer Organträger 18, 26 ff.
Haupttätigkeit, Finanzunternehmen 8b, 577
Hauptversammlung 9, 54
Haus- u. Grundbesitzverband 5, 167
Heimatkunde/-pflege 5, 270
Herabschleusen der Körperschaftsteuer, innerhalb der Kapitalgesellschaft 37, 61
Herabschleusung, Ausschüttungsbelastung 36, 23 f.
Herabsetzung des Nennkapitals 8b, 203, 279, 312; 28, 1, 141
Hereinverschmelzung 29, 153
Herkunftsland, ausländische Einkünfte 26, 146

Herstatt-Urteil **9**, 75
Hilfe f. Verfolgte, Flüchtlinge, Vertriebene **5**, 270
Hilfsbedürftigkeit **5**, 272 ff.
– Hoheitsbetrieb **4**, 152; **5**, 640 f.
Hilfsgeschäfte, genossenschaftliche Rückvergütung **22**, 26 ff.
Hilfspersonen **5**, 341
Hin- und Her-Übertragung **8b**, 385
Hinterbliebenenrente, für Lebensgefährtin **8**, 3665 f.
– Nachzahlungsverbot **8**, 3626
– Überversorgung **8**, 3734
Hintereinandergeschaltete Einlagen vgl. Reiheneinlage
Hinterziehungszinsen **10**, 101 ff.
Hinzurechnungsbesteuerung **8a**, 83
Historie **8b**, 12
Hobbyvereine **5**, 270
Hochbauverwaltung, ABC der BgA **4**, 331
Hochschulkliniken, ABC der BgA **4**, 331
Höhe der Leistungen **27**, 308
Hoheitsbetrieb **4**, 146 ff.; **5**, 242
– hoheitliche Tätigkeit **4**, 241 f.
Holding, Verwaltung **8b**, 575
Holdinggesellschaft **3**, 24; **8a**, 610; **8b**, 383
Holdingmodelle, Gestaltungsinstrumente **4**, 511 ff.
Hundesport **5**, 270
Hybrid **9**, 47 ff., 60, 127
Hybrid Mismatch Arrangment **8b**, 81
Hybride Gestaltungen **8b**, 81
Hypotheken **8b**, 311
Hypothetischer Drittvergleich, s. Drittvergleich
Imageverlust **8**, 3457
In organschaftlicher Zeit **27**, 401 ff.
Incentive Reisen **8**, 3458
Indirekte Folgen, s. Mehrstufige Beteiligungsverhältnisse
Industrie- und Handelskammern, ABC der BgA **4**, 331
Industrieclubs **5**, 167
Inhalt der Bescheinigung **27**, 306 ff., 362
Inkassotätigkeit **8**, 3459
Inkongruenz, bei tatsächlicher Verständigung **8**, 950
– selbständige Entscheidung der FA **8**, 933, 950

– verdeckte Einlage bei Gesellschaft und Gesellschafter **8**, 2151
– vGA bei Gesellschaft und Gesellschafter **8**, 681, 933, 4034 f.
– zeitlich **8**, 551, 557; **32a**, 66
Inländische öffentlich-rechtliche Rundfunkanstalten **8**, 91
Inlandsbegriff **1**, 152
Inlandsverlust, Anrechnung **26**, 266
Innenfinazierung, s. Zuführung überwiegend neuen Betriebsvermögens
Innung **8**, 373, 4037
– ABC der BgA **4**, 331
Insolvenz **1**, 126 ff.
– und verdeckte Einlage **8**, 2134
Insolvenzsicherung, Arbeitszeitkonten - s. dort
Insolvenztabelle **32a**, 55
Insolvenzverfahren **1**, 126; **11**, 201 ff.
Interessengemeinschaft **1**, 181
Internationale Gesinnung **5**, 270
Interner Drittvergleich, s. Drittvergleich, innerbetrieblich **8**, 4034 f.
Internet-Vereine **5**, 270
Intransparente Betrachtung **9**, 71 ff., 111, 121
Invaliditätsrente, tatsächliche Durchführung **8**, 3757
Invaliditätsrente, Weiterbeschäftigung **8**, 3763
Investmentclubs **3**, 25
IP-Wert, s. Lizenzzahlungen
Jagdschulen **5**, 270
Jahngemeinschaft **1**, 181
Jahresabschluss, nichtig, s. Nichtigkeit
Jahresergebnis **28**, 71
Jahressteuergesetz 2007 **32a**, 1
Jahressteuergesetz 2013 **8b**, 12
Jahressteuergesetz s. Gesetze
Job-Tickets, ABC der BgA **4**, 331
JStG 2013 **8b**, 14
Jugendhilfe **5**, 270
Junggesellen- und Burschenvereine **5**, 270
Juristische Person des öffentlichen Rechts **4**, 26 ff.; **8**, 3460
– Beteiligung an GmbH **8**, 3462
– Einzelfälle **8**, 3464
– Konzessionsabgaben **8**, 3474
– Mietverträge **8**, 3477 f.
– Sondernutzungsentgelt s. dort

- Verlustbetriebe 8, 3464
- Verlustbetriebe 8, 3467 f.
- vGA 8, 3134
- Widmungskapital 8, 3471
- Zusammenfassung verschiedener Betriebe gewerblicher Art 8, 3479 ff.

Justizvollzugsanstalten, ABC der BgA 4, 331
Kalenderjahr 8b, 375
Kameradschaft 1, 181
Kameradschaftsverein ehemaliger Wehrmachtsangehöriger 5, 270
Kanalbaubeiträge 8, 3494
Kantinen, ABC der BgA 4, 331
KapESt, Abgeltung der KSt 31, 51 ff.
- Abgeltung der KSt 31, 54 ff.
- Anrechnung auf die Steuerschuld 31, 151 ff.
- Entsprechende Anwendung des EStG 31, 51 ff.
- Entstehung KSt 30, 22 ff.
- Erstattung für Drittstaats-Dividenden 32, 142 ff.
- Erstattung für EU-/EWR-Streubesitzdividenden 32, 141 ff.
- Sondervorschriften 32, 1 ff.

Kapitalabfindung 5, 97
Kapitalanlagen 8b, 630
Kapitaleinkünfte, statt Arbeitseinkünften bei Abfindung Pensionszusage 8, 3798 f.
- statt Arbeitseinkünften bei Verzicht auf Pensionszusage 8, 3771

Kapitalerhaltung bei Ltd. und vGA, s. Ltd.
Kapitalerhöhung 27, 6; 28, 1, 36, 71 f.
- Anteilsübertragung 8, 2480, 2578
- bei Umwandlung 8, 2589
- Erhöhung prozentualen Anteils 8, 2578
- Zeitlicher Zusammenhang mit BV - Zuführung 8, 2616

Kapitalerhöhung als vGA 8, 293, 307, 4051 f.
Kapitalerhöhung, disquotale, als Anteilsübertragung 8c, 204 ff.
- Berechnung 8c, 206
- Beteiligungsquote 8c, 205 f.
- Emissionsbank 8c, 209
- Mittelbare Beteiligung 8c, 207

Kapitalersatz, darlehensähnliche Kreditierung 8, 2107
Kapitalerträge, Sondervorschriften zum Steuerabzug 32, 1 ff.

Kapitalertragsteuer 8, 641 ff.; 8b, 55 f.
- bei Betrieben gewerblicher Art 32a, 18
- bei Betrieben gewerblicher Art 32a, 105
- Bescheid als Einfallstor für § 32a Abs. 1 32a, 54

Kapitalgesellschaften 1, 26 ff.
Kapitalgesellschaften 5, 30, 139, 186, 252
Kapitalgesellschaften, Beteiligung an Gesellschaften 4, 135
Kapitalherabsetzung 28, 1 f., 25, 36, 142; 36, 36 ff.; 37, 64
- bei Ltd. und vGA, s. Ltd.

Kapitalherabsetzung, disquotale, Verlustabzug, Vergleichbarer Sachverhalt 8c, 318
Kapitalrücklage 17, 41; 28, 71
Kapitalverkehrsfreiheit Einf., 4 ff.; 8b, 283, 480
Kapitalvermögen 4, 133
Karneval 5, 270
Kartelle 3, 26
Kartenverkäufe, ABC der BgA 4, 331
Kaskadeneffekt 8b, 378
Kassen ohne Rechtsanspruch 5, 92 f.
Kassenärztliche Vereinigungen, ABC der BgA 4, 331
Kassenführungsmängel 8, 3495
Kassenvermögen 5, 113
- zulässiges 6, 15

Katastrophenschutz 5, 270
Kernkraftgegner 5, 270
KGaA 1, 32; 9, 6 ff.; 27, 71
- Auflösungsgründe 11, 65
- personalistische Sphäre 9, 65
- Verlustuntergang nach § 8c 8c, 148

Kiesgrube, ABC der BgA 4, 331
Kinderbetreuung 5, 270
Kindergarten, ABC der BgA 4, 331; 5, 270
Klageverfahren Einf., 79
Kleinbetragsregelung, Beitragsrückerstattung 21, 216
Kleine Versicherungsvereine a. G. 5, 152
Kleingärtner 5, 270
Kleintierzucht 5, 270
Kliniken, ABC der BgA 4, 331
Kochclubs 5, 270
Kolonialgesellschaft 1, 7
Kommanditaktionär 9, 47 ff., 61 ff., 112, 130 ff., 140, 142

Kommanditgesellschaft a. A. **1**, 32
Kommunale Spitzenverbände **5**, 270
Kompetenzüberschreitungen **8**, 513 ff., 3496
Komplementär
  9, 1, 6 ff., 46 ff., 52, 54 ff., 65, 70 ff., 80 ff., 90 ff., 100 ff., 105 f., 110 ff., 120 ff., 130 ff., 140 ff., 147 ff., 151 f., 160 ff.
Komplementär-GmbH **24**, 38
Konkurrenz, § 10a GewStG zu § 8c **8c**, 48
– § 10a GewStG zu § 8d **8d**, 15
– § 10d EStG zu § 8 Abs. 4 KStG **8**, 2449 f.
– § 10d EStG zu § 8c **8c**, 45
– § 12 Abs. 3 Nr. 2 UmwStG zu § 8 Abs. 4 KStG **8**, 2451
– § 12 Abs. 3 Satz 2 UmwStG zu § 8c **8c**, 49 f.
– § 12 Abs. 3 Satz 2 UmwStG zu § 8d **8d**, 19
– § 12 EStG und § 8 Abs. 3 Satz 2 KStG **8**, 211 ff., 3319, 3336, 3399, 3821, 3898, 3913, 3931 f.
– § 15 Abs. 3 UmwStG zu § 8c **8c**, 49 f.
– § 2 UmwStG zu § 8c **8c**, 51
– § 2 UmwStG zu § 8d **8d**, 20
– § 32a mit § 3 Nr. 40 Satz 1 Buchst. d Satz 2 und 3 EStG und § 8b Abs. 1 Satz 2 KStG **32a**, 21, 32
– § 3a Abs. 3 EStG zu § 8c **8c**, 42
– § 4 Abs. 1 EStG zu § 8c **8c**, 43
– § 4 Abs. 2 EStG und § 8 Abs. 3 Satz 2 KStG **8**, 251
– § 4 Abs. 4 EStG und § 8 Abs. 3 Satz 2 KStG **8**, 924
– § 4 Abs. 5 EStG und § 8 Abs. 3 Satz 2 KStG **8**, 221, 3495, 3833
– § 41 AO und § 8 Abs. 3 Satz 2 KStG **8**, 231
– § 42 AO und § 8 Abs. 3 Satz 2 KStG **8**, 241 ff.
– § 42 AO zu § 8c **8c**, 52
– § 42 AO zu § 8d **8d**, 21
– § 4h Abs. 1 Satz 3 EStG zu § 8d **8d**, 18
– § 5 Abs. 1 EStG zu § 8c **8c**, 43
– § 6 Abs. 3 EStG zur verdeckten Einlage **8**, 4106
– § 6 Abs. 5 EStG zur verdeckten Einlage **8**, 2086
– § 7 GewStG zu § 8c **8c**, 48
– § 8 Abs. 4 zu § 8c **8c**, 44
– § 8a KStG zu § 8d **8d**, 16
– § 8a zu § 8c **8c**, 47
– § 8c KStG zu § 8d **8d**, 11 ff.
– Bilanzberichtigung und vGA **8**, 251
– Sonstige Verluste zu § 8d **8d**, 17
– Spende und vGA **8**, 3874 ff.
– verdeckte Einlage zum Tauschgeschäft **8**, 2087
Konsolidierung, Zinsschranke **8a**, 281 ff., 576 ff.
Konsolidierungskreis **8a**, 285, 576
Konsortien **3**, 27
Kontokorrentvereinbarungen, soweit sie der dauerhaften Finanzierung dienen **8b**, 310
Konzern **3**, 28; **8b**, 663
– Begriff **8a**, 266 ff.
– IFRS **8a**, 296 ff.
– Überlassung Name s. Lizenzzahlungen
– Verlustabzug **8c**, 264 ff.
Konzernabschluss **8a**, 311 ff., 326 f.
Konzernklausel, GmbH & Co. KG **8c**, 272
– Rechtsfolge **8c**, 264
– Regelungsinhalt **8c**, 31
– Regelungsinhalt **8c**, 264
– Staatliche Beihilfe **8c**, 638
– Stiftung **8c**, 273
– Verlustabzug, Einführung einer Konzernklausel ab 2010 **8c**, 5; 8
– Verlustabzug, Fehlen einer Konzernklausel bis 2009 **8c**, 238
– Verlustabzug, Fehlen einer Konzernklausel bis 2009 **8c**, 239
– Voraussetzungen **8c**, 267 ff.
– zeitliche Anwendung **8c**, 265 f.
Konzernrichtlinie **Einf.**, 251 ff.
Konzertvereine **5**, 270
Konzessionsabgaben **4**, 426 f.
Körperschaft **8b**, 30, 254
Körperschaften **27**, 31
Körperschaften **28**, 194
– s. auch Betrieb gewerblicher Art, Verein
– anrechnungsberechtigt **36**, 48
Körperschaftsteuer, Bemessungsgrundlage, gemeinsame, konsolidierte **Einf.**, 151 ff.
– Europäisches Gemeinschaftsrecht **Einf.**, 1 ff.
– Herabschleusen innerhalb der Kapitalgesellschaften **37**, 61
– Kapitalverkehrsfreiheit **Einf.**, 2 ff.
– Mutter-/Tochter-Richtlinie **Einf.**, 251 ff.
– Niederlassungsfreiheit **Einf.**, 2 ff.
– Regelsteuersatz **23**, 20

Körperschaftsteuererhöhung 38, 1 ff.
– Ausnahmen 38, 34
– bilanzielle Darstellung nach § 38 Abs. 2 KStG 38, 42
– maximal mögliche - 38, 31
Körperschaftsteuererhöhung durch Verwendung von EK 02 38, 28 ff.
Körperschaftsteuerguthaben Vorbem. §§ 36–40, 2; 37, 1 ff.
– Einfrieren 37, 44
– Erhöhung 37, 69 ff.
– Ermittlung bei Abfluss von Liquidationsraten 37, 11
– Ermittlung bei Abspaltung 37, 11
– Ermittlung nach § 37 Abs. 2 KStG 37, 12
– Ermittlung und Feststellung nach § 37 Abs. 1 KStG 37, 8 ff.
– jährliche Fortschreibung und gesonderte Feststellung 37, 37 ff.
– letztmalige Feststellung 37, 84 ff.
– Übergangsregelung 38, 12
Körperschaftsteuerminderung 37, 1 ff., 14 ff.
– Ermittlung 37, 14 ff.
– Veranlagungszeitraum 37, 31 ff.
– zeitliche und betragsmäßige Begrenzung 37, 42 ff.
– Zeitpunkt der Aktivierung des Anspruchs nach § 37 Abs. 2 KStG 37, 41
Körperschaftsteuerpflicht 27, 249
– beschränkte 4, 51
– partielle subjektive 4, 44
– unbeschränkte 4, 51
– Harmonisierung Einf., 131 ff.
Körperschaftsteuersatz, allgemein 23, 26 ff.
Korrekturmöglichkeiten, Änderung Steuerbescheid s. dort
– mittelbare Folgen der vGA 32a, 93
Korrekturvorschrift 27, 232
Korrespondenz, formelle 32a, 1 f.
– materielle 32a, 32
– s. auch materielle Korrespondenz bei verdeckter
Korrespondenzprinzip 8b, 76; 26, 135
Korrespondenzvorschriften 8, 2201
Kosmetikvereine 5, 270
Kostenmiete, s. Wohnungsüberlassung

Kostenquote, Schwankungsrückstellungen 20, 59
Kranken- u. Unterstützungskassen 5, 58
Krankenbeförderung, ABC der BgA 4, 331
Krankenhauswäscherei 5, 270
Krankenkassen, Einschränkung der Steuerbefreiung 6, 11 ff.
– Partiell steuerpflichtiges Einkommen 6, 11
– Pensions-, Sterbe-, Kranken- u. Unterstützungskassen 5, 61
– Tatsächliches Kassenvermögen 6, 12
– Vermeidung der partiellen Steuerpflicht 6, 16 ff.
– Zeitpunkt der Feststellung der Kassenvermögen 6, 14 ff.
– zulässiges Kassenvermögen 6, 13
Krankenversicherung, Deckungsrückstellung 21a, 26 ff.
– Schadenregulierung 20, 164
Krankenversicherungsunternehmen, Schadenrückstellungen 20, 141 f.
Krankenversicherungsunternehmen 8b, 629 ff.
Kreditgenossenschaften, abziehbare Rückvergütung 22, 76
Kreditinstitute 8b, 388, 545; 27, 356 ff.
– Steuersatz 23, 5
Kreditinstitute mit Sonderaufgaben 5, 41
Kreditvermittlung 8, 3497
Krematorium, ABC der BgA 4, 331
Kriegsopferfürsorge 5, 270
Kriminalprävention 5, 270
Kritik, Abfindungsklausel 8, 3716 ff.
– an gegenständlicher Betrachtung 8, 2509, 2518, 2521
– an Rechtsfolgenumfang 8, 2432
– Bewertung nachträglicher Anschaffungskosten bei Bürgschaften 8, 4123
– Bewertung verdeckter Einlage aus BV 8, 2153
– Drittvergleich 8, 397
– Dynamisierung s. dort
– Eignung zum Beteiligungsertrag 8, 532
– Erdienbarkeit Pensionszusage 8, 3689 f.
– Fiktive USt auf vGA 8, 597 f.
– Gewinnaufschlag bei vGA 8, 588
– Materielle Korrespondenz bei verdeckter Einlage 8, 2202, 2261
– Nachträgliche Berücksichtigung vGA 8, 627

- Probezeit Pensionszusage **8**, 3639 f., 3707 ff.
- Spende und vGA **8**, 3874 ff.
- Überstundenvergütungen **8**, 397
- Überversorgung bei Pensionszusage **8**, 3722, 3737, 3753 ff.
- Umsatztantieme **8**, 3983 f.
- Verdopplung Drittvergleich **8**, 426
- Verlust verursachender Geschäftsbetrieb **8**, 2651 ff.
- Verlustverrechnung bei Tantieme **8**, 3970 ff.
- Zuführung neuen BVs **8**, 2432
- Zurechnung vGA an Gesellschafter **8**, 812
- Zusammenfassung BgA **8**, 3481 f.
- Zusammenrechnung Anteilsübertragungen **8**, 2486

KStDV, Ermächtigungen zum Erlass der - **33**, 11 ff.
KStG 1977 **27**, 4
KSt-Minderung, Zeitweise Aussetzung der Anwendung des § 37 KStG **34**, 180
KSt-Recht, Harmonisierung **Einf.**, 131 ff.
KSt-Veranlagung, Absehen von - **31**, 83 ff.
- Keine bei Abgeltung durch Steuerabzug **31**, 51 ff.
- Veranlagungszeitraum **31**, 41 ff.
- Verfahren **31**, 131 ff.

KSt-Vorauszahlungen, Anrechnung auf die Steuerschuld **31**, 151 ff.
Kühlhausgenossenschaften, Entsprechende Anwendung des EStG **31**, 171 ff.
Kultur, Entstehung **30**, 30 ff.
Kulturelle Einrichtungen, Festsetzung **31**, 171 ff.
Kulturelle Veranstaltungen **22**, 80
Kulturelle Zwecke **5**, 270
Kumulation **5**, 516
Kündigungsmöglichkeit und vGA **5**, 516
Kunst **5**, 256 ff.
Kunstförderung, Bescheidänderungen gegenüber Gesellschafter und nahe stehender Person **32a**, 79 ff.
Kupons **8**, 3098
Kurverwaltung **5**, 270
Kurzfristiger Eigenhandelserfolg **5**, 256 ff.
Küstenschutz **27**, 358
KWG, ABC der BgA **4**, 331
KZ-Häftlingsgedenkstätten **8b**, 584 ff.
Laborgemeinschaft **5**, 270

Land- und Forstwirtschaft **5**, 270; **27**, 359
Landentwicklungsmaßnahme **3**, 29
Landeskrankenhäuser, Genossenschaften u. Vereine **25**, 36 ff.
Landesvermessungsämter **4**, 161 ff.
Landjugend **5**, 621 f.
Landkreis als nahestehende Person, ABC der BgA **4**, 331
Landschaftspflege, ABC der BgA **4**, 331
Landwirtschaftliche Betriebshilfsdienste **5**, 270
Landwirtschaftliche Erwerbs- u. Wirtschaftsgenossenschaften **5**, 270; **8**, 3867; **22**, 80
- Allgemeines **5**, 631 ff.
- Andere **5**, 676
- Anschlussgenossenschaft **5**, 644
- Gegengeschäfte **5**, 640
- Genossenschaftszentralen **5**, 681
- Hilfsgeschäfte **5**, 640
- Lieferungsgenossenschaft **5**, 644
- Molkereigenossenschaft **5**, 651
- Nebengeschäfte **5**, 640
- Pfropfrebengenossenschaft **5**, 671

Landwirtschaftskammern, Verwertungsgenossenschaft **5**, 642
Last in first out, Winzergenossenschaft **5**, 661
Laufende Aufwendungen, Zweckgeschäfte **5**, 640
Laufender Gewinn, ABC der BgA **4**, 331
Laufender Verlust **8b**, 213
Leasing **8b**, 314
Lebens- u. Krankenversicherung, Verlustuntergang nach § 8c **8c**, 435 ff., 439
Lebensarbeitszeitkonten **8a**, 125
Lebensmitteluntersuchungsanstalten, Organgesellschaft **14**, 761 f.
Lebensversicherung **5**, 153
- s. Arbeitszeitkonten
- ABC der BgA **4**, 331

Lebensversicherungsunternehmen **8**, 3498
- Schadenrückstellungen **20**, 165
- Teilwertabschreibung **8b**, 660 ff.

Leg-ein-hol-zurück, Schadenrückstellungen **20**, 146 f.
Lehrwerkstätten **8b**, 629 ff.
Leichenverbrennung **21a**, 6
Leihanstalten **8a**, 611

Leistung 5, 270
Leistungsfähigkeitsprinzip, ABC der BgA 4, 331
Leistungsreduzierung 27, 308
– ABC der BgA 4, 331
Leitender Angestellter 8, 193 ff.
lex specialis, bei Mehrfachtätigkeit 8, 3537
Liebhaberei 7, 4; 8, 136 f., 244
– s. a. Gehaltsherabsetzung
– s. Angestellter Gesellschafter
Lieferungsgenossenschaft 8, 196
Liquidation 5, 117, 644; 8, 211 ff., 3499, 3832; 8b, 312
– Anwendungsvorschriften aus Anlass des Übergangs zum Halbeinkünfteverfahren 34, 222 ff.
– Sperrjahr Rückzahlung vor Ablauf 8, 293
– unbefriedigte Verbindlichkeiten 11, 148
– verdeckte Einlage nach Auflösung 1, 128; 8, 2133
Liquidationsbesteuerung 11, 1 ff.
Liquidationserlöse 27, 37
Liquidationsgewinn 28, 162
Liquidationsraten 11, 21 ff.
Liquidationsverlust 37, 63 ff.
Lissabon-Vertrag 8b, 202
Literatur, Ermittlung des Körperschaftsteuerguthabens 37, 11
Lizenzzahlungen Einf., 1 ff.; 5, 270; 8b, 279
– Bemessung nach IP-Wert 8, 3503
– Bemessung nach profit - split-Methode 8, 3503
Lohnsteuerhilfevereine, Computerprogrammlizenzen 8, 3503
– Markenlizenz 8, 3503
Lohnsumme 1, 181; 5, 167; 8, 3500
– Ausgangslohnsumme 8c, 540
– Erhalt 8c, 543
Ltd., Kleinbetriebe 8c, 541
– Sanierungsklausel 8c, 539 ff.
– Vergleichssumme 8c, 542
– Anstellungsvertrag 8, 3513
– Ausschüttung 8, 3509
– Drittvergleich 8, 3515 f.
– Gesllschafterfremdfinanzierung 8, 3518
– Gewinnverteilung Ltd. & Co.KG 8, 3519

– Gewinnverteilung Ltd. & Still 8, 1520 ff.
– Gründungskosten 8, 3508
– Kapitalerhaltung 8, 3511
– Kapitalherabsetzung 8, 3510
– Organschaft 8, 3523
– Selbstkontrahierungsverbot 8, 3514
Luftsäule, Unwirksame Verträge 8, 3512
Management Buy Out, Zuständigkeit Gesellschafterversammlung 8, 3513
Management Buy Out 8, 3504
– Staatsgebiet 1, 155
Markenlizenz 8, 3534
Markenname 8, 3636
Markenzeichen 8, 3641 ff.
Marketingclubs, s. Lizenzzahlungen
Markgenossenschaft, s. Lizenzzahlungen
Marktverwaltung, s. Lizenzzahlungen
Maschinengenossenschaften 5, 167
Maßstab für Abschmelzen Geschäftsbetrieb 1, 181
Materialprüfungsanstalten, ABC der BgA 4, 331
Materielle Korrespondenz bei verdeckter Einlage 22, 80
– s. Abschmelzen Geschäftsbetrieb
– ABC der BgA 4, 331
– Auslandsfälle 8, 2197, 2203, 2223
– Außerbilanziell 8, 2225
– Dreiecksfälle s. dort
– Firmenwert bei Betriebsaufspaltung 8, 4109
– Grundidee 8, 2200 ff.
– Inlandsfälle 8, 2202
– Natürliche Personen, keine Anwendung 8, 2196
– Regelungslücke bei nahestehenden Personen 8, 2222
Maximale Körperschaftsteuerminderung, Überflüssig 8, 2202 f.
Meditationsgemeinschaften, Verjährung s. dort
Mehr- und Minderabführungen 5, 270; 37, 9
– Viereckfälle 8, 2251 ff.
Mehrabführung, Organschaft 14, 701 ff.
Mehrfachtätigkeit 27, 16, 401 ff.
Mehrmütter-Organschaft 8, 3017; 27, 401 ff.
Mehrpersonenverhältnis (§ 8b Abs. 1 Satz 4 KStG) 8, 1536 f.

Mehrstufige Beteiligungsverhältnisse 8b, 121 ff.
– Organschaft 14, 751 ff.
– Übergangsregelungen und Anwendungsvorschriften zu den mehrfach geänderten Regelungen in §§ 14 ff. KStG 34, 238 ff.
Mehrstufige v. GA, Ablaufhemmung 32a, 103
Mehrzweckhalle, Anwendung § 32a KStG 32a, 96
Meistbegünstigungsprinzip, Anwendung § 32a KStG 32a, 80 f.
Meldepflicht-Richtlinie 8b, 84
Mezzanine-Finanzierung, ABC der BgA 4, 331
Mezzanine-Kapital Einf., 11
Miet- und Pachtverträge 8a, 609
– grenzüberschreitende Gestaltung Einf., 187
– Verlustabzug 8c, 324 f.
– Änderung der Verhältnisse 8, 3553 ff.
– Angemessene Kondition 8, 3549 f., 3552
– Anpassung Konditionen 8, 3553 ff.
– Auslegung 8, 3540
– Bandbreite der Mieten - s. Bandbreiten
– Durchführungsmängel 8, 442
– Gesellschaft als Mieter 8, 3551
– Gesellschafter als Mieter 8, 3542
– kapitalersetzende Überlassung 8, 3549 f.
– Rückvermietung 8, 3551
– Schwestergesellschaften s. dort
– vGA trotz angemessener Konditionen 8, 3549 f., 3552
Mieten und Pachten, Vorteilsausgleich 8, 3542
Mieterverein 8, 3540 ff.
– Vorteilsweitergabe 8, 3552
Milchkontrollverein 8b, 310
Militärische Liegenschaften 1, 181
Minderabführung 5, 167
Minderheitsgesellschafter 5, 167; 27, 401 ff.
– ABC der BgA 4, 331
– Abfindung Pensionszusage 8, 3719
– Abfindung Pensionszusage 8, 3791
– Angemessenheit Bezüge Gesellschafter-Geschäftsführer 8, 3002
– Anspruchszeitpunkt 8, 3678 ff.
– Aufwendungsersatz 8, 3096
– Ausgleichszahlungen, steuerrechtliche Behandlung 16, 46
– Drittvergleich s. dort

– Feiertagszuschläge 8, 3089
– Gehaltsverzicht 8, 3056
– kein Nachzahlungsverbot 8, 3061
– Kündigungsmöglichkeit 8, 3099
– Nachtzuschläge 8, 3089
– Pensionszusage 8, 3678 ff.
– Pensionszusage 8, 3684
– Pensionszusage 8, 3717
– Pensionszusage 8, 3723 f.
– Pensionszusage 8, 3791
– Private Pkw-Nutzung 8, 3072
– Schutz 16, 11 ff.
– Sozialversicherungsbeiträge 8, 3064
– Tantieme 8, 4002
Minderung des Einlagekontos, Überstundenvergütungen 8, 3078
Mindestbeteiligungsquote, Überversorgung 8, 3723 f.
Mindestdividende, Wettbewerbsverbot 8, 3370
Minicar-Sport 27, 148
Mischbetriebe 37, 59
Missbrauch 5, 270; 8, 3564
– Versorgungsbetrieb 4, 203
– § 8 Abs. 4 KStG als Missbrauchsvorschrift 8, 2429 f.
– Abgrenzung vGA zu § 42 AO 8, 241
– bei Zusammenfassung von BgA 8, 3479 ff.
Mitglied, sprachlicher 8, 3753 ff.
Mitglieder, Umgehung kein Missbrauch 8, 2499
Mitgliedergeschäft, Begriff 22, 22
Mitgliedergeschäft, Rückvergütung 22, 87 ff.
Mitgliedergeschäft 5, 182 ff.
Mitgliedsbeiträge 5, 640 f.; 8, 211 ff.
– Genossenschaft 22, 31 ff.
Mitgliedschaftsrechte 9, 240; 22, 21
Mitgliedschaftsrechte, Personenvereinigungen 8, 2751 ff.
Mitgliedstaaten, bei Kapitalgesellschaften 8c, 153 f.
Mittelbare Beteiligung 8b, 281, 305; 8c, 152 ff.; 27, 31
– bei Nicht-Kapitalgesellschaften 8c, 152
– Beteiligungskette 8b, 506
– Betrieb gewerblicher Art 8b, 521 ff.
– gewerblich geprägte Personengesellschaft 8b, 506
– Gewinnverteilung 8b, 505

- KGaA **8b**, 506
- Mehrere mittelbare Beteiligungen **8b**, 305
- Mindestbeteiligung **8b**, 505
- Mittel- und Unmittelbare Beteiligung **8b**, 305
- Mitunternehmerschaft **8b**, 505
- vermögensverwaltende Personengesellschaft **8b**, 507

Mittelbare verdeckte Einlage s. verdeckte Einlage **8b**, 374

Mittelbarer Gesellschafter s. Gesellschafter **8b**, 383

Mitunternehmerische Sphäre der KGaA **9**, 65

Mitunternehmerschaft **8b**, 500 ff.

Modellbau, Beteiligung an Gesellschaften **4**, 135
- nachgeordnet **8a**, 441

Molkereigenossenschaft, nachgeordnet **8a**, 541 ff.

Monopol **5**, 270

Monopolrechte **5**, 270

Monopolverwaltung **5**, 651

Monopolverwaltungen des Bundes **5**, 26

Moratorium s. pactum de non petendo **4**, 147

Motorsport **5**, 27 ff.

Müllentsorgung **5**, 26

Müllverbrennung

Münzen sammeln **5**, 270

Museen **5**, 270
- ABC der BgA **4**, 331

Musik **5**, 270

Musikschulen, ABC der BgA **4**, 331

Musikvereine **5**, 270

Mutter-Tochter Richtlinie Einf., 251 ff.; **5**, 270
- Finanzdienstleistungsinstitute **8b**, 696 ff.

Nachbarschaftshilfe, Finanzunternehmen **8b**, 696 ff.

Nachhaltigkeit, Kreditinstitute **8b**, 696 ff.

Nachlass **8b**, 696 ff.

Nachsteuer bei empfangenen Gewinnausschüttungen **5**, 270

Nachträgliche Anschaffungskosten bei verdeckter Einlage **1**, 81; **37**, 74
- abgekürzter Vertragsweg **8**, 4137
- bei Bürgschaften **8**, 2165 f.
- bei Bürgschaften **8**, 4123
- bei Darlehen **8**, 2165 f.
- der Betätigung **4**, 101

Nachträgliche Buchung, Bewertung s. Werte
- Drittaufwand **8**, 4142
- Ermittlung per Drittvergleich? **8**, 2125
- bei Darlehen **8**, 3223

Nachweis, auf der Ebene der empfangenden Körperschaft **37**, 69 ff.

Nachzahlungen **37**, 61

Nachzahlungsverbot **27**, 279; **37**, 67
- Ausnahmen vom **8**, 3059 ff.
- bei Abfindung Pensionszusage **8**, 3784
- bei AG **8**, 3057
- bei Anstellungsvertrag Geschäftsführer **8**, 3057
- bei Betriebsaufspaltung **8**, 3203
- bei BgA **8**, 3470
- bei BgA **8**, 3472
- bei GmbH & Co. KG **8**, 3439
- bei nahe stehenden Personen **8**, 3057
- finanzielle Engpässe der Gesellschaft **8**, 3059
- genossenschaftliche Rückvergütung **22**, 17 ff.
- Pensionszusagen **8**, 3626
- Rechtsfolgen Verstoß **8**, 52
- taggenaue Anwendung **8**, 501
- Tantiemen **8**, 3057
- und Selbstkontrahierungsverbot **8**, 3045, 3060

Nahe stehende Person, Abgrenzung **8**, 346
- Anscheinsbeweis - s. dort
- bei Betrieben gewerblicher Art **8**, 3470
- bei materieller Korrespondenz bei verdeckter Einlage **8**, 2222
- Bescheidänderung **32a**, 79
- Darlehensverzicht **8**, 3255
- Definition **32a**, 82
- Ehefrau, geschiedene **8**, 347
- Gerichtsurteil **8**, 3354
- Gesellschafter der Muttergesellschaft **8**, 349
- Juristische Personen **8**, 349
- keine Anwendung bei verdeckten Einlagen **32a**, 123
- Miet- und Pachtverträge **8**, 3551
- Nießbrauch s. dort
- Personengesellschaften **8**, 350
- Stiftung s. dort
- und Forderungsverzicht **8**, 4210 f.
- Verein **8**, 3869

2183

- Verlustabzug, Begriff **8c**, 286 ff.
- - Beispiele **8c**, 292
- - Zeitpunkt **8c**, 291
- Weihnachtsgeld **8**, 3063
- Wettbewerbsverbot, Befreiung **8**, 3375
- Zinsen **8**, 3220
- Zinsschranke **8a**, 391, 494
- Zufluss der vGA s. dort
- Zurechnung der vGA **8**, 346, 712 f.
- § 8b Abs. 1 Satz 4 KStG, Zurechnung der vGA **8**, 813

Näherungsverfahren **8b**, 332
Name **8b**, 330 ff.
Naturschutz **8b**, 121 ff.
Nebenbetrieb, s. Sozialversicherungsrente
Nebengeschäfte **5**, 270; **27**, 306
Negativ, land- und forstwirtschaftlicher Betrieb **4**, 163
Negative Einkünfte, genossenschaftliche Rückvergütung **22**, 29 f.
Negativer Bestand **5**, 640 f.
Nennkapital **10**, 51; **27**, 2, 37, 71, 146; **28**, 1 f., 23, 71 f., 106, 192
- für Ausschüttung verwendbarer Teil **39**, 8 ff.
- Anpassung **28**, 112
- Herabsetzung **28**, 193
- Herabsetzung **29**, 2

Nettoprinzip **29**, 131
Nettozinsaufwand **29**, 50
Nettozinsaufwand **29**, 55
Neue Bundesländer **8**, 195
Neugründung **8a**, 421
Neutrales Vermögen **8a**, 521 ff.
Nicht abzugsfähige Betriebsausgaben **27**, 247
- Sondervorschriften zu Art. 8 Einigungsvertrag **35**, 1 ff.

Nicht erfasste Geschäfte **38**, 9
Nichtabziehbare Aufwendungen **8**, 126 ff.
Nichtanwendungserlass **8**, 930 f., 943
Nichtgesellschafter **10**, 1 ff.
- gegenständliche Betrachtungsweise **8**, 2510
- sachlicher Zusammenhang **8**, 2548
- als Empfänger von vGA **8**, 198
- als Maßstab des Drittvergleichs **8**, 361 ff.

Nichtigkeit Jahresabschluss, bei verdeckten Einlagen **8**, 2117

Nichtmitgliedergeschäfte, keine vGA ohne Willen der Gesellschaftsorgane **8**, 514
Nichtrechtsfähige Vereine, und Überversorgung **8**, 3750
Nichtveranlagungsbescheinigung **8**, 3565
Niederlassungsfreiheit **1**, 76 f.; **5**, 640 f.; **24**, 47
- KSt Einf., 5
Nießbrauch an Gesellschaftsanteilen Einf., 4 ff.; **8b**, 283, 480
- nahe stehende Person **8**, 3569 f.
- Nießbraucherlass **8**, 3568
- Nießbrauchslösung **8**, 3566 f.
- Schwestergesellschaften s. dort
Nießbrauchsrecht, Treuhandlösung **8**, 3566 f.
Non-profit-Unternehmen, vGA **8**, 3569 f.
Notfall **8**, 3566 ff.
Novation **10**, 52
Nullbeteiligung **8**, 3584 f.
Nur-Beratervertrag **5**, 92
Nur-Pensionszusage **8**, 3586; **9**, 53
- s. Beratervertrag
- Überversorgung **8**, 3744
Nutzungen, Umqualifizierung in Gehalt **8**, 440
- Verdopplung des Drittvergleichs **8**, 424 ff.
Nutzungsgenossenschaften, vGA **8**, 3696 f.
Nutzungsrecht, bei Berechnung disquotaler Einlage s. dort
Nutzungsvorteil, ohne Entgelt keine verdeckte Einlage **8**, 2108
Objektgesellschaft, abziehbare Rückvergütung **22**, 80
Obstbau **8**, 3204
OECD, s. Gebrauchs- und Nutzungsvorteile
OECD-MA **5**, 270; **8b**, 81
- beschränkt steuerpflichtige **8a**, 100
Offene Einlage **9**, 120
Offene Gewinnausschüttungen **9**, 122, 124; **27**, 72
- bei abweichendem Wirtschaftsjahr **36**, 30 ff.
- bei kalendergleichem Wirtschaftsjahr **36**, 26 ff.
- Nachversteuerung **37**, 73
Öffentlich-rechtliche Kreditanstalten **27**, 308
Oldtimer-Vereine **36**, 21 ff.
Ordensgemeinschaft **37**, 21 ff.
Ordentliche Kapitalherabsetzung **4**, 183
ordinary credit **1**, 181; **5**, 270

Organgesellschaft 26, 8, 59; **28**, 146
- AG oder KGaA **14**, 31
- andere Kapitalgesellschaften **17**, 1 ff.
- Auflösung **11**, 121
- Ausgleichszahlungen **16**, 1 ff.
- Ausgleichszahlungen, steuerrechtliche Behandlung **16**, 31 ff.
- Ausländische KapGes **14**, 39
- Beitrittsgebiet **14**, 55
- Geschäftsleitung **14**, 46 f.
- Gewerbliches Unternehmen **14**, 61
- GmbH **14**, 21 ff., 31
- GmbH & Co. KG **14**, 35
- KapGes & Atypisch Still **14**, 36
- KapGes & Still **14**, 36
- Lebens- oder Krankenversicherungsunternehmen **14**, 761 f.
- Nachsteuer **37**, 75
- Personengesellschaft **14**, 38
- Rechtsform **14**, 31 ff.
- Sitz **14**, 46 f.
- Subjektive Steuerpflicht **14**, 71
- Umgliederungsvorschriften **36**, 8

Organschaft
8a, 101 f., 224, 373, 385, 422, 471, 596, 610; **8b**, 31, 54, 255
- Ausgleichsposten **14**, 696 ff.
- Ausgleichszahlungen d. Organgesellschaft **16**, 1 ff.
- Ausgliederung der Organgesellschaft **14**, 441
- Ausgliederung des Organträgers **14**, 406
- ausländischer Organträger **18**, 11 ff.
- Bedeutung **Vorbem. §§ 14–19**, 31 ff.
- Begriff **Vorbem. §§ 14–19**, 1 ff.
- besondere Tarifvorschriften **19**, 6 ff.
- Beteiligungsverhältnisse **14**, 704 f.
- Betriebsaufspaltung **14**, 336
- Betriebsvermögen **8**, 2511, 2529
- Eingliederungsvoraussetzungen **14**, 161 ff.
- Einkommensermittlung b. Organgesellschaft **14**, 631 ff.
- Einkommensermittlung b. Organträger **14**, 671 ff.
- Einkommenszurechnung **14**, 611 ff.
- Einzelfälle vGA **8**, 3609 ff.
- Ermittlung des Einkommens **15**, 1 ff.
- finanzielle Eingliederung **14**, 162 ff.
- finanzielle Eingliederung fehlt **8**, 3606
- Formwechsel der Organgesellschaft **14**, 451
- Formwechsel des Organträgers **14**, 416
- für Sanierungsklausel **8**, 2535, 2591 f.
- Gesamtbild der tatsächlichen Verhältnisse **14**, 266
- gesetzliche Bestimmungen, Aufbau **Vorbem. §§ 14–19**, 51
- Gewerbesteuerumlage **8**, 3610 f.
- Gewinnabführung, verunglückte **8**, 3602 ff.
- Gewinnabführungsvertrag **14**, 481 ff.
- – mangelhafter **8**, 3603 f.
- – nicht durchgeführter **8**, 3605
- GmbH als Organträger **17**, 11 ff.
- grenzüberschreitend **Einf.**, 346 ff.
- Grundkonzeption **14**, 21 ff.
- Holding **14**, 321 f.
- Holdingmodelle **4**, 511
- inländische Zweigniederlassung als Organträger **18**, 6 ff.
- keine Doppelerfassung der vGA **8**, 3589
- Kürzung Zurechnungseinkommen **8**, 3589
- Leistungen an Organträger **8**, 3589 ff.
- Lieferungen an Organträger **8**, 3589 ff.
- Ltd. und vGA - s. Ltd.
- Mehr- und Minderabführungen **14**, 701
- Minderabführungen **8**, 4216
- Minderheitsgesellschafter **8**, 3607 ff.
- Mitternachtserlasse **14**, 381 ff.
- Organisatorische Eingliederung **14**, 256
- Personengesellschaft als Organträger **14**, 281 ff.
- Rechtsentwicklung **Vorbem. §§ 14–19**, 11 ff.
- Rückwirkung **14**, 456
- Rumpfwirtschaftsjahr **14**, 371 ff.
- Spaltung und Ausgliederung der Organgesellschaft **14**, 441
- Spaltung und Ausgliederung des Organträgers **14**, 406
- Steuerabzug beim Organträger **19**, 66
- – Zeitliche Anwendung **34**, 37 ff.
- steuerrechtliche Relevanz **Vorbem. §§ 14–19**, 5
- Teilwertabschreibung auf Organbeteiligung **14**, 686
- Überhöhte Zahlung der **8**, 3589

- Übernahme vororganschaftlicher Verluste **14**, 681
- Umwandlung der Organgesellschaft **14**, 431
- Umwandlung des Organträgers **14**, 391
- Verdeckte Einlage durch Minderabführung? **8**, 4216
- Verlustabzug **8c**, 456 f.; **15**, 31 ff.
- Verlustübernahme **17**, 61 ff.
- Verschmelzung der Organgesellschaft **14**, 431
- Verschmelzung des Organträgers **14**, 391
- vGA als vorweggenommene Gewinnabführung **8**, 3587 f.
- Vorgesellschaft **14**, 37
- Vorgründungsgesellschaft **14**, 37
- vororganschaftlicher Verlust **8c**, 456
- Vorteilsausgleich **8**, 3609
- Wirkungen **14**, 611 ff.
- Wirtschaftliche Eingliederung **14**, 246
- Zeitliche Eingliederungsvoraussetzungen **14**, 361 ff.
- Zuführung überwiegend neuen Betriebsvermögens **8**, 2531 ff.
- Zurechnung des BV der Organgesellschaft **8**, 2529 ff.
- Zurechnungszeitpunkt **14**, 651 ff.

Organschaftliche Ausgleichszahlungen **9**, 141 ff.
Organschaftlicher Ausgleichsposten **26**, 96
Organschaftsfälle **27**, 200
Organtheorie **27**, 196
Organträger **8b**, 312; Vorbem. §§ 14-19, 4; **27**, 401 ff.
- als Geschäftsführer der Organgesellschaft **8**, 3598
- Anrechnung vom Steuerabzugsbeträgen **19**, 66 f.
- Atypisch stille Gesellschaft **14**, 123
- ausländische Unternehmen **19**, 56
- ausländischer **18**, 11 ff.
- Besondere Tarifvorschriften **19**, 6 ff.
- Betrieb gewerblicher Art **14**, 127
- Einheitlicher Gewerbebetrieb **14**, 149
- Einkommensteuerpflicht **19**, 36 f.
- Europäische wirtschaftliche Interessenvereinigung **14**, 125
- Freiberufler **14**, 143
- Gewerbliches Unternehmen **14**, 141 ff.
- Inländisches gewerbliches Unternehmen **14**, 81 ff.
- Juristische Personen des privaten Rechts **14**, 145
- Kapitalgesellschaft als **8**, 3599
- Körperschaft **14**, 101
- Körperschaftsteuerpflicht **19**, 21 ff.
- Mitunternehmerschaft **14**, 122
- Möglicher Personenkreis **14**, 81
- Natürliche Person **14**, 91
- Natürliche Person oder Personengesellschaft als **8**, 3589 ff.
- Personengesellschaft **14**, 121 ff.; **19**, 46 ff.
- Sitz u. Geschäftsleitung im Inland **14**, 103 f.
- Steuerabzug bei den - **19**, 1 ff.
- Steuerpflicht **14**, 108
- Typische stille Gesellschaft **14**, 124

pactum de non petendo, Verlustvortrag **14**, 741
Parkanlagen, Vorgesellschaft **14**, 102
Parkhäuser **37**, 75
Parkplätze **8**, 4182
Parkscheinautomaten, ABC der BgA **4**, 331
Parkuhren, ABC der BgA **4**, 331
Partiarische Darlehen, ABC der BgA **4**, 331
Partielle Steuerpflicht, ABC der BgA **4**, 331
Past service, ABC der BgA **4**, 331
Patronatserklärungen **8b**, 310
Patronatserklärungen, Berufsverbände **5**, 196
Pauschalierung, s. Future service **8**
Pauschsteuer **8**, 4125
Pension **8b**, 311
- Abtretung **8**, 476
- an ehemaligen Gesellschafter **8**, 337, 476
- an ehemaligen Gesellschafter **8**, 476
- Anpassung an Lebenshaltungskosten **8**, 3626
- i. S. des § 37b EStG auf Zuwendungen **31**, 24 ff.
- Körperschaftsteuer **26**, 441

Pensionierung, Anpassung an Lebenshaltungskosten **8**, 3689 ff.
Pensions- und Unterstützungskassen, Dynamisierung s. dort
Pensions-, Sterbe-, Kranken- u. Unterstützungskassen **5**, 78
- Freibeträge **24**, 28
- Altersversorgung **5**, 92
- Angehörige **5**, 79
- Arbeitnehmer **5**, 75

Stichwörter VERZEICHNIS

- Arbeitnehmerähnliche Personen 5, 77
- Auflösung 5, 116
- Ausbildungsbeihilfen 5, 92
- Bedürftigkeit 5, 92
- Beratende Mitwirkung 5, 92
- Fortbildungsbeihilfen 5, 92
- Gewerbliche Betätigung 5, 114
- Höhe des Vermögens 5, 126
- Kapitalabfindung 5, 97
- Lebenspartner 5, 79
- Sicherung des Kassenvermögens 5, 111
- Soziale Einrichtung 5, 86
- Steuerpflichtige Kassen 5, 136
- Tatsächliche Geschäftsführung 5, 115
- Überbrückungsbeihilfen 5, 92
- Überdotierung 5, 136
- Weiterbeschäftigung 8, 3761 ff.

Pensionsfonds 5, 58 ff.
- Vermögensbindung 5, 111 ff.
- Zugehörige 5, 78

Pensionskassen 8b, 681
- Übertragung Pensionszusage 8, 3800
- Überversorgung 8, 3723 f.
- Übertragung Pensionszusage 8, 3800
- Überversorgung 8, 3723 f.
- Einschränkung der Befreiung 6, 11 ff.
- Einschränkung der Steuerbefreiung 6, 11 ff.
- Partiell steuerpflichtiges Einkommen 6, 11
- Tatsächliches Kassenvermögen 6, 12

Pensionszusage, Abfindung s. dort
- Abfindungsklausel 8, 3712
- Angehörige 8, 3696 f.
- Anpassung 8, 3667
- Anspruchszeitpunkt 8, 3678 ff.
- Auszahlung 8, 337
- bei Beratervertrag 8, 3185
- bei Betriebsaufspaltung 8, 3636
- bei Gehaltsherabsetzung - s. dort
- bei Umwandlung 8, 3636, 3641 ff.
- Beitragsorientierte Zusage s. Unverfallbarkeit
- Beitritt 8, 3800
- Berechnungszeitpunkt 8, 3681
- Bilanzänderung 8, 3631 ff.
- Bilanzierung, korrekte 8, 3757
- Dynamisierung 8, 3720 f.
- Dynamisierung, s. dort 8, 2017
- Erdienbarkeit, s. dort

- Erdienenszeitraum 8, 3684
- Erhöhung 8, 3689 ff.
- Finanzierbarkeit, Anwartschaftsbarwert 8, 3663
- – Bilanzsprungrisiko 8, 3667
- – Fortführungsprognose 8, 3662
- – Insolvenzrecht 8, 3662
- – Keine einheitliche Betrachtung verschiedener Zusagen 8, 1661 ff.
- – Liquidationswerte 8, 3662
- – Rechtsfolgen 8, 3667 f.
- – Rückdeckung 8, 3659
- – Überschuldungsstatus 8, 3662
- – Zeitpunkt bei Erteilung 8, 3664 f.
- Fürsorgerente 8, 3626
- Future service s. dort
- Höchstalter 8, 3684
- Management Buy out 8, 3641 ff.
- Minderheitsgesellschafter-Geschäftsführer s. dort 8
- Nachholverbot 8, 3628 ff.
- – Ausnahmen 8, 3628 ff.
- Nur-Penseionszusage - s. dort
- Past service s. Future service
- Probezeit Geschäftsführer 8, 3639 ff.
- Probezeit Gesellschaft 8, 3636
- Rentner-GmbH 8, 3800
- Rumpfwirtschaftsjahr, s. Unverfallbarkeit
- Schriftform 8, 3625, 3628 ff.
- Schwerbehinderte 8, 3682
- Tatsächliche Durchführung 8, 3757 ff.
- Übernahme für EU des Gesellschafters 8, 3357
- Übertragung Pensionszusage 8, 3800
- Überversorgung - s. dort
- Umwandlung in Zeitrente/Direktversicherung 8, 3760, 3800
- Ungewisse Erhöhungen und Verminderungen 8, 3628 ff.
- Unverfallbarkeit s. dort
- Verkürzung 8, 3685 f.
- Vermeidung der partiellen Steuerpflicht 6, 16 ff.
- Vermeidung Zufluss bei Verzicht s. Gestaltungen
- versorgungsfreie Zeit 8, 3641 ff.
- Versterben vor Pensionsbeginn 8, 3848

- Verzicht 8, 3766 f.
- von gewinnabhängigen Bezügen 8, 3628 ff.
- Widerrufsvorbehalt 8, 3628 ff., 3778 f.
- Zeitpunkt der Feststellung der Kassenvermögen 6, 14 ff.
- Zeitpunkt Überversorgung 8, 3736
- Zivilrechtliche Voraussetzungen 8, 3625
- Zufluss, Vermeidung s. Gestaltungen
- Zulässiges Kassenvermögen 6, 13

Per-Country-Limitation, zusagefreie Zeit 8, 3641 ff.
per-item-limitation, Zusagezeitpunkt 8, 3628 ff.
per-item-limitation, Zuständigkeit Gesellschafterversammlung 8, 3625
Personalgestellung 26, 316
Personengesellschaft 26, 127, 160
- ABC der BgA 4, 331
- Abgrenzung § 6 Abs. 3 EStG von verdeckter Einlage s. Konkurrenzen
- Abgrenzung von § 6 Abs. 5 EStG von verdeckter Einlage 8, 2086
- als Organträger 19, 46 ff.
- Beteiligung an Gesellschaften 4, 135
- Beteiligung im Sonderbetriebsvermögen 8, 2596 f.
- Gesellschafterwechsel 14, 293
- GmbH & Co. KG 14, 346
- Holding 14, 321 f.
- nachgeschaltete, Untergang des Zinsvortrags 8c, 451
- – Untergang des Gewerbeverlustes 8c, 454

Personengesellschaft als Organträger 29, 34
- Anteilsveräußerung 14, 293
- Beschränkt steuerpfl. Mitunternehmer 14, 286 ff.
- Gesamthandsvermögen 14, 288
- nachgeschaltete, gesonderte Feststellung 8c, 500
- – Sanierungsklausel 8c, 615

Personengruppe, Keine BV-Zurechnung ohne Mehrheitsbeteiligung 8, 2537 ff.
Personenunternehmen, Zurechnung BV 8, 2536
Personenvereinigungen 8b, 306; 27, 292
- als nahe Angehörige 8, 348
- Mitgliederbeiträge 8, 2751 ff.
- nichtrechtsfähig 3, 11 ff.

Persönlich haftender Gesellschafter 27, 16

Pfandrecht 27, 69
Pfandrechte 27, 431
Pferdesport/-zucht, s. Komplementär 9
Pflanzenzucht 8c, 175
Pharmarückstellung 8b, 311
Philatelie 5, 270
Pilgerreisen 5, 270
Pilotenlizenz, Schwankungsrückstellung, ähnliche Rückstellungen 20, 81 ff.
Politische Parteien 5, 270
Politische Vereine 8, 3821
Politische Zwecke 5, 228 ff.
Pool-Billard 5, 270
Poolvereinbarung 5, 229
Positiver Bestand 5, 270
Positiver Endbestand 8b, 304; 28, 108
PPP-Projektgesellschaft 28, 207
- von EK 45 Umgliederung 36, 1

Preisnachlass 27, 66 f.
Preisnachlass 8a, 126
Preisverleihungen 8a, 361
Privatschulen, an Gemeinde bis 10% keine vGA 8, 3464
Privatsphäre der KapGes 5, 270; 8, 194
- genossenschaftliche Rückvergütung 22, 15

Produkteinführung 8, 211 ff.
Profit split 8, 924
Prozesskosten 8, 3832
Prüfungskosten 8, 3822
- s. Lizenzzahlungen

Prüfungspflicht 10, 73
Prüfungsreihenfolge, bei BgA 8, 3470
Publikums-GmbH & Co. KG 8, 3823
Qualifikation Geschäftsführer 8, 3824
Qualifikationskonflikt, Änderung gem. § 32a KStG 32a, 67
Qualifizierte Aufstockung 1, 35
Querverbund, steuerlicher/kommunaler, für Stellung als beherrschender Gesellschafter 8, 475
Quotenkonsolidierung 8b, 385; 26, 94
Rabatt 8, 3825
Rabattsparverein 1, 181; 5, 167
Rangrücktrittserklärung 8, 4202 ff.
Realgemeinde 1, 54, 181; 3, 41 ff.; 24, 36
Rechnungsabgrenzungsposten 13, 45; 20, 197
Rechtlergemeinschaften 24, 50

Rechtsanspruch, Unterstützungskassen 5, 92
Rechtsbindungswille 8, 232 ff.
Rechtsfähige Pensions-, Sterbe-, Kranken- u.
   Unterstützungskassen 5, 270
Rechtsfähiger Verein 1, 67
Rechtsfolgen 8d, 87
– § 8 Abs. 4 KStG 8, 2432, 2691 ff.
Rechtsfolgen der vGA, Anteile juristischer Person 8, 721
– Anteile natürlicher Person im Betriebsvermögen 8, 691
– Anteile natürlicher Person im Privatvermögen 8, 682 ff.
– bei Betriebsaufspaltung 8, 685
– bei der Gesellschaft 8, 581 ff.
– bei Kapitalgesellschaft als 8, 721 ff.
– bei natürlicher Person oder PG als Gesellschafter 8, 682 ff.
– bei Schwestergesellschaften 8, 727 ff.
– erfolgsneutral 8, 2141
– Gesellschaft 8, 2141 ff.
– Gesellschafter 8, 2151 ff.
– Gewinnaufschlag - s. dort
– im Gesellschaftsrecht 8, 656 ff.
– in der GrESt 8, 651
– in der Schenkungsteuer 8, 713
– Inkongruenz Gesellschaft und Gesellschafter s. dort
– s. Betriebsaufspaltung
– Schenkungsteuer 8, 2187 f., 4152
Rechtsformneutralität 8, 22
Rechtskraft 27, 232
Rechtsnachfolge 27, 293
Rechtsprechungsänderung 8, 2401
Rechtsträger, konzernzugehörig 8a, 481 f., 561
Reflex der Vermögenszuführung, s. Vermögenszuführung
Regelbeispiel 8, 2466 ff.
– Analogiewirkung 8, 2467 ff.
– Charakter eines Regelbeispiels 8, 2466
– Indizwirkung 8, 2467 ff.
– Maßstab für Grundtatbestand 8, 2471
– Vergleich mit Strafrecht 8, 2466 ff.
Regelungsbereich 8b, 11
Regenwalderhaltung 5, 270
Regiebetrieb 4, 83; 5, 30
Rehabilitation v. Sportlern 5, 270

Reichsfinanzhof, Darlehen statt Ausschüttung 8, 3229
Reiheneinlage, abgekürzter Zahlungsweg 8, 4132
– bei Betriebsaufspaltung 8, 4112
Reise- u. Touristikvereine 5, 270
Reisen 8, 3826
REIT 13, 108
Reitsportvereine 5, 270
Religion 5, 270
Religionsgemeinschaft 5, 291 f.
Renovierungskosten 8, 3829
Rente 10, 211
Renten-Deckungsrückstellung, Schaden- und Unfallversicherungsunternehmen 20, 148 f.
Rentenversicherung, Arbeitgeberanteile 8, 294, 3064
Rentner-GmbG 8, 3800
Reparaturkosten Pkw 8, 3830
Repräsentationsaufwand 8, 127
Reservistenvereine 5, 270
Retrospektive Ermittlung 8c, 340 f.
Rettung aus Lebensgefahr 5, 270
Risikogeschäfte 8, 3831 ff.
– Checkliste 8, 3831
– Devisen- oder Warentermingeschäfte 8, 3838
– Keine Gewinnminderung 8, 293
– Rechtsfolgen 8, 3840 ff.
– Spielleidenschaft 8, 3837
– Übernahme keine vGA 8, 3834
– Verlustübernahme 8, 3835
– Verlustübernahme 8, 3839
Ritterschaft 1, 181
Rückabwicklung der vGA 8, 646 f.
– Abgrenzung 8, 866
– Anschaffungskosten 8, 853
– Entstehen lt. Rechtsprechung 8, 866
– Ertragswirksamkeit 8, 858 f.
Rückdeckungsversicherung, Abtretung 8, 532
– Bilanzberichtigung s. dort
– im vGA-Fall 8, 294, 531 ff.
Rückgängigmachung, Ansätze zur Zulassung 8, 839, 854
– der vGA und disquotale Einlage s. dort
– Geschäftsvorfälle 8, 837 f.
– offene Gewinnausschüttung 8, 4219

- verdeckte Einlage **8**, 2177
- vGA **8**, 837 f.

Rückgewähr **27**, 1

Rückgewähr von Leistungen **8c**, 563 ff.

Rückgewähranspruch vGA, im Gesellschaftsrecht **8**, 656 ff.

Rückgriff **8a**, 496

Rückgriffsberechtigter Dritter **8b**, 334

Rückkaufmodell **8b**, 381

Rücklagen **27**, 37; **28**, 11, 106
- Abzinsung der Schadenrückstellungen **20**, 117 ff.
- nach § 6b EStG **8b**, 231

Rückstellungen **8**, 3848; **13**, 45
- Beitragsrückerstattung **8b**, 626; **21**, 191 ff.
- Beitragsrückerstattungen bei Versicherungen, Rückstellungszuführungen **21**, 193 ff.
- für Beitragsrückstellung, Anhebung der Auflösungsschwelle **34**, 43 ff.
- versicherungstechnische **20**, 11 ff.

Rückstellungsauflösung, Rechtsfolgen **21**, 217 ff.

Rückstellungszuführungen, Beitragsrückerstattung **21**, 193 ff., 201 f.

Rückvergütung **8**, 373, 3850
- Abgrenzung zu Preisnachlässen **22**, 15
- Abzugsfähigkeit **22**, 21 ff.
- Anspruch und Bezahlung **22**, 41 ff.
- bilanzielle und einkommensteuerrechtliche Behandlung **22**, 86 ff.
- genossenschaftliche **22**, 1 ff.
- verdeckte Gewinnausschüttung **22**, 13 f.

Rückvergütungsanspruch, Gleichbehandlungsgebot **22**, 55 f.

Rückversicherungsunternehmen, Schadenrückstellungen **20**, 136

Rückwirkung **8**, 3281
- bei Schriftform Pensionszusage **8**, 3628 ff.
- EuGH-Urteile **Einf.**, 88 ff.
- Gewinnbeteiligung bei Umwandlung **8**, 3906
- Schuldrechtliche Verträge bei Umwandlung **8**, 3281
- Verlustuntergang nach § 8c **8c**, 458 ff.

Rückwirkungsfiktion **8b**, 385

Rückzahlung **27**, 147 f.; **28**, 23, 55, 144, 172 ff.
- genossenschaftliche Rückvergütung **22**, 19

Rückzahlung des Nennkapitals **28**, 171 ff.

Rumpfwirtschaftsjahr, bei Abfindung Pensionszusage **8**, 3789
- bei Unverfallbarkeit s. dort

Rundfunkanstalten, ABC der BgA **4**, 331

Rundfunkvereine **5**, 270

S.A.S.-Entscheidung **8b**, 56

Sachliche Steuerbefreiung, Einkünfte aus Land- und Forstwirtschaft **4**, 164

Sachlicher Zusammenhang zwischen Anteilsübertragung und BV-Zuführung **8**, 2547 ff., 2616
- bei Generalklausel **8**, 2616
- bei gestreckter Anteilsübertragung **8**, 2561 f.
- bei Unternehmenskäufen **8**, 2552
- Ersatzbeschaffung **8**, 2552
- Kapazitätsausweitung **8**, 2552
- Reihenfolge der Tatbestandsmerkmale **8**, 2556 ff.
- Übernahmeangebot nach WpÜG **8**, 2553
- Verkäufe über die Börse **8**, 2552
- Vorratsgesellschaft s. dort
- Zeitlicher Zusammenhang als Indiz **8**, 2547 ff.

Sachspenden **9**, 365

Sachverhaltsfeststellung **8**, 361

Sachwerteinbringung **8**, 2087

Salafisten **5**, 270

Saldierung (Veräußerungsgewinn) **8b**, 256 f.

Sammeln v. Briefmarken, Münzen etc. **5**, 270

Sanierung **8**, 3851 f.
- Darlehenserlass **8**, 3851 f.

Sanierungsbedürftigkeit, Mittelbare Beteiligung **8c**, 589 f.
- Sanierungsklausel **8c**, 520 ff.

Sanierungserlass **8c**, 640

Sanierungsklausel **Einf.**, 483; **8**, 2621 ff.
- Abschmelzen Geschäftsbetrieb s. dort
- aktueller Stand **8c**, 635
- Anteilserwerb durch mehrere Personen **8c**, 574
- Auslegung **8**, 2621
- Ausschluss des Sanierungsprivilegs **8c**, 600 ff.
- Betriebsvereinbarung **8c**, 532 ff.
- Beweislast **8**, 2441, 2621, 2642; **8c**, 523
- Branchenwechsel **8c**, 603
- Einführung **8**, 2402 f.
- Einlagen **8c**, 546 ff.
- Einstellung des Geschäftsbetriebs **8c**, 602

- Einzelrechtsnachfolge 8, 2678 ff.
- Erhalt wesentlicher Betriebsstrukturen 8c, 531 ff.
- Erlass von Verbindlichkeiten 8c, 551 ff.
- Folgen der Nichtigkeit 8c, 639
- Gesamtrechtsnachfolge 8, 2681
- Gläubigerkonzert 8, 2622 f.
- Inkrafttreten 8c, 4 ff.; 9 f.; 639
- keine staatliche Beihilfe 8c, 637
- Klagem 8c, 635
- Klagen vor dem EuG 8c, 635 ff.
- Lohnsumme 8c, 539 ff.
- Mittelbarer Beteiligungserwerb 8c, 589 f.
- Motive 8, 2639 f.
- Negativentscheidung 8c, 635
- – Beihilfe 8c, 76
- Rechtsfolge 8, 2673 ff.; 8c, 615
- Rechtsfolgen bei Rückgewähr von Leistungen 8c, 569 f.
- Rückgewähr von Leistungen 8c, 563 ff.
- Sanierung der Verlustquelle 8, 2589 f.
- Sanierungsbedürftigkeit 8, 2622 ff.
- Sanierungseignung 8, 2628 ff.
- Sanierungserlass 8c, 640
- Sanierungsmaßnahmen 8c, 522
- Sanierungsplan 8, 2643
- Sanierungswürdigkeit 8, 2622 f.
- Sanierungszweck 8c, 520 ff.
- Subjektives Merkmal 8, 2644
- Suspendierung 8c, 636
- Übersanierung 8, 2622 f., 2627 ff.
- Überschuldung 8c, 520
- Übertragung des Geschäftsbetriebs 8, 2680 f.
- Unmittelbarer Beteiligungserwerb 8c, 587 f.
- Unternehmens- oder Unternehmerbezogene Auslegung 8, 2629
- Unternehmensklagen 8c, 635
- Unternehmensklagen 8c, 635
- Vereinfachungsregelung 8, 2643
- Verfahrensrechtliche Umsetzung 8c, 622 ff.
- Vergleichssumme 8c, 542
- Verlustabzug nach § 8c 8c, 513 ff.
- Verschmelzung 8, 2453
- Zahlungsunfähigkeit 8c, 521
- Zeitlich gestreckter Anteilserwerb 8c, 571 ff.
- Zeitpunkt des Beteiligungserwerbs 8c, 585
- Zeitraum 8, 2626 f.

- Zuführung überhöhten BVs 8, 2633 ff.
- Zuführung wesentlichen Betriebsvermögens 8c, 546 ff.
- Zuführungsquote 8c, 554
- Zuführungszeitraum 8c, 560 ff.
- Zweck 8c, 22 ff.

Satzungsklausel 8, 384
- und disquotale Einlage 8, 4147

Säumniszuschläge 10, 101 ff.

Saunavereine 5, 270

Schach 5, 270

Schachteldividenden, steuerfrei 16, 34

Schachtelprivileg 8b, 104; 9, 123 ff.

Schachtelstrafe 8b, 387

Schaden- und Unfallversicherung, Deckungsrückstellung 21a, 26 ff.
- Schadenhauptleistung 20, 98 f.

Schaden- und Unfallversicherungsunternehmen, Renten-Deckungsrückstellung 20, 148 f.

Schadenersatz, nicht von Allein- oder beherrschendem Gesellschafter 8, 3853

Schadenhauptleistung 20, 98 f.

Schadenquote, Schwankungsrückstellungen 20, 60 f.

Schadenregulierungskosten, Teilrückstellung 20, 156 ff.

Schadenrückstellungen 20, 31 ff., 91 ff.
- Abwicklung 20, 98 ff.
- Abzinsung 20, 117 ff.
- Allgemeines 20, 91
- einheitliche Abzinsungszeiträume 20, 124 f.
- Krankenversicherungsunternehmen 20, 141 f.
- Lebensversicherungsunternehmen 20, 146 f.
- Rückversicherungsunternehmen 20, 136
- Transportversicherung 20, 131

Schadensersatzanspruch gegen Steuerberater 10, 117

Schädliche Anteilsübertragung, durch Ausgabe neuer Anteile 8, 2453, 2585
- Erbfolge und Erbauseinandersetzung 8, 2480
- Generalklausel 8, 2578 ff.
- gesellschaftsrechtliche Vorgänge 8, 2480, 2579 f.
- Konzernklausel 8, 2601
- mehrfache 8, 2705 ff.
- Mittelbare Beteiligung 8, 2593 ff.
- rechtsgeschäftliche Übertragung 8, 2478 f.

- Stimmrechte nicht ausreichend
  8, 2430, 2477, 2581 f.
- Verschmelzung **8**, 2480
- Wechsel von mittelbarer zu unmittelbarer Beteiligung **8**, 2598 f.
- Wechsel von unmittelbarer zu mittelbarer Beteiligung **8**, 2600 f.
- Wechsel zwischen mittelbaren Beteiligungen **8**, 2601
- Zeitlicher Zusammenhang mit BV Zuführung **8**, 2547 ff.

Schädlichkeitsgrenze, Herabsetzung **8**, 2402 f.
Schädlichkeitsgrenze **8c**, 360 ff.
Schätzung **8**, 3854
Schauspielschule **5**, 270
Scheingeschäfte, Abgrenzung zur vGA **8**, 231 ff.
Scheingeschäfte, Lizenzüberlassung als Scheingeschäft **8**, 3502
Schein-GmbH & Co. KG **1**, 35
Schenkung **8**, 165
Schenkungsteuer bei vGA **8**, 713, 781 ff.
- an Gesellschafter **8**, 791
- an nahestehende Personen **8**, 801 f.
- Beweislast s. dort
- Dreistufenlehre **8**, 785
- Erlöschen **8**, 821

Schiffe auf hoher See, Staatsgebiet **1**, 154
Schiffsmodellbau **5**, 270
Schlachthöfe, ABC der BgA **4**, 331
Schlussbilanz **13**, 3, 41 ff.
Schlussvorschriften **34**, 1 ff.
Schriftform, Anstellungsvertrag **8**, 3041 f.
Schuldübernahme **8**, 294
Schuldversprechen, abstrakte s. dort
Schulen, ABC der BgA **4**, 331
Schülerheime, ABC der BgA **4**, 331
Schülerzeitungen, ABC der BgA **4**, 331
Schulfördervereine **5**, 270
Schützenvereine **5**, 270
Schwankungsrückstellung, ähnliche Rückstellungen **20**, 81 ff.
Schwankungsrückstellung, ähnliche Rückstellungen, Atomanlagenrückstellung **20**, 81 ff.
- Pharmarückstellung **20**, 81 ff.
- Terrorrisikenrückstellung **20**, 81 ff.

Schwankungsrückstellungen **20**, 31 ff.
- Hinweise zur Berechnung **20**, 46 ff.
- Voraussetzungen zur Bildung **20**, 31 f.
- Wesen **20**, 31 ff.

Schwarzlöhne und vGA **8**, 933
Schwestergesellschaft **8**, 726 ff.
- Abgrenzung **8**, 726
- als nahe stehende Person **8**, 348
- bei Betrieben gewerblicher Art **8**, 3470
- bei Organschaft **8**, 731 ff.
- Darlehen **8**, 3229
- Forderungsverzicht **8**, 3304
- formelle und materielle Korrespondenz bei vGA und verdeckten Einlagen **8**, 2232 ff.
- Geschäftschancenzuordnung zwischen - **8**, 3368
- Geschäftswert **8**, 3300
- Mietvertrag **8**, 3549 f.
- Nießbrauch **8**, 3569 f.
- Nutzungs- und Gebrauchsvorteil **8**, 746, 757
- Nutzungsüberlassung als Umgehung **8**, 2500
- Steuerüberhang **8**, 746 f.
- Teilbetriebsübertragung **8**, 3499
- zusammenfassende Beispiele **8**, 761 ff.

Schwimmbad, ABC der BgA **4**, 331
Schwulen- u. Lesbenvereine **5**, 270
Scientology Church **5**, 270
Seebrücke, ABC der BgA **4**, 331
Sekundäres Gemeinschaftsrecht Einf., 141 ff.
Selbsthilfegruppen alleinstehender Menschen **5**, 270
Selbstkontrahierungsverbot **8**, 486 f.
- Aufhebung mit Rückwirkung **8**, 487
- bei Anstellungsvertrag Geschäftsführer **8**, 3044
- bei Ltd. und vGA - s. dort
- nachträglich wirksam **8**, 3045
- Vorgesellschaft **8**, 3046

Selbstlosigkeit **5**, 301 ff., 358
- Mittelverwendung **5**, 304

Selbstversorgungsbetriebe **4**, 171
SEStEG **27**, 7, 21, 50 f.; **28**, 55
Seuchenbekämpfung **5**, 270
Sicherheiten **8b**, 311
Sicherheitsaufwendungen **8**, 3857 ff.
Sicherheitsübereignung **8b**, 311
Sicherungsabtretung **8b**, 311

Sicherungsübereignung 27, 290
Siedlergemeinschaften 5, 270
Sitz 2, 21
– Steuerbefreiung 5, 796
Sitztheorie, Gesellschaftssitz 1, 39
Sitzverlegung 27, 247
Skatvereine 5, 270
Skilift, ABC der BgA 4, 331
Software, ABC der BgA 4, 331
Soldatenvereine 5, 270
Solidaritätszuschlag, Abziehbarkeit 10, 76
Sonderausweis 28, 106, 114, 161; 29, 55
– vom Anrechnungs- zum Halbeinkünfteverfahren 39, 2
Sonderbetriebsausgaben 9, 150
Sonderbetriebseinnahmen 9, 73, 150
Sonderbilanz, Zinsschranke 8a, 447, 612
Sondermüllbeseitigung 5, 270
Sondernutzungsentgelt und vGA 8, 3477
Sonderposten mit Rücklagenanteil 8a, 608
Sondertarif, Werbesendungen 7, 21
Sondervergütungen 9, 73, 92 ff., 100 ff., 150
Sondervorschriften, für Genossenschaften 22, 1 ff.
Sonstige Bezüge 37, 63 ff.
Sonstige Personensteuern 10, 81 ff.
Sonstige Rücklage 28, 108 f.
Sonstige Rückvergütungen, Arbeitsgenossenschaften 22, 78
Soziale Leistungen für den beherrschenden Gesellschafter-Geschäftsführer, Feiertagszuschläge 8, 3082 ff.
– Lohnfortzahlung im Krankheitsfall 8, 3068
– Nachtzuschläge 8, 3082 ff.
– Private Pkw-Nutzung 8, 3069
– Sozialversicherungsbeiträge 8, 3064
– Urlaubsabgeltung 8, 3065 ff.
– Urlaubsgeld 8, 3062
– Weihnachtsgeld 8, 3062
– Wohnungsüberlassung 8, 3093 ff.
– Zinsverbilligung bei Arbeitgeberdarlehen 8, 3095
Sozialversicherung 5, 242
– ABC der BgA 4, 331
Sozialversicherungsrente 8, 3731
Spaltung 27, 295; 29, 100, 115

Sparkasse öffentlichen Rechts, nahe stehende Personen der 8, 3867
– Spenden an Gewährträger 8, 3863
– Zinsvergünstigungen 8, 3867
Sparkassen 4, 183
Sparkassen und Giroverbände, ABC der BgA 4, 331
Spartenrechnung 8, 2901 ff.
Sparvereine 5, 270
Spätschaden, Teilrückstellung 20, 171
Spenden 4, 428
– Aufwandersatz 9, 376
– ausländische Körperschaften 9, 295
– Auslandsspenden 9, 280
– begünstigte Zwecke 9, 270
– Bescheinigung 9, 385
– Betriebsausgaben 9, 250
– Empfänger im Ausland 9, 305
– Europarecht 9, 222, 290
– Haftung 9, 400
– Höchstbetrag 9, 330
– juristische Personen des Öffentlichen Rechts 9, 300
– Organschaft 9, 350
– politische Parteien 9, 206
– struktureller Inlandsbezug 9, 309, 316
– verdeckte Gewinnausschüttung 9, 255
– Vermögensminderung 9, 246
– Vertrauensschutz 9, 391
Spenden für politische Parteien, Berufsverbände 5, 206
Spenden und vGA 8, 3862
– Abgrenzung vGA zu Spende 8, 3874
– Abzug Spende Gesellschaft bei Gesellschafter 8, 3874
– an gemeinnützige Vereine und vGA 8, 3868 ff.
– Freiwilligkeit von Spenden 8, 3875
– Fremdspendenverhältnis 8, 3864 ff., 3870
– Sparkasse s. dort
Spendenabzug 9, 200 ff.; 10, 61
Spendenbegriff 9, 231
Spezieller Sonderausweis, verwendbares Eigenkapital 39, 8 ff.
Sponsoring 8, 3891
Sponsoring 9, 236
Sport 5, 270

Sportangeln 5, 270
Sporthilfe-Fördervereine 5, 270
Sportreisen 5, 467
Sportunterricht 5, 467
Sportverein 24, 61
Sprachlicher Missbrauch, s. Missbrauch
Staatliche Lotterieunternehmen 5, 26
Staatsbank Berlin 5, 52
Staatspolitische Zwecke 5, 270
Stammeinlagen 5, 117
Stand-alone-Klausel 8a, 261 ff.
Standardabweichung,
  Schwankungsrückstellungen 20, 63 f.
STEKO-Entscheidung 8b, 283
Sterbe-, Kranken- u. Unterstützungskassen 5, 58
Sterbegeldversicherung 5, 153
Sterbekassen, Einschränkung der Befreiung
  6, 11 ff.
– Einschränkung der Steuerbefreiung 6, 11 ff.
– Partiell steuerpflichtiges Einkommen 6, 11
– Pensions-, Sterbe-, Kranken- u.
  Unterstützungskassen 5, 60
– Tatsächliches Kassenvermögen 6, 12
– Vermeidung der partiellen Steuerpflicht
  6, 16 ff.
– Zeitpunkt der Feststellung der Kassenvermögen
  6, 14 ff.
– Zulässiges Kassenvermögen 6, 13
Steuerabzug, Abgeltung der KSt 31, 51 ff.
– Abgeltung der KSt bei beschränkt Stpfl.
  32, 51 ff.
– Abgeltung der KSt bei unbeschränkt Stpfl.
  32, 31 ff.
– bei dem Organträger 19, 1 ff.
– beschränkt Stpfl. 31, 51 ff.
– Erstattung für Drittstaats-Dividenden
  32, 142 ff.
– Erstattung für EU-/EWR-Streubesitzdividenden
  32, 141 ff.
– Inanspruchnahme des Vergütungsgläubigers
  32, 111 ff.
Steuerabzug § 50a Abs. 7 EStG, Entstehung KSt
  30, 30 f.
Steuerabzug beschränkt Steuerpflichtiger,
  Entsprechende Anwendung des EStG 31, 60

Steuerabzugsbeträge, Anrechnung auf die
  Steuerschuld 31, 151 ff.
– Anrechnung beim Organträger 19, 66 f.
– Entstehung KSt 30, 30 f.
Steuerabzugspflichtiges Einkommen 8, 2771
Steueranrechnung, ausländische 26, 241
– direkte, Durchführung 26, 241
Steueranspruch, Entstehung 30, 10 ff.
Steuerbefreite Körperschaften, Abgeltung der KSt
  durch KapESt 32, 31 ff.
– Abgeltung der KSt durch Steuerabzug
  31, 75 ff.
– Ausnahmen von der Abgeltung der KSt durch
  KapESt 32, 91 ff.
– Verzicht auf Steuerbefreiung 34, 15 ff.
– Zeitliche Anwendung von Einzelvorschriften
  34, 18 ff.
Steuerbefreite Körperschaften und
  Personenvereinigungen 37, 82 f.
Steuerbefreiung 4, 61; 5, 26; 13, 2, 22 ff.
– Arten 5, 6
– außerhalb des KStG 5, 771
– Berufsverbände 5, 162
– Bundesanstalt für vereinigungsbedingte
  Sonderaufgaben 5, 52
– Bürgschaftsbanken 5, 707
– Deutsche Bundesbank 5, 41
– Einrichtungen der Tarifvertragsparteien 5, 752
– Einschränkung 5, 781
– Erwerbsgenossenschaften 5, 631
– Gemeinnützige Siedlungsunternehmen 5, 621
– Gemeinnützige Zwecke 5, 252 ff.
– Gesamthafenbetriebe 5, 727
– Global Legal Entity Identifies Stiftung (GLEIS)
  5, 762
– Kirchliche Zwecke 5, 252, 291 ff.
– Kreditinstitute mit Sonderaufgaben 5, 41
– Landwirtschaftliche Vereine 5, 631
– Medizinischer Dienst der Krankenversicherung
  5, 747
– Mildtätige Zwecke 5, 252, 271 ff.
– Pensions-Sicherungs-Verein 5, 691
– Persönliche 5, 6
– Pflichtversicherungseinrichtungen 5, 242
– Politische Parteien 5, 228
– Politische Vereine 5, 229

- Rechtsfähige Pensions-, Sterbe-, Kranken- u. Unterstützungskassen **5**, 58
- Sachliche **5**, 7
- Sicherungseinrichtungen d. Kreditinstitute **5**, 699
- Sicherungsfonds der Versicherungsgesellschaften **5**, 699
- Sterbekassen **5**, 60
- Steuerbegünstigte Zwecke **5**, 256
- Umfang **5**, 16
- Unabhängige Wählergemeinschaften **5**, 230
- Vermietungsgenossenschaften **5**, 551
- Vermietungsvereine **5**, 596
- Vermögensverwalter **5**, 216
- Versicherungsvereine auf Gegenseitigkeit **5**, 152
- Versorgungseinrichtungen **5**, 242
- Versorgungslastenausgleich **5**, 737
- Waisenkassen **5**, 59
- Wirtschaftsförderungsgesellschaften **5**, 717
- Witwenkassen **5**, 59
- Zweckbetriebe **5**, 441 ff.

Steuerbegünstigung des Sanierungsgewinns **8c**, 640
- Verhältnis zu § 8c **8c**, 641

Steuerbemessungszeitraum **7**, 46 ff.
Steuerberaterkammern, ABC der BgA **4**, 331
Steuerberaterverband **5**, 167
Steuerberatungskanzlei, ABC der BgA **4**, 331
Steuerberatungskosten **10**, 73
Steuerbescheid, Erlass **31**, 131
Steuerbescheinigung **28**, 195; **37**, 78 ff.
- Ermächtigungen für Bescheinigungsmuster **33**, 61 ff.
- Haftung bei falscher Bescheinigung **37**, 81

Steuerbeträge, Abrundung **31**, 191
Steuerentlastung beschränkt Stpfl., Entsprechende Anwendung des EStG **31**, 60 ff.
Steuerentlastungspotenzial **36**, 1
Steuerentstrickung **13**, 2
Steuererklärung, Verpflichtung zur Abgabe **31**, 101 ff.
Steuererklärungspflicht **27**, 261
- Entsprechende Anwendung des EStG **31**, 101

Steuerfestsetzung, Abrundungsvorschriften **31**, 191

Steuerfreiheit von Sanierungsgewinnen, Verhältnis zu § 8c **8d**, 4
Steuerhinterziehungbekämpfung, Abzugsteuerentlastung **31**, 23, 66
- Ermächtigungen **33**, 51 ff.

Steuerhinterziehungsbekämpfungsgesetz **8b**, 13
Steuerhinterziehungsbekämpfungsverordnung **8b**, 13
Steuerliche Nebenleistungen, Abziehbarkeit **10**, 101 ff.
Steuerliches Einlagekonto **27**, 78; Vorbem. §§ 36–40, 4; **39**, 4 ff.
- Fortführung **38**, 9
- Übergangsregelung **38**, 12

Steuern vom Einkommen **10**, 71 ff.
Steuerneutralität **37**, 60
Steuerpflicht, Beginn **1**, 101
- Ende **1**, 121
- Umfang **1**, 171

Steuersatz, allgemein **23**, 26 ff.
- ZDF **23**, 11

Steuerschuld, Anrechnung von Vorauszahlungen und Steuerabzugsbeträgen **31**, 151 ff.
Steuerstrafrecht und vGA, Schwarzlöhne **8**, 933
Steuersubjekt, Körperschaftsteuerpflicht **4**, 41 ff.
Steuersubjektidentität **26**, 91, 156
Stiftung **1**, 69, 181; **5**, 117, 252, 294, 319; **37**, 67
- Anwendung von § 32a **32a**, 18, 105
- Dotation und vGA **8**, 3866
- Freibeträge **24**, 28
- gemeinnützig, beschränkt steuerpflichtig Einf., 316
- Global Legal Entity Identifies Stiftung (GLEIS) **5**, 762
- nahe stehende Person **8**, 3868
- nichtrechtsfähig **1**, 78

Stiftungskapital **5**, 117, 319
Stille Beteiligung, atypisch, Einmann-GmbH Stille Gesellschaft **8**, 3913 ff.
- Einzelfälle **8**, 3913
- Gewinnverteilung **8**, 3909
- Vergleichbarkeit mit GmbH & Co. KG **8**, 3910 f.
- Verlustabzug **8c**, 322
- Zeitpunkt **8**, 3912

Stille Beteiligung, typische 8, 3893 ff.
– Änderung Verhältnisse 8, 3906
– Angemessenheit Gewinnverteilung 8, 3896 ff.
– Arbeitseinsatz 8, 3899
– Berechnungsvorschlag Gewinnverteilung
  8, 3904 ff.
– Einmann-GmbH Stille Gesellschaft 8, 3913 ff.
– Einzelfälle 8, 3906
– Ertragsausfallrisiko 8, 3901
– Gehalt, überhöhtes 8, 3894
– Gewinnverteilung 8, 3895
– Kapitalverlustrisiko 8, 3901
– Kapitalverzinsung 8, 3900
– Restgewinnverteilung 8, 3902
– Rückwirkung 8, 3282
– Vergleichbarkeit mit GmbH & Ss 8, 3895
– Verlustabzug 8c, 323
– Verlustrisiko 8, 3901
– Verzinsung 8, 3263
– vGA erhöhen Gewinnanteil 8, 3906
– vorzeitige Gewinnbeteiligung 8, 3906
– Zeitpunkt 8, 3897
Stille Beteiligungen 8b, 310
Stille Reserven 13, 181
Stille-Reserven-Klausel, Anwendung und Folgen
  8d, 103 ff.
– negatives Eigenkapital 8c, 406, 418
– Rechtsfolge 8c, 404
– Regelungsinhalt 8c, 32, 400
– rückwirkend zugeführte stille Rerserven
  8c, 421 f.
– staatliche Beihilfe 8c, 638
– zeitliche Anwendung 8c, 401
Stimmbindung, Verlustabzug, Vergleichbarer
  Sachverhalt 8c, 319
Stimmrechte 8b, 304
– Begründung von Stimmrechten 8c, 162
– Berechnung bei Übertragung 8c, 370 ff.
– Berechnung der Übertragungsquote 8c, 370 ff.
– GmbH 8c, 157
– Mehrstimmrechte 8c, 162
– Poolvertrag 8c, 161
– Stimmbindung 8c, 159 ff.
– Stimmrechtslosigkeit, Begründung 8c, 162
– – bei der AG 8c, 150, 370
– – bei der GmbH 8c, 150
– – Berechnung 8c, 370 ff.

– Übertragung 8c, 157 f.
– Vergleichbarer Sachverhalt 8c, 319
– Verlustabzug, Vergleichbarer Sachverhalt
  8c, 319
– Vorzugsaktien 8c, 150
– Zurechnung 8c, 163
– – Vergleichbarer Sachverhalt 8c, 319
Stimmrechtslose Anteile 8b, 304
Stimmrechtslosigkeit, Verlustabzug,
  Vergleichbarer Sachverhalt 8c, 319
Strafgefangenenfürsorge 5, 270
Straßenreinigung, ABC der BgA 4, 331
Streitbeilegungsrichtlinie Einf., 217
Streubesitzanteile 8b, 26, 370 ff.
Streubesitzbezüge 8b, 370 ff.
Streubesitzdividende 8b, 370 ff.
Strohmann-Geschäftsführer 8, 3931
Strukturwandel 8c, 603
StSenkG 27, 46, 49; 28, 51 f., 96
Studentenhilfe 5, 270
Studentenwerk 5, 270
– ABC der BgA 4, 331
Studentische Verbindungen 5, 270
Studienfahrten 8, 3932
Stundensatz 8, 3173
Stundung von Forderungen 8b, 310
Subunternehmervertrag, s. Beratervertrag
Sukzessiver Anteilserwerb 8b, 385
Systemwechsel 27, 7; 28, 22
Tagessatz 8, 3173
Tankstelle 8, 3085
Tantieme, 50%- Grenze 8, 3992 ff.
– 75% ./. 25%-Verhältnis 8, 3017, 3996 ff.
– Abgrenzung zur Festvergütung
  8, 3935 ff., 3978
– Angemessenheit 8, 3992 ff.
– Anlaufverluste 8, 3946 ff.
– Anwendungsprobleme Verlustverrechnung
  8, 3949 ff.
– Auslegung Zivilrecht 8, 3937
– Auszahlung 8, 4006 f.
– Branchenüblichkeit 8, 3975
– Eindeutigkeit 8, 3937 f.
– Ertragslage, schwankende 8, 3998
– Höchstbetrag 8, 3999
– Mindesttantieme 8, 3937
– Nur-Tantieme 8, 439, 3979 ff.

– Produktionsumstellung 8, 3975
– Tatsächliche Durchführung 8, 4006 f.
– Umsatztantieme 8, 3974 ff.
– Umwandlung in Darlehen 8, 4007
– Verlustverrechnung s. dort
– Vorfällige Zahlung 8, 4007
– Vorzeitige Anpassung 8, 4007
Tanzsportvereine 5, 270
Tarifänderung 23, 41 f.
Tatbestand, Beobachtungszeitraum 8d, 58
– Beteiligung an Mitunternehmerschaft 8d, 72
– Geschäftsbetrieb, anderweitige Zweckbestimmung 8d, 70
– Geschäftsbetrieb, Einstellung 8d, 53 ff.
– Geschäftsbetrieb, Ruhendstellung 8d, 69
– Geschäftsbetrieb, zusätzlicher Geschäftsbetrieb 8d, 71
– Stellung als Organgesellschaft 8d, 73 ff.
– Übertragung von Wirtschaftgütern, unterhalb des gemeinen Werts 8d, 78
– Überwachungszeittraum 8d, 58
– Stellung als Organträger 8d, 73
Tatbestandsmerkmale, negative 4, 131
Tatsächliche Durchführung 8, 232, 946 ff.
– Anstellungsvertrag 8, 3102 ff.
– Aufwendungsersatz 8, 3097
– Beratervertrag - s. dort
– Fahrtkostenerstattung 8, 3097
– Miet- und Pachtverträge 8, 442, 3540, 3553 ff.
– Rechtsfolgen 8, 3102 ff.
– Verdopplung des Drittvergleichs 8, 424 ff.
Tauschgeschäft u. verdeckte Einlage 8, 2087
Technologieparks u. -zentren 5, 270
(Teil-)Ausfall 8b, 312
Teilbetrag I und II 8, 627
Teilbeträge, Umgliederung von negativen - 36, 101 ff.
Teilhaberversicherung 8, 4031
Teilrechtsnachfolge 27, 295
Teilrückstellung, Schadenregulierungskosten 20, 156 ff.
Teilwert 13, 45 ff., 104
Teilwertabschreibung 8, 3853, 4032 ff.; 8b, 205 ff., 280, 312
– Anlaufverluste s. dort
– bei disquotaler Einlage s. dort
– bei eigenen Anteilen 8, 4034 f.

– (mehrere) 8b, 210 ff.
– Lebensversicherung 8b, 660 ff.
– Zuschüsse s. dort
Teilwertberichtigung, Zinsschranke 8a, 122
Teilzeitbeschäftigung, s. Überversorgung
Terrarienkunde 5, 270
Terrorrisikenrückstellung, Schwankungsrückstellung, ähnliche Rückstellungen 20, 81 ff.
Test Claimants in the FII Group Litigation 8b, 283, 480
Testament zugunsten der Gesellschaft 8, 2116
Theatervereine 5, 270
Thesaurierungsbegünstigung 9, 152
THW-Helfervereinigungen 5, 270
Tiefgarage, ABC der BgA 4, 331
Tierhaltungsgenossenschaften 22, 80
Tierparks 5, 270
Tierschutz 5, 270
Tierseuchenbekämpfung 5, 270
Tierzucht 5, 270
Tischfußball 5, 270
Tochtergesellschaft, ausländische 5, 80
Toilettenanlage, ABC der BgA 4, 331
Tonnagebesteuerung 26, 431
Totalgewinn, Einnahmeerzielungsabsicht, Gewinnerzielungsabsicht 4, 112
Tracking Stocks, Verlustabzug 8c, 328
Traditionsvereine 5, 270
Trägerkörperschaft 4, 223
– Betriebseinnahmen und -ausgaben 4, 403
– Einlagen 4, 391
– Verträge 4, 341 ff.
Trägerunternehmen 5, 139 ff.
Trägervereine offener Kanäle 5, 270
Transparente Betrachtung 9, 73 ff., 112, 122
Transparenzprinzip 9, 70 ff.
Transportversicherung, Schadenrückstellungen 20, 131
Treaty override 8b, 104; 9, 126; 26, 359, 377
Trennungsprinzip 8, 2428; 9, 61 ff., 70
Treuhandanstalt 5, 52
Treuhandlösung, s. Nießbrauch an Gesellschaftsanteilen
Treuhandverhältnis 8, 336, 4036; 27, 290
Trocknungsgenossenschaften 22, 80

Turnierbridge 5, 270
Typenvergleich 8b, 32; 26, 74
Typusbegriff, Legaldefinition des BgA 4, 36
U-Bahn/Straßenbahnanlagen, ABC der BgA 4, 331
Überbrückungsbeihilfe 5, 92 f.
Überführung 8c, 175
– Wirtschaftsgüter 26, 151
Übergang in schuldfreies Privatleben 8, 2629
Übergangsregelung, 50%-Grenze Tantieme 8, 3992
– Abschmelzen des Geschäftsbetrieb bei Sanierungsklausel 8, 2661
– Betriebsaufspaltung gewinnrealisierende Entnahme Firmenwert 8, 4108
– ehemaliges EK 02 38, 12
– Körperschaftsteuerguthaben 38, 12
– Körperschaftsteuerminderung und Körperschaftsteuerguthaben 37, 1
– Nur-Tantiemen 8, 3982
– vGA bei VVaG 8, 4048
– vom Anrechnungs- zum Halbeinkünfteverfahren Vorbem. §§ 36–40, 1 ff.
– von § 8 Abs. 4 zu § 8c KStG 8, 2411 ff.
– Zuschläge, steuerfrei 8, 3087
Übergangszeit, Gliederungsrechnung, verwendbares Eigenkapital 36, 3
Übergangszeitraum, Verlängerung auf 18 Jahre 37, 42 f.
Überlappungszeitraum 8c, 572 f.
Überlassung, dem Wert nach 8, 3310
– quoad sortem 8, 3310
Überlassung von Wirtschaftsgütern, durch Kommanditaktionär 9, 64
– durch Komplementäre einer KGaA 9, 100 ff.
Überleitungsrechnung 8a, 599
Übernehmende Körperschaft 8b, 379
Überschaden, Schwankungsrückstellungen 20, 65 f.
Überschuldung, Sanierungsklausel 8c, 520
Überstundenvergütung 8, 3078 ff.
– Ausnahmen 8, 3079
– Kritik 8, 397, 3078
– vor 1997 keine vGA 8, 912, 3081
Übertragende Körperschaft 8b, 379

Überversorgung, Arbeitszeitkonten 8, 3138
– Gehaltsherabsetzung 8, 3739
– Nichtgesellschafter s. dort
– Nur-Pension 8, 3744
– Pensionszusagen 8, 3723 ff.
– Rechtsfolgen 8, 3743 ff.
– sprachlicher Missbrauch 8, 3753 ff.
– Teilzeitbeschäftigung 8, 3740
– und Gehaltsumwandlung 8, 3723 f., 3728 f., 3734, 3746
Überwachungsfunktion, GmbH-Beirat 10, 176
Überwachungszeitraum 8d, 58
Überwiegen des zugeführten neuen BV 8, 2522 ff.
– Ermittlung 8, 2523 ff.
– Teilwert 8, 2522
– Wertveränderungen 8, 2522 ff.
– Zuführung zur Sanierung 8, 2526
Üblichkeit 8, 372, 386 ff., 491
– üblicher Aufwendungsersatz 8, 3097
– üblicher Stundensatz 8, 3173
UG 8, 4039
Umdeutung Beraterhonorar in Gesellschafter-Geschäftsführergehalt, s. Beratervertrag
Umfang der vGA, bei privater Pkw-Nutzung 8, 3076
Umgehung § 8 Abs. 4 KStG, Kapitalerhöhung mit Agio 8, 2590
– Leasing 8, 2499
– Miete/Pacht 8, 2499
– Übersicht 8, 2731 ff.
– Unverzinsliches Darlehen 8, 2719
– Zweikontenmodell 8, 2501
– Zwischenschaltung Personengesellschaft 8, 2596 ff.
Umgliederung 28, 225
– EK 45 36, 61 ff.
– unbelastete Eigenkapitalanteile 36, 76 ff.
– von negativen körperschaftsteuerbelasteten Teilbeträgen 36, 101 ff.
Umqualifikation, Einkünfte 4, 332 f.
Umrechnung, Gewinne in ausländischer Währung 26, 112, 181
Umsätze mit Tabakwaren, Rückvergütung 22, 57
Umsatzrückvergütung, s. Genossenschaft

Umsatzsteuer, bei § 32a KStG **32a**, 53
– nicht abziehbare Aufwendungen **10**, 91 ff.
Umsatzsteuer bei vGA 8, 636 ff.
– fiktive **8**, 597
– nach Kosten **8**, 596, 636
Umschichtung Umlauf- in Anlagevermögen, s. Zuführung überwiegend neuen Betriebsvermögens
Umstellung, Wirtschaftsjahr **7**, 17 ff.
Umwandlung 27, 6, 37 f., 295; **28**, 11; **29**, 1
– als Anteilsübertragung **8c**, 182
– Anwachsungsmodell **8**, 4104
– Downstream-Verschmelzung **8**, 2586
– Einbringung **8**, 2578
– Einbringung **8**, 2587
– formwechselnde **1**, 131
– grenzüberschreitend **29**, 44
– Sanierungsklausel s. dort
– Sidestream-Verschmelzung **8**, 2587
– Upstream-Verschmelzung **8**, 2585
– Veräußerung und Aufgabe von BgA **4**, 414
– Verlustabzug **8**, 2436, 2451
– – Abspaltung **8c**, 226, 331
– – Abspaltung bei Beteiligungskette **8c**, 253
– – Einbringung **8c**, 226, 250
– – Einbringung bei Beteiligungskette **8c**, 253
– – Formwechsel **8c**, 175
– – Rückwirkung **8c**, 464 ff.
– – Verschmelzung **8c**, 226, 249
– – Verschmelzung bei Beteiligungskette **8c**, 253
– – Verschmelzung der Verlustgesellschaft **8c**, 256
– Verschmelzung **8**, 2453, 2578, 2589, 2593 f., 2598
– Weiterlaufen von Fristen nach Umwandlung **8**, 2453 ff.
Umwandlungsmodell 8b, 380
Umwandlungssteuergesetz 8b, 380
Umweltschutz 5, 270
Unabhängige Wählergemeinschaften 5, 229
Unabhängige Wählervereinigungen 5, 270
Unangemessene Vergütungen, an Kommanditaktionäre **9**, 64
– an Komplementäre einer KGaA **9**, 101 f.
Unbelastete Eigenkapitalanteile, Umgliederung **36**, 76 ff.

Unbeschränkt steuerpflichtige Kapitalgesellschaften 27, 68, 431
Unbeschränkt steuerpflichtige Körperschaften 27, 16, 31, 69, 431; **29**, 4
Unbeschränkte Körperschaftsteuerpflicht 1, 21
Unbeschränkte Steuerpflicht, Abgeltung der KSt durch KapESt **32**, 31 ff.
– Anrechnung **26**, 72
– EU-/EWR-Staat **12**, 571
(Unechte) Rückwirkung 8b, 57, 389
Unentgeltlichkeit 9, 233
– Übertragung von Wirschaftsgütern **8**, 2086
– Verdeckte Einlage. **8**, 2131 f.
Unfallverhütung 5, 270
Unmittelbare Beteiligung 8b, 374, 383
Untätigkeitseinspruch 32a, 104
Unterbringung, ABC der BgA **4**, 331
Untergang bei Ausscheiden eines Mitunternehmers 8a, 666
Untergang bei Betriebsaufgabe 8a, 661 f.
Untergang EBITDA-Vortrag 8a, 661 ff.
Unterhaltsgewährung an Vereinsmitglieder 10, 32
Unternehmens- oder Unternehmerbezogene Auslegung 8, 2629
Unternehmensgesellschaft haftungsbeschränkt 8, 4039
Unternehmensumwandlung, keine Probezeit bei Pensionszusage **8**, 3636, 3641 ff.
Unternehmensverluste, ausländische Einf., 331 ff.
Unternehmensverträge 17, 16
Unterschaden, Schwankungsrückstellungen **20**, 65 f.
Unterstützungskassen 1, 181; **5**, 58 ff.
– Einschränkung der Befreiung **6**, 33 ff.
– Einschränkung der Steuerbefreiung **6**, 31 ff.
– Pensions-, Sterbe-, Kranken- u. Unterstützungskassen **5**, 62
– Rechtsanspruch **5**, 92
– Übertragung Pensionszusage **8**, 3800
– Vermeidung der Überdotierung **6**, 34
UntStFG 27, 21, 50; **28**, 16, 24, 53, 123
Unverfallbarkeit bei Pensionszusagen 8, 3705 ff.
– bei Abfindung Pensionszusage s. dort
– bei beitragsorientierter Zusage **8**, 3707 ff.

- Rumpfwirtschaftsjahr **8**, 3707 ff.
- Vordienstzeiten **8**, 3707 ff.

Upstream Darlehen **8b**, 333
upstream merger **29**, 75
US-GAAP **8a**, 326 f.
Valutaverhältnis, s. Dreiecksfälle
Venezuela-Entscheidung **12**, 87
Veranlagte KSt, Entstehung **30**, 40 ff.
Veranlagungszeitraum **5**, 131; **7**, 6 ff., 32
- Entsprechende Anwendung des EStG **31**, 21

Veranstaltungen, ABC der BgA **4**, 331
Veräußerung von Dividendenscheinen **37**, 66
Veräußerungsgewinn **8b**, 170, 256 f.; **9**, 151
- Anteilstausch **8b**, 168
- Bezugsrechte **8b**, 168 f.
- Buchwert **8b**, 178
- Dividendenscheine **8b**, 169
- Eigene Anteile **8b**, 168
- Einbringungsgeborene Anteile **8b**, 168
- Einbringungsgewinn I **8b**, 168
- Einbringungsgewinn II **8b**, 168
- Finanzunternehmen **8b**, 169
- Formwechsel **8b**, 168
- Genussrechte **8b**, 168 f.
- Gesetz zur Reform der Investmentbesteuerung **8b**, 166/1
- Gewinne **8b**, 161
- Investmentanteile **8b**, 168
- InvStRefG **8b**, 166/1
- Kaufpreisaufteilung **8b**, 174
- Körperschaften **8b**, 165
- Kredit- und Finanzdienstleistungsinstitute **8b**, 169
- Lebens- oder Krankenversicherungsunternehmen **8b**, 169
- Mittelbare Beteiligungen **8b**, 168
- (nachträgliche) Kaufpreisänderung **8b**, 171
- Optionsrecht **8b**, 169
- Organgesellschaft **8b**, 168
- Pensionsfonds **8b**, 169
- Reit-AG **8b**, 169
- Sachdividende **8b**, 168
- Sitzverlegung **8b**, 168
- Spaltung **8b**, 168
- Stichtag **8b**, 177
- Stillhalteprämien **8b**, 168

- Überführung von Anteilen auf eine Mitunternehmerschaft **8b**, 168
- Übergangsregelungen und Anwendungsvorschriften zu dem mehrfach geänderten § 8b KStG **34**, 192 ff.
- Veränderungen der Veräußerungskosten **8b**, 175 ff.
- Veräußerung **8b**, 167
- Veräußerungsgewinne (§ 8b Abs. 2 KStG) **8b**, 161
- Veräußerungskosten **8b**, 175 ff.
- Veräußerungspreis **8b**, 171
- verdeckte Einlage **8b**, 168
- verdeckten Gewinnausschüttung **8b**, 168
- Verschmelzung **8b**, 168

Veräußerungskosten **9b**, 175
Veräußerungspreis **13**, 221
Veräußerungsverlust (§ 8b Abs. 3 KStG) **8b**, 179, 258, 279
Veräußerungszwang **8**, 4040
Verband **5**, 162 f.
Verbleibender Negativbetrag **36**, 105 ff.
Verbraucherschutz **5**, 270
Verbrechensverhütung **5**, 270
Verbriefungsgesellschaft **8a**, 300
Verbringung, Wirtschaftsgüter **12**, 1 ff.
Verbundene Unternehmen **8b**, 663
Verbundgruppe **8b**, 388
Verdeckte Einlage **8b**, 232; **27**, 72
- Abgekürzter Vertragsweg s. dort
- Beschränkung AfA s. AfA-Bemessungsgrundlage, Beschränkung
- Bewertung bei der Gesellschaft **8**, 2143
- Drittaufwand s. dort
- durch Minderabführung bei Organschaft ? **8**, 4216
- Entgeltlichkeit als Ausnahme **8**, 2131
- Fiktion der Entgeltlichkeit **8**, 2132
- Inkongruenz Gesellschaft und Gesellschafter s. dort
- Materielle Korrespondenz **8**, 2196 ff.
- mittelbare **8**, 4128
- nachträgliche Anschaffungskosten s. dort
- Rechtsfolgen s. dort
- Reiheneinlage s. dort
- Verzicht auf Darlehen **8**, 2107, 2154, 2165 f., 4177

- Wesentliche Beteiligung 8, 2155 ff.
- Zeitpunkt s. dort

Verdeckte Gewinnausschüttung (vGA) 4, 441 ff.; 8b, 76 ff., 80, 336; 27, 290; 36, 36 ff.
- Anrechnung 26, 298
- bei Nießbrauch an Gesellschaftsanteilen s. dort
- Bewertung 8, 581, 702
- bewusst/unbewusst 8, 806
- gewollt/ungewollt 8, 806
- Kreditzinsen zur Finanzierung 8, 4090
- Steuerstrafrecht und vGA s. dort
- trotz angemessener Konditionen 8, 3549 f.
- trotz angemessener Konditionen 8, 3552

Verdiente Beiträge, Schwankungsrückstellungen 20, 67 f.

Verein 1, 67; 8, 4041; 32a, 105
- Anwendung von § 32a 32a, 18
- Freibeträge 24, 28
- Land- und Forstwirtschaft 25, 36 ff.

Verein zur Wiedereinführung der Todesstrafe 5, 270

Vereinbarungen, klare u. eindeutige, Anstellungsvertrag 8, 3047
- aus tatsächlicher Durchführung 8, 3050 f.
- Auslegung 8, 3049, 3221
- bei Änderungen 8, 491, 3051
- bei Aufwendungsersatz 8, 3097
- bei Beratung der GmbH durch Geschäftsführer 8, 3185
- bei Gehaltserhöhung 8, 491, 3051
- Betriebsaufspaltung 8, 3201
- Beweislast 8, 3051 f.
- Bürgschaft 8, 3216
- Dauerschuldverhältnisse 8, 3051 f.
- Gehaltsvereinbarung 8, 494
- Geschäftschancenverteilung 8, 3358, 3362
- Gesetzliche Ansprüche 8, 492, 3310
- Gründungsgesellschaften 8, 491
- Lohnfortzahlung im Krankheitsfall 8, 3068
- Miet- und Pachtverträge 8, 3540
- mündliche 8, 493, 3042
- Private Pkw-Nutzung 8, 3072
- Rechtsfolgen 8, 495
- Rückschlüsse aus späteren Umständen 8, 3049
- Sozialversicherungsbeiträge 8, 3064
- Stille Gesellschaft 8, 3893, 3907

- Urlaubsgeld 8, 3050
- Vorgesellschaft 8, 3051
- Weihnachtsgeld 8, 3050, 3062
- Zins 8, 3220 f.

Vereinfachte Kapitalherabsetzung 28, 147

Vereinfachungszweck, 50-%-Grenze bei Anteilsübertragung 8, 2431

Vereinsförderungsgesetz 24, 3

Verfahrensrecht, Änderung falscher Verlustfeststellung 8, 2449
- Änderung nach Entfallen Sanierungsausnahme 8, 2677

Verfahrensrecht vGA, Beiladung 8, 956
- Berichtigungsvorschriften bei vGA 8, 911 ff.
- nachträgliche Berücksichtigung der vGA bei der Gesellschaft 8, 612 ff., 911 f.; 32a, 1 ff.
- Revisibilität 8, 958, 3006
- Streitwert 8, 957

Verfahrensrechtliche Regelung im KStG 32a, 2

Verfahrensvorschriften 27, 6

Verfassungsmäßigkeit, Änderungen durch Gesetz zur Fortsetzung der Unternehmensteuerreform 8, 2421 ff.
- Zinsschranke 8a, 36 ff,.

Verflechtung, Zusammenfassung verschiedenartiger Betriebe 4, 286

vergleichbare Rechtshandlungen 8b, 309

Vergleichbarer Sachverhalt, Beispiele 8c, 318 f.
- Beteiligung an Tochter- oder Schwestergesellschaft 8c, 330 f.
- Fehlende Vergleichbarkeit 8c, 320 ff.
- Gewinnrealisierung 8c, 329
- Verfassungsmäßigkeit 8c, 316
- Verlust, Verfassungsmäßigkeit 8c, 316
- Verlustabzug, Begriff 8c, 315 ff.

Verhältnisse bzgl. Vertragskonditionen 8, 547

Verhinderte Vermögensmehrung 8, 306, 621; 8b, 83
- bei materieller Korrespondenz bei verdeckter Einlage 8, 2216
- s. Vermögensminderung

Verjährung, bei materieller Korrespondenz bei verdeckten Einlagen 8, 2216

Verkauf, rechtlichen Eigentums bei wirtschaftlichem Eigentum der Gesellschaft 8, 3312

Verkauf Betrieb, s. Betriebsveräußerung

Verkehrsbetriebe 5, 270
Verkehrssicherheit 5, 270
Verkehrsvereine 5, 270
Verkürzter Ermittlungszeitraum 7, 7 f.
Verlag, ABC der BgA 4, 331
Verlustabzug 4, 461 ff.; 11, 116; 25, 61
– Gestaltungsmissbrauch 8c, 16 ff., 52
– Verfassungsmäßigkeit 8c, 61 ff.
– Unionsrecht 8c, 76 ff.
– Einbringung 8c, 249
– Verschmelzung 8c, 249
– Sanierungsklausel 8c, 513 ff.
– s. auch Sanierungsklausel 8c
– Sonderregelung zu Art. 8 Einigungsvertrag 35, 11 ff.
Verlustanteil 9, 106; 37, 68
Verlustausgleich, Einschränkung 8c, 435 ff.
Verlustfeststellung, fehlerhafte 8, 2449
Verlustnutzung, gezielte 8, 2431
Verlustrücktrag, Entstehung KSt 30, 43
– kein Ausschluss nach § 8c 8c, 475 f.
Verlustübernahme 8, 2107
– durch Gesellschafter 8, 165
– bei BgA keine vGA 8, 3483 f.
– Organschaft 17, 61 ff.
Verlustuntergang, laufender Verlust 8c, 435 ff.
– Legaldefinition 8c, 381
– quotal 8c, 10
– s. Anteilsübertragung, schädliche 8c
– s. Sanierungsklausel 8c
– Umfang 8c, 341 ff.
– Verfahrensrechtliche Umsetzung 8c, 497 ff.
– Verlustvortrag 8c, 433 ff.
– vollständig 8c, 389
– vororganschaftlich 8c, 456
– Zeitraum, Erwerberkreis 8c, 340
Verlustverrechnung bei BgA 8, 2851 ff.
– Fallkonstellationen 8, 2854 ff.
– Sonderregelung 8, 2881 ff.
– Zusammenfassung bei BgA 8, 2851 f.
Verlustverrechnung bei Eigengesellschaften 8, 2901 ff.
Verlustverrechnung bei Tantieme, Anwendungsprobleme 8, 3949 ff.
– Ausnahmen 8, 3963
– Ausschüttungsverhalten der Gesellschaft 8, 3953

– doppelte Berücksichtigung von Verlusten 8, 3960 ff.
– Maßgeblicher Verlustvortrag 8, 3949, 3953
– nach Betriebsprüfung 8, 3966
– Nebenrechnung 8, 3954 ff.,3961 ff.
– Tantiemevereinbarung 8, 3957 ff.
– Verlust statt Verlustvortrag 8, 3953
Verlustverursachender Geschäftsbetrieb 8, 2651 ff., 2678 ff.
– Eingestellter Geschäftsbetrieb 8, 2654 f.
– Branchenwechsel 8, 2656
– Kritik 8, 2651 f.
Verlustvortrag, Einschränkung 8c, 431 ff.
– Umfang in Deutschland 8, 2426
Vermessungs- und Katasteramt, ABC der BgA 4, 331
Vermietung und Verpachtung 4, 133
Vermietung von Ausstellungsflächen 5, 270
Vermietungsgenossenschaften, Begünstigte Geschäfte 5, 574
– Betrieb von Gemeinschaftsanlagen 5, 561
– Nichtbegünstigte Geschäfte 5, 575
– Wohnungsüberlassung an Mitglieder 5, 551
Vermisstensuchdienst 5, 270
Vermittlungsprovisionen 8, 4042
Vermögen 5, 112 ff.
Vermögensbindung 5, 117, 351 ff., 359
Vermögensmehrung 8, 2101 f.; 27, 71
– verhinderte s. dort
Vermögensminderung 8, 191
– Anscheinsbeweis - s. dort
– bei Darlehen unter Verstoß gegen § 30 GmbHG 8, 3230 ff.
– bei Gebäuden der Gesellschaft auf GruBo des Geselllschafters 8, 3310
– bei materieller Korrespondenz bei verdeckten Einlagen 8, 2212 ff.
– verhinderte 8, 2101 f., 2106
Vermögenssicherung 5, 117
Vermögensübergang, § 4 UmwStG 37, 77
– auf eine Personengesellschaft 37, 45
– Spezialfälle Vorbem. §§ 36–40, 5
Vermögensüberhang 6, 31
Vermögensübertragung 5, 99 ff.
Vermögensverwaltende Personengesellschaften, Beteiligungen 4, 135

Vermögensverwalter nichtrechtsfähiger Berufsverbände 5, 216
Vermögensverwaltung 4, 132 ff.; 5, 113, 186 f.
– allgemeine 5, 112
Vermögensvorteil, bilanzierbar, s. bilanzierbarer Vermögensvorteil
Vermögenszuführung, Reflex der - 8, 2188 ff., 4152
Verpachtung, des wirtschaftlichen Geschäftsbetriebs 13, 180
– Eigenjagdbezirke 4, 331
Verpachtungs-BgA 4, 221 f.
Verpfändung 27, 290
Verrechenbarer Verlust, Verlustuntergang nach § 8c 8c, 434 ff.
Verringerung des Sonderausweises 28, 221
Versagung des Verlustabzugs und -vortrags, bei Organschaft 8, 2720 ff.
– Bruchteilsbetrachtung bei Identitätsverlust im laufenden Wirtschaftsjahr 8, 2704
– Gewinne zwischen Anteilsübertragung und Zuführung neuen BVs 8, 2699 f.
– Neuverluste 8, 2696, 2716 ff.
– Regeln bei Anwendung des § 8 Abs. 4 KStG 8, 2696
– Verluste aus der Zeit zwischen Anteilsübertragung und Zuführung neuen BVs 8, 2699 ff.
– Verluste des Verlustentstehungsjahres 8, 2697 f.
– Zeitanteiliger Verlust 8, 2704
Verschmelzung 1, 132; 27, 295; 29, 40, 96
– Drittstaat 12, 471
– internationale 12, 1 ff.
– Verlustabzug, Vergleichbarer Sachverhalt 8c, 318
Verschönerungsverein 5, 270
Versicherungen 8b, 39
Versicherungsanstalt 4, 183
– ABC der BgA 4, 331
Versicherungstechnische Rückstellungen 20, 11 ff.
– bei beschränkt steuerpflichtigen Versicherungsunternehmen 20, 211
– Beitragsrückerstattungen 21, 191 ff.
– sonstige, nur durch das Handelsrecht geregelte - 20, 196 ff.

Versicherungsunternehmen, mit geringer wirtschaftlicher Bedeutung 20, 70
Versicherungsverein auf Gegenseitigkeit (VVaG) 1, 61; 5, 71, 152 f.; 6, 13
– Freibeträge 24, 28
Versicherungsvermittlung, ABC der BgA 4, 331
Versicherungszweig 20, 71
Versorgung, ABC der BgA, Entsorgung 4, 331
Versorgungsbetrieb 4, 201 ff.; 5, 270
– Definition 8, 3475 ff.
Versorgungseinrichtung 5, 59, 242 f.
Verspätungszuschlag 8, 4050; 10, 101 ff.
Verstoß gegen höherrangiges Recht (§ 8b Abs. 3 KStG) 8b, 367 ff.
Verstrickung 12, 266
Verteilungs-Endvermögen 12, 613
Verträge, zwischen BgA und Trägerkörperschaft 4, 341 ff.
Vertragsabschluss, mündlich oder konkludent 8, 3220
– s. Darlehen
Vertragsanpassung 8, 547
Vertragsverletzungsverfahren Einf., 85
Vertragsweg, s. Abgekürzter Vertragsweg
Vertriebenenfürsorge 5, 270
Vertriebenenorganisationen 5, 270
Vertriebsprovision als zulässige Umsatztantieme 8, 3975
Verwaltung, Holding 8b, 575
Verwendbares Eigenkapital 36, 39
– Endbestandsermittlung 36, 1, 6 ff.
– Gliederungsrechnung, Übergangszeit 36, 3
– spezieller Sonderausweis 39, 8 ff.
Verwendungsfestschreibung 27, 371 ff.
Verwendungsreihenfolge 27, 16, 346; 28, 84
Verwertungsgenossenschaft 5, 642
Verzicht 8, 4051 ff.; 8b, 312
– als Sanierungsmaßnahme 8, 3254, 3304
– als verdeckte Einlage 8, 2107, 2216
– Anspruch 8, 306, 4051 f.
– auf Entgeltanspruch 8, 2107
– auf gesetzliche Ansprüche 8, 3310
– auf Kapitalertragsteuereinbehalt 8, 641
– auf Kaufanwartschaftsrecht 8, 2219
– auf Kaufpreisanteil 8, 4051 f.
– auf Schadenersatzanspruch 8, 3844, 3853
– auf Teilnahme an Kapitalerhöhung 8, 4051 f.

- auf verdeckte Gewinnausschüttung keine neue vGA **8**, 3766, 4054
- auf Weihnachtsgeld **8**, 2107
- auf Weiterberechnung der KapESt **8**, 541
- auf Zinsen **8**, 2108
- auf zukünftige Ansprüche **8**, 2108
- Auktion, Teilnahme **8**, 4224
- Bewertung s. Werte
- Darlehen **8**, 2107, 2154, 2165 f., 3253 ff., 3264, 3305, 3851, 4051 f., 4177
- Einlageversprechen **8**, 3367
- Ersatzanspruch **8**, 513 ff., 852
- Erträge bei Forderungsverzicht s. Gestaltungen
- Forderungsverzicht s. dort
- Gehalt **8**, 3048, 3053 ff., 3305, 3331
- Geschäftschance **8**, 4051 f.
- im Konzern **8**, 3852
- Mietvertrag **8**, 4051 f.
- mit Besserungsklausel **8**, 502, 2716, 3055, 3199, 3253, 3264, 3305, 3331, 3851 f., 4192, 4199
- mit Besserungsschein, Verlustabzug **8c**, 473 f.
- nahe stehende Person s. dort
- Regressanspruch aus D & O-Versicherung **8**, 3219
- Rückgriffsanspruch aus Bürgschaft **8**, 3214
- Schmiergeld, Herausgabe von **8**, 306
- Schwestergesellschaften **8**, 4051 f.
- Tantieme **8**, 2108, 4007
- Teilnahme an Auktion s. Auktion
- Teilverzicht **8**, 4203
- wegen Gegenforderung **8**, 4051 f.
- Werthaltigkeit s. dort

vgA 9, 130 ff.; **27**, 196, 308
- Entstehung KSt **30**, 22

Video-Clubs 5, 270
Vierecksfälle bei materieller Korrespondenz bei verdeckten Einlagen 8, 2251 ff.
Völkerverständigung 5, 270
Volksbildung 5, 270
Volkshochschulen 5, 270
Volksschulunterricht, ABC der BgA **4**, 331
Vorabausschüttung im laufenden Wirtschaftsjahr 38, 25

Vorabausschüttungen 8, 161 ff.; **27**, 196, 308; **36**, 36 f.; **37**, 24
- Körperschaftsteuererhöhung **38**, 29
Vorabentscheidungsverfahren Einf., 80
Vor-Aktiengesellschaft 1, 31
Vorauszahlungen 7, 19
- s. KSt-Vorauszahlungen **31**
Vorbehaltsnießbrauch 27, 290
Vorbelastung 8b, 76
Vordienstzeiten, s. Unverfallbarkeit
Vor-Genossenschaft 24, 36
Vorgesellschaft 1, 106; **8**, 4062
- Unterschlagung durch Treuhänder **8**, 517 f.
Vor-GmbH 1, 106; **24**, 36
Vorgründungsgesellschaft 1, 106; **8**, 4062
Vororganschaftliche Verluste, Übernahme durch den Organträger **15**, 36
Vorratsgesellschaft, kein Geschäftsbetrieb **8**, 2569
- Kein sachlicher Zusammenhang zwischen Anteilsübertragung und BV-Zuführung **8**, 2549 ff.
Vorsteuererstattungsanspruch als verdeckte Einlage 8, 2102, 2133, 4225
Vorteil, s. Gebrauchs- und Nutzungsvorteil
Vorteil vGA 8, 4067 ff.
- bei getrennter Betrachtung Gesellschaft und Gesellschafter **8**, 4068 f.
- bei Umstellung auf Halbeinkünfteverfahren **8**, 4075 ff.
- bei Verlustvorträgen **8**, 4077 f.
- bei Verzicht auf Pensionszusage **8**, 4072 ff.
- Gebrauchtwagen als Dienstwagen **8**, 4070
- Kinderfreibetrag **8**, 4071
Vorteilsausgleich 8, 291, 891
- bei Abfindung Pensionszusage **8**, 295
- bei BgA **8**, 3470
- bei Gebäude auf fremden Grund und Boden **8**, 3310
- bei Mietverträgen s. dort
- bei Organschaft s. dort
- geschenktes Wirtschaftsgut **8**, 2143
- verdeckte Einlage **8**, 2213 ff., 2143 ff., 2151 ff.
Vorteilsweitergabe, s. Miet- und Pachtverträge
Vorteilszuwendung, durch Dritte **8**, 561 f.
vorübergehende Wertminderung 13, 45
Vorvertragliche Rücklagen 17, 41 f.

Vorvertraglicher Verlust 16, 34
Vorweggenommene Erbfolge 8c, 180
VVaG 8, 4043
– Auflösungsgründe 11, 64
Wagniskapitalbeteiligungsgesellschaft, Verlustuntergang, Zeitliche Anwendbarkeit 8c, 2
Wählergemeinschaften 5, 270
Wahlrecht 8d, 90
– Abzinsungssatz, § 6 Abs. 1 Nr. 3a EStG 21a, 7 f.
Waldbetriebsgesellschaft 1, 181
Waldorfschulen 5, 270
Wandelschuldverschreibung, Verlustabzug 8c, 327
Wandervereine 5, 270
Warenverzeichnisverband 1, 181
Warenzeichenverband 5, 167
Wärmelieferung, ABC der BgA 4, 331
Wasserbeschaffung, ABC der BgA 4, 331
Wasserversorgung, ABC der BgA 4, 331
Wasserzählerableser 8, 3134
Wegfall der Geschäftsgrundlage 8, 4087 f.
– bei Pensionszusagen 8, 4087
Wegzugsbesteuerung Einf., 436 ff.
Wegzugsgewinn 12, 165
Weidegenossenschaften 22, 80
Weiße Einkünfte 8b, 82
Weiterbeschäftigung, s. Pension
Weitergabe eines Vorteils, s. Miet- und Pachtverträge, Vorteilsweitergabe
Welteinkommen 26, 2
– KSt-Pflicht 1, 171
Welteinkommensprinzip 26, 2
Werbesendungen 23, 11, 22
– Entgelte aus 7, 21
Werbeverband 5, 167
Werbung 8, 4089
– ABC der BgA 4, 331
– s. auch Sponsoring
Werbungskostenkürzung § 3c EStG 8, 683
Werkleistungsgenossenschaften 22, 80
Wertaufholung 8b, 208, 364 ff.; 13, 45
Wertaufholungsgewinn 8b, 204
Werte, bei Forderungsverzicht 8, 2144
– bei nachträglichen Anschaffungskosten 8, 2162

– bei nachträglichen Anschaffungskosten 8, 4201
– bei Verzicht auf Darlehen 8, 4184, 4191, 4202 ff.
– bei Verzicht auf Pensionszusage 8, 2144, 3769
– Ertragswertverfahren 8, 3902
– fiktive Jahresnettoprämie bei Pensionszusagen 8, 3728
– für Steuerberatung 8, 581
– Geschäftschancen 8, 581
– geschenktes Wirtschaftsgut 8, 2143
– indirekte Methode 8, 3902
– Korrespondenz bei verdeckter Einlage und Zufluss s. Korrespondenz
– Marktpreis 8, 3456
– Past service s. Future service
– Preisentwicklung, spätere 8, 3456
– Privatanteil Pkw 8, 581
– s. auch bei Verzicht auf Darlehen
– Tantiemen 8, 4000
– Unternehmen 8, 581
– verdeckte Einlage 8, 2151 ff.
Werterhöhung von Anteilen durch verdeckte Einlage, Anwachsungsmodell 8, 4104
– Schenkungsteuer 8, 2188 ff.
Wertersatz gem. §§ 951, 812 BGB 8, 3310
Wertgeminderte Forderung, s. Darlehen, wertgeminderte Forderung
Werthaltigkeit 8, 4202 ff.
– s. auch Werte
Wertpapier Sondervermögen 8b, 58
Wertpapierleihe 8b, 382, 720 ff.
– (echtes) Pensionsgeschäft 8b, 771
– (keine) Einnahmne 8b, 790
– (unechtes) Pensionsgeschäft (keine) Einnahmen 8b, 771
– Entgelt 8b, 732
– Entleiher 8b, 731
– Hinzurechnungshöhe 8b, 813
– Investementanteile 8b, 830
– Kommunale Wertpapierleihe 8b, 829
– Personengesellschaft 8b, 808 ff.
– Rückgabeverpflichtung 8b, 733
– Surrogat 8b, 756 ff.
– Überlassung 8b, 730
– Unterstützungskasse 8b, 850
– Verleiher 8b, 725

- Wechselseitiges Wertpapiergeschäft **8b**, 757
- Wertleihe **8b**, 801
- Wertpapierpensionsgeschäft **8b**, 770

Wertsicherungsklausel, bei Pensionen **8**, 3720 f.
Wertveränderungen der Beteiligung **37**, 68
Wesentlich beteiligter Gesellschafter **8b**, 303
Wesentliche Beteiligung, an Kapitalgesellschaften, Einlage **4**, 390
Wesentliche Betriebsstrukturen, s. Sanierungsklausel **8c**
Wesentlichkeitsvermutung, Jahresumsatz **4**, 123 f.
Wettbewerbsneutralität **4**, 352 f.
Wettbewerbsneutralität, Nachhaltigkeit der Betätigung **4**, 103
Wettbewerbsverbot **8**, 3369 ff.
- Alleingesellschafter Geschäftsführer **8**, 3370
- Ausgleichsanspruch der Gesellschaft **8**, 3374
- Befreiung vom **8**, 3374
- beherrschender Gesellschafter **8**, 3370 f.
- Beratervertrag - s. dort
- Gegenleistung für Befreiung **8**, 3376
- Öffnungsklausel **8**, 3375
- Umfang **8**, 3371
- Verletzung des **8**, 3378

Wettbewerbsverzerrungen **4**, 85
Wetterwarten, ABC der BgA **4**, 331
Winzergenossenschaft **5**, 661
Wirksamkeitsanforderungen, steuerlich **17**, 36 f.
Wirtschaftlich vergleichbare Forderungen **8b**, 310
Wirtschaftliche Aktivität, Zusammenfassung **4**, 137 ff.
Wirtschaftliche Eingliederung b. Organschaft, Bedeutung **14**, 246
Wirtschaftliche Selbständigkeit **4**, 121
Wirtschaftliche Tätigkeit **4**, 96
Wirtschaftliche Vereine **8b**, 39
Wirtschaftlicher Geschäftsbetrieb **24**, 58
- Abgrenzung zur Vermögensverwaltung **4**, 133
- Berufsverbände **5**, 181 ff.

Wirtschaftliches Eigentum **27**, 290
- an Gesellschaftsanteil **8**, 3571

Wirtschaftsförderung **5**, 270
Wirtschaftsgenossenschaft **5**, 631 ff.
Wirtschaftsgüter, geschenkte s. Werte
- immaterielle **12**, 618

Wirtschaftsjahr **8b**, 375; **27**, 79
- abweichendes **7**, 13 ff.
- abweichendes -, KSt-Vorauszahlungen **31**, 172
- abweichendes und Verlustfeststellung **8**, 2449
- Umstellung **7**, 17 ff.
- Vorauszahlungen **7**, 19

Wirtschaftsrat der CDU **5**, 167
Wirtschaftsverbände **5**, 167
Wissenschaftliche Zwecke **5**, 270
Witwen- u. Waisenkassen **5**, 59
Wohlfahrtspflege **5**, 270, 451
Wohlfahrtsverbände **5**, 73
Wohnungs- und Siedlungsgemeinschaften **24**, 36
Wohnungsbaugenossenschaften **8**, 4040
Wohnungsüberlassung, ABC der BgA **4**, 331
Wohnungsüberlassung, Gesellschafter **8**, 3543 ff.
Wurzeltheorie **9**, 73, 75, 81, 112
Yacht **8**, 222
Zahlungstag **27**, 308, 346
Zahlungsunfähigkeit, Sanierungsklausel **8c**, 521
Zahlungsweg, s. Abgekürzter Zahlungsweg
Zauberei/Magie **5**, 270
ZDF, Sondertarif für Werbesendungen **7**, 5
Zeitpunkt, verdeckte Einlage **8**, 2133
Zeitpunkt vGA **8**, 541
- Beherrschung **8**, 476
- bei Anpassungsmöglichkeit bzgl. Vertragskonditionen **8**, 547
- bei Anpassungsmöglichkeit wg. Irrtum **8**, 547
- bei Gesellschaft **8**, 551, 556 f., 4034 f.
- bei Miete **8**, 547
- bei Ratenkauf **8**, 547
- beim Gesellschafter **8**, 551, 561 ff., 4034 f.
- Berücksichtigung späterer Umstände s. ex ante **8**, 3049
- Beteiligung **8**, 546
- Beweislast **8**, 932
- Darlehen **8**, 547
- Dauerrechtsverhältnisse **8**, 547
- Drittvergleich **8**, 372
- Einnahmezufluss **8**, 557
- Ex ante **8**, 396, 541
- Gewinnminderung **8**, 551 ff.
- Rückabwicklung vGA **8**, 851

- Tantieme **8**, 547
- Vermögensabfluss **8**, 557
- Vermögensminderung **8**, 556
- Vertragsabschluss **8**, 541
- vGA bei Darlehenshingabe **8**, 3226 ff.
- Vorteilszufluss **8**, 577, 561

Zeitraum, Anrechnung **26**, 226
- Verlustabzug, Retrospektive Ermittlung **8c**, 340 f.
- – Fünf-Jahres-Zeitraum **8c**, 342 ff.

Zins- und Lizenzrichtlinie **8a**, 47

Zins-/Lizenzgebühren-Richtlinie Einf., 276 ff.

Zinsaufwendungen **8a**, 111 ff., 416

Zinsen, bei Schuldübernahme **8**, 3855

Zinserträge **8a**, 141

Zinsschranke **9**, 135 f.; **15**, 76 ff.
- Anwendung bei Gewährträgerhaftung **34**, 24 ff.
- Sanierungsklausel **34**, 29 ff.
- Zeitliche Anwendung **34**, 29 ff.
- Zinsvortrag, Untergang bei Anteilsübertragung **8c**, 449

Zinsvortrag **8a**, 221
- Sanierungsklausel **8c**, 615
- Verfahren **8a**, 641 ff.
- Zinsschranke, Untergang bei Anteilsübertragung **8c**, 449

Zivilrecht, Ergänzungspfleger **8**, 486
- Formerfordernisse **8**, 486
- Vertretung Minderjähriger **8**, 486
- Wirksamkeit **8**, 486
- Zuständigkeitsregelungen **8**, 486

Zivilrechtliche Gewinnabführung **15**, 38

Zivilschutz **5**, 270

Zoologische Gärten **5**, 270

Zu versteuerndes Einkommen **7**, 1 ff., 11 ff.

Zufluss, bei Arbeitszeitkonten **8**, 3135
- beim beherrschenden Gesellschafter **8**, 562
- beim bilanzierenden Gesellschafter **8**, 564
- trotz Tod **8**, 562
- Vermeidung s. Gestaltungen
- vGA bei Gesellschafter oder nahestehender Person, Nachweis **8**, 683
- vGA bei Gesellschafter oder nahestehender Person, Nachweis **8**, 933

Zuführung überwiegend neuen Betriebsvermögens **8**, 2496 ff.
- Auslandsbeteiligungen **8**, 2540, 2453, 2589
- durch Umwandlung **8**
- Einbringung **8**, 2589
- Einlage **8**, 2496
- Ersatzbeschaffungen **8**, 2552
- Fremdfinanzierte Zuführung von Aktiva **8**, 2502
- Gegenständliche Betrachtung s. Betriebsvermögen i. S. d. § 8 Abs. 4
- Innenfinanzierung **8**, 2497 f.
- Mehrung BV ohne Zuführung **8**, 2514
- mittelbare Zuführung **8**, 2613
- Person des Zuführenden **8**, 2527 f., 2692 f.
- Rationalisierungsmaßnahmen **8**, 2552
- Reihenfolge zu schädlicher Anteilsübertragung **8**, 2556 ff.
- Sachlicher Zusammenhang mit schädlicher Anteilsübertragung s. dort
- Saldobetrachtung s. Betriebsvermögen i. S. d. § 8 Abs. 4
- Umgehung **8**, 2499
- Umschichtung Umlauf- in Anlagevermögen **8**, 2497 f., 2508
- Verschmelzung **8**, 2496, 2585 ff.
- Verzicht auf das Merkmal **8**, 2402 f.
- Vorverlagerung bei Finanzierungsmaßnahmen **8**, 2519
- Zeitlicher Zusammenhang mit Anteilsübertragung **8**, 2547 ff.
- Zeitraum für bei Branchenwechsel **8**, 2515 ff.

Zuführung wesentlichen Betriebsvermögens, Verlustuntergang nach § 8c **8c**, 546 ff.

Zuführungen und Entnahmen, Schwankungsrückstellungen **20**, 56

Zuführungsquote, Sanierungsklausel **8c**, 554

Zuführungswert, Forderungserlass **8c**, 557
- Minderung durch Rückgewähr **8c**, 563 ff.
- Sanierungsklausel **8c**, 556

Zuführungszeitraum **8c**, 560

Zurechnung **27**, 186

Zurechnung vGA, bei zugleich still beteiligtem Gesellschafter **8**, 711
- zum Gesellschafter **8**, 812
- zum Gesellschafter s. a. Zeitpunkt **8**, 546

Zurechnungstheorie **19**, 37

Zusammenhang, mit offener Ausschüttung **8**, 331 ff.
Zuschlag, § 162 Abs. 4 AO **8a**, 626
Zuschläge wegen Sonntags-, Feiertags- und Nachtarbeit **8**, 3082 ff.
Zuschuss, Teilwertabschreibung **8**, 2158
– zur Abdeckung eines Bilanzverlustes **8**, 2107
Zuständigkeit Gesellschafterversammlung, bei Ltd. - s. dort
– für Pensionszusagen **8**, 3040
Zuwendung, Vortrag **9**, 355
Zuwendungsbegriff **9**, 230
Zuwendungsnießbrauch **27**, 290
Zwangs- und Monopolrechte **4**, 147
Zwangsdurchführung der vGA **8**, 293, 3109, 3236
Zweck, der verdeckten Einlage **8**, 2092
– der vGA **8**, 191 f.
– des § 42 AO **8**, 243
– des § 8 Abs. 4 KStG **8**, 2427 ff.
– des Merkmals der 50-%-Anteilsübertragung **8**, 2431
– des Merkmals der Zuführung überwiegend neuen BVs **8**, 2431
Zweck der Regelung **8d**, 6
– Fortbestand des Unternehmens **8d**, 7
– Korrektur des § 8c KStG **8d**, 1 ff.
– Mantelkauf **8d**, 7
– tätigkeitsbezogene Betrachtungsweise **8d**, 7
Zweckbetrieb, Sonstige – **5**, 506
Zweckgeschäfte **5**, 640 f.
– genossenschaftliche Rückvergütung **22**, 24
Zweckgesellschaft **8a**, 300
Zweckvermögen **1**, 80
Zweckvermögen **8b**, 39
Zweigniederlassung, ausländischer Organträger **18**, 26 ff.
Zweikontenmodell, s. Umgehung
Zwischengesellschaften, ausländische **2**, 25